岭南文化辞典

《岭南文化辞典》编委会 编

南方传媒——广东人民出版社
广东岭南古籍出版社
·广州·

图书在版编目（CIP）数据

岭南文化辞典 /《岭南文化辞典》编委会编 . —广州：广东人民出版社：广东岭南古籍出版社，2024.6
ISBN 978-7-218-14599-0

Ⅰ . ①岭… Ⅱ . ①岭… Ⅲ . ①文化史—广东—词典 Ⅳ . ① K296.5-61

中国版本图书馆 CIP 数据核字（2021）第 007003 号

LINGNAN WENHUA CIDIAN
岭南文化辞典
《岭南文化辞典》编委会 编

出 版 人：肖风华

出版统筹：肖风华　柏　峰　钟永宁　张贤明
责任编辑：张贤明　柏　峰　陈其伟　周惊涛　李沙沙　赵　璐　孟　肖　周潘宇镝
　　　　　周卫平　段亚彤　林斯澄
责任校对：王立东　梁敏岚　唐金英　胡艺超　吴丽平　林　俏　易建鹏
装帧设计：张力平　张竹媛
责任技编：吴彦斌　周星奎
封面书名：集梁启超字

出版发行：广东人民出版社　广东岭南古籍出版社
地　　址：广州市越秀区大沙头四马路 10 号（邮政编码：510199）
　　　　　广州市越秀区恤孤院路 12 号（邮政编码：510080）
电　　话：020-85716809（总编室）　020-87776449（总编室）
传　　真：020-83289585
网　　址：http://www.gdpph.com
印　　刷：广州市豪威彩色印务有限公司
开　　本：787mm×1092mm　1/16
印　　张：136.25　插　页：32　字　数：5100 千
版　　次：2024 年 6 月第 1 版
印　　次：2024 年 6 月第 1 次印刷
定　　价：1500.00 元

《岭南文化辞典》组委会

《岭南文化辞典》学术委员会

（按姓氏笔画为序）

《岭南文化辞典》编纂委员会

主　　编：黄天骥

执行主编：叶金宝　　左鹏军

委　　员：（按姓氏笔画为序）

马建春	王　睿	王元林	王海英	孔义龙	甘于恩	李　静
李庆新	李朝旭	李湘远	杨　权	杨　芹	肖自力	邱运胜
何北海	张争胜	张贤明	张国雄	张金超	张振江	陆　琦
陈　非	陈长琦	陈其伟	邵慧君	林成伟	罗　苹	罗燚英
金炳亮	周　鑫	史小军	柏　峰	钟永宁	姚　婷	倪俊明
倪根金	郭秀文	郭程轩	唐孝祥	黄明超	黄明喜	符昌忠
蒋明智	蓝韶清	薛暖珠				

各卷主编及撰稿人

地理卷

主　　编：张争胜

副主编：郭程轩　　廖伟群　　陈朝隆

撰稿人：（按姓氏笔画为序）

王　敏	王　路	刘洪杰	余　琳	汪丽娜	张　敏	张争胜
张林英	陈　敏	陈洪福	陈海秋	陈朝隆	欧阳军	祝志刚
郭程轩	董　青	蒋明恩	廖伟群			

历史卷

主　编：李庆新

副主编：李　岩　　杨　芹　　张金超　　　吴婉惠

撰稿人：（按姓氏笔画为序）

王一娜　　申　斌　　刘　长　　刘世红　　刘锁强　　江伟涛　　李　岩

李　珍　　李兰萍　　李庆新　　杨　芹　　杨建军　　吴婉惠　　邹　飞

张贤明　　张金超　　张晓斌　　陈以琴　　陈雨生　　黄利平

民族民系卷

主　编：符昌忠

副主编：邱运胜　　彭　静　　叶远飘　　李　双

撰稿人：（按姓氏笔画为序）

毛　帅　　叶远飘　　冯　润　　朱雅雯　　汤苑芳　　李　双　　李　毓

邱运胜　　符昌忠　　彭　静

宗教卷

主　编：杨　权

副主编：夏志前　　马建春　　韦　羽　　吴　宁

撰稿人：（按姓氏笔画为序）

马建春　　韦　羽　　达　亮　　江　晖　　李　杰　　李蒙蒙　　李福标

杨　权　　杨　璇　　吴　宁　　吴晓蔓　　何方耀　　张若琪　　林有能

夏志前

民俗卷

主　编：蒋明智

副主编：张振江

撰稿人：（按姓氏笔画为序）

王　青	王焰安	韦秋圆	邓玉莲	关溪莹	刘庆华	李　华
李秋宇	张振江	陈恩维	周云水	周录祥	郑韵菲	姚朝文
徐　磊	彭　莹	蒋明智	曾钶锜	曾镜明	谢中元	樊　盾
黎玉华						

学术·教育卷

主　编：黄明喜

副主编：陈　椰

撰稿人：（按姓氏笔画为序）

王　江	王　林	王晓璇	叶　塘	刘　娟	刘金荣	闫雪映
李　辰	李　涛	李　彬	杨宇平	杨青华	肖黎明	吴世勇
宋德华	陈　椰	陈长琦	陈先哲	郑振伟	聂建霞	郭海鹰
黄明同	黄明喜	戢斗勇	颜蕴琦			

语言文字卷

主　编：邵慧君

副主编：甘于恩

撰稿人：（按姓氏笔画为序）

王建军	方小燕	甘于恩	甘甲才	丘学强	庄初升	刘新中
李林欣	张　坚	张群显	陈卫强	陈沛莹	陈晓锦	邵慧君
林　颖	林伦伦	金　健	经　典	柏　峰	侯兴泉	姚达兑
秦晓华	谈泳琦	黄绮烨	梁施乐	彭小川	曾昭聪	詹伯慧
谭赤子						

文学卷

主　编：左鹏军

撰稿人：（按姓氏笔画为序）

于　琦	王富鹏	邓　丹	邓海涛	左　岩	左鹏军	刘　赫
刘兴晖	刘梓楠	纪德君	杜新艳	李小雨	李成秋	李金月
李矜君	李艳平	李继明	李桂英	张贤明	陆健枫	陈　腾
陈芝国	陈恩维	林杰祥	周濯缨	施志咏	姜　波	耿淑艳
夏令伟	徐世中	徐新韵	翁奕波	翁筱曼	高建新	高美玲
郭子凡	唐瑶曦	黄志立	蒋　寅	蒋明恩	黑　白	曾欢玲
廖棋棋	黎　聪	薛超睿				

艺术卷

主　编：孔义龙

副主编：吴晓懿　　仝　妍　　李　静　　周文萍　　刘子川

撰稿人：（按姓氏笔画为序）

于　琦	万钟如	王　峰	王碧凤	孔义龙	邓洁敏	邓海涛
龙诗琳	叶燕婷	仝　妍	吕思敏	华　明	庄　蔚	刘子川
刘红娟	孙冰娜	孙博然	李　亮	李　琳	李　静	李美燕
李继明	肖文朴	吴　璨	吴国钦	吴晓懿	何永塑	何牧繁
何嘉瑜	张　燕	张贤明	陈咏欣	陈燕芳	陈赞蔚	林帼华
罗　丽	罗　佳	周文萍	郑小龙	郑静漫	柏　峰	钟　菲
钟瀚声	莫殷殷	夏煜卓	郭晓婷	康　宁	梁达涛	梁炜钰
彭圣芳	董　宸	董学民	蒋妍静	韩　琦	温明锐	赖秀俞
詹双晖	魏石成					

杜亦皓	李孟	李宾	杨辉	杨星星	陆琦	陆元鼎
陈铮	陈家欢	范添怡	林广思	林超慧	胡凯雯	胡超文
郦伟	姜省	顾雪萍	徐应锦	郭卫宏	郭焕宇	唐孝祥
黄雯雯	彭长歆	曾灿煋	赖瑛	蔡仕谦	颜沁怡	

饮食卷

主　编：陈非

副主编：黄明超　钟洁玲

撰稿人：（按姓氏笔画为序）

王文成	方树光	叶飞	叶汉钟	生书晶	冯凤平	冯秀珍
刘少群	刘松泰	刘诗嘉	江志伟	许永强	纪瑞喜	李锐
李婷	李少华	李正旭	杨旭宏	肖文清	肖伟贤	肖伟忠
吴镇城	佘婷婷	陈非	陈少俊	陈文修	陈有毅	陈伟松
陈育楷	陈胜鑫	林英婵	林海平	林群壮	卓乐平	罗鑫
罗钦盛	周云水	周智武	郑国岱	郑锦辉	赵利平	郝志阔
洪一巧	徐丽卿	郭苑玲	唐以杰	黄霖	黄进贤	黄明超
黄依群	龚伯洪	谢祥项	谭小苗	潘英俊	穆洪涛	

中医药卷

主　编：蓝韶清

副主编：薛暖珠

撰稿人：（按姓氏笔画为序）

王一帆	邓晓欣	叶清	刘小斌	刘中秋	李文静	李娉婷
张书河	张永慧	张秋镇	陈凯佳	林琦	罗倩	周红黎
郑洪	洪媛媛	蓝韶清	薛暖珠			

武术卷

主　　编：李朝旭

副主编：孟　田

撰稿人：（按姓氏笔画为序）

李冬奎　　李朝旭　　李湘远　　张贤明　　孟　田　　胡宏东　　晏　骏

对外贸易卷

主　　编：王元林

副主编：杨恒平　　王　睿　　于　笛

撰稿人：（按姓氏笔画为序）

于　笛　　王　睿　　王元林　　刘　畅　　孙廷林　　李　强　　李婉珺

杨恒平　　侯彦伯　　夏巨富　　徐霞辉　　郭文安　　褚　宁　　蔡香玉

华侨·侨乡卷

主　　编：张国雄

副主编：刘　进　　陈海忠　　肖文评

撰稿人：（按姓氏笔画为序）

王濯巾　　冈　虎　　石坚平　　叶小利　　冉琰杰　　刘　进　　杨锡铭

肖文评　　冷剑波　　张应龙　　张国雄　　陈　雍　　陈海忠　　林　瑜

欧俊勇　　周云水　　周晓平　　房学嘉　　胡　波　　钟晋兰　　姜振逵

姚　婷　　夏远鸣　　黄晓坚　　谭金花　　戴永洁　　魏明枢

海洋文化卷

主　编：李庆新

副主编：罗燚英　　周　鑫

撰写人：（按姓氏笔画为序）

刘璐璐　　江伟涛　　阮　戈　　李庆新　　肖达顺　　林旭鸣　　罗燚英

周　鑫　　徐素琴

人物卷

主　编：史小军　　柏　峰　　张贤明

副主编：张争胜　　李庆新　　符昌忠　　杨　权　　黄明喜　　邵慧君　　左鹏军

孔义龙　　金炳亮　　倪根金　　唐孝祥　　陈　非　　蓝韶清　　李朝旭

王元林

撰稿人：（按姓氏笔画为序）

于　笛	于　琦	于淑敏	卫绮婷	马　晟	马建春	马廉颀
王　华	王　林	王一娜	王晓吟	王富鹏	王碧凤	韦　羽
方小燕	尹玉琪	邓　丹	邓海涛	甘敏诗	左　岩	左鹏军
平兆龙	卢玉敏	叶　农	叶远飘	申　斌	史小军	丘学强
仝　妍	冯惠城	冯　楠	达　亮	曲　静	朱广舟	朱卫斌
伍方斐	庄　蔚	刘　晖	刘　娟	刘　赫	刘世红	刘安壕
刘红娟	刘洪杰	刘新中	闫雪映	江　晖	江滢河	汤　瑾
汤翠兰	许永强	许艳青	孙冰娜	孙恩乐	麦　耘	巫妙平
李　双	李　辰	李　杰	李　孟	李　彬	李　静	李丹丹
李兰萍	李永宸	李成秋	李矜君	李艳平	李继明	李敏玲
李朝旭	李蒙蒙	李福标	杨　权	杨　芹	杨小彦	杨月歆
杨青华	杨恒平	肖伟贤	吴　宁	吴　青	吴世勇	吴多多
吴丽元	吴国钦	吴晓蔓	吴婉惠	谷　宇	辛世彪	沈晓敏

沈毅秦	宋晓岚	张 江	张 燕	张 衡	张书河	张争胜
张青香	张若琪	张贤明	张金超	陆健枫	陈 非	陈 莉
陈 椰	陈 腾	陈小枫	陈长琦	陈世清	陈芝国	陈志国
陈茜微	陈恩维	陈燕芳	邵慧君	林 颖	林子雄	林有能
林伦伦	易建鹏	易淑琼	罗 苹	罗志欢	罗映纯	金炳亮
周 畅	周文萍	周红黎	周倩瑜	周濯缨	郑 洪	郑小龙
郑静漫	孟 田	经 典	赵 飞	赵建国	赵强忠	柏 峰
钟 东	钟成泉	钟洁玲	钟瀚声	洪 雨	秦晓华	耿淑艳
莫 俊	夏志前	夏煜卓	顾雪萍	倪俊明	倪根金	徐世中
徐素琴	徐霞辉	翁筱曼	高美玲	郭子凡	郭文安	郭健英
郭海鹰	唐孝祥	唐瑶曦	谈泳琦	黄 超	黄进贤	黄丽君
黄明超	黄明喜	曹天忠	龚伯洪	康 宁	梁 谋	梁达涛
梁施乐	彭小川	彭长歆	彭玉平	彭圣芳	彭亚敏	彭福祥
董 宸	蒋明恩	景海燕	曾欢玲	温明锐	谢明杏	谢锦霞
蓝韶清	詹双晖	詹伯慧	蔡勇建	蔡嘉琪	廖棋棋	谭赤子
谭群玉	黎 聪	黎永泰	黎景光	颜蕴琦	潘英俊	薛超睿
薛暖珠	戴伟华	魏达纯				

《岭南文化辞典》编辑部

《岭南文化辞典》图片提供（摄影）人员

（按姓氏笔画为序）

丁子榕	马建春	王　敏	王大文	王巍堡	韦　羽	孔义龙	玉潘亮
左鹏军	卢　文	卢炳书	叶汉钟	丘立贺	白　颖	乐　瑛	冯　楠
达　亮	朱文龙	朱志龙	朱雪梅	朱雅雯	刘　进	刘　晖	江　晖
江志伟	杨　权	杨宇平	杨建军	李　婷	李庆新	李朝晖	肖文评
肖文清	吴　宁	吴晓蔓	吴晓懿	吴镇城	邱　捷	何北海	邹　飞
邹　强	辛世彪	冷剑波	张力平	张向宁	张争胜	张若琪	张贤明
张国雄	张金超	张秋镇	张新民	陆　琦	陈　锟	陈志东	陈宏文
陈育楷	陈健飞	陈朝隆	林小强	林杰祥	林茂勋	林群壮	欧阳军
罗　苹	罗瑞丹	佳　丽	金　念	金炳亮	周英伟	郑鹏展	赵　璐
柏　峰	柳　连	钟成泉	骆明妍	秦　颖	耿淑艳	莫敷建	贾伯男
夏远鸣	夏志前	倪根金	徐丽卿	徐应锦	翁筱曼	高玉婷	高旭红
郭平洲	郭焕宇	唐启望	宽　德	谈　博	黄　超	黄明超	黄奕强
黄晓坚	黄瀚鹏	曹　霞	符昌忠	章华英	韩荣华	程　靖	程振业
傅书明	曾铠钢	廖伟群	谭伟强	黎玉华	魏达纯		

《岭南文化辞典》图片提供单位

（按笔画为序）

广东人民出版社

广东中医药博物馆

广东汉剧传承研究院

广东咏声动漫股份有限公司

广东省立中山图书馆

广东珠影融媒体有限公司

广东建设年鉴编辑部

广东潮剧院

广州中投文化有限责任公司

广州市伊斯兰教协会

广州市南沙区农业农村局

广州市新荔枝湾酒楼有限公司

广州酒家集团股份有限公司

中山大学

光孝寺

汕头市文化馆

孙中山大元帅府纪念馆

佛山市博物馆

视觉中国

《美食导报》

陶陶居酒家

深圳电影制片厂有限公司

深圳市新经典广告制片厂有限公司

粤海关博物馆

潮州市社会科学界联合会

广东大沿海出版工贸有限公司

广东长乐烧酒业股份有限公司

广东民间工艺博物馆

广东省文物考古研究院

广东省职业训练局

广东原创动力文化传播有限公司

广东新华发行集团股份有限公司

广州大典研究中心

广州市广播电视台

广州市金成潮州酒楼饮食有限公司

广州市黄埔区融媒体中心

广州市增城区农业农村局

广州基督教救主堂

东莞市档案馆

华派影业（深圳）有限公司

红线女艺术中心

孙中山故居纪念馆

茂名市社会科学界联合会

南越王博物院

海南省博物馆

梅州市围龙屋星园酒家

深圳市华浩影视有限公司

韩山师范学院

福州市传统武术协会

郁南磨刀山遗址发掘区（广东省文物考古研究院　提供）

曲江马坝人遗址（广东省文物考古研究院　提供）

英德青塘遗址地貌（广东省文物考古研究院　提供）

曲江石峡文化的陶豆、盘形鼎、玉琮、玉钺、玉龙首环（广东省文物考古研究院　提供）

南越文王墓出土的"蕃禺"铭铜鼎、
透雕龙凤纹玉佩、角形玉杯、"文帝
行玺"龙钮金印、玉衣
（南越王博物院　提供）

广西合浦汉墓发掘出土的文物
（广东省文物考古研究院　提供）

广州南海神庙清代码头遗址（广州市黄埔
区融媒体中心　提供　卢文　摄）

丹霞山（视觉中国 提供）

南岭山地（陈锟 摄）

伶仃洋（陈锟　摄）

港珠澳大桥（广东建设年鉴编辑部 提供）

广州晨景（视觉中国 提供）

1946年，海军收复西沙群岛纪念碑（李庆新　摄）

三沙市永兴岛上的灯塔（李庆新　摄）

8

后海

四海公园

施工中的西部通道跨海大桥

原招商办公大楼

1984

2004

2018

1984、2004、2018年深圳全景图对比（广东建设年鉴编辑部 提供）

避风塘　　海上世界　　新时代广场

香港夜景（视觉中国　提供）

澳门夜景（视觉中国　提供）

海口夜景（视觉中国 提供）

广西北部湾涠洲岛全景图
（视觉中国　提供）

广州光孝寺（光孝寺　提供）

韶关南华寺（达亮　提供）

罗浮山冲虚古观（视觉中国　提供）

广州先贤古墓道牌坊（马建春　提供）

广州先贤清真寺光塔（傅书明　摄）

广州圣心大教堂（张力平　摄）

广州基督教救主堂（广州基督教救主堂　提供）

韶关梅关古道（陈朝隆　摄）

韶关珠玑古巷（视觉中国　提供）

揭阳学宫（徐应锦　摄）

潮州广济桥（潮州市社会科学界联合会　提供　黄奕强　摄）

广州越秀山镇海楼（张力平　摄）

茂名高州冼太庙（茂名市社会科学界联合会　提供　丘立贺　摄）

清道光十四年（1834）的虎门炮台
（曹霞 提供）

林则徐虎门销烟池（曹霞 提供）

清军与英军在虎门的遭遇战
的一个场景（曹霞 提供）

广东民间工艺博物馆（陈家祠）（广东民间工艺博物馆 提供）

开平碉楼（谭伟强 摄）

中山孙中山故居（孙中山故居纪念馆　提供）

澄海陈慈黉故居（徐应锦　摄）

广州黄花岗起义指挥部旧址（曹霞　提供）

广州黄花岗七十二烈士墓（朱志龙　提供）

广州黄埔军校旧址（辛亥革命纪念馆　提供）

中山大学广州校区南校园怀士堂（中山大学　提供）

广州毛泽东同志主办农民运动讲习所旧址（农民运动讲习所　提供）

广州粤海关旧址（粤海关博物馆　提供）

广州市府合署旧址（冯楠　摄）

广州中共三大会址纪念馆（张力平　摄）

广州越秀公园内的五羊石雕
（张力平　摄）

广州四家"中华老字号"酒楼陶陶居、莲香楼、泮溪酒家、广州酒家（陶陶居酒家、《美食导报》、陈志东、广州酒家　提供）

广州泮溪酒家、白天鹅宾馆内的岭南园林景色（冯楠　摄）

明陈献章《草书梅花诗卷》(广东省博物馆　提供)

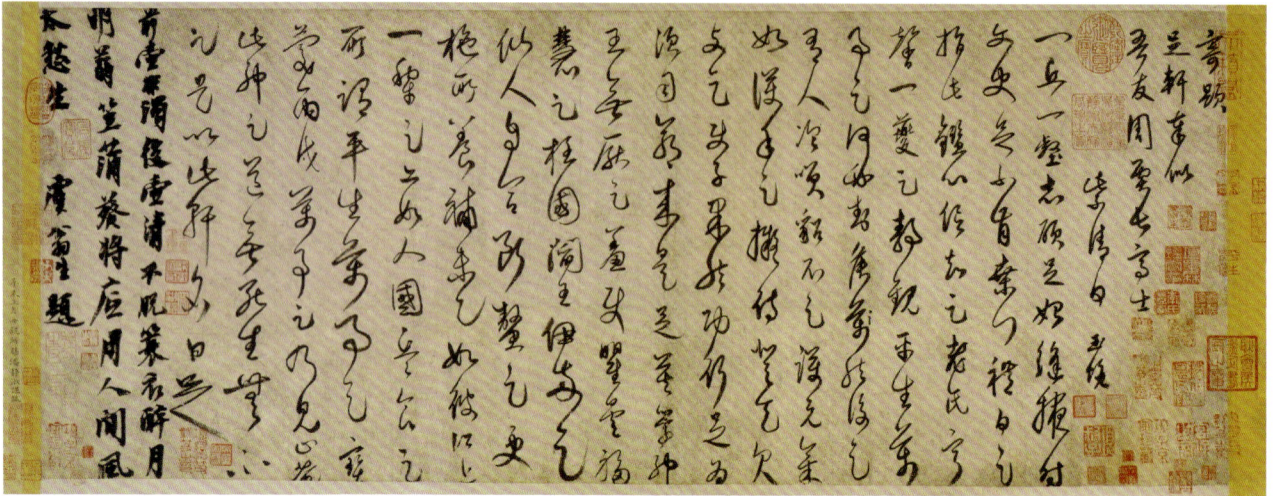

宋白玉蟾《足轩铭书卷》（故宫博物院藏）

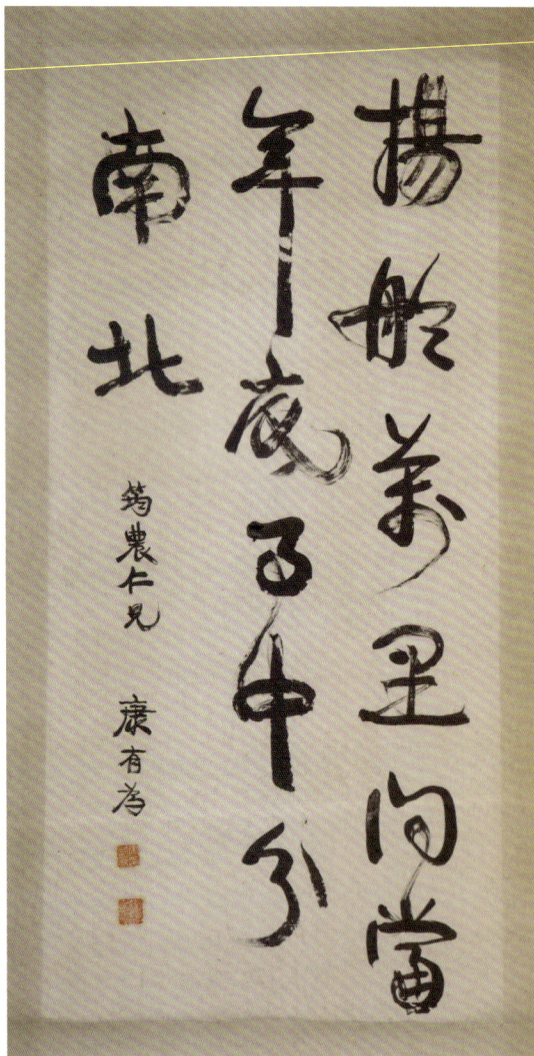

清康有为行书轴（广东省博物馆　提供）

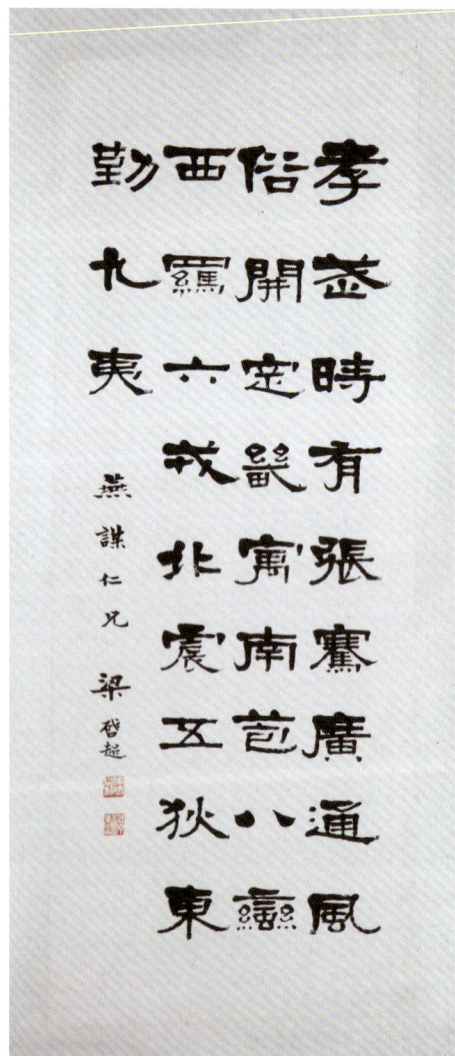

清梁启超隶书轴（广东省博物馆　提供）

明林良《松鹤图》（广东省博物馆　提供）

近代高剑父《饮马渡关图》（广东省博物馆　提供）

清居廉花卉草虫屏（广东省博物馆藏）

1977年关山月《井冈山颂》（广东省博物馆　提供）

井岡山頌　一九七七年七月　關山月畫于廣州

中华民国癸未年（1942）宋大仁临王蒙葛稚川移居图轴（广东中医
药博物馆　提供）

湛江雷州迈熟铜鼓（广东省博物馆藏　孔义龙　摄）

南越王墓句鑃（广东省博物馆藏　孔义龙　摄）

顺德和乐琼楼锣鼓柜
（广东省博物馆藏　孔义龙　摄）

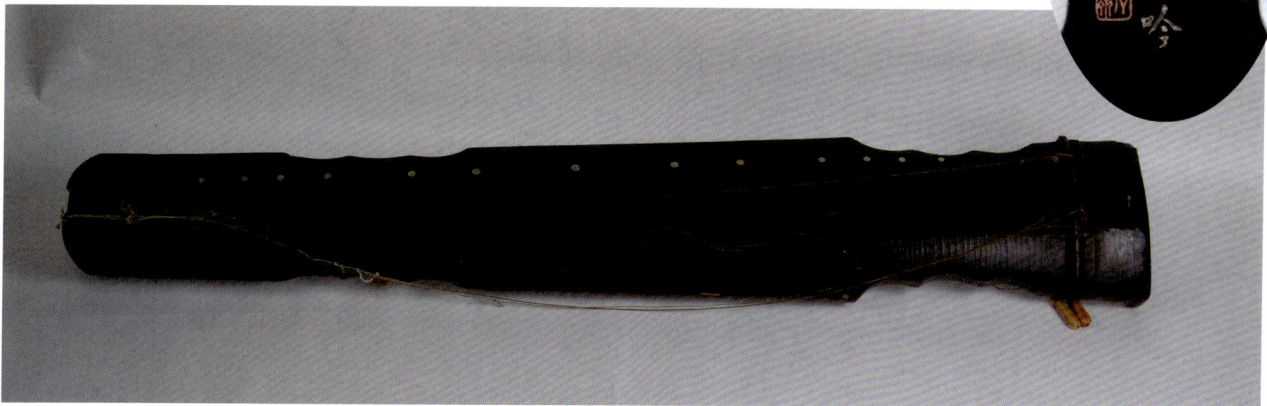

沧海龙吟琴（广东省博物馆藏　孔义龙　摄）

英歌（汕头市文化馆　提供）

傩舞（金念　摄）

粤剧《关汉卿》剧照
（红线女艺术中心　提供）

潮剧《杨令婆辩本》剧照
（广东潮剧院　提供）

广东汉剧《春娘曲》
（广东汉剧传承研究院　提供）

《南海潮》海报（广东珠影融媒体有限公司　提供）

《外来妹》海报（广州市广播电视台　提供）

人文湾区砚（程振业　提供）

海南黎族龙被（海南省博物馆　提供）

清广彩描金十二生肖瓷药瓶（广东中医药博物馆　提供）

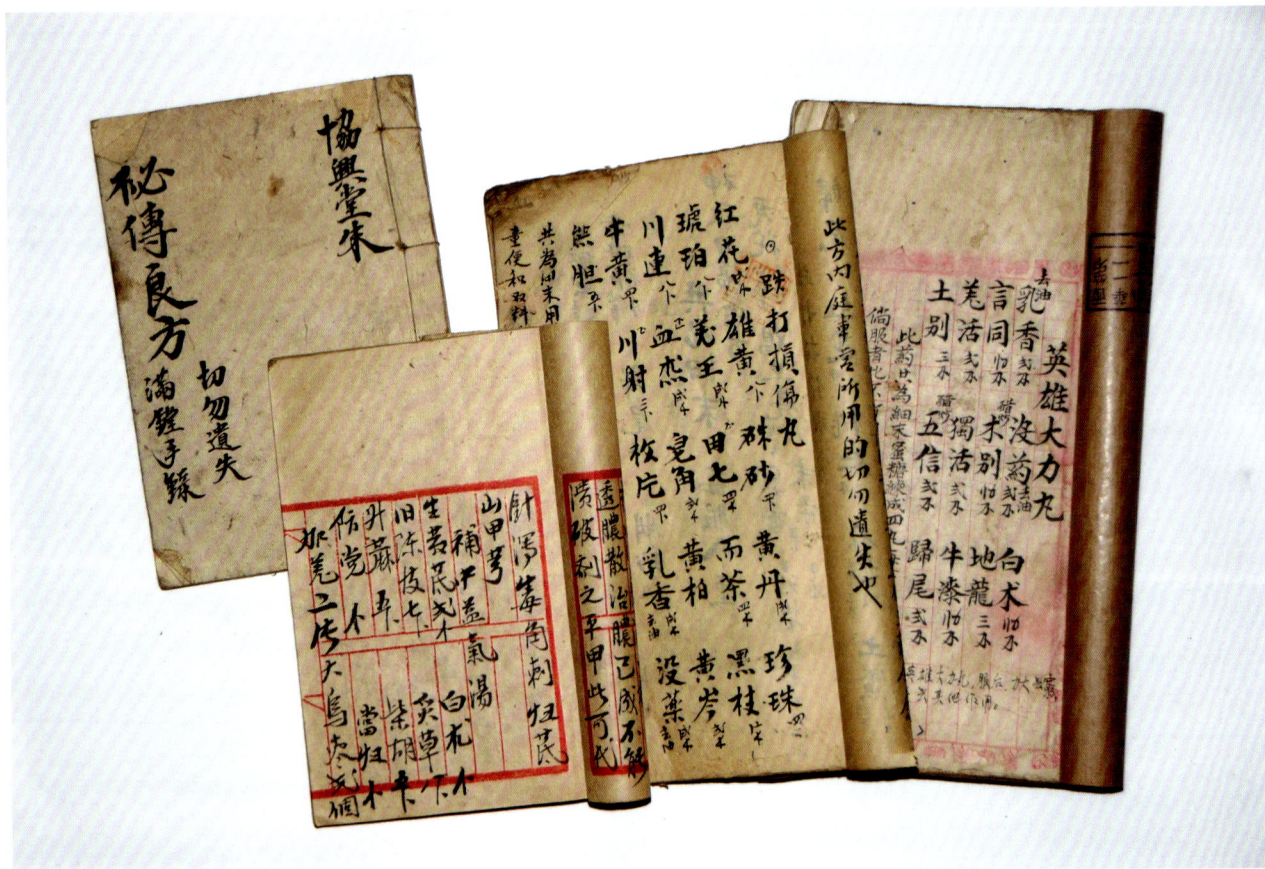

民国时期蔡李佛拳鸿胜馆传人朱恩保存的药书（佛山市博物馆　提供）

清光绪三十年（1904），小吕宋开平籍华侨周家雁给儿子周柏洪的银信（刘进　提供）

1954年，台山仁安侨批局汇款通知书（刘进　提供）

1930年，泰国进成寄给广东饶平县陈林成的侨批（刘进　提供）

1954年，泰国华侨许大春寄给广东澄海岳母的侨批（刘进　提供）

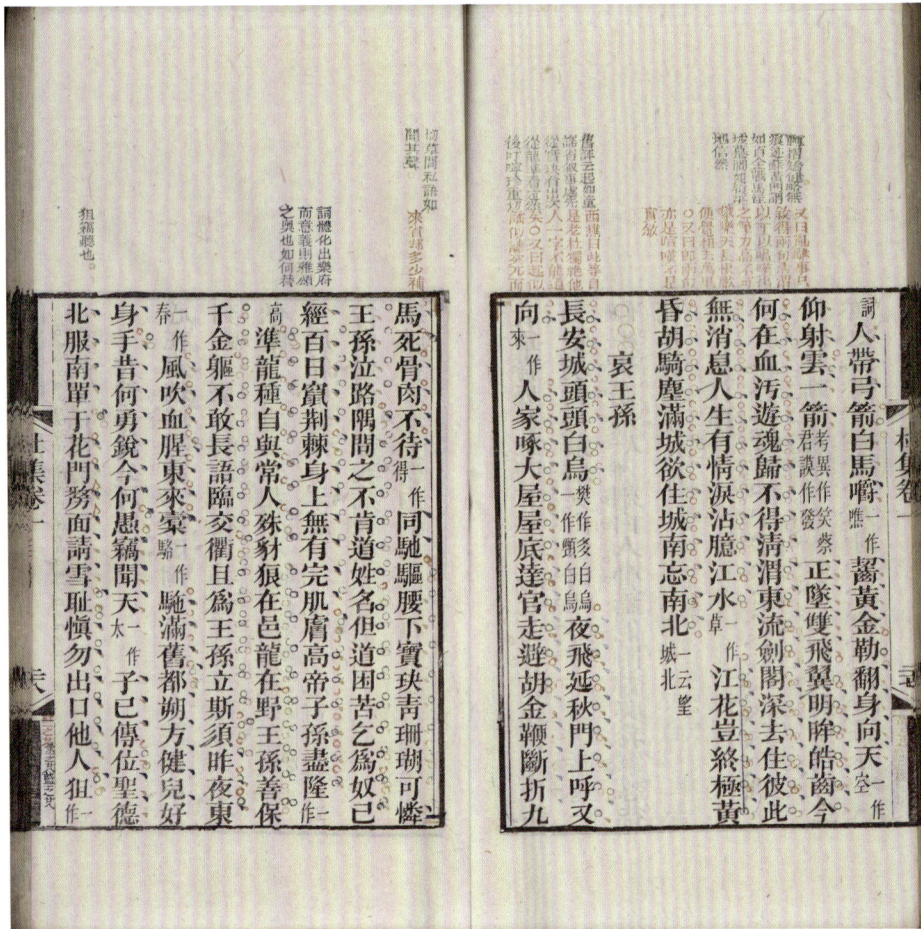

清光绪二年（1876）翰墨园刻《杜工部集》（广东省立中山图书馆　提供）

岭南文库出版的部分图书（张力平　摄）

醒狮（视觉中国　提供）

广州黄埔区文冲街的划龙舟（广州市黄埔区融媒体中心　提供　苏柳霞　摄）

波罗诞千年庙会仿古祭海仪式（广州市黄埔区融媒体中心　提供　黄钦杰　摄）

总目录

前　言

2023年6月2日，习近平总书记在文化传承发展座谈会上的重要讲话中指出："中国文化源远流长，中华文明博大精深。只有全面深入了解中华文明的历史，才能更有效地推动中华优秀传统文化创造性转化、创新性发展，更有力地推进中国特色社会主义文化建设，建设中华民族现代文明。"又指出："在新的起点上继续推动文化繁荣、建设文化强国、建设中华民族现代文明，是我们在新时代新的文化使命。……希望大家担当使命、奋发有为，共同努力创造属于我们这个时代的新文化，建设中华民族现代文明！"①这些论述为新时代的文化传承与发展定了基调、指明了方向，也为作为中国文化与中华文明整体格局中一个重要组成部分的岭南文化研究提供了根本遵循，提出了新目标和新要求。

岭南文化绚丽多彩，具有鲜明的个性和地域特色。在中华文化漫长的发展过程中，岭南文化与中原文化、江南文化以及海外文化等交流融合，博采众长，兼收并蓄，不断丰富发展，逐渐由边缘融入主流，继而引领近现代文化发展的潮流，为中华文化的发展作出了突出贡献，在中华文化发展史上占有重要地位，是中华文化大家庭中的一颗耀眼明珠！

从词源的角度来考察，岭南大致有四个层面的含义：一是日常语言层面的含义，二是自然地理层面的含义，三是建置区划层面的含义，四是文化认同层面的含义。

在日常语言层面，岭南一般泛指山岭的南面，并非专指哪一座山的南面或者某个特定的区域。五岭之南、南岭之南可称岭南，秦岭以南也可称岭南。全国许多地方都有岭南的地名，也有一些北方的机构用岭南来命名。

在自然地理层面，岭南在《史记·货殖列传》中已见使用："领南、沙北固往往出盐。"②其中的"领南"即"岭南"，这是岭南作为地域名称较早的记载。但是岭南的范围并不清晰。从历史文献来看，岭多指五岭。具体指哪五岭，则说法不一。东晋裴渊《广州记》认为"五岭"就是大庾、始安、临贺、揭阳、桂阳五座山岭。③南朝宋邓德明《南康记》则认为是大庾岭、桂阳骑田岭、九真都庞岭、临贺萌渚岭、始安越城岭。④也有人认为五岭是指五条路径，如宋代周去非《岭外代答》曰："自秦世有五岭之说，皆指山名之。考之，乃入岭之途五耳，非必山也。自福建之

---

① 习近平：《在文化传承发展座谈会上的讲话》，《求是》2023年第17期，第5、10—11页。
② （汉）司马迁撰，（宋）裴骃集解，（唐）司马贞索隐，（唐）张守节正义：《史记》，中华书局1959年版，第3269页。
③ （汉）司马迁撰，（宋）裴骃集解，（唐）司马贞索隐，（唐）张守节正义：《史记》，中华书局1959年版，第253页。
④ （汉）班固撰，（唐）颜师古注：《汉书》，中华书局1962年版，第1832页。

汀，入广东之循、梅，一也；自江西之南安，逾大庾入南雄，二也；自湖南之郴入连，三也；自道入广西之贺，四也；自全入静江，五也。乃若漳、潮一路，非古入岭之驿，不当备五岭之数。桂林城北二里，有一丘，高数尺，植碑其上曰'桂岭'。及访其实，乃贺州实有桂岭县，正为入岭之驿。全、桂之间，皆是平陆，初无所谓岭者，正秦汉用师南越所由之道。桂岭当在临贺，而全、桂之间，实五岭之一途也。"①清代屈大均在《广东新语》中考察了前人的各种说法，认为："大抵五岭不一，五岭之外，其高而横绝南北者皆五岭不可得而名也。"②这可以看作是用五岭代指南岭，所谓岭南也就是南岭之南。

那么，岭南之南又南到何处呢？是否包括海洋部分？中国对南海诸岛及其附近海域拥有无可争辩的主权。从历史上中国对南海的发现、命名、经营、开发、管辖来看，岭南理应包括海洋部分。唐代徐坚等撰《初学记》云："岭南道者，禹贡扬州之南境。其地皆粤之分，自岭而南至海，尽其地。"③此处所谓海应该包括海南岛等海岛。南宋赵汝适《诸蕃志》记载了唐代对南海诸岛的管辖情况：唐贞观元年（627），将海南"析为崖、儋、振三州，隶岭南道……贞元五年，以琼为督府，今因之……至吉阳，乃海之极，亡复陆涂。外有洲，曰乌里，曰苏吉浪。南对占城，西望真腊，东则千里长沙，万里石床"④。南宋王象之《舆地纪胜》对吉阳的建置以及"千里长沙，万里石床"等南海岛礁的情形也有记录。⑤屈大均的看法也是包括海的。《广东新语》卷十一说："广东之地，天下尝以岭海兼称之。今言岭则遗海矣，言海则遗岭矣。"⑥他认为广东这个地方不能只谈岭而不谈海或者只谈海不谈岭，在自然地理层面称岭南实际上不合适，故称其为广东。从他的这个观点来看，岭南应该包括海。至于南到海的何处，历朝历代的活动范围、管辖范围则有不同。

根据历史文献和前贤的讨论，在自然地理层面，《岭南文化辞典》把岭南看作是南岭之南。南岭除了大庾岭、骑田岭、都庞岭、萌渚岭、越城岭外，还包括苗儿山、海洋山、九嶷山、香花岭、瑶山、九连山等，东起福建、江西边界，西至从江—宜山，南起上林、桂平、梧州、怀集、龙川，北至零陵—永兴—泰和。从这个意义来讲，岭南包括了岭东、南海诸岛及其附近海域，因此辞典不仅在地理卷收录了南海的岛屿，并且单独列有海洋文化一卷。

在建置区划层面，岭南作为建置名称始于唐代。唐贞观元年（627）首置岭南道，为全国十监察区之一，范围大致包含今广东、广西、海南、香港、澳门全境，福建、云南以及越南部分地区。永徽之后，以广州、桂州、容州、邕州、交州（安南）五个都督府（都护府）统管岭南各州，称岭南五管，由广州都护府统摄五管军事，以镇南方。道后来逐渐演化为州以上的地方一级行政区。咸通三年（862），为加强岭南西部和安南统治，分岭南道为岭南东道和岭南西道。东道治广州，

① （宋）周去非著，杨武泉校注：《岭外代答校注》，中华书局1999年版，第11页。
② （清）屈大均：《广东新语》，中华书局1985年版，第69页。
③ （唐）徐坚等：《初学记》，中华书局1962年版，第192页。
④ 冯承钧：《诸蕃志校注》，中华书局1956年版，第143页。
⑤ （宋）王象之：《舆地纪胜》，中华书局1992年版，第3621—3622页。
⑥ （清）屈大均：《广东新语》，中华书局1985年版，第317页。

西道治邕州。宋平南汉之后，岭南统称广南、广南路或岭南路。北宋至道三年（997），定全国为十五路（后有增加），将岭南分为广南东路和广南西路，简称广东、广西，两广得名始于此。在建置层面，"岭南"为广东、广西所代替。明洪武年间，提刑按察司系统下设41个分巡道，其中广东有三道：岭南道、海南道、海北道；广西也有三道：桂林苍梧道、左江道和右江道。此外，广东还有各分守道如岭东道、岭西道、岭北道、岭南道等。这时候，岭南道已经在广东的范围之内。由此可见，明清以来，"岭南"作为建置名称常为广东所用，这也许为在文化层面用岭南代指广东埋下了伏笔。

在文化认同层面，明清以来，一方面是岭南文化高度融入中华文化，岭南对中华文化的认同进一步强化；另一方面由于岭南经济、文化等方面实力的提升，岭南区域文化的自我意识、自我认同也进一步提升。由于广东处于岭南的中心位置，且经济文化地位显著提升，与周边地区形成了较明显的差异，其本土意识更加强烈并常常用岭南来进行自我标识，出现了用岭南专指广东的文化现象。明代张邦翼编《岭南文献》，集采粤中前哲之诗、文，就是用岭南代指广东。清至民国，用岭南代指广东更加普遍。黄登编《岭南五朝诗选》，陈兰芝编《岭南风雅》，刘彬华编《岭南群雅》，曾纲堂、陈枫垣编《岭南鼓吹》，何藻翔编《岭南诗存》，黄文宽编《岭南小雅集》，所选皆为广东人诗作，书名都是用岭南代指广东。[1]时至今日，在许多学者的意识中，广东是一个行政概念，岭南是一个文化概念，广东与岭南都指同一个地方。岭南文化在一定程度上已经成为广东文化的代名词。[2]《岭南文化辞典》所言岭南文化也是代指广东历史文化，词条收录范围包括今广东、广西部分区域（历史上曾属于广东、与广东交往联系密切、使用粤语的钦州、梧州、贺州、防城、北海五市；收录时间为1949年12月31日以前）、海南（1988年4月23日以前）、香港（1997年7月1日以前）和澳门（1999年12月20日以前）。

"岭南文化"一词古已有之。明代倪谦在《送朱文学赴苍梧》诗中有"马上风烟连百粤，岭南文化格三苗"[3]之句，但此处所言岭南文化大体是指岭南地区的文治教化，而非近现代文化学或区域文化研究等意义上的文化或岭南文化。比较早地从文化学意义上使用"岭南文化"并作研究的有予觉氏、黄尊生、冯炳奎等人。予觉氏认为"岭南文化即珠江流域，以广东为中心，近时文化之开拓者"[4]。黄尊生所著《岭南民性与岭南文化》一书中的岭南文化基本上也是就广东而言："岭南本为越南国（越亦作粤），其地包括南海、苍梧、郁林、合浦、交阯、九真、日南、珠崖、儋耳各郡，而今则差不多专指广东而言。"[5]冯炳奎在所著《中国文化与岭南文化》一书中提到他在20世纪30年代已经开设过岭南文化课程。[6]20世纪80年代以后，"岭南文化"一词的使用日益广泛，

---

① 参见陈凯玲：《广东清诗总集综论——以存世 13 种省域总集为线索》，《学术研究》2014 年第 5 期。
② 赵世瑜对"岭南"做过细致的文献梳理，以上关于岭南范围、岭南文化的论述参考了其研究。参见赵世瑜：《"岭南"的建构及其意义》，《四川大学学报（哲学社会科学版）》2016 年第 5 期。
③ （清）汪森编辑，桂苑书林编辑委员会校注：《粤西诗载校注》（四），广西人民出版社 1988 年版，第 313 页。
④ 予觉氏：《满洲忧患史》（卷 1），天津益世报馆 1929 年版，第 25 页。
⑤ 黄尊生：《岭南民性与岭南文化》，民族文化出版社 1941 年版，第 1 页。
⑥ 冯炳奎：《中国文化与岭南文化》，台湾中兴大学法商学院 1960 年版，第 10 页。

其研究也日渐深入。这些研究虽然对岭南、文化、岭南文化的理解存在不同的看法，但也恰恰是这样一种差异推动了岭南文化研究的深入。从文化学层面来审视，这些研究大致包含了两种研究视角。一种是地域文化的研究视角，也就是关于岭南文化各方面情形的研究。从这个视角来看，任何一个地域都有文化，岭南文化这个概念当然也是成立的，甚至可以在岭南文化概念下面提出许多亚文化概念，如粤东文化、粤西文化、粤北文化、江门文化、广州文化等。另一种是文化类型的研究视角，也就是将岭南文化作为一种典型的具有鲜明特征和突出贡献的文化形态加以看待、研究和揭示。从这个视角来看，不是任何地域都具有独特的文化形态。岭南文化作为一种独特的文化形态是学界广泛认同的。岭南文化的许多亚文化形态如广府文化、潮州文化、客家文化、雷州文化、华侨文化、商贸文化、海洋文化也都得到认同。近年来又提出了一些新的岭南文化的亚文化概念（如香山文化、韶文化等），尚需进一步研究。《岭南文化辞典》力图在前人研究的基础上，自觉地从地域文化和文化类型的双重视角对岭南文化加以审视、提炼和展示。

岭南文化是岭南人民在改造自然、社会和人自身的实践基础上产生和形成的生产方式、生活形态以及创造的物质财富和精神财富的总和。从发生和发展来看，包括了岭南人民生活的自然环境和历史经验；从结构层次来看，包括了物质文化、制度文化和精神文化；从文化要素来看，包括了价值观念、思维方法、审美趣味、宗教信仰、风俗习惯、语言文字；等等。文化是人与环境相互作用、相互影响的产物。文化的发展既受自然环境、历史传统的影响，也受文化交往以及人自身发展的影响。岭南文化独特的地理环境、历史传统与不同历史时期的特定条件、实际需要相结合，推动了岭南文化的不断发展进步，塑造了岭南文化的鲜明特色。

岭南独特的地理环境和开发历史对岭南文化产生了广泛而深远的影响。在东西广阔、南北辽远的中国版图中，在丰富多彩、气象万千的中华大地上，岭南的地理环境非常特殊。这里背倚五岭，连绵不断的崇山峻岭形成了一道天然屏障，往北，就是广阔的中原；这里面向南海，敞开了开放的怀抱，往南，就是一望无际的海洋。从地势上看，岭南北部地势较高，向南逐渐降低，进入丘陵、平原地带。从地形上看，岭南基本上呈西北—东南走向，南北距离较短，东西相当广阔，西北方向主要为山岭，东南方向主要为平原。从气候来看，岭南大部分地区属亚热带—热带湿润季风气候，气温大致南部较高、北部较低，具有潮湿温润、冬暖夏长、宜于农作物生长的气候条件和天气特点。岭南独特的地理位置、丰富多样的自然资源，为岭南文化的独特气质的形成提供了丰厚滋养。

岭南文化具有原生文化特质。岭南是中华文化的发祥地之一，考古发现，数十万年前就有人类在此繁衍生息。郁南磨刀山遗址属于旧石器时代早期的遗址，是广东迄今发现年代最早的文化遗存，揭示了远古岭南地区人类发展的文明特征。在相当长的历史发展阶段，由于岭南相对封闭的地理环境以及改造自然能力的不足，阻碍了与外界的交往，岭南文化处于相对封闭的发展阶段。先秦时期，岭南文化基本上可以看作是原生形态。这种原生形态的岭南文化与中原文化有着显著差异，虽然当时总体上开发程度低、生产力不足、组织化程度不高、文化相对落后，但也作出了许多原创性的贡献。最突出的如几何陶纹文化、青铜器物和铜鼓文化、巢居式干栏文化以及船文化等。岭南

出土的陶器多见夔纹、米字纹、菱形纹等几何印纹陶器。中原文化陶器中未发现此种印纹陶器，而在吴、楚、滇等古百越文化圈内则多有发现。在青铜器方面，最突出的是铜鼓，时至今日，在广东西部及广西壮族、侗族中，铜鼓仍然是一种具有民族及地方特色的文化现象。巢居式干栏在岭南被世代相传，至今两广的壮族、海南的黎族以及部分山区河谷地带的汉族，仍以干栏为居室。岭南先民善于舟楫，掌握了相当高的造船技术。此外，在稻作、饮食等方面也具有鲜明的地域特色。[①]

岭南文化具有边缘文化特质。秦汉至明清，岭南地处中国南疆，既是中国地理的边缘、中央权力的边缘，也是中原文化辐射的边缘。总体来讲，古代中央对岭南的开发与管控能力相对较弱，特别是在中原动乱年代，甚至出现过南越国、南汉等割据政权，这对岭南文化的性格特征产生了重要影响。由于中央对岭南的管控相对较弱，岭南的地方势力一直较为复杂，这里既有南下的政治势力，也有本地的民族势力、族群势力和豪强势力。因此明清以前岭南往往出现中央与地方权力、地方豪强的利益博弈，这种博弈逐渐形成一种务实的交往理性。从中央的角度来看，面对地方势力的利益格局、利益保全和抗争，很难照搬或贯彻中央的行政模式，形成了一些灵活变通的治理方式，如"南选"等等。从地方的角度来看，面对强大的中央政权，在维护地方利益的同时，也需要权衡利弊得失，努力维护国家的统一和整体利益。赵佗、冼夫人是岭南历史上的两个重要人物，他们的行为方式充分体现了这样一种交往理性，对岭南文化影响深远。同样由于管控较弱，明清以前岭南地方势力之间的矛盾、纠纷与博弈也较充分，民族矛盾、族群纷争以及匪患长期存在，构成了岭南地方治理的难点。此外，就文化结构而言，岭南文化也呈现出多元文化要素并存的局面。虽然秦汉以后直到明清，以儒家为主干的中原文化逐渐成为岭南文化的主要要素，但由于本根文化、海外文化等文化要素的存在，岭南文化并未出现儒家文化独尊的局面，甚至它又以"远儒性、非正统性"等区别于其他地域文化，"属于中华文化总体系中汉文化系列的边缘性文化"[②]。

岭南文化具有商贸文化特质。岭南物产丰富，且多奇珍异宝，加上海岸线长、港口多，先秦时期就开始了民间海上贸易。形成于秦汉时期的海上丝绸之路，从番禺港（今广东广州市）、徐闻港（今广东湛江市徐闻县境）、合浦港（今广西北海市合浦县境）出发，经北部湾进入暹罗湾、马来半岛，穿越马六甲海峡，进入孟加拉湾、印度半岛南部海域，到达黄支国（今印度甘吉布勒姆附近）、已程不国（今斯里兰卡）。这条航线与从地中海、波斯湾港口出发的海上航线在印度洋上相遇对接，标志着贯通东西方的海上丝绸之路打通，番禺、徐闻、合浦成为海上丝绸之路的始发地。岭南对外贸易历史悠久，持续时间最长，虽然因明清海禁有过中断，但一直是国家重要的对外交流窗口与重要的财富来源。清乾隆二十二年（1757）起，清朝实行一口通商，广州成为中国对欧美海路贸易的唯一口岸，对外贸易更加繁荣。这样一种商贸传统与中国传统文化中重农抑商的价值和政策倾向形成鲜明的反差。农业社会与商业社会的行为逻辑存在明显的差异。在农业社会中，人们生产生活的稳定性较强，普遍尊崇规则和秩序，尊崇传统和经验。在商业社会中，人们生产生活的流

---

① 参见李岩、张强禄：《考古百年视野下的岭南文明化进程》，《文博学刊》2021年第2期。
② 李权时：《岭南文化（修订本）》，广东人民出版社2010年版，第35页。

动性更强、不确定性因素更多，风险意识、创新意识、交往意识、合作意识与博弈意识等更强，普遍遵循逐利逻辑或者商业共识而不是繁文缛节或者高谈阔论。这种长期的大规模的海外贸易活动是岭南文化的重要特征，使岭南文化具有鲜明的海洋文化特征，对岭南文化的发展具有重要影响。

岭南文化具有移民文化特质。岭南自然资源丰富，开发较晚，秦汉至清代以前，一直都是人口的移入地。秦末、魏晋南北朝时期、唐五代十国时期、宋元之际、明清之际都发生过大规模的人口迁入。秦征南越，数十万中原人遣戍岭南，北方南下的人口之众，前所未有，这是历史上第一次大规模的中原人迁移岭南。魏晋南北朝时期，北方战乱不断，岭南相对安定，不断有中原人移民岭南，这次移民持续时间长、人数多，是历史上第二次大规模的中原人移民岭南。唐五代十国时期，是历史上第三次大规模移民岭南。宋元之际，由于战乱等原因，出现了第四次大规模移民岭南，中原人及江南人陆续迁往岭南，其规模之大、人数之多，超过历史上任何时期。明清之际，各地战火纷飞，不少人向岭南逃避，形成了第五次大规模移民岭南。大量的北方移民极大地改变了岭南文化。第一，逐步改变了岭南文化的主体结构，形成了不同民族、不同族群以及多样性文化。现在主要有汉、黎、壮、瑶、畲、回、苗、满、京等九个世居民族，广府、潮汕、客家、雷琼等四大汉族民系。第二，为岭南带来了财富、技术、劳动力和思想文化，加快了岭南的开发，同时也为岭南带来了战争和纷争，影响了岭南的地方治理方式。第三，移民心态对岭南文化的精神品格也有重要影响。这些移民多为战争所迫、生活所逼，有比较清晰的生存逻辑。在生存压力之下，行为较为理性务实，既敢于冒险也行事谨慎，既能接受新事物也重视旧传统，既善于斗争也乐于合作。这样一种理性务实、灵活变通的处事原则与儒家的道德礼仪、价值理想有一定的差异，甚至相互违背。同时，他们长期背井离乡，自然对过去的生活有怀恋，更加珍惜旧文化、旧传统，更加重视文化传承。他们在岭南创造了新文化，也较好地保存了旧传统。

岭南文化具有贬谪文化特质。岭南虽然物产丰富，但是古代自然改造能力有限、医疗条件不发达，再加上天气炎热潮湿、路途遥远，在中原人看来其生存环境十分恶劣，因而成为贬谪之地。直至明清时期，岭南才逐渐成为繁荣富庶之地。《隋书·地理志》记载："自岭以南二十余郡，大率土地下湿，皆多瘴疠，人尤夭折。"①乾隆《潮州府志》卷二也说："唐宋以前山原瘴疠，视为迁谪之区。"②自秦以来，有大批官员被贬岭南。其中著名者如虞翻、卢行瑫、韩愈、柳宗元、刘禹锡、李德裕、苏轼及其弟苏辙、李纲、赵鼎、胡铨等。这些人对岭南文化的发展产生了重要影响。一是他们多为大学者、大文人，到岭南后极力倡导文教，传承中华文明，极大地推动了岭南文教事业的发展。韩愈、苏轼最为典型。韩愈因请放宽人民徭役、免田租而获罪被贬为连州阳山（今广东阳山县）令，后又因谏迎佛骨而被贬为潮州刺史。在潮州，他高度重视文教，特聘当地名儒赵德负责州学建设，将自己的文章编成《昌黎文录》作为学校教材。此外，他还关心民间疾苦，下令禁绝私人畜养奴婢等，深得潮州人民的爱戴尊崇。潮州人民为纪念韩愈，将鳄溪改名为韩江，将东

---

① 魏徵等撰：《隋书》，中华书局 2019 年版，第 999 页。

② 上海书店出版社编：《中国地方志集成·广东府县志辑·乾隆潮州府志》，上海书店出版社 2003 年版，第 49 页。

山改名为韩山，将妇女的头巾也改名为韩公帕，还建了韩文公祠和思韩亭，永志韩愈在潮州的贡献。苏轼被贬惠州时写下了"日啖荔枝三百颗，不辞长作岭南人"的千古名句，将插秧工具秧马在当地推广。从惠州再贬海南岛时，苏轼为黎族人办起了学校，经常为黎族人讲学，和黎族人建立了真诚深厚的友谊。当地黎族人民主动跟苏轼学讲汉语，还称之为"东坡话"。二是他们到岭南后，受到岭南人民的尊崇，他们爱国爱民、刚直不阿、低调务实、不畏权贵、重视文教、不唯上不唯权、洁身自好等优秀品质和文化性格，深深影响了岭南文化、融入了岭南文化，同时也提升了岭南人民对中原文化的认同。

岭南文化具有华侨文化特质。岭南沿海地区在汉代就开始向外移民，唐、宋、元、明、清各代主要是沿着海上丝绸之路移民东南亚。明末清初之前移民人数很少。明末，由于海禁及战争不断，滨海地区的居民潜往海外谋生，当时正逢英国和荷兰对南洋进行加速开发，对劳动力的需求非常大。清朝的人口扩张和战乱加速了移民数量的增加。清末人口增长，而耕地有限，特别是经历太平天国、两广洪兵起义和广东土客大械斗之后，很多人选择到南洋谋生。鸦片战争后形成大规模移民潮，美洲、大洋洲、非洲也成为广东籍华侨的移民地。当今，祖籍广东的海外侨胞是世界华侨华人的最大群体，分布在160多个国家和地区。大量粤籍华侨华人形成的华侨文化是岭南文化的重要内容，对岭南文化具有重要影响。一方面，华侨华人是岭南文化与域外文化交流的使者，他们的存在使岭南文化与世界各地文化保持着长期的沟通交流，并且使岭南文化更加多元，更加开放，也更加理性和务实。另一方面，华侨华人本身具有的一些优秀品质也对岭南文化产生了深远影响，如爱国爱乡、勇于开拓、团结互助、勤劳进取、开放包容等。广东成为中国最大的侨乡、近代中国革命的策源地、改革开放的先行地，华侨华人发挥了重要作用。可以说华侨文化是岭南文化形成自身特色的重要因素，也是岭南文化的重要内容。

岭南文化具有江海文化特征。岭南位于热带季风气候区，降水丰沛，河网密布。西江、北江、东江汇入珠江三角洲河网，最后从崖门、虎跳门、鸡啼门、磨刀门、横门、蕉门、洪奇门、虎门等众多口门注入南海。珠江水系与黄河水系、长江水系不同，其最大特征是复合水系。广东省内独流入海河流52条，较大的有韩江、榕江、漠阳江、鉴江、九洲江等。珠江水系带给南粤大地的远不止交通发达、经济繁荣，还有由此衍生的"珠江文化"、海洋文化，使岭南文化具有江海文化特征。在这里，有众多的港口码头，广州港、黄埔港、潮州港、汕头港、徐闻港、雷州港、澳门港、合浦港、北海港、海口港等是古代海上贸易的重要节点。也有大量的水下文化遗产，如"南海I号"沉船、"南澳I号"沉船等。在这里，有傍水而生的疍民及其独特的文化；有与水有关的妈祖信仰、龙母信仰，其在岭南具有广泛的影响，也较早建构了岭南的道德范型。《山海经》所载的"番禺始作舟"，说的是住在广州地区的人民首先发明造船术。在这里，可以见到古代水利工程的奇观桑园围。桑园围始建于北宋，地跨今佛山市南海、顺德两区，是由北江、西江大堤合围而成的区域性水利工程，是中国古代最大的基围水利工程，也是桑基鱼塘生产方式的发端，内有大量的古闸窦、水神崇拜建筑、水利碑刻、古桥等，入选为"世界灌溉工程遗产"。由于水的流动性、水上生活的不

确定性较大以及围海造田、围海制盐等生产生活方式的影响，岭南文化具有敢于博弈、善于博弈、低调务实、积极进取的性格特征。

总体来看，岭南文化是长期历史发展进程中形成的一种要素齐全、结构完整、层次丰富、特色鲜明、高度成熟的区域文化形态。其发展既体现了内在精神的连续性，也体现了历史的阶段性；其总体特征表现为商贸文化基础之上的世俗主义、功利主义、实用主义；其文化性格表现为具有较强的开拓性、开放性、包容性、创新性、变通性、务实性、适应性。其中最基本的特性是务实性，这是岭南文化难能可贵的价值理性。许多学者都将"务实"作为岭南文化的基本精神特质，但是对岭南文化务实性的理解及其评价存在较大差异。我们将务实性视为岭南文化的基本精神特征是从哲学的层面来理解的，它既是一种认识原则，也是一种价值态度，还是一种交往理性。这一精神特质不仅体现在日常生活中，也反映在思想学术中。唐代六祖慧能主张在劈柴担水等世俗生活中悟道，可以说是一种生活禅。明代陈白沙将儒家思想与禅宗思想相结合，开创了岭南心学，实际也是一种知本务实、经世致用的思想流派。陈建更是主张实政思想，以解决国家大事中的实际问题。清代阮元在粤东倡导朴学，使学海堂成为清代最有影响力的书院之一。朱次琦、陈澧均倡导"主济人经世，不为无用之高谈阔论"。近代以来诸多思想家也秉承这一传统。这种务实精神也是中华优秀传统文化的重要内容，是中国文化的基本精神之一，中国文化"以人心和人生为观照，因而是面向现实、重视人生的。实事求是历来是中国人的认识原则和道德信条"[①]。这种务实传统以及实学、朴学等明清岭南的学术思想与西方近代的功利主义、实用主义等似乎又具有某种相通性。岭南能够在近现代崛起，与岭南文化务实精神的高扬以及务实精神在日常生活中的融合密切相关。务实在岭南文化中，不仅仅是一种价值追求，也是一种生活实践。

习近平总书记在文化传承发展座谈会上的重要讲话中指出："中华优秀传统文化有很多重要元素……共同塑造出中华文明的突出特性。"中华文明具有突出的连续性、创新性、统一性、包容性、和平性特点。[②]这是对中华优秀传统文化特点的最新理论概括和思想总结，也是深入全面地认识包括岭南文化在内的中华区域文化特点，并在此基础上发掘其历史意义、认识其思想内涵、传承其现代价值的基本方向。从岭南文化的历史发展、思想遗产、文明成果、现代价值、海内外影响等方面来看，可以认为，岭南文化也从中华区域文化的角度、在特殊文化区域与文化形态的意义上印证和诠释着中华文明的突出特点，并在此基础上显示出一定的特殊形态和独特价值。

岭南文化独特的发展环境和优秀品质，使其在中华文化发展史上具有重要意义和价值，并作出了突出贡献。岭南文化是中华文化的重要组成部分，其鲜明的个性和地域特色，使中华文化更加绚丽多姿；岭南文化对中原文化的接纳与吸收，汉越文化的融合，对中华文化的传承、丰富、发展具有重要意义，为维护国家统一、民族团结发挥了重要作用；岭南文化融汇中西，对中西文化的双向传播双向交流、相互了解相互借鉴发挥了重要作用，也为中华文化的近现代转型作出了积极贡献；

---

① 李宗桂：《中国文化概论》，中山大学出版社 1988 年版，第 358 页。
② 习近平：《在文化传承发展座谈会上的讲话》，《求是》2023 年第 17 期，第 5—6 页。

岭南文化的多元性、多样性、丰富性以及冲突融会的发展经历，为中华文化的整体发展提供了区域文化样本、经验和借鉴。尤其是，岭南文化在其发展史上所经历的三次大的文化冲突与融合，不仅推动了岭南文化的转型发展，而且创造了岭南文化发展的高峰，为中华文化增添了新的光彩。

秦征南越，开启了中原文化与岭南文化冲突与融合的新过程。这一过程既是岭南文化接纳、吸收、整合、认同中原文化的过程，也是岭南文化自我意识不断建构的过程。长时间大规模的北方移民来到岭南，改变了岭南的人口结构和文化结构，也逐步改变了岭南在政治、经济和文化等方面的落后状况。到明清时期，岭南各方面发展已经基本赶上中原和江南的水平，某些方面甚至超越了北方。这一转型，肇始于秦定岭南，至唐代基本定型，到明清日益成熟。①汉越文化的高度融合，使岭南文化发生了质的飞跃，逐渐从边缘文化融入主流文化，得到主流文化的认可，并创造了辉煌的成就。在这一文化转型过程中，岭南涌现了一批在中华文化史上占有重要地位、作出重要贡献的人物，他们既是岭南文化的代表，也是中华文化的代表。如果说秦汉时期的赵佗等人还是从中原进入岭南的外籍人士，反映了中原人士深刻地影响着岭南的历史趋势，那么到了东汉时期杨孚等人的出现，尤其是到了唐代张九龄等人，宋代崔与之、余靖、李昂英等人的出现，则表明岭南本土人物的崛起并愈来愈得到当朝政治、中原人士的认同和接纳，反映了岭南文化更加自觉主动地汇入中原文化、主流文化的总体趋势。这种趋势，到了明清时期，已经成为一种引人注目的文化现象，汇成一股汹涌磅礴的文化思想潮流。明清时期出现的孙蕡、陈白沙、湛若水、黄佐、陈子壮、陈邦彦、梁佩兰、屈大均、陈恭尹、张维屏等一批杰出人物，有力促进了岭南文化与中华文化的融合发展，充分展示了岭南文化在中华文化的历史变迁、时代变革过程中发挥的积极作用。张九龄不仅为开元之治作出了积极贡献，而且在文学上也取得巨大成就，对岭南诗派产生了重要影响，被誉为"岭南第一人"。"海上生明月，天涯共此时"更成为千古绝唱。陈白沙开创的"江门学派"，上承宋儒理学的影响，下开明儒心学的先河，在中国哲学发展史上，具有承前启后的地位，成为理学史上的关键人物，堪为岭南文化的一座高峰。

海上交通，开启了岭南文化与佛教文化冲突与融合的新篇章。佛教传入中国，对中国文化产生了多方面的重要影响，也是中国文化第一次遭遇外来文化的冲击。在长时间的相互融突过程中推动了中华文化的发展进步：一方面，佛教文化与道家文化、儒家文化等融合，最终形成中国化的佛教，为中华文化提供了新的元素，并对社会生活产生深远影响；另一方面，中国文化吸纳佛教文化的优秀成分改造自身，在哲学、文学、艺术等各个领域均有新的创造，出现了新的气象，达到了新的高度。岭南文化在这一过程中发挥了重要作用。佛教传入中国，一经陆上丝绸之路，一经海上丝绸之路。岭南凭借海上丝绸之路交通之便较早传入佛教。史籍所载佛教传入岭南的最早记录是三国大月氏沙门支彊梁接（正无畏）由天竺经海路抵达交州（州治番禺，即今广州），于三国吴五凤

---

① 关于岭南文化的形成，学界有不同的看法，可以进一步探讨。岭南文化是一个历史概念，不同历史阶段有不同的形态，如岭南文化的原生形态、古代形态、现代形态等。不同阶段的形态是由岭南文化内在的特殊的矛盾运动决定的。此处所讲是岭南文化的古代形态及其形成。

三年（256）译出《法华三昧经》6卷。南朝时，岭南已成佛教海路传播的中心。求那跋摩、求那跋陀罗等陆续泛海来交州、广州，或在岭南纳徒、译经、建寺，或继续北上传教弘法。东晋隆安中，罽宾国沙门昙摩耶舍在广州建王苑朝延寺（今光孝寺）。南朝梁天监元年（502），天竺僧智药三藏在韶州（今韶关）曹溪倡建宝林寺（今南华寺）。大通元年（527），南天竺高僧菩提达摩抵广州弘法，后被奉为中国禅宗初祖，其登岸处称"西来初地"。岭南的译经活动始萌于三国两晋，发展于南朝，鼎盛于唐，广州与长安（今西安）、洛阳、建业（今南京）并列为中国古代四大译经中心。唐以前的著名译僧有竺法眷、摩诃乘、僧伽跋陀罗（众贤）等，而梁武帝时的西天竺优禅尼国沙门波罗末他（真谛）是在粤时间最长、译经最多的梵僧。唐代翻译由海路单向东传变为双向互动。大译经家义净曾从广州搭乘船舶到印度求法，回国后又在制止寺（亦作制旨寺，即光孝寺）译经讲道。就佛教中国化而言，岭南文化的贡献尤其显著。《楞严经》是中外人士合作在广州翻译的一部大经，是一部对中国佛教之禅、净、律、密、教都有着广泛而深刻影响的大乘经典，内容宏富，体系严密，是大乘佛教理论的集大成之作，有学者认为其与《圆觉经》等一起完成并终结了佛教理论的中国化过程。唐代禅宗勃兴，六祖慧能融汇空有，进一步发挥《金刚经》的无相思想，并将禅宗的修行实践与中国人的日常生活相结合，形成了中国化的佛教思想。唐仪凤元年（676）后在广州法性寺（即光孝寺）、韶州宝林寺宣讲"明心见性"教义，南禅顿教遂成为禅宗主流，并在后世衍化出沩仰、临济、云门、曹洞、法眼五家及黄龙、杨岐两派，《六祖坛经》亦成为唯一称"经"的中国佛教著作，在中华文化史上具有重要地位，为佛教思想的中国化作出了重要贡献。

明清开启了岭南文化与西方文化冲突与融合的新阶段。15—16世纪以来，随着世界海上航路的开通，西方文化逐渐向全球传播和渗透，中华文化与西方文化开启了交流融合的过程，这也是中华文化第二次遭遇外来文化的冲击。由于独特的地理位置、长期的海外贸易传统以及务实理性、开放包容等文化品格，岭南文化在中西文化的交流融合过程中发挥了独特作用。一方面，西方文化最早在岭南传播，最早对岭南文化产生影响，岭南对西方文化的认知也较早较深入。打开传教士来华之门的利玛窦在肇庆、韶州等地通过介绍西方科学技术传教，使岭南较早接触西方科技文化。另一方面，岭南也是西方人观察中国文化的主要对象。一些来岭南的商人、医生、牧师，通过游记、书信等向西方社会介绍广州等地的民风民俗和经历，使中华文化得以向西方社会传播。鸦片战争以后，中国逐渐沦为半殖民地半封建社会，中西文化交往的社会环境发生了根本性的变化，中华文化遭遇西方文化更猛烈、更急速的冲击。在这种文化碰撞、民族矛盾和民族危难面前，一批岭南先进人物基于对中西文化的双向了解和世界发展大势的认识与把握，站在中国近现代历史发展的前端，努力探索中华文化的改造之路，在中华文化的近现代转型方面开风气之先，引领历史发展的潮流。洪仁玕积极学习西方的政治与经济文明，其《资政新篇》提出了国家建设的新方案，是中国最早提出发展资本主义的近代化纲领；郑观应提出了君主立宪的维新思想及重商主义，否定了中国传统主流文化中重农抑商的思想，赋予岭南文化重商传统的新内涵；康有为不仅提出变法维新的主张，还将公羊三世说与近代西方的天赋人权理论等相结合，提出大同

社会的理想，在中国近代思想史上具有重要的地位；梁启超是一位对中国近现代发展具有长期影响力的政治家、思想家和学者，在众多领域都有卓越的贡献，从国民精神的层面对中国传统文化进行了反思，并提出要培育具有时代精神的新民；孙中山是中国民主革命的伟大先驱，起共和而终2000多年封建帝制，其三民主义纲领、统一战线政策、艰苦奋斗精神被并称为"留给我们的最中心最本质最伟大的遗产"，是"对于中华民族最伟大的贡献"。①这些先进的岭南人对中国近现代历史产生了巨大影响。他们的思想虽然都受历史条件的限制，但深刻地影响了中华文化的变革和发展方向；他们的思想深受岭南文化的滋养，大大丰富了岭南文化的内涵，彰显了岭南文化的务实理性精神，也使岭南文化由非主流文化转变为主流文化。

　　中国的先进分子在向现代西方文明学习的同时，也发现了西方现代性的内在矛盾或紧张性。现代西方文明在创造了巨大的物质财富和技术进步等的同时，也造成了人与人、人与社会、人与自然的紧张关系，人的欲望的膨胀导致人为物役、心理焦虑、环境污染、贫富分化、劳资冲突、民族矛盾等现代性问题。第一次世界大战给人类造成的巨大伤害促使他们重新反思西方现代文化，并思考中国文化的出路。马克思对西方现代性矛盾的深刻揭示和批判以及十月革命的成功使他们选择和接受了马克思主义。五四新文化运动后期，中国出现了一批接受马克思主义的先进知识分子。马克思主义在中国的传播及以马克思主义为指导思想的中国共产党的成立，为中国文化由传统向现代转型找到了新的出路、新的方向。自此，马克思主义的命运同中国共产党的命运、中国人民的命运、中华民族的命运紧紧连在一起，为中国革命、建设、改革提供了强大思想武器，使中国这个古老的东方大国创造了人类历史上前所未有的发展奇迹。在这一历史过程中，一大批岭南先进分子为马克思主义的早期传播、为探索中国革命的正确道路、为探索中国现代化的正确道路、为马克思主义中国化时代化作出了卓越贡献。广东是近代工业和工人阶级的诞生地、工人运动的始发地以及中国资产阶级革命的策源地，具有马克思主义传播的土壤和条件，是马克思主义最早传播地之一，也是马克思主义革命实践的先行地之一。就马克思主义的早期传播而言，杨匏安、谭平山、阮啸仙、杜国庠等作出了突出贡献。就马克思主义革命实践而言，彭湃、叶挺、叶剑英等是杰出代表。就马克思主义中国化而言，广东丰富的革命实践活动，为探索中国革命的正确道路提供了重要的实践基础。在广州，毛泽东运用马列主义基本原理深入探讨中国的基本国情，对中国革命的特点及其道路进行了探索，发表了《中国社会各阶级的分析》一文，"开启了马克思主义中国化的尝试"②。在社会主义建设和现代化探索过程中，广东在中央的统一领导下，敢于坚持实事求是，大胆探索符合实际的建设道路。特别是20世纪70年代末，中共广东省委坚持马克思主义实事求是的思想路线，大力推动农村经济体制改革，探索创办经济特区，为中国的改革开放事业作出了重要贡献。广东改革开放"先行一步"，其丰富、鲜活的实践经验，为中国特色社会主义理论体系的形成、丰富和发展提供了沃土。中国特色社会主义理论体系的许多重要创新成果都率先在广东提出。1992年邓小平在广东

---

① 习近平：《在纪念孙中山先生诞辰150周年大会上的讲话》，人民出版社2016年版，第3页。
② 陈雷刚：《马克思主义中国化在广东的百年历程及启示》，《广州社会主义学院学报》2021年第2期。

发表南方谈话，成为中国特色社会主义理论体系发展的里程碑。2000年江泽民在广东完整地提出了"三个代表"重要思想。2003年胡锦涛在广东提出要坚持全面的发展观。新时代以来，党的理论创新与广东实践更加紧密相关。党的十八大后，习近平总书记多次到广东视察，提出了"深化改革开放、推动高质量发展"等重要思想论断；也多次对广东工作作出重要指示批示，"希望广东继续在全面深化改革中走在全国前列"，"要求深圳朝着建设中国特色社会主义先行示范区的方向前行，努力创建社会主义现代化强国的城市范例"，等等；亲自谋划、亲自部署、亲自推动了粤港澳大湾区建设和深圳建设中国特色社会主义先行示范区等重大国家战略；强调要使粤港澳大湾区成为新发展格局的战略支点、高质量发展的示范地、中国式现代化的引领地。广东在习近平新时代中国特色社会主义思想的指导下取得了新时代改革开放实践上的巨大成就，是习近平新时代中国特色社会主义思想实践的先行地，同时广东改革开放的一系列新的思路、新的举措、新的探索、新的经验也为习近平新时代中国特色社会主义思想的丰富发展提供了丰厚的实践基础。

纵观马克思主义传入中国后中国文化的现代转型，岭南在不同的历史时期都发挥了重要作用，为中国人民站起来、富起来、强起来作出了积极探索和重要贡献，岭南文化也得以转型、升华。特别是20世纪70年代末以来，广东作为改革开放的先行地，以其理性务实、开放包容的一贯精神品格，大胆创新大胆探索，取得了举世瞩目的发展成就。在这场伟大的实践中，岭南文化进一步得到现代性阐扬，在中华文化中更加耀眼夺目。新时代以来，习近平总书记高度重视中华优秀传统文化的创造性转化、创新性发展，强调"必须坚定历史自信、文化自信，坚持古为今用、推陈出新，把马克思主义思想精髓同中华优秀传统文化精华贯通起来、同人民群众日用而不觉的共同价值观念融通起来"①，并对岭南文化的传承与创新给予了具体指导，提出了明确要求。2023年6月2日，习近平总书记在文化传承发展座谈会上的重要讲话中再次强调，在新的起点上继续推动文化繁荣、建设文化强国、建设中华民族现代文明，要坚定文化自信，坚持走自己的路，立足中华民族伟大历史实践和当代实践，用中国道理总结好中国经验，把中国经验提升为中国理论，实现精神上的独立自主。要秉持开放包容，坚持马克思主义中国化时代化，传承发展中华优秀传统文化，促进外来文化本土化，不断培育和创造习近平新时代中国特色社会主义文化。要坚持守正创新，以守正创新的正气和锐气，赓续历史文脉、谱写当代华章。

《岭南文化辞典》的编纂是贯彻落实习近平文化思想的重要举措，是广东文化强省建设的一项重要工程，旨在为岭南文化的创造性转化、创新性发展及其研究提供知识性支撑。我们坚信，在新时代以中国式现代化全面推进中华民族伟大复兴的征程中，岭南文化将进一步丰富自身内涵，发挥更加重要的作用，为建设中华民族现代文明添砖加瓦，铸就新的辉煌！

---

① 习近平：《高举中国特色社会主义伟大旗帜　为全面建设社会主义现代化国家而团结奋斗——在中国共产党第二十次全国代表大会上的报告》，人民出版社2022年版，第18页。

凡　例

1. 本辞典是一部关于岭南文化的综合性大型工具书。

2. 本辞典选取具有岭南特色且有文化内涵的名词术语、概念范畴等设立词条，共收13379条。既注重知识体系的完整性、系统性、层次性，也注重词条的典型性、代表性、单义性，力图全面、系统地反映起源、生成或传承发展于岭南的物质文化、制度文化和精神文化。

3. 本辞典"岭南"的地理范围，包括今广东省、广西壮族自治区部分区域（历史上曾属于广东、与广东交往联系密切、使用粤语的钦州、梧州、贺州、防城、北海五市）、海南省、香港特别行政区、澳门特别行政区。

4. 本辞典收录词条的时间范围，上起远古，下迄2019年，个别下延至2023年。

5. 本辞典人物、文献类词目按照"生不入传"原则，人物、文献编著者尚在世的均不单独立目；新闻出版卷"文献出版"部分不在此列。

6. 本辞典按义类编排，分地理卷、历史卷、民族民系卷、宗教卷、民俗卷、学术·教育卷、语言文字卷、文学卷、艺术卷、新闻出版卷、科技卷、建筑卷、饮食卷、中医药卷、武术卷、对外贸易卷、华侨·侨乡卷、海洋文化卷、人物卷，共19卷。除人物卷外，其他各卷卷内再分类；同类词条根据实际按内在意义关系排列，如人物按生卒年先后、事件按发生时间先后、地理位置按经纬度等。

7. 本辞典注意吸收最新学术研究成果，一般采用学界定论，无定论者酌采众说或以较有代表性的一说为主。

8. 本辞典文字以国家语言文字工作委员会正式公布的最新标准和规范为准，人名、地名、引用文献中有特殊情况者据实际情况斟酌处理。

9. 本辞典一般以规范名称或习见通用的名称立目。一个词目有多种名称者，采用互见条方式；同一词目另见他卷者，采用参见条方式。

10. 本辞典释文力求客观、科学、准确、简明，一般不作考据、论证。

11. 本辞典词条中的外国人名、组织机构名、著作名等，采用通用中文译名，一般括注外文。

12. 本辞典词目有多个义项者，释文用①②③……分项叙述。

13. 本辞典在每一个词条后列明撰写者姓名。

14. 本辞典部分词条配有相关的图片，图片随文插排。每幅图片均有说明文字。图片来源统一在"《岭南文化辞典》图片提供（摄影）人员""《岭南文化辞典》图片提供单位"中标明。

15. 本辞典民国以前一般用年号纪年并括注公元纪年；民国及以后一律用公元纪年。

16. 本辞典今地名以新的规范地名为准，历史地名按原地名并括注今地名，与今地名一致者不加括注。

17. 本辞典所用科学技术名词，以各学科有关部门审定公布的为准，未经审定和统一的，从习惯说法。古代事物用古代计量单位，现代事物用法定计量单位。

18. 本辞典正文前附有彩图，集中地展现岭南文化的成就。

19. 本辞典正文后附有《广东省省级及以上文物保护单位名录》《广东省省级及以上历史文化名城、名镇、名村、街区名录》等与岭南文化相关的附录15种。

20. 本辞典附有《笔画索引》和《音序索引》，以便检索。

分卷目录

二 历史卷

三 民族民系卷

六 学术·教育卷

七　语言文字卷

九　艺术卷

工艺美术 ················ 668

概况 ················ 668

种类 ················ 669

十一 科技卷

十二　建筑卷

十四　中医药卷

十五　武术卷

十六 对外贸易卷

十七　华侨·侨乡卷

十八 海洋文化卷

十九　人物卷

一 地理卷

概 况

岭南 又称岭表、岭外、岭海、峤南。自然地理区域。中国南岭山地以南地区。范围包括今广东省、海南省、广西壮族自治区东部和香港特别行政区、澳门特别行政区。岭南作为地域名称的记载，较早见《史记·货殖列传》："领南、沙北固往往出盐。"其中领南即岭南。根据地貌的内部差异，大致可分为四大区域：北部山地丘陵，主要为大庾岭、骑田岭、萌渚岭、都庞岭、越城岭等南岭山地，包括广东北部和广西东北部；中部冲积平原，主要为珠江沿岸平原及三角洲，镶嵌部分山丘；南部沿海平原台地，间有少量山丘及近岸海岛，如粤东沿海平原、漠阳江平原、鉴江平原、雷州半岛、北部湾沿岸、海南岛及其沿海等；南海诸岛及其附近海域，含东沙群岛、中沙群岛、西沙群岛、南沙群岛及其附近海域，中国对南海诸岛及其附近海域拥有无可争辩的主权。广东、广西地势北高南低，河流大多自北向南，呈向心状流入南海。河流数量多，汛期长，雨量充沛，含沙量小，河床稳定。重要水系有珠江水系及韩江、漠阳江、鉴江等。海南岛中间高耸、四周低平，河流从中部山区或丘陵区向四周分流入海，呈放射状，主要河流有南渡江、昌化江、万泉河等。位于东亚季风气候区南部，北回归线横穿广东、广西中部。广东、广西大部属南亚热带季风气候，海南岛和南海诸岛及其附近海域属热带季风气候。季风气候显著，夏长冬暖，雨季长，雨量充沛，多台风暴雨，冬春有冷空气入侵，偶有奇寒。主要气象灾害是台风、干旱、低温冷害。自然资源丰富，物产富饶。秦统一岭南以前，属百越地，农业生产水平低下，以渔猎经济为主。秦统一岭南以后，在岭南推行郡县制，在交通沿线及军事要地修筑关隘、城堡，灵渠的开凿和五岭南北交通的开拓，改变了岭南封闭半封闭的局面。中原地区铁制工具和牛耕技术的传入，进一步促进岭南经济的发展。随着对外贸易的发展，沿江、沿海地区形成众多商业城市及港口。不同的地理环境孕育了广府、潮汕、客家、雷州、海南等不同特色的地域文化。北部山地丘陵地区，居民以耕山为主，中原移民入居后，形成客家民系。中部平原地区地势平坦、河网密布，稻作文化发达，且濒临南海，港湾众多，贸易方便，商业文化浓厚。南部沿海平原台地及南海诸岛等地，依托南海丰富的水产资源，"人以舟楫为食"，善"逐海洋之利"，海洋文化特色鲜明。我国对外交通和文化交流的重要通道、"海上丝绸之路"的发源地和对外贸易的重要基地。（张争胜）

岭表 见"岭南"。

岭外 见"岭南"。

岭海 见"岭南"。

峤南 见"岭南"。

沿 革

广东省 简称粤。省级行政区域。位于中国南部，东邻福建，北接江西、湖南，西连广西，南邻南海，珠江口

东西两侧分别与香港、澳门接壤，西南部雷州半岛隔琼州海峡与海南相望。北纬20°09′—25°31′，东经109°45′—117°20′。陆地面积17.97万平方千米，其中岛屿面积1448平方千米。2022年全省常住人口12656.8万人。主要有汉、壮、瑶、畲、回、满等民族。古为百越地，粤同越，故广东简称粤。秦初，大部属南海郡，治番禺（今广东广州），余属桂林、象、长沙郡。秦末汉初，南海郡都尉赵佗吞并桂林、象2郡，建立南越国，都番禺。西汉元鼎六年（前111），置交趾刺史部，大部属南海郡，余属苍梧、合浦、荆州桂阳、扬州豫章郡。东汉建安八年（203），交趾改交州，治广信（今广西梧州）。建安十五年（210），治徙南海郡番禺。三国吴黄武五年（226），析交州东部置广州，辖南海、苍梧、高凉、郁林郡。隋初废郡，设广州、循州2个总管府统领诸州；大业初，废州复郡，有10郡、74县位于今广东境内。唐于广州置岭南道，辖广州、桂州、容州、邕州、安南5个都督府45州。唐咸通三年（862），岭南道分为东、西道，东道治广州，广东属岭南东道。五代十国时期为南汉国。北宋开宝四年（971），置广南路。至道三年（997），分广南东、西路，广东是广南东路简称，辖12州和2府。元广东道隶江西行中书省，高州、化州、雷州属湖广行中书省海北海南道。明洪武二年（1369）于广州置广东等处行中书省，简称广东省，省名始此。清称广东省。清顺治四年（1647）后设6道、94县。1921年，中华民国政府在广州成立。1925年，广东省置广州、北江、东江、西江、南路、海南6行政区94县（州）。1949年，广东省人民政府成立。1950年4月，全省解放，设潮汕、兴梅、东江、珠江、西江、粤中、高雷、钦廉、北江9个专区和海南行政区，广州为中央直辖市。1952年，钦州专区4个县及北海市划归广西，广西怀集县划归广东。1954年，改广州市为省辖市。1955年，广西合浦专区（原钦州专区，后改回原名）5个县及北海市划归广东。1965年，钦州专区6个县和北海市复划归广西。1988年，海南行政区析出置海南省。同年，广东取消地区设置，设18个地级市。1991年，潮州、揭阳设地级市。1994年，云浮设地级市。2022年，广东省辖广州、深圳、珠海、汕头、佛山、韶关、河源、梅州、惠州、汕尾、东莞、中山、江门、阳江、湛江、茂名、肇庆、清远、潮州、揭阳、云浮21个地级市，65个市辖区、20个县级市、34个县、3个自治县（共122个县级行政区划单位），4个乡、7个民族乡、1112个镇、489个街道（共1612个乡级行政区划单位）。省会广州。（陈洪福、张争胜）

粤　见"广东省"。

海南省　简称琼。省级行政区域。位于中国最南部，北隔琼州海峡与广东省雷州半岛相望，西临北部湾，东南为南海及西太平洋。北纬3°20′—20°18′，东经107°50′—119°10′。包括海南岛、南海诸岛及附近海域。陆地面积3.54万平方千米，海洋面积约200万平方千米。2021年常住人口1020.5万。有汉、黎、苗、回、彝等30个民族。古为百越地。秦统一百越，置桂林、南海和象郡，属象郡之外徼。西汉元封元年（前110），置珠崖、儋耳2郡，领16县，元封五年（前106）属交趾刺史部。初元三年（前46），废珠崖郡，置朱卢县，属合浦郡。东汉建武十九年（43），改朱卢县为珠崖县。永平十年（67），复置儋耳县，辖珠崖、儋耳2县。建安八年（203），交趾改为交州，治广信（今梧州）。三国吴黄龙三年（231），置珠崖郡，辖徐闻、朱卢、珠官3县，属交州合浦郡。晋太康元年（280），珠崖郡并入合浦郡，辖合浦、南平、荡昌、徐闻、玳瑁、珠官6县。南朝梁大同年间，置崖州。隋大业六年（610），置珠崖、临振、儋耳3郡14县。唐高宗年间，置崖州都督府及崖、儋、振、万安、琼5州24县，统属岭南道。海南因琼州而简称琼。五代属南汉国，置5州14县。宋元符末年，置琼管安抚司，辖琼州及昌化、万安、珠崖3军10县。元至元十五年（1278），置琼州路安抚司，属湖广行中书省，后属北海南道，辖南宁、万安、吉阳3军。至元二十八（1291）年，改琼州路军民安抚司，后又改为乾宁军民安抚司，属广西行中书省。明置琼州府，辖儋、万、崖3州10县。清沿明制。1912年7月，置琼崖绥靖处，属广东总绥靖处。1950年4月，全境解放，置广东省人民政府海南行政公署。1980年，改海南行政公署，辖琼山、文昌、临高、澄迈、琼海、屯昌、儋县、万宁、定安9县1市，并设西沙、南沙、中沙群岛办事处。1988年从广东省析出，设海南省。2018年6月，废西沙、南沙、中沙群岛办事处，置三沙市。现辖海口、三亚、三沙、儋州4个地级市、8个市辖区、5个县级市、4个县、6个自治县、21个乡、176个镇。省会海口。（祝志刚、张争胜）

琼　见"海南省"。

广西壮族自治区　简称桂。省级行政区域。位于中国南部，西接云南，北连贵州，东北靠湖南，东南邻广东，西南与越南接壤，南濒北部湾。北纬20°54′—26°23′，东经104°28′—112°03′。陆地面积23.66万平方千米，其中岛屿面积84平方千米。2022年常住人口5047万人。主要有壮、

汉、瑶、苗、侗、仫佬、毛南、回、京、彝、水、仡佬 12 个民族。古为百越地。秦统一百越，置桂林、南海和象郡，含桂林郡全部、象郡一部以及长沙、黔中、南海郡小部，故广西简称桂。秦末汉初，南海郡尉赵佗吞并桂林、象郡 2 郡，建立南越国，都番禺（今广东广州）。西汉元鼎六年（前 111），3 郡分为 9 郡，灭夜郎、头兰设牂柯郡，郁林郡全部及合浦、苍梧、牂柯、零陵 4 郡部分地区位于今广西境内。元封五年（前 106），置交趾刺史部，统领各郡，治广信（今广西梧州），后迁番禺。东汉建安八年（203），交趾改为交州。建安十五年（210），三国吴在此新增零陵、始安、临贺 3 郡。三国吴黄武五年（226），分交州置广州，合浦郡属交州，苍梧、郁林、桂林、高凉 4 郡及合浦北部都尉属广州。南朝宋泰始七年（471），置越州，相继设 10 州。隋大业初，废州，置始安、永平、郁林、宁越、合浦等郡。唐贞观元年（627），全国置 10 道，岭南道辖桂大部，江南道辖桂西、桂西北、桂东北小部。咸通三年（862），岭南道分为东、西道，广西多属岭南西道。五代十国时期分属楚和南汉。宋开宝四年（971），宋灭南汉，先后将全国划分为 15 路，广西多属广南路。至道三年（997），分广南东、西路，广西多属广南西路，简称广西路，广西名始于此。广西路辖 25 州，治桂州。元初称广西两江道宣慰司，元至正二十三年（1363）改为广西行中书省，治静江（今桂林），全州、钦州、廉州属湖广行中书省。明洪武九年（1376），改为广西承宣布政使司，辖 11 府、9 直隶州、1 长官司、1 都统使司。清改为广西行省，辖 12 府、2 直隶州、2 直隶厅。1917 年，设桂林、柳江、南宁、苍梧、镇南、田南 6 道，统辖各县。1950 年，广西全省解放，治南宁

市。辖南宁、桂林、柳州、梧州 4 市和南宁、桂林、柳州、梧州、乐平、玉林、武鸣、宜山、百色、龙州 10 专区 99 县。1951 年，武鸣专区并入百色、南宁、龙州等专区，梧州、郁林并为容县专区。1952 年，广东钦州专区 4 县及北海市划归广西，怀集县划归广东。1955 年，合浦专区（原钦州专区，后改回原名）5 县及北海市划归广东。1958 年，成立广西壮族自治区。1965 年，广东钦州专区 6 县和北海市复划归广西。其后区内行政区划多变。2022 年辖南宁、柳州、桂林、梧州、北海、钦州、防城港、贵港、玉林、百色、贺州、河池、来宾、崇左 14 个地级市，41 个市辖区、10 个县级市、48 个县、12 个自治县、253 个乡、59 个民族乡、806 个镇、133 个街道。自治区首府南宁。（祝志刚、张争胜）

桂 见"广西壮族自治区"。

香港特别行政区 简称港；全称中华人民共和国香港特别行政区；又称香港。省级行政区域。位于中国南部，珠江口以东，西与澳门隔海相望，北与深圳相邻，南临珠海万山群岛。北纬 22°08—22°35′，东经 113°49′—114°31′。包括香港岛、九龙、新界和周围的 262 个岛屿。陆地面积 1106.66 平方千米，海域面积 1648.7 平方千米。2021 年常住人口 730 万人。先秦属百越地。秦始皇三十三年（前 214），设桂林、象、南海 3 郡，香港属南海郡番禺县。汉初属南越国。西汉元鼎六年（前 111），设南海、苍梧等 9 郡，属南海郡博罗县。此后，一直延续至西晋。东晋咸和元年（326），南海郡东部设东官郡，属东官郡博罗县。东晋咸和六年（331），从博罗县析出宝安县，香港属东官郡宝安县。南朝梁天监六年（507），改东官郡为东莞郡，香港属东莞郡宝安县。南朝陈祯

明二年（588）复东莞为东官，属东官郡宝安县。隋朝废东官郡，复置南海郡，属南海郡宝安县。唐至德二年（757），改宝安县为东莞县，属广州都督府东莞县。五代，属南汉兴王府东莞县。宋开宝五年（972），废东莞县，改属增城县。开宝六年（973），复属东莞县。至道三年（997），广南路分置东、西路，属广南东路广州府东莞县。元属广州路总管府东莞县。明万历年间，从东莞县析出新安县，自此改属广州府新安县。清道光二十二年（1842），清政府与英国签订不平等的《南京条约》，割让香港岛给英国。咸丰十年（1860），签订不平等的《北京条约》，割让九龙半岛界限街以南地区给英国。光绪二十四年（1898），英国强迫清政府签订《展拓香港界址专条》（俗称新界租约），强行租借九龙半岛界限街以北、深圳河以南的地区，以及 200 多个大小岛屿，租期 99 年。1941 年，香港被日本占领，开始 3 年 8 个月的"日治时期"。1945 年，日本战败后签署降书，撤出香港，香港重新被英国管治。1997 年 7 月 1 日零时，中国政府对香港恢复行使主权，香港特别行政区成立。2020 年辖 18 个区，包括位于香港岛的中西区、湾仔区、东区、南区，位于九龙半岛的油尖旺区、深水埗区、九龙城区、黄大仙区、观塘区和位于新界的北区、大埔区、沙田区、西贡区、荃湾区、屯门区、元朗区、葵青区、离岛区。参见第 66 页地理卷"香港"条。（陈洪福、张争胜）

港 见"香港特别行政区""香港"。
中华人民共和国香港特别行政区 见"香港特别行政区""香港"。

澳门特别行政区 简称澳；全称中华人民共和国澳门特别行政区；又称澳门；古称蚝镜、濠镜、濠镜澳、香山

澳。省级行政区域。位于中国南部，珠江口西岸。北与珠海拱北相接，西与珠海湾仔和横琴相望，东与香港、深圳隔海相望，南临中国南海。北纬22°06′—22°13′，东经113°31′—113°35′。陆地面积32.8平方千米。2022年常住人口68.32万人，多为汉族。新石器时代已有人类活动。先秦属百越地。秦始皇三十三年（前214），设桂林、南海、象3郡，澳门属南海郡。汉初属南越国。西汉元鼎六年（前111），复置南海郡，属南海郡番禺县。此后，一直延续至西晋。东晋咸和六年（331）析南海郡之东为东官郡，元熙元年（419）析南海郡之西为新会郡，澳门介于东官、新会之间。隋开皇十年（590），废东官、新会郡，改属宝安县。唐至德二年（757），废宝安县，改属广州都督府

东莞县。北宋元丰五年（1082）设香山寨，仍属东莞县。南宋绍兴二十二年（1152），香山寨自东莞县划出，与南海、番禺、新会3县划出的沿海地区合并为香山县，属广州府。此后，一直属香山县。元至元十五年（1278）设广东道宣慰司，澳门属广州路。明属广州府。清光绪三十一年（1905），属广肇罗道广州府，道治肇庆，府治广州。明嘉靖三十二年（1553），有葡萄牙人来澳门居住。嘉靖三十六年（1557），葡萄牙人求得在澳门的居住权，明朝政府在此设官府，由广东省管辖。清光绪十三年（1887），葡萄牙政府与清朝政府签订《中葡会议草约》和有效期为40年的《中葡和好通商条约》（至1928年期满失效）后，占领澳门。1974年，葡萄牙革命成功，实行非殖民地化政策，承认澳

门是被葡萄牙非法侵占，并首次提出把澳门交还中国。1999年12月20日零时，中国政府对澳门恢复行使主权，澳门特别行政区成立。2020年辖7个堂区和1个无堂区划分区域，包括位于澳门半岛的花地玛堂区、圣安多尼堂区、大堂区、望德堂区、风顺堂区，位于离岛的嘉模堂区、圣方济各堂区以及无堂区划分地区路凼城。参见第66页地理卷"澳门"条。（陈洪福、张争胜）

澳　见"澳门特别行政区""澳门"。
中华人民共和国澳门特别行政区　见"澳门特别行政区""澳门"。
蚝镜　见"澳门特别行政区""澳门"。
濠镜　见"澳门特别行政区""澳门"。
濠镜澳　见"澳门特别行政区""澳门"。
香山澳　见"澳门特别行政区""澳门"。

地　貌

南岭山地　中国南部山地。包括大庾岭、骑田岭、萌渚岭、都庞岭、越城岭以及苗儿山、海洋山、九嶷山、香花岭、瑶山、九连山等。位于广东、广西、湖南、江西、福建5省（区）交界处。东起福建、江西边界，西至从江—宜州，南起上林—桂平—梧州—怀集—龙川，北至零陵—永兴—泰和。珠江水系与长江水系的分水岭、我国中亚热带和南亚热带的分界线，自然景观有明显的过渡性。海拔多在400—500米。主峰海拔1600—2200米。为经多次造山运动后形成的复杂构造带，山地基底形成于加里东运动时期，山脉形成于燕山运动时期，主体为花岗岩体，上覆盖层多为泥盆系硬砂岩和石炭系灰岩。山岭间为一系列东西排布、北东走向的断陷盆地，堆积白垩系—古近系红色碎屑岩系。经济作物以糖蔗、黄麻、烟草等为主，经济林

木有肉桂、八角、中果油茶等，常见水果有龙眼、荔枝、香蕉等。土壤类型主要有红壤、黄壤。矿产资源多钨、锑、铅、锌等有色金属。（陈敏）

粤北山地　广东山地。位于广东北部。南至新丰江、滃江、飞来峡、绥江谷地北侧。部分山岭为珠江水系与长江水系分水岭。主要地貌类型为山地，由北向南依次为蔚岭—大庾岭山地、大东山—石人峰山地、东翼石人嶂山地、起微山—青云山山地。海拔600—1300米，1000米以上的山峰较多，是广东地势最高的山地。最高峰石坑崆，海拔1902米。处华南加里东褶皱系的赣湘桂粤褶皱带，山间多丘陵盆地，有发育丹霞地貌的中、新生界红色砂砾岩盆地（南雄盆地、仁化盆地、坪石盆地、星子盆地、清水盆地等）和喀斯特地貌的古生界石灰岩、砂页岩

盆地（乐昌盆地、韶关盆地、翁源盆地、英德盆地等）。盆地内地形以丘陵、台地、平原为主，河流流经盆地中部，形成冲积平原，成为主要农耕区。植被多为亚热带常绿阔叶林，此外还有杉、马尾松、竹等植物。土壤类型有红壤、黄壤、石灰土、紫色土、水稻土。矿产资源有煤、铁、钨、铅、锌、石灰石等。（陈敏）

粤东山地　广东山地。位于广东东部。东起广东、福建省界，西至新丰江—流溪河谷地东边，南起凤凰山—莲花山南麓—梧桐山北麓，北至广东、江西省界。东北—西南走向，与海岸线大致平行。自东到西有凤凰山、莲花山、七目嶂、罗浮山、九连山等。最高峰为莲花山主峰铜鼓嶂，海拔1559米。七目嶂以东属韩江水系，山间有梅江谷地、兴宁盆地等；七目嶂以西

属东江水系，山间有东江谷地、灯塔盆地等。河谷盆地多白垩系紫色砾岩、红色砂岩丘陵。位于华南褶皱系东部的东江燕山冒地槽褶皱带。中北部出露震旦系变质砂岩较多。东部凤凰山属东南沿海褶皱系。属中、南亚热带季风气候，植被为常绿阔叶林和季风常绿阔叶林。土壤类型有赤红壤、红壤、黄壤。矿产资源有钨、锡、铁、煤等。（陈敏）

粤西山地　广东山地。位于广东西部。东起羚羊峡，西至广东、广西边界，南起河尾山南麓，北至绥江谷地南边。西江横贯中北部，形成三榕峡。岭谷受北东向褶皱或断裂控制，排列主要呈北东向。南有天露山、云雾山、云开大山等北东向平行山脉，北有黄莲山、七星山、党山等近北东向叠瓦状山脉。海拔800—1000米。最高峰为云雾山大田顶，海拔1704米。处于华南加里东褶皱系南部的云开褶皱带，广泛出露震旦系变质岩、寒武系石英砂岩和加里东期混合花岗岩。属南亚热带季风气候，植被为季风常绿阔叶林，南部常见植物有华南栲、荷木、香蕉、龙眼、波罗蜜、砂仁等，北部常见植物有华南栲、厚壳桂、刺栲、柿、柚等。土壤类型有赤红壤、黄壤。矿产资源有玉、金、锡、硫等。（陈敏）

两广丘陵　又称岭南丘陵、华南丘陵。南岭以南广东、广西大部的低山、丘陵的总称。东南丘陵的一部分。主要山脉有大瑶山、十万大山、勾漏山、云开大山、罗浮山、莲花山等。丘陵海拔多在200—400米，少数山脉超过1000米。广东境内多花岗岩、红砂岩丘陵，外形浑圆，球状风化明显，沿海一带多石蛋地形；雨水较多，流水侵蚀、切割作用强，水土流失严重，山体因侵蚀而破碎。广西境内多石灰岩丘陵，岩溶发育；沿河谷一带多峰林石山，以桂林、阳朔等地最为著名；沿海河口处，分布有大小不一的冲积平原或三角洲，如西江、北江、东江沿岸的河谷小平原；有柳州、南宁、桂平等红色盆地分布，也有丹霞地貌发育。海岸曲折，多岛屿、港湾。地处南亚热带，雨热条件好，亚热带、热带植物品种多，柑橘、香蕉、菠萝、荔枝等分布广泛，油茶、油桐、八角、玉桂等经济林木及杉、松、栎、竹等用材林木分布普遍。土壤类型有赤红壤、红壤、黄壤等。矿产资源有锰、铁、锡、钨、锑、油页岩、硫黄等。农业发达，盛产稻米和鱼虾，是华南的"鱼米之乡"。（陈敏）

岭南丘陵　见"两广丘陵"。
华南丘陵　见"两广丘陵"。

粤东沿海丘陵　广东丘陵。位于广东东部沿海，莲花山东南。北至凤凰山—莲花山南麓，西至珠江口东侧。多为东北—西南走向平行排列的中山、低山。主要山脉有青云山、九连山、莲花山和海岸山等。最高峰峨嵋嶂，海拔980米。山间广泛分布红层盆地，较大的有兴宁盆地、梅县盆地。地势北高南低，丘陵多集中于北部，南部为滨海台地。大部分处于东南沿海海西褶皱系，广泛出露燕山第一、第三期花岗岩和中生界中、酸性火山岩。西部大鹏—大亚湾沿海属华南加里东褶皱系，有古生界砂页岩出露。属南亚热带季风气候，植被为次生季风常绿阔叶林和次生灌丛草坡，常见桂木属、榕属、厚壳桂、香蒲桃、荷木、刺栲、黄杞等。土壤类型主要有赤红壤、黄壤、水稻土。矿产资源有钨、锡等。（陈敏）

粤中丘陵　广东丘陵。位于广东中部。东起博罗—潼湖东岸，西至羚羊峡—潭江谷地西边，南起珠江口，北至飞来峡。包括粤东低山区（凤凰山、莲花山、罗浮山）、粤西低山区（天露山、云雾山、云开大山）、珠江三角洲。海拔300—700米。最高峰古兜山狮子头，海拔982米。位于华南加里东褶皱系南部的粤中凹陷。东部和北部多震旦系变质岩和燕山期花岗岩，西部和南部多寒武系、泥盆系砂岩和燕山期花岗岩，珠江三角洲北部有新近系和古近系砂页岩出露。属南亚热带季风气候。农作物和马尾松等人工林面积大。植被为次生季风常绿阔叶林，常见植物有黄桐、榕树、红鳞蒲桃、土沉香等。主要水果有龙眼、阳桃、黄皮、青梅、沙梨、柿、番荔枝、番石榴、凤眼果、南山甜桃、蒲桃等。土壤类型有赤红壤、黄壤。（陈敏）

粤西沿海丘陵　广东丘陵。位于广东西部沿海。包括珠江口以西，古兜山、天露山、河尾山、云雾山以南的沿海区域。区内丘陵地海拔低于300米。最高峰龙高山，海拔808米。按地形差异，分为南北两部分，北部恩平、阳春、高州、信宜属中低山地区，南部沿海以丘陵、台地、平原为主。大部分处华南加里东褶皱系的云开褶皱带南部，南部雷州半岛属新生代琼雷凹陷。北部山地，部分地区属云雾山山系，出露岩层较古老。属热带、南亚热带季风气候。植被为热带季雨林、热带草原和南亚热带季风常绿阔叶林。西南部有连片的橡胶林。土壤类型有砖红壤、赤红壤。矿产资源有油页岩、煤等。（陈敏）

大庾岭　又称台岭、东峤、梅岭。南岭山地。位于广东北部。相传汉武帝时，有庾胜将军大庾城于此，故名。东起江西省境，入广东省境经南雄北部，西至闻韶、黄坑等地的仁化盆地东边。东北—西南走向，是赣江水系

和北江上游浈水水系的分水岭，是中国南方地区重要气候分界线。山岭海拔约 1000 米。最高峰观音崇，海拔 1428 米。多由花岗岩及变质岩组成，山势陡峻。中段梅岭至帽子峰一带由寒武系、奥陶系石英砂岩组成。呈向东收敛的两列山脉，北列在粤赣省界上，包括仙人岭、帽子峰等；南列包括油山、里源、龙华山、观音崇、骑龙寨等山岭。山区植物繁茂，沟谷地带具有中亚热带雨林特征，主要有常绿阔叶林，上层植被以壳斗科和山茶科为主，优势树种为华南栲、南岭栲、小叶槠、青冈栎、苦槠等。沟谷地带因湿度较大，附生植物发达，藤本植物树枝、树干附生的苔藓植物生长较好。土壤类型有红壤、黄壤。矿产资源有钨、钼、锡、铋等，其中钨矿中外闻名。（陈敏）

台岭　见"大庾岭"。

东峤　见"大庾岭"。

梅岭　见"大庾岭"。

金鸡岭　南岭丘陵。位于广东省韶关市乐昌市坪石镇武水畔。北至湖南宜章、汝城。面积约 3 平方千米，岭上有长 20.8 米、宽 3.8 米、高 8.4 米的大石，形似雄鸡引颈欲啼，故名。东西走向。海拔 338 米。属碎屑岩地貌（丹霞地貌）景观，在上白垩统红色碎屑岩上发育，通过流水侵蚀、溶蚀、重力崩塌作用而形成。主体岩性为中粗粒似斑状正长花岗岩，成岩年代在燕山早期。处于南岭山脉中部，属于华南加里东褶皱带、南岭东西向构造岩浆岩带中段。呈褐红色或紫红色，以厚层中粒砂岩为主，夹粗砂岩、砂砾岩及薄层砂岩或泥质砂岩。富含铀矿资源。（陈敏）

丹霞山　又称长老寨。南岭丘陵。广东四大名山（罗浮山、西樵山、鼎湖

丹霞山

山、丹霞山）之一。世界丹霞地貌命名地。位于广东省韶关市仁化县境内。处于南岭山脉南坡，东起僧帽峰，西至观景亭，南抵屯军寨，北到凉伞石。有大小石峰、石墙、石柱、天生桥共计 680 多座。主峰宝珠峰，海拔 409 米。山体中红层沉积时间在距今 1.3 亿—0.7 亿年前，下部为下白垩统长坝组，上部为上白垩统丹霞组，其中丹霞组为造景岩石。由于古近纪的地壳运动以及喜马拉雅造山运动，使部分红色地层发生断裂和抬升。盆地内红色岩石在流水侵蚀作用下，形成红色山群。处于亚热带南缘，具有中亚热带向南亚热带过渡的季风气候特点。地带性植被为南亚热带季风常绿阔叶林和亚热带暖性针阔混交林，现存植被均为处于不同演替阶段的次生性群落。有大量的孑遗种和濒危种，特有种有丹霞梧桐、丹霞南烛、丹霞小花苣苔等。土壤类型主要有山地红壤。（陈敏）

长老寨　见"丹霞山"。

罗浮山　又称东樵山。南岭山地。广东四大名山（罗浮山、西樵山、鼎湖山、丹霞山）之一。位于今广东省惠州市博罗县西北部。相传古时只有罗山，浮山从东海浮来，倚于罗山东北，由铁桥峰相连，故名。横跨博罗、龙门、增城 3 地。东北起于兴宁北部罗浮山谷地，西南至增江下游谷地。是罗浮山脉的主峰，峰顶为飞云顶，海拔 1281 米。形成于中生代侏罗纪和白垩纪时的燕山运动。大量花岗岩侵入，

罗浮山山门

挤压地壳，使地层褶皱形成穹窿构造山地。处在北回归线上，属南亚热带季风气候，雨量充足，植物茂密，垂直分布变化明显。山顶是低矮的灌木林和草甸，山腰是灌木林和松木林，山底是常绿阔叶林。山上生长多种药用植物，有多年生草本、一二年生草本、草质藤本、乔木、灌木、木质藤本 6 种类型。有野生维管束植物 210 种，分属于 81 科 158 属，其中，蕨类植物 10 科 10 属 11 种。优势物种主要有马尾松、木荷、黄樟、密花树等。土壤类型有赤红壤、红壤、黄壤、山地草甸土。矿产资源有铁、钨。参见第 262 页宗教卷"朱明洞天"条。（陈敏）

东樵山　见"罗浮山"。

鼎湖山　粤西山地。广东四大名山（罗浮山、西樵山、鼎湖山、丹霞山）之一。本名顶湖，因山顶有湖，四时不竭，故名。位于广东省肇庆市东北部。东起竹仔坪以西，西至云溪，南起鸡梯，北至老鼎。面积 12 平方千米。由北东东—南西西走向的山脉组成，包括鼎湖、三宝、凤来、鸡笼、伏虎、青狮等 10 多个山峰。主峰鸡笼山，海拔约 1000 米。山势自西北向东南逐渐降低，按高度大致可以划分为四级。山体密集，峰峦重叠，起伏大，断层陡崖发育，层状地貌清楚。鼎湖断裂带自北东向南西横穿山地中部与北岭断裂带相接，形成山地瀑布。由中泥盆统桂头组砂岩、砂页

岩组成。属南亚热带季风气候。保存有典型的南亚热带季风常绿阔叶林，有维管束植物2000多种，有桫椤、苏铁等孑遗植物，也有鼎湖钓樟、鼎湖冬青等珍稀植物。土壤类型主要有发育于砂岩和砂页岩的赤红壤。矿产资源较丰富，有砚石、石膏、黄金等。（陈敏）

鼎湖山

西樵山 粤中丘陵。广东四大名山（罗浮山、西樵山、鼎湖山、丹霞山）之一。位于广东省佛山市南海区西南部，顺德水道和西江干流水道之间。面积约12平方千米。有七十二峰、三十六洞、二十八瀑布和二百零七泉等胜景。主峰为大科峰，海拔344米。属于古死火山，形成于距今5100万—4500万年前白垩纪中后期。是新近系上新统西樵山群地层命名地。由喜马拉雅运动第一期古近纪粗面岩组成。其火山岩体形成之后，经过长期的雨淋日晒、

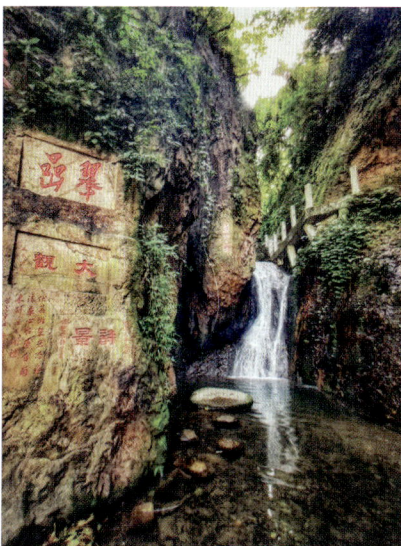

西樵山翠岩

风化剥蚀，火山岩体节理裂隙发育，构成"米"字状多组断层、节理，受后期断裂切割，形成陡崖。火山岩空隙多、节理裂隙发育形成贮水空间，蕴藏丰富的地下水。充沛的降水也提供大量的水资源。流水长年沿节理裂隙面侵蚀和下切，岩块沿陡立的断裂面崩塌，形成现今的地貌景观。属南亚热带季风气候，自然生长和人工栽培的植物种类有800种以上，其中乔灌木有400种左右。盛产竹、松、山茶等。土壤主要有凝灰岩、粗面岩、流纹岩发育的赤红壤。矿产资源有石料、银矿、钽矿化等。（陈敏）

阴那山 南岭余脉。位于广东省梅州市梅县区雁洋镇与大埔县大麻镇之间，东起万福寺，西至灵光寺，南起银坑山脚，北至铜锣湖山脚。属莲花山脉北段起点，有莲花石、船石、铁桥、仙遇湖、龙潭瀑布、灵光寺等名胜古迹。主峰五指峰，南北走向，长8500米，宽3500米，海拔1297米。形成于中生代的燕山造山运动时期，属于褶皱断块山。形成期岩浆强烈活动，群峰突起，山势陡峭，切割度大。山体岩层节理发育，裂隙较多。属南亚热带季风气候，植物区系处于华东植物区系与华南植物区系、热带植物区系与亚热带植物区系之间的过渡带。山顶长草及小灌木，山腰多为杂木。有松、杉、竹、芭蕉等植物。野生药材种类多，有牛卵红、石斛、石耳等。土壤以赤红壤为代表类型，随着海拔的升高逐渐发育有山地红壤、山地黄壤和山地灌丛草甸土。（陈敏）

石坑崆 又称莽山峰、猛石坑峰。南岭山地。位于广东省清远市阳山县与乳源瑶族自治县交界处。东起广东乳源，西至广东连州，南起广东阳山岭背镇，北至湖南宜章莽山森林公园。是武江水系与连江水系的分水岭，连

江支流青莲水源地。海拔1902米，是广东第一高峰。峰顶有一整块巨型花岗岩，东南为近90度的绝壁，西北为近80度的陡坡。由燕山第三期细粒斑状黑云母花岗岩侵入于第一期中粒斑状黑云母黄岗岩构成，成土母岩主要有花岗岩、砂页岩、变质岩等。属中亚热带季风气候，因地势较高而兼有山地气候特色。从山脚到山顶，植被类型依次为常绿阔叶林、常绿落叶阔叶混交林、针阔叶混交林、山顶矮林和山顶灌丛丛。土壤类型有红壤、山地黄壤、山地灌丛草甸土。（陈敏）

莽山峰 见"石坑崆"。
猛石坑峰 见"石坑崆"。

韩山 又称双旌山、东山、笔架山。粤东山丘。因唐代文学家韩愈任潮州刺史时常游此地，为纪念韩愈，故名。位于广东省潮州市湘桥区韩江东岸，丰顺县北斗、凤良、建桥三镇交界处。东起汤坑镇东联村与释迦崇，西至建桥镇韩山。韩江水系和榕江水系的分水岭。海拔650—1069米。位于莲花山脉中段，属释迦崇山系。（陈敏）

双旌山 见"韩山"。
东山 见"韩山"。
笔架山 见"韩山"。

南昆山 南岭山地。位于广东省惠州市龙门县西与广东省广州市从化区交界处。面积200多平方千米。西部群峰耸立，多为海拔800米以上山峰。主峰天堂顶，海拔1201米。西南部海拔高，中部山峰海拔低，构成北、西、南高—东低的马蹄形封闭地形。处于新丰江—花都东北—西南走向大断裂南缘，以印支断裂构造旋回和燕山期岩浆活动旋回为主。在南亚热带与中亚热带的交界线上，属南亚热带季风气候。有植物1931种，隶属219

科 828 属，其中珍稀植物有苏铁、穗花杉、竹柏果、红花荷、观光木、红豆树、白克木等。森林群落在海拔 600 米以下具亚热带季雨林特点，600 米以上具亚热带常绿阔叶林特点。天然林自上而下有山顶草甸、山顶矮林竹林、亚热带常绿阔叶林、亚热带季雨林。森林覆盖率 97%，被称为"南粤大氧吧"。土壤类型自上而下有山顶矮林草甸土、山地黄壤、山地赤红壤、赤红壤。（陈敏）

白云山　大庾岭支脉。因夏秋间山中白云萦绕，故名。位于广东省广州市中部。东起广州—从化公路，西至广州—磨刀坑公路，南起桂花岗，北至马鞍岭。长 9700 米，宽 4500 米，面积 28 平方千米。东北—西南走向，由 30 多座山（丘）峰组成，包括摩星岭、牛牯岭、五雷岭、子髻岭、将军岭等。主峰摩星岭，海拔 382 米。主要有石英岩、石英片岩、云母片、页岩、砂岩，花岗岩出露极少。因断层作用，西、南坡急陡，山麓平直。山体形成于中生代燕山运动，有 3 级剥蚀面，剥蚀面地形起伏平缓。属南亚热带季风气候，地带性植被为南亚热带常绿

阔叶林，自然林留存极少，仅在局部有小片次生林，大面积的是马尾松人工林。次生林的植物种类共有 217 种，分属于 84 科 164 属，其中珍贵树种有印度黄檀、铁冬青、马褂木、南洋杉等。土壤为发育于流纹花岗岩和砂岩母质上的赤红壤。矿产资源有钨、萤石等。（陈敏）

越秀山　又称粤秀山、观音山、越王山、尧山。白云山余脉。因西汉初南越王赵佗曾在此筑越王台，故名。位于广东省广州市中部。南北长 1100 米，宽 1000 米，主峰海拔 68 米。东、西、南侧有断层通过，故抬升成山，坡面较陡。中生代地层，底部为海陆交相的灰白色砂砾岩、灰黑色泥质页岩夹砂岩、灰色页岩含煤层；向上为陆相地层，由灰白色或紫红色砂岩、砂砾岩和页岩组成；再向上为内陆山间湖泊相含火山碎屑，岩相变化较大，由灰白色石英砾岩、长石石英砂岩、浅灰色泥质页岩、石英砾岩、细粒和粗粒砂岩、凝灰岩等岩石组成。（陈敏）

粤秀山　见"越秀山"。

白云山大草坪

观音山　见"越秀山"。
越王山　见"越秀山"。
尧山　见"越秀山"。

莲花山　又称揭阳山、揭阳岭。粤东山地。位于广东东部。西南至深圳宝安大鹏湾，经惠东后，沿莲花山断裂带向东北伸展，过大埔，入福建，止于广东、福建两省边境，是兴梅山区与潮汕平原的天然界线。东北—西南走向，山脉走向与海岸线方向一致。主峰海拔 1330 米。临近南海，侵蚀基面低，切割幅度 1000 米，河沟峡谷普遍，多瀑布跌水，水力资源丰富。处华南加里东褶皱带的华夏褶皱带，受北东向莲花山断裂制约。广泛出露中生界火山岩和花岗岩。多属南亚热带季风气候。山体绵延高峻，山南山北气候差异悬殊，山南坡为多雨区，山北是雨影区。植被为季风常绿阔叶林，常见栲树、草树、马尾松、杉、毛竹等。海拔 800 米以上为灌丛草坡。土壤类型有赤红壤、黄壤。矿产资源有钨、锡、瓷土、煤、铅、锌等。（陈敏）

揭阳山　见"莲花山"。
揭阳岭　见"莲花山"。

云雾山　粤西山地。因山高雾多，故名。位于广东西部，云浮、新兴、阳春、信宜、高州等市县之间。东起新兴江、漠阳江河谷西侧，西至鉴江谷地东边，南起袂花江谷地北缘，北至西江谷地以南。新兴江水系、罗定江水系、漠阳江水系的分水岭。长 175 千米。北东走向。自北向南有大绀山、大云雾山、白花顶、八排岭、三甲顶、鸡笼山、十二火灶顶、大娇顶、浮山岭等山岭。最高峰大田顶，海拔 1704 米。处云开褶皱带中，吴川断裂带西侧。受两侧断裂的影响，具有断块山性质。山地中有许多狭长谷地和石灰

岩溶蚀盆地。盆地中有一系列喀斯特残丘地形。广泛出露震旦系变质岩和加里东混合花岗岩。属南亚热带季风气候。沟谷中常见由红苞木、荷木等组成的季风常绿阔叶林。海拔500—800米为荷木、米槠、草树等为主的常绿阔叶林，往上为矮林和灌丛。盛产杉木、砂仁和茶等。土壤类型有赤红壤、黄壤。矿产资源有铁、钨、锡、水晶、硫等。（陈敏）

大云雾山　云雾山脉东北部主峰。因四时云雾不断，故名。位于广东省云浮市云安区富林镇和托洞镇交界地区，东起田坳，西至大竹塘，南起塘尾头，北至竹沙坪。西江支流罗定江、新兴江与漠阳江分水岭。山势雄伟，山坡陡峭。呈穹窿形。顶面三峰突起，北东向排列，主峰居中，北峰海拔1122米，南峰海拔1096米。由燕山第四期钠长石化黑云母花岗岩侵入于震旦系变质砂岩构成。基带为季风常绿阔叶林。植物有马尾松、杉木、沙梨、柑橘等。土壤类型有赤红壤。矿产资源有锡、钾长石、绿柱石、云母等。（陈敏）

凤凰山　南岭丘陵。位于广东省深圳市宝安区福永街道凤凰社区东面，从北至南横跨沙井、公明、福永、西乡等地，主体位于西乡与福永境内。属莲花山系。山体呈东北—西南走向。最高峰为福永与西乡的界山大茅山，海拔376米。山体坡度较大，山脊轴线呈月牙形。成土母岩主要是花岗岩和砂岩。属南亚热带季风气候。原有的乔木主要为相思人工林、马尾松、杉木残次林以及零星分布的山乌桕、野漆树、鸭脚木、楝叶吴茱萸等；灌木种类较多，主要有豺皮樟、山黄麻、梅叶冬青、野牡丹、余甘子、三叉苦、米碎花、桃金娘、龙船花、变叶榕、粗叶榕等。土壤类型为赤红壤。（陈敏）

七娘山　又称鹏山。南岭山地。相传有7个仙女下凡到山上游玩，故名。位于广东省深圳市大鹏新区南澳街道新大社区，大鹏半岛南段。三面环海，东起大亚湾，与惠州惠阳部分岛屿隔海相对，西隔大鹏湾与香港新界相望，南止南海海域。为东冲河、新大河发源地。主峰海拔867米。由两条山脊构成，一条是七娘山山脊—老虎地—雷公打石—东风岭；另一条由磨郎钩—川螺石—三角山—大燕顶组成，山脊大致从西向东延伸，山峰大多高于600米。在大地构造上，属于震旦系华南台地的一部分。海拔400米以下为马尾松草坡，400—700米为季风常绿阔叶林，700米以上为山地草坡。约有1105种植物类型，珍稀濒危保护植物17种。植物有茶、土沉香、苏铁蕨、樟树、珊瑚菜、黑桫椤、乌檀等。土壤类型有赤红壤、红壤、冲积土。（陈敏）

鹏山　见"七娘山"。

大屿山　又称大溪山、大嵛山、烂头岛、屯门岛、硐洲。香港山地。位于香港西南面，珠江三角洲口。在香港行政区划上，大屿山大部分土地属于离岛区。面积147平方千米，是香港岛最大的岛屿。东北—西南走向，山势西南高，东北低。主峰凤凰山，海拔935米。由燕山期花岗岩和侏罗系火山岩构成，山体东部为花岗岩，南部多石英二长岩。基岩为火山岩和凝灰岩，基岩物质深度风化，形成较深层的残积物，经地质活动，残积物被更年轻的塌积、冲积表层物质覆盖。属亚热带季风气候，降雨强度大。植物有香港细辛、石梓、毛叶杜鹃、藤石松、二形卷柏等。（陈敏）

大溪山　见"大屿山"。
大嵛山　见"大屿山"。

烂头岛　见"大屿山"。
屯门岛　见"大屿山"。
硐洲　见"大屿山"。

太平山　又称扯旗山、维多利亚峰、香炉峰。香港山丘。包括太平山主峰（扯旗山）、炉峰峡、歌赋山和奇力山。位于香港岛西部，东至马己仙峡，西至龙虎山，南至薄扶林。海拔554米，为香港第一高峰和标志性山峰。山顶一带属南亚热带季风气候，因海拔相对较高，平均气温低于香港岛沿岸地区。春季，山顶出现浓雾。有多种热带植物。（陈敏）

扯旗山　见"太平山"。
维多利亚峰　见"太平山"。
香炉峰　见"太平山"。

望厦山　又称莲峰山、莲花山、黑鬼山。澳门山丘。因山下西南方有望厦村，故名。位于澳门半岛北部，东西临海，南望澳门，北朝内地。原孤悬海中，后因西江河沙淤积，形成沙堤，连接了澳门岛和珠海拱北。高62米。清光绪十六年（1890）、1922年和1925年，澳葡政府三次在此大规模开山取石，填海造地，山上植造松林。（陈敏）

莲峰山　见"望厦山"。
莲花山　见"望厦山"。
黑鬼山　见"望厦山"。

东望洋山　又称琴山、松山、万松山。澳门山丘。位于澳门半岛东端。南至若宪山，东南麓陡崖，是澳门半岛东部屏障，后因填海而远离海滨。海拔91米，是澳门半岛第一高峰。有三大名胜古迹：建于明天启二年（1622）的东望洋炮台、建于天启六年（1626）的圣母雪地殿教堂、建于清同治三年（1864）的东望洋灯塔。（陈敏）

琴山 见"东望洋山"。

松山 见"东望洋山"。

万松山 见"东望洋山"。

西望洋山 又称主教山。澳门山丘。因能在此眺望大海，故名。位于澳门半岛西南部，东与东望洋山相对，西至北湾。海拔70米，为澳门半岛第三高岗。澳门著名风景区。（陈敏）

主教山 见"西望洋山"。

十万大山 广西褶皱山脉。位于广西西部，上思东南部，防城西北部，横贯防城港中部。东北至钦州，西南达中国和越南边境。郁江水系、钦江水系分水岭，广西西南部重要的气候分界线。东北—西南走向。主峰莳良岭，海拔1462米，是桂南最高点。山脉轴部地层以三叠系陆相砂岩、泥岩和砾岩为主，北翼为侏罗系砂岩、砾岩，南翼主要为印支期花岗斑岩和花岗岩。山体南坡海拔700米以下为热带季节性雨林，热带树种繁多，有窄叶坡垒、乌榄、白榄、海南风吹楠、桄榔、肉实树、红山梅、鱼尾葵等。700米以上为亚热带常绿阔叶林。土壤类型主要有紫红色土、黄壤、赤红壤，表土层较深。矿产资源有锰、锑、磷、云母、钛等。（陈敏）

九连山 又称九龙山。南岭山地。东北起于广东、江西两省边界，西南至广州市辖区东北，绵亘于和平、连平、新丰、龙门、从化、广州等市县（区）。历史上范围还包括青云山，连通四周9个县，旧志称"环通九县"，故名。东江水系、滃江水系和赣江水系的分水岭。长225千米，东北—西南走向。有风吹蝴蝶、寒山、朝天马、猫牙狸、雪山顶、桂峰山、三角山、天堂顶、大金山、帽峰山等山岭，海拔800—1000米，南高北低。

主峰为连平东北黄牛石顶，海拔1430米。属赣湘桂粤褶皱带。为复背斜，山岭起伏连绵，山间夹有丘陵和宽谷，成平行岭谷状山脉。基岩主要由花岗岩和砂页岩组成，山体浑圆，风化较深，土层厚度达1米以上。属南亚热带向中亚热带过渡地带，天然植被为亚热带常绿阔叶林，森林破坏后，普遍由马尾松、杉和红橱等针阔叶混交林所代替。海拔800米以上为山顶矮林，组成树种以厚皮香、栎属和杜鹃花属为主。森林资源丰富，山地草坡广阔。松、杉、竹及杂木等用材林，油茶、油桐、茶等经济林均适合发展。土壤类型有红壤、山地黄壤。矿产资源有钨、稀土等。（陈敏）

九龙山 见"九连山"。

黎母岭 又称黎母山、云黎母、黎婆山、阿婆山。海南断块山。因黎人祖居于此，故名。位于海南岛中部，五指山西侧。东北起于黎母岭山，向西南延伸80—90千米至乐东、昌江与东方交界地带的毫肉岭。南渡江、万泉河、昌化江等水系分水岭。由鹦哥岭—黎母岭和尖峰岭—雅加大岭2列山脉组成。主要高山有鹦哥岭、鹅警岭、阜堡岭、吊水岭、猕猴岭等。山体由印支期侵入的肉红色粗粒花岗岩或花岗闪长岩组成。顶部起伏和缓，西侧坡陡谷深。从山顶发源下流的溪流，深切谷地，形成许多深峻峡谷和大瀑布。属热带季风气候，有热带、亚热带森林。经济作物有橡胶、胡椒、南药、荔枝、龙眼等。土壤类型有水稻土、黄壤、赤红壤、砖红壤。矿产资源有萤石、金、铜、铅、锌等。（陈敏）

黎母山 见"黎母岭"。

云黎母 见"黎母岭"。

黎婆山 见"黎母岭"。

阿婆山 见"黎母岭"。

五指山 海南山岭。因五峰屹立，形似五指，故名。位于海南岛中部的五指山市境内，东南邻保亭，西至乐东，北至白沙和琼中。万泉河、陵水、昌化江等水系的分水岭。由东北—西南走向的成串山地组成，东北段破碎低矮，西南段完整高耸。头指在西，二指为柱形，呈金字塔状，三、四、五指相连接。第二峰最高，海拔1867米，是海南第一高山。包含中山、低山、高丘、低丘、台地、河流、谷地7种地貌类型。基底为加里东期混合花岗岩，中间有燕山期花岗岩，上覆火山岩。经长期侵蚀，形成尖峰状地貌，山体部分是安山玢岩。山脉地处热带和亚热带分界处，属热带季风气候。植被由青皮、荔枝群落、山地常绿阔叶林、山顶矮林、草本植被及各种热带农作物群落构成。土壤类型有山地黄壤、赤红壤、砖红壤。矿产资源有铜、铅、锌、锡、钨等。铁和水晶储量大。（陈敏）

珠江三角洲 广东三角洲。位于广东中南部，地跨惠州、东莞、广州、佛山、肇庆、中山、珠海、江门等市的全部或部分地区。东起东江石龙上游的园洲、增江沙塘，西至西江羚羊峡东口，南起珠江八大口门中最南的鸡啼门，北至流溪河的广州及江西石碣，北江的黄塘、宝月，绥江的黄岗。面积超过1万平方千米，为中国第二大三角洲。由西江、北江、东江以及增江、流溪河、高明河、潭江等联合冲积而成。呈倒三角形，是一个向北嵌入北东向山地丘陵的平原及港湾。有多个顶点。以珠江干流的黄埔至虎门河段为界，东部为东江三角洲，西部为西、北江三角洲。自然条件下，三角洲的前缘以平均每年10—15米的速度向海洋推进。三角洲平原第四系沉

积物平均厚度 25.1 米，最大厚度在灯笼沙，为 63.6 米。自上到下为表土层、三角洲相沉积物、河流相沉积物。下伏基岩有震旦系片麻岩、燕山期花岗岩、侏罗及白垩系砂页岩和古近系河湖相火山岩、湖泊相含膏盐岩层。三角洲边缘及主要河道受断裂控制。盛产水稻、糖蔗、蚕茧、黄麻以及香蕉、菠萝、木瓜、荔枝、龙眼、橙、柠檬等经济作物。三角洲及其邻近平原丘陵土壤类型有水稻土、堆叠土、赤红壤。矿产资源有钨、银、萤石、石膏等。（陈敏）

韩江三角洲　粤东三角洲。位于广东省潮州市与汕头市的韩江口一带。东北界在笔架山南麓—溪口—七屏山南麓—铁铺—鸡笼山南麓，沿盐鸿以北贝壳堤入海，西北界在古巷东侧、蚶壳鼻山东南，西南隔桑浦山与榕江口为邻。面积 915 平方千米，在我国的河流三角洲中居第六位。由韩江及其支流冲积而成。三面被山丘环绕，呈喇叭形，东南面向南海敞开。顶点在潮州北侧的竹竿山。南、北段略高，中段低。北段是三角洲顶部扇形冲积平原，南段为滨海沙垄区。两者海拔 2—15 米，外围多为海拔 100—250 米的低丘。第四系厚度 75.4 米，最厚 168 米。晚更新世中期前段开始沉积，距今 6000—5000 年和 3000 年左右沉积厚度最大。内有 40 多个岛丘，北东向排列成 5 列与海岸平行的丘陵，其中以象山—竹篙山—冠山等组成的第三列丘陵规模最大。该三角洲发育在北面与北东两组断裂交会处，潮州境内下伏基岩多属上三叠系砂页岩，澄海区境下伏基岩是黑云母花岗岩。属南亚热带湿润气候。盛产潮州柑。土壤类型有赤红壤、水稻土。矿产资源有锡、银、钨、铍、黄铁矿等。（陈敏）

南流江三角洲　广西三角洲。位于广西壮族自治区北海市合浦县南部。东起望洲岭—乾江，西北至白沙江—沙岗—西场，北至白沙江—下洋—望洲岭。长 30 多千米，宽 5—10 千米，面积 550 平方千米，是广西最大的三角洲。南流江流入廉州湾而形成，呈扇形。平均海拔 4 米，近代沉积厚度在 10 米以上。南流江每年输沙量约 150 万立方米，三角洲每年以 1.6 米的速度向海洋推进。三角洲两侧为陡坎，由早更新世和中更新世的冲、洪积层构成，属剥蚀侵蚀平原。属南亚热带季风气候，地势低平，土壤肥沃，光热水条件优越。盛产稻谷、糖蔗、花生等，是重要的粮食和经济作物基地。矿产资源有铜、铝、锌、锑、钨等。（陈敏）

粤西台地　广东台地。位于广东西部。主要包括珠江三角洲以西地区和雷州半岛。雷州半岛地势平坦，相对高度在 5—80 米。属新生代琼雷凹陷，是一个近代熔岩通过浅海堆积和侵蚀而形成的低平台地。粤西低山呈西南走向，有云开大山、云雾山等。山岭之间多分布红层和石灰岩盆地，相对高度约 100 米，土地破碎，丘顶平坦，地貌多样。有阳春石灰岩盆地，罗定、怀集红层盆地等。河流截穿山岭形成峡谷。南部花岗岩残丘绵延至海岸，风化后石英质成分在海滨堆积，成为沙荒地。大部分处于华南加里东褶皱系的云开褶皱带南部。植物有马尾松、木麻黄、荔枝、龙眼、油桐等。土壤类型有砖红壤、赤土田、水稻土区。矿产资源有油页岩、煤等。（陈敏）

琼北台地　海南台地。位于海南省昌江—琼海以北。多由火山喷出的玄武岩和滨海环境中沉积的湛江组地层组成，按类型可分熔岩台地和侵蚀—剥蚀台地两种。前者主要是玄武岩，海拔一般小于 100 米，其上覆厚层红土，红土之上有雷虎岭、马鞍山等火山锥零星分布。侵蚀—剥蚀台地在南渡江中游、那大、保亭和万宁等地有广泛分布，台地上散布着花岗岩残山。原生植被为热带常绿季雨林，在人类破坏后，植被以次生季雨林和稀树灌丛为主，还有少数灌木林。滨海的沙生刺灌丛和海岸红树林，人工植被的橡胶林、木麻黄林、水稻和旱作，占有较大的比重。土壤类型主要有砖红壤。矿产资源有褐煤、油页岩等。（陈敏）

榕江平原　粤东冲积平原。位于广东东部沿海，榕江下游，跨揭阳、潮州、汕头三市。东起揭阳与潮州市界附近的半洋—桑浦山西南麓—汕头西侧，西至揭东白塔镇山门洋，南起潮阳大棉田一带，北至揭东新亨镇白石。面积 980 平方千米。干流通过牛田洋海湾后汇入南海，属港湾式三角洲。因受平原两侧榕江断裂与潮安—普宁断裂影响，故形状略呈长槽状，整体地势低平，略微自西北向东南倾斜。构造上属华夏古陆东南滨海。地层多为晚侏罗世及燕山运动中期的沉积岩和花岗岩。沉积物的基底为古红壤型风化壳，形成于中更新世末或上更新世初。北侧山前阶地发育地势低平，下游江岸设堤防。森林植被主要是南亚热带常绿混交林，海拔 800 米以上的植被多为耐干旱的黄毛草、鹧鸪草、岗松及小灌木，中下部以次生阔叶林和人工林，以及芒萁、桃金娘等为主，主要栽培树种有马尾松、大头茶、藜蒴、木荷、杉、红椎、湿地松、桉、竹、茶、荔枝、橄榄等，沿海人工林主要有木麻黄、台湾相思、湿地松等。土壤类型有砖红壤、滨海砂土、滨海盐土。矿物资源有钨、锡、铍、铋、稀土等。（陈敏）

潮汕平原　粤东沿海平原。位于广东

东南沿海。以韩江三角洲和榕江下游为主，连同附近的练江、龙江、凤江三条河的下游，构成广义的潮汕平原。广东第二大平原，面积超 4000 平方千米。发育于古海湾和河道上。在地形上是一个三面为山地和丘陵、中间为平原、东南具有缺口的盆地。断裂构造十分发育，以北西向为主，北东向次之。基底多属断陷盆地，主要由燕山期花岗岩、侏罗纪流纹斑岩等构成，并分为韩江三角洲断陷、榕江平原断陷、练江平原断陷等。第四系沉积最大厚度超过 160 米，沉积物以海陆交互相为主。发育于第四纪后期，且晚更新世后期以来经历两次明显海侵。地带性植被为季雨林或季风常绿阔叶林。盛产糖蔗、水稻、柑橘、蔬菜等。土壤类型有赤红壤。矿产资源有钨、锡、铍、黄铁矿、稀土等。（陈敏）

练江平原　粤东平原。位于广东东部沿海。地跨广东省普宁市和汕头市潮南区、潮阳区。西起白坑湖，南起大南山麓，北至铁山。平原北部为零散的丘陵，南部为低山。练江与龙江水系分水岭。为练江断裂带上一个长槽状断陷盆地，属练江三角洲后缘堆积区，第四系冲洪积及海陆交替相沉积为主，最大沉积厚度超过 140 米，面积不足 700 平方千米。上游组成物质含沙量较多，中游的桥柱、青洋山一带平坦开阔，河道曲折发育，冲积土黏性较大，沙粒细匀。平原内有北西向的地热带分布。平原内第四系沉积的基底是由燕山期花岗岩构成的古红壤型风化壳。盛产水稻、各类蔬菜及水果。矿产资源有钨、稀土、钛铁矿等。（陈敏）

潭江平原　粤中平原。位于广东中部。东至江门河，东北至鹤山沙坪镇、古劳镇、雅瑶镇，西南至新会双水镇及

古兜山。面积 1784 平方千米。处于新会凹陷，形成以江门河、会城河、睦洲河为主的放射状水道三角洲地貌，属珠江三角洲平原的一部分。属南亚热带海洋性季风气候。盛产水稻、糖蔗、香蕉等作物。土壤类型主要有赤红壤。（陈敏）

鉴江平原　粤西平原。位于广东西部。地跨广东省湛江市吴川市，茂名市高州、化州、茂南、电白等市（区）。处云雾山脉区域与雷州半岛的交界处，是鉴江干流与众多支流冲积而成的河谷冲积平原。成土母质主要为浅海沉积、砂页岩、花岗岩。属南亚热带季风气候，有黄麻、花生、水稻等经济作物。自然土壤属砖红壤性红壤向砖红壤过渡类型。矿产资源有石墨、钛铁、黄金矿等。（陈敏）

兴宁盆地　粤东北山间盆地。位于广东省梅州市兴宁市中南部，梅江支流宁江中下游，莲花山断裂带北段西翼。东起叶塘镇汤湖，西至宁中镇宁塘柘塘街道，南起新圩镇柯树下，北至大坪镇坪洋。中生代晚期，地壳在燕山运动时火山岩和岩浆岩侵入，地壳断裂，陆地和山脉隆起后形成该盆地。盆地周围为震旦系变质岩、加里东期混合花岗岩和少量泥盆系砂岩、页岩、燕山期花岗岩等组成的低山。属亚热带季风气候，是南亚热带和中亚热带的过渡地带。农产以水稻为主，并有甘薯、木薯、蚕豆等。经济作物种植面积小，以花生、油菜、大豆、烟叶为主，其次为油茶、茶叶、蚕桑、黄麻、柑橘、水草等。矿产资源有煤、铁、铜、萤石、石膏、石灰石、陶土等。（陈敏）

罗定盆地　粤西断陷盆地。位于广东省云浮市。东起金鸡、白石，西至郁南低山丘陵区，南至太平。广东省最

大的盆地。西部、西北部和南部一部分为云开大山山地，东部为云雾山山地，中部、东北部、南部为盆地、丘陵地带。全境形似东西南为边围，向东北开口的箕状盆地。处于云开隆起核部，扬子地块与华夏地块的交接地带，地质构造活动强烈。周边主要分布有泥盆、石炭纪地层和奥陶纪、寒武纪、震旦纪地层。盆地为红色砂岩，四周高山多属古生界地层，有页岩、片岩、石灰岩、石英岩等。海拔 60 —120 米的低丘和台地面积较大，侵蚀强烈。有桫椤、香樟、红椿等乔本植物，岗松、桃金娘、黄牛木等灌木植物，毛竹、青皮竹、黄竹等草本植物，茯苓、木贼、小叶海金砂等药用植物。矿产资源有锰、铁、锡、金等。（陈敏）

英西峰林　广东喀斯特地貌区。位于广东省清远市英德市西南方向 60 千米处，九龙、明泾和岩背 3 镇之间。绵

英西峰林

延 20 多千米，由 1000 多座石山呈线形排列而成，是广东最密集的峰林走廊。有两大著名峰林，一是位于九龙镇南 3000 米处的千军峰林，石峰互不相连，却又离得很近，山峰皆向东倾斜；二是位于距黄花镇 3000 米的公正溪村峰林，山峰形态各异且有溪流蜿蜒。植物有天桂皮、香菇、黑木耳、毛竹等。矿产资源有金、铁、铅、锌等。（陈敏）

乳源大峡谷　又称粤北大峡谷。广

乳源大峡谷

东峡谷。位于广东省韶关市乳源瑶族自治县与清远市英德市交界附近，发源于大布河，自东北向西南流入英德境内，河床至埕头地段时，跌入大峡谷中，形成埕头瀑布。峡谷长15千米，谷深超300米，是广东省最大的峡谷。位于粤北"山"字形构造西翼，处在吴川—四会深断裂带和郴州—怀集大断裂之间，是在断裂构造基础上形成的。大峡谷的上部及谷内所出露的岩石为中泥盆世桂头群，以厚层致密坚硬的石英砂岩为主。桂头群之下为河流、三角洲相沉积物，中部以陆源碎屑岩为主，系滨海相（类型）沉积物。属南亚热带季风气候，维管束植物有800种以上，其中蕨类植物近300种。热带树种有野芭蕉、海芋、华南省藤、买麻藤、山露兜树等。矿产资源有铁、煤、钨等。（陈敏）

粤北大峡谷 见"乳源大峡谷"。

五指山大峡谷 海南峡谷。位于海南省五指山市。峡谷幽深，纵深1000米，奇石林立，山峰突起。从五指山第一峰至雅宾草地，经由多年山体运动和流水侵蚀、冲刷形成。属热带雨林气候。植被为山地常绿阔叶林，以山毛榉、樟科、金缕梅科等热带和亚热带科属植物为主。山顶矮林植物有栎子绸、厚皮香、海南杜鹃群落、广东松、五裂木、微毛山矾等。矿产资源有高岭土、大理石、石墨矿等。（陈敏）

气 候

热带季风气候 气候类型。主要分布在南、北纬10°至南、北回归线之间的大陆东岸，如中南半岛、印度半岛等地。在我国，分布于广东雷州半岛、广西南部、海南岛等地。位于低纬度地带，终年高温，年平均气温22℃，年均差3—10℃。年降水量1500—2500毫米，有旱、雨季之分。季风发达，一年中风向的季节变化明显。冬季盛行来自大陆高纬度地区的东北风，降水较少；夏季盛行来自印度洋的西南风，降水丰沛。（汪丽娜）

亚热带季风气候 又称副热带季风气候。气候类型。主要分布在纬度25°—35°之间的大陆东岸。在我国，分布于秦岭—淮河以南、热带季风气候分布区以北。可分为北亚热带气候、中亚热带气候、南亚热带气候。广东、广西大部分地区属南亚热带气候。因受热带海洋气团和极地大陆气团交替控制，天气的非周期性变化和降水季节变化都很显著。雨热同期，夏热冬温，四季分明，季风发达。年平均气温15—22℃，最热月份平均气温高于22℃，最冷月份气温在0—15℃之间。年降水量800—1600毫米，夏半年降水通常占全年的70%。无霜期300天以上。（汪丽娜）

副热带季风气候 见"亚热带季风气候"。

华南准静止锋 天气系统。位于我国华南地区、呈东西向分布的准静止锋。多出现在北纬20°—27°之间，停滞于北纬22°—25°之间。位于南海中、北部时称南海准静止锋，位于南岭附近时称南岭准静止锋。多为南下冷锋转变而成。南下的冷空气受到地面摩擦和山岭阻挡，势力减弱，而南方的暖空气势力较强且很稳定时，冷空气受其阻挡，冷锋转变成为准静止锋。也可由华南局部地方锋生成。主要天气特征为锋上层状云系，有明显降水。因锋面坡度很小，锋线附近阴雨天气分布较广。又因其移动较少，可形成华南地区连阴雨天气。如果暖气团潮湿不稳定，可出现积状云和雷阵雨天气。（汪丽娜）

热带气旋 天气系统。生成和发展于热带海域的暖性气旋系统。我国把西北太平洋和南海的热带气旋按其底层中心附近最大平均风力（风速）大小划分为热带低压、热带风暴、强热带风暴、台风、强台风、超强台风6个等级。常见于夏秋两季。可分为生成、发展、成熟、消亡4个阶段，表现为庞大的涡旋状直展云系。成熟期的热带气旋有暴风眼、眼墙、螺旋雨带等宏观结构，直径在100—2000千米之间，中心最大风速超过30米/秒，中心气压可低至960百帕左右，在垂直方向可伸展至对流层顶。未登陆的热带气旋可维持2—4周直到脱离热带海域。登陆的热带气旋通常在登陆后48小时内快速消亡。（汪丽娜）

台风 天气现象。属热带气旋。按世界气象组织定义，热带气旋中心持续风速达到12级称为飓风（北半球东太平洋和大西洋海域）或台风（西北太平洋地区）。我国把风力为12级或以上的热带气旋统称为台风。按等级可分为一般台风（最大风速12—13级）、强台风（最大风速14—15级）、超强

台风（最大风速≥16级）。是深厚的低气压系统，中心气压很低，低层有显著向中心辐合的气流，顶部气流主要向外辐散。从中心向外依次分为：台风眼区、云墙区、螺旋雨带区。台风源地主要分布在北纬5°—20°、东经120°—150°之间的西北太平洋海域，也有少量生成于我国南海海域和东经150°以东的海域。（汪丽娜）

龙舟水 天气现象。每年5月下旬至6月中旬广东出现大而集中的降水现象。成因与南海冬夏季风的交替密切相关。热带海洋的暖湿气流势力不断加强，但冷空气并未向北撤退，冷暖空气交汇造成锋面降水。广东年均"龙舟水"空间分布很不均匀。"龙舟水"的3个高值中心均位于莲花山脉、南岭山脉、云开大山南坡，也就是暖湿气流的迎风坡，容易产生降水。1961—2015年，广东年均"龙舟水"较少区域为粤西雷州半岛和粤北罗定、始兴、乐昌等地，年均"龙舟水"144.1—250毫米，最少为徐闻（144.1毫米），最多（海丰）是最少（徐闻）的4倍。其余地区介于250—350毫米之间。广东年均"龙舟水"的分布与前汛期降水量分布很相似，降水中心除与天气系统有关外，还与广东地形密切相关。（汪丽娜）

回南天 天气现象。特定天气背景下产生的天气返潮自然现象。主要出现在广东、海南、湖南、江西、福建、广西等省（区）。多沿用民间说法。各地叫法不同，广东称回南天，福建称南风天，江西称回潮天。出现时，空气湿度接近饱和，墙壁甚至地面都会"冒水"，到处湿漉漉的。浓雾是"回南天"最具特色的表象。一般出现在春季的2、3月份。主要是因为冷空气走后，暖湿气流迅速补充，致使气温回升、空气湿度加大，冰冷的物体表面遇到暖湿气流后，易产生水珠。南方的"回南天"现象比较严重，这与南方靠海、空气湿润有关。（汪丽娜）

前汛期 天气现象。广东、广西以及海南每年4—6月出现第一个多雨期。这一时期绝大多数降水过程都与冷暖空气的交织以及华南低空（500—3000米）西南急流（12—25米/秒）有关，只有少数受台风或其他系统影响。造成降水的天气系统主要为冷锋、静止锋、切变线、西南低涡以及中尺度低压系统等。常年起始日期为4月6日，结束日期为7月6日。在此期间，强对流天气频发，常伴有暴雨、雷雨大风、强雷电、冰雹、龙卷风、短时强降水等天气。暴雨容易引发江河流域性洪水，形成洪涝灾害；还易引发山洪、山体滑坡和泥石流等次生灾害和城乡积涝。因来自海上的水汽充沛，沿海暴雨区的暴雨强度远高于北部暴雨区。（汪丽娜）

寒露风 天气现象。秋季低温冷害天气。多发生在寒露节气前后，故名。是由于冷空气南下或台风与冷空气共同影响出现的低温、干燥（有时阴雨）、伴有较大北风的天气。主要有干型和湿型两种类型。是我国南方双季稻区晚稻生育后期的主要农业气象灾害。每年9—10月间我国大部地区处于夏季风向冬季风过渡的时期，时有冷空气突发南下，温度明显下降，使正处在孕穗、抽穗扬花及灌浆阶段的晚稻遭受低温危害，严重影响水稻开花、授粉及灌浆过程的正常进行，造成空壳、瘪粒，导致严重减产。广东省重度寒露风发生频率，1961—1996年平均4—5年一遇；1997—2014年平均8—9年一遇，其中北部偏北地区为1—3年一遇，北部偏南及中部大部分地区为3—10年一遇。（汪丽娜）

寒潮 天气现象。北方冷空气侵入造成的降温，一天内达到10℃以上，而且最低气温在5℃以下。受到寒潮侵袭的地方，常常是风向迅速转变，风速增大，气压突然上升，温度急剧下降，同时还可能下雨、雪，出现霜和冰冻现象。当寒潮向南方大规模移动时，暖空气被迫后退，因此所经过的地区，首先受暖空气的影响，温度显著升高。在寒潮之前要暖和一两天。广东地处低纬热带、亚热带季风气候区，冬季气候温暖，寒潮出现频次不高。据统计，广东寒潮出现频次自北向南逐渐减少。频次最高的粤北连州，年均1.4次；最低为粤东沿海的汕头，年均仅0.12次。冷空气抵达华南后势力通常减弱，但在特殊的大气环流背景下仍可能带来极端寒潮过程。（汪丽娜）

水 文

珠江水系 中国七大水系（松花江水系、辽河水系、海河水系、黄河水系、淮河水系、长江水系、珠江水系）之一。由西江、北江、东江和珠江三角洲诸河组成。流溪河、北江大致由东北向西南流，西江、潭江大致自西向东流，汇于珠江三角洲网河区，最后分别由崖门、虎跳门、鸡啼门、磨刀门、横门、蕉门、洪奇沥、虎门8大口门注入南海。整个水系呈扇状。广东境内珠江流域面积为111400平方千米，广东境内珠江流域地势大致自北向南倾

斜，最高峰石坑崆海拔 1902 米。珠江三角洲地区河网密度达 0.81 千米 / 平方千米以上，干流弯曲系数为 1.34，干流属平原型河流。（汪丽娜）

西江水系　西江古称郁水、浪水、牂牁江。发源于云南曲靖乌蒙山余脉马雄山东麓，流经滇、黔、桂、粤 4 省（区），至广东三水思贤滘与东江、北江交汇，合珠江三角洲诸河后称珠江，在磨刀门注入南海。西江干流及沿途支流、源泉、湖泊构成西江水系。从源头至思贤滘干流长 2075 千米，其中广东境内 208 千米；流域集雨面积 35312 平方千米，其中广东境内 17960 平方千米，占 5.09%；西江流域年均径流量 2330 亿立方米，其中广东境内年均产流量仅 149.6 亿立方米；控制站高要站实测流量最大 55000 立方米 / 秒，最小 –2930 立方米 / 秒。在广东境内主要包括干流河段以及南、北两岸汇入干流的贺江、罗定江、新兴江、罗旁水、悦城水、马圩河、大绛水、宋隆水等流域，以及在茂名信宜发源，流入广西境内的北流江，再流入西江的黄华河、金垌河等北流江上游支流。（汪丽娜）

东江水系　东江古称湟水、循江、龙川江等。发源于江西寻乌桠髻钵（上游称寻乌水），流入广东河源龙川，在五合圩与安远水（贝岭水，发源于江西安远大岩练）汇合后始称东江，向西南流经河源、惠州，至东莞石龙进入珠江三角洲河网区。主要支流有安远水、俐江、新丰江、秋香江、公庄河、西枝江、石马河等。从源头至东莞石龙干流长 520 千米，其中广东境内 393 千米；流域集雨面积 27040 平方千米，其中广东境内 23540 平方千米；平均坡降 0.39 ‰。年均降雨量 1750 毫米。年均径流量 261 亿立方米，其中广东境内年均径流量 243.6 亿立方

米。控制站博罗站实测流量最大 12800 立方米 / 秒，最小 33 立方米 / 秒。（汪丽娜）

北江水系　北江古称溱水。发源于江西石碣，流经广东始兴、韶关、英德、清远等市县，在三水思贤滘与西江相

北江大堤

通，汇入珠江三角洲网河。干流在韶关市区以上称浈江（浈水），韶关以下始称北江。从源头至沙洲尾为北江上游，沙洲尾至清远飞来峡为中游，飞来峡至思贤滘为下游。流域呈扇形。干流总长 468 千米，面积 46710 平方千米，广东境内 42930 平方千米。平均坡降 0.7‰。年均径流量约 510 亿立方米，径流深 1091.8 毫米。集水面积 1000 平方千米以上的一级支流有墨江、锦江、武江、南水、滃江、连江、滨江和绥江等。水力资源丰富，水能理论蕴藏量 268.78 万千瓦。可能开发装机容量 205.39 万千瓦。已建水电站 111 座，总装机容量 39.6 万千瓦。（汪丽娜）

流溪河　又称吕田河；古称流溪水。河流。属珠江水系。位于广州北部。发源于从化吕田镇与新丰交界处，由多条支流汇集而成，经从化中部、花都南部、白云钟落潭镇、人和镇等地，经珠江三角洲河网流入南海。流域狭长。主要支流有牛栏河、玉溪河、分田河、小海水、龙潭河等。干流长约 156 千米。流域面积约 4000 平方千米。年径流量 28.4 亿立方米，

年均流量 90.1 立方米 / 秒。春秋季雨量少，常旱，夏季多雨。流域内有天然水库、水电站、湿地公园等。水能资源丰富，理论蕴藏量 6.41 万千瓦，可开发装机容量 4.94 万千瓦。已建水电站 7 座，总装机容量 4.84 万千瓦。（汪丽娜）

吕田河　见"流溪河"。
流溪水　见"流溪河"。

榕江　又称揭阳江。河流。粤东沿海第二大河。因多榕树而得名。位于广东东北部。发源于广东陆河凤凰山南麓，自西南向东北流经揭西、普宁、揭阳中心等地，在汕头牛田洋注入南海。主要支流有北溪和五经富水（坡头水）、横江河、龙潭河等。多洪涝、旱等灾害。全长 195 千米。流域面积 4408 平方千米。河道平均坡降 0.49‰。年平均径流量约 49.1 亿立方米。流域内建有龙颈水库和引榕工程。（汪丽娜）

揭阳江　见"榕江"。

九洲江　又称石角水；古称南廉水。河流。因冬季水浅露沙，分为九洲而得名。发源于广西陆川沙坡镇秦镜村的文龙径，流经广西博白，于广东廉江流入北部湾。主要支流有武陵河、沙铲河等。全长 162 千米。流域面积 3337 平方千米。流域内水系发育，多山。中下游干流建有大型水库鹤地水库，其灌区渠系从北至南贯穿大半个雷州半岛。（汪丽娜）

石角水　见"九洲江"。
南廉水　见"九洲江"。

浔江　又称桑江。河流。属西江水系。位于广西东部。为黔江、郁江于广西桂平至粤桂交界处汇合而成，是西江

上游河段。流经广西桂平、平南、梧州等地。主要支流有思旺河、柳江、郁江、蒙江、北流江等。干流全长 199 千米，河面平均宽 573 米。流域面积超过 2 万平方千米。最深 68 米，最浅 1.6 米，平均水深 3.8 米。河道平均坡降 0.0968‰，枯水期最大流量 4.5 万立方米／秒。上游流域宽广，集流历时长。流域内水能蕴藏量丰富，仅梧州市区长洲河段就有 62.13 万千瓦。（汪丽娜）

桑江 见"浔江"。

桂江 河流。属西江水系。位于广西东北部。上游发源于广西兴安境内的猫儿山。由上游河段大溶江向南与灵渠、恭城河汇合后，流经梧州、苍梧、昭平等市县，与浔江汇合注入西江。主要支流有荔浦河、富群江、思勤江等。全长 427 千米，河面宽平均 200 米，流域面积约 1.93 万平方千米。平均年降水量 1660 毫米。地势北高南低，干流自北向南。河道蜿蜒曲折。流经地多为石灰岩地区、山地，拥有山峰、溶洞等美景。（汪丽娜）

漓江 古称漓水、癸水。河流。属西江水系。位于广西东北部。为桂江上游河段，发源于广西兴安县境的猫儿山。起点为兴安溶江镇灵渠口，终点为平乐三江口。自北向南依次流经兴安、灵川、桂林、阳朔等市县，经梧州注入西江。全长 164 千米，流域面积 6050 平方千米。流域降水自西北向东南递减，年均径流量为 40.3 亿立方米。河床多为水质卵石，泥沙量小，水清。（汪丽娜）

漓水 见"漓江"。
癸水 见"漓江"。

韩江 古称员水。河流。历史上因河中多鳄鱼得名恶溪（鳄溪）；又因潮州别称凤城，得名凤水；唐代因韩愈驱鳄而更名韩江。上游由梅江和汀江汇合而成。梅江为主流，发源于广东紫金上峰，由西南向东北流经广东五华、兴宁、梅县、梅州和大埔等地，在三河坝与汀江汇合。汀江发源于福建宁化赖家山，由北向南流经福建长汀、武平、上杭、永定等县和广东大埔。流域范围包括广东、福建、江西三省部分县市。干流及主要支流总长 3435 千米，干流长 470 千米，平均宽 98 米，面积 30112 平方千米，其中广东境内 17851 平方千米，占 59.3%。河道平均坡降 0.4‰。广东境内主要支流有五华河、宁江、程江石窟河、松源河，汀江水系的樟溪、梅潭河，韩江干流的大胜溪、丰良河、白溪水、南溪背水、蔗溪、凤凰溪、文祠（桂坑）水。建有阴那山、凤凰山、丰溪、长潭等自然保护区。（汪丽娜）

员水 见"韩江"。

鉴江 河流。发源于广东信宜庄峒镇樟埇坑，至镇隆与北界河汇合后始称鉴江。流经高州、化州、吴川，在吴川沙角旋注入南海。主要支流有罗江、大井河、榕江、袂花江等。全长 232 千米，流域面积 9464 平方千米。河床坡降为 0.374‰。干流上游地形主要为丘陵、山地，河床坡降大；中下游为平原区，河流浅小，多急湾。流域内建有尚文、高城、高州、罗坑等水库。是粤西最长、独流入海的河流。（汪丽娜）

武江 河流。北江上源。发源于湖南临武三峰岭北麓，于乐昌三溪附近流入广东，经乐昌、乳源、曲江等地，在韶关沙洲尾与浈水合流，称北江。全河长 260 千米。流域面积 7097 平方千米，总落差 123 米，河道平均坡降

武江

0.91‰。干流在广东境内较陡，平均坡降 1.27‰。乐昌峡位于武江中游、坪石镇与乐昌之间，自罗家渡至张滩全长 41 千米，天然落差 54 米，平均坡降 1.31‰，河道曲折，河面狭窄，最窄处仅 25 米，两岸沟壑纵横，河道切割较深，滩多、水急，有"九泷十八滩"之称。乐昌至韶关段比较平缓，坡降 0.59‰。广东境内，汇入武江集雨面积 100 平方千米以上的二级支流有 11 条：南花溪、宜章水、白沙水、梅花水、田头水、太平水、九峰水、西坑水、廊田水、杨溪水、新街水。（汪丽娜）

浈江 古称保水、始兴大江。河流。北江上源。发源于江西石碣，经大余进入广东，自东北往西南流经南雄、始兴、曲江等地，至韶关沙洲尾与支流武江汇合，始称北江。支流有凌江、澄江、墨江、锦江等。全长 211 千米，集雨面积 7554 平方千米，河道坡降 0.62‰，年均降水量 1585 毫米。流域内多山地、丘陵、盆地，流于高山峻岭之间，集流快、洪水历时短、降雨损失少，有"滴水归谷"之称。上游建有孔江水库，为南雄重要灌溉工程，也是南雄最大的水利骨干工程。（汪丽娜）

保水 见"浈江"。
始兴大江 见"浈江"。

翁江 河流。北江支流。位于北江左岸，是北江左岸最大支流。发源于广东翁源船肚东，自东北向西南流经连平、新丰、翁源、佛岗至英德江头咀

汇入北江。主流长 173 千米。流域面积 4847 平方千米。主流坡降大。多年平均径流量 50.6 亿立方米。沿河除两岸狭窄盆地外，均为崇山峻岭，地质多为石灰岩及花岗岩。由于地势高、河床陡，洪水流速快，山洪多暴发。集雨面积超过 100 平方千米的二级支流有 9 条：九仙水、贵东水、龙仙水、周陂水、涂屋水、青塘水、横石水、大镇水、小北江。流域内已建成岩庄水库、空子水库、泉坑水库、上空水库、桂竹水库、跃进水库。（汪丽娜）

连江　河流。北江支流。发源于广东连州三姊妹峰，流经连山、连南、阳山至英德江头咀汇入北江。全长 275 千米。流域面积 10061 平方千米，占北江流域面积的 21.5%。落差 981 米，主流坡降较缓，为 0.77‰。多年平均径流量 110.5 亿立方米。连江两侧大小支流密布，呈羽状汇入。支流坡降大，洪水涨陡、落缓，易聚水主流，增大洪峰。江水暴涨时，上游高水位每小时可增加 0.9 米。洪水多为驼峰型，历时一般 60—72 小时。高道水文站实测最大洪水流量为 7540 立方米/秒，最小流量 9.8 立方米/秒，多年平均流量 326 立方米/秒。集水面积 100 平方千米以上的二级支流有 14 条：潭源洞水、长家水、黄桥水、保安水、东陂水、三江水、洞冠水、庙公坑、七拱水、青莲水、大湾水、黄洞河、竹田河、水边河。（汪丽娜）

绥江　河流。北江支流。位于北江下游，是北江一级支流。发源于广东连山擒鸦岭，经怀集、广宁至四会马房汇入北江。全长 226 千米，山区占集水面积 70%，流域面积 7184 平方千米。流域多年平均径流量 73.6 亿立方米。上游地势高，大稠顶最高，海拔 1626 米；中游属丘陵区；下游丘陵、平原兼备。沿河两岸较平坦，洪患较

多。下距四会水文站约 4 千米处有青岐涌与西江相通，洪水期约 65% 水量注入北江，余下 35% 经青岐流入西江；西江发洪，绥江洪水不大时，则西江水经青岐涌倒灌入绥江。1968 年，最大倒灌流量为 500 立方米/秒。青岐涌两岸土地肥沃，为产粮区，设有堤围。堤围基础较差，防洪压力较大。（汪丽娜）

增江　河流。东江支流。原直接流入珠江口。自增江龙门县城区段珠江三角洲平原形成后，成为东江支流。发源于广东新丰七星岭，流经从化、龙门、增城等地，在永汉河口进入增城，经大楼山与派潭河、二龙河两条支流汇合，出石滩，在观海口入东江北干流。全长 206 千米，集水面积 3114 平方千米。多年平均径流量 35.9 亿立方米。上游河道坡陡水急，下游沿岸有堤围。干流自东北向西南流。集雨面积 100 平方千米以上支流有 8 条：地派水、蓝田水、铁岗河、白沙河、葛布水、永汉河、派潭河、二龙河。流域年降雨量 2069 毫米，约 80% 以上集中于汛期。历史上水、旱灾频繁。（汪丽娜）

西枝江　河流。东江支流。位于东江左岸。发源于广东紫金竹坳，向西南流经惠东、惠阳，在惠州东新桥汇入东江。干流长 176 千米。集水面积 4120 平方千米。平均坡降 0.60‰，河流弯曲系数 2.07，属蜿蜒型河流。流域年降雨量 1811 毫米，82.5% 集中在 4—9 月汛期。主要支流有杨梅水、宝溪水、小沥河、安墩河、楼下河、碧山河、白花河、梁化河等。沿河已基本筑堤。1985 年在上游建成白盆珠水库，使坝址以上 856 平方千米的来水得到控制。此外西枝江干流多祝以下和支流淡水河宝安龙岗圩以下，原可通航。建有上鉴、象山、中山寺、永

湖、淡水、葫芦陂等拦河陂闸。（汪丽娜）

琴江　河流。韩江上游干流段。发源于广东紫金七星崇，由西南向东北流经五华，在河口大坝与五华河汇合后称梅江。全长 136 千米，集水面积 2871 平方千米。河床坡降 1.10‰。可开发的水力资源为 36254 千瓦，现已开发 8254 千瓦。城镇防洪重点为梅州市区和五华水寨镇。（汪丽娜）

罗定江　又称南江。河流。西江支流。位于西江右岸，西江右岸一级支流。发源于广东信宜鸡笼山，从信宜流入罗定，经云浮，在郁南南江口流入西江。全长 201 千米，流域集雨面积 4493 平方千米，河床平均坡降 0.87‰。多年平均径流量 27 亿立方米。集水区内丘陵地区多红砂岩，风化较深，植被较差，水土流失严重。多年平均含沙量为 0.561 千克/立方米，最大断面平均含沙量达 1.81 千克/立方米，有广东"小黄河"之称。水力资源理论蕴藏量 21.39 万千瓦，可开发利用 15.69 万千瓦，已开发利用 8.87 万千瓦。干流上已建成 11 座梯级电站。有湘垌、罗光、金银河、山垌、东风、云霄等中型水库。集雨面积超过 100 平方千米的支流有 15 条：罗镜河、新榕河、连州河、泗纶河、替滨河、千官水、围底河、白石河、深步河、历洞河、分界水、都门水、新乐水、大方水、船步河。（汪丽娜）

南江　见"罗定江"。

漠阳江　河流。发源于广东云浮云雾山。粤西较大的河流。主流为石庙洞水，流经新兴、阳春，在阳江附近流入北津港，注入南海。全长 199 千米，流域面积 6091 平方千米。河床坡降 0.0494‰。流域内有石灰岩带。地

势由北向南倾斜，背山面海。上游地形以山地为主，河谷狭窄，溪流多，坡降大，水流急；中游为狭长的河谷盆地和小平原；下游地形以丘陵和小平原为主。主要支流有西山河、石忽河、那乌河、潭水河、那龙河等。（汪丽娜）

北流江 河流。浔江支流。发源于广西北流平政镇上梯村与沙垌镇交界处的云开大山双孖峰东麓。南流至岭垌村转向西流，至双头村后北流，故称北流河。其上游又称绣江或圭江，中段因流经容县又称容江。干流长259千米。流域面积9359平方千米，其中广东境内1594平方千米。平均年径流量80.1亿立方米。流域面积100平方千米以上的支流有10条，其中较大的有黄华河、新丰河、义昌河，均从右岸汇入。水力理论蕴藏量8.8万千瓦，可开发电量1.13万千瓦。有龙门水库、六洋水库。（汪丽娜）

南流江 河流。位于广西东南部。发源于大容山主峰莲花顶南麓。向南流经北流、玉州、博白、浦北、合浦等地。干流长285千米，流域面积约9232平方千米。流域内地势平坦，有玉林盆地、博白盆地和南流江三角洲。流域面积100平方千米以上的一级支流有武利江、六洋河、望江等14条。其中武利江最大，流域面积1222平方千米。土地肥沃，农业发达。1958年以来所修建的水库等水利设施控制集雨面积2800平方千米，占流域总面积的28.9%。（汪丽娜）

南渡江 又称南渡河；古称黎母水。河流。海南岛第一大河。发源于海南省白沙黎族自治县境内的南峰山，干流斜贯海南岛中北部，自西南向东北流经白沙、琼中、儋州、澄迈、屯昌、定安、琼山等市（县），在海口市美

兰区注入琼州海峡。全长333.8千米，流域面积7033平方千米。总落差703米，河床比降0.72‰。多年平均径流深985毫米。年平均流量219立方米/秒。主要支流有龙州河、大塘河、巡崖河、腰子河等。（汪丽娜）

南渡河 见"南渡江"。
黎母水 见"南渡江"。

昌化江 河流。海南岛第二大河。发源于海南琼中黎母山林区的空示岭，流经五指山、乐东、昌江，最终流入南海。干流长232千米，流域面积5150平方千米，天然落差1272米，河床坡降0.55‰，径流量42.7亿立方米，占全岛年径流量的13.9%。干流上中游坡陡水急，洪水暴涨暴落，两岸地面一般高出河床20—30米。下游河床宽阔，水流宣泄顺畅。支流众多，集水面积大于100平方千米的支流有10条，其中通什水集水面积最大，石碌河次之，集水面积分别为660平方千米和546平方千米，其他均在400平方千米以下。已建成大型水库2座（石碌水库，集水面积353.63平方千米，库容1.41亿立方米；大广坝水库，库容17.1亿立方米），中型水库5座和小型水库13座，合计总库容3.09亿立方米。（汪丽娜）

万泉河 河流。海南岛第三大河。位于海南岛东部。南支乐会水，发源于五指山林背村南岭，为主源。北支定安水，源出黎母岭南。在琼海合口嘴汇合后始称万泉河，在琼海博鳌注入南海。全长163千米，流域面积3683平方千米。天然落差523米，河床比降0.32‰，流域雨量丰沛，年降雨量2385毫米。年径流量58.3亿立方米，占全岛年径流量的19.1%。上游为山区，是海南岛暴雨中心之一。下游面临南海，是台风活动频繁地区，常受

风暴潮之害。常出现春旱秋涝。已建成以牛路岭水库为骨干、大中小结合的水利工程系统。（汪丽娜）

灵渠 又称秦凿渠、湘桂运河、兴安运河。古运河。位于今广西壮族自治区桂林市兴安县境内。横跨南岭，连接湘江、漓江，是沟通长江和珠江两大水系的纽带。全长36.4千米，由南北两渠组成。南渠自南陡口起，过严关，流至溶江镇老街的灵河口入漓江，全长约33.15千米，面宽8—15米，水深1—1.8米。北渠自北陡向北，经打鱼村、花桥，至水泊村汇入湘江，全长3.25千米，面宽10—15米。南渠占水量3/10，北渠占水量7/10，故有"三分漓水七分湘"之说。历代有疏浚改建。唐代筑陡门18座，宋代筑36座、清代筑32座，顺次启闭，增高水位，使船只能越过高地。既便舟楫，又利灌溉。灵渠的陡门为船闸的先导，是世界上最早的通航设施。秦汉以后，中原地区与岭南交通，多取道于此。被誉为"世界古代水利建筑明珠"。1988年被国务院公布为第三批全国重点文物保护单位。参见第99页历史卷"开凿灵渠"条、第801页科技卷"灵渠"条。（汪丽娜）

秦凿渠 见"灵渠"。
湘桂运河 见"灵渠"。
兴安运河 见"灵渠"。

扶胥古运河 古称鹿步滘、横滘。古运河。位于广东省广州市黄埔区。宋政和二年（1112）邵大昕主持修筑。呈东西走向，东自东洲驿，西接波罗庙前的黄木湾，全长约5千米。为黄木湾船只提供避风之处，往来于广州至东江沿线各埠的船只避开狮子洋的风浪，且缩短航程。现今古运河，东起南岗街道南岗头东江口，流经鹿步、沙涌、夏园、南湾，西至穗东街道庙

头，与庙头涌、珠江口相汇。最宽处约 150 米，最窄处约 25 米。鹿步、沙涌与夏园段，名为横滘，至南湾村分两截，其一为十字滘，绕南湾村西段称为西滘。（汪丽娜）

鹿步滘　见"扶胥古运河"。
横滘　见"扶胥古运河"。

潭蓬古运河　又称仙人垅。古运河。我国唯一的海上古运河。位于广西壮族自治区防城港市。为行舟楫之利及避海盗之险，唐咸通年间安南节度使高骈开凿。运河长约 10 千米，宽数米，拦腰穿过江山半岛，沟通防城港和珍珠港，海水涨潮时可通航。运河常年水流较大，现仍灌溉着潭蓬、潭西两村 2300 多亩稻田，旱涝保收。（汪丽娜）

仙人垅　见"潭蓬古运河"。

深圳河　河流。深圳与香港的界河。香港最长的河流。发源于广东省深圳市梧桐山牛尾岭南坡。自东北向西南，流过繁华的深圳市区，流入深圳湾。全长 37 千米，流域面积 312.5 平方千米，河道平均坡降 1.1‰。河流弯曲，河槽较深窄，上游河宽 10—30 米，下游 80—100 米，水系分布呈扇形。深圳一侧占 60%，包括繁华的罗湖和福田；香港一侧占 40%，是香港重要的渔农区。主要支流，在深圳一侧有沙湾河、布吉河、福田河和皇岗河，香港一侧有新田河、梧桐河和平原河。（汪丽娜）

鹤地水库　蓄水工程。广东省三大水库（新丰江水库、枫树坝水库、鹤地水库）之一。位于广东省湛江市廉江市。1959 年建成。地跨广东廉江、化州和广西陆川、博白 4 个县市，面积约 140 平方千米，集雨面积 1440 平方

鹤地水库

千米，蓄水面积 122.6 平方千米，总库容 11.5 亿立方米，年均供水量 15.5 亿立方米。大坝高 28.25 米，长 885 米。建有小型电站，装机容量 1950 千瓦。有效灌溉面积 10.4 万公顷，并可使下游 1.5 万公顷农田免遭洪涝。库区风景优美，是湛江对外开放的重点旅游区。（汪丽娜）

新丰江水库　又称万绿湖。蓄水工程。广东省三大水库（新丰江水库、枫树坝水库、鹤地水库）之一。广东最大水

新丰江水库

库、最大人工湖。位于广东省河源市东源县境内。1962 年建成。总面积 370 平方千米，库容 139.8 亿立方米。水库大坝高 124 米，长 440 米，顶宽 5 米。水电站的装机容量达 302 兆瓦，平均年发电量 9.9 亿千瓦时。（汪丽娜）

万绿湖　见"新丰江水库"。

枫树坝水库　又称青龙湖、循州湖。蓄水工程。广东省三大水库（新丰江水库、枫树坝水库、鹤地水库）之一。位于东江上游的河源市龙川县中部偏北。1962 年建成。集雨面积 5150 平方千米，总库容 19.32 亿立方米，正常库容 15.35 亿立方米，死库容 2.85 亿立

方米。坝高 95.3 米，长 418 米，宽 6.5 米。多年平均流量 141 立方米 / 秒，设计洪水流量 11100 立方米 / 秒，电站装机 15 万千瓦，年发电量为 5.55 亿千瓦时。是以航运、发电为主，结合防洪等综合利用的大型水利水电工程。（汪丽娜）

青龙湖　见"枫树坝水库"。
循州湖　见"枫树坝水库"。

飞来峡水利枢纽　水利枢纽工程。广东省最大的综合性水利枢纽工程。位于广东省清远市。1999 年 10 月建成。主要建筑物由拦河大坝、船闸、发电厂房和变电站组成。水库控制水域面积 34097 平方千米，总容量 19.04 亿立方米。拦河大坝高 52.3 米，主、副坝坝顶总长 2952 米，坝顶为 8 米宽公路。溢流坝有 16 个泄洪孔。大坝船闸可通行 500 吨级的货轮。飞来峡电站装机容量 140 兆瓦，年发电量可达 5.54 亿千瓦时。水库以防洪为主，兼顾发电、航运、供水和改善生态环境等作用，是北江流域综合治理的关键工程。（汪丽娜）

惠州西湖　湖泊。河迹湖。位于广东省惠州市。由南湖、丰湖、平湖、鳄湖和菱湖 5 个相连的湖泊组成，面积 3.2 平方千米，其中水体面积 1.68 平方千米，水体面积占惠州市区建成区面积的 12.2%。平均水深 1.5 米，鳄湖和南湖个别水深 3—4 米，中间浅，四周深。岸线总长 16 千米。阳光充足，雨量充沛。以五湖、六桥、八景闻名。（汪丽娜）

肇庆星湖　湖泊。河迹湖。位于广东省肇庆市。由 5 个子湖泊组成：仙女湖（142 平方千米）、里湖（26 平方千米）、中心湖（212 平方千米）、波海湖（128 平方千米）和青莲湖（116

肇庆星湖

平方千米）。5个子湖泊均属人工调节水位的封闭性湖泊。除里湖外，其余4个湖水面连通。中心湖最深，正常水位时，最深处超过10米。其余各湖均很浅。地处低纬度地带，属南亚热带季风气候。年均温22℃，年降水量1655.6毫米。4—9月为雨季，占全年降水量的82%。雨季时水较多，可由闸门排水；旱季时，靠蓄水保持水位。（汪丽娜）

净湖 又称陷湖。湖泊。玛珥湖。位于广东省湛江市雷州半岛湖光岩。距今16万至14万年间经多次平地火山爆炸深陷形成。面积2.3平方千米，湖深446米，其中火山泥沉积物厚约400米。湖水和火山泥含有60多种微量元素，是地球古气候与环境演变的有力证明。所在地区山清水秀，风景奇特，是中国著名的火山口旅游区。（汪丽娜）

湛江湖光岩

陷湖 见"净湖"。

雷州青年运河 运河。位于广东省湛江市雷州半岛。因运河开凿者以青年为主，故名。1958年5月15日，湛江地委作出《关于兴建雷州青年运河的决定》，6月正式动工。运河起源于廉江鹤地水库，流经廉江、湛江、遂溪、雷州等县（市），终流至雷城街道。包括主河和四联河、东海河、西海河、东运河、西运河5大干河，全长271千米，河宽17—20米，主、干河分出干支渠4039条，总长5000千米。河床高4—5米。河上石拱桥众多。以农业灌溉为主，兼顾工业、生活供水和防洪、发电、养殖、航运、旅游等功能。雷州青年运河展览馆是广东省爱国主义教育基地。参见第805页科技卷"雷州青年运河"条。（汪丽娜）

雷州青年运河

海　域

南海 又称南中国海；古称涨海。边缘海。中国三大边缘海（南海、东海、黄海）之一。因位于中国南部而得名。处于太平洋西部海域，北倚中国大陆和台湾岛、海南岛，西为中南半岛及其南部的马来半岛，东、南面为菲律宾的吕宋岛、棉兰老岛和加里曼丹岛等。南纬3°00′—北纬23°40′，东经99°00′—121°00′。轮廓呈菱形，半封闭。面积约350万平方千米。平均水深1212米，最深5559米。构造线以东北—西南断裂为主，西部有西北—东南断裂。海底地形有海盆、大陆坡、大陆架，呈环状分布，还有海沟、海槽和海山、岛礁等。中央偏东北部为深海盆地，菱形，长轴北东向，深4000米。深海盆地东部至菲律宾吕宋岛间的岛坡呈南北向，海底山脊与海沟起伏。北、西、南部为阶梯状大陆坡，其上发育有东沙、西沙、中沙、南沙群岛等。西部大陆架较窄，北部、西南部大陆架宽广，水深150—200米。1月表层水温16—28℃，南北温差大；7月表层水温29℃左右。表层海水盐度30‰—34‰，冬季大夏季小。海流主要受季风影响，夏季西南季风驱动，表层海水流向东北；冬季东北季风驱动，表层海水流向西南，其主流都在南海西部海区。海洋生物多属印度—西太平洋热带区系，仅北部大陆架有部分属亚热带区系。据不完全统计，鱼类约有2000种，底栖生物6000种以上。海底有石油、天然气、可燃冰等矿产资源；太阳能、风能、海流能、潮汐能等新型能源丰富。沟通太平洋与印度洋的交通要道。（廖伟群）

南中国海 见"南海"。
涨海 见"南海"。

七洲洋 边缘海。中国南海的一部分，位于海南岛东北部。因是七洲列岛周围洋面而得名。西部紧靠抱虎角与铜鼓嘴之间的陆岸，东部延伸至七洲列

岛以东的海面，南北长 59 千米，东西宽 52 千米，面积 2340 平方千米。七洲列岛呈东北—西南向散列于洋中部，周围水深较浅，不超过 50 米的海域面积 93 平方千米，靠近陆岸水深一般不超过 40 米，列岛以东洋区水深 60—90 米。一般为砂石质底，西部沿海为砂砾堆积基岩岸。属不规则半日潮，平均潮差 1.5 米，最大 2.5 米。铜鼓角至抱虎角一段洋面为南海大浪区之一。海水盐度 33‰—34‰。表层海水 1 月均温约 19℃，7 月均温约 29℃。海流受季风影响，夏季由南向北与琼州海峡之东流合为一股折向东北，流速 3.5 节；冬季由东北折向南流，流速 3 节。平均风速 1 月 2.3 米／秒，7 月 3.1 米／秒。北段抱虎角与铜鼓嘴之间的陆岸较平坦，南段铜鼓角与铜鼓嘴间的陆岸呈锯齿形。有宝陵湾、大澳湾和小澳湾等海湾。多珊瑚、玳瑁、海蚌等。是海南岛沿岸重要渔场之一，盛产脂眼鲱（军仔鱼）、飞鱼、鲐鱼、马鲛、石斑、蓝圆鲹和龙虾等。4—9 月为鱼汛，6—7 月为旺汛。岛上以鹏鸟排泄物堆积而成的鸟粪层最为有名。中国重要的磷矿产区之一。（廖伟群）

虎门　出海口。珠江八大口门（虎门、蕉门、洪奇沥、横门、磨刀门、鸡啼门、虎跳门、崖门）之一。位于广东省东莞市西南部，珠江口东岸，伶仃洋北端。口门内有大虎山、小虎山、上横档岛与下横档岛等岛屿，以大虎和小虎两岛形似猛虎伏踞江面而得名，又称虎头门。泥沙底。年径流量 578 亿立方米，占珠江年径流总量 17.3%。属不正规半日潮，年均潮差 1.63 米。

虎门

潮汐吞吐量居珠江八大口门之首。上横档岛、下横档岛屹立江心，分河口为东、西水道。主航道是东部的虎门水道，水深 10—18 米。口外 3.5 千米处的舢舨洲上设有灯塔、水钟。是珠江出海水道咽喉，进出黄埔港的船舶由此通过。清朝曾在此设置虎门要塞。林则徐、关天培率众在此抗击英军入侵。附近有虎门销烟池、鸦片战争虎门人民抗英纪念碑、威远炮台等。沙角建有大型火力发电厂。（廖伟群）

蕉门　出海口。珠江八大口门（虎门、蕉门、洪奇沥、横门、磨刀门、鸡啼门、虎跳门、崖门）之一。位于广东省广州市南沙区广兴围、虎门江以西约 8 千米处。南沙东南部，伶仃洋北部，虎门与洪奇门之间。为支流北江的出海水道口门。元代蕉门口在蕉门村附近，穿流在黄（鲁山）与大山㟖（山）之间，取名蕉门滘，现口门已向东南延伸 7 千多米。清末，由于拦门沙分流作用，水道分为 3 支，主流北支名蕉门水道，出海口渐称蕉门。呈喇叭状，口向东南敞开。口宽 4.5 千米，主航道水深 2—8 米。泥沙底。属不正规半日潮，年均潮差 1.36 米。年潮流量 1192 亿立方米，年径流量 542 亿立方米，占珠江入海总径流量的 17.3%。年输沙量 1289 万吨，占珠江出海输沙量的 18.1%。河口北岸设有水牛头水文测验断面和南沙验潮站。口门外有龙穴岛。（廖伟群）

洪奇沥　又称洪奇门。出海口。珠江八大口门（虎门、蕉门、洪奇沥、横门、磨刀门、鸡啼门、虎跳门、崖门）之一。因泄出的洪水受到海潮的顶托作用，水势出奇汹涌，故名洪奇。"沥"是广州方言"分流"之意。位于广东省广州市与中山市交界地带，其两侧口门分别是蕉门和横门。主要水源为西江支流容桂水道和顺德水道

支流潭洲水道，分 3 股汇合出海。口门宽 110 米，水深 3—6 米，只容小型船只通行。属不正规半日潮，年均潮差 1.21 米，最大涨潮差 2.79 米，最大落潮差 2.57 米。年径流量 200 亿立方米，在珠江八大口门径流量中占比为 6.4%。年输沙量 489 万吨，大量泥沙淤积在水底，生成江心洲等沙洲。（廖伟群）

洪奇门　见"洪奇沥"。

横门　曾称横门口。出海口。珠江八大口门（虎门、蕉门、洪奇沥、横门、磨刀门、鸡啼门、虎跳门、崖门）之一。因横门岛卧于横门水道出口而得名。位于广东省中山市东部，伶仃洋西北侧，洪奇沥南侧。横门水道出海口。横门岛把横门口分为南北两口。北口宽 300 米，水深 3—5 米，东接灯笼水道。南口宽 220 米，水深 3—6 米。属不正规半日潮，年均潮差 1.15 米，最大涨潮差 2.27 米，最大落潮差 2.48 米。年径流量 365 亿立方米，占珠江出海总径流量的 11.2%。年输沙量 925 万吨，占珠江总出海输沙量的 13%。口门外泥沙淤积迅速，形成大面积滩涂，主要有大沙尾沙、横门滩。横门港是广东省的重要渔港。附近海域盛产咸淡水鱼、虾类、贝类，如鲗鱼、鲈鱼、鳗鱼、牡蛎、蚬、虾、螃蟹等。（廖伟群）

横门口　见"横门"。

磨刀门　出海口。珠江八大口门（虎门、蕉门、洪奇沥、横门、磨刀门、鸡啼门、虎跳门、崖门）之一，为最大口门。水道中段因磨刀山与小托山夹峙如门得名，河口名依此。位于广东省珠海市与中山市交界处。西江主要出海通道磨刀门水道口门。口门宽 3600 米。泥沙底。属不正规半日潮，

年均潮差 0.86 米。年径流量 883.96 亿立方米，占珠江八大口门入海总径流量的 31.85%。年输沙量 2341 万吨，占珠江八大口门入海总沙量的 33%。汇洪量为珠江八大口门之冠。海心沙分河口为东、西两航道，口门外多岛礁。西江水带来大量泥沙，于口门淤积成滩，浅滩淤高速度 0.1—0.15 米/年，口门海滩向海延伸速度 115 米/年。珠江三角洲排涝、泄洪、航运的主要口门。附近水域盛产鲥、鲈、鳗、凤鳝、虾等。（廖伟群）

鸡啼门 出海口。珠江八大口门（虎门、蕉门、洪奇沥、横门、磨刀门、鸡啼门、虎跳门、崖门）之一。因河口形似雄鸡啼鸣，故名。位于广东省珠海市西南。鸡啼门水道出海口。水道宽 400—600 米，水深 2 米。泥沙底。属不正规半日潮，年均潮差 1.01 米。年径流量 189 亿立方米，年输沙量 473 万吨。洪水季节沿岸溃涝较严重。口门两侧有泥沙滩。口外水浅，有滩涂、岛礁。广东江门、石岐通往南水、三灶等地的必经航道。左岸为白藤湖垦区，建有全国第一个农民度假村。（廖伟群）

虎跳门 出海口。珠江八大口门（虎门、蕉门、洪奇沥、横门、磨刀门、鸡啼门、虎跳门、崖门）之一。因口门两岸山峰对峙，势如猛虎跳门而得名。位于广东省珠海市与江门市交界处，黄茅海东北端。西江通海汊道虎跳门水道出海口。航道宽 50 米，水深 3—5 米。泥沙底。属不正规半日潮，年均潮差为 1.2 米。年径流量 194 亿立方米，年输沙量 473 万吨。珠江三角洲与粤西沿海、海南岛航运的捷径。西岸建有清代炮台。（廖伟群）

崖门 出海口。珠江八大口门（虎门、蕉门、洪奇沥、横门、磨刀门、

鸡啼门、虎跳门、崖门）之一。位于广东省江门市新会区南部，黄茅海北端。东为崖山，西为汤瓶山，两山对峙如门，故名。潭江出海口。长 9500 米，宽 700—1800 米，航道水深 6 米以上。泥底。属不正规半日潮，潮差溯江递增，枯水季节潮差较大，年均潮差 1.2 米，年径流量 188 亿立方米，输沙量 341 万吨。涨潮北流，落潮南流，洪水季节流速更大。为海防要塞，宋、明均驻兵戍守。为陆秀夫背负宋少帝赵昺投海处，有"宋少帝及丞相陆秀夫殉国于此"石刻。清康熙年间始建炮台。崖门水道上建有崖门大桥，全长 1289.22 米，2002 年 4 月 28 日通车。口门西侧崖门港为广东重要渔港。口门东岸有"崖门春浪"景观，古迹有奇石、慈元庙、杨太后陵、崖门炮台、唐代陶窑旧址等。（廖伟群）

十字门 水道。位于广东省珠海市横琴岛与澳门特别行政区三岛间。珠海的小横琴岛、大横琴岛与澳门的凼仔岛、路环岛（又称九澳岛）两两相对，构成十字形的水道。由于淤积严重，加上填海工程，大小横琴岛之间的东西水道已被填塞；凼仔岛与路环岛之间因大桥建设等原因，水道浅，十字门的"十"字已不复存在，现只留下夹马口水道。最窄处 200 米。平均水深 1—2 米。退潮时露出一些淤泥滩，轮船航行受到较大影响。沿岸广东珠海横琴岛已设自由贸易区。跨十字门建有莲花大桥，设横琴口岸，联通珠海与澳门；水下建有隧道，联通澳门大学横琴校区。（廖伟群）

柘林湾 海湾。属溺谷湾。因东靠柘林镇得名。位于广东省潮州市饶平县南部。北是黄冈河三角洲平原，东倚柘林半岛，南为海山岛、汛洲岛、西澳岛所环抱。湾口朝南，介于大旗角

海山岛北山角之间。略呈长方形。口宽 6.5 千米，腹宽 11.5 千米，纵深 8 千米，岸线长 43.2 千米，水域面积 79.3 平方千米。水深 1—2 米，中间深水槽 2—13.8 米。纳黄冈河水。泥底。多滩涂。属不正规半日潮，平均潮差 1.74 米，大潮潮差 3 米以上；涨潮历时稍长于落潮，落潮流速大于涨潮。表层海水盐度 31.5‰。湾口自西向东有小金门水道、大金门水道、小门水道与外海相连。处于汛洲岛与西澳岛之间的大金门水道是主航道，南北走向，深槽宽 0.75—1.25 千米，水深 7—10.6 米。湾内避风条件良好，8 级东北风时仅有 0.5 米轻浪。海港有西部的三百门、东部的柘林渔港。湾岸和湾内岛屿上有建于元代的镇风塔及所城古堡、龟塔、蛇塔、汛洲烽火台等古迹，有海底温泉"七夕井"名胜。（廖伟群）

伶仃洋 海湾。原名零丁洋，因孤悬于珠江口内的零丁山（岛名）而得名。后零丁山易名内伶仃岛，遂改名为伶仃洋。位于广东南部，南海北部，珠江口东部，内伶仃岛与外伶仃岛之间。北纬 22°07′—22°46′，东经 113°33′—114°03′。北起虎门，经狮子洋向北达广州黄埔港，往南至大屿山岛（大濠岛）、牛头岛、三角岛、万山群岛等岛屿。广州古海湾残留的最大水域。自北向南，东岸为东莞、深圳和香港，西岸为广州、中山、珠海和澳门。湾口朝南，呈喇叭状。东西宽 46 千米，南北长 65 千米，海岸线长 220 千米。水域面积约 2000 平方千米。珠江八大口门中的虎门、蕉门、洪奇沥、横门自北向南位列伶仃洋西北部。接纳珠江支流东江、流溪河及西江、北江大部来水，占珠江入海年径流量的 59% 和年输沙量的 59.7%。伶仃洋底地势由北向南、从两侧往中部倾斜，至中央复突起。沿岸多滩涂，

以粉砂黏土为主。近岸岛礁错落，主要有龙穴岛、淇澳岛、横门岛、内伶仃岛、大屿山岛（大濠岛）等，大屿山最高大。万山群岛环锁伶仃洋口。沿岸海湾有深圳湾、前海湾、交椅湾、唐家湾、九洲洋、香洲湾等。表层海水盐度12‰—26‰。属不正规半潮，潮差一般不超过2米。潮流为往复潮，流速中等，落潮时间长于涨潮。5—8月多西南风，9月至翌年4月为东北季风期。常风平均风力4—5级，最大8级。为咸淡水交汇处，主产黄花鱼、鳓鱼和虾、蟹、牡蛎等。宋末文天祥过伶仃洋时留下千古名句："人生自古谁无死，留取丹心照汗青！"伶仃洋上有虎门大桥联通东莞和广州南沙。2018年10月23日建成通车的港珠澳大桥连接香港、澳门和珠海，全长55千米，为世界最长的跨海大桥。南沙段建有世界上第二大妈祖神像。内伶仃岛—福田为国家级自然保护区。（廖伟群）

鲤鱼门　海峡。位于香港特别行政区香港岛东北部与九龙半岛东部之间。维多利亚港东部出口。宽约400米，水深5—18米。可通巨轮。夏秋间东南风强劲，易致船只偏离主航道而触礁或搁浅，有"危险崖角"之称。因地势险要，为海防要塞，两侧建有炮台、堡垒。附近海域盛产鱼、虾、贝、蟹。设有众多海鲜货摊及酒家。有清代天后庙。（廖伟群）

急水门　又称汲水门。海峡。因浪大潮急得名。位于香港特别行政区西部。维多利亚港西北出入口。东有马湾、灯笼洲两小岛，西为大屿山北端。长约1000米，宽约300米，主航道水深10—20米。呈西北—东南走向。船只出入珠江的必经水道。（廖伟群）

汲水门　见"急水门"。

佛堂门　又称佛头门。古水道。因水流平稳便于船舶停泊且不易漂泊而得名。位于香港特别行政区新界西贡区东南部，是佛堂角与东龙洲岛北岬角夹峙的水道。古时海船由南海经此进入大庙湾，再沿蓝塘海峡、鲤鱼门至维多利亚港。因潮汐湍急，浪大，已弃用。水道狭窄，水深10米以下。有南宋税关遗址及清康熙炮台。北部有佛堂门天后庙。（廖伟群）

佛头门　见"佛堂门"。

北部湾　旧称东京湾。海湾。属半封闭式。中国南海的一部分。因位于南海西北部海域而得名。三面环陆，东起雷州半岛、琼州海峡、东南为海南岛，南接中国南海海域及越南南部部分海域，西至越南北部，北至广西南部。北纬17°55′—21°31′，东经105°41′—109°50′。面积12.9万平方千米，海岸线全长3680千米，水深10—60米。为沉降海盆，湾内海底地势平坦，自西北向东南倾斜。属不规则全日潮，以日潮为主。海水透明度较小，一般4.5—12米。海水盐度在30.75‰—34.07‰之间。夏季海水表面温度30℃，冬季约为20℃，洋流受季风影响形成环流，夏季盛行西南季风，洋流呈顺时针流动；冬季受东北风推动，海流呈逆时针流动。湾内岛礁众多，有800余个，主要包括中国的高岛列岛、洪麦岛、涠洲岛、斜阳岛及越南的拜子龙群岛等。主要港湾有中国的海口港、洋浦港、北海港、钦州港、防城港及越南的海防港、岘港等。渔业资源丰富，拥有鱼类500多种，虾类36种，软体动物约95种，我国重要热带渔场。矿产资源丰富，主要为石油。（廖伟群）

东京湾　见"北部湾"。

雷州湾　海湾。属半封闭式台地溺谷型。中国南海的一部分。因邻近雷州半岛而得名。位于广东雷州半岛东侧，北为东海岛、硇洲岛。湾口呈弯曲喇叭状，向东南展开，湾口宽50.3千米。面积1690平方千米，水深8—28米，最大水深约30米。属不正规半日潮。湾内多暗沙和沙洲，主要有羊咩沙、羊尾沙、白毛沙和石花沙。渔业资源丰富，主要有对虾、黄花鱼、鲳鱼、青鳞鱼、吉尾、圆眼、鲫鱼、卜雀鱼、海蜇等。湛江主要渔场之一。（廖伟群）

大鹏湾　又称马士湾、莫士湾。海湾。因靠近大鹏半岛而得名。位于深圳大鹏半岛与香港特别行政区九龙半岛之

大鹏湾

间。湾口东起大鹏半岛黑岩角，西至九龙半岛大浪嘴，向东南敞开；海湾向北，再转向西北伸入，呈弯月形。宽9.26千米，纵深18千米。面积335平方千米。水深8—24米，湾口水深超过20米，湾内大部分水深大于15米，湾顶水深也达10米，为深水海湾。北部为泥底，南部为泥沙底，无大河注入。海底深槽平坦，两侧岸坡陡直。属不正规半日潮，平均潮差1.38米。沿岸主要海湾有南澳湾、土洋湾、沙头角湾等。海岸线曲折，多为岩岸，两侧岸陡。湾沿岸多沙滩，建有大梅沙、小梅沙等海滨浴场。渔业资源丰富，主要有黄花鱼、鲍鱼、墨鱼、鱿鱼、黑鲷、石斑、对虾等。（廖伟群）

马士湾　见"大鹏湾"。

莫士湾　见"大鹏湾"。

大亚湾　海湾。属半封闭式溺谷型。位于广东中南部。西南为深圳大鹏半岛，北、东是惠州沿海。湾口朝南，口宽 15 千米，纵深 26 千米。面积 516 平方千米。水深 5—8 米，最深 20 米。海岸线曲折，长 165 千米。礁石众多，有港口列岛、中央列岛、辣甲列岛等大小岛屿 175 个，有"百岛湾"之称。海底较平坦，主要由黏土和粉砂质构成。无大河注入。属不规则半日潮。涨潮流速 1 节，退潮流速 0.8 节。海水盐度 25‰—30.69‰。全年平均水温在 25℃。湾内有渔、商兼备的澳头港。渔业资源丰富，主要有石斑、黄鳍鲷、龙虾、青蟹、马氏珍珠贝、鲍鱼、栉江珧、海参、海胆、马尾藻等。广东幼虾繁殖保护区和万吨级船舶避风锚地。（廖伟群）

深圳湾　原名后海湾。海湾。属半封闭式。伶仃洋东部的一个内湾。因湾顶纳入深圳河水，遂改名为深圳湾。北、西北为广东深圳，东南为香港新界。海湾内窄外宽，湾口朝西南，口宽 6.5 千米，纵深 16 千米。面积 75 平方千米，海岸线长 17.5 千米。水深小于 5 米。为泥质底，有深圳河及数条溪流注入，属不正规半日潮，平均潮差 1.38 米。沿岸多浅滩、滩涂，向中央缓斜。中央深槽与浅滩呈陡坎相接。通往广州、香港的主要航道。（廖伟群）

后海湾　见"深圳湾"。

钦州湾　海湾。属半封闭式溺谷型。中国南海北部湾的一部分，广西南部海湾之一。因沿岸为钦州而得名。南北走向，由北部内湾（茅尾海）和南部外湾（钦州湾）组成。湾口朝南，西起天堂角（岬角），东达大庙墩（岛），口门宽 29 千米，纵深 39 千米。面积 380 平方千米，岸线总长 336 千米，水深 2—18 米，最大水深 29 米。湾内海底平坦，沙泥、岩石质底。注入河流有茅岭江、钦江、大风江。潮汐以日潮为主，龙门港区年均潮差 2.55 米，最大潮差 5.49 米，涨潮流流向西北，流速 2.8 节；落潮流流向东南，流速 2.8 节。年均水温 21.3℃。岛屿、港湾众多，沿岸多滩涂。湾岸地势东部略高，西部较低。湾内钦州港是广西重要海港，为天然深水良港。渔业资源丰富，主要有对虾、青蟹、牡蛎、石斑鱼、鱿鱼、鲷等。（廖伟群）

廉州湾　海湾。属断陷河口湾。中国南海北部湾的一部分，广西南部海湾之一。因历史上沿岸属廉州府而得名。位于北部湾顶部，北海市区北侧。北起广西合浦西场镇的高沙，南至北海冠头岭。呈弧状，湾口朝西，半开敞，宽 17 千米。面积 190 平方千米。岸线长 72 千米。水深 1—5 米。为沙泥质底，主要有南流江、廉州江、七星江等河流注入。属正规全日潮流和不规则全日潮流，其中以全日潮流为主导。平均潮差 2.46 米，最大潮差 5.36 米。涨潮历时大于落潮历时。盐度年均 28‰，最大 32.3‰。年平均水温 23.5℃，最高 32℃，最低 10℃。大部分海岸为南流江三角洲，南部为侵蚀基岩及沙质海岸。水下地貌主要为南流江水下三角洲。南部地角嘴至冠头岭一带为潮成深槽，呈弧形，形成优良天然港湾，有合浦港、北海港、高德港、外沙内港等港口。浅海渔场之一，盛产鲚鱼、真鲷、黄鱼等。沿岸滩涂长有大米草、菅草和少量红树林。东岸建有造船厂。有清康熙年间建造的八字山炮石。（廖伟群）

海门湾　海湾。因湾顶东北岸为海门镇而得名。位于广东省汕头市东南，揭阳市惠来县东北，练江出海口外。北起海门角，南至贝告角，呈弓形，湾口朝东南。口宽 12.1 千米，纵深 6.2 千米，面积 60.6 平方千米，弧长 24.4 千米，水深 2.9—14 米。为泥沙质底，属半日潮。涨潮流流向东北，落潮流流向西南。两端岬角为岩岸，余为沙岸。东北、西南近岸岛礁星罗棋布，有屿仔礁、虎耳礁、龙舌礁等 20 多处暗礁，构成暗礁群体。湾内海门港是广东重要渔港，主要海产有石斑、龙虾、小公鱼、毛虾、藻类等。西南田心沙滩是天然滨海浴场。（廖伟群）

海龟湾　又称九莲澳、九龙湾。海湾。因每年 5—8 月，大批海龟在此产卵而得名。位于今广东省惠州市惠东县大星山西南侧，稔平半岛最南端。东起海归排，西至下标排仔。湾长 1.2 千米，宽 0.6 千米，面积 0.7 平方千米。湾口向东南敞开，口宽 1.2 千米，纵深 0.6 千米，弧长 1.5 千米，面积 0.35 平方千米，水深 5—8 米。沙底。东端有暗礁海龟排。为南海仅有的海龟集中繁殖地。作为"惠东港口保护区"被列入《拉姆萨尔公约》保护区。1992 年 12 月经国务院批准晋升为国家级自然保护区。参见第 82 页地理卷"惠东港口海龟国家级自然保护区"条。（廖伟群）

九莲澳　见"海龟湾"。
九龙湾　见"海龟湾"。

红海湾　旧称汕尾湾。海湾。湾内海水因微生物反射作用略呈红色而得名。位于广东东南部，汕尾南部。湾口朝南呈半月形，东起汕尾市区遮浪角，西至惠东大星山门第石。口宽 65 千米，纵深 24 千米，面积 925 平方千米。弧长 139 千米。中部水深 12—18 米。为泥沙质底，有大液河、丽江、

黄江、赤石河等注入，属不正规日潮。年均潮差 1.1 米。盐度年均 32‰。海水表层水温夏季 24—30℃，冬季约 15℃。夏秋多台风。北部较平缓，西部沿岸坡度较大。东部因冲积作用较强，多为沙坝潟湖海岸；西部以山地溺谷海岸为主。湾内岛屿散布，主要有芒屿岛、江牡岛等。海岸线曲折，湾内海港众多，主要有遮浪港、汕尾港、鲔门港等。渔业资源丰富，主要有带鱼、鳗鱼、墨鱼、鱿鱼、众多虾蟹甲壳类和紫菜等。东部品清湖和西部考洲洋海水盐度高，形成盐业基地。（廖伟群）

汕尾湾 见"红海湾"。

琼州海峡 又称海南海峡。海峡。我国三大海峡（台湾海峡、渤海海峡、琼州海峡）之一。位于雷州半岛与海南岛之间。近东西走向，长 103.5 千米，平均宽 29.5 千米，最窄处宽 19.4 千米，面积 2370 平方千米，水深约 50 米。西部为正规日潮，东部为不正规日潮和半日潮。东口浅滩间流向复杂，西口为顺时针转流。海流较强，灯楼角和海南角附近最急。季节海流一般由东向西，唯夏季西南风盛行时由西向东流。盐度年均 29.14‰。表层水温年均 25.1℃。北岸自东向西有红崖、排尾角、屿角、滘尾角等岬角，间以红坎湾、海安湾、滘尾湾。南岸相对应有铺前角、白沙角、澄迈角、玉包角等岬角，间以铺前湾、海口湾、澄迈湾。南北岸岬角和海湾交替分布，北岸多玄武岩台地形成的陡崖，南岸为台地、砾滩、海成阶地、滨海平原。海峡中部海底地形复杂，较大隆起和洼陷断续分布，有水深 50 米以上的深海盆，中部海槽深 80—100 米，最大深度 120 米。往东西两口延伸地势渐缓，向东经由不规则浅滩过渡到南海北部大陆架，向西过渡到平坦的北部湾海底。东南沿海进入北部湾的必经之道、东南沿海港口的海上交通捷径。（廖伟群）

海南海峡 见"琼州海峡"。

南澳岛 原名井澳；别名白城。岛屿。位于广东东部，属广东省汕头市。在汕头以东，距海岸 7.5 海里处。岛呈东

南澳岛青澳湾

西走向，状如葫芦。东西长 21.4 千米，南北宽 5—10 千米，陆地面积 106.8 平方千米。岸线长 76.3 米，大部为岩石陡岸，近岸水深大；有大小滩头近 60 个，多分布在南岸。有后江湾、前江湾等海湾。地势起伏较大，最高峰为西部高嶂崀，海拔 587 米，由燕山期花岗岩与上侏罗统火山岩组成。有 36 条小溪呈放射状流入海。属南亚热带季风气候，年平均气温 21.5℃，年降水量 1331 毫米，年平均风速 6 米/秒。植被为亚热带季风常绿阔叶林和旱中生性亚热带草坡。有植物 2000 多种，其中药用植物 622 种。土壤为赤红壤。周围水深 10 米以内海域，面积 165.7 平方千米，盛产石斑鱼、龙虾、膏蟹、鱿鱼等。海洋渔业、滨海旅游、风力发电是南澳岛的三大特色产业。岛上有宋井、总兵府、雄镇关、太子楼等名胜古迹。（董青、张争胜）

井澳 见"南澳岛"。
白城 见"南澳岛"。

东沙群岛 古称石星石塘、珊瑚洲。群岛。中国南海诸岛四大群岛（东沙群岛、西沙群岛、中沙群岛、南沙群岛）之一。属广东省汕尾市。因东沙岛而得名。中国南海四大群岛中位置最北、离大陆最近、岛礁最少的群岛。靠近台湾海峡南口和巴士海峡，位于汕尾碣石港以南 260 千米，西北距香港 315 千米，东北距台湾 400 千米。陆地面积 1.8 平方千米，海域面积 5000 平方千米。由东沙岛、东沙礁、南卫滩、北卫滩组成，只有东沙岛露出水面。发育在南海北部大陆坡的东沙台阶上。主体为东沙环礁。环礁直径 11—13 海里，隐在水下，呈向东凸出的弧形，表面崎岖不平，高低起伏，两侧有两缺口，形成南北水道，南水道深广，北水道浅窄。属热带季风气候，年平均气温 25.3℃。雨季在 5—10 月，夏秋多台风和台风雨。夏吹偏南风，秋冬吹偏北风。海产丰富，主产海龟、墨鱼、鱿鱼、海参、海人草等，是我国重要的渔场。（董青、张争胜）

石星石塘 见"东沙群岛"。
珊瑚洲 见"东沙群岛"。

东沙岛 又称大东沙；古称南澳气；俗称月牙岛。岛屿。属东沙群岛。属广东省汕尾市。因位于万山群岛之东而得名。北距广东汕头约 168 海里，西北距香港 169 海里，东北距台湾 240 海里，东南距菲律宾马尼拉 430 海里。东西长 2800 米，南北宽 700 米，面积 1.8 平方千米，是东沙群岛中面积最大的岛屿，也是南海诸岛中面积第二大的岛屿。发育在东沙环礁的西部礁盘上，岛屿东北部稍高，西南部稍低，中部低洼，平均高度约 6 米。岛的西部伸出两条沙堤，围成小海湾，呈新月形，后被填平。属热带季风气候。年平均气温 25.1℃，年降水量 1459 毫米。天然植物有草海桐、银毛树、海岸桐等。海产资源丰富，浅沙滩中盛产钟螺、海龟、鲍鱼、龙虾、墨鱼、海参、海胆等。井水带咸味不宜饮用。

岛上原有清初建的大王庙，毁后重建称大后宫。（董青、张争胜）

大东沙　见"东沙岛"。
南澳气　见"东沙岛"。
月牙岛　见"东沙岛"。

香港岛　简称港岛；又称红香炉。岛屿。香港第二大岛。位于香港南部、珠江口东侧，与九龙半岛隔海相对。

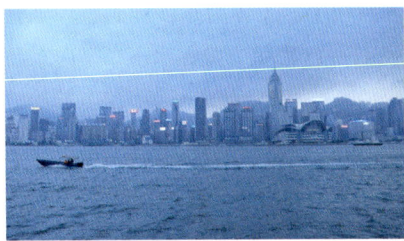

香港维多利亚港

面积83平方千米。人口约为全港总人口的1/5。是陡峭的岩岛，以东西走向的丘陵为主，西起扯旗山，东至柏架山，海拔多在300—400米，最高峰太平山560多米。北部地势较高，自北向南地势渐缓，环岛沿岸曲折，多美景港湾，北岸沿维多利亚湾是一条呈带状的狭长低平地。港内有昂船洲、基力洲、海心岛3个小岛，属南亚热带季风气候。自古为中国领土。清道光二十一年（1841）一月被英军侵占。道光二十二年（1842）七月二十四日英国强迫清政府签订《南京条约》，割占香港岛。1997年7月1日中国政府恢复行使包括香港岛在内整个香港的主权。香港最早开发的地区，是政治、经济、文化中心。岛上名胜和游览地有太平山山顶公园、海洋公园、维多利亚公园、虎豹别墅、香港大会堂、浅水湾海浴场等。（董青、张争胜）

港岛　见"香港岛"。
红香炉　见"香港岛"。

香港离岛　岛屿。香港辖区除香港岛及其附近小岛外所有岛屿的总称。有大小岛屿230多个，总面积210.76平方千米（不包括近年填海面积）。面积大于100公顷的岛屿有30个，较大的有大屿山、青衣岛、南丫岛、长洲岛等，其中大屿山（又称大濠岛）面积141.6平方千米，为香港最大岛屿。年平均气温22.8℃。清光绪二十四年（1898）被英国强行租借。1997年7月1日中国政府恢复行使包括香港离岛在内整个香港的主权。居民主要从事农、渔业。渔村乡民与外国人士杂居混处，形成华洋共处的独特文化景观。（董青、张争胜）

长洲岛　岛屿。属香港特别行政区。因状似哑铃而别称哑铃岛。位于大屿山与南丫岛之间，在香港主岛西南12千米处。东面有西博寮海峡与南丫岛相隔开，西面和北面隔着北长洲海峡，与大屿山和喜灵洲相望。面积2.46平方千米，岛上人口约3万，是离岛区中人口最稠密的岛屿。长洲本是两个岛，因受岛屿形状及季候风影响，海浪将海沙带到两岛之端，形成沙嘴，经过千万年的沉积连接形成沙洲。南、北阔而大，中部窄而长，呈哑铃状。属亚热带季风气候，多热带植被。名胜有张保仔洞、北帝庙、长洲石刻等。有8座庙宇，民间信仰较为活跃。岛上每年举办"太平清醮"祭神活动。（董青、张争胜）

担杆列岛　又称担竿列岛。群岛。属广东省珠海市。因岛上7座山峰连成一线，形如扁担，故名列岛。以最大的担杆岛（13.5平方千米）为列岛名。位于广东省珠海市东南海域，万山群岛东部。总面积26.7平方千米。包括担杆岛、细岗洲、二洲岛、直湾岛、细担岛等。属南亚热带海洋性季风气候。东北至西南走向，地势中部高、两端低。最高处为樟木湾顶，海拔322

米。现有居民约700人，基础设施完善。二洲岛山体呈东西走向，凤凰山海拔474米，为万山群岛最高峰。担杆、二洲两岛共同组成担杆岛自然保护区，主要保护对象为红树林、鸟类、猕猴以及海岛生态环境。（董青、张争胜）

担竿列岛　见"担杆列岛"。

万山群岛　群岛。广东最大的岛群。属广东省珠海市。因其中的大万山岛而得名。位于广东省珠海市东南海域，距海岸20—80千米。分布在东西长约70千米，南北宽约40千米，面积约2600平方千米的海面上，岛屿总面积80.6平方千米。岛上常住人口约4000人。包括担杆列岛、佳蓬列岛、三门列岛、隘洲列岛、蜘蛛列岛、万山列岛、外伶仃岛、桂山岛、三角岛及其附近岛礁，大小岛屿76个。众岛屿丘顶、岛岸基岩裸露。湾内有沙积地形。多山地，山势陡峭，海岸平直，坡度较大，不宜上岸。属南亚热带季风气候，年降水量1850毫米，1—4月多雾，3月最甚，8—9月多台风。植被多为旱中生性亚热带草坡，土壤为赤红壤和海滨沙土。较大岛上有淡水源。担杆岛、二洲岛为广东猕猴保护区。海城盛产蓝圆鲹、带鱼、黄花鱼等。群岛为珠江口海上天然屏障，地理位置极为重要，历来是南海的海防前哨，素有"不沉的航空母舰"之称。（董青、张争胜）

佳蓬列岛　又称蟹旁列岛。群岛。属万山群岛。属广东省。位于珠江口外。南临太平洋，东北距担杆列岛7.3千米，西北距万山列岛24千米，北距大陆（九龙）44千米。列岛总面积5.7平方千米。由北尖、庙湾、牙鹰洲、钳虫尾、白排、湾洲等20个岛屿组成，呈北东向排列，跨越距离约20千

米。各岛由第三期黑云母花岗岩组成。沿岸陡峭，只有庙湾有居民。主岛北尖岛和庙湾岛，面积分别为3.174平方千米和1.437平方千米。北尖岛地势最高，海拔301.2米。列岛海域是珠海主要渔场和渔产地之一，盛产公鱼仔、池鱼、海河、鱿鱼、墨鱼、紫菜等。四周海域水深30米以上，西南水域是商船通过的航道。蚊尾洲建有灯塔1座。（董青、张争胜）

蟹旁列岛　见"佳蓬列岛"。

澳门离岛　岛屿。澳门特别行政区辖区除澳门半岛以外的岛屿。位于澳门半岛以南，南有公路与路环岛相接，北有大桥与澳门半岛相连。包括氹仔岛和路环岛，现两岛已相连。氹仔岛又称潭仔、氹澳仔、龙头环。面积6.33平方千米，人口10.4万。岛上山丘由东北斜向西南，有大氹山、小氹山、北澳山、柴巴炮山等，其中最高峰大氹山，海拔159.1米。氹仔岛原来分为两个小岛，后因泥沙冲积而相连。加上历年填海造地，面积不断增加。属南亚热带季风气候，年平均气温约20℃，全年温差变化在16—25℃。路环岛又称九澳山、过路环、盐灶湾。位于氹仔岛南面。该岛由东北向西南，长约4千米，面积8.07平方千米，人口约2.81万人。有塔石塘山、九澳山、炮台山、中区山等。地势比氹仔岛高，山丘高且多，海拔大都在100米以上，集中于中部和东部。塔石塘山海拔170.6米，是澳门三岛最高的山。岛的东南部设有卫星接收站，有著名旅游点黑沙湾以及竹湾泳场。（董青、张争胜）

横琴岛　岛屿。属广东省珠海市。珠海最大的岛屿。东邻澳门。南北长8.6千米，东西宽7千米，面积53平方千米。海岛岸线76千米。20世纪70年代围垦前有南、北两岛，南岛面积大，有山似横琴，明代称横琴山，后称大横琴岛。北岛称小横琴岛。围垦后，两岛相连。1986年改名为横琴岛。最高点脑背山，海拔458米。属南亚热带季风气候，年平均气温22—23℃。海水温度平均为22.4℃。年降水量2015.9毫米。以农为主，兼营渔业。多港湾，淡水充足。赤沙湾有新石器时代晚期文化遗址。（董青、张争胜）

川山群岛　群岛。属广东省台山市。因其最大的2个岛屿上川岛与下川岛而得名。位于广东省中南部台山市南海海域中，面积235.8平方千米。由上川岛、下川岛、乌猪洲、围夹岛、黄京洲、王府洲、漭洲等47个岛洲组成。上川岛距海岸9.5千米，位于川山群岛东部，面积137.3平方千米，为川山群岛中最大的岛。下川岛又称王府岛，位于川山群岛西部，面积83.7平方千米。下川岛最高，海拔542米。属南亚热带季风气候。植被多为马尾松草坡，局部有季风常绿阔叶林，湾内有红树林、猕猴群。南澳湾及其南面的王府洲岛设海域旅游。（董青、张争胜）

海陵岛　岛屿。属广东省阳江市。南宋祥兴二年（1279），宋太傅张世杰赴海而死，岛上建有陵墓，故名。形似海螺，又称螺岛。位于广东省阳江市南面海域中。距海岸4.6千米。岛北东长23千米，宽10千米，面积107.8平方千米。常住人口9.8万人。岸较平直，西北岸曲折多湾。最高海拔处为390米的草王山。属南亚热带季风气候，年平均气温22.3℃，年降水量1816毫米。岛上林业资源丰富，森林覆盖率达51.8%，已初步建成系统的森林生态系统。西南部的闸坡港是著名渔港，已发现有经济价值鱼类105种，有对虾、牡蛎、泥蚶等。广东省著名的牡蛎养殖基地。（董青、张争胜）

东海岛　岛屿。海岛。属广东省湛江市。在湛江市区东南面海中，因明代设东海营，故名。位于雷州半岛东侧、湛江港和雷州湾间，距海岸3千米海域。东西长29千米，宽6—17千米，面积254.7平方千米。常住人口约20万人。由海拔10米、20米、40米的各级第四系更新统堆积物组成的台地和近代海积平原组成。最高海拔处为111米的龙水岭。东岸平直，沙地带上有人工林带。西岸弯曲，红树林滩连片。地下水丰富，日开采量可达50万立方米。盛产鱼、盐，有庵里、红旗盐场，海水养殖以鲍鱼和对虾著称。东部有东海岛旅游度假区，"东海旭日"是湛江新八景之一。中国大西南金三角经济区的进出口咽喉。（董青、张争胜）

硇洲岛　原名碙洲。岛屿。中国第一大火山岛。属广东省湛江市。位于广东省湛江市东南，东临南海，为雷州湾门户之一。距霞山海岸37千米。北东长10.5千米，宽4.1—6.9千米，面积49.9平方千米。多为海拔15—30米的第四纪玄武岩台地。最高火山锥海

硇洲岛

拔 81 米。岛岸陡峭，多礁石坪台，仅西岸多沙积地形。盛产鲍鱼、龙虾、海参、黄花鱼等。著名海港有南港、北港、淡水、港头等。南宋时，宋端宗曾驻留于此，有宋皇村、宋皇坑、宋皇井、三忠庙、翔龙书院等遗迹。岛上孟岗村有水晶灯塔，为清光绪二十五年（1899）法国殖民者盘踞广州湾时所建。"硇洲古韵"为湛江八景之一。（董青、张争胜）

硇洲　见"硇洲岛"。

涠洲岛　岛屿。火山岛。属广西壮族自治区。因是海水围绕之洲，故名。晋时称围洲，又称大蓬莱、火山岛。位于北海南、北部湾北部。南望海南岛，北靠北海，东邻雷州半岛，西近越南。岛屿呈椭圆形，长 7.5 千米，宽 5.5 千米，全岛陆域面积 24.98 平方千米，为广西最大的海岛，中国最大、最年轻、由火山喷发堆积而形成的岛屿。地势南高北低，南部东、西拱手最高，海拔 75 米左右，向北逐渐降低，北港村海拔 20 米左右，过渡到平坦宽阔的沙质海滩。属南亚热带季风气候，年平均海面温度 24.55℃。盛产花生、甘蔗、香蕉、蚕茧。沿海多海参、珊瑚。渔业发达。林木繁茂，已辟为鸟类自然保护区。有天后庙、天主教堂等建筑。（董青、张争胜）

斜阳岛　岛屿。火山岛。属广西壮族自治区。岛缘地形如蛇，岛西有岭如羊，又名蛇羊。有"小蓬莱"之称。位于北部湾北部海面，距涠洲岛东南 9 海里，距北海市区约 45 海里。全岛面积 1.89 平方千米。人口 280 人。由射气岩浆喷发而成，火山地貌和海蚀地貌独特。地势西高东低，羊咩岭为最高点，海拔 144 米。岛上无滩涂，只有西北角的"灶门"和东部的"东部湾"、南面的"婆湾"三处缺口可泊

船登岛，余皆悬崖壁立，下临深渊。属南亚热带季风气候。20 世纪 20 年代后期，南路革命第一支农军有一分支在此岛进行了艰苦卓绝的革命斗争。（董青、张争胜）

京族三岛　岛屿。海岛。属广西壮族自治区。中国少数民族京族居住的万尾、巫头、山心 3 座岛屿，是京族唯一的聚居地。三岛面临北部湾，背倚十万大山。万尾、巫头与越南仅一线之隔，涉水可渡。总面积 20.8 平方千米，总人口 1.3 万人。三岛呈"品"字形排列。万尾岛处于江平半岛最南端，地势平坦，地形狭长似带；巫头岛中间凸出，两头下垂，地形呈纺锤形；山心岛地势中间低四周高，呈盆地状。因围海造田和筑堤引水，已与大陆相连，海岛变为半岛。三岛周围沙滩沙质细软金黄，又称金滩。建有京岛旅游度假区。（董青、张争胜）

海南岛　又称琼岛、琼崖。岛屿。属海南省。中国第二大岛。海南省主岛。因地处琼州海峡之南，故名。北隔琼州海峡同雷州半岛相望，西靠北部湾。南北长 245 千米，东西宽 258 千米。面积 3.38 万平方千米。人口 925 万，有汉、黎、苗、藏、彝、壮等 30 多个民族。环海南岛海岸线 1500 千米。地形以山地、丘陵为主。岛内北部为平原，中部黎母岭和东南部五指山均为东北—西南走向的山地，南渡江、万泉河、昌化江等发源于此。属热带季风气候，年平均温度为 22—26℃。雨

海南岛景色

水丰沛，年降雨量在 2000—2600 毫米。海域内的鱼、虾、贝、藻 800 多种。已探明的地下矿产有铁、锰、钨、石油、天然气等 50 多种。中国热带经济作物的主要生产基地，橡胶生产占全国天然橡胶总产量的 60% 以上。辟有红树林和长臂猿自然保护区。有五公祠、海瑞墓、天涯海角、五指山、牙龙湾、鹿回头等名胜古迹。（董青、张争胜）

琼岛　见"海南岛"。
琼崖　见"海南岛"。

七洲列岛　俗称七洲峙；古称七星洋山、七洲洋山。群岛。属海南省。位于海南省文昌市东北海域。7 座离岸岛屿自北向南呈曲线形分布，长 13.2 千米，分为南、北两部分，北部有北峙、灯峙、狗卵脬、平峙，南部有赤峙、南峙和双帆，南北相距 6.5 千米。地形复杂，地势高耸陡峭，北峙岛海拔最高、面积最大，赤峙岛海拔最低。地处热带，辐射强，春季时各岛气温 26℃ 左右，秋季 28.4—28.6℃，以东北风为主导风向。多数岛屿无树木、无淡水。海域辽阔，鸟类众多，鱼类资源丰富，是海南岛东部的天然渔场，有"七洲渔场"美称。盛产龙虾、海胆、真鲷、金枪鱼、石斑鱼、乌贼、对虾、炮弹鱼、马鲛鱼等。拥有海蚀隧道地质奇观，每座岛屿都有洞穴，形成可行船舟的隧道。（陈海秋、张争胜）

七洲峙　见"七洲列岛"。
七星洋山　见"七洲列岛"。
七洲洋山　见"七洲列岛"。

神狐暗沙　暗沙。属中沙群岛。属海南省。该名称 1983 年公布。位于一统暗沙西南约 46 海里处。长 3.7 千米，面积 11.09 平方千米。整个暗沙全部

在海面以下，平潮时最浅处水深 10.08 米。属热带季风气候。与一统暗沙之间的海域是新加坡与广州、香港之间航船必经之路。（董青、张争胜）

一统暗沙　暗沙。属中沙群岛。属海南省。该名称 1947 年公布。位于中沙群岛北部，在中沙群岛与香港特别行政区之间。距中沙大环礁约 140 海里。整个暗沙隐于水面之下，呈圆形。小于 30 米水深的面积 20 平方千米，最浅处低潮水深 10.2 米，大风浪时能产生破浪。属热带季风气候。与神狐暗沙之间的海域是新加坡与广州、香港之间航船必经之路。（董青、张争胜）

中沙群岛　古称红毛浅、沙坦、东沙。群岛。中国南海诸岛四大群岛（东沙群岛、西沙群岛、中沙群岛、南沙群岛）之一。属海南省。因处于南海诸岛中部而得名。位于西沙群岛东南，西距永兴岛约 200 千米，东邻马尼拉海沟，北起神狐暗沙，南至波洑暗沙，东至黄岩岛。长约 60 千米，海域面积超 60 万平方千米。由 26 座浸没在水面下的暗沙、暗礁组成，包括中沙大环礁、一统暗沙、宪法暗沙、神狐暗沙、中南暗沙及黄岩岛。主体为中沙环礁，呈椭圆形。南海面积最大的环礁，环礁内多数礁滩水深 9—26 米，仅黄岩岛露出海面。发育在中沙盆地的中沙台阶上，海域辽阔，平均水深 4000 米，岛礁分散程度次于南沙群岛，周围是中央深海盆地。属热带季风气候和赤道气候，全年高温高湿，辐射量大，海水表层温度 24—27℃。降水丰沛并随季节变化明显。海水盐度为 32.5‰—34‰，透明度高，呈浅绿色。珊瑚礁生物量高，鱼虾蟹贝类资源丰富，盛产金枪鱼、箭鱼、金带梅鲷等。油气资源丰富。（陈海秋、张争胜）

红毛浅　见"中沙群岛"。
沙坦　见"中沙群岛"。
东沙　见"中沙群岛"。

黄岩岛　又称民主礁；俗称黄石峙。岛屿。属中沙群岛。属海南省。位于中沙群岛东端。东邻马尼拉海沟，西距中沙环礁 315 千米。中沙群岛唯一露出水面的岛屿。独立型珊瑚环礁，形似直角三角形，东西长约 15 千米，南北宽约 15 千米，面积约 150 平方千米，周缘长 55 千米。地处环礁地形中，礁内有潟湖，水深 10—20 米，湖内沉积作用强，湖底较平。发育在深海盆上，礁环四周礁块因海底高地向上突起露出水面而形成，密集分布于南、北两端，海拔 0.3—1.8 米，北侧出水礁石宽约 360 米，最高为东南侧的南岩，高出水面 1.8 米，涨潮时礁石仍露出水面。退潮时出露群礁。东部有连接潟湖与周围海域的水道，水深 9—11 米。属热带季风气候，日照长，辐射强，降水季节性明显，雨量充沛，夏秋季多形成台风等热带气旋。附近海域鱼贝、藻类资源丰富，盛产石斑鱼、鳗鱼等。油气资源丰富。有锰结核、金属软泥等矿产资源。有与南海相通的天然水道，是良好的临时避风港。（陈海秋、张争胜）

民主礁　见"黄岩岛"。
黄石峙　见"黄岩岛"。

西沙群岛　古称千里长沙、九乳螺洲。群岛。中国南海诸岛四大群岛（东沙群岛、西沙群岛、中沙群岛、南沙群岛）之一。属海南省。因群岛整体位置靠西而得名。北起北礁，南至先驱滩，东起西渡滩，西至中建岛。陆地总面积约 10 平方千米，海域面积 50 多平方千米，海岸线长 518 千米，是中国南海诸岛陆地面积最大的群岛。发育在西沙台阶上，以西沙中部海槽

为界，分东、西两岛群，东群为宣德群岛（又称东七岛），西群为永乐群岛（又称西八岛）。主要岛屿有永兴岛、赵述岛、珊瑚岛、甘泉岛、中建岛、东岛等，以永兴岛为主岛，面积最大。海域辽阔，岛屿地势低平，最高为石岛，海拔 15.9 米，中部发育有巨大弓形海槽，呈西南—东北走向，水深超 1650 米。属热带季风气候，处热带中部，常年高温湿润，年平均气温 26—27℃，表层水温日、年均温差较小，降雨量大且季节性明显。海水透明度大，夏秋季多热带气旋、暴风雨、干旱等灾害性天气。植被茂盛，植被总面积 3.33 平方千米，以麻风桐、海岸桐、银毛树、羊角树等为主。鸟类众多，素有"鸟的天堂"美誉。海产富饶，盛产鱼类、海参、海龟、龙虾等。（陈海秋、张争胜）

千里长沙　见"西沙群岛"。
九乳螺洲　见"西沙群岛"。

宣德群岛　又称东七岛、上七岛、上峙。群岛。属西沙群岛。属海南省。为纪念明代航海家郑和于明永乐至宣德年间七下西洋，取宣德而得名。位于西沙群岛东面。主要由宣德环礁、东岛环礁、浪花礁 3 座环礁及嵩焘滩（沉溺暗滩）组成，包括永兴岛、石岛、南岛、中岛、东岛、北岛及赵述岛等岛屿，东新沙洲、西新沙洲、南沙洲、北沙洲、中沙洲、西沙洲以及嵩焘滩、银砾滩等沙洲、暗滩。分布于广大的弧形礁盘上。主体为宣德环礁，环礁以中部"石牌海门"水道分为东、西两部分。永兴岛面积最大。发育在西沙隆起台阶上，海域广阔，地势低平，岛屿地势四周高、中部低，地貌类型简单。属热带季风气候，全年高温，周围海水表层温度在 30℃左右。对流旺盛，降水较多，5—9 月盛行西南风，10 月至次年 2 月盛行东北

风，夏秋季台风、暴风雨等热带气旋活跃。水生生态系统复杂，海产资源丰富。盛产海龟。海底储存有丰富的石油、天然气及多种金属矿产资源。有溶洞、海蚀崖、海蚀洞等奇观。（陈海秋、张争胜）

东七岛　见"宣德群岛"。
上七岛　见"宣德群岛"。
上峙　见"宣德群岛"。

永兴岛　又称林岛；俗称猫注、巴注。岛屿。属西沙群岛。西沙群岛主岛。属海南省。为纪念1946年中国"永兴号"军舰接收西沙群岛而命名。位于西沙群岛东部宣德群岛内。呈不规则椭圆状。东西长1950米，南北宽1350米，面积约3.16平方千米。由白色珊瑚贝壳沙堆积形成，礁盘较小，地势平坦，平均海拔5米，最高8.3米，四周为沙堤所包围，中间较低，为潟湖干涸后形成。属热带季风气候，炎热湿润，年平均气温28.9℃，8、9月为最热月，最冷月平均温度22.8℃，极端最低温15.3℃，表层海水平均温度26.8℃。年均降雨量1510毫米。冬季吹东北风，夏季吹西南风，风浪小，潮流属不正规全日潮。海水透明度高，一般为2°。热带植物种类众多，多见麻风桐、草海桐、椰子树等。盛产玉米、白菜、萝卜、椰子、香蕉等20余种蔬菜、水果。附近海域鱼类丰富，珊瑚种类繁多。岛上有较多人工井，井水黄褐色，水量

永兴岛上的三沙市人民政府大楼

充足，只可洗涤，不能饮用。处西沙群岛、南沙群岛和中沙群岛的枢纽位置。为三沙市经济、军事、政治中心。岛上设有政府大楼、学校、银行、邮局、医院、商店、图书馆、机场、码头港口等公共设施。有沙滩、海岸及奇洞等自然景观及收复西沙纪念碑、西沙海洋博物馆等人文景观。（陈海秋、张争胜）

林岛　见"永兴岛"。
猫注　见"永兴岛"。
巴注　见"永兴岛"。

永乐群岛　又称新月群岛；俗称下八岛、西八岛、下峙。群岛。属西沙群岛。属海南省。为纪念郑和于明永乐至宣德年间七下西洋，取永乐而得名。位于西沙群岛西部，东北距永兴岛74千米，北起全富岛，西至甘泉岛。自北向南有北礁、中部永乐环礁、华光礁、东部玉琢礁、南部盘石屿，西南中建岛。以永乐环礁为主体和中心，环礁上分布众多岛礁，包括金银岛、甘泉岛、珊瑚岛、全富岛、银屿、石屿、晋卿岛、琛航岛、广金岛等12座岛屿以及羚羊礁和筐仔沙洲等，呈圆弧状分布，珊瑚岛海拔最高。中部潟湖水深40米，有甘泉门、晋卿门、石屿门、老粗门、银屿门等水道。"岛、洲、礁、门"齐全的典型环礁。发育在西沙隆起台阶上，珊瑚礁盘较大，海域辽阔，陆域地势低平，地貌类型较简单。属热带季风气候，高温高湿。岛礁周围表层海水温度29.8—30.2℃，平均温差0.4℃。对流旺盛，降水充沛并随季节变化，干湿季分明。岛上种有椰子树、麻风桐等。所处海域鱼类种类繁多，生态类型复杂。海底珊瑚资源十分丰富，被称为中国的"天然珊瑚宝库"。（陈海秋、张争胜）

新月群岛　见"永乐群岛"。
下八岛　见"永乐群岛"。
西八岛　见"永乐群岛"。
下峙　见"永乐群岛"。

中建岛　岛屿。属西沙群岛。属海南省。为纪念1946年中国"中建号"军舰接收西沙群岛而命名。因出产各种海螺，又名螺岛。位于永乐群岛西南端，东北距华光礁50千米，北距海南岛400千米，西距越南砚港330千米。岛略呈圆形，长1850米，宽800米，面积1.5平方千米。由于风浪与海水吞噬、沙土流失，面积不断缩小。所在礁盘较大，呈椭圆形，长3.8千米，宽2.2千米，面积7.5平方千米。居于礁盘中心，地势低平，海拔2.7米，强台风时常被海水淹没。四周有沙堤，中部偏南有浅水潟湖，水深半米。退潮后只剩珊瑚沙，全岛均为珊瑚贝壳沙，曾被誉为"南沙戈壁"。属热带季风气候，全年平均气温在31℃以上，四季海风超4级。岛上植物主要有海马草、羊角树、马尾松和爬藤等。多海鸟。岛周海域盛产马蹄螺、梅花参、海龟，马鲛鱼数量也较为庞大。（董青、张争胜）

甘泉岛　俗称圆峙、圆岛。岛屿。属西沙群岛。属海南省。因岛上有甘甜泉水而得名。位于永乐群岛西部，北距珊瑚岛3.7千米，南距羚羊礁1千米。呈椭圆状，南北长730米，东西宽500米，面积0.3平方千米。地势较高，中部低平，最高8.3米。外围有珊瑚礁环绕，沙堤外是礁坪，东南有浅水码头供停靠渔船停靠。岛景观呈现多重同心环状，岛中心由潟湖干涸后形成，向外为环状林带。土壤主要是硬质磷质石灰土。盛产麻风桐、羊角树、海岸桐。有古井2口，井水适宜饮用。岛西北有唐宋遗址、中国渔民建造的珊瑚石庙。（陈海秋、张争胜）

圆峙　见"甘泉岛"。

圆岛　见"甘泉岛"。

隐矶滩　礁滩。属中沙群岛。属海南省。该名称 1947 年公布。位于中沙大环礁东北边缘。西北与比微暗沙相距 10.5 海里，西与石塘连礁相距 7 海里多。小于 20 米水深的面积约 10 平方千米，最浅处水深约 18 米。属热带海洋性季风气候。（董青、张争胜）

波洑暗沙　暗沙。属中沙群岛。属海南省。该名称 1947 年公布。位于中沙大环礁南部边缘。东距布德暗沙 8 海里，西距排波暗沙 7.5 海里。整个暗沙全部在海面以下。小于 20 米水深线的面积约 9 平方千米，最浅处水深 14 米。属于热带海洋性季风气候。（董青、张争胜）

南沙群岛　俗称北海；古称万里石塘、万里长堤。群岛。中国南海诸岛四大群岛（东沙群岛、西沙群岛、中沙群岛、南沙群岛）之一。属海南省。因处于南海诸岛南部而得名。南海诸岛中位置最南、岛屿数目最多、散布范围最广的群岛。北起雄南礁，南至立地暗沙，西起万安滩，东至海马滩。东西长 905 千米，南北宽 887 千米，海域面积 88.6 万平方千米，岛屿、沙洲陆地总面积 16.6 平方千米。拥有岛、洲、礁、沙、滩等 180 余个，主要岛屿有太平岛、南威岛、中业岛、景宏岛、鸿庥岛、费信岛、马欢岛、南钥岛、北子岛、南子岛、西月岛共 11 个。太平岛最大。群岛自北向南分为双子群礁、中业群礁、道明群礁、郑和群礁、九章群礁、尹庆群礁 6 大群礁。发育在深约 1800 米的海底高原上，岛屿地势低平，海拔多在 6 米以下，鸿庥岛最高。多数岛屿和沙洲发育在环礁上。属热带季风气候，常年高温多雨，年平均气温不低于 27℃，

表层海水温度年均 24—28℃，月平均温差较小，对流旺盛，雨量较西沙群岛多，降水由北向南递增，年降水量 1842 毫米。岛上植被生长茂盛，鸟类众多。近海域盛产鱼、虾、贝、蟹、海藻、海参及玳瑁等，是中国海洋渔业最大的热带渔场。海域蕴藏着丰富的矿藏资源，油气资源尤为丰富，有"第二个波斯湾"之称。（陈海秋、张争胜）

北海　见"南沙群岛"。

万里石塘　见"南沙群岛"。

万里长堤　见"南沙群岛"。

礼乐滩　礁滩。属南沙群岛。属海南省。位于南沙群岛东北部，东北—西南走向，长 185 千米，宽 72.92 千米，水深最浅 9 米，最深达 40 米。为大陆架的残留部分。北部有雄南礁，西部有大渊滩，西南部有安塘滩，南部有礼乐南礁，东南部有阳明礁。礼乐盆地内油气资源丰富。（董青、张争胜）

双子群礁　群礁。南沙六群礁（双子群礁、中业群礁、道明群礁、郑和群礁、九章群礁、尹庆群礁）之一。属海南省。该名称 1983 年公布。因有北子岛与南子岛而得名。位于南沙群岛北部，东距永登暗沙约 16 海里，南距中业群礁约 19 海里。由北子岛、南子岛、贡士礁、东南暗沙等岛、礁、沙组成。橄榄形环礁，分布在 1000—1500 米的南沙海台上。环礁长轴作东北—西南走向，长约 16 千米，宽约 7.5 千米，礁体面积 64 平方千米，礁坪面积 8 平方千米，潟湖面积 56 平方千米。在环礁西北侧礁盘上有北子岛和南子岛两个小岛。两小岛间的水道称为"中水道"，宽 2.8 千米，水深 6—9 米。北子岛为长椭圆形沙岛，长轴 800 米，宽约 200 米，面积 0.14 平方千米。为南沙群岛第五大岛。海拔 3.2

米，最高处 12.5 米。岛中央为低平地，有淡水可饮用。中南部为草地，可开垦，西部为林地，灌丛高 3—4 米。在清代已有中国居民居住。南子岛长椭圆形，岛长约 600 米，宽约 270 米，面积约 0.13 平方千米，为南沙群岛第六大岛。海拔 3.6 米，退潮时可见岛上珊瑚细沙环绕。岛上长满树木杂草，有水井 2 口，可供饮用。多椰树、海鸟。（董青、张争胜）

中业岛　俗称铁峙。岛屿。南沙群岛第二大岛。属海南省。为纪念 1946 年中国派"中业号"军舰接收该岛而命名。位于中业群礁中部，扼铁峙水道之西。岛呈三角形，长 800 米，宽 500 米，面积 0.33 平方千米。高出水面 3.3 米。四周有沙堤包裹，沙堤高约 5 米，宽 60 米。岛上覆盖灌木、棕榈树等植被，高 3—4 米。中部有鸟粪层。岛西岸有大水井 1 口，水质好，可饮用。西北有椰子林，高 18 米；中部有渔民茅屋，耕地及清代小庙 1 座。曾为中国海南岛渔民的季节性居留地。1935 年法军入侵，1946 年 10 月中华民国政府派遣海军上校姚汝钰率"中业号""永兴号""太平号""中建号" 4 艘军舰接收南海诸岛，并建碑测绘地图。（董青、张争胜）

铁峙　见"中业岛"。

中业群礁　岛礁。南沙六群礁（双子群礁、中业群礁、道明群礁、郑和群礁、九章群礁、尹庆群礁）之一。属海南省。因内有中业岛而得名。位于双子群礁以南 17 海里。分东西两个环礁，中间隔一铁峙水道。东环礁有梅九礁和铁峙礁，西环礁有铁线礁和中业岛。铁峙水道宽 1.8 千米，水深 180 米，北侧水深 1297 米。梅九礁是发育在中业群礁中部的 V 形礁，开口向东。铁峙礁距离梅九礁 1.9 海里，实为暗

礁。铁线礁位于中业群礁西部，为东北—西南一线排列的单个珊瑚礁的总称，涨潮淹没，退潮露出。中业岛位于群礁东部。（董青、张争胜）

海马滩 礁滩。属南沙群岛。属海南省。1933 年国民政府定名为海马滩。位于南沙群岛东端，棕滩东面。西南距仙后滩 13 千米。独立的浸没型深海环礁，低潮时浸没于水面下方。呈西南—东北走向，似梨形，东北—西南长 16 千米，宽 5.5—8.3 千米，面积 93 平方千米，礁盘水深 11 米，北部最浅水深约 8 米。礁内有浅湖，面积 51 平方千米，水深 30—65 米，东北、西北、西南部被连续环礁围绕。属热带季风气候，常年高温湿润，日照强烈，月平均气温不低于 26℃，年平均气温不低于 27℃。对流旺盛，雨量较多，降雨多集中在 6—12 月。有"第一缕阳光"的美称。（陈海秋、张争胜）

道明群礁 群礁。南沙六群礁（双子群礁、中业群礁、道明群礁、郑和群礁、九章群礁、尹庆群礁）之一。属海南省。曾命名为罗湾礁，1947 年为纪念明朝永乐年间梁道明带领三佛齐王国归顺明朝的功绩而确定今名。位于中业群礁和郑和群礁之间。呈西南—东北走向，为中部宽两端尖的开放性独立环状礁群。西南—东北长 39 千米，中部最宽 13 千米，面积 377 平方千米。主要包括南钥岛、双黄沙洲、杨信沙洲和库归礁 4 座岛礁，周围有众多暗礁、洲、岛、礁、门俱全。礁外水深大于 1 千米，礁内湖水水深不超过 65 米。发育在南海海底高原。属热带季风气候，终年高温多雨，日照强烈，月平均气温不低于 26℃，年平均气温不低于 27℃。珊瑚生长繁茂，礁石堆积露出水面形成众多珊瑚礁。附近海域盛产海参、海螺等。（陈海秋、张争胜）

太平岛 又称长岛；俗称黄山马峙；曾称鼠岛。岛屿。属南沙群岛。属海南省。为纪念抗日战争胜利后接收军舰"太平号"而得名。位于郑和群礁西北角。呈长梭形，岛东西轴狭长，长轴约 1400 米，宽约 430 米，面积 0.43 平方千米，曾是南沙群岛最大的岛屿。地势低平，中部低洼平坦，四周沙堤高 5—6 米，海拔 4—6 米。靠近赤道无风带，属热带季风气候，年平均气温 27.5℃，5 月达最高气温 29℃，年均温差 2.2—2.7℃。岛上土壤肥沃，植被以草海桐灌丛为主，植物高大茂密，种植香蕉、椰子、木瓜等，形成典型的热带海岸林。有淡水资源。岛上居民以驻岛军警为主。建有居民房屋、神庙、码头、飞机场、电台、气象站等。设有南沙群岛界碑。（陈海秋、张争胜）

长岛 见"太平岛"。
黄山马峙 见"太平岛"。
鼠岛 见"太平岛"。

郑和群礁 又称郑和环礁。群礁。南沙六群礁（双子群礁、中业群礁、道明群礁、郑和群礁、九章群礁、尹庆群礁）之一。属海南省。为纪念郑和七下西洋的伟大功绩而命名。位于道明群礁和九章群礁之间。南沙群岛最大的珊瑚群礁，属不规则环状礁群。整体呈西南—东北走向，长 56 千米，最宽 20 千米。由北部的太平岛、中洲礁、敦谦沙洲、舶兰礁、南部的鸿庥岛，东部的安达礁，西南部的南薰礁和小南薰礁，以及其他未命名的珊瑚礁组成，以太平岛最大。礁盘面积 615 平方千米，陆地面积仅 0.56 平方千米。环礁边缘分布 40 余座孤立小礁盘。礁内有浅湖，水深 50—90 米，湖内不均匀分布 20 余座珊瑚丘。礁盘外为深

海，水深 750—1000 米。属热带季风气候，辐射强烈，常年高温高湿，年平均气温不低于 27℃，月平均气温不低于 26℃，降水丰沛。热带植物、矿产、水产资源丰足，盛产贝壳、海参、金枪鱼等。（陈海秋、张争胜）

郑和环礁 见"郑和群礁"。

美济礁 岛礁。属南沙群岛。属海南省。因环礁南侧与西南侧有两个渔船进出航道，又称双门。位于南沙群岛中东部，西北距三角礁 33 千米，东南侧为仁爱礁。为非闭合椭圆状环礁，礁盘东西向约 9 千米，南北向约 6 千米，面积 46 平方千米，其中人造岛面积 5.7 平方千米，总面积居南沙群岛岛屿之首。环礁内有南沙群岛最大的潟湖，总面积 46 平方千米，水深 20—30 米，环礁西南、南侧有 3 个礁门，海水退潮时礁石露出水面，礁外水深达 1 千米。属热带季风气候，常年辐射量大，年平均气温约 27℃，降水充足，年降雨季节分配不均匀，6—11 月为多雨季，7—10 月多热带气旋。海产品种类丰富，湖水钾、磷成分较高。礁内无巨浪，是良好的天然避风港。岛上设有美济村，建设有居民房屋、医院、机场及灯塔等设施。（陈海秋、张争胜）

九章群礁 俗称九章、九章头。群礁。南沙六群礁（双子群礁、中业群礁、道明群礁、郑和群礁、九章群礁、尹庆群礁）之一。属海南省。因礁滩大多形似酒杯，"杯"海南话发音似"章"，故名。位于郑和群礁南侧，北至康乐礁、牛轭礁，南临南华水道，西至鬼喊礁、赤瓜礁。南沙群岛岛礁最多的珊瑚礁群。整体呈纺锤状，西南—东北走向，为西南部宽的环状礁群，西南—东北走向长 55 千米，宽 9—14 千米。由岛、礁、洲、门等 20

多个珊瑚礁组成，主要有牛轭礁、染青东礁、染青沙洲、龙虾礁、扁参礁、漳溪礁、屈原礁、琼礁、赤瓜礁、鬼喊礁、华礁、吉阳礁、景宏岛、南门礁、西门礁、东门礁、安乐礁、长线礁及主权礁。环礁外有康乐礁、伏波礁及泛爱暗沙。环礁内有深水沟，中部礁湖水深50米，周围水流急速，环礁外有深水海槽，水深2000—3000米。属热带海洋性季风气候，常年辐射强，年平均气温不低于27℃，月平均气温不低于26℃。（陈海秋、张争胜）

九章 见"九章群礁"。
九章头 见"九章群礁"。

永暑礁 又称永暑人工岛、永暑岛；俗称上城。岛礁。属南沙群岛。属海南省。位于南沙群岛中西部，尹庆群礁东北侧，九章群礁西侧。南沙群岛大型半开放式环礁。形似长形椭圆，总体呈西南—东北走向，西南—东北长26千米，宽7.8千米。由暗礁、沙滩组成。礁盘面积108平方千米，包括东北、西南两礁盘及其他相对独立的子礁盘，以西南礁盘为主礁盘，面积4.33平方千米，其上建设人工岛，面积2.8平方千米。低潮时露出水面，高潮时部分淹没至水深0.5—1米。中部为潟湖，由礁坪围成，有口门，水深达30米。属热带季风气候，月平均气温25—29℃，年平均温度约29℃，年降水量近2000毫米。位于南亚季风区内，季风最显著，风浪较大，以东北和西南风为主。属太平洋—印度洋热带动物区系，珊瑚礁鱼类和热带大洋性鱼类较多。海底蕴藏大量铁、锰、铜、沸石、珊瑚贝壳灰岩等矿产资源。地下淡水资源丰富。三沙市南沙区区政府所在地。岛上建有海洋观测站、机场、医院等设施。（陈海秋、张争胜）

永暑人工岛 见"永暑礁"。
永暑岛 见"永暑礁"。
上城 见"永暑礁"。

尹庆群礁 群礁。南沙六群礁（双子群礁、中业群礁、道明群礁、郑和群礁、九章群礁、尹庆群礁）之一。属海南省。该名称1947、1985年公布。为纪念明尹庆出使西洋苏门答剌和满剌加国而得名。位于南沙群岛西侧，南威岛东北侧，永暑礁南侧。整体呈东西走向，东西向长70千米，自西向东主要由西礁、中礁、东礁、华阳礁等珊瑚礁组成。环礁内水流湍急，华阳礁北侧有退潮时露出水面的礁石，高出水面约1.3米，礁平台长5.5千米。属热带海洋性季风气候，年均辐射强，日、月均温差较小，对流旺盛，降水丰沛，风浪较大，7—10月多热带气旋。（陈海秋、张争胜）

南威岛 俗称鸟仔峙。岛屿。属南沙群岛。属海南省。为纪念1945年时任广东省政府主席罗卓英（号慈威）接收该岛而得名。位于南沙群岛西北部，西距日积礁22千米，西南距尹庆群礁30千米，东北距永暑礁145千米。形似三角形，呈西南—东北走向，西南—东北长750米，面积0.2平方千米。地势平坦，平均海拔2.5米。岛四周有沙滩，东北侧有天然航道，水深14米，形成南沙群岛优良港口。属热带季风气候，日、年辐射量高，日、月均温差较小，年平均气温不低于27℃，附近海域年平均水温27.8℃，空气对流旺盛，降水丰沛，7—10月多台风。属不正规全日潮，夏季潮差较大。植被覆盖率较高，灌木等热带植物生长茂盛。海鸟聚集，鸟粪、水产、油气资源丰富。西部有人工井，可取水饮用。岛上建有小型机场、医院、码头、学校等公共设施。（陈海秋、张争胜）

鸟仔峙 见"南威岛"。

南薇滩 礁滩。属南沙群岛。属海南省。1935年曾名来福门滩，1983年确定现名。位于南沙群岛西南部、南威岛南侧，东北距奥援暗沙43千米。沉没在深海的大型环状暗滩。形似海螺，呈南北走向，南北长56千米，东西宽24千米，中部水深在17—80米之间。边缘高、中部低。自北向南主要由蓬勃堡礁、常骏暗沙、奥南暗沙、金盾暗沙及几个独立的暗沙组成。属热带季风气候，日、年辐射量高，月平均气温超26℃，降水丰富。周围有规模较大的南薇盆地和安渡盆地，有良好的油气潜力。（陈海秋、张争胜）

安渡滩 礁滩。属南沙群岛。属海南省。曾命名为安达息破礁，1947年确定现名。位于南沙群岛中部群礁东部，靠近马来西亚，西距光星礁9.3千米，西南距南海礁24千米。大型长环形礁滩。整体呈西南—东北走向，礁盘西南—东北长70千米，宽20千米，范围广阔，面积近1300平方千米。边缘分布光星仔礁、破浪礁及其他珊瑚礁。礁体不连续，呈现断裂状态，大部分礁体常年沉没于水面以下3.5—18米，部分低潮时露出水面，光星仔礁露出面积最大。礁滩上覆盖岩石，中部有一浅湖，水深43—65米。属热带季风气候，表层海水年平均温度在26—28℃之间，年平均气温不低于27℃，日、年辐射量高，降水充足，主要集中在5—10月。每年6—9月盛行西南季风，1月至翌年4月盛行东北季风，7—10月多台风等热带气旋。位于安渡盆地，具有较好的油气成藏条件。（陈海秋、张争胜）

万安滩 礁滩。属南沙群岛。属海南省。曾命名为前卫滩，1947年确定现

名。位于南海断续线附近，南沙群岛最西端。东距永暑礁约400千米，东北距李准滩65千米。形似新月，东西向长63千米，平均宽度11千米，礁盘面积700平方千米。礁体常年沉没于海水以下，低潮时露出水面，水深37—170米，最浅17米，大多在水面下50米左右。礁区潮流属正规日潮流。属热带季风气候，年平均气温不低于27℃，表层海水年平均温度26—28℃，降水丰沛，主要集中在夏、秋季，每年6—9月盛行西南季风，1月至翌年4月盛行东北季风。地处油气富集的万安盆地，因地质上隆起与凹陷的圈闭构造，具有独特的油气成藏条件。礁上建设高脚屋。（陈海秋、张争胜）

南通礁　俗称丹（单）节、丹积。岛礁。属南沙群岛。属海南省。1986年确定现名。位于南沙群岛东南部，东北距皇路礁78千米，靠近文莱和马来西亚。呈东西向。礁盘长1.8千米，宽0.9千米，面积0.32平方千米。为独立的小型封闭环礁，环礁发育完整，无礁门，在海水面以下4—5米，高潮时全部浸没，低潮时礁石露出水面一定高度，环礁成节不连续，故俗称单节。海拔1.2—1.8米，无潟湖。发育在海底高地构造结构，周围海域海水深度，海浪大。属热带季风气候，表层海水年平均温度27℃，日、年辐射量高，降水集中在夏秋季。每年6—9月吹西南季风，1月至翌年4月吹东北季风。盛产赤瓜海参。靠近曾母盆地，海底蕴藏大量的油气资源。为无人礁，礁上建有航海灯标。（陈海秋、张争胜）

丹（单）节　见“南通礁”。
丹积　见“南通礁”。

南安礁　岛礁。属南沙群岛。属海南

省。曾命名破海马滩，1947年确定现名。位于南沙群岛南部，北康暗沙南部，南临南屏礁及南康暗沙，北面距盟谊暗沙44.4千米。为不完整的开放型环礁。形似三角形，整体呈西北—东南走向，向东侧突出，宽度由北向南逐渐变窄，北部300—450米，南部则在400米以下。礁石高潮时浸没在海水下，低潮时露出水面，中部浅湖面积较大，水深4—11米，最浅2.7米，东部水深迅速增大。属热带季风气候，年平均气温约27℃，降水丰富，风向风速随季节变化。（陈海秋、张争胜）

赤瓜礁　俗称赤瓜线。岛礁。属南沙群岛。属海南省。该名称1983年公布。因盛产赤瓜参而得名。位于九章群礁西南角，西北距鬼喊礁3.1千米。形似冬瓜，礁盘长4.4千米，宽2.6千米，面积7.2平方千米，礁内有填海形成的赤瓜岛，面积0.102平方千米。礁有次成潟湖，面积近1.3平方千米，水深12米以内，东北有缺口连接外海，礁上细沙较多，由珊瑚礁氧化而成。盛产红色海参。人工岛上种有椰子和棕榈树等热带植物，无地下水源。岛上建有太阳能发电场、房屋等，建筑标志为高50米的灯塔。（陈海秋、张争胜）

赤瓜线　见“赤瓜礁”。

曾母暗沙　俗称沙排、线排。暗沙。南沙群岛珊瑚礁群。属海南省。1935年曾命名曾姆滩，1947年确定现名。位于中国南沙群岛的南端，中国领土的最南点。邻近马来西亚、新加坡、文莱等国家，东北距澄平礁96千米。淹没于海水下的大珊瑚礁群。呈纺锤形。主要由曾母礁、八仙暗沙和立地暗沙组成，主礁为曾母礁，长2390米，宽1380米，面积2.12平方千米。

曾母礁表面崎岖不平，中部为珊瑚礁，四周有沙。礁体大部分位于水下45—50米，最浅水深21米。礁区潮流属不正规半日潮流，潮差小。邻近赤道，属典型的赤道气候，常年如夏，终年高温多雨。处曾母暗沙盆地，为大型油气沉积盆地，蕴含大量石油和天然气。（陈海秋、张争胜）

沙排　见“曾母暗沙”。
线排　见“曾母暗沙”。

九龙半岛　半岛。属香港特别行政区。因有九山形如九龙腾舞而得名。位于珠江口东部，南面隔海与香港岛对峙，毗邻广东深圳。为珠江三角洲组成部分，东、南、西三面由维多利亚港围绕。面积47平方千米。包括深水埗区、油尖旺区、九龙城区、黄大仙区、观塘区5区。东、西部为工业区，北部为住宅区，南部为商业区。地势北高南低，最高处大帽山（大雾山），海拔957米。属南亚热带季风气候，气候温暖湿润，多山。清朝设九龙巡司，大鹏水师副将驻守，英国曾强行租占。1997年7月1日中国政府恢复行使包括九龙半岛在内整个香港的主权。为商业、金融、购物娱乐中心，尖沙咀、油麻地及旺角最具吸引力，有黄大仙祠、维多利亚港等著名景点。（陈海秋、张争胜）

澳门半岛　半岛。属澳门特别行政区。位于澳门北部。北接广东珠海，南面通过澳凼大桥和友谊大桥与凼仔岛连接，东面临珠江口。呈不等边三角形，形似靴子。南北长4千米，东西向最宽1.8千米，面积9.1平方千米。人口59.6万人。包括花地玛堂区、花王堂区、望德堂区、大堂区、风顺堂区5区，以各区天主教堂命名。由花岗岩丘陵和冲积平原组成。最高为东望洋山，海拔93米。属热带

季风气候，气温变化平缓，年均气温22.3℃，最冷月平均气温14.5℃，最热月平均气温28.6℃，雨量充沛，年降雨量1974毫米。半岛树木常青，植被常绿，多松树、榕树、凤凰木、紫荆等，具南亚热带海岸景观。周围水浅，缺乏深水码头。为澳门特别行政区行政、经济、交通、文化中心。主要景点有大三巴牌坊、望德圣母堂、澳门博物馆、天后宫等。（陈海秋、张争胜）

雷州半岛　半岛。中国三大半岛（山东半岛、辽东半岛、雷州半岛）之一。属广东省湛江市。因历史上唐、明、清政府设雷州府辖地而得名。位于广东西南部，三面环海，东临南海，西隔北部湾与越南相望，南接琼州海峡与海南岛相望。半岛向西凸而南入海中，呈南北向曲形状。南北长140千米，东西宽70千米，面积8500平方千米。主要包括东海岛、硇洲岛、特呈岛等岛屿。海岸线曲折，长1188千米，东、西、南部分布有岛屿、海湾、红树林等。地势和缓，西北高，东低，海拔大多不超过100米。属台地性半岛，北部、中西部多为海成阶地，南部多为玄武岩台地。属热带季风气候，夏秋季多台风和热带风暴，年平均气温22.5℃，平均年降水量在1417—1800毫米，5—10月为雨季，常年多风，夏季盛行东南风和西南风，冬季盛行西北风和东北风。半岛盛产热带、亚热带经济作物，主要有甘蔗、橡胶、桉树、剑麻、菠萝等，渔业资源丰富，盛产鲍鱼、龙虾、蚝等。缺乏地表水，地下水较充足。地处中外往来的航海要隘。自汉代开始即为海上丝绸之路的重要区域，是雷州民系的根据地和雷州文化的发祥地。方言以雷州话为主。（陈海秋、张争胜）

关隘古道

梅关　古关隘。位于今江西省赣州市大余县梅关镇与广东省韶关市南雄市梅岭村之间的梅岭顶部，是粤赣分界点。北宋嘉祐七年（1062），大庾岭下江西侧和广东侧的主管官员为同胞兄弟蔡挺和蔡抗。两兄弟约定，拓宽并整修各自辖区内的山岭道路，且在道路两侧种植梅树，故将分水岭上的关卡正式命名为梅关。关楼北门额书"南粤雄关"，南门额书"岭南第一关"。中国历史上人口迁移扩散的重要见证和商贸往来的重要关口，也是兵家必争之地。（欧阳军）

南风坳　古关隘。位于湖南省永州市蓝山县南部与广东省连州市交界处，是南岭山脉低垭口之一。古都庞岭道所经之地，古代南风岭驿道亦经此。今有永连公路和二广高速在附近经过。南北人员与物资流通的重要山坳，也是候鸟南迁途经之地。（欧阳军）

蓝关　又称丫顶关。古关隘。位于广东省河源市龙川县、梅州市五华县交界处的登云镇，距岐岭不远。《广东通志》载，因在龙川东南，故称南关，后韩愈赴潮经过，转其名为蓝关，盖因"南"一"蓝"同韵、谐音通假。地势险要，为粤东北重要交通要隘，史上被贬潮梅官吏多经此，历史上曾有驻军。今有205国道等在附近通过。（欧阳军）

丫顶关　见"蓝关"。

横浦关　古关隘。位于广东省韶关市南雄市西北，近江西省赣州市大余县南大庾岭下。秦置，与阳山关、湟溪关并为秦朝任嚣、赵佗南征岭南时在南岭设置的三道重要关口，位于最东。最早见于《史记·南越列传》。秦、汉时期是中原地区与岭南地区往来的核心通道上的一处关口。唐张九龄开凿大庾岭后，此关遂废。（欧阳军）

湟溪关　古关隘。位于广东省英德市以南连江与北江汇合处，即浈阳峡一带。秦置，与横浦关、阳山关同时设置。古代桂阳至番禺的主要通道，也是古代从中原至南粤的必经之地。因地势险要，为兵家必争之地。唐代韩愈、张署、刘禹锡和柳宗元从长安被贬南粤都曾在此留诗惜别。已废弃，仅存2000米青石板古驿道。（欧阳军）

汾水关　古关隘。位于粤闽两省交界处，一侧为福建省诏安县，一侧为广东省饶平县。明正德年间设置，嘉靖年间在汾水关古道旁设巡检司署。明天启初年筑关城，城垣周长3900多米，高5.6米，设东西北3门，关内设炮台1座，左右营房各二。清同治六年（1867）重修。20世纪30年代，因修筑汕头—漳州公路，城垣被拆除。层峦叠嶂，地势险要，扼闽粤两省咽喉，历来是兵家必争之地，历史上在此发生过多次战争，郑成功曾屯兵于此，抗战期间曾在此截击日伪军。今关上存留古老界碑，324国道与汕汾高速公路在附近穿过。（欧阳军）

阳山关 古关隘。位于广东省阳山县北，骑田岭南。秦置，与横浦关、湟溪关并称"秦三关"。所属连江水道一路，地理位置优越，为秦入粤五条新道中最短、最快捷、最重要的一条。秦末作为军事设施，为战时保卫南越国安全发挥重要作用。秦汉以来是南越与中原地区经济、文化交流的重要通道。促进岭南的开化、开发和开放。（欧阳军）

梅岭古驿道 又称梅关古道、大庾岭通道。古驿道。大庾岭居五岭之首，广东江西之界。梅岭是大庾岭山脉要

梅岭古驿道

塞部位。梅岭驿道从梅关城楼向南北（广东江西两省）延伸，北连江西大余，南达广东南雄，全长45千米。唐开元年间张九龄主持开凿，宽处达5米，窄处2米，以青石或卵石铺砌，是中原进出岭南的咽喉要道。古代长江水运与珠江水运之间重要的陆路连接线之一。历代政府非常重视，不断整固修缮。在20世纪30年代初粤赣公路开通以前，是我国南北往来的最重要的官道和商道。保存完好的尚有2500余米。是经济文化与政治交流的大走廊，也是中国人口向岭南及海外迁移扩散的重要轴线。参见第1154页对外贸易卷"大庾岭通道"条。（欧阳军）

梅关古道 见"梅岭古驿道"。

珠玑巷 又称珠玑古巷。古镇。原名敬宗巷，唐敬宗宝历年间为避讳改名珠玑巷。位于广东省韶关市南雄市北

珠玑古巷（珠玑巷）

5千米的珠玑村。张九龄开通大庾岭驿路后，发展成为古驿道上的重镇。唐宋以来，中原士民越岭南来，或在此居住，或由此继续南下，迁徙到珠江三角洲甚至海外。由此成为众多岭南人士心目中的精神家园和族源象征。据查考，历史上经珠玑巷南迁的移民共有141姓，分布在珠江三角洲29个市县，并有数千万人移居海外。今珠玑巷全长1500米，宽3—4米，路面用鹅卵石铺砌。古驿道自北而南穿过。巷内有北门、中街、南门，各以红石为墙基筑成城门式小石楼，均建于清乾隆年间。南门旁有元代石塔"胡妃塔"，造型奇特，1979年被公布为第二批广东省文物保护单位。（欧阳军）

珠玑古巷 见"珠玑巷"。

南风岭驿道 又称南风坳古道、古都庞岭驿道。古驿道。五岭古通道。北起湖南蓝山县旧县城南平古城，向南越过海拔约900米的隘口南风坳，进入广东连州市，沿连江上游东陂河谷延伸至东陂镇，全长约50千米。驿道北端以南平为水陆中转地，连接春陵水和湘江航道；南端以东陂为水陆中转地，连接连江和北江航道。与古骑田岭驿道，并为秦汉以来中原到岭南最短、最重要的通道。直到清代，交通仍很繁忙。今已废弃不用。残存古道路段路旁有古风雨亭留存。（欧阳军）

南风坳古道 见"南风岭驿道"。

古都庞岭驿道 见"南风岭驿道"。

乳源西京古道 又称西京路。古驿道。从广东浛洭（今英德市西）、浈阳（今英德市东）经横石塘、罗坑、凤田岭

乳源西京古道腊岭段的风门亭

（属乳源瑶族自治县，宋代以前属曲江县）、石角塘、云岩、梅花、罗家渡、老坪石、武阳司至湖南宜章。古时岭南北上西京长安的道路，全长250千米。为加强行政沟通与地方治理，方便海外诸国遣使朝贡，东汉建武二年（26）由桂阳郡太守卫飒奏准朝廷开凿，后经历代修葺、加固、扩修而成。古代韶关"上通三楚，下达百粤"的重要通道，为岭南传输中原文化，促进当地的民族融合和社会经济发展。古道现保存完好的石板路面12.5千米，沿线遗存9座古亭、2座古桥、6条古村。是连接海陆丝绸之路的对接通道，具有重要的历史价值。沿途尚存云岭路段、猴子岭路段、红云仰止亭、观澜书院、古碑刻和古民居等。2012年被公布为第七批广东省文物保护单位。2019年被国务院公布为第八批全国重点文物保护单位。（欧阳军）

西京路 见"乳源西京古道"。

循梅古道 古驿道。因历史上龙川、五华分属循州和梅州，故名。西起广东省河源市龙川县老隆镇，向东越过东江与韩江的分水岭，止于五华县岐岭镇。全长26千米。西、东两端分别以老隆和岐岭为水陆中转地，连接东江和韩江航道。广州、惠州通往梅州、潮州和

福建的重要交通线。民国年间修建的官汕公路在老隆至岐岭段大体与古道走向一致，古道渐被荒废。（欧阳军）

牛岭古道 古驿道。起于海南岛东南部陵水黎族自治县牛岭海湾的海滩，西南止于香水湾水坡摩崖石刻侧荒坡。自唐代起开凿，古道山路崎岖，经历朝官民修治，遂成坦道，并建有便于商贾军旅休憩亭阁。自古为海南岛东路由北向南经万州（今万宁）通陵水、崖县（今三亚）必经之路与险要隘口。现残存古驿道长1800米，宽2米，采用粗岩石块铺筑而成。为研究海南岛古代沿海防务与交通发展提供了实物依据。（欧阳军）

桂梧古道 旧称苍梧大路。古驿道。位于广西东部。自广西桂林经阳朔、平乐、钟山、贺州、乐善、石桥、梧州，至思蒲塘，共490千米。开拓于秦代，后经汉代多次整修，成为沟通交趾各郡的主要通道。因其与湘桂古道相接，成为两广与中原进行政治、经济、文化交流的交通要道。清时是沟通桂、平、梧三府间最重要的陆路交通线路。（欧阳军）

苍梧大路 见"桂梧古道"。

梧博古道 古驿道。位于广西东部。自梧州经藤县、容县、北流、玉林至博白，全程275千米。南通广东石城，西南沿南流江而下，通合浦。秦始皇统一岭南后开辟，后经汉代整修成为通往中国海上丝绸之路始发港之一合浦港、海南岛以及安南的要道。（欧阳军）

南江古驿道 古驿道。位于郁南和罗定境内。大致沿罗定江而行，可分为陆路（南江古驿道）和水路（南江古水道），以水路为主。连接广东、广西两地。历史上是大西南地区通往珠江三角洲的重要门户，也是中原与南粤地区沟通的孔道。百越族通过此道吸收中原文明和海洋文化。在陆海丝绸之路中占着重要地位，是古代陆海丝绸之路对接的主要通道之一。（欧阳军）

南天门古道 又称顺头岭古道。古驿道。南天门位于骑田岭南麓，在今广东省清远市连州市大路边镇。古道北起湖南临武，经南天门（顺头岭），到连州星子镇，再由连水南下番禺等地，连接湘水和北江。是秦汉时期"荆楚走廊"，也是汉代西京古道的重要支路，为骑田岭区域连接南北的三条古道之一。唐宋以后粤盐北上、官员贬谪南下也通过古道。今存清乾隆年间重修的南天门古亭，北门刻"广荫亭"，南门刻"南天门"，南边半山腰还有乾隆年间重修的怀清亭。重要的物流通道、文化传播之路。（欧阳军）

顺头岭古道 见"南天门古道"。

岐澳古道 古驿道。起于香山石岐（今中山石岐），止于澳门，为全长70千米的陆上通道。澳门开埠以后粤澳之间的贸易通道和官道。1936年岐关公路开通之后古道渐被废弃。珠海凤凰山和中山五桂山有小段遗存。（欧阳军）

物　产

杪椤（*Alsophila spinulosa*）　杪椤科杪椤属古老孑遗植物。树蕨，茎直立，高可达6米。上部有残存的叶柄，叶螺旋状排列在茎顶端；叶柄棕色，连同叶轴和羽轴刺状凸起；叶片大，长矩圆形，三回羽状深裂；羽片17—20对，互生，基部一对缩短，中部羽片二回羽状深裂；小羽片18—20对，基部小羽片稍缩短，中部披针形，先端渐尖而具长尾，基部宽楔形，无柄或短柄，羽状深裂。叶脉在裂片上羽状分支，基部下侧小脉出自中脉的基部。叶纸质，羽轴、小羽轴和中脉上被糙硬毛，下面被灰白色小鳞片。孢子囊群着生于侧脉分叉处，靠近中脉，有隔丝，囊群盖球形，膜质。喜温暖潮湿气候，多生长在热带、亚热带山沟的潮湿坡地或溪边阳光充足的地方。属国家二级重点保护野生植物。（张林英）

银杏（*Ginkgo biloba*）　别名白果、公孙树、鸭脚。银杏科银杏属落叶大乔木。高可达40米，胸径可达40厘米。树皮纵裂，粗糙。枝近轮生，斜向伸展。分长、短枝。叶扇形，淡绿色，顶宽5—8厘米，在长枝上生长的顶端2裂，在短枝上生长的顶端具波浪状缺刻，基部楔形。叶脉并列，2分叉。叶柄长3—10厘米。雌雄异株。球花簇生于短枝顶端鳞片状叶的叶腋。雄球花柔荑黄花序状，下垂。雌球花长梗，梗顶端2分叉或3—5分叉或不分叉，各分叉顶端着生一盘状珠座，珠座上面着生胚珠一枚，通常仅一个分叉上的胚珠发育成种子。种子呈椭球形，长2.5—3.5厘米，径约2厘米，外种皮肉质，被白粉，成熟时为黄色或橙黄色。花期3—4月，种子成熟期9—10月。广东始兴、南雄等地为该种群分布最南缘，韶关、清远等粤北山区有少量分布。属国家一级重点保护野

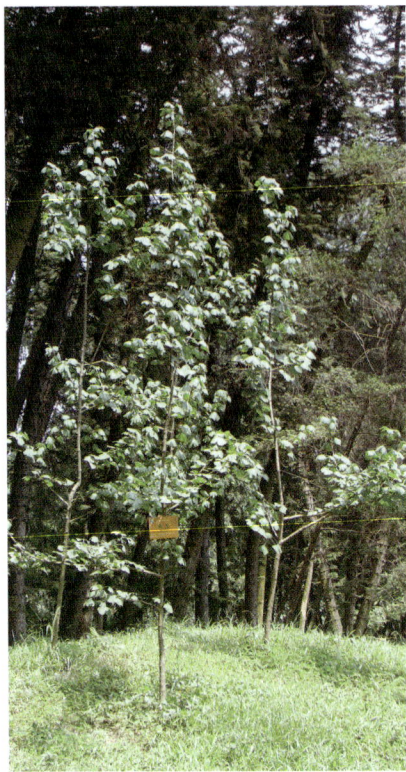

银杏

生植物。（张林英）

白果　见"银杏"。

公孙树　见"银杏"。

鸭脚　见"银杏"。

仙湖苏铁（*Cycas fairylakea*）　苏铁科苏铁属常绿乔木。树干圆柱形，高1—5米，胸径20—30厘米。羽状叶长2—3厘米，羽片66—113对，薄革质至革质，平展，线形至镰状线形，中部裂片长17—39厘米，宽8—17毫米。边缘平至微反卷，中脉两面隆起，叶柄长60—130厘米，光滑或被污毛，具刺29—73对。雄球花圆柱形，长35—60厘米，直径5.5—10厘米。小孢子叶楔形，长1.8—3厘米，密被黄褐色短茸毛。大孢子叶长10—19厘米，密被黄褐色茸毛，后毛逐渐脱落，不育顶片卵圆形至卵状披针形，长5—8.5厘米，宽5—8厘米，边缘篦齿状深裂，侧裂片13—24枚，长2—3.5厘米，顶裂片钻形，无毛，明显长于侧裂片。花期4—5月，种子8—9月成

熟。生于低山沟谷杂木林下，呈星散或小片状分布。深圳塘朗山、韶关曲江、江门台山等地均发现有群分布。属国家一级重点保护野生植物。（张林英）

伯乐树（*Bretschneidera sinensis*）　别名钟萼木。伯乐树科伯乐树属落叶乔木。高可达20米。树皮灰褐色，小枝具明显的皮孔。奇数羽状复叶互生，长40—80厘米，叶轴被短柔毛或无毛，叶柄长8—15厘米。小叶7—13厘米，长圆形、狭椭圆形或狭倒卵形，长6—23厘米，宽3.5—9厘米，先端渐尖，基部不对称，楔形或近圆形，全缘，上面无毛，背面灰白色，微被锈色短柔毛，侧脉8—15对，在叶背面明显。总状花序顶生，长20—40厘米，花两性，辐射对称，花萼钟形，顶端5齿裂，花瓣5，倒卵形，粉红色，内具红色纵条纹，雄蕊8，基部连合，着生于花萼下部，花丝丝状，花药"丁"字形着生，子房3室，每室有2胚珠。蒴果近球形，成熟时棕色，木质。种子近球形，橙红色。生于湿润的沟谷坡地或溪旁的常绿—落叶阔叶混交林中或林缘。在广东中部、西部及北部地区低海拔至中海拔山坡或山谷杂木林中有分布。属国家二级重点保护野生植物。（张林英）

钟萼木　见"伯乐树"。

南方红豆杉（*Taxus wallichiana*）　红豆杉科红豆杉属常绿乔木。高可达30米，胸径可达1米。树皮灰褐色或暗褐色，裂成长条片。小枝互生，叶螺旋状着生，排成2列，多呈弯镰状，上部常渐窄，下面中脉上常具乳头状凸起，中脉带明晰。雌雄异株，球花单生叶腋，种子倒卵圆形或柱状长圆形。主要分布于粤北山区海拔1200米以下的山地针叶林、针阔混交林、阔

叶林、毛竹林中。属国家一级重点保护野生植物。（张林英）

合柱金莲木（*Sauvagesin rhodoleuca*）　金莲木科蒴莲木属小灌木。高约1米。茎单生或顶部具分枝，暗紫褐色，光滑无毛。单叶互生，狭披针形或狭椭圆形，薄纸质，长7—17厘米，宽1.5—3厘米，两端渐尖，边沿具芒尖状细线齿，两面光亮无毛。圆锥花序狭窄，花少数，具细长柄。萼片卵形或披针形，浅绿色。花瓣椭圆形，白色，微内拱。雄蕊长2.5—3.5毫米，花丝短。子房由3心皮组成，1室。蒴果卵球形，长和宽约5毫米。花期4—5月，果期6—7月。分布于广东连山、封开、广宁、怀集、海陵岛等地海拔400—600米的山地林下或林缘。属国家一级重点保护野生植物。（张林英）

报春苣苔（*Primulina tabacum*）　苦苣苔科报春苣苔属多年生草本植物。有烟草气味。叶均基生，叶片圆卵形或三角形，顶端微尖，基部浅心形，边缘羽状浅裂，披短柔毛，叶柄扁平，边缘有波状翅。聚伞花序伞状，花序梗与叶等长或比叶短，苞片对生，狭长圆形或线状披针形，两面被短柔毛，花冠紫色，筒细筒状，檐部平展，花丝着生于距花冠基部，花药圆形，子房狭卵形，花柱粗，蒴果长椭圆球形，8—10月开花。广东连州星子镇寨背磊村石灰岩洞口有种群分布。属国家一级重点保护野生植物。（张林英）

水松（*Glyptostrobus pensilis*）　杉科水松属乔木。高8—10米，最高可达25米。树干基部膨大呈柱槽状。条状钻形叶两侧扁，背部有棱脊。条形叶扁平而薄，先端钝尖。球果倒卵圆形，种鳞大小不等。种子椭圆形，褐色，微扁。花期1—2月，果期10—11月。喜光，喜温暖湿润气候，耐水湿，不

水松

耐低温。主要分布于广东珠江三角洲海拔 1000 米以下地区。属国家一级重点保护野生植物。（张林英）

台湾苏铁野生种（*Cycas taiwaniana*） 又称广东苏铁。苏铁科苏铁属古老残遗植物。树干圆柱形，高 1—3.5 米，径 20—35 厘米，有残存的叶柄。羽状叶长 180 厘米，宽 20—40 厘米，先端钝，基部渐狭，叶柄长 15—40 厘米，两侧有刺，羽状裂片条形，薄革质，斜上伸展，中部的羽状裂片与叶轴成 60 度角，通常直或中上部微弯，长 18—25 厘米，宽 7—12 毫米，上部渐窄，基部渐窄，边缘全缘，上面绿色，有光泽，下面淡绿色，无毛。雄球花近圆柱形或长椭圆形，小孢子叶近楔形，花药 2—4 个聚生。大孢子叶密生黄褐色或锈色绒毛，下部柄状。种子椭圆形或矩圆形，熟时红褐色。喜充足的阳光和湿润、肥沃的土壤，也能耐短期干旱。主要分布于北回归线附近及其以南地区向阳的河岸丛林中。广东罗浮山等地有分布。属国家一级重点保护野生植物。（张林英）

广东苏铁 见"台湾苏铁野生种"。

华南五针松（*Pinus kwangtungensis*） 松科松属乔木。中国特有树种。高可达 30 米，胸径可达 1.5 米。树皮厚，裂成不规则的鳞状块片。小枝无毛。针叶 5 针 1 束，先端尖，边缘有疏生细锯齿，腹面有白色气孔线。叶鞘早落。球果常单生，熟时淡红褐色，种子椭圆形或倒卵形。4—5 月开花，球果翌年 10 月成熟。喜温凉湿润气候，土壤深厚、排水良好的酸性土生长良好。常与长苞铁杉、多脉青冈等混交。广东乐昌、乳源，海南五指山等地有分布。属国家二级重点保护野生植物。（张林英）

福建柏（*Fokienia hodginsii*） 柏科福建柏属常绿乔木。高可达 20 米。树皮紫褐色，平滑。小枝扁平，排成一平面。二三年生枝褐色，光滑，圆柱形。鳞叶质地较薄，2 对交互对生。中央之叶呈楔形，长 4—7 毫米，宽 1—1.2 毫米。侧面之叶对折，近长椭圆形，长 5—10 毫米，宽 2—3 毫米。雌雄同株。雄球花近球形，长约 4 毫米。球果球形，熟时褐色，径 2—2.5 厘米。种子卵形，长约 4 毫米，有大小不等薄翅。花期 3—4 月，种子翌年 10—11 月成熟。多散生于常绿阔叶林中。广东有分布。属国家二级重点保护野生植物。（张林英）

篦子三尖杉（*Cephalotaxus oliveri*） 三尖杉科三尖杉属灌木。高可达 4 米。树皮灰褐色。叶条形，质硬，平展成两列，排列紧密。通常中部以上向上方微弯，稀直伸。基部截形或微呈心形，几无柄，上面深绿色，微拱圆，中脉微明显或中下部明显，下面气孔带白色。雄球花聚生成头状花序，径约 9 毫米，基部有苞片。雌球花的胚珠通常 1—2 枚发育成种子。种子倒卵圆形、卵圆形或近球形，长约 2.7 厘米，径约 1.8 厘米。3—4 月开花，8—10 月种子成熟。喜温暖湿润气候及酸性山地黄壤。常生于 300—1800 米的阔叶林或针叶树林内，广东北部有分布。属国家二级重点保护野生植物。（张林英）

白豆杉（*Pseudotaxus chienii*） 红豆杉科白豆杉属灌木。高可达 4 米。树皮灰褐色。叶片条形，排列成 2 列，先端凸尖，基部近圆形，有短柄，上面光绿色，下面有 2 条白色气孔带。种子卵圆形，上部微扁，顶端有凸起的小尖，成熟时肉质杯状假种皮白色，基部有宿存的苞片。3 月下旬至 5 月开花，10 月种子成熟。广东北部乳源有分布。属国家二级重点保护野生植物。（张林英）

凹叶厚朴（*Magnolia officinalis*） 木兰科木兰属落叶乔木。树皮厚，褐色，不开裂。叶大，近革质，长圆状倒卵形，先端凹缺，基部楔形，全缘而微波状，上面绿色，无毛，下面灰绿色，被灰色柔毛，有白粉。叶柄粗壮，花白色，芳香。花被片 9—12（17），厚肉质。聚合蓇葖果具长 3—4 毫米的喙。种子三角状倒卵形，长约 1 厘米。花期 5—6 月，果期 8—10 月。生于海拔 300—1400 米的林中。广东北部有分布。属国家二级重点保护野生植物。（张林英）

天竺桂（*Cinnamomum japonicum*） 樟科樟属常绿乔木。高 10—15 米。枝条细弱，圆柱形，红色或红褐色，具香气。叶近对生或在枝条上部互生，圆锥花序腋生，花长约 4.5 毫米。生于海拔 300—1000 米或以下的低山。广东高要、德庆有分布。属国家二级重点保护野生植物。（张林英）

闽楠（*Phoebe bournei*） 闽楠樟科楠属常绿大乔木。中国特有树种。高可达 20 米。树干端直，树冠浓密，树皮淡黄色，呈片状剥落。小枝有柔毛或近无毛，冬芽被灰褐色柔毛。叶革质，披针形或倒披针形，圆锥花序生于新枝中下部叶腋，紧缩不开展，被毛。果椭圆形或长圆形。花期 4 月，果期

10—11月。广东车八岭国家级自然保护区有分布。属国家二级重点保护野生植物。（张林英）

土沉香（*Aquilaria sinensis*）　瑞香科沉香属乔木。高可达15米。树皮暗灰色，呈片状剥落。小枝圆柱形，叶革质，单叶互生，长5—9厘米，宽2.8—6厘米，上面暗绿色或紫绿色，下面淡绿色，两面均无毛，边缘有时被稀疏的柔毛。叶柄被毛。伞形花序有花，花芳香，黄绿色，萼筒浅钟状，裂片卵形，花瓣鳞片状，着生于花萼筒喉部，花药长圆形，子房卵形，蒴果果梗短，卵球形。种子褐色。花期4—6月，果期8—10月。多生于热带、亚热带低海拔的山地、丘陵以及路边阳处疏林中。广东有分布。属国家二级重点保护野生植物。（张林英）

格木（*Erythrophleum fordii*）　云实亚科格木属乔木。嫩枝和幼芽被铁锈色短柔毛。叶互生，二回羽状复叶，无毛。羽片通常3对。小叶互生，卵形或卵状椭圆形。由穗状花序所排成的圆锥花序长15—20厘米。总花梗上被铁锈色柔毛。萼钟状，外面被疏柔毛。雄蕊10枚，无毛。子房长圆形，具柄，外面密被黄白色柔毛。荚果长圆形，扁平。种子长圆形，稍扁平，种皮黑褐色。花期5—6月，果期8—10月。性喜温暖、湿润，多生长在热带、亚热带海拔800米以下的低山和丘陵地。广东有分布。属国家二级重点保护野生植物。（张林英）

任木（*Zenia insignis*）　又称翅荚木。中国特有单种属植物。蔷薇科仁豆属乔木。高可达20米。小枝黑褐色，散生有黄白色的小皮孔。树皮粗糙，成片状脱落。芽椭圆状纺锤形，有少数鳞片。小叶薄革质，长圆状披针形。圆锥花序顶生，总花梗和花梗被黄色

或棕色糙伏毛，花红色，苞片小，狭卵形。荚果长圆形或椭圆状长圆形，红棕色。种子圆形，平滑，有光泽，棕黑色。花期5月，果期6—8月。强喜光树种。在广东多分布于石灰岩山地。（张林英）

翅荚木　见"任木"。

山豆根（*Euchresta japonica*）　又称胡豆莲、日本山豆根、三小叶山豆根。豆科山豆根属常绿小灌木或亚灌木。茎基部稍呈匍匐状，分枝少，幼枝、叶柄、小叶下面、花序及小花梗均被淡褐色绒毛。羽状复叶具3小叶，叶片近革质，稍有光泽，干后微皱，倒卵状椭圆形或椭圆形，先端钝头，基部宽楔形或近圆形，全缘，侧脉5—6对。主要产于中亚热带，星散生于沟谷溪边常绿阔叶林下，喜阴湿、腐殖质丰富的环境。广东有分布。属国家二级重点保护野生植物。（张林英）

胡豆莲　见"山豆根"。
日本山豆根　见"山豆根"。
三小叶山豆根　见"山豆根"。

野大豆（*Glycine soja*）　豆科大豆属一年生缠绕草本植物。长可达4米。茎、小枝纤细，托叶片卵状披针形，顶生小叶卵圆形或卵状披针形，两面均被绢状的糙伏毛，侧生小叶斜卵状披针形。总状花序通常短，花小，花梗密生黄色长硬毛。苞片披针形。花萼钟状，裂片三角状披针形，花冠淡红紫色或白色，旗瓣近圆形。荚果长圆形，种子间稍缢缩，椭圆形，稍扁。花期7—8月，果期8—10月。多生于潮湿的田边、园边、沟旁、河岸、湖边、沼泽、草甸、沿海和岛屿向阳的矮灌木丛或芦苇丛中。属国家二级重点保护野生植物。（张林英）

缘毛红豆（*Ormosia howii*）　豆科红豆属常绿乔木。中国特有植物。树皮灰褐色，枝密被灰褐色短柔毛。奇数羽状复叶，叶柄长4.2—5厘米。圆锥花序顶生，密被褐色柔毛。花未见。荚果斜椭圆状卵形或卵形菱形，微扁，有种子1—2粒。种子近圆形，略扁或三棱形，一面平，种皮暗红色，有光泽，种脐微凹，椭圆形。分布于广东北部山区。属国家二级重点保护野生植物。（张林英）

长柄双花木（*Disanthus cercidifolius*）　金缕梅科双花木属落叶灌木双花木的变种。多分枝灌木，小枝屈曲，先端钝或为圆形，背部不具灰色。叶膜质，掌状脉，叶片的宽度大于长度，阔卵圆形，叶柄圆筒形，稍纤细，托叶线形。头状花序腋生，苞片联生成短筒状，萼齿卵形，花瓣红色，狭长带形，花药卵形，子房无毛。蒴果倒卵形，果序柄较长，种子黑色，有光泽。花期10—12月。分布于广东北部山区。属国家二级重点保护野生植物。（张林英）

四药门花（*Loropetalum subcordatum*）　金缕梅科四药门花属常绿灌木或小乔木。中国稀有种。高可达12米。小枝无毛，叶革质，叶片卵状或椭圆形，上面深绿色，发亮，下面秃净无毛，托叶披针形，被星毛。头状花序腋生，苞片线形，花两性，萼齿矩状卵形，花瓣带状，白色。花丝极短，花药卵形。子房有星毛。蒴果近球形，种子长卵形。花期9月至翌年2月。分布于广东沿海地区。属国家二级重点保护野生植物。（张林英）

华南锥（*Castanopsis concinna*）　壳斗科锥属常绿乔木。高10—15米。叶革质，硬而脆，椭圆形或长圆形，长5—10厘米，宽1.5—3.5厘米，叶柄

长4—12毫米。雄穗状花序通常单穗腋生，或为圆锥花序，雄蕊10—12枚。雌花序长5—10厘米，花柱3或4枚，少有2枚。花期4—5月，果期翌年9—10月。分布于珠江三角洲以西南至广西岑溪、防城一带，海拔约500米以下花岗岩风化的红壤丘陵坡地常绿阔叶林中，北限见于广东广宁。属国家二级重点保护野生植物。（张林英）

红椿（*Toona ciliata*）　楝科香椿属落叶或半落叶乔木。为偶数或奇数羽状复叶，小叶对生或近对生，纸质，先端尾状渐尖，基部一侧圆形，另一侧楔形，不等边，边全缘，两面均无毛或仅于背面脉腋内有毛，背面凸起。圆锥花序顶生，约与叶等长或稍短，被短硬毛或近无毛。雄蕊5，约与花瓣等长，花丝被疏柔毛。蒴果长椭圆形，木质，种子两端具翅，翅扁平，膜质。多生于低山缓坡谷地阔叶林中。广东有分布。属国家二级重点保护野生植物。（张林英）

伞花木（*Eurycorymbus cavaleriei*）　无患子科伞花木属乔木或小乔木。中国特有单种属植物。叶对生，偶数羽状复叶。雌雄异株。分布于中亚热带南部或中部及南亚热带。属国家二级重点保护野生植物。（张林英）

珊瑚菜（*Glehnia littoralis*）　伞形科珊瑚菜属多年生草本。全株被白色柔毛。根细长，圆柱形或纺锤形，茎露于地面。叶多数基生，厚质，有长柄。叶片三出式分裂至三出式二回羽状分裂，末回裂片倒卵形至卵圆形，基部楔形至截形，边缘有缺刻状锯齿，齿边缘为白色软骨质。叶柄和叶脉上有细微硬毛。复伞形花序顶生，密生浓密的长柔毛。果实近圆球形或倒广卵形。花果期6—8月。分布于广东沿海沙滩。属国家二级重点保护野生植物。（张林英）

紫荆木（*Madhuca pasquieri*）　山榄科紫荆木属高大乔木。高可达30米。树皮灰黑色。托叶披针状线形，叶片互生，革质，上面具光泽或无，边缘外卷，侧脉表面不十分明显，下面明显，叶柄细。花数朵簇生叶腋，花梗纤细，裂片卵形，钝，花冠黄绿色，无毛，花丝钻形，花药卵状披针形，花柱钻形。果椭圆形或小球形，果皮肥厚。种子椭圆形，无胚乳，油质。7—9月开花，10月至翌年1月结果。分布于广东南部海拔1100米以下的混交林中或山地林缘。属国家二级重点保护野生植物。（张林英）

香果树（*Emmenopterys henryi*）　茜草科香果树属落叶大乔木。高可达30米。树皮灰褐色，鳞片状。小枝粗壮有皮孔，叶纸质或革质，叶片阔椭圆形、阔卵形或卵状椭圆形，上面无毛或疏被糙伏毛，下面较苍白，托叶大，三角状卵形，圆锥状聚伞花序顶生。花芳香，裂片近圆形，变态的叶状萼裂片白色、淡红色或淡黄色，花冠漏斗形，白色或黄色，花丝被绒毛。蒴果长圆状卵形或近纺锤形，种子多数。6—8月开花，8—11月结果。广西有分布。属国家二级重点保护野生植物。（张林英）

绣球茜（*Dunnia sinensis*）　茜草科绣球茜属灌木。中国特有种。高0.3—2.5米。节间较短，小枝常有皱纹，嫩枝有短柔毛。叶纸质或革质，披针形或倒披针形，长7—23厘米，宽1—6厘米。花序有疏短柔毛，长8—12厘米，宽3—5厘米。花梗长2—3毫米，花萼长1—2毫米。蒴果近球形，直径3—4毫米。种子多数，扁，直径0.6—1毫米，周围有膜质的阔翅。花、果期4—11月。分布于广东龙门、新会、台山、珠海、阳春和阳江海拔290—850米处的山谷溪边灌丛中或林中。属国家二级重点保护野生植物。（张林英）

苦梓（*Gmelina hainanensis*）　马鞭草科石梓属乔木。高可达15米。树干直，树皮灰褐色。叶片对生，厚纸质，顶端渐尖或短急尖，表面亮绿色，无毛，叶柄有毛。聚伞花序排成顶生圆锥花序，总花梗被黄色绒毛。苞片叶状，近无柄，萼钟状，裂片卵状三角形，顶端钝圆或渐尖。花冠漏斗状，黄色或淡紫红色，花丝扁，花药背面疏生腺点。核果倒卵形，顶端截平。5—6月开花，6—9月结果。多分布于广东南部海拔250—500米的山坡疏林中。属国家二级重点保护野生植物。（张林英）

普通野生稻（*Oryza rufipogon*）　禾本科稻属多年生水生草本。秆高约1.5米，下部海绵质或于节上生根。叶鞘圆筒形，疏松、无毛。叶舌长达17毫米。叶耳明显。圆锥花序长约20厘米，直立而后下垂。主轴及分枝粗糙。小穗长8—9毫米，宽2—3毫米，基部具2枚微小半圆形的退化颖片，花药长约5毫米。柱头2，羽状。颖果长圆形，易落粒。生长于海拔600米以下的江河、池塘、沟渠、沼泽等低湿区域。作为亚洲栽培稻的近缘祖先种，是稻种资源的重要组成部分、水稻杂交育种工作中最为重要的材料。在中国南方分布较广。属国家二级重点保护野生植物。（张林英）

榕树（*Ficus microcarpa*）　桑科榕属大乔木。高15—25米，冠幅广展。老树常有锈褐色气根。树皮深灰色。叶薄革质，狭椭圆形，表面深绿色，有光泽，全缘。隐头花序，花期5—6月，

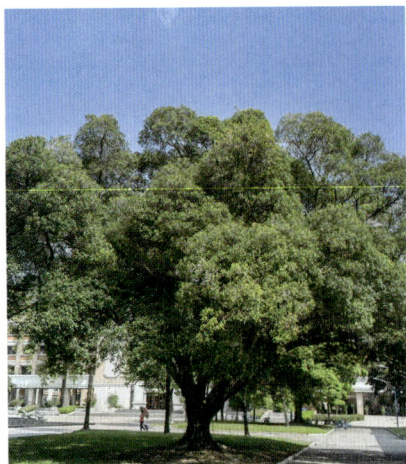

榕树

榕果成对腋生或生于已落叶枝叶腋，成熟时黄或微红色，扁球形。榕树的适应性强，喜疏松肥沃的酸性土，不耐旱，较耐水湿，短时间水涝不会烂根。在干燥的气候条件下生长不良，在潮湿的空气中能发生大气生根，喜阳光充足、温暖湿润气候，不耐寒。华南有分布。（张林英）

樟树（*Cinnamomum camphora*）　樟科樟属常绿大乔木。高 10—55 米。冠幅可达 3 米，树冠广卵形。胸径 30—80 厘米，树皮灰褐色。我国南方城市优良的绿化树、行道树及庭荫树。樟树全体均有樟脑香气，可提制樟脑和提取樟油。木材坚硬美观，宜制家具。（张林英）

樟树

香叶树（*Lindera communis*）　樟科常绿灌木或小乔木。树皮淡褐色。当年生枝条纤细，平滑，具纵条纹，绿色，干时棕褐色，或疏或密被黄白色短柔毛，基部有密集芽鳞痕，一年生枝条粗壮，无毛，皮层不规则纵裂。果卵形，熟时红色。喜酸性土壤，生长于丘陵和山地下部的疏林中。耐修剪。植物的枝叶或茎皮可供药用。（张林英）

阴香（*Cinnamomum burmanni*）　樟科樟属乔木。叶有离基三出脉，但脉腋无腺点，以此与香樟区别。树皮灰褐至黑褐色，有近似肉桂的气味。树冠伞形或近圆球形，喜阳光稍耐阴，多分布于排水良好的深厚肥沃的砂质壤土中。中国南部有分布。（张林英）

油桐（*Vernicia fordii*）　大戟科油桐属落叶乔木。高可达 10 米。树皮灰色，近光滑。枝条粗壮，无毛，叶片卵圆形，顶端短尖，基部截平至浅心形，下面灰绿色，叶柄与叶片近等长，无毛。花雌雄同株，先叶或与叶同时开放，花瓣白色，有淡红色脉纹，子房密被柔毛。核果近球状，果皮光滑，种子种皮木质。花期 3—4 月，果期 8—9 月。广东有分布。（张林英）

油茶（*Camellia oleifera*）　油茶属茶科常绿小乔木。因其种子可榨油（茶油）供食用，故名。幼枝被粗毛；叶革质，椭圆形或倒卵形，先端钝尖，基部楔形，下面中脉被长毛，具细齿，叶柄被粗毛；花顶生，革质，宽卵形，花瓣白色，倒卵形，雄蕊花丝近离生；朔果球形；花期 10 月至翌年 2 月，果期翌年 9—10 月。茶油色清味香，营养丰富，耐贮藏，是优质食用油，也可作为润滑油、防锈油用于工业。华南有栽培。（张林英）

乌桕（*Sapium sebiferum*）　大戟科乌桕属落叶乔木。中国特有经济树种。树皮暗灰色，有纵裂纹。枝广展，具皮孔。叶互生，纸质，基部阔楔形或钝，全缘。中脉两面微凸起，纤细，斜上升，网状脉明显。托叶顶端钝，花单性，雌雄同株，聚集成顶生的总状花序。雌花通常生于花序轴最下部或罕有在雌花下部亦有少数雄花着生，雄花生于花序轴上部或有时整个花序全为雄花。蒴果梨状球形。花期 4—8 月。广东有分布。（张林英）

野漆（*Toxicodendron succedaneum*）　漆树科漆属落叶乔木或小乔木。高可达 10 米。小枝粗壮。奇数羽状复叶互生，常集生小枝顶端，小叶对生或近对生，坚纸质至薄革质，长圆状椭圆形、阔披针形或卵状披针形。圆锥花序长 7—15 厘米，花黄绿色。花期 4—5 月，果期 9—10 月。主要分布在海拔 300—1500 米的林中。根、叶及果入药，有清热解毒、散瘀生肌等作用。分布于长江以南各省区。（张林英）

马尾松（*Pinus massoniana*）　松科松属乔木。树皮红褐色，枝平展或斜展，树冠宽塔形或伞形，针叶，细柔，叶

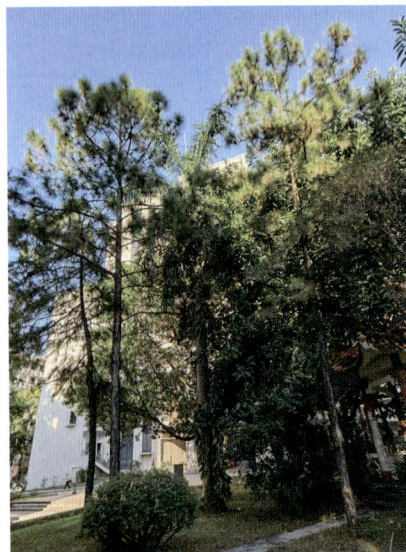

马尾松

鞘宿存。雄球花淡红褐色，圆柱形，聚生于新枝下部苞腋，穗状。雌球聚生于新枝近顶端，淡紫红色。种子长卵圆形。4—5月开花，球果翌年10—12月成熟。遍布于华南各地，也是荒山造林的先锋树种。（张林英）

海红豆（*Adenanthera pavonlna*） 豆科海红豆属落叶小乔木。有二回羽状复叶，具短柄。叶柄和叶轴被微柔毛，无腺体。羽片3—5对，小叶4—7对，互生，长圆形或卵形，先端圆钝，两面均被微柔毛。总状花序单生于叶腋或在枝顶排成圆锥花序，被短柔毛。花小，白色或淡黄色，有香味，具短梗。花瓣5，披针形，无毛，基部稍合生。荚果狭长圆形，盘旋，开裂后果瓣旋卷。种子近圆形至椭圆形，鲜红色，有光泽。花期4—7月，果期7—10月。原产于热带地区。广东有分布。（张林英）

木荷（*Schima superba*） 山茶科木荷属大乔木。高可达25米。嫩枝通常无毛。叶革质或薄革质，椭圆形，先端尖锐，有时略钝，基部楔形，上面干后发亮，下面无毛，在两面明显，边缘有钝齿。花生于枝顶叶腋，常多朵排成总状花序，蒴果。花期6—8月。喜光，幼年稍耐庇荫。属于优良的绿化、用材树种，具有较好的耐火、抗火、难燃的特点。广东有分布。（张林英）

杉木（*Cunninghamia lanceolata*） 杉科杉木属乔木。高可达30米，胸径可达2.5—3米。树皮灰褐色，幼树树冠尖塔形，大树树冠圆锥形。雄球花圆锥状，雌球花单生，球果卵圆形，种子扁平，遮盖着种鳞，长卵形或矩圆形。花期4月，球果10月下旬成熟。中国秦岭以南地区栽培最广、生长快、经济价值高的用材树种。（张林英）

秋枫（*Bischofia javanica*） 大戟科秋枫属常绿或半常绿大乔木。高可达40米。树干圆满通直，老树皮粗糙，内皮纤维质，小枝无毛。三出复叶，小叶片纸质、卵形、椭圆形、倒卵形或椭圆状卵形，顶端急尖或短尾状渐尖，边缘有浅锯齿，托叶膜质，披针形，雌雄异株，多朵组成腋生的圆锥花序。萼片膜质，半圆形，花丝短。雌花萼片长圆状卵形，内面凹成勺状，边缘膜质。子房光滑无毛，果实浆果状，圆气球形或近圆球形，淡褐色，种子长圆形。花期4—5月，果期8—10月。常生于海拔800米以下潮湿沟谷林中，常用于行道树。广东有分布。（张林英）

黧蒴栲（*Castanopsis fissa*） 壳斗科锥属乔木。高可达20米，胸径可达60厘米。嫩枝红紫色，叶片形、质地及其大小均与丝锥类同。雄花多为圆锥花序，壳斗被暗红褐色粉末状蜡鳞，小苞片鳞片状，成熟壳斗圆球形或宽椭圆形，通常全包坚果，壳壁厚，裂瓣常卷曲。坚果圆球形或椭圆形，果脐位于坚果底部。花期4—6月，果期10—12月。广东有分布。（张林英）

红锥（*Castanopsis hystrix*） 壳斗科锥属乔木。高可达25米，胸径可达1.5米。当年生枝紫褐色，纤细，与叶柄及花序轴相同。叶纸质或薄革质，披针形。雄花序为圆锥花序或穗状花序。雌穗状花序单穗位于雄花序之上部叶腋间，斜展。果序长可达15厘米。壳斗有坚果1个，坚果宽圆锥形，无毛，果脐位于坚果底部。花期4—6月，果8—11月成熟。广东有分布。（张林英）

蒲葵（*Livistona chinensis*） 棕榈科蒲葵属多年生常绿乔木。高可达20米。基部常膨大，叶阔肾状扇形，掌状深

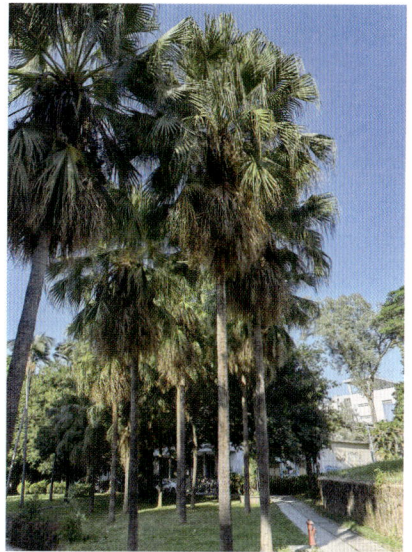
蒲葵

裂至中部，裂片线状披针形，花序呈圆锥状，粗壮，果实椭圆形，种子椭圆形，胚约位于种脊对面的中部稍偏下。花果期4月。为庭园观赏植物和良好的绿化树种，也是经济林木树种。可用其嫩叶编制葵扇，老叶制蓑衣等，叶裂片的肋脉可制牙签。广东南部有分布。（张林英）

毛竹（*Phyllostachys heterocycla*） 禾本科刚竹属单轴散生型常绿乔木状竹类植物。竿高可达20多米，粗可达20多厘米。老竿无毛，并由绿色渐变为绿黄色。壁厚约1厘米。竿环不明显，末级小枝2—4叶。叶耳不明显，叶舌隆起。叶片较小较薄，披针形，下表面在沿中脉基部柔毛，花枝穗状，无叶耳，小穗仅有1朵小花。花丝长4厘米，柱头羽毛状。颖果长椭圆形，顶端有宿存的花柱基部。笋期4月，花期5—8月。广东有分布。（张林英）

棕榈（*Trachycarpus fortunei*） 棕榈科棕榈属常绿乔木。高可达7米。干圆柱形，叶片近圆形，叶柄两侧具细圆齿，花序粗壮，雌雄异株。花黄绿色，卵球形。果实阔肾形，有脐，成熟时由黄色变为淡蓝色，有白粉，种子胚

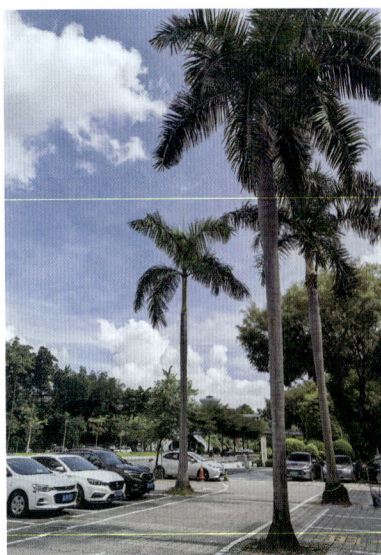

棕榈

乳角质。花期 4 月，果期 12 月。广东有分布。（张林英）

破布叶（*Microcos paniculata*）　椴树科破布叶属灌木或小乔木。幼枝被毛。叶薄革质，卵状长圆形，先端渐尖，后脱落无毛，三出脉的两侧脉由基部生出，向上过中部，边缘有细锯齿。托叶线状披针形，顶生圆锥花序，被星状柔毛。苞片披针形。花梗短，萼片长圆形，被毛，花瓣长圆形，雄蕊多数，短于萼片，子房球形，无毛，柱头锥形。核果近球形或倒卵圆形。花期 6—7 月。产于广东、广西壮族自治区、云南。（张林英）

金柚（*Citrus maxima*）　芸香科柑橘属乔木。嫩枝、叶背、花梗、花萼及子房均被柔毛，嫩叶通常暗紫红色，嫩枝扁且有棱。叶质颇厚，色浓绿，阔卵形或椭圆形。总状花序，有时兼有腋生单花。花期 4—5 月，果期 9—12 月。梅州金柚最为典型。（张林英）

砂糖橘（*Citrus reticulata*）　芸香科柑橘属植物。树冠中等，圆头形，根系发达，枝细密，稍直立。叶片椭圆形，呈深绿色，叶缘锯齿稍深，翼叶较小。花较小，完全花。花期 4—5 月，果期

9—12 月。果实扁圆形，顶部有瘤状凸起，蒂脐端凹陷，色泽橙黄，裹壁薄，易剥离。广宁、四会、封开等地传统土特产。（张林英）

椰子（*Cocos nucifera*）　棕榈科椰子属植物。植株高大、乔木状。高 15—30 米。茎粗壮，有环状叶痕，基部增粗，常有簇生小根。叶羽状全裂，革质，线状披针形。花序腋生，果卵球状或近球形，顶端微具 3 棱。外果皮薄，中果皮厚纤维质，内果皮木质坚硬，基部有 3 孔，其中的 1 孔与胚相对，萌发时即由此孔穿出，其余 2 孔坚实，果腔含有胚乳、胚和汁液（椰子水）。花果期主要在秋季。海南岛、雷州半岛有栽培。（张林英）

椰子

菠萝（*Ananas comosus*）　凤梨科凤梨属植物。岭南四大名果（荔枝、香蕉、木瓜、菠萝）之一。其可食部分主要由肉质增大之花序轴、螺旋状排列于

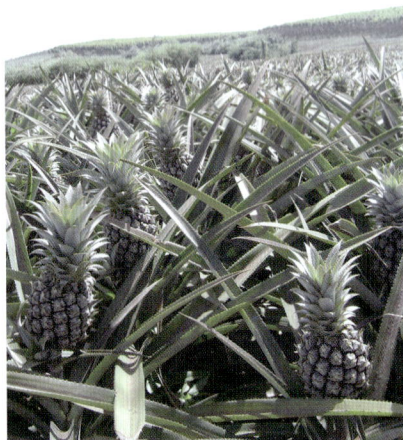

菠萝

外周的花组成，花通常不结实，宿存的花被裂片围成一空腔，腔内藏有萎缩的雄蕊和花柱。叶的纤维甚坚韧，可供织物、制绳、结网和造纸。广东菠萝栽培面积较大，产地集中在汕头、湛江、江门等地。（张林英）

荔枝（*Litchi chinensis*）　无患子科荔枝属常绿乔木。岭南四大名果（荔枝、香蕉、木瓜、菠萝）之一。高约 10

荔枝

米，树皮灰黑色，小枝圆柱状，褐红色，密生白色皮孔。叶连柄长 10—25 厘米，小叶 2 或 3 对，较少 4 对，薄革质或革质，披针形或卵状披针形，有时长椭圆状披针形，长 6—15 厘米，宽 2—4 厘米，顶端骤尖或尾状短渐尖，全缘，腹面深绿色，有光泽，背面粉绿色，两面无毛，小叶柄长 7—8 毫米。花序顶生，多分枝。花梗纤细，长 2—4 毫米，有时粗而短。萼被金黄色短绒毛。雄蕊 6—7 枚，有时 8 枚，花丝长约 4 毫米。子房密覆小瘤体和硬毛。花期春季，果期 5—8 月。果皮有鳞斑状凸起，鲜红、紫红。成熟时鲜红色，种子全部被肉质假种皮包裹。果肉产鲜时半透明凝脂状，味香美，但不耐储藏，性热，多食易上火。主要栽培品种有三月红、圆枝、黑叶、淮枝、桂味、糯米糍、元红、兰竹、陈紫、挂绿、水晶球、妃子笑、白糖

罂等，其中产于广州增城、从化的桂味、糯米糍是上佳品种。（张林英）

龙眼（*Dimocarpus longan*） 无患子科龙眼属常绿乔木。高通常 10 余米，小枝粗壮，被微柔毛，散生苍白色皮孔。叶连柄长 15—30 厘米或更长，小叶 4—5 对，薄革质，长圆状椭圆形至长圆状披针形，两侧常不对称。小叶柄长通常不超过 5 毫米。花序大型，多分枝。花梗短。萼片近革质，三角状卵形。花瓣乳白色，披针形，与萼片近等长，仅外面被微柔毛。花丝被短硬毛。果近球形，通常黄褐色或有时灰黄色，外面稍粗糙，或少有微凸的小瘤体。种子茶褐色，光亮，全部被肉质的假种皮包裹。花期春夏间，果期夏季。广东是我国适宜栽培龙眼面积最大的省份，在年均气温 21℃ 等值线，即大埔、梅县、兴宁、五华、紫金南部、河源、龙门、佛冈南部、清远、广宁南部、封开一线以南地区均有栽培。（张林英）

番石榴（*Psidium guajava*） 桃金娘科番石榴属乔木。高可达 13 米，树皮平滑，灰色，片状剥落。嫩枝有棱，被毛。叶片革质，长圆形至椭圆形，先端急尖或者钝，基部近圆形，上面稍粗糙，下面有毛，侧脉常下陷，网脉明显。花单生或者 2—3 朵排成聚伞花序。子房下位，与萼合生，花柱与雄蕊同长。浆果球形、卵圆形或梨形，顶端有宿存萼片，果肉白色及黄色，胎座肥大，肉质，淡红色，种子多数。广东各地都有栽培，果供食用。叶含挥发油及鞣质等，供药用，有止痢、止血、健胃等功效。（张林英）

香蕉（*Musa nana*） 芭蕉科芭蕉属植物。岭南四大名果（荔枝、香蕉、木瓜、菠萝）之一。植株为大型草本，从根状茎发出，由叶鞘下部形成高 3—

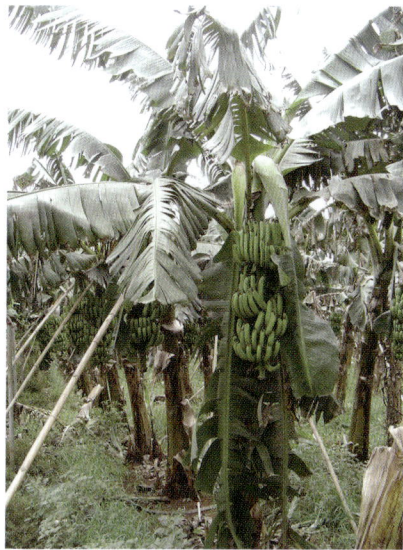
香蕉

6 米的假秆。叶长圆形至椭圆形，有的长达 3—3.5 米，10—20 枚簇生茎顶。穗状花序下垂，花多数，淡黄色。果序弯垂，植株结果后枯死，由根状茎继续繁殖，每一根株可活多年。一年多次开花。喜湿热气候，广东以湛江、茂名、中山、东莞、广州、潮州等地为主产区。（张林英）

火龙果（*Hylocereus undatus*） 仙人掌科量天尺属量天尺的栽培品种。攀援肉质灌木，具气根。分枝多数，延伸，叶片棱常翅状，边缘波状或圆齿状，深绿色至淡蓝绿色，骨质。花漏斗状，于夜间开放。鳞片卵状披针形至披针形，萼状花被片黄绿色，线形至线状披针形，瓣状花被片白色，长圆状倒披针形，花丝黄白色，花柱黄白色，浆果红色，长球形，果脐小，果肉白色、红色。种子倒卵形，黑色，种脐小。7—12 月开花结果，为热带、亚热

火龙果

带水果，喜光耐阴、耐热耐旱、喜肥、耐瘠。在温暖湿润、光线充足的环境下生长迅速，广东多地均有栽培，以湛江最为典型。（张林英）

鸡心黄皮（*Clausena lansium*） 芸香科黄皮属小乔木。高可达 12 米。小叶卵形或卵状椭圆形，两侧不对称，圆锥花序顶生。花蕾圆球形，花萼裂片阔卵形，花瓣长圆形，花丝线状，果淡黄至暗黄色，果肉乳白色，半透明，种子 1—4 粒。花期 4—5 月，果期 7—8 月。含丰富的维生素 C、糖、有机酸及果胶，果皮及果核皆可入药，果实形状像鸡心。广东主要在茂名有栽培。（张林英）

鸡心黄皮

杧果（*Mangifera indica*） 漆树科杧果属常绿大乔木。小枝褐色，无毛。叶革质，互生。花小，杂性，黄色或淡黄色，成顶生的圆锥花序。核果，成熟时黄色，味甜，果核坚硬。雷州半岛南部的徐闻、雷州、吴川及电白等地最适宜种植。（张林英）

阳桃（*Averrhoa carambola*） 酢浆草科阳桃属乔木。高可达 12 米，分枝甚多，树皮暗灰色，内皮淡黄色。奇数羽状复叶，互生，全缘，卵形或椭圆形。花小，微香，数朵组成聚伞花序或圆锥花序，自叶腋出或着生于枝干

上，花枝和花蕾深红色。浆果肉质，下垂。种子黑褐色。花期4—12月，果期7—12月。果生津止渴，亦可入药。根、皮、叶可止痛止血。广东有栽培。（张林英）

阳桃

番荔枝（*Annona squamosa*）　番荔枝科番荔枝属落叶小乔木。树皮薄，灰白色，多分枝。叶薄纸质，椭圆状披针形，叶背苍白绿色。侧脉上面扁平，下面凸起。花单生或2—4朵聚生于枝顶或与叶对生，青黄色。花蕾披针形。萼片三角形，被微毛。外轮花瓣狭而厚，长圆形；雄蕊长圆形，药隔宽。心皮无毛，每心皮有胚珠1颗。果实由多数圆形或椭圆形的成熟心皮微相连易于分开而成的聚合浆果圆球状或心状圆锥形，无毛，黄绿色，外面被白色粉霜。花期5—6月，果期6—11月。果食用，外形酷似荔枝，故名。为热带地区著名水果。广东有栽培。（张林英）

木瓜（*Chaenomeles sinensis*）　番木瓜科番木瓜属常绿小乔木。岭南四大名果（荔枝、香蕉、木瓜、菠萝）之一。具乳汁，茎不分枝，具螺旋状排列的托叶痕。叶大，聚生于茎顶端，近盾形，直径可达60厘米，通常5—9个深裂，每裂片再为羽状分裂。花单性或两性，浆果肉质，花果期全年。喜高温多湿热带气候，不耐寒。广东有分布。（张林英）

木瓜

木棉（*Bombax malabaricum*）　又称红棉、英雄树。木棉科落叶大乔木。季相变化明显，3—4月开花，先开花后长叶，高可达25米。花单生枝顶叶腋，通常红色，花瓣肉质，大而美丽，雄蕊管短，花丝较粗，基部粗。掌状复叶，小叶5—7片，长圆状披针形，蒴果长圆形，被灰白色长柔毛和星状柔毛。种子多数，倒卵形，光滑。夏季成熟后果荚开裂，棉絮随风飘落。茎笔直，树皮灰白色，幼树的树干通常有圆锥状的粗刺，分枝平展，树姿巍峨具阳刚之美。广州市花。喜温暖干燥和阳光充足的环境，是优良的行道树、庭荫树和风景树。具药用价值，

木棉

解毒清热，驱寒去湿，在岭南经常被晒干后煲汤食用。（张林英）

红棉　见"木棉"。
英雄树　见"木棉"。

桂花（*Osmanthus fragrans*）　木犀科木犀属常绿灌木或小乔木。树皮灰褐色，叶长椭圆形，面端尖，对生，经冬不凋。聚伞花序簇生于叶腋，花冠合瓣四裂，形小，花期9—10月上旬，果期翌年3月。园艺品种繁多，是观赏与实用兼备的优良园林树种。（张林英）

桂花

鸡蛋花（*Plumeria rubra*）　夹竹桃科鸡蛋花属小乔木。高5—8米，全株无毛，树皮灰带青色。小枝肉质且厚，多白色乳汁。叶互生，聚生于小枝顶部，纸质，叶片椭圆形至卵状长圆形，长20—35厘米，宽5—11厘米，顶端渐尖，基部楔形。叶脉在背面隆起，侧脉几乎平行。花顶生，2或3歧聚伞花序，长可达30厘米。花大，芳香，萼小，5裂，花冠白色，漏斗状5裂，花冠管喉部黄色，裂片阔倒卵形，顶端钝。雄蕊5枚，着生在花冠管的基部。子房上位，心皮2枚，分离。蓇葖果成对生于果柄上，革质，无毛。种子长圆形，扁平，顶部具长圆形的

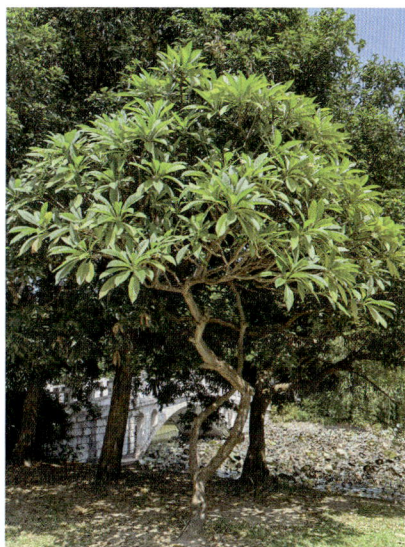

鸡蛋花

膜质翅。是阳性树种，喜高温、湿润和阳光充足的环境，为庭园观赏植物，在广东多地均有栽培。花可药用。（张林英）

三角梅（*Bougainvillea glabra*） 紫茉莉科叶子花属藤状灌木。茎粗壮，枝下垂，无毛或疏生柔毛。刺腋生，长5—15毫米。叶片纸质，卵形或卵状披针形，顶端急尖或渐尖，基部圆形或宽楔形，上面无毛，下面被微柔毛。叶互生。有柄，长约1—2.5厘米。花顶生，通常3朵簇生在苞片内，花梗与苞片的中脉合生。每个苞片上生一朵花。苞片3枚，叶状，长圆形或椭圆形，长2.5—3.5厘米，宽约2厘米，

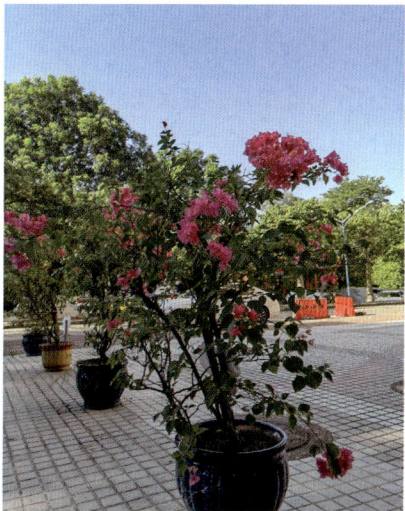

三角梅

纸质。花被管长约2厘米，淡绿色，疏生柔毛，有棱，顶端5浅裂。雄蕊6—8枚。花柱侧生，线形，边缘扩展成薄片状，柱头尖。瘦果有5棱。种子有胚乳。品种花色多样，花多且美丽，花期较长，在南方一般花期为当年的10月至翌年的6月初。（张林英）

羊蹄甲（*Bauhinia purpurea*） 豆科羊蹄甲属常绿乔木。树高6—10米，分枝多，小枝细长，叶革质，圆形或阔心形，长10—13厘米，宽略超过长，顶端2裂，状如羊蹄，裂片约为全长的1/3，裂片端圆钝。总状花序或有时分枝而呈圆锥花序状，花瓣5，其中4瓣分列两侧，两两相对，而另一瓣则翘首于上方，形如兰花状。通常不结果，花期全年。适生于温热气候。广东有分布。（张林英）

红花羊蹄甲

荷花玉兰（*Magnolia grandiflora*） 木兰科木兰属常绿乔木。在原产地高达30米。树皮淡褐色或灰色，薄鳞片状开裂。小枝粗壮。叶厚革质，椭圆形，叶面深绿色，有光泽。花大，白色，状如荷花，芳香，直径15—20厘米，花被片9—12片，厚肉质，倒卵形。花期5—6月。喜阳光充足、温暖湿润气候环境。广东有分布。（张林英）

白兰花（*Michelia alba*） 木兰科含笑属常绿乔木。高达17米，呈阔伞形树冠，树皮灰色，揉枝叶有芳香，嫩枝

白兰花

及芽密被淡黄白色微柔毛，叶薄革质，长椭圆形或披针状椭圆形，上面无毛，下面疏生微柔毛，干时两面网脉均很明显。花白色，极香，花被片10片，披针形。雌蕊心皮多数，成熟时随着花托的延伸，形成蓇葖疏生的聚合果，蓇葖熟时鲜红色。花期4—9月，夏季盛开。原产于印度尼西亚爪哇。广东有栽培。（张林英）

短尾猴（*Macaca arctoides*） 别名红面短尾猴、红面猴、红面断尾猴、华南断尾猴、黑猴、泥猴、青猴。灵长目猴科猕猴属动物。体重5—16千克，体长50—82厘米，尾长6—7厘米。体形浑圆，四肢粗壮。颜面宽阔，有颊囊可暂储存食物。成年雄猴颜面鲜红色，老年紫红色，幼体肉红色。耳小，头顶无旋毛且毛长，多自中间向两边分散。前额部分裸露无毛，灰黑色，颊部的毛亦稀疏。背部和肩、颈部的毛粗糙，体背毛色棕褐，披毛较长，胸腹部以及四肢内侧的毛稀疏而且色浅，胼胝周围裸露无毛。尾巴奇

短，被毛稀少，又称断尾猴。常栖息于多岩石的疏林山坡地带。昼行性，喜群居，树栖。主要吃植物的嫩枝叶、果实及小动物，常在小河沟中找寻螃蟹、蛙、昆虫等食物。分布于广西南部以及广东乳源、阳山、英德等地。属国家二级重点保护野生动物。（郭程轩）

红面短尾猴　见"短尾猴"。
红面猴　见"短尾猴"。
红面断尾猴　见"短尾猴"。
华南断尾猴　见"短尾猴"。
黑猴　见"短尾猴"。
泥猴　见"短尾猴"。
青猴　见"短尾猴"。

猕猴（*Macaca mulatta*）　别名猢狲、黄猴、恒河猴、沐猴、广西猴、老青猴、马骝。灵长目猴科猕猴属动物。体重4—12千克，体长51—63厘米。颜面瘦削，肉色，额略突，鼻孔向下，具颊囊。四肢均具5指（趾），有指甲。头部呈棕色，背上部棕灰或棕黄色，下部橙黄或橙红色，腹面呈淡灰黄色，臀部肉红色的胼胝明显。常栖息于石山峭壁、溪旁沟谷和江河岸边的密林中或疏林岩山上。昼行性，夜宿岩洞或树上，无固定住所，有一定巢域，常随食物而迁徙。群居，群体大小不等，群体中等级制度明显。视觉灵敏，有表情和声音信息。好动，善于攀缘、跳跃，会游泳。主要吃野果和嫩枝叶，也吃虾、蟹、贝类、小鸟、鸟蛋、各种昆虫，甚至蚯蚓等。主要分布于广西崇左、百色、河池与南宁等地，以及广东内伶仃岛、上川岛、淇澳岛、担杆岛等地，其中广西现存3万—5万只，广东现存约1万只。属国家二级重点保护野生动物。（郭程轩）

猢狲　见"猕猴"。

黄猴　见"猕猴"。
恒河猴　见"猕猴"。
沐猴　见"猕猴"。
广西猴　见"猕猴"。
老青猴　见"猕猴"。
马骝　见"猕猴"。

穿山甲（*Manis pentadactyla*）　别名鲮鲤、陵鲤、龙鲤、麒麟、钱鳞甲。鳞甲目穿山甲科穿山甲属动物。体重1.5—3千克，体长50—100厘米，尾长10—30厘米。体形狭长，头细吻尖，眼小舌长，耳短，无齿，体被鳞甲。鳞间及腹面无鳞处有疏毛。四肢粗短，具强健趾爪，尤以前足中趾爪特别粗长，适于挖掘。常栖息于湿润的丘陵、山地的树林、灌丛、草莽等环境中，极少在干燥的石山秃岭地带活动。掘洞穴居，昼伏夜出，能爬树、游水。听、视觉差，嗅觉灵敏。步履蹒跚，弓背，前足掌背着地，遇敌或受惊时，以腹裹头。食物以白蚁为主，亦食其他蚁类和其他昆虫的蛹、卵。分布于广东凤凰山、车八岭、从化陈禾洞、乐昌杨东山等地。属国家一级重点保护野生动物。（郭程轩）

鲮鲤　见"穿山甲"。
陵鲤　见"穿山甲"。
龙鲤　见"穿山甲"。
麒麟　见"穿山甲"。
钱鳞甲　见"穿山甲"。

小爪水獭（*Aonyx cinerea*）　别名亚洲小爪水獭、东方小爪水獭、山獭、油獭。食肉目鼬科小爪水獭属动物。体重约3千克，体长60—94厘米，尾长26—30厘米。头短而阔，鼻部粉红色或略黑，鼻垫上缘被毛呈一直线，牙齿粗大，下颌正前方和两侧有疏短的刚毛。四肢短小，每肢有五趾，趾垫发达，趾爪钉子状，有退化现象，尾部较细，端部被稀毛。全身呈咖啡色，

背部深咖啡色，富有光泽，腹色较为浅淡。颊、颏和喉为浅黄白色。常集成小群栖息于亚热带的山地河谷、溪流中，在山地灌丛中出没。多穴居，善游泳，性凶猛。主要以鱼类为食，也吃甲壳动物、蛙类、软体动物和水禽等。分布于广东云髻山、大东山、大庾岭、九连山、粤东山地以及广西、海南的部分地区，其中以海南比较常见。属国家二级重点保护野生动物。（郭程轩）

亚洲小爪水獭　见"小爪水獭"。
东方小爪水獭　见"小爪水獭"。
山獭　见"小爪水獭"。
油獭　见"小爪水獭"。

大灵猫（*Viverra zibetha*）　别名香猫、九节狸、麝香猫、灵狸、送屎狼。食肉目灵猫科大灵猫属动物。体重6—10千克，体长60—80厘米，尾长40—50厘米。身体细长，四肢较短，尾长超过体长之半。额宽吻尖，耳小。体基色棕灰，具黑褐色斑，颈侧有3条黑色颈纹，其间夹白色宽纹，腹部灰棕色，四肢黑褐色，尾部具5—6个黑环。会阴部具发达的芳香腺囊。常栖息于林缘灌丛或草丛等地。性孤僻，喜夜行。生性机警，行动敏捷，听觉灵敏。性独栖，领域性强，会爬树。杂食性，以肉食为主，吃鼠类、鸟类、蛙类、蛇类，也吃野果、植物根等。分布于广东肇庆、韶关天井山、惠州南昆山以及广西、海南的部分地区。属国家一级重点保护野生动物。（郭程轩）

香猫　见"大灵猫"。
九节狸　见"大灵猫"。
麝香猫　见"大灵猫"。
灵狸　见"大灵猫"。
送屎狼　见"大灵猫"。

小灵猫（*Viverricula indica*）　别名七节狸、笔猫、乌脚狸、香狸、麝猫、包公狸、斑灵猫。食肉目灵猫科小灵猫属动物。体重 2—4 千克，体长 40—60 厘米，尾长 30—40 厘米。外形似大灵猫但较小，吻尖额窄，四肢短小，四脚乌黑。会阴部有囊状香腺，雄性发达。体色一般深灰棕色，背侧有数条棕黑色的纵纹，下侧条纹模糊。体背中间无鬣毛，腹部棕灰色，唇白色，眼下、耳后棕黑色，尾部有 7—9 个深褐色环纹。常栖息于低海拔有林山地，如低山森林、阔叶林的灌木层，一般在树洞、墓穴、石堆中筑巢，有多个出口。以夜行性为主，能攀树觅食或躲藏，爱走田埂、地边、小径，粪便无定点。喜单独活动，爱擦拭遗香。杂食性，以肉食为主，吃老鼠、小鸟、蛇、蛙、小鱼、虾、蟹、蜈蚣、蚱蜢等，也吃野果、树根、种子等。分布于广东罗浮山、阳春、天井山等地以及广西、海南的部分地区。属国家一级重点保护野生动物。（郭程轩）

七节狸　见"小灵猫"。
笔猫　见"小灵猫"。
乌脚狸　见"小灵猫"。
香狸　见"小灵猫"。
麝猫　见"小灵猫"。
包公狸　见"小灵猫"。
斑灵猫　见"小灵猫"。

金猫（*Pardofelis temminckii*）　别名原猫、黄虎、狸豹、红椿豹、芝麻豹、猫儿生、乌云豹、亚洲金猫。食肉目猫科金猫属动物。体重约 15 千克，体长 80—100 厘米，尾长 35—56 厘米。头圆脸短，耳直立，眼大而圆。身体及四肢强壮有力，爪锋利而具伸缩性。体毛多橙黄或灰棕色，有光泽。眼内角具白条纹，额有带黑边的灰纵带，颊部白色，具黑棕色斑纹。体背多橙黄色，体侧颜色较淡，腹部为黄白色，具浅黑色斑点，四肢灰棕色。头部花纹衡定，毛色变异较大，兼具红色到灰棕色、暗灰褐色和全身斑点等色型。常栖息于湿润常绿阔叶林、混合常绿山地林和干燥落叶林的中上层林灌中。一般独居，夜行性，晨昏活跃，善爬树。性凶猛。主要捕食小型哺乳类动物和鸟雀，甚至捕食幼鹿。分布于广东车八岭、南岭、丹霞山等山地森林中。属国家一级重点保护野生动物。（郭程轩）

原猫　见"金猫"。
黄虎　见"金猫"。
狸豹　见"金猫"。
红椿豹　见"金猫"。
芝麻豹　见"金猫"。
猫儿生　见"金猫"。
乌云豹　见"金猫"。
亚洲金猫　见"金猫"。

云豹（*Neofelis nebulosa*）　别名龟纹豹、荷叶豹、艾叶豹、柳叶豹、樟豹。食肉目猫科云豹属动物。体重约 20 千克，体长 70—110 厘米，尾长 70—90 厘米。头圆吻突，2 条泪槽穿过面颊，耳背面有黑色圆点。四肢短粗，爪子大。体金黄色，布有云状斑纹，称云豹。斑纹周缘近黑色，而中心暗黄色，状如龟背饰纹，故又称龟纹豹。额头及面部密布黑斑，眼周有不完整的黑环，眼后有黑纹，颈背有 4 条黑纹，中间 2 条止于肩部，外侧 2 条较粗，延续至尾基部。体背有不规则的云块纹路，边缘黑色，腹部黄白色，尾部有十几个黑棕色环。常栖息于山地及丘陵常绿阔叶林中，是高度树栖性动物。性孤僻，凶猛，机警，在地上行走时，用前肢扒搔地面。昼夜都活动，特别是黄昏。主要捕食灵长类、麂、鹿、野猪、鸟类和鱼类等。分布于广东车八岭、天井山、丹霞山、南昆山以及海南东方、海口、琼东等地。现存数量非常稀少并面临灭绝威胁。属国家一级重点保护野生动物。（郭程轩）

龟纹豹　见"云豹"。
荷叶豹　见"云豹"。
艾叶豹　见"云豹"。
柳叶豹　见"云豹"。
樟豹　见"云豹"。

豹（*Panthera pardus*）　别名金钱豹、豹虎、花豹、银豹子、豹子、文豹。食肉目猫科豹属动物。体重 60—100 千克，体长 1—1.7 米，尾长 70—100 厘米。头圆耳短，颈稍短，躯体细长，尾长，四肢粗短有力。趾端长有锐利能伸缩的硬爪，趾间、趾掌垫间长有浓密的短毛。全身棕黄色，遍布形状和大小不等的圆形或椭圆形黑色斑点，故又称金钱豹。颈背部深黄色，上具黑斑点和黑环圈。颈下、胸腹部、四肢外侧皆为浅棕黄色，内侧为白色，黑斑较疏。肩部有黑环圈，腿部内外均有黑斑点。尾下乳白色，具黑斑，尾顶端为白色。常栖息于低山、丘陵和高山森林的茂密丛林，具有隐蔽性强的固定巢穴。适应能力强，视觉、嗅觉、听觉灵敏。性机警，善于跳跃，既会游泳，又善于爬树。性情孤僻，喜独居，夜间或晨昏出没。常以伏击方式捕食野猪、猕猴、麂等，也吃一些猫类动物、鼬科动物以及兔子、鸟类、鼠类等。分布于广东车八岭、南岭、潮安凤凰山等地。由于人为过量捕杀，现存种群数量急剧下降，濒临绝迹。属国家一级重点保护野生动物。（郭程轩）

金钱豹　见"豹"。
豹虎　见"豹"。
花豹　见"豹"。
银豹子　见"豹"。
豹子　见"豹"。

文豹　见"豹"。

华南虎（*Panthera tigris*）　别名厦门虎、中国虎、南中国虎。食肉目猫科豹属动物。体重110—150千克，体长2.3—2.5米，尾长80—100厘米，是虎类中个体较小的几个亚种之一。体型修长，腹部较细。头圆，耳短，四肢粗大有力，尾较长。胸腹部杂有较多的乳白色，全身橙黄色并布满黑色横纹，毛皮上有既短又窄的条纹。典型山地林栖动物，主要生活在中国南方亚热带常绿阔叶林内，也常出没于山脊、矮林灌丛、岩石和砾石较多的山地林间。多单独生活，不成群，多在夜间活动。嗅觉发达，行动敏捷，善于游泳，不善于爬树，有"挂爪"的习性。主要猎食蹄类动物，包括野猪、野牛和鹿类等。中国特有虎种。新中国成立初期几乎遍及广东、广西各地山区，现在近乎绝迹。属国家一级重点保护野生动物。（郭程轩）

厦门虎　见"华南虎"。
中国虎　见"华南虎"。
南中国虎　见"华南虎"。

林麝（*Moschus berezovskii*）　别名南麝、森林麝、獐子、黑獐子、林獐、香獐。偶蹄目麝科麝属动物。体重8—10千克，体长60—80厘米。四肢细长，尾短，雌、雄均无角。头部狭长，无眶下腺，獠牙发达，耳长而直立，端部稍圆。蹄子比较狭而尖，耳朵长而直立。通体麻褐色，体毛粗硬，色深，呈褐灰色或苍灰褐棕色。下颌、喉、颈及前胸呈黄白色或橘黄色，颈纹明显。下颌、喉部、颈下以至前胸间为界限分明的白色或橘黄色区，臀部近黑色，成体无斑点。雄性生殖器前端有麝香囊，能分泌麝香。常栖于石灰岩山地灌丛、针阔混交林和阔叶林等地。性胆怯，独居，嗅觉灵敏，行动敏捷，善爬悬崖陡壁和跳跃。多在晨昏活动觅食。喜食嫩草、树叶、苔藓、竹叶、野果等食物。分布于广东乐昌、阳山、连州、乳源、曲江、怀集等地以及广西北部山区。属国家一级重点保护野生动物。（郭程轩）

南麝　见"林麝"。
森林麝　见"林麝"。
獐子　见"林麝"。
黑獐子　见"林麝"。
林獐　见"林麝"。
香獐　见"林麝"。

海南兔（*Lepus hainanus*）　俗称野兔、草兔。兔形目兔科兔属动物。体长35—39厘米，体重1.1—1.8千克。体形较小，头小而圆。体背毛色鲜艳，毛较柔软，头顶和体背毛棕黑色，腹毛多为乳白色，体侧棕黑成分减少，由棕黄和棕白相混杂。背毛毛尖一般为棕黄色，毛干淡棕色，毛基以及绒毛则多为灰棕色。眼先和眼眶周围白色。耳朵向前折时能超过鼻端，通常比后足长。耳上缘毛长，棕黄色，下缘毛短，白色。颏部纯白色，颈下棕黄色，前肢棕褐色，后肢内侧棕黄，外侧白色。尾上部黑色，下部纯白色。栖息于丘陵、低地的灌丛低草坡和滨海地区的旱生性草原中，从不到高山地区活动。性独居，主要在夜间活动，以黄昏或黎明时活动最频繁。以草本植物为食，也吃昆虫和螺类。中国特有物种。主要分布于海南南俸、海口、陵水、东方、白沙、儋州、乐东、昌江等地。因栖息地被破坏，栖息环境缩小，数量锐减。属国家二级重点保护野生动物。（郭程轩）

野兔　见"海南兔"。
草兔　见"海南兔"。

中华白海豚（*Sousa chinensis*）　别名妈祖鱼、粉红海豚、镇江鱼、太平洋驼海豚。鲸目海豚科驼海豚属动物。体长2—2.5米，体重200—250千克。身体修长，呈纺锤形。喙突出、狭长，背鳍突出，位于近中央处，呈后倾三角形。胸鳍较圆浑，基部较宽，运动极为灵活。尾鳍呈水平状，健壮有力，以中央缺刻分成左右对称的两叶，有利于快速游泳。眼睛较小，位于头部两侧，眼球黑色，视力较差，辨别物体的位置和方向主要靠回声定位系统。常3—5头在一起，或者单独活动。性情活泼，常在水面跳跃嬉戏，游泳速度很快，可达每小时12海里以上。主要以河口的咸淡水鱼类为食。分布于广东和广西沿岸河口水域，以广东珠江口分布较为集中，常见于伶仃洋、万山群岛和香港西南部水域。属国家一级重点保护野生动物。（郭程轩）

妈祖鱼　见"中华白海豚"。
粉红海豚　见"中华白海豚"。
镇江鱼　见"中华白海豚"。
太平洋驼海豚　见"中华白海豚"。

海南山鹧鸪（*Arborophila ardens*）　别名山赤姑。鸡形目雉科山鹧鸪属鸟类。全长23—30厘米，体重200—260克。眼先、额、眉纹、颊、头侧以及颏、喉均为黑色且连成一片。耳羽白色。前颈及颈侧基部淡橙红色，具黑斑。黑色眉纹上方散着白点，形成一条白纹向后延伸至后颈。上体橄榄褐色具黑色横纹，双翅沾栗棕色。上胸具橙红色丝状羽毛，下胸灰，微沾棕白色。两胁灰色，具白色羽干纹。腹羽棕白色。嘴黑色，腿、脚赭色。尾部较短，不及两翼长度一半，跗跖裸露且突出。常栖息在海拔700—900米的山地和丘陵地带，尤以原始的山地雨林、沟谷雨林和山地常绿林中较为常见。白天常在沟底、坡脚或山坡落叶堆积的地

方觅食，夜晚在树上栖息。性机警。主要以灌木和草本植物的叶、芽和种子为食，也吃昆虫和蜗牛等动物性食物。中国特产雉类。仅分布于海南。数量锐减，极为罕见。属国家一级重点保护野生动物。（郭程轩）

山赤姑　见"海南山鹧鸪"。

黄腹角雉（*Tragopan caboti*）　别名角鸡、吐绶鸟、寿鸡。鸡形目雉科角雉属鸟类。体重 600 —1400 克，体长 41—65 厘米。雄鸟羽冠前黑后红，头上具一对肉质角突，呈淡蓝色，喉下具翠蓝色及朱红色组成的艳丽肉裙。上体栗褐色，满布具黑缘的黄色卵圆斑。飞羽黑褐带棕黄斑。下体几呈棕黄色。雌鸟通体大都棕褐色，密布黑、棕黄及白色细纹，上体散有黑斑，下体多有白斑。常栖息于海拔 800—1400 米的亚热带山地密林或竹林中，常成小群活动。好隐蔽，善奔走，性怯懦，营巢于树上。白天觅食，晚上休息。主要以蕨类及植物的茎、叶、花、果实和种子为食，也吃昆虫等少量动物性食物。中国特产鸟类。分布于广东乳源、阳山、乐昌、曲江、连山、始兴、仁化、南雄、大埔、五华、潮州、怀集以及广西贺州等地。属国家一级重点保护野生动物。（郭程轩）

角鸡　见"黄腹角雉"。
吐绶鸟　见"黄腹角雉"。
寿鸡　见"黄腹角雉"。

红原鸡（*Gallus gallus*）　别名原鸡、茶花鸡。鸡形目雉科原鸡属鸟类。体重 1.25—1.5 千克，体长 42—70 厘米。雌雄异色。雄鸟上体具金属光泽的金黄、橙黄或橙红色，并具褐色羽干纹。头和颈的羽毛狭长而尖，前面的为深红色，向后转为金黄色。脸部裸皮、肉冠及肉垂红色，且大而显著。脚蓝灰色。雌鸟上体大多黑褐色，上背黄色具黑纹，胸部棕色，往后渐变为棕灰色。虹膜红色，嘴角褐色。常群栖于热带和亚热带山区的密林中。主要以植物嫩芽、种子、谷物等为食，也吃虫类及其他小型动物。分布于广东徐闻、雷州、信宜、高州、阳春、海南霸王岭、吊罗山、文昌、琼海、白沙、万宁、乐东、琼中、鹦哥岭、尖峰岭、东方、保亭、陵水，以及广西大多数地区。属国家二级重点保护野生动物。（郭程轩）

原鸡　见"红原鸡"。
茶花鸡　见"红原鸡"。

白鹇（*Lophura nycthemera*）　别名银鸡、银雉、越鸟、越禽、白雉。鸡形目雉科鹇属鸟类。体重 1.2—1.4 千克，体长 54—119 厘米。雌雄异色，雄鸟上体及两翼均白，密布整齐的"V"状黑纹，羽冠和下体都是灰蓝色，带金属光泽。脸裸露，赤红色。尾长，中央尾羽白色，外侧尾羽具不规则黑色斜纹，跗跖部为红色。雌鸟通体橄榄褐色，羽冠近黑色。常栖息于中等海拔高度的多林山地，尤喜茂密竹林。晨昏觅食，夜间栖宿在树枝上。一雄多雌，常结群，性警觉，叫声嘈杂粗糙。主要以昆虫、各种浆果、种子、嫩叶和苔藓等为食。广东省省鸟。分布于广东鼎湖山、车八岭、云髻山等地。属国家二级重点保护野生动物。（郭程轩）

银鸡　见"白鹇"。
银雉　见"白鹇"。
越鸟　见"白鹇"。
越禽　见"白鹇"。
白雉　见"白鹇"。

海南孔雀雉（*Polyplectron katsumatae*）
鸡形目雉科灰孔雀雉属鸟类。雄鸟体长 50—67 厘米，体重 456—710 克；雌鸟体长 33—52 厘米，体重 460—500 克。雄鸟全身羽毛乌褐色，头上具蓬乱而延长的发状冠羽，杂以近白色细点。后颈披有翎领，呈乌褐色，并具棕白色横斑。背羽乌褐，具近白色较大点斑。背以下则兼具近白色点斑和横斑。两翅的表面与背同色，而且与背一样都具有金属绿蓝带紫色的眼状斑。虹膜珠灰，脸上裸出部为近黄的肉色，上嘴黑，下嘴尖端亦黑，余部角色。脚和趾黑褐，跗跖具 2 个短距。雌鸟羽毛色彩较暗，背上与尾巴上的眼状斑比较稀少。常栖息于海拔 150—1500 米的常绿阔叶林及竹丛中。常单独或成对活动，夜间栖息在树枝上。以动物性食物为主食，主要吃昆虫和蠕虫类，食性在雉类中较为少见。为海南岛特有种。主要分布于海南西南部霸王岭、尖峰岭、吊罗山和黎母山等保护较好的原始林区。东南部的加新，中北部的澄迈、屯昌的南味岭以及六连岭等地区也曾有活动记录，数量稀少。属国家一级重点保护野生动物。（郭程轩）

彩鹳（*Mycteria leucocephala*）　别名白头鹮鹳。鹳形目鹳科鹮鹳属鸟类。体长 93—102 厘米，体重 2—3.5 千克。嘴橙黄色，粗而长，嘴尖稍微向下弯曲。脚为红色，较长，胫的下部裸出。橙色的头部赤裸无羽，繁殖期变为红色。体羽主要为黑色和白色，其中飞羽、尾羽为黑色，具有绿色的金属光泽，胸部具有宽阔的黑色胸带，也具有绿色的金属光泽，其余体羽均为白色。虹膜为淡黄色或褐色。主要栖息于湖泊、河流、水塘等淡水水域岸边浅水处及附近沼泽和草地上。以鱼为食，也吃蛙、爬行类、甲壳类和昆虫等其他动物性食物，偶尔也吃少许植物性食物。主要分布于广东和海南五指山、吊罗山、东寨港红树林、尖峰

岭等地。属国家一级重点保护野生动物。（郭程轩）

白头鹮鹳　见"彩鹳"。

黑鹳（*Ciconia nigra*）　别名黑老鹳、乌鹳、锅鹳。鹳形目鹳科鹳属鸟类。属迁徙性鸟类。体重2—3千克，体长1—1.2米。虹膜褐色或黑色，嘴红色，尖端较淡，眼周裸露皮肤和脚亦为红色。嘴长而直，基部较粗，向先端逐渐变细。鼻孔小而呈裂缝状。脚甚长，胫下部裸露。头、颈、上体和上胸黑色，颈部带有光泽。背、肩和翅呈紫色和青铜色光泽，胸部呈紫色和绿色光泽。前颈下部羽毛长而蓬松，在繁殖期间和周围温度较低时能竖直起来。下胸、腹、两胁和尾下覆羽白色。常栖息于山林附近的河谷、湖泊、水库、水渠、溪流、水塘及沼泽地带。性孤僻，有时也成小群活动和飞翔。白天活动，不善鸣叫。主要以小型鱼类为食，也吃蛙、蜥蜴、软体动物、昆虫、鸟卵等。分布于广东惠州罗浮山、惠东莲花山白盆珠水库、海丰、湛江红树林等地。属国家一级重点保护野生动物。（郭程轩）

黑老鹳　见"黑鹳"。
乌鹳　见"黑鹳"。
锅鹳　见"黑鹳"。

白鹳（*Ciconia ciconia*）　别名欧洲白鹳、老鹳、东方白鹳。鹳形目鹳科鹳属鸟类。属迁徙性鸟类。体重3—3.5千克，体长90—115厘米。羽毛以白色为主，翅膀具黑羽。眼周和喉部的裸露皮肤为黑色，虹膜褐色或灰色。前颈下部有呈蓑衣形的长羽，在繁殖期间能竖直起来。成鸟具细长的红腿和细长的红喙，喙形直且不上翘，嘴基厚，向尖端逐渐变细。翅膀长而宽，可滑翔。飞时头颈伸直，身体成一条直线。一夫一妻制，但非终生。主要栖息于开阔而偏僻的湿地、平原、草地等地带，特别是有稀疏树木生长的河流、湖泊、水塘及水渠岸边和沼泽地上，有时也栖息和活动在远离居民点、岸边长有树木的水稻田地带。食性广，主要食鱼、蛇、蛙、蜥蜴、蚯蚓、甲壳类动物、软体动物、昆虫等，有时也吃小型啮齿动物及鸟卵等。分布于广东南沙、海丰、湛江、肇庆星湖等地，偶见于香港。属国家一级重点保护野生动物。（郭程轩）

欧洲白鹳　见"白鹳"。
老鹳　见"白鹳"。
东方白鹳　见"白鹳"。

白腹军舰鸟（*Fregata andrewsi*）　别名海盗鸟。鹈形目军舰鸟科军舰鸟属鸟类。体长近1米，雌鸟体形比雄鸟大。嘴峰很长，蓝灰色，尖端弯曲呈钩状。喉部有红色喉囊。上体羽毛乌黑色并带有绿色光泽，颈部和胸部带紫色光泽，腹部白色。两翼狭窄，下臂掌骨和指骨特别延长，两翼展开时可达2米，尾羽呈深叉状。脚为红色。飞翔极为迅捷和灵巧，不善陆行和游泳。取食主要在空中进行，除能追捕飞鱼外，其掠夺性取食习性甚为著名，能在高空从鹭鸟、鸥类等口中夺食。主要以海中的鱼和水母等软体动物为食。分布于广东沿海及岛屿，数量非常稀少。属国家一级重点保护野生动物。（郭程轩）

海盗鸟　见"白腹军舰鸟"。

黑头白鹮（*Threskiornis melanocephalus*）别名白鹮、白油、鹮子。鹳形目鹮科白鹮属鸟类。为迁徙性鸟类。体长67—75厘米。通体羽毛白色，头部和颈的上部裸露，呈黑色，有时缀有蓝色。背部和前颈的下部有延长的灰色饰羽（夏羽有而冬羽无），翅膀下面有裸露的深红色皮肤斑，且沿着翅膀的边缘向下面的两侧延伸，飞行时露出的翼尖为黑色。嘴黑色，细长且向下弯曲。虹膜为红色或红褐色。跗跖较短，黑色。常栖息于河湖岸边、沼泽湿地、水稻田、芦苇水塘和潮湿草原等开阔地。白天活动。通常成小群活动，有时也见单独活动在水边或草地上。主要以鱼、蛙、蝌蚪、昆虫、蠕虫、甲壳类、软体动物以及小型爬行动物等动物性食物为食，有时也吃植物性食物。分布于广东、香港、海南等地。属国家一级重点保护野生动物。（郭程轩）

白鹮　见"黑头白鹮"。
白油　见"黑头白鹮"。
鹮子　见"黑头白鹮"。

黑脸琵鹭（*Platalea minor*）　别名黑面琵鹭、饭匙鸟、琵琶嘴鹭。鹳形目鹮科琵鹭属鸟类。属迁徙性鸟类。体长约76厘米，嘴长约20厘米，腿长约12厘米。虹膜为深红色或血红色，嘴全黑。体羽白色，后枕部有长羽簇构成的羽冠，额至面部皮肤裸露成黑色，嘴先端扁平呈匙状。腿与脚趾均黑。常栖息于水塘、内陆湖泊、芦苇沼泽、河口、水稻田以及沿海岛屿和海滨沼泽地带等湿地环境。喜群居，多与其他涉禽混杂。主要以鱼、虾、蟹、软体动物、水生昆虫和水生植物等为食。在广东深圳后海湾、海丰、南沙湿地以及香港、海南等地越冬期可见。属国家一级重点保护野生动物。（郭程轩）

黑面琵鹭　见"黑脸琵鹭"。
饭匙鸟　见"黑脸琵鹭"。
琵琶嘴鹭　见"黑脸琵鹭"。

黄嘴白鹭（*Egretta eulophotes*）　别名

白老、唐白鹭。鹳形目鹭科白鹭属鸟类。体长46—65厘米，体重320—650克。雌雄羽色相似，通体白色。嘴、颈、脚均长。夏季嘴橙黄色，眼先蓝色，脚黑色，头顶至枕部有多枚细长白羽组成的丛状羽冠。背部、两户生有蓑状长羽，向后延伸超出尾端，前颈基部的蓑羽垂至下胸。趾有4个，黄色，3前1后，前后趾位于同一平面上，前趾基部有蹼相连。冬季嘴暗褐色，下嘴基部黄色，眼先黄绿色，脚亦黄绿色，背、肩和前颈无蓑状长羽。虹膜黄色，爪黑色。常栖息于海岸峭壁树丛、潮间带、盐田及内陆的树林、河岸、稻田等地。有结群营巢、修建旧巢和与池鹭、夜鹭、牛背鹭混群共域繁殖的习性。以鱼、虾和蛙等为食。分布在广东、海南、西沙群岛等地，常见于广东内伶仃岛—福田自然保护区、海南五指山、东寨港红树林自然保护区等地。属国家一级重点保护野生动物。（郭程轩）

白老　见"黄嘴白鹭"。
唐白鹭　见"黄嘴白鹭"。

海南虎斑鳽（Gorsachiusmagnificus）　别名海南夜鳽、海南虎斑鳩、白耳夜鹭。鹳形目鹭科夜鳽属鸟类。体重500—1000克，体长51—60厘米，雌鸟较小。体形肥短，虹膜黄色，眼先和胫下部裸露。嘴黑色，较粗短，嘴的基部和眼先为绿色。脚为黑绿色。前额、头顶、头侧、枕部和冠羽为黑色，眼后有一条白色条纹向后延伸至羽冠处，白纹下的耳羽为黑色，眼下有一块白斑。上体的羽毛暗褐色，翅膀上具有少许白色的斑点。颏、喉和前颈为白色，中央有一条黑线直到喉部，颈部的两侧具棕红色的斑纹。前颈下部中央为暗红褐色，两边为黑色，其余下体均为白色。胸部及体侧杂有灰栗色的斑纹。主要栖息于亚热带高山密林

中的山沟河谷、湖泊等有水域的地方，夜行性。性孤僻，不喜鸣叫，行动极为隐蔽。主要以小鱼、蛙和昆虫等动物为食。中国特产鸟类。分布于广东车八岭、英德、龙门、南岭、南雄以及海南白沙、乐东、琼中、五指山等地。极为罕见，被称为"世界上最神秘的鸟"。属国家一级重点保护野生动物。（郭程轩）

海南夜鳽　见"海南虎斑鳽"。
海南虎斑鳩　见"海南虎斑鳽"。
白耳夜鹭　见"海南虎斑鳽"。

蓝翅八色鸫（Pitta moluccensis）　别名五色轰鸟、印度八色鸫。雀形目八色鸫科八色鸫属鸟类。体长17—20厘米，体重48—70克。体型圆胖，尾短，腿长。以身体具有红、绿、蓝、白、黑、黄、褐、栗等鲜艳夺目、丰富艳丽的色彩而得名。主要栖息于海拔200米以下的平坝和丘陵落叶很厚的树林中，也见于林缘溪流边的灌丛、竹林以及田坝区的榕树和村寨边的小树上。叫声简单哀婉。常在森林底层或低植被中活动觅食。主要以甲虫、白蚁、鳞翅目、鞘翅目的昆虫和蚯蚓、蜈蚣等小动物为食。分布于海南、广东和广西等地。属国家二级重点保护野生动物。（郭程轩）

五色轰鸟　见"蓝翅八色鸫"。
印度八色鸫　见"蓝翅八色鸫"。

三线闭壳龟（Cuora spp.）　别名金钱龟、红边龟、红肚龟、断板龟。龟鳖目龟科闭壳龟属动物。体长20—30厘米，体重2—2.5千克。头细长，背部蜡黄，顶部光滑无鳞。吻钝，上喙呈钩形。头侧眼后有褐色菱形斑块。喉部、颈部浅橘红色，腋、胯部橘红色，四肢背部浅黑褐色。背甲长椭圆形，棕红色，具3条黑色条纹。腹甲

黑色，边缘有少量黄色。背甲与腹甲间、胸盾与腹盾间均借韧带相连，龟壳可完全闭合。腹部浅橘红色，指、趾间具蹼。尾灰褐色，较短。栖息于溪水、河流地带。杂食性，主要以鱼、虾、螺、蝌蚪、幼鼠、金龟子等为食。分布于海南，广东江门古兜山、从化陈禾洞、怀集三岳、河源大桂山、大雾岭，以及广西南宁和崇左各县与百色、钦州、防城港等地山区。属国家二级重点保护野生动物。（郭程轩）

金钱龟　见"三线闭壳龟"。
红边龟　见"三线闭壳龟"。
红肚龟　见"三线闭壳龟"。
断板龟　见"三线闭壳龟"。

绿海龟（Chelonia mydas）　别名海龟、黑龟、石龟。龟鳖目海龟科海龟属动物。身体庞大，体长80—150厘米，体重65—136千克。最大的背甲长可达153厘米，体重250千克。外被扁圆形的甲壳，只有头和四肢露在壳外。头及四肢棕褐色。背腹扁平，茶褐色或暗绿色，上有黄斑，背甲呈心形。盾片镶嵌排列，具由中央向四周放射的斑纹，色泽调和而美丽。头部略呈三角形，前额长有一对暗褐色鳞片，头背具对称大鳞片。两颊黄色，颈部深灰色。吻部短圆，上颚前端不呈钩曲，下颚略向上钩曲。颚缘具强锯齿，咀嚼面有一由短的尖齿突连接而成的中嵴。颈盾短而宽，与相邻缘盾并列。四肢特化成鳍状桡足，呈桨状，覆以大鳞。前肢浅褐色，边缘黄白色，后肢比前肢颜色略深。雄性尾较长，雌性尾较短。除上岸产卵外，终生在大洋中度过。主要在靠近洋流边缘且接近岸边的水域生存。为大型洄游性海龟，会在固定区域觅食。以海藻为主食，偶尔也吃软体动物、节肢动物或鱼类。分布于广东东部沿海地带和岛

屿，尤以南海为多。属国家一级重点保护野生动物。（郭程轩）

海龟　见"绿海龟"。
黑龟　见"绿海龟"。
石龟　见"绿海龟"。

圆鼻巨蜥（*Varanus salvator*）　别名巨蜥五爪金龙、四脚蛇、鳞虫。蜥蜴目巨蜥科巨蜥属动物。体长 60—90 厘米，最大可达 2—3 米，体重 20—30 千克，尾长 70—100 厘米。头部窄而长，吻部较长，鼻孔近吻端，眼睑发达，瞳孔圆形。鼓膜裸露。舌细长，前端深分叉，可缩入舌鞘内。全身布满较小而凸起的圆粒状鳞。成体背面鳞片黑色，部分鳞片杂有淡黄色斑，腹面淡黄或灰白色，散有少数黑点，鳞片为长方形，呈横排。耳孔与眼径一样大。四肢粗壮，指（趾）上具有锐利的爪。尾侧扁如带状，很像一把长剑，尾背鳞片排成两行矮嵴。尾部为黑黄相间的环纹，上有小黄斑。以陆地生活为主，喜欢栖息于山区的溪流附近或沿海的河口、山塘、水库等地。性凶猛，昼夜均外出活动，以清晨和傍晚最为频繁。行动灵活，善于游泳，也能攀附矮树。食物包括鱼类、鸟类、昆虫及鸟卵，也吃蛙、蛇、鼠等。分布于广西、广东、海南等地。属国家一级重点保护野生动物。（郭程轩）

巨蜥五爪金龙　见"圆鼻巨蜥"。
四脚蛇　见"圆鼻巨蜥"。
鳞虫　见"圆鼻巨蜥"。

大鲵（*Andrias davidianus*）　别名娃娃鱼、人鱼、孩儿鱼、脚鱼、啼鱼、腊狗。有尾目隐鳃鲵科大鲵属动物。体长 60—200 厘米。头部扁平而宽阔，长、宽几乎相等，有疣粒。口大，眼不发达，无眼睑。躯干粗壮而扁，体

两侧有明显肤褶。四肢短扁，具微蹼。身体前部扁平，至尾后端侧扁，尾梢钝圆。皮肤光滑无鳞，有各种斑纹。体色一般多呈灰褐色，腹面颜色浅淡。常匿居于水流湍急而清澈的山溪石隙间，洞穴位于水面以下。白天一般不外出，多在夜间活动。主要捕食虾、蟹、鱼、蛙以及水生昆虫等，耐饥性强。分布于广东河源、大雾岭、仁化高坪、连南，以及广西金秀、西林、那坡、桂平、玉林、梧州、花坪等地。属国家二级重点保护野生动物。（郭程轩）

娃娃鱼　见"大鲵"。
人鱼　见"大鲵"。
孩儿鱼　见"大鲵"。
脚鱼　见"大鲵"。
啼鱼　见"大鲵"。
腊狗　见"大鲵"。

虎纹蛙（*Hoplobatrachus chinensis*）　别名水鸡、田鸡、青鸡、泥蛙、虾蟆。无尾目叉舌蛙科虎纹蛙属动物。体重 250—500 克，雄蛙体长 25—27 毫米，雌蛙体长 29—34 毫米。头部呈三角形，前肢粗壮，灰色趾垫发达。皮肤极为粗糙，头部及体侧有深色不规则的斑纹。背部呈黄绿色，略带棕色，有十几行纵向排列的肤棱。腹面白色，亦有不规则的斑纹。前、后肢有横斑。跗外侧及跖底部细颗粒颞褶明显，头侧、口缘及腹面的皮肤光滑。斑纹略似虎皮，因此得名。常栖息于沟渠、池塘、水田、水库、沼泽地等地。昼伏夜出。主要以鞘翅目昆虫为食，也吃其他昆虫、蚯蚓、多足类动物、虾、蟹、鱼苗等。分布于澳门、海南、广西、香港，广东曲江、韶关、珠海等地。属国家二级重点保护野生动物。（郭程轩）

水鸡　见"虎纹蛙"。

田鸡　见"虎纹蛙"。
青鸡　见"虎纹蛙"。
泥蛙　见"虎纹蛙"。
虾蟆　见"虎纹蛙"。

克氏海马鱼（*Hippocampus spp.*）　别名大海马、葛氏海马、琉球海马、海马。海龙目海龙科海马属鱼类。体长 305—325 毫米。全体均呈淡黄色，体侧具有一些不规则的白色线状斑点。外形奇特，头部形状酷似马头。身体表面没有大多数鱼类具有的鳞片，体粗侧扁，完全包于骨环中。吻部细长，呈管状。口较小，位于头的前端，口内没有牙齿。头部弯曲，与躯干成一大钝角或直角，躯干部呈七棱形，由 10—12 节骨环组成。尾部细长呈四棱形，尾端细尖，能卷曲握。头部及腹侧的棱棘较为发达，躯体上的各棱棘短而锐利，呈瘤状凸起。背鳍位于躯干及尾部之间，臀鳍短小，胸鳍发达，无腹鳍和尾鳍。雄鱼尾部腹侧具育儿囊。栖息于近海内湾水质清澈、藻类繁茂的低潮区。体色随环境而改变。行动缓慢，有时作直立游泳。以毛虾等浮游甲壳类为食。主要分布于海南三亚和三沙的南海海域。属国家二级重点保护野生动物。（郭程轩）

大海马　见"克氏海马鱼"。
葛氏海马　见"克氏海马鱼"。
琉球海马　见"克氏海马鱼"。
海马　见"克氏海马鱼"。

金斑喙凤蝶（*Teinopalpus aureus*）　鳞翅目凤蝶科喙凤蝶属昆虫。体长 30 毫米左右，翅展 81—93 毫米。身体大多为绿色，有金色尾突。前翅上各有一条弧形金绿色的斑带，后翅中央有几块金黄色的斑块，后缘有月牙形的金黄色的斑，后翅的尾状突出细长，末端一小截金黄色。栖息于海拔 1000 米左右的常绿阔叶林山地，偶尔下到地

面进行饮水等活动。常飞行在林间的高空，也时而停在花丛间。成虫喜欢吸食一种杜鹃花科植物的花蜜。为中国特有物种。主要分布于海南、广东、广西等少数地区，因其姿态优美，犹如华丽高贵、光彩照人的"贵妇人"，被称为"蝶中皇后"。又因其珍贵而稀少，极为罕见，被誉为"国蝶""蝶之骄子"。属国家一级重点保护野生动物，是中国唯一的蝶类国家一级保护动物。世界八大名贵蝴蝶之首，有"梦幻蝴蝶"和"世界动物活化石"之美誉。（郭程轩）

端砚石 非金属矿。属沉积岩，母岩形成于4亿年前泥盆纪中期。先后经历了物质聚集、深埋成岩、褶皱隆起变质和表生成岩（矿）4个阶段。分紫端、绿端、白端3个种类。其中紫端石为富铝、钾、铁的硅酸盐类岩石，主要矿物成分为黏土矿物类的水白云母以及由水白云母变质的绢云母，还有少量的铁矿物、高岭石和石英碎屑；绿端石和白端石为富钙、镁的碳酸盐类岩石，主要矿物成分为白云石、水白云母、石英碎屑、方解石、磁铁矿等。主要砚坑有西江羚羊峡以东斧柯山一带的老坑（又称水岩、皇坑）、朝天岩、宣德岩、冚罗蕉、绿端、坑仔岩、麻子坑、古塔岩等，西江羚羊峡北岸羚羊山一带的龙尾青、木棉坑、白线岩、有冻岩等以及肇庆七星岩背后北岭山一带的宋坑等。石质独特，细腻滋润，硬度适中，具有丰富多彩、变化莫测的石品花纹。主要分布于广东肇庆端溪。端砚生产始于唐武德年间。端砚被尊为中国四大名砚之首，具有很高的观赏和收藏价值。（郭程轩）

南玉 别名信宜玉、南方玉。非金属矿。矿体赋存于元古代云开群片岩类岩石的残留体内，外围为大面积黑云二长花岗岩体。属蛇纹石质玉石，由富镁质岩石深变质而成。产于云母片岩和条带状混合片麻岩组成的地层中，矿体下常有0.2—5.5米厚的滑石层，并含有少量金云母、滑石、方解石、透闪石、绿泥石、绿帘石等。有黄绿、青绿、黑色等色，色泽温润，具油腻或蜡色状光泽，半透明。石质碧绿如翠，晶莹如冰，玉质柔润细腻，石纹雅致。硬度低，加工性能良好，能制成很薄的器件。适用于制作工艺玉雕及首饰，是制作大型玉雕座件和中小型陈设玉的首选玉种。主要分布于广东信宜泗流村。（郭程轩）

信宜玉 见"南玉"。
南方玉 见"南玉"。

高岭土 别名白云土、观音土、陶土、阁土粉、白泥、瓷土、御土、粳米土。非金属矿。属黏土类矿产，是以高岭石族黏土矿物为主的黏土和黏土岩。主要矿物成分为高岭石、埃洛石、水云母、伊利石、蒙脱石以及石英、长石等。由火成岩和变质岩中的长石或其他硅酸盐矿物在缺少碱金属和碱土金属的酸性介质中经风化作用而形成。质地洁白细腻，松软土状，具有良好的可塑性和耐火性等理化性质。用途广泛，主要用作造纸、陶瓷和耐火材料，其次用作涂料、橡胶填料、搪瓷釉料和白水泥原料，少量用于塑料、油漆、颜料、砂轮、铅笔、日用化妆

高岭土

品、肥皂、农药、医药、纺织、石油、化工、建材、国防等工业部门。广东高岭土资源储量丰富，主要分布在粤西，其次是粤东，再次是粤北。优质高岭土主要产于茂名。广西主要分布在合浦、玉林、平乐、藤县、容县等地。（郭程轩）

白云土 见"高岭土"。
观音土 见"高岭土"。
陶土 见"高岭土"。
阁土粉 见"高岭土"。
白泥 见"高岭土"。
瓷土 见"高岭土"。
御土 见"高岭土"。
粳米土 见"高岭土"。

石英砂 非金属矿。建材用。由脉石英、石英岩、花岗岩和石英砂岩等经风化作用、水流冲击和自然聚集而形

石英砂岩

成的砂状颗粒。属硅酸盐矿物，矿物成分以石英为主。伴生矿物主要有钛铁矿、长石、云母、锆英石、黏土矿物、电气石、角闪石等，杂质成分种类波动范围较大。质地坚硬、耐磨，化学性能稳定。是重要的工业矿物原料，广泛用于玻璃、铸造、陶瓷、硅铁冶炼、冶金、建筑、化工、塑料、橡胶、磨料等工业。广东滨海沉积石英砂矿床分布广、储量大，河源市石英石资源储量4亿—4.5亿吨，有巨大的开发潜力。海南文昌龙马石英砂矿床为全国比较有代表性的天然石英砂海相沉积砂矿床。广西北部湾沿岸石

英砂分布广泛、储量大、质量好。（郭程轩）

石灰岩　别名灰岩。非金属矿。建材用。主要化学成分是碳酸钙，属碳酸

石灰岩

盐岩。主要矿物成分为方解石，伴有白云石、菱镁矿和其他碳酸盐矿物，还混有其他一些杂质。按成因可划分为粒屑石灰岩（流水搬运、沉积形成），生物骨架石灰岩，化学、生物化学石灰岩。按结构构造可细分为竹叶状灰岩、鲕粒状灰岩、豹皮灰岩、团块状灰岩等。按其沉积地区，分为海相沉积和陆相沉积。易溶蚀，故在石灰岩地区多形成石林和溶洞，称为喀斯特地貌。是烧制石灰、水泥、电石的主要原料，是炼铁、炼钢等冶金工业中不可缺少的熔剂。在冶金、建材、化工、轻工、建筑、农业及其他特殊工业部门都是重要的工业原料。广东是中国主要的石灰岩产地之一，石灰岩资源丰富，矿产地较多，分布面积广，遍及全省，从南部的雷州半岛到南岭山麓的韶关，从南海之滨的深圳到粤东的梅州，呈北北东—南南西向近乎平行的2个条带断续展布。产地主要集中在粤北英德、曲江、韶关、乐昌、连州、阳山、翁源，粤西阳春、云浮、罗定、高要、怀集等地，其次是粤东蕉岭、梅县、河源、龙门、惠东等地。（郭程轩）

灰岩　见"石灰岩"。

硫铁矿　别名黄铁矿、磁黄铁矿、白铁矿。金属矿。黑色。地壳中分布最广的硫化物。主要的含硫矿物为黄铁

硫铁矿

矿，成分中常存在微量的钴、镍、铜、金、银、硒等元素。主要通过沉积、变质和热液等内生作用形成。当含硫岩浆侵入地壳时，岩浆所分离出的硫与各种金属化合生成硫铁矿。在石灰岩、火山岩和煤层中可单独形成矿床；在变质岩中往往是变质作用的新生产物；在岩浆岩中，为岩浆期后热液作用的产物。常与其他硫化物、氧化物、石英等共生，形成黄铁矿的巨大堆积；也常与铜、铅、锌等有色金属共生，形成多金属硫铁矿床。是重要的化学矿物原料，主要用于制造硫酸，部分用于化工原料以生产硫黄及各种含硫化合物等。在橡胶、造纸、纺织、食品、火柴等工业以及农业中均有重要用途。特别是在国防工业上用以制造各种炸药、发烟剂等。广东云浮具有储量世界第二、亚洲第一的大型硫铁矿，矿石储量大、品位高，素有"东方硫都"之美誉。（郭程轩）

黄铁矿　见"硫铁矿"。
磁黄铁矿　见"硫铁矿"。
白铁矿　见"硫铁矿"。

铅锌矿　金属矿。指富含金属元素铅和锌的矿产。在自然界中特别在原生矿床中极为密集，常共生。按成因类型主要有与岩浆热液、热卤水双重作用有关的层控型、岩控型、复控型铅锌矿。产出部位有丹洲群、寒武系、

奥陶系、泥盆系和二叠系以及加里东期、印支期花岗岩。主要矿物有方铅矿、闪锌矿、铁闪锌矿、硫锑铅矿及脆硫锑铅矿等，次生矿物有白锌矿、铅矿、钼铅矿、车轮矿、菱铅矿、异极矿、水锌矿等。用途广泛，易与多种金属制成合金，常用于电气工业、机械工业、军事工业、冶金工业、化学工业、轻工业和医药业等领域。在核工业、石油工业等部门也有较多用途。广东铅锌矿探明储量位居全国前列，有仁化凡口、曲江大宝山等8处大中型矿区，储量大、矿石富，是中国铅锌矿的重要生产基地。广西铅锌矿主要分布在桂北的南丹、河池、环江、阳朔，桂东南的浦北、岑溪及桂中的武宣等县市。（郭程轩）

方铅矿

闪锌矿

锡矿　金属矿。在自然界中主要以自然元素、金属互化物、氧化物、氢氧化物、硫化物、硫盐、硅酸盐、硼酸盐、铌钽酸盐等形式存在。主要赋存于四堡群、寒武系、泥盆系以及第四系。矿床成因复杂，有5类13型，多是与岩浆、热卤水作用的高—中温热液型、复控型锡多金属矿床，其中

以锡石硫化物类型为主。矿物主要有锡石、铁闪锌矿、脆硫锑铅矿、硫锑铅矿、黄铜矿、方铅矿、毒砂、黑钨矿、锆石、钛铁矿、独居石、磁铁矿等。主要用于冶金工业，如制作食品和饮料的容器、各种包装材料、家庭用具和干电池外壳等。化工方面主要用于生产锡的化合物和化学试剂。锡合金在现代国防、现代工业、尖端科学技术和人类生活中得到广泛应用。还可与其他金属制成巴比特合金、活字合金、钛基合金、铌锡合金等，用于核工业、航空工业等领域。广东锡矿资源丰富，产地多，主要分布在粤东潮州、揭阳、普宁、惠来、陆丰、粤东北连平、紫金、五华、粤西信宜、云浮、罗定和粤中台山、新会、中山等地。广西境内主要分布在南丹、河池、罗池、贺州等地（郭程轩）

油页岩　又称油母页岩。能源矿产。指富含可燃有机物的沉积岩，主要成分为油母质（由有机化合物组成的固态混合物），可提炼出液态烃类。主要化学成分为碳、氢、氧、氮和硫等元素。是在内陆湖海或滨海潟湖深水还原条件下，由低等植物和矿物质形成的一种腐泥物质。是灰分达到50%—70%的腐泥煤，含有类似天然石油的页岩油。外观多呈褐色泥岩状，相对密度为1.4—2.7。矿物质常与有机质均匀细密混合在一起。属于非常规油气资源，因资源丰富和开发利用的可行性而被列为21世纪非常重要的接替能源。广东主要分布在粤西茂名。茂名油页岩矿田北起化州连界村，东南至茂南羊角镇。矿体平均厚度22米，总储量达51亿吨。海南主要分布在儋州长坡一带。（郭程轩）

油母页岩　见"油页岩"。

天然气水合物　又称可燃冰、甲烷水合物、笼形包合物。能源矿产。是分布于深海沉积物或陆域的永久冻土中，由天然气与水在高压低温条件下形成的类冰状的结晶物质。其外观像冰且遇火即可燃烧，又被称作"固体瓦斯"和"汽冰"。在自然界广泛分布于大陆永久冻土、岛屿的斜坡地带、活动和被动大陆边缘的隆起处、极地大陆架以及海洋和一些内陆湖的深水环境。主要成分为甲烷，是一种新型高效能源。其成分与平时所使用的天然气相近，但更为纯净，使用方便，燃烧值高，清洁无污染，被誉为21世纪具有商业开发前景的战略资源。珠江口盆地东部海域可燃冰矿具有埋藏浅、厚度大、类型多、纯度高等特点，资源储存量相当于千亿吨石油。（郭程轩）

可燃冰　见"天然气水合物"。
甲烷水合物　见"天然气水合物"。
笼形包合物　见"天然气水合物"。

名城·名镇·名村·街区

广州　简称穗；别称羊城、仙城、穗城。历史文化名城。广东省辖地级市、广东省省会。传说西周时期南海有五位仙人骑五色羊、持五谷穗降临楚庭（今广州），故又称羊城、仙城、穗城。位于广东中部，珠江三角洲北缘，北连韶关、清远，东临惠州、东莞，南接中山，西邻佛山。北纬22°26′—23°56′，东经112°57′—114°03′。市域面积7434平方千米，2020年常住人口1874.03万人。处西江、北江、东江交汇处，主要由珠江三角洲中部平原和流溪河、增江丘陵性谷地组成，地势东北高、西南低。属南亚热带季风气候，年平均气温20.2—21.3℃，年降水量1600—2200毫米。一年四季鲜花常开，有花城美誉。春秋战国时为百越地。秦为南海郡治，秦始皇三十三年（前214）任嚣建番禺城，是为广州建城之始。东汉建安二十二年（217）交州从广信（今广西梧州）移治于番禺。三国吴黄武五年（226）析

广州塔

交州东部置广州，始有广州之名。明朝设广州府。1912 年废广州府。1918 年设广州市政公所。1921 年成立市政厅，为广州建市之始。1949 年为直辖市，1954 年改为省辖市。1994 年升格为副省级市。是广府文化的发祥地，历史上曾有"三朝十帝"建都于此。为广东省政治、经济、科技、教育和文化中心，国家中心城市，国际商贸中心、综合交通枢纽。有中山大学、华南理工大学、暨南大学、华南师范大学、华南农业大学等高等院校 80 多所，科研机构 160 多所。有三元里平英团遗址、中国共产党第三次全国代表大会旧址、广州农民运动讲习所旧址、黄花岗七十二烈士墓、广州公社旧址、广州起义烈士陵园、中华全国总工会旧址、国民党一大旧址、黄埔军校旧址、广州大元帅府旧址、中山纪念堂等革命纪念地。有光孝寺、陈家祠、六榕寺、南海神庙、怀圣寺与光塔、南越国宫署遗址、南越王墓、清真先贤古墓、石室圣心大教堂、越秀公园与镇海楼、白云山风景名胜区等名胜古迹。1982 年被国务院公布为第一批国家历史文化名城。2016 年被全球化与世界级城市研究小组与网络（Globalization and World Cities Study Group and Network，GaWC）公布为世界一线城市。参见第 146 页历史卷"广州"条。（陈朝隆）

穗　见"广州"。

羊城　见"广州"。

仙城　见"广州"。

穗城　见"广州"。

潮州　历史文化名城。广东省辖地级市。潮州之名，始于隋开皇十一年（591），取"在潮之洲，潮水往复"之意。位于广东东部，韩江中下游，东与福建诏安、平和交界，西与广东揭阳接壤，北连梅州丰顺、大埔，

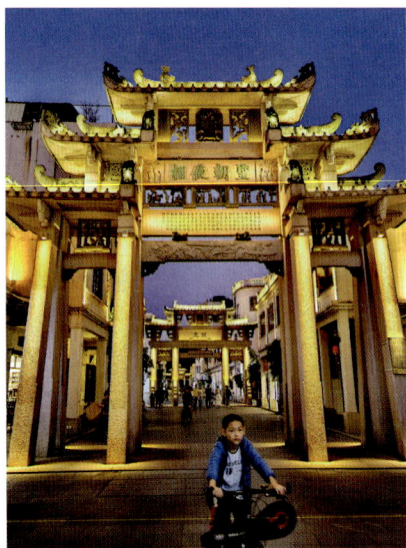

潮州牌坊街

南临南海并通汕头。北纬 23°26′—24°14′，东经 116°22′—117°11′。市域面积 3679 平方千米，2022 年常住人口 257.56 万人。属粤东山地与粤东沿海丘陵区，地势北高南低，中南部为韩江三角洲平原。属南亚热带季风气候，年平均气温 21.4℃，年降水量 1696.4 毫米。旧石器时代已有人类居住繁衍。夏商周属百越地，夏商之际属海阳国（南瓯国）。秦朝至三国属南海郡揭阳县。建制始于东晋咸和六年（331）。晋朝至清朝，先后属广州义安郡、潮州、潮州府。民国年间属广东省潮循道。1949—1991 年，先后隶属广东省潮汕专区、粤东行政区、汕头地区、汕头市。1991 年 12 月从汕头市析出为地级市潮州。是潮州文化的重要发源地、著名侨乡，享有"岭海名邦""海滨邹鲁"美誉。有 15 项国家级非物质文化遗产、9 处全国重点文物保护单位。有广济桥、韩文公祠、牌坊街、开元寺等名胜古迹。以潮州方言、潮剧、潮州音乐、潮州工夫茶、潮州菜、潮绣为代表的潮州文化影响深远。1986 年被国务院公布为第二批国家历史文化名城。（陈朝隆）

肇庆　历史文化名城。广东省辖地级市。位于广东西部，西邻广西梧州，北

连清远，东接佛山，南临云浮。北纬 23°23′—24°22′，东经 110°07′—112°51′。市域面积 1.5 万平方千米，2022 年常住人口 412.84 万人。属粤西山地与粤中丘陵和平原区，多山地丘陵。地势由西北向东南倾斜。属南亚热带季风气候，年平均气温 21.2℃，年降水量约 1650 毫米。14 万年前已有人类活动。先秦时属南越。秦始皇三十三年（前 214）设四会县，属南海郡。西汉元鼎六年（前 111）设高要县，属苍梧郡。南朝梁大同中为高要郡治。隋开皇九年（589）废郡为端州治，大业三年（607）改为信安郡治。唐武德四年（621）复为端州治，天宝元年（742）复称高要郡，乾元元年（758）再为端州治。宋元符三年（1100）为兴庆军治，重和元年（1118）设肇庆府，取意吉庆。明嘉靖四十三年（1564）至清乾隆十一年（1746），是两广总督府驻地。1646 年一度成为南明永历皇帝朱由榔的行宫。1914 年废府设道，属粤海道。1949 年属西江专区。1951 年属高要县。1958 年属高要专区。1959 年属江门专区高要县。1961 年属肇庆专区。1988 年设肇庆市。有肇庆学院、广东金融学院（肇庆校区）、广东理工学院、广东工商职业技术大学、肇庆医学高等专科学校、广东信息工程职业学院等高等院校。是广府文化的发祥地、粤语的发源地，也是中原文化与岭南文化、西方文化与中国传统文化早期的交会地。有梅庵、德庆学宫、崇禧塔、国恩寺、

肇庆宋城墙

悦城龙母祖庙、宋城墙、七星岩、鼎湖等名胜古迹。1994年被国务院公布为第三批国家历史文化名城。（陈朝隆）

佛山　历史文化名城。广东省辖地级市。中国四大名镇（河南朱仙镇、湖北汉口镇、广东佛山镇、江西景德镇）之一。相传唐贞观二年（628）乡人于塔坡岗掘得铜佛像三尊，遂名佛山，又称禅城。位于广东中南部、珠江三角洲西北部，东接广州，南邻中山、江门，西连肇庆、云浮，北临清远。北纬22°38′—23°34′，东经112°22′—113°23′。市域面积4136平方千米，2022年常住人口955.23万人。处粤中丘陵和平原区，西江以西为低山丘陵，以东为三角洲平原，孤丘和低山散布其间。属南亚热带季风气候，年平均气温21.2—22.2℃，年降水量1600—2000毫米。先秦时期属南越。秦汉时期，属南海郡番禺县。隋朝至明朝属南海县。明朝后分属南海、顺德、三水、高明等县。1913年为南海县治。1925年设省直属市政筹备处。1955年为粤中行政区驻地。1956年为佛山专区驻地。1983年设为地级市。1988年中山市析出。有佛山科学学院等6所高等院校。文化底蕴深厚，是岭南文化、广府文化的兴盛之地，素称粤剧之乡、南国陶都、武术之乡，形成了秋色、行通济等独特的民间风尚习俗。有佛山祖庙、梁园、清晖园、锦岩岗冈、灵龟塔、胥江祖庙、康有为故居、黄飞鸿纪念馆等名胜古迹。西樵山为第二批国家重点风景名胜区。1994年被国务院公布为第三批国家历史文化名城。（陈朝隆）

梅州　历史文化名城。广东省辖地级市。位于广东东北、闽粤赣三省交界处，东接福建龙岩、漳州，南邻潮州、揭阳、汕尾，西临河源，北连江西赣州。北纬23°23′—24°56′，东经115°18′—116°56′。市域面积1.5865万平方千米，2022年常住人口385.80万人。处莲花山脉及其北部的韩江中上游丘陵性河谷盆地，属粤东平行岭谷区。地势起伏较大，北高南低。大部分属南亚热带季风气候，年平均气温20.7—21.4℃，年降水量1400—1800毫米。春秋时属七闽地。战国时先后属越国、楚国。秦汉时期分属南海郡龙川县和揭阳县。秦末赵佗称王时属南越国。东晋分属义安郡海阳、义招两县和东官郡兴宁县。隋属义安郡和龙川郡。唐分属潮州、循州。五代后晋开运二年（945）置敬州，领程乡县，是为州治之始。北宋开宝四年（971）敬州改称梅州。熙宁六年（1073）废梅州，留县属潮州。元丰五年（1082）复置梅州；兴宁析置长乐县，属循州；其余属潮州。元至元十六年至至元二十三年（1279—1286）梅州升为梅州路。明洪武二年（1369）废梅州。明末分属潮州府和惠州府。清雍正十一年（1733）置嘉应直隶州。宣统三年（1911）废嘉应州改称梅州。1912年改称梅县。1914—1920年属潮循道。1936年属广东省第六行政督察区，治设兴宁县。1947年属第七行政督察区，仍治兴宁。1949年置兴梅专区，驻梅县。1952年并入粤东行政区。1956年改属汕头专区。1965年析原兴梅专区置梅县专区，驻梅县。1970年改称梅县地区，仍驻梅县。1988年设梅州市（地级）。有

梅州围屋

嘉应学院、梅州职业技术学院、嘉应学院紫琳学院、华南农业大学华顺农林产业学院等高等院校。是中原文化和南方土著文化的重要交会点，历史上客家民系的最终形成地、聚居地和繁衍地，也是全世界客家华侨的祖籍地和精神家园，被尊为"世界客都"。是全国著名的文化之乡、华侨之乡、足球之乡、山歌之乡。有八一起义军三河坝战役纪念碑、叶剑英故居、黄遵宪故居、丘逢甲故居等纪念地。有灵光寺、千佛铁塔、元魁塔、狮雄山塔、长乐学宫、兴宁学宫等名胜古迹和围龙屋、走马楼、五凤楼、土围楼、四角楼等客家民居。1994年被国务院公布为第三批国家历史文化名城。（陈朝隆）

雷州　历史文化名城。广东省湛江市辖县级市。地处广东西南部、雷州半岛中部，东临雷州湾和湛江市区，北

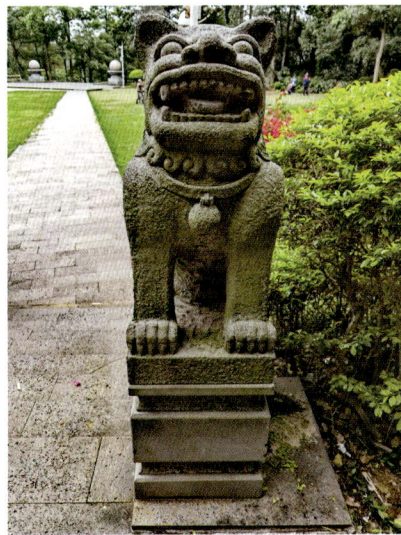

雷州石狗

连遂溪，西接北部湾，南邻徐闻。北纬20°26′—21°11′，东经109°44′—110°23′。市域面积3664.44平方千米，2022年常住人口132.48万人。处粤西沿海地区，南为台地，北为堆积台地，南北高、中间低。属热带季风气候。年平均气温23℃，年降水量1711.6毫米。早在四五千年以前的新

石器时代便有人类繁衍生息。先秦时属百越地。西汉属徐闻县地。南朝齐徐闻县先后改为乐康县、齐康县。隋初改为隋康县。隋开皇九年（589）析置海康县并为合州治。大业三年（607）废合州改属合浦郡。唐武德四年（621）置南合州。贞观元年（627），南合州改为东合州。贞观八年（634）东合州改为雷州。宋为雷州军治。元为雷州路治，并为海北海南道宣慰司治。明、清为雷州府治。1914—1920年属高雷道。1936年属广东省第八行政督察区。1947年属广东省第九行政督察区。1950年属南路专区。1952年属粤西行政区。1956年属湛江专区。1959年撤海康县，南渡河南部归雷南县，北部归雷北县。1960年雷南县更名徐闻县，雷北县更名雷州县。1961年撤雷州县，恢复海康县，仍属湛江专区。1970年属湛江地区。1983年属湛江市。1994年撤销海康县，设立雷州市。处边陲，是南海交通要冲，素有"天南重地"之称。是楚越文化、土著文化、闽南移民文化、海洋文化和中原文化的交会地，并逐渐形成了独特的雷州文化，与潮汕文化、客家文化、广府文化并列为"广东四大文化"。雷歌、雷剧、傩舞、石狗是雷州文化的主要标识。有雷祖祠、三元塔、天宁寺、西湖公园等名胜古迹。1994年被国务院公布为第三批国家历史文化名城。（陈朝隆）

中山　历史文化名城。广东省辖地级市。古称香山，得名于域内香炉山（现名五桂山）。1925年为纪念孙中山先生，易名中山县。在广东中南部、珠江口西岸，东隔伶仃洋与深圳、香港相望，北临广州、佛山，西接江门，南连珠海。北纬22°11′—22°47′，东经113°09′—113°46′。市域面积1783.67平方千米，2022年常住人口443.11万人。北部为冲积平原，

中南部以低山丘陵为主；原为伶仃洋上的岛屿，直至明代才与大陆相连。属南亚热带季风气候。年平均气温21.8℃，年降水量1730毫米。5000多年前的新石器时代有古越族人在此渔猎、生活。先秦时期属南越。秦始皇三十三年（前214）属南海郡番禺县。秦末属赵佗创立的南越国。汉元鼎六年（前111）因南越国灭而重归汉朝中央管辖。三国时属吴国领地。东晋咸和六年（331）为东官郡宝安县地。南朝宋永初元年（420）属东莞郡。隋开皇十年（590）属宝安县（古东莞县）。唐属东莞县，至德二年（757）设香山镇。北宋元丰五年（1082）设香山寨。南宋绍兴二十二年（1152）析东莞、南海、番禺、新会诸县濒海之地置香山县，治铁城（今石岐），属广州府。元属广州路。明清属广州府。1914—1920年属粤海道。1936年属广东省第一行政督察区。1947年属省直辖。1949年属珠江专区。1952年属粤中行政区。1956年属佛山专区。1970年属佛山地区。1983年撤县改（县级）市，由佛山市代管。1988年升为省辖地级市。有电子科技大学中山学院、广东药科大学（中山校区）、广东理工职业学院、中山职业技术学院、中山火炬职业技术学院、中山开放大学等高等院校。发祥于此的香山文化是中国近代文化的重要源头，近代以来涌现出孙中山以及郑藻如、杨仙逸等一大批社会各界名人。享有广东省曲艺（粤剧）之乡、华侨之乡的美誉。2006年咸水歌、小榄菊花会、沙溪凉茶入选第一批国家级非物质文化遗产名录。2011年被国务院公布为第四批国家历史文化名城。（陈朝隆）

惠州　别称鹅城。历史文化名城。广东省辖地级市。位于广东东南部，东连河源、汕尾，南临大亚湾，西接广

州、东莞、深圳，北邻韶关。北纬22°24′—23°56′，东经113°49′—115°25′。市域面积1.1599万平方千米，2022年常住人口605.02万人。处粤东平行岭谷区，东、北、西多山地，中部为东江、西枝江河谷盆地。属南亚热带季风气候。年平均气温22℃，年降水量1770毫米。秦始皇三十三年（前214）置博罗县。汉为南海郡博罗县。南朝梁属梁化郡。隋开皇十年（590）置循州，治归善县。大业初改为龙川郡。唐武德五年（622）复置循州。天宝元年（742）改称海丰郡，乾元元年（758）复置循州。五代南汉改称祯州，移治龙川县。北宋天禧四年（1020）因避仁宗赵祯讳，改称惠州，始有惠州之名。元至元十六年（1279）升为惠州路。明洪武元年（1368）改为惠州府。1912年废府。1949年置惠州镇，属东江专区惠阳县。1958年划惠阳、博罗县部分区域设惠州市（县级）。1959年撤市改镇，属佛山专区惠阳县。1963年恢复惠阳专区。1964年复置惠州市（县级），属惠阳专区。1988年撤惠阳专区，设惠州市（地级）。有惠州学院、惠州卫生职业技术学院、惠州经济职业技术学院、惠州工程职业学院、惠州城市职业学院5所高等院校。为东江流域政治、经济、军事、文化中心和商品集散地，素有"岭南名郡""粤东门户"之誉。是客家人的重要聚居地和集散地之一，旅居海外华人华侨、港澳台同胞居客四州之首，被称为客家侨都。多元文化交融，以苏东坡为代表的名人文化处核心地位。有西湖、罗浮山、南昆山、泗洲塔、东坡井等名胜古迹。1991年平海被公布为广东省第一批历史文化名城。2015年被国务院公布为第五批国家历史文化名城。（陈朝隆）

鹅城　见"惠州"。

深圳　简称深；别称鹏城。广东省辖地级市。因域内河沟深浚而得名。位于广东中南部、珠江口东岸，北连东莞、惠州，东临大亚湾，南邻香港新界，西隔珠江口与中山、珠海相望。北纬22°24′—22°52′，东经113°43′—114°38′。市域面积1997.47平方千米，2022年常住人口1766.18万人。西部属粤中丘陵平原区，东部为粤东沿海丘陵区。莲花山余脉东西向横贯东南部，直达海岸。属南亚热带季风气候。年平均气温22.4℃，年降水量1933.3毫米。早在新石器时代中期已有人类活动。春秋战国时期，先后为越国、楚国属地。秦时属南海郡，后属南越国。东汉属交州南海郡。东晋咸和六年（331）始设宝安县，治所南头（旧称城子岗），属广州府东官郡。隋开皇十年（590）东官郡废，改属广州郡，后隶南海郡。唐至德二年（757）宝安县改名东莞县，移治倒涌（今莞城），属广州都督府。明洪武二十七年（1394），域内曾设东莞守御千户所和大鹏守御千户所，"鹏城"别名即源于大鹏所城。明万历元年（1573）置新安县，治南头，属广州府。清康熙七年（1668）建深圳墩台。道光二十二年（1842）至光绪二十四年（1898），清政府被迫与英国相继签订不平等的《南京条约》《北京条约》《展拓香港界址专条》，将香港岛、九龙和新界割让、租借给英国，使原属新安县的1000多平方千米土地脱离管辖，深圳与香港从此划境分治。1914年因与河南新安县重名，复称宝安县，属粤海道。1954年县府迁至深圳镇。1979年撤宝安县设深圳市。1980年设经济特区。1994年升格为副省级市。改革开放以来，在经济发展、制度改革、科技创新等方面取得巨大成就。有深圳大学、南方科技大学等13所普通高等院校。开放政策加特殊的地缘环境，造就了开放、包容、创新的移民文化。有南兴古城、鹏城、赤湾左炮台、宋少帝陵、信国公文氏祠、中英街等名胜古迹和锦绣中华、世界之窗、欢乐谷、东部华侨城、大小梅沙、欢乐海岸等著名景点。2001年大鹏所城被国务院公布为第五批全国重点文物保护单位。2018年被全球化与世界级城市研究小组与网络（Globalization and World Cities Study Group and Network，GaWC）公布为世界一线城市。（陈朝隆）

深　见"深圳"。
鹏城　见"深圳"。

珠海　广东省辖地级市。因地处珠江口和南海沿岸得名。位于广东南部，北邻中山，东隔伶仃洋与深圳、香港相望，南连澳门，西接江门。北纬21°48′—22°27′，东经113°03′—114°19′。市域面积1736.46平方千米，2022年常住人口247.72万人。处珠三角西南部沿海，为丘陵性海岸，多丘陵、台地，外侧为滨海平原。属南亚热带季风气候。年平均气温22.5℃，年降水量2061.9毫米。早在新石器时代便有原始部落人群在此生活。战国时期为百越地。秦属南海郡。汉初为南越国地。汉元鼎六年（前111）属番禺县地。三国时属吴国辖地。东晋咸和六年（331）属东官郡。南北朝刘宋永初元年（420）改东官郡为东莞郡。隋开皇十年（590）属宝安县。唐至德二年（757）宝安县更名东莞县，并设香山镇。北宋元丰五年（1082）设香山寨，仍属东莞县。南宋绍兴二十二年（1152），香山寨与南海、新会、番禺、东莞4县部分滨海之地并为香山县，属广州府。元至正十九年（1359）属广州路。明洪武元年（1368）属广州府。1925年香山县更名为中山县。1952年宝安、东莞、中山三县所属海岛析出设渔民县，属粤中行政区。1953年更名为珠海县，治设唐家。1959年珠海县撤并入中山县。1961年恢复珠海县，县府驻香洲。1979年撤县，改设珠海市（地级）。1980年设立经济特区，享有地方立法权。1983年斗门县划入。1984年设立香洲区。2001年设立斗门区和金湾区。2015年横琴新区被纳入中国（广东）自由贸易试验区。有中山大学珠海校区、暨南大学珠海校区、北京师范大学珠海校区等10所高等院校。是广府人走向海外的重要起航地之一，得西学风气之先，人才辈出。有4项国家级、10项省级、36项市级非物质文化遗产，有3处全国重点文物保护单位、23处省级文物保护单位、39处市级文物保护单位，包括孙中山纪念亭、香洲狮山烈士陵园、苏兆征故居、白石街、三灶岛侵华日军罪行遗迹等纪念地和宝镜湾遗址、石溪摩崖石刻、陈芳故居等古迹。1998年获联合国人居中心"国际改善居住环境最佳范例奖"。2016年获首批国家生态园林城市、国家森林城市称号。（陈朝隆）

汕头　广东省辖地级市。位于广东东部沿海，北邻潮州，东临南海，西、南连揭阳。北纬23°02′—23°38′，东经116°14′—117°19′。市域面积2198.7平方千米，2022年常住人口554.19万人。处韩、榕、练三江汇合出海口，属粤东沿海丘陵区，地势自西北向东南倾斜。属南亚热带季风气候，年平均气温22℃，年降水量1618毫米。夏时属海阳国（南瓯国）。商时为南越地。秦始皇三十三年（前214）设揭阳县，属南海郡，为潮汕地区行政建制之始。东晋咸和六年（331）揭阳县分为海阳、潮阳、海宁、绥宁4县，属东官郡。义熙九年（413）从东官郡析出置义安郡，郡治驻海阳县。

隋开皇十一年（591），义安郡改置潮州，州治仍驻海阳县。清康熙八年（1669）改鮀浦水寨为汕头汛，始有汕头之称。咸丰十年（1860）根据中英、中法《天津条约》开放为商埠，称汕头埠。1914—1920 年为潮循道治。1921 年置汕头市政厅。1930 年正式置市，省直辖。1955 年粤东行政区驻地由潮州市迁此。1958 年改为县级市，仍为汕头专区驻地。1975 年升地级市。1981 年设经济特区。1983 年撤销汕头地区，所辖县大部归属汕头市，海陆丰地区划归惠阳地区。1991 年潮州、揭阳市析出分治。有汕头大学等 7 所高等院校。是潮汕人重要的祖籍地、聚居地之一，潮汕文化重要的发源地、兴盛地之一，潮剧、潮乐、潮菜和工夫茶等传统文化特色浓郁。有 13 项国家级、16 项省级非物质文化遗产，3 处全国重点文物保护单位。有崎碌炮台、文光塔、东征军革命史迹陈列馆、礐石、陈慈黉故居、北回归线标志塔等名胜古迹和纪念地。2010 年获国家园林城市、2019 年获评国家森林城市称号。（陈朝隆）

韶关　历史文化名城。广东省辖地级市。位于广东北部，北接湖南零陵、郴州，东北邻江西赣州，东南临河源，南至西南连惠州、广州、清远。北纬 23°53′—25°31′，东经 112°51′—114°45′。市域面积 1.8218 万平方千米，2022 年常住人口 286.18 万人。处粤北山地、北江中上游，三列弧形山地与三列弧形谷地自北向南相间排列，地势北高南低。属中亚热带季风气候。年平均气温 18.6—21.6℃，年降水量 1300—1400 毫米。秦属南海郡地。汉元鼎六年（前 111）置曲江县，治今市区。三国吴甘露元年（265）置始兴郡。南朝宋泰豫元年（472）改始兴郡为广兴郡。南朝梁承圣间置东衡

州。隋开皇九年（589）改为韶州，州北有韶石，相传虞舜南巡曾奏韶乐于此，因以名州。开皇十一年（591）韶州废，入广州。唐武德四年（621）置番州，改东衡州。贞观元年（627）复称韶州。天宝元年（742）复始兴郡。乾元元年（758）再复韶州。元至元十五年（1278）置韶州路。明洪武元年（1368）改韶州府。1912 年废韶州府。1914—1920 年置岭南道，为道治。1936 年为广东第二行政督察区专署驻地。抗战时期曾为国民政府战时省会。1947 改广东省第三行政督察区。1949 年析曲江县置韶关市。1950 年升地级市，为北江专区驻地。1952 年为粤北行政区驻地。1956 年为韶关专区驻地。1958 年改为县级市，为韶关专区专署驻地。1970 年改为韶关地区驻地。1975 年曲江县划入并升为地级市。是"马坝人"的故乡、石峡文化的发祥地、禅宗文化的祖庭，被誉为"岭南名郡"。有韶关学院、广东松山职业技术分院 2 所高等院校。拥有 2800 多处文物点和数十项非物质文化遗产，有丹霞山、金鸡岭、狮子岩、古佛岩、南华寺、云门寺、三影塔、梅关古道、风采楼等名胜古迹。1991 年被公布为第一批广东省历史文化名城。（陈朝隆）

东莞　历史文化名城。广东省辖地级市。因地处广州之东、境内盛产莞草而得名。位于广东中南部，北接广州，东至东北邻惠州，南连深圳，西与广州、中山隔江相望。北纬 22°39′—23°09′，东经 113°31′—114°15′。市域面积 2465 平方千米，2022 年常住人口 1043.7 万人。处东江下游，西及西北属珠江三角洲平原河网区，西南为沿海平原，东北为洼地岗丘，中部为丘陵台地，东南为低山盆地。属南亚热带季风气候。年平均气温 22.1℃，年降水量 1800 毫米。先秦属

南越地。秦属南海郡广州府番禺县。汉为南海郡博罗地。东晋咸和六年（331）析置宝安县，治南头，同年置东官郡，治宝安县。南朝梁天监六年（507）改东官郡为东莞郡，十一年（512）复称东官郡。隋开皇十年（590）废东官郡，宝安县属广州，后属南海郡。唐至德二年（757）宝安县移治倒涌（今东莞），更名东莞县，属广州。唐末属岭南东路清海军节度使。宋开宝五年（972）废东莞入增城县，次年复置东莞县，仍属广州。明、清属广州府。1914—1920 年属粤海道。1947 年直属省。1949 年属珠江专区。1952 年属粤中行政区。1956 年属惠阳专区。1959 年属佛山专区。1963 年复归惠阳专区。1985 年改为东莞市，仍属惠阳地区。1988 年升为地级市。有东莞理工学院、广东医科大学（东莞校区）、广东科技学院、东莞职业技术学院、东莞开放大学、香港城市大学（东莞筹）、大湾区大学（筹）等高等院校。是广府文化的代表城市之一，岭南文化的重要发源地，中国近代史的开篇地和改革开放先行地，著名侨乡、粤剧之乡。有可园、金鳌洲塔、迎恩楼、林则徐销烟池、沙角炮台、威远炮台等名胜古迹。1991 年被公布为第一批广东省历史文化名城。（陈朝隆）

高州　历史文化名城。广东省茂名市辖县级市。位于广东西南部、茂名中部、鉴江中上游，西北邻广西北流，北连信宜，东接阳春，南接电白和茂名市区，西临化州。北纬 21°42′—22°18′，东经 110°22′—110°36′。市域面积 3276.4 平方千米，2022 年常住人口 133.05 万人。处粤西沿海台地地区和粤西山地地区，地势东北高西南低。属南亚热带季风气候，年平均气温 22.8℃，年降水量 1892.7 毫米。先秦时属西瓯。秦时属象郡。西汉前期

属南越国。西汉元鼎六年（前111）置高凉县，属合浦郡。东汉末升高凉县为高凉郡。南朝梁大通中置高州，高州之名始此。隋开皇十年（590）废高凉郡。开皇十八年（598）置茂名县，属高州。隋大业三年（607）高州改高凉郡。唐武德四年（621）复改高州。贞观八年（634）置潘州。天宝元年（742）又改高州为高凉郡。乾元元年（758）复为高州。北宋开宝五年（972）潘州并入高州，茂名为电白州治属县。元至元十七年（1280）改为高州路。明洪武元年（1368）改高州路为高州府。1912年废府留县，称茂名县。1959年置茂名市、高州县，属湛江专区。1961年析置信宜县。1983年改属茂名市。是冼夫人的故乡、广东省农业大市。有冼夫人庙、宝光塔、长坡镇旧城村古电白郡址等名胜古迹。文化遗址250多处。有木偶戏、山歌、版画、八音锣鼓、冼夫人庙堂文化等非物质文化遗产。1996年被公布为第二批广东省历史文化名城。2014年被列入中国楹联文化城市名单。（陈朝隆）

连州　历史文化名城。广东省清远市辖县级市。旧因盛产黄连，曾名黄连山。位于广东北部、清远西北部、连江上游，北及西北连湖南临武、蓝山及江华，东南接阳山，西南邻连南。北纬24°37′—25°12′，东经112°47′—112°07′。市域面积2663.33平方千米，2022年常住人口37.78万人。处

连州湟川三峡

粤北山区，为南岭山地一部分，西、北、东三面环山，中、南部多石灰岩山地和山间盆地。属中亚热带季风气候。年平均气温19.4℃，年降水量1572.8毫米。春秋战国时属南越楚地。秦属长沙郡。汉元鼎六年（前111）置桂阳县，治今连州镇，属桂阳郡。三国吴甘露元年（265）属始兴郡。南朝宋改属广兴郡，齐复归始兴郡。南朝梁天监六年（507）置阳山郡。隋开皇十年（590）阳山郡废，置连州。大业初年改连州为熙平郡。唐武德四年（621）复名连州。天宝元年（742）改连州为连山郡。乾元元年（758）复为连州，属岭南道。五代初属楚，后属南汉。宋属广南东路。元至元十七年（1280）升连州为连州路，属湖南道。至元十九年（1282）降为连州，改属广东道。明洪武十四年（1381）改属广州府。清雍正七年（1729）升为连州直隶州。1912年降为连县。1938年广东省政府曾一度迁避于此。1959年与连南、连山、阳山合并置连阳各族自治县，两年后又各自分出。1970年属韶关地区。1983年属韶关市。1988年改属清远市。1994年撤县设县级市。历来为省际商品贸易集散地，是粤北"三连一阳"区域的文化中心、物流中心和医疗中心。韩愈、刘禹锡、周敦颐、张浚、张式、屈大均、翁方纲等历史名人曾在此留下诗文。有慧光塔、刘瞻墓、燕喜亭、福山古寺和大云洞摩崖石刻等名胜古迹。1996年被公布为第二批广东省历史文化名城。（陈朝隆）

英德　历史文化名城。广东省清远市辖县级市。位于广东北部、清远东北部、北江中游，北连韶关曲江、乳源，东连韶关翁源、新丰，南邻佛冈、清新，西北邻阳山。北纬23°50′—24°33′，东经112°45′—113°55′。市域面积5634平方千米，2022年常住

人口94.44万人，是广东面积最大的县级行政区。处粤北山区，北江中游英德喀斯特盆地，四周环山，中部丘陵起伏。属南亚热带季风气候。年平均气温20.8℃，年降水量1870毫米。10万年以前已有人类在此活动。先秦时属南越。战国时属楚地。秦为南海郡地。汉元鼎六年（前111）置浈阳、含洭二县，属桂阳郡。三国吴甘露元年（265）改属始兴郡。五代南汉乾亨四年（920）于浈阳县置英州。南宋庆元元年（1195）因宁宗曾受封于此，遂改英州为英德府，属广南东路。元至元十五年（1278）改英德府为英德路，真阳、洭洸二县并入。至元二十三年（1286）降为英德州。1970年属韶关地区。1983年属韶关市。1988年改属清远市。有米芾、苏东坡、张九龄、文天祥等历史名人所遗史迹。有革命烈士陵园和南山摩崖石刻、蓬莱寺塔、碧落洞、观音岩、文笔塔等名胜古迹。享有"中国英石之乡""中国红茶之乡"等美誉。1996年被公布为第二批广东省历史文化名城。（陈朝隆）

新会　历史文化名城。广东省江门市辖区。位于广东中南部，江门西部，西江、潭江下游，北连佛山南海、顺德，东接江门蓬江、江海、中山和珠海斗门，西连鹤山、开平和台山，南临崖门水道。北纬22°05′—22°35′，东经112°46′—113°15′。市域面积1355平方千米，2022年常住人口91.12万人。处粤中丘陵和平原区，珠江三角洲西侧。属南亚热带季风气候。年平均气温21.6℃，年降水量1741毫米。汉为南海郡四会县地。三国吴置平夷县，西晋太康元年（280）改称新夷县。东晋元熙二年（420）置新会郡及盆允县，郡县同治。隋开皇九年（589），改新会郡为新会县，新夷、盆允二县并入，置封州为州治。开皇

十一年（591）封州改称允州，后改称冈州。大业元年（605）冈州废，县属南海郡。唐武德四年（621）复置冈州，仍治新会县。开元二十三年（735）冈州再废，县属广州。元属广州路。明、清属广州府。1914—1920年属粤海道。1936年属广东省第一行政督察区。1949年属粤中专区。1950年江门市并入，1951年江门市析出复置。1952年属粤中行政区。1956年属佛山专区。1959年改属江门专区。1970年属佛山地区。1983年属江门市。葵艺、陈皮名闻遐迩，素有"葵乡""陈皮之乡"之称。是岭南学派和岭南琴派的发源地，有"东莞拳头新会笔"之说。历史上一直是四邑地区的政治、经济、文化和交通中心。有崖门炮台、国母殿、新会学宫、梁启超故居、凌云塔、叱石、天成寺、圭峰山等名胜古迹。1996年被公布为第二批广东省历史文化名城。（陈朝隆）

平海　历史文化名城。广东省惠州市惠东县辖古镇。因镇区以南地区与海平面高度一致，故名。位于惠东县南部，北接稔山、铁涌、黄埠等镇，东、南、西三面临海。北纬22°56′，东经114°42′。镇域面积237平方千米，2020年常住人口6.61万人。地势东北高、西南低，属沿海丘陵地区。属南亚热带季风气候，年平均气温21.7℃，年降水量1890毫米。明洪武二十七年（1394）置平海所，属碣石。清雍正十年（1732），改所设司，为归善县辖。1912年，改司设区，属惠阳县。1950年属惠阳县第十八区。1958年成立平海人民公社。1965年析置惠东县后，为惠东县辖。1983年改设区。1986年置镇。2006年港口镇并入平海镇。素有"楹联之乡""舞鲤鱼之乡"美誉。平海古城内外有平楼烟景、魁阁梅英、江天晴雪等名胜古迹。1991年被公布为第一批广东省历

史文化名城。（陈朝隆）

佗城　历史文化名城。广东省河源市龙川县辖古镇。得名于龙川首任县令、南越王赵佗。位于龙川南部，西、南邻东源，北接义都镇，东连老隆、通衢、黄布等镇。北纬24°06′，东经115°15′。镇域面积165.13平方千米，2020年常住人口2.89万人。处东江上游，属粤东平行岭谷区。属南亚热带季风气候。年平均气温20.5℃，年降水量1696毫米。秦始皇三十三年（前214），始置龙川县，治设佗城，属南海郡。隋开皇十一年（591）龙川县并入河源县，属循州。后属龙川郡。武周天授二年（691）置雷乡县，治佗城，属循州。五代十国至明朝为循州府城。抗战时期，广州沦陷后，民国广东省政府部分机关曾一度搬迁于此办公。是秦代中原文化南下与岭南百越文化交会融合地，自秦至民国，向来为县、州的政治、经济、文化、军事中心，素称岭南古城。商贸活跃，历史建筑遗址众多。有县前街、南门街、大东门街、小东门街、百岁街等古街道，以及秦时古城基、越王井、赵佗故居，唐代正相塔，宋代循州治所，明清时期的城隍庙、越王庙、孔庙、仙塔桥、新塔、考棚等文物古迹。1991年被公布为第一批广东省历史文化名城。（陈朝隆）

碣石　历史文化名城。见"碣石镇"。

海丰　历史文化名城。广东省汕尾市辖县。因海中"水族甚多"而得名。位于广东省东南部，汕尾市西部，西接惠州惠东，北连陆河，东邻陆丰，南临红海湾，东南与汕尾市区相接。北纬22°37′—23°14′，东经114°54′—115°37′。县域面积1750平方千米。2020年常住人口73.7万人。地处粤东沿海丘陵区，西北高、东南

低。属南亚热带季风气候。年平均气温21.9℃，年降水量2389毫米。秦至汉初为南海郡龙川县地。东晋咸和六年（331）置海丰县，属东官郡。隋开皇十一年（591），东官郡与梁化郡等并置为循州，海丰县改属循州；大业元年（605）属龙川郡。唐武德五年（622）复属循州。唐天宝元年（742）擢为海丰郡。乾元元年（758）废郡存县，复属循州。五代十国南汉乾亨元年（917）循州改为祯州，海丰属之。宋天禧四年（1020），因避太子赵祯名讳，改祯州为惠州，时海丰属广南东道惠州。元属江西行中书省广东道惠州路。明、清属广东布政使司惠州府。1912年属广东潮循道。1930年属广东省第四行政督察专员公署。1937年属广东省第四行政督察区。1947年属广东省第五行政督察区。1949年属广东省东江专区。1952年改属粤东行政区。1956年属惠阳专区。1959年划归汕头专区。1983年复属惠阳地区。1988年属汕尾市。是粤闽传统商路必经之地，形成了多元交融的地方文化，存有正字戏、西秦戏、白字戏3个稀有剧种。全国第一个县级苏维埃政权的诞生地。有方饭亭、宋存庵、红宫、红场、赤山约农会旧址、澎湃故居、得趣书室等名胜古迹和纪念地。1991年被公布为第一批广东省历史文化名城。（陈朝隆）

揭阳　别称岭南水城。历史文化名城。广东省辖地级市。因位于揭岭以南而得名。位于广东东部，东邻潮州、汕头，南临南海，北接梅州，西连汕尾。北纬22°53′—23°46′，东经115°36′—116°37′。市域面积5240平方千米，2022年常住人口561.78万人。属粤东沿海丘陵区，地势自西向东倾斜。属南亚热带季风气候。年平均气温21.4℃，年降水量1720毫米。夏商周属南越地，夏商之际属海阳国

（南瓯国）。秦始皇三十三年（前214）属南海郡。汉高祖三年（前204）属赵佗所建的南越国。汉武帝元鼎六年（前111）置揭阳县，属南海郡。东晋咸和六年（331）并入海阳县。北宋宣和三年（1121）复置揭阳县，属潮州。南宋绍兴二年（1132）并入海阳县，绍兴八年（1138）析出复置县，仍属潮州。绍兴十年（1140）迁治榕城。元属潮州路。明、清属潮州府。1914—1920年属潮循道。1936年属广东省第五行政督察区。1947年属第六行政督察区。1949年属潮汕专区。1970年属汕头专区。1983年属汕头市。1991年从汕头市析出，设地级市。是潮汕人重要的祖籍地和聚居地、著名侨乡，被誉为"小戏之乡"，为潮汕国画发祥地。有揭阳学宫、石牌坊、元代紫禁城、进贤门楼、岐山石塔等名胜古迹。1991年被公布为第一批广东省历史文化名城。（陈朝隆）

岭南水城　见"揭阳"。

揭西　历史文化名城。广东省揭阳市辖县。位于广东东部、揭阳西部，潮汕平原西北部，榕江南河中上游，北接梅州丰顺，东连揭阳产业转移工业园，南邻普宁，西南、西北分别与汕尾陆河、梅州五华接壤。北纬23°18′—23°41′，东经115°36′—116°11′。县域面积1347平方千米。2020年常住人口67.48万人。处莲花山东南麓丘陵地带，西北高东南低。属南亚热带季风气候。年平均气温21.1℃，年降水量2147毫米。夏商周属百越地；夏商之际属海阳国（南瓯国）。秦汉三国时期属南海郡揭阳县；秦末赵佗称王时属南越国揭阳县；汉初属南海国。东晋咸和六年（331）属东莞郡海阳县。义熙九年（413）属义安郡海阳县。隋开皇十一

年（591）属潮州海阳县。宋宣和三年（1121）属潮州揭阳县。元至元十六年（1279）属广东潮州路揭阳县。明洪武二年（1369）属广东潮州府揭阳县。民国年间，先后隶属广东潮循道、东江行政委员会揭阳县、东江善后委员公署揭阳县、东区绥靖委员公署、广东省第五行政督察专员公署和广东省第六行政督察专员公署。1949年属潮汕专区。1952年属粤东行政区。1956年属汕头专区。1965年置揭西县，仍属汕头专区。1983年属汕头市。1991年改属揭阳市。潮客交融共处，是巾山、明山、独山三山文化发源地。有霖田祖庙（三山祖庙）、兴道书院、天竺岩、广德庵、棉湖保生大帝古庙、天后宫等名胜古迹。"揭西（棉湖）"1996年被公布为第一批广东省历史文化名城。（陈朝隆）

南雄　历史文化名城。广东省韶关市辖县级市。位于广东北部、韶关东北部，浈江上游，北、东及东南部邻江西大余、信丰、全南等县，西南连始兴、曲江，西接仁化。北纬24°57′—25°25′，东经113°55′—114°45′。市域面积2326平方千米，2020年常住人口35.39万人。处粤北山地大庾岭南麓，周边多山地，中部为盆地、台地、低丘及冲积平原。属中亚热带季风气候。年平均气温19.6℃，年降水量1530.6毫米。汉为豫章郡南野县地。三国吴永安六年（263）析南野县置始兴县，南雄地域属之。南朝梁置安远郡，治今南雄东北。隋郡废。唐嗣圣元年（684）析始兴县地置浈昌县，治今南雄雄州，属韶州。五代十国南汉乾和四年（946）置雄州，为州治，领浈昌、始兴二县。北宋开宝四年（971）为避与河北雄州重名，改称南雄州，南雄之名始于此。宣和二年（1120）改南雄州为保昌郡。元至元十五年（1278）改为南雄路，属江西

省广东道。明洪武元年（1368）改为南雄府。清嘉庆十一年（1806）改为南雄直隶州。1912年废州置南雄县。1914—1920年属岭南道。1936年属广东省第二行政督察区。1947年属第三行政督察区。1949年起，先后属北江临时行政委员会、北江专区、粤北行政区、韶关专区。1970年属韶关地区。1983年属韶关市。1996年撤县设市。为古代岭南重要州郡，史有"岭南第一州"之称。有三影塔、梅关关楼与古道、珠玑古巷、石塔、钟鼓岩等名胜古迹，珠玑古巷是100多个南迁氏族的发祥地、岭南文化的源头之一。1996年被公布为第二批广东省历史文化名城。（陈朝隆）

罗定　历史文化名城。广东省云浮市辖县级市。古称泷州、龙乡，明初取"讨平罗旁而安定"意而改名为罗定。位于广东西部、云浮西南部，北接郁南，东临云安、阳江阳春，南连茂名信宜，西邻广西岑溪。北纬22°25′—22°57′，东经111°03′—111°52′。市域面积2328平方千米，2020年常住人口93.69万人。处粤西山地罗定盆地，周边多山地，盆地中部由多级台地组成。属南亚热带季风气候。年平均气温22℃，年降水量1400毫米。春秋属百越地。秦始皇三十三年（前214）属南海郡。汉元鼎六年（前111）为苍梧郡端溪县地。东晋永和七年（351）在今罗定一带置龙乡县，属晋康郡。隋开皇九年（589）改平原县，十八年（598）改为泷水县，为泷州治。隋大业初废泷州置永熙郡。唐武德四年（621）复置泷州，天宝元年（742）改为开阳郡，乾元元年（758）复称泷州。南宋属德庆府。元属德庆路。明初属德庆州。明万历四年（1576）设罗定直隶州，兼领东安（今云浮市区）、西宁（今郁南）二县，为岭南历史上第一个直隶州。

1912 年废州改称罗定县。1914—1920 年属粤海道。1936 年属广东省第三行政督察区。1947 年属第四行政督察区。1949 年属西江专区。1952 年属粤中行政区。1956 年属高要专区。1959 年与郁南县合并，名罗南县，属江门专区。1961 年恢复罗定县，属肇庆专区。1970 年属肇庆地区。1988 年改属肇庆市。1993 年撤县建市。1994 年改属云浮市。历史上是岭西南军事重镇，属南江文化核心区。拥有东山祖庙庙会、泷水民歌等非物质文化遗产和文塔、罗定学宫、菁莪书院、罗定开元寺、龙龛岩摩崖石刻、蔡廷锴故居等名胜古迹和纪念地。1996 年被公布为第二批广东省历史文化名城。（陈朝隆）

德庆 历史文化名城。广东省肇庆市辖县。位于广东西部、肇庆中部，北、西接广宁、怀集、封开，东临高要，南连云浮市区、云安和郁南。北纬 23° 04′ —23° 30′，东经 111° 32′ —112° 17′。县域面积 2258 平方千米，2020 年常住人口 33.14 万人。处粤西山地、西江下游北岸，东北西三面环山，地势北高南低。属南亚热带季风气候。年平均气温 21.6℃，年降水量 1505 毫米。前秦属百越地。秦属桂林郡。西汉元鼎六年（前 111）置端溪县，因县东有端溪得名，治今德城镇，属苍梧郡。东晋永和七年（351）县东另置晋康郡，端溪隶之。隋开皇十二年（592）晋康废郡，端溪县属端州。大业初属信安郡。唐武德五年（622）析端州置康州（又称南康州），治端溪县。此后康州屡有兴废。宋绍兴元年（1131）康州因曾是高宗赵构封邑，被升为德庆府，领端溪、泷水二县。元至元十七年（1280）改为德庆路。明洪武元年（1368）复改德庆府，洪武九年（1376）降为德庆州，属肇庆府。1912 年废德庆州改置德庆县。

1914—1920 年属粤海道。1936 年属广东省第三行政督察区。1947 年属广东省第四行政督察区。1949 年属西江专区。1952 年属粤中行政区。1956 年属高要专区。1959 年与封川县合并为德封县，属江门专区。1961 年复置德庆县，属肇庆专区。1970 年属肇庆地区。1988 年属肇庆市。有德庆学宫、悦城龙母庙、龙山宫、三元塔、华表石、三洲岩等名胜古迹。1996 年被公布为第二批广东省历史文化名城。（陈朝隆）

封开 历史文化名城。广东省肇庆市辖县。位于广东西部、肇庆西北部，西、北部与广西苍梧、贺州接壤，东连怀集，南临德庆、郁南两县。北纬 23° 13′ —23° 59′，东经 111° 21′ —112° 02′。县域面积 2724 平方千米，2020 年常住人口 37.48 万人。处粤西山地，多低山丘陵，地势东、北高，西、南低。属南亚热带季风气候。年平均气温 20.7℃，年降水量 1446 毫米。东汉为苍梧郡广信、封阳县地。东晋元熙二年（420）置封兴县。南梁又置梁信县。南朝宋元嘉三年（426）析置开建县，治南丰镇，以县内开建水得名。隋开皇十八年（598），因域内有封溪（今贺江）而改梁信县为封川县。1914—1920 年属粤海道。1952 年封川、开建两县合并，取名封开，驻封川街。先属粤中行政区，后改属高要专区，1957—1961 年两县几度分合。1970 年属肇庆地区。1988 年改属肇庆市。是岭南与中原地区经济文化交流要地、岭南土著文化的发祥地和粤语的发源地，素称"两广门户"。有黄岩洞和唐塘嘴新石器时代遗址、封川古城墙、封川旧街、封川石街、平岗大造宫、泰新桥、江口北回归线标志塔等名胜古迹和纪念地。（陈朝隆）

香港 简称港；全称中华人民共和国香港特别行政区；又称香港特别行政区。位于珠江三角洲南部、珠江口东岸，西与珠海、澳门隔海相望，北与深圳相邻，南临南海及珠海万山群岛。处华南丘陵南缘，山岭多、平地少，海域广，岛屿多。属南亚热带季风气候。年平均气温 23.3℃，年降水量 2214 毫米。自古属于中国，是东西方文化交融之地，素称"东方之珠""购物天堂"，为国际大都市、全球金融中心之一。有香港大学、香港中文大学、香港理工大学等高等院校。2016 年被全球化与世界级城市研究小组与网络（Globalization and World Cities Study Group and Network，GaWC）公布为世界一线城市。参见第 3 页地理卷"香港特别行政区"条。（陈朝隆）

香港街景

澳门 简称澳；全称中华人民共和国澳门特别行政区；又称澳门特别行政区；古称蚝镜、濠镜、濠镜澳、香山澳。位于珠江三角洲南部、珠江口西岸，东与深圳、香港隔海相望，西、北与珠海相邻，南临南海。由低丘陵和平地组成，地势南高北低。近百年来填海造地超过 20 平方千米。属南亚热带季风气候。年平均气温 22.4℃，年降水量 2134 毫米。引进和接受外

澳门街景

来文化较早，形成了多元交会、华洋兼容的澳门文化，"一国两制三货币（葡币、人民币、港币）四语言（粤语、普通话、葡语、英语）"。是基督教、西洋建筑等西方文化传入中国的第一站，中国油画的发祥地。赌城特色鲜明，博彩文化盛行，为世界四大赌城之一。是国际自由港、世界旅游休闲中心。有澳门大学、澳门科技大学等高等院校。有妈阁庙、莲峰寺、大三巴牌坊等名胜古迹。"澳门历史城区"2005年被联合国教科文组织列入《世界遗产名录》。参见第3页地理卷"澳门特别行政区"条。（陈朝隆）

北海 别名珠城。历史文化名城。广西壮族自治区辖地级市。得名于域内同名渔村北海村。位于广西南端，东邻玉林，北连钦州，西、南临北部湾。北纬20°26′—21°55′，东经108°50′—109°47′。市域面积3337平方千米，2022年常住人口187.24万人。属滨海平原，地形平坦开阔，地势北高南低。属南亚热带季风气候。年平均气温22.9℃，年降水量1670毫米。先秦属百越地。秦始皇三十三年（前214）属象郡。东汉建安八年（203）属合浦郡珠崖县。南朝齐建元元年（479）至北宋靖康二年（1127）先后设过盐田郡、海门镇、禄州、珠池县、东罗县等建制。明洪武元年（1368），属广东行省廉州府。洪武七年（1374）降廉州府为廉州，合浦县并入石康县。洪武九年（1376），

钦州降为县，属雷州府廉州。洪武十四年（1381）复廉州为府、钦县为州，廉州府领合浦、灵山、石康三县和钦州。成化八年（1472），石康县并入合浦县，北海属合浦县地。清康熙元年（1662）设北海镇标（军事建）。乾隆年间，北海开始形成。咸丰五年（1855）珠场巡检司从廉州（合浦）移驻北海。光绪二年（1876）中英签订《烟台条约》，北海与宜昌、芜湖、温州一并辟为通商口岸。1949年属广东南路专区合浦县。1952年划归广西。1955年重归广东。1956—1964年先后经历县级市、公社、县级镇、县等多次改制。1965年再划入广西。1983年提升为地级市。1987年合浦县划入。北海"因海而名，以港而兴"，历史上是云、贵、川、湘、鄂等省与海外贸易的主要商品集散地、我国早期的对外通商口岸和海上丝绸之路起点之一。有珠海路老街、英国领事馆旧址、德国领事馆旧址、法国领事馆旧址、海关大楼旧址、德国森宝洋行旧址、女修道院旧址、珍珠城遗址等名胜古迹。2010年被国务院公布为国家历史文化名城。（陈朝隆）

珠城 见"北海"。

贺州 历史文化名城。广西壮族自治区辖地级市。位于广西东北部，北、东邻湖南永州、广东清远和肇庆，南连梧州，西接桂林。北纬23°39′—25°09′，东经111°05′—112°03′。市域面积11753平方千米，2020年常住人口200.79万人。处南岭山地丘陵，山多平地少，四周高，中部低，总体地势由西北向东南倾斜。属中亚热带季风气候。年平均气温19.9℃，年降水量1558毫米。秦始皇三十三年（前214）分属南海郡（贺县、钟山、富川）和桂林郡（昭平）。汉高祖三

年（前204）属南越国。元鼎六年（前111）属交趾刺史部苍梧郡。三国时属孙吴交州苍梧郡，吴黄武五年（226）属广州临贺郡。南朝宋泰始六年（470）改临贺郡为临庆国，治所设在临贺县。南齐建元二年（480）复设临贺郡。隋开皇九年（589）废临贺置贺州。大业初年（605）废贺州，桂岭县改属熙平郡，封阳县改属苍梧郡，合临贺、荡山、富川三县为贺川县，属始安郡。唐乾元元年（758）复改临贺郡为贺州。明洪武十年（1377）撤贺州，改称贺县，治所为贺街镇，属平乐府。民国年间先后隶属平乐民团区、桂林民团区、第二行政监督区、第一行政监督区。1952年属平乐专区。1958年属梧州专区。1971年梧州专区改为梧州地区。1997年撤贺县设贺州市（县级），梧州地区更名为贺州地区，治所迁至贺州市八步镇。2002年撤销贺州地区和县级贺州市，设立地级贺州市。境内出土的文物麒麟尊，是战国时期岭南文化发展的一个标杆。有国家级、自治区级文物保护单位34处。有临贺故城遗址、铺门石城、开宁寺、浮山陈王庙、临贺文笔塔、黄姚文明阁、昭平文笔塔、富川明代古城等名胜古迹。平桂瑶族唢呐、贺州客家民歌、八步采茶戏、平桂盘瑶度戒、平桂瑶族服饰、富川瑶族抢花炮等入选自治区级非物质文化遗产名录。（陈朝隆）

梧州 历史文化名城。广西壮族自治区辖地级市。位于广西东部，北邻桂林、贺州，东、南连广东肇庆、云浮，西接来宾、贵港、玉林。北纬22°37′—24°18′，东经110°18′—111°40′。市域面积12588平方千米，2022年常住人口283.1万人。丘陵多、平地少，四周高、中间低，地势由南北向中部西江倾斜。属南亚热带季风气候。年平均气温21.2℃，年

降水量 1453 毫米。早在新石器时代"仓吾人"已在此繁衍生息。春秋战国时属百越地。秦始皇三十三年（前 214）属桂林郡。汉高祖三年（前 204）属南越国。高后五年（前 183）始建苍梧王城。元鼎六年（前 111）属交趾刺史部苍梧郡，称广信县，治苍梧王城。三国初属交州，后属广州，为苍梧郡，治广信。南朝梁普通四年（523）苍梧郡从广州析出置成州刺史，治封川，广信属之。隋开皇三年（583）更广信县为苍梧县。开皇十年（590）改成州为封州。唐朝属岭南西道梧州，为州治。五代十国时先后属楚、南汉。明朝属广西布政使司梧州府，为府、县治。清朝属广西承宣布政使司桂平梧郁道梧州府、广西省梧州府，为府、县治。1950 年梧州市升为地级市。1960 年梧州市与梧州专区合并。是粤语、岭南文化的发祥地之一，也是广东、广西之"广"所在。有骑楼城、龙母庙、中山纪念堂、李济深故居、袁崇焕故里等名胜古迹和纪念地。（陈朝隆）

海口　别称椰城。历史文化名城。海南省辖地级市、海南省省会。海南三大历史古邑（儋耳、文昌、海口）之一。因位处南渡江入海口而得名。位于海南岛北部，东邻文昌，西接澄迈，南连定安，北隔琼州海峡与广东徐闻相望。北纬 19°31′—20°04′，东经 110°07′—110°42′。市域面积 3145.93 平方千米，其中，陆地面积 2284.49 平方千米，海域面积 861.44 平方千米；2022 年常住人口 293.97 万人。地势平缓。西北部和东南部较高，中部南渡江沿岸低平，北部多为沿海小平原。属热带季风气候。年平均气温 24.3℃，年降水量 2067 毫米。先秦属百越之骆越。秦末属南越国。西汉元封元年（前 110）属珠崖郡玳瑁县。东汉建武十九年（43）属合浦郡珠崖县。

晋太康六年（285）属合浦郡朱卢县。梁大同中属崖州。隋大业六年（610）属珠崖郡颜卢县。唐武德五年（622）属崖州颜城县。贞观元年（627）改颜城县为舍城县并析置琼山、平昌二县，海口属琼山县；贞观五年（631）改属崖州舍城县。宋熙宁四年（1071）属琼山县，称海口浦，为商船聚泊之港。明洪武元年（1368）属广西行省琼山县，洪武三年（1370）属广东布政使司琼州府琼山县，称海口都。洪武七年（1374）设海口千户所，洪武二十八年（1395）筑海口所城。清康熙二十四年（1685）成为全岛十处海关的总关口。光绪三十一年（1905）属琼崖道琼山县，名海口所。1912 年改称海口镇（海口所城）。1926 年始设市建制。1931 年重归琼山县管辖。1975 年升为地级市。1983 年降为县级市。1986 年再升为地级市。1988 年 4 月海南建省并成立海南经济特区，海口升为省会。2002 年 10 月琼山市并入。有上千年的开埠史，历为我国南疆边陲的海陆交通要冲。形成了独特的多元文化，有 7 项国家级、10 项省级、2 项市级非物质文化遗产。有普通高校 11 所、成人高校 1 所。有府城鼓楼、西天庙、冼太夫人庙、五公祠、秀英炮台等名胜古迹。2007 年被国务院公布为第四批国家历史文化名城。（陈朝隆）

椰城　见"海口"。

文昌　历史文化名城。海南省辖县级市。海南三大历史古邑（儋耳、文昌、海口）之一。中国第四座航天城。位于海南岛东北部，北、东、南三面临海，西邻海口，西南接定安、琼海。北纬 19°31′—20°04′，东经 108°21′—111°03′。市域面积 2488 平方千米，2022 年常住人口 56.87 万人。是海南唯一无少数民族聚居的地

区。处低丘台地平原地带，地势由西南向东北倾斜。属热带季风气候。年平均气温 23.9℃，年降水量 1722 毫米。先秦属百越地。汉元封元年（前 110）为珠崖郡紫贝县地。隋大业三年（607）为临振郡武德县。唐武德五年（622）更名平昌县，属崖州。贞观元年（627）改为文昌县，取"偃武修文"之意。1988 年改属海南省。1995 年撤县改（县级）市。著名侨乡、海南闽南文化发源地，是海南最初的文化中心。自古文风昌盛、名人辈出。有 348 处不可移动文物。有宋氏祖居、溪北书院、斗柄塔等名胜古迹。（陈朝隆）

儋州　古称儋耳。历史文化名城。海南省辖地级市。海南三大历史古邑（儋耳、文昌、海口）之一。位于海南岛西北部，东连临高、澄迈和琼中，南接白沙、昌江，西、北濒临北部湾。北纬 19°11′—19°52′，东经 108°56′—109°46′。市域面积 3400 平方千米，2022 年常住人口 98.15 万人。处海南岛西北部丘陵地带，以丘陵地形为主，地势由东南向西北倾斜。属热带季风气候。年平均气温 23.5℃，年降水量 1815 毫米。先秦属百越地。秦属象郡。汉元封元年（前 110）始设儋耳郡。始元五年（前 82）儋耳并入珠崖郡。南朝齐属越州。南朝梁置崖州。隋大业三年（607）改崖州为珠崖郡，并析西南地置临振郡。唐武德五年（622）改郡为州，始名儋州。元时为广西琼州府南宁军。明洪武元年（1368）复名儋州，次年海南州府改属广东布政司。民国年间，改州为县。1988 年为海南省县级行政区。1993 年撤县建县级市。2015 年升为地级市。有中国热带农业科学院、海南大学儋州校区（原华南热带农业大学）等科研单位和高等院校。有东坡书院、东坡井、宁济庙、伏波庙、儋州古城等

名胜古迹。2006年儋州调声入选第一批国家级非物质文化遗产名录。先后获得"全国诗词之乡""中国楹联之乡""中国民间文化艺术之乡"和"中国书法之乡"等称号。（陈朝隆）

儋耳 见"儋州"。

沙湾镇 历史文化名镇。广东省广州市番禺区辖镇。因地处古海湾半月形沙滩之畔而得名。位于珠江三角洲中部、

沙湾镇

番禺西部，北与番禺中心城区市桥仅一水之隔，西与佛山顺德隔河相望，南与榄核镇、灵山镇、东涌镇相连，东与石碁镇接壤。镇域面积37.45平方千米，2020年常住人口8.87万人。原为小渔村，南宋绍定六年（1233）始有移民在此定居。明清时期，番禺县设沙湾巡检司，辖7社16散乡。民国时期改名第一区。1987年改为沙湾镇。沙湾水道和市桥水道分别环绕镇南北外围，北以大夫山森林公园为依托，为典型的山水城镇。有以留耕堂为典型代表的明清古祠堂70多座，以及大量砖雕、木雕、石雕、灰塑、壁画等艺术精品。车陂街、安宁西街为著名文化遗址和商业遗址。是广府文化的集中展示地，也是广东音乐的发源地、广东"民间雕塑之乡"。沙湾飘色、沙坑龙狮等远近闻名。2005年被公布为第二批中国历史文化名镇。2017年入选第二批全国特色小镇。2019年凭借广东音乐被命名为2018—2020年度"中国民间文化艺术之乡"，并入选

首批"广东省旅游风情小镇"。（陈朝隆、张敏）

西樵镇 历史文化名镇。广东省佛山市南海区辖镇。因域内有西樵山而得名。位于南海西南部，东部、南部与九江镇相接，西与高明隔江相望，北与金沙镇、丹灶镇相连。镇域面积176.63平方千米，2020年常住人口22.17万人。在6000多年前的新石器时代，镇域内的西樵山就是华南地区规模最大的石器制造地。2002年由西樵山旅游度假区更名为西樵镇。古村落风貌保存较好，民俗文化独具特色。历史文化源远流长，孕育了灿烂的"双肩石器"文化、理学文化、武术文化和南海观音文化。2016年被公布为第六批中国历史文化名镇。2018年凭借醒狮文化被命名为2018—2020年度"中国民间文化艺术之乡"。（张敏、陈朝隆）

吴阳镇 历史文化名镇。广东省湛江市吴川市辖镇。位于吴川西南部、鉴江下游平原的出海口。东与吴川塘尾街道相接，南濒南海，西部、北部分别与黄坡镇、振文镇隔江相望。镇域面积81.6平方千米，2020年常住人口6.51万。秦时属象郡，西汉时期属南越国领地，南朝宋元嘉年间属平定县。隋开皇九年（589）废平定县，改置吴川县，南宋嘉定以后至1938年间，除个别年份外，长期为吴川县治所在地。是粤西著名历史文化古镇、粤西历史上唯一的状元林召棠的故乡。文物古迹众多，吴川古八景中吴阳独占六景。因吴川童谣而远近闻名，童谣中的吴川话保留了古汉语的语音和语法，被称为古汉语的活化石。2005年被公布为第二批中国历史文化名镇。2013年获"中华诗词之乡"称号。（张敏、陈朝隆）

石龙镇 历史文化名镇。广东省东莞市辖镇。位于东莞北部，东与惠州博罗园洲镇相接，南与茶山镇、石排镇毗连，西与石碣镇接壤，北与博罗石湾镇、广州增城隔东江相望。镇域面积13.83平方千米，2020年常住人口14.48万人。大部分地域处东江游荡区或江水冲积而成的沙洲。在3500多年前的新石器时代已有人类活动。自宋代开始有人在此定居，是东莞历史上最早设镇的地方。曾因商业贸易发达而驰名省港，与广州、佛山、顺德陈村并称为"广东四大名镇"。是历史上东江流域和省港地区的水陆交通中心和物流集散地。有文物古迹、历史建筑和规模较大、集中成片的骑楼传统商业建筑群和一批革命遗址、革命纪念建筑，较完整地反映清末民初石龙传统风貌和岭南地方特色。非物质文化遗产类型多样，纸扎狮子头和造鼓技术闻名遐迩。2009年彩扎（石龙醒狮头制作技艺）入选广东省第三批省级非物质文化遗产名录。2008年被公布为第四批中国历史文化名镇。（张敏、陈朝隆）

赤坎镇 又称赤坎古镇。历史文化名镇。广东省江门市开平市辖镇。因建于"赤土高地"而得名。位于珠江三角洲西南部、开平中部的潭江之滨，南与台山白沙镇隔潭江相望，西与百合镇毗邻，北与苍城镇、沙塘镇接壤。镇域面积62.1平方千米，2020年常住人口2.77万人。为著名侨乡，2017年有海外华侨、港澳台同胞9万多人。建于清顺治年间，曾是开平旧县城所

赤坎镇

在地。以碉楼文化和华侨文化闻名。有约600座骑楼建筑，其风格中西合璧、不拘一格。坐落于三门里村的迎龙楼，始建于明嘉靖年间，是开平现存最早的碉楼。2007年被公布为第三批中国历史文化名镇。2016年被公布为第一批中国特色小镇。参见第1227页华侨·侨乡卷"赤坎镇"条。（张敏、陈朝隆）

赤坎古镇　见"赤坎镇"。

唐家湾镇　历史文化名镇。广东省珠海市香洲区辖镇。位于珠江口西岸，东与香港隔海相望，南、西南与香洲前山街道和翠香街道接壤，西、北毗邻中山南朗、三乡两镇。镇域面积139平方千米，2020年常住人口20.72万人。唐代即已出现原始村落，宋代以后随着中原人士的南迁而逐渐扩展，清末民初达到鼎盛。曾为民国时期中山模范县及新中国成立初期珠海县的县城。拥有百余处历史文化资源。史上商政文各界英才辈出，有唐廷枢、唐绍仪、唐国安、唐宝锷、梁定慧、唐翘卿、唐雄、唐悦良、苏兆征、唐雪卿等一批与近代中国社会变迁深度关联的仁人志士，唐家湾也因此被称为"与近代文明伴生的南中国海第一湾"。有唐家、会同、淇澳3个保存十分完整的历史文化街区。2007年被公布为第三批中国历史文化名镇。参见第1227页华侨·侨乡卷"唐家湾镇"条。（张敏、陈朝隆）

斗门镇　历史文化名镇。广东省珠海市斗门区辖镇。位于珠江三角洲南端、斗门西北部，东邻黄杨山，南毗乾务镇，西与江门新会沙堆镇隔虎跳门水道相望，北面与莲洲镇接壤。镇域面积105.77平方千米，2020年常住人口5.82万人。新石器时代已有人类活动痕迹，唐末形成村落，自南宋起称潮

居里，是历朝都司、巡检司驻地。民国时期是区公所驻地，抗日战争时期中山县政府曾暂迁于此。新中国成立后，曾先后为中山县八区、九区人民政府，斗门人民公社社务委员会驻地。是宋代皇室后裔聚居古镇，珠三角南端的海防要地和商贸圩镇。有宋、元、明、清等各个历史时期的历史遗存，包括宋代皇室风格的庄园与建筑遗存、民国时期中西合璧"T"型骑楼商业街，以及传承至今的宋代皇室宗法礼制民俗等。尤以"一山一寺一温泉"（黄杨山、金台寺、御温泉）出名。2014年被公布为第六批中国历史文化名镇。（张敏、陈朝隆）

碣石镇　历史文化名镇。广东省汕尾市陆丰市辖镇。位于陆丰南部碣石湾畔，东与湖东镇毗邻，西与海丰隔碣石湾相望，北与桥冲镇相接。镇域面积120平方千米，2020年常住人口18.77万人。早在4000多年前的新石器晚期就有先民在碣石田尾山生活。唐元和末年，唐朝政府在此设石桥盐场。宋代设防保疆，碣石成为岭南粤东地区的海防重镇，潮、惠两州的门户要地。明洪武二十二年（1389），为抵御东南沿海倭寇侵犯，在此设立碣石卫，"碣石"之名由此而来。是明三十六卫、广东海防七镇之一。有众多历史文物，建于南宋年间的玄武山元山寺，2001年被国务院公布为第五批全国重点文物保护单位。1996年被公布为第二批广东省历史文化名城。20世纪90年代被评为"广东省民族民间艺术之乡"。2007年被公布为第三批中国历史文化名镇。（张敏、陈朝隆）

秋长镇　历史文化名镇。广东省惠州市惠阳区辖街道。"秋长"之名，由"秋溪"和"长兴"两地名称各取首字组合而得。位于惠阳南部、大亚湾畔，东南与淡水街道毗邻，西南与深

圳坪山、坑梓、龙田街道接壤，北部与新圩镇、三和街道相连。镇域面积109.9平方千米，2020年常住人口19.52万人。1949年成立秋长区。1966年设秋长公社。1986年置镇。2006年改为街道。有千年客家人聚居形成的客家文化，是著名的革命老区和侨乡，有"千年客家文化、百年红色经典"之誉。有较完整的各式客家围屋100多栋，有全国重点文物保护单位1处，省级文物保护单位2处，市文物保护单位23处。有海外华侨、港澳台同胞近3万人。"叶挺将军故居"2006年被国务院公布为第六批全国重点文物保护单位。2008年被公布为第四批中国历史文化名镇。（张敏、陈朝隆）

洪阳镇　历史文化名镇。广东省揭阳市普宁市辖镇。位于榕江中游平原、普宁东北部，南与大坝镇接壤，西与赤岗镇相接，东与麒麟镇交界，北与广太镇毗邻。镇域面积63.2平方千米，2020年常住人口14.08万人。三面环山、四水归汇，有"盘底珠"美誉。明万历三年（1575）始设普宁县城于洪阳地域，旧县治历经明、清时期和民国。有众多名胜古迹，培风塔、德安里民居群、普宁学宫被公布为广东省文物保护单位。文化艺术积淀厚重，是广东汉乐的发祥地，融合汉乐与潮乐的钧天乐社经百余年风雨而不衰，饮誉海内外。民俗文化丰富多彩，"十五夜行头桥""正月摆社"等习俗别具地方特色。2008年被公布为第四批中国历史文化名镇。（张敏、陈朝隆）

黄圃镇　历史文化名镇。广东省中山市辖镇。位于中山正北部，西与中山南头镇接壤，北、东、南三面为西、北江入海支流所环抱，分别与佛山顺德、广州番禺及中山三角镇、阜沙镇

隔河相望。镇域面积 88.35 平方千米，2020 年常住人口 18.78 万人。东晋元熙二年（420）已有人迹。南宋绍兴年间已具规模，隶香山县。明清时期属黄旗都。清初为黄旗都的政治、经济、文化中心，称黄圃。民国后有沿革，1986 年改为市辖镇。整体保留了清末民初建筑群体和村落环境，物质文化遗产资源涵盖地文景观、水域风光、生物景观、古迹与建筑等，非物质文化遗产资源较多。是珠三角的重要商贸城镇，与石岐、小榄并称为"中山三大镇"。是广式腊味的发源地。黄圃飘色、麒麟舞和腊味传统制作工艺入选广东省省级非物质文化遗产名录。2010 年被公布为第五批中国历史文化名镇。（张敏、陈朝隆）

百侯镇　历史文化名镇。广东省梅州市大埔县辖镇。原名白堠，最早见于宋代碑刻，民国以后改为百侯，取"多出人才"之意。位于大埔县东部，西接湖寮镇，东连枫朗、大东镇，北靠西河镇，南邻枫朗、高陂镇。镇域面积 112.27 平方千米，2020 年常住人口 1.21 万人。1986 年置镇。素有"文化之乡、华侨之乡、干部之乡"的美誉。有肇庆堂、海源楼、通议大夫第等名胜。2010 年被公布为第五批中国历史文化名镇。（王路、陈朝隆）

茶阳镇　历史文化名镇。广东省梅州市大埔县辖镇。因处于茶山之南，故名。位于广东、福建两省三县（区）交界处，东邻福建永定下洋镇，南接西河镇、湖寮镇，西临三河镇、青溪镇，北靠丰溪林场和福建永定凤城镇。镇域面积 287.60 平方千米，2020 年常住人口 2.88 万人。东晋义熙九年（413）设为义招县。明代为大埔县城。1985 年置镇。是红色革命老苏区、粤闽两省交界地区的重要贸易集散地、

广东省首批中心镇之一。2000 年被文化部命名为"中国民间艺术之乡（花环龙）"。2012 年被公布为第三批广东省历史文化名镇。2014 年被公布为第六批中国历史文化名镇。参见第 1227 页华侨·侨乡卷"茶阳镇"条。（王路、陈朝隆）

三河镇　历史文化名镇。广东省梅州市大埔县辖镇。因梅江、汀江、梅潭河三江在此汇成韩江而得名。位于大埔西部，东临湖寮镇、北接青溪镇、茶阳镇，南连大麻镇，西与梅县松口镇为邻。镇域面积 152.24 平方千米，2020 年常住人口 0.95 万人。1986 年置镇。有明代古城墙、明代兵部尚书翁万达墓、火船屋、凤西亭塔、古榕渡等人文景观，有中山纪念堂，八一南昌起义三河坝烈士纪念碑、纪念园等红色革命遗址。2014 年被公布为第六批中国历史文化名镇。（王路、陈朝隆）

松口镇　历史文化名镇。广东省梅州市梅县区辖镇。因处松源河与梅江汇合口而得名。位于梅县东北部、梅江

松口镇码头

下游，东临大埔青溪镇、三河镇，南接雁洋镇、丙村镇，西连白渡镇，北靠隆文镇、桃尧镇。镇域面积 328.6 平方千米，2020 年常住人口 3.76 万人。建制早于梅州，有"松口不认州"的说法。宋以后尤其是清末民初为梅州闽粤赣客家人向海外迁徙的重要驿站。完整保存了明清至民国时期岭南水乡

及南洋风情融合的商住建筑风貌，具有特有的侨乡文化、近代革命文化、历史人文和民居传统。客家风情浓郁，文风兴盛、教育发达，享有文化之乡、华侨之乡、山歌之乡等美誉。2014 年被公布为第六批中国历史文化名镇。参见第 1227 页华侨·侨乡卷"松口镇"条。（王路、陈朝隆）

黄姚镇　历史文化名镇。广西壮族自治区贺州市昭平县辖镇。因镇内黄、姚两姓居多，故名。位于昭平东北部，东与凤凰乡、公会镇毗邻，南与樟木林镇、富罗镇交界，西与走马镇相依，北与钟山同古镇、清塘镇接壤。总面积 244 平方千米，2020 年常住人口 5.11 万人。发祥于宋朝开宝年间，兴建于明万历年间，鼎盛于清乾隆年间。镇区按九宫八卦排布，防御功能强。源于清初的"黄姚豆豉"远近闻名，属国家地理标志产品。2005 年荣膺"中国最具旅游价值古城镇"称号。2007 年被公布为第三批中国历史文化名镇。2010 年入选第一批全国特色景观旅游名镇。2017 年入选第二批全国特色小镇。（王路、陈朝隆）

那良镇　历史文化名镇。广西壮族自治区防城港市防城区辖镇。初称榕树峒，后因此地水源充足、土地肥沃，改名那良，壮语意为良田。位于十万大山南麓、防城西部，东邻东兴马路镇、东兴镇，西与峒中镇相邻，南与越南隔河相望，北毗邻扶隆镇和上思。镇域面积 402.4 平方千米，2020 年常住人口 4.16 万人，包括汉、壮、瑶、侗、满、京等民族。始建于清顺治年间。是防城港侨乡，素有"英雄故里、边陲重镇"之誉。2019 年被公布为第七批中国历史文化名镇。（王路、陈朝隆）

贺街镇　曾称贺县城、贺县街、贺城。

历史文化名镇。广西壮族自治区贺州市八步区辖镇。镇域面积377平方千米，2020年常住人口6.35万人。自西汉元鼎六年（前111）始，一直是临贺县、临贺郡、临庆国、贺州、贺县治所，素称"桂东文化古城""千年古镇"。1952年贺县县治由贺街迁往八步。1954年改为县直属镇。1961年复为区辖镇。"临贺故城"2001年被国务院公布为第五批全国重点文物保护单位。2014年被公布为第六批中国历史文化名镇。2016年入选第一批中国特色小镇。（王路、陈朝隆）

贺县城 见"贺街镇"。

贺县街 见"贺街镇"。

贺城 见"贺街镇"。

铺前镇 历史文化名镇。海南省文昌市辖镇。位于海南岛最北部，三面环海，南面环河与锦山镇、罗豆农场毗邻，西与海口美兰隔海相望。北据琼州海峡出海口，内连琼北腹地，是海南的"岛中之岛"。面积134.7平方千米，2020年总人口4.26万人。汉元鼎六年（前111）属珠崖郡紫贝县。明万历三十三年（1605）琼北大地震后圩镇迁至现址。是文昌著名的侨乡和鱼米之乡。拥有5个天然港湾和全国唯一的海底村庄遗址。2008年被公布为第四批中国历史文化名镇。（王路、陈朝隆）

中和镇 历史文化名镇。海南省儋州市辖镇。位于儋州中北部，北门江畔。面积62平方千米，2020年常住人口2.29万人。汉朝建圩，时名高坡。唐武德五年（622）儋耳改名儋州，州治始建于此，并更名为宜伦。其作为儋州州治和儋县县治的时间，一直持续到1921年。北宋时期苏东坡谪居中和三年，留下了众多文化古迹。1987年改区设镇。2008年被公

布为第四批中国历史文化名镇。（陈朝隆、王路）

定城镇 旧称定阳；别名城关、定远。历史文化名镇。海南省定安县辖镇。位于定安北部，南渡江下游南畔，北、东邻海口，西接新竹镇和澄迈，南邻雷鸣镇。面积145.8平方千米，2020年总人口9.50万人。明正德年间称县前市，崇祯六年（1633）改称定城。2008年被公布为第四批中国历史文化名镇。2019年凭借琼剧被命名为2018—2020年度"中国民间文化艺术之乡"。（王路、陈朝隆）

定阳 见"定城镇"。

城关 见"定城镇"。

定远 见"定城镇"。

崖城镇 历史文化名镇。海南省三亚市辖镇。位于三亚西部，东与天涯毗邻，北与保亭接壤，西与乐东交界，南临南海。面积383.25平方千米，2020年总人口11.69万人，其中少数民族人口约3万人，以黎族为主。宋开宝五年（972）置崖州，隶琼州。其后虽多次建制变革，但一直是历代州、军治和民国政府所在地。1954年设镇。1958年改立炮艇公社。1984年复置镇。2007年被公布为第三批中国历史文化名镇。2014年撤镇设区，更名崖州区。2019年被列入第一批革命文物保护利用片区分县名单。（王路、陈朝隆）

大旗头村 又称郑村；原名大桥头。历史文化名村。广东省佛山市三水区乐平镇辖村。始建于明嘉靖五年（1526），因村旁河涌建有大桥，取名大桥头。清光绪年间，因坐落于村西南的广东水师提督郑绍忠之墓如大旗飘展，改为今名。村内建筑采用梳式布局，集民居、祠堂、家庙、府第、

文塔、广场及池塘于一体，拥有岭南地区规模最大的镬耳屋古建筑群。其中"大旗头村古建筑群"2002年被公布为第四批广东省文物保护单位。2003年被公布为第一批中国历史文化名村。2004年被评为"广东第一村"。2012年被公布为第一批中国传统村落。参见第865页建筑卷"大旗头村"条。（陈朝隆）

郑村 见"大旗头村"。

大桥头 见"大旗头村"。

鹏城村 历史文化名村。广东省深圳市龙岗区大鹏街道辖村。位于深圳东部的大鹏半岛。距今五六千年的新石器时代中晚期，便有先民在此生息繁衍。春秋战国时期，先后为越国、楚国属地。明洪武二十七年（1394），广州左卫千户张斌为抗击倭寇奉命在此筑大鹏守御千户所城，简称大鹏所城。深圳别名鹏城即源于此。所城占地面积10万平方米，是全国保存最完整的明清海防卫所。内有数座建筑宏伟、独具特色的清代将军府第，其中以抗英名将赖恩爵的振威将军府第最为壮观，拥有数十栋屋宇、厅、房、井、廊、院等，建筑雕梁画栋，牌匾众多，是广东省不可多得的大型古建筑。其中"大鹏所城"2001年被国务院公布为第五批全国重点文物保护单位。2003年被公布为第一批中国历史文化名村。参见第855页建筑卷"大鹏所城"条。（陈朝隆）

南社村 原名南畬村。历史文化名村。广东省东莞市茶山镇辖村。位于东江之南、寒溪河之东的马头岭与樟岗岭之间。因"畬"与"蛇"同音而于康熙年间将南畬村改名为南社村。始建于南宋初年，明清时期初显繁荣。面积6.9平方千米，2019年人口3690人。村内建筑群是典型的明清

南社村

建筑风格，空间布局呈船形，分别对应船头、船身、隔舱、船帆、祠堂、祖坟、家庙、府第、古树、旗杆石、石桥、水塘等景观，历史文化和建筑艺术价值颇高。2005年被公布为第二批中国历史文化名村。"南社村和塘尾村古建筑群"2006年被国务院公布为第六批全国重点文物保护单位。2012年被公布为第一批中国传统村落。2019年被公布为第一批广东省文化和旅游特色村。参见第853页建筑卷"南社村"条。（张敏、陈朝隆）

南畲村　见"南社村"。

自力村　历史文化名村。广东省江门市开平市塘口镇辖村。清道光十七年（1837）开村，名安和里。20世纪50

自力村碉楼

年代初，安和里、合安里和永安里3条方姓自然村合称为自力村，取自食其力之意。19世纪末曾有大量村民赴海外务工谋生，其中部分侨胞返乡后出资兴建了10多幢碉楼和居庐。自力村碉楼建筑群是世界文化遗产"开平碉楼与村落"的典型代表，具有明显的西洋建筑特色。2005年被公布为第

二批中国历史文化名村。2012年被公布为第一批中国传统村落。参见第863页建筑卷"自力村"条。（张敏、陈朝隆）

碧江村　古称迫岗。历史文化名村。广东省佛山市顺德区北滘镇辖村。古时因村内有一小山岗而名迫岗，后因粤语岗、江同音而改称碧江。始建于南宋初年。由于水上交通方便，300多年前已形成三圩六市，为顺德四大圩镇之一，素有"文乡雅集"之称。鼎盛时期曾有3万多人。人才辈出，自宋至清代共走出了26位进士、145位举人。村内保存较好的祠堂、宅第、民居、书塾、园林等明清古建筑，大多由还乡的仕人出资建造，其典型代表是碧江金楼（原名赋鹤楼）。其中"金楼及古建筑群"2002年被公布为第四批广东省文物保护单位。2005年被公布为第二批中国历史文化名村。2012年被公布为第一批中国传统村落。参见第851页建筑卷"碧江村"条。（张敏、陈朝隆）

迫岗　见"碧江村"。

大岭村　原名菩山村。历史文化名村。广东省广州市番禺区石楼镇辖村。东临莲花山，南毗市莲路，西接岳溪村，背靠菩山。面积3.57平方千米，2020年常住人口4150人。始建于宋代，来自南雄珠玑巷的外乡人入迁。村内建筑整体布局呈南北向半月形，以传统古街和旁生里巷为轴线呈龙骨状排布，集文塔、祠堂、庭院、蚝壳屋等多种形制的民居于一体，是珠三角地区历史建筑的典型代表。历史悠久，人文荟萃，共出进士5人、举人17人、贡生15人、秀才108人。2007年被公布为第三批中国历史文化名村。2012年被公布为第一批中国传统村落。2019年被公布为第一批广

东省文化和旅游特色村。参见第850页建筑卷"大岭村"条。（张敏、陈朝隆）

菩山村　见"大岭村"。

塘尾村　历史文化名村。广东省东莞市石排镇辖村。南宋开禧元年（1205）至三年（1207）立村，因建村时属莲花广布的水乡，时称莲溪。清乾隆年间，村民围居于莲塘之尾，故易名塘尾。村域面积3.9565万平方米，古村以清康熙年间所建的古围墙为界，有宗祠、庙宇、街巷、书室、古桥、古塔、古井等268座古民居建筑，整体呈"井"字形布局，具有典型的岭南广府建筑特色。"塘尾古村落"2002年被公布为第四批广东省文物保护单位。"南社村和塘尾村古建筑群"2006年被国务院公布为第六批全国重点文物保护单位。2007年被建设部、国家文物局公布为第三批中国历史文化名村。2021年被公布为第二批广东省文化和旅游特色村。当地民俗文化活动"康王宝诞"有近300年的历史，2007年入选广东省第二批省级非物质文化遗产名录。（张敏、陈朝隆）

翠亨村　历史文化名村。广东省中山市南朗镇辖村。位于中山市区东南17千米处。孙中山故乡。西南与珠海接壤，东与深圳、香港隔珠江口水域相望。明代始有人居住，清康熙年间建村。旧称蔡坑，道光初年更名为翠亨，寓意万事亨通。受东面邻海、其余三面被五桂山环抱的影响，村内祠堂、村庙、民宅等建筑大多坐西朝东，整体上呈梳式布局。其中"孙中山故居"和"中山纪念中学旧址"分别于1988年和2013年被国务院公布为第三批、第七批全国重点文物保护单位。2007年被公布为第三批中国历史文化名村。（张敏、陈朝隆）

大芦村　历史文化名村。广西壮族自治区钦州市灵山县佛子镇辖村。西南距灵山县城 3.8 千米，东南与佛子镇相接。面积 4.8 平方千米。原为芦荻遍布的地方，明嘉靖年间来自山东的劳氏在此地建村。清康熙年间取名为大芦村。村内建筑布局疏密有致，呈双环相扣状围水分布。有广西境内规模最大的明清建筑群，总面积超过 25 万平方米。贴楹联、悬匾额、唱采茶戏、跳岭头、舞狮等传统民俗流传至今。1999 年被广西楹联学会和广西民间艺术协会授予"广西楹联第一村"称号。2007 年被公布为第三批中国历史文化名村。2012 年被公布为第一批中国传统村落。"钦州跳岭头"民间信俗 2014 年入选国家级非物质文化遗产代表性项目名录扩展项目名录。参见第 857 页建筑卷"大芦村"条。（张敏、陈朝隆）

歇马村　又称歇马举人村。历史文化名村。广东省江门市恩平市圣堂镇辖村。在锦江河畔。因该村历史上功名

歇马村励志园

人士众多，又依"雄马"形建造，故名。元至正年间立村。村落整体布局形似雄马，水渠、巨石、池塘等景观共同组成马身。村内尚存古祠堂、功名碑林、旗杆夹、"女人巷"等文物古迹。古屋用材装饰考究，形制严整。明清出了 670 名功名人士，其中举人 285 人，有"举人村"之誉。2008 年被公布为第四批中国历史文化名村。2009 年被公布为第二届全国文明村镇。

2011 年被公布为第二批全国特色景观旅游名村。参见第 854 页建筑卷"歇马村"条。（张敏、陈朝隆）

歇马举人村　见"歇马村"。

古排村　又称南岗古排、南岗排、南岗古寨、首领排。历史文化名村。全国规模最大、最古老的瑶族山寨。广东省连南瑶族自治县三排镇辖村。因在县城以南的山岗建村，故名南岗排。占地面积约 10.6 万平方米。从宋代开始就有排瑶在此定居。寨内古屋多建于明清时期，外墙由青砖堆砌，内部为木质结构。古寨现存 368 幢寨门、寨墙、民宅和石板道等古建筑。寨内事务采用民主管理方式，元代开始的"瑶老制""习惯法"等制度一直沿用。寨中"耍歌堂""盘王节"等瑶族传统风俗传承至今。被誉为"中国瑶族第一寨"。2008 年被公布为第一批广东省历史文化名村、第四批中国历史文化名村、第五批广东省文物保护单位。2012 年被公布为第一批中国传统村落。参见第 853 页建筑卷"古排村"条。（张敏、陈朝隆）

南岗古排　见"古排村"。
南岗排　见"古排村"。
南岗古寨　见"古排村"。
首领排　见"古排村"。

前美村　历史文化名村。广东省汕头市澄海区隆都镇辖村。面积 2.8 平方千米，2018 年人口 6800 人。始建于元朝末年。是潮汕地区著名的古村落，也是远近闻名的侨乡。村内有永宁寨和陈慈黉故居等古建筑群。永宁寨建成于清雍正十年（1732），兼具防洪、防涝、防盗等功能，是潮汕平原仅存的四方形寨堡。其中的陈慈黉故居融合了"驷马拖车"传统建筑和西式洋楼的特点，被誉为"岭南第一侨

宅""南国大观园"。2002 年被公布为第四批广东省文物保护单位。2008 年被公布为第一批广东省历史文化名村、第四批中国历史文化名村。2012 年被公布为第一批中国传统村落。2019 年被公布为第一批广东省文化和旅游特色村。参见第 860 页建筑卷"前美村"条。（张敏、陈朝隆）

秀水村　历史文化名村。广西壮族自治区贺州市富川瑶族自治县朝东镇辖村。位于朝东镇西北、三河交会处、潇贺古道东南侧，北接湖南江永桃川镇。面积 11.39 平方千米。唐开元年间建村。村落遵循一村（自然村）、一台（戏台）、一水（前水）、一山（后山）、一坪（观戏坪）的空间形态布局。村中现存大量祠堂、祖庙、民居、戏台、门楼等明清风格的古建筑和官家所赐的匾额。曾设有商贸交易区和 4 所书院。文风鼎盛，人才辈出，先后出了 1 位状元和 35 位学士贤才，有"状元村"美誉。2008 年被公布为第四批中国历史文化名村。2012 年被公布为第一批中国传统村落。（张敏、陈朝隆）

石塘村　历史文化名村。广东省韶关市仁化县石塘镇辖村。位于仁化县城西南方 19 千米的盆地内部。面积 0.15 平方千米。明洪武年间始有福建先民迁居到此。街巷布局呈纵横放射状，村内古祠、民宅、古井、城墙、水渠等历史景观众多，遗存至今有 8 座祠堂、106 座古屋保存得比较完好。建筑风格糅合了客家建筑和徽派建筑特色。其中"双峰寨"2006 年被国务院公布为第六批全国重点文物保护单位，是广东现存最大的碉堡式建筑。"石塘月姐歌"和"石塘堆花米酒酿造技艺"入选广东省省级非物质文化遗产名录。2010 年被住房和城乡建设部、国家文物局公布为第五批中国历

史文化名村。（张敏、陈朝隆）

茶山村　历史文化名村。广东省梅州市梅县区水车镇辖村。因村内原有一棵古油茶树而得名。位于梅州南部、水车镇西部，距梅州市区约30千米。明代初期建村，清末达到鼎盛。现存34座民居建筑，最古老的绍德堂为明代所建。大多数建筑的历史也在百年以上，有锁头式方形围屋、杠式方形围屋、殿堂式方形围屋等形式。2010年被评定为"中国古村落（客家民居）"，是客家民居类首个获此美称的古村落。2010年被公布为第五批中国历史文化名村。（张敏、陈朝隆）

上岳村　又称上岳古围村。历史文化名村。广东省清远市佛冈县龙山镇辖村。因靠近岳山之水的上游而得名。始建于南宋末。建筑分作十八"里"布局，多为明清时期三间两廊对称式镬耳屋，具有鲜明的岭南建筑特色。保留有抢花炮、祭井神、神工戏等民俗活动。其中"上岳村建筑群"2012年被公布为第七批广东省文物保护单位。"上岳古围村"2009年被公布为第二批广东省历史文化名村。2010年被公布为第五批中国历史文化名村。"上岳古围村"2012年被公布为第一批中国传统村落。参见第853页建筑卷"上岳村"条。（张敏、陈朝隆）

上岳古围村　见"上岳村"。

松塘村　历史文化名村。广东省佛山市南海区西樵镇辖村。外围三面山岗环绕，村内宗祠家庙、书舍家塾、古井古松等景观繁多，均傍中心水塘布置，因而得名。南宋理宗在位期间始有人迁入定居。建筑多为"三雕一塑"的镬耳屋，有较高的观赏性。曾涌现众多贤才学士，仅明、清两朝就有5位进士、近20位举人，其中4

人入职清翰林院，故有"翰林村"之美誉。留有保存完好的名人故居和古联古碑等文物古迹，极具历史研究价值。2019年被公布为第一批广东省文化和旅游特色村。2010年被公布为第五批中国历史文化名村。（张敏、陈朝隆）

保平村　又称毕兰村。历史文化名村。海南省三亚市崖州区辖村。位于宁远河下游、三亚西部。古崖州的边防重镇。始建于唐代。因宰相李德裕被贬于此而扬名，后因水患而改名为保平村，寓意保佑世代平安。古建筑兼具清代建筑特色和崖州地方特色，是海南省保存最完好、规模最大、最集中的明清传统民居群，被称为"明清海南传统民居群的活标本"。是海南古老歌种"崖州民歌"的主要发源地，"崖州民歌"2006年入选第一批国家级非物质文化遗产名录。2010年被公布为第五批中国历史文化名村。参见第849页建筑卷"保平村"条。（张敏、陈朝隆）

毕兰村　见"保平村"。

十八行村　历史文化名村。海南省文昌市会文镇辖村。因村中呈扇形分布着18行前后对齐、高低有序、房屋相连的多进院落而得名。先祖明朝正统年间由福建迁来。清末始有村民下南洋谋生，事业有成后回乡建设，这种华侨文化一直传承至今。村中现存古建筑群规模较大，留存较好。2010年被公布为第五批中国历史文化名村。（张敏、陈朝隆）

高林村　历史文化名村。海南省定安县龙湖镇辖村。始建于清雍正年间。入村祖先为勉励后代发奋读书，取高大的林木可作栋梁之意，起村名为"高林"。有数十间清代乾隆到民国时期

建造的民居，均用玄武岩砌成。建筑布局呈"井"字布局，宗祠、民居、石雕、石碑、日月井等文化古迹依地形高低错落分布。2010年被公布为第五批中国历史文化名村。（张敏、陈朝隆）

塱头村　历史文化名村。广东省广州市花都区炭步镇辖村。现名朗头村。紧依巴江河，西南分别与佛山三水、南海区相邻。面积为6.25平方千米。始建于元至正二十七年（1367），开村始祖黄仕明为北宋武状元黄居正后人，由南雄珠玑巷迁入。北高南低，倚岗傍水。建筑采用梳式布局，东西主道、南北副巷以及村内水系共同组成村内街坊的框架，体现广府传统村落民居的典型形态特征与风水布局理念。有祠堂、书室、门楼、石桥、牌坊等明清古建筑近380座，是广东现存规模较大的古建筑群。2013年被公布为第二批中国传统村落。2014年被公布为第六批中国历史文化名村。参见第855页建筑卷"塱头村"条。（张敏、陈朝隆）

良溪村　历史文化名村。广东省江门市蓬江区棠下镇辖村。旧称蓢底、蒗溪，明代改名为良溪。东邻沙富、弓田、虎岭等村，南接中心村，西面和北面与鹤山雅瑶镇接壤。面积7.56平方千米。北宋时已有谢、龚氏居住。南宋年间，北宋开国功臣罗彦环之后罗贵携族人由南雄珠玑巷迁此，村东半山腰至今留有罗贵墓。建筑多用青砖砌成，兼有中原和岭南风格。2007年被评为首批广东省古村落。2014年被公布为第三批中国传统村落。2014年被公布为第六批中国历史文化名村。（王路、陈朝隆）

浮石村　历史文化名村。广东省江门市台山市斗山镇辖村。东北靠古兜山

余脉丘陵，西北与西栅村接壤，西南与横江、曹厚村相望。面积18平方千米，南宋灭亡后，赵姓皇族在此落地生根，故村内居民几乎都姓赵。至今保留多处具有汉文化色彩的建筑。飘色艺术极负盛名。1996年获得广东省文化厅颁发的"民族民间艺术之乡"称号。1999年获文化部授予的"中国民间艺术之乡——飘色之乡"称号。2014年被公布为第六批中国历史文化名村。2019年入选首批全国乡村旅游重点村名单。（王路、陈朝隆）

苏二村　原名荔枝村。历史文化名村。广东省湛江市遂溪县建新镇辖村。因北宋苏东坡曾两次踏进该村，故易荔枝村为苏二村。位于遂城东南33千米处，靠近湖光岩风景区，毗邻官田水库流牛滩，粤海铁路在村旁穿梭而过。清朝粤西状元林召棠也曾到过苏二村，并留下了"状元拜猪槽"的故事。有40多幢明清时期的古民居，是粤西地区保存较好的古建筑群之一。2012年被公布为第一批中国传统村落。2014年被公布为第六批中国历史文化名村。参见第850页建筑卷"苏二村"条。（王路、陈朝隆）

荔枝村　见"苏二村"。

林寨村　历史文化名村。广东省河源市和平县林寨镇辖村。元朝开始，本地村民凭借土地的肥沃和浰江水运之利，富甲一方。清代至民国期间，营造出众多高大的方形围屋。有清代、民国古民居200多幢，仍保存完好的古民居有24座，属典型客家民居风格的四角楼。其规模大、数量多、建筑艺术精湛、文化底蕴深厚，在全省乃至全国都较为罕见。2011年获评为中国传统建筑文化旅游目的地、中国传统优秀建筑文化遗产名村。2012年被公布为中国传统村落。2014年被公布

为第六批中国历史文化名村。（王路、陈朝隆）

石寨村　历史文化名村。广东省梅州市蕉岭县南礤镇辖村。位于南礤镇中东部，是粤闽交界地区最具代表性的客家传统村落。面积14.85平方千米。开基于明正统年间。素有崇文重教传统，旧时私塾甚多，房族内曾设"学田""学谷"，奖励成绩优秀的学生。有传统历史建筑22座。其中"石寨土楼"（包括"方楼"和"树德楼"）2002年被公布为第四批广东省文物保护单位。2012年被公布为第一批中国传统村落。2019年被公布为第一批广东省文化和旅游特色村、第一批国家森林乡村。2014年被公布为第六批中国历史文化名村。（王路、陈朝隆）

石寨村　又称石城。历史文化名村。广东省汕尾市陆丰市大安镇辖村。因最先定居者系石姓人家而得名。坐落于小山岗之上，面积约10万平方米。唐武德五年（622）开始建村。清代建成由周长数百米、高数米的寨墙围绕的城堡式建筑。民居沿寨墙呈环形，巷道连通，层叠有序。该村向来兴教重学，历代文人所遗诗画、诗集、楹联和古董颇多，村前有30多副石旗杆，清乾隆御书"石城"刻于寨门之上。2012年被公布为第一批中国传统村落。2013年被评定为中国古村落。2014年被公布为第六批中国历史文化名村。参见第849页建筑卷"石寨村"条。（王路、陈朝隆）

石城　见"石寨村"。

福溪村　历史文化名村。广西壮族自治区贺州市富川瑶族自治县朝东镇辖村。因境内福溪而得名。四面环山，处于秦汉潇贺古道旁，距县城40千米。面积4.5平方千米。秦始皇二十八年（前

219），潇贺古道的雏形形成，是湖南进入贺州的第一个村落，曾被称为"南邪关"。历史街巷、民居、祠堂等基本保持唐宋建筑形制，内有宋代理学鼻祖周敦颐的讲学堂。其中"马殷庙"2006年被国务院公布为第六批全国重点文物保护单位。2012年被公布为第一批中国传统村落。2014年被公布为第六批中国历史文化名村。参见第851页建筑卷"福溪村"条。（王路、陈朝隆）

程洋冈村　又称大梁冈；古称凤鸣冈、凤冈、凤岭。历史文化名村。广东省汕头市澄海区莲下镇辖村。称程洋冈，取海中山冈之意。位于莲下镇西北部，韩江南溪南侧。面积2.56平方千米。古为潮郡襟喉、兵防重地，称"凤岭古港"。南北朝时已有民居。北宋年间建成永兴街集市。唐以前为韩江出海口的岛屿，后因淤积与陆岸相连，逐渐失去古港优势。清乾隆年间红糖贸易已具规模。保存有南朝、唐朝、宋朝、明朝等的历史古迹，多公庙、祠堂、书斋等。2019年被公布为第五批中国传统村落、第七批中国历史文化名村。参见第850页建筑卷"程洋冈村"条。（王路、陈朝隆）

大梁冈　见"程洋冈村"。
凤鸣冈　见"程洋冈村"。
凤冈　见"程洋冈村"。
凤岭　见"程洋冈村"。

水东村　历史文化名村。广东省云浮市云城区腰古镇辖村。位于国道324线云浮与肇庆交会处，新兴江畔。始建于明永乐二年（1404），村民系北宋理学家程颢的后裔，因避战乱从河南迁居于此。面积238万平方米，村庄占地面积4.5万平方米。村民崇尚诗书礼仪，文武双修，历史上曾出现多位文武举人。村内完整保留明清时期的

规划布局和古民居建筑，传承了程朱理学的文化，被誉为"岭南理学第一村"。2012 年被公布为第一批中国传统村落。2019 年被公布为第七批中国历史文化名村。参见第 856 页建筑卷"水东村"条。（王路、陈朝隆）

五星村　历史文化名村。广东省云浮市郁南县大湾镇辖村。村内 50 多座保存完好的明清古建筑，大量应用了雕刻、壁画等建筑艺术手法，具有浓郁的岭南建筑风格，其中 14 座古建筑 2002 年被公布为广东省文物保护单位、2008 年被公布为第一批广东省历史文化名村。2013 年被国务院公布为全国重点文物保护单位。2016 年被公布为第四批中国传统村落。2019 年被公布为第七批中国历史文化名村。（王路、陈朝隆）

云龙村　历史文化名村。广西壮族自治区梧州市岑溪市筋竹镇辖村。面积 11 平方千米，2019 年常住人口 1400 人。形成于清咸丰年间。受地形影响，民居建筑多依山而建，形成错落有致的古宅群落。建于清朝、民国时期的旧楼多为抬梁穿斗式建筑，瓦顶、瓦角筑龙画凤，极具岭南特色。2019 年被公布为第五批中国传统村落、第七批中国历史文化名村。参见第 864 页建筑卷"云龙村"条。（王路、陈朝隆）

萍塘村　历史文化名村。广西壮族自治区钦州市灵山县新圩辖村。全村约 2000 人（2018）。清光绪二十七年（1901）当地名人邓政洽在此创办钟灵学堂。1937 年仙山乡抗日自卫队在此成立，1940 年中共灵山县特别支部委员会在此诞生，是灵山县著名的革命老村。村内有规模庞大的历史建筑群落，包括东大门古建筑保护群、邓冠山祠、抗日活动旧址、邓政洽故居、

榨油屋小洋房等。2014 年被评为中国传统建筑群落。2016 年被公布为广西历史文化名村。2019 年被公布为第七批中国历史文化名村、第二批国家森林乡村。（王路、陈朝隆）

龙井村　历史文化名村。广西壮族自治区贺州市平桂区沙田镇辖村。因开凿于明万历年间的方井得名。保留大量古民居，其中包括民国三任总统顾问张廷辅的故居。因风景秀丽，曾有多部影视剧在此取景。2019 年被公布为第七批中国历史文化名村、第五批中国传统村落。（王路、陈朝隆）

秀山村　历史文化名村。广西壮族自治区贺州市富川瑶族自治县古城镇辖村。位于古城镇西部，靠近富川火车站。始建于元末明初。村中大姓为唐代从山东沿潇贺古道迁来的胡氏一族。现保留建筑多为清朝和民国时期所建，融家居、军防、休闲等功能于一体。2019 年被公布为第七批中国历史文化名村、第五批中国传统村落。（王路、陈朝隆）

龙道村　历史文化名村。广西壮族自治区贺州市钟山县回龙镇辖村。初建于宋。依岭而建，有如山城。古民居为封闭式、密集型建筑，带有浓厚的隋唐遗风；其单座建筑为变异干栏式，兼有南越土著民族和中原汉族建筑特征。多为明清时期所建，保存较为完整。受明末举人陶大鼎弃官回乡从教的影响，该村崇尚诗书，传统文化气息浓郁。2012 年被公布为中国传统村落。2019 年被公布为第七批中国历史文化名村。（王路、陈朝隆）

荷塘村　历史文化名村。广西壮族自治区贺州市钟山县公安镇辖村。位于公安镇西南部，东邻赖塘村，西接十里画廊，北与 G323 国道相邻，南连宝

塘山、双元村。坐落于喀斯特小盆地。面积 5 平方千米。明朝末年由钟益后代钟南英建村。清康熙年间出过 2 位武举人。清光绪二十七年（1901），由老村向东西两侧拓建新村。有古闸门、古戏台、古炮楼、古井、古榕、古樟、城隍庙、举人钟元直故居等古迹，保留着钟山山歌、关公出游、舞龙舞狮等传统文化习俗。2016 年被公布为第四批中国传统村落。2018 年被公布为第七批中国历史文化名村。2019 年被公布为第七批中国历史文化名村、第一批国家森林乡村。（王路、陈朝隆）

大田村　历史文化名村。广西壮族自治区贺州市钟山县公安镇辖村。保存有较好的明清时期古民居 83 座、光绪年间扩建的古戏台 1 座。生态经济成效显著，是全国首个生态系统生产总值（GEP）核算试点村。2018 年获"2018 年全国生态文化村"荣誉称号。2019 年被公布为第七批中国历史文化名村、第五批中国传统村落、第一批国家森林乡村。（王路、陈朝隆）

英家村　历史文化名村、红色古村。广西壮族自治区贺州市钟山县清塘镇辖村。面积 2 平方千米。距今 10 万—5 万年前已有人类在此活动。汉时已有居民常住。因在思勤江和潇贺古道交会处，明时已有繁荣的商业街市。明末清初成为钟山县西南重要集镇、方圆数十里的货品集散地。1947 年 6 月 5 日，中共英家党组织在此发动英家起义，打响广西各地起义的第一枪。螺山街、七甲街两条商业街总长约千米。现存粤东会馆、古戏台、五将关门楼、六甲门楼、清圹古墓群等文物古迹。有彩调、桂剧等国家级非物质文化遗产。1997 年被区政府确定为抗战时期的革命老区。2013 年被公布为第二批中国传统村落。2016 年

在此建中共广西省工委历史博物馆。2019 年被公布为第七批中国历史文化名村、全国乡村治理示范村。（王路、陈朝隆）

玉坡村 历史文化名村。广西壮族自治区贺州市钟山县燕塘镇辖村。面积 20.92 平方千米。由玉东与玉西两村组成。由宋元祐时期被贬进士廖致政退隐后始建。元朝中叶，因廖氏五世祖的僮仆与赤马夷壮结怨而引起争斗，廖氏族人举家迁居桂林。明朝初年，六世祖廖履常领兵平定瑶民起义，复归故里。清末至民国时期，为御匪患，村内富裕人家迁居大庙山后，建成玉西村。村落规整方正，呈网格型布局；楼高院深，村固如堡，素有"小南京"之誉。玉东村南由清乾隆皇帝赐建的恩荣牌坊属省级文物保护单位。瑶族门唻歌、钟山油茶、钟山道教舞蹈等非物质文化遗产别有特色。2012 年被公布为第一批中国传统村落。2019 年被公布为第七批中国历史文化名村。（王路、陈朝隆）

新河浦 历史文化街区。位于今广东省广州市越秀区。东邻五羊新城，西接东湖新村等住宅区，北靠东山口商

新河浦

业区，南临东山湖公园。是广州第一个华侨聚居点。居住人口约 2.5 万人。保存广州规模较大的中西结合的低层院落式传统民居群和历史街区，是东山花园洋房成片集中地。春园、中共三大会址等 485 栋历史建筑被列入规

划重点保护单位。中共三大会址为广东省文物保护单位。建筑融汇中西文化，综合清水红砖墙、民国水刷石和西洋式风格，保持 20 世纪上半叶的独院式格局。2008 年"新河浦历史文化保护区保护项目"获世界大都市奖第二名。2019 年获"亚洲都市景观奖"。2020 年被公布为广东省历史文化街区。（王敏）

文德南 历史文化街区。位于今广东省广州市越秀区。南起珠光园，北至文明路，西至北京南路，东至槐花前街、德政南路。总体保护范围约 18 万平方米。最早可追溯至明清时期，曾为外省商帮的聚集地和广州最繁华的中央商务区。有广州贡院、广府学宫旧址等省级、市级文物保护单位及多处历史建筑，突显了广州重视文化教育的特点，形成独特的街区历史文化风情。2020 年被公布为广东省历史文化街区。（王敏）

沙面 历史文化街区。位于今广东省广州市荔湾区珠江的分岔口。面积约 30 万平方米。曾名拾翠洲，因是珠江冲积而成的沙洲，故称。清咸丰九年（1859）以前是与六二三路相连的一块沙洲。宋朝开始就成为国内外通商要津和游览地，明朝设立了管理外商货物进出的华节亭，清朝两次鸦片战争时期设有炮台，成为捍卫广州的战略要地。共有街巷 8 条，总体为中央绿轴与方格街区结合的空间布局。保

沙面

留有新古典式、折中主义式、券廊式、仿哥特式等 150 多座欧洲风格的各式建筑。有露德天主教圣母教堂、广东外事博物馆、沙面基督堂、海关馆舍、英国雪厂等名胜和 150 多株古树。见证了广州近代的变迁。2020 年被公布为广东省历史文化街区。（王敏）

恩宁路 历史文化街区。位于今广东省广州市荔湾老城区核心区域。东起宝华路，西北至多宝路与龙津西路相

位于恩宁路的永庆坊

接，紧邻上下九商业步行街。建于 1931 年。为广州现存最古老、清末民国建筑保存较完整的历史街区。有众多历史价值较高的建筑，街道两侧有连片的西关大屋和竹筒屋等岭南传统民居，是西关骑楼建筑的精髓。民间艺术源远流长，汇集着粤剧、南拳等民间艺术文化。2007 年底，被广州市政府纳入旧城改造计划。在 2014 年的《广州市历史文化名城保护规划》中，恩宁路地块成为市域内 26 片历史文化街区之一。有八和会馆、詹天佑纪念馆、金声电影院、李小龙祖居、泰华楼等名胜。2016 年 10 月，位于恩宁路北侧的永庆坊一期开放，成为广州市历史街区活化项目的典型案例之一。2020 年被公布为广东省历史文化街区。（王敏）

南华西街 历史文化街区。位于今广东省广州市海珠区。濒临珠江，与荔湾区隔江相望。面积约 123 公顷。始建于清乾隆四十一年（1776），为海珠最早的城区，素有"先有南华西街，

南华西街

再有海珠区"的说法。1926年民国政府拆去龙溪西约、中约等后建成，取"河南繁华发达"之意。以低矮的街坊制为主，建筑密度较高，是岭南传统居住型街区的典型代表。街巷纵横交错、四通八达，麻石板路随处可见，青砖屋宇，独具特色，可与西关大屋群媲美。有双清楼、清代将军故居、百年烟馆、姑婆屋等历史文化建筑。其中，双清楼为省级文物保护单位，海幢寺为市级文物保护单位。位于敬和里、德和新等社区的民居青砖屋群具有中西合璧的风格。同福西路、洪德路的骑楼街，流露出浓厚岭南气息。2000年被广州市人民政府公布为广州市第一批历史文化保护区。2020年被公布为广东省历史文化街区。（王敏）

宝华路　历史文化街区。商业街。位于今广东省广州市荔湾区中南部。原由十五甫、宝华市、宝源市及存善大

宝华路

街组成。1931年扩建为路时，使用"宝华"作为路名。长781米，宽11米。为南北向主干道。北接华贵路，南至恩宁路、第十甫路，地铁一号线穿过，距上下九步行街不足百米。明清时期为广州商贸中心，路旁商家食肆云集，

市井文化兴旺。现建筑物以商铺为主，有众多有名的茶楼、酒家。2020年被公布为广东省历史文化街区。（王敏）

逢源街　历史文化街区。位于今广东省广州市荔湾区中部。面积约78万平方米。东起康王路，西至龙津西路，南接长寿西路，北达中山八路。前身为清代建成的逢源东街。1999年，与文昌街合并，成为逢源街。有梁家祠、西关文塔等建筑。21世纪初，大力推进街道管理和服务体制改革试点工作，获得"全国和谐社区建设示范街道"等26项国家级、省级荣誉称号，是社区建设转型的优秀典范。"逢源街—荔湾湖"2020年被公布为广东省历史文化街区。（王敏）

上下九　历史文化街区。商业老街。位于今广东省广州市荔湾老城区中心。东起上下九路，西至第十甫西，

上下九

横贯宝华路、文昌路。长1200多米。隋唐时期，印度高僧达摩在此登岸传教，故有"西来初地"盛名。宋代，此处商业逐步发展，聚落繁盛。明清时期，在十三行发展的推动下，一度成为广州对外贸易最重要的口岸。鸦片战争后一直为社会上流阶层的聚居地。1995年，正式开放为商业步行街，是广州第一条商业步行街，被称为"西关商廊"。街道两侧商铺鳞次栉比，骑楼连绵千米，别具岭南建筑特色，百年老字号聚集，街上设有特色工艺档及西关风情雕塑。"上下九—第十甫"2020年被公布为广东省

历史文化街区。（王敏）

东华里　原名伍杨街。历史文化街区。位于今广东省佛山市禅城区福贤路。原以清初聚居此地的杨、伍两族姓氏命名为伍杨街，清乾隆年间更名为东华里。长112米，面积约1公顷。街道宽敞畅顺，路面以花岗岩铺砌。两旁共有房屋58间，宅第门房高大，石砌台阶，门墙多为水磨青砖结砌，室内厅堂装饰有木雕屏风、花架及隔扇等，富丽堂皇，反映了清代各时期广府民居特色。除小部分受损外，大部分古建筑保存完好，是佛山现存最完整的清代庄宅式府第建筑群组，对研究珠江三角洲建筑史及居住习俗具有重要的价值。2007年，被开发改造为"岭南天地"，并以祖庙、东华里历史风貌区为扩散的主要轴线，运用现代化的方法保护和改造片区内多处文物、建筑。"东华里古建筑群"2001年被国务院公布为第五批全国重点文物保护单位。"祖庙—东华里"2020年被公布为广东省历史文化街区。参见第859页建筑卷"东华里"条。（王敏）

伍杨街　见"东华里"。

新安街　历史文化街区。位于今广东省佛山市禅城区南部。东起福宁路，西至卫宁路，南起卫国路，北至建新路。面积21.6万平方米，核心保护区1.6万平方米。最早形成于清代，传统居民楼形成于清末民初。新中国成立后，街区道路得到拓宽，成为佛山老城区具有代表性的繁华街市。有莺岗街、杉街、衙旁街、生街、生源大街、新安街、全安里等传统街巷。建筑多以砖木结构为主，层数一般为1—2层，有鸿胜祖馆、陈盛故居和塔坡庙等文物古迹。以佛山传统武术文化和佛山历史文化为核心，凭借文物古迹和民

间武术文化展示城市文化。保存的历史文物古迹质量较好，核心保护区内街巷基本维持历史状况。2020 年被公布为广东省历史文化街区。（王敏）

北门直街　历史文化街区。位于今广东省惠州市惠城区桥西街道内。街区以北门直街为中轴线，东起滨江西路，西至北门直街二巷，南起中山公园，北至北门直街六巷。面积约 5 公顷。以历史建筑为主要保护对象，内有 4 处文物保护单位和 8 处历史文化建筑，较好地保存了明清时期遗留下来的历史文物。明清时期城墙遗址、清末民初建筑和民国时期公园为其特色建筑。以居住建筑为主，有望野亭、廖仲恺纪念碑等历史遗址。历史上的北门直街是古代府城所在地和当时的交通要道。2020 年被公布为广东省历史文化街区。（王敏）

金带街　历史文化街区。惠州九街十八巷之一，惠城区古街道。位于广东省惠州市东江西岸。始建于明洪武二十二年（1389）。名称由来有三种说法：一为因街道东接水门路东城墙，西连西湖西城墙，如一条带子；二为相传街道内埋藏有金带；三为此街乃苏东坡捐出御赐的金犀带所建。古代居住于此的多为尚书、举人、财主等，身份地位显赫。街区的代表建筑为黄氏祖居，其采用传统二进式结构，院内保留有一口完整的明代水井。水井栏用红砂岩镌刻，经数百年磨损，依然不见裂缝。井内水源不断，水质良好。中段街巷宽约 1 米，两边为几十米的高墙，人在此处行走能发出叮咚的回声，故名叮咚巷。还保存有乡绅为资助士子应试而建的宾兴馆、梅花馆，明代末年摄吏部（礼部）侍郎杨起元故居，以及亮毅陈公祠、陈氏祖居等。仍保有古朴和谐的民风。有许多古玩店和艺术品商店，出售旧书、

徽章、瓷器、玉器等。2020 年被公布为广东省历史文化街区。（王敏）

水东街　历史文化街区。位于今广东省惠州市惠城区东江南岸。南临上塘街。形成于北宋元丰年间，兴盛于清雍正年间，鼎盛于清末民初。明清时期，街区主要由院落民居构成。民国时期，两侧扩建，院落民居被整改为骑楼竹筒屋，街巷统一拓宽改造为骑楼街。抗战期间，遭日军轰炸，店铺和骑楼多被毁。抗战胜利后，许多工商业主将资本转移到香港等地，水东街走向衰落。2010 年，改造项目规划正式启动。规划占地面积约 7 公顷，内有多处历史建筑，包括市级文物保护单位 1 处，登记不可移动文物 1 处（上塘街李屋），历史建筑 16 处，历史街巷 10 条，骑楼与院落民居建筑面积约 4 公顷。历史上是惠州繁华的商街，有连通东江的重要码头，是往来货物转运交易的重要场所。2020 年被公布为广东省历史文化街区。（王敏）

孙文西街　历史文化街区。位于今广东省中山市石岐区铁城西门外。西至凤鸣路，东至拱辰路、民生路，南至泰安路、逢源商业街，北至光明路。古称迎恩街，因每逢朝廷官员走水路到香山视察，从此处被迎入城内，就像皇恩顾顾香山一样，故名。1925 年，为纪念孙中山改称孙文路。后因拓展，遂改称孙文西路。是中山保存最为完好的近代建筑群落。含孙文西、西山寺、从善坊等。保留着汇丰百货、永安侨批局、思豪大酒店等近代重要商业设施旧址，还有永安里、从善坊等近代大型民宅群落，以及西山寺、阜峰文塔、泮水桥、来青亭等重要历史遗迹。骑楼贯穿整条步行街两旁的店铺。骑楼上的围栏保留着传统雕花装饰，民族传统的建筑风格与南洋建筑特色融为一体。1995 年，中山市政

府对其重新规划改造，1998 年 9 月竣工，更名为孙文西路文化旅游步行街。2015 年被公布为第一批中国历史文化街区。（王敏）

骑楼老街　历史文化街区。位于今海南省海口市。第一届十大"中国历史文化名街"之一。主要分布于得胜沙路、中山路、博爱路、新华路、解放路、长堤路等历史老街区。长 4.4 千米，覆盖面积约 200 公顷。有大小骑楼建筑近 600 栋，其中最古老的建筑四牌楼建于南宋。建筑多为乳白浅色，方形与圆形窗楣，并配有中式与西式浮雕，建筑风格中西融合，形成"下店上居"的空间使用形态。层高一般为 2—3 层，最高达到 5 层。底层由外部的人行道以及内部的店铺组成，上层住房覆盖于底楼的人行道与店铺之上，故称骑楼。商住两用的空间形态较合理，嵌入式的人行道不仅拓宽了行走空间，还避免了行人及店内货物被风吹雨打与阳光直射，提供了舒适的购物环境。（王敏）

骑楼老街

河东街　历史文化街区。位于今广西壮族自治区贺州市八步区贺街镇东部。是千年古城临贺故城里的一个街区，由主街河东骑楼街和进贤巷、长利街等小巷组成。河东骑楼街位于贺街镇贺江东岸，周围街道与江河平行，沿河岸而建。规划面积 13.6 万平方米，其中核心保护区占地面积 5.6 公顷，北至粤东会馆，南至临江北岸，西至临江东岸，东至李家巷和钟家巷东端。

街巷总长 1412 米。有历史建筑 25 座，传统建筑（含文物建筑、历史建筑、传统风貌建筑）用地面积占核心保护区总面积的 45.63%。2017 年被公布为广西壮族自治区第一批历史文化街区。（王敏）

西约街　历史文化街区。位于广西壮族自治区贺州市八步区。紧邻贺江边，长约 1 千米，宽约 8 米。清咸丰年间，广东商户在贺江边建立店铺、码头，来此制陶、开矿和经商。商品通过船运在八步集散，远销国内外。西约街发展成商业街，进口建筑材料，建成以江边低矮的水浸街为中心的商业骑楼街。周围集聚了盐埠街、纱街、米市街、油行街、永丰街、新街等商业街市。1935 年，修建永宁桥，建有江边石墩防洪墙和永久性盐埠码头。1938 年，八步浮桥建成通行，连通贺江南北两岸。现代采矿业在八步周边迅速兴起，水岩坝锡矿开采业成为广西军阀军饷的主要来源。民国时期，便利的水上交通和繁华的商业，使西约街成为桂东主要的政治中心。中共

广西省工委交通站、中共地下党秘密交通联络站曾设于此。抗战时期，全国各地的政界、商界、文化界的难民多集中到八步镇，西约街一度繁荣，有"小广州"之称。2017 年被公布为广西壮族自治区第一批历史文化街区。（王敏）

珠海路—沙脊街—中山路　历史文化街区。位于广西壮族自治区北海市海城区。珠海路始建于 1883 年，长 1.44 千米，宽约 9 米，沿街为中西合璧的骑楼式建筑。沙脊街与珠海路相隔不足百米，始建于 1821 年，长 400 余米，是北海市区最早的街道之一。中山路离沙脊街仅几十米，是具有较大规模骑楼的大街，于 1927 年拓建。珠海路—沙脊街—中山路始建时间早，具有深厚的历史文化底蕴，沿街建筑主要为西方领事馆、洋行、修道院等旧址，受西方券柱式建筑的影响，临街两边建筑窗顶多为券拱结构，券拱外檐及窗柱顶端都有雕饰线。街区内建筑墙体有不同样式的浮雕和装饰，被誉为"中国沿海近现代建筑年鉴"。

2015 年被公布为第一批中国历史文化街区。（王敏）

澳门历史文化街区　旧称澳门历史建筑群。历史文化街区。位于澳门特别行政区澳门半岛。以旧城区为核心，由 22 座建筑和 8 座广场组成，包括庙堂广场、牌坊、教堂遗址、修道院、基督教坟场、西式炮台建筑群、西式剧院、现代化灯塔和西式大学等，是中国境内现存年代最远、规模最大、保存最完整和最集中的东西方风格共存的建筑群。大部分建筑具有中西合璧的特色，完好地保存或保持着原有的功能，是中西文化交流互补、多元共存的见证。展现了中葡两国人民不同宗教、文化和生活习惯的交融与尊重，成为外来游客体验澳门特色、展现地域价值的重点场所。2005 年被联合国教科文组织正式列入《世界文化遗产名录》。（王敏）

澳门历史建筑群　见"澳门历史文化街区"。

自然保护区·风景名胜区·地质公园·湿地公园·森林公园

鼎湖山国家级自然保护区　自然保护区。位于广东省肇庆市鼎湖区。1956 年 6 月经国务院批准设立鼎湖山自然保护区，中国第一个国家级自然保护区。面积 113.3 平方千米。属森林生态

鼎湖山

类型。主要以南亚热带地带性森林植被为保护对象。地处热带北缘，是我国南亚热带季风常绿季雨林保存比较完整的地区，森林覆盖率达 78.8%。植物资源丰富，种类繁多。有维管束植物 2500 多种，其中桫椤、格木等 23 种为国家重点保护野生植物，华南特有种及模式产地种 30 多种，栽培植物 564 种。有高等动物 100 多种，已鉴定昆虫 1100 多种，其中蝶类 85 种。属国家重点保护野生动物的有苏门羚、穿山甲和小灵猫等 32 种。是华南地区最具生物多样性的地区之一，被称为

"基因储存库""北回归沙漠带上的绿洲"。1979 年成为中国首批世界生物圈保护区网络的成员之一，为第 17 号森林生态系统定位研究站。（余琳、张争胜）

车八岭国家级自然保护区　自然保护区。位于广东省韶关市始兴县东南部。1981 年 7 月始建车八岭自然保护区，1988 年 5 月经国务院批准晋升为国家级自然保护区。面积 161.1 平方千米。属森林生态类型。主要以中亚热带常绿阔叶林及珍稀动植物为保护对象。

车八岭自然保护区博物馆

属南亚热带与中亚热带的过渡地带，物种资源丰富，热带、亚热带和温带植物并存，有维管束植物近 2000 种，其中国家重点保护植物 9 种，珍稀濒危植物 11 种。保存有"广东杉树王"。脊椎动物与昆虫纲动物 1552 种，其中珍稀濒危动物 34 种，有国家一级重点保护兽类华南虎、豹、云豹以及黑麂等。是南岭南缘保存较完整、面积较大、分布较集中、原生性较强、中国特有的原始季雨林区，也是全球同纬度地区森林植被的典型代表。（余琳、张争胜）

内伶仃岛—福田国家级自然保护区　自然保护区。位于珠江口伶仃洋东侧和深圳湾东北部。1984 年 10 月设立广东

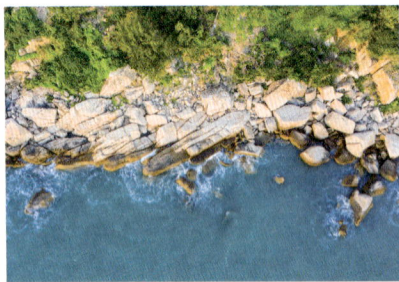

内伶仃岛

内伶仃岛—福田自然保护区，1988 年 5 月经国务院批准晋升为国家级自然保护区。面积 9.22 平方千米。属海洋海岸类型。主要以猕猴、鸟类和红树林为保护对象。含内伶仃岛和福田红树林区两个相对独立的生态系统。内伶仃岛上动植物资源丰富，有维管束植物 619 种，国家珍稀濒危保护植物 3 种，植被覆盖率在 80% 以上。有鸟类

113 种，其中国家重点保护鸟类 16 种；有猕猴 16 个自然群 1120 多只；还有国家重点保护动物 3 种（虎纹蛙、蟒蛇、三线闭壳龟）。福田红树林区有维管束植物 175 种，其中红树植物 16 种；有近 200 种鸟类，其中珍稀濒危物种 23 种，全球极度濒危鸟类黑脸琵鹭的数量占全球总量的 15%。对研究生态系统规律、监测生态环境变化、预警生态与自然灾害发生、维持地区的生态平衡具有特殊的价值。（余琳、张争胜）

惠东港口海龟国家级自然保护区　自然保护区。位于广东省惠州市惠东县港口镇。1985 年 6 月经广东省渔业行政主管部门批准成立海龟自然保护区，1992 年 12 月经国务院批准晋升为国家级自然保护区。面积 18 平方千米。属野生动物类型。主要以海龟及其繁殖地为保护对象。属亚热带海洋性气候。地处大亚湾与红海湾交界处。东、北、西面环山，南面濒海。沙滩带东西长 1000 米，南北宽 70 米。近岸水深 10—15 米，海底平坦，饵料丰富。是绿海龟按期成批洄游产卵的场所，也是幼龟和雌龟栖息地，对保护和恢复濒危的海龟种群具有重要意义。1993 年成为首批中国生物圈保护区网络成员。参见第 24 页地理卷"海龟湾"条。（余琳、张争胜）

丹霞山国家级自然保护区　自然保护区。见"丹霞山世界地质公园"。

南岭国家级自然保护区　自然保护区。跨广东韶关和清远乳源、连州、阳山。1993 年，广东省人民政府在批准建立乳阳、大顶山、龙潭角 3 个省级自然保护区基础上，将乳阳、大顶山、龙潭角、秤架、大东山等 5 个省级自然保护区合并，向国务院申请建立"广东南岭国家级自然保护区"，1994 年

4 月经国务院批准设立。面积 586.67 平方千米，是广东面积最大的国家级自然保护区。属森林生态类型。主要以亚热带常绿阔叶林和珍稀濒危野生动植物及其栖息地为保护对象。地处南岭山脉的核心地带，保存有完整的山地森林生态系统和原生植被垂直带，森林覆盖率 98% 以上。区内动植物种类丰富，有很多以南岭为起源中心和分化中心的特有种。有野生维管束植物 287 科 1262 属 3889 种，其中国家重点保护野生植物 23 科 33 种，列入中国珍稀濒危保护植物名录的野生植物 28 科 40 种。有陆栖脊椎动物 497 种，其中国家重点保护动物 74 种，被列入《濒危野生动植物种国际贸易公约》附录的 75 种。是广东面积最大的生物物种基因库，为我国 14 个生物多样性热点地区之一，被誉为"物种宝库""南岭明珠"。2001 年加入中国生物圈保护区网络。中国生物多样性保护基金会示范基地、全国林业科普基地、全国科普教育基地。（余琳、张争胜）

湛江红树林国家级自然保护区　自然保护区。位于广东省湛江市。1990 年 1 月经广东省人民政府批准成立湛江红树林省级自然保护区，1997 年 11 月经国务院批准晋升为国家级自然保护区。面积 190 平方千米。属海洋海岸类型。主要以红树林生态系统为保护对象。地处雷州半岛，受热带海洋气候影响，红树林呈带状散布沿海滩涂。是中国红树林面积最大、种类最多的自然保护区，有红树林 15 科 25 种，主要伴生植物 14 科 21 种，还有数量和种类

湛江红树林

众多的鹤类、鹳类、鹭类等水禽及其他湿地动物。既是留鸟的重要栖息繁殖地，又是候鸟迁徙的主要停留觅食地。有鸟类194种，其中国家二级重点保护鸟类32种。具有控制海岸侵蚀、保持水土和保护生物多样性等作用。（余琳、张争胜）

象头山国家级自然保护区 自然保护区。位于广东省惠州市博罗县。1998年12月经广东省人民政府批准设立象头山省级自然保护区，2002年7月经国务院批准晋升为国家级自然保护区。面积106.97平方千米。属森林生态类型。主要以南亚热带常绿阔叶林和野生动植物为保护对象。本区地带性森林植被较完整，植物种类丰富，共有10个群系，森林覆盖率达88.4%。有维管束植物1647种，珍稀濒危物种繁多，其中10种被列入1999年公布的《国家重点保护植物名录》（第一批），11种被列入《中国珍稀濒危保护植物名录》，有360多种华南地区特有物种。野生动物物种丰富，有陆生脊椎野生动物305种，其中国家重点保护动物34种。（余琳、张争胜）

珠江口中华白海豚国家级自然保护区 自然保护区。位于广东珠江口北端。1999年10月经广东省人民政府批准设立中华白海豚自然保护区，2003年6月经国务院批准晋升为国家级自然保护区。面积460平方千米。属野生动物类型。主要以中华白海豚及其栖息活动的区域为保护对象。是中国最大的中华白海豚栖息地。中华白海豚种群数量全国最多，分布最密集，有中华白海豚约1000头。对于挽救濒危的中华白海豚种群、保护珠江口水域的生物多样性具有重要价值。2007年加入中国生物圈保护区网络。（余琳、张争胜）

徐闻珊瑚礁国家级自然保护区 自然保护区。位于广东省湛江市徐闻县。1999年经湛江徐闻县批准设立徐闻珊瑚礁县级自然保护区，2003年6月经广东省人民政府批准晋升为省级自然保护区，2007年4月经国务院批准晋升为国家级自然保护区。面积143.79平方千米。属海洋海岸类型。主要以珊瑚礁生态系统为保护对象。地处角尾乡。海岸和潮间带多为沙滩和岸礁，受北部湾不规则全日潮控制。是我国大陆沿岸唯一发育和保存现代珊瑚的岸礁区域，珊瑚礁面积最大、种类最多、保存最完好。有珊瑚品种2目17科49种，其中石珊瑚为国家二级重点保护野生动物，并被列入世界《濒危野生动植物种国际贸易公约》。（余琳、张争胜）

雷州珍稀海洋生物国家级自然保护区 自然保护区。位于广东省湛江市雷州市。1983年设立雷州白蝶贝省级自然保护区，2006年经广东省人民政府批准设立雷州珍稀水生动物省级自然保护区，2008年1月经国务院批准晋升为国家级自然保护区。面积468.65平方千米。属野生动物类型。主要以珍稀濒危水生动物及其栖息地为保护对象。地处雷州半岛西侧海域，属热带季风气候。有水生动物601种，其中儒艮、中华白海豚、大珠母贝（白蝶贝）、文昌鱼、绿海龟、棱皮龟、玳瑁、江豚、宽吻海豚、热带点斑原海豚、真海豚、灰海豚、斑海豹、布氏鲸等为国家重点保护动物。有30种水生动物受到国家法律或国际公约保护。中国大陆沿海保护最完好、生态类型最丰富的热带典型生态系统之一。受人类活动影响较小，核心区基本处于原始状态。2008年加入中国生物圈保护区网络。（余琳、张争胜）

石门台国家级自然保护区 自然保护区。位于今广东省英德市北部。1998年12月经广东省政府批准设立英德石门台省级自然保护区，2012年1月经国务院批准晋升为国家级自然保护区。面积335.55平方千米。属森林生态类型。主要以南亚热带常绿阔叶林和珍稀动植物为保护对象。地处南亚热带向中亚热带的过渡气候带，属亚热带季风气候。物种资源丰富。植被以天然常绿阔叶林为主，其中有大面积的原生性森林。有维管束植物2242种，其中国家重点保护植物22种。有陆栖脊椎动物301种，其中国家重点保护珍稀动物50种。有记录的蝶类358种，是广东省记录蝴蝶种类最多的自然保护区。还发现有第四纪植物化石、旧石器时代至新石器时代古人类遗址，对研究生物群落演变和古人类发展等具有重要意义。（余琳、张争胜）

南澎列岛国家级自然保护区 自然保护区。位于广东省汕头市南澳县。2012年1月经国务院批准晋升为国家级自然保护区。面积356.79平方千米。属海洋生态系统类型。主要以水产种质资源、珍稀濒危野生动物为保护对象。地处南澎列岛海域，分布有南澎、中澎、顶澎、芹澎等岛屿和星罗棋布的礁岩。是多种珍稀保护水生野生动物的洄游和栖息地。有海洋生物1308种，国家重点保护动物17种，世界濒危及国际重点保护鸟类60多种。2015年10月被批准为国际重要湿地，现已被划入联合国生态保护项目"中国南部沿海海洋生物多样性"保护示范区核心部分。是以海洋科普为特色的国家科普基地。（余琳、张争胜）

罗坑鳄蜥国家级自然保护区 自然保护区。位于广东省韶关市曲江区。1998年12月经广东省人民政府批准设立省级自然保护区，2007年4月更名为广东曲江罗坑鳄蜥省级自然保护

区，2013 年经国务院批准晋升为国家级自然保护区。面积 188.14 平方千米。属野生动物类型。主要以鳄蜥及其生态环境为保护对象。地貌复杂，四周群山环抱，中部为较平坦的盆地。属亚热带季风气候。森林植被茂密，动植物资源丰富。有野生脊椎动物 301 种，其中国家重点保护动物 39 种。有野生维管束植物 1464 种，其中国家重点保护植物 17 种。鳄蜥是第四纪冰川末期遗留下来的古老爬行类，有"活化石"之称。该区是中国最大的鳄蜥野生种群栖息地和人工饲养繁育基地，现有 500—600 只鳄蜥野生种群，占全国总量的 50%。在保护生物多样性和生物资源、维持生态系统良性循环等方面发挥重要作用。（余琳、张争胜）

云开山国家级自然保护区　自然保护区。位于广东省信宜市、高州市交界处。1996 年 2 月经广东省人民政府批准设立大雾岭省级自然保护区，2014 年 12 月经国务院批准晋升为国家级自然保护区。面积 125.1 平方千米。属森林生态类型。主要以南亚热带常绿阔叶林生态系统，以鳄蜥、穿山甲为代表的珍稀濒危物种及其栖息地和水源涵养林为保护对象。是粤西天然森林植被保存最为完好的地区。有植物 2131 种，其中国家重点保护野生植物 17 种。野生动物种类繁多，已记录昆虫达 1500 多种，陆生野生脊椎动物 337 种，其中国家重点保护动物 19 种。为全国林业科普基地、全国野生动物保护科普教育基地、广东省森林生态旅游示范基地。（余琳、张争胜）

大田国家级自然保护区　自然保护区。位于海南省东方市。1976 年 5 月成立大田坡鹿保护区，1986 年 7 月经国务院批准晋升为国家级自然保护区。面积 13.14 平方千米。属野生动物类型。

主要以海南坡鹿及其生境为保护对象。地处丘陵地区，地势较平缓。属热带季风气候。生物复杂多样。植物生态群落独特。植被属较典型的干旱热带稀树灌丛草原。有维管束植物 602 种。有野生动物 20 种。其中海南坡鹿在世界上种群数量极少，是我国特有的珍稀濒危动物和国家一级重点保护野生动物，目前仅见于该区及周边。对于保护全球生物物种多样性具有重要意义。（余琳、张争胜）

东寨港国家级自然保护区　自然保护区。位于海南省海口市美兰区。1980 年 1 月经广东省人民政府批准设立，1986 年 7 月经国务院批准晋升为国家级自然保护区。面积 33.37 平方千米。属海洋海岸类型。主要以红树林生态系统为保护对象。红树林是热带和亚热带海岸特殊的森林植物群落，在中国仅南方少数省区沿海有分布。红树林面积较大，树种多。全球红树林 40 多种，中国分布有 24 种，东寨港有 19 种。对保护生物多样性和维护海湾生态平衡等都有重要作用。为我国第一个红树林类型的湿地自然保护区。2004 年被批准为国家林业局生态定位站，是国内唯一以红树林生态系统结构、功能及生态过程为研究对象的湿地生态站。（余琳、张争胜）

合浦营盘港—英罗港儒艮自然保护区　自然保护区。位于广西壮族自治区北海市合浦县。1986 年 4 月经广西壮族自治区人民政府批准设立，1992 年 10 月晋升为国家级自然保护区。面积 350 平方千米。属野生动物保护类型。主要以儒艮及其生态环境为保护对象。地处我国海岸线的西南部，南濒北部湾。属南亚热带海洋性气候。水质良好，水下有众多潮间浅滩、潮流深槽、潮流沙脊和海底平原，海草繁茂，为儒艮摄食及藏身提供了适宜

的生境，是我国儒艮活动的密集区域。儒艮已成为海洋生物中最濒危的一类，目前世界上仅有 5 个种群。该区是中国唯一的儒艮自然保护区，对保护和恢复儒艮种群具有重要意义。（余琳、张争胜）

防城金花茶国家级自然保护区　自然保护区。位于广西壮族自治区防城港市。1986 年经广西壮族自治区人民政府批准设立广西防城上岳金花茶自治区级自然保护区，1994 年经国务院批准晋升为国家级自然保护区。面积 91.95 平方千米。属野生植物类型。主要以金花茶及森林生态系统为保护对象。地处十万大山的兰山支脉。属热带季风气候。植被为热带季雨林。有金花茶的 3 个种和 1 个变种，共 35 万多株，金花茶群落生态系统保存完整。金花茶属世界珍稀濒危植物，是《濒危野生动植物种国际贸易公约》附录 II 的植物种，属国家二级重点保护野生植物。该区是全国乃至全世界野生金花茶组植物的重要分布区及基因库。还分布有桫椤等 19 种国家重点保护野生植物和穿山甲等 6 种国家重点保护野生动物。（余琳、张争胜）

十万大山国家级自然保护区　自然保护区。位于广西壮族自治区防城港市上思县。1982 年 6 月经广西壮族自治区人民政府批准设立，2003 年 6 月经国务院批准晋升为国家级自然保护区。面积 582.77 平方千米。属森林生态类型。主要以水源涵养林为保护对象。地层古老，地貌复杂，以中山为主。属南亚热带海洋性季风气候。森林覆盖率达 64.8%。有维管束植物 219 科 912 属 2233 种，其中属中国大陆新记录的有 4 种。有国家一级重点保护野生植物 1 种，即十万大山苏铁；国家二级重点保护野生植物狭叶坡垒、金毛狗脊、粗齿桫椤等 14 种。有国家一

级重点保护野生动物 5 种，国家二级重点保护野生动物 44 种。昆虫种类繁多，中国新记录种 8 种，特有昆虫 27 种，珍稀昆虫 33 种。是国家森林公园，有"中国氧都"之称。（余琳、张争胜）

七冲国家级自然保护区　自然保护区。位于广西壮族自治区贺州市昭平县。2014 年 12 月经国务院批准晋升为国家级自然保护区。面积 143.36 平方千米。属森林生态类型。主要以常绿阔叶林、典型山地森林生态系统为保护对象。地处南岭余脉与大瑶山汇合处。是我国生物多样性保护的关键地带和多处国家级自然保护区的中间连接带。动植物区系交错分布。植物起源古老、种类丰富，原始植被保存完好，珍稀濒危野生植物多。有野生维管束植物 1570 种，其中国家重点保护植物 10 种。野生动物种类繁多。有陆生脊椎动物 330 种，其中国家重点保护野生动物 37 种。是我国南方森林生态系统类型完整，现有原生性森林保存最好、面积较大的区域。（余琳、张争胜）

肇庆星湖风景名胜区　风景名胜区。位于广东省肇庆市。面积 20.61 平方千米。主要由七星岩和鼎湖山两大景区组成。七星岩景区有五湖、六岗、七岩、八洞之景，湖面占整个景区的 80%，湖中错落散布 7 座陡立峻峭的石灰岩山峰，形如北斗七星。鼎湖山内有名刹庆云寺，依山而建，地分七级，堂列五层。寺内保存有《金刚经》《六祖坛经》等众多经书以及舍利子、千人镬、大铜钟、翡翠玉佛像和银鼎等佛门奇珍，还有清平南王尚可喜送栖壑禅师的法座以及碑刻、匾额、楹联等珍贵文物。鼎湖山景区主要由天溪、云溪、宝鼎园三部分组成。是全国十大文明风景旅游示范点和 ISO14000 国

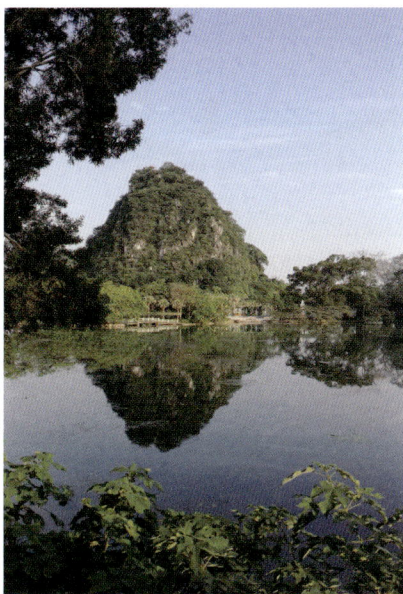
肇庆星湖

家示范区。1982 年被国务院公布为第一批国家重点风景名胜区星湖国家湿地公园位于七星岩景区内，是广东省首个通过验收的国家湿地公园。（余琳、张争胜）

丹霞山风景名胜区　风景名胜区。见"丹霞山世界地质公园"。

西樵山风景名胜区　风景名胜区。位于广东省佛山市南海区西南部。面积 14 平方千米。以西樵山为主体，共 72 座山峰，主峰海拔 346 米。由火山喷发形成。岩石节理发育、裂隙纵横，多水景，有 232 处泉眼，28 处瀑布。东南部、中部有我国南方规模最大的新石器时代石器制造场，为西樵山文化遗迹。其中"西樵山采石场遗址"2019 年被国务院公布为第八批全

西樵山燕子岩

国重点文物保护单位。有云海莲台、宝峰寺、白云洞、黄飞鸿狮艺武术馆、黄大仙圣境园、四方竹园区、桃花园等景点。其中大仙峰的云海莲台，建有高 61.9 米的南海观音法像。宝峰寺兴建于明永乐二年（1404），惠连法师曾在此兴教弘法。白云洞位于西北麓，有奎光楼、飞流千尺、三湖书院、连理枝榕树、灵感石、仰辰台等景点，"西樵云瀑"为清代"羊城八景"之一。此外，翠岩、九龙岩、金鼠㟖、白云洞等处分布有明清以来官宦隐逸的摩崖石刻 140 多题。为国家森林公园和国家地质公园。1988 年被国务院公布为第二批国家重点风景名胜区。（余琳、张争胜）

白云山风景名胜区　风景名胜区。位于广东省广州市东北部、珠江三角洲北缘。南北长约 7 千米，东西宽约 4

白云山天南第一峰牌坊

千米。面积 28 平方千米。从南至北分麓湖、三台岭、鸣春谷、摩星岭、明珠楼、飞鹅岭及荷依岭 7 个游览区。地处大庾岭支脉九连山末梢，有 30 多座山峰，白云山因山间白云缭绕，故名，素有"南越第一山"之称。主峰摩星岭海拔 382 米。地带性植被为南亚热带季风常绿阔叶林，有植物 876 种，绿化覆盖率达 95%，被誉为广州

的"肺部"。建有白云寺、能仁寺、弥勒寺、濂泉寺、蒲涧寺、上景泰寺、下景泰寺、五龙谷庙、云岩寺等寺庙。还有九龙泉、甘露泉、虎跑泉、玉虹池、"天南第一峰"石牌坊、明珠楼等名胜古迹。云台花园是全国最大的园林式花园。蒲涧濂泉、白云晚望、景泰僧归等为古代"羊城八景"。"白云松涛"和"云山锦绣"曾被评为"羊城新八景"。2002年被国务院公布为第四批国家重点风景名胜区。（余琳、张争胜）

惠州西湖风景名胜区 风景名胜区。位于今广东省惠州市惠城中心区。东起环城西路，西以城市西三环和铁路为界。面积20.91平方千米。由西湖和红花湖两部分组成。属低丘陵河谷地貌，山体平缓，海拔50—80米，最高峰高榜山海拔227米。为南亚热带海洋性季风气候，年均温19.5—22.5℃，年降雨量1731毫米。生物资源丰富，有木本植物48科127种，浮游植物8门68属117种，有白鹭、苍鹭、牛背鹭、长尾缝叶莺等鸟类30多种，还有鲤鱼、鲮鱼、鳙鱼等鱼类和轮虫、桡足类、枝角类浮游动物。西湖位于惠州城区西侧，是整个风景区的核心，有泗洲塔、王朝云墓、飞鹅岭、元妙观、拱北桥、东征阵亡烈士纪念碑、陈炯明墓、丰湖书院匾联石刻、留丹亭、落霞榭、东江人民烈士纪念碑等文物古迹。红花湖位于市区西南大石壁以西、红花嶂以北，四面环山，环境幽雅。苏东坡、李商隐、杨万里、孙中山、周恩来等在此留下了宝贵的历史遗迹。有"苎萝西子"之美誉。2002年被国务院公布为第四批国家重点风景名胜区。（余琳、张争胜）

罗浮山风景名胜区 风景名胜区。位于今广东省惠州市博罗县西北部、东江之滨。东起横湖公路，西邻联合水

罗浮山延祥古寺阿育王柱

库东岸，南至石坑水库、大洞水库、显岗水库，北至横河西角和酥醪村北界。面积214.82平方千米。由侏罗纪和白垩纪花岗岩体受挤压隆起而成。以奇峰怪石、名泉飞瀑、洞天奇景为特色。有飞云峰、铁桥峰、玉女峰、骆驼峰和上界峰等山峰432座。主峰飞云峰，海拔1296米。有白漓瀑布、白水门瀑布、黄龙洞瀑布、白莲湖、芙蓉池、长生井、卓锡泉等飞瀑名泉980处，朱明、蓬莱、桃源、蝴蝶、夜乐等大洞天18处，通天、罗汉、伏虎和滴水等小洞天72处。地处北回归线上，高温多雨，植物茂密，有常绿乔木及藤本、草本等植物3000多种，其中药用植物1042种，为南药基地。东晋咸和年间，葛洪曾在此建庵炼丹，著书讲学，创道教南宗灵宝派。罗浮山是道佛儒并存的文化名山，有华首寺、酥醪观、黄龙观、冲虚古观、葛仙祠、吕洞宾殿等宗教建筑。2004年被国务院公布为第五批国家重点风景名胜区。（余琳、张争胜）

湖光岩风景名胜区 风景名胜区。见"雷琼世界地质公园"。

梧桐山风景名胜区 风景名胜区。位于今广东省深圳市中南部。西为深圳市区，南临大鹏湾和香港新界。面积31.82平方千米。包括东湖公园、仙湖植物园和沙头角林场，分主入口、风谷鸣琴、梧桐烟云、碧梧栖凤、生态保护区、封山育林区、东湖公园、仙湖植物园八大景区。以滨海山地和

自然植被为景观主体。主峰大梧桐海拔943.7米，为深圳第一高峰。山势雄伟，溪涧幽邃，是深圳河的发源地。仙桐体育公园为国内最大的户外攀岩场地之一。有大片南亚热带常绿阔叶混交林，动植物资源丰富。仙湖植物园收集保存植物6000余种，其中国家重点保护植物300余种。天然植被有维管束植物233科764属1376种，其中有刺桫椤、穗花杉、白桂木、土沉香、粘木等珍稀、濒危物种，植被覆盖率达95%以上。有野生动物24目64科196种，其中有国家重点保护野生动物蟒蛇、鸢、赤腹鹰、褐翅鸦鹃、穿山甲、小灵猫等。珠江三角洲地区珍稀动植物的庇护地和资源库之一。广东省首个国家森林公园。2009年被国务院公布为第七批国家级风景名胜区。（余琳、张争胜）

丹霞山世界地质公园 地质公园。位于今广东省韶关市仁化县。面积292平方千米。由丹霞、韶石、巴寨、飞花水、仙人迹5个园区和锦江、浈江2个风光带组成。属南岭山脉的构造盆地。因地壳抬升，红色陆相碎屑岩盆地被流水侵蚀切割而成。主要发育白垩系红色砂砾岩。因"色如渥丹、灿若明霞"，故称丹霞山。以赤壁丹崖为特色，呈现红层峰林式结构。有石峰680多座，海拔300—400米。主峰巴寨海拔619.2米。原生植被以中亚热带常绿阔叶林为主。林木茂盛，四季葱郁。有植物216科891属1916种，其中珍稀濒危保护植物23种，国家重点保护植物13种。特有植物有丹霞梧桐、丹霞南烛、丹霞小花苣苔等。有哺乳动物88种、鸟类288种、爬行类86种、两栖类37种（或亚种）、鱼类100种（或亚种）、昆虫1023种，其中国家重点保护野生动物75种。东南部有新石器时代遗址。隋唐时已是岭南风景胜地，有别传禅寺、锦石

岩寺、仙居岩道观等寺观，众多石窟寺、古山寨遗址及悬棺岩墓，宋代以来的摩崖石刻及岩画。有"中国红石公园"之称。1988 年被国务院公布为第二批国家重点风景名胜区。1993 年经韶关市人民政府批准设立自然保护区，1995 年晋升为国家级自然保护区。2002 年被公布为第二批国家地质公园。2004 年被联合国教科文组织公布为中国第一批世界地质公园。2010 年被联合国教科文组织列为世界自然遗产。（余琳、张争胜）

雷琼世界地质公园 地质公园。位于今广东省西南部雷州半岛和海南省北部。面积 379 平方千米。由海南海口

雷琼世界地质公园

园区、广东湛江园区组成，包含海口火山群、湛江湖光岩、雷州龙门瀑布和龙门岩洞穴群 4 个景区。园内火山密集，共有 101 座火山。火山类型多样，包括玄武质岩浆爆发与蒸汽岩浆爆发的所有类型，湖光岩净湖为典型的玛珥湖。其面积、数量、类型以及保存完整程度均居我国第四纪火山带之首。为热带海洋性季风气候。有植物 1200 多种，动物 30 多种。历史悠久，隋唐时期有佛教僧人在园区建寺庙。宋朝丞相李纲题写"湖光岩"。雷剧产生于此。其中湖光岩风景区 2002 年被公布为第二批国家地质公园，2004 年被国务院公布为第五批国家重点风景名胜区。2006 年被联合国教科文组织公布为中国第三批世界地质公园。（余琳、陈洪福）

香港世界地质公园 地质公园。位于今香港特别行政区东北部。面积 49.85 平方千米。由西贡火山岩园区和新界东北沉积岩园区两大园区组成。西贡火山岩园区的粮船湾、瓮缸群岛、果洲群岛和桥咀洲景区，有中生代白垩纪六边形酸性火山岩柱状节理和海岸侵蚀地貌。岩柱群北起万宜水库东坝，西至果洲群岛。岩柱粗大，直径平均 1.2 米。桥咀洲有火山角砾岩、流纹岩、凝灰岩、石英二长岩等多种火山岩。瓮缸群岛的火山岩，由于长期受到海浪冲击，形成悬崖峭壁及许多海蚀穴、海蚀拱。新界东北沉积岩园区有东平洲、印洲塘、赤门和赤洲—黄竹角咀景区，以古生代泥盆纪、二叠纪，中生代侏罗纪、白垩纪至新生代古近纪的地层、古生物、沉积和构造地质遗迹为特色，记录了香港沧海桑田的地质历史。2011 年被联合国教科文组织公布为第七批世界地质公园。（余琳、陈洪福）

西樵山国家地质公园 地质公园。见"西樵山风景名胜区"。

阳春凌霄岩国家地质公园 地质公园。位于今广东省阳春市河朗镇。面积 0.03 平方千米。凌霄岩的外貌与其相邻的

阳春国家地质公园

山峰并没有太大差异，内部的溶洞从地下暗河的河面算起，有 177 米高。全洞分为 4 层。第一层是一条纵贯全洞的暗河，发源于阳春境内，流过山洞后进入另一个县境。第二层是一个 60 米高的熔岩大厅，19 根巨大的石笋、石柱矗立在大厅周围。在凌霄大殿的上方，还有第三层、第四层，每一层都有不同的熔岩景观。是中国最具代表性的喀斯特溶洞地质遗迹之一，素有"南国第一洞府"之称。2004 年被公布为第三批国家地质公园。（余琳、陈洪福）

封开国家地质公园 地质公园。位于今广东省肇庆市封开县。面积 1326 平方千米。园内有燕山期花岗岩构成的巨大圆丘形地貌、古生代碳酸盐岩岩溶地貌、泥盆纪石英砂岩形成的张家界型砂岩柱状峰林地貌等景观。主要景点有大斑石—石成山、十里画廊和千层峰林。为南亚热带季风气候。盛产竹木、白马茶、麒麟李、长岗油栗等。有大量古人类文化遗址、古墓葬、古建筑和古窑址。2005 年被公布为第四批国家地质公园。（余琳、陈洪福）

恩平地热国家地质公园 地质公园。中国第一个以地热命名的地热国家地质公园。位于今广东省江门市恩平西北部。面积 80 平方千米。属丘陵地区。有丰富的地热地质遗迹景观。包括地热温泉、七彩峡谷、花岗石阵、五乡金矿遗址和雁列状石臼等景点。园区内的云礼石头村有 600 余年历史，古韵犹存。村中的所有建筑包括祠堂、农舍、塘基、水渠等都是就地取材，用石头堆砌而成，工艺精湛，独具特色。2005 年经国土资源部批准成立并被公布为第四批国家地质公园。（余琳、陈洪福）

大鹏半岛国家地质公园 地质公园。

位于今广东省深圳市东部大鹏半岛中南部。面积150平方千米。地貌类型丰富，以丘陵为主。从海洋到高山可划分为海底、滨海沙滩、潟湖平原、冲积台地、丘陵和低山区。是1.45亿至1.35亿年前晚侏罗世到早白垩世多次火山喷发作用形成的中生代火山地质遗迹，以及2万至1万年前形成的典型海岸地貌景观。岩石类型多样，包括各种火山作用形成的流纹岩、凝灰岩、集块岩等。主要景区有海石奇观景观区、步溪杨梅景区、古生物化石景区、枫木断层景区、鹿嘴观潮景区和穹丘行旅区等。植物生长茂盛，自然植被成分和群落特征表现出热带与亚热带之间的过渡性，地带性植被代表类型为热带季雨林和亚热带常绿林。有红树林群落，属热带海岸潮滩上特有一种森林植被类型，组成种类较丰富，包括海滩红树林及海岸半红树林2类。以桐花树、老鼠筋、秋茄、银叶树、海杧果、海莲等为主。有17种起源于2亿多年前的国家一、二级重点保护濒危植物，包括桫椤、金毛狗、毛茶、乌檀和粤紫萁等。有鸟类230多种、兽类37种、两栖类18种、爬行类40多种。2005年经国土资源部批准成立并被公布为第四批国家地质公园。（余琳、陈洪福）

阳山国家地质公园　地质公园。位于今广东省清远市阳山县。面积79.72平方千米。由第一峰园区和小北江园区2个园区组成。地质遗迹资源多样，以花岗岩地貌景观、可溶性碳酸盐岩地貌

阳山国家地质公园

景观和水体景观等为主。地势北高南低，广东第一峰（猛坑石）海拔1902米，南部为碳酸盐岩形成的岩溶地貌。海拔多在250米以下。有韩文公读书台、钓鱼台、纪念馆、北山古寺等人文景观和瑶族风情、四驱越野等旅游活动项目。是融景观多样性、生物多样性、文化多样性于一体的综合性中型国家地质公园。2009年被公布为第五批国家地质公园。（余琳、陈洪福）

北海涠洲岛火山国家地质公园　地质公园。位于今广西壮族自治区北海市、北部湾北部。面积27.7平方千米。具有典型的火山结构（包括火山口），拥有丰富的火山景观。包括鳄鱼山景区、滴水丹屏景区、石螺口景区、天主教堂景区和五彩滩景区5大景区。涠洲岛主要由第四纪喷溢的玄武岩组成，岩石多气孔和裂隙，为各种近岸海洋生物（鱼类、珊瑚和其他生物）提供了栖息地和附着生长的场所，为岛缘海域水下旅游资源的开发提供了地质基础。火山景观除了地貌景观外，还包含不同尺度的各种火山造型。植物种类有桑、黄葛树、樟树、木麻黄、台湾相思、银合欢和桉类等。是中国地质年龄最年轻、面积最大的火山岛，也是我国独一无二的海洋岛火山地质遗迹保护区。2004年经国土资源部批准成立并被公布为第三批国家地质公园。（余琳、陈洪福）

浦北五皇山国家地质公园　地质公园。位于今广西壮族自治区钦州市浦北县。面积40平方千米。典型花岗岩球状风化微地貌景观。有残峰、悬崖陡壁、石蛋、流水冲蚀崩积地貌、一线天等地质遗迹，其中石蛋景观最具特色。为南亚热带季风气候。仙童溪、仙女溪内，常年清澈的流水不断。森林密布，覆盖率达62.75%。有森林植物475属765种。有桃金

娘树、鱼蛋花树、格木、紫荆木、橄榄、枫木、细叶樟、石头榕等植物和穿山甲、野猪、野鸡、石青蛙等动物。有全国最大的红椎林保护区。2011年经国土资源部批准成立并被公布为第六批国家地质公园。（余琳、陈洪福）

饶平青岚地质公园　地质公园。位于今广东省潮州市饶平县西部。面积17.16平方千米。是以壶穴群、花岗岩洞、瀑布、温泉为主体构成的综合性地质公园。花岗岩地貌景观最具特色。公园内有大面积出露的晶洞正长花岗岩，还有风洞石、石柱、温泉、瀑布等景观。在青岚溪谷中，分布着由2000余个壶穴构成的"石臼壶穴群"。分为三大园区：以"石臼壶穴群"为主的青岚峡谷园区、以火山岩地质科学研究为特色的鹅面寮园区、以热矿温泉为特色的坪溪温泉园区。人文景观丰富，有造型罕见的明清古寨土楼、4A级风景区绿岛山庄。2018年经国土资源部批准成立并被公布为第八批国家地质公园。（陈洪福）

星湖国家湿地公园　湿地公园。见"肇庆星湖风景名胜区"。

南水湖国家湿地公园　湿地公园。位于今广东省韶关市乳源瑶族自治县境内。2009年经国家林业局批准成为试点国家湿地公园，2015年通过国家林业局验收，正式成为国家湿地公园。面积62.84平方千米。以河流湿地、湖泊湿地、沼泽湿地和森林组成的复合湿地生态系统为主体，是广东北部的重要生态屏障，有助于保护和改善湿地生物栖息环境。植被类型多样，物种丰富。有植物2400多种，其中国家级珍稀保护植物35种。有野生脊椎动物438种，非脊椎动物3000种以上，其中国家级保护动物34种。是广东省

第三大人工淡水湖泊所在地，也是广东省一级饮用水源保护区。（余琳、祝志刚）

海珠国家湿地公园 湿地公园。位于今广东省广州市海珠区东南隅。2012年经国家林业局批准成为试点国家湿地公园，2015年通过国家林业局验收，正式成为国家湿地公园。面积8.69平方千米，其中湿地面积3.77平方千米。平均水深1.5米。由河涌湿地、城市内湖湿地与涌沟—半自然果林镶嵌交混的复合湿地3种类型组成，是全国特大城市中心区域面积最大的湿地公园。海珠湖分内湖、外湖，石榴岗河等6条河涌汇入，形成一湖六脉的水网格局。湿地资源丰富。有维管束植物630种，其中乔木165种、灌木88种、草本325种、藤蔓52种；有动物583种，含鸟类177种、昆虫类285种、两栖类8种、爬行类22种、哺乳类8种、鱼类54种、底栖动物29种，其中国家二级保护鸟类16种。湿地公园美景与岭南文化相映，同时凸显自然野趣与生物多样性，呈现岭南水乡特色。（余琳、祝志刚）

海珠国家湿地公园

九龙山红树林国家湿地公园 湿地公园。中国首个以红树林命名的国家湿地公园。位于今广东省湛江市雷州市。2009年经国家林业局批准成为试点国家湿地公园，2016年通过国家林业局验收，正式成为国家湿地公园。面积12.71平方千米，其中湿地11.5平方千米。植物种类丰富，有维管束植物116科268属581种，其中蕨类植物4科4

属4种，裸子植物7科12属14种，被子植物105科252属563种，优势科有菊科、禾本科、桑科、红树科、莎草科、蓼科等。主要植被种类为红树林，还生长有珍稀的半红树植物玉蕊、银叶树。有野生动物257种，其中鸟类141种。黑耳鸢、红隼、草鸮等24种被列为国家二级重点保护野生动物。游隼、白尾鹞、牛背鹭等27个物种被列入《濒危野生动植物种国际贸易公约》。园区内依山而建的宝林禅寺，拥有"粤西第一钟""粤西第一鼓"等景观。（余琳、祝志刚）

孔江国家湿地公园 湿地公园。位于今广东省韶关市南雄市东北部。2011年经国家林业局批准成为试点国家湿地公园，2016年通过国家林业局验收，正式成为国家湿地公园。面积16.68平方千米，其中湿地面积6.93平方千米。分湿地保护保育区、湿地恢复重建区、湿地科普宣教展示区、湿地合理利用示范区、综合管理服务区。是以人工湖、河流、沼泽、水稻田、丹霞地貌和环湖森林组成的湿地—森林复合生态系统。主要水体孔江水库，是珠江流域北江源头第一水库。在我国中部亚热带山地丘陵地区具有典型性和代表性，是广东省唯一的水映丹霞湿地公园，有"百鸟湖""粤北第一库"的美称。生物资源丰富，有国家保护植物13科12属14种，其中国家二级重点保护野生植物有樟树、花榈木2种。有国家重点保护动物34种，其中国家二级重点保护野生动物有黑鸢、红隼、褐翅鸦鹃、小鸦鹃、斑林狸5种。对探索和研究我国跨区域江河源头湿地保护方法与技术，具有重要的典型示范作用。（余琳、祝志刚）

万绿湖国家湿地公园 湿地公园。位于今广东省河源市，万绿湖中部至南部。2011年经国家林业局批准成为试

点国家湿地公园，2016年通过国家林业局验收，正式成为国家湿地公园。面积263.49平方千米，其中人工湿地面积248.80平方千米。依托新丰江水库入库溪流及水体、环湖森林、洲滩及珍稀动植物等自然资源，建有湿地保育区、恢复重建区、合理利用区3大功能区。其中，合理利用区建有九里湖游步道、大京九亲水长廊、客家文化展馆等人工旅游设施。有植物1000多种，其中10种为国家保护植物。有国家重点保护野生动物43种，含国家一级重点保护野生动物6种、国家二级重点保护野生动物37种。有34种野生动物被列入《濒危野生动植物种国际贸易公约》，还有桃花水母等珍稀濒危物种。（余琳、祝志刚）

东江国家湿地公园 湿地公园。位于今广东省河源市东源县。2012年经国家林业局批准成为试点国家湿地公园，2017年通过国家林业局验收，正式成为国家湿地公园。面积7.76平方千米，其中湿地面积5.46平方千米。以东江湿地生态系统为核心，江心形成独特的沙洲岛屿、沙洲湿地植被景观。有高等维管束植物356种，水生植物丰富。湿地植被类型多样，包括挺水植物群落、沉水植物群落、漂浮植物群落、湿生草甸群落等，有列入《国家重点保护野生植物名录》的植物2种，还有数十株古树名木形成的古树群。野生动物资源丰富，有鱼类68种、野生陆栖脊椎动物137种，其中国家一级重点保护野生动物有鼋。国家二级重点保护野生动物11种。沙洲上及其边缘的沙滩是鼋等珍稀保护水生野生动物的良好栖息生境。公园以河流自然景观和苏家围客家风情人文景观为特色，以丰富的湿地文化为内涵，集湿地保护保育、湿地功能和湿地文化展示、湿地休闲、东江画廊湿地景观等功能于一体。（余琳、祝志刚）

怀集燕都国家湿地公园 湿地公园。位于今广东省肇庆市怀集县。2013 年经国家林业局批准成为试点国家湿地公园，2019 年通过国家林业和草原局验收，正式成为国家湿地公园。面积 5.2 平方千米，湿地率 35.17%。包括众多库塘及周边部分水田、山体等。野生植物资源丰富，植被类型有针叶林、阔叶林、灌丛和灌草丛、水生植被等。有野生维管束植物 108 科 367 属 494 种，其中国家二级重点保护野生植物有降香黄檀、樟 2 种。常见的湿地植物有沉水植物、浮水植物、浮叶植物、挺水植物、湿生植物等。有野生动物 29 目 84 科 262 种，其中国家二级重点保护野生动物有蟒蛇。（余琳、陈洪福）

郁南大河国家湿地公园 湿地公园。位于今广东省云浮市郁南县。2014 年经国家林业局批准成为试点国家湿地公园，2019 年通过国家林业和草原局验收，正式成为国家湿地公园。面积 2.8 平方千米，湿地面积 1.34 平方千米。以大河水库为主体，还包括源于广西的入库溪流及大河水库大坝至西江河的河道及其洪泛湿地。有维管束植物 155 科 429 属 662 种，其中国家二级重点保护野生植物有金毛狗、水蕨、樟树。《濒危野生动植物物种国际贸易公约》附录列入种有见血清、石仙桃。有鱼类及陆生脊椎动物 199 种，其中国家二级重点保护野生动物有蟒蛇、虎纹蛙、穿山甲、小灵猫、花鳗鲡等 19 种。对维护西江水系生态安全、保护生物多样性具有重要意义，对维持珠江流域的生态系统健康发挥重要作用。（余琳、陈洪福）

海陵岛红树林国家湿地公园 湿地公园。位于今广东省阳江市海陵岛神前湾畔。2014 年经国家林业局批准成为试点国家湿地公园，2019 年通过国家林业和草原局验收，正式成为国家湿地公园。面积 6.08 平方千米。公园内湿地类型是自然湿地的近海与海岸湿地类，主要包括浅海水域、沙石海滩、淤泥质海滩及红树林 4 种湿地型，以及人工湿地的稻田湿地类。为南亚热带海洋性季风气候，气候湿润，阳光充足。植物资源丰富，有红树林品种 7 种，主要品种是桐花树、白骨壤、秋茄等。有鸟类 189 种、甲壳动物 29 种、鱼类 25 种。新石器时期就有先人在此繁衍生息。（余琳、陈洪福）

新丰鲁古河国家湿地公园 湿地公园。位于今广东省韶关市新丰县。2014 年经国家林业局批准成为试点国家湿地公园，2019 年通过国家林业和草原局验收，正式成为国家湿地公园。面积 4.7 平方千米。地势北高南低，山峦起伏。气候暖湿，雨量充沛，无霜期长，四季分明，夏长冬短。溪流纵横，森林茂密。由人工水库、自然河流、环湖次生林组成湿地—森林复合湿地生态系统，在我国亚热带山地区具有典型性和代表性。野生动植物丰富，有维管束植物 1208 种，野生脊椎动物 438 种，其中列入国家重点保护的动植物 40 种。（余琳、陈洪福）

中山翠亨国家湿地公园 湿地公园。位于今广东省中山市翠亨新区南朗镇。2015 年经国家林业局批准成为试点国家湿地公园，2019 年通过国家林业和草原局验收，正式成为国家湿地公园。面积 6.26 平方千米，湿地面积 3.95 平方千米。有近海与海岸湿地、人工湿地两大湿地类，包含河口水域、红树林、淤泥质海滩、潮间盐水沼泽、水田 5 个湿地型。现有成片的红树林、滩涂地、桑基鱼塘，还有多条小河流横穿其中。有白鹭等鸟类在这里繁衍生息，生物丰富、多样。是由沼泽、河流和水上森林构成的独特入海口湿地景观。（余琳、陈洪福）

北海滨海国家湿地公园 湿地公园。位于今广西壮族自治区北海市。2011 年经国家林业局批准成为试点国家湿地公园，2016 年通过国家林业局验收，正式成为国家湿地公园。面积 20.1 平方千米，其中湿地面积 18.27 平方千米。覆盖从淡水—咸淡水—咸水的完整湿地序列，是我国南部沿海"库塘—河流—近海"复合湿地生态系统的典型代表。动植物资源丰富，有维管束植物 672 种，隶属于 137 科 478 属，其中以菊科、禾本科、桑科、红树科为优势科。有野生动物 275 种，隶属于 46 目 108 科 180 属，其中国家二级重点保护野生动物 14 种，列入《濒危野生动植物种国际贸易公约》的物种 17 种。对恢复北海湿地的生态功能和生态系统完整性、保护和改善湿地生物栖息环境、保护和恢复生物多样性具有重要意义，是集红树林、滩涂、海岸、河口、湿地风光为一体的滨海特色国家湿地公园。（余琳、祝志刚）

富川龟石国家湿地公园 湿地公园。位于今广西壮族自治区贺州市富川瑶族自治县。2013 年经国家林业局批准成为试点国家湿地公园，2018 年通过国家林业和草原局验收，正式成为国家湿地公园。面积 41.73 平方千米，其中湿地面积 36.87 平方千米。生物物种资源丰富。野生植物有 265 种，其中樟树、榉木为国家二级重点保护野生植物。脊椎动物 205 种，其中国家二级重点保护野生动物 19 种，是全国示范性国家湿地公园。（余琳、祝志刚）

梧桐山国家森林公园 森林公园。见"梧桐山风景名胜区"。

小坑国家森林公园 森林公园。位于

今广东省韶关市曲江区小坑镇。1992年经国家林业部批准设立。面积167平方千米。森林覆盖率85%，属于典型的中亚热带常绿阔叶林。地处粤北山区，山峰连绵，地形复杂，海拔530—1373米，相对高差达800米。有野生植物1600多种，其中属国家重点保护的有33种，国家重点保护濒危珍稀植物400棵以上。有国家一级重点保护野生动物云豹、黄腹角雉，国家二级重点保护野生动物穿山甲、水鹿、小灵猫、白鹇、虎纹蛙等。蝶类分属11科98属150种，其中，蛱蝶科的种类最为丰富，有38种。内有一个4平方千米的人工湖，湖中有岛，湖光山色相映成趣。还有含氡的温泉，属于一类医疗用矿泉水。（余琳、祝志刚）

南澳海岛国家森林公园 森林公园。位于今广东省汕头市南澳县。1992年经林业部批准设立。广东省唯一的海岛国家森林公园。面积13.73平方千米。森林覆盖率92%，属亚热带阔叶林。主峰大尖山海拔588米。生物资源丰富，有102科共1400多种热带、亚热带植物，其中包括大面积的竹柏以及细叶葡萄、红枫、瑞香、椆榆、黄杨、桔梗等天然植物群落，被誉为"南中国海上的天然植物公园"。有动物130多种，栖息的鸟类130多种，海滨密林中有40多种国家一级、二级重点保护野生动物栖息，是北回归线上生物多样性保护较好的地区。主要包括龟埕景区、黄花山书法石刻园、大尖山景区和牟莱岩4个景区。园内百龟寿园群雕，为国内同类石雕之最，有"中华龟王"之称。（余琳、祝志刚）

南岭国家森林公园 森林公园。位于今广东省乳源瑶族自治县与湖南省交界处。1993年经国家林业部批准设立。地处南岭山脉的核心地带，最高处石坑崆海拔1902米。面积273平方千米。

南岭国家森林公园仙女潭

森林覆盖率98%。属亚热带绿阔叶林。有超过2000种植物，是广东唯一的原始森林，保存着完整的自然生态系统。动植物种类丰富，孕育着很多以南岭为起源中心和分化中心的特有种，如南岭头蕊兰、南岭叠鞘兰、南岭凤仙等。有野生维管束植物287科1262属3889种，其中国家重点保护野生植物共23科33种，列入《中国珍稀濒危保护植物名录》的野生植物有28科40种。有陆栖脊椎动物497种，其中国家重点保护动物74种，被列入《濒危野生动植物种国际贸易公约》附录的有75种。是广东面积最大的国家级自然保护区、最大的生物物种基因库和我国14个生物多样性热点地区之一，被誉为"物种宝库""南岭明珠"。已加入中国生物圈保护区网络，是中国生物多样性保护基金会示范基地、全国林业科普基地、全国科普教育基地。1994年晋升为国家级自然保护区。（余琳、祝志刚）

新丰江国家森林公园 森林公园。位于今广东省河源市。1993年经林业部批准设立。面积44.79平方千米。森林覆盖率78%，大部分为亚热带原始次生常绿阔叶林。植物资源丰富，

共计有156科431属785种。森林群落主要有阔叶混交林、针阔混交林，以阔叶林为主，天然林种有红椎、苦椎、白藜、白稠、黄樟等。野生脊椎动物计35目92科201属254种，有国家重点保护鸟类和哺乳动物，其中国家一级重点保护野生动物有中华秋沙鸭、黄腹角雉、云豹，二级有水鹿、苏门羚等34种。二级保护鱼类有唐鱼、花鳗鲡2种。景点主要有镜花缘旅游、镜花岭、龙凤岭、水月湾、桂山景区、送水观音、三里长峡。1998年被评为广东省首批环境教育基地之一。（余琳、祝志刚）

韶关国家森林公园 森林公园。位于今广东省韶关市东南郊。1993年经林业部批准设立。面积20.11平方千米。森林覆盖率88%，植被类型为亚热带常绿阔叶林。主要为低山丘陵地形，其中最高峰皇岗山峰海拔494.8米，分布有森林、湖泊、溪流、石山、洞穴等自然景观。植物有115科316属420余种，药用植物507种。动物有27目76科266种，以鸟类为多。公园内的茶亭古道，是古代中原进入韶关的必经之路，是清代曲江二十四景"莲花樵唱"的所在地。还有将军亭、烽火楼和国民革命时期北伐阵亡将士纪念碑亭等建筑。（余琳、陈洪福）

流溪河国家森林公园 森林公园。位于今广东省广州市从化区东北部。1993年经林业部批准设立。面积93.33平方千米。森林覆盖率75.59%。主要以南亚热带季风常绿阔叶林生态系统，以及白颈长尾雉、蟒蛇、金钱豹、穿山甲、白鹇为代表的珍稀濒危物种及其栖息地和水源涵养林为保护对象。地处南昆山和青云山支脉的接合部。主要为中低山山地。鸡枕山最高，海拔1146.7米。有野生维管束植物182科737属1252种，其中国家二级重点

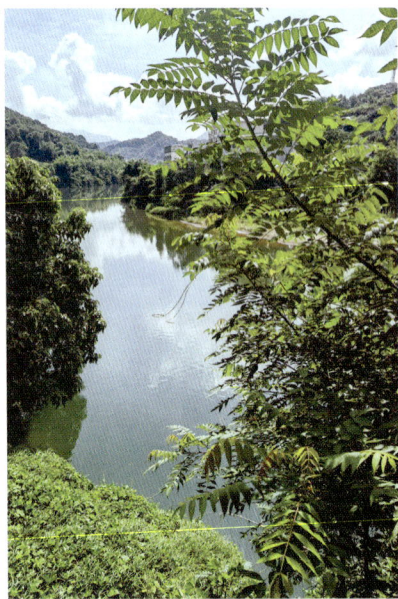

流溪河国家森林公园

保护野生植物 7 科 8 属 10 种，中国珍稀濒危保护野生植物 10 科 10 属 10 种。陆生脊椎动物 24 目 61 科 158 种。建立了流溪香雪、流溪彩虹、珍稀植物园等 12 个人文景观，开辟有三桠塘幽谷、小漓江、翡翠群岛等 13 处自然景观。（余琳、陈海秋）

南昆山国家森林公园　森林公园。位于今广东省惠州市龙门县西南部。1993 年经林业部批准设立。面积 20 平方千米。森林覆盖率 97.94%。自西向东呈马蹄形。主要为山谷盆地，境内最高海拔 1228 米。以南亚热带季风常绿阔叶林生态系统为主。有 2500 多种以阔叶林为主的原始维管束植物，有著名的活化石穗花杉以及观光木、红花荷、柏、桫椤等国家重点保护珍稀植物。有苏门羚、大小灵猫、穿山甲、云豹、水鹿等 90 多种珍稀野生动物。原始森林中，空气中负离子含量浓度最高达 11 万个每立方厘米，有"南粤大氧吧"之称。建立了盘龙古松、石河奇观、川龙飞瀑、观音戏水、七星岚影等 30 余个景观景点。（余琳、陈海秋）

西樵山国家森林公园　森林公园。见"西樵山风景名胜区"。

石门国家森林公园　森林公园。位于今广东省广州市从化区东北部。1995 年经林业部批准设立。面积 26.36 平方千米。森林覆盖率 98.9%。地处九连山脉南部的南昆山与青云山的接合部。有中山、低山和丘陵三种地貌类型，境内最高海拔 1210 米。有原始次生林 10.67 平方千米，保存有完整的南亚热带常绿阔叶林顶级森林群落、别具一格的天然禾雀花群落以及广东分布最大的红花荷林群落。有野生维管束植物 181 科 599 属 1096 种，其中国家重点保护野生植物 10 种，珍稀濒危植物 9 种。有陆栖脊椎动物 24 目 61 科 158 种，属于国家级保护动物的有 8 科 11 种。建有石门风景区、石灶风景区、峡谷探险区、田园风光区、天堂顶风景区等 50 个风景区。是集自然景观、人文景观、森林保健功能于一体的生态型森林公园。是经原林业部批准成立的第一家国际森林浴场。（余琳、陈海秋）

圭峰山国家森林公园　森林公园。位于今广东省江门市新会区北部。1997 年经林业部批准设立。面积 35.5 平方千米。森林覆盖率 90%。主要为珠江三角洲低山丘陵，西北至东南走向。最高峰 545 米。森林资源以针阔叶混交林或阔叶林为主，植物种类多达 100 多种，主要树种有台湾相思树、三角枫、荷木、桉树等。野生动物资源丰富，有国家重点保护的野生动物穿山甲、狸猫、蟒蛇、金猫、黄嘴白鹭、金丝鸟、白头翁等。有玉台晚钟景区、绿护桃源景区、山顶景区、圭峰叠翠景区、玉湖春晓景区、运动公园景区、龙潭飞瀑景区等。（余琳、陈海秋）

英德国家森林公园　森林公园。位于今广东省清远市英德市境内。2000 年经国家林业局批准设立。面积 1070 平方千米，面积居全国同类国家森林公

园之首。森林覆盖率 71.4%。主要由英西峰林片区和长湖片区组成。属南岭山脉东南支脉的山区丘陵地带，因长期受喀斯特作用影响，形成众多的奇峰怪石、幽洞暗河。属典型的亚热带季风气候。地带性植被为南亚热带季风常绿阔叶林，动植物资源丰富，有维管束植物 235 科 727 属 1286 种，其中国家重点保护野生植物 23 种，含国家一级重点保护野生植物 1 种、国家二级重点保护野生植物 12 种。野生脊椎动物 28 目 72 科 351 种，其中国家重点保护野生动物 49 种，珍稀濒危动物 132 种。公园旅游资源颇具特色，内有宝晶宫、仙桥地下河、英西峰林走廊和长湖风景区等景区。（余琳、陈海秋）

广宁竹海国家森林公园　森林公园。位于今广东省肇庆市广宁县。2004 年经国家林业局批准设立。面积 85 平方千米。以丘陵山地为主。最高海拔 404 米。由于其土壤、气候等自然条件适宜多种竹子的生长，栽培竹子历史悠久，园内上部多为针、阔叶混交林，中下部为竹林。有竹海大观、竹文化展区、特色景观区、秋风岛休闲区等风景区。其中，竹海大观由听竹、观竹、品竹、品氧、吃竹、玩竹 6 部分组成。全国著名"竹子之乡"，广东唯一以竹生态、竹文化为主题的旅游景区。（余琳、陈海秋）

北峰山国家森林公园　森林公园。位于今广东省江门市台山市东南部。2004 年经国家林业局批准设立。面积 11.62 平方千米。地处古兜山，主峰瓶身峰海拔 922 米。地带性森林植被较完整，以南亚热带季风常绿阔叶林为主。珍稀动植物种类繁多，有维管束植物 986 种，其中国家重点保护濒危珍稀植物有野生荔枝、野茶树、四药门花等 14 种。有国家重点保护濒危珍

稀动物 22 种，其中国家一级保护动物金钱龟。分布有热带森林、奇峰怪石、天然瀑布等景观。（余琳、陈海秋）

大王山国家森林公园 森林公园。位于今广东省云浮市郁南县都城镇。2004 年经国家林业局批准设立。面积 8.06 平方千米。森林覆盖率 87%。主要由大王山山体构成，园内有山峰 30 余座，最高海拔 247.6 米。主山脊呈东西走向，属高丘陵地貌。具有典型的南方丘陵山地地貌特征，属南亚热带季风气候，以南亚热带季风针阔混交林为主。有植物 48 科 125 属 180 多种，野生动物 36 种。主要有森林生态科普展示区、森林休闲度假区、森林生态游览区等。（余琳、陈海秋）

梁化国家森林公园 森林公园。位于今广东省惠州市惠东县梁化镇。2005 年经国家林业局批准设立。面积 13 平方千米。森林覆盖率 85%。地形起伏多变，最高峰坪天嶂海拔 1100 余米，最低 60 米，系典型的南方丘陵山地地貌。属南亚热带季风气候，以南亚热带季风常绿阔叶林为主，天然阔叶树林、乔木、草木、藤木多层次生长。有梅花 2 平方千米，系全国成片梅林之最。有燕岩景区、大森林景区、御景峰水库景区等功能区，是城郊型森林公园。（余琳、陈海秋）

神光山国家森林公园 森林公园。位于今广东省梅州市兴宁市福兴街道。2005 年经国家林业局批准设立。面积 6.75 平方千米。森林覆盖率 92%。为粤东北山丘地带，受莲花山脉和罗浮山脉控制，呈西北至东南走向，海拔最高 360 米。属南亚与中亚热带过渡气候，天然植被以亚热带常绿阔叶林和针阔叶混交林为主，现已形成以针叶树、马尾松为建群种所组成的森林群落，最高树龄达 800—1000 年，有

植物 70 科 200 余属 1000 多种，野生动物 400 多种。建有神光寺、祖师殿、墨池寺。人文古迹有墨池、探花书院、石古大王庙、望兴亭等。重阳节赴神光山登高、祭祀、赛神会等民俗活动已延承 800 余年。是城区型公园。（余琳、陈海秋）

观音山国家森林公园 森林公园。位于今广东省东莞市樟木头镇。2005 年经国家林业局批准设立。面积 18 平方千米。森林覆盖率 92%。以观音山为主体，属丘陵山地，地质较古老。最高点为海拔 566 米的耀佛岭。属典型的亚热带海洋气候。植被为季风常绿阔叶林，中部和东南部保存有天然次生常绿阔叶林。植物有 1000 多种，其中粘木、白桂木、苏铁蕨、土蚕霜、金茶花、野茶树和野生龙眼 7 种为国家保护的濒危植物。动物多达 300 多种。有古树博物馆、揽秀台、观瀑台、许愿池、五福林、吉祥苑等景点。2006 年 10 月被联合国国际生态安全合作组织设立为国内第二家国际生态旅游示范基地。中国首家民营国家森林公园。（余琳、陈海秋）

三岭山国家森林公园 森林公园。位于今广东省湛江市区西南部。2006 年经国家林业局批准设立。面积 7.25 平方千米。绿化覆盖率 98%。地处雷州半岛，属低丘台地，地势较缓。属北热带海洋性季风气候，植被类型为北热带常绿阔叶、落叶林。动植物资源十分丰富，有乔木 318 种、灌木 536 种、植被 670 种，国家保护植物 6 种。有野生脊椎动物 4 纲 18 目 35 科 89 种，国家重点保护野生动物 9 种。属生态型郊野公园，是广东省森林生态旅游示范基地。（余琳、陈海秋）

雁鸣湖国家森林公园 森林公园。位于今广东省梅州市梅县区雁洋镇。

2006 年经国家林业局批准设立。面积 7.698 平方千米。主要分为西北和东南两大部分，其中西北部以山地和沟谷景观为主，分布有大面积的针阔混交林和阔叶混交林等；东南部则以低丘和水库景观为主，建有园林景观和风景建筑。有维管束植物 183 科 853 种，自然分布有桫椤、金毛狗、苏铁藤等国家保护植物。人工栽培有苏铁、银杏、桫椤、杜仲、香樟等国家保护植物。动物资源有穿山甲、南狐、黄鼬、果子狸、鹰、鹧鸪、鳖、蟒蛇等。建有"春晖园、夏晓园、秋实园、冬融园"四大功能景区。还建有"中国南药种植和加工基地"，种有千亩南药。（余琳、董青）

天井山国家森林公园 森林公园。位于今广东省韶关市乳源瑶族自治县西北部。2008 年经国家林业局批准设立。面积 55.64 平方千米。地处五岭支脉南麓，素有"广东的西双版纳"之称。最高峰天井山主峰上有一形似天井天然小湖泊，由此得名。植物资源丰富，森林层次众多，植物类型多样、品种繁多，有维管束植物 216 科 946 属 2572 种，占广东省已查明野生维管束植物的 36%，是名副其实的"植物基因宝库"。动物分布密度较大且具代表性，主要有陆栖兽类 8 目 25 科 58 属 86 种，两栖类 2 目 7 科 19 属 33 种，爬行类 74 种，鸟类 217 种，鱼类 33 种，昆虫超过 1100 种。其中，属国家级保护的珍稀动物有 20 多种。有中亚热带原始森林、山顶矮林景观、云锦杜鹃群落、豹纹石和石蛋地貌地质遗迹等生态旅游资源，以及秦汉古道、西京古道、西华寺遗址和鱼肚藏龟传说等人文历史资源。（余琳、董青）

大北山国家森林公园 森林公园。位于今广东省揭阳市揭西县。2008 年经国家林业局批准设立。面积 30.67 平方

千米。森林覆盖率 85% 以上。地质古老，属莲花山余脉，有 70 多座山峰，最高峰笨箕石海拔 1100 米。属南亚热带季风气候区。常见植物有 148 科 700 多种，其中福建柏为国家二级珍稀濒危保护植物。野生动物种类繁多，有国家二级重点保护野生动物穿山甲、蟒蛇，三级保护动物大灵猫等。著名景观有十八湾瀑布、龙潭岽瀑布、九县嶂、天子壁和贼营石壁凿诗、北山日出、北山枫林、毛竹园、神庙娘娘宫等。（余琳、董青）

镇山国家森林公园　森林公园。位于今广东省梅州市蕉岭县。2009 年经国家林业局批准设立。面积 21.77 平方千米，其中林地面积 20.55 平方千米，占总面积的 93.4%。活立木蓄积 9.9 万立方米，森林覆盖率 95.86%。1984 年，被开辟成镇山公园。主要植被类型为常绿阔叶林、常绿硬叶林，植物有木荷、台湾相思、枫香、红背锥、吊皮锥、桃金娘、岗松、野牡丹、九节、红豆杉、禾雀花等。野生动物以鸟类和爬行类为主，常见的有山斑鸠、麻雀、画眉、变色树蜥、草游蛇等。主要景观有革命烈士纪念碑、丘逢甲塑像、谢晋元纪念亭、广东第一座环保纪念碑等。种有珍稀名贵树种和藤灌花木 100 多种、观赏竹 130 多种，有桂花园、梅花园、桃花园、杨梅园、松涛园、禾雀花观赏点、镇山亭园中园、百树园和百竹园 9 个景观区。属山岳森林型国家森林公园。（余琳、董青）

南台山国家森林公园　森林公园。位于今广东省梅州市平远县石正镇和大柘镇。2009 年经国家林业局批准设立。面积 20.73 平方千米。地处武夷山余脉。地势较陡峻，山谷多呈“V”形，顶平、坡陡、麓缓，是粤东典型的丹霞地貌分布区。属中亚热带季风气候。以针叶林和常绿阔叶林为主，主要有

常绿阔叶林、竹林、温性针阔叶混交林、暖性针叶林 4 种植被型和若干群系，典型的植物景观有金粟寺竹林、车行径及紫林山阔叶针叶混交林、南台山茶园、嶂肚里草甸等。有苏铁、半枫荷、降香黄檀等国家一、二级重点保护植物。野生动物有 5 纲 27 目 84 科，其中有国家一级重点保护野生动物的 5 种、国家二级重点保护野生动物 18 种。由南台山大佛景区、石龙寨观佛景区、程旼纪念园景区组成，著名景点有狮子岩、石龙寨、银河飞泻、天然卧佛等。（余琳、董青）

康禾温泉国家森林公园　森林公园。位于今广东省河源市东源县。2017 年经国家林业局批准设立。面积 46.195 平方千米。森林覆盖率 92.17%。地处华南陆块中部，主要为低山丘陵地貌，最高峰为 889.4 米的柏树嶂。由花岗岩、砂页岩组成，多“U”形沟谷。属南亚热带季风气候。以天然亚热带常绿阔叶林为主，有南亚热带季风常绿阔叶林、亚热带竹林、亚热带针阔叶混交林、亚热带针叶林以及人工栽培植被 5 种植被类型。野生维管束植物有 153 科 480 属 803 种，其中国家二级重点保护野生植物包括金毛狗、花桐木、香樟和半枫荷，被列入《濒危野生动植物种国际贸易公约》附录Ⅱ的珍稀濒危野生植物 12 种。陆生脊椎动物区系以东洋界种类为主、南北混杂渗透，共有 191 种，其中有国家重点保护野生动物 17 种，被列入《濒危野生动植物种国际贸易公约》的有 24 种。属东江水系，有坪山溪、曲龙溪、仙水沥、大坑溪 4 条主溪流。主要景点有燕子洞、鸭嘴石、花岗岩石蛋、回旋瀑布、彩岩瀑布、大红旗瀑布、杨氏宗祠等。（余琳、董青）

阴那山国家森林公园　森林公园。位于今广东省梅州市大埔县大麻镇。

2017 年经国家林业局批准设立。面积 25.92 平方千米。森林覆盖率 84.9%。地貌以中山、低山和丘陵为主，地势西陡东缓，陡坡坡度可达 70 度。属亚热带季风气候。植被类型主要有南亚热带季风常绿阔叶林、南亚热带典型常绿阔叶林等。有维管束植物 162 科 491 属 881 种，其中国家重点保护珍稀濒危植物 12 种。有野生动物 18 目 58 科 107 属 139 种，国家重点保护野生动物 7 种。有阴那山、万福寺、客家乡村梯田风光、花岗岩漂石（石蛋）等景观。万福寺始建于唐代，被誉为粤东、闽西佛教发祥地。（余琳、董青）

中山国家森林公园　森林公园。位于今广东省中山市区南部。2017 年经国家林业局批准设立。面积 10.93 平方千米。森林覆盖率 86.99%。主要为丘陵地貌。属亚热带季风气候。植被类型主要有季风常绿阔叶林、常绿落叶阔叶混交林、针叶林、针阔混交林、灌丛和灌草丛、竹林、沼泽以及人工植被 8 个类型。有维管束植物 237 科 1108 属 2538 种，其中国家重点保护野生植物 4 科 4 属 4 种。有陆生野生脊椎动物 20 目 64 科 146 种，其中国家二级重点保护野生动物 12 种。主要由树木园景区、金钟湖景区、大尖山景区、古香林景区等组合而成，其中，大尖山景区为核心景观区。属城区型森林公园。（余琳、董青）

大桂山国家森林公园　森林公园。位于今广西壮族自治区贺州市八步区。1994 年通过林业部批准设立。面积为 30 平方千米。森林覆盖率 93%。地处南岭山脉的萌渚岭山系之南，为低山丘陵地貌。属亚热带季风气候。植被类型为亚热带常绿阔叶林，共有植物 1987 种，其中藤类植物种类有 20 多种，是中国罕见的原始森林藤蔓生长区。主要景点有留羊顶、云栈湖，以

及五马归槽鸳鸯瀑布。广西第一个国家森林公园。（余琳、董青）

姑婆山国家森林公园　森林公园。位于今广西壮族自治区贺州市平桂区。1996年经林业部批准设立。面积80平方千米，森林覆盖率92%。属侵蚀剥蚀的褶皱断层花岗岩中山山地地貌。1000米以上的山峰有25座，最高处天堂峰顶海拔1844米，相对高度超过1500米。沟壑纵横，绝壁众多，沟长谷深，形成沟沟皆瀑、有瀑必奇的独特景象。地处中亚热带气候区，属中亚热带季风常绿阔叶林及局部沟谷中的热带季雨林，天然阔叶林占80.2%。有植物160多科1040多种，其中属国家保护类的有14种。经济动物100多种，其中国家重点保护野生动物21种，10种被列入《濒危野生动植物种国际贸易公约》。（余琳、董青）

飞龙湖国家森林公园　森林公园。位于今广西壮族自治区梧州市苍梧县梨埠镇。2003年经国家林业局批准设立。面积120.98平方千米。森林公园森林覆盖率76%。位于大瑶山褶断束与天堂山褶断束交会处，属寒武系水口群地层。多低山丘陵，四周高、中间低，海拔90—800米。地处亚热带季风气候区，属南亚热带常绿阔叶林。有植物93科366种，以樟科、壳斗科植物为主。主要有马尾松、湿地松、大叶栎、荷木、桉树、山楂、油茶、茶叶、八角等，其中国家重点一级、二级保护野生植物有伯乐树、格木、紫荆木、楠木、杪椤、海南韶子、大叶木莲、伞花木、金毛狗。有野生脊椎动物5类29目63科196种，其中，林麝属国家一级重点保护野生动物，蟒蛇、蛤蚧、山瑞属国家二级重点保护野生动物。以飞龙湖为核心。主要景点有新圣顶、沐虹瀑布、飞龙湖以及皇殿阶梯瀑布群。飞龙湖湖面狭长曲折，水域面积15.27平方千米。湖上有岛屿20多个。皇殿梯级瀑布群由10多个瀑布组成，整个瀑布群绵延2000米，最高瀑布落差近20米，是广西罕见的梯级瀑布群。（余琳、董青）

太平狮山国家森林公园　森林公园。位于今广西壮族自治区梧州市藤县太平镇。2002年经国家林业局批准设立。面积55.5平方千米。是具有丹霞地貌特色的山岳型自然风景区，以狮山为主体，属低山丘陵区域。植物资源丰富，以亚热带常绿针叶林和阔叶林为主，还有很多乔木、灌木、藤本、草本植物群落和地衣、苔藓等，珍稀植物多。有观音座莲、七星岩、双峰并蒂、绝壁岩榕、百步阶、一线天门、朝天印等100多个景点。（余琳、董青）

文　献

异物志　又称《南裔异物志》《交趾异物志》《交州异物志》。方志。岭南第一部物产专著；中国第一部地域性物产志；"异物志"类著作开山之作；"粤人著述源流"之一。东汉杨孚撰。《隋书·经籍志》著录1卷。成书于1世纪后期至2世纪前期。原书已佚，清代广东学者曾钊从《齐民要术》《艺文类聚》《初学记》《太平御览》《太平寰宇记》诸书中辑成2卷，其中明确为杨孚所撰者为1卷，称《异物志》。主要记载岭南物产的种类、特性、利用及风土人情。分为人物、鸟类、兽类、鱼类、鳞甲、玉石、树木、草本8类。每类少者3条，多者23条，每条专叙一物。有清道光南海曾钊辑本。今有广东人民出版社2010年吴永章辑佚校注"岭南文库"本。参见第168页历史卷"异物志"条、第695页艺术卷"异物志"条、第817页科技卷"异物志"条、第1187页对外贸易卷"异物志"条。（刘洪杰）

南裔异物志　见"异物志"。
交趾异物志　见"异物志"。
交州异物志　见"异物志"。

杨议郎著书　方志。东汉杨孚撰，清曾钊辑。1卷。杨孚著作宋代已多亡佚，清代曾钊辑佚杨孚所撰著作成《杨议郎著书》1卷，包括《异物志》《临海水土记》等。有清道光二十一年（1841）刻本、道光三十年（1850）南海伍崇曜粤雅堂《岭南遗书》本。（蒋明恩）

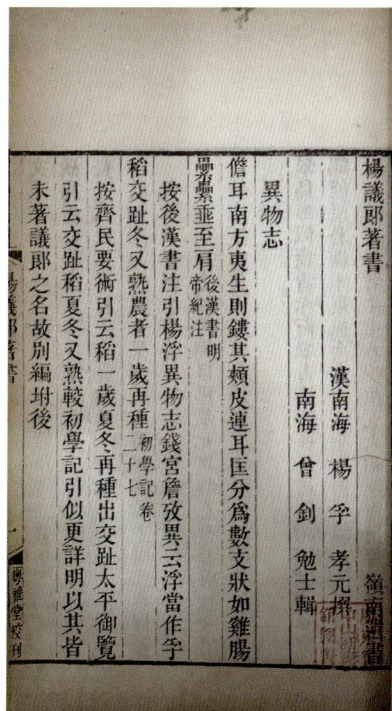

清道光三十年（1850）《岭南遗书》本《杨议郎著书》

广州记　方志。最早记载五羊传说的典籍。传为晋宋间人裴渊著,一说是晋人顾微撰。原书已佚。清代王谟、王仁俊等及今人辑有 19 条。主要记述古代广州的山、水、石、木、禽、兽、果、菜等,记录广州山川名胜、异闻传说、物产风情等颇为详细。(刘洪杰)

岭南何在　地理论文。吴尚时、曾昭璇著。1947 年岭南大学《历史政治学报》刊出。该文针对长期以来人们固有的对南岭的认识,质疑南岭是一条类似于秦岭的东西走向阻隔南北的山脉,从实际的地理野外观察、地貌形态分析、山体走向分析、地质构造分析等方面,论证南岭并不是一条真正意义上的山脉,而是许多北北东—南南西、北北西—南南东、南北走向的诸多不同成因山体,且中间有不少南北的通道。不应错以长江、珠江两个流域的分水线当成是南岭山脉。(刘洪杰)

广州历史地理　历史地理著作。曾昭璇著。广东人民出版社 1991 年出版。"广州史志丛书"的一种。分上、下两篇。上篇讲述广州历史自然地理,包括广州附近地形形成的历史研究、广州气候的今古对比和对古代广州水文地理的研究;下篇讲述广州城的历史地理,对广州城从秦朝到清朝的历史发展变化过程做了比较详细的介绍;分析了广州经济特别是对外贸易历经 2000 多年而不衰的自然及人文原因,并在此基础上提出如何进一步发挥广州河港、海港兼备的地理优势以及江河堤岸整治与保护的具体措施。(刘洪杰)

南海诸岛　区域地理著作。曾昭璇主编。广东人民出版社 1986 年出版。《中国地理丛书》的一种。在调查的基础上,系统阐述南海诸岛的地理区位、地质基础、珊瑚岛群、热带海洋气候与水文、热带海洋资源和中国人民的开发历史,论述东沙群岛、西沙群岛、中沙群岛、南沙群岛的地理环境特征,并对南海诸岛的开发利用前

广东人民出版社1986年版《南海诸岛》

景进行展望。国内较早系统介绍南海海域及其岛礁的著作。(刘洪杰)

广东历史地图集　省区历史地图集。《广东历史地图集》编辑委员会编。广东省地图出版社 1995 年出版。以广

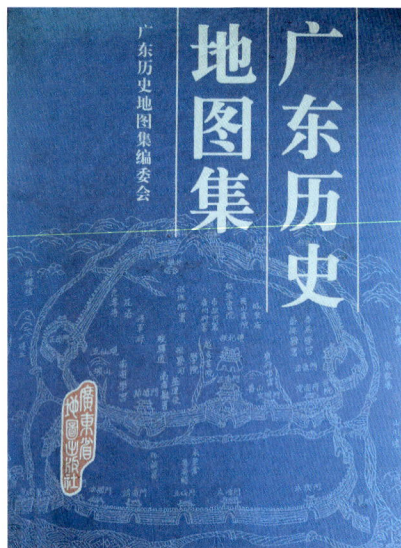

广东省地图出版社1995年版
《广东历史地图集》

东历史发展的过程为经,以广东自然、人文和区域地理各要素为纬,用地图的语言,反映广东的历史变化。由序、政区沿革、军事政治斗争、人口民族、经济、文化、城镇、开发和自然 9 个图组和附录组成。在体例上较其他历史地图有创新和突破,重视自然环境的历史演变,增加了如古海岸变迁、气候变化、灾害分布、古代野生动物分布变化等独特的图幅内容。(刘洪杰)

二　历史卷

概　况

岭南历史　区域历史。岭南是古人类生息繁衍的地区之一。广东省云浮市郁南县河口镇和都村磨刀山遗址出土各类石制品 300 余件，显示距今 80 万—60 万年的旧石器时代早期，珠江流域已经有古人类活动。岭南人类活动史从 13 万年以前的"马坝人"时代，向前推至"北京人"时代。商周时期，居住在这里的越族先民与中原、吴、越、楚地有了直接或间接的经济文化往来。《国语·楚语上》有"抚征南海"的记载，证明当时岭南与楚地有政治上的关系。公元前 221 年，秦统一六国，"因南征百越之君"，派屠睢率领 50 万秦军攻打岭南，开凿灵渠。秦始皇二十九年（前 218），秦军征服岭南，推行郡县制，设立桂林、象、南海 3 郡，岭南第一次划分行政区。又开筑新道，广筑关防，徙民与越杂处，促进岭南社会经济发展和汉越民族融合。秦亡之际，龙川县令赵佗接受南海尉任嚣遗训，起兵扼守五岭通中原的道路，划岭而治，兼并桂林、象郡，建立南越国，定都番禺（今广东广州），自称南越武王，后对汉称臣。吕后时期汉越关系紧张，

赵佗一度自号南越武帝，与汉朝分庭抗礼。南越国政治制度继承秦制，模仿汉制，推行郡国制，实行郡县制和分封制；"和集百越"，"中县人以故不耗减，粤人相攻击之俗益止"；社会经济有了长足进步，国内出现大规模的官府手工业。赵佗之后，南越国传文王（文帝）赵眜、明王赵婴齐、赵兴至赵建德。西汉元鼎五年（前112），汉武帝派伏波将军路博德、楼船将军杨仆率领大军征南越，平之，于其地置南海、苍梧、郁林、合浦、九真、交趾、日南 7 郡。元鼎六年（前111），渡海入海南岛，置儋耳、珠崖 2 郡。为便于监督各郡官吏，汉朝在全国设立 13 个常驻监察机构，称"十三部"，其中交趾部设在苍梧郡广信县（今广西梧州），监察岭南 9 郡。东汉末，州成为地方一级政府，地方政制由郡、县二级变为州、郡、县三级；交趾部改为交州，州牧拥有监察及军政大权。两汉时期，岭南人口增加，中原的铁器、农具、牛耕等生产技术输入，种植荔枝、龙眼等经济作物，且富鱼盐之利，"饭稻羹鱼"为当时岭南社会生活的真实写照。番禺、合

浦、徐闻等海港城市开辟了通向南海诸国乃至印度洋的航线，发展对外贸易，史称"海上丝绸之路"。东汉末年，岭南为三国吴控制。东汉建安十五年（210），孙权任命步骘为交州刺史，率兵进驻番禺。建安二十二年（217），步骘把交州州治从广信东迁番禺。永安七年（264），东吴为便于治理，把南海、苍梧、郁林、合浦 4 郡（今广东、广西大部）从交州划出，另设广州，治番禺，广州由此得名。六朝时期南北分裂，朝代更替频繁，州、郡、县废兴不常。西晋时，今广东的大部分属广州，粤北属荆州，雷州半岛和海南岛属交州。由于北方连年战乱，北方人口大批南迁，岭南人口大增。南朝对岭南少数民族地区采取"以其故俗治"的政策，促进了民族融合。粤西俚人首领冼夫人为汉俚融合、稳定地方局势、国家统一作出了重要贡献。六朝时期江左政权偏安南方，海上交通与国际贸易活跃，广州、交州是面向南海的主要外贸港口，也是佛教向中国传播的海上重要通道。隋朝在岭南设广州、循州两个总管府，统领诸州军事。隋炀帝时废

州为郡，大加省并。唐初地方建制设州、县二级，岭南45州分属广州、桂州、容州、邕州、安南5个都督府（都护府），名岭南五管。唐永徽六年（655）以后，五府皆隶于广州，长官称五府节度使，由广州刺史兼任。咸通三年（862），岭南划分为东、西两道，东道治广州，西道治邕州。唐代岭南社会经济有长足进步，是中国南方重要的农耕区，商品经济繁荣，各地生产的陶瓷、丝织品等手工制品畅销海内外。唐朝在广州派遣市舶使，管理东南海路对外贸易，广州成为唐朝最重要的海外贸易中心，"广州通海夷道"延伸到印度洋、波斯湾和东非地区。这一时期岭南科举、教育、宗教、文化也有重大改观，出现惠能、张九龄、高力士、姜公辅、刘瞻等知名人物。唐末刘知谦、刘隐父子起家封州（今广东封开），刘隐进位清海军节度使，其弟刘岩扩充势力至岭南大部分地区。后梁贞明三年（917）刘岩在广州称帝，建立南汉国，定都兴王府（今广东广州）。南汉沿袭唐制，建三省六部等中央机构，设置百官，开科取士。对外结好邻国，鼓励通商贸易，国势日趋富强。中宗刘晟时拓疆至湖南，版图最大。大宝十四年（971），南汉为宋朝所灭。宋代地方行政制度分路、州（府、军）、县三级。所设的路和州，对唐制有所继承又有所调整。北宋至道三年（997），广南路分为广南东路和广南西路，东路治所在广州，西路治所在桂州。元朝地方行政制度分省、路、府（州、军）、县四级，另有道，是省以下、路府之上的承转机构。今广东省境分为广东道和海北海南道；广东道的道治在广州，海北海南道的道治在今雷州。今广西境置广西两江道宣慰司，治静江路（今广西桂林）；元至正末改广西两江道宣慰使司为广西等处行中书省。宋元时期岭南相对稳定，江

南、北方人口大批南迁，东部地区改变了地旷人稀的状况。珠江三角洲、韩江三角洲开发明显加快，经济地位迅速提升，粮食自给有余。广州城市人口大增，商业繁荣，城区面积扩大，出现"三城合一"。宋元时期广州设市舶司，贸易管理制度日渐完善，是国内主要对外贸易港口。明朝建立后，洪武二年（1369）改广东道为广东等处行中书省，并将海北海南道改隶广东，广西仍为广西等处行中书省。广东、广西两省行政区域基本定型。嘉靖三十六年（1557），香山县澳门开埠，葡萄牙人获准在澳门居留。清代地方行政机构分省、道、府、县四级，明代的布政使司正式改称为省。明清时期广东跃居全国先进行列，文教事业进步显著，出现丘濬、海瑞、陈献章、湛若水、袁崇焕、屈大均等知名人物。广州、澳门、佛山等城市商业繁荣，对外贸易发达。清乾隆二十一年（1756）推行"一口通商"体制，广州成为对欧美国家经济贸易与文化交流的主要门户。鸦片战争后，清朝与西方列强签订一系列不平等条约，新安县香港地区被英国割占。广东在近代最早受列强侵略，也最早受西方思想文化影响，是中国资本主义工业和民族资产阶级最早诞生地之一。康有为、梁启超倡导的变法维新运动失败后，孙中山在广东策动多次反清斗争，广东成为中国资产阶级民主革命的策源地。广东在早期共产党组织的革命活动与马克思主义中国化的最初探索中发挥重要作用，被誉为"革命摇篮"。1921年，孙中山在广州成立中华民国政府。1924年，在中国共产党和苏联的帮助下，国民党一大在广州召开，以国共合作为基础的国民革命迅速兴起。大革命失败后，共产党人张太雷、叶挺、叶剑英等领导发动广州起义，对国民党反动派叛变革命和实行屠杀政策进行反击。抗战时期，

广东人民积极开展抗日游击战，开辟华南敌后战场，组织抗日民族统一战线和开展救亡运动，为抗战胜利作出巨大贡献。解放战争时期，广东人民武装根据地由山地扩展到平原，逐渐逼近敌人的中心地带，为中国人民解放军南下解放广东创造了有利条件。新中国成立，广东、广西两省人民政府随之建立（1958年广西省改为广西僮族自治区）。广东省设珠江、东江、西江、北江、粤中、南路、兴梅、潮汕、琼崖等9专区，共辖7市98县，广州市为中央直辖市。1952年广东省和广州市由中南行政委员会领导，将北海市及钦州专区划归广西，广西的怀集县划入广东。1954年，广东省改由中央直接领导，原由中央直辖的广州市划归广东省管辖。1979年，原属惠阳地区的宝安县改设深圳市，原属佛山地区的珠海县改设珠海市，均由省直辖。1983年以后，部分地市、县的行政管理体制有新的变动，实行以市带县。1988年，海南行政区从广东省划出，另设海南省。同年，广东开始取消地区设置，另设18个地级市（后增加到21个地级市），实行地级市管县体制，一直沿用至今。1978年，广东担当起改革开放排头兵、先行地、实验区的历史重任，走在改革开放最前列。1997年、1999年，香港、澳门先后回归祖国。党的十八大以来，广东积极参与国家"一带一路"建设，大力推进自贸试验区、粤港澳大湾区、深圳中国特色社会主义先行示范区建设，成为国家对外交往、经贸往来的南大门和主力省；加快构建"一核一带一区"区域发展格局，统筹区域协调发展。广东经济、社会、法治、科教、文化、生态文明全面发展，人民安居乐业，生活水平显著提高，社会和谐稳定。1989—2020年，广东经济总量连续32年位居全国首位，从新中国成立之初一个落后的边陲省份，跃升为当今中国第一经济大

省。2022 年，广东 GDP 突破 12.9 万亿

元。是全国经济最发达地区之一，在全

球经济中也占有一席之地。（李庆新）

史 事

百越 又称百粤、诸越。中国古代民族。我国东南和南部古越人部族的泛称，包括吴越、扬越、东瓯、闽越、南越、西瓯、骆越等众多分支。始见于《吕氏春秋》。分布于岭南交趾至江南会稽。岭南先民属南越族，又分为南越（今广东大部）、西瓯（今广西一带）和骆越（越南北部和广西南部一带）。擅长用舟和渔猎，有断发文身、椎髻拔牙之俗。（杨芹）

百粤 见"百越"。

诸越 见"百越"。

火耕水耨 古时岭南等南方地区粗放的农耕方式。《史记·货殖列传》："楚越之地，地广人希，饭稻羹鱼，或火耕而水耨。"火耕是在备耕时用火把田间杂草烧掉，草木灰可以肥田，改良土壤，田间草籽、昆虫等被烧死，利于种子发芽、禾苗成长；水耨即除草，禾苗长到一定高度，苗大而草小，以水灌之，草死而苗无损。参见第 802 页科技卷"火耕水耨"条。（杨芹）

饭稻羹鱼 古时岭南等南方地区的饮食习惯。以稻米为主要食粮，以鱼虾为日常食物。反映稻作农业和捕捞渔业相结合的社会生活。（杨芹）

秦征岭南 古代史事。秦统一岭南的军事行动。公元前 230 年以后，秦王嬴政先后灭韩、赵、燕、魏、楚、齐 6 国，称始皇帝。秦始皇二十八年（前 219），秦将屠睢率军 50 万，分 5 路征岭南，遭到岭南当地部族反抗，秦军防不胜防，疲于奔命，加上战争持久，粮食乏绝，死伤甚多，主帅屠睢

被杀。任嚣继任统帅，监御史禄在海阳山（今广西兴安县境）开凿长 33 千米的灵渠。秦始皇三十三年（前 214），秦军征服百越各族，岭南纳入秦朝统治。（杨芹）

开凿灵渠 古代史事。秦朝在岭南兴修水利工程。秦始皇二十八年（前 219），南征百越，因军饷转运，命监御史禄督率士兵、民夫，在兴安湘江与漓江之间修建运河以运载粮饷。于两江分水岭海阳山（古名阳海山）凿溜渠，筑堤岸，用"人"字形拦河大坝把海阳江水一分为二，南渠入漓江，北渠入湘江。即此渠。秦始皇三十三年（前 214），灵渠凿通，保障了秦军军事运输和物资给养，沟通珠江与长江两大水系，成为中原入岭南的重要通道，对岭南开发产生深远影响。"灵渠"1988 年被国务院公布为第三批全国重点文物保护单位。参见第 18 页地理卷"灵渠"条、第 801 页科技卷"灵渠"条。（杨芹）

南海设郡 古代史事。秦朝在岭南设置地方一级行政机构。秦始皇三十三年（前 214）平岭南，设南海、桂林、象 3 郡。南海郡所辖大体相当于今广东省境，东至今福建南部，西抵今广西贺州，北至五岭今韶关一带，东南滨海。郡治番禺（今广东广州），下辖番禺、四会、龙川、博罗、揭阳等县。秦制，郡设郡守，掌政务；郡尉，掌军事；郡监（监御史），掌监察。岭南 3 郡以南海尉典之，任嚣为首任南海尉。秦末汉初南海郡地入南越国。（杨芹）

南越建国 古代史事。秦始皇三十七年（前 210），秦始皇病亡，秦二世继位。次年（前 209），陈胜、吴广起义。秦二世三年（前 207）十月，秦朝灭亡，刘邦、项羽楚汉相争，中原混战。秦二世二年（前 208），南海郡尉任嚣病重，临终前嘱龙川县令赵佗据岭南自守，代理南海郡尉。任嚣死后，赵佗据守五岭各关口，抗拒北边军队南犯，以亲信替换秦在南海官吏；复兼并桂林、象郡，并向今越南北部扩展；加强在西北、东部边界全面布防；拓展任嚣所建番禺城（今广东广州），修筑宫殿，建成城周 10 里的"赵佗城"。汉高祖三年（前 204），赵佗以番禺为国都，自立为南越武王。汉高祖十一年（前 196），汉朝派陆贾出使南越，劝说归汉，封赵佗为南越王。赵佗接受印绶，称臣纳贡。吕后时期汉朝与南越关系紧张，赵佗一度自称南越武帝。赵佗之后传文王（文帝）赵眜、明王赵婴齐、赵兴，至赵建德而亡。南越建国维护岭南的安定，境内民族融合和中原文化传播得以持续进行。南越国是岭南历史上第一个独立政权。（杨芹）

汉平南越 古代史事。西汉平定南越的军事行动。南越国自秦末建立，至西汉元鼎初虽对汉称臣，实则自立，势力强盛，与北方的匈奴号称"强胡劲越"。西汉元鼎四年（前 113），赵婴齐卒，赵兴继立，向汉朝要求内属。汉朝派使者到番禺（今广东广州），并令卫尉路博德屯兵桂阳（今广东连州）作援应。南越丞相吕嘉反对，杀害赵兴、太后樛氏及汉朝使者，另立赵建德为南越王，并联络东越（今福

建境内）反汉。元鼎五年（前112），汉武帝发兵10万，分4路向番禺进军。伏波将军路博德率军出桂阳，下湟水；楼船将军杨仆率军出豫章（今江西南昌），下浈水（北江支流）。次年冬，攻陷都城番禺，赵建德和吕嘉被俘，南越国亡。汉朝在南越国境置南海、苍梧、郁林、合浦、九真、交趾、日南7郡。元鼎六年（前111），汉军从合浦、徐闻渡海进入海南岛，置儋耳、珠崖2郡。岭南重归中央王朝统治。（杨芹）

和集百越 古代史事。南越国民族政策。赵佗自称"蛮夷大长老"，鼓励汉越通婚，文王（文帝）赵眜、明王赵婴齐都娶越女；吸收越人参政、参军，担任官职，在边远地区让当地土著领袖进行管理；尊重和顺从岭南风俗礼仪，采用、糅合越人服饰、乐器等。有利于消除族群隔阂，扩大统治基础，维持境内稳定，促进岭南社会进步。（杨芹）

交广分治 古代史事。三国东吴时期岭南行政区划的重大调整。三国东吴黄武五年（226），为加强对岭南控制，削弱交州士氏势力，从交州析置广州，即以今广西合浦为界，将合浦以南岭南诸郡划归交州，治在龙编（今越南河内东），下辖交趾、九真、日南3郡（今越南中北部、广东雷州半岛和广西钦州）；合浦以北为广州，州治南海郡番禺（今广东广州），下辖南海、苍梧、郁林、合浦4郡（今广东、广西大部），广州由此得名。吕岱、戴良分别为广州、交州刺史，士燮儿子士徽为九真太守。士徽不服反叛，吕岱带兵攻入交州九真，士氏存者全免为庶人。士氏平，东吴又将广州、交州合并，以吕岱为刺史。永安六年（263），交趾郡吕兴反。永安七年（264），为便于治理，东吴复将

交州分为交、广2州。南海、苍梧、郁林、高梁4郡（今两广大部）从交州划出，另设广州，州治番禺。东吴时期，今广东省境除广州辖下的4郡外，广州还包括荆州始兴郡和海南岛。（杨芹）

达摩来粤 古代史事。古代佛教海路传播的重要史事。南朝梁普通年间，中国佛教禅宗始祖菩提达摩（Bodhidharma），乘商船，用3年时间来到南海（治今广东广州）。广州刺史萧昂禀报朝廷，梁武帝萧衍诏迎至金陵（今江苏南京）。传说达摩于梁普通七年（526）在广州城西建华林寺（初名西来庵），地名"西来初地"。今华林正街内有"达摩祖师西来登岸处"石碑。（杨芹）

卢循占据广州 古代史事。东晋农民军攻占广州的军事行动。东晋元兴元年（402），孙恩率领农民军屡遭挫败，赴海自尽，其妹夫卢循统率余众。元兴二年（403），卢循率军从晋安（今福建泉州）浮海南下。元兴三年（404），以火攻袭取番禺（今广东广州），俘获广州刺史吴隐之，卢循自摄州事，号平南将军。又派遣姊夫徐道覆攻荆州始兴郡。时值桓玄之乱，朝廷无力南顾，遂委任卢循为广州刺史、平越中郎将。卢循和集土著，保境安民。建城于今广州市海珠区晓港一带，训练水师。在新宁郡（今广东新兴）开矿采银，伐木造船，准备北伐。义熙六年（410），卢循采徐道覆谋，乘东晋将领刘裕北伐南燕（今山东境），建康（今江苏南京）空虚，分兵北上。刘裕回师，卢循错失战机，大败退返广州。刘裕派部属孙处、沈田子等抢先攻占番禺，卢循攻城不下，辗转至交州。义熙七年（411），与交州刺史杜慧度决战海上，卢循战败投水自杀。余众溃散，居海中岛屿，称

卢亭。（杨芹）

陈霸先北伐 古代史事。南朝后期的重大军事行动。南朝梁太清二年（548），侯景叛乱，攻占都城建康（今江苏南京），广州刺史元仲景与之勾结。西江督护、高要太守陈霸先起兵勤王，先发制人，攻破番禺（今广东广州），迫元仲景自杀，拥立宗室萧勃为广州刺史。继而平定东衡州（今广东韶关）诸郡之乱，挥兵北上讨伐侯景。萧勃有异心，阻挠陈霸先北伐。陈霸先击溃萧勃，击退高州刺史李迁仕的追兵，与俚族首领、高凉郡太守冯冼氏在赣石（今江西南康）会合。天正二年（553），从豫章（今江西南昌）入长江，与王僧辩会师。三月，联军击溃侯景，收复建康。侯景逃至长江口被执，处死，陈霸先北伐成功。太平二年（557）十月，陈霸先接受南梁禅让称帝，改元永定，国号陈，是为陈武帝。（杨芹）

隋平岭南 古代史事。隋朝统一岭南的军事行动。隋灭陈朝，横扫江南、荆湘诸地，分兵两路进击岭南：江州总管韦洸统兵2万人，出豫章（今江西南昌），击岭南东部；永州总管周法尚统兵3500人，出永州（今湖南永州），攻岭南西部。隋开皇九年（589）二月，韦洸率兵抵南康，陈朝豫章太守徐璔屯兵抗拒。陈朝东衡州刺史王勇亦遣部将邓嵩屯兵大庾岭，以拒隋师。隋军采笼络分化策略，策动岭南俚人首领高凉冼夫人、丰州（今福建福州）刺史郑万顷归降，夹击王勇。王勇降，韦洸挥师南下，击斩徐璔，下广州，岭东遂定。十二月，周法尚入桂州，陈将相继降附，岭西亦定。岭南纳入隋朝版图。（杨芹）

王仲宣反隋 古代史事。隋朝南方豪

族发动的叛乱。隋统一全国后，在南方推行一系列抑制豪族势力的措施，引起强烈反对。隋开皇十年（590）十一月，番禺豪帅王仲宣在岭南举兵反隋，派部将周师举围东衡州，自引兵攻广州城，隋广州总管韦洸阵亡。隋朝急命慕容三藏检校广州道行军事，固守广州城，给事郎裴矩、大将军鹿愿、高凉冼夫人率兵支援。裴矩在大庾岭大破周师举，解东衡州之围，追斩周师举。冼夫人之孙冯盎也斩杀首领陈佛智，进兵广州。隋军内外合击，王仲宣大败溃散，广州获全，各路反隋豪帅望风归附。裴矩陪同冼夫人巡抚岭南 20 余州，岭南局势趋于稳定。（杨芹）

李靖抚定岭南　古代史事。唐朝统一岭南的军事行动。唐武德四年（621）九十月间，唐高祖李渊以赵郡王李孝恭为荆湘道行军总管，李靖摄行军长史，发巴蜀兵，统 12 总管，包围江陵，攻灭萧梁王国。归附萧梁的南方州县望风归附，交州刺史丘和等率先归降，黄门侍郎刘洎略地岭表，得 50 余城，亦归顺。十一月，李靖率唐军进抵桂州，桂州总管李袭志出城请降。李靖遣使分道招抚。武德五年（622）正月至七月，循、潮 2 州杨世略、宁越和郁林宁长真、广州邓文进、合浦宁暄、日南李欧、高凉冯盎等相继归降，岭南 96 州悉平，得户 60 余万。唐朝以李靖为岭南道抚慰大使、检校桂州总管。（杨芹）

唐置岭南道　古代史事。唐前期在岭南设置行政监察区。唐贞观元年（627），省天下州县，将全国划为 10 道，作为朝廷不定期派遣使职视察各地的行政监察区，岭南道为其中之一，范围大致包含今广东、广西、海南、香港、澳门，以及福建、云南、越南部分地区。神龙二年（706），选内外

五品官以上 20 人，为十道巡察使，2 年一代，以巡察州县，成为道级常设长官。景云二年（711），改巡察使为按察使，道逐渐演变为州以上的地方一级行政区。开元二十一年（733），分天下为 15 道，各置采访处置使，检查非法，3 年一奏。道正式成为地方一级行政机构。岭南采访使治广州，辖境大致包括今广东、广西、海南、香港、澳门及越南北部。开元天宝间，岭南节度使兼任管内经略、支度、营田、转运、采访、处置等使，岭南成为南方重要藩镇。咸通三年（862），为加强对岭南的统治，分岭南道为岭南东道和岭南西道，各设节度使。（杨芹）

南选　又称南铨。唐朝前期在南方地区实行的选官制度。主要施行于岭南、黔中、福建等南方地区。相对于"北选""东选"。至迟在唐上元二年（675）已经实施，3 年、4 年或 5 年一选。选补时，朝廷派选补使（又称南选使）、监察御史各 1 人同往。选补五品以上官员，由选补使会同所管都督府，确定选人素行、艺能、政术等俱称职，上报朝廷，由吏部量拟，中书门下访择奏闻，皇帝下制除授。选官到职后，待遇同正官。加强了中央对岭南等地区的控制和治理。安史之乱后逐渐废止。（杨芹）

南铨　见"南选"。

张九龄开大庾岭道　古代史事。唐朝岭南道路建设。大庾岭位于南岭山区，今江西大余与广东南雄交界处，为进出岭南必经之路。唐代对外贸易日益兴旺，大庾岭道路的状况不适应南北交通需求。唐开元四年（716），韶州人张九龄去官家居，奏请修拓大庾岭道，获准。开路工程由张九龄主持，踏勘线路，招募民夫，拓宽凿平，修

成新道，还设置驿站，以供歇息。新修通道成为岭南通往中原的通衢，促进了中原和岭南的经济、文化交流和人员往来。张九龄撰有《开凿大庾岭路序》，记述大庾岭道开凿之后商贩络绎不绝的景象。（杨芹）

屯门镇兵　古代史事。唐朝在珠江口设置军镇。唐开元二十四年（736）设，驻南海郡宝安县（至德二年改名为东莞县）屯门（今深圳南头）。镇兵 2000 人，扼守珠江口，保护海上交通贸易。天宝二年（743），浙江海盗吴令光于温州作乱，南海郡守刘巨麟从屯门军镇调兵参与平乱。（杨芹）

哥舒晃之乱　古代史事。唐朝岭南地方叛乱事件。唐大历八年（773）九月，循州刺史哥舒晃发兵占广州城，杀死岭南节度使吕崇贲，连陷潮、韶、端等州，据岭南叛唐。朝廷命江西观察使路嗣恭为广州刺史充岭南节度观察使，统兵南讨。路嗣恭以孟瑶、敬冕、伊慎等为大将，水陆并进，在韶州歼叛军 3000 人，破敌粤北屏障。敬冕招集义勇 8000 人，攻敌后方。大历九年（774），路嗣恭率主力大破叛军。大历十年（775），拔潮州、循州，克端州、广州，歼敌万余，追斩哥舒晃于泔溪。（杨芹）

黄巢攻占广州　古代史事。唐末农民军进占岭南事件。唐乾符六年（879）春，黄巢率军由福建进入岭南，攻陷广州城，擒岭南东道节度使李迢，要求李迢起草表文代向唐朝求官，李迢不从，被杀。黄巢乃亲自上表，自称义军百万都统兼韶、广等州观察、处置等使，请求封为广州节度使同平章事（使相）兼安南都护。唐僖宗不主张用兵，派内侍仇公度至广州招抚。农民军多为北方人，不习南方水土，患疾疫死者十之三四，又思乡心切，

士气低落。黄巢决定北还。闰十月，从桂州出发。广明元年（880）十二月，攻克长安（今陕西西安），建立大齐政权。黄巢占据岭南将近1年，镇压一些官吏和豪强，大批外商遇害，广州对外贸易受到严重打击。（杨芹）

南汉开国 古代史事。唐末刘知谦、刘隐父子在岭南建立政权。南汉国为五代十国之一。唐末，封州（今广东封开）刺史刘知谦（一作刘谦）扩充军力，成为岭南颇具实力的军事集团。其子刘隐继任，注重经济，充实财力，延揽人才，进位清海军节度使。后梁开平元年（907），封刘隐为大彭郡王，开平三年（909）改封南平王，开平四年（910）又改封南海王。乾化元年（911）三月，刘隐卒，其弟刘岩继位，表面上奉梁正朔，实际为称帝作准备。重用刘隐旧部，网罗人才。对岭南割据势力各个击破，数年内除桂管、安南外，大部分纳入控制范围。通好邻藩，保境息民。发展海外贸易，掌控对南海诸国贸易，开拓国家财政来源。后梁贞明元年（915），刘岩遣使上表，求加四邻都统，封南越王，后梁不许，自是与后梁断绝关系。贞明三年（917）十一月，在广州称帝，建立大越政权，改元乾亨，追谥刘隐为襄皇帝。贞明四年（918），改国号为汉，史称南汉，以别于中原后汉。南汉国是岭南历史上第二个独立政权。（杨芹）

乾亨重宝 南汉钱币。后梁贞明三年（917），清海军节度使刘岩在广州称帝，国号大越，改元乾亨。铸"乾亨通宝"，径七分，重三铢六参。乾亨二年（918），因国用不足，又铸"乾亨重宝"，分铜、铅2种。铅钱十当铜钱一，有大小二式，大者径寸，重三铢九参；小者径九分，重三铢六参。

铸钱地有邕州、春州等。1953年以来，广州等地出土"乾亨重宝"铅钱1000多千克。在印度尼西亚海域发现的印坦沉船、井里汶沉船也出水大批"乾亨重宝"铅钱。（杨芹）

"乾亨重宝"铜钱

"乾亨重宝"铅钱

张遇贤起义 古代史事。五代十国时期南汉农民起义。南汉高祖晚年，社会矛盾日趋激化。南汉殇帝光天元年（942），循州博罗县吏张遇贤（一作张茂贤）被农民推为首领，称"中天八国王"，建元永乐，辟置百官，起义军皆穿绛衣，时称赤军子，众至数万。大破南汉军队于钱帛馆。十月，攻陷循州，斩刺史刘传。次年初，南汉军反攻，义军受挫，越大庾岭入南唐境，攻占虔州（今江西赣州）诸县。据雩都县（今江西于都县）白云洞，造宫室营署，四出进攻。应乾元年（943），南唐洪州营屯都虞侯严恩、通事舍人边镐统军突袭白云洞，大破起义军。张遇贤败逃，被部将李台等

执送至南唐，在金陵（今江苏南京）遇害。（杨芹）

南汉归宋 古代史事。宋朝征伐南汉、统一岭南的重大事件。宋朝建立后，开始征伐南方各国。北宋开宝三年（970）九月初，宋太祖命潘美为贺州道兵马行营都部署，率十州兵伐南汉，攻占贺州，继而进军粤北，十一月攻取连州，西江诸州相继降宋。十二月，南汉以李承渥为都统，率兵数万守韶州（今广东韶关），列象阵为前锋拒战。宋军以劲弩射散象阵，大破南汉军，夺取韶州。次年正月，连取英（今广东英德）、雄（今广东南雄）2州，直逼都城兴王府（今广东广州）。二月初五，宋军进入兴王府，后主刘鋹投降，南汉亡。岭南郡县归宋。（杨芹）

侬智高之乱 古代史事。宋朝岭南少数民族叛乱。北宋皇祐四年（1052）四月，广西广源州（北宋羁縻州之一，在今越南境）蛮人首领侬智高起兵反宋。五月，破广南西路重镇邕州，建国号"大南国"，年号启历。沿郁江顺水东下，连克数州，抵达广州城下，呈围攻之势。因广州新修筑城防，侬智高攻50天不下，撤围退走。宋军重设障，侬智高绕道清远，退至贺州，宋将张忠、蒋偕阵亡，岭南震动。十月，枢密副使狄青统军至两广，与孙沔、余靖等会师。皇祐五年（1053）正月，侬智高在昆仑关（今广西南宁东北）被狄青打败，流亡大理，后不知所终。（杨芹）

岑水场 矿冶铸钱基地。位于韶州（今广东韶关）曲江县。北宋庆历七年（1047）置，为铜、银、铅、锌、硫、铁等多金属矿床。岑水场炼铜有火冶、湿冶2种，后又采用胆水炼铜技术，工匠来自四面八方。宋朝曾因其盛产

多种矿产而立"七宝神祠"，北宋徽宗崇宁间封其神为灵应侯。参见第810页科技卷"岑水铜场"条。（杨芹）

永通钱监　铸钱工场。北宋皇祐元年（1049）置于韶州（今广东韶关）。官营。规模大，共建房舍800间。内有冶官衙署、群工居室、储物仓库和熔铸工地等。分8项工种，雇募工匠操作，日产钱千缗。熙宁八年（1075），全国共铸铜钱500余万贯，其中永通钱监铸80万贯，居全国13个钱监之首。政和年间，仍为各监之冠。（杨芹）

阜民钱监　铸钱工场。北宋治平四年（1067）置于惠州。官营。熙宁八年（1075），全国共铸铜钱500余万贯，其中阜民钱监铸70万贯，仅次于韶州永通钱监。北宋时永通、阜民两监铸钱不仅供广东路使用，并有余额上调京师入库及拨往其他各路。（杨芹）

岭南谪宦　古代史事。古代贬谪迁居官吏至岭南。岭南因地理位置偏远，自然条件艰苦，唐宋时期成为重要的贬谪流徙之所。唐朝岭南的流贬官员多安置于今粤北、粤东及广西、海南，著名人物有刘禹锡、韩愈、柳宗元、李德裕等。宋朝岭南谪宦有400多人次，北宋哲宗时遭贬的"元祐党人"最多。著名人物有卢多逊、寇准、丁谓、蔡确、刘挚、章惇、苏辙、苏轼、刘安世、秦观、范祖禹、李光、李纲、折彦质、赵鼎、胡铨等。迁谪地区有广南东路南恩、新、英、循、梅州，广南西路高、雷、化、宾、容州，以及海南的琼、崖、儋、万安军等州县。（杨芹）

北人南迁　古代史事。古代内地人口向岭南迁徙。内地人口由陆路和海路迁入岭南自古有之。西晋末年，中原战乱，出现第一次大规模的北人南迁现象，衣冠望族占籍各郡，一直延续到南朝。唐朝安史之乱，藩镇之祸导致中原、江南等地民众南徙，形成又一次大规模移民浪潮。岭外最远，局势稍安，可以逃避战乱，难民多南迁入岭。北宋靖康二年（1127），金人攻陷汴京（今河南开封），北宋覆亡。高宗南渡，金兵渡江追迫，中原士民及溃军辗转南迁，多入岭南。宋元交战，宋朝丧师失地，江岭间各地士民又大规模逃难入粤，其中以从江西境越大庾岭一线为主，大多分散定居在粤中、粤东地区尤其是珠江三角洲、韩江三角洲沿海。南雄珠玑巷为入粤孔道，今珠江三角洲民众多称其祖先来自珠玑巷。增加了本土劳动力，带来较先进的生产技术与文化，对地方社会发展有促进作用。南迁人口与本土各族混杂繁衍，形成以汉族为主的多民族杂居省份。（杨芹）

二王行朝　宋朝流亡到南方沿海地区的赵昰、赵昺朝廷。南宋德祐二年（1276）二月，元军攻占宋都临安（今浙江杭州）。五月，宋臣陈宜中等在福州拥立幼主益王赵昰为帝，改元景炎，封赵昺为卫王。六月，元军从江西进攻福建。十一月，元军追至福州，陈宜中等拥幼主移驻泉州，泉州招抚使蒲寿庚投降元朝。张世杰率军向广东潮、惠地区转移。文天祥于潮阳五坡岭（今广东海丰）被元军俘虏，押至元大都。南宋君臣流亡于福建、广东沿海，史称"行朝"。景炎三年（1278）四月，赵昰卒，谥端宗。其异母弟赵昺为帝，改元祥兴。六月，行朝从雷州沿海移驻崖山（今广东新会崖门附近）。次年二月，宋元水师在崖门海口决战，宋师大败，赵昺、宰相陆秀夫等投海死，行朝覆灭。（杨芹）

崖山海战　古代史事。宋元海上决战。南宋祥兴元年（1278），宋军统帅、宰相张世杰率舟师10余万、船舰1000余艘守卫崖门海口，以缆绳连贯各舰，上建城橹，结成海上堡垒。又建行宫30间、军屋千间。祥兴二年（1279）正月中旬，元朝都元帅张弘范率水军逼近崖山，占领陆地，断其采樵、汲水。二月初七，元军分兵四路，从东、南、北三面进攻宋军水寨。张世杰欲撤走卫王座船，但座船庞大，又与其他战船连在一起，动弹不得。元军乘势火攻，宋军大溃。宰相陆秀夫见大势已去，抱少帝赵昺投海死，后宫、官员、将士大多投海。张世杰率10余舰突围走脱，准备继续抗元，匡复宋朝。五月，在南恩州平章港口（今广东阳江市南）遇飓风坠海溺亡。（杨芹）

宋末三忠　南宋末抗元大臣和将领文天祥、张世杰、陆秀夫的合称。参见第1297页人物卷"文天祥"条、第1296页人物卷"张世杰"条、第1297页人物卷"陆秀夫"条。（杨芹）

熊飞抗元　古代史事。南宋末广东抗元行动。南宋德祐元年（1275），东莞人熊飞率众入江西从文天祥勤王，兵败后曾一度降元。次年六月，元兵攻下广州，熊飞回到家乡东莞，于八月集乡兵抗元。九月，与新会县令曾逢龙收复广州，继而收复韶州（今广东韶关）、南雄（今广东南雄）。十月，元军自江西逾大庾岭攻南雄，曾逢龙战死，熊飞退保韶州，元军大至，城破，熊飞率兵巷战，最后投水自尽，州官丘必明战死，元军屠城。（江伟涛）

马发抗元　古代史事。南宋末广东抗元行动。马发，宋末广东摧锋军正将，驻潮州。南宋景炎元年（1276）冬，

潮州知州逃走，马发被推为知州。次年正月，元兵至，马发战败，潮州失陷。五月，宋将张世杰收复潮州，马发守之，元军攻之不下。景炎三年（1278）正月下旬，元将唆都率大军围攻。马发死守月余，城破，元兵肆行屠杀。马发收残兵百余退守子城，三月初一子城破，全家自杀殉国。（江伟涛）

黎族织锦　古代海南黎族棉纺织技艺。海南岛是古代较早种植棉花的地区。唐宋时期黎族棉纺织技术工艺已达一定水平，款式繁多，花纹图案色彩艳丽。元朝黎族棉纺织工艺相当精湛，尤其是双面绣技艺和立体花纹图案技术，对江浙一带棉纺织业产生了影响。明清时期黎族织锦花纹图案、内容题材、款式色彩均有新的突破，在我国棉纺织业发展史上占有独特地位。"黎族传统纺染织绣技艺" 2006 年入选第一批国家级非物质文化遗产代表性项目名录。2009 年被联合国教科文组织列入急需保护的非物质文化遗产名录。参见第 217 页民族民系卷"黎族传统纺染织绣技艺"条、第 671 页艺术卷"黎族传统纺染织绣技艺"条。（江伟涛）

明军平定广东　古代史事。明朝统一广东的军事行动。明洪武元年（1368）二月，明军分两路南征广东：东路以征南将军廖永忠、副将军朱亮祖率水师由福建海上入粤；中路以赣州卫指挥使陆仲亨、副使胡通率师从韶州直取德庆。明军采取招抚策略，元朝江西行省左丞何真降附，广州、惠州、梅州、循州不战而下。陆仲亨部一路南下，元朝德庆守将张鹏程弃城逃跑。四月，两路明军会师广州，攻取雷、廉等处。六月，元海南海北道元帅罗福、海南分府元帅陈乾雷归附。广东各地相继归属明朝，朱亮祖留镇广东。（江伟涛）

海禁　明朝推行的海防政策。明初沿海频受海盗、倭寇袭扰，朝廷颁行法令，厉行海禁：严禁下海通番贸易；禁止将违禁物品输往国外，违者依法处置；禁止民间使用番货，违者法办；禁止沿海地区擅造适于航海的二桅以上大船。除领有号票、文引许令出洋外，其余船只不许下海。沿海民众使用单桅小船、领有执照于海边捕鱼采薪者，不在禁止之列。于山海要害处设置巡检司，置弓兵，专门盘诘奸诡。又于海盗出没及走私频繁的海岛，迁其民，墟其地，断绝其与陆地联系。参见第 1159 页对外贸易卷"海禁"条。（江伟涛）

卫所　明朝海防军事设施。明洪武元年至二十六年（1368—1393），广东先后设置一批卫所，加强海防。省会广州位居中枢，洪武八年（1375）设广州左、右卫，洪武二十三年（1390）又设广州前、后卫，屯驻重兵，起着中路海防枢纽作用。沿边沿海地区设南海、潮州、雷州、海南、清远、惠州、肇庆、廉州、神电、广海、碣石 11 卫。广东各卫所共有旗军 125440 人，其中守城 81984 人，屯田 43456 人。由广东都指挥使司分掌，隶属京师前军都督府管理，对海防起到积极作用。（江伟涛）

扩建广州三城　古代史事。明朝广州城市建设工程。宋朝广州三城（子城、东城、西城）并立，各有城濠环绕，成分割之势。明洪武三年（1370），广州修葺旧城，将三城中间部分城墙及濠池拆除并填埋，将宋代三城连为一城。洪武七年（1374），镇守广州的朱亮祖因旧城低隘，拓东北山麓 800 余丈，城墙向北扩建至越秀山，洪武十三年（1380）竣工。嘉靖四十四年至四十五年（1565—1566），两广提督吴桂芳主持增筑自西南角楼及五羊

驿，环绕至东南角楼的城墙，将商贾云集的濠畔街包括在内，称为外城或新城，原广州城则称为内城或旧城。至此，广州城北倚越秀山，南抵珠江，东至大东门，西达西濠。6 条溪水环城而流，形成六脉通海、青山入城的格局，内城外郭、北高南低、中轴对称的古城形制形成。清朝广州城几无扩展，仅在新城增筑各 20 余丈的东西鸡翼城。（江伟涛）

黄萧养起义　古代史事。明朝广东农民起义。明朝自正统年间始，吏治腐败，加之海禁、沙田、疍民等问题，社会矛盾突出。明正统十三年（1448），广州府南海县冲鹤堡人黄萧养越狱逃脱，聚众起义，旬月至万余人。正统十四年（1449）八月，率众从南海潘村分水陆两路攻广州，在白鹅潭、沙角尾大败明军。复分兵进攻新会、佛山等地，得到高要吴大甑响应，众至 10 余万。明官兵龟缩广州城内，黄萧养声势益壮，占据五羊驿为行殿，称"顺民天王"，年号东阳，设官分职，分封文武百官 100 余人。十二月，明朝命都督同知董兴为左副总兵官，调广西俍兵赴广东，再调江西、南京军队各 2000 人驰援，命侍郎孟鉴赞理军务，左佥都御史杨信民巡抚广东。景泰元年（1450）四月，黄萧养屯兵广州河南，与明军在大洲头激战，黄萧养中流矢阵亡，农民军死亡万余人，余部败退至南海三山、大良堡，部分逃到钦州，后为官军镇压。（江伟涛）

魏校毁淫祀　古代史事。明朝广东官方推动的移风易俗运动。广东民间素有"尚巫信鬼""重淫祀"的习俗。唐朝开始，一些地方官就曾经禁毁"淫祠"。明正德十六年（1521）八月至嘉靖二年（1523）六月，魏校任广东提学副使，发布多项禁毁淫祠以兴风教的命令，以广州府城为中心，在广

东大部分地区捣毁不在祀典、不关风教以及原无国家敕封的神祠寺宇，改建为社学。该运动未能根本改变广东民间信仰习俗，所兴社学不久陷于停滞，至明末大多荒废。（江伟涛）

黎民符南蛇起义　古代史事。明朝海南黎族起义。明中叶，海南民族地区赋役繁重，吏治腐败，黎人受到严重剥削。明弘治十三年（1500），琼州连续遭遇旱灾水灾，官府仍要求儋州七坊峒（今海南白沙县境）按正常年成缴纳额粮。次年七月，土官符南蛇率黎人反抗，围攻儋州、昌化、临高，两广总督毛锐统官军10万进讨，参将马澄等进攻田头、落基等处，战事持续1年余，符南蛇中箭阵亡，黎人反抗告终。（江伟涛）

罗旁之役　古代史事。明朝征讨粤西瑶族的重大军事行动。明中叶，居住在肇庆府德庆州泷水县一带罗旁山区的瑶民与汉族官民矛盾尖锐，时常发生冲突。明万历三年（1575），前后两任两广提督殷正茂、凌云翼均积极谋划镇压罗旁瑶。万历四年（1576）十一月，凌云翼集合军队20万，分10哨对罗旁瑶发起攻击，次年三月成功镇压。嗣后明廷采取招徕移民、垦殖土地、开辟道路、教化瑶民等善后政策，升泷水县为罗定直隶州，辖新设东安（今广东云浮）、西宁（今广东郁南）2县，并设置南乡、富霖、封门、函口4个千户所。罗旁地区安定下来。（江伟涛）

广东行一条鞭法　古代史事。明朝广东实施的赋役制度改革。明初，广东与全国一样实施两税法，有夏税（针对地、山、塘）与秋粮（针对田）之分。自明景泰、天顺年间起，广东对赋役制度进行调整，逐步实行均徭法与均平法，核心是以钱代役，赋役折

银。万历初年，张居正在全国推行一条鞭法，广东的赋役制度改革得以推广。简化赋役制度，将名目繁多的赋税徭役合编为一；全面实行赋役征白银；解除里甲负担，实行官收官解，简化征收手续；确定以人丁和土地为征税对象。万历九年（1581），为配合一条鞭法，广东以州县为单位，进行土地清丈。一条鞭法是商品经济发展的结果，对明中后期广东城乡经济发展有促进作用。（江伟涛）

粤海三路海防　明清时期广东海防军事区划。元末，刘鹗首倡海防分路，广东海防分法始有萌芽。明初，倭寇入侵加剧。明嘉靖年间，郑若曾提出"岭南滨海诸郡，左为惠、潮、右为高、雷、廉，而广州处中"的海防三路分法。万历四年（1576），设置南头参将，中路广州府从东路海防独立出来，广东海防三路格局正式形成。清初承袭。（江伟涛）

屯门海战　古代史事。明朝水师与葡萄牙舰队在广东发生的海战。明正德十二年（1517），葡萄牙商人载胡椒、檀香木等商品前来广州贸易，但不顾明朝法律，盘踞广东东莞屯门（今香港特别行政区新界屯门），勾结中国商人走私贩私，拒缴关税，抢劫商船，贩卖奴隶。正德十六年（1521），又有多艘船只进入。广东海道副使汪铉调集战船50艘包围葡船，用火攻战术攻击葡船；派水手潜入水中，凿沉葡船。葡萄牙人、船大损，乘3艘大船强行突围，返回马六甲。明军大获全胜。（江伟涛）

茜草湾之役　古代史事。明朝水师与葡萄牙舰队在广东发生的海战。明嘉靖元年（1522），葡萄牙船队来到珠江口，骚扰广东沿海。在香山县茜草湾（今广东珠海横琴岛、三灶岛以北、

磨刀门水道南部海域），遭到明备倭指挥柯荣、百户王应思所率水师截击。明军重创葡船，斩敌35人，俘虏42人，俘获葡船2艘，缴获一批佛郎机炮。其余葡人败退，10月中旬回到马六甲。明朝后来对佛郎机炮加以仿制，在西北边防战发挥重要作用。（江伟涛）

澳门开埠　古代史事。16世纪中叶，葡萄牙人租借澳门开辟商埠，是中西关系史上的重大事件。澳门位于珠江口西岸，地属广东省香山县长安乡恭常都，处在亚太地区海上交通要冲，明中叶成为各国商舶走私贸易之所。明嘉靖三十二年（1553），葡人贿赂广东海道副使汪柏，借口晾晒货物，获准在澳门暂住与贸易。此后至崇祯初，葡萄牙人以澳门为基地，利用广州开放贸易之机，贩运中国商品，拓展与欧洲、印度、日本、菲律宾、东南亚乃至美洲的贸易，开辟澳门—果阿—里斯本、澳门—长崎、澳门—马尼拉—阿卡普尔科、澳门—东南亚各港的国际航线，建立起以澳门为中转港、各大贸易线路相连互动的世界性海洋贸易体系。葡萄牙人给世界市场运去中国生丝、丝织品、陶瓷等商货，给中国市场带来白银、香料等外国产品，赚取丰厚利润。澳门成为东亚国际贸易中心。（江伟涛）

嘉靖广东海盗　明朝粤海武装集团。明初厉行海禁，禁止私人出海贸易。明嘉靖年间进一步强化海禁，沿海采捕鱼虾、贩运米谷也在禁止之列。从事海上贸易的商人集团与沿海民众组织武装船队，对付官府的禁运与封锁，或者进行武装反抗。这些人被称作"海盗"，包括破产、失业或饥馑的农民、渔民、疍户、商贩、逸囚、海商以及科场失意之人。主要活跃于闽粤交界的南澳，东莞海上的老万山、阳江的

海陵澳、硇洲及琼州各港。著名海盗首领有黄秀山、林国显、许栋、何亚八、林道乾、曾一本、林凤等，以潮州府籍最多。明朝征剿广东海盗花费甚多，禁愈严，寇愈盛，收效甚微。（江伟涛）

广东备倭　古代史事。明朝广东防御倭寇海盗的军事部署。倭寇是指明朝在中国沿海武装走私和抢劫的日本海盗，包括武士、浪人和商人，明中叶以后所谓倭寇实际上更多是指中国海盗。广东自明初即受倭患侵扰，明洪武元年至二十六年（1368—1393），粤海设潮州、碣石、惠州、南海、广海、神电、雷州、廉州、海南9卫，以捍外而固内。后专设备倭巡视海道副使和备倭都指挥使各一员，专职负责巡视海道，节制沿海卫所，整备船只；沿海卫所士兵分班出巡，有警申报。明中叶以后倭寇海盗活动从浙闽海域向粤海转移，嘉靖四十三年（1564），两广提督吴桂芳奏请增加海防兵夫、筹建沿海水寨，设潮州柘林、惠州碣石、广州南头、肇庆北津、雷州白鸽、琼州白沙6处水寨，各建寨城，以备防守，并分别划分其所辖的汛地。除南头寨寨船60艘外，其他各寨均置40艘。（江伟涛）

柘林兵变　古代史事。明朝广东发生的水师叛乱。柘林澳地处粤闽交界的潮州饶平县海面，有“南粤海道门户”之称。明嘉靖四十三年（1564），戍守柘林澳的东莞水兵400多人连续5个月未获得粮饷，心生怨念。广东总兵俞大猷将他们调戍潮阳海港，众水兵在徐永泰带领下叛变，驾船自潮州出海南下，集合东莞盐徒和海南栅寇盗，攻击省城广州，数月后被平定。柘林兵变显示明中后期广东海防体制的困境，增建沿海水寨成为当务之急，明朝加快建构以水寨兵船巡海备倭的

新机制。（江伟涛）

陈璘援朝抗倭　古代史事。明朝广东水师赴朝鲜抗击日军的战争。明万历二十年（1592）四月，日本太政大臣丰臣秀吉发动侵略朝鲜的战争，朝鲜向明政府请求支援。翌年正月明军在平壤打败日军，八月班师回国。万历二十五年（1597）二月，日本又发兵侵占釜山，向庆尚、全罗、忠清3道推进。明朝急命兵部尚书邢玠总督蓟、辽军援朝。广东翁源人陈璘为副总兵，率广东官兵5000人入朝。万历二十六年（1598）二月，升陈璘为备倭总兵官，提督水军将士13200人、战舰数百艘，在朝鲜水师首领李舜臣配合下，明军控制忠清、全罗、庆尚诸道海口。十一月，中朝联军与日军决战，大败日军。陈璘追剿日军至南海、锦山等处。丰臣秀吉一手挑起的7年侵朝战争以失败告终。明朝论功行赏，陈璘居首功，擢都督同知。（江伟涛）

佛山铁冶　明清时期佛山经济支柱产业。佛山为明代广州府南海县辖镇。明正统、景泰年间，佛山冶铁业崛起。成化、弘治年间，佛山居民大半以冶铁为业，嘉靖以后佛山成为全国有名的铁锅、铁线和铁钉产地，生铁产量近3000万斤，生铁加工量2500万斤。明末佛山有炉户数万家。清代佛山仍然是全国冶铁中心，雍正、乾隆年间臻于鼎盛，从业者超过3万人，生铁产量及生铁加工量在5000万斤左右。佛山冶铁业的经营方式分小家庭作坊、家族经营大作坊、商人经营作坊3种。明朝以家族经营大作坊为主，冼、霍、李、陈四大望族为佛山铁业巨擘。外地商人及手工业主经营作坊在清朝日趋重要。佛山冶铁生产分铸造与炒铁两大类，铸造生铁产品主要有铁锅、农具、日用铁具等，广锅、梵钟远销

国内外。佛山还铸造大型器物。广州五仙观青铜巨钟铸于明初，重达1万斤。佛山祖庙内北帝铜像铸于明景泰三年（1452），重达5000斤。冶铁业奠定了佛山工商业基础，佛山成为南国铁都、天下闻名的“四大镇”之一。（江伟涛）

广船　又称广东船、乌艚。明朝广东所造海船、内河船及战船的统称。以广州、潮州、东莞、新会、高州、阳江、海口为造船中心。海船船底圆而高，船底贴有龙骨，转弯趋避较为灵便，多以坚固厚重、兼具柔性和耐水性的铁力木为制作材料。比福船（福建所造海船）大且构造复杂，设备制作精严。武器装备有佛郎机炮、铳炮、鸟枪、可掷火球。内河船种类很多，多用樟木制造，船底薄而平，无龙骨。黑楼舡和盐舡是广东著名船只，既可在内河航运又可出海。（江伟涛）

广东船　见“广船”。
乌艚　见“广船”。

粤盐　古代广东生产的海盐。分生盐（又称晒盐）和熟盐（又称煮盐）。明洪武和弘治年间以生产熟盐为主，仅淡水等场产生盐。明中叶晒盐产量大增，至万历时与煮盐产量相当。由于灶户承担赋役苛重，灶丁不断逃亡，景泰、天顺年间，广东重新实行开中法。海北提举司所辖盐场改征白银，开创广东盐课折银先例。弘治年间，广东全面实行盐课折色，促进食盐的流通，提高盐丁的生产积极性，有利于商品经济发展。明朝粤盐行销区域为广东全省、湖广、广西及江西部分地区。清朝盐业是广东手工业的重要支柱，盐税成为政府的重要财政来源。雍正、乾隆年间，粤盐产量大增，政府兴建大量盐仓储存食盐，盐场由清初的27场栅增加到34场栅。清朝粤

盐行销区域为两广、江西、湖北、福建、贵州、云南7省。粤盐运输以水运为主，珠江水系横贯两广，广东、广西统合成一个运输网，广州是粤盐配运中心。粤东韩江、梅江流域的盐运系统，以潮州广济桥为潮盐配运中心。粤西食盐多就地供给，部分输于广西。海南盐产自给自足，较少输配外地。（江伟涛）

圩市 古代岭南的乡村市场。南朝刘宋时已经出现，唐宋发展较快，明代圩市数量大增。明嘉靖年间，广东有圩市430余个，多位于水陆交通要道，销售商品以本地消费为主，满足家庭的正常需求，为本地及外地物产集散地。由于农村商品经济发展，清代广东出现不少专业圩市，如南海、顺德有专门的丝市，东莞有香市，南澳有紫菜市，钦、廉有珠市，琼山官厅市有牛市。（江伟涛）

沙田开发 古代史事。古代沿海濒珠江三角洲地带的农业垦耕方式。唐宋以降，珠江流域山区垦殖扩大，水土流失加剧，河流含泥沙量增加。珠江、韩江等三角洲地区泥沙淤积加速，兴筑不少堤围，将沙坦改造成耕地。明中叶以后，顺德、番禺、香山、新会等地大量开发沙田，由西海十八沙和新会东南部，发展到东海十六沙和番禺南部一带，围垦地域不断拓展。深耕"已成之沙"，围垦"新成之沙""未成之沙"。沙田开发以稻作为主，进行多种经营。珠江三角洲逐渐发展出成熟精细的基塘农业，成为全国著名的商品经济发达的"鱼米之乡"。（江伟涛）

衣香食果 明清时期广东乡村的经济生活方式。明中叶以后，广东以种植经济作物为主的农业商品生产迅速发展，地域广、种类多、产量高，逐渐

形成各类作物的商品性生产专业区域。种植香树或水果作物的专业户，不再依靠粮食维持生计，以经营香、果的收入为穿衣吃饭的经济来源。（江伟涛）

广东商帮 明清时期主要由广州籍商人、潮州籍商人、客家商人和琼州籍商人构成，活跃于全省、全国乃至海外的商人集团，与徽商、晋商等齐名。广州籍商人主要为广州府顺德、南海、番禺、新会、东莞等县商人，潮州籍商人主要为潮州府海阳、澄海、揭阳、饶平等县商人，客家商人主要为梅县、兴宁、大埔等地商人。清康熙帝解除海禁后，康熙二十五年（1686）设广东十三行，外国人要到中国做生意，须通过政府特许从事外贸的行商进行交易。行商代表朝廷管理海路邦交和贸易事务，具有半官方性质，西方人称他们为"皇商"。（江伟涛）

永历政权 南明政权。南明隆武二年（清顺治三年，1646）十一月十八日，明两广总督丁魁楚、广西巡抚瞿式耜等拥立桂王朱由榔即帝位于广东肇庆，次年改元永历，史称"南明永历政权"。永历二年（1648），清军攻陷广州，永历帝逃至广西。永历三年（1649），清广东提督李成栋反清降明，奉永历年号，并胁迫清两广总督兼广东巡抚佟养甲降明。永历政权恢复对广东全境的统治。李成栋派人赴广西迎接永历帝回肇庆。时永历政权拥有两广、湖南、江西等地，与福建郑成功、浙江张名振、张煌言等抗清力量遥相呼应。但因政权内党争，无法团结抗清。永历四年（1650），清军再次入粤，永历帝逃往广西梧州。永历六年（1652），大西农民军与永历政权联合抗清。次年，永历帝由广西转入贵州。永历十年（1656）又转至昆明。永历十三年（1659），清军

破昆明，永历帝逃入缅甸，吴三桂率军入缅，永历十五年（1661）俘杀永历帝，永历政权灭亡，南明覆灭。（江伟涛）

绍武政权 南明政权。南明隆武二年（清顺治三年，1646）八月，隆武政权灭亡，隆武帝之弟朱聿𨮁和隆武朝大学士苏观生等逃到广州，联合广州官绅梁朝钟、关捷先等，拥戴朱聿𨮁监国于广州，十一月初立朱聿𨮁为帝，改元绍武，史称"南明绍武政权"。十二月中，清军攻陷广州，朱聿𨮁、苏观生、梁朝钟等自缢，大学士何吾驺、顾元镜及关捷先、王应华等降清。绍武政权仅存在41天。清光绪九年（1883），粤东绅士在省城越秀山木壳岗重修绍武君臣冢。1952年，南明抗清名将王兴坟墓在广州河南南箕村被发现，后迁葬于绍武君臣冢旁，供后人凭吊。（江伟涛）

尚耿两藩 清初统治广东的地方藩王。两藩指平南王尚可喜（即尚藩或平藩）和靖南王耿继茂（即耿藩或靖藩）。明崇祯六年（1633）、七年（1634），参将耿仲明、副将尚可喜先后投降后金，皇太极各授以总兵官，耿仲明所部军队名"天佑兵"，尚可喜所部军队名"天助兵"。清军入关后，耿、尚率部镇压李自成农民军和南明抗清武装。清顺治六年（1649），封耿仲明为靖南王、尚可喜为平南王。六月，耿仲明、尚可喜率所部各1万人征广东，途中耿仲明畏罪自杀，其子耿继茂继袭靖南王。十二月，尚可喜袭取南雄，城内居民惨遭屠杀。顺治七年（1650）十月，攻陷广州，10万平民惨遭杀害。清廷命尚、耿留镇广东，并称藩王。两藩在广东私行征税，滥派夫役，荼毒一方。顺治十七年（1660），耿继茂移镇福建，尚可喜留镇广东，拥兵自重。康熙十二年

（1673），平西王吴三桂叛乱，尚可喜上表效忠清朝，其子尚之信争夺藩王位，幽禁尚可喜，举兵响应吴三桂。康熙十六年（1677），尚之信宣布投降，清朝责令其立功自效，仍袭封平南亲王。康熙十九年（1680），下诏逮捕尚之信，赐死。至此，统治广东长达30余年的尚藩被铲除。（江伟涛）

南明抗清　古代史事。南明政权在东南地区进行的抗清运动。南明永历元年（清顺治四年，1647）一月，南明兵部主事陈邦彦联合农民军首领余龙，有众2万余，起兵于顺德；南明监军御史张家玉起兵于东莞；明朝大学士陈子壮联合增城、花山农民军，起兵于南海，各处抗清义军多归陈邦彦、张家玉和陈子壮领导，坚持10个月，拖住清军在广东的全部兵力，使之不能西进，支援了永历政权。陈邦彦、张家玉和陈子壮被誉为"广东三忠"。其后南明将领王兴、邓耀、陈奇策等相继在珠江口以西沿海及北部湾海域活动，在海上坚持抗清30余年。清康熙二十年（1681），清军攻陷南明在北部湾的基地龙门。康熙二十二年（1683），台湾郑氏归降清朝。康熙十八年（1679），南明镇守龙门水陆等处地方总兵官杨彦迪率副将黄进、高雷廉总兵陈上川、副将陈安平，率军3000余人、战船50余艘，开赴广南（今越南中部），杨彦迪等进驻美湫，陈上川等进驻盘辚（今越南边和）。南明海上武装力量完全退出粤海。（江伟涛）

杨彦迪莫玖入越　古代史事。清代移民运动。见"粤人移居海外"。（江伟涛）

迁界　又称迁海。古代史事。清初在沿海地区实施的军事管控。为杜绝沿海民众与台湾郑成功等南明势力联系，清康熙元年（1662）下令从江苏、浙江到福建、广东沿海的居民全部内迁。广东东起饶平、西迄钦州内迁50里，沿边划界派兵防守。界外的房屋什物一概烧毁，田地不准耕种，不准出海捕鱼，凡越出界外者立斩。康熙三年（1664）三月再内迁30里，不在迁界范围内的顺德、番禺、南海、海阳4县居民也要内迁。广东两次迁界涉及沿海28个州县、20个卫所，民数十万，抛荒田地500多万亩，社会经济受到摧残。沿海人民爆发反迁界起义，清政府赋税收入减少。康熙八年（1669），广东巡抚王来任疏请复界，清朝允许第二次被迁的地区复界。康熙二十二年（1683），清朝统一台湾，宣布废止迁界。（江伟涛）

迁海　见"迁界"。

摊丁入地　古代史事。清朝赋役制度改革。晚明实施一条鞭法以后，赋役折银并向土地、人丁派征。清康熙五十五年（1716），首先于广东试行摊丁入地。以州县为单位，以康熙五十年（1711）或其前后的登记丁额为依据，计算出丁银总额并摊入田地亩数课征。最终确立以土地为课税客体的比例税制。由于摊丁入地前，广东编户的登记丁额与实际人丁数已经基本脱钩，赋税登记上的户与现实中的家庭也多不再对应，对百姓实际赋税负担影响有限。（江伟涛）

废除贱籍　古代史事。清朝广东针对疍民的户籍制度改革。古代疍民以船为家，以捕鱼为业，不许陆居，被排除在士农工商四民之外，社会地位低下。清雍正七年（1729），朝廷下谕，疍户除籍为良，编入平民户籍。有利于地方社会稳定，解放生产力。（江伟涛）

裁撤卫所　古代史事。清朝军事制度改革。清初沿袭明朝卫所屯田旧法，然而屯而不守，与明"且屯且守"性质不同。清雍正二年（1724），裁撤卫所，屯田归州县管辖。雍正三年至九年（1725—1731），广东卫所全部裁撤，屯田归州县管辖，由地方官招丁佃种。（江伟涛）

改土归流　古代史事。清朝边疆少数民族地区统治政策改革。清雍正四年（1726），废除西南各少数民族地区的土司制度，实行和汉族地区相同的地方行政制度，朝廷委派流官直接治理，到雍正九年（1731）基本完成。其间广东琼州府黎区存在不服"王化"的"生黎"，故亦实行生黎归入版图之策。生黎入籍登记户口，需纳赋税、服徭役，成为编户齐民。汉人每名输丁银二分二厘，黎人则只收一分。（江伟涛）

南海诸岛开发　古代史事。中国历史上开发南海、经略海疆的重大事件。南海诸岛是西沙群岛、东沙群岛、中沙群岛、南沙群岛的总称，由200多个岛屿、沙洲、暗礁、暗沙和暗滩组成，分布在中国南海海域，东西宽约900千米，南北长约1900千米。我国古代文献对南海诸岛早有记载，唐宋时期已在西沙群岛进行捕捞活动。元至元十六年（1279），天文学家郭守敬奉命到此进行天文观测。明朝在南海的生产活动已由"千里石塘"海域扩展到"万里长堤"海域。渔民对南海诸岛的岛屿、沙洲、暗礁、暗沙和暗滩进行命名，对方位、里程以及气象、海流、潮汐等变化情形不断考察积累，写成《更路簿》，作为远洋航海指南，是最早开发南海诸岛的历史见证。清康熙末年编成的《更路簿》抄本记载国内更路和国外更路两部分，载有西沙、南沙群岛200多条更路，

地名 96 处，其中西沙群岛地名 24 处，南沙群岛地名 72 处。清朝西沙群岛和南沙群岛属广东省琼州府万州（今万宁）管辖，在琼州府水师巡逻海域范围之内。前往西沙、南沙群岛的中国渔民多数来自海南岛，其中以文昌、琼海 2 县为多。前往东沙群岛及黄岩岛的中国渔民主要来自粤东、闽南和台湾。（江伟涛）

嘉庆南海海盗　清朝广东海域的海盗。清乾隆末年，吏治腐败，民不堪命，大批渔民、船工结成帮伙，出海为盗。清嘉庆七年（1802），粤海海盗重组成红、蓝、黄、白、青旗 5 帮，主要活动在粤西海域，袭击、劫掠官船和洋船。嘉庆十年（1805），海上武装力量向中路海域扩张，屡次打败清朝广东水师，其中以乌石二（麦有金）为首的蓝旗帮、张保仔为首的红旗帮势力最大。嘉庆十四年（1809）六月，新任两广总督百龄实行"封港"，粮、盐改由陆运，硫黄厂矿由官督商办，严惩通敌之人，切断粤海中路各旗帮海盗的军需补给。至次年四月，5 帮先后或投降清朝，或被击灭。（江伟涛）

行商　清朝特许与外商做生意的商人。清康熙二十四年（1685），设立粤海关。次年，广东建立专门经营对外贸易的洋货行，俗称十三行，简称洋行，指定一些商人专门同外商进行贸易。这些商人称行商，又称洋商。行商与十三行充当了中国商人商行与外商之间的中介。（江伟涛）

防范夷人章程　清朝颁布的管理外国人的政策文件。清嘉庆十三年（1808）七月，发生英军强行登陆澳门的"澳门事件"。为防范限制外国人活动，"严防民夷相交结"，两广总督百龄于次年四月拟定了《民夷交易章程》6 条，前 5 条获准施行。道光十一年

（1831）三月，两广总督李鸿宾等在原章程基础上修订增补为《防范夷人章程》8 条。道光十五年（1835），两广总督卢坤等续订该章程，规定：外夷护货兵船不准驶入内洋（十字门及虎门各海口）；夷人偷运枪炮及私带番妇、番哨人等至省应责成行商一体稽查；夷船引水、买办应由澳门同知发给牌照，不准私雇；限定夷船雇用民人数额，其人夫责成商馆买办代雇，买办责成通事保充，通事责成行商保充，递层钳制；夷人在内河驶用船只，不得再用插旗三板，只准用无篷小三板，并禁止不时闲游；夷人具禀函件律由行商代转；行商承保夷船，应认、派兼用；夷船私卖税货，责成水师查拿。新章程获准施行。章程充分暴露清朝墨守成规与故步自封，过分限制外商的活动，妨碍中西正常的经济、文化交流，不利于中国对外贸易的健康发展。（江伟涛）

粤人移居海外　古代史事。历史上广东向海外移民。唐宋时期，广东人已移居东南亚国家，称为"住蕃"，主要以经商、谋生的经济性移民为主。宋人朱彧说："北人过海外，是岁不还者，谓之'住蕃'；诸国人至广州，是岁不归者，谓之'住唐'。"明朝以后由于人口压力增加，对外交往频繁，民众下海通商日益增加，东南亚重要城市如安南庯宪、广南会安、暹罗大城、北大年、马六甲、巴达维亚、望加锡等地以及海岛乡村，出现粤籍华人聚居的社区。明清鼎革导致大批具有反清意识的政治性、军事性移民迁移到东南亚。清康熙十年（1671），以广东雷州府海康人莫玖（后改姓鄚）为首的沿海迁民，从海路逃至柬埔寨河仙地区从事垦殖。康熙十八年（1679），南明高雷廉总兵陈上川、龙门总兵杨彦迪，率领士兵 3000 多人及眷属、战船 50 余艘，逃抵广南。广

南阮氏政权允许其定居在盘辚（今越南边和）、美湫一带。晚清以降，广东掀起新一轮海外移民浪潮，除迁居东南亚地区外，还走向美洲、澳洲新大陆以及欧洲、非洲，移民遍及全球。他们吃苦耐劳，精明能干，与其他地区的华侨一起，为南洋与新大陆开发作出巨大贡献。现代广东籍华侨华人遍布世界五大洲 100 多个国家和地区，总数约 3000 万人，占全国总数的三分之二，广东是全国第一华侨大省；东南亚国家的广东籍华侨约 2000 万人，占东南亚华侨总数的二分之一。（江伟涛）

海南黎民起义　古代史事。清朝海南黎族反抗朝廷的斗争。随着清王朝的腐败和驾驭控制能力的削弱，清嘉庆、道光年间，黎人掀起一次又一次反对统治者的起义。清嘉庆二十年（1815），琼山、儋州交界番仑村原黎总符克先率众数百占据儋州境冯墟峒，官府采用以黎攻黎之法镇压；嘉庆二十一年（1816）八月，儋州薄纱峒生黎不堪黎总符再兴欺压，遂传邻近诸村黎民群起反抗，进而得到冯墟、龙头、七防诸峒起而响应，官兵入峒"招抚"；嘉庆二十二年（1817），崖州乐安汛东、西抱显等村黎人因汉族地主与官府勾结，加重对黎人的剥削，吏役兵丁又乘机盘剥诈索而起事。清政府一方面将崖州知州、乐安汛千总等官员革职，一方面派兵镇压。道光九年（1830）十二月，崖州洋淋村黎人因饥荒及不满官府索诈，在黎亚鸡的率领下起义，大败州兵，清政府一方面革去总兵和雷琼道以下的知府、知州等官职，命李鸿宾亲赴雷州督战；一方面"谕黎人补完九、十两年丁赋，永革甲头包揽诸弊"，以安抚黎人。道光十五年（1835），才完全镇压此次起义。道光十三年（1833）大旱，儋州黎田皆赤土，贫苦黎民四出觅食，

进而聚众起事，七月，黎亚义、薛凤章率黎人攻田头市，接着攻打王五市。清军分兵扼诸隘口，重兵守调南要道，切断黎人来往出入之路，采用以黎攻黎之法镇压。各次黎民起义给地方当局以沉重打击，迫使他们不得不采取某些纾缓民困、罢革蠹吏的措施，暂时使黎族地区安定下来。（江伟涛）

广东陶瓷 岭南传统手工业。烧制陶器的窑址在马坝石峡中层等新石器时代末期的遗址已有发现。南越国时陶器业已是重要的手工业部门，两汉时烧制陶器技术大有进步，东汉末年部分陶器的形制已接近瓷器。南朝广州等地已有生产的陶瓷出口海外。1975年在西沙群岛北礁礁盘发现南朝南海等郡流行的青釉六耳罐残件和青釉小杯，器形比较精致。唐代广东陶瓷生产遍及各地，已发现的唐代窑址，粤东有10处，粤中8处，粤西9处，粤北1处，基本上为馒头窑和龙窑，分布在陶土、瓷土丰富的沿海或江边城镇。出现面向国际市场、专供出口的外销瓷生产基地，如潮州北郊窑、梅县水车窑，南海、新会官冲、三水、广州西村、廉江、遂溪等窑场。唐朝"广州通海夷道"所及亚洲、印度洋、波斯湾地区和东非海域，发现不少广东陶瓷。宋代广东瓷业进入兴旺期，发现窑址80多处，以广州西村窑、潮州笔架山窑等民间窑场烧制外销瓷最为著名。西村窑在今广州西村，其产品有青白瓷、青瓷及黑瓷3种，以青白瓷为主，器物造型繁多，凤头壶及刻花凤纹大碗均为其代表。西村窑瓷器在国内较少见到，除广州南越国宫署遗址宋代文化层等地发现外，绝大部分在东亚、东南亚、中亚、西亚及东非的一些国家和地区出土。潮州窑指潮州府（郡）辖区内分布的窑址，唐宋时期生产并大量销往东南亚。瓷器主要有以色釉、青花、彩绘和雕塑等装饰工艺生产的日用器和陈设器，而以日用器为大宗。明清时期，由于海外市场扩大和沿海通商之便，广东吸引大量景德镇窑工前来开窑制瓷，出现仿烧景德镇青花瓷的窑场，又因传统、技术、原料等不同，在胎质、釉色、图案等方面发展出自己的特色，并将产品大量供应海外市场。广东佛山石湾窑闻名中外，知名陶瓷厂家甚多，如"祖居唐"等。石湾窑以善仿钧窑而著称，也创制出独具特色的窑变釉。釉色丰富，刻画细腻，产品以人物、鸟兽等陶塑产品为主，兼有园林建筑材饰、丧葬祭品和仿古名窑制品等，且石湾之陶遍两广，旁及海外，在国内外享有盛誉。（杨芹）

虎门销烟 近现代史事。第一次鸦片战争的导火索。由于鸦片输入的急剧增加，中国的白银大量外流，银价飞涨，财政困难。清道光十八年（1838），朝廷任命林则徐为钦差大臣赴广东禁烟。次年，林则徐规定所有烟商三日内交出全部鸦片，并签下以后不再贩卖的保证书，但大部分烟商，包括官府差役等，都没有上缴。官府下令封锁广州海岸，围困十三行，活捉英商颠地。英驻华商务总监义律才被迫同意缴出全部鸦片。林则徐在虎门公开销烟，销毁鸦片237万余斤，维护了中华民族的尊严和利益。英国利益受损，借机发动了蓄谋已久的鸦片战争。（王一娜）

九龙之战 近现代史事。鸦片战争的首次武装冲突。清道光十九年（1839）七月二十七日上午，英驻华商务总监义律率领"路易莎"号和"珍珠"号等5艘英舰从香港驶至九龙山炮台附近海面，以向清守军递交函件，要求供应生活必需品和淡水为名，进行挑衅。下午，又派出小船佯为递交"抗议书"，实则向清军发动突袭。清水师大鹏营参将赖恩爵指挥发炮还击，击中英舰"路易莎"号主帆，使其失去控制，英舰败逃。清水师在鲤鱼门海面与赶来增援的英舰"窝拉疑"号、武器走私船"威廉要塞"号激战，再次击中"路易莎"号，打死英水兵多人，英舰仓皇逃窜。英舰两战两败，揭开第一次鸦片战争序幕。（王一娜）

第一次鸦片战争 近现代史事。中国近代史开端的标志性事件。工业革命之后，欧美列强在全球争夺商品市场和原料产地。英国为改变对华贸易逆差，大量走私鸦片，造成清朝白银外流，财政枯竭，也破坏了社会生产力。清道光十八年（1838）底，清廷派林则徐为钦差大臣赴广东查禁鸦片。次年，林则徐在虎门海滩当众销毁鸦片237万余斤，史称"虎门销烟"。英国利益受损，借机发动鸦片战争。道光二十年（1840），英军攻占定海，北犯大沽，要挟清政府谈判。道光帝派琦善到广州议和，将林则徐、邓廷桢革职。道光二十一年（1841），英军乘琦善撤除战备，攻陷沙角、大角炮台。英国代表义律单方面宣布《穿鼻草约》成立，强占香港岛，勒索赔款。道光帝下诏对英宣战，并派宗室奕山率军赴广州对英作战。奕山战败求和，订立《广州和约》。广州三元里等地民众奋起抗英。英国继续扩大战事，先后攻陷厦门、定海、镇海、宁波，并进攻长江下游吴淞、镇江，进犯南京。道光帝命耆英、伊里布在南京与英军代表璞鼎查议和，签订《江宁条约》（即《南京条约》）。清政府向列强割地、赔款、商定关税，严重危害中国主权，中国开始沦为半殖民地半封建社会。（王一娜）

三元里抗英斗争 近现代史事。鸦片战争期间中国人民反抗外国侵略的事

件。清道光二十一年（1841）四月初七《广州和约》签订后，英军入侵广州城，乡民强烈不满，自发组织武装抗英。四月初九英军骚扰北郊三元里一带，菜农韦绍光等群起抗击，击毙英军10余人。士绅何玉成等联络附近各乡村民，于次晨集中于三元古庙，以"三星旗"作为令旗，宣誓"旗进人进，旗退人退，打死无怨"，南海、番禺等地103乡村民参与，把英军引诱并围困在牛栏冈丘陵地带，击杀少校军需毕霞，毙伤英军近50人，英军逃回四方炮台。四月十一，番禺、南海、花县、增城各县义勇将四方炮台包围。英军不敢再战，转向广州官府施压，广州知府余保纯强行驱散民众，为英军解围，事件宣告结束。三元里抗英斗争打击了英国侵略者的嚣张气焰，鼓舞了民众反侵略斗争的士气。（王一娜）

穿鼻草约 鸦片战争期间中英未正式签订的议和草约。鸦片战争爆发不久，清道光帝由主战转向主和，于道光二十年（1840）派钦差大臣琦善到广州与英军谈判。谈判期间，英国对华全权代表义律指挥英军突袭并攻占沙角炮台（即穿鼻炮台）和大角炮台，逼迫琦善接受英方议和条件。主要内容有：香港本岛及其港口割让与英国，但中国得在香港设关收税；赔偿英国政府600万银圆，5年交清；中英官吏平等；广州于道光二十一年（1841）正月初复市；英军撤出沙角、大角炮台，归还定海。义律单方面公布这项草约，但双方并未正式签约，事后都不承认这项草约。（王一娜）

虎门条约 又称《善后事宜清册附粘和约》《五口通商附粘善后条约》。鸦片战争后签订的不平等条约。《南京条约》附约。清道光二十三年（1843）五月二十六，钦差大臣耆英、广州按察使黄恩彤到香港交换《南京条约》批准书。中英双方就通商章程及海关税则等事项谈判。六月二十五，在香港公布《五口通商章程及海关税则》。八月十五，耆英与英国驻华全权公使璞鼎查签订《虎门条约》。《虎门条约》及附件《五口通商章程及海关税则》对《南京条约》进行修改和补充：清政府进出口货关税征收税率固定为5%；英方在中国5个通商口岸派驻领事；英领事在中国享有领事裁判权；英国享有片面最惠国待遇；英国人可以在通商口岸租赁房屋或租基地建屋；英国兵船可以在5个通商口岸停泊。该条约的签订进一步损害了中国的权益。（王一娜）

善后事宜清册附粘和约 见"虎门条约"。

五口通商附粘善后条约 见"虎门条约"。

望厦条约 又称《中美五口贸易章程》。鸦片战争后签订的不平等条约。清道光二十四年（1844），两广总督耆英与美国专使顾盛在澳门附近望厦村签订，共34款，附有《海关税则》。主要内容有：美国在通商、外交等方面，享有与英国同等权利；美国兵船可任意到中国各通商港口巡查贸易；美国人有权在通商口岸开设医院、建立教堂等。该条约成为清朝与西方列强签订的不平等条约的范本。（王一娜）

中美五口贸易章程 见"望厦条约"。

黄埔条约 又称《中法五口贸易章程：海关税则》。鸦片战争后签订的不平等条约。清道光二十四年（1844）七月初一，法国公使拉萼尼随8艘兵船抵澳门，彰显武力。八月二十起，拉萼尼与清钦差大臣、两广总督耆英举行会谈，提出援引英、美先例订立条约的要求。九月十三，两人在广州黄埔的法国军舰上签订《黄埔条约》。主要内容有：法国人可以在5个通商口岸永久居住，自由贸易，设立领事，停泊兵船等；对法国人的家产、财货，中国政府负责保护；中方将来如改变海关税则，应与法方商讨；法国享有领事裁判权和片面最惠国待遇；法国人可以在5个通商口岸建造教堂、坟地，清政府有保护教堂的义务。该条约使法国取得中英、中美所签订的系列不平等条约内规定的特权，此外法国天主教可以在中国通商口岸自由传教。（王一娜）

中法五口贸易章程：海关税则 见"黄埔条约"。

反入城运动 近现代史事。广州人民反英事件。《南京条约》签订后，英方要求入城居住，两广总督耆英建议英方暂缓入城。清道光二十六年（1846），英国公使德庇时又要求入城，耆英派知府刘浔与英方密订进城日期，广州士民闻讯闯入府衙，烧毁刘浔朝珠公服，德庇时被迫退回香港。次年，德庇时再次要求入城，耆英允于2年后实行。道光二十九年（1849），英国公使文翰率舰侵入省河，要求两广总督徐广缙履约，遭拒。英派兵封锁广州，以武力威胁。民众极其愤慨，组织社学团练反对英人入城。官府也加强守备。英方遂向广州城发动进攻，因城内防御森严，被迫撤退。（王一娜）

天地会 又称添地会、三点会、三合会。民间秘密结社。会众统称"洪门"，有众多堂号。清嘉庆初年，天地会在广东博罗、永安（今广东紫金）、揭阳等县举义，波及珠江三角

洲地区，达数万人。鸦片战争后，两广天地会发展迅速，山堂遍布乡村和城镇，人数众多。道光末年，湘粤、粤桂交界以及广西境内天地会纷纷起事。道光二十二年至二十七年（1842—1847）间，广东天地会发动数次武装起事，参加广州反英人入城与租地斗争。咸丰四年（1854）至同治三年（1864），洪兵起义将天地会运动推向高潮。天地会在南方城乡及海外侨胞中相当活跃，成为南方民主革命的重要同盟。（王一娜）

添地会　见"天地会"。
三点会　见"天地会"。
三合会　见"天地会"。

太平天国运动　近现代史事。近代农民起义。鸦片战争后，中国开始沦为半殖民地半封建社会，民族矛盾、阶级矛盾激化，民间自发组织的反清起义多达百余次。清道光三十年（1851）腊月初十，洪秀全在广西桂平金田村起义，建号太平天国，杨秀清、冯云山、萧朝贵、韦昌辉、石达开等为领导核心。咸丰元年（1851）八月，太平军攻占永安（今广西蒙山）。次年，攻占武昌、金陵（今江苏南京），继占镇江、扬州。定都金陵，称天京。随后北伐、西征。咸丰六年（1856）春，杨秀清从西征战场调集大军解镇江之围，攻破清军江北、江南大营。同年秋，太平天国领导集团发生内讧。次年夏，石达开负气出走，太平天国的军事形势急剧恶化，武昌、九江、镇江相继失守，控制地区日益缩小。第二次鸦片战争后，英、法、美、俄等列强支持清政府镇压太平天国。同治元年（1862）春起，湘军多路合击天京，天京外围各据点陆续失陷；同治二年（1863）十一月，苏州、无锡失守；同治三年（1864）二月，杭州、常州被清军攻陷，天京被合围。四月

二十七，洪秀全去世，幼天王洪天福贵即位，李秀成执掌天京军政事务。六月十六，湘军攻陷天京，太平天国失败。是中国历史上规模最大的农民起义，历时14年，势力扩展到17省，有力地打击了清王朝和外国势力，加快了封建社会的崩溃，在中国近代史上产生重大影响。（王一娜）

洪兵起义　近现代史事。反清起义。以红旗为标志，起义军自称"洪兵"。清咸丰四年（1854）夏，东莞何六、佛山陈开、广州郊区李文茂、甘先、周春、陈显良等，三水陈金釭，韶州府葛耀明，惠州府翟火姑等各路洪兵纷纷起事，数月间攻克府州县城40余座。咸丰五年（1855）初，在外国势力支持下，清朝击退洪兵对广州的围攻。洪兵向西、北转移，陈开、李文茂等入广西，建立大成国；陈显良等入粤北山区，建立南兴政权；何六、陈金釭、周春、甘先等入湘南，翟火姑等入赣南，一部分加入太平军"花旗"部队。至同治四年（1865），各路洪兵相继被镇压。（王一娜）

"亚罗"号事件　近现代史事。第二次鸦片战争导火线。清咸丰五年（1855），清人方亚明购买一艘名为"亚罗"号的船，并在香港注册，取得有效期1年的执照，英国人托马斯·肯尼迪为挂名船长，一直从事海盗活动。咸丰六年（1856）八月初八，"亚罗"号在新宁县（今广东台山）上川岛附近海面行劫。九月初十，清水师接到举报后登船捕匪。英方照会两广总督叶名琛称"亚罗"号是英国船，清方无权上船抓人，要求释放疑犯，并称清官员在"亚罗"号上扯下英国国旗，严重侮辱了英国。十四日，英方再次要求清官员送还被捕水手，要求书面道歉、担保以后尊重英国国旗，并限48小时内答复。十六日，叶

名琛送回9名水手，只留下已确认为海盗的2人及证人1名，声明"亚罗"号是清国船，请外国人以后不要把执照卖给清人。英方不满意答复，拒收放回的水手，并掳走1艘清水师沙船。十八日，英方再次提出要求，叶不予理会，也未备战。二十三日，英方发出最后通牒，限24小时内接受全部要求，否则将采取行动。叶立刻答复以后尊重英国国旗和条约义务，并送还10名被捕水手，但坚持清方无错。英方坚持12名疑犯全部都要放回。二十四日，叶在限期前1小时派人把12名疑犯全部送到英国领事馆，但英方拒绝接收。次日，英方发动第二次鸦片战争。（王一娜）

第二次鸦片战争　近现代史事。近代英、法等国发动的侵华战争。清咸丰六年（1856）九月，英、法分别以"亚罗"号事件和"马神甫"事件为借口进犯广州，挑起战争。咸丰八年（1858）四月，英法舰队在俄、美支持下攻陷大沽炮台，逼近天津。清政府派钦差大臣赴天津谈判，五月分别与俄、美、英、法4国代表签订《天津条约》，十月又在上海签订中英、中法、中美通商章程。沙俄趁机于四月间用武力迫签《中俄瑷珲条约》，割去中国黑龙江以北、外兴安岭以南大片领土。咸丰九年（1859），英、法、美借口换约又派军舰北上，五月突攻大沽炮台。清军奋勇抗击，重创英法侵略者。次年，英法再组联军，扩大战争。七月，英法联军2.5万人由北塘登陆，攻陷大沽，进占天津，八月在通州八里桥击败清军，进攻北京，咸丰帝逃往热河（今河北承德）。九月，英法联军控制北京城，焚掠圆明园。后恭亲王奕䜣分别与英、法代表签订中英、中法《北京条约》，批准中英、中法《天津条约》。沙俄又迫使清政府签订《中俄北京条约》，割

去中国乌苏里江以东大片领土。战后清政府集中力量镇压太平天国，外国侵略势力扩大到沿海各省和长江中下游地区。中国社会半殖民地化程度进一步加深。（王一娜）

汕头开埠　近现代史事。近代新辟通商口岸事件。19世纪中叶，汕头逐渐取代樟林港，成为粤东地区对外交往的中心港口。清咸丰二年（1852），西方国家的轮船、帆船进入南澳和妈屿岛海面走私。次年，粤海关在妈屿岛上设立常关，即潮州府海关总口，称为"新关"。第二次鸦片战争后，清朝增开潮州（汕头）、琼州、台湾等10处为对外通商口岸。咸丰九年（1860）十二月初九，潮州（汕头）对美开市，在妈屿岛上设立潮海关，美国人华为士任潮海关第一任税务司，俞恩益任第一任海关监督。潮州（汕头）正式开埠，俗称汕头埠。（王一娜）

陈联泰机器厂　近代民族资本企业。近代广东首家民族资本创办的机器修造企业。19世纪30年代，广东南海（今佛山市南海区）西樵良登村人陈澹浦在广州十三行新豆栏上街开设陈联泰号家庭作坊，制造缝衣针等及修理各式金属器械，后增加修理轮船业务，并扩展为手工工场。清同治十一年（1872），帮助继昌隆缫丝厂进行机器改造和安装，掌握制造和安装缫丝机器的技术。此后，珠江三角洲一带缫丝厂机器多由陈联泰制造。光绪初年，陈氏后人陈濂川拓展规模，陈联泰厂迁至广州十八甫，从香港添购新式机器，改名为陈联泰机器厂。19世纪80年代开始仿造蒸汽发动的小火轮。参见第815页科技卷"陈联泰机器厂"条。（王一娜）

继昌隆缫丝厂　近代民族资本企业。

近代中国第一家民族资本经营的机器缫丝厂。清同治十二年（1873），越南广东籍侨商陈启沅在南海（今佛山市南海区）西樵简村创办，次年建成投产。开办时投资7000两白银，有丝釜数10部，后来扩建至800部。该厂使用机器，一部分由旧轮船蒸汽机改装，其余为陈启沅自己设计、广州陈联泰机器号改装制造，后采用蒸汽动力。南海知县视该厂为异端，于光绪七年（1881）下令关闭。陈启沅将工厂迁至澳门，改名为复和隆丝厂。3年后获得当局许可，又迁回简村，改名为世昌纶丝厂。1928年停办。产生了南海最早一批近代产业工人。参见第1185页对外贸易卷"继昌隆缫丝厂"条、第1215页华侨·侨乡卷"继昌隆缫丝厂"条。（王一娜）

广州机器局　近代洋务运动兴办的企业。清同治十二年（1873）两广总督瑞麟设立。光绪元年（1875），下设军火局。光绪二年（1876），两广总督刘坤一购买黄埔船坞作为机器局的造船厂。光绪十一年（1885），两广总督张之洞将其并入增埗军火局，改称制造东局。增设石井枪弹厂，称为制造西局。整顿后的机器局逐步发展为颇具规模的军事工厂。光绪三十年（1904），两广总督岑春煊创办石井机关枪厂，将原枪弹厂改为黑药弹厂（西厂）和炮械分厂（北厂）。机器局从设备到技术管理，都依赖外国。该局对近代广东工业发展具有影响。（王一娜）

宏远堂机器造纸公司　近代民族资本企业。清光绪七年（1881），商人钟星溪在南海（今佛山市南海区）盐步水藤乡创办。光绪十五年（1889）正式投产，聘请外国人约翰·斯顿为工程顾问，霍斯堡、葛利森为监造师。雇用工人65名，部分为曾在美国纸

厂工作过的华工。专门制造新闻纸、包装纸及其他普通印刷用纸，日产量62担。以每年报效政府1000两为条件，获准10年专利。光绪三十一年（1905），因大股东周荣曜贪污，两广总督岑春煊借机追查，将之改为官商合办，改名为增源纸厂。辛亥革命后改为商办，由港商李石泉等合资经营，改名为锦远堂纸厂。参见第815页科技卷"宏远堂机器造纸厂"条。（王一娜）

中法战争　又称清法战争。近现代史事。近代反抗帝国主义侵略的战争。清光绪九年（1883）十一月，法军进攻驻守在越南的清朝军队，挑起中法战争，清军失利。光绪十年（1884）四月，清廷与法国签订《中法会议简明条约》。法国欲扩大战争，五月法军向驻谅山的清军进攻。七月，法舰队进攻台湾基隆，福建巡抚刘铭传率台湾军民抵抗，在沪尾（今台湾淡水）大败法军。光绪十一年（1885）二月，帮办广西关外军务冯子材率部在镇南关（今广西友谊关）、谅山大败法军。黑旗军首领刘永福率军也于临洮大败法军。法军连遭惨败，茹费理内阁因此倒台，但清政府派英人金登干为代表，在巴黎与法国秘密议和，三月双方签订停战协定，五月与法国在天津签订《中法新约》，越南变成法国殖民地。（王一娜）

清法战争　见"中法战争"。

中法越南勘界　近现代史事。近代中法关于勘定中越边界的事件。清光绪十一年（1885）五月签订的《中法新约》第三款规定，自画押后6个月内，中法两国应派员会同勘定中国与越南北圻边界。双方对勘界都很重视，依约派出勘界大员，勘界会议在中方驻地镇南关和法方驻地同登交替举行。

第一阶段自光绪十一年十月至十二年（1886）二月，主要会勘中越边界桂越段东段，即由镇南关起勘，东至隘店隘，西至平而关，计程150余千米。第二阶段自光绪十二年十一月至十三年（1887）五月，系按图划界，主要会勘中越边界粤越段，即自钦西至桂省全界，以及从竹山至东兴芒街一带。光绪十三年五月初六，总理衙门大臣奕劻与法国公使恭思当在北京签订《中法续议界务专条》《中法续议商务专条》两项协议，基本解决了中法战争后遗留下来的中越边界问题和中越边境地区的中法通商问题。（王一娜）

中英香港鸦片贸易协定　近代签订的不平等贸易协定。第二次鸦片战争后，外国鸦片商利用香港、澳门，偷运鸦片到中国沿海，转贩到内地，清政府每年流失巨额税收。清同治九年（1870），清廷实行鸦片税厘并征，遭港英当局反对，于是派海关总税务司赫德同中方赴香港谈判洋药厘税并征事宜。港英当局同意为中国代劳稽查鸦片，前提是必须和澳门同样办理。赫德又赴澳门，与澳葡当局谈判。赫德以中国承认葡萄牙对澳门的主权换取澳门同意实施香港协议。光绪十二年（1886）八月十四，赫德代表英国与中方签订《香港鸦片贸易协定》，共12款，前6款具体规定中国内地与香港之间洋药贸易管理方案，后6款规定是实施前6款的前提条件。（王一娜）

广东劳工出洋　近现代史事。近代广东人移居国外的事件。鸦片战争后，国内农村自然经济不断解体，社会局势动荡，自然灾害频繁，迫使破产的农民和手工业者出洋谋生。西方为开发美洲及海外殖民地，急需引进大量劳动力，于是倚仗不平等条约，在广东沿海招诱劳工到美洲、澳洲、东南亚、南洋群岛等地做苦役。据估算，19世纪中国出洋劳工达230多万人，大部分为广东籍。劳工在出洋前、途中及抵达目的地后，遭受虐待和奴役，死亡人数颇多。清咸丰九年（1859），列强迫使广东当局承认招工出洋合法化。次年，中英、中法《北京条约》把外国招工出洋合法化推广到全国。出洋的广东劳工，为美洲、澳洲及非洲各地经济发展作出重要贡献，奠定了后世广东籍海外侨胞的基本布局。（王一娜）

广州电灯公司　近代民族资本企业。清光绪十六年（1890），美国旧金山华侨黄秉常等回广州创办。聘请美国人威司为总工程师，购买威斯汀霍斯电气公司生产的机器，包括2台100匹马力的发电机和2架1000伏的交流发电机，发电量可供安装1500盏照明电灯之用。由于电费昂贵，2年内广州40条街上店铺和街灯才使用700盏，仅使用一半发电能力。后因资金缺乏，无法扩展业务，且机器陈旧，经常发生故障，光绪二十五年（1899）停业。（王一娜）

孙中山上书李鸿章　近现代史事。清末孙中山改良救国的一次尝试。光绪二十年（1894）初，孙中山在家乡香山写了长达8000多字的上书，建议清政府仿照西方制度，兴办学校，培养人才；设立管理农业的机构，发展农业生产；开矿山，修铁路，开办近代工业；实行保护近代工商业的政策。五月，孙中山抵达天津，拟将此文上书直隶总督李鸿章。时值甲午战争前夕，李鸿章忙于军务，未予接见，孙中山未达预期目的，仅领得一张出国考察农务的护照，自此对改良救国不抱幻想，走上革命救国的道路。该文后以《上李傅相书》为题发表于《万国公报》。（刘世红）

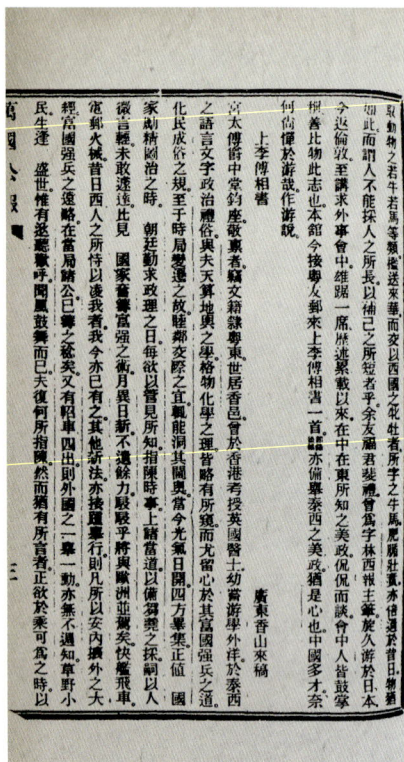

清光绪二十年（1894）《万国公报》刊载孙中山的《上李傅相书》

香港兴中会　孙中山领导成立的资产阶级革命团体。清光绪二十年（1894），孙中山在夏威夷檀香山创立兴中会，由于孤悬海外，难以开展革命活动。光绪二十一年（1895）初，孙中山抵达香港，一月二十七，在中环士丹顿街13号成立香港兴中会总部，以辅仁文社为基础，以乾亨行为掩护。通过《兴中会章程》，推黄咏商为临时主席，以"驱除鞑虏，恢复中华，创立合众政府"为目标，"讲求富强之学，以振兴中华，维持国体"为宗旨。二月末至三月初，孙中山携陆皓东、郑士良等到广州建立兴中会分会，联络会党、绿林、游勇、防营、水师等，筹备发动广州起义，引起港英当局注意，七月初八乾亨行被查封。十日孙中山等召开紧急会议，共商广州起义事宜。八月二十，香港兴中会选举杨衢云为会长，负责筹备起义。因计划不周，决死队不能如期赴省，事泄，广州起义机关被破坏，陆皓东等人被捕牺牲，孙中山东渡日本。光

绪二十六年（1900），兴中会在香港创办《中国日报》，为革命党人的机关报，为革命报刊之始。光绪三十一年（1905）七月，孙中山在东京以兴中会为基础，联合华兴会、光复会等成立中国同盟会。（刘世红）

香港兴中会总部所在的乾亨行（后改为永善庵）

乙未广州起义 近现代史事。清末兴中会发动的反清武装起义。清光绪二十一年（乙未年，1895）二月，革命党兴中会广州分会成立，以农学会为掩护，设立秘密机构多处，筹措经费，购运枪支弹药。七月十日，孙中山等在香港选定九月初九，利用重阳节群众到省城祭祖扫墓之机，运械聚合，以陆皓东设计的青天白日旗为旗号，联络城内防营、各地会党、散勇、香港工人等举行起义。清政府获悉，派人搜捕起义者，陆皓东等人被捕杀，起义失败。此次起义是兴中会用革命手段实现民主共和理想的第一次尝

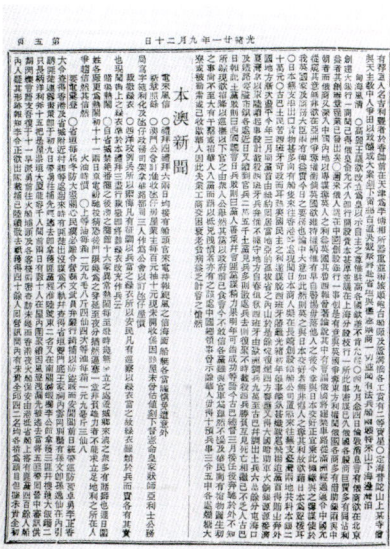

清光绪二十一年（1895）九月二十日《镜海丛报》有关乙未广州起义的报道

试。孙中山称陆皓东为"中国有史以来，为共和革命而牺牲者之第一人"。（刘世红）

粤汉铁路 近代第一条商办铁路。清光绪二十二年（1896），清政府下旨修筑，由沿线广东、湖南、湖北3省商民自行集股。光绪二十四年（1898）动工，光绪二十七年（1901）建成广州至三水支线（49千米），宣统三年（1911）完成长沙至株洲段，1916年完成广州至韶关段，1918年完成武昌至长沙段。修筑期间，清政府出尔反尔，向美国公司借款出卖路权，3省绅商多次抗争，收回筑路权。1936年，粤汉铁路全线筑成，全长1000多千米，联通长江、珠江流域各省，成为中国南方的交通大动脉。1957年，武汉长江大桥建成，粤汉铁路与北京至汉口的京汉铁路接轨，合称京广铁路。（刘世红）

广九铁路 近代商办铁路。连接广州与香港，简称广九线，分为广东段和香港段。清末，英国多次提出兴建广州到九龙铁路，并于清光绪二十四年（1898）成立中英银公司，获清政府特许权，垄断承筑权，兴建广九铁路。经交涉谈判，香港界内由港英当局承办，广州至宝安段由清政府借款自办。光绪三十二年（1906），香港段动工。光绪三十三年（1907）初，英国借款150万英镑给清政府修筑广州至宝安段，次年开工。宣统二年（1910）、三年（1911），香港段、广东段分别竣工通车，成为粤港两地往来的主要交通线，也是中国对外交往、对外贸易的重要交通线。1937年，广九铁路与粤汉铁路接轨。（刘世红）

展拓香港界址专条 近代中英签署的不平等条约。清光绪二十四年

（1898），英国借口与法国维护"均势"，提出拓展香港界址要求。清政府被迫于四月二十四与英方签订《展拓香港界址专条》。主要内容有：九龙半岛及其附近水面、岛屿（不包括九龙城）租与英国，租期99年；租期内租借地归英国管辖。中方保留对九龙城的管辖，中国兵船有权使用大鹏湾、深圳湾。英国新租地界包括界限街以北、深圳河以南地区，以及大鹏湾和深圳湾，并包括大屿山在内的附近大小200多个岛屿，总面积97.1平方千米。通过"扩界"，陆地面积比之前扩大10多倍，水面扩展40—50倍。年底英方"接管"新界。光绪二十五年（1899）二月初八，中英再订《新界北线定界备忘录》，载明各界桩位置。该专条是英方赤裸裸的掠夺性条约。（王一娜）

遂溪人民抗法斗争 近现代史事。中国人民反抗外国侵略的事件。清光绪二十四年（1898），法军在广州湾登陆，四处烧杀掳掠，妄图扩大租借范围，激起了人民的愤慨。次年初，遂溪组织团练1500人，分成6团驻扎黄略、麻章、平石、文车、仲伙、志满各村，与法军进行斗争。九月初五，法军100余人偷袭黄略，遭到练勇痛击，死伤40余人，退至双港村、新埠。十月初三，法舰炮击麻章，法军400余人分两路进攻。初十攻平石，十四日法军800余人攻黄略，练勇孤立无援，伤亡惨重，黄略被占。当天，清政府与法国正式签订《中法会议广州湾租借条约》，清政府撤换当地官员。遂溪人民抗法虽然失败，但迫使法国缩小广州湾的租界界址。（王一娜）

中法会议广州湾租借条约 近代中法签署的不平等条约。清光绪二十四年（1898），俄、德、法分别借口干涉

日本退还辽东半岛"有功"，强迫清政府给予报偿。法国提出租借广州湾（今广东湛江市和湛江港），清政府被迫同意。法国不待划界便出兵占领广州湾，并扩大范围，遭到当地民众长达1年半的抵抗。光绪二十五年（1899）十月十四，中法签订《中法会议广州湾租借条约》，规定：中国将广州湾租与法国作为"停船贮煤"之用，租期99年；租期之内，所租之地全归法国管辖；租界之内，法国可筑炮台并驻军保护；中国商轮船在租界内水面，均归法国管辖，可立定章程，征收烟船各钞；中国允许法国自雷州府属广州湾地方赤坎至安埠之地，建造铁路，架设电线等，中国官员应负保护之责。租借范围包括遂溪、吴川2县的重要海港（湛江港）及2县所属518平方千米的土地。法国由此在华南取得租借地。（王一娜）

兴汉会 清末反清革命组织。清光绪二十五年（1899）十月，香港兴中会总部邀请两湖地区哥老会和广东、福建等地三合会各首领在香港集会，共商反清。陈少白、杨衢云、郑士良、毕永年、李云彪等议决三会合并，定会名为忠和堂"兴汉会"，推孙中山为总会长，以兴中会"驱逐鞑虏，恢复中华，创立合众政府"的纲领为总会政纲，议定纲领三则，准备在长江流域和广东发动武装起义。光绪二十六年（1900），兴汉会部分成员参加唐才常领导的汉口自立军起义，失败后兴汉会解体。（刘世红）

兴汉会部分成员合影

保皇会广东勤王活动 近现代史事。清末保皇派发动的政治活动。清光绪二十五年（1899）六月十三，康有为等在加拿大成立保救大清光绪皇帝会，又称保救大清皇帝公司，简称保皇会（又称中国维新会），以忠君和报恩为宗旨，在海外华侨中筹集捐款。随后在日本、南洋、美国夏威夷、澳洲以及中国香港、澳门、上海、宁波等处设立分会。光绪二十六年（1900）春，澳门保皇会被指定为总机关，由徐勤负责，筹措经费，积极组织会党、散勇游民等统司勤王起兵事宜，设法保救被慈禧囚禁的光绪帝复位。康有为作为勤王军队的统帅，意图起兵闽粤，取道桂湘鄂，进取京师，但他既没有回国调度，又不掌握各路军队，勤王方案一变再变，澳门总局勤王款项收支混乱，各路军队纷纷催饷。唐才常在汉口策划的自立军起义也因缺乏军饷延迟，后被清政府消灭。保皇会广东勤王计划无果而终。（刘世红）

"两广独立" 近现代史事。清末兴中会试图建立革命根据地的政治活动。兴中会成立后，孙中山一直设想在两广建立独立政府，作为革命根据地。清光绪二十六年（1900）五月，慈禧太后支持义和团并向外国宣战，导致列强干涉，中国政局动荡。以李鸿章、刘坤一、张之洞等为首的地方督抚组织"东南互保"，维护地方政局稳定。六月中旬，李鸿章调任直隶总督，经香港北上。孙中山即赴港，在港英总督卜力的支持下谋求与李鸿章合作，提出在两广建立独立政府，以李鸿章为大统领，孙中山为顾问，由英国保护。李鸿章并无"两广独立"的念头，只是计划罗致孙中山为其所用，离间孙、康两派，镇压保皇党。由于双方目的不一，兴中会谋求两广独立目的无果。孙中山彻底放弃和平手段，坚定走上武装起义的革命道路。（刘世红）

惠州三洲田起义 又称庚子惠州之役。近现代史事。清末兴中会领导的反清武装起义。清光绪二十六年（庚子年，

惠州三洲田起义地点

1900），义和团运动全面展开。八国联军入侵，孙中山从日本返回香港，部署武装起义，决定由杨衢云、陈少白在香港办理饷械，史坚如在广州组织策应，郑士良等赴惠州三洲田，联络惠、潮、嘉各会党和绿林首领，于闰八月十五发动起义。因走漏消息，提前至八月十三起事。义军攻占新安、惠州、归善、博罗、河源等地，转战半月，终因敌我力量悬殊失败。郑士良等退往香港。山田良政被俘遇害，是为中国革命牺牲的第一个日本志士。三洲田起义扩大了革命影响力。（刘世红）

庚子惠州之役 见"惠州三洲田起义"。

清末广东新政 近现代史事。清末广东推行的政治改革事件。清光绪二十七年（1901），在慈禧太后的默许下，清政府进行政治改革，史称"庚子新政"。广东按照朝廷要求，在政治上改革官制，裁撤粤海关监督，由

两广总督兼管所辖事务；废置广东巡抚，成立谘议局等机构，推行地方自治。军事上，编练新军，成立督练公所、巡防营，成立警务总局，创办巡警教练所，训练警察。经济上，设立保商总局，设农工商局（后改为"劝业道"），掌握全省农、工、商、交通、矿务、邮传等各项实业。文化教育上，废科举、兴学校，成立两广学务处、各厅州县设劝学所，创办学堂管理员练习所，培养学校行政管理人员，开办两广初级、优级师范学堂。新政取得一定成效，但随后辛亥革命爆发，清朝灭亡，新政结束。（刘世红）

洪全福起义 又称壬寅洪全福广州之役。近现代史事。清末兴中会组织的反清起义。洪全福，原名春魁，字其元，据传为洪秀全从侄。太平天国失败后加入会党，与兴中会谢缵泰、李纪堂等在香港、广州建立秘密机关，招募并指挥义军，预定于清光绪二十九年（1904）十二月三十夜起义，定国号为"大明顺天国"。十二月二十六，洪全福至香山。起义事泄，从澳门运来枪械的船只被拦截，城内机关被两广总督德寿破获，多人被捕殉难，洪全福逃至新加坡。此为兴中会组织的最后一次起义。（刘世红）

壬寅洪全福广州之役 见"洪全福起义"。

收回粤汉路权 近现代史事。清末反抗美国掠夺路权的爱国运动。清光绪二十三年（1897），广东、湖南、湖北3省绅商计划集资修筑粤汉铁路，未成。次年（1898）三月，清政府与美国合兴公司签订《粤汉铁路借款筑路合同》，粤汉路权遂为美国控制，引起3省绅商强烈不满。湖南绅商首先发动"废约自办"，广东、湖北响

应。广东七十二行商及各大善堂商人组织和领导了广东的收回路权斗争，并通电外务部和商务部。光绪三十一年（1905）六月，湖广总督张之洞奉旨督办粤汉铁路，明确支持3省绅商自办。七月，中美双方签订《收回粤汉铁路美国合兴公司售让合同》，规定原合同作废，赎款675万美元由3省分摊，路权也由3省铁路公司共有。收回粤汉路权斗争取得胜利，开了国人赎路自办的先例，对各地收回利权运动起了极大的鼓舞和推动作用。（刘世红）

抵制美货运动 又称反美华工禁约运动。近现代史事。清末反对美国的爱国运动。清光绪二十年（1894），美国胁迫清政府签订《限制来美华工保护寓美华人条约》，排斥和虐待华工。光绪三十年（1904），该约10年期满，年底，旅美华侨10余万人联名上书清政府，要求废约。美国政府拒绝废约，坚持续订新约。光绪三十一年（1905）抵制美货运动于上海发端，各地民众响应。五月，广州成立"拒约会""筹抵苛约不用美国货总公所"。全省各地也成立拒约会，抵制美货。商、学各界出版《美禁华工拒约报》，编辑粤语歌谣、散发传单、集会演讲，以多种形式深入城乡宣传拒买美货。海外侨胞采取汇款、声援、抵制美货等形式配合。七月，在列强压力下，清政府加以镇压，严阻抵货运动。美国最终放弃续约要求。年底斗争逐渐平息。（刘世红）

反美华工禁约运动 见"抵制美货运动"。

香港同盟会 清末革命党组织，中国同盟会分支机构。清光绪三十一年（1905）七月，同盟会在东京成立，孙中山派冯自由等人至香港筹建同盟

会分会。九月，香港同盟会在中国日报社成立，陈少白为会长，次年改推冯自由为会长。香港同盟会是孙中山等革命党人在华南地区的重要交通、军事枢纽，主要任务是分派同盟会员至广东、广西、福建3省联络会员、会党和新军等发动起义，供应起义军需，接应革命党人。同盟会先后在潮州、惠州、钦廉发动起义，香港为聚集和疏散地，提供藏匿之处，躲避清军缉捕。（刘世红）

潮汕铁路 近代中国第一条民办铁路。清光绪二十九年（1903），广东梅县籍华侨张煜南倡办，集资200万银圆，翌年兴建，光绪三十二年（1906）竣工。自汕头回澜桥北起，经岐山、庵埠、枫溪至潮州，全程39千米，澄海境内自回澜桥至竹抱村9千米。对沟通潮汕交通及客货运输起到重大作用。1939年6月，遭日机轰炸，桥、轨多被破坏，当局下令将其彻底拆除。参见第1216页华侨·侨乡卷"潮汕铁路"条。（张金超）

新宁铁路 近代中国第二条民办铁路。清光绪三十二年（1906），广东江门新宁（今台山）旅美归侨陈宜禧兴建。干、支线总长133千米，共耗资港币4656.5万元和美金17.7万元。火车总站设在新宁城（今广东台山台城镇台山汽车站）。铁路干线由斗山圩至江门北街，全长104.4千米，设有36个车站。1920年全部建成通车。年货运量10万余吨。1938年因日军入侵被拆除。参见第1217页华侨·侨乡卷"新宁铁路"条。（张金超）

广九铁路合同 清政府与英国签订的修建铁路借款合同。清光绪二十四年（1898），英国要求兴筑广九铁路，获清政府同意。光绪二十五年（1899），英方怡和洋行及汇丰银

行共同投资，组建中英公司，并与清政府铁路总公司订立《九广铁路草合同》。合同规定：以粤汉铁路和沪宁铁路借款合同为蓝本，中方向英方借款100万镑，九折支付，年息5厘，年期50年，以铁路作为抵押品；中国派铁路总办1人，总工程师和财务总管由英方指派，筑路材料亦由英国提供，中英公司掌握铁路实际控制权。由于条件苛刻，遭到两广绅商强烈反对。经多次交涉，英方让步。光绪三十三年一月二十三（1907年3月7日），《广九铁路合同》正式签字。合同规定：清政府向英方借款，由中英公司发售债券150万镑，以铁路以及运营收入作抵押，九四折支付，年息5厘，以30年为期，12年半之后开始还本；铁路营收所得除费用及本息外，若有盈余，应为中方拨用。宣统三年闰六月十六（1911年8月10日），广九铁路华段通车。（刘世红）

潮州黄冈起义 又称丁未黄冈之役。近现代史事。清末同盟会反清起义。清光绪三十三年（1907）正月，同盟会会员许雪秋准备趁农历新年清军无防备，在潮州发动起义。因饶平、揭

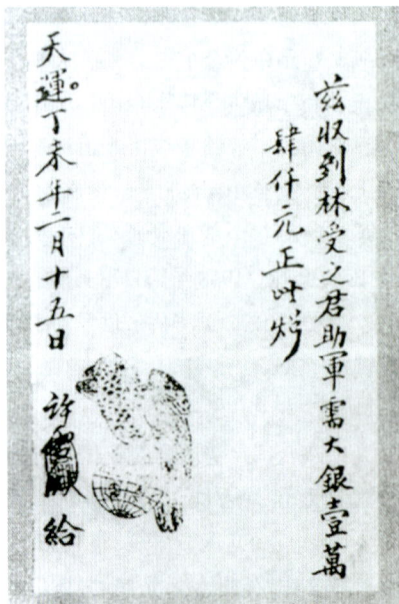
南洋华侨支持潮州黄冈起义的捐款收据

阳、惠来等各军失去联络，起义未举。四月十一，孙中山派许雪秋、陈芸生、陈涌波、何子渊等发动黄冈起义，攻克黄冈，生擒都司隆启，缴获清军枪械，成立军政府，张贴中华国民军布告安民。清潮州总兵黄金福率兵前往镇压，革命党人200余人遇害，余部流亡香港。（刘世红）

丁未黄冈之役 见"潮州黄冈起义"。

惠州七女湖起义 又称丁未惠州七女湖之役。近现代史事。清末同盟会反清起义。清光绪三十三年（1907）初，孙中山派人到广东惠州响应黄冈起义。四月二十二，同盟会会员邓子瑜、陈纯等集合三合会成员，在距惠州10千米的七女湖截获清军防营枪械，击毙兵弁多人。二十五日，进攻泰尾，乘胜克杨村、三达、柏塘等地，归善、博罗、龙门各地会党响应。清水师提督李准调兵镇压。因黄冈起义失败，起义军得不到声援，在梁化圩解散，部分人员流亡香港。（刘世红）

奉命发动惠州七女湖起义的邓子瑜

丁未惠州七女湖之役 见"惠州七女湖起义"。

钦廉防城起义 又称丁未钦州防城之役、丁未防城之役。近现代史事。清末同盟会反清起义。清光绪三十三年（1907）三月，广东钦州三那圩民众反对政府苛征糖捐，发动起义，被清兵击溃。孙中山派黄兴、王和顺潜入钦州，联络会党、民团和抗捐群众，准备起义。七月二十五（9月2日），王和顺以"中华国民军南军

都督"名义，率领200多人在钦州王光山发表起义文告，宣传同盟会纲领，袭取防城。清政府调派桂林、柳州等地军队围堵。起义军弹尽粮绝，于八月初十（9月17日）解散。（刘世红）

丁未钦州防城之役 见"钦廉防城起义"。

丁未防城之役 见"钦廉防城起义"。

收回西江缉捕权运动 清末反对英国军舰入侵西江事件。清光绪三十三年（1907）十一月，英国军舰以英籍商船被盗匪劫掠为借口，驶入西江，搜查华商，骚扰沿岸居民，企图控制和扩大西江航运权，遭到两广商民反抗。广州商界带头散发传单，发起集会，成立粤商自治会，致电清廷军机处、外务部，要求驱逐英舰，维护缉捕主权。召开特别大会，讨论整顿全省水陆缉捕事宜，并提出涉及兵制、巡警、团练等方面措施，协助粤水师缉捕盗贼。英舰被迫退出西江，清政府收回西江缉捕权。（刘世红）

石井兵工厂 又称广东兵工总厂。民国时期华南地区最大的军火工厂。位于广州北郊石井。前身为广州制造局。两广总督张之洞创办，清光绪十三年（1887）建成投产。初制枪弹，日产子弹8000发。光绪三十三年（1907），扩充制造枪支和无烟弹。同年改名为广东制造军械局，再改名为石井兵工厂，继又改名为广东兵工

广东兵工总厂（石井兵工厂）

总厂。宣统元年（1909），增建一间生产火药的无烟药厂。1920年，增设机器制造部门。陈济棠主政广东时，增建手榴弹厂和发电厂。全面抗战爆发前夕，迁至广西容县，与广西兵工厂合并。抗战胜利后，工厂关闭。参见第815页科技卷"石井兵工厂"条。（张金超）

广东兵工总厂 见"石井兵工厂"。

广东南洋兄弟烟草公司 近代中国侨资经营最大的民族卷烟企业。清光绪三十一年（1905），广东南海籍华侨商人简照南、简玉阶兄弟在香港集资创办，资本10万元。初名南洋烟草公司。宣统元年（1909）改名为广东南洋兄弟烟草公司。产品行销华南及南洋各地。第一次世界大战期间，公司规模不断扩大。1916年在上海设厂，资本额增至100万元。1918年3月，改为股份有限公司，发行股票500万元，并改上海厂为总厂。次年又扩大招股，资本总额达1500万元，下属烟厂5家。1926年后，因受英美烟草公司压迫，业务衰退，1937年后被官僚资本控制。1951年在上海的工厂实行公私合营，后并入上海卷烟厂。（张金超）

广州新军起义 又称庚戌广州新军之役。近现代史事。清末同盟会反清起义。同盟会依靠会党数次起义均告失败，孙中山遂将发动革命的重心转向组织新军武装起义。清宣统元年（1909）秋冬间，同盟会南方支部在香港成立，胡汉民任支部长，倪映典为运动新军总主任，组织新军起义。十二月三十除夕（1910年2月9日），广州警察与新军士兵发生冲突引发骚乱，倪映典急至香港报告。黄兴等人议定于正月初六（2月15日）起义。次日新军士兵又与警察发生冲

广东陆军庚戌首义诸烈士墓

突，当局下令弹压，不准新军放假，引起不满。倪映典赶回广州，决定提前起义。正月初三（2月12日），倪映典乘机发动驻扎在广州近郊燕塘的部分新军进攻广州城，击毙管带齐汝汉。次日，清水师提督李准诈称调停，倪映典中计被诱入清军营，中弹牺牲，百余人被捕，起义失败。（刘世红）

庚戌广州新军之役 见"广州新军起义"。

黄花岗起义 又称辛亥广州起义、辛亥广州三月二十九日之役。近现代史事。清末同盟会最重要、影响最大的反清起义。清宣统二年（1910），孙中山、黄兴、赵声等在槟榔屿议定广州起义计划，由黄、赵在香港组成统筹部，派人至新军、巡防营和会党中活动，并向海外华侨募集经费。选拔同盟会员800人组成"选锋"（敢死队），在广州设立秘密机关多处，拟占广州，再举北伐。因消息走漏，两广总督张鸣岐严加戒备。宣统三年三月二十九（1911年4月27日），多数选锋队员尚未集中，黄兴率敢死队130人攻入总督衙门，分路与大队清军展开激烈巷战。黄兴率方声洞、朱执信等出大南门，接应防营；徐维扬率花县40人攻小北门；刘梅卿率四川、福建、南洋同志攻打督练公所。奋战一昼夜，因伤亡过重，被迫退却。当夜香港总部派赵声、胡汉民率领在港党人200余人乘夜轮赶赴广州，次晨到

达，无法入城，只得分别折回。事后潘达微收殓遗骸72具，葬于广州红花岗（后改名为黄花岗），后查得死难烈士姓名86人。黄花岗起义沉重打击了清廷统治，加速了革命进程。不及半载，武昌起义爆发，清政府覆亡。后孙中山评价"斯役之价值，直可惊天地、泣鬼神，与武昌革命之役并寿"。（刘世红）

辛亥广州起义 见"黄花岗起义"。

辛亥广州三月二十九日之役 见"黄花岗起义"。

中葡澳门勘界 近现代史事。清末中葡关于澳门界址的谈判。明嘉靖三十六年（1557），葡萄牙人获得明朝政府允准居留澳门，范围限于半岛南岸南湾一带。此后葡萄牙人不断制造事端，所占地域逐渐扩大，并企图用条约的形式将所占地域确定下来。清光绪十三年（1887）三月初二，双方签署《中葡里斯本草约》，葡方想借此扩充所谓"属澳之地"范围。年底，中葡政府举行划界谈判，未果。宣统二年（1910），双方于香港再次会谈。葡方提出将北山岭、内港、对面山、氹仔、路环及大小横琴岛总面积共326平方千米的土地归属澳门，引起广东各界人士强烈反对。香山、广州等地以及各国侨社纷纷成立"勘界维持会"，怒斥澳葡当局侵略行径。会谈僵持数月，葡方提出将澳门问题提交海牙国际法庭裁处，遭清政府拒绝。后经香港会谈、北京会谈，均无果。辛亥革命后，葡方仍持原有立场，要求重开划界谈判，民国政府未同意，澳门界址也一直未划定。（刘世红）

广东保路运动 又称广东铁路风潮。近现代史事。清末广东商民反对出卖路权运动。清光绪三十一年（1905），

粤汉铁路从美商手里收回自办，清政府同意由广东、湖南、湖北3省商民集股分段筑路。后借"铁路国有化"政策之名，向外国贷款，转手出卖路权给列强。投资铁路的各省商民大受其害，广东随即掀起保路运动。宣统三年（1911）五月十日和二十，先后两次召开粤汉铁路公司股东大会，坚请商办，并成立争路机关部，领导保路运动，获得持有广东铁路股的华侨支持。两广总督张鸣岐宣布股东大会决议无效，禁止报纸发表反对铁路国有的言论，粤路股东被迫迁往香港。七月十一，广东保路会在香港成立，近万人参加。会议通过"破债约、保路权、维持完全商办"的议案，派代表赴京请愿，并把保路运动扩展到港澳和南洋各地。后受当局迫害，广东保路运动渐归沉寂。（刘世红）

广东铁路风潮 见"广东保路运动"。

广东和平光复 近现代史事。清末广东政权走向共和的事件。清宣统三年（1911）武昌起义爆发后，广东各界要求脱离清朝统治。革命党人组织保路运动，策反提督李准，炸死新任广州将军凤山。九月十四，新安民军占领县城，成为最早光复的县。二十三日，香山光复。次日，陷于孤立的两广总督张鸣岐被迫宣

广东和平光复时的
胡汉民都督

布广东独立，成立军政府，并被推为都督，龙济光为副都督。张、龙均不敢就任，张逃亡香港，龙静观时变。

在谘议局议员和士绅推举下，胡汉民就任都督，陈炯明为副都督。二十五日，胡汉民到任，十月初三召开各界会议，宣布正式成立广东军政府，设军政部、财政部、民政部、司法部、外交部、交通部、实业部、教育部等。半月后，全省各州县全部光复。（刘世红）

广东妇女参政运动 近现代史事。民国初期妇女解放运动。辛亥革命时期广东妇女要求男女平等，积极参加反清斗争。民国肇建，广东军政府公布《修正广东临时省议会简章》，按比例分配妇女界10个议员名额，产生中国最早一批女省议员（女代议士），开妇女参政之先河。1912年8月，北洋政府公布临时宪法，否定妇女的选举权和被选举权。广东妇女多次掀起参政运动，1919年成立广东女界联合会，提出"解放教育、解放职业、解放政权"三项主张。社会反响热烈，迫使政府同意年满20岁以上妇女拥有选举权。广东妇女参政运动冲破"男尊女卑"传统，一定程度上获得了政治上的男女平等，对全国乃至亚洲的妇女解放运动起到示范作用。（刘世红）

龙济光督粤
近现代史事。民国初期军阀统治广东的政治事件。1913年7月，反袁"二次革命"爆发，广东宣布独立讨袁。袁世凯命龙济光进占广州。8月，龙济光任广东都督，在广州扩充军队，搜捕革命

督粤时的龙济光

党人，查封《中国日报》，逼迫《平民报》停刊，镇压反袁势力。龙济光在整顿金融、发展经济、开发实业、赈恤洪灾、改造私塾等方面采取了一些措施，客观上促进了社会经济的发展。1916年1月，袁世凯复辟帝制，遭到全国反对，护国战争爆发。广东组成讨袁驱龙护国军。10月，龙济光在桂滇军队的压力下，率部移驻海南岛。广东进入桂系军阀统治时期。（刘世红）

粤军援闽 近现代史事。民国初期护法军事行动。1917年，北洋军阀部队从福建进攻潮汕，粤省告急。孙中山要求广东省省长朱庆澜拨出省长亲军20营，由陈炯明率领讨闽。朱庆澜从40营省长亲军中拨出一半交给陈，并委其为省长亲军司令。12月2日，孙中山任命陈炯明为援闽粤军总司令，并派许崇智、邓铿等相助。1918年1月，援闽粤军成立，陈炯明率军屯驻粤东。时护法运动在军阀夹击下失败，孙离粤赴沪，途经三河坝粤军总司令部，下令攻闽。经过10个月奋战，占领闽西南20多个县，以漳州为中心，称"闽南护法区"。1919年6月，两军达成划界协议。次年8月12日，粤军在漳州公园誓师回粤，推翻桂系军阀统治，建立广东革命根据地。（李兰萍）

广东五四运动 近现代史事。民国初期广东民众反帝爱国行动。1919年5月4日，北京五四运动爆发，席卷全国，广东学生纷纷成立联合会，刊出号外报道，组织宣传队，集会游行，上演白话剧。工人、商人、妇女、少年儿童开展以抵制日货为中心的爱国运动。促进了马克思主义在华南的传播，锻造了杨匏安、周其鉴、阮啸仙、刘尔崧等学生运动领袖和先进知识分子，成为中共广东地方组织的早

期骨干。（李兰萍）

1919年11月8日，被拘禁在先施公司内
参加抵制日货游行的广州各校学生

第一次粤桂战争　近现代史事。民国初期驱逐军阀战争。1920年7月，直皖战争爆发，桂系军阀陆荣廷以进攻闽皖军为由，袭击在潮汕的援闽粤军。8月11日，桂系将领沈鸿英率左、中、右三路大军进攻粤军。12日，遵照孙中山的指示，粤军总司令陈炯明在漳州公园誓师，通电讨伐桂系广东督军莫荣新，分兵三路迎战。16日，粤军在广东各地支持下节节胜利，20日占领汕头，21日收复潮安。10月攻占广州，驱逐岑春煊、陆荣廷等桂系军队，结束了桂系军阀在粤统治。然而桂系继续在粤桂边境集结力量，准备再次发动战争。1921年6月，陆荣廷在梧州集结兵力1.5万人，进攻广东。陈炯明派粤军第一师师长邓铿率部迎战，并调洪兆麟师回防广州。6月下旬，粤军从桂林北伐，桂军刘震寰归降，沈鸿英宣布广西自治，桂军力量大损。7月，粤军重创桂系部队，陆荣廷宣布下野。粤军进入南宁，占龙州，陆荣廷等逃逸。此后旧桂系彻底退出政坛。（李兰萍）

陈炯明叛乱　又称"六一六"事变。近现代史事。民国初期的武装叛乱。1921年第二次护法运动中，孙中山出师广西，消灭了陆荣廷等桂系军阀，准备以两广为根据地展开北伐。广东省省长和粤军总司令、广州中华民国政府陆军部长兼内务部长陈炯明反对北伐，鼓吹联省自治和军事割据，并

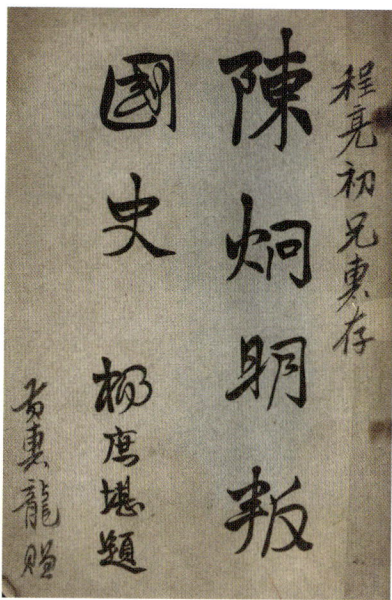

《陈炯明叛国史》

与直系军阀吴佩孚勾结，于1922年在广州车站谋刺粤军参谋长兼第一师长邓铿，导致北伐军入湘计划搁浅。孙中山电召陈炯明赴梧州会商北伐问题，并派廖仲恺到广州催促，但陈拒不来晤。4月，孙中山准陈炯明辞去广东省省长兼粤军总司令及内务部长职务，专任陆军部长。陈炯明退守惠州，密令心腹叶举等占据广州城要冲。5月，叶举等人提出恢复陈炯明原职、将廖仲恺撤职的要求，并在广州北郊一带布防。6月中旬，陈炯明扣押廖仲恺，派人占据石井兵工厂，16日，陈部4000多人围攻总统府。孙中山时住观音山粤秀楼，亦遭炮轰。陈炯明电请孙中山下野。孙中山逃到停泊在珠江天字码头的"宝璧"舰避难，后转至"永丰"舰，指挥海军各舰和部分陆军反击叛军，电令入赣的北伐军回粤平叛，但未能成功。8月9日，孙中山乘英国军舰"摩轩"号离穗赴沪。北伐受挫，第二次护法失败。（李兰萍）

"六一六"事变　见"陈炯明叛乱"。

广东社会主义青年团　民国初期建立的社会主义青年团之一。五四运动后，

广东一批青年领袖脱颖而出。1920年8月，谭平山、陈公博、谭植棠等开始建团，11月召开会议，选举谭平山等为领导人，但该组织没有明确宗旨和计划，不久宣布解散。1922年3月14日，在中共中央、临时团中央、共产国际的支持下，广东社会主义青年团在广州东园宣布成立，表明以马克思主义为中心思想。4月，《广东社会主义青年团修正章程》公布，正式建立组织领导机构。党组织的负责人谭平山、陈公博、谭植棠也是青年团的领导人。广东社会主义青年团的建立，将广大先进青年团结在共产主义旗帜下，为广东共产党的发展壮大提供了生力军。（李兰萍）

广东共产党小组　中国共产党早期组织。五四运动后，广东工人运动蓬勃发展，马克思主义广泛传播，建立共产党组织的时机臻于成熟。1920年秋，俄国人米诺尔和别斯林到广东，协助建立共产党组织，出版《劳动者》周刊。1921年春，陈独秀主持建立广东共产党小组（又称广州共产党、广东共产主义小组等），成员共9人，陈独秀任书记（后由谭平山继任），谭植棠为宣传委员，陈公博为组织委员，以《广东群报》为机关报。广东共产党小组建立后，同无政府主义者展开争论和斗争，组织马克思主义研究会，以《新青年》《广东群报》《劳动与妇女》等为阵地，宣传马克思主义。1921年7月，陈公博代表广东党组织出席在上海召开的中国共产党第一次全国代表大会。在广东共产党小组基础上成立共产党广东支部。至1922年6月，有党员30多人，成立中共广东区委，负责领导广东、广西、闽南等地的工作。在中共中央领导下，广东党组织成为广东人民反帝反封建斗争的组织者和领导者。（李兰萍）

中国社会主义青年团第一次全国代表大会 近现代史事。民国初期中国共产党领导青年运动的重大事件。1922

中国社会主义青年团第一次全国代表大会
开会旧址东园

年2月2日，中国社会主义青年团临时中央局发出正式召开第一次全国代表大会的通知。5月5—10日，在广州东园召开。到会25人，代表上海、北京、广州、长沙、武汉等15个地方团组织5000多名团员。大会的主要任务是制定和通过团的纲领和章程，建立团中央领导机构。讨论通过《中国社会主义青年团纲领》《中国社会主义青年团章程》《青年工人农人生活状况改良的议决案》《关于政治宣传运动的议决案》《关于教育运动的议决案》《中国社会主义青年团与中国各团体的关系之议决案》等文件。接受中国共产党的主张，第一次明确提出"铲除武人政治和国际资本帝国主义的压迫"。产生中国社会主义青年团第一届中央执行委员会，高尚德（君宇）、方国昌（施存统）、张椿年（太雷）、蔡和森、俞秀松当选为执行委员，方国昌被推选为书记。中国社会主义青年团成为中国共产党教育团结青年的核心组织。（李兰萍）

第一次全国劳动大会 近现代史事。民国初期中国共产党引导工人阶级联合团结的大会。1922年5月1—6日，在广州河南广东机器总工会礼堂召开。到会173人，代表广州、上海、北京等12个城市及部分铁路、矿山的100多个工会、34万余会员。讨论工人阶级参加民主革命、成立全国总工会、消除行规观念、社会主义教育等问题。通过《罢工援助案》《八小时工作制案》《全国总工会组织原则案》等10个决议案。确立中国劳动组合书记部为全国工会组织的临时领导机关，标志着全国工人运动和工会组织在中国共产党领导下开始走上团结与统一的道路。（李兰萍）

第一次全国劳动大会旧址

中国共产党第三次全国代表大会 近现代史事。民国初期中国共产党制定策略、推动国民革命运动的重要大会。1923年6月12—20日在广州东山（今越秀区）恤孤院路后街31号举行。到会30多人，代表来自北京、上海、湖北、湖南、广东、浙江、山东、满洲和莫斯科，广东代表有谭平山、刘尔崧、冯菊坡、阮啸仙等，共产国际代表马林列席。会议由陈独秀主持，代表中共中央作《关于党的第二次全国代表大会以来的工作报告》。会议中心议题是讨论共产党员加入国民党问题，决定全体共产党员以个人身份加入国民党，同国民党实行党内合作，帮助孙中山把国民党改组成民主革命联盟，以建立各民族阶级的统一战线，并坚持在政治上、思想上、组织上保持自己的独立性。通过《关于第三国际第四次大会决议案》《中国共产党第三次全国代表大会宣言》《中国共产党党纲草案》《中国共产党第一次修正章程》《关于国民运动及国民党问题的决议案》以及关于劳动运动、农民问题、青年运动、妇女运动等决议案，选出由9名正式委员、5名候补委员组成的新的中央执行委员会。中央执行委员会选举陈独秀、蔡和森、谭平山、毛泽东、罗章龙组成中央局，并选出陈独秀为委员长，毛泽东为秘书，罗章龙为会计，负责中央的日常工作。对实现第一次国共合作具有重大意义，推动了国民革命运动的发展。（李兰萍）

中国国民党第一次全国代表大会 近现代史事。大革命时期国共合作的重要会议。1924年1月20—30日，在共产国际的推动下，中国国民党第一次全国代表大会在广州举行。孙中山主持大会，致开会辞、闭幕辞并发表多次讲话。出席开幕式代表165人，其中国民党籍141人，国民党广东省和广州市特别区代表为廖仲恺、陈树人、邓泽如、孙科等12人。共产党员参加大会的有李大钊（守常）、谭平山、瞿秋白、林祖涵（伯渠）、李能至（立三）、王烬美、罗迈（李维汉）、张国焘、毛泽东等24人。会议通过《中国国民党第一次全国代表大会宣言》，重新解释三民主义，确立"联俄、联共、扶助农工"三大政策；

中国共产党第三次全国代表大会画照

中国国民党第一次全国代表大会会场

接纳中国共产党反帝反封建的主张，确认共产党员和社会主义青年团员以个人身份加入国民党的原则，通过改组国民党的各项具体办法。继续承认孙中山为国民党总理，选举胡汉民、汪精卫、张静江、廖仲恺、谭平山、李大钊、于树德等24人为第一届中央执行委员会执行委员，毛泽东、邵元冲等17人为候补执行委员，其中共产党员10人；邓泽如、吴稚晖等5人为中央监察委员会委员，蔡元培等5人为候补监察委员。大会使国民党从组织上、政治上、思想上获得新生，标志着国民党改组的完成，开辟了国民革命新局面；也标志着第一次国共合作正式形成，广东成为当时全国革命运动的中心。（李兰萍）

收回关余事件 近现代史事。民国初期夺回关税主权的斗争。清道光二十二年（1842）以后，中国海关关税逐渐成为赔偿外国军费以及各种外债、赔款的担保，关税岁入先归还上述费用，所余之款称为关余，为中国政府留用。辛亥革命后，中国政府只有经北京外国公使团（又称外交使团）同意，方能动用关余。1920年，外交使团以分裂为借口，停拨关余给护法政府。1923年3月，孙中山在广州重组大元帅府，财政严重

匮乏，多次照会驻京外交使团，要求将粤海关关余拨还，否则将自行提取，但遭到总税务司安格联的拒绝。12月1日，孙中山命令外交部长伍朝枢向外交使团再次提出要求，否则将广州改为自由商埠。3日，北京外交使团态度强硬，同时集结军舰30余艘进行恫吓。5日，孙中山令外交部复照北京外交使团，予以驳斥。16日，广州召开国民大会，孙中山接见国大代表，工、农、学及各界群众誓为革命政府后盾。24日，中共广东区委领导广东工会联合会等70多个革命团体组成国民外交后援

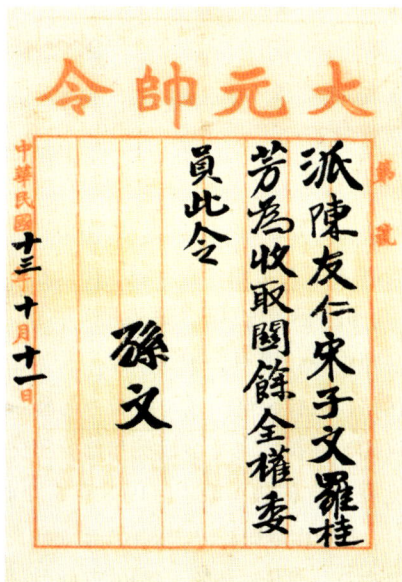

孙中山收回关余手令

会，粤汉、广九、广三铁路各工会代表参加在广州市第一公园举行的万人大会，提出"力争关税自主权"的口号，号召群众抵制英货，支援广东革命政府，收回海关全部主权。1924年4月1日，在全国声援下，北京外交使团被迫作出将粤海关关余拨付广州政府的决定。收回关余的胜利，使孙中山认识到了人民群众的力量，成为其坚决反帝和联俄的动力之一。（李兰萍）

1923年12月，广州群众游行示威支持孙中山收回关余

广州工人代表会 简称广州工代会。大革命时期工会联合组织。1924年5月1日，广州工人代表会成立大会在广州召开，国民党中央工人部部长廖仲恺主持，70多个工会的160多名代表出席。当天上午，孙中山到会演说《中国工人所受不平等条约之害》，号召中外工人团结起来对外国资本家宣战，打破外国的经济压迫。成立广州工人代表会执行委员会，选出执行委员17人，主席刘尔崧，常务委员鲍武、周桢、黄天伟、麦锦泉等，下设合作、教育、工报3个委员会，会址设在越秀南路惠州会馆3楼。会后出版《工人之路》，开办工人运动讲习所，积极组织工人参加国民革命，组织第一支工人武装——工团军。1924年底，广州工人代表会成为广州地区举足轻重的工会组织。1926年4月1日召开第一次广州工人代表大会，至年底，加入的工会达到200多个，会员19万余人。广州工人代表会的成立标志着广州的工会组织从各立门户走向统一联合，工人运动日益壮大，为广东革命发展打下了群众基础。（李兰萍）

广州工代会　见"广州工人代表会"。

沙面洋务工人罢工　近现代史事。大革命时期工人运动。1924 年 6 月 30 日，沙面英法租界当局以范鸿泰刺杀法国驻越南总督事件为借口，颁布通行证条例，规定 8 月 1 日起华工出入沙面必须持通行证。7 月 15 日，沙面工人在"各界反对沙面苛例罢工委员会"领导下举行抗议罢工，全市各进步工会起而响应。上海、北京、湖南等地的工团纷纷向罢工工人表示支持与慰问。英法租界当局被迫答应要求，于 8 月 17 日签订协议，取消新警律，罢工取得胜利，洋务工人复工。打破了"二七"惨案以来工人运动消沉的局面，是工人运动重新走向高潮的起点。（李兰萍）

沙面洋务工人罢工

广州中央银行　大革命时期建立的中央金融机构。1924 年 8 月创办。位于广州市沿江中路，旧址为 1914 年开设的中国银行广州分行行址。最高决策机构为董事会，由政府有关部门领导人组成，负责决定银行业务方针、经营范围及其他重大问题。宋子文任行长，设总行、分行、支行。有权发行纸币，以巩固金融，配合军事政治之进行。1927 年南京国民政府成立后，

在上海增设中央银行。1929 年 3 月广州的中央银行改名为广东中央银行，1932 年 1 月又改名为广东省银行。（张全超）

广州中央银行

孙中山北伐　近现代史事。民国初期反对北洋军阀政府的重大军事行动。共有 3 次。①第一次北伐，又称第一次护法战争。1917 年 8 月，孙中山在广州成立护法军政府，举起维护《临时约法》大旗。9 月 1 日，孙中山当选为海陆军大元帅，联合粤、桂、湘、滇、川、黔等省军队，北伐北洋军阀，会师中原。10 月，护法军攻占长沙、岳阳，但桂、滇两系军阀暗中与直系议和，并拉拢政学会成员和部分国民党员对抗护法军政府。1918 年 5 月 4 日，孙中山辞职赴沪。②第二次北伐，又称第二次护法战争。1920 年 11 月，孙中山返穗重组军政府。1921 年 4 月，

1921年，孙中山在广西桂林誓师北伐

广州非常国会通过北伐案。5 月，孙中山就任中华民国非常大总统。12 月 5 日，在桂林设立北伐大本营。1922 年 4 月，直奉战争爆发，直系主力北调，孙中山将大本营移至韶关，军事重心转移到湖南、江西，但是 6 月陈炯明在广州叛乱，孙中山避走"永丰"舰，7 月下旬北伐军不得不从江西、湖南边境撤退。③第三次北伐。1923 年 2 月，孙中山再次抵穗，重建大元帅府，就任陆海军大元帅，组建北伐军，任命谭延闿为北伐军总司令。1924 年 9 月 18 日，中国国民党发表《北伐宣言》，宣布北伐之目的为推倒军阀和帝国主义。20 日，北伐军在韶关誓师。9 月，北伐军分两路进攻江西，会攻武昌。11 月，孙中山应冯玉祥之邀北上共商国是，由军事斗争转变为政治斗争，南方政府逐渐结束北伐军事行动。（李兰萍）

平定商团叛乱　近现代史事。大革命时期平息商团势力的事件。1924 年 8 月，以陈廉伯为团长、陈恭受为副团长的广东商团，利用挪威"哈佛"轮私运大批军火进广州，为广东革命政府缴获，军火被扣留，陈廉伯遭通缉。广东革命政府和商团之间的固有矛盾更加激化。商团散播即将"共产"的谣言，煽动商民罢市，要求发还枪械，取消通缉令。孙中山于 9 月 1 日发表《为广州商团事件对外宣言》，抨击以英国为首的帝国主义企图摧毁国民党政府的阴谋，并致电英国首相麦克唐纳，提出强烈抗议。10 月 10

平定商团叛乱主要激战地点示意图

日，商团在西濠口枪杀游行群众，死伤二三十人，逮捕数十人，并遍贴反对孙中山和革命政府的标语，企图联合军阀推翻广东革命政府。15日，在中国共产党和广大民众的支持下，孙中山领导北伐军与工团军、农团军、黄埔学生军等协同作战，解除商团武装，迅速平息叛乱，粉碎了国内外势力企图颠覆广东革命政府、扼杀革命的阴谋，巩固了广东革命根据地。（李兰萍）

国民会议运动 近现代史事。大革命时期反帝反军阀的民众运动。冯玉祥北京政变后，皖系军阀段祺瑞任中华民国临时执政，决定召开"善后会议"巩固统治。中共中央多次发表对时局的主张，提出召开国民会议以商讨"建设新政府统一中国"的根本问题。孙中山在《北上宣言》中再次提出召开国民会议的主张，引起全国民众热烈响应。广东多个团体、名人分别通电，并举行集会，主张召集国民会议，反对"善后会议"，成立国民会议促成会。在国共两党的领导下，国民会议运动在全国各地迅速兴起，段祺瑞不得不于1924年11月21日宣布在1个月内召开善后会议，3个月后召开国民

代表会议。1925年3月1日，国民会议促成会全国代表大会在北京举行。不久孙中山逝世，国民会议运动受挫，但它为新的革命高潮到来和北伐战争做了必要的准备。（李兰萍）

国民革命军东征 近现代史事。大革命时期广东革命军队讨伐陈炯明的战事。1925年初，陈炯明趁孙中山北上，自封"救粤军总司令"，举兵进攻广州，广东革命政府组织东征军，于1月15日发表《东征宣言》，讨伐陈炯明。2月，以黄埔军校学生军3000人和许崇智粤军为右路军，由军校校长、粤军参谋长蒋介石统领，周恩来担任政治部主任。滇军杨希闵部为左路军，

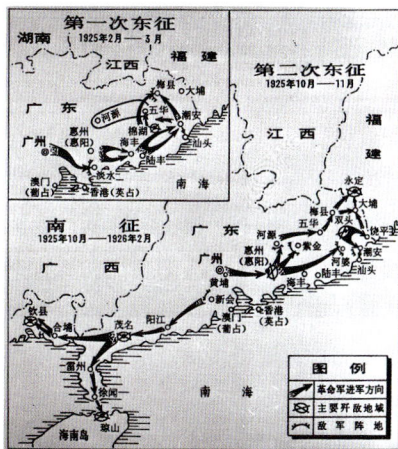

国民革命军东征示意图

桂军刘震寰部为中路军。但杨、刘按兵不动，暗中勾结陈炯明。右路军连战皆捷，肃清淡水、平山、海丰、陆丰的陈军，3月上旬克普宁、潮安、汕头，于棉湖破林虎主力，下旬收复五华、兴宁和梅县。历经两个多月，打垮陈炯明主力3万余人，第一次东征结束。入秋，陈炯明乘东征军回师广州，重占东江地区，勾结粤北川军熊克武、粤南邓本殷攻广州。广州国民政府决定进行第二次东征，蒋介石为东征军总指挥，周恩来为政治部主任兼第一军党代表，何应钦、李济深、程潜分任纵队长，10月14日攻克惠州，歼灭陈炯明主力，接着收复海丰、陆丰、紫金、河源、五华等地，11月上旬平定东江地区，月底，在粤闽边境全歼陈炯明残部，陈炯明从海路逃遁。第二次东征胜利结束，广东革命根据地得以巩固。（李兰萍）

平定杨刘叛乱 近现代史事。大革命时期广东革命政府消灭滇桂叛军的战事。第一次东征期间，杨希闵任总司令的滇军所组成的左路军，及由刘震寰任总司令的桂军所组成的中路军屯于广东惠州、博罗、河源一线，按兵不动，致使以黄埔军校学生军组成的右路军深入潮汕，孤军作战。孙中山逝世后，在帝国主义支持下，杨希闵、刘震寰图谋推翻广东革命政府，1925年4月，陆续将所部从东江撤回，攻进广州，占领省长公署、财政部、电报局和火车站等要地。6月5日，大元帅府宣布杨希闵、刘震寰叛乱，下令免去其东征军职务，同时令东征军及其他各军急回广州，并发动工农运动和学生运动，支援和配合平息叛乱。12日，蒋介石指挥东路军在瘦狗岭歼灭叛军主力，南路军渡过珠江配合作战，收复广州。杨希闵、刘震寰逃往香港，广州革命政府转危为安。（李兰萍）

第二次全国劳动大会　近现代史事。大革命时期全国工人运动的重要会议。全国铁路总工会、中华海员工业联合总会、汉冶萍总工会、广州工人代表会发起，1925 年 5 月 1 日在广州召开。到会 281 人，代表 166 个工人团体与 54 万有组织的工人。讨论确定国民革命中工人运动的策略方针和建立全国统一的工会组织。产生中华全国总工会，总部设在广州；宣布加入赤色职工国际；通过《工农联盟决议案》等 30 多个重要决议案。进一步明确工人阶级在民主革命中的作用与地位，确定工人运动的方针，使工人阶级在组织上有了统一的领导机构，有力促进了工人运动的发展。大会闭幕不久，五卅运动和省港大罢工爆发，把全国反帝运动推向高潮。（李兰萍）

《广东省农民协会成立大会会场日刊》
第五号

定今后一个阶段的方针政策。正式成立中国共产党直接领导下的第一个省

第二次全国劳动大会

广东省第一次农民代表大会　大革命时期农民运动的重大事件。1925 年 5 月 1—15 日，广东省第一次农民代表大会和第二次全国劳动大会在广东大学同时召开。出席大会代表 117 人。通过《经济问题决议案》《农民协会今后进行方针议决案》《农民自卫与民团问题议决案》以及工农联合、加入赤色农民国际等 7 个决议案，并制级农民协会，发布《广东省农民协会宣言》。选举产生广东省农民协会执行委员会，推选彭湃、阮啸仙、罗绮园为常务委员。大会闭幕后，举行全体执行委员会第一次会议，决定组织干事局作为常设机构。这次会议使广东省农民运动有了统一领导，成为广东农民运动进入高潮的起点。（李兰萍）

沙基惨案　又称"六二三"事件。近现代史事。大革命时期帝国主义制造的流血事件。为声援上海"五卅"反

沙基惨案纪念碑

帝运动，1925 年 6 月，香港、广州工人分别举行大罢工。23 日，由广东各界对外协会发动 10 万余人在东较场举行援沪案示威大会，抗议英帝国主义暴行。午后，游行至沙面租界对岸的沙基，遭租界英兵开枪扫射，停泊在白鹅潭和沙基口的英、法军舰开炮打死 52 人，重伤 170 多人，轻伤无数，酿成惨案。各界群众团体强烈谴责，香港罢工工人增至 25 万人，其中 13 万人回到广州。国民党中央执行委员会发表宣言，公布惨案真相，希望各国为此事件主持公道。广东交涉署复英、法领事照会，提出 5 项严正要求。7 月 11 日，广州 10 万民众祭奠沙基烈士。10 月 3 日，举行国葬，遗骸葬于大宝岗，建沙基惨案烈士墓，立"勿忘此日"石碑。广东革命政府将沙基改名为六二三路，现存有沙基惨案烈士纪念碑。促进了省港大罢工扩大发展，推动了中国民族主义运动的高涨。（李兰萍）

"六二三"事件　见"沙基惨案"。

省港大罢工　近现代史事。大革命时期工人运动。"五卅惨案"发生后，

省港大罢工

中共广东区委于 1925 年 6 月 2 日在广州发动万人集会和示威游行，成立罢工指挥机关，派邓中夏等以国民党员身份、中华全国总工会名义到香港召集各工会联席会议，成立全港工团联合会，作出罢工决定。19 日起，罢工工人纷纷离开香港、沙面，返回广州市区和广东各地农村。23 日，广州 10 万余人举行游行示威，队伍经过沙面对岸的沙基时，遭到英、法军队开枪射击，死伤惨重，史称"沙基惨案"。"沙基惨案"后，为加强对罢工的领导，全国总工会召集广州、香港、沙面各工会代表开会，成立省港罢工委员会作为罢工最高执行机关，苏兆征任委员长兼财政委员长，李启汉任总干事，邓中夏任党团书记，出版《工人之路特号》，成立工人武装纠察队。广东革命政府照会英、法等国，宣布与英国经济断交，封锁香港出海口，禁止粮食进出香港。罢工工人组织运输队、宣传队和卫生队，支援东征与北伐。1926 年 10 月 10 日，罢工委员会根据中共广东区委和罢工工人代表大会的决定，宣布停止对香港的封锁，罢工至此结束，历时 1 年 4 个月。此为世界工运史上少有的规模大、时间长的一次以反帝为目标的大罢工，在政治、经济上沉重打击了帝国主义，对国民革命起着重大的支持和推动作用。（李兰萍）

廖仲恺遇刺　近现代史事。大革命时期国民党右派杀害左派领袖的事件。孙中山逝世后，廖仲恺成为坚持三大政策的核心人物，同共产党真诚合作，坚决反对帝国主义。国民党右派视其为眼中钉，多次召开秘密会议，策划暗杀。1925 年 8 月 20 日上午，廖仲恺在国民党中央党部门前遭暴徒枪击，身中 4 弹牺牲。廖案发生后，中共广东区委和青年团广东区委召开联席会议，决定展开宣传活动，反击国民党右派，并组织省港罢工工人、各行业工会工人、市郊农民、黄埔军校学生和各校学生等 5 万多人，举行追悼大会，要求国民政府肃清内奸、镇压反革命。国民政府指定汪精卫、许崇智、蒋介石组成三人特别委员会处理案件，并发出通缉令，抓获林直勉等人，有重大嫌疑的胡毅生逃遁。廖案是国民党右派反对国共合作、夺取领导权的重要步骤。（李兰萍）

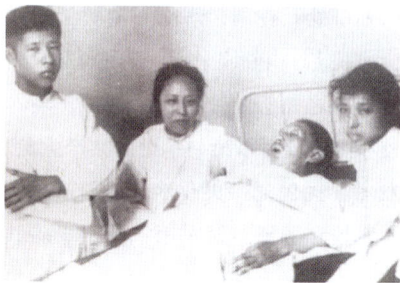
廖仲恺遇刺

南征邓本殷　近现代史事。大革命时期国民政府消灭叛军的战事。1925 年 9 月，陈炯明部队占领海丰。广州国民政府许崇智部因兵力单薄，撤回淡水。驻守连州的川军熊克武部、盘踞南路的邓本殷部与陈炯明东江叛军相呼应，形成东、南、北三面围攻广州之势。广州国民政府决定进行第二次东征，并南征邓本殷。10 月 31 日，先后任命朱培德、李济深为南征总指挥，一举歼敌，邓本殷化装逃遁。邓本殷部被歼、第二次东征胜利，为

邓本殷

北伐奠定了基础。（李兰萍）

海陆丰农民运动　近现代史事。大革命时期的农民运动。1921 年 7 月，彭湃在广东海丰县城组织社会主义研究社和劳动者同情会，主张"促成教育和贫民接近"，公开向工农宣传社会主义。9 月，社会主义研究社成员出版《新海丰》双月刊，宣传马克思主义，新的哲学思想和革命人生观开始在知识青年中传播。1922 年 5 月，彭湃和杨嗣震、李春涛等在海丰县城成立社会主义青年团海丰地方组织，出版《赤心周刊》，继续宣传社会主义。7 月 29 日，彭湃、张妈安、林沛、林焕、李老四、李思贤 6 人成立农会。1924 年 1 月，国共合作实现，推动了广东各地农民运动的开展。1925 年，海陆丰建立共产党地方组织，领导基层组织，帮助各县建立国民党的县党部和革命政权，农会得以发展。（张金超）

中国国民党第二次全国代表大会　近现代史事。大革命时期国共两党合作的大会。1925 年，国民党右派召开"西山会议"，宣布取消国民党内共产党员李大钊等人的国民党籍，解雇苏联顾问鲍罗廷，重新考虑对俄态度，宣布停止广州国民党中央执行委员会的职权，决定于 1926 年 3 月召开国民党第二次代表大会。在广州的国民党中央宣布不予承认，并于 1926 年 1 月 4—19 日在广州召开中国国民党第二次全国代表大会。参加大会的代表中，共产党人和国民党左派占大多数。主席团成员有汪精卫、谭延闿、邓泽如、谭平山等，秘书长吴玉章。通过决议继续坚持执行孙中山的遗嘱和"联俄、联共、扶助农工"三大政策，驳斥国民党右派对共产党的攻击诬蔑，并作出弹劾西山会议派和处分违犯纪律党员的决定，永

中国国民党第二次全国代表大会代表合影

远开除西山会议首要分子邹鲁、谢持的党籍，令戴季陶反省。选出的 36 个中央执行委员中，有共产党员李大钊、谭平山、林伯渠、吴玉章、恽代英等 7 人，候补执行委员中有共产党员毛泽东、邓颖超、夏曦、杨匏安等 7 人，谭平山为组织部部长，林伯渠为农民部部长，毛泽东为宣传部代理部长。各部实际工作的秘书均为共产党员。选出孙科、戴季陶为中央执行委员，吴稚晖、张静江、李石曾、邓泽如等为中央监察委员，蒋介石为中央执行委员。此次会议打击了国民党右派，积极推动了大革命的发展。

（李兰萍）

中山舰事件 又称"三二〇"事件。近现代史事。大革命时期国民党新右派制造分裂的严重事件。1926 年 3 月，蒋介石支持孙文主义学会散布"共产党要暴动"的谣言。18 日，海军局代理局长李之龙接到黄埔军校驻省办事处通知，要求速调军舰到黄埔候用。次日李之龙派

海军局代理局长李之龙

"中山"舰开到黄埔后，蒋介石声称并无调舰命令。20 日晨，蒋介石以此为借口，在广州实行紧急戒严，断绝交通，包围省港罢工委员会和苏联顾问办事处及住所，解除省港罢工委员会的武装，占领"中山"舰和海军局，逮捕李之龙等共产党员，扣押黄埔军校和国民革命军第一军中的共产党员。22 日，国民党中央政治会议通过在黄埔军校和国民革命军第一军中排除共产党人、辞退部分苏联顾问、让国民政府主席汪精卫休假等决议。蒋介石通过"中山舰事件"，打击中国共产党和汪精卫、国民党左派，加强他在政治上、军事上的地位。该事件成为国共关系的转折点。（李兰萍）

"三二〇"事件 见"中山舰事件"。

整理党务案 近现代史事。大革命时期国民党右派限制共产党的方案。1926 年 5 月，借口消除顾虑、杜绝纠纷、改善中国国民党与共产党间的关系，蒋介石向国民党二届二中全会提出《整理党务案》，主张加入国民党的共产党员担任国民党中央党部、省党部、特别市党部的执行委员的名额，不得超过各该党部执行委员总数的 1/3；共产党员不得担任国民党中央机

关的部长；共产党须将加入国民党的共产党员名册交给国民党中央保存；共产党对参加国民党的共产党员的一切指示，须交给国共两党联席会议通过。该方案获得国民党二届二中全会通过。会后，担任国民党中央机关部长的共产党员全部被撤职，蒋介石、顾孟余、甘乃光分别担任国民党中央组织部部长、宣传部部长、农民部部长。右派在国民党中央占了绝对优势。不久，蒋介石担任国民党中央军人部部长、中央常务委员会主席，开始垄断国民党党政军大权。该提案削弱了中国共产党在统一战线中的领导地位，是国共力量消长的分水岭。（李兰萍）

第三次全国劳动大会 近现代史事。中国共产党领导的全国劳动大会。1926 年 5 月 1—12 日，第三次全国劳动大会在广东广州召开。毛泽东、邓中夏、刘少奇、李立三、苏兆征等参会。出席代表 502 人，代表 699 个工会团体、124 万余工会会员。中心任务是总结"五卅"运动以来工人运动的经验，认识其在国民革命中的地位，并制定斗争策略。通过《中国职工运动总策略决议案》《组织问题与其运用之办法决议案》《劳动法大纲决议案》《关于工农兵大联合的决议》《关

第三次全国劳动大会和广东省第二次农民代表大会的代表联合向国民政府请愿出师北伐

于省港罢工报告的决议》等18件决议案，发出《五一国际劳动节告工友书》《为促进北伐向国民政府请愿书》《慰问省港罢工工友书》《致全世界工友书》《统一远东职工运动宣言》《援助英国矿工罢工电》《第三次全国劳动大会宣言》等文电。中共中央发布《致第三次全国劳动大会信》，号召全国工农及一切劳苦大众大团结，抵抗一切特权阶级的压迫。大会为北伐战争奠定了广泛而雄厚的群众基础。（李兰萍）

国民革命军北伐 近现代史事。广州国民政府统一中国的重大军事行动。1925年7月1日，广州国民政府成立，将黄埔军校校军和驻广东的粤军、湘军、滇军先后改编为国民革命军。1926年6月，国民党中央执行委员会临时全体会议通过国民革命军出师北伐案，国民政府任命蒋介石为国民革命军总司令。7月，通过《国民革命军出师北伐宣言》，强调北伐的目的和任务是消灭军阀势力，建设统一政府。9日，国民革命军在广州东较场誓师，出师北伐。北伐军兵力共8个军近10万

人，蒋介石为总司令，李济深为总参谋长，邓演达为总政治部主任，分3路进军。第一路进攻湘、鄂，10月攻下武昌，击溃吴佩孚部主力。第二路自粤、湘攻赣，11月占南昌、九江，歼灭孙传芳部主力。第三路于12月占领闽、浙两省。1927年3月，北伐军占领安庆、南京等地，在上海工人武装起义胜利时进驻上海，同时占领南京。4月18日，建立南京国民政府。1928年6月，攻占京津，北伐任务基本完成。12月，张学良宣布东北易帜，南京国民政府在形式上完成南北统一。（李兰萍）

国民政府北迁武汉 近现代史事。北伐战争时期国民政府迁都事件。1926年9月，蒋介石致电广州国民党中央，建议国民政府迁都武汉。11月上旬，北伐军攻下南昌，迁都武汉提上议事日程。26日，国民党中央政治会议正式决定中央党部及国民政府北迁武汉，12月5日，上述机构宣布在广州停止办公，7日和20日分两批迁往武汉。为了不使工作中断，13日成立中央执行委员和国民政府委员临时联席会议，徐谦为主席，鲍罗廷为总顾问。成员有孙科、徐谦、柏文蔚、吴玉章、宋庆龄、陈友仁等，在中央执行委员会和国民政府"未在鄂开会前，执行最高职权"，标志着国民政府正式迁都武汉。1927年1月1日，国民政府命令以武汉为首都。2月，国民党中央党部和国民政府在武汉正式办公。（李兰萍）

"四一五"政变 近现代史事。大革命时期的反共政变。1927年4月12日，蒋介石在上海发动政变，史称"四一二"政变。14日下午，李济深召集驻穗军警高级军官举行军事会议，具体部署"清党"计划，委任钱大钧为戒严司令。15日凌晨2时起，全市戒严。

"四一五"政变中的广州戒严司令钱大钧

军警分三路进攻粤汉铁路总工会、广三铁路总工会和广九铁路总工会等工人团体，搜捕共产党人和工农领袖。军警解除黄埔军校和省港罢工委员会纠察队的武装，包围、搜查中华全国总工会广州办事处、省港罢工委员会、铁路工会、海员工会、农民协会、中山大学等200多个机关团体和学校。至20日，逮捕共产党人和革命群众5000余人，刘尔崧、李启汉、萧楚女、邓培、熊雄等100多名共产党人壮烈牺牲。

"四一五"政变中牺牲的共产党人刘尔崧

中国共产党组织工人群众进行抵抗，因力量悬殊而失败。"四一五"政变使广东完全被新军阀所控制，加速了大革命的失败。（李兰萍）

郁南县平台农民自卫军运动 近现代史事。大革命失败后中国共产党领导农军反击国民党的军事行动。1927年4月，蒋介石在上海发动政变后，广东省内各地国民党组织被强行改组，左派被排挤、打击。封川、郁南、云浮3县国民党当局实施反共反人民政策，

1926年7月9日，国民革命军誓师北伐现场

残酷镇压农民革命。5月，共产党员钟世强、龙师侯、钟炳枢率领郁南、封川、云浮 3 县农军 1000 多人，攻打郁南县都城圩国民党守备军。农军屡攻不克，撤离阵地，分别返回郁南六区和封川二区隐蔽休整。战斗中双方均伤亡 30 多人，农军总指挥聂应时中弹牺牲。（张金超）

广东工农武装起义　近现代史事。大革命失败后中国共产党反击国民党的军事行动。1927 年 4 月，国民党右派叛变革命，中国革命出现空前危机。但中国共产党广东组织坚持领导各地工农群众奋起举行武装起义，反抗国民党右派的大屠杀。全省从城镇到乡村，从平原到山区，从沿海到内地，起义此起彼伏，持续至 1928 年夏天。先后发动和组织反击国民党新军阀进攻的讨蒋起义、接应南昌起义军挺进广东的秋收暴动、以广州为中心的各地武装起义和 1928 年年关暴动 4 次工农武装起义，规模大、范围广、次数多、持续时间长，给国民党反动派以沉重的打击，为中国共产党创建工农红军、建立革命根据地、开展土地革命创造了条件。（张金超）

南昌起义部队南下广东　近现代史事。大革命失败后中国共产党反击国民党的军事行动。南昌起义后，中国共产党前敌委员会对部队进行整编，决定沿用国民革命军第二方面军名义，由周恩来、贺龙、叶挺、刘伯承等组成参谋团，作为指挥机构，刘伯承兼任参谋长，贺龙兼代总指挥，叶挺兼代前敌总指挥，郭沫若任政治部主任。下辖第 20 军、第 11 军和第 9 军。第 20 军军长贺龙，党代表廖乾吾；第 11 军军长叶挺，党代表聂荣臻；第 9 军军长韦杵（未到职），副军长朱德，党代表朱克靖。1927 年 8 月 3 日，起义军撤离南昌，向广东进发，第 9 军

为先头部队。4—5 日，第 11 军、第 20 军分左、右两路纵队先后出发。26 日，第 20 军第 3 师 1 个营为前卫营继续南下，与贺龙率领的主力在瑞金以北壬田击溃国民党军钱大钧部 2 个团，攻克瑞金。30 日清晨，朱德率左纵队向会昌城东北大柏山首先发起攻击，同敌人展开殊死搏斗，钳制了敌人，有力地配合了叶挺右纵队主力的进攻。战斗歼灭钱大钧部 4 个团，俘敌 900 余人。之后，前敌委员会决定变更原定行军路线，由瑞金改道入福建，再向广东进击。9 月上旬，起义军攻占汀州（今福建长汀），中旬占领三河坝。（张金超）

三河坝战役　近现代史事。大革命失败后中国共产党反击国民党的军事行动。南昌起义后，国民党反动派调兵遣将，讨伐起义军。起义军主动撤离南昌，南下广东，计划先到潮汕、海陆丰，建立工农政权，后取广州，再举北伐。1927 年 9 月 18 日，起义军进抵广东大埔县城。20 日，周恩来、贺龙等率领主力向潮州、汕头进发；第 9 军副军长朱德率部千余人据守三河坝，掩护主力南下，和第 25 师师长周士第、党代表李硕勋指挥部属在梅县松口镇阻击国民党钱大钧部 2 万余人。10 月 1 日，起义军与数倍敌人恶战至 3 日下午。4 日凌晨，迎来最惨烈的一战，除极少数幸存者外，第 3 营全营 200 多名勇士壮烈牺牲。5 日，朱德和周士第率领第 25 师剩下的 2000 余人撤出三河坝，取道百侯，从饶平到潮汕与主力部队会合。朱德率领的八一起义军一部、广东党组织、当地农军和民众共同抗击国民党反动军队，是起义军实现革命战略和军事战略转变以及开辟中国革命新道路的重要转折点。（张金超）

潮汕"七日红"　近现代史事。大革

命失败后中国共产党反击国民党的军事行动。1927 年 9 月，南昌起义军从大埔抵达潮州，与潮汕地方党委在潮州、汕头、揭阳、澄海等地建立工农革命政权。不久，国民党钱大钧、黄绍竑、陈济棠等部进攻潮州、汕头，革命军被迫撤出潮汕。地方革命政权从 9 月 23 日成立至 30 日撤出，存在仅 7 天，民众称之为"七日红"。起义军进军潮汕并建立了政权，有力地促进了当地的革命斗争。（张金超）

全琼武装总暴动　近现代史事。大革命失败后中国共产党反击国民党的军事行动。1927 年 9 月，为响应党中央号召，琼崖讨逆革命军党代表杨善集在乐四区（今海南省琼海市阳江镇上科村）主持召开军事会议，举行全琼武装总暴动。23 日，杨善集英勇牺牲于椰子寨。王文明率余部返回乐四区，重整旗鼓。11 月，琼崖特委第一次扩大会议在乐四区召开，提出要进一步扩大武装斗争，开展土地革命，建立革命根据地，实行武装割据，将讨逆革命军改为工农革命军。全琼各地再掀暴动高潮，建立了琼崖第一个县级苏维埃政府——陵水县苏维埃政府，壮大了革命武装力量，形成以乐四区为中心的琼崖革命根据地。（张金超）

茂芝会议　近现代史事。大革命失败后中国共产党反击国民党的一次重要会议。1927 年 10 月 7 日，朱德领导的南昌起义军在饶平茂芝全德学校召开会议，作出"穿山西进，直奔湘南"的战略决策，到湘赣边区寻找立足点。朱德强调，革命要经得起胜利的考验，也要经得起失败的考验，共产党员有责任把南昌起义的种子保存下来。会议坚定了革命必胜的信念，重振了队伍的士气，为"朱毛井冈山会师"创造了条件。（张金超）

东江年关暴动 近现代史事。大革命失败后中国共产党反击国民党的军事行动。1927年12月，广州起义失败，中共中央和中共广东省委号召广东继续举行暴动，夺取全省政权。23日，中共东江特委向所属东江各县党组织发出年关暴动的紧急通告，以实现割据全东江的计划。从12月底到次年4月，普宁、惠阳、潮安、大埔、蕉岭、紫金、五华、潮阳、丰顺、龙川、惠来、揭阳等县相继举行武装暴动。其中以五华县年关大暴动、惠来县二次攻打县城暴动规模最大，参加人数各约10万之众。大埔、普宁、潮阳、丰顺等举行了2次以上的武装暴动，普宁、惠来建立了县苏维埃政府。（张金超）

张黄事变 又称广州政变。近现代史事。广州国民党当局发生的内讧事件。1927年冬，汪精卫、张发奎欲驱逐桂系李济深，提出"粤人治粤"口号。张发奎退居香港幕后指挥，汪精卫以偕同李济深赴沪会为名，诱李济深出广州。11月17日，张发奎的代理人黄琪翔随即缴了驻广州桂军的械，驱逐李济深的代理人黄绍竑。汪张集团完全控制广州。（张金超）

黄琪翔

广州政变 见"张黄事变"。

广州起义 近现代史事。大革命失败后中国共产党反击国民党的重要军事行动。中共广东省委根据中共中央指

广州起义纪念碑

示，于1927年12月在广东广州发动起义。11日凌晨，在张太雷、叶挺、周文雍、叶剑英、杨殷等领导下，国民革命军第四军教导团全部、警卫团一部和广州工人赤卫队7个联队及市郊农民武装分别向敌军据点发起进攻。在广州的苏联、朝鲜、越南的部分革命者亦参加了起义。经过数小时激战，起义部队占领了广州大部分市区，并宣布成立以苏兆征为主席（苏兆征未到广州前由张太雷代理）的广州苏维埃政府。会后发布了《广州苏维埃宣言》《告民众书》以及有关的法令。12日，国民党军队大举反扑，张太雷等牺牲，起义失败。起义军余部1200余人被迫撤出广州。这是中国共产党在城市建立革命政权的尝试。（张金超）

杨家寨军事会议 近现代史事。大革命失败后中国共产党反击国民党的一次重要军事会议。1928年1月5日，朱德率领起义军进入广东韶关乐昌境内。在乐昌渡过武江，向梅花杨家寨

前进。8日晚，朱德、陈毅、王尔琢、蔡协民、龚楚、胡少海等在杨家寨文奎楼召开军事会议，作出"智取宜章"的决定，拟定湘南起义的战略。12日，南昌起义军一举夺取湖南宜章县城。（张金超）

坪石大捷 近现代史事。大革命失败后中国共产党反击国民党的军事行动。1928年2月，朱德率领的南昌起义军在乐昌坪石长冈岭大破国民党军第24师许克祥部，歼敌6个团，俘敌千余人，夺取许部在坪石的后方仓库，缴获步枪2500余支、手枪100余支、重机枪10多挺、山炮、迫击炮30多门，弹药、被服等众多物资。朱德在饭塘李氏晒谷坪召开祝捷大会，作《今后斗争的工作路线》报告，号召农友团结起来，打倒军阀、土豪劣绅，推翻国民党反动政府，实行土地革命，并提出立即挥师北上湖南郴州、耒阳，发动湘南暴动的革命策略。（张金超）

血田惨案 近现代史事。大革命失败后国民党制造的血案。1928年3月，国民党军黄旭初部大举围攻中共紫金县苏维埃政府所在地炮子，革命干部和群众280多人被杀害，紫金县苏维埃政府不得不转移至凤龙山、中洞一带继续革命活动。10月，地主民团又屠杀革命干部和群众170多人。（张金超）

广州西村士敏土厂 民国时期创办的企业。位于广州市西村工业区。1928

广州西村士敏土厂全景

年创办，1931 年建成投产。全部机器设备和配套流程从丹麦购进，生产流程自动化，资产价值约广东毫银 700 万元，月产"五羊牌"水泥 600 吨。1932 年 8 月，与广东士敏土厂合营。抗战初期，产品供不应求，规模不断扩大。1938 年 10 月广州沦陷后，大部分设备被日军拆毁，其余由日伪控制继续生产。抗战后由民国广东省政府接收，归省建设厅管辖。（张金超）

陈济棠治粤　近现代史事。民国时期广东社会经济建设较快发展时期。1929 年后，陈济棠投靠蒋介石，利用蒋桂大战之机，逐步控制广东军政大权，被称为"南天王"。1931 年，陈又利用胡汉民、汪精卫反蒋势力，拥护胡汉民为西南领袖，使广东处于半独立状态。陈济棠主政广东 8 年（1929—1936），政治上与南京中央政府分庭抗礼，经济上进行有计划的建设，兴办现代实业，兴建各类工厂、港口，重视教育，辟建马路，修建桥梁等，市场物价稳定，市民生活改善，全省经济获得较大发展。（张金超）

第二次粤桂战争　近现代史事。民国时期国民党派系武装斗争。1929 年 8 月，蒋介石召开编遣会议，强行削减各地方实力派兵力，激起各派军阀反对。9 月 17 日，张发奎在鄂西通电反蒋，驱兵南下，联合桂系李宗仁等，成立"护党救国军"，欲夺广东，第二次粤桂战争爆发。"护党救国军"总司令李宗仁，副总司令黄绍竑，前敌总指挥白崇禧，直辖第 3、第 8 路军，兵分两路攻取广州。11 月 24 日，蒋介石派总参谋长何应钦到广州任总指挥，并增调部队来粤作战。何应钦、陈济棠令部队构筑工事，抗击张、桂联军，保卫广州。双方互有攻防，损失惨重，形成对峙局面。1931 年 2 月，

行政院院长胡汉民被蒋介石扣押，粤桂双方停战，转而携手倒蒋，第二次粤桂战争亦告结束。（张金超）

中央苏区秘密交通线（潮汕梅）　民国时期中国共产党领导的红色秘密交通线。1930 年 9 月，中国共产党六届三中全会在上海召开。为加强与各苏区的联系，10 月，党中央成立交通局，军委交通总站和中央外交科归并入交通局，直辖于中央政治局，主要任务是打通苏区的交通线。周恩来、向忠发、李立三、余泽鸿和吴德峰组成委员会，吴为交通局局长。从上海通过香港、汕头、大埔、永定到达瑞金的秘密交通线即属于其中一条，长达数千里，主要任务是沟通上海党中央与苏区的信息往来，护送干部，向苏区运输物资等。（张金超）

宁粤对峙　近现代史事。民国时期国民党派系斗争。1931 年 2 月 28 日，因胡汉民反对制定约法，蒋介石将其扣押于南京汤山，引致政坛震动。4 月 30 日，国民党中央监委邓泽如、林森、萧佛成、古应芬 4 人联名通电弹劾蒋介石，罗列蒋介石的多项罪行，请"爱护党国诸同志急起图之"，对蒋介石予以严厉处分。5 月 3 日，陈济棠等粤方军事将领通电响应，要求蒋介石引退。反蒋各派在广州另组国民政府，与南京国民政府抗衡，形成宁粤对峙局面。双方一度剑拔弩张，经数次和谈，蒋介石宣布下野，成立以孙科为行政院院长的新政府，广州国民政府宣告取消，双方实现和解。（张金超）

陈济棠与工农红军五项协议　近现代史事。抗战时期广东地方实力派与工农红军达成的互让协议。1933 年 9 月，国民党军队对中央苏区发动第五次"围剿"，北线、东线、西线战事激

烈，但陈济棠控制的南线却比较平静。1934 年 7 月 15 日，毛泽东、朱德、周恩来等联名发表《为中国工农红军北上抗日宣言》，倡言"愿意同全中国的民众与一切武装力量，联合起来共同抗日，开展民众的民族革命战争"。为保存实力，陈济棠于 7 月间秘密派人到苏区接洽。9 月，朱德致信陈济棠，提出双方停止作战等五项建议。10 月初，红军代表潘汉年、何长工到寻乌附近，同陈济棠部代表进行谈判，达成就地停战、互通情报、解除封锁、相互通商和必要时互相借道五项协议。协议为中央红军长征初期突破蒋军第一、二道封锁线创造了有利条件，南下工农红军顺利通过广东境内。（张金超）

两广事变　近现代史事。抗战时期两广军阀反蒋事件。1936 年 5 月，胡汉民病逝，两广势力失去重心，蒋介石企图趁机将之消灭。6 月 1 日，陈济棠、李宗仁、白崇禧等以"抗日救国"为名出兵反蒋，蒋介石调集大军准备镇压，战争一触即发。迫于全国抗日救亡运动和反战压力，经调解，两广与南京政权结束对抗，促进了抗日民族统一战线的形成。（张金超）

琼崖国共谈判　近现代史事。抗战时期海南国共两党合作抗日的谈判。1937 年 8 月，中共琼崖特委代表李黎明到府城与国民党代表林序东谈判。国民党当局缺乏诚意，非法拘捕中共琼崖特委书记冯白驹夫妇。在中共代表周恩来、叶剑英的反复交涉和海内外琼崖各界人士抗议下，国民党当局被迫释放冯白驹等，重开谈判。琼崖特委坚决反对国民党当局企图收编琼崖红军的阴谋。1938 年 10 月 22 日，双方达成协议，内容包括共同抗日；琼崖红军游击队改编为广东民众抗日自卫团第十四区独立队，在政治上、

组织上保持独立自主等。琼崖抗日民族统一战线正式形成。（吴婉惠）

八路军驻香港办事处 抗战时期中国共产党在香港设立的办事处。1938年1月，经港英当局同意，中共中央以廖承志、潘汉年等为代表，在香港皇后大道中18号开设粤华公司，作为八路军驻香港办事处的实际工作地点，下设交通、机要、通讯、财务、宣传、侨务等部门。办事处在开展海外华侨、国际友人和香港各界人士的爱国统战工作中作出积极贡献。香港沦陷后，1942年1月撤销。（吴婉惠）

南澳之战 近现代史事。抗战时期广东军民抗击日军的重要战役。南澳岛孤悬闽粤交界海面，战略地位险要，日军早有将其作为进犯广东的跳板，以达成封锁中国沿海的战略意图，同时为南侵做准备。1938年6月20日，日军300余人在20多艘舰艇、4架飞机配合下于南澳长尾山、钱澳一带登陆，侵入县城隆澳，驻岛保安队和县长逃离。南澳壮丁队与日军巷战，因弹尽援绝而退入山中，南澳陷落。7月中旬，潮汕防军和抗日民众自卫团组成义勇军收复南澳。16日，日军30余艘舰艇封锁南澳岛。19日，增派陆战队千余人围攻，义勇军被迫撤退。24日，南澳再次失陷。南澳军民打响了广惠战役前广东抗战首次大仗，在中国抗战史上具有重要意义。（吴婉惠）

"八一三"抗日救亡献金运动 近现代史事。抗战时期国共两党在广州、香港等地发动的爱国运动。1938年7月初，武汉发起七七事变周年纪念献金运动，广东提出"保卫大广东"口号，香港积极响应。15日，广州成立各界纪念"八一三"献金运动筹备委员会，余汉谋任会长，吴铁城、曾养甫任副会长，宣传及实际组织工作由

共产党负责。8月13日，献金运动在全省展开。广州在多地搭建献金台，当晚全市约10万人游行。15日，八路军驻广州办事处和《新华日报》广州分馆联合举行献金大会。广州、香港两地捐款达百万元。（吴婉惠）

日军登陆大亚湾 近现代史事。见"广州失陷"。（吴婉惠）

广州失陷 近现代史事。抗战时期广州遭日军侵占的历史事件。侵华日军占领上海后，为策应武汉作战，截断中国内地经香港、澳门的进出口通道，策划从大亚湾登陆，占领华南中心城市广州的战役。1938年9月24日，日军从海上对大亚湾以东红海湾、以西大鹏湾及香港以南以西的万山群岛、珠江口外伶仃洋等地进行侦察。10月初，日军第21集团军所属各部在澎湖马公集结；9日，在日本海军第五舰队护送下秘密向大亚湾进发，12日凌晨分3路在大亚湾登陆，由此拉开大举入侵广东序幕。余汉谋主政下的广东当局疏于防范，除在福田、正果、增城等地略作抵抗外，多地一触即溃。15日日军攻占惠阳，16日占领博罗，18日占领增城，21日攻陷广州，至29日，珠江三角洲重要地方均告沦陷。日军占领广州，切断了中国内地重要的物资通道，进而威胁西南，也为日军南进获取重要基地，给中国抗战造成巨大困难。（吴婉惠）

日军侵占海南岛 近现代史事。抗战时期日军侵略海南岛的军事行动。1939年1月13日，日军作出进攻海南岛的决定。2月10日，日军台湾混成旅团万余人在第五舰队配合下，在琼山天尾港、马袅港登陆，海口、府城相继沦陷。14日，海军第五舰队占领三亚、榆林和崖县。19日起，日军先后占领安定、文昌、嘉积、乐城、新

州、那大等重镇，并继续向全岛推进。除白沙县城外，其他交通要塞、重镇、沿海港口等相继沦陷。此后，日军为将海南岛作为对华南航空作战基地及南进据点，切断了河内和缅甸援助中国的通道。（吴婉惠）

桂南会战 近现代史事。抗战时期中国军队为打破日军对滇越铁路、滇缅公路封锁而进行的战役。1939年11月15日，日军第21军司令官安藤利吉指挥第五师团和台湾混成旅团共3万余人，在海军协助下，于钦州湾登陆。24日，日军攻占南宁。12月1日占领高峰隘，4日控制昆仑关，21日占领龙州和镇南关，切断了中国西南桂越国际交通线。国民政府桂林行营主任白崇禧指挥第四战区主力分3路反攻。至31日，中方收复昆仑关，是为昆仑关大捷。1940年1月上旬，日军由粤北调兵增援，28日发起进攻。2月3日，重占昆仑关。14日，中国军队再次夺回昆仑关，与日军在南宁外围形成对峙。9月23日，日军入侵越南北部，决定撤离南宁。为防止日军破坏，中国军队尾追截击，于10月30日收复南宁。（吴婉惠）

粤北会战 近现代史事。抗战时期中国军队抗击日军的战事。共3次。①第一次粤北会战发生于1939年冬。日军在发动桂南会战的同时，为打通从广州北上粤汉铁路南段，发动翁（源）英（德）作战，企图攻占广东战时省会曲江。中日双方在花县、清远、英德、从化、增城、翁源等县境内展开激战。当时日军在桂南遭到白崇禧第四战区主力的反击，防守吃紧，乃从翁源、英德撤兵增援桂南。中国军队全线反攻，收复大片失地。至1940年1月16日，日军全部退回广州及其外围地区。②第二次粤北会战，又称良口战役。1940年5月13日，日

军再次大举向粤北进犯，20日一度攻陷派潭、良口等地。26日，中国军队克复良口。6月5日，良口再度陷落。8日，中国军队再次克复良口。日军全线后撤。③第三次粤北会战发生于1944年底。日军为打通粤汉铁路交通线，集中数万兵力夹击粤北。1945年1月18日至2月14日，韶关等地沦陷，广东省政府从曲江转迁龙川。（吴婉惠）

曾王部队东移事件 近现代史事。抗战时期中国共产党反"围剿"行动。1940年春，国民党顽固派第一次反共高潮迅速波及东江地区。2月，国民党第四战区游击指挥所主任香翰屏要求曾生领导的第四战区第四游击纵队新编大队、王作尧领导的第四战区第四游击纵队直属第二大队到惠州"集训"，企图一网打尽。曾生、王作尧识破其阴谋，拒绝前往。中共东江军委决定曾、王两部东移海陆丰。两部多次遭国民党军队"围剿"，损失严重。5月8日，中共中央电示"我人民武装必须大胆坚持在敌后抗日游击战"，"曾、王两部仍应回到东惠宝地区"。两支人民武装重返东惠宝地区，继续坚持斗争。（吴婉惠）

日军攻占香港 近现代史事。抗战时期日军侵略香港的军事行动。1938年日军侵占广州后，香港成为国民政府战略物资的重要输入地。1941年6月苏德战争爆发后，日本加紧实施南进计划。11月1日，日本天皇裕仁签署发动太平洋战争绝密命令，对香港志在必得。6日，日军发出攻占香港命令。12月8日凌晨，日军从陆、海、空向驻香港英军发起猛烈进攻。12日，攻占启德机场，进入九龙市区。13日，九龙半岛沦陷。18日，日军在香港登陆。25日，港督杨慕琦投降。次日，日军举行入城仪式。香港被日军占领3

年8个月。（吴婉惠）

港九大队 抗战时期中国共产党在香港建立的抗日武装力量。1941年12月，日军侵占香港。中共东江特委、广东人民抗日游击队派近百名游击队员进入九龙、新界地区开展敌后斗争，建立抗日游击基地。1942年2月，以活动在港九地区的几支武工队为基础，扩编成立广东人民抗日游击总队港九大队，蔡国梁任大队长，陈达明任政治委员，管辖西贡、沙头角、元朗、钢铁中队和海上队。1943年12月，港九大队改称东江纵队港九独立大队，归东江纵队司令部领导。港九大队在发动、组织和武装群众，肃清土匪，打击敌伪，抢救文化人士和爱国民主人士，营救国际友人，配合盟军作战等方面发挥了重要作用。日军投降后，英国接管香港。1945年9月28日，港九独立大队奉命撤出香港。（吴婉惠）

营救国际友人 近现代史事。抗战时期营救和帮助在香港被俘盟国友人以及侨民的行动。日军侵占香港后，将英军战俘、港英当局文职人员、英国侨民和印度籍官兵等囚禁于集中营。东江纵队派武工队进入九龙地区，设立秘密联络点，深入集中营与英军联系，营救和护送被俘人员。1942年2—4月，港英当局战地医院的赖特上校、都格拉斯中尉、夏斯特中尉、汤姆斯中尉、香港警司谭臣和波利斯屈特夫人等数十人，先后从集中营逃出，由东江纵队港九大队安全护送至大后方。据不完全统计，获救的国际友人共80余人。（吴婉惠）

抢救文化人和爱国民主人士 又称香港秘密大营救。近现代史事。抗战时期营救香港文化精英和爱国民主人士的行动。在全面抗战爆发和国民党第二次反共高潮的背景下，大批文化精

英和爱国民主人士撤至香港，继续开展抗日文化宣传。日军占领香港后，搜捕抗日人士，限令文化人士到日军处报到。中共中央、南方局和周恩来要求八路军驻香港办事处想办法抢救这批人士，并转移到后方。中共和广东抗日游击队将他们分批秘密转送到港九游击队活动根据地，通过宝安、惠阳游击区交通线，大部分撤退至东江抗日游击根据地，经惠州、老隆转往韶关，再前往桂林、重庆等地；一部分经九龙乘船前往沿海地区，或经澳门转到大后方。安全撤出香港的文化界人士和爱国民主人士300多人，爱国抗日的国民党官员和其他方面人士800多人，包括何香凝、柳亚子、邹韬奋、茅盾、夏衍、胡绳、胡风、张友渔、萨空了、胡仲持、廖沫沙、范长江、邓文钊、蔡楚生、胡蝶等。此外，接应2000多名海外爱国青年回乡参加抗日斗争。促进了抗日民族统一战线的巩固和发展。（吴婉惠）

香港秘密大营救 见"抢救文化人和爱国民主人士"。

粤北省委南委事件 近现代史事。见"中共中央南方工作委员会"。（吴婉惠）

琼崖白沙起义 近现代史事。抗战时期海南黎族、苗族人民反对国民党的起义。1943年8月12日，黎族首领王国兴、王玉锦等领导民众突袭白沙县城，驱逐国民党驻地机关和驻军。国民党组织兵力反扑，起义失败，余部撤至鹦哥岭、什寒山坚持斗争。1944年，在中共琼崖特委的支持下，成立黎族人民抗日后备队。1945年建立白沙民主政府和白沙根据地，为开创五指山根据地奠定了基础。（吴婉惠）

日军侵占广州湾　近现代史事。抗战时期日军侵略广州湾的军事行动。1943年2月16日，日军于雷州半岛东海岸的通明、下岚登陆，占领海康县城（今广东雷州）。17日，占领客路。19日，占领遂溪县城。另一路日军于17日进犯广州湾西营（今广东湛江）。20日，日军袭击法国广州湾租借地边界寸金桥。法方惊慌妥协，与日军签订《法日共同防卫广州湾协议》。21日，日军占领西营市区、赤坎市区，广州湾沦陷。（吴婉惠）

东江纵队　抗战时期中国共产党在广东领导的抗日武装。1938年日军登陆大亚湾后，广东大部分地区沦陷。中共广东省委决定组建抗日武装，开辟抗日根据地，开展抗日游击战争。1938年10月，中共成立惠宝人民抗日游击总队和东宝惠边人民抗日游击大队。1939年初，改名为国民革命军第四战区第三纵队新编大队和第四纵队直辖第二大队。1940年3月，在国民党围攻下转移海陆丰，后整编为广东人民抗日游击队第三、第五大队。1943年12月2日，广东人民抗日游击总队遵照中共中央的指示，在惠阳县坪山（今属广东深圳）宣布成立广东人民抗日游击队东江纵队，司令员曾生，政治委员林平，副司令员兼参谋长王作尧，政治部主任杨康华，成为华南敌后战场抗日游击队主力部队之一。成功营救香港文化人、爱国民主人士和国际友人，组建港九人民抗日游击队。对日伪军作战1400余次，歼敌9000余人。取得百花洞战斗、大岭山阳台山反击战、粉碎日军万人"扫荡"、梅塘战斗、夜袭新塘火车站、横扫莞太线等一系列战斗战役的重大胜利。抗战胜利前夕，东江纵队发展到9个支队和多个独立大队，共1.1万余人，抗日根据地和游击区总面积约1.5万平方千米、人口约450万。1946年底，东江纵队主力北撤山东，后扩充为中国人民解放军两广纵队，其余在原地坚持武装斗争，解放战争时期发展成为粤赣湘边纵队。东江纵队为抗战作出巨大贡献，朱德曾将东江纵队、琼崖纵队和八路军、新四军并称为"中国抗战的中流砥柱"。（吴婉惠）

东江纵队会址旧址

珠江纵队　抗战时期中国共产党在广东领导的抗日武装。1938年10月广州沦陷后，中共广东省委派干部到珠江三角洲各县发动群众，成立顺德抗日游击队、中山抗日游击小队（后扩编为大队）和广州市区抗日游击第二支队，开展抗日游击战。1942年春，在中山县创建五桂山抗日游击根据地。1943年2月，成立南番中顺游击区指挥部，统一领导珠江三角洲的抗日武装。1944年开辟以新会为中心的抗日游击区。1945年1月15日，广东人民抗日游击队珠江纵队在中山五桂山区正式成立。司令员林锵云，政治委员梁嘉，副司令员谢斌，参谋长周伯明，政治部主任刘向东。至抗战胜利前夕，发展至2700多人。对敌作战200余次，歼敌3300余人。先后取得西海大捷、植地庄战斗以及粉碎日、伪"十路围攻"等一系列战斗的重大胜利。创建珠江三角洲抗日根据地，为抗战作出巨大贡献。1946年6月，珠江纵队部分人员随东江纵队北撤山东，番号随之撤销。（吴婉惠）

韩江纵队　抗战时期中国共产党在广东领导的抗日武装。包括韩江潮汕纵队和韩江梅埔纵队。1945年3月，中共潮汕特委成立潮汕人民抗日游击队，共200多人。6月，扩编为广东人民抗日游击队韩江（潮汕）纵队，林美南任司令员兼政治委员，辖3个支队，约2000人，主要活动在潮普惠边的大南山和潮澄饶边地区。1945年2月13日，抗日游击队韩江（梅埔）纵队在福建平和县成立，从20多人发展至150多人，建立上百个山区游击据点村，沟通潮汕、闽西南党组织和东江纵队的联系，为解放粤东打下坚实基础。（吴婉惠）

广州光复　近现代史事。抗战胜利的重大事件。1938年10月，日本侵占广州。1945年8月15日，日本天皇宣告"无条件投降"，中国军队开始收复广州。17日，日本关闭驻粤总领事馆。31日，中国军队开进广州。9月1日，广东省政府迁回广州，广州市新政府成立。6日，中国第二方面军指挥部命令广州市日军集中到河南区解除武装。7日，新一军先头部队正式进驻广州。16日上午10时，日军投降签字仪式在广州中山纪念堂举行，第二方面军司令官张发奎为广州地区的受降主官，主持接受华南日军投降，日军代表第二十三军司令官田中久一签字投降。广东人民抗战胜利结束。19日，罗卓英就任广东省政府主席，宣告广州光复。23日后，第二方面军开展接收日军的各式武器装备、日伪工厂，审判战犯和惩治汉奸等工作。（吴婉惠）

粤赣湘边纵队　解放战争时期中国共产党在广东、江西、湖南3省边区的游击部队。1947年春，中共广东区委以东江纵队北撤时留下的武装为基础，在九连山、东江、五岭等地区先后建立东江人民抗征队、粤赣湘边区人民解放军总队等14支人民武装。1948年6月，除五岭地区的总队外，其余武装

编为广东人民解放军江南、江北、粤赣边、北江 4 个支队。1949 年 1 月 1 日，中央军委命令以上述武装为基础编为中国人民解放军粤赣湘边纵队。林平任司令员兼政治委员，辖 8 个支队，共 1.5 万人余，随即向国民党军展开春、夏季攻势。8—10 月，参加赣南、湘南和广东战役。共作战 800 多次，歼敌 1.8 万余人，纵队发展至 3.8 万余人。是年冬，纵队归广东军区建制，番号撤销。（吴婉惠）

闽粤赣边纵队 解放战争时期中国共产党在福建、广东、江西 3 省边区的游击部队。1947 年夏，中共闽粤赣边区工委和潮汕地委以抗战时期留下的武装为基础，在广东成立粤东支队、潮汕人民抗征队，在福建成立闽西、闽南支队。至 1948 年春，发展至 4000 余人。1949 年 1 月 1 日，合编为中国人民解放军闽粤赣边纵队。刘永生任司令员，魏金水任政治委员，辖 5 个支队和 4 个直属团，共 8200 余人。纵队随即发起春、夏季攻势。10 月参加广东战役，解放闽粤赣边地区。是年冬，所属部队分别划归福建、广东军区建制，番号撤销。（吴婉惠）

粤桂边纵队 解放战争时期中国共产党在广东、广西边区的游击部队。1946 年 8 月，中共广东南路组织以遂溪、廉江、化县、吴川等县武工队为基础，成立 4 个游击中队。1947 年 4 月 29 日，又以 4 个游击中队为基础，成立粤桂边人民解放军。12 月，面对国民党军的"围剿"，粤桂边人民解放军以 1500 余人分两路转移到十万大山和粤中地区，其余在原地坚持斗争。1949 年 8 月 1 日，整编为中国人民解放军粤桂边纵队。梁广任司令员兼政治委员，唐才猷任副司令员，莫逊任副政治委员，杨应彬任参谋长，温焯华任政治部主任，辖 6 个支队约 1.6 万

人。10 月中旬，扩编 2 个支队，发展至 2.5 万人。纵队参加广西战役，配合野战军解放粤桂边区和雷州半岛。1950 年初，分别编入广东南路军分区和广西玉林宾阳军分区，番号撤销。（吴婉惠）

粤桂湘边纵队 解放战争时期中国共产党在广东、广西、湖南 3 省边区的游击部队。1947 年夏，以广东人民抗日游击队珠江纵队第二支队、独立第三大队一部及小北江、桂东等地的人民武装为基础，先后创建西江人民义勇队、粤桂湘边人民解放军等多支人民武装。1948 年 2 月，成立中共粤桂湘边区军委。9 月，成立粤桂湘边人民解放军指挥部及 2 个直属主力团。1949 年 7 月 23 日，中国人民解放军粤桂湘边纵队成立。梁嘉任司令员兼政治委员，李殷丹、王炎光（后）任政治部主任，林锋任司令部负责人，下辖 2 个支队、1 个独立团。自成立以来，共作战 460 余次，歼灭国民党军 4400 余人，争取国民党军起义 500 余人。10 月，配合野战军解放边区全境。11 月，整编为广东军区第五（西江）、第四（北江）军分区部队及广东公安总队。（吴婉惠）

护送民主人士北上 近现代史事。解放战争时期护送香港等地民主、文化人士至解放区的行动。1948 年 4 月 30 日，中共中央发出纪念五一劳动节口号，号召"各民主党派、各人民团体、各社会贤达迅速召开政治协商会议，讨论并实现召集人民代表大会，成立民主联合政府"，获得在港以及其他各地各民主党派、无党派人士热烈响应。8 月 1 日，毛泽东邀请他们到解放区参加新政治协商会议。在中共中央指示和部署下，周恩来亲自指挥，中共中央华南分局、中共香港工委的负责人方方、潘汉年、连贯和中央派往

香港的钱之光等具体负责，华北局、东北局密切配合，自 8 月开始，从南、北 2 条路线展开行动。南线主要护送汇聚在香港的民主、文化人士，有沈钧儒、谭平山、蔡廷锴、章伯钧、王绍鏊、郭沫若、马叙伦、李济深、茅盾夫妇、章乃器、朱蕴山、彭泽民，及华侨代表陈嘉庚、司徒美堂等。北线主要护送符定一、吴晗、翦伯赞、田汉、胡愈之、费孝通等平、津、沪的民主人士。这批北上民主人士不少作为正式代表参加全国政协会议，为新中国政权建设作出重要贡献。（吴婉惠）

赣州会议 近现代史事。解放战争时期中共部署解放广东的重要会议。1949 年 8 月下旬，叶剑英率领的南下解放军到达江西。中共中央通知方方到赣州与南下大军会师，商议解放华南事宜。9 月 7 日，叶剑英主持作战会议，决定由陈赓统一指挥参加广东战役的第四兵团、第十五兵团和两广纵队。11、16、19 日，叶剑英主持召开 3 次华南分局扩大会议，组建新的华南分局，确定叶剑英为第一书记，张云逸为第二书记，方方为第三书记。决定进军广东的具体步骤，布置各地配合作战和支前工作任务。作出《中共中央华南分局关于过去华南及广东工作的决议》。21—24 日，叶剑英主持召开高级干部会议，作《关于广东情况及今后任务的报告》，阐述解放华南的任务、城市管理、加强领导、团结会师等问题。会议对解放广东、华南起到重要作用。（吴婉惠）

广东战役 近现代史事。中国人民解放军解放广东大陆的重大战役。1949 年 4 月，国民政府由南京迁至广州。国民党第二十一、第十二、第四兵团共 10 个军，以及地方武装约 15 万余人驻扎广东。国民党华南军政长官余

汉谋以 7 个军配置在粤汉铁路曲江至广州一线布防，2 个军驻守潮汕，1 个军驻守湛江。在陈赓的统一指挥下，中国人民解放军第四野战军所属第十五兵团、两广纵队和配属的第二野战军第四兵团共 22 万人，于 10 月 2 日分左、右、南 3 路发起广东战役。两广纵队由江西定南沿东江进攻广州以南地区，先后解放东江两岸和珠江三角洲。第四、第十五兵团由桂东、南雄、信丰地区沿曲江至广州铁路两侧推进，连克曲江、英德等地，14 日，解放广州。26 日，第四兵团将逃敌 4 万余人围歼于阳江、阳春地区，并先后占领罗定、信宜、廉江等地，封锁了国民党军由广西向雷州半岛和海南岛撤退的道路。潮汕地区国民党军由海上逃往金门、台湾地区。至 11 月 4 日战役结束，共歼灭或接受起义、投诚的国民党军 6.2 万余人，解放了除钦州、合浦（今均属广西）和雷州半岛外的广东大陆，为解放广西和海南岛创造了有利条件。（吴婉惠）

广州解放　近现代史事。中国人民解放军解放广州的战役。1949 年 10 月初发起广东战役同时，中共广州地下组织领导广州人民开展护城、护厂、护校斗争。6 日，中共中央华南分局决定成立广州市接管工作委员会。13 日，第四野战军第十五兵团解放花县（今广东省广州市花都区）和从化，14 日到达广州北郊和沙河，进入广州市区。驻守广州的国民党军队炸毁海珠桥后弃城逃跑。当晚 7 时，解

广州解放纪念像

放军大部进入广州，占领国民党总统府、华南军政长官公署、广东省政府、广州市政府等重要机关，宣告广州解放。28 日，广州市人民政府成立。11 月 11 日，中国人民解放军举行入城仪式。（吴婉惠）

广州市第一届各界人民代表会议　近现代史事。广州市人民代表大会前身。1949 年 11 月 27 日至 12 月 1 日在广州召开。依据《中国人民政治协商会议共同纲领》规定，广州市先行成立各界人民代表会议，作为建立市人民代表大会的过渡形式。会议由中共中央华南分局第一书记、广州市市长叶剑英主持，参会的有各民主党派、中国人民解放军、工人、农民、学生、归国华侨、文化界、教育界、工商界、宗教界以及广东各地区和广州市政府代表，计 368 人，共收到提案 321 件。中心议题是听取与讨论施政和治安报告，讨论并通过主要提案、关于市协商委员的决议及其成员名单，提出今后 3 个月的 8 项主要工作。会后，全省各市、县第一届各界人民代表会议陆续召开。至 1953 年 11 月 30 日，先后召开 5 届共 10 次会议。1954 年 7 月第一次广州市人民代表大会举行后，广州各界人民代表会议终止。（吴婉惠）

粤桂边战役　近现代史事。中国人民解放军在两广边区对国民党军的重要战事。1949 年 9 月，国民党白崇禧集团 5 个兵团约 15 万人据守湘南、广西，企图长期固守华南、西南。11 月 10 日，解放军第四野战军连同第二野战军分 3 路对敌发起进攻，攻占靖县、通道，国民党军西逃。15 日向河池、百色进军，切断国民党军西撤云南、贵州之路。10、15 日，南路向廉江、茂名、信宜进军，切断国民党军海上退路。北路进军湘桂边境，夺取全州。

白崇禧集团随后发动"南线攻势"，欲打通逃往海南岛的路线。12 月 1 日，解放军在博白、廉江歼灭白崇禧 3 个军大部，同时从西、北两路攻占河池、桂林、柳州等地，进至东兰、宾阳、贵县一线。7 日，攻占钦州，封闭海口，断敌逃路。14 日，占领镇南关（今广西友谊关）和爱店。至此解放军歼灭国民党军队白崇禧集团，解放广西全省和广东钦州、雷州半岛等地区，取得粤桂边围歼战的胜利，为解放云南和海南岛创造了有利条件。（吴婉惠）

"两航"起义　近现代史事。解放战争后期航空公司爱国职工起义事件。中国航空公司和中央航空公司机航基地和营业重心从上海移至香港，蒋介石政府催其搬迁至台湾、昆明。1949 年 11 月 9 日，在中国共产党争取和策动下，"两航"经理刘敬宜、陈卓林率领 12 架飞机飞抵天津和北京，代表"两航"发布归附中央人民政府的通电，宣布其余 70 余架飞机及器材也归人民政府所有。12 日，周恩来致函"两航"，宣布两公司受中央人民政府管辖，任命刘敬宜、陈卓林分别为两公司总经理。毛泽东发表贺电，赞扬其爱国举动。"两航"飞机北飞成功后，各办事处和航站员工纷纷归附人民政府。至 1950 年底，"两航"留港资产接收工作基本完成。"两航"起义中断了国民党政权的西南空中运输线，加速了解放的进程，为开创和发展新中国航天事业作出重要贡献。（吴婉惠）

招商局起义　近现代史事。解放战争后期香港招商局及在港轮船员工回归人民政府的义举。1949 年 5 月，国民政府命令在沪的各轮船驶往台湾和香港，"济平""培德""林森""海天""鸿章""麟阁""海汉" 7 艘轮船离沪抵港，以"林森""济平" 2 轮

为首的全体海员，拒绝参加军运和开往台湾。9月，"海辽"轮从香港开往汕头途中宣布起义。10月上旬，在党组织的发动下，招商局香港分局员工成立"招商局护产候命委员会"。1950年1月13日，招商局香港分局发表护产声明、听候中央人民政府接管，与台湾国民党当局断绝联系。15日，招商局香港分局全体员工和留港的13艘轮船全体船员共500多人发表公开信，劝告在台湾的海员早日回归大陆。7月12日，招商局"民302""民312"轮奉命首先开回广州，被授予"起义先锋船"称号。至10月21日，留港的13艘轮船全部驶回广州。11月24日，航行到马六甲海峡的招商局万吨轮"海玄"也宣布起义。这些义举对新中国成立初期恢复国民经济、发展航运事业发挥了重要作用。（吴婉惠）

南澳岛海战　近现代史事。解放战争后期中国人民解放军收复南澳岛的战事。1950年1月，解放军第41军第121师受命解放南澳岛。23日抵达广东饶平，开展渡海作战应急训练，并在当地征得木帆船380艘。2月23日凌晨2时开始攻岛，占领隆澳、云澳、深澳等，残敌潜逃入山。24日晨，2艘前来增援的国民党军舰被击退，逃往金门。25日，残敌被俘。南澳解放。（吴婉惠）

海南岛战役　近现代史事。解放战争后期中国人民解放军解放海南岛的战役。1949年10月，广东大陆解放，国民党军薛岳部10万余人据守海南岛。1950年2月1日，华南分局第一书记兼广东军区司令员叶剑英在广州召开进攻海南岛作战会议，确定以解放军第十五兵团司令员邓华、政治委员赖传珠为领导，率第四十军、第四十三军组成渡海登陆兵团，采取积极偷渡、

分批小渡和最后主力强渡相结合的方针攻岛。参战部队在琼崖纵队的有力接应下，于3月5日正式发起海南岛战役。至4月1日，解放军在琼崖纵队接应下分批登陆。16日，渡海主力兵团在接应部队8个团近2万人密切配合下，攻破国民党核心防御阵地。22日，薛岳率残部逃往台湾。23日，解放军占领海口、琼山。24日，攻占文昌。30日，攻占榆林、三亚。5月1日，海南岛战役结束，歼敌3万余人，海南全岛解放。（吴婉惠）

万山群岛海战　近现代史事。解放战争后期中国人民解放军攻占万山群岛的战事。1949年12月，部分国民党军逃至万山群岛，与地方武装组建"万山防卫司令部"，企图控制进出香港、澳门航线，封锁珠江入海口，作为反攻大陆基地。1950年5月8日，解放军第十五兵团在广东中山县沿海集结，25日由唐家湾隐蔽出航，突入垃圾尾港。26—28日，占领牛头、垃圾尾、蜘洲、大头洲等岛。30日，占领东澳岛。6月5日，攻占大小万山岛。27日，袭取三门岛、外伶仃岛。8月3、4日，攻占担杆列岛、直湾、北尖、佳蓬各岛，至此万山群岛除蚊尾洲岛外全部解放。海战共歼灭、俘虏国民党军700余人，击沉舰艇4艘，击伤12艘，缴获舰艇11艘。（吴婉惠）

安置归（难）侨　近现代史事。新中国成立后至改革开放初妥善安置归国华侨、难侨的重要工作。广东是我国华侨最多的省份。新中国成立后，大批华侨回国，参加祖国建设。20世纪50年代初，一些东南亚国家发生排华事件，接待安置归（难）侨成为广东重要的侨务工作。按照中央部署，广东在广州设立归国难侨处理委员会办事处和归国难侨招待所，在汕头、海口成立难侨处理分所，负责接待归国

难侨，同时在深圳、拱北、湛江等口岸设立接待站。60年代初，归（难）侨主要集中安置在各华侨农场和国营农场。对归国难侨，家在农村、没有文化技术的，资其回乡；对有文化的青年给予补习提高或技术培训，然后分配到机关、工矿企业、文教卫生等部门工作。1978年5月，越南排华，10万名华侨难民被迫回国，广东成立接待安置归国华侨委员会，次年11月改为广东省接待安置印支难民领导小组办公室，将越南难民安置到28个华侨农场和国营农垦系统56个农场，后成立广东省华侨农场管理局。自1984年起，为扶持归侨、侨眷生产，对居乡贫困的归侨，广东省政府拨专款引导其生产自救，自食其力。至1986年，共拨款187万元。1984年9月，广东省政府规定，归侨、侨眷接受海外亲人赠送进口生产设备价值不超过人民币2万元的，经审批后可免费验收。1986年5月，海关规定国营华侨农场归侨、难侨接收海外亲友赠送进口用于工农业生产加工、维修的生产资料价值在2万元以内的，经审批后可免税进口（1988年5月后扩大到10万元），接受优良种苗、种畜、种禽、种蛋，经检疫可免税放行。至1987年，全省归侨、侨眷接受境外亲友赠送小型生产工具免税进口额共403.1万余元。此外，对申请回国定居的华侨，国家给予落实，至1987年，回广东定居的归侨有8809人。（张金超）

逃港风波　又称大逃港。近现代史事。20世纪50—80年代初内地居民非法进入香港的行为。共出现过4次较大规模的逃港潮，分别是1957年、1962年、1972年和1979年，共计56万人（次），来自广东、湖南、湖北、江西、广西等12个省（自治区）、62个市（县），以广东为多。逃港潮的出现是多方面原因造成的，20世纪60

年代初，全国遭遇严重的自然灾害，粮食减产，人民生活困难，部分地区群众失去克服困难的信心，盲目逃到香港。逃港者多为农民，也包括部分城市居民、学生、知识青年、工人，甚至军人。50、60年代香港主导性产业是劳动密集型产业，需要投入大量劳动力。逃港者较多从事最为初级的家庭作坊式的手工业，为香港的经济腾飞作出一定贡献。由于逃港者越来越多，港英当局实施"即捕即遣"政策。三年困难时期，广东有10万人逃港。1979年1—5月，广东偷渡外逃11.9万多人，逃出2.9万多人，为历年之最。这一现象引起中央和国家领导人的高度重视，成为广东"先行一步"、率先实施改革开放的重要因素。随着改革开放不断推进，创办深圳经济特区，"逃港"现象很快绝迹。（张金超）

大逃港 见"逃港风波"。

中国进出口商品交易会 简称广交会。中国历史最长、层次最高、规模最大、商品种类最全、到会采购商最多、分布国别地区最广、成交效果最好的综合性国际贸易盛会，被誉为"中国第一展"。新中国成立初期，全国对外贸易绝大部分集中在广州，以保证国家的经济建设和民众的生活需求。随着大规模经济建设高潮兴起，急需进口如化肥、钢材、机械等多种物资、设备，然而西方国家对中国实行封锁、禁运。当时同中国贸易的苏联、东欧及朝鲜、越南等国家，主要采取记账贸易方式，不能适应大规模经济建设对多种物资的需要。1955年之前，国家商贸部门和广东对外贸易部门在广州举办了2次内贸、外贸相结合的华南物资交流大会。1955年秋，举办为期2个多月的广州出口物资展览交流会。在此基础上，国务院决定于1956

年在广州举办全国性的出口商品展览会。1956年11月10日至1957年1月9日，中国出口商品展览会在广州中苏友好大厦举办，34个国家和港澳地区的1213个客户与交易代表团参与贸易，进口、出口交易额分别达到5360万美元和10万美元。展览会成为当时中国对外贸易的窗口，在宣传和交易方面均取得成功，对国家争取外汇、保障供给、支援国家工业化建设，作用显著。因此，1957年再次举办，改名为中国出口商品交易会。4月25日至5月25日，首届中国出口商品交易会在广州中苏友好大厦举行，展出商品12900多种，有工业品、工艺品、纺织品、食品、土特产品等门类，共有19个国家和地区的1200多人参会，其中以中国港澳地区和新加坡、马来西亚的客户为主，中国组成13个联合交易团，共成交3878笔，成交额1754万美元。此后，国家决定每年春、秋两季在广州举办中国出口商品交易会。创办交易会是新中国对外贸易的创举，根据平等互利的方针，努力发展与各国、各地区通商贸易，为国家开展和平外交，构建了一个对外贸易、对外交流的平台，也成为外国了解中国的一个窗口，密切祖国与华侨联系，有力地配合了侨务工作的顺利开展。自2007年4月第101届起，交易会更名为中国进出口商品交易会，由单一出口平台变为进出口双向交易平台。参见第1172页对外贸易卷"中国进出口商品交易会"条。（张金超）

广交会 见"中国进出口商品交易会"。

中央工作会议（广州） 近现代史事。中共中央在广州召开的重要会议。为了开好这次会议，1961年2月下旬，毛泽东领导的调查组在广州着手起草《农村人民公社工作条例》。3月10—13日，毛泽东在广州主持召开有

中南、华南、西南三大区的中央局书记和三大区所属的省、市、自治区党委书记参加的"三南"会议，讨论有关制定人民公社工作条例和农业方面的问题。同时，由副主席刘少奇主持召开的"三北"（即华北、东北、西北）会议在北京举行。两次会议对如何进一步解决农村人民公社存在的问题，取得一致认识，为广州工作会议的召开做了充分准备。3月14—23日，两个会议合并在广州召开，毛泽东主持，议题有2项：讨论并通过《农业六十条》、起草并通过《中共中央关于认真进行调查工作问题给中央局、各省、市、自治区党委的一封信》。本次会议是社会主义建设时期中国共产党召开的一次意义重大的会议，毛泽东称其是"公社化以来中共中央领导同志第一次坐下来一起讨论和解决农业问题的会议"。（张金超）

东深供水工程 近现代史事。党中央为解决香港同胞饮水困难而兴建的跨地域大型调水工程。1962—1963年，香港连续9个月未下雨，350万香港同胞遭遇水荒。1963年12月，周恩来总理出访途中经停广州，确定供水工程建设方案，并拨出3800万元予以支持。该工程北起东莞市桥头镇东江河段，南至深圳水库，全长83千米。东江水引至深圳水库后，再经3.5千米钢管接入香港供水系统。1965年建成，年供水量6820万立方米。东深供水工程负担着香港、深圳、东莞2400多万居民的生活、生产用水。为香港社会的繁荣稳定、为深圳和东莞的经济社会发展作出了重要贡献。（张金超）

创办经济特区 近现代史事。中共中央、国务院为推进我国改革开放、加速社会主义现代化建设而采取的重大经济举措。1978年4月19日，邓小平

在中央政治局会议上，提出在广东建设出口基地。同年4—5月，国务院委派考察组对港澳实地调研。考察组提出：可借鉴港澳经验，把广东宝安、珠海划为出口基地。1979年3月5日，国务院批准宝安、珠海撤县设市，将宝安县改为深圳市，珠海县改为珠海市，属省辖市建制。6月6日、9日，中共广东、福建省委分别向中央上报，正式提出实行新体制，在深圳、珠海、汕头、厦门试办"出口特区"。1980年3月，中央、国务院在广州召开广东、福建两省会议，形成《广东、福建两省会议纪要》。5月，党中央、国务院正式决定将"出口特区"定名为"经济特区"。8月26日，第五届全国人大常委会第15次会议决定批准《广东省经济特区条例》。该条例规定，"在广东省深圳、珠海、汕头三市分别划出一定区域，设置经济特区"，中国经济特区正式诞生。特区通过减免关税等优惠政策吸引外商投资，引进国外先进技术，利用国外人才和管理经验，在促进我国工业化、城市化和现代化进程中发挥了重要作用。（刘世红）

"三来一补"　改革开放初期我国尝试性创立的一种企业贸易形式。具体是指来料加工、来样加工、来件装配和补偿贸易。1978年7月，国务院颁发《开展对外加工装配业务试行办法》。东莞县以此为契机，大力发展对外加工装配业务。9月，由香港信孚手袋有限公司与东莞二轻工业局合办的太平手袋厂开工，前者负责进口设备、原材料和产品外销，后者提供厂房和劳动力。随即引起连锁反应。类似企业在珠江三角洲地区迅速兴起，成为当时广东利用外资的一种常见而有效的方式。1979—1988年，广东"三来一补"企业1万余家，约占全国80%，从业人员达百万，形成星罗棋布的对外加工网，带动乡镇企业快速发展。（张金超）

清远经验　中共十一届三中全会召开前夕，清远县在全国率先试行以"超计划利润提成奖"为主要内容的国有企业改革实践。20世纪六七十年代，清远县有地方国营工业企业17家，连年亏损。1970年至1978年9月，清远氮肥厂作为全县最大的企业，累计亏损773万元。1978年10月，为了扩大企业自主权，调动工人积极性，实现扭亏增盈，氮肥厂实行"记分计奖"的超计划利润提成奖：给职工定产量、安全生产指标、质量指标，超出任务量加分，完不成任务量扣分。11月，县委在全县17家国营工业企业中全面推广，收效明显。同时，清远县决定改革工业管理体制，由企业向县经济委员会承包，开国营企业承包之先河。县经济委员会统一对县财政实行上缴利润承包，直接管理工业企业，统一组织和指挥生产，并相应扩大企业经营管理权。清远县一跃成为广东省工业产值利润增长最高的县。"清远经验"刚实行时遭到反对，中共广东省委第一书记习仲勋力排众议，肯定了清远县的做法，并决定在全省工业、交通企业中试点推行。1982年11月，五届全国人大五次会议充分肯定"清远经验"。至1983年春，全省78个县市推行"清远经验"，半数以上县市改革工业管理体制。全国有17个小城市和363个县学习"清远经验"。"清远经验"对国营工业企业的管理体制改革起到带头示范作用，对冲破旧体制和我的经济体制改革产生很大影响，迈出中国县级工业管理体制改革的第一步。（刘世红）

第六届全运会　全称中华人民共和国第六届运动会。近现代史事。1987年11月20日至12月5日在广东广州举行。国务院副总理万里任主席团主席，并致开幕词，国际奥委会主席萨马兰奇出席开幕式。共有37个代表团

12400名运动员参赛，设置44个竞赛项目（包括奥运项目和非奥运项目）和桥牌、高尔夫球、保龄球等3个表演项目。有10人2队17次破15项世界纪录，3人3次平3项世界纪录，2人2次超2项世界纪录；创造85项全国纪录和最好成绩。萨马兰奇盛赞"组织一流，设施一流，人民一流"。本届全运会开创几个第一：首创全运会使用会歌（《中华之光》）的先河；首创全运会"羊"形吉祥物"阳阳"（由《羊城晚报》美术编辑、漫画家陈树斌创作）；首次依靠社会力量举办，前几届全运会的举办经费均依靠国家财政支出，自第六届全运会开始自筹资金，开售全运会体育彩票。体育彩票共发行22期，得到市场认可，加上媒体广泛宣传，第六届全运会共募集资金3000万元，此后历届全运会均效仿此筹资模式。（刘世红）

中华人民共和国第六届运动会　见"第六届全运会"。

深圳证券交易所　简称深交所。改革开放后国家成立的证券交易所。1982年，广东省宝安县联合投资公司在深圳成立，是国内首家通过报刊公开招股的公司。1983年7月，向全国发行"深宝安"股票凭证。1988年4月，深圳发展银行的"深发展"股票在特区证券公司开始了最早的挂牌柜台证券交易。1990年12月1日，试营业。1991年7月3日，获中国人民银行批准，经国务院授权正式开业，实现股票集中交易。深交所以会员制方式组成，注册资金为1000万元人民币，当天上市的6种股票总成交量达99万多股，面额总数达470多万元。1996年，设立北京、上海、武汉、西安和成都服务中心，建立全国性市场服务网络。2004年6月，深交所中小企业板首批8家公司上市，成为全球范围内成功的

中小企业市场之一。2006年底，深交所完成上市公司股权分置改革。2009年10月，首批28家创业板上市公司集中上市。深交所积极探索证券市场国际化道路和产品创新，经过多年发展，已形成A股、B股、债券、认股权证、国债期货等多品种证券市场格局和以深证成指、中小板指数、创业板指数、深证100指数和深证300指数五条指数为核心的指数体系。（刘世红）

深交所 见"深圳证券交易所"。

邓小平南方谈话 近现代史事。中国改革开放总设计师邓小平于1992年1月18日至2月21日，先后赴武昌、深圳、珠海和上海视察，沿途发表的重要谈话，通称"南方谈话"。20世纪80年代末至90年代初，苏联解体、东欧剧变，改革开放遭遇诸多难题，国家经济体制改革陷入停滞。中国处在改革开放的十字路口，面对困境，邓小平赴南方城市视察，阐述了关于我国改革开放的许多重大理论问题。南方谈话共6个部分、18个方面，近万字，其核心问题，就是要坚持党的基本路线不动摇。6个部分包括：坚持党的"一个中心、两个基本点"的基本路线，一百年不动摇；加快改革开放的步伐，大胆地试，大胆地闯；抓住有利时机，集中精力把经济建设搞上去；坚持两手抓，两手都要硬；正确的政治路线要靠正确的组织路线来保证；坚定社会主义信念。3月26日，《深圳特区报》率先发表《东方风来满眼春——邓小平同志在深圳纪实》的重大社论报道，并集中阐述邓小平南方谈话要点。南方谈话站在时代高度，从中国实际出发，科学总结了党的十一届三中全会以来的实践探索和基本经验，明确回答了长期困扰和束缚人们思想的重大认识问题，是一次思想大解放，重申深化改革、加快发展的必要

性和重要性，并提出新观点、新思路，开创新视野，把改革开放和现代化建设推向新阶段，将建设有中国特色的社会主义理论与实践向前推进，对党的十四大有重要指导作用，对中国特色社会主义现代化建设事业影响深远。（刘世红）

香港回归 近现代史事。1997年7月1日中国政府从英国政府手中收回香港，并恢复对其行使主权，成立中华人民共和国香港特别行政区的历史事件。1982年9月，英国政府与中国政府就香港前途问题展开谈判。中国拒绝承认《展拓香港界址专条》等所有相关不平等条约，只承认香港受英国管理，而非英国属地，并要求英国将香港岛、九龙、新界一并交还。1984年12月19日，中英双方经过22轮谈判，正式签署《中华人民共和国政府和大不列颠及北爱尔兰联合王国政府关于香港问题的联合声明》，决定从1997年7月1日起，中国在香港成立特别行政区，开始对香港岛、界限街以南的九龙半岛、新界等土地重新行使主权和治权。1997年6月30日午夜，中英两国政府香港政权交接仪式在香港会议展览中心举行。7月1日零时，中国政府对香港恢复行使主权，1时30分，香港特别行政区正式成立，首任行政长官董建华宣誓就职，《中华人民共和国香港特别行政区基本法》实施，香港回归祖国。（刘世红）

澳门回归 近现代史事。1999年12月20日中国政府从葡萄牙政府手中收回澳门，并恢复对其行使主权，成立中华人民共和国澳门特别行政区的历史事件。1985年5月，葡萄牙总统埃亚内斯访问中国，双方发表联合公报，决定就澳门回归问题进行谈判。1987年4月13日，经过4次谈判，中葡两国政府签署《中华人民共和国政府和

葡萄牙共和国政府关于澳门问题的联合声明》，宣布澳门地区（包括澳门半岛、氹仔岛和路环岛）是中国的领土，同意1999年将澳门主权和治权交还中国。1999年12月20日零时，中葡两国政府在澳门文化中心举行政权交接仪式，中国政府对澳门恢复行使主权。澳门特别行政区正式成立，首任行政长官何厚铧宣誓就职，《中华人民共和国澳门特别行政区基本法》实施，澳门回归祖国。（刘世红）

江泽民提出"三个代表"重要思想 近现代史事。中共中央总书记江泽民在广东高州提出全面加强党的建设的标志性纲领。党的十五大以后，中国共产党在改革开放中大胆探索，开拓创新，在民主政治建设、经济体制改革、新农村建设等方面取得巨大成就。在新时期新形势下，"建设一个什么样的党，怎样建设党"是关系到社会主义现代化事业兴衰成败的大问题。2000年2月25日，江泽民总书记在广东考察，全面总结党的历史经验，就中国共产党如何适应新形势新任务新要求，首次提出"三个代表"重要思想，指出我们党之所以赢得人民的拥护，是因为我们党作为工人阶级先锋队，在革命、建设、改革的各个历史时期，总是代表中国先进生产力的发展要求，代表中国先进文化的前进方向，代表中国最广大人民的根本利益。5月，江泽民在江苏、浙江、上海考察时，进一步将这一论断归纳为"三个代表"，指出我们党必须按照"三个代表"的要求，进一步提高执政水平和领导水平，这是我们党的立党之本、执政之基、力量之源，"三个代表"最根本的是代表人民群众的根本利益。6月，江泽民在宁夏、甘肃考察工作时，再次阐述了"三个代表"重要思想，号召各级党组织和全党同志按照"三个代表"的要求，全面加强和改

进党的建设，使我们党永远立于不败之地。全国上下迅速掀起学习和实践"三个代表"重要思想热潮。"三个代表"重要思想集中论述了党的先进性，将以往从阶级与政党、阶级性与人民性的关系来认识的"一个代表"扩展为"三个代表"，并作为一个整体提出，解决了"建设一个什么样的党，怎样建设党"的崭新的理论和实践课题，是对马克思列宁主义建党学说、毛泽东思想建党学说、邓小平党建理论的继承和发展，标志着中国共产党的理论创新取得了重大成果。（李兰萍）

抗击"非典"　近现代史事。新中国成立以来广东首次重大抗疫事件。2003年1月，广东省河源市、中山市发生2起医院和家庭聚集性不明原因肺炎病例，广东省卫生厅及时派出临床医学和流行病学专家进行临床和流行病学调查。这种新的呼吸道传染性病被称为"传染性非典型肺炎"（简称"非典"）。3月27日，世界卫生组织宣布北京为"非典"疫区。除海南、贵州、云南、西藏、青海、黑龙江、新疆外，其他省份均有"非典"临床诊断病例报告，党中央、国务院高度重视。4月23日，成立国务院防治非典型肺炎指挥部，统一指挥、协调全国非典型肺炎的防治工作。胡锦涛总书记视察疫情严重的广东。在抗击"非典"斗争中，广东涌现出钟南山、邓练贤、陈洪光、叶欣、范信德等英雄模范人物和一批先进集体。经过艰苦不懈的努力，6月13日，世界卫生组织将广东从"近期有当地传播"的名单上删除。广东人民抗击"非典"表现，时任省委书记张德江将之概括为"抗非精神"。（李兰萍）

CEPA　贸易协议。《内地与香港关于建立更紧密经贸关系的安排》（*Mainland and Hong Kong Closer Economic Partnership Arrangement*）和《内地与澳门关于建立更紧密经贸关系的安排》（*Mainland and Macao Closer Economic Partnership Arrangement*）的英文缩写。是在"一国两制"原则和遵循世界贸易组织规则的条件下，作为主权国家的中央政府与作为单独关税区的香港、澳门特别行政区之间签署的自由贸易协议，2003年6月29日、10月17日分别在香港和澳门签署。目的在于：通过逐步减少或取消双方之间实质上所有货物贸易的关税和非关税壁垒，通过逐步实现服务贸易自由化，减少或取消双方之间实质上所有歧视性措施，以及通过促进贸易投资便利化，加强内地与港澳之间的贸易和投资合作，促进双方的共同发展。协议分6章23条，另有6个附件，主要涵盖货物贸易、服务贸易和贸易投资便利化三方面内容。2004年、2005年，中央政府又分别与香港、澳门特别行政区政府达成并签署CEPA第二、三阶段协议，进一步扩大货物和服务贸易的开放措施，丰富了协议的内容。在CEPA的三个阶段下，内地与港澳已确定1370项货物的原产地规则，同意向合共27个服务领域的"香港服务提供者"提供优惠待遇。CEPA的签署，极大地减少和消除内地与港澳投资贸易方面的制度性障碍，为共同发展提供了更大的机遇和空间，使经贸得到了进一步融合，标志着内地与港澳的经贸关系进入了一个崭新的历史时期。（李兰萍）

"9+2"泛珠三角区域合作　近现代史事。国家"统筹区域协调发展"战略部署的重要举措。改革开放以来，珠江三角洲区域经济高速增长和迅速崛起，成为引领全国区域经济发展的龙头之一。2003年7月，广东省委书记张德江首次提出泛珠三角区域协作概念，指出要积极推动与周边省区和珠江流域各省区的经济合作，构筑一个优势互补、资源共享、市场广阔、充满活力的区域经济体系。同时，推进福建（闽）、江西（赣）、湖南（湘）、广东（粤）、广西（桂）、海南（琼）、四川（川）、贵州（黔）、云南（滇）9省区与港澳合作，成立泛珠三角协作机制，形成泛珠三角经济区，简称"9+2"，得到中央的充分肯定和支持。2004年6月1—3日，由内地九省（区）和香港、澳门特别行政区联合主办的首届"泛珠三角区域合作与发展论坛"在香港、澳门和广州三地举行。中央政府有关部门负责人以及部分企业界、学术界知名人士，与"9+2"政府领导人一道，围绕"合作发展，共创未来"主题共同探讨和推进泛珠三角区域合作与发展，共同签署《泛珠三角区域合作框架协议》，明确了基础设施、产业与投资、商务与贸易、旅游、农业、劳务、科教文化、信息化建设、环境保护、卫生防疫等10个具体合作领域，确立了合作协调机制的架构。泛珠三角区域合作在党中央和国家有关部委支持下，合作各方共同努力，多个方面取得重大进展。随着泛珠三角区域合作的全面实施和多方推进，合作范围远远超出框架协议规定的十大领域，已逐步扩大到金融、安全生产、警务、司法、反走私、学术研究和社会团体等方面。"9+2"泛珠三角区域合作是新中国成立以来规模最大、范围最广的区域合作，从国家层面创新性地探索了区域合作与发展的新模式，为CEPA效应建设了一个全新的载体，是实现东、中、西部经济优势互补、协调发展的重要手段。（李兰萍）

广东省建设文化大省规划纲要（2003—2010年）　中共广东省委、广东省政府部署建设文化大省的重要文件。

2002 年 12 月，中共广东省委在九届二次全会上作出建设文化大省的重大决策。2003 年 3 月，成立省文化体制改革和文化大省建设领导小组。2003 年 9 月，中共广东省委、广东省政府召开全省文化大省建设工作会议，确定广东建设文化大省的总体目标，深化文化体制改革，加快文化事业和文化产业的发展。会后下发《广东省建设文化大省规划纲要（2003—2010 年）》等文件，掀起建设文化大省的高潮。该纲要提出，要以深化文化体制改革为突破口，充分繁荣文化事业，大力发展文化产业，形成经济社会全面协调发展的良好局面，实施体制创新战略、文化经济战略、龙头带动战略、科技提升战略、精品推进战略、人才兴文战略六大战略，到 2010 年，基本建立起适应社会主义现代化要求的文化发展格局、文化管理体制及运行机制，使广东成为广大人民群众综合素质普遍提高，文化经济繁荣，科技实力雄厚，拥有先进配套的文化设施、充满活力的文化体制、拔尖的文化人才、一流的文化精品、强大的文化产业、繁荣有序的文化市场、独具特色的岭南文化、丰富多彩的群众文化生活，文化发展主要指标全国领先、文化综合实力和国际竞争力居全国前列的文化大省。《纲要》是全面建设小康社会、率先基本实现社会主义现代化的重大举措，对于提高广东全民思想道德素质和科学文化水平，发展繁荣广东文化事业，不断满足广东人民群众日益增长的精神文化需求，使广东物质文明、政治文明、精神文明相互促进、协调发展，具有重要的现实意义和深远的历史意义。（李兰萍）

第 16 届亚运会　亚运会历史上规模最大的体育盛会。2004 年 7 月 1 日，亚奥理事会宣布广州获得第 16 届亚运会主办权，与汕尾市、佛山市、东莞市共同举办。广州亚运会理念为"激情盛会，和谐亚洲"，亚运精神为"敢想会干为人民，和谐包容共分享"，会徽以"五羊雕像"为主体轮廓图案。亚运村（包括媒体村、运动员村、技术官员村）选定坐落于番禺区片区中东部，即当时规划中的广州新城。2010 年 11 月 12 日，第 16 届亚运会在海心沙岛隆重开幕，以"珠江为舞台，城市为背景"，国务院总理温家宝出席开幕式，27 日亚运会闭幕。本届亚运会比赛项目包括奥运项目（26 项）、非奥运项目（16 项），共 42 个比赛项目。中国队以 199 枚金牌、119 枚银牌、98 枚铜牌的成绩获得各项奖牌榜第一位。此届亚运会是比赛项目最多、规模最大、金牌总数最多的亚运会。亚运会向世界展示了中国，让世界更了解中国，更了解广东。（李兰萍）

广东省建设文化强省规划纲要（2011—2020 年）　中共广东省委、广东省政府全面推进文化建设，实现广东由文化大省向文化强省跨越的重要文件。2010 年 7 月 23 日，中共广东省委、广东省政府印发。主要内容包括：一、总体要求和发展目标；二、培育提高全社会文化素养，提升广东文化形象；三、构建普惠型公共文化服务体系，保障人民基本文化权益；四、促进文化产业集聚发展，打造战略性新兴文化产业；五、提高现代文化传播能力，增强广东文化辐射力；六、调动全社会积极性，形成参与文化建设强大合力；七、加强文化人才队伍建设，构筑文化人才高地；八、组织政策保障等方面。指导思想：高举中国特色社会主义伟大旗帜，以邓小平理论和"三个代表"重要思想为指导，深入贯彻落实科学发展观，牢牢把握社会主义先进文化的前进方向，按照党的十七大关于推动文化大发展大繁荣的总体部署，认真落实《珠江三角洲地区改革发展规划纲要（2008—2020 年）》对文化发展的要求，树立新的文化发展理念，大力弘扬解放思想、改革开放的时代文化精神，探索文化科学发展方式，推动文化大发展大繁荣，满足人民群众多样化、多层次、多方面的文化需求，保障人民群众的基本文化权益，形成文化事业强、文化产业强、文化辐射力和影响力强、文化形象好的文化优势，为广东努力当好推动科学发展、促进社会和谐的排头兵提供强大的精神动力和文化支撑，促进人的全面发展和社会的全面进步。要求力争用 10 年左右时间，达到与广东经济社会发展相适应的文化发展水平，把广东建设成为在全国具有重要影响力的区域文化中心、发展社会主义先进文化的排头兵、提升我国文化软实力的主力省、中国文化"走出去"的生力军及率先探索中国特色社会主义文化发展道路的示范区。到 2020 年，形成特色鲜明的岭南文化和现代开放型文化体系，文化在综合实力竞争中的地位和作用更加突出，解放思想、改革开放的时代文化精神更加彰显，文化凝聚力、竞争力、创新力、辐射力显著增强，各项主要文化指标居全国前列，努力树立广东文化事业发达、文化产业强大、文化生活丰富、思想品德高尚、文化氛围浓郁、精神家园和谐的文化形象。对于广东加快文化大发展大繁荣，实现由文化大省向文化强省的跨越具有推动作用。（李兰萍）

港珠澳大桥　跨越珠江口伶仃洋海域的世界级跨海通道。前身是伶仃洋大桥。1983 年，香港合和公司有限公司主席胡应湘提出构想。1997 年 12 月，伶仃洋大桥方案获国务院批准立项，2001 年先期工程淇澳大桥建成通车。2002 年香港特别行政区政府向中央提出修建港珠澳大桥的建议。2003 年 7

月，国家发展改革委与香港特别行政区政府共同委托完成了《香港与珠江西岸交通联系研究》，确认了港珠澳大桥的必要性及迫切性，伶仃洋大桥项目被港珠澳大桥项目取代。2006年12月27日，港珠澳大桥专责小组成立，由中央牵头协调各方利益，解决项目建设中的重大问题。2007年1月在广州召开第一次专责小组会议，明确口岸查验采用"三地三检"模式。2008年8月，粤港澳三方最终确定采用"政府全额出资本金"方式，作为大桥海中桥隧主体工程的投融资模式。2009年8月13日，交通运输部同意建设港珠澳大桥。10月28日，国务院常务会议正式批准港珠澳大桥工程可行性研究报告。12月15日，港珠澳大桥正式开工建设，2017年7月7日主体工程全线贯通，2018年2月通过主体工程验收。2018年10月23日，正式建成通车，习近平总书记出席仪式。大桥东起香港国际机场附近的香港口岸人工岛，西横跨南海伶仃洋水域接珠海和澳门人工岛，止于珠海洪湾立交。桥隧全长55千米，其中主桥29.6千米，香港口岸至珠澳口岸41.6千米。桥面为双向六车道高速公路，设计速度100千米/小时。港珠澳大桥是《国家高速公路网规划》中的重要交通建设项目，是迄今为止人类建设史上里程最长、投资最多、施工难度最大的跨海公路桥梁。对推进三地融合、打造湾区"1小时生活圈"，促进珠江两岸经济社会协调发展和粤港澳大湾区建设发挥重要作用。（李兰萍）

建设粤港澳大湾区　习近平总书记亲自谋划、亲自部署、亲自推动的重大国家战略。粤港澳大湾区是中国综合实力最强、开放程度最高、经济最具活力的区域之一，是由广东省广州、深圳、珠海、佛山、中山、东莞、惠州、江门、肇庆9个城市和香港、澳门2个特别行政区形成的世界级城市群，土地面积超5.6万平方公里，常住人口近7000万。2017年7月，国家发展改革委会同粤港澳三地政府在香港签署《深化粤港澳合作推进大湾区建设框架协议》，标志着粤港澳大湾区建设正式开始。2019年2月，中共中央、国务院印发《粤港澳大湾区发展规划纲要》，提出粤港澳大湾区以香港、澳门、广州、深圳四大中心城市作为区域发展的核心引擎，不仅要建成充满活力的世界级城市群、国际科技创新中心、"一带一路"建设的重要支撑、内地与港澳深度合作示范区，还要打造成宜居宜业宜游的优质生活圈，成为高质量发展的典范。2021年3月《中华人民共和国国民经济和社会发展第十四个五年规划和2035年远景目标纲要》中提出，要加强粤港澳产学研协同发展，完善广深港、广珠澳科技创新走廊和深港河套、粤澳横琴科技创新极点"两廊两点"架构体系，推进综合性国家科学中心建设，便利创新要素跨境流动；加快城际铁路建设，统筹港口和机场功能布局，优化航运和航空资源配置；深化通关模式改革，促进人员、货物、车辆便捷高效流动；扩大内地与港澳专业资格互认范围，深入推进重点领域规则衔接、机制对接；便利港澳青年到大湾区内地城市就学就业创业，打造粤港澳青少年交流精品品牌等。同年9月，中共中央、国务院印发《横琴粤澳深度合作区建设总体方案》和《全面深化前海深港现代服务业合作区改革开放方案》。2023年1月广东省第十三届人民代表大会常务委员会第四十八次会议通过《横琴粤澳深度合作区发展促进条例》，推动粤港澳大湾区建设取得新的更大进展。粤港澳大湾区建设有利于贯彻落实新发展理念，深入推进供给侧结构性改革，加快培育发展新动能、实现创新驱动发展，为我国经济创新力和竞争力不断增强提供支撑；有利于丰富"一国两制"内涵，进一步密切内地与港澳交流合作，为港澳经济社会发展以及港澳同胞到内地发展提供更多机会，保持港澳长期繁荣稳定；有利于进一步深化改革、扩大开放，建立与国际接轨的开放型经济新体制，建设高水平参与国际经济合作新平台。粤港澳大湾区将成为新发展格局的战略支点、高质量发展的示范地、中国式现代化的引领地。2021年，粤港澳大湾区GDP达到12.6万亿元，拥有5个GDP万亿元量级城市，高新技术企业6万家，世界500强企业达到25家，首次超越纽约湾区。（李兰萍、张金超）

深圳建设中国特色社会主义先行示范区　国家对深圳全面扩大开放、创建社会主义现代化强国城市范例的战略部署。2018年10月，习近平总书记视察深圳，要求深圳市朝着建设中国特色社会主义先行示范区的方向前行，努力创建社会主义现代化强国的城市范例。2019年2月，中共中央、国务院印发《粤港澳大湾区发展规划纲要》，要求深圳发挥经济特区、全国性经济中心城市和国家创新型城市的引领作用，加快建成现代化国际化城市，努力成为具有世界影响力的创新创意之都。同年8月，中共中央、国务院印发《关于支持深圳建设中国特色社会主义先行示范区的意见》，标志着深圳改革发展进入全新的历史阶段。《意见》提出深圳市要深入实施创新驱动发展战略，抓住粤港澳大湾区建设重要机遇，增强核心引擎功能，朝着建设中国特色社会主义先行示范区的方向前行，努力创建社会主义现代化强国的城市范例；到2025年，深圳经济实力、发展质量要跻身全球城市前列，研发投入强度、产业创新能力世界一流，文化软实力大幅提升，

公共服务水平和生态环境质量达到国际先进水平，建成现代化国际化创新型城市；到 2035 年，深圳高质量发展成为全国典范，城市综合经济竞争力世界领先，建成具有全球影响力的创新创业创意之都，成为我国建设社会主义现代化强国的城市范例；到 21 世纪中叶，深圳以更加昂扬的姿态屹立于世界先进城市之林，成为竞争力、创新力、影响力卓著的全球标杆城市；明确深圳战略定位为高质量发展高地、法治城市示范、城市文明典范、民生幸福标杆、可持续发展先锋。同年 12 月，深圳市委、市政府印发实施《深圳市建设中国特色社会主义先行示范

区的行动方案（2019—2025 年）》，方案计 3 部分 127 项举措，提出全面深化前海改革开放、加快创建深圳综合性国家科学中心、加快建设深港科技创新合作区、实施综合授权改革试点、用足用好经济特区立法权、开展国际人才管理改革、创造条件推动注册制改革 7 项重大牵引性工作。2020 年 10 月，中共中央办公厅、国务院办公厅印发《深圳建设中国特色社会主义先行示范区综合改革试点实施方案（2020—2025 年）》，含总体要求、完善要素市场化配置体制机制、打造市场化法治化国际化营商环境、完善科技创新环境制度、完善高水平开放

型经济体制、完善民生服务供给体制、完善生态环境和城市空间治理体制、强化保障措施 8 部分。2022 年 1 月，《国家发展改革委 商务部关于深圳建设中国特色社会主义先行示范区放宽市场准入若干特别措施的意见》发布。深圳建设中国特色社会主义先行示范区，有利于在更高起点、更高层次、更高目标上推进改革开放，形成全面深化改革、全面扩大开放新格局；有利于更好实施粤港澳大湾区战略，丰富"一国两制"事业发展新实践；有利于率先探索全面建设社会主义现代化强国新路径，为实现中华民族伟大复兴的中国梦提供有力支撑。（李兰萍、张金超）

建制职官

岭南三郡 古代建制。秦朝在岭南设立地方一级行政区南海郡、桂林郡、象郡 3 郡的合称。秦始皇三十三年（前 214）征定岭南时设置，以南海郡尉典之，首任南海郡尉任嚣。南海郡治番禺（今广东广州），桂林郡治布山（今广西贵港），象郡郡治象林（今越南广南省维川）。（杨芹）

南越国 古代建制。岭南建立的第一个政权。前 204 年，南海郡尉赵佗乘中原大乱兼并桂林郡、象郡建立。前 111 年，赵建德亡国，共历 5 位国王，享国 93 年。都番禺（今广东广州），疆域与秦朝岭南三郡的管辖区域基本相当，包括今广东、广西、海南、香港、澳门及越南北部地区。开国皇帝赵佗自称南越武王，在位 67 年（前 204—前 137），文治武功卓有建树。政治制度继承秦制，模仿汉制，自置百官，实行郡县制和分封制。经济上推广中原先进技术，使用牛耕和铁器等；实行汉越文化融合与和集越人的民族政策等。汉高祖十一年（前

196），汉朝派陆贾出使南越，劝说归汉，封赵佗为南越王。赵佗接受印绶，称臣纳贡。此后双方使者往来不断，汉廷获得南越特产，南越国获得北方生产工具和技术等。吕后临朝，断绝供应南越铜铁田器，只准卖雄性的马牛羊给南越。赵佗先后 3 次派人上书谢罪，都遭扣押。遂于吕后五年（前 183）与汉朝断绝交往，自称南越武帝，发兵进攻长沙边邑，与汉朝分庭抗礼。文帝元年（前 179），汉朝派陆贾出使南越，赵佗重新臣服，汉越通好如初。汉武帝建元四年（前 137），赵佗去世，其孙赵眜继位，是为文王（对内自号文帝），南越政权开始式微。元鼎四年（前 113），赵婴齐卒，赵兴继立，向汉朝请求内属。南越丞相吕嘉反对，杀害赵兴和王太后樛氏及汉朝使者，另立赵建德为南越王，并联络东越（今福建境内）发兵反汉，与汉朝对峙。元鼎五年（前 112）秋，汉武帝发兵 10 万南下。元鼎六年（前 111）冬，灭南越国，岭南归入西汉版图。（杨芹）

岭南九郡 古代建制。汉朝在岭南所设地方一级行政区南海、苍梧、郁林、合浦、交趾、九真、日南、儋耳、珠崖的合称。元鼎六年（前 111），汉武帝派军平定南越国，将南越地重新划分为南海、苍梧、郁林、合浦、交趾、九真、日南、儋耳（汉元帝时罢）、珠崖（汉元帝时罢）9 郡。元封五年（前 106），全国设立 13 个监察区，各置部刺史，监督各郡官吏，称为"十三部"。交趾部专门监察岭南九郡，初设于交趾（今越南河内），后改于苍梧郡广信县（今广西梧州）。东汉建安八年（203），交趾刺史部改为交州，长官或称刺史。建安二十二年（217）移驻番禺（今广东广州）。（杨芹）

交州 古代建制。古代在岭南设置的行政区名。汉武帝平定南越后，元封五年（前 106）置交趾刺史部，为全国 13 个监察区之一，范围包括岭南九郡。刺史每年巡视各郡。东汉建安八年（203），曹操以张津为交趾刺史，

土燮为太守；二人共请立为州，交趾自此始称交州。建安二十二年（217），交州刺史步骘将治所由广信迁至番禺（今广东广州）。三国时交州归吴国。三国东吴黄武五年（226），分交州为交、广2州。以南海、苍梧、郁林、合浦4郡置广州，治番禺，以吕岱为刺史；交州仍辖交趾、九真、日南3郡，治龙编（今越南河内东），以戴良为刺史。旋撤广州，复为交州如故，以吕岱为刺史。吴永安七年（264），复分交州，置广州。南朝析为4州。隋废。唐复设交州，置安南都护府，为岭南五管之一。唐末为静海军节度使。五代一度为南汉国管辖，后逐渐独立。（杨芹）

广州 简称穗；别称羊城、仙城、穗城。古代建制。古代在岭南设置的行政区名。三国东吴黄武五年（226）交广分治时始置。秦时属南海郡，秦汉之际为南越国首都。汉属交州。东汉建安二十二年（217），交州治从广信（今广西梧州）迁至番禺（今广东广州）。三国东吴黄武五年（226），自交州分出"海东四郡"即南海、苍梧、郁林、合浦4郡，设置广州，交州辖交趾、九真、日南3郡。不久撤广州，复为交州如故。永安七年（264），复置广州，并成定制。设广州刺史，居郡守之上，掌一州军政大权。南朝刘宋时期，广州共辖18郡。萧齐时期，共辖23郡。隋仁寿元年（601），改广州置番州。大业三年（607），罢番州复为南海郡。唐复置为广州，一度改为南海郡，为岭南五府经略使（节度使）治所，管辖广、桂、容、邕、交（安南）五管。五代时为南汉国国都，称兴王府。宋复称广州，为广南东路经略安抚使治所。元置广州路，隶直江西行省广东道。明清置广州府，长期为两广总督、广东巡抚、广州将军等省级以上军政机构治所。1912年废府。1921年2月15日广州正式建市。参见第57页地理卷"广州"条。（杨芹）

越州 古代建制。古代在岭南设置的行政区名。南朝宋泰始七年（471）二月，析交州之合浦、宋寿，广州之临漳等郡，新置越州，辖境相当于今广西壮族自治区容县、灵山县以南，合浦以东，广东省茂名市以西及雷州半岛地。州治临漳郡（今广西浦北县南旧州村东）。（杨芹）

岭南道 古代建制。唐朝监察区、行政区名。属贞观十道、开元十五道之一，以在五岭之南而得名。唐贞观元年（627）置，为全国十监察区之一，范围大致包含今广东、广西、海南、香港、澳门，以及福建、云南、越南部分地区。永徽以后，以广州、桂州、容州、邕州、交州（安南）5都督府（都护府）统管岭南各州，称"岭南五管"，由广州都督府统摄五管军事，绥靖夷僚，以镇南方。神龙二年（706）之后，岭南置巡察使、按察使等，作为岭南道的常设长官，管辖道内人事、监察、民政等。开元二十一年（733），转化为地方一级行政区，置采访处置使，治广州，检察非法，举劾道内州县官吏，3年一奏，辖境大体包括今广东、广西、海南、香港、澳门及越南北部。置岭南五府经略使，仍统广、桂、容、邕、交（安南）五管，例由广州刺史充任，治广州。天宝以后，节度使兼采访、处置、营田、支度等使，成为地方最高军政长官。岭南道渐成军政合一的南方大镇。至德二年（757）正月，除贺兰进明为岭南五府经略兼节度使，自此节度使遂为定额。兴元元年（784），授饶州刺史杜佑为岭南节度使，其后岭南节度遂不带五管经略名目。咸通三年（862），为加强岭南西部和安南统治，分岭南为东道和西道。东道治广州，西道治邕州。

乾宁二年（895），朝廷赐岭南东道节度使号清海军节度使，岭南西道为建武军节度使。（杨芹）

广州总管府 古代建制。隋唐岭南所设军事管理机构。隋初设置，用于都督各州军事。大业元年（605），隋炀帝废全国总管府。唐初沿隋制，于岭南东部置广州总管府。唐武德七年（624），改总管府为都督府。（杨芹）

循州总管府 古代建制。隋唐岭南所设军事管理机构。隋开皇十一年（591）年废梁化郡设置，领潮州、循州。大业元年（605），隋炀帝废全国总管府，三年（607）改为龙川郡。唐初沿隋制，唐武德五年（622）设置循州总管府，管辖韶州、潮州、循州，为岭南唐初六管之一。贞观二年（628）撤，所辖归广州都督府。（张贤明）

广州都督府 古代建制。隋唐岭南所设军事管理机构。前身为广州总管府，唐武德七年（624）改称广州都督府，都督为地方最高军政长官。武德九年（626），废南康州都督府，以所管11州隶广府，广州升为大都督府，管辖区域包括今广东、海南、香港、澳门和广西部分地区。贞观元年（627），省并州县，分天下为10道，岭南道为其一。道内仍置都督府，分管数州军事。同年改广州大都督府为中都督府，置崖州都督府，统御海南。贞观二年（628）、二十三年（649），先后废循州、高州都督府。永徽以后，岭南道以广、桂、容、邕、交（安南）五都督府（都护府）分管境内各州及其他都督府事务，名岭南五管。五管又统摄于五府经略使（节度使），例由广州都督兼任，广州都督府在岭南居最高地位。（杨芹）

岭南五管 古代建制。唐朝岭南军事

管理区划。唐高宗永徽以后，于岭南道置广州、桂州、容州、邕州、交州（安南）五都督府（都护府），分管境内各州及其他都督府事务，名岭南五管。五管又统摄于五府经略使（节度使）。广州都督府例兼岭南五府（管）经略使（节度使），在五管中地位最高；桂、容、邕三管或为经略使，或为观察使；交管改为安南（镇南）都护府。唐兴元元年（784），授饶州刺史杜佑为岭南节度使，其后岭南节度遂不带五管经略名目。咸通三年（862），五管分为岭南东道（清海）、岭南西道（建武），其余各管先后升为静江（桂管）、宁远（容管）、静海（交管）节度使。（杨芹）

岭南东道 古代建制。唐后期岭南新置行政区名。唐咸通三年（862），为增强岭南西部军力，抗御南诏、西原蛮侵扰，改岭南节度使为岭南东道节度使，治广州；升邕管经略使为岭南西道节度使，治邕州。东道管广、韶、连、郴、潮、循、端、康、封、泷、新、恩、春、高、罗、窦、潘、勤、辩、雷、崖、琼、振、儋、万安25州，辖境相当于今广东、海南、香港、澳门全部及湖南的南端。乾宁二年（895），岭南东道节度使赐号清海军节度使。五代初，清海军节度使刘隐建南汉国。（杨芹）

南汉国 古代建制。五代十国之一。后梁贞明三年（917）刘岩建国，次年改国号为大汉，史称南汉，大宝十四年（971）为宋朝所灭。享国55年。唐末，刘知谦（一作刘谦）、刘隐父子从封州（今广东封开）崛起，刘隐进位清海军节度使，据有岭南东部。五代后梁，刘隐兼领静海军节度使和安南都护，实力扩展至岭南西部。后梁开平三年（909），改封刘隐为南平王，次年改封南海王。乾化元年

（911），刘隐卒，其弟刘岩继位，扩充势力至今广东、海南、香港、澳门全部及广西大部地区。贞明三年（917）刘岩称帝，改元乾亨，国号大越，定都兴王府（今广州）；翌年改国号为汉，史称"南汉"，以别于北方后汉。南汉沿袭唐制，建三省六部等中央机构，设置百官，开科取士。以文人和宗室诸王出任节度使，重视军队建设。对外结好吴国，鼓励通商贸易，国势日趋富强。中宗刘晟继位，乾和六年（948），发兵夺取楚国贺、昭二州。乾和九年（951）北伐，尽取唐末为马殷所夺的蒙、桂、溥、宜、连等10州。乾和十二年（954），击南唐，取郴州，拓疆至湖南，版图最大。但刘晟性荒暴，政刑严酷，宠用宦官、宫人。后主刘铣即位，政治尤为黑暗，民不堪命。赵匡胤代周建宋后，南方诸国均遣使通好，唯南汉既不通好，又不防备。大宝十四年（971）为宋朝所灭。（杨芹）

广南东路 古代建制。宋朝行政区名。北宋至道三年（997）设置。宋平南汉之初，岭南统称"广南"、广南路或岭南路。至道三年定全国为15路（后有增加），将岭南分为广南东路和广南西路，分别简称"广东""广西"，两广得名始于此。广南东路治在广州，以转运使为长官。所辖州县屡有变更。（杨芹）

广东道 古代建制。元朝行政机构名。元至元十五年（1278）设。隶江西行中书省。置宣慰使都元帅府于广东，以宣慰使3员、同知2员、副使2员为长官。宣慰使及同知兼都元帅、副都元帅。元制，道为行省与郡县之间的承转机构，不是地方一级行政区域，但总领郡县，掌军民之务，权力较大。元代后期，广东道辖15路、州，36县。（杨芹）

广东提举常平茶盐司 古代职官。宋朝官署名。为路级机构，总管广东一路常平、茶、盐等事务，与转运司、提刑司、经略司并称监司。（杨芹）

海北海南道 古代建制。元朝官署名。前身为雷州安抚司，元至元十七年（1280），改为海北海南道宣慰司。治所在海康，辖雷州、化州等9路26县。元朝宣慰司辖区称道，是介于行省和路府州县之间的承转机构，仅部分行省设有宣慰司。（江伟涛）

黎兵万户府 古代建制。元朝设在海南的军事机构。元世祖末年设，多以黎人或土人为兵，兼屯田。大德年间撤销，元元统二年（1334）重设。领千户所13处、百户所8处。（江伟涛）

广东行中书省 全称为广东等处行中书省。古代建制。明朝官署名。明洪武二年（1369）四月，由广东道改设，称广东等处行中书省。六月，将海北海南道改隶广东，广东成为明朝行省之一。明初先后以刑部尚书周祯、中书省右丞相汪广洋、兵部尚书刘仁及刑部主事郑九成等为广东行省参政。（江伟涛）

广东等处行中书省 见"广东行中书省"。

广东承宣布政使司 古代建制。明清官署名。明洪武九年（1376），明朝将全国行中书省改为承宣布政使司，习惯上仍称省，同时将行中书省长官总揽的大权一分为三。广东行中书省相应改为广东承宣布政使司，掌管广东全省民政、财政，设左右布政使各1人，左右参政和左右参议若干人。清代布政使为总督、巡抚属官，官阶次于巡抚。（江伟涛）

南海尉 古代职官。秦朝职官名。掌管南海三郡政务、军事和监察大权。秦朝实行郡县制，郡长官设郡守，掌政务；郡尉，掌军事；郡监（监御史），掌监察。岭南南海三郡皆不设郡守，而以南海尉典之。首任南海尉为任嚣，赵佗继任。（杨芹）

南越王 古代职官。南越国国王。南越国立国93年（前204—前111），传5位国王：武王（武帝）赵佗（前204—前137年在位）、文王（文帝）赵眜（前137—前122年在位）、明王赵婴齐（前122—前113年在位）、赵兴（前113—前112年在位）和赵建德（前112—前111年在位）。（杨芹）

交州刺史 古代职官。交州最高军政长官。见"交州"。（杨芹）

广州刺史 古代职官。广州最高军政长官。见"广州"。（杨芹）

越州刺史 古代职官。越州最高军政长官。见"越州"。（杨芹）

平越中郎将 古代职官。西晋武帝置，东晋、南朝沿置。主掌南越军事，征抚俚僚，设府、置僚佐，治广州，多由广州刺史兼任。南朝陈拟六品，比秩千石。（杨芹）

西江督护 古代职官。南朝宋置。巡察西江一带，征伐不肯宾服的俚僚。南朝梁末陈霸先曾任此职。（杨芹）

南江督护 古代职官。南朝齐置。征伐南江一路不肯宾服的俚僚。梁大同年间，卢安兴为南江督护，频征俚僚。（杨芹）

岭南五府经略使（岭南节度使） 古代职官。唐开元二十一年（733）设，为玄宗时所设十节度经略使之一，绥靖夷僚。治广州，直辖广管各州，兼领桂州、邕州、容州、交州（安南）四管，号称"五府"（"五管"）。至德元年（756）为岭南节度使。岭南节度使（五府经略使）节度五府诸军，为岭南最高军政长官。咸通三年（862）五月，改岭南节度使为岭南东道节度使，仍治广州；升邕管经略使为岭南西道节度使，治邕州（今广西南宁）。（杨芹）

岭南东道节度使 古代职官。岭南东道最高军政长官。唐咸通三年（862）分岭南为东、西两道。改岭南节度使为岭南东道节度使，驻广州，由广州刺史兼任，辖广州都督府管内各州。乾宁二年（895），赐岭南东道节度使号清海军节度使。（杨芹）

岭南西道节度使 古代职官。岭南西道最高军政长官。唐贞观六年（632），改南晋州为邕州。乾封二年（667），置都督府。上元后置邕管经略使，后罢，长庆二年（822）复置，例由邕州刺史兼任。咸通三年（862），升邕管经略使为岭南西道节度使，驻邕州。（杨芹）

桂管观察使 古代职官。唐开元中，桂州都督充本管采访、经略等使，驻桂州。大历以后常设桂管观察使，例由桂州刺史兼任。掌管内军政事务，统镇兵1100名。唐末为静江军节度使。（杨芹）

容管经略使 古代职官。唐初置铜州。唐贞观元年（627）改为容州。开元中升中都督府。天宝元年（742）改为普宁郡。乾元元年（758）复为容州都督府，置防御、经略、招讨等使，以容州刺史领之。掌管内军政事务，统镇兵1100

名。唐末为宁远军节度使。（杨芹）

宫苑使 古代职官。南汉承唐制，掌宫廷内苑之事。著名宫苑使有德陵使、万华宫使、玉清宫使等。由宦官充任，权力很大。宋初亦置宫苑使，属西班诸司使，多不领本职，仅为武臣迁转之阶。（杨芹）

南汉五主 南汉5位皇帝的合称。分别为：烈祖刘隐（904—911年据位）、高祖刘岩（911—942年在位）、殇帝刘玢（942—943年在位）、中宗刘晟（943—958年在位）、后主刘铱（958—971年在位）。（杨芹）

巨舰指挥使 古代职官。南汉水军统帅。设置时间不详。统领南汉水军，负责江海巡防与水上作战，一般由皇帝亲信武官充任。中宗刘晟时名将暨彦斌曾任此职，并巡航南海。（杨芹）

巨象指挥使 古代职官。南汉象军统帅。设置时间不详。统管南汉象军，教象为阵，每象载10余人，皆执兵仗。作战时列于阵前，冲锋陷阵，以壮军威。南汉大宝十三年（970），宋将潘美率师南伐，南汉曾在莲花峰列象阵迎战。（杨芹）

广南东路经略安抚使 古代职官。主持广东一路军政事宜。北宋皇祐四年（1052），朝廷继河东、河北等路安抚使后，特设广南东路、广南西路经略安抚使（简称经抚使），以应侬智高之乱。宋制，路一级常设（经略）安抚使司、转运使司、提点刑狱司与提举常平司，职权各有不同，互不统属。广东经抚使以直秘阁以上官员充，常驻广州，例由广州知州兼任，掌一路兵民之事，维护地方。南宋全国诸路置安抚使，唯广南东、西二路沿旧制带"经略使"。（杨芹）

广南西路经略安抚使　古代职官。主持广西一路军政事宜。见"广南东路经略安抚使"。（杨芹）

广东转运使　古代职官。为广南东路最高行政长官。掌一路财赋，兼考察地方官吏、维持治安、清点刑狱、举贤荐能等职。路级机构建制尚有提点刑狱使、经略安抚使等，互相制衡。（杨芹）

广东布政使　古代职官。明朝一省的最高行政长官，设左右布政使各1人，从二品。宣扬和执行朝廷政令，考核官吏政绩，主管全省民政和财政。官阶仅次于巡抚，对于州县长官任免等事，总督、巡抚不能直接行文，仍须布政使牌示。总督、巡抚缺位时，多由布政使代理。清沿明制，清康熙六年（1667）以前，广东设左右布政使，6年以后定为一员。布政使主管一省户籍、田赋、税收、财政收支等。（江伟涛）

广东按察使　古代职官。明朝，广东提刑按察使司设按察使1人，正三品。掌管全省司法、刑狱。清朝按察使仅次于布政使，二者合称"两司"，职掌全省司法刑狱和驿传事务等。（江伟涛）

广东都指挥使　古代职官。明初，改广东都卫为广东都指挥使司，设都指挥使1人，掌管全省军事，统辖全省卫所，隶属于朝廷前军都督府。（江伟涛）

提督广东学政　古代职官。明朝称广东提督学道，由提刑按察使司之按察使及副使、佥事等兼任。清初沿设。清雍正四年（1726），改为提督广东学政，雍正七年（1729）改广东学政为广韶学政，增设肇高学政；乾隆十六年（1751）复并为一员，仍称广东学政。驻广州，掌管全省学务，主持府级岁试（考选生员升优劣）和科试（乡试的预试），亦负责考送贡生。学政不问官阶大小，在职期间与督抚平行。全省重大事宜，学政均参与督、抚、藩、臬会议讨论。（江伟涛）

两广总督　古代职官。明景泰三年（1452），为平瑶民反抗，统一两广军务而设，称"总督两广军务"。成化五年（1469）十一月，两广总督常驻广西梧州，遂成定制，称"总督两广军务兼理巡抚"，管辖广东、广西两省的军事、行政。其后称谓、权责、驻地等有变化。嘉靖四十二年（1563），为打击福建、广东沿海倭寇，命两广提督兼理福建军务，称"总制闽广军务"。次年，驻地迁至广东肇庆。嘉靖四十五年（1566），改两广提督为"总督两广军务兼理粮饷巡抚广西地方"，另设广东巡抚。万历三年（1575），称"总督两广军务兼理粮饷带管盐法兼巡抚广东地方"。明朝两广总督皆因事而设，属中央都察院派驻至地方的高级官员。清朝沿袭明朝督抚制度，设两广总督，正式成为两广最高地方长官。清雍正六年（1728），因苗乱，以广西隶云贵总督，两广总督改称"广东总督"。雍正十年（1732），两广总督府由肇庆移驻广州。雍正十二年（1734），广西复归广东总督，改称"两广总督"，仍驻肇庆。乾隆十一年（1746），两广总督府迁至广州，直至清亡。（江伟涛）

广东巡抚　古代职官。明正统十四年（1449）始置。时黄萧养攻广州，朝廷以杨信民为右佥都御史巡抚广东。广东巡抚管辖广东一省，驻广州。地位略低于两广总督，仍属平行，并为封疆大吏。清朝广东巡抚例兼兵部侍郎及都察院右副都御史衔，掌管一省军事、吏治、刑狱等。（江伟涛）

广西巡抚　古代职官。明正统十四年（1449）始置。管辖广西一省，驻桂林。地位略低于两广总督，仍属平行，并为封疆大吏。清朝广西巡抚例兼兵部侍郎及都察院右副都御史衔，掌管一省军事、吏治、刑狱等。（江伟涛）

镇守广东总兵官　古代职官。明制总兵官、副总兵、参将、游击将军、守备、把总等，无定员。明成化二年（1466）之前，广东设镇守副总兵。六月，命右都督冯宗充总兵官，镇守广东，为暂设。嘉靖四十五年（1566），复设镇守广东总兵官，驻潮州府，掌管全省军务，参将、守备等官悉听节制，成为定制。万历四年（1576）五月，增设协守副总兵（即潮漳副总兵）1人，驻南澳，统辖福建南路参将、游击、把总、广东柘林守备、潮州参将及潮漳二府沿海卫所。另设分守参将7人，为潮州参将、琼崖参将、雷廉参将、高州参将（万历四年改为东山参将）、肇庆韶广参将（万历四年改为西山参将）、广州惠潮海防参将（万历三年改为督理广州海防参将）、惠州参将，镇守游击将军1人，把总4人等，分驻各地。（江伟涛）

两广提督　古代职官。两广总督的另一称谓。见"两广总督"。（江伟涛）

巡视广东海道副使　古代职官。见"广东备倭"。（江伟涛）

广东备倭指挥使　古代职官。见"广东备倭"。（江伟涛）

海防参将　古代职官。见"镇守广东总兵官"。（江伟涛）

珠池太监　又称珠官、中官、内官。古代职官。明洪武年间广东廉州府、雷州府珠池开始的采珠活动无定期，

亦并无太监督办。明天顺三年（1459）始命太监督采珍珠，天顺八年（1464）有太监固定看守。此后，珠池太监管理珠池制度基本稳定下来。采珠劳役多由蜑户承担，珠池中官横征暴敛，多次激起民变。（江伟涛）

珠官 见"珠池太监"。

中官 见"珠池太监"。

内官 见"珠池太监"。

广州铁厂 古代建制。明中后期广东铁课征管机构。明正德十四年（1519）置。位于广州城外盐课批验所旁，隶属广东盐课提举司，以提举司副提举一人专领。掌管全省铁矿贩运抽税。（江伟涛）

阳山铁冶所 古代建制。明初官营手工业机构。明洪武六年（1373）置。位于广东阳山县，属布政司，是全国13个官营铁冶所之一。设阳山冶大使1员、副使1员，专门督办铁务。生铁产量居全国13个冶铁所的第7位。洪武十八年（1385），阳山铁冶所罢。（江伟涛）

土舍 古代建制。明朝在黎族地区设立的地方武装组织。明洪武二十九年（1396），海南岛恢复土官制度，永乐年间建立武职土舍制。平时防黎，战时充当前锋以攻黎，还负责黎民征粮，有"以粮纳于土舍而输之于官"之说。（江伟涛）

养济院 古代建制。明朝养老慈善机构。明初，广东各府州县兴建，为鳏寡孤独残疾不能自养者解决其衣食住问题。（江伟涛）

瑶练 古代建制。晚清粤北瑶族地区基层武装组织。清道光十二年（1832），八排瑶赵金龙等起义，为

清廷镇压。为加强对八排瑶的管理，清廷于次年在每排设瑶长、瑶练若干名。瑶长由推举产生，终身制，后成为世袭；瑶练亦由推举产生，3年一任，可连任，由瑶长管辖。均隶属于绥瑶营，由理瑶同知管辖。民国裁撤绥瑶营与理瑶同知，改设瑶务处，瑶长、瑶练一如其旧。（江伟涛）

南明 古代建制。明清之际明朝宗室在南方建立的多个政权的总称。明崇祯十四年（1641），李自成农民军攻陷北京，明思宗在煤山自尽。明朝一些文武大臣、宗室拥众往东南败退，先后建立弘光政权、隆武政权、鲁王监国、绍武政权和永历政权，史称"南明"。见"绍武政权""永历政权"。（江伟涛）

广州将军 古代职官。清朝职官名。清康熙十九年（1680）平定尚藩后设置。官阶从一品，与两广总督同。两者会同奏事，以广州将军领衔，地位略高于两广总督。驻广州，统辖八旗官兵3040人，兼辖绿营兵4营3467人。雍正七年（1729），增设八旗水师营500多人。全省绿营兵受广州将军节制。（江伟涛）

广东新军 近现代建制。清末成立的新式军队。第二次鸦片战争后，清廷加快编练新军。清光绪二十九年（1903），两广总督岑春煊在原武备军、武匡军的基础上，整编绿营兵、练兵等旧军，少部分征募山区精壮青年，编练新军。光绪三十一年（1905）正式成军。新军在训练、武器、服装、给养等方面有所改善。光绪三十四年（1908）后，革命党人赵声、朱执信等在新军里建立革命组织，传播革命思想，发动反清武装起义。宣统二年（1910），广州新军起义失败后被重编。民国建立后，广东新军组成北伐

军开赴上海、南京一带，支援长江下游各省起义，有力捍卫了南京革命政府，为辛亥革命在全国的胜利作出了重要贡献。（刘世红）

广东谘议局 近现代建制。清末建立的谘议机构。清宣统元年（1909）九月一日设立。位于广州大东门外马场地（今广东革命历史博物馆所在地），易学清当选为正议长。早在光绪三十三年（1907）九月，清政府发出"预备仿行宪政"的上谕，在京师设立资政院，各省会设立谘议局。光绪三十四年（1908）六月，清廷公布《钦定谘议局章程》和《谘议局议员选举章程》，次月颁布《钦定宪法大纲》，规定各省年内筹办谘议局。广东谘议局要求禁赌，部分议员因受贿予以否决，引起社会舆论不满，被迫辞职，谘议局陷于瘫痪。武昌起义后，广东光复，各界代表在谘议局集会，推举胡汉民为都督。此后，谘议局改为省议会。（刘世红）

广东军政府 近现代建制。清末民初革命党人在广东成立的行政机构。辛亥革命爆发后，清宣统三年（1911）十月十九日广东省城各团体在谘议局开会，宣布和平独立，成立广东军政府，推举胡汉民为广东都督，选出军政府各部长、副部长（同盟会会员占大多数），后陈炯明代行都督。执政期间，推行一系列措施。政治上，建立省临时议会，废除清朝行政建制，简化地方行政机关，建立户籍管理制度，改革司法制度；经济上，推行赋税改革，振兴实业；军事上，整肃军队，严明纪律；教育上，效仿欧美学制，改革教材和课程，制定新校规，增设师范学校，推行学龄儿童强制入学以及男女同享教育权；社会风俗上，提倡剪辫放足，废止跪拜，禁止纳妾蓄奴，严禁烟赌，严禁拐卖华工等。

上述措施使革命政权逐步走上正轨，彰显了革命党人的治理能力。1913 年 7 月，"二次革命"爆发，陈炯明宣布讨袁，次月失败，广东军政府解体。（刘世红）

肇庆军务院 近现代建制。民国初年成立的临时军政机构。1916 年 5 月 8 日在广东肇庆成立。目的是统一西南护国军讨袁的军政要务，统一布置和指导讨袁斗争。唐继尧、岑春煊分别为正、副抚军长，梁启超任政务委员长，蔡锷、李烈钧和独立省份督军、总司令任抚军，唐绍仪、温宗尧为外交专使，拥护黎元洪任总统。各派讨袁力量的联合，推动了护国运动的发展，加速了袁世凯政权的灭亡。军务院是一个松散联合体，名义上是统一指挥机构，但各省并不受其约束。袁世凯死后军务院宣布撤销。（刘世红）

非常国会 又称国会非常会议。近现代建制。中华民国第一届国会部分议员组成的非常立法机关。1917 年，北洋军阀段祺瑞平定张勋复辟后重掌北京政权，并拒绝恢复国会。孙中山在广州发起护法运动，国会议员 150 多人先后南下，讨论召开国会问题。因法定开会人数不足，商定召开非常国会。8 月 25 日，正式开会，议决成立军政府，通过《中华民国军政府组织大纲》，规定军政府采取元帅制，设大元帅 1 人，行使中华民国行政权，对外代表中华民国。元帅 2 人，协助大元帅筹商政务。下设财政、外交、内政、陆军、海军、交通 6 部。9 月 1 日，选举孙中山为海陆军大元帅，并组织北伐。次年 5 月，受桂、滇军阀操纵，通过《修正中华民国军政府组织大纲》，废除元帅制，实行总裁制，迫使孙中山辞职。1920 年 10 月，粤军驱逐桂系，孙中山回广州重建军政府。1921 年 4 月，参众两院 223 名议员在广州举行联合会，决定成立中华民国政府，选举孙中山为非常大总统。1922 年 6 月 16 日，陈炯明部叛乱，孙中山被迫于 8 月离穗赴沪，非常国会结束。（李兰萍）

国会非常会议 见"非常国会"。

中华民国军政府 又称护法军政府、广州军政府。近现代建制。第一次护法时期孙中山在广州建立的最高军事行政机关。旨在维护《中华民国临时约法》，恢复国会。1917 年孙中山率领海军和部分议员到广州发起护法运动，8 月 25 日召开国会非常会议，议决成立中华民国军政府，31 日通过《中华民国军政府组织大纲》，选举孙中山为大元帅，对外代表中华民国，行使民国行政权。选举陆荣廷、唐继尧为元帅，任命伍廷芳为外交总长，唐绍仪为财政总长，孙洪伊为内政总长，张开儒为陆军总长，程璧光为海军总长，胡汉民为交通总长。军政府设在广州珠江南士敏土厂，内设大元帅府和行政各部。军政府成立后，组成粤、桂、湘联军北伐。陆荣廷、唐继尧与孙中山的政治主张相左，并与直系军阀勾结，1918 年 5 月，操纵非常国会部分议员改组军政府，改元帅制为总裁制，选举岑春煊、陆荣廷、唐绍仪、唐继尧、孙中山、伍廷芳、林葆怿 7 人为总裁，岑为主席总裁。孙中山愤然辞职，离穗赴沪，痛斥南北军阀为"一丘之貉"。1920 年 10 月，粤军驱逐桂系军阀，12 月，孙中山重返广州，重开政务会议，恢复军政府。次年 4 月 7 日，国会非常会议参众两院联合会在广州举行，决定成立中华民国政府。5 月 4 日军政府取消。（李兰萍）

护法军政府 见"中华民国军政府"。
广州军政府 见"中华民国军政府"。

中华民国政府（广州） 近现代建制。孙中山在广东建立的中华民国最高军政机关。1921 年 4 月 7 日，国会非常会议在广州开会，赞成孙中山提出关于取消军政府、选举总统、设立正式政府的提议，成立中华民国政府，与北洋军阀控制的北京政府对峙。议决《中华民国政府组织大纲》，规定大总统由非常国会选出，总揽政务，发布命令，统帅海陆军。非常国会选举孙中山为非常大总统。伍廷芳任外交部长（兼财政部长），陈炯明任陆军部长（兼内务部长），徐谦任司法部长，汤廷光任海军部长，马君武任总统府秘书长。下辖广东省政府。其间发动第二次粤桂战争和北伐。陈炯明叛乱，孙中山避走。不到 1 年即结束。（李兰萍）

陆海军大元帅大本营 近现代建制。大革命时期中国国民党在广州建立的最高军政机关。1923 年，孙中山驱逐陈炯明叛军后重返广州建立。采取集中军权的元帅制：处理一切主要政务，调度、指挥各总司令、司令、军帅等军队，决定政府机关组织、各机关增设与裁并及重要官吏的任免，公布条例、发布命令、核准各部公布的条例。下设内政、外交、财政、建设 4 部。其间，收回关余、镇压商团叛乱、出师北伐、召开国民党第一次全国代表大会、实现第一次国共合作等，孙中山的思想和政策发生重大转变。1924 年 11 月，孙中山应邀北上商谈国是，1925 年 3 月 12 日在北京病逝。7 月 1 日，改组为广州国民政府。（李兰萍）

广州国民政府 近现代建制。大革命时期在广州建立的中华民国国民政府。前后共 2 次。①第一次是在国共合作时期。1925 年 6 月 15 日国民党中央政治委员会第十四次会议决定改组大元帅府，7 月 1 日，在广州正式成立中

华民国国民政府，史称"广州国民政府"。《国民政府成立宣言》指出：国民政府之唯一职责，在于实现国民革命，国民革命之最大目的是中国的独立平等自由，当前任务是废除不平等条约和召集国民会议。同日颁布《国民政府组织法》《广东省政府组织法》《广州市政府组织法》。国民政府实行委员制，由国民党中央执行委员会推选汪精卫、胡汉民、许崇智、徐谦、廖仲恺、孙科、伍朝枢、张继、谭延闿、戴季陶、林森、张静江、程潜、古应芬、朱培德、于右任 16 人为委员，汪精卫、胡汉民、许崇智、谭延闿、林森 5 人为常务委员，汪精卫为国民政府主席委员，胡汉民、许崇智、廖仲恺分别为外交部长、军事部长、财政部长，徐谦为大理院长。聘请苏联鲍罗廷为高等顾问。国民政府成立后，积极整顿内部，改革地方，统一军政、民政和财政，1926 年 7 月出师北伐，10 月攻下武汉，次年 1 月，北迁至武汉，称武汉国民政府。广州国民政府的建立在政治上、组织上、军事上和财政上为广东革命根据地的统一和北伐战争的进行做了重要准备。②第二次是在 1931 年 5 月。汪精卫任国民政府主席，宁粤对峙结束后，宣布取消。（李兰萍）

高潭区苏维埃政府　近现代建制。大革命时期全国最早建立的镇级苏维埃政权。1927 年南昌起义部队余部进入广东东江地区，10 月 12 日到达中洞，改编为中国工农革命军第二师（又称红二师）。中共东江特委也进行组织机构调整，设立党政军领导机关。随后东江工农武装举行第三次武装起义，推翻国民党海陆丰等县政权。11 月 11 日，在高潭圩召开高潭区苏维埃政府成立大会，通过《没收分配土地》《铲除封建势力》《取消苛捐杂税》《妇女解放问题》《严禁盗贼和禁绝烟赌》

《改良工人农民士兵生活》等决议案。区苏维埃政府在罗氏宗祠挂牌，后搬进杨梅水、中洞等地，一直坚持至 1933 年夏。历任主席黄星南、谢锡灵、朱远平。（张金超）

紫金县苏维埃政府　近现代建制。大革命时期全国建立的第一批县级苏维埃政权之一。1927 年 12 月 1 日，紫金县第一次工农兵代表大会在第三区炮子乡召开，宣布成立。大会由中共东江特委书记彭湃委派的张威主持，县委书记吴建民作报告，参会代表有 300 余人，选举产生县苏维埃政府委员，钟一强为主席，刘琴西、吴建民、张威、傅桑霖、戴耀田、高云、钟善道、温国龙、黄培先、陈石进为委员。通过《一切土地归农民》《镇压反革命分子》《改善农民和士兵生活》《抚恤遇难烈士及其家属》《取消苛捐杂税》《妇女问题》《禁止米谷出口》等 8 项决议。政府办公地设在炮子湖子仓，土地革命斗争随后开展。（张金超）

五兴龙县苏维埃政府　近现代建制。大革命时期闽粤赣边区建立的第一个县级苏维埃政权。1929 年 3 月，3 县工农代表大会在大塘肚长塘面召开时成立。选举曾不凡为主席，潘火昌为副主席，罗屏汉、胡燧良、古汉忠、罗文彩、蓝素娥（增补）为常务委员。同时还分别建立赤龙铁区、龙鹤区、岗马坪区、罗黄区 4 个联区政府。又将东江、龙川县游击大队合编为五龙兴县游击大队，罗柏松任大队长，潘火昌兼政委。五兴龙县苏维埃政府的建立，对中央苏区的发展具有重要战略意义。（张金超）

中共中央南方局　近现代建制。民国时期中国共产党在华南、西南地区设立的领导组织。先后有 2 个。①一是

在土地革命时期。1927 年 8 月 11 日在广东成立。张国焘任书记，周恩来任军委主任，委员 7 人。在周恩来等到广东前，由张太雷、杨殷、黄平临时负责。领导广东、广西、闽南及南洋地区的党组织。10 月 15 日，在香港召开南方局和广东省委联席会议，改组南方局，并选举张太雷为书记。下旬，南方局撤销。1930 年 8 月初恢复，罗登贤任书记兼工委书记。1931 年 1 月，中共广东省委机关遭严重破坏，大部分身兼南方局领导职务的省委领导人被捕。中共中央再次决定撤销南方局。②二是在抗战时期。1939 年 1 月 16 日在重庆成立。周恩来任书记，董必武任副书记。领导华南、西南各省以及上海、江西等省工作。1945 年 12 月，改称重庆局。1946 年 5 月迁至南京。1947 年撤回延安。（吴婉惠）

中共广东省委员会　近现代建制。民国时期中国共产党在广东等南方地区设立的领导组织。1927 年 8 月成立。驻香港，书记为张太雷。1927 年 12 月，辖东江、琼崖、南路、西江、西江上游、北江 6 个特委，广州、香港 2 个市委以及五邑地委。1928 年，先后成立潮梅特委、海陆惠紫特委，并领导广西及南洋地区党组织。张太雷牺牲后，张善铭（代理）、李立三、邓中夏（代理）、李源、黄钊、卢永炽、罗登贤等历任书记。1928 年 6 月，全省党员达 5.3 万人，下辖县、市委 69 个。先后创建海陆丰、琼崖、东江三块农村革命根据地，建立工农红军和一批苏维埃政权。1928 年全省夏收暴动失败后，各级党组织损失惨重。1931 年 1 月，广东省委机关遭到严重破坏。后改称中共两广省委、两广工委、省港工委。1936 年，成立中共南方临时工作委员会。1937 年，改称中共南方工委。1938 年 4 月，南方工委撤销，在广州重新成立广东省委，书

记为张文彬，领导广东、广西党组织。10月广州沦陷后，省委机关迁往粤北。1940年12月，广东省委撤销，分别成立中共粤北省委和中共粤南省委。（吴婉惠）

中共中央南方工作委员会 简称中共南方工委、南委。近现代建制。抗战时期中国共产党在南方地区设立的领导组织。先后有2个。①1937年10月成立，前身为中共南方临时工作委员会。张文彬任书记，薛尚实任副书记兼组织部部长，饶彰风任宣传部部长，尹林平负责军事。机关先后设于香港、广州。机关刊物为《大路》。先后隶属中共中央、中央长江局。管辖广东（除潮梅地区外）、广西、香港等地党组织，领导抗日救亡运动。1938年4月成立中共广东省委时撤销。②1940年11月成立，中共中央为应对国民党掀起反共逆流，重组中共南方工作委员会，为华南地区的领导机构。方方任书记，张文彬任副书记，委员为方方、张文彬、涂振农、王涛、郭潜。机关刊物为《学习》。隶属南方局。代南方局领导广东、广西、江西、湘南、闽西等地党组织，领导抗日以及反迫害斗争。工委机关起初设于广东梅县，后移驻大埔，在韶关设

有交通站。1942年五六月间，南方工委因组织部部长郭潜被捕叛变而遭严重破坏，南方局决定撤销南方工委。（吴婉惠）

中共南方工委 见"中共中央南方工作委员会"。
南委 见"中共中央南方工作委员会"。

中共粤北省委 近现代建制。抗战时期中国共产党在南方地区设立的领导组织。前身为中共广东省委。1938年广东省委机关迁往韶关后，1940年成立。委员为李大林、饶卫华、黄康、林平，候补委员为黄松坚、陈能兴。书记为李大林。设组织、宣传、统一战线、青年、妇女等工作部门。机关设于韶关。隶属中共南方工委，辖东江、北江、西江和赣南等地区党组织。1942年5月因遭国民党顽固派破坏而停止活动。（吴婉惠）

中共粤南省委 近现代建制。抗战时期中国共产党在南方地区设立的领导机构。前身为中共广东省委。1938年广东省委机关迁往韶关后，1940年在香港成立。委员为梁广、王均予、石辟澜。书记为梁广。设组织、宣传、妇女等工作部门。隶属于中共南方工委，辖珠江

三角洲、中区、南路及香港等地区党组织。1942年上半年撤销。（吴婉惠）

汪伪广东省政府 近现代建制。1940年5月10日成立，为3月30日成立以汪精卫为首的南京伪国民政府下辖地方政权。首任主席为陈公博，代主席为陈耀祖。1943年1月，改委员制为省长制，陈耀祖、陈春圃、褚民谊先后任伪省长。下设建设厅、财政厅、粮食局、清乡事务局。广州、汕头及31个沦陷县均建立伪政权，受控于日本占领军。配合日军对抗日根据地和游击区进行"扫荡"和"清乡"，在沦陷区推行保甲制和奴化教育等，搜刮钱财，压迫人民，摧残实业。1945年日本投降后被取消。（吴婉惠）

中共南方局香港分局 近现代建制。解放战争时期中国共产党在香港建立的非公开组织。1947年7月成立。方方任书记，尹林平任副书记。成员包括章汉夫、夏衍、潘汉年、连贯、梁广等。受上海中央局指导，主管粤、桂、闽、滇、黔及海南岛等省区的革命武装斗争及城市工作。下设城市工作委员会、农村武装工作委员会、香港工作委员会（简称香港工委）等。（吴婉惠）

历史文化遗址

磨刀山遗址 旧石器时代旷野遗址。位于广东省云浮市郁南县河口镇。发现于2013年。2014年对该遗址第1地点进行了考古发掘，出土各类石制品近400件。磨刀山遗址年代可早至中更新世偏早阶段，属于旧石器时代早期，是广东迄今发现年代最早的文化遗存，把本地区人类活动的历史从距今约13万年大幅提前至距今数十万年前，揭示了岭南地区远古人类文化的发展脉

络。入选2014年度"全国十大考古新发现"。2019年被国务院公布为第八批全国重点文物保护单位。（刘锁强）

磨刀山遗址第1地点

马坝人遗址 旧石器时代洞穴遗址。位于广东省韶关市曲江区马坝镇西南狮子岩。发现于1958年。遗址由2座石炭系石灰岩孤峰组成，距今约13万年。狮头山溶洞内发现人类头骨化石。溶洞堆积由低至高分为4层：第一层发现少量的古脊椎动物化石，以及大量的新石器时代石器和陶片；第二层发现大量的古脊椎动物化石，马坝人头盖骨发现于该层；第三层发现少量

古脊椎动物化石；第四层发现少量新石器时代的石器和陶片。马坝人头骨化石是目前华南地区唯一发现的早期智人化石，为研究直立人演变到早期智人提供了重要的实物资料。该遗址出土的化石不仅扩大了中国远古人类的分布范围，还填补了我国华南地区人类进化系统上的空白。与马坝人伴生的动物群化石，为研究古地理、古气候、古生态等提供了珍贵材料。2006年被国务院公布为全国重点文物保护单位合并项目，归入第五批全国重点文物保护单位石峡遗址。（陈以琴）

峒中岩遗址 旧石器时代洞穴遗址。位于广东省肇庆市封开县河儿口镇河儿口居委会都尚村委山根村黄口山北

峒中岩遗址外景

坡，为一石灰岩孤峰上的洞穴。遗址所在洞穴的洞口相对高程15米，东北向。发现于1978年，1989、1994年进行过2次考古发掘，出土人类牙齿化石和猕猴、黑鼠、鬣狗、羊科、猩猩、长臂猿、大熊猫等动物化石40余种，确认动物群的种类与马坝人遗址发现的动物群相近。据铀系法测定，共存动物群的年代为距今14.8±1.3万年。峒中岩人类牙齿的发现，为在粤西地区寻找早期人类遗址提供了重要线索。2008年被公布为第五批广东省文物保护单位。（陈以琴）

青塘遗址 旧、新石器时代过渡阶段洞穴遗址。位于广东省清远市英德市青塘镇。发现于1959年。遗址由7个洞穴地点组成。2016—2018年对黄门

青塘遗址墓葬

岩1—4号洞进行了考古发掘，出土人化石、石器、早期陶器、骨角器与蚌器等各类文化遗物1万余件。基于碳十四测年数据，建立起距今约2.5万—1万年较为完整的地层与文化序列。发掘墓葬1座，葬式为蹲踞葬，为我国年代最早的可确认葬式的墓葬。出土的夹砂陶器是迄今为止广东发现最早的陶器。该遗址较为全面地反映出晚更新世晚期现代人行为的复杂化过程，系统再现了华南旧石器时代向新石器时代过渡的历史进程。入选"中国社会科学院考古学论坛·2018中国考古新发现"和2018年度"全国十大考古新发现"。2019年被国务院公布为第八批全国重点文物保护单位。（刘锁强）

独石仔洞穴遗址 旧、新石器时代过渡阶段洞穴遗址。位于广东省阳江市阳春市陂面镇鹿村岗村委会木角上村西南独石山。发现于1960年，1964—1983年先后进行5次科学发掘，该洞穴是一个裂隙溶蚀形成的山洞，呈窄长形廊道式，面积约200平方米。洞口面向东南，高15米，宽2—8米，

独石仔洞穴遗址远景

深40米，洞穴两端较高，中部稍低。发掘中共开探方5个，堆积层厚达2.8米，分上、中、下3个文化层，各文化层出土不同时期的文化遗物，主要以打制石器为主。在下文化层还发现一枚旧石器时代晚期的"智人"臼齿，尚未见陶器。是广东省目前发现的地层保存较好、出土遗物较丰富的旧石器时代晚期至新石器时代早期的古人类洞穴遗址，为研究广东西南地区人类发展史提供了实物依据，具有较高的历史研究价值。2013年被国务院公布为第七批全国重点文物保护单位。（张晓斌）

牛栏洞遗址 旧、新石器时代过渡阶段洞穴遗址。位于广东省清远市英德市英红镇云岭社区居委会。发现于

牛栏洞遗址外景

1983年。遗址坐东南向西北，平面略呈曲尺形，总面积约400平方米。1996—1998年发掘50多平方米，分为前、中、后洞，遗址文化堆积厚，层位关系复杂，出土大量打制石器、动物化石（共41个种属）和少量磨制石器、骨器、蚌器、陶片、人类的牙齿和骨骼化石等，堆积层中还包含炭屑、烧土和大量螺壳等。为研究旧石器时代向新石器时代过渡，以及原始农业的起源、原始驯养业的萌芽与发展等情况提供了重要的实物资料，具有重要的科学研究价值。2002年被公布为第四批广东省文物保护单位。（陈以琴）

咸头岭遗址 新石器时代沙丘遗址。

位于广东省深圳市龙岗区大鹏街道下沙社区咸头岭居民小组海边沙堤上。发现于1981年。遗址东南至西北长120米，西南至东北宽110米，面积约13200平方米。1985—2008年进行过5次考古发掘，发现有房基柱洞、红烧土堆积、灰坑等遗迹，出土遗物有陶器、石器，陶器以夹砂陶为主，也有少量泥质橙黄陶和白陶。纹饰以绳纹为多，还有贝划纹、贝印纹、弦纹、叶脉纹、编织纹、附加堆纹及彩绘等。器类有釜、罐、圈足盘、盆、钵、碗、豆、杯、筒形杯、器座等。有圜底器、圈足器等，并出现圜平底及平底器。石器以磨制为主，打制次之，种类有斧、锛、凿、刀、杵等。最早遗物为距今7000余年的夹粗砂灰陶片。该遗址是珠江三角洲地区目前所发现的最早的史前遗址，为建立珠江三角洲地区的史前文化编年提供了重要标尺；并被命名为咸头岭文化。2022年被公布为第十批广东省文物保护单位。（陈以琴）

蚬壳洲遗址 新石器时代贝丘遗址。位于广东省肇庆市鼎湖区桂城街道办事处龙一居委会东北面台地。发现于1984年。遗址长134米，宽77米，占地面积约1万平方米。1986年进行考古发掘，清理出新石器时代墓葬27座，大部分为单人葬，也有双人合葬和三人合葬，葬式以侧身屈肢葬为主，也有蹲踞葬和俯身屈肢葬，有些人骨有人工拔牙痕迹，个别墓葬有1—2件随葬品。出土贝类标本中生活于淡水

蚬壳洲遗址远景

环境中的种类约占总量的80%，咸淡水之交环境中的种类约占20%。该遗址的内涵属于咸头岭文化，年代为距今7000—6000年。该遗址的发掘，为研究广东地区新石器时代晚期社会文化以及埋葬习俗等提供了重要实物资料。1989年被公布为第三批广东省文物保护单位。（陈以琴）

蚝岗贝丘遗址 新石器时代贝丘遗址。位于广东省东莞市南城街道蚝岗村大园坊。发现于20世纪80年代。

蚝岗贝丘遗址现场发掘图

坐落在高出地面约10米的小岗丘上，遗址面积约650平方米。遗址的新石器文化层大致可分2期：一期年代距今约6000年，属于咸头岭文化；二期年代稍晚，距今约4500年。2003年进行勘探和试掘，文化堆积层最厚可达2米。目前发现红烧土活动面、房基、柱洞、灰坑、排水沟和墓葬等重要人类生活遗迹。出土一批石器、骨器和蚌器以及大量绳纹陶和彩陶残片。夹砂陶器器形多见罐、釜、器座；泥质红陶次之，器形都是圈足盘，其中部分保留褐红色彩绘。出土2具保存十分完整的史前人类遗骸，其中一具为中年男性。该遗址对构建广东东江流域史前文化序列具有重要意义。保存完整的人类遗骸，为研究珠江三角洲地区史前人类体质提供了重要实物资料。2013年被国务院公布为第七批全国重点文物保护单位。（陈以琴）

西樵山遗址 新石器时代石器制造场

遗址。位于广东省佛山市南海区西樵镇西樵山。发现于1958年，是一组遗址群，地点有20多处。部分遗存年代在3000年前后。遗址内涵主要是石器制造场，分为2类：一类是细石器遗存，分布在西樵山东麓的旋风岗、南蛇岗、太监岗、火石岗、樟坑背等处，石器材料多为燧石和玛瑙，器类以刮削器为主，总体上与华北地区的细石器属同一工艺传统。其年代不会早于6000年前。另一类是双肩石器的遗存。其中铁泉岩、藏书岩是主要采石区域和石器制造场所，其他地点是石器制造场和加工场。产品是以层凝灰岩为主的双肩石斧、锛等，多为半成品或废弃品，成品多已外运。出土陶器很少，主要有釜、罐，饰绳纹、篮纹、划纹、曲折纹、叶脉纹、方格纹等。1978年被公布为第一批广东省文物保护单位。（张晓斌）

西樵山遗址之南蛇岗遗址点概貌

宝镜湾遗址 新石器时代沙丘及先秦岩画遗址。位于今广东省珠海市高栏港经济区西南部宝镜湾。摩崖石刻画分别发现于1989年10月和1998年12月，散布于宝镜湾遗址附近沙滩、山脚、山腰约400米范围内，共5处7幅。因长年风化剥蚀，大多数画面

宝镜湾遗址

已模糊不清，只有藏宝洞中东壁一幅保存较好。画面长 5 米，高 3 米，以阴纹凿刻的方式在花岗岩石壁上，凿出人物、船形、蛇兽、云雷纹、波浪纹，以及一些未破解的图案和纹饰，线条粗犷，风格古朴，反映出古人的生活习惯、信仰崇拜和美术工艺水平。摩崖石刻画发现后，1997—2000年考古工作者又在石刻画附近发现面积 2 万多平方米的沙丘连山岗遗址，并经 4 次考古发掘，出土大量新石器时代晚期至商周时期的陶器、石器、玉器、水晶器等遗物及居住遗迹。宝镜湾岩画的发现，填补了广东岩画研究的空白，为广东先秦时期的考古研究提供了重要实物资料。2006 年被国务院公布为第六批全国重点文物保护单位。参见第 1249 页海洋文化卷"高栏岛宝镜湾岩画"条。（张晓斌）

古椰贝丘遗址　新石器时代至夏商时期贝丘遗址。位于广东省佛山市高明区古椰村鲤鱼岗。发现于 1984 年。东

古椰贝丘遗址航拍图

距西江约 1.8 千米，面积约 4 万平方米。距今约 6000—3500 年。2006 年进行发掘，发掘面积计 1000 平方米。发掘区域分别为岗顶、缓坡、坡脚和农田 4 个区域，文化层厚 0.55 米，含大量贝壳。岗顶区发现柱洞、灰坑等遗迹。坡脚区堆积最厚可分为 8 层，发现一处早期活动面和一处唐代路面。

水田区共发现 6 层文化层，包括新石器时代的贝壳堆积和商代、唐代地层。在第 6 层内分离出土大量腐殖物碎屑、陶片、碎骨和保存较好的树叶。出土器物包括石斧、石锛等双肩石器和石凿、砺石等工具，双肩石器的石料来自西樵山，为层凝灰岩；还有陶釜、豆、盘等陶器，动物骨骸有亚洲象、水鹿、猪以及鳖壳等动物遗骨。是岭南目前发现的诸多贝丘遗址中较为完整、典型的遗址。分为早晚 4 个阶段，前 3 个阶段被命名为古椰文化，第 4 阶段为夏商时期。属于古椰文化的遗存，填补了珠江三角洲地区新石器晚期距今 6000—5000 年范围的考古学文化编年空白。对于探讨西江、北江、东江古文化遗存之间的相互关系和完善本地区古文化谱系有重要意义。入选 2006 年度"全国十大考古新发现"。2013 年被国务院公布为第七批全国重点文物保护单位。（李岩）

香港西贡沙下遗址　新石器时代至青铜时代沙丘遗址。位于香港新界东部西贡沙角尾村，西靠马鞍山，东向西贡海。遗址地处山前冲积扇平原，地形西高东低，沿海岸线分布，平面大致呈东北—西南走向的不规则圆形，面积近 20 万平方米。1996 年发掘遗址北部的唐代遗址时，在距地表约 2 米处发现夹砂陶片，1998 年香港联合湖

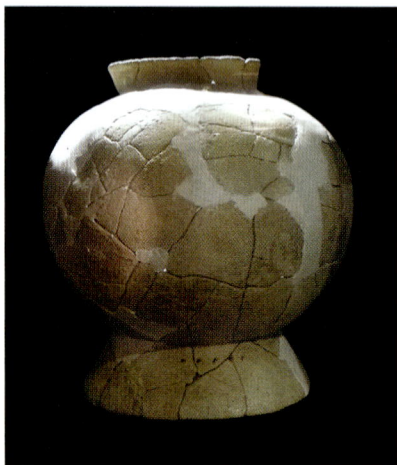

香港西贡沙下遗址镂孔圈足陶罐

南省文物考古研究所对遗址进行调查和发掘，发现新石器时代晚期、青铜时代和明清时期的遗存。2001 年 10 月至 2002 年 9 月，香港邀请内地 4 家考古研究所组成联合考古队，进行大规模抢救性考古发掘，发掘总面积达 3000 多平方米。沙下遗址有房址、祭祀点、墓葬、石器制造场等遗迹，还发现炭化稻遗存，是一处重要的聚落遗址。其新石器时代部分遗存属于古椰文化，并在墓葬中发现来自良渚文化的陶器。沙下遗址的年代跨越新石器时代晚期、青铜时代、宋至明清多个时期，尤其是新石器时代晚期和青铜时代遗存丰富，为深入探讨香港乃至珠江三角洲地区的考古学文化编年、文化特征及当时的生产生活提供了重要资料。（杨建军）

香港马湾岛东湾仔北遗址　新石器时代至青铜时代沙丘遗址。位于香港新界荃湾马湾岛东北角东湾仔海湾古沙

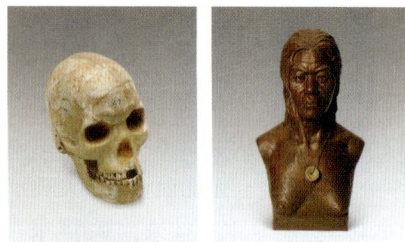

香港马湾岛东湾仔北遗址女性头骨
及复原女性头像

堤北端。东湾仔海湾的古沙堤总面积接近 3000 平方米，1993 年发现东湾仔遗址。1994 年在东湾仔南部进行抢救发掘，出土丰富的汉代遗物。由于东湾仔北将受到开发工程的破坏，香港古物古迹办事处组织考古队于 1997 年 6 月 23 日开始正式发掘，9 月 15 日至 11 月 18 日，中国社会科学院考古研究所的一支考古队赴港联合发掘，揭露面积总计超过 1400 平方米。遗址可分为 3 个时期，第 1 期为新石器时代晚期，第 2 期为商代中期，第 3 期为商代晚期。最重要的收获是第 2、3 期的

20座墓葬，其中15座保存人骨残骸。入选1997年度"全国十大考古新发现"，2021年入选全国"百年百大考古发现"。是香港考古的重大突破，为研究香港乃至珠江三角洲地区考古学的诸多问题提供了重要资料。（杨建军）

香港南丫岛深湾遗址 新石器时代至青铜时代沙丘遗址。位于香港南丫岛东南面深湾，海湾面向西，两端有岬角作为屏障。发现于20世纪30年代，是香港考古学会成立后第一次重大的发现，文化遗物发现在"上升"沙洲中。1971年5月底至6月初进行试掘，1971年秋至1977年4月进行5次正式发掘，试掘与发掘均是按沙层的水平深度进行。遗址堆积分为4个文化层，年代大致属于5个时期。新石器时代中期发现人类遗骸和居住面。人类遗骸中有大量火化的人颅骨碎片，个别有钻孔。还有非火化的颅骨、长骨和牙齿，并伴出完整的绳纹陶罐、石锛、石玦等。推测当时火葬与土葬的习俗并存。居住面上偶见陶片、石工具、鱼骨等。新石器时代晚期发现三种遗迹：一为石板堆遗迹，可能是祭祀用途或为墓葬；二为疑似墓葬的堆积；三是发现一层鱼骨贝冢，青铜时代亦发现一层鱼骨贝冢。此外，还有东晋至宋代和清代的墓葬、居住面等遗迹。为研究香港史前和历史时期的文化遗存、重建香港古代历史提供了珍贵资料。（杨建军）

香港南丫岛深湾遗址骨饰

澳门黑沙遗址 新石器时代沙丘遗址。位于澳门路环岛东面黑沙湾。东临南海，背靠塔石塘山，海湾两角岩崖，左右环抱。1972年，香港考古学会的业余考古爱好者在黑沙进行地表调查。

澳门黑沙遗址石辘轳轴承器

1973年、1977年和1985年，香港考古学会在黑沙遗址进行试掘调查和发掘。1995年和2006年，香港中文大学与澳门大学等对该遗址进行调查和发掘，发掘总面积约156平方米。黑沙遗址为新石器时代中晚期，分为早、晚两期。早期距今6000多年，出土一件可复原的彩陶圈足盘和一些彩陶片。晚期距今约4000年，发现玉石环玦饰物作坊遗迹和遗物；出土的石辘轳轴承器，是中国新石器时代旋转机械的重要发现，为史前管钻技术的破解提供了科学根据。对环珠江口地区的考古学研究以及追溯澳门历史渊源有重要意义。参见第1249页海洋文化卷"澳门黑沙遗址"条。（杨建军）

石峡遗址 新石器时代聚落遗址。位于广东省韶关市曲江区马坝镇西南1.5千米狮头山与狮尾山之间的地峡，因此得名。遗址所在地原为丘陵所开辟的梯田，周边有旱地、鱼塘和低矮的石灰岩孤峰分布，马坝河自东向西流经遗址北面，在遗址西约8千米处汇入北江。1972年冬，曲江县文化馆干部黄志高、刘成德在石峡遗址所在的梯田里发现陶片、石器和红烧土；随即，他们将发现情况上报广东省的文化主管部门。1973年1月，广东省博物馆派人前往调查。通过地表踏查、观察田埂断面以及钻探地层，探明石峡遗址的分布范围约3万平方米。随后，至1985年进行了多次发掘，揭露面积

近4000平方米。遗址内包含4个不同时期的文化遗存，第一期是距今约6000年的新石器时代文化堆积；第二期是距今4000多年，被命名为"石峡文化"的新石器晚期文化；第三层是距今3800—3100年的早期青铜文化层；第四层是时代与中原地区西周晚期到春秋时期相当的晚期青铜文化层。遗址发现柱洞、灰坑、陶窑等遗存，清理墓葬136座。石峡遗址的发现和发掘，是广东考古工作的重大突破，它填补了秦汉以前古文化的空白；其石峡文化部分，对了解岭南地区原始社会晚期社会发展状况以及文明化进程、栽培稻南传等都有重要意义。2001年被国务院公布为第五批全国重点文物保护单位。（李岩）

石峡遗址

东莞村头遗址 新石器时代及先秦贝丘遗址。位于广东省东莞市虎门镇村头村西侧大山园岗丘，是一处以贝丘遗存为特色的聚落遗址。发现于1987年。平面呈不规则形，保护范围10180.6平方米。1989—1993年进行考古发掘，发现以夏商时期为主的文化遗存。地方特色鲜明，文化面貌独特，保存较为完整，遗存丰富，出土文物种类多、数量大。堆积厚，延续时间较长，发现房屋基址、灶、灰坑、壕

东莞村头遗址远景

沟、墓葬等聚落遗迹。该遗址是接受了来自夏商时期北方文明因素影响的华南地区几何印纹陶遗存典型代表，是珠江三角洲地区先秦考古的重要突破，对构建珠江三角洲地区先秦文化序列具有重要意义，为研究中国南方沿海地区古人类生产生活、聚落规划布局、岭南文明进程，以及与中原、越南的文化交流传播提供了实物资料，具有重要的历史、科学、艺术研究价值。2019 年被国务院公布为第八批全国重点文物保护单位。（李岩）

屋背岭商时期墓群　商时期墓地。位于广东省深圳市南山区西丽街道办事处福光村北屋背岭。1999 年深圳市第二次文物普查时发现。占地面积约 64000 平方米。2001 年 4 月至 2002 年 3 月进行考古发掘。发掘的商时期墓葬有 94 座，出土陶器、玉器、石器和青铜器。石器有锛、斧、铲、凿、镞、环、砺石，陶器有釜、豆、钵、尊、罐、杯、器座和纺轮等。是目前岭南地区发现及发掘规模较大的商时期墓葬群。对岭南地区先秦时期特别是商时期考古学文化编年的建立及岭南古代文明的进程、珠江三角洲地区与其他地区文化的交流、沿海小地理单元考古学文化的研究都有重要意义。入选 2001 年度"全国十大考古新发现"。（陈以琴）

屋背岭商时期墓群遗址考古发掘现场

饶平塔仔金山墓群　商时期墓地。位于广东省潮州市饶平县浮滨镇桥头村。1974 年发现 10 余座古墓葬，墓葬的年

饶平塔仔金山墓群

代相当于早中商时期至晚商阶段。同年，广东省博物馆等进行发掘，清理古墓葬 16 座，出土一批以酱黑色釉原始瓷为主的遗物，并有石器和少量玉器。是我国酱黑色釉原始瓷最早的遗存之一，浮滨文化因此而命名，为研究中国青铜时代大背景下原始瓷的起源提供宝贵资料。（李岩）

横岭山墓地　商周时期墓地。位于广东省惠州市博罗县罗阳镇。发现于 1999 年，2000 年进行考古发掘，发掘

横岭山墓地航拍图

面积 8500 平方米，清理墓葬 332 座，其中商周时期墓葬 302 座。出土大量陶器、原始瓷器、铜器、玉石器、铁器等随葬品，以陶器、原始瓷器和青铜器为主，还首次在广东两周时期的墓葬中发掘出土铜甬钟。是广东迄今所发现和发掘的同类墓葬中出土文物数量最多、器物最精美、种类最丰富的青铜时期墓葬群。建立了岭南地区商周时期的器物编年，首次为这个时期岭南考古学文化明确了可靠的编年标尺，并为认识广东地区西周时期考古学文化提供了一把钥匙。入选 2000 年度"全国十大考古新发现"。2015 年被公布为第八批广东省文物保护单位。（陈以琴）

大浪古城遗址　先秦古城址。位于广西壮族自治区北海市合浦县石湾镇大浪村委古城头村。20 世纪 60 年代发现。城址建在江边丘地上，南北向，平面呈正方形，边长约 218 米。北、东、南三面有城墙，西边的南、北两端有短墙分别与南、北城墙相接，中段未见明显墙基，西面凭依古河道，其余三面为护城壕，并与古河道相通。城墙为平地堆土而成，东、北城墙保存较好，西、南城墙受损严重，残宽 5—20 米、残高 1—3 米。北、南城墙的中部各辟城门 1 个，门道宽约 3.7 米，门两侧墙体向城内延伸约 18 米。2002—2020 年进行 3 次考古发掘，出土遗物主要是几何印纹陶和原始瓷，可辨器形有鼎、罐、瓮、瓶、釜、杯、匜、网坠等。纹饰有方框对角线纹、方格纹、米字纹、席纹、夔纹、刻划符号等，以方框对角线纹和米字纹最为常见。城址的年代最初被暂定为"明以前"，最新发掘成果表明，城址的年代为战国时期，与越人南迁有关。2013 年被国务院公布为第七批全国重点文物保护单位。（李珍）

大浪古城遗址残存城垣

南越国宫署遗址　西汉南越国王宫遗址。位于广东省广州市越秀区中山四路 316 号。以南越宫殿与御苑遗迹为核心，叠压着从秦汉至民国共 12 个历史时期的考古遗迹。1995 年发现后历经多次发掘，其中南越国的遗迹包括宫殿和御苑两部分。在御苑的地下 3—5 米处发现宫署御花苑的全

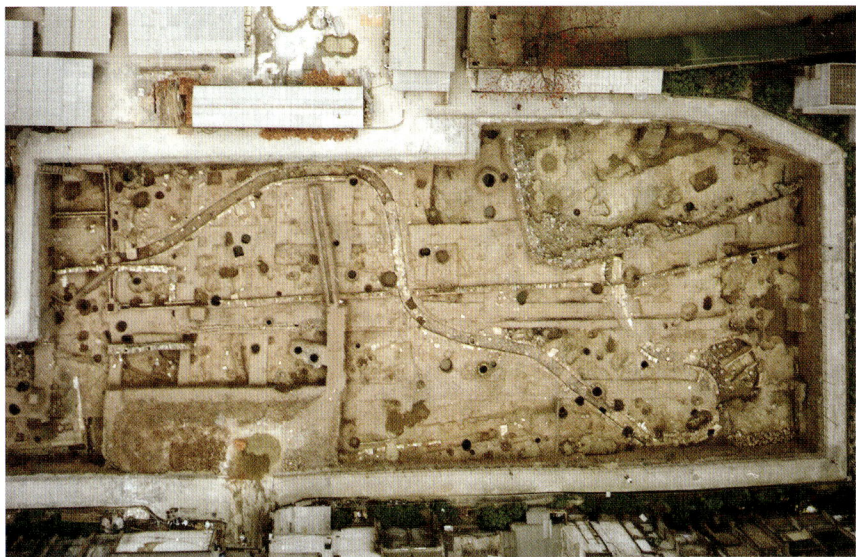

南越国宫署遗址之曲流石渠遗迹

石构曲流石渠，长150米，已发掘4000平方米，是一处人工园林水景。石渠迂回曲折，由西向东，渠底密铺黑色卵石。东头有弯月形石池，池底发现几百个龟鳖残骸。在御花苑遗址发现秦、南越国、东汉、晋、南朝、唐、宋7个时代的重叠文化层的遗迹遗物，还发现83口各个时期的水井，年代由南越国至民国时期，有土井、砖井、瓦井、木井、篾圈井和陶圈井，其中一口渗水井内出土一批南越国时期的木简，填补了岭南地区简牍考古的空白。南越国御苑是目前中国乃至世界现存年代最早的园林遗迹，是岭南园林的源头，为研究汉代宫署园林提供了弥足珍贵的实例。宫署遗址内埋藏着秦代到民国的历代遗迹遗物，表明这里不仅是南越国、南汉国的王宫所在地，也是历代郡、县、州、府的官衙所在地，是广州2200多年城市发展的历史见证。1995、1997年2次发掘均入选"全国十大考古新发现"。1996年被国务院公布为第四批全国重点文物保护单位。（张晓斌）

狮雄山遗址　秦汉城址。位于广东省梅州市五华县华城镇东南3千米塔岗村旁的狮雄山上。遗址范围大，保护面积为66534平方米。年代为秦至南越国时期，毁于南越国灭亡之时。1984—1989、2010—2013年进行多次考古发掘。发现建筑基址、灰坑、壕沟、水井和陶窑等秦汉时期遗迹，遗物有建筑材料、陶器、石器、铁器、铁矿石、竹木器、碳化植物标本等。在秦代的H22中出土封泥68枚，封泥多有捆绑或所封器物垫痕，其中54枚印有文字，可识读者有"定楬之印""定楬丞印""蕃""安"等。狮雄山城址可能为韩江上游秦和南越国时期"定楬道"治所，该城址的发掘为岭南秦汉城址研究提供了新材料。对研究南越国时期的政治、经济、文化等有重要意义，出土遗物在相关科学领域中也极为重要，具有重大的文物、科学和历史价值。2019年被国务院公布为第八批全国重点文物保护单位。（刘长）

狮雄山遗址

草鞋村遗址　汉朝城址。位于广西壮族自治区北海市合浦县廉州镇草鞋村，西临南流江的支流西门江。20世纪80年代发现。2007—2008年，广西壮族自治区文物考古研究所对遗址西南侧的小山岭进行考古勘探与发掘。发现陶窑、砖窑22座，建筑遗迹5处，水井5口及一批作坊遗迹，出土陶、铜、石、木器等遗物一批。以陶制建筑材料为主，云树纹、卷云纹陶瓦当时代特征明显，初步确定为汉代官营手工业作坊。后对遗址进行全面勘探，发现城墙和护城壕，判断为一处汉代城址。城周长约1300米，总面积近10万平方米。2013年被国务院公布为第七批全国重点文物保护单位。（李珍）

草鞋村作坊池遗址

越州故城　又称青牛城。南朝至唐朝古城址。位于广西壮族自治区钦州市浦北县石埇镇坡子坪村委仰天湖村。城坐北向南，依山势构筑，地势北高南低。城平面布局呈不规则长方形，面积24万余平方米。城内有4座小山岗，分布在北、东北和西北面。城分内城和外城，城墙均由就地挖取的黄土夯筑而成，外城墙周长2080米，南墙长360米，西墙长约280米，北墙和东墙依山构筑，不平直。现存残墙最高处14米，其余均高3米；最宽处16米，一般宽8—9米。外城墙有多处

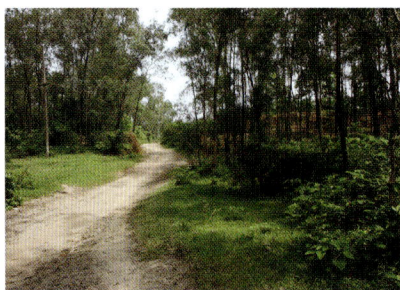

越州故城南门遗址

高出墙体、突出墙外的"马面"；城东南、西南、西北角有角楼建筑台基。城设东、南、西、北4门，东门和北门是凿山为门，4门间均有宽阔的大道相通。城外东、北、西3面有护城壕。内城建在西部的一座小山岗上，呈长方形，南北长约130米，东西宽160米，面积约2万平方米。内城地势由南往北逐级递升，最高点有一处用土夯筑成的台基，为全城制高点。在城内发现南朝时期的铁刀和方格印纹陶片、青瓷碗、青瓷六系罐、陶鼎足等遗物以及大量的板瓦、筒瓦、瓦当等陶制建筑材料。2013年被国务院公布为第七批全国重点文物保护单位。（李珍）

青牛城 见"越州故城"。

珠崖岭城址 唐朝军事城堡遗址。位于海南省海口市琼山区龙塘镇新潭村北，西南距龙塘镇驻地约4000米，近南渡江西岸。1999年由海南省文物考古研究所正式发掘。城址修建于唐朝中晚期，平面近方形，边长155—160米，周长约750米，南城墙中部设一城门。出土遗物包括瓷器、陶器和建筑构件等。陶器器型主要有罐、碗、盘、钵等，可分为泥质陶、釉陶和夹砂粗陶3类。出土瓷器157件（包括1件采集品），器型主要有碗、罐、盘、钵等，以浅灰色胎为主，表面均施青绿釉或青黄釉，几乎全部器物的足底不施釉，部分碗、盘内存留的垫痕说明其采用垫块叠烧的方法。建筑构件

以青砖、绳纹板瓦、筒瓦为主，另有少量莲花纹瓦当。2013年被国务院公布为第七批全国重点文物保护单位。2019年海南省文物考古研究所再次对珠崖岭进行了考古勘探，在城内发现通往城外的道路遗迹，延伸至南城墙。2022年中山大学对该城址进行了发掘，进一步明晰了城址的年代与性质，出土了较多的陶（瓷）碗、盘、钵、罐、盆、网坠等遗物。从城址的规模、形制及城内堆积来看，可能与唐代的州县治所有关。（邹飞）

珠崖岭城址界碑

药洲遗址 又称九曜园。五代园林遗址。位于广东省广州市越秀区教育路南方剧院北侧观众休息庭院中。原为

药洲遗址水石景区

天然池沼，又由南汉御苑演变而成公共园林。五代南汉乾亨年间，南汉王刘龑在今西湖路、教育路一带利用天然池沼，罚罪民凿成长湖500丈（约1600米），称西湖、仙湖。湖上小洲炼丹，称药洲。中有瑰奇怪石9块，称九曜石。入宋后可供游览，米芾、翁方纲、阮元、陈澧等历代名士先后到此煮茶泛舟，题诗赋词，刻石立碑。明代以"药洲春晓"列为羊城八景之一。以后逐渐淤塞缩小，至1949年，余下2000多平方米，其中湖面仅440

平方米，药洲水石景区仍存。1988年重修，整理景石，向西恢复部分湖面。1993年建造仿五代风格的门楼和碑廊。作为中国现知最早有地上遗存的园林景区，对研究中国园林史有重要价值。1989年被公布为第三批广东省文物保护单位。（陈以琴）

九曜园 见"药洲遗址"。

石望铸钱遗址 原名铁屎迳铸钱遗址。铸钱遗址。位于广东省阳江市阳春市石望镇铁屎迳村的丘陵低岗山地。保护范围9080平方米，堆积层厚0.6—2米，年代为五代十国南汉。1982年考古试掘，堆积层中有红烧土块、炭块及炉渣和炉壁碎片。出土遗物有石钱范、铅锭、铅矿石、铸后残留的铅渣和青瓷碗、罐、瓜形执壶等。石钱范有2行共10个或12个圜钱范模，字体均为"乾亨重宝"。据《十国春秋》记载，南汉高祖刘龑因国用不足，又铸"乾亨重宝"铅钱，十当铜钱一。该遗址是此地开采铅锌矿、铸"乾亨重宝"铅钱的实证，填补了南汉国铸造铅钱地点的空白。2011年在距离遗址400多米处出土南汉时期"乾亨重宝"铅钱1900多枚。是目前所知唯一一处南汉时期铸造铅钱的冶铸工业遗址，为研究中国钱币史、南汉币制和南汉刘龑王朝经济状况提供了重要的实物资料。2019年被国务院公布为第八批全国重点文物保护单位。（张晓斌）

石望铸钱遗址

铁屎迳铸钱遗址 见"石望铸钱遗址"。

南风古灶、高灶陶窑 明朝窑址。位于广东省佛山市禅城区石湾镇高庙路6号。自明朝建成后使用至今，500年来窑火不绝。南风古灶陶窑始建于明正德年间，明清至今多次维修，原属石湾制陶行业之水巷大盘行的陶窑。陶窑依山势而建，向北伸展，因窑口向南，故名南风灶（本地人称窑为灶）。为避水患，建于山坡偏高处，窑尾筑石坎。清朝石湾龙窑窑面每年维修一次。新中国成立后又将窑口向上移位约3米。总长34.4米，宽2—2.4米，通高1.8—2米。以窑中段最高。窑膛头尾坡度各不相同，以窑头一段为最大，全窑平均倾斜度为12度，即每米平均升高20厘米。西侧设窑门四，一般宽0.7米、高1.4米，作各段出入窑之用。东侧原有窑门二，现已封堵不用。窑顶厚约0.25米，从窑头至窑尾共29排火眼（投柴孔），每排相距0.85—1米，除靠窑口一排为3个外，余均5个火眼，间距0.35—0.4米。高灶陶窑位于南风灶西侧，因地处高庙（即福善祠）之背后，故名高灶。位置较南风古灶理想，且无须加筑石坎。始建确切年代不详，似比南风灶早，应是明代沿用至今的古龙窑。窑之形制及坡度与南风古灶近似，窑向正南，左侧设窑门四，右侧窑门三。窑内结构如圆拱隧道，以小型砂砖砌成。窑膛平面略呈船底形，总长32米，窑口、中段及窑尾宽度分别为1.85米、2.25米、2.2米，内通高1.80—1.95米。窑顶厚约0.25米，窑面原有42排

南风古灶、高灶陶窑外观

火眼，后改为26排，除窑口一排3个外，余均5个火眼。南风古灶、高灶陶窑明清时期是陶业大行"水巷大盆行"的专业龙窑，历来以煅烧大盆类产品为主，对研究明清时期制陶业的专业化生产、龙窑形制结构以及煅烧技术的演变等有重要的历史和科学价值。2001年被国务院公布为第五批全国重点文物保护单位。（张晓斌）

笔架山潮州窑遗址 又称潮州笔架山窑。宋朝窑址。位于今广东省潮州市湘桥区韩江东岸笔架山西麓。北起虎

笔架山潮州窑遗址10号窑远景

头山，南至印子山，绵延2000米，总面积约10万平方米。1958年起，先后清理发掘10座窑址。发掘于1986年的10号窑为典型的斜坡式龙窑。窑体依山势挖斜坡深沟而建，窑墙砌长方形砖，窑底用砖或匣钵砌阶级隔梁，总坡度14—17度。窑室残长79.5米，宽3米，窑头及火膛已毁，窑壁、窑尾、隔火墙、阶级隔梁均保存较好。其窑身长度为国内罕见。10号窑出土一批青釉、酱褐色釉陶瓷器残件和大量匣钵，其风格与笔架山其他宋窑出土器物基本一致，均属北宋时期。窑场始创于唐，极盛于宋。窑址鳞次栉比，相传有99条窑，故名百窑村。为

当时我国南方陶瓷生产的重要基地。产品主要有碗、盘、盏、灯、炉、杯、壶、盂、盒、豆、釜、洗等日用器皿和瓶、人物、玩具等美术瓷。笔架山潮州窑遗址对研究潮州陶瓷生产和对外贸易的历史具有极高的价值。2001年被国务院公布为第五批全国重点文物保护单位。参见第1256页海洋文化卷"笔架山潮州窑遗址"条。（张晓斌）

潮州笔架山窑 见"笔架山潮州窑遗址"。

洋浦盐田 宋朝制盐遗址。位于海南省儋州市洋浦经济开发区盐田村，濒临新英湾，占地约750亩。始建于北宋时期，据传由一批自福建莆田迁移而来的盐工所造。选用当地的火山岩制成盐槽，一改过去"煮海为盐"的手法，将经过太阳暴晒的卤水倾注在盐槽内，再经过暴晒制成盐巴。清乾隆年间御赐"正德"牌匾给当地盐工。所产海盐洁白无瑕，具有纯天然、无杂质、颗粒小的特点。现存盐槽6226个，卤水池122个。其海盐晒制技艺于2008年入选第二批国家级非物质文化遗产名录。2013年被国务院公布为第七批全国重点文物保护单位。（邹飞）

中和窑址 宋朝窑址。北宋后期到南宋晚期生产以外销瓷器为主的民窑。位于广西壮族自治区藤县藤州镇中和村。1963年发现。分布于北流河东岸低矮的山冈上，南起芝麻坪、北至来

中和窑青白瓷葵瓣碗

山口，长约 2000 米，宽约 500 米。现可见到窑址 20 余座。窑为斜坡式龙窑，依山势而建，呈长方形，分窑门、火膛、窑床、烟囱 4 部分。窑的长宽无统一标准，一般长 10—60 米，宽 1.5—3 米。早期采用一钵一器仰烧法，晚期兼用迭烧法。釉色以青白色的影青釉为主，有少量米黄、灰褐釉。瓷器种类繁多，形式多样，有碗、碟、盏、盘、杯、壶、盒、罐、瓶、钵、灯、枕、腰鼓、印模等日常用器，以碗、盏、盘、碟为大宗。器物造型多取材于植物瓜、果、葵瓣、莲瓣之形，也有仅作葵瓣、莲瓣口的。装饰艺术以印花为主，兼用刻花、划花和贴花。题材广泛，有动植物、海水、人物，常见的有缠枝花卉、折枝花卉、缠枝卷叶、束莲、萱草、海水游鱼、海水戏婴、飞禽等，以菊花、牡丹、芙蓉、莲等缠枝花卉最流行。产品胎较轻薄，胎质洁白细腻，有较好的半透明度。2013 年被国务院公布为第七批全国重点文物保护单位。（李珍）

肇庆古城墙　遗址。宋朝至民国古城墙遗址。位于广东省肇庆市端州区宋城路。北近七星岩，南临西江，现存城墙周长 2801.2 米。始建于北宋皇祐五年（1053），明清时期多次修葺。民国时期为抵御洪水，城门前端加砌一道水闸。20 世纪 20 年代城墙废毁，城门楼、角楼、雉堞等俱被拆除，城墙除披云楼段外亦被拆低，城门则被填塞成斜坡道路以利交通。2017 年对朝天门（北门）、南薰门（南门）、

肇庆古城墙南薰门遗址

景星门（西门）三处遗址进行了考古发掘，发掘面积 2000 平方米，发现的遗迹有明清至民国时期的城门、月城及其附属建筑、水闸、道路、房基和排水沟等。南薰门遗址保存最好，主要揭露出城门及月城遗迹。城门由墩台、门楼和门道等部分组成。城门墩台平面呈矩形，底略大于顶，东西长 26.7 米、南北宽 13.7 米、残高 4.4 米。门楼地面建筑无存，基座破坏严重，仅于城门墩台顶部清理出砖砌柱洞 6 个，对称分布于门道两侧。门道位于城门墩台中部，南窄北宽，底平面呈"凸"字形，南北总长约 14.6 米、宽 3.6—4.5 米。门道底部有闸门门槽、路面及排水沟。月城位于城门墩台南侧，平面呈不规则圆角矩形，东西长 29 米、南北宽 17.45 米，由东、西、南三墙合围而成，北接城门墩台。出土遗物可分为建筑构件与生活用品两类，建筑构件有砖、瓦、瓦当、滴水等类，生活用品中青花瓷占绝大多数，年代集中在明清至民国时期。肇庆古城城门结构复杂，组成完整，规模适中，功能齐备，保存理想，在广东古代城址中堪称吉光片羽，至为珍贵。2001 年被国务院公布为第五批全国重点文物保护单位。（陈雨生）

镇海楼与广州明城墙　明朝古建筑及城址。明朝以来修建广州城池的遗迹。位于广东省广州市越秀区越秀公园内。镇海楼是广州明城墙北部制高点上的城楼，始建于明洪武十三年（1380），1928 年重修时将原木结构改为钢筋混凝土结构。现存楼坐北朝南，通面阔 31 米，进深 16 米，高 28 米，五层，歇山顶。第一、二层的东西山墙和后墙以红砂岩砌筑，三层以上为青砖墙。楼两侧矗立嘉靖年间《镇海楼记》、1928 年《重修镇海楼碑》各一通。广州明城墙于洪武十三年（1380）、崇祯十三年（1640）、清顺治四年

广州明城墙

（1647）均有修建。1918 年大多数城墙和城门楼被拆，明城墙仅存越秀公园内的一段，位于镇海楼北部及东、西两侧。城墙为红砂岩墙脚，上部青砖砌筑，残长 1137 米，被道路分为 3 段，墙身残高在 10 米以下。镇海楼与广州明城墙是广州标志景观之一，是见证广州城市发展史的实物佐证，也是一处具有重要历史价值的史迹。2013 年被国务院公布为第七批全国重点文物保护单位。（张晓斌）

永安州古城墙　太平天国战场遗址。位于广西壮族自治区梧州市蒙山县城中心。清咸丰元年（1851）太平军攻克永安州城，太平天国政权在此分封诸王，整军肃奸，举行开国大典，制定各种规章制度，坚持斗争半年多。永安州城始建于明成化十三年（1477），清道光二十四年（1844）尽拆旧城重建新城。永安州古城墙是太平军重要的城防，现仅存西北城墙一段，城墙上宽 2.9 米，下宽 3.3 米，通高 5.8 米。"太平天国永安活动旧址" 2006 年被国务院公布为第六批全国重点文物保护单位。（李珍）

永安州城东门

乌雷炮台 又称香炉墩炮台。清朝海防建筑遗址。位于广西壮族自治区钦州市钦南区犀牛脚镇乌雷村南约 2000 米

乌雷炮台

的一座孤岛上。建于清康熙五十六年（1717）。据民国《钦县志》记载，炮台原有门楼 1 座，官署 3 间，兵房 14 间，火药局 2 间；安置有 2000 斤炮位 2 位，1000 斤炮位 2 位，500 斤炮位 4 位。现炮台平面大体呈圆形，中间高、四周略低，残存遗迹主要有城墙、台门、台阶、炮位、旗杆石、兵房、弹药局、演武场和排水口等。（李珍）

香炉墩炮台 见"乌雷炮台"。

南越文王墓 古墓葬。岭南已发现的规模最大、随葬品最多、墓主人身份最高的陵墓。位于今广东省广州市越秀区解放北路 867 号。是西汉初年南越国第二代王赵眜的陵墓。凿山而建，墓室构筑在海拔 70 多米的象岗山腹心深处。整个陵墓坐北朝南，由红砂岩砌筑，墓坑采用竖穴与掏洞相结合的做法，凿成"士"字形平面的竖穴，面积 135 平方米左右，仿照"前堂后寝"的形制，由 7 个墓室构成，前面 3 室分别为前室和东西耳室，后面 4 室

南越王赵眜墓

为主棺室、东西侧室和后藏室。出土随葬品 1000 多件，包括金器、银器、铜器、铁器、陶器、玉器等，其中丝缕玉衣和"文帝行玺"的金印最为珍贵。为研究南越国的历史、经济、社会、文化发展情况提供了宝贵资料。"秦代造船遗址、南越国宫署遗址及南越文王墓"1996 年被国务院公布为第四批全国重点文物保护单位。参见第 685 页艺术卷"南越王博物院"条、第 922 页建筑卷"西汉南越王墓博物馆"条。（张晓斌）

合浦汉墓群 古墓葬群。位于广西壮族自治区北海市合浦县廉州镇境内，往南延伸到北海福成镇。分布范围东西长 12.5 千米，南北平均宽 5.5 千米，总面积达 68 平方千米。以四方岭、金鸡岭、风门岭、文昌塔、罗屋村、红岭头、黄泥岗、寮尾村、禁山、堂排村、冲口、大沙洲区域为主，金鸡岭、四方岭、风门岭一带墓葬最为集中且保存较好，是合浦汉墓群的核心区域。墓葬大多有高大的封土堆，现存有封土堆的墓葬 1000 余座，大型的高近 10 米，直径达 90 米左右，小型的直径也存数米。自 20 世纪 50 年代以来，发掘墓葬千余座，出土文物近 2 万件（套）。年代从西汉前期一直延续到六朝时期，以西汉晚期到东汉前期的居多。墓葬有土坑墓、砖木合构墓和砖室墓，土坑墓多见于西汉，少数延续到东汉末年；砖木合构墓仅见于过渡阶段的东汉前期；砖室墓则贯穿整个东汉时期。随葬品有漆器、陶器、瓷器、铜器、铁器、金器、银器、玉器、滑石器及琉璃、水晶、玛瑙、琥珀、肉红石髓、石榴子石、绿柱石、绿松石等 10 多种，陶器、铜器占多数。大量琉璃、水晶、玛瑙等各种佩饰品的出土反映出合浦在我国汉代海上丝绸之路中的重要性。在已发掘的墓葬中，规模最大的一座是 1971 年发

掘的望牛岭 1 号墓，该墓分为主室、甬道、南北耳室和墓道，全长 25.8 米，最宽处有 14 米，出土随葬品 245 件。1996 年被国务院公布为第四批全国重点文物保护单位。（李珍）

香港李郑屋汉墓 古墓葬。李郑屋是李屋村与郑屋村的合称。位于香港九龙尖山山脉向南延伸的一个小山南麓，1955 年发现并发掘。墓室砖砌，平面为"十"字形。前室居中，墓底呈正方形，上为穹隆顶。前室四面为单券顶的左右耳室、后室和羡道。后室的后壁底部有一券形小龛，前方入口处的羡道已遭部分破坏。所用墓砖多为素面，部分侧面有模印文字、花纹以及刻画文字。模印文字共有 3 款，分别为"大吉番禺""番禺大治历""薛师"，字体为隶书。刻画文字只有"六十四"，模印花纹有 10 多种，以菱形及轮形构成的几何图案为主，也有单线简化动物形象。随葬品共 58 件，多置于前室，分陶器和青铜器 2 类，以前者为主。陶器有罐、釜、鼎、匜、豆、尊、壶、器盖等，多施青黄色釉，还有未施釉的屋、仓、井、灶模型明器。青铜器仅 8 件，有碗、盆、镜、铃等。从各种遗物、墓室结构推断应为东汉时期。这是香港境内最重要的汉代遗迹，反映了汉代人民的生活面貌。墓葬发掘后原址保护并辟为陈列所，于 1957 年开放，1975 年成为香港历史博物馆的分馆，1988 年 12 月墓葬被列为法定古迹并受《古物及古

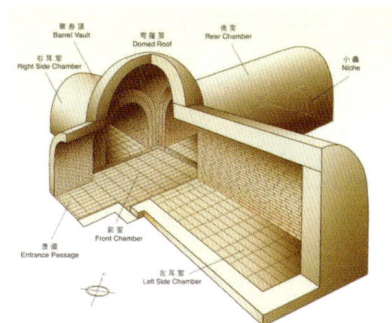
香港李郑屋汉墓结构图

迹条例》保护。1998年博物馆被定名为"李郑屋汉墓博物馆"。（杨建军）

隋谯国夫人冼氏墓　古墓葬。位于广东省茂名市电白区电城镇山兜丁村。始建于隋朝，宋、明、清均有重修。由墓城、墓碑及享殿等构成。墓城为南北向，东西长123米，南北宽110米，占地13530平方米。墓前残存隋代负碑赑屃，墓城四周筑有夯土墙，墓城内地表可见隋朝以来建筑构件。2005年经考古勘查发现的遗迹主要集中在墓城中部，清晰可见的遗迹有由南至北的前殿、天井、寝宫及东西两翼的厢房、水池等隋唐及宋朝建筑，前后殿均面宽22米，七开间，进深5间，总面积约1300平方米。出土印花砖、瓦当、石柱础、铺地砖、碗、碟、盆、香炉等多种陶、瓷器皿和镂孔圈足青釉砚台、仰莲香炉等。墓城东南角的娘娘庙始建于隋朝。冼夫人于南朝梁普通三年（522）出生于电白县山兜丁村。冼氏世为百越俚族首领。冼夫人在梁、陈、隋3朝统辖部落十数万家。她致力于促进民族和睦、维护国家统一，为维护岭南地区的社会安定和促进岭南地区的经济发展作出了卓越贡献。墓城内保存较多的隋代建筑遗迹，是广东考古发现的第一个隋朝墓园建筑实例。2013年被国务院公布为第七批全国重点文物保护单位。（张晓斌）

隋谯国夫人冼氏墓之娘娘庙

南汉二陵　古墓葬。帝王陵墓包括德陵和康陵。德陵位于广东省广州市番禺区新造镇小谷围北亭村青岗北坡，

南汉二陵之康陵全景

俗称刘王冢。发掘于2003年。陵墓坐南向北。始建于南汉。整座墓用素面青灰砖砌筑，由墓道、封门、前室、后室组成。东西两侧壁各设两行共9个塔形壁龛。后室近方形，长3.46米、宽3.80米、高3.45米。其两侧壁各设5龛，后壁被严重破坏。后室作为停放墓主人棺椁的所在，显得宽敞高大，为广州过去所发现汉代以来的券顶砖墓中最宏大的。前后室之间砌有隔墙，墓室内随葬品已被盗空，但从墓葬形制、结构、砖材及出土遗物考证，可断定为五代墓。其特点与南汉的康陵、昭陵一致。据此，推断该墓为南汉国奠基者刘隐的陵墓。康陵位于北亭村大香山，与青岗德陵相距约800米处。大香山岗顶平坦，南坡略呈三级台阶。发掘于2003年。建于南汉光天元年（942），陵园坐北向南，依山坡地势南北向分布，地面建有陵园和陵坛，地下筑玄宫。陵园呈长方形，四周夯筑围垣，墙垣四角设有角亭，南北长130米，墙垣东西宽70米，占地面积为9100平方米。南墙垣正中有门楼磉墩遗迹。陵墓居陵园中部偏北，为带墓道竖穴砖室墓，地宫上方为砖土结构的坛形建筑。陵坛为方座圆丘，由圆台、方台、散水等分层构成。根据现存迹象，这些遗迹上方均应有上盖结构。康陵的玄宫位于陵坛之下，由墓道、封门、甬道、前室、中室和主室组成。在前室当门横立"高祖天皇大帝哀册文"碑石一块，保存完好。2006年被国务院公布为第六批全国重点文物保护单位。（张晓斌）

藤桥墓群　古墓葬。伊斯兰墓群。位于海南省三亚市海棠区海棠湾镇东溪村东面2000米处。墓葬群于20世纪80年代初发现，共有墓葬45座，且具有一定的排列形式。广东省文物考古研究所试掘了其中的基座墓葬，发现墓葬均为竖穴土坑墓，上无封土，墓穴长1.8—2米、宽0.8—1米、深1.2米，墓中没有葬具和随葬品；墓葬均有墓碑，个别墓葬前后竖立2块墓碑，墓碑均用珊瑚石雕刻制作而成，碑首分别为玉圭形、"山"字形、火焰形等形制，碑面阳刻圆月、卷云、花朵和生命树等图案，碑文为古阿拉伯文，内容包含墓主姓名、死亡日期以及《古兰经》经文。2006年被国务院公布为第六批全国重点文物保护单位。2008年海南省三亚市开展第三次全国文物普查，经复查现仅存墓葬28座。是迄今为止在我国南方地区发现年代最早、规模最大、延续时间较长的穆斯林公共墓地，为研究海南在我国古代海外交通史、海上丝绸之路中的重要历史地位、作用，研究伊斯兰教传入海南的历史以及我国东南沿海地区宗教考古等，提供了十分珍贵的实物资料。（邹飞）

藤桥墓群墓碑

清真先贤古墓　简称先贤古墓；旧称蕃人冢；俗称回回坟、响坟、大人坟。古墓葬。伊斯兰墓群。位于今广东省广州市越秀区解放北路901号。墓园占地面积约2200平方米，周围广植花木，墓室西、南面建有拜殿、方亭等

清真先贤古墓

房舍，保护范围内还有回教三忠墓和历代知名伊斯兰信众墓地。墓园为庭院建筑，门额上横书"清真先贤古墓"，门后有"高风仰止"牌坊，其后是墓室。墓室坐北向南，形制上圆下方，边长约6米，东西墓壁各有一小窗，墓壁极厚。室内筑成拱顶，作穹隆形，犹如悬钟，在室内诵经或讲话，回声响亮，故又称响坟。墓室相传为唐贞观三年（629）所建，墓室正面开一小门，门额上书"宛葛素墓"。门前拜亭为清朝增建，亭和墓室四周绕以石栏杆。是伊斯兰教在广州的重要圣地和海上丝绸之路的重要历史遗迹，也是唐朝广州社会经济繁荣和对外交通贸易的历史见证。"清真先贤之墓"1978年被公布为广东省第一批省级重点文物保护单位。2013年被国务院公布为第七批全国重点文物保护单位。参见第275页宗教卷"清真先贤古墓"条。（张晓斌）

先贤古墓　见"清真先贤古墓"。
蕃人冢　见"清真先贤古墓"。
回回坟　见"清真先贤古墓"。
响坟　见"清真先贤古墓"。
大人坟　见"清真先贤古墓"。

陈道叙周氏墓、灵照墓　古墓葬。位于海南省澄迈县美亭乡美榔村。陈道叙周氏墓是美榔双塔建筑出资人陈道叙及其妻子周氏的合葬墓。建于南宋景定元年（1260），坐南向北，采用方形玄武石修砌。墓葬结构分为地上

建筑和地穴。地上建筑包括基座和一座仿房屋的建筑，基座呈正方形，每个立面浮雕一只狮子，口中或衔绶带，或叼铃铛，或咬钱币，或含莲花，形态各异；狮子雕塑左右两侧雕刻仙人纹。基座上的建筑包含墙体、廊台、斗拱、窗棂、屋脊、屋顶和厅堂等建筑，屋顶装饰筒瓦，廊台有八棱柱，雕工精美逼真，房屋的墙壁上有丰富的浮雕图案。地穴建筑是石条摆放的石室，可分两室，隔墙有明洞互通，石室封门前还有一条将近7米长的斜坡墓道。1997—2000年，海南省文物考古研究所对这座墓葬进行发掘，发现地穴建筑中的左、右两室均被盗。灵照墓位于美榔村西南800米，坐西南向东北，整个墓葬长3.1米、宽3米、高2.76米。据陈道叙周氏墓志和明朝唐胄《正德琼台志》记载，该墓建于南宋末年。1985年，海南省文物普查时发现"故陈姊仙化台"，墓葬结构分为地上建筑和地穴。地上建筑为石质仿木结构的墓塔形制，但墓塔、须弥座及塔身皆已损毁；须弥座之上为面阔3间、深2间，四角攒尖顶的"享堂"形制，"享堂"平面为一明二暗布局，明间后檐嵌有"故姊陈仙化台"墓碑一方，塔刹为5层复钵形式，"享堂"后、左、右3墙均为浮雕花鸟纹样，与其父母陈道叙周氏墓形制相仿。两墓葬纳入美榔双塔保护规划。"美榔双塔"1996年被国务院公布为第四批全国重点文物保护单位。（邹飞）

陈道叙周氏墓

雷州唐氏墓　古墓葬。宋朝及以后家族墓地。位于广东省湛江市雷州市唐家镇灵界村委会柯山岭，始葬于宋朝，坐西北向东南，面积为23万平方米，有雷琼唐氏始祖唐蒇林及其家族成员墓葬30多座，大多数为石墓。其中宋朝石墓6座，元朝石墓11座，明朝石墓9座，明清时期封土墓10多座。唐蒇林，字宜民，号深山，原籍广西壮族自治区桂林，南宋嘉定年间任雷州推官，咸淳五年（1269）葬于柯山岭。唐蒇林墓用青石条砌成，长2.28米、宽1.26米、高1.17米，呈六级坛形。此外，还有元泰定元年（1324）"故考学正青城公之墓"、至正丁酉（1357）"先考县尉唐公之墓"等。对研究当地宋朝以及明清两代的墓葬具有重要价值。（陈以琴）

雷州唐氏墓

海瑞墓　古墓葬。位于海南省海口市龙华区丘海大道39号。占地1万平方米。始建于明万历十七年（1589），由万历皇帝派许子伟专程到海南监督修建。高3米，圆顶，墓前有4米高的石碑。历代有重修。1959年重修一次。1983年海口市筹集资金再次重修被毁的海瑞墓主墓，并增建陈列室。1996年海口市再次扩建海瑞墓，增辟海瑞纪念园。同年被国务院公布为第四批全国重点文物保护单位。（邹飞）

丘濬墓　古墓葬。位于海南省海口市秀英区海秀镇水头村北（原邱邻村）。主墓坐南向北，占地面积3.75亩。始建于明弘治八年（1495），由工部进士陈元督造坟茔。按明朝规制，其主

墓高 6 米，墓基分为 6 层，有 16 级台阶，呈天圆地方八角形；底座有八卦图案，八卦之间有一"卍"（万）字符；主墓前立一通墓碑，通高 4.4 米、底座宽 2 米、碑身宽 1 米，墓葬神道置谕祭碑、享殿、翁仲、石狮、石马、石羊、石华表、牌坊等建筑。其中，在一座石牌坊中间二柱的横楣刻有"理学名臣"的圣旨，翁仲前的大理石碑正面刻有"普天诰命"4 字，背面为大明皇帝的谕祭。1986 年按原状进行复原。1996 年被国务院公布为第四批全国重点文物保护单位。（邹飞）

地角炮台　边防建筑遗址。位于广西壮族自治区北海市西南部的地角岭和匙羹岭上。建于清光绪十一年（1885）。原建有炮台 3 座，现仅存东炮台、西炮台各 1 座，均用石块、三合土根据地形采用半地穴式构筑而成。东炮台建在匙羹岭上，平面呈圆形，直径 9.8 米，内空深约 2 米，东北侧有一宽 2.3 米、长 13 米的半地穴式通道与炮台相连。西炮台建在地角岭上，与东炮台相距约 180 米，为半地穴式炮台，平面呈梯形，底直径 38 米，有一宽 1.6 米、内径 21 米的半圆形通道。从炮台圆心起有一宽 4.6 米的通道直通主炮射击口，另有宽 3.7 米的 2 条通道分别通往主炮两侧的射击口，各通道相连贯通。2006 年被国务院公布为第六批全国重点文物保护单位。（李珍）

连城要塞遗址地角炮台西炮台遗址

白龙炮台　边防建筑遗址。位于广西壮族自治区防城港市防城区江山乡白龙村白龙尾。由白龙台、银坑台、龙珍台、龙骧台 4 座炮台组成，呈半圆形分布在半岛前端 4 个小山包的顶上。以白龙台为中心，相距 300—600 米不等。均建于清光绪十三年至二十年（1887—1894），由两广总督张之洞督建。炮台结构形式基本相同，为半地穴式，分为地上和地下两部分，地上部分为炮位，地下部分为兵房、弹药库，两者间有用砖石修筑的券拱地道相连通。白龙台、银坑台各设露天炮位 2 位，龙珍台、龙骧台各设露天炮位 1 位。各炮位的结构式样相同，均为下凹的炮池形，平面呈扇形，长约 11 米、宽约 6.5 米，为碎石砼结构，高 0.8—1.7 米，厚约 1.4 米，壁上设置炮弹壁龛，池底中央安放大炮 1 门。2006 年被国务院公布为第六批全国重点文物保护单位。（李珍）

林则徐销烟池　又称虎门销烟池。鸦片战争遗迹。林则徐在虎门销毁英国鸦片毒品处。位于广东省东莞市虎门镇解放路 113 号鸦片战争博物馆馆区。清道光十九年（1839），道光皇帝任命林则徐为钦差大臣赴广州禁烟。经数月努力，收缴英国等鸦片贩子的鸦片毒品 237.6 万多斤在虎门销烟池全部销毁。现在的 2 个销烟池，为 1973 年经考古发掘复原。长、宽各 50 米，池底平铺石板，四周置桩栏板，池前开一涵洞，池后挖一水沟。销烟时，把鸦片分批投入池内，加盐卤水、石灰浸化使其分解销蚀，然后引水入池冲走。1982 年被国务院公布为第二批全国重点文物保护单位。（黄利平）

虎门销烟池　见"林则徐销烟池"。

虎门炮台　海防遗迹。分布在珠江两岸的大角山、武山和大虎山等地。始建于清康熙初年，最初只在威远山、三门口、上横档岛上建有 3 座炮台。嘉庆、道光时开始扩建。在新涌口、威远山、沙角、大虎岛、蕉门、大角山新建多座炮台，设置大炮 300 多门。以沙角、大角炮台为第一重门户，威远、镇远、靖远、巩固、永安、横档前山月台为第二重门户，大虎炮台为第三重门户，组织成 3 道防线。又在横档岛、武山之间，设置木排 2 排，大铁链 372 丈，阻截敌舰。在第一次鸦片战争虎门海战中，屡挫英国侵略军的进犯后炮台被毁。战后全部修复，增建下横档台等新炮台。第二次鸦片战争中再次被毁。光绪六年（1880）重建威远炮台、下横档炮台。光绪七年（1881），新建西式威远炮台、下横档炮台，开启广州珠江上西式炮台的建设。至光绪二十二年（1896），陆续建成西式威远台、沙角台、上横档台、下横档台、大角台和蒲洲台，共架设新式德国克虏伯和英国阿姆斯特朗等海岸大炮 59 门。抗战中，曾给入侵的日本海军以沉重打击，阻止日军达 1 年有余。新中国成立后，东莞、广州两市划江为界，炮台也分属两市管理。现今旧址东莞部分归鸦片战争博物馆管理。按地理位置，分成相对集中的沙角炮台和威远炮台两组，分别成立沙角炮台管理所和威远炮台管理所。南沙部分位于广州市南沙区南沙街 3 个江中小岛和珠江西岸的大虎岛、上横档岛、下横档岛、大角山和蒲洲山上，成立南沙区虎门炮台管理所。虎门炮台多以条石和灰、砂、水泥砌筑，平面呈圆形或半月形，分为露天台（即明台）和暗台两类。"林则徐销烟池与虎门炮台旧址"1982 年被国务院公布为第二批全国重点文物保护单位。参见第 1254 页海洋文化卷"虎门炮台群遗址"条、第 1255 页海洋文化卷"沙角炮台遗址"条、第 1255 页海洋文化卷"靖远炮台遗址"条、第 1255 页海洋文化卷"威远炮台遗址"条、第 1255 页海洋文化卷"镇远炮台遗址"条、第 1255 页海洋文化卷"大虎山炮台遗址"条、

第 1255 页海洋文化卷"上横档炮台遗址"条、第 1255 页海洋文化卷"下横档炮台遗址"条、第 1255 页海洋文化卷"大角炮台遗址"条。（黄利平）

三元古庙　又称三元里人民抗英斗争纪念馆。纪念建筑。位于广东省广州市白云区广园中路 34 号。建于清初，原是一座供奉北帝的道教神庙。清道光二十一年（1841），英军攻占广州城后，在三元里一带胡作非为，引发当地人民的反抗，他们自发组织起来在三元古庙前誓师抗英。现存古庙是 1860 年重建。砖木结构。面积 237 平方米，面宽 11.38 米，进深 20.88 米。山门为硬山顶、面阔 3 间。条石铺地，墙下部砌石，上筑青砖。石坊大门上额书"三元古庙"。有灰塑、壁画等装饰。具有浓厚的广州晚清庙宇建筑的特色。现在用于陈列三元里抗英的文物史料。"三元里抗英团遗址"1961年被国务院公布为第一批全国重点文物保护单位。（黄利平）

三元里人民抗英斗争纪念馆　见"三元古庙"。

莲花城　海防遗迹。珠江狮子洋上的军事城堡。位于今广东省广州市番禺区石楼镇莲花山，面对狮子洋。始建于清康熙三年（1664），为军队驻防之处，城内有墩台、营房等。后多次修缮重建。道光二十一年（1841）两广总督琦善与英国代表义律于此商议《善后事宜章程》（又称《穿鼻草约》）。现存建筑

莲花城

占地面积 8334 平方米，呈不规则的椭圆形，南北各有一个红砂岩砌筑的拱门。南门尚存康熙三年（1664）"莲花城"石匾。城内现存遗迹有墩台、兵房、马厩等。1989 年被公布为第三批广东省文物保护单位。参见第 1253 页海洋文化卷"莲花城遗址"条。（黄利平）

长洲江防要塞　江防遗迹。珠江上的西式江防炮台。分布于广东省广州市珠江长洲区段的长洲岛和北岸的牛山、鱼珠山以及南岸的沙路山 4 处。清光绪十年（1884），在中法战争的紧迫形势下，两广总督张树声建成长洲台、鱼珠台和沙路台。光绪十三年（1887），两广总督张之洞建成牛山台。至此，形成以长洲台为中心，与北岸牛山台、鱼珠台共同控制珠江北航道，与南岸沙路台共同控制珠江南航道的江防格局。共架设新式德国克虏伯和英国阿姆斯特朗海岸大炮 38 门。是近代广州近郊最强大的军事要塞，蒋介石等曾兼任要塞司令，其中的长洲、沙路等台还曾被黄埔军校用于训练和住宿。1922 年 7 月 9 日，陈炯明叛军占据长洲要塞的鱼珠、蟹山炮台，炮轰孙中山座舰"永丰"舰，致舰尾受创。抗战时，炮台中的火炮等军事设备被毁。现存炮台主体基本完整。（黄利平）

硇洲灯塔　航海遗迹。位于广东省湛江市硇洲岛东南角。清光绪二十五年（1899）开工建造，至光绪二十九年（1903）竣工。由广州湾法国公使署主持设计和建造，湛江当地的中国工匠施工。灯塔由塔座、塔身和灯具组成，通高约 23 米。塔座平面正方形，边长 4.8 米，高 5.9 米。塔身呈圆锥体，高 16.05 米，设若干窗洞。顶部是鼓圆形，突出于塔身，外环平台置栏杆。塔腔内径 2.6 米，以 66 块扇状规格一致的花岗岩石构件叠筑，形成中心圆柱和呈螺旋状的步阶，盘旋上至

平台。榫卯结构，没有使用任何泥浆，全部砌筑，石块与石块之间非常吻合，浑然一体。当时建成后，主要为法国军舰和沿海商船进出广州湾以及其他过往船只导航。目前保存完整。1996年被国务院公布为第四批全国重点文物保护单位。（黄利平）

三灶岛侵华日军罪行遗迹　位于广东省珠海市金湾区三灶镇。包括万人坟遗址、千人坟遗址、慰安所、日本文字摩崖、轿顶山和横栏山侵华日军碉堡、兴亚第一国民学校遗址、神社遗址共 8 处遗迹。万人坟遗址位于中心村圣堂二村民小组，1948 年由三灶岛华侨和港澳同胞集资修建，埋葬抗日战争时期被日本侵略者残害的三灶岛群众。千人坟遗址位于鱼弄三居民小组西公仔山西北脚，1949 年由鱼弄村华侨和港澳同胞集资修建，埋葬抗日战争时期被日本侵略者残害的鱼弄村群众。慰安所位于海澄村上表村民小组上表路五巷 12 号，占地 100 多平方米，为青砖大屋，两层楼，面阔两间，两进夹一天井。原为"阅报书堂"旧址，日军占领三灶岛后，将书院及其背后的七八间房屋改造成日式慰安所。日本文字摩崖位于海澄村上表村民小组轿顶山路旁，1940 年刻在两块相叠的花岗岩石上。石刻分四组，用日本文字记录了昭和十二、十三年（1937、1938）姬野定男等 44 名日本人在三灶航空基地丧生及其名字。为加强防卫，日军在机场山头修筑了一批碉堡，现存两座，其一位于海澄村正表村民小

三灶万人坟

组轿顶山东坡，为圆形，另一处位于鱼月村定家湾村民小组横栏山顶，为不规则六边形，均建于1939年，占地面积约12平方米，钢筋混凝土结构。日军攻占三灶岛后，1938年在三灶岛开设了两所日语学校，其一是兴亚第一国民学校，遗址位于中心村中兴小学内，现仅存两根麻石门柱，其中一根石柱上刻有"兴亚第一国民学校"，专为从朝鲜、冲绳和琉球等地抓来为日军种粮食的移民团孩子读书而办的小学。另一处是神社，遗址位于海澄村莲塘村民小组海澄小学内，现仅存一根右门柱，日军强令在校学生星期一或有关节日必须到神社祭拜亡魂，它见证了日本对三灶人民进行的奴化教育，是日本侵华的铁证。2013年被国务院公布为第七批全国重点文物保护单位。2015年被公布为第二批国家级抗战纪念设施、遗址。（杨建军）

文　献

异物志　又称《南裔异物志》《交趾异物志》《交州异物志》。方志。岭南第一部物产专著；中国第一部地域性物产志；"异物志"类著作开山之作；"粤人著述源流"之一。东汉杨孚撰。《隋书·经籍志》著录1卷。成书于1世纪后期至2世纪前期。原书已佚，清代广东学者曾钊从《齐民要术》《艺文类聚》《初学记》《太平御览》《太平寰宇记》诸书中辑成2卷，其中明确为杨孚所撰者为1卷，称《异物志》。时交趾部刺史和郡县长官向皇帝竞献"异品"，杨孚撰《南裔异物志》，使士民知道皆非异物。分门别类记载汉代岭南动物、植物的种类、生长情况和经济价值，矿物分布等，还收录东南亚民俗风情，对研究岭南历史和海上贸易往来有史料价值。体例志中有赞，均为四言诗体，韵语藻雅，被视为广东诗歌创作开端。有清道光南海曾钊辑本。今有广东人民出版社2010年吴永章辑佚校注"岭南文库"本。参见第95页地理卷"异物志"条、第695页艺术卷"异物志"条、第817页科技卷"异物志"条、第1187页对外贸易卷"异物志"条。（杨芹）

交广春秋　又称《交广二州春秋》《交广二州记》。岭南志书。西晋王范撰。王范因见晋秘书丞司马彪所著《九州春秋》记载岭南部分过简，仿其体例，搜集百粤典故著成。原书久佚，《新唐书·艺文志》著录为1卷，当非全书。《三国志》裴松之注、《水经注》及其他类书多有引录。参见第222页民族民系卷"交广春秋"条。（杨芹）

交广二州春秋　见"交广春秋"。
交广二州记　见"交广春秋"。

交州记　古代历史著述。岭南志书。晋刘欣期撰。刘欣期，史传无载。记述交、广地区异物异事。该书早佚，仅见于唐宋以来诸书所引佚文。明清有辑本。（杨芹）

南越志　古代历史著述。岭南志书。南朝宋沈怀远撰。沈怀远，吴兴（今浙江德清）人。坐事徙广州时撰该书。记载三代至东晋岭南的地理沿革、山水古迹、物产风俗、传说故事等，内容广泛，是研究岭南历史的重要资料。原书久佚，《隋书·经籍志》著录为8卷，《旧唐书·经籍志》著录为5卷，《直斋书录解题》著录为7卷。元末明初陶宗仪有辑本。今有刘纬毅、骆伟辑本。（申斌、杨芹）

来南录　古代历史著述。岭南旅行日志。唐李翱著。1卷。李翱，字习之，陈留（今河南开封）人。唐元和四年（809），李翱自东都洛阳赴岭南幕府途中所作。逐日记载自正月始行至六月到广州的行程，以及一路的见闻。文字精练流畅，古朴清新。现存最早的日记体作品之一。宛委山堂本《说郛》将此篇单列成书。（杨芹）

投荒杂录　又称《投荒录》。岭南风物志。唐房千里撰。1卷。房千里，字鹄举，河南人。在京官国子博士，因罪谪端州（今广东肇庆），终高州刺史。房千里对岭南风光、文化甚迷，收集整理所见所闻，著《投荒杂录》等。有宛委山堂《说郛》本。参见第1188页对外贸易卷"投荒杂录"条。（杨芹）

投荒录　见"投荒杂录"。

北户录　唐朝岭南风物志。唐段公路撰。3卷。段公路，临淄人。唐咸通末游南海、高凉等地而作。记岭南事。内容涉及唐代岭南民风土俗、饮食衣制、歌谣哀乐，尤详于草木果蔬、虫鱼鸟兽。南宋始刊行，后世诸本多错漏，以清光绪陆心源辑《十万卷楼丛书》校勘本为佳。今有中华书局1985年"丛书集成初编"本。参见第817页科技卷"北户录"条。（杨芹）

岭表录异　又称《岭表录》《岭表记》《岭南录异》《岭表录异记》。岭南

风物志。唐刘恂撰。3卷。因中原战乱，刘恂为广州司马秩满后，定居南海所撰。内容涉及唐代岭南各族衣食住行、生产活动、民间娱乐、医疗卫生、虫鱼草木、地理环境等。叙述广博翔实，学者广为征引，其体例也为宋以后南方舆地著作所仿。原书不存。清人陆锡熊、纪昀等从《永乐大典》中辑出124条，拾遗纠谬，编为3卷，刊入《四库全书》。鲁迅曾校勘补遗。今有广东人民出版社1983年鲁迅校勘"广东地方文献丛书"本、广西民族出版社1988年校补"桂苑书林"本。参见第695页艺术卷"岭表录异"条、第817页科技卷"岭表录异"条。（杨芹）

岭表录 见"岭表录异"。
岭表记 见"岭表录异"。
岭南录异 见"岭表录异"。
岭表录异记 见"岭表录异"。

番禺杂记 古代历史著述。笔记。宋郑熊撰。成书于宋开宝四年至七年（971—974）间。记载南汉宋初广州地区山水、古迹、风物、民俗，史料价值高。《通志》记为3卷，《直斋书录解题》记为1卷。原书已佚，元末明初陶宗仪《说郛》载有10条。今有杨宝霖辑本较完善。（申斌）

南海山水人物古迹记 古代历史著述。元朝记述广州名胜的文章。元吴莱撰。吴莱，字立夫，本名来凤，门人私谥渊颖先生，浦阳（今浙江浦江）人。为吴莱《渊颖集》卷9中1篇。记载元代广州城及城郊番禺山、五仙观、浮丘山、中宿峡、幡岭、白云山、任嚣墓、越王台、越王赵佗墓、南越王弟建德故宅、越井岗、石门、马鞍山等19处名胜。有清《四部丛刊》影元至正本。（申斌）

平定交南录 古代历史著述。杂史。明丘濬撰。不分卷。明弘治元年（1488）成书。据平交南总兵、英国公张辅家藏奏疏及交趾郡志等撰成。详述永乐四年至五年（1406—1407）明朝平定安南之始末。有明高鸣凤编《今献汇言》本、明沈节甫编《纪录汇编》本、民国"丛书集成初编"本。（申斌）

广州人物传 古代历史著述。传记。明黄佐撰。24卷。成书于正德初。以史、志为主，旁采诸书撰成的汉至明弘治间岭南历史人物总传，传后注明叙事依据。卷1—16依照时间顺序为106人立传，卷17—24分忠义、孝友、卓行、列女、方技、宦者、流寓7类为86人立传。除192名传主外，又以行事相类、同乡却无重大功业及善恶恰成对照者的事迹附之，实际收录超过200人。《明史·艺文志》作《广州人物志》，阮元《广东通志·黄佐传》作《广东人物传》，《四库全书总目》作《广州人物传》。有清道光《岭南遗书》本、"丛书集成初编"本。今有广东高等教育出版社1991年陈宪猷疏注点校"岭南丛书"本。（申斌）

革除遗事 古代历史著述。杂史。明黄佐撰。6卷。记明代建文朝君臣事迹。取材于宋端仪《革除录》、张芹《备遗录》二书，略有补充。初仅有列传，明正德十五年（1520）定稿。正德十六年（1521）增订本增加《君纪》《阃宫传》，及建文出亡等内容。后符验增补为嘉靖二十二年（1543）《革除遗事》16卷本。有明正德等多种抄本。（申斌）

霍渭崖家训 家训。明霍韬撰。成书于明嘉靖九年（1530）。卷首正文前列《家训提纲》《合爨男女异路图说》及嘉靖八年（1529）、九年（1530）

霍韬序文2篇。《家训提纲》列有家庭管理的原则9条，涉及家长、宗子、礼生等职位的选任。正文分14门：田圃、仓厢、货殖、赋役、衣布、酒醋、膳食、冠婚、丧祭、器用、子侄、蒙规、汇训上、汇训下。涵盖大家族的日常起居、花销用度、治产理财、冠婚丧祭等诸多细节，每门前均有小序。附《祠堂事例》《社学事例》《四峰书院事例》3篇涉及家族公共事务的条文。另有《家训续编》1卷16篇，收录于霍韬《渭崖文集》。有明汲古阁抄本，民国《涵芬楼秘笈》第二集据之影印。参见第394页学术·教育卷"霍氏家训"条。（申斌）

平粤录 古代历史著述。杂史。明谈恺撰。谈恺，字守教，号十山，江苏无锡人。明嘉靖三十五年（1556），提督两广兵部侍郎谈恺平定新宁县许以明、陈孔荣起义，将相关奏疏汇集成书。殷正茂序。各家著录卷数不一，今存本为1卷。有明嘉靖刻本。（申斌）

潮中杂纪 古代历史著述。笔记。明郭子章辑。12卷。郭子章，字相奎，号青螺，江西泰和人。明万历十三年（1585）郭子章任潮州知府时撰成。所定体例为通志、前志载者不书。卷1为象纬沿革，中间各卷载录朝廷敕文、郡守奏疏、府县历史掌故、艺文目录，末卷为物产考。有明万历十三年（1585）潮州郡署刻本。（申斌）

岭海异闻 古代历史著述。笔记。明蔡汝贤撰。1卷。《续闻》1卷。蔡汝贤，字用卿，一字思齐，松江华亭人。成书于明万历十四年（1586）。记载两广地区物产风俗，如狆人等东南亚民族，象、海犀等异兽珍禽，猛火油、片脑等特产物产，分水、万里石塘等山海岛屿，以及海和尚、鬼舶、飞头

蛮、人鱼等海上鬼怪传闻。《四库全书总目》斥之荒诞不经。有明万历刻本。（申斌）

岭海名胜记　又称《岭南名胜记》。古代历史著述。地方史志。明郭棐编。20卷。按照地点分别记载广州、北江、

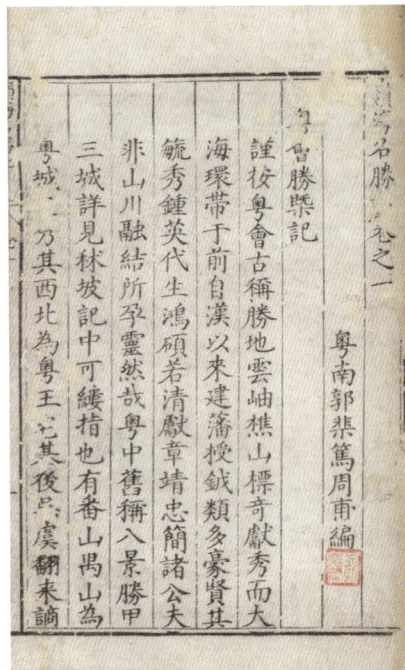

明万历二十四年（1596）刻本《岭海名胜记》

西江、东江、韩江、海南名胜20处，每处首先叙其古迹历史并考证，次附诗文。尤多金石碑刻，今多不传，殊为珍贵。清乾隆时，顺德陈兰芝增辑，重新编排为16卷，为《岭海名胜记增辑》。有明万历二十四年（1596）郭棐自刻本。今有三秦出版社2012年王元林校注本。（申斌）

岭南名胜记　见"岭海名胜记"。

粤大记　古代历史著述。地方史志。明郭棐撰。32卷。约成书于明万历二十六年（1598）。以黄佐、戴璟《广东通志》为基础，旁搜粤人文集数十家修撰而成。记载广东地方事迹、人物和典章制度。体例颇有特色，以人物为主，辅以记事；以历史为主，辅以地理；以叙述为主，辅以评论。分

事纪、科第、宦绩、献征、政事5类。事纪采用纪事本末体，叙自周武王至万历初年史事。宦绩、献征2类将人物分为性学渊源、忠贞正气等20小类。政事类侧重军事、经济，包括兵职、军制、军器、弓兵、营堡、沿海信地、水利、珠池、屯田、盐法、海防等小类。书末附有广东沿海图。清阮元等编修《广东通志》多所引用。有明万历刻本（残本）。今有中山大学出版社1998年黄国声、邓贵忠点校"岭南丛书"本。（申斌）

按粤疏稿　古代历史著述。奏疏集。明田生金撰。6卷。田生金，湖广麻城（今湖北麻城）人。收录其在明万历时担任广东巡按御史期间所上奏疏103篇。内容广泛，包括官员的考满、举荐、弹劾，地方税务，地方人才的培养，地方贞烈耆老的旌表等。关于中国海南岛、澳门和泰国的记载多为他书所无。关于海南岛的记载尤多，对黎变的原因、经过、善后有完整的记载，为研究海南岛黎族史提供了翔实的史料。有明万历四十五年（1617）刻本。（申斌）

盟水斋存牍　古代历史著述。公牍集。明颜俊彦撰。颜俊彦，字开眉，一字开美，号雪臞。明崇祯戊辰（1628）进士，授广州推官。该书为颜俊彦任广州府推官时所撰判语、公牍。共二刻。一刻包含勘合不分卷、谳略5卷、翻案1卷、署府翻案1卷、矜审1卷、公移1卷、署府谳略1卷、署番禺县谳略1卷、署香山县谳略1卷。二刻包含勘合不分卷、谳略3卷、翻案不分卷、矜审不分卷、矜疑不分卷、公移不分卷、署府谳略2卷。除公移外，均为作者审理诉讼案件的记录，是了解明末广州司法、社会、民情、商贸及澳门问题的重要史料。有明崇祯刻本、厦门大学图书馆藏抄本。今有中国政法大学出版

社2002年中国政法大学法律古籍整理研究所整理标点本。（申斌）

粤游见闻　古代历史著述。杂史。南明瞿其美撰。1卷。记南明隆武帝始末及永历帝继立之事。起于唐王入闽，终于唐王在广州败亡。有清光绪十七年（1891）刻本、田桐辑自日本图书馆藏《亡国惨记》本、清留云居士《明季稗史汇编》本。（申斌）

粤述　古代历史著述。笔记。清闵叙撰。1卷。闵叙，号鹤瞿，安徽歙县人。清康熙二年（1663）曾提学广西。该书记述广西地理沿革、山川古迹、物产及民族情况。广收博采民间口头资料，颇详赡。有清道光五年（1825）聚秀堂刻《说铃》本、《龙威秘书》本、《小方壶斋舆地丛钞》本、民国"丛书集成初编"本。（申斌）

岭南风物记　笔记。清吴绮撰，宋俊增补，江闿删订。不分卷。吴绮，字园次，一字丰南，号绮园，又号听翁，江都（今江苏扬州）人。吴绮约于清康熙二十二年至二十三年（1683—1684）游历广东，写成该书。共147条，叙述广东气候、矿物、花木草竹、鸟兽虫鱼、香、酒、蔬、谷等。有《四库全书》本、抄本及华南农业大学图书馆过录本。参见第819页科技卷"岭南风物记"条。（申斌）

广州游览小志　古代历史著述。游记。清王士禛撰。不分卷。王士禛，字子真，一字贻上，号阮亭，又号渔洋山人，世称王渔洋，山东新城（今桓台）人。清康熙二十三年（1684）十一月，王士禛奉命到广州祭告南海，居留51日，作该书。记载光孝寺、六榕寺、五羊观、海幢寺、海珠寺、越秀山、蒲涧寺、长寿庵、三忠祠9处广州名胜。有清康熙刻《王渔洋遗书》本、

民国"丛书集成初编"本。（申斌）

广东新语 古代历史著述。笔记。屈沱五书（《翁山诗外》《翁山文外》《翁山易外》《广东新语》《皇明四朝成仁录》）之一。清屈大均撰。28卷。每卷叙一类事物，涉及广东的天文、地理、山川、矿藏、草木、鸟兽、诗文、食货、民族、习俗等方面。尤详于南宋末崖山行朝和文天祥等抗元事迹，是了解当时广东手工业、农业生产、对外贸易和早期中西交涉的重要史料。有清康熙三十九年（1700）木天阁刻本、清乾隆年间翻刻本。今有中华书局1985年点校"历代史料笔记丛刊"本。（申斌）

皇明四朝成仁录 古代历史著述。人物传记。屈沱五书（《翁山诗外》《翁山文外》《翁山易外》《广东新语》《皇明四朝成仁录》）之一。清屈大均撰。屈大均30岁以前创作，至晚年没有完稿。因其有明显反清倾向，成书后未能广泛流传，以往公私所藏十余种皆为抄本，卷数多寡不一。20世纪40年代叶恭绰罗致众本，辑校为12卷，收入《广东丛书二集》。收录崇祯、弘光、隆武、永历4朝镇压李自成、张献忠农民起义军的官员和反清复明的死节将士等人物的行事资料，足资考证南明史事。今有人民文学出版社1996年林梓宗点校《屈大均全集》本。（王一娜）

岭南杂记 古代历史著述。笔记。清吴震方撰。2卷。吴震方，字青坛，浙江石门人。成书于清康熙四十年（1701）。内容涉及广东山川、城郭、寺庙、习俗、时政、民族。对罗浮山、七星岩、澳门、潮州、韶州等考证翔实，对广东瑶、壮、僚、疍、畲等少数民族生活也有描述。有清道光五年（1825）聚秀堂刻《说铃》本、清光绪间朱丝栏抄本、民国"丛书集成初编"本。（申斌）

抚粤政略 古代历史著述。奏疏公牍集。清李士桢撰。8卷。清康熙二十年（1681）夏至二十六年（1687）冬李士桢任江西巡抚、广东巡抚期间的奏疏公牍集。卷1为《抚江政略》，卷2—8为《抚粤政略》。体裁包括奏疏、符檄、记序、文告、批答等，内容广泛，涉及广东吏治、刑法、关税、钱法、盐课、驿站、防卫、书院，是了解清初广东地方治理和社会经济状况的主要史料。有清康熙四十一年（1702）刻本。（申斌）

惠阳山水纪胜 古代历史著述。山水志。清吴骞编撰。4卷。吴骞，字槎客，号兔床，浙江海宁人。清康熙五十九年至雍正五年（1720—1727）任惠州知府。该书系《罗浮纪胜》与《西湖纪胜》2书合刻的总称。有康熙六十一年（1722）自序。《罗浮纪胜》2卷，包括图说、洞岩、泉池、古迹、庵庐、塔寺、物产、题咏诸篇。《西湖纪胜》2卷，包括图说、山水、堤桥、院祠、亭台、楼阁、寺观、物产、题咏诸篇。有清康熙六十一年（1722）当涂吴本涵、吴本厚刻本。（申斌）

粤中见闻 古代历史著述。笔记。清范端昂撰。35卷附记1卷。范端昂，字吕男，广东三水人。成书于清雍正八年（1730）。分为天、地、人、物4部。记述广东风物，包括山川、物产、人物、文学、哲学、民俗等。有清乾隆四十二年（1777）范氏刻本、清嘉庆六年（1801）五典斋刻本。今有广东高等教育出版社1988年汤志岳校注"岭南丛书"本。参见第696页艺术卷"粤中见闻"条。（申斌）

粤东闻见录 古代历史著述。笔记。

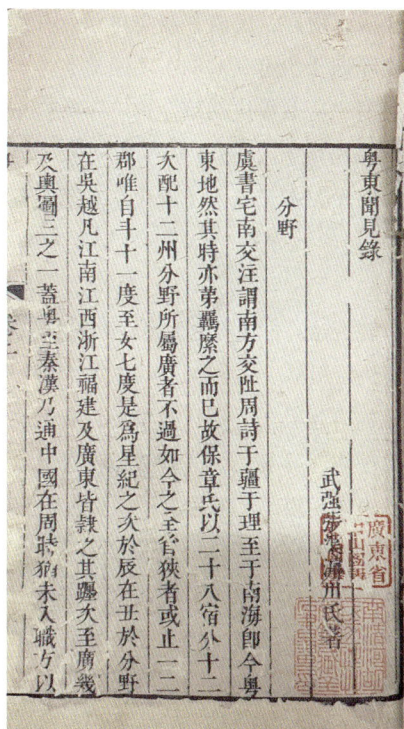
清乾隆三年（1738）刻本《粤东闻见录》

清张渠著。2卷。张渠，字浚川，号认庵，河北武强人。清雍正五年至十二年（1727—1734）间历任广东惠州知府、肇罗道员、按察使。该书即其宦粤期间所作。写法模仿《广东新语》，对广东地区的山川地理、名胜古迹、遗闻逸事、人情风俗、物产有细致记述，对了解清前期广东社会经济颇有价值。有清乾隆三年（1738）刻本。今有广东高等教育出版社1990年程明校点"岭南丛书"本。（申斌）

广东水道通考 古代历史著述。地理书。清汪日昕撰。1卷。为《京省水道考》的一部分。记载广东各地江河水道情况，注明其地理位置、江河名称及水的来源。有清乾隆四十七年（1782）刻本。（申斌）

南越笔记 古代历史著述。笔记。清李调元撰。16卷。李调元，字羹堂，号雨川，四川绵州（今绵阳）人。清乾隆时任广东学政，遍历全省府县，据见闻撰成。内容广泛，涉及岭南的农业生产、节令风俗、山川、

神明、物产、民族，翔实可信。有清乾隆四十九年（1784）《函海》本、民国"丛书集成初编"本。今有广东人民出版社2006年林子雄点校"岭南文库"本（收入《清代广东笔记五种》）。（申斌）

羊城古钞 古代历史著述。史料辑录。清仇巨川纂。8卷首1卷。搜罗广博，除各府州县志、历代志书外，有天文地理志、异物志、先贤志、南征录、岭表录、道书、仙书等，征引古籍90余种。保存许多岭南民俗社会史料。有清嘉庆十一年（1806）刻本。今有广东人民出版社1983年陈宪猷点校"岭南文库"本。参见第696页艺术卷"羊城古钞"条。（王一娜）

南汉春秋 古代历史著述。纪传体史书。清刘应麟撰。13卷，其中世家、本纪1卷，列传5卷，纪元1卷，地理1卷，艺文1卷，古迹3卷，事迹1卷。记五代十国时期南汉人物、史事、古迹。列传首列后妃，次诸王公主，次文武职官、宦官、仙释、女子附篇末。大抵因袭吴任臣《十国春秋》而删去夹注。有清嘉庆十二年（1807）刻本、清道光七年（1827）含章书屋刻本。（申斌）

南汉书 古代历史著述。纪传体史书。清梁廷枏撰。18卷，其中本纪6卷、列传12卷。成书于清道光九年（1829）。记五代十国时期南汉史事、人物，广泛辑录各类资料，考辨异同。内容包括南汉五主纪、后妃传、诸王公主传、诸臣传、杂传、宦官传、方外传、叛逆传、外传。后附《南汉书考异》18卷、《南汉文字略》4卷、《南汉丛录》2卷，四书合称《南汉丛书》。为《吴越备史》《南唐书》后较为重要的五代十国时期国别史。有清道光十年（1830）《藤花亭十种》

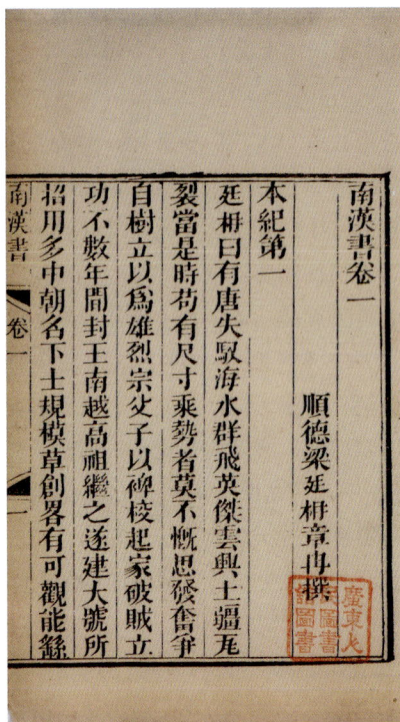

清道光十年（1830）刻本《南汉书》

本、道光十二年（1832）《藤花亭十五种》本、《藤花亭十七种》本。（申斌）

南汉书考异 古代历史著述。史书。清梁廷枏撰。（申斌）

常惺惺斋日记 古代历史著述。日记。清谢兰生撰。4卷。日记自清嘉庆二十四年（1819）开始（其中附入道光二十三年腊月4天的日记），记至道光九年（1829）十二月三十，中缺道光七年（1827）。记录其日常生活，及与当时一大批名人的交往，有助于了解十三行商人以书画为渠道与官府、士绅交往的情形，及嘉道间广州的城市生活。有抄本。今有广东人民出版社2014年李若晴等整理本。（王一娜）

岭南丛述 古代历史著述。杂史。清邓淳编辑。60卷。清嘉庆末年，阮元纂修《广东通志》，邓淳任分校，得以遍阅各种史志典籍，遂将平日摘录和搜访的资料分类编排成书。共40门。内容涉及广东、广西及福建部分

地区天文、地理、名胜、古迹、人物、文学、传闻、逸事等。引用文献数量庞大，包括《广东新语》《岭外代答》《本草纲目》《岭表录异》《岭南杂记》《粤东笔记》《南方草木状》《太平御览》《粤中见闻》等，颇具文献学价值。有清道光十年（1830）养拙山房刻本。参见第696页艺术卷"岭南丛述"条。（王一娜）

南越五主传 古代历史著述。南越国史书。清梁廷枏撰。3卷。清道光十三年（1833）成书。收罗史书、方志、类书中资料，叙述秦汉之际南越国赵佗、赵胡、赵婴齐、赵兴、赵建德5位君主在位期间史事，止于汉武帝设置南海九郡。传后有论赞，有所考证。又辑录逸闻琐事为《南越丛录》2卷，二书合刊，称《南越丛书》。有《自明诚楼丛书》本。今有广东人民出版社1982年杨伟群校点《南越五主传及其它七种》本。（申斌）

南汉纪 古代历史著述。编年体史书。清吴兰修撰。5卷。记五代十国时期南汉国史事，纪事起于烈宗刘隐，止于后主刘鋹。每条纪事必注出典，又有考异附于条目之后，简而有要。有清道光十四年（1834）郑氏淳一堂刻本、道光三十年（1850）《岭南遗书》本。（申斌）

南汉地理志 古代历史著述。地理志书。清吴兰修撰。1卷。摘编《五代史》《宋史》《太平寰宇记》《舆地广记》等文献有关南汉国疆域记载而成，对《十国春秋》等清代著述亦有参考。详列南汉所属62州、214县，叙述其建置沿革，皆注明文献依据并辨析诸书异同，对成说多有驳正。有清道光《岭南遗书》本。（申斌）

越华纪略 近现代历史著述。杂史。清

梁廷枏撰。4卷。成书于清道光二十一年（1841）。道光十六年（1836）梁廷枏主掌越华书院，将其建置年月、经费开支、院长履历等情况分门别类加以记载。（王一娜）

两广夷务奏稿 近现代历史著述。清折谕汇辑。辑者不详。收录清道光二十四年（1844）七月十六至二十五年（1845）二月初二，清两广总督耆英奏折12件、片9件、上谕7件、朱批22件，共50件。对中法交涉、清朝开放天主教等问题有较详细记载。（王一娜）

粤东省例新纂 近现代历史著述。档案汇编。清黄恩彤等编。8卷。成书于清道光二十六年（1846），分吏例、户例、礼例、兵例、刑例、工例等8门，其中有《省垣书院广州府属续议水陆缉捕章程》等广州史料。（王一娜）

海国四说 近现代历史著述。杂史。清梁廷枏撰。由《耶稣教难入中国说》《合省国说》《兰仑偶说》《粤道贡国说》4书合编而成。清道光二十四年（1844）后陆续撰成，合刊于道光二十六年（1846）。历述美、英、法、荷、葡、意、西等西方列强东来，企图用商品打开中国大门的过程，简要记述美国、英国的历史、地理、政治、经济、文化等。有助于时人了解西方各国。今有中华书局1993年骆驿、刘骁点校"清代史料笔记丛刊"本。（王一娜）

南越游记 近现代历史著述。游记。清陈徽言撰。3卷。陈徽言，字炯斋，云南剑川人。清道光二十九年（1849），陈徽言长兄在宝安去世，徽言到广东奔丧，寓居广州期间撰写，次年书成。记载广东山水、古迹、异闻、风土、物产、名人轶事。有清咸

丰七年（1857）章门重刻本。今有广东高等教育出版社1990年谭赤子校点"岭南丛书"本。（申斌）

夷氛闻记 近现代历史著述。史料笔记。清梁廷枏撰。5卷。成书于清道光末年。记载列强窥视中国、鸦片贸易、禁烟运动，及鸦片战争中的重要事件。今有中华书局1959年邵循正点校"近代史料笔记丛刊"本。（王一娜）

羊城西关纪功录 近现代历史著述。杂史。清黄贤彪编。2卷。成书于清咸丰四年（1854）。书中除诗作外，有图一幅及《慎之黄守戎歼贼纪功月日记》，后者记述洪兵攻打广州及被清军镇压的情形。（王一娜）

资政新篇 近现代历史著述。太平天国重要政书。洪仁玕著。1859年（咸丰九年）4月，洪仁玕被封为干王，总理朝政，提出改革内政和建设国家的方案，名为《资政新篇》。经洪秀全批准作为官方文书刊行。分4个部分，涉及政治、经济、文化、外交和社会生活等，主张以法治国、舆论监督和直接选举政府官员；鼓励发展工商业，奖励技术发明，提倡保险事业；反对迷信，提倡新式教育；主张自由往来、平等互利。是近代中国先进人士向西方寻找真理和探索救国救民道路、最早提出发展资本主义的近代化纲领。（刘世红）

筹办夷务始末 又称《三朝筹办夷务始末》。近现代历史著述。档案汇编。①《道光朝筹办夷务始末》。文庆等编。80卷。成书于清咸丰六年（1856）九月。内容始自道光十六年（1836）四月二十七许乃济奏请弛鸦片烟禁，迄道光二十九年（1850）十二月初七广东人民反抗英军。收录档案2719件。②《咸丰朝筹办夷务始末》。贾祯等

编。80卷。成书于同治六年（1867）四月。内容始自道光三十年（1850）正月二十三叶名琛致书英国公使文翰，要求英国女王约束英商人安心贸易折，迄咸丰十一年（1861）七月初十俄国使者到达库伦。收录谕折、照会等2988件。③《同治朝筹办夷务始末》。宝鋆等编。100卷。成书于光绪六年（1880）六月。内容始自咸丰十一年（1861）七月十八恭亲王奕䜣等奏与布路斯国（普鲁士）订立通商条约，迄同治十三年十二月初五（1875年1月12日）清廷下令捉拿报纸商陈言止。收录上谕、廷寄、拆片等3258件。凡中外关系史的重要事件，如两次鸦片战争、中外勾结镇压太平军、沙俄强占中国东北土地以及教案、租界问题，均有记载。（王一娜）

三朝筹办夷务始末 见"筹办夷务始末"。

杜凤治日记 近现代历史著述。日记。清杜凤治撰。共有41本，第2本遗失，现存40本。是杜凤治宦粤14年（1866—1880）、回乡闲居2年（1880—1882）

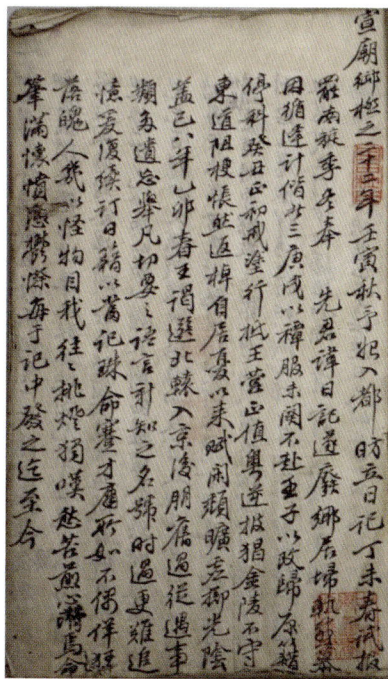

《杜凤治日记》手稿首页

共16年的日记。第1本至第37本前半本，为杜凤治宦粤的经历，第37本后半本至第41本，系杜凤治告病回乡的内容。记录杜凤治处理考试、催征、缉捕、听讼等公务的详情，还有大量官员任免、官场内幕、中外交涉、风土人情、物产物价、风俗祭祀、演戏赛会、奇闻逸事等内容。对研究清代基层政权以及晚清广东的政治、经济、社会、文化，以及某些重要人物，都有重要的史料价值。有稿本，藏中山大学图书馆。今有广东人民出版社2021年邱捷点注本。（王一娜）

粤东剿匪记略　近现代历史著述。杂史。清陈坤著。记述清道光三十年（1850）正月至同治五年（1866）二月间太平军余部在粤东北部活动及其被清政府镇压的经过。有清同治十年（1871）广州西湖街艺苑楼刻本。（张金超）

粤氛纪事　近现代历史著述。杂史。清夏燮著。13卷。记载自清道光三十年（1850）十月拜上帝会在广西的活

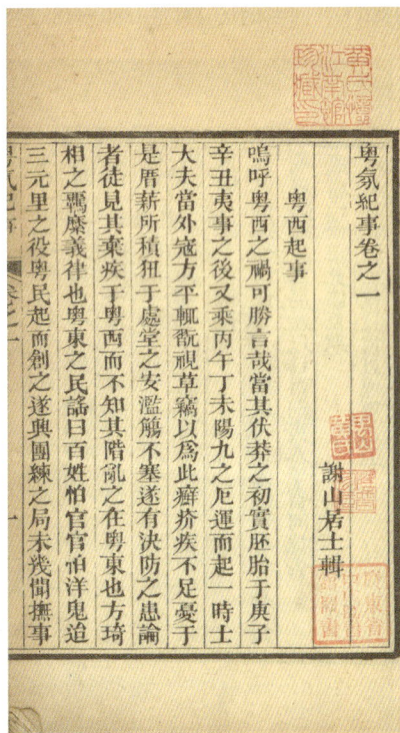

清同治八年（1869）刻本《粤氛纪事》

动，至咸丰十年（1860）四月太平军攻占苏州。按太平军活动的省区分卷，每卷包括综论、叙事、阵亡或"殉难"官绅名录三部分，亦有少数卷尾附余论。立场偏向清政府一方，除记载太平军活动外，同时兼及捻军起义、上海小刀会起义与广西天地会、湖南征义堂等秘密结社的活动。对清政府贪污腐败、武备废弛、将帅失误、贪生怕死及官员之间矛盾，有较真实记载。为官方档案中少见的内容。有清同治八年（1869）刻本。今有中华书局1959年邵循正点校"清代史料笔记丛刊"本。（王一娜）

粤游小志　近现代历史著述。游记。清张心泰撰。7卷。张心泰，字幼丹，江都浦头（今江苏扬州）人。记载清末广东、广西的山川古迹、风俗物产、金石、语言、民族等情况。《贩书偶记》作8卷，订误。有清光绪十年（1884）铅字排印本、清光绪二十六年（1900）梦梅仙馆刊本。（申斌）

英人强卖鸦片记　近现代历史著述。杂史。日本人撰，汤叡译。8卷。成书于清光绪二十四年（1898）。内容有林则徐销毁英商鸦片、英军攻占广东的史实，林则徐和英军指挥官小传，以及中英战争年表。（王一娜）

鸦片事略　近现代历史著述。杂史。清李圭撰。2卷。成书于清光绪中叶。上卷详于嘉庆、道光年间禁烟经过，下卷记载鸦片战争后鸦片弛禁、流毒四布的情形，始末完整。（王一娜）

盛世危言　近现代历史著述。晚清倡导全面学习西方、自强求富、改造社会的重要著作。郑观应著。清光绪二十年（1894）出版。在政治方面，提出建立议会制立宪政体；经济方面，组建工

商团体，积极发展现代工商业，与列强进行"商战"；教育方面，大力提倡兴办学校，特别是女学和贫民教育。为中国从传统社会向现代社会转变过程中变法思想之集大成著作，是19世纪末20世纪初畅销书，对中国近代社会发展具有深远影响。（刘世红）

伦敦被难记　近现代历史著述。清末孙中山伦敦蒙难自述。原名 *Kidnapped in London*，用英文撰写，成书于清光绪二十二年（1896）冬，次年在英国印行。1912年商务印书馆出版甘永龙（甘作霖）中译本，名为《孙大总统自述伦敦被难记》，收录于1930年上海民智书局出版的《总理全集》，题作《伦敦被难记》，后被收入各类孙中山文集。分《被难原因》《被诱状况》《被禁详情》《幽居求援》《良朋营救》《夜访侦探》《英廷干涉》《省释出险》8编。书前有自序，书后有附录，刊载当时英国报纸关于此案之记载及评论，为研究孙中山早期革命活动的重要史料。（张金超）

戊戌政变记　近现代历史著述。记述戊戌变法的专书。梁启超著。记述作者经历戊戌变法的过程与谭嗣同等"戊戌六君子"事迹。发表于清光绪二十四年至二十五年（1898—1899）《清议报》上，后出单行本。分《改革实情》《废立始末记》《政变前记》《政变正记》《殉难六烈士传》5篇，另有附录3篇。（张金超）

大同书　近现代历史著述。维新派康有为阐述其政治理想的代表作之一。30卷。初名《人类公理》。成书于光绪二十七年至二十九年（1901—1903）。康有为利用今文经学的公羊三世说和《礼记·礼运》中的大同思想，以儒家"大同三世说"（据乱世、升平世、太平世）为主要指引，以"内

圣外王"为己任，兼以佛教"众生平等"等思想贯穿全书，吸收西方"天赋人权说""自由平等博爱说"和"空想社会主义学说"的重要内容，对传统文化进行改造，是典型的"中体西用"思想的代表作。展现出改良社会、变革制度的民主精神，在辛亥革命过程中起到了重要的思想启蒙作用。1913年在《不忍》杂志上发表甲、乙2部，1919年上海长兴书局刊印成单行本，定名《大同书》。中华书局1935年将该书（共10部）出版。（刘世红）

西学东渐记 近现代历史著述。清末容闳英文自传。原名 *My Life in China and America*。22章，记述著者从赴美留学至学成归国期间向太平天国提建议，协助曾国藩、李鸿章办江南制造局，实施教育救国计划，组织中国留学生出洋，参加维新变法运动，为清朝当局通缉而避难美国等经历，间有评述、议论，探求中国富强之策。清宣统元年（1909）在纽约出版。1915年被节译成中文本《西学东渐记》，由商务印书馆刊行，为记述近代中美交流历史的经典文本。1981年湖南人民出版社收入"走向世界丛书"再版。有多种版本传世。参见第405页学术·教育卷"西学东渐记"条。（张金超）

辛亥粤乱汇编 近现代历史著述。清末记述同盟会活动的著作。岭南半翁编。9章36节。成书于清宣统三年（1911）。作者反对革命，根据当时报章新闻及清廷谕旨奏折等有关资料辑成。书内各节均立标题，叙事分明，记载辛亥三月温生才刺死广州将军孚琦、"三二九"黄花岗起义及清廷镇压革命党人诸事，书末附革命党人赵声、林文小传。于清朝腐败、革命党人英勇斗争均有反映。（刘世红）

兴汉纪念广东独立全案 又称《广东独立记全案新书》，后改名为《广东独立记》。近现代历史著述。清末记述广东光复之史事汇编。作者不详。按日期辑录清宣统三年（1911）九月初四至二十二报纸相关记载，广东和平光复后不久编成。篇首有《祝广东独立之前途》一文，附有《粤人拜独立旗文》《广东独立纪念歌》《嵌粤人烧炮仗》《还我山河》《君尔试听》5篇。（刘世红）

广东独立记全案新书 见"兴汉纪念广东独立全案"。

广东独立记 见"兴汉纪念广东独立全案"。

建国方略 近现代历史著述。孙中山关于民主政治和建设的重要著作。孙中山著。第一次护法运动失败后，孙中山寓居上海，针对积弱不振的旧中国对症下药，撰成《孙文学说》（又称《建国方略之一：心理建设》《知难行易的学说》）、《实业计划》（又称《建国方略之二：物质建设》）和《民权初步》（又称《建国方略之三：社会建设》），描绘20世纪振兴中华的一幅蓝图，是中华民族现代化历程中的重要里程碑。《孙文学说》著于

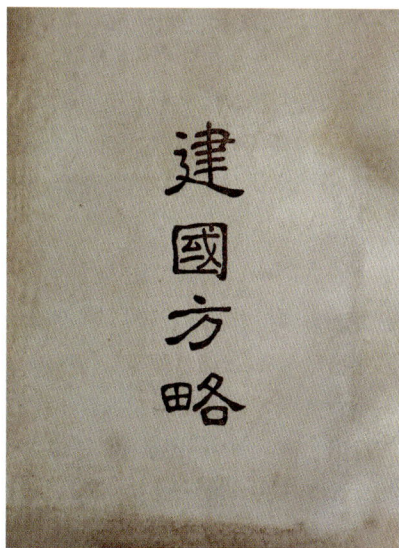

民智书局1922年版《建国方略》

1918年，论述"知难行易"的哲学思想。《实业计划》著于1919年，是一份全面进行国家经济建设的宏伟纲领。《民权初步》著于1917年，原名为《会议通则》，是为实现民权而举行会议的手续和方法。《建国方略》初版无考，1922年6月上海民智书局再版。其后各类孙中山文集均收入。（李兰萍）

三民主义 近现代历史著述。孙中山革命学说和政治纲领的最重要著作。孙中山著。内容为1923年孙中山担任中华民国陆海军大元帅、中国国民党总理时在广州所作的三民主义演讲词。主要内容被称为"革命的三民主义"或"新三民主义"。初于国民党中央机关刊物《中国国民党周刊》发表，继由国民党中央于同年分3册陆续编辑印行，年底又出版合印本，作为对党员、群众"宣传之课本"。90余年来，中国刊行《三民主义》版本有近百种之多，大多根据国民党中央的初刊本辗转翻印；汉文本以外，还被译成蒙、藏、回、维吾尔及英、法、德、俄、意、葡、西班牙、日、越、泰、朝鲜、印地等10余种文字发行。（李兰萍）

中国国民党史稿 近现代历史著述。民国时期关于革命党历史的著述。邹鲁著。2册。分组党、宣传、革命、余编4篇。记述清末革命党兴中会、同盟会、国民党和中华革命党系统有关组织、宣传和武装起义等史实，对历次起义始末、党会内部组织状况及重要人物传记的记载尤为详尽，分类纪事，详叙本末。为研究中国近现代史的重要参考资料。1929年上海民智书局初版。1947年商务印书馆再版，增订为4册。1960年中华书局根据商务印书馆底本分为6册重印。（张金超）

兴中会革命史要　近现代历史著述。民初记录革命党人活动的著作。陈少白遗著。3 章。记述孙中山最初的革命言论与行动、革命党与保皇党交涉经过、惠州起义之失败与史坚如殉难等。有杨衢云、陈廷威、邓荫南等人略史，"四大寇"名称之由来等附录 12 篇。1929—1930 年在《建国月刊》上连载，1935 年发行单行本。（张金超）

太平天国杂记（第一辑）　近现代历史著述。太平天国史料集。简又文撰述。收录著译 10 篇、资料 2 篇，其中 5 篇译文的原作者为太平天国时期的西方人士，记述他们亲见亲闻，及对太平天国史事的印象与观察等。1935 年由商务印书馆出版。（张金超）

革命逸史　近现代历史著述。民国时期记述辛亥革命相关事件与人物的专书。冯自由著。计 260 余篇。作者根据亲身经历，自 20 世纪 20 年代起广泛搜集私人回忆录及有关报道、通讯、文件，兼采典故、轶闻等编撰而成，多先刊于《逸经》《大风》等杂志，记载兴中会的革命活动、同盟会的建立、历次武装起义、早期革命党人的事迹等。内容丰富，取材广泛，不少为他书未载，但叙事时有错讹、失实之处。为研究辛亥革命史重要参考资料。1939—1947 年商务印书馆分集刊行，共 5 集。1981 年中华书局重印，并增加原来未刊行的第 6 集。（张金超）

三阳志　方志。潮州地方志。宋元人撰。自南宋绍兴十四年（1144）起至元代，潮州海阳、潮阳、揭阳三县，合称"三阳"。宋、元皆有《三阳志》。陈香白据《永乐大典》及后世志书，将宋、元《三阳志》记述辑出，合为 12 卷，名《潮州三阳志辑稿》。内容包括历代序文、至到、风俗、形胜、城池、教场、营寨、桥道、坛场、户口、土产、土贡、公署、学校、贡院、祠庙、书院、古迹、文章、碑刻等。（申斌）

大德南海志　方志。广州地方志，现存最早的广州旧志。元陈大震撰。成书于元成宗大德八年（1304）。原书 20 卷，已散佚，残存 5 卷（卷 6—10）。虽名南海志，实为广州一路之志。残本涉及元朝广州路户口、土贡、税赋、物产、舶货、社坛、城壕、学校、兵防、驿站、河渡、仓库、公廨等。卷 6 所载宋元户口数字为其他文献所无。卷 7 物产篇附列舶货与诸蕃国，所收海外地名较多，是研究元朝对外贸易及南海各国的珍贵史料。有元大德刻本（残本）。今有广东人民出版社 1991 年"广州史志丛书"本。（申斌）

罗浮山志　方志。广东山水志。现存 2 种。①明陈琏撰《罗浮山志》。明永乐八年（1410）成书。10 卷。包括总论、寺观、杂志、神仙、女仙、人物、诗文等与罗浮山有关的内容。有清道光《岭南遗书》本。②清宋广业纂辑《罗浮山志会编》。20 卷，首 1 卷。有清康熙五十五年（1716）广州海幢寺刻本。（申斌）

广州府志　方志。广州府地方志。广州较早的地方志有宋朝王中行撰《广州图经》2 卷，佚名的《广州新图经》《南海郡略》。明清时期广州府地方志现存 5 种。①明成化《广州志》。吴中、高橙修，王文凤纂。32 卷，缺卷 1—13、16—22、27—29。现存明朝广州府最早的志书。存职官、宦迹、人物、寺观、艺文、叙杂、诸番。有明成化九年（1473）刻本。②嘉靖《广州志》。黄佐修纂。70 卷。嘉靖六年（1527）成书，补刻本纪事至嘉靖十三年（1534）。凡 35 目，含事纪、

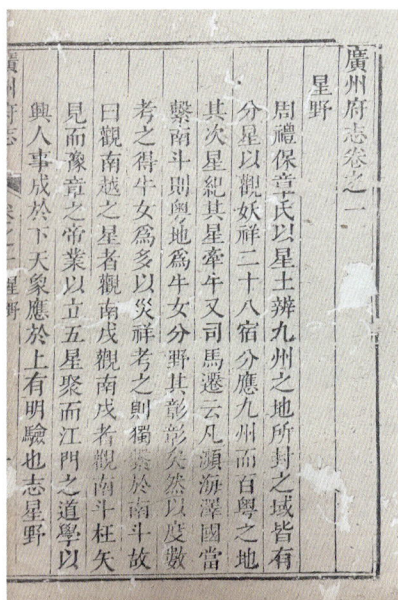

清乾隆二十四年（1759）刻本《广州府志》

职官、山川、沟洫、户口、贡献、公署、学校、宫室、台榭、关梁、祠庙、陵墓、古迹、礼乐、艺文、选举、世家、名宦、流寓等门类。有明嘉靖六年刻本。③清康熙《广州府志》。汪永瑞修，余云祚、杨锡震纂。54 卷，缺卷 1—3、5、24—25、35—36、54。康熙十二年（1673）修成。该志注重人物、艺文。有抄本。④清乾隆《广州府志》。金烈、张嗣衍修，沈廷芳纂。60 卷，首 1 卷。乾隆二十三年（1758）始修，10 个月成书，纪事止于乾隆二十二年（1757）。有清乾隆二十四年（1759）刻本。⑤光绪《广州府志》。戴肇辰修，史澄等纂。始修于同治八年（1869）。叙事至同治十三年（1874）。分训典、沿革表、舆图、舆地略、职官表、选举表、封建表、建置略、经政略、前事略、古迹略、艺文略、金石略、宦绩略、寓贤录、列传、杂录 17 门。体例仿效道光《广东通志》，以实地采访资料为基础。辅以道光以来各属县县志，考核精详。有清光绪五年（1879）粤秀书院刻本。（申斌）

厓山志　方志。记述南宋行朝的专志。明黄淳等撰。明张诩等于弘治时撰成

18 卷，嘉靖时许炯删成十类，后万历时黄淳又拾遗补阙，编辑成 5 卷；清赵允闲等再加增补，成 7 卷。是一部以宋末抗元事件为记述主体的专志，甚为罕见。有黄淳 5 卷抄本、新会赵创基堂刻本卷 6、7 合订本。（申斌）

琼州府志　方志。琼州府地方志。①明正德《琼台志》。上官崇等修，唐胄纂。参考郡人王佐《琼台外纪》及旧志增辑而成，是现存最早的海南地方志。44 卷，缺卷 22—23、43—44。包括疆域图、沿革表、沿革考、郡名、分野、疆域、形胜、气候、山川、水利、风俗、土产、户口、田赋、乡都、圩市、桥梁、公署、仓场、盐场、驿递、铺舍、学校、社学、书院、兵防、平乱、海道、黎情、楼阁、坊表、坛庙、寺观、古迹、冢墓、职役、秩官、破荒启土、按部、名宦、流寓、罪放、人物、纪异、杂事、文类、诗类 47 门。有天一阁藏明正德十六年（1521）刻本、《天一阁藏明代地方志选刊》本。②万历《琼州府志》。欧阳璨修，陈于宸等纂。12 卷，12 门 46 目。有明

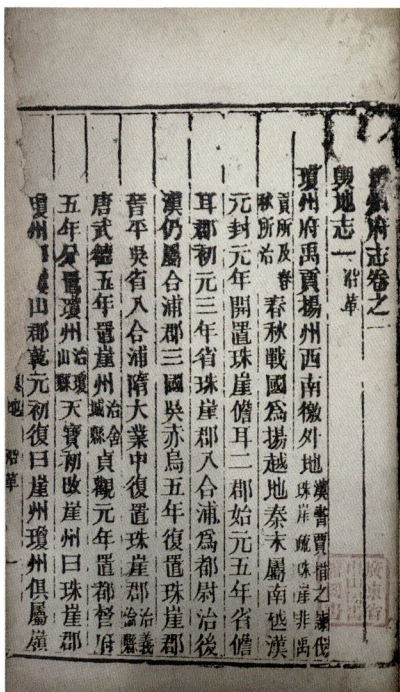

清道光二十一年（1841）刻光绪十六年（1890）补刻本《琼州府志》

万历四十五年（1617）刻本。③清康熙《琼郡志》。牛天宿修，朱子虚纂。10 卷，缺 1 卷。有清康熙十五年（1676）刻本。④康熙《琼州府志》。焦映汉修，贾棠纂。10 卷 10 门。有清康熙四十五年（1706）刻本。⑤乾隆《琼州府志》。萧应植修，陈景埙纂。10 卷，10 门 65 目。有清乾隆三十九年（1774）刻本。⑥道光《琼州府志》。明谊修，张岳崧纂。44 卷，首 1 卷，10 门 93 目。有清道光二十一年（1841）刻本、清同治五年（1866）补刻本、清光绪十六年（1890）补刻本。（申斌）

广东通志　方志。广东官修省志。最早为宋朝《广东路图经》57 卷，已散佚。明清时期所修省志以通志为名，现存 8 种。①明嘉靖《广东通志初稿》。戴璟修，张岳等纂。为广东设置行省以来的首部通志。40 卷，首 1 卷。分 64 门，内容记载尤详于军事、政治、经济，涵盖田赋、课料、差役、均平、粮饷、仓廒、驿传、盐法、屯田、珠池、铁冶、番舶、土产、水利、军制、军器、弓兵、民壮、营堡、海寇、瑶僮等，保存很多地方行政文书。外夷门载有安南、占城、暹罗等东南亚国家与中国往来情况。有明嘉靖十四年（1535）刻本。②嘉靖《广东通志》。黄佐纂修。70 卷。嘉靖三十六年（1557）始修，嘉靖四十年（1561）成书，后有补刻，纪事至嘉靖四十三年（1564）。分图经、事纪、职官表、选举表、舆地志、民物志、政事志、礼乐志、艺文志、列传、外志 11 门，对戴璟多有匡正。尤详于人物，系统收录秦汉至明朝广东名宦、乡贤。有明嘉靖四十年（1561）刻本。③万历《广东通志》。郭棐纂修。72 卷。分藩省志、郡县志、艺文志、外志，下分 35 门，涵盖舆图、分野、沿革、气候、事纪、学校、风俗、城池、公署、坊都、驿铺、桥渡、水利、户

口、盐铁、赋役、兵防、坛庙、亭榭、古迹、坟墓、土产、职官、选举、名宦、流寓、人物。其中外志介绍中外关系，专列澳门条，记载佛郎机（葡萄牙人）与澳门开埠。有明万历三十年（1602）刻本。④清康熙《广东通志》。金光祖修，莫庆元纂。30 卷。清康熙十四年（1675）始修，康熙三十六年（1697）成书。分星野、疆域、山川、建置沿革、城池、公署、学校、祠祀、贡赋、盐法、驿传、兵防、职官等 30 门。其体例仿效《大清一统志》，分郡县叙述。详于财政，对少数民族的分布、习俗、经济记载颇为翔实。有清康熙三十六年（1697）刻本。⑤雍正《广东通志》。郝玉麟等修，鲁曾煜纂。64 卷。雍正九年（1731）成书。分 35 门。设海防门并附广东海防图，职官门满汉文武分类均编，编年志叙述自五帝到雍正八年（1730）史事，外番门叙述对外贸易情形。有清雍正九年（1731）刻本。⑥道光《广东通志》。阮元修，陈昌齐纂。清嘉庆二十三年（1818）始修，

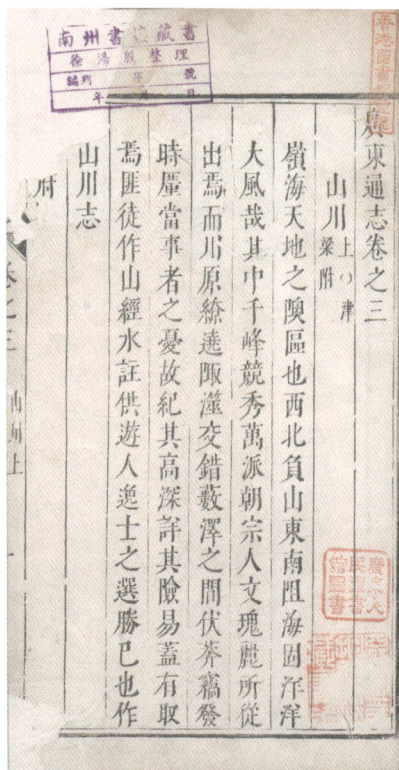

清康熙三十六年（1697）刻本《广东通志》

道光二年（1822）成书。分为19门68目，体裁渊雅，征引宏富，记载详核，被誉为清朝通志之佳构，各地修志多仿效之。郡县沿革、职官、选举3门，以表格形式详细记载汉至清的情况。海防门详细记载广东沿海的地理区位、建制沿革、军事设施，附有广东海防略图。经政门介绍汉代以来广东的田赋、盐法、榷税、土贡等情况。有清道光二年（1822）刻本、清同治三年（1864）重刻本。⑦民国《续广东通志（未成稿）》。朱庆澜修，梁鼎芬纂。19册。1916年始修，因政局动荡终止。叙事起顺治元年（1644），迄宣统二年（1910）。⑧民国《广东通志（未成稿）》。温廷敬等纂。120册。分28门。1931年始修，1935年结束。大部分为调查采访册和资料册。纪事起顺治元年（1644），迄1934年。有1935年广东通志馆抄本。（申斌）

钦州志　方志。钦州地方志。钦州

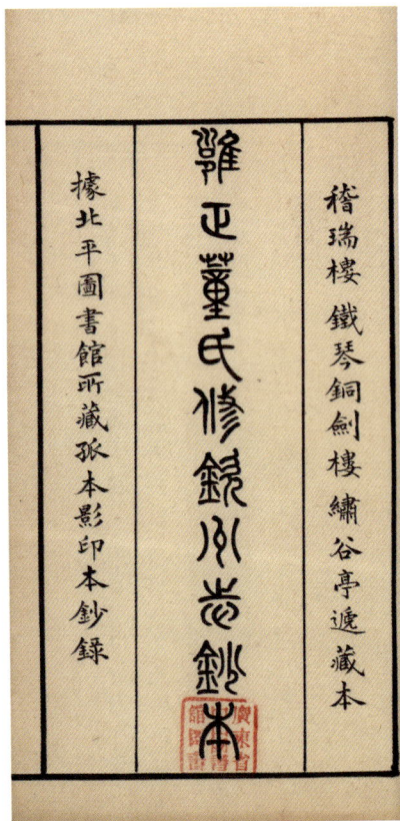

1947年抄本雍正《钦州志》

原为廉州府属州，清光绪十四年（1888）升为直隶州。①明嘉靖《钦州志》。林希元纂修。9卷。有明嘉靖十八年（1539）刻本。②清康熙《钦州志》。马世禄修，谢蓬升纂。14卷。有清康熙二十三年（1684）刻本。③雍正《钦州志》。董绍美修，吴邦瑗纂。14卷。有清雍正元年（1723）刻本、1947年抄本。④道光《钦州志》。朱椿年修，杜以宽纂。13卷。有清道光十四年（1834）刻本。⑤民国《钦县县志》。陈公佩修，陈德周等纂。17卷。有1947年刊本。（申斌）

南雄府志　方志。南雄府地方志。①明嘉靖《南雄府志》。胡永成修，谭大初纂。2卷。有明嘉靖二十一年（1542）刻本。②清康熙《南雄府志》。陆世楷、姚昌廷纂修。8卷8门。有清康熙十四年（1675）刻本。③乾隆《南雄府志》。梁宏勋修，胡定纂。19卷，13门71目。有清乾隆十八年（1753）刻本。嘉庆十二年（1807）降南雄由为直隶州，嘉庆十七年（1812）复为府，同年复降为直隶州，至道光有《南雄直隶州志》34卷首1卷。（申斌）

韶州府志　方志。韶州府地方志。韶州地区较早的方志有南朝《始兴记》、元至顺《曲江志》、明方�M修成化《韶州府志》，但均已佚。现存4种。①明嘉靖《韶州府志》。符锡修，秦志道纂。10卷，图1卷。有明嘉靖二十一年（1542）刻本。②清康熙《韶州府志》。马元修纂。16卷。有清康熙十二年（1673）刻本。③康熙《韶州府志》。唐宗尧修、秦嗣美纂。18卷。有清康熙二十六年（1687）刻本。④光绪《韶州府志》。林述训。40卷。有清光绪二年（1876）刻本。（申斌）

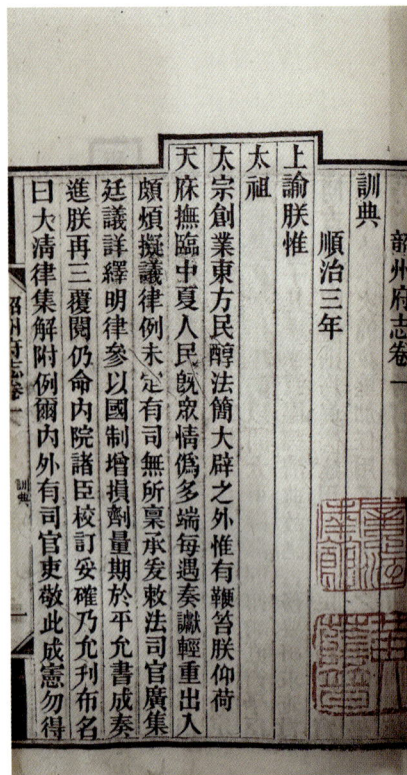

清光绪二年（1876）刻本《韶州府志》

惠州府志　方志。惠州府地方志。①明嘉靖《惠州府志》。李玘修，刘梧纂。12卷，22门46目。有明嘉靖二十一年（1542）刻本。②嘉靖《惠州府志》。姚良弼修，杨载鸣纂。16卷17门。有明嘉靖三十五年（1556）

清康熙二十七年（1688）刻本《惠州府志》

刻本。③万历《惠州府志》。林国相、程有守修，杨起元纂。21卷21门。有明万历二十三年（1595）刻本、万历四十五年（1617）增刻本。④崇祯《惠州府志》。梁招孟修，郑伯升纂。21卷21门。现存11卷。有旧抄本。⑤清康熙《惠州府志》。吕应奎、俞九成修，黄挺华等纂。20卷，首1卷。有清康熙二十七年（1688）刻本。⑥光绪《惠州府志》。清刘溎年修，邓抡斌纂。45卷，首1卷。有清光绪七年（1881）刻本。另有郑维新撰《惠大记》6卷，有明嘉靖七年（1528）刻本；杨载鸣纂、李大有等编校《惠志略》，有明嘉靖三十九年（1560）刻本。（申斌）

潮州府志　方志。潮州府地方志。潮州地区最早的地方志是《三阳志》。现存4种。①明嘉靖《潮州府志》。郭春震修纂。8卷。分为地理志、建置志、田赋志、祠祀志、官师志、选举志、人物志、杂志8门。有明嘉靖二十六年（1547）刻本。②清顺治《潮州府志》。吴颖纂修。12卷。分为地

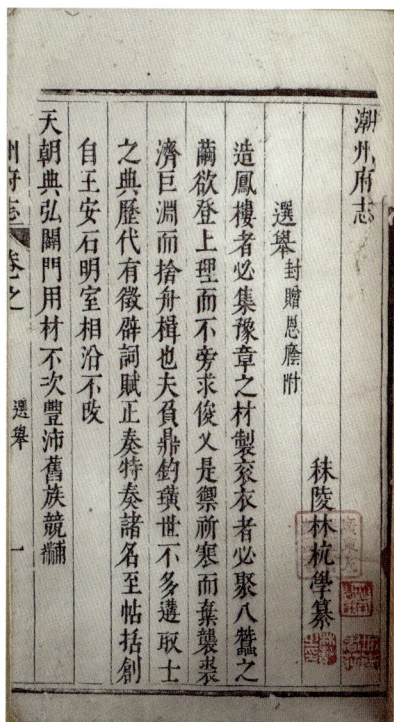

清康熙二十五年（1686）刻本《潮州府志》

书部、赋役部、礼典部、官师部、科名部等11门40目。有清顺治十八年（1661）刻本、康熙五年（1666）刻本。③康熙《潮州府志》。林杭学修，杨钟岳纂。16卷，首1卷。分星野、潮汐、疆域等28门。有清康熙二十五年（1686）刻本。④乾隆《潮州府志》。周硕勋纂修。42卷，首1卷。分星野、气候等36门。有清乾隆二十八年（1763）珠兰书屋刻本。⑤民国《潮州府志略》。潘载和纂修。不分卷。有1933年铅印本。⑥民国《潮州志》。饶宗颐修纂。不分卷。有1949年铅印本。（申斌）

苍梧总督军门志　方志。两广地区军事志书。明嘉靖三十一年（1552）两广总督应槚初修，次年修成24卷，名《苍梧军门志》。万历七年（1579），刘尧诲任两广总督，在原书基础上增补成34卷。万历九年（1581），广东布政使司刻印，因两广总督驻苍梧，故名。系统记载两广总督府沿革及两广重大政治、军事活动，包括开府、制敕、舆图、兵防、经费、操法、赏格、讨罪、事例、奏议、碑文、集议、纪略等，对研究两广地区军事史、民族史、经济史等有重要史料价值。有明万历九年（1581）刻本。今有岳麓书社2015年赵克生、李燃标点本。（申斌）

肇庆府志　方志。肇庆府地方志。①明万历《肇庆府志》。郑一麟修，叶春及纂。22卷，16门。有明万历十六年（1588）刻本。②清康熙《肇庆府志》。史树骏修，区简臣纂。32卷，19门。有清康熙十二年（1673）刻本、康熙五十八年（1719）增刻本。③乾隆《肇庆府志》。吴绳年修，何梦瑶纂。28卷，18门59目。有清乾隆二十五年（1760）刻本。④道光《肇庆府志》。屠英修，江藩纂。22卷，

首1卷，12门。有清道光十三年（1833）刻本、光绪二年（1876）重刻本。（申斌）

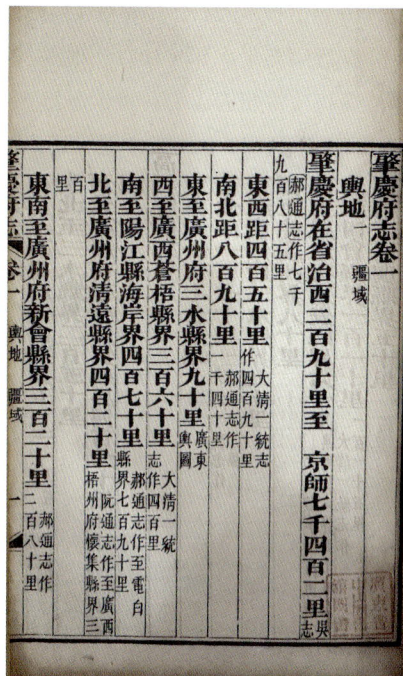

清光绪二年（1876）重刻本《肇庆府志》

雷州府志　方志。雷州府地方志。①明万历《雷州府志》。欧阳保修，徐应乾等纂。创修于万历四十年（1612）。22卷。叙述赋役、兵防颇为详尽，也较多反映雷州与安南、占

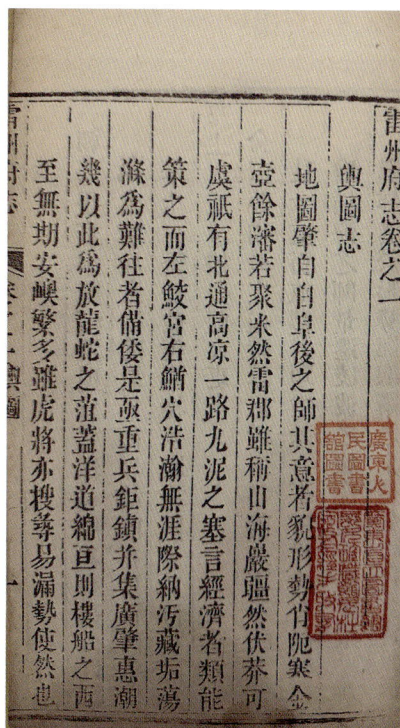

清嘉庆十六年（1811）刻本《雷州府志》

城等周边国家的交往。有明万历四十二年（1614）刻本。②清康熙《雷州府志》。吴盛藻修，洪泮洙纂。10卷，17门24目，现存3门20目。有清康熙十一年（1672）刻本。③清嘉庆《雷州府志》。雷学海修，陈昌齐等纂。20卷，首1卷，19门27目。在体例上有所创新，如兵制厘为兵制、海防。有清嘉庆十六年（1811）刻本。（申斌）

高州府志　方志。高州府地方志。①明万历《高州府志》。曹志遇修，王湛纂。10卷，29目。有明万历间刻本。②清康熙《高州府志》。蒋应泰、黄云史纂。10卷，28目。基本沿袭曹志旧目。有清康熙十一年（1672）刻本。③乾隆《高州府志》。王概、丁殿琰修，李东绍纂。16卷，首1卷，14门。有清乾隆二十四年（1759）刻本。④道光《高州府志》。黄安涛、海寿修，潘眉等纂。16卷，6门。有清道光七年（1827）刻本。⑤光绪《高州府志》。杨霁修，陈兰彬、杨颐纂。54卷，首1卷，末1卷，6门。有清光

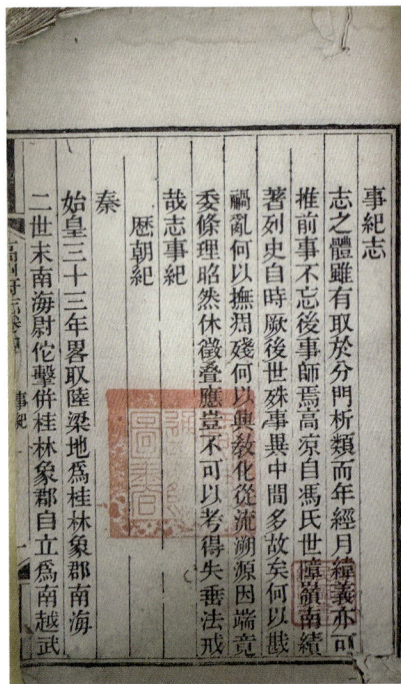

清道光七年（1827）刻本《高州府志》

绪十六年（1890）高州富文楼刻本。（申斌）

廉州府志　方志。廉州府地方志。①明崇祯《廉州府志》。张国经修，郑抱素纂。14卷。有明崇祯十年（1637）刻本。②清康熙《廉州府志》。徐化民纂修。14卷。有清康熙十二年（1673）刻本。③康熙《廉州府志》。徐成栋纂修。14卷。有清康熙六十一年（1722）刻本。④乾隆《廉州府志》。周硕勋修，王家宪纂。20卷，首1卷。有清乾隆二十一年（1756）刻本。⑤道光《廉州府志》。张堉春修，陈治昌等纂。26卷，首1卷。有清道光十三年（1833）刻本。（申斌）

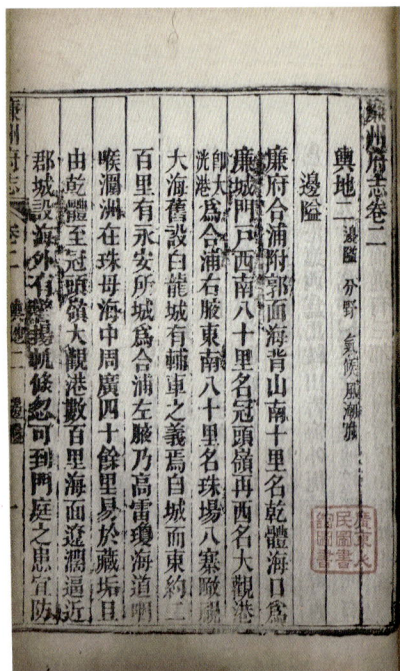

清道光十三年（1833）刻本《廉州府志》

东里志　方志。广东乡镇志。明末陈天资修。记述东里乡事民情，于海事活动尤翔实。书成未刊印，后人有增补。有汕头市档案馆藏抄本。今有1990年汕头、饶平地方志办王琳乾点校本。（申斌）

连州志　方志。连州地方志。①清康熙《连州志》。李赓修，屈琚纂。10卷，9门37目。有清康熙十二年

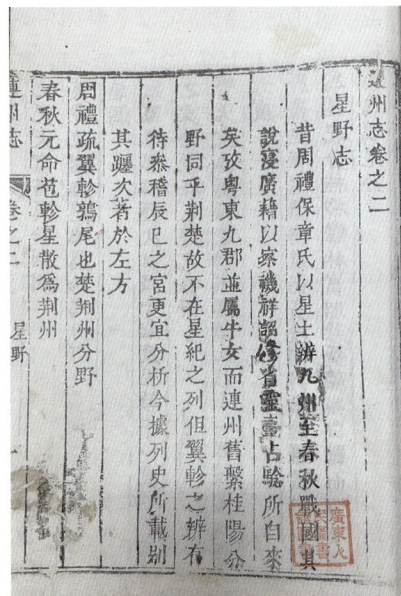

清乾隆三十六年（1771）刻本《连州志》

（1673）刻本。②乾隆《连州志》。杨楚枝修，吴光纂。12卷，20门26目。有清乾隆三十六年（1771）刻本。③同治《连州志》。袁泳锡修，单兴诗纂。12卷。有清同治九年（1870）刻本。（申斌）

广东舆图　方志。广东地图集。清蒋伊奉旨编。12卷。吴兴祚、李士桢、

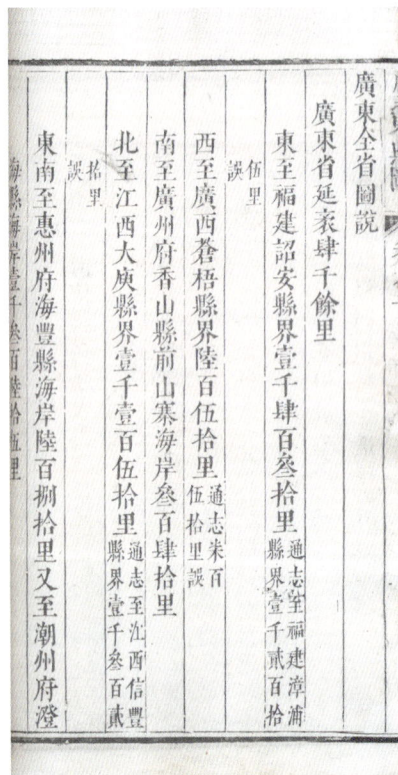

清康熙二十四年（1685）刻本《广东舆图》

韩作栋序。包括全省舆图、10府1州及所辖各州县地图，载明四至、沿革、城池、山水等，图后附有图说。有清康熙二十四年（1685）韩作栋刻本。（申斌）

罗定州志　方志。罗定州地方志。①清康熙《罗定州志》。刘元禄等纂修。10卷。有清康熙二十六年（1687）刻

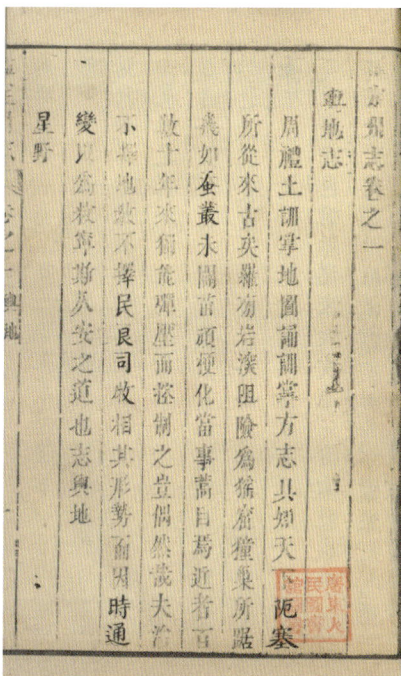

清嘉庆二十年（1815）补刻本《罗定州志》

本。②雍正《罗定州志》。王植纂修。6卷，首1卷。清雍正九年（1731）刻本、嘉庆间补刻本，补刻本叙事至嘉庆二十年（1815）。（申斌）

西樵山志　方志。广东山水志。明嘉靖二十五年（1546）周学心始修《西樵山志》，万历十九年（1591）霍尚守续辑10卷本，均佚。清康熙时罗国器重辑，未成书，马符录续编成6卷，介绍西樵山胜景、名贤雅士、植物种类及旅游等。有清乾隆六年（1741）刻本、聂崇一抄本。（申斌）

澳门记略　又称《澳门纪略》。澳门史志。清印光任、张汝霖纂。2卷3

篇。为私家著述。清乾隆十年（1745）成书，续成于乾隆十六年（1751）。上卷包括《形势篇》《官守篇》2篇，下卷为《澳蕃篇》，记载澳门西人体貌、服饰、生活起居、习俗风尚、物产、器具、船炮技艺、语言文字等。有清乾隆十六年（1751）刻本、清嘉庆五年（1800）刻本、清道光《昭代丛书》本、清光绪六年（1880）江宁藩署重刊本、光绪十年（1884）广州萃经堂刻本。今有广东高等教育出版社1988年赵春晨点校"岭南丛书"本。参见第1190页对外贸易卷"澳门记略"条。（申斌）

澳门纪略　见"澳门记略"。

嘉应州志　方志。嘉应州地方志。①清乾隆《嘉应州志》。王之正纂修。12卷，12门50目。有清乾隆十五年（1750）刻本。②咸丰《嘉应州志》。文晟纂修。40卷，首1卷。有清咸丰三年（1853）刻本。③光绪《嘉应州志》。吴宗焯、李庆荣修，温仲和纂。32卷，首1卷。有清光绪二十七年（1901）刻本。（申斌）

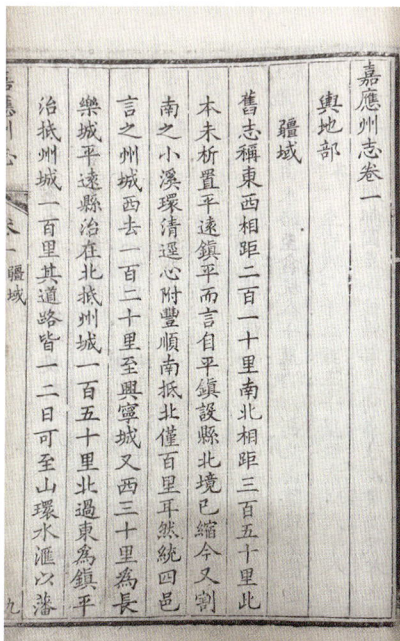

清乾隆十五年（1750）刻本《嘉应州志》

澳门图说　澳门地志。清张甄陶撰。记澳门交通、建筑及与外国人交流情形，并就防范外国人违法行为提出建议。收入魏源《皇朝经世文编》卷83、《小方壶斋舆地丛钞》第9帙。（申斌）

佛山忠义乡志　方志。广东乡镇志。明朝黄萧养起义被镇压后，景泰皇帝赐佛山名"忠义乡"。始修于清康熙

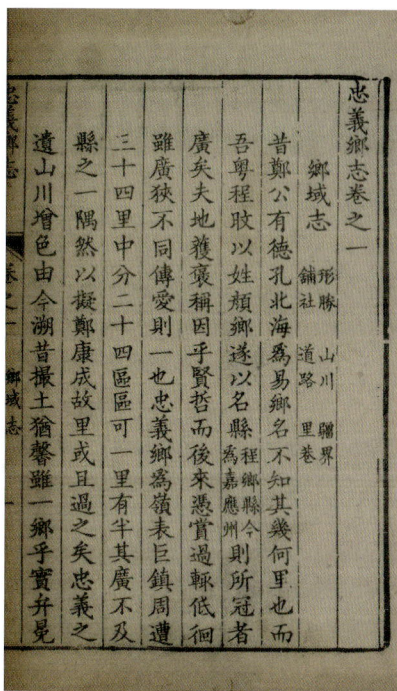

清乾隆十九年（1754）刻本《佛山忠义乡志》

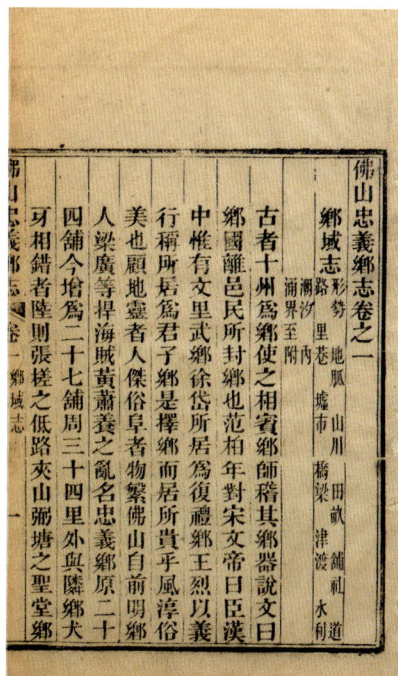

清道光十一年（1831）刻本《佛山忠义乡志》

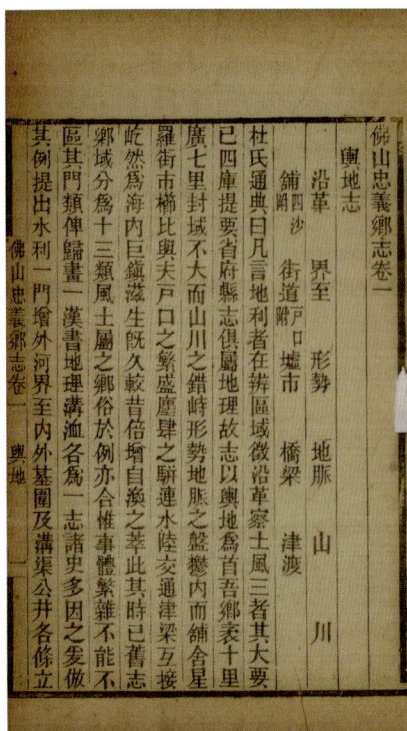

1926年刻本《佛山忠义乡志》

年间，乡人李侍问纂修，今佚。现存乾隆、道光、民国3个版本。①乾隆《佛山忠义乡志》。清毛维铸修，陈炎宗纂。11卷，10门71目。涵盖乡域、官典、乡事、选举、乡俗、乡学、乡防、名宦、人物、艺文。有清乾隆十九年（1754）刻本。②道光《佛山忠义乡志》。吴荣光纂。14卷，14门85目。涉及乡域、祀典、官署、乡学、乡俗、乡事、乡防、名宦、人物、选举、艺文、金石、乡禁、杂录等。有清道光十一年（1831）刻本。③民国《佛山忠义乡志》。冼宝干纂。19卷，首1卷。分舆地记、水利志、建置志、赋税志、教育志、实业志、慈善志、祠祀志、氏族志、乡事志、职官志、选举志、艺文志、金石志、乡禁志、杂志等，卷首附图，篇目以清末民国新政为准。有1926年刻本。（申斌）

崖州志　方志。崖州地方志。崖州初为琼州府属州，清光绪三十一年（1905）升为直隶州。①清乾隆《崖州志》。宋锦修，黄德厚纂。10卷，11门62目。有清乾隆二十年（1755）

刻本。②光绪《崖州志》。钟元棣修，张隽、邢定纶纂。22卷。分舆地、建置、经政、海防、黎防、职官、选举、宦绩、人物、艺文、杂志，记事上起汉朝，下迄清末。有1914年铅印本、1962年郭沫若标点铅印本。（申斌）

佛山街略　方志。清朝佛山游览指南。介绍佛山街区及商品销售情况。具体内容包括佛山祖庙，汾水正埠及接官亭，中、东、西3路从正埠接官亭到祖庙的街道路线、地名典故、货品商铺、建筑等，祖庙至东南栅下文塔脚及至南部通济桥的2条路线，正埠码头至镇东北角渡头和镇西北角渡头的2条路线。附录《客商购物须知》，包括路线、购物暗语、镇内衡制、交易技巧等。有清道光十年（1830）佛山怡文堂刻本。（申斌）

龙江志略　方志。广东乡镇志。清儒林书院纂。4卷。记述顺德龙江乡之史事。分舆地、选举、人物、艺文4门。今残存舆地门，有述典、山川、桥梁、津渡、古迹、坊表、祠墓、坊里、物产、氏族、编年、冠裳等目。清末民初另有抄本，舆地之外，涉及选举、人物、艺文，记事延续至1925年。有清道光十三年（1833）抄本、1935年抄本。（申斌）

西樵游览记　方志。广东游记。刘子秀撰，黄亨、谭药晨刊补。14卷。包括名胜、峰峦、岩洞、溪泉、台石（附采石）、院馆（附亭宇）、山村（附坊表、祠墓、关梁、庵寺）、古迹（附碑刻）、名贤、物产、艺文、杂事等门类，配图精美，内容博赡，集西樵山志乘之大成。有清道光十三年（1833）补刻本。（申斌）

粤海关志　海关专志。清梁廷枏总纂。30卷。清道光十八年（1838），粤海关监督豫堃聘梁廷枏为总纂，在前人基础

上编成。记述广东海关沿革、通商情况和行政制度，讫于道光十八年（1838）。分皇朝训典、前代事实、口岸、设官、税则、奏课、经费、禁令、兵卫、贡舶、市舶、行商、夷商、杂识14门。为研究清代海关、中外关系与对外贸易的重要著作。有道光广州业文堂刻本。今有广东人民出版社2002年袁钟仁校注"广州史志丛书"本。参见第1190页对外贸易卷"粤海关志"条。（申斌）

四洲志　方志。外国地理志书。林则徐在广东主持禁烟期间，为了解西方情况，主持译述英人慕瑞（Hugh Murray，1779—1846）的《世界地理大全》，编成1卷《四洲志》。简要叙述世界四大洲（亚洲、欧洲、非洲、美洲）30多个国家的地理、历史和政治状况。有清道光二十一年（1841）刊本、《小方壶斋舆地丛钞补编》本。后魏源受林则徐嘱托，在该书基础上编撰《海国图志》。（申斌）

白云越秀二山合志　方志。广东山志。

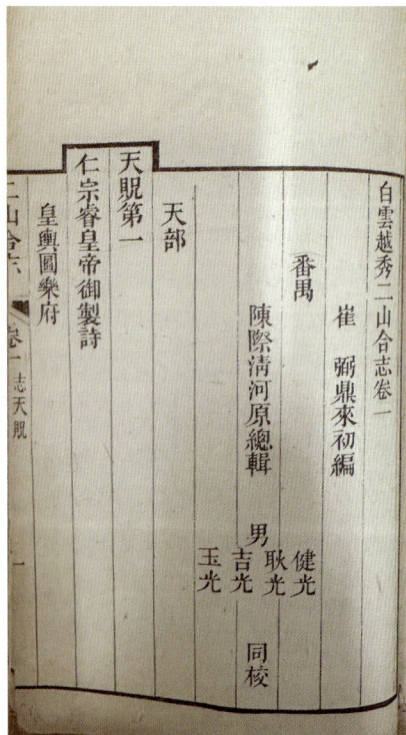

清道光二十九年（1849）刻本《白云越秀二山合志》

清崔弼初辑，陈际清续辑。49 卷。有林召棠、陈际清序。以广州白云、越秀二山为主，记载二山、广州城有关胜迹、古今人物，分天、地、人、物 4 部 49 门。有清道光二十九年（1849）刻本。（申斌）

广东图说　广东地图集。清毛鸿宾、瑞麟为总裁，陈澧、邹伯奇、赵齐婴绘图，桂文灿编图说。92 卷。成书于清同治年间。内容据《广东通志》及府州县厅志地图和商民绘水程、海岛之图修订，全省及各府、州、县、厅图附详细说明。所标省城经纬度是实测所得。有清同治九年至十年（1870—1871）萃文堂刻本。参见第 824 页科技卷"广东图说"条。（申斌）

桑园围志　方志。广东水利专志。桑园围为古代珠江三角洲地区的大型基围，清乾隆五十九年（1794）始修专志，此后桑园围总局于历次大修后均续修。现存 3 种。①《桑园围总志》。清明之纲、卢维球纂修。14 卷。有清同治九年（1870）刻本。②《重辑桑园围志》。清何如铨纂修。17 卷，16 门。结合光绪年间修围文献增编，分奏议、图说、沿革、培护、抢救、防患、起科、章程、祠宇、拨款、渠窦、江源、蠲振、义捐、工程、艺文、杂录。有清光绪十五年（1889）刻本。③《续桑园围志》。民国何炳坤纂修。16 卷。有 1932 年铅印本。参见第 820 页科技卷"桑园围总志"条、第 828 页科技卷"重辑桑园围志"条、第 833 页科技卷"续桑园围志"条。（申斌）

梅菉志　方志。广东乡镇志。梁兆鳌纂修。光绪末成书。为现存梅菉地方唯一一部志书。8 卷。分地理、建置、职官、选举、仕宦、封赠、恤荫、耆寿、纪事、金石、列传、杂录等。较全面、系统地记载清代粤西港口梅菉

的历史社会状况。有清光绪二十八年（1902）稿本。（申斌）

广州城坊志　方志。广州城坊沿革著述。黄佛颐编纂。6 卷。叙述清朝广州府城及附郭城坊沿革史迹。卷 1—3 为城内，卷 4 为北城外、新城，卷 5 为西关，卷 6 为东关、河南。所征引资料均注明出处。有稿本。今有广东人民出版社 1994 年仇江、郑力民、迟以武点注"岭南文库"本，暨南大学出版社 1994 年钟文点校"岭南丛书"本。（申斌）

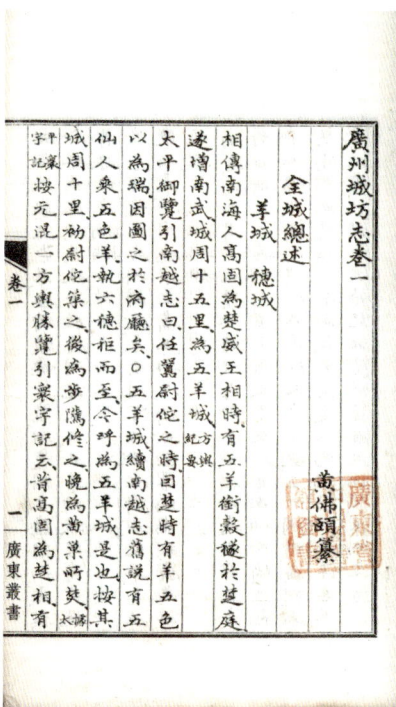

《广东丛书》本《广州城坊志》

惠州西湖志　方志。广东山水志。张友仁著。13 卷，首 1 卷义例。成书于 20 世纪 40 年代。叙述惠州西湖风景、位置、气候、山川、界域、名迹、人物、艺文、金石、书画、器物、物产、人口、地积、职业、赋税、风俗、地质等。有 1947 年惠州印本。今有广东高等教育出版社 1989 年高国抗修订、麦涛点校"岭南丛书"本。（申斌）

（东莞）庐江郡何氏家记　谱牒。广东家传。明何崇祖撰。崇祖系明东莞伯何

真之子。记载何氏家族历史，元至正十四年（1354）之后尤详，迄于明洪武三十一年（1398）。附录诗文。明宣德九年（1434）撰成。有旧抄本，《玄览堂丛书续集》据之影印。（申斌）

（石湾）太原霍氏崇本堂族谱　谱牒。广东族谱。手书本。9 卷，9 册。线装。卷 1 衔印序跋，卷 2 先代人物，卷 3 前后家训，卷 4 列祖图像，卷 5 杂纪图说，卷 6—8 为世系纪，卷 9 世系要略。今存卷 1—5、7，余佚。记载霍氏南宋咸淳年间由南雄珠玑巷迁居石湾后子孙繁衍的情况，收录明成化至清康熙年间数篇家训、契约等。对研究明清时期石湾社会有参考价值。（申斌）

南海九江朱氏家谱　谱牒。广东族谱。朱宗琦、朱次琦编纂。12 卷，首 1 卷。提出修谱"四不从"原则：不从欧阳修、苏洵二谱之例，不从恶者不讳之例，不从"人皆立后，不协于古"之例，不从兼及他郡、异派之例，以维护家风，拯救世道人心。其中，宗支谱 5 卷，恩荣谱 1 卷，祠宇谱 1 卷，坟茔谱 2 卷，艺文谱 1 卷，家传谱 1 卷，杂录谱 1 卷。有清同治八年（1869）刻本。（申斌）

鹤园冼氏家谱　谱牒。广东族谱。冼宝干续修。9 卷，首 1 卷。冼氏于宋朝分别由高州、南雄等地迁居佛山，共 5 房，明清时为佛山大族。鹤园冼氏为练园房，其祖先经营冶铁，家财富裕，家谱皆有记载。有清宣统二年（1910）刻本。（申斌）

粤东简氏大同谱　谱牒。广东族谱。简宝侯、简朝亮编。13 卷。清宣统三年（1911），简朝亮与其子简咏述、门人张梦熊和李礼兴编纂《顺德简岸简氏家谱》，继承并发展了朱次琦的谱学思想。1921—1926 年，简宝侯、

简朝亮编纂该谱。有 1928 年上海中华书局印本。（申斌）

香山明清档案辑录　档案。广东明清档案汇编。中山市档案局（馆）、中国第一历史档案馆编。上海古籍出版社 2006 年出版。收录中国第一历史档案馆所藏原广东广州府香山县明朝档案 4 件、清朝档案 863 件。起明天启三年（1624）十二月，迄清宣统三年（1911）。分政务、军务、政法、外事、宗教、财贸、农务、文教 8 类，每类内档案依照时间排序。卷首有原档案彩色图版，正文为简体字录文、标点、排印，并注明原属全宗文种。（申斌）

分类广东清代档案录　档案。广东清朝档案汇编。清钞本。不分卷，10 册。为胥吏抄纂广东各类成例公文而成。每册前有目录。内容以财政经济为主，包括枲务、沙坦、商渔、渡船、关税、市廛、粮食、海防、杂类、谷米、户役、田宅、山坟、养廉附俸银、廪膳、解支、杂项、承追、盐法、铁炉、神断、捐助、孤贫。所收事例起于乾隆，迄于光绪。加拿大不列颠哥伦比亚大学亚洲图书馆藏。（申斌）

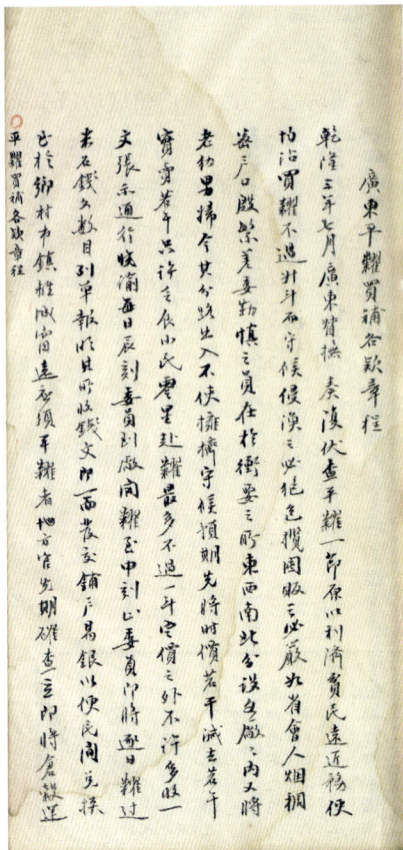

清钞本《分类广东清代档案录》

东莞明伦堂档案　档案。国家档案局重点档案保护与开发项目。东莞市档案馆藏有东莞明伦堂档案 549 卷，时间跨度自清道光十八年（1838）至 1949 年，主要包括东莞明伦堂董事会及其属下机构在日常活动中形成的文书；明伦堂经营万顷沙田产形成的各种租约合同；明伦堂经理局收纳田租及资助教育、医疗卫生等公益事业形成的各种财务会计账簿；明伦堂与佃户发生经济和财产纠纷形成的诉讼文书，与地方政府的来往文书等。是保存相对完整、记录较为详细的中国近现代民间组织发展历程及其主要活动的珍贵文献。今有广东人民出版社 2020 年东莞市档案馆编、刘志伟主编第 1 辑。参见第 784 页新闻出版卷"东莞明伦堂档案"条。（李兰萍）

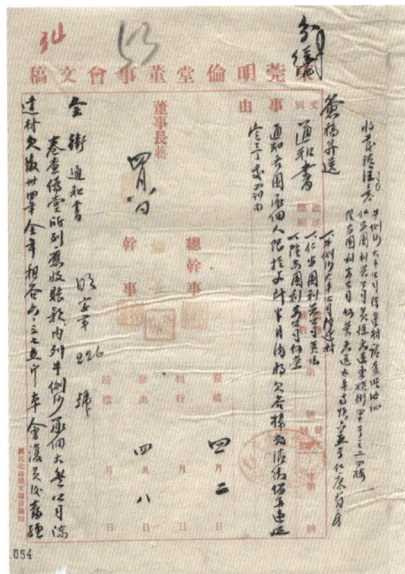

东莞明伦堂档案

三　民族民系卷

概　况

岭南民族　区域民族。上古时期岭南为百越地，"自交趾至会稽七八千里，百越杂处，各有种姓"。岭南主要分布有南越、骆越、西瓯及其后的乌浒、俚、僚、莫徭等部族，有自己的语言和文化特征，可知的有种植水稻、制造使用有肩石器或有段石锛、几何印纹陶以及具有特色的青铜器，断发文身、住干栏、擅用舟楫、嗜食海产、信鸡卜。六朝后期至初唐，瑶、畲、回等族先民先后抵粤。唐末，原诸越后裔部分与南下汉人融合，部分演变为俚、僚。至宋元，岭南汉族基本形成。其间，瑶族开始大量由湘入粤，居住区域随之向南扩大，加上唐宋以来一直生活于广东的回族，岭南各民族的分布格局大致形成。有明一代，海南苗族的祖先由广西进入海南岛。清乾隆时期抽调来粤驻防的满洲八旗官兵成为广州满族的"落广祖"。至清末，岭南各民族的分布与今日基本一致，主要有汉、壮、瑶、畲、黎、苗、回、满、京等9个世居民族。其居住情况为汉族遍布全境，少数民族主要分布如下：壮族大部分在广西、

小部分在广东北部，瑶族在广东北部和广西，畲族在广东东部，黎族、苗族在海南岛，回族在广东、海南和广西，满族在广州，京族在广西防城港。一般认为，壮、黎、京是越人演化而来，瑶、畲、苗由洞庭蛮演化而来。大多保留自己的语言和习俗。（符昌忠）

岭南民系　区域民系。汉族亚文化人群。自秦汉以来迁入岭南的中原人，历经秦至宋1000多年的发展，岭南经济社会发生变化，社会形态由部落联盟发展为成熟的封建社会，民族构成也由单一族姓融合发展形成多民族杂居的多元文化区域。两汉时期，部分越族与汉族融合，形成了"次生越人"，进而发展成为广府和潮汕两个民系的先民，汉族发展壮大。唐朝末年，原百越后裔一部分演变为壮族、黎族及琼北村人，一部分与南下汉族融合，大部分俚人成为汉族，广东汉族的民族地位发生变化，即汉族由少数民族发展成为主体民族。至宋元，岭南汉族基本形成。因为迁出地与进

入岭南之后落脚地所接触的族群及其经济社会的不同，南下汉族发展形成几个汉族亚文化群体，以语言及习俗为特色形成广府、潮汕、客家和雷琼四大汉族民系。至清末，以汉族为主体，与世居民族及其后裔一同构成岭南民族的现代格局，创造了岭南文化。岭南文化以百越文化为基色、以汉文化为主调，吸取中原精华，采纳四海文化新风，自成一宗。（符昌忠）

语言人群　岭南汉族亚文化人群。岭南世居民族中，除了国家确认的汉、壮、瑶、畲、黎、苗、回、满、京等民族外，岭南汉族人群内部存在较大的人群或次区域文化差异，构成岭南多元文化。历史上，由中原分批迁徙至岭南的汉人因所处区域不同，与其所处地区的土著接触、融合而形成亚文化区，有的以汉人为主体，形成大的岭南汉族群体，如广府、潮汕、客家、雷琼等民系。有的以越人为主体，形成"次生文化"群体，至今仍使用非汉语言的汉族群体，这些人群或多或少保留其原生族裔文化形态，显性

的特征以使用原生语言为标志，或多或少保留其传统的风俗习惯，如分布于海南的琼北村人、琼西村人、那斗人，分布于广东的标话人、吉兆海话人等。从语言文化角度来看，这些语言人群是岭南百越人与南下汉族融合而成的亚文化人群，考古学界称为"次生越人"或"次生汉人"。为中国古代民族融合的路径之一。（符昌忠）

方言人群 岭南汉族亚文化人群。是历史上由中原分批迁徙至岭南的汉人。大的群体可分为广府、潮汕、客家、雷琼等民系；亦有独立使用传统语言或自身具有独特文化的小方言群体，其先人通过谋生或从军迁徙到现居住地，一直未能融入先到人群，形成"孤岛型"原生文化飞地，如疍民、儋州人、迈话人、军话人、付马人等，至今仍有自己的传统方言和生活习俗。（符昌忠）

民族民系

越 商至两汉时期南方土著居民的泛称。分布在今浙江、福建、江西、广东、广西。"越"源于殷商甲骨文"戉"。"戉"先作为石戉、铜戉等生产工具或兵器的称谓，后作为使用这些工具或兵器之人的族称，史籍将"越"写为"戉"。越人支系繁多，也称百越。"百越"最早见于《吕氏春秋·恃君览》。秦汉时期，"越"和"粤"通用，西汉统一岭南后，"百越"之名不见于史籍。越人以地理为界，大致分为于越、东越、闽越、南越、西瓯。于越以浙江绍兴平原为活动中心；东越以温州为活动中心；闽越以福建为活动中心；南越以珠江三角洲和粤北为活动中心；西瓯以广西桂江、浔江流域为活动中心。秦汉以后于越、东越、闽越、南越、西瓯等支系融入汉族，成为中国东南与华南汉族的重要来源之一。于越最早与中原王朝建立联系，春秋时期，其首领越王勾践北上称霸中原，成为"春秋五霸"之一。战国末年，百越进入原始社会的最后发展阶段军事民主制，出现强有力的政治领袖和军事首领"君"以及家内奴隶。秦始皇征岭南，在百越地区设置闽中、南海、桂林、象4郡。越地物产丰富，常用象牙、犀角、香木、青铜器等物品，与中原交换手工产品和丝帛。春秋战国时期，越与吴国、楚国商贸往来频繁。越人有自己的语言，有断发文身、住干栏、擅用舟楫、嗜食海产、鸡卜等独特习俗；善于种植水稻，饲养家猪；陶器制作、青铜器炼制、金属冶炼等技术较为发达，较有代表性的是印纹陶与黑陶，也擅长驾舟航行和打制玉器。代表性越人文化遗址有余姚河姆渡文化遗址、苏州草鞋山遗址、金坛三星村遗址、余姚良渚文化遗址、缚娄古国遗址、曲江石峡文化遗址等。（李双）

南越 又称南粤。越人支系。分布在今珠江三角洲和粤北。其族体形成和发展年代在西周至春秋战国时期。"南越"作为族名最早见于《史记·南越列传》集解引《汉书音义》。4000年前的金兰寺遗址出土的陶釜，表明已是父系氏族社会；曲江马坝石峡文化墓葬已反映出私有制和贫富分化现象，部落联盟制产生。秦征南越，设桂林、象、南海3郡，开始推行封建制。秦末汉初，南海龙川县令赵佗自立为南越武王，建都番禺（今广州），是一个以越族为主体的半独立封建地方政权。西汉元鼎六年（前111），汉武帝灭南越国。西汉之后，中原人开始大规模南迁，多数南越人与汉族融合，最终被汉化。未汉化的土著退居山地或更偏远地区，逐渐演变为黎族、壮族、畲族、京族等少数民族。南越族有独特的生活习俗，如迷信鸡卜、剪发文身、凿齿、干栏巢居、贵重铜鼓、食蛇蛙蛤、猎首等。南越族种植水稻，使用磨制石钺、双肩石斧和有段石锛，使用几何印纹陶器，善舟习水，捕捞业发达，造船技术先进，是海上丝绸之路的先驱。代表性文化遗址有广州南越王墓、南越王宫署遗址的地下石构建筑、南越国御花园和南越国宫殿遗址、南越国木构水闸遗址等。（李双）

南越文王墓四连体熏炉

南粤 见"南越"。

西瓯 又称西越、西汜。越人支系。分布在今广西桂江、浔江流域。汉时分布在郁林郡、苍梧郡和合浦郡部分地区，即今广西大部及广东南部一些地区。"瓯"最早见于《逸周书·王会》。"西瓯"族名最早见于《淮南子·人间训》。秦南征岭南时，西瓯首领译吁宋聚合部众阻击秦军。西汉初期，役属南越。西汉元鼎六年（前

111），汉武帝在西瓯设置郁林、苍梧两郡，将区域中的大部分人口迁往汉水之滨。初元三年（前46），撤苍梧、郁林两郡。在此后的民族大融合中，一部分西瓯人随统治权的变更，与南迁的中原人融合，成为汉人；一部分西瓯人与骆越人逐渐演化成为今日的壮族、琼北村人、布依族、侗族、傣族、毛南族、仫佬族、水族等少数民族的先民。西瓯人以断发文身为主要特征。代表性文化遗址有平乐县张家乡燕水村银山岭战国墓遗址。（李双）

西越 见"西瓯"。

西沤 见"西瓯"。

骆越 又称雒越。越人支系。分布在今广西邕江流域、越南北部红河流域。汉时分布在交趾、九真和合浦等郡，即今广西南宁西南至今越南北部和中部以及广东雷州半岛和海南。"骆越"最早见于《逸周书·王会》。《史记·南越列传》记载南越王赵佗上书汉文帝时，将骆越、西瓯并称。汉武帝平定南越后，为了分化两者，恢复了骆越、西瓯的旧称。广西武鸣大明山南麓是骆越古国最早的都城。秦军南进时，武鸣古都遭到破坏，骆越人南迁至螺城一带。在此后的民族大融合中，一部分骆越人经今河池、南丹一带沿龙江溯流而上，往今黔、桂边境迁移，成为侗、水族先民。一部分发展为今之壮、傣等民族及琼北村人。活动区域在中原与西南、华南的交会处，人员、物资流动频繁，文化多元，有稻作文化、铜鼓文化、龙母文化、干栏式文化等，以椎髻、断发文身为特征。代表性文化遗址有陆斡镇覃内村的岜马山岩洞葬、马头镇元龙坡的骆越墓葬群、两江镇独山战国岩洞葬等。（李双）

雒越 见"骆越"。

乌浒 又称乌武蛮、邬浦蛮。即乌浒蛮。东汉至隋唐时期南方越人一支的族名。分布在今广东、广西，主要集中在广西的左、右江流域及钦州、合浦、玉林等地。"乌浒"最早见于《后汉书·南蛮传》。东汉时，受北方地区先进生产技术和文化影响，出现农耕，形成比较固定的个体家庭，有的地方还建立了学校。东汉建宁三年（170），玉林太守谷永招纳10余万乌浒人内属，授冠带，开设7个县。有鼻饮、巢居、住干栏、椎髻、凿齿、用毒矢、绩布葛、猎首、击铜鼓的习俗，擅长取蚌采珠。魏晋南北朝时期称俚人或俚僚，唐称乌武僚、西原蛮、黄峒蛮、蜓僚。为今广西部分壮族先民。（李双）

乌武蛮 见"乌浒"。

邬浦蛮 见"乌浒"。

俚 3—9世纪汉文典籍对南方越人后裔的称呼。分布在今广西南部、海南岛、广东西南部、越南北部。先民为先秦时期的骆越人、西瓯人及汉代的乌浒人、南越人。汉末以前，处于原始社会晚期氏族社会。魏晋南北朝时期，形成几股强大的部落联盟，由酋长统治，首领称渠帅、都老，表面臣服中央政府。隋唐时期，出现冼夫人、冯盎、宁长真等著名首领。冼夫人历经梁、陈、隋三朝，始终维护国家统一、民族团结，被尊称为岭南"圣母"。唐后受南迁的中原汉族文化影响，形成独特的俚人文化。有自己的语言，崇拜雷神，有鼻饮、椎髻、鸡卜、断发、文身、赤足、住干栏风俗。为今壮族、琼北村人先民。（李双）

僚 6—9世纪汉文典籍对南方少数民族的泛称。分布在今广西、广东、四川、云南、贵州等地。"僚"作为族名最早见于西晋陈寿《益部耆旧传》。支系繁杂，有蛮僚、夷僚、土僚、峒僚、山僚、俚僚、乌武（浒）僚、鸠僚、葛僚、南平僚、化僚、飞头僚等。唐时，岭南除了少数地方用"俚"指称土著居民外，其余均称僚。宋时，内涵发生变化，由越族后裔的专称演变为南方少数民族的泛称。岭南僚人溪峒豪族世代传袭，唐朝时实行由中央政府直接控制的南选制。宋、元亦有僚人的记载。有住干栏、击铜鼓、凿齿、鼻饮、文身、产翁、岩葬等习俗。一般认为，广西、贵州、云南等省区的僚人发展成为壮侗语族各族，其他地区的僚人或融合于汉族，或融合于西南地区各少数民族之中。（李双）

莫徭 6—9世纪汉文典籍对部分瑶族的族称。分布在今湖南大部、广东北部和广西东北部。"莫徭"最早见于《梁书·张缵传》。隋唐时期莫徭部族群体逐渐形成，张缵出任湘州刺史时，对少数民族实行轻徭薄税、宣化皇恩等措施，这些"向化"部族被称为莫徭。南朝梁、陈间由湖南进入广东北部地区，是继中原汉族之后进入广东的第二个民族。7世纪主要从事狩猎业和刀耕火种农业，有自己的语言和服饰，男子穿白布裤衫，女子穿青布衫、斑布裙，赤足，婚姻用铁钴锛为聘财。唐诗人刘禹锡有《连州腊日观莫徭猎西山》《蛮子歌》反映莫徭猎兽生活。唐以后"莫徭"在史乘中消失。宋以后，称瑶、瑶人、蛮瑶等。（李双）

瑶族 岭南世居民族。岭南瑶族主要分布在今广西壮族自治区、广东省清远市的连南、连山、英德、连州、阳山和韶关市的乳源、曲江、始兴、乐昌、翁源、仁化等山区。主要聚居在连南瑶族自治县、连山壮族瑶族自治县、乳源瑶族自治县。广东的瑶族有

过山瑶、八排瑶之分。南北朝之前先民称"蛮"，元代出现"蛮猺""猺人"等侮辱性称谓，民国时期将"猺"改为"傜"和"猺"，新中国成立后，根据瑶族人民意愿，改为"瑶"，统称为"瑶族"。南朝梁陈时开始由湖南进入粤北，北宋中叶后，逐渐向南、向西、向东迁移。至明代广东瑶族达到全盛，广东的10府72州县中，有9府56县有数量不等的瑶族。明万历中叶至清，随着统治者武力征讨、瑶族自然迁徙、部分融于汉族，至民国时期粤北成为广东瑶族主要聚居区。语言属汉藏语系苗瑶语族瑶语支，民间曾创制和使用过汉字记瑶语的"方块瑶文"，通用汉语文。主要从事农、林业，曾盛行狩猎。内部还存在有原始色彩和民主性质的社会组织，如瑶老制、石牌制、巴引制、油锅制。服饰上，男女均穿无领无扣、宽大、黑色粗布枇杷襟上衣，腰间束布带，下穿水桶裤，穿草鞋。女子善蜡染。信仰多神，崇拜祖先，部分受道教影响较深。乐器有卢沙、铙鼓、胡芦笙、竹笛。主要节日有祝著节、盘王节、"赶鸟"节、尝新节、耍望节等，歌堂是最盛大的节日。（李双）

壮族 岭南世居民族。岭南壮族主要分布在今广西、广东。广东的壮族主要分布在今清远市连山壮族瑶族自治县、连南瑶族自治县、怀集县下帅壮族瑶族乡。连山壮胞又被称为峒民。先秦时期属百越族中骆越、西瓯支系。汉至唐时期，称乌浒、俚、僚，宋代以后又有撞、布土等20多种名称，元明以后称为獞。1949年，改獞为僮。1965年，改僮为壮，统称壮族。语言属汉藏语系壮侗语族壮傣语支，民间曾创制和使用过汉字记壮音的方块俗体字，现在官方使用新创制拉丁字母壮文，通用汉语文。广东的壮族以种植水稻为主，兼事渔猎采集。内部存

有"里排会议"组织形式，公认不经选举产生的村老、寨老管理事务。服饰上，男子穿当地土布制作的蓝黑对襟唐装，不穿长裤，裤脚稍宽，头包印花或提花毛巾，腰围裙；女子上穿藏青或深蓝色短领右衽无领或有领对襟或偏襟上衣。信仰多神，崇拜祖先，亦受道教、佛教影响。盛行歌圩，流行壮戏。保留有戏水节、舞寿星公与龟鹿鹤舞火狮、抢花炮、壮族八音、壮族民歌等传统民族文化。主要传统节日有四月初八牛王诞和六月初六拜久那（拜田头神）。（李双）

畲族 岭南世居民族。岭南畲族主要分布在今广东省潮州市凤凰山区，广州市增城区的罗浮山区，河源市九连山区，韶关市始兴县、南雄市的大庾山区等地。自称山哈（山客），古称輋民、畲民。其族源有多种说法，普遍认为同源于汉晋时代的武陵蛮（又称五溪蛮）；还有越人后裔说、东夷说、闽族后裔说、南蛮说等。广东畲族祖先最早居住在潮州凤凰山一带。唐代畲族先民被称为"蛮僚""峒僚""峒蛮"；南宋末年，史乘将从事刀耕火种的山民称为"畲民"。明代，官府在粤东畲族社会基层设"畲长"，"畲长"之上设"畲总"，"畲总"之上设"抚摇土官"。民国时期，在畲村推行保甲制。语言属汉藏语系，现多操接近于汉语客家方言的语言；广东的畲族操苗瑶语族苗语支的畲语，无文字，通用汉语文。主要从事农业，兼营林业、茶树栽培。服饰上，男子穿色麻布圆领、大襟短衣、长裤；女子服饰以象征万事如意的凤凰装最具特色。笃信盘瓠为始祖，重祭祖。爱唱山歌。主要传统节日有做福、分龙节、尝新节、会亲节、盘歌节、乌饭节、猎神节等。（李双）

黎族 岭南世居民族。海南岛最早先

民。主要分布在今海南省中南部。自称赛，各支系分别自称或他称为侾、杞、润、美孚、赛等。新石器时代生活在海南岛，两汉对海南岛的越人有骆越、俚、蛮等称谓，隋唐俚、僚并称，但均非黎族专称，是对南方少数民族的泛称。"黎族"最早见于《新唐书·杜佑传》。宋代以后，"黎"代替俚、僚等泛称而成为黎族的专用族称。语言属汉藏语系壮侗语族黎语支，无文字，有民间组织推广黎语拉丁字母文字，通用汉语文。主要从事农业。"合亩"与"峒"是传统黎族社会组织。服饰上，男子穿无袖对襟上衣，女子穿对襟无扣上衣和筒裙。善纺织，其纺织品吉贝、广幅布，早在汉代就是宫廷王公贵族的奢侈品，也是海南的贡品。元黄道婆学习黎族的纺织技艺后回江南，对当时的纺织工艺进行改进，推动中国纺织业的发展。行祖先崇拜和自然崇拜，受道教影响。乐器以鼻箫最具特色。主要节日有春节、年仔节、山栏节、禾节、三月三、端午节、牛节、敬祖节、军坡节等，以三月三最负盛名。（李双）

苗族 岭南世居民族。岭南苗族主要分布在今广东省、广西壮族自治区、海南省中南部的琼中、乐东、白沙、保亭以及琼海、东方等市县。其来源至少有三个。一是"广西苗兵"的后裔。明万历四十二年（1614），崖州罗活、抱由等峒黎族起义，总督张鸣冈派遣1.2万多土、客兵进行镇压，之后建安乐营屯兵防守。二是自然迁徙者的后裔。苗族民间歌谣《盘皇牒》中记载祖先从广西迁徙到海南的传说。三是融合其他民族的部分成员。海南苗族、黎族、汉族长期共处，三者经过交流融合，形成统一的苗族。苗族使用"苗"由来已久，1950年国家民族识别时，根据"名从主人"的原则，

苗族沿用原族名。语言属汉藏语系苗瑶语族瑶语支，通用汉语文。主要从事农业，部分兼事林业。苗寨实行"村老"和"山甲"制度，由村民民主选举。服饰上，男子穿对襟短衣或右衽长衫，妇女穿窄袖、大领、对襟短衣和百褶裙，妇女长于刺绣、蜡染。信仰鬼神，崇拜祖先。海南苗族最有特色、保留得最完整的祭祀性舞蹈是三元舞，创建于苗族进驻崖州的明代。（李双）

回族 岭南世居民族。岭南回族主要分布在今广东省广州市、肇庆市、深圳市、海南省三亚市天涯区凤凰镇。唐朝时，广州设有蕃坊，内设"蕃长"，管理蕃坊事务，住在蕃坊内的居民称"蕃客"，以信奉伊斯兰教的波斯（伊朗）和大食（阿拉伯）商人居多。广东回民主体是明代中叶以后从西北、华北、东北及华东等地迁入，其中大部分是明清时期奉调征瑶的军士或工匠的后裔，是中国回族形成后第一批落籍广州的回族。明末崇祯年间，部分回族军士驻守肇庆，清军入关后，回族军士就地编籍为民，肇庆成为广东回族第二个聚居地。海南岛的回族始于唐，元末明初作为政府驻军大规模在海南岛定居，海瑞五世祖海答儿就是这一时期从军落居海南。通用汉语文。主要从事农业，部分经商。有独特饮食、婚俗。广东的回族除开斋节、古尔邦节外，还有"大人忌""圣女忌"等。广州有最早的清真寺怀圣寺光塔和以先贤古墓为中心的10多处穆斯林公共墓地。（李双）

满族 岭南世居民族。岭南满族主要分布在今广东省广州市、海南省。16世纪末17世纪初，以建州女真、海西女真为主体，融合其他各族而成。广东的满族为清乾隆二十一年（1756）驻粤满军八旗兵的后代，以广州城西南区为驻地。辛亥革命时期，驻粤八旗水师提督李准反正，驻粤八旗官兵改编为广东新军，后由军转民，连同家属定居广州，被称为"落广祖"。语言属阿尔泰语系满—通古斯语族满语支，曾有文字，通用汉语文。以小贩和手工业为生。早期信仰萨满教，后受汉族影响，笃信观世音，保留"祖宗袋"习俗。忌食狗肉、牛肉，并把观音楼作为自己的宗祠。广州满族节日多与汉族相同。春节除祭拜祖先、吃团圆饭和守岁等与汉族相同的习俗外，还有除夕夜包饽饽、年初一吃饽饽的习俗，正月二十五拜米缸，中秋节拜月亮的习俗。（李双）

京族 岭南世居民族。岭南京族主要分布在今广西壮族自治区防城港市东兴市江平镇，集中在沥尾、巫头、山心三岛，俗称京族三岛。瑶族称他们为"交趾人"，1958年正式改名为京族。据民间口述和文献史料记载，明正德六年（1511），京族先民为追捕鱼群，从越南的涂山、春花、宜安等地移居巫头、山心等地区。清政府在江平地区设立"江平巡检司"。有民族语言及土俗字"字喃"，通用汉语粤方言和汉语文。从事渔业，兼营农业和盐业。内部存在具有原始社会末期农村社会性质的"翁村制度"，负责处理村内事务。信仰佛教、道教，少数信仰天主教。服饰上，男子穿及膝长衣，袒胸束腰，衣袖较窄；女子内挂菱形遮胸布，外穿无领、对襟短上衣，下着宽腿长裤，多为黑色或褐色。主要传统文化有哈节、独弦琴、竹竿舞、跳天灯等。（李双）

广府民系 以汉语粤方言为母语的汉族人群。岭南民系中分布最广，主要分布在今广东珠江三角洲、粤西南以及广西南宁、海南儋州等地。海外移民主要分布在美国、加拿大、英国、荷兰、澳大利亚、新西兰、马来西亚、新加坡、印度尼西亚、越南、柬埔寨等国家和地区。人口约1.2亿人。一般认为其来源于中原汉族移民与岭南土著的不断融合。广东南雄珠玑巷是中原汉族南下的中转地，被认为是其祖先的出发地。自秦统一岭南，中原文化与土著文化逐渐融合，形成以广府文化为中心、粤方言为主体的广府文化区域。包括粤海（原广州府和肇庆府）、莞宝、罗广、四邑、高凉、邕浔、勾漏、钦廉和吴化九大亚文化群体。其文化保留古南越遗传，受中原汉文化、西方文化等因素影响，具有乐观务实、视野开阔、精明能干、崇商重利等品格特征。中心城市广州，是秦汉以来广东乃至岭南的政治、经济和文化中心。建筑、艺术、宗教、戏剧、音乐、文学、绘画、工艺、饮食、园林、风俗等有鲜明的地方文化特色。至2020年，共有77个项目列入国家级非物质文化遗产代表性项目名录，135个项目列入省级非物质文化遗产代表性项目名录。（李毓）

客家民系 以汉语客家方言为母语的汉族人群。主要分布在今广东、江西、福建、广西、四川、海南、湖南、浙江、台湾、香港、澳门等省区与特别行政区。海外移民散居于世界80多个国家和地区，印度尼西亚、马来西亚沙巴州、英国、牙买加、毛里求斯、留尼汪、塔希提岛的华人社区以客家人为主。人口约8000万人。客家先民南迁，历经六朝、隋、唐、五代十国，至北宋末、南宋中完颜亮南侵结束。孕育于赣南，成熟于闽西，发展于粤东。赣州和赣江流域是客家人形成的摇篮，汀州与汀江流域是客家先民初步转变为客家人之地，惠州及东江流域是客家人最终形成、完善与兴旺发达之地。有"逢山必有客，无客不住山"的俗语。客家人具有吃苦耐劳、

坚忍不拔的品格特征，自信、自立、自强、自我奋斗的意识和高度的向心力、凝聚力。崇尚忠孝节义，重教轻商，宗族家族观念浓厚。聚族而居，民居建筑以土楼和围龙屋最有特色，女劳男逸是客家社会的传统。客家山歌剧、提线木偶戏、手擎木偶戏等是传统艺术。至 2020 年，共有 14 个项目列入国家级非物质文化遗产代表性项目名录，55 个项目列入省级非物质文化遗产代表性项目名录。（李毓）

潮汕民系　以汉语闽方言潮汕话为母语的汉族人群。属于福佬语群的一部分。主要分布在今广东、广西、江西、福建、海南、香港、澳门、台湾等省区与特别行政区，以广东潮汕地区为聚集地。海外移民主要分布在泰国、柬埔寨、新加坡、新西兰、印度尼西亚、法国、美国、加拿大等 100 多个国家和沿海地区。人口约 4500 万人。族源可追溯到前 214 年秦征南粤，中原汉族从中部地区迁徙到闽南、粤东地区。西晋时期，因"永嘉之乱"、中原地区自然灾害潮汕先民被迫向南部转移。宋元时期，闽文化西渐是潮汕文化形成的开端。潮汕人善于对外商贸，经济外向度高。具有团结、拼搏、创新、反哺、重商的文化特征。潮商与晋商、徽商并列为中国三大商帮，是一支具有海洋性格、海洋文化的华人商帮。民居建筑依其生产生活、防御功能和宗族、风水、美学观念营建，雕梁画栋，池台竹树。民间信仰以三山国王、妈祖、祖先信仰和先贤信仰最具代表性。以成人礼"出花园"、春节习俗、赛龙舟和游神最具代表性。至 2020 年，共有 43 个项目列入国家级非物质文化遗产代表性项目名录，126 个项目列入省级非物质文化遗产代表性项目名录。（李毓）

雷琼民系　以汉语闽方言雷琼话为母语的汉族人群。属于福佬语群的一部分。主要分布在今广东省湛江市和海南省的大部分地区。海外移民主要分布在马来西亚、新加坡和泰国等国家。人口约 1600 万人。海南"客人"与雷州人同源异流，形成具有同一类型的文化区，合称为"雷琼民系"。雷琼地区的历史可追溯到 7000 年前，其文明史可追溯到 3000 多年前。唐代，朝廷征召广府人、闽南人开发雷州半岛和海南岛，他们与当地的"俚""獠"共同开发垦殖。福建莆田人举家迁往粤西、海南等地，与本地的语言融合形成了雷州话和海南话的前身，雷琼话中部分字词与海南黎语、琼北村语以及东南亚国家的语言存在一定数量的关系词。明清两代雷州半岛和海南岛得到稳定开发，形成基本格局。抗日战争时期，法属广州湾成为避难所，带入广府文化，与湛江市本地文化相互交融。雷琼文化有俚獠土著文化、闽南文化、中原文化、流寓文化等文化因子，形成石狗图腾文化、换鼓文化、舞狮文化等。传统戏剧有雷剧、琼剧等。至 2020 年，雷州市共有 3 个项目列入国家级非物质文化遗产代表性项目名录，12 个项目列入省级非物质文化遗产代表性项目名录；海南省共有 22 个项目列入国家级非物质文化遗产代表性项目名录，51 个项目列入省级非物质文化遗产代表性项目名录。（李毓）

标话人　又称讲标人。以标话为母语的汉族人群。来源于百越人的一支。主要分布在今广东省怀集县、广宁县、封开县与广西壮族自治区贺州市沙田镇等地。2020 年，人口约 20 万人。语言属侗台语族壮傣语支。广东省怀集县诗洞镇是使用标话人口最集中的地区。崇拜祖先，信仰多元化，包括道教、佛教等。其文化与汉族融合，语言保存自身独特性。主要节日有正月二十开年日、三月三南歌节、五月初五端午节、七月十四饿鬼节等。（李毓）

讲标人　见"标话人"。

吉兆人　又称黎人。以吉兆海话为母语的汉族人群。主要分布在今广东省湛江市吴川市覃巴镇吉兆村。2020 年，人口约 0.57 万人。村民多姓杨。据《吉兆杨氏族谱》记载，杨姓祖籍福建莆田木关村，始祖杨穆为避战乱于元末明初到吉兆避难。语言属侗台语族壮傣语支，也作"海话""吉兆黎话"。其基本词汇与琼北村语较近，受汉语深度影响，濒临消亡。仅有 70 岁以上人群能相对熟练使用该语言，人数不到 100 人。使用场所仅限家庭内部交流。信仰多元化，包括祖先神、梁王大帝、海神、土地公和土地婆等。主要节日有正月年例、二月龙抬头、二月十六"春祭"、三月清明节、五月初一至初五海神诞、五月初五端午节、七月十四鬼节、八月十五秋祭、九月重阳节、十一月冬至拜神还神等。（李毓）

黎人　见"吉兆人"。

那斗人　自称来人。以那斗语为母语的汉族人群。主要分布在今海南省东方市新龙镇那斗村和八所镇月村。2020 年，人口约 0.4 万人。语言属侗台语族黎语支，学术界根据语言命名的唯一性原则，称其为"那斗语"，相应的称该族群为"那斗人"。兼通海南军话和闽方言海南话。有百越族传统文化和风俗习惯遗存。崇拜祖先，也有自然崇拜和万物有灵观念。文化习俗上受汉族影响明显，改穿汉服，住瓦房。具有重视教育、尊老爱幼、讲究礼仪、吃苦耐劳、勤俭持家的品

格特征。传统上有青年男女对唱山歌、以歌为媒的习俗，婚俗中的哭嫁仪式独具特色。（李毓）

来人 见"那斗人"。

琼北村人 又称翁贝、临高人、俚人、黎人。自称村人。以琼北村语为母语的汉族人群。主要分布在今海南省海口市西郊、澄迈县、临高县和儋州市部分地区。2020年，人口约100万人。来源于百越人的一支，与隋唐时期的俚人有直接渊源。春秋战国时期其先民陆续从广东、广西经由琼州海峡渡海到达海南岛，是第二支晚于黎族先民到达海南岛的人群。语言属侗台语族壮傣语支，与壮语较近。海南临高全县使用琼北村语，学术界曾将使用该语言族群称作"临高人"，称其语言为"临高语"。信仰多元化，信奉冼夫人，也信奉儒、释、道。主要节日有军坡节。有较独特的乳名取名习俗和乳名使用情境。以临高人偶戏、临剧、临高八音盅盘舞、民歌哩哩美等最具代表性。（李毓）

翁贝 见"琼北村人"。
临高人 见"琼北村人"。
俚人 见"琼北村人"。
黎人 见"琼北村人"。

琼西村人 又称哥隆人；自称谟、村人。以琼西村语为母语的汉族人群。主要分布在今海南岛西海岸昌化江下游出海口处两岸，南岸有东方市四更镇、三家镇和新街镇，北岸有昌江黎族自治县昌城乡和海尾镇的部分村落。2020年，人口约10万人。语言属侗台语族黎语支，与黎语近似，有其独特的语音、词汇、语法系统。其源于百越民族和汉族，是一个民族融合的人群。以昌化江为界分为北边和南边，东方市琼西村人因住在海边或住在丘陵地带分

为"上边的人"和"下边的人"。信仰多元化，崇拜祖先，信奉鬼神。具有重视教育、尊老爱幼、讲究礼仪、吃苦耐劳、勤俭持家等品格特征。有青年男女对唱山歌、以歌为媒的习俗，婚俗中的哭嫁仪式最具特色。传统节日与汉族相同。（李毓）

哥隆人 见"琼西村人"。
谟 见"琼西村人"。
村人 见"琼西村人"。

疍民 又称疍户、疍家人、水上居民、水上人。汉族族群。主要分布在今广东、福建、广西、海南沿江、沿海一带，以船为家。大体分为三类：一是沿海疍民，从事海洋捕捞、沿海运输、珍珠采集、海洋养殖等；二是沿河疍民，从事内河渔业、内河城乡运输；三是珠江三角洲疍民，在江海交汇地带从事沙田耕作。"疍民"一词最早见于晋陶璜所写的疏文。岭南疍民最初是越族的土著居民。秦汉时期，保持较多的百越风俗，其图腾为蛇。由于浮生江海，形成了独特的"以舟为家，以渔为业"的族群特征。20世纪50年代初，政府陆续安排疍民上岸居住。有独特的传统婚俗，如疍家男女自行嫁娶，男未聘则于船尾放一盆草，女未嫁则放一盆花，以招媒妁。婚时以蛮歌相还。民间信仰、禁忌等多与水相关，有供奉妈祖习俗，吃鱼时忌讳将鱼整条翻转，认为是翻船的不祥之兆。其节日自成特色，男子重三月十五日的玄坛诞，女子重七月七的乞巧节。（李毓）

疍户 见"疍民"。
疍家人 见"疍民"。
水上居民 见"疍民"。
水上人 见"疍民"。

付马人 俗称英德人。以汉语赣方言

付马话为母语的汉族人群。主要分布在今海南省东方市四更镇付马村。2020年，人口约0.3万人。其方言词汇中掺有不少琼西村语的成分。传说人数最多的文姓人是当年文天祥家乡的部众，因抗元失败由江西迁徙到海南，定居在昌化江出海处附近。保留汉族习俗。（李毓）

英德人 见"付马人"。

海南客人 又称客人、东人。以闽方言海南话为母语的汉族人群。属于福佬语群。当地人称该方言为"客话""东话"。分布在今海南岛东北至东南平地及沿海地带。海外移民主要分布在马来西亚、新加坡和泰国等东南亚国家。其先民自唐之后陆续迁居海南东、北部沿海，到明中后期人口已占海南岛居民大多数，形成了"客"在外、黎在内的人口分布格局。具有质朴、诚信、务实、包容等品格特征。主要节日有正月十五的换花节、二月初九至十九的"军坡节"等。（李毓）

客人 见"海南客人"。
东人 见"海南客人"。

雷州人 又称东人；俗称黎人。以闽方言雷州话为母语的汉族人群。当地人称该方言为"黎话""东话"。主要分布在今广东省雷州半岛及周边地区，集中于雷州市、徐闻县和遂溪县。海外移民主要分布在马来西亚和新加坡。人口约600万人。本地土著居民俚僚人在唐代基本汉化。雷州居民是历代从闽西、粤东闽语区迁居到雷州半岛的早期汉人后裔。西汉初，莆田先民最早迁居雷州半岛。唐代刺史陈文玉"德政彰明"开发雷州半岛，被尊为"雷祖"。宋元时期，闽南人大批迁居于此。具有敢于开拓、进取的

海洋文化品格。（李毓）

东人　见"雷州人"。
黎人　见"雷州人"。

军话人　以汉语官话方言军话为母语的汉族人群。主要分布在今广东省陆丰市惠东县，广西壮族自治区北海市合浦县，福建省武平市中山镇，海南省东方市、儋州市、三亚市崖城镇等地区。2020年，人口约18万人。一般称该方言为官话、军声、军家话。因与明代卫所里的军户关系而得名，保留明代"通语"的特点。以今天的面貌看，其语言特色各不相同。随着普通话的推广、城镇人口流动的增加，讲军话的人数减少。以纪念伏波将军的下南军歌节、东方八所军歌、儋州中和军话民歌等最具特色。（李毓）

迈话人　以汉语方言迈话为母语的汉族人群。主要分布在今海南省三亚市崖州古城及水南地区。2020年，人口约30万人。其祖先是宋初从广东到海南做官和经商的移民。语言特征上有粤、闽、客、赣的成分，方言系属非粤、闽、客、赣，是一种由几种方言混合而成的混合型方言。近代受海南话的影响，吸收了一些海南话的成分。（李毓）

儋州人　以儋州话为母语的汉族人群。主要分布在今海南省儋州市那大、白马井、海头、洋浦等地，昌江县海尾、南罗等镇。儋州话讲究字音和声调，最大特点是保留古代入声调。其起源一般认为是南朝梁大同年间，冼夫人及其军队的官兵把融合了南越语的古粤语带入儋州，融合海南岛其他方言形成。性格憨厚耿直，尊文崇武，讲义气。特色民俗活动有"调声"和"夜游"，多在节日期间举行；有"不落夫家"婚俗。红喜白丧，皆作对联。主要节日有"拜年日"，一般于正月初一到正月三十之间，各村不同，各自设立。特色美食有儋州粽子和长坡米烂。（李毓）

民族自治地方行政组织与区域

连山绥瑶直隶厅　清管理粤北瑶族的行政机构。位于广东连山县城。清嘉庆二十一年（1816），政府将连山县升为连山直隶厅，并与康熙四十二年（1703）建立的理瑶同知合并，称为连山绥瑶直隶厅。主要目的是防患，主政官员更替频繁，瑶民的教育、农业、医疗等事业几无开展。（李双）

抚黎局　清管理海南黎族的行政机构。清光绪十三年（1887），冯子材奉两广总督张之洞之命来琼后，于岭门、南丰、悯安等地分置抚黎局，专门处理黎族事务。光绪十五年（1889），扩展到岭南、凡阳、番峒、乐安、廖二弓、茅地、古振州等地。设局长；局下以3—6峒设1黎团，设黎团总长，统辖县属黎境。黎团以下为峒，峒设总管。峒内黎户10家为1排，设排长；3排为1甲，设甲长；3甲为1保，设保正、保副。保正、保副理军政，总管理民政，亦有总管兼理军政者。局长由地方政府委派汉族官员担任，黎团总长由黎首或汉族地主充当，排长、甲长、保长、总管等职位均由黎人担任。对黎区的安定与发展起到推进作用。（毛帅）

琼崖抚黎专员公署　民国管理海南黎族的行政机构。位于海口。原为琼崖抚黎局，1932年，广东省国民政府根据警卫旅旅长陈汉光建议，恢复清末抚黎局制而设。1933年9月，改名为琼崖抚黎专员公署，仍驻海口，是1933—1935年间海南岛最高抚黎机构。由绥靖委员兼任抚黎专员。下设岭门、保亭、南丰、兴隆4处黎务局，办理各区黎务。每局设局长、队长、书记各1人，配备士兵20—30名不等。1935年4月，黎区三县（白沙、保亭、乐东）设立后，公署及其下属4黎务局俱裁撤。其设立促进了黎区政治、经济、民生等方面的发展。（毛帅）

连阳化瑶局　民国管理粤北瑶族的行政机构。初位于连县县城，1928年莫辉熊任连阳化瑶局局长，迁至三江城。1927年4月1日设立，隶属广东省国民政府。主要负责管理连县、连山县、阳山县所辖瑶区。成立宗旨是扶植弱小民族，开化瑶民。拟定《连阳化瑶局办事细则》，规定事权范围。下设3区，一区办事处设在连县三江，辖南岗、油岭、横坑、三排、连水、水井坳、百斤洞、金坑；二区办事处设在连山太保，辖军寮、里八洞、火烧排、大掌、香坪、盘石、上蒂源、社下冲、中炉坑；三区办事处设在阳山寨岗圩，辖九寨、白芒、上洞、瑶龙、菜坑、黄连、中心岗、六暗、后洞、新寨、望佳岭、庙坑。此3区办事处主要综理瑶务，民事刑事案件仍分属连山、连县、阳山3县处理。1935年5月，改为安化管理局。在连阳瑶民开化与治理工作中作用巨大，并为后来设置连南县奠定了政治与经济基础。（毛帅）

安化管理局　民国管理粤北瑶族的行

政机构。1935 年 5 月设立, 由连阳化瑶局改名而成, 是一个"准政区"单位, 仅有权管理瑶族, 无权处理瑶区土地。1938 年 10 月广州沦陷, 广东省政府迁至粤北, 获得较大发展, 与各机构展开合作, 在一定程度上推动了瑶族教育、医疗卫生、农业等事业的发展。陈茂功、梁靖环、廖炯然、成宝驹先后担任局长。1946 年 3 月撤销。(李双)

边政指导委员会 民国广东省政府机构。1942 年 8 月 29 日设立。广东省政府主席李汉魂兼任主任, 民族学家胡耐安出任总干事并驻会负责日常事务, 接管粤北边疆施教区工作。同年 11 月, 因行政经费紧张被撤销。曾出版《粤北之山排住民》《粤北边疆施教区概况》《山民文献第一辑》《广东边政指导及说瑶》等。(李双)

海南黎族苗族自治州 旧自治州名。位于海南岛中南部。原为海南黎族苗族自治区, 1952 年 7 月设立(专署级), 自治区首驻乐东县抱由镇抱由村, 受广东省和广东省人民政府海南行政公署双重领导。下辖白沙县、乐东县、东方县、琼中县、保亭县。1954 年, 陵水县、崖县划归海南黎族苗族自治区, 从 5 个县扩大至 7 个县、32 个区、459 个乡。1955 年自治区改为自治州, 州政府驻地移至通什(今五指山市), 是当时广东省唯一的自治州。1959 年 1 月至 1962 年 2 月, 海南行政公署与自治州合署办公(两个牌子, 一套人马), 自治州人民政府搬到海口市, 共同管辖海口市、琼山县等 17 个市、县, 党政干部下放到各县工作。1961 年 11 月, 恢复自治州人民委员会原办事机构。1962 年 2 月, 州政府从海口市搬回通什镇办公。1987 年 12 月, 撤销自治州, 并在原自治州所辖范围内设立乐东、白沙、

陵水、昌江、东方 5 个黎族自治县和保亭黎族苗族自治县、琼中黎族苗族自治县等 7 个民族区域自治县, 原自治州管辖的三亚市由县级市升为地级市。1988 年海南建省, 撤自治州建制。(毛帅)

白沙黎族自治县 自治县名。位于海南岛中西部。1987 年设立, 县人民政府驻牙叉镇。海南省直接管辖, 下辖 11 个乡镇。东邻琼中黎族苗族自治县、南接乐东黎族自治县、西连昌江黎族自治县、北抵儋州市。清时设立"薄沙营"作为军事要地, 后改名为白沙, 隶属琼山、定安、临高、儋县、昌感等县。1935 年白沙始建县。1950 年全县解放。1958 年昌感、白沙、东方 3 县合并为东方县。1961 年恢复白沙县, 由海南黎族苗族自治州管辖。1987 年撤销白沙县, 设立白沙黎族自治县, 隶属海南行政区。1988 年, 海南建省后, 隶属海南省。县域面积 2117 平方千米。地处五指山腹地, 地势由东南向西北降低, 地形以山地、丘陵、盆地为主。气候类型为热带季风气候, 雨量受到山地影响呈现山地气候特点。世居民族为黎族, 以润方言人群为主, 人口占全县一半以上, 苗、壮等民族均有分布, 为移居民族。自然资源丰富, 主要有矿产资源、动植物资源、农业、林业、牧业、渔业均有较好发展。特色产品主要有白沙绿茶、藤器、人形骨簪等。著名景点有白沙起义遗址、琼崖纵队遗址、陨石坑、红坎瀑布、邦溪坡鹿自然保护区、坝王岭森林自然保护区、南开石壁等。(朱雅雯)

保亭黎族苗族自治县 自治县名。位于海南岛中部五指山南麓地区。1987 年设立, 县人民政府驻保城镇。下辖保城、什玲、三道、新政、响水、加茂 6 个镇。东接陵水黎族自治县, 南

邻三亚市, 西连乐东黎族自治县, 北依五指山市、琼中黎族苗族自治县。建立保亭县之前, 由陵水、崖县、万宁等县管辖。1935 年设县, 县名来源于"宝停司", 隶属广东省琼崖绥靖公署。1948 年保亭县解放。1958 年并入崖县。1959 年恢复县制, 隶属广东省海南行政公署和海南黎族苗族自治州。1987 年撤销保亭县, 设立保亭黎族苗族自治县, 隶属广东省海南行政区。1988 年海南建省后, 隶属海南省。县域面积 1153 平方千米。地势西北高、东南低, 山地面积占较多。气候类型为热带季风气候。自然资源丰富, 主要有林业资源、动物资源和矿产资源。世居民族为黎族和苗族, 黎族以杞、赛、哈方言人群为主。特色产品有红毛丹、四棱豆、树仔菜、龙眼等。著名景点有和坊茶楼、七仙岭风景区、甘什岭槟榔谷原生态黎苗文化游览区、呀诺达雨林文化旅游区等。(朱雅雯)

昌江黎族自治县 自治县名。位于海南岛西北部。1987 年设立, 县人民政府驻地石碌镇。海南省直接管辖, 下辖石碌、叉河、十月田、乌烈、昌化、海尾、七叉 7 个镇和王下乡。东接白沙黎族自治县, 南邻乐东黎族自治县, 西南与东方市以昌化江为界对峙相望, 西北濒临北部湾, 东北部隔珠碧江同儋州市相连。西汉时隶属儋耳郡, 后改隶珠崖郡, 唐时隶属儋州。1914 年, 昌化县改名为昌江县, 隶属广东省。1949 年昌江县与感恩县合并, 称昌感县。1958 年昌感、白沙、东方 3 县合并, 称东方县。1961 年, 3 县取消合并, 复设昌江县, 隶属海南黎族苗族自治州。1987 年撤销昌江县, 设立昌江黎族自治县。1988 年海南建省后, 隶属海南省。县域面积 1569 平方千米。地势自东南向西北降低, 地处五指山余脉。气候类型为热带季风气候。民族分布广泛, 黎族以美孚、哈、杞

方言人群为主，世居的还有苗族以及琼西村语人群、儋州话人群、军话人群，民族杂居。特色产品有各类海产、乌烈乳羊、黎族山兰酒、鱼茶、昌江杧果、昌江海鲜、野生蜂蜜、黎族土陶等。著名景点有古昌化城、铁城石碌、霸王岭自然保护区、棋子湾景区等。（朱雅雯）

乐东黎族自治县 自治县名。位于海南岛西南部。1987 年设立，县人民政府驻抱由镇。海南省直接管辖，下辖抱由、万冲、大安、志仲、千家、九所、利国、黄流、佛罗、尖峰、莺歌海 11 个镇。东和东北与五指山市、白沙黎族自治县接壤，东南与三亚市交界，北与东方市、昌江黎族自治县毗邻，西南临南海。历史上隶属关系变化较频繁，曾隶属珠崖郡，后入朱卢县，明时建立乐安新城。1935 年，设立乐安县，后更名为乐东县，建县之初仅管理少数民族地区。1952 年起隶属海南黎族苗族自治州，1958 年至 1986 年，县域边界变更。1987 年，改为乐东黎族自治县。1988 年海南建省后，隶属海南省。县域面积 2766 平方千米，海域面积 1727 平方千米。地形以山地、丘陵与平原为主，东、西、北三面环山。气候类型为热带季风气候，雨热同期，适宜种植热带经济作物及热带农作物。黎族以哈方言人群为主，苗族人口不多。自然资源丰富，主要有矿产资源、动植物资源。著名景点有尖峰岭热带雨林保护区、毛公山、西山岭景区等。（朱雅雯）

陵水黎族自治县 自治县名。位于海南岛东南部。1987 年设立，县人民政府驻椰林镇。下辖椰林、新村、英州、本号、光坡、三才、黎安、隆广、文罗 9 个镇。西与保亭黎族苗族自治县接壤，北与琼中黎族苗族自治县毗邻。隋时设置陵水县，明清时隶属琼州府。1927 年成立陵水县苏维埃政府，为中国共产党领导下海南建立的第一个县级人民政府。1950 年陵水县全境解放，隶属海南军政委员会。1958 年陵水、崖县、保亭 3 县合并，称崖县。1961 年恢复陵水县建制，隶属海南黎族苗族自治州。1987 年撤销陵水县，设立陵水黎族自治县，隶属广东省海南行政区。1988 年海南建省后，隶属海南省。县域面积 1128 平方千米。地势由西北向东倾斜。气候类型为热带季风气候。世居民族为黎族和苗族。黎族以哈、赛、杞方言人群为主，其次人口较多的民族为苗族。自然资源丰富，主要有森林资源、矿产资源、动植物资源等，水文条件好，适宜发展海产养殖业。特色产品主要有陵水酸粉、琵琶蟹、鸡腿螺、圣女果等。著名景点有分界洲岛、南湾猴岛、陵水县苏维埃政府遗址、三昧寺、吊罗山国家森林公园、香水湾等。（朱雅雯）

琼中黎族苗族自治县 自治县名。位于海南岛中部五指山北麓。1987 年设立，县人民政府驻营根镇。下辖营根、湾岭、黎母山、红毛、长征、中平、和平、什运、上安、吊罗山 10 个镇、2 个县属林场和 1 个县属农场。与琼海、万宁、白沙、儋州、陵水、保亭、五指山、屯昌、澄迈 9 个市县毗邻。因位于海南岛中部而得名，曾隶属定安、琼山、白沙、保亭 4 县。1948 年设立琼中县。1949 年并入琼崖少数民族自治区。1950 年撤销琼中县。1952 年恢复琼中县。1987 年撤销琼中县，设立琼中黎族苗族自治县，隶属广东省海南行政区。1988 年海南建省后，隶属海南省。县域面积 2705 平方千米。地势自西南向东北倾斜。气候类型为热带季风气候。自然资源丰富，主要有动植物资源、矿产资源、南药资源、水资源等。农业发展较好。世居民族为黎族和苗族，黎族以杞、润方言人群为主。特色产品主要有绿橙、槟榔、益智等。著名景点有五指山、黎母山、吊罗山、鹦哥岭、百花岭瀑布等。（朱雅雯）

连南瑶族自治县 自治县名。位于广东省西北部。1953 年设立，县人民政府驻三江镇。由清远市管辖，下辖三江、寨岗、大麦山、香坪、大坪、涡水、三排 7 个镇。东北部与连州市交界，东南部与阳山县相连，南面紧接怀集县，西面毗邻连山县，西北角与湖南省永州市江华瑶族自治县接壤。自治县设立以前，分属连县、连山和阳山县。清嘉庆二十二年（1817）改绥瑶直隶厅，属广州府。1946 年始设连南县。1953 年连山、连南 2 县合并，连南瑶族自治区（县级）成立。1955 年改为连南瑶族自治县，曾隶属韶关专署。1958 年与连山、连县、阳山合并，设立连阳各族自治县。1960 年改为连州各族自治县。1961 年撤销连州各族自治县，恢复连南瑶族自治县，隶属韶关。1988 年划入清远市辖区。县域面积 1306 平方千米。地处南岭山脉南麓，喀斯特地貌，地形以山地为主。气候类型为亚热带季风气候。主要少数民族为瑶族，包含八排瑶、过山瑶等支系，排瑶主要集中在南岗、油岭、大掌、横坑、军寮、火

连南瑶族人

烧坪、里八峒及马箭，汉族以客家人为主，还有回族、满族、黎族、土家族等民族。自然资源丰富，主要有森林资源、矿产资源、水资源等。特色产品有黄精、黄檗、首乌、巴戟、夏枯草、蜂蜜、冬菇、冬笋、茶叶、板栗等。著名景点有千年瑶寨、三江古城、寨南大溶洞、万山朝王等。（朱雅雯）

连山壮族瑶族自治县　自治县名。位于广东省西北部。1962 年设立，县人民政府驻吉田镇。由清远市管辖，下辖吉田、太保、禾洞、永和、福堂、小三江、上帅 7 个镇。西接广西壮族自治区贺州市八步区，北连湖南省江华瑶族自治县。连山建县于南朝，始称广德县，隋初用连山县名，后改程山县，民国时期改用连山县名。1958 年与连南、阳山、连县合并，1961 年恢复连山县建制，1962 年连山壮族瑶族自治县成立。县域面积 1265 平方千米。地形以高山、丘陵为主。气候类型为亚热带季风气候。主要少数民族为壮族，其次为瑶族，还有回族、苗族、彝族等民族。自然资源丰富，主要有矿产资源、森林资源、动植物资源和水资源，是有机稻、大肉姜、淮山、水果、莲藕、甜竹笋、南药等特色农产品基地。特色产品主要有香粳、大糯、黄精、云雾茶、沙田柚、白果、淮山、生姜、茶油、烟叶、马蹄、莲藕、灵芝、连山土猪、连山麻鸭等。著名景点有莫公墓、大保旧城址、大旭山、鹿鸣关、雾山梯田等。（朱雅雯）

乳源瑶族自治县　自治县名。位于广东省北部，韶关市西部。1963 年 10 月 1 日设立，县人民政府驻乳城镇。由韶关市管辖，下辖乳城、必背、桂头、一六、大布、大桥、游溪、洛阳、东坪 9 个镇。东邻韶关市武江区，南毗

清远市英德市，西连清远市阳山县，西北角与湖南省宜章县接壤，北与乐昌市接壤。宋乾道三年（1167）设县，隶属江西省。1952 年，并入曲江县。1953 年复设乳源县。1957 年设韶边瑶族自治县，隶属韶关。1959 年撤销，划归乐昌、曲江两县。1963 年乳源瑶族自治县成立，隶属韶关。县域面积 2299 平方千米。地形以山地为主，石灰岩分布广泛，为喀斯特地貌。气候类型为亚热带季风气候。主要少数民族为瑶族，还有苗族、黎族、回族等。自然资源丰富，主要有森林资源、水力资源、动植物资源、矿产资源等。特色产品主要有原笋、瑶山熏肉、瑶山苦爽酒、香芋、大布腐竹、山坑螺、金竹峰单丛茶、食用菌、南水水库淡水鱼、番薯干、巴西果汁、乳源彩石等。著名景点有南岭国家森林公园、必背瑶寨、云门寺、南水湖、乳源温泉等。（朱雅雯）

东源县漳溪畲族乡　民族乡名。位于河源市东源县北部。1999 年 7 月 7 日设立，乡人民政府驻中联村。河源市唯一的少数民族乡，广东省唯一的畲族乡。下辖 10 个村民委员会，1 个居委会。东邻上莞镇，南连骆湖镇，西接黄沙镇，北靠船塘镇。总面积 68 平方千米。漳溪畲族以蓝姓为主，明朝正统年间由其宗德公从广东省平远县迁来。山多田少，矿产资源丰富，有石灰石、磷矿、黏土和黄泥资源。畲族主要集中在上蓝、下蓝村。民俗活动主要有正月初三捕鱼节、四月初九蓝大将军出巡、六月六显烈公巡游节。著名景点有黄龙岩、汶水塘等。（毛帅）

怀集县下帅壮族瑶族乡　民族乡名。位于肇庆市怀集县西北部。1987 年 3 月 30 日设立，乡人民政府驻车福村。肇庆市唯一的少数民族乡。下辖 5 个

村民委员会，30 个村民小组。东、南、西面分别与本县冷坑镇、泰来乡、中洲镇相邻，北接连山壮族瑶族自治县。总面积 78 平方千米。清代已建堡。林业资源丰富。民俗活动主要有正月十五元宵节，下帅的壮、瑶、汉三族人民一起表演传统的醒狮舞、壮狮舞、春牛舞、采茶舞。特色节日有四月初八牛旺诞。特色产品主要有米酒、酸水豆腐等。著名景点有红霞湾。（毛帅）

连州市三水瑶族乡　民族乡名。位于连州市西北部。1986 年 12 月 1 日设立，乡人民政府驻云雾村三江口。下辖 4 个村民委员会，32 个村民小组。东与瑶安瑶族乡相连，南接丰阳镇，西、北与湖南省蓝山、临武县接壤。总面积 139 平方千米。森林资源丰富，林地面积 18 万亩，建设有省级生态公益保护林 9.48 万亩，毛竹林 2.3 万亩。瑶族主要集中在左里和云雾瑶族村。瑶族"布袋木狮舞"2021 年入选国家级非物质文化遗产代表性项目名录扩展项目名录。特色产品主要有瑶家烟熏腊肉、冬菇、木耳、冬笋等。著名景点有新八竹海、挂榜梯田等。（毛帅）

连州市瑶安瑶族乡　民族乡名。位于连州市北部。1987 年 1 月 17 日设立，乡人民政府驻洛阳街。下辖 12 个村民委员会，56 个村民小组。东邻星子镇，南连保安镇，西接三水瑶族乡、丰阳镇、东陂镇，北与湖南省临武县接壤。总面积 220 平方千米。山林面积 2 万公顷。山高岭峻，山溪河流落差大，林业资源和水电资源丰富。瑶族主要集中在新九、田心、瑶安、九龙 4 个瑶族村。特色产品主要有响香菇、野山茶叶等。（毛帅）

龙门县蓝田瑶族乡　民族乡名。位于

惠州市龙门县北部。1987 年 1 月 20 日设立，乡人民政府驻蓝田圩。惠州市唯一的少数民族乡。下辖 7 个村民委员会，82 个村民小组和 1 个社区居委。东、北与韶关市新丰县相邻，南与龙田镇相接，西南与天堂山林场相交。总面积 132 平方千米。地势北高南低。山多田少。蓝田瑶族乡旧称上建峒，民国初年以蓝田圩为名，概称整个上建峒。信奉峒主爷（又称谭仙公），有"舞火狗""接亚公""招兵""男女对歌"等民俗。"舞火狗"2006 年入选广东省第一批省级非物质文化遗产代表作名录。特色产品主要有蓝田咸香饼、蓝田米饼等。（毛帅）

始兴县深渡水瑶族乡　民族乡名。位于始兴县南部。1987 年 12 月 14 日设立，乡人民政府驻深渡水村。韶关市唯一的少数民族乡。下辖 4 个村民委员会，45 个村民小组。东到刘张家山林场，南接司前镇、隘子镇，西北与曲江、沈所镇交界，北邻顿岗镇。总面积 147 平方千米。瑶族主要在长梅村，畲族主要在横岭、深渡水、坪田村。特色产品主要有香菇、木耳、茶叶、蜜糖等。著名景点有天菊铁索吊桥、文豪峰等。（毛帅）

阳山县秤架瑶族乡　民族乡名。位于阳山县西北部。1992 年 1 月 27 日设立，乡人民政府驻和平路。下辖 10 个村民委员会。东邻乳源瑶族自治县，南接阳山县黄坌镇，西交连州市，北接湖南省宜章县。总面积 588 平方千米。森林资源丰富，森林面积 566 公顷，森林覆盖率 96%。特色产品主要有山茶、冬菇、木耳、灵芝、笋干、大肉姜、反季节萝卜、槟榔薯、高山云雾茶等。著名景点有石坑崆、天泉度假村等。（毛帅）

社会组织与制度

产翁　又称装产、坐床。古代越人生育习俗。在南方壮族中一度流行。妻子分娩时，丈夫在旁边作产妇状；妻子分娩后，丈夫则按产妇模样卧床坐月子，抚育婴儿，饮食皆如产妇，并守产妇禁忌。真正的产妇则需要照常干活。卧床期间，丈夫接受妻子的照顾，受亲友的庆贺，不参加生产劳动，有的甚至需要卧床 40 日。随着社会的发展，这一习俗已经消失。（毛帅）

装产　见"产翁"。
坐床　见"产翁"。

吃人命　旧时民间习惯法。旧时排瑶解决矛盾争端的一种形式。流行于广东省清远市连南瑶族自治县。主要表现为非正常死亡的死者家属、亲友把死者尸体抬往当事人家中停放，并在肇事者家中吃喝，直至问题解决、尸体埋葬为止。具体过程是未经公众许可而杀人，杀人者受到群众性的严厉惩罚：死者家属用竹筒装上 3 千克酒，舅家报讯，舅家同意支援后，留下少许酒，然后把剩下的酒传递给关系亲近的其他亲戚，可以传递六重亲戚或十二重亲戚，联合起来对肇事者进行"吃人命"的惩罚。将一条猪腿挂在肇事者家门口，并向肇事者索取极高的经济赔偿，赔偿项目包括：身份银、火炉堂费、眼泪费、养命钱、埋葬费、背手钱等。其中对女死者的赔偿要高于男死者。所得的赔偿费由死者家属和亲戚按照亲疏关系递减分配。"吃人命"的赔偿金额极高，常让肇事者破产，有的还累及亲友。如果肇事者愿意赔偿，则"吃人命"就算结束。如果肇事者不愿意赔偿或者无力偿还，则有可能引发"搞是非"（即械斗）。广东其他县市亦有吃人命习俗，新中国成立后，这种民间习惯法已经消失。（毛帅）

峒　又称贡、弓。社会组织。流行于黎族地区。最早在宋代文献中有记载。同峒的人一般有血缘关系，有一个或者数个村头、峒头，多由男性长辈担任，负责调解峒内事务，维护峒的边界与其他利益。重要事务召开全峒会议解决。峒内成员以世代相传的习惯法作为一切行动的准则。峒内土地全峒人均可使用，为全峒共有。峒与峒之间，各自为政，互不相属。随着中央政权向基层的渗透，峒逐渐发生改变，成为嵌入到基层政权的组织。新中国成立后，峒向村委会过渡、发展。（毛帅）

贡　见"峒"。
弓　见"峒"。

都老制　又称村老制、寨老制。社会组织。是对村寨族长或头人的尊称。流行于南方壮族地区。"都老"为壮语的汉文音译，"都老"一词最早出现在隋唐典籍中。根据中华人民共和国成立后的民族调查，壮族大多聚族而居，一个姓族居住在一个寨，大多数一个寨建立一个都老组织。都老制度因地而异，一般由族中较高声望，做事公正，热心公事，内能服众、外能维护本族利益的年长男性担任，由选举产生，任期可终身。主要职责有制定村规村约，维护村中社会秩序，

掌管族中公共财产，主持集体祭祀，做好村中筑路修桥等公共事务，负责与别村的交涉，主持召开各种会议，等等。"酒头"是都老的助手，由都老提名，经过民众选举产生，年纪不能太大。清以后，随着中央集权的加强和团甲、保甲制度的施行，都老制度逐渐发生蜕变、消亡。中华人民共和国成立前夕，广西上思、龙胜等地壮族中仍保留比较完整的都老制。（毛帅）

村老制　见"都老制"。
寨老制　见"都老制"。

断亲　旧时民间习惯法。解决家庭内部纠纷的一种方式。流行于黎族聚居区。家人在外面闯祸或做错了事，且不服家人劝导，通过断亲仪式来中断关系。具体做法是：家中长辈设酒席宴请亲朋好友，当着村寨众亲声明断亲。断亲时，在酒席上放置两支箭，由村寨中最有权威的头人，用利刃把两个铁箭头一刀斩割，作为断亲标志，双方各保存一支。举行仪式后，断亲者立即离开原来的家庭。此后断亲者再惹事闯祸，原家庭成员不负任何责任。普遍适用于父子关系，包括亲生父子，以及改姓认龙公祖先的龙仔与龙公（养父与养子）。（毛帅）

儿女私己田　旧时民间习惯法。流行于原广东省海南岛保亭县加茂地区（今海南省保亭黎族苗族自治县加茂管理区）赛黎。青年男女到了十五六岁正式可以从事劳动的时候，要求父母从耕地中划出一部分，一般是2—4亩，其收入作为青年自己的零花钱或者添置衣服的费用。这些土地或者全家耕作，或者几个青年人共同耕作。青年婚嫁之后，女儿的私己田归还父母，儿子的私己田交给妻子，归妻子分配。（毛帅）

房族　氏族组织单位。出自同一祖先的若干子孙的集合体。流行于粤北排瑶。为单系父系继嗣组织，同一姓氏下，房有大房、小房之分。大房为宗族，小房为宗支，每个大房下又包含1—12个不等的小房。不论大房、小房，各成员之间有可查的血缘关系或系谱关系。血缘相近的房族，各成员的住房紧密挨在一起，形成聚族而居的格局。（毛帅）

搞是非　旧时民间习惯法。旧时排瑶解决矛盾争端的最高形式。流行于粤北瑶族聚居区。意为搬弄是非，汉人称械斗。根据械斗双方的关系，可以分为排内械斗与排际械斗。排内械斗双方约定械斗的时间与地点、误伤第三者的赔偿办法、互相交换被俘人员的条件等。一般白天在山岗上进行。到达械斗地点，以鸣枪为号，约对方应战，打到黄昏为止。这种械斗短则数天，长则数月。最后双方精疲力竭，不愿再斗时，请排内瑶老出面调解讲和，签订和解协议。和议达成，则双方不再追究责任，不念旧恶。排际械斗规模大，持续时间长，没有君子协定，往往采取偷袭手段，封锁山路、切断水源、放火围攻等。械斗发生时，由双方天长公宣布作战，全体青、壮年到大庙送鬼并请先生公占卜出征日期，出征时由青年装扮成面黑公、面黄公、面白公在掌旗公的带领下走在械斗队伍前面。械斗结束后，由一位与双方无涉的瑶老居间调停。达成和解后，签署和解协议，饮鸡血酒，互相赔礼道歉，械斗才算结束。不论排内械斗或者排际械斗，双方均不得伤害妇女，由妇女在田间生产，以保障日常所需。新中国成立后，这种习惯法逐渐消失。（毛帅）

公众会　社会组织。联合各寨同姓宗族或附近各寨异姓瑶族而组成的村寨联会。流行于粤北过山瑶。主要任务是对付外部势力入侵、处理瑶族内部严重违背规约者，执行处决被诬为有"野法"的人等。没有加入公众会的村寨，遇到外来入侵则不会受到会内各村寨的帮助。内部出现重大事件，需要召开全体民众大会，集体进行商议或裁决。公众会每年开一次例会，集会有固定地点。具有血缘性与明显的地缘性特征。新中国成立后自行解散。（毛帅）

鬼判　旧时民间习惯法。对通奸、盗窃等行为的一种裁决方式。流行于黎族聚居区。一是"雷公判"，在财物偷盗案中，无论是被偷还是被怀疑的一方，都可以把口水吐到手心里，击掌后由雷公来审判，雷公劈死谁，就证明是谁做了亏心事。二是"火鬼判"，丈夫风闻妻子与人通奸，又没有抓住把柄，就采取"火鬼判"的方式：用火塘里燃烧的木炭和火灰撒在茅草屋门里，让妻子光脚踩着出去，以完成仪式后眼睛是否变瞎来判定是否通奸。三是"天鬼判"，以当事人是否敢于对天鬼发誓来判定当事人是否无辜。四是"鬼公判"，是一种黎族特有的裁判方式，在有人突然生病或死亡的时候，往往认为是鬼在作怪，要鬼公查禁捉鬼。具体方法是：用一块土，以藤系之，悬于小竹竿上呈"丁"字形。查者在地上蹲着，俯首，双手持小竹竿之两端，地上放米一撮，口中念词，如念到某人，悬于小竹竿上的土块动了，便认为某人为"禁母"或者"禁公"。查问过程，地缘上从远到近，血缘上从疏到亲。五是"梦判""栏判"，指查禁捉鬼的过程中，有的黎族地区不由鬼公来办理，而是由病者做梦，或者由村中妇女跳栏来判断某人是否"禁公""禁母"。六是"准鬼判"，琼中红毛地区黎族有族中长老作为沟通祖先鬼的中介人，

判定族中同宗人能否结婚的案例。鬼判仪式简单，是"神明裁判"最初的表现形态，具有原始性、非典型性的特点。（毛帅）

合亩制 又称纹茂。社会组织。农业生产的基本单位。流行于海南保亭、琼中、乐东交界地区杞黎。在黎语杞方言中意为"大伙做工"。其规模小的2—3户，大的30余户，一般为5—6户。主要由亩头、亩众组成，亩头由父系长辈担任，父死子继，兄终弟及。主要负责生产和分配，处理合亩内外大小事宜。生产活动先从亩头夫妇举行宗教仪式开始，然后按照男女分工进行集体劳动。收获的农产品，除了扣留一部分为公共开支外，再按每亩3—5斤"稻公、稻母"给亩头，其余按户平均分配。内有婚丧、建屋等大事，成员相互帮助。在合亩外部有所谓外来户"龙仔""工仔"，龙仔进入合亩，与被投靠者"龙公"有相应的权利义务关系，龙仔在投靠之时需要交若干牛或铜锣给龙公，改姓龙公之姓，也有继承亩头的权利，除了负担合亩的生产劳动外，还无偿为"龙公"劳动。龙公则有义务为未婚的龙仔完婚。工仔则属于卖身抵债，无人身自由，终年从事繁重的劳动。新中国成立后，经过社会改革，废除了龙仔、工仔的人身依附关系。（毛帅）

纹茂 见"合亩制"。

刻竹为凭 旧时民间习惯法。经济生活的一种记载方式。流行于黎族聚居区。旧时黎族没有文字，在土地典卖、贸易、借贷等经济生活方面，一般刻竹记事以为凭证。如出卖或者典押土地，即用一寸宽、五寸长的竹片，将典卖田地的价值、数量，用刀刻在竹上来表示。刻竹以后，由中间人将竹筒从当中割为两片，双方各执一片以为凭证。以后履行典约时，将刀痕逐次削去，一直到削完，将两片竹片对证，认为没有问题，当场烧去，表示手续完结。新中国成立后逐渐消失。（毛帅）

立家 旧时民间习惯法。家庭组织方式。流行于黎族聚居区。亲人早逝，又没有经济能力建立家庭的单身男子，在村寨中的亲朋好友出钱出粮帮助下娶亲成家，称为立家。立家后，新家庭在村寨中获得承认，成为独立门户。但被立家者，在资助他的亲朋好友有红白事情时，给予回助，否则在村寨中会受到歧视与谴责。这种家庭组织方式，在村寨中，既享受权利，也需履行义务。新中国成立后消失。（毛帅）

排 地缘组织。汉族对八排瑶村寨的称呼。流行于粤北排瑶。因村寨房屋排排相叠、排列整齐而得名。有大排、小排之分，再小者称冲。大排几百户，数千人，小排几十户，数百人。除部分小排和小冲外，大部分瑶排均聚数姓而居，以瑶老制进行日常管理。结寨定居，团结自保，在排的四周，用大石垒砌寨墙，只留寨门出入，逐渐形成独立的巨型聚落。新中国成立后，排瑶地区设立了村级行政组织，排的痕迹仍存在。（毛帅）

石牌制 社会组织。流行于广西金秀大瑶山和贵州荔波瑶族地区。以村寨为单位，可以是单独村寨，也可以联合其他村寨，商议拟定出相互认同、共同遵守的习惯法，经石牌会议通过后，镌刻在石牌上（有的写在木板上或白纸上宣读）以昭信守。通过的规约称为"石牌律""律法"或"条规"。推举有威望的公众领袖为石牌头人，执行石牌律，有判处罪犯、指挥战斗的权力。作用在于解决组织内的纠纷，是村寨所遵守的习惯法从口传到成文的发展，对维护社会内部稳定发挥了作用，带有原始色彩和民主性质。新中国成立后，广西金秀大瑶山石牌组织在乡村治理方面仍有影响力。（毛帅）

偷窃罪 又称偷盗罪。旧时民间习惯法。对违反族规的一种处置方式。流行于黎族聚居区。黎族社会把不偷窃作为族规，按照偷盗财物分情况进行处置。对偷牛者，按"偷一赔十"的原则处罚，罚没的财物分一部分给村里的老人或村民。若偷盗者无法即时赔偿，则责令偷盗者刻木为契，日后陆续还清。对偷猪者，罚水牛2头、猪1头；对偷鸡者，罚猪1头，鸡1只；对偷盗钱财者，责令其10倍赔偿；对偷盗粮食者，偷1斗则罚赔偿10头水牛。其量刑多少，以各村峒的习惯法作为依据，灵活性较大。如本村本峒人犯偷窃罪，一般由村中的老人从中调解，赔回原物和请老人和村里人共吃酒肉当场认错；如外村、外峒人犯了偷盗罪，处理不当，则会引起村与村、峒与峒之间的械斗。（毛帅）

偷盗罪 见"偷窃罪"。

土舍制 明清地方武装组织。流行于黎族聚居区。明永乐初年设。琼州府有"土舍"41所，由土官管辖。土官由地方有势力的黎族峒首担任，掌握黎族地区的军政大权。土舍专门负责黎兵（又称峒丁）的征调，如遇战争，则随军出征；无战事则派守各营，听营官调度。明万历四十四年（1616）被裁。清初，沿袭明初土舍制。清康熙二十七年（1688）裁撤。（毛帅）

翁村制 社会组织。协调京族内部事务、进行自我管理。流行于京族地区。

"翁"为京语，意思为老者或长者，"翁村"即村老。村社集体称为"众村"，众村的权力由被称为"格古"（亦称为"嘎古"）的有声望的老人、乡绅集团掌握。格古集团推选村落中为人公正、识文断字、有一定办事能力的人担任翁村，直接管理村社事务，从事执行乡约、处理争端、召集会议等工作，负责筹办每年哈节的祭祀和乡饮活动。并非村中权力最大的，村中重大事件以及翁村解决不了的事情，仍交由格古商议解决。一般任期3年，可连选连任，其间可以获得少量公有田产或渔箔的经营权作为报酬，每年春节需要办一桌丰盛酒席宴请诸格古。任职期间不兼任乡、村、保、甲等基层政权职务。翁村以下，有协助翁村管理众村事务的人员，如翁宽、翁记、翁模、翁得。翁宽负责管理树林，其任期与翁村相同，每一任翁宽有8人，为首的称为"宽头"，宽头是村人进入翁村的必由之路，任期结束后，若宽头无过失，就自然成为下一任翁村候选人。翁记即文书，负责众村的经济收支账目和乡饮簿籍，翁记由村民选举产生，任期3年。翁模为专门处理哈亭香火和负责哈亭清洁的人员，其候选人由格古集团遴选，再通过杯卜产生，任期3年。翁得专门负责观音庙的烧香。新中国成立后，逐渐发展为村委会，虽有翁村的存在，其产生办法、社会职能、运行机制已经发生了变化，新翁村组织主要职能仅限于管理京族内部大小节庆、各种民间祭祀活动以及与哈亭有关的本民族事务。（毛帅）

瑶老制　社会组织。流行于瑶族地区。"老"是头人的意思，"瑶老"是村寨中民主选举或自然形成的首领。"瑶老"之名出现于元明以后的史籍，可以上溯到宋代文献中的"瑶酋"（制）。每个村寨推选有威望和有生产斗争经验的老人，分掌村寨的生产生活，调解纠纷，主持宗教仪式，指挥对外作战等。组织成员由天长公、头目公、管事头、掌庙公、烧香公、放水公、各姓瑶老等组成，分管村寨各项事务。天长公是组织首领，负责处理排内纠纷，维持社会秩序，代表本排对外交涉。头目公是天长公的助手，负责具体事务性工作，协助天长公组织抵抗外来入侵、办理纠纷事务、看管人犯、传达瑶老会议决议、带领大家生产、收集辖内各户给瑶老成员们的报酬等。管事头是遇有排际械斗和其他战事时的临时军事指挥者，由勇敢机智的青壮年男子充当，事息即撤。掌庙公负责组织、安排节日祭祖活动。烧香公负责在大庙中烧香祭祖，任期终身。放水公负责生活饮用水道和农田灌溉水源的分配及水利维修。各姓瑶老是瑶老制的核心成员，有全排瑶老和各房瑶老之分，由本族年龄大、有智慧、德高望重、起有法名的老人担任。天长公、头目公处理事情须与瑶老商量。瑶老协商是解决排瑶大事的关键和必经程序。成员由民主选举，定期轮换。天长公一般由年长者担任，任期1年，并且一生只能担任一次。其他各公的任期各排不一，要由群众推举或同意。带有原始色彩和民主性质。新中国成立后，其政治功能不断衰退，社会和文化功能在民事调解、民俗活动中扮演重要角色。（毛帅）

瑶长瑶练制　瑶官制度。清道光十二年（1832）设置。由官府封任。瑶长终身任职，子孙可以世袭，每月口粮银3两。瑶练一般每年更换一次，月银1两5钱。清末粤北共有瑶长18人，瑶练64人，隶属于绥瑶把总，每月初一赴绥瑶营领饷具结状。瑶长不能掌握瑶排的行政和司法权，充当官府与排瑶之间的联系人，代表官府收取粮、银税。瑶练是瑶长助手，主要是给瑶长差遣办事。1939年，国民政府在瑶区推行保甲制，在保留了世袭的18名瑶长、64名瑶练的基础上，增设瑶长1名，瑶练28名，并任命他们担任乡、保长。在瑶族社会中政治影响有限。瑶长、瑶练有官禄粮饷，渐成为富有者，成为瑶族社会的上层人物。（毛帅）

议事会　旧时民间习惯法。解决矛盾争端的一种形式。流行于粤北排瑶。瑶民之间出现矛盾，由各排瑶老临时召开群众会议，在民主基础上选举出能说会道的老人来主持会议，处理事情。老人在主持会议、决策事务的过程中，让群众议论，根据多数人的意见做出决定。会议程序一般包括鸣放土铳，宣布开会，由各排瑶老宣布开会的理由和议题，让大家商议、讨论。当意见一致或者获得大多数人赞同时，便分肉饮酒，鸣枪放炮，表示团结一致、共同行动的决心。存在过的议事会主要有三洞会、五洞会、白石洞会。三洞会主要由横坑、南岗、油岭三大排寨联盟组织召开。五洞会主要由军寮、里八峒、火烧坪、马箭、大掌五大排寨联盟组织召开。白石洞会主要由连南八大排和二十四小排联合召开。新中国成立后，这种习惯法逐渐消失。（毛帅）

蒸尝田　又称祖坟田、清明田、族田。祭祀用田地。流行于壮族地区。原意为把谷物蒸熟献祭给祖先品尝。来源一是祖先传下的土地，分家时留出一份作为蒸尝田；二是本族绝嗣户留下的土地转作蒸尝田；三是集资购买部分田产作为蒸尝田。范围不限于土地，包括山林、鱼塘、店铺等。这些土地或者资产由族人或者他人经营，获取实物或者货币，以供祠堂祭祀、修建、办学等公共事务。新中国成立后，随

着宗法制度的消亡，蒸尝田逐渐消失。（毛帅）

祖坟田 见"蒸尝田"。
清明田 见"蒸尝田"。
族田 见"蒸尝田"。

族老乡老制 社会组织。流行于粤北过山瑶。由群众推举产生，选本族或者本村寨最富有经验、办事公道、德高望重的老人担任。族老职责只涉及同姓、同宗族，具体负责处理本宗族内纠纷、财产继承、子女过继等事务。乡老是各村寨能识文断字、熟悉本族历史、为本族村寨瑶民所尊重的长者，主要负责维护社会治安、领导对外斗争、组织生产和管理宗教等公共事务。乡老一般一年一任。新中国成立后逐渐消失。（毛帅）

民族民间信仰

麽教 民族信仰。壮族巫教。"麽"在壮语是诵经的意思，其宗教职业人员叫"布麽"，经书叫"司麽"（"司"是执事的意思）。神灵多而杂，有固定和规范的宗教仪式和基本教义。以《布洛陀经诗》为主，经文有"三元（天、地、水）说""公母说"，唱诵壮族祖神布洛陀创造天地万物，规范人间伦理，为人们祈祷还愿、消灾祛邪的故事，体现出壮族对宇宙、天体、生死、福祸、命运、灵魂、拯救等问题的诠释，反映古代壮族先民借助神力协调人与自然、人与社会、人与人之间关系，祈求生存和发展的努力。（叶远飘）

师公教 民族信仰。壮族、瑶族原始宗教与道教融合形成的一种宗教。因其宗教信众入教后便称师公，故称。信奉的神祇有道教三清（太清、上清、玉清）、天师张道陵、真武神（亦称玄武祖师）、九天玄女、风伯、雨师、雷部诸神（包括雷祖、雷王、雷兽等）、龟蛇二神、三光、玉女、二郎神、灶王，以及各种姓氏元帅的真君等。做法事时有神祇面具，又称鬼脸壳、傩面、神面、面壳、戏面、代面、假面、假面具等，多用木头雕刻成型后彩绘而成，个别小鬼神的面具由硬纸壳或竹壳制成。法器有蜂鼓、缶和龙船等。经书是世代相传的民间手抄本，文体为五言或七言的押韵山歌体裁，内容包括创世史诗、英雄史诗、爱情故事和孝悌故事等。（叶远飘）

巫鬼教 民族信仰。苗族原始宗教。崇拜的鬼神和流行的祭祀典仪大致可分成两类：一是原始的宗教崇拜（或称苗神、苗教）；二是自远古以来逐渐自发产生和形成的鬼神观念。祭祀活动由苗巫主持。苗巫不脱离生产劳动。以口头相传的方式掌握咒词、秘诀和巫歌。巫师最熟悉苗族的源流和历史以及本民族的各种礼仪和传统道德规范，是宗教人士和知识文化的保存者和传播者，在苗族群众中很受崇敬。（叶远飘）

盘瓠 民族信仰。瑶族与畲族图腾信仰。在瑶族和畲族内部流行的神话传说中，盘瓠原本为一神犬，帮助皇帝平乱有功，娶了皇帝的女儿为妻，后带上妻子归隐深山老林，生育子女，他们的后代成为瑶族与畲族。瑶族、畲族每年在特定时间举行盘王节，专门祭祀祖先盘瓠，其间由本民族巫师跳各种舞蹈，恭请各路祖先神与民同乐。（叶远飘）

黎母 民族信仰。黎族信仰的祖先神。黎族在追述自己的祖先时认为黎母是黎人之祖，由雷公摄一蛇卵产生。至少从元代开始，海南岛各地建有黎母庙对黎母进行祭祀。元代黎母庙建在琼州府城，明代黎母庙建在儋州黎晓山，后被毁。现代黎母庙建在琼中黎族苗族自治县的黎母山。三月十五是诞辰日，海南各地黎族同胞和香客自发组织前往拜祭。（叶远飘）

峒主 民间信仰。原为黎族供奉的保护神，现黎族、汉族皆有供奉。历史上黎人以"峒"为单位聚居，每峒管数个、十数个乃至数十个自然聚居点，每个黎峒设有一个峒主神，作为该峒的保护神。现存峒主神塑像威严，戴圆形官帽，身披金色铠甲，双手握大刀，坐骑为白马，是武将身份。黎族的峒主神全为男性塑像。（叶远飘）

雷祖 民间信仰。雷州半岛陈氏宗族供奉的祖先神。本名陈文玉，其塑像坐落于广东省湛江市雷州市白沙镇雷祖祠。在唐贞观十六年（642）建立的雷神庙基础上扩建而成。由正殿、偏殿和后殿组成，正殿供奉身穿官袍的士大夫陈文玉；偏殿供奉以兽形面貌出现的蓝面鸟嘴、高举雷斧的雷公。民间流传一则传说，认为陈文玉是雷公劈开一大卵出生的，出生的时候两手皆有异文，左曰"雷"，右曰"州"，秉性善良，聪明好学。是唐代雷州半岛的第一任刺史，任上多有建树，惠及雷州百姓，仙逝后被奉为神明朝拜。（叶远飘）

祖先鬼 民族信仰。黎族对去世祖先的称呼。去世的祖先是鬼而非神，黎

语叫作"Dings Putpaus"，主要有三种：一是"大祖先"，指始祖、二世祖和三世祖，祭祀时用牛，故称"吃牛祖先"。二是"中祖先"，指家族祖先，祭祀时用猪，故称"吃猪祖先"。三是"小祖先"，指个体家庭的祖先，祭祀时用狗或者鸡，故称"吃狗祖先""吃鸡祖先"。日常生活中，黎族忌讳说出祖先的名字，认为说了祖先名字，会把"祖先鬼"招引出来作祟害人。而故意说出别人祖先的名字，是一种蓄意挑衅，严重时会引发群殴、械斗。（叶远飘）

祖公图 民族信仰。畲族家庭收藏的关于祖先画像的图。画像为犬首人身，图画分为盘王殿、盘王棺木、盘蓝雷殿、唐法王殿、盘王墓等部分，畲族人将此画视为自己的祖先图，世代珍藏祖图，由族中最长寿的长者保管，每年只在年初一拿出来供族人瞻仰，不得外传，在瞻仰时伴随隆重的祭祀仪式。《畲族祖图》被列为"中国十大档案文献遗产"之一。（叶远飘）

布洛陀 民族信仰。壮族信仰的始祖神。"布洛陀"是壮语的译音，"布"指有威望的老人，"洛"是知道、知晓的意思，"陀"是很多、很会创造的意思，指"无事不知的老人"之意。布洛陀的功绩有开天地、定万物、取火、开红水河、造谷物、造牛、教养家禽、造屋、射太阳、造铜鼓；为人类创造万物、安排秩序，是壮族民众崇信和敬仰的神。壮族民间流传"布洛陀"神话，还有用"古壮字"写成的《布洛陀经诗》，属壮族巫教经文。（叶远飘）

密洛陀 民族信仰。布努瑶崇拜的女始祖。瑶族分为四大支系，分别是勉瑶、布努瑶、拉珈瑶和平地瑶。布努瑶流行《密洛陀古歌》，讲述密洛陀的诞生、天地日月的形成、人类万物的起源、治理大地山河、征服自然灾害、族性分开继宗接代、密洛陀续寿及病故、族内外的矛盾和冲突、本族迁徙的原因和经过等事件，歌颂布努瑶始祖母密洛陀的伟大业绩。传说五月二十九是密洛陀的诞辰日，布努瑶在这天过达努节（达努节），纪念和缅怀祖先。（叶远飘）

伏波神 又称伏波将军。民间信仰。雷州半岛、海南岛及佛山等地崇信的水神、人神。西汉马援和路博德征讨南越诸地有功，被敕封为"伏波将军"，亦称"路伏波"和"马伏波"。征讨乱地安民有功，受到后人崇敬，百姓立庙祀之。民间偏爱马援，崇信对象渐集中在马援身上，一般以马援为伏波神。唐德宗时，成为武成王庙六十四将之一。宋徽宗时加封为忠显佑顺王，位列武成七十二将。清圣祖时从祀历代帝王庙。（叶远飘）

伏波将军 见"伏波神"。

花婆神 民族信仰。壮族崇拜的专管生育的女性神灵。民间传说其始祖姆六甲是从花朵生出来的，主管赐花送子之事，故被奉为花婆神。二月二十九为花婆神的诞辰日，村寨同一辈妇女结异姓姐妹，备办鸡鸭和香烛纸钱，供祭花婆神，成群结队到野外采花，祈求生育和保佑小孩健康成长。求到大红花代表怀男孩，粉红花代表怀女孩，小孩出生后，在产妇床安上花婆神位，定期祭拜。没有生育的妇女，这天到野外采花来戴，以求花婆神赐花送子，若日后怀孕，为使小孩出生后有灵魂，须请师公到野外念经求花。（叶远飘）

莫一大王 民族信仰。广西红水河中游、龙江、柳江、融江一带壮族崇拜的祖先。相传莫一为南丹壮族人，为当地人赶山造海，对抗官府的压榨，保护百姓，被认为是刑天式的大英雄，当地壮族人奉之为祖先，在神龛上立神位。六月初二祭祀。每年一小祭，六年一大祭。小祭由各家在自家宰鸡杀鸭，焚香点蜡，在厅堂神案下放置各种祭品。大祭在莫一大王庙举行，以一猪一牛两牲作供品，先请师公念经，然后杀牲，将肉、骨等分为12部分，各做一道菜分24等份。师公一边念经，一边摆，摆齐后焚纸行礼。礼毕将菜按户数分成相应等份，每户一人参加会餐。（叶远飘）

哈亭神 民族信仰。京族供奉的诸神。哈亭是京族民间村社议事的场所，也是唱哈节期祭神、乡饮、唱哈、听哈的场所。各村供奉的神位略有差别。沥尾、巫头两地的哈亭，供奉的是镇海大王、高山大王、广达大王、安灵大王和光道大王，合称"五灵官"，其中以镇海大王为主神，余四位是副神。山心哈亭供奉的主神是光道大王，副神是镇海大王以及本境土地。哈亭是神圣之地，供奉的神属于哈亭神，是京族的保护神。（叶远飘）

田头伯爷 民间信仰。南方稻作民族民间崇拜的特有神灵。田头伯爷与土地神职能相当，主管一方土地。居住的地方是田地而不是土地，多被安奉在田头、路旁，俗称保禾苗的"田头伯公"。（叶远飘）

壮族社公 民族信仰。壮族供奉的村寨保护神。认为人间一年四季的风调雨顺、五谷丰登、六畜兴旺、家业兴隆全靠社公保佑。南部方言地区称为"阿公"，或"公土地"；北部方言里称为"萨"，即社公或社神。规模仅次于春节、中元节，旨在缅怀敬说

真话的"社王"。传说古有一国大宴宾客，群臣无一敢说真话，社王不畏权贵，国王顿悟，下旨每年二、八两月社日悼念社王，日久成节。壮族村寨建有简朴、神秘的社王庙：平房，砖（或石）墙，瓦顶，通常一溜三间，不间断。社公神管一村一寨的吉凶祸福，须年年过社节。节日先在家祭祀祖先，师公仗剑作法，到全寨各家逐一赶鬼捉魔。有的地方则请道公打醮，举行抢花炮、舞狮子、唱大戏、表演武术等文体活动。祭祀时间各地有所差异。一般以二月初二和八月初二各祭一次，有些在年尾即除夕祭祀。（叶远飘）

蛙神 民间信仰。南方稻作民族信仰的特有神灵。古百越人对狂风暴雨、洪水泛滥、天旱酷热、禾苗枯槁等危及生存和生产的自然现象无法解释，对动物、植物产生崇拜。百越先民很早就注意到青蛙的鸣叫声与风雨有很大关系，认为青蛙是呼风唤雨、驾驭洪水的神灵物，产生对青蛙的崇拜，并把蛙神形象具体化，把蛙神崇拜偶像化。（叶远飘）

祭牛神 又称开秧节、招牛魂节、祭牛魂节、洗牛身节。民间信仰。南方稻作民族崇拜的动物神灵，以壮族最为突出。传说耕牛在春耕中被呵斥鞭打而丧魂失魄，立此节为牛招魂。一般在四五月间水田耕作完毕之后，择吉日举行，有的在四月初八举行。家家户户杀鸡宰鸭，蒸五色糯米饭。先祭祖先，后祭牛魂，给牛戴花，舞牛，并将部分食品及鲜草喂牛，让牛休息一天。祈求六畜兴旺，农业丰收，生活富裕。贵州仡佬族将十月初一定为"牛王节"。（叶远飘）

开秧节 见"祭牛神"。
招牛魂节 见"祭牛神"。
祭牛魂节 见"祭牛神"。
洗牛身节 见"祭牛神"。

鸡卜 又称越巫鸡卜。民间信仰。百越先民以鸡骨或鸡卵占吉凶祸福的占卜术。直到近代，在汉族、壮族、布依族、侗族、水族、彝族、黎族间也流行。因地域不同，文化不同，卜辞千差万别。如汉族，将鸡宰杀后煮熟，取鸡骨两根，上有孔裂，似人形则吉，不似则凶。苗族，挑选公鸡宰杀煮熟后，将两只鸡腿割下，剔净肉后看两根腿骨中的间隙大小、长短是否一致，若一致，表示吉，若不一致，表示凶。黎族，把鸡宰杀煮熟后抽取两根股骨看是否正而直，若是表示吉，否则表示凶。是古越人鸟图腾崇拜的一种表现方式。（叶远飘）

越巫鸡卜 见"鸡卜"。

蛋卜 民间信仰。古越人的占卜方式。岭南民族间流行。多用于查鬼治病、问个人前程等。普遍的做法是巫师知晓一个人的生辰八字以后，焚香祷告，口念咒语，取鲜鸡蛋一个，用木炭或香在半边蛋壳上画符，然后放在火上烤，待鸡蛋破裂，以无符的一半为占卜依据，若无符的一半异于有符的一半，例如有纹理、黑点、线条、形状变化等多视为不吉。（叶远飘）

石卜 又称泥包卜。民族信仰。海南黎族地区以石头占吉凶祸福的一种占卜术。具体做法是：将一条细长绳子折成等长的两半，在绳子的两端把卜的代表物捆紧，被折部分的绳子挂在小竹子或筷子中间。石卜时，石卜主持者双手握住小竹棍或筷子两头，将石卜提起悬吊，然后口念咒语查鬼。根据石卜旋转或摆动的方向查出大小不同的"鬼"，分别用大小不同的供品祭拜。祭品大至水牛，小至鸡蛋等。（叶远飘）

泥包卜 见"石卜"。

笩杯卜 民间信仰。黎族占卜方式，汉族也有使用。卜由两块木片或竹片制成，平的一面称"阳"，凸的一面称"阴"，一平一凸同时出现时，成为"胜"。占卜时道公一边念咒语，一边把木笩抛掷地上，依次抛3次，由此可得27种卦。因地域不同，文化不同，卦辞差别大。一般地，连续三次抛掷于地上，得出一阴、一阳和一胜者，为大吉；连续三次出现阳，或阴或胜为大凶。（叶远飘）

戒道 民族信仰。瑶族成年男子举行的宗教仪式。有度师、度道两个派别，在不同地区不同族系两派仪式不尽相同。仪式只限于男子，15岁左右，由父亲带领拜认师父。度师由师公请三元、老君、玉皇等神祇，除在室内设坛外，要到室外接受"云山法"（或称跳云台）等考验。度道所请神灵为三清等，仪式中包括设坛请圣、步虚、宣戒、授受牒文等，需两夜一天。无论度师或度道，仪式结束后，均由师父授予印鉴、牒文，并赐法名。印鉴和牒文由受戒者保存，死后烧化。仪式隆重，受戒者在此期间须与师父一起过清净寡欲的生活：不吃荤，不劳动，禁房事；出门戴帽，走路低头，不许同他人尤其是妇女说话。经过戒道的人，可以学做师公或道公。（叶远飘）

趴门槛 民族信仰。瑶族民间丧葬仪式。抬棺材出门时，棺材不能碰门槛、楼梯，否则被视为不吉利。出殡时，死者之子女及亲属须俯身趴在门槛和楼梯上，保护棺材顺利抬出家门。（叶远飘）

几东农　民族信仰。瑶族为舅舅举行的一种禳灾仪式。外甥未满月时，舅舅不能登门，否则会导致舅舅受穷。如舅舅要登门，须用一根燃烧的大火苋放在门口，让舅舅从火上跨过之后，给舅舅一碗酒喝。相传这样可以禳解霉气，以保舅家平安。（叶远飘）

家祭　民族信仰。畲族举行的祭祖礼。家祭代数为三代，祭时全家人参拜，仪式由学过祭祖的人主持。仪式举行前，家人从同姓同支的祖祠挑回祖担，叫"游祖"。祖担为两个竹编的箱子，装着祖图、祖杖、祖簿、香炉、龙角、龙刀、铃钟等物件，将其一一摆在堂屋香桌上。祭祖时，先进香敬酒，一拜天地，二拜祖先，唱《高皇歌》。祭祀频繁，礼仪简单，除逢年过节、农猎活动、婚嫁喜庆祭祖外，还在三月三等特定的节日祭祀祖先。（叶远飘）

踩火盆　又称踏火炭、过火炼。民间信仰。古越人敬神驱鬼举行的一种表演仪式。流行于广东雷州半岛、广西东部以及海南西北部的汉族和少数民族当中。选择一个吉祥的日子，邀请民间巫师诵经作法、祭拜神灵，准备柴火，把火燃旺，一般把准备的木柴全部燃尽成火红的炭，然后把成堆的红色火炭拨开铺平，形成一个2米多宽、4米多长的"火山堆"，巫师用口含烧红的铁犁头，赤脚踩在"火山堆"上诵经文，众人在巫师带领下，一边跟随巫师用经文大声吆喝，一边赤脚从火红的炭火上走过去，开始时几人一组，其后越跑越多，反反复复，直至炭火完全熄灭为止。各家各户用铁铲挑些场上的火炭回家放在灶头，以避邪消灾。（叶远飘）

踏火炭　见"踩火盆"。
过火炼　见"踩火盆"。

穿令箭　又称穿杖、穿银针、贯铁杖。民间信仰。古越人敬神驱鬼所举行的一种表演仪式。流行于广东雷州半岛、广西东部以及海南北部的汉族和少数民族当中。人们进行游神活动时，某个据说被神灵选中的人会出现意识模糊、进入癫狂的状态，多为年轻人。一旦被神灵选中，无论当时身在何处，都飞奔而去，称为"上令"。令箭用金属特制，有铜、铁、银、不锈钢等各种材质，结构实心，上粗下细，尾部呈针状，长短不一，一般1米左右。表演者用令箭由一边脸颊穿进口腔，再从另一边脸颊穿出，用手扶着外露部分，抬着游行，行程有的数千米，时间两三个小时，自始至终神态自然。令箭拔出以后，穿令者的脸颊看不见洞口以及流血的痕迹，仅以香灰擦在穿令箭的伤口即可自愈。民间习俗规定：仪式进行前三天，先将令箭打磨清洗，然后恭恭敬敬地放入庙宇封令。取令箭时香烛拜祭，表演者沐浴净身，有的还斋戒吃素三天。穿令箭出游，显示有神灵庇佑，平安保障，能逢凶化吉。（叶远飘）

穿杖　见"穿令箭"。
穿银针　见"穿令箭"。
贯铁杖　见"穿令箭"。

翻刺床　民间信仰。古越人敬神驱鬼举行的一种表演仪式。流行于广东雷州半岛。刺床有两种：一种用木板一块（长约2米，高1米）钉满铁钉，制成一块钉尖向上的钉床；一种用布或草席，上面铺满牛头筋和其他带硬刺的植物，形成一张刺床。表演前先由村民用"轿子"抬着神像象征性翻过刺床，被神灵选中的人进入意识模糊的癫狂状态，赤裸上身，扑到刺床上，来回翻滚，众人则在床前敲锣打鼓，呐喊助威。表演"翻刺床"前，女人不能在表演者面前走过，生人也

不能触摸刺床。（叶远飘）

祭鼓神　民间信仰。古俚人举行的祭神仪式。"鼓"即"雷"，祭"鼓神"就是祭"雷神"。雷州半岛出土大量汉至唐代铜鼓，被认为是俚人的遗留物。各地出土的铜鼓虽然在形状、制法上有差异，但在装饰上有共同点：云雷纹布满鼓身，部分铜鼓表面中心印有十二芒的太阳纹，铜鼓边缘的立体雕塑是鼓腹蹲式青蛙。被认为是崇雷的表现。（叶远飘）

禳祓　民间信仰。禳灾的祭礼。各民族信仰不同，仪式不一样。信仰道教的瑶族用斋戒沐浴等方法除灾求福。信仰原始宗教的黎族通过巫师念咒语，采取接触巫术或者模拟巫术的方式进行。信仰摩教的壮族某个人怀疑有灾难的时候，一般把这个人的长上衣拿给巫师施法后再穿上。（叶远飘）

祭海　民族信仰。京族的祭神仪式。每年"哈节"举行。仪式举行时，一般由送行的人着盛装组成队伍从新修缮的哈亭出发，鸣炮敲锣打鼓，唱歌，步行至海边迎神。男子每次出海时，老人、妇女、孩子到海滩送行，并进行祭海。（叶远飘）

解簸箕　民族信仰。苗族招魂仪式。一般在老人去世后一段时间内举行。目的是将亡魂送归其祖居地，隔断其与世间的交往。民间传说，苗族先民因为战争，无法顾及亡者，便用簸箕将其草草掩盖，打算事后厚葬。后来，生者梦见死者诉苦，称簸箕压在身上，无法脱身东归与祖先团圆，请求解开压盖之物。仪式先由鬼师把粑粑、路灯和代表亡者的竹人放在簸箕里，经过祭祀以后，丢卦请亡魂安心前往祖居之地。再解开竹人身上的头帕衣物，把粑粑分给亲友吃。最后，鬼师一边

敲鼓一边唱祭词，把簸箕滚出去。反盖，表示亡灵已解除簸箕；不能反盖，继续滚动簸箕，直到反盖为止。鬼师还要用芦笙吹奏预备拆坛曲和正式拆坛曲，众亲友将仪式用具拆除，宣告结束。（叶远飘）

问粮 又称问米、走阴。民间信仰。岭南民族实施的一种巫术活动。世间的人遭遇不幸后怀疑是阴间的祖先作祟而举行。具体做法是由"苦主"盛上自己的米到那些被认为能够与阴间通灵的巫师之处询问究竟，被问的巫师称为"粮主"，一般认为他（她）是某个神灵在阳世间的代理人。由巫师实施法术后可引领地府阴间鬼魂并依附在肉身上，鬼魂就能借助阳间巫师的躯体与世人"面对面交谈"，阳世间的人便可知道阴间亲属的事情，采取相应的方式回应阴间鬼神的诉求。"谈话"结束后，撒米以驱散附在肉身的鬼魂。"问米"讲究拿去问巫师的"米"须是自家的米。（叶远飘）

问米 见"问粮"。
走阴 见"问粮"。

做醮 民族信仰。畲族祭祖兼男子成年礼。多在家中进行，日期由祭师挑选。仪式由法师主持，法师用念唱、歌舞方式，叙述始祖学艺的艰难历程，唱罢，引弟子三拜天地、始祖、本师公（学师前辈），接着参牒，取法名。法师传授头冠、衣衫、剑刀、号角、笏板、锣、鼓给弟子，进行洗坛、置坛、坐坛、传渡、折坛、生筵仪式。通过"做醮"后才有资格主持祭祖礼仪，祭过祖先的男人称法师，女的叫皇母娘或西皇母。女性没有行成丁礼，夫家上代有人做过西皇母的，自己有子孙就可请法师主持祭祖仪式。祭过祖的人，把取得法名、

做醮日期写在红布条上，结扎在祖杖上，表明是有身份的人，可主持祭祖活动，作为孝子为父治丧，否则请祭过祖的人来主持。（叶远飘）

娘母 又称拜崩。黎族女巫师。能查病看病，有香炉、菱杯，做大鬼时穿民族服装，操黎语作法。法器有长衫、山鸡毛、头巾、弓箭、作鬼时的结髻以及作筊杯的铜板两枚。首先以查疾病作祖先鬼等法事为其特色，其次为招魂、求子、求福等，懂得用巫术治病。查鬼时，头束花巾，穿花筒裙和花上衣，用米1碗，焚香，从中看出鬼来。可以世袭，一般只传女儿或者媳妇。如没有女儿，媳妇也不愿学，只能失传。（叶远飘）

拜崩 见"娘母"。

三伯公 又称道公。黎族对通晓汉语的神职人员的称呼。黎族人信鬼，认为鬼是使人生病的主要原因，一旦人生病，需要解鬼。三伯公就是主持解鬼的人。法器有牛角、道印、戒刀、蛇（树根制成）、筊杯、铜锣、红布巾、铁铃、剑、驱鬼索、法帽、木头公子（俗称马元帅）、鸡毛等。作法事时，多数穿便服或长道袍、戴道幅，手持有摇铃的神剑。看病查鬼时用米1碗、香1炷、纸钱若干、铜板3个，坐下念咒，指挥"鬼兵"，全身发抖，把双肩颤动一下，便把鬼名说出来。可世袭，父传子，一代传一代，一般不授徒、不外传，把法事器具交给下一代，授以一些解鬼的念词和画符谱，便可以继承其衣钵。（叶远飘）

道公 见"三伯公"。

鬼老人 又称奥雅都、老人、鬼公。黎族对宗教神职人员的称呼。是黎族

中记忆力最强、懂得诵念历史人物和迁徙地名的人，受人尊重。宗教活动、丧葬活动，必请其诵念祖先鬼名。法器有山鸡毛1支、红头巾1条及头饰若干，另有弓、尖刀各1把及作鬼时穿民族服装（有些地区穿汉族长袍）。（叶远飘）

奥雅都 见"鬼老人"。
老人 见"鬼老人"。
鬼公 见"鬼老人"。

禁公 又称琶酊禁。民间信仰。旧时黎族指用巫术手段害人者。流行于海南白沙、乐东、保亭、琼中等地。一般指中、老年男性。民间认为他有"禁人"巫术，能把人畜"禁"死，属"主观禁人"。凡被禁公怀恨的人，都是禁的对象。一般方法如下：斩下鸡头、蛇头，用树叶包裹成"禁包"，一边念咒语，一边对被"禁"对象点名道姓，用弓把"禁包"射到被禁者身上、祖坟或扎在被"禁"者墙穴里，以为可以使被"禁"者患病，甚至死亡。当禁公的人，被认为掌握了"禁人"巫术，能保护身家性命，不被别人欺负。禁公传授"禁人"巫术是秘密进行的，人们对禁公很害怕，不敢冒犯。也有被诬为禁公的人，常常被暗害。（叶远飘）

琶酊禁 见"禁公"。

禁母 又称百酊禁。旧时黎族指用巫术手段害人者。流行于海南白沙、乐东、保亭、琼中等地。一般指中、老年女性。被称为"禁母"者，有的因母亲系统有被指为"禁母"，被社会公认；有两人打骂，一方患病，而诬指患病一方之妻为"禁母"；有病人梦见某人被害，而诬指某人为"禁母"；也有道公替人查鬼时"查出"某人为"禁母"。第二、第三种需道

公复查，方被社会公认。第四种最多。民间以为"禁母"有一种"鬼魂"经常离体，将"禁包"置于他人身上使人生病。生病者家中要杀牲畜，请道公或娘母驱鬼，招"禁母"的"恶魂"取"禁包"，以解病除病。"禁母"本人并不知道自己身上有这种"鬼魂"，"禁"人也不是自己有意所为，所以"禁母"属"客观禁人"。属"客观禁人"的，则将其赶到河里裸体洗澡，更新衣，谓之"赶禁鬼"；或由巫师带着他跨火堆，或用绳索把他捆起来，以示"赶禁鬼"。被诬指为禁母的人，为逃避灾难，往往被迫逃往他乡，家破人亡。（叶远飘）

百衲禁　见"禁母"。

都老　又称倒老。壮族称寨老、乡老、布老。古俚僚人对其首领的称谓。由村民民主选举产生，或是由年迈卸任都老荐举，经群众公认而充任。功能是主持村民会议，制定村规民约。平时与寨民一样参加生产劳动，寨中有纠纷事端，按照村规民约以及社会习惯裁决争端。维持社会秩序，掌管公共财产，执掌村寨祭典等。（叶远飘）

倒老　见"都老"。

粮主　在巫术活动中被认为能够与阴间通灵的巫师。有些地方称之为"阴骨人"，一般认为他（她）是某个神灵在阳世间的代理人，因此这些人的家里通常供奉有某个神灵。通常情况下，"粮主"不需要经过系统学习，经常是大病一场或者村里做过几次法事以后由神灵自主选择，属于无师自通。"粮主"不能有意识地把位子传承给某个人，因为他看中的某个人不一定被神灵看中。在做法事的时候，"粮主"负责把阴间的鬼魂附在自己的躯体上，接受阳世的亲属问讯，让阳世间的亲属知晓其在阴间的情况，但大多数情况下，"粮主"不懂得如何禳灾，只是"判官"的角色。（叶远飘）

师傅　在巫术活动中被认为能够禳灾的人。与"粮主"对应存在，即在一场法事中，当"粮主"查出鬼魂在阴间的情况以后，师傅针对存在的问题施法进行禳灾祭祀。民间认为，师傅不是某个神灵在阳间的代理人，所以不知晓阴间的事，因此在法事中，师傅与粮主要相互配合才能完成任务。另外，师傅与粮主不同的地方还在于，师傅是需要经过系统学习的，对于施法的规则、程序、唱词等需要经过长时间的培训，由前辈领入行才有资格从事上述活动。（叶远飘）

苗巫　苗族巫师的一种。在各苗族地区情况不一，海南岛的苗族因与汉族接触，受汉族文化影响，其内部巫师又分为苗巫和汉巫。苗巫父子相承或师徒相传，子（或徒）通过"牵街""上刀梯"等仪式，正式成巫，可以走阴和禳灾，汉巫不能父子相承，一般没有通灵的能力，可以禳灾。是民间法事活动的从事者，也是民间传统文化的传播者。（叶远飘）

麽公　又称布麽、毕公。壮族对神职人员的称呼。"布"在壮语中有"男性、公的"意思，"麽"则有喃诵祷祝之意，汉译作"麽公"或"魔公"。一般懂古壮字，会简单的历算术，懂简单的占卜、巫术等宗教仪式。由青年或壮年男子受戒后充当，单人活动，专职为人镇妖赶鬼，祈福禳灾，一般不世袭，师徒传承。布麽分玄、文、道、天、善5个等级。平时参加劳动，有主家请时才去做麽。（叶远飘）

布麽　见"麽公"。

毕公　见"麽公"。

降生童　又称生童。京族对神职人员的称呼。充当人与神对话中介的男子。祖先神灵会暂时"附身"在他们身上，借其口与族人对话，训诫族人遵守京族习惯法。无师承，一旦神灵附体便成为生童，随时作法行事。生童家立有神台，供奉经常显圣的神灵。能平妖除怪，凡遇人畜遭灾、粮食歉收或其他疑难，即为人设坛祭祀，请神除妖。作法时立于神位前，手持长方形木印，边敲边念咒，左右摇头，踏足捶胸，再以两根长约70厘米的铁棒作法具横穿两颊，以示神威附体，法力无边，能镇邪压祟，维护人畜平安。（叶远飘）

生童　见"降生童"。

师公　壮族、瑶族对神职人员的称呼。师公属武道，经文相对较少，做道场时唱念的主要是师父口头相授的内容，以古代名将故事为主，有些地方以现实故事和生活中的人为主，唱颂时没有严格的规定，师公可以按照节拍自行添加有益的内容，如孝顺、善良、忠诚等，以教育人们实现伦理教化。师公并不是天生的，需要后天的学习才能入教，入教前必须经过拜师受戒，掌握舞蹈、杂技、背诵经文等本领，并习3年，满师后方能入教，入教后即成为师公。在重大意外死亡的丧葬祭祀中，须请师公。（叶远飘）

道公　壮族、瑶族对神职人员的称呼。道公属文道，有大量的成文经书，有统一的教义，没有成型的宗教组织，没有固定的宗教活动场所，神职人员是相对固定的，法师需要通过严格的学习、仪式和考核才有资格从事宗教

活动。大多用来超度亡灵。由于道公属文道，不可杀生。在正常死亡的丧葬祭祀活动中，一般请道公。（叶远飘）

搂面　瑶族对神职人员称呼。流行于广东省清远市连南瑶族自治县。"搂"是"问""探"的意思，"面"是"鬼"的意思，因此巫师"搂面"就是"探鬼"或"问鬼"的人，是沟通人、鬼的使者。搂面专为人占卜问鬼，主持丧葬祭祀，多由男子充当，个别地区由女子充当。（叶远飘）

红身人　畲族对主持祭祖人员的称呼。畲族男子年满16岁举行传师学师仪式，称作聚头，又叫度身、学师，为学师者取法名，并把法名和传师学师的时间写在红布条上，扎在本支族龙头祖杖上供后人考查，去世后法名载入守谱。学过师的称红身人，未学过师的称白身人。红身人有资格主持祭祖。（叶远飘）

黎族禁忌　主要体现在农事劳作、婚姻、妇女生产、丧葬和日常生活方面。农事劳作方面实行忌日不事农。在婚姻方面禁止血缘婚。妇女生产方面，在怀孕期间忌吃狗肉。保亭、琼中等地黎族产妇分娩时，以门前挂树叶为忌门标志，禁止外人入产室。产后忌坐男人凳子，忌与丈夫同房。丧事期间死者亲属不得正面穿衣，须反穿，不得洗头洗身，不得唱歌、奏乐、敲锣鼓、放鞭炮，忌吃米饭（只吃杂粮）。日常生活中忌头朝门口睡觉，若客人犯忌，主人认为可能有祸事临头。（叶远飘）

苗族禁忌　主要体现在农事劳作、妇女生产和丧葬方面。农事劳作上每年第一次往田里送粪归来时忌见外人，

若遇见，忌打招呼。忌戊日，正月立春后，凡遇戊日忌动土挑水。妇女生产上，忌外人入室。不慎误入者，出门时须洗脚，并喝下一碗冷水，以防将产妇的奶水"踩干"。丧葬方面忌男性死于白天，女性死于夜晚。除银器外，棺内忌放铁、铜、金等其他金属以及棉花、涂有桐油的物品。停柩期间，家属忌吃蔬菜。入葬后1个月内，家中任何东西不得出卖或借人。（叶远飘）

畲族禁忌　主要体现在农事劳作、婚姻、妇女生产、祭祀和日常生活方面。农事劳作方面忌潮汐时播种，正月初一、初五、初九忌挑粪，正月二十忌田事，三月初三忌下田，四月初八忌水牛下地犁田。婚姻上新娘第一次回娘家住宿天数忌单数。妇女生产方面，孕妇卧房忌钉钉子或乱翻动，忌摘水果，忌吃鸭子、鸭蛋。祭祀方面忌女性代表家庭在坛前烧香秉烛与朝拜，忌以鸭子为供品，忌在神宫庙观、石母、树王面前便溺。日常生活方面忌正月初五、初九在露天旷地上晒衣服，炉灶忌炖狗肉、蛇肉，忌以手帕赠人，忌拾路遗毛巾，赠送礼物忌单数，忌单手捧茶迎宾，忌用筷子打猫。（叶远飘）

满族禁忌　主要体现在妇女生产、丧葬和日常生活方面。妇女生产方面，怀孕5个月以上的禁入马棚，亦不准牵马。产房禁放玉器，产妇亦忌见玉器。丧葬方面，忌棺材从门而出，孝子治丧后百日内忌剪发，禁止参加宴会及娱乐活动，送葬后，忌亲人在家里哭。日常生活方面，忌老少无别，晚辈进长辈房间须面对长辈者垂手而立，由长者赐座，只可半坐于北炕梢，双手扶膝；晚辈不得与长辈同桌共餐；路遇长辈或兄长，须问安，并站立路边，让其先过；饮食方面禁吃

狗肉，禁穿戴带有狗皮的衣帽。（叶远飘）

瑶族禁忌　主要体现在妇女生产、日常生活方面。妇女生产方面，产妇生产后头几天禁食猪油。日常生活方面，忌用脚踏火炉撑架；忌在火炉里烧有字的纸张；进入瑶家，忌穿白鞋和戴白帽，白象征丧事；忌坐门槛；穿草鞋不能上楼；不能坐主妇烧火的凳子；到木排上，忌"伞"，言及"雨伞"时，要说"雨遮"，因"伞"与"散"谐音；遇人伐木时，忌说"吃肉""死"之类不祥之语。崇拜盘王的瑶族普遍禁食狗肉；崇拜"密洛陀"的瑶族禁食母猪肉和老鹰肉。瑶族大多禁食猫肉和蛇肉。（叶远飘）

壮族禁忌　主要体现在祭祀与日常生活方面。祭祀方面，祭神灵时忌以手指指神圣物，二月初三祭龙山，禁砍伐山林，不得面对社公、社坛、土地公、花婆神位及坟墓解手。日常饮食忌食青蛙，忌吃死于笼中的鸡，忌食牛肉，禁吃狗肉。吃饭时，忌将筷子插入碗中，忌筷子掉落地上。岁时节日方面，正月初一不吃荤，不吃粑粑，不吃青菜，不在门口晒衣物；不扫地，不借物与他人。正月初一到十五，忌洗衣，忌用斧。六月六忌下田。住房方面，建房时，忌房门向西向北，忌开门见山。（叶远飘）

回族禁忌　主要体现在日常生活方面。饮食方面，忌食猪肉、狗肉、马肉、驴肉和骡肉，不吃自死的畜禽肉，不吃动物的血等；忌讳他人在自己家里吸烟、喝酒；禁用食物开玩笑，不得用禁食的东西做比喻；禁止在人前袒胸露臂；忌讳在背后诽谤和议论他人短处；凡供人饮用的水井、泉眼，一律不许牲畜饮水，也不许任何人在附近洗脸、洗澡或洗衣服。取水前要洗

手，盛水容器中的剩水不得倒回井里。（叶远飘）

京族禁忌 主要表现在渔业生产方面。在渔家做客，不能说饭烧焦了，"焦"与"礁"同音，不吉利，渔民最忌触礁。在船上不要说"油"，把油称为"滑水"，"滑"有"顺当""顺溜""顺利"之意，而"油"与"游"同音，船破后人落水才要"游"。移动器物要拿起来，不能推拖着移动，有"搁浅"之嫌。（叶远飘）

民族节日

春节耍年 瑶族传统节日。流行于今广东省清远市连南瑶族自治县。从十二月十五开始，持续至翌年正月初八。从十五开始各村寨吹牛角、敲铜锣，迎接新年来临。二十后，宰猪杀牛，做腊肉，蒸米酒，打糍粑，置办年货。除夕杀鸡、磨豆腐、贴春联，餐前先祭拜祖先，再吃团圆饭。餐后喝酒对歌，燃放鞭炮，直至天亮。大年初一，族老带领儿童游山寨，称开寨；成年人上山进行射击比赛，举行模拟耕作表演，预示丰收。现多为串门拜年，探亲访友，头年嫁出去的女儿在这天回娘家拜年。未婚男女青年上山谈情说爱，寻觅对象。民间艺人组成牛角队、长鼓队、舞狮队等到各村寨表演，祈吉避邪，迎春娱乐。（彭静）

欢降堂 又称喜花贵。瑶族传统节日。流行于今广东省清远市连南瑶族自治县排瑶。一般在正月初二，也有从除夕到年初三。未婚或新婚青年男女着盛装，到村外山坡或林间幽会对歌，互诉衷情。未婚男女借此机会寻找对象，对唱山歌，定下终身。男女朋友若不想继续保持原来的关系，则在当日把信物退还给对方，以示断绝情谊。（彭静）

喜花贵 见"欢降堂"。

玩坡节 又称情人节、开禁节。瑶族传统节日。流行于今广东省清远市连南瑶族自治县排瑶。瑶语称之为"温东"或"温沾"，意为去山坡游玩、谈心，排瑶独特的恋爱形式。正月初二至初四举行。一度被禁止，1978年后，涡水、盘石、香坪、九寨、油岭各地先后恢复。节日期间，男女青年盛装打扮，从各村寨汇集到一个自古约定的山坡上对歌嬉闹，寻找伴侣。男青年可随意用"戈帮"（一种竹制的噼啪筒）追打相中的姑娘，姑娘可从中挑选自己中意的男子。若不喜欢对方，姑娘可以用头帕或花伞挡住；若喜欢对方，则低头站住，接受挨打。相识后的男女离开人群，对唱情歌，建立感情后互赠信物，缔结婚姻。个别因为老一辈的宿怨或贫富悬殊等原因被迫分手而另择婚嫁的男女，在这天可以自由到山坡上对歌叙旧，他人不能干扰和非议。节日过后，这种婚外恋的相会又被禁止，因而又称为"开禁节"。（彭静）

情人节 见"玩坡节"。
开禁节 见"玩坡节"。

开耕节 又称许愿节、起愿节。壮族、瑶族农业生产节日。流行于今广东省壮族、瑶族地区。意为一年春耕之始，各地举行活动祈福起愿。节期不尽相同，或为二月二，或为三月三。连山壮族和过山瑶节期在二月初二。壮家农谚"过了二月二，犁头才入地"，表示春耕的开始。家家户户做黄色的大汤糍，由穿蓑衣戴竹帽、卷裤脚光脚板的家长端着面对田野，默念诵词，祈求开耕顺利。20世纪80年代后已无此俗，仅留节例。连南八排瑶节期在三月初三，又称开春节或赛饭节。开耕之日，各家各户杀猪宰羊，磨豆腐，做糍粑敬奉祖先，祭拜盘古王大庙，祈求风调雨顺，五谷丰登。（彭静）

许愿节 见"开耕节"。
起愿节 见"开耕节"。

挂号节 瑶族祭祖节日。排瑶清明节旧称。流行于今广东省清远市连南瑶族自治县排瑶。清明日，同宗族子孙一同前往墓地祭拜祖先，每人手持一支串了5张纸钱的竹子，插在坟头上，以示家族人丁兴旺，称之为"挂纸"。扫墓结束后，子孙在墓前聚餐，食用祭品，祈求祖先保佑。（彭静）

瑶节 瑶族传统节日。过山瑶端午节别称。流行于今广东省清远市连山壮族瑶族自治县过山瑶。五月初五举行。此时插秧结束，农忙告一段落，买肉杀鸡、吃米粽聚餐，谓之洗牛脚，上山采集葛麻藤，挂在家门口，以避邪。（彭静）

尝新节 又称新米节、六月六节。瑶族、壮族传统节日。流行于今广东省瑶族、壮族地区。六月初六举行。其时早造稻谷将成熟，旧时连南南岗瑶人磨豆腐、做糍粑，联户杀猪，祈求丰收，以免受穷，故又称"穷节"。今连南瑶族自治县排瑶于此日买肉杀鸡，采稻穗到盘古庙祭祀，表达对谷

魂和祖先神的感恩。乳源瑶族自治县过山瑶祭拜土地伯公，祈求禾田不生虫，宴请亲朋。连山壮族六月初四或六月初五，祭拜田头神，祈求庇护五谷丰登，主家煮新米、杀鸡鸭、包粽子宴客，互祝丰收。（彭静）

新米节 见"尝新节"。
六月六节 见"尝新节"。

开唱节 瑶族传统节日。流行于今广东省清远市连南瑶族自治县排瑶、连山壮族瑶族自治县过山瑶。七月初七举行。相传是当地瑶族始祖盘古王的诞辰，为感谢盘古王开天辟地，缔造人间，此日备酒肉等敬祖先、家人团聚，选代表到盘古庙祭拜，选出两位擅长唱歌的老歌手在祭祀时轮流唱《盘古王歌》。自此日至翌年的开耕节，可以歌作乐，相互歌唱，未婚男女可在闲暇时幽会对歌。开唱节前，为避免影响正常的生产劳动，一般不准夜晚在山寨讴莎腰（瑶语，意思为年轻姑娘唱情歌）。（彭静）

老君节 瑶族传统节日。流行于今广东省清远市连南瑶族自治县南岗村排瑶。七月十三举行，原为先生公供奉太上老君的节日。先生公的徒弟到师父家中祭拜太上老君后与师父聚餐。后演变为族人为某事（如修水利、合资买卖货物、合作耕种等）彼此合作后获利，用所得款物在此日聚餐的节日。（彭静）

祭峒主 瑶族祭祀节日。流行于今广东省惠州市龙门县蓝田瑶族乡。七月十四举行。每10年举行大祭。峒主，又称谭仙公，传说一为带领瑶族与明王朝进行斗争的瑶族首领谭观福，传说二为最早来到龙门的蓝田瑶始迁祖。峒主是蓝田瑶的最高保护神，有极高威望。各个村寨建有峒主爷庙，庙内供奉峒主爷和佛道的菩萨神仙，以保佑峒内风调雨顺、人畜两旺。村民日常凡有所求或争执不下的纠纷，均会去祭拜峒主，或请峒主爷明判是非，是为神判。（彭静）

舞火狗节 瑶族传统节日。流行于今广东省惠州市龙门县蓝田瑶族乡。八月十五中秋夜举行。源于古代瑶族的盘瓠崇拜和狗图腾信仰，后演化为当地瑶族少女的成年礼仪式。这一天白天，村寨妇女上山割山藤和黄姜叶，晚上，由年长"有福分"的妇女给未婚少女装扮，为其手臂、腰部捆上黄姜叶，头戴竹笠，全身插上点燃的香火，装扮成"火狗"。村中族长先在祠堂供奉先祖，讲述峒主事迹，缅怀先人。然后少女们在众人的簇拥下，在爆竹声中，唱着古老的歌谣，边舞边拜，从祠堂舞到村中地堂，再游遍各家各户的厨房灶台和菜园，祈求丰衣足食。最后，火狗队游舞到村外河边，将身上的黄姜叶、竹笠和香火丢入河中，再用河水濯洗手脚，祛除邪恶。接着与河对岸的男青年对歌，直至深夜。蓝田瑶少女自12、13岁起连续参加3次"舞火狗"方算成年，才能谈婚论嫁。（彭静）

耍歌堂 又称耍望节、歌堂节。瑶族传统节日。流行于今广东省清远市连南瑶族自治县、连山壮族瑶族自治县排瑶，主要在连南三排（含南岗）、涡水、大坪、香坪（含盘石）、三江（含金坑）等6个镇的排瑶村寨。瑶语为挨歌堂，十月十六举行，排瑶最隆重的节日。活动天数各地不一，间隔时间也不同。大掌排是12天（前9天为小歌堂，后3天为大歌堂），3年举行一次；九寨一带则是一连两天两夜，5年一次；南岗则是一般3天，5年一次为大歌堂，3年一次为小歌堂。相传十月十六是祖先盘古逝世的日子，

连南瑶族以排为单位举行大型的祭祖活动，告慰祖先。明洪武年间已有完整的耍歌堂。耍歌堂第一天活动的前奏为"抢公"仪式，即各房系宗族一大早（一般从零时至早上8时），把本房的祖先偶像从盘王庙中抬回本房祠堂内祭祀。歌堂第一天，男女老少着节日服装，齐聚盘古王大庙，由先生公举行"告祖公"仪式，祈求祖先保佑村寨平安兴旺、五谷丰登。接着4个小伙子手举2支竹幡开路，由手持经书、法器的先生公带领各房姓村民和长鼓队、铜锣队、男女歌队、猎手队等列队，抬着"法真"（瑶族英雄）组成"游神"队伍，沿特定路线巡街游巷，前往歌堂坪。队伍在歌堂坪汇集，进行过州舞表演。过州舞分为过九州仪式和还盘王念歌2个部分。随后是长鼓舞表演、瑶歌演唱、男女对歌、法真表演和追打黑面人表演。最后一天焚烧"封纸灯笼"，表示给祖先贡献钱财，再将祖先偶像抬回盘古王庙，按原位供奉，是为"退公"。2006年入选第一批国家级非物质文化遗产名录。（彭静）

耍望节 见"耍歌堂"。
歌堂节 见"耍歌堂"。

盘王节 又称跳盘王、做盘王、还盘王愿。瑶族传统节日。流行于广东、广西等瑶族居住地。瑶族支系不同，举行时间不尽一致，或七月初七、七月十五，或十月十五、十月十六。1984年8月，共同商定十月十六为瑶族盘王节，节期3—5天不等。节日仪式分为敬奉盘王、唱盘王歌、跳盘王舞、还盘王愿几个部分。节日期间，瑶族人身着盛装，载歌载舞，祭祀盘瓠，追念其公德。通过酬谢盘王庆祝丰收，祈求盘王保佑来年丰收、子孙平安发达。现代的盘王节还融入了文化艺术交流、经贸洽谈、商业贸

易以及男女社交择偶等形式，成为集瑶族文化之大成的人文盛典。2006年入选第一批国家级非物质文化遗产名录。（彭静）

跳盘王　见"盘王节"。
做盘王　见"盘王节"。
还盘王愿　见"盘王节"。

双朝节　瑶族传统节日。流行于今广东省韶关市乳源瑶族自治县。二月朝和十月朝的合称。瑶族习俗将每月第一日称为"朝"。凡朝日，有祭祀祖先和大自然的习俗。一年有十二月朝，其中二月朝和十月朝最受重视。乳源东边瑶二月朝又称禾必（麻雀）节或封鸟嘴，二月初一举行。做糍粑先祭祀祖先，然后把捏成鸟状的糍粑粘在小棍顶端，插在田间地头，意在粘住鸟嘴，不让其损害庄稼。在田基点燃香火，许愿祈求风调雨顺，五谷丰登。因此，又将二月朝称为赶鸟节、忌鸟节或农耕节。十月朝又称还愿节，十月初一举行。一磨豆腐，做糍粑，答谢祖先神灵，庆祝丰收，亦为当地的尝新节；二以青菜包糍粑喂牛，犒劳耕牛辛劳；三用黑芝麻裹糍粑放在田间，让鸟儿觅食。瑶族青年男女借此节日对歌传情。参见第315页民俗卷"双朝节"条（彭静）

壮族三月三　又称三月三歌圩、歌圩节。壮族传统节日。流行于今广东省清远市连山壮族瑶族自治县、肇庆市怀集县壮族瑶族乡和广西南宁、百色、河池、柳州、钦州等壮族地区。歌圩，壮语称为赶欢、圩隆、笼峒、窝坡等，意为到田间或岩洞外唱歌。每年有定期的民歌集会，如正月十五日、三月三日、四月八日、八月十五日等，以三月三日最为盛大。歌圩的起源有祭祀活动说、祈求丰年说、倚歌择偶说、悼念殉情说和纪念刘三姐

说。宋时歌圩已盛行。歌圩节煮五色糯米饭，染彩蛋，身着节日盛装汇聚歌场，以歌会友，以歌交情，赛歌赏歌。山坡田峒是传统歌点，时间持续两三天。歌圩以男女对歌为主，分为集体对歌和二人对歌，山歌内容涉及生产生活、历史政治、爱情风俗等各方面。男女对歌过程从见面歌、邀请歌到盘歌、爱慕歌、盟誓歌再到送别歌，双方情投意合，则互赠信物。男女青年还可通过抛绣球、碰彩蛋等方式交友或定情。举行抢花炮、舞龙舞狮、博扇等传统活动。现代歌圩融入文艺表演、民族特色产品展销、旅游观光等。"三月三歌圩"2008年入选第二批自治区级非物质文化遗产名录。"三月三（壮族三月三）"2014年入选第四批国家级非物质文化遗产名录。参见第316页民俗卷"三月三"条。（彭静）

三月三歌圩　见"壮族三月三"。
歌圩节　见"壮族三月三"。

牛王诞　又称牛王节、牛魂节。古称龙华会。壮族传统节日。流行于今广东省清远市连山壮族瑶族自治县永丰、福堂、小三江、加田、上帅。四月初八举行。节日期间做五色饭或用糯米炸成的油糍，用香茅包裹后喂牛，让耕牛休息一天。家中长者唱颂牛歌，在牛栏门口祭拜牛神。家中体弱的小孩进入牛栏和牛一起吃饭，祈愿像牛一样健壮勤劳。牛吃饱后，主人把牛牵到土主（伯公）庙前拜祭，祈求保佑人畜兴旺，再把牛牵到河边洗刷牛身。是壮族早期图腾崇拜遗存，反映稻作民族敬牛、颂牛、爱牛、护牛的传统。（彭静）

牛王节　见"牛王诞"。
牛魂节　见"牛王诞"。

七月香　又称戏水节、长久节。壮族传统节日。流行于今广东省清远市连山壮族瑶族自治县。七月初七举行。传说当日天上的"七仙女"在银河沐浴嬉戏，午时前后，银河水汇入人间溪河，河水会变得特别清澈，沐浴后可驱邪祛毒，有益身心健康。若当天取水酿醋，醋香醇厚，久放不坏，故称为"七月香"。此节期间壮族人喜好入河沐浴、戏水玩耍，祈求健康长寿。该习俗已传承千百年，现代的"七月香"演变为戏水节。（彭静）

戏水节　见"七月香"。
长久节　见"七月香"。

九月九　又称禁火节。壮族传统节日。流行于今广东省清远市连山壮族瑶族自治县。九月初九举行。以村为单位，每家出一人，在族长的带领下到田间地头或河滩空旷处用竹子、禾把搭一间小茅屋，屋内供放纸钱、爆竹祭祀火神。入夜后将手中火把投向茅屋，发出驱赶的"呜吆"声，将屋子烧掉，俗称送火神。送火神后，摸黑回家，不准点火，以免把"火神"引回家中。旧时壮族村庄多为茅屋和木头房子，九月初九秋风起容易发生火灾。用烧草屋送火神，祈祷火神远离，提醒大家防火。（彭静）

禁火节　见"九月九"。

阿涅业能业　满族传统节日。正月初一举行。节期一般三至五天，也有延续至正月十五。广州满族人把饺子称作馇馇，是一种面食制品，过春节保留着吃馇馇的民族习俗。除夕夜，各家开始包馇馇，准备节日食物，置办年货，张贴对联，挂旗，贴窗花和福字。应节物品办妥后，封井封刀，包括扫把和簸箕，直到正月初二才能开封使用。除夕夜向长辈辞岁，正月初

一举行祭祖仪式，在自家西墙摆设供品，叩拜祖宗，祈求保佑新的一年万事如意。正月初一整天仅以饽饽为食物。（彭静）

八月节 满族传统节日。满语称"扎宫比亚业能业"。八月十五举行。广州满族人过中秋节祭月。祭月的食品中必备一碟连皮煮熟的芋头，用纸篾糊一个象征月亮的月形纸盆并烧掉用来祭月。供台中央另糊1个月形，台阶前的栅门写着"广寒宫"3个字，两旁则写上"江山千古秀，花木四时春"的对联，借此情此景表达对美好生活的向往和祝愿。（彭静）

大天仓 又称仓官诞。满族传统节日。正月二十五举行。仓官是长白山一个管理粮食叫仓廪的官员，后来演变成管粮食的神，从此风调雨顺，连年丰收。为了纪念他，人们把他的神位安奉在粮仓里，把仓廪的生日设为仓官神诞。过去广州满族人没有田地，靠当差食粮，便将家中的米缸当作粮仓来祭拜。祭品为炖肉和烙饼、饭卷等食品。祈求五谷丰登，米缸常满。（彭静）

仓官诞 见"大天仓"。

阿婆诞 满族传统节日。流行于广州满族。正月十七举行。在床头下安放一个护佑生育的神灵——床头婆，俗称婆太，该日晚上有阿婆游街的习俗，用彩纸糊成阿婆灯来祭拜。还有妇女夜晚到五仙观的竹树下取石块回家，希望得到阿婆和竹树观音的帮助怀胎生育。（彭静）

畲族春节 畲族传统节日。节期从十二月二十五入年开始，至翌年正月十五止。春节期间，拜祭盘瓠祖图《图腾画卷》最隆重。自除夕始，族长在祠堂悬挂祖图和列祖列宗的画像和神像。各家备三牲、香烛等祭品，全族参与。祭时，族长焚香燃烛，带领大家先朝门外跪拜，意为请常年在外巡猎的盘瓠回来受拜。主祭者手掷蚶钱，若一阳一阴，表示太公已请回，众人转身朝正厅太公像跪拜。随后由族长向族人讲述盘瓠非凡身世以教育后人。祭毕，众人围坐就地抓食，不用筷子，表示不忘祖先过去的艰苦日子。（彭静）

猎神节 畲族传统节日。流行于今广东省潮州市、河源市连平县、惠州市。有固定日期，也有不固定日期。连平九连山畲族，二月春分日举行。每村村口建石室供有"打猎大王"神牌，族长领成年男子参加祭祀，献祭品，唱祭文，祈求狩猎顺利。平时出猎前须先到打猎大王坛前祭拜。凤凰山、罗浮山区畲族没有固定日期，只在出猎前到村口神坛祷告。随着农业的发展，猎神由单一护佑狩猎转为保佑五谷丰登、六畜兴旺、人口安康。（彭静）

拜祖节 畲族传统节日。流行于今广东省河源市东源县、龙川县、和平县、连平县和韶关市始兴县、南雄市、乳源瑶族自治县等地。拜祖时间各地不同。东源、龙川、和平、连平等地蓝姓畲族，以四月初九为其传统的"拜祖节"；南雄乌迳、许村和乳源深洞蓝姓畲族以十月十三为节期；始兴乌泥塘、暖田村雷氏以三月二十五为"祖公拜寿节"；南雄三枫村雷氏以六月二十四为"雷王节"。虽叫法不同，内容均为举族祭拜先祖，将祖先崇拜与图腾崇拜相结合，把祖先神化为子孙的护佑神，进而将直系祖先的诞辰日定为拜祖节。（彭静）

蓝大将军出巡节 又称抬阿公、驱邪节。畲族传统节日。流行于今广东省东源县、龙川县、和平县、连平县等地蓝姓畲族。四月初九举行。据传，篮大将军学名篮光辉，民间称其为"阿公"，是盘瓠的第二子，高辛帝赐姓"篮"（后衍化为"蓝"），是畲族蓝姓的直系始祖。护国有功，被高辛帝封为护国将军。蓝姓后裔为了纪念其功德，每年四月初九为蓝大将军的吉旦日。村寨立碑建庙，香火不断，相沿成俗。每年吉旦日，同一宗族的各个村寨轮流做东，举族祭祀，抬蓝大将军神牌巡游，俗称抬阿公。东源漳溪畲族乡蓝姓宗亲会集在蓝大将军墓前开始拜祭，进行"请将"仪式。请将之后，进行对蓝姓"五路兵马"的分配仪式。兵马到位后，村民抬着其神牌出巡上下蓝村，前有白马为将军坐骑，进行"巡寨"仪式。每家每户门前设香案和三牲果品迎祭。每进一屋，绕厅一周，鸣枪放炮，为民驱邪祈福。村中多处还有"兵马大演练"表演。巡完后，再送将军神位回庙中。（彭静）

抬阿公 见"蓝大将军出巡节"。
驱邪节 见"蓝大将军出巡节"。

招兵节 畲族传统节日。流行于粤东、粤东北畲族。大雪后至冬至前择吉日举行，仪式持续两昼夜或三天三夜。相传远古时期盘瓠往番邦去取番王头时，被番兵追赶至海边，得到神兵的帮助，才安然返国。为了纪念始祖，感谢神兵，每三五年举行一次"招兵"仪式，祈求五谷丰登、安居乐业。举行仪式前，先在祖祠厅内搭神坛，高挂祖图。宗祠大门前立高台，置香炉，上插五色兵马令旗。仪式由法师主祭，跪拜、掷圣筊，先请驸马爷回坛，遥请五营兵马和各路神灵。武士打扮的汉子恭候两旁，听从法师调遣，群众摇旗呐喊，场面肃穆。请将仪式结束，九连山畲族有群众性的游村活动。穿着节日盛装，备办供品，邀请宾客。招兵仪式现已简化，原以图

腾信仰祭祀为主，逐渐发展为以趋吉求福为主。（彭静）

年仔节 黎族传统节日。黎族的小年。正月十五举行。受汉族传统节日元宵节影响，黎族各家各户放鞭炮、包糯米粽、杀鸡祭祖、拜土地公、聚餐。海南省保亭加茂地区赛方言黎族年仔节过两次。第一次除夕后第12天（按生肖属日计算，如除夕那天为鸡日，12天后又逢此日，即在这天举行），家家户户裹糯子，不外出生产，男子可上山打猎，女子可下河捕鱼，当晚灯火不熄。第二次距离第一次12天，同样包粽，可外出生产，不能打猎和捕鱼。沿海平原地区黎族过小年举办灯会。（彭静）

黎族三月三节 又称爱情节。黎族传统节日。黎语美孚方言称"孚念孚"。三月初三举行。起源于海南昌化江下游美孚黎对本民族祖先的崇拜纪念。传说远古时候，洪水泛滥，世上仅剩兄妹二人。兄妹长大成人后，分头寻找伴侣，相约每年三月初三回燕窝岭下相会。一年年过去，均无功而返。妹妹为延续人类，暗暗在自己脸上刺上花纹，哥哥辨认不出，便与之结为夫妻，生儿育女，繁衍后代。三月初三是他们的成婚之日，成为美孚黎纪念祖先的节日，兄妹居住的石洞被取名为"娘母洞"。每年三月初三，美孚黎着盛装，带着竹筒饭、粽子和山栏米酒，来到娘母洞，祭拜始祖。入夜后，男女青年以对歌的方式传情达意，寻觅伴侣。除传统对歌外，还包括传统体育竞赛如弓箭射击、顶杠、打陀螺、爬杆、拉乌龟等，以及文艺歌舞表演、跳打柴舞、荡秋千、骑牛赛跑等活动，后融入篝火晚会、彩车花灯展、商贸活动等。2006年入选第一批国家级非物质文化遗产名录。参见第316页民俗卷"三月三"条。（彭静）

爱情节 见"黎族三月三节"。

牛节 黎族传统节日。流行于今海南省东方市东河镇玉道村和玉龙村美孚方言区。美孚方言称为"捞者堆"。每年九月第一个牛日举行。为了感谢耕牛一年的辛劳，让耕牛停止劳作一天，给牛喝山栏米酒、喂好吃的。村里设牛神庙，于牛节祭牛神，欢跳招牛魂舞。禁忌杀牛、卖牛，使用牛劳动。牛节当天，人们互相串门吃饭、喝酒、对歌，外地工作的人赶回家乡共同庆祝。（彭静）

敬祖节 黎族传统节日。流行于今海南省乐东黎族自治县、琼中黎族苗族自治县、白沙黎族自治县。九月秋收后择日举行敬祖仪式，酬谢祖先保佑。（彭静）

禾节 黎族传统节日。每年晚稻收割的龙日办酒席，举行招禾魂仪式，跳招禾魂舞，祈求来年丰收。（彭静）

山栏节 黎族传统节日。流行于今海南省东方市江边乡美孚方言区。十二月第一个"鸡日"举行。节日起源于黎民感恩祖先的教诲，也为了感念鸡鸣报晓的功德而设。节日当天，家家户户杀猪宰牛（忌杀鸡），做糍粑，身着节日盛装，走亲访友，对歌玩耍，欢庆丰收。后来节日加入歌舞、器乐、传统体育竞技节目，现场举行手工织锦、纺线、对歌比赛以及美食与传统用品展。（彭静）

京族哈节 又称哈节、唱哈节。京族传统节日。流行于今广西壮族自治区防城港市东兴市京族地区。京语为唱歌之意。各地节期不一，沥尾岛在六月初十，巫头岛在八月初一，山心岛在八月初十，红坎村在正月十五。一般持续3天。起源有纪念歌仙说和镇海大王传说。相传为纪念一位因组织群众反抗不幸牺牲的歌仙，建立"哈亭"供奉她的神位，并在哈亭中定期举行歌节。主要活动为迎神、祭神、入席唱哈和送神。节前，将哈亭和各家各户装饰一新。节日前一天，成年男子列队，击鼓烧香，将信奉的"镇海大王""花婆"等神和各姓祖先迎入哈亭，并把所养的象（用猪代替）绕哈亭3圈，留至半夜宰杀，用其敬祭神灵。节日当天下午3时开始祭神，主祭人念祭词，向诸神敬酒和献礼，表演古诗词演唱、历史故事说唱，唱"进香歌"、跳"进酒舞""天灯舞"娱神。祭毕，男子按辈分等级入席饮酒与听哈，称为"坐蒙"。按习俗，妇女和儿童不能入席。唱哈一般为3人，一男子为"哈哥"，专司操琴伴奏，两女子为"哈妹"，轮流演唱。主唱哈妹在亭中间，手拿两块竹片，边唱边敲击，伴唱哈妹坐在旁边地上，敲击竹梆配合。主唱倦了，伴唱替换。内容有叙事歌、生产劳动歌、民俗歌、情歌等。"唱哈"完毕举行送神仪式，送神时念《送神调》和表演"舞花棍"，活动结束。还附带开展斗牛、比武、角力竞赛等活动。2006年入选第一批国家级非物质文化遗产名录。参见第318页民俗卷"京族哈节"条。（彭静）

哈节 见"京族哈节"。
唱哈节 见"京族哈节"。

民族服饰

头帕 瑶族女性头饰。流行于粤北瑶族。大多为一块正方形的手帕，蓝、白色居多，绣有花纹。使用时以头帕覆盖发髻，用线绳固定好。盛装时可在头帕上佩戴铃铛等。染色以蜡染为主，另有针线折印法是排瑶特色染色技法，其代表纹饰为麦穗纹（鱼尾纹）、河流纹。仅用于已婚女性。（朱雅雯）

白雉插首 瑶族男性头饰。流行于粤北排瑶。将头发梳到脑后，挽成发髻，以红色头巾在头上缠成一圈，固定好之后

白雉插首

将红头巾的一端留在脑后，再插上白色雉鸡尾上的羽毛作为装饰，体现男子的霸气。后因雉鸡数量下降，常用较长的白色公鸡羽毛替代。（朱雅雯）

绣花帽 瑶族儿童头饰。流行于粤

绣花帽

北。起保暖、保护儿童头部以及美观的作用。以满绣的方式装饰帽子，颜色以红色为主，以黄色绣线点缀；系12颗或者9颗铃铛。铃铛可以辨别儿童位置，同时具有辟邪的作用。（朱雅雯）

盛装花冠帽 瑶族女性头饰。流行于粤北。制作分两个步骤：先将头发束到脑后，盘成发髻，用头帕包裹固定好后，将另一块绣花巾覆盖在硬纸板上，折成需要的形制，用发卡固定，完全罩住发髻；再用彩色绒线、银牌、铜牌、铃铛、铜角等作为装饰，固定于花冠帽上。制作工艺较为繁复，配饰较多。重要的人生礼仪及节日使用。（朱雅雯）

盛装花冠帽

顶板高架头饰 又称三角架帽。瑶族女性头饰。源于瑶族先祖盘瓠传说中公主获得皇帝赏赐的凤冠。先将头发梳好，盘成发髻，用纸板制作头饰支架（乳源必背瑶族用木架做三角帽支架），再用丝线、银牌、珠穗等加以装饰。因劳作不便等原因，后改为简便的"夫头""平头"等头饰类型。（朱雅雯）

三角架帽 见"顶板高架头饰"。

尖头帽 瑶族妇女头饰。流行于广西

壮族自治区贺州盘瑶。由十余层彩布和瑶锦组成的尖塔状帽子，瑶锦末端吊有黑白珠串及红穗。盛装时帽檐约厚20厘米，高50厘米，重20千克。相传戴上尖头帽进入密林、草丛，可驱赶蛇虫。（冯润）

板八 瑶族妇女头饰。流行于广西壮族自治区防城港大板瑶。用80层红布折叠装订、黏制成高约30厘米的矩形置于头顶，头饰高度越高、布板层数越多越好。用红花布或白花布做盖头固定在头上，造型夸张。当地壮族人称为"板八"。（冯润）

狗牙毡布 疍家女性头饰。流行于广东省沿海疍家地区。用方形的头巾包裹作发饰。将头巾对折后形成大的三角形，在头巾的里侧垫上硬纸片作为支撑，盖住头发，借助硬纸片将头巾做成拱形前置于额头，遮盖住两只耳朵。未婚女性用红色，已婚女性用黑色。在头巾的四周用彩线绣斜三角作为装饰，以红色、绿色、蓝色为主，其形状类似于狗牙，俗称狗牙毡布。起防晒防风、御寒以及美观作用。（朱雅雯）

葵笠 又称竹笠。福佬语群雨具。分为尖顶和圆顶。用竹篾和竹叶编成的笠帽。笠顶和笠边用藤装饰，竹叶上夹一层油纸。笠面可题诗作画，再涂上桐油防水。今仍有使用。（冯润）

竹笠 见"葵笠"。

韩公帕 又称文公帕。明清时期潮州妇女障面的长巾。相传为唐代韩愈遗制。用黑布制成，较阔，使用时蒙面而垂下，长及膝，需要视人时，则用

手掀开。一般用于妇女出行装饰、盖头。（冯润）

文公帕 见"韩公帕"。

凉帽 又称凉笠哩。客家妇女帽子。流行于粤东、粤西、惠阳、深圳宝安一带。多用竹篾或麦秸编制，夹以竹叶或纸皮，涂上桐油防水。直径约30厘米，帽檐高约10厘米，檐下缀以约20厘米的黑色、蓝色、白色或花色布条，未婚妇女还在布条两端挂上彩带。具有遮阳、防雨、防尘的功能。客家人从中原迁到闽粤赣山区，为避免抛头露面，便在斗笠上罩上黑布遮面，后逐步改进成今样。（冯润）

凉笠哩 见"凉帽"。

革那胆恻 黎族女性头巾。流行于海南东方黎族美孚方言区。为黑白相间或者黑蓝相间的纯色块头巾，两种颜色相间分布的方式织成。样式简单，适用场合较为广泛，使用时将长头巾两端对折放置于额头中部往后交叉缠于脑后发髻下即可。（朱雅雯）

革那胆恻

革那岁 黎族女性头巾。流行于海南省东方市黎族美孚方言区。长约150厘米的长方形头巾，以黑色为主色，配以少量紫色、黄色等颜色为点缀，两端绣有大片的图案作为装饰，留有纱线絮作为流苏装饰。用于婚礼、宗教节日等重要事件。（朱雅雯）

革那中纱 黎族女性头巾。流行于海南东方市黎族美孚方言区。轻薄的全黑色纱巾。规格与革那胆恻大致相同。多用于家境富足的年轻女性。（朱雅雯）

革那淡刹 黎族女性头巾。流行于海南省东方市黎族美孚方言区。粗布染成的黑色头巾。多用于年轻女性。丧葬期内不可使用。（朱雅雯）

黎族骨簪 黎族女性头饰。流行于海南黎族地区。以兽骨为材料，牛骨较常见，人形骨簪工艺最为复杂。顶部模仿古代官员的尖顶帽，穿有小孔，并以铃铛、银牌作点缀；中间刻有人形头像，象征祖先崇拜；尾部刻有植物纹、动物纹、几何纹等。有双人图案骨簪和单人图案骨簪两种主要类型。用于头发的装饰。女性喜在节庆时佩戴。（朱雅雯）

贯头衣 又称贯头服、贯首服。黎族传统服装。流行于海南黎族地区。古老服装形制。剪裁简单，以粗线条勾勒服装的大致样式，披而贯衣，故称贯头衣。上衣称思便，又名缌缏，中心开孔，穿着时自头部套入。制作时以直线剪裁的方式将布料呈"十"字形平面结构，中间留有头部的空隙，无衣领、衣襟，无纽扣，以套头衫的方法穿衣，衣长大多至胯部，下配以黎桶或裤子。女性服饰以蓝、黑两色为主。不同地区各有特点，大多遵循简洁、朴素的制作理念。（朱雅雯）

贯头服 见"贯头衣"。
贯首服 见"贯头衣"。

大襟上衣 瑶族服装。上衣款式。流行于粤北排瑶。为"丁"字领的对襟上衣。其衣领成"丁"字形，衣襟线位于服装正中间，无外翻领，无纽扣，落肩袖，袖口宽大，衣服侧边分开至腋下10厘米左右，整体较为宽松。穿着时将对襟衫穿好，将对襟左右交叠，通常左衽，用腰带扎好系紧。以藏青色为主。男女皆可穿。可搭配裤装，女性还可搭配裙装。（朱雅雯）

对襟衫 瑶族服装。上衣款式。流行于粤北排瑶。衣襟位于右胸一侧，故称琵琶对襟衫。衣领较小，常以红色丝线刺绣图案装饰，或用白色、蓝色的缀边作为装饰。藏青色为主，油岭排瑶常在肩部加一圈白色垫肩。衣领、袖口适中，不如大襟上衣宽大，便于日常劳作和生活，男女皆可穿。（朱雅雯）

盘王印 瑶族服饰刺绣图案。流行于粤北瑶族。与盘瓠崇拜密切相关。可作为头帕，亦可绣在衣服上，通常作

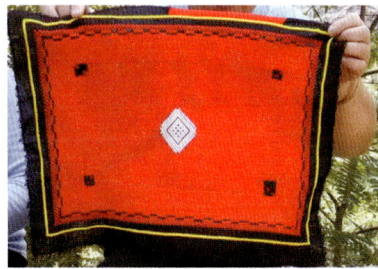
盘王印

为耍歌堂或重要节日华服的装饰。采用反面绣法，亦称过山瑶反面绣。广东连南瑶族服饰盘王印多出现在披肩或头巾上，有时也用于衣裙。图案对称，以满绣的方式呈现，中间为眼珠子纹，也有中间为万字纹周围是龙角纹式样。乳源地区的盘王印包含龙犬形纹、人形纹和碎花形纹三种纹饰要素。盘王印的组合方式较多，常见纹样组合有鱼骨形纹、兽蹄印形纹、盘王印章形纹等。盘王印有护佑族人平

安顺遂的含义，同时是祖先崇拜的表达。（朱雅雯）

绣花袋 又称龙种袋。瑶族服饰配饰。流行于粤北。用刺绣将布袋的正面绣满图案，再将两块同样大小的布缝合

绣花袋

起来，配上一条背带，佩戴时大多斜挎，可放随身物品，女性装有刺绣用的针线、布料等，男性装有香烟、汗巾、水杯等。实用性强，老少皆宜。不同地区有不同的绣花袋图案，可根据样式判断出所属支系，是身份的象征。（朱雅雯）

龙种袋 见"绣花袋"。

三角绣花巾 瑶族女性头巾。流行于粤北涡水、盘石、七星洞。女性装点在脑后的帕巾，呈等腰三角形，在两个较短边绣有装饰图案。（朱雅雯）

披肩 瑶族上装服饰。流行于粤北。分为日常生活披肩和仪式盛装披肩两种类型。日常生活披肩较简单，以方形布料制成，多为蓝、黑色。盛装披肩用红色丝线以满绣的方式绣满图样，装饰有银牌、银鼓、铃铛等。男性披肩以两块绣有盘王印的刺绣缝合而成。（朱雅雯）

绣花腰带 瑶族服饰配饰。流行于粤北。两端绣有图案，装饰有珠穗和铜钱。常服的腰带以纯色布料制成，男子以红色为主，女子以黑色、白色为主。过山瑶多用黑色。绣花腰带用于

盛装时穿戴。（朱雅雯）

绣花背带 又称背儿带。瑶族、壮族服饰配饰。流行于广东北部及广西东部少数民族地区。形制以"T"字形居多。大部分背带使用黑、白两色土布制作，饰以黑色珠穗，样式古朴简约实用，也可以刺绣作为装饰，以动物纹、植物纹、几何纹饰为主。主要用于背负幼童，将幼童绑缚于成人背部或胸前，照管孩童的同时方便劳作。（朱雅雯）

背儿带 见"绣花背带"。

绑腿 瑶族服饰配饰。瑶族服饰下装多为短裤、短裙，无长裤款式，通过扎绑腿对腿部进行装饰，男女均可使用。日常绑腿用蓝黑色布片包裹小腿，用布条扎紧。搭配盛装的绑腿以鸡冠纹、龙尾纹或原野纹为多，以蓝布搭配红色绣花图案，再用白色布条系紧。夏天防蚊虫、防蛇咬伤，冬天保暖御寒，起装饰作用。（朱雅雯）

绣花马裤 又称儿童绣花马裤。瑶族儿童服饰。现仅见于广东连南油岭排瑶。上绣马头纹、原野纹等纹饰。起御寒保暖、装饰等作用。（朱雅雯）

儿童绣花马裤 见"绣花马裤"。

黎桶 又称都笼、黎充、黎筒。黎族服饰。流行于海南黎族地区。整块黎锦缝合而成，形似口袋，长度刚过膝或者不过膝，个别地区长至脚踝。穿戴时将裙子的上部卷叠系好，上衣搭配短衫或抹胸衬衣，是女性常见穿搭。海南美孚黎族的黎桶，款式最宽最长，由五幅面料拼接而成，五幅面料分别称为"裙下""裙二""裙眼""裙花""裙头"。以绣花方式作修饰，也称为"绣花桶"。花色纹饰繁多，以裙花的主体纹饰为其命名，较出名

黎桶

的有"领庞尔""领庞定""领庞杠"等，其中"领庞尔"和"领庞杠"亦可作为孩童的襁褓。黎桶所用的布料是手工制作的自织布，现多被机器生产的布料取代。（朱雅雯）

都笼 见"黎桶"。
黎充 见"黎桶"。
黎筒 见"黎桶"。

犊鼻裤 又称丁字裤、腰布、包卵布。黎族男子服装。流行于海南黎族。布料多为棉布或者粗麻布。以素色为主，海南乐东的罗活和抱怀绣有几何花纹图样。由上端的梯形布和下端的长方形布组成，盖住臀部并围在腰间，大小依据穿着者身材而定。女子将绣有"十"字形花纹的腰布作为爱情信物送给男子。（朱雅雯）

丁字裤 见"犊鼻裤"。
腰布 见"犊鼻裤"。
包卵布 见"犊鼻裤"。

吊襜 黎族男子服饰。犊鼻裤一种。黎族润方言男子早期裤装。主要由前后各一块长方形布制成。规格不大，仅能掩盖羞处局部。穿着时，将前面的布从胯下向后拉至后腰际，自左右两端捆紧扎

牢，系于腰间。特别的吊襜用有花纹图案的布垫做成，两端用线串上珠子或铜钱做穗，扎在腰间。（冯润）

畲族围裙 畲族女性服装。整块布料裁剪制成，绣有大片的花朵、云朵、人物图案，穿好裙子后用花腰带束于腰间，作为装饰。通常搭配绣花上衣和绣花鞋或厚底鞋等。实用性强，方便日常劳作。（朱雅雯）

树皮衣 黎族服饰。黎族先民利用厚皮树、构树和见血封喉树，经过扒树皮、修整、浸泡、脱胶、捶打、漂洗、晾干、拍打、缝纫等工序制成的遮蔽身体、保暖、防蚊虫服装。树皮帽呈不规则圆形，接口处用麻线缝合，无帽舌，帽檐用树皮叠制约2厘米。表明黎族先民能够使用简单工具加工原料。（冯润）

藤服 黎族服饰。宋代黎族利用细小藤条编织。包括藤帽、藤上衣、藤裙。藤上衣为对襟，长袖，无领，有三个藤纽扣。颜色是原藤素色，图案有方格纹和水波纹，藤线与藤线之间的编织相互组合，编织纹样相互穿插交错，连续循环。兼有防御和狩猎功能。随着农耕技术的发展，藤服手工艺逐渐消失，成为研究黎族狩猎生活的依据。（冯润）

勇士服 黎族服饰。流行于海南黎族哈方言、杞方言和润方言区。仿照汉族古代军装制成。多用棉布、麻布和树皮纤维。蓝色棉布制成汉式无袖上衣、裤子和有红带子的蓝色绑腿。上衣有护眉，并以两条带子捆扎；胸挂里面缝一块蓝棉布当作大口袋，或者胸挂前面缝制若干口袋，用来装放弹药；戴胸挂的皮带或绳子上缝着2个黑色和4个白色小玻璃相间串成的珠链，下垂到胸前。哈方言勇士服常配有一顶用稻秆做成的帽子及青色头巾。（冯润）

凤凰装 畲族服饰。分为未成年装、已婚装和老年装。头饰、样式、刺绣花纹、色彩均模仿凤凰造型。未成年装用红绳扎发髻一圈，将发盘在头上，衣领、衣袖刺以较窄绣纹，腰中配有一向后扎的腰带，绣有花纹，带尾缠以丝絮，象征凤尾。已婚装用红绳扎的发髻高高盘起，象征凤凰髻，衣领、衣边、衣袖和围裙上绣较宽的彩色花边，多是大红、桃红夹黄色的花纹，镶绣金丝、银线，象征凤凰的颈、腰和羽毛；向后飘动的金黄色腰带，象征凤尾；周身悬挂银器，象征凤凰的鸣啭。老年装发髻低矮，衣服和腰带的花纹颜色单调。源于始祖盘瓠王女儿出嫁时，凤凰从广东凤凰山衔来凤凰装，象征吉祥如意。（冯润）

练武装 满族服饰。满族沿袭先祖女真人穿马蹄袖袍褂的传统，南下入驻广州后，受炎热天气影响，改变服装特点，上衣仍为窄袖，下装宽松的裤脚被束紧，称为练武装。（朱雅雯）

瑶斑布 瑶族布料。用天然植物对布料进行染色后形成，因其"衣裳斑斓"而得名。主要颜色有红、黄、紫、蓝。染色技法有蜡染、浆染、靛染等。较有名的有郴州的"白"㐀布、连州的裨布、全州的葛布等。古时也曾作为贡品。（朱雅雯）

黎锦 又称黎幕、黎单、黎幔、黎族织锦。黎族纺织工艺品。采用纺、织、染、绣四大工艺，主要由女性完成。

黎族织锦

织锦图案包括动物纹、自然纹、人形纹、工具纹、几何纹等，色彩主要以黑色和蓝色为基调，辅以红色、白色、绿色、粉色等。较为有名的有《婚礼图》《农耕图》等。（朱雅雯）

黎幕 见"黎锦"。
黎单 见"黎锦"。
黎幔 见"黎锦"。
黎族织锦 见"黎锦"。

龙被 又称崖州被、大被。黎族织锦的一种。主要有5个类别：单幅龙被、双联幅龙被、三联幅龙被、四联幅龙

三联幅龙被

被和五联幅龙被。三联幅龙被数量最多，单幅和五联幅较少。主要花纹有龙纹、凤纹、麒麟纹、鱼纹、人纹、蟒蛇纹等动物纹饰，雷公、闪电、山川河流、日月星辰等自然纹饰，以及各类生产工具的纹饰。色彩以黑色、咖啡色、棕色、红色为主。制作时间从五六个月至一年不等。织造方式有踞腰机织造和脚踏机织造2种。在婚丧礼仪的各类场合均有使用。曾作为贡品。现织造工艺濒临失传。（朱雅雯）

崖州被 见"龙被"。
大被 见"龙被"。

民族技艺

黎族钻木取火技艺　取火术。流行于海南岛中南部三亚、五指山、东方、琼中、保亭、陵水、乐东、昌江、白沙等黎族聚居区。工具由钻火板和钻杆组成。钻火板选择干燥易燃的山麻木砍制，一般长35厘米，宽7—10厘米，厚3—5厘米，在一侧挖若干小穴，穴底为流灰槽，火星由此下落。钻杆（或弓木）由硬杂木制成，长50—60厘米，直径3—5厘米，下端略尖，如圆锥状。还有芯绒、芭蕉根纤维、木棉絮等引燃物。取火时，用脚踏住钻火板，将钻杆插在小穴内，以双手搓动钻火棒或弓，产生火星。火星沿槽而落，点燃引燃物。引燃物冒烟时，拿起来吹风助燃。2006年入选第一批国家级非物质文化遗产名录。（邱运胜）

黎族传统织布　纺织技艺。集纺、染、织、绣于一体，用棉线、麻线和其他纤维等材料制作服饰和日常用品。汉代已被列为珍品、贡品。纺织工具有手摇轧花机、踞腰织机、脚踏织机3种。最常用的为踞腰织机，简称腰机，由藤腰带、腰力棍、木刀、拉经棍、竹梳、竹纬线针、整绒梳等器械组成。织布时，人绑着藤腰带，用双足踩织机经线木棍，席地而坐，用右手持纬线木刀，按织物的强力交替程度，用左手投纬引线，用木刀打紧纬线。主要由女性完成。（邱运胜）

黎族原始制陶技艺　制作技艺。始于宋代。分为挑陶土、晒陶土、粉碎陶土、筛陶土、和泥、制坯、干燥、准备烧陶、点火烧陶、取陶等12个步骤。根据制作器皿的大小，将泥拍制成相应的圆饼状作底，用尖竹子调整，去除多余边角料。选取适量泥巴搓制成泥条，置于圆底上，将圆底与泥条捏连在一起，反复将泥条一圈一圈盘筑到适合的高度，泥圈结合处用手捏紧，用制陶工具进行修整。陶坯晾晒15天。烧制前举行祈祷和驱鬼仪式，围绕柴堆边歌边舞，祈求神灵保佑烧制成功。成品器口偏大，平底，以红褐色为主，表面带深咖色、深黑色花纹。2006年入选第一批国家级非物质文化遗产名录。（邱运胜）

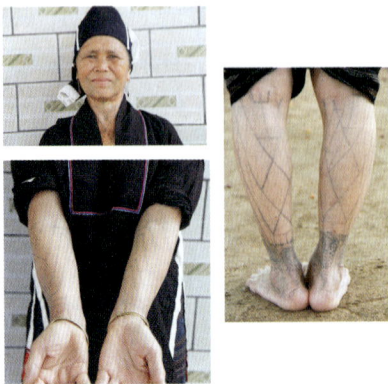

黎族原始制陶技艺

黎族文身　刺纹技艺。黎语称"打登""模欧"，汉语称"秀面""书面"。起源于图腾崇拜，流行于女性。黎族女子十一二岁到十四五岁时，按照祖先遗留的特殊标志接受文身。龙日、猪日、牛日是刺纹吉日。不同部位的图案有不同含义。刺于面部两颊的双线点纹、几何线纹、泉流纹等称为"福魂"图案；刺于上唇的称为"吉利"图案，刺于下唇的称为"多福"图案；刺于臂上的铜钱纹称为"财富"图案；刺在手腕上的双线纹称"保平安"图案；刺于身上的"田"形纹、谷粒纹、泉源纹，称为"福气上身"图案；刺于腿上的双线纹、桂树叶纹、槟榔树纹等，称为"护身"图案等。图案记录了黎族历史和文化信息。2005年入选海南省第一批非物质文化遗产代表作保护名录。（邱运胜）

黎族文身

黎族骨簪制作技艺　制作技艺。由脱脂兽骨雕刻而成的女性头饰品。分为洗刷去脂、截料、修整、成形、磨制、抛光、钻孔、雕刻、染色、装饰、刻

制图案等工序。"人形骨簪"工艺水平较高。长15—20厘米，宽1.5—2.5厘米，厚0.7—1厘米。分三段雕侧身人形头像。上段为人头顶帽饰，形似人佩戴的高帽或缠在头上的包头或发结。顶端钻小孔数个，系上流苏。长度占人头像的2/3，上雕花草和几何纹。中段为人颈项和脸部。头像有单人头像和双人头像。双人头像在脖子以上分开，雕两个侧面人像，两顶高帽，同一下身。下段（颈项以下），占全长约3/4，根据曲线变化分成不同格。每格所雕花纹不同，有各种动植物纹、水波纹、弦纹、几何纹、圈点纹等。2005年入选海南省第一批非物质文化遗产代表作保护名录。（邱运胜）

黎族传统纺染织绣技艺 传统纺织技艺。黎族女性创造，集纺、染、织、绣四大传统工序于一体，用棉线、麻线及其他纤维等材料做成衣服或日常用品。历史悠久，宋元时期影响较大。女纺织家黄道婆曾学习黎族纺染织绣工艺，并加以改进和提高，促进了中国纺织业的发展。黎族女性从小就学习扎染经纱布、双面绣、单面提花织等纺织技艺，通过口传心授传播。包括纺纱、染色、织布、刺绣四大工序。纺纱，即把棉花脱子、抽纱，把纱绕成锭。染色，使用传统的植物染料、动物染料和矿物染料进行染色。织布，用织布机进行织布。刺绣，按传统方式进行，有单面与双面两种。织绣的图案有水波纹、藤条纹、彩虹纹、云雾纹、方块几何纹、星月圆点纹、草树纹、竹林纹、牛鹿凤鸟纹、槟榔树纹、昆虫纹、人舞纹、房屋纹、谷类纹、青蛙纹，以及日月、星辰、雷电、山川、流水、云雨、白藤、龙凤、水牛、鸡狗、龟蛇等动植物和自然界物象等120多种。黎族龙被是黎族传统纺染织绣技艺产

品的代表，以龙为主体花纹图案，构图饱满，匀称、和谐，色彩绚丽、华美，格调雍容、高贵。2006年入选第一批国家级非物质文化遗产代表性项目名录。2009年被联合国教科文组织列入急需保护的非物质文化遗产名录。参见第104页历史卷"黎族织锦"条、第671页艺术卷"黎族传统纺染织绣技艺"条。（邱运胜）

黎族传统缬染 又称扎染、绞缬染。染色技艺。主要染料以野生植物为主，矿物为辅。青、绿、蓝等颜料多

黎族传统缬染

用植物叶榨汁制成，黄、紫、红等颜料用植物花卉加工而成，棕色、褐色由树皮或树根切碎后投入少量溪河螺烧制而成的石灰水煮而成。缬染时，把理好的纱线作经，两端固定在长形的木架上，依经线将青色或褐色棉线扎成图案花纹，再从木架上取下，放入染缸中浸数回，均匀上色。染后晒干，摘去所结的棉线，显出色斑花纹的经线。（邱运胜）

扎染 见"黎族传统缬染"。
绞缬染 见"黎族传统缬染"。

黎族竹木器乐 演奏技艺。始于宋代，盛行于清乾隆年间。多取材于竹木、畜兽皮，手工制成。有鼻箫、口弓、唎咧、耳、洞勺、哔哒、树叶、竹笛、独木鼓、叮咚等40种。演奏的曲牌结构多为单曲体，以一个曲调为基础反复演奏，在反复中仅有速度变化。调

试音阶多为五声音阶为主的徵调式和宫调式，曲调大体以同度音阶反复和二度音阶为主进行，旋律起伏不大，节奏、节拍一般较为规整。代表作品有《罗尼调》《四亲调》《喂格罗调》等。2008年入选第二批国家级非物质文化遗产名录。（邱运胜）

黎族巫医术 医疗实践技艺。巫医是巫与医为一体的民间行医人，以宗教仪式，行草药医治，达到防病治病目的。治病程式先以占卜的形式查明病因，通过卦象判断是何种鬼怪作祟导致疾病，需要献祭何种牲畜才能换回病人的灵魂。占卜，一般以米卜、鸡卜为主，根据上下正反卦位或卦符所组成的"卦象"判断病的轻重、安危、触犯何种鬼灵及所需祭品等。医治一般采用当地草药。五指山地区有植物药500多种，动物药200多种，矿药物100多种，自采自用，加工配制。对毒蛇咬伤、接骨、跌打损伤、中毒、风湿、胃痛、疟疾、风痧症、瘴气、疑难杂症等的治疗有丰富的经验。（邱运胜）

黎族独木器具制作技艺 制作技艺。制作时，将整块木料剜空，用剜、刻、削、刮等技艺制成各种什物器具。不使用铁钉之类的辅助材料，偶有组合则采用榫卯结构。成品大类型有独木舟、独木棺等，小类型有米臼、米桶、皮鼓、独木枕、针线盒等。2009年入选海南省第三批省级非物质文化遗产名录。（邱运胜）

黎族藤竹编技艺 手工技艺。包括藤编、竹编、藤竹混编、草编等。分采集原料、处理原料和编织器物三大工序。具体工艺包括砍藤、劈条、煮条、晾晒、编织。由藤编与竹编相结合形成的藤竹混编技艺提高了器具的功能性和耐用性。竹编和草编的工艺过程较为简略。（邱运胜）

黎族藤竹编制品

瑶族刺绣　手工技艺。始于盘瓠传说。绣时无须画稿，按不同布色，先用黑线或白线依着布纹绣出方格，再在方格中绣出各种图形。绣时不看正面，只从反面绣，后从正面缀合起来构成三角形、齿状形、城堞形等不同纹样，用作各类物品上的装饰图案。连南瑶族刺绣品种有女绣花三角巾、女绣花头帕、男绣花头巾、男披肩、绣花衣领襟边、绣花衣、绣花腰带、绣花袋、绣花裙、绣花脚绑、儿童绣花帽、儿童绣花马裤等10多个品种。图案纹样有马头纹、眼珠子纹、树木纹等。乳源瑶族刺绣以深色棉布为底，用红、黄、蓝、白、绿、黑、紫等色的绒丝线绣出花纹。风格上有深山瑶和浅山瑶之分。深山瑶刺绣厚重、丰满、细腻；浅山瑶刺绣细腻大方，色彩浅淡明快，纹样多。常见的图案纹样有正方形、三角形、菱形、圆形、水纹形、波浪形、"之"字形、工字形以及双蝶恋花、双龙戏珠、稻穗和鲜花纹等。2011年入选第三批国家级非物质文化遗产名录。　（邱运胜）

瑶族长鼓制作技艺　制作技艺。流行于今广东省清远市连南瑶族自治县三排镇南岗、油岭、横坑、三排、山溪，大坪镇大坪、军寮、大掌，大麦山镇新寨等排瑶村寨。起源于古代细腰鼓，宋代始见于文献记载。制作流程包括选料、削鼓身、掏鼓腔、打磨、上漆、绘图案、蒙鼓皮、穿绳等。旧时鼓身采用瑶族地区被称为堂树（也称琴树）的木材，现选用径树（泡桐树），十月后砍伐。鼓皮，直径一般24厘米，用1—3个月大的黄牛皮，也用羊皮或狗皮。鼓绳，长约12米，呈"之"形折绑，共分14折加四五圈，每折80厘米左右。鼓绳用瑶语称为"都灯"的野生藤制成的绳索。鼓漆传统用料为瑶语称"该耶"的山薯类植物油。鼓头绳14条，鼓筒7个，附以鼓槌、敲鼓头和鼓带等。鼓身细长，用整段原木挖制或经过车旋而成，其内腔中空、两端相通，两端鼓口较为粗大、中间鼓腰较为细小、外形呈2个倒接的喇叭状，形成2个共鸣鼓腔。鼓皮由鼓钉固定在鼓的两端。鼓身通体涂漆，饰有云头、日月、龙凤、花草或鸟兽等彩绘花纹。长鼓全长80—110厘米，腰径4—5厘米，面径12厘米。　（邱运胜）

瑶族银饰制作技艺　手工技艺。起源于清代。制作主要有熔银、锻打、下料、洗银、打磨、抛光等工序。分为排瑶银饰和过山瑶银饰，品种有首饰、配饰、挂件等。图案花纹多取材于日常生活，如高山流水、蓝天白云、虫蚁鸟兽、花草树木等，图案古朴、工艺精致。2013年入选广东省第五批省级非物质文化遗产代表性项目名录。　（邱运胜）

瑶族扎染　染整技艺。流传于今广东省清远市连南瑶族自治县八排瑶中的油岭、南岗、山溪、三排、牛头岭、连水、东芒等村寨。用针绣、压挑、线扎方式，不用画图打稿，自然扎出图案。采用天然颜料调色，通过线扎让颜色深浅不一，染色后解开扎线，形成图案。成品为白花蓝黑底式样，一般用于姑娘、妇女的头布、头套外饰和小孩背带披风。常见有3个系列，即油岭妇女头布系列、南岗妇女头布系列和三排小孩背带披风系列。油岭头巾式样为鱼尾花纹，中间空出粗线状条纹；南岗头巾式样为实心白色花纹，中间空出线状条纹；三排小孩背带披风为白花蓝黑底，实心白色花纹。　（邱运胜）

排瑶牛皮酥制作技艺　烹饪技艺。流行于今广东省清远市连南瑶族自治县。制作主要有选材、风干、烧、捶、清洗、焖炒等工序。以牛龄5年左右的黄牛皮最佳。把生牛皮切成一小块吊在火塘上熏干或整张牛皮钉在木屋外风干。在风干的牛皮上切下所需分量，连毛一起放入火塘烧。烧透后将牛皮取出，放在硬木墩上捶打，直到牛皮松软，能掰开。将烧捶好的牛皮放入沸水中浸泡15分钟，再用水温30—40℃的清水反复搓洗，直到牛皮露出金黄色。烹制时把黄豆慢火炒熟后起锅备用，将清洗好的牛皮和食盐放入烧红的油锅翻炒，后用沸水作汤焖10分钟，加入配料和黄豆捞起即可。　（邱运胜）

瑶族小长鼓制作技艺 制作技艺。流传于今广东省韶关市乳源瑶族自治县过山瑶。小长鼓长约 80 厘米，两端鼓面直径各为 12 厘米，鼓中间腰径为 4 厘米。鼓身细长，呈两个喇叭倒接形状。用泡桐木挖空心制作而成，两头蒙上兽皮。绘以彩色龙凤或花纹图案，两端系上丝绳或铜钱装饰。有的在鼓筒里放入少许铁沙，舞动时发出沙沙响声和铜钱的金属声。（邱运胜）

瑶族医药技艺 医疗实践技艺。瑶族形成的民族特色、地方性医药知识体系。用望、闻、问、切手法诊断病情。采用草药沐浴、熏蒸、火灸、刮痧、放痧、针刺、拔火罐、外敷、内服等治疗法。所用几十种常见草药，对风湿跌打、驳骨、蛇伤、烧烫伤、增生、肝病等有疗效，并总结出药物培植、采摘、晾晒、加工的方法。（邱运胜）

瑶族苦爽酒酿造技艺 制作技艺。流行于今广东省韶关市乳源瑶族自治县过山瑶。把产自高山梯田的糯谷碾成米，用清水洗去米皮后煮或用蒸笼蒸成米饭，放至不烫手后，将酒饼（酒曲）放入，用手搅拌均匀（一般一枚酒曲可做 10 多斤酒），将米饭装到发酵米酒的容器里（一般是大陶罐），待米饭充分发酵成酒酿后（约半个月）倒出，装入布袋压榨，同时不断地往布袋里加水，榨到挤出来的汁变清后，再把汁水倒入大铁锅煮沸，即为苦爽酒。2018 年入选广东省省级非物质文化遗产扩展项目名录。（邱运胜）

壮族装古事 民俗技艺。流传于今广东省清远市连山壮族瑶族自治县永丰、福堂、小三江、加田、上帅等乡镇。多在春节期间的夜晚举行，由一个或几个村寨联合组织游演。队伍少则 100 多人，多则 500 多人，由灯色队、古人古事化妆队、锣鼓队、八音队、舞狮队和其他民间艺术表演队等组成。灯色用竹篾编扎成骨架模样，外用各种色纸黏糊装饰，有方形、圆形、三菱四角形等，还扎有鸟、鱼、虾、虫、草等动植物形态。用竹、木杆捆扎，能插地和举起行走。灯笼内放置煤油灯或电珠。行走时，掌灯者高举头顶，民间又叫"高照"。一支古事队里的灯色少则 30 个，多则上百个。装古事的化妆表演队，主要扮演《水浒传》《三国演义》《红楼梦》《岳飞传》《西游记》《仙女散花》《七祖下凡》《梁山伯与祝英台》《花木兰》《杨家将》《八仙过海》和地方的神话传说故事人物形象。活动从黄昏时刻开始，点响 3 门火铳炮后，各灯笼点燃灯火，锣鼓喧天，鞭炮齐鸣，由德高望重的族老撑举"头灯"引路，队伍出发。村民燃放鞭炮、火铳炮，并在村头、村中和村尾摆设美酒、果品、糖水、糍粑等欢迎古事队伍入村。到达村头时，先由领队人向村民拜年，后由村中长者给古事队的头人敬酒，以表谢意。表演者边走边表演各自所扮的人物动作或故事情节，村民边看边上前敬酒，递送果品、糖水、糍粑等。（邱运胜）

壮族刺绣 手工技艺。以盘绣为主体，以密集的绣法为基调，以大面积繁绣为特色。用黑、枣红、深绿为底，将剪纸花样贴在绣料上，用平针、钱针、盘针等法绣制，图样有二龙戏珠、独龙、双凤朝阳、凤穿牡丹、狮子滚球及蝴蝶、花鸟、万字（卐）、人物等。常用于绣花鞋、花帽、胸兜、帐帘、坐垫、荷包和壮剧服装等。壮族刺绣是壮族文化和民族记忆的"活化石"。（邱运胜）

壮族炸火狮 又称烧火狮、舞火狮。民俗技艺。流行于今广东省清远市连山壮族瑶族自治县。壮乡传说"年"是独角兽，出没于山间、田野和村寨，危害人畜，燃烧竹子发出的"噼噼啪啪"爆破声可以驱赶吓唬"年"。后用鞭炮。表演时，舞狮人赤膊举火把上场。领狮人点响两排爆竹，投向舞狮人。按东、西、南、北四方顺序依次叩拜观众后，设坛祭拜师祖，叩求先师保佑在场观众及舞狮人员平安无事。由壮民点燃爆竹，不断向"火狮"进攻。舞狮人用之字步、梅花步、八字步轮番转换，动作敏捷而优美。持续 1 个多小时。场地上的鞭炮纸堆积越厚、越红火，寓意财源越厚实、生活越红火。（邱运胜）

烧火狮 见"壮族炸火狮"。
舞火狮 见"壮族炸火狮"。

壮族赛铜锣 民俗技艺。流行于今广东省清远市连山壮族瑶族自治县。一般在春节前后进行。有村与村对赛，也有几个村联合为一方对赛。一般以青壮年为主，由五六人组成一支铜锣队，每队有 4—6 面铜锣，配以一对铙钹和牛皮大鼓。赛前，双方在野外或草坪选定场地，搭好锣架，并燃起篝火。赛时，由挑战一方先敲锣，另一方敲锣应战，参加比赛的人轮换敲锣，持续到天亮。以一直保持参赛人数和锣声嘹亮一方为胜。（邱运胜）

壮族布龙制作技艺 制作技艺。流行于今广东省清远市连山壮族瑶族自治县。包括编、插、织、嵌、镶、缠、挂、剔等 10 多种技艺 200 多道工序，所需材料 100 多种。龙头是制作关键。先编扎龙头骨架，后制作龙角、耳朵、眼睛、牙齿、舌头等，再选不易虫蛀的毛竹制龙身骨架，用质地牢固的布料做龙衣，以上乘染料印染龙鳞。制作好的布龙，动如蛟龙出海，滚翻自如。反映了龙崇拜的民俗信仰。（邱运胜）

壮族医药技艺　医疗实践技艺。壮族形成的民族特色、地方性医药知识体系。先秦萌芽，经汉魏六朝的发展，唐宋之际形成草药内服、外洗、熏蒸、敷贴、佩药、骨刮、角疗、灸法、挑针、金针等10多种壮医理论的雏形。壮药有700多种，常用的500多种。主要有马兜铃、千斤拔、龙船花、闭鞘姜、阳桃、两面针、鸡蛋花、刺芋、金锦香、南蛇簕、薯莨、马鬐蛇、褐家鼠、蟒蛇等。动物药应用普遍，民间有"扶正补虚、必配用血肉之品"的用药经验。善于解毒，包括解蛇毒、虫毒、食物中毒、药物中毒、金石发动毒、箭毒、蛊毒等。（邱运胜）

壮族春白糍　烹饪技艺。流行于今广东省清远市连山壮族瑶族自治县。将糯米浸泡、淘洗、滤干、蒸煮后，用石舂舂至胶糊状。趁热用春杵将胶状糊拽出，放在用蜜蜡混茶油涂抹过的竹簸箕上，分成乒乓球大小的糍团，拍成扁圆，于竹簸箕上晾干。在清水中浸贮，每隔七八天换一次新鲜水，可保存三四个月。食用方法分干煮和湿煮。干煮加油煎或蒸软，湿煮加水煮。也可即春即食。（邱运胜）

畲族刺绣　手工技艺。多用于帐额、枕套、围腰及领、袖口、裙边、鞋面、童帽、肚兜、围涎等生活用品。刺绣时不用底图，以平绣为主。纹样有单独纹、连续纹、角隅纹等。内容分植物纹饰、动物纹饰、几何纹饰。植物纹饰包括牡丹、梅花、莲花、菊花、桃花、兰花、竹花等；动物纹饰包括凤鸟、喜鹊、鳌鱼、龙蛇、虎豹、麒麟、狮子、竹鹿、月兔等；几何纹饰包括八卦、万字、锁同、云头、云钩、山头、大耳、书、浮头纹、马牙纹（虎牙纹）、枯叶、柳条纹等。绣法朴素古拙，构思新颖。讲究形象完整，忌讳残缺。（邱运胜）

畲族银器制作技艺　制作技艺。有操、凿、起、解、披5种手法，含平雕、浮雕、圆雕、镂空雕4种工艺，包括设计图样、熔炼范铸、锤打成形、雕刻、掐丝镶嵌、组合焊接、精修、表面处理等50多道工序。成品造型奇巧、纹饰细腻、雕工精美。技艺多为师徒传承。2011年入选国家级非物质文化遗产扩展项目名录。（邱运胜）

畲族医药技艺　医疗实践技艺。畲族形成的民族特色、地方性医药知识体系。畲族多居住在山区或半山区，在医治跌打损伤、蛇伤、风湿、黄疸肝炎、小儿疳积、肺炎、骨髓炎等疾病方面积累了经验和方法。大多为口传心授，医药一体。治疗及用药过程具有自诊、自采、自制、自配、自用的家传性传承特点。2008年入选第二批国家级非物质文化遗产名录。（邱运胜）

畲族捕鱼技艺　生产技艺。流传于今广东省河源市东源县漳溪畲族乡。大年初三在该乡中联村汶水塘举行。捕鱼时，男女老少组成不同捕鱼小分队，由兄弟、父子、夫妻、母女合作拉网，进行捕鱼竞赛。捕到的鱼归各家所有。鱼获越多、越大则象征来年越旺、越有余。（邱运胜）

畲族锣鼓　演奏技艺。以锣、鼓、铙、钹等大音量打击乐器为主，一般于祭祀或仪式活动时展演。节奏激昂，场面壮观。锣鼓声寓意吉祥、兴旺。（邱运胜）

广式满洲窗工艺　手工技艺。起源于中国东北满族地区，清代八旗兵携眷驻防时传入广州，与岭南地方特色融合而成的建筑构造技艺。在传统的榫卯结构木质窗框间，镶嵌由欧洲进口玻璃材料制作、经过蚀刻和磨亮或喷砂脱色处理的套色玻璃蚀刻画而形成的不同形状窗户。装饰以传统题材为主，有红、黄、蓝、绿、紫、金等颜色，典雅秀丽。广式满洲窗是广州西关地区流行的地域性窗式之一。（邱运胜）

满族祖先袋制作技艺　制作技艺。广州满族传承的一种特殊纪念物制作技艺。由红或黄布缝制，内装有祖先从东北地区来粤时所带纪念物或先人遗物。被视为传家宝，一般悬挂于房屋西侧墙壁，由长房长孙承接、保管。除夕团年饭后，各房子孙集中辞岁，先向祖宗袋叩拜，再向长辈磕头。（邱运胜）

满族饽饽制作技艺　烹饪技艺。满族把干粮类食品叫作饽饽，为面制品总称。广州满族则特指饺子。将肉粒加入豆瓣酱煮熟，拌上切碎的蔬菜做成馅料，用面粉加盐水搓成面团，并擀薄成皮，加馅做成半月形。分为生肉饽饽、羊肉饽饽、韭菜饽饽、子孙饽饽等。婚庆时包子孙饽饽，即在一只大饽饽里包12只小饽饽，寄寓多子多孙。（邱运胜）

教育与研究机构

中山大学人类学系　教学与研究机构。　1927年傅斯年、顾颉刚创办中山大　学历史语言研究所，设立人类学组，

主要从事少数民族的调查和研究，留下许多珍贵的研究报告和实物资料。1981年院系重建，本科设民族学与考古学专业，研究生设文化人类学专业，梁钊韬被授予第一批博士研究生导师，成为国内民族学／人类学最早具有博士、硕士、学士三个教育层次的办学单位。1985年增设文化人类学研究室，2000年以人类学为依托建立中国族群研究中心、岭南考古研究中心。2012年8月设立民族学和考古学博士后流动站。致力于完善学科体系，注重四大分支（文化人类学／民族学、语言人类学、体质人类学、考古学）协调发展，并开拓珠江流域文明进程与族群互动、民族走廊研究、南中国海研究、边疆考古与民族、民族考古、宗教文化、语言与文化、体质与健康、灵长类学与人类进化等特色研究领域。主要科研机构有健康与人类发展研究中心（2002年）；华南文化遗产保护研究与教学中心（2003年）；历史人类学研究中心（教育部人文社科重点研究基地，与历史系合建，2004年）；华南农村研究中心（广东省重点研究基地，2004年）；南中国海考古研究中心（2009年）；中国移民与族群研究中心（广东省重点研究基地，2011年）；"南方公益慈善研究院（2011年）"等。主要实验室有体质人类学实验室、考古学实验室、文物年代测定实验室、新媒体实验室等。（毛帅）

粤北边疆施教区　教育机构。1939年6月，民族学家胡耐安受广东省主席李汉魂委托，上呈国民政府教育部部长陈立夫《粤北边疆教育计划书》，得到陈立夫认可，核准连阳安化局在瑶区举办国民小学6所，专门发展粤北边疆教育，经费由省供给。同年11月30日，广东省政府成立连阳安化教育区，由胡耐安担任主任，主要任务是普及瑶族识字教育。1940年4月，扩充为粤北边疆施教区，接管连县社会教育实验区的工作。1944年，粤北边疆施教区撤销，施教站归各县政府管理。（李双）

广东省民族宗教研究院　研究机构。2009年成立，由广东省民族宗教事务委员会管理的事业单位。前身为1959年6月成立的中国科学院广州分院民族研究室，首任所长由省民委主任罗明兼任。1960年改称中国科学院广州分院民族研究所（后易名中国科学院广东民族研究所，简称广东省民族研究所）。"文化大革命"期间被撤销，1978年11月恢复建制，改称广东省民族研究所，隶广东省民委。1996年7月，加挂"广东省宗教研究所"牌子。2000年，广东省民族研究所（宗教研究所）设民族研究室、宗教研究室、古籍研究室和办公室。2008年8月，更名为广东省民族宗教研究院，2009年12月正式挂牌。主要任务：宣传党和国家关于民族、宗教工作的方针政策和法律法规；开展民族、宗教基础理论和广东民族、宗教的历史及现状等研究工作；协助政府有关部门开展有关民族、宗教问题和政策的调查研究工作，提出意见和建议；负责广东民族、宗教的古籍、资料的收集、整理、修复和编撰出版工作；开展广东民族、宗教的文物研究工作；开展国内外民族、宗教学术交流和合作；参与有关院校民族、宗教专业的教学和研究工作；指导、联系广东省民族研究学会、广东省宗教学会和广东瑶学研究会工作。随着粤港澳大湾区的建设和发展，广东省民族宗教研究院加强了社会治理与社区建设、人口流动与服务管理、铸牢中华民族共同体意识等方面的研究。（毛帅）

海南省民族研究所　研究机构。2003年成立，由海南省民族宗教事务委员会管理的事业单位。前身为1980年成立的广东省海南黎族苗族自治州民族文化研究室，1982年更名为广东省海南黎族苗族自治州民族历史研究所，1984年更名为广东省海南黎族苗族自治州民族研究所。1988年海南省撤州，更名为海南省民族研究所。2003年与海南省民族织锦工艺研究所合并重组海南省民族研究所。主要职责：从事民族理论与政策、民族社会经济发展研究；从事民族历史文化、语言文字等人文学科研究；从事民族古籍的抢救、挖掘、整理、研究与出版等工作；从事民族织锦文化研究；从事民族地区各项信息的收集、整理与研究；开展对外文化和学术交流。主要从事海南少数民族社会经济、历史、文化、织锦工艺、民族古籍、信息资料等研究。从2003年起，注重民族织锦工艺的传承，在继承传统技艺的基础上，加大挖掘、研究力度，创新出一批独具民族特色的织锦品。（邱运胜）

广东技术师范大学民族研究所　教学与研究机构。1984年成立，2007年与民族学院合署运行，现为国家民委中华民族共同体华南及粤港澳大湾区研究基地、广东省普通高校人文社会科学重点研究基地，有省级特色重点学科民族学一级学位硕士点，开设民族学、马克思主义民族理论与政策、中国少数民族史、城市民族学、粤港澳大湾区研究等5个二级学科，形成岭南民族语言、岭南民族文化、粤港澳大湾区城市民族学、岭南民族艺术和民族经济社会研究等特色鲜明的学科方向，主导创建海南省临高文化研究会和广东疍民文化研究会2个省级研究学会。建有广东省社会科学研究基地、广东省政策咨询研究基地、广东省普通高校省级重点提升平台等多个省级科研平台。（邱运胜）

嘉应学院客家研究院　教学与研究机构。2006 年成立。前身为 1989 年 12 月成立的嘉应学院客家研究所。2006 年 4 月，组建嘉应学院客家研究院。研究院下辖客家民俗研究所、叶剑英思想研究所等 10 个研究所，设有客家研究资料中心、客家文物陈列馆，编辑出版《客家研究辑刊》，定期召开学术研讨会、田野工作坊等学术活动。致力于客家文献、文物和口述历史的搜集与整理，开展有关客家历史、语言、文学、艺术等领域的学术研究，关注当代客家历史文化资源的抢救、保护与传承。（毛帅）

海南热带海洋学院海南省民族研究基地　教学与研究机构。2008 年 12 月成立。经海南省社会科学界联合审批，琼州学院（2015 年更名为海南热带海洋学院）与海南省社会科学界联合创办的省级民族研究学术机构。其前身是琼州学院于 1990 年设立的民族研究室。1994 年扩大为民族研究所。2008 年，联合创办为海南省民族研究基地。下设黎学研究室、少数民族历史研究室、少数民族社会文化研究室、少数民族文学艺术研究室、少数民族教育体育研究室等 5 个研究室。与校图书馆建成海南民族文献库，拥有文字资料近 2 万册，民族研究数字信息资料 6000 多条。研究领域涵盖海南省少数民族的政治、经济、历史、哲学、宗教、文学、艺术和教育体育等社会科学门类。（毛帅）

汕头大学潮汕研究中心　教学与研究机构。1990 年成立，潮汕本土首个以潮汕历史文化为研究对象的学术机构。宗旨是开展潮汕区域文化与族群文化研究，服务潮汕区域社会与海内外潮人社会，联络海内外有关学者，推动国际潮学研究的学术发展。在饶宗颐指导下，开展学术研究、组织学术活动，并与潮汕历史文化研究中心长期密切合作，编辑出版《潮汕文库》。对粤东地区潮汕人、客家人、畲族人、疍家人及现当代新移民等社会群体，与海外华人社会中上述人群的社会文化现象，开展社会调查与学术研究。（毛帅）

潮汕历史文化研究中心　研究机构。1991 年 8 月 12 日成立，11 月 21 日挂牌。在广东省政协原主席吴南生倡议下，由有志于潮汕历史文化研究工作的人士自愿组成。领导机构为理事会，理事会聘请海内外热心潮汕历史文化研究并有一定贡献的知名人士为顾问。汕头经济特区管委会主任刘峰担任首任理事长，饶宗颐、陈伟南等担任顾问。研究中心理事会下设学术委员会、资料征集委员会、传播联络委员会和办公室等机构。宗旨是团结海内外热心潮汕历史文化研究的人士，弘扬潮汕文化优良传统，增强中华民族凝聚力，为中国特色社会主义现代化建设服务。2004 年建立中国首家以侨批为主题的"侨批文物馆"，2010 年 12 月，成立潮汕侨批档案馆。在海内外推动潮学研究、扩大潮学影响方面起重要作用。（毛帅）

韩山师范学院潮学研究院　教学与研究机构。2008 年成立，前身为 20 世纪 90 年代初成立的潮汕文化研究室（后更名为潮汕文化研究中心）。2002 年，设立潮学研究所，定位为学校直属科研机构。2008 年，韩山师范学院与潮州市政府合作成立市校共建的潮学研究院。2015 年，韩山师范学院历史系与潮学研究院合并组建历史文化研究院（潮学研究院）。重视文物与文献的搜集和整理，关注海外潮人与潮汕地方的历史与现实脉络。1993 年开始编辑出版《潮学研究》。每两年召开一次潮学国际研讨会。（毛帅）

文　献

广州先贤传　人物传记。三国吴陆胤撰。7 卷。原书已佚。陆胤任交州刺史、安南都尉，在广州 10 余年，熟知广州历史。主要收录今两广地区著名历史人物，有丁密、猗琐、丁茂、黄豪、邓盛、徐征、董正、罗威、尹牙、琉源、申朔、唐颂等 10 余人。语言流畅，叙事平实。是研究岭南百越民族史的参考文献。《旧唐书·经籍志》《太平御览经史图书纲目》《新唐书·艺文志》《说郛》《三国艺文志》《补三国艺文志》等著录。（汤苑芳）

交广春秋　又称《交广二州春秋》《交广二州记》。地方志。西晋王范撰。晋泰康年间成书，原书已佚。交广，指交州与广州。主要记录百粤典故。笔调平实，行文流畅，颇具文史价值。是南海郡人编撰的第一部地志，开岭南地志先河，后来岭南地志多以该书为蓝本进行补充，如晋黄恭《交广记》、南朝宋沈怀远《南越志》等。部分内容为《水经注》《后汉书》等征引，《水经注》征引较早且最多。参见第 168 页历史卷"交广春秋"条。（汤苑芳）

岭南异物志　方志。唐孟琯撰。1 卷。原书已佚。记录岭南的风、雨、雷、雾、虾、蟹、梅、竹海、刺桐、茄子

洲渚、南海巨蝶等，兼记岭南习俗，如海旁构筑干栏建筑、俗贵诃梨汤。志怪志异，言辞夸张，类似小说。对研究唐代岭南风物民情有一定的史料价值。传世条目不多，《新唐书·艺文志》《太平御览》《太平广记》《宋史·艺文志》《事类赋注》《崇文总目》等存有佚文。今有广东人民出版社2002年骆伟、骆廷辑注《岭南古代方志辑佚》本。（汤苑芳）

桂海虞衡志　方志。南宋范成大撰。原书3卷（一说2卷），今仅存1卷。淳熙年间成书。乾道年间，范成大任广南西路经略安抚使、静江府（今桂林市）知府，将亲身经历及相关传闻记录整理成此书。主要内容涉及广南（今广西全境及广东、海南的部分地区）风土物产及少数民族情况。共13篇，分别为志岩洞、志金石、志香、志酒、志器、志禽、志兽、志虫鱼、志花、志果、志草木、杂志、志蛮。记载山川洞穴、金石矿藏、奇异器物、珍奇生物、风土人情等。其中志蛮篇对当时广南地区诸民族的地理分布、居住方式、生产生活习惯及民族关系有详细描述。记录了当地少数民族的民居形式、婚丧习俗、服饰及文身、饮食习惯、娱乐风俗、信仰习俗等内容。客观、真实、文笔平实雅致。是研究宋代广西及广东部分地区历史文化、民族风情的史料。部分条目收录于《文献通考》《舆地纪胜》《黄氏日钞》《本草纲目》《石屏记》《方舟集》《省斋文稿》《古今说海》《古今逸史》《说郛》《四库全书》。广西地方志办公室藏《知不足斋丛书》《古今逸史》中有《桂海虞衡志》刻本。今有中华书局2002年孔凡礼点校《范成大笔记六种》本。（汤苑芳）

过山榜　民间文献。相传是朝廷赐予瑶族、畲族先民的安抚文书。瑶族部分又作"评王券牒""评皇券牒""盘古圣皇榜文""过山版""过山贴""过山文书""龙凤批"；畲族部分绘有图画，又作"祖图"。广东过山榜以"评皇券牒""过山榜"两种名称为主，多为布、纸材质的墨水手抄式书本。主要记述民族起源、姓氏由来、祖先迁徙以及过山耕种等内容。广东乳源瑶族过山榜记载的是隋朝天子颁发给盘瓠子孙居山、耕山、过渡的凭证。内容主要包括评皇出此公据，允许盘瓠子孙择山安居、刀耕火种、免除徭税等。是研究岭南瑶族、畲族历史文化的文献资料。广东现存过山榜多为清代传抄本，明代抄本较少见，目前发现的主要为韶关市乐昌县城南五里坑的古本，誊抄于明建文元年（1399）。（汤苑芳）

百越先贤志　方志。明欧大任撰。4卷。明嘉靖三十三年（1554）成书，原书已佚。从《国语》《吴越春秋》《左传》《史记》《交广记》等80多种史籍中，辑得自西周到东汉的百越先贤100多人，分别立传。其中人物多为功业文章之臣、隐逸方技之士，包括欧冶子、畴无余、文种、计倪、范蠡等。每传之后标注材料出处。体例严谨，行文平实，文字简洁，为世人所重视。黄佐修《广东通志》中记录的人物，汉以前的皆参考此书。为研究百越史、岭南史不可多得的史料。《四库全书》有抄本。后被《岭南遗书》、"丛书集成初编"收录传世。（汤苑芳）

海槎余录　笔记。明顾岕撰。1卷。嘉靖年间成书。把在儋州时的见闻编撰成书。主要记载黎族刀耕火种、狩猎方式、集市贸易、服饰、婚姻等生产生活及风俗习惯，兼记黎族地区的古迹物产。共有条目42条，其中，古迹类有载酒堂、劳将军庙等；植物类有波罗蜜、佛桑花、榕树、橄榄、花梨木、鸡翅木、土苏木、相思子、槟榔、茨竹、酸笋、桃榔木、阳桃、芭蕉、椰子树等；动物类有蚺蛇、番车鱼、海鳅、马、海螺、石蟹、江鱼、玳瑁等；生产技术类有黎族储物法、刀耕火种、出猎、贸易等；民俗类有文身、婚姻、血族报仇、历法、黎峒等。展现黎族地区独特的社会风貌，如原始血族复仇遗习、先进与落后的生产方式并存、圩场贸易者以妇女为主、"隆闺""放寮"等。行文平实，记中有叙，语言流畅。是研究明代黎族的重要著作。主要收录于《广百川学海》《记录汇编》《说库》《说郛续》本等丛书。（汤苑芳）

粤剑编　方志。明王临亨撰。4卷。王临亨据万历年间赴广东办案途中见闻编撰而成。记述万历年间岭南政治、经济、时事、民俗、山川、物产和名胜等内容。分为8类：古迹、名胜、时事、土风、物产、艺术、外夷及游览。其中特别对外国人进行了记载，所记外夷包括安南莫氏、西洋之人、澳中夷人等，共8则。篇幅简短，所涉面广，内容丰富。为明代中期广东政治、经济、民生、民俗及中外交流等研究提供了重要的史料。有《玄览堂丛书》影印本传世。（汤苑芳）

南海甘蕉蒲氏家谱　谱牒。蒲氏八世孙蒲携南、蒲益南与其子孙编修。初辑于明万历四十七年（1619），清道光二十八年（1848）、咸丰五年（1855）、光绪七年（1881）、光绪三十三年（1907）4次重修。1913年付印。为广东南海县（今佛山市）蒲姓家谱。记录蒲氏从南宋嘉定年间由西域入内地到光绪年间的传承、迁徙、发展史。内含总谱和蒲寿庚脉下支谱。主要内容包括蒲姓源流考、历代修谱名录及序文、宗支图、世系谱、恩荣

谱、祠宇谱、村场图、坟茔谱、家传谱、艺文谱、杂录谱等。是研究明清广东回族历史的珍贵资料。由罗香林发现，现藏广东省博物馆。有广东省民族研究所翻印本、宁夏古籍小组编"中国回族古籍丛书"本。（汤苑芳）

连阳八排风土记　方志。清李来章撰。8卷。写于清康熙四十三年（1704）至四十七年（1708）之间。分为《图绘》《形势》《风俗》《言语》《剿抚》《建置》《约束》《向化》8门，每门为1卷。其目尚有第9卷，题《杂述》上下，没有内容。全书约6万字，附图22幅。研究对象为连州、连阳的马箭、军寮、里八峒、火烧坪、大掌岭、油岭、横坑、行详（南岗）八大排及其下属十一小排。主要内容包括排瑶生活区的地理环境；排瑶的族源族别、岁时节序、风俗习惯；瑶书，瑶语单词、词组与句子；明清两朝的剿抚与建制。以实例证明应该采取"治瑶"政策。记载中多有自叙政绩，其中《向化》，记录作者所判之案，各为标目。行文平实，在文献与田野调查的基础

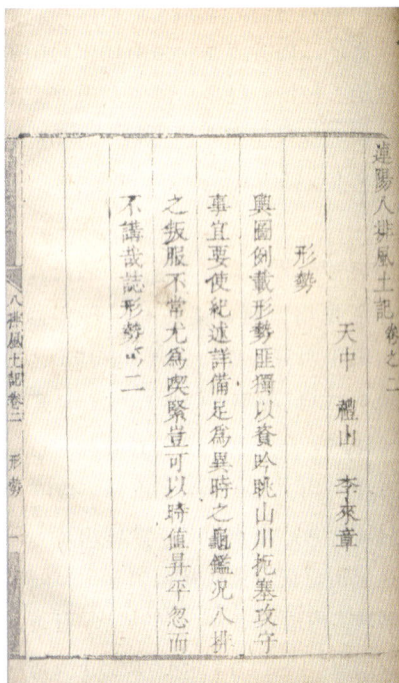

清康熙四十七年（1708）刻本
《连阳八排风土记》

上写成，保存了连阳八排瑶的许多历史材料，是研究明清粤北瑶族历史文化不可忽略的史料。有清康熙四十七年（1708）连山书院刻本、乾隆年间增刻本、《四库全书存目丛书》本。（汤苑芳）

黎岐纪闻　地理札记。清张庆长撰。清乾隆二十一年（1756）成书。根据亲身见闻，记述清代海南黎族经济、政治、文化、生活情景。共有条目70余，其中黎族族源1条，经济生活8条，政治生活5条，风俗习惯30条，黎地物产15条。介绍黎族地区的山川物产、狩猎方式、耕作制度、手工业生产等，对族源、族规、饮食、居屋、服饰、婚丧、宗教等有较详细描述。文字简明扼要。是研究清代海南黎族社会的重要史料，部分材料为他书所未载。该书无单行本传世，有清道光十三年（1833）《昭代丛书》本、宣统三年（1911）《小方壶斋丛书·舆地丛钞》本。（汤苑芳）

皇清职贡图　方志。清傅恒、董诰等纂，门庆安等绘。清乾隆十六年（1751）命各地总督、巡抚将其管辖境内不同民族及与清王朝有来往的国家之民族，描绘成图，配以图说。乾隆二十三年（1758）成书。初为8卷，乾隆二十八年（1763）后增补第9卷。其中卷4，记载广东与广西的部族，以图画人物形式，描绘岭南瑶、黎、壮等少数民族的衣冠形貌，所绘图像以描写外形为主，且注重对人物表情的刻画，兼记生产、习俗等情况。共有图66幅。其他卷记载西藏及新疆诸部、藩属国民族、福建、台湾、湖南及东北等地诸族，今甘肃、青海、宁夏等地的民族，川藏边区为主的四川诸部，云南各族，贵州诸族，以及与明清王朝有联系的国家及地区的民族，9卷共图598幅。图文相配，互为表

里。作为权威资料进入史乘，为后世所重视，道光《广东通志》所记瑶族、壮族的资料，有14条引自该书，同治《韶关府志》所载曲江、乐昌、乳源等地的瑶族资料，全部引自该书。目前通行版本有两种，一种为8卷本，乾隆二十六（1761）年刊刻，藏中国科学院图书馆；另一种为9卷本，为《四库全书》收录。（汤苑芳）

楚庭稗珠录　游记。清檀萃撰。6卷。清乾隆年间成书。主要记述广东山川物产、名胜古迹、风俗习惯、名贤轶事、传说掌故、文学艺术。首记贾胡潜易、洋人盗宝、易钟藤等，详细记载增城挂绿、花田素馨、南海神庙波罗树、罗浮山龙公竹等。引经据典，言必有证，引用前人著述及历史文献资料，多有记载遗闻轶事、口碑传说，收采残碑题壁的文字。物证充足，真实可信。包含有很多珍贵且有价值的材料。是研究明清广东历史文化的重要文献。有《九曜山房丛书》本、《昭代丛书》本和《小方壶斋舆地丛钞》本。（汤苑芳）

丰湖杂记　笔记。清徐旭曾撰。清嘉庆二十年（1815）整理成文。概述客家定义、源流、形成、民系精神、民俗特征、语言特色、妇女风范等方面内容，对客家定居南方后的社会、经济、文化等进行较为细致的论述。对客家的中州源地、南迁路线、定居闽粤赣、土客相分复相争等问题进行阐述，认为客家南迁自宋元时期，与中原汉族存在源流关系，奠基性地描述客家忠义勤俭、诗书传家、耕读尚武等民系精神。要言不烦，提纲挈领，开系统论述客家历史文化先河。与赖际熙《崇正同人系谱》、罗香林《客家研究导论》及《客家源流考》，共同奠定客家学研究基础。该文内容记载于1991年重修版《徐氏宗谱》，由

徐旭曾后人徐金池编纂。2004 年由严忠明辑录，附在《〈丰湖杂记〉与客家民系形成的标志问题》论文之中，《西南民族大学学报（人文社科版）》2004 年第 9 期刊载。（汤苑芳）

祖图 又称长联、太公像。谱牒。畲族图腾崇拜残留的主要标志之一。广东境内现存的畲族祖图，主要分布于潮州的石鼓坪、雷厝山、李工坑、山犁村和广州增城正果上水畲族村，其中山犁村畲族祖图成于清道光二十一年（1841），李工坑畲族祖图成于清光绪二十年（1894）。是解析畲族始祖盘瓠传奇经历和盘、蓝、雷、钟四姓由来的连环画式长卷。各地的畲族祖图长短不一，增城正果上水畲族村祖图长约 6 米，潮州市山犁村祖图长约 15 米，所载内容大体一致，在绢质画卷上绘制各种人物形象，以连环画的形式反映畲族的起源和来历。增城正果上水畲族村祖图，是国家重点保护文物，收藏于增城区档案馆。（汤苑芳）

长联 见"祖图"。
太公像 见"祖图"。

连山绥瑶厅志 方志。清姚柬之辑。4 卷。清道光二十八年（1848）刊刻。姚柬之在出任连山绥瑶直隶厅同知时，由于直隶厅置域不清，难以治理，所以撰写该书。内容为明晰治理范围、权限和相关制度。是研究清代粤北瑶族历史文化的重要史料。有道光二十八年刻《且看山人文集》本、光绪三年（1877）本。今有台北成文出版社 1974 年影印本。（汤苑芳）

驻粤八旗志 方志。清长善、果勒敏、尚昌懋、吉和等主纂。25 卷。清光绪元年（1875）始修，光绪五年（1879）初刊，光绪十年（1884）续修。记载广州八旗驻防的历史文献。分 9 部分，卷首为敕谕，其余分别为官兵、建置、经政、职官、选举、人物、杂记、古迹，附图 70 余幅，包括旗境分界图、大操阵图、水陆战图等，另附旗境故迹。详细记载自康熙十九年（1680）废平南王派驻汉军起，中经乾隆二十一年（1756）加驻满兵、满汉各设八旗，至光绪十年（1884）200 余年间广州驻防八旗的政治、经济、军事、文化等方面典章制度，旗人社会生活、风俗习惯、人物事迹等。其中典章制度记载颇为翔实。文风平实，图文兼备。因驻地未经太平天国革命战争冲击，故八旗体制和规模得到很好保留，是清代各地驻防志中篇幅最多、记载最翔实的一部，对研究满族驻防历史有重要参考价值，是研究清史、满族史、广州地方史的珍贵史料。（汤苑芳）

清光绪五年（1879）刻本《驻粤八旗志》

华南的乡村生活——广东凤凰村的家族主义社会学研究 调查报告。美国丹尼尔·哈里森·葛学溥著。美国在 1925 年出版英文版，1940 年日本出版有日文版。1918—1919 年，葛学溥组织学生尤其是凤凰村学生戴天纵两次前往凤凰村进行田野调查，收集环境、经济、族群、人口、政治、文化、宗教等方面的资料。1923 年，葛学溥亲

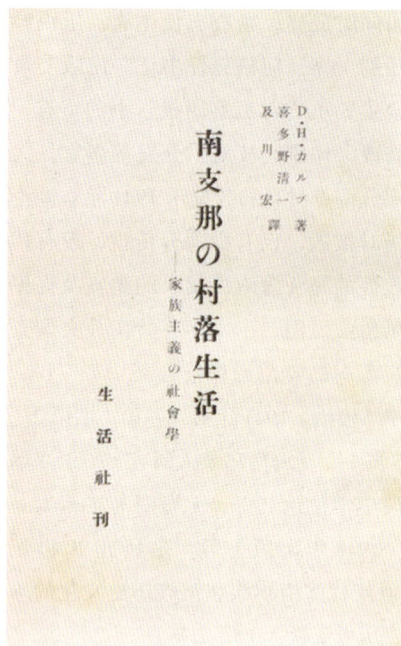
1940 年日文版《华南的乡村生活——广东凤凰村的家族主义社会学研究》

自到凤凰村进行考察和体质测量。记录和分析凤凰村人口、经济、政治、教育、婚姻和家庭、宗教信仰和社会控制等，对凤凰村进行了全方位的描述。是第一本华南汉人村落社区民族志，也是广东最早的体质人类学记录之一。今有知识产权出版社 2006 年周大鸣译本。（汤苑芳）

海南黎苗调查报告 调查报告。岭南大学西南社会调查所、中山大学研究院文科研究所海南岛黎苗考察团出版。20 世纪 30—40 年代成书。主要内容涉及海南黎苗种族的来源、文化程度、生活状况、社会组织等。1937 年，岭南大学西南社会调查所与中山大学研究院文科研究所共同组成海南岛黎苗考察团，团长杨成志，司库伍锐麟，文书王兴瑞，庶务何元炯，团员江应梁自费参加。按照《私立岭南大学西南社会调查所、国立中山大学研究院文科研究所合组海南岛黎苗考察团合约备忘录》要求，考察团调查报告书，均以"岭南大学西南社会调查所、中山大学研究院文科研究所海南黎苗考察团"名义出版。出版委员会与考察

团同时成立，杨成志任主席，伍锐麟任副主席，何格恩任书记。出版委员会主要负责对考察团报告书的审查、修改、印刷、校对、分发等事宜。大部分调查材料和数据于1941年香港沦陷时被毁，仅有少部分传世，较有代表性的是《海南岛黎人的婚丧及捉鬼风俗：民国二十六年春岭南社会调查所海南岛黎苗调查报告之一》（刊载于《资治》1941年第4卷第1期第2—5页）、《海南岛黎人研究》（王兴瑞硕士学位论文）、《海南岛之苗人》（1948年出版）等。是研究20世纪30年代海南黎族和苗族历史文化的珍贵历史资料。（汤苑芳）

潮梅现象　方志。谢雪影编。汕头时事通讯社1935年出版。阐述20世纪30年代粤东潮梅地区社会和经济的情况，对当时实业、交通和物产介绍尤为详细。内含100余幅历史图片。全书9章，主要内容包括潮梅各县市的形势、沿革、气候；潮梅各县市的民俗、方言和民众生活；潮梅华侨出入口、侨批业、侨汇情况；潮梅实业、潮海关贸易、各县市农业与商贸等；潮梅特产；文教、胜迹、潮剧等。受编制时代局限，部分观点需辩证看待。是研究20世纪30年代潮梅地区社会、经济、文化的重要资料。（汤苑芳）

海南岛民族志　志书。德国史图博著。德文版1937年出版，书名《海南岛的黎族——为华南民族学研究而作》。1931、1932年，史图博先后两次考察海南岛黎族地区。在实地调查访问与资料收集基础上写成。分为本地黎、美孚黎、岐黎和侾黎4部分，内容涉及黎族社会、经济、建筑、服饰、食物、语言、教育、宗教、艺术、风俗、习惯等方面，另有部分内容涉及苗族、汉族和回族。内容翔实，图文并茂，将体质人类学方法运用到黎族研究中，

奠定黎族分类基础。首次全面、系统、深入地对20世纪30年代海南黎族进行研究。黎学研究经典之作。东京庙傍书房1943年11月出版平野义太郎编、清水三男译日文版，改名为《海南岛民族志》；中国科学院广东民族研究所1964年6月将日文版翻译成中文，内部发行；海南省民族学会2001、2016年将中文版重新印刷，内部发行。海南大学图书馆藏有德文原版。（汤苑芳）

粤北之山排住民　调查报告。胡耐安等著，粤北边疆施教区编。来阳正文印刷局1940年出版。主要内容包括粤北山排住民历史、分布、宗教、习俗、语言、调查统计、附录、附图。附录包括施教区域图、施教区成立经过、施教区组织系统表、施教区人员配置表、施教区第一个年度工作计划图等；附图主要有粤北山排住民分布图，另有气候、人口、谷物、生产、疾病等调查统计图表15幅。文风平实严谨，是关于当时连县、连山、阳山排瑶的调查研究成果。是研究20世纪初期连阳三属（连县、连山、阳山）排瑶历史文化的珍贵史料。（汤苑芳）

粤北边疆施教区概况　法规文献。杨脉峰编撰。1940年出版。20世纪30年代，广东省政府在连山县太保圩设立粤北边疆施教区，主要针对排瑶住民开展教育启蒙、农业开发、医疗卫生、技能培训、物品供应等工作，粤北排瑶的生活状况有所改善，吸引不少人士前往粤北边疆施教区参观及函询。为解答公众疑问，粤北边疆施教区总干事杨脉峰编撰是书。主要内容包括年度工作计划图表、组织规程、人员配置、办事细则、施教规程、培训规程、经费稽核委员会条例、福利事业推行会简章、物品供应社食盐保管售出办法等。行文规范，科学严谨，

是研究20世纪30年代末40年代初粤北瑶族地区教育、开发、管理等的珍贵资料。（汤苑芳）

黎族三峒调查　调查报告。日本冈田谦和尾高邦雄著。原书名《海南岛黎族社会组织和经济组织》，1944年5月刊印。分《社会组织》和《经济组织》两大部分。《社会组织》对黎族社会组织的性质、统辖范围、内部关系以及管理诸方面进行论述。黎族社会组织由峒、村落、氏族、家庭构成，其中最大社会集团为峒。峒由若干村落组成，这些村落构成更为牢固的集团。村落和峒的主要统治者是长老而不是村长。每个村落由若干个父系氏族构成。将夫妻关系和亲子关系作为研究重点，探究黎族家庭性质，家庭是黎族日常生活的基本单位，孩子是维系家庭关系的核心因素。《经济组织》对黎族衣食住的形式、生产技术、劳动组织和观念、所有制形式、所有权转移形式，以及生产和礼仪、经济与宗教之间的关系等问题进行分析与考察，并作精要叙述和合理阐释。语言科学、严谨，较好反映20世纪40—50年代海南黎族社会组织和经济组织的全貌。书中包含当时黎族生活写实照片，并有多幅原始黎族家族谱系表，具有很高的史料价值，是研究海南黎族历史文化的珍贵文献。由于受限于调查目的及范围，此书存在局限与不足，需要辩证地看待其中的一些观点。常见版本为民族出版社2009年版。（汤苑芳）

海南岛史　调查报告。日本小叶田淳著。1943年成书，1945年出版。1942年，受日本驻海南岛海军特务委托，小叶田淳对海南岛进行为期2个月实地考察，结合嘉靖《广东通志》、万历《琼州府志》等地方志资料，对海南岛自汉代至清代发展历史进行研究

与叙述，涉及政治、经济、文化等内容。共4章，第1章为黎明期，记述从汉代到五代海南岛历史；第2章为开发期，记述宋代与元代海南岛发展历史；第3章为近代（其一明代），主要记述明代海南政治兵制、财政经济、治黎与海寇、文化发展等内容；第4章为近代（其二清代），主要记述清代海南政治兵制、财政经济、治黎与海寇、贸易、文化等内容。文风严谨，语言平实。是研究海南岛历史文化，特别是历代中央王朝与海南少数民族关系的重要文献资料。有东都书籍株式会社台北书店1945年版和台北学海出版社1979年版。（汤苑芳）

瑶民概况 专著。廖炯然编著。中华书局1948年出版。记载广东连县、连山、阳山三地（今连州市、连南县、连山壮族瑶族自治县、阳山县）瑶族历史、地理、政治、文化、风俗、社会生活、妇女问题。共7章。第1章为瑶民历史，阐述瑶族来源，记载历代瑶事，叙述明清绥瑶兵防设治沿革，并收录绥瑶文献。第2章为地理，包括区域划分、八排形势、交通状况、气候特点、土壤质地、物资产品等方面。第3章为政治，阐述瑶区

中华书局1948年版《瑶民概况》

治安、瑶汉关系、政治沿革等内容。第4章为文化，阐述包括学校教育、家庭教育、社会教育在内的瑶区教育状况，兼述语言文字及宗教信仰。第5章为风俗习惯，展现瑶民勤俭耐劳、合群互助、重守诺言、不染烟赌、嗜好饮酒、勇敢好斗、迷信神鬼、好贪小利、多疑刚愎的习性，还介绍瑶民服饰、巫医、跳花鼓、礼节与节期。第6章为社会与生活，包括社会情形、生活状况、职业、生存力等内容。第7章为妇女问题，阐述瑶族妇女在离婚、贞节、职业等方面的状况。学风严谨，行文流畅，言之有物，文献与口述材料兼备。是研究广东瑶族历史文化的珍贵史料。（汤苑芳）

潮州志 方志。饶宗颐总纂。1946年始修，1949年成书。记述广东潮州府属史事。分30门，其中沿袭旧志体例14门，为沿革、疆域、气候、山川、物产、古迹、兵防、水利、财赋、宦绩、人物等；创新体例16门，为民族、地质、土壤、地形、水文、政治、交通、实业、侨况、社会、宗教、方言、戏剧、音乐、金石等。1949年刊行20分册，未能完全出版。2005年重印，原已刊行的20册按原版扫描重印，编为第1—6册，新补第7、8册和卷首卷末各1册。第7册为民族志、山川志和实业志（工业）；第8册为风俗志和戏剧音乐志。其中，民族志记述潮州先民民族构成、人口源流、迁入移出等情况，展现潮州民族史。是研究潮州地区历史的重要资料。今有潮州市地方志办公室2005年重刊本。（汤苑芳）

客家源流考 学术著作。罗香林撰。首发于1950年12月由香港崇正总会出版发行的《崇正总会三十周年纪念特刊》。首先论述中华民族的构成和演

中国华侨出版公司1989年版《客家源流考》

进，然后对中华民族中客家的源流、系统、分布、语言以及客家五次迁徙的原因、路线、影响进行详细剖析和考证。附迁徙路线、分布、客家语言的图片资料。客家研究经典之作。今有香港嘉应商会1973年再版本、中国华侨出版公司1989年版。（汤苑芳）

广东海南少数民族社会历史调查资料汇编 调查资料。广东省民族研究所编。20世纪后期初版。2009年9月修订再版。国家民委民族问题五种丛书编辑委员会主持编辑的《民族问题五种丛书》之一。包括广东瑶族社会历史情况、广东僮族社会历史情况、广东回族满族社会历史情况、广东畲族社会历史调查、广东苗族畲族社会历史情况等部分。主要有历史、语言、传说、地理环境、社会经济结构、风俗习惯、信仰、市场圩镇，新中国成立前后政治情况变化、农业合作化运动、经济文化事业发展等内容。是中国少数民族社会历史研究的重要参考资料。（汤苑芳）

南岭民族走廊 学术概念。1981年12月费孝通在中央民族学院民族研究所座谈会上首次提出。与"藏彝走

廊""西北走廊"并列为中国三大民族走廊,是"中华民族多元一体格局"思想主要内容。狭义的南岭包括大庾岭、骑田岭、都庞岭、萌渚岭、越城岭等五岭,为一系列北东—南西向平行破碎山地,岭间有低谷及构造盆地。广义的南岭向西延伸至红水河与乌江的分界线苗岭。走廊是指民族迁徙、交往与交流通道。南岭地区山岭破碎,孔道众多,水系发达,是中国三大民族走廊当中唯一能通过河流水系与海洋相通的民族走廊。其概念涉及壮侗和苗瑶两大语族10多个民族迁徙、发展、互动等内容。是一种研究范式,为南方少数民族研究指明路径、方向,提供方法论指导,对研究中华民族形成、多民族国家发展有着重要的学术意义与现实意义。(汤苑芳)

四　宗教卷

佛　教

概　况

岭南佛教　区域宗教。中国佛教重要组成部分，与中原佛教几乎同时起步。岭南佛教的传入，从译经活动开始。三国大月氏沙门支彊梁接（正无畏）于三国吴五凤三年（256）译出《法华三昧经》6卷，为史籍所载佛教传入岭南的最早记录。魏晋南北朝时，岭南为佛教海路传播的中心。域外僧如彊梁娄至（真喜）、迦摩罗、耆域、支法防、昙摩耶舍（法明）、求那跋摩、求那跋陀罗、竺法眷、摩诃乘等陆续泛海来交州、广州，或在岭南纳徒、译经、建寺，或越岭北上传法弘教。东晋隆安中，罽宾国（今克什米尔一带）沙门昙摩耶舍（法明）在广州建王苑朝延寺（今光孝寺）。南朝梁天监元年（502），天竺僧智药三藏在韶州曹溪倡建宝林寺（今南华寺）。大通元年（527），南天竺高僧菩提达摩（Bodhidharma）抵广州弘法，后被奉

为中国禅宗初祖，其登岸处称"西来初地"。这个时期，著名译僧有竺法眷、摩诃乘、僧伽跋陀罗（众贤）、波罗末他（真谛）等。唐代有大译经家义净等。在古代，广州是译经中心之一。唐代禅宗勃兴，六祖慧能于仪凤元年（676）后在广州法性寺（今光孝寺）、韶州宝林寺（今韶关南华寺）宣讲"明心见性"教义，南禅顿教成为禅宗主流，并在后世衍化出沩仰、临济、云门、曹洞、法眼五家及黄龙、杨岐两派，《六祖坛经》成为唯一一称"经"的中国佛教著作。慧能门下得法弟子43人，有超过15人传法于岭南，有名者如韶州法海、广州志道、潮州惠照、法性印宗、曹溪令韬等。惠照门人大颠在潮阳建灵山寺，开堂说法，潮州成为禅宗的又一弘法中心。慧能之后岭南产生了与马祖道一并称"二大士"的石头希迁。唐开元时密

宗创始人金刚智及不空在广州法性寺设坛场，密宗因此在广州周边及东江、北江流域传播开来。天宝中第五次东渡日本不成的鉴真和尚滞留岭南，扩大了律宗在岭南的影响。唐季会昌灭佛，岭南佛教受到打击，许多寺院被改为道观。至南汉始因统治者提倡而复兴，当时在兴王府（今广东广州）周围建有官寺28所，以应二十八宿。云门宗即于此时由文偃创建于韶州云门寺。宋代禅宗五家在岭南都有传播，而以临济、曹洞为盛，云门宗亦独领风骚。佛教影响深入民间，文人学士常入寺院，僧俗文化交流频繁。元朝统治者对汉地佛教持宽松态度，岭南佛教获得恢复，藏传密教在广东传播。元末至明中期是岭南佛教的沉寂期。明万历年间至岭南的憨山德清复兴了禅宗的祖庭曹溪南华寺，岭南佛教走向世俗化，禅净并修、儒释互补成为

当时佛教的突出特点，居士佛教因此兴起。清初遗民大量逃禅，岭南佛门出现兴盛局面。其中以天然函昰为领袖的曹洞宗华首台—海云派和由栖壑道丘开派的鼎湖系势力最大。岭南因此与江南、滇黔并称佛教三大中心。道光后中国处于内忧外患中，岭南佛教亦随之走向衰落。尤其是清末至民国时期官府多次推行"庙产兴学"，寺院受到打击，更趋式微。以"三虚"（虚云、太虚、倓虚）为代表的有识之士掀起佛教复兴运动，试图整肃佛门、重振丛林，其中受请入粤18年的虚云贡献尤巨。新中国成立后，岭南佛教的传承经历了一个较为曲折的过程。党的十一届三中全会后，党和国家的宗教政策获得落实，佛教活动回归正常，并得以健康传承。现在广东各地都有寺庵，而以广州光孝寺、六榕寺、韶关南华寺、云门寺、肇庆庆云寺、潮州开元寺、云浮国恩寺为重要道场。岭南佛教有禅宗、净土宗、律宗等，信众包括出家僧人、在家居士与未受戒者。（吴晓蔓、杨权）

岭南译经　岭南的译经活动始于三国两晋，发展于南朝，鼎盛于唐，式微于宋元。三国两晋时期是岭南译经的萌芽期，这个时期译者不多，译著亦少。三国时，大月氏沙门支彊梁接（正无畏）由天竺经海路抵交州（治番禺，今广州），于三国吴五凤三年（256）译出6卷《法华三昧经》，此为岭南译经的最早记载。西晋太康二年（281），西域沙门彊梁娄至（真喜）抵广州，译出《十二游经》1卷。东晋隆安中罽宾国（今克什米尔一带）沙门昙摩耶舍（法明）乘船抵达广州，在王苑朝延寺（今光孝寺）译出《差摩经》1卷。南朝为发展期，规模转盛，且获官方支持。宋泰始年间，天竺沙门竺法眷抵广州，译出《无尽意经》等6部经典共28卷。齐永明年间，西域沙门摩诃乘在广州译出《五百本生经》《他毗利律》等4部内籍共21卷。永明六年（488），优波离尊者一脉的法嗣僧伽跋陀罗（众贤）在广州竹林寺译出《善见律毗婆沙》18卷，是对《四分律》的增广注释。梁代以后译经活动受到官方的邀约与支持。西天竺优禅尼国沙门波罗末他（真谛）是梁代居粤最长译经最多的梵僧，梁中大同元年（546）应武帝使者之邀来华，曾在始兴、广州等地译经，在华23年所译的40多部经论中，《十七地论》《中论》《大乘唯识论》《金光明经》《俱舍论》等20多部是在岭南译出。唐朝为岭南译经的鼎盛期，翻译由海路单向东传变为双向互动，且有僧俗共同参与。唐咸亨二年（671），义净从广州搭乘商船西行到印度求法，永昌元年（689）从室利佛逝（巽他群岛的王国）航海至广州法性寺（今光孝寺），请派助手同返室利佛逝协助译经，长寿二年（693）带着已译和未译的经律典籍，返回广州译经讲道。神龙元年（705），天竺沙门般剌蜜帝（极量）割臂藏经，将国宝梵文《楞严经》携至广州法性寺，会同中外僧人译成汉文。参与其事者有乌苌国沙门弥伽释迦（云峰）、前同中书门下平章事房融、罗浮山南楼寺释怀迪。建中二年（781）北天竺沙门般剌若（智慧）携带梵文佛经抵广州，居留约6年，译出《般若心经》等3部经典10余卷，流传亦广。在古代，岭南译经活动的中心广州与长安（今西安）、洛阳、建业（今南京）并称四大译经中心。宋元时期，岭南译经渐趋衰落。自北宋太平兴国七年（982）光孝寺设立译场，到元至元二十二年（1285）300余年间，传译三藏者仅16人，姓名字号湮没无闻，所译经书共240部，影响不大。（吴晓蔓）

寺院·佛塔

光孝寺　佛教寺院。岭南禅宗三大祖庭（新兴国恩寺、韶关南华寺、广州光孝寺）、岭南四大名刹（广州光孝寺、韶关南华寺、潮州开元寺、肇庆庆云寺）、羊城五大丛林（光孝寺、华林寺、六榕寺、大佛寺、海幢寺）之一。位于今广东省广州市越秀区光孝路。占地约3.8万平方米，建筑面积1.6万平方米。初为西汉南越王赵建德故宅。三国吴虞翻在此讲学，种下诃子树，故古称虞苑、诃林。后人施宅为寺，匾曰"制旨"（又称制止）。东晋隆安中，罽宾国三藏法师昙摩耶舍始创为王苑朝延寺，又称王园寺。唐贞观十九年（645）称乾明法性寺。南宋绍兴七年（1137）称报恩广孝禅寺，绍兴二十一年（1151）易"广"为"光"。历代有许多中外名僧在寺中译经、说法，唐高僧慧能在此受戒，是禅宗顿教的发祥地、宗宝本《坛经》的诞生地，也是经典移译、摄论传授、密教传播的中心。山门内有天王殿、大雄宝殿及为瘗藏六祖慧能披剃落发而建的瘗发塔（广东最古老的砖塔），西有大悲幢、伽蓝殿（鼓楼）、卧佛殿、西铁塔，东有客堂、达摩碑、洗钵泉、地藏殿（钟楼）、泰佛殿、东回廊、菩提树、六祖殿、禅堂，东有本焕纪念堂（风幡堂旧址）、放生池、斋堂、功德堂等。西廊的大悲心陀罗尼石经幢，是有年代可考的唐代石刻。位于大殿后两侧的东西铁塔铸造于南汉，是现存有确切铸造年代的最早铁塔。设有诃林书院。是中国社

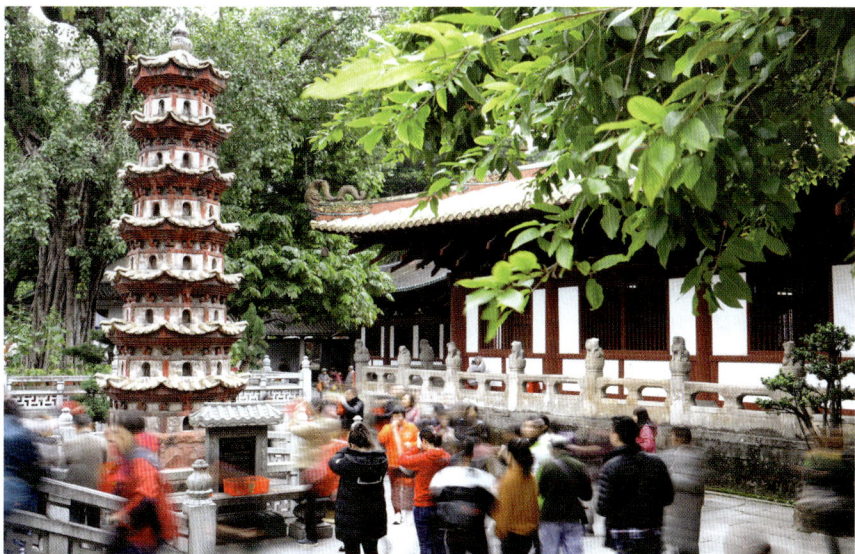

光孝寺瘗发塔

会科学院佛教研究中心佛教中国化研究基地。1961年被国务院公布为第一批全国重点文物保护单位。（达亮）

塔坡寺　俗称经堂。佛教寺院。佛山最早的寺院。其前身为东晋隆安二年（398）罽宾国僧昙摩耶舍（法明）在南海季华乡塔坡岗结茅讲经时所建的经堂。昙摩耶舍离去后，法众在其讲经地建寺。后废。唐贞观二年（628）在其地掘出铜佛三尊及碑碣等，发现为塔坡古寺旧址，遂重建，名经堂塔坡古寺。明洪武二十四年（1391）被毁，天启七年（1627）重建时因塔坡岗已辟为普君圩，不宜建寺，遂迁址医灵铺万寿坊重建塔坡禅寺（又称经堂古寺）。清雍正九年（1731），潮音和尚在寺内建浮屠铁塔安放舍利。嘉庆四年（1799），僧敬来仿阿育王塔式重建浮屠铁塔。咸丰四年（1854）在陈开、李文茂红巾起义中被毁。光绪三年（1877），潘衍鎏、潘衍桐等官绅倡议重修，乡绅邀广州华林寺方丈勤安（懒云）主持重建，光绪七年（1881）建成。光绪二十年（1894），慈禧60大寿，敕赐《龙藏全经》和幢幡御香等，并赐名"万寿塔坡禅寺"。民国时期寺宇焚坏，僧人四散，道场败落。新中国成立后部分建筑被改建。

1953年3月，中共佛山地委党校开办，寺在校区内，今在中共佛山市委党校内。"文化大革命"期间浮屠铁塔和《龙藏》分别被移至佛山市博物馆与图书馆保管。（张若琪、张贤明）

经堂　见"塔坡寺"。

隆福寺　佛教寺院。潮州饶平最早的寺院。位于今广东省潮州市饶平县海山镇上港村东南。坐西向东，建筑面积1000多平方米。始建于晋代，与永福寺并称"瀛蓬双福寺"。北宋废圯。南宋淳祐年间僧开一倡议重建，居士刘致政捐地舍粮以应。清基时挖出山门石匾，上写"隆福寺"三字，被认为是王羲之的墨迹。南宋后多次兴废，1986—1994年重修。（达亮）

西岩寺　又称海潮古刹、西山海潮岩。佛教寺院。位于今广东省汕头市潮阳区棉城西郊。占地约2000平方米。开辟于晋，依山而建，凿岩为寺。唐时香火兴盛，大历年间高僧大颠、惟俨曾于此师事惠照。宋有大峰和尚驻锡，明潮州后七贤之一萧端蒙曾在此读书。清光绪时曾有道士为住持，反映了潮汕一些寺观释、道互住的特点。"文化大革命"期间曾遭破坏，现已修复。（达亮）

海潮古刹　见"西岩寺"。
西山海潮岩　见"西岩寺"。

灵渡寺　佛教寺院。香港三大古刹（杯渡寺、灵渡寺、凌云寺）之一。香港最早的寺院。位于今香港特别行政区新界元朗厦村西侧的灵渡山。始建于东晋末。传说南朝宋元嘉五年（428）杯渡禅师以杯渡海，驻锡屯门杯渡山（今香港青山），后迁灵渡山，故得名。唐改名为大云寺。宋改名为碧霞宫。元改作白云观，后改名为灵渡寺。曾多次修葺，现存殿宇为清道光二十年（1840）修筑，是香港仅存的清代形制古寺院。寺内有清代诗人宋湘题写的"小蓬瀛"匾额、状元梁耀枢题写的"道从此入"横匾，及名儒陈澧所书的对联。（吴晓蔓）

青山禅院　又称青山寺；古称杯渡庵、杯渡庙、杯渡寺。佛教寺院。香港最古老的寺院。香港三大古刹（杯渡寺、灵渡寺、凌云寺）之一。位于今香港特别行政区新界屯门区青山东麓杨青路。一般认为，南朝宋元嘉五年（428）杯渡禅师以杯渡海，驻锡屯门杯渡山（今青山），弟子因而在此创庵。南汉大宝十二年（969）建寺，为禅院前身。清道光九年（1829），陶氏族人在此兴建青云观。1926年观主陈春亭（显奇法师）皈依佛教，募缘重建寺院。为香港一级历史建筑。参见第878页建筑卷"青山禅院"条。（吴晓蔓）

青山寺　见"青山禅院"。
杯渡庵　见"青山禅院"。
杯渡庙　见"青山禅院"。
杯渡寺　见"青山禅院"。

六榕寺　曾名宝庄严寺、净慧寺、长寿寺。佛教寺院。羊城五大丛林（光孝寺、华林寺、六榕寺、大佛寺、海幢寺）之一。位于今广东省广州市越

秀区六榕路。初称宝庄严寺，建寺年代不可考，南朝宋已存在。南朝梁大同三年（537），昙裕和尚受梁武帝委派赴扶南国（今越南南部和柬埔寨）求佛舍利，返回时在寺中建舍利塔。唐代规模达到全盛，布局坐北朝南，规模宏大，殿宇庄严。北宋称净慧寺。北宋元祐元年（1086）重建宝塔，名千佛塔。元符三年（1100），苏轼游寺，题"六榕"二字。明清时期寺院大半被官宦占用，山门亦改向，规模大大缩小。明永乐九年（1411）重修，寺僧将苏东坡题"六榕"刻匾挂于寺门，故又称六榕寺，舍利塔亦称六榕塔。清初又被割去大部分，用作靖南王府和平南王次子尚之孝的府第（今广东迎宾馆）。清同治十三年（1874），广东巡抚张兆栋撰《重修六榕寺塔记》，"六榕"遂成为寺院的正式名称。现占地面积7000多平方米，山门朝东开，内进即为天王殿，殿后为花塔，塔后为大雄宝殿。以山门至大雄宝殿为中轴线，南侧有碑廊、客堂、六祖殿、功德堂、斋堂，北侧为友谊殿、解行精舍、密坛旧址及藏经阁。宋铸慧能铜像为广东省珍贵佛教文物。寺内设有六榕佛教文化研究院。1983年被国务院公布为汉族地区佛教全国重点寺院。参见第877页建筑卷"六榕寺"条。（何方耀）

宝庄严寺 见"六榕寺"。

净慧寺 见"六榕寺"。

长寿寺 见"六榕寺"。

南华寺 佛教寺院。岭南禅宗三大祖庭（新兴国恩寺、韶关南华寺、广州光孝寺）、岭南四大名刹（广州光孝寺、韶关南华寺、潮州开元寺、肇庆庆云寺）、粤北三大名刹（南华寺、云门寺、别传寺）之一。位于今广东省韶关市曲江区马坝东南。因在曹溪畔，故又称曹溪。南朝梁天监元年

（502）梵僧智药三藏倡建，因四周峰峦奇秀，宛如西天的宝林圣地，故梁武帝赐额"宝林寺"。唐仪凤二年（677），六祖慧能到此弘法，遂成禅宗道场。武周万岁通天元年（696），武则天赐水晶钵盂、磨衲袈裟等法物。唐神龙元年（705），唐中宗赐名"中兴寺"，神龙三年（707），改名为法泉寺。慧能在其地弘法37年，故寺有"禅宗祖庭"之称。慧能在新州国恩寺圆寂后，其真身及所传衣钵迁此。宋初半毁于火灾，开宝元年（968）修复，宋太祖赐名"南华禅寺"。明万历时憨山德清曾在此整肃纲纪，修缮道场，寺院中兴。20世纪30年代，虚云任住持，筹集款项，费时十年，大规模重修殿宇。"文化大革命"期间寺院曾被改作他用，部分设施遭到破坏。1978年后，寺院分步交回给佛教界管理，逐步恢复旧观，并增添了许多殿堂楼宇。今前有曹溪门、放生池、宝林门、天王殿，中有钟楼、鼓楼、大雄宝殿、斋堂、藏经阁，后有灵照塔、六祖殿、方丈室。六祖殿供奉的唐慧能真身及明憨山德清真身、丹田和尚真身是佛教圣物。置于大雄宝殿西侧鼓楼下的千佛铁塔为南汉遗物。寺院后有卓锡泉。寺内珍贵文物有武周万岁通天元年（696）圣旨、唐中宗所赐金绣千佛袈裟、宋木雕360尊罗汉像、元代八思巴文圣旨、明正统十年（1445）赐《大藏经》敕书、明代金书《华严经》等。设有广东佛学院曹溪学院。1983年被国务院公布为汉族地区佛教全国重点寺院。2001年被国务院公布为第五批全国重点文物保护单位。（何方耀）

飞来寺 佛教寺院。位于今广东省清远市北江禺峡山。传说本为舒州（今安徽）的上元延祚寺，被黄帝庶子太禹和仲阳以神力迁来，故称飞来。实为岭南本有古刹，由贞俊（一说真俊）与瑞霭（一说灵霭）禅师创建于梁普

飞来寺

通二年（521），初名至德寺，因梁武帝赐题门额"至德"而得名。唐称禅居寺。北宋康定年间改名为广庆禅寺，也称广陵寺。原建于山上的云峰台，北宋大观二年（1108）在临江的山脚再建新寺，形成上、下两院格局。元代曾重修山上旧寺，扩修山下新寺。明称峡山寺，洪武中中兴寺、禅林寺、招寺并入。明万历三十五年（1607），山洪冲毁殿堂，万历末基本修复。清初遭匪患，殿宇被毁，僧人四散。清康熙元年（1662），平南王尚可喜命人修复，并重塑佛像。康熙五十二年（1713），在原有结构基础上扩建大雄宝殿、方丈楼、观音殿、六祖堂、韦驮殿，重修金芝岩喜雨台亭。民国名清远峡山寺，逐渐衰落。1962年，飞霞风景区设立后，作为旅游点对外开放。"文化大革命"期间庙宇被改作他用，经书、文物被毁。1987年恢复佛事活动。1990年从风景区管理处划出，由僧人自行管理。1997年被特大洪水引发的泥石流冲毁。其后重建，2004年新寺落成。（何方耀、杨权）

华林寺 又称华林禅寺。佛教寺院。羊城五大丛林（光孝寺、华林寺、六榕寺、大佛寺、海幢寺）之一。位于今广东省广州市荔湾区下九路西来正街。南朝梁普通七年（526），禅宗初祖菩提达摩自天竺泛海来华，在此地登岸，称西来初地。清顺治十一年（1654），愚关和尚智华在古西来庵原址拓基扩址，创建华林寺。其后门人元觉、元海继主法席。康熙四十年

华林禅寺（华林寺）

（1701），元海建舍利塔殿。道光二十九年（1849），住持祇园始建五百罗汉堂。鼎盛时期占地 3 万多平方米，北起兴华大街，南临下九路，东靠新胜街，西邻毓桂坊。民国市政当局没收并变卖寺产，寺内建筑大多被拆，寺院被辟为民房、马路，寺僧罄其所有赎回了"龙天常住"（用作僧舍及库房）与五百罗汉堂。1965 年，舍利塔被移置广州兰圃。"文化大革命"期间罗汉像被毁，殿宇成为厂房。1990 年，舍利塔及所瘗舍利归还寺院。1994 年，重修五百罗汉堂。1997 年，达摩堂落成。2020 年，广州市公布《华林寺历史文化街区保护利用规划》，按照规划，未来将扩大寺院范围，复建大雄宝殿等建筑。参见第 877 页建筑卷"华林寺"条。（达亮）

华林禅寺　见"华林寺"。

金台寺　佛教寺院。位于今广东省云浮市新兴县南外村旁。始建于南朝梁大同四年（538）。相传为唐代六祖慧能"闻经悟道"之地。唐宋时许多贬官寄居于此。明清时期多次修葺，殿宇规模扩大。1928 年，国民政府实施"销毁淫祠"政策，寺院变成办公场

所。新中国成立后改建为县人民医院。2000 年初在原址附近重建。（李杰）

华首台寺　佛教寺院。位于今广东省惠州市博罗县罗浮山西南麓。南朝梁武帝时创建。传说曾有五百花首真人在此游憩，故名。唐开元二十六年（738）重建。明万历年间居罗浮山十八寺之首。崇祯年间，曹洞宗元来无异的弟子道独携法徒函星、函可返粤，驻锡于此，开博山法门，成华首一派，影响深远。道独圆寂后，函星及其法嗣今遇、今但先后主法席。有下院黄花寺。"文化大革命"期间鼓楼、钟楼、大殿被毁。1987 年信众集资重建。（李福标）

龙龛岩　佛教寺院。位于今广东省云浮市罗定市苹塘镇谈礼村。唐武德四年（621），泷州永宁（今罗定）县令陈普光与僧人惠积在一座喀斯特孤峰上开辟，底部有溶洞。因传说有龙蜕骨洞中而名。武周圣历二年（699）重修。本地人陈集原有《龙龛道场铭并序》记其事，序刻在岩洞西侧靠洞顶的石壁上，共 1238 字，使用了不少武则天新造的字及当时的俗字。记述佛教在当地的传播情况，是广东现存年代最早的摩崖石刻，也是岭南最早的有年代可考的石刻，被誉为"岭南第一唐刻"。唐开元十六年（728）泷州动乱后道场湮没。今洞中已无佛像。其中"龙龛岩摩崖石刻"1989 年被**公布**为第三批广东省文物保护单位。2013 年被国务院公布为第七批全国重点文物保护单位。参见第 525 页艺术卷"龙龛道场铭"条。（李杰）

梧州光孝寺　佛教寺院。位于今广西壮族自治区梧州市云盖山麓。梧州最早的佛教道场。唐贞观八年（634），鄂国公尉迟恭巡察梧州时建。天宝八年（749），鉴真和尚第五次东渡

日本不成，滞留岭南，曾在此宣讲佛法。清顺治七年（1650），明臣方以智被清军俘虏，诱降不屈，次年到梧州落发为僧，卓锡于此。顺治十五年（1658），苍梧道守陈宏业在该寺旧基建大雄寺，乾隆十二年（1747）曾加修缮。后废，遗址在今梧州市第十四中学校园内。（吴晓蔓）

大鉴寺　佛教寺院。位于今广东省韶关市浈江区风度北路兴隆街。前身为大梵寺，在西河（今光孝路一带）。六祖慧能圆寂后，后人为纪念其在此讲经说法而改名大鉴寺。南宋绍定年间迁至府城南兴贤坊（今兴隆街）。宋代曾名开元寺、光孝寺、崇宁寺、天宁寺。抗战时广东省政府机关迁至韶关，广东省佛教总会随迁于此。1940 年，虚云与住持宽鉴曾在此办僧伽工厂，并募捐重修殿宇。20 世纪 50 年代曾被其他单位和住户使用。1985 年，政府落实宗教政策，寺院开始重建。（达亮）

白云寺　又称龙兴寺、鼎湖古寺；俗称老鼎。佛教寺院。位于今广东省肇庆市鼎湖山西南部云溪上游云顶峰山麓。唐仪凤三年（678），六祖慧能弟子智常遵师嘱创建。其后鼎湖山佛教逐渐兴盛，周边有 36 招提。明万历三十五年（1607）、清咸丰九年（1859）、光绪二十九年（1903）三度修葺。本为庆云寺祖庭，后演变为下院。"文化大革命"期间被毁坏。1979 年修复，改为钢筋混凝土仿木结构，占地面积 15000 平方米。现存《明重修白云寺碑记》《明重修白云禅寺佛像香灯崇侍永远碑记》《清白云寺立自置田租税业碑志》等。（李福标、何方耀）

龙兴寺　见"白云寺"。
鼎湖古寺　见"白云寺"。

老鼎　见"白云寺"。

国恩寺　又称龙山寺。佛教寺院。岭南禅宗三大祖庭（新兴国恩寺、韶关南华寺、广州光孝寺）之一。位于今广东省云浮市新兴县六祖镇。原为六祖慧能旧居，唐弘道元年（683）慧能门人改建为寺。神龙三年（707），唐中宗赐名"国恩寺"。先天元年（712），慧能嘱弟子在寺中建报恩塔。次年，携弟子从曹溪宝林寺（即南华寺）返回新兴，八月初三在此圆寂。寺依山而建，初创时规模较小，仅有报恩塔，至明代曾几度大规模重修，增建了殿堂、禅房、亭阁、山门、牌坊、镜池等。清代以后在明代格局基础上多次修葺扩充。"文化大革命"期间，佛像、法器、碑刻、楹联被毁。1981年按旧貌重修，建筑面积9200多平方米，总体布局为四进院落。寺前有珠亭、镜池、"第一地"山门牌坊。寺内以金刚殿、大雄宝殿、六祖殿为主轴，左右两侧为地藏殿、达摩殿、文殊普贤殿、大势至殿、四配殿及钟楼、鼓楼、方丈室、客堂、斋堂、沐身池、禅房等。寺左侧为报恩塔、六祖手植荔枝树、观音殿、功德堂，寺右侧为六祖父母坟、挹翠亭、思乡亭等。寺内重要文物有建于明代的"第一地"山门牌坊，六祖遗物六祖钵、净水钵等。慧能手植荔枝树至今已1300余年。是六祖禅宗文化研究基地。2019年被国务院公布为第八批全国重点文物保护单位。（林有能）

龙山寺　见"国恩寺"。

玉台寺　佛教寺院。位于今广东省江门市新会区北郊圭峰山南麓。因圭峰山又名玉台山，故名。始建于唐神龙元年（705）。宋代香火鼎盛。元末毁于兵燹。明正统十四年（1449），僧怀海主持重建，明末毁于寇。清康熙年间律僧弘峰自鼎湖来此，复造禅院。清光绪十年（1884）重修。有大雄宝殿、汉白玉石千佛塔、圭峰阁、千手堂、玉虚阁、文昌宫、真人庵、玉虚宫、天帝庙、诸天庙、水月宫、石笋庙、琼华洞、漱玉池、观山亭等建筑。抗战期间被日军拆毁，砖石用于修筑圭峰山顶的碉堡。1986—1994年在原址仿唐代式样重建。寺前牌坊左侧有镇山宝塔天王塔，属窣堵坡塔式，造型奇特，是广东唯一的喇嘛塔。其中"镇山宝塔"1978年被公布为第一批广东省文物保护单位。（李杰）

石觉寺　又称石觉禅林。佛教寺院。位于今广东省阳江市南漠阳江畔，与顿钵山隔江相望。始建于唐开元十六年（728）。原名开元寺，与开元塔旧址相连。年久渐废，明永乐二十一年（1423）邑人集资在旧址重建，挖土得石，上题字为"石觉"，故改名为石觉寺。清嘉庆二十三年（1818），士绅创文社于寺中。寺僧法脉属曹洞宗鼎湖系。康熙、乾隆、嘉庆、道光、民国曾五次重修。"文化大革命"期间曾被占用、破坏，今已恢复。寺内有文物九层千佛白塔。（达亮）

石觉禅林　见"石觉寺"。

1921—1923年的潮州开元寺

潮州开元寺　曾名荔峰寺、开元万寿禅寺、镇国开元禅寺、开元镇国禅寺。佛教寺院。岭南四大名刹（广州光孝寺、韶关南华寺、肇庆庆云寺、潮州开元寺）、潮郡三大名刹（潮州开元寺、潮阳灵山寺、揭阳双峰寺）之一。位于今广东省潮州市湘桥区开元路32号。原为荔峰寺，唐开元二十六年（738）奉敕易今名。元称开元万寿禅寺，明称镇国开元禅寺，清称开元镇国禅寺。北宋庆历年间有殿堂楼阁500楹。曾经10余次较大规模增建修缮，故保留了唐代的平面布局和宋、元、明、清的建筑风格。为宫殿式四合院建筑群，廊院横联三院。主院五进。下院有泰佛殿、明镜古寺。寺内文物众多，有唐石雕栏板78块、石经幢（广东省内现存最早的密宗尊胜咒经幢）、宋木鱼、木龙、大铜钟、宝箧印经塔（亦称阿育王塔）、元铜云板、陨石香炉、明木雕千佛塔、清乾隆钦赐完整版《大藏经》（俗称龙藏）、舌血《华严经》等。原为十方丛林，清乾隆元年（1736）古如和尚改为子孙丛林，住持由曹洞法裔相承。民国期间恢复十方选贤制，近数十年中住持分别由临济、曹洞、黄檗法裔担任。1921年，求法日本真言宗的寺僧纯密返回后弘扬密教，所创"苏悉地园"为密宗道场。1932年太虚在寺中开办岭东佛学院，并创办

期刊《人海灯》。"文化大革命"期间遭破坏，改革开放后恢复旧貌。有灯录及寺志。1983年被国务院公布为汉族地区佛教全国重点寺院。2001年被国务院公布为第五批全国重点文物保护单位。参见第878页建筑卷"潮州开元寺"条。（达亮）

荔峰寺 见"潮州开元寺"。
开元万寿禅寺 见"潮州开元寺"。
镇国开元禅寺 见"潮州开元寺"。
开元镇国禅寺 见"潮州开元寺"。

冰井寺 佛教寺院。位于今广西壮族自治区梧州市城东白云山麓。始建于唐代，初名罗汉寺。唐大历三年（768），容州刺史、容管经略守护使元结驻扎梧州，在寺附近发现古井，其水如寒冰，而隔江恰有"火山"遥对，故称冰井，寺由此改名为冰井寺。明重修后规模宏丽，山门殿堂皆具。寺后为冰井，上有漫泉亭，中镌有元结《冰井碑铭》。清顺治初画僧石涛为避兵祸，曾在此修行3年。清光绪三十一年（1905）改为冰井学堂，后演变成为梧州市第二中学。（吴晓蔓）

天宁寺 又称天宁禅寺；古称报恩寺、天宁万寿禅寺。佛教寺院。位于今广东省湛江市雷州市西湖大道。唐大历五年（770）岫山和尚创建。依山而筑，左辅城关，右瞰西湖，山环水绕。宋末毁于兵，元初重建，明清又多次重修。明万历憨山黜雷阳，曾住寺15年。清代殿宇规模宏大，乾隆至光绪年间僧人多至百人。20世纪30年代，门外林地被辟为公园，堂阁僧舍成为校舍。"文化大革命"期间遭到破坏，法器无存，僧众星散。1984年始按原样修葺重建。现寺四进，主体寺内保存有宋、元、明、清碑刻30多方，包括宋苏东坡题"万山第一"石匾、明海瑞题"天宁古刹"门额。

大殿楹联为清代学者陈昌齐题写。（李福标）

天宁禅寺 见"天宁寺"。
报恩寺 见"天宁寺"。
天宁万寿禅寺 见"天宁寺"。

卓锡寺 俗称东岩、白牛岩。佛教寺院。位于今广东省汕头市潮阳区棉城镇东山南段。唐贞元五年（789）大颠禅师始创，南宋绍兴年间拓建。因寺中有泉名卓锡，故名。由卓锡、金顶、石岩3处岩寺组成，占地3000平方米。金顶寺建于南宋，石岩寺建于明。3寺相距约百米，高低悬伏成"品"字形。有文天祥、王用文、萧端蒙、丘逢甲、庄柳汀等名人的摩崖石刻。（达亮）

东岩 见"卓锡寺"。
白牛岩 见"卓锡寺"。

灵山寺 佛教寺院。潮郡三大名刹（潮州开元寺、潮阳灵山寺、揭阳双峰寺）之一。位于今广东省汕头市潮阳区铜盂龙山湾。因地势似西天灵鹫山而得名。唐贞元七年（791）大颠禅师创建。元和十四年（819），韩愈贬谪潮州，曾与大颠在此地辩论儒释。长庆二年（822），唐穆宗赐额"灵山护国禅院"。宋大中祥符五年（1012），僧觉然重修。天圣七年（1029），诏改"灵山开善禅院"。自宋至清屡经修葺，建筑物仍保留古代的土木结构与规模。占地约5000平方米。分3厅6院9天井，东楼西阁。三面环山，常年翠绿。1983年被国务院公布为汉族地区佛教全国重点寺院。（李福标）

万福寺 佛教寺院。位于今广东省梅州市大埔县大麻镇阴那山麓。唐元和十四年（819）高僧潘了拳始建。原

名万福禅室，明天顺八年（1464）改室为寺。"文化大革命"期间受到破坏。改革开放后殿堂次第恢复，其大雄宝殿在梅州号称最大，观音殿有观音32印身，藏经阁有梅州最大的玉卧佛。恢复农禅并重的祖风。（李福标）

灵光寺 佛教寺院。位于今广东省梅州市梅县区雁洋镇阴那山。相传唐咸通二年（861）高僧潘了拳创建。原名圣寿寺，明洪武十八年（1385）监察御史梅鼎捐金扩建，并易今名。有"灵光三绝""五色雀""无笃石螺""片生熟鱼"等著名景观。近年重建了山门、歇石亭、聚花馆、陶茶亭、古银桥等。占地6000多平方米。1978年被公布为第一批广东省文物保护单位。（李福标）

清代《灵光寺全图》

蓬莱寺塔 又称舍利塔。古代佛塔。位于今广东省清远市英德市浛洸镇东北。因塔旁原有蓬莱寺，故名。因塔砖有"舍利弗"阳文，故又称舍利塔。唐咸

通年间建，宋重修。为平面六角五层楼阁式砖室塔，高15.4米。塔腔为穿壁绕平座结构。首层设副阶，以上各层以棱角牙子砖和线砖相间叠涩出檐，塔身置假平座并向逐层收分。形制结构为典型的宋塔风格。1979年被公布为第二批广东省文物保护单位。（杨权）

舍利塔　见"蓬莱寺塔"。

灵树寺　佛教寺院。寺址位于今广东省韶关市丹霞山韶石景区外围浈江边上。唐乾符年间百丈怀海的再传弟子知圣如敏禅师创建。如敏曾在岭南弘法40余年，圆寂后被南汉高祖皇帝谥号"灵树禅师"，事迹见载于多种佛教文献。文偃于南汉乾化元年（911）度岭南来，参学于如敏，在灵树寺修行12年，乾亨二年（918）继法法席。后文偃移锡云门山，别创大觉禅寺，并创立云门宗，故灵树寺被认为是云门祖庭。寺已不存。（杨权）

叩齿古寺　佛教寺院。位于今广东省潮州市湘桥区西平路道后巷。创建年代不详。原名大隐庵，后名叩齿庵。唐元和十四年（819），韩愈与大颠禅师曾住此辩论释儒十数日，后人在其中建大颠堂。元至正二十六年（1366）曾把城南的韩祠迁于庵右，后再迁韩山。明末邹鎏重修。1938年住持澄修历11年改建，改名为叩齿古寺。1958年改为潮安八中教室、宿舍。1990年开始重建。坐南向北，分3进，总建筑面积3900平方米，为仿唐建筑。曾是"八一"南昌起义军的驻所。（达亮）

正觉寺　又称东华寺。佛教寺院。寺址位于今广东省韶关市乳源瑶族县洛阳镇东平山。始建于唐会昌年间，咸通年间沩仰宗始祖仰山慧寂重建。当时沩仰宗规模最大、人气最盛的寺院。慧寂曾在此弘法20余年，圆寂后安葬在东平山。南汉时期曾割曲江的丰乐、乳源、龙归三乡民租赡寺僧。北宋至道年间毁于火灾，不久重建。咸平元年（998）获御赐"正觉寺"额。明清时期屡毁屡建，但香火未绝。20世纪始彻底废坏。2013年乳源瑶族自治县委、县政府决定恢复重建，2015年奠基。（李杰）

东华寺　见"正觉寺"。

云门寺　又称大觉禅寺。佛教寺院。粤北三大名寺（南华寺、云门寺、别传寺）之一。云门宗祖庭。位于今广东省韶关市乳源瑶族县云门山慈悲峰下。南汉乾亨七年（923）文偃禅师从韶石灵树寺移锡此地开建。南汉国主刘龑赐名光泰禅院，后敕改证真禅院，再改大觉禅寺，民间习称云门寺。寺前后有观音山、桂花瀑布、桂花潭。文偃在此立章传道，创立云门宗，当时有常住僧数百人，盛极一时。寺几经兴衰，以宋代最盛。清康熙四十三年（1704）重修仅存的大殿与祖殿，嘉庆、道光、咸丰均曾重修。民国时期，尤其是抗战期间，寺院已剩残垣断壁。1944年虚云驻寺，修复祖庭，先后建成殿、堂、阁、厅、楼、寮、库、塔共180楹；并安禅传戒，演教弘宗，倡导"农禅并重"家风。1953年佛源继主法席。"文化大革命"期间，佛像及文偃肉身被毁，经书被焚，僧去寺残。1982年佛源以方丈身份主持寺院的恢复工作，此后陆续按政策收回大批寺产田地，并先后重建天王殿、大雄宝殿、禅堂、鼓楼、钟楼、明月楼、斋堂、放生池、旭日楼、虚云纪念堂、舍利塔、玉佛殿、延寿堂、伽蓝殿、维修法堂、藏经楼、祖师殿、方丈室等。1992年创办云门佛学院。寺内"云门寺南汉碑"1989年被公布为第三批广东省文物保护单位。1983年被国务院公布为汉族地区佛教全国重点寺院。（达亮、杨权）

大觉禅寺　见"云门寺"。

顺德宝林寺　佛教寺院。原址位于今广东省佛山市顺德区大良镇凤山南麓。始建于南汉光天元年（942），原名柳波庵，供奉观音，其像为唐代珍品。南宋咸淳年间江西高僧德钦在此禅修，并留下肉身舍利。清康熙初肇庆鼎湖山僧元亮集资赎回田产，并易庵为寺，取名宝林，寓净土七宝树林之意。官府曾在其内建万寿宫。1946年中国佛教会顺德支会设址于此。1955年被改建为文化馆，后又扩建为文化公园。今在大良南郊太平山麓易地复建，占地12万平方米，建筑面积1.3万平方米，主体建筑有山门、天王殿、大雄宝殿、鼓楼、钟楼等。（达亮、李杰）

资福寺　佛教寺院。遗址位于今广东

大觉禅寺（云门寺）

省东莞市西正路莞城中心小学。始建于南汉大宝五年（962）。北宋苏轼曾寄宿于此，写下《广州东莞县资福禅寺罗汉阁记》《广州东莞县资福寺舍利塔铭》《广州东莞资福堂老柏再生赞》3文，并留佛脑舍利于寺。南宋淳祐三年（1243）重建。有大殿、观音殿、文殊殿、念经阁、藏经阁、东坡阁、舍利塔、斋堂、法堂、东坡亭等。景炎二年（1277），元将张弘范取寺中所藏佛脑舍利进京。元至元二十年（1283）遭海寇侵扰。明永乐十一年（1413）寺院被毁。正统十年（1445）复建。清道光四年（1824），县令观瑞重建，恢复明时规模。原有"资福九宝"，分别为石经幢、大殿、至正大钟、云石舍利塔、东坡残碑、无病井、高僧真身塑像、九里香、古榕。其中南汉大宝五年（962）的石经幢又称镇象塔，上刻有《佛顶尊胜罗尼经》，为东莞最早的文字遗存，现立于东莞市博物馆后院。20世纪30年代废寺办学。现在东城同沙公园易地重建。（达亮）

西华寺　佛教寺院。位于今广东省佛山市南海区里水镇西华村石门山麓。从考古发掘的出土文物来看，其历史可上溯至南汉，是五代十国时期的官寺。宋元时期"羊城八景"之一"石门返照"的重要组成部分。宋、明、清多次维修、重建。20世纪中叶后香火渐至湮灭，近年已逐渐恢复。"西华寺遗址"2015年被公布为第八批广东省文物保护单位。（杨权）

海幢寺　曾名千秋寺。佛教寺院。羊城五大丛林（光孝寺、华林寺、六榕寺、大佛寺、海幢寺）之一。位于今广东省广州市海珠区同福中路与南华中路之间。南汉为千秋寺，后废为民居。明为郭氏花园。明末僧光牟、池月等募捐得地，重建佛堂与准提

海幢寺

阁，并依佛经海幢比丘潜心修习《般若波罗蜜多心经》而成佛之典取名海幢（一说据诗句"盖海旅幢出"而得名）。后扩堂为寺。清顺治十二年（1655），高僧道独驻锡于此，寺院因而成为曹洞宗华首台派的道场。顺治十八年（1661），函昰继主法席，其第一法嗣今无以首座主理寺事。自康熙五年（1666）起，今无在平南王等的捐助下在周边购地扩修，建殿堂阁舍23处，遂成大道场。诗僧文士在此结社酬唱，雅风流韵延绵至清末。晚清时来华贸易的客商多流连光顾。20世纪30年代被辟为公园。抗战时期部分设施被毁。"文化大革命"期间建筑文物遭破坏，仅存大雄宝殿。现与海幢公园连为一体。参见第911页建筑卷"广州海幢公园"条。（李福标）

千秋寺　见"海幢寺"。

海云寺　佛教寺院。原址位于今广东省广州市番禺区南村镇员岗村与陈边村之间的一座山岗。古称雷峰。南汉时由从海路来华经商的贾胡马罗连开辟。宋苏轼把通寺之路命名为"金瓯古道"，故人称金瓯寺。明末清初为

隆兴寺。清顺治六年（1649），函昰受寺主旋庵（今湛）之请，对寺庙进行大规模改造扩建，改名为海云寺，自任住持。寺院殿宇严整，气势恢宏，是清初曹洞宗在岭南弘法的核心道场，也是明朝遗民逃禅的栖身之地。以该寺为中心，形成以函昰为核心领袖、以"海云十今"等为主要骨干的"海云禅派""海云诗派"与"海云书派"。函昰圆寂后，由其门人主持，香火一直延续。抗战期间被拆除。目前正在规划重建。（何方耀）

大佛寺　佛教寺院。羊城五大丛林（光孝寺、华林寺、六榕寺、大佛寺、海幢寺）之一。位于今广东省广州市越秀区惠福东路。始建于南汉，初名新藏寺，至宋荒废。元在原址重建，改名为福田庵。明大规模扩建，改名为龙藏寺。明末毁于兵燹。清康熙二年（1663）春，平南王尚可喜重建，建筑布局与规格仿京师官庙式样，所供三世佛像皆用青铜铸成，各高6米，重10吨，形制规模为岭南之冠，"大佛寺"因此得名。尚可喜撰《鼎建大佛寺记》，真修和尚为首任住持。民国时期，大半建筑被拆，唯大雄宝殿尚称完璧，自此衰落。"文化大革命"

大佛寺

期间被毁。改革开放后逐步复建。坐北朝南，东临北京路，西接教育路，南朝大南路，北倚西湖路。由南至北，在中轴线上分布着山门、天王殿、大殿、综合弘法楼，配殿主要分布在东边，西边有念佛堂等少数建筑。设有广东省立中山图书馆佛教分馆、《如是雨林》杂志社、岭南佛教研究院。（何方耀）

梅庵 佛教寺院。位于今广东省肇庆市城西梅庵岗。相传唐慧能喜梅，客居古端州时曾在西岗植梅，并以锡杖掘井。北宋至道二年（996），僧智远在其地辟庵，以梅名之。元末毁于兵燹。明永乐年间复建。嘉靖时改为夏公祠。万历以来曾有过七次重大修葺。1978年对主体建筑进行落架修缮。山门前东南侧有六祖井。主体建筑包括山门、大雄宝殿和祖师殿三部分，大雄宝殿保存北宋建筑形制，是广东现存宋代木结构建筑的孤例。庵内存有明嘉靖三十五年（1556）《平岭西纪略》碑及清人奕湖书"大雄宝殿"匾、黎简书"真实不虚"匾等文物。1996年被国务院公布为第四批全国重点文物保护单位。（李杰）

神光寺 佛教寺院。位于今广东省梅州市兴宁市神光山。宋嘉祐三年（1058），为庆祝邑人罗孟郊中探花而建。本名南山寿庆寺，明成化十五年（1479）扩修时改南山为神光山，寺因称神光寺。正德十六年（1521），广东提学副使魏校巡视兴宁时改为探花书院。嘉靖三十年（1551），邑人王天叙独资将探花书院迁至墨池侧，在原址恢复，仍称神光寺。万历四十年（1612），县令陈应荐重修。崇祯初年，牧原和尚再次重修，并任住持。民国后渐废。1985年动工修复，现有大雄宝殿、藏经阁、地藏殿、观音殿、祖师殿、僧房、海会塔等建筑。（杨权）

万寿寺 佛教寺院。位于今广东省广州市增城区荔城镇凤凰山南麓。北宋嘉祐年间鉴圆和尚始建。原名法空寺。元末毁于兵燹，明洪武十八年（1385）重建。清乾隆十二年（1747）、嘉庆二十三年（1818）和道光二年（1822）曾重修。现仅存大殿，是宋元向明清过渡的代表作。1989年被公布为第三批广东省文物保护单位。（杨权）

锦石岩寺 佛教寺院。位于今广东省韶关市仁化县丹霞山。因所在地岩石色似丹砂，故名。建于天然石窟中，殿宇均依岩而设，长约百米，进深不等。其中观音殿最大，可容纳千人。北宋崇宁年间法云居士在石岩间建庵隐居。明景泰三年（1452），住持净寿率徒扩建殿堂房舍，寺院初具规模。明清历代住持先后重建、扩建，常住僧多至百人。清初称寒梅古寺。清末民国社会动荡，年久失修。至20世纪50年代，只有比丘尼数人隐修于其中。"文化大革命"期间成为旅游景点。1980年，见成法师等重返锦石岩。现为女众道场。（何方耀）

锦石岩寺

元山寺 佛道寺观。位于今广东省汕尾市陆丰市碣石镇玄武山。南宋建炎元年（1127），村民在此建庙供奉北极真武玄天上帝。明洪武年间重建，定名为玄武庙。明万历五年（1577），碣石卫总兵侯继高扩建，开始居僧礼佛，称玄山寺。清康熙时因避皇帝讳，改名为元山寺。每年三月起举办为期3个月的庙会，主要活动为赛神与演戏。清乾隆四十二年（1777）、嘉庆二十一年（1816）、道光十九年（1839）、同治四年（1865）曾4次修葺。光绪二十二年（1896）例定10

年一修，故保存较好。"文化大革命"期间曾遭破坏。20世纪80年代逐步修复并对外开放。现存建筑以万历格局为基础，卧岗面海，依山递建，主殿为祠堂形式，配殿为民居形式，为由多组四合院组成的对称建筑，具有典型的潮汕建筑风格特色。寺内存有北宋崇宁通宝铜炉、明宣德铜炉、清同治六年（1867）诏书等文物。寺前有广东最大的庙宇戏台。2001年被国务院公布为第五批全国重点文物保护单位。（李杰）

双峰寺　俗称石母寺。佛教寺院。潮郡三大名刹（潮州开元寺、潮阳灵山寺、揭阳双峰寺）之一。位于今广东省揭阳市榕城区马山巷。南宋绍兴十年（1140）法山禅师始建于磐溪都双山（今桂岭镇双山村）。因寺后山上有巨石，俗称石母寺，而石母山脉出自双象峰，故称双峰寺。景炎元年（1276）毁于兵燹。元至大元年（1308），石山禅师于县治马山巷（今榕城东门莲花心）重建。明洪武二十五年（1392），县境内宁福、花果等七寺的田产归并。清代多次修葺。1925年政府变卖寺产充教育经费，后被信众赎回。1944年揭阳佛教协会成立，会址设于寺内。20世纪50年代寺僧农禅并举，并以寺办厂，僧人成为工人。1966年佛像被毁，寺宇被工厂占用。1982年寺院重归僧人管理，1986—1991年重建。占地面积3000多平方米。有天王殿、大雄宝殿、藏经楼、观音阁、地藏阁、东西长廊、耳房及角楼等。（李福标）

石母寺　见"双峰寺"。

灵和寺　又称观音堂。佛教寺院。位于今广东省潮州市潮安区庵埠镇。南宋庆元二年（1196）了凡和尚拓地兴建。潮安有庵寺而后开埠。明天启四

年（1624），户部左侍郎林熙春扩建。明僧住持拓其地。清乾隆三十一年（1766），有信士捐地30多亩。乾隆后多次修葺。1949年后工禅并重，曾自办酱油厂。1985年恢复为宗教活动场所。1988年住持智诚重修。寺坐东向西，有山门、天王殿、大殿、藏经楼，占地面积1800多平方米。智诚和尚曾在此闭关3年，血书《华严经》80卷。（达亮）

观音堂　见"灵和寺"。

大雄禅寺　佛教寺院。粤北建筑规模最大的丛林。位于今广东省韶关市南雄市珠玑古巷沙水湖畔。始建于南宋德祐元年（1275）。原名沙水寺。坐东朝西，建筑物由南向北横卧，为砖木结构。清以前在南雄负有盛名。因地处入粤交通咽喉，故历代均有高僧大德驻锡。清咸丰八年（1858），因太平军与清军在沙水激战，殿堂焚毁过半。同治年间重修，但未能恢复宋时旧观。20世纪50年代仍香火不绝。"文化大革命"期间被拆毁。1994年重建山门和大雄宝殿。1998年本焕接手续建，改名为大雄禅寺。总建筑面积达10多万平方米，沿中轴线建有牌坊、放生池、照壁、山门、天王殿、大雄宝殿、法堂、观音殿、地藏殿、伽蓝殿、祖师殿等，两侧建有禅堂、斋堂、方丈楼、功德堂、寮房、闭关房等。（何方耀）

净土庵　佛教寺院。位于今海南省万宁市东山岭第二、三峰间的水流鼎处。始建于宋，原称鸡竺庵。正德《琼台志》称废弃已久。明崇祯六年（1633），僧人心空、心觉在旧址重建，取"四大皆空，净土无尘"意改名为净土庵。清乾隆四十三年（1778）重建。1928年地方官绅再次重建，后演变为尼众道场。1990年重建后改名为东灵寺，但民间仍习称净土庵。（李杰）

永庆寺　佛教寺院。琼北历史悠久和最大规模的寺院。位于今海南省澄迈县盈滨半岛旅游区。始建于宋代。历朝不断修缮扩建。宋李纲、李光、胡铨曾慕名来游。北宋绍圣四年（1097）、元符三年（1100）苏轼曾至寺礼佛，有诗传世。所供42尊玉佛用整块缅甸白玉精雕而成，法相殊妙，世所罕见。2001年开始重建，2009年落成。占地面积5.3万平方米，建筑面积9200平方米。（达亮）

净业寺　佛教寺院。位于今广东省阳江市阳西县大垌山。清康熙十六年（1677）在明洪武年间所建大垌庵遗址开辟。开山祖为一定和尚；即慧禅师为二代祖；嘉庆时高州知府戴锡伦致仕后遁迹空门，为三代祖。乾隆五十六年（1791）、道光二年（1822）与1936年曾3次重修。为前殿、大殿、大雄宝殿3进深园林式院落，殿与殿之间有曲廊相接。建筑巍峨挺拔，气势雄伟，在粤西有"第二禅林"之称。（达亮）

凌云寺　佛教寺院。香港三大古刹（杯渡寺、灵渡寺、凌云寺）之一。位于今香港特别行政区新界锦田观音山麓。明宣德年间锦田望族邓钦为继母黄氏奉佛净修而建，名凌云静室，黄氏卒后改名为凌云寺。为女众清修道场。清道光元年（1821）涤尘法师重修和扩建。宣统三年（1911）妙参法师复建，并创立香港第一所女子佛学院，开香港尼众传戒之先河。有莲隐堂、钟板堂、地藏殿等建筑。（吴晓蔓）

青云寺　佛教寺院。位于今广东省汕头市濠江区大瞭望峰。明嘉靖五年（1526），僧信腾创建。原名青云禅林，俗称青云岩。万历三年（1575）邑绅纪氏舍田纳粟以助香油之资。清康熙四十九年（1710）住持赞良等重修，咸

丰末再修。1948 年住持纯信广开经教，翌年澄乐和尚继主法席。"文化大革命"期间几成废墟。1980 年澄乐和尚重返古刹。1982 年香港名僧定因倡议重建，获得政府支持与善信响应。寺坐东北向西南，建筑面积约 1 万平方米，占地 16 万平方米。（达亮）

西山寺 佛教寺院。位于今广东省中山市孙文中路武峰（一名西山）东麓。始建于明嘉靖年间，本为明孝廉毛可珍读书处，后舍宅为寺。原名仁寿禅林。清顺治、康熙、乾隆、嘉庆和民国多次增建、重修。占地 1952 平方米。坐北向南，深 3 进，硬山式顶，抬梁式木架构。主要建筑有大殿、地藏殿、观音殿、法堂等。原禅堂、佛像在"文化大革命"期间被毁。1982 年恢复宗教活动。存有清代郑作邦、黄斗福、朱明、黄培芳、鲍俊、曾望颜等人墨迹。（达亮）

长寿寺 佛教寺院。原址位于今广东省广州市荔湾区长寿路与带河路交界处。明万历三十四年（1606）广州巡按御史沈正隆为庆母寿而建，本名长寿庵。清康熙十七年（1678），石濂大汕任住持，易庵为寺，并进行大规模扩建。内有怀古楼、半帆亭、绘空轩等建筑，文木为梁，英石为壁，备极精工，是当时南粤占地最广、寺田最多的佛寺。其后逐渐衰落，光绪五年（1879）遭人恶意焚烧。光绪三十一年（1905），两广总督岑春煊推行"庙产兴学"运动，寺院遭官府没收，殿堂被全部拆毁，原址变成以长寿路为中心的若干街区。（何方耀）

开宁寺 佛教寺院。位于今广西壮族自治区贺州市开山镇南和村。明万历年间贺县县令欧阳辉倡建。前、中、后三殿式建筑，前殿大门外有一对浮雕盘绕石龙柱，均以石狮为柱础，具有典型的明代艺术特点。寺门左前方有南和塔，又名石香炉，塔身六角形，3 层重檐，葫芦顶，为清咸丰四年（1854）所建。2005 年被公布为广西壮族自治区第五批文物保护单位。（吴晓蔓）

定光寺 佛教寺院。位于今广东省汕尾市陆丰市河西街道清云山下。原名罗（露）堂庵，俗称夏陇庵，又称清云寺。始建于明崇祯四年（1631），后殿宇逐渐破损废坏。清道光十年（1830）秋宽宏和尚重修。1928 年被毁。20 世纪 40 年代，宏慧和尚偕弟子在此结庐躬耕，重建庙宇。1967 年再毁。1979 年再建并改名为定光寺。殿宇依山而筑，层层升高，从下到上分别为山门石、牌坊、云亭、石拱桥、前殿、大雄殿、禅院、观音阁、讲经堂、藏经楼、祖师厅和福德厅，气势雄伟。所供佛、菩萨、罗汉像皆用大青石雕成。20 世纪 90 年代建有广东尼众佛学院。（达亮）

普济禅院 俗称观音堂。佛教寺院。澳门现存规模最大、历史最久的庙宇。位于今澳门特别行政区美副将大马路。

普济禅院

因供奉观音菩萨，俗称观音堂。建于明崇祯五年（1632）。曾重修十余次。主体建筑横连三座，每座三进，殿堂众多。中座首进为大雄宝殿，二进为长寿佛殿，三进为观音殿。西座首进为天后殿，二进为地藏殿，三进为语清殿、龙华堂、静乐堂、祖师堂等。东座首进为关帝殿，二进为檀越堂。

此外还有报恩堂、妙香堂、方丈厅、藏经楼等。为中国古辇飞式佛教建筑，保留明清南方庙宇的特色。后花园有建于明崇祯五年（1632）的普同塔，是澳门唯一的古塔。院内存有历代高僧和书画名家如米芾、董其昌、刘墉、陈恭尹、今释、章太炎等的作品。清道光二十四年（1844），美国代表顾盛与钦差大臣耆英在此签订《中美望厦条约》。（吴晓蔓）

观音堂 见"普济禅院"。

庆云寺 佛教寺院。岭南四大名刹（广州光孝寺、韶关南华寺、潮州开元寺、肇庆庆云寺）之一。位于今广东省肇庆市鼎湖区鼎湖山莲花峰。明崇祯六年（1633），村民梁少川在此地结茅为庵，称莲花庵。崇祯九年（1636），曹洞宗博山无异弟子道丘（栖壑）应邀来主法，倚山势构筑五层殿宇，因见四周云霭袅绕而山顶有湖，改名为庆云寺。清初 3 次增建。道丘开山初，曾引别系僧人主持法席，从八代祖起变为曹洞宗博山系的子孙丛林。以禅宗为主，兼修净、律。清乾隆中期，住持了乘大规模重修。咸丰十年（1860），红巾军据寺与官兵鏖战，殿宇设施损毁严重。次年住持淡凡募款修葺。光绪二十年（1894），慈禧 60 大寿，敕赐"万寿庆云寺"匾及《龙藏全经》。"文化大革命"期间受影响。改革开放后，相继修复大雄宝殿、祖师殿、韦驮殿、塔殿、卧佛楼，为全国首批恢复开放的重点宗教场所。寺坐西向东，依山势分七层而建，共有 100 余座殿堂，主体建筑按中轴线对称布局。文物古迹甚丰，有舍利子、千人镬、大铜钟、平南王所送法座、《碛砂藏经》、百梅诗碑、梅花图碑刻、御赐《龙藏》等。寺内"荣睿纪念碑"1979 年被公布为第二批广东省文物保护单位。1983 年被国务院公布

为汉族地区佛教全国重点寺院。（李福标）

莲开净寺　佛教寺院。粤北规模最大的尼众道场。位于今广东省韶关市南雄市南郊 1 千米处。明末念纯大师创建。原名莲社庵。清道光年间有常住百余，为岭南名庵。民国期间衰落。20 世纪 50 年代只剩残垣断壁，成为苗圃场。1994 年南雄市政府礼请本焕重建，1999 年底落成，改名为莲开净寺。殿宇为仿宋建筑，采用四进三院式布局，外以围墙环抱全寺，雕梁画栋，朱柱黄瓦，颇为伟丽。2003 年创办莲花尼众学佛苑。（何方耀、李福标）

仁寿寺　佛教寺院。位于今广东省佛山市禅城区祖庙路。清顺治十三年（1656）枞堂首建。后归于禅，为清代佛山四大丛林之一。康熙二十八年（1689），玉琳国师法孙元睿重修。咸丰年间重修，规模较前有拓展。前至涌将军桥头，后达文化里尾，左邻镇南街，右连三官街。有大殿、后殿、左右偏殿、龙华堂、方丈室、斋堂、客室、僧舍 99 间，花园一个。寺内有七层楼阁式如意宝塔，20 世纪 30 年代由密宗信众李佩弦捐建，曾是佛山地标性建筑，塔顶原置陶制绿度母佛像。1952 年改为粮仓。1958 年佛山民间艺术研究班入驻，后被工艺厂、分析仪器厂占用。1993 年批准修复，为开放的佛教活动场所。现为佛山市佛教协会所在地。（达亮）

别传寺　佛教寺院。粤北三大名寺（南华寺、云门寺、别传寺）之一。位于今广东省韶关市丹霞山。丹霞山原是明遗臣李永茂、李充茂兄弟的私产，清初为遗民的避世之地。清顺治十八年（1661），遗民们把该山献给佛门，次年今释来山建寺。取禅宗"不立文字，教外别传"之意，名别传寺。康

熙五年（1666）今释礼请其师函是来山开法，康熙十三年（1674）继任方丈。其后今辩、今遇、今䨇、古梵、古奘、今但、古如、传庐、法基继主法席。鼎盛时有僧数百，有曲江县会龙庵、仁化县准提阁、保昌县龙护园、始兴县新庵四下院，不少遗民隐身其中。乾隆四十年（1775）今释《遍行堂集》文字狱案发，寺僧悉被驱赶下山，其后寺院渐至废坏荒芜。1980 年本焕驻锡丹霞，重建道场，古刹因得重光。（杨权）

无着庵　佛教寺院。位于今广东省广州市越秀区德政中路丽水坊 50 号。始建于清康熙六年（1667），落成于康熙十七年（1678）。原为明朝某尚书的宅院，清初函是胞妹今再比丘尼辟为佛庵，取"清净无染着"意。雍正、乾隆、嘉庆时香火鼎盛，至道光年间发展为拥有八房子孙庙的大型丛林。1924 年政府变卖庵产充公，经寺众筹银赎回的庵址比原来缩小一半。20 世纪 50 年代部分殿堂房舍被租作厂房。"文化大革命"期间尼众遭遣散，殿堂房舍改作他用。1986 年恢复开放。1989 年动工重建大雄宝殿等建筑。现存大雄宝殿、大悲殿、地藏殿等建筑。为广州最完整的女众道场。（何方耀）

上林寺　佛教寺院。位于今广东省湛江市霞山区南站南山村。清康熙三十四年（1695）居士吴涵山在遂溪县南柳村西北创建。护国寺僧庆斌为住持。为三进四合院式建筑，供奉三宝佛、观世音菩萨、地藏菩萨、准提菩萨及伽蓝神。道咸时期在乡村械斗中被毁，后在今址重建。光绪二十四年（1898），法军侵占广州湾，当地民众曾在寺前空地举行抗法歃血誓师大会，翌日出师抗法。抗战期间，香港高僧海仁曾驻锡该寺两年，在佛教学习班开讲《金刚经》《楞严经》。

解放战争期间，寺僧宗和、云峰师徒掩护游击队员脱险，寺中有《赞上林寺爱国精神》碑记其事。新中国成立后改为"湛江人民抗法斗争旧址"，1978 年被公布为第一批广东省文物保护单位。1985 年当地吴氏族人及僧侣发起重建。1992 年获准重建大殿、客堂、僧舍、祖堂、碑廊、陈列室等。（张若琪）

华捍寺　俗称北门宫。佛教寺院。位于今广东省湛江市徐闻县。始建于明崇祯三年（1630）。清康熙三十六年（1697）知县孙挹偕守备宋瑞昭捐资重建。乾隆年间曾多次修葺。原为四合院式建筑，坐北向南，有山门、庭院、天王殿、大雄宝殿、檀香殿及两厢配殿等。民国期间寺产被政府变卖，充教育经费。新中国成立后，仅存的檀香殿及两侧斋堂先后被占用。"文化大革命"期间完全停止宗教活动。1986 年恢复僧人管理，全面重修。寺内存乾隆四十一年（1776）仲冬所立"千载流芳碑"等寺碑 6 块。（张若琪）

北门宫　见"华捍寺"。

能仁寺　又称能仁古寺。佛教寺院。位于今广东省广州市北郊白云山。清道光四年（1824）吟坚和尚在南宋的

能仁古寺（能仁寺）

玉虹洞（涧）创建。最初仅有茅屋数椽，其后陆续增建，至光绪时成为白云山最大的寺刹。三面环山，自上而

下有慈云殿、甘露泉、大雄宝殿、虎跑泉、六祖殿、玉虹池、石桥、牌坊等建筑或古迹。1924年孙中山曾至寺。1928年虚云为募佛像款。1929年戴季陶捐款修寺。密宗曼殊揭谛曾在此建密坛。西康活佛诺那呼图克图亦曾居此。抗战时毁于兵燹。1993年广州市政府决定照旧制依山重建，今已恢复天王殿、大雄宝殿、慈云殿等部分建筑。占地面积17288平方米。（达亮）

能仁古寺　见"能仁寺"。

叠石岩寺　佛教寺院。位于今广东省汕头市南澳县雄镇关附近的马鞍山。清同治九年（1870）僧人仁智创建，一说道光二十五年（1845）创建。是海内外潮人黄檗派的祖堂。因寺右山巅有两巨石相叠，故名。初创时以天然石洞为佛厅，称福字厅。继任住持陆续增建殿宇，规模逐步扩大。1959年因海防战备之需，被毁弃，仅存天然石洞佛厅及石砌福字厅。20世纪90年代汕头市佛教协会会长定根法师筑高台，建大殿，塑金刚。门庭法脉衍派海内外。（达亮）

弘法寺　佛教寺院。位于今广东省深圳市东郊梧桐山仙湖植物园。清光绪三十年（1904）始创。初名梧桐仙洞，佛道并存。抗战期间，香火衰落。新中国成立初期，为先天道庙观。1952年被取缔。20世纪60年代兴建水库时建筑被拆除。1984年政府批准在废址上建寺，次年本焕亲自洒净动工。1986年大雄宝殿、钟鼓楼、法堂和藏经楼竣工。1990年由中国佛教协会直接组织僧人管理和续建。1992年主体建筑基本完成，举办佛像开光暨本焕长老升座典礼。市政府正式批准为宗教场所对外开放。建筑采用仿宋风格，呈宫廷式四合院布局，坐东南朝西北，依山拾级而建，沿中轴线自下而上为

天门殿、天王殿、佛教文化展览楼、大雄宝殿、藏经楼，两侧建有客堂、祖师殿、伽蓝殿、钟鼓楼、观音殿、地藏殿、功德堂、方丈楼、退居楼、卧佛殿、斋堂、禅院、僧寮、客寮、云水堂等。（张若琪）

宝莲寺　佛教寺院。位于今香港特别行政区大屿山昂坪。清光绪三十二年（1906），镇江金山寺大悦、顿修、悦明三禅师在此筑石室、搭茅棚，开辟道场，香港禅门规矩由此创立。1924年，纪修出任第一代住持，定名为宝莲禅寺。1930年，筏可任第二代住持，寺院被扩建为十方丛林。今寺左有法华塔、华严塔，右有莲花山、狮子石，内建韦驮殿、重歇山顶式大雄宝殿、宝莲池、天王大殿等，寺后花园舍利塔内藏有纪修真身。1993年，在牌坊正对的木鱼山顶上建造天坛大佛，是世界最大的户外青铜坐佛，莲花宝座仿北京天坛设计，佛头以黄金贴面。大佛第三层纪念堂供有从斯里兰卡请回的佛真身舍利。（杨权、吴晓蔓）

菩提禅院　又称菩提园。佛教寺院。位于今澳门特别行政区氹仔卢廉若马路。澳门最重要的净土宗道场。始建于清光绪中。本为私人佛殿，1960年智圆法师从居士手中购得，扩建为道场。依山构筑，供奉澳门最大的佛铜像。（吴晓蔓）

菩提园　见"菩提禅院"。

陶轮学社　佛教道场。位于今广东省广州市荔湾区龙津东路。1945年，澳门名僧释观本等发起创建。是女众的清修之所。高僧虚云曾任社长。社名由观本拟定。"陶"指陶瓷，象征永久不变；"轮"指法轮，寓意法轮常转。山门有联"江山净域；世界陶

轮"，为岑学吕居士所书。发起的慈善事业，在羊城有较大影响。因时局影响，1948年一度停止活动。1966年社址被街道工厂占为厂房、仓库。1981年后在政府与信善的支持下逐渐恢复旧观，成为功能齐全的佛教道场。（何方耀）

慧光塔　又称寿佛慧光塔。古代佛塔。位于今广东省清远市连州市市区南面慧光路慧光公园内。始建于南朝宋泰始四年（468），建筑时间早于元徽三年（475）建的连州城，故民间有"先有慧光塔，后有连州城"之说。为连州市地标。初为木塔，宋代重建时改为楼阁式砖塔，6角9层17级，通高近50米。内部为斗拱形结构，有梯道可通塔顶，每层均有回廊环绕。经千年风雨与地壳运动，塔基产生变化，造成塔身向西倾斜，斜值1.0472米。1985年国家文物局拨出专款加固塔基，不再继续倾斜。2006年被国务院公布为第六批全国重点文物保护单位。参见第870页建筑卷"慧光塔"条。（杨权）

寿佛慧光塔　见"慧光塔"。

六榕寺塔　又称六榕塔、宝庄严舍利塔、六榕寺花塔、花塔、千佛塔。古代佛塔。岭南现存最高宋塔。位于今广东省广州市越秀区六榕路87号六榕寺内。南朝梁大同三年（537）昙裕创建。唐高宗上元二年（675）释宝轮等重修，王勃撰《广州宝庄严寺舍利塔碑》，共3300余字，为现存最早记述寺塔历史的文献。唐初为木结构，南汉毁于火灾。北宋元祐元年（1086）重建，绍圣四年（1097）落成，为砖木楼阁式八角形结构，下瘗佛牙舍利，龛藏贤劫千佛像，故改名为千佛塔。元至正十八年（1358）塔端铜柱刻1023尊佛像。明永乐九年（1411）重

六榕寺塔

修寺时将苏东坡书"六榕"刻匾挂于净慧寺门，寺又称六榕寺，塔亦称六榕塔。清人因塔色彩斑斓而称为花塔。明、清、民国时期屡有修葺。2016年进行大规模维护。现塔高57.6米，外观9层，塔内每层均设暗层，实为17层。是岭南佛教传播的象征，广州标志性建筑之一，在中国古代建筑史上有一席之地。1989年被公布为第三批广东省文物保护单位。2006年被国务院公布为第六批全国重点文物保护单位。参见第870页建筑卷"六榕塔"条。（达亮）

宝庄严舍利塔 见"六榕寺塔""六榕塔"。

六榕寺花塔 见"六榕寺塔""六榕塔"。

花塔 见"六榕寺塔""六榕塔"。

千佛塔 见"六榕寺塔""六榕塔"。

龙兴寺石塔 古代佛塔。位于今广东省江门市新会区会城镇马山。原在大云山麓龙兴寺内，龙兴寺始建于隋，初名洪化寺，宋因山名大云，取"云从龙"意改名为龙兴寺。清道光时寺毁而塔存。1929年，因其地辟建中山公园而迁往西山，1998年再迁往马山。

塔8角5层，实心，高4米。以红砂岩砌筑台基。有底座，八角两层。塔出檐深远，八角翘起，每层檐面均用块石雕成。塔顶底座似仰莲，莲瓣八片。莲顶留有卯榫口，但原塔刹已失。1985年在仰莲上嵌宝珠一颗为刹。1978年被公布为第一批广东省文物保护单位。（杨权）

正相塔 又称开元塔、老塔、仙塔。古代佛塔。位于今广东省河源市龙川县佗城镇。唐开元三年（715）兴建。原名开元塔。宋代重修，因贬谪宰相吴潜曾居塔下的古寺而得名。楼阁式砖塔，6角7层，有多层斗拱檐。高32.2米，内部阶梯可达顶层。有较高的建筑艺术价值，是研究岭南唐宋佛塔不可多得的实物。"正相塔（老塔）"1978年被公布为第一批广东省文物保护单位。参见第870页建筑卷"正相塔"条。（达亮）

开元塔 见"正相塔"。
老塔 见"正相塔"。
仙塔 见"正相塔"。

大颠祖师塔 又称舌镜塔、瘗舌冢。古代佛塔。潮汕现存最古老、最完整的古墓。位于今广东省汕头市潮阳区铜盂镇灵山寺后。唐长庆四年（824）大颠门人建，是唐潮州大颠禅师的墓塔。传说大颠禅师圆寂，封塔3年后开视，容颜如生，甲发俱长，故未动而回封之。至唐末再开塔，骨肉尽化，唯舌根尚存，故名瘗舌冢。宋至道年间邑人郑士明修塔，得古镜一面，叠石藏之，后人因改名为舌镜塔。钟形塔身，覆钵式塔顶，高2.8米，正面凹入佛龛。2019年被国务院公布为第八批全国重点文物保护单位。参见第870页建筑卷"大颠祖师塔"条。（达亮）

舌镜塔 见"大颠祖师塔"。
瘗舌冢 见"大颠祖师塔"。

云龙寺塔 又称西山寺塔。古代佛塔。位于今广东省韶关市仁化县董塘镇安岗村后山。始建于唐乾宁至光化年间，县志载本为仰山禅师塔。附近原有西山寺，清代改名为云龙寺，塔因而得名。为平面四方形砖构实心塔，残高约10.4米，古朴端庄，造型独特。各层四面均用仿木构筑法，以砖隐砌出倚柱、门拱、栏额、普柏枋、檐枋、假门、栏杆、平座等，具有典型的唐代方形砖塔风格。1988年被国务院公布为第三批全国重点文物保护单位。参见第871页建筑卷"云龙寺塔"条。（杨权）

西山寺塔 见"云龙寺塔"。

千佛铁塔 古代佛塔。位于今广东省梅州市梅江区大东岩山。铸于南汉大宝八年（965），与广州光孝寺东西铁塔的铸造年代相仿。四方形，7层，高4.2米，塔身铸有千佛。塔原建在修慧寺，因寺毁，清乾隆初移于梅城东岩山顶。1935年移至东山，建八角亭保护。1990年在莲花山大东岩山顶兴建九层石塔，将铁塔移置底层，形成塔下有塔、铁佛玉佛金佛共存于一塔的格局，并依塔建寺，形成女众道场。塔旁有黄遵宪《南汉修慧寺千佛塔歌》、丘逢甲《南汉敬州修慧寺千佛塔歌》等碑刻。1989年被公布为第三批广东省文物保护单位。参见第871页建筑卷"千佛铁塔"条。（李福标）

三影塔 又称延祥寺塔。古代佛塔。广东仅有的有年份可考的北宋早期砖塔。位于今广东省韶关市南雄市永康路三影塔广场北。因能在寺壁上反射出三个塔影，故名。原为废毁的延祥

寺附属建筑，称延祥寺塔。建于北宋大中祥符二年（1009），明正统十一年（1446）曾修葺。为楼阁式砖塔，6角9层，高50.2米。塔内有木梯通顶层，每上一层，必先出塔门，绕塔身进入另一塔门，方可继续攀登。1988年被国务院公布为第三批全国重点文物保护单位。参见第871页建筑卷"三影塔"条。（杨权）

延祥寺塔　见"三影塔"。

华林寺塔　古代佛塔。位于今广东省韶关市仁化县闻韶镇下徐村。建于北宋元丰五年（1082），其建筑属于已废的华林寺的组成部分。6角7层，门拱檐平座楼阁式砖构，为实心塔，高21.74米。塔身置腰檐及假平座，由菱角牙砖与挑檐砖相间叠涩而成。内砌青砖步级，可逐层而上。外置六角壶形佛龛，有仿木倚柱、额、枋和斗拱。1989年被公布为第三批广东省文物保护单位。（杨权）

文光塔　又称千佛塔。古代佛塔。位于今广东省汕头市潮阳区棉城镇中华路东侧。始建于南宋绍兴元年（1131），后崩塌。咸淳二年（1266）重建，置千佛于塔内，故称千佛塔。后又废。明崇祯八年（1635）复建时改名为文

光塔。为楼阁式空心塔，用石砖筑造，8面7层，高42.42米。塔内各层有螺旋形石级相连，第二至第六层每层有4个门通塔廓。清嘉庆以来曾数度全面维修，但基本建筑式样未变。广东省现存完整的古塔之一。2013年被国务院公布为第七批全国重点文物保护单位。参见第872页建筑卷"文光塔"条。（杨权）

千佛塔　见"文光塔"。

澌溪寺塔　原名秀宝塔。古代佛塔。位于今广东省韶关市仁化县董塘镇澌溪山瑶族村。建于北宋熙宁八年（1075），原为澌溪寺建筑的一部分，寺已毁。4角7层，为穿心壁绕平座楼阁式砖塔，高23.14米。内设青砖穿心梯，可通顶层。从第二层开始高度与宽度逐层递减。塔身各层每面都有壶门、腰檐和平座，均用菱角牙砖与挑檐砖相间叠涩而成。有宋代砖塔的风格，兼具唐塔特点。1979年被公布为第二批广东省文物保护单位。参见第872页建筑卷"澌溪寺塔"条。（杨权）

秀宝塔　见"澌溪寺塔"。

回龙寺塔　古代佛塔。位于今广东省韶关市南雄市湖口镇新湖罗田村。原

属回龙寺建筑的一部分，寺已毁。建于宋代。平面六角形，为仿楼阁式空心砖塔。原为七层，1958年上3层被毁，仅存4层。残塔高16米（一说11.8米），用青砖筑成。塔身均置砖砌斗拱、柱、阑额和普柏枋。底层与第四层南北面开真门，其余均为假门。各层用菱角砖和拔檐砖相互叠涩出檐，并筑假平座。2012年被公布为第七批广东省文物保护单位。（杨权）

高州宝光塔　又称宝光塔。古代佛塔。广东最高楼阁式砖塔。位于今广东省茂名市高州市宝光路。明万历四年（1576）知府张邦伊倡建。新中国成立后，曾于1964年、1983年加固、维修。8角9层，楼阁式砖塔，通高65.8米，塔底座直径11米，高2.3米。塔身用青砖砌筑。须弥座塔基四周镶嵌有花岗石浮雕图案。塔内楼梯呈螺旋形，每层四角内均设有佛龛一座。逐级而上，可达塔顶。历史上因各层及塔下的发祥寺均有佛像，故民间称为佛塔。1989年被公布为第三批广东省文物保护单位。2019年被国务院公布为第八批全国重点文物保护单位。参见第873页建筑卷"高州宝光塔"条。（杨权）

宝光塔　见"高州宝光塔"。

宗派·群体·组织·机构

南宗　又称南禅、南宗禅、顿宗。佛教宗派。禅宗奉菩提达摩为初祖，经二祖慧可、三祖僧璨、四祖道信，传至五祖弘忍后，其弟子慧能与神秀为代表，分成南北两派。慧能一派最初主要流传于南方的下层民众与失意人士当中，为了与主要流传于北方的贵族、仕女中的神秀一派（北宗）相区别，故称南宗。以《金刚经》为旗帜，

提倡心性本定、佛性本有。认为妙心本觉澄明，觉悟不假外求，佛不是某种外在信仰和崇拜对象，而是众生的自心自性，故众生必须自度。其禅法的最重要特色是不堕名相、不滞言句，认为不需渐进积累，只要顿悟，就可以达到佛的精神境界。将传统佛教作为本体的"真如"，变成众生当前现实的人心，令整个禅宗的佛性理论与

修行方式发生根本性变化。慧能之后，神会进一步发扬慧能的学说，并推动了南宗的确立。唐末五代，南岳怀让和青原行思成为禅宗支派的两大发源系统。南岳法系，怀海门下有灵佑居湖南潭州（今长沙）沩山，弟子慧寂居江西袁州（今宜春）仰山，共建沩仰宗；希运弟子义玄在河北镇州（今正定）滹沱河边建临济院，创立

临济宗。青原法系，良价居江西高安洞山，弟子本寂居江西抚州曹山，共建曹洞宗；文偃居广东韶州乳源云门山，创云门宗；文益居江苏金陵（今南京）清凉寺，创法眼宗。合称禅宗五家（也称五宗禅）。加上由临济宗分出以慧南为初祖的黄龙派和以方会为初祖的杨岐派，合称七宗。五家七宗理论均上承六祖慧能，修行方式则各有特点。诸如"德山棒""临济喝""云门饼""赵州茶"，均为各宗的不同接引手段。自《六祖坛经》产生之后，传人尤重祖师语录，或是传法心要，或是参悟体验，或是施化手段，或是现场答问，由亲随门人随时笔录，并作为弟子揣摩、参究、诘难、辩论的内容。后来北宗式微，南宗取得压倒性地位，成为禅宗的代表，中国佛教的格局也从诸派并立演化为禅宗独盛。中国佛教则因此而沿着既入世又出世的道路发展，最终成为世俗化的宗教。不过沩仰宗传世仅百余年，法眼宗在北宋已消沉，云门宗入南宋后湮没无闻，唯曹洞、临济两宗一直传承下来，其中临济宗势力最大。近代虚云以一身祧五家法脉，重兴了五宗禅，并奉广东南华寺为南宗祖庭。（江晖）

南禅　见"南宗"。
南宗禅　见"南宗"。
顿宗　见"南宗"。

净土宗　又称莲宗。佛教宗派。汉传佛教八宗（三论宗、法相宗、天台宗、华严宗、禅宗、净土宗、律宗、密宗）之一。祖庭为庐山东林寺，西安香积寺为该宗正式创立后的第一个道场。以东晋慧远为初祖，因慧远于东晋太元十五年（390）建莲社于东林寺，在阿弥陀佛像前立誓，专修念佛三昧，共期往生西方极乐世界，故又称莲宗。东魏玄中寺昙鸾著《往生论注》，主张乘佛愿力（"他力"）往生净土，为开宗奠定了基础。隋唐间有道绰传播净土信仰。唐初善导从道绰学，到长安著书立说，弘扬教义，正式开宗。中唐后广泛流行。宋后其他宗派如禅宗、律宗、天台宗、华严宗等亦兼修念佛法门。以"三经一论"（三经是《无量寿经》《观无量寿经》《阿弥陀经》，一论是《往生论》）为所依的主要典籍，并重《楞严经·大势至菩萨念佛圆通章》及《华严经·普贤行愿品》。主要宗旨是，以修行者的念佛行业为内因，以阿弥陀的广大愿力为外缘，内外结合，引导修行者往生极乐净土。其修行法门可概括为"信、愿、行"，与禅宗所倡之"以心印心"明显不同。禅为去相，去相到心；净为去污，去污见心。净土宗历代祖师并无前后传承法统，但近代印光据弘扬净土的贡献，以慧远、善导、承远、法照、少康、延寿、省常、袾宏、智旭、行策、实贤、际醒为"莲宗十二祖"，而印光则被其门下推为"十三祖"。岭南自晚明憨山德清大师中兴曹溪，佛门即继承并发扬了宋代以来禅净兼修的传统。明崇祯年间，从学于云栖袾宏的道丘住白云山蒲涧寺，净土宗于是在广州流传，又开山肇庆鼎湖山庆云寺，念佛、参禅并行不废。新中国成立以来，惟因、云峰、本焕、佛源、新成等佛门大德重整道场，也大力弘扬念佛法门，净土宗思想在僧众和居士群体中深入人心。岭南专门念佛的净土道场有丹霞山锦石岩寺等。（李福标、杨权）

莲宗　见"净土宗"。

律宗　佛教宗派。汉传佛教八宗（三论宗、法相宗、天台宗、华严宗、禅宗、净土宗、律宗、密宗）之一。因以研习及传持戒律为主而得名。发祥地为陕西西安净业寺。以《十诵律》《四分律》《摩诃僧祇律》《五分律》和《毗尼母论》《摩得勒伽论》《善见律毗婆沙》《萨婆多论》《明了论》为基本经典，通称四律五论。教理分为戒法、戒体、戒行、戒相四科，故也称四分律宗。核心学说为戒体论。戒体是弟子受戒时发生而被领受于心的法体，它被认为具有防非止恶的功能。相传释迦牟尼在世时为约束僧众，曾制订了各种戒律。第一次佛经结集时，由优婆离诵出律藏。其后各派对戒律理解并不一致，因而所传亦有不同。中国汉地翻译戒律和实行受戒始于三国魏嘉平间。后来北魏慧光造《四分律疏》，并删定羯磨，奠定了该宗的基础。唐代道宣专研律学，潜心述作，并在终南山创设戒坛，制订受戒仪式，律宗于是正式成为宗派。在唐代，道宣所创的南山宗、法砺所创的相部宗与怀素所创的东塔宗称律宗三家，它们互有争论。嗣后相部、东塔两宗逐渐衰微，南山一家传承独盛，宋时分为会正、资持两派，元明之际式微无闻。明末清初如馨在金陵灵谷寺传戒说律，南山宗得以重兴。民国时期弘一为著名律师。岭南佛门无专弘律宗的道场，但律学发生很早。南朝刘宋时西域小乘律师求那跋摩曾航海来华，曾在广州倡建光孝寺，并建戒坛。唐代六祖慧能弘法韶州，倡无相戒。天宝年间，南山宗传人鉴真第五次东渡失败，由海南、广西北上，经端州、广州、韶州等地时曾登坛授戒。明清之际，鼎湖山庆云寺在憨弘赞禅师面对当时戒律松懈的局面，力弘戒仪，撰律学著作二十余种，合为《鼎湖法汇》，是岭南律学的集大成之作。（李福标、杨权）

云门宗　佛教宗派。禅宗五家（沩仰宗、临济宗、曹洞宗、云门宗、法眼

宗）之一。属南宗青原法系。南汉文偃禅师为宗祖。文偃自韶石灵树寺移锡云门山，开辟大觉禅寺，故后世以云门来命名其所创宗派。禅法兼得道明之峭峻与雪峰之绵密，言语简要而机辩险绝，像《云门》古曲般玄奥艰深。禅门往往以“云门天子”表其宗风，意思是该宗接化学人有如天子颁诏，一言而定万机。其精髓被提炼为“涵盖乾坤”“截断众流”“随波逐浪”三句，及“玄、从、真、夺、或、过、丧、出”八要。文偃门下徒逾千人，其中嗣法弟子76人，登堂入室者如缘密、澄远、守初、师宽等，法孙有义怀、居讷、怀琏、契嵩、了元等。该宗下三世始出岭南，向江浙发展。兴于五代，盛于北宋，入南宋后衰微，传200余年。近代虚云以一身祧五家后，遥继南宋已庵深净禅师为第十二世祖，复活了其法脉。（江晖）

沩仰宗 佛教宗派。禅宗五家（沩仰宗、临济宗、曹洞宗、云门宗、法眼宗）之一。属南宗南岳法系。以沩山灵祐与仰山慧寂为宗祖，取沩、仰二山为宗名。唐元和年间，灵祐得法于百丈怀海，住湖南潭州（今长沙）沩山7年，宣扬宗风。其后禅僧懒安自百丈来，学者云集，常住逾1500人。灵祐弟子慧寂，住江西袁州（今宜春）仰山，振兴法道。分西塔、南塔二派，西塔所传为慧寂另一师父耽源应真法脉，南塔所传为沩山法系。认为主观与客观世界分为3种“生”，即想生（主观思维）、相生（客观思维）、流注生（主客观世界的变化无穷），并一一否定。修行理论上承马祖道一、百丈怀海“理事如如”宗旨，认为万物皆具佛性，明心见性即可成佛。禅风方圆默契，接机多用看似争夺实为默契的交谈手段。曾在唐末五代繁兴，但法系相承仅四五世，传播时间约150年，到北宋即不传，并入临济宗。近代虚云以一身祧五家后，复活了其法脉。（江晖）

华首台派 又称华首台—海云派、海云派。佛教宗派。曹洞宗派别。属曹洞宗寿昌支博山系。明末由元来法子、曹洞宗第三十三世道独于在罗浮山华首台寺开派。按法偈“道函今古传心法，默契相应达本宗。森罗敷演谈妙谛，祖印亲承永绍隆”演派。法众多为岭南人，活动以广东为中心而及于江西、福建。道场包括广东罗浮山华首台寺，广州光孝寺、海幢寺、无着庵，东莞芥庵、戴庵，番禺雷峰海云寺，韶关仁化丹霞山别传寺，潮州开元寺，以及江西庐山黄岩寺、归宗寺、栖贤寺，福建福州西禅长庆寺。道独圆寂后，法嗣函昰继为领袖，才俊胜流翕然趋向（其中不少遗民），成为清初岭南势力极大的派别，在明清易代的背景下实现了曹洞宗的中兴。法脉延绵至今，演派已到“宗”字。（杨权）

华首台—海云派 见“华首台派”。

海云派 见“华首台派”。

鼎湖系 又称庆云系。佛教宗派。明清鼎革之际，曹洞宗寿昌法系博山下栖壑道丘、在惨弘赞等开派。以肇庆鼎湖山庆云寺为中心道场，在西江流域有广泛影响。初代祖道丘设教遵从博山钟板与云栖规矩，禅、净、律兼修。二代祖弘赞为培养遵戒如律的僧材，撰写了许多律学著述，收入《鼎湖法汇》者多达23种99卷。鼎湖系在开山早期曾引入他宗别派的僧人（如成鹫）主持法席，从八代祖起即定型为曹洞宗博山系的子孙丛林。演派遵从无异元来所制法偈：“元道弘传一，心光普照通。祖师隆法印，永傅寿昌宗。”传灯至今，已到十八世“寿”字。法脉传布至广西、港澳等地和越南。（李福标）

庆云系 见“鼎湖系”。

海云诗派 佛教群体。因徐作霖、黄蠡等编选《海云禅藻集》而得名。以清代番禺海云寺住持天然函昰为首，重要诗人包括其法子今无、今释、今覞、今辩、今摩、今壁、今龙、今帾、今沼、今毬，法孙古邈、古电、古桧、古昱、古奘，及居士黎遂球、梁朝钟、程可则、王应华，等等。活动地点以海云寺为中心而及于该派的其他寺院。以禅门体悟、文人慧业与遗民情怀为聚合因缘，创作主题或深痛家国，或参悟禅机，或流连山水，把“明心见性”的禅教主张与“抒写性灵”的诗教理论融合为一。作品既有岭南的地方特色，又受寺院文化影响，显现出独特风格。其创作活动给清初的岭南诗坛注入了活力，在岭南文学史上较有影响。（吴晓蔓）

海云书派 佛教群体。以函昰为核心，以其法徒诸今为骨干，成员均为清初岭南曹洞宗华首台—海云派的僧人与居士。受古代“翰墨真如”说影响，把禅修延伸到书法中，“以书悟禅”“以禅入书”。函昰融佛理于书艺，追求无我、无智、无染、无执之境，其书从李邕、米芾出，早期作品遒劲雄健、豪宕纵逸、骨气洞达、结体稳重，晚年作品萧散自然、淳厚古朴、跌宕多姿、天然率真，在禅门有很大影响。其法徒多受其熏染，临池作书各具个性而不失禅家面目，作品道韵深隐，往往有泉石烟霞气，能把人带入空灵静寂之境。重要成员今无之书姿态倾侧、遒劲瘦硬，今覞之书略采苏黄、笔力老健，今释之书正偏兼施、奇崛险劲，今壁之书上法晋唐、颇有神韵，今辩之书固守旧法、温雅流丽，今但之书灵秀端庄、豪迈超逸，今印之书结体细长、笔势洒脱，今帾之书清雅秀劲、饶有古意，今载之书

笔法纯熟、坚劲犀利。有书名者还有今白、今沼、今锡、今普、今冉、今镜、今儆等人。（杨权）

广东省佛教会 佛教组织。会址设于广州六榕寺。1912 年在广州市成立。初名广东省佛教总会，会员有 370 余人。抗战后迁往韶关大鉴寺。1943 年改组为广东省佛教会，会长虚云，副会长复仁。以团结佛教四众、发扬大乘救世精神为宗旨。1944 年 11 月虚云受广东省佛教会委托在南华寺举行护国息灾法会。抗战胜利后，迁回广州，在六榕寺解行精舍内办公，由主持六榕寺法席的观本负责会务。1946 年 11 月改名为中国佛教会广东省分会，虚云为理事长。嗣后的主要负责人有胡毅生、梁定慧、简作桢及汤瑛（融熙法师）等。前期在协调佛教内部事务、促进寺院恢复方面发挥过积极作用，后期介入六榕寺法席、寺产之争。出版有刊物《圆音》《人海灯》，内容具有时代特色。（达亮）

佛教阅经社 佛教组织。社址位于今广东省广州市越秀区惠福东路大佛寺内。1921 年成立。宗旨是为四众弟子阅读佛经、研究佛学提供方便。发起人有海幢寺、华林寺、光孝寺、六榕寺的志光、影圆和尚及汤瑛居士等 44 人。附设有佛教流通处，搜集三藏经典，陈列社中，供人阅览。因社设在寺中，为杜绝非议，不收女社员。不过女众可托人借阅经典。孙中山曾题赠"阐扬三密"四字匾额。（杨权）

岭东佛教会 佛教组织。其前身为1921 年成立的汕头念佛社，有居士100 余人，聘潮阳释根宽为社长。社址初在今汕头市镇平路中段，次年移至盐埕头。1924 年改名为岭东佛教会，根宽任会长，吴子寿为副会长。抗战爆发后，联合汕头四大善堂的义工，

组成岭东佛教救护队支援抗战。又联合各慈善机构组成潮汕慈善救济联合会，募化钱粮，赈济灾民。曾修复被日军炸毁的潮阳和平桥。1941 年根宽圆寂后，又宗继任会长。抗战胜利后改名为中国佛教会汕头市支会。1949 年组织纠察队维护地方治安，迎接中国人民解放军。1955 年并入汕头市佛教协会。（李杰）

广州佛学会 佛教组织。会址位于广州市宝源北街 16 号。1926 年，华林寺式如禅师创设。成立于广州佛化救世会解体后。1930 年正式注册领照。有会员 100 余人。学会不分宗派，禅、教、律、密、净皆在研究之列。不定期出版会刊《频伽音》。频伽音即鸟音，喻佛陀因机说法之意。后因无固定经费而停止活动。（杨权）

解行学社 佛教组织。社址位于广州市白云山麓的弥勒寺及寺右的广化分院。1929 年 10 月，赵士觐、胡毅生、梁季宽、志光、湛心等 23 人发起成立。设有佛学部、学佛部、佛事部。以显密双修、智悲兼运、自利利他、自觉觉他为宗旨，以普贤十愿为本愿。1930 年秋将广州六榕寺内北堂旧址和大梅堂的部分空地提供给该社修建护摩坛、维摩室、信解池等，称解行精舍。建成后社员多次在此组织灌顶会，迎请唐密第四十九代传灯大阿阇黎王弘愿居士开坛灌顶，弘扬密法。1933 年王弘愿应请住持解行精舍。1937 年王弘愿圆寂后，冯宝瑛大阿阇黎继主精舍。为当时岭南唐密复兴、密法弘扬的重要基地。1932 年印行《解行精舍第一次特刊》。抗战胜利后解散。（吴晓蔓）

香港佛教联合会 简称佛联会。佛教组织。会址位于今香港特别行政区湾仔骆克道 338 号。1945 年筏可、陈

静涛、黄学仁、林楞真、觉光等佛教界知名人士发起成立。是香港佛教信众的联合组织，也是香港规模最大与最具代表性和影响力的佛教团体，成员近万人。成立初期实行理事长制，首届理事长为筏可，其后理事长有海仁、倓虚、显慈等。自第 11 届起实行会长制，至今 30 多年均由觉光担任会长。宗旨为"联合佛门缁素四众。上弘佛法，运无缘之慈；下济群生，兴同体之悲"。1972 年加入世界佛教徒联谊会。会务有医疗、教育、儿童及青少年、安老、营地、坟场、身心关顾、国际弘法等。办有政府津贴中学 13 间、津贴小学 8 间及非营利幼儿园 6 间。有会刊《香港佛教》。（达亮）

佛联会 见"香港佛教联合会"。

广东省佛教协会 佛教组织。会址位于今广东省广州市越秀区光孝寺内。1982 年 12 月成立。云峰为首任会长，继任者有新成、明生。宗旨是团结全省佛教信众，拥护中国共产党的领导，发扬佛教优良传统，提倡人间佛教的积极进取思想，奉行"五戒""十善"，净化社会，广修"六度""四摄"，利益人群，为建设和谐社会、振兴中华、复兴佛教、维护世界和平作贡献。成立以来，在团结全省佛教信众，坚持爱国爱教，践行人间佛教，以及道风建设、文化建设和公益事业等方面，均卓有成效。常设机构包括广东佛学院、广东省佛教协会慈善基金会、广东省佛教协会越秀慈善中医诊所，以及办公室、《广东佛教》编辑部、佛教教务、佛教教育、文化艺术、慈善公益和对外交流等七个专委会。其中 2011 年经国家宗教事务局同意成立的广东佛学院下设曹溪、尼众、岭东、云门四所佛学院。在佛教内部事务方面对广州等 21 个地级以上市

1983年7月10日，广东省佛教协会常务理事扩大会议合影

的佛教协会进行指导和监督。至2018年，全省登记开放的佛教活动场所达1600多处，佛教教职人员5000余人。2019年全省新认定备案佛教教职人员为569人，有300名佛教人士担任各级人大代表和政协委员。全省共办有《广东佛教》《人海灯》《如是雨林》《曹溪水》《六祖禅》等23种佛教刊物。（达亮）

澳门佛教总会　佛教组织。1996年10月8日成立。会址位于今澳门特别行政区海岛市卢廉若马路5号的菩提禅院内。宗旨为宣扬佛教教义，通过创办中小学、托儿所、孤儿院、老人院，以及举行赠医施药、设立奖助学金等慈善活动，树立佛教的形象。有基本会员与普通会员的区别。组织机构由会员大会、理事会和监事会（从基本会员中产生）组成。核心团体有普济禅院、澳门佛教青年中心、澳门佛学社等。会务活动有举行演讲会、研讨会、晚会、夏令营等，印刷、出版、发行刊物、佛经。出版有《澳门佛教》杂志。对团结澳门佛教界的团体与个人、促进澳门与世界各地的佛教交流有积极作用。（达亮）

岭东佛学院　佛教机构。院址位于今广东省潮州市湘桥区开元路开元寺内。1932年，莅潮弘法的太虚在岭东佛学院筹备处基础上创办。历任院长为太虚、定然、弘澈、达诠等，教务则先后由大醒、寄尘主持。1933年10月正式开学。同年12月出版院刊《人海灯》。课程有百法、沙弥律、佛学概论、心地观经、俱舍、佛学初等课本、课诵（行持课）、国文、历史、地理、艺术、作文等。1935年6月首届学僧毕业。嗣后又组织研究部。讲习内容为五系学说研究（五系为法相唯识系、法性般若系、小乘俱舍系、中国佛系、融通应用系），各系均有专门学者指导研究。1938年因日军侵占潮州而停办。1947年9月开元寺住持智诚复办，因寺、院意见相左与经费紧缺等原因，1948年完全停办。1992年2月，由开元寺住持定然法师主持再次复办。是以佛教学识为基本教学内容的汉语系中级佛学院，面向全国招收

出家一年以上、严守律仪的汉族僧人，分预科、正科。复办以来以中观、律学为教学特色，侧重于培养粤东地区潮汕语系的佛教人才，教学成果刊于《人海灯》。开岭南僧伽教育道场的先河，标志着广东佛教由传统丛林式教育向现代学院式教育转变。2011年改制为广东佛学院岭东学院。（达亮）

曹溪佛学院　佛教机构。院址位于今广东省韶关市曲江区马坝东南南华寺内。前身为1943年6月虚云创办的南华戒律学院。2000年5月，在南华寺原有的僧伽培训班、南华禅学研究班、南华寺禅学研究院的基础上建立。首任院长惟因。曾礼请赵朴初、净慧、茗山、一诚、传印、云峰、佛源、仁得、知定、觉光、圣一、吴立民等为名誉院长。设教理、禅修专业，2004年设本科班。按"学院丛林化、学修一体化"模式进行教学，戒定慧并重，大小乘相容，内外学并举。侧重培养禅学的研究、教学与文化交流人才。预科课程有语文、英语、百法、沙弥律仪、四念处、止观等，本科课程有哲学史、佛教史、禅宗史、金刚经、六祖坛经、楞严、楞伽、因明等。禅宗专科课程有坛经、楞严、禅修等。办有院刊《曹溪水》。建有图书馆、综合档案馆、网络信息中心、禅修中心等文化机构。2011年改制为广东佛学院曹溪学院。（达亮）

曹溪佛学院教学楼

华南学佛院　佛教机构。1948年倓虚创办。近代香港第一所正式僧伽学校。目的是让因避战乱而流入香港的出家

人有所依止，并培养僧材。有楞严、法华、唯识、止观、净土、仪轨、历史、地理、国学、医学等课程。主要授课者有倓虚、定西、乐果（时称东北三老）。注重理论，亦重视行持。第二次世界大战后香港培育僧才的摇篮，有的毕业生成为香港佛教界的翘楚。（达亮）

云门佛学院 佛教机构。位于今广东省韶关市乳源瑶族县云门寺内。1992年佛源在云门寺佛教培训班的基础上创立。首任院长佛源。初为中级佛学院，后为高级佛学院。2000年开设研究生教育，2008年成为中国人民大学的宗教学实习基地。以培育三学俱优、宗说双通、内学外学并胜，能从事现代寺院管理、爱国爱教、德化一方的僧才为目标。"农禅并重，学修一体"是学院办学的独特风格。教学以研究佛教的经论原典为主，侧重培养禅宗实修人才。课程有楞严经、唯识、天台、法华、云门宗、禅修、古代汉语、写作、书法、宗教政策、劳动等，少量课程（如《云门宗研究》）有自编

教材或自编讲义。设有教理、禅修、梵乐、律学四专业，毕业学僧分布于世界各地。女众部成立于2002年，由千佛塔寺主办，2008年正式归属云门佛学院。2011年改制为广东佛学院云门佛学院。（达亮、李杰）

云门佛学院

广东尼众佛学院 佛教机构。前身为1995年3月开办的定光寺佛学僧伽培训班与1996年4月创立的定光寺佛学院。院址位于今广东省汕尾市陆丰市清云山定光寺。1998年宏慧创办并任院长。为中级佛学院。坚持"学院丛林化，丛林学院化，学修一体化，管理科学化"的办学方针，建立健全的各项规章制度。教学以净土宗研究为主，侧重培养有一定佛学水平与寺院管理能力，有志从事佛教工作的尼众

人才。设教理、律学班，开设有俱舍、唯识、天台、净土、戒律、中观、英语、电脑、书法、文史、哲学等课程。分预科、本科、研究三个层次办学。改变了广东省无独立尼众佛学院的局面。有院刊《清云法雨》。2011年改制为广东佛学院尼众学院（达亮）

广东佛学院 佛教机构。2011年经国家宗教局批准设立，广东省佛教协会主办。高级佛学院。总部设在广州市光孝寺内，下设广东佛学院曹溪学院、广东佛学院尼众学院、广东佛学院岭东学院、广东佛学院云门学院，院址分别在韶关南华寺、陆丰定光寺、潮州开元寺与乳源云门寺，学制均为4年。现任院长明生，副院长耀智、传正、达理、达诠、明向。宗旨是培养和造就佛教教职人员队伍，以培养学修并重人才为目标。曹溪学院以禅学研究与教学为办学特色，尼众学院以寺庙管理为办学特色，岭东学院以潮汕语系佛教人才培养为办学特色，云门学院以农禅并重为办学特色。（达亮）

文　献

牟子理惑论 佛教论著。东汉牟融撰。37章。针对当时儒道对佛教的排斥，自设宾主，以问答形式对6个焦点问题展开讨论，回应提问与责难，阐述佛教的义理，反映了佛教在中国传播的早期人们对佛教的看法。陆澄《法论》、僧祐《弘明集》均有收录，法论佚后，赖《弘明集》得传。（江晖）

法华三昧经 又称《正法华三昧经》。佛教经典。6卷。三国吴五凤三年（256）大月氏沙门支疆梁接（正无畏）在岭南交州（治番禺，今广州）

翻译，沙门道馨笔受。僧祐《出三藏记集》列入"失译经"（译者姓名不详）类。费长房《历代三宝记》据《魏世经录目》及《始兴录》补上译者。此经在中国前后凡六译，此为最早译本。今已不存。（张若琪）

正法华三昧经 见"法华三昧经"。

大乘起信论 又称《起信论》。佛教论著。相传古印度马鸣菩萨著，南朝梁真谛译。1卷。阐明大乘如来藏之旨，及菩萨、凡夫等发心修行之相。共5篇：第一因缘分，举出八分以叙

述造立本论的因缘，为"序分"。第二立义分、第三解释分、第四修行信心分为"正宗分"，立义、解释二分阐明"一心""二门""三大"理论，修行信心分说明"四信""五行"法门。第五劝修利益分，举示受持本论者的可得利益，为"流通分"。是了解大乘佛教思想的重要入门著作，对中国佛教影响颇深。收入《大正藏》第32册。梁启超曾作《大乘起信论考证》，论证此书非马鸣所作，而是北齐至隋间中国人的作品。（江晖）

起信论 见"大乘起信论"。

楞严经　全称《大佛顶如来密因修证了义诸菩萨万行首楞严经》；又称《中印度那烂陀大道场经》。佛教经典。唐中宗神龙元年（705），中外僧人合作在法性寺（即光孝寺）翻译，乌苌国沙门弥伽释迦译语，罗浮山南楼寺沙门怀迪证译，被谪在粤的宰相房融笔受。10 卷。据传由龙树菩萨在龙藏中默记诵出，后录呈于国王，国王视为至宝，不准流出他国。但中天竺（在今印度）沙门般刺蜜帝（极量）为利益东土，以白绢将经文抄录下来，然后自割肌肉，藏经臂中。待伤口愈合后，航海来华，抵达广州，再取出白绢。"首楞严"为佛所得三昧之名，是万行的总称，汉译为"一切事究竟坚固"。分序分、正宗分、流通分 3 部分。阐明根尘同源、缚脱无二的道理，认为世间一切事物都是菩提妙明元心，众生因不明自心性净妙体，故流转生死，所以应修习禅定，破除心中的颠倒之见，成就无上正道。是一部说理翔实、修证明确的大经，被赞为统摄佛教经论的指南。（张若琪）

大佛顶如来密因修证了义诸菩萨万行首楞严经　见"楞严经"。

中印度那烂陀大道场经　见"楞严经"。

六祖坛经　佛教经典。中国佛教著作唯一被称作"经"的典籍。唐慧能说，弟子法海等记录整理。在流传过程中后人有增订。因禅宗六祖慧能在韶州（今韶关）大梵寺戒坛授无相戒说摩诃顿法而得名。内容分 3 部分：一是慧能的家世及得法经历；二是慧能的弘法情况及与弟子的对答；三是慧能圆寂前对弟子的交代及圆寂后的情况。以无念为宗、无相为体、无住为本，认为心性本净、佛性本有，一切般若智慧从自性而生，无须外求。一旦妄念灭除，便可顿悟，从而得识佛性。

不悟佛是众生，觉悟众生是佛。心即是佛，佛即是心，佛国不在西方，不在身外，就在人的心中。集中体现了慧能的思想与智慧，把佛教彻底中国化，是南宗禅的根本宗旨，对中国佛教影响深远。在流传过程中衍生出三大类别四大版本：一是敦煌地区出土的法海集记类，包括敦煌本、旅顺博物馆藏本（简称旅博本）、中国国家图书馆藏本（冈 48 号）、敦煌市博物馆藏本（敦博 077 号）、北京图书馆藏残片（简称北残片）、西夏文本（简称西夏本）；二是流传于日本地区的惠昕所述类，包括兴圣寺本、真福寺本、大乘寺本、天宁寺本、金泽文库本（残部）；三是经契嵩校勘的流通类，包括传入高丽的德异本、元代宗宝本、麦积山藏本。四大版本：敦煌本，迄今所见的最早版本，法海编集于唐代，名《南宗顿教最上大乘摩诃般若波罗蜜经六祖惠能大师于韶州大梵寺施法坛经》，1 卷，分 57 节，不分品目，只分段落，约 11000 字；惠昕本，又称兴圣寺本，惠昕在唐末宋初编成，名《六祖坛经》，分上、下两卷，10 门或 11 门，约 13000 字；契嵩本，又称曹溪原本，契嵩在宋代编成，名《六祖大师法宝坛经》，1 卷 10 门，约 19000 字；宗宝本，又称流通本，宗宝编成于元代，名称《六祖大师法宝坛经》，共分为自序、般若、决疑、定慧、妙行、忏悔、机缘、顿渐、护法、付嘱 10 品，约 24000 字。除了中文版本，还有英、法、日、韩、德、泰、俄、古巴、西班牙、瑞士、缅甸、柬埔寨以及僧伽罗等文译本。（林有能）

参同契　佛教论著。唐石头希迁撰。希迁读东晋僧肇《肇论》有悟而著。书名借自道家。参者，万象参差；同者，平等齐一；契者，调和融合。以五言古诗的形式呈现，共 44 句。阐

述万法交参无穷之理，并讨论一心与诸法的本末显隐、回互流注关系。是希迁禅法的理论基石，与洞山良价的《宝镜三昧》并为曹洞宗的重要典籍。（江晖）

肇论略注　佛教论著。明释德清述。6 卷。围绕《肇论》各篇进行注解。卷 1 注解《宗本义》与《物不迁论》，卷 2 注解《不真空论》，卷 3 注解《般若无知论》，卷 4 附与刘遗民就相关问题的书面讨论，卷 5、卷 6 注解《涅槃无名论》。信笔而成，析诸家之难而阐其幽旨。较系统地发挥了佛教的般若涅槃思想，内容具有玄学化的倾向。收于《卍续藏经》第 96 册。有清光绪十四年（1888）金陵刻经处刻本。（江晖）

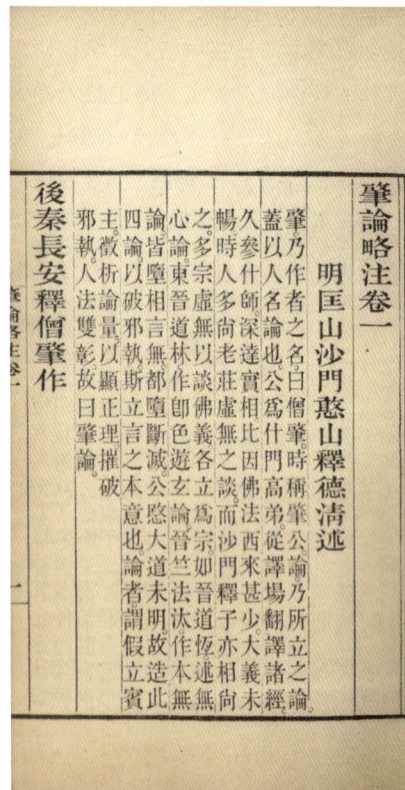

清光绪十四年（1888）刻本《肇论略注》

华严宝镜　佛教经疏著作。明末清初释道独撰。清顺治十三年（1656），道独驻锡广州海幢寺，重阅唐李通玄所著《华严经论》，因觉李氏文字浩繁，故提炼其精义，化繁为简而作。

"华严"指《华严经》，"宝镜"意为法界真智。道独法孙今种（屈大均）作跋。有清道光六年（1826）海幢寺刻本。（江晖）

首楞严经直指 佛教经疏著作。明末清初函昰撰。10卷。清康熙七年（1668）成书于丹霞山别传寺。是对《大佛顶如来密因修证了义诸菩萨万行首楞严经》的阐释。有诸经通例、本经缘起、直示圆悟、依悟圆修、广垂修范、细别业界精别魔外、本经流通、诸经流通等内容。《首楞严经》义理深玄，文字简古，颇不易理解，历代注本诸多，疏家不仅禅、教、净、律皆有，而且覆盖儒、释、道三教。函昰释经不用浮语，直达本源，言简意赅，反映了个人对经典意旨的独特理解。康熙十七年（1678），广西巡抚傅宏烈（字竹君）资助刊行。有清康熙三十年（1691）今辩请入《嘉兴藏》本、雍正二年（1724）海幢寺重刊本。今有西泠印社 2011 年释普明、冯焕珍点校本。（杨权）

楞伽经心印 全称《楞伽阿跋多罗宝经心印》。佛教经疏著作。明末清初函昰撰。4卷。楞伽是佛教所说的南海宝山，为罗婆那夜叉王所居，因夜叉王曾请佛说法于此山，故经以山名。中期大乘经典《楞伽经》在历史上曾有法藏、善月、德清等大德对其进行过疏解。函昰于清顺治十年（1653）在庐山接触过《楞伽经》，后又做了更深入的研究，因觉旧疏未达，遂于康熙九年（1670）应弟子之请，以南朝宋天竺求那跋陀罗译本为据，仗智峰而独断，阐述个人心得。共 4 卷，每卷又分上、下，实为八卷。有清康熙三年（1664）初刊本（康熙三十年今辩请入《嘉兴藏》）、雍正二年（1724）海幢寺重刊本。今有西泠印社 2011 年冯焕珍点校本。（杨权）

楞伽阿跋多罗宝经心印 见"楞伽经心印"。

鼎湖法汇 佛教论著。明末清初弘赞撰。23 种 99 卷。是弘赞著作的汇集，以"法汇"形式合编入《嘉兴藏》又《续藏》。分上、中、下 3 部，上部《四分律名义标释》40 卷；中部《四分戒本如释》12 卷，《梵网经略疏》8 卷，《沙弥律仪要略增注》《沙门日用》各 2 卷，《沙弥学戒仪轨颂并注》《礼佛仪式》《式叉摩那戒本》《比丘尼戒录》《比丘戒录》《供诸天科仪》《礼舍利塔式》各 1 卷；下部《解惑编》4 卷，《木人剩稿》《六道集》各 5 卷，《准提经会释》《归戒要集》《兜率龟镜集》《观音慈林集》各 3 卷，《沩山警策句释》2 卷，《心经添足》《受持准提法要》《八关斋法》各 1 卷。其中《六道集》收天道、人道、阿修罗道、鬼神道、畜生道、地狱道中外故事 200 余则，《观音慈林集》收印度及中国自秦至清顺治间感应故事 154 则，《兜率龟镜集》收"应化垂迹""上生内院"故事 71 则，大部分从经典文献中采撷，小部分为在岭南的闻见，对考察明末清初岭南出家释子与在家居士的佛教信仰颇有参考价值。《木人剩稿》收录其零散法语及与方内外人士的交往文字。对岭南乃至全国佛教界影响深远。（江晖、李福标）

金刚经直说 佛教经疏著作。清释成鹫撰。《金刚经》的注解，分"宗旨""教意""经题"3 部分。作者不认同古本将《金刚经》分为三十二分的做法，以十四分前为上卷、十五分后为下卷；认为假如一定要分卷，亦应以经首至"果报亦不可思议"为一卷，以"须菩提再请住心降心"至文末为一卷。对过往将《金刚经》分章作注的做法不以为然，认为会割裂经义，故合全经为一章，拈出经文，直

说经义。收入在《中华大藏经》续第40 套第 1 册。（江晖）

虚云和尚法汇 佛教论著。岑学吕编。1953 年春编成初稿，因编纂时间仓促，且未经作者审定，讹误不少。后经虚云审正并增充，于 1957 年夏出版第 2 版，1961 年出版第 3 版。均与《虚云老和尚年谱》合并印行，广为流通。1962 年，中国佛学院在读研究生净慧编成《虚云和尚法汇续编》。2008 年净慧整合资料，将《法汇》分为《法语》《开示》两部分，收入中州古籍出版社 2009 年《虚云和尚全集》第一册。《法汇》是虚云的传法言行录，内容丰富，体现了虚云的佛学思想，是研究虚云的重要资料。（江晖）

佛法要论 佛教论著。冯达庵撰。宗教文化出版社 2006 年 7 月出版。收录作者 20 世纪 20—60 年代的佛学研究心得。涵盖佛学起源、佛教源流、佛教真髓、一乘实修法要、禅密关系、学密须知、真言密意、经论阐释、往生纪实、书信问答、佛法偈颂等内容。所论皆"不离性体"，语言亦出自胸襟流出。如《〈般若波罗蜜多心经〉广义》显密双谈，详释般若之义；《〈金刚般若波罗蜜经〉大义》分"发菩提心""生清净心""般若本义""般若广义""明体""达用"6 章，阐释金刚般若境界，直指一乘法要；《法华特论》以密宗法理与实证境界精析《妙法莲华经》。（吴晓蔓）

一乘法要 佛教论著。杨佛兴撰。宗教文化出版社 2009 年 1 月出版。收录作者的佛学论文、短文、演讲稿、开示录、问答录、书信等。涵盖禅密二宗的解与行、中国传统文化与哲学、现代科学与传统佛学、荣格分析心理学与中国传统文化、佛学与法学、一乘顿教与和谐社会、一乘之正见、一

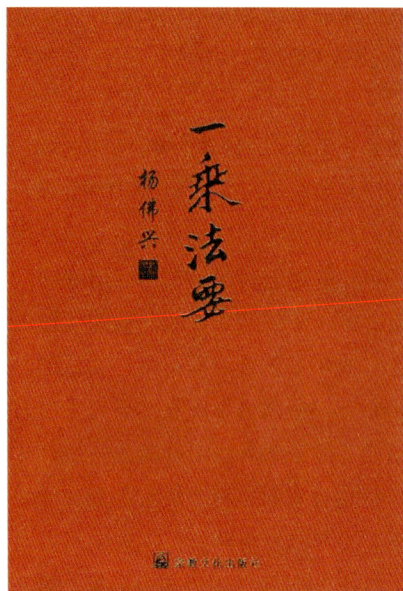

宗教文化出版社2009年版《一乘法要》

乘之答疑、一乘之实效、一乘实修法要、唐密真言法理、人生取向、心灵净化与社会和谐等主题。均以实修为基础，深入浅出。（吴晓蔓）

阴那山志　全称《嘉应州阴那山志》。佛教山志。明李士淳纂修。载录梅州

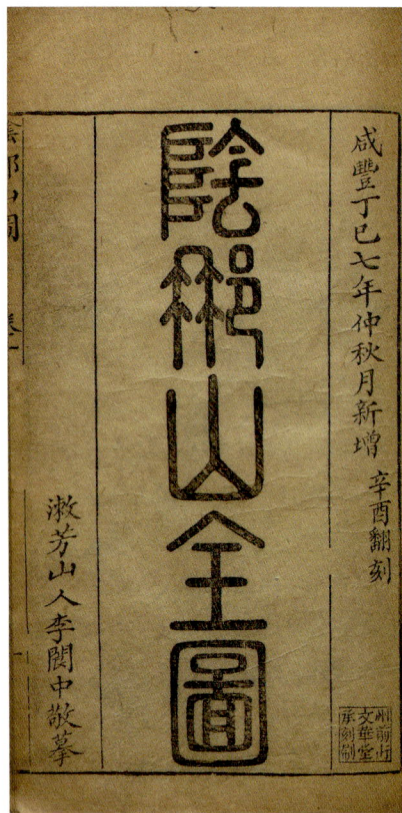

清咸丰七年（1857）刻十一年（1861）
翻刻本《阴那山志》

阴那山灵光寺的故事史迹。刊行时间不晚于明天启元年（1621）。清代曾陆续翻刻增补，故全书文字、版式、体例不甚统一，内容亦较繁复芜杂。大抵前2卷为明时旧志，主要内容为祖师传、修造记及与田粮相关的碑文；后4卷为清人在不同时期增入的新志，内容为题咏、楹联、匾额及相关的公牍档案等。虽不成系统，但保存了有关资料。有清咸丰七年（1857）刻十一年（1861）翻刻本、清同治八年（1869）刻本。今有中华书局2006年钟东点校"岭南名寺志"本。（杨权）

嘉应州阴那山志　见"阴那山志"。

光孝寺志　佛教寺志。清顾光、何淙修撰。12卷。载录广州光孝寺的故事史迹。明崇祯时本地信士张惊搜集光孝寺史迹遗编，辑成旧志2卷，分殿宇、建置、法宝、圣锡、人物、檀越、艺文7章，刻本毁于清初。清乾隆三十四年（1769）广州知府顾光重修，由何淙纂辑，温闻源参订，释成鉴校修。新志在张惊旧志的基础上删繁补

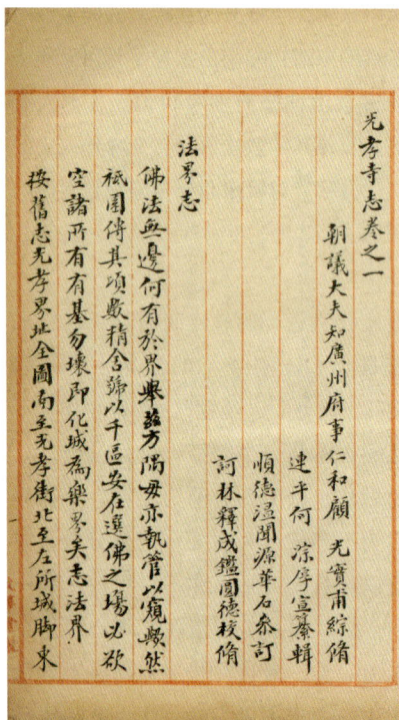

清乾隆三十四年（1769）抄本《光孝寺志》

阙，增为法界、建置、古迹、法宝、净业、法系、名释、檀越、语录、艺文10卷，另有题咏两卷，凡十数万言，记述了历代高僧大德在光孝寺的活动情况，勾勒了南禅的发展轨迹，反映了岭南信众对佛教的崇拜，为研究岭南佛教的历史提供了可靠的资料。有清乾隆三十四年（1769）云逢铨藏抄本。今有中华书局2000年中山大学中国古文献研究所整理组点校"岭南名寺志"本。（杨权）

曹溪通志　佛教寺志。清马元修，释真朴纂。8卷。成书于清康熙十一年（1672）。载录韶州曲江南华寺的故

清道光十六年（1836）刻本《曹溪通志》

事史迹。南华寺在明嘉靖前无志，嘉靖至万历年间韶州官绅先后修成《南华志》与《重修南华志》，均已失传。康熙版寺志是在明万历三十二年（1604）释德清主修、清顺治间人增修的五卷本寺志的基础上修成的。卷1为山川形势、古迹、建制规模（附香火供奉）；卷2为道脉源流、传灯人物、继席宗匠（附住持过化）、佛法提纲（附激扬）；卷3—6为王臣外护，包括敕、锡典、序、疏记、序、

文、碑记、引、塔记、碑铭、铭、跋、塔铭、疏、启、书、实录、法语、偈、传赞等，卷7—8为品题词翰。有清道光十六年（1836）怀善堂重刻本、1933年重刊本。今有香港梦梅馆2008年杨权、张红、仇江点校"岭南名寺志"本。（杨权）

丹霞山志　佛教寺志。清陈世英、陶煊等修撰，释古如增补。10卷。清康熙三十八年（1699），仁化知县陈世英主修，别传寺僧今䂵、今遇校订，文士吴寿潜、陶煊、刘授易同辑。载录韶州丹霞山别传寺的故事史迹。雍正十一年（1733），别传寺僧古奘、古如修订增删，内容下延至此时。卷1形胜疆界，卷2建置，卷3源流法统，卷4规约格言，卷5宗旨，卷6人物，卷7田赋，卷8—10艺文。卷首有图17幅、今释《乞山偈》、李充茂《舍山牒》及《山水总序》。记述别传寺初开山数十年的情况，载录函昰、今释两任方丈的事功尤夥。有孤本藏于上海图书馆，民间另有不完整抄本。今有中华书局2003年仇江、李福标点校"岭南名寺志"本。（杨权）

鼎湖山志　佛教寺志。清丁易总修，清释成鹫纂述。8卷。载录肇庆鼎湖山庆云寺的故事史迹。清康熙三十八年（1699），成鹫应四代祖元渠之邀入鼎湖山修志，后因元渠圆寂而中辍。9年后成鹫被推为庆云寺方丈，乃重续修志。康熙四十九年（1710）修成付梓，康熙五十六年（1717）曾经补刻。卷1鼎湖山总论、星野疆域、山川形胜、殿阁堂寮、创造缘起、新旧沿革，卷2开山主法，卷3继席弘化，卷4清规轨范，卷5耆硕人物、檀信外护，卷6登临题咏，卷7艺文碑碣，卷8附山中杂志。在岭南诸佛寺志中以体例齐整、内容丰富、文字简明著称。今有中华书局2006年李福标、仇江点

校"岭南名寺志"本。（杨权）

禺峡山志　佛教寺志。清孙绳祖编撰。4卷。清广东清远知县孙绳祖在明邵谒编纂、清康熙初夏云删订的旧志的基础上重修而成。清康熙六十年（1721）初刊，同治元年（1862）与光绪十年（1884）曾两次重刊。载录清远飞来寺的故事史迹。前附图经。卷1前部名胜备考，后部建制沿革；卷2古今艺文；卷3、卷4登临题咏。对历代艺文作品收录颇富，保存了地方文化遗产；但对法统源流、寺院规则、高僧活动与经解语录等记载单薄。今有中华书局2006年仇江、曾燕闻、马德鸿点校"岭南名寺志"本。（杨权）

华峰寺志　佛教寺志。清鉴传撰。5卷。成书于清光绪年间。载录华峰山海门禅院（又名华峰寺）从祖师南樵和尚至第十三代主僧220余年间的故事史迹。首叙名胜；院中诸人物附之；后为历代碑记序疏，殿以游客诗；卷4附刻觉海《虚舟遗稿》；卷5附鉴传《藏拙堂诗存》。有清光绪二十六年（1900）海门禅院刊本。今有华宝斋古籍社2006年仇江、钟稚鸥点校"岭南名寺志"本。（杨权）

云门山志　佛教寺志。岑学吕作。载录广东乳源云门山大觉禅寺的故事史迹。虚云重兴云门祖庭时，命职事僧惟心及近身弟子妙云、证圆森搜集文偃以来各种文献资料，撰成山志初稿，以保存云门山的历史文化。20世纪50年代，虚云门人遵师嘱将书稿送至香港，交岑学吕整理成书。以云门宗开山祖师文偃与中兴祖师虚云为重心，记述了云门寺的各种故事史迹，包括历代的住持、护法、规约、碑记、文献、语录、艺文等，反映了云门宗的发展演变轨迹。今有上海古籍出版社2014年释明向编、仇江整理"云门宗

丛书"本。（江晖）

潮州市佛教志·潮州开元寺志　佛教寺志。释慧原编纂。1986年，慧原受托修撰地方佛教志，以1965年的四册志稿为基础，成书约80万字。载录自唐开元二十六年（738）至1987年以开元寺为中心的潮州佛教历史掌故。共10章，分别为潮州市佛教寺庵概况、宪令、纪事、佛教文化事业、规制、文物、文苑、人物、梵呗、杂录。前有饶宗颐所作《序》及慧原《概述并自序》，书末有《附录》及《后记》。辑录众多佛教文献，参考经、书200余种，填补了潮州佛教志的空白。有潮州开元寺1992年刊印本。（张若琪）

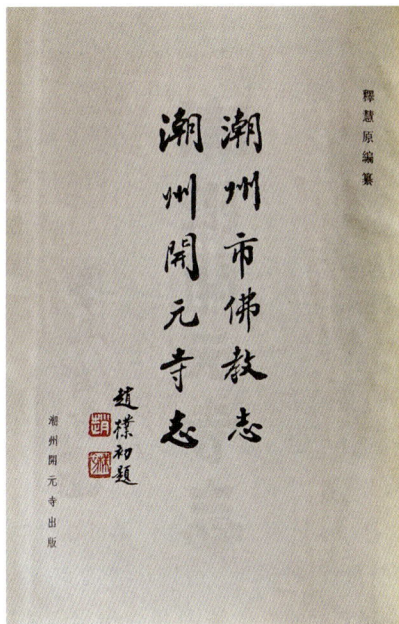
潮州开元寺1992年版
《潮州市佛教志·潮州开元寺志》

长庆宗宝道独语录　佛教语录。明末清初道独说，再传弟子今释编次。6卷。内容包括像赞、自序、序、上堂、示众、茶话、问答、著语、颂古、偈、赞、铭、书、杂著，附录行状、塔铭等。卷首有明崇祯十五年（1642）门人函昰所作《华首语录》序。有清康熙傅弘烈刻本、康熙三十年（1691）《嘉兴藏》（《嘉兴藏》本挖改为上、下两卷）本。今有广东旅游出版社

2015年李福标等整理"清初岭南佛门史料丛刊"本（收入《清初岭南洞宗高僧三种》）。（李福标）

天然昰禅师语录 佛教语录。明末清初函昰说，法徒今辩据各刹语录汇集重编。12卷。书题《庐山天然昰禅师语录》，因函昰虽以岭南为重心，但早年的出家之地与晚年的弘化之地均在江西庐山，故题。前有函修《诃林语录》序、梁殿华《西樵语录》序、陆世楷《丹霞语录》序，又有汤来贺撰《塔志铭》、今辩撰《行状》。内容依次为上堂、小参、普说、茶话、室中垂示、举古、问答、颂、问答、颂古、赞、偈、铭、书问、杂著、佛事，后附《梅》《雪》诗。虽著录为"康熙庚戌（九年）嘉兴楞严寺般若堂刊本"，然收有康熙十九年（1680）的作品，当为康熙三十年（1691）被弟子今辩送入《嘉兴藏》前仍有增补。乾隆间列入《禁书总目》《违碍书目》。有哥伦比亚大学图书馆藏本。今有香港梦梅馆2007年点校本。（李福标）

千山剩人和尚语录 佛教语录。明末清初函可说，都寺师慧、玄赋、祖衍、寂亮编，书记今羞、今何、今蚁录。6卷。函可圆寂后出版。函可在世时刊行过两种语录，分别是清顺治八年（1651）的《普济剩和尚语录》（2卷）与顺治十一年（1654）的《剩人和尚语录》（10卷），均佚。卷1—2上堂，卷3—4小参，卷5普说、茶话、问答，卷6拈古、颂古、偈、十二时歌，听众为其流放地东北辽阳千山一带的信众。除谈禅说法外，亦评世道变迁、讲人生哲理，甚至不避讳自己家庭与个人的遭际。有清康熙二十九年（1690）广州黄华寺刻本，书前有北里樵人（左大来）序、木斋（李呈祥）序、今辩序，次函昰撰《塔铭》、郝浴撰《塔碑铭》。是了解函可的宗教活动与宗教思想，研究岭南佛教在东北传播的重要文献。入《嘉兴藏》又续藏。今有广东旅游出版社2015年张红、仇江、沈正邦点校整理"清初岭南佛门史料丛刊"本（收入《函可和尚集》）。（李福标）

圆照峁溪行森禅师语录 佛教语录。清行森说，门人超德等编次。6卷。行森在顺治末曾奉诏入京，为清世祖说法。该书即为作者说法的记录。卷1御敕、金俊明序、上堂、小参，卷2早参、晚参，卷3示众、普说、拈古、颂古、塔铭，卷4法语，卷5机缘、垂问，卷6代别、赞偈、书问、佛序。有清康熙杭州圆照寺刊本。收入《乾隆大藏经》时，与世祖的问对机缘被删。（李福标）

镡津文集 僧人别集。北宋契嵩撰，怀悟编。南宋绍兴四年（1134）编成。镡津即广西藤县，是契嵩出生地。内容包括《辅教编》《皇极论》《中庸解》《论原》《非韩》及各种书状、序文、

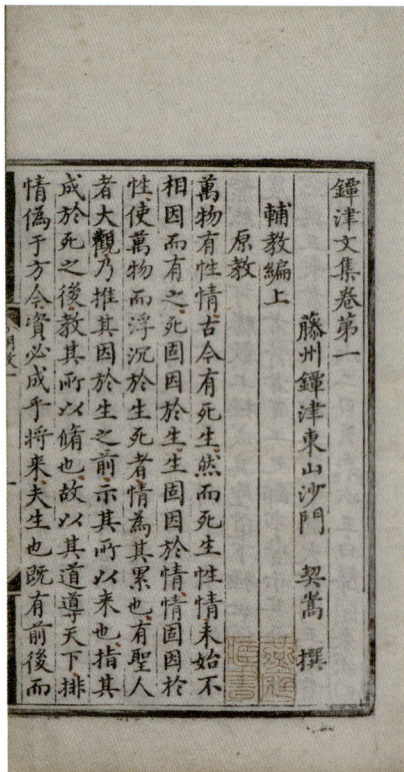

明弘治十二年（1499）刻本《镡津文集》

志记、铭碑、述题、书赞、传评、诗歌等，着重探讨儒、佛两家的实质，试图把佛教要旨与儒家思想相结合，其儒佛一致的思想对宋后的佛教产生巨大影响。有元至大本（20卷）和明永乐本（19卷）、弘治十二年（1499）刻本（22卷）等，弘治本为流通本。今有巴蜀书社2014年林仲湘、邱小毛校注"广西地方古籍整理丛书"本、上海古籍出版社2016年钟东、江晖点校"云门宗丛书"本。参见第473页文学卷"镡津文集"条。（江晖）

梦游集 全称《憨山大师梦游全集》；又称《憨山老人梦游集》。僧人别集。德清门人编辑，侍者福善录，通炯编辑，刘起相重校。55卷。明代僧人憨山德清的语录与著述集。刊行于清光绪五年（1879）。卷1有钱谦益序。包括《法语》《书问》《记》《序》《题跋》《传》《颂》《赞》《诗》《书》《首楞严经悬镜》《妙法莲华经击节》《楞严通议补遗》《楞伽补遗》《大学纲目决疑题辞》《观老庄影响论》《道德经解发题》《憨山绪言》《径山杂言》《化生仪轨》《化仪之余》《梦游诗集》《曹溪中兴录》《憨山老人自序年谱》《塔铭》等，体现德清禅净双修的主张与博通内外的追求，也保存了佛门的若干史料。除注疏佛教经论外，还有对《老子》《庄子》《中庸》等道儒经典的注解，体现其融会三教的努力。收录于《卍新纂续藏经》第127册、《禅宗全书》第51册。《嘉兴藏》另有41卷的《憨山大师全集》，内题为《憨山老人梦游集》，清初刊行，当系55卷本所据的早期版本。（江晖）

憨山大师梦游全集 见"梦游集"。
憨山老人梦游集 见"梦游集"。

瞎堂诗集 僧人别集。明末清初函昰

撰。20卷。瞔堂是函昰所住番禺雷峰海云寺丈室。清康熙二十四年（1685）函昰圆寂后，弟子今毬取其未刻诗稿及此前已传世的单行本诗集《天老人梅花诗》《天老人雪诗》《似诗》汇刻而成。收录诗作1719首。题材广泛，内容包括悲悯离乱中的民众，哀悼为国死难的烈士，赞颂师弟同参的情谊，以及述说佛法、抒写禅意等。诸体兼擅，古体质朴淡远，有汉晋遗韵；近体宗杜，沉郁中含雄直之气。有清康熙海云寺刻本，今仅见道光海幢寺重刻本。今有中山大学出版社2006年李福标、仇江点校"清初岭南佛门史料丛刊"本。（江晖）

千山诗集 僧人别集。明末清初函可撰。20卷。函可客死辽宁千山龙泉寺后，其门弟子今羞收集海幢寺及今无、今辩、韩履泰所藏函可诗稿，汇成别集，清康熙四十二年（1703）刊行。梓事将竣，广州黄华寺主又出函可寓居金陵时所作诗1卷，以补遗形式附于编末。共收录函可所创作各体诗歌

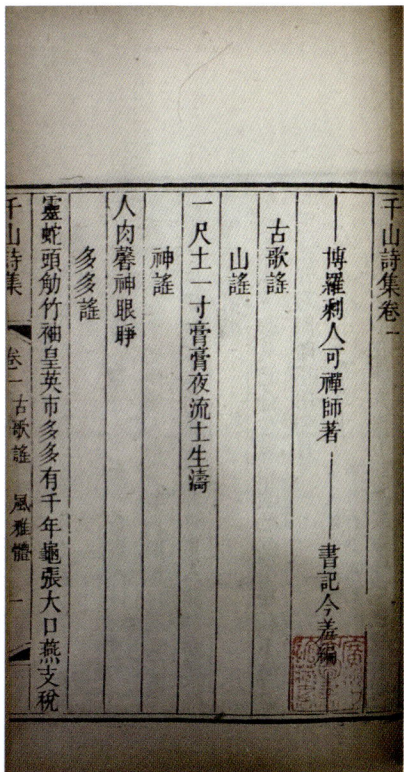

清康熙四十二年（1703）刻本《千山诗集》

1500余首。反映了函可在岭南、江南及辽东的生活经历与内心思想，也从特殊角度展现了清初的社会、政治、宗教、文化场景。笔触深沉，撼人心魄。其痛伤人伦之变、感慨国家之亡的至情至性，有士大夫所不能及者。乾隆时被列入禁毁书目。有清康熙四十二年（1703）刻本。今有台湾"中央研究院"、中国文哲研究所2005年罗志雄、杨权点校本，广东旅游出版社2015年张红、仇江、沈正邦点校"清初岭南佛门史料丛刊"本（收入《函可和尚集》）。（李福标）

布水台集 僧人别集。明末清初道忞撰。32卷。钱谦益作序。包括诗赋、序跋、碑铭、塔铭、传记、奏疏、尺牍等不同类型的作品。思想内容比较复杂，诗文既表达对明朝毅宗皇帝的哀思，也有对与清世祖的君臣之谊的记述；既有佛学见解，也有文学艺术鉴赏；既记述与佛门人士的交游，也载录与文士官宦的往还。反映了当时社会的复杂场景与作者的微妙心态。有清康熙刻本、清康熙三十年（1691）《嘉兴藏》本。今有广东旅游出版社2017年萧卓、钟东、郭鹏飞点校"清初岭南佛门史料丛刊"本（收入《道忞和尚选集》）。（江晖）

北游集 僧人别集。明末清初道忞说，门人真朴编次。6卷。清顺治十六年（1659）道忞应诏入大内说法的记录。卷1为住大内万善殿语录，卷2为奏对机缘，卷3、卷4为奏对别记，卷5为偈、赞，卷6为杂著，卷末附录顺治十七年（1660）《御札》一篇。道忞精儒、释之学，曾在大内说法，对朝廷的方略与佛教的发展都产生过影响。雍正即位后对书中所载甚为不满，指其"狂悖乖谬"，下旨销毁。有清康熙三十年（1691）《嘉兴藏》本。今有广东旅游出版社2017年萧卓、钟东、郭鹏飞点

校"清初岭南佛门史料丛刊"本（收入《道忞和尚选集》）。（李福标）

遍行堂集 僧人别集。明末清初释今释撰，古理、古习编。正集49卷、续集16卷。收澹归出家后所作诗文。正集

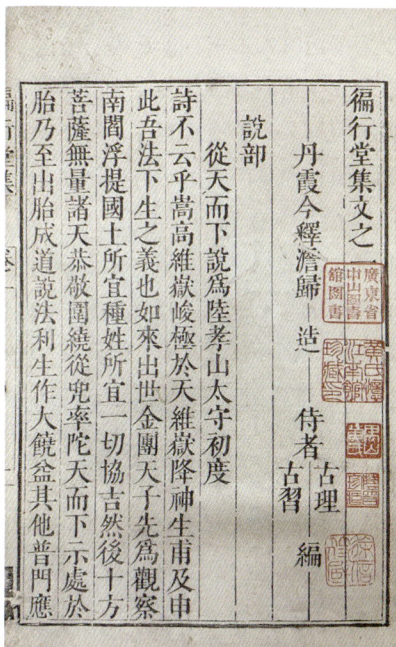

清康熙丹霞山别传寺刻本《遍行堂集》

前有函昰序、赵佣序、陆世楷征刻遍行堂诗文集引、自题缘起、今无序等，卷1—29文部，卷30—41诗部，卷42—44词部，卷45—46语录，卷47—48颂古，卷49菩萨戒疏随见录。续集前有李复修序、沈晖日序、今辩序，卷1—12文部，卷13—16诗部附诗余。内容庞杂而丰富，举凡南明政治、明清理学、佛禅义理、文艺思潮及社会风俗等都有关涉，其中反映开辟与经营丹霞山的文字尤多。一些与官宦的应酬之作曾引起过士大夫的抨击讥讽，但一些文字本诸忠义，记事说理凛然有生气。对了解澹归出家后的思想与活动有重要意义，对研究南明史、清初遗民史、明清之际的士大夫思想史、禅宗发展史乃至岭南文学史、民俗史等亦有独特价值。有清康熙丹霞山别传寺刻本。清乾隆四十年（1775）以"语多悖谬"遭朝廷禁毁。

有清宣统三年（1911）上海国学扶轮社铅印本。今有广东旅游出版社2008年段晓华点校"清初岭南佛门史料丛刊"本。参见第478页文学卷"遍行堂集"条。（李福标）

阿字无禅师光宣台集　僧人别集。清释今无撰，门人古正、古云编。25卷。约编成于清康熙二十年（1681）今无圆寂后不久。首有今释序、阿字和尚像、函昰像赞与古云《海幢阿字无禅师行状》，卷1—4为法语，是今无上堂说法的记录；卷5—14为序文、记、论说、书、跋、塔铭、赞、题、颂、偈、铭、颂古、佛事等；卷15—25为各体诗。其中语录部分在康熙中期被编为《海幢阿字无禅师语录》收入《嘉兴藏》。康熙时有刻本传世，乾隆时受今释《遍行堂集》案的牵连而遭禁毁。后文网稍弛，又有重刻本。有清康熙刻本、清嘉庆二十四年（1819）重刻本、道光修补嘉庆刻本。今有广东旅游出版社2017年李君明点校"清初岭南佛门史料丛刊"本（收入《今无和尚集》）。参见第479页文学卷"阿字无禅师光宣台集"条。（李福标）

海云禅藻集　佛门诗总集。清徐作霖、黄蠡辑。番禺海云寺为清粤中的重要丛林，清顺治六年（1649）天然和尚函昰开法于此，一时四方才俊相率皈依，形成一个人数庞大的法众群体，形成"海云禅派"。因函昰重视诗歌创作，每以诗教为佛教法门，故其座下有不少善诗者。本集择录函昰的徒子今、古、传三代僧人、居士128人的诗作共1010首（其中僧人之作732首）。内容或参悟禅机，或随缘山水，或深痛家国，或移情空案。凡所采录，均附作者小传。可作《雷峰志》的艺文志看。乾隆间被列入禁毁书目。有清康熙刻本、清道光十年（1830）番

清道光十年（1830）刻本《海云禅藻集》

禺陶克昌不如不来斋重刻本、1935年《逸社丛书》铅印本。今有广东旅游出版社2017年黄国声续辑点校"清初岭南佛门史料丛刊"本。（李福标）

法性禅院唱和诗　佛门诗总集。清周瓠编。法性禅院即广州光孝寺。清初住持僧达津与继席愿光为扩大寺院的影响，不时召集本邑及外地僧俗诗家来寺雅集。清康熙二十四年（1685）以来，曾有屈大均、陈恭尹、梁佩兰、陈阿平、陶璜、杨锡震等一批本地诗人到寺聚会。康熙三十八年（1699）初秋，又有浙江、江苏入粤诗人沈彪、姚东明、潘耒、张尚瑗、陈都、毛端士、吴漗、司旭等与本地名士分韵唱和。参与者周瓠择其诗什辑成此书，厘为正集6卷、续集6卷，得本籍与外来僧俗152人，唱酬之作457首。可为研究清初岭南的佛门风尚与文坛交游，提供具体生动素材。有清康熙刻本。今有广东旅游出版社2017年黄国声续辑点校"清初岭

南佛门史料丛刊"本（附《海云禅藻集》）。（李福标）

离六堂集　僧人别集。清释大汕撰。正集12卷、二集3卷。正集收录大汕到越南弘法前，初到广东及稍后北上游历京师、中原和江南等地之作。二集收录在广州住持长寿寺后的唱和酬答之作。上述二集加上《离六堂近稿》1卷所收诗，共1000多首。因大汕与三藩关系密切，乾隆时被朝廷列为禁毁书。有清康熙广州怀古楼刻本。今有中山大学出版社2007年万毅、杜蔼华、仇江点校"清初岭南佛门史料丛刊"本（收入《大汕和尚集》）。参见第471页文学卷"离六堂集"条。（江晖）

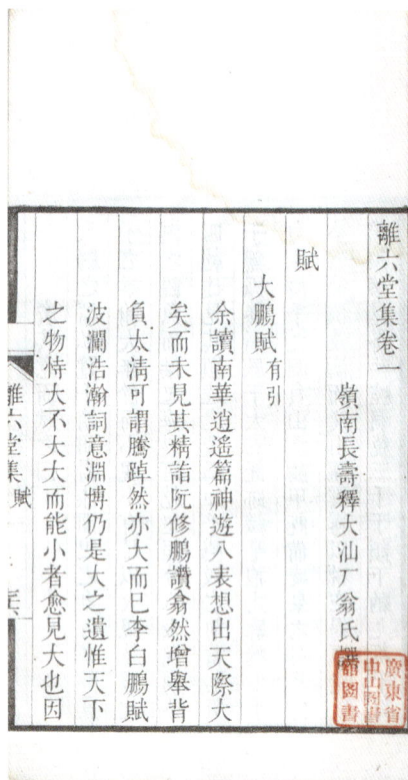

清康熙四十一年（1702）刻本《离六堂集》

咸陟堂集　僧人别集。清释成鹫著。57卷。约刊行于清康熙四十八年（1709）或稍后。有清康熙耕乐堂初刻本与道光重刻本两个版本。初刻本只有初集，包括文25卷、诗17卷；重刻本初集补充了6篇文字，并增加

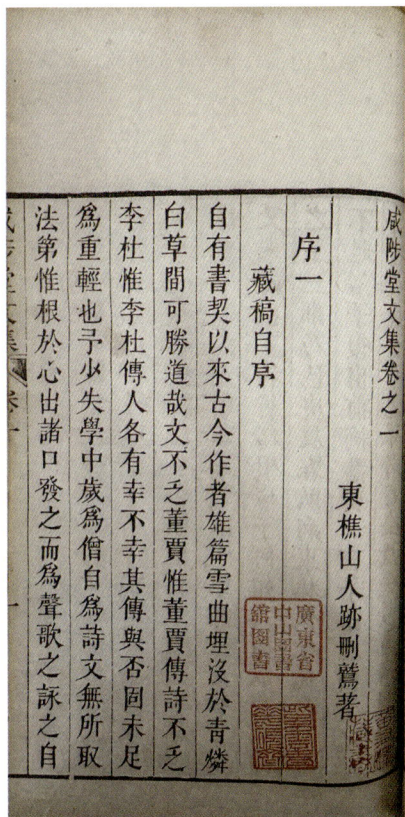

清道光二十五年（1845）刻本《咸陟堂集》

了 2 集，包括文 8 卷、诗 6 卷、赋 1 卷。"咸陟"，出自《周礼》太卜氏占梦之法，意为无思无虑感物而通。收录成鹫在不同时期所作的序、跋、志、铭、记、传、启、疏、引、赋及祝寿、祭祀、题赠、书牍、问答、警语、题辞等各体文章数百篇，诗歌 1000 多首。从不同角度记录或反映成鹫的政治立场、思想认识、生活态度、艺文见解、审美意趣、宗教信仰、处世哲学及社交情况，并透露了其所处时代的政治、经济、军事、文化、宗教信息，被认为是直抒胸臆、尽情发泄的文苑奇葩。乾隆时曾遭清廷查禁，被列入《禁书总目》《违碍书目》。今有广东旅游出版社 2008 年曹旅宁、蒋文仙、杨权、仇江点校"清初岭南佛门史料丛刊"本。参见第 479 页文学卷"咸陟堂集"条。（杨权）

灵山正弘集　佛门总集。清释本果辑。广东潮阳灵山寺的史料汇编，清康熙间道忞法嗣僧本果辑。原名《正弘集》，后灵山寺重刻，始冠以"灵山"二字。收录历代文人所撰与灵山寺相关的各种诗文作品，内容包括《灵山总图》《大颠祖像》《际慎题字》《灵山八景》《原序》《潮州大颠祖师本传》《昌黎韩公请师三书》《大颠别传》《别传跋》《别传赞》《灵山寺诗》《敕赐灵山开善禅院碑记》《县志》《孤山书》《道琳书》《原教论》《后序》《跋》等。书因评说唐元和十四年（819）韩愈与大颠辩论之事而招来儒释两家的聚讼。有清康熙五十八年（1719）刻本。（李福标、江晖）

涂鸦集　僧人别集。清一机撰。清顺治十八年（1661）初刻。"涂鸦"，自谦之意。主体部分为《书问》2 卷，收录信札数百则。《书问》后有《杂录》及赞、铭、启数十则。文杂用骈偶，工整雅洁。可补岭南佛门史料尤其是广东肇庆鼎湖山庆云寺史料的不足。今有广东旅游出版社 2015 年李福标等整理"清初岭南佛门史料丛刊"本（收入《清初岭南洞宗高僧三种》）。（江晖）

禅灯世谱　禅门灯录。清吴侗集，道忞编。9 卷。刊于明崇祯五年（1632）。道忞有感佛祖传记系谱湮灭不全，欲搜罗诸传灯录及碑铭简牍以编集禅宗祖师世谱，入闽得吴侗所纂《世谱》后加以完善而成。以图表形式列述自释迦牟尼以下，至南岳、沩仰、临济、黄龙、杨岐、虎丘、云门、法眼、青原、曹洞等诸宗嗣法正脉及旁出源流。以天皇道悟为马祖道一法嗣，将其归于南岳一系而不归于青原一系，曾引起后世争讼。收入《卍续藏》第 147 册、《禅宗全书》第 14 册。（江晖）

开元寺传灯录　禅门灯录。清道光六年（1826）广东潮州开元寺住持、曹洞宗僧绍法主持刊印。记载本法系列祖的名号及传法因缘等。自唐代六祖慧能创立南宗始，五传至洞山良价开派，再二十七传至清初道独在广东罗浮山华首台分派，又三传至密因中兴开元，所记法脉传衍情况至道光六年（1826）。所有法嗣均被载录。1943 年开元寺藏经楼失火印版被焚，今仅存印本。（江晖）

天童密云禅师年谱　僧人年谱。明末清初道忞编。1 卷。明代浙江天童寺高僧圆悟的年谱。圆悟，号密云，为幻有正传的法嗣、道忞的师父，以《坛经》悟道，历住天台山通玄寺、嘉兴广慧寺、福州黄檗山万福寺、育王山广利寺、天童山景德寺、金陵大报恩寺六大名刹，大振临济宗风。有《密云悟禅师语录》。年谱以时间为经、事迹为纬，记述谱主生平，以奉佛学法、说法弘教为主要活动线索。有清顺治十七年（1660）刻本。（江晖）

木陈忞禅师随年自谱　僧人年谱。明末清初道忞撰。以编年形式记述明万历二十四年至崇祯十三年（1596—1640）道忞 45 岁前的事迹。可补史传缺失。最初以抄本形式流传于广东大埔民间，1956 年经汪宗衍整理后由马来亚大学《东方学报》创刊号发表。今有广东旅游出版社 2017 年萧卓、钟东、郭鹏飞点校"清初岭南佛门史料丛刊"本（收入《道忞和尚选集》）。（江晖）

天然和尚年谱　僧人年谱。汪宗衍撰。1942 年成书。以《天然昰和尚行状》《天然昰和尚塔志铭》《天然禅师语录》及《瞎堂诗集》等为主要依据，记述明万历三十六年至清康熙二十四年（1608—1685）天然和尚的主要事迹，内容包括读书、交游、出家、嗣法、悟道、建寺、驻锡、弘法、纳徒、

著述等。概括了谱主作为遗民领袖、法门砥柱与风雅巨擘的三位一体形象。谱后附有《天然和尚著述考》。1942年澳门于今书屋出版。（江晖）

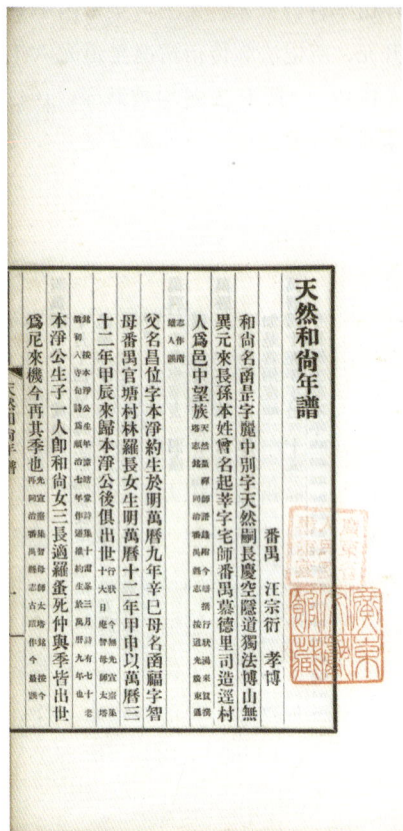

于今书屋1942年版《天然和尚年谱》

千山剩人和尚年谱　僧人年谱。汪宗衍撰。以志乘碑传及语录诗文等文献资料为依据，编述明万历三十九年至清顺治十六年（1611—1659）函可的生平事迹，包括少年学习、因缘出家、拜师悟道、交友外游、犯事金陵、流放关外、讲经说法等，录事延续至函可卒后129年。香港何耀光至乐楼印行于1973年。1986年收入《新编中国名人年谱集成》第20辑。（江晖）

澹归禅师年谱　僧人年谱。吴天任撰。1988年撰于香港。以编年形式记述明万历四十二年至清康熙十九年（1614—1680）澹归的生平事迹。以清顺治七年（1650）为界，前半部分记澹归出家前的活动，后半部分记出家后的活动。正文下附有大量诗文与按语。取

材于时人的笔记、别集等，对社会背景描写详细。因吴天任只见《遍行堂续集》而未及见《遍行堂集》，故事迹多有遗漏。附录《澹归禅师身后之文字狱》《澹归禅师遗著考略》《澹归禅师逸诗初辑及补遗》3文。1991年香港佛教志莲图书馆印刊。（江晖）

纪梦编年　僧人年谱。清初僧人成鹫自撰。手录于广东肇庆鼎湖得我堂。因觉人生如梦，故名。自录明崇祯十年至清康熙五十五年（1637—1716）的经历，涵盖其落发前后的活动，亦有对人生得失的反思，纪事有详有略，内容生动丰富。另有《丁酉年后纪梦续编》，自录80岁至81岁的要事。有清广州龙藏街萃文堂刊本。今有广东旅游出版社2008年曹旅宁、蒋文仙、杨权、仇江点校"清初岭南佛门史料丛刊"本。（江晖）

虚云和尚年谱　僧人年谱。岑学吕编。介绍近代佛门虚云的生平事迹。由两部分组成：一部分是虚云对人生经历的自述，始于清道光二十年（1840），止于1949年冬；另一部分是岑学吕对虚云所述内容的补充，与对虚云于1959年圆寂前十年间事迹行状的记载。一般与《虚云和尚法汇》合并刊行，后僧人净慧对内容进行整理，将其中的长篇开示、文记抽出，放入《虚云和尚全集》。（江晖）

传法正宗记　略称《正宗记》。佛教史著。北宋僧人契嵩撰。9卷北宋至和二年（1055）起稿，嘉祐六年（1061）完成。被奏进朝廷，诏付传法院编次入藏。以纪传体形式记述禅宗的传法次第。前有《上皇帝书》《许收入藏中书》及札子、题跋等；卷1为《始祖释迦如来表》；卷2—6叙述初祖摩诃迦叶至第三十三祖大鉴慧能的事迹；卷7—8为《正宗分家略传》，略

记慧能至智达共1304人，除开宗立派者外多无传；卷9为《旁出略传》《宗证略传》，分录慧能前的旁支世系205人和译著者10人。另附《传法正宗定祖图》1卷、《传法正宗论》2卷。叙述印度诸祖师的事迹及中国禅林的法脉次第，是南宗盛行后的禅宗史籍，为后世了解禅宗的传法情况提供了依据。收入《大正藏》第51册。（张若琪）

正宗记　见"传法正宗记"。

澹归日记　僧人日记。清释澹归。28页（55面）。用草书写成。载录澹归在清康熙十二年（1673）的若干月日的活动情况与思想心迹。记事地点分别为广东韶州仁化丹霞山、曲江会龙庵与总铺；南雄始兴鹅颈滩、保昌怀仁堡、龙护园与沙水村；江西庐山归宗寺。是研究释澹归生平经历的原始材料。日记还透露了当时岭南世俗社会与佛门的一些信息，对探讨清初岭南的政治史、文化史与禅教史，尤其是曹洞宗博山系华首台—海云派的活

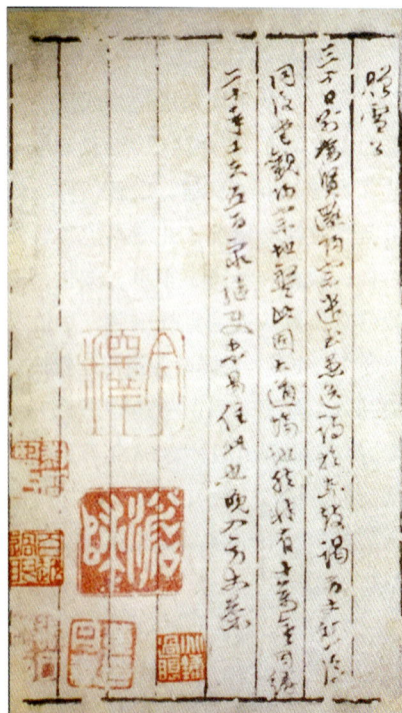

《澹归日记》手稿

动史，有独特价值。日记存在严重的错页、漏页现象，已经学者辨正。正文后有清代与民国黎简、黄丹书、张璐、叶梦龙、崔师贯、汪兆镛、李仙根、商衍鎏、邓又同、余祖明、汪宗衍等人印鉴与题跋，既是珍贵的历史文物，也是罕有的档案文献。现藏澳门普济禅院。（杨权）

海外纪事　佛教史著。清大汕撰。6卷。载录清康熙三十四年（1695）大汕应大越国主阮福周之请赴越南弘法的经过与见闻。除了介绍当地的风土人情、制度习俗、华人生活情况等之外，还收录了当时的一些书札、议论、禅语与诗作。卷前有阮福周序。对了解17世纪末越南中部顺化阮氏政权的历史和当时的社会状况、中越关系、海上交通情况等有参考价值。初版于大汕从越南返回的当年或次年。有清康熙三十八年至四十二年（1699—1703）间的刊本，增加了仇兆鳌、徐釚、毛端士等人的序。今有中山大学出版社2007年万毅、杜蔼华、仇江点校"清初岭南佛门史料丛刊"本（收入《大汕和尚集》）。（江晖）

影尘回忆录　僧人自传。天台宗僧倓虚口述，门人大光记录。1953年在香港付梓。分上、下两册，共23章28万余言。第1—5章记述在俗的情况，包括所处时代、社会状况、家世环境和生活经历等。第6—9章记述两次出家、步入佛门、追随乃师谛闲及在观宗学社学佛的情况。第10—20章记述在北方建寺安僧、兴办僧学的历程，并谈及中日韩及东南亚佛教发展的问题，兼及对近现代史上的重要佛教人物、事件的回忆和评点。第21章记述慈舟、弘一在青岛湛山寺传律的经过，并论及天台宗及湛山的宗风。第22章谈传法不传座的宗旨，依时间记录谛闲在北京等地讲经的内容，并附法语

14则和著述24种。第23章是对个人佛教思想的总结。书末附个人小传。后门人补录了倓虚在香港弘法的大略情形与圆寂前后的经过。辑进《湛山大师法汇》，并收入《中华续藏经》。（李杰）

释氏疑年录　佛教史著。陈垣撰。列述西晋至清初中国佛教史上约2800位僧人的生卒年，以"同则取其古，异则求其是，讹者订之，疑者辨之"为编撰原则，起自三国吴建初寺僧康僧会，迄于清康熙苏州狮林寺僧书秀。共12卷。采取公元纪年，以生年编录，无生年或年过130岁未可遽信者则以卒年为次。生卒年俱缺者有岁数亦不录。除本土僧人外，兼收与中国佛教有关的天竺、西域、朝鲜、日本名僧。分别记述各人的驻锡地、籍贯、俗家姓氏、生卒年、年岁，并说明所据文献。有异文或考订说明则附上。引用佛教典籍、僧传、语录及诸家文集、方志、金石碑拓等文献共700余种。搜罗广博，考据精当，体例严整，条理分明。1939年收入"励耘书屋丛刻"刊行。有中华书局1964年排印本。（张若琪）

清初僧诤记　佛教史著。陈垣宗教三书（《明季滇黔佛教考》《清初僧诤记》《南宗初河北新道教考》）之一。陈垣撰。作于抗战时期。"僧诤"指佛门内部的矛盾纷争。由《明季滇黔佛教考》中的《法门纷争》扩展而来，所论地域覆盖东南各省。全书10章，3卷。卷首有《禅宗五家宗派表》《清初济宗世系表》《清初洞宗世系表》《明清间僧诤年表》，末附遗民僧的被诤者及《征引书目略》。分论临济与曹洞之诤、天童派之诤、新旧势力之诤，精练清晰地勾勒了清初东南佛门的纷争情况，揭示其背后的政治因素。其中以对清初东南地区佛教内部

故国派与新朝派斗争的记述最为引人注目。有"讽今喻世、抒志表微"之意。内容兼采佛书与外典，考证翔实，论述精当，是现代首部以佛门论争为研究对象的学术著作。原载1940年《辅仁学志》第9卷第2期，1944年收入"励耘书屋丛刻"，中华书局1962年出版单行本。（张若琪）

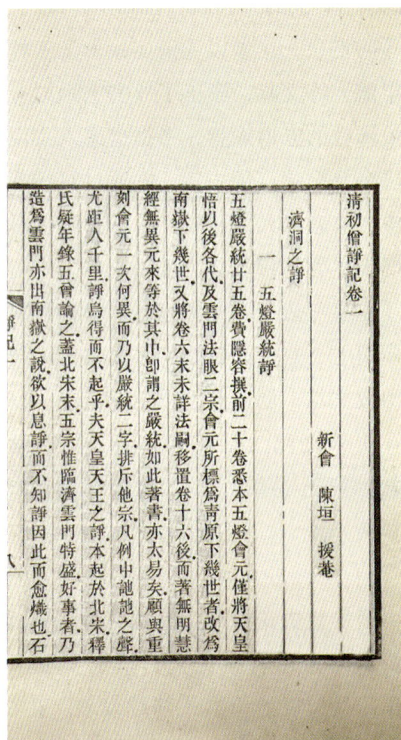

励耘书屋1944年版《清初僧诤记》

明季滇黔佛教考　佛教史著。陈垣宗教三书（《明季滇黔佛教考》《清初僧诤记》《南宗的河北新道教考》）之一。陈垣撰。撰于抗战时期。记述明末清初云南、贵州两省的佛教史迹。共6卷，18篇，附1篇，凡15万言。滇黔作为南明永历朝的畿辅，曾汇聚了大量学人端士，其中有不少人因世变而逃禅。本书即从佛教与士大夫遗民的关系，以及佛教对地方开发与文化发展的影响等角度，专论滇黔的士习禅风，并借佛教史迹表彰爱国精神与民族气节。资料来源广泛，最具创造者是以语录入史。陈寅恪在序中盛赞其"搜罗之勤""闻见之博""识断之精"与"体制之善"，被认为是

中国第一部完善的宗教史。1940 年收入《辅仁大学丛书》刊行。（张若琪）

汤若望与木陈忞　佛教著述。陈垣撰。共 3 章：《雍正谕旨之驳正》《世俗传说之解答》《汤忞二人之比较》。对读道忞所著《北游集》与德国人魏特（Alfons Väth）《汤若望传》所引汤若望（Johann Adam Schall von Bell）《回忆录》，参以《清实录》《玉林年谱》等文献，驳正了故宫懋勤殿有关佛教的五通谕旨，考据道忞入京说法事及顺治宫闱史实，并通过对汤若望、道忞二人的比较，分析了顺治时期天主教与佛教势力的消长。书末附《本事年表》《龙池世谱》。在材料使用上，兼采谕旨档案、史籍传记与佛教文献，创造性地以语录考史，以补史乘之阙。原载 1938 年《辅仁学志》第七卷第一、二期合刊。（张若琪）

中国佛教史籍概论　佛教史著。陈垣撰。原为作者讲课稿，撰成于 1942 年，最初以散篇形式陆续发表。共 6 卷。按时代叙录六朝至清初 35 部与列朝史事相关的佛教典籍，包括目录、传记、护教、纂集、音义等。起自南朝梁僧佑所撰《出三藏记集》，终于清戒显所撰《现果随录》，所录皆为"史学必需参考之佛教史籍"。每书下条举名目（含略名、异名）、卷数异同、版本源流、撰人略历及内容体制等，重在史学利用。对与所录诸书相关的文献版本、佛教史及政治史问题进行了分析与考辨。对《郡斋读书志》《四库全书总目》等前人著述中的谬误也作了修正。科学出版社（1958）、中华书局（1962）分别出版有合订本。（张若琪）

广东释道著述考　宗教史著。冼玉清撰。分上、下两编，载录广东唐以来的佛教著述及东晋以来的道家著述。非释道人士所作的相关著作，分附各编末。共 210 家 502 部。以时代为经、撰者为纬罗列书名、篇卷，亲见者述其版本，未见者则交代著录根据。其次为作者小传及与原书关系密切的序跋，后附提要及按语，从述事、辨伪、补史、评书等角度考索事实，是广东第一部源流清晰、史料翔实的释道著述汇录，展示了广东历代释道两教的著述情况。生前未刊。1995 年被收入中山大学出版社出版的《冼玉清文集》，2016 年作为"西樵历史文化文献丛书"的一种由广西师范大学出版社出版单行本。（张若琪）

密教讲习录　佛教刊物。王弘愿创办。1926 年创刊，1935 年停刊，共编辑印行了 44 期。目的是弘扬真言密教，阐释密宗法理，指导密法实修。所载皆为王弘愿居士个人的著述或译著，内容包括：对唐代一行阿阇黎和日本真言宗弘法大师、兴教大师权田雷斧大僧正所述密教宗义与修持仪轨的注疏，为善友讲解经论的"口义记"，诗文集《缵槐堂诗集》《缵槐堂文集》《圆五居文集》《圆五居诗集》《〈五代史〉精华录》《读书随笔》，译著《十八道私勘》《两部曼荼罗通解》《〈大日经疏〉会本》，在各处灌顶与传法的记事，对密教教义与曼荼罗的讲解说明，以及密宗祖师与僧俗大德传记、真言宗史、往生实录、师生问答等。是民国最有影响的密教刊物。被收入《民国佛教期刊文献集成》《民国密宗期刊文献集成》。（吴晓蔓）

现代佛教　佛教刊物。1928 年 3 月，大醒法师、芝峰法师在福建厦门南普陀寺创办。初名《现代僧伽》，半月刊。从第 5 卷第 1 期起改为月刊，并改名为《现代佛教》。办刊宗旨是"团结现代僧伽，住持现代佛教，建立现代佛学，化导现代社会"。1933 年 4 月主编大醒至广东潮州，再改刊为周刊，宣传佛教的改革理念。后与《人海灯》合并。前期评论颇深刻尖锐，后期失去初创本色。（达亮）

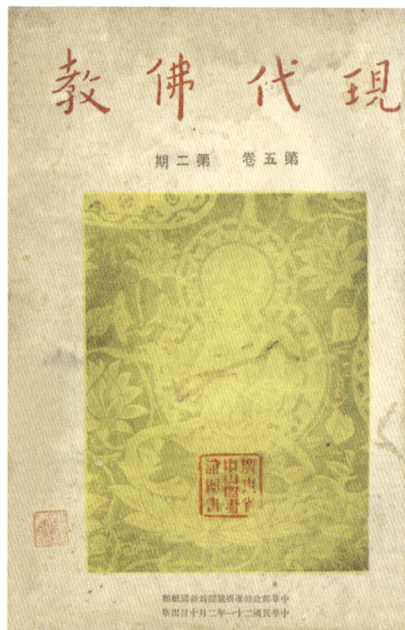

1932年第5卷第2期《现代佛教》

人海灯　佛教刊物。太虚法师倡办。"人"指人类，"海"谓宏深，"灯"言光明。前后曾五易其主。最初由福建厦门南普陀寺闽南佛学院编，作为《厦门日报》的副刊印行。后移至广东汕头岭东佛学会，以周刊的形式续办，不久停办。1933 年 12 月在广东潮州开元寺岭东佛学院复办，由寄尘法师主其事，为半月刊。1935 年 7 月迁至香港东莲觉苑出版，为月刊。1937 年 6 月迁往上海，由芝峰法师主编、西竺寺出版发行，亦为月刊，出版 3 期后停刊。计前后共出版了 4 卷 58 期。早期受佛教革命的思想影响较大，力主僧制革新，强调"五性"（战斗性、批判性、刺激性、时代性、感化性）；后期风格转向温和，研究、批评、文艺并重。1994 年 7 月在潮州开元寺岭东佛学院复刊，为季刊。设有《和尚开示》《经典导读》《潮音论坛》《禅林逸事》《生死两安》《四

众园地》《史海钩沉》《佛艺奇葩》《慧灯文苑》《函授平台》《潮声碎玉》《名山巡礼》《岭东法讯》《佛艺奇葩》等栏目。后与《现代佛教》合并。（达亮）

狮子吼 佛教刊物。1940 年 12 月创刊。广西佛教会主办，巨赞法师、暮笳法师主编。综合性月刊。办刊宗旨是"宣扬至理、作精神之动员""有补于国家民族、世道人心"。融佛学、政治、文学于一体。栏目有《新佛教运动通讯》《社中座谈》《各宗要典研究》《现代佛学史料》《通俗佛学讲座》《佛教文艺》《杂文与诗》《佛学与美术》，特辑有《佛教姿态》《佛门孤忠》《新佛教运动检讨》等。出版 12 期后停刊。（达亮）

广东佛教 佛教刊物。1988 年 5 月 1 日创刊。广东省佛教协会主办。初名《广东佛教通讯》。为双月刊和季刊。后改名为《广东佛教》。栏目有《那烂陀处》《海路丝语》《华梵林叶》《菩提树下的对话》《粤海名僧》《律苑清云》《贝叶梵箧》《岭表丛林》《禅舍明月》《影尘浮光》，有《佛经语译注释专栏》《佛学知识选载专栏》《藏传佛教专栏》，以及《广东名山古刹方丈、住持专访》《广东佛教与海上丝绸之路》《光孝寺与海上丝绸之路》等专题。"爱国""护教"立场鲜明，时事与佛学并重，力求体现综合化、社会化、学术化、知识化的特点，是宣传党和政府的宗教政策、交流广东佛教活动信息的窗口，也是研究佛教历史与佛学理论的园地。（达亮）

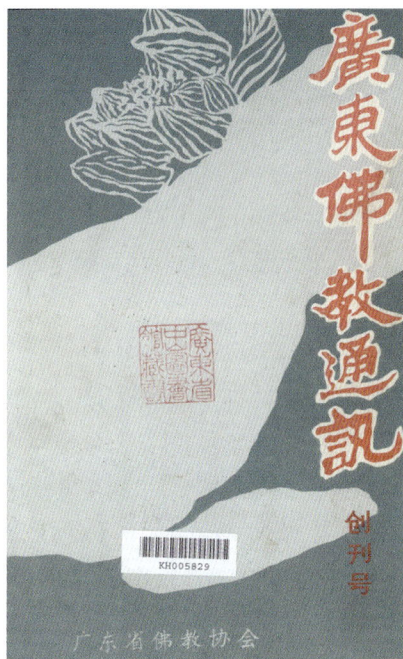

1988年5月《广东佛教通讯》创刊号

道 教

概 况

岭南道教　区域宗教。道教在魏晋时期传入岭南。东晋咸和二年（327），葛洪南下广州，在浮丘炼丹，后转往罗浮山，在山上建造庵堂，修道炼丹，著书讲学。东晋孙恩、卢循起义，将南天师道传入广东，岭南道教获得进一步发展。唐宋时期，道教在岭南迅速发展。惠州罗浮山名列道教第七洞天、第三十四福地，清远飞霞山名列道教第十九福地，连州静福山名列第四十九福地。罗浮山有冲虚观、轩辕庵等，广州有元妙观、五仙观等，韶州有元妙古观，惠州有洞真古观，连州有清虚观，潮州有超真观。五代时南汉国主刘龑在广州召集道士开炉炼丹，还在罗浮山修建天华宫。韶州、连州、惠州、潮州等地均在此时建有道观。元至元十七年（1280），元世祖下诏焚毁道教经书及刻板，殃及岭南道教。明万历元年（1573），道士李守仁前往南雄洞真古观担任住持，建置全真道龙门派丛林。崇祯十六年（1643），钦天监官

员来广州巡视，在鲍姑越岗院加建三元宫，奉祀三元大帝，越岗院改名为三元宫，成为岭南道教的重要道场。清康熙年间，全真派道士曾一贯、杜阳栋先后入驻罗浮山，住持广东各大道观，岭南道教渐以全真道龙门派为主。其间，崂山道士张妙昇中兴冲虚观，后创建黄龙观为全真道金山派（崂山派）道场。道光年间，越秀山龙王庙道士李明彻在广州河南漱珠岗创建纯阳观，亦为龙门派道场。1919年住持张宗润重修三元宫。新中国成立后，岭南道教的发展经历了一个较为曲折的过程。党的十一届三中全会以后，岭南道教得以恢复和发展，许多道教场所经重修后开放，道教内部在团体建设、人才培养、文化弘传、对外交流方面发展，走上了与社会主义社会相适应的道路。香港地区的道教传统主要由近代以来广州地区传入的民间道坛演化而成，重要的道教宫观有蓬瀛仙官、青松观、圆玄学院、云泉仙馆、黄大仙祠等。澳门地区的

道教活动多为来自广东顺德、中山地区的正一道士在民间举行的各类斋醮科仪，重要的道教庙宇有妈祖阁、大三巴哪吒庙、关帝古庙、吕祖仙院、吴庆云道院等。在近两千年的发展历程中，岭南道教形成了独具特色的宗派形态和文化传统。具体表现在：第一，葛洪的灵宝派、张伯端的金丹南宗、南宋初出现的全真道等，都曾在本地传播，至明清形成了全真、正一两大派并存的局面。第二，通过与地方文化融合，形成了以广州和惠州罗浮山为中心的具有岭南特色的道教文化，并成为岭南文化的有机组成部分。第三，历代的高道，如葛洪、陈楠、白玉蟾、杜阳栋、曾一贯、张妙昇、李明彻等，在构建岭南道教的宗派传统、修炼传统与仪式传统方面发挥过重要作用，为道教在岭南的传承和发展作出了贡献。第四，清末民初后，广州地区的道教组织开始进入香港和澳门，推动了港澳宗教的多元化。（夏志前）

圣地·宫观

朱明洞天　全称罗浮第七朱明曜真洞天；又称罗浮洞天。道教圣地。道教"十大洞天"之第七洞天。位于广东罗浮山脉。相传秦朝安期生在此寻找

长生不老药。汉朝朱真人在此建朱子庵，设朝斗坛，修炼太清神丹。东晋葛洪在此炼成九转金丹。据清代学者屈大均所述，东起罗浮山东麓的白

水，西迄广州的白云山，出口在广州西门外的浮丘山。按道教的五行八卦思想，该洞天于卦为离，而离卦象征日，故称朱明。又因七在五行中是火

的成数，故罗浮山为日之奥府，即为"曜真洞天"。此区域为岭南道教发祥地，有冲虚观、酥醪观、黄龙观、白鹤观、九天观等重要道观。参见第6页地理卷"罗浮山"条。（夏志前）

罗浮第七朱明曜真洞天　见"罗浮山""朱明洞天"。

罗浮洞天　见"罗浮山""朱明洞天"。

第十九福地　道教圣地。即清远山。位于广州清远县（今广东省清远市）飞霞山。为佛、道教清修之地，有飞来寺、藏霞洞等佛、道教场所。（夏志前）

第四十九福地　道教圣地。即抱福山。位于连州连山县（今广东省清远市连山壮族瑶族自治县）静福山。南朝梁道士廖冲在此修道，人称廖仙。后人以其居为观，号清虚观。（夏志前）

三元宫　原名越岗院；曾称北庙。道教宫观。位于今广东省广州市越秀区越秀山南麓。东晋大兴年间南海太守鲍靓所建，为其女鲍姑修道行医之所。明代重修，因主祀三元大帝而改名为三元宫。清康熙三十九年（1700）全真道龙门派第十二代传人杜阳栋应请留任住持。民国龙济光主粤政时，越秀山一带为军事禁区，三元宫因此香火全无。陈济棠主政时，在宫西侧开办仁爱慈堂，道宫因此兴盛一时。抗战期间，道士疏散。抗战结束后，再度兴盛。新中国成立初期，宫中道士参加社会主义改造，进行各种生产劳动，实行自养。1965年政府确定以钟鼓楼为界，前面部分为社会主义文化宣传活动场所，后面部分由道士使用。1982年政府落实宗教信仰自由政策，7月恢复开放。1990年各殿堂重新修缮。现存总面积约2000平方米，布局以三元殿为中心殿前拜廊，东西连钟鼓楼。宫内主殿供奉三元大帝，另有老君殿、吕祖殿、鲍姑殿、关帝殿、观音殿、天后殿及财神殿等。参见第876页建筑卷"三元宫"条。（夏志前）

越岗院　见"三元宫"。
北庙　见"三元宫"。

冲虚古观　原名都虚观。道教宫观。位于今广东省惠州市博罗县罗浮山北麓朱明洞景区麻姑峰下。东晋咸和二年（327）葛洪创建。义熙元年（405）改建为葛洪祠。唐天宝年间扩建为葛仙祠。北宋元祐二年（1087）哲宗赐额"冲虚观"。后屡经兵燹，历代均有修葺。清代重修，至今保存完整。抗战时期，中共广东区委、广东军政委员会、广东人民抗日游击队东江纵队司令部设于观内，抗战胜利后撤出。1985年冲虚观正式交由道士余信昌、黄诚通、赖保荣等接管并恢复开放。在当地政府、香港道教联合会、香港圆玄学院等的支持下，完成了修葺工作，恢复了宫观建制。现在的规模及建筑格局基本保持清同治年间的面貌，大殿供奉道教尊神三清及张道陵、葛玄、许旌阳、萨守坚四位真君，观内另有葛仙祠、纯阳殿、黄大仙祠等。1983年被国务院公布为道教全国重点宫观。2019年被国务院公布为第八批全国重点文物保护单位。参见第877页建筑卷"冲虚古观"条。（夏志前）

都虚观　见"冲虚古观"。

酥醪观　道教宫观。位于今广东省惠州市博罗县罗浮山。原为葛洪所建的北庵。相传安期生与神女在此

酥醪观

醮饮，酥醪之味散于诸天，故名。清雍正五年（1727）住持柯善智重建。1989年香港道教联合会主任邓国才出资重修，后得香港蓬瀛仙观、青松观等支持，渐复旧貌。观内供奉轩辕黄帝、吕祖、葛洪、安期生等。（夏志前）

冲虚古观

黄龙古观　道教宫观。位于今广东省惠州市博罗县罗浮山。一说为葛洪建西庵所在地，南汉时改名为黄龙洞。清康熙年间崂山道士张妙昇创建，为金山派（崂山派）道场。清嘉庆十七年（1812）重修。创建以来一直由金山派道士住持，至民国时期仍颇具规模。1992年香港道教青松观侯宝垣观长至黄龙古观旧址考察后，与博罗县政府商定重修。1993年5月28日举行奠基典礼，1995年建成并举行开光仪式，由闵智亭道长主持教务活动。观内主体建筑为三清殿和三师殿，分别供奉道教尊神三清和道教全真道三位祖师。（夏志前）

清嘉庆十七年（1812）黄龙观题额

九天观　道教宫观。位于今广东省惠州市博罗县罗浮山。南汉时建，称明福观，后崩塌。清乾隆元年（1736），全真龙门派第二十代弟子莫明星重建，改名为九天观。1985年底，道士余信昌、黄诚通入住，开始重建，1986年1月对外开放。观内建有玉皇殿、观音殿、八仙殿、六十甲子殿、三元殿、帝母殿等。（夏志前）

洞真古观　道教宫观。位于今广东省韶关市南雄市梅岭山麓钟鼓岩。创建于唐贞观六年（632）。主要建筑有山门牌坊、太上老君殿、玉皇殿、纯阳殿、三元殿等。清同治三年（1864），全真道龙门派第二十代弟子程明善为住持，加以重修。"文化大革命"期间，观内道人被遣散。1983年重新对外开放，1984年底开始重修。建有玉皇殿、纯阳殿、三元

殿等。（夏志前）

元妙古观　道教宫观。位于今广东省惠州市惠城区西湖北畔。始建于唐天宝七年（748），初名朝元观，后改名为开元观。后唐时被毁，北宋咸平元年（998）复修。大中祥符九年（1016）赐额天庆观。元元贞二年（1296）重修，改名为玄妙观。明嘉靖元年（1522）敕赐今名。清康熙二十七年（1688），全真道龙门派第十二代弟子杜阳栋兼任住持，古观盛极一时。民国时，建筑多毁于兵燹。1980年后，道士回观，重修殿宇。1982年9月19日恢复对外开放。1986年香港道教青松观捐资140多万元重建三清殿和玉皇殿，1989年底竣工并举行落成开光典礼。道观坐北朝南，建有山门、玉皇殿、三清殿等，观内有南宋惠州知州赵汝驭手书"蓬莱"石刻、明嘉靖年间状元陈谨手书"东坡祠诗碑"及清初陈恭尹手书"白真人不立像碑说"碑等文物。（夏志前）

仁威祖庙　又称仁威庙。道教宫观。位于今广东省广州市荔湾区龙津西路庙

仁威祖庙牌坊

前街。始建于北宋皇祐四年（1052），奉祀北帝（真武大帝），每年三月三是庙诞。明天启二年（1622）、清乾隆至同治年间进行过规模较大的修建。清末被征用，作为兴办学堂之地。2000年以来陆续重修。坐北朝南，占地2300多平方米，广三路，深四进。前三进建筑，当中为主殿，东西为配殿。第四进为斋堂，第五进为后楼。供奉真武大帝、玉皇大帝、斗姆、六十太岁、财神、文昌帝君、慈航真人等。参见第879页建筑卷"仁威祖庙"条。（夏志前）

仁威庙　见"仁威祖庙"。

五仙观　又称五仙古观。道教宫观。位于今广东省广州市越秀区惠福西路233号。始建年代不详。据五位仙人赐

五仙古观（五仙观）

谷广州的传说而建。内塑五仙、五羊像。北宋时在十贤坊（今广州市越秀区北京路省财政厅前），南宋时迁往药洲（今广州市越秀区教育路），明洪武十年（1377）迁今址。现存山门及明代大殿各一座，观额"五仙古观"为清同治十年（1871）两广总督瑞麟所书。大殿建于明嘉靖十六年（1537），为保存较好的明代木结构建筑。殿后有明洪武七年（1374）始建、万历年间重修的"岭南第一楼"，楼上悬挂洪武十一年（1378）铸造的大铁钟一座。观内壁间嵌有北宋至清末的石碑10多方，另存有"坡山古渡""仙人拇迹"等石匾。1989年被公布为第三批广东省文物保护单位。"五仙观及岭南第一楼"2013年被国务院公布为第七批全国重点文物保护单位。参见第886页建筑卷"五仙观"条。（夏志前）

五仙古观　见"五仙观"。

都城隍庙　道教宫观。位于今广东省广州市中山四路忠佑大街48号。始建于明洪武三年（1370），明清两代多次重修。清雍正年间，广州府城隍庙升格为都城隍庙。原设有仪门、中门、拜亭、大殿等。1920年拆庙建街。现存大殿和拜亭。大殿为人字形风山火墙，拜亭为琉璃瓦歇山顶。每年清明、七月十五、十月初一拜祀。民国时期被改建为国货陈列馆。1946年广东省社会处社会服务总站将其设为民众联谊厅。新中国成立初期，被用作被服厂。1956年改为市材料试验仪器厂车间。"文化大革命"期间被关闭。2010年广州举办亚运会期间获重修并登记开放。建有牌坊、广场、正殿、拜亭等，供奉三尊城隍神及四位城隍神的辅佐神灵。（夏志前）

海棠古观　原名屿脚庵。道教宫观。位于今广东省汕头市潮阳区河溪镇。明天启五年（1625），当地人林朝傅倡建。清初被毁，清嘉庆十二年（1807）重建。抗战时受损。抗战胜利后，揭阳人黄宗惜加以修复。1950年起，由桑田人林志全道人任住持。"文化大革命"期间改为林场。1984年起，全真道龙门派弟子林诚慧主持重建，1994年对外开放。入山门后主体建筑分为三进。第一进为玉皇殿，供奉玉皇大帝。第二进为三清殿，二层结构，一楼大殿供奉三清天尊，两侧供奉八仙、雷公、电母；二楼为瑶池天宫，供奉王母娘娘。第三进为大罗殿，三层结构，为藏经楼、静房、菩提洞、斗姥阁，供奉鸿钧老祖和斗姥元君。（夏志前）

屿脚庵　见"海棠古观"。

澳门妈阁庙　又称妈祖庙、妈阁庙；原称妈祖阁；俗称天后庙；旧称正觉禅林、海觉寺。道教宫观。澳门历史最悠久的古刹。位于今澳门特别行政区风顺堂区澳门半岛西南部妈阁山西面山腰上。供奉道教女神妈祖。始建年代未有定论，至清道光八年（1828）才初具规模。主要建筑包括石殿、大殿、弘仁殿和观音阁。每年春节和三月三娘妈诞有祈福活动。庙内共有三座天后殿：第一座天后殿建于明万历三十三年（1605），门前横梁上刻有"神山第一"题额，供奉天后；第二座天后殿拱门上刻有"万派朝宗"题额；第三座天后殿是弘仁殿，建于明弘治元年（1488）。2005年作为澳门历史城区的一部分被列入《世界遗产名录》。参见第882页建筑卷"澳门妈阁庙"条、第1246页海洋文化卷"澳门妈阁庙"条。（夏志前）

妈祖庙　见"澳门妈阁庙"。
妈阁庙　见"澳门妈阁庙"。
妈祖阁　见"澳门妈阁庙"。
天后庙　见"澳门妈阁庙"。
正觉禅林　见"澳门妈阁庙"。
海觉寺　见"澳门妈阁庙"。

潘仙观　道教宫观。位于今广东省茂名市高州市南关街小观山。始建于明万历年间，原名玄真观，又名清虚观，供奉传说中炼丹成仙的道士潘茂名。另有吕祖殿，供奉吕洞宾。清代中叶以后失修，渐至毁废。2004年重修，仿

都城隍庙内的城隍宝殿

明清建筑，以四合院模式建造。建有大殿，供奉三清道祖、潘仙及冼夫人。观内天井正中有潘仙雕像。（夏志前）

紫竹观 道教宫观。位于今广东省汕尾市陆丰市河西街道湖口村大峰山。当地人又称 湖口庵、菜堂。始建于清康熙二十七年（1688），原名觉生堂。原址在东海镇菜园仔，后迁至现址。大革命时期，彭湃在观中设立农会局，开展农民运动。"文化大革命"期间，建筑被拆毁。1988年重建对外开放。1991年十二月初八，举行玉皇殿、王灵官殿落成典礼。另建有慈航道人殿、三官大帝殿、吕祖殿等。（夏志前）

西樵山云泉仙馆 又称云泉仙馆。道教宫观。位于今广东省佛山市南海区西樵山白云峰西北麓白云洞内。清乾隆四十二年（1777），李攻玉在此建攻玉楼，为学子的举业之所。乾隆五十四年（1789），岑怀瑾在应潮湖、会龙湖和鉴湖之间创建三湖书院。道光二十八年（1848），攻玉楼与三湖书院合并改为云泉仙馆，供奉吕纯阳祖师。光绪二十八年（1902）重修供奉吕祖的赞化宫，增建帝亲殿（今名正阳殿），其旁建墨庄、祖堂、邯郸别邸，另建有戴云精舍、船厅、接虹楼、养云庐等。抗战期间一度停止宗教活动，战后恢复。新中国成立后，1952年终止馆内的宗教活动。20世纪80年代，仙馆归还道教界。经修缮后，1992年4月开放并恢复宗教活动，馆内建筑基本保留原来的门楼与门联。参见第884页建筑卷"西樵山云泉仙馆"条。（夏志前）

云泉仙馆 见"西樵山云泉仙馆"。

纯阳观 道教宫观。位于今广东省广州市海珠区漱珠岗。清道光四年

纯阳观

（1824）道士李明彻始创，5年后竣工，两广总督阮元题写牌匾。观内陆续建有纯阳殿、列圣宫副殿、悟真堂、灵官殿、朝斗台、张王爷庙、悔过轩、船厅、澄心堂、松梅仙馆、八仙楼、凤凰亭等。"文化大革命"期间受到严重破坏。1986年重新恢复宗教活动。1988年香港道教圆玄学院和蓬瀛仙馆捐资重修大殿、灵官殿、拜亭、山门等，新建了一幢两层的祀灵庄（功德楼），此后陆续重修补建。1992年5月，旧貌基本恢复。观内有纯阳宝殿，供奉吕洞宾及王重阳等全真教祖师，另有文昌殿、慈航殿、明彻亭、南雪楼、斗姆殿等。（夏志前）

太和古洞 道教宫观。位于今广东省清远市清新区花尖山。始建于清咸丰四年（1854），初名桃源仙馆。山门上的"太和古洞"为光绪三十年（1904）末科榜眼清远人朱汝珍所题。1920年毁于山火，翌年重修。1937年增建观音阁、成己楼、养心楼。20世纪50年代失于管理，遭到不同程度破坏，1982年毁于特大洪灾。1990年11月28日奠基重修，1994年对外开放并登记为道教场所。建筑主要有太和宝殿、护法殿、观音阁、福德祠、桃源宫。太和宝殿分

左、中、右三殿，分别供奉三清、三帝、三师。（夏志前）

赞化宫 道教宫观。位于今广东省梅州市梅江区东郊百子岗。清光绪十三年（1887）嘉应州知事李鹏与知府金桂馨等人创建，原址在金山井头。因供奉吕祖，故称吕帝庙。1950年庙址改作金山小学校址。"文化大革命"初期被解散。1980年泰国赞化宫吕帝庙同门组成86人的"泰国吕祖同门回国探亲朝拜团"，向政府建议重建赞化宫，后经批准于1983年冬成立梅州道教赞化宫（吕帝庙）筹建委员会，择今址重建。1985年秋，吕祖殿竣工，举行复宫开元庆典及吕祖仙师崇升典礼，同时恢复正常的宗教活动。1988年正式定名为赞化宫。正殿为吕帝宝殿，后殿有三清殿、玉皇殿、三教宝殿、八仙殿、观音阁、真武殿、关帝殿、伯公殿等。（夏志前）

庆云古洞 道教宫观。位于今广东省佛山市南海区西樵镇西岸茶山。始建于清光绪十九年（1893），1920年重建。抗战期间，遭日本侵略军破坏，抗战胜利后重建。20世纪五六十年代再遭破坏。1993年获批准由香港道教界重建并举行奠基典礼，1997年举行

圣像开光典礼，同时对外开放。奉祀吕纯阳祖师为主，主要建筑为山门、吕祖殿、三清宝殿、玉鸾殿、财神门庭等。山门入口供奉护法神王灵官；主殿为吕祖殿，奉祀吕祖；三清殿供奉九尊道教神，中为三清，右为龙母元君、观音大士、斗姥老君三母，左为梓潼帝君、玄天上帝、关圣帝君三帝；接源桥门庭供奉财神；会仙台供奉黄大仙。（夏志前）

黄大仙祠　道教宫观。位于今广东省广州市荔湾区芳村花地村。始建于清光绪二十五年（1899）。1915年主持

广州黄大仙祠

梁仁庵道长及子梁均转携黄大仙画像、灵签和药签到香港，于1921年创建香港黄大仙祠。1930年陈济棠主粤，旧黄大仙祠改作孤儿院。1938年10月广州沦陷后，充作日本宪兵司令部。以"普济劝善"为宗旨，三教共尊，塑造黄大仙"有求必应"的信仰特质，发展岭南黄大仙信仰文化和宗教慈善业。占地面积约1.8万平方米，呈长方形。经多次重修，有主殿、观音殿、吕祖殿、孔圣堂、斗姆殿、财神殿、关帝殿等，奉祀三教神灵。（夏志前）

玉龙宫　道教宫观。位于今广东省汕头市潮阳区。所在地又称石洞。创建

于1912年，供奉鸿钧老祖。"文化大革命"期间古宫颓败。20世纪80年代逐渐恢复。1991年在洞北建三清殿，1994年开放。1995年玉龙宫复建完成，占地面积3.5万平方米，建筑面积4450平方米。有三进大厅、一石洞和两边厝包。大厅供奉王灵官与八仙。石洞为"大罗宝殿"，供奉鸿钧老祖。洞内另套三洞，一洞供奉玉皇大帝，一洞供奉天、地、水三官大帝，一洞供奉骊山老母。两厝包分别供奉雷声普化天尊、太乙救苦天尊。（夏志前）

啬色园　又称黄大仙祠；俗称黄大仙庙。道教宫观。位于今香港特别行政区九龙黄大仙区竹园村2号。1915年广东西樵山普庆坛道长梁仁庵、梁均转父子把黄大仙像、灵签和药签从西樵普庆祖坛带到香港，在湾仔开坛设教。1921年在九龙竹园村附近建普谊坛，供奉黄大仙画像，为道侣提供潜修之地，同时成立啬色园管理庙宇。1934年被界定为私家修道场所，不再接受外人参拜。1956年开放给公众参拜。1968年扩建为中国传统式样的宫观，设立殿堂，同时供奉孔子和燃灯古佛。以"普济劝善"为宗旨，收藏儒、释、道的经典。三教共处，为其一大特

色。是香港市区一个大型的宗教场所和旅游胜地。大殿为"赤松黄仙祠"，另有三圣堂供奉关帝、观音和吕祖，麟堂供奉孔子，意密堂供奉重要道侣的灵位。香港一级历史建筑。参见905页建筑卷"啬色园"条。（夏志前）

黄大仙祠　见"啬色园"。
黄大仙庙　见"啬色园"。

蓬瀛仙馆　道教宫观。位于今香港特别行政区新界粉岭山麓的百福村。1929年何近愚、麦星阶等创建，道脉源自广州三元宫。建馆初期设备简陋，资源有限，只是作为男性道侣的清修之所，很少参与社会事务。1941年香港沦陷，馆务停顿，道侣星散。1949年第七任主持周颂庭进行改组，到华民政务司署登记为道教社团，将主持改称馆长。20世纪50年代以后，进行大规模扩建，馆务也随之扩大。1972年获准注册为"有限公司"，1977年获准认可为免税慈善团体，1992年获准可免写"有限公司"字样。后相继重建三圣大殿，扩建南斋、坤堂、东斋、西斋、元辰殿等。（夏志前）

白云仙馆　道教宫观。位于今广东省

白云仙馆

广州市白云山麓湖畔。建于 1946 年，承建商为广州沙河广盛栈。山门前有邹鲁 1946 年题写的"白云仙官"石刻，山门有罗浮山酥醪观道士张学华（永闇）1947 年题写的"白云仙馆"及"香火千年祖庭瞻仰；云山四面仙客栖迟"门联，殿柱有赵朴初题款的木联"白云初晴幽鸟相逐；流水今日明月前身"。仙馆坐东南，向西北，面阔三间，深三进，中间大殿供奉吕祖（吕洞宾）。占地面积 5500 平方米，其中主馆建筑面积 448 平方米，水面面积 3700 平方米。初建时，既是道士活动之所，也是文人雅集之处。后归白云山风景区管理处管理，用为接待游客的茶室。1984 年由广州市政府重修。2014 年收归广州市道教协会管理，2016 年重修吕祖宝殿并对外开放。（夏志前）

青松观　道教宫观。位于今香港特别行政区新界屯门东北、青山公路旁。1950 年由何启忠、陆吟舫等创建于香港九龙油麻地伟晴街，道脉源自广州中国道教至宝台慈善会，以"遵行九美，修道行善"为宗旨。1952 年注册为慈善团体，定名青松仙观。1960 年侯宝垣观长筹措经费，购得屯门青山麒麟围的大片空地，作为永远观址。1963 年注册为"有限公司"，1979 获准认可为免税慈善法团。1991 年侯宝垣观长与时任香港道教联合会会长的罗智光共同发起成立香港道教学院。主体建筑是纯阳宝殿，供奉吕祖。另建有怡和斋、云水堂、清华堂、瑶华堂、百乐小苑等。（夏志前）

圆玄学院　道教宫观。位于今香港特别行政区九龙荃湾三叠潭。1953 年杨永康、赵聿修、陆吟舫、谢显通等创建。道脉最初接续广州宏道精舍，后来主要受香港同善社影响，主张儒、释、道三教合一。以"奉行八德，弘扬三教"为宗旨，"圆"代表佛，"玄"代表道，"学"代表儒，故名。建有三教大殿，供奉三教祖师。后建有元辰殿、养真轩、钟楼、鼓楼及斋堂等。（夏志前）

圆玄道观　道教宫观。位于今广东省广州市花都区新华街迎宾大道西 38 号。香港圆玄学院出资兴建，占地面积 10 万平方米，1998 年 11 月落成并对外开放。以"兴学育才、扶老携幼"为宗旨，提倡"三教合一"理念，倡导和谐宗教。观内建筑吸取古典宫殿庙宇的特点，所建山门牌坊为中心门，入山门为宽敞广场，左右各立一华表。广场右侧为太和楼，左侧为中和楼、圆玄山庄及安老院。正对山门为三清大殿，采用传统天坛形式建造，殿顶的巨大圆球以纯金制成。殿内供奉元始天尊、灵宝天尊、道德天尊，殿前两侧有钟楼、鼓楼。另建有纯阳殿、灵霄殿、观音殿、斗姥殿、太岁殿、老子道德文化园等。（夏志前）

圆玄道观

宗　派

全真道　简称全真；又称全真教、全真派。道教宗派。金代在北方兴起。创始人王嚞，号重阳，陕西咸阳人。金正隆年间创教，大定年间开始传教收徒，先后有马钰、谭处端、刘处玄、王处一、丘处机、郝大通、孙不二等七人拜入其门下，后人称"全真七子"。提倡"三教合一"，宣扬离尘出世。在修炼方法上，主内丹修炼，不尚符箓。在教制教规上，规定道士必须出家住宫观，不许蓄妻室。全真七子亦各创一派，分别为马钰的遇仙派、谭处端的南无派、刘处玄的随山派、王处一的嵛山派、丘处机的龙门派、郝大通的华山派、孙不二的清静派。另外，又有一些道士分别创立了"五祖派"，即宗祖王玄甫的少阳派、宗祖钟离权的正阳派、宗祖吕洞宾的纯阳派、宗祖刘海蟾的刘祖派、宗祖王嚞的重阳派。明代以后，龙门派因白云观道士王常月的阐扬曾中兴一时，其余各派均衰落不振。一般认为，该道派在岭南的传播始自清初，由龙门派道士曾一贯、杜阳栋、张妙昇等人传入，并在清代以后成为广东道教教团的主体。（夏志前）

全真　见"全真道"。
全真教　见"全真道"。
全真派　见"全真道"。

龙门派　道教宗派。全真道支派。尊全真七子之一的丘处机为祖师，以丘处机弟子赵道坚为第一代宗师。《金盖心灯》《白云观志》记其谱系，派诗为"道德通玄静，真常守太清。一阳来复本，合教永圆明。至理宗诚信，崇高嗣法兴……"明代以后，相继分出支派，且传到全国各地。清初，第十一代弟子曾一贯、杜阳栋至罗浮山，在岭南传播龙门正宗。而龙门支派金山派的第八代弟子张妙昇在罗浮山创建黄龙观，以为金山派道场。清代以降，在岭南传播开来，成为岭南全真道的主流，广州三元宫、惠州元妙古观以及罗浮山冲虚古观、

酥醮观、黄龙古观，均为该派丛林。（夏志前）

金山派　又称崂山派。道教宗派。全真道龙门派支派。龙门派第四代玄裔孙玄清创立。因发源于山东崂山，故又称崂山派。据清梁教无《玄门必读》等记载，孙玄清，字元玉，号金山，又号海岳山人，山东莱州府即墨县崂山人。自幼在崂山明霞洞出家，礼李显陀为师。后游铁茶山云光洞，遇通源子，授以升降天门运筹的内丹法门，苦练20余年，颇有成就。明嘉靖三十七年（1558），至北京白云观坐钵一年，大著灵异，赐号"护国天师左赞教主紫阳真人"。清康熙年间，第八代弟子张妙昇至岭南中兴罗浮山冲虚古观，后创黄龙古观为岭南本派道场繁衍至今。（夏志前）

崂山派　见"金山派"。

南宫派　道教宗派。全真道龙门派支派。李清秋开创。以广东罗浮山为中心。据《玄门必读》记载，李清秋为龙门第十代孙，得至人传授真道口诀。道成，得证天仙，后密授曾一贯。另据清陈教友《长春道教源流》记载，曾一贯师事李清秋，于康熙年间入罗浮山，筑道场于紫霄洞。泉州人柯阳桂入罗浮山，礼曾一贯为师，二人共兴酥醮观。柯阳桂以下，童复魁、江本源、赖本华、陈教友诸弟子相继住持酥醮观，以龙门正宗自命，但并未以该派名义传承道法。（夏志前）

金丹南宗　又称紫阳派。道教宗派。北宋张伯端始创，流传于南方地区。以"先命后性"的方式修炼，因代表人物多出自南方，故称南宗。据载，创始人张伯端因触犯火焚文书律而"坐累谪岭南兵籍"。其道法依次传于石泰、薛道光、陈楠、白玉蟾，其中陈楠为惠州人，白玉蟾也多在岭南活动。一般认为，白玉蟾一系所传丹法是张伯端《悟真篇》中清修思想的发挥。主张独身清修，认为一己之身就是一片完整天地，乾坤阴阳具足，无须外求。白玉蟾及其传人形成的金丹修炼传统，对宋代以降岭南道教的发展产生了显著影响。（夏志前）

紫阳派　见"金丹南宗"。

正一道　又称正一教、正一派。道教宗派。以道教龙虎宗为主干融汇诸符箓派而形成的符箓大派。元大德八年（1304），朝廷授张道陵第三十八代后裔张与材为正一教主，主领三山（龙虎山、阁皂山、茅山）符箓，道教符箓各派总称正一道。以张道陵天师为道祖，以《正一经》为主要经典，以符箓斋醮、降神驱鬼为主要宗教活动。该派道士可以不出家，不住宫观。明太祖时，诏令道教分全真、正一两派，全真道士以修真养性为务，正一道士可应供法事以获取生活报酬。正一道拥有世俗家庭生活，通过父子相传或师徒相授等方式进行道教仪式的训练。近代以来，岭南正一道士以散居为主，粤西茂名、湛江等地数量尤多。广府地区的散居正一道士常被人称为"喃呒先生""喃呒佬"，有的在市区设道馆以为营生手段，民国时期被取缔。（夏志前）

正一教　见"正一道"。
正一派　见"正一道"。

文　献

抱朴子　道教著作。东晋葛洪撰。分《内篇》和《外篇》。《内篇》20卷，自序称"言神仙方药、鬼怪变化、养生延年、禳邪祛祸之事，属道家"。备述金丹、黄白、辟谷、服气、导引、存思、房中、服药、摄养、变化分形、符箓禁咒等方术，大要以玄道为宇宙之本，以炼丹服食为养生成仙的旨归，极力论证修炼成仙的可能性，提出以服饵金丹为主、其他道术为辅的修仙途径，为魏晋神仙道教的集大成之作，是研究道教炼丹术的宝贵资料。《遐览》篇著录早期道书符图数百种，可供道教史研究者参考。《外篇》50卷，自序称"言人间得失、世事臧否，属儒家"。主要议论汉末魏晋时政的得失，评论世俗行为的善恶，辨析学术，认为治国之道在任贤举能、爱民节欲、移风易俗。其中《金丹》《黄白》及《仙药》等篇有研究用矿物炼丹药、金银以及用植物治疗疾病等的记载，对化学和制药学的发展有一定贡献。内外篇均入《正统道藏》太清部。今有中华书局1980年王明著《抱朴子内篇校释》。（夏志前）

神仙传　道教著作。晋葛洪撰。葛洪写成《抱朴子内篇》后，针对其弟子问仙人有无，抄集古代仙经、服食方及百家之书，搜集先师耆儒的传说撰成。对后世道教神仙谱系的演变、发展有较大影响。所录共84人。有《四库全书》本及《广汉魏丛书》本，前者收84人，后者收92人，均为10卷。今有中华书局2010年胡守为校释"道教典籍选刊"本。（夏志前）

翠虚篇　道教著作。宋陈楠撰。1卷。包括《紫庭经》七言古诗10首、《大

道歌》1首、《罗浮翠虚吟》1首、《丹基归一论》短文1篇、《金丹诗诀》七绝100首、词3首。所述皆为内丹功夫，其中《紫庭经》论述丹经要旨唯在铅汞；《大道歌》论述"真阴真阳是真道"；《罗浮翠虚吟》系对前付弟子白玉蟾丹诀的解释，强调金丹之要诀在"铅汞"二字，对采战御女、服气存思等旁门大力驳斥。《丹基归一论》为短文，论述"一"为金丹之基，谓魂魄、龙虎、坎离等皆为一物，无非"阴阳"二字；周天卦数、昼夜时刻，无非周身精气流行之变态；天地气数，在乎一时之功夫；一阴一阳之谓道，道即金丹，金丹即道。所论述南宗丹法，在南宗传承中起着极为重要的作用。入《正统道藏》太玄部。（夏志前）

海琼传道集　道教著作。宋白玉蟾撰，庐山道士洪知常编集。1卷。辑录白玉蟾诗文3篇。文《金丹捷径》杂录有关内丹修炼的图像、口诀、术语，并附以简短解说；五言诗《钩锁连环经》解释内丹名词，列举常用的内丹术语，自"金丹即是汞"至"混沌即金丹"，各句前后相连，首尾衔接，故名钩锁连环；五言长诗《快活歌》宣说炼丹学仙的乐趣。入《正统道藏》正一部。（夏志前）

寰天图说　天文学著作。清李明彻撰。3卷，后出《寰天图说续编》2卷。收入论文81篇，内容涉及天文、气象、地理等，附有插图。绘制了全国地图、京城地图及大部分省份的地图，是古代岭南重要的天文学著作，对于研究中国古代天文学史具有重要价值。（夏志前）

长春道教源流　道教著作。清陈铭珪撰，题"罗浮酥醪洞主陈教友著"。8卷。卷1《全真教总论》《王重阳事迹汇纪》，附马、谭、刘、王、郝、孙《纪略》；卷2《邱长春事迹汇纪上》；卷3《邱长春事迹汇纪下》；卷4《邱长春弟子纪略上》；卷5《邱长春弟子纪略下》，附马、刘、王、郝弟子《纪略》；卷6《邱长春再传以下弟子纪略》，附马、刘再传以下弟子《纪略》及传授未明者；卷7《邱长春后全真法嗣纪略》；卷8《辨证》12则、《杂钞》3种。后有张学华（道号永闇）跋。《藏外道书》收录。有清光绪五年（1879）刻本等。（夏志前）

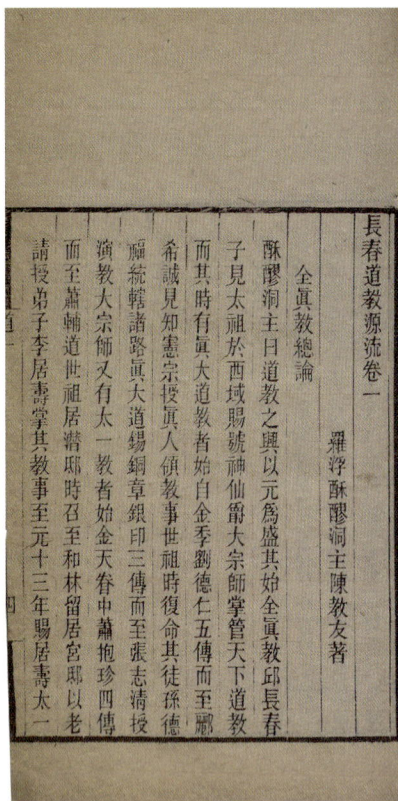

清光绪五年（1879）刻本《长春道教源流》

玄门必读　道教著作。作者不详。原名《玄门清规》。清咸丰二年（1852）罗浮山酥醪观道士梁教无刊印。光绪二十五年（1899）酥醪观住持黄明襄重校，唐永华补辑校录，书名《玄门必读》，1931年酥醪观为整顿教规而重镌。不分卷，卷首刊《太上老君说常清静经》，其后依次为《太上玄门功课经序》《清规玄范法派仙宗》《清规须知外参访》《学道须知内参访》《戒食铭》《紫清真人清规榜》《长春真人清规榜》《长春真人垂训文》《三教源流》《尹喜真人诀》《长春真人执事榜》《清规榜》《元始节略》《道祖法系》《洞天福地》。后有唐永华跋。《藏外道书》收录。（夏志前）

南宋初河北新道教考　道教著作。陈垣宗教三书（清初僧净记、明季滇黔佛教考、南宋初河北新道教考）之一。陈垣著。1941年7月撰于北平（今北京市），12月作为《辅仁大学丛书》第8种出版。1962年7月中华书局新版，1989年再次印刷发行。3篇4卷23章。共7万多字，叙述金、元时期全真、大道、太一教的创立和发展的历史。因这三教不属以前的道教，活动地域以河北为主，故称为"河北新道教"。卷1、卷2为"全真篇"，叙述全真教的起源、教制、藏经刊刻、教史编纂、信仰流播、政教关系、末流贵盛等；卷3为"大道篇"，叙述大道教的起源、戒目、道行、道风等；卷4为"太一篇"，叙述太一教的起源、一至五祖的道行、六七祖的传授以及太一教重要人物。后有辅仁大学教授朱师辙为该书作《跋》。该书博采金、元以来诸家文集，广搜金石文献，考订三教渊源始末，甚为精审。是道教史研究的重要著作，具有极高的学术价值。（夏志前）

伊斯兰教

概　述

岭南伊斯兰教　区域宗教。伊斯兰教在岭南的发展源远流长。唐宋时期，海上贸易繁荣，阿拉伯、波斯穆斯林商人泛海而至，他们"多市田宅，与华人杂处"，互为婚姻，"住唐"不归，建成怀圣寺，促成基于贸易互动的广州早期穆斯林社区蕃坊的形成，伊斯兰教由此传入中国。海南岛为蕃舶往来必经之地，也形成穆斯林蕃客聚居区。他们构成岭南最早的穆斯林群体。宋代岭南穆斯林由侨居蕃客演变为土生蕃客，其子孙被称为"四世蕃客"或"五世蕃客"，成为中国本土化穆斯林，岭南成为这一时期中国穆斯林人口的集中地之一。元代岭南伊斯兰教再获发展。除被称为"南蕃回回"的原穆斯林蕃客后裔之外，有不少来自西域的穆斯林迁入。广州出

土元代穆斯林碑铭及至正重建怀圣寺碑记表明，穆斯林有任职广东地方者，也有从事海上贸易者。明代岭南又有伊斯兰教信仰人口补充。海南有来自越南占城地区马来穆斯林族群的迁入与定居，不少蒙古、西域归附回族参与政府对岭南的军事行动驻戍当地，分布于广东广州、肇庆及海南三亚一带，拥有社区，修建寺院，成为当地穆斯林新的力量。清代内地穆斯林或仕宦或驻戍或经商流入岭南，广州、肇庆穆斯林人数剧增，促成清代岭南伊斯兰教的兴盛。他们中以清汉八旗回族军士和内地回族商人为多，今广州、肇庆世居回族多为其后裔。广州已建有怀圣寺、先贤寺、濠畔寺、小东营寺、东郊寺和南胜寺等6座礼拜寺。肇庆穆斯林则修建有清真东寺和

西寺。佛山作为岭南名镇，清代回族居此者多，也建有1座礼拜寺。乾隆时期海南三亚清真寺所立碑铭显示，当地伊斯兰教颇为活跃。香港自近代开埠以来，因印度及内地穆斯林移入，清末也修建了清真寺。民国初期，广州、肇庆两地穆斯林渐具规模，涌现不少杰出的阿訇、教长，创办有诸多汉文宗教刊物和经堂学校，对教内伊斯兰教知识的宣传起了推动作用。抗战期间，岭南穆斯林多流徙西南各省及港澳等地，促成香港、澳门穆斯林人口的增长。新中国成立后，广东广州、肇庆及海南三亚穆斯林已为数不多。党的十一届三中全会后，经济发达的珠江三角洲及旅游胜地三亚再次吸引国内外穆斯林人口涌入。岭南伊斯兰教又获新的发展。（马建春）

寺院·陵墓

怀圣寺　又称光塔寺；别称狮子寺。伊斯兰教寺院。中国伊斯兰教最早的清真寺之一；中国古代四大清真寺（广州怀圣寺、泉州麒麟寺、扬州仙鹤寺、杭州凤凰寺）之一。位于今广东省广州市越秀区光塔路56号。建造年代有争议：一说建于唐初，宛葛思（Abu.Wakkas）主持修建，"怀圣"取怀念圣人穆罕默

德之意；一说建于晚唐，由留居广州的阿拉伯商旅建于蕃坊。元至正三年（1343）毁于大火，至正十年（1350）重建。明清两代至民国多次重修。寺院坐北朝南，从南沿主轴线向北，经三道门、看月楼、礼拜殿最后到藏经阁，占地面积3855平方米。其主体建筑礼拜殿立于庭院正面，为中国宫殿建筑式样，可

容纳千人礼拜，三面均设岭南风格的木窗、推拉门。寺院保留有元代至民国的碑铭、牌匾。广州市伊斯兰教协会设于寺内。现为中外穆斯林进行宗教活动的重要场所。（马建春、李蒙蒙）

光塔寺　见"怀圣寺"。
狮子寺　见"怀圣寺"。

怀圣寺头门和门额

怀圣寺光塔 又称光塔、怀圣塔；俗称蕃塔；原称呼礼塔。伊斯兰教古建筑。位于今广东省广州市越秀区光塔路 56 号怀圣寺西南。怀圣寺附属建筑，有宣礼塔、引航塔的双重作用。名称起源说法有二：一说因塔体外形光滑而得名；一说因塔顶有阿訇呼唤信徒前来礼拜之功用，阿拉伯语"呼唤"一词音译为"邦卡"，而"邦"与"光"粤语音似，故习称光塔。建于唐代。以糯米加红糖、贝壳等材料修建。高 36.6 米，直径 8.85 米，基深 3.6 米，与今建筑规范相符。地基下设木桩，以保持其稳定性。塔旁设一井，有避雷功效。塔中心为石柱，于南北分设两门，由两条互不相交的螺旋阶梯登顶，南梯 158 级，北梯 154 级，每梯各设 5 个小窗通光，寓意"念、礼、斋、课、朝"五门功修、每日五次礼拜及每周五聚礼。塔顶为一叠两圆环，并设宣礼楼。塔建于古代珠江北岸，故塔顶设可随风旋转的金鸡以测风向，夜晚点灯作灯塔之用。金鸡于明洪武二十五年（1392）毁于台风。明清两代曾多次重修塔顶，现存为 1934 年所修火焰形尖顶。对研究古代伊斯兰教建筑艺术有重大价值。1996 年被国务院公布为第四批全国重点文物保护单位。参见第 870 页建筑卷"怀圣寺光塔"条。（马建春、李蒙蒙）

光塔 见"怀圣寺光塔"。

怀圣塔 见"怀圣寺光塔"。

蕃塔 见"怀圣寺光塔"。

呼礼塔 见"怀圣寺光塔"。

三亚清真古寺 伊斯兰教寺院。位于今海南省三亚市天涯区回辉社区。创建年代说法不一：一说建于南宋初年，一说建于明成化六年（1470）。原位于三亚街（今三亚市西南郊），砖瓦结构，主体建筑式样为八角形。民国重修时改建为阿拉伯式拱形建筑，钢筋水泥结构。抗战期间日军在原回辉村修建机场，村民被迫迁至羊栏，寺院被毁。20 世纪 50 年代回辉村民自筹资金于现址重建。"文化大革命"期间被毁。1982 年再次重建，面积 300 多平方米。1986 年香港穆斯林捐款扩修，面积增至 821 平方米，可容千人礼拜。（马建春、李蒙蒙）

小东营清真寺 伊斯兰教寺院。位于今广东省广州市越秀区越华路小东营 1 号。初建于明成化四年（1468），清嘉庆二十二年（1817）、同治五年（1866）重修。坐西朝东，占地面积 575.38 平方米，正殿面积 413.8 平方米。内含礼拜殿、月房、水房、走廊、厢房、仪门等。保存有 10 多方清代及民国时期中、阿文碑铭。礼拜殿为主

清同治年间的光塔与看月楼

体建筑，面阔三间 24.2 米，进深三间 17.1 米，为典型的明清中国寺院建筑风格。光绪二十七年（1901），广州、香港两地回族穆斯林在寺内筹资兴办小东营清真寺义学堂，由杨瑞生、王明山两位阿訇担任教师。新中国成立后，因广州穆斯林多聚礼于怀圣寺，小东营清真寺逐渐成为穆斯林停放"米衣"、办理丧事之地。1966 年寺院被回满族生产自救组借用，1979 年归还时已遭严重损毁。1982 年、1992 年广州市伊斯兰教协会两次出资维修和整饰。1998 年经越秀区宗教部门登记重新成为宗教活动场所。2003 年广州市伊斯兰教协会出资，将北面厢房改建为框架两层，总面积 132.95 平方米，以备雨天作殡礼堂使用。2005 年始在寺内举办主麻聚礼。2010 年广州市伊斯兰协会再次出资维修。（马建春、李蒙蒙）

濠畔寺 伊斯兰教寺院。位于今广东省广州市越秀区濠畔街 378 号。明成化年间由南下驻广州的回族兵将集资修建。清康熙四十五年（1706）傅云峰主持重建。占地面积 1494.4 平方米，呈园林式建筑风格。大殿坐西向东，面阔五间 18.8 米，深五间 19.6 米。屋面坡度缓慢下降，殿身构架颇精致，两侧各开 3 个拱券门。1926 年创办回文大学。1946 年初创办孤儿院，并创办广州第一所回族老人院。1964 年被租用，除寺门和大殿外，南北走廊、看月楼等古建筑均被拆移，改建为混凝土厂房。1993 年 9 月租赁关系终止。1994 年重修。1998 年 5 月经修葺后成为穆斯林宗教活动场所。（马建春、李蒙蒙）

南胜寺 伊斯兰教寺院。位于广东省广州市越秀区大南路 112 号。明成化年间由南下驻广州的回族兵将所建。占地面积 1517 平方米。1958 年被广

州市民族电器厂借用；1969 年改为租用，租用单位将大殿外的建筑改建为 3 层混凝土楼房，用作生产场地，寺院遭到严重破坏。现已无宗教活动进行。（马建春、李蒙蒙）

先贤清真寺 又称大北门外清真寺。伊斯兰教寺院。位于今广东省广州市越秀区解放北路 901 号清真先贤古墓园内。约建于明代，清康熙年间重修，1999 年再次重修。大殿正门前是九步级月台。礼拜大殿为五进深、前后两坡歇山顶飞檐式二层建筑。大殿顶部铺以绿色琉璃瓦，诸角施以斗拱飞檐，殿内外立以朱红色柱子，加之通透木窗，具有浓郁的岭南风格。建筑面积共计 1860 平方米，可容纳 2000 人同时礼拜，是广州面积及规模最大的清真寺。（马建春、李蒙蒙）

先贤清真寺

大北门外清真寺 见"先贤清真寺"。

肇庆清真东寺 简称东寺；又称城东清真寺。伊斯兰教寺院。位于今广东省肇庆市端州区水师营路。始建于明末清初。占地面积 2600 平方米。清康熙五十二年（1713）、乾隆五十三年（1788）、道光元年（1821）、道光

五年（1825）、道光七年（1827）重修。原建筑为砖木结构、坐北向南，依次为门楼、朝厅、房舍、沐浴室、望月台、回廊、大殿、丹墀、滩池和后花园，院落宽阔。现仅存礼拜殿。殿面宽 3 间，进深 3 间，通面宽 13 米，通进深 14.6 米。硬山顶，门顶悬挂道光年间篆刻的"主恩常念"木匾。1946 年杨茂林在寺内开设经堂，又在原学经班基础上创办肇庆私立清真小学。新中国成立后清真小学转为公立，1969 年改为肇庆市第十七小学。后该校拆毁朝厅和北廊建造教学楼，并占用寺内建筑院地作办公室、教工宿舍及运动场地，原建筑仅存门头、大殿。1991 年礼拜殿按原样复建。2006 年正式开放为伊斯兰教活动场地。（马建春、李蒙蒙）

东寺 见"肇庆清真东寺"。

城东清真寺 见"肇庆清真东寺"。

佛山清真寺 伊斯兰教寺院。清康熙四十七年（1708）江南各地留居佛山的回族商人集资修建。后因穆斯林商人逐渐迁往广州等地，寺院荒芜。乾隆四十八年（1783）折卖得银 260 两，分赠广州怀圣寺、小东营寺、濠畔寺、

南胜寺和海南三亚清真寺。今已不存。

（马建春、李蒙蒙）

肇庆清真西寺 简称西寺；又称城西清真寺。伊斯兰教寺院。位于今广东省肇庆市端州区康乐中路。清乾隆三十二

肇庆清真西寺

年（1767）伊玛目刘士芳率回族穆斯林15人于肇庆西门忠勇坊购地初建，后迁址于此。嘉庆二年（1797）、道光十一年（1831）两次较大规模扩建和重修，后渐成危房。1983年肇庆市伊斯兰教协会拆除重建，1984年建成开放。肇庆市伊斯兰教协会设于此。占地面积1790.35平方米，除主体建筑礼拜大殿外，附设有经堂、两廊、浴室、停先阁、阿訇宿舍、办公室、厨房等。顶部为圆形尖塔式样，饰以绿色新月标志。大殿正面设有3个殿门和南北两廊口，合为五门，寓意"念、礼、斋、课、朝"五功及五时拜。礼拜殿前檐石柱阴刻楷书"勤念礼课斋，七日一朝须敬畏；守忠存仁义，六行三物贯真诚"。礼拜殿内四根石柱用阿拉伯文刻《古兰经》经文。寺内存有嘉庆十九年（1814）所刻木板楹联，长2.23米，宽0.27米。联云："何须色相昭彰，五拜中俨然如在；漫道典型迂远，卅卷内自有真传。"（马建春、李蒙蒙）

西寺 见"肇庆清真西寺"。

城西清真寺 见"肇庆清真西寺"。

些利街清真寺 又称些利街回教清真礼拜总堂；曾称些利街回教堂。伊斯兰教寺院。香港最古老的清真寺。位于今香港特别行政区些利街30号。清光绪十六年（1890）由香港百余名穆斯林集资初建。光绪三十一年（1905）印度孟买穆斯林慈善家伊斯哈格（Essack Elias）出资重建。寺院小巧玲珑，位于半山腰，阿拉伯式建筑风格，可容600人礼拜。寺内有教长室、教长居宅及净礼水房、更衣室等，另设有穆斯林孤寡收容所。寺院由香港回教信托基金总会管理。香港一级历史建筑。参见第895页建筑卷"些利街清真寺"条。（马建春、李蒙蒙）

些利街清真寺

些利街回教清真礼拜总堂 见"些利街清真寺"。

些利街回教堂 见"些利街清真寺"。

九龙清真寺 又称九龙寺。伊斯兰教寺院。位于今香港特别行政区九龙半岛南端尖沙咀弥敦道九龙公园东南部。清光绪二十二年（1896）驻防香港的英属印

九龙清真寺

度军队中的穆斯林士兵兴建。光绪二十八年（1902）重修，并交香港伊斯兰教团体接管。1980年由九龙清真寺重建筹款委员会筹款重建，1984年5月11日落成启用。占地面积1500平方米，呈正方形，以白色大理石建成，高4层，顶部为直径5米、高9米的拱形大圆顶，建筑四周各设11米高的尖塔（唤礼楼），颇具阿拉伯伊斯兰教现代建筑特色。寺院下层置有大礼堂、讲经处和办公室等，二楼为礼拜大殿，三楼是女性礼拜殿，可容纳2000多人礼拜。寺院设有图书馆、大小净室和医疗室、《古兰经》研究室、青年文化进修中心等，是九龙穆斯林的主要活动场所。（马建春、李蒙蒙）

九龙寺 见"九龙清真寺"。

东郊寺 伊斯兰教寺院。位于广东省广州市东校场（今广东省体育场）西侧东贤里。始建于民国初年，规模甚小。1938年日军侵占广州时遭拆毁。（马建春、李蒙蒙）

爱群道清真寺 又称爱群清真寺暨林士德伊斯兰中心、艾马尔清真寺暨伊斯兰中心。伊斯兰教寺院。位于今香港特别行政区湾仔东部摩理臣山爱群道40号。1976年原黄涌道回教坟场和清真寺拆迁，政府拨地于此复建，1981年9月建成。建筑主体是一座8层大厦，一楼大理石墙壁用彩色玻璃镶成麦加禁寺天房图案，二楼分隔为男、女沐浴间，三楼为穆斯林男性礼拜大殿，四楼设女性礼拜殿，可容纳700多人礼拜，五楼设清真餐厅，六楼为图书馆和免费医疗室，七、八楼分别为香港伊斯兰中心、香港伊斯兰联会、香港回教妇女会、香港伊斯兰教青年会和香港伊斯兰信托基金会等社团办公场所。寺院由香港伊斯兰联会管理。（马建春、李蒙蒙）

爱群清真寺暨林士德伊斯兰中心　见"爱群道清真寺"。

艾马尔清真寺暨伊斯兰中心　见"爱群道清真寺"。

清真先贤古墓　简称先贤古墓；旧称蕃人冢；俗称回回坟、响坟、大人坟。伊斯兰教古墓。位于今广东省广州市越秀区解放北路901号。相传为唐代阿拉伯穆斯林教士伊本·赛爱德·宛葛思（Abu.Wakka）的莹地。墓园拱门嵌额谓唐贞观三年（629）建。历史上多次修葺。清乾隆四十四年（1779）至1996年又经8次重修。墓园以高墙围绕，南面设门，门额上书"清真先贤古墓"。园内呈庭院式建构。墓院分内外两重，外陵建礼拜殿一座并带有牌坊、方亭、客厅、水房等，内陵有宛葛思墓室以及广州历代穆斯林名人墓葬群。宛葛思墓位于园内西北，地面墓室建筑，下方呈砖砌正方形，上覆半圆拱顶，四角为菱角牙砖与方砖叠涩14层，形状如悬钟。其整体结构为上圆下方，内成洞形，属于典型的阿拉伯式圆拱顶建筑。信众于内诵经时，有朗朗回声，故有"响坟"之称。院内尚有一门忠孝坊、教门三忠亭、节烈牌坊及1924年广东省省长廖仲恺保护回教坟场布告石碑等。"清真先贤之墓"1978年被公布为第一批广东省文物保护单位。2013年被国务院公布为第七批全国重点文物保护单位。参见第164页历史卷"清真先贤古墓"条。（马建春、李蒙蒙）

三亚羊栏穆斯林古墓群　伊斯兰教墓地。位于今海南省三亚市天涯区回新社区西南海边沙丘地带。属唐宋元时期穆斯林墓葬群。面积约1650平方米，已发现有35座墓穴，皆为竖穴土坑，长1.8—2米，宽0.8—1米，深1.2米，均无葬具和随葬品。亡者侧身屈肢，头处西北，面朝西方麦加方向。墓穴两端各竖一珊瑚石碑，碑略呈方形，高47—55厘米，宽43—51厘米，碑首有圭形、双峰形、山字形等。上用阿拉伯文刻《古兰经》经文、墓主姓名、亡殁日期等。（马建春、李蒙蒙）

澳门回教坟场　伊斯兰教墓地。位于今澳门特别行政区摩啰园路新口岸水塘侧。始建于清乾隆三十九年（1774）。据称原为从印度果阿来澳门从事贸易的穆斯林商人兴建的小型礼拜室，后在澳门穆斯林有去世者，便于摩啰园礼拜室后山辟建坟场安葬。现坟场面积3000余平方米。大门门楼建于1973年6月，雕以清真寺建筑图案，分别用阿拉伯文、中文、葡萄牙文及英文等文字标以"澳门伊斯兰清真寺及坟墓"。坟场内所设清真寺建于20世纪20年代，后荒废拆除。1974年重建。（马建春、李蒙蒙）

肇庆市牛眠岗回族坟场　伊斯兰教墓地。原位于今广东省肇庆市城西清真寺后山。占地面积近2万平方米。历时数百年，今有3000多座穆斯林坟茔。1999年，因肇庆开通宋城西路，坟场迁至18千米外高要小湘镇联星村旱坑岗，占地面积3万多平方米。（马建春、李蒙蒙）

香港回教坟场　伊斯兰教墓地。位于今香港特别行政区黄泥涌道、柴湾两地。黄泥涌道回教坟场启用于19世纪中期，有葬穴6000多个，原有清真寺，后因政府建设隧道天桥被拆除，还建成今爱群道清真寺。柴湾回教坟场原在九龙何文田，后因公共征地，政府另辟此地重建，1963年8月启用。现由香港回教信托基金总会管理。（马建春、李蒙蒙）

孖窑　伊斯兰教墓室。原位于广州清真先贤古墓墓道南口处，20世纪60年代迁葬至先贤古墓陵园内。呈方形圆顶，与宛葛思墓略同。室内有两穴古坟，相传为宛葛思两位海里凡（门生）之墓，俗称孖窑。两具遗骨，牙齿尚存，肢体异常高大，系中东阿拉伯人体型。内有刻有文字的宋元古砖。迁葬者将相关情况写于瓦片，连同遗骨、古砖一并置入墓穴，以供查考。（马建春、李蒙蒙）

组织·学校

寺坊　又称教坊、坊。伊斯兰教组织。以一个清真寺为中心，包括周围聚居的穆斯林所形成的伊斯兰宗教区域。萌芽于唐宋时期广州的蕃坊，元代始向以寺院掌教为主的寺坊制过渡，其时广州设有"回回掌教哈的所"。明清时期普遍形成，其组织主要表现为单一教坊制形式。岭南教坊组织比较松散，范围和户数不定，大者百余户，小者十余户。各寺坊为独立单位，互不隶属，但在举办大型宗教活动或聘请掌教阿訇时，相互往来。寺坊内居民称为"高目"或"哈宛德"，地位平等。每一寺坊均设有管理机构，由穆斯林公推的"学董""堂董""乡老"等主持坊务。清真寺教长主持本坊的宗教事务，讲经授徒。教长在本坊品学兼优的阿訇中择聘，任期一般为3年，可连聘连任。（马建春、杨璇）

教坊　见"寺坊"。

坊　见"寺坊"。

以思呢老人会　伊斯兰教组织。清代广州回族穆斯林治丧互助性组织。成立于清康熙五十一年（1712）。由马宽、沙柱臣等27位先辈集资合股设立，共27股。该会购置濠畔街尾、清真寺对面商铺一间，以收入租息为各家丧葬之用，历40余年，共支出租息银200余两，各家均次第周及。按买屋约定：租息支出各家周及后，此铺送濠畔、怀圣两寺，以供添助香火，留作善举之用。乾隆二十六年（1761）五月，各家次第周及结束，众人立石竖碑于濠畔、怀圣两寺以为证。（马建春、杨璇）

教善箱　伊斯兰教组织。清光绪十一年（1885）由广州穆斯林筹款发起，后肇庆穆斯林集资加入置产，设立"教善箱"。主要收储房产租金，以备救济家境贫困、殁后无钱殡殓的穆斯林。教善箱后交由四坊箱合并管理。（马建春、杨璇）

平安处　伊斯兰教组织。始建于清光绪十四年（1888）。初设于广州怀圣寺看月楼东侧。平房一间，门额上书"平安处"，供危重病人暂住，或为亡人治丧殡殓之用。20世纪60年代东营寺增设穆斯林治丧处后，平安处停止使用。（马建春、杨璇）

香港回教信托基金总会　简称信托会。伊斯兰教组织。会址位于今香港特别行政区湾仔爱群道40号爱群清真寺内。19世纪末经港英政府批准成立。主持办理外籍穆斯林教务以及宗教慈善活动。20世纪初，港英政府将清真寺和穆斯林坟场交由该组织管理，并令其负责管理香港穆斯林的各项事务。总会下设若干分会，分会各派两名代表参加总会。总会管辖清真寺4座，其中香港3座、九龙1座，并管理跑马地和柴湾两处穆斯林坟场。香港伊斯兰联会、巴基斯坦穆斯林协会、印度穆斯林协会、香港达乌德·布哈里协会是其成员组织。1984年由总会发起，复修建成九龙清真寺及林士德伊斯兰教中心。（马建春、杨璇）

信托会　见"香港回教信托基金总会"。

中国回教促进会粤支部　又称中国回教俱进会粤支部。伊斯兰教组织。民国时期岭南回族教胞的统一组织机构。会址设在广州怀圣寺内。成立于1912年。首任会长为羽翼鹏，名誉会长为晚清驻日公使杨枢。主张开办男女学校以开民智、兴工艺而益民生，并按中国回教俱进会的宗旨开展活动，也协助四坊箱办理教务。1929年将怀圣寺经学堂改为清真小学，增加汉文学习内容，办学经费基本由寺产租金支出。1930年重新改选，推举周善之、马仁峰为正、副主席。1934年主持募款重修怀圣寺和光塔。1936—1937年通过法律途径协助解决了广州回教先贤古墓公共坟场被侵占之事。1938年日军侵占广州后解散。（马建春、杨璇）

中国回教俱进会粤支部　见"中国回教促进会粤支部"。

丧济会　伊斯兰教组织。广州市回族穆斯林治丧互助性松散组织。成立于民国前期。初由穆斯林众人集资购置一套送葬用具，以备公用。集资人即为会员。遇有会员亡故，众会员每人捐毫洋两毫，集合送与丧主，作为公帮，并参与协助丧主送殡及办丧事。后会员相继殁世，该会自然消失。（马建春、杨璇）

香港中华回教博爱社　伊斯兰教组织。初期会址位于香港湾仔道225号，后迁至今湾仔陈东里7号。初创于1918年，1929年正式成立（一说1922年）。致力于推进伊斯兰教事务，发展文化教育和福利事业。建有中华回教博爱社礼拜殿，办有香港唯一的伊斯兰英文中学，另设有博爱社屯门伊斯兰小学和屯门伊斯兰幼儿园。大力支持香港中国回教协会成立，协助办理学务、社务等。新中国成立后，通过举办各种活动，加强香港与内地穆斯林的联系与交往。（马建春、杨璇）

广州回教慎终会　伊斯兰教组织。民国时期广州回族穆斯林的丧葬互助机构。会址位于广州市大南路南胜清真寺内。成立于1925年初。以"扶助会员，振兴实业"为宗旨，并进行丧葬互助。曾制定简章31条，详细规定会员的权利和义务，获得广州回族的认同，一年内发展会员500余名。主要负责人先后有马庆云、傅慎之、萨赞臣等。1932年再建慎终会第二组，吸引了不少港澳回族穆斯林加入。1934年改组，改名为广东回教同益会，负责人为刘玉臣、杨瑞瑜等。抗战胜利后，其遗留产业交南胜清真寺代管。（马建春、杨璇）

同益会与崇善会　伊斯兰教组织。广州的濠畔、小东营两寺仿效慎终会先后成立。参照慎终会会章，规定会员入会须交纳基金1元，此后按月交费4角，交足100月即为满额，逝后由家人领取丧葬费60元。另规定，凡会员交纳两月会费后亡故，即可由家人领取丧葬费50元。抗战期间，广州穆斯林多迁移流落香港、澳门及内地，同益会和崇善会随之解散。（马建春、杨璇）

广州回教青年会　伊斯兰教组织。以广州市小东营清真寺及小北湛家园一巷经堂为活动中心。1925—1926年何

敏衡、陈焕文、何德雄等回族青年发起筹备，马志超、马永华和萨旭云等10多人响应组成。宗旨是团结教胞，联络感情，发扬德、智、体、群，增进教胞福利，兴教建国。曾在活动中心举办伊斯兰基本知识讲座与讨论会，进行各种学术文化交流活动，编辑出版刊物。还倡导移风易俗，举办集体婚礼等，受到族中父老支持。发扬五四青年运动精神，培养、锻炼了一批具有新思想、新文化的本地回族青年，一些会员后来成为清真小学校长、外事译员和清真寺教长等。后因会员多属兼职，无法正常开展活动而解散。（马建春、杨璇）

澳门伊斯兰会 伊斯兰教组织。当代澳门唯一的伊斯兰教组织。位于今澳门特别行政区摩啰园路4号澳门清真寺内。成立于1930年4月。主要负责管理澳门穆斯林的宗教事务。澳门穆斯林多为印度、巴基斯坦人和原在澳印、巴穆斯林后裔，该会成员较少。（马建春、杨璇）

安老所 伊斯兰教组织。清初，广州穆斯林傅云峰捐出位于广州大新街的平房两间，收容孤寡无依的穆斯林妇女住宿，初名孀妇房，后改称为寡妇房。地址几经迁移，1936年搬至南胜里，兼收鳏寡，改名为安老所。凡入所居住老人，发以伙食补助。1945年后经费先后来自联合国善后救济总署配给的救济物资和广州市救济福利事业机构所发膳食补助费，港、澳穆斯林亦常有捐助。1952年4月4日，由政府接办成立回族老人所，附设于濠畔寺内。1956年政府拨于盘福路龙虎墙另建，改名为广州市少数民族养老院，1964年并入广州市老人院。（马建春、杨璇）

香港中国回教协会 伊斯兰教组织。会址几经变迁，现设在香港特别行政区北角锦屏街东发大厦B座四楼B4号。成立于1938年。前身为中国回教救国协会香港分会，即香港中国回教文化研究会。1941年日军占领香港，会务停止。1947年由白学修、刘就、马慎康、脱维英等人筹备复会，并改名为香港中国回教协会。1949年经香港社团注册处批准成立。会员多为回族工人以及回族工商界、教育界、法律界、新闻界人士。设执行委员会、常务委员会、顾问、医事顾问。刘就、白学修、白建中先后任常务委员会主席。建会时会员较少，会务仅限于协助中华回教博爱社推进宗教事务，有关学务、社务均由博爱社办理。1957年9月召开会员大会，修改会章，选举新负责人，大力发展会务。新协会成立以来致力于宣扬教义、介绍内地宗教政策、联络粤港穆斯林情谊等。1959年创办会刊《回民通讯》，不定期发行，主要内容为宣扬教义，反映会员生活动态，报道内地各族穆斯林信息与成就等，在香港穆斯林社会中颇有影响。（马建春、杨璇）

肇庆义民丝绸厂 伊斯兰教组织。1939年肇庆回族商人捐资兴办。1938年，日军攻占广州，番禺、顺德一些民众迁往肇庆避难，中国回教促进会号召各地回教协会配合社会救济难民，肇庆回教协会教务主持人杨茂林阿訇召集乡老商讨开展救济工作，随之设丝绸厂，招收30多名难民为工人，以解决其生活着落问题。抗战胜利后停办。（马建春、杨璇）

中国回教协会广州分会 原名中国回教协会广州支会。伊斯兰教组织。会址位于广州南胜寺内。成立于1946年。由周善之和潘伯铭先后担任理事长。以发扬教义、团结教胞、协助建国为宗旨，以推行教务、发展文化事业、办理救济及福利事业为目的。经费来源为会员会费、各坊公箱拨支、特别捐款等。曾主办安老所、慈幼院等，在广州广播电台开设伊斯兰教专题讲座，主持收回日伪占领之清真寺，承办怀圣寺清真小学，倡建清真中学，维护穆斯林合法权益，筹划建立穆斯林青年组织，编辑出版《中国回教协会广州支会会刊》。1949年3月改名为中国回教协会广州分会。新中国成立后，因中国回教协会总部迁台北，分会活动停止。（马建春、杨璇）

中国回教协会广州支会 见"中国回教协会广州分会"。

慈幼院 伊斯兰教组织。前身为1946年广州南胜、濠畔两寺开办的海里凡班和孤儿院，收容以孤儿为主的穆斯林儿童40余人，供给膳宿，组织学习。后两机构合并，改称为慈幼院，移至南胜寺内。原海里凡班学生，以学习阿拉伯文、经典、教义为主，拟将其培养为教职人员；原孤儿院学生，白天于清真小学上课，早晚则学习阿拉伯文及教义。经费来自广州及港澳穆斯林捐助。新中国成立初期，尚有存款维持。其后生员多考入中学，领取助学金，一些毕业生亦获分配到工厂就业。1952年停办。（马建春、杨璇）

香港回教妇女会 伊斯兰教组织。会址位于今香港特别行政区湾仔宝灵顿道8号宝灵大厦。成立于1953年。附属香港中华回教博爱社。会员包括香港各界不同种族的穆斯林妇女。骨干成员多为香港穆斯林名流。宗旨是对香港穆斯林妇女的各种活动进行指导，维护妇女合法利益，发展福利，辅助会友，推动教务。在爱群道清真寺举办有武术、舞蹈训练班等。常与香港中国回教协会、香港中华回教博爱社

等社团联合，组织会员到内地参观访问，以增进香港与内地穆斯林的联系。（马建春、杨璇）

广州伊斯兰教协会 伊斯兰教组织。会址位于今广东省广州市越秀区怀圣寺内。成立于1956年11月8日。主要筹建者为沙梦弼、周善之、马逢达、马景廉、刘淑英、杨汉光、杨栋材等。首次代表大会在怀圣寺举行，一致通过《广州伊斯兰教协会章程》，选举产生广州市伊斯兰教第一届委员会，由沙梦弼任主任，周善之任副主任，马逢达任副秘书长。宗旨是协助人民政府贯彻宗教信仰自由政策，发扬伊斯兰教优良传统，维护伊斯兰教界人士和穆斯林的合法权益，团结各族穆斯林热爱祖国，积极参加社会主义物质文明和精神文明建设，促进祖国统一大业。早期由中共广州市委统战部党群处领导，1959年后由广州市民族事务委员会管理。先后设有政治学习组、广州市清真寺民主管理委员会、文史资料研究组、老人工作组、经文教义研究组、妇女工作组等。（马建春、杨璇）

香港伊斯兰中心 又称林士德伊斯兰中心。伊斯兰教组织。位于今香港特别行政区摩理臣山湾仔爱群道40号。创建于1981年。中心大厦8层，由香港穆斯林知名人士林士德捐款兴建。设有清真寺、亡人净室及殡礼场地、教室、礼堂、图书馆、大小会议室、办公室、医疗室等。由香港回教信托基金总会委托香港伊斯兰联会管理。（马建春、杨璇）

林士德伊斯兰中心 见"香港伊斯兰中心"。

肇庆伊斯兰教协会 伊斯兰教组织。会址位于今广东省肇庆市城西清真寺内。成立于1981年12月。宗旨是团结全市穆斯林，坚持社会主义方向，贯彻执行党和国家的民族政策及宗教政策，管理伊斯兰教事务。1981年12月召开第一届代表大会，由全市回族每户派1人为代表，选出协会委员。又在委员中选出常务委员7名，组成协会管理机构。其中正副主任3名、寺产管理小组正副组长2名、秘书2名。杨开枝任第一届主任。早期由中共肇庆市委统战部领导，1988年3月后归中共肇庆市端州区委统战部领导。自成立后，协助党和政府落实民族宗教政策，主持城西清真寺的重建工作，通过各方努力和协商恢复城东清真寺的使用权，主持重建东寺礼拜大殿等。（马建春、杨璇）

三亚伊斯兰教协会 伊斯兰教组织。会址位于今海南省三亚市天涯区回辉社区清真北寺内。成立于1991年12月，12日第一次代表大会召开，协商产生以莆贵才为会长的伊斯兰教协会委员会。宗旨是协助政府宣传贯彻落实党和政府各项宗教方针政策，在党和政府的直接领导下，积极维护社会稳定和民族团结，组织开展正常的宗教活动，帮助宗教人士和信教群众提高爱国、爱教认识，积极参加社会主义建设，发展和加强同省内外、国内外穆斯林的友好关系，同时管理内部教务工作。（马建春、杨璇）

广东伊斯兰教协会 伊斯兰教组织。会址位于广东省广州市越秀区观绿路45号8楼。成立于1998年7月，21日广东省伊斯兰教第一次代表大会在广州召开，制定了协会章程，选举马毓钧为会长，赵崇仁、罗仕佑、杨棠（兼秘书长）为副会长。宗旨是团结带领全省各族穆斯林群众拥护中国共产党的领导和社会主义制度，遵守国家的法律法规，弘扬伊斯兰教爱国爱教的优良传统，坚持独立自主自办原则，维护民族团结、宗教和睦、社会和谐稳定、祖国统一和世界和平，为促进经济社会发展、构建和谐社会、实现中国梦作出贡献。多次举办伊斯兰学术论坛，组织阿訇参加全国"卧尔兹"演讲比赛，组织编写《经文百句》，举办伊斯兰教基础知识竞赛等活动，促进了广东省伊斯兰教工作的开展。创办有会刊《广东穆斯林通讯》《伊斯兰教协会简报》等。（马建春、杨璇）

广州清真小学 伊斯兰教学校。位于今广东省广州市越秀区解放中路。清乾隆元年（1736）广州怀圣寺于寺内首开经学堂，招收回民男童，教授《古兰经》、阿拉伯文及汉文《三字经》《千字文》、"四书五经"等。光绪七年（1881）增设女子经学堂。1912年广州回族穆斯林组织中国回教俱进会粤支部，将设在怀圣寺的经学堂划归其主办，改名为中国回教俱进会粤支部附属小学。仿照近代编制，分班级授课。教师除教长、阿訇外，还有马伯华、刘笃初、张一伟等一批回族知识分子。1929年呈报广州市教育局备案批准，中国回教俱进会粤支部附属小学改名为私立清真小学。学校按市立小学要求设置课程，兼授阿拉伯文、伊斯兰教义，并开始招收教外学生，开创了广州回族兴办近代学校的历史。1939年改名为回教小学。后因经费问题改名为市立第五小学。1952年改为公校并建立校舍。1957年迁现

广州市回民小学

址。1959年定名为广州市回民小学。设有回族师生食堂。改革开放后，教学特色显著，以培养体操特长生著称，为国家、省、市体操队输送了不少运动员。1985年扩建成一座五层教学大楼，并重修旧校舍，设施逐步完善。（马建春、杨璇）

回文大学　伊斯兰教学校。1927年广州濠畔街寺创办。以培养伊斯兰教专业人才为主，性质为成人宗教教育培训机构。虽不具备一般正规大学的规模和设施，但其所教授阿拉伯语文知识，已接近专业大学程度。1932年，因主持人调任他处，学校停办。20世纪60年代以来，广州、肇庆、香港等地清真寺主持教务的教长和阿訇，多曾学习于回文大学。（马建春、杨璇）

广州中华中学　伊斯兰教学校。20世纪30年代在广州回族穆斯林蒋公敏的倡导下创办。初名中华中学，后改名为华夏中学。回、汉兼收，当时有学生300余人，其中回族学生100多人，前后维持4年，因财力不支与其他学校合并。（马建春、杨璇）

肇庆清真小学　伊斯兰教学校。旧址位于今广东省肇庆市城东清真寺内。1946年主持肇庆伊斯兰教事务的杨茂林始于城东清真寺内设经学堂，教授阿拉伯文、伊斯兰教经典，兼习汉文知识。次年经杨茂林等回族穆斯林倡议，在原经堂基础上创办清真小学。学生皆为回族子弟，在校学习语文、算术等，兼学经文。1949年后清真小学改为公办，面向社会开放招生，回、汉子弟同校，回族知识分子优先安排教职，回族学生免收学杂费和书费，校长哈洪大。1966年改名为肇庆市第十七小学。1969年该校拆除城东清真寺朝厅和北廊，建起两座教学楼。20世纪80年代落实宗教政策，重申优先吸纳回族学生，学校仍保留肇庆市第十七小学名称。（马建春、杨璇）

广州塔光国术社　广州穆斯林组织。社址位于今广东省广州市越秀区怀圣寺内。1946年马家林等人组织成立。宗旨是发扬祖国武术、增强体质、团结互助。成员近100人，其中90%为回族中青年和学生。常于节日会礼前做武术表演，曾3次参加广州市赈济水灾筹款义演大会和武术搏斗大会，获优胜奖。1949年活动终止，国术社解散。（马建春、杨璇）

1947年，广州市国术搏斗大会本社诸同志优胜纪念合摄

文　献

重建怀圣塔寺之记碑　伊斯兰教史料。元代碑铭。原置广州怀圣寺大殿左侧。元至正十年（1350）刻，高165厘米，宽92厘米。碑额篆书"重建怀圣塔寺之记"八个大字，饰以双龙云纹，碑周饰以卷草花纹。碑额下方有三行半阿拉伯文，由哈吉·艾德嘉撰文。阿拉伯文之下为汉文，由元广东道宣慰使司都元帅府经历郭嘉撰文。原碑已毁，碑额幸存，广州市伊斯兰协会照原碑重建，其碑额为原件，阿拉伯文未能复原。概述怀圣寺光塔外形与内部构造、伊斯兰教在华传播状况，以及其时修筑塔寺之原因、过程，并指明怀圣寺光塔设金鸡测定风向及航标用途。怀圣寺所见最早的碑铭、国内较早的汉文伊斯兰教碑刻。（马建春、杨璇）

革去哈帖职事石刻　伊斯兰教史料。元代石刻。原在广州清真先贤古墓园内。内刻"革去旧在年深职事哈帖忽辛、念经暗都加漆、苦思丁、亦剌吉"二十四字。其中"哈帖""念经"为元代伊斯兰教职。"哈帖"即"哈的"，伊斯兰宗教法官。元代中央设回回哈的司，各地有回回哈的掌教所之设。石刻表明元代广州曾设所，后朝廷"罢回回哈的司属"，乃有革去哈帖忽辛、念经暗都加漆、苦思丁、亦剌

元至正十年（1350）刻
《重建怀圣塔寺之记碑》

吉等职事之令。今不存，拓本存广州市文物考古研究院。（马建春、杨璇）

革去哈帖职事石刻

回族三忠墓碑 伊斯兰教史料。回族碑铭。清顺治初年南明政权回族将领羽凤麒、撒之浮、马承祖的墓碑记。碑在先贤古墓园内东侧，高121厘米，宽45厘米。三人均系南明守卫广州将领，在顺治七年（1650）抗清壮烈殉国，时称"死难教门三忠"，广州人

三忠亭

民在流花桥畔为之修建衣冠墓冢。后粤人追慕英雄，乃筑亭立石，名《回教三忠墓碑》，以志悼思。原碑已失。1955年5月广州城市改造，移墓于先贤清真寺前。广州市政府以三忠历史可为后人矜式，乃资助回族民众重建碑亭，详记其事迹，并新立《回族三忠墓碑记》。（马建春、杨璇）

1955年新立《回族三忠墓碑记》

重建怀圣塔寺之记碑 伊斯兰教史料。清代碑铭。原碑不存，依拓本复制碑。立于广州怀圣寺东亭。清康熙三十七年（1698）刻，高190厘米，宽120厘米。由镇守广东等处地方将军、世袭一等阿达哈哈番拜音达礼撰文，镇守广东等处地方副都统牛钮书丹，镇守广东等处地方副都统魏黑纳篆额。碑额以双龙云纹为饰，四周铺以卷草花纹，碑额为篆书，镌工精良。碑铭详细描述怀圣塔寺的历史沿革及伊斯兰教在中国的传播，褒扬了为重建塔寺作出贡献的工匠与信众。（马建春、杨璇）

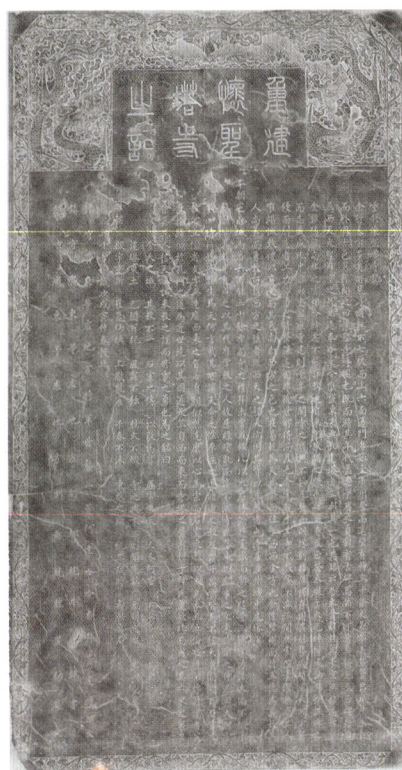

清康熙三十七年（1698）刻
《重建怀圣寺之记碑》

清真寺众田碑记 伊斯兰教史料。清代碑铭。原在广州怀圣寺。清康熙五十年（1711）刻，高65厘米，宽40厘米。记述广州各清真寺来历及管理条例，强调清真寺经济来源主要为信众捐输及铺屋田产租赁收息。康熙十五年（1676）进士郑际泰撰文。对研究广州回族与当地文人名士往来及其社会生活具有参考价值。碑已毁，今仅存拓本。（马建春、杨璇）

三亚回辉清真古寺正堂禁碑 伊斯兰教史料。清代碑铭。碑嵌于今海南省三亚市天涯区回辉社区清真古寺院右壁。清乾隆十八年（1753）刻，高150厘米，宽55厘米。额刻"正堂禁碑"4个横排正字，字大6厘米。记载崖州正堂关于保平里徐翰珪等与三亚里蒲儒嵩等争海涂一案的判决结果，对研究海南穆斯林历史和经济有重要价值。为古代叙述海南回族穆斯林历史唯一的汉文铭碑。（马建春、杨璇）

佛山江南众客捐屋碑　伊斯兰教史料。清代碑铭。在广州怀圣寺内。清乾隆四十八年（1783）刻，高88厘米，宽54厘米。记载江南众客捐银于广东佛山购屋改建为清真寺，后因教民迁移无人经理而被外人侵占，经诉讼教民夺回房产，将其修葺后出租收息，收入交光塔寺以作重修之资事。后又虑无人讨取租金而将房屋出售，收入分送光塔寺、小东营寺、濠畔街寺、南胜里寺、海南三亚寺村。对研究广东穆斯林迁移、清真寺经济来源、回汉关系具有一定参考价值。碑一式五方，今仅存两方，另一方在广州东营寺内。（马建春、杨璇）

肇庆重修清真寺碑记　伊斯兰教史料。清代碑铭。立于肇庆城东清真寺礼拜殿南侧房内。清乾隆五十年（1785）撰文、刻碑。撰书人为当地汉族进士严方。记述清康熙年间城东清真寺修葺状况，对研究清代肇庆伊斯兰教历史具有重要价值。（马建春、杨璇）

海外教胞捐屋碑　伊斯兰教史料。清代碑铭。立于广州清真先贤古墓园内。清乾隆五十年（1785）刻，高53厘米，宽35厘米。记述唐代赛义德奉先知穆罕默德嘱咐来华传教，去世后被葬于先贤古墓园宛葛思墓之旁。尔后有海外穆斯林帕拉来比克、坦尼父子来华，因景仰先哲功绩，特将广州德胜里所购房屋捐赠怀圣寺，租赁收入作济寺之用。碑文所记赛义德为唐代来粤伊斯兰传教者，对研究伊斯兰教传入史颇具价值。（马建春、杨璇）

四十位先贤碑　伊斯兰教史料。清代碑铭。立于广州清真先贤古墓园内东北。原碑刻立时间已不可考，现存为清嘉庆七年（1802）重立的汉文碑铭。载唐贞观年间，墨底纳国（今麦地那）40位伊斯兰教先贤奉至圣穆罕默德差

遣，协同斡葛思（即宛葛思）入华传教，不意礼拜时遭某强人所害。事后该强人悔恨，就地自尽。世人将众亡者一同掩埋，遂成41人之墓。碑文指明该碑为原碑重刻。1959年因市政建设进行坟墓迁移，发掘时并排墓穴中未发现遗骨，旁侧小坟则发现红石椁和遗骨，头颅较大，并有"皇宋通宝"铜钱数枚。碑中所记，不见文献记载。（马建春、杨璇）

重修赛尔德墓寺记碑　伊斯兰教史料。清代碑铭。立于广州清真先贤古墓园内。清嘉庆二十年（1815）刻，高150厘米，宽65.5厘米。广西桂林胡长庆撰文，怀圣寺乡耆正蓝旗佐领马世宁题字，高要县（今广东省肇庆市高要区）廪生刘大铺书。记述先贤赛尔德来华传教始末，以及归真后的营葬地点，褒扬其传教功绩和道德修为，后附伊斯兰教在广州传播历史及伊斯兰教理。对研究广州伊斯兰教史有重要价值。（马建春、杨璇）

四度重修孀房碑记　伊斯兰教史料。清代碑铭。原立于广州怀圣寺内。清道光二十二年（1842）刻，高26厘米，宽19.5厘米。记载粤东省城（今广州市）大新街西约孀房，乃前贤傅云峰创建，以作广州穆斯林孀居妇女栖居之所。然历年既久，所筑房屋业已破敝不堪。穆斯林保仁山及众亲教胞踊跃捐资修缮，并立碑以记。碑已毁，仅存拓片。（马建春、杨璇）

重修怀圣寺碑　伊斯兰教史料。清代碑铭。立于广州怀圣寺内。清道光二十六年（1846）刻，高143厘米，宽72厘米。保天福撰文。记载广州各寺乡老及肇庆东西二寺（城东清真寺、城西清真寺）慷慨解囊、捐资修复怀圣寺事宜。捐资者人众面广，对探究怀圣寺在回族教民中的地位具有参考

价值。（马建春、杨璇）

三十七人捐资怀圣寺碑　伊斯兰教史料。清代碑铭。立于广州怀圣寺内。清道光二十八年（1848）刻，高55厘米，宽33厘米。记载怀圣寺久为教众礼拜朝真之所，有穆斯林37人合资买下光塔街屋铺1间，租赁生息，以资寺务。对了解当时清真寺经济来源及管理规则具有参考价值。（马建春、杨璇）

重修先贤古墓碑　伊斯兰教史料。清代碑铭。原在广州清真先贤古墓园内。清道光二十九年（1849）刻，高55厘米，宽27厘米。以禅宗的明心见性为比较，论述了古代真人的灵明妙觉之性，记载了先贤苏哈爸（即宛葛思）东土传教的事迹和丧葬，叙述了广州穆斯林耆绅捐资重修先贤墓事宜。对研究佛教与伊斯兰教关系、早期伊斯兰教传播和先贤古墓历史有一定参考价值。今仅存拓本。（马建春、杨璇）

重修怀圣寺碑记　伊斯兰教史料。清代碑铭。立于广州怀圣寺内。清咸丰七年（1857）刻，汉文碑铭，高143厘米，宽72厘米。记述广州怀圣寺的历史沿革。言自唐代至清咸丰年间，已近千年，怀圣寺已渐颓敝，掌教及诸百事倡议集资重修，尔后得各寺慷慨解囊以振兴古寺，并详载其时濠畔寺、南城寺、东营寺、怀圣寺捐资者姓名及款目。对研究怀圣寺历史沿革及广州穆斯林社区有参考价值。（马建春、杨璇）

重修小东营清真寺碑　伊斯兰教史料。清代碑铭。立于广州小东营清真寺内。清同治五年（1866）刻。一碑二石，规制相同，高146厘米，宽79厘米。篆书者为广东补用道、花翎西林巴图

鲁加一级海廷琛。碑铭左上方为阿拉伯文，其余为汉文。记述同治元年（1862）各坊穆斯林齐聚小东营清真寺，以大殿残破颓废，决定筹资修缮，历经3个月，寺院修葺一新之事。文末刻有捐资者姓名、官衔以及捐款数额等。对研究广州各寺坊穆斯林社会互动及清真寺修缮经费的来源有重要价值。（马建春、杨璇）

广州府正堂赏格告示碑 伊斯兰教史料。清代碑铭。立于广州清真先贤古墓园内。原碑无年代，约清光绪年间刻，高70厘米，宽34厘米。为官府保护回教坟场的禁令。告示禁止山狗（指"土工"）毁坟灭骨、盗卖山地，鼓励民众监督、缉拿违禁者，并设悬赏银两。对研究清代广州穆斯林墓园历史有重要价值。（马建春、杨璇）

东营寺义学堂碑 伊斯兰教史料。清代碑铭。立于广州小东营清真寺内。清宣统元年（1909）刻，高161厘米，宽48厘米。记述经学传授与经学堂设置的重要性，以及在东营寺建设经学堂的迫切性。载录光绪二十六年（1900）粤港穆斯林民众出资捐款在东营寺修建义学堂的经过。末附捐款姓名和数目，并说明捐款的具体用项。对研究清代广州伊斯兰教经堂教育、文化传播具有重要价值。（马建春、杨璇）

二十八位外籍瞻仰者人名阿拉伯文碑 伊斯兰教史料。清代碑铭。立于广州清真先贤古墓园内。刻立时间不详。高55厘米，宽38厘米。列有28位来粤拜谒瞻仰先贤宛葛思的阿拉伯穆斯林名字。其中有多人署名"船长"，表明这些入粤者由海路进入中国。对研究清代中国与阿拉伯海上贸易往来具有重要价值。（马建春、杨璇）

肇庆教善箱碑 伊斯兰教史料。民国碑铭。立于广州怀圣寺内。1919年刻，高67厘米，宽45厘米。记载广州穆斯林设立慈善组织教善箱，"捐款购置产业，以其租息专助贫寒"。此举为肇庆穆斯林"因思效之"，遂购得省城（今广东省广州市）朝天街、学宫街房屋两间，交由省城教善箱管理。每年拨付租银27两，交肇庆城东清真寺与城西清真寺办理教中行善事宜。（马建春、杨璇）

广州保护回教坟场界碑 伊斯兰教史料。民国碑铭。立于广州清真先贤古墓园内。1924年刻，高64厘米，宽39厘米。碑文为"回教公共坟场，奉谕永远保存"。是年广州穆斯林反对大振公司侵占大北门（今广州市城北偏西）外桂花岗、天平架回族坟地，诉讼获胜，教胞于先贤古墓清真寺内集会庆祝，并邀港澳回族知名人士前来参会，会议决定在回民各坟岗立碑，用诫世人，以垂永久。（马建春、杨璇）

广州保护回族坟场布告碑 伊斯兰教史料。民国碑铭。立于广州清真先贤古墓园内。1924年刻，高149厘米，宽78厘米。广东省省长廖仲恺签发。因

保护回族坟场布告碑

广州大振公司承领桂花岗建设，侵占回族坟场，旅港穆斯林教长金逸卿电呈省政府申诉，经广州市政厅核查，事实确凿。省长遂特派专员勘定界址，并于1924年发布告示，保护回族坟场。对研究民国时期法律和政府处理民族宗教问题有重要价值。（马建春、杨璇）

广州回教公共坟场地图 伊斯兰教史料。民国碑铭。立于广州清真先贤古墓园内。1925年刻，高155厘米，宽71厘米。上半部分为地图，下半部分为当时广州市财政局的布告。详载各处回教坟场地名及面积。对研究晚清至民国初期广州回族人口及分布有较高价值。（马建春、杨璇）

坟场捐款碑 伊斯兰教史料。民国碑铭。立于广州清真先贤古墓园内。1926年刻，高204厘米，宽96厘米。记述广州回族民众反对大振公司侵夺回族坟场诉讼获胜，旋即倡导教众捐资修缮先贤古墓事宜。活动规模较大，香港教众也参与。（马建春、杨璇）

重修先贤古墓清真寺碑记 伊斯兰教史料。民国碑铭。立于广州清真先贤古墓园内。1934年刻，高140厘米，宽71厘米。马子厚撰文。记述广州先贤古墓及附设清真寺地址、历史沿革和两次重建情况。清康熙年间曾依广州先贤古墓原架构重建，因时久未修，民国期间集资再建，并勒石记其事，后附捐资者姓名与捐款数额。对研究广州先贤古墓清真寺历史具有重要价值。（马建春、杨璇）

重修怀圣寺光塔碑记 伊斯兰教史料。民国碑铭。原镶嵌于广州怀圣寺光塔下端。1934年刻。马永宽撰书，马瑞图译作阿拉伯文。记述光塔屹立千年的深厚底蕴，颂扬教中人士、广州市政府为重修光塔所作的贡献。原碑已

佚，仅存照片。（马建春、杨璇）

回教认一论　又称《回教哲学》。伊斯兰教汉文译著。埃及穆罕默德·阿布笃（M. A-bduh）著，马瑞图译。中

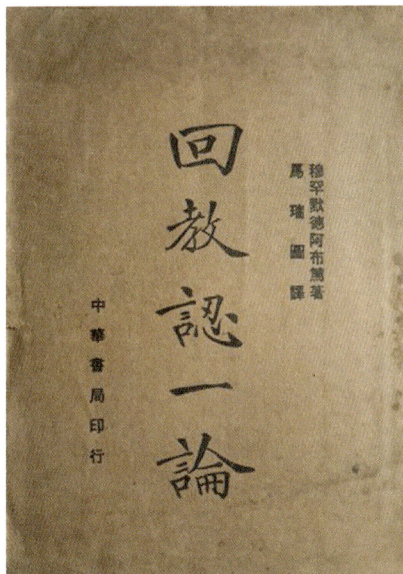
中华书局1937年版《回教认一论》

华书局 1937 年 5 月出版。22 章。主要篇章为所知物之分类、当有者之断法、应当诚信的传闻的诸德性、真主德性之概论、真主之行为、人类之行为、行为之美丑、普遍之使命、人类之需求圣使、解释需求圣使之道之第二、默示之可能等。为研究伊斯兰教的珍贵典籍。（马建春、杨璇）

回教哲学　见"回教认一论"。

晨光　伊斯兰教刊物。创刊时间不详。周刊。发行于 1922 年下半年至 1923 年春。内容多为散文和诗歌。由晨光社创编，交报社印刷。刊物尽佚。（马建春、杨璇）

天方学理月刊　伊斯兰教刊物。1928 年 10 月创刊于广州。月刊。马瑞图、陈焕文、周善之等创办，濠畔街回教礼拜堂天方学理月刊社主办。主编马瑞图。下设干事会，负责编辑、出版、发行工作。主笔有马瑞图、马得康、吴事

勤、山国庆、易司马仪等。以登载教义论著和伊斯兰教基本知识为主，同时涉及各地回民政治、宗教和文化生活。栏目有《论坛》《小评》《译丛》《教况》《统计》《革俗》《笔记》《艺苑》《小说》《杂俎》《特载》《鸟瞰（中外要闻）》《译电》《零金碎玉》《教理测验》《礼法问答》等。曾刊登陈应章《广东全省礼拜寺分布图》《怀圣寺大殿开拆记》等重要文章。是中国南方创办较早、影响较大的伊斯兰刊物。1938 年日军占领广州后停刊，共出版 6 卷。（马建春、杨璇）

1930年第3卷第3号《天方学理月刊》

穆士林　伊斯兰教刊物。1930 年 9 月创刊于香港。初拟以月刊发行，因资金不足改为季刊。由香港中华回教博爱社代理发行。成员及主笔有马敬之、马受百、马慎康、杨一飞、白珩、马达吾（野谷）等，均为香港中华回教博爱社的主要创办者和奠基人。编辑兼发刊者为广东《穆士林》书报社，承印者为广州市西湖街岐兴阁。小 32 开。采用白话文写作，在穆斯林社区免费发放。宗旨是宣传伊斯兰教义，探讨中国穆斯林社会经济发展面临的各种实际问题。早期内容还涉及粤港穆斯林事务。栏目有《论坛》《译丛》《要闻》《宗教》

《布告》《翻译》《文海》《鸟瞰》《言论》《教义》《事件》《社务》《特载》等。曾刊登关于伊斯兰革新思想和改革陈规陋习的文章，附有英文翻译和摘要。《时事消息》栏亦刊登香港伊斯兰教动态。对了解 20 世纪 30 年代粤港两地穆斯林宗教社会生活具有重要价值。（马建春、杨璇）

穆民　伊斯兰教刊物。1931 年 1 月创刊于广州。由《穆民》月报社出版发行。月刊。陈焕文创办并任主编。主笔有山国庆、吴事勤、杨瑞生、易司马仪、纳忠、马之骥、陈应琨、白珩、马达吾（野谷）等。编辑通讯处设在广州小北湛家 2 巷 6 号。宗旨是"阐扬教理，振兴教育，提倡实业，研究学术，促进建设，指导穆民爱国爱教"。内容广泛，栏目有《经籍译注》《教义研究》《穆民言论》《演词选录》《统计调查》《穆民金玉（即格言）》及《国内外穆斯林动态》《文艺笔记》《小说杂俎》《医学常识》等。所刊文章以排解教派纠纷、答复疑难问题、科学阐释教理、辩证教外谛言、改革相沿陋习为导向。封面彩色印刷，印有"泰斯米叶"和英文刊名。刊行时间仅一年，但较为集中地反映了 20 世纪 30 年代粤港穆斯林社会的状况，是当时华南地区影响较大的伊斯兰刊物。（马建春、杨璇）

塔光　伊斯兰教刊物。1935 年创刊，1936 年正式出版发行。广州光塔社主办。月刊。筹办人张耀汉、杨汉光、马志鹏、杨孔德、马兴亮等。社址位于广州光塔街 56 号清真小学内。宗旨是"借助海塔的微光，驾着破浪的巨艟，满载文化的种子"，"用伊斯兰教博爱的感情，护教的真诚，向着光明的所在前进"。主要刊登伊斯兰教义概述、伊斯兰礼仪阐释，关注妇女儿童，报道伊斯兰教界的相关信息。

1935年《塔光》创刊号

栏目有《塔光论坛》《教义研究》《教典问答》《杂俎》《各地伊斯兰教消息》《文艺》等。1938年10月日军占领广州，曾冒名出版刊物，遭舆论唾弃，遂停刊。共发行4期。（马建春、杨璇）

清真礼法问答 中国伊斯兰教著作。马玉龙著。北平牛街清真书报社1935年出版发行。卷首有叶增辉序。共9章，约3.8万字，计186个问答。详尽阐述了伊斯兰教礼拜法则及与之有关的大净、小净、用水、土净等教法规定，并涉及课功、朝功及其他有关教法。（马建春、杨璇）

怀圣 伊斯兰教刊物。1948年7月5日创刊。中国回教协会广州分会光塔寺文化部主办。月刊。总编辑熊振宗。主笔有郑师许、陈克礼、岑家悟、罗香林、熊振宗、马肇选、马景廉等。社址位于广州光塔路56号怀圣寺内。8开，共出版12期，每期4版，叶恭绰题写刊名。宗旨是阐扬教义，启迪愚顽者，效法至圣之大无畏精神，以播扬真理为己任。辟有《教义讲座》《伊斯兰文化》《伊斯兰教史》《世界伊斯兰介绍》《各地伊斯兰动态》《文艺》《家庭与卫生》《学生园地》《伊斯兰圣地游记》《教义问答》等专栏。曾刊登《回教简史》、郑师许《中古时代阿剌伯民族在广州活动情形》、陈克礼《穆罕默德·伊戈巴理》、岑家悟《琼崖三亚回教考》和熊振宗《中古时期回教学术思想》《从阿拉伯文籍看伊斯兰与中国的关系》等重要文章。反映了20世纪40年代末广州穆斯林宗教社会及学术研究状况。（马建春、杨璇）

天主教

概 况

岭南天主教 区域宗教。岭南是近代天主教最先传入的地区，是天主教活动的重要区域与传播枢纽。明嘉靖三十年（1551），西班牙籍耶稣会传教士方济各·沙勿略（Francisco Xavier）抵达台山上川岛，因海禁未能进入大陆。万历十一年（1583），意大利籍耶稣会会士罗明坚（Michele Ruggieri）、利玛窦（Matteo Ricci）等在广东肇庆建立内地第一个天主教会所"仙花寺"。后天主教传播到广东韶关、广州、汕头及雷州半岛，并北上传播，进入京城。以万历四十四年（1616）的"南京教案"为标志，天主教传教活动遭到明政府禁止。至清初传教士汤若望、南怀仁等获朝廷信任，从广东入华的传教士增多，天主教迅速传播。清顺治七年（1650），天主教传入潮汕地区。康熙时清廷对天主教时而宽容，时而禁止。康熙三年（1664）"杨光先教案"爆发，全国掀起大规模禁教运动。康熙九年（1670），清政府释放被拘禁在穗的一批外国传教士。次年罗马教廷委任第一位中国籍主教罗文藻在广州祝圣。雍正时期清政府实行禁教政策，天主教在华活动受挫，传教士以隐蔽的方式在民间传教。雍正十年（1732），留居广州的传教士被要求前往澳门，天主教教堂被关闭。嘉庆年间，朝廷对天主教实行取缔政策。19世纪中叶，凭借不平等条约的保护与殖民主义者的支持，天主教传教士重返中国。他们在两广地区和海南等地建立了一批传教会口，这些会口成为岭南各监牧区、代牧区与教区的雏形。天主教的传播曾引起部分地区民众的反对。道光二十五年（1845）后，大批法籍传教士进入两广地区。中法战争时，广东各地曾爆发反教风潮。19世纪下半叶，广东地区曾发生各类教案40余起，如柏塘教案和蕉岭教案。天主教传入岭南以来，一直受罗马教廷及外国修会控制。自道光二十八年（1848）罗马教廷宣布两广教务从澳门教区分离成立粤桂监牧区后，岭南的传教区域曾多次调整。光绪元年（1875）广西教区成立。1914年广东代牧区析为广州代牧区和潮州代牧区，后者1946年升格为汕头教区。1920年罗马教廷设立韶关代牧区。1923年江门监牧区从广州代牧区分出，主教座堂先设在阳江，后迁往江门；更后监牧区升格为教区。1920年广州代牧区分设粤西及海南监牧区，主教府最初设在湛江，后迁往今广西北海，1924年改名为北海代牧区，1946年升格为北海教区。1926年梧州监牧区成立。1929年罗马教廷将原属于法国巴黎外方传教会管辖的兴梅教会划归美国玛利诺外方传教会管辖，设立嘉应监牧区；1935年升格为嘉应代牧区，1946年升格为嘉应教区。1932年广西教区改作南宁教区。1936年海南监牧区成立。1946年罗马教廷在中国建立圣统制，广州教区、南宁教区升格为总主教区。至1949年，广东共有广州、江门、汕头、嘉应、北海、南韶连、海南监牧区及香港、澳门等9大教区，内地共有教堂544间，信众15万余人。广西有南宁总主教区、北海教区和梧州教区，有教堂90间，教徒近3万人。1951年广州、汕头、韶关相继成立天主教三自革新爱国运动临时筹委会。至1957年，广州、汕头、韶关、海口、肇庆、北海6市建立了天主教爱国组织。1958年广州市天主教友爱国会正式成立，6月广东省天主教友爱国会成立。各教区自选主教。1962年夏学谦主教、叶荫芸主教在北京南堂由皮漱石总主教祝圣，成为广东省第一批自选自圣的主教。1966年"文化大革命"开始后，天主教教堂全部停止宗教活动。党的十一届三中全会后，党和政府的宗教政策得到落实，各地相继恢复开放了一批天主教活动场所，并成立天主教爱国组织，开展自选自圣主教等教务活动。天主教界一直坚持独立自主办教会方针，拥护中国共产党的领导，坚持天主教中国化方向，在与社会主义社会相适应的道路上健康传承。（韦羽）

教堂·修院·圣山

仙花寺 天主教教堂。位于今广东省肇庆市。明万历十一年（1583）罗明坚（Michele Ruggieri）、利玛窦（Matteo Ricci）来肇庆传教，得官府允许后建立。当时二人削发着僧服，以"西僧"自称，肇庆知府王泮为之题匾额，称"仙花寺"和"西来净土"。（韦羽）

仙花寺遗址

大溪峯天主堂 天主教教堂。位于今广东省汕尾市陆河县东坑镇墩下村。清嘉庆六年（1801）从泰国归国的华侨天主信众"邹前圣母"（揭阳下洋人，姓名无考）在墩下村开始传教。道光元年（1821）禁教，"邹前圣母"被要求出境，传教中断。道光二十五年（1845），法国巴黎外方传教会派马额尔神父来此传教，购买村民房屋数间，改建为天主堂。咸丰二年（1852）经法籍神父石类思扩建，并建神父楼和小学教学楼，创办教会小学。新中国成立后停止教务活动。1984年恢复开放。（韦羽）

白冷天主堂 天主教教堂。位于今广东省揭阳市惠来县东港镇白冷村。清道光二十五年（1845）法籍神父马智远创建。光绪十九年（1893）法籍神父明方济发动信众募捐重建，同时建有神父楼和开办明德小学、育婴堂。当时白冷村为信众聚居村，教徒有数千人。新中国成立后改作村委会办公楼和仓库。1984年教堂归还教会。因年久失修，教堂成为危房，1986年重建，1987年落成。（韦羽）

圣母无原罪天主堂 天主教教堂。位于今广东省佛山市禅城区福宁路洪安里2号。清咸丰八年（1858）澳门教区神父陈做贤创建。原在佛山彩阳堂，光绪十二年（1886）迁现址。民国初年，法籍鲁秘文任神父期间兴建了神父楼。1938年由广州沙面堂兼理。曾一度成为九江、大沥、西樵、四会等地总堂。新中国成立后，教务活动一直持续到"文化大革命"期间。1987年6月被占用的教堂归还教会，并开放为宗教活动场所。1998年拆除重建。（韦羽）

南头天主堂 天主教教堂。位于今广东省深圳市南山区南头城朝阳北街210号。清同治元年（1862）意大利籍神父始建。到同治十三年（1874）已发展为原新安县传教中心，开办有1间孤儿院。光绪十一年（1885）前后因中法战争影响而暂时关闭，光绪十六年（1890）重新开放。曾管理原新安县附近地区及原蛇口墟的教徒。光绪三十一年（1905）嘉诺撒修女会创办育婴堂，其影响甚至大于教堂，因此该堂又被称为育婴堂。第一次世界大战期间曾受损。1913年由香港教区出资修复。1958年停止教务活动。1992年产权和使用权全部归还教会。同年圣诞节举行复堂仪式，正式开放。（韦羽）

广州圣心大教堂 全称广州石室耶稣圣心大教堂；又称石室、石室圣心大教堂、石室耶稣圣心堂、石室天主教堂、耶稣圣心大教堂、广州天主教圣心大教堂；俗称石室教堂。天主教教堂。位于今广东省广州市越秀区一德路旧部前56号。清咸丰七年（1857）英法联军攻陷广州，把两广总督行署夷为平地。咸丰十一年（1861），法籍传教士明稽章（Guillemin）借法国侵略军的势力，将两广总督行署基址永租给巴黎外方传教会兴建天主教教堂。同治二年（1863）三月又增租，规定所租之地只能建造教堂、学校、医院、育婴堂和传教士住房，不许他用。同年十二月八日法籍传教士明稽章主持奠基，后由法籍传教士邵斯接手，光绪十四年（1888）完工。1928年天主教广州教区主教魏畅茂将教堂天面木制的桁桷改为钢筋混凝土结构。1938年又将教堂内的木杆经楼和上塔铁梯改为用水泥钢筋建造。"文化大革命"期间教堂内部石柱被焚烧破残裂，后被用作仓库。1979年10月2日恢复开放。2004年至2006年曾进行过大规模修缮。1962年被公布为广东省文物保护单位。1996年被国务院公布为第四批全国重点文物保护单位。参见第892页建筑卷"广州圣心大教堂"条。（韦羽）

广州石室耶稣圣心大教堂 见"广州圣心大教堂"。

石室 见"广州圣心大教堂"。

石室圣心大教堂 见"广州圣心大教堂"。

石室耶稣圣心堂 见"广州圣心大教堂"。

石室天主教堂 见"广州圣心大教堂"。

耶稣圣心大教堂　见"广州圣心大教堂"。

广州天主教圣心大教堂　见"广州圣心大教堂"。

石室教堂　见"广州圣心大教堂"。

叟乐天主堂　天主教教堂。位于今广东省梅州市蕉岭县兴福镇龙安村（原称叟乐村）。清同治五年（1866）法籍彭神父利用民房改建而成。同治十一年（1872）建成现存的老教堂，为祠堂式结构泥砖建筑物。光绪年间改建为教堂。墙壁及柱上有梅雀图、鹿图、羚羊图等图案装饰。正厅挂有"万有真原"匾额。光绪十三年（1887）法籍神父简载文在叟乐村与洋蛟湖交界处购买近200亩山地作为教会圣山墓地。1925年美国玛利诺外方传教会到此传教。1930年教区派美籍许嘉禄任本堂神父。1931年许嘉禄将天井部分用钢筋水泥梁柱升高，并先后在教堂下兴建钢筋水泥的神父楼和姑娘房，改建原为中国堂屋式样的大教堂。1951年4月外国传教士离境后停止教务活动，教堂先后被政府、学校等使用。1983年8月，教堂归还教会，重新开放。1995年冬被列为危房，1996年开始动工修缮，1997年4月新堂开堂。2000年修女院建成，梅州教区修女院由梅城迁此。（韦羽）

圣母进教之佑天主堂　天主教教堂。位于今广东省潮州市湘桥区环市西路。清同治十一年（1872）巴黎外方传教会法籍神父布塞克购地兴建，光绪二十年（1894）法籍神父罗尚德主持续建，光绪三十年（1904）落成。整体为拉丁十字架平面型，兼备罗马式和哥特式建筑风格。大堂坐北朝南，南面大门加建高层钟楼，是广东省内第二大天主堂。原教堂的配套建筑有神父楼、东西修女楼、若瑟堂、贞后堂等。"文化大革命"期间曾被医院

圣母进教之佑天主堂

使用，主体结构被破坏。1985年4月落实党和国家的宗教政策，产权归还教会，教务活动恢复，并进行了维修。（韦羽）

黄家塘天主堂　天主教教堂。位于今广东省惠州市惠城区黄家塘40号。创建于清同治十二年（1873）。罗马拱形建筑。原为惠州总堂，下辖惠阳、宝安、海丰三县的教堂。1928年创建圣若瑟医院。1958年成立惠阳教区时为主教座堂。"文化大革命"期间停止教务活动。1981年恢复开放。（韦羽）

先锋天主堂　天主教教堂。位于今广东省湛江市雷州市纪家镇先锋村。清同治十二年（1873）巴黎外方传教会创建。原名圣三天主教教堂。光绪二十八年（1902）大规模扩建，光绪三十年（1904）竣工。建筑物完整时有大礼堂、钟楼、修女宿舍、图书馆、角楼等，为当时雷州半岛最大的教堂。1948年大部分建筑物遭火焚。1985年重新开放为宗教活动场所。（韦羽）

榕城天主堂　天主教教堂。位于今广东省揭阳市榕城区北门天福市街。清光绪十一年（1885）本地教友黄琴书捐地创建。初名道原斋。至光绪二十六年（1900）建成女修院、道原小学、育婴堂等。1922年扩建，名圣弥额尔堂。1924年礼拜堂落成，后又陆续扩建了圣伯多禄修院、伯多禄教堂、圣类思预修院、院长楼、神父楼、宿舍等，均为钢筋混凝土结构。1958年停止教务活动。1984年12月恢复教务活动。（韦羽）

沙面露德圣母堂　天主教教堂。位于今广东省广州市荔湾区沙面大街14号。创建于清光绪十六年（1890）。原为法国驻穗领事馆的教徒过宗教生活而设，因该堂花园南边建筑有一座安放露德圣母像的圣母山而得名。占地面积839.75平方米。1982年12月经过修缮后重新开放。所在的"广州沙面建筑群"1996年被国务院公布为第四批全国重点文物保护单位。（韦羽）

沙面露德圣母堂

汕尾天主堂　天主教教堂。位于今广东省汕尾市城区凤山脚下。清光绪十九年（1893）创建。教堂呈"人"字形，土木结构，另有神父楼、花园、厨房、姑娘楼等。光绪三十二年（1906）扩建，1933年再次扩建主

堂和神父楼，并收藏一批沿海考古文物。1942年起由中国籍神父魏温辉、余远之主持教务。新中国成立后曾停止活动。1986年进行了维修。（韦羽）

汤坑玫瑰圣母天主堂 又称玫瑰圣母堂。天主教教堂。位于今广东省梅州市丰顺县汤坑镇。有旧堂和新堂。清光绪二十二年（1896）法籍神父龚善传先在县城汤坑路46号创建旧堂，内有教堂、神父楼、修女楼等建筑。1915年再筹资创建新堂，为渡船形建筑。1951年后先后被县委招待所、学校、中旅社使用。1980年产权归还教会，但继续由中旅社租用，1992年使用权归还。（韦羽）

玫瑰圣母堂 见"汤坑玫瑰圣母天主堂"。

北斗天主堂 天主教教堂。位于今广东省梅州市五华县棉洋镇北斗寨村山顶。清光绪二十二年（1896）法籍神父董中和创建。最初有平房、楼房各两栋。1934年美籍神父慕道宏负责主持维修，在教堂前加建两座钟楼，外形为哥特式建筑风格，内为宫殿式结构。同时兴建姑娘楼、圣心小学。1950年圣心小学停办。1951年起教堂及附属建筑物先后被人民公社及棉洋中学占用。1982年归还教会并开放为宗教活动场所，1985年4月由政府拨款修缮。（韦羽）

霞山天主堂 又称维多尔天主教堂。天主教教堂。位于今广东省湛江市霞山区绿荫路85号。清光绪二十六年（1900），巴黎外方传教会创建。教堂地基和墙面大部分用青石砌成，墙面仿石，堂前有尖塔。1933年建有修女院及小教堂。1937年，建一幢二层砖木建筑作附设的神父楼。1951年和

霞山天主堂

1966年两度停止教务活动。1984年12月20日复本。1985年6月湛江市天主教爱国会和天主教教务委员会成立后，办公地设在此。1990年湛江教区设立后，为教区主教座堂。曾办有崇道小学和教会初级小学、海头麻风病院。参见第899页建筑卷"霞山天主堂"条。（韦羽）

维多尔天主教堂 见"霞山天主堂"。

莞城天主堂 天主教教堂。最初位于今广东省东莞市莞城街道高第街。清光绪三十年（1904）创建。最初隶属广州石室天主教教堂，由法籍神父廖德修主持教务。"文化大革命"期间被征用。改革开放后执行党和国家的宗教政策，教会房产获得落实。2001年开始筹建天主教莞城新堂。2003年冬新教堂在宝积街一巷8号落成。新教堂为两层建筑，2004年5月开放。（韦羽）

汕头圣若瑟堂 天主教教堂。位于今广东省汕头市外马路133号。清光绪三十四年（1908）法籍神父都必师在今汕头市盐埕红星巷2号创建。原为贝灰沙结构单层建筑。1984年经批准在原址重建，1985年12月竣工，为天主教汕头教区的主教座堂。1998年9月在现址（原为主教楼）动工新建教堂，1999年12月落成使用。为七层建筑物，首层为停车场，二层为礼

堂，三层为主祭圣堂，四、五层为近似"U"字形的圣堂，六、七层为罗马式圆顶钟楼，顶端立十字架。（韦羽）

汕头圣若瑟堂

江门圣母圣心堂 天主教教堂。位于今广东省江门市北街海傍街67号。美国玛利诺外方传教会创建。1924年粤中主教区（江门教区）主教府由阳江迁此。后不断扩建，保存有主教府、教堂、男修院、女修院4座建筑物。男修院创建于1925年，教堂于1928年创建，为"士"字形中西合璧式建筑物。女修院创建于1931年。1981年恢复开放，1998年为江门教区、江门市天主教爱国会所在地。2010年教堂和主教府曾进行修缮。是江门教区主教座堂。（韦羽）

江门圣母圣心堂

竹园天主堂 天主教教堂。位于今广东省云浮市云城镇九星岩与叮当山之间。1928年12月美籍神父张其光向云城廖屋村民购地创建。1935年新建两层小楼房一座、修女宿舍一座。1942年新建西式三层神父楼一座、礼拜堂一座、医疗室一座。1947年成立善生福终会，开展慈善福利活动。因神职人员在堂内周围种植大量黄竹，故称。

1953年停止教会活动，堂内建筑曾分别被云浮师范学院、人民医院等单位使用。1988年7月被批准为开放的天主教活动场所。（韦羽）

圣安东尼天主堂 天主教教堂。位于今广东省深圳市福田区农林路65号。1998年4月奠基，2001年12月竣工。

圣安东尼天主堂

教堂正立面既像"钟"又像"船"，隐喻警示钟和同舟共济的精神。是改革开放后深圳市第一座新建天主教教堂，也是一个国际化的堂区，提供英语弥撒和法语、德语、意大利语等语种读经。（韦羽）

梅州圣家天主堂 天主教教堂。位于今广东省梅州市梅江区学子大道。2013年以前主教堂位于梅城赤岽岗，1987年按政策规定兴建了一座新教堂，

梅州圣家天主堂

1989年12月落成使用。1988年由钟全璋主教主持该堂教务。2001年9月动工兴建天主教梅州教区主教堂综合大楼，2002年9月落成。2004年被评为梅州市一类宗教活动场所。2013年天主教梅州教区主教堂和主教府建设列入城市规划，同年奠基动工，2015年落成。是梅州教区主教座堂。（韦羽）

圣方济各修院 天主教修院。位于今广东省广州市越秀区一德路旧部前（今交运医院所在地）。清光绪二十一年（1895）创建。为纪念西班牙传教士方济各而命名。院舍建筑原是一栋3层楼房。对修生的挑选极为严格，一般从几代均为信众的子弟中选拔，从12岁开始入院培养，高中毕业后送到意大利、法国或马来西亚的神哲学院深造，回国后在教会服务。在院修生按年龄分班，最多时4个班，每班10余人。修生入院后在院内寄宿，全部生活费用由教会供给。设有中文课和拉丁文课。中文课教授现代文和古文，聘请非信众的教师任课，有时则到日新小学或圣心中学攻读中文基础课；拉丁文课则全部由神父和院长执教。经费由罗马教廷传信部拨给。开办以后培养了六七十位神职人员。1952年院长连明德将全部修生送至澳门教会后停办。（韦羽）

中华无原罪女修会 天主教修院。会址设在今广东省广州市一德路隆仁坊12号。清光绪二十八年（1902）十二月八日中国籍女信众李亚才、吴莲英、谢少娴、罗彩和等发起创建。第一任会长吴莲英，1924年谢少娴继任。1947年后陈志道任第三任会长。1964年李福贞任代理会长。会长下设议员，另设秘书、总务等工作人员。会友最初有46人，后发展到50余人，年龄从14岁到18岁不等。初入院时被称

为女修生，以学习文化课为主，同时学习圣经，课余时间也学车缝、针线、刺绣等。经过1年左右的学习，经会长、议员和老一辈修女评定，转为初学或退学。转入初学的修生，须得到主教的批准后再分班由初学师指导，每班5至6人。经过1年左右的初学，由院方鉴定，符合条件的，就作为学成，在主教主持下发"贞洁、神贫、听命"三愿，正式成为修女。修女入会10年内，能忠诚践行三愿的，由主教批准发永愿，一辈子当修女。大部分经费由石室教堂补贴，1951年后，修女实行自养，部分修女移居香港。"文化大革命"期间修女离去，修会停办。（韦羽）

伯多禄修院 天主教修院。1914年法籍实茂芳主教以汕头教区名义在潮阳县购得澳头马山，拟办修院，后因此地滨海，怕遭海盗抢劫而放弃。1915年在澄海吴厝村天主堂创办，法籍神父田类思任院长、中国籍神父黄若望任副院长。1930年迁至汕头市若瑟中学旧址，1932年又迁到揭阳榕城北门道原小学（今卫生局内），中国籍神父刘瑞安任院长。1939年迁至赤步天主堂，次年迁回榕城，1941年停办。1945年复办，中国籍神父黄克仁任院长。1949年10月停办。（韦羽）

圣若瑟修院 天主教修院。位于今广东省梅州市梅城上黄塘。1927年美国玛利诺外方传教总会拨款，由嘉应传教区创建。美籍神父石坚基任第一任院长。20世纪30年代末扩充为修道院，内有教堂、教室、神父住楼、修女宿舍、教师宿舍、办公厅、篮球场和钟楼等。1948年中国籍神父张洪康担任院长。1948年9月改为圣若瑟中学。新中国成立后中学停办，先后归梅县卫生学校、联合中学使用。1984

年由梅县联合中学租用。（韦羽）

吴苏辣女修院 天主教修院。由两处修女院组成。一处是 20 世纪 20 年代初汕头教区在市若瑟堂东北面创办的女修院。最初只有 3 位外籍修女。1925—1930 年扩建，部分地方用于办女子中学。包括外籍修女在内有 10 多名修女入院修道，并吸收了一批信众子女在院内做抽纱工。另一处是 1924 年法籍神父娄若望在潮州市区创办的女修院，1929 年后修女搬迁至揭西坪上洛田坝女修院。因最后一任院长是吴苏辣修女，故将两处女修院合称为吴苏辣女修院。先后培训修女 100 多人，襄助各堂点教务。1950 年停办。汕头院址今为市二中的一部分。（韦羽）

圣母洁心会 天主教修院。1935 年在韶关地区创办。目的是培养中国籍修女。由中国人自办，由广州中华无原罪女修会的姚玫瑰修女任首任会长兼初学班初学师。学习圣经道理和基础学科，课余学习刺绣等技能，参加劳动。1 年后，有培养前途的发初愿，继

续学习两年后，表现好的再学 3 年，可发永愿。蔡莫尼亚、刘雪芬继任会长。至 1949 年 9 月共办 7 届，培养修女 10 余人。1953 年迁往香港。（韦羽）

汕头教区女修院 天主教修院。位于今广东省揭阳市揭西县坪上镇洛田坝村。新中国成立前汕头教区曾在洛田坝教堂创办，后停办。1993 年 1 月经广东省宗教局批准复办。首届招收修女 21 名，开设文化课和宗教课，经费主要由汕头教区解决，院内也发展种养业解决一部分经费。1996 年 8 月 22 日首期 21 名女修生"矢发初愿"，成为新中国成立后该教区培养出的第一批修女。至 1998 年底共招收女修生 2 批共 35 人，培养修女 26 名。（韦羽）

广州天主教圣山 天主教墓地。位于今广东省广州市越秀区环市东路附近的淘金坑、鲤鱼岗、马鞍山、大金差、小金差。清同治二年至十三年（1863—1874）法籍信众购置后捐送给广州教区。圣山建立后，广州的中外天主教神职人员、修女和信众死后均可安葬

于此。圣山山脚建有 1 所教堂，教堂前建有 1 间专门收容弃婴的圣婴院。"文化大革命"期间遭到破坏。1985 年在广州市龙洞渔沙坦乡的凤凰山重建天主教坟场及 1 间天主堂，1994 年落成并开放。（韦羽）

梅州蕉岭圣山 天主教墓地。清光绪十三年（1887），天主教法籍神父简载文任叟乐天主堂本堂神父，在梅州市蕉岭县兴福乡叟乐村与洋蛟湖（今华侨农场）交界处购买了一块墓地，称"圣山"，规定当地天主教信众去世后，均可安葬于此。新中国成立后被蕉岭华侨农场使用。1981 年 11 月 2 日天主教追思节，教会曾在圣山举行追思弥撒。1990 年 3 月蕉岭县政府将 197 亩圣山归还教会，但华侨农场仍保留茶、果树产权。2006 年由梅州市政府、蕉岭县政府、蕉岭华侨农场三方共同出资把圣地山内的房屋和茶果树等作一次性补偿处理，归侨异地安置，蕉岭华侨农场使用的圣山土地 30 亩及茶、果树附着物归蕉岭叟乐堂，彻底解决了圣山土地权属的历史遗留问题。（韦羽）

团体·组织·医院·学校

耶稣会 天主教修会。1534 年西班牙人依纳爵·罗耀拉在巴黎成立。1773 年被迫解散。1814 年又恢复活动。明嘉靖三十年（1551）12 月、三十一年（1552）8 月该会传教士方济各·沙勿略先后两次到达广东上川岛传教，后病逝岛上。之后，该会会士罗明坚、伯来笃、范巴济、利玛窦等以澳门为据点，先后到广东肇庆、韶关、南雄、广州等地建立教堂。清朝禁教后，特别是 1773 年该会被教廷解散后，在广东的传教权逐渐被法国巴黎外方传教会和美国玛利诺外方传教会取代。教

廷恢复其活动后，主要在上海、江苏、河北等地传教，在广东只有零散的传教活动。1913 年英籍耶稣会传教士邓乃理（Fr. Donnelly, S. J.）到广州传教。会士大多在岭南大学、广州大学、文化大学、圣心中学、明德女子中学任教，并负责所任职学校的传教活动。在香港设有华南总修院。（韦羽）

多明我会 又称布道兄弟会、托钵修会。天主教修会。1215 年西班牙人多明我在法国创立。清顺治七年（1650）、康熙五十九年（1720）该

会传教士曾先后分别到广东澄海盐灶、惠来葵潭石门坑传教，不久中断。之后该会传教士不断来广东汕头、潮州地区活动，但没有形成自己的传教范围。（韦羽）

布道兄弟会 见"多明我会"。
托钵修会 见"多明我会"。

奥斯定会 天主教修会。原指根据奥斯定所倡导的隐修修会会规而成立的各隐修修会的总称，1256 年由教宗亚历山大四世联合组成统一的奥斯定会。

16世纪天主教修会改革时，多马·维兰诺凡在葡萄牙组成奥斯定重整会。清康熙十九年（1680）传入中国，康熙四十年（1701）在广东有住院4处、教堂4座、教士6人。此后只有个别传教士到广东传教。（韦羽）

巴黎外方传教会　天主教修会。清顺治十年（1653）法国人巴吕和郎柏尔主教创立。康熙二十三年（1684）巴吕前往福建，其助手伊大仁主教前来广州传教。此后，该会会士纷纷来广东传教，道光二十五年（1845）后，遍布省内各地。道光二十八年（1848），管理粤桂监牧区。1915年管理汕头代牧区，1920年管理广东西境代牧区。（韦羽）

慈幼会　天主教修会。1857年意大利人鲍斯高在都灵创立。清光绪二十八年（1902）传入中国，在澳门设有慈幼印书馆。1918年意大利籍传教士雷鸣道受派来韶关传教，兴办学校和孤儿院等慈善事业。1920年罗马教廷设立韶关教区，由该会管理。（韦羽）

玛利诺外方传教会　天主教修会。1911年在美国纽约正式成立。1915年被罗马教廷正式批准为修会。正式成立前已于清光绪三十四年（1908）派传教士到江门、嘉应（今梅州）传教。1923年建立江门教区，美籍会士华理柱任第一任主教，1936年返美后任总会长，后又返回中国，在上海任中国天主教教务协进会秘书长。1929年建立嘉应教区，1935年美籍会士福尔德在美国任首任主教。该会在广州市海珠区同福西路设立会址。至1949年底，该会在广东传教的美籍教士达85人。（韦羽）

澳门教区　天主教教区。明万历四年（1576）罗马教廷批准成立。首任主教为贾耐劳。最初管辖印度支那、日本和中国各省的天主教会。后来管辖范围逐渐缩小。1941年除管辖澳门、马六甲外，还管辖广东的中山和肇庆。1958年中山、肇庆明确划归江门教区管辖。（韦羽）

香港教区　天主教教区。香港天主教教务原隶属澳门教区管理。1946年成立。前身为清道光二十一年（1841）罗马教廷设立的香港宗座监牧区，首任监牧为瑞士籍传教士若瑟。咸丰八年（1858）改由意大利米兰传教会管理。同治十三年（1874）升格为宗座代牧区，管辖范围扩大至新安（今深圳）、归善（今惠州）和海丰。1946年罗马教廷在中国建立圣统制，香港升格为主教，列入广东教省。1958年，广东惠州、博罗、海丰、陆丰、宝安划归新成立的惠阳教区。（韦羽）

粤桂监牧区　天主教教区。清道光二十八年（1848）罗马教廷宣布将广东、广西从澳门教区划出设立，归法国巴黎外方传教会管理。但直到咸丰八年（1858）澳门教区才正式将两广教务移交。法籍神父明稽章（Guillemin）被任命为首任宗座监牧（相当主教）。同治九年（1870），海南、香山、肇庆和西江沿岸12县划归澳门教区。同治十三年（1874），新安、归善、海丰三县划归香港教区。光绪元年（1875），被分为广东、广西两个监牧区，明稽章仍任广东监牧区总座监牧。1914年，广东监牧区又分为广州代牧区和潮州代牧区。（韦羽）

广州教区　天主教教区。前身为法国巴黎外方传教会管辖由广东监牧区分出的广州代牧区，管辖广州和增城、龙门、新丰、博罗、番禺等1市14县。1946年，罗马教廷建立中国圣统制，在全国建立30个教省，广东成为其中的一个教省，广州代牧区升格为总主教堂区，管辖范围包括广州、海南、香港、澳门、嘉应、江门、北海、南韶连、汕头等教区。1981年惠阳教区合并到广州教区，教区范围调整为广州、惠州2市和东莞、番禺、增城、花县、从化、龙门、惠阳、海丰、陆丰、河源、紫金、博罗12县。1994年后汕尾市及所属县的教务划归汕头教区，河源市及所属县的教务划归梅州教区。办有方济各小修院、中华无原罪女修院、陶金坑圣山坟场、圣心中学、明德女子中学、日新小学、圣德肋撒女子英文补习学校、韬美医院、代办城西方便医院、芳村精神病医院等。（韦羽）

海南监牧区　天主教教区。原属澳门教区管辖。清光绪二十四年（1898）海南划归广州教区管理。1922年改由法国比布斯会管理。前身为1929年从北海代牧区分设的海南自治传教区，由法国比布斯双心会管理。1936年升格为海南监牧区。主教座堂设在海口，下辖海南海口、文昌、定安等地的天主教会。办有海口修女院和海口修道院、德育小学、天门小学、海口圣保禄育婴堂、中法医院等。1982年在海口市振东街127号修建圣心堂，作为市爱国会会址和开放宗教活动场所。1983年3月海口市天主教召开代表会议，成立新一届市爱国会。（韦羽）

汕头教区　天主教教区。其前身为法国巴黎外方传教会管辖的潮州代牧区，主教座堂先在广东潮州，后迁广东汕头。1915年8月改名为汕头代牧区，后升格为教区。1915年在汕头市外马路96号（今107号）动工建主教楼，后又扩建后楼，1918年全部建成。1929年兴梅天主教会独立为嘉应教区后，管辖今汕头、潮阳、揭阳、澄海、饶平、潮安、普宁、陆丰、丰顺、南

澳等1市9县的天主教会。创设有伯多禄修院、圣类思预修院、吴苏辣女修院、洛田坝女修院、若瑟中学、若瑟小学、晨星女中、圣玛利医院、仁爱会。创办有众心之后女修会和天爱公益慈善基金会。（韦羽）

韶关教区　天主教教区。1920年罗马教廷正式颁布命令，将粤北从广州教区分出，设立韶关教区，管辖广东韶关、曲江、南雄等地天主教会，由意大利慈幼会管理。意大利籍神父雷鸣道被任命为首任主教。1926年创设主教府。1946年改名为南韶连教区。1948年意大利籍神父欧弥格被任命为主教。新中国成立后，韶关市天主教信众积极投入反帝爱国运动。1951年成立韶关市天主教"三自"革新运动筹备委员会。1953年成立韶关市天主教友爱国会。1958年自选自圣夏学谦神父为主教。1981年广东省天主教两会决定将英德划入韶关教区。清远设市后，韶关教区管理韶关、清远两市的教务。（韦羽）

北海教区　天主教教区。1920年北海、灵山、防城等地的教务从广州教区析出，设立广东西境代牧区，由巴黎外方传教会管理，法籍神父俄永垂任首任主教。主教府初设广州湾（今湛江），两年后迁至北海。1924年改名为北海代牧区，1946年升格为北海教区。开办有圣德修院、中华圣母无原罪修会女修院、北海广慈医院、育婴堂、养老院、培德小学等。1966年北海从广东分出后，主要管辖广西部分教务。1985年后，湛江地区的教务由湛江市天主教两会管理。1990年，湛江地区的天主教教务划归拟新设立的湛江教区管理。（韦羽）

江门教区　天主教教区。1923年粤中主教区成立。由美国玛利诺外方传

教会管辖，主教座堂设在广东阳江。1924年迁至广东江门北街。1927年升格为江门代牧区。1946年升格为江门教区，管辖地区包括江门、新会、赤溪（今恩平）、台山、阳江、信宜、茂名、化县、罗定、郁南、云浮、电白1市11县，下设高州、江门、阳江、台山4个总堂，建有主教府楼、男修院、圣母圣心堂、女修院各一座。在教区范围内建有教堂31座。1958年广东省天主教友首届代表会议决定肇庆地区、中山县、高明县划入该教区。1983年广东省天主教教务委员会决定佛山市、江门市、肇庆地区天主教会合并为江门教区。1986年8月，成立天主教江门教区教务委员会，下辖江门、中山、佛山、肇庆、阳江、云浮、茂名7个地级市的教务工作。1994年3月，广东省天主教教务委员会对各教区重新划分，原属江门教区的茂名市高州、信宜、电白、化州的教务工作划归湛江教区管理。1989年复办教区修女院，现有圣母洁心会。（韦羽）

梅州教区　天主教教区。原名嘉应教区。1929年罗马教廷将法国巴黎外方传教会管辖的兴梅天主教会划归美国玛利诺外方传教会管理，并设立嘉应教区，管辖广东梅县、兴宁、五华、蕉岭、平远、大埔、龙川、和平、连平等地的天主教会。1935年美国玛利诺修会传教士福尔德在美国升任嘉应教区第一任主教。1949年委任中国籍神父蓝国荣为副主教。1927年在梅县上黄塘创办圣约瑟修院，后改为梅县圣约瑟中学。1938年在梅城江南购地30多亩，兴建主教府、神父楼、玫瑰修女院等。1940年创办《我们的牧区》月刊，后改名为《新南星》，由许嘉禄神父主编。1981年广东省天主教两会决定改名为梅县教区，负责管理梅州的教务。1994年广东省天主教两会决定将河源市及所属县天主教教务划

归梅州教区管理。2013年至2015年新建主教座堂圣家堂、主教府、修女院、培训中心、综合楼等。创办有圣母传教女修会和圣心仁爱会。（韦羽）

惠阳教区　天主教教区。1958年广东省天主教友代表会议决定将原由香港教区管理的惠州、博罗、海丰、陆丰、宝安等地区划出，设立惠阳教区，由叶荫芸神父任主教。主教府设在惠州黄家塘天主堂。1981年广东省天主教两会将惠阳教区并入广州教区。（韦羽）

湛江教区　天主教教区。湛江地区的天主教会原属北海教区管辖。1990年广东省天主教两会决定设立湛江教区，管理湛江的天主教会。霞山天主堂为主教座堂。1994年3月，原属江门教区的茂名市天主教教务划归湛江教区管理。1995年3月19日，湛江教区正式成立。首任主教陈除主教祝圣典礼在霞山天主堂举行。创办有圣母无原罪女修会。（韦羽）

广东省天主教爱国会　天主教团体。与广东省天主教教务委员会合称广东省天主教两会。广东省天主教神长教友自愿结成的非营利性爱国爱教群众团体。前身为1958年6月全省第一次天主教友代表会议成立的广东省天主教友爱国会，夏学谦主教为主席。1962年9月广东省天主教爱国会第二届代表会议决定改名为广东省天主教爱国会，夏学谦主教仍任主席。1981年9月1日至29日在广州召开广东省天主教爱国会第三届代表会议暨广东省天主教第一届代表会议。会议传达全国天主教代表会议精神，回顾广东省天主教30年间的工作经验教训，修改爱国会章程，选举新一届委员会，叶荫芸主教任主席，祝圣蔡体远、李磐石两位新主教。通过调整教区的方

案。1987 年 7 月 14 日至 18 日在广州召开广东省天主教爱国会第四届代表会议暨广东省天主教第二届代表会议，蔡体远主教任主席。1993 年 11 月 23 日至 26 日在广州召开广东省天主教第五届代表会议，林秉良主教任主席，连明德副主教为顾问。此后第六届、第七届、第八届、第九届、第十届代表会议分别于 1998 年 11 月、2004 年 12 月、2011 年 12 月、2017 年 11 月、2023 年 9 月在广州召开。（韦羽）

广东省天主教教务委员会 天主教团体。会址设在广州。是广东省天主教管理全省教务的非营利性机构。与广东省天主教爱国会团结合作，共同办好广东天主教教务。成立于 1981 年 9 月 21 日至 29 日在广州召开的省天主教爱国会第三届代表会议暨省天主教第一届代表会议。会上选举产生省天主教教务委员会第一届委员会，叶荫芸主教为主席。通过调整教区方案，广州市与惠阳地区合并为广州教区；汕头地区范围为汕头教区；梅县地区范围的原嘉应教区改名为梅县教区；佛山地区、肇庆地区范围划为江门教区；原南韶连教区、北海教区、海南监牧区维持现状。1987 年 7 月 14 日至 18 日在广州召开省天主教爱国会第四届代表会议暨省天主教第二届代表会议，叶荫芸主教连任主席。1993 年 11 月 23 日至 26 日在广州召开全省天主教第三届代表会议，蔡体远主教任主席。对教区作进一步调整，河源划归梅州教区，汕尾划归汕头教区，茂名划归湛江教区。1995 年正式成立湛江教区并祝圣陈除主教。此后第四届、第五届、第六届、第七届、第八届代表会议分别于 1998 年 11 月、2004 年 12 月、2011 年 12 月、2017 年 11 月、2023 年 9 月在广州召开。（韦羽）

中法韬美医院 天主教医院。位于广

东省广州市靖海东路东侧。清光绪二十九年（1903）法国驻广州领事馆开办。抗战胜利后交天主教会代办，天主教广州教区派法籍神父福寿康兼管院务。新中国成立后改名为广州市工人医院。今为广州医科大学附属第一医院。参见第 812 页科技卷"中法韬美医院"条。（韦羽）

中法医院 天主教医院。位于今海南省海口市龙华区得胜沙路。清光绪三十二年（1906）驻海口市的法国领事馆创办。初名中法医疗所，1923 年扩建，改名为中法医院。1935 年移交海口天主堂续办。海南监牧区德文斌神父、罗德贞修女主持院务，黄恩德医生任院长，罗德贞修女任总务主任。设内科、外科、妇产科、门诊室、留医室、检验室、手术室、配药室、留产室，各工作岗位由神父、修女、信众担任。经费主要靠医疗收入自给，不足部分由海南监牧区补助。1953 年 10 月移交政府接办，改名为海口市妇幼保健院，后改名为海口市人民医院。（韦羽）

郭屋洲麻风病院 天主教医院。位于今广东省东莞市石龙镇石龙桥附近 3 千米的东江江心小岛。清宣统二年（1910），比利时籍江神父拟自筹资金在东莞创办一所麻风病医院，获得天主教广州教区主教魏畅茂的支持。教会将东江江心的小岛和毗邻的另一小岛购下，将郭屋洲改名为圣若瑟洲，另一小岛改名为圣玛利亚洲，分别在两个小岛建男、女病区；另建神父修女住宿区和两座教堂。创办期间，80% 的经费来自香港有关方面的捐助，其余由国民政府拨款解决。院务由江神父和加拿大满地荷圣母无原罪女修会的 5 名加籍修女及 1 名中国籍修女负责，1915 年由受广州教区委派的法国籍巴神父和祝福神父负责，巴神父因病去世、祝福神父调任北海教区主教

后，由中国籍神父周复初、比利时籍神父马世贤、中国籍张神父先后在此传教负责。1943—1946 年，林秉良神父在此传教。后中国籍张志导神父和法国籍明之刚神父先后接任。新中国成立后人民政府接管，病人被送到台山赤溪麻风病院继续治疗。（韦羽）

圣若瑟医院 天主教医院。位于今广东省惠州市惠城区黄家塘。1928 年由香港教区资助，黄家塘天主堂创办。香港教区意大利嘉诺撒修女院负责院务管理。1940 年遭日军轰炸，被迫停办。1943 年后复办，由香港宝血会修女会负责。1952 年由人民政府接管。（韦羽）

方便医院 广州教区代管医院。1938 年广东省广州市政府委托广州教区代管城西方便医院院务，魏畅茂主教任名誉院长。爱尔兰籍耶稣会士肯尼迪医生负责医务，聘请毕业于复旦大学医科的教友分别任主管。加拿大天神会派出 6 位修女负责护理工作，并创办一间护士学校。1942 年由广州市各界人士成立的理事会接管院务。（韦羽）

南头育婴堂 天主教育婴堂。位于今广东省深圳市南山区南头城朝阳北街。清光绪三十一年（1905）意大利嘉诺撒修女会将其孤儿院扩办，专门收养今属宝安、龙岗和东莞、惠阳等地的弃婴和病残儿童，最多时达 100 余人。第一次世界大战期间受损。1930 年后转为以妇女儿童治病为主，同时收养弃婴。意大利籍杜修女、余修女和中国籍彭修女先后负责该堂事务。1941—1945 年日本侵略军占领期间，将弃婴疏散于香港各育婴堂。抗战胜利后停办。（韦羽）

圣婴育婴院 天主教育婴院。清宣统

元年（1909）加拿大满地荷圣母无原罪女修会创办。最初位于广东省广州市大新路，1933年迁往广州市淘金坑47号新院。院长潘雅芳。管理人员均为加拿大修女。专收贫困家庭无力抚育的女婴和社会弃婴。因管理不善，缺乏必要医疗设备和医护人员，吃的多是变质食物，加上人为虐待，婴儿死亡率极高。新中国成立后，政府将负有责任的外籍修女依法处理并驱逐出境。1951年由中国人民救济总会广州分会接管。（韦羽）

普济三院 天主教老人院。男老人院、女老人院和残废院的统称。1920年左右广州教区受国民党政府委托代办。位于广东省广州市大东门旧钱局附近（今前鉴街中段）。凡是要求入院的孤寡老人和残疾人，由石室工作人员了解情况，证明生活确实无着即可持证免费入院。院内具体工作由女修院派人管理。教会代办10余年后，政府收回自办。1938年10月广州沦陷后国民党省政府迁往韶关，临时再次委托教区代管。1945年被国民党省政府接收。（韦羽）

仁爱会 天主教公益组织。会址位于广东省汕头市红星横巷1号的若瑟天主堂西北面。1925年成立。宗旨是救助贫苦教徒，施医赠药，帮助照顾病危教徒临终及料理丧事等。1952年停办。（韦羽）

天爱慈善公益基金会 天主教公益组织。广东省天主教首个公益慈善基金会。会址位于今广东省汕头市金平区外马路133号。2013年由汕头教区成立。（韦羽）

圣心中学 天主教学校。位于今广东省广州市越秀区大新路。前身为清咸丰十一年（1861）明稽章创办的圣丛

书院，后改名为圣心书院。1914年改名为旧制中学，法国修士巴邦彦、安若瑟先后任校长。至1921年建有校舍6座，学生近千人。1925年试行新学制，招收秋季初中3个班。1927年春国民政府教育部颁布规定不准外国教会在华办学，两年后改由中国人朱寿山任校长，并设高中部。1938年10月广州沦陷后停办。1946年2月25日复课，教友方硕梅任校长。1948年全校有初中12个班，高中7个班，学生932人。其时，有教室24间，宿舍2栋。1951年并入广州市第三中学。（韦羽）

圣神小学 天主教学校。位于今广东省广州市越秀区大新路白米巷。19世纪末期天主教加拿大满地荷圣母无原罪女修会出资创办。六年制全日制小学。办学目的是传教，由女修会自行决定聘请师资、招收学生、收取费用、设置课程等。校长由中国信众冯佩庄担任，但管理权在加拿大籍修女连道明学监手中。所聘教师为女性师范毕业生，入校须了解教会的道理。校舍为3座水泥结构的三层楼房。办有12个班，附设幼儿园专科英文教学班、钢琴和小提琴班。课程除一般学校所开设的国语、数学、社会、自然及图画、音乐、体育外，还有要理问答及圣教日课等科目。新中国成立后校长改由中国信众关志卿担任。1950年改为大新路第一小学。（韦羽）

若瑟中学 天主教学校。校址位于今广东省汕头市金平区红星巷4号。1920年天主教汕头教区法国籍主教实芳茂委派中国籍神父黄若望和信众郑子幼在东南亚募捐创办。法国籍神父和敬谦兼任校长。1927年停办。1947年汕头教区又委任中国神父王致中和信众李国辂复办，校址位于汕头外马

路原143号（今107号）汕头市公教同学会。1948年正式开学，设初中6个班，有学生200多人，王致中神父任校长。1950年扩建，李国辂继任校长。1952年与晨星女子中学合并为汕头市第二中学。（韦羽）

励群学校 天主教学校。位于广东省韶关市孝悌路（今西堤横街）。天主教韶关教区雷鸣道主教创办。1922年原籍韶关的澳门无原罪学校校长金以义神父将祖业捐给教区，由教区创办励群制鞋工艺学校，后改为鲍思高工业职业学校。学校实行董事会领导制，雷鸣道主教任第一任董事会理事长，毕少怀神父任首任校长。1924年建成，1926年改为励群师范学校，并增设女校。1930年邓镇鎏继任校长。1932年励群师范学校停办，改办小学，校名改为励群学校。有6个班，每班30—40人，学生主要来自贫困家庭，衣食由教会提供。班主任由中国教师担任，教学及管理由外籍神父承担。学校开设国文、算术、公民、自然、历史、地理、理工、尺牍、英语、图画、音乐、体育、手工等课程。同时办有印刷、缝纫、制鞋3个工场，为学校提供教学生活服务。1935年在励群校园内再成立私立励群初级中学。抗战期间一度迁往连州。抗战胜利后迁回韶关，增设中学班。新中国成立后改为韶关市第一中学。（韦羽）

日新小学 天主教学校。20世纪20年代初天主教广州教区创办。原位于广州石室天主堂东侧。1930年迁往教堂西侧。初由杨福爵神父任校长，后由连启志神父、萧伯禄神父继任。春、秋两季招生，一至六年级共12个班，一、二年级男女合班，三年级开始男女分班，女生转明德女子中学附小就读。曾改为圣心中学附小。1938年10月广州沦陷后停办。（韦羽）

若瑟小学　天主教学校。1930 年天主教汕头教区在原若瑟中学的旧址创办。只招男生，由若瑟天主堂副本堂神父黄伯禄兼任校长。1938 年袁中希继任校长。1947 年与晨星女中附小（女校）合并，由女中校长秦爱梅任校长。1950 年汕头市人民政府接办，与市立十六小学合并，即今外马路第三小学。（韦羽）

明德女子中学　天主教学校。位于今广东省广州市一德路石室天主堂西侧。1931 年天主教广州教区创办。开始只设初中班。1933 年经省教育厅批准立案为正式的私立中学。首任校长陈秉卿，后由陈荣轩代理。1934 年扩建，增设高中部，成为一所完全中学。1938 年 10 月广州沦陷后停办，抗战胜利后续办，由陈志雄任校长，有高、初中各 4 个班，附设小学部和幼儿园。1951 年并入广州市第三中学。（韦羽）

事　件

柏塘教案　天主教史事。教会案件。清嘉庆十七年（1812），博罗县县令出巡至柏塘办案时，村民朱某、杨某不服管理该县教务的伸德辉所为请县令公断。伸德辉为广州教区派去的法国巴黎外方传教会教士，他请柏塘圩信众张钦作传教先生，两人包揽狱讼，胡作非为，引起民愤，故有村民控诉。但伸德辉拒不认账，县令只好驳回朱、杨两人的申诉。当地村民闻讯非常愤慨，遂围攻伸德辉住处，最终杀死伸德辉、张钦及信众十数人。事件发生后清廷害怕事态扩大，责令广州抚台严办肇事者。抚台派兵包围朱、杨两村，逮捕村民六七十人，全部杀害，并在柏塘示众。教案发生后，清政府赔偿教会 8 万银圆，法国巴黎外方传教会教士冯舜生用此赔款在柏塘建造了新的天主堂。（韦羽）

石室事件　天主教史事。清光绪六年（1880）八月十一日，在广州圣心大教堂建造期间，外围栏内石匠居住的篷寮失火，附近居民闻讯前来扑救，欲往教堂内取水，教堂不让进入，并指使石匠强行拦阻，遂引起纠纷。清政府闻讯派兵弹压，开枪射击，打死打伤群众数人，逮捕数人，但对肇事的石匠却不予追究。愤怒的群众不服，要求当局严惩肇事石匠，两广总督部堂张树声遂行文法国领事李梅，要求按中国法律处理肇事石匠。法国领事复函声称事件系群众欲闯教堂引起。两广总督部堂又发文至广州府，要求南海县再查明真相，秉公处理。九月十日法国领事致函两广总督部堂，称据天主堂毕教士函，当日事件为匪徒趁火抢劫，并开列清单，要求地方官商赔偿教堂损失白银 14402.716 两，赔偿教民损失白银 3571 两。清政府经再三调停，于光绪八年（1882）三月二十四作出处理，对石匠免予追究，责令一德街商民凑银 4000 两白银赔偿教堂，2880 两白银赔偿教民。（韦羽）

反法反教风潮　天主教史事。清光绪九年（1883）中法战争爆发，省内各地爆发反法反教风潮。清远的所有教堂被毁。光绪十年（1884）八月三十一，广州卖麻街天主堂被封，北门外淘金坑天主堂及教民房屋 20 余处被焚，法领事、教士坟墓被掘毁。九月三日至七日顺德的教堂 9 间、教民房屋数百间被拆毁，田地被占；同期东莞县城的天主堂被查封，乡镇教堂、教民房屋亦多处被毁。此次反法反教风潮波及番禺、博罗、遂溪、茂名、化州、海康、南雄、龙门、新宁、龙川、高要、嘉应、潮州、普宁、陆丰、揭阳、丰顺、兴宁等地，传教士被要求离开，教民房屋被拆毁或抢劫，影响比较大。（韦羽）

蕉岭教案　天主教史事。教会案件。清光绪十三年（1887），法国天主教会派遣教士简载文在广东嘉应州镇平县（今梅州市蕉岭县）兴福曳乐村传教，开辟传教新据点。他唆使教民陈荣兴设法在福岭村弄一块地盘建造教堂，遂把用作义冢的墓地伪称是其地产，于光绪十八年（1892）私卖给教会。光绪二十年（1894），简载文不顾村民反对，坚持在福岭动工兴建教堂，引发百姓怒将新筑围墙推毁，并在该地建筑义冢一座。事发后，简载文遂往广州向法领事报告。法领事即电北京法公使，找清朝总理各国事务衙门投诉。清总理各国事务衙门即将镇平县教案批转两广总督查办。光绪二十二年（1896）七月初，两广总督派员会同设在潮州的惠潮嘉道衙门道台联合查办，一再屈从传教士，商定除由陈庭凤及其族人赔偿 2000 元外，原土地收归官有，另由官方购教民陈鸿模在村外育杏堂一带房地产，奉送天主堂。光绪二十四年（1898）春，镇平县令朱怀新与简教士秘密勾结，造谣诬陷陈庭凤纵子陈湘南统率匪徒数千人，将其通缉归案严办。由此一宗教案竟罗织成谋反大狱。陈庭凤 10 余间房屋分别被拆毁、焚烧，田产、店业全部拍卖以供兵费。另罚兵费 5000 元，由被控者一一缴出。陈庭凤无法存身，只得逃往南洋徐图再举，后病逝于马来西亚婆罗洲。1912 年孙中山在南京就任临时大总统时曾授予陈庭凤"首名乙等开国先烈"称号。（韦羽）

文 献

天主圣教实录 又称《西竺国天主实录》《新编西竺国天主实录》《天主实录》。天主教文献。明末第一部天主教教理文献。意大利籍传教士罗明坚编译。开始于明万历十年（1582），其时罗明坚在广州将天主教的十条戒译为中文，次年在广州（一说肇庆）刊刻发行，初刻时即名《新编西竺国天主实录》。万历十二年（1584）完成该文献，很可能是天主教在华印行的第一篇汉译经文。（韦羽）

西竺国天主实录 见"天主圣教实录"。

新编西竺国天主实录 见"天主圣教实录"。

天主实录 见"天主圣教实录"。

广州石室始末记 天主教文献。李泰初撰述。1919年初版。东升中西印务发行。以国人视角，详述广州石室圣心大教堂建成始末，有图片多幅。（韦羽）

广东省天主教史料选辑 天主教文献。广东省和广州市天主教爱国会联合编印。自1982年10月至1988年12月间共编印了4辑。刊载省内部分神职人员和信众对本省天主教会历史的回忆和综述。第一辑于1982年10月刊印，收录叶荫芸《大革命时期外国传教士在海丰、汕尾的所作所为》，连明德《记"圣方济各"修院》《天主教在广州教区办学的概况》，刘谦常《我所知道的石室圣心堂》《魏畅茂其人其事》与《柏塘教案始末》，林秉良《沙面露德圣母堂梗概》，苏慕德《记中华无原罪女修会》等8篇文章；第二辑于1984年9月刊印，收录吴球光《惠州地区天主教历史的点滴回忆》，林秉良《记石龙郭屋洲麻疯院始末》，刘谦常《我所知道的于斌二三事》《罗马教廷于解放前夕及解放初期对广州教区的应变部署》《我所知道的福寿康二三事》，李佩芳《记圣神小学及圣灵孤儿院》，余豪章《马奕猷在广西平南地区的传教活动》等7篇文章；第3辑于1986年10月刊印，收录冯国光、刘汉池、李永考《天主教广州教区史料辑录》，刘谦常《广州教区法国巴黎外方传教会士一览表》《广州教区华籍司铎一览表》《四十年往事忆柏塘》，中山市天主教会文史资料组《中山市天主教简史》《记中山县爱国、爱教的医生刘幅超教友》，周导民《惠阳县天主教史简介》，刘灵司《紫金县教会历史片断》，孔超与连佩琼口述、李佩芳整理《韶关女修会（显主会）的创立》等9篇文章；第四辑于1988年12月刊印，收录李永考《他有一颗为国为教赤诚的心》，张荫雄《记天主教广州教区河南宝岗天主堂》，崔九妹口述、李佩芳整理《回忆陈亦新神父在东莞与东江游击队相处的一段日子》，刘谦常、黄波连《广州天主教代办的普济三院》，刘谦常《记广州天主教圣山》《广东省顺德县甘竹村耶苏君堂简介》，李佩芳《日本飞机轰炸石室始末》，资料组《解放前天主教广州教区教堂统计表》等9篇文章。（韦羽）

圣心简报 天主教刊物。1948年黄若尔神父在赤沙岭天主堂主持创办。后停办。1989—1994年，黄若尔神父任兴宁宁新天主堂主任司铎时恢复出版，并自任主编。至1994年共出版21期。刊载天主教的教理教义文章，并介绍时事政策，供教内外人士阅读。（韦羽）

广东天主教 天主教刊物。1984年创办。广东省天主教爱国会、广东省天主教务委员会主办。主要内容为传播教会的动态信息，阐述国家的相关政策法规，研究神学，介绍教会知识等。至2020年6月已出版128期。（韦羽）

基督教

概　况

岭南基督教　区域宗教。清嘉庆十二年（1807），英国传教士马礼逊进入广州，这是基督教在华传教之始。因清政府实行一口通商及禁教政策，马礼逊借东印度公司职员身份秘密传教。嘉庆十九年（1814），澳门工人蔡高受洗，成为中国第一个基督徒。两年后，内地第一位本土牧师梁发受洗。相继来华的欧美传教士有数十人，分属于信义宗、长老宗、圣公宗、公理宗和浸信宗五大宗派。他们暂居澳门、南洋等地，为传教做准备。晚清以降，中国社会发生巨变，传教士在不平等条约的保护下进入岭南，先在珠三角、潮汕地区建立教会，继而沿水陆交通深入腹地，东江、西江、北江三江地带与内陆山区都有其传教足迹。传教士还在岭南开展医疗、教育、慈善、印刷等辅助传教活动。因"传自泰西"，其信众常被官民目为"洋奴汉奸"，其教亦被视为邪教。19世纪中后期，中国基督徒萌发自立意识，立志建立自传、自养、自理的自立教会。同治十三年（1874），陈梦南创办潮音街华人宣道堂，为华人自立教会运动之始，岭南教会自立精神得到发扬。光绪二十九年（1903），广州兴华自立浸信会成立，完全实现中国信众自管、自养。信众通过奉献、捐输，开办实业、银行、工厂等措施，实现自养；组织上脱离西方差会，独立自主运行；自办神学院，培养本地教牧人才。1920年后，岭南基督教开展"本色化"运动，中华基督教会广东协会成立。"本色化"不仅要自立、自养、自传，更重要的是要中国化，要成为与中国社会文化相融合的基督教教会。新中国成立前，全省共有信众6万人，分属于20多个宗派。从1950年开始，广东教会与全国教会一道开展三自爱国运动，按照独立自主自办教会原则开展教会事务，各宗派教会逐步联合。1958年成立广东省基督教三自爱国运动委员会，熊真沛为主席。1960年广州各教堂率先实行联合礼拜，向教会合一迈进。1979年岭南基督教进入新时期。1981年广东省基督教协会成立。1986年广东协和神学院复办。广东教会遵守国家法律、法规、政策，依据教会的规章制度开展各项事工，朝着独立自主、爱国爱教、增进团结、落实"三好"（办好、治好、养好）的方向前进。坚持宗教中国化方向与社会主义社会相适应，是岭南基督教的必由之路。（吴宁）

教　堂

布吉堂　基督教教堂。位于今广东省深圳市龙岗区布吉东西干道石芽岭公园路段。前身为布吉李朗福音堂与老圩村教堂。清道光二十八年（1848）巴色会派韩山明（Theodore Hamberg）、黎力基（Rudolph Lechler）在新安县（今深圳）向当地客家人传教。韩山明在布吉村丰和圩（今布吉老圩街）建立客家第一间教堂，因乡民反对，咸丰二年（1852）迁至李朗村。咸丰四年（1854）新堂落成，为李朗福音堂。同治三年（1864）附设存真书院，培训神学人才。光绪二十七年（1901）布吉老墟村建老墟教堂。20世纪50年代教堂停止礼拜。1994年老墟村教堂复堂，名为布吉（老墟）堂。因信众增加，布吉（老墟）堂易地重建，建成后改名为布吉堂。为配合市政建设，2003年易地重建，2017年迁现址。（吴宁）

市西堂　基督教教堂。汕头市基督教两会会址所在堂。位于今广东省汕头市金平区民权路146号。清咸丰八年（1858）英国长老会传教士施饶理

（George Smith）在汕头建堂，名锡安堂，为汕头第一间教堂。信众日多，光绪三十二年（1906）陈益廷等建伯特利分堂。1958年教会联合礼拜，改名为市西堂。1982年恢复宗教活动。1991年原址重建。（吴宁）

端州堂　基督教教堂。肇庆市基督教两会会址所在堂。位于今广东省肇庆市端州区城中路112号。清咸丰十一年（1861）美南浸信会传教士纪好弼（Rosewell H. Graves）进入肇庆传教。同治八年（1869）购道前街马姓大屋一间建堂，立张玉屏、冼怀堂为会役主理会务。宣统三年（1911）扩建。1946年重修。张耀南、曹法选、冯活泉、曾维新、廖琼彬、李惠亭、张允文、黄杰生等先后出任牧师。光绪十七年（1891）附办光道学校，1930年改名为光道圣经学校。宣统二年（1910）办培正分校。新中国成立后，教会走三自爱国道路。1986年恢复宗教活动。2003年重建，2006年新堂落成。（吴宁）

潮音街华人宣道堂　基督教教堂。华人自立教会先驱。清同治十一年（1872）广东基督徒陈梦南在广州城南石基里组织专为中国人建立教会的祷告会，次年成立粤东广肇华人宣道会，分设于肇庆腰古和广州河南堑口。光绪七年（1881），陈梦南、冯活泉、鲁子珍、张耀岐等人在广州潮音街购屋建堂设立，因门楣匾额嵌有"华人宣道堂"，故名。创办人陈梦南去世后停止活动。潮音街华人宣道堂，为中国基督教自立思想和实践之始，对中国教会自立影响深远。（吴宁）

清远堂　基督教教堂。清远市基督教两会会址所在堂。位于今广东省清远市清城区上濠基177号。清光绪五年（1879）在清远传教的美南浸信会传

教士纪好弼（Rosewell H. Graves）所建。光绪十二年（1886）罗国祥、鲁子珍驻堂传道。光绪二十六年（1900）被毁，次年重建。宣统二年（1910）建新堂，并设培正分校。1924年开办培德女校。1987年重建。2016年易地重建。（吴宁）

真理堂　基督教教堂。揭阳市基督教两会会址所在堂。位于今广东省揭阳市榕城区临江南路。清同治四年（1865）美北浸礼会传教士耶士摩（William Ashmore）与陈时珍进入揭阳传教。光绪十五年（1889）建立教堂。光绪二十五年（1899）另购土地建筑新堂，名真理堂。教会开办真理医院、真理学校、养老院等传教辅助事业。1958年信众并入世光堂联合礼拜。1981年恢复宗教活动。1994年原址重建。（吴宁）

光孝堂　基督教教堂。位于今广东省广州市越秀区光孝路29号。清光绪二十年（1894）旅美华侨组织的中华纲纪慎自理传道会来穗建堂，名中华基督教会广州纲纪慎堂，选址十八甫（今荔湾西关一带）。光绪二十三年（1897）改为星导书楼售书，次年恢复为教堂。

1921年谭沃心自美回国，购地光孝街（今光孝路）筹建新堂。1924年落成，改名为中华基督教光孝堂。开办正光小学和幼儿园，以及短期民众教育和其他慈善事业。20世纪60年代广州基督教会进行大联合，光孝堂、中华基督教会广东协会中华堂、西村堂、仁济堂以及信义会海珠堂联合，堂点设在光孝堂。1984年，为广州市基督教两会临时办公场所。1991年正式复堂，首任堂主任牧师为黄美静。（吴宁）

太平福音堂　基督教教堂。位于今广东省东莞市虎门镇运河北路123号。清道光二十七年（1847）德国礼贤会传教士叶纳清（Ferdinand Genähr）与王元深、李清标进入东莞，寓居虎门镇口，为东莞基督教之始。光绪二十三年（1897）礼贤会为纪念叶纳清、王元深，由王谦如在太平购地建筑纳清纪念堂及一座供女传道人居住的姑娘楼（今太平福音堂部分）。光绪三十四年（1908）视沐恩开办圣经女校。新中国成立后，实现教会自治自养自传。1985年恢复宗教活动。1993年重建。（吴宁）

光孝堂

城区堂 基督教教堂。汕尾市基督教两会会址所在堂。位于今广东省汕尾市城区二马路66号。清咸丰六年（1856）英国长老会传教士到汕尾传教。光绪二十四年（1898）兰大卫（David Sutherland）在新兴街直巷创建。光绪二十六年（1900）开办作矶中学、医院、觉新初小。1920年开办嘉德女校。1937年原址改建。新中国成立后，与汕尾地区14间礼拜堂实行联合礼拜。1987年恢复宗教活动。因年久失修，2004年易地重建。2006年新堂落成。（吴宁）

青云堂 基督教教堂。阳江市基督教两会会址所在堂。位于今广东省阳江市江城区青云路22号。19世纪后期美国长老会先后在阳江建立的18处教堂之一。1918年毁于战火。1926年重建。抗战时期组织基督教青年社，投入抗日救亡爱国运动。1985年恢复宗教活动。（吴宁）

东门堂 基督教教堂。梅州市基督教两会会址所在堂。位于今广东省梅州市梅县区东门大康巷10号。清光绪二十八年（1902）在梅县传教的美北浸礼会传教士甘武（Elia Campbell）夫妇在梅城东门所建。设立大坪、长沙福音堂，南口、白渡、水车宣道所。1913年开办广益中学。1922年开办广益女子中学。1926年与地方合办嘉应大学。1983年重建。（吴宁）

救主堂 基督教教堂。位于今广东省广州市越秀区万福路184号。清光绪二十九年（1903）圣公会港粤教区派莫寿增主持广肇教务，先后在广州河南岐兴南约、东横街、南关福安里设传教所。1912年购现址建教堂。1919年建成，命名救主堂。20世纪30年代成为两广圣公会教会总堂。教堂附办提多幼儿园、提多小学和诊所。20世纪60年代广州基督

救主堂

教会进行大联合，兴华浸信会堂、循道会高第堂、崇真会越华堂、神召会文明堂、大马站福音堂、约老会维新堂以及基督复临安息日会南关堂联合，堂点设在救主堂。1985年恢复开放，复堂后首任堂主任牧师为李德辉。（吴宁）

广州兴华自立浸信会 基督教教堂。清光绪二十九年（1903），广东基督徒冯活泉、廖卓庵、杨海峰等12人在原潮音街华人宣道堂集会，商议成立完全由华人自治的自立教会。表决以宣道堂为自立母会，另外成立子会"兴华自立浸信会"，寓意"振兴中华"。推举冯活泉为牧师，廖卓庵、余瑞云为会吏，杨海峰为书记。光绪三十年（1904）举行成立典礼，当年会友31人。光绪三十二年（1906）在水母湾购地，6月新堂建成。教会办有兴华小学、幼儿园、平民夜校、兴华月刊。1956年拆迁至惠福东395号。教会大联合时撤销。（吴宁）

太平堂 基督教教堂。中山市基督教两会会址所在堂。位于今广东省中山市石岐区太平路高家基6号。华侨马应彪、马永灿、郭乐、郭泉、欧亮、欧昭等筹资开办香山长老自理会。清光绪三十一年（1905）在石岐西门外花王巷购地建

堂。光绪三十二年（1906）教堂落成，附设广智国民学校、培根幼稚园。1915年马应彪、马永灿购高家基高氏大屋，开办世光女子高等学校。1928年建高家基礼拜堂，将广智、世光二校合并为教堂附属学校。花王巷旧堂借给石岐衷光瞽目院使用。高家基礼拜堂后改为中华基督教会石岐太平路礼拜堂，简称石岐太平堂。1958年与其他6间基督教宗派联合组成石岐基督教联合堂。1980年恢复宗教活动。（吴宁）

东山堂 基督教教堂。位于今广东省广州市越秀区寺贝通津路9号。清光绪

东山堂

三十四年（1908）美南浸信会在东山搭建棚架作为临时场所。宣统元年（1909）建筑砖木结构新堂，成立东山浸信会，按立余瑞云为牧师。1923年扩建。1927年落成，改名为东山浸信会堂。1946年美南浸信会将教产全部移交东山浸信会堂，自此产权归属中国教会。20世纪60年代广州基督教会进行大联合，东山浸信会堂、东石浸信会堂、中国基督教会广东协会光东堂、中华基督教播道会东川堂、赖神浸信会堂、基督教原道堂联合，堂点设在东山堂。"文化大革命"期间停止活动。1979年9月30日恢复开放，为广州市首间恢复宗教活动的教堂，也是全国最早恢复聚会活动的六间礼拜堂之一。复堂后首任堂主任牧师为唐马太。1986—1994年广东协和神学院借东山堂副堂作为校舍。1987—2015年广州市基督教两会会址设在东山堂。（吴宁）

高州堂　基督教教堂。茂名市基督教两会会址所在堂。位于今广东省高州市城区东门艮龙路359号。清光绪三十四年（1908）在茂名高州、化州、电白传教的美国传教士毕加罗所建。1910年管辖周边地区15间福音堂。20世纪30年代开办西医诊所、四育小学、识字班、敬老院、孤儿院等。抗战期间由本地信众接管。新中国成立后，支持三自爱国运动，联合礼拜，吴效之任会长。1988年恢复宗教活动。（吴宁）

江门堂　基督教教堂。江门市基督教两会会址所在堂。位于今广东省江门市蓬江区象溪路中山公园南门西侧。清光绪三十四年（1908）江门华侨冼锡鸿自美返家，受美国华人自立教会赖神书馆委托，与钟干乔、吴业创、梁达荣、李树三等在象溪购铺一间，建立赖神会堂（又名赖神自立教会）。1912年扩建，次年11月行献堂礼，李子胜为牧师。冼锡鸿、李树三、张春荣、梁

达荣、钟石磬为会役。附设明德小学、广东药房等。1958年教派大联合，改名为基督教江门堂。1980年恢复宗教活动。1994年易地重建。（吴宁）

惠州堂　基督教教堂。位于今广东省惠州市惠城区东湖路与长湖西路交叉口南100米。1916年美南浸信会传教士山德士（J. R. Saunders）与华人牧师梁兰生进入惠州，在府城塘尾街租屋传教。1924年嘉理模（Arthur R. Gallimore）和李守仁购府城都市巷对面横廊罗家祠（今惠州市中山西路）房产，建浸信会教堂。新中国成立后，惠州市3个基督教教派在浸信会教堂实行联合礼拜。1952年改名为基督教惠州堂。1966年教会停止活动。1981年恢复宗教活动。2008年易地重建，2016年新堂落成。（吴宁）

老隆堂　基督教教堂。位于今广东省河源市龙川县老隆镇东风西路。1919年在老隆传教的巴色会传教士所建。温星瑞任牧师。1922年开办老隆私立乐育小学。1924年巴色会改名为崇真会，设崇真会总会办事处于老隆，建有干事楼。1935年开办老隆平民医院。1936年购地扩建。抗战时期收容难民，救济民众，得到国民政府嘉奖。新中国成立后参加基督教三自革新运动。1966年教会停止活动。1981年恢复宗教活动，成立龙川县基督教三自爱国委员会。（吴宁）

赉恩堂　基督教教堂。位于今广东省佛山市禅城区莲花路71号。1919年神召会开始在佛山传教。1923年李霞露牧师、李承恩等信众募集款项，购置莲花路民房3间，改建教堂，名莲花堂。教堂坐西南向东北，为外3层内4层仿哥特式红砖建筑。1934年两广神召会圣经学校由三水迁至佛山，课室设于莲花堂。1951年中国神召会华南区议会在香港召开最后一次年会，决

议将区议会办事处迁回佛山莲花堂，外国差会人员陆续离开佛山回国，各堂自行主理教务。1958年佛山7间堂会统一成立基督教联合会，集中在莲花堂进行宗教活动。1962年为佛山市基督教联合会办公地点。1979年组成筹委会维修教堂。1983年改名为佛山市城区基督教赉恩堂。（吴宁）

韶关堂　基督教教堂。韶关市基督教两会会址所在堂。位于今广东省韶关市浈江区风度中路96号。1923年美南浸信会在韶关购地所建。开办有圣经学校、男女中学（后改名为开明中学）。1929年后多次重修扩建。1933年新堂落成。20世纪六七十年代曾停止宗教活动1981年恢复宗教活动。2005年拆旧重建。2006年启用。（吴宁）

霞山堂　基督教教堂。湛江市基督教两会会址所在堂。位于今广东省湛江市霞山区延安路14号。1924年美南浸信会传教士时乐士（Edward Thomas Snuggs）在湛江传教，购地筹建教堂。1936年建成。附设幼稚园。1943年由本地信众主理，梁希磊任主任牧师。新中国成立后，陈雨亭主理教会。1950年赤坎教会并入，实行联合礼拜。1981年恢复宗教活动。1985年维修。（吴宁）

腰古堂　基督教教堂。位于今广东省云浮市腰古圩河旁街95号。1925年在云浮传教的美南浸信会女传教士舒心慈（Margie Shumate）所建。1929年成立董事会，会长程风如。1982年恢复宗教活动。1996年信众集资建堂。次年新堂落成。（吴宁）

恒爱堂　基督教教堂。潮州市基督教两会会址所在堂。位于今广东省潮州市湘桥区凤园路中段。潮州市基督教两会所建。1999年行奠基礼，次年建成。系潮州市规模最大的教堂。（吴宁）

组织·团体·机构·学校

岭东浸信会联会 基督教组织。前身为清咸丰十年（1860）到汕头传教的美北浸礼会传教士成立的岭东浸信会。分为汕头区、潮安区、揭阳区、黄岗区和潮阳区，每年七月召开代表大会。光绪二十六年（1900）有教堂48间、学校29所、医院2所，中国籍传道人57人。1925年岭东浸信会五区代表大会召开，宣告脱离美北浸礼会。1933年改区会制为联会制，123间教堂分为11个联会。抗战期间先后迁往揭阳、丰顺，抗战胜利后迁回汕头。（吴宁）

中华信义会粤赣总会 基督教组织。清咸丰六年（1856）德国信义会在广东省广州市设堂传道，创办神学校。光绪八年（1882）在广州正式成立信义会粤赣总会。光绪二十四年（1898）建芳村堂为总会所。1924年改名为中华基督教粤赣信义会。1928年加入中华信义会。1935年改名为中华信义会粤赣总会。1948年成立广州分会。主要传教区域为客家地区，成立芳村、顺德、周塘坳、惠州、石鹿、清远、曲英、仁乐、始兴和雄庚10个公会，69个区会。开办信义神学校、广州中德中学、韶州德华女子中学和数所小学。在始兴和韶州建有医院。（吴宁）

两广浸信会联会 基督教组织。清光绪十一年（1885）美南浸信会召集在两广地区传教的各个教会和华人自立教会的代表开会，成立广东浸信总会。1932年改名为两广浸信会联会。下设小书会、义学书馆、瞀目院、传道部、主日学部、恤孤部、教育部、神道部、干事部、医务部、安老部、少年部。管理两广浸信会神道学校、培正学校、培道女学、培贤女子神学院、孤儿院、安老院和两广浸信会医院等，《真光

杂志》也归入联会。（吴宁）

中华基督教会广东协会 基督教组织。广东最大的基督教联会组织。中华基督教会是由基督教15个教派的华人教会共同组成的全国性合一教会组织，广东协会是其中成立最早、最有影响的一个教会。广东协会是中华基督教教会二级教会机构，经历了广东基督教协进会（1913）——中华基督教广州大议会（1919）——中华基督教广州大会（1922）——中华基督教广州协会（1926）的演进过程。以联络各教会，共图自治为宗旨，促进教会联合和本色化，实现自传、自养、自治，建立和发展真正意义上的本色化的合一教会。机构有四级组织：最低一级为堂会，由几个礼拜堂组成的宗教单位；第二级为区会，由各教区牧师、传教士和堂会代表组成；第三级为大会，由各区会的代表组成，各区会每500信众可派代表2人，外国传教士三选其一；第四级即最高一级，为总会，实为执行委员会，由各区会代表组成，每3000信众选2人，属外国教会的区会则可另派1名西教士为代表。执行委员会职能是维系各区会、堂会的关系，调解争端，监督各区会、堂会的工作，负责与其他宗派的联系，制定方针大计等。执行委员会下设干事部、总务部、教务部、会计部、教育部、医药部等管理机构。设有十个区会，遍布番禺、南海、顺德、台山、开平、东莞、阳江、香港、澳门等地。此外还有一个特别区，管辖上海旅沪广东中华基督教会及湛江教务。在教会组织的规模、信众的人数、活动的频繁、对社会的影响和本色化的程度等方面，位居中华基督教会的各项报告、统计第一。是20世纪前期中国基督教本色化

运动的具体实践的代表。（吴宁）

中华基督教礼贤会总会 基督教组织。1913年由东莞、宝安、广州、顺德、增城及香港等地的礼贤教会组成。总会设在广东东莞莞城。至1949年，总会下有广州区、东莞区、太平区、塘头厦区、深圳区、香港区6个教区、21个堂。开办有东莞普济医院、东莞稍潭麻风院、东莞礼贤圣经学院及小学等。1951年总会迁往广州。（吴宁）

中国神召会华南区议会 基督教组织。最初为清宣统二年（1910）美国五旬节派教会派传教士来华传教时在广州建立五旬节圣灵会，1913年改名为神召会，总会设在广东三水西南。20世纪30年代发展至广西，改名为两广神召会，开办三水圣经学校。1947年定名为中国神召会，总部设在北京，在广州设立华南区议会，圣经学校亦迁至广州，开办侨光儿童教养院。1949年圣经学校迁往香港长洲。1951年区议会办事处迁回佛山莲花礼拜堂（现为赉恩堂）。（吴宁）

中华基督教崇真会 基督教组织。清道光二十七年（1847），巴色会传教士来华，初期在粤东沿海地区传教，后转向客家地区，以宝安李朗、五华樟村为传教中心。1924年巴色会将行政权移交华人，巴色会改名为中华基督教崇真会。同时修改章程，建立总会、区会、支会会议制度。总会设在龙川县老隆镇。至1948年共有24个区会、1个特别区会（广州区会），支会及布道所167个，遍布广东宝安、河源、梅县、惠阳、博罗、龙门、紫金、和平、连平、龙川、新丰、五华、兴宁、蕉岭等市县及香港，会友1.96万多人。开

办梅县德济医院、河源仁济医院、兴宁乐济医院、梅县乐育神学院、梅县乐育中学、紫金古竹乐道中学、五华乐贤中学以及小学 25 所。（吴宁）

中华基督教岭东大会　基督教组织。前身为 1927 年成立的中华基督教会全国总会下设地方分会潮汕基督教长老总会，1928 年改名为中华基督教岭东大会，为中华基督教全国总会的分会。传教范围包括汕头区会（潮语）和五经富区会（客语），分别管辖 88 座堂会和 57 座堂会。抗战后按地方划分为 18 个联堂。区会设立传道部、教育部、财产部、慈善部和妇女部。在辖区内办有医院、中学、神学院、妇女学校、百龄安老院及孤儿院等。从 1929 年起传教士逐渐将教会的领导权移交给中国牧师。至 1937 年拥有教堂 142 间，信众超过 1 万，开办汕头贝理神学院和五经富观峰神学院。成立圣书书局，出版有《奋进》刊物。（吴宁）

广东省基督教三自爱国运动委员会　基督教组织。广东省基督徒爱国爱教组织。位于今广东省广州市越秀区庙前直街 10 号之一。1958 年底成立，推选熊真沛为主席。拥护中国共产党领导，遵守宪法、法律、法规和国家政策，遵守社会道德风尚。坚持中国基督教自治、自养、自传的三自爱国原则，坚持中国化方向，带领全省基督徒爱国爱教、荣神益人、同心合意为办好中国教会服务；增强教内外团结，引导全省基督徒在促进经济社会发展中发挥积极作用。（吴宁）

广东省基督教协会　基督教组织。广东省基督教教务性组织。会址位于今广东省广州市越秀区庙前直街 10 号之一。1981 年在广州市召开的广东省基督教第三届代表会议上成立，推选熊真沛为会长、谭沃心为名誉会长。拥护中国共产党领导，遵守宪法、法律、法规和国家政策，遵守社会道德风尚。团结和引导广东省所有信奉同一天父和承认耶稣基督为主的基督徒，在圣灵的带领下，依照圣经的教导，同心合意建立基督的身体，坚持自治、自养、自传独立自主自办原则，坚持中国化方向，办好广东省基督教会，为促进社会和谐及经济社会发展发挥积极作用。（吴宁）

广州基督教青年会　基督教团体。会址设在广东省广州市市长堤浸信会马礼逊纪念堂（今广州市沿江西路 173 号会所）。1904 年广州基督徒、西方传教士和青年会北美协会共同发起筹办，1909 年正式成立。1985 年 12 月恢复活动，办公会址先后设在长堤会所（1985）、天河路龙苑大厦（1999），2010 年 3 月迁入荔湾区培真路一号芳村会所。致力于青年活动和社会服务，是中华基督教青年会全国协会属下的地方组织。以团结青年、建立团契、推介知识、追求真理、培养人格、服务社会为使命，大力开展国民体育、推广"四育"事业、开办学校、提倡义务教育、出版刊物、举办演讲等活动。抗战期间组织随军服务团，疏散救济难民。战后进行收赈救济等，社会影响较大。新中国成立后作为团体会员加入广州市青年联合会。改革开放以来，开展教育培训、康体活动、社区关怀、义工培育、国际交流等多元化服务。（吴宁）

广州基督教女青年会　基督教团体。会址设在广东省广州市丰宁路 322 号（今广州市人民中路 322 号）。1911 年成立。领导机构设立董事会，由会员代表大会选举产生，吕礼高夫人任顾问。具体工作由总干事负责，设总务部主理 7 个分部：会员部、寄宿部、教育部、会务行政部、社会服务部、学生部和联络部。出版《广州女青年》月刊，开办平民学校、妇女夜校、游泳场、幼儿园等。新中国成立后加入广州市妇女联合会和青年联合会。1985 年复会，会址设在海珠区江南大道中穗花新村穗花会所。2013 年会址搬迁到荔湾区鹤洞路一巷 1 号鹤洞会所。以"服务社会，造福人群"为宗旨，整合社会资源，创新开展多元化的社会服务工作并参与政府购买项目，服务全面覆盖青少年、妇女、困难家庭、老人等弱势群体。还与全球青年会、女青年会开展友好往来，致力于促进祖国统一与世界和平。（吴宁）

广州市基督教联合国难服务委员会　基督教团体。1937 年广州市基督徒在长堤青年会举行为国祈祷大会时成立。全市基督教各堂及教会团体纷纷加入。委员会制定详细章程，成立执行委员会和事务委员会。在广州市内开办 12 个临时避难所，协助其他机构救助难民。组织成立广州市难民收容所和基督教幸福事业委员会。（吴宁）

粤港青年随军服务团　基督教团体。抗战时期青年会的随军服务组织。1938 年由广州青年会与香港中华基督教青年会组成。团部设在广东韶关黄田坝，从粤北和香港招募团员，处理随军服务事宜。主要是在军中开办识字班、教唱抗战歌曲、指导团体游戏等。曾随粤军到南浔线，后又转至粤东、闽南、粤北及桂南。1940 年解散。（吴宁）

"枫连线"紧急救济会　又称"枫连线"疏散救济会。基督教团体。1944 年广州青年会撤至韶关郊外小镇枫湾。1945 年韶关失陷后，大批难民逃到枫湾。为安全疏散难民，广州青年会于 1945 年成立紧急救济会，开辟一条由枫湾经小坑、华屋、隘子、坝子、坡头

到连平的疏散线，每隔几十华里设立一工作站。"枫连线"疏散救济线全长300余里，横跨曲江、始兴、翁源、连平四县。目的是帮助难民前往安全地区，解决其食宿及生活问题。共收容赈灾难民5万余人。后由广东国际救济委员会接办。（吴宁）

"枫连线"疏散救济会　见"'枫连线'紧急救济会"。

两广浸信会恤孤院　基督教慈善机构。清光绪三十二年（1906）两广基督教浸信会联会在广东省广州市开办，用于教育培养信众的遗孤。宣统三年（1911）在东山购地兴建院舍，东山恤孤院路因此得名。1919年改名为孤儿院，郑杏圃为院长。1930年迁到沙河，并自办小学。后由民政部门接办。（吴宁）

广州仁爱服务中心　基督教社会福利机构。1985年4月成立。设有董事会。经费主要来自海内外人士及团体的捐助。联合海内外热心社会服务人士，为祖国"四化"建设和社会福利事业尽力。是广州较早引入香港社会服务理念和社会工作方法的机构，服务范围为青少年发展（包括学校支援）、长者服务、家庭服务、残障人士康复训练及社区矫正等。1985年开办东山园招待所。1988年开办仁爱幼儿园。1989年设立松柏俱乐部，专为老人服务。（吴宁）

广东基督教路加颐养院　基督教社会福利机构。位于今广东省广州市白云区东平村东平中路。2003年广东省基督教两会开办，属非营利性质。业务接受广州市白云区民政局管理，是广州市社会福利协会会员单位、中国社会福利协会会员单位。以爱心开展养老、护老工作，为老年人提供日常生活照料、医疗、护理、特别护理、功能康复训练、安宁照顾等服务。（吴宁）

博济医院　基督教教会医院。前身为清道光十五年（1835）美国基督教公理会传教士伯驾（Peter Parker）在广州十三行新豆栏街开办的眼科医局，为中国内地第一所西医院，专治眼疾，兼顾其他，在中国最早建立病历制和疾病分科制。两次鸦片战争期间数度停办。咸丰九年（1859）嘉约翰（John Glasgow Kerr）在广州南郊增沙街购地，改建医院，定名为博济医院。同治五年（1866）扩建成多功能医院，尤以外科著名。至1935年博济百年，共治疗病人200多万，施行外科手术20多万例，出版西医专业书籍和教科书30余部，医学刊物2种。新中国成立后政府接办，并入中山医学院。博济医院的建立，标志着近代西医传入中国。（吴宁）

博济医学堂（Canton Hospital）　基督教教会医学院。中国最早的教会医科学校；近代中国第一所西医专科学校。清同治五年（1866），美国长老会传教士嘉约翰（John Glasgow Kerr）在博济医院内创建。嘉约翰与华人医生黄宽负责教学。嘉约翰教授药物学、化学，黄宽教授解剖学、生理学、外科学。教学方式为带徒式，以英语授课为主。课程参照英美医学课程设计，学制3年。初期专收男生，首届招生8人。光绪五年（1879）招收2名女生，为中国培训女性医务人员之始。光绪三十年（1904）扩建后改名为博济医院南华医学堂。1914年附设护士学校。1930年岭南大学接办。1936年同博济医院一起合并成孙逸仙博士纪念医学院。参见第371页学术·教育卷"博济医学堂"条。（吴宁）

佛山循道西医院　基督教教会医院。前身为清光绪七年（1881）英国循道会传教士云仁（Charles Wenyon）在广东省佛山市创办的广济医局。设有门诊部、手术房、实验室、私家病房、男女专用病房、小礼拜堂等，病床80张。光绪九年（1883），开办惠师礼医学堂。光绪十六年（1890）迁至太平坊（今上沙），改名为佛山西医院。中法战争期间云仁及医院人员前往中越边境营救伤员，受到清政府嘉奖。光绪二十七年（1901）迁至文昌沙尾高岗墩一带，扩建成新式西医院，改名为佛山循道西医院，但医院仍在门口挂"西医院"牌。1924年开办循道高级护士学校。1946年改名为循道医院。1949年热带病学家伍学宗留学回国，成为首位华人院长。1953年政府接管，改名为广东省粤中行署人民医院。1956年改名为佛山专区第一人民医院。现为佛山第一人民医院。（吴宁）

夏葛女医学堂　基督教教会医学院。广东最早的女医学堂、美国基督教长老会在广东创办的第二所西医学校。清光绪二十五年（1899）美国长老会女医学传教士富马利（Mary H. Fulton）创办，原名广东女医学堂。位于广州市荔湾区宝华路，同时开办有1间赠医所（后在赠医所的基础上成立附设教学医院柔济医院）。光绪二十六年（1900）迁往逢源街长老会教堂，借用教堂首层作课堂、宿舍、诊室、药房。光绪二十八年（1902）为纪念捐款资助者夏葛（E.A.K.Hackett），改名为夏葛女医学堂。光绪三十年（1904）筹建柔济医院附属特纳护士学校。1912年改名为私立夏葛医学院。1921年改名为夏葛医科大学，成为中国最早获得大学地位的女子西医高等学校。1924年开设药剂镜诊专科学校。1931年美国长老会将夏葛女医学院与柔济医院一并移交华人自办。1936年并入岭南大学医学院，成为中山大学中山医学院的前身之一。原学制4年，1921年改为6年，1925年改为预科2年、本科4年、实习1年，1932年改

为本科 6 年、实习 1 年。是当时全国公认的 2 所甲级女子医学院之一。共招收 28 届女生，毕业人数 200 多人。对中国女子医学的发展起了重要促进作用。参见第 811 页科技卷"夏葛女医学堂"条。（吴宁）

柔济医院　基督教教会医院。清光绪二十五年（1899）美国长老会女医学传教士富马利（Mary Hannah Fulton）在广州西关开设一间赠医所，施医带教，12 月接诊首例病人。光绪二十八年（1902）为纪念美国纽约拉法埃脱街礼拜堂牧师 David Gregg 的资助，赠医所改英文名为 The David Gregg Hospital for Women and Children，中文名为柔济医院。为培养护士人才，光绪二十八年（1902），医院附设特端拿士学校（The Julia M. Turner Training School for Nurses）。1915 年开始在门诊实行分科管理，设有内科、外科、妇科、产科、儿科、特觉科等较为齐全的科室门类。1933 年开始接诊男性病人，成为一所男女共治的普通医院。1954 年由广州市政府接管，改名为广州市第二人民医院。2013 年更名为广州医科大学附属第三医院。是以妇产科为特色，集医疗、教学、科研、预防、保健于一体的三级甲等综合性医院。参见第 811 页科技卷"柔济医院"条。（吴宁）

大衾麻风院　基督教教会医院。1918 年美南浸信会传教士力约翰（John Lake）倡议开办，用于收容、医治麻风病人。经伍廷芳许可，定广东赤溪县属的大衾岛（今属台山赤溪镇）为院址。伍廷芳捐赠银毫 5000 元，万国麻风院捐助 10 万美元作开办费。1922 年力约翰、黄友敢往美国筹款，历经年余，筹得 6.5 万美元。在建造医院的同时收容病人。林沾美为首任院长。1929 年医院建成后，累计收治五邑地区麻风病人超过 1200 人。20 世纪 30 年代出版《大衾季刊》，对麻风病的传播、防治等进行宣传。1951 年广东省卫生厅接管，后改名为台山县大衾医院。1992 年改名为台山市大衾医院。（吴宁）

两广浸信会安老院　基督教慈善机构。1922 年美南浸信会信众卢连提议筹办，目的是安置教内寡独贫老之人。1926 年在东山建成。1928 年浸信会两广联会接办，负责经费。1933 年沙河新院竣工。1926—1933 年前后入院者共计 52 人。新中国成立后由民政部门接管。（吴宁）

广州协和神学院　基督教神学教育机构。前身为 1914 年美国长老会、加拿大长老会、新西兰长老会、英国伦敦会、美国公理会、美国同寅会、英国圣公会及英国循道会八个差会，以及中华基督教会广东协会、中华圣公会华南教区和中华基督教循道公会华南教区三大公会联合创办的广州基督教协和神道学院。首任校长为美国公理会传教士伍赖信（Charles Addous Nelson）。课程分设正科与附科，开设圣经、逻辑学、英文、希腊文、基督教教会史等课程。1918 年将正科改为神学科，附科改为圣经学校，校址迁于白鹤洞，改名为广州协和神学院。1919 年开始招收女生。抗战时期先后迁到香港、云南大理、粤北曲江等地。1946 年迁回广州，并入岭南大学，名为岭南大学协和神学院。1951 年与岭南大学和各差会脱离关系，复称广州协和神学院。20 世纪 60 年代停办。（吴宁）

广东协和神学院　基督教神学教育机构。前身为创办于 1914 年的广州协和神学院。1986 年由广东省基督教两会复办。1986—1994 年为 2 年制专科学校，1994 年学制改为 3 年。2001 年迁校白云区东平。2009 年经国家宗教事务局批准成为本科试办单位。开设神学专业课程和文化课程。学制有专科 3 年制、本科 4 年制、本科插班制 3 种，并开办有圣乐班、教牧本科班和延伸班等短期密集培训学制。历任院长梁福寰、黄广尧、陈逸鲁。1986 年至今已培养了 1000 多名教牧人员，约占全省教牧人员的 75%。为广东省基督教教牧人才培养基地。（吴宁）

广东协和神学院

英华书院　基督教神学教育机构。清嘉庆二十三年（1818）英国伦敦会传教士马礼逊（Robert Morrison）和米怜（William Milne）在马六甲建立。米怜为首任院长。学生以华人子弟为主。以交互教育中西文学及传播基督教教理为宗旨。课程设置以宗教与自然科学、中西文化语言并重。出版《察世俗每月统记传》《遐迩贯珍》《天下新闻》等。共刻制中文字模 1845 枚，是早期中文印刷铅字的字体基础。道光二十三年（1843）学校迁往香港，次年改名为英华神学院，咸丰六年（1856）停办。（吴宁）

真光书院　基督教学校。华南第一所女子教会学校。清同治十一年（1872）美国长老会女传教士那夏理（Harriet Newell Noyes）在广州沙基金利埠（今六二三路）创设。以"尔乃世之光"为校训，取名真光。招收女学生。初期实行免费教育，提供食宿日用杂物，光绪二十六年（1900）后收取费用。开设小学、成人、神道班。以宗教教育为主，后期世俗教育比例超过宗教教育。光绪四年（1878），在广州长堤大马路仁济街建成新校。宣统元年

（1909）改名为真光学堂，增设师范班。1917 年开办中学，中学部迁址广州芳村白鹤洞，改名为私立真光女子中学。同年师范班并入私立协和女子师范学校。仁济街校址仅留初小、妇女班、圣经班。抗战时期迁往香港。引进西式教育理念、教学方法以及教学内容，为广东培养了一批受过近代新式教育的女性，推动了广东女子教育的发展。1954 年改名为广州市第二十二中学。1984 年复名为真光中学。参见第 383 页学术·教育卷"私立真光女子中学"条。（吴宁）

培道女子中学　基督教学校。清光绪十四年（1888）美国南方浸信会女传教士容懿美（Emma Young）创设。初名培道女子读经班。目的是培养中国女传道人、女教师以及女信众。设妇孺班、妇女班和盲女班，课程以"四书五经"和《圣经》为主，课余时间开设麻布抽纱、刺绣及编织等工艺学习班。光绪三十三年（1907）迁入东山新校舍。宣统元年（1909）妇女班改为培贤学校，盲女班改为慕光瞽目学校。1912 年开设蒙学班和蒙学师范班，训练师资人才。1918 年开办 4 年制中学，次年将蒙学班归并培正附小。1919 年正式命名为广州培道女子中学。1923 年实行新学制，设附属小学与初中、高中、初级师范和幼稚园各级，另加设华侨班。抗战期间迁校肇庆、香港、澳门。1945 年培道女子中学在广州原址复校。1962 年改名为广州市第七中学。参见第 385 页学术·教育卷"私立培道女子中学"条。（吴宁）

格致书院　基督教学校。1884 年美国基督教长老会牧师香便文（Benjamin Couch Henry）倡建，清光绪十四年（1888），美国长老会传教士哈巴安德（Andrew Patton Happer）在沙基金利埠（今广州六二三路）创设，并任监督。岭南大学前身。课程设置有英文、数学、物理、化学，也聘请中国教师任教。光绪十七年（1891）停办。光绪十九年（1893）重新开学，并与广州培英书院合并。同年脱离美国长老会在纽约另组董事局，成为一所不属于任何教会的基督教大学。光绪二十四年（1898）作为独立学院重新开学，注重英文和西方自然科学课程。光绪二十五年（1899）钟荣光任汉文总教习，后成为第一任华人校长。光绪二十六年（1900）迁至澳门，改名为岭南学堂。光绪三十年（1904）决定迁回广州，并在广州康乐村购地建校舍作永久校址（今中山大学本部所在校址）。1912 年改名为岭南学校。1916 年称岭南文理科大学，附设中学、小学。1918 年岭南文理科大学改名为岭南大学。参见第 373 页学术·教育卷"格致书院"条。（吴宁）

岭南大学　基督教学校。前身为清光绪十四年（1888）创立的格致书院，先后更名岭南学堂、岭南学校、岭南文理科大学，1918 年改为岭南大学。1927 年在非基督教运动与收回教育权运动影响下，收归华人自办，改为私立岭南大学。首任华人校长钟荣光、副校长李应林对学校的教育方针进行改革，只强调以基督精神治校，不再以培养基督徒为主，转为注重根据本国、本地区的实情和需要培养人才。1952 年各学院按性质分别并入中山大学、华南工学院、华南农学院、中山医学院等。参见第 388 页学术·教育卷"私立岭南大学"条。（吴宁）

美华浸会书局　基督教出版机构。清光绪二十五年（1899）基督教全国各省浸信会代表在广州确定开办，以股份制招股，成立董事会，湛罗弼（Robert E.Chambers）任总干事。初设于广州南关东石角，后在沙面购地建成。1926 年迁至上海，改名为中华浸会书局。印书局有职员 80 余人，从事作者、职员、校验工、印刷工和搬运工等工作，新会人李会珍任印务督工。印刷符合浸信会信仰特点的圣经、主日学课本等宗教用书。曾用文言、官话和粤语、潮语、客家语 3 种方言印刷《新约全书》及《四福音》单行本。出版物有各种圣经、布道小册、说经丛书、主日学课本以及《真光》《主日学》《新东方》《恩喻周刊》等期刊。除基督教书籍外，还刊印多种涉及伦理道德、医疗卫生和时事评论方面的著作。至 1918 年，印刷各种书刊合计 1.5 万版，累计出版书籍 332 种。（吴宁）

培正书院　基督教学校。清光绪十五年（1889）冯景谦、欧阳康、余德宽、廖德山、李济良等筹办。光绪十九年（1893）改名为培正书塾。光绪二十九年（1903）改名为培正学堂。光绪三十二年（1906），为培训师资，增设羊城培正师范传习所，廖卓庵任所长。1912 年改名为培正学校。1924 年取消圣经课，仍保持宗教活动。1928 年改名为私立广州培正中学校。1930 年增设西关培正分校。1933 年创办香港分校。抗战期间先后在鹤山、澳门、坪石、桂林建立分校或培正、培道联合学校。1950 年改为广州市第七中学。1984 年改名为广州市培正中学。是一所由华人自主创办、华人捐资、华人管理的基督教中等学校，是近代中国基督教华人教徒教育自立的典范。参见第 375 页学术·教育卷"私立培正中学"条。（吴宁）

乐育中学　基督教学校。位于今广东省梅州市梅江区江北黄塘路。清光绪二十八年（1902）黄墨村、吴登初与巴色会传教士马谟鼎（Martin Maier）、凌高超（Fr. Lindenmaier）合作，在梅城北门岗文祠创办务本中西学堂。次年

分出部分师生另办乐育中学西学堂，后改名为乐育中学。1927 年停办。1928 年在热心教育事业人士的筹措下，聘请曾志明博士为校长，重组校董会，募集经费，完善校舍，扩建运动场，充实图书馆、仪器设备。自此学校为华人接办。1950 年梅州圣约瑟中学并入。1952 年人民政府接管，后改为梅州市第三中学。1979 年复校名为乐育中学。为各行各业输送了无数人才，有"博士、名医摇篮"之誉。（吴宁）

文 献

华英字典 又译《中国语文字典》。英汉字典。马礼逊（Robert Morrison）编纂。6 卷。清嘉庆二十年（1815）出版第 1 卷，书名《字典》，按照嘉庆十二年（1807）刊刻的《艺文备览》英译，汉、英对照，按汉字笔画分成 214 个字根排列，书后附字母索引。嘉庆二十四年（1819）出版第 2 卷第一部分，书名《五车韵府》，按英文字母顺序编排。嘉庆二十五年（1820）续出第 2 卷第二部分，在附录中把汉文书写体按拼音分类将楷书、行书、草书、隶书、篆书、古文列出。道光二年（1822）出版第 3 卷，书名《英汉字典》，内容包括单字、词汇、成语和句型的英汉对照，解释详尽，例句都有汉译。道光三年（1823）出齐，共 6 大本，合计 4595 页。为后来传教士学习中国语言文化、社会政治和风俗习惯等提供了实用的资料，对中西文化交流发挥了巨大作用。（吴宁）

中国语文字典 见"华英字典"。

神天圣书 又称马礼逊圣经译本、马礼逊—米怜圣经译本。基督教经典。中国内地翻译的第一部基督教新教圣经中文全译本。清嘉庆十三年（1808）马礼逊（Robert Morrison）在基督教英国圣经公会的支持下，参考"巴设译本"开始翻译。嘉庆十九年（1814）在广州出版《新约》。嘉庆二十四年（1819）米怜（William Milne）参与共同译成《旧约》。道光三年（1823）在马六甲英华书院刻印出版中文圣经全译本，取名为《神天圣书：载旧遗诏书兼新遗诏书》，线装，共 21 卷。道光七年（1827）、道光十二年（1832）马六甲英华书院再版马礼逊本人的修订本。与《马士曼译本》合称"二马译本"，为后来的基督教中文圣经翻译工作奠定了基础。（吴宁）

马礼逊圣经译本 见"神天圣书"。

马礼逊—米怜圣经译本 见"神天圣书"。

委办新约译本 又称代表译本。基督教经典。清道光二十三年（1843）基督教英美差会代表 15 人在香港召开会议，讨论中文圣经的翻译问题，会议通过成立总委办会进行重译。由伦敦会、公理会、美国浸礼会和马礼逊教育会各委代表组成的跨宗派联合圣经翻译会共同翻译，故名委办本或代表本。以希伯来文和希腊文圣经为依据，中文为文理（文言文）译本。华人基督徒王韬协助翻译。咸丰二年（1852）在上海同时印刷"神""上帝"两个版本的《新约全书》。咸丰四年（1854）出版《旧约全书》，次年合订出版新旧约全册。译本内容准确，文辞典丽，统一了经文中的名称和名词，成为圣经再译的重要参考。（吴宁）

代表译本 见"委办新约译本"。

劝世良言 基督教布道书。基督教中文布道书、基督教文学作品。清梁发

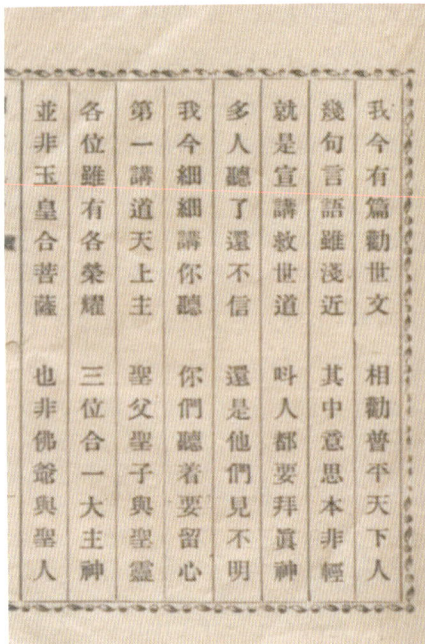
《劝世良言》

编著。清道光十二年（1832）出版。9 卷，60 余篇，约 10 万字。其中直接抄录圣经经文 26 篇，抄录经文并加以解释论述 35 篇，其余为梁发记述其学道经历。借用儒家思想、中国历史文化等阐释《圣经》相关的内容。是洪秀全获得基督教神学知识的最初来源，也是中国近代较早的白话文学作品之一。在中国近代史、中西文化交流史和基督教在华传教史上具有重要地位。（吴宁）

广州方言圣经 又称粤语圣经联合本。基督教经典。圣经广州方言译本的合称。广州方言圣经译本共有 61 种，其中 49 种汉字本，12 种罗马字本。最早的汉字译本是清同治元年（1862）广州出版的《马太传福音书》《约翰传福音书》。同治七年（1868）在粤基

督教各教派传教士组成广州方言圣经翻译委员会，以广州土话为标准音开始翻译圣经全文。主要译者有英国卫理公会俾士（George Piercy）、美国长老会丕思业（Charles Finney Preston）、德国礼贤会公孙惠（Adam Krolczyk）等。光绪二十年（1894）出版《圣经全书》汉字版，80余万字。1913年美国圣经公会以"联合本"为底本，出版《旧新约全书》（广东土白）。2010年香港圣经公会将其修订重排，以《新广东话圣经》为名出版。（吴宁）

粤语圣经联合本　见"广州方言圣经"。

汕头方言译本　又称潮汕方言圣经。基督教经典。圣经潮汕方言译本的合称。汕头方言圣经译本共有52种，其中37种罗马字本，15种汉字本。汕头方言译本特点是出版一种大字的版本，同时再出一种小字加串珠（研读圣经的方法，将经文中出现的字词串联在一起，方便读者查看）版本。清光绪元年（1875）汕头出版的美国浸礼会传教士巴智玺（S. B. Partridge）翻译的《路得记》是最早的汉字译本。1922年出版耶士摩（William Ashmore）翻译的《圣经全书》，是最后一本汕头方言圣经译本。汕头拼音罗马字本又称潮语拼音版，光绪三年（1877）英国圣经公会在英国格拉斯哥出版的《路加传福音书》是最早的汕头方言罗马字本。1922年汕头出版的《诗篇选集》是最后一本汕头方言罗马字本。（吴宁）

潮汕方言圣经　见"汕头方言译本"。

客家方言译本　又称客家土白译本。基督教经典。圣经客家方言译本的合称。德国基督教巴色会最早开始对客家人传教，故圣经的客家方言版本翻译工作主要是由巴色会的传教士承担，黎力基（Rudolph Lechler）、韩山明（Theodore Hamberg）、毕安（Charles P. Piton）、颜琼林（A. Nagel）等人参与翻译。黎力基翻译的《客家俗语马太传福音书》是客家方言最早的译本，清咸丰十年（1860）由巴色会在柏林出版，罗马字本。这也是最早出版的客家方言文献。至1933年客家方言圣经译本共有31种，其中14种罗马字本，17种汉字本。光绪二十三年（1897）以后全部为汉字本。1916年英国圣经会在上海出版《圣经全书》。圣经客家方言译本不仅最大限度地保存了方言的发音，而且完整地保存了成篇的方言语料，在语言学、文献学方面也有重要价值。（吴宁）

客家土白译本　见"客家方言译本"。

杂闻篇（*A Miscellaneous Paper*）　基督教刊物。中国境内最早出版的中文报刊、中国第一份铅活字排印刊物。基督教英国伦敦会传教士马礼逊（Robert Morrison）在澳门创办。清道光十三年（1833）出版，共3期，每期印刷2万份。最早使用顿号和句号，并且将标点符号标示于正文中间。段落间用o为标记。在人名旁加划单线标识，地名和国名旁加划双线标识。首次提出新闻纸的概念。参见第740页新闻出版卷"杂闻篇"条。（吴宁）

察世俗每月统记传　基督教刊物。清嘉庆二十年（1815）英国伦敦会传教士马礼逊（Robert Morrison）和米怜（William Milne）联合创办于马六甲。嘉庆二十一年（1816）起每月出版1期，全年合订为1卷，共出7卷80多期，道光元年（1821）停刊。内容"以阐发基督教义为唯一急务"，兼载各国概况、时政、科学新知等内容。木刻雕版印刷，线装书版式装订，印数

从最初的每月500份增至最后的2000份。免费发行，发行范围主要在广州、澳门及南洋群岛的华人聚居区。一般认为，该刊是最早具有近代意义的中文报刊。（吴宁）

东西洋考每月统记传（*Eastern Western Monthly Magazine*）　基督教刊物。清道光十三年（1833）创刊于广州。最初由德国籍传教士郭士立（Karl Friedrich August Gützlaff）主编，后与马礼逊（Robert Morrison）合编。版式采用中国传统样式，用年号纪年。分类编纂，刊载内容以宗教为主，另有政治、科学、商业等栏目介绍西学。主要发行于广州、北京、南京和新加坡等地区和国家也有刊售。印数从600册增至1200册。道光十九年（1839）1—2月停刊。在中国期刊史、新闻史上占有重要地位，在基督教在华传播史上也有重要意义。参见第708页新闻出版卷"东西洋考每月统记传"条。（吴宁）

中国丛报　又译《澳门月报》《中国文库》。基督教刊物。基督教传教士在华创办。清道光十二年（1832）美国公理会传教士裨治文（Elijah Coleman Bridgman）创办于广州，并任主编。后任主编有裨雅各（James Granger Bridgman）、卫三畏（Samuel Wells Williams）。刊载的文章以介绍中国国情、报道时事与评论问题为主，亦译载清帝上谕与大臣奏折等重要文件。对中国的政治制度、文化风俗、山川地理、军队装备、矿藏物产等进行详细调查和介绍，也报道中外贸易、外国人在华活动和讨论对华政策等。初为月刊，后改为季刊，共计出版20卷。第1、2卷每期各印刷400册，第3卷增加到800册，第4卷后增加到1000册。以在华外国人为主要读者对象，销往广州、澳门等地以及南洋、

英国、美国等国家和地区。咸丰元年（1851）12月停刊。对研究近代中国社会政治、经济、文化史，以及鸦片战争和早期太平天国历史，具有重要参考价值。（吴宁）

澳门月报 见"中国丛报"。
中国文库 见"中国丛报"。

真光杂志 基督教刊物。清光绪二十八年（1902）美南浸信会传教士湛罗弼（Robert E. Chambers）在广州创办。初名《真光月报》，后改名为《真光报》《真光》《真光杂志》。中华浸信会机关刊物。设有诗歌、会闻、谈薮、从民间来、随感录等栏目。内容报道新闻、评述时政、介绍科技与传播西教、阐述教义并重，关于时政的篇幅较一般教会杂志大。主要撰稿人有张亦镜、刘维汉、张腾蛟、简又

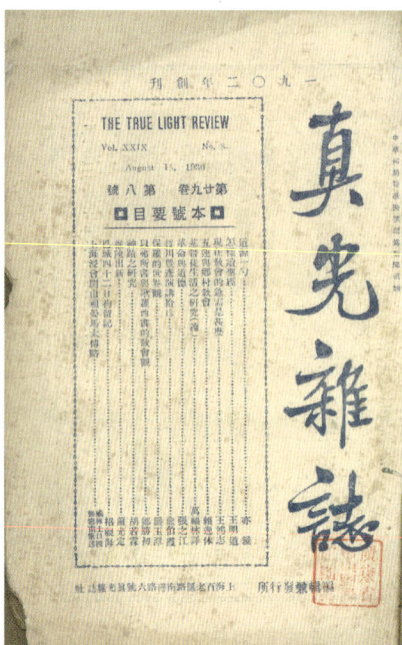

1930年第29卷8号《真光杂志》

文、严霁青等。20世纪20年代非基督教运动时期为基督教主要辩护阵地，发表有大量护教文章，后被辑成《批评非基督教言论会刊全编》。

1941年因太平洋战争爆发而停刊。（吴宁）

广州基督教联会国难服务委员会为抗战致全国五十万基督徒书 基督教宣言。广州基督教联合国难委员会发表。1937年10月13日发表于广州教会发行的《国难特辑》。从圣经的爱国思想出发，为民族争生存、为世界护公理，呼吁全体基督徒联合起来抗日救国。（吴宁）

广州教会《教徒爱国公约》 基督教公告。1951年广州教会团体在基督教三自革新运动中发表《教徒爱国公约》，提出要建立一个"自治、自养、自传"，为中国人民服务的中国教会。标志着广东省内基督徒团结在爱国主义旗帜之下，积极参加国家建设的爱国爱教运动的开端。（吴宁）

五 民俗卷

概　况

岭南民俗　区域民俗。以广府民俗、潮汕民俗、客家民俗为主体，包括壮族、黎族、瑶族、畲族等百越古族和疍民的民俗文化，其中广府民俗最能代表岭南民俗特征。广府民系主要居住地珠江三角洲，水网密布、交通便利、气候温和、物产丰富、商业发达，形成广府人务实重商、精明能干、开拓进取的性格。粤菜和中西融汇的点心是广府民俗的代表。广州的除夕、元宵、七夕、重阳、冬至等节日，传统气氛浓厚，既有百越古族的遗韵，又有中原文化的交融，还有海外文化的影响，呈现开放、兼容、创新的特征。客家民系来源于中原移民，主要居住在粤、闽、赣山区的三角地带，山地意识浓厚，聚族而居，以农业为生计，养成刻苦耐劳、耕读传家的风气。客家山歌是客家民系的典型习俗。

福佬民系由闽越族人和中原汉人融合而成，主要居住在潮州、汕头和雷州半岛等地。因有漫长的海岸线，福佬民系远渡重洋，有强烈的商业意识。潮州工夫茶和潮州菜饮食习俗是福佬民系的典型习俗。壮族由古代百越族中的西瓯、骆越人发展而来，主要居住在广西以及广东的连山和怀集等地。较有特色的民俗是三月三歌圩、七月十四鬼节和四月八牛王诞。黎族是古代百越族骆越的后裔，主要居住在海南省五指山，1949年前还采用刀耕火种的原始耕种方式，妇女有纹面习俗，船形屋是传统的居住方式。东方市的美孚黎"三月三"较有民族特色。瑶族主要居住在广西和粤北、粤西山区，传统生产方式是火种开山，奉盘古为祖先。盘古诞是最大的民族节日。每隔3—5年，还要举行隆重的

要歌堂活动。畲族与瑶族同源，来源于武陵蛮，其核心居住地在广东潮州凤凰山，《高皇歌》为族源传说，奉盘瓠为祖公，每逢春节、端午、中秋时祭祖公，每3年要大祭一次，献麦精饭、染乌饭、枇榔面等特殊祭品，并唱歌跳舞，有时还举行迎祖赛会。疍民主要居住在珠江口和广西西江上游，以舟为家，以捕鱼和水上运输为业。重要节日是海神天后诞和水神龙母诞，其咸水歌以广州方言演唱，以情歌为主。由于地理环境的复杂多样和社会历史的变迁，岭南民俗具有以下特征：稻作文明、山地文明、渔业文明与商业文明并重，传统民俗与现代时尚交织，开放创新与保守陈旧同在，包容气度与多元品格共存。（蒋明智）

生产民俗

闹春牛　农业生产民俗。流行于今广东省韶关市仁化县长江镇、城口镇、

闻韶镇等地。已有300余年历史。正月初一至十五举行。闹春牛当日，用

本地材料扎成牛状，绘上皮毛图案，装上牛角耳轮，制作"春牛"。以唱、

奏、舞相结合的形式，歌颂耕牛的功劳。全族上下相聚一堂，感恩上年的五谷丰登，祈求来年风调雨顺。（张振江）

迎春牛 又称鞭春牛、鞭土牛。农业生产民俗。流行于今广东省阳江市阳春市一带。早在《周礼·月令》就有立春日"鞭土牛"的记载。最初春牛用真牛，后改为土牛，清末又改为纸牛。在古代，立春日，各地官府令人抬着土牛和芒神像，由迎春队伍和锣鼓乐队随行至东郊，举行"鞭春"仪式。沿途，乡民们手执用竹枝或竹片饰以彩纸做成的春鞭，争相鞭打芒神，并撒五谷，这叫"礼太岁"，期望来年新太岁降福于民，五谷丰登。地方长官用特制木犁作耕地状四次，每犁一次念一句祷词："一犁风调雨顺""二犁国泰民安""三犁六畜兴旺""四犁五谷丰登"，然后向土牛旁抽打数下。随后，围观的乡民一拥而上，将土牛打碎，争抢碎片和"牛肚"内的五谷。先"鞭"而后"争"，是送冬寒、迎新春的古俗。把争抢到的东西撒在猪圈、牛栏、鸡舍及田地中，寓意六畜兴旺。（蒋明智、曾镜明）

鞭春牛 见"迎春牛"。
鞭土牛 见"迎春牛"。

耕牛开教 农业生产民俗。流行于广东客家地区。牛出生3年后进行开教，只有经过开教的牛才能耕田，成为真正的耕牛。刚开教的耕牛不用穿鼻，用一俗称龙头的木制架套在牛嘴上，用绳子牵牢，绳子另一头再穿一根约60厘米的竹筒。开教时，两个人前后配合进行：前面的人在牛旁边按住竹筒，拉着绳子引导牛往前走，如牛不听使唤，就拉紧竹筒和绳子，龙头夹紧，牛嘴就会作疼；后面的人右手扶犁，左手拿赶牛鞭，开始时是拉空犁，慢慢由少增多犁土。到第三天，牛一般就学会耕田。（蒋明智、曾镜明）

谷神诞 又称土地诞。农业生产民俗。二月初二举行。此时春耕备耕开始，是日岭南农户烧香点烛备糕点，虔拜谷神降福，期望谷神保佑五谷丰登。（蒋明智、曾镜明）

土地诞 见"谷神诞"。

河台开耕节 又称春耕节。农业生产民俗。流行于广东肇庆。二月初二在肇庆高要区河台镇举行。原为明清时期的"调禾楼"祈福仪式，新中国成立后改为开耕节，已有600余年历史。罗仁村开耕节，村民请出龙母像，舞着狮子沿村道走到村后的山冈顶上朝拜、供奉，并燃放鞭炮庆祝。多宝村开耕节，村民集中到村里的大空地，进行放炮活动，抢到炮箍者代表幸运、吉祥，放炮主人把茶果、红包等礼物送给抢到炮箍的人，对方要回赠礼品。节日当天，河台人在自家设宴款待来自各方的客人。（张振江）

春耕节 见"河台开耕节"。

撒石灰 农业生产民俗。流行于广东各地。唐代孙思邈《千金月令》已有记载。惊蛰时"蛰虫惊而出走"，于此日取石灰驱虫防虫，延续至今。惊蛰下午5时至7时，在房屋的周围，包括厕所、柴房、牛栏和猪圈的墙脚四周撒上石灰，公共场所由村里派人去撒。撒石灰时，吟诵"惊蛰惊蛰，蛇蝈捞食。一棍打倒，四脚笔直"歌谣。广东韶关始兴在惊蛰前后有"冻虫节"，用石灰撒窟及器物。撒石灰可让民居不受蛇虫侵害，也有驱邪禳瘟的心理寓意。（蒋明智、曾镜明）

炒惊蛰 又称炒虫。农业生产民俗。流行于广东客家地区。惊蛰日晚上，客家人举行"炒虫"仪式。将一种喜欢聚食人们收藏糖果的黄蚁炒死，以确保五谷丰登。所谓"炒虫"，其实是炒五谷，以谷代虫。被炒的谷物有稻谷、玉米、高粱、小麦、绿豆等，有的还炒花生、大米、红薯干等。五谷炒完春后又炒，反复10多次，炒虫者要念"炒炒炒，炒去黄蚁爪；春春春，春死黄蚁公"。"虫"炒熟后供家人或分给邻居享用，俗名吃炒虫，按照人员数量分派任务，人人有责，吃得多者表示为消灭害虫立了大功。（蒋明智、曾镜明）

炒虫 见"炒惊蛰"。

峝主诞 农业生产民俗。流行于今广东省湛江市吴川市等地。四月初八举行。是日拜祭田头公、田头婆，祈求丰收。田头公、田头婆的神位一般在田边山脚，竖两块石头为标志。早造插完秧后，便去拜祭。收割完毕，再行还愿，俗称洗镰钩梢。（蒋明智、曾镜明）

牛王诞 农业生产民俗。流行于今广东省清远市连山壮族瑶族自治县永丰、福堂、小三江、加田、上帅5个壮族乡镇。四月初八举行。是日各家各户把5种植物染色做成的五色饭或用糯米炸成的油糍，用香茅包裹后喂牛，认为可以帮助耕牛驱虫。体弱的小孩可以走进牛栏和牛一起吃饭，祈愿像牛一样健壮勤劳。牛吃饱后，由小孩将牛牵到土主（伯公）庙前，家长以鸡、肉、糍粑、酒等拜祭，祈求土主保佑人畜兴旺。是广东少数民族少有的图腾崇拜遗存，有深厚的民族文化意蕴，其敬牛、颂牛、爱牛、护牛的传统，是南方农耕文明的文化传承。（张振江）

神农诞　农业生产民俗。流行于今广东省肇庆市广宁县一带。四月二十六举行。是日村民到先农坛拜祭。祭品为白布一段，羊一头，猪一头，果品四筐，稻、黍各两盒。祭礼开始，先三跪三叩，然后读祭文，祭文读后焚毁，送神回祠。祭礼后再行耕藉礼，由一位老农牵一头黑牛上场，主祭人扶着一把红犁，在先农坛附近的土地耕作，行九推礼；另一位老农捧着一个青色的种子箱，作播种状；6 名儿童齐唱《耕藉歌》："圣朝巨典念农祥，吉亥修仪遍远方。开府奉行王制美，共和天子重农桑。肃肃青坛翠幕张，东风万里布春阳。山域共惬深耕愿，早进先农一炷香。青旗缥缈赴东方，老幼争着夹道旁。忽见贵人恭秉来，预占黍稷满仓箱。成群蓑笠尽村庄，布谷声中晓气凉。看罢九推归去早，好承新雨插新秧！"（蒋明智、曾镜明）

插稻草人　又称插柴草人、插草角人。农业生产民俗。流行于广东农村地区。起源于祈求植物苗壮生长的插树青风俗。目的是防水稻等作物被动物糟蹋。旧俗，插稻草人要趁早，以免被人看见会失灵；稻草人头上要挂扎一串敬神祭鬼的金冥钱。制作时，一般将竹竿扎成十字形，敷上干稻草或柴草，再戴草帽穿破衣。竹竿两边挂上破蒲扇或色彩鲜艳的胶袋，或系上铃铛、破布片等物，风吹可产生动静，以吓鸟驱鼠赶野兽。（蒋明智、曾镜明）

插柴草人　见"插稻草人"。

插草角人　见"插稻草人"。

上田节　又称完田节。农业生产民俗。流行于广东珠江三角洲。"上田"，即经过 1 个多月艰苦的夏收夏种后洗脚上田，以示庆贺。"上田节"有 3 个：四月初八、七月十四、十月初一，对应珠江三角洲地区 1 年种植两季水稻的 3 个大忙季节：早稻插秧；早稻收割与晚稻插秧；晚稻收割与储藏。节日当天要祭祖先、祭田头公。由田主挑一竹篮到田垌，篮内装鸡肉、猪肉、酒饭、禾胎等祭品。并预先准备彩色三角形小纸旗，每到一块田头插一小旗，代表田头公，摆下祭品，焚香致祭。"禾胎"是上田节的一种特别的饼食，用黏米搓成手指大小，七八寸长，两头尖尖，兆禾穗硕大。有的还往圩场买鸭回家，使鸭"嘎嘎"大叫，表示最早完工或终于完工的喜悦心情。（蒋明智、曾镜明）

完田节　见"上田节"。

插青示禁　农业生产民俗。流行于广东各地。有山标、田标、水标、园标之分。通常以树枝、竹叶、青草打结为号或结环悬挂在所要警示之处。无视"打标"就是"犯禁"，会受众人或主人的指责，甚至被罚款或示众。如处处"打标"，也会受到舆论的谴责。插青示禁约定俗成、方便快捷，今仍然沿用。（蒋明智、曾镜明）

浸田与晒田　农业生产民俗。流行于广东潮汕地区。浸田是早稻收割后立刻犁地放水浸沤，使稻根、稻秆在日晒水沤下快速腐烂，以增强肥力、增加土地热量、减少杂草生长和病虫害的种田习俗。晒田是晚造收割后及时犁地，让阳光照晒，使土块容易腐烂、增加肥力以利春耕蓄水耙地的种田习俗。潮汕地区很多地方晚稻收割后，又种上小麦，割麦后也要及时犁地晒田，以增加土地的热力，抵抗寒冷，增加产量。（蒋明智、曾镜明）

水稻浸种　农业生产民俗。流行于今广东省揭阳市普宁市等地。在水稻浸种时举行的择吉、驱邪和祭神仪式。一般在正月初四后的吉日举行。传说上天述职诸神正月初四才能回归本职，初四之前浸种将得不到保佑。浸种时，将水稻种子用清水洗净后，郑重其事地喷洒七色花水，以驱魔瘴、辟邪气，祈求稻种在洁净的环境中发芽成长，免受病虫害的侵扰。仪式完成后，带着祭品到培育秧苗的田头，摆上祭品，烧香祭拜土地伯公，祈求土地神保佑稻种粒粒发芽，风调雨顺，丰收大吉。（蒋明智、曾镜明）

赛大猪　农业生产民俗。流行于今广东省汕头市澄海区一带。民间庆丰年的仪式。已有 100 多年历史。正月十八举行。是日每家每户都将精心准备的大猪集中到村中祠堂前宰杀、展示，对比谁家饲养的猪最壮、最大，祈求来年风调雨顺、旺丁旺财。壮观、热闹的场面吸引四乡六里的村民前来观看。也有村民相聚祠堂祭拜神明，祈求来年吉祥如意、家业兴旺。（张振江）

赛大鹅　农业生产民俗。流行于广东潮汕地区。明清以来，潮汕人素以鹅为供品，祭祀神灵，因鹅前额短喙上有红冠，寓意"鸿运当头"。祭祖拜神或者游神之后，各家把杀好的最肥大的鹅放在门口供桌上，供人们欣赏评比。"赛大鹅"和"无鹅不成宴"的民俗，推动潮汕地区养鹅产业的发展。经过品种选育，培养出的鹅体壮肥大，重达二三十斤，单个鹅蛋有半斤左右。最名贵的当属澄海狮头鹅。潮汕地区的烤鹅、卤鹅是粤菜中享誉中外的名品。（蒋明智、曾镜明）

春分拜荔园　又称荔枝节。农业生产民俗。流行于今广东省茂名市。春分前后，备上蒸熟的螃蟹、香烛元宝，在荔枝园中进行祭祀，祈求荔枝丰收。上三炷香后，拜祭时唱《拜荔歌》：

"螃蟹红红，荔枝大如灯笼；螃蟹圆圆，荔枝载满车船……"传说与茂名冼夫人有关。某年春分，冼夫人与夫君冯宝从海边带一筐螃蟹，要赶回故里给乡亲们尝鲜。路过古荔枝林时，旁边的荔枝满树花开，唯独古荔枝林竟无一个花骨朵。冼夫人与冯宝下马向乡亲打听情况，马嘶乱窜，折断不少荔枝梢儿，马背上也掉落一些螃蟹。冼夫人与冯宝为表歉意，便以螃蟹赔礼，供在古树荔枝林前，祭拜时念出《荔枝歌》，临走留下螃蟹给村民。不久，古荔枝林开花，荔枝大如鸡子。此后，拜荔园和《拜荔歌》流传下来。（蒋明智、曾镜明）

荔枝节　见"春分拜荔园"。

撒壳于道　农业生产民俗。流行于广东各地。春种花生时，将取出花生仁后的花生壳撒在村中大路上，供人踩踏。踩踏花生壳的人越多，花生遭受的虫害就越少。燃烧花生壳则会招来瘟枯病。开春时节，恰逢雨季，道路泥泞，撒花生壳于地，客观上也便于行走；且花生壳含钾元素，也多会被铲到田地里成为农家肥。（蒋明智、曾镜明）

放鱼花　农业生产民俗。流行于广东各地。鱼花，即鱼苗，放鱼花即往池塘中放入鱼苗进行人工饲养。传统的做法主要是以动物粪便和杂草饲养，产业化后采用科学手段配以合理的配食投放。现代放鱼花，更加科学合理，放鱼花前进行饱食投喂，暂养在养鱼箱中进行回氧，对投放池进行敌害生物清除后，按照科学合理的比例进行鱼苗数量分配投放，并按空间和密度配以合理的饲料。（蒋明智、曾镜明）

刀耕火种　农业生产民俗。流行于粤北瑶族地区。是新石器时代残留下来的原始的农业经营方式。把草木烧成灰作为肥料，用刀就地挖坑耕种，一季之后放荒长草流转到别处再进行烧草木，不犁不耕，直接在草木灰上进行播种，又称为迁移农业，是一种原始的生荒耕作制。（蒋明智、曾镜明）

封山育林　林业生产民俗。流行于广东各地。利用森林的自我更新能力，使用行政手段禁止人类外力的强加，任由山林自我生长以恢复森林植被的育林方式。多在我国东北、西北、东南、西南和岭南等山区，一定期限内禁止放牧、砍伐、垦荒等，是保证天然山林植被和特定林木生产得以恢复的传统措施。（蒋明智、曾镜明）

舟楫为生　渔业生产民俗。流行于两广疍民地区。宋明以来疍民的主要生活方式是以舟楫为家，采集海产，栖居于船上，靠舟楫为生的疍民，多生活在水上，后来逐渐迁到陆上生活，成为客家人。靠舟楫为生，接触较多的水路活计，尤其是清代中叶以后，疍民从事的活计逐渐从国内的商船到外来商船，再逐渐远涉重洋，以至于今天散播到世界各地的华人华侨，其先民多为疍民的客家人。（蒋明智、曾镜明）

沙井蚝　渔业生产民俗。流行于今广东省深圳市沙井、福永、盐田、前海、后海和香港特别行政区流浮山一带。宋代开始插杆养蚝，明清时期，沙井蚝业有较大发展。新中国成立后，发展迅速，沙井蚝民也到各地传授生产技术。1980年以后，因蚝田海水污染，沙井蚝民赴阳江、台山、惠东建立养蚝基地，使沙井蚝可以传承。在长期生产过程中，沙井蚝形成一整套成熟的养殖技术。生产程序有种蚝、列蚝、搬蚝、散蚝、开蚝等。还包括打山口、流水定作息，集体协作、蚝壳砌墙、拜天后、拜观音等生活民俗和民间信仰。沙井蚝民生产民俗世代相传至今，具有一定的文化价值和社会价值。"沙井蚝生产习俗"2022年入选广东省第八批省级非物质文化遗产代表性项目名录。（张振江）

装泥鱼　渔业生产民俗。流行于今广东省珠海市斗门区乾务镇一带。最早出现于清乾隆时期。当地村民根据大海潮汐规律和长期的生产生活经验总结发现。因花鱼颜色与泥土相近，当地村民习惯称之为泥鱼。一般初一前和十五后的退潮期，泥鱼活动最频繁，最适宜捕捉。泥鱼笼是捕捉泥鱼的主要工具。捕捉泥鱼分看、放、等、收4个步骤。装泥鱼民俗是岭南滨海大沙田地区自然与人文环境的独特结晶，体现出劳动人民"靠山吃山、靠水吃水"的智慧。（张振江）

寮步香市　农业生产与交易民俗。流行于今广东省东莞市大岭山、寮步镇等地。以大沙、大朗、寮步、茶山等圩市为主要集散地，集莞香种植、加工、贸易于一体。莞香树又称沉香树、牙香树、女儿香，为瑞香科沉香属乔木，国家二级保护植物。传说莞香的洗晒由姑娘们负责，她们常将最好的香块偷藏于胸口，以换脂粉，香中极品"女儿香"由此得名。明清时期，东莞寮步的香市与广州花市、罗浮药市、合浦珠市并称"广东四大市"。香市全盛时期，各方商贩聚集寮步，市场内人声鼎沸，每年收入白银数十万两，在当时四大名市中最兴旺。由于乱砍滥伐，曾经满山披绿、作为一方特产的莞香树也已寥寥无几，急需加大保护力度。（张振江）

横沥牛墟　又称横沥三六九。农业交易民俗。流行于今广东省东莞市横沥镇。始于明末清初。横沥牛墟以牛只交易量大、经营时间长而声名远播，曾与广东鹤山沙坪、三水西南并称广东"三大牛

墟"。横沥牛墟是活牛交易，论头而不论斤，要买到一头好牛，全凭牛中一身相牛技艺。牛中是评估牛只的中间人，对牛的身体状况、耕种能力、性情等了如指掌，为买牛的人提供指导。牛中之间讨价还价，一般不靠嘴说，多以拉手、比划或是在袖筒里用手势沟通等方式进行。横沥牛墟经历数百年的发展，从牛墟交易方式、牛中技艺以及人们对牛的尊重与情感等，见证与承载着珠江三角洲地区传统农耕文化的变迁与发展，牛墟活动也为岭南社会经济史研究提供了丰富的佐证。（张振江）

横沥三六九　见"横沥牛墟"。

东莞建筑风俗　建筑民俗。流行于广东东莞各地。从东莞出土的汉代房屋模型来看，有 2000 多年历史。建房风俗分 6 项：一旺地头、二奠基、三上梁、四祭灶、五入伙、六安神位，都有丰富的祭品和复杂的仪式。公共建筑物在上梁时，还须请德高望重的名儒作上梁文。上梁时必唱从宋代流传至今的上梁歌。上梁歌具有极高的音乐与文化价值，是研究传统歌曲、建房风俗的重要资源。（张振江）

岁时节庆

入年关　节日民俗。流行于广东各地。腊月二十三送灶开始进入年关，人们忙碌起来。二十四开炸，有爆谷、煎堆、炸油角、茶素、芋虾等。二十五蒸糕，广州人除蒸年糕外，还喜欢做萝卜糕、伦教糕、马蹄糕、九层糕等，象征"新春步步高"。二十六扫屋，以干干净净迎新春。二十七洗邋遢，洗的东西包括被服杂物等。二十八包粽粑，有咸肉粽、碱水粽、枕头粽等，以肇庆裹蒸粽为最著名，不但个大，而且内涵丰富，有猪肉、绿豆、栗子等。二十九贴春联，包括贴门对、横额等，多写"天官赐福""新春大吉""万事胜意""出入平安""恭喜发财"等，按神位张贴。三十团年，宰鸡杀鸭，祭拜天地、祖宗，接财神，卖发财大蚬，正式进入新的一年。（李华）

扫尘　又称大扫除。节日民俗。流行于广东各地。时间各地有不同，在腊月二十四到二十八之间。扫尘时，备新扫把，打扫天花板和墙壁上的灰尘，有的地方还用"有尾蔗"扫一下以求吉利。（李华）

大扫除　见"扫尘"。

送灶　又称祭灶、谢灶、送灶神。节日民俗。流行于广东各地。腊月二十三或二十四举行。传说灶神掌一家福祸，腊月二十三或二十四上天向玉皇大帝禀告人间善恶，故各家各户把灶君神位打扫干净，置酒、糖、果等祭祀，希望他"上天言好事，下界保平安"。是日备好祭灶的贡品，一碗米，两片糖，一封利市，一碗清水，一礼烧猪肉，一些蔗橘、纸钱等，还有饴糖、麻圆等甜品。常供奉糯米做的糕点，以把灶君的牙粘住。另有纸马一匹，给灶君代步飞升，有些地方还备有黑衣、黑靴，给灶君作上天见玉皇大帝的礼服。焚香礼拜时参拜者多为男性，不用女性。拜时烧香烧纸，放鞭炮。拜完把贡品放在米缸里，叫"砥瓮"，以示来年衣食丰足。直到年三十晚，才把灶君接回来一起过年。（关溪莹）

祭灶　见"送灶"。
谢灶　见"送灶"。
送灶神　见"送灶"。

行花街　节日民俗。流行于广东广府地区，以广州为代表。形成于 19 世纪

广东广州越秀西湖街花市

60 年代。20 世纪 20 年代，广州花市已经相当兴盛。1978 年后广州花市逐步拓展，越秀、荔湾、海珠、天河等区都开设了迎春花市。上市花卉品种多，除桃花、金橘、水仙、菊花、芍药等传统品种外，大花蕙兰、郁金香、百合、玫瑰、海棠等也受到欢迎。迎春花市从十二月二十八开始，历时 3 天，第三天延至新年初一凌晨结束。行花街是广州独有的传统民俗，与广州的地理位置、历史文化、民俗传统关系密切。千姿百态的花卉不仅带给人们视觉享受，也是吉祥如意的象征，寄托着广州民众对美好生活的向往和祝福。（关溪莹）

卖懒　节日民俗。流行于广东广府地区。清屈大均在《广东新语·事语》中已有记载。除夕夜，儿童手提灯笼，拿着红鸡蛋或有芽的芋仔和几炷香，成群结队走上街，边走边唱："卖懒、卖懒，卖到三十晚，人懒我不懒"，"卖懒去，等齐来，今晚人人来卖懒，明朝早早拜新年，拜了新年尝大吉，尝了大吉尝银钱"，"卖懒仔、卖懒儿，卖得早，卖俾广西王大嫂；卖得迟，卖俾广西王大姨"。一直唱到井头，然后把香插在井沿上，剥开鸡蛋或芋仔，边吃边走回家，吃完象征一年的懒惰被卖掉，来年成为勤快的好孩子。（李华）

拜正　又称拜年。节日民俗。流行于广东各地。初一大早，家中晚辈捧槟榔或橄榄，向长辈请安拜年，长者则赏利市给晚辈买糖果，俗称赏面钱。早饭后，再给亲朋好友拜年。潮汕俗谚说："有心拜年初一二，无心拜年初三四。"拜年越早，越有诚意。拜年时多带大橘或橄榄，谐音"大吉""吉利"，并忌讳奇数。主人会以潮汕工夫茶待客。临走，主人从礼物中留下 2 个大橘，然后用自家大橘

交换，意在互赠吉祥。这一天，人人都要说吉利话，如小孩失手打破碗，要说"碗开花"或"缶开嘴，大富贵"；如不慎烧了灯笼，要说"灯火旺"。也不能扫地，而是把扫帚藏起来，让垃圾积下，寓意是堆金积玉。（李华）

拜年　见"拜正"。

行大运　节日民俗。流行于岭南地区。大年初一一大早，人们便到野外郊游，希望新的一年好运常在。广东阳江地区在围炉守岁时，家中老人会把一把汤匙放到水缸上漂浮，待汤匙定后，看汤匙柄所示方向，根据该方向动静，预测新年吉凶。第二天，按汤匙所示方向，出到村外远行，兜一大圈再回来，谓之"行大运"。如今年轻人在"斥疬神"，即新年第一次放爆竹开门时，即相约出门，天大亮才回来，以示当年行好运。（李华）

正月初二转妹家　又称回娘家。节日民俗。流行于岭南地区。正月初二，已婚妇女与丈夫、孩子，带鸡、年糕、酒等礼物，回娘家看望亲人。嫁出去的女儿，不管老少，这天必须回娘家拜年，而且要夫妇同行。新婚夫妇更需带厚礼登门，娘家则隆重接待。一般只吃顿午饭就回家。（李华）

回娘家　见"正月初二转妹家"。

迎神接福　节日民俗。流行于广东各地。正月初四是潮汕地区迎神接福的日子。腊月二十四"送神"，正月初四再把神接回家。迎神供品一般用三牲，即猪、牛、羊，也可不太讲究，但少不了一盘米和红糖。"米"的寓意是新年五谷丰登；"红糖"的寓意是生活甜蜜。（李华）

开小正　又称开张日。节日民俗。流行于粤东客家地区。"初五神落天"，正月初五，迎接门神复位，即神灵从天上回到人间。这天商店开市，工厂开工，表示年假结束，年禁解除，生产生活恢复正常。（李华）

开张日　见"开小正"。

年例　节日民俗。流行于粤西鉴江、罗江流域的茂名及其所辖县（市、区）城乡。集敬神、酬神、祭祀、祈祷、欢庆、宴客于一体。清代已十分流行。年例期集中在正月、二月，一般分为起年例、正年例、年例尾，历时 1 天至 3 天不等。年例期间，活动丰富多彩，有游神、摆宗台、贺丁、宴客、看大戏等系列仪式，其中"游地界"和"摆宗台"是最隆重、最热闹的环节。保留了粤西地区以民间信仰为核心的传统文化，体现了民间民俗的多元性以及"多神崇拜，和而不同"的传统价值观，对于研究当地社会文化发展史具有重要的参考价值。（关溪莹）

吃七样羹　又称吃七样菜。节日民俗。流行于广东各地。岭南吃七样羹的风俗主要受江南文化的影响。正月初七，以当时出产的 7 种蔬菜或肉食煮成一锅，家人共同食用，以图吉利。七样菜各地不同，潮汕地区多用菠菜、芥菜、君达菜、韭菜、茼蒿、芹菜等，梅县一带用芹菜、蒜苗、葱、芫荽、韭菜、鱼、肉等，但都是以其谐音图吉利、平安，如芹菜喻示人勤劳，葱使人聪明，蒜使人精于打算，韭菜使人幸福长久，百合取意百事好合，鱼比喻年年有余等。潮汕地区"七样羹，食老变后生"俗话，说明吃七样羹有利于身体健康。"吃七样羹"寄托了对新一年的祈望，也有助于形成营养均衡的饮食习惯。（关溪莹）

吃七样菜 见"吃七样羹"。

人日游花地 节日民俗。流行于今广东省广州市。正月初七人日，广州人成群结队去花地游览，俗称游花地。花地在广州西南芳村，是著名的花卉产区。清代中叶以后，花地先后建立了30多处大小园林，著名的有留香园、醉观园、纫香园等。各名园多于正月初七、正月十五、天后诞、端午、七夕、中秋、下元节等日，摆设"花局"，供人观赏。有些园主还邀集文人学士，吟诗联句，以助雅兴。人们在这一天还要评选"人日皇后"，主持当天的游览事务，蒸糕做美食，庆祝一番。（关溪莹）

元宵灯节 节日民俗。流行于岭南地区。正月十三在厨房里点灯，称点灶灯，也称试灯、开灯。点灶灯当天，鼓乐高奏，醒狮起舞，各宗氏到社坛接回社神，到灯寮安放。上年添丁的人家，亦将花灯送到灯寮。十四起，街中灯棚点燃灯火，试演元宵灯饰。街头摊档摆满各种灯饰制品，称为灯市。灯节正日（正月十五），家家祀神上供，族中父老聚集在灯寮饮"灯酒"，放花炮、猜灯谜。村中游灯、唱大戏，热闹一番。十六"散灯"，把社神送回社坛，撤去灯色，元宵活动结束。（关溪莹）

忠信吊灯民俗 节日民俗。流行于今广东省河源市连平县东南部忠信、油溪、高莞等地。已有200多年历史。将当地客家人元宵挂灯民俗与祭祀祖先的仪式相结合，借客家话中"灯"与"丁"的谐音，祈求家族人丁兴旺、香火延续。由放灯绳、买灯、迎灯、上灯、暖灯、化灯6个环节组成，包括锣鼓、八音、舞龙狮等表演和祭祖、饮灯酒等仪式。借物寓意，寄托对于香火传承的祈盼，承载当地历史文化

记忆和民间传统祭祀礼仪规范等，深具人类学、历史学、民俗学等多学科的研究价值。（关溪莹）

行通济 节日民俗。流行于今广东省佛山市。正月十六佛山乡民走过通济桥，以求来年风调雨顺，心想事成。通济桥是佛山最早修建的桥梁之一。明朝天启年间，户部尚书、乡人李待问倡建重修后取名为"通济桥"。该桥横跨佛山涌，水路可通四乡，陆路可达邻村，为佛山商贸交流的重要通道。商民为求生意顺遂，便以行通济桥来讨好意头，后渐成民俗。民间有"正月十六行通济，行过通济无闭翳（粤方言，忧伤、衰气之意）"之说。行通济桥的人，要携带行运风车、灯笼或生菜等物，取转运生财之意。行通济须从桥头（北岸）行至桥尾，不能折回复返，并由桥尾右旁大基而去，经尾窦到澳口返回。行通济原为佛山禅城及周边乡人的自发祈福活动，今经过有关部门积极提倡与引导，许多来自广州、深圳、东莞、珠海、中山、惠州、江门、肇庆等珠江三角洲地区的市民也参与其中，成为当地群众参与度最高、影响最大的祈福民俗活动。（关溪莹）

梅陇开市日 又称开市节。节日民俗。流行于今广东省汕尾市海丰县梅陇镇。正月二十开市，全镇各家各户盛馔宴请，亲朋好友络绎不绝地赶来梅陇做客。民间有演戏、唱曲、舞狮、灯会、猜谜、"擎景"游行等活动，旧时还有"擎神"民俗，并定下了三、六、九日为圩日的例规，慢慢地形成了有纪念意义的传统节日。是春节之后梅陇镇的又一盛大节日，承载着当地民众的历史记忆和地方认同，盛况甚至超过春节。（关溪莹）

开市节 见"梅陇开市日"。

观音开库 节日民俗。流行于今广东省和香港特别行政区、澳门特别行政区。正月二十六，各地信众聚集于供奉观音的寺庙，以求取财运。唐咸通初年，真教禅师将佛教传入澳门所属的香山，为当地带来了观音信仰。北宋乾德五年（967）正月二十六，五百罗汉为考验观音道行，幻化成灾民前往大相国寺，菩萨现身解难，粮米取之不尽，并有余粮散发给信众。为感念观音的善行，僧众定于每年正月二十六大开庙门，向百姓布施粮食，由此形成"观音开库"的民俗。随着社会发展，观音"开粮库"逐渐演变成"开金库"，并发展为满足信众从借财到借健康等一系列心愿。有借有还，向观音借库以后，信众需要年尾向观音还库，否则以后开库将不再灵验。澳门的观音开库承袭岭南特色的佛教民俗，形成独特的仪式活动和精神内涵，具有重要的本土民俗文化研究价值。（蒋明智、曾镜明）

双朝节 节日民俗。流行于今广东省韶关市乳源瑶族自治县。瑶族将每月第一日命名为"朝"，每年共12朝。双朝节是瑶族二月朝和十月朝的合称，二月祈福，十月还愿。二月初一，乳源瑶族人做油炸糍粑祭祀祖先，祭拜大自然。具体做法是将所做的糍粑、油炸糍粑，以及做成鸟状的糍粑抛撒在田间、粘贴在农具和小棍顶上，并点燃蜡烛香火插于田基上，祈求祖先、上苍神灵护佑瑶人在新的一年风调雨顺、五谷丰登、丰衣足食；另一意义，就是用糍粑封粘鸟嘴，不让鸟类祸害农作物，故二月朝又称送鸟节、忌鸟节、农耕节。十月初一，为了庆祝丰收，瑶族人将收成的糯米做成糍粑，用黄豆做豆腐祭祀、敬奉瑶族祖先和天地神灵。十月朝又称还愿节。双朝节在瑶族12月朝民俗中占据十分重要的位置，汇集了瑶族祖先崇拜和

自然崇拜等诸多文化元素，表现形式涵盖生产技艺、宗教信仰、传统艺术等，反映出瑶族人与自然万物和谐共生的朴素生态观。参见第209页民族民系卷"双朝节"条。（关溪莹）

高要春社　节日民俗。流行于今广东省肇庆市高要区。已有400多年历史。二月初至下旬进行，以祈求来年风调雨顺、五谷丰登、旺丁旺财。社稷祭祀是古代中国的传统礼俗。据不完全统计，高要区民间现存的社稷坛有5000个以上，分布在17个镇村（街道）中。活动期间，各乡村（街道）按照传承下来的春社庆典次序举行活动，主要由社祭、巡游、抢炮、分胙（分肉）、宴饮几个重要部分组成。今加入了现代体育活动，如篮球赛、乒乓球赛、拔河比赛、趣味运动会等。（关溪莹）

钟山二月二　又称春耕节、春龙节。节日民俗。传统农事节。流行于今广西壮族自治区贺州市钟山县。有传统的做糍粑、抢花炮活动，最具特色的是群众性巡游活动。巡游一般是土地公公、土地娘娘前行，随后抬着全羊、全猪，称猪羊祭。巡游队伍是群众自发组成的鼓乐队、花旗队、传统戏剧人物队，扮演《五虎将》《杨家将》《西游记》《水浒传》等传统戏剧剧中人物。按民间流行说法，这是敬奉老人、祈盼风调雨顺与国泰民安。（邓玉莲）

春耕节　见"钟山二月二"。
春龙节　见"钟山二月二"。

清明拜山　节日民俗。流行于广东各地。拜山，广州清明扫墓的俗称。风气很盛，不少海外侨胞、港澳同胞也回乡拜祭祖宗。广州旧俗，清明先在家中祭祖，再到坟前祭拜，俗称行青。日期是从清明之日起的1个月内，最

后一天称闭墓。旧俗，拜山祭品有烧猪肉、松糕、包点、蔗、酒、香烛等。到坟前先铲杂草，连草坯（称草皮），一阴一阳地压在墓首、墓两边（山手），中间压白纸钱。然后摆开祭品、点烛装香，依长幼顺序拜祭，再烧纸钱。拜祭场面热烈、庄严，很少哭声。拜毕，到坟场门口给孩子买个红绿锡纸做的风车花环。寄托对先人的怀念，复合了祭祀、聚会和踏青多重功能。（关溪莹）

三月三　又称上巳节。节日民俗。流行于两广地区。起源于周代，魏晋后将上巳节定在三月初三，又称重三、三月三。原是一个暮春到水边沐浴、野外踏青和祭祀宴饮，以祈福禳灾的节日。后盛行于岭南的壮族、黎族等少数民族中。在壮族，演变为拜山祭祖和歌节，杂以吃五色糯米饭、抢花炮和抛绣球等民俗。家家户户以肉食、糕点、香烛和纸幡上坟祭祖，在山上吃完供品后，青年男女便开展对歌、碰蛋、抛绣球等谈情说爱活动。一些对歌者，在歌圩中找到意中人，使三月三成为赛歌、选偶的喜庆活动。在黎族，除纪念先祖外，还有喜庆新生、赞美生活、追求爱情等一系列的庆祝活动。这一天，各寨青年男女都带着米酒、粽子、竹筒饭聚到石洞前，用小伙子们的猎物做成烤鱼或烤肉祭奠祖先，然后共同聚餐。夜幕降临后，他们点燃篝火，围着篝火唱歌跳舞，用歌声表达对意中人的爱慕之情。"黎族三月三节"2006年入选第一批国家级非物质文化遗产名录。"三月三（壮族三月三）"2014年入选第四批国家级非物质文化遗产名录。参见第209页民族民系卷"壮族三月三"条、第211页民族民系卷"黎族三月三节"条。（李华）

上巳节　见"三月三"。

瑶族阿宝节　节日民俗。流行于广西十万大山南麓瑶族地区。三月初四和七月七举行。阿宝，瑶语是聚会、约会的意思。歌节期间，青年男女穿上民族的节日盛装，参与山歌对唱。对唱一般包括3个环节：问候、祝福，互问姓名、身世；对歌、相互试探才情；相送、别离、勉励。以贴近生活的通俗浅易、富有独特地方特色的天歌和山歌演唱，深受群众的喜爱。因瑶民跳传统的盘王舞及祭祀瑶族祖先盘王，故又称感恩节。寓意丰富，是瑶族全面展示民族服饰、民族音乐、民族舞蹈、民族美食等多彩风情的节庆活动。（邓玉莲）

盂兰节　又称盂兰盆会、中元节；俗称鬼节。节日民俗。流行于岭南地区。以孝道为核心，通过向祖先或亡魂祭拜、施食，使幽魂得到安抚、不为祸人世的祭祀性节日。盂兰盆，梵语，意为"解倒悬"。南朝梁武帝后，民间已普遍在七月半举行，以求报谢亲恩、拯孤照冥、超度亡魂。澳门的盂兰节不过十五，而过十四。在这一天，各宫庙要设盂兰醮会，各家各户入夜后在路边祭祀，仪式包括上香点烛、供奉时令瓜果、烧纸钱、烧寒衣、撒食撒钱等。七月"鬼门开"时有诸多禁忌：不宜深夜在外游荡、晚饭后及早关门闭户、不得碰触祭品、不吹口哨、不着大红大紫等艳丽服色、纸钱纸衣须彻底烧净等，整个鬼月中不宜嫁娶、生产、搬屋、动土等。鬼节是民众结合现实所幻想的彼岸世界、死生轮回和孝祖敬宗观念的反映。（蒋明智、樊盾）

盂兰盆会　见"盂兰节"。
中元节　见"盂兰节"。
鬼节　见"盂兰节"。

鱼行醉龙节　节日民俗。流行于今澳

门特别行政区。四月初八由澳门鲜鱼行业举办。是集民俗祭祀、传统歌舞、公益互助于一体的大型民间文化活动。节日当天，澳门从事渔业的民众汇聚在三街会馆，观摩道士施法诵经，为木龙模型开光，木龙经主办领导或官员点睛后，便在澳门各街道进行巡游。表演者在饮用白酒后，以一种似醉非醉的姿态来舞龙，让木龙也如同醉酒行云，故称之为"舞醉龙"。舞龙结束后，行会成员要为街区民众派发名为"长寿龙头饭"的素斋，寓意他们都可得到龙神庇佑、健康长寿。（蒋明智、樊盾）

贺州浮山歌节　节日民俗。流行于今广西壮族自治区贺州市。四月二十六，为浮山庙炮期。炮期，即燃放鞭炮以驱魔辟邪，求得风调雨顺、老少平安。新中国成立前多举行抢花炮、唱大戏等文化活动，20世纪80年代后演变成对歌活动。节庆日，包括湖南、广东等外地来客的成千上万群众前来赶节。河滩上搭起座座歌台，中午歌手便纷纷登台赛歌。对歌多为即兴，随编随唱，有本地人山歌《里罗咳》《连山调》和客家人山歌《叮咚叮》，也有瑶族山歌《拉发腔》，十分热闹。其中以擂台赛歌最具特色。擂主是上一届歌节优胜者，站在高台上主唱，攻擂者也在主歌台对面摆一歌台与之对唱。除了擂台赛歌外，还有群体啸歌、男女情歌对唱、个人自由放歌等多种歌节娱乐形式。浮山码头、沧浪亭中群体啸歌，一人领唱众人和。（邓玉莲）

端午节　广东广州又称五月节。节日民俗。主要民俗有划龙船、吃粽子、挂菖蒲、饮雄黄酒、佩香包、洗龙舟身等，风俗与各地大同小异。关于端午节的由来，历来众说纷纭，有说是为纪念屈原的，有说是为纪念伍子胥或越王勾践的，有说是女儿节，有说是健身节。后经闻一多考证，指出端午节原是我国远古拜祭龙图腾的节日，源发于长江下游的吴越民族，后来才传到中原及全国各地的。广府地区旧俗，一般在端午节前，初一祭祖，初二便有送礼之举，礼物包括粽子、酒肉、香包等。已婚妇女要用"全盒"盛上粽子、生果、猪肉、酒等送回娘家。清末民初，私塾学生亦依例送上述礼物给先生。1949年后这些风俗在城市中已不多见，乡村中仍有存留。节日期间，姑娘、儿童身上多佩带五色丝线绣织的香包，一般由新嫁娘制作送给亲友，俗称新抱手艺。香包内装香粉、朱砂、雄黄等物，意在辟邪，实际有杀毒灭菌、净化空气、强身健体的功效。（关溪莹）

五月节　见"端午节"。

洗龙舟水　节日民俗。流行于今广东省江门市鹤山市、茂名市化州市等地。每逢端午，男女老少（化州仅限男士）到河或水塘冲洗，名曰"洗龙舟水"。居住在山里的人家，早饭后也成群结队到河中洗龙舟水，边洗边进行游泳比赛和做各种水上游戏。人们认为龙舟水有辟邪的作用，可净身、去晦气、带来吉祥，能延年益寿和强身健体。（关溪莹）

趁景　节日民俗。流行于广东珠江三角洲地区。端午节斗标前邀集龙船轮流到各乡表演技巧，不排名次。时间、地点约定俗成，一般在五月初一至五月二十。每天一景，轮流在各乡举行。妇女看到娘家趁景的龙船，会与丈夫、小孩带着鞭炮、香烟、汽水、糖果、饼食等划小艇到龙船慰问，叫作"犒标"。趁景时，江面上有不少小艇来往穿梭售卖小吃。趁景后才正式开始

龙舟竞渡。参见第1134页武术卷"龙舟竞渡"条。（关溪莹）

斗标　又称斗龙舟、赛龙船。节日民俗。流行于广东珠江三角洲地区。一般在五月趁景后举行。简单的方式，是将所有参加比赛的龙舟集中于江面宽直、水流平缓的河段，起点处用浮木并排竖起各龙船的木桨作龙门。号炮一响，即开始比赛。有时持续数天。"船连三胜，得三胜标者，是为初场；次日三胜又与三胜者斗，再胜则得五胜之标，为二场；最次日又与五胜者斗，其一得全胜者为三场。"一般是各区乡自行组织竞赛，今广州从化石门、增城新塘和东莞麻涌有政府组织大型的斗标。其间，海外侨胞、港澳同胞有专程回来观光、捐资赞助者。参见第1134页武术卷"龙舟竞渡"条。（关溪莹）

斗龙舟　见"斗标"。
赛龙船　见"斗标"。

龙眼点睛　又称龙头祭。节日民俗。流行于广东珠江三角洲地区。为龙舟点睛。人们认为点睛后的龙舟获得鲜活的生命力，可以在比赛中获胜。仪式包括迎龙、抚龙、接龙、参拜、点睛、赠物、回龙、龙宴、游龙、庆龙等。佛山顺德的大良、容桂、勒流、杏坛、伦教镇，南海的西樵镇和中山市等地的龙舟，在五月初三汇聚在勒流龙眼村南约坊汉太尉相公庙，由当地德高望重的长辈进行点睛。与游龙、赛龙等活动共同组成顺德精彩的龙舟风俗。（关溪莹）

龙头祭　见"龙眼点睛"。

雷州风筝节　节日民俗。流行于今广东省湛江市雷州半岛。是雷州半岛独特的地理环境及历史文化孕育成，集

竞放风筝、祭祀风神、庙会活动于一体的端午节俗。与夏江龙舟竞渡、麻扶讴歌一起并称雷州府端阳三大赛事。五月初五举行。风筝节由首事头人主持，分为祭祀游神与风筝竞演2个环节。先祭祀东岳庙诸神及风神庙风神，然后抬着康皇大帝、班帅侯王、宣仁昭泰风伯神3尊神像，环城游神一周。由赛事的发起人扎一只大型"过冬婆"风筝，叫作"母鸢"。鸢身及两翼面积几十平方米，尾部依次捆着十几把钩镰，用粗缆索做鸢线，由十几名彪形大汉拉线放飞，随后其他参赛者相继把自扎的蜈蚣、龙、凤、雄鹰等形状的风筝放飞升空。其间形成的风神崇拜是民俗心理，目的在于抵御风灾虫祸。（王青）

六月六过桥节 节日民俗。流行于广东潮汕地区。俗信六月初六这天，地府鬼魂会跑到阳间挑西瓜回去消暑。但小鬼懒惰，往往抓人代挑。因此，潮汕地区在这一天有诸多禁忌：不串门，晚上不能出门，不能在野外露宿。如该年是亲人去世的第二年，家属在这一天为死者作法事，超度亡灵，称为"过桥"。举行仪式时，必须备办西瓜、三牲等，然后用米粉蒸制7块两三寸宽、七八寸长的"桥板"和几个"桥墩"，以及一端宽一端窄的"狗舌"，将这些东西在逝者灵前搭起一座桥，这就是传说中的奈何桥。（李华）

京族哈节 又称哈节、唱哈节。节日民俗。流行于今广西壮族自治区防城港市东兴市京族地区。纪念海神公的诞生。各地节期不一，有六月初十或八月初十等，到海边把海神迎回哈亭敬奉，祈求人畜兴旺、五谷丰登。由祭祖、乡饮、社交、娱乐等内容组成。其中唱哈是主要活动项目。角色有3人：1名男子叫哈哥，又称琴公；2名女子叫哈妹。哈妹每唱完一句，哈哥就依曲调拨弹三弦琴一节。如此一唱一哈一伴奏，直至主唱的哈妹困倦，转由另一哈妹主唱。持续3天。歌的内容有民间传说、哲理佳话、爱情故事等。随着时代发展，节庆活动日渐丰富，斗牛、比武、角力竞赛等也随之展开，成为哈节上极富特色的节目。2006年入选第一批国家级非物质文化遗产名录。参见第211页民族民系卷"京族哈节"条。（邓玉莲）

七娘会 又称拜七姐会、乞巧会。流行于今广东省广州市。七月初七举行的祭拜祈福活动。早在宋代，诗人刘克庄"粤人重巧夕，灯火到天明"已有记载，清屈大均在《广东新语》记载了广州地区的"七娘会"。传统的七娘会多为民众自发组织，新中国成立后一度中断，改革开放后复兴，逐渐发展为政府、民众、学者、媒体等共同参与的公共节日，功能也日趋多样化。旧时参与七娘会的祭拜者多为未婚女性，现在则多为中老年妇女，其核心民俗为乞巧拜仙、金针度人。拜祭仪式从七月初六晚开始，一直持续到初七。初六晚，参加祭拜仪式的姑娘们沐浴更衣，盛装打扮，将针黹、脂粉、古董、珍玩、花生、时果等乞巧物品，摆设于供桌上，陈列于庭院内，供人评赏。祭拜后便开始向仙女乞巧，即用穿过针孔（古称金针度人）的方式比赛心灵手巧，能一次穿七枚针孔者就称之为"得巧"，穿不到七孔者叫"输巧"。（王青）

拜七姐会 见"七娘会"。
乞巧会 见"七娘会"。

七夕水 又称天孙水、圣水、七月七水、银河水、神仙水、双月水。节日民俗。流行于广东广府地区。七月初七，早晨鸡鸣头遍后，各家各户到井边或者河边取水，此水即为七夕水。民间认为七夕水异于常水，重于他夕数斤，水质经年不变味，具有清热解毒、去湿消暑的作用，可以治疗烫伤、去除疮毒。且认为七夕水有许多神奇的功效，可作为药饵用来和药；用来染布，布会发亮永不褪色；用来制醋，醋清酸爽口，可长期保存而不变质，名为"七醋"；用来酿酒，酒味香醇，可作保健饮料，名为"长寿酒"；用来洗发，发黑亮不脱落。渗透着人们的民俗心理，表现了民众对水及外界环境的敬重。（王青）

天孙水 见"七夕水"。
圣水 见"七夕水"。
七月七水 见"七夕水"。
银河水 见"七夕水"。
神仙水 见"七夕水"。
双月水 见"七夕水"。

七夕贡案 节日民俗。流行于今广东省东莞市道滘镇。起源于五代时期。摆巧是主要内容。人们在七夕这天通过七夕贡案，以展艺、赛巧的方式表达对美好生活的向往和追求。七夕贡案重在"巧"字。贡案的制作材料皆为普通生活用品，甚至是日常生活的废弃物，如鸡蛋壳、泡沫、毛线、谷物、瓜子、米粒、豆类等。七夕晚上，民众围在各家贡案旁观赏。子时，各家主妇们分派经过拜祭的毛巾，各自梳洗，然后将食物分给众人。最后7人一队将各色花纸做成的七姐衣物等物品，焚烧以拜祭"七姐"，至此祭拜仪式方告完成。七夕贡案的手工制作精良、独具匠心，具有浓厚的人文色彩和浪漫氛围，是研究地方文化及民间工艺的良好样本。（王青）

黄姚放灯节 节日民俗。流行于今广西壮族自治区贺州市昭平县黄姚古镇。七月十四、十五晚上举行。黄姚古镇居民为祭拜河神，采来柚子，削

去蒂部，再在上面插上香烛沿江流放。灯队顺着河水向下漂流，祈望来年国泰民安、风调雨顺。十五晚上，人们聚在河边，在放灯结束后，年轻男女会跳下浅河哄抢柚子灯，把抢到的柚子拿回家和家人分享。寓意"有子"、长寿，另有庇佑、吉祥之义。（邓玉莲）

广州摆中元 节日民俗。流行于今广东省广州市。中元节源于道教，道教以一月、七月、十月之十五分称上元、中元、下元；上元为天官，中元为地官，下元为水官。中元节对掌管着天气、收成和旱涝的地官进行供奉。摆中元就是拜祭天官、地官和水官，祈求风调雨顺、五谷丰登。广州车陂村的"沙美梁"可能是广东省唯一保留这种民俗的宗族，已有500多年历史。七月十五在沙美梁祠堂开始举行。有专门的拜地官仪式，村中四五十岁的妇女集中在一起拜地官，还在祠堂供桌摆上各种工艺品、彩色龙船、绣珠灯笼等，将写有天官赐福、地官消灾、水官解厄的3件衣服，在祭台后上方高高挂起，最后才烧掉祭神。一直摆到十九，中餐、晚餐都吃大盆斋菜。（李华）

大清明 节日民俗。流行于广东客家地区。节期在八月初一。在古代，这是秋祀之期，进入八月，每天都可扫墓。客家人一向重视秋祀多于春祀。20世纪50年代以前，各个宗族均从祖尝中拨出扫墓费用。扫墓完毕后，由当年的轮执主家办酒席，俗称筛地、打祭墓。（李华）

竖中秋 又称树中秋。节日民俗。流行于广东珠江三角洲地区。中秋节前十几天，各家用竹篾扎制灯笼，做成鱼龙、鸟兽、花果状，或用最简便的"批皮橙"。灯上糊色纸，绘以各种颜色。中秋晚上，灯笼内燃烛，用绳系于竹竿上，高竖于瓦檐或露台上，或用小灯砌成字形或种种形状，挂于房子高处，满城灯火不啻琉璃世界。富贵之家悬灯笼或至数百，砌成贺中秋等字样，高可达数丈，家人集于台中聚饮为乐。平常百姓则竖一旗杆，挂2个灯笼，也自得其乐。俗谚云："八月十五竖中秋，有人快活有人愁。有人楼上吹箫管，有人地下皱眉头。"此俗至今尚有余风。商家都在门口挂上宫灯、走马灯之类，居民家中也有悬挂彩灯的。（李华）

树中秋 见"竖中秋"。

中秋舞火龙 节日民俗。流行于广东珠江三角洲以及香港地区，以香港最有特色。八月十四晚起，香港铜锣湾大坑地区一连三晚举行。之所以叫作火龙，是因为龙头、龙身、龙尾用灯作装饰，龙身插满点燃的香烛，舞动的时候，整条龙遍体火光和灯光。中秋之夜，大街小巷，老少纷至，锣鼓喧天，鞭炮轰鸣，一条条蜿蜒起伏的火龙在五彩缤纷的灯光下欢腾起舞。龙是中国吉祥富贵的象征，通过龙祈求安康幸福，表达了人们对生活的美好祝愿。广东佛山、开平等地也盛行中秋舞火龙的传统民俗。（邓玉莲）

烧番塔 又称烧花塔、烧瓦塔、烧瓦子灯。节日民俗。流行于广东珠江三角洲地区。源于晚清名将刘永福将逃入塔里的外国侵略者用火烧死的英勇事迹，具有强烈的爱国主义色彩。肇庆市鼎湖区水坑一村和水坑二村，每年中秋节都举行。现在的番塔多用水泥、红砖和旧瓦块建造成下宽上尖的塔状，塔底层四周有4个炉口，供放入柴草类燃物和点火之用。垒建时每一砖块需连接交叠，每往上垒高一层就往内逐步缩小，并留出许多圆形小洞。烧番塔主要用杂草、大糠和木糠碎，由专人负责点燃和控制火候。当塔身烧至通红时，火苗开始从小孔外冒，这时村民便向塔身抛洒粗盐、木糠碎和硫黄预热，使塔身发出啪啪的响声和蹿出五彩缤纷的火焰。又用木棍抖动燃烧的杂草，使火焰从顶端冒出数米之高。（李华）

烧花塔 见"烧番塔"。

烧瓦塔 见"烧番塔"。

烧瓦子灯 见"烧番塔"。

打月光姊 节日民俗。流行于今广东省河源市连平县。中秋节举行。"打"在连平上坪镇是"请"的意思，"月光姊"就是居住在月宫中的七仙女，即请七仙女下凡来共度佳节。晚饭后，大家到村口地坪会合。准备好月饼、米、水果等拜祭物品。请月光姊时，需要4个女子分别坐在磨篮侧边，2个女子双手托着月光姊的虚拟造型，另2个女子唱《请月光姊》歌谣，请月光姊下凡。月光姊被请下来以后，村里的大人、小孩围在月光姊身边，通过她来祈求读书、前途和婚姻等事。如果小孩6岁，月光姊就会磕6次头。一般午夜恭送月光姊回去，燃烛添香后唱山歌相送。唱完歌后还要问月光姊有没有回去。如果月光姊已经回去，之前做好的月光姊虚拟造型就不会再动。据说月光姊有求必应。（李华）

拜月娘 节日民俗。流行于广东各地，以潮汕地区最有特色。"月娘"即月亮，南方n、l不分，故说成"月娘"。八月十五晚，潮汕地区家家户户在天台或家门口，摆桌上供，由长辈女性主持，全家人朝月祝祷，焚香礼拜。供品有月饼、柚子、红梨、柿子、香蕉、菠萝、龙眼和阳桃等，以水果为主。供品除了水果、糕饼，还必须供

蒸熟的芋头。一说源于以芋母与芋仔相连，象征阖家团聚；一说源于以芋头隐喻夷人（指外族侵略者）之头，用它来祭月。在拜月时，习惯用两根甘蔗绑在供桌脚上，再将蔗梢绑在一起，形成一个拱门，以象征日子越过越甜。（李华）

中秋对歌会 节日民俗。流行于今广东省珠海市香洲区唐家湾镇。源于明末清初，是当地人从乡间民谣发展出独特牛歌小调在中秋之夜对歌娱乐活动。开始前，由村中长者主持拜月光仪式，以炒田螺、月饼、花生、芋仔、菱角、芋头糕、香蕉、柚子等为贡品，并摆茶杯、酒杯各5个，筷子5双。长者沐浴更衣后，秉烛1双、燃香3枝（香分大小，各燃3支，寓意老少平安），双掌合十，面向月光遥拜三下，祝祷曰：日月星圣君，八月十五日，吾鸡山村全村燃香秉烛，备齐月饼、芋仔、花生等，恭请诸圣君驾临享用，保佑吾村百姓出入平安、添丁发财；祈愿来年风调雨顺、五谷丰登。（李华）

追月 节日民俗。流行于广东珠江三角洲地区。追月，八月十五过后，兴犹未尽，在八月十六夜再过一次。新中国成立后内地已不多见，香港、澳门仍存。1978年后，此风又逐渐兴盛起来。八月十六晚，城镇居民邀约亲朋好友，到风景优美的地方赏月。一些商家专门举办追月茶会之类，以招徕顾客。香港此风犹盛。（李华）

重阳登高放纸鹞 节日民俗。流行于广东珠江三角洲地区。民间素以九月初九重阳节为转运日，故要登高转运。是日，男女老幼，成群结队，带着菊花糕、酒登山。广州地区的登高地点多为白云山、花塔等。改革开放以来，重阳登高盛行。风筝，广州人称纸鹞。登高时带着纸鹞，以便远放。在纸鹞上写上"一生不幸事，此日尽消除"等字样，待纸鹞高飞后扯断线，让它远去，意思是让衰运消尽，让好运到来。空中飘来的纸鹞，谁也不敢捡，生怕捡了别人的衰运替别人挡灾。阳江、中山、肇庆等地重阳也有放风筝的习惯。（李华）

重阳节大神会 节日民俗。流行于今广东省清远市连州市。是连州市保安镇每年重阳节必开展的传统民俗活动。源于唐代保安人黄保义在京城扶正压邪而使朝廷国泰民安的传说。大神由人戴道具扮演，穿龙袍、坐龙椅，头顶神伞，由8位男子抬着。前边有戴青面獠牙面具的判官和行者开路。之后是香案、锦架、龙狮、八音、十样锦锣鼓和小童扮的故事人物许仙和白素贞、杨宗保和穆桂英等。除了大神之外，还有站立在神架上的高神，被4位男子抬得高高的。高神是当地历代乡贤。保安的大神会是一种傩祭活动，寄托了劳动人民对美好生活的向往。（李华）

冬至 节日民俗。流行于广东各地。二十四节气之一，与春节、端午节、中秋节并称为四大节日。古人认为，冬至日北斗柄指向十二辰的第一辰——子，含有重新开始的意味，所以古代曾以含有冬至的那一个月为正月。广东极为重视冬至，有"冬至大过年""肥冬瘦年"等说法。冬至广东多地有祭祖民俗。各家各户除具备酒肉三牲、果品、汤圆祭拜外，还要到宗祠祭祖，演戏酬神等。冬至所吃汤圆是咸的，以沙葛、猪肉、虾米作馅，配以鸡汤。粤西地区则以一张菜叶包裹汤圆，叫作"菜包"。过去广东还有冬至吃鱼生的习惯，现在多改为打边炉（吃火锅）。（李华）

人生礼仪

生育民俗 流行于广东各地，以潮汕地区最为突出。求子民俗种类繁多。有到庙宇向神灵祈祷的，如潮州的别峰古寺和陆丰的玄武山所奉观音甚为灵验，每年前往求子的人特别多，香火旺盛。澄海莲花山仙翁于每年重阳节生日，此日，邻近各县的善男信女会前往祭拜，夜间露宿山顶，望能得到仙翁托梦，以得子嗣。揭阳城隍庙有注生娘祠，妇人不孕或不生男孩者，常前往祠中拈香祈祷以求得子。

还有在游神时求子的，如潮州城中游安济圣王时，求子者会上前摸一摸二夫人的轿子，祈求早得贵子；有人会采一篮红花（即石榴花），跟在游神队伍后面，叫说这是二夫人的红花仙草，以飨那些求子人家。元宵节有掷喜童的风俗，人们塑弥勒佛像，在佛像头顶、双肩、双臂和肚子上放置泥塑喜童，佛像前以护栏隔开，游人以铜钱投掷喜童，求佛赐子嗣，有些地方又称相弥勒佛、掷弥勒佛。求子的

妇女常在元宵夜去看各处的弥勒佛，摸摸弥勒佛的大肚子，买些喜童，手持三炷香请喜童回家，安放在家中桌上。如若得子，第二年的元宵节夜要加倍买些喜童还到庙里。元宵节还有"游花公花妈"之俗，游神时，求子的妇女们蜂拥而上，争抢插在神轿上的石榴花，欢天喜地藏进怀里。三月二十三为妈祖生日，潮汕多地要祭拜妈祖，抬妈祖出游，人们认为能为妈祖抬轿者即能赐福得子，或者等妈祖

圣驾经过时，摸一摸妈祖轿，也有求子之意。此外，还有通过某些仪式来求子的。从正月十三起，求子人家都要拿一对灯笼挂到宗祠和神庙里，每晚上烛，等到元宵夜拿回家里，挂于家门口、神龛或床头，俗称兴灯，寓意兴丁。潮汕民间新婚夫妇床头及房门、楼梯口各处常贴有"麒麟到此"红字条，寓意早生贵子。新婚时，要点一盏油灯，备一些龙眼干（桂圆，寓意富贵圆满），都包含祈子之意。有些地方还要结房圆，即糯米汤圆。有喜娘在旁唱喜歌："夫妻同饮福圆汤，同心同腹同心肠。夫妻食到二百岁，双双偕老坐琴堂。"吃完两个汤圆，新郎新娘要换盏，再吃两丸，此时喜娘会唱祈子喜歌："交杯换盏团团圆，夫妻相爱乐相随。老君送来麒麟子，明年生得状元儿。"新婚第二天，有些地方将新娘引到井边，往井里投放一颗汤圆，让新娘迅速打水，如能将汤圆打起来，即意味着这一年能得子。还有向家中灶神司命公求子的，如在揭阳大莲、土尾等乡村，端午赛龙舟后，已婚而未生儿子的男青年，会取下龙舟胡须回家供于司命公神位前，祈求早日得子。每年冬至要做汤圆，这一年有婚事的人家，搓完汤圆后，会数一数，如果汤圆是单数，即意味着生男孩，双数则意味着生女孩。久不得子的女人，可到多子的亲朋家中造访，并坐到主人的睡床上，回家即能生子。吃别人家生男孩后用来祭公婆母所用的糯米饭团，可以生子。如果哪户人家愿意用竹叶编一条船，内装糯米饭和一枚鸡蛋，则求子者定能如意。（周录祥）

催月　生育民俗。流行于广东潮汕地区。潮俗，女人怀孕后，男方家要提前告知女方娘家。临产前1个月，娘家要送猪肉、鸡蛋等营养品，但忌送鹅、鸭、雄鸡、鲢鱼和无鳞鱼。女人怀孕期间，家人要求神拜佛，忌出远门、裁布缝衣、漂染、动土等。（周录祥）

锁天狗　生育民俗。流行于广东潮汕地区。潮汕孕妇的禁忌之一。若孕妇命带天狗，为防孩子被天狗叼走，丈夫要到首饰店买一把银锁，趁妻子熟睡时悄悄锁在她脖子上。产前，家人要到庙宇烧香，拜催生娘娘。（周录祥）

上喜灯　生育民俗。流行于广东各地，以潮汕地区为盛。潮州旧宗法礼规，只有家里生了男孩，才算添丁，并且要举行热闹非凡的上灯活动。如潮城凤栖庙，凡属该庙弟子，若是去年生了男孩，从正月十三开始，家人就可以挑起一对冬瓜样的红灯笼挂到庙里灯架上，以"灯"示"丁"，往后3天，每晚由家人将小孩抱到庙中，往自己的灯笼里点红蜡烛，接受亲友祝贺，直到元宵夜，这叫上灯。上灯的家长俗称灯头，灯头们还要在庙前悬挂八屏大花灯，庙内挂只大彩凤，供桌上摆花碗、燃贡香，门口放鞭炮，庙前搭戏台演纸影戏。这三天三夜庙内庙外灯红烛亮，各种喜声不绝于耳。未生男孩的要在神前掷玟许愿，求得一屏花灯，期得贵子，第二年再偿还一屏新的花灯，耗资颇多。上灯的大小活动均由灯头们推举司事主持，一切费用平均摊派。元宵过后，还要把花灯屏一一赠送给邻人亲友，更有甚者，还要在祠堂做丁酒，设宴请客。宴客时将几张方桌连起来，客人围在两旁饮宴，形同划龙船，俗称龙船席。还有一种叫走马席的，无论亲疏内外、是否认识，都可以进来吃，吃完就走，然后又重新上菜，迎接另一批人。有钱的人把上灯看作是一件乐事，认为花的是体面钱。然而，对于多数并不富裕的家庭来说，这是一项难以承担的花费，但又不能不做，有时甚至不得不忍痛将大孩子卖掉，故有"生阿弟，卖阿兄"之说。（周录祥）

报生　生育民俗。流行于广东各地。潮俗，生育到岳家报喜。生男孩，用红纸帖写明出生时辰并送榴花仙草、糖饼，给亲家报喜食甜，俗称报添丁。生女孩，则口头报知，俗称报添口，甚至叫报白出。岳家在女婿报喜后，置办肉、蛋、糯米、红糖等礼物，贴上寓意吉祥的红色纸花，前往女婿家致贺，俗称给女儿补腹。有地方生男送公鸡，生女送母鸡，或生男送双数，生女送单数。（周录祥）

洗三朝　生育民俗。流行于广东各地。新生婴儿断脐后，在第三日为其沐浴，有些地方会用艾叶、柚叶、老姜等煮水。这是孩子第一次洗澡，要在浴盆中放一块大石头或秤砣，为孩子做"胆"，以示长大后有胆量。主人家杀鸡煮酒，宴请亲朋邻居和接生婆吃姜酒，称三朝酒。赴宴者要备礼道贺。（周录祥）

上腊　生育民俗。流行于广东潮汕地区。称出生后3—7天的婴儿。此期间婴儿身体呈脱水状，肌肉由红嫩变得蜡黄，加上以前大都是土法接生，接生婆使用没有经消毒的剪刀剪断脐带，容易染上破伤风，故要严格护理，产房不能透风，不能大声喧哗，更不能搬动产房家具。（周录祥）

坐腊　生育民俗。流行于广东潮汕地区。产妇在产后1个星期内，产房不能透风，这段日子叫作"坐腊"。旧时，潮汕乡村产妇一般由接生婆接生，器械落后，没有经过严格的消毒，如果没有严格的护理，极易感染病菌。（周录祥）

开荤礼 又称开腥礼。生育民俗。流行于广东潮汕地区。产妇到了第7天（有的地方是第9天或12天），举行开荤仪式，产妇开始食用肉、鱼来滋养身体，并抱儿跪拜，用筷子夹少许鱼肉让婴儿舔舐，意味着婴儿和生母可以开始吃荤。还要备办礼物送给邻里亲朋，生男孩的送甜面条，生女孩的送用薯粉制的圆子，称圆仔。接受这些东西的人家要备鸡蛋5枚以回赠。（周录祥）

开腥礼 见"开荤礼"。

看七朝 生育民俗。流行于广东客家地区。七朝、十二朝、半月，这三个日子，都是娘家人看望女儿的时间，探望的人数逐渐增多，亲戚范围逐渐扩大。探望时携带的礼物，必须有鸡和鸡蛋，还要送黄酒、糯米、猪肉和白米以及婴儿的衣物、小银饰、被褥等。做外婆的到了女儿的婆家，要亲自煮姜酒分给主家的各房亲友吃；各房亲友吃后要说吉利话道谢。（周录祥）

满月 生育民俗。流行于广东各地。旧俗，婴儿出生满1个月，简朴者以红鸡蛋附酸姜送亲友，讲究者则为孩子办满月酒。左邻右里向其讨姜醋并送一封利市以取好意头。做满月时，亲友多以钱物馈赠祝贺，主人则以酒席招待。小孩外婆家要办衫裙、肚兜、红鞋、猫帽、鸡蛋（生男取双数，生女取单数）及酒肉作礼，以示对外孙的疼爱，称作出月。（周录祥）

讨百家饭 生育民俗。流行于粤西地区。婴儿满月后，奶奶要向四邻和亲友讨些米粮，做成百家饭，给婴儿象征性地吃一点，然后全家分吃。据说可使小孩消灾祛病、健康成长。讨百家饭常与做百家衣一起进行。（周录祥）

做百家衣 生育民俗。流行于粤西地区。婴儿满月后，以百家布缝制百家衣给婴儿穿，认为可以避"正、五、九"之晦气，使小孩消灾祛病、健康成长。做百家衣常与讨百家饭一起进行。（周录祥）

百日 又称过百日、过百天、做百岁。生育民俗。流行于广东各地。小孩出生后满100天，亲朋好友要携礼前来庆贺。这天要宴请至亲好友，吃捞面。届时用一根宽面条拴在婴儿脖子上，叫面条拴，还有年糕黏。"面条拴，年糕黏，小孩儿活到八十三"的民谣便唱出了这种习俗的用意。这天，婴儿的姑母、姊母要做一双绣有白寿龙桃的小花鞋给婴儿穿上，还有送衣裤、长命百岁锁或钱的。有的地方还有向街坊邻居讨要百家衣的习俗，有的直接讨要布块，大小不限，然后用稠针密线缝在一起给孩子穿用；有的是大家凑钱，给孩子买衣服。百家衣也叫百衲衣，百衲是指拼缀之多，象征"贱"，贱了好成人。（周录祥）

过百日 见"百日"。
过百天 见"百日"。
做百岁 见"百日"。

周岁 生育民俗。流行于广东各地。婴儿出生满1年生日。潮汕地区，男婴出生要庆周岁，第一胎男孩尤隆重。庆周岁礼俗繁多，除了祭拜祖先神明外，有做丁桌（吃添丁喜酒）的，即设酒席宴请同宗长辈家长；有演丁戏的，于次年元宵节前后集资请一台潮剧或木偶戏演出，以敬神拜祖；有上灯或挂灯的，即于祠堂或家门口点上灯笼；还有在游神过程中擎丁旗的，制一支三角旗或方刀彩旗随神轿之后游行；游神队伍必经之路还设点给参加游行者以"大吉"（柑），称为分丁柑。亲戚要前来送礼道贺。外婆、妗母、姑、姨买衣服、鞋帽之类，为孩子举行穿衣服仪式。俗话说："姑送褛，姨送袄，妗母送鞋满地跑。"周岁抓周时，摆出文房四宝、书画、秤斗、花果等，杂置在盘中，任其喜取，以验其志向，并以此祝贺孩子健康成长、平安多福。此俗在民国时期渐次淡化，或者流于形式，以凑添热闹情趣。（周录祥）

命名 生育民俗。流行于广东各地。命名有正名、乳名。正名通常在满月时取，旧时常由族长或有名望的尊长命名，称赐名。乳名，又称奶名，是小孩出世后的非正式名字，如虾仔、阿狗之类，长大后不用，但长辈有时沿用。长大后命名，有家名、学名、官名、笔名之分，其中主要的是家名。长辈为孩子取名，先从宗族辈分上排行，按家族规定的字分辈，再结合生辰八字来考虑。请算卦先生算命，以其生辰八字，再嵌入五行之中，推算命中缺什么，便在名字中补上。如缺火，在命名时取有火旁的名字。还有从前程事业上考虑的，如宏才、伟略、耀宗；或训以修身之意的，如虚怀、若谷、志仁、家谦之类。还有以出生时间、地点取名的。此外，取表字不能随便，须与本名相关。（周录祥）

挂百家锁 又称长命锁。生育民俗。流行于广东潮汕地区。若小孩体弱多病，父母要到四邻乞钱，乞足100家，买一把银锁，挂在孩子脖子上，俗称挂百家锁，象征孩子受百家保佑，不易被邪魔侵害。（周录祥）

长命锁 见"挂百家锁"。

出花园 成年礼民俗。流行于广东潮汕地区。潮汕人认为少年儿童的生活如同在花园里，无忧无虑，无拘无束，长大满15岁，要为孩子举行出花园仪式，意为告别儿童花园生活步入人生自立之途。一般在七月初七乞巧节举行。这天，要采12样鲜花，浸成"12样花水"给孩子洗澡。母亲还要给他围上新腰兜，腰兜里压着12颗桂圆和2枚顺治铜钱。外婆要送来新衣服和红皮屐。然后，要在床中央放一只大竹箩，然后摆上三牲粿品（三牲中男孩用公鸡、女孩用母鸡，祈求将来能生儿育女）、香茶、美酒、香烛、元宝，用以祭拜公婆母（又称床脚婆、公婆神）。拜毕要将供品拿去烹煮，让孩子坐在大竹箩里饱餐一顿。此外还要炒猪肚猪肠给孩子吃，同时邀请小伙伴围在竹箩旁一起进食，意即从此换上成人肚肠。母亲还得代表孩子带一些供品到庙中去祭拜花公花奶，答谢庇佑之恩。出花园的孩子在这天不能走出家门，表示从这一天起不再贪玩，做个规矩的成年人。（周录祥）

度戒 又称度身。成年礼民俗。流行于粤北瑶族地区。瑶族成年男子都要经历度身仪式，旧时，未度身的人不能担任村长或瑶甲以上的官职，亦不能作师爷，死后灵魂不能升天。度身在打幡仪式中进行。打幡仪式在十一月举行。打幡以一家或联合同宗同祖的几家亲疏兄弟一同举行，请遍所有亲友，活动七天七夜。被邀请的客人需要带一些酒菜作为贺礼，数量不拘。度身之人须斋戒四天四夜，到第五天才准开荤。凡瑶族男性，无论年龄长幼，结婚与否，既经拜王之事，皆可度。女性则须到相当年龄出阁生子以后方可度身。经过度身仪式后，逝后可登天堂并在神位上立号为"娘"。这种民间信仰显然带有迷信色彩。（周录祥）

度身 见"度戒"。

法名 成年礼民俗。流行于广东畲族地区。相传，畲族男子一生有乳名、世名（己名）、讳名、法名4种名称，女子一般只有世名和法名。法名是用于上族谱的名字，畲族成年男子通过参加祭祖和招兵的宗教活动取得，类似于男子行成年礼的活动。男子祭祖跪拜之后，按"大、小、百、千、万"等排起法名，将法名和祭祖日期写在一条红布上并把红布条缠在祖杖上，表示该祭祖者已加入亲族集团，人死后进入阴司可以得到祖先的承认。（周录祥）

择婚 婚姻礼仪。流行于广东各地。婚姻以两姓好合为基础，上以承宗祀，下以继后世。普遍存在门当户对的习惯，所谓"金罂对银罂，竹门对木门"。传统上遵循同姓不婚的规矩，忌攀高门。今大多数人能冲破樊篱，不受传统门第观念左右，也不受职位身份影响，注重对方性格、人品、外表、职业、学识和家庭经济状况，但也还有旧俗痕迹。另外，还有表亲婚禁忌、有世仇的村民互不通婚、辈分不同者不通婚，以及由于姓氏谐音产生的婚嫁禁忌，比如姓陈的与姓许的互不嫁婆，否则是"陈头许到尾"（从头苦到尾）。此外，民间也有忌身体健全的人与身体有残疾的人结婚。（周云水）

讴莎腰 婚姻礼仪。流行于今广东省清远市连南瑶族自治县八排瑶族地区。"莎腰"指姑娘，"讴"就是叫，连起来为"叫姑娘"，即找女孩谈恋爱。一般是小伙子对姑娘产生爱慕之情，夜间打着火把到莎腰妹所住的吊脚楼的窗口前，怀揣耳环、银簪等信物，用低沉缠绵的歌声，唱出内心的渴慕之情，表白自己勤劳能干，描绘和姑娘结成伴侣之后相亲相爱的幸福生活，一直唱到屋里姑娘接唱，从独唱变成有对有答。如莎腰妹认为小伙子是意中人，就会送出花腰带或绣荷包，小伙子则送上预先准备好的银项圈或银耳环、手镯。其后小伙子就可以告知父母，延媒说合。如小伙子无法打动姑娘的心，姑娘就会送把竹柴，让其点起火把去另找鲜花。如有多位唱歌求爱的小伙子展开竞争，不管谁获得姑娘青睐，大家都会向他祝贺。在排瑶的重大节庆如春节、游坡节、十月十六耍歌堂等，都是讴莎腰的大好时光。（周云水）

游坡 又称温沽、温东。婚姻礼仪。流行于今广东省清远市连南瑶族自治县排瑶地区。传统上是大年初一举行，但周期各排不尽相同，有的1年1次，有的几年1次。各山寨的未婚男女青年盛装打扮，在村庄附近风景优美的地方嬉闹、对歌，寻找意中人。情投意合便互赠礼物，征得父母同意后，男方即请人到女方家行订婚礼，然后缔结姻缘。其间还有祭盘王、祭龙位、闹春牛、阿贵斗牛、掰手腕、瑶族长鼓舞、射箭等活动。（周云水）

温沽 见"游坡"。
温东 见"游坡"。

杯水定亲 婚姻礼仪。流行于今广东省连山、连州、乳源、始兴、乐昌等过山瑶地区。旧时瑶族为家庭引进男性劳力的招郎方式。粤北过山瑶的入赘仪式。逢年过节，青年男女聚集厅堂对歌，姑娘看中小伙子，就恭敬地端上一杯白开水放在他面前，如果小伙子有意，则会一饮而尽，即成良缘。入赘既可补充劳动力，又进一步扩大了通婚范围，为瑶族自身的生存与发展创造了有利条件，有助于独生女赡养老人。入赘的形式包

括：一是"卖断"。男子入赘到女家后，从女方家的姓氏，更改名字，所生子女从母姓。这种婚姻形式在乳源瑶区较多。二是"两边顶"。若女家只有女孩没男孩，男子上门入赘后所生男孩第一个随母姓，以示女家不断香火，第二个随父姓，其余的由双方协商，谓"两边顶"，以继嗣夫妻双方家中香火，其子女可继承两家的祖业和遗产。这种形式在各地的过山瑶均存在。三是"两边走"。男子上门入赘后，采取"两边走"的形式，即每年夫妻俩都要在双方父母家中劳动半年或数月，赡养双方父母，公平合理，这种形式多存在于连山瑶族社会中。瑶族对于生男还是育女，皆一视同仁，绝无重男轻女或重女轻男的现象。（周云水）

咬手成亲 婚姻礼仪。流行于今广东省韶关市乳源瑶族自治县瑶族地区。乳源民间素有"咬手疼进心，爱情才真诚"的谚语。瑶族青年结识后约会时，咬手表达爱情。小伙子在心爱的姑娘手上咬上一口，表达对姑娘的爱。按照传统民俗，热恋中的情郎往情妹的手背上亲热地咬一口，再由情妹往情郎的手背上还咬一口，不能咬到骨节突出处。咬手表示定情。继而男方给女方拴蓝色或黑色丝线，女方给男方拴红色丝线。双方都把自己准备成亲的事告知父母，经双方父母同意，协商成婚事宜。（周云水）

吃饭心 婚姻礼仪。流行于粤东凤凰山畲族地区。未婚男女寻找意中人或女婿向岳母表达感谢养育之情的方式。在节日相聚之时，若女子相中某个男子，就会在为男子盛饭时悄悄把银戒指或内包银圆、钞票的白纸团藏在饭中，以表心迹。男方吃饭时发现了饭心，便悄悄取出藏进衣袋，如果有意，再用手绢包好自己的礼物回赠给女方，

回家后即可托媒说亲。畲族传统婚礼讲究回门，新娘婚后3天要邀新郎一同回娘家做"头转客"。在岳父家住一两日，最后一晚由岳父设宴请"女婿酒"后，岳母捧出满碗饭，里面放着一个"饭心包"，桌旁坐着的内兄嫂欢唱"饭心歌"，使女婿懂得丈母娘养女之恩。女婿得到"饭心包"后，回敬"红包钱"放碗里，以示酬谢岳父母的恩惠。散席后，女婿送"分花包"给男女亲属、小孩，以作首次见面的见面礼。（周云水）

送年庚 婚姻礼仪。流行于广东各地。男家问名后，女家将女子年庚用红柬写上"坤造某年某月某日某时生"，由媒人送往男家。因年庚可能隐瞒岁数变通，男家接到女方年庚后，放在祖先神案前或米缸内3—7天。其间家里没有打破器皿和不吉利之事，就将女庚与男庚交算命先生推算。若男女生辰八字相配，则将男子年庚用红柬写"乾造某年某月某日某时生"，托媒交女家推算。女家同意联姻后，男家请媒人前往女家开礼帖，经过讨价还价后，回奉红帖罗列彩礼。男家开出回帖，女家可再磋商，直至无异议。（周云水）

聘媒提亲 婚姻礼仪。流行于广东各地。民间议婚形式，聘媒人撮合男女成婚，通过媒妁之言结亲。媒人多由有相当阅历且能言善道的妇女充当。客家人重视婚嫁风俗，在媒人的周旋下，如果门当户对就互换年庚喜帖、生辰八字，没有相克就选择良辰吉日，筹办婚事。男家请媒人到女家提亲，若女方同意，则再举行求婚仪式，备礼物送到女家。如果男女年庚八字匹配，男家就要下聘礼，请女方的父母、女方至亲、媒人、写字先生、叔伯等人到酒楼商定结婚事宜，商量好以后由写字先生全部写

好，由双方父母按下指模，这样这门亲事就算"八字有一撇"。迎亲前几天，男家一般会有11人以上，挑担前往女方家，将鸡、鸭、谷物、酒等礼物送到女方家里。如今在岭南客家人结婚的传统中，传统的媒人已经很少，但在客家人的婚礼中仍保留着这一角色，一些礼节由媒人来完成，比如给新娘子打红色的伞、拿镜子照新娘起到驱邪的作用，现在多是找一些有福气的女性长辈来代替传统婚俗上的媒人。（周云水）

相睇 婚姻礼仪。流行于广东珠江三角洲地区。广府人用来指称陌生男女在媒人介绍下的初次见面。传统上在介绍人约定的场所内，里面坐着男方青年和他的尊长或亲戚，隔壁房间坐着女方青年，各自在房子中踱来踱去，两个房子中的人从旁窥测。相中之后，女方父母或家长就会在媒人的陪同下，带着女儿（或不带女儿）到男方家"看过活"（又称看家当），全面了解男方的家庭成员和生活状况，看看女儿过了门之后是否有好日子过。民间相睇还有选择在集上、庙上进行"庙面"。男女双方各由媒人或父母带到集会上，由媒人遥遥一指，即完成"庙面"。20世纪30年代出现了男女双方直接见面的相睇新俗，男女共坐一室礼貌交谈。双方满意，男方就奉上丰富的利市。此后男女双方不但可直接见面，还可行街游玩、出入公共场所等，广府人称拍拖。（周云水）

小聘 婚姻礼仪。流行于广东各地。男家卜得吉兆后，认为双方命中无相克，就把"双造八字"写在龙凤礼书上，备礼至女家小聘决定婚约，由媒人交换，作为订婚的凭据，以确立姻亲关系。客家人小聘，要由女方组织长辈和伯叔娘亲到男家视察家境，双

方按商定的彩礼各自写出茶单并签上家长的名字，媒人分别在两张茶单上签字后合在一起，骑缝写上"天长地久"或"好合百年"，仪式完成后双方家长就以亲家称呼对方，随后求婚男女互赠订婚礼物，男方一般以红包作为礼物，女方一般以自己亲手做的布鞋和亲手刺绣的花袜底作为回赠。（周云水）

大聘 又称过大礼。婚姻礼仪。流行于广东各地。定亲过程中最隆重的仪式。约于婚前15—20天进行。男家择定吉日，郑重其事地写礼束，礼品装入箱笼，或挑或抬，走街串巷，燃放鞭炮，吹奏鼓乐护送至女家。聘礼中各样物品要取吉祥名称，数目也取双忌单。礼品庄重丰厚，包括礼金、礼帽、糖果、鱼肉、鸭蛋、海味、香烟、槟榔等。男家依照议定的条件送聘礼到女家时，要请2位或4位女性亲戚（必须是全福之人，即有丈夫、儿女、公婆、父母也都在），会同媒人，带备聘金、礼金及大批礼品到女方家。送赠聘礼外，男方亦会先择取两三个吉日，于过大礼当日请女家决定大婚之期。男家聘礼送到后，男家的女宾会打开礼盒挑选几件金饰，边说吉祥话，边为新娘戴上，女家收受后回敬糖饼及新郎所用的衣帽、荷包、鞋袜等，之后大家互相祝贺道喜，大聘的仪式便算完成。（周云水）

过大礼 见"大聘"。

男女同心 婚姻礼仪。流行于广东潮汕地区。男女青年谈婚论嫁时，女家在男家送聘后回复的礼物包括：柑橘（谐音"吉"，象征大吉）、腰袋（表示千秋万代）、鸳鸯蕉（并生的香蕉，象征百年偕老，也有招财进宝的意思）、雌雄鸡各1只（象征鸳鸯比翼）、5样种子（表示五子登科）、猪心（一半留在女方，象征夫妇同心）。猪心煮熟后，先切出一片给女儿吃，其余给新郎及其家人吃，取"男女同心"之意。男家收到猪心、猪肝、猪肺后，配以糖、葱等煮好，给大家同吃。女家在收到男家的甜粿时，先用米筒量出一筒给女儿吃，也取同心之意。（周云水）

送日 婚姻礼仪。流行于广东潮汕地区。大聘之后，男家择定迎娶日子通知女方。日章上写"谨詹本年某月某日与小子完娶，甫此预闻"。日章送过后，女家接纳便可定下婚事。若遇女家有事不能照章便将日章退回，另写"恭请宽期"；或另行提出吉日建议，供男家参考。男家接到后须另选迎娶日期。男方给女方送日时，要通知女方何时剪裁结婚礼服，什么时辰沐浴、挽面、迎娶等。潮汕大多在深夜里迎亲，古时婚礼以昏为期，因此在黄昏后甚至深夜迎亲。（周云水）

安床 婚姻礼仪。流行于广东各地。指新婚安放床铺和重新安置旧床。从宋代起就有迎亲前一日邀请好命婆为新人进行铺床的仪式，摆设各种供品。好命婆将床板等安放好之后，口诵"百年偕老，福禄鸳鸯，琴敦瑟好，牙笏满床"。在女家嫁妆送来之前，男家要先将新娘房粉刷一新，安置新床。安床的人一般要找全福人（身体健康、父母双全、健康长寿、配偶健在、生有儿子，有儿又有女的最好），以求她们将好运气传给新人，在床品里面事先藏好红包给负责铺床的人。主要流程是扫床和铺鸳鸯枕、龙凤被，最重要的是撒帐（撒床），即将花生、桂圆、莲子、栗子、枣等干果撒在婚床上，寓意早立子、连生子。安床后，要请生肖属龙的孩童在床上翻转，俗称翻床、翻铺，象征早生贵子。（周云水）

送嫁妆 婚姻礼仪。流行于广东各地。女方希望女儿到了婆家可以过得更好，将准备的各种物品送到男方家里，以备不时之需。男方将迎亲的一切安置妥当后，女方送来嫁妆，有四季更换的衣服、被褥帐帘、绣花枕、器皿等，其中子孙桶（马桶）必不可少。桶外边涂红漆，桶内装有红线贯穿的制线和百果等物，由小舅子捧入新房榻侧。开门之日，在亲友中找一童子开盖，令小童坐在马桶上小便，预祝将来生个男孩。送嫁妆的仪仗队敲锣打鼓，打着高照（大灯笼）、头牌、旗等，男方亦以鼓乐迎接。广府人较轻财礼，多不要聘金；有聘金，所索聘金多用来置嫁妆还给男家。现代嫁妆偏重实际，多以金银首饰、衣服被帐、日常用品为主。随着人们生活水平的提高，并受港澳和海外风气的影响，现代人注重嫁妆的价值和派头，时兴金项链、宝石、金戒指、金耳环等，以及手机、电脑、高端电器等。（周云水）

蔬菜嫁妆 婚姻礼仪。流行于今广东省揭阳市揭西县客家地区。女儿出嫁时，将一些谐音吉利的蔬菜如芹菜、大蒜、香葱、韭菜等用红线或红布条捆扎好，作为嫁妆，表示对她的祝愿。嫁妆中还有名为"长命草"的野草，也用红绳扎好，到夫家后放在洞房床头的竹篮里，第二天栽于夫家园子中，以示扎根。客家话"芹"与"勤"谐音，寓意勤劳；"蒜"与"算"谐音，寓意精打细算；"葱"与"聪"谐音，寓意聪明能干；"韭"与"久"谐音，希望新婚夫妇天长地久。有的特意备有豆腐和青菜，寓意新婚夫妇遵循"清白传家"的传统，清清白白做人做事；有的扎一串辣椒，祝福新婚夫妇婚后日子红红火火。娘家精选蔬菜做嫁妆，表面上看是取菜名中所含的吉语寄托父母良好的祝愿，实际上反映了蔬菜

与客家人生活、生存的密切关系。（周云水）

陪嫁三桶 婚姻礼仪。流行于广东潮汕地区。20世纪50年代以前，潮汕女子出嫁必备三桶，即脚桶、腰桶、屎桶。出嫁时，陪嫁三桶要用红布包起来，挑进夫家。以前女子洗澡、洗脚、如厕等隐私之事，都必须在室内完成。脚桶是妇女在房里的洗澡用具，有了孩子后也可为孩子洗澡、洗衣服。腰桶是妇女晚上睡前用来洗下身的木桶。屎桶一般摆在卧房的僻角或床尾空地。三桶外面均用红色油漆，内里以桐油漆过以防漏水，边线描以金漆。（周云水）

黑色嫁衣 婚姻礼仪。流行于今广东省清远市连山壮族瑶族自治县壮族地区。黑色嫁衣表示正统和喜庆。壮族姑娘的嫁前衣裳是黑色衣裤。姑娘出嫁要穿上男方送去的黑色衣裤，接新娘和送嫁的伴娘也穿黑色衣裤。出嫁路上不管晴雨均撑开黑布伞。新娘怀孕要穿上出嫁时的黑色衣裤。壮族人认为吉祥之鸟喜鹊的羽毛是黑色的，故黑衣象征吉庆。（周云水）

传授家规 婚姻礼仪。流行于今广东省揭阳市揭西县客家地区。女儿出嫁时，父母传授儿媳妇家规风俗。新娘子到男方后第二天一大早起床后向翁姑问安，送洗脸水。之后，由翁姑带领传授家规：一是认米缸。听翁姑介绍米缸位置、家中大小人口、煮饭烧粥数量等。二是采水缸。翁姑告知到什么地方打水，水桶、桶担钩挂在什么地方以及饮水如何保持卫生等。三是搅米泔缸。用木棒搅拌，让媳妇看看里面没有生米熟饭，示意不能浪费。四是生火。五是站着吃饭。新娘初到要尊老惜幼，站着吃饭并为长辈添饭。其他平日礼节，如不可站门槛，不可坐正堂；捧茶要按宾主排辈；洗衣服，须先洗男服，后洗女服，先洗长辈衣服，后洗小辈衣服，先洗深色衣服，后洗浅色衣服，先洗衣裤，后洗内裤等，皆得遵翁姑教示。（周云水）

分钱米 婚姻礼仪。流行于今广东省潮州市饶平县海山镇。嫁女时象征性分家产的仪式。结婚日举行。母亲、姑母主持。母亲在簸箕或竹筛中放上钱米，用力摇簸箕，边摇边念"簸圆圆，簸后儿孙大有钱；簸匀匀，明年抱个男外孙"，然后把钱和米均分给新娘及其兄弟姐妹，表示把财富分给大家。新娘拿后装入一个特别制作的肚兜，过门后的第三天，将钱米放入夫家的米缸。旧时重男轻女，比较少见。（周云水）

送花粉 婚姻礼仪。流行于广东潮汕地区。亲朋好友、姐妹同伴送出嫁姑娘的礼物，以表示恭喜和庆贺。礼物一般不能是女方必办的妆奁，而是梳妆品、钟表、花巾、画屏、衣料、字画、相簿等应用之物，有些地方送猪肉、鸡蛋，有时也送家用电器。因为送礼人是新娘的好友，了解新娘所需和所缺，所送的东西最合新娘心意。姑娘家收到礼物后，会以喜糖回赠。（周云水）

吃姐妹饭 婚姻礼仪。流行于广东潮汕地区。女子出嫁前夕邀请同庚姐妹（闺中密友）共食厚合甜菜，共睡于下垫稻草上披草席的灶前；有的则与母同睡，出嫁当天早晨要与家人及同庚姐妹共进早餐，俗称吃姐妹饭。席上，父母为女儿准备一碗长寿面和一盘猪肝炒葱（"葱"与"聪"普通话同音，"肝"与"官"潮音相同），意为将来夫妻长命、儿女聪明、当官发财。有些地方（如潮阳）姑娘出嫁

当天，女方要备菜肴让其在客厅里独自用饭，桌上摆红烛示喜。饭应两碗，吃着一碗看着一碗，以示生活富足，温饱无虞。新娘吃的一碗最多也只能吃一半，且以不及半为美，表示留下更多的财富让娘家更富裕。（彭莹）

呼彩 婚姻礼仪。流行于今广东省韶关市翁源县。农村新娘出嫁时，梳妆打扮之后由母亲或伯母拿着米筛，内放数十双筷子，架于新娘头上，边筛边喊："筛子圆丁当，筷子长琅琅，今日送俺心肝女，大吉大利嫁夫郎。"这一仪式俗称呼彩。呼完后便请一位妇女牵着新娘，一一跪拜各位前辈，以示拜别；长辈要赠一个"红包"给新娘，以贺吉利；再由比较亲近的妇女代表陪送到男家。（彭莹）

壮族哭嫁歌 又称伴离歌、伴嫁歌、送嫁歌。婚姻礼仪。流行于今广西壮族自治区钦州、贵港壮族地区。婚礼前一夜，新娘穿嫁衣，好友姐妹通宵陪伴，相互应和而歌。曲调简单而婉转缠绵。唱来情真意切，哽咽感人。新娘上轿离开娘家前在厅堂上辞别祖先、父母时，哭嫁歌唱得凄切动人，时有唱至昏迷不醒的，满堂宾客为之潸然泪下。哭嫁歌的曲调为五声商调式，层级递进，婉转入情、淳朴、哀伤。歌词多为七言四句，基本上是即兴吟唱。内容以骂媒人、斥接亲、念祖宗、怨父母为主。（邓玉莲）

伴离歌 见"壮族哭嫁歌"。
伴嫁歌 见"壮族哭嫁歌"。
送嫁歌 见"壮族哭嫁歌"。

吊猪朥 婚姻礼仪。流行于广东潮汕地区。潮阳一带迎娶新娘的花轿前必须挂一块肥猪肉（当地叫猪朥）。相传明代江西提学李龄告假在家，一日

见到邻居抬着花轿要去迎新娘。李龄说此日是罗猴（民间传说中一种凶煞的动物）寻食日，不吉祥。但花轿已出门，邻居请教李龄有何办法解救。李龄建议在轿前吊一猪膀，新娘便可保平安。邻人照做，果然平安无事。之后，娶新娘时仿效这一做法，遂成民俗。旧时，新娘逐渐不再乘坐花轿，但还有村民仍把一块猪膀吊在载新娘的自行车车把上。潮州的说法是，新娘乘坐的轿子到了男家门口，随从村民就要把猪肉丢掉，路上的白虎凶煞就会去吃猪肉，不会跟着新娘进门了。有的还在轿后吊一枝榕树枝，认为这样可以避邪。（彭莹）

打伞积阴德 婚姻礼仪。流行于两广地区。新娘在出嫁，尤其是上轿下轿时要打伞，不能晒到阳光，因阳光属阳，不属阴，要积阴德，福荫后代。如在客家地区，新娘出屋门时不可见天日，要由一父兄辈人为她打伞，把新娘送上轿。到了男方屋门前，由新郎接过伴郎伴娘的伞，护着新娘进入男家的大门。今打伞可积阴德已渐演变为避邪祈福、开枝散叶等寓意。（彭莹）

撒米 婚姻礼仪。流行于广西仫佬族地区。迎亲队伍接到新娘出发时，男傧相或媒人要在前面撒米引路。边撒米边大声喊吉祥话："一撒天门开，二撒金钱来，三撒白发齐眉。"有的地方是为新娘上轿撑伞撒米。当新娘上轿时，撑伞一把，遮住头部，同时在花轿前面撒米，新娘然后上轿。撒米风俗，在阳春不论陆上居民或船家，仍一直流传到现在。娘家送亲队伍出门后在通往新郎家道路的岔路口撒放白米。米由男方接亲的迎姑（玉女）撒。迎姑走在送嫁队伍前面，遇桥梁、岔路、隘口，即抓一小把米撒在通往新郎村子方向的路口上。意思是提示

新娘看清方向认好路，以便今后来往。（彭莹）

拖青 婚姻礼仪。流行于岭南客家地区。主要有3种：一是在客家人送嫁的队伍前面，有一个手持杉木枝或榕树枝、油茶树枝的人和一个手擎新灯笼的人，寓意长命多子；二是在送嫁队伍中，新娘未成年的弟弟（胞弟或堂弟）手里拖一束由柏树、松枝扎成的"青"，以象征替新娘将沿途"凶煞"拖掉，能平安到达夫家，并祝爱情之树长青；三是在送嫁队伍中，派小男孩跟随，一路上带着油茶树枝，隐喻"好命种"。（彭莹）

新人半途不下车 婚姻礼仪。流行于今广东省湛江市雷州半岛。姑娘出嫁一般以自行车迎送。有一条不成文的规定：新娘子和送亲的姐妹，全部由迎亲的男士用自行车搭载，新娘半路不能下车。为此，在迎亲之前男方必须做好调查，估计女方有多少姐妹相送，准备足够的自行车；还要选择好路线，挑选一个身强力壮、车技纯熟的后生搭新娘。沿途不管遇到什么艰险，都不能让新娘下车，实在不能骑的路段就推着走，也要坚持让新娘坐在车上。据说这样方能自始至终、百年偕老。不同的迎送队伍在路上相遇，双方新娘要交换手帕，以示祝贺。有的还互相邀请，唱支雷歌，尽兴之后才挥手道别，各奔前程。（彭莹）

提油舅 婚姻礼仪。流行于今广东省揭阳市揭东地区。新娘出嫁时，新娘的一个弟弟要随同往新郎家，称提油舅。如果新娘在家最小，可由新娘兄长或侄儿充任。也有婚后3天或1个月提油舅才去新郎家。提油舅要带5件礼品：一是公鸡母鸡一对，装在小巧玲珑的小鸡笼里，俗称带路鸡，意

为繁衍传代快，并期望新娘不忘回娘家的路；二是猪肉咸包12个、豆沙甜包120个，送与男方家人，愿新娘人人合意；三是一副三牲，赠予新娘拜司命公；四是槟榔12粒，大橘一对，装在叫槟榔鼓的锡盒里，取如意吉祥之意；五是带一小罐化妆油，赠予新娘化妆。提油舅一进新郎家，受到最热烈的欢迎，中午设宴招待坐首席。对提油舅送来的礼品，收下带路鸡和化妆油，其余部分回赠娘家。新娘赠给提油舅一个红包，俗称栽须钱。提油舅如果是新娘的兄长，新郎送以皮鞋红包，祝愿大舅升官发财。（彭莹）

抢新郎 又称抢家婆。婚姻礼仪。流行于今广东省中山市。旧时婚嫁迎娶当日，好事者会突然把新郎或新郎的母亲抢走（佯装），藏起来，然后向男方提出赎回的条件，付一定赎金或礼物，才把人放回，双方皆大欢喜。（彭莹）

抢家婆 见"抢新郎"。

打阁 婚姻礼仪。流行于广东珠江三角洲地区。女子结婚前1个月左右，要足不出户，在自己房间留阁，直至结婚。留阁期间，女子一般会找几个相好的姐妹相伴并住在自己房间里陪阁，以解寂寞。出嫁当晚，选一个好命的妇人（儿女较多或几代同堂）前来背新娘出来上轿出阁，陪阁姐妹手执木棍保护新娘不让妇人背走，俗称打阁。吉时到了，打阁停止，妇人才可以把新娘背出去上轿，同时，新娘的父亲马上给女儿（新娘）盖头帕。出阁时，边行边撒红豆、绿豆、米等，还用苏木水淋过4个轿脚后，新娘才上轿去男家。广府地区的打阁婚俗体现了汉族婚俗的传统性和保守性，又包含了岭南文化的交融性和地方色

彩，在一定程度反映了旧时男尊女卑的观念及明媒正娶婚姻的强大约束力。（彭莹）

封典印 又称封绽印。婚姻礼仪。流行于今广东省清远市连山壮族瑶族自治县。姑娘出嫁时，由男方派迎亲娘来迎接，新娘以白纸扇遮脸与母亲哭别，由兄长背上花轿，无轿坐者，则由兄长背出村，然后上路。途中，迎亲娘必须把新娘的脚印作象征性扫除，其动作前步后趋，具舞蹈性，象征着使新娘不走回头路和防止新娘的亲族把姑娘抢回去。（彭莹）

封绽印 见"封典印"。

避花园 婚姻礼仪。流行于广东客家地区。旧时，新娘到夫家后，有男方族中长者杀鸡诵咒"出煞"、新郎接新娘下轿等仪式。新中国成立后，只有家公在堂中迎接，婆婆和新郎的兄嫂及弟弟妹妹们到花园回避，取"园"与"缘"谐音，希望以后新娘能与全家人和睦相处。（彭莹）

钉字 又称升字、上字。婚姻礼仪。流行于广东各地。旧时，结婚当天将写着表字的红钉在堂中的墙上。一般在洞房之前，新郎和宾客齐集家堂，选一个多儿多女的好命人，唱着《钉字歌》，上梯钉字。《钉字歌》是自编自唱的，形式不拘，但一定是大吉大利的话语。蕴含了广东人对传统婚姻及新郎新娘美好的祝福。（彭莹）

升字 见"钉字"。
上字 见"钉字"。

拜天地 又称拜月老、拜高堂；统称拜堂。婚姻礼仪。流行于岭南。夫妻只有行过这一礼节，才算成为正式夫妻。始于唐代。一般在男方家堂前设供案、置香烛、陈祖先牌位等。新人就位，随礼生唱诵，然后跪拜："一拜天地，二拜高堂（父母），夫妻对拜，送入洞房。"交拜完毕，入洞房行合香礼。旧时，新郎新娘拜堂时，用红绿彩缎做成象征恩爱的同心结，新人各执一端，相牵而行，谓之"牵巾"。先至家庙参拜祖先，后新娘复倒行入房，夫妻行交拜礼。现代婚礼多不跪拜，改行鞠躬礼。（彭莹）

拜月老 见"拜天地"。
拜高堂 见"拜天地"。
拜堂 见"拜天地"。

闹新房 婚姻礼仪。流行于广东各地。始于晋代，由汉时的听房之俗演变而来。汉时，新婚之夜，亲人在洞房窗外窃听新婚夫妇的言语动静，俗称听房。闹新房之俗有两个心理动机：一是人们想从闹房、戏妇和抚妇中，克服既羡且忌的心理，以达到某种窥视体验的平衡；二是受兴旺发家的心理驱动，大多数新婚之家，都存有既苦于众亲友之"闹"，又乐于让其"闹"的二重心理。闹新房由上古演变至现代婚礼仪式，已渐渐由个人行为变成集体行为，主要目的在于寻求热闹和欢愉，而希冀发家的心理已经淡化。现代青年通过闹房增进相互了解、融洽感情，闹新房不仅带有社会交际的意义，还反映了社会文明发展的程度。（彭莹）

吃和合蛋 又称饮春酒。婚姻礼仪。流行于今广东省韶关市翁源县。新婚之夜，男方煮熟2只鸡蛋，放于一碗热姜酒中，由婚后各方面都如意的大嫂端出，分别给新娘新郎食用，象征夫妻和合。吃鸡蛋时要张大嘴巴一口咬到蛋黄，新娘子总是羞羞答答不好意思，青娘母会喜气洋洋地一边催促，一边念道："一口咬到黄，两公婆有商有量；一口咬到白，两公婆商恰恰。"婚后第三天，新娘新郎第一次回到外母（岳母）家做客时，外家也会用和合蛋招待女婿，一是取个好意头，二是给新人补养身体。（彭莹）

饮春酒 见"吃和合蛋"。

讨香包 婚姻礼仪。流行于今广东省潮州市。结婚时，亲朋好友向新郎、新娘讨香包，取其喜气共享之意，也为婚礼增添了热闹、欢乐的气氛。潮州姑娘在出嫁前都要预先绣制一批香包，以备装饰洞房和作为赠品之需，这一方面显示了其灵巧的针工手艺，另一方面也表达了对生活的热爱、对美的追求以及对幸福美满婚姻的向往。（彭莹）

坐歌堂 婚姻礼仪。流行于两广瑶族地区。婚礼中的一种对歌仪式，主要有2种：一种是由女方做主，在结婚前一天招待前来接亲的男性青年，在广西贺州富川瑶族自治县称为趁歌堂。接亲青年自村边开始唱歌，至女方家门前，开始与主方的歌师进行对歌，对歌达到要求后才被允许进门，进门后又起歌堂，主要唱嘱新娘和劝新娘的歌，奉劝新娘要夫妻和睦，跟随夫家好好生活，之后新娘唱哭嫁歌，表达对父母感恩之情，对亲人朋友的谢意，最后收歌。另一种是男方做主，为结婚当日组织的歌堂，晚上闹了洞房之后，大家围坐厅堂中或火塘边坐歌堂。坐歌堂先由主方的歌头领唱，称起歌堂，然后众人和唱，并进入歌堂，分主客就座，献茶、敬烟都以歌作答。接着，主客转入驳歌对唱，内容有远古故事、猜物拆字，也有传播生产知识、倾诉身世或爱情等。若对方答不上歌，人们则撩拨火堆，以烟熏热烤的"惩罚"来敦促对方答歌。歌至午夜，已婚男女悄悄退

场，让未婚男女选择对象，倾诉心曲，歌堂转入情歌对唱。许多青年男女往往在坐歌堂里唱得兴高采烈，情投意合，交换信物，定下终身之约。坐歌堂民俗已成为瑶族青年相识交流、谈情说爱、增强民族情感的重要方式。（彭莹）

蒙山瑶族婚嫁民俗 婚姻礼仪。流行于今广西壮族自治区梧州市蒙山县盘瑶地区。瑶族青年男女一般是通过节庆、酒事等场合相识。相识之后情投意合的，女方会送给男方一对用红、黄、蓝丝线绣织的绑脚束带（固定绑脚的一种束带）；男方则会送上用丝线刺绣的女帽饰花带给女方作定情物。男女双方的恋情一旦确定，男方家里就会请媒人上门提亲。得到女方同意后，男方家就会带着槟榔、香烟、酒、猪肉等礼物和红包到女方家定亲，商量婚礼具体事宜。结婚当日，按瑶族习惯，新郎不到女方家接新娘，而是由伴娘和送亲的亲友把新娘送到男方村边。新郎家一般会请上 2 位德高望重且夫妻恩爱、儿女齐全的妇女到村边，用男方准备好的全套瑶族新娘服装帮新娘换装。吉时一到，迎宾队就吹奏起唢呐、笛子，敲锣打鼓把新娘和送亲队伍迎接进村。到新郎家大门外时，由上述 2 位女主事帮助新娘洗脸、洗手、洗脚以示洁身，换上男家的新袜、新鞋之后再扶进厅堂，由清水公（婚礼主持人，一般由族老担任）主婚，新郎和新娘先三拜天地，三拜祖宗，然后拜父母，夫妻对拜，新娘拜新郎家灶王，仪式之后由主事妇女和伴娘把新人送入洞房。按瑶族传统，举行婚礼的当天不是大日（正式结婚日），第二天才是结婚的日期。（邓玉莲）

疍家婚礼 婚姻礼仪。流行于广东疍家人。婚俗兼有一个"唱"字，这是源于水上居民的古老传统"婚时以蛮歌相迎"的遗韵。疍民闺女在出嫁前几天，足不出户，在家（即船或棚）自哭自叹，陪嫁姐妹及伴娘等人日夜陪伴叹唱，意为"叹家姐"。唱的都是一些感人的咸水歌、哭嫁歌、十月怀胎歌，大都是怀念父母养育之恩，兄弟姐妹、至亲好友之情，以及离别亲人之苦。吉日清晨，男女双方送亲、迎亲队伍更是一展歌喉，以对歌方式营造喜庆欢乐的气氛，男方在对歌胜利后才能接走新娘。男家接亲的人故意将迎亲的喜船颠得左摇右晃，若新娘能够稳步不惊地走上喜船，就赢得能经受风浪、稳当持家的美誉。有的甚至在船上乘兴将新娘抱起抛来抛去，以疍民独有的"颠船"游戏，体现出婚礼的欢喜气氛。（邓玉莲）

广府过生日 人生礼仪民俗。流行于广东广府地区。年龄未及 50 岁者的生辰一般称生日。富贵之家，备以丰富食物和用品举办筵席；普通人家特意添几个鸡蛋或蛋糕之类，以作表示。小孩子生日，父母给一个红鸡蛋，叫吃红心蛋，取其有雄心之意；10 岁前后，特意加些肉类，却借些小事打他，告诫其勿娇生惯养，故民间有"大人生日有鸡劏，细佬生日有得打"之说。男子婚后第一次生日，由岳家为其庆祝，备物品拜神之后，添些菜肴与家人同聚，是为做生日的开始；31 岁时，岳父母要馈送衣料等礼物，婿家则治酒席宴请岳父母及其他亲友，俗称做三十一。此后至 50 岁之前，庆贺生日即使邀请亲友，也极为简朴。因"四"与"死"谐音，广东人对 41 岁生日很忌讳，不但不庆贺，有人提起也会受责备。51 岁以上的长者不逢"十"或逢"一"的诞辰，只讲做生日；逢"十"或逢"一"的生日，通常举行祝寿仪式，俗称做寿或做大生日。广东民俗，男女做寿在年

岁上有所不同，男人做寿逢"十"，如 50、60、70、80、90、100，女人做寿逢"一"，如 51、61、71、81、91、101，俗谓"男做齐头女做出一"。做寿有简有繁，以其家底及寿星身份而定，通常由儿女、亲朋发起，大家齐来庆贺。祝寿礼品以寿桃、寿面、新衣服最为常见，隆重者还有寿联、寿幛。古时祝寿置寿堂，在正厅墙壁中间，男寿星悬挂南极仙翁像，女寿星悬挂瑶池王母像，或"八仙庆寿图""福禄寿三星图"等象征高寿之画轴，或剪贴金纸大"寿"字，燃寿烛，结寿彩。寿星穿新衣坐于中堂，接受亲友、晚辈祝贺叩拜。50 岁称梅花寿，又称半百老人，60 岁称下寿、花甲大寿，70 岁为中寿，80 岁为上寿，90 岁为耄寿，100 岁为期颐寿。受西方礼俗影响，今做生日要买蛋糕、点喜烛，每长一岁添增一烛；举家亲朋好友，开生日聚会，唱生日快乐歌，然后吹熄蜡烛，切蛋糕给大家分享。（周录祥）

做大生日 人生礼仪民俗。流行于广东潮汕地区。潮汕人给 60 岁以上的长者举行隆重的庆寿礼，称为做大生日。花甲又称上寿，上寿之后，每逢 70、71、80、81……都可做大生日。旧时做大生日要在厅堂上挂"寿"字幛，在八仙桌上摆寿面、寿桃、福寿五果（石榴、佛手、香蕉、桂圆、大橘），红烛高举而不烧。主持赞礼者要唱赞词。寿者要拜祖公，接受子孙及家眷的请安，然后按内外尊卑顺序接受亲朋致礼。礼毕侍茶，准备饮宴。庆贺者所送寿仪中，必有寿幛、蛋面之类。富豪人家，还请戏班演"十仙庆寿"等节目。揭西客家旧时做大生日的仪式要在午夜前开始，寿者先拜南北斗星君，后拜祖先，再接受子孙参拜，寿者则赐子孙以红包。第二天早上开始接受亲友祝寿，主人站寿堂右方，

宾客站左方，相互对揖3次，再对换位置互揖3次，然后上席待宴。（周录祥）

送终　丧葬仪礼。流行于两广地区。中国社会历来重视养老送终。老人断气前，子孙后辈通常会环跪床边，在老人身旁照料，陪其走完生命的最后一段历程。此时，晚辈要为老人脱去身着的旧衣，煲水净身，换上提早准备好的衣物，头枕金银纸，口袋里放上荷包，同时还得拆去老人生前使用的蚊帐和被褥。老人临终之际，需喂以糖水，待寿终正寝，再将其抬上特制的丧床，并将其手足放平放正。床下点着的油灯，意在为死者照明阴司路，油灯出殡时才能熄灭。民间普遍相信因果轮回，晚辈亲属认为死者可以投胎转世，因而需要让他们穿着整洁，体面地离开。如果老人未能及时穿上全部寿衣就已过世，会被视为是一件令人遗憾的事情，子孙会良心不安，老人也会抱憾而终。而那些不能在家中死去的人，尸体则不能进屋，必须在屋外临时搭建一个用于停放尸体的灵棚。若子孙后辈在老人晚年未能尽孝或弥留之际无故缺席，通常会被当成不孝，受亲友诟病；若其儿子在外未能及时赶回送终，他在出殡前归来时，人到巷子口就得跪下，然后伏地爬行至死者床前。（蒋明智、韦秋圆）

呼号　丧葬仪礼。流行于两广地区。老人在将要断气、气息微弱之时，晚辈亲属在一旁不断呼唤，期盼能将魂魄留住，令老人起死回生。眼见至亲之人即将逝去，陪同身侧的亲属忍不住痛哭、叫唤，这既是一种情感上的自然反应，也是一种民俗行为。老人断气后，亲属需要手持一枝香跪哭，将其手脚摆正，整理好仪容，昼夜在庭院烧纸，并着手操办丧事。从前病人多死于家中，农村社会尤其忌讳临终前没有亲人在身旁陪伴，致使死后灵魂不得安宁。那些不得善终或者死后没有亲友祭祀之人，常被视为孤魂野鬼。（蒋明智、韦秋圆）

报丧　丧葬仪礼。流行于两广地区。家中亲人死后，家眷派人给亲友送讣告。家中有人去世，家属需要及时将噩耗通知重要亲友，如舅家、离家在外的儿孙、族中兄弟等。可以简明写在报丧纸上，也可以选派代表前去告知。在粤北客家农村地区，人死后家人马上放鞭炮、敲打锣鼓以通知亲邻。报丧都是由男丁前往，没有儿子才由女儿出面，也可选派族中其他亲友协助。报丧人不能随意进入别人的屋门，需要在屋外唤出亲属，向亲友说清死者去世的时间和原因、享年、出殡时间、治丧地点等事项，来去匆匆。在粤北一带，报丧人前往姑舅家报丧时还需要附带一只活鸡或者一封利市赠予对方。在粤东一带，潮州的丧家还要准备小红绳分发给帮办丧事的亲友。（蒋明智、韦秋圆）

小殓　丧葬仪礼。流行于两广地区。为死者穿寿衣。在广东广府地区，老人穿寿衣入殓前，须先由其儿子、媳妇或者侄子到小溪买水替老人净身，净身后才可让死者穿寿衣入殓。寿衣以绸布为材料，款式多为死者礼服，以素色为主，多用白色、棕色等色，忌用大红、黄色、绿色、蓝色。寿衣订制视家中经济状况而定，家底越殷实，给死者穿的寿衣件数就越多，材质也越高档。寿衣的件数有的地方讲究奇数，不要偶数，也有地方讲究男双女单。（蒋明智、韦秋圆）

大殓　俗称入棺。丧葬仪礼。流行于两广地区。将死者装入棺材，并盖上棺材板。农村老人上了年纪之后，多会私底下准备好棺材。棺材一般用一块红布盖上，放在圈养家畜的小房子、阁楼或者屋边的田地里藏起来。老人死后，家属将棺材移至厅堂，根据男左女右的顺序摆放。大殓需要先请风水先生看日子，时间的择定同时也受天气状况的影响。若有人八字与入殓的时辰相冲撞就需要暂时回避。"八仙"负责专门缮理尸体、将死者抬进棺材等丧葬劳务事宜。请不到"八仙"，则多由族中亲友协助完成。将死者抬进棺材时，需要将尸体摆正，扯一条红绳在棺中，线头挂一竹枝，对着死者的鼻端。如果死者死前未将眼睛闭上，还需用手帮忙合上。有的在棺内垫棉被，也有的铺草纸，让死者头枕裤子。陪葬品的多少视家庭财力状况而定，一般棺材里还会放上老人生前贴身的首饰。一切准备就绪，就合上棺材板，并用大钉子将棺材板钉牢。（蒋明智、韦秋圆）

入棺　见"大殓"。

安座　丧葬仪礼。流行于两广地区。为死者设灵位，供人拜祭。灵位一般安置在祭台，中书"□□世贤考□□□公之灵位"，或者"□□世贤妣□□□孺人之灵位"，供上香炉；也有的是直接在丧桌上安置神主牌和死者遗像，配以烛台、香炉，"太上老君敕令伴随使者"神位安放在灵位的左边，称之为"人客"，是陪伴死者灵魂用的。在家寿终正寝者，灵位一般设置在厅堂；屋外病死者，死后尸体不能进家门，只能在屋外临时搭建一个草棚安置灵位。（蒋明智、韦秋圆）

设灵堂　丧葬仪礼。流行于两广地区。在厅堂停放灵柩，供奉牌位，以供人吊唁。灵堂装设的繁简程度根据丧家

的经济状况而定，不过一般都摆放有死者的遗像、神主牌、香炉、烛台、各式供品，灵柩前点一盏长明灯，挂上挽联等。死者子孙于灵堂里跪哭，在灵前烧化纸钱，给亡者守灵。一些财力允许的人家还会额外搭建灵棚，供亲友休憩、吊唁，在灵前更会大加装饰，鲜花、时果满布幕前。设灵期间，丧家会请僧道昼夜做法事，超度亡魂。仪式时间长短不一，因地方民俗和丧家费用而异，有3天、5天、7天不等。（蒋明智、韦秋圆）

吊唁 又称吊孝、吊丧。丧葬仪礼。流行于两广地区。亲朋好友接到讣告后，携带祭礼奔丧，祭奠亡者。吊唁开始前，丧家按照惯例要向亲友发出治丧通知，亲友收到消息后，会主动前来奔丧，并帮忙料理后事。亲友携带的祭礼有香烛、挽联、三牲或五牲、绸缎挽幛、果品、糕点等，丰厚程度与丧家的亲密程度、人情往来疏密有关。死者的近亲特别是姻亲，吊孝礼仪隆重。主事人逐一将亲友的祭礼登记在册。开吊时，要献上祭帐，摆上供品，上香，奠酒，盖头，孝子孝女身穿白色丧服，儿子要屈膝向前来凭吊的亲友致意，女儿、儿媳和孩童多放声大哭。在广东广州等地的丧俗中，丧家还会花钱雇喊口婆来哭喊哀啼，每到有亲友前来吊唁时，喊口婆就会放声大哭。（蒋明智、韦秋圆）

吊孝 见"吊唁"。

吊丧 见"吊唁"。

出殡 俗称出山。丧葬仪礼。流行于两广地区。把死者棺木送到安葬地点埋葬。仪式极为烦琐且隆重，是整个丧葬过程中最重要的仪式，被视为彰显死者身前家庭状况和社会地位高低的表达。没有财力的普通人家相对简单，财力丰厚的家庭则比较隆重。出殡时间各地不尽相同，民国时期广东中山县多在2个星期内出殡，高明县的富裕人家在死后49天，茂名县多为三七或五七。出殡前要请风水先生择吉日，一般定在上午，也有人为择吉日而延迟出殡时间。出殡前夜，子孙后辈通常通宵守在棺旁。启灵之时，子孙后辈需要身着全套孝服在旁跪拜，由风水先生主持，宣读"起柩文"、明烛、拈香、焚纸帛、祭酒等。出殡时，丧家多准备猪、羊、鸡、鱼、酒水、糕点等祭奠之物。出殡仪仗讲究，民国时期多由执事、僧尼、鼓乐及纸扎人物构成，有的是从仪仗店租用的整套仪仗队列，有的亲友还会奉送花牌、花圈等，后面是弦管乐队、大锣大鼓、古乐亭、香亭、主亭、神主牌、灵柩。灵柩旁有抬柩的探路者，手持2块木板，边行边敲打，高声大叫提示路况。抬柩人的数量视死者身份高低、贫富而定，普通人家由亲邻彼此帮忙，显赫家庭则会花钱雇佣抬柩，一般是8—12人。棺材送到原先定好的下葬地点后，由风水先生主持下葬仪式，举行辞灵拜别，拜完后再返回丧家参与宴席，返回过程中，不能原路返回，要去别处逗留一会才能回家。（蒋明智、韦秋圆）

出山 见"出殡"。

服孝 又称戴孝。丧葬仪礼。流行于两广地区。是尊长亡故后，晚辈为表示对死者的敬重和悼念，在居丧期间所奉行的穿戴规范。尊长死后，家眷往往需要换穿素服，《礼记·丧服》中将丧服分为五等，即斩衰、齐衰、大功、小功、缌麻，血缘关系越近，所穿的丧服越重。粤北韶关、粤东潮汕等地基本遵循中原传入的丧葬民俗，不过亦有不少差异。服孝时间各地不一，一般来说最长为3年，穿戴规范亦有所简化。服孝期间，需要严格遵守一定的禁忌，如不许夫妻同床，否则会使棺材破裂；不许穿艳丽的衣服，否则会被视为不敬；不许未足月就参加别家操办的喜宴和进别人家门，否则会被人嫌弃。服孝期间主人家还不能随意操办喜事，要披发赤足，不能喝酒、吃荤、刷牙、洗脸等。人们一方面为了彰显孝心，另一方面也对亡者心怀敬畏。（蒋明智、韦秋圆）

戴孝 见"服孝"。

民间信仰

财神诞 民间诞会。流行于广东各地。财神，一说为文财神比干，一说为武财神关羽，一说唐、刘、张、葛、李5名江洋大盗为五路财神，其中关羽为正财神。各财神有不同的诞期，七月二十二为正财神诞日，是日人们供上牲礼，鸣放炮仗，焚香点烛烧金纸进行拜祭，或到供奉财神的庙宇祈福发财。正月初五为五路财神诞日，人们准备好牲礼，争先恐后地敲锣打鼓、燃放爆竹，开门营业，迎接五路财神，称为接路头。潮汕地区奉范蠡为财神，六月二十四为诞日，是日，店家、店员准备三牲敬拜，祷告许愿。敬拜时，常用一截大木炭来插香，因潮汕话"炭""赚"谐音。在木炭上系一条红绸，长期摆在店家的床上。店家宴请雇员、工友、老客户及亲朋好友等，宴席越丰盛，来的人越多，意味着今后的生意就越发达。（王焰安）

石敢当诞　民间诞会。流行于今澳门特别行政区。发轫于"泰山石敢当"信仰，为澳门地区所特有，民众、商户参与程度极高。正月初七举办庆祝石敢当神明生辰贺诞活动。灵石崇拜历史悠久。泰山石被认为具有东岳泰山浩然正气，放置于道路要冲、房前屋后，可以辟邪止煞。澳门主要奉祀石敢当的石敢当行台，始建于清光绪二十年（1894），原为桥巷街坊集中议事的公所。后来，附近镇守莲溪的石敢当碑石被迎请供奉进室内，此处便成为主奉石敢当的宫庙，并陪祀姜太公、赵玄坛、观音、关公等神祇。与内地主要将石敢当与女娲娘娘炼石补天相结合不同，澳门地区民间传说认为姜太公封神后漏了自己的位置，只好在屋顶安置自己神位，称"姜太公在此"。由于两者都具有辟邪、镇宅的功能，民众将二者合二为一，附会出女娲娘娘封姜子牙为"泰山石敢当"的神话传说，故行台中所供的"泰山石敢当"神像又为姜子牙一般的道士打扮。石敢当信仰源自北方、遍及港澳的本地化过程和神明形象由石碑向道士的拟人化转变，都反映了民众的智慧和民间信仰独特的思维逻辑。（蒋明智、樊盾）

雷祖诞　民间诞会。流行于今广东省湛江市雷州半岛。雷祖姓陈名文玉，唐太宗时人，是雷州首任刺史。在任期间一心为公为民，深受百姓敬爱，死后百姓将他尊奉为神，建立庙宇进行祭祀，与之前的雷公信仰合二为一。雷祖祠于唐代始建于雷祖降诞处。雷祖诞以雷州半岛为核心，影响至海南、广西和越南北部等环北部湾地区。每逢雷祖诞日，从正月十一至十五，都举行游神和到各地巡游仪式，并表演雷傩舞、铜鼓舞、蛙舞、雷龙舞等。（王焰安）

伯公诞　民间诞会。流行于广东客家地区。广东客家人的传统节日。伯公，即土地神。一说是农历二月初二，一说是六月初六。是日，人们向伯公上香、敬茶、备办三牲、果品，祭祀社官、公王。惠州市惠城区下沙村村民称伯公诞为伯公会，二月初二伯公会当日，会首出面到各家各户收取会款，然后购买香烛纸钱、食物祭品，村民纷纷到伯公庙拜祭伯公祈福。上一年添丁的户主，均需送上一盏花灯笼和约20斤重的寿包向伯公报喜及贺寿。拜过伯公后，会首便将各户上供的寿包、猪肉、烧肉及祭品，按户数平均分配。（王焰安）

伏波诞　民间诞会。流行于广东、广西、海南等地。伏波，是马伏波将军马援。诞期不一，广东湛江在二月初六，广西钦州等地在四月十四，海南海口在六月十六。伏波为官名，西汉武帝元鼎五年（前112年）始置，首位伏波将军为路博德。广西伏波将军多指西汉末年至东汉初年军事家、战国名将、马服君赵奢的后裔马援（前14—49年）。老百姓尊崇马援为安邦定国、文德武略的一代战将，是降妖除魔、镇守恶滩、保平安的伏波大神。庙会期间，道公要做三天门、过刀山火炼等法事；女巫则用山歌赞美伏波将军，以祈愿国泰民安、五谷丰登。（蒋明智、曾镜明）

波罗诞　民间诞会。流行于今广东省广州市。波罗即波罗国贡使达奚司

南海神庙内的达奚司空像

空。二月十一至十三举行，十三为正诞。每届诞期，四乡善男信女都前往神庙朝拜波罗神，形成盛大的传统庙会。五子朝王是波罗诞的重要内容，始于明代，正诞日举行，由十五乡乡民将各自村中分别供奉的大案、源案、始案、长案、祖案抬到南海神庙中庭，向南海神祝寿，也称祭海神。1年一小祭，3年一中祭，5年一大祭。祭祀完毕，各案由各乡抬回。神像返回，各乡自设祭坛，大人小孩云集迎接神像，有的乡村还舞龙舞狮助兴。波罗粽是波罗诞的重要食品。波罗鸡是人们用纸扎和鸡毛粘制成的工艺品，民间认为波罗鸡是神鸡。据说在10万只鸡中，有一只像真鸡一样，清晨能啼叫。谁的运气好，买到那只会啼的波罗鸡，就可发财致富。2011年入选第三批国家级非物质文化遗产名录。参见第1244页海洋文化卷"波罗诞"条。（王焰安）

波罗鸡

大王诞　又称洪圣大王诞。民间诞会。流行于今广东省和香港特别行政区、澳门特别行政区。大王即洪圣大王，本名洪熙，为唐代的广利刺史，精通天文、地理，多次协助渔民和商人，去世后华南沿海地区居民奉之为海神。相传清朝光绪年间一个雷雨夜晚，澳门黑沙村村民见空中出现骑白马自称

洪圣大王的将军，村中遂建大王庙。早期黑沙村的居民以渔为业，祭拜洪圣大王，体现了村落原居民对神秘自然力的认知。现时黑沙村居民多不靠海营生，大王成为村里的保护神。二月十五举行，届期黑沙村会邀请政府重要官员和嘉宾主持仪式，举行上香、上贡、舞龙、舞狮、分福肉、盆菜宴、巡游采青、鸣放炮仗等一系列贺诞仪式，祈求澳门风调雨顺以及村民康泰。（蒋明智、曾镜明）

洪圣大王诞 见"大王诞"。

包公诞 民间诞会。流行于今澳门特别行政区。每年二月十五，在澳门三巴门举行的贺诞活动。清光绪十五年（1889），澳门瘟疫流行，三巴门的居民请来佛山包公的神灵，举行神像巡游，后来疫情大减，居民相信是包公显灵，开始建庙供奉包公。澳门有几座祭祀包公的公共神坛，其中以位于同安街与福庆街交会处的包公庙最具规模。包公庙每年都会举办包公贺诞，其时张灯结彩，醒狮助兴。包拯因其廉洁公正而被奉为神祇，在澳门现代社会有诉讼不公、冤屈难伸者也会去祭拜包公。包公诞是包公信仰的主要表现形式，是中华传统民俗文化在澳门一脉相承的体现，寄托着市民们对社会廉洁公正精神的向往。（蒋明智、曾镜明）

朱大仙诞 民间诞会。流行于今香港特别行政区。每年为香港部分渔民组织举办的集敬神、酬神、祭祀、祈祷、欢庆、宴客于一体的民俗活动。由香港仔合胜堂功德会举办的朱大仙醮的醮期在二月十九观世音菩萨圣诞当日，掷杯决定，以月份先掷，多以农历五月起掷，得胜杯后，就以初一、初二、初三直至最先得3个胜杯定为开醮日。近几年为方便更多渔民参与，醮期大

都定在香港休渔期内。因在海面上打醮，故称水面醮。大澳的朱大仙醮由诚心堂值理会主办，于每年三月在龙岩寺进行，以宗教仪式洁净社区，祈求社区平安，并同时庆祝朱大仙诞辰。（蒋明智、黎玉华）

广泽尊王诞 民间诞会。流行于今广东省和香港特别行政区。二月二十二举行。广泽尊王又称保安尊王、郭圣王，在福建泉州和台湾地区被视为保佑天下太平、家人平安的福神，相传原姓郭，名洪福，福建泉州安溪县人，幼失双亲，生活贫苦，后受雇为人长期牧羊，因秉性诚实善良，故暗中常得神助，后在石上坐禅成仙。（姚朝文）

三山国王诞 又称三山国王祭典。民间诞会。流行于广东潮汕地区，梅州兴宁、梅县等地。起源于广东省揭阳市揭西县河婆，已有1400多年历史。三山即广东潮州的巾山、明山、独山。相传揭西人连杰、赵轩、乔俊义结金兰，协助隋文帝完成统一大业，被封为大将军。三人不恋荣华，挂印回乡，造福乡民。人们为纪念他们，便把当地的巾山、明山、独山分别作为连杰、赵轩、乔俊的象征，俗称大王爷、二王爷、三王爷。一般以三山国王大王爷的诞辰日二月二十五为神诞。祭祀仪式有2种，一种为规模小的常规祭祀活动，一种为大型的祭典活动，俗称猪羊祭。对促进海内外华人和海峡两岸的文化交流有着纽带和桥梁作用。（王焰安）

三山国王祭典 见"三山国王诞"。

北帝诞 又称真武会。民间诞会。流行于广东各地。北帝，又名玄武、真武、玄天上帝、黑帝等，珠江三角洲民间则多习称北帝。俗传农历三月初

三是北帝的诞日，自三月初一至初三，村民们都要举办庙会、游神等活动，纪念北帝。是岭南最为盛大的民俗活动之一，其中以佛山为最，称为祖庙庙会。佛山北帝诞的活动分为设醮肃拜、北帝巡游、演戏酬神和烧大爆等过程。旧时，三月初一，佛山牛路村的民众便将祖庙的北帝请到霍氏宗祠，举行北帝更衣神功会。更衣后霍氏宗族的人便前来参拜北帝，在祠堂前设醮，烧大爆。第二天晚上，霍氏宗族的人又将北帝请回到祖庙旁的灵应祠，此日，全佛山的民众便前来祭拜。初三，牛路村的民众又将北帝抬出灵应祠，按照事先确定好的路线到市内巡游。初四，牛路村的民众再将北帝抬到会真堂，用黄皮叶水为北帝沐浴。北帝沐浴更衣后，民众再抬着北帝原路返回，放在灵应祠供奉。北帝巡游时，在祖庙的万福台表演酬神戏，演戏前，人们将祖庙里的北帝神像抬到台前看戏。"佛山祖庙庙会"2008年入选第二批国家级非物质文化遗产名录。参见第1244页海洋文化卷"北帝诞"条。（王焰安）

真武会 见"北帝诞"。

真君诞 民间诞会。流行于今广东省汕尾市陆丰市和香港特别行政区等地。三月十五举行。真君即保生大帝，又称大道公，名吴本，又称吴真君，为福建泉州与台湾闽南语地区乡民所奉祀的地方守护神。原为宋代名医。明洪熙元年（1425）仁宗封为慈济灵应妙道真君、万寿无极保生大帝。清初由林氏先祖从福建把保生大帝香火请回陆丰。改革开放后，陆丰东海街旅港同胞余来等又以香港清德堂名义，把保生大帝香火请到香港青衣岛，建庙奉祀。祭祀时有"酹大福"之俗，每年三次，在正月下旬、三月十五和九月十五，信众将神像迎请到街头祭

祀；其间请戏酬神，时常有两三个戏班唱对台戏的盛况，信众广邀亲友饮宴观戏。民间还流传不少保生大帝的药签及其获验的传说，推动了保生大帝信仰的传播。（姚朝文）

妈祖诞 又称天后诞、天妃诞。民间诞会。源于福建，流传至浙江、台湾、广东、香港、澳门一带，并辐射全国和东南亚地区。三月二十三举行。以湄洲妈祖祖庙为信仰中心，以各地妈祖宫庙为活动场域，以立德、行善、大爱为信仰核心，以庙会祭祀仪式、民间民俗和传说故事等为表现形式。妈祖原名林默，为南宋福建湄洲岛渔民之女，少时有神异，因救人而亡，被乡里立祠纪念，后随海运而兴盛，经宋、元、明、清各朝敕封，成为海上保护女神。各地祭祀妈祖的仪式大致相同，由大醮、清醮、出游、回娘家和分神组成。妈祖信仰随闽南渔民在宋代后传入岭南，并对潮汕、广府的信仰体系产生很大影响。澳门在明朝时被称为阿妈港，葡萄牙殖民者从澳登陆时也是在妈祖阁旁，因而将此地命名为"Macau"。澳门原为渔港，居民也大都是渔民，多崇信为渔业保驾护航的海神妈祖，民众与妈祖的联系也颇为紧密，他们将妈祖视作自己的长辈，尊称其为阿妈。澳门妈祖信俗绵延百年、扎根社群，与澳门同生共长，是世界妈祖文化的重要组成部分。参见第1244页海洋文化卷"天后诞"条。（蒋明智、樊盾）

天后诞 见"妈祖诞"。
天妃诞 见"妈祖诞"。

佛诞节 又称浴佛节。民间诞会。流行于今澳门特别行政区。为纪念佛祖释迦牟尼诞辰而举办浴佛、斋戒、诵经等系列活动的宗教性节日。佛经记载，佛祖释迦牟尼于十月初八降生在古印度迦毗罗卫国，是时，佛祖七步生莲，九龙为其吐水沐浴，他一手指天、一手指地说："天上地下，唯我独尊。"唐咸通年间，佛教由真教禅师传入澳门所在的香山县地区。明崇祯五年（1632），澳门第一座寺院普济禅院建立，此后澳门佛事昌盛，先后立有观音古庙、功德林等庙宇，香火鼎盛。佛诞日被特区政府确定为法定假日。是日，澳门佛教高僧大德及信众会云集于议事亭前，举行浴佛法会：僧人用五香水为佛祖太子像沐浴，作龙华会，以象征佛陀降世，此外各寺院还会散发素斋、派送佛经、设坛宣讲佛法。澳门浴佛传统与内地汉传佛教仪轨一脉相承，既表达出佛教界对济世度人、智慧圆觉佛陀的纪念，又传达出民众希望洁净尘世、洗除众生无明烦恼的美好期许。（蒋明智、樊盾）

浴佛节 见"佛诞节"。

谭公诞 民间诞会。流行于今香港特别行政区。谭公源自广东惠州九龙山，相传幼为牧童，12岁得道，常为渔民预测天气，治疗疾病，是海上的守护神，为渔民带来平安与喜乐，深受沿海居民的膜拜。四月初八举行。主要的庆祝活动都在筲箕湾和跑马地举行。是日，许多市民善信都会参与巡游、烧香膜拜，以纪念当年谭公为民驱除瘟疫的事迹，场面十分热闹。（姚朝文）

李灵仙姐诞 民间诞会。流行于今香港特别行政区。四月十五举行。香港薄扶林村村街坊福利会筹办。活动包括：由当区区议员为醒狮点睛开光；国术会的醒狮在村口舞高桩助庆；村民及参与者献神衣和奠茶酒，醒狮出发至李灵仙姐塔，街坊福利会成员将村口神台上的供品移到李灵仙姐塔前，先由醒狮和国术会成员拜神，村民亦相继拜神，更在塔旁的铁桶化衣。化衣后，醒狮队伍朝贺村内所有土地伯公，成员负责上香、化宝并提起烧猪朝拜，再由醒狮朝拜，其后醒狮进入居民业余游乐社内舞狮，于薄扶村完成仪式后，队伍到菜园村朝拜土地，最后返回薄扶林村街坊福利会。（蒋明智、黎玉华）

金花诞 民间诞会。流行于广东各地。金花，又称金花夫人、金花圣母，全称金花普主惠福夫人，相传本是一个民女，阴差阳错竟成为难产的巡按夫人的接生婆，从而被尊为金花娘娘，是广东民间传说中的生育女神。金花诞源于广州，普及于广东各地，其中以珠江三角洲地区为最。四月十七举行。每届诞期，从清晨开始，各乡的狮子队就接踵而来，争先恐后涌入庙中祭拜。四乡民众必到庙中轮流跪拜，要求生男育女者、祈求生育平安者，最为虔诚。庙堂中挂个大灯笼，四周悬挂红白两色彩带或花朵，供求嗣者采摘。求男者摘白花，求女者摘红花。人们一边参拜，一边祈祷，口中念道："祈子金花，多得白花；三年两朵，离离成果。"平时小孩有病、家宅不安的，也到金花庙烧香。晚上多演粤剧酬神。（王焰安）

龙母诞 民间诞会。流行于西江流域两广地区。距今已有2000多年历史。分正诞（诞期为五月初一至初八）和润诞（龙母飞升日，诞期为八月初一至十五）。每届诞期，民众们多在本地龙母庙祭祀，还组团到广东省肇庆市德庆县悦城镇龙母祖庙贺诞，俗称为探阿嬷（探望奶奶），贺诞团一般10人为一团，取"十足齐全"之意。德庆县悦城镇龙母诞内容首先是五月初一晚为龙母沐浴和为龙母圣物开光。沐浴由龙母"娘家"6位女性举行，圣

物开光由开光师在鼓乐声中念咒语、施法术。五月初二上午举行龙母贺诞仪式，请龙母圣像上座，善男信女向龙母行鞠躬礼，各方代表致辞并献礼。初二下午举行万人放生仪式。初七晚举行上零时圣香仪式。初八，挤不进庙堂的香客，在河边滩头、山间空地就地设坛致祭，龙母诞至此结束。民间还有洗龙泉圣水、引香火、呈贡品、跪叩祈祷、烧金银纸、装香灰、燃爆竹、念经等。"悦城龙母诞"2011 年入选第三批国家级非物质文化遗产代表性项目名录。参见第 1244 页海洋文化卷"龙母诞"条。（王焰安）

关帝诞 民间诞会。流行于广东各地。关帝，即三国名将关羽，民间俗称关公，因其具有司命禄、佑科举、治病除灾、驱邪避恶、诛罚叛逆、巡察冥司、庇护商贾、招财进宝等功能而被民众祀为神，是广东民间普遍信仰的大神。其诞期，一说为五月十三，一说为九月初九，一说为六月二十四。诞会期间，一般是先到庙宇祭拜关公，然后抬着关帝出游，飘色、锣鼓柜等随后游行。有时各大庙宇联合出游，如佛山的东头、弼头、福德、仙涌、福庙 5 座大庙约定同一时辰一起出游，并称"五虎下西川"。届时他们先在弼头关帝庙集中，组织福德等地武馆的狮子队在科瓜窿举行狮子入洞表演，以示欢迎，狮子队称为三狮入窿。一直至次日，各出游队伍才返回原庙。广州市番禺区一带的关帝庙在诞会期间演戏、唱八音酬神，有些庙宇还举行抢花炮活动。（王焰安）

文武二帝诞 民间诞会。流行于今香港特别行政区。是香港大屿山梅窝白银乡于五月十三围绕白银乡文武庙，集请神、醒狮和麒麟队到贺、送神及晚宴于一体的民俗活动。白银乡文武庙内供奉关圣帝君及文昌帝君。文武庙的兴建，最初是为了请神明作证，公平地仲裁村民于开采银矿时的争执。贺诞当天，村长首先请出文武二圣的行身到地塘的神棚供奉，接着开始贺诞，他们先点燃大香，工作人员亦相继上香化衣，然后分吃烧猪肉。大地塘相继有不同的醒狮队前来贺诞，醒狮先向白银乡的醒狮打招呼，再向神棚内的二圣行身朝贺，叩拜 3 次，成员带贺诞物品前往庙宇上香参拜，贺诞后，醒狮再向二圣行身朝拜，然后向白银乡醒狮拜别。翌日早上将二圣行身送返文武庙。（蒋明智、黎玉华）

哪吒诞 民间诞会。流行于今广东省和香港特别行政区、澳门特别行政区。五月十八举行，以哪吒宝诞及太子巡游为重点活动，是兼有浓厚佛教及道教色彩的民间信仰形式。哪吒，为梵语"哪吒俱伐罗"的略写，据《佛所行赞》记载，是佛教毗沙门天王之子。在《西游记》和《封神演义》中，哪吒的形象中国化，成为陈塘关总兵李靖的儿子，他手提红缨枪、足踏风火轮，法力无边。在《三教源流搜神大全》中，哪吒又被认为是道教的保护神，被尊为中坛元帅、三十三天哪吒太子。澳门哪吒信仰已有 300 多年历史，每年五月十八的哪吒太子宝诞热闹非凡，贺诞活动包括：演建醮祈福、巡游、飘色、印平安符、抢花炮、求哪吒印符、派平安米及举办神功戏。哪吒神格多元，因其常以儿童形象出现，所以被认为是孩童的守护神，奶奶、外婆、母亲等女性长辈都会到庙里为家中孩子祈福。澳门博彩行业也尊奉哪吒太子，认为其身手敏捷、三头六臂，可以庇佑众多彩民。（蒋明智、樊盾）

先锋诞 民间诞会。流行于今澳门特别行政区。是澳门居民为祈求消灾解厄、保佑平安举行的一系列宝诞活动。六月初六举行。先锋将军原名杨业，号老令公，原是北汉名将，骁勇善战，死后被追封为太尉，谥号忠武，成为保疆卫国之神。据《澳门掌故》介绍，清朝道光年间澳门局势动荡，望厦乡绅倡议建庙供奉先锋将军，社区的各船家响应捐资，在望厦村设置先锋庙。由于当地居民以出海为业，先锋将军逐渐与东海龙王信仰结合，成为本地渔民的庇护神。每至六月初六先锋诞，社区居民举行上香祈福、搭建花牌、醒狮等仪式，嘉宾为醒狮簪花挂红、开光点睛及洒圣水，法师诵经祈福，其后信众进庙，上香参拜、祭祀，祈求国泰民安、风调雨顺。（蒋明智、曾镜明）

邹应龙诞 民间诞会。流行于广东客家地区，以梅州市五华县为兴盛。相传邹应龙任福建廉访使时，五华深受土匪困扰，邹应龙带兵进入五华剿匪，战斗中，邹夫人李奶不幸被土匪抓住，在被押上山的途中，她趁土匪不备，用发簪将匪首铁板和尚刺死。邹应龙率军剿灭土匪，清除了匪患。五华人为感激邹应龙夫妇的功绩，立庙供奉，并每年举行祭祀仪式。诞期五华各镇不尽相同，龙都镇是六月二十三，大都镇是八月二十九，梅林镇是十月二十。是日，人们到庙里进香，抬神轿巡游，还举行飘色、醒狮表演。（王焰安）

鲁班先师诞 民间诞会。流行于今广东省和香港特别行政区、澳门特别行政区。诞期各地不一，广东广府地区为六月二十四，潮汕地区为六月十三，香港为六月十六。是日广府地区三行工人到鲁班庙中参拜，在鲁班先师牌位前摆灯 8 盏，悬挂纱灯 4 台，寓意是四象八卦。供品有包点、生果、金猪、三鸟等，有的地方还要读祭文、献技艺等。进香敬酒参拜完毕，大摆

宴席，开怀畅饮。据说饮了先师诞的寿酒，可保身体健康，施工平安。一些妇女则持碗碟到各建筑商号讨饭菜，认为讨得鲁班先师诞的饭菜，儿子便会聪明机智。饮宴完毕后，便开始演戏酬神，往往通宵达旦。广府地区还给家属、街坊派饭派烧肉，费用由三行工会开支。这种风俗，一直沿袭到新中国成立前。（王焰安）

七姐诞 民间诞会。流行于今香港特别行政区。是香港坪洲以坪洲仙姐庙为主要活动场所，以庙会祭祀、福品竞投等为表现形式的民俗活动。诞期是七月初七。坪洲仙姐会举办，有拜神仪式，供品包括水果、寿包、七姐盘、七姐衣，其中七姐盘内分了7格，分别放有护肤品、梳妆品以及红头绳、剪刀、针线等。祭祀完毕，将一个个七姐盘以及庙旁挂的7件七姐衣火化。（蒋明智、黎玉华）

六祖诞 又称南华诞、春秋二诞。民间诞会。流行于今广东省云浮市新兴县、韶关市、广州市等地。是南华寺、国恩寺、光孝寺每年为纪念禅宗六祖慧能所举行的纪念活动。新兴有些村庄则抬六祖像游行，挂佛灯、龙狮与八音贺诞、唱戏酬神等，至今已有1000多年历史。清代六祖诞已成为民间民俗活动，南华寺开始有民间艺术表演，以唱灯子、舞春牛纸马、唱采茶为主，兼玩杂耍。六祖诞分生诞（二月初八）和忌诞（八月初三），参与生诞的要比参与忌诞的多，参与庙会的主要是僧人、居士、信众、艺人等。庙会开始前半个月，僧人、居士开始净身，信众开始斋戒。庙会期间一律吃素，主食为五谷杂粮，菜为冬菇、笋干、木耳、豆腐、粉丝等。六祖诞庙会具体内容为：祝圣拜祖、晨拜、礼佛祭祖、信众午斋、放生、传灯等。（王焰安）

南华诞 见"六祖诞"。
春秋二诞 见"六祖诞"。

盘古王诞 又称还愿节。民间诞会。流行于今广东省清远市连南瑶族自治县和广州市花都区等地。盘古，瑶族始祖。盘古诞，连南为十月十六，花都狮岭为八月十二。是日，要杀牲祭祖庆丰收，每隔三五年则要举办一次耍歌堂活动。盘古王诞日，连南瑶族人民祭祖、出歌堂、跳过州舞和长鼓舞、演唱和对唱瑶歌、表演法真、追打黑面人。狮岭乡民清晨便从四面八方赶到盘古王庙烧头炷香，轮流到神坛前拜祭。还请来外地戏班在神坛前演大戏，持续3天。十月十六的主要活动是抢花炮，俗传抢获花炮的村庄必财丁两旺，凡抢到花炮的村庄，第二年要制作一个新的花炮，在八月十二盘古诞日当天，敲锣打鼓，舞着狮子，将新花炮送到盘古王庙，供当年放用。（王焰安）

还愿节 见"盘古王诞"。

杨侯诞 民间诞会。流行于今香港特别行政区。杨侯，南宋末年杨太后的弟弟杨亮节，在南宋幼主逃难至香港时护主有功，死后封杨侯王。香港有多间侯王庙，举办杨侯诞的主要是大澳杨侯古庙及东涌侯王古庙。大澳杨侯古庙的诞期是从六月初四至初七，历时4天。东涌侯王古庙的诞期是八月十六至二十，正诞为八月十八。诞期都会举行一系列祭祀仪式，包括请神、花炮会贺诞、设宴席、福品竞投及送神等，并聘请戏班上演粤剧神功戏。（蒋明智、黎玉华）

黄大仙诞 民间诞会。流行于今浙江省、广东省和香港特别行政区、澳门特别行政区。八月二十三举行。广东、浙江地区都有信众，又以香港黄大仙庙香火最为鼎盛，流行"黄大仙——有求必应"的歇后语。黄大仙，姓黄，名初平，晋代丹溪人，少时家贫。相传他15岁随一道士至金华山中学道，能叱石成羊。广府历史上著名的黄大仙庙有3座：一座是南海西樵山普庆祖坛黄大仙庙，1915年移到香港浅水湾，1921年于狮子山开山劈石，构园奉祀，直至今日；另一座在广州芳村，是三座中规模最大的一座；再一座在新会叱石，今尚存。罗浮山亦有黄大仙的仙踪。这些黄大仙庙现在都成为当地的人文景观。（王焰安）

香港玄天上帝诞 民间诞会。流行于今香港特别行政区。玄天上帝即北帝。南越人祀上帝始于汉代，因汉武帝得上帝祝福而平定南越。香港蓝田区玉虚宫举办的玄天上帝诞，始于1968年，由蓝田惠海陆玄天上帝值理会有限公司筹办。八月三十请神，九月初一敬神、酬神，持续至九月初六的送神。（蒋明智、黎玉华）

地母元君诞 民间诞会。流行于今香港特别行政区。地母元君又名后土娘娘。九月初六举行。以地母元君庙为主要活动场地，开展集敬神、酬神、

地母元君圣像

祭祀、祈祷于一体的民俗活动。（蒋明智、黎玉华）

地藏王诞　民间诞会。流行于今香港特别行政区观塘、荃湾大窝口、荃湾石篱村。是以地藏王庙为主要活动场地，集敬神、酬神、祭祀、祈祷、神功戏和社区巡游等活动于一体的民俗活动。观塘的地藏王诞，始于1946年，由九龙观塘惠海陆庆善堂有限公司筹办，诞期九月二十二开始，历时10天；荃湾大窝口地藏王诞，始于1965年，七月二十九是正诞，有供天、走午朝等敬神仪式，八月初二进行酬神仪式；荃湾石篱村地藏王诞始于1968年，石篱村地藏王宝诞值理会有限公司筹办，参与者主要为海陆丰族群及少数曾居于石篱村附近的广东人。他们每年均组织值理会筹办神诞，较年轻的一辈以口传、观察及参与传承此活动。（蒋明智、黎玉华）

观音诞　民间诞会。流行于今广东省和香港特别行政区、澳门特别行政区。诞期各地不一，有的在观音生日二月十九，有的在观音得道日六月十九，有的在观音出家日九月十九，有的在白衣观音诞正月初八，有的在观音开库正月二十四。以六月十九正诞最热闹，一般连续3天摆神供、拜大签、演酬神戏、做法事等。广州妇女有观音案会活动，即妇女到案头家饮素酒，请瞽姬唱木鱼《观音出世》，连唱几晚。其中，有些人家举行契观音仪式，让体弱多病、父母觉得难以养大者拜观音为义母，是时会请神婆或尼姑念《莲花经》，将小孩的裤带穿上2串铜钱，每串9个，取长久之意，将斋菜、生果献在观音像前，燃香烛跪拜，报上小孩姓名、出生年月，祈求平安。拜毕，取神前利市，即告礼成。（王焰安）

华光诞　民间诞会。流行于广东珠江三角洲地区。华光大帝全称五显华光大帝，是南方民间传说中的火神，九月二十八是其诞日，每到此日，广府地区乡民都要举行仪式进行祭祀，祈求消灾。其中，佛山祭祀尤为隆重。每年诞会期间，镇内各坊选出代表（称值理）搭醮棚，建火星醮，悬挂五色铜枝彩灯，每行彩灯前，配挂一套古装人物，俗称建醮景色。建醮景色历史上首推福禄大街，从街头到街尾，就有人物80多套，所挂彩灯也难以胜数。其次是花街，所需款项由所在街巷店户捐奉。各坊为显示实力，醮棚建设极为奢华，有的用绸绫结成享殿，以玻璃、翡翠为装饰。华光大帝还被奉为粤剧的祖师爷，粤剧优伶们每到这天，也举行华光诞祭祀仪式，演戏酬神。（王焰安）

冼夫人诞　民间诞会。流行于今广东省、海南省及东南亚等地，广东省茂名市高州市、电白区、化州市等地尤其盛行。冼夫人南朝梁至隋初年间高凉（今高州、电白、阳江一带）少数民族女首领冼英。诞期一说是十一月初十，一说是十一月二十四。每届诞日，民众便在冼夫人庙和当地社庙内举行打醮、游神、祭祀、演戏等纪念活动。（王焰安）

腊月酬神　又称还神、还愿。祭祀仪式。流行于今广东省和香港特别行政区、澳门特别行政区。年末对年初向神灵祈愿的酬谢，有云"年头作福年尾还"。一般在十二月、小年以前进行。人们可以去寺庙参与仪式，也可以选择在家中进行。酬神的主要内容一是谢太岁，即年初曾到庙宇中解太岁的信众，年末要置办香油、纸宝、糖果等祭品回到庙里答谢太岁神一年来的护佑；二是祭灶神，相传腊月二十三、二十四是灶神上天复命的日子，人们要准备甘蔗、甜汤圆、香烛元宝等祭品为灶神践行，希望灶神"上天言好事，下界保平安"，来年继续保佑家宅平安、柴米无忧。仪式上还会上演酬神戏以娱神。腊月酬神的民俗表达了人们善始善终、知恩图报的态度。（蒋明智、曾钊锜）

还神　见"腊月酬神"。
还愿　见"腊月酬神"。

太平洪朝　祭祀仪式。流行于今香港特别行政区。属于大型宗族性祭祀活动。新界粉岭围彭氏宗族在正月十五、十六举行。仪式举办前，村民要择吉日兴工，搭建神棚、歌台，布置天阶、法桥等；还要请神和开灯，这两个仪式必不可少，且必须在正月初一至十五以前进行。开灯结束后，村里的父老会聚集在一起吃盆菜。在正朝当天，请喃呒主持，带领围村村民进行，宗族中的已婚男士轮候担任朝首，代表全族人参与洪朝仪式的全过程。仪式按时段进行贴平安符、抢鸡毛、扒船、发奏开朝、迎神登位、吃朝粥、贴榜文、唱麻歌、酬神、问杯、劈沙罗、朝首送灯、化榜文、送神的程序，旨在通过仪式预祝宗族农事兴旺，也向神灵祈求保佑宗族人丁繁盛。（蒋明智、曾钊锜）

扒天姬　又称扒天机。祭祀仪式。流行于今香港特别行政区。一说天机与天穿有关，古时正月十九天空出现了大窟窿，大雨不止，人民无法开耕，女娲在这天补天穿，故设立天机日纪念女娲补天。民间用以番薯、粘米粉、糯米粉做成的糕点祭拜，这种糕点有很大黏性，寓意粘补天上的洞，保佑人民安居。一说天机实为天忌，是天上的忌日，因"忌""机"二字音近而被误读。正月十九筹办。是日，村民用纸船挨家挨户收集象征污秽的物品，如象征天花的黄豆、象征疾病的

杂草等。收毕，拿到社区外焚化，表示送走瘟神灾星，社区得到净化，新的一年有新的开始。参与村民要在家门口挂桃枝、大蒜，以辟邪鬼。因收集过程是村民抱纸船穿街过巷，和"扒船"相似，故称。早期新界是香港主要的农业生产区，新界居民以农业耕作为主，扒天姬的民俗蕴含了民众对顺利生产、安定生活的希冀。（蒋明智、曾钶锜）

扒天机 见"扒天姬"。

惊蛰祭白虎 祭祀仪式。流行于广东珠江三角洲和香港、澳门地区。俗信，惊蛰日害虫猛兽醒来害人，白虎伤人最烈，故作为代表，祭而打之以示警告。祭时用纸、木、石扎或雕成白虎模样，把一小块涂了猪血的猪肉塞入白虎口中，意味着白虎吃饱后就不会伤人；或是把猪油涂在白虎嘴上，它就不能张口伤人。祭完后把白虎痛打一顿，斩断纸虎的头，或是把它烧掉，表示伤人的白虎已经消灭。香港祭白虎一般和打小人结合进行。（蒋明智、曾钶锜）

祭祖和食山头 祭祀仪式。流行于今广东省和香港特别行政区、澳门特别行政区。清明和重阳是岭南人祭祖的日子，大家不仅要拜祭自家的祖先，同村同姓同族的人还要共同拜祭本族本姓的祖先（称白公、太白公）。扫墓当天，同族人一大早聚集在一起，带着提前准备好的猪肉、糕点、配菜、纸钱、香烛等物品上山祭拜，为祖先清理墓穴的杂草，摆上祭品，敬茶敬酒，告祭祖先。因路途遥远，祭拜仪式结束后多就地掘灶，生火烹饪分食祭祀的猪肉，故叫食山头。香港的食山头以盆菜形式准备，各类菜品煮好后再按层次分配到大菜盆中，盆菜底下放萝卜、支竹、笋等味道较淡的蔬菜，鱿鱼、猪肉等味道浓郁的放在上面，大家围而食之，维系宗族成员情感。（蒋明智、曾钶锜）

民间文学

舜帝登南山 民间传说。流传于今广东省清远市英德市。相传舜帝南巡狩猎，曾率领宫廷乐队登上英德南山最高峰，奏《望娥》之曲，唱《熏风》之词。民众便以"鸣弦峰"作纪念。早在汉朝，南山就设有供人游赏的亭台建筑，唐宋时期有亭台寺阁50多个。（陈恩维）

五羊传说 民间传说。流传于今广东省广州市及其周边地区。最早记载于晋代顾微《广州记》，后不断丰富发展，主体形象由五羊发展为五仙。相传周夷王时，南海有五仙人，衣各一色，所骑羊亦各一色，来集楚庭，各以谷穗一茎六出，留与广州人，并祝愿此地永无饥荒。说完腾空而去，羊化为石。因该传说，古代民间以羊城、穗城作为广州的代称，城内在传说中五仙降临之地建造五仙观，祭祀五仙，出现五仙门、五仙桥、五羊驿、仙羊街等以五仙、五羊命名的地方，并衍生出很多传说，涌现出大量以此为题材的书画、雕塑、舞蹈、戏剧等艺术

五仙观中的五羊仙迹牌坊

作品，形成以五羊传说为中心的文化体系，产生了强烈的文化影响。（徐磊）

龙母传说 民间传说。流传于西江流域两广地区。相传秦始皇时，广东德庆有个姓温的老太，以捕鱼为生。一天，她在河边捡到一枚斗大的蛋，拿回家，孵出一条一尺多长、像蜥蜴一

样的东西。稍微长大一些，即能捕鱼。每当温老太到河边洗东西，它都会游到脚边来嬉戏。人们很惊奇，把温老太称为龙母，有灾祸事咨询，都一一应验。一次，龙母到河边治鱼，不小心剁掉了它的尾巴，它便一步一回头地飞走了。多年以后，再回来时，它变成一条色彩斑斓的龙。秦始皇听到这一消息，便说："这是龙子，是朕的恩德所致。"于是派使者捧着一块黑玉南下德庆，礼聘龙母进京。龙母依恋故土，载着她的船一到桂林就被龙子连夜拉回德庆。如此反复4次，使者感到害怕，打消了念头。龙母去世时，龙子将她葬在西江北岸，后来拥沙移墓，迁葬南岸。南粤人把龙子叫"屈尾龙"，也仿此造了一种叫龙屈尾的船。（刘庆华）

屈尾龙拜山 民间传说。流传于两广地区。相传广东顺德有个叫逢简的小孩，在私塾读书。一次在上学路上，捡到一条蛇，把它养在书桌里。后被私塾先生发现。迫于压力，逢简剪下蛇的

尾巴，将其放生。小蛇变成巨龙，腾空飞走。因其没有尾巴，不能上天，只好藏在深山大泽，每次出行，必定伴有狂风暴雨。每年四五月间遇到这样的天气，人们就说这是屈尾龙拜山。（刘庆华）

郑仙传说　民间传说。流传于今广东省广州市。讲述的是郑仙为医治百姓，不惜牺牲自己的故事。相传，秦朝初年，中原方士郑安期为避战乱来到岭南，在白云山下采药行医，救人无数，深得一方百姓爱戴。有一年当地疫病流行，郑安期得知九节菖蒲可治瘟疫，便独自上山寻找，历尽艰险爬上绝壁，采满了一箩筐的九节菖蒲，却不料脚下一滑，摔下了悬崖。危急之时，白云化为仙鹤，把郑安期托起，飞升而去。村民得到郑安期留下的九节菖蒲，治好了疫病。为纪念郑安期，人们称他坠崖的地方为郑仙岩，称仙鹤展翅起飞的地方为鹤舒台，称仙鹤载郑安期飞升的一处石崖为升仙石，并建郑仙祠，把他飞升之日定为郑仙诞，每年七月二十五登山拜祭。（徐磊）

陆贾与锦石山　民间传说。流传于今广东省肇庆市德庆县及西江流域。事典见《史记·郦生陆贾列传》。秦朝末年，赵佗据有南粤。汉朝平定中原后，派大夫陆贾下南粤说服赵佗归汉。陆贾取道桂岭，沿西江而下，途经德庆，见此处奇石突兀怪异，便设锦步幛以登山，并许愿此行若能说服赵佗归汉，当以锦裹石。后来赵佗归汉，陆贾与赵佗泛舟至此，即以锦裹石，锦不足，栽花代之。每当金秋时节，黄花遍地，灿若霞绚，据传即是陆贾当年种下的菊花。该传说反映了民族融合、和谐统一是历史主流的进步思想。（陈恩维）

潘茂名传说　民间传说。流传于今广东省茂名市。潘茂名是东晋永嘉时期高州潘村人，粤西地区俗称潘仙。相传，他进山碰到两个老者下棋，在旁边看了很久。老者问他是否懂得下棋之道。他回答："入由蛇窦，出似雁行。"老者听了，大感惊奇，便劝他学道，并授以黄精不死之方，遂于东山炼丹而飞升。潘茂名常用所炼丹药为粤西一带特别是高雷地方的百姓治病。隋开皇十八年（598），朝廷以潘茂名之名命县名，即茂名县，用以纪念他对粤西人民的恩德。现在高州留存有拜潘仙等信俗，有多处庙宇供奉他。参见第1277页人物卷"潘茂名"条。（陈恩维）

丹灶与葛洪　民间传说。流传于今广东省佛山市南海区丹灶镇一带。相传，广东南海太守鲍玄喜爱神仙之术，与葛洪十分投缘。葛洪拜鲍玄为师学道，后与鲍玄之女结婚。葛洪先后在西樵山、罗浮山隐居，后云游至今丹灶镇仙岗村，发现一眼甘泉，其水清冽，可以炼丹。之后，又登至金峰岗顶，觉此岗为炼丹胜地，于是从仙岗村取来仙水，在金峰岗顶结灶炼丹。经过几年的煎熬，终于大功告成，金峰岗也随之成为炼丹圣地。明万历七年（1579），神宗朱翊钧为纪念炼丹仙人葛洪，把环抱金峰岗的村子取名为丹灶。现遗有水成岩石钵一只，重约400斤，相传是葛洪炼丹所用丹钵，存于今仙岗村。今丹灶镇也因此丹钵而得名。（徐磊）

慧光塔传说　民间传说。流传于今广东省清远市连州市。相传，修建慧光塔时，有一位仙人与土地公斗法，临近五更，土地公模仿雄鸡报晓。仙人一听，以为天快亮了，来不及安放塔顶，就飞上九天，留下了这座无顶古塔。塔自东向西倾斜1米多，被誉为"东方斜塔"，具有较高的历史、科

学和艺术价值。（陈恩维）

美人鱼　民间传说。流传于今广西壮族自治区北海市一带。相传，渔民林允出海捕鱼，遇上海怪掀起风浪，海的女儿挺身相救，以夜明珠击退海怪，救出林允并助其疗伤。两人在日久相处中萌生情愫，终成一对神仙眷侣。后来，林允惨遭杀害，悲痛万分的海姑娘以夜明珠杀死海霸，孤身回到大海。因思念夫君，泪洒北部湾海域，珠贝吞其泪，孕育出晶莹的珍珠。另一说为，南海龙宫的龟丞相带虾兵蟹将作乱，致使民不聊生。龙王三公主（龙三妹）用自己的乳汁为遇难百姓疗伤，帮助百姓重建家园，并解除龟丞相妖法，收服作乱的虾兵蟹将。后来三公主化身美人鱼，成为海边渔民的守护神。（蒋明智、曾镜明）

刘三姐　民间传说。流传于今广西壮族自治区、广东省连山、湛江等地壮族地区及部分瑶族地区。相传，刘三

人民美术出版社1979年版
《刘三姐》连环画

姐又称刘三妹，唐代人，勤劳智慧，歌才出众，赛歌时，连唱数日不止，无人匹敌，声名远扬，被誉为歌仙。据广西宜州一带传说，刘三姐与同村青年经常对歌取乐。一天，她的哥哥刘二砍断葡萄藤，她随藤跌落水中，随波漂流到柳州，被一渔翁救起，收为义女。三姐继续在柳州发挥歌才。歌唱民众喜闻乐见的山歌，博得民众的爱戴。南宋以后，传说始见诸文字

记载。广东连山壮族把刘三姐和指路神佛子联系起来，并赋予刘三姐和佛子之间纯洁的爱情关系。人们还传说壮族之所以善于唱歌，是歌仙刘三姐所教，一代一代地传下来。（刘庆华）

何仙姑 民间传说。流传于今广东省广州市增城区和惠州市博罗县、龙门县等地。讲述岭南佳果挂绿荔枝由来的故事。相传，何仙姑是增城小楼镇仙桂村人，生于唐开耀二年（682），原名何秀姑，其父何泰、母亲吉氏，以制售豆腐为生。她自幼喜读诗书，勤劳善良、孝顺知礼，深得村里人喜爱。年少时，得仙人梦中指点，后拜罗浮山麻姑为师，修道成仙。她去蓬莱仙岛"八仙过海"之前，回乡探亲，为父母做绣花鞋，无意间在荔枝树上留下绿丝带，变化成荔枝果壳上的一圈绿线，增城挂绿由此诞生。何仙姑与挂绿的传说扎根于民众沃土，当地人将挂绿视为神圣之物，传说中的挂绿成为增城独特的文化符号。（徐磊）

六祖传说 民间传说。流传于今广东省云浮市新兴县。以慧能的传奇、圣迹、圣物为依托，以六祖弘法传说为主要内容，如六祖春秋二诞、盂兰盆会、贺元宵六祖巡游、请六祖求雨等。与地方民俗相互影响，反映了人民的审美观念、艺术情趣和宗教信仰，具有极高的历史文化价值。（陈恩维）

状元莫宣卿 民间传说。流传于今广东省肇庆市封开县等西江流域地区。莫宣卿是广东历史上科举考试的第一个状元，民间流传有不少传说。如巧将广东免解粮、西村五龙渡传说、莫宣卿7岁吟诗、岭南首魁状元莫宣卿等，这些传说加入各种神怪的元素，莫宣卿也因此成为一个神奇人物。（陈恩维）

阳山贤令传说 民间传说。流传于今广东省清远市。唐贞元年间，韩愈被贬谪为阳山令。他在任时间虽然不长，但教化当地民众，并把中原先进的农耕技术带到此地。贤令山，就是因韩愈这位有作为的贤令而得名。在贤令山西南，有韩文公读书台，又称远览亭、书台夜静，为明清"阳山十景"之一。读书台下方约30米处有韩文公楷体手书"千岩表"和"鸢飞鱼跃"的草书题刻。明嘉靖年间在贤令山麓建北山古寺，寺的左侧为韩大仙祠，是民众永久崇奉韩愈的圣地。（陈恩维）

海幢寺传说 民间传说。流传于广东省广州市。广州海幢寺建于南汉，在漫长的历史中留下了许多传说，涉及相关人物、山川风物、史事、植物等，如十六罗汉传说、"未有海幢，先有鹰爪"传说、猛虎回头传说、幽冥钟传说、澹归碗传说等。这些传说成为岭南文学艺术创作的源泉。（徐磊）

萝岗香雪 民间传说。流传于广东省广州市黄埔区萝岗，影响遍及广州其他地区。相传，宋代萝岗钟姓始祖钟玉岩将梅花移栽此地，钟氏族人对梅喜爱有加，世代在此种植梅树。因萝岗特殊的地理环境，常梅开二度。每年临近岁末，繁花似雪，落英缤纷，加之梅香沁人心脾，香雪因此得名。早在明代中后期，萝岗香雪便已声名鹊起。自古以来，萝岗的梅是当地的主要经济作物之一，也是当地著名的自然和人文景观，曾吸引众多达官显贵和文人墨客来此踏雪寻梅。（徐磊）

端州包公 民间传说。流传于广东肇庆。北宋庆历元年至三年（1041—1043）以断狱英明、刚直不阿而著称

的包公任职端州，在当地留下许多脍炙人口的传说。大致分为三类：一是对他清正廉明和高尚品德的赞扬，如掷砚化渚洲传说；二是对他执法公正、断案如神的歌颂，如包公锁蛟龙、包公收妖、包公为蟛蜞申冤、龙的珠宝等传说；三是对他不畏权贵、为民请命的称许，如包公巧破血衣案、铁树开花、填拐命等传说。今肇庆仍有许多遗迹、遗址和纪念物等与包公轶事典故和传说有关。如，遗迹有龙顶岗包公井、米仓巷包公井和七星岩包拯题字；遗址有端州州署，还有他任职端州期间修建的广储仓、崧台驿、星岩书院、宝光寺、文昌宫以及其他五口井等；还有包公文化园、包公祠以及砚洲岛、黄布沙村等。（陈恩维）

东坡与朝云 民间传说。流传于今广东惠州一带。讲述苏东坡与爱妾王朝云之间忠贞不渝的爱情故事。北宋绍圣元年（1094），年近花甲的苏轼（号东坡居士）南贬惠州，众妻妾中只有妾侍王朝云一人不离不弃，追随苏轼长途跋涉，来到惠州。1年多后，体弱多病的王朝云病逝，年仅34岁。她去世后，苏轼将她葬在惠州西湖南畔栖禅寺的松林里，亲笔为她写下墓志铭，还在墓前建六如亭纪念她，并写下亭联"不合时宜，惟有朝云能识我；独弹古调，每逢暮雨倍思卿"。过去，每到十二月初五朝云诞，便有民间祭奠活动朝云会节。惠州人汇集王朝云墓前，焚香上供，祭祀祈福，补种梅花。如今，虽然这一祭奠活动已逐渐消失，但苏东坡与王朝云之间的爱情故事却一直在民间广为流传。（徐磊）

珠玑巷人南迁 民间传说。流传于广东、广西、香港、澳门及海外粤语族群中。珠玑巷位于广东省韶关市南雄市珠玑镇。相传，南宋度宗咸淳年间，

胡贵妃为奸臣贾似道迫害出逃，被南雄珠玑巷商人搭救，于珠玑巷内隐居，后被贾似道探知下落，贾似道派兵南下，欲血洗珠玑巷。为保全珠玑巷的乡亲，胡贵妃跳井自尽，而珠玑巷33姓97户也在胡妃的掩护下，由罗贵带领，逃亡南迁，辗转落户珠江三角洲地区。珠玑巷人南迁传说源远流长，分布广泛，反映了中原人数次向南迁徙的进程，具有重要的历史文化、社会发展与民俗研究价值。这一传说影响深远，具有强大的凝聚力，吸引着海内外粤语族裔回珠玑巷寻根问祖，同时也推动着粤北地区乃至广东省的经济、社会和文化发展。（徐磊）

金花娘娘 民间传说。主要流传于广东珠江三角洲一带，影响遍及广东全省。金花娘娘，又称金花夫人、金花圣母，广州人称为送子娘娘，是传说中的生育女神。早在宋元时期，珠江三角洲地区民间就流行金花夫人信仰，广东各地都有拜金花的民俗。关于金花娘娘的传说主要有3种说法。第一种说法是，明朝洪武年间，广州巡按夫人难产，唤来金花姑娘，保母子平安；第二种说法是，金花是一名女巫，端午溺亡，尸体发出异香，被尊为神仙，求子尤为灵验；第三种说法是，金花是有钱人家的侍女，主人家儿子爱哭，但只要她抱抱，小孩马上就不哭，特别好带，大家都求助于她，慢慢地金花姑娘就成为专门关爱妇女儿童的神仙。金花娘娘传说表达了人们对繁衍后代的期望，以及对美好生活的向往。2018年入选广东省第七批省级非物质文化遗产代表性项目名录。（徐磊）

崖门海战 民间传说。流传于今广东省江门市新会区。1278年，由于元军进逼，南宋末代少帝赵昺及杨太后，在太傅张世杰、丞相陆秀夫等一班文武官员护卫下，与10万多军民退守新会崖山。第二年，元军都元帅张弘范与副帅李恒率领元兵包围崖山，张世杰指挥战船与元军大战于银洲湖上，宋军力战不胜，浮尸10万。是役，宋少帝与丞相陆秀夫殉国于崖山奇石之下，宋朝最后覆亡。从南宋末代朝廷驻守崖山到最后灭亡的七个半月间，发生了很多可歌可泣、真实感人的故事，主要有海战战事、宋玉玺的传说、皇族村的故事等。（陈恩维）

陈璘传说 民间传说。流行于今广东省云浮市云安区、云城区、罗定市、郁南县一带。陈璘，明代将领，其传说包括讨贼系列、民生系列、抗倭系列等。较为常见的包括：陈璘刀劈龙虎岩传说、东坝与西坝传说、东圳与西圳传说、陈璘与江傍水车传说、狮象把水口传说、陈璘与魁岩故事、走马岗故事、陈璘与止戈岩传说等。2012年入选广东省第四批省级非物质文化遗产名录。参见第1309页人物卷"陈璘"条。（陈恩维）

苏六娘传说 民间传说。流传于广东潮汕地区。苏六娘是明弘治年间广东揭阳雷浦人，母亲先怀五胎，皆流产。六娘这个名字，取其排行第六之意。苏六娘自幼寄居广东潮阳西胪舅舅家读书，与表兄郭继春青梅竹马，情愫暗生，私订终身，立下百年之约。但族长却做媒要将她嫁给潮州府师爷之子杨子良，六娘刺目明志以拒婚，又在婢女桃花的协助下逃婚。杨师爷勾结族长，设计骗六娘回乡探母，擒获后，以败祖辱宗淫妇之名，将六娘装入猪笼沉于榕江。噩耗传至潮阳西胪，郭继春悲痛至极，投江殉情。苏六娘传说几百年来深受潮汕民众和海外潮人所喜爱。潮汕有俗语"欲食好鱼金针鲳，欲娶雅牡苏六娘"。2012年入选广东省第四批省级非物质文化遗产

名录。（陈恩维）

陈梦吉故事 民间传说。流传于今广东省和香港特别行政区、澳门特别行政区以及海外粤语族群。陈梦吉是广东民间有名的状师，相传出生于明嘉靖年间，祖居广东新会县会城浐湾街大康里（今浐湾路三巷），天性聪颖，足智多谋，人称鬼才，有扭计王、扭计师爷、桥王之王之称。他疾恶如仇，同情弱小，经常运用聪明才智戏弄权奸，济世扶危，惩恶扬善，因而深受百姓的喜爱与夸赞。民间流传着大量颂扬他的故事，这些故事短小精悍、题材广泛，有展现陈梦吉文学才华的，有科学推理、诉讼破案的，有治恶惩奸、为民除害的，有治病救人的，有破除迷信的等。后经文人收集、整理、加工，以文字形式记录下来，汇成《新编扭计师爷陈梦吉故事大全》，并涌现出大量相关影视作品。陈梦吉传说内容与民众生产、生活密切相关，反映了民众的愿望与理想，是民间集体智慧的体现。2012年入选广东省第四批省级非物质文化遗产名录。（徐磊）

从化温泉传说 民间传说。流传于今广东省广州市从化区温泉镇。相传，清康熙年间，一长者在龙潭边洗饭甑，溺水而亡，从此有温泉流出，名饭甑泉。如今流传较广的是龙宫煮泉传说，讲述的是徐姓老人煮泉水为百姓治病的故事。相传，流溪河畔的青龙头村，有一年，瘟疫流行，一位姓徐的采药老人不顾年迈，上头甲山采药。他感动了仙女，仙女送他一只可将泉水熬成药的银锅，化解村里的瘟疫。后来，贪婪的恶霸要把银锅占为己有，徐伯被迫跳入江中，被河里的青龙接进龙宫。为了继续为地上百姓治病，他在龙宫也天天用银锅煮水，从此流溪河畔涌出一股股温泉。另一种说法是，

徐伯跳下山崖，银锅摔碎在地，地里涌出一股水柱，把坏人淹死，从此，流溪河畔日夜涌出温泉。这些传说以山清水秀、佳泉密布的自然环境为背景，反映了从化温泉的自然景观特色，同时也体现了当地人对舍己为人传统美德的崇尚。（徐磊）

劏狗六爹故事 民间传说。流传于今广东省湛江市吴川市一带。劏狗六爹，本名麦为仪，吴川塘尾麦屋村人，清乾隆年间贡生，因排行第六，人称六爹。他机智幽默、胆略过人，敢斗贪官污吏、土豪劣绅，反对封建迷信，是一个超越他所在时代的传奇人物。相传，宋太祖赵匡胤生肖属狗，因而禁止官方劏狗，连考取功名的人也不能吃狗肉。这一禁例一直延续到清朝，六爹原本也不能吃狗肉，但他为斗土豪劣绅，破例劏狗，从此得了劏狗六爹的名号。他的生平故事丰富多彩，有戏弄昏官的状元游金街、讥讽土豪劣绅的看六爹两文钱，以及显示他聪明机智的车大炮梳上树等50多个故事。劏狗六爹深受当地人喜爱，他的故事也在民间世代相传至今。2018年入选广东省第七批省级非物质文化遗产代表性项目名录。（徐磊）

节马传说 民间传说。流传于今广东省东莞市虎门镇。清道光二十一年（1841），2000余英军进犯虎门防线第一重门户沙角炮台。当时守将陈连升父子身先士卒，同数倍于己的英军力战，偕全炮台将士壮烈殉国。阵地上遗下将军坐骑黄骝马嘶鸣，飞蹄踢敌，怒目扬鬃。英酋下令围捕并强行绑至军舰运抵香港，但此马一路望北悲啸，拒绝进食。至港，英人欲驯归附，施以精料饲养，黄骝马宁饿不从；强骑勒驯，则昂首扬蹄摔敌。英人无奈，将它放置孤岛山中，黄骝马绝食而死。陈连升战马坚贞不屈的感人故事从香港传回广东珠江三角洲地区，当地军民十分敬重战马气节，称颂此马为节马，并在沙角炮台遗址立碑纪念。2018年入选广东省第七批省级非物质文化遗产代表性项目名录。（陈恩维）

花县太平天国人物传说 民间传说。主要流传于今广东省广州市花都区新华街道官禄布村。以少年洪秀全的传奇故事为主。花县（今花都区）官禄布村是太平天国运动领袖洪秀全的故乡，是他出生、成长、耕读和从事早期革命活动的地方。当地流传着众多洪秀全的传奇故事，如神背带、金龙下凡、天王拾粪、跳鼓石、拜木偶不如拜先生、我要自己编书、不离万卷书、死鱼复活、铁耙堵水、上帝赠剑、三堆石创教、石角潭洗礼、妙答难题、三毁神坛等。这些故事展现了洪秀全从小聪颖勇敢，不畏强权，在艰难困苦中勇往直前的少年英雄形象。除此之外，当地还流传着关于冯云山、洪宣娇等太平天国其他领袖少年时的传说。这些太平天国人物传说讲述的都是少年英雄惩恶扬善、勇于进取的传奇故事，对青少年的成长有着积极的指导和激励作用。（徐磊）

应人石传说 民间传说。流传于今广东省深圳市宝安区石岩街道的客家人社区，以及香港、澳门、台湾和东南亚等客家人聚居地。以客家话口耳相传。石岩原名乌石岩。相传，很久以前，村子里住着一对小夫妻，丈夫叫刘善，妻子叫张勤，财主要刘善去羊台山采长生不老药。上山前，张勤与丈夫约定，每天天黑在山下呼喊丈夫的名字三遍。前三天，丈夫应了，可后来张勤只听到山间隐约的回音。张勤不见丈夫回来，便冒险去山中寻找，后来再也没回来。全村人只寻得两块酷似人形的大石头，遥相呼应。人们把它们命名为应人石，把山下的村子命名为应人石村。（徐磊）

望君顶传说 民间传说。流传于今广东省清远市连山壮族瑶族自治县壮族地区。相传，有个叫梅娥的壮族姑娘，与父亲在帅河边安家耕作。梅娥越长越漂亮，当地富人起歹心，打死她的父亲，欲抢她做妾。壮族小伙石苟救了她，并帮她安葬了父亲。梅娥为报答石苟，与他逃入深山，结为夫妻，后人称此山为定情山。梅娥夫妻恩爱，但朝廷征兵，把石苟征走了。两人相约，每月十五，各自在山顶和战场上互相遥望。年复一年，石苟未归。梅娥站在山顶，已化身为石头。后人把这座山称为望君顶。（刘庆华）

肇庆七星岩传说 民间传说。流传于今广东省肇庆市一带。相传，女娲为炼石补天，曾借来玉帝御车上的北斗七星宝珠。宝珠经烧炼，有了灵气，便暗中请女娲的7只神羊，把它们带到山清水秀、四季如春的地方去。神羊骗过取珠的7个神女，将宝珠带到肇庆鼎湖附近抛下。宝珠在日出之前变成7座山峰，即七星岩。（陈恩维）

肇庆七星岩牌坊

盘王传说 民间传说。流传于两广瑶族地区。相传，古时有一平王，养有一条龙犬，其毛五色，姓盘名瓠。有一年，邻国高王犯界，平王张榜招募

骁将，能取高王首级者，赏金万两、封邑万户，招为女婿。满朝文武无人应招，惟有盘瓠为报主恩，揭下皇榜，渡海取高王首级归来。三公主守诺，嫁盘瓠。后盘瓠由龙犬变成美貌男子，与公主育有 6 男 6 女。平王敕封盘瓠为始祖盘古王，并赐十二姓：盘、沈、包、黄、李、邓、周、赵、胡、冯、雷、唐，赏补官爵，派往南京十宝殿。瑶族子民尊崇盘瓠为本族始祖，尊为盘王。十二姓即为瑶族各支系。2018年入选广西壮族自治区第七批自治区级非物质文化遗产代表性项目名录。（蒋明智、曾镜明）

客家山歌 民间歌谣。流行于广东梅州、惠州、河源、深圳、韶关，广西贺州、玉林、防城港，江西赣州，福建龙岩、三明，台湾新竹、苗栗、桃园等地及国内外其他客家人聚居地。是用客家方言和客家山歌腔调吟唱的民间音乐。已有 1000 多年历史。内容包括劳动歌、劝世歌、行业歌、耍歌、时政歌、仪式歌、情歌、生活歌、儿歌等，可一曲多词，反复演唱。演唱形式有独唱、对唱、尾驳尾对唱、猜调应答、山歌小组唱或表演唱等。曲调 100 多种，各地不同，同一地区的不同歌手演唱亦有差异。歌词结构大体相同，每首 4 句，每句 7 字，逢一、二、四句多押平声韵。常用赋比兴、双关、歇后、夸张、叠字等表现手法，尤以双关见长。语言生动通俗，保留了很多古语成分，是中原文化与岭南本土文化融合的结晶。2018 年入选广东省省级非物质文化遗产代表性项目名录扩展项目名录。（刘庆华）

禾楼歌 又称南歌。民间歌谣。流行于今广东省清远市清城区的凤城、东城、洲心、横荷、龙塘以及清新区的山塘、太平、三坑等地。起源于明末清初。禾稻灌浆时，当地人在田间搭起禾楼，在夜里歌唱。后逐渐演变成开歌堂的形式，每年中秋时节及其他重大节庆举行。歌词通常为七字句或九字句，逢双句押韵，以平调为主，多押"江"（ang）韵。歌唱形式有闲时口才与歌堂擂台之分。闲时口才即兴演唱，不分时地，不设规则；歌堂擂台则有严格的规则，每次歌唱前，规定赛歌内容或题目；赛时，分为坐台和攻台两方，互问互答。主要唱本有《梳妆》《三合明珠宝剑》《梁天来告御状》《娘家河》《薛仁贵征东》《白蛇传》《蝴蝶情义》（即《梁山伯与祝英台》）、《梁山英雄传》（即《水浒》）和《说唐传》等。禾楼歌表现了对禾稻丰收的渴望和喜悦，对研究岭南农业文化和农业民俗有重要意义。（刘庆华）

南歌 见"禾楼歌"。

雷州歌 又称雷歌。民间歌谣。流行于今广东省湛江市雷州半岛使用雷州方言（属闽南语系雷州语支）的 10 个县（市）区，辐射至东南亚雷州籍华人华侨。是用雷州方言演唱的地方民歌。由闽南民歌传入雷州半岛后，与土著文化及周边文化长期交融、互相渗透形成。结构严谨如七绝，每首 4 句，每句 7 字，顿逗、平仄、韵脚都有严格规定。有的每句前可加 2—3 字，称为歌垫。韵脚众多，最多时达 34 种。大量运用比喻、夸张、双关、连珠、重叠、倒装、映衬、层递、夸张、对比、排比等修辞格式，通俗风趣，富有哲理。题材广泛，内容丰富，充分表现雷州半岛的地理风貌、历史人文、劳动生产、家庭生活、风土民情和伦理道德等，具有重要的历史文化价值，也是联结雷州方言地区与海外雷州方言侨胞的亲缘纽带。2008 年入选第二批国家级非物质文化

遗产名录。（刘庆华）

雷歌 见"雷州歌"。

咸水歌 又称疍歌、蜑歌、艇歌、蛮歌、咸水叹、叹歌兄、叹姑妹、白话渔歌、浪花歌、后船歌。民间歌谣。主要流行于今广东珠江三角洲河网地带及沿海地区，包括广州、中山、珠海、佛山、东莞、江门、阳江和香港、澳门，以及广西梧州、北海及海南三亚等地。是长年漂流水上的居民（即疍民）所唱的歌谣。最早记载广州咸水歌的是明初汪广洋的《斗南楼诗二首》。天文地理、人文历史、社会文化、政治经济、日常生活、个人情感等皆可入歌。衬词运用较多，称谓有人情味，常即兴创作。大致分为长短句咸水歌、高堂歌、大嗊歌、姑妹歌、担伞调 5 种体裁，地方差异较大。2006 年入选第一批国家级非物质文化遗产名录。参见第 585 页艺术卷"咸水歌"条。（刘庆华）

疍歌 见"咸水歌"。
蜑歌 见"咸水歌"。
艇歌 见"咸水歌"。
蛮歌 见"咸水歌"。
咸水叹 见"咸水歌"。
叹歌兄 见"咸水歌"。
叹姑妹 见"咸水歌"。
白话渔歌 见"咸水歌"。
浪花歌 见"咸水歌"。
后船歌 见"咸水歌"。

叹歌 民间歌谣。流行于香港水上居民。疍民将婚嫁称为生礼，丧礼称为死礼。新娘在生礼前与女性亲属一起唱叹歌，互诉离情，并且唱出婚姻所带来的社会责任与亲属关系；新郎和伴郎则在生礼中以歌逗乐，表达添丁添财的心愿。在死礼中，叹唱者诉说亲人离世之苦，并将丧礼的场景和过程，以叹唱的方式告诉死者。旋律简单，有相对

固定的歌词，但叹唱者可以配合现场环境，即兴调整和创作。疍民以"叹"代替言语，通过轻声细语的吟唱，抒发内在含蓄的感情。（蒋明智、曾钶锜）

海丰歌谣 民间歌谣。流行于今广东省汕尾市海丰县一带。明清时期从闽南到海丰的众多移民传来。在目前留存的歌谣中，一些篇章与闽南传统歌谣有较多相似之处。语言上保存着闽南语系的一个分支，即海丰方言（俗称福佬话）较为古老的语言形态和语言习惯，也包含了河南中州的一些古字、古词及其音韵。包括生活歌谣、诙谐歌谣、恋爱婚嫁抒情歌谣、四季农事歌谣、渔民歌谣、儿童歌谣、红色歌谣等，尤以生活歌谣和婚恋抒情歌谣为主。大多押韵，每章换韵重启，结构上一咏三叹，语言朴实无华、生动准确。通过一些有趣的小事、小物阐述深刻的道理，充分体现了海丰的语言文化、历史地理、生活信仰、心理民俗、价值取向。2018年入选广东省第七批省级非物质文化遗产代表性项目名录。（刘庆华）

潮州歌谣 民间歌谣。流行于广东潮州、汕头、揭阳、汕尾中部及海外潮人聚居地。起源较早，在宋代已有畲歌和疍歌之分。按内容可分为爱情歌、时政歌、生活歌、过番歌、仪式歌、滑稽歌、儿童歌、风物歌8种。不讲究平仄，但力求押韵、节奏、叠音等声律之美，句式灵活，广泛使用重叠、起兴、顶真、比喻、对比、铺排、比拟、夸张等辞格，又大量使用古语词、土语词和外来词，具有古朴典雅、乡土气息和海洋文化韵味风格特征。真实、广泛地反映了当地的历史人文、生产生活和风土人情等，具有鲜明的地域特征和较高的文学、语言、民俗、文化、教育等价值。2015年入选广东省第六批省级非物质文化遗产代表性

项目名录。（刘庆华）

潮州畲歌 民间歌谣。流行于今广东省潮州市凤凰山一带并散布于梅州、广州增城畲族中。演唱形式有独唱、对唱、齐唱等，其中无伴奏的山歌最受畲族人喜爱。双音是畲族人擅长的二声部重唱的唱法，又称双条落。畲歌是潮州歌谣的源头。传唱内容分为历史传说歌、神话小说歌、生产劳动歌、情歌、对歌、劝世歌、神曲歌、礼俗歌、诉苦歌、常识歌、儿童歌、拆字歌、咏物歌、谜歌14类。流传下来的山歌有1000多篇，计四五万行。歌词古朴自然，清新活泼，充满山林风味，反映了畲族的民俗风情和民间智慧，对研究畲族文化和潮州文化都有重要的文化价值。（刘庆华）

壮歌 民间歌谣。主要流行于今广西壮族自治区南宁、崇左、百色、河池、柳州、来宾、贵港、防城港等地，辐射至广东省清远市连南壮族瑶族自治县及越南北部与中国相邻地。因各地方言不同造成民歌音调色彩的变化，形成南路、北路、中路等不同风格，分为欢、加、西、比、伦等。历史上包括诉苦歌、风俗歌、生产劳动歌、盘歌等，现加入了历史歌、时政歌、童谣、革命歌曲等内容。被誉为歌仙的刘三姐是典型代表。壮族善歌，因而形成歌圩。歌曲淳朴、自然、真实，乡土气息浓厚。结构短小，韵味和谐，朗朗上口，易歌易记，艺术形式比较成熟，是壮族人民在长期生活实践中所创造的一种精神文明形态，是壮族劳动人民生活经验、思想精神和艺术智慧的结晶。2018年，广东连山壮歌入选广东省第七批省级非物质文化遗产代表性项目名录。（刘庆华）

瑶族蝴蝶歌 民间歌谣。流行于今广

西壮族自治区贺州市富川瑶族自治县、钟山县和湖南省永州市江华瑶族自治县及其毗邻等地的瑶族聚居区。蝴蝶歌的衬字词中，常出现"蝴的蝶""蝶的蝶""黄蜂"之类衬词，故名蝴蝶歌。因蝴蝶歌唱时的声音如昆虫翅膀舞动时的美妙之声，故被称为"一支流淌于翅膀上的山歌"。在瑶族原生态二声部民歌中，用一种叫作梧州土白话的方言土语演唱，内容以情歌为主，涉及记事、传情、祭祖、述史等瑶族人民生产生活的各个方面和领域。蝴蝶歌曲调清丽优美，婉转悠扬，悦耳动听，有"余音绕梁，三日不绝"之感，堪称民歌中之奇葩。2008年入选第一批国家级非物质文化遗产扩展项目名录。（蒋明智、曾镜明）

排瑶民歌 民间歌谣。流行于今广东省清远市连南瑶族自治县排瑶地区。在连南，瑶族聚族而居，依山建房，其房屋排排相叠形成山寨，故称为排瑶或瑶排。从内容看，排瑶民歌分为歌堂歌、历史歌、劳动歌、情歌、风俗歌5种。歌堂歌是排瑶耍歌堂活动中唱的歌，包括歌颂盘古王、讲述民族历史渊源、传说故事、农事知识等内容，有《盘古王歌》《弹指歌》《优嗨歌》等，集排瑶民歌之大成。瑶族有自己的语言却没有自己的文字，排瑶民歌便成为传播知识、喻事明理、交流感情、教育后代的主要手段，是研究排瑶民族历史、风土人情的重要史料，具有较高的民族学、社会学、民俗学和历史学研究价值。2012年入选广东省第四批省级非物质文化遗产名录。（刘庆华）

水淹天 民间歌谣。流行于今广东省清远市连南瑶族自治县排瑶地区。叙述瑶族祖先起源的创世纪叙事长诗。讲述了古时洪水淹天，世界沉沦，仅

剩下兄妹（排瑶传为姑侄）两人坐在葫芦瓢内得以幸免。洪水退后，兄妹俩结成夫妻，生下肉团并将其剁成十三块撒向人间，从此世上有了汉人和十二姓瑶人。反映了十二姓瑶人的来源、繁衍的经过，也试图解释天地的形成、人类和民族的起源。以神奇奔放的幻想、优美生动的艺术形象，表现了瑶族人民与大自然作斗争的不屈不挠的精神和追求美好生活的愿望，再现了瑶族远古时代的生活风貌，是瑶族传统文化的主体。（刘庆华）

京族民歌 民间歌谣。流行于中国南海北部湾地区。分为汉语民歌和京族民歌。汉语民歌用汉语粤方言和白话山歌曲调唱，七言四句（第一句亦可用三言），双句押脚韵。京语民歌曲调有30多种，歌词为六、八言，称为"唱六八"。每两句为一个单元，上句六言，下句八言，每篇常为四句、六句到八句，也可连若干双句为长歌。每一单元内，上句末字（即第六字）与下句句中第六字押腰韵，称为"六六腰韵"；相邻两个单元之间，上一单元下句末字（即第八字），与下一单元上句末字（即第六字）押脚韵，称为"八六脚韵"；联绵接续，如环似链，称为"六六、八六环链腰脚韵"。京族民歌反映了海岛风光和京家海上捕鱼生活，内容有礼俗歌、盘问歌、叙事歌、苦歌、儿歌、情歌、海歌、唱哈词等。2012年入选广西壮族自治区第四批自治区级非物质文化遗产代表性项目名录。（蒋明智、曾镜明）

佛山农谚 民间韵语。流行于今广东省佛山市顺德、三水、南海等传统农业地区。其内容包括农事节气、耕作技法、农业管理以及其他与农业生产有关的谚语。有些农谚根据二十四节气规律，预报天气，以此来指导农业生产。如"立秋有雨秋秋有，立秋无雨晒秧头""高田插处暑，低田插白露""初三十八，高低尽刮"等。实用有趣，句子精练，朗朗上口，凝结了农耕文明和水乡民众的智慧。（刘庆华）

粤语四字格惯用语 民间惯用语。流行于广东广府地区。结构和成语有共通之处，充分运用比喻、夸张、拟人、象征等手法表示特定意义，如沿海地区水产丰富、日照强烈，盛产咸鱼，人们以"咸鱼"代指死气沉沉的人或事物，以"咸鱼翻身"表示人或事物重现生机。从人们日常生活中产生，具有口语性和通俗性，取材自常见的动物、植物、社会行业、日常起居等，如鸡同鸭讲、湿水榄核、扭计师爷、照板煮碗。用词贴切、生动传神，描写人的性格和心理的词语具有明显的褒贬色彩，如粗身大势、唔哆唔吊、黑口黑面。在语源和词素构成上有鲜明的地域和人文特色，反映出岭南独特的历史文化内涵和风土人情。（蒋明智、曾钶锜）

澄海灯谜 民间韵语。流行于今广东省汕头市澄海区。起源于古代隐语，发轫于民间流行的童谣童谜、斗智炫巧的文字游戏，至今已有300多年历史。文史经籍、诗文韵语、俚歌方言、时人旧船皆可入谜，与社会生活关系密切，人文内涵十分丰富。其表现形态多姿多彩，创作体裁有会意体、离合体、象形体、谐声体、假借体、别裁体等，法门有白描写真、顿读别解等20多个，谜格有"卷帘"等40多个，谜种有印章谜、画谜、哑谜、实物谜等20多个，谜目也有近百类数百项，由此形成一个既普遍通用又别具澄海特色的谜语创作体系。开猜形式保留了宋代流传下来的"击鼓猜射"式，改革开放后，又相继出现报刊函猜式、电控竞猜式以至手机短信互猜、网络联猜、电台听猜等新形式。具有传播知识、启迪智慧的功能和独特的文化价值。在元宵节、中秋节期间，为民众广泛参与。2006年入选广东省第一批非物质文化遗产代表作名录。（刘庆华）

汕头童谣 又称奴仔歌、儿谣。民间歌谣。流行于今广东省汕头市。以潮语传唱于儿童口中，没有乐谱音节，节奏和谐简短。历史悠久，明清时期是昌盛期。内容取材贴近生活和自然，大致可分为事物歌和游戏歌。事物歌述事状物，能帮助儿童启蒙；游戏歌可唤起儿童学习语言的兴趣，起到传承母语的作用。以方言俗语传唱，节奏鲜明、诙谐生动、朗朗上口、易记易诵，趣味性强，是宝贵的岭南文化资源。（刘庆华）

奴仔歌 见"汕头童谣"。
儿谣 见"汕头童谣"。

揭阳方言灯谜 又称揭西灯谜。民间韵语。流行于今广东省揭阳市揭西县。源于清代，盛于民国时期。每逢元宵、中秋月明之夜，揭西谜人张灯射覆，设台会猜。最早形式是口头射覆，口头流传，后期在内容上多所拓展，出现了画谜、印谜、圆圈谜、漏字谜、即物赠等花色谜。体裁以潮汕特有的赋体谜为主。具有浓厚的趣味性、知识性，对研究揭西丰富的民俗文化内涵有着重要的社会、历史和文化价值。（刘庆华）

揭西灯谜 见"揭阳方言灯谜"。

民间游艺竞技赛会

穿令　又称穿令箭、穿腮、穿面颊。游艺民俗。流行于今广东省湛江市市郊及雷州、徐闻、遂溪一带。一般在正月十五元宵节或正月二十八雷首公神诞，结合祭神游神并在靠山丘的神庙前（俗称穿令坡）举行，也是年例的游神仪式。包括令箭准备、游神、穿令、退（拔）令4个部分。令箭多用银、铜、铁、不锈钢等金属特制，平时放在庙内封存，取令后以香烛拜祭，用茶水清洗并进行打磨。穿令者皆为男性，一般通过神汉或米婆或杯筊选人，据说由神选定，又称神僮。穿令前须六根清净，至少斋戒、净身3天。较常见的是穿脸颊，表演者在神轿中用令箭从一边脸颊穿进口腔，再从另一边脸颊穿出，然后用手拿着外露一端，或者用令箭从右边脸颊穿腮而过后含在嘴里，此外还有穿舌头等。村民将站在轿上的穿令表演者与神像一起抬着，接受舞狮舞龙队的跪拜，然后走村串户，接受民众的礼拜，据说可保境安民。巡游结束后拔除令箭，以香炉的炉灰捂住创口。穿令带有惊险、神秘色彩，通过带自残色彩的行为媚神，以祈求神灵庇护并获得改造自然的力量。这对研究雷州半岛的历史文化、社会文明有重要价值，也是研究古百越地区原始宗教、巫术民俗、道教符法的活态样本。（谢中元、李秋宇）

穿令箭　见"穿令"。
穿腮　见"穿令"。
穿面颊　见"穿令"。

翻棘床　又称滚刺床。民间游艺。流行于今广东省湛江市雷州半岛。是正月元宵节期间独特的年例游神祭祀仪式，具有神秘、惊险色彩。一般与年例游神中的请神、敬拜、抖神、舞傩、穿令等仪式活动共同出现，须先穿令再翻棘床，翻棘床是其中高潮环节。所用的棘为采自山野的牛头簕或其他棘类，按几十厘米截断。村民提前一天以茶水将其洗净，用红布扎成捆，固定为棘床，表演时铺上布或草席。经过发展，也有用铁钉代替棘的，即将铁钉钉于木板上，形成一张床。表演之前，戴各式面具的傩队在坛前跳傩舞，由道士边诵经边用柚叶蘸法水撒向棘床。表演者平时是耕田劳作的普通农民，表演前至少斋戒、净身3天，到了年例那天，锣鼓一响，便不自觉地上轿，伴随着游神队伍及观众的呐喊助威声，脱光上身，尖叫着从神轿上跳下，扑到棘床上来回翻滚。结束后，村民会争抢这些刺条（有的带血），拿回家悬挂于门口，据传可以辟邪，并保家人一年平安无虞。翻棘床是傩俗、巫俗、崇雷俗相结合的产物，源自雷州半岛人民对始祖大无畏精神的崇敬和怀念，折射出雷祖族与黎母族的文化同源性，反映了原始农业披荆斩棘、刀耕火种的特点，意在激励教育后人缅怀祖先恩德并不畏艰险、拼搏向前。（谢中元、郑韵菲）

滚刺床　见"翻棘床"。

爬刀梯　又称上刀山。民间游艺。流行于今广东省湛江市麻章区太平镇一带。是元宵年例游神活动，原为道士法术，源于当地敬奉的张兴武大将军的传说。相传，百越时期，罗汉城邪神野鬼祸害当地百姓，张兴武将军为除暴安良，到淮南山拜师修炼，习得刀山、火山和棘山等"三山功"。业成后率兵攻打罗汉城鬼门关，以36名中将赤手光脚搭成人梯，108名小将手持钢刀攀越人梯入城，斩除妖魔，百姓遂得安宁。后来人梯36个人演变成刀梯36把刀，据此形成爬刀梯之俗。二月十一、十二年例时，在广场中央竖起高达18米的对称木梯，36把锋利钢刀分别斜绑在木梯两侧，分平放、交叉两种。刀梯顶端用4条粗缆索拉紧，捆扎在木桩或树干上。爬刀梯分祭梯、立梯、爬梯、收梯4个环节。仪式结束后，用8条大绳索缓缓将刀梯竖起，年轻人身着短衣裤赤脚踩刀刃、裸手握刀刃上梯，手脚毫无损伤。之后收梯，由村民自发组织队伍，按固定的行程路线，第一天在本村寨内巡游，第二天则到镇圩上巡游。爬刀梯深植于湛江地域文化土壤之中，具有驱邪消灾、祈福求安等民俗功能，对于研究湛江古代历史、民俗文化及民间信仰具有重要价值。2007年入选广东省第二批非物质文化遗产名录。（谢中元）

上刀山　见"爬刀梯"。

飘色　民间游艺。流行于广东各地。是源于中原地区抬阁艺术，并结合广东本地迎神赛会"出会景"发展而成的民俗巡游表演形式。广东的飘色大多以地区命名，其特色是以移动的立体舞台沿街巡演，台面上的人物造型称"屏"，凌空站立的人物造型称"飘"。"飘"立于精心锻造的钢枝（称色梗）上，钢枝装饰成剑鞘、竹尖、花卉、扇面等形象，每版飘色表现一段历史故事或神话传说。其表演大致分2类：一是木偶扮演的飘色。装扮成戏曲人物的木偶被抬着巡游，黄圃、珠玑、崖口、吴川飘色和揭阳铁枝木偶戏等属此类。二是真人扮演的飘色。以童男童女饰扮粤剧戏曲、

历史故事中的人物，在一个色柜上造型定格，再由人扛抬上街进行巡游表演，表演过程中辅以乐曲伴奏。乾务飘色、浮石飘色、员岗晓色、沙湾飘色等属此类。广东飘色造型灵动、服饰富丽、场面壮观，集戏剧、音乐、美术、魔术、杂技等于一体，因高、精、险、新、奇、美、灵、巧等特点而被誉为"千色天空""东方的隐蔽艺术""开放流动的舞台"等。"南朗崖口飘色""吴川浮石飘色"2008年入选第二批国家级非物质文化遗产名录。（谢中元）

大沥狮子会　又称醒狮会、狮会期。游艺民俗。流行于今广东省佛山市南海区大沥镇。明清时期，商贸繁荣的大沥镇是粤中一带核心的醒狮传承地之一，为辞旧迎新，正月期间大沥镇多处乡村集结群狮，在祠堂、庙宇、圩市、公园、广场等开阔场所举办狮会，由所在地父老、乡绅、名士、武师等组织主持，并广邀宗亲、睦邻友好狮队轮番采青、开盘（打功夫）等。该民俗世代相传，共含9个狮会，分别是：正月初八的兴贤、黄岐狮会，初九的横江狮会，十一的盐步、颜峰狮会，十二的太平冲表狮会（生菜会），十四的大沥醒狮盛会，十六的泌冲狮会，二十六的六联北村狮会（生菜会）。大沥狮子会已成为联系周边镇街、团结兄弟村居、沟通海内外乡亲、促进招商引资的重要民俗纽带和文化媒介，蕴含着丰富的入祠堂、进宅第、会狮等醒狮礼仪知识，是研究传统醒狮文化的重要样本。（谢中元）

醒狮会　见"大沥狮子会"。
狮会期　见"大沥狮子会"。

西江花炮会　民间游艺。流行于西江流域乡村地区。一般在正月、三月三或结合庙会等举行，由各村或祠堂捐资组织，包括扎炮、谢炮、迎炮、汇炮、祭炮、送炮、抢炮、分炮等。当天，以醒狮迎接睦邻友好村落的花炮、醒狮队，汇集于地坪。村民抬上金猪、丁鸡（大鸡公），醒狮助兴，拜祭花炮，然后将花炮送到各庙里接受参拜。接着进行抢炮，由各村挑选强壮男子参加。先抢得炮圈者，率先参拜神明，交给主事者领取牌照为胜。各地标准不一，有放三响，有放六响，每响均有意蕴，如丁财炮、福禄炮等。接着抬奖品游行、回村，将炮圈供奉在祠堂或气派的房子里，每逢初一、十五上香祭拜。围观民众则拾点炮纸（红纸碎）带回家，祈求人畜平安。第二年，上年抢得炮圈的村庄集中，由德高望重的长者主祭谢炮仪式，将新炮送到庙堂，供当年炮会使用。西江花炮会综合了祭祀、娱乐、竞技、社交等元素，对于增进西江流域族际村际交流团结、和睦共处以及促进该地区经济社会协调发展等具有重要作用。（谢中元、李秋宇）

打龙船　又称舞旱龙。民间游艺。流行于今广东省江门市台山市广海镇一带。打龙船巡游一般在五月初五举行。从早上开始，各村庄、寺庙的打龙船巡游队分头准备。各队伍人数不等，约8—10人，头戴花饰草帽，一般包括旗手1名、龙船手1名、歌手1—2名、锣手6名。旗手举着标注队名的长方形旗帜，龙船手肩托一条约1.5米长的木龙船，歌手手持铜锣、唱龙船歌，锣手专事敲锣，其中2人肩挎长布条袋，用以装赏物或赏钱。龙身插上纸扎公仔，已从艄公艄婆发展为戏曲、历史人物形象。龙船歌为七字句，每四句一段，曲调为民间小调。传统的内容多为吉庆祈福之词，也可歌唱风景名胜、人物故事等，近年出现了颂赞新人、新事、新风貌等内容。歌手即兴演绎，可独唱也可对唱，根据不同的对象唱不同的歌。从本村到外村，一直唱到天黑为止，归来后把龙船上的饰物卸下烧掉，称作"送龙归天"。打龙船既为纪念屈原，也意在祈祷国泰民安、五谷丰登、百业兴隆。其包含民歌创作、演唱、雕刻、绘画、纸扎工艺等艺术，具有鲜明的文化艺术价值。（谢中元、李秋宇）

舞旱龙　见"打龙船"。

禾楼舞　又称跳禾楼。民间游艺。主要流行于今广东省江门、阳江、茂名、云浮、清远、肇庆等市。源于古越人带巫傩性质的民间舞蹈。农闲时在社坛、庙前或田间、河滩等处跳。有夏日派、秋冬派，具体时间不一。前者如肇庆广宁、阳江在六月早稻收割后；后者如德庆在九月，云浮罗定、清远在十月，台山在十二月，化州在秋收冬种结束后，郁南在中秋节前后、稻子扬花时节。旧时跳禾楼具有巫术色彩。祭祀的女性神，一是禾花夫人（又称禾花仙子），以罗定、郁南等地为代表；一是刘三妹（又称刘三妈、刘三姐），以阳江、茂名化州等地为代表。各地表演有差异。云浮连滩跳禾楼，巫师引领男女舞队边唱禾楼歌，边以摆身、摇手、踏足等动作向着四方起舞；接着演绎过火门、拜天地等仪式性舞段，女舞者手举稻穗，以示庆祝丰收、祈求赐福。茂名化州跳禾楼，按接神、请仙姑、洒禾楼、对歌、谈农事、庆丰收6个科场进行，表演以十字步为主，穿插独唱、对唱等。阳江跳禾楼，场上摆一张八仙桌，一位男扮女装的"楼娘"在台上唱、跳，与一称"宿佬"的男角在台下对歌，所唱多为幽默风趣的大话歌（如自夸歌、说谎歌、颠倒歌等）。各地跳禾楼保留着原始舞蹈的基本特征，意在祈年祈子、报赛酬神、祛病逐疫等，保存了民众的原始崇拜和审美记忆，是远古稻作文化的

活化石。2008 年入选第二批国家级非物质文化遗产名录。参见第 570 页艺术卷"禾楼舞"条。（谢中元）

跳禾楼 见"禾楼舞"。

小榄菊花会 民间游艺。流行于今广东省中山市小榄镇。是以花为媒、以菊会友的综合性花会。南宋时期，小榄人善作盆菊，技艺精湛。至明代，小榄艺菊之风盛行，菊花栽培发展为整形盆栽。每逢菊花盛开时，各家族将各种菊艺集于一处评比高下，曰"菊试"，后逐渐发展为菊花会。会期数天至十数天不定，内容主要包括赏菊、赛菊、吟菊、画菊、尝菊、水上飘色、菊花戏等，规模宏大。小榄菊花会是中国菊文化最集中的体现，群众参与广泛，文化内涵深厚，具有较高的历史、文化价值，对于陶冶性情品行、提高文化素养、增进对外文化交流、构建和谐社会具有重要促进作用。2006 年入选第一批国家级非物质文化遗产代表性项目名录。（谢中元）

阳江赛风筝 民间游艺。流行于今广东省阳江市。源于南朝至隋朝时期俚族首领冼夫人以风筝传送战争文书的做法，后演变为重阳节放风筝的民俗与竞技活动。已有 1400 多年历史。阳江风筝美观精巧，放飞后可依风向风力调节。类型多样，有筒子风筝，软板、硬板风筝，软翅、硬翅风筝，直串、树串风筝等，风筝上彩绘有人物故事、瓜果花卉、鸟兽鱼虫等。其中以灵芝、百足、崖鹰造型风筝最具代表性。阳江被誉为"纸鹞城"和"中国风筝之乡"，与山东潍坊并称南、北最大的风筝流派，其赛风筝活动寄托着当地群众对升平盛世的赞颂和期望。2006 年入选广东省第一批省级非物质文化遗产代表作名录。（谢中元）

六　学术·教育卷

概　况

岭南学术　区域学术。可上溯至东汉陈钦、陈元、陈坚祖孙三代以及士燮、董正等儒家经师传承《春秋》之学,礼义渐化岭南。及至唐代,岭南文教逐步进入中央王朝视野,韩愈被贬任潮州刺史,赵德师事之,兴学弘教,促进岭南儒化。宋代岭南文教日益昌盛,诞生了以崔与之、李昂英师徒为代表的"菊坡学派",这是第一个本土学术流派。明代,陈献章首启心学思潮,创立白沙学派,倡导静坐自得之学,明代学术渐入精微。继而其弟子湛若水以"随处体认天理"的思想宗旨光大门庭,与浙江余姚首倡"致良知"之教的王守仁并立于世,时有"广宗""浙宗"之称。王守仁的众多粤籍弟子在粤东传承学说,形成以薛侃为首的"粤闽王门"。又有程朱理学的后学如丘濬、黄佐、陈建等,或高扬朱子学,或批判心学入禅,多元思潮鼓荡一时。清代初期,岭南学术沉寂一时,乾隆、嘉庆之后逐渐复兴,两广总督阮元创办学海堂,将教育、学术研究、文献整理出版结合在一起,开启新风气,广州许多学者倡导实学,讲究经世致用,调和汉学与宋学,有陈澧所创"东塾学派"、朱次琦所创"九江学派"。鸦片战争之后,海疆大开,西学东渐,岭南学术思想开全国风气之先。康有为、梁启超以及孙中山等以救亡图存为己任,推动近代中国向现代民族国家的变革。进入20世纪,随着现代学术分科的建制,以经学为核心的传统学术分化为文学、史学、哲学、经济、政治、法律、社会学、人类学等领域,岭南学界涌现出大批杰出人才,在诸多研究领域中率先转型,融汇中西,建立现代学科,逐步发展出具有国际影响的岭南地域特色研究领域。如罗香林倡导的"客家学"、饶宗颐倡导的"潮学"等,岭南成为中国学术的人文重镇。(陈柳)

岭南教育　区域教育。起步晚于中原,发展至明清时期,地方官学教育体系完备,书院数量居于全国前列,义学社学兴盛。古代岭南教育肇基于秦汉时期,任职岭南的官员传播中原先进的生产技术、伦理风俗,推动社会教化。魏晋南北朝至隋唐时期,流寓岭南的士人柳宗元、韩愈、刘禹锡等人在韶关、潮州等地兴建孔庙。罗浮山的道教信众、佛教信众以及经海路进入岭南译经建寺或经岭南北上中原的梵僧,推动岭南成为道教教育、佛教教育中心。至南汉,全面推行汉化文教政策。宋元明清时期,岭南教育走上制度化,各州、府、县均设官学,书院和私学勃兴。明湛若水创立大科书院,开岭南学派书院心学化的先河。清阮元创办学海堂,广州成为全国文化教育重镇,是古代岭南教育繁荣多元化的主要标志。近现代岭南教育伴随西学东渐,走上现代化道路,各级各类学校数量名列全国第三位,办学质量位居全国前列,基本形成初等教育、中等教育与高等教育以及普通教育、职业教育、师范教育相互贯通的近现代教育体系。岭南教育特色明显:一是革命教育起步较早,办学影响大,广东成为近代革命策源地。孙中山创办的黄埔军校,是中国近代历史上第一所培养革命干部的新型军事政治学校,在现代军校发展史上占有重要地位。二是重视女子教育,开启

近代中国官立女子师范教育和师范学校男女同校之滥觞。19世纪30年代，教会在中国大陆创办第一所女塾。清同治七年（1868），教会创办广东第一间女子学校真光书院。光绪二十五年（1899），创办广州女医学堂。光绪三十四年（1908），私立岭南大学招收女学生。至1912年，广东香山、番禺、顺德、澄海、梅县、开平等县新办女子师范学校、小学初等高等女校和女子职业学校等共12所。三是注重官话教育教学和留学。广东境内方言多，尤其注重官话教育教学，如《正音咀华》便是广东人学习官话的教科书。同治十一年至光绪元年（1872—1875），清政府组织120名儿童赴美留学，这是中国最早的官派留学生。新中国成立后，岭南教育融入全国义务教育、高等教育发展体系。20世纪50年代全国高等学校进行院系调整和

教学改革。广东省对公、私立高等学校及科系进行拆分与合并，完成综合大学的重组和专门学院的新设，形成了"一所综合大学（中山大学）、四所专门学院（华南工学院、华南农学院、中山医学院、华南师范学院）并立"的高等教育基本格局。"文化大革命"期间，广东高等教育事业遭到严重破坏，专门人才奇缺。1985年中共中央颁布《关于教育体制改革的决定》，为落实中央文件精神，广东在教育体制上，实行分级办学、分级管理的宏观管理体制。1992年后，形成以政府办学为主体、社会各界共同办学，分级办学、分级管理的体制。"中心城市办大学"、"教育强省"战略、"科教兴粤"战略、"兴建大学城"、"985工程"和"211工程"建设等重大决策与举措先后实施，扩大了高校办学规模，推动岭南高等教育实现从

精英化到大众化的跨越。在教育投入、义务教育、高等教育内涵式发展、教学条件改善诸多方面走在全国前列，起到示范作用。2017年1月，教育部、财政部、国家发展改革委联合印发《统筹推进世界一流大学和一流学科建设高校及建设学科名单的通知》，正式确认公布了中山大学、华南理工大学为一流大学建设高校，暨南大学、华南师范大学为一流学科建设高校。2019年《粤港澳大湾区发展规划纲要》颁布后，粤港澳教育合作发展增强，教育服务国家战略与区域经济社会发展功能彰显，在繁荣中国教育发展史上占有重要的一席之地。出现一批有教育责任感，关注时代教育发展，针砭时弊，敢于立新的教育家，如陈献章、湛若水、康有为、梁启超等，体现岭南思想开放、兼容创新的文化精神。（黄明喜）

思想学说

静中养出端倪 哲学命题。明陈献章针对"学以自然为宗"的旨趣提出的修养理论。认为"静"是个体意志自由的根基，"端倪"是道德性的精神本体。强调只有在不受任何外部干扰和影响的静坐中，才能真切地体验端倪这一心学法门。反对把儒家伦理精神教条化，主张随处体认，默然而坐，胸中涵养，澄心静虑地觉悟伦理精神意蕴，从中获得人生快乐。标志着明初程朱理学一统天下格局的瓦解，是明代心学教育的发端，对湛若水、王守仁及明代中后期的心学教育思潮产生重要影响。（黄明喜）

自然为宗 哲学命题。明陈献章依据"天地我立，万化我出，而宇宙在我"的心本思想，倡导"学宗自然"的为学旨趣。"自然"指个体自我的心灵

自由，其突出表征是无滞。主张每一个体应以"自然"为法则，学习孔颜乐处的精神，抱有"自然之乐"的情怀，实现个体与他人、国家乃至天下的和谐化成。落实在教育上，则倡导学者坚守独立思考、学贵知疑的态度，成就知识学习与精神涵养融通的人生境界。（黄明喜）

学贵自得说 修养论。明陈献章提出。"自得之学"核心内涵，意为"吾心内自得"，强调张扬个人意志自由。以静坐、知疑为修养方法，主张通过自我体认与感悟，由内而外地领悟并践行"道"，做到内求自得。旨在告诫学者敢于突破程朱理学和经书的束缚，"以我观书"，实现心与理的凑泊吻合，最终达到鸢飞鱼跃、浩然忘我、超脱外物的自然境界。在明代思

想界掀起新学风，对甘泉学派、阳明学派的崛起起到承上启下作用，促进明代学术和教育由理学形态向心学形态转化。（黄明喜）

知行并进说 修养论。明湛若水基于"随处体认天理"的教育立场提出。旨在完善陈献章"静养端倪"说和批判王守仁"知行合一"说。认为在生活实践及教育活动中，知和行相互依赖，相互促进，二者既有统一性，又有相对独立性。真正的知便是努力的行，真知和力行是齐头并进的。通过后天的读书学习、师友交往和日常生活，学生可以使内在的德性向外扩展到社会，解决好德业和举业之间的两难问题，进而实现修身、齐家、治国、平天下的人生理想。认为仅靠向内涵养而漠视向外的学习和实践，难以化

德性为德行，无法实现个人的自我价值和人生理想。思辨色彩浓厚，完善了湛若水的教育理论，提升明代心学教育的学术性。（黄明喜）

订偏养正说 教学理念。明湛若水在《圣学格物通》中提出。认为人的先天本性是很接近的，后来有较大差别，是教育和学习的结果，教育对学生的订偏养正，好比在耕种农田时，替庄稼移去杂草一样。在传授知识过程中，应着重培养学生道德意识，使他们养成正确道德理性，即"觉人之良知"，从而保证心性的"已发"与"未发"能够"归于中正"。该理念将教育、学习和心性修养三者有机结合，增强智育与德育的内在关联性。（黄明喜）

立教兴化说 教学理念。明湛若水在《圣学格物通》中提出。认为教育与治国安民关系密切，建国君民，教学为先，主张广设书院与社学培养人才，施行社会教化。指出教育功在当代，是兴国安邦第一要务，教师是办好教育的基础性前提。师道的存亡直接关乎社会人才多寡，师道立则善人多，教师教书育人、以身作则对社会有重要影响。着重强调教育和教师在社会治理中的特殊作用，体现其内圣外王的政治教化理念。（黄明喜）

象图教学法 教学理念。明湛若水统合南京国子监和书院教学经验而提出，成为其后教学活动和书籍编纂理念。强调摆脱简单乏味的纯用语言手段的教学局限，采用场景描绘、情节勾勒、心理刻画等图画、图像形式，引发学生对复杂问题的认识和理解。侧重直观化、形象化展现心学思想，图文并茂，深入浅出。湛若水编订的《心性图说》《四勿总箴》《节定燕射礼仪》等，即其运用象图教学法的显例。该理念化繁为简，有利于增进学生对心

性哲理等复杂理念的理解。（黄明喜）

勿忘勿助 修养论。明湛若水依据《孟子·公孙丑》"必有事焉而勿正，心勿忘勿助长"的表述，发展为富有修身功夫色彩的理论术语。批评程朱理学在事事物物中格物穷理的主张，认为格物穷理所产生的弊端会让本心与天理支离。在道德修养过程中，本心既不遗忘走失，也不刻意助长。常与"随处体认天理"相联系，构成一种平衡互补的理论。（郭海鹰）

合一之学 哲学命题。明湛若水依据"性者天地万物一体"提出。主要针对王守仁对其为学偏于外的批评，以及当时学界对白沙学是禅学的辩护。认为天地人物合一，每个人内在的心性本体与天地万物是不可分割的有机整体。要达到合一的状态，本心必须保持一种至虚至实的状态，物来顺应，应对处理事物时，不留滞于外物，随物流转，这是虚；又能像镜子照物一样如实反映，不拘限于自己的内心，这是实。调停了程朱之学偏于外，象山之学偏于内的弊端，对端正当时学风产生重要影响。（郭海鹰）

默识大同 修养论。明湛若水针对学界对其立言过多的批评、"改毁书院"的风波以及年迈体衰的现状提出。主张在天地万物的四时变化、自然更替的生命节奏中，去察识并存养其中生生不息的天理。具体教法：第一是游学。借助自然风光，随处指点学生，让他们观感、体贴天地生意。第二是静坐。一种是终日静坐，不讲究固定时间段和场所；另一种是夜半端坐存息，体证与天地气化流行合而为一的境界。（郭海鹰）

随处体认天理 修养论。明湛若水提出。"随处"既指功夫修习场所的境

遇性，日常生活随处是修习的地方；又指修炼时间的持续、不间断，贯通动静物我内外始终。"体认"有察识与存养两层含义。察识，就是要认识如何处理事物的道理和方法；存养，就是要将习得的道理和方法付诸行动，在行动中与身体融贯为一个整体。"天理"是本心生生不息的中正本体，是随处体认功夫始终扣紧的主题，使之廓然大公，随感随应，不会陷入追逐外界事物的弊端之中。作为湛若水的学术宗旨，与王阳明的"致良知"说分庭抗礼，甘泉后学多以此为基础进行发挥、修正，影响延及明末清初。（郭海鹰）

弼唐之学 教育学说。明庞嵩融会王湛心学而提出。屈大均《广东新语》称其为"弼唐之学"。庞嵩先学阳明心学，致仕后皈依甘泉心学。受湛若水之托主讲天关书院等，为诸院馆长。作为甘泉学派的心学翘楚，学术思想主要来源于陈献章、湛若水和王阳明，既有陈献章宗自然的道意，又有湛若水主合一的中正，还有阳明致良知的践履。（戴斗勇）

存理养心 修养论。明霍韬提出。认为思虑若纯出于天理，就自然能够尽心知性，涵养自己的本心。指出要不掺杂私心杂欲地思虑，通过日常生活的为人处世去体味背后的道理。强调不能只通过静坐进行体悟，需要踏实用功，勉力持守，从平常的容貌辞气、动作周旋入手，修习久后自然能够纯熟。纯熟之后便能达到鸢飞鱼跃，天道流行的境界。（郭海鹰）

读书五学论 治学观和读书法。清朱次琦提出。由"经学""史学""掌故学""性理学""辞章学"五部分组成，以经学为首。史学与经学可以互证。掌故学是正史的有益补充，起

到鉴往知来的作用。性理学重在反身修德，强调经世致用。辞章学要求文章言之有物，文质彬彬。既注重经学与史学互证，又强调性理与辞章交融，集义理、辞章、考据及掌故为一体。这是兼采汉学和宋学的治学观和开放包容的读书法，对康有为、简朝亮等清末民初学者有较大影响。（黄明喜、李辰）

修身四行论 修养论。清朱次琦提出。由"惇行孝弟""崇尚名节""变化气质"和"检摄威仪"四部分组成。"惇行孝弟"意在强调孝悌是为人处世的根本，主张读经与做人密不可分。"崇尚名节"意在转化朱熹的敬身思想，把敬身和名节修养高度结合起来，以修正当时读书人偏重学问而忽视名节的倾向。"变化气质"意为修身的作用在于涤除气质之性中所含有的恶性，以去蔽明善。"检摄威仪"意在申明存心养性，检视言行举止，强调通过外在的礼仪规范人的各种行为活动，以养成良好的行为习惯。具有较重的理学色彩。对康有为、梁启超有深刻影响。（李辰、黄明喜）

兼采汉宋 经学学术观。清朱次琦提出。针对清代汉学攻击宋学提出的治经观念和方法而提出。主张应不分汉学、宋学，调和汉宋之争。批评阮元、纪昀等清代汉学家排斥宋学，推崇朱熹是兼采汉宋学的模范。旨在打破清代汉学的垄断，有助于调解经学与经世之间的矛盾，一定程度上促成了同治、光绪年间学术向实学的转向。（李辰）

经史互证 经学学术观。清朱次琦提出。认为经明其理，史证其事，以经通史则经解正，以史通经则经术行，指出"史之于经，尤医案也"。强调经学与史学互证互用的重要性，对乾嘉汉学重经学、轻史学的学风有所纠正。（李辰）

大同三世说 历史学说。清康有为提出。将《春秋公羊传》中的三世、《礼运》中的"小康""大同"与近代西方进化论思想融合起来，提出的社会历史进化论。认为人类社会不是一成不变，而是不断演进的；人类社会的发展将沿着据乱世—升平世（小康）—太平世（大同）的轨道前进，其政体相应会由君主专制变为君主立宪，再由君主立宪变为民主共和；三世的演进是循序渐进的更替，最终将达到"太平大同"人类理想社会的最高阶段。破除"天不变，道亦不变"的思想观念，成为晚清维新变法、救亡图强的理论基础，对当时的社会改革产生了重要影响。（郭海鹰）

大同世界 政治学说。清康有为提出。将儒家大同思想与西方民主思想和空想社会主义等相结合，以天赋人权、普遍平等、去苦求乐为核心价值，从个人、社会和世界三大层面对大同制度进行了设计。关于个人的设计是废除家庭，使每个人成为直接依赖和服务于社会的独人，实行人人皆由政府公养、公教、公恤的制度；关于社会的设计是实行公有的经济制度，民主自治的政治制度，男女自主的婚姻制度，竞美奖智奖仁的激励制度，教戒为主的惩罚制度；关于世界的设计注重统一管理，主张全球按经纬划分区域，纪年、度量衡、语言文字、历法等实现通同，设立大同公政府和各区域自治政府。中国民主主义启蒙思想的杰出代表，具有空幻性。（宋德华）

新民说 启蒙思想学说。清梁启超提出。阐释此思想的《新民说》发表于清光绪二十八年至三十二年（1902—1906）《新民丛报》。以国家演变决定于民众为理论依据，将"新民"作为救国治国的当务之急。在新民方法上，主张既要保守和更新传统文化特质，又要广搜博采各国新文化精华，重点以欧美人作为中国人仿效的榜样。在新民内涵上，阐释新民必备的16项特质，涉及公德、国家思想、进取冒险、权利思想、自由、自治、进步、自尊、合群、生利分利、毅力、义务思想、尚武、私德、民气、政治能力。全面探讨改造国民性问题，对培养新型国家公民、重振中华民族精神具有重要意义。（宋德华）

知难行易 认知论。孙中山提出。针对民国初年革命党人"信仰不笃，奉行不力"而提出。源于传统的"知之非艰，行之惟艰"思想，提出"行之非艰，知之为艰"，即"知难行易"说。指出人们的一般行为及社会实践具有普遍性、广泛性、极易性，而认识事物的本质及其规律具有艰巨性，强调从"行"到"知"，是一个艰苦的过程，科学、理论、知识、主义来之不易。揭示知与行的辩证关系，"行"是"知"的基础，"知"是"行"的指导；理论高于实践，没有科学的理论，就不会有成功的实践。

孙中山为李仙根题"知难行易"

依据近代科学知识对中国传统知行说进行理论创新，体现了孙中山思想学说的时代高度。（黄明同）

民生史观 历史学说。孙中山提出。以"民生"为动力，认定民生是历史的重心、社会的动力，提出要以"把社会上的财源弄到平均"的民生主义以解决当时的社会问题。强调社会的进步，是社会上大多数的经济利益相调和，而协调大多数人的经济利益，有助于解决民生问题。认为人类要不间断生存，社会才能不断地进化；社会进化的定律，是人类求生存；主张民生是政治的中心，是经济的中心和历史活动的中心，将历史上的政治、社会、经济种种中心归于民生问题，以民生为社会历史的中心。揭示了人类社会发展的动力，并把这一动力归结为民生问题，具有一定的唯物史观倾向。（黄明同）

天下为公 政治学说。孙中山提出。指出天下是全天下人共有的天下。认为真正的三民主义，就是孔子所希望

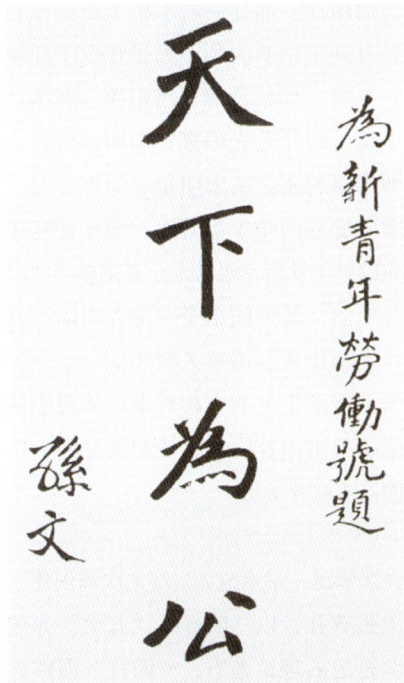

孙中山为《新青年》劳动节纪念专号题"天下为公"

的大同世界。对未来理想社会的设计，主张全体人民是国家的主人。人民对于国家不只是共产，一切事权是共有的。"民有""民治""民享"得到完全实现时，国家是人民所共有，政治是人民所共管，利益是人民所共享。强调通过民族主义，即实行民族革命，推翻清朝统治，恢复中华，把一家一姓的天下变成"公天下"。（郭海鹰）

博爱说 政治学说。孙中山提出。在西方政治学说自由、平等、博爱思想的基础上，结合中国传统儒家的仁爱说，提出博爱与仁爱是相通的。核心是民生主义。民生是政治的中心，是经济的中心，也是种种历史活动的中心。民生是人民的生活，社会的生存，国民的生计，群众的生命。民生主义就是社会主义、共产主义，也就是大同主义。强调在"大同社会"中实现民有民治民享，才是真正实现博爱。（郭海鹰）

孙中山为铃木久五郎题"博爱"

新史学 史学方法。清梁启超提出。认为传统史学存在"四弊"，即知有朝廷而不知有国家，知有个人而不知有群体，知有陈迹而不知有今务，知有事实而不知有理想；又存在"二病"，即铺叙而不能别裁，因袭而不能创作。主张以进化论为指导思想，重视群体研究、历史哲学及史学的社会功用，重在叙述进化史事，总结和展示历史规律。开启近代中国史学的

革命，推动史学理论进步，对现当代史学思想和流派分野产生深远影响。（李彬）

史源学 史学方法。陈垣提出。针对史学论著所用史料是否可靠全面而提出。包含"开源"和"溯源"两部分。强调先熟悉论著内的史料，然后搜集史料、发掘史料，运用排比考证的方法，仔细辨别其版本、时间、人名、地名、书目、官民、计算、比例、推理等，考察论著所用史料是否正确、引证是否充分、叙述有无错误、判断是否准确、逻辑是否清晰，不断地追根溯源，以便考辨正误。推动史学实证研究，为新实证学说提供理论指导。（李彬）

客家学 学科研究。20世纪30年代罗香林最早提出。以研究客家群体的历史、文化、经济、语言、信仰、民俗、艺术等多个领域而形成的学问，后研究范围不断扩大，广泛牵涉历史学、民俗学、地理学、语言学、谱牒学等学科。研究团体主要是国际客家研究会，研究机构有多个客家研究院（所）或研究中心、博物馆、方志馆，以福建、广东和台湾为中心。深化了国际对客家社群在中国历史文化上的认识，成为国际客家社群联谊的重要纽带。（李彬）

潮学　学科研究。20 世纪八九十年代饶宗颐首倡。最初以"潮州学"命名，后简称为"潮学"。以全球潮汕人为研究对象，广泛涵盖历史、文化、经济、语言、信仰、民俗、艺术等各个方面，逐渐形成了稳定的研究群体、机构和学术刊物。相关研究机构主要有潮汕历史文化研究中心、韩山师范学院潮学研究院、汕头大学潮汕文化研究中心、暨南大学潮州文化研究院、香港大学饶宗颐学术馆等。编辑发行《潮学研究》《侨批研究》《潮商·潮学》等学术刊物。已出版《潮汕文库》，集结潮汕文化论著 400 余种。在海内外多次举办过"国际潮学研讨会"。深化了学界对潮汕历史文化的认识，增强了潮籍社群的中外联系，扩大了岭南文化的影响力。（李彬）

学派·团体

白沙学派　又称江门学派。学术派别。明陈献章创建。代表人物有湛若水、贺钦、林光、张诩、李承箕等。因陈献章所居之地广东新会的白沙村而得名。因应时代问题，祖述孔孟思想，循沿陆九渊心学，针砭程朱理学流弊，把"心"视作宇宙的本原，提出"以自然为宗"的为学旨趣，倡导"静养端倪"的修养功夫，主张"学贵自得"，是明代学术和教育由理学形态向心学形态转化的重要环节。陈献章衣钵传人湛若水的"随处体认天理"修身功夫，促进白沙学派的发展。（黄明喜）

江门学派　见"白沙学派"。

甘泉学派　学术派别。明湛若水创建。以心学与关学、阳明学、气学和程朱理学相融合。甘泉后学一传弟子蒋信、吕怀、唐枢、何迁、蔡汝楠、洪垣、庞嵩等，遵循师说，强调融合湛王之学。二传弟子杨时乔、许孚远、唐伯元，批判王门后学"四无说"。三传弟子冯从吾和刘宗周，前者汇流关学，具有实学特征；后者创立蕺山学派。至清初，仅留余绪，张履祥的杨园学派走向程朱理学，陈确提倡的"素位"实学和黄宗羲开启的实学与启蒙之学，倾向于阳明学派。从明中叶至清初的 150 余年间，该学派总体流向是走向实学和启蒙思潮。（戢斗勇）

粤闽王门　又称潮州王门。学术派别。主要活动于广东潮州。代表人物有广东的方献夫、薛侃、周坦、杨骥、杨鸾、梁焯、郑一初、薛俊、薛侨、薛宗铠、陈明德、吴继乔、林文、福建莆田的马明衡等。信奉王阳明的致良知学说，主张扩充以尽本体，不可迁就气习；注重居敬穷理，落实"破山中贼易，破心中贼难"的心性修养功夫，强调修养与践履的统一。其心学理论创新不足，但实践功夫甚笃。（黄明喜）

潮州王门　见"粤闽王门"。

菊坡学派　学术流派。南宋崔与之创建。其辞官归乡后，在广东增城凤凰山创办菊坡书院，收徒讲学，构建岭南第一个较大规模的思想学派，史称菊坡学派。李昂英是崔与之的思想传人，其弟子陈大震、李春叟、何文季等，在岭南弘扬菊坡学派思想。提倡仁政，强调经世致用，重视军事教育，体察边地民情。开启崇实致用的岭南学风，形成与南宋理学不同的思想品格。（黄明喜、王林）

东塾学派　学术流派。清陈澧创建。其任学海堂学长、菊坡精舍院长，前后执教近 40 年。弟子桂文灿、廖廷相、陈伯陶、陈树镛、陶福祥、温仲和、文廷式、黎永椿、于式枚、汪兆镛等。主张兼通汉学与宋学，摒弃汉宋门户的羁绊。形成的汉宋调和学风对晚清学术发展具有较大影响。其离世后，学派日趋衰落。（黄明喜、王林）

出入王湛　教育活动。明代王阳明与湛若水两家心学门派的弟子交叉从学于对方师门的现象。湛若水、王阳明两人生前和身后，两家门人有"递相出入"的情况。杨骥、顾应祥、程文德以及杨仕鸣和杨仕德兄弟等，先从湛若水游，后卒业于王阳明门下。周坦被誉为湛若水在罗浮讲学期间成就最高的门生，《明儒学案》归其入粤闽王门，后师从王阳明门人钱绪山弟子徐用检。部分湛若水弟子虽然没有亲自拜王阳明为师，思想观点上却倾向王学，如蔡汝楠、唐枢等。蒋信、王道、周冲等先师事王阳明，后转为师事湛若水。王阳明弟子如邹守益、欧阳德等问学于湛若水，邹守益晚年亦以弟子礼侍奉湛若水。王湛弟子"出入王湛"与朱陆弟子"出入朱陆"的"递相出入"情形大致相似，是中国学术传承史上的有趣现象，体现中国传统学术内容的包容性和流变的交融性。（戢斗勇）

九江学派　学术流派。清朱次琦创建。主张尊孔，以"四行""五学"为儒学思想的理论基石，"四行"即敦行孝悌、崇尚名节、变化气质、检摄威仪，"五学"即经学、史学、掌故之

学、性理之学、辞章之学；倡导经世致用，是推动岭南儒学近代化的重要力量。光绪二十八年（1902）以后，分化为简朝亮门派（简派）与康有为门派（康派）。简派门人以黄节、邓实为代表，尊儒抑西、强化儒学；康派门人以陈千秋、梁启超为代表，重建今文经学，以西学化儒学、儒学与西学相结合等方式破解儒学独尊地位。后两派合流，参与维新变法运动。（黄明喜、王林）

圣学会　全称两粤广仁善堂圣学会。学术团体。清光绪二十三年（1897）四月在广西桂林成立。会所在依仁坊街彭公祠。康有为、唐景崧、岑春煊、蔡希邠、史念祖、游智开、龙泽厚等发起，参与者多为士绅、青年学生，有200余人。宗旨为尊孔教、传圣道、育人才、救中国。康有为亲自草拟《圣学会缘起》及《章程》，明确规定五大任务：逢庚子日集会读经；广购图书仪器；编辑报纸；设立义塾；开办农、工、商三业学堂。创办广仁学堂及《仁报》，力主实学，宣传维新思想。维新派通过圣学会扩大宣传，联络志士，推动政治改革。戊戌变法失败后自行解散。（黄明喜、王林）

两粤广仁善堂圣学会　见"圣学会"。

国学保存会　学术团体。清光绪三十一年（1905）在上海成立。主要发起者为邓实、黄节，核心成员有刘师培、陈去病、马叙伦、诸宗元、高天梅等。以爱国保种、存学救世为旗帜，主张弘扬国学以保存国粹，反对醉心欧化的学术倾向。编辑并出版《国粹学报》《政艺通报》。前者为月刊，作为机关刊物，共发行82期；后者偏于介绍西学新知。设有藏书楼，对外开放。举办国学讲学会。

依照新式学堂章程，发行刘师培所撰的《经学教科书》《中国历史教科书》《中国地理教科书》《伦理教科书》《中国文学教科书》五种国学教科书。主要由新型知识分子组成的爱国革命的学术团体，集合当时南方文化教育界的青年精英，对国学文献研究与文化教育发展有重要影响。作为晚清国粹派大本营和宣传国粹主义中心，是受中国教育会影响的产物，也是诸种革命势力重新结合的组织。辛亥革命后解散。（黄明喜）

晦鸣学社　学术团体。1912年在广东广州成立。刘师复为领导人。核心成员有莫纪彭、郑彼岸、郑佩刚、林直勉、丁湘田、林君复、李希斌、刘石心等。以提倡社会革命，促进世界大同为宗旨。主张打破一切强权，为平民建立真正自由幸福的新社会。以共产主义、反对军国主义、工团主义、反对宗教主义、反对家族主义、素食主义、语言统一、万国大同为八大施政纲领。刊行《晦鸣录》（又名《平民之声》）《无政府主义》《新世纪丛书》《无政府浅说》等出版物，宣传无政府主义思想。中国第一个无政府主义团体。1913年8月，被广东都督龙济光取缔。（黄明喜、王林）

马礼逊教育协会　教育团体。清道光十六年（1836）在广东广州成立。道光十五年（1835），22人在成立马礼逊教育协会的倡议书签名，并成立临时委员会。成员包括罗宾臣（George Best Robinson）、渣甸（William Jardine）、奥立芬（David W. C. Olyphant）、颠地（Lancelot Dent）、马儒翰（John Robert Morrison）和裨治文（Elijah Coleman Bridgman）6人，以颠地为主席，负责马礼逊教育协会的筹建工作。其宗旨是在中国兴建和资助学校，以教育本地青年，在掌握本国语言的同时，能够读写英文；借助英文了解西方的

各门知识。阅读《圣经》和有关基督教的书籍。以颠地为董事会会长，记连（John C. Green）为副会长，渣甸为司库，裨治文为通讯秘书，马儒翰为记录秘书。制定章程共13章，于道光十六年（1836）11月9日通过。规定会员的义务和权利、会议的组成和运作，以及董事会各成员的权责和职务等，另加附例3节，涵盖学生、教师和书籍等办学事宜。道光十五年至二十八年（1835—1848），共召开2次筹备会和10次年会。组织创办马礼逊学堂，知名校友有容闳、黄宽、黄胜等。道光二十九年（1849）结束活动。（郑振伟）

强学会　又称强学书局。学术团体。清光绪二十一年（1895）在北京成立。由维新派和帝党人士组成，思想领袖是康有为。核心成员有梁启超、孙家鼐、李提摩太、文廷式、陈炽、丁立钧、杨锐、翁同龢、李鸿藻等。旨在专为中国自强而立，强调通声气、聚图书、讲专门、成人才、扶孔教。思想宣传以报刊为载体，清光绪二十一年八月十七日在北京创办《万国公报》周刊，十二月十六日改名为《中外纪闻》。光绪二十二年（1896）一月十二日在上海创刊《强学报》，报首以孔子纪年与光绪纪年并列，宣传变法维新的政治色彩胜于《中外纪闻》。1896年北京遭清廷严禁，改为官书局，分设学务、选书、局务、报务四个部门，专门译刻各国书籍，禁止议论时政和臧否人物。北京强学会受禁后，上海强学会旋即解散。（黄明喜、王林）

强学书局　见"强学会"。

广东教育总会　教育团体。清宣统元年（1909）在广东广州成立。宣统二年（1910）三月下旬，梁鼎芬和许应骙为正副会长。宣统三年（1911）三

月，劳肇光、朱世畴任正副会长。同年九月，广东教育团成立。1912 年 6 月，兼并广东教育团。1912 年 9 月教育部公布教育会规程 13 条，只设省教育会、县教育会和城镇乡教育会，不再有总会的名称，改称广东省教育会。暂借广府学宫办公，后于九曜坊设立会所。1913 年有会员 284 人，1919 年为 1265 人，1921 年为 423 人。举办 1921 年孙中山临时大总统对学界的演讲大会、杜威及夫人和陈独秀等的演讲。1921 年 10 月，全国教育会联合会第七届年会在广州召开，大会确定以广东省教育会所提的学制方案为蓝本，形成了"学制系统草案"，是 1922 年公布的壬戌学制的基础。1929 年 9 月下旬，改组产生由 15 人组成的第一届执行委员会，设理事 25 人，监事 7 人，会员大会每两年举行一次。对促进广东现代教育的改革和发展有较大影响。（郑振伟）

孔教会 学术团体。1912 年 10 月 7 日，康有为授命陈焕章等在上海发起。沈曾植、朱祖谋、王人文、梁鼎芬、陈三立、张振勋、麦孟华、陈作霖、姚文栋、沈守廉、姚丙然、沈恩桂、陈焕章 13 人为共同发起人。主张通过宗教化、组织化来解决当时儒学所面临的时代性问题，要求定孔教为国教，希望昌明孔教以救济社会。认为孔教为立国之本，可启发人民的道德，无孔教不能立

国，无道德不能为人。以《孔教会杂志》（月刊）作为机关刊物。在北京、曲阜、上海三地设立事务所。1913 年 9 月，总会由上海迁至北京。北京总会为国教运动的中心，曲阜为举办全国性的孔教大会场地。1937 年 9 月，曲阜的孔教总会被国民政府改名为孔学总会。因孔教卷入立宪之争，特别是与帝制、贿选等发生牵连，而受到新派人物的批判。（黄明喜）

平民教育委员会 教育团体。会址设在广州市越秀南路的一庙宇内。辛亥革命后，中国教育界兴起了平民教育运动。1925 年 1 月，国民党中央党部青年部部长邹鲁在广东广州组织"国民党中央平民教育委员会"，聘请广东省教育厅厅长许崇清担任主任，广州市教育局局长王仁康担任副主任，专门负责办理平民教育事宜，包括课程、编制、聘任教职员以及制定各项平民教育计划、具体措施等。下设编辑、实施两部。编辑部部长谢清负责编纂课本。实施部部长先为郭寿华，后由陈志文代理，负责招生、管理教场和聘请教师。1925 年 1 月，平民教育委员会正式招生。学生对象是 14 岁以上、30 岁以下的失学青年。课程有国文、算术、唱歌、政治常识。每晚上课两小时。上课场所定名为"平民教育第某教场"，附设在广州的公私立中小学，第一期约 30 个教场。每教

场最少设两个班。每教场设一主任，每班一个教员，全部是义务劳动，担任教场主任和教员的绝大多数是"新学生社"社员。1926 年 1 月，平民教育第一期学生毕业者达 7000 余人。1926 年 3 月，平民教育委员会决定第二期发展工人为教育对象，计划设立 100 个教场。通过与省港罢工委员会、广州大中学校的学生会合作，调动社会力量来开办平民学校。1927 年 2 月，广东省青年部重新改组平民教育委员会。1927 年 4 月南京国民政府成立后解散。传播真理、唤起民众，是大革命时期广东革命群众运动的重要组成部分，在反帝反封建斗争中发挥很大作用。（刘娟）

广东新学生社 学生社团。1923 年 6 月，由广东青年团组织成立的外围学生组织。大革命时期，中国共产党依托它来领导学生运动工作。青年团粤区委书记阮啸仙当选第一任社长。总社设于广东广州，下设支社、分社、支部或小组。全体社员大会是其最高权力机关。1923 年 7 月 1 日，创办《新学生》杂志，初为半月刊，后改为旬刊。1923 年 12 月底进行改组，定名为新学生社，并选出第二届执委会。在广东各县及邻近省份建有分社。1926 年 6 月，宣告终结。参与广州平民教育运动等活动，为革命斗争作出重要贡献。（黄明喜）

教育机构

岑溪学宫 地方官学。唐武德五年（622）创建。原址位于县治东。明洪武十二年（1379），教谕何进重建。正德十六年（1521），知县石希介、训导刘才义迁至外城城隍庙西。嘉靖十七年（1538）复迁于城内。天启元年（1621）迁于城内北部。明清时期，

经过重修扩建，呈左学右庙规制。以教授儒家经典为主要活动，辅以祭孔、藏书。（王晓璇）

东莞学宫 地方官学。唐贞观四年（630）始建。北宋庆历四年（1044）正式设为县学。分大成殿和明伦堂两

区，前者用于祀奉孔子，后者用于聚集生员讲经、宣讲圣谕、宣扬儒学。南宋淳熙十三年（1186），县令王中行移学宫至东城外。南宋开禧二年（1206），县令刘棠移大成殿于学宫右侧。嘉熙二年（1238），知县许巨川修建学宫，创宝书阁；四年

（1240），知县赵善鄘重修大成殿。宋末，经史阁毁于兵乱。嘉定十四年（1221），改学区从庙区方向。元世祖至元二十八年（1291），黎友龙重建经史阁。明洪武十四年（1381），学宫遇火灾焚毁。洪武三十年（1397），贡士庄恭遣刘祖贤督工重建。崇祯年间县令汪运光，作大型修建。清光绪三十二年（1906），改明伦堂为高等小学。学田由东莞明伦堂掌控，田租所得用作教育与慈善事业。（颜蕴琦）

长乐学宫 地方官学。位于今广东省梅州市五华县中华城镇十字街。唐乾符四年（877）在县南创建。北宋元祐三年（1088），县令袁正规重修。后经过重修扩建，呈左学右庙规制。以教授儒家经典为主要活动，辅以祭孔、藏书。考试分文武两科。清光绪三十一年（1905），停止招生，开设第一期师范传习所。光绪三十三年（1907），师范传习所停办，改建为长乐官立模范小学堂。宣统三年（1911），改为长乐官立中学堂。1913年，改为长乐县立中学校。1914年，改为五华县立中学校。1929年，改为五华县第一中学。1946年，改为五华县立第一中学。1950年，改为五华中学。1972年，改为华城中学。1980年，正式定名五华中学。1989年被公布为第三批广东省文物保护单位。（王晓璇）

龙川学宫 地方官学。位于今广东省河源市龙川县佗城镇。唐宋时期创建。南宋淳熙年间，循守宋煜、梁克俊、宋诩，县令倪应时重修。元延祐五年（1318），知州徐震迁县北。元末毁于兵燹。明洪武九年（1376），典史黄九成复建于县东。考试分文武两科。明末毁于暴雨。清康熙七年（1668），知县彭峻龄复建于县东原址，呈前庙后学规制。2008年被公布为第五批广东省文物保护单位。（王晓璇）

澄迈学宫 地方官学。位于今海南省澄迈县澄迈北路15号。北宋初期在县东创建。南宋咸淳元年（1265），将领李才卿重修。元皇庆年间，知县牛某扩建学宫。后经过扩建重修，呈前庙后学规制。以教授儒家经典为主要活动，辅以祭孔、藏书。清光绪三十一年（1905），停止招生。（王晓璇）

德庆学宫 又称康州孔子庙。地方官学。位于今广东省肇庆市德庆县德城镇朝阳西路。始建于北宋大中祥符四年（1011）。元大德元年（1297）重建，呈前庙后学规制。历史上中进士21人，中举人137人。1996年被国务院公布为第四批全国重点文物保护单位。参见第881页建筑卷"德庆学宫"条。（王晓璇）

康州孔子庙 见"德庆学宫"。

韶州学宫 又称韶州府学宫。地方官学。前身为北宋景德三年（1006）在韶州府东南隅建的先圣庙。至和二年（1055），知州胡牧改庙建学宫。元符元年（1098），知州谭粹置立学田。从宋代至清代，几经修缮、扩建，建有稽古阁、明伦堂、大成殿、斋房、两庑等建筑，修补官书、祭器。清代，学宫呈前庙后学规制。为府学之所，考试分文武两科。岁考二年一贡。北宋名相余靖是出自韶州学宫的进士。"韶州府学宫大成殿"2008年被公布为第五批广东省文物保护单位。（王晓璇）

韶州府学宫 见"韶州学宫"。

儋州学宫 地方官学。北宋庆历四年（1044）在儋州城东创建。绍兴二年（1132），知军叶元迁至城南。绍兴二十一年（1151），知军陈适迁至城

东南。元大德九年（1305）迁回城东。明弘治二年（1489），知州钟英迁至城外西隅。正德七年（1512），知州陈衮迁至城内东南隅。万历四十三年（1615），知州曾邦泰复迁城东旧址。以教授儒家经典为主要活动，辅以祭孔、藏书。清代，经过重修扩建，呈左庙右学规制。考试分文武两科，岁考二年一贡。（王晓璇）

廉州学宫 又称廉州府学宫。地方官学。位于今广西壮族自治区北海市合浦县廉州镇。始建于宋代。初为文庙，元代总管陈逊移至内城。毁于元末战乱。明洪武二年（1369），知府脱因重建。万历三十三年（1605），知府涂巍拓改为学宫。洪武十四年（1381），合浦知县卢文会于廉州府学左侧设学。府县学合并，呈前庙后学规制。清光绪十四年（1888），钦州升为直隶州，廉州府学仅辖合浦县。1912年废府留县，合浦县学宫得以保存。民国年间，合浦县学宫直属钦廉军政府管辖。新中国成立后，合浦县学宫归广东省廉州专区管辖。1952年，合浦县学宫隶属广西钦州专区。1987年，合浦县学宫隶属北海市。（王晓璇）

廉州府学宫 见"廉州学宫"。

海丰学宫 又称红宫。地方官学。位于今广东省汕尾市海丰县人民南路13号。北宋康定年间，县令谭昉在县东南隅创建。明嘉靖元年（1522），教谕周鼎、训导徐淹、宋秩改建，呈左学右庙规制。清代，以教授儒家经典为主要活动，藏书较多，辅以祭孔。教谕主掌授课，训导辅佐。考试分文武两科。民国初年，改为海丰通俗图书馆。1927年，成立海丰苏维埃政府，学宫周围被刷成红色，故称红宫。（王晓璇）

红宫 见"海丰学宫"。

文昌学宫 地方官学。位于今海南省文昌市文东里。北宋庆历年间在何恭都（今文昌东路）创建。元至顺三年（1332）迁北山都。明洪武八年（1375），知县赵文炳迁于县东。明清时期，经过重修扩建，呈左庙右学规制。以教授儒家经典为主要活动，辅以祭孔、藏书。考试分文武两科。清光绪三十一年（1905），停止招生。（王晓璇）

雷州学宫 又称雷州府学宫、西圣宫。地方官学。雷州历史上第一所官办学校。位于今广东省湛江市雷州市西湖东畔。北宋庆历四年（1044）创建。靖康元年（1126），知州李域迁于天宁寺西。绍兴十年（1140），知州胡宗道迁于天宁寺西北。乾道六年（1170），知州戴之邵迁建于郡治之西，即今雷州市第三小学内。宝庆二年（1226）郡守陈大纪重修扩建，呈左庙右学规制。20世纪60年代遭受毁坏，仅存宋淳熙间的"孔子与弟子石碑刻像"，明代万历年间的"魁"字石碑与乡贤碑。以祭祀孔子，施行尊孔崇儒风尚为主。（聂建霞）

雷州府学宫 见"雷州学宫"。
西圣宫 见"雷州学宫"。

琼州学宫 又称琼山学宫、琼山孔庙、圣公庙。地方官学。位于今海南省海口市琼山区府城街文庄路15号。北宋庆历四年（1044），知州朱守之在城外东南隅创建。琼州县学宫设于琼州府学南鼓楼东侧，位于海口浦元。元至正年间，元帅宝德资海牙重修。明洪武四年（1371），知县李思迪迁于城外东北隅。宋代，以教授儒家经典为主要活动，藏书较多，辅以祭孔。南宋淳熙九年（1182），朱熹作《琼

州学记》。学宫隶属湖广行省儒学提举司。明成化八年（1472），丘濬于学宫内建石屋，收藏典籍。明代，为府学之所。清代，改为县学宫，呈前庙后学规制。宋、明、清海南中举人者772人，大多出自琼州府学。（王晓璇）

琼山学宫 见"琼州学宫"。
琼山孔庙 见"琼州学宫"。
圣公庙 见"琼州学宫"。

阳江学宫 地方官学。位于今广东省阳江市江城区南恩路江城一小内。北宋庆历四年（1044），阳江县初设南恩州学与阳江县学。南恩州学位于城南白沙寺右，阳江县学位于城内西南城隍庙后。绍圣四年（1097），知州丁琏迁南恩州学于城内东南。明洪武二年（1369），归肇庆府管辖，南恩州学改为阳江县学，即阳江学宫。清代，经过重修扩建，呈前庙后学规制。2008年被公布为第五批广东省文物保护单位。（王晓璇）

新会学宫 地方官学。位于今广东省江门市新会区公园路12号。北宋庆历四年（1044）在县城东北创建。元初毁于战火。明洪武三年（1370），知县吴拳、署学事儒士吴汝梅重建于旧址。教谕主掌教诲所属生员，训导辅佐。成化年间，陈献章于学宫东侧设台讲学，并亲笔学宫匾额。清初重修扩建，呈左庙右学规制。1989年被公布为第三批广东省文物保护单位。（王晓璇）

广州学宫 又称广州府学、广州府学宫。地方官学。位于广东广州内城。北宋庆历年间创建。北宋皇祐二年（1050），经略使田瑜迁学宫至城东南角。绍圣三年（1096），知州章楶迁于城东南番山下。明代改称府学，

民间习称广州府学宫，是新晋秀才的修习场所。教学管理严格，教官定期主持月考，提学官主持岁考与科考。清代沿袭明代旧制。清嘉庆年间，学宫教学功能日渐废弛。咸丰七年（1857）遭英法联军焚毁。同治元年（1862）重修，学宫呈左庙右学规制。20世纪30至40年代，日军侵占广州期间，学宫围墙被拆毁。1947年，广东省政府于学宫南侧设立广东省文献馆。20世纪50年代，广东省文献馆被拆除，建起广州市工人文化宫和广州市第十三中学。（王晓璇）

广州府学 见"广州学宫"。
广州府学宫 见"广州学宫"。

直隶南雄州学宫 又称南雄学宫。地方官学。位于今广东省韶关市南雄市雄州街道雄州大道中389号市政府大院内。北宋治平二年（1065），知州陈佺在治所东侧创建。大观二年（1108），知州范处厚重修。明成化十二年（1476）建文庙，次年（1477）知府江璞将庙学合一。正德七年（1512），知府张顶又迁庙学于旧址。藏书颇丰，以教授儒家经典为主要活动，辅以祭孔。按月月课，四季课考。清嘉庆十一年（1806）改府为直隶州，呈左庙右学规制。复设科岁两考。"南雄府学宫大成殿"2012年被公布为第七批广东省文物保护单位。（王晓璇）

南雄学宫 见"直隶南雄州学宫"。

蕃学 地方官学。北宋熙宁四年（1071），广州知州兼市舶司程师孟重教兴学创设。专收边疆地区、外来族群子弟。大观二年（1108），原任贺州州学教授曾鼎旦为首任教授。课程设置和教授内容以儒家经典为主，兼授蕃客语言文化等相关知识。办学经费以蕃客捐款资助为主，另有学田、刻书、社

会献田及政府资助。建在蕃客聚居所在地蕃坊之内。参见第1232页海洋文化卷"蕃学"条。（王晓璇）

桄榔书院　教育机构。前身为东坡祠。清光绪十三年（1887），曾毓瑛建议把东坡祠改名为桄榔书院。北宋绍圣四年（1097），苏轼被贬广东儋州（今海南儋州），在此搭建房舍，写有《桄榔庵铭》。元延祐四年（1317），为纪念苏轼在此建东坡祠。清代改为书院后，延师课士，扩大规模。宣统二年（1910），改称中和高级小学。1920年尽毁。今遗址尚存《重修桄榔庵记》石碑。（王江）

东坡书院　地方教育机构。前身为苏轼谪居所建的载酒堂。明嘉靖二十七年（1548）改名为东坡书院。北宋元符元年（1098）苏东坡被贬广东昌化（今海南儋州）时居住、讲学的场所。苏东坡在此以文会友，给汉黎各族子弟讲学授业，传播中原文化。知名学者有孔继贞、王月樵等。1996年被国务院公布为第四批全国重点文物保护单位。（王江）

肇庆学宫　又称肇庆府学宫。地方官学。位于今广东省肇庆市城东。北宋崇宁元年（1102）创建。由知军州事朱显之创办。重和元年（1118）定名肇庆府学。元明两代，数次易址改建。明嘉靖十一年（1532）巡按御史吴麟、知府钱铎把高要县学归置肇庆府学右侧，形成左府学、右县学、孔庙居中的并处规制。万历十四年（1586）毁于洪水，知府郑一麟重修。清代，考试分文武两科。岁考一年一贡。道光六年（1826），属高要县管辖，更名为高要学宫。（王晓璇）

肇庆府学宫　见"肇庆学宫"。

高要学宫　又称高要文庙。地方官学。位于今广东省肇庆市端州区正东路42号。北宋崇宁初年，郡守毛衍在县东创建。初为县学。元末毁于兵燹。明初重建，呈左庙右学规制。明嘉靖十一年（1532），巡按御史吴麟、知府钱铎迁出县学与肇庆府学合并，形成左府学、右县学、中孔庙的规制。清代，考试分文武两科，岁考二年一贡。科考分两试，先试分两场。一场为经古，一场为中国政治史事及各国政治、艺学、策论。后试为四书五经各一篇。清代重修扩建，道光六年（1826），府县学属高要县管辖，两学宫更名为高要学宫。（王晓璇）

高要文庙　见"高要学宫"。

嘉应直隶州学宫　又称梅州学宫。地方官学。位于今广东省梅州市梅江区凌风西路南门考院。北宋崇宁三年（1104），知州滕元发在梅城西创建。南宋乾道九年（1173）迁于城西北处。绍定三年（1230），郑奇谋迁至贡院旧址。明洪武二年（1369），改为梅州县学宫。清雍正十一年（1733），梅州县改为嘉应州。宣统三年（1911），嘉应州复名为梅州。1914年废府州制，梅州改名为梅县。嘉应州学宫与县学合并，定名为梅州学宫。民国年间，先后建起嘉属官立中学堂、梅县女子师范学校、梅县县立中学等新式学堂。（王晓璇）

梅州学宫　见"嘉应直隶州学宫"。

力瀛书院　又称力瀛书斋。教育机构。北宋崇宁五年（1106）至大观年间，阳春县令邓符在桂角山麓（今属香港新界）创建。内设学舍、书楼、客馆，置学田等。延聘学者讲学，以经史课士。南海霍玮、东莞翁炳撰有书院记。香港地区最早的书院。（颜蕴琦）

力瀛书斋　见"力瀛书院"。

潮州学宫　又称潮州府学宫。地方官学。位于今广东省潮州市湘桥区上水门街与环城东路交会处。最初坐落于西郊，北宋咸平年间迁至东北隅，元祐七年（1092）迁至东南角。南宋建炎二年（1128）改神霄宫为学宫。绍兴八年（1138）毁于兵燹，绍兴十一年（1141）知军州事徐璋迁定东北隅，延及清代。学宫呈左学右庙规制。明代，学宫中进士150名，举人1082名。（王晓璇）

潮州府学宫　见"潮州学宫"。

临高学宫　地方官学。位于今海南省临高县沿江北路。南宋绍兴元年（1131）在县东创建。元毁于兵燹。明洪武三年（1370），知县王续重建于县东旧址。后经过重修扩建，呈左学右庙规制。以教授儒家经典为主要活动，辅以祭孔、藏书。清光绪三十一年（1905），停止招生。1931年，改为临高乡村简易师范学校。1933年，易名为临高县立简易师范学校。1939年停办，1946年复办，1951年与学宫分离。（王晓璇）

揭阳学宫　又称揭阳文庙、红学。地方官学。位于今广东省揭阳市榕城区韩祠路7号。始建于南宋绍兴十年（1140）。清嘉庆七年（1802）、光绪二年（1876）重修扩建，呈前庙后学规制。教师多为贡生，少数为监生、举人、进士或儒师。以教授经史律诰礼仪为主要，以祭孔、藏书为辅。朔望练习骑射。练习名人法帖，每日五百字，学习九章法。光绪三十一年（1905），停止招生，先后改为县立简易师范学校、县立第一高级小学、元龙镇中心国民学校、毓秀高等学校、文华学校等。2013年被国务院公布为

第七批全国重点文物保护单位。参见第 880 页建筑卷"揭阳学宫"条。（王晓璇）

揭阳文庙 见"揭阳学宫"。
红学 见"揭阳学宫"。

梧州学宫 地方官学。位于今广西壮族自治区梧州市万秀区。北宋元祐年间知州张唐辅创建。南宋绍兴二十二年（1152），知州任诏在神霄宫旧址创建学宫。元至元二十四年（1287）总管马麟重建。明成化十一年（1475）都御史韩雍改建，于府学左侧建学，形成左府学、右县学、孔庙居中的并处规制。学宫明伦堂建有进德斋、日新斋、修业斋、时习斋。课程内容以礼、律、书为一科，乐、射、数为一科。每日授课，按月月课，四季课考。嘉靖六年（1527），王守仁巡抚两广时，建尊经阁，用于藏书。阁内藏书分经史子集，并制定较为科学的藏书和流通规章。王守仁作《尊经阁记》，刻碑立于阁内。（王晓璇）

惠州学宫 地方官学。位于惠州府治东南。南宋淳熙二年（1175）知府张孝贲创建。淳祐二年（1242）毁于兵燹。元至元二十五年（1288）重建。从宋代至清代，几经修缮、扩建，建有尊经阁等建筑。学宫呈前庙后学规制。清代，为府学之所，考试分文武两科。岁考二年一贡。以教授儒家经典为主，辅以祭孔、藏书。清光绪三十一年（1905），停止招生。（王晓璇）

连山学宫 又称绥瑶厅学宫。地方官学。南宋淳熙八年（1181）县令区兴在程山县衙东侧创建孔庙。明天顺六年（1462）迁至小坪县衙东侧。清康熙五年（1666）迁至县城西门外。十八年（1679）迁回县城东门外蟠龙冈。雍正十二年（1734）移建于城内县衙东，后屡遭兵燹而多次重建。1912 年至 1914 年，改作县立第一高等小学校。旧儒学署始建于明天顺六年（1462），由孔镛主持修建于县署左侧。清嘉庆二十一年（1816），连山升为绥猺直隶厅。岁考两年一贡。（王江）

绥瑶厅学宫 见"连山学宫"。

濂溪书院 曾名相江书院、韶阳书院。地方官学。位于今广东省韶关市曲江区。南宋淳熙十年（1183），为纪念理学大师周敦颐，州学教授廖德明将乾道七年（1171）知府周舜元所建濂溪祠改为濂溪书院。淳祐六年（1246），提刑杨大异迁韶州曲江帽峰山麓，右为祠堂，左为讲堂，合称濂溪书院。杨大异作《濂溪书院记》，朱熹受弟子廖德明之请亦撰有《濂溪书院记》。宝祐二年（1254），提刑吴燧建议改名为相江书院，南宋理宗皇帝赐"相江书院"匾牌。清康熙三十年至道光八年（1691—1828）易名韶阳书院。后重修复名相江书院。光绪二十九年（1903）改为北江高级中学堂。光绪三十二年（1906），成为教育管理机构六邑劝学所的办公场地。1912 年易名为韶州中学堂，1920—1935 年又先后易名为广东省立第二中学、广东省立第三师范学校。1935 年改为韶州师范学校。新中国成立初期，成立北江联合中学，1951 年复名韶州师范学校。（聂建霞、黄明喜、闫雪映）

相江书院 见"濂溪书院"。
韶阳书院 见"濂溪书院"。

崖州学宫 地方官学。宋代在城外东南始建。通判慕容居中迁至城北，后郡守莫预复迁旧址。南宋淳祐五年（1245），郡守毛奎迁于城西南。明代，以教授儒家经典为主要活动，藏书较多，辅以祭孔。清代，考试分文武两科，具有鲜明的贬官文化特点和佛教色彩。明清时期，屡次迁址重建，呈左庙右学规制。清雍正十年（1732），知州杨成会等乡民迁于城内东今址。（王晓璇）

增城学宫 地方官学。位于今广东省广州市增城区荔城镇。南宋开禧元年（1205）在县城西北创建。有博文斋、果行斋、移忠斋、履信斋。设教谕一人，由张敏担任。元至顺二年（1331），知县尹左祥重建于冲霄门外。教谕主掌教授生员，训导辅助。明嘉靖十四年（1535），知县孙云重修。湛若水题写夫子宫墙匾额。以教授儒家经典为主，辅以藏书、祭孔。清代，考试分岁科两类。并设月课、季考，是教学水平较高的官办学校。后重修扩建，呈左学右庙规制。清光绪三十一年（1905）取消岁科两试，增城设官立高等小学堂，学宫停办。（王晓璇）

化州学宫 又称化州孔庙。地方官学。位于今广东省茂名市化州市教育路。南宋嘉定二年（1209），州守范良辅在州治南创建。原为县学。咸淳年间，教授赵蓳迁于城南。后毁于兵燹，元金宪吕沇重建。明代，经过重修扩建，呈左庙右学规制。每月朔、望讲解经书。教学内容由教官定夺，按月月课、四季课考。设学正署，署教官、学正管理教育事宜。清康熙元年（1662），为州学。考试分文武两科。光绪三十一年（1905），学宫废止，建立新学。2002 年被公布为第四批广东省文物保护单位。（王晓璇）

化州孔庙 见"化州学宫"。

玉岩书院 又称萝坑精舍。教育机构。

位于今广东省广州市黄埔区。南宋嘉定十二年（1219），乡绅钟启初改建宗族子弟读书处种德庵，命名为萝坑精舍。入元后扩建，因钟启初字玉岩，而更名为玉岩书院。入明后书院衰落，改为佛教殿堂萝峰寺，集讲会、诗会和祭祀于一体。每年正月十五日，族人中能文者在此祭祖后作文赋诗。清道光年间，改为每月十五日在此作文赋诗，直到近代。湛若水、方献夫在此题咏。对当地学风、文风的形成起到推动作用。（黄明喜、闫雪映）

萝坑精舍 见"玉岩书院"。

韩山书院 教育机构。南宋淳祐三年（1243）在广东潮州韩山创建。屡经战火，多次重修。清康熙二十七年（1688），改名为南隅社学。3年后，改称城南书院。规章相对完备，设有洞主、山长、堂长、司计、斋长等教职，以程朱理学和儒学知识为主要教学内容；每年固定春秋二试、二祀，堂计斋职以分数升点，同郡庠规式；有学田、讲堂、祠堂、斋舍等设施。光绪二十八年（1902），丁宝诠制订《韩山书院章程》，比较详细规定了

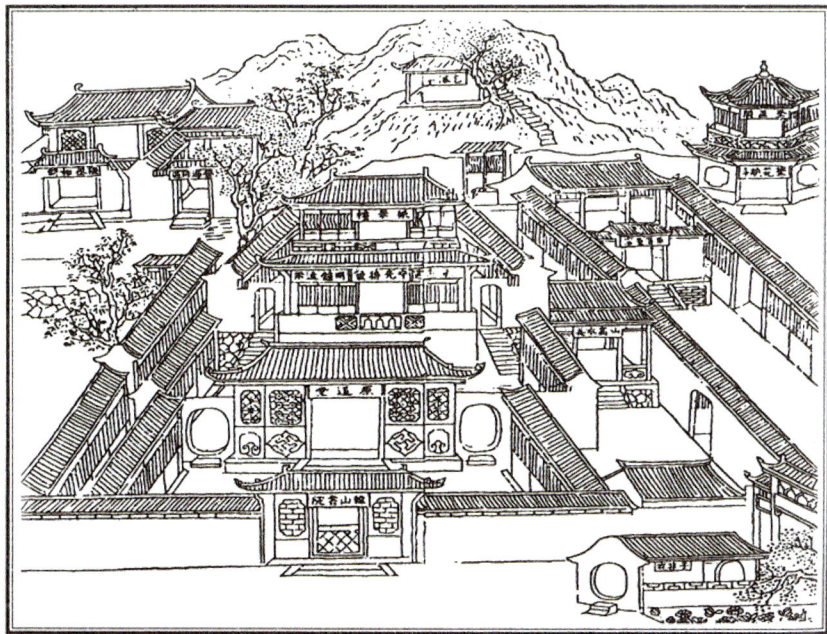

清雍正时期《韩山书院图》

书院主讲、生员、教学、课试等教育事项。光绪二十九年（1903），改为惠潮嘉师范学堂，是岭南仿效西方师资培养制度的新式学堂之一。主持书院的著名学者有邱建猷、丁杰、何如璋、丘逢甲等。明清粤东地区的学术中心和教育重镇。（黄明喜、闫雪映）

丰湖书院 教育机构。位于今广东省惠州市惠城区西湖景区内。南宋宝祐二年（1254）创建。前身是南宋淳祐四年（1244）太守赵汝驭在广东惠州创建的聚贤堂。屡建屡废。明洪武十七年（1384），废除。清康熙三十三年（1694），知府王煐改丰湖黄塘叶氏泌园等地为书院，沿用丰湖书院之名。康熙五十五年（1716），广东提督王文雄重建于黄塘寺旁。雍正元年（1723），再次废除。嘉庆六年（1801），重建。光绪二十七年（1901），称为惠州府中学堂。藏书约46000册。主持书院的著名学者有宋湘、梁鼎芬，学生有江逢辰、李绮青、杨寿昌、许寿田、张蔚增、祝嘉祥、祝庆祥、叶熔煌。1913年，改为广东省第三中学。1936年，改为广东省立惠州中学。1946年，改称广东省

立惠州师范学校。（黄明喜、闫雪映）

兴宁学宫 地方官学。位于今广东省梅州市兴宁市兴民中学内。南宋嘉定年间创建。南宋咸淳四年（1268），卢龙跃重修。元末毁于兵燹。明洪武四年（1371），县丞刘昭辅重建于县东南。成化十三年（1477）扩建。以教授儒家经典为主要活动，辅以祭孔、藏书。清代，经过重修，呈左学右庙规制。考试分文武两科。清光绪二十九年（1903），改建为兴民学堂，丘逢甲担任校长。宣统元年（1909），兴宁官立公学堂迁入兴宁学宫。20世纪20年代，兴民中学、县立中学和高级中学三校合一为兴宁一中。1956年，兴宁一中迁出，兴宁学宫复名为兴民中学。1989年被公布为第三批广东省文物保护单位。（王晓璇）

始兴学宫 地方官学。位于今广东省韶关市武江区惠民北路。北宋嘉定年间在县东创建。元天历年间迁于县西。明万历十五年（1587）复迁至县东5里处。清代扩建重修，呈前庙后学规制。考试分文武两科。清光绪三十一年（1905）取消岁科两试。三十二年（1906），原学宫考棚改为官立初级简易师范学堂。三十四年（1908）改为官立高级小学堂。1929年，张发奎于始兴县城东门外学宫旧址创建志锐中学，即今北江中学。（王晓璇）

四会学宫 地方官学。创建时间不明。原址位于四会金鸡岗下。宋咸淳五年（1269），知县赵汝音在城内东南重建。明万历三年（1575），知县俞文达迁至县东南隅。清代，经过重修扩建，呈左学右庙规制。教谕主掌教诲生员，训导辅佐。考试分文武两科。（王晓璇）

海阳学宫 又称海阳县儒学宫。地方

官学。位于今广东省潮州市湘桥区昌黎路。原址位于潮州府西侧里仁坊。南宋绍兴年间，知县陈坦迁至制锦坊。景炎二年（1277）毁于兵燹。明洪武二年（1369）通判张杰重建。后经过重修扩建，呈左庙右学规制。考试分文武两科。教学内容由教官定夺，按月月课、四季课考。内容包括经史律诰礼仪等。朔望学习骑射。1989 年被公布为第三批广东省文物保护单位。（王晓璇）

海阳县儒学宫 见"海阳学宫"。

曲江学宫 地方官学。南宋绍兴初创建，位于县城东南隅。元代，毁于兵燹。后重建。明弘治十三年（1500），知府蒋钦迁于县治东。万历八年（1580），知府周嘉谟迁于城内通济斋旧址。考试分文武两科，岁考二年一贡。后重修扩建，呈前庙后学规制。清光绪三十一年（1905），学宫停办。（王晓璇）

番禺学宫 地方官学。位于今广东省广州市越秀区中山四路 42 号。南宋淳祐元年（1241），知县诸葛钲在县城东南 5 里处创建。北宋时期，附属于广州学宫。元至元三十年（1293），附属于南海学宫。明洪武三年（1370），知县吴忠、训导李昕在东城外重建。课程以儒家经典为主，按月月课，四季课考。洪武十三年（1380），迁于城内。清顺治十五年（1658），取进士 40 名，后减为 15 名。后经过重修扩建，呈左学右庙规制。1924 年，毛泽东将番禺学宫作为广州农民运动讲习所的讲学处所。1906 年，在附近建起番禺师范学院。2007 年番禺师范学院改为禺山高级中学。（王晓璇）

罗定直隶州学宫 又称罗定学宫。地

方官学。位于今广东省云浮市罗定市罗定镇北关里。宋代原为县学，设于开阳县。元大德八年（1304），知县陈泽迁于州治城南。明万历五年（1577），升泷水县为罗定直隶州，县学改称州学。清顺治四年（1647）迁于城内，呈左庙右学规制。2002 年被公布为第四批广东省文物保护单位。（王晓璇）

罗定学宫 见"罗定直隶州学宫"。

高州学宫 又称高州府学宫。地方官学。初建于广东电白，元大德八年（1304）迁至茂名东北隅。明洪武二年（1369），知府沈奇建重建于高州府城。成化元年（1465）毁于祸患，成化七年（1471）按察副使孔镛重修。明清时期为府学之所。考试分文武两科。以教授儒家经典为主要活动，辅以祭孔、藏书。（王晓璇）

高州府学宫 见"高州学宫"。

归善学宫 地方官学。位于今广东省惠州市惠城区桥东街惠阳高级中学校内。元泰定二年（1325），惠州路同知暗都剌创建于白鹤峰东南隅。后署学事郡博士黄光祖迁至今址。明代，经过整修扩建，呈前庙后学规制。以教授儒家经典为主要活动，辅以祭孔、藏书。考试分文武两科。岁考二年一贡。1901 年，改为惠州府中学堂。辛亥革命后，改为广东省立第三中学。1954 年正式定名为广东惠阳高级中学。2002 年被公布为第四批广东省文物保护单位。（王晓璇）

海康学宫 又称东圣宫、海康县学。地方官学。位于今广东省湛江市雷州市雷城第一小学内。元至顺三年（1332），教谕凌光谦在城内迎恩坊始建。明成化十四年（1478），迁建

于府学之西。弘治九年（1496）复迁于旧址，十七年（1504）迁今址。以后续有扩建，正德十六年（1521）迁于珠地公馆。嘉靖三年（1524）复迁今址。清以后，多次扩建修葺。1995 年至 1997 年再次修葺。以教授儒家经典为主要活动，辅以祭孔、藏书。（聂建霞）

东圣宫 见"海康学宫"。

海康县学 见"海康学宫"。

徐闻学宫 又称徐闻孔庙。地方官学。位于今广东省湛江市徐闻县城墙西路与红旗一路交叉路。元至正元年（1341），教谕陈瑜白在李氏家塾创建。明弘治十四年（1501）随县迁回徐城。明代，经过重修扩建，呈前庙后学规制。师生使用官话教学。课程内容以启蒙读物为主，如《三字经》《千字文》《杂字》《声律启蒙》《幼学故事琼林》等，后学习"四书""五经"，辅以祭孔、藏书。教学方式为分组教学。考课内容包括熟读、背诵经典，撰写八股文、试帖诗等。清光绪三十一年（1905），学宫废止，改为徐闻县高等小学堂。1938 年，改建为徐闻县第一中学。（王晓璇）

徐闻孔庙 见"徐闻学宫"。

吴川学宫 地方官学。位于今广东省湛江市吴川市吴阳镇吴阳街一路。原址位于县西。元至正九年（1349），主簿唐必达、教谕吴仲元重建。清初，经过重修扩建，呈前庙后学规制。清康熙三年（1664）复设。教学内容由教官定夺，按月月课、四季课考。考试分文武两科。光绪三十一年（1905），学宫废止，改建为吴阳中学。（王晓璇）

信宜学宫 地方官学。元至正十四年

（1354）知县在城东创建。位于今广东省茂名市信宜市镇隆镇八坊村文明街。明成化四年（1468），知县李时敏迁于城东南。嘉靖十四年（1535），谪尉程文德迁于县西。清康熙五年（1666），知县罗士毅复迁城东旧址。后经过重修扩建，呈前庙后学规制。以教授儒家经典为主要活动，辅以祭孔、藏书。考试分文武两科，岁考二年一贡。咸丰十一年（1861），陈金釭攻占信宜，改为大洪国王宫。1989年整修，改部分建筑为镇隆小学和信宜县立师范学校。（王晓璇）

饶平学宫　地方官学。位于今广东省潮州市饶平县三饶镇中华路。明成化十四年（1478），同知邵有良、委官毛文政在县东大金山麓创建。明清时期，经过重修扩建呈左学右庙规制。以教授儒家经典为主要活动，辅以祭孔、藏书。考试分文武两科。1924年，附设建筑拆除，建起饶平县立中学校，即今饶平县第一中学。（王晓璇）

恩平学宫　地方官学。位于今广东省江门市恩平市青云路。明成化十六年（1480），都御史朱英、按察使陶鲁在县西创建。清康熙五十一年（1712），知县陈圣煜迁于城东北，呈左庙右学规制。光绪三十一年（1905），学宫废止，改为新式学校。1918年，原学宫考棚改为恩平县立高级小学。1925年，改称恩平县立初级中学。1951年，更名为恩平县第一中学，后与简易师范学校、农校合并，成为恩平县立三联中学。1959年，开平与恩平合县后改称恩中中学。1962年，开平与恩平分县后改为恩平县第一中学。1974年，改为恩城中学。1978年，恢复为恩平县第一中学。（王晓璇）

从化学宫　地方官学。位于今广东省广州市从化区环城路从化中学内。明

弘治八年（1495），知县刘宏在县城西侧创建。经清代修缮扩建，呈左庙右学规制。学宫内的孔子塑像后有一块写《论语·子罕》篇的铭牌。（王晓璇）

大埔学宫　地方官学。位于今广东省梅州市大埔县茶阳镇城北。明嘉靖六年（1527），知县欧淮在县西茶山麓创建。明代，经过重修扩建，呈左庙右学规制。考试分文武两科。教学内容由教官定夺，按月月课、四季课考。内容包括经史律诰礼仪等。朔望学习骑射。练习名人法帖，每日五百字，学习九章法。清光绪三十年（1904）废除学宫，改建乐群中学。1914年，改为大埔县立第一中学校，即今大埔中学。（王晓璇）

普宁学宫　地方官学。位于今广东省揭阳市普宁市洪阳镇西村。明万历三年（1575），知县刘钝创建。后重修扩建，呈前庙后学规制。考试分岁科两类，附学无定额。教学内容由教官定夺，按月月课、四季课考。内容包括经史律诰礼仪等。朔望学习骑射。1920年起，部分建筑改为学校校舍，改建为县立第一中学。1979年，改为洪阳镇初级中学。1993年，学宫迁至旧德安里，与洪阳镇初级中学分离。2015年被公布为第八批广东省文物保护单位。（王晓璇）

开平学宫　地方官学。位于今广东省江门市开平市苍城镇东门街。原址位于城内东偏南。清康熙六年（1667），知县高子翼、训导祁士骅重建。历经重修扩建，呈左庙右学规制。光绪三十一年（1905），停止办学。1929年，改大成殿为孔子庙。新中国成立后，为苍城粮管所管理。2019年被公布为第九批广东省文物保护单位。（王晓璇）

花县学宫　地方官学。位于今广东省广州市花都区花山镇花城村花城中学。清康熙二十五年（1686），知县王永名创建。呈左庙右学规制。考试分岁考、科考两种，岁考每年一次。县学录取生员数目仅1至2名。以教授儒家经典为主要活动，辅以祭孔、藏书。1929年，在学宫原址创办花县第一所初级中学，即花县县立初级中学。翌年改为花县县立乡村师范学校。1934年，恢复原校建制和校名。1938年县政府西迁，学校停办。1945年10月，县政府迁回花县，县立初级中学复办。1965年建成花城中学。（王晓璇）

禺山书院　教育机构。南宋嘉定年间创建。原址位于广府学宫之后（今广州市中山四路附近），后荒废。清嘉庆八年（1803），布政使康基田改番禺义学为书院。同治六年（1867），因院地与新增贡院号舍毗连而被并入贡院。同年，迁建于惠爱街容丰仓旧址，次年竣工。设施完备，有学田、讲堂、斋舍、厅厨。学习内容包括制艺与经、史、理、文诸学。光绪二十九年（1903），废除。光绪三十年（1904），改为官立高等小学堂。宣统元年（1909），改办为番禺官立初级师范学堂。1912年，改为番禺县立师范学校。1927年，改为番禺市师范学校。知名学者有梁百揆、杨起元、梁殿珍、邱先德、苏鸿、凌旭升、周日新、金锡龄、潘宝鐄、陶福祥。（黄明喜、闫雪映）

桐墩书院　教育机构。明正统年间，贡生陈文徽在广东琼山（今海南琼山）城东2500米处创建。该处有一高墩，陈文徽种植桐树十数株，并于山麓筑室藏书，取名桐墩书舍。后因求学者越来越多，改称桐墩书院。明代理学家丘濬撰有《桐墩记》，翰林学士刘俨撰有《桐墩书院碑记》。（王江）

三元书院　教育机构。明景泰元年（1450），金事汤性在广西藤县城西创建。院址原为"三元及第"的冯京读书处所，故以"三元"命名。景泰三年（1452），知县唐礼扩建。弘治七年（1494），知县廖佐增建楼堂。万历九年（1581）禁毁书院，将其改为景元祠。后迁建于县城的永安门内。清乾隆五十七年（1792）重修。（聂建霞）

同文书院　教育机构。明成化九年（1473），广东按察副使涂棐在广东琼州（今海南海口）创建。教学内容以"四书""五经"为主，延请名师讲学，促进当地形成"观文成化"的局面。明末，因年久失修而废弃。清顺治四年（1647）在遗址上改建为游击署。（颜蕴琦）

瑞峰书院　教育机构。明弘治十七年（1504），在广东清远创建。创建目的是扩充科举考试场地。清康熙五十九年（1720）重修。乾隆二年（1737）迁建于学宫旁。乾隆二十一年（1756），迁建于城北隅的松冈。明清时期，先后有集雅堂诗社、洌江诗社和瑞峰九老会在此开展聚会结社活动。知名学生有孔从先、白荣、徐兆鼎、钟万禄、郭志融、麦瑞芳、郭钟熙。（黄明喜、闫雪映）

明诚书院　教育机构。明正德八年（1513），湛若水在广东广州增城创建。前身为白沙精舍。正德十五年（1520），改名为明诚书院。嘉靖三十一年（1552），扩建至凤凰山西半山。建筑规制完备，分为3层，有瑞贤堂、观善堂、斋舍等场所。在书院最高层建有席光亭，用于祭祀陈献章。堂上挂有湛若水名篇《心性图》《心性图说》，以及王守仁的五言诗《书泉翁壁诗》，堂后有湛若水石刻

像。清代康熙年间、乾隆初年重修。抗战时期毁于战火，现仅存菊坡亭。（黄明喜、闫雪映）

云谷书院　教育机构。西樵山四大书院（云谷书院、石泉书院、大科书院、四峰书院）之一。明正德十二年（1517），湛若水在广东南海西樵山大科峰南面创建。建筑规制完备，有尊师堂、存息堂、察伦堂、二妙阁、憩云亭、会友堂、小歇亭、见泉楼、澄心亭等场所。建有白沙祠，用于祭祀恩师陈献章。主要讲授湛若水的"随处体认天理"之学。方献夫、霍韬等曾在此讲学。（黄明喜、闫雪映）

石泉书院　教育机构。西樵山四大书院（云谷书院、石泉书院、大科书院、四峰书院）之一。明正德十二年（1517），方献夫在广东南海西樵山大科峰北面创建。因院址多岩石、泉水，故以"石泉"命名。创建初期，仅有紫云楼、沛然堂，名为石泉精舍。后为贮藏明世宗御赐书籍四书五经、《性理大全》而扩建，改名为石泉书院。嘉靖后期至万历初期逐渐倾圮。建筑规制完备，有紫云楼、沛然堂、方子钓台、与鹿亭、洗耳岩、爱瀑轩等场所。方献夫在此主讲理学和阳明心学思想，常与湛若水、霍韬、王渐逵、何维柏进行交流。（黄明喜、闫雪映）

大科书院　教育机构。西樵山四大书院（云谷书院、石泉书院、大科书院、四峰书院）之一。明正德十四年（1519），湛若水在广东南海西樵山大科峰烟霞洞创建。万历七年（1579），被朝廷禁毁。建筑规制完备，有凝道堂、进修斋、敬义斋、寅宾馆、崇经楼、茹芝楼、学田等场所。有《大科训规》《大科书堂训》等教学管理制度，体现湛若水的心学教育

思想色彩。以"随处体认天理"为教育宗旨，师生相互辩难，对话精选编成《樵语》《新论》《知新后语》。学生学习活动包括诵读、默读、作文、静坐、温习等。（黄明喜、闫雪映）

四峰书院　教育机构。西樵山四大书院（云谷书院、石泉书院、大科书院、四峰书院）之一。明嘉靖二年（1523），霍韬在广东南海西樵山创建。初为精舍，后为贮藏明世宗的3次御书而专门建楼，改名为书院。设有敦古堂、毓秀轩、崇礼堂、环翠楼、卧云轩、临翠台等建筑。集讲学、宗族建设于一体，承担着教导宗族子弟的职责，霍氏子弟十余岁后入书院读书。书院管理者分工明确，教学、监督、管理由专人负责。万历年间，并入西庄霍公祠。清顺治年间，被朝廷禁毁。"四峰书院遗址"2019年被公布为第九批广东省文物保护单位。（黄明喜、闫雪映）

岭表书院　教育机构。明嘉靖十一年（1532），都御史陶谐以广西梧州的总镇府旧址改建，讲堂取名为敬宽堂，学斋取名为修文斋，斋旁有青风和沂水二亭。敬宽堂前堆土筑台，名为圣谟台。教学内容以四书五经、宋明理学等为主。王阳明弟子程文德、舒柏、唐守勖在此主持讲学活动。明代理学家霍韬撰有《岭表书院记》。（王江）

广东文昌书院　教育机构。广东省内同名书院有4所，分别在潮阳、佛山和罗定。①潮阳文昌书院原名北城书院，明嘉靖二十二年（1543）刘景韶创建。隆庆元年（1567），改为关王庙。万历三十三年（1605），复名文昌书院。清康熙三十年（1691）重修。置有学田，以资助学生参加科举考试费用。文昌楼的楼上供奉文昌帝

君，楼下为学生读书场所。佛山文昌书院有2所，分别位于城内的明心铺和山紫铺。②明心铺文昌书院，明崇祯十五年（1642）李忠定创建，置有学田。③山紫铺文昌书院为清代当地侨民合建，又称田心书院、田心文昌书院。目的是为侨民子弟提供学习场所，以获取科举资格。培养出的知名人士有湖广总督吴荣光。④罗定文昌书院，清康熙十九年（1680）李文献创建，置有学田，主要用作每年祭祀会文的资费。康熙二十四年（1685）扩建。道光二年（1822）迁建。道光二十五年（1845）扩建。光绪三十年（1904）改为高等小学堂。（黄明喜、闫雪映）

澹庵书院 又称四贤祠、二贤祠。教育机构。明嘉靖二十五年（1546），知县陆汤臣在澹庵祠内创建。教学内容以四书五经为主，教导生徒以应科举考试。万历十二年（1584），书院训导林立扩建为专门的教学场所。清顺治十八年（1661），知县蔡嘉祯迁建于临高县学西侧。因祭祀胡诠、陈址、柯重光、胡宗瑜4人，故称四贤祠。（颜蕴琦）

四贤祠 见"澹庵书院"。
二贤祠 见"澹庵书院"。

端溪书院 教育机构。广东最早兼收广西生童的书院。明万历元年（1573），李材在广东肇庆创建。明万历、清顺治年间先后被禁毁。后改为岭西道署、总兵署和督标营副将署。清康熙四十七年（1708），两广总督赵宏灿重建，改名为天章书院。雍正十一年（1733），两广总督郝玉麟重修，复名为端溪书院。咸丰四年（1854），因战火毁坏。咸丰五年（1855），重修。光绪十三年（1887），张之洞重修，梁鼎芬题写大堂匾额"广德堂"。光绪三十一年

（1905）改为肇庆府中学堂。书院知名组织者有李材、林召棠、全祖望、梁鼎芬。讲学、藏书与祭祀功能兼具，设有刻书局。课程分为官课和师课，于每年正月至十一月进行；同治十二年（1873）至光绪十五年（1889）设有加课，于每年二月至十一月初八进行。地位较高，有雍正皇帝谕赐帑金。重要出版物有全祖望撰《端溪书院讲堂条约》（清乾隆十七年刻本）、冯敏昌撰《端溪书院学规》（清嘉庆四年刻本）、赵敬襄编《端溪书院志》（清嘉庆二十一年《竹冈斋九种》刻本）、梁鼎芬等辑《端溪丛书》（清光绪二十五年端溪书院刻本）、梁鼎芬撰《端溪书院章程》（清光绪十三年刻本）、傅维森编《端溪书院志》（清光绪二十六年端溪书院刻本）。1989年被公布为第三批广东省文物保护单位。（黄明喜、闫雪映）

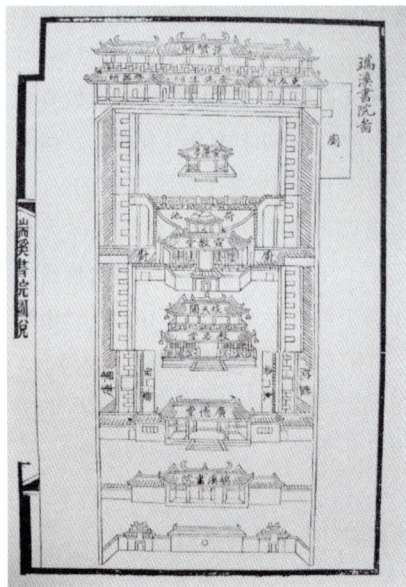

《端溪书院图》

万安书院 教育机构。明万历年间，知州茅一桂在万州儒学东侧明伦堂原址创建。清乾隆十九年（1754），知县顾芝迁建至州府东侧。杨景山撰有《新建万安书院记》，记载较为详细。乾隆五十一年（1786），知州李大根建成两层楼讲堂。光绪三十二年

（1906），改为万州高等学堂。1914年，改称万阳书院。1925年，改为万宁县初级中学。1934年，改建为万宁县初级师范学校。知名学者有杨景山、举人唐焕章。（王江）

尚友书院 教育机构。明万历二十一年（1593），尚书王弘诲在广东定安（今海南定安）城区创建。进士林震撰有《尚友书院记》记载，命名源自"好仁者无以尚之"（《论语·里仁》）。清乾隆三十七年（1772），知县马用观改为义学，订有严格的管理规章，如《尚友堂会约言》等。莫绍德、马时现、李琴舫、陈熙敬、蔡荣春等任山长。光绪三十二年（1906），改为县立中学，即今定安中学前身。（王江）

澳门圣保禄学院 又称三巴静院、澳门神学院、澳门修道院。教会学校。东亚第一所现代大学意义的高等学院。明万历二十二年（1594），远东巡视员范礼安（Alexandre Valignani）在澳门创建。孟三德（Duarte de Sande）神父任院长。招生对象为欧洲或印度果阿的肄业耶稣会传教士，以及中国、日本和东南亚学生。仿照耶稣会学校管理体制，成立初期设有儿童学部、文法学部、人文学部和伦理神学部4个学部。有神学、拉丁文、哲学、人文学、修辞学、伦理道德、《神操》、日语等课程。万历二十五年（1597），范礼安制订校规，包括"各科共同规则""假期和周休""拉丁文课""艺术班"四章，对作息、课时、考试等方面进行详细规定。清乾隆二十七年（1762），因澳葡当局查封耶稣会产业而停办。道光十五年（1835），校舍毁于火灾，现仅存大三巴牌坊。知名校友有钟鸣仁、黄明沙、游文辉、陆希言、崔保禄、龚尚实、吴渔山、郭居静、熊三拔、金尼阁、邓玉函、

汤若望、南怀仁、郎世宁、曾德昭、卫匡国、安治郎等。（黄明喜、闫雪映）

三巴静院　见"澳门圣保禄学院"。
澳门神学院　见"澳门圣保禄学院"。
澳门修道院　见"澳门圣保禄学院"。

蔚文书院　教育机构。原名玉阳书院。明万历二十三年（1595），知县贺沚、绅士林有鹗等在广东文昌（今海南文昌）城北文昌阁右侧创建。清康熙二十六年（1687），知县何斌改为义学。雍正九年（1731），知县梁继世集书院、义学于一体，改称至公书院。嘉庆九年（1804），移建于文昌学宫遗址，改名为蔚文书院。同治八年（1869），建筑规模扩大，成为海南唯一的五进式书院。光绪三十一年（1905），改为高等小学堂。民国时期，改为县立中学。重视教学，施行讲会制度，订有《玉阳书院会条》《体仁八条》《会议催收清查书院田租条款》《蔚文书院经定条规》等。除供祀孔子外，还祭祀陈献章、王塘南等明代儒家学者。清代林邦辉撰有《蔚文书院全志》，是现今唯一保存完整的海南书院志。（王江）

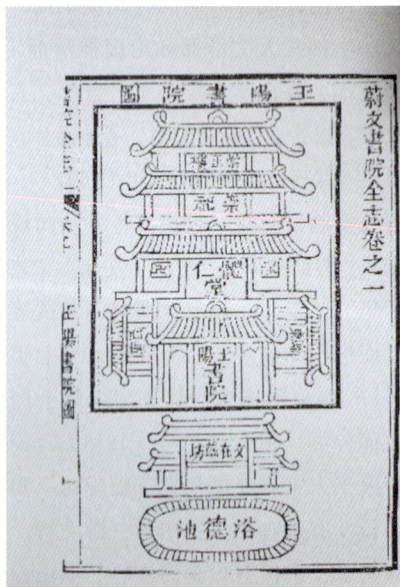
《玉阳书院图》

端山书院　教育机构。明万历三十七年（1609），知县叶中声在广东会同（今海南会同）东关外创建。前身为应台书院。崇祯十年（1637），知县夏铸鼎重修，改称同文书院。清初，知县卢章题匾为"正蒙清馆"，迁入城内的分司东侧。清康熙四十四年（1705），知县曹允中、黄世昌在县学东侧重建。雍正三年（1725），知县周渭熊增建校舍12间。雍正十一年（1733），知县钟琏重修正斋东西瓦房各5间，中间的八角亭为讲堂，匾名"端峰启秀"。乾隆二十二年（1757），知县万师敬扩建校舍。乾隆二十八年（1763），知县田浚重修。乾隆三十八年（1773），知府萧应植书题匾曰"端山书院"。嘉庆十四年（1809），知县江秋重建。常有招生，屡有捐款，拨充公银，拨置田产、鱼塘、铺屋等。所得经费用作教师薪金、学生津贴、乡试路费。光绪三十年（1904）改为高等小学堂。（颜蕴琦）

广西文昌书院　又称文昌阁。教育机构。明万历四十七年（1619），谢君惠创建于梧州怀集（今属广东肇庆）。由书院与文昌塔两部分组成。天启元年（1621）竣工。后经多次修葺，分别于清顺治十四年（1657）、康熙三十年（1691）、同治四年（1865）、光绪二十六年（1900）、1926年至1927年重修。（黄明喜、闫雪映）

文昌阁　见"广西文昌书院"。

雷阳书院　又称府书院。教育机构。明崇祯九年（1636），在广东海康（今雷州）创建。清雍正八年（1730），迁建于雷城南隅。主要招收海康、遂溪、徐闻三县生徒。光绪二十七年（1901），改为雷州中学堂。1913年，改为雷州中学校。1926年，改为广东省立第十中学。1936年，改为广东省立雷州师范学校。知名学者有陈振桂、吴廷熙、陈乔森、陈昌齐、胡敬业、蔡宠。当时雷州半岛的最高学府，推动了粤西文教事业的发展。（黄明喜、闫雪映）

府书院　见"雷阳书院"。

镜蓉书院　又称镜蓉书屋。教育机构。前身为清初广东新安（今属香港新界）禾坑村李氏所建私塾，乾隆年间改建。同治十一年（1872）重修，李培元题匾"镜蓉书屋"，建筑至今留存。寄宿生多来自广东大埔、沙田和荃湾。后易称为初等教育性质的镜蓉学校。（颜蕴琦）

镜蓉书屋　见"镜蓉书院"。

青云书院　教育机构。广东省内同名书院有两所，分别在德庆和广州。①德庆青云书院，清康熙四年（1665）创建，翌年建成。康熙三十二年（1693）扩建。嘉庆二十二年（1817）修葺。光绪二十二年（1896），与东城书院合并，规模扩大。②广州青云书院，又称梁氏千乘侯祠。清康熙三十八年（1699）创建，康熙四十年（1701）建成。广州府和肇庆府的梁姓族人捐资建立的联宗书院，兼为本族子弟赴省城参加科举考试、处理事务的临时居所。梁士诒、梁启超、梁鼎芬等曾在此学习或任职。（黄明喜、闫雪映）

羊城书院　教育机构。位于广东广州。前身是清康熙二十二年（1683）创建的岭南义学和穗城书院，以及康熙二十三年（1684）创建的珠江义学。嘉庆二十五年（1820），改岭南义学为羊城书院，改穗城书院为羊城书院外馆。以自修为主，教师定期讲学、点拨，向学生传授修身立品、实济时用的学问。知府罗含章设置"乡

试遗才考"，每季对粤秀、越华等书院落榜生进行招生考试，以提高书院生徒科举考试中榜率。光绪二十八年（1902）改为广州中学堂。知名学者有黄培芳、曹雨村、谢兰生、陈其锟、罗家勤、朱次琦、梁居实。重要出版物有项名达撰《下学葊算书》（清同治七年羊城书院刻本）、戴肇辰辑《羊城书院试艺》（清同治九年羊城书院刻本）。（黄明喜、闫雪映）

周王二公书院　教育机构。清康熙二十四年（1685），由广东新安锦田村（今属香港新界）居民捐资新建。以纪念广东巡抚王来任和两广总督周有德。乾隆九年（1744）、道光四年（1824）、1935年、1965年先后四次重建，新旧碑刻置于两廊。讲学不辍。今仅祀周、王二公。（颜蕴琦）

宝安书院　又称宝安义学。教育机构。清康熙三十三年（1694），知县丁棠发在广东宝安（今深圳）东门外创建。丁棠发亲书匾额，聘请该邑举人温泽孚为首任山长。招收平民子弟，免学杂费。日久失修倾圮，嘉庆五年（1800），改建为水仙庙。（颜蕴琦）

宝安义学　见"宝安书院"。

钦州东坡书院　又称绥丰书院。教育机构。清康熙三十四年（1695），知州程鼎在广西钦州创建。因纪念苏轼而得名。雍正元年（1723），知州董绍美重修。嘉庆二十四年（1819），知州朱棨、学正吴光勋、训导杨士霖用万寿宫建筑余款，予以修缮。光绪十六年（1890），知州李受彤迁至冯子材所建的镇龙楼，易名为绥丰书院。书院山长陈怀经题楹联"绥安弦诵盛，丰满羽毛成"。连排4座共22间，后为苏公祠；中为文蔚堂、大堂，是书院学生读书、修行场所。光

绪三十二年（1906）改制为中学堂，即今钦州市第一中学前身。（王江）

绥丰书院　见"钦州东坡书院"。

丽泽书院　教育机构。位于广东儋州（今海南儋州）。原为明代的古儋州义学。清康熙三十九年（1700），知州韩佑重建。前堂祀文昌像，中为丽泽堂，四周筑有围墙。注重日常教学，延师讲学。道光七年（1827）坍塌，次年重建，并更名为丽泽书院。咸丰、同治年间，蔡干东、郑天章相继执掌书院。光绪年间，王月樵、唐典初、周稷农、曾秀夫等进士先后主持讲习。光绪二十五年（1899），吴铁城被聘为院长，以经史实学为教育宗旨，更名为经济书院。清末改制为小学堂。民国初年，改为儋县中和镇高等小学校。（颜蕴琦）

粤秀书院　教育机构。清康熙四十九年（1710）御批创建。位于今广东省广州市越秀区解放北路988号越秀公园内。雍正八年（1730）重修。雍正十一年（1733）扩建，成为省级书院。乾隆、嘉庆、同治年间多次修葺。管理制度完备，设有考课格册，按月登记学生考试名次。有讲堂、斋舍、祠堂、监院室。有藏书机构"御书楼"，贮藏御赐和一般书籍，是清朝前期广东省藏书最为丰富的书院。光绪二十九年（1903），改为两广学务处。光绪三十一年（1905），改为两广游学预备科馆。光绪三十二年（1906），改为两广方言学堂。以"博学之，审问之，慎思之，明辨之，笃行之"为校训。知名学者有梁廷枏、冯成修、邱先德、梁无技、何梦瑶、戴均元、杭世骏、冯敏昌、宋湘、陈昌齐、陈钟麟、陈澧、邱士超。设有刻书局，重要出版物有梁廷枏撰《粤秀书院志》（清道光二十七年粤秀书院刻本），

戴肇辰等修、史澄等纂《广州府志》（清光绪五年粤秀书院刻本）。（黄明喜、闫雪映）

文澜书院　教育机构。广东省内同名书院有2所，分别在广州和英德。①广州文澜书院，清嘉庆十五年（1810）创建。以有科举功名的商人为对象，不招收学生，是广州商人士绅的会文和议事场所。不授课、不讲学，主要活动有定期举行文会和助学疏浚等慈善行为。每逢水灾，将文园酒家、中山影戏院等产业收入用于赈灾。每逢节庆或科举放榜，组织集会，以文会友。管理制度相对完备，有《文澜书院规程》。著名学者有潘鸣球。②英德文澜书院，清康熙四十九年（1710）巡抚钮荣创建。重要出版物有吕鉴煌编《文澜书院绅士同人录》（1912年文澜书院刻本）。（黄明喜、闫雪映）

琼台书院　教育机构。清代琼州最高学府。清康熙四十九年（1710），巡道焦映汉在广东琼山（今海南海口）城内丁字街创建。位于今海口市琼山区府城镇文庄路。与道署、府署相连，时称"琼府三台"。初建时规模较小，经多次增建，规模渐大，楼阁斋舍齐全，主体建筑奎星楼建成于乾隆十八年（1753）。张岳崧、吴典、王时宇、云茂琦、邱对欣等任山长。道光二十五年（1845），云茂琦制订《琼台书院学规五则》。光绪二十八年（1902），改为琼州府中学堂。其后，陆续改称琼崖中学堂、琼崖中学、广东省立第六师范学校、广东省立琼山师范学校、琼台师范学院。1994年琼台书院魁星楼被公布为海南省重点文物保护单位。（王江）

星冈书院　教育机构。前身是广东龙门的星冈义学、崇正书院。清康熙五十五年（1716），知县萧大成改义

学为崇正书院。嘉庆六年（1801），因水灾而坍塌。嘉庆二十三年（1818）重修，改名为星冈书院。光绪三十年（1904），改为龙门县立高等小学堂。每岁向邑人教授《礼》《乐》等儒家经典，强调通过崇正学而教化乡里，实现明人伦的教育作用。知名学者有李炽、李寿田、李谟。清咸丰《龙门县志》修纂所在地。（黄明喜、闫雪映）

莲峰书院 教育机构。广东省内同名书院有2所，分别在南海和潮阳。①南海莲峰书院，清康熙五十七年（1718）创建，是为当地七堡子弟准备科举考试的教育场所，兼乡绅议事之地。乾隆二十四年（1759）重修。嘉庆二十年（1815）扩建，增设魁星楼。光绪十年（1884）扩建，增设七堡团练总局。现为石湾展览馆。有文武庙，祀孔子、关羽文武二圣。办学经费充裕，有学田、丰宁寺收入支撑书院支出。管理制度较为完备，列有十二条禁例。②潮阳莲峰书院，又称忠贤祠。清道光四年（1824）改建于莲花峰西北侧钟南山麓。光绪四年（1878）扩建。集讲学与祭祀活动于一体，祭祀文天祥、张鲁庵、江应龙、吴从周、陈名魁、李象彬6位忠贤。（黄明喜、闫雪映）

文冈书院 教育机构。清雍正二年（1724），知县段巘生在广东宝安（今深圳）五通街创建。教学内容为伦理教育和识字教育。办学经费源自官方学田、民间捐助，以平民子弟为对象，免学杂费。知名山长有冼攀龙、黄梦桂、邓晃、蔡珍、陈振、陈宗光等。嘉庆中荒废，旧址仍存。（颜蕴琦）

景苏书院 教育机构。清雍正二年（1724），知县鹿耿在广东澄迈（今海南澄迈）城北的望海亭西侧创建。

耗时6年竣工，取名景行书院。乾隆四十六年（1781），知县詹昊改建于望海亭东侧。乾隆六十年（1795），知县吴晋勋重修，改名为景苏书院，以示敬仰苏东坡。嘉庆十八年（1813），知县李金藻重修。办学经费主要来自拨置、捐置田产等。郑绳祖、薛治、李士龙等任山长。（王江）

龙溪书院 教育机构。清乾隆四年（1739），在广东东莞创建。前身是龙溪义学。道光元年（1821）扩建，在东莞水南头设外馆，历时3年建成。由东莞明伦堂拨给办学经费。1926年，停废。知名学者有林茂丰、黄之球、卢应、邓淳、韩荣光、陈澧、蒋理祥、容鹤龄、邓佐槐、黄蓉、崔永安、张其淦、桂坫、尹庆举。（黄明喜、闫雪映）

步云书院 教育机构。位于广东花县（今广州市花都区）。前身为清雍正九年（1731）创建的宏文书院。乾隆五年（1740），迁建于西隅，并改名为步云书院，取"平步青云"之意。置有学田，作为祭祀活动和学生膏火的经费来源。步云局三十六乡士子读书、肄业之所。乾隆二十九年（1764），毁于洪灾。光绪三十三年（1907），改为西隅官立第二高等小学。1931年，改为花县县立第二小学。（黄明喜、闫雪映）

苏泉书院 教育机构。清乾隆十年（1745），知府于霈、知县杨宗秉在广东琼州（今海南海口）城北创建。乾隆十七年（1752），改建为龙王庙，逐渐坍圮。乾隆三十九年（1774），巡道陈用敷、知府萧应植、同知陈景埙重建讲堂、后堂、文奎楼，旋即损毁。乾隆五十八年（1793），知府叶汝兰重建，前为讲堂，后为二苏祠。杨缵烈、王伯良、王家瑑、粘世珩等

任山长。民国时期改为琼山中学。（王江）

昌山书院 又称昌山社学。教育机构。清乾隆十一年（1746），在广东乐昌创建。道光八年（1828），迁建于城内中街县署右侧。以明体达用为办学宗旨，淡化科举功名意识，重在修身、齐家、治国、平天下的情怀养成。光绪三十二年（1906），改建为高等小学堂。1912年，改为县立中学。知名学者有欧堪善、朱炳元。（黄明喜、闫雪映）

昌山社学 见"昌山书院"。

丰山书院 教育机构。清代在广东香山（今中山）创建。前身为清康熙三十一年（1692）创建的铁城义学。乾隆十三年（1748），在义学基础上扩建为书院。乾隆十五年（1750）再次扩建。光绪二十二年（1896），改为丰山官立高等小学堂，是当地最早设立的小学堂。光绪三十四年（1908），改名为丰山官立中学堂，是当地最早设立的中学堂。1912年，改名为香山县立中学。1925年，改名为中山县立中学。抗战期间，与中山县立师范学校、中山县立女子中学合并为中山县联合中学，1946年5月复名。现为中山市第一中学。以"立志、立诚、立品、正学"为校训。设有公共藏书机构"寿香楼"，制订有借阅图书条例《藏书约》。集讲学、藏书、地方教化功能于一体，向民众开放借阅藏书的权限。知名学者有黄绍昌、许焜、陶邵学。（黄明喜、闫雪映）

榄山书院 教育机构。清乾隆十四年（1749），在广东香山（今中山）创建。合并榄山义学而成。嘉庆二十年（1815）扩建。管理制度相对完备，置有学田、膏火费。光绪三十二年

（1906），改为榄山第一高等小学堂。后与梯云义学、宏文义学合并为榄山学校。1924 年，改为香山县第三区区立初级中学校。1956 年，改为中山县小榄中学，增设高中部。知名学者有姚莹、冯奉初、高士钊、吴彭年、何太清、周汝钧。（黄明喜、闫雪映）

凤山书院 又称凤山社学。教育机构。清乾隆十九年（1754），香山同知印光任在广东广州香山前山（今属珠海香洲）创建。取名凤山社学。乾隆二十二年（1757），改名为凤山书院。主要招收当地 13 个乡镇的子弟。管理制度相对完备，引用丰山书院院规，设理事会和学监。置有学田，资助家庭贫困学生膏火费，每月龙洋二两。学生凡参加科举考试，均可领取伕马费用。光绪十五年（1889）重修。光绪三十年（1904），改为恭都公立小学堂。1926 年，改名为中山县第七区私立凤山初级中学。知名人物有曾望颜、鲍俊、陈景华、杨匏安、鲍君甫。（黄明喜、闫雪映）

凤山社学 见"凤山书院"。

越华书院 教育机构。清乾隆二十年（1755），盐商范时纪和其他商人在广东广州捐建。为商籍子弟提供的教育场所。门匾"越华书院"系两广总督杨应琚所题。嘉庆十一年（1806）、嘉庆二十五年（1820）重修。管理制度参照《粤秀学约》，共 13 条。将课程分为课试和官课。课试由院长主持，官课由地方官员主持。设监院官，有讲堂、先贤祠、斋舍、司禄楼等。光绪三十年（1904），改为广州府中学堂。知名学者有何梦瑶、冯成修、冯敏昌、谢兰生、刘彬华、梁廷枏、叶衍兰。重要出版物有梁廷枏编《越华纪略》（清道光二十一年刻本），梁檀圃鉴定《越华课艺》（清光绪十年

江宁藩署刻本）。（黄明喜、闫雪映）

鳌山书院 教育机构。位于广东崖州（今海南三亚）城外东南隅。前身为珠崖书院。清乾隆二十年（1755），知州宋锦把文昌庙改作珠崖书院。设立义学会，延师讲学。道光八年（1828），代理知州袁斯熊捐资重修。道光十年（1830），知州齐元发改名为鳌山书院。教学内容以四书五经为主，特设"书香厅"收藏儒家经典。光绪三十三年（1907），改为崖州高等小学堂。1927 年，高等小学堂迁到孔庙东侧，改称崖县第一高级小学。（王江）

花峰书院 教育机构。清乾隆二十六年（1761），在广东花县（今广州市花都区）创建。合并义学而成。咸丰四年（1854）毁于战火。咸丰五年（1855）复建。分上、中、下三堂，有学田。至光绪年间，每年定额招生 32 人。留有创始之时知县王殿所题的楹联"事业有源头，端厥志，励厥功，追圣轶贤，只在常伦做起；文章无止境，登其堂，入其室，倚天拔地，都从经史来"，教化意蕴浓厚。光绪二十七年（1901），改为初级简易师范学堂。光绪二十九年（1903），改为花县第一高等小学堂。知名学者有李能定、李向桐。（黄明喜、闫雪映）

圣洲书院 又称善俗义学、独洲义学。教育机构。清嘉庆五年（1800），盐运使永慧在广东番禺（今广州）创建。招收 6—15 岁学生，是一所蒙学性质的书院。光绪二十六年（1900），因经费短缺而停办。光绪三十一年（1905），改为番禺第十四初等小学。（黄明喜、闫雪映）

善俗义学 见"圣洲书院"。

独洲义学 见"圣洲书院"。

凤冈书院 教育机构。清嘉庆六年（1801），知县孙树新在广东宝安（今深圳）和阳街创建。教学内容以经史、制艺、策论为主。办学经费源自官方学田、民间捐助，以平民子弟为对象，免学杂费。光绪三十二年（1906），改名为凤冈学校。民国初期，改为宝安县立第一初级中学，1938 年，被日军焚毁。1945 年，校长陈仲轩复办学校。1958 年，改名为南头中学。（颜蕴琦）

西湖书院 教育机构。位于广东广州。前身为由南海知县宋伟于清雍正元年（1723）创建的南海义学。嘉庆八年（1803），布政使康基田改为西湖书院。道光二十八年至三十年（1848—1850）扩修。光绪三十一年（1905），改为南海初级师范简易科馆。光绪三十三年（1907），改为南海中学堂。有昭忠祠，祭祀广东历代殉难官绅；有先贤堂，祀周敦颐、程颢、程颐、朱熹、张载。主要学习科举制艺，分为师课和官课。当地生童学习基础制艺内容之所。知名学者有曾钊、梁绍献、梁融、陈汝霖、冯式棕、陈序球。（黄明喜、闫雪映）

藤州书院 又称藤县书院、藤邑书院。教育机构。清嘉庆十年（1805），知县陈廷璠在藤县鸡谷山东麓创建。教学以八股文为主，格外重视书法教学。订有《规约》七则。咸丰四年（1854）毁于兵燹。同治五年至六年（1866—1867）重建。光绪二十八年（1902）改为藤州中学堂，次年更名为藤县中西学堂。1913 年，改称藤县中学。1924 年，改名为藤县县立初级中学。1944 年，改名为藤县完全中学。（颜蕴琦）

藤县书院 见"藤州书院"。

藤邑书院 见"藤州书院"。

宁山书院 教育机构。位于广东香山三灶春花园（今属珠海金湾三灶镇）。清嘉庆二十三年（1818），周廷安等倡建，胡扬廷捐旱田10亩。后改名为三山书院。（王江）

英华书院（Anglo-Chinese College） 教会学校。1818年，苏格兰传教士马礼逊（Robert Morrison）在马来西亚半岛马六甲创建。清道光二十三年（1843），迁至中国香港地区。道光二十四年（1844），改为英华神学院。同治九年（1870）停办。1914年复办。校长由牧师担任。注重语言能力的培养，采用中、英文双语教学。宗教课程与自然科学课程相辅相成，设英文、中文、神学、数学、天文、地理、伦理、哲学等课程。主要目的是吸引当地的华人子弟入学、信仰基督教，以培养基督教传教士，开展布道工作，并传播西学。知名学者有梁发、袁德辉、摩尔、何进善等。设附属汉字活版印刷厂，重要出版物有香港第一份中文报纸《遐迩贯珍》。1964年，校报《火炬》创刊。（黄明喜、闫雪映）

学海堂 教育机构。清嘉庆二十五年（1820），两广总督阮元在广东广州越秀山麓创建。以专重经史训诂为宗旨，以实学、词章、经学为学习内容，不教授八股文，传习儒家经史训诂为目标。有《学海堂章程》，详细规定办学宗旨、教学事宜、学生管理、经费收支等事宜。有四个特点：一是共同商讨书院事务，不设山长制，实行学长制，采用八学长制。二是实行季课制。三是实行专课肄业生制度。四是书院自行刊刻经籍。优秀课卷和教师佳作汇编为《学海堂集》。光绪二十九年（1903）改为阮太傅祠。知名学者有吴兰修、赵钧、林伯桐、曾钊、丁仁长、陈澧、张其淦、吴文起、朱次琦、李能定、侯度、吴傅、潘继李、金锡龄、许玉彬、廖廷相、桂文灿、汪兆镛、梁启超。设刻书局，编纂、整理、刊刻总数达3334卷1254册。重要出版物有阮元编纂《皇清经解》（清道光九年刻本）、林伯桐编纂《学海堂志》（清道光十八年刻本）。清道光时期的著名书院，当时广东文化学术的中心。（黄明喜、闫雪映）

黄培芳绘学海堂图

二帝书院 又称文武二帝书院。教育机构。清道光元年（1821），邓鸣鹤、邓玉堂等在广东新安（今属香港新界）锦田村倡建。因祀文昌、关帝，故名二帝书院。秀才以上的学者进德修业场所。门额题匾"二帝书院"，楹联写有"文光射斗牛，武烈照云汉"。当时锦田地区的最高学府。（颜蕴琦）

文武二帝书院 见"二帝书院"。

雁峰书院 又称琼山雁峰书院。教育机构。清道光三年（1823），吴玢、于学质、王天佑在广东琼州（今海南海口）城东南创建。前身为雁峰社学。咸丰元年（1851），知县张需重建。首任山长王承烈。杜应清、郑文彩、王阳斋、蔡藩、张岳崧等任山长授业讲学。光绪二十八年（1902），知县刘福将研经书院和雁峰书院合并，改名为琼山县二等小学。光绪二十九年（1903），曾对颜担任校长，开设西方科学知识课程。宣统元年（1909），改为琼山第一高等小学校，张瑞銮任校长。1913年，改为琼山县立中学。（聂建霞）

琼山雁峰书院 见"雁峰书院"。

马礼逊学堂 教会学校。清道光十五年（1835），马礼逊教育协会在澳门创建男塾纪念马礼逊，附设于英国东方妇女教育促进会所属女塾内。道光十九年（1839），随女塾停办。同年，美国传教士布朗受马礼逊教育协会来到澳门，任校长。第一届招收6名学生，分别是黄胜、周文、李刚、黄宽、唐杰、容闳。免收学费，提供食宿。道光二十二年（1842），从澳门迁到香港岛东区，获得港英政府财政资助。1845年，发展成具有一定规模的中、小学校。设英文、中文、地理、历史、算术、代数、几何、初等机械学、生理学、音乐等课程。道光二十九年（1849），由于经济、人事等困境停办。（刘娟）

瀛海书院 教育机构。位于广东海口（今海南海口）的东北角。前身为海门社学。清道光二十三年（1843），麦成泽、文其焕等重修斋舍和讲堂大门，改名为瀛海书院。光绪三十二年（1906），知县方绍震、举人粘世珆改为初等小学堂。内有魁星楼，名为蔚文楼。延师讲学，定期举行科试。（聂建霞）

香港圣保罗书院（St. Paul's College）教会学校。清道光二十三年（1843），基督教香港圣公会在香港创建。以"寅畏上主是为智之本"为校训。以华人

学生为招生对象，强调融合东西方文化，是一所华人英文学校。咸丰元年（1851），命名为圣保罗书院。咸丰十年（1860），傅兰雅（John Fryer）博士任校长。同治十一年（1872），香港定例局通过《圣保罗书院条例》，将圣保罗书院的业权交予坎特伯雷大主教。光绪二十六年（1900），再次改组为培训华人神职人员的神学院。宣统元年（1909），英国海外传道会收回中环铁岗校舍管理权，并对学校运作进行大改组，再次恢复为英文学校。1914年，创建圣保罗女书院。1945年，圣保罗女书院合并成为圣保罗男女中学，实施男女生同校制度。知名校友有伍廷芳、王宠惠、余兆麒、钟士元、谢雨川、何家鎏、黄焯菴等。（郑振伟）

中央书院　官立教育机构。清同治元年（1862），依据理雅各（James Legge）革新计划而创建。提供西式教育。光绪十二年（1886）扩建。光绪十五年（1889），改称维多利亚书院，迁入香港鸭巴甸街及荷李活道交界的新校舍。光绪二十年（1894），改称皇仁书院，校名沿用至今。创办初期至同治四年（1865），不收取学费、课本费。分为初级中文班和高级英文班，后增设预备班。设有高中部、初中部、高小部和初小部，共12级。采用英文授课，是当时传播西方科学知识、技术的重要场所。知名毕业生有何启、胡礼垣、周寿臣、孙中山、王宠惠、何东、何鸿燊、邓肇坚、霍英东。（郑振伟）

广州同文馆　又称广东同文馆、广州广方言馆。教育机构。广东近代最早的官办新式学堂和外国语学校。清同治二年（1863），李鸿章倡议，库克吉泰、晏端书、毛鸿宾等在广东广州创建，位于北大门内朝天街。仿照京师同文馆创设，旨在培养通晓外语和

广州同文馆学员合影

时务的翻译人才。同治三年（1864）正式招生开学。办学经费源于粤海关船钞税收。起初仅设英文馆，王镇雄任提调，谈广楠、汤森任馆长，吴嘉善任汉文总教习，美国人谭顺（Theos Sampson）任英文教习。光绪五年（1879），长善等奏请添设法文、德文馆，但未见落实。光绪二十二年（1896）增设东文（日语）馆和俄文馆。光绪二十六年（1900）又设法文馆。光绪三十一年（1905）改为译学馆，为五年制高等学堂。光绪三十二年（1906）与两广游学预备科馆合并为两广方言学堂，迁往粤秀书院旧址，宣统三年（1911）停办。改译学馆前学制为三年，学习科目包括英语、汉语和算学等。期满考试合格者以监生或生员身份参加乡试并可充任翻译官，成绩优异者保送京师同文馆深造并授以官职。对广州、广东的社会发展产生重大影响。知名学生有蔡锡勇、左秉隆、傅柏山、张德彝、杨枢、关国栋、周自齐、贾文燕、金殿勋、蔡康、林云陔等。（肖黎明）

广东同文馆　见"广州同文馆"。
广州广方言馆　见"广州同文馆"。

博济医学堂（Canton Hospital）　高等学校。中国最早的教会医科学校；中国近代第一所西医学校。清同治五年（1866），美国医学传教士嘉约翰（John Glasgow Kerr）在广州博济医院内创建。首届招生8人，学制3年，设解剖学、生理学、外科

学、内科学、药学、化学、临床实习等课程。中国第一位留学欧洲的黄宽任博济医学堂教师，教授解剖学、生理学、外科学。建校之初只招男生，光绪五年（1879）开始招女生，是中国第一所男女同校的西医学校。光绪十二年（1886）年，孙中山以逸仙之名入学。光绪三十年（1904）改名为南华医学堂，宣统三年（1911）停办。1930年，岭南大学接管博济医院后，复办医学院，改名为私立岭南大学孙逸仙博士医学院（后又名岭南大学医学院）。1953年，合并入华南医学院，又经历广州医学院、中山医学院、中山医科大学、中山大学等发展时期。参见第303页宗教卷"博济医学堂"条。（杨宇平）

博济医学院

菊坡精舍　教育机构。清同治六年（1867），广东巡抚蒋益澧在广州越秀山麓创建。前身为长春仙观。以《菊坡精舍章程》为书院管理制度，设监院管理书院事务。光绪八年（1882）后，改山长制为六学长制。每年二月初八进行招生考试，每月初八、十八、二十八日考课，依据成绩对生徒等级进行升降。光绪二十九年（1903）十月停办，光绪三十四年

菊坡精舍

（1908），与应元书院合并为存古书院。民国时改为广州市立一中。形成以陈澧为核心的东塾学派，传播讲习实学的风气。知名学者有陈澧、廖廷相、陈庆修、王国瑞、谭宗浚、林国赓、林国赞、黎永椿、梁于渭、文廷式、梁鼎芬、于式枚。有藏书室，用来收藏广东书局的刻版和藏书。共刊刻 12 类图书，总数达 2872 余卷。重要出版物有菊坡精舍编《菊坡精舍章程》（清同治九年刻本），陈澧撰、廖廷相重订《菊坡精舍集》（清光绪刻本）。（黄明喜、闫雪映）

应元书院 教育机构。清同治八年（1869），广东布政使王凯泰在广州越秀山麓创建。由广东布政司主管，监院和绅董负责具体事宜。有《应元书院章程》，对书院管理、经费使用、考课方式、学生奖惩作出相关规定。设官课和师课，每月考课两次。制艺、帖诗卷规制参照翰林院式，策论、古学参考殿试式，诗赋参照庶吉士散馆式。应科举需要而建，专收举人，目的是培养进士，尤其是状元、会元，为翰林院储才作准备。光绪二十九年（1903），改为广东先贤祠。光绪三十四年（1908），与菊坡精舍合并为存古书院。民国时改为广州市立一中。知名学者有沈史云、李文田、梁耀枢、戴鸿慈、廖廷相、林其翔、何璟、吴道镕。重要出版物有王凯泰撰《应元书院志略》（清同治九年应元书院刻本）。（黄明喜、闫雪映）

烟洲书院 教育机构。清同治十二年（1873），黄虞臣倡议在广东香山（今中山）西区长洲石台街创建。以公尝、租金为经费来源，对本乡黄姓子弟实行免费入学。光绪三十二年（1906），改为烟洲高初两等小学。第一次国内革命战争时期及抗战时期，中国共产党在此举办识字班、学习班等活动。1936 年，改为长洲乡私立烟洲小学。现为中山市西区烟洲小学。（黄明喜、闫雪映）

圣罗撒女子中学（Colégio de Santa Rosa de Lima） 教会学校。清光绪元年（1875）创建。原名啰吵唎嘛女书院。为女童提供初等和中等教育，有寄宿和走读生。课程包括葡文、法文、英文、历史、音乐、绘画、钢琴、家政等科。清光绪十五年（1889），由嘉诺撒修女管理；光绪二十九年（1903），校务由玛利亚方济各传教修会接掌。原用葡萄牙语授课，但因葡籍学生减少，而改用英语授课；葡萄牙语则成为独立单位，专用于初级小学。1932 年至 1933 年，分别增设英文部和中文部。1935 年起组织校董会，兼办初中课程，并获广东省教育厅立案。七七事变后，由中国内地至澳门的学生增多，对高中学位的需求增加，于 1940 年增设高中课程，改名为圣罗撒女子中学，变成一所完全中学。自 1935 年立案以后，缪朗山、吴灼光、苏无逸、朱伯英等先后出任校长。中、英、葡 3 部在同一建筑内办学至 1975 年，其后英文部迁至原晓明女子中学校舍，英文小学则仍设于澳门嘉辣堂街 4 号。（郑振伟）

广东实学馆 军事学校。清光绪六年（1880），两广总督张树声在广东广州创建。位于今广东省广州市黄埔区长洲岛。初名西学馆，光绪七年（1881），改称广东实学馆。光绪

十三年（1887），改名为广东水陆师学堂。目的是培养军事科技人才。学制五年。分设制造和驾驶二科，设中文、英文、代数、几何、平弧三角、测量等学科。制造科另需学习重学、微积分、化学、格致、汽机、造船、造炮等学科，驾驶科则需学习天文、航海、船艺集成课 3 门课程。以《福州船政学堂章程》为参照蓝本，制订《广东实学馆章程》，对专课、择地、任职、选材、学规、功课、考校、分途、历练、经费作出相关规定。（黄明喜、闫雪映）

菁莪书院 又称罗定州印子金局。教育机构。清光绪十二年（1886），罗定州学正梁炳南和州绅梁翌龙、陈河清在广东罗定修建。目的是资助参加科举考试考生，表彰地方德义乡贤。兼具祭祀、教育资助功能。光绪二年（1876）进士刘宗标题写书院匾额。主厅原挂有光绪三年（1877）状元王仁堪和光绪三十年（1904）状元刘春霖题写的牌匾，已散佚。1918 年，资助张定汉、苏天元、周燮源赴法国里昂大学留学。2002 年被公布为第四批广东省文物保护单位。（黄明喜、闫雪映）

罗定州印子金局 见"菁莪书院"。

广东水陆师学堂 军事学校。清光绪十三年（1887），张之洞在广东广州创建。位于今广东省广州市黄埔区长

广东水陆师学堂

洲岛。因"窃惟外洋诸国于水陆两军皆立专学。近年天津福州皆设水师学堂，而天津兼设武备学堂以练陆师。广东南洋首冲，较他省为尤急"而创办。吴仲翔任总办，分别聘请英国人、德国人为水师教习和陆师教习。光绪十五年（1889），增设矿学、化学、电学、植物学、公法学等。光绪十九年（1893），两广总督李翰章将水陆师学堂的水师、陆师分开。分为水师和陆师二部，水师学习英语，设管轮、驾驶两专业。管轮专业学习机轮、理法、制造运用；驾驶专业学习天文、海道、驾驶、攻战之法。陆师学习德文，设马步、枪炮、营造3个专业。学制三年。由水师讲堂、水师操堂、陆师诵堂、陆师操场、陆师马步炮操场组成。主张课堂教学与教育实习相结合，重视实践操作。除在广东招生外，还招收福建船政学堂及天津的武弁和文童。知名学生有谭学衡、高剑父。（王江）

广雅书院　教育机构。清光绪十四年（1888），张之洞在广东广州创建。光绪二十四年（1898），增设西学堂。跨省招生，制定《广雅书院学规》《广雅书院续增学规》，对书院管理、经费使用、考课方式、学生奖惩作出相关规定。设置经学、史学、理学和经济学四类，并引入近代自然科学和舆地、历算等实学课程。光绪二十八年（1902），改为广东大学堂。光绪二十九年（1903），改为高等学堂。光绪三十二年（1906），改为广东高等学堂。1912年，改为省立第一中学。1935年，更名为广东省立广雅中学。1950年，改称广雅中学。1969年，改为广州市第五十四中学。1978年复名为广雅中学。知名学者有梁鼎芬、朱一新、廖廷相、邓蓉镜、丁仁长、吴道镕、曾文鸿、梁漱溟。建有藏书楼"冠冕楼"，收藏自置、自刊、原万木草堂书籍约10万卷。附设广雅书局，刊刻图书3096册5746卷。"广雅书院旧址"2002年被公布为第四批广东省文物保护单位。（黄明喜、闫雪映）

广雅书院

陈氏书院　又称陈家祠、陈家祠堂。教育机构。广东规模最大、保存完好的传统岭南祠堂式建筑。位于今广东省广州市荔湾区中山七路恩龙里。清光绪十四年（1888）在广东广州城西门外创建。光绪二十年（1894）落成。清代广东七十二县陈氏族人捐资建立的联宗书院，供全省各地本族子弟赴省城参加科举考试的临时居所。主要职能是祭祀陈氏先祖，每年的春秋祭祀是其主要活动形式，主祭人通常为在广州任职的高官。虽有书院之名，其实并无日常教学活动。光绪三十一年（1905），改为陈氏实业学堂。1933年，改为文范中学。1947—1950年，改为聚贤纪念中学。1950—1957年，广州市政府在书院内设立广州市行政干部学校。1959年辟为广东民间工艺博物馆。1960年被公布为广东省重点文物保护单位。1988年被国务院公布为第三批全国重点文物保护单位。参见第684页艺术卷"广东民间工艺博物馆"条、第895页建筑卷"陈家祠堂"条。（黄明喜、闫雪映）

陈家祠　见"陈氏书院"。
陈家祠堂　见"陈氏书院"。

格致书院　教会学校。清光绪十四年（1888），美国长老会传教士哈巴安德（Andrew Patton Happer）在广东广州沙基金利埠（今六二三路）创建。岭南大学前身。哈巴任监督。光绪二十六年（1900），迁至澳门荷兰园二街张家花园办学，改名为岭南学堂，是当时澳门唯一的高等学府。光绪三十年（1904），迁回广州。1927年改名为私立岭南大学。参见第305页宗教卷"格致书院"条。（颜蕴琦）

私立培英中学　中等学校。位于今广东省广州市白鹤洞山顶。清光绪五年（1879），那夏理（Harriet Newell Noyes）在广州城西沙基创办安和堂。招收中国幼童，设英文、数理课程。光绪十四年（1888），迁入芳村花地听松园，兴建校舍，改名为培英书院。以"信、望、爱"为校训。光绪十四年（1888），增办中学。1919年，更名为协和中学，关恩佐主持校政。1926年，西差会移交中华基督教广东协会全权办理，更名为培英中学，成为华人自办的学校。1927年，广东省教育厅批准立案，叶启芳任校长。同年设立广州培英中学西关分校，开办初中、小学。1930年，接办台山县刚德小学，设立台山分校。1933年，接办江门县两所小学，设立江门分校。1934年，在白鹤洞集资购地，兴建校舍。1935年迁入。1937年，在香港开办分校，开设小学、初中。同年9月，日寇入侵广州，学校迁至香港。之后，在香港、澳门、粤北等地办学。1943年，在曲江办学时期招收女生，为高中部男女同校之始。1945年，迁回白鹤洞旧址复学。仍以"信、望、爱"为校训。1953年，转为公立，改名为广州市第八中学。1984年，复名为广州培

英中学。知名校友史坚如、余瑞楚、刘锡江等。（刘娟）

万木草堂 教育机构。清光绪十七年（1891），康有为在广东广州长兴里创建。光绪十八年（1892），迁至吉祥路附近的邝氏祠堂。次年，迁往广府学宫仰高祠（今广州市第一工人文化宫）。光绪二十四年（1898），停办。长兴里办学是万木草堂最重要的讲学时期。旨在革除旧书院的教育体系，培养德才兼备的维新人士；教育内容为文理兼修、中西兼容，开设"义理之学""经世之学""考据之学"和"词章之学"4 种课程，鼓励习读西方政治学说和声、电、光等自然科学译著。教学形式除听讲外，以学生自学为主。组织学识优异的学生参与著述活动，协助康有为完成《新学伪经考》《孔子改制考》等编著工作。知名学生有陈千秋、梁启超、麦孟华、徐勤、梁朝杰、曹泰、欧榘甲、韩铭基、汤觉顿、张伯桢等。作为康有为讲学和宣传维新思想之所，被誉为"维新运动的讲习所"。（黄明喜）

迁善书院 又称迁峒书院。教育机构。清光绪二十年（1894），在广西上思州迁隆峒（今属宁明）创建。迁隆土司黄振纪主持募捐兴建。设有正座、礼堂、讲堂、教员室、藏器所、学生寝室、体操场、厨房等。采用传统私塾教学方法。光绪三十二年（1906），改为两等小学堂。光绪三十四年（1908），改办初等小学堂。宣统三年（1911）秋，扩充为高初两等小学堂。民国时期改学堂为学校，即今宁明县迁隆小学。（颜蕴琦）

迁峒书院 见"迁善书院"。

原生学堂 初等学校。清光绪二十四年（1898），张心湖、张仲球等在澳门创建。光绪二十七年（1901）停办。随后改为私塾，教导自己的子女和弟妹，即称张氏家塾。张氏家塾在澳门南环，招收学生 10 余名，购置书籍、仪器、图画，以及化学药料、幼稚"恩物"等。卢子骏任汉文教习，黄耀裳任英文教习，后增聘徐甘棠为格致教习。设立高等和寻常两班，寻常班专习中文，高等班则中西并习。卢子骏编撰蒙学新书，与生徒等共同撰写孩子报，语言浅易，并配以图画，便于学生阅读。（郑振伟）

时敏学堂 中等学校。清光绪二十四年（1898），时敏学会会员邓家仁、邓家让、陈芝昌、梁肇敏等 8 人创设。位于今广东省广州市多宝大街宝庆新街广东水利厅办公大院内。取"敏于时务"之义。学制设大学、小学两部，大学设修身、国文、地理、宗教、政治、格致、算学、英文、日文、体操等课程。小学相应减少了宗教、政治、格致、英文、日文等课程。学生不限于本地青年。光绪二十八年（1902），选派学生金曾澄、邓歧华、陈芙昌、陈茹昌、冯启庄、黎孝实、邓瑞桑、邹永誉、萧友梅等赴日留学。光绪三十一年（1905），改名为时敏中学堂，邓家仁任校长。1912 年，更名为私立时敏中学。1917 年，邓家让继任校长。1919 年因经费和政局停办。1922 年，校产变卖为执信中学的创办开支。后校址由国民大学购得。课程仿照和引进西方现代科学，结合中国当时实际而开设。知名校友有陈焕章、萧友梅、金曾澄、邓歧华等。（黄明喜、叶塘）

广东省立梅州女子师范学校 中等学校。位于今广东省梅州市梅城。清光绪二十四年（1898），女诗人叶璧华以梅城培风书院为校址创建懿德女子学校。1913 年，梅县懿德女子学校、崇实女子学校合并组建梅县县立女子

师范学校，梁浣春任校长。初创时期只办小学教育，师范科一度停办，直至 1919 年重办。1929 年春，改名为梅县县立女子中学，改制办初中。1936 年，改名为广东省立梅州女子师范学校。1943 年，开设普通师范、简易师范、幼师、初中。1949 年，与 1937 年创办专招男生的广东省立梅州师范学校统一办学。1952 年，改名为广东梅州师范学校。（刘娟）

梧州中西学堂 中等学校。清光绪二十五年（1899），梧州厘金局督办谭国恩倡建。初址位于广西壮族自治区梧州传经书院，后迁至梧州市北门街原常平仓屋。谭国恩指定严式镠筹建并主持堂务，自当学监。在苍梧、藤县、容县、岑溪、怀集 5 县招收 100 多名学生，官府发给每生每月二两二钱银子为津贴。分中文、西文两班。开设课程有国文、经学、史学、地理、英文、算学、几何、物理、化学、生物等。为鼓励西学，入学者免交学费，按月领"膏火费"。自由报名，择优录取。光绪二十九年（1903），改名为梧州府中学堂。三十一年（1905），知府庄蕴宽扩建校舍，并指派学监严式镠赴日考察，购置图书仪器。1912 年，改名为梧州中学校。1947 年，改名为苍梧（今梧州）县立第一初级中学。1951 年，改名为广西省立第一女子中学。1959 年，定名为梧州市第三中学。知名校友有胡汉民、李济深等。（黄明喜、叶塘）

广东省立琼崖中学 中等学校。位于今海南省海口市琼山区府城中山路。清康熙四十四年（1705），广东分巡雷琼兵备道武功人焦映汉创办琼台书院。光绪二十八年（1902），琼台书院改为琼州府中学堂。光绪三十二年（1906），改名为琼崖中学堂。宣统三年（1911），改名为琼崖中学。

1913 年，附设师范班，中学教育与师范教育并行。1920 年，改名为广东省第六师范学校。1931 年，与临高县乡村师范学校合并。1935 年，改名为广东省立琼崖师范学校。1937 年，广东省立琼崖师范学校易址迁徙。1946 年，在府城丁字街原址复办。1949 年，改名为海南特区区立琼崖师范学校。1950 年，先后改名为广东省立琼山师范学校、广东琼台师范学校、海南师范学校。1969 年停办。1974 年复办。1977 年，首招物理、化学、中文、英语大专班。后改名为海南琼台师范学校。2004 年，成为琼台师范高等专科学校。2016 年，升格为琼台师范学院。创办《琼崖旬刊》《新琼崖评论》《琼崖旅沪学会月刊》等刊物。知名校友有徐成章、徐天柄、冯平、王文明、陈垂斌、罗文淹等。（王晓璇）

广东武备学堂　军事学校。位于今广东省广州市黄埔区长洲岛。清光绪二十八年（1902），两广总督陶模、广东巡抚德寿在黄埔广东水陆师学堂旧址开办。吴稚晖、张人骏、庄蕴宽等为创办人。罗崇岭等任总办。参仿日本士官学校办学方法，培养初级军官，兼有提拔人才赴日进修之用。光绪三十一年（1905）改为两广陆军中学堂。考选举贡生童入堂肄业，招生180 人，修业年限 3 年。课程略照日本士官学校的办法，分正科和预科，正科授各种军事学，预科授普通学和军队最重要的初步学。由留日士官毕业生充当教习，各省武备学堂毕业生充当助教，韦汝骢任总教习。中国近代最早的一批陆军军官学校之一。知名学生有王秋湄、赵士槐、黄慕松等。（王江）

尚友高等小学堂　初等学校。位于今海南省定安县定安中学。前身为明万历二十年（1592）南京礼部尚书王弘

海创建的尚友书院。光绪三十一年（1905），改建为尚友高等小学堂，初任校长为清末举人莫圻。学制四年，招收初等小学毕业生。办学经费来自尚友书院租息、北门港口所收出口农产山货税捐和船舶捐款。必修课程为修身、读经、讲经、中国文学、中国地理、算术、格致、体操、图画等。选修课为手工、农业、商业等。1916 年，改名为定安县高等小学校。1918 年，改名为安定县立中学。1926 年，迁至三义祠，与定城初等小学校合并，改名为定安县第一高等小学校。（王晓璇）

广东省立钦州中学　中等学校。位于今广西壮族自治区钦州市钦北区。清光绪十六年（1890），冯子材创办绥丰书院。光绪三十二年（1906），绥丰书院改为钦州中学堂。宣统二年（1910），改名为钦州中学，并增设简易师范班。辛亥革命期间，中学停办。1914 年，中学复课，改名为广东省立钦州中学校，学制四年，分办甲、乙、丙、丁、戊、己班。1928 年，设钦州简易师范学校，位于城隍庙。后改为乡村师范学校。1930 年，改名为广东省立第十二中学校。1931 年，增设高中师范（中师）班。1932 年，只招收中师生。1935 年，改名为广东省立钦州师范学校，位于钦州市白虎庙。办学经费拨给广东省立钦州师范学校。乡村师范学校改为钦州县立中学。1939 年，迁至大寺。后又迁至广东连县东陂镇。1941 年，改为县立第一中学。1946 年至 1948 年，犀牛脚西坑村乡绅李辅长发起创办简易师范学校。1949 年，并入钦州师范学校。新中国成立后，改为钦县第一中学、钦州县第一中学。1965 年，迁址至大垌百浪岭石龙村。1979 年，迁至钦州三角塘。除开设师范教育外，先后增办中小学师资短期培训班和小学行政干部轮训班，并提供函授教育。推行普通话和

普希金教学法。1984 年，更名钦州市第一中学。（王晓璇）

广东省立合浦廉州中学　中等学校。位于今广西壮族自治区合浦县廉州镇。前身为明嘉靖元年（1522）创办的海天书院。清光绪三十一年（1905），太守李崇光在海门书院创办学堂，取名为廉州府中学堂。刘润纲任监督。1912 年，改制为广东省立廉州中学校。1925 年，改名为广东省立十一中学。1935 年，复名为广东省立廉州中学。抗战时期，迁往浦北县城办学。1950 年，改名为广东省廉州中学。1951 年，改名为广西省廉州中学。素有"钦廉四属"（所辖钦县、合浦县、灵山县和防城县）最高学府之称。知名校友有岑麒祥等。（刘娟）

私立培正中学　中等学校。位于今广东省广州市越秀区培正路 2 号。清光绪十五年（1889），广州浸信会华人牧师廖德山、冯景谦、李济良等在广州秉正街租赁校舍，创办培正书院。以"至善至正"为校训。光绪十九年（1893），改名为培正书塾，设自然科学、算术、英文等课程。光绪二十九年（1903），改名为培正学堂。光绪三十二年（1906），募集捐款，开办师范传习所、小学，并在东山兴建校舍。1912 年，改名为培正学校。1916 年，续办中学部。1922 年，杨元勋任中学校长，黄启明任中、小学及

培正中学

师范班监督。1928年，向广东省教育厅立案，改名为私立广州培正中学。1929年，创立培正同学会。1942年夏，分别在粤北坪石、广西桂林办学。抗战胜利后，在东山旧址复校。20世纪三四十年代，开办广州西关、香港、澳门分校。抗战胜利后，香港分校、澳门分校和广州主校均进行扩建，分别改名为香港培正中学、澳门培正中学、广州培正中学。知名校友有廖承志、马思聪等。参见第305页宗教卷"培正书院"条。（刘娟）

蒙学书塾　初等学校。位于今澳门特别行政区荷兰园正街83号。清光绪二十七年（1901），陈子褒创办。后改名为子褒学塾。设高等班和寻常班，陈子褒及其弟陈子韶分别任教。陈子褒力倡新学，一方面着力教授方法的改变，注重实验、废止读经、废止体罚，另一方面重视编写教材，编辑小学国文读本、改良习字帖和创编七级字课。光绪二十九年（1903），兼收女生，提倡妇孺教育。迁至龙嵩街，后再迁荷兰园二马路，改名为灌根学校，又于1919年改名为今观学校。陈子褒编有《高等唱歌集》《绘图妇孺三字书》《妇孺论说》《妇孺习字格》《绘图妇孺新读本》《寻常妇孺文编》《妇孺信札材料》，以代替旧"三字经"等的内容，且采用白话文进行教学。知名校友有冼玉清、李应林、容启东、利铭泽、曾璧山、廖奉基、廖奉恩等。（郑振伟）

东莞县立中学　中等学校。位于今广东省东莞市莞城街道。清光绪二十八年（1902），知县刘德恒联同邑中名士创办东莞县学堂。光绪三十年（1904），奉令改名为东莞县初级师范学堂。光绪三十二年（1906），附设东莞高等小学。光绪三十四年（1908）改称东莞县中学堂，设六年

制中学部和五年制师范部。宣统三年（1911），结束师范部，专办中学部。1912年，易名为东莞县立中学校，改为四年制，开设修身、法治、国文、国语、英文、经济、历史、算学、理科、地理、物理、博物、化学、体操、音乐、图画、习字等科目。1921年，实行男女同校。1923年，推行壬戌学制。先后开办初中、高中、高中师范部、乡村师范班、小学等。抗战期间，实行战时教育。1938年10月，因日军进犯东莞而停课。1939年春，东莞县立中学、东莞县立石龙中学、私立明生中学在香港组成东莞县临时联合中学复课。1940年春，迁回常平镇屋厦村复校，后迁至谢岗镇黎村，与东莞县立石龙中学合并。1945年抗战胜利后接收伪东莞县立第一中学，1950年改名为东莞中学。曾出版《莞中校刊》《莞中学生》等刊物。知名校友有蒋光鼐、容肇祖、容庚、邓白等。（刘娟）

琼州府中学堂　中等学校。位于今海南省海口市琼山区文庄路。清光绪二十八年（1902），知府刘尚伦改琼台书院为琼州府中学堂。光绪三十二年（1906），改名为琼崖中学堂。课程除保留原有的修身、读经、讲经外，另设中国文学、历史、格致、外国语、算学、博物、理化、法制与财政、图画、体操等。1914年改名为琼崖中学校。1920年，改名为广东省立第六师范学校。1935年，改名为广东省立琼崖师范学校。1951年，改名为广东琼台师范学校。知名校友有陈继虞等。（黄明喜、叶塘）

培基两等小学堂　中等学校。清光绪二十八年（1902），群学社同人捐助在澳门创建，原名启蒙学校。但因经费拮据，光绪三十二年（1906）停办。光绪三十四年（1908），设校于澳门鹅眉街第4号，校长潘衮伯为中国同

盟会会员，校务由容泮池总理，吴节薇任校董兼任英文教员。分高等小学和寻常小学，并为年长学生设织造简易科，以振兴实业。获清政府核准立案。宣统二年（1910），校长及区次平、潘翰屏、潘伟魂和欧阳浚4名教员全部剪发，40多名学生亦先后剪发，开澳门剪发不易服运动之先河。民国初期，小学学制由九年改为七年，增办中学一、二年级以吸纳尚在修业的八、九年级学生。维持10多年，因经费不足而停废。知名校友有赵连城、冯秋雪、冯印雪、古桂芳、周树勋等。（郑振伟）

广东高等学堂　高等学校。清光绪二十八年（1902），两广总督陶模将广雅书院改建而成，初称两广大学堂。次年，两广总督岑春煊停废大学堂建制，变更为广东高等学堂。按照《钦定学堂章程》设立总理，另设副办2—3人，协助总理处理校务。考试分升班试、终考试、毕业试。评定成绩采用百分制。设置科目教习，聘请朱执信、曹汝英、莫鸿秋等学者，还专门聘请德国、美国等外籍教师。课程分为"政科"和"艺科"两大类别，"政科"下设伦理、经学、诸子、词章、算学、中外史学、中外舆地、物理、外国学、名学、法学、理财学和体操13个课目；"艺科"下设伦理、中外史学、外国文、算学、物理、化学、动植物学、地质及矿产学、图画和体操10个课目。购有新式教学仪器、标本、图书。学制三年，招生对象主要为中学毕业生。1912年，改称广东高等学校，黄节任校长。（黄明喜、王林）

广东省立高州中学　中等学校。位于今广东省茂名市高州市中山路。清光绪二十九年（1903），高雷廉巡道吴永委与邑绅士议决将高文书院改制为高郡中学堂。光绪三十一年（1905），

正式开学。宣统三年（1911），改名为高州官立中学。1913年，改制为广东省立高州中学。1919年，开设国语课，学习普通话。各班设立学生自治会，要求学生无论校内、校外须恪守自治会制定的规则。1926年，改名为广东省立第九中学。1931年，学生在抗日救亡会的领导下参加抗日救国义勇军。1932年，开办三年制师范班，附设小学。1935年，复名为广东省立高州中学，实行军事管理。1936年，停招师范班。1938年，停招初中，只办高中。全面抗战时期，为避免日寇空袭，数度迁址。1944年，迁回高州原址。1950年，改名为广东高州中学。被誉为"高雷地区民主革命的摇篮"。知名校友有丁颖、林砺儒等。（刘娟）

广东省立雷州师范学校　中等学校。位于今广东省湛江市雷州市天宁寺怀坡堂北。清光绪二十九年（1903），知府陈武纯将雷阳书院改制为雷州中学堂，并兼任学堂总办。扩建教室、宿舍，增设礼堂、操场，添置书籍。招收16—20岁学生，分备斋、正斋，学制各两年。除四书五经外，设历史、地理、政治、外国语、测绘、算术、格致、外国语、图画、体操等课程。光绪三十年（1904），开办师范科。1913年，改名为雷州中学校。停办师范班，专办中学。1926年，改名为广东省立第十中学，实行壬戌学制。1929年，招高中师范班。1935年，改制为广东省立雷州师范学校。至1937年，开设有高中师范班、简易师范班、附属小学。全面抗战时期，学生设有自治会，出版期刊，利用暑假深入城乡宣传抗日救国思想，并组织"海康青年抗敌同志会"。1939年，因日机炸毁，迁往广东遂溪办学。1943年，先后迁往广东化州、高州办学。1946年，返回广东海康（今雷州）天宁寺

复办。1954年迁入现址，1978年升格为雷州师范专科学校，1991年改为湛江师范学院，2014年更名为岭南师范学院。（刘娟）

广东省立韶州师范学校　中等学校。位于今广东省韶关市帽子峰南麓。清光绪二十九年（1903），北江书院改办北江高等中学堂，附设师范班。学生除读诵经史外，还学习算术、国文、史地等科目。光绪三十二年（1906），改名为韶州府中学堂，附设简易师范科、中学预科班。林耀东任监督。经费来源为官府拨款、书院存款及利息。光绪三十三年（1907），停招简易师范科。1912年，停招预科生，改招甲种农业。1913年，改制为广东省立韶州中学校。1920年，奉命改名为广东省立第二中学。1921年，奉命改制为广东省立第三师范学校，设初级师范预科。黄遵庚任校长。1928年开始，以开办师范科为主，附设中学部、高中农科部、小学部。1933年，开设初中师范科、高中师范科、乡村师范科、附属小学，并开设初中、高中农业科，形成多层次、多学科的师范学校格局。教学注重知识与技能训练并重，为学生创造教育、教学实践场地。1935年，改名为广东省立韶州师范学校。全面抗战时期，辗转广东曲江、仁化等地办学，校舍和教学设备严重损坏，经费短缺，数度停课。1944年，续开师范科、高中师范科、高中农业科、高中、初中、小学，增设幼稚师范科。1945年搬回原址。1950年恢复原名。被誉为"岭南革命的熔炉，粤北教师的摇篮"。（刘娟）

两广优级师范学堂　师范学校。清光绪三十年（1904），岑春煊、于式牧等在广东广州创建。位于广东贡院旧址（今广州市文明路广东省立中山图书馆）。初设两广速成师范馆兼管理

员练习所。光绪三十一年（1905），改设两广初级师范简易科馆。光绪三十二年（1906），改为两广师范学堂。光绪三十三年（1907），设两广优级师范附属选科馆及体育专修科馆。次年，正式开学并设附属国文、英文、算学专修科馆。后增设附属高等小学、中学及初级师范。1912年改名为广东高等师范学校，1924年并入广东大学。历任监督有王舟瑶、夏同龢、黄锡铨等。设公共科、分类科及加习科。公共科（相当于预科）招收初级师范学堂及官立中学堂毕业生，设人伦道德、群经源流、中国文学、东语、英语、辩学、算学及体操等科目。学制一年。合格者进入分类科。分文学、史舆、数理化、博物四类，学制三年，毕业即可充任教员。教育理论欠缺者可申请入加习科深造，设人伦道德、教育学、教育制度、教育行政机关、美学、实验心理学、学校卫生、专科教育、儿童研究及教育演习等科目供选修，学制一年。设监督、教务长、庶务长及斋务长，各长官下设若干教职员。知名校友有陈黻宸、马叙伦、欧阳渐、高剑父、吴在民、黄节、梁彦明、王家鸾、谢维屏等。（肖黎明）

私立圣心中学　教会学校。原为广州圣心书院。光绪三十年（1904），法国天主教会在广东广州创建。主要是学习英文、法文，1906年增设中文课。1914年，改设为旧制中学，命名为私立圣心中学，巴邦彦和安若瑟先后出任校长。教学上仍以传播宗教，传授外语为主。1925年，实行新学制，设立初中。1927年，移交中国天主教会主办，香港圣约瑟英文书院毕业的朱寿山任校长。1929年10月呈准立案，校址在广州大新马路。1930年增办高中商科，1932年至1933年增设高中普通科。全面抗战期间停办。1946年复课。1952年，与明德

女中合并成广州市第三中学。（郑振伟）

广东省立梅州中学　中等学校。位于今广东省梅州市梅县区。清光绪三十年（1904），黄遵宪、吴登初、黄文彬等筹办东山初级师范学堂。1912年，梅县临时县议会将东山初级师范学堂、嘉属官立中学、务本中学堂、梅东中学整合改组为公立梅州中学，以务本中学堂原址作为校址。叶则愚担任首任校长。后改名为广东省立梅州中学、广东省立第五中学。1949年，广东省立梅州中学、梅县县立第一中学、私立华光中学、梅州女师合并，改名为广东梅州中学。知名校友有叶剑英、谢晋元、李国豪等。（刘娟）

广州私立坤维女子中学　中等学校。位于今广东省广州市宝源路三连新街。清光绪三十年（1904），黄绍平、马励芸夫妇创立。初名私立坤维女学。马励芸任校长。后马励芸五次远渡南洋，筹募资金，于光绪三十三年（1907）在多宝路尾建成新校舍。翌年，增办师范班。第一期毕业的女生，只有4人。1912年，改名为私立坤维女子师范学校。1928年，更名为坤维女子中学。1938年10月广州沦陷后停办。敌伪政权以其校舍创建伪广东省立第一中学。抗战胜利后，收回校舍，筹款复校，于1947年秋招生。新中国成立后，与培英西关分校、长城、培中、复旦、莞旅等中学合并为荔湾中学。后改名为广州市立第二十九中学。知名校友有陈铁军等。（黄明喜、叶塘）

启明学校　中等学校。清光绪三十年（1904），沈史云、邓仲泽等在澳门创建。教师大多曾留学日本。兼收男女学生，注重学生德育、智育、体育发展，设算术、地理、体操、音乐、物理、化学、伦理、生理等课程。知

名校友有冼玉清。（王江）

广东省立肇庆中学　中等学校。位于今广东省肇庆市城中路。清光绪三十一年（1905），道台蒋式芬和知府多龄在端溪书院原址创办肇庆府中学堂，以原端溪书院与星岩书院经费办学。1913年，改制为广东省立肇庆中学。1925年，改名为广东省立第七中学。1933年，改县学宫明伦堂为科学馆，改节孝祠为教室，建立新礼堂。1935年，复名为广东省立肇庆中学。抗战时期，书院原址建筑与藏书尽毁。迁往广东德庆、广宁办学。1945年，迁回原址复课。1949年定名为广东肇庆中学。知名校友有黎雄才等。（刘娟）

广东省立南雄中学　中等学校。位于今广东省韶关市南雄市雄州镇。清光绪三十二年（1906），知州沈之乾将南雄州道南书院改制为南雄州立中学堂。曾淞任监督。设修身、读经、算学、词章、中外史学、图画、中外舆地、外国文、博物、物理和化学等课程，学制四年。首届毕业生按《钦定学堂章程》授予贡生出身。1913年，奉令改名为广东省立南雄中学，陈泽东任校长。1924年，改名为广东省立第六中学，王鸿淮任校长，实行新学制，只办初中。1933年，开办高中师范班。1935年，复名为广东省立南雄中学。1938年，开办高中普通班，成为完全中学。1944年，南雄沦陷，校内器具、图书皆被焚毁。校长黄云蔚奉令率师生迁往广东河源续办。1946年迁回原址。1949年10月，省立南雄中学和南雄县立中学合并成立南雄县临时联合中学。1950年定名广东南雄中学。（刘娟）

私立教忠中学　中等学校。位于今广东省广州市广府学宫的孝悌祠及翰园

旧址（今文德路与文明路交界处）。光绪二十八年（1902），吴道镕、丁仁长等集资创办。清初名教忠学堂，校长为丁仁长。光绪三十二年（1906）改建为教忠师范学堂，培训小学师资。课程有经学、史学、外语、算学、理化、体操等科目。辛亥革命后，改名为私立教忠师范学校，汪兆铨继任校长。1923年，停办师范，改名为私立教忠中学。实行新学制，设初中部和高中部。1928年，增设高中部师范科。沈次高接任校长。另设女学部，沈芷芳任女学部主任。1938年10月广州沦陷后，在澳门南湾设校，广州大学董事长金曾澄兼代校长。另在郁南县设分校。抗战胜利后，迁回文德路原校复课。新中国成立后，改名为广州市第十三中学。（黄明喜、叶塘）

私立八桂中学　中等学校。位于今广东省广州市越秀区中山四路广州农民运动讲习所。清光绪三十二年（1906），吴道镕创建。初名番禺公立中学堂。1916年，改名为番禺私立八桂中学。规定非番禺本县人士，不得充任该校教职员。1934年，卫永保任校长，破除这一规定，并兼招男女学生，设初、高中。高中设文科、师范科和普通科。抗战全面爆发后，迁到禺北竹料乡。1938年10月广州沦陷后，迁到香港九龙，与禺山中学合办联合中学。香港沦陷后停办。1946年，在广州原址复校。新中国成立后并入广州市立第十五中学。（黄明喜、叶塘）

广东法政学堂　专科学校。清光绪三十二年（1906），两广总督岑春煊和学政于式枚奏请朝廷开办。初址位于广东课吏馆，后迁至广东广州法政路右巷。夏同龢为首任监督。学堂初设法律速成科、法律特别科、政治特别科、理财特别科等班。师资多为归国的留日学生，也有日本学者。学员

主要由全省官吏考试选拔而来，也有部分地方推荐保送的士绅。兴盛之时，校内办有10多个班，学员近千人。1912年改为广东公立法政专门学校，设四年制的法律和政治经济两科，陈融接任校长。1923年改名为广东公立法科大学。翌年与国立高等师范学校和广东农业专门学校合并为国立广东大学。1926年，改为中山大学，国立广东大学法科随之变为中山大学法科，并于1931年改称法学院。夏同龢任监督期间，主持制定学堂章程，设大清会典要蒙、大清律例要义、大清商法、外国行政法、外国刑法及各国商法等课程。知名校友有朱执信、陈炯明、邹鲁等。（黄明喜、叶塘）

两广方言学堂　专科学校。位于广东省广州市粤秀书院旧址。清光绪三十二年（1906），两广总督岑春煊、广州将军寿荫将广州译学馆和两广游学预备科馆合并而成。陈黻宸任监督。设英语、德语、法语、日语4个语种班。聘请中外知名人士担任教师，招收有国学根底并熟识时务的学生。光绪三十三年（1907），增设英文、算学、国文夜学专修科。第二年又增设法文夜学专修科，招收成年人，开广东成人高等教育的先河。宣统二年（1910）成立学生自治队，总干事有林云陔、林继昌、李其微、张允广、李宗本等。知名校友有朱执信、林云陔等。（黄明喜、叶塘）

广东省立女子师范学校　中等师范学校。清光绪三十三年（1907）创建。初名官立女子初级师范学堂，以广东省广州市大石街太清宫为校址。招收初级师范生，学制三年。同时附设高等小学、初等小学。清光绪三十四年（1908），增办蒙养园，为广州最早的幼稚园之一。1912年，改名广东省立女子师范学校，学制四年。增办保

姆传习所，培养幼稚园师资，是广州市区幼稚师范最早创办者。1914年，停办保姆传习所，增办师范讲习所，培养初级小学师资，学制两年。1917年，举办贫民小学，并在学校附近创办贫民夜校，免收学费，颇受社会好评。1921年春，廖冰筠任校长，改革校务，废监学制，设教务主任。1923年，修建积厚坊旅粤中学旧址及金花庙作为师范部，并将大石街原校址作为小学部，同时实行新学制，师范科修业六年。1924年，孙中山莅校演讲三民主义，翌年废除修身和公民两科，并开创以三民主义作为课程讲授之先河，同时设女童子军课程。1926年，设教务、训育、总务三处，增开高中师范科和高中语文科。1928年，改名为广东省立女子第一师范学校，接收私立女子体育学校，改为图工体乐专修科，将原菊坡精舍部分旧址扩建为新校舍，成为当时广州占地面积最大学校之一。1935年8月，增设幼稚师范班，改名为广东省立广州女子师范学校。1936年8月，改为完全师范学校，停招初中新生。全面抗战开始，迁校至西樵山简村。1938年10月广州沦陷后，停办。1940年6月，在韶关市郊黄塱坝复校，设师范科、简易师范班及初中，后增设附属小学。1942年，迁至连县办学，兼办国民教育师资短期训练班。抗战胜利后，在越秀山麓原省立女中校址复办。1949年后仍称广东省立女子师范学校。1956年停办。历任监督、校长有程耀华、文庭鞫、张沅、廖冰筠、刘华林、陶明学、陶秀荪、朱介如、李励庄、沈燕芳、吕兰芳、李雪英、萧悔尘、沈芷芳、杨训贤等。（肖黎明、王晓璇、刘娟）

台山县立女子简易师范学校　初等学校。前身为私立淑慎女子高等小学。位于今广东省台山市南门壆基山麓。清光绪三十三年（1907），邑宰覃寿

堃倡设女学，在县城草朗街节孝祠成立私立淑慎女子高等小学。1916年，改名为县立女子高等小学。1926年，增设师范讲习班。1928年，迁往城东路学宫，改制为台山县立女子乡村师范学校。1932年，迁至现校址，改招四年制简易师范生，开设师范、小学、幼稚园，设体育、美术、劳动实践等课程。1930年，校长陈婉华发起筹建校舍委员会，向本县、香港及海外华侨募捐，兴建新校舍。1934年1月，建成"香港邑侨堂"和"星洲宁阳堂"，实现第一期建校计划，办学条件改善，班额增加，教学质量提高。1934年8月，改名为台山县立女子简易师范学校。1937年开办初中班。1948年，利用募集存款兴建附属小学部及改建校门、浴室、修葺校舍，完成了第二期的建校计划。以"勤朴美勇"为校训。1954年，并入台山师范学校。在原址新办台山县华侨中学。（刘娟）

广东光华医学堂　高等学校。中国第一间民间自办和主持的西医学校。位于今广东省广州市康泰路。中山大学中山医学院前身之一。清光绪三十四年（1908），梁培基、陈子光、郑豪等在广州创建广东光华医社。武举人李世桂将五仙门大屋赠送给光华医社作为创办医学校和医院基地。光绪三十四年（1908），正式创办，梁培基任校董事会董事长，郑豪任校长。除实施医学教育外，还按周向社会演讲卫生常识，出版《广东光华医事卫生杂志》。宣统二年（1910），兼办女子医校。1912年，改名为私立广东光华医学专门学校，学制4年。1921年，改名为私立广东光华医科大学，学制5年，并开设高级护士学校。1923年，在和尚岗筹建分校，建有课室、男女宿舍、解剖室、生理实习室。1929年，国民政府教育部

核准立案，改名为私立广东光华医学院，学制 6 年，并附设护士学校。抗战时期，医学院迁往香港授课。至抗战胜利归来，唐太平等组织筹复广东光华医学院委员会，筹划恢复学校事宜。1946 年秋，迁入东门外先烈路和尚岗。护士学校于 1948 年秋恢复。1952 年，正式改制为公立广东光华医学院。1954 年 8 月，并入华南医学院。参见第 812 页科技卷"广东医学堂"条。（刘娟）

私立华英中学　中等学校。位于今广东省佛山市禅城区文沙路。清宣统元年（1909），英国基督教循道公会在佛山文昌沙购地 20 亩规划创办学校。1913 年兴建校舍，初名为海格学院，后改名为华英学堂。只收男生，称华英男校。教学方法、课程设置、管理制度、作息时间完全参照英国教育制度进行。1923 年，循道公会将怡和莲女校和淑正女子学校合并为华英女子中学。1931 年，华英学堂获准国民政府立案，1935 年成为完全中学，执行教育部课程标准，重视理工课教育和艺术教育，增设木工、金工、建筑、机械制图等学科。全面抗战时期，辗转香港、韶关、连县等地办学。1945 年，迁返佛山原址复课，男校和女校合并，改名为南海私立华英中学。1952 年与佛山中学合并。1955 年，改名为佛山市第一中学。知名校友有冼星海等。（刘娟）

阳江县立中学　中等学校。位于今广东省阳江市沿海高速联络线。清宣统元年（1909），州牧刘庆镗、何铨瀍发起，县绅捐资创建。初名为阳江县中学堂。辛亥革命期间停办。1913 年，县长田兢修重修，卓宏章任校长，开招甲班，学制四年，并改名为阳江县中学堂。1915 年，增招乙班。1917 年，甲班毕业，续招丙班。谭鸿任校

长。1919 年，乙班毕业，续招丁班。1920 年，增招戊班。以此类推。1922 年，谭宗侃担任校长。1923 年，学制改为三年。林夏铎暂行代理，林汉担任校长。1924 年，林振环担任校长。1925 年，改校长制为委员制。谭绩、李元经、冯思雅、陈炳焕、何绣斌担任委员。1926 年，首招高中普通科甲班一班，续招初中第二周乙班。1929 年，初中乙班毕业，续招戊己两班（己班为自费班）。1930 年，增招高中师范科一班，并实施童子军训。1933 年，县立师范学校和县立女子乡村师范学校并入。1951 年，定名为阳江县第一中学。知名校友有谭作舟、黄安仁等。

（王晓璇）

国立广东法科学院　高等学校。清宣统元年（1909）创建。前身是广东公立警监学堂。1913 年，广东高等检察厅在原校址重办警校，定名为广东公立监狱学校。1923 年，改称警监专门学校。1924 年，孙中山将其改为广东公立法官学校。1926 年，改名为广东省政府司法厅法官学校。1928 年，改名为广东高等法院直辖法官学校。1929 年夏，正式命名为国立广东法科学院。姚礼修任院长。设法律学系、经济学系、政治学系，后增设新闻学系和附设高中。设日夜班及高等研究部，主要培养高级警官和司法、行政人员。1937 年 8 月，正式合并于中山大学法学院。（黄明喜、王林）

广东公立农业专门学校　高等学校。清宣统元年（1909），在广东广州农林路创建。前身是广东农林试验场。旨在培养高级农业、林业专门人才。宣统三年（1911），附设办理农业、林业讲习所。1917 年 8 月，改为广东公立农业专门学校，设农学科，学制四年。黄遵庚任校长。1920 年 6 月，邓植仪任校长兼农林试验场场长。

1921 年 8 月，增设林学科，学制四年。1924 年 6 月，与广东高等师范及法政大学合并为广东大学，设为农学院。（黄明喜、王林）

广东公立医科专门学校　高等学校。前身为广东公立医学堂。清宣统元年（1909），达保罗（Paul J. Todd）、钟宰荃发起创建广东公立医学堂。1915 年奉准立案，并改为公立，定名为广东公立医科专门学校，学制四年。1917 年，学制延长为五年。1924 年，改名为广东公立医科大学，学制六年，李树芬任校长。1926 年 8 月，根据国民政府指令归并广东大学，设为医学院。同年秋季，为纪念孙中山而改称国立中山大学医科。1931 年，改称国立中山大学医学院，古底茹任院长，不分系科，设立药物学、生理学、解剖学、病理学、细菌学 5 个研究所和 2 个附属医院。（黄明喜、王林）

华商学堂　初等学校。清宣统初年，戊戌变法失败后逃亡港澳的维新人士在澳门天神巷 37 号宋氏大屋创建。办学目的旨在宣传维新变法。除教授新式课本外，仍以经学、训诂为主，设图画、唱歌、体操、艺术、游戏等课程。学生按知识程度高低分成甲、乙、丙、丁各班，不分年级，招收学生百余人。重视体操活动是其重要特色之一，特别设立秋千等运动器械作为学生体育场所。学生上学的制服，也是体操运动的服装。两年后，因学生在练习体操时不慎而亡，学堂停办。（郑振伟）

教业中学　中等学校。位于今澳门特别行政区大堂区新口岸冼星海大马路。前身为阖澳华侨公立孔教学校。清宣统二年（1910），陈纯甫、曹子良等成立澳门孔教会，定名为澳门孔教支会，卢廉若任会长。同年，在澳门柿山大炮台街创立孔教学校。初为

私塾。1913 年，改为小学，更名为阖澳华侨公立孔教学校，郑莘农任校长。1941 年，改名为孔教中学。20 世纪 50 年代初，何贤任校长。1955 年，增设孔圣堂。1975 年，与银业学校合并，改名为教业中学。实施一部三校，十五年一贯制免费教育。（王晓璇）

台山县立中学　中等学校。位于今广东省江门市台山市台城镇纱帽山南麓。前身为新宁公立中学堂。清宣统二年（1910），县令覃寿堃以新宁县青云路的学宫为校址开办新宁公立中学堂，岑锡祥任监督。1913 年，改名为新宁县立中学校。1914 年，新宁县改名为台山县，更名为台山县立中学校。1926 年，实行壬戌学制，只开办初中，招收女生。1929 年，开办高中文科。1932 年后，陆续开办高中普通科、初级商科、高级土木工程科。1926 年，加拿大华侨捐建初中新校楼，蔡元培题写校名。1936 年，林森为高中新校舍题写"台山县立中学高中校舍"。设立华侨子弟补习班，满足华侨弟子回国学习祖国文化的需要。1933 年至 1946 年黄炽云任校长，为激励学生为国家民族效忠，实行奖学办法，采用班主任制和专任导师制。1952 年，改名为台山第一中学。2008 年被公布为第五批广东省文物保护单位。参见第 1218 页华侨·侨乡卷"台山第一中学"条。（刘娟）

顺德县立中学　中等学校。清宣统二年（1910），县令朱为潮会同士绅募捐筹办顺德中学堂。宣统三年（1911），正式开学，名为顺德公立中学堂，位于县城大良学宫，获青云文社赞助。1913 年，遵照新章重新立案，改名为顺德县立中学校。1931 年，改制为省立第二农业职业学校，开办普通初中班和职业初、高中班。1934

年，改名为广东省立顺德县农业职业学校。1937 年，移址凤山书院故址，恢复独立初级中学设置，复名顺德县立中学校。1938 年，日军侵占顺德，迁往中山县前山镇，继又迁往澳门。1939 年冬，由于办学经费无着停办。1946 年，在顺德大良南区龙氏春岩祠复办。1949 年，增办高中。1952 年，改名为顺德县第一中学。（刘娟）

匹瑾初级中学　教会学校。清光绪十三年（1887），美国基督教长老会在广东琼山（今海南省海口市琼山区）府城镇北门北官市创建。光绪二十年（1894），筹建中西女学堂。宣统二年（1910），美国人匹瑾夫人捐资，创建中西男学堂，与中西女学堂合并，改名为匹瑾中西女子中学。1927 年停办。1932 年，改名为琼山私立匹瑾女子初级中学。1934 年，改名为琼山县私立匹瑾初等中学校。抗战全面爆发后，迁至儋县那大借用小学，继续办学。1939 年，日军占领那大后停办。1945 年复办，并附设小学部。1951 年停办。（王晓璇）

广东省立罗定中学　中等学校。位于今广东省云浮市罗定市府前路。清宣统三年（1911），由罗定县公立中学和阖县中学合并而成。1912 年，定名为广东省立罗定中学校。学制四年，因校舍简陋，仅有 3 个课室，故每四年停招一年。1924 年，改为三年制初级中学。1926 年，改名为广东省立第八中学校。1927 年，校长黄裳元等募捐兴建校舍。除三年制初中外，开设三年制高中师范科，并办附属小学。1935 年，改名为广东省立罗定中学校。1937 年，师范科转办高中普通科，成为完全中学。后初、高中部分别迁往附城㙟丙村和思维村；又迁至㙟濮。1942 年，迁回原址复课。1944 年，迁至罗镜。1945 年，迁回原址。1969 年，改

名为罗城中学。1978 年，复改名为罗定中学。知名校友有李芳春、谭其镜、陈琼英、陈泗英等。（王晓璇）

香港大学（The University of Hong Kong）　高等学校。清宣统三年（1911），香港总督卢嘉（Frederick Lugard）筹资在香港岛创建。前身为香港西医书院。1912 年 3 月正式举行开学典礼。以"明德格物"为校训。最初模仿英国利物浦大学的制度，设医学院、工程学院及文学院，后增设理学院、社会科学院、法学院、牙医学院、建筑学院、教育学院、经济及工商管理学院，共计 10 个学院。并设研究生院、专业进修学院、数码港学院以及亚洲研究中心、佛学研究中心等教研机构。设本科生课程、研究生课程，可颁授学士学位、硕士学位和博士学位。除中文系部分学科外，所有课程都以英语授课和考试。图书馆藏书丰富，是东南亚藏书最丰富的大学图书馆之一。知名校友有孙中山、朱光潜、张爱玲、何鸿燊等。（黄明喜、王林）

私立明德女校　中等学校。位于今广东省广州市越秀区大新路 163 号。1912 年，法国天主教会创办，名圣神女子中学。1924 年，在私立圣心中学旁设明德女子中学，仅招女学生。陈秉卿任名誉校长，陈荣轩任董事长。1931 年，明德女子中学改名为私立明德女子中学。课程以宗教教育为主，有浓厚的教会校风。抗战胜利后，陈志雄任校长。设初中、高中各四班，兼设小学和幼儿园。1952 年，并入广州市第三中学。（王晓璇）

私立南海中学　中等学校。位于今广东省广州市荔湾区西华路。清光绪三十一年（1905），西湖书院改建为南海初级师范简易科馆。光绪三十三年（1907），改办南海县立中学堂，

朱世畴任监督。以"任重致远"为校训。办学经费由南海县商绅筹集和南海明伦堂拨补。1912年，改名为南海中学校。1922年，南海县政府停发办学经费，更名为广州私立南海中学。旅港南海商会及邑绅成立南海中学校董会，负责筹集经费。1924年曾镜涵任校长，礼堂、藏书、课室日渐扩充完备，教育质量享誉省内。1938年，与南海县立师范学校、南海县立第一初级中学、石门中学合并，组成南海联合中学，辗转南海、中山、澳门等地。澳门沦陷后被迫停办。1946年，临时借用南海学宫复学。1947年，迁回芦荻巷原校舍。1953年与万善中学合并，改名广州市第十一中学。学生自治组织严谨，课外活动丰富，设童子军组织、消费合作社、铜管乐队、抗日宣传队、募捐队，出版《南中校刊》等。知名校友有马万祺、莫伯治等。（刘娟）

广东省立两阳中学 中等学校。位于今广东省阳江市鼍山南麓。清光绪二十九年（1903），广州官绅在越华书院旧址上开办广府中学堂。1912年，改名为广东省立广府中学，设修身、国文、外国语、历史、地理、数学、博物、物理、化学、法制、经济、国画、手工、乐歌、体操、家事、园艺、缝纫18门课程。1925年，改名为广东省立第二中学，设初中、高中两部。1926年，高中增设社会科。1927年，停办商科，增设社会科。1930年，增设师范科。因校舍毁于大火而停办，1932年8月，学生合并到广东省立第一中学上课。陈章甫为振兴家乡的文教事业，向陈济棠建言将原广东省立第二中学迁建阳江，获得批准。建校经费由两阳田赋税支付。1934年，校舍落成，开设高中普通班、高中师范班和初中班，招收阳江、阳春两县学生。黄思汉任校长。办学经费由广东省教育厅全额拨付。1935年，改名为广东省立两阳中学。1939年，迁往阳春县城，后迁至春湾区松柏乡山区。1943年，迁回阳江鼍山原址复课。1944年，依照广东省教育厅规定，设立暑期补习学校，扫盲工作效果显著。1951年，定名为广东两阳中学。知名校友有黄伯荣等。（刘娟）

广东省立金山中学 中等学校。位于今广东省潮州市金山顶。清光绪二十九年（1903），潮州府最高学府金山书院改制为潮州中学堂，温仲和任总教习。除经史教学外，开设算学、外语和体操等课程，体现中西结合的近代特色。1912年，改制为广东省立潮州中学校，学制四年。1913年，改名为广东省立潮州金山中学校。1923年，改名为广东省立第四中学。1935年，改名为广东省立金山中学。1938年，校区被日机轰炸，迁至潮安县凤塘镇淇园。1939年因抗日战事紧张停办。1941年春，在潮州凤凰镇复办。全面抗战时期，学生坚持早读晚修，参加助种、助收、抗旱等劳动。1945年底，迁回潮州城，暂借开元寺临时课堂上课。1949年夏，迁回原址。1952年9月初，奉命迁往汕头礐石，与汕头市私立礐光中学合并，改名为广东金山中学。有"教被东南"之称。知名校友有蔡翘、郭任远、饶宗颐等。（刘娟）

广州私立南武中学 中等学校。位于今广东省广州市海珠区同福路。清光绪二十七年（1901），黄晦闻、杨渐逵、黄汉纯、欧阳日暄、李蕴石、谢英伯、何锡朋等创办"群学书社"，后转迁海幢寺圆照堂，易名为南武公学会。光绪三十一年（1905），南武公学会在海幢寺内开设南武两等小学堂，招收男、女学生。后分设女校，由黄晦闻命名为"洁芳女校"，取屈原"志洁行芳"之意。1912年，改名为南武中学，开办初中，续办小学，并附设中学预科为归国华侨及失学儿童补习。以"坚忍奉公，力学爱国"为校训。1914年，在庄头设立南武义学，收容失学儿童就读。1922年改行壬戌学制。1926年增设高中普通科、师范科。1928年，增设初中女子部。1938年10月广州沦陷，学校停办，全校被日军占用。1939年，在香港租校舍，续办香港南武中学，只设初中及小学。1941年，在港停办。1942年，在韶关复办。1945年，迁回广州原址复课。1952年，转为公立学校。第二任校长何剑吴礼聘名师，提倡"德、智、体、群、美"五育并重。注重体育课程，培养出"南武三杰"陈彦、许民辉、邱纪祥等运动员。知名校友有邓铁涛、刘思慕等。（刘娟）

国立广东高等师范学校 高等学校。位于广东贡院旧址（今广州市文明路广东省立中山图书馆）。1912年由两广优级师范学堂易名而成。1913年重修校舍，并接收广东高等方言学堂及高等实业学堂图书仪器。1924年奉孙中山训令并入广东大学。历任校长有黄锡铨、唐萱、金曾澄、廖道传、邹鲁等。设预科和本科。预科学制一年，设伦理学、国文、英语、数学、论理学、图画、乐歌、体操等科目。本科学制三年，分文史、英语、数理化、博物四部。1915年设图工体乐专科及教员讲习所。1918年开办夏令馆及义学。1919年设单级国民小学。1921年改为选科制，增设社会科学部及国语传习所。知名校友有吴在民、徐绍棨、杨寿昌、谭平山、林翼中、谭天度等。（肖黎明）

广东省立惠州中学 中等学校。位于今广东省惠州市惠城区。清光绪二十七年（1901），知府沈传仪在府

署右侧创办府学，设国文、经学、史学、英算等科。光绪二十九年（1903），迁址丰湖书院，改名为惠州府中学堂。1913年，改制为广东省立惠州中学校。1922年，因战事暂迁府城金带街陈家祠。1924年，更名为广东省立第三中学，开办新学制初中。1928年秋，迁回丰湖书院，扩建校舍。1929年秋，增办高中。1935年，更名为广东省立惠州中学。1938年，日军侵占惠州，短暂停办。1939年，先后迁至广东平远、河源等地，改名为广东省立东江临时中学。1942年，复名为广东省立惠州中学。1946年冬，迁回鹤峰镇旧县学宫。原丰湖书院被广东省立粤秀中学驻用。1954年，改名为广东惠阳高级中学。知名校友有肖扬、叶挺等。（刘娟）

私立中德中学 中等学校。清光绪年间，德国人在广东创办德华学校和德华学堂。1914年，两所学校在柏林教会主持下合并，改名为中德学校。1925年，设立初中、高中及德文专修科。是当时中国唯一的德文中学，毕业生可免试直升上海同济大学或德国柏林大学。1927年，改由中国教会办理。1938年10月广州沦陷后，迁于澳门，同时设立小学，改名为澳门私立中德中学。抗战胜利后，迁回广州，在文德路复校，后迁二沙头，借用颐养园为校舍。新中国成立后停办。历任校长有麦灵生、何永浩、潘尹、邢侠忠和赵君直等。（郑振伟）

私立东山中学 中等学校。位于广东梅州状元桥畔。1913年，以冯懋度、叶菊年、叶剑英为首的百余名进步师生创办梅县私立中学校，经县议会决议迁至东山书院旧址。1915年叶菊年任校长，确立以"勇俭爱诚"为校训。1916年，改名为梅县东山中学校，获国民政府教育部批准立案。1924年，

采用壬戌学制。1927年，被迫停办，直至翌年解封复课。1931年，开设高中，获广东省教育厅批准立案。1937年抗战全面爆发后，成为梅县抗日救亡的重要基地。1939年，叶剑英题词勉励教师"为培养后进而准备以毕生精力以赴之"。1951年，改名为广东东山中学。1978年，叶剑英题写校名"广东梅县东山中学"。知名校友有叶剑英、萧向荣、叶选平、林若、曾毅等。参见第1219页华侨·侨乡卷"广东梅县东山中学"条。（刘娟）

私立真光女子中学 中等学校。华南第一所女子教会学校。位于今广东省广州市白鹤洞山顶。清同治十一年（1872），美国基督教长老会女传教士那夏理（Harriet Newell Noyes）在广州沙基金利埠（今六二三路）创办，原名真光书院，招收女学生。以"尔乃世之光"为校训。光绪四年（1878），在广州长堤大马路仁济街建成新校舍。宣统元年（1909），校董会任命中国人罗刘心慈为副校长，改名为真光学堂，增设师范班。1912年，改名为真光学校，成立校董会。1917年，鹤洞蛇岗新校舍落成，改名为私立真光女子中学，开办高小、中学两部。高小部三年毕业，设圣经、国文、英文、史地、数学、理科、图画、手工、音乐、体育等课程。中学部五年毕业，设大学预科、师范、家政3科。原仁济街真光学校继续开办小学，师范科停办。1928年，移交华人教会仁济堂办理。1931年12月，广东省教育厅批准白鹤洞私立真光女子中学立案。仁济路旧校易名为私立真光女子初级中学。1935年，何荫棠在香港设立真光小学，并附设幼稚园。1938年10月广州沦陷后迁往香港续办，与私立真中女子初级中学及香港真光小学合并，至香港沦陷被迫停办。1942年，迁往广东连县、曲江等地上

课。并于广西桂林开设分校，设初中和小学部。1945年，返回白鹤洞校址复课，私立真中女子初级中学迁回仁济路原校址复课。1946年，香港真光小学复课，增办中学。1948年改名为香港真光中学。1949年，校长马仪英到香港开办九龙真光中学。1952年，改私立为公立。1954年秋，改办普通完全中学，定名为广州市第二十二中学。1984年，复名为真光中学。知名校友有陈香梅等。参见第304页宗教卷"真光书院"条。（刘娟）

私立聿怀中学 中等学校。位于今广东省汕头市金平区海滨路33号。清光绪三年（1877），英国传教士汲约翰（Gibson John Campbell）创办的宗教学校。光绪五年（1879），白威廉为专任校长。1919年，私立聿怀中学与汕头华英学校合并。1925年，停办。1929年复学，陈泽霖任校长。1932年，成立中学部。1933年，开设高中师范科。1934年，改为普通高级中学。1937年，迁至揭西县。1945年，复址复课。1953年，改名为汕头市第三中学。1967年，改名为东方红中学。1969年，复名为汕头市第三中学。1985年，复名为聿怀中学。知名校友有萧灼基、陈有汉、陈锡恩、张伟烈等。（王晓璇）

蔡高中学（Sheng Kung Hui Choi Kou School Macau） 中等学校。1919年，中华基督教志道堂在澳门马大臣街创建。前身为志道堂幼稚园。1933年，为纪念蔡高改名为蔡高幼稚园。1932年，筹建蔡高纪念学校，成立第一届校董会，卢遂光任校长。1933年，增设小学部。1946年秋，开办初级中学。次年7月，获批侨委会立案。1949年，增办高级中学。（郑振伟）

广州市立师范学校 高等学校。1921年创建。位于广东省广州市永汉路双

门底粤秀书院旧址（今北京路越秀书院街），1933年改设为勤勤师范学院。1934年与其他学院合并成立广东省立勤勤大学。1935年改称教育学院，增设教育学系。1936年迁石榴岗新建校舍。1937年抗战全面爆发后迁往广西梧州及融县。1938年改名为广东省立教育学院。先后迁往广东乳源县侯公渡及连县东陂镇。1940年改名为广东省立文理学院，辗转于广东曲江桂头圩、罗定替濮乡、兴宁甘塘等地。抗战胜利后迁往广州光孝寺。1946年秋迁回广州石榴岗。1951年改建为华南师范学院（今华南师范大学）。历任学校负责人有杜定友、黄炳蔚、卢德、方学芬、麦棠、李庆荣、林砺儒、黄麟书、黄希声、罗香林、杜国庠等。知名校友有关山月、廖冰兄、胡根天、欧阳山等。（肖黎明）

广东省立韩山师范学校　中等学校。位于今广东省潮州市韩山山麓。清光绪二十九年（1903），惠潮嘉分巡道裕成博与潮乡绅共倡新学，将韩山书院改建为惠潮嘉师范学堂。前身为韩山书院，办学经费有原韩山书院膏火、地租收入及道署拨款。光绪三十年（1904），呈准立案、招生开学，开办简易师范科，附设师范传习所。1912年，改名为广东省立惠潮梅师范学校。1921年，改名为广东省立第二师范学校。1922年，校长方乃斌，向乡贤和南洋侨胞募捐，完成校舍的重建与扩建。1923年，

执信中学

在原师范本科、预科、讲习科、附属小学基础上，开办图书班、乐歌班、体操班、手工专科班、前期师范班、民众夜校。1935年，改名为广东省立韩山师范学校。设高中师范科、乡村师范科、简易师范科、图工乐体讲习科、附属小学。组织系统与管理严谨，校长由广东省教育厅委任，下设教务主任、训育主任、军事训练主任、事务主任、附属小学主任。规定校务、行政、教务、训育、军训、事务6种固定会议。设立考试、实习、出版、卫生、体术、图书仪器、经费稽核、教育研究、教职员道德9个委员会。1939年，潮州沦陷，先后迁往揭阳古沟、灰寨，收容沦陷区失学师生，增办中学部，发放奖学金奖励贫寒优秀学生，兼办社会教育。1946年

春，迁回潮州原址，成立修建校舍委员会，募集捐款。中学部移交金山中学。1949年12月，军代表接管。1950年，改名为广东韩山师范学校。知名校友有詹安泰等。（刘娟）

广东省立执信女子中学　中等学校。位于今广东省广州市越秀区执信南路。为纪念朱执信，孙中山指定廖仲恺、孙科、胡汉民筹建执信学校。以“崇德瀹智”为校训。1921年，以应元书院为校址正式开办。1922年，实行壬戌学制。曾醒担任校长。1923年，迁入东沙路新校址。1924年，增设高中师范科。成立之初为私立性质，采用校董会负责制，廖仲恺、孙科、金曾澄、胡汉民、林森、何香凝、蔡元培、戴季陶等任董事。定期举行演讲会，所邀皆是校董、社会名流、外国学者。1928年秋，改制为执信女子中学。1932年，在西关设立分校，招收初中和附小学生。1937年抗战全面爆发，先后迁徙南海、澳门、粤北等地办学。1943年，改为广东省立执信女子中学，林宝权任校长。1945年，迁回原址复课。20世纪三四十年代，设家政、伦理、国民要义、经济思想、

1944年迁到揭阳县灰寨乡办学时的韩山师范学校

军事教育等课程。1978年，复名执信中学。知名校友有廖承志、蒲蛰龙等。（刘娟）

广州市立美术专科学校　高等学校。1922年，在广东广州中央公园（今人民公园）东北角创建。廖仲恺题写校名匾额。1925年迁至越秀山南麓三元宫旁。1931年迁至惠爱路。初设西洋画科，后增设中国画科、艺术师范科、图案画科。男女兼招，学制四年。许崇清、胡根天、司徒槐、李居端、李金发等先后任校长。1938年10月因广州沦陷而停办。知名校友有赖少其、李桦、吴琬、刘仑、唐英伟、黎雄才、黄少强、倪贻德等。（黄明喜、王林）

广州农民运动讲习所　教育机构。1924年，在番禺学宫原址创建。位于今广东省广州市越秀区中山四路42号。在第一次国共合作时期，中国国民党农民部为培养农民运动特派员而创办的短期培训班，共计6期。第1—5期名为中国国民党中央执行委员会农民运动讲习所，第6期名为中国国民党农民运动讲习所。1926年停办。彭湃、罗绮园、阮啸仙、谭植棠、毛泽东先后任讲习所主持者。虽名义上为中国国民党主办，但实为中国共产党领导。"广州农民运动讲习所旧址"1961年被国务院公布为第一批全国重点文物保护单位。（黄明喜、闫雪映）

广东航空学校　教育机构。1924年9月，孙中山在广东广州大沙头创建。年底改名为航空学校。1927年，李济深将航空学校改名为广东航空学校，张惠长任校长。之后分别由王季予、周宝衡任校长。1930年张惠长兼校长，并将校名改为广东空军学校。先后由杨官宇、刘植炎、胡汉贤任校长，1936年被南京国民政府接管，广东空

军学校撤销。组织机构、设备、教材、训练制度等仿效苏联，聘请德国人、苏联人和中国军官任教。知名学生有陈其东、邓从凯、常乾坤、徐介藩等。（聂建霞）

知用中学　中等学校。1924年，知用学社在广州纸行街创办。1925年张瑞权接任校长后，规模日增，学生多至1000余人。1933年迁至广州市百灵路新校址。日军侵占广州期间，迁校澳门。又迁粤北，继迁湖南。抗战胜利后迁回百灵路原址。规模扩大至高中17班、初中11班。新中国成立后，改名为广州市第二十八中学。今复称知用中学。鲁迅、茅盾、欧阳予倩、欧阳山等文学家、艺术家先后前来讲学、任教；大革命时期有许多学生参加学生军，投考黄埔军校，参加中国共产党外围组织"新学生社"。知名校友有张瑞权、吴有恒、欧阳山、罗豪才、朱光等。（黄明喜、叶塘）

私立培道女子中学　中等学校。位于今广东省广州市越秀区烟墩路。清光绪十四年（1888），美国南方浸信会女教士容懿美（Emma Young）在广州五仙门开办妇女读经班。光绪十四年（1888），改名为培道女学堂，以"爱、诚、贞、毅"为校训。光绪三十三年（1907），迁入东山牧鹅塘新校舍。1918年，开办中学、初级师范、小学和幼儿园。1922年，创立女童军。1923年组成董事会。1924年，改名为培道女子中学。1930年，获准立案，由华人进行管理。抗战期间先后迁往肇庆、香港、澳门等地办学。1941年，与培正中学在粤北合办培联中学。1945年抗战胜利后，部分师生迁回广州，接收东山校舍复课。部分师生在香港、澳门设立分校。知名校友有张瑞芬、李芳华等。参见第305页宗教卷"培道女子中学"条。（刘娟）

广东大学　高等学校。华南地区第一所现代综合性国立大学。1924年初孙中山下令筹办。国立中山大学前身。邹鲁等将广东省内高等师范学校、法科大学及农业专门学校合并创办，旨在为国民革命培养高级政治和文化人才。1924年开学。1925年合并广东公立医科大学。校址本部（文理两科学院、图书总馆及附校）位于广州文明路贡院旧址（今鲁迅纪念馆）；法科学院位于天官里后街（今法政右巷）；农科学院位于广州东山农林试验场（今农林上、下路）等地；医科学院及附属第一医院位于百子岗（今中山大学第一附属医院）。1926年8月改名为国立中山大学。历任校长有邹鲁、顾孟余、陈公博、褚民谊、戴季陶等。预科学制二年；文、理、法、农、工等科学制四年；医科学制六年。预科、医科采用年级制，文科采用学分制，理科采用选科制，法、农科实行选科及年级混合制。设海外部、附属师范、中小学、幼稚园、专修学院、专门部、政治研究班、巡回各县蚕业讲习所及推广部等。重要出版物有《东方学报》《学艺丛刊》等。（肖黎明）

广东省立工业专门学校　高等学校。前身为广东工艺局创办的工艺学校和广东省立第一甲种工业学校。以其为基础，1923年改建为广东省立工业专门学校。招旧制中学毕业生入学，后改招高中毕业生入学。学制为预科一年，专科三年，设机械工程、化学工程两系。后增设电机、织机、土木等系科。教材及参考书采用日文译本或英文原版。1926年8月，合并于国立中山大学，设为工业专门部，以筹办国立中山大学科学系。同年10月，因专业组建未成，广东省立工业专门学校交回广东省教育厅接办，校名复用旧称。1930年，改名为广东省立工业专科学校。1933年8月，转为广东

省立勷勤工学院下设的工学院。（黄明喜）

黄埔军校　又称中国国民党陆军军官学校。军事学校。1924 年 6 月 16 日，在广东广州创建。位于今黄埔区长洲岛。学校总理为孙中山，校长为蒋介石。1926 年，改称中国军事政治学校。1927 年，改名为中央军官学校。旨在培养国民革命军军官队伍。第 1—4 期办学校址在长洲岛，第 5—7 期在长洲岛和南京两地办学。第 7 期入学人数共计 14829 人，毕业人数共计 12887 人，年龄集中在 15—25 岁。实行分科教学，课程分为学科和术科。学科教授基本军事理论知识，术科教授军事技能。1925 年，政治部成立血花剧社，借艺术表达革命精神。注重政治教育，设有党代表、教育长、政治部主任、政治总教官。创办初期，廖仲恺任国民党党代表，胡谦、何应钦、邓演达、方鼎英先后任教育长，戴传贤、周恩来、熊雄先后任政治部主任，王柏龄任教授部部长，李济深任教练部部长，熊雄、恽代英先后任政治总教官。被誉为"中国将帅的摇篮"。出版有学习政治基本理论的教科书"黄埔小丛书"。办有校刊《黄埔日刊》，编有《青年军人》《中国军人》《革命画刊》《黄埔生活》等系列革命刊物。"黄埔军校旧址（包括东征烈士墓）"1988 年被国务院公布为第三批全国重点文物保护单位。（黄明喜、闫雪映）

中国国民党陆军军官学校　见"黄埔军校"。

粤华中学（Yuet Wah College）　中等学校。位于澳门得胜马路。1925 年，廖奉基、谭绮文在广东广州创建。1928 年，迁往澳门。今由天主教的鲍思高慈幼会主管，分为粤华中文中学及粤华英文中学。1932 年获得私立岭南大

学的支持，一度改称私立岭南大学澳门分校粤华中学。1935 年，得到广东省教育厅批准立案，定名为澳门私立粤华中学。1938 年增办高中，改名为澳门私立粤华中学。1942 年，鲍思高慈幼会接续办学。1944 年初，在连胜马路消防斜巷增设小学分校暨幼稚园。1944 年秋，嘉诺撒仁爱会主办的培贞女子中学附属于粤华中学，改名为粤华中学女子部。1948 年，开办英文中学，增聘多位英籍神父任教席，课程完全依照香港的英文书院制度实行，并在港英政府教育司注册。学生经考试及格者，可得英国剑桥中学的证书。（郑振伟）

私立广东国民大学　高等学校。1925 年夏，陈其瑗等人创建。初设于广东省广州市东山庙前西街，后迁多宝路荔湾桥西时敏学堂旧址（今多宝路 39 号广东省水文局附近）及惠福西路广东铁路学校旧址（今惠福西路 145 号广东省人民医院惠福分院附近）。旨在培养为国为民的革命人才。抗战期间辗转于开平、台山、香港、韶关、罗定、茂名、阳春、和平、龙川等地。1945 年，迁回广州荔枝湾和惠福西路校舍。1951 年，与其他私立大学合并改组为私立华南联合大学。办学经费多源于华侨捐助。历任校长为陈其瑗、张景耀、吴鼎新。校董会成员有孙科、吴铁城、张香谱、陈济棠等。初设大学部，分文科（设中国文学系）、社会科学科（设政治学系、经济学系）、商科（设商学系），附设高中部及英文专修科。后增设法律学、教育学、土木工程学系、会计学系、新闻学系、初中及附属小学。1932 年，设文学、法学、工学 3 个学院，含中文、哲学、教育学、法律、政治学、经济学、土木工程学 7 个学系。1937 年，开办会计、警监、英语、无线电讯、行政管理等培训班。重要出版物有《广东国

民大学导报》等。（肖黎明）

广东省立仲恺高级农业职业学校　专科学校。1926 年，为纪念廖仲恺，广州国民政府划拨珠江南岸石涌口 250 余亩土地创办学校。位于今广东省广州市石涌口。先为仲恺农工学校及实验农场。筹建初期设立董事会，许崇清担任主席，校董会成员有蒋介石、宋子文、孙科、汪精卫、何香凝、金曾澄等。1927 年，招生开学，设一年制蚕丝实习科、三年制蚕丝本科。何香凝担任校长。1928 年，增设农科和附属小学，停办蚕丝实习科。制丝工厂建成投产，供师生教学实习。1932 年，在西樵山官山圩建立校外蚕桑实习基地。1933 年，在官山蚕桑实习场举办蚕丝业展览会。1934 年，改办高级农艺科和高级桑蚕科。学制四年。1937 年春，奉命改名为私立仲恺高级农业职业学校。全面抗战期间，在南海、中山、澳门、粤北、粤西等地辗转。每到一处宣传抗日，扶助农工，生产自救。1943 年，改名为广东省立仲恺高级农业职业学校，增设高级农村合作科。1945 年，何香凝致函国民政府行政院，保护校产，复办学校。1946 年 1 月，从罗定县迁回原校址复校。1947 年，校长郑作励主持制定《广东省立仲恺高级农业职业学校复员建校计划》。1950 年，改名为广东省仲恺高级农业技术学校。1984 年升格为仲恺农业技术学院。2008 年更名为仲恺农业工程学院。（刘娟）

私立广州大学　高等学校。1926 年，陈炳权等在广东广州筹办。1927 年招生开学。初称广州大学，1929 年定名为私立广州大学。初借惠爱东路番禺县立师范学校作课室，后在东横街旧警署、文德路万川楼（今仰忠街）、沙河堡白云山麓、文艺里等地建有校舍。全面抗战时期辗转于香港、开平、

中山、澳门、台山、曲江、罗定、连平、兴宁等地。抗战胜利后校本部迁回广州东横街，并在仰忠街、文艺里及豪贤路等处购地扩建校舍。1937年受教育部委托开办计政训练班，分会计组、统计组和新闻班，在韶关、澳门、台山、桂林和兴宁等地设分校。1939年开办会计学校。1942年受财政部委托开办税务训练班。1949年校董会改组，1950年接收南方商业专科学校，1951年院系调整并入华南联合大学。历任校长有陈炳权、金曾澄、王志远、许崇清等。初设大学部；后增设附中、附小、计政训练班、职业训练班、会计专修科等。大学部初设文、法学院及预科，后设有文学、理工、法学和商学4个学院，包含中外文学、教育学、社会学、法律、政治、经济、数理、土木工程、建筑、会计学、银行学、工商管理、国际贸易、会计等科系。后设经济研究所招收硕士研究生。（肖黎明）

国立中山大学

国立中山大学　高等学校。前身为国立广东大学。1926年8月改名为国立中山大学。以"博学、审问、慎思、明辨、笃行"为校训。先后接办广东公立医科大学、工业专门学校及两广

地质调查所。1927年2月改名为国立第一中山大学，1928年2月复名为国立中山大学。校址始分散于广东贡院旧址（今广州市文明路广东省立中山图书馆）、广州天官里后街湛甘泉别墅（今法政路）、东山农科学院及百子路（今中山二路）等处。1934年建成石牌新校区。1938年10月广州沦陷后辗转于广东罗定、云南澄江、广东乐昌坪石镇、广东梅县、广东连县三江镇、广东兴宁等地，抗战胜利后迁回广州石牌。1952年院系调整后成立新的中山大学，迁入康乐园岭南大学校址。历任校长有戴季陶、经亨颐、朱家骅、许崇清、邹鲁、张云、金曾澄、王星拱、陈可忠等。学制预科2年，本科4—6年（工科5年，医学6年，其余4年）。初设文史、自然科学、社会科学、医学、农林科学5个科系。后设数学天文系，并建成全国高校第一个天文台。1928年设教育学研究所，为全国首创教育专门研究机构。1931年起实行学院制，设有文、理工、法学、农学、医学5个学院20个学系。1932年增设农业专修科，接办广东土壤调查所和广东通志馆。1934年起设文、法、理、工、农、医6个学院和附属中小学，并办有护士学

校、助产学校和附属医院。1935年成立研究院，分文科、农科及教育研究所。1937年接收广东法科学院。1938年合并广东省立襄勤工学院，增设师范学院。1939年起设文、法、理、工、农、医、师范及研究院8个学院33个学系。1946年取消研究院，所属14个研究所并入其余各学院。另有工厂、农场和林场等。初期实行5人委员会负责制。设大学委员会总辖全校事务。后改为校长制。1929年设董事会为最高决策机构，由蒋介石、宋子文、朱家骅、戴季陶、胡汉民、古应芬、谭延闿、孙科、陈铭枢9人组成，戴季陶任主任。重要出版物有《国立中山大学校报》《国立中山大学日报》《民俗》《文史汇刊》《史学专刊》《现代史学》《大地》《工学季刊》《农声》《教育研究》《地理学季刊》《地理集刊》《天文台》《语言文学专刊》《文学生活》《中山学报》《社会学报》《社会研究》等。（肖黎明）

广东省立民众教育馆

广东省立民众教育馆　教育机构。1926年建成，隶属广东省教育厅第四科。首任馆长由广东省教育厅厅长谢瀛洲兼任。黄节、金曾澄、许崇清先后任馆长。目的是指导及联络全省教育机关，开展民众教育事业。创办民众学校，共设三届，第一届开办成人班和儿童班，招收16岁以上失学民众和未满16岁的失学儿童。第二届取消儿童班，改为甲、乙两班，招收16岁以上男女。1935年底，第三届改设初级和高级两班。初级班招收16岁以上失学男女，高级班招收于民众学校初级班结业学生。学制是4个月为一期。进行简易识字、公民生计、常识、珠算、体育及演讲训练等。并兼设训育一项，学习国民党党义和民众道德。创办各种民众教育馆，建设博物馆、图书馆、体育馆等，开展国语讲习、学术演讲、公民生计教育、健康音乐

中山大学

教育等，并辅导各县市教育馆开展民众教育。编订《民众书报目录》，创办《民众教育半月刊》《民众周刊》等。（王晓璇）

广州妇女运动讲习所 教育机构。1926年，中国国民党中央妇女部为培养女性干部在广东广州大东路创建。旨在引领妇女运动有序开展，促进妇女参与有关社会活动，使女性获得应有的社会地位和权利。何香凝任所长，蔡畅任教务主任。主要教员有恽代英、邓中夏、彭湃、邓颖超、陈其瑗等。设中华民族解放运动史、工人运动、农民运动、妇女运动、国民党史、中国国民革命等课程。学习期限为半年。（黄明喜、闫雪映）

广州劳动学院 教育机构。1926年香港工人大罢工后，为适应工人运动的发展，中华全国总工会决定在原工人运动研究院的基础上创建。位于广州东园训育亭。邓中夏任院长，李耀先、唐锄强先后任教务主任，聘请萧楚女、谭植棠、黄平、刘少奇等任教员。1927年春，因广州"四·一五"反革命政变而停办。旨在提高工人阶级民族民主革命觉悟，培养工人运动骨干，总结工人运动经验教训。学员大多是各行业工会领导人、党团员骨干和各省市的工人运动骨干。共举办两期，招收学员470人。依工人运动有关的理论及实际问题而开设课程，如中国职工运动、世界职工运动、中国革命史、世界革命史、帝国主义侵略史、省港罢工概况、工会组织法、广东工会问题等。第二期增加孙文主义、社会主义、农民运动、中国职工运动史等课程。（聂建霞）

私立岭南大学（Lingnan University） 又称广东基督教大学、广州私立岭南大学。高等学校。清光绪十年（1884），

美国传教士在广东广州创建。以"作育英才，服务社会"为校训。初名格致书院，先后更名岭南学堂、岭南学校、岭南文理科大学、岭南大学，1927年改名私立岭南大学。校址辗转于广州沙基金利埠（今六二三路）、花棣听松园、四牌楼福音堂、华棣萃香园及澳门荷兰园二街张家花园等地。清光绪三十年（1904）迁至广州河南康乐村（今中山大学南校区）。抗战期间迁往香港、韶关等地，1945年迁回广州康乐校园。1952年院系调整至中山大学和华南工学院等院校，次年撤销停办。历任校长有钟荣光、李应林及陈序经等。学制小学七年，中学三年（后改五年），大学四年。较早实行男女同校、选科、学分绩点和交换生等制度。初设文、理、医、神学四科，后拥有文、理、工、农、商、医和神学7个学院30多个系及4个研究所，包含历史、哲学、教育等16个本科及4个硕士专业。出版学术刊物《岭南学报》《岭南科学杂志》。知名校友有陈少白、史坚如、陈廷甲、甘乃光、司徒乔、高剑父、廖承志、陈香梅、梁宗岱、梁羽生、王力、费孝通、杨庆堃等。参见第305页宗教卷"岭南大学"条。（肖黎明）

广东基督教大学 见"私立岭南大学"。
广州私立岭南大学 见"私立岭南大学"。

广东省民众学校 教育机构。1927年，广东省教育厅遵照南京国民政府的指令，将全省所有的平民学校、半日学校改名为民众学校，并按有关规定，增设民众学校。通过法令形式，严格推行社会教育与加强对失学民众教育。中等以上学校、完全小学、民众教育馆、自治组织、党部机关都必须主办民众学校。如1934年的广东省民众教育馆，广东省教育厅厅长黄麟

书任馆长，民众教育专家徐锡龄任秘书。1936年广州市的民众学校，因为政治原因和经费问题而停办。1937年前后广东省民众学校开始衰落。抗战全面爆发后，广东省民众学校或停办或转型。各县市民众学校开设识字、算术、国语科、常识科、算术科，采用教育部统一编写的教材。（聂建霞）

广州市立第一中学 中等学校。1928年，广州市政府租用一德路铺屋创办。位于今广东省广州市越秀山麓。招收高中、初中学生。留美博士司徒优担任校长。以"勤、诚、勇、毅"为校训，经费由广州市政府拨款。1929年，迁往越秀山学海堂书院旧址。1931年，招收高中商科。学生会举办民众夜校，免费招收贫民子弟入学，设小学部和识字班。1935年，奉命改制为男校，女生移送广州市立第二中学。1936年，广州市立第三中学并入。1938年，改制广州市立高中，初中生拨入广州市立第二中学。1939年，迁至澳门后停办。1946年，在原广州市立第二中学校舍复校。1949年10月，军代表接管学校。新中国成立后，改名为广州市第一中学。（刘娟）

中山纪念中学 中等学校。位于今广东省中山市南朗镇翠亨村石门路。1929年，孙科创建。原名总理故乡纪念中学校。1935年，增设高中农科班，并与县立师范学校的初级农职班合并。1938年，中山县沦陷，迁至澳门松山白头马厩"白宫"办学，附小设在南海"八角亭"。1941年，原农业专科学校改建为普通高中。1942年，迁中小学部至南海花园。1943年，中学部迁址俾利喇街与柯高马路交界的"唐家花园"。1945年，中学部迁至天神巷国华戏院侧。1947年，迁回中山翠亨校舍。1949年9月，改名为中山纪

念中学。知名校友有叶选平、甘子玉等。（王晓璇）

广州市立第二中学　中等学校。位于今广东省广州市黄沙。1930年，广州市教育局局长陆幼刚在文澜书院旧址创办。徐甘棠任首任校长，只办初中。设公民、童子军、国文、外国语、数学、博物、卫生、物理、化学、历史、地理、体育、劳作、图画、音乐15门课程，每周教学时数为34课时。1932年，搬入黄沙蓬莱路新校舍，增办高中，开始实行军事训练和军事管理。高中课程设公民、国文、外国语、数学、生物、物理、化学、历史、地理、体育、劳作、图画、音乐13门课程。每周教学时数为29—30课时。教师聘任由校长开具合格人选，详细履历呈主管教育行政部门核准，再由学校聘任。职员除军训教官由主管部门安排外，均由校长任用。以"顶天立地"为校训。1935年，改为女子中学。广州市立第三中学停办，女生归并到广州市立第二中学。1936年，初高中课程均根据教育部训令设置。1938年，改制为初级中学，10月因日军逼近广州停办。1947年，接收广州市立第一中学旧址复办。校长之下设立训育主任、级务主任、科主任、班主任及各部主任。分别采用"忠、孝、仁、爱、信、义、和、平、礼、义、廉、耻"编制班名。1949年11月，军代表接管广州市立第二中学。1951年3月，改名为广州市第二中学。（刘娟）

广州私立四邑华侨中学　中等学校。位于今广东省广州市起义路。1930年创办。原名四邑中学，位于凤凰岗大桃源。招收初中学生。1938年10月广州沦陷后停办。1946年，原籍台山、新会、开平、恩平四邑的旅美华侨，为满足华侨子弟的教育需求，在广州市维新路（今起义路）台山会馆复办学校，改名为私立四邑华侨中学，招收初、高中学生。广州解放后，全面复课，由李元夫任校长，李嘉人为校董会主席。校董会号召华侨子女回国接受教育，倡议各地华侨捐钱、捐书。1950年，改名为广东华侨中学。（刘娟）

圣若瑟教区中学（Colegio Diocesano de São José）　教会学校。1931年9月，圣若瑟修院的马安瑟神父倡议在澳门创建。初名为圣若瑟中葡学校。修院院长白安民（António Maria Alves, S. J.）神父兼任校长，马安瑟和颜俨若两神父任监学。1932年，颜俨若神父任校长，改名为圣若瑟中学。1937年，设初级中学及高初两级小学，1940年续办高中，并先后在广东省教育厅立案。在三巴仔街增设分校，续招女生。1947年，中学和小学分设于风顺堂上街和三巴仔横街。1947年，在龙嵩街增设第二校舍，除小学男女兼收外，新学年并招初中一年级女生一班。1948年底在南湾添置新校舍，1949年迁入。1951年，开设简易师范科，于次年改为幼稚师范科，修业期两年。其后增辟校舍，并进行改组和合并，1979年初，所有校部移交天主教澳门教区，后与望德中学和真原小学合并，统称为圣若瑟教区中学，共设5个学校，除师范科外，有高中（理科、文商科）、初中、小学和幼稚园。1981年再增设第6校。（郑振伟）

广东省立勷勤大学　高等学校。1932年，为纪念古应芬，以西南政务委员会之名义在广东广州创建。首任校长由广东省政府主席林云陔兼任，陆嗣曾任副校长，林砺儒为教务长。由3个学院组成：1933年，将原广东省立工业专门学校扩设为勷勤工学院，卢德任院长；将广州市立师范学校扩设为勷勤师范学院，林砺儒任院长；

1934年商学院成立，李泰初任院长。1935年，勷勤师范学院改名为教育学院。1936年，由建筑学家林克明设计的石榴岗新校舍第一期工程落成，校本部、教育学院、工学院全部迁入。1937年抗战全面爆发，各学院疏散到内地。1938年，重庆教育部指令广东省政府解散勷勤大学。工学院被归并到中山大学，到1952年院系调整进入华南工学院。教育学院被改组为广东省立教育学院，1940年改为广东省立文理学院，后改名为华南师范学院，并升格为华南师范大学。商学院则改组为广东省立勷勤商学院，其后陆续改为广东省立法商学院、广东商学院和广东财经大学。知名人物有林克明、罗明燏、林砺儒、高觉敷等。（陈先哲）

广州市立民众教育馆　教育机构。1932年建成，隶属于广州市教育局。初设在广州市河南海幢公园内。馆长由广州市教育局直接任命。历任馆长有徐锡龄、袁春晖、伍瑞锴、梁子衡，聘请富有民众教育学识或经验者为顾问。开设书报阅览处、儿童游戏场、儿童阅书报处、民众代笔问字处、婚姻指导登记处、民众职业介绍处。利用民众休闲时间，举办有关健康文字、公民生计、家事社交、休闲等教育事业，兼有从事研究与实验工作。主办音乐晚会、游艺会、象棋比赛、各种展览会及放映通俗电影和时事照片，1948年在河北西关、南关及中区设立3个施教站，分别开设化学工艺班、职业会计班、簿记班。1949年初成立电影巡回队，在市郊各乡村放映。（王晓璇）

私立协和女子中学　中等学校。位于广东省广州市西村。1911年，美国人碧卢夫人（Mrs. Lear Biglow）在广州南关创办幼稚园，自任校长。以"尔识真理，真理释尔"为校训。不久迁至

西关逢源街。1912 年，增办保姆班，取名慈爱保姆传习所。1913 年，校务得以扩充，改名为慈爱幼稚师范学校。1916 年春，设立董事部，西关校舍建筑落成。与真光书院师范班合并，那夏理（Harriet Newell Noyes）担任董事长，校董罗刘心慈将校名改为私立协和女子师范学校，增设小学师范科。1922 年，西村新校舍建成，增设附属小学。西关原校址只办幼稚园。1932 年，廖奉灵担任首任华人校长。1934 年，广东省教育厅批准立案。1935 年，改办完全中学，续办幼稚师范班。全面抗战时期，迁至澳门办学。1938 年，在澳门招收中学生和师范学生，附设小学和幼稚园。1946 年春，从澳门回迁西村原址。因香港学生来穗求学，1948 年，廖奉灵在九龙塘创办香港协和中学，陈元素被聘为校长。学校自编的《协和幼稚园歌集》，糅合外国的曲谱，配上广东方言的歌词教学，经上海广学会出版后，影响广泛。新中国成立后，改为广州市普通师范学校。（刘娟）

广东省立仲元中学　中等学校。位于今广东省广州市番禺区市桥。1934 年，为纪念邓仲元将军，胡汉民等国民党人士筹建。原名私立仲元中学，校址选在广州市文德路的广东省立图书馆旧址。胡汉民担任校董会董事长，邓泽如、萧佛成、邹鲁、唐绍仪、林云陔、陈融担任董事，刘芦隐担任首任校长。成立之初，制定《私立仲元学校组织章程草案》《私立仲元中学校训育实施纲领》等办学纲领性文件，规定其办学宗旨与目标、招生制度、教学课程设置。学校管理组织完备，设校长一人，总理校务，下设教导处、事务处，分理教学与事务两部。1938 年 10 月广州沦陷后，迁至粤北山区。1939 年，在常务董事长余汉谋支持下，于秋季学期在曲江县城郊复课，学生多为第十二集团军子弟。教学实行严格的军事管理，日常生活作息实行军事化管理。1942 年，由私立学校改制为广东省立仲元中学。1946 年 2 月迁回位于广州越秀山的仲元图书馆办学，8 月迁至番禺市桥办学。知名校友有彭加木等。（刘娟）

濠江中学　中等学校。澳门办学规模最大的中学之一。位于今澳门特别行政区亚马喇马路 3 号。1934 年，鲍华与黄新英等在澳门合资创办。原名为濠江中学校附属小学。黄仁辅任校长。初为小学，1936 年，增设初中部。1937 年，兼办妇女夜校。1938 年，小学部与初中部扩招，小学部迁至惠爱街，初中迁至近西街。1941 年，小学分校迁至镜湖马路。1942 年，中学部复迁天神巷。1943 年，中学部再迁镜湖马路，与小学部同址。改为免费学校，黄宝娇仟董事长。1950 年，中学部迁至亚马喇马路。1952 年，增设简易师范班。1953 年，增设高中部。1954 年，何贤任董事长，迁幼儿园至光复街。1956 年，小学部迁至亚丰素街，幼儿园迁回镜湖马路。注重爱国主义教育。（王晓璇）

广东省立国医学院　又称华南国医学院。高等学校。陈济棠主政广东时期倡设。1934 年，黄焯南、谭次仲等在广东广州创建，旨在用科学方法研究中国医学及培养现代中医人才。1935 年招生开学，校址原定广州东郊水济药库旧址，后借用广州一德路广济医院为校舍。1937 年初改组为国医学社。1938 年 10 月广州沦陷后迁往香港，称为华南国医学院。1946 年在广州原址复校，恢复原校名。黄焯南任校长。1950 年停办。参见第 1075 页中医药卷"广东省立国医学院"条。（肖黎明）

华南国医学院　见"广东省立国医学院"。

广东省立广雅中学　中等学校。位于广东省广州市西村。1912 年，民国政府教育部将广东高等学堂改制为广东省立第一中学校。黄节任校长。1921 年，开始招收女生。同年 7 月，试行新学制，设置教务、总务两部，将四年制中学改为高、初中各三年，是全国最早试行新学制的学校之一。1925 年开始实施军事训练。1928 年，梁漱溟任校长，题写"务本求实"的校训，设立校务委员会，校务委员 5 人，兼管教务、训育、总务事宜。1929 年，高中增办普通科和师范科。1935 年，改名为广东省立广雅中学。1937 年抗战全面爆发，先后迁往顺德、信宜办学。1938 年，改为广东省立南路临时中学，利用农村祠堂作校舍坚持办学，招收广州各中学返回南路的学生。1941 年，恢复广东省立广雅中学校名，复招女生。1946 年，从信宜迁回广州西村原址复课。1947 年，被评为"广东示范中学"。1948 年，校园基本恢复原貌。校长王兴瑞将日军遗留校内的将士碑改为复员纪念碑，题写碑文警示师生毋忘国耻校难。知名校友有吴冷西、薛社普、林为干、郭仲衡、曾德超等。（刘娟）

广东省立黄埔中正中学　中等学校。1937 年，黄埔陆军军官学校校友会在广州黄埔军校旧址创办。位于今广东省广州市海珠区。原名黄埔中正学校，沿用黄埔军校"亲爱精诚"校训，以黄埔军校校歌为校歌。1938 年，广州陷落后迁至乐昌、韶关、阳山办学。1945 年，迁回广州，接收汪伪"鸣崧纪念中学"，改名为广东省立黄埔中正中学。采取军事管理制度，注重学生的军事训练。1949 年，与西南联合大学人员创办的私立长风中学合并，改名为广东省立黄埔中学。1950 年，改名为广东珠江中学，校址定在广州市海珠区鹭江。1953 年，改由广

州市管辖，更名为广州市第六中学。（刘娟）

广州湾私立培才中学　中等学校。位于今广东省湛江市赤坎区。1937年，陈学谈、陈学森等集资创办广州湾赤坎私立培才小学校，位于赤坎高州会馆，庄润德任校长。1938年梁其浩继任校长。1939年秋增办初中，命名为广州湾赤坎私立培才初级中学，陈全道担任初中部校长；小学改名为广州湾赤坎私立培才初级中学附属小学。1941年，陈学森之女陈玉燕担任中、小学校长。1942年，迁至赤坎鸡岭，增设高中班，定名为广州湾私立培才中学，并请蒋中正题写校名。1945年，改名为湛江市私立培才中学。办学成绩名冠粤西，以"南路学府"著称。1952年，与湛江市立一中、河清中学、赞化中学合并，改名为湛江第一中学。（刘娟）

澳门私立广大中学　中等学校。1938年在澳门创建。前身为私立广州大学附属中学。1938年冬，私立广州大学附属中学部分师生迁离广州，在澳门筹设分校。1941年度上学期增设小学，逐步扩充为完全小学。1942年，遵照广州大学议决将中学部改名为私立广州大学附属第二中学。1945年度下学期，确立专任教员制度。1946年9月改名为澳门私立广大中学。（郑振伟）

志锐中学　中等学校。位于今广东省韶关市武江区惠民北路。1939年，张发奎创办，并兼任学校名誉董事长。欧震任董事长，李汉魂、吴奇伟、邓龙光任副董事长。第一任校长是张天爵，教务主任是江莘。以"公诚廉毅"为校训。最初在广东始兴郊外的文庙设校开课，学生100余人。生源多来自第四军子弟和广东儿教院，享受公费待遇。1941年，迁址广西柳州大桥。

1942年，新校舍建成，迁至韶关十里亭。开设英语、世界语、数学、语文、军训、劳动教育等课程。1944年，衡阳失陷，迁至始兴县城。1945年，迁至罗坝。后迁至始兴清化，在彩岭村张发奎创办的风度小学继续上课。后搬至始兴二中新校舍。1945年抗战胜利后，迁至番禺接收辅群中学，并改为省立学校，冯肇康任校长，设高初中各三班，学生300余人。1946年，迁回粤北山区，在韶关互砺路设校。学校藏书2万余册，配备物理、化学、生物实验设备。开设初中和高中各6个班，学生600余人。1947年，林为栋任校长。1950年，被广东北江专员公署接管，与广东省立韶州师范学校、曲江县立第一中学合并为北江临时联合中学，分设中学部、师范部。9月，师范部恢复为韶州师范学校，中学部改名为广东北江中学（即今北江中学）。（王晓璇）

广东省立文理学院　高等学校。位于广东省乳源县侯公渡。前身是广东省立教育学院，1939年改名为广东省立文理学院。林砺儒任院长。1939年北迁广东连县东陂镇。1941年广东省教育厅厅长黄麟书兼任院长，1942年春再次迁址广东曲江仁和乡的桂头镇。1942年，黄希声任院长。1944年，迁回连县东陂镇旧址复课。同年，又迁址广东罗定榃濮乡复课。1944年，在广东省兴宁县龙田镇甘塘村报福寺设立广东省立文理学院与勤勤商学院联合分教处，陈亮任主任。1945年，罗香林任院长，1945年至1946年先后从罗定和兴宁迁回广州市光孝寺。广东省文理学院与勤勤商学院联合分教处于1945年底迁回广州。1946年何爵三为院长，分批从光孝寺迁回石榴岗。1949年，何杰任院长，10月由广州军事管制工作委员会派李凡夫负责接管。1950年，广东省立文理学院临时院务

委员会成立，黄友谋任主任委员。同年，改称广东省文理学院。1951年国立中山大学师范学院、私立华南联合大学教育系，并入广东文理学院，设立华南师范学院。有中文、外语、历史、社教（教育）、物理、化学、生物、地理8个学系，并附设中小学各一所，民众夜校两所。创办《文理月刊》《文理旬刊》《文理学报》《社会教育年刊》等刊物。（陈先哲）

慈幼学校　幼教机构。1940年创建。收容受战事影响而无家可归的孤儿和难童。创校校长为颜普涵（Anthony Perkumas）神父。抗战胜利后，借用筲箕湾香岛道1号慈幼会修院为校址。1951年五层高的新校舍落成，余佩麒（Tiberi Ercole）神父接任院长，由原来上下午班改为全日教学。办学理念秉承创办人鲍思高神父的"预防教育法"，注重大家庭的方式开展教学活动。（郑振伟）

达德学院　高等学校。被称为南方"抗大"。1946年10月，在中国共产党南方局领导下，民主党派和爱国进步人士在香港九龙筹资创建。李济深任校董事会，杨伯恺任秘书长，蔡廷锴、丘哲、张文等23人任董事，陈其瑗被聘为院长。旨在安置在中国内地受迫害而赴港的进步文化人士和革命青年。分本科和专科，以本科为主，有政治、商业经济、国文3个系和新闻专修班、预备班。设社会发展史、农村工作、土地问题等课程。聘请黄药眠、沈志远、章乃器、萨空了、刘思慕、翦伯赞、杜国庠、许涤新、薛暮桥、陶大镛、钟敬文、石兆棠、陆治、朱智贤等任教，邀请由内地来港的民主党派领袖作形势报告。1949年，被港英政府封闭停办。（黄明喜、王林）

私立海南大学　高等学校。1946年6

月，在广州市市长陈策倡导下，由华侨、海南同乡及热心教育人士在海南海口创建。陈策任筹委会主任，黄珍吾任副主任，蔡劲军、韩汉藩、朱润深、梁大鹏等32人任委员。宋子文任校董事会董事长，张发奎、陈策、王俊、韩汉英、郑介民、林建华、陈序经、周成梅、黄有鸾、云竹亭等15人任董事。颜任光任首任校长。大学部设文理学院、农学院、医学院，共12个系。1947年11月8日开学，招有学生400多人，大多来自全国18个省区。1950年5月由海南军政委员会接管。1951年1月停办，在原址上建立南方大学海南分校。（黄明喜、王林）

新亚书院（New Asia College）　高等学校。位于香港沙田。1949年，钱穆、唐君毅、张丕介等在香港九龙创建，初名为亚洲文商学院，次年改名为新亚书院。以"诚明"为校训。1953年，成立新亚研究所，校舍设于太子道，钱穆兼任所长。1956年，迁入由福特基金会捐建的农圃道第一期校舍。1959年，改为专上学院，参加统一文凭考试，同时接受港英政府的补助费。1963年，香港中文大学成立，新亚书院成为成员书院之一。1973年沙田校舍落成，新亚书院整体迁入。历任校长（院长）有钱穆、吴俊升、余英时、金耀基等，张君劢、牟宗三、徐复观和饶宗颐等先后任教或讲学。被视为中国儒学复兴之基地。知名校友有余英时、孙国栋等。（陈先哲）

镜平学校　中等学校。位于今澳门特别行政区马场大马路389号。原为镜湖小学与平民学校，1949年合并后，改名为镜湖平民联合小学。设分校和夜校。学生人数增至1400多人。1950年，何贤任校长，黄煜堂任教导主任。坚持以课程教学为主，定期进行教学观摩和教学研讨活动，注重爱国爱校培养。1992年，改名为镜平学校。1997年，增设中学部。中学部学制三年，初中设中文、英文、英文阅读、数学、物理、化学、生物、历史、地理、电脑、体育、公民、公民教育、音乐、美术及课外活动学科；高中实行走班制，分精英班、快班与提高班。设中文、英文、数学、物理、化学、生物、历史、地理、会计、电脑及体育学科。（王晓璇）

南方大学　高等学校。成立于1949年11月。位于广东省广州市东郊石牌的国民党政府"总统府"旧址（今华南师范大学石牌校区）。毛泽东指示创办、命名并题写校名，叶剑英、陈唯实等筹建。旨在为华南解放区新政权建设培养革命干部。设有南方大学海南分院。1952年院系调整并入华南师范学院（今华南师范大学）。叶剑英任校长，陈唯实、罗明任副校长。学制为一至二年，招收高中毕业及同等学力的学生，初设6个部，称为学院。第一部为文教学院，培养中学教师和文教干部；第二部为行政学院，培养区县政权机关干部；第三部为财经学院，培养财经工作干部和专业人员；

第四部为政治研究院，旨在团结高级知识分子和民主人士，进行理论研究，以提高其思想认识水平；第五部为工人、民族学院，培养工会干部和民族干部；第六部为华侨学院，吸引归国华侨青年，培养侨务工作干部。除正规办学，还受有关部门委托举办工干班、农干班、橡胶工人班、军干班、银行班、合作干部班等培训班，招收研究生。管理严格，风格鲜明，被誉为"革命熔炉"。有校徽、校旗、校章、校刊。（肖黎明）

中山医科大学　高等学校。位于今广东省广州市越秀区中山二路。前身为博济医学堂。曾改建为岭南大学医学院。1953—1954年，先后与中山大学医学院、广东光华医学院合并，改为华南医学院。1956年改名为广州医学院。1957年改名为中山医学院。1985年，定名为中山医科大学。1985年，邓小平题写校名。1985年，试行校长负责制。设有基础学院、卫生学院、第一临床学院、岭南医学院、第三临床学院，及口腔系、法医系、护理系、医学营养系等院（系）；设有临床医学、基础医学、预防医学、口腔医学、法医学、护理学、医学营养学等专业；有6间附属医院、中心，包括3间综合性医院和2间专科（眼科、肿瘤）医院。1988年，成为全国首批试办七年制高等医学教育的学校之一，招收七年制临床医学专业学生。2001年10月26日，与中山大学合并，组建新的中山大学。（杨宇平）

文　献

周易黄氏注　经学著述。晋黄颖撰。《隋书·经籍志》著录为4卷，注"梁有十卷，今残缺"。《旧唐书·经籍志》《新唐书·艺文志》及《经典释文》并作"十卷"。可知原本10卷，至唐代已有阙佚。清人马国翰《玉函山房辑佚书》据陆德明《经典释文》所引，辑为一卷。今存《周易》经上《屯》《贲》《剥》，经下《井》《中孚》以及《系辞传》经、传注解9条。（杨青华）

新迁电白县儒学记 教育评论。明陈献章撰。明成化十八年（1482）撰成。为广东高州府电白县兴建儒学而写的教育时评。强调人才的获得主要是通过学校，兴学育才，国家才能兴旺发达。主张为学"为己"，入仕才能"为人"。先叙后议，折射出陈献章重"为己之学"的教育取向。有明嘉靖三十年（1551）萧世延刻《白沙先生全集》本、明万历四十年（1612）何熊祥刻《白沙子全集》本。今有中华书局1987年《陈献章集》本。（黄明喜、刘金荣）

恩平县儒学记 教育评论。明陈献章撰。明成化十八年（1482）撰成。为广东肇庆府恩平县兴建儒学而写的教育时评。详述恩平县民变情况，指出暴民的野蛮习性是导致动乱的根源，主张通过道德教育传播儒家忠信孝义观念来改变民性，从而实现社会治理，反对用军事行动以暴制暴。先叙后议，体现陈献章以礼教治乱思想。有明嘉靖三十年（1551）萧世延刻《白沙先生全集》本、明万历四十年（1612）何熊祥刻《白沙子全集》本。今有中华书局1987年《陈献章集》本。（黄明喜、刘金荣）

大学衍义补 经学著作。明丘濬撰。160卷。明成化二十三年（1487）成书，弘治元年（1488）福建建宁府书坊初刻。1792年（清乾隆五十七年）日本有篠山藩刊本。是对南宋理学家真德秀《大学衍义》一书的补充，反映丘濬的治国理念及制度设计，提出"天讨至公""应经合义""仁礼兼重""慎刑恤狱"等观点。涵括正朝廷、正百官、固邦本、制国用、明礼乐、秩祭祀、崇教化、备规制、慎刑宪、严武备、驭夷狄、成功化12个子目，涉及政治、经济、法律、军事、社会等领域。有明弘治元年（1488）

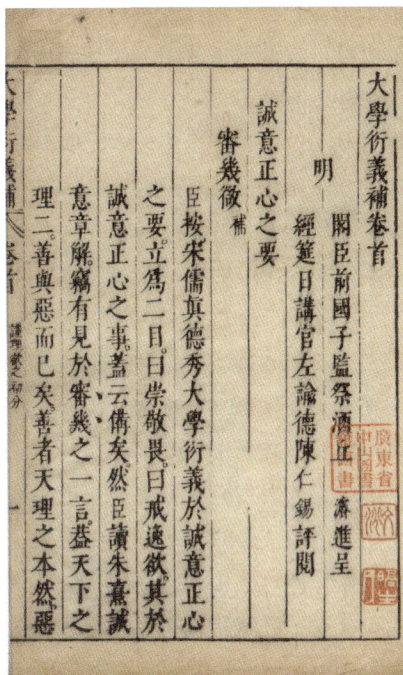

明崇祯刻本《大学衍义补》

刻本、明万历三十三年（1605）刻本、明崇祯陈仁锡刻本、清《四库全书》本。（陈椰）

古蒙州学记 教育评论。明陈献章撰。明弘治三年（1490）撰成。因应广西省永安州学宫碑记而写的教育时评。秉持以民为本的政教合一思想，倡导德教为先和立诚为本，反对舍本逐末，避免学生陷入训诂、辞章乃至科举功名利禄之中。主张学校教育的根本任务是传习以仁为核心的儒学精神，反身而诚，顺应生生不已的规律，不断变化气质之性而彰显内在仁德，努力成就圣贤一样的精神境界。缘事而作，针砭时弊，先叙后议，体现陈献章以民为本、宣扬仁学的教育立场。有明嘉靖三十年（1551）萧世延刻《白沙先生全集》本、明万历四十年（1612）何熊祥刻《白沙子全集》本。今有中华书局1987年《陈献章集》本。（黄明喜、刘金荣）

程乡县社学记 教育评论。明陈献章撰。明弘治三年（1490）撰成。赞扬广东潮州府程乡县令刘彬重视社学的

教育时评。认为在各府、各州、各县设立儒学外，还需开办社学，使教化扎根乡村社会。社学作为整个教育系统的根基，它的作用在于防患于未然，使儿童规避种种不良习惯，保持赤子之心，以达教化行而风俗美。夹叙夹议，体现陈献章重视基础教育的思想。有明嘉靖三十年（1551）萧世延刻《白沙先生全集》本、明万历四十年（1612）何熊祥刻《白沙子全集》本。今有中华书局1987年《陈献章集》本。（黄明喜、刘金荣）

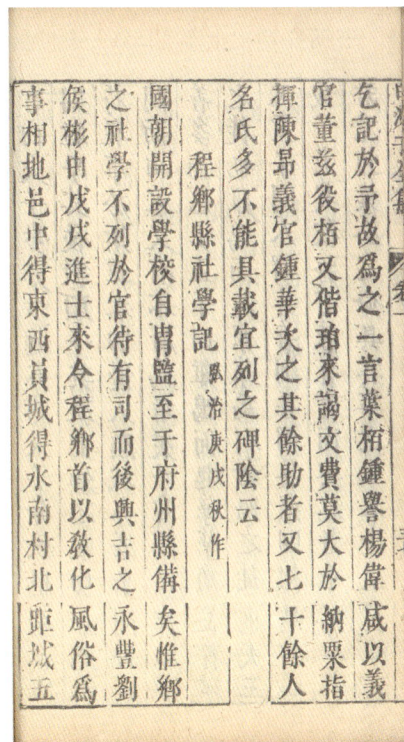

明万历四十年（1612）刻《白沙子全集》本《程乡县社学记》

龙冈书院记 教育评论。明陈献章撰。明弘治年间撰成。应都御史谢绥的请求，为江西抚州乐安县龙冈书院而写的教育时评。介绍谢氏家族创建与发展龙冈书院的过程，赞赏它的科举教学效果，指出书院教育不能以应举为唯一目的，更应注重德行的养成。结合自身早年被功名所误而陷入迷途的学习经历，针砭科举教育时弊，告诫士人要辨明义利，立下正确的求学志向。夹议夹叙，体现陈献章注重德教的书院教育取

向。有明嘉靖三十年（1551）萧世延刻《白沙先生全集》本、明万历四十年（1612）何熊祥刻《白沙子全集》本。今有中华书局1987年《陈献章集》本。（黄明喜、刘全荣）

程乡县儒学记　教育评论。明陈献章撰。明弘治六年（1493）撰成。为广东潮州府程乡县儒学重建而写的教育时评。详记学宫规制，赞颂地方官员兴学功绩。指出发展儒学是实施教化的重要举措，可引导民风向善。先叙后论，体现陈献章重教兴学的教化理念。有明嘉靖三十年（1551）萧世延刻《白沙先生全集》本、明万历四十年（1612）何熊祥刻《白沙子全集》本。今有中华书局1987年《陈献章集》本。（黄明喜、刘全荣）

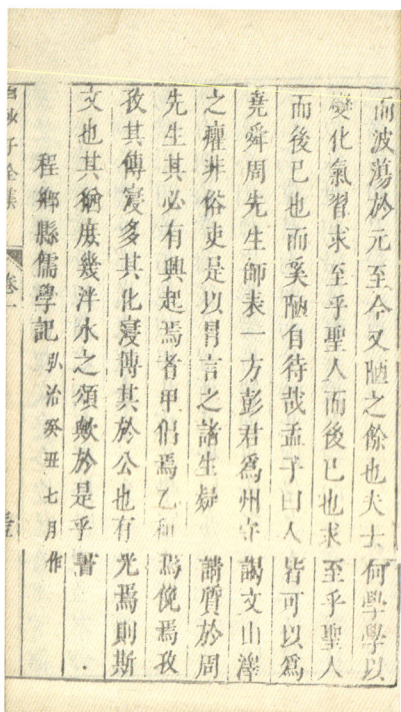

明万历四十年（1612）刻《白沙子全集》
本《程乡县儒学记》

重修梧州学记　教育评论。明陈献章撰。明弘治十一年（1498）撰成。为广西梧州儒学重修所写的教育时评。提出师道立则风俗正的教育理念。主张"因时而立教，即物以显义"，因应时代的需求设立学校，通过弘扬师

道来彰显社会文明。先叙后议，体现陈献章借教育与人才来引领社会风气的思想。有明嘉靖三十年（1551）萧世延刻《白沙先生全集》本、明万历四十年（1612）何熊祥刻《白沙子全集》本。今有中华书局1987年《陈献章集》本。（黄明喜、刘全荣）

霍氏家训　宗族训规。明霍韬撰。明正德二年（1507）开始，嘉靖八年（1529）成书。分为序、合爨男女异路图说、合爨图、家训提纲、正文、附录、说明7个部分，孙育作后叙，孙毓修作跋。分田圃、仓厢、货殖、赋役、衣布、酒醋、膳食、冠婚、丧祭、器用、子侄、蒙规、汇训上、汇训下14门。规定起居礼仪、宗族管理者的任用标准与任务分工、产业管理、会膳制度的实施要求等霍氏家规族训。有《涵芬楼秘笈·霍渭厓文集》本。又，明嘉靖十五年（1536）撰《家训续编》，有《文敏公全集》（清同治元年石头书院刻本）本；撰《霍氏家训前后编》，有《澹生堂藏书目》本和《广州府志·艺文略》本。（黄明喜、闫雪映）

广德州儒学新建尊经阁记　教育评论。明湛若水撰。明正德七年（1512）撰成。为应天府广德州儒学新建尊经阁而写的教育时评。借尊经阁之名，教授诸生尊经之道。指出儒家经书是通往圣人之学、觉察自我本心的门径，能够扩充人固有的良知。士人对儒家六经的学习、尊崇以及心性涵养应是一以贯之，相辅相成的。目的在于劝诫诸生做到内外合一，在勿忘勿助之间领悟尊经之道，体察圣贤之学。先叙后议，体现湛若水内外合一、追求笃实中正的教育思想。有明嘉靖八年（1529）周孚先刻《甘泉先生文录类》本、明嘉靖十五年（1536）《甘泉先生文集》本、明万历七年（1579）

《湛甘泉先生文集》本、清同治五年（1866）资政堂《甘泉先生文集》本。（黄明喜、闫雪映）

心性图说　教育著述。明湛若水撰。明正德十二年至十四年（1517—1519）撰成。分为"心性图"和"说"

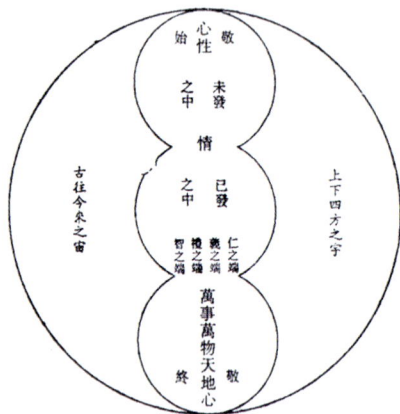

心性图

两部分。心性图用大圈表示心与万物浑然为一体，用上、中、下3个小圈表示心性情的3个发展阶段，直观勾勒出心性从未发到已发，以至位育天地万物的过程。采用图说的方式，表达心性看法，言简意赅，构思缜密，是湛若水心学理论重要组成部分。作为南京国子监观光馆、大科书院教科书。在弟子蒋信、郭肇乾、周学心、黄民准、袁郊、钟景星、谢锡命、湛天润等所整理汇编的《心性书》中，将其置于卷首。沈桂刊刻《宋明四子书》，将《心性书》与周敦颐的《通书》、程颢的《定性书》、陈献章的《自然书》合编。有明嘉靖八年（1529）周孚先刻《甘泉先生文录类》本、明嘉靖十五年（1536）《甘泉先生文集》本、明万历七年（1579）《湛甘泉先生文集》本、清同治五年（1866）资政堂《甘泉先生文集》本。（黄明喜、闫雪映）

西樵大科书堂训规　训教规条。明湛若水辑解。明正德十五年（1520）制

订、弟子陈大章校刊。为广东广州府南海大科书院制订的训教规条，集道德训导、知识教育于一体。由《训规图》《叙规》《大科堂训》3个部分构成，凡61条。《训规图》《叙规》与《大科堂训》相互映照，图文并茂，以"义""利"两大范畴为主线，分列正反二十四条规训，两两相对，泾渭分明。规定学生应"敬义志道"，切忌"肆利不志道"。反之，如不志于道，汲汲于利，则无法成就理想人格。体现湛若水关于修身、读书以及书院办学思想，是湛若水后来广开书院训规蓝本。有明嘉靖八年（1529）周孚先刻《甘泉先生文录类》本、明嘉靖十五年（1536）《甘泉先生文集》本、明万历七年（1579）《湛甘泉先生文集》本、清同治五年（1866）资政堂《甘泉先生文集》本。（黄明喜、闫雪映）

白沙子古诗教解　诗教读物。明湛若水辑解。初稿2卷，成于明正德十六年（1521）。嘉靖四年（1525）修订，湛若水作序，马崧刊刻，改称《白沙先生诗教解》。《白沙先生诗教解》各诗未

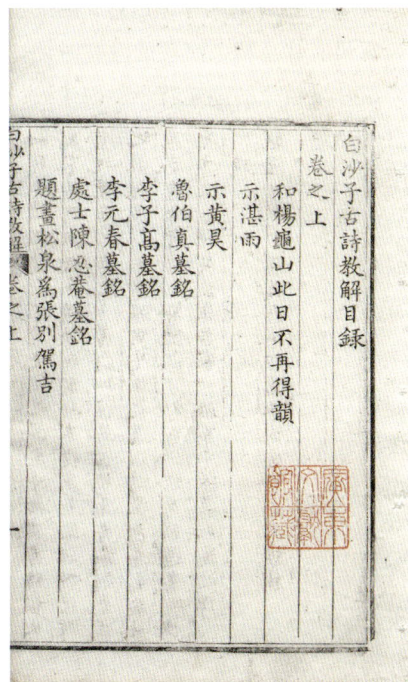

清乾隆二十六年（1761）刻本
《白沙子古诗教解》

标诗题，将之前2卷分为10卷，文字略有删改，并增加《诗教外传》5卷，是为嘉靖本。隆庆年间，苏州府学学官李茜据嘉靖本重刻，各诗仍无诗题，编成10卷，是为隆庆本。天启初，王安舜据嘉靖本重刻，正文为10卷，《诗教外传》为5卷，是为天启本。清乾隆三十六年（1771），陈献章后人陈世泽、陈炎宗重新编刻，定名为《白沙子古诗教解》，分上下两卷，所辑解的各首古诗保留诗题，但无分卷标题和《诗教外传》5卷，是为乾隆本。今有中华书局1987年《陈献章集》本。（黄明喜、刘全荣）

经筵讲章　讲学文本。明湛若水撰。明嘉靖二年（1523）撰成，弟子陈大章校刊。湛若水经筵讲读时所用的讲稿，凡4章。针对《尚书》"可爱非君，可畏非民""天聪明自我民聪明""君子所其无逸"章与《论语》"禹，吾无间然矣"章的内涵进行讲解。强调统治者须体察民情，勤政为民，尽力成为敬民、爱民、养民的贤君。字句解释与义理阐发并举，善用事例，借古言今，体现湛若水以畏民为本的政教合一观。有明嘉靖八年（1529）周孚先刻《甘泉先生文录类》本、明嘉靖十五年（1536）《甘泉先生文集》本、明万历七年（1579）《湛甘泉先生文集》本、清同治五年（1866）资政堂《甘泉先生文集》本。（黄明喜、闫雪映）

樵语　讲学语录。明湛若水撰。明嘉靖年间撰成。明嘉靖四年（1525）沈珠、潘子嘉、徐士礼首次刊刻。选录湛若水及其早期弟子在西樵山4年的讲学言论。10篇，凡130章，篇名分别为《一本》《语道》《敬德》《纯学》《授受》《爱敬》《元气》《圣教》《克艰》《乘除》，篇名源自各篇首章中的关键词。参与对话的有陈

谟、杨骥、杨鸾、邓瞻、邓眕、甘学、陈宗亨、郭肇乾等15人。湛若水针对每位弟子的疑惑，循循善诱，逐一进行解答。有明嘉靖八年（1529）周孚先刻《甘泉先生文录类》本、明嘉靖十五年（1536）《甘泉先生文集》本、明万历七年（1579）《湛甘泉先生文集》本、清同治五年（1866）资政堂《甘泉先生文集》本。（黄明喜、闫雪映）

圣学格物通　简称格物通。教育读本。明湛若水撰。100卷，28册。明嘉靖七年（1528）撰成，嘉靖十一年（1532）刊行。依据《大学》"八条目"的基本架构，分为诚意、正心、修身、齐家、治国、平天下"六格"。其中，诚意格17卷398条，正心格3卷84条，修身格9卷198条，齐家格13卷270条，治国格14卷329条，平天下格44卷986条。目的是阐明儒家内圣外王的要义，使君王能够以此经世致用，教化天下，有浓厚的资政色彩。在编写体例上，仿照宋儒真德秀的《大学衍义》和明儒丘濬的《大学衍义补》，通过格物致知来统合儒家的内圣外王教化政治理念。分立纲目，引证四书五经，兼采《国语》《左传》《新书》《文苑》《白虎通》《史鉴》等史籍，吸纳陆贽、韩愈、柳宗元、周敦颐、程颐、程颢、张载、朱熹等先贤言说以及明代皇帝的训诫，并加以适当解释。比较系统地体现湛若水的哲学、政治、经济、教育见解。有明嘉靖十一年（1532）吴昂刻本，明嘉靖十二年（1533）周相、高简等刻本，清同治五年（1866）资政堂刻本。（黄明喜、闫雪映）

格物通　见"圣学格物通"。

新泉问辨录　讲学语录。明周冲编辑。明嘉靖七年（1528）成书。辑录湛若水在南京新泉书院的讲学话语，

共 130 条师生、学友间的论辩对话。新泉原是湛若水弟子史恭甫的私人宅邸，后赠予湛若水，并改为新泉精舍，是为甘泉学派聚会、学问切磋的场所。参与对话的有周冲、汪尚和、甘学、吴球、湛天润、周学心、陆舜臣、郑经哲、周孚先、吕景蒙、孟源、吕柟、徐勖、田叔禾、周冲、周桐、林津、潘子嘉、罗郡、韦商臣等 24 人。以"随处体认天理"为主题展开讨论，并探讨是非得失。周冲作题辞于嘉靖七年，吕景蒙作序于嘉靖十一年（1532），洪垣作序于嘉靖十八年（1539）。有明万历七年（1579）《湛甘泉先生文集》本、清同治五年（1866）资政堂《甘泉先生文集》本。（黄明喜、闫雪映）

新泉问辨续录　讲学语录。明湛若水撰，陈大章校刊。4 卷。辑录明嘉靖八年至十四年（1529—1535）湛若水任南京国子监祭酒期间，在新泉书院的讲学话语，共 268 条师生、学友间的论辩对话。参与对话的有高简、王元德、方瓘、方纯仁、王仁、丘汝庄、柴惟道、王道、黄省曾、谢显、汪尚和、许亮、黄锐、李尚理、程世洪、徐文清、周有容、骆尧知、洪梓、何大通、程相、韩一芝、方珙、蔡继成、王奉、姜风、黄纶、李世用、程远、杨希震、郑经哲、杨大中、史记、刘昊、周以鲁、仰文定、霍韬等 39 人。探讨《鲁史》《春秋》《论语》、天理内涵、学问之道、知行关系等心学话题。洪垣作序于嘉靖十八年（1539）。有明万历七年（1579）《湛甘泉先生文集》本、清同治五年（1866）资政堂《甘泉先生文集》本。（黄明喜、闫雪映）

迁冈书院记　教育评论。明湛若水撰。明嘉靖十年（1531）撰成。为广东广州府越秀山迁冈书院而写的教育时评。对德位相配、书院功能、六经意义、

君子之道等问题进行探讨，认为六经皆由心生，是道的传承载体；研习儒家经典是修养心性的重要环节。运用先叙后议的手法，以该书院的建设过程和规制为切入口，着重阐发六经与"心"的关系这一核心问题，反映出湛若水随处体认天理、内外合一的心学教育思想。有明嘉靖十五年《甘泉先生文集》本、明万历七年（1579）《湛甘泉先生文集》本。（黄明喜、闫雪映）

白沙书院记　教育评论。明湛若水撰。明嘉靖十一年（1532）撰成。为广东广州府白沙书院而写的教育时评。介绍白沙书院的创建原因、过程与意义。认为道在心中，天地万物同为一个"气""心""理"，总结尧、舜、文、武、禹、汤、孔子、孟子、周敦颐、程颢、程颐、陈献章的道统赓续脉络，强调陈献章学说是明代儒学之正宗。有明嘉靖十五年《甘泉先生文集》本、明万历七年（1579）《湛甘泉先生文集》本。（黄明喜、闫雪映）

九华山甘泉书院讲章　讲学文本。明湛若水撰。明嘉靖十四年（1535）撰成。为池州府青阳甘泉书院撰写的讲义。针对《论语》"女为君子儒，无为小人儒"章的内涵进行讲解，体现湛若水二业合一的教育思想。基于心学教育价值立场，将人格分为君子儒和小人儒两类。认为君子儒以孔孟思想为准则，用德性修养和行为实践来规范自身言行，践履仁义；小人儒则与之相反，将儒家经典话语片面化、机械化，乃至用作谋取功名利禄的工具。旨在劝诫学生在修养德性的基础上，正确处理学业和科举之间的关系，使德业与举业有机结合起来，实现治国平天下的政治抱负。主旨鲜明，深入浅出，善用对比的修辞手法。有明嘉靖十五年（1536）《甘泉先生文集》本、明万历七年（1579）

《湛甘泉先生文集》本、清同治五年（1866）资政堂《甘泉先生文集》本。（黄明喜、闫雪映）

泗州两学讲章　讲学文本。明湛若水撰。明嘉靖十四年（1535）撰成。为泗州官学撰写的讲义。对《大学》首章"大学之道"的内涵进行心学解读，指出此章是成圣为贤的修养功夫。围绕《大学》"明明德""亲民""止于至善"三纲领和"格物""致知""诚意""正心""修身""齐家""治国""平天下"八条目展开分疏，认为"明明德"是体，"亲民""止于至善"两者是用，"至善"是"明德""亲民"的根本，但三纲领体用一原，皆是一事而非三事；八条目与三纲领相互贯通，点明知行并进对格物与修身的重要性。有明嘉靖十五年（1536）《甘泉先生文集》本、明万历七年（1579）《湛甘泉先生文集》本、清同治五年（1866）资政堂《甘泉先生文集》本。（黄明喜、闫雪映）

宜兴甘泉精舍记　教育评论。明湛若水撰。明嘉靖十四年（1535）撰成。为常州府甘泉精舍而写的教育时评。介绍甘泉精舍的创建背景、创建人、自然环境、教学方法。因精舍院址建于泉上，引用《易经》蒙卦和孔子对"水"的解释，阐发盈科而进、无言而教的学习理念。目的是教导学生在日常学习过程中注意积累，感通万物生生不息的变化，从而达到鸢飞鱼跃的自然境界。有明万历七年（1579）《湛甘泉先生文集》本。（黄明喜、闫雪映）

扬州府县学讲章　讲学文本。明湛若水撰。明嘉靖十四年（1535）撰成。分为序、正文二章。为扬州府县学撰写的讲义。针对《论语》"君子不重则不威"章和《中庸》"天命之谓性"

章的内涵进行讲解，揭示成就君子人格的要义，点明实现"中和"的路径，强调"命""性""道""教"一体贯通。章句解释与义理阐发并举，在促进理解章句的基础上发掘背后深意，层层递进，且辅之以《孟子》《易经》等儒家典籍，加以串讲。折射出湛若水对《论语》《中庸》思想义理的心学阐释。有明嘉靖十五年（1536）《甘泉先生文集》本、明万历七年（1579）《湛甘泉先生文集》本、清同治五年（1866）资政堂《甘泉先生文集》本。（黄明喜、闫雪映）

九华山中华书堂讲章　讲学文本。明湛若水撰。明嘉靖十五年（1536）撰成。应闻人诠、侯缄、任柱等的邀请，为池州府青阳中华书堂撰写的讲义。针对《论语》"古之学者为己，今之学者为人"章的内涵进行讲解，认为此章的核心在于"为"字，且根据学者立心、立志的初念将其分为"为己"和"为人"两类。目的在于劝诫学生坚定立心、立志的初念，贯通为己与为人，达到人己两尽、天人合一的境地。体现湛若水"学贵为己"的教育思想。有明万历七年（1579）《湛甘泉先生文集》本、清同治五年（1866）资政堂《甘泉先生文集》本。（黄明喜、闫雪映）

会华书院讲章　讲学文本。明湛若水撰。明嘉靖年间撰成。为池州府青阳会华书院撰写的讲义。对《孟子》"仁，人心也"章的内涵进行讲解，指出此章既体现出孟子希望个体能够切己体认天理的思想，又符合孔子博学笃志、切问近思的要旨。详细解释了"仁""义""放心"等核心命题的意蕴。体现湛若水"随处体认天理""知行并进"的心学教育理念。有明嘉靖十五年（1536）《甘泉先生文集》本、明万历七年（1579）

《湛甘泉先生文集》本、清同治五年（1866）资政堂《甘泉先生文集》本。（黄明喜、闫雪映）

福山书堂讲章　讲学文本。明湛若水撰。明嘉靖十六年（1537）撰成。为徽州府婺源福山书堂撰写的讲义。针对《论语》"学而时习之"章的内涵进行讲解。认为此章起到了统领《论语》20篇的作用，展现出圣人之道的要义。集中阐释了"学""习""朋"的含义和范畴，目的是告诉学生成为君子的路径，希望他们可以贯通成己、成物与成德，走向内圣外王之道，做到齐家、治国、平天下。章句释义与义理阐发并举，并结合《中庸》章句加以分析。体现湛若水"随处体认天理"的为学旨趣与"知行并进""二业合一"的思想。有明万历七年（1579）《湛甘泉先生文集》本。（黄明喜、闫雪映）

天泉书堂讲章　讲学文本。明湛若水撰。明嘉靖十六年（1537）撰成。为徽州府休宁天泉书堂撰写的讲义。针对《孟子》"尽其心者，知其性也"章的内涵进行讲解，认为此章展示出心学法门的奥妙，体现孟子对成圣为贤途径的理解。指出存心、养心实为功夫。体现湛若水"随处体认天理""心性合一""知行并进"的思想。有明万历七年（1579）《湛甘泉先生文集》本、清同治五年（1866）资政堂《甘泉先生文集》本。（黄明喜、闫雪映）

斗山书堂讲章　讲学文本。明湛若水撰。明嘉靖十六年（1537）撰成。为徽州府歙县斗山书堂撰写的讲义。针对《孟子》"孟子见梁惠王"章的内涵进行讲解。指出此章基于战国时期功利盛行而坏人心术的社会风气，开篇便言利害的源头，折射出《孟子》

全文存天理，遏制人欲的主旨。认为仁义之心与利害之心实为一心两面，义利之分本源于一念之初的细微变化。将孟子所倡导的仁义抬升为天理，提出为学的根本目标在于体认天理。体现湛若水"随处体认天理"的为学旨趣。有明万历七年（1579）《湛甘泉先生文集》本、清同治五年（1866）资政堂《甘泉先生文集》本。（黄明喜、闫雪映）

独冈书院讲章　讲学文本。明湛若水撰。明嘉靖十六年（1537）撰成，门生何宦刊刻。为广东广州府增城独冈书院撰写的讲义。针对《论语》"贤哉！回也"章的内涵进行讲解，认为此章功夫在于不改其乐，展现了孔门之学的为学要谛。指出颜回之"乐"即学问的得力处，即天理。探寻颜回之"乐"的关键在自求于心，是一种本体之乐。指出颜回之乐，即孔子之乐。强调孔颜之乐不囿于箪食瓢饮等外在事物，而是乐在"我"。目的是教导学生在修身、学习过程中不应以恶衣恶食为耻，而要始终追求孔颜乐处的境界。有明万历七年（1579）《湛甘泉先生文集》本、清同治五年（1866）资政堂《甘泉先生文集》本。（黄明喜、闫雪映）

南昌讲章　讲学文本。明湛若水撰。明嘉靖十六年（1537）撰成。应黄文明、符治的邀请，为江西南昌县学撰写的讲义。针对《论语》"仰之弥高，钻之弥坚"章的内涵进行讲解，讲明颜回之所以为圣的境界及功夫。指出体认天理、博文约礼、知行并进以及循循善诱是成就圣人之道的关键因素。有明万历七年（1579）《湛甘泉先生文集》本、清同治五年（1866）资政堂《甘泉先生文集》本。（黄明喜、闫雪映）

莲洞书馆赡田仓记 教育评论。明湛若水撰。明嘉靖十七年（1538）撰成。为广东广州府增城莲洞书院新建赡田仓廪而写的教育时评。详述修建莲洞书院赡田仓廪的原因、过程、用途和教化意义。讲明赡田收入主要用于资助贫困与品学兼优的学生、修整院舍和改善排水系统。指出修建赡田仓廪既可保障书院的经费来源，又可解决学生生活上的困难。以叙事为主，兼顾义理阐发。体现湛若水办学以开地方教化的兴学思想，以及教育经济、书院管理理念。有明万历七年（1579）《湛甘泉先生文集》本、清同治五年（1866）资政堂《甘泉先生文集》本。（黄明喜、闫雪映）

罗浮朱明洞创造精舍记 教育评论。明湛若水撰。明嘉靖十八年（1539）撰成。为广东惠州府博罗朱明书院而写的教育时评。交代书院的开建和竣工时间、规模与创建过程。通过描绘朱明洞的自然景色和自身游历感悟，参照周敦颐和陈献章的相关话语，表达对书院选址和教学活动的称赞。反映湛若水广纳门徒的心愿和在读书之余对游观山水的倡导，体现其劳逸结合的游息理念。有明万历七年（1579）《湛甘泉先生文集》本。（黄明喜、闫雪映）

娥眉莲花洞开创书馆记 教育评论。明湛若水撰。明嘉靖十八年（1539）撰成。莲花书院位于广东广州府增城南香山，是湛若水晚年创办的规模最大的一所书院。记述书院历经3年的创建过程，湛若水带领增城知县、县丞等地方官员及弟子勘察南香山，对莲花书院建造地址、建筑结构、教舍数量及布局等作出具体说明。赞扬地方官员重视书院、兴办教育的精神，并突出强调书院教育和自然环境有机结合对人才培养的重要性。有明万历

七年（1579）《湛甘泉先生文集》本。（黄明喜、闫雪映）

韶州明经馆讲章 讲学文本。明湛若水撰。明嘉靖十九年（1540）撰成。为广东韶州府明经馆撰写的讲义。针对《孟子》"人之所不学而能者"章的内涵进行讲解。认为此章展现孟子通过扩充良心来成就德性的观点。提出扩充人良知、良能的途径和影响，主张通过教育来发扬孩提之时的爱亲敬兄之心，进而形成包容天下的仁义之心。结合《孟子》"乍见孺子入井"章与王守仁的"致良知"思想，在字词释义的基础上，对章句进行义理阐发。肯定教育对于扩充善性的重要作用，丰富了道德教化理论。有明万历七年（1579）《湛甘泉先生文集》本、清同治五年（1866）资政堂《甘泉先生文集》本。（黄明喜、闫雪映）

湛氏家训 宗族训规。明湛若水撰。明嘉靖年间撰成。35章。以"天地万物一体"为编写指导思想，以修身、正家、裕后为个人行为指南，包括明一体、推爱、保同、异同、戒私囊、问安省过、同异、公分租、合食训、合食荐、合食仪节、明冠礼、明婚礼、明娶妇、明丧礼、明祭礼、明礼客、明是非之礼、节酒食、戒服美、勉勤励、立家长、蠲帮赡、恤孤寡、培宗子、立家塾、义阡施棺、济饿荒、发义仓、祭品、修缉弊坏、正礼教、遵赡法、择童仆、慎典籍。对湛氏家族成员在产业分配与管理、家族生活与交往、礼仪、教育资助与社会救助等方面做出规定，要求他们在人际交往中修炼自身，培养道德情感和强化社会责任感。洪垣作《湛氏家训序》，冼桂奇、潘洋、曾异分别作《湛氏家训跋》，应良作《书湛氏家训后》。深入浅出，通俗易懂，是研究湛若水家教思想的主要文献。有华文书局

1921年《湛氏家训》本。（黄明喜、闫雪映）

甘泉洞讲章 讲学文本。明湛若水撰。明嘉靖十九年（1540）撰成，门生王如宾刊刻。为广东广州府增城甘泉书院撰写的讲义。针对《中庸》"天下国家可均也，爵禄可辞也，白刃可蹈也，中庸不可能也"章的内涵进行讲解，认为此章贯通"中庸之难"章与"子路之勇"章，有承上启下之用。通过对比仁、智、勇三达德的知行难易，主张体认天理之学至易至简。告诫学生要存心于勿忘勿助，勇于克服自身弊端，笃实践履体认天理之道。有明万历七年（1579）《湛甘泉先生文集》本、清同治五年（1866）资政堂《甘泉先生文集》本。（黄明喜、闫雪映）

青霞洞讲章 讲学文本。明湛若水撰。明嘉靖年间撰成，门生林廷俊刊刻。为广东惠州博罗青霞书院撰写的讲义。针对《论语》"樊迟问崇德、修慝、辨惑"章的内涵进行讲解，指出崇德、修慝、辨惑三者本为一体，其中崇德是君子之学的核心，与自己所倡导的"得于天理"相贯通。强调为学须一以贯之，抓住根本，反对支离学问的做法。意在引导学生在学习过程中要从崇德、修慝、辨惑几大关键处下手，达到事半功倍的尊德性效果。展现湛若水循循善诱的教学方法。有明嘉靖十五年（1536）《甘泉先生文集》本、明万历七年（1579）《湛甘泉先生文集》本。（黄明喜、闫雪映）

天华精舍讲章 讲学文本。明湛若水撰。明嘉靖年间撰成，门生林大植刊刻。为广东惠州府博罗天华精舍撰写的讲义。着重讲解《论语》"知者乐水，仁者乐山"章的内涵。基于理一分殊的视角，认为天理的本体涵义非常丰富，不能仅仅用仁、智这一对范

畴来讨论，而应将仁、智与山、水、动、静、乐、寿等相关范畴贯通起来理解。希望为学者能够一以贯之，立足于仁智体认，变动不居，养成"知者乐水，仁者乐山。智者动，仁者静。智者乐，仁者寿"的人生境界。有明万历七年（1579）《湛甘泉先生文集》本、清同治五年（1866）资政堂《甘泉先生文集》本。（黄明喜、闫雪映）

白沙书院讲章　讲学文本。明湛若水撰。明嘉靖年间撰成，门生何所学、吴广、李万树刊刻。为广东广州府白沙书院撰写的讲义。针对《孟子》"求则得之，舍则失之"章的内涵进行讲解，认为孟子教育思想的核心在于"求"，具体可分为"求于我"和"求于人"。孟子将得失系于"求"与"不求"，但重在"求于我"，且由此延伸出内外之辨、善恶之辨、君子小人之辨、中国夷狄之辨以及人与禽兽之辨。目的是劝诫学生勤于反省内求，做到自得于己。有明嘉靖十五年（1536）《甘泉先生文集》本、明万历七年（1579）《湛甘泉先生文集》本、清同治五年（1866）资政堂《甘泉先生文集》本。（黄明喜、闫雪映）

天关精舍讲章　讲学文本。明湛若水撰。明嘉靖十九年（1540）撰成。为广东广州府天关精舍撰写的讲义，凡5篇。第一篇由门生何鸿刊刻，针对《论语》"古之学者为己，今之学者为人"章的内涵进行讲解，主题是论辩为己之学和为人之学的含义与差异，目的是考察诸生的为学志向。第二篇由门生李公秀刊刻，针对《大学》"苟日新，日日新，又日新"章的内涵进行讲解，蕴含着湛若水"随处体认天理"的教育宗旨，以及对诸生躬行自察、与万物同体的希冀。第三篇由余涵、黎预、罗一道、尹勤、宋治、林挺春、游士郁、林樑、梁乔干刊刻，针对《孟

子》"霸者之民，欢虞如也"章的内涵进行讲解，以"心"为核心来述论王霸、公私之辨，体现湛若水"德位相符、化民成俗、利民安民"的政教思想。第四篇由杨佐、梁有誉、王渐远、庐恩、陈御、梁鸣治、李公秩、梁健、陈久培刊刻，针对《论语》"子路问君子"章的内涵进行讲解，体现湛若水主敬的心学教育思想。第五篇由廖珩、陈鸣时、罗微、林津、钟昂、林昊、屈复、舒蒙谏、蔡琚、郑邦奇刊刻，针对《论语》"人之生也直，罔之生也幸而免"章的内涵进行讲解，认为此章展现了孔子教人如何存天理，预先扼制欲望的念头。有明万历七年（1579）《湛甘泉先生文集》本、清同治五年（1866）资政堂《甘泉先生文集》本。（黄明喜、闫雪映）

莲洞书馆讲章　讲学文本。明湛若水撰。明嘉靖十九年（1540）撰成，黄钟刊刻。为广东广州府增城莲洞书馆撰写的讲义。针对《论语》"我未见好仁者，恶不仁者"章的内涵进行讲解，认为此章展现出孔孟等儒家圣贤对仁德的孜孜以求。从三个层次深入分析"求仁而成德者之未见""用力求仁而不得者之未见""用力求仁或不得者之未见"的人格修养表现，阐明真正的仁者虽然极为罕见，但不要因为担心难以企及而自我放弃。通过对孔子三个"未见"言论的思想含义解释，力使学生坚定信心，立志求仁。有清同治五年（1866）资政堂《甘泉先生文集》本。（黄明喜、闫雪映）

天华书院讲章　讲学文本。明湛若水撰。明嘉靖年间撰成，陈御、陈怀仁、戴爵、舒翼、吕化、徐天源、徐尚悌、曾士贤刊刻。为广东惠州府博罗天华书院撰写的讲义。针对《中庸》"惟天下至诚，为能尽其性"章的内涵进

行讲解。认为此章与"天命之谓性"章和"致中和"章相呼应，点明了至诚对个人修养的重要性。目的是引导诸生在体认天理、诚心尽性处下功夫。有明嘉靖十五年《甘泉先生文集》本、明万历七年（1579）《湛甘泉先生文集》本。（黄明喜、闫雪映）

南雍志　史志。明黄佐撰。明嘉靖二十二年（1543）撰成。嘉靖二十三年（1544）南京国子监刊行，隆庆、万历、天启年间增修。24卷。在景泰七年（1456）南京国子祭酒吴节撰写《南雍志》的基础上，组织赵恒、王制、周瑞、梅鹫加以增删修成。包括事纪4卷，记录明洪武至正德时期的主要教育史纪；职官表2卷，列出祭酒、司业、监丞、典簿、博士、学正、学录、掌馔在内共计1200多位教官的简要介绍；规制考2卷，记载南京国子监的建置与修补情况；谟训考2卷，介绍学规和圣制；仪礼与音乐考各2卷，卷上采用图解的模式呈现今礼与今乐，卷下采用记述的方式说明古礼与古乐；储养考2卷，记载南京国子监储养生徒的定制、权例、名数、成才情况；经籍考2卷，列出天顺年间官书著录及刊印情况；列传6卷，记载52位对明代南京国子监有重要贡献的教官及事迹。仿照《史记》的写作体例，兼采编年体例。附有嘉靖二十三年（1544）黄佐和景泰七年（1456）吴节两序。引用资料主要来源于国史、会典、国子监条例及其案卷、诸子文集、郡邑志。（黄明喜、王林）

研几录　讲学语录。明薛侃撰。不分卷。粤闽王门学派的重要著作。明嘉靖十四年（1535）初刻。薛侃弟子郑三极辑录薛侃在潮州中离山讲学的语录。"研几"即人的精神处于凝定虚明的状态，通过省察体认，在隐微的意念萌生时作出道德决断。重在发扬

王阳明良知说，阐释心学本体思想及其修养论。兼及在"儒释之辩"上极力为王阳明心学的儒学本色辩护。有明万历三十七年（1609）和万历四十五年（1617）重刊本。（陈梻）

庸言　讲学语录。明黄佐撰。12卷。明嘉靖三十一年（1552）何价、孙学古、陆汤臣初刊。黄佐弟子记录黄佐

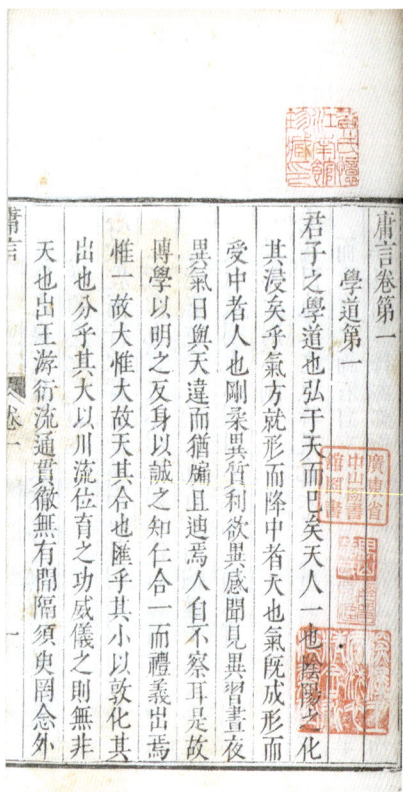

清康熙二十一年（1682）重刻本《庸言》

弃官归家后讲学于粤州之麓的语录，包括《学道》《修德》《求仁》《游艺》《制礼》《审乐》《政教》《事业》《著述》《象数》《天地》《圣贤》。用平实之言述儒家之道，阐发黄佐的理学思想及以"博文约礼"为宗旨的修身功夫，强调为学之人既要博学笃志，善于从所见所闻之中探究隐而未发的道理。有清康熙二十一年（1682）黄逵卿、黄铭重刻本。（陈梻）

图书质疑　易学著述。明薛侃撰。1卷。明嘉靖二十三年（1544）初刻。

卷首为薛侃自作引言，次列卦位、河图、先天太极图、后天太极图、太极两仪四象八卦图、洛书、洛书合河图先天卦图、洛书合河图后天卦图、周子太极图、古太极图、循环图、心性图、一本万殊图13幅图，再次为图书总解，最后附录师生问答。以易学图象来阐发阳明心学的易学观，认为太极即心体，河图、洛书、八卦、数位都是象征心体的流行变化，契合自然造化、万物一体之理。有明万历四十五年（1617）薛侃曾孙薛茂杞重刊本。（陈梻）

学蔀通辩　学术论著。明陈建撰。12卷。明代批判阳明心学的论战性著作。明嘉靖二十七年（1548）初刻。分前编、后编、续编、终编，每编分上、中、下三卷。认为佛学、陆九渊之学以及所谓朱熹、陆九渊异同之说为遮掩正统学术的三大蔀碍，并针对王阳明《朱子晚年定论》所提出"朱、陆早异晚同"之说而展开辨析。前有嘉靖戊申（1548）自序，前编辨明

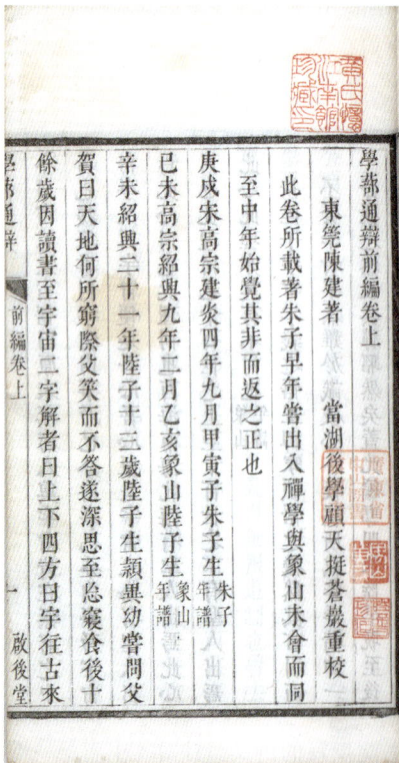

清康熙十七年（1678）刻本《学蔀通辩》

朱、陆其实是早同晚异，后编指摘陆九渊之学是禅学，续编批判佛学高妙惑人，终编阐述朱子之学为圣贤正学有清康熙十七年（1678）启后堂刻本。（陈梻）

庞氏家训　宗族训规。明庞尚鹏撰。1卷。明隆庆五年（1571）撰成。凡8篇，包括《务本业》《考岁用》《遵礼度》《禁奢靡》《严约束》《崇厚德》《慎典守》《端好尚》，细分为67条。涵盖纲常伦理、读书立业、德行礼仪、济世持家、世故人情、地方风俗等教化事项，旨在培养宗族子弟勤俭、互爱、恭谨的处事风格和态度。用《训蒙歌》《女诫》作为5岁男童和6岁女童的启蒙教科书。体现庞尚鹏的幼儿教育观、女子教育观和经济管理思想。有清《岭南遗书》、"丛书集成初编"本。今有中华书局1985年本。（黄明喜、闫雪映）

证学篇　理学著述。明杨起元撰。5卷。明万历二十四年（1596）初刻。涵括郑邦福序、杨起元自序、佘永宁序、卷首一卷，后四卷依次为尺牍、语录、笔记、题记，卷末附《论》《策》数文。为论学之语，围绕"明明德于天下"的理学宗旨，阐发心性功夫论、仁孝说、儒释汇通思想及对四书的解说。有明万历四十五年（1617）门人佘永宁重刻本。（陈梻）

读易记　经学著述。明王渐逵撰。3卷。上卷释《乾》卦至《离》卦，中卷释《咸》卦至《未济》卦，下卷释《系辞传》。以程颐、朱熹的解释为宗，对苏轼、吕祖谦、杨万里等前人之说亦时有征引，独立见解不少。有明刻本。（杨青华）

翁山易外　学术论著。屈沱五书（《翁山诗外》《翁山文外》《翁山易外》

《广东新语》和《四朝成仁录》）之一。清屈大均撰。71卷。清康熙二十七年（1688）刊行。书首有张云翿序与屈大均自序，次列六十四卦、系辞上下传、说卦传、序卦传与杂卦传。屈氏以经、传本皆别行，故《易外》不载经文，以为《易》之外篇，认为太极是宇宙的终极本源，但内不可见，只能借由外在的符号与文字来推求《易》之本源的诠释方式，由外而见内。刊刻后，因屈氏著作屡遭查禁，流传不广。有清康熙二十七年（1688）本。今有人民文学出版社1996年欧初、王贵忱主编《屈大均全集》本。（陈栁）

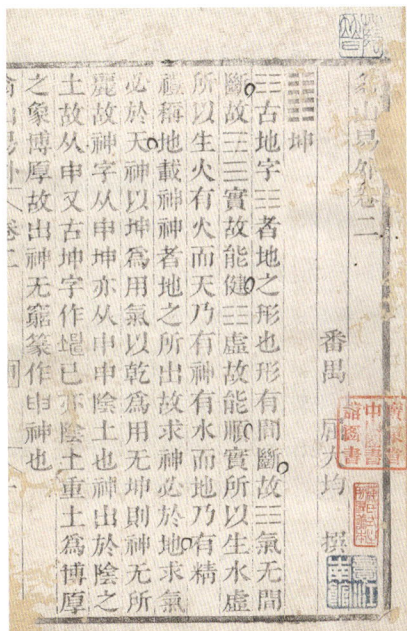

清康熙二十七年（1688）刻本《翁山易外》

学海堂经解 又称皇清经解。经学著述。清阮元等编选。1414卷。清道光五年（1825）初刻。囊括书影清初至乾嘉时期学者重要经学著作，内容除经学之外，涉及哲学、小学、校勘、史地、天算、金石诸多方面。以人之先后为序，凡见于杂家、小说家及文集中者，亦依次编录。依次汇集顾炎武、阎若璩、胡渭、万斯大等73位学者解经之作。咸丰七年（1857），英军攻粤，原存书版毁失过半。咸丰十年（1860），两广总督劳崇光等

捐资，聘请郑献甫、谭莹、陈澧、孔广镛四人为总校，补刻数百卷。此外还增刻冯登府著作7种，共8卷，即《国朝石经考异》《汉石经考异》《魏石经考异》《唐石经考异》《蜀石经考异》《北宋石经考异》《三家诗异文疏证》（2卷），为庚申补刊本。同治九年（1870），广东巡抚李福泰补增许鸿磐的《尚书札记》4卷，附于《皇清经解》后，为庚午续刊本。（杨青华）

皇清经解 见"学海堂经解"。

公车见闻录 指南手册。清林伯桐撰。1卷。清道光十九年（1839）撰成。成书于林伯桐任广州学海堂学长期间，为举子赴京赶考而写的指南手册。卷首载有金锡龄所写之序。分列约帮、就道、行舟、升车、度山、出关、工仆、用物、养生、至都10项事务，讲明赴考前的准备、路途事宜和抵京后的注意事项。条分缕析，言简意赅，实用性强。从中可见清代中叶水陆交通状况、旅客生活及有关社会风气等有重要价值。有清道光二十四年（1844）《脩本堂丛书》本。（黄明喜、王林）

白沙门人考 学术著述。清阮榕龄编。1卷。清道光二十二年（1842）撰成。对陈献章所创办的白沙学派门人数量、基本信息考证的辑录。在转引、考证贾雒英监修的《新会志·白沙弟子传》、陈遇夫编的《门人录》和阮元监修的《广东通志》中关于白沙学派门人记述的基础上，统计陈献章门人数量共计180人。基于考据学的视角，援用正史、文集、家谱、行状、墓志铭等材料统计白沙学派门人数量和事略，并核查其真伪。有清咸丰元年（1851）新会阮氏梦菊堂刻本。（黄明喜、闫雪映）

濂洛关闽六先生传 传记。清罗惇衍撰。1卷。清道光二十七年（1847）撰成。卷首有李延福、罗惇衍序言。梳理宋代理学演进过程，根据深度、规模、运量三大评价维度，采用传记的体例，按照"濂洛关闽"地域顺序进行编排，逐一概述周敦颐、程颢、程颐、邵雍、张载、朱熹6位理学大家的家世背景、仕途迁转、著书交游及思想影响。对这6位宋代理学大家分别评论，短则千字，长则万言。与《宋史》《东都事略》《南宋书》《宏简录》等史书对比，叙述简略，语言平实。有清道光二十七年（1847）心简斋刻本。（黄明喜、王林）

正音咀华 官话教材。清莎彝尊撰。4卷。研究早期"官话"和广东方言历史演变的重要材料。初稿名《正音辨微》，撰于清道光十七年（1837）以前，咸丰三年（1853）刊行。包括语音、会话材料、词汇和长篇材料。目的是供广东人学习"官话"，解决语音、语法问题。运用音韵学的方法，详细讲述"正音"的切音原理，以千字文为纲而列出"正音"的同音字表，对比"正音"与"北音""土音"的读音，并用朱笔标注广州话与"官话"标准音大致相同的字。以问士、问农、问工、问商、探友、回拜、辞行、送行、说情、呈究、绅见、属贺、属见、送离等情境为例，提供会话材料。收集"官话"词汇，分为天文、时令、地与、房屋、水火、人物、身体、形貌、品行、动静、饮食、衣冠、礼乐、言语、称呼、乖谬、疾病、婚丧、工商、玩耍、金银、锡瓦、竹木、花果、禽兽、虫鱼、杂门27类，共1000余条，并在每条"官话"词汇下标注相应的广州方言词。选取《论语》《孟子》章句，用"官话"进行翻译。对时人的"官话"学习影响深远，有"吾粤之学习正音者"的"规矩准绳"之誉。（黄明喜、闫雪映）

经学博采录　史学著述。清桂文灿撰。12卷。清咸丰五年（1855）撰成。桂文灿生前唯一未刊定的经学著作。初名《经学博访录》，陈澧肯定桂文灿的学术见解，认为此书富有"博采通人"之意，遂而更为《经学博采录》。基于汉学为主、兼采宋学的立场，且参照江藩的《汉学师承记》和张星鉴的《经学名儒记》，载录清代乾隆、嘉庆、道光、咸丰年间经学家的简要生平以及趣闻轶事，点明各自的治学特点，揭示学术背景、思想衍化与地域风格。适当收录经学造诣高却鲜少人知的经学家和经学著作。有《敬跻堂丛书》12卷本、《辛巳丛编》6卷本、广雅书局抄校本。学界以《辛巳丛编》6卷本为善本。（黄明喜、闫雪映）

东塾读书记　学术著述。清陈澧撰。清咸丰八年（1858）撰成，光绪八年（1882）成书。原名《学思录》，后改名为《东塾读书记》。原拟25卷，分别为《孝经》《论语》《孟子》《易》《尚书》《诗》《周礼》《仪礼》《礼记》《春秋三传》《小学》《诸子书》《西汉》《东汉》《郑学》《三国》《晋》《南北朝隋》《唐五代》《宋》《朱子书》《辽金元》《明》《国朝》《通论》。其中《西汉》《东汉》《晋》《南北朝隋》《唐五代》《宋》《辽金元》《明》《国朝》《通论》10卷在陈澧生前仅成初稿，身后门人子孙编录为《东塾杂俎》。清道光、咸丰后，陈澧效仿司马迁《史记》、顾炎武《日知录》而作《东塾读书记》，希望通过分析历代学术得失利弊，从而挽救逐渐衰败的世风与学风。体现陈澧主张学行相副，融考据与义理为一体，摒除汉宋门户之见的学术思想。生前陆续分卷刊刻，后有门人梁鼎芬、陈树镛清光绪十二年（1886）编校的15卷本及门人廖廷相光绪十八年（1892）在菊坡精舍编刻的16卷本，16卷本较15卷本多附录"西汉"一卷。廖廷相的16卷本较为精善。（杨青华）

有山诚子录　宗族训规。清桂士杞撰。1卷。清咸丰四年（1854）撰成。桂文灿刊刻。选取历代名人教育子弟或门人的话语和事迹，以训诫本族子孙，规范言行。辑录马援、邓禹、郑康成、诸葛亮、王永舒、羊祜、陶元亮、徐修仁、谢瞻、颜延之、颜之推、柳玭、程颢、真德秀、吕东莱、许鲁斋、顾炎武、阎若璩、张稷若、张履祥、陆陇其、吴画溪、杨文定、阎怀庭、魏善伯、李颙、潘耒、姜宸英、王弼、陆世仪、陈寿等32人的嘉言懿行；摘取《宋史》《思辨录》《宅经》等典籍中关于家法、社会治理的事例，旁及天主教书籍，譬如艾儒略的《西学》、毕方济的《灵言蠡勺》；述评古代帝王与官员的仪礼规范与文教政策。结合岭南风俗，事例覆盖面较广，贴合生活实际，语言深入浅出，朴实易懂。有清同治六年（1867）《有山诚子录》本。（黄明喜、闫雪映）

汉儒通义　经学著述。清陈澧撰。7卷。清咸丰四年（1854）撰成，咸丰八年（1858）刊行。陈澧认为汉儒经说，释训诂、明义理，无所偏尚，宋儒讥汉儒不讲义理，是错误见解。汉儒义理之说醇实精博，蕴含圣贤微言大义，汉人义理之说存于其经注之中，于是撰作此书。希望通过此书识得汉儒微言大义，祛除汉宋门户之私，从而达到修己治人的功效。仿《白虎通义》之例，专采两汉儒者二十二家经说之文，而不涉史、子、集部著作，共录22家汉儒经说，采书凡35种。仿《初学记》《近思录》之例，分类为书，各条次第以义相属，不下己意。是了解陈澧学术思想的重要著作，也是研治汉儒思想的重要参考文献。（杨青华）

文庙从祀录　实录。清谭锡朋纂。3卷。清同治二年（1863）纂成。按时间顺序，记录孔子生卒年、一生所为、殁后享祭的全过程。收录下逮清代，四配、十二哲以及东西两庑的先贤先儒的生平轶事与从祀过程，并补写罢祀文庙先儒名录。语句严谨朴素，未涉及旁枝末节，卷帙不多，记载详备。（王晓璇）

朱氏传芳集　诗文集。清朱次琦、朱宗琦编纂。8卷。清咸丰十一年（1861）刊行。分内集、外集两部分。内集收录明清两代朱氏家族名杰朱完、朱让、朱实莲等37人存世诗文，外集收录欧大任、陈子壮、陈子升、王笋、冯成修等64位明清学者与朱氏家族往来诗文。体例上，目录附作者史传，便于研究考证。兼具谱学、史学、文学价值。（李辰）

邹征君遗书　算学著述。清邹伯奇撰。8种9卷，附2种8卷。清同治十三年（1874）刊行。包括《学计一得》2

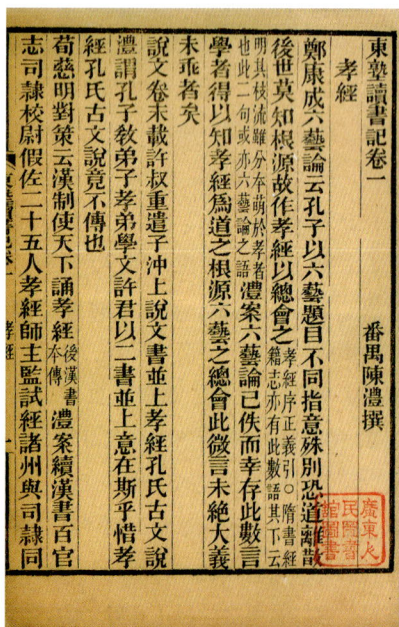

清光绪刻本《东塾读书记》

卷，《补小尔雅释度量衡》1卷，《格术补》1卷，《对数尺记》1卷，《乘方捷术》3卷，《邹征君存稿》1卷，《舆地全图》1册，《赤道南北恒星图》2幅，附夏鸾翔撰《夏氏算学四种》5卷，徐有壬撰《徐氏算学三种》3卷。所收以天文算法之书为多。《对数尺记》和《乘方捷术》探讨以对数方法求乘方开方等方法；《格术补》探讨几何光学，论述望远镜、显微镜等的结构和原理；《邹征君存稿·摄影之器记》记叙邹伯奇制成的取景器。参见第825页科技卷"邹征君遗书"条。（陈梆）

管子析疑 子学著述。清何如璋撰。36卷。清光绪十一年（1885）撰成。主要考辨《管子》的性质、篇章真伪，校勘文字，考订前人注释得失。目的是希望世人读《管子》书，汲取智慧，获得救国救世的良方。何氏生前无刻本，稿本藏于上海图书馆。（杨青华）

百兰山馆政书 政治学著述。清丁日昌撰。14卷。清光绪十三年（1887）撰成，约1940年刊行。卷前收有丁日昌《入觐承恩记》和《清史稿·丁日昌传》、民国《广东通志稿·丁日昌传》、李文田《丁公行状》，卷末收有周易、姚梓芳、桂坫所写跋文和黄际遇所写后记。内文每卷之下署名门人李凤苞编，王韬校字，桂坫、杨玉衔复校。收录丁日昌所写有关政事方面的文字292篇，包括政务条陈、公私信函、办事章程、外交照会、奏疏、批示、书序等。呈现晚清军制、盐政、海防以及丁日昌所到的上海、江苏、福建、台湾、潮州等地的社会状况。为研究丁日昌其人及思想、晚清洋务运动、晚清政治与外交等提供丰富的史料。（陈梆）

端溪书院章程 训教规条。清梁鼎芬制订。清光绪十三年（1887）制订。

凡22条，明确官课、府署课、院长课的授课日期与内容，以条例的形式来规范学生课程言行举止和学习流程，规定课程考察方式与奖惩，确保教学活动的有序进行。注重礼教和品行教育，规范学生仪礼，禁食鸦片，杜绝失范行为。制定日记簿，学生每日记录读书心得和言行得失，培养其自我省察能力。明晰藏书借阅、捐置要求。附《生徒住院章程》，详细列举书院生徒的膏火、作息、纪律准则。（黄明喜、闫雪映）

广雅书院学规 训教规条。清张之洞制订。清光绪十五年（1889）制订。凡27条，对广雅书院的日常管理作出明确规定，分为定居、尊师、分校、监察、分斋、恤远、给假、敦行、专业、日记、习礼、考核、听讲、课期、课题、给书、掌书、人役、门禁、限制、院规、守法、正习、附课、外课、杜弊、学成。后续增学规10条，对学生膏火、肄业、考课、书籍管理等方面进行补充说明。条理清晰，言简意赅。不仅保障了广雅书院的制度化管理，也为广东省其他书院提供了制度蓝本，是反映张之洞书院管理思想与实践的重要文献。（黄明喜、闫雪映）

无邪堂答问 教学笔录。清朱一新撰。5卷。清光绪十五年（1889）撰成。以广雅书院的"无邪堂"为名。朱一新与广雅书院学生问答的笔录，凡140余条。以诸生问答顺序编次。或为答复学生所问，或为评论学生课卷之语，内容涉及古今中外的学术、政教、历史、地理、兵事、人物等，有明显的汉宋兼采治学风格。（杨青华）

长兴学记 教育学规。清康有为制订。清光绪十七年（1891）制订。康有为在广州万木草堂讲学期间，应弟子陈

千秋、梁启超的请求所写。将治学路径归纳为一要把握学术源流；二要理解孔子学说；三要上通历史，中拾考据、辞章，下学科举。具体规定学生每日作札记，定期演讲，授课形式须灵活多样。以儒家经世之学为本，强调自然科学知识学习。体现康有为早期的文化教育思想。（黄明喜）

新学伪经考 经学著述。清康有为撰。14卷。清光绪十七年（1891）刊行。以辨斥古文经和古文经学之伪为中心，其主要内容是：阐明撰写宗旨是要清算一直统治政教人心的古文伪经，恢复孔子真经的地位和大义；批驳刘歆提出的诸经残缺说，考证虽经秦火，六经并未亡缺；确定司马迁等西汉人之说为经学之真，以此作为证伪的基准；从史籍记载、经说本身、作伪手法和目的等方面具体辨析古文经学之伪，认为伪经服务于王莽新朝，只能称作"新学"；斥刘歆作伪经有倒乱六经之序、以伪经加于真经、诬毁篡圣、灭六经微言大义、欲夺孔子之席等罪；宣扬孔学独尊，涵盖所有学问。其根本目的在于为维新变法的发展开

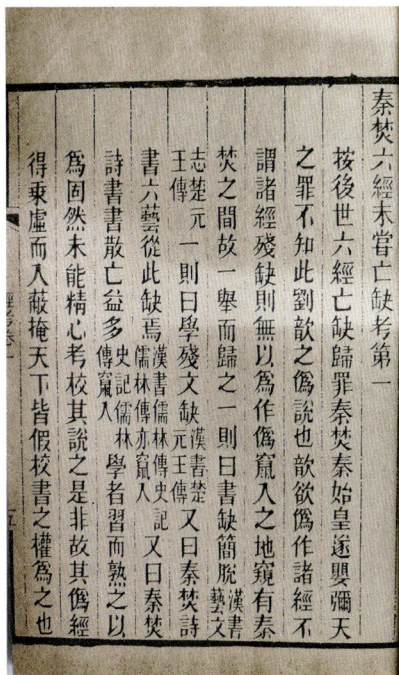

清光绪十七年（1891）刻本《新学伪经考》

辟道路，具有很强的思想冲击力；在学术上不乏创见，但亦多武断之处。问世后流传很广，清政府多次下令毁版。（宋德华）

元秘史注 史学著述。清李文田注。15卷。清光绪二十二年（1896）通隐堂渐西村舍刊行。是对《永乐大典》中第15卷《元朝秘史》所作的注解。书前有阮元《元秘史提要》、顾广圻《元朝秘史跋》，书后有钱大昕、沈惟贤的跋语。通过征引历代正史以及宋、金、元朝的文集、笔记、碑刻等众多文献，对《元朝秘史》中的相关年代、地理、人物、风俗、史事等诸多方面进行考辨，厘定正误，尤其对元代历史地理梳理十分详细。用语考究，论述严谨。（李彬）

中外大略 史学著述。清罗传瑞编著。10略，48卷。清光绪二十二年（1896）编成，光绪二十三年（1897）东粤经韵楼铅印刊行。分为政治略4卷，吏典略4卷，户典略9卷，礼典略7卷，兵典略8卷，刑典略2卷，工典略5卷，学校略3卷，交涉略4卷，论略2卷。辑录自320种书及当时各种奏议邸钞和中外新闻。每略内容先介绍中国传统的典章制度，再介绍外国的典章制度，涉及东亚、南亚、中亚、欧洲、北非、美洲、大洋洲等许多国家。最后两卷比较中外优劣。（陈梛）

变法通议·学校总论 教育评论。清梁启超撰。清光绪二十二年（1896）撰成。为宣传维新变法运动而发表的文章，发表于《时务报》。将学校教育作为开发民智、振兴国家的关键和途径，强调兴立学校、发展教育、变革科举的重要性，批判统治阶级以科举禁锢思想、异化学校教育的做法。主张结合中国国情，吸纳西方学校管

理理念，开办新式学校。基于古今、中西对比的视角，立足现实，强调结合传统教育和西方教育之长来发展学校教育的观点。反映梁启超教育救国的维新思想。（黄明喜、闫雪映）

变法通议·论师范 教育评论。清梁启超撰。清光绪二十二年（1896）撰成。为宣传维新变法运动而发表的文章，发表于《时务报》。针对传统学堂教师学艺不精且不谙新式教学法、西洋教师语言不通且不懂中华经典的现状，将师范学校视作群学之基，主张通过设立师范学校，培养中西学兼备、符合时代要求的新型教师。站在教育救国立场，阐明发展师范教育、培养师资的重要性，是中国现代教育史上第一篇专门论述师范教育的重要文献。（黄明喜、闫雪映）

变法通议·论女学 教育评论。清梁启超撰。清光绪二十二年（1896）撰成。为宣传维新变法运动而发表的文章，发表于《时务报》。提出女学的盛弱与国家的兴衰成正比关系，发展女子教育是救亡图存的必由之路。从自养自治、培养才德、教养子女、实施胎教4个方面论述女子教育的必要性，并将受教育视作女子的天赋权利和保障男女平等的举措。结合时情，语言平实易懂，发人深思，是中国现代教育史上论述女子教育的重要文献。（黄明喜、闫雪映）

变法通议·论幼学 教育评论。清梁启超撰。清光绪二十二年（1896）撰成。为宣传维新变法运动而发表的文章，发表于《时务报》。针对中国幼童先读经后识字、先强记后领悟的学习现状，提出教学应当秉持由浅入深、循序渐进、循循善诱的原则，依据幼童的发展特点和接受能力制定学习内容，张弛得当。在具体改革措施上，

提出重点改革幼儿教科书，并开办新式幼学，引进西方教学法。高度重视幼儿教育的作用，并提出行之有效的幼儿教育改革方法，是中国现代教育史上论述幼儿教育的重要文献。（黄明喜、闫雪映）

孔子改制考 政治学著述。清康有为撰。21卷。清光绪二十四年（1898）上海大同译书局刊行。从《公羊》"三世"学说出发，认为"据乱世"就是君主专制时代，"升平世"是君主立宪时代，"太平世"是民主共和时代。人类社会沿着据乱、升平、太平三世的顺序向前演进发展。借孔子的名义，为维新变法制造舆论，是一部变法理论著作，对推动戊戌变法起着重要作用，对五四运动以后的疑古思潮有一定影响。今有中华书局1958年点校本。（郭海鹰）

清光绪二十四年（1898）大同译书局刊本《孔子改制考》

马氏经学丛刊 经学著述。清马贞榆等编撰。17卷。含《今古文尚书授受源流》1卷、《尚书要旨》1卷、《尚书课程》2卷、《春秋经传日月考》1卷、《读左传法》5卷、《左传口义》3卷、《两湖书院经学文钞》1卷、

《地理学课程》3卷。收有自撰之作，也收有邹伯奇等人著作。《今古文尚书授受源流》《尚书要旨》《尚书课程》《左传读法》《左传口义》为马氏任教湖北两湖书院及两湖高等学堂时的讲义汇编。《两湖书院经学文钞》收录晋杜预《春秋经传集解序》、唐孔颖达《春秋正义序》、汉刘歆《移太常博士书》、唐刘知几《申左》4篇文章。《两湖书院地理学》凡3个部分，第一部分为《邹特夫先生王制九州周礼九畿禹贡五服辨》，其余两部分为马氏撰作。《春秋经传日月考》本为邹伯奇的著作，是马氏任教两湖书院时因教授《春秋》学而刻印此书。是了解马贞榆学术思想及清末两湖书院、两湖学堂教学情况的重要文献。（杨青华）

朱九江先生论史口说　讲学文本。清朱次琦口述，邱炜菱整理。不分卷。清光绪二十六年（1900）广州宝经阁刊行。笔记体兼问答体，为朱次琦门人辑录其日常讲授、评点《史记》《汉书》《后汉书》《三国志》史才及史法，编分为汉书、后汉、三国三部分。语言生动，运用史料丰富，体现朱次琦正统史观及其史学史研究成就。（李辰）

朱子襄先生讲义　讲学文本。清朱次琦口述，刘燏芬整理。不分卷。清光绪二十八年（1902）小苏斋刊行。为朱次琦为门人讲授"四行五学"治学宗旨，分为敦行孝悌、崇尚名节、变化气质、检摄威仪、经学、史学、掌故之学、性理之学、辞章之学9个部分。引经证史，举例丰富，深入浅出，是了解朱次琦四行五学论的重要文献。（李辰）

新政真诠　政治学著述。清何启、胡礼垣撰。6卷。清光绪二十八年（1902）上海广益书局出版。计有《曾论书后》《新政议论》《新政始基》《康说书后》《新政安行》《劝学篇书后》《新政变通》7篇论文。揭露和批判君主专制的弊端及罪恶，反对革命，主张学习西方设立议院，进行民主选举，推动民主政治，并广开新式学校，推动新学教育，发展工商业，在社会上大力改革。还记述戊戌变法的历程，批驳张之洞的文化教育主张。是研究近代改良思想和戊戌变法的重要资料。（李彬）

教育政策私议　教育评论。清梁启超撰。清光绪二十八年（1902）撰成。发表于《新民丛报》。将教育改革与中国前途联系起来，提出对教育阶段、升学次序、学制年限、办学经费、行政管理、教科书编定的建议。依据学生年龄和身体、知、情、意、自观力发展特征来划分教育期，设计出一个囊括普通教育制度、高等教育制度和专业教育制度的国民教育制度体系。其中，普通教育包括两年的幼稚园阶段、八年义务教育的小学校阶段和八年的中学校阶段；高等教育分为三至四年的大学院阶段和四年的高等师范大学阶段；专门教育包括分科大学、师范学校、军事学校、美术学校、政治法律学校。各级各类学校间相互衔接，依序升学。参照英法教育管理制度，划分学区，各省设学官，巡视省内学区。强调学校、地方自治，指出学校经费应以校、镇、区自筹为主，征收学校税。学校区域均设教育会所，负责学校主权、庶务及财政出纳。目的是提高国民受教育率，借养成地方自治风气以强国，为教育增添政治意义，体现资产阶级维新派关于教育政策的设想。（黄明喜、闫雪映）

读书堂集　诗文集。清简朝亮撰。13卷。清光绪二十九年（1903）刊行。包括序、年谱、目录、文7卷，诗5卷。展现简朝亮学术思想、师承交游及其教育弟子等内容。如《朱九江先生讲学记书后》《论语集注补正述疏序》等表明简朝亮继承朱次琦兼采汉宋、经史互证等治学观念，《病言》《在沪寄诸学子书》《治盗论》等是对其关心的宗族、时事问题进行了回应。是研究简朝亮思想及九江学派的重要文献。有1930年读书堂刊本。（李辰）

尚书集注述疏　经学著述。清简朝亮撰。35卷，附《读书堂答问》。清光绪二十九年（1903）刊行。结合清代尚书学研究既有成就，运用兼采汉宋的治经方法，详细辨析今古文《尚书》的篇目与文本，否定《书序》为孔子作的说法，考证《今文尚书》二十九篇中的逸文、注疏等问题。引证丰富，对郑玄、阮元等学者的尚书学研究有所驳正。有清光绪三十三年（1907）读书堂刊本。（李辰）

列国政要　政治学著述。清端方、戴鸿慈等编。132卷。清光绪三十三年（1907）商务印书馆出版。光绪三十一年（1905），载泽、戴鸿慈、端方、尚其亨、李盛铎五大臣奉命到日本、美国和欧洲各国考察宪政，翌年归国，编成此书。包括宪法10卷、官制10卷、地方制度5卷、教育19卷、陆军23卷、海军18卷、商政7卷、工艺2卷、财政29卷、法律8卷、教务1卷，后附中外名词对照表。上议国家宪法，下议地方自治，远述古代罗马法律，近述三权分立制度，是比较完备介绍西方法政内容的百科全书式著作。（陈椰）

西学东渐记　回忆录。清容闳撰。原书系英文，名为 *My Life in China and America*。清宣统元年（1909）在美国纽约出版。时间起自道光八年（1828），

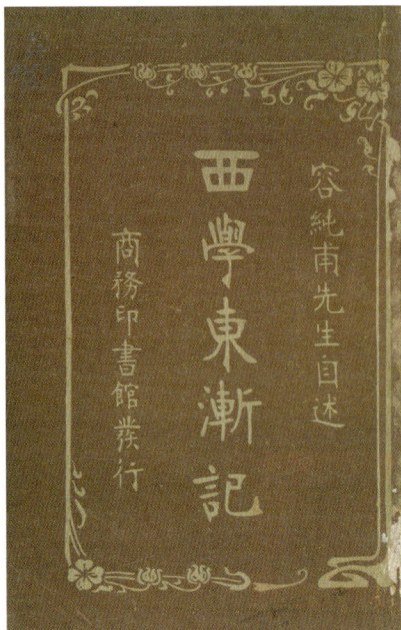

商务印书馆1915年版《西学东渐记》

迄于光绪二十七年（1901）。凡22章，前5章记叙作者赴美前的早期教育，以及到美国后的学习生涯，历时20年；第6章至第9章记叙作者学成回国后谋生的曲折经历；第10章和第11章记叙作者对太平天国的考察；第12章至第15章记叙作者投身洋务运动、进行实业救国的尝试；第16章至第20章记叙作者苦心经营留学事务；最后2章记叙作者参加维新变法的种种经历。反映作者寻求中国近代化道路的一生，间以评述、议论抒发己意，展现中国近代知识分子为救亡图存向西方寻求真理的艰辛历程和思想变迁。1915年徐凤石、恽铁樵节译成中文本，题为《西学东渐记》，商务印书馆出版。参见第175页历史卷"西学东渐记"条。（陈柳）

论语集注补正述疏 经学著述。清简朝亮撰。10卷，附《读书堂答问》。1917年读书堂刊行。以朱熹《论语集注》为主体，综合历代论语学及清代汉宋学研究成果，加"述曰"对朱注进行阐述补正。结合汉学训诂、名物及礼法制度考证优势和宋学重视义理阐发的特点，调和过往旧疏中的矛盾，使朱注文理贯通。是清代论语学研究

的代表性著作。1929年收入《续修四库全书》。（李辰）

孝经集注述疏 经学著述。清简朝亮撰。1卷，附《读书堂答问》。1918年读书堂刊行。结合郑玄、邢昺注和过往孝经学成果，考证《孝经》作者为乐正子春，校订过往孝经学著作在今古文文本、注疏、礼制等方面的缺漏，指出《孝经》具有导善治乱的意义。引据丰富，汉宋兼采，训诂义理并重。（李辰）

老子约 子学著述。清张其淦撰。4卷。1919年罗浮酥醪观浮山第一楼排印。体例上对《老子》81章，逐条疏证，先引前人之说，后下按语。以思想阐发为主，间有文本考证、校勘，主要从黄老道家以及儒家两个方面阐释《老子》，时有新意。（杨青华）

孝经说 经学著述。陈伯陶撰。1927年香港奇雅铅印。分为上、中、下三编。上篇论《孝经》与《春秋》相表里，中篇论曾子学行传授皆本《孝经》，下篇论孟子本《孝经》以辟杨、墨，对其师陈澧《东塾读书记》的学术思想有所发挥。征引广博，考证翔实，对当时的"非孝"思想大加申斥。（杨青华）

中国历史研究法 史学著述。清梁启超撰。1922年上海商务印书馆出版。是梁氏1921年在南开大学的讲演稿，部分内容摘刊于《改造》杂志，书前有自序，凡6章。着力对"史"的定义、意义和范围进行界定，分析中国传统史学的优劣得失，进而提倡改造旧史学，建立新史学，亦对史料学、史学研究应当注意的问题等进行专门探讨。（杨青华）

广东教育会杂志 学术刊物。广东教

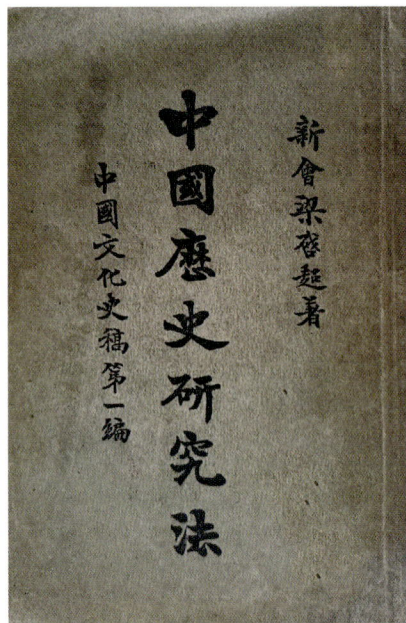

商务印书馆1924年第三版《中国历史研究法》

育会编辑处编，广州商务印书馆发行。首年为月刊，后不定期出版，共20期。1921年7月创刊，1924年5月停刊，至1929年1月复刊，1936年2月停办，停刊原因不详。语言通俗易懂，文风朴实。撰稿人有黄炎培、胡适、汪金、金曾澄、谭鸣谦、陈炯明、吴敬恒、林翼中、温仲良等。栏目有论著、会务、讲演、评论、演讲、会员录、政治教育、杂录、文牍等，刊发有关教育研究、国外教育、教授方法、

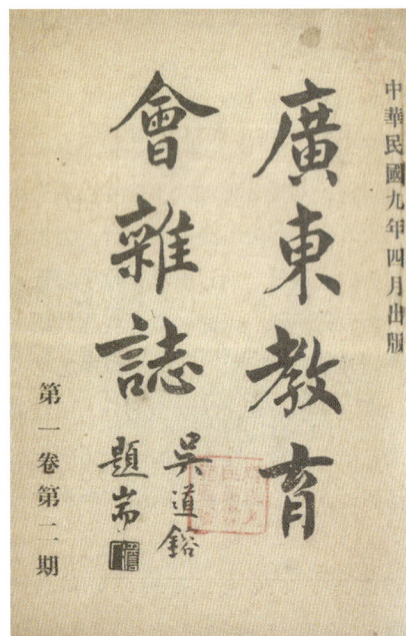

1920年第1卷第2期《广东教育会杂志》

师范教育、国文教育、华侨教育、儿童教育、中小学各科教育等方面的文章。翔实记载广东教育会会务报道，涵盖省级公署公函、教育活动安排、教育经费分配、部分会议记录、学校代表人员对广东教育的提议等。反映广东地方教育的历史状况。（黄明喜、李涛、颜蕴琦）

邵村学易　易学著述。清张其淦撰。20卷。1926年印行。体例上对《周易》经传逐条疏解，先引前人之说，后下按语。以义理为旨归，采用儒道杂糅的方式解释《周易》，且时有援引佛家之语，有明显的崇圣宗经倾向。（杨青华）

左传礼说　经学著述。清张其淦撰。10卷。1922年成书，1926年印行。对《左传》涉及的礼意、礼制逐条进行疏证，先征引前人说法，后下按语。倡导"六经皆礼"说，考证精审，旨在阐发《左传》中的礼学思想来挽救日渐衰败的礼教传统。（杨青华）

民俗学会丛书　民俗学著述。顾颉刚主编。39种。1927年起陆续由国立中山大学语言历史学研究所发行。代表性著述有《印欧民间故事型式表》《孟姜女故事研究》《妙峰山》《东岳庙》《中国歌谣概论》《民间文艺丛话》《粤讴》《河南谜语编》《狼僮歌谣》《畲歌》等。范围涵盖中外，内容涉及民间艺术、信仰、习惯等。是顾颉刚创办中山大学语言历史学研究所、发起民俗学运动的产物之一。（陈椰）

各国教育比较论　学术著述。庄泽宣编。1927年至1929年编成，1929年上海商务印书馆出版。共10章：第一章为各国学校系统之比较，第二章至第八章分别比较德法英美四国的教育

行政组织、初等教育、中等教育、高等教育、师范教育、职业教育、成人教育。第九章至第十章分别介绍日本和俄国教育的发展情况。侧重教育制度内部因素分析。（吴世勇）

岭南学报　学术刊物。广州私立岭南大学学报编辑委员会编，广州私立岭南大学出版。1929年12月创刊，1952年6月终刊。初期为季刊，后不定期出版，共12卷33册35期。以倡导学问、阐扬真理、推进岭南学术文化发展为办刊宗旨。刊发各类学术论著，提倡学术研究，促进文化交流。涉及文学、历史、哲学、农学、医学、工学等多学科，1933年起多为人文与社会学科。研究引证方法出现传统考据方法与现代学术中比较、实证等方法的良好融合。供稿人有夏迪文、朱士宾、阮真、陈受颐、谢扶雅、陈序经、邵尧年、林亮东、周信铭、赖义辉、钱南扬、李镜池、陈寅恪、王力等。图文结合，语言文白夹杂，文风针砭时弊。为综合性学术刊物，研究广东及岭南地区为主。（黄明喜、李涛、颜蕴琦）

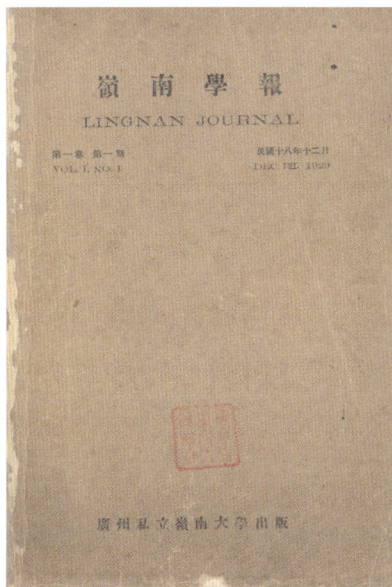

1929年第1卷第1期《岭南学报》

校勘学释例　文献学著述。陈垣著。8卷。1931年北京大学国学院研究所出版，针对《元典章》内部谬误所做的

考辨校勘，以作教学之用，故名《元典章校补释例》，后改称《校勘学释例》，以校勘《元典章》谬误为例，总结古籍谬误和校勘方法种类。其中古籍错乱种类有行款误例、通用字句误例、元代用字误例、元代用语误例、元代名物误例5种，并指出11种出错原因，进而总结提炼出"校法四例"：对校法、本校法、他校法、理校法。有中华书局1959、2004、2016年再版本。（李彬）

客家研究导论　史学著述。罗香林著。1933年兴宁希山书藏出版。针对客家的历史文化和族群演变所作的系统性、理论性研究论著。通过方志、文集、田野考察记等多种文献，梳理客家研究的发端、客家源流、分布及自然环境、语言、社会组织、文教以及与近代中国的关系，阐释客家的历史演变和族权特征，是客家研究学的基础论著。有上海文艺出版社1992年再版本、广东人民出版社2018年再版本。参见第439页语言文字卷"客家研究导论"条。（李彬）

职业教育通论　教育学著述。庄泽宣编著。1933年上海商务印书馆出版。庄泽宣在任职广东中山大学教育学研究所期间的讲学材料基础上整理而成。介绍英、法、德、美、日、苏等国职业教育发展，讨论中国职业教育的历史、现状与问题。附有职业教育的名词及定义、职业教育机构设施标准、职业训育标准、筹设国立专科学校计划等。对职业教育的中外发展史及演进过程进行详细的论述，对各种职业进行了具体的阐述，构成当时研究职业教育的重要理论依据。在叙述各国职业教育历史发展的同时，结合中国发展实际，重点梳理了中国职业教育的现状、发展和问题，是将外国的先进理论与中国的实际相结合的典范，

对改变当时教育界全盘接受西方教育方式的状况起到重要的警示作用。（吴世勇）

东西文化观 时论著述。陈序经著。1933 年初成书，1937 年岭南大学刊印。共 3 编，前有绪论，前 2 编详述复古派、折中派的主张，第 3 编论述全盘西化的理由。详尽地论述当时探索中国文化出路的三个派别——复古派、折中派、全盘西化派，旗帜鲜明地提出全盘西化的观点。（陈椰）

现代史学 学术刊物。国立中山大学史学研究会编辑和发行。不定期出刊，共 18 期。1933 年 1 月创刊，1942 年因战争迁往重庆，1942 年第 4 期改由国立中山大学文学院编辑，国立中山大学出版组发行。1943 年停办。栏目有史学理论、文化史学及经济社会史、教育史、美术史、译述、论著、学术通讯、历史辅助科学、辨伪及考证等。刊发有关社会史和文化史方面的研究论文，涉及经济史、宗教史、教育史、文学艺术史、外交史和婚姻制度史、考古学以及史料考证和辨伪等。语言通俗易懂，文风朴实。反映了当时中国史学界特别是中山大学史学系的研究水平与方向，是研究中华民国时期史学史不可忽视的资料。（黄明喜、李涛）

勷勤大学师范学院月刊 学术刊物。广东省立勷勤大学师范学院编辑和发行。月刊，共 19 期。1933 年 9 月创刊，1935 年 6 月停办。栏目有言论学艺、演讲录、规程、校闻、游记、公牍、专载、会议录、杂录、图书馆消息等。刊发有关师范学院及其附中附小的教务活动、师生文艺作品和研究论文等方面的文章。语言通俗易懂、文风朴实。为了解勷勤大学师范学院在教育理论与思想的发展提供丰富资料。（黄明喜、李涛）

元西域人华化考 史学著述。陈垣著。18 卷。最初分别发表在《国学季刊》和《燕京学报》，1934 年在励耘书屋结集出版。针对元代西域人（色目人）进入中原后逐渐被中原文化所同化问题所作的论著。包含绪论、儒学、佛老、文学、美术、礼俗、女学和总结。利用元代史料文献 200 余种，提出元代回回国子学是中国最早的国立外语学校。全景式地展示元代西域人华化的过程。有世界书局 1962 年重刻本、北京师范大学出版社 1982 年影印本、上海古籍出版社 2000 年再版本、中华书局 2016 年再版本。（李彬）

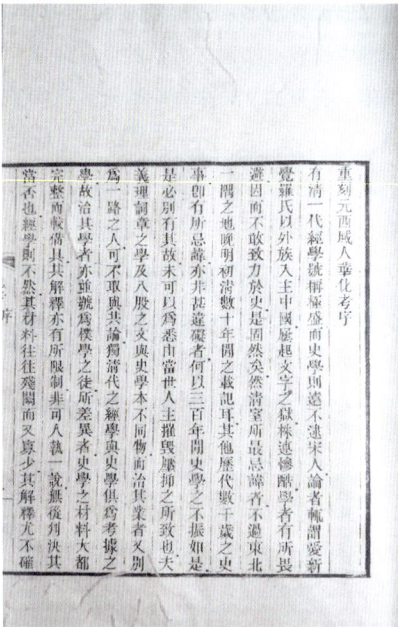

励耘书屋1934年版《元西域人华化考》

中国文化的出路 时论著述。陈序经著。1934 年商务印书馆出版。共 7 章，前有绪言。前 2 章提出关于文化的根本观念；第 3 章介绍折中派，第 4 章介绍复古派，第 5 章阐述全盘西化的理由；第 6 章提出近代文化的主力其实是个人主义；第 7 章针对当时的南北文化之争，提出其实质是新旧文化之争。明确提出"全盘西化"的口号，对当时探索中国文化出路的复古派、折中派两大派别予以否定，

把中国文化的出路放在全盘西化上。（陈椰）

南大教育 学术刊物。岭南大学教育学会编辑、发行。半年刊，共 7 期。1935 年 5 月创刊，1937 年停刊，1947 年 11 月复刊，1948 年停办。内容多与教育学专业相关，包括岭南大学教育系的情况介绍、各校教育实践消息、教育学的研究论文等。主要为师生提供的教育问题相关专论、青年问题相关探讨和教育实况。语言通俗易懂，文风朴实，具地方性色彩，反映当时岭南教育学发展情况。（黄明喜、李涛、颜蕴琦）

勷勤大学季刊 学术刊物。出版委员会编辑，广东省立勷勤大学庶务处发行。季刊，共 3 期。1935 年 10 月创刊，1937 年 2 月停办。刊发有关历史、文学、经济、教育、心理、物理、生物、地理、化学、金融和工程技术的学术论文和文艺创作翻译等方面文章。以探求真理，供应民众为办刊宗旨。语言文白夹杂，文风朴实，保存大量这一时期自然社会学科的发展概况的论文。对研究广东省立勷勤大学的学科教育发展具有重要参考价值。（黄明喜、李涛）

朱九江先生经说 讲学文本。清朱次琦口述，朱桥舫记录，朱杰勤整理。1936 年《国立中山大学语言文学专刊》第 1 卷第 2 期刊印。内容包括《易经》《尚书》《诗经》《周礼》《仪礼》《礼记》《春秋》《左传》《公羊》《穀梁》10 个部分。平实敦大，不涉丛碎，兼具义理与考据。体现了朱次琦经史互证、兼采汉宋的学术特点。（李辰）

一条鞭法 史学著述。梁方仲著，1936 年发表在《中国近代经济史研究

集刊》。以一条鞭法为核心，论述明代前后田赋税法的变革和历史影响。包括"导论"和"一条鞭法本论"。重心在"一条鞭法本论"，具体考证明代差役、赋役、税粮的合并编派、合并征收、用银缴纳、征收和图册制度的建立及演变历程，阐释明清社会结构的解体过程。引证丰富，论述严密，是对明代田赋史带来有结论性的论文。被转译成英、日等多国文字。被《梁方仲文集》《梁方仲集》等收录。（李彬）

广东书院制度沿革 书院研究著作。刘伯骥著。1939年长沙商务印书馆出版。凡11章，包括绪论、起源与变迁、分布的形态、院舍、行政及组织、经费、师生、课程与训导、书院制度在社会的地位、书院制度之没替、结论。将广东书院发展史分为四个时期，即南宋嘉定元年至明弘治十八年（1208—1505）开端时期、明正德元年至清顺治六年（1506—1649）创兴时期、清顺治七年至嘉庆二十五年（1650—1820）的变态时期、清道光六年至光绪二十七年（1826—1901）

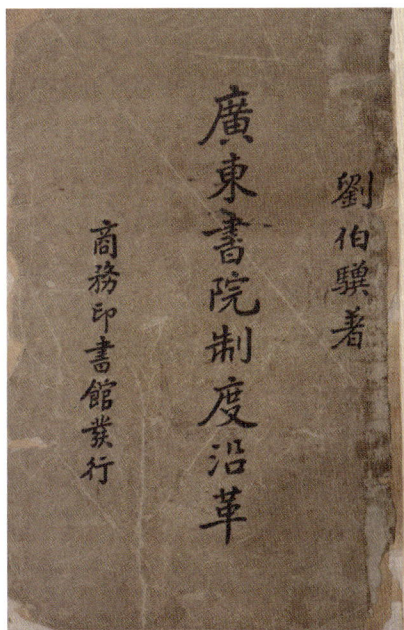

商务印书馆1939年版
《广东书院制度沿革》

革新时期。主张从教育制度入手来了解古代教育的原理，强调书院与社会间的互动关系，把书院教育史理解为政教合一、训教合一的过程，厘清广东书院的变革动力、起源、分布、教学特征、制度地位与更替。基于史料学、统计学的视角，广泛征引奏章、地方志、书院志等史实，并对其进行数据统计和分析，拓展了广东书院教育制度研究的深度和广度。（黄明喜、闫雪映）

教育导报 学术刊物。广东省政府教育厅编辑和发行。不定期出刊，共29期。1939年10月创刊，1942年11月停办。栏目有专载、论著、读书指导、学校通讯、民众文库、参考资料、教育法令、教育消息等。刊发学校教育和社会教育方面的理论研究、工作报告、学说介绍、通讯特写等方面的文章。以成为学校教师的进修指导，社教人员的工作指南，师范学生的课余良友，政工人员的精神粮站为办刊宗旨。语言浅近易懂，文风朴实，为了解当时广东省教育厅及属下各校的行政法规提供了丰富资料。（黄明喜、李涛、王江）

广雅书院刻书表目 版本目录学著述。刘伯骥辑。表目分列书名、著者、册数、卷数4栏表格，辑录广雅书院刊刻的《周易解故》《说文引经例证》《史记志疑》《十七史商榷》《二十二史考异》等经史要籍，汇列书目共计179种2096册5746卷。所收书籍大多是清代的经史训诂考据佳作。有长沙商务印书馆1939年《广东书院制度沿革》本。（郑振伟）

学海堂刻书表目 版本目录学著述。刘伯骥辑。表目分列书名、著者、册数、卷数4栏表格，辑录学海堂刊刻的《学海堂志》《学海堂集》《学海

堂专课章程》《皇清经解》《十三经注疏》《通典》《续通典》《皇朝通典》《礜经室集》《学海堂丛刻》《剑光楼集》及经史要籍等，汇列书目共计36种1254册3334卷。有长沙商务印书馆1939年《广东书院制度沿革》本。（郑振伟）

广东女子艺文考 文史论著。冼玉清著。1941年商务印书馆出版。在梳理历代经史和广东方志、文集的基础上，按经、史、子、集顺序排列呈现古代岭南才女的诗文及论著，并加以深入研究。辑录广东女子在经部的艺文3种、史部2种、子部3种、集部84种。征引丰富，论证简洁明快，系统梳理了历代岭南才女的创作历程。2014年收入广西师范大学出版社出版《西樵历史文化丛书》。（李彬）

明代思想史 史学著述。容肇祖著。1941年开明书店出版。共10章。以时间为序，着重论述明代27位思想家，包括明初的朱学传人宋濂、王祎、方孝孺、薛瑄、吴与弼、胡居仁；明中期姚江、江门两个学派。辑录陈献章、林光、湛若水、王守仁、王畿、邹守益、聂豹、罗洪先、王艮、黄绾、罗钦顺、陈建、胡直、何心隐、李贽、焦竑、陈第、黄道周和刘宗周的思想。后加附录《论复社》。围绕王学展开，以叙述王学及王门后学为主。依循朱学势衰，王学兴盛、再至衰落的理学发展演变过程，着眼于王阳明的生平行事和思想学说，诸如格物说、良知说、心体说、明德亲民说、知行合一说的解析。（郭海鹰）

纯常子枝语 学术著述。文廷式撰。40卷。1943年南京刻板行世。广涉经学、小学、史学、官制、地理、词章、术数、宗教、天文等诸多领域，旁征博引，考镜源流。（杨青华）

太平天国革命文化史　史学著述。朱谦之著。1944年中华正气出版社出版。针对太平天国的史料、史事和理论方法问题所作。强调应用孙中山太平天国革命史观研究太平天国的文化和历史。共3章。依次介绍太平天国史料及其研究方法、太平天国革命文化之背景和革命文化面面观，并附录作者对太平天国天德王的考证。较早采用唯物主义史观研究太平天国的论著。（李彬）

广东教育　学术刊物。广东省教育月刊社编辑，广东省政府教育厅发行。月刊，共12期，其中第1卷第3—4期合为一期发行。1946年5月创刊，1948年6月停办。语言明白晓畅，文风朴实。撰稿人有姚宝猷、何心石、毛礼锐、陈粤人、阮镜清、朱圣果、马鸿述、王星拱等。广东省教育厅厅长姚宝猷撰写代发刊词。栏目有著论、特载、报告、讨论、文摘、杂著、统计、专载、人物传记、通信报告、教育资料和教育信息等。旨在激发教育工作者的敬业思想，研讨教育工作的实际问题，内容包括教育制度、教学方法、教材安排和各地教育概况等，介绍职业教育、乡村教育情况，并刊登国民政府有关教育工作的规章、法令，包括有关教育论著、中等教育、师范教育、儿童教育以及广东省各级各类教育的行政法规等。以介绍教育新的理论与方法、研究教育学术、探讨教育实际问题、传达教育信息、报道教育概况为办刊宗旨。（黄明喜、李涛、聂建霞）

海南岛之苗人　民族学著述。王兴瑞著。1948年珠海大学出版。共9章。在1936—1937年考察海南岛苗族和黎族的基础上，详细探究海南岛苗族的源流及文化变迁，系《海南岛苗族社会调查》姊妹篇。通过梳理历代正史、

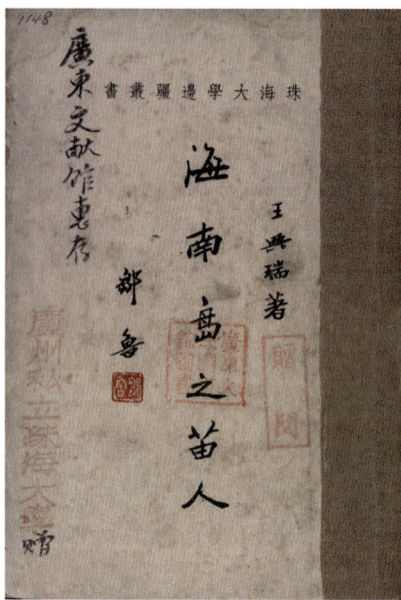

珠海大学1948年版《海南岛之苗人》

地方志、文集，结合对海南岛苗族细致的田野考察，阐明海南岛苗人的来源分布、人口、语言、经济状况、社会组织、日常生活、风俗习惯、宗教迷信、歌谣传说以及与汉族、黎族之间的关系，并附有考察日记。为学界考察海南岛苗族等少数民族提供第一手的田野资料，是海南岛民族学论著的开山之作。（李彬）

广大学报　学术刊物。广州大学出版委员会编辑，广州大学事务处发行。不定期出刊，共2期。1937年5月创刊，1949年3月复刊，1949年停办。栏目有《特载》等。刊发有关哲学、政治、经济、历史、社会教育、国学、自然科学等方面的论文，并特载该校沿革、十周年校庆纪念大会和历年学生人数、毕业人数等情况。纪念性刊物，以与社会人士相切磋于学术之林为办刊宗旨，为了解广州大学的建立与发展提供丰富的资料。（黄明喜、李涛）

广东教育战时通讯　学术刊物。广东省教育厅编辑和发行。不定期出刊，共59期。1939年1月创刊，1943年停办。栏目有论坛、消息、报告、转

载、论著、报告、规章、通讯、特写、教育复员特辑、法规等。刊发有关战时教育法令章则、教育理论研究、教育工作报告、教育学说介绍、教育实际问题以及教育战时检讨等方面的文章。以研究战时教育的理论与实施，传布战时教育的消息与工作为办刊宗旨，为了解广东战时教育理论与政策提供丰富的资料。（黄明喜、李涛）

中山学报　学术刊物。国立中山大学研究院编辑，国立中山大学出版社发行。月刊，共13期。1941年11月创刊，1944年4月停办。由国立中山大学各学院、各研究所轮流主编。以传播专门知识，阐扬高深理论，便利员工发表，发挥本校精神为办刊宗旨。曾发行文学院专号、地质学专号、理学院专号、医学专号等。刊发有关文学、历史学、哲学、人类学、语言学、教育学、经济学、地理学、地质学、物理学、化学、医学、生物学等学科方面的文章。为了解抗战时期中山大学学报的创办与发展提供丰富的史料。（黄明喜、李涛）

中等教育　学术刊物。国立中山大学师范学院中等教育辅导委员会编辑发行。不定期出刊，共10期。1942年11月创刊，1944年11月停办。编辑委员有黄麟书、齐泮林、刘桂灼、陈粤人等。何心石、严学窘、袁公为等在该刊发文。刊登有关中等教育和师范教育（包括战时教育）问题的论著、教育报告、教育消息、教材教学方法等。文字简明，通俗易懂，在辅导广东省中等学校开展有关教育理论和实际研究、发扬教育学术、改进实施状况等方面有促进作用。（黄明喜、李涛）

社会教育年刊　学术刊物。广东省立

文理学院社会教育年刊编委员编辑，广东省立文理学院教育学会出版。不定期出版，共5期。1943年6月创刊，1946年至1947年停刊，1948年5月复刊，出版第4、第5期合刊后因经费等问题停刊。栏目有一般教育论著、社会教育专论、专载、报告、师生集体写作、首届社会教育学系毕业生论文题目等。主要刊发师生研究教育理论与实践，以及教育学系的发展过程与教学概况。以促进会员学习兴趣和改造教育为办刊宗旨。语言通俗易懂，文风朴实。撰稿人有张燕祥、陈子明、阮镜清、杨荣春、何绍甲、洪启翔、徐锡龄、石玉昆、廖子东、张练坚、黄秉良等。为了解华南师范大学教育学的发展过程与教学概况提供了丰富的资料。（聂建霞）

广州教育　学术刊物。广州市教育局编辑出版。不定期出版，共2期。1946年12月创刊，1947年12月停办。以抒发纬论、交换意见为办刊宗旨。栏目有专载、转载、论著、工作报道、教育研究、教育复员特辑、法规等。刊发有关儿童教育、中等教育、国民教育、师范教育、社会教育的教育理论，教育政令，及广州光复后的教育复员工作与世界教育新潮等方面的文章。为了解广州地区的教育政策和基础教育发展概况提供丰富资料。（黄明喜、李涛）

中国古代思想史　史学著述。杨荣国著。1954年生活·读书·新知三联书店出版。采用马克思唯物辩证法的立场和方法论，对先秦时期的社会思想进行探析。认为殷周社会向西周末及春秋战国时代发展，是社会生产力发展的结果。社会制度的急激变革，是先秦诸子思想产生的历史土壤。孔子虽然首开讲学之风，但他维护贵族统治，是保守的。平民阶层的墨子及其

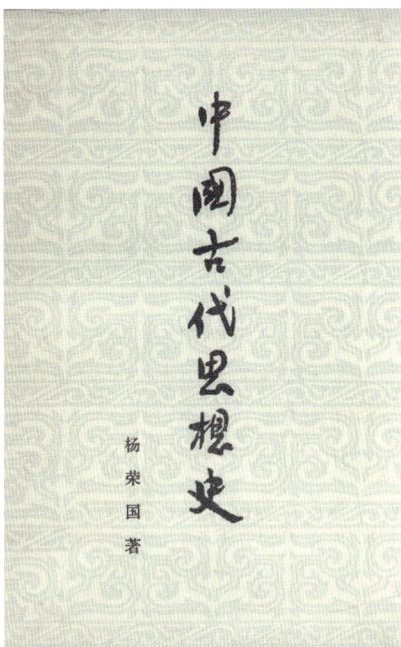

生活·读书·新知三联书店1973年版《中国古代思想史》

后学，提出"兼爱"，与孔子的"仁"相对立。道家与儒、墨两家不同，追求超然物外。认为法家及荀子，代表新兴地主阶级的利益，其礼表法里的思想支配中国2000多年的封建统治制度。后被翻译成俄文，1957年苏联国家出版局出版。（郭海鹰）

古史考存　史学著述。刘节撰。1958年人民出版社出版。依时间顺序，收录刘节1928—1949年公开发表的20篇中国古代史论文。内容涉及先秦至唐宋时期的史事、古籍、古器物以及先秦诸子思想考证。其中代表性论文为《洪范疏证》《好大王碑考释》《寿县所出楚器考释》。引证详细，逻辑严密。有商务印书馆2016年再版本。（李彬）

殷代贞卜人物通考　甲骨文论著。饶宗颐著。1959年香港大学出版社出版。针对甲骨文中人物的名称和史事问题所做的研究论著。分上下两册，共20卷。卷1介绍甲骨的分布、种类及龟卜占书源流及仪式等。卷2解释甲骨贞卜人物记名方式。卷3—17为全书

核心，从甲骨卜辞详细分析、整理和考释170个贞人及其相关史事。最后批驳董作宾武丁复古说。在方法上，提出"分人研究法"，便于甲骨分期和全面整理。有中华书局2015年再版本。（李彬）

便桥集　哲学著述。杜国庠著。1960年广东人民出版社出版。辑录作者自20世纪40年代起发表的关于中国思想史和中国哲学问题的文章，凡30篇，分为4组，第1组为批判性文字，第2组为古代唯物思想介绍，第3组"红棉屋札存"为读书札记，第4组为古代逻辑研究的意见。试图运用辩证唯物主义的方法梳理传统文献，阐明唯物思想，批判唯心主义。（陈椰）

太平天国全史　史学著述。简又文撰。1962年香港简氏猛进书屋出版。分上中下三册，共29章，以时间为经，叙述洪秀全出身、革命准备、金田起义，尤其侧重太平军的诸多战事、内乱和衰亡史事，兼及上海小刀会起义、广东红军起义等事件，系统地展示太平天国运动的全貌，揭示太平军从崛起、发展、内乱到衰亡的原因和教训。（李彬）

周易探源　易学著述。李镜池著。1963年成书，1978年中华书局出版。收录20世纪30至60年代9篇易学研究论文，以古史辨派学术立场，从社会发展史的观点推勘典籍史料，运用语言训诂的方法将《周易》视为历史记录和历史变革的见证，推断《易经》为周王朝卜史之官所编卜筮之书，成书于西周晚期，是以历史材料作为依据表现作者哲学思想的占筮书。认为《易传》非出自一人之手，是战国末期陆续出现的作品。（陈椰）

中国史学上之正统论　史学著述。饶

宗颐著。1977年香港龙门书店出版。针对困扰历代王朝和古今学者的核心观念——"正统论"所作的论著。分为"通论"和"资料"两部分，重在"通论"。"通论"又分为13个部分，详细梳理从先秦到明清时期的历代"正统说"之起源、表现和演变，着重指出"正统论"有两大来源：邹衍五德终始说和春秋大一统说，在时空上有两大分类范畴，对中国古代政治、道德和史学等产生了深远的影响。是首部系统梳理和研究历代"正统论"的论著。有上海远东出版社1996年再版本、中华书局2015年再版本。（李彬）

蛋家人　民族学论著。张寿祺撰。1991年香港中华书局出版。针对疍家人的来源、称谓、种属、语言、风俗习惯等谜团所做的考察和研究论著。分为3个部分，系统论述从古至今疍家人的来源和分布，阐明疍民的族源之谜，展示疍家人的生活图景。首次解剖中国南方水上居民群的全息图景，有助于岭南民族学和人类学的深入研究。（李彬）

广州城坊志　历史地理著述。黄佛颐编纂。6卷。首部有关广州城坊街道的著作。1948年被叶恭绰《广东丛书》编入出版。卷1包含总论至越王井史地，卷2述及粤秀街至药洲，卷3述及西湖街至满汉八旗箭道，卷4述及北城外、新城，卷5述及西关，卷6述及东关、河南。以街道为导，补入资料，首次详细展示广州街道史地掌故。有广东人民出版社1994年仇江、郑力民、迟以武点注"岭南文库"本，暨南大学出版社1994年钟文点校"岭南丛书"本。（李彬）

建立中国民俗学派　民俗学著述。钟敬文著。1999年黑龙江教育出版社出版。前有自序，正文共6节，附录收录杂文7篇，后有钟敬文学术论著要目。阐明建立中国民俗学派的必要性和可能性，论述中国民俗学的独特性及其旨趣，将理论民俗学、记录民俗学与历史民俗学作为中国民俗学的三大支柱。提出"中国民俗学派"的概念，率先倡导"多民族一国民俗学"的观点，显示出中国民俗学者的学科自信。（陈椰）

中国哲学对欧洲的影响　哲学著述。朱谦之著。2006年上海人民出版社出版。分为"前论"和"本论"两部分。"前论"讨论欧洲文艺复兴与中国文明和18世纪中欧文化的接触，介绍明清时期传教士在欧洲出版的介绍中国文化的著作。"本论"旨在分析中国哲学对西方的影响，特别是讨论宋儒理学对耶稣会士的影响、中国哲学对欧洲启蒙运动的影响、中国哲学对法国大革命的影响以及中国哲学对德国哲学的影响。征引的中外文献达数百种，注释详尽，广涉哲学、宗教、科学、艺术、文学各个方面，是中西文化交流史研究领域重要文献。（郭海鹰）

七　语言文字卷

概　况

岭南汉语方言　岭南汉语方言复杂多样，广东省汉语方言主要有粤方言、客家方言和闽方言，其次是粤北土话，少数地区使用军话、旧时正话、湖南话（西南官话）、湘方言、赣方言。海南省汉语方言主要有海南话、儋州话、军话、迈话、疍家话。广西壮族自治区钦州、梧州、北海地区主要使用粤方言，贺州、合浦地区使用客家方言。广东省使用人口最多的是粤方言，使用人口4000多万，主要分布于珠江三角洲及粤西地区、粤北部分地区。客家方言使用人口2000多万，主要分布于粤东北与粤北，粤西部分地区也有成片的客家方言分布。零星的客家方言村落散布于广东省多数地区。闽方言使用人口1800多万，主要分布于粤东南与粤西南的沿海区域，地跨潮州、汕头、揭阳、汕尾、湛江、茂名6个地级市，分为潮汕方言和雷州方言，前者接近福建闽南方言，后者接近海南琼文闽方言。中山、清远、韶关、惠州等地还有一些闽方言岛。粤北土话使用人口约50万，主要分布于粤北，与客家方言呈穿插交错状分布，如韶关市所辖乐昌、曲江、仁化、乳源、南雄、武江、浈江7个县（市、区）及清远市所辖连州市（原连县）和连南瑶族自治县，其中乐昌、连州、曲江三县（市）分布最广，归属未明。军话使用人口约2.5万，主要分布于惠东县平海镇及周边区域、陆丰市西南镇大部及大安镇的个别村落。军话因与明代卫所军户关系密切而得名，或多或少保留明代通语的一些特点，也混杂周边其他方言的特点，属濒危方言。旧时正话使用人口不足1万，主要分布于茂名电白区（原电白县）大衙镇的部分村落。湖南话（西南官话）主要分布于乐昌、连州两市的北部地区，说土话的居民一般还会说湖南话，形成对内使用土话、对外使用西南官话的双方言交际格局，西南官话是湖南南部西南官话就近扩散的结果。湘方言主要分布于连州市、乳源县某些邻近湖南的地区（如连州与湖南交界的山村，乳源的桂头镇和杨溪镇）。赣方言通行于南雄市界址、梅岭两乡。海南省使用人口最多的是海南话（闽方言琼文片），使用人口500多万，主要分布于海口、琼山、文昌、琼海、万宁、定安、屯昌、澄迈等市县的大部地区和陵水、乐东、东方、昌江、三亚等市县的沿海一带，属强势语言。儋州话使用人口40多万，分布于儋州、昌江、东方等市县的沿海一带，具混合方言性质。军话使用人口10多万，分布于昌江、东方、儋州和三亚的部分地区，属汉语北方方言西南官话系统，是古代从大陆充军来海南岛的士兵和仕宦留下的语言。迈话使用人数不多，是一种尚不容易划归方言系属的混合型方言，目前只有三亚市郊的崖城和水南一带居民使用。疍家话（属粤方言）主要是三亚等沿海港口的渔民使用。（甘于恩、邵慧君）

岭南少数民族语言　岭南历史悠久，民族语言复杂多样，共有瑶、壮、回、满、畲、黎、京7个少数民族。广东省境内主要有瑶、壮、回、满、畲5个少数民族，占总人口的1.98%。主要有瑶、壮、畲等语言。广东瑶族分布于粤北乳源瑶族自治县（属韶关市管辖）和连南瑶族自治县、连山壮族瑶

族自治县（属清远市管辖），所用的勉语属苗瑶语族的瑶语支，连州、始兴、曲江、阳山、英德、翁源、仁化、乐昌、怀集、阳春等县市也有部分瑶胞散居，多使用当地汉语方言。广东壮族分布于连山壮族瑶族自治县和怀集县两地，使用的壮语属侗台语族壮傣语支。怀集、封开两县，有约20万人使用标话，主要特点近于侗台语族，受当地方言影响大。广东回族、满族使用当地汉语方言。广东畲族分布于潮州市（凤凰山区）、梅州市丰顺、汕尾市海丰、惠州市惠东、博罗、广州市增城等地，除博罗使用畲语（属苗瑶语族）外，其他各地畲话基本上是汉语方言。广西壮族自治区京族主要分布于防城港市的东兴市江平镇沥尾、山心、巫头3个海岛，使用京语。海南省境内的民族语言有黎语、勉语、临高话、村话、回辉话等。黎语主要分布于海南中南部的乐东、琼中、白沙、五指山、保亭、东方、昌江、三亚、陵水9市县。勉语分布于琼中、保亭。临高话分布于临高县、琼山西部、海口西郊、澄迈北部和儋州东南部，是通行于海南北部的一种带有壮侗语性质的语言。村话又称哥隆话、琼山土话，属侗台语族黎语支，是海南北部（昌化江下游）的一种民族语言。回辉话主要分布于三亚市回辉、回新村，属南岛语系。（甘于恩、邵慧君）

粤方言 又称粤语。汉语方言。本地人称白话、广府话，外地人或某些区域习惯称为广东话。分布于广东省、广西壮族自治区部分县（市），香港、澳门特别行政区以及一些海外华人社区。粤方言在香港、澳门特别行政区，是社会通用的共同交际语。在海外如南北美洲、大洋洲、欧洲、亚洲的许多华人社区，也是主要交际用语。以广州话为代表。语音特点是：保留古微母 m- 的读法，古精、知、照三组合流，古晓、溪母合口字多读 f-，如"欢［fun⁵⁵］""款［fun³⁵］"；韵母和声调较多（通常有 8—10 个声调，按古声母的清浊分化为阴阳两类），保留完整的中古阳声韵尾 -m、-n、-ŋ 和入声韵尾 -p、-t、-k，有长短元音的对立。词汇特点是：单音节词比普通话多；一些复音词的词素次序与普通话不同，如"挤拥（拥挤）""齐整（整齐）"；保存古汉语词较多，如"颈（脖子）""翼（翅膀）""着（穿）"；外来词比其他方言多，如"波（球，英语 ball）""恤衫（衬衣，英语 shirt）""士多（小杂货店，英语 store）"；有一批方言特有词，如"嘢（东西）""点解（为什么）""巴闭（厉害）""边度（哪里）"。语法特点是：不少句型的语序与普通话不同，如比较句"我大过你（我比你大）"、表"给予"义的双宾句"畀本书我（给我一本书）"；有修饰语后置现象，如"你行先（你先走）"。粤方言内部各地存在差异，一般分为 7 个次方言片：广府片（粤海片）、四邑片、高阳片、吴化片、勾漏片、邕浔片、钦廉片。（邵慧君、甘于恩）

粤语 见"粤方言"。

客家方言 汉语方言。通称客家话，部分地区又称偟话、麻介话。岭南客家方言分布于广东省、广西壮族自治区、香港特别行政区和海南省。语音特点是：古全浊声母今逢塞音、塞擦音不论平仄一般读送气清音，如梅州话"舅［kʰiu⁴⁴］""白［pʰak⁵］"；古非组字仍有部分保留重唇读法，如"肥［pʰi¹¹］""尾［mi⁴⁴］"；多无撮口呼韵母，如"雨［i³¹］"；部分古浊音声母上声字声调今读同阴平调，如"马［ma⁴⁴］""近［kʰiun⁴⁴］"等；声调一般有 6—7 个，入声多按古声母清浊分阴阳，且阳入调值多比阴入调值高。词汇特点是：有较多古汉语词汇，如"面（脸）""饥（饿）"等；单音节词较普通话多，如"声（声音）""索（绳子）"等；部分词素前后位置不同于普通话，如"欢喜（喜欢）""碑石（石碑）"等。语法特点是：词缀相当丰富且有特色，如前缀"老"，可以用于人，也可以用于动物，如"老弟（弟弟）""老蟹（螃蟹）"等；后缀"牯""公""婆""嬷"等，除了用于人或动物，如"贼牯（小偷）""鸡嬷（母鸡）"，也可以用于无生命物体，如"石头牯（大石头）""碗公（大碗）""舌嬷（舌头）"等。（梁施乐、邵慧君）

闽方言 汉语方言。广东人又称为潮汕话、雷州话。岭南闽方言分布于广东省东部与西南地区 30 多个县市，海南省北部、东部、南部、西南部沿海地区共 16 个市县，广西壮族自治区东南部和北部地区也有零星分布。内部分歧大，划分复杂，岭南地区闽方言除广西壮族自治区、广东省北部等零星分布地外，分别归属 3 个主要的闽方言片。潮汕片，分布于广东省东部 14 个市、区、县；琼文片，分布于海南省的 16 个县、市；雷州片，分布于广东省雷州半岛 7 个县、市。语言特点是：保留上古舌上与舌头不分的特点，即古知组字读如端组塞音，如"茶、陈、猪、竹"；古匣母字今白读多读 k- 或零声母，如"猴、厚、寒"白读声母为 k-，"红、学"白读为零声母；保留与福建闽方言相同的基本词汇，如"厝（房子）、鼎（锅）、喙（嘴）、骹（脚）、塍（田）、囥（藏）"等。在连读调和鼻化元音方面存在差异，广东东部的潮汕地区与福建的闽南方言有丰富的鼻化元音和复杂的连读调，雷州半岛、

海南等地没有类似特点。（刘新中）

港澳语言文字 香港和澳门两个特别行政区的语言文字应用。主要使用粤方言，但香港新界原来使用客家方言，现仍有部分人口使用该方言。香港部分区域（如北角、官塘、将军澳）闽南话也是通用语言；澳门部分居民使用的闽南话主要来自福建泉州，人口约2万。香港的语文现状为"两文三语"（即中文、英文、英语、粤方言、普通话），香港的中文书面语是一种带有粤方言特色、受英语影响较大的语体，亦带有传统汉语的色彩，俗称三及第；澳门的官方语言为汉语和葡萄牙语，葡萄牙语对澳门汉语也有一定的影响。粤方言在港澳社会的通用度比较高。文字使用方面，香港和澳门两个特别行政区书面语通行繁体字。在民间各种场合，粤方言地区盛行粤方言俗字，如"佢（他）""冚""奀"等。香港和澳门两个特别行政区的语言文字，与外来语言文化有程度不同的接触，具有各自的特色，就源头而言，香港和澳门两个特别行政区的方言文化来自中国内地，内地与港澳是源与流的关系。（甘于恩、邵慧君）

海外粤方言 在海外流播距离最远、范围最广的汉语方言之一。其流播范围包括南北美洲（美国、加拿大、古巴、秘鲁、巴西、阿根廷、委内瑞拉、哥伦比亚、危地马拉、巴哈马等）、大洋洲（澳大利亚、新西兰）、欧洲（英国、法国、荷兰、意大利、西班牙等）、亚洲（马来西亚、新加坡、越南、缅甸等）和非洲（南非、马达加斯加、留尼旺等）等。在海外流播较多的是广府片粤方言，有的区域使用四邑片粤方言，如缅甸仰光华人社区通行台山话，委内瑞拉华人社区使用恩平话。早期美洲一带（如美国旧金山、加拿大）华侨主要讲四邑片粤方言，后随着穗港澳移民的增加，广府片粤方言影响逐渐超越四邑片。也有个别海外华人社区通行其他粤方言，如泰国南部的也拉府勿洞县的华人使用广西容县白话为主，美国夏威夷华人社区主流用语是中山话。海外粤方言与岭南本土粤方言语音差异不大，词汇受居住地语言和文化的影响有所变异，特别是各国特有事物与特产的说法，与本土粤方言有明显差异。如越南粤籍华人称当地的无领衫作"三婆衫"，北美粤籍华人称在当地出生的后代作"竹升"，古巴粤籍华人称雪茄作"大烟"，南非粤籍华人称市中心作"埠心"。各地粤方言与异文化接触，借用不少所在国语言的词语，如洛杉矶粤方言的"明年"不说"出年"或"明年"，而是说［net⁵ si²¹ je²¹］，明显来自英语的 next year；吉隆坡粤方言的［ma³³ sak⁵］，来自马来语的 masak（一种类似过家家的儿童游戏）；或可能借自其他汉语方言，如泰国勿洞白话"老板"不说粤方言惯用的"老细"，而借用闽方言的"头家"（来自泰国潮汕话），新加坡广府话说"家己"（来自新加坡闽南话）而不说"自己"。语言接触是双向的，粤方言的海外流播对所在国的语言也产生影响，英语便借用不少来自粤方言的文化词，如 kongfu 来自粤方言的"功夫"，lychee 来自粤方言的"荔枝"，dimsum 来自粤方言的"点心"，wok 来自粤方言的"镬（锅）"，其他如法语、越南语、马来语等也有一些粤方言借词。（甘于恩、邵慧君）

海外客家方言 在海外华人社区中流行的汉语方言之一。主要流行于东南亚的马来西亚、印度尼西亚、新加坡、文莱、泰国、越南、缅甸、东帝汶等国，马来西亚的东马砂拉越、沙巴、印度尼西亚的加里曼丹等地尤为活跃。在非洲岛国毛里求斯、法国海外省留尼汪岛的圣皮埃尔，南美洲巴拿马的巴拿马城，苏里南等国华人社区，也生活着不少客家籍华人。海外华人社区的客家方言主要分为深客和半山客两类。深客指祖籍地为广东梅州、惠州惠阳、深圳宝安一带的客籍人士和客家方言；半山客指祖籍地为广东揭西一带的客籍人士和客家方言。相对于海外广东粤方言，海外使用人数较少的广东客家方言略显弱势。由于海外居住国主流语言的冲击、不同国家华人社区内较强势的汉语方言影响、华人二次移民等原因，使用人数较少的海外客家方言出现不同程度的萎缩，印度加尔各答客家方言华人社区的萎缩就是一个例子。海外客家方言除保留一些古汉语词和客家方言的老方言词语以外，其使用者也创造了一批有别于祖籍地方言的新词语，如泰国曼谷的客家人称泰国特有的泼水节为"番人年"，马来西亚柔佛士乃的客家人叫人妖做"阿瓜"，越南胡志明市的客家人称街廊为"走马楼"。海外客籍人士也借用了居住国主流语言及英语的一些词语，如文莱马来奕的客家人称呼肥皂的"雪文"来自马来语的 sabum。巴拿马巴拿马城客家方言称自助餐为"布菲"，可能来自西班牙语的 bufet libre，也可能来自英语的 buffet。越南胡志明市客家方言的"保龄球"来自英语的 bowling。（陈晓锦）

海外潮汕闽方言 在海外华人社区中流行的广东潮汕闽方言。潮汕方言在海外主要流行于东南亚，特别是泰国、柬埔寨、老挝，其祖籍地大多是广东潮汕地区。马来西亚、印度尼西亚、越南等国的华人社区也有潮籍人士。法国巴黎等地，因东南亚华人的二次移民，形成比较新的以潮汕籍华人为主的聚居地，如巴黎的13区。海外潮汕方言在与不同国家的主流语言、华人社区中其他汉语方言的长期接触

碰撞中，逐渐衍生出自己的特点，形成糅合广东潮汕各地方言语音特点的大潮汕话。除保留一些古汉语词和潮汕方言的老方言词语外，不同国家的潮汕方言使用者创造出一批有别于祖籍地方言的新词语，如马来西亚新山、新加坡、老挝万象潮州话，称身份证为"登记"，马来西亚新山、新加坡、柬埔寨金边、泰国曼谷潮州话均称居住国的主流语言为"番囝话"，新加坡潮州话称塑料袋为"纸袋"，越南胡志明市潮州话把当地一种用于做配料的香菜叫做"安南葱"等。海外潮汕方言还吸收各国的主流语言、英语的一些借词，如马来西亚新山潮州话用于表示市场的"巴刹"来自马来语的 pasar，越南胡志明市潮州话表示奶酪的"芝士"来自英语的 cheese。各国主流语言也有受当地华人社区影响而吸收潮汕话成分的例了，如泰国，潮州话是不同祖籍地华人共同使用的比较强势的社区方言，其词语也被泰语借用。如"头家（老板）、头家娘（老板娘）、自己人、

粿条（宽米粉条）、菜头粿（萝卜糕）、鲍鱼、草鱼、豆芽、豆腐、豆腐乳、桌（桌子）、交椅（椅子）"等为泰语所用，在泰语里采用潮州话读音。（陈晓锦）

广东方言工具书出版　出版行为。岭南大方言分为粤方言、客家方言和闽方言。广东方言工具书是对三大方言研究而形成的字、词典。其出版大致分为三个阶段：第一阶段是 19 世纪 20 年代后，传教士再次东来以及与西方贸易的需要，以传教士为主体作者，出版了一批汉英字、词典，粤方言、客家方言与潮汕方言字、词典，以及对照学习手册等，如马礼逊《华英字典》《广东省土话字汇》，璘为仁《潮州话初级教程》，高德《汉英潮州方言字典》，湛约翰《英粤字典》。第二阶段是 20 世纪 80 年代前，主要是韵书或字典，如周冠山《分韵撮要》（广州省港五桂堂，清末民初，韵部为 33 类）；黄锡凌《粤音韵汇》（上海中华书局 1940 年，分 53 个韵母依

序排列），是第一部用现代语言学观点分析广州话音韵结构的韵书，对香港和澳门的影响大。这一时期粤方言工具书多在香港出版，以广州话工具书（韵书）为多。第三阶段是 20 世纪 80 年代后，内地和香港对方言工具书（尤其是字、词典）的出版逐渐重视，其特点一是出现标志性成果，如饶秉才《广州音字典》（广东人民出版社 1983 年，收录单字近 9000 个），饶秉才、欧阳觉亚、周无忌《广州话方言词典》（商务印书馆香港分馆 1981 年，收词 9000 多条），麦耘、谭步云《实用广州话分类词典》（广东人民出版社 1997 年，收词 7500 条），白宛如《广州方言词典》（江苏教育出版社 1998 年，收词约 8000 条）；二是方言种类增加，如潮汕方言、客家方言、梅县方言、东莞方言、雷州方言、开平方言等，形成三大方言出版并驾齐驱的局面；三是民间非专业作者亦编纂出版方言工具书。其出版在出版领域形成一大特色，成果显著。（甘于恩）

岭南汉语方言

粤方言字　记录粤方言词语的书面字符。粤方言是拥有相对完善书写系统的方言，一般而言，狭义粤方言字仅指粤方言区人创造出来的专门用于记录粤方言特色语素的字，只在粤方言区使用，不见于或少见于其他方言区，更有别于通用汉字。粤方言字主要有以下类型：古本字，如"黐（音'痴'）：粘"，《广韵》"丑知切：所以粘鸟"，粤方言与古字词形音义皆相合；训读字，取字义和字形，不取字音，如"孖（双）"，《广韵》"子之切：双生子也"，与粤方言义同而音不同，非本字；假借字，只取字音，不取字义，如"痕（痒）"，粤方言

表"痒"义的词与"痕"同音；方言自造字，如会意造字的"冇（无）、孻（最小之子）、氹（水洼）"；形声造字的"脷（舌头）、叻（能干、聪明）、啲（一点）"等。有大致写法，规范不严格，同一个字词可有不同写法，如"返 / 翻（回）""煤 / 焓（水煮）"等。（邵慧君）

广府粤方言　又称粤海片粤方言。粤方言的次方言。主要分布于广东省珠江三角洲以及西江南岸和北江韶关、清远地区，主要包括广州市，佛山市，清远市清城区、清新区、佛冈县和英德市，肇庆市端州区、鼎湖区和

高要区，云浮市云城区和云安区、罗定市，韶关市浈江区、武江区、曲江区、乐昌城区和仁化城区；香港和澳门特别行政区；散布于广西的西江、贺江和北部湾沿岸市镇。大部分地区分布在珠江三角洲一带。该地区明清时期属广州府所辖，因而得名。以广州话为代表，在各片粤方言中影响最大。清末民初以来，广府人或经商贸易或躲避战乱，沿西江、北江上溯，广府粤方言扩散到广西、粤北的部分沿江市镇。海外集中分布于东南亚、欧洲、美洲、大洋洲等地的华人聚居区。语音特点是：古全浊声母今读塞音或塞擦音时，平、上读为送气清音，

如"婆、坐"，去、入读为不送气清音，如"座、薄"；古明微母读为m-声母，如"美、舞"；古精庄知章组合流为一套塞擦音、擦音声母；古见、溪、群母读作k-、kʰ-、h-声母，如"九、球、口"，古疑母洪音读作ŋ-声母，如"藕"；完整保留鼻音韵尾-m、-n、-ŋ与塞音韵尾-p、-t、-k的对应，如"针—汁、春—出、经—击"；多数点有9个声调，古平、上、去、入分阴阳两类，阴入又分两类。该片各点方言存在一些差异性特征。（陈卫强）

粤海片粤方言　见"广府粤方言"。

广州话　又称广府话。粤方言代表方言。本地人称白话，四乡人称省话。分布于广东省广州市区，包括越秀、荔湾、海珠、天河等城区。以广州古城墙范围（大致为越秀区）内的城里话为代表（一说以广州城西的西关话为代表）。语音特点是：古全浊声母今读塞音或塞擦音时，平、上读为送气清音，去、入读为不送气清音；古明微母读为m-声母；古精庄知章组合流为一套塞擦音、擦音声母；古见、溪、群母读作k-、kʰ-、h-声母；有长短元音对立以及圆唇元音系列韵母；鼻音韵尾-m、-n、-ŋ和塞音韵尾-p、-t、-k与中古音韵系统整齐对应，如"斟—执；真—疾；蒸—织"。声调有9个，有高平变调和高升变调，如"钉（动词）—钉（名词）、油（动词）—油（名词）"。城里话和西关话略有差别，城里话古泥来母区分n-、l-，如"泥≠黎"，古影疑母区分ø-、ŋ-，如"奥"读零声母ø-，"傲"读ŋ-声母；西关话古泥来母混同为l-声母，古影疑母混同为ŋ-声母。（陈卫强）

广府话　见"广州话"。

香港话　广州话的变体。香港特别行政区人称广东话。分布于香港特别行政区香港岛、九龙半岛和沙田、屯门等新市镇。老派香港话语音系统跟广州话高度接近，如有长短元音对立以及圆唇元音系列韵母，鼻音韵尾-m、-n、-ŋ和塞音韵尾-p、-t、-k与中古音韵系统整齐对应，有9个声调。区别主要在于阴平调普遍读作高平55调，高平变调55调与53调的对立消失，保留高升变调。新派读音存在一些新的变异，如n-、l-声母合并为l-，疑母洪音字ŋ-声母脱落为零声母。近年来香港特别行政区年轻人的"懒音"现象表现为舌根音韵尾-ŋ/-k变读为-n/-t韵尾以及阴上调和阳上调合并。香港话在词汇上独具特色，如使用音译外来词和中英混用的现象普遍，如"巴士（公交车，英语bus）""芝士（奶酪，英语cheese）""科文（地盘管工，英语foreman）""逼力（刹车，英语brake）"，也保留使用部分旧词，如"上堂/落堂（上课/下课）""先生（老师）""班房（课室）""差人/差佬（警察）""差馆（警察局）"。（陈卫强）

澳门话　广州话的变体。分布于澳门特别行政区。语音系统跟广州话差别不大。语音特点是：鼻音韵尾-m、-n、-ŋ和塞音韵尾-p、-t、-k与中古音韵系统整齐对应；只有一个声化韵m；有8个声调，上声不分阴阳，读为13调；高升变调不如广州话普遍。古泥、来母合并为边音l-声母；古疑、影母洪音字混同为鼻音ŋ-声母。有部分源于葡语的外来词，如"冷（毛线）""爐丁（没有）""司沙（物业转移税）""嘟嘟（全部）""马介休（鳕鱼）""科假（休息、轮休）"。（陈卫强）

佛山话　广府片粤方言。分布于广东省佛山市禅城区祖庙街道。语音特点是：

古泥、来母两分，泥母读n-，来母读l-，如"泥≠黎"；古疑母洪音字读ŋ-，影母洪音字读零声母；古定、透母字在口语语流中常读h-声母，如"头=喉、汤=康"；古止摄开口三等韵精、庄组字韵母为撮口呼y，如"字、事"；鼻音韵尾-m、-n、-ŋ和塞音韵尾-p、-t、-k的配对整齐；古曾摄三等舒声韵读前鼻韵尾-n，配对的入声韵读-t；古梗摄开口三四等字存在文读为前鼻韵尾-n/-t，白读为后鼻韵尾-ŋ/-k的现象；古咸摄开口一等见系字读作om/op韵母，如"甘、敢、合"；古效摄、咸摄、山摄二等口语常用字多读作ɛu、ɛm/ɛp、ɛn/ɛt等韵母，如"交、咸、夹、眼"；声调有9个。（陈卫强）

南沙黄阁话　广府片粤方言。分布于广东省广州市南沙区黄阁镇。语音特点是：古泥来母皆读作l-；古疑母洪音字与影母字混同为零声母；古止摄开口三等韵精、庄组字韵母为ei，如"紫、师"；阳声韵多变读为后鼻音韵尾，入声韵则多变读为舌根音韵尾，部分有变为喉塞音韵尾的趋势，表现为古咸摄、深摄、山摄、臻摄多变读为-ŋ/-k（-ʔ）韵尾，分别有：咸、山摄开口二等字读为aŋ/ak，念同梗摄开口二等字，如"监=间=耕"；古咸、山摄开口三、四等字读为iŋ/iʔ，如"廉、莲"；古山摄开口一等字和宕摄开口三等字均读为ɔŋ/ɔk，读同宕摄开口一等字，如"肝=姜=岗"；古深摄、臻摄字读为ɐŋ/ɐʔ韵母，读同曾摄开口一等字，如"针=真=增"；声调有8个，只有1个上声调，浊上字并入阴去调。（陈卫强）

南海九江话　广府片粤方言。分布于广东省佛山市南海区九江镇。语音特点是：古泥、来母两分，泥母读n-，来母读l-；古疑母洪音字读ŋ-，影母洪音

字读零声母；古定、透母字在口语语流中常读 h- 声母，如"田、图、天"；古流、深、臻摄三等见系字读 ts-、tsʰ- 声母，如"九、斤"；古云、以母常用字为 h- 声母，如"雨、盐、叶"；古遇止摄三等见系字未裂变，读为单元音韵母 y、i；古止摄开口三等韵精、庄组字韵母为撮口呼 y，如"私、事"；古效摄开口一等字韵母为 au，念同二等字文读音，如"高 = 交、保 = 饱"；古果摄、咸摄、山摄一等见系字韵母分别为 ua、am/ap、an/at，念同二等字，如"果 = 寡、甘 = 监、肝 = 间"；古效摄、咸摄、山摄二等口语常用字多读作 ɛu、ɛm/ɛp、ɛn/ɛt 等韵母，如"饱、咸、闲、八"；古宕、曾摄合口字韵母为 uœŋ/uœk，如"光、国"；声调有 8 个，连读时有前字变调现象。第一人称代词读为 [ŋai³⁵]。（陈卫强）

顺德话 广府片粤方言。分布于广东省佛山市顺德区大良镇。语音特点是：古泥、来母皆读作 l-；古疑母洪音字与影母字混同为零声母；部分古全浊常用字今读平、上声为不送气清塞音或塞擦音，如"婆、头"；古云、以母常用字为 h- 声母，如"爷、盐、叶"；古止摄开口三等韵精、庄组字韵母为撮口呼 y；古遇止摄三等字未裂变，读为单元音韵母 y、i，如"女、居、利、戏"；古效摄开口一等字为单元音韵母 ɔ，如"刀、早"；古咸摄开口一等见系字读作 om、op 韵母；古效摄、咸摄、山摄二等口语常用字多读作 ɛu、ɛm/ɛp、ɛn/ ɛt 等韵母；古曾摄三等舒声韵读前鼻韵尾 -n，配对的入声韵读 -t；古梗摄开口三四等字存在文读为前鼻韵尾 -n/-t，白读为后鼻韵尾 -ŋ/-k 的现象；声调有 9 个，高升变调和高平变调现象比较普遍。（陈卫强）

从化话 广府片粤方言。分布于广东省

广州市从化区中部地区。语音特点是：古泥、来母两分，泥母读 n-，来母读 l-；古疑母洪音字读 ŋ-，影母洪音字读零声母，一般不混；古止摄和遇摄三等见系字以及遇摄一等唇音和舌齿音字读作单元音韵母 i、u 和 y，如"机、布、举"；古效摄开口一等字韵母为 au（街口城内话念作 ou），念同二等字，如"宝 = 饱、高 = 交"；古山摄开口一等非见系字以及二等字为舌根音韵尾 -ŋ/-k；古曾摄开口一等字韵母为 eŋ/ek，念同三等字，如"朋 = 凭、增 = 蒸"；新派读音有 8 个声调，老派读音有 6 个声调，名词常读为低降变调。第一人称代词读 [ŋoi²³]，第二人称代词读 [ji²³]。口语中常用"哇 [wa²³]、佘 [sɛ²¹]"等语气词。（陈卫强）

花都话 广府片粤方言。分布于广东省广州市花都区中南部地区。语音特点是：古泥、来母相混，泥母读同来母 l-；古疑母洪音字读 ŋ-，影母洪音字读零声母，一般不混；部分古遇、止摄字已裂变，遇摄一等读为 ou，三等读为 oi，止摄帮组、端组、泥来母和见系字读为 ei；古遇、蟹、止摄合口广州话读 œy 的字花都话读作 oi 韵母；古效摄开口一等字韵母为 au，念同二等字；古蟹摄开口一等字读为 oi；鼻音韵尾 -m、-n、-ŋ 和塞音韵尾 -p、-t、-k 的配对整齐；古山摄开口一等见系字读为 un/ut；古曾摄开口一等字韵母为 eŋ/ek，念同三等字；声调有 9 个。第一人称代词老派读为 [ŋai¹³]，口语中常用语气词"喳 [tsa⁵⁵]"，新派读音趋同于广州话。（陈卫强）

增城话 广府片粤方言。分布于广东省广州市增城区荔城及附近地区。语音特点是：古泥、来母两分，泥母读 n-，来母读 l-；古疑母洪音字读 ŋ-，影母

洪音字读零声母；没有撮口呼 y，广州话读作 y、yn 的遇摄、山摄合口字读作 i、in 韵母，如"猪 = 支、雨 = 以、冤 = 烟"；古遇、蟹、止摄合口广州话读 œy 的字增城话读作 œ 韵母，如"堆、追、举"；古效摄开口三四等字有 ɛu、iu 两类读音，常用字多读作 ɛu，如"条、笑"；古咸摄开口三四等字有 ɛm、im 两类读音，常用字多读作 ɛm，如"甜、尖"；古山摄开口三四等字有 ɛŋ、in 两类读音，以 ɛŋ 为常，如"田、见"；后鼻音韵尾较多，山摄、臻摄字读作 -ŋ/-k 韵尾；古通摄与曾、梗摄三等字相混，读作 eŋ，如"懂 = 顶、翁 = 应"；声调有 9 个。有连读变调和语法变调现象，变调可以区分三身代词的单复数。第一人称代词为 [ŋɔi¹³]。（陈卫强）

清远话 广府片粤方言。分布于广东省清远市清城、清新区。语音特点是：古泥、来母两分，泥母读 n-，来母读 l-；古疑母洪音字读 ŋ-，影母洪音字读零声母；古止摄开口三等韵精、庄组字韵母为撮口呼 y，如"自、事"；古遇止摄三等见系字未裂变，读为单元音韵母 y、i；古蟹摄开口一等字读为 oi；古效摄开口一等字韵母为 au，念同二等字，如"宝 = 饱、高 = 交"；鼻音韵尾 -m、-n、-ŋ 和塞音韵尾 -p、-t、-k 的配对整齐；古曾摄开口一等字韵母为 eŋ/ek，念同三等字；古山摄开口一等见系字读为 on/ot，如"干、割"；声调有 8 个。（陈卫强）

东莞话 莞宝片粤方言。与深圳宝安、香港新界一带方言相近，有学者将珠江三角洲东部沿珠江口东岸一带粤方言统称为"莞宝片"。广东省东莞市各镇街存在内部差异，以莞城话为代表。语音特点是：古来母老派读 ŋ-，新派近广州话读 l-，如"龙、老、六"；古蟹、山开一等见晓组字，广州话读 h- 的，莞

城读 f-，如"开、海、看、韩"；广州话读 an/at、aŋ/ak 的，莞城读 ɛŋ/ɛk，如"饭、八、争、白"；古蟹开一等韵母广州话读 ɔi，莞城读 ui，如"台、灾"，古蟹开三四等韵母广州话读 ei，莞城读 ɔi，如"鸡、世"；广州话收 -m/-p、-n/-t 韵尾的，莞城话不少转入 -ŋ/-k (-ʔ) 尾，如"胆 / 合、班 / 七"，有入声舒化现象，如"角〔kɔ〕、鸭〔ŋa〕、法〔fɛ〕"；阴平为低升调；去声不分阴阳；入声阴阳两分，广州话下阴入字在莞城已舒化或读阳入调。疑问词系列用"鼠〔sy〕"构成，如"鼠处（哪里）、鼠日（哪天）、鼠个（哪个）"；完成体标记用"休〔hau〕"，如"食休饭"。（邵慧君）

中山话 香山片粤方言。与珠海一带粤方言相近，有学者将珠江三角洲西部沿珠江口西岸一带粤方言统称为"香山片"。以广东省中山市石岐话为代表。语音特点是：古非、晓组合口声母，老派读 h-，新派近广州话读 f-，如"风、虎、裤"；古遇、止摄字韵母，广州话读 ou、ei，石岐话读 u、i，如"粗、非"；-i- 介音韵母可与辅音声母相拼，如"病〔piaŋ〕"；声调数目在粤方言中最少，仅 6 个，平入分阴阳，上去不分。动词完成体用高升变调表示；名词性高升变调较少，与广州话不同；指示代词近指系列用〔ku〕，远指系列用〔nu〕，如"〔ku〕个（这个）、〔nu〕个（那个）"。（邵慧君）

宝安话 莞宝片粤方言。深圳原居民所讲粤方言。沿珠江口东缘低地和连接香港的陆路交通要道分布，包括深圳市福田、罗湖、南山各区以及宝安、龙岗部分街道等深圳政治、文化的重要地区和经济活跃带，并向南延伸至香港新界北部。与珠江三角洲地区广府粤方言交往密切。宝安粤方言按居

住地分别被称为南头话、公明话、松岗话、沙井话、平湖话、西乡话和围头话等。内部存在一定差异，总体与东莞、香港北新界的粤方言归属一系，以南头话（南头九街即新安故城所在地）为代表。语音特点是：广州话古止、遇摄的韵母 ei、ou、œy，南头话读 i、u、y，如"美、步、举"；阳、入声韵尾大量合并，广州话的 -m/-p、-n/-t 和 -ŋ/-k 韵尾，南头话多读 -ŋ/-ʔ 尾；阴平读低降升调。（邵慧君）

围头话 又称本地话、土话、蛇话。莞宝片粤方言。深港一带土白话。"围、围头"系当地人对自然村落的称呼，因安全考量在村周边建围篱而得名。散布于深圳市龙岗、福田、罗湖各区和香港新界北部及大屿山、南丫岛一带，从黄贝岭起沿深圳河顺流而下延伸至新界北。各地围头话稍有不同，与广府话可互通。以龙岗平湖围头话为例，语音特点是："海、害"等读 f- 声母，"眼、关"韵母读 ɛŋ，"当、广"韵母读 œŋ，"色、织"韵母读 ɛk，没有 -t 韵尾字等。上述特点与东莞某些镇街有相同之处。词汇中也夹杂不同方言特点，如"孻（最小的孩子）、瞓（睡）、睇（看）"等与粤方言同，"去归（回家）、狂（怕）"等与客家话同，"菜头（萝卜）、地豆（花生）"等与闽方言同。属濒危方言。（邵慧君）

本地话 见"围头话"。
土话 见"围头话"。
蛇话 见"围头话"。

肇庆话 广东省肇庆市内各县区粤方言。分布于广东省肇庆市各县区。分为两大类，中心城镇如肇庆市端州、高要、鼎湖等区接近广府粤方言，沿西江流域广大农村为土白话（参见"勾漏粤方言"）。肇庆话主要指前者，

以端州区为代表。语音特点是：广州话读 f- 的古见晓组声母，肇庆话多读 w-，如"筷、花"；古影母开口基本读鼻音声母 ŋ-，如"爱、安"；部分古喻母字广州话读 j-，肇庆话读 h-，如"雨、盐"；古遇合一等疑母老派读 oŋ，新派读 ŋ，如"吴、五"；古臻摄字韵母广州话读 œn/œt，肇庆话读 ɐn/ɐt，如"进、出"；声调有 8 类，广州话下阴入的字肇庆话读与阳入同，调值 33，如"百 = 白"；阳去读高降 52。（邵慧君）

云浮话 广东省云浮市内各县区粤方言。分布于广东省云浮市各县区。以市区云城话为代表。语音特点是：古晓母合口字声母老派读 w-，新派同广州话读 f-，如"挥、荤"；古蟹开一、蟹合一等字韵母多与蟹合三、止合三端照系同读 u，如"开、灰、累、追"；古咸开三四等广州话读 im/ip，云城话读 in/it，如"甜 = 田、叶 = 热"；古山开一二等广州话读 an/at，云城话读 aŋ/ak，如"山 = 生、八 = 百"；山开一等与山合一等见系字韵母同为 un/ut，如"赶 = 管"；古曾开一等与臻开一等舒声同读 ɐn，入声有别，为 ak/ɐt，如"朋 = 贫、北 ≠ 笔"；声调有 8 类，古浊平、浊去合并，同为 21。（邵慧君）

海南疍家话 海南水上渔民使用的粤方言。从北到南主要分布于海南省文昌、万宁、陵水、三亚等县市沿海港口。可能是从珠江流域迁到海南的渔民讲的话。语音特点是：与珠江口附近的粤方言有关，如部分古全浊声母今读塞音、塞擦音时送气；古透母字多数读 h-，老派有少数字读 tʰ-；精组、照组送气音多数读 tʰ-，不送气音有少数读 t-。疍家话与现在珠江流域水上渔民讲的话有许多共同点。海南讲疍家话的人也兼讲海南闽方言和

普通话。（金健、刘新中）

梧州话　广府片粤方言。主要分布于广西壮族自治区梧州市城区。一般情况下梧州话特指市区（尤其是老城区）话，梧州市下辖的苍梧县、藤县、蒙山县、岑溪市所讲的粤方言属于勾漏粤方言，与梧州话明显有别。梧州话跟广州话基本一致，细微的语音区别主要是古日母和古疑母细音今读舌面前鼻音 n-；阳平调和阳去调已经合流，如"时＝事"。（侯兴泉）

四邑粤方言　又称四邑话、五邑话。粤方言的次方言。主要分布于广东省江门市（即原台山、开平、新会、恩平所辖地）、珠海市斗门区、中山市古镇镇以及现属江门的鹤山市（曾属佛山市），也使用此方言。语言特点是：古塞音声母在台山、开平等地有擦音化现象，声韵调与广府粤方言有较大差别，形态变调发达（以变调表词性差别或小称、人称代词单复数等），本调多为 8 个；常用词有不少特色，如"臀（屁股）、乃（哪一个、哪里）、上味（盐）"等；人称代词单复数多不用"哋"，体貌标记亦与广州话有不同，如完成体用"啊"或类似表达。（甘于恩）

四邑话　见"四邑粤方言"。
五邑话　见"四邑粤方言"。

台山话　四邑片粤方言。四邑粤方言代表方言。主要分布于广东省江门市台山市。以台城话为标准。语音特点是：古端母读为零声母，古透母、定母平声读 h-，古精组读 t-、tʰ-，有边擦音声母 ɬ-，无撮口呼韵母，声调有 8 个，语义变调较为常见（以低变调和上扬变调为多）。词汇也有一些与广府粤方言不同，如"臀（屁股）、天皓（天亮）、该时（现在）、到乃（在

哪里）"等，人称代词有通过变调区分单复数的情况，动词完成体标记用［e³³］。在美国、加拿大部分华人社区较通行。（甘于恩）

开平话　四邑片粤方言。主要分布于广东省江门市开平市。以赤坎（旧县城所在地）音为标准。除具有与台山话相同的特点外，音系有细微差异，如古滂、透以及並母（平声）擦音化为 h-，古帮母擦化为 v-；开平话还有［e⁵⁵］尾，加在名词后面，如"雀 e⁵⁵（鸟儿）、盒 e⁵⁵（盒子）、后日 e⁵⁵（后天）"等，地点的指示代词亦有特色，如"该哒（这里）""恁哒（那里）""乃哒（哪里）"。在美国、加拿大部分华人社区较通行。（甘于恩）

恩平话　四邑片粤方言。主要分布于广东省江门市恩平市。与台山、开平话有明显差别。语音特点是：无边擦音声母 ɬ-，古端母不读零声母，古透母、定母平声无擦化现象，古精组与广府片粤方言一样读 ts-、tsʰ-，声调较少，只有 7 个。语义变调较为常见（以低变调和上扬变调为多）。部分恩平话有舒声促化现象，如沙湖话。在南美洲委内瑞拉等国的华人社区较通行。（甘于恩）

新会话　四邑片粤方言。主要分布于广东省江门市新会区，包括会城街道、大泽镇、罗坑镇、双水镇、崖门镇、古井镇、沙堆镇、三江镇等。以会城话为代表。语音特点是：无边擦音声母 ɬ-，古端母不读零声母，古透母、定母平声读 h-，古精组与广府片粤方言一样读 ts-、tsʰ-，声调有 9 个（但去声仅 1 个，入声有 4 个）。语义变调较常见（以低变调和上扬变调为多）。新会话与广府片粤方言接触较多。（甘于恩）

斗门话　四邑片粤方言。主要分布于广东省珠海市斗门区，包括斗门镇、白蕉镇、乾务镇、莲洲镇、井岸镇等区域。与相邻的新会话较接近，由于与珠海粤方言有接触，亦混有广府片的一些特点。既有四邑方言的典型语音特点，如透母擦音化为 h-、没有撮口呼、阴平与阴去合并、名词或名词性成分具有变调等，又有其自身特色，如有系列以 ɑ、ɐ 为主要元音的韵母，有舌尖元音 ɿ 等。（甘于恩）

鹤山话　四邑片粤方言。主要分布于广东省江门市鹤山市部分区域（如雅瑶和古劳镇）。语音特点是：古帮母擦音化为 v-；古滂、透以及並母（平声）擦音化为 h-，古精组多读 t-、tʰ-，有边擦音 ɬ-，有的特点同于台山话。人称代词的单复数完全通过声调的内部屈折体现，如［ŋɔ³³］（我）和［ŋɔ²¹］（我们）、［nai³³］（你）和［nai²¹］（你们）、［kʰui³³］（他）和［kʰui²¹］（他们）。因地缘因素，鹤山话词汇上较接近广府话，但仍有不少与四邑话相同的词语，如"下秧（插秧）、外底（外面）、闲嘢（东西）"等。（甘于恩）

高阳粤方言　粤方言的次方言。主要分布于广东省西南部阳江、茂名、湛江等地区。内部存在一定差异，有学者在高阳片下又分为两阳和湛茂小片。语音特点是：大多有边擦音声母 ɬ-（湛江市区无）和鼻音声母 n-（阳江无）；大多没有撮口韵（信宜、高州有 y、yn、yt）；仅有个别 œ 类韵母：如湛江赤坎、茂名化州长岐的 øi，茂名高州和信宜的 œ；大多存在能与辅音相拼的系列 -i- 介音韵母（如 iau、iam、iap、iaŋ、iak 等）；梗开三四等基本没有文白异读；上声不分阴阳或阴阳区分较模糊。有一批不同于广州话的共同词语，如"否定副词无［mau］（广

州话区分为'唔 / 冇')、郎（广州话为'婿')、哭（广州话为'喊')、猪湿（广州话为'猪润')、担湿（广州话为'担竿')、落水（广州话为'落雨')、猪六（广州话为'猪栏')、介词在（广州话为'喺')、擢老婆（广州话为'娶老婆')、桃子 / 包子（广州话为'桃 / 包')"等。（邵慧君）

阳江话 又称两阳话。高阳片粤方言。主要分布于广东省阳江市各县区。两阳即阳江和阳春两县，1988 年成立阳江地级市，自阳江县析置今阳东区和阳西县。阳春话较接近周边湛江、茂名的粤方言。阳江话分布于江城区、阳东区、阳西县，以江城话为代表。语音特点是：有边擦音声母 ɬ-；无撮口韵，广州话 y、œ 类韵母，阳江话转读开口、齐齿或合口，如"春 ɐn、取 ei、主 i、孙 un"；古遇合一疑母字韵母读 oŋ，如"五、午"；阳江话带 -i- 介音的 ɛ 系列韵母较多，如"九 iɐu、今 iɐm、急 iɐp、扁 iɛn、张 iɛŋ、脚 iɛk"；阳江话声调特点最为凸显，整体呈现"阴低阳高"格局，在粤方言中较为特别。（邵慧君）

两阳话 见"阳江话"。

茂名话 高阳片粤方言。主要分布于广东省茂名市各县区。包括茂名市区、高州、信宜、化州、电白各市（区）部分区镇。历史上高州城长期是高州府治和茂名县治所在地，但目前茂名市区是行政中心，其方言具有区域代表性。语音特点是：有边擦音声母 ɬ- 和舌面鼻音声母 n̠-；茂名话没有撮口韵，高州话虽有 y、yn、yt，但齐撮已不稳定；广州话的 œy、øn、øt、œŋ、œk 系列韵母茂名话为 ɵi、ɐn、ɐt、iaŋ、iak；梗摄开口三、四等字普遍没有文白异读，基本读 ɐŋ、

ɛk；以 ɔ 为主元音的系列韵母 ɔi、ɔn、ɔt、ɔŋ、ɔk，声母和主元音之间带有明显的滑动，前滑音 u 也有人认为是 -u- 介音，这一发音特色在粤西具有普遍性。声调有 9 类，阴上与阳上的高低升区别不如广州话清晰，部分存在混淆。（邵慧君）

信宜思贺话 粤方言。主要分布于广东省茂名市信宜市思贺镇。思贺距信宜中心较远，其白话与信宜话有一定差异，分梁姓和陈姓两种口音。语音特点是：古全浊声母平声陈姓白话多读不送气清音，梁姓白话则与信宜话同，读送气清音；有声母 ɬ-、n̠-；撮口韵只有 y，信宜话的 yn/yt 思贺话读 un/ut；古宕开三等字韵母思贺白话读 œŋ/œk，信宜话读 iaŋ/iak；古曾开一和梗开二等韵母思贺白话不分，阳声韵都读 ɐŋ，入声韵都读 ak，信宜话则阳声韵有别（曾开一 ɐŋ ≠ 梗开二 aŋ），入声韵相同读 ak。（邵慧君）

化州话 粤方言。主要分布于广东省茂名市化州市。分上江话和下江话两种。语音特点是：古帮、端母读内爆音 ɓ-、ɗ-；古精、清母读 t-、tʰ-；有边擦音声母 ɬ- 和舌面鼻音声母 n̠-；无撮口韵；广州话收 -m/-p、-n/-t 尾的字化州话不少转收 -ŋ/-k（-ʔ）尾；以 ɔ 为主元音的系列韵母带有较明显前滑音 u；古江摄见系字有文白异读，主元音文读为 ɔ，白读为 a，如上江话"讲、角"；梗开三四等无文白异读。上江话和下江话的差异是：古全浊声母清化规律不同，上江话古并、定母逢平上送气、去入不送气，与大部分粤方言同，其他全浊声母清化多读送气，下江话古并、定母不论平仄读不送气清音，其他全浊声母多读送气；上江话模、豪韵同音，下江话不同音；山、臻合口端、知系上江话读 in/it，下江话有两种：ien/iet 和 uon/uot；曾开一等上江话

保留 -ŋ/-k 尾，下江话则收 -n/-k（en/ek）尾；上江话声调有 8 类，古浊上字归入阳平或阳去，下江话声调有 9 类，平上去各分阴阳，入声三分。（邵慧君）

湛江话 高阳片粤方言。主要分布于广东省湛江市各县区。包括湛江市区、廉江、吴川、遂溪各县市部分区镇，以湛江市区赤坎话为代表。语音特点是：无边擦音声母 ɬ- 和舌面鼻音声母 n̠-，在高阳片中颇为殊异，更接近广府片；没有撮口韵或有少数撮口韵音色（yn/yt），但无齐撮对立；广州话收 -n/-t 尾的湛江话多收 -ŋ/-k（-ʔ）尾，-m/-p 也有此趋势；声调有 8 类，古浊平和浊去字声调合并，读低降。其他调类和调值与广州话相近。（邵慧君）

吴川梅菉话 粤方言。主要分布于广东省湛江市吴川市市区梅菉镇。语音特点是：古全浊声母清化规律与广州话同，逢平上声送气、去入声不送气；有边擦音声母 ɬ- 和舌面鼻音声母 n̠-；与辅音相拼的 -i- 介音韵母比高阳片其他粤方言少；无撮口韵；无主元音为 œ 的系列圆唇韵母；广州话收 -m/-p、-n/-t 尾的字，梅菉话多转入 -ŋ/-k（-ʔ）尾；古蟹、止摄部分韵母无 -i 尾，如"外 = 饿、海 = 可、鞋 = 夏、灰 = 夫"，oi、ai、ui 读作 o、a、u，是梅菉话与周边粤方言较突出的差异；声调有 8 类，古浊平和浊去声调合并。（邵慧君）

吴川吴阳话 又称吴阳话、土白话。粤方言。主要分布于广东省湛江市吴川市吴阳镇。1938 年前吴阳镇是吴川县治所在地，吴川市 60% 以上人口讲吴阳话。吴阳话和化州下江话及周边镇街方言被界定为粤方言吴化片，依据是古全浊塞音、塞擦音声母今不论平

仄读送气清音。吴阳话既有粤西湛茂粤方言的共同特点（如：有边擦音声母 ɬ- 和舌面鼻音声母 n-、无撮口韵和类圆唇韵、有系列 -i- 介音韵母、梗开三四等无文白异读、以 ɔ 为主元音的系列韵母带有较明显前滑音 u），也有与化州话相同的特点（如：古帮、端母读内爆音 ɓ-、ɗ-、古精、清母读 t-、tʰ-、古山摄合口"犬血越"等字声母读 f-/ʋ-、古模、豪韵不同音、古江摄见组字韵母读 aŋ/aʔ、广州话 -n/-t 尾大多收 -ŋ/-k（-ʔ）尾、古曾开三和梗开三四等韵母为 en/et）。但吴阳话和化州下江话内部也存在差异，如古全浊声母清化规律不同：吴阳话读送气清音，下江话古並、定母读不送气清音，其他全浊声母读送气清音；声调调值明显不同：下江话与湛茂白话声调接近，而吴阳话舒声有 5 个平调，其中阳平 44、阳上 33 和阴去／上阴入 11 与周边粤方言迥异。（邵慧君）

吴阳话　见"吴川吴阳话"。

土白话　见"吴川吴阳话"。

遂溪北坡话　粤方言。当地称大种白话。主要分布于广东省湛江市遂溪县北坡镇。遂溪地处雷州半岛，境内以闽方言雷州话为主，还有客家方言，遂溪粤方言有大种、小种之分，主要依据使用人口多少和是否集中来界定。北坡镇是大种白话核心地，语音特点基本与湛茂粤方言相同，突出区别有：广州话收 -m/-p、-n/-t 尾的北坡话基本保留，只有主元音为 a、ɐ 的 -n/-t 尾转读 -ŋ/-ʔ 尾；梗开三四等有文白异读，文读 eŋ/ek，白读 iaŋ/iaʔ，如"领、壁"；声调 9 类，但阴平为中平 33，低于阴去 44 调，阴上高升阳上低升，区别也较明显。（邵慧君）

北海话　粤方言。主要分布于广西壮族自治区北海市市区及周边农村和南康镇。与高阳粤方言相近。语音特点是：古心母多读作边擦音 ɬ-；古日母和古疑母细音今多读作舌根鼻音 ŋ-；没有撮口呼韵母 y；古咸深两摄韵尾今多读作 -n/-t 尾或其他韵尾。（侯兴泉）

勾漏粤方言　粤方言的次方言。分布于广东省肇庆市的四会市、广宁县、德庆县、封开县（县城除外）、怀集县和清远市的阳山县（中东部）、连州市（中南和西部）、连南瑶族自治县（北部）、连山壮族瑶族自治县（中部和北部）等县市，以及广西壮族自治区的东南部。分布地区为两广交界地区的石灰岩（喀斯特）地带，主要地貌特征为溶洞多且勾曲穿漏，故名。总使用人数约 1030 万。地理分布上，两广勾漏粤方言基本连成一个整片。语音特点是：古全浊塞音声母今读，白读层基本都读作不送气清塞音或塞擦音；古疑母细音和古日母今读大多合流为舌面前鼻音 n-；普遍存在连读变调，且多为前字变调；炒菜锅多叫作"铛"；已然体问句多为"谓语 VP+（否定词）+曾"，其中的否定词多已弱化、脱落或跟后面的"曾"合音。（侯兴泉）

封开封川话　勾漏片粤方言。主要分布于广东省肇庆市旧封川县辖地。包括封开县的江口镇封川街道（原封川镇）、长岗镇、平凤镇、江川镇、大洲镇、白垢镇、罗董镇、杏花镇、渔涝镇、河儿口镇、莲都镇。各镇口音稍有区别，沟通无障碍。与封开北部的开建话相比，封川话较为突出的语言特点是：古帮、端母老派多读作浊内爆音 ɓ-、ɗ-，並、定母也多读作浊音；精、清母读清塞音 t-、tʰ-，从、心、邪母读清边擦音 ɬ-，跟知照组有别；止开三基本都读作 i；"玩耍"不说"耍"，说"荡"；小称后缀为"儿"尾而非"仔"尾。（侯兴泉）

德庆话　勾漏片粤方言。主要分布于广东省肇庆市德庆县德城（县城）及其近郊、马圩河流域、绿水河流域和悦城河中上游流域。不同地区有口音区别，马圩河流域的口音跟德城话最为接近，前者的舌根声母 k-、kʰ- 无圆唇成分 w，如"广[kɔŋ]"。悦城河中上游一带有边擦音声母 ɬ-，如"四[ɬi]"。语言特点是：疑问代词用"乜底"表示"什么"；完成体标记用"曙[po³³]"。（侯兴泉）

广宁话　勾漏片粤方言。主要分布于广东省肇庆市广宁县靠近圩镇及县城周围的广大地区，包括县内南街街道和赤坑、坑口、螺岗、石咀、古水、洲仔、宾亨、横山、五和、木格、潭布、江屯、北市、排沙各镇。内部口音较为统一，与县城一致；靠近怀集的石咀、木格等镇的口音与县城南街口音区别较大。语言特点是：单字调中的古阳去和古阳上两调今读合流，如"舅（阳上）= 旧（阳去）"；完成体标记用"诶[e]"。（侯兴泉）

怀集话　勾漏片粤方言。主要分布于广东省肇庆市怀集县。内部分上坊话和下坊话两个小类，上坊话主要分布于梁村、大岗、岗坪、冷坑、马宁、蓝钟等乡镇，下坊话主要分布于怀城街道、幸福街道（原闸岗镇）、坳仔、甘洒、汶朗、凤岗、洽水、连麦、中洲等镇。两种话词汇和语法大同小异，发音差异较为明显，主要语音特点是：下坊话的擦音主要读作齿间擦音 θ-，上坊话的擦音主要读作边擦音 ɬ- 和舌尖擦音 s-；韵母读音差别比较明显有别，如古模韵端精组今读（如"路土"）上坊话读 u，下坊话读 ou；阳调（包括阳平、阳上、阳去、阳入）的调值区别明显。（侯兴泉）

罗定㑡古话 勾漏片粤方言。主要分布于广东省云浮罗定市围底河流域，包括围底、素龙、罗平、华石等镇。罗镜、分界、双东、苹塘等镇街也有零星分布。内部读音不完全一致，如古全浊塞音和塞擦音声母的今读，围底等地多读不送气音，带有明显的浊音感，素龙等地的古全浊音已基本清化，平声送气，上声部分送气。古歌韵和古宕摄字的今读，围底和素龙也有不同。㑡古话内部一致、对外比较突出的语音特点是：古代收 -ŋ/-k 尾的常用字（如梗摄开口三四等和曾摄开口三等部分字）的韵尾今读 -n/-t。（侯兴泉）

阳山话 勾漏片粤方言。主要分布于广东省清远市阳山县内，包括阳城镇、太平镇、大崀镇、七拱镇、杨梅镇、小江镇、黄坌镇、秤架瑶族乡、杜步镇等地。语言特点是：蟹摄开口一二三四合流，如"蔡（一等）""柴（二等）""祭（三等）""西（四等）"的韵母都读作 ai；咸摄和山摄开口三四等普遍合流；"凉水"说"赤水"，"明天"说"第日"，"一匹马"说"一拉马"，连词"和"说成"兼"或"跟"。（侯兴泉）

连山话 勾漏片粤方言。主要分布于广东省清远市连山壮族瑶族自治县北部的吉田镇、永和镇、太保镇、禾洞镇等地。语音特点是：古溪母字大多还读作 kʰ-，如"可科垮苦快考瞌谦钦屈却卿孔"；古深、咸二摄韵尾跟臻、山两摄韵尾合流，读作 -n/-t；"找"说"□［lø⁵⁵］"，"二两"说成"两两"，"我们"说"依笠"，连词"和"说"□［lo⁵³］"。（侯兴泉）

贺州本地话 勾漏片粤方言。包括广西壮族自治区贺州市八步区的大宁本地话、开山本地话、桂岭本地话、贺街本地话、步头本地话、仁义本地话、莲塘本地话、大平本地话、水口本地话、信都六州声，平桂区的鹅塘本地话、沙田本地话、公会本地话，以及贺州市钟山县土话、昭平县土话和富川瑶族自治县的梧州话。大宁和大平本地话部分人的心母字读 f-，钟山土话和富川梧州话较近，而与其他本地话差别较大。钟山土话里县城土话因与桂柳话接触较多，入声塞尾多脱落，而乡村土话（如清塘）则有些保留塞尾，有些不保留，富川梧州话塞尾也已完全脱落。（李林欣、甘于恩）

贺州铺门话 勾漏片粤方言。主要分布于广西壮族自治区贺州市八步区铺门全镇，信都镇、仁义镇少数村落也有人使用。语音特点是：有丰富的鼻化韵母；下阴入辖字很少，相当一部分下阴入已经舒化且并入到阴去调中；古全浊塞音、塞擦音声母尚未完全清化，在语流中（尤其是后字位置）有明显的浊音，听感接近吴语的"清音浊流"。（侯兴泉）

钦廉粤方言 粤方言的次方言。主要分布于广西壮族自治区东南部，包括北海市合浦县（大部分）、防城港市（市区）、东兴市（部分）、上思县（小部分）、钦州市（城区）、灵山县、浦北县（大部分）等。语音特点是：古全浊声母今读塞音塞擦音时，白读层基本上读送气清音；上声和去声分别只有一类；古鱼虞韵与模韵今读分立，无撮口韵母 y。其内部也有差异，大致分为钦州话、廉州话、灵山话、小江话、六万山话 5 种，各地语音比较明显的区别体现在：古心母字读音内部有明显不同；钦州话古全浊上和浊去并入阳平，古清去字自成去声，古清上和次浊上组成上声，而廉州话古全浊上与浊去组成去声，古清去多并入阳平，古清上与次浊上组成上声。（侯兴泉）

钦州话 钦廉片粤方言。狭义的钦州话主要分布于广西壮族自治区钦州市城内及下辖的若干镇街；广义的钦州话包括辖区内的各类土粤语，如百姓话、平话、番薯话、粘米话、坡地话、秋风话、小董话、新立话、长滩话等。市区通行的钦州话比较明显的语音特点是：上去两声各自只有一个调类；六成以上的古全浊上和绝大多数的古浊去归阳平。（侯兴泉）

合浦话 又称廉州话。钦廉片粤方言。主要分布于广西壮族自治区北海市合浦县的廉州、党江、沙岗、西场、乌家、石湾、石康等乡镇和常乐镇、闸口镇的部分地区，与合浦县毗邻的浦北县、钦州市、防城港市、博白县、灵山县等部分地区也使用。语音特点是：古清声母去声字大部分今读阳平；部分入声字丢失塞音韵尾，变成舒声字，还有部分 -p 韵尾变作 -t、-ʔ 韵尾，部分 -t 韵尾转化成 -ʔ 韵尾；丢失塞声韵尾的入声字自成一调，形成一个舒声化的变入调。（侯兴泉）

廉州话 见"合浦话"。

客家方言字 记录客家方言词语的书面字符。主要有以下几种类型：古语字，保留古汉语词汇的字，如"钁（音'脚'，锄头）、粄（米面制成的糕点）"，部分字语义有引申，如"晡"，本指申时（即午后三点至五点），后引申为晚上，如"暗晡/夜晡（晚上）"，并进一步引申为表整日的语素，如"今晡日（今天）"；假借字，只借字音，不取字义，如"脉个（什么）、赖子（儿子）"；训读字，取字义字形，不取字音，如梅州话的"黑（训读为'乌'）"，口语中说"乌色"，但写做"黑色"；

方言自造字，多为形声造字，如"偓（我）""娘（母亲）"等。无统一标准，同一个词或有不同写法，如"脉个 / 乜个 / 麻介（什么）""岌 / 岃 / 岇（山岭）"等。（梁施乐、邵慧君）

梅州话　又称梅县话。客家方言。主要分布于广东省梅州市梅江区、梅县区。是客家方言的代表。语音特点是：古精、知、照三组合流，即只有一套塞擦音擦音声母 ts-、tsʰ-、s-，如"思＝诗"；少数古知组字读 t-、tʰ-，如"知［ti⁴⁴］"；韵母鼻音韵尾 -m、-n、-ŋ 与塞音韵尾 -p、-t、-k 俱全；古山摄开口一二等与牙喉音声母相拼时，一等读 ɔn/ɔt，二等读 ian/iat；声调一般有 6 个，古清上和次浊上文读层今归上声，如"隐＝引"，古全浊上和次浊上的白读层今归阴平，如"淡＝贪、以＝衣"，古全浊上文读层今归去声，如"受＝寿＝兽"；存在连读变调，阴平与去声在阳平、上声、去声、阴入、轻声前变调，阴平变读为高升调，去声变读为高平调。名词后缀多用"欸［·e］"，如"花欸［fa⁴⁴⁻³⁵·e］"。（梁施乐、邵慧君）

梅县话　见"梅州话"。

蕉岭话　客家方言。主要分布于广东省梅州市蕉岭县。语音特点总体与梅州话相近，不同的是：古效摄一等读 ɔ，不与二等合流，如"高≠交（梅州话'高＝交'）"；古效摄细音与古牙喉音声母 k-、kʰ-、ŋ-、h- 及零声母相拼时读 ieu，与古知照组声母相拼时读 eu；古深摄字韵母丢失唇音韵尾，阳声读 -n，入声读 -t（-ʔ）。名词后缀多用"欸"，语音形式为［·ə］，与梅州话不同，如"花欸［fa⁴⁴⁻³⁵·ə］"。（梁施乐、邵慧君）

兴宁话　客家方言。主要分布于广东省梅州市兴宁市。语音特点是：有两套塞擦音、擦音声母 ts-、tsʰ-、s- 和tʂ-、tʂʰ-、ʂ-，如"思≠诗"；古晓组细音字声母读 ʂ-，如"休晓嫌"；"瓜怪广"等字无 -u- 介音；古流摄除与零声母相拼读 eu 外其余均读 iu；无唇音韵尾 -m/-p，鼻音韵尾只有 -n、-ŋ，塞音韵尾只有 -t、-k（-ʔ）；古深摄与古通摄三等韵合流读 oŋ/ok 或 ioŋ/iok；古清上和次浊上文读层今归上声，古全浊上和次浊上的白读层今归阴平，古全浊上文读层今归去声（参见梅州话）。名词后缀多用"哩［·li］"，如"花哩［fa⁴⁴·li］"。（梁施乐、邵慧君）

五华话　客家方言。主要分布于广东省梅州市五华县。语音特点是：有两套塞擦音、擦音声母 ts-、tsʰ-、s- 和tʂ-、tʂʰ-、ʂ-，如"思≠诗"；鼻音韵尾 -m、-n、-ŋ 与塞音韵尾 -p、-t、-k 俱全；古全浊上白读层归阴平，如"淡＝贪"，古全浊上文读层与浊去合并后再与清上合并为上声，去声调只含清去，如"手＝受＝寿≠兽"。部分词汇受粤方言影响，采用粤方言说法，如"疲乏想睡"说"眼困"，与梅县的"目睡"相异。名词后缀同兴宁话，用"哩［·li］"；亦有采用"仔"或"仔哩"的，如"细仔哩（小孩子）"。（梁施乐、邵慧君）

丰顺话　客家方言。主要分布于广东省梅州市丰顺县。各乡镇口音存在差异，北部八乡山镇接近五华话，南部汤坑镇接近饶平县饶平镇客家方言。以汤坑口音为代表，属于半山客，即受潮汕方言影响的客家方言。语音特点是：有两套塞擦音、擦音声母 ts-、tsʰ-、s- 和 tʃ-、tʃʰ-、ʃ-，如"西≠诗"；古知组较梅州话更多读 t-、tʰ-；古溪母更多读 kʰ-；古浊上与浊去合并为阳上去调，如"受＝寿"；古清上、清去

合并为阴上去调，如"等＝凳"。词汇上有不少潮汕方言借词，如客家方言的"粥"，在丰顺汤南说"糜"，与潮汕方言同。（梁施乐、邵慧君）

揭西客家方言　客家方言。主要分布于广东省揭阳市揭西县河婆街道和良田、上砂、五云、坪上、龙潭、南山、灰寨、京溪园、五经富等乡镇。属于半山客，受潮汕方言影响大。语音特点与五华话相近，也存在差异，以河婆口音为例，古溪母更多读 kʰ-；古效摄一二等有别，效摄一等与果摄开口一等今读 ou，效摄二等读 au，如"哥＝高≠交"。词汇上有不少潮汕闽方言借词，如梅州话说"萝卜"，河婆说"菜头"，与潮汕方言同。（梁施乐、邵慧君）

东江本地话　客家方言。主要分布于广东省东江中上游地区的惠州市惠城区、博罗县及惠阳区、惠东县、龙门县部分乡镇；河源市源城区及龙川县、紫金县、连平县、和平县部分乡镇；韶关市新丰县东部乡镇。受粤方言影响，带有部分粤方言特点。语音、词汇特点与其他客家方言相同。靠近粤方言区域，粤方言特点渐多，如古溪母读擦音字数，越近广州市则越多。词汇上，惠城区、博罗县本地话多用粤方言的"睇"，而非客家方言常用的"看"。（梁施乐、邵慧君）

河源话　又称河源本地话、水源音、蛇话、蛇声。客家方言。主要分布于广东省河源市源城区和东源县，亦见于和平县、紫金县、龙川县和连平县部分与源城区、东源县相连的乡镇。语音特点是：古精、知、照三组合流，只有一套塞擦音、擦音声母 ts-、tsʰ-、s-；单字调 7 个，平去入声分阴阳，上声不分阴阳，其中古浊上白读层今读阴去。（梁施乐、邵慧君）

河源本地话 见"河源话"。

水源音 见"河源话"。

蛇话 见"河源话"。

蛇声 见"河源话"。

龙川话 客家方言。主要分布于广东省河源市龙川县。县内各乡镇口音存在差异，老隆、丰稔、佗城、义都、四都、鹤市、通衢等乡镇口音接近河源话，也有明显差异；东部、中部和北部乡镇口音接近梅州五华话。语音特点是：有两套塞擦音、擦音声母 ts-、tsʰ-、s- 和 tʃ-、tʃʰ-、ʃ-，如"姊 ≠ 纸"；部分点韵母鼻尾 -m、-n、-ŋ 与塞尾 -p、-t、-k 俱全，部分点鼻音韵尾只有 -n、-ŋ，入声韵尾只有 -t、-k；声调一般有 6 个，龙母镇大塘村客家方言存在独立阳上调，声调有 7 个。（梁施乐、邵慧君）

惠州话 当地又称本地话。客家方言。主要分布于广东省惠州市惠城区。惠州以东为客家方言地区，以西为粤方言地区。惠州话有客家方言的特点，如古全浊声母今逢塞音、塞擦音读送气清音；也有广州话的特点，如存在主元音为 y、œ 的韵母。也有不同于梅州话和广州话的语音特点：有两套塞擦音、擦音声母 ts-、tsʰ-、s- 和 tɕ-、tɕʰ-、ɕ-，如"借 ≠ 蔗"；声母 h- 能与主元音为 u 的韵母相拼。声调有 7 个，平去入分阴阳，其中古浊上白读层今读阴去。（梁施乐、邵慧君）

惠阳话 客家方言。主要分布于广东省惠州市惠阳区。以淡水口音为代表。语音特点与梅州话相近，但也有差异，如"瓜怪惯刮"等字无 -u- 介音；部分字白读声母为 p-、pʰ-、m-，文读声母为 f-、v-，如"粪"白读 [pun⁵³]、文读 [fun⁵³]，"蚊"白读 [mun¹¹]、文读 [vun¹¹]。词汇上有部分粤方言、闽方言借词，如"界（给）"，同广州话，也说"分"；"地豆（花生）"，同潮汕话。（梁施乐、邵慧君）

海陆客家方言 客家方言。主要分布于广东省汕尾市海丰县、陆河县和陆丰市部分乡镇。属海陆片客家方言。语音特点是：有两套塞擦音、擦音声母 ts-、tsʰ-、s- 和 tʃ-、tʃʰ-、ʃ-，如"西 ≠ 诗"；鼻音韵尾 -m、-n、-ŋ 与塞音韵尾 -p、-t、-k 俱全；单字调 7 个，平去入声分阴阳，上声不分阴阳，其中古全浊上文读层与浊去合并为阳去调，清去独立为阴去。内部存在差异，如海丰黄羌"瓜怪刮"等字无 -u- 介音；陆河河田还有一个未见于其他海陆客家方言的三合元音韵母 iɤu，且与 iu 对立，如"[ŋiɤu⁵⁵]（鱼）≠ [ŋiu⁵⁵]（牛）"。（梁施乐、邵慧君）

粤北客家方言 客家方言。主要分布于广东省北部韶关市、清远市。粤北各地客家方言与粤方言、江西南部客家方言、粤北土话及湘南土话等相邻分布、互相影响，语音内部缺乏一致性，如塞擦音、擦音声母上，韶关仁化县、始兴县等地只有一套：ts-、tsʰ-、s-，清远英德市、连山壮族瑶族自治县、韶关翁源县等地有两套：ts-、tsʰ-、s- 和 tʃ-、tʃʰ-、ʃ-；鼻音韵尾 -m、-n、-ŋ 和塞音韵尾 -p、-t、-k 是否俱全上，各地也有不同。突出差异表现在古浊上字的今读类型：韶关南雄市乌迳镇、新丰县部分地区客家方言古浊上白读层今读阴去或去声；韶关市郊、翁源县、乐昌市、乳源瑶族自治县、新丰县丰城街道、始兴县南部，以及清远英德市、清新区、佛冈县等地客家方言同五华话；韶关始兴县北部、南雄市珠玑镇以及清远连州市、连南瑶族自治县、连山壮族瑶族自治县、阳山县等地客家方言同梅州话。（梁施乐、邵慧君）

韶关客家方言 客家方言。主要分布于广东省韶关市始兴县、翁源县、新丰县等纯客县，亦见于南雄市、乐昌市、乳源瑶族自治县、曲江区、仁化县、浈江区、武江区等非纯客市县区。语音内部一致性不强：如古见组字今逢细音，仁化县长江镇、翁源县新江镇仍保留 k-、kʰ-、h-，始兴县太平镇、乐昌市梅花镇、南雄市乌迳镇基本腭化为 tɕ-、tɕʰ-、ɕ-；各点鼻音韵尾只有 -n、-ŋ，入声韵尾只有 -t、-k（-ʔ），有的进一步弱化为只有后鼻韵尾 -ŋ 和喉塞音尾 -ʔ，南雄乌迳鼻音韵尾只有 -ŋ，入声韵尾已消失；调型、调值亦不太一致，多数点为 6 个单字调，平入声分阴阳，上去声不分阴阳；仁化长江入声不分阴阳，只有 5 个单字调；南雄乌迳无入声调，去声分阴阳，也只有 5 个声调。（梁施乐、邵慧君）

珠江三角洲客家方言 客家方言。主要分布于广东省惠州市、香港特别行政区，散见于广东省东莞市东南部，深圳市宝安区、盐田区沙头角街道，广州市白云区、花都区、增城区、从化区，中山市五桂山街道、南朗街道，江门市台山市赤溪镇等地，多被粤方言包围。语音特点总体与梅州话或五华话相近，如增城区程乡腔、花都区、东莞市、深圳市、中山市等地客家方言近梅州话；从化区吕田镇、增城区长宁腔等客家方言近五华话。部分地区受粤方言影响，产生 y 或 øy，如从化吕田的"旅 [ly⁴⁴]（梅州话为 [li³¹]）、岁 [søy⁵²]（梅州话为 [sui⁵³]）"。（梁施乐、邵慧君）

香港新界客家方言 客家方言。主要分布于香港特别行政区新界一带，早期分布于新界的山谷、盆地、海岸的部分村落，如新界中部、东部、东北

（梁施乐、邵慧君）

部、西南部，如沙田区、大埔区、西贡区、屯门区、荃湾区、葵青区及北区沙头角、元朗区八乡和离岛区的东涌、大澳、梅窝、大屿山南区等。如今部分村落已被粤方言同化，青年一代多转说粤方言。语音特点与梅州话相近，但存在浊塞音声母 b-和 g-，分别来自古明母、微母和古疑母、日母。吸收大量粤方言词汇，如"洗澡"说"冲凉（梅州话说'洗身'）"。（梁施乐、邵慧君）

粤西客家方言　又称倕话、涯话、哎话。客家方言。主要分布于广东省阳江市阳西县、阳春市部分地区；茂名市电白区、茂南区、化州市、信宜市和高州市部分地区；湛江市廉江市、遂溪县、徐闻县部分地区。由明末清初以来闽西、粤东、粤北客家地区居民直接或间接向粤西迁移形成。语音特点是：多数有边擦音声母 ɬ-；古溪母字较梅州话更多读 h-；个别点存在浊内爆音声母 ɓ-、ɗ-，如化州市新安镇；部分点受粤方言影响，产生撮口呼韵母，如信宜市思贺镇和钱排镇、高州市新垌镇、电白区沙琅镇；古果摄开合口一等与效摄一等合流读 ɔ 或 o，如"多＝刀"；多数点鼻音韵尾 -m、-n、-ŋ 与塞音韵尾 -p、-t、-k 俱全，部分点鼻音韵尾只有 -n、-ŋ，塞音韵尾只有 -t、-k（-ʔ）；调类归并上，廉江、化州客家方言与梅州话相近，信宜市、高州市、电白区、阳西县、阳春市等客家方言与五华话相近。词汇上有粤方言、闽方言借词，如"红萝卜"，廉江石角、化州新安等地说"红菜头"，近闽方言；"给"，阳西塘口、信宜思贺等地说"畀"，近粤方言。（梁施乐、邵慧君）

倕话　见"粤西客家方言"。
涯话　见"粤西客家方言"。
哎话　见"粤西客家方言"。

广西客家方言　客家方言。主要分布于广西壮族自治区的桂东、桂东南，也有部分点以方言岛形式分布于桂西、桂北，形成大杂居、小聚居的分布模式。语音特点与广东客家方言相同，部分点存在差异，如 ts-、tsʰ-、s- 和 tɕ-、tɕʰ-、ɕ- 两套塞擦音、擦音声母，前者与洪音相拼，后者与细音相拼，如博白县岭坪村、港南区木格镇、桂林市阳朔县、融安县大将镇、柳城县大埔镇、兴宾区凤凰镇等；少数点受壮语影响，存在齿间擦音声母 θ- 或边擦音声母 ɬ-，如合浦县公馆镇、港南区木格镇、武宣县三里镇、田林县高龙乡等；多数鼻音韵尾 -m、-n、-ŋ 与塞音韵尾 -p、-t、-k 俱全，但也存在塞音韵尾脱落，鼻音韵尾只有 -n、-ŋ 的情况，如阳朔县金宝乡客家方言。（梁施乐、邵慧君）

海南客家方言　客家方言。主要分布于海南省儋州市南丰镇。声母 19 个，声调 6 个（阴平、阳平、上声、去声、阴入、阳入），韵母 61 个。语音特点是：古全浊、次清声母不论平仄合流为一，部分轻唇音字读重唇，牙喉音声母开口二等字未腭化，精、庄、知、章四组声母合流，泥、来不混；果、假主要元音为 o、a 之别，宕、江二摄合流为 ɔŋ，梗摄字有主要元音为 a 的白读音；-m、-n、-ŋ 尾和 -p、-t、-k（-ʔ）尾齐全，果、宕二摄无合口，果摄部分字韵母为 ai（æ）；古浊上部分字归阴平，去声清浊分调，阴入低阳入高。海南客家方言与广东省梅州客家话有很强的一致性。（刘新中）

闽方言字　记录闽方言词语的书面字符。从来源上说，分为古字、新造字、训读字等。用古字的如"房屋"叫"厝"，"足"叫"骹"。新造字是为方言词而造，在片区内普遍通行的、常用的俗字，如用唐宋时期造出

来的闽方言字"囝"以表达"儿子"义，用"墘"表示"边沿"义。训读字是借义借形不借音的字，如"冥"训读为"夜"，"黑"训读为"乌"，"悬"训读为"高"等。部分读音与文字有分离现象，需要通过音义对应等方式将方言语素本来应有的书写形式考证出来，即方言本字考。本字分为生僻字、常用字两类。生僻字即现代汉语的书面语中很少见到的字，如表"宰杀"义的方言本字"刏"。常用字本字可再分为两种：与词义演变相关的如"糜"，今谓糜烂，但闽方言字表其古义"粥"；与语音演变相关的如表"芳香"义的闽方言本字"芳"，白读为［pʰaŋ］，体现中古敷母字读 pʰ- 声母的特点。（黄绮烨）

潮汕闽方言　闽方言的次方言。在广东省东部潮汕地区及海外华人中广泛使用。主要分布于潮州市、汕头市、揭阳市、汕尾市（陆河县除外）以及惠州市（惠东县、博罗县）、梅州市丰顺县的部分乡镇。代表方言过去为潮州话，现在多认为是汕头话。内部细分为汕头小片（潮州市、汕头市的金平区、龙湖区、澄海区、南澳县，揭阳市的榕城区、揭东区、揭西县）、潮普小片（汕头市的潮阳区、潮南区、濠江区以及揭阳市的普宁市、惠来县）、陆海小片（汕尾市、惠州市的惠东县）。与闽南方言代表厦门话相比，其特点主要表现在语音方面，如古"日"母字声母为 z- 或 dz-；大部分潮汕闽方言无韵尾 -n/-t；声调多为 8 个，平、上、去、入各分阴阳；文白异读对应规律较为不完整。其次表现在词汇方面，如外来词汇较多，有的来自少数民族底层，有的来自东南亚的外来语，有的受粤方言、客家方言的影响形成。（黄绮烨）

潮州话　潮汕闽方言。广义指潮汕闽

方言，狭义指潮州市闽方言。主要分布于广东省潮州市区（湘桥区、枫溪区）、市郊的潮安区和饶平县。以潮州府城话为代表。有18个声母（含零声母）、90个韵母（其中13个韵母仅在口语中使用）、8个声调。内部存在差异，如潮安的庵埠、彩塘等地与汕头的澄海区地缘相近，方言与澄海话更接近，如潮州市区的 -m/-p 韵尾变读为澄海的 -ŋ/-k 韵尾；西临揭阳诸县则无 ɤŋ/ɤk，读为 eŋ/ek；潮州的北部地区（潮安的凤凰镇及饶平的三饶、新丰等镇）还存在 -n/-t 韵尾。潮州市区话老派和新派在语音上存在差异，表现在 -m/-p 韵尾向 -ŋ/-k 韵尾演变，以及古止摄开口三等支、脂、之韵，古遇摄合口三等鱼、虞韵的 ɤ 韵母不断央化，产生 ɯ（老）→ ɤ（中）→ ɔ（青）的变化。（黄绮烨）

汕头话 潮汕闽方言。主要分布于广东省汕头市区（金平区、龙湖区）。一般认为是潮汕闽方言的代表方言。1921年汕头设市以后，移民涌入汕头，至新中国成立初期，汕头话逐渐定型并形成规范。有18个声母（含零声母）、84个韵母、8个声调。汕头话与潮州话的语音差异主要体现在韵母和连读变调（变调调值的不同），如 iau、io 韵母（汕头）分别对应 iou、ie 韵母（潮州）；古咸摄合口三等凡乏韵字的 -m/-p 韵尾消失而读为 -ŋ/-k 韵尾。（黄绮烨）

潮阳话 潮汕闽方言。主要分布于广东省汕头市潮阳区（除关埠、金灶等镇）、潮南区、濠江区。属潮普小片。内部略有差异，以潮阳区棉城话为代表。有18个声母（含零声母）、90个韵母、8个声调（但新派为7个声调，阳上阴去归为一调）。与汕头话在语音上较为明显的差异是：声母 p-、pʰ-、b-、m- 四母逢合口呼韵母读成 pf-、pfʰ-、bv-、ɱ-；古遇摄合口三等鱼韵不读 ɤ 而读 u；声调有较多低调和降调。（黄绮烨）

普宁话 潮汕闽方言。主要分布于广东省揭阳市普宁市东北部。属潮普小片。以新县城流沙话为代表。有18个声母（含零声母）、78个韵母、8个声调。在声韵母系统上接近潮阳话和惠来话，具有较为明显的潮阳话语音特征，如存在唇齿音声母 pf-、pfʰ-、bv-、ɱ-，古遇摄合口三等鱼韵不读 ɤ 而读 u。但在声调调值上与揭阳话更为靠近，阴去调为降升调而非潮阳话的降调。（黄绮烨）

揭阳话 潮汕闽方言。主要分布于广东省揭阳市的榕城区、揭东区、揭西县，以及与揭阳邻近的汕头市潮阳区、梅州市丰顺县的部分乡镇。属汕头小片。以榕城话为代表。有18个声母（含零声母）、85个韵母、8个声调。与潮汕其他闽方言在语音上的差异主要体现在韵母上：古臻摄开口三等真（臻）质（栉）韵读 eŋ/ek，不读 iŋ/ik；古臻摄开口一等痕韵、三等殷迄韵读 eŋ/ek，不读 ɤŋ/ɤk。（黄绮烨）

汕尾话 又称海陆丰话、鹤佬话、学佬话、河洛话。潮汕闽方言。主要分布于潮汕地区西部，即汕尾市城区、海丰县、陆丰市（甲子、甲东、甲西3镇除外）。属陆海小片。以海丰海城话为代表。有18个声母（含零声母）、77个韵母、8个声调。汕尾话更接近福建闽南方言（漳州话、泉州话等），与东部的潮汕闽方言相比，语音上有其独特之处。主要语音特点是：韵尾上保留较为完整的 -p、-t、-k 和 -m、-n、-ŋ，存在鼻化韵、喉塞韵尾和文白读系统。地理位置毗邻粤方言分布地区，词汇上受粤方言影响大，方言接触现象较为明显。（黄绮烨）

海陆丰话 见"汕尾话"。
鹤佬话 见"汕尾话"。
学佬话 见"汕尾话"。
河洛话 见"汕尾话"。

粤西闽方言 又称粤西闽语。广东省西部地区的闽方言。主要分布于广东省湛江市雷州市、徐闻县、遂溪县、湛江市区（包括麻章区以及赤坎、霞山两个区的城中村、坡头区南三镇）、吴川县3个镇（覃巴、兰石、王村港）。茂名市电白区有海话和黎话，均属闽方言。云浮市罗定市太平、罗平镇部分村落，云浮市富林镇少数村落也有闽方言分布。湛茂一带闽方言可归为雷州片，而云浮一带的闽方言多来自福建省漳州市，与雷州片闽方言有些差异。总体上粤西闽方言与福建闽南方言归属相近，但也有变异。其特点是：声母较多，超出传统的"十五音"系统；有的出现边擦音声母 ɬ-；鼻化韵母基本消失；文白异读的区分大量消减。在语音、词汇、语法层面受到周边粤、客方言的明显影响。（甘于恩）

粤西闽语 见"粤西闽方言"。

雷州话 简称雷话。粤西闽方言。主要分布于湛江市麻章区、东海岛、雷州市、遂溪县、徐闻县、廉江市南部。以雷城（原海康县城）话为代表。语言特点是：无鼻化韵；古非、敷、奉母白读为 p- 或 pʰ-，文读为 b- 或 h-；有两个较特殊的词头，一为"妃［bi⁵⁵］"，用于姓氏、排行前，表亲密，如"妃张（老张）、妃大（老大）"，另一为"尼［ni¹¹］"，用于单音节亲属称谓前，如"尼爸（父亲）"；有些词借自粤方言，如"啱啱（刚刚）"、倾偈（聊天）"等。（甘于恩）

雷话 见"雷州话"。

黎话 粤西闽方言。主要分布于广东省茂名市以及湛江市廉江、吴川等地。语音特点是：多有边擦音ɬ-，声母普遍多于福建闽南话的15声，缺乏鼻化韵，古非组（白读）有保留重唇读法，第三人称代词单数用"伊"。（甘于恩）

海话 粤西闽方言。主要分布于广东省湛江、茂名、阳江一带沿海地区。属濒危方言。分为电白海话、阳西海话、廉江海话。电白海话、阳西海话近闽方言，廉江海话近粤方言。电白海话、阳西海话分布于电白东部及南部沿海，语音特点是：中古知组声母读t-、tʰ-；中古非组的"飞、芳、肥"，电白海话、阳西海话今文读为h-、白读为p-（飞、肥）或pʰ-（芳）；词汇方面第三人称单复数为"伊"和"伊侬"。廉江海话旧称海獠话，分布于沿海的营仔、车板等镇，语音特点表现出明显的粤方言特征。（甘于恩）

海南闽方言 又称海南话。闽方言的次方言（琼文片闽方言）。海南省汉族居民使用的主要方言。以文昌话为代表。分为四片：海府片，主要分布于海口市、定安县、屯昌县。文万片，分布于文昌市、琼海市、万宁市、陵水黎族自治县、三亚市的中部东部沿海地区；昌感片，又分3个小片：崖城小片，分布于三亚市南部、西部的沿海地区，乐东黎族自治县西部、东南部的沿海地区；感城小片，分布于东方市的八所及南部新龙到板桥一带昌江黎族自治县北部沿海的昌城一部分；昌化小片，是零星分布的较晚开拓的地方，分布于乐东黎族自治县抱由镇，昌江黎族自治县石碌镇和昌化镇，东方市北部的新街、四更等地。四镇片，分布于琼中黎族苗族自治县、五指山市（原通什市）、白沙黎族自治县、保亭黎族苗族自治县等县。共同语音特点是：有ɓ-、ɗ-声母；多数古定、透、溪、群母字今读为h-或

者x-；训读、文白异读现象丰富复杂。（刘新中）

海南话 见"海南闽方言"。

海口话 海南闽方言。主要分布于海南省海口市秀英区、龙华区、琼山区、美兰区。秀英区长流镇一带，除说本地的长流话外，也说海口话。有16个声母、46个韵母、8个单字调。语音特点是：古次浊声母上声字今多数读阴上调，少数读阳去调，古全浊声母上声字今读并入阳去调；古全浊声母去声字今读阳去调，部分字的白读今读阴平调；古入声字按清浊今读分为阴入和阳入，带-p、-t、-k尾，部分古清入字白读舒化作"长入"（读阴声韵）；古帮、并母大部分字和少数非、奉母字读ɓ-；古端母大部分字、定母仄声字和知母澄母部分字读ɗ-；没有送气的塞音、塞擦音；古滂、並母字多读f-；鼻音韵尾-m、-n、-ŋ和塞音韵尾-p、-t、-k俱全，且配对整齐。（刘新中）

文昌话 海南闽方言。主要分布于海南省文昌市。与海口话有相同之处，也有不少不同之处。有17个声母、8个声调（阴平24、阳平22、上声31、去声53、阴入5、阴长入55、阳入3、长阳入33）、47个韵母。文昌话在海南闽方言中具有代表性，是海南广播电台、电视台和正式社交场合使用的主要方言。（刘新中）

万宁话 海南闽方言。主要分布于海南省万宁市。语音与文昌话有较大一致性，不同之处表现在没有ʥ-、ʥ-声母，没有-m尾韵，相应的韵母并入-n尾韵。（刘新中）

三亚话 海南闽方言。主要分布于海南省三亚市区及其附近。三亚市位于海南岛最南端，语言和方言情况较复

杂。三亚的海南闽方言，西部近乐东话，东部与陵水话近似。有18个声母、35个韵母（没有韵尾-p、-m、-n，韵母大大简化）、8个声调。兼有文昌、乐东等地海南闽方言的语音特点。（刘新中）

东方板桥话 海南闽方言。主要分布于海南省东方市板桥镇。有18个声母，有声母θ-；39个韵母，无-m/-p韵尾，韵母比文昌等地的海南闽方言少；7个声调（阴平、阳平、上声、阴去、阳去、阴入、阳入）。没有海南闽方言的特色声母内爆音ɓ-和ɗ-，有系统的塞音送气与不送气的对立，韵母、声调较简化，在海南闽方言中十分特别。反映了海南西南部闽方言的区域性特征。（刘新中）

粤北闽方言 闽方言。主要分布于广东省北部地区，呈零星分布。主要有韶关市曲江区、乳源瑶族自治县桂头镇连滩话和乐昌区乐城街道（原河南镇）塔头坝潮汕话。曲江连滩话分布于曲江区白土、马坝两镇以及周田（现属仁化县）、大桥（现属仁化县）、犁市（现属浈江区）等镇。语音特点是：古非组（部分）读p-、pʰ-声母，古知组读t-、tʰ-声母，古全浊声母清化后多读不送气，部分古云、匣母口语词读h-声母，古-m/-p尾韵较完整保留，有入声韵及入声调类，有鼻化韵，无y类撮口韵，声调7个；文白异读不如闽南话丰富。词汇受粤方言、客家方言影响，如说"猳（揹）、倾偈（聊天）、雕阿（鸟儿）"，前两个为粤方言说法，后一个为客家方言说法。乐昌塔头坝潮汕话使用人口约2000人，乳源瑶族自治县的桂头镇连滩话使用人口5000余人。（甘于恩）

中山闽方言 又称村话。闽方言。主要分布于广东省中山市五桂山外围，

分为隆都片，位于中山西部，包括沙溪镇龙头环村、大涌镇大涌社区、神湾镇芒涌村、南区街道寮后村、板芙镇里溪村；南朗片，位于中山东部，包括南朗街道榄边村和麻东村、火炬开发区泗门村；三乡片，位于中山南部，包括三乡镇鸦岗村和大布村。语音特点是：部分保留闽方言古非组（部分）读 p-、pʰ- 声母，古知组读 t-、tʰ- 声母的特点，无鼻化韵，声调有 7 个，文白异读渗入外来系统（文读为粤方言）等。（甘于恩）

村话 见"中山闽方言"。

惠州闽方言 又称惠博闽语。闽南方言。当地人俗称福佬话、学老话。主要分布于广东省惠州市惠东县、博罗县一带。通行范围包括惠州市惠城区、惠阳区及惠东、博罗两县。龙门县的龙潭镇有少数村落使用，具体不详。其人口的族谱多记录来自福建省漳州市。语音特点近于漳州话。调查研究成果较少。（甘于恩）

惠博闽语 见"惠州闽方言"。

广西闽方言 广西壮族自治区境内的闽方言。属于闽南话系统，分布较为零散，约有 25 万人，其中贵港市平南县、桂林市平乐县、玉林市北流市和陆川县、柳州市等地，人口在 1 万人以上。操广西闽方言的族群多由福建省漳州市一带经广东迁入，由于来源和所居地语言环境的不同，广西境内闽方言的特点并不完全一致，总体来说，除了保留闽南方言的特点外，多数受到周边权威方言的影响。以平乐县二塘镇闽方言为例，闽方言的特征慢慢减少，周围官话的特征开始渗透，比如撮口呼的出现、-m 韵尾逐渐丢失、塞音韵尾逐渐舒化，官话方言词汇、词缀开始进入，等等。（甘于恩）

岭南其他方言

粤北土话 混合型方言。方言归属未定。广东省粤北一组成分复杂的方言群。由韶州土话（中南片）、雄州土话（东北片）、连州土话（西北片）3 个小片组成。雄州片具有客家方言特色，是赣南老客家方言在地理上的延伸；韶州片和连州片关系密切，以两宋以来江西中、北部的方言为主要来源，融入明清以来粤北客家方言、粤方言以及西南官话的一些成分和特点，形成混合型方言。如在古全浊声母的读法上，有不论平仄都读送气的，有不论平仄都读不送气的，有仄送平不送的，还有根据浊音声母的分组不同有不同的读法。有较独特的小称变音，大致分为促化式和舒化式，其中中塞式小称颇有特色。（甘于恩）

疍家话 其他方言。岭南水上居民所操方言的总称。疍家广泛分布于中国南方沿海或内河水域，传统以捕捞为生，舟楫为家，岭南各地均有广泛分布。疍家并无统一独立的语言，不同地区讲不同方言，在地化明显。粤方言性质的疍家话分布范围最广，如广东、港、澳、桂南、海南三亚等地，其方言与粤方言具有明显一致性；闽方言性质的疍家话主要分布在海陆丰地区和香港特别行政区新界一带。还有土话性质的，如粤北北江流域的船话、虱嬷话，以及与桂北平话相通的广西壮族自治区北部船民话等。随着传统行业的日渐式微，水上居民上岸定居，疍民人口越来越少，疍民话急剧流失或融入陆地方言，已成濒危方言。（邵慧君）

军话 又称军声、军家话。军话。散布于广东、海南、福建、浙江、广西等省区的少数村镇，由明代卫所制遗留下来的方言岛。岭南地区主要分布于广东省惠州市惠东县平海镇、汕尾市陆丰市大安镇坎石潭村和西南镇青塘村，海南省东方市八所镇八所村、三亚市崖州区崖城村、儋州市中和镇和那大镇，广西壮族自治区柳州市、北海市合浦县山口镇永安村和海战村等地。含有较多的北方方言成分，有些也分别含有周边方言（闽、粤、客家）的成分。与明代卫所制的世袭军户及明代前后的"通语"有联系。军话的使用人口少，受普通话和周边方言影响大。属濒危方言。（丘学强、邵慧君）

军声 见"军话"。
军家话 见"军话"。

海南军话 军话。海南岛西部的一种官话方言。是历史上前来海南戍边的军人及苗裔传入海南岛的西南官话。按语音特点分为 3 片：崖城片，分布于三亚市崖州区崖城村；儋州片，分布于儋州市的那大、中和、王五、东成等镇；昌感片，分布于昌江黎族自治县的乌烈、十月田、昌化等镇，东方市八所、三家等镇。儋州片和昌感片古帮、端母有与海南闽方言类似的内爆音声母 ɓ- 和 ɗ-，有的地方没有；有送气和不送气对立；无平翘舌音对立；儋州中和镇军话心母字读为齿间音 θ-；韵母无齐、撮对立；入声韵自成一类，没有 -p、-t、-k、-ʔ 等塞音韵尾，与儋州话读书音有相同之处。一些常用词保留官话特点。但与北方官话有差异，未经学习和适应，相互之

间无法直接通话。讲军话的地区很容易接受普通话。（刘新中）

大鹏话 粤客混合型方言。主要分布于广东省深圳市大鹏新区、南澳镇和香港特别行政区东平洲。大鹏为明代大鹏守御千户所城所在地，其原居民为明代驻军后代。兼具粤方言、客家方言特点。语音特点是：如“闻”等字声母读 m-，“开、汉、喝”等字声母读 f-，与莞宝片粤方言同；“扶”字读重唇 p^h-，古全浊声母读送气清音，如“白、豆、共”读 p^h-、t^h-、k^h-，与客家方言同。词汇方面，有些与粤方言一致，如“睇（看）、嗅（闻）、攞（拿）”；有些与客家话同，如“伶俐（干净）、狂（害怕）、一只人（一个人）”等。属濒危方言。（邵慧君）

旧时正话 又称城话、军话。广东省茂名市电白区（原电白县）中部山区一些乡村的北方方言岛。民间戏称为“狗屎正话”（与“旧时正话”谐音）。原是神电卫这一军事城池和县治中使用的方言。有明代官话的一些特点，受到周边闽方言、粤方言、客家方言影响。使用人口仅数千人。语音特点是：有边擦音声母 ɬ-，第三人称代词用“他”，不少基本词汇近北方官话，如用“脸（不说‘面’）、站（不说‘徛’）”等。属濒危方言。（甘于恩）

城话 见“旧时正话”。

乐昌坪石话 西南官话。主要分布于广东省韶关市乐昌市坪石镇（包括旧坪石镇和水牛湾一带）以及三溪镇镇内部分地区。当地称为坪石话。以坪石镇话为代表。语音特点是：声调有4个（阴平、阳平、上声、去声），入声基本派入阳平，也有部分派入去声，古见组声母不腭化为 tɕ-、$tɕ^h$-、ɕ-，词汇上带有较明显的官话特色，如说“走路（不说‘行路’）、吃饭（不说‘食饭’）”，用“什么（不用‘乜’或‘脉介’）”，亲属称谓构词多用重叠，如爷爷、奶奶、叔叔等。（甘于恩）

畲话 混合型方言。主要分布于广东、福建、浙江、江西等省部分区域的方言。广东畲话主要分布于广东潮州潮安、凤凰山一带。不等于畲语（属汉藏语系苗瑶语族），具有族群性。一般指称畲族民众所使用的汉语方言。畲话与所居地粤、客、闽、吴等方言有较深入的接触，其语言底层有畲语的痕迹。有的习惯上也称为畲语。（甘于恩）

马兰话 又称麻兰话。混合型方言。主要分布于广东省茂名市电白区大衙镇（今林头镇）龙记管理区北溪坡等10余个村落。是一种被黎话（闽方言）、白话（粤方言）和哎话（客家方言）包围的岛状方言。使用人口约2000人。或说来源于粤方言四邑片，如阴平读中平调，阴上读高平调，近指指示代词用“该”，远指指示代词用“恁”。有粤西方言普遍的边擦音声母 ɬ-。词汇上有较多与粤方言相似的说法，如“峔、马骝”等。属极度濒危方言。（甘于恩）

麻兰话 见“马兰话”。

路溪话 粤方言。主要分布于广东省惠州市龙门县路溪镇。受广府方言和客家方言的影响，底层与龙门平陵话、龙江本地话有相近成分。有7个声调，分别是阴平44，阳平51，上声35，阴去31，阳去41，阴入5，阳入3；声母有18个，韵母有58个；有古透母读擦音 h- 的现象。词汇上有一些特色词，如“鹞（小鸟）、饪猪（喂猪）、牛躧脚（生日）”等。（甘于恩）

占米话 又称粘米话、尖米话。混合型方言。主要分布于广东省汕尾市海丰县、惠州市惠东县、深圳市坪山区的部分乡镇。有客味占米和粤味占米之分。呈岛状分布，使用人口萎缩。大多先于客家方言在当地流行，后与粤方言、客家方言、闽方言共存并受强势方言的影响。属濒危方言。（甘于恩）

粘米话 见“占米话”。

尖米话 见“占米话”。

儋州话 其他方言。海南省第二大汉语方言。主要分布于海南西部儋州等地。有16个声母；有内爆音声母 ɓ- 和 ɗ-；没有塞音、塞擦音不送气与送气的对立；有 x- 与 h- 的对立。有68个韵母，元音不分长短；有 -m、-n、-ŋ、-p、-t、-ʔ 等6个辅音韵尾；有5个韵母只用于文读音，有18个韵母只用于白读。声调分为两套，文读5个，白读6个；调型只有平、降两种。另有一套读书音系统与官话音系近似。（刘新中）

迈话 混合型方言。主要分布于海南省三亚市崖州区拱北、城东、水南等村及天涯区的羊栏、妙林村。使用人口约1.5万。先辈可能从珠江流域迁徙而来。兼有粤方言、海南闽方言及客赣方言的成分。有18个声母、35个韵母、7个声调。声母有 v- 和 f-；有与广州话相同的 ʧ-、$ʧ^h$-、ʃ-；韵母有 -n、-ŋ、-t、-ʔ 等4个辅音韵尾，其中 -ʔ 有人读作 -k；调型有平、升、降三种；有2个入声调。与海南闽方言相同的语音特点是：古全浊声母字上去同调；有内爆音声母 ɓ- 和 ɗ-，主要来自古帮、端母；古知母字多读 t-；古

日母字多读浊音 dz- 或 ʒ-；无撮口呼韵母；古蟹摄齐韵多读 ɔi；古宕、江、曾、梗、通舒声韵尾多读 -ŋ，入声韵尾读 -ʔ。（刘新中）

付马话 其他方言。主要分布于海南省东方市四更镇付马村。使用人口约2000人。从族谱记载和语言特征看，与客赣方言相近。付马村最主要的姓氏是文，为文天祥的后人，据载明代从江西省吉安府庐陵县迁来。语音特征从基础音系到语法，总体上以客赣方言为基础，并浸染来自周围语言和方言的成分。属濒危方言。（刘新中）

都话 其他方言。富川也称百姓话、民家话。主要分布于广西壮族自治区贺州市区附近、富川瑶族自治县以及相邻的湖南省江永县、江华县部分地区。有七都话、八都话、九都话之分。使用人口约 11 万人，有汉族，有瑶族，属汉语方言。"都"是明代的行政区划名称，都话名称即源于

此。语音特点是：部分古端母读 l-，如"多"读 [lo]；部分知组声母读 t- 或 l-，如"猪"读 [lia]；有些古阳声韵字今无鼻音韵尾；中古入声尾丢失，但仍保留独立调类。（甘于恩）

广东葡语 又称澳门葡语。以葡萄牙语和粤方言为主，混杂英语、印度语、马来语的洋泾浜语。16 世纪下半叶至 18 世纪初期，盛行于以广州、澳门为主要城市的珠江三角洲一带。现存文字记载不多，最早见于澳门同知印光任和张汝霖所编的《澳门记略》（1751）。该书下卷"澳蕃篇"后附有"澳译"，分天文、人物、衣食、器数、通用五类，收录 395 个词条。每个词条包含汉字和以粤方言注音写葡语发音，如"星（意事參利喇）"，其葡语为 Estrela［is'trela］。谢清高的《海录》（1820）中亦以粤音列举 29 个官职名。随着英国成为海上霸主，乾隆皇帝下令仅保留粤海关和十三行

一口通商，逐渐被广东英语取代。（谈泳琦、邵慧君）

澳门葡语 见"广东葡语"。

广东英语 以英语和粤方言为主，混杂葡语和其他西欧国家语言的洋泾浜语。源于广东葡语。18 世纪上半叶至 19 世纪中叶，盛行于以广州为中心的珠江三角洲地区。现存文字记载有安徽茶商江有科的札记《徽州至广州路程》、版本众多的《鬼话 / 红毛番话》以及唐廷枢《英语集全》中的"广东番话"。多以广州话拼注英语，拼注的内容主要是贸易常用词语和简单问答。如"time（注为'太唔，se hau，时候'）、he has made his fortune（注为'希 晞士 米地 希士 科噂，kü fá t liú tai choi，佢发了大财'）"。在实际使用中，语法与正规英语存在较大差异。鸦片战争后多个通商口岸的开放及英语教育学堂化正规化，广东英语逐渐衰落。（谈泳琦、邵慧君）

岭南少数民族语言

壮语 属侗台语族壮傣语支。广西壮族自治区主要少数民族语言之一，广东省内主要分布于连山壮族瑶族自治县和怀集县。分为南部方言和北部方言。南部方言分布于广西的右江、邕江以南地区，又分为邕南、左江、德靖、砚广、文麻 5 个土语；北部方言分布于驮娘江、右江、邕江一线附近及其以北地区，又分为邕北、红水河、柳江、桂北、右江、桂边、丘北 7 个土语。音节由声母、韵母、声调组成。各地壮语的声母数量为 30 个左右，复合声母很少，主要是腭化和唇化性质；韵母数以 70—80 个为常见；声调均为 6 个舒声调和 2 个促声调。各个方言在语音上有明显对应关系。词汇内部差异较小，以

单音节词占多数。基本语序为：主语 + 谓语 + 宾语。除数量词外，其他词作定语多置于中心词后。（经典）

壮字 又称古壮字、土俗字、方块壮字。古代壮民族文字。是壮族利用汉字的形、音、义和六书构字法创造的方块文字。构造形式分为四类：象形字，依物赋形，依事描样；会意字，利用汉字本体加上一些特殊符号或以两个汉字合成的字；形声字，利用汉字偏旁部首作为声符和意符组合而成的文字；借用现成的汉字，又分为仅借字音来记录壮语意义和既借字音又借字义两类。已知最早记录是唐代。至明代，已成为壮族民间的书面文学

用字。现收集到的字有 1 万多个，其中常用的正体字 4000 多个。壮族用来记录民歌、故事传说、书写经文、石碑、契约、账目等。由于缺乏统一的使用规范、各地字形不一，长期以来只能在民间有限的范围中流传使用。新中国成立后，国家为壮族统一创制拼音壮文，并于 1957 年经国务院批准正式实施拉丁化的壮文方案。古壮字停止使用。（经典）

古壮字 见"壮字"。
土俗字 见"壮字"。
方块壮字 见"壮字"。

勉语 瑶族使用的语言。属苗瑶语族

瑶语支。在国内外的瑶族中使用人口最多、分布最广泛，也是广东瑶族的主要语言。常见被分为勉—金、标—交、藻敏三个方言。方言间的主要差别在词汇，三个方言均有大量的汉语借词，其中标—交方言借得更多一些。语音上，韵母的元音是否分长短、是否有塞音韵尾以及声母是否存在清化鼻音是三个方言的主要区别。语法结构上三个方言基本一致，标—交方言稍特殊，如名词可以重叠做谓语或直接与副词"不""很"结合等。勉—金方言和标—交方言内部还可分土语，土语间大体可通话。分布于广东省乳源瑶族自治县的瑶族所使用的属于勉—金方言广滇土语。海南省的苗族使用属于勉—金方言防海土语，在当地通常被称为海南苗语或苗话。（经典）

畲语　畲族使用的语言。属苗瑶语族苗语支。畲族在福建、浙江、广东、安徽等省均有分布，除广东省惠州市博罗县和惠东县、广州市增城区等地外，其他地区的畲族已转用汉语或带有畲语底层的汉语方言（或称为畲话）。广东境内的畲语实际使用人数已不足千人（2019 年），且在语言中夹有大量的汉语客家话成分，仅惠州市博罗县保存相对完好。音节由声母、韵母、声调组成，声调有 6 个舒声调、2 个促声调；没有浊塞音声母；韵母简单，元音不分长短；除借词外，没有塞音韵尾，鼻音韵尾只有 -n 和 -ŋ。与苗语支其他语言相比，具有声韵母趋于简化、带鼻冠的声类变成清塞音或清塞擦音等特点。基本词汇多与苗瑶语同源，有比较多的汉语借词，畲语特有词数量较少，如 [tsʰin¹]"黄蜂"。语序和虚词是表达语法意义的主要手段，基本语序为主语＋谓语＋宾语。（经典）

标话　属侗台语族侗水语支。主要分布于广东省怀集县诗洞、永固两镇，怀集县桥头、大岗、梁村，封开县长安、莲都、河儿口和广西壮族自治区贺州市沙田镇的部分地区也有少量分布。其使用者被称为讲标人，其祖先可能是侗水诸族的先民。与汉语长期接触与融合，受汉语影响大。在词汇上有过半的词语是粤方言借词；在语音系统上受粤方言影响而产生 y、ø、œ 三个圆唇元音及其系列韵母，如 [tø:n⁴]（大腿）；在语序上，数量词、名词、代词、动词充当的修饰成分已移至中心词前。保留侗台语族语言的底层，例如有一定数量的与壮语、侗语等语言同源的词语，相互间有语音对应规律。（经典）

吉兆土话　又称吉兆海话。一种新发现的语言。主要分布于广东省湛江市吴川市覃巴镇吉兆村。隶属的具体语言支系尚未确定。受汉语方言影响大又不属于汉语。在发音和词汇上与临高语和壮语关系密切，应是归属于侗台语族的一种语言。有声母 17 个；韵母 65 个，包括单元音、二合元音、三合元音和带鼻音或塞音韵尾韵母；声调 4 个，可配舒促声韵；除了固有词外，吉兆土话还有丰富的、来源复杂的汉借词，如古汉语借词和周边粤、闽方言借词。语序和虚词是表达语法意义的主要手段，基本语序为：主语＋谓语＋宾语，定语通常置于中心词前。在吉兆村仅有不足 100 人的高龄人群能相对熟练地使用该语言（2017 年）。属高度濒危语言。（经典）

吉兆海话　见"吉兆土话"。

黎语　黎族通用语言。属侗台语族黎语支。主要分布于海南省琼中黎族苗族自治县、保亭黎族苗族自治县、陵水黎族自治县、白沙黎族自治县、乐东黎族自治县、昌江黎族自治县和三亚市、东方市、五指山市（原通什市）等，其他市区有零星分布。分为侾（又称哈）、杞、本地（又称润）、美孚和加茂（又称赛或台）5 种方言，侾方言的使用人数最多。方言间的语法特点基本一致，词汇次之，汉语借词较多。除加茂方言在语音上差异比较大外，大部分方言相互之间比较接近，基本可以通话。与同语族其他语言比较，黎语有舌根浊塞音 g-，如 [gou²]（跑）；侾方言的罗活土语有 -n、-t 作韵尾的韵母，如 [lan³]（脱〈帽〉）。词汇与其他亲属语言有同源关系的不多，单音词比多音词多，绝大部分音节有一定意义。指示代词可以单独做主语、宾语，量词、名词不能重叠。（经典）

临高话　属侗台语族壮傣语支。主要分布于海南省北部地区，包括临高县全境和儋州市、澄迈县、琼山区及海口市郊的部分地区。使用者没有自己的民族称谓，也没有对这一语言的统一称谓。因临高县使用这一语言的人最多，故此被学界称为临高话。不是汉语方言，也不是汉语和台语的混合语，是一个有完整的语音、词汇和语法体系的独立语言。其语音系统与壮语北部方言比较接近。词汇上与壮傣语支语言同源词较多，也有自己的特有词，如 [mun²]（芭蕉）。内部词汇语法差异较小，无方言差异。从声调分化和元音数目的差别上，分为临澄土语和琼山土语。（经典）

村话　又称哥隆话。海南省昌化江下游出海口处南北两岸居民所使用的语言。分布于东方市四更镇的一部分、三家镇的大部分、八所镇（原新街镇）的一部分；昌江黎族自治县的昌化镇（原昌城乡）小部分、海尾镇的个别村落。其使用者自称为村人，海南岛上的汉族和其他族群称其为哥隆人。

语音上与黎语较为接近，比黎语的语音系统更为简化，如声母缺少双唇清塞音 p- 和舌尖清塞音 t- 以及没有复辅音等；词汇上受黎语和汉语双重影响，但有相当比例的特有词；语法与黎语大同小异。因所居住区域和地理位置的不同，内部分 3 个小集群，存在细微的语音差别。（经典）

哥隆话　见"村话"。

回辉话　属南岛语系印度尼西亚语族占语支。主要分布于海南省三亚市凤凰镇回辉村和回新村的回族。白沙黎族自治县、万宁市有少数使用者分布。与占语支的拉德语有密切关系：有数百个词语相同，在语音上也有对应关系。与后者相比，回辉话的语音大为简化：复辅音和一些声母消失或合并，韵尾 -h、-p、-t、-k 也大部分消失；还增加了几个区别词义的声调；词干前的前缀消失，双音节词变为单音节。在与汉语和黎语的接触中，其类型发生很大变化：各类词均无形态变化，表示语法意义的附加成分减少，词与词的语法关系靠语序和虚词来表达等。（经典）

那斗话　属侗台语族黎语支。主要分布于海南省东方市新龙镇那斗村和八所镇月村。使用者自报的民族成分是汉族，称所讲的话为来话。当地其他民众称其为那斗话、月村话。与黎语有明显的渊源关系：从语音和词汇看，比较接近黎语的美孚方言；两者在基本词汇中有 30% 左右的相同词；语音上有对应关系。比黎语简化：声调和声母数量更少，有 4 个舒声调、2 个促声调，25 个声母中 pj-、ŋj- 两个声母与黎语不同；韵母元音不分长短，塞音韵尾全部脱落变读为 -ʔ；鼻音韵尾 -m 变成 -n，没有后元音 ɯ。语法上与黎语相近，但受汉语影响更大，如修饰成分与中心词的语序不固定，名物化助词来自汉语的"的"等。实际使用人口约 3000 人，在当地形成"语言孤岛"。属濒危语言。（经典）

机构·团体

巴色会（Basel Mission）　教会组织。总部位于瑞士巴色城。1846 年，派遣瑞典人韩山明（Theodore Hamberg）和德国人黎力基（Rudoph Lechler）前来中国传教，二人于翌年 3 月 19 日抵达香港。韩山明是有史以来第一位向客家人传教的传教上，从 1847 年来华到 1854 年去世，他在 7 年间奠定了巴色会在华工作的坚实基础，开创客家文化研究特别是客家方言研究先河。1860 年之后，陆续来华巴色会传教士在黎力基领导和垂范下，深入到广东新安（今深圳市）、东莞、惠阳、博罗、紫金、河源、新丰、连平、和平、龙川、五华、兴宁、梅县、蕉岭及江西寻乌等客家方言地区传教。巴色会传教士编写和出版大量客家方言文献，为认识 100 多年前客家方言的语言面貌和书写传统提供最有价值的资料。（庄初升）

中山大学古文字研究所　古汉字研究机构。中国高校第一个古文字学专门研究机构。1965 年经原高教部批准成立中山大学古文字研究室。前身为 1956 年容庚和商承祚共同创立的古文字研究室。1999 年在此基础上成立中山大学古文字研究所，2013 年成为出土文献与中国古代文明研究协同创新中心 11 家协同单位之一。研究范围涉及甲骨文、金文、战国秦汉文字、汉语史等多个领域。2015 年 1 月正式出版研究所集刊《古文字论坛》。（秦晓华、林颖）

暨南大学汉语方言研究中心　汉语方言研究机构。中国第一个综合性的方言研究机构。1994 年在詹伯慧倡导下成立。前身为 20 世纪 80 年代末创办的汉语方言研究室。2008 年 5 月，广东省教育厅批准该中心为广东省普通高校人文社会科学重点研究基地。中心下设地理语言学研究室、岭南方言研究室、海外汉语方言研究室、语言智能技术实验室、发音语音学实验室、语言培训及应用部、方言文化研究室，在省内外高校设立多个教学科研工作站。2009 年创办《南方语言学》辑刊。（甘于恩）

贺州学院语言博物馆　语言类博物馆。2016 年 4 月开馆。分序厅、语言地图展区、电子音像展区、成果展示区、公共感受区五大展区。贺州市地处湘粤桂三省区交界处，语言资源丰富，有"天然语言博物馆"之称。中国十大方言中，贺州市便分布有六大方言（粤方言、客家方言、官话方言、湘方言、闽方言、平话土话）。民间各种称谓的次方言有近 30 种，还有壮语、勉语（瑶话）、标话（为汉藏语系侗台语族侗水语支的一个独立语言）等少数民族语言。（李林欣、甘于恩）

梧州学院西江流域民间文献研究中心　地方文献研究机构。2014 年成立。主要工作是收集和整理西江流域第一手民间文献，包括碑刻、契约、民歌唱本、地方蒙学读物、宗教文献、医药书、账本、书信、票据以及各种手

札等 10 多类，中心将收集到的文献进行系统整理，力图建立西江流域民间文献数据库，对文献中涉及历史、民俗、语言文字等内容进行专题研究。是广西壮族自治区高校人文社会科学重点研究基地。（王建军、甘于恩）

岭南方言文化博物馆 方言文化博物馆。2021 年 9 月 10 日开馆。广东广播电视台牵头，与佛山市委宣传部合作共建。发挥广电媒体在语言类博物馆建设中的优势，具体依托广东广播电视台南方卫视陈星工作室的专业团队和岭南方言文化传承保护中心专家委员会的智库力量。2017 年 9 月 5 日签约启动。项目选址于佛山市图书馆 5楼南区，面积约 1000 平方米，展厅分为序厅、中国及广东语言概况、广东语言特点、粤、客、闽和广东其他方言文化、广东方言文化的海外传播、广东方言文化的保护与传承等九大部分。通过对广东三大方言及其文化的展现，传承和维系集体记忆，打造民族文化共同体。（甘于恩）

文 献

分韵撮要 粤方言韵书。清乾隆四十七年（1782）由虞学圃、温岐石同辑的《江湖尺牍分韵撮要合集》是目前所见较早版本。收录约 7300 字。18 世纪至 20 世纪中期在粤方言区流行。该书将《江湖尺牍》及《分韵撮要》合辑成册，其中《分韵撮要》按韵分部，分为 33 个韵部，每个韵部又按平、上、去、入的顺序分类，每一类按阴声韵字、阳声韵字先后排列。该书 33 个韵部中有 17 个含入声在内，把入声独立为韵，可归纳出 50 个韵类。从韵部也可考证出其声母为 23 类。（彭小川）

华英字典（*A Dictionary of the Chinese Language*） 粤英双语字典。英国传教士马礼逊（Robert Morrison）著。共 3 部分 6 卷，清嘉庆二十年至道光三年（1815—1823）陆续在澳门和伦敦出版。收字数不详。第 1 部分《字典》分 3 卷，包括以笔画排列的 214 个部首及其各字词条，各词条以汉字为首，先标注该字典自创的粤方言拼音，再辅以英文解释。第 2 部分《五车韵府》分 2 卷，第 1 卷是该字典的粤方言拼音字母并附音序检字表，第 2 卷是汉字部首检字表和形近汉字辨析，第 3 部分是英粤字典，按英文字母顺序编排。该字典是现存资料中第一部粤英、英粤双语字典，对中外交流和工具书编撰等产生深远影响。（谈泳琦、邵慧君）

广东省土话字汇（*A Vocabulary of the Canton Dialect*） 粤方言词典。马礼逊（Robert Morrison）编。清道光八年（1828）出版。收录词条约 7000 条。英语、汉字、粤音罗马字拼音并排。共 3 部分，第 1 部分和第 2 部分前半部为汉英粤三语字汇，第 2 部分后半部和第 3 部分为汉语词汇和词组，包括事务类、天文气候类、禽兽类、颜色类等 24 部分内容。（姚达兑）

广州方言中文文选（*A Chinese Chrestomathy in the Canton Dialect*） 又译《广东土话文选》。粤方言文选。裨治文（Elijah Coleman Bridgman）、卫三畏（Samuel Wells Williams）编。1841 年出版。该书参考马礼逊（Robert Morrison）《广东

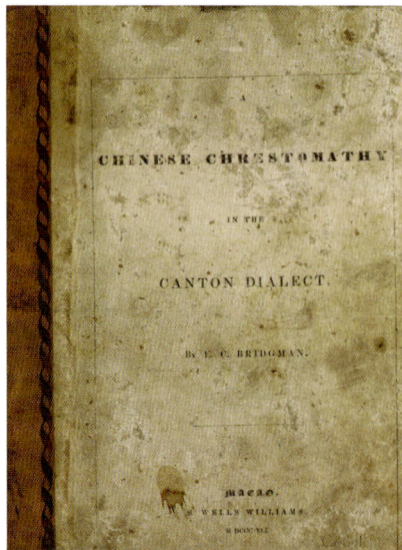

1841 年版《广州方言中文文选》

省土话字汇》（*A Vocabulary of the Canton Dialect*），包括习唐话篇、人体篇、亲属篇、人品篇、日用篇、贸易篇等篇目，每篇又分为若干条目，每条用英语、汉字、粤音罗马字拼音并排解释。书后有英汉索引。19 世纪粤方言研究的重要资料。（姚达兑）

广东土话文选 见"广州方言中文文选"。

潮州话初级教程（*First Lessons in the Tie-chiw Dialect*） 潮州话基础教材。美国传教士璘为仁（Williams Dean）著。1841 年出版。以曼谷潮州人的方言为标准编制。分 32 类内容，每一类词汇或词组以英语、汉字、潮州话并排解释。潮州话以罗马字拼音记音，不标声调。书中另有基督教传教士宣传宗教的词组和短句，以英语、官话、潮州话三语并排解释。（姚达兑）

拾级大成（*Easy Lessons in Chinese*） 粤方言和汉语教材。美国传教士卫三畏（Samuel Wells Williams）著。清道光二十二年（1842）香山书院出版。其文选自《孟子》《玉娇梨》《三国演义》《聊斋志异》等。依难度分 10 级进阶学习。部分内容有英语、粤方言、官话参照，第 3 章有广州话专论。正

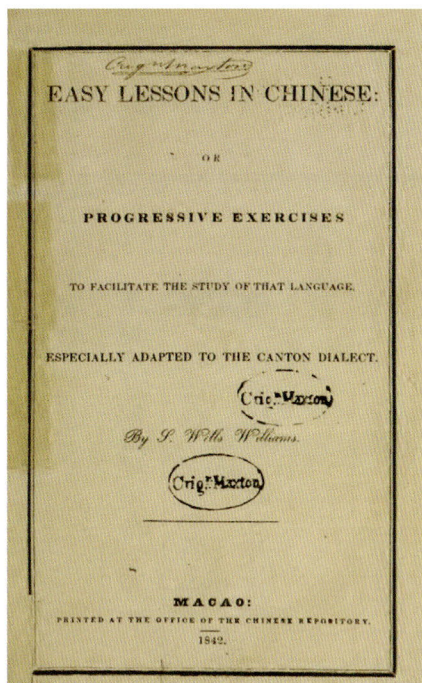

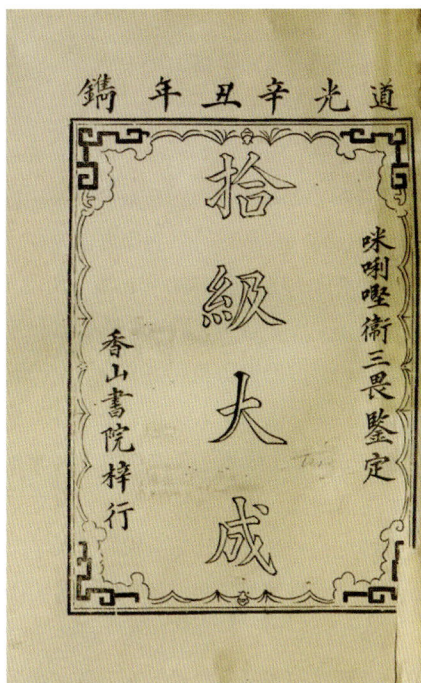

1842年版《拾级大成》中、英文扉页

1854年版《广州方言口语词汇》正文

文 10 章，有不少词语和文段以粤方言写成，所有汉语字词皆标粤音罗马字拼音。（姚达兑）

汉英潮州方言字典（*A Chinese and English Vocabulary in the Tie-Chiu Dialect*） 潮州话、英语对照字典。美国浸信会牧师约西亚·高德（Josiah Goddard）编。1847 年泰国曼谷出版，清光绪九年（1883）上海美华书馆出版第 2 版。正文共 5592 个汉字。附有罗马字拼音及英文释义，体例上按罗马字拼音首字母顺序排序，最后附有字音检索。编者留意到潮汕话存在文白异读，有意识在正文部分更多使用白读音。（梁施乐、邵慧君）

英汉汕头方言口语词汇（*English-Chinese Vocabulary of the Vernacular or Spoken Language of Swatow*） 又译《汕头白话英华对照词典》。汕头话、英语双语词典。英国传教士卓威廉（William Duffus）根据德国传教士黎力基（Rudoph Lechler）1853 年手抄本 Vocabulary 编写。清光绪九年（1883）英华书局出版。共收 30000 多条词条。以英语单词为词条，从 A 到 Z 排列。每个单词后面用罗马字拼音标注汕头话的读音，无汉字。词语多个义项或例句也相应标注。例如，young，hau sen；siàu nin；chín；iùn；sói（后生；少年；稚；幼；细）；I am a year younger than he，uá sói-i chèk-hùe（我细伊蜀岁一我比他小一岁）；younger brother，a-ti（阿弟）；a young man，hau sen kián；siàu-nin nâng（后生囝一年青人）；a young cow，gû-kián（牛囝一牛犊）。（丘学强）

广州方言口语词汇（*A Vocabulary with Colloquial Phrases of the Canton Dialect*） 广州方言、英语双语词典。美国传教士邦尼（Samuel William Bonney）编。中国丛报办公室（The Office of the Chinese Repository）1854 年出版。前有字音检索。正文以英语单词为词条，从 A 到 Z 排列。每个单词后面有例句，用汉字标注粤语读音，后用罗马字拼音标注粤语读音。词语多个读音或多个例句也相应标注。内容以日常交流词语为主。（柏峰）

英华分韵撮要（*A Tonic Dictionary of the Chinese Language in the Canton Dialect*） 粤英双语字典。美国传教士卫三畏（Samuel Wells Williams）编。清咸丰六年（1856）出版。参照清代虞学圃和温岐石同辑的《江湖尺牍分韵撮要合集》改写、翻译，收 7800 个条目。前言内容有广州话专论、广州话字音表、广州话声调解释等。正文以汉语字词的发音排列，附英文解释和粤方言读音。（姚达兑）

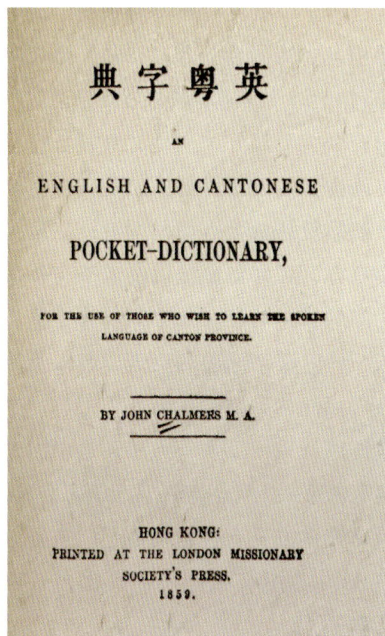

1895年版《英粤字典》

英粤字典（*An English and Cantonese Pocket Dictionary*） 粤英双语字典。英国传教士湛约翰（John Chalmers）编。1859年出版。正文以英文立目，词目按英语字母顺序编排，每个英文词目用粤语对译，对译词目时，列出粤语汉字及相应的罗马拼音字母注音。（柏峰）

马太福音（*Das Evangelium des Matthaeus im Volksdialekte der Hakka-Chinesen*） 又译《客家俗话马太传福音书》。单篇客家方言罗马字拼音《圣经》译本。戴文光翻译。1860年德国传教士黎力基（Rudoph Lechler）在柏林出版。共28章。据黎力基当时的信件，译者为客家人，是巴色会传教士、语言教师及传教助手，新安（今深圳、香港新界一带）人。标题为德文，采用 Lepsius 拼音系统拼写。是最早出版的客家方言罗马字拼音《圣经》译本、最早的客家方言《圣经》译本、最早出版的客家方言文献。瑞士巴塞尔的巴色会图书馆有藏本。（梁施乐、邵慧君）

客家俗话马太传福音书 见"马太福音"。

英语集全 粤英对照学习手册。清唐廷枢著。清同治元年（1862）纬经堂雕刻出版。共6卷，收录近万条语例。内容分3个部分：一是对粤方言标写英语读音的读法讲解；二是日常生活及商品贸易两大方面的词汇；三是买卖双方、买办与雇员以及老爷与仆从之间的日常对话。每个词包含中文、英文、以汉字标注的英语读音以及用字母标注的粤方言读音4个部分，少量词注音采用反切等方法。是中国人编写的第一本粤语英汉对照学习字典，对研究粤方言有一定价值。广东省立中山图书馆有藏本。（谈泳琦、邵慧君）

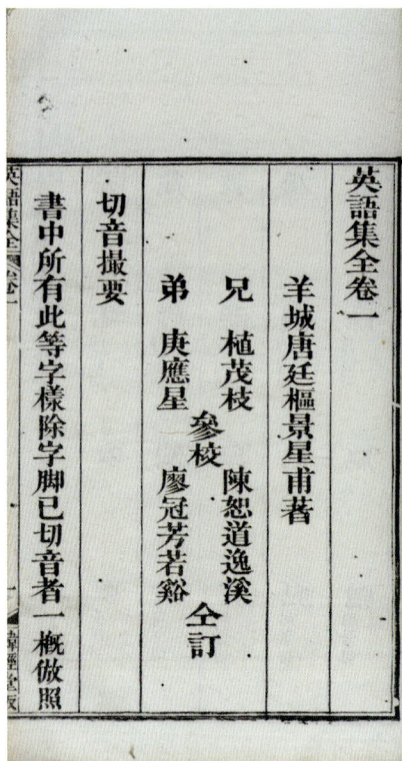

清同治元年（1862）纬经堂刊本《英语集全》

英华字典（*An English and Chinese Dictionary*） 英汉粤三语字典。德国传教士罗存德（Wilhelm Lobscheid）编。1866—1869年出版。后在日本增订重印多次。共4卷，收词条53000多条。收入不少俚语、俗语和近代科技术语。后有九龙将军张玉堂序言。序言列出广州话字音表、客家方言、官话字音表。广州话字音表收700个粤音，以罗马字拼音和汉语并排标示。正文所收词汇词组，以英语、汉字和粤音罗马字拼音解释。按英语字母顺序编排。（姚达兑）

汕头方言手册（*Handbook of the Swatow Dialect, with a Vocabulary*） 汕头话学习手册。翟理斯（Herbert Allen Giles）编。1877年上海出版。前言简单说明手册的注音等。正文收录简单的汕头话词语和句子，以英语拼音法注音。例如，第1页是数词，第2、3页是第一课，用英语和汕头话对照：Get tea—Poo tay 焙茶（烧茶），Get dinner（or any meal）—Poo pung 焙饭（煮饭），Is there any beef？—Oo goo-nek ah-baw 有牛肉阿无？（有牛肉没有？）均无标注声调。（丘学强）

启蒙浅学（*First Book of Reading in the Romanised Colloquial of the Hakka-Chinese in the Province of Canton*） 客家方言教材。作者不详。巴色会1880年出版。两段4卷本，上段2卷为"讲论各样生物和死物"和"讲论生物和死物的性情"，下段2卷为"比喻劝人"和"报应篇"，包含238个小故事，反映当地丰富的客家生活面貌。供传教士学习。该书有三大特点：一是有内容完全相同的汉字版和罗马字拼音版，两个版本的内容编排一字一行对应；二是口语化，反映当时香港新界的客家方言状况；三是方言字数量多，显示了较系统的方言造字法。（谈泳琦、邵慧君）

石窟一徵 地方志书。清黄钊著。完稿于清咸丰三年（1853），首刊于光绪八年（1882）。9卷。主要记述镇平县（今广东省蕉岭县）地域民情。因县境内有石窟河，原地名"石窟"，故冠以书名。该书分方域、征抚、教养、礼俗、天时、日用、地志、方言、人物、艺文等类，详述客家地区的沿革、风物、人情风俗等，不少记述为旧《嘉应州志》所缺。书中第7、8卷叙录客家方言词汇，收入客家方言词语450个。（谭赤子）

易学粤语（*Cantonese Made Easy*） 粤方言教材。英国人波乃耶（James Dyer Ball）编。1883年香港出版。多次增订重版。曾作为香港政府人员学习用书。内容分前言、课文、语法、附录。前言列出粤方言语音、声调、词汇、语法、音类表。每篇课文有几十句对话，以英语、粤方言、粤音罗马字拼音、英语译文并排。编者还为该书另编一本《易学粤语词汇表》（*Cantonese Made Easy Vocabulary*），1886年出版。

后多次重版。（姚达兑）

汕头话注音释义字典（*A Pronouncing and Defining Dictionary of the Swatow Dialect, Arranged according to Syllables and Tones*） 又译《汕头话音义字典》。汕头话、英语双语字典。美国人菲尔德（Adele Marion Fielde）编。美国长老会、上海美华书馆 1883 年出版。收录 5442 个汉字。按音节和声调排列。每个字标注罗马字拼音和英文释义；其后列出包含此字的汕头话词语和句子，均标注罗马字拼音，再以英文释义。如：m hó cài chiah；do not eat it any more（唔好再食—不能再吃）。其特点为有汉字字头、调类和调值的说明以及声调训练的语言材料。（丘学强）

汕头话音义字典 见"汕头话注音释义字典"。

马拉语粤音译义 粤方言、马来语双语

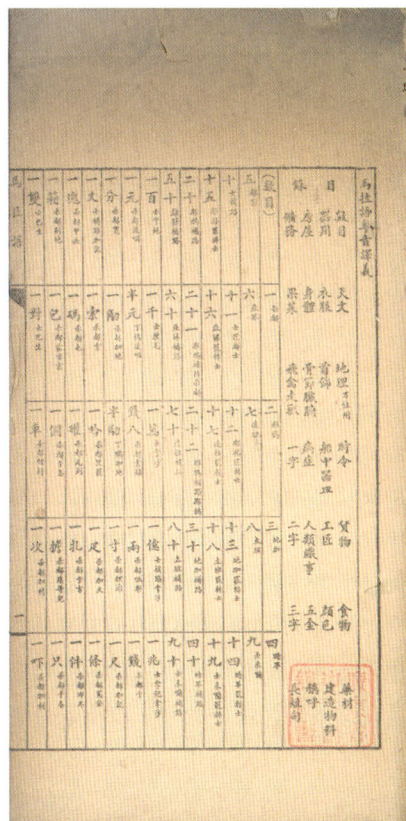

清光绪十六年（1890）石印本
《马拉语粤音译义》

词典。清冯兆年辑。清光绪十六年（1890）羊城明经阁书局石印出版。共 4 卷，收词条千余条。书前有番禺人罗维翰和潘飞声、顺德人冯兆年写的 3 篇序言。编者年少时曾学习英语，后游历南洋诸岛，发现诸岛虽风俗有异，但在交流中通用马来语。为便利贸易沟通，1890 年作者从南洋回粤后，将日常用语如数目、天文、地理、货物、食物、药材、用品、衣服、颜色、病症、飞禽走兽等分门别类，每个词用粤音汉字标注马来语发音，编成此书。（谈泳琦、邵慧君）

广州音说 广州话语音研究文献。清陈澧撰。清道光壬寅年（1842）成文，光绪十八年（1892）刊载于《东塾集》卷 1。收 1000 多字。以《切韵》《广韵》为标准，运用历史比较方法，在对比各地方音异同的基础上，从声调、韵部、声母等角度阐述广州话语音的主要特点，证明广州话语音与《广韵》非常接近，是隋唐时期的中原语音，并引用朱熹语"四方声音多讹，却是广中人说得声音尚好"，以证《切韵考》。（詹伯慧）

旧新约全书 基督教《圣经》粤方言全译本。英美传教士和中国人合译。上海美国圣公会 1894 年出版，分《旧约》《新约》2 卷。1900 年上海美国圣经公会重版，标"广东土白，2 卷"。1908 年由美国圣公会重排出版《新约》卷，即粤英对照版《新约全书》，在日本横滨出版。1913 年上海美国圣经会重版《旧新约全书》（广东土白）。2010 年香港圣经公会修订重排，以《新广东话圣经》为题出版。（姚达兑）

客法词典（*Dictionnaire chinois-français, dialecte hac-ka : précédé de quelques notions et exercices sur les tons*） 又称《客法大辞典》。客家方言词典。法国传教士赖嘉禄（Charles Rey）编。清光绪二十八年（1902）香港出版，1926 年修订重版。前言介绍客家方言形成的背景及分布，还有标音说明、语法说明、用法说明等。主要收录梅县一带的客家方言字头 11327 个。按客家方言字词的发音标注罗马字拼音，罗马字拼音按照法文字母顺序排列。（庄初升）

客法大辞典 见"客法词典"。

客英词典 客家方言英语对照词典。有 3 部，前两部均未出版。第 1 部客家方言字典为瑞典传教士韩山明（Theodore Hamberg）撰写的《客英字典》（*Wörterbuch Hakka-English*），但因其 1854 年病逝，最终没有完成未出版。书稿按客家方言的声韵调顺序编排，含 1000 多个音节、1900 个汉字。后黎力基（Rudoph Lechler）和戴文光合作，整理韩山明遗稿，写成第 2 部客家方言词典《客英词典》（*Wörterbuch Hakka-English*）。体例与韩山明的《客英字典》相近，均按客家方言音节顺序排列，最终未出版。第 3 部客家方言字典是英国传教士纪多纳（Donald MacIver）、玛坚绣（M. C. Mackenzie）与中国人彭景高等参考黎力基的《客英词典》共同编写的《客英词典》（*A Chinese-English Dictionary: Hakka-dialect as Spoken in Kwang-tung Province*）。上海美华书馆 1905 年出版第 1 版，收 12605 字；第 2 版经彭景高、黄少岳增补修订，于 1926 年出版。上海大学出版社 2019 年再版。该词典展示清末梅州、惠州、揭阳等地客家方言的面貌。（梁施乐、邵慧君）

教话指南（*Beginning Cantonese*） 又称《粤语全书》《广州话指南》。供外国人学习粤方言的教材。美国传教

士尹士嘉（Oscar F. Wisner）编写。中国浸信会出版协会1906年初版。共75课。序言介绍语音、语法等基础知识。有附表和索引。1916年上海印务局修订并多次出版，改名为《粤语全书》，只保留原书课文且缩减为70课。编辑者先后署名"江南悟民氏""广东李一民"等。上海复兴书局后将该书改名为《广州话指南》出版，作者署为"禅山"，内容体例与《粤语全书》相同。（曾昭聪）

粤语全书　见"教话指南"。
广州话指南　见"教话指南"。

客话本字　客家方言词典。杨恭桓著。首刊于1907年。收1100多词条。例言阐明收词原则是"多向疑土谈有音而无其字者"，非收所有客家方言语词。分双字、叠字、单字、补遗四部分，各部编排次序仿《康熙字典》按部首排列。特点是以《广韵》系统作为考察客家方言土语的准绳，并对照古代汉语与客家方言之间的关系和变化。（谭赤子）

德客词典（Kleines Deutsch-Hakka Wörterbuch für Anfänger）　又译《小德客词汇》《小德客词典》《初学者简明德客词典》。德语客家方言对照词典。作者不详。巴色会1909年出版。共2卷。上卷收约3300词条，下卷收约5000词条。上卷按词义分类，包含宗教、宇宙、天气、时间等，第21和22章为日常会话。下卷为上卷的补充，有重复词汇。同年，巴色会还出版《小客家语法》（Kleine Hakka Grammatik），又译《简明客家语法》。作者不详。行文语言与《德客词典》一致，客家方言例词、例句用罗马字拼音，叙述性文字用德文。全书3大部分，第1部分包含《德客词典》，第2部分"概说"，第3部分"造句法"。其中"概

说"论述最为详细，按词类介绍客家方言中几类词的用法。瑞士巴塞尔的巴色会图书馆有藏本。（梁施乐、邵慧君）

小德客词汇　见"德客词典"。
小德客词典　见"德客词典"。
初学者简明德客词典　见"德客词典"。

潮正两音字集（The Swatow Syllabary with Mandarin Pronunciations）　潮州话字典。英国传教士施约翰（John Steele）受汲约翰（John Campbell Gibson）《〈汉英韵府〉〈厦英大词典〉汕头音索引》（A Swatow Index to the Syllabic Dictionary of Chinese by S. Wells Williams, LL.D. and to the Dictionary of the Vernacular of Amoy by Carstairs Douglas, M.A. LL.D. 1886）一书影响编写而成。上海英华书局1909年出版。之后多次再版。收录12000余字。该字典依"粤省潮音类列，北方正韵编行"，以罗马字拼音记录当时官话音、潮州话口语音及书面语读音，附有汉字检索表。《潮州志》称："外国教士所编潮音字汇尤众，就中以《潮正两音字集》为详备。"（张坚）

潮声十五音　又称《字学津梁：潮声十五音》。潮汕话同音字典。张世珍辑。汕头图书报石印社1913年出版，4卷本。汕头进步图书局1919年再版，全1册。以韵母为部，按部编写；以声母为纬，以声调为经，拼切字音。"十五音"即15个声母，用15个汉字表示："柳边求去地　坡他增入时　英文语出喜"。"字母四十四字"为44个韵母，也用汉字表示："君家高金鸡　公姑兼基坚……"。"潮声八音"指8个声调类型："平上去入四声，再分上下，共得八音。"（丘学强）

字学津梁：潮声十五音　见"潮声十五音"。

汇集雅俗通十五音　又称《击木知音》。潮汕话同音字典。揭阳人江夏懋亭氏编。有上海宏文书局1915年石印版本、上海大一统书局1932年版本。书前有陈韶九题"击木知音"4字。附"击木知音法"说明反切方法。其中"十五音"即15个声母"柳边求去地　颇他贞入时　英文语出喜"，"四十字母"指40个韵母"君坚金规佳　干公乖经关……"描述的多是揭阳话的特点，也夹杂有潮汕其他地区的方音。（丘学强）

击木知音　见"汇集雅俗通十五音"。

潮语同音字汇　又称《潮语十五音》。潮汕话同音字典。蒋儒林编辑，叶文华校订。有汕头文明商务书馆1921年和汕头新华书局1938年版本。4卷凡40部，每卷各包含几部，如第1卷列"君坚金归　佳江公乖"8部、第2卷列"经光孤骄　级恭歌皆"8部等。同音字同列于一个表格，与《潮声十五音》等早期字典相比属增补修订之作，分部、列字、释义等差异不大。（丘学强）

潮语十五音　见"潮语同音字汇"。

金文编　商周金文字书。容庚编著。贻安堂1925年初版，商务印书馆1938年第2版，科学出版社1959年第3版，中华书局1985年第4版，容庚的学生马国权、张振林协助修订和摹补。主体部分为正编和附录，正编14卷依《说文解字》次序列字，以小篆为字头，并编号以便查用，字头下摹写金文字体，注明所出铜器名称，或加简要注释，《说文解字》所无之字附于每部之末。附录分为两部分，附录上

为未识的图形文字，附录下为考释有待商榷的未识之形声字和偏旁难于隶定之字。第4版正编收字2420字、重文19357字，附录1352字、重文1132字，引用器目3902器。体例严谨、摹录精确、材料丰富、考释精当、博采通人之说，汇集20世纪金文研究的成果，是相当完备的金文字形汇编，是研究古文字、书法等必备的重要工具书，也为后来的文字编著作树立典范。（秦晓华、林颖）

客方言　客家方言词典。罗翔云著。成稿于1922年前，1932年列为中山大学国学院丛书第一种出版。收词971个。分卷名目大部与章炳麟《新方言》相同，共12卷：释词、释言、释亲属、释形体、释宫、释饮食、释服用、释天、释地、释草木、释虫鱼、释鸟兽。采用今古互证方法，对客家方言常用词语进行详释，说明客音存古现象，印证清代学者关于上古音的一些论断。（谭赤子）

客家研究导论　客家方言与文化研究专著。罗香林著。1933年兴宁希山书藏出版。共9章：第1章客家研究的

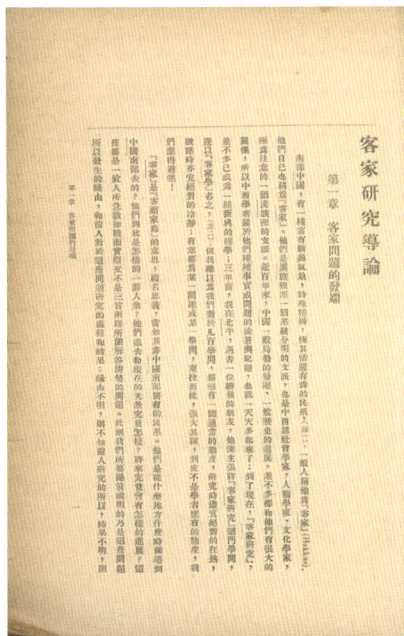
兴宁希山书藏1933年版《客家研究导论》

发端；第2章客家的源流；第3章客家的分布及其自然环境；第4章客家的语言；第5章客家的文教（上），第6章客家的文教（下）；第7章客家的特性；第8章客家与近代中国；第9章客家一般趋势的观察。论述客家源流、客家民系的形成和分布、客家习俗和文化等诸多方面。是客家研究基础性著作。参见第407页学术·教育卷"客家研究导论"条。（谭赤子）

潮汕字典　潮汕话字典。陈凌千编辑。汕头育新书社1935年初版。收录10000多字。封面有于右任题签。仿《康熙字典》体例并按其部首列字，使用直音法注音，无同音字者则以声韵皆同的字加声调注音，或以反切法注音。调类举例有"纷粉奋弗魂混份佛"8个例字。部分字注音与编者家乡澄海话口音相合而与多地潮汕话口音不合。自初版至1946年，翻印17次，累计印数70万册，在当时海内外潮州人聚居区影响很大。（丘学强）

粤江流域人民史　岭南民族史专著。徐松石撰。1938年成书，中华书局1939年首版，后有7个版本。全书28章，从种族起源、语言特点、两广居民与周边族群的关系、岭南远古地理及历代开发等方面，多角度、详尽地阐述粤江流域的史地发展与风土人情。书后有跋和3个附录：关于岭南的重要旧籍、瑶民榜令文件、苗民谱本。运用地名研究考证法和共时语言比较法。是岭南部族及古代史研究和民族研究的代表性成果。（方小燕）

语音学概论　语音学著作。岑麒祥著。中华书局1939年出版，科学出版社1959年出版修订本，商务印书馆2013年出版修订2版。前有序。分为3编：总论、描写语音学、历史语音学。第1编总论说明语音学的对象

和方法、言语的发音和记音符号。第2编描述语音系统的分类法，包括元音、辅音、语音的组合、声调、轻重音、长短音、语音及语调的变化等。第3编阐释语音演变及其对应规律。后有附录、术语、主题及语言引用例索引。是中国普通语音学奠基之作，对语音学的学习和研究具有重要作用。（方小燕）

汉语讲话　汉语概论著作。王力著。以燕京大学暑假学校讲义为基础修改而成。最初书名《中国语文概论》，商务印书馆1939年出版。开明书店1950年以《中国语文讲话》为名出版。1955年修订后由文化教育出版社出版，书名《汉语讲话》。前有序、新版自序，正文分绪论、语音、语法、词汇、文字5章。通俗易懂，是了解汉语概貌的参考书，也可做教材之用。（方小燕）

粤音韵汇　广州话语音专著。黄锡凌著。中华书局香港分局1941年初版，1979年修订重排。封二为"粤音韵汇索引"，卷首有容肇祖序言。正文包括检字索引凡例、粤语韵目表、粤音韵汇检字、粤音韵汇凡例、粤音韵汇、广州标准音研究等内容，后两项为该书重点。卷末有两个附录：一是"粤音罗马字注音新法建议"，二是"英文导论"。（彭小川）

粤葡词典（*Vocabulário Cantonense-Português*）　粤方言葡萄牙语对照词典。澳门土生葡人高美士（Luís Gonzaga Gomes）著。澳门政府印务局1941年出版。收字数不详。正文前是粤方言的语音、语法特点，正文按粤方言拼音从A至Z排列，左列为粤方言拼音，中间为粤方言词，右列为葡萄牙语词。正文后有检字表，按汉字笔画检索。作者后又编著《葡粤词典》

（*Vocabulário Português-Cantonense*，1942）和《葡英粤词典》（*Vocabulário Português-Inglês-Cantonense*，1954）。（谈泳琦、邵慧君）

商周彝器通考 青铜器通考类专著。容庚著。哈佛燕京学社 1941 年初版，台湾大通书局 1973 年影印，上海人民出版社 2008 年重排。初版为上下册，30 万字。上册分为上下编，上编通论介绍中国青铜器之起原、发现、类别、时代、铭文、花纹、铸法、价值、去锈、拓墨、仿造、辨伪、销毁、收藏、著录；下编将青铜器分为食器、酒器、水器及杂器、乐器四类论述，每章收若干彝器，并对器型、花纹、铭文等相关问题加以介绍。上编文内插图 300 余幅，下编收录器物图片 1000 余幅。搜罗宏富、抉择有方、考证矜审、图文并茂，充分吸收宋、清两代金石学的成果并益以近代考古学的成就而集大成者，是对中国青铜器作系统理论阐发和科学分类的划时代著作，是中国青铜器研究由旧式金石学迈入现代青铜器学的里程碑。（秦晓华、林颖）

粤语入门（*Cantonese Primer*） 粤方言入门课本。赵元任著。美国哈佛大学出版社 1947 年出版。同年于哈佛大学出版社出版中文版。推出字母拼写法来标调的粤方言罗马字拼音；归纳出以长、短音为韵腹音位的区分方法；修正粤方言 6 个调位的五度制标示为 55/53、35、33、23、22、21/11，至今粤方言著述基本沿用此标调法。该书是英文版，粤方言字句用罗马字拼音标注，不用汉字。1948 年以该书为基础，改编并于哈佛大学出版社出版《国语入门》（*Mandarin Primer*）。所附粤语语言学论述多有创举。（张群显）

广东人怎样学习普通话 方言与普通话专著。王力著。文化教育出版社 1951 年出版。序例和绪论说明写作缘由，学习普通话的思想准备，广东方言的分布。正文分上篇和下篇。上篇"总论"，分 3 章描述普通话语音、语法、词汇的特点；下篇"分论"，用 4 章分别讲解广州人、客家人、潮州人、海南人如何学习普通话。书后是"语音的基础"。深入浅出，是语言学爱好者的参考书，也是广东人学习普通话、外地人士学习广东方言的好读物。（方小燕）

中山方言 方言专著。赵元任著。上海商务印书馆 1948 年发行。原载《中央研究院历史语言研究所集刊》第 20 本上册，科学出版社 1956 年以单行本出版。中山石岐粤方言在中太平洋地区影响较大。记录石岐话的音韵系统，讨论了音韵地位较特殊的字音和古疑日母鼻音的存失问题等。（甘甲才）

方言调查方法 原名《方言调查方法概论》。方言调查法专著。岑麒祥著。文字改革出版社 1956 年出版。50000 余字，分 6 章。第 1 章论述方言研究的意义，第 3 章专门讲解音素、音标及记音符号，用国际音标与注音字母、拉丁化新文字字母和俄文字母对照。第 2、4、5、6 章分别阐述外部调查、概略调查、方言志调查和方言地图等调查法。书后附录论文《语言地理学的理论和实践》。简明易懂，是方言调查工作的入门读本和参考书。（詹伯慧）

方言调查方法概论 见"方言调查方法"。

汉语史稿 汉语史专著。王力著。原为 20 世纪 50 年代授课讲义。科学出版社 1956 年以上、中、下三册出版。中华书局 1980 年修订出版，1996 年再次修订。绪论对汉语的形成、汉语史发展分期、汉语史的研究方法等作了简明科学的解释。提出汉语史分期的标准应以语言发展的内部规律来决定，最关键的是语法结构，其次是语音和一般词汇。中国汉语史学科的奠基之作。（甘甲才）

北京语音潮州方音注音新字典 普通话字典。北京语音潮州方音注音新字典编辑委员会编。广东人民出版社 1957 年出版，后有多种版本流行，1983 年出版更名为《普通话对照潮汕音字典》的修订版。以直音和反切拼音法标注潮州话语音，反切的上字和下字限于 60 个常用字。首创以阿拉伯数字 1—8 代表潮州话 8 个调类。收字和释义参考《新华字典》，并增录"呾（讲）、粿（米粉制饼食）"等方言俗字。附有《潮州方音音序检字表》和《北京语音音序检字表》。（丘学强）

石刻篆文编 石刻文献篆文字书。商承祚编著。初稿写于 1938 年，科学出版社 1957 年以《考古学专刊》出版，中华书局 1996 年再版。该书选收商、周、春秋、战国、秦、汉、魏、晋石刻中的篆文共 2921 字，包括独体字 1231 个、异体字 1680 个，另有无法写正其笔画的字共 10 个收入附录。所收字按《说文解字》次序排列，绝大部分字从碑刻、碑额、题字中选辑，据大影本或旧拓本双钩，少数字钩自木刻本，太小的字则摹写。每字下注明出处，收录与此字相关的碑刻文句。书前列有"采用石刻目"及"伪石刻目"，书后附录楷书笔画检字表。中华书局再版时，书后增加编著者生前写定的《石刻篆文编字说》。可供研究古代石刻文献、书法文字等参考使用。（秦晓华、林颖）

十五音研究 语音学专著。许云樵著。星洲世界书局有限公司 1961 年出版。

正文列举东南亚华人群体所使用的汉语（包括方言）词、马来语词、暹罗语词等。附录解释同音字表式"十五音"字典的编排以及拼切方法，用国际音标注音，指出用"十五音"描写福建漳州、泉州和广东潮汕等地方音存在不足，说明"四十字母"包含入声以及先韵母、后声母、再声调的拼切法。（丘学强）

萨维纳的临高语词汇（*Le Vocabulaire Bê de F. M. Savina*） 临高语研究的法语专著。法国传教士萨维纳（François Marie Savina）著，奥德里古尔（André G. Haudricourt）编。法国远东学院1965年出版。收词3000多条。该书是作者于1925—1929年间在海南岛调查临高话的成果。共4章，记录20世纪20年代初海口市西郊的长流话（属于临高东部方言），使用越南国语字记音，标注声韵调。主要内容包括：萨维纳著作简介，临高话音系说明（有多种语言材料对比），临高话本族词汇，临高语—法语词典（正文），以及汉字索引和临高

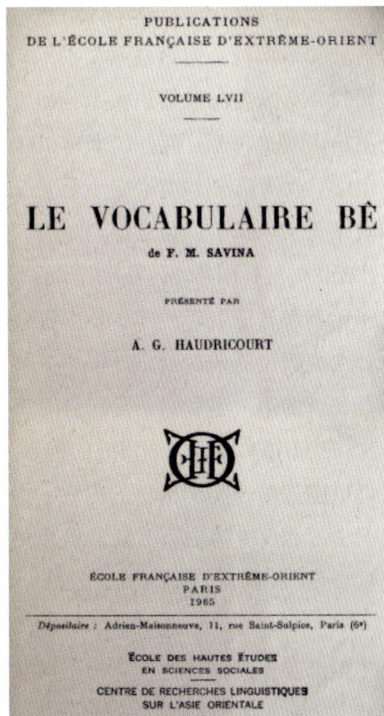

法国远东学院1965年版
《萨维纳的临高语词汇》

话例词索引。（经典）

金文诂林 金文考释工具书。周法高主编，张日昇、徐芷仪、林洁明编纂。香港中文大学1975年出版。共14卷，

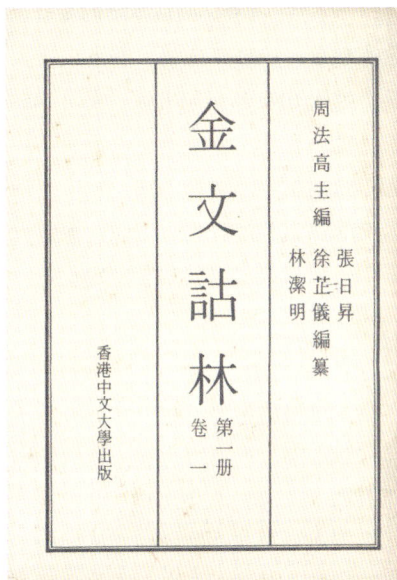

香港中文大学1975年版《金文诂林》

16册，其中正文15册、索引1册，索引册列有"通检""采用彝器索引""引用书籍论文目录"及其索引、"引用诸家索引""金文编札记"及其目录等。该书以容庚《金文编》（科学出版社1959年第3版）为根据，体例仿效丁福保《说文诂林》。共收正文1894字、重文13950字。诸字之下罗列诸家考释，注明所出彝器，并附加编者按语，周法高旧著《金文零释》大半作为按语纳入，兼录文句。该书出版之后，周法高又与李孝定、张日昇共同编撰《金文诂林附录》上下卷，香港中文大学1977年出版，后又编撰《金文诂林补》14卷，台湾"中央研究院"历史语言研究所1982年出版。内容广博，是20世纪70年代之前金文研究集大成之作，编者所加按语亦不乏精确之论，为古文字学、历史学、考古学等专业研究人员提供重要参考。（秦晓华、林颖）

普通话潮汕方言常用字典 潮汕话字

典。李新魁主编。广东人民出版社1979年出版。收字约7300个。所用潮州话拼音方案与普通话拼音方案相近，易学易懂，仍保留汉字直音和汉字拼切注音法。首次以汕头话为注音代表方言，并加注潮汕各地不同读音，在潮汕话词典中，更显规范和不易混淆。以"书""话""俗"字样区分文读音、白读音和俗（误）读音。此前其他字典未能注出的音、义在该字典中也多有体现，如"厚（茶浓）"等。（丘学强）

广州方言研究 广州话专著。高华年著。商务印书馆香港分馆1980年出版。引言介绍广州方言的概貌。正文分3章。第1章语音，描述广州方言语音的特点。第2章语法，系统阐述词法和句法特点。第3章词汇，列举2400多个广州方言词，用音序排列、国际音标和标调符号注音，方言与普通话词义对照。书后附录广州话语料和广州方言音韵表。在汉语方言比较研究、汉语语法研究、汉语史研究及汉藏语言比较等方面具有参考价值，也可作为学习广州话的参考书。（方小燕）

先秦货币文编 先秦货币文字书。商承祚、王贵忱、谭棣华合编。书目文献出版社1983年出版。该书分正编、合文、附录三部分，收录先秦货币文字及其同文异体字共计8215字，编排依照《说文解字》，分别部居。正编每字之首，上方冠以小篆，下方附注正楷；《说文解字》所无之字，而又形声可识者，以楷书为字头，附各部之末；古币文字中，合文不多见，另作合文一卷，附于正编之末；不能辨识者，或虽有考释但未成定论者，归入附录。所收文字，主要依据实物原拓本和影印本，刻本和摹本中如有罕见之字，又可信为真器的，酌情选

摹收录。是第一部专门汇集先秦货币文字的专集，初步总结中国先秦货币文字的研究成果，为学术界提供较为完备的先秦货币研究资料，对研究古文字、先秦史有参考价值。（秦晓华、林颖）

海南音字典　海南话字典。华南师范大学中文系《方音字典》编写组编，梁猷刚主编。广东人民出版社 1988 年出版。收录 15500 多字，包含《新华字典》所录的 8500 多字（包括异体字），及海南流行的 7000 多个方言字，各字均标注普通话的读音、意义和用法以及海南话的读音，有些字还注明方言的特殊意义和用法。（刘新中）

广东的方言　广东方言专著。李新魁著。广东人民出版社 1994 年出版。介绍广东方言的总体特征，对粤方言、客家方言、潮汕话、雷州话、广东方言岛进行总体描述，尤其对粤方言论述有所侧重。对广东方言研究的一些问题提出看法，如惠州话和韶关土话归属问题。（甘甲才）

客家话北方话对照辞典　汉语方言对照词典。谢栋元著。辽宁大学出版社 1994 年出版。收录 2000 多条客家方言词语。实词按事类分成 28 类，虚词和准虚词按词类列出 7 类，总计 35 类，涵盖基本生活面，有侨乡特色，构成客家方言的词汇系统。特色有三：一是重视词汇系统；二是释义注重在细处辨析；三是对本字进行精审考证。例句主要引用客家山歌和民谣俗谚。（谭赤子）

海南方言说要　海南闽方言专著。梁明江著。海南出版社 1994 年出版。以琼海话为研究对象，采用国际音标标音，阐述声母、韵母的发音。简要介绍海南话声韵调及其发音方法，声韵

配合总表、语音特点、词汇特点、语法特点、常用字总表、常用词举要、常用单句举要、文白读音举例。（刘新中）

广州语本字　考释广州话本字的专著。詹宪慈著。1924 年成稿，香港中文大学出版社 1995 年影印出版。收词 1450 条。每条有释义及举例，以证明某字为广州话本字。解释详细，对广州话本字的认定及解释仍有偏颇。保留大量广州话口语材料，具有一定价值。（甘甲才）

汉语方言语法类编　汉语方言语法研究资料汇编。黄伯荣主编。青岛出版社 1996 年出版。汇编全国 250 个方言点语法研究成果 500 多篇，从词法、句法、语法意义、语法形式等角度，分成 2500 个目录，依据目录查得方言点的语法现象和特点，编排"汉语方言语法类编条目地名索引"及方言点一览表和"摘编论著目录"，可作为方言语法辞典，是从事语言教学研究、方言调研、案件侦查等工作的参考资料。（方小燕）

连山壮语述要　壮语专著。刘叔新著。高等教育出版社 1998 年出版。共 4 章。第 1 章介绍连山壮语的基本分布和使用情况，第 2—4 章分别从语音、词汇、语法方面对连山壮语系统进行描写和分析，其中词汇是研究重点。是作者根据 1995—1996 年间两次在连山壮族地区实地调查的第一手资料整理而成的，展示了连山壮语的大体面貌。附录有连山壮语福堂话 65 个句子和 2 个故事。（经典）

潮汕话韵汇：普通话拼音对照　潮汕话语音专著。周耀文编纂。中国社会科学出版社 1999 年出版。收录 8500 多个字，以《新华字典》收字为原则

收录，用韵检字，以目定音（声母、韵母和声调组合为目）。潮汕话里凡与普通话发音相同的字音，使用《汉语拼音方案》注音；与普通话不同的字音，一方面运用汉语拼音注音，另一方面运用拉丁字母注音。（詹伯慧）

战国楚竹简汇编　战国楚简资料汇编著作。商承祚编著。齐鲁书社 1995 年出版。主要部分成书于 20 世纪五六十年代，后由商志䒭整理遗稿并补充字表，收录当时出土的战国中晚期 7 批楚地竹简。前言中详细考证战国楚简的编联制度，并对简文内容和文字作概括说明，正文每一章分为图版、摹本和考释三部分，图版和摹本均为原大，考释部分是作编著者对简文的隶定和初步研究，书后附有字表和后记。集中了当时战国楚简的全部资料，体现了当时战国楚简整理和研究的前沿水平，摹本准确无误，真实再现了战国时代楚简的书法艺术，是一部集当时战国楚简研究大成之作。（秦晓华、林颖）

粤语壮傣语问题：附语法语义词汇问题研讨　粤方言与壮傣语关系词研究论文集。刘叔新著。商务印书馆 2006 年出版。收录论文 19 篇，分专题论文和附录论文两部分。重点探讨粤方言与壮傣语的关系词问题，另有广州话、惠州话和汉语研究等内容。该书汇集作者在少数民族地区及东江流域开展语言调查的第一手资料，是作者对粤方言和壮傣语关系词问题研究的积累。以理论阐述结合实例剖析的方式，为后人学习和研究粤方言、壮傣语提供重要参考。（经典）

东江中上游土语群研究：粤语惠河系探考　汉语方言土话专著。刘叔新著。中国社会出版社 2007 年出版。从语音概貌、特殊词语、语法系统等方面对

30 多种土语进行调查研究，指出东江中上游汉族先民与粤方言先民入粤时期大抵一致，而与粤东客家方言先民迁入广东的时期相距甚远，论定东江中上游土语群是粤方言的支系，不属于客家方言。附录有东江中上游土语声母一览表和主要基本词语对照表。（方小燕）

潮汕话同音字汇　潮汕话同音字工具书。周耀文编。广东人民出版社 2010 年出版。收录约 8500 个单字。以汕头话作为字汇代表音，参照潮州府城话、揭阳话和其他地区的语音，描写 17 个声母、40 个韵母、8 个声调，构成韵母为纲，声母与韵母、声调结合的潮汕话同音字表。采取潮汕话声韵代表字直拼、潮汕话拼音、普通话拼音对照的体例，简明易懂，方便查阅和学习。（陈沛莹）

南越国西汉简　出土的西汉木简。2004 年 11 月至 2005 年 1 月出土于南越国宫署遗址的水井（编号 J264）。木简发现时已散乱，未发现简间编连痕迹，数量共有百余枚，除 1 枚简有两行半文字之外，其余均为 1 行，各简文字字书不等，文字皆为墨书隶书，个别字体含一定的篆意。木简年代为南越国早期，具体约为文帝前元二年（前 178）或前元九年（前 171），主要内容为籍簿和法律文书。南越国西汉木简的出土填补了广东地区简牍发现的空白，是南越国考古的重要突破，扩大了南越国历史的研究范围，弥补了南越国史料记载的不足，具有重要学术价值。（秦晓华、林颖）

南越陶文　出土的残瓦陶片文字。主要有两个来源：20 世纪初广九铁路开筑，广州东山龟岗一带出土大量陶片，潘六如、蔡守、黄文宽等学者收藏研究南越残瓦，并传拓一批南越瓦文拓本结集出版，有 300 余片传世南越残瓦由王贵忱捐献给国家，今由广东省博物馆收藏；20 世纪 90 年代中期，南越国宫署遗址出土一批有戳印或拍印文字的陶器和瓦件残片。两个来源的陶器和瓦件残片，器件形制、纹饰、文字内容、字体风格，基本一致，说明从南越国早期开始，龟岗一带是当年专门生产南越国宫苑建筑材料的基地。从书体来看，南越陶文介于篆隶之间。南越陶文资料是进一步探讨南越国历史，尤其是工官制度、姓名制度、度量衡制度、建筑制度、地理沿革等的珍贵资料，对古文字研究和书法鉴赏也有重要意义。大部分南越陶文材料著录于《南越陶文录》（林雅杰、陈伟武、亚兴合编，天津人民美术出版社 2004 年）中。（秦晓华、林颖）

中山大学藏甲骨　中山大学古文字研究所收藏的甲骨。均为容庚、商承祚昔年友朋所赠，共计实物 16 片，拓片 44 纸（重出 3 纸）。实物系沈维均 1959 年所赠，原有 17 片，均藏于一盒之内，后遗失 1 片，均为小块残片；拓片为方孝岳所赠，44 纸装订为 1 册，封面署"《殷契拓片》——襄蜀（散庵）所藏"，册内钤"胡伯廉印"，这些拓片多已著录，也有未著录者。黄光武、谭步云《中山大学古文字研究所藏甲骨文字介绍》对其进行了介绍和考释，有助于甲骨文的缀合、整理和研究。（秦晓华、林颖）

广东省四种方言拼音方案　帮助方言区群众注音识字的工具。4 种方言（广州话、客家话、海南话、潮州话）拼音方案由广东省教育行政部门审订，于 1960 年 9 月 22 日、10 月 30 日、31 日陆续公布。《文字改革》1960 年第 15 期发表。目的是配合在广东省方言区开展识字运动，加速扫除文盲。4 种方案经过反复讨论、研究，编成教材，在方言区试教，广泛听取教师和群众的意见，既照顾这 4 种方言的语音特点，又做到字母发音和拼写规则都与《汉语拼音方案》基本相同，系统鲜明，简便易学，为进一步学习《汉语拼音方案》打下良好基础。4 种方言的拼音方案可为工具书和教材编写、出版，为教学工作及相关领域应用提供帮助和参考。（方小燕）

广州话拼音方案　帮助广州方言区群众注音识字的工具。1960 年由广东省教育行政部门审订公布，《文字改革》1960 年第 15 期发表。照顾了广州话的语音特点，又做到字母发音和拼写规则与《汉语拼音方案》基本相同，在声母、韵母字母符号和声调方面做了调整。广东省教育部门根据该方案编写注音识字课本，供广州方言地区开展识字之用。可为广州方言工具书和教材编写、出版，为教学工作及相关领域应用提供帮助和参考。（方小燕）

客家话拼音方案　帮助客家方言区群众注音识字的工具。对客家方言的翔实记录和科学描写始于 19 世纪中叶来华的西方传教士。1860 年第一部使用罗马字拼音注音的客家方言圣经译本《客家俗话马太福音书》在柏林出版，编写者是清道光二十七年（1847）抵达香港向客家人传教的巴色会传教士。此后大半个世纪，多个国家的传教士和汉学家编写、出版了一系列客家方言的圣经译本、辞书、课本、宗教读物等，其中不少文献使用罗马字拼音为客家方言注音，罗马字拼音方案多种多样。广东省教育部门于 1960 年 9 月公布的《客家话拼音方案》，是广东汉语方言拼音方案之一。以梅州话语音为基础，以拉丁字母拼写语音，6 个声调调类用上标数字 1—6 表示。为客家方言区注音识字、扫除

文盲、学习普通话提供了有力工具。张维耿《客方言标准音词典》就是采用《广东客家话拼音方案》来注音。（庄初升）

海南话拼音方案 帮助海南方言区群众注音识字的工具。1960 年由广东省教育行政部门审订公布，《文字改革》1960 年第 15 期发表。包括字母表、声母表、韵母表、声调表 4 个部分。以文昌话语音为基础，以拉丁字母拼写语音，8 个声调调类用上标数字从 1—8 显示。一方面基本根据《汉语拼音方案》拟订，原则上不另制新字母，不随便改变原来字母发音；另一方面以文昌音为依据，海南各县可根据这个方案作适当增减或变读。（刘新中）

潮州话拼音方案 帮助潮州方言区群众注音识字的工具。1960 年由广东省教育行政部门审订公布，《文字改革》1960 年第 15 期发表。以汕头市区话语音为基础，以拉丁字母拼写语音，8 个声调调类用上标数字从 1—8 显示。在潮汕方言区的扫盲、推广普通话中发挥过积极作用。（林伦伦）

八　文学卷

概　况

岭南文学　区域文学。中国文学的重要组成部分。"诗始杨孚"，一般认为汉代杨孚的创作是岭南文学的滥觞，唐代是岭南文学正式兴起并进入全国文坛的起点。屈大均在《广东新语》中说："东粤诗盛于张曲江公。"张九龄及其文学创作开启了岭南文学的新局面，对后世文学尤其是诗歌产生了深远的影响。此外，被贬岭南的杜审言、宋之问、沈佺期、张说、刘长卿、韩愈、刘禹锡、李翱、李绅、张祜、李德裕、许浑等官员、文人，是岭南文学发展进步、转换生新的重要因素之一。宋代是进一步发展壮大、融入全国文学格局的时期。此时期仍以诗文为主，但作品数量大增，影响扩大。本地文学家如余靖、崔与之、李昴英等在诗文创作方面取得了突出成就，内地官员、学者、文士如寇准、包拯、周敦颐、苏轼、苏辙、秦观、米芾、惠洪、李纲、陈与义、胡寅、胡铨、杨万里、朱熹、张栻、戴复古、刘克庄等带来丰厚的文化营养。宋元之际是发展变革的独特时期。这个时期，反元人士、遗民群体的诗文创作凸显国家情怀、民族情感和个人意志，对岭南文学影响深远。入明以后，出现了一批集官员、学者、文人于一身的杰出人物，文人团体、文人群体如南园诗社、南园五子、南园后五子等接连出现。以陈献章、湛若水等为代表的一批哲学家、教育家，以独特的思维方式、精神力量、思想内涵进行创作，使岭南文学出现了新面目。戏曲、小说、说唱文学出现了有代表性的作家作品，丘濬创作的传奇《五伦全备记》影响了明清时期的创作倾向和价值选择。明代中后期，西方文化的输入，一些作品开始反映西方物质生活、风俗习惯、思想文化，岭南文学出现新因素和新变化。明清之际，剧烈的政治、军事对抗带来了社会的动荡，岭南文学家群体出现分化，汉族正统观念、反清复明意志、忠义与操守、遗民意识在岭南文学家及作品中充分彰显，已蓄积的反抗意志、遗民精神、雄直刚劲品格正式形成，岭南文人的独立品格、岭南文学的精神品质空前自觉。这一时期，以岭南三大家及其他反清文人群体、诗僧群体、遗民文人群体为代表的岭南文学家受到内地文学家的关注和赞誉。清代中前期的岭南文学逐渐进入了调整重建、稳步转换、寻求发展的时期。这一时期各种文学社团继续活动，数量规模均有增长，但明清之际的多元局面与非凡气象已改变，文学创作逐渐统一、归顺到清朝统治者的思想意志上来。诗词、文章、小说、戏曲、说唱等各种文学样式得到丰富发展，出现了雅俗文学共同发展的趋势，改变了长期以来以诗文等为主要文体的局面。以寒士、平民为主要身份的文学家以其朴实率真、生动自然的创作面目出现，取得了引人注目的创作成就，对当时文坛风气具有纠偏补弊之功。文学理论与批评亦正式兴起。鸦片战争以后，岭南被推到整个中国社会转变、思想变革、文化变迁的最前沿。这一时期岭南文学延续着明清以来高速发展、全面繁荣的总体趋势，诗词、文章、小说、戏剧、理论批评、通俗文学、民间文学等多个领域取得较高的思想艺术成就。理论批评观念、文学运动与

思潮出现新动向、新趋势、新发展。道光、咸丰时期，岭南文学表现出对社会现实、民生苦难、内忧外患的密切关注和深切忧虑，透露出中国社会即将发生重大变化的时代信息。19世纪末至20世纪初兴起"诗界革命""文界革命""小说界革命"以及"戏曲改良"，岭南文学家担任了发起人和中坚力量的角色。澳门、香港地区的文学创作及文学活动，在文学翻译、新兴文体、近代报刊与出版、域外传播等方面发挥了引领性、先导性和推动者的作用。岭南文学作为一种具有鲜明地域特征、相对独立意义的区域性文学，在这一特殊时期得以正式确立。五四运动以后，岭南文学走上了新文学道路。由于处于对外文化交流前沿，现代出版发展较早，报刊传播发达，受到多种外国文学艺术影响比较直接，岭南文学具有了独特的思想艺术气质和时代特征。尤其是抗战期间，岭南文学以其出色的思想艺术成就汇入中华民族抗战爱国、救亡图存的时代主潮之中，以其深厚的爱国主义思想传统为基础，创造出一批时代特色与区域特色兼具的文学作品。其最突出的表现在诗歌、散文方面，反映了岭南现代诗歌、散文紧跟时代步伐、社会发展的特点。传统文学形式保持着延续、传承，在以新文学为主体的文学体系中保留有一席之地。新中国成立后，随着社会主义革命和建设的蓬勃展开，岭南文学迅速进入了一个崭新的历史时期。"十七年"期间，反映现代以来岭南革命运动、社会变革、时代风尚的文学作品，成为时代文学的代表。诗歌、散文、小说、戏剧等各主要文体形式，出现更新换代、全面发展繁荣的局面，产生了一批具有显著影响力和重要时代意义、文学史意义的作品。20世纪六七十年代内地文学出现明显波折，以香港等地为中心的武侠小说，商业性、流行性、娱乐性文学悄然兴起，在某种程度上丰富了岭南文学的创作面貌和文学生态，开阔了文学视野，改变了文学观念，产生了广泛影响。20世纪80年代兴起"伤痕文学""朦胧诗"等文学反思、文化反省、创作变革思潮，岭南文学家在其中发挥了重要作用。加上文艺报刊、文学出版等方面的助力，岭南文学充当了时代启蒙者、呐喊者和引领者的角色。其后，岭南得改革开放之先，逐渐兴起改革文学、打工文学、城市文学、海外文学等，引领时代文学探索。新时期以来，香港、澳门文学兴盛、发展与演变，促进了中国文学的国际化。这种在向内地传播、与内地交流的同时又承担着的对外交流、传播口岸的双重作用，是岭南文学的传统和优势特色之一。随着时代的发展、文学的变革、交流与传播的便捷，岭南文学凭借香港、澳门等地对外交流、向外传播，深刻影响了内地文学变革的功能和作用。（左鹏军）

运 动

诗界革命 文学运动。近代诗歌改良运动。清光绪十五年（1889）12月，梁启超在《汗漫录》（后改《夏威夷游记》）中正式提出。具体内涵是强调"新意境""新语句"和"古人之风"的统一。在他主持的《清议报》和《新民丛报》上，又先后开辟《诗文辞随录》和《诗界潮音集》两个专栏，作为"诗界革命"的园地，吸引了大批诗作者。光绪二十八年（1902）始，梁启超在《新民丛报》连载《饮冰室诗话》，通过对当时多位诗人诗作的评论推介，进一步阐发"诗界革命"的理论主张，强调"以旧风格含新意境""熔铸新理想以入旧风格"，即运用西方新思想、新事物、新知识和由此产生的诗歌新境界、新面貌，与中国古典诗歌所特有的格律、习惯、韵味和由此形成的独特风格相结合，从而形成新的诗歌思想风貌与艺术风格。并通过对康有为、谭嗣同、唐才常、夏曾佑、蒋智由、丘逢甲、金天羽等人诗歌的推许，尤其是对黄遵宪创作的"新派诗"的高度评价，反映了"诗界革命"的理论主张与创作导向，及其与当时政治社会变革、思想文化启蒙紧密相联、相互配合的理论用意与创作指向。《新小说》《江苏》等期刊也发表与"诗界革命"相呼应的诗歌作品。"诗界革命"理论主张和"新派诗"创作深受后来五四运动时期的思想家、文学家的高度评价并引为同道，对中国现代白话新诗的理论倡导和创作实践产生了直接影响。（左鹏军）

文界革命 文学运动。近代文界改良运动。清光绪十五年（1889）12月，梁启超在《汗漫录》（后改《夏威夷游记》）中提出。并评德富苏峰之文"雄放俊快，善以欧西文思入日本文"，可为中国文章改革提供借鉴。他力求借鉴日本与西方的思想内容和语言形式，创造出一种"新文体"，其特点为思想新颖，文白兼容，平易畅达，饱含情感，具有较强感染力。他在《清代学术概论》中总结"新文体"之特点为"平易畅达""杂以俚语韵语及外国语法""笔锋常带情感"等。提倡文章摆脱古文的"义理、考据、辞章"，以西方近代思潮与社会

改良等替代圣贤经典章句，以俗语、外来语入文，以丰富文章的表达方式。"新文体"在文学界反响颇大，政论文章纷纷仿效。"文界革命"既为文体之解放，又为思想之变革，与"变科举""废八股"运动相结合，催生了大量政论散文，改变了一代文风。郭沫若、郑振铎等人对"文界革命"曾表示赞许。鲁迅作品及《新青年》所载文章，亦对"新文体"有不少借鉴。"文界革命"是对传统散文的一次革新，为古典散文向现代散文过渡做了必要准备，是散文由文言向白话过渡的桥梁，是五四时期文体改革的先导。（林杰祥）

小说界革命 文学运动。近代小说界改良运动。清光绪十三年（1887），严复、夏曾佑在天津《国闻报》发表《本馆附印说部缘起》提出重视小说的主张。光绪十四年（1888），梁启超发表《译印政治小说序》，提倡以政治小说转变国人言论，以推动政治变革。光绪二十八年（1902）11月，梁启超在日本创办《新小说》杂志，并在创刊号上发表《论小说与群治之关系》，明确提出"小说界革命"主张并进行了理论阐述，提出"欲新一国之民，不可不先新一国之小说"，并称"小说为文学之最上乘"，指出小说有"熏""浸""刺""提"等

感染人心的力量，应大力革新，以此开启民智，改造社会，指出"今日欲改良群治，必自小说界革命始；欲新民，必自新小说始"。同时，梁启超又在《新小说》上发表小说《新中国未来记》。在梁启超创办小说刊物、理论倡导、创作实践影响下，数年之间小说理论文章、创作小说、翻译小说大量出现，同时出现了多种以发表小说及其他通俗文学形式为主的报刊，形成了近代小说繁荣发展的新局面。"小说界革命"的理论倡导和创作实践，促进了近代小说的观念转换、思想变革和艺术变革，在很大程度上改变了传统的小说观念，并引发了小说以外的其他通俗文学形式的思想艺术变革，对中国现代小说理论与创作的探索和建立产生了积极影响。（林杰祥）

戏曲改良 又称戏剧改良。文学运动。近代戏曲（戏剧）界改良运动。"小说界革命"开展过程中，实已涉及并引发戏曲改革问题。其正式兴起可以清光绪三十年（1904）10月陈去病、汪笑侬、熊文通等创办《二十世纪大舞台》为标志。该刊以"改革恶俗，开通民智，提倡民族主义，唤起国家思想"为宗旨，集中反映了戏曲改良运动的精神实质。王钟麒在《论戏曲改良与群治之关系》中指出"欲革政

治，当以改良戏曲为起点"，并提出具体措施。欧榘甲在《观戏记》中指出戏曲改革是振兴国家的一大关键。陈去病在《论戏剧之有益》中提出戏曲为社会所用，表现中国兴亡、欧美变革历史，发扬"尚武精神、民族主义"。蒋观云在《中国之演剧界》中还提出为振兴国家民族，必须首先振兴中国悲剧的主张。春柳社也在《春柳社演艺部专章》中表明主旨是"改良戏曲，为转移风气之一助"，"以开通智识、鼓舞精神为主"。三爱（陈独秀）在《论戏曲》提出"戏园者，实普天下人之大学堂也；优伶者，实普天下人之大教师也"，强调戏曲的社会教育作用，并提出改良戏曲的五项具体措施，称赞改良戏曲是"改良社会之不二法门"。在近代社会变革思潮和外国戏剧影响下产生的戏曲改良运动，既涉及传统戏曲观念、戏曲内容改革与更新，也涉及戏曲表演、传播与教育作用的发挥，推动了传统戏剧观念的转变和近代戏剧观念的建立。传奇杂剧、京剧及其他地方戏曲、早期话剧等都不同程度地受到戏曲改良运动的影响和推动，出现了大胆创新、繁荣发展的局面，为多个戏曲剧种的成熟积累了经验，为现代戏剧的形成奠定了思想和艺术基础。（左鹏军）

戏剧改良 见"戏曲改良"。

群体·团体

南园五先生 又称岭南五先生、广中五先生、南园五子。文人群体。元末明初岭南诗人孙蕡、王佐、李德、黄哲、赵介等5人的合称。元至正十一年到十四年（1351—1354），孙蕡、王佐、李德、黄哲在广州南园（抗风轩）结南园诗社。至正二十四年至明洪武元年（1364—1368），因年幼未

参与的赵介首次参与了南园诗社，因有"南园五先生"的说法。入明后，南园诗人相继入朝。岭南第一次出现有一定规模的文人群体，开启了岭南诗派，岭南诗歌开始走向全国。《四库全书总目》评价说："粤东诗派，数人实开其先，其提唱风雅之功，有未可没者。"（陈恩维）

岭南五先生 见"南园五先生"。
广中五先生 见"南园五先生"。
南园五子 见"南园五先生"。

南园后五先生 又称南园后五子。文人群体。明中期岭南诗人欧大任、黎民表、梁有誉、李时行、吴旦等5人的合称。明嘉靖年间，5人在广州南园

（抗风轩）聚会。五人早年均师事学者、诗人黄佐，受雄直恣肆诗风影响，自觉继承和发展南园五先生开创的雄健诗风与关注现实的传统。南园后五先生在岭南诗坛高张大旗，在中原也蜚声一时，进一步巩固扩大了南园诗派的风尚与创作传统，对岭南诗歌的创作和发展影响深远。（曾欢玲）

南园后五子　见"南园后五先生"。

南园十先生　文人群体。元明时期岭南诗人孙蕡、王佐、李德、黄哲、赵介、欧大任、黎民表、梁有誉、李时行、吴旦等10人的合称。清光绪年间，张之洞任两广总督时合南园前、后五子为十先生，建南园十先生祠。南园前、后五子均聚会于广州南园（抗风轩），创作上均主张去除宋元风习以上追三唐诗风。其出现是岭南诗人群体、诗歌风尚形成的主要标志，所开创的诗歌风尚对岭南诗风的形成发展有重要影响。（左鹏军）

岭南前三家　文人群体。明天启、崇祯年间岭南诗人陈邦彦、黎遂球、邝露等3人的合称。3人均为抗清义士，作品的思想性与艺术性均有较高成就，在明末诗坛颇有影响。（邓海涛）

南园十二子　文人群体。明崇祯年间岭南诗人陈子壮、陈子升、黎遂球、欧主遇、欧必元、区怀瑞、区怀年、黎邦瑊、黄圣年、黄季恒、徐棻、僧通岸等12人的合称。明崇祯十一年（1638），礼部右侍郎陈子壮以抗疏得罪，除名放归广州，复修南园旧社，与广州名流11人唱和，被合称为"南园十二子"。十二子成就不一，均投身于壮烈的抗清斗争，创作有慷慨的诗篇存世。在明代诗歌受拟古习尚影响而普遍衰落的情况下，其创作为岭南诗歌的再次振起奠定了基础。（曾欢玲）

岭南三大家　文人群体。明末清初岭南诗人屈大均、陈恭尹、梁佩兰等3人的合称。因清康熙三十一年（1692）王隼编刻《岭南三大家诗选》而得名。屈大均和陈恭尹早年多次北上，寻机反清复明，事败以遗民终老；梁佩兰于清康熙年间成进士，授翰林院庶吉士。3人生平遭际、出处选择不同，但关系密切，共主岭南诗坛数十年。诗学宗尚与诗风有同有异，屈大均诗宗屈骚、兼尚李杜，诗风雄肆超拔；陈恭尹主张诗写性情，诗风雄郁苍凉、深挚凯切；梁佩兰前期诗作风格雄健、意概恢宏，后期静照敛彩，以神韵取胜。清代洪亮吉、沈汝瑾等将"江左三大家"与"岭南三大家"进行比较，称赞"岭南三大家"诗风"雄直"。"岭南三大家"在清初及其后驰誉天下，被视为岭南诗歌思想成就与艺术品格的杰出代表，也是岭南诗派形成的主要标志。（王富鹏）

北田五子　文人群体。清顺治、康熙年间遗民诗人何绛、陶璜、梁梿、陈恭尹、何衡等5人的合称。因其隐迹顺德北田乡中而得名。形成于清顺治十七年（1660），至康熙七年（1668）陈恭尹妻湛氏病逝，陈恭尹携女移居增城结束。以陈恭尹为中心，5人均经历明清易代的动荡，并成为明遗民，通过隐于乡野的方式，眷恋故国，抗拒新朝。其诗歌展现了遗民诗人群体的人生历程和真实心迹，在某种程度上是明遗民文人群体的缩影。在当时有较大影响。（张贤明、曾欢玲）

岭南后三家　文人群体。清中叶岭南诗人黎简、冯敏昌、宋湘等3人的合称。3位诗人卓然独立，在继承岭南诗派传统的基础上自成格局。（邓海涛）

惠门四子　文人群体。清康熙年间，惠士奇主持湖广乡试居粤时门下岭南

诗人罗天尺、何梦瑶、苏珥、陈海六等4人的合称。另有一说指劳孝舆、何梦瑶、罗天尺、苏珥，见其后冯敏昌、张维屏等的著作中。其中以何梦瑶最得惠士奇赏识。何梦瑶，其七律受陆游影响，"名贵卓炼"。苏珥，嗜好老庄，诗有别趣。劳孝舆，经学成就较诗学为显。罗天尺，主张学诗从宋人入手，以矫清初竞尚神韵的流习。当时的广东诗坛，风气为之一变。（曾欢玲）

岭南三子　文人群体。清乾隆年间岭南诗人张锦芳、胡亦常、冯敏昌等3人的合称。因李文藻作《岭南三子歌》而得名。以冯敏昌影响较大。（曾欢玲）

岭南四家　文人群体。清乾隆、嘉庆年间岭南诗人黎简、张锦芳、黄丹书、吕坚的合称。因李文藻评4人"张、黄、黎、吕各云树"而得名。岭南四家继承了岭南三大家的优良传统，创作风格雄直清新，卓然自树，秉笔直书，不媚于人。是乾隆年间广东诗坛中兴的代表，一扫雍正及乾隆初年广东诗坛庸滥诗风，后启岭南近代诗歌，对岭南诗坛发展意义重大。刘彬华编有《岭南四家诗钞》。（曾欢玲）

粤东三子　文人群体。清嘉庆、道光年间岭南诗人张维屏、黄培芳、谭敬昭等3人的合称。清嘉庆十六年（1811），番禺黄乔松抄张维屏《听松庐诗钞》、黄培芳《岭海楼诗钞》、谭敬昭《听云楼诗钞》寄翁方纲鉴定，翁方纲作《粤东三子诗序》，将张维屏、黄培芳、谭敬昭标举为"粤东三子"。嘉庆十九年（1814）黄乔松刻《粤东三子诗钞》。3人均受翁方纲诗论影响，以张维屏成就最高。道光二十二年（1842），黄玉阶续辑粤东三子中年以后诗，编成《粤东三子诗钞》。（曾欢玲）

岭东四家 文人群体。清末岭南诗人黄遵宪、丘逢甲、曾习经、丁惠康等4人的合称。四家诗是近代岭南诗歌思想艺术成就的杰出代表，在当时全国诗坛有突出地位和广泛影响。（曾欢玲）

近代岭南四家 文人群体。近代岭南诗人梁鼎芬、曾习经、罗惇曧、黄节等4人的合称。4人受同光体影响较深，保留岭南传统诗歌特色，在诗学主张、创作方法与诗歌成就上有异同，创作风格大致都有清劲之风。其创作多笔力奇横而有深峭之致的力作，对近代岭南诗歌中"清劲"诗风的发展起推波助澜的作用，在岭南诗史上有一定地位。张鲁恂辑有《岭南四家诗》。（曾欢玲）

南园今五子 又称颙园诗五子。文人群体。现代岭南诗人李履庵、余心一、曾希颖、熊润桐、佟绍弼等5人的合称。1935年文坛名宿冒广生到广东，经陈融介绍与5人相识。冒广生作《赠今五子》称5人与南园前五子、南园后五子、南园十二子一脉相承，故称。5人身处社会动荡之际，自觉继承南园流风余韵，有功于岭南诗风的传承。（曾欢玲）

颙园诗五子 见"南园今五子"。

东莞吟社 文人团体。社址位于广东东莞温塘村。元至正年间赵必豫拒受元朝官职隐居温塘村时组织创立，至元三十一年（1294），赵必豫亡后不存。成员有梅时举、张衡、翟佐等。社员多系隐遁遗民，保持高尚的民族气节。其创作多寄寓黍离哀思，常借梅花抒写隐逸情怀及爱国志尚。为岭南较早的诗社。（张贤明）

南园诗社 文人团体。社址位于今广东省广州市越秀区文德路62号一带。明洪武年间，诗人孙蕡、王佐、赵介、李德、黄哲在广州南园（抗风轩）组织创立。开岭南风雅之先。孙蕡《琪琳夜宿联句一百韵》序文介绍南园诗社成员的构成与活动情况。明代中叶，广州欧大任、梁有誉、黎民表、吴旦、李时行继承南园五子遗风，再集南园，人称南园后五子。明天顺初，黎秉延等再结社南园，成员有周溥敬、曾惟忠、潘蕃及继之的赵不易、何浚等。明末陈子壮、陈子升、欧主遇等12人继续南园诗韵，相约酬和黎遂球《黄牡丹》诗，每人10首，题《南园花信》，后人称为南园十二子。清光绪年间，梁鼎芬、黄节等8人又结社于南园抗风轩，称后南园诗社，参与者100多人。南园诗社历明初至清末，绵延600余年。有《南园前五先生诗》《南园后五先生诗》等集。该社奠定岭南诗派的思想与艺术基础，是岭南诗派崛起的标志，对岭南诗风和岭南文学精神的形成影响深远。（翁筱曼）

海西诗社 文人团体。明永乐年间黄佐与其弟黄朝宾倡建。2人与诸名流唱和，被推为盟主。李英有《端阳日同欧黄诸君子集海西诗社得情字》诗。清光绪年间，顺德黎天纬广集名士，开海西诗社，以继二樵山人黎简之志，诗社成员以邑庠生为主，时相唱和往来。黄佐与黎简俱为粤中诗人翘楚，诗社的赓续体现了岭南诗学诗风的传承与演进。（翁筱曼）

凤台诗社 文人团体。明正统年间东莞人陈靖吉、罗泰等15人组织创立。其后诗社时散时聚。明天启元年（1621）前后，罗黄庭、邓云霄、洪信、尹守衡、周一士等重组，洪信、尹守衡为社长。崇祯末，陈象明等又一度恢复，作《凤台诗社重修记》，邓云霄、张其淦亦曾记载诗社的活动情况。是影响较大的区域性诗社，对当地诗风的赓扬起到推进作用。（翁筱曼）

越山诗社 又称粤山诗社。文人团体。社址位于广州越秀山麓。明嘉靖年间，刑部主事王渐逵、祭酒伦以训创建。社员有陈天游、黄佐、李子兴、余仲栗等12人。明嘉靖三十二年（1553），梁有誉称病南归后修复粤山旧社，招邀故人，与欧大任、黎民表等更唱迭和。以发愤千古之事为结社宗旨。欧大任《虞部集·梁比部传》、陈田《明诗纪事》皆记述此事。该社对岭南诗学的群体性发展与诗风的凝聚起到推进作用。（高美玲、翁筱曼）

粤山诗社 见"越山诗社"。

浮丘诗社 文人团体。社址位于广州城西浮丘。明万历八年（1580），大学士赵志皋贬谪羊城，在广州城西浮丘建浮丘大社，与粤中士大夫唱和赋诗。不久，王学曾、郭棐、陈堂、姚光洴、张廷臣、黄志尹、邓时雨、梁士楚、陈履、邓于蕃、袁昌祚、杨瑞云、黄鏊、陈大猷、金节、郭槃等16人正式在此创立。陈大猷乃浮丘诗社发起人之一，写有《邀王省轩光禄入社》诗。众墨客在此雅集赋诗。明末清初，黎遂球、陈子壮、陈子升等亦曾结社于浮丘，但经过战乱，浮丘诗社没落。清康熙二十九年（1690），梁佩兰与屈大均、陈恭尹等修复浮丘诗社，屈大均有《修复浮丘诗社有作》诗。该社以继承南园诗风为号召，延续南园诗人群体的创作精神，对岭南诗派和诗风的形成卓有贡献。（翁筱曼）

诃林净社 文人团体。社址位于广州光孝寺西廊。因寺中有诃子树，故名。明中叶建立，绵延百年左右。明万历

间，梁有誉、黎民表、欧大任等创立。天启年间，顺德梁元柱因疏劾魏忠贤被削职罢归，与陈子壮、黎遂球、赵焞夫、欧必元、李云龙、梁梦阳、戴柱、梁木公重开诃林诗社，推陈子壮为社长。明崇祯元年（1628），粤中名士为袁崇焕第二次督师辽东送行，在此雅集。清顺治年间，光孝寺僧愿光与梁佩兰、周大樽诸人继在诃林净社结社。对岭南诗人群体的形成与雄直诗风构筑有重要影响。（高美玲、翁筱曼）

东皋诗社 文人团体。社址位于广州东门外，东皋之阳探花桥西，南望较场，后为白云山。陈子壮抗疏罢归，常与黎遂球、黄圣年、黎邦瑊、徐棻、欧主遇、张萱、何吾驺等在东皋别业中唱和，因而得名。东皋别业为陈子壮从兄陈子履于明崇祯四年辛未（1631）所辟，陈子履辑诗社诸人作品为《东皋诗》，陈子壮作《序》。明清鼎革，东皋别业毁于兵火。清康熙三十年辛未（1691）春，镶黄旗驻防参领王之蛟取原陈氏东皋草堂为己别业，重修东皋诗社，请屈大均、陈恭尹、梁佩兰主持社事，投稿者络绎不绝。该社和明清鼎革之际岭南的历史关系密切，其影响堪比南园诗社。（王富鹏）

石湖诗社 文人团体。广东顺德罗孙耀隐居石湖别业时，与陈恭尹、梁梿、刘云汉等创立。规模不大，成员皆清廉耿介之人，诗风高洁，体现了易代之际岭南隐士的心声与操守。罗孙耀孙罗天尺撰辑《锦岩山志略》收录有石湖诗社同人唱和诗文。（翁筱曼）

兰湖诗社 文人团体。社址位于广州城北兰湖边。明末陈子壮与同好在其居处兰湖边结社而得名，清人颜师孔有《兰湖诗社》诗纪其事。明亡

后，诗社诸人殉国。清康熙十九年（1680），梁佩兰与陈恭尹、陶璜、程可则、方殿元、方还、方朝、王邦畿等重修，又称白莲诗社。因其地已辟为法性寺，寺中僧人远公、心公亦善诗，法性寺遂成诗人雅集之地，时人编有《法性禅寺倡和诗》。该社上承岭南明末抗清诗人的家国悲痛，下启清初岭南诗人群体唱和之风，颇有影响。（翁筱曼）

西园诗社 文人团体。社址位于广州西郊。清顺治、康熙年间王邦畿、陈子升、屈大均、陈恭尹和梁佩兰等创立。结社宗旨与陈子壮重修南园诗社一脉相承，成员亦有部分重叠，诗学主张与思想寄托亦多有相通相合之处。清康熙元年（1662）秋，屈大均自吴越归，中秋与岑梵则、张穆、陈子升、王邦畿、高俨、庞嘉蓁、梁观、屈士煌、陈恭尹、梁佩兰宴集于广州西郊。屈大均讲述崇祯皇帝御琴事，陈子升、张穆、高俨、陈恭尹等皆以诗纪事咏怀，抒写兴亡古今之感。西园诗社在岭南影响很大，陈子升曾以之与南园诗社相提并论。康熙年间张振堂为承续西园风雅，又在广州西郊成立"西园十二堂吟社"，再后，何成远又重修诗社，为"西园后十二堂吟社"。（王富鹏）

湖心诗社 俗称南塘诗社。文人团体。社址位于广东香山梅花洞园林中央。清康熙年间，香山何栻与海幢呈乐和尚、华林铁航和尚、鼎湖契如和尚及尘异、雪木、迹珊、心月、敏然等为方外交，四方名士云集，开此诗社。诗社成员常与屈大均、梁佩兰、陈恭尹等人诗酒唱和，诗社成为遗民诗人相聚之所。何栻有《湖心诗社》诗记其盛。何栻去世后，其子继承遗志，与何士静、何灏、戈东谷、汪白岸、刘直庵、罗石湖等人重结诗社，延续

诗教。该社参与者众，反映遗民诗人不仕新朝、以诗为媒、遗世独立的气节与姿态。（翁筱曼）

南塘诗社 见"湖心诗社"。

越台诗社 又称珠江诗社。文人团体。清康熙二十三年（1684）二月花朝日吴绮所建。当日集海内词人于西禅宗寺，宴叙分题唱和，屈大均与陈恭尹、梁佩兰、梁宪等皆作有《花朝社集西禅寺》五律，游宦诗人赵执信、潘耒等亦参与其中。该社为岭南文人与江南文人的诗歌唱和与交游提供契机，提升了岭南诗人知名度和岭南诗坛影响力。（翁筱曼）

珠江诗社 见"越台诗社"。

贯虹诗社 文人团体。社址位于广东香山葵喜何氏内阁大宗祠内。清嘉庆年间"贯虹八子"（李如镇、何廷夫、麦作梅、何朝任、李必进、何纲、何朝佐、何天衢）创立。清嘉庆十九年（1814），榄溪首届菊花大会征诗，前三名均为该社社员。香山何氏数代先后修文虹、贯虹、花溪、阶云等诗社，堪称香山家族文学传承和诗社活动的代表。（翁筱曼）

红棉诗社 文人团体。清嘉庆十七年（1812）黄乔松创建。参与者70余人，以"黄牡丹状元"黎遂球、邝露赤鹦鹉的先贤韵事为题，各赋七律10首，赓扬前贤风神，传承岭南诗学精神。黄培芳亦应社集而有作，其《粤岳草堂诗话》有记载诗社盛况。该社参与者多为当时岭南诗坛中坚人物，所咏多为岭南文学习见内容，于地域文学传统有传承之功。（翁筱曼）

云泉诗社 又称七子诗坛。文人团体。清嘉庆十七年（1812）黄培芳、张维

屏、谭敬昭、黄乔松、林伯桐、段佩兰、孔继勋等7人在白云山筑云泉山馆唱和雅集而创建。伊秉绶特为云泉山馆作记，落成次年翁方纲从京师寄诗道贺，汤贻汾为之作画。该社得名贤推重，岭南士子和入粤官员名士参与者甚夥，如黄玉衡、汪铭谦、仪克中、刘彬华、吴石屏、李黼平、程恩泽、曾燠、伊秉绶、汤贻汾、吴嵩梁、魏成宪等。后人常与南园诗社相比。黄培芳在《云泉山馆二十境诗并序》中以"北园"自居，阐明诗社意在继承南园遗风，传扬岭南诗教传统的意旨。（翁筱曼）

七子诗坛　见"云泉诗社"。

常荫轩诗社　文人团体。社址位于广州河南。番禺人潘正衡创建。招远近文人雅集。以广州古迹为题，潘有为编《常荫轩诗社萃雅》中即收录了张维屏《六榕寺》一诗；据其族孙潘飞声记载，诗社曾以《百花坟》为题，且以情限韵，难度颇大，罕出佳作。潘有为评定甲乙，举张维屏为冠军。诗社采取评定甲乙的方式促进了诗歌创作与品鉴，有利于岭南诗风的凝聚与彰显。（翁筱曼）

词林词社　文人团体。清道光二十二年（1842），沈世良、谭莹、张深、黄玉阶、许玉彬、李应田、叶衍兰等创立。核心成员为越台词社中坚。词社第三集时，陈澧与会，于醉中在仿赵子画水仙于沈世良团扇之上的情景。有画有词，有酒有和，可窥彼时岭南词社雅集的风雅。该社活动推动了岭南词坛发展，可见清道光中后期岭南词社蓬勃发展的态势。（翁筱曼）

越台词社　文人团体。清道光二十二年至二十三年（1842—1843），因粤东词学颇少专家之故，番禺许玉彬与

陈澧、谭莹、黄玉阶、叶英华、桂文耀、沈世良、陈良玉、沈伟士、徐灏、李应田等在广州越秀山麓学海堂创立。每月一会，选题校艺，唱和甚盛。词社第一集题为《越台春望》，调寄【凤凰台上忆吹箫】，名《越台箫谱》，词社由此得名。陈澧《凤凰台上忆吹箫·越王台春望，癸卯二月越台词社作》《绿意苔痕，越台词社作》等为词社之作。影响较大，谭宗浚曾说词社凡一篇之成，名流仕女咸赏诵之，为彼时粤东词学盛景。（翁筱曼）

袖海楼诗社　文人团体。清咸丰二年（1852）许祥光在太平沙别业袖海楼创立。袖海楼在永清门外、珠江边，四周风景幽雅，城中文士竞相赴文宴。陈澧《袖海楼文宴诗序》谈到文宴情况，主人许祥光出首唱四章，继以叠韵，座中客人交相属和。曾以"人日花埭看牡丹"及"羊城元夕灯词"为题，得诗数百首，张维屏评定甲乙。诗社为当时羊城文人雅集胜地。咸丰年间许祼光曾复启诗社。（翁筱曼）

山堂吟社　文人团体。清咸丰三年至四年（1853—1854），谭莹、沈世良、

金锡龄、许其光、陈澧等在越秀山南麓学海堂创立。山堂指越秀山麓学海堂。承越台词社流风余韵，社员以学海堂学长学子为核心，积极推动岭南词坛发展。沈世良为几大词社中坚力量，与诸老结下忘年之交，与谭莹、陈澧等结西堂吟社、东堂吟社，或为山堂吟社的延伸或别名。词社之名概在发起者之标举，而词社之实即词作的酬唱，在切磋交流之间构筑岭南词学风景，推动词学传承发展。（翁筱曼）

杏林诗社　文人团体。清咸丰四年（1854）香山诗人邓大林在珠江大通寺西组织创立。杏林取董奉丹药济人之意。举人何瑞芝、学者陈澧先后从京城携杏花种于诗社中。诗社召集名流吟赏，黄培芳、张维屏、谭莹皆有题记，熊景星、许玉彬、萧脱、杜游、潘恕、陈璞、颜熏、吴炳南、陈良玉诸人唱和，汇刻成《杏庄题咏》。镇粤将军奕湘题轩曰"岭南亦有杏花庄"。（唐瑶曦）

清咸丰十年（1860）本《庚申修禊集》中的《杏林庄修禊图》

小画舫诗钟社　文人团体。小画舫斋又称黄园，清光绪二十八年（1902）落成。位于广州荔枝湾三叉涌畔（旧址在今荔湾公园），占地约2000平方

米，因内有船厅，故名。主人黄诏平是新加坡侨商，能诗，好与文士来往。1908 年前后，黄节、陈洵、黎国廉等粤中文士常聚于此，雅集酬唱，时做诗钟之戏。1911 年，梁鼎芬重开南园诗社，黄节、陈洵等常相与游赏于小画舫斋，有多首诗词酬唱之作。后黄节赴北京任职，与粤中友人聚少离多，该社活动亦渐消歇。该社联结了粤籍文人的情谊，对陈洵、黄节等人的诗词创作有重要影响。（黑白）

惜余吟社 文人团体。清光绪末年刘谦一发起，黄绍屏、汪兆铺、周月根、周兰皋、王亦鹤等创办。寓"爱惜时光""爱惜余生"之意。成员多在科场宦海失意，创作往往寄情诗酒，自命清高。聚会时以作旧体诗词和开展诗钟创作活动为主，评选诗钟作品，发给奖品并结集油印。至 1918 年已出油印本《惜余吟社诗钟集》多辑，1938 年 5 月社址遭日机轰炸后停止活动。（翁筱曼）

粤社 又称南社广东支社、南社广东分社、南社粤支部、广南社。文人团体。1912 年 9 月，南社诗人宁调元倡建成立。谢英伯起草宣言。主要成员有谢英伯、蔡守、汪兆铭、陆更存、释铁禅、孙璞、胡熊锷、邓尔雅、黄佛颐、徐绍棨等。蔡守被推为社长。为南社的支社。粤社活动频繁，蔡守曾主持多次雅集。如 1912 年、1915 年、1916 年 3 次到广州东郊萝岗赏梅，以《罗冈探梅》等诗题相唱和。1917 年到六榕寺赏梅，拈韵作诗，蔡守编成《南社广东分社第一次雅集诗》。其后于广州城北"禺楼"上，举办过 6 次"禺楼觞咏"，以粤地名胜或岭南果品为题，分韵赋诗，编有《禺楼清尊集》。1917 年，南社发生"唐宋之争"，蔡守以"南社广东分社"名义背签部分粤社成员的名字，发文支持

南社宗宋一派，意图推翻柳亚子，拥戴高燮为南社社长。其后，被牵涉的陆丹林等在广州《共和报》发文揭露蔡守的行为。"唐宋之争"后，南社趋于衰落，粤社与南社总部的联系也逐渐减弱。1921 年 1 月 27 日，于广州图书馆十峰轩举行"寿苏会"，纪念苏轼 885 周年诞辰。其后粤社活动渐趋停顿。与南社其他支社如越社、辽社、淮南社相比，粤社为南社持续时间最长的支社，不仅在广东地区影响甚大，也是联结粤中与外界诗坛的重要团体。（刘梓楠）

南社广东支社 见"粤社"。
南社广东分社 见"粤社"。
南社粤支部 见"粤社"。
广南社 见"粤社"。

北山诗社 文人团体。1924 年莫鹤鸣、蔡守、何藻翔等在香港利园山成立。劳纬孟《劳人沧桑录》记载了诗社成立情况。莫鹤鸣向利氏借渣典洋行副经理室作雅集场所，又名愚公簃。社友数十人，每周均有雅集，或吟诗赏菊，或切磋印艺。该社为清遗民诗人在香港聚集之所，体现其诗学旨趣和文化姿态。（翁筱曼）

清游会 文人团体。1923 年冬邓剑刚、黎庆恩、陈树人、高剑父、容祖椿等商议筹办，至迟 1924 年元旦正式创立。成立之初形式自由，参与者有画家、文人、书法家等，无章程、宗旨、门户之限，集会亦无定期，活动多为结伴游览山川，兴至则吟诗作对，即席挥毫。鼎盛时期成员 200 余人，积极参与者有容祖椿、黎葛民、经亨颐、苏少伟、罗仲彭、黎泽闿、张逸、谢子祥、黄祝蕖、高剑父、张维谷、黄少梅、赵浩公、卢子枢、吕镇妖、陈罗生、黄咏雩、邓芬、梁培基、简琴石、陈大年等。后曾在广州荔枝湾

筑清游小榭及陈树人河南息园作固定活动场所，定期集会。此后活动范围扩至城郊萝岗洞、肇庆鼎湖山、南海西樵山、清远飞霞山等。以共通的艺术文化旨趣为媒介，超越政治的隔阂与分歧。抗战时期，成员散居粤港澳各地，仍以保存国粹、传承国学为责。（翁筱曼）

雪社 文人团体。社址位于澳门崇实中学。社长为崇实中学创办者梁彦明。主要成员有冯秋雪、冯印雪、赵连成、刘草衣、周佩贤、黄沛功等澳门本土诗人。社团刊物《雪社》诗刊，先后出版 6 期，1934 年结集为《六出集》出版。内容以传统文化为主，尤关注当时澳门社会现实状况，抒写战乱带来的灾难，支持革命。活跃于 20 世纪 20 年代。该社有别于澳门以往文学社团的"过客"性质，呈现本土化特色，澳门地域特色鲜明，颇有影响。（翁筱曼）

风余词社 文人团体。20 世纪 30 年代中山大学中文系学生组织。每月命题填词一次，请中山大学词学讲席陈洵阅卷；亦有采风、宴会等活动。中文系主任古直曾参与，《诗词专刊》载有其《风余社同人宴集文园作歌》。中文系创办的文言期刊《文学杂志》亦发表陈洵及其弟子的词作，可略窥词社活动及当时师生诗词创作盛况。其后，余铭传为保存陈洵手稿尽心尽力，马庆余和曾传轺的创作与陈洵引领的常州词风一脉相承，推动了岭南词风的延续演化。抗战后，中山大学内迁云南，词社活动以及文学期刊亦随之中止。（黑白）

颐园诗会 文人团体。诗人雅集。民国年间，番禺陈融于越秀山下筑颐园（又称越秀山堂）庋藏图籍，招揽清士，时称颐园诗会。胡汉民、冒广生、

古应芬等均为颐园常客。1935 年，陈融邀同光派名宿陈衍作客颐园，一时名士荟萃、文酒无虚日。粤中诗坛后起之秀曾希颖、余心一、李洸、佟绍弼、熊润桐等甚得陈融奖掖，时称颐园诗五子。另如陈寂、傅子余等亦为诗会重要参与者。颐园诗会作品多刊于《广东日报》副刊《岭雅》，以宗宋为主，对于广东近现代诗风的形成多有促进。（刘梓楠）

荔苑诗社　文人团体。1982 年 1 月成立，改革开放后中国第二个、广东第一个经批准注册成立的诗词研究机构。秦萼生题"荔湾诗社"牌匾。成立初，社员约 70 人，有张采庵、袁华侥、余藻华、陈竹东、李云菊、曾翙良、区友云、梁励夫、叶伸雅、何普丰、罗孔炎、余立中等。首任社长袁华侥。早期有油印诗刊《群声集》。臧克家、容庚、夏承焘、芦荻、启功、胡希明、秦萼生、罗冠群、朱庸斋、刘逸生、梁俨然、徐续等均有供稿。1984—1986 年印发的诗刊均被哈佛大学图书馆收藏。荔湾区委宣传部和政协以"政协之友"作社址及活动场所，区文联给予经济支持。现有商承祚题刊名的铅印刊物《荔苑诗词》《荔苑风华》等。社员佳作被美国洛杉矶、纽约及泰国的一些诗社、图书馆、杂志收藏和刊载。（高美玲）

著　作

广州四先生诗　诗总集。不署编者姓名。4 卷。"南园五先生"中番禺黄哲、李德、赵介与南海王佐等 4 人的诗歌集。因"南园五先生"中只有孙蕡《西庵集》存世，另 4 人诗作多已散佚，后人重辑此书。收录黄哲《雪篷诗选》1 卷 70 首、李德《易庵诗选》1 卷 49 首、赵介《临清诗选》1 卷 6 首、王佐《听雨诗选》1 卷 14 首。各集之前均有诗人小传。有明刊本，未见，多以抄本流传。有《四库全书》本。（黎聪）

南园前五先生诗　诗总集。明陈遹辑印。5 卷。明初南园五先生孙蕡、王佐、黄哲、李德、赵介等 5 人诗歌选本合集。明崇祯十一年（1638），浙江海宁人、广东巡按葛征奇重刻。清康熙五十九年（1720），李珀朗据旧本重刻。有陈遹、葛征奇、陈子壮、李珀朗序。乾隆十三年（1748）一篑山房重刊。同治九年（1870），南海陈氏将李珀朗重刻本与新会人陈文藻等编《南园后五先生诗》合刊，即樵山草堂重刊本。卷首有陈遹旧序、葛征奇旧序、陈子壮旧序及李珀朗序。每集前皆有作者小传，据黄佐《广州人物传》编写，颇为详尽，对各人诗作有较中肯评价，并记南园社集与诗人轶事。今有中山大学出版社 1990 年梁守中、郑力民点校"岭南丛书"本。参见第 770 页新闻出版卷"南园五先生诗集"条。（周濯缨）

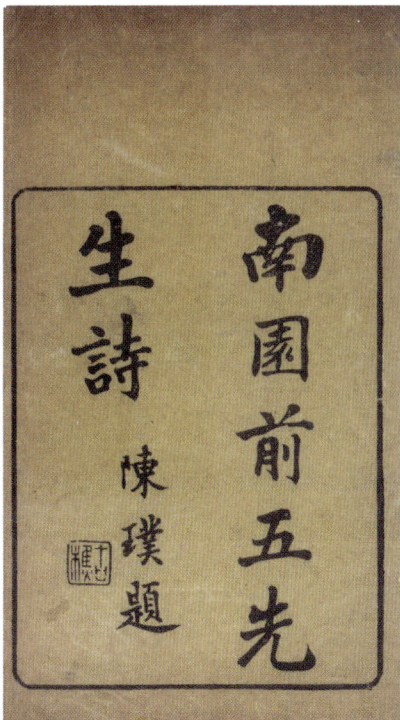

清同治九年（1870）刻本《南园前五先生诗》

雅音会编　又称《雅音汇编》。诗总集。明康麟辑。12 卷。选录李白、杜甫、韩愈三家诗和杨伯谦《唐音》五、七言律诗及绝句 3800 余首。以平声三十韵为纲，按韵编次。卷首有康麟自序和王钝序文各 1 篇。无笺注、评点，偶有校正。有明天顺七年（1463）刊本、明嘉靖二十四年（1545）沈藩勉学书院刻本、明万历二十二年（1594）沈藩刻本。（周濯缨）

雅音汇编　见"雅音会编"。

唐音类选　诗总集。明潘光统编，黄佐订补。卷首有黄氏序 1 篇，卷尾有潘氏序 1 篇。附《唐音类选古今律吕考》《诗人名氏》。选录唐人诗作 2566 首。各体兼收，分体编排，无笺注、评点。有明嘉靖四十三年（1564）刻本、清康熙四十九年（1710）黄铭重刻本。（邓海涛）

明音类选　诗总集。明黄佐、黎民表辑。12 卷。卷首有黄佐自序，阐明选编此集是对近世"古诗则以绮靡为精工，律诗则以粗豪为气格"的诗坛风气进行纠偏。收录明代诗人 304 人诗作 1800 余首。始于洪武初年刘基，迄于嘉靖三十三年（1554）去世的梁有誉。其中明初至洪武末 92 人、永乐至成化 142 人、弘治至嘉靖 70 人。分体编次，各体之中再按诗人年辈次序排列。每人名下简列其邑里、爵谥。有明嘉靖三十七年（1558）潘光统刻本。（黎聪）

广中五先生诗选　诗总集。明谈恺、陈暹编。2卷。广中五先生即"南园五先生"。明嘉靖三十六年（1557），无锡谈恺刻《五先生诗》，因未见赵介《临清集》，将曾任广东行省参政的江苏无锡人汪广洋诗合刻，以补足五人之数。嘉靖四十四年（1565），陈暹谓得旧本《临清集》，特重订以补"五先生"之阙，于是"五先生"之诗始复其旧。五人集前各有小传，爵里行事略具。有明嘉靖四十四年（1565）刻本。（黎聪）

清泉精舍小志　诗总集。明黎民表编。1卷。卷首有纪振东序及自序。黎民表在自序中忆及数年间与梁有誉等当地士人在他的清泉精舍开诗社，倡清游，成诗千余首。后因时过境迁，诗作多有散佚，心中不舍，故特搜录以示友人。所收均为黎民表与诗友家居唱和之诗，计有梁有誉、欧大任、黄佐等岭南诗人41人、诗作150余首。有明隆庆三年（1569）刻本。（黎聪）

江皋小筑集　诗总集。明李元弼辑。3卷。江皋小筑为明万历十一二年间李元弼在莞城城郊建成的名园。李元弼广邀诗友结社宴集，分韵赋诗，其中不乏袁昌祚、尹守衡、邓云霄、王猷等当时名士。后李元弼将众人10余年间的"十景题咏"集结成编，分上、下、附3卷。共收录诗友190余人的诗作600余首，后附李元弼的诗稿200首。有明万历四十年（1612）自刻本。（黎聪）

岭南三大家诗选　诗总集。共2种，一为王隼选本，一为沈用济选本。王隼选本，卷首有王煐《序》，共24卷，其中梁佩兰《六莹堂诗》8卷、屈大均《道援堂诗》8卷、陈恭尹《独漉堂诗》8卷，分体编排，共选录3人诗作1205首。"岭南三大家"由此得

名。有清康熙三十一年（1692）刊本、道光十九年（1839）万卷楼刊本、同治七年（1868）南海陈氏重刊本。因三大家晚年创作未入王隼选本，10余年后，沈用济于康熙四十三年（1704）重选三大家诗，至康熙四十五年（1706）夏选成。随后《道援堂集》10卷刊出，分体编排，卷首有费锡璜《序》和沈用济《序》，以及二人所作附记16则。《独漉堂集》和《六莹堂集》未知是否刻成。王隼选本和沈用济选本《岭南三大家诗选》在清中期均遭毁禁。（王富鹏）

清同治七年（1868）重刻王隼选《岭南三大家诗选》

番禺黎氏存诗汇选　诗总集。清陈恭尹纂。陈恭尹搜辑明代自黎瞻至黎遂球子黎延祖等21人诗作汇为一集，有传续番禺黎氏诗歌成就、家学家风之意。有清康熙三十三年（1694）黎延祖刊本。（周濯缨）

冈州遗稿　诗总集。清顾嗣协编。6卷。现存最早的广东新会县诗总集。冈州为新会县古称。清康熙四十六年

至四十九年（1707—1710），顾嗣协任新会县令，有感于新会历代诗文散佚良多，与弟顾嗣立搜集编选而成。书前有顾嗣协自序与总目。收录新会诗人59人，各体诗作1175首。始于元代罗蒙正，迄明末英上，方外、闺阁兼收。各人名下均附小传，记字号、籍里、科名、官爵、著述。有清康熙四十九年（1710）绿屏书屋刊本。（黎聪）

五律英华　诗总集。清王隼编。8卷。仿清顾有孝《七律英华》体例，选辑唐代152人五言律诗740余首。所收诗人上至皇帝，下至僧侣闺阁，以人系诗。诗歌按时代编次，计初唐1卷，盛唐、中唐、晚唐各2卷，衲子、名媛合1卷。卷前单列爵里。全集诗人、诗作共附评语近120条，或援证《新旧唐书》《唐新语》《太平寰宇记》诸书，或摘引钟惺、王世贞、严羽等名家评述，可体现王隼论诗主张。有清康熙刻本。（黎聪）

岭南鼓吹　诗总集。清曾文锦、陈觐光编。8卷。在顺德诸生邱士超所选诗稿的基础上删存而成。收录岭南历代诗人山川风物之咏。陈觐光在自序中申明所选诗志在"因诗以见地，因地以存人"，且"祈以此集光辉五岭，作休明鼓吹"，故以"鼓吹"命名。以诗体分卷，共收录诗作986首。其中五古46首、七古64首、五律280首、五排20首、七律320首、七排4首、五绝82首、七绝170首。有清嘉庆二十年（1815）晚香圃刻本。（黎聪）

粤东诗海　诗总集。清温汝能辑。100卷补遗6卷。收录唐至清岭南诗人985人，是收录岭南诗人数量最多的诗总集。其中唐代4卷14人，宋代2卷27人，元代1卷8人，明代48卷459

人，清代 40 卷 348 人；附闺媛 2 卷 78 人，方外 2 卷 31 人，仙佛 1 卷 18 人，兼收 2 鬼。卷末附谣谚杂语 16 篇。补遗 6 卷重在补前收诗人诗作之遗漏，并新收诗人 18 人。所录诗人以科第先后编次，无科第者则依少长行辈。各人名下均附小传，记其字号、爵里及生平事迹。书前自序、例言对汉至清岭南诗人诗风及源流作详细梳理与考辨。有清嘉庆十八年（1813）文畬堂刻本、清同治五年（1866）重刻本。今有中山大学出版社 1999 年吕永光等整理，李曲斋、陈永正审定本。参见第 772 页新闻出版卷"粤东诗海"条。（黎聪）

国朝岭海诗钞 诗总集。清凌扬藻编。24 卷。依卷前《凡例》，编选该书意在荟萃清代广东诗人及诗作。选录诗人 648 人，诗作 1670 余首，规模为广东清诗总集之最。亦收录闺秀、方外、旗籍、商籍诗人，且存殁者兼收。所收存世诗人达 200 余人，约占全书收录诗人总数的三分之一。集中各诗人名下均有小传，诗后亦有笺释评点。初成于清嘉庆二十五年（1820）春，后经陆续补纂修订，道光六年（1826）秋付梓。有清道光六年（1826）狎鸥亭刻本。（黎聪）

岭南四家诗钞 诗总集。清刘彬华编。4 卷。收录"岭南四家"张锦芳《逃虚阁诗钞》125 首、黄丹书《鸿雪斋诗钞》101 首、黎简《五百四峰堂诗钞》155 首、吕坚《迟删集诗钞》83 首。每人 1 集 1 卷。其中《鸿雪斋诗钞》是刘彬华在黄丹书殁后搜集其书迹所得，赖《岭南四家诗钞》以传。有清嘉庆十八年（1813）刻本。（黎聪）

粤东七子诗 诗总集。清盛大士辑。6 卷。收录清嘉庆年间"粤东七子"（阳春谭敬昭、吴川林联桂、顺德吴梯、

番禺张维屏、顺德黄玉衡、香山黄培芳、镇平黄钊）的诗作。是集除林联桂与吴梯合为 1 卷，其余 5 人每人 1 卷。收录古今体诗 466 首。其中谭敬昭 88 首、林联桂 41 首、吴梯 18 首、黄玉衡 61 首、张维屏 92 首、黄培芳 95 首、黄钊 71 首。卷前均附小传，记其字号、爵里、科第、集名、编者评语，并兼述其与编者交游事迹。有清道光二年（1822）刻本。（黎聪）

唐贤三昧集笺注 诗总集。清王士禛选，黄培芳评。3 卷。以王士禛《唐贤三昧集》为底本，参考吴煊、胡棠注本编撰而成。收录盛唐诗人 43 人，诗作 440 余首。基本承袭王氏《唐贤三昧集》原貌，卷首保留王士禛自序、胡棠序、吴炬序、姜宸英序，卷上印"嘉庆十年己丑三冬香石山人黄培芳阅"，每页添黄培芳朱字圈评与版头朱字评点。然上卷缺王维《终南别业》，下卷缺万齐融及其诗《赠别》。全集以王维始，收录其诗亦最多，计 110 首，正与王士禛及黄培芳论诗推崇

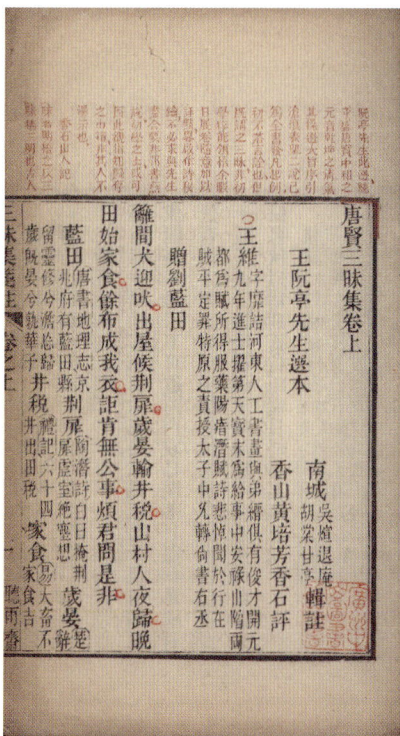

清光绪九年（1883）黄培芳评朱墨套印本《唐贤三昧集笺注》

"神韵"之说合。有清光绪九年（1883）重刊本。（黎聪）

广三百首诗选 诗总集。清黄培芳辑。2 卷。分诗体编排，五古、七律各 1 卷。选录东晋至明末诗人 110 人、诗作近 300 首。以朝代为界，唐之前只录五古，唐之后只收七律。选录诗人以年代次序先后排列，始于东晋陶潜，迄于明末邝露。选录陶潜诗最多，计 52 首，杜甫次之，计 43 首。前有编者手书《例言》。各人姓氏之下不注字号、爵里、科名，仅缀以名家诗评若干。编者间在诗末附品评。有清黄氏岭海楼钞本。（黎聪）

律诗钞 又称《诗钞七律》。诗总集。清黄培芳辑。12 卷。以冯敏昌旧藏翁方纲《七言律诗钞》为底本编选而成。翁氏原书 18 卷，经黄培芳增订为 4 册 12 卷。上册计初、中、盛、晚唐 4 卷，诗人 39 家，诗作 262 首。中册计宋、金、元、明 4 卷，诗人 28 家，诗作 288 首。下册 4 卷所收清代诗人 20 人，诗作 316 首。较翁集增钞诗人 16 人，增诗 151 首，删诗 125 首。所收诗作多有评注，皆照录原集钱载之语。有清香石山房珍藏秘本（稿本）。（黎聪）

诗钞七律 见"律诗钞"。

师友集 诗总集。清陈昙编。74 卷。收录陈昙嘉庆、道光年间所交往师友 74 人，各 1 卷，计诗作 1100 余首。既收冯敏昌、宋湘、黄丹书、李黼平、张维屏、刘彬华等岭南籍知名诗人，亦收与陈昙交好的洪亮吉、张问陶等海内经学、诗学大家。以洪亮吉居首，收诗亦最多。每位诗人名下均系以小传，记字号、爵里、科第、官位、诗集名及诸家评语，并附编者与其交游轶事作为点缀。有清抄本。（黎聪）

粤诗搜逸 诗总集。清黄子高编。4卷。卷首有黄子高自序，后有伍崇曜跋。编者有感于粤诗选集俱以张九龄为首而未追溯前代，遂以南朝陈刘删为首，讫于元代陈文瑶，只搜罗散佚诗篇，已有别集存世的不录。具有重要的文献辑佚价值。有清道光三十年（1850）南海伍氏粤雅堂文字欢娱室刻本、1936年商务印书馆排印本。（周濯缨）

楚庭耆旧遗诗 诗总集。清伍崇曜辑，谭莹校。分前、后、续3集，共13册74卷。前集卷首有清道光二十三年（1843）伍崇曜序。前、后集道光二十三年（1843）刊，续集道光三十年（1850）刊。收录乾隆至道光年间岭南诗人70人的诗作3590余首。所录多为伍崇曜、谭莹亲朋故旧之作，其中籍隶广州府诗人58人。以诗人时代前后为次，诗人卷目下系以小传，详具始末。之后采录刘彬华、张维屏等17位岭南诗坛耆老评论文字，摘抄编者诗话，伍崇曜《茶村诗话》赖此得以传世。有清道光间南海伍氏刻本。（黎聪）

柳堂师友诗录 诗总集。清李长荣辑。始辑于清同治二年（1863），直至作者去世，故今存有1卷、5卷、不分卷等刊本。选录200多位师友诗作，前有诗人小传。所选不少诗集今已无传本行世，故其书颇为时人所重。有清同治二年（1863）富文斋刻本。参见第772页新闻出版卷"柳堂师友诗录"条。（郭子凡）

纪风七绝 诗总集。清梁九图辑，子神僎校刊。21卷。收录清代各省民俗采风民歌竹枝词之类，皆为七绝，计千余首。各卷以行省命名，1卷收1省之诗，分"京师""盛京""直隶""江苏""安徽""江西""浙江""福建""湖北""河南"等。收"广东"诗最多，计有52位诗人竹枝词共67题145首，其中收李长荣诗作最多。卷首有劳宝胜序，书后有梁神僎跋。有清光绪十九年（1893）刊本。（周濯缨）

岭表诗传 诗总集。清梁九图、吴炳南编。16卷。分"明"与"国朝"二集。"明"集6卷成书于清道光二十年（1840），"国朝"集10卷成书于清道光二十二年（1842）。收录自明至清广东诗人370人，其中明127人，清243人，方外、闺阁诗人兼收。"国朝"集卷10收录有编者梁九图《紫藤馆诗钞》及吴炳南《华溪诗稿》。并以谣谚5首置于"明"集卷末。诗人皆附小传，记字号、爵里、科第及著述情况。偶有注释。有清道光二十年（1840）、二十二年（1842）顺德梁氏紫藤馆刻本。（黎聪）

香山诗略 诗总集。清黄绍昌、刘熽芬辑。12卷。收录自唐至清香山籍诗人235人诗作1230余首。前2卷辑自唐、宋、元、明代诗人集作，后10卷

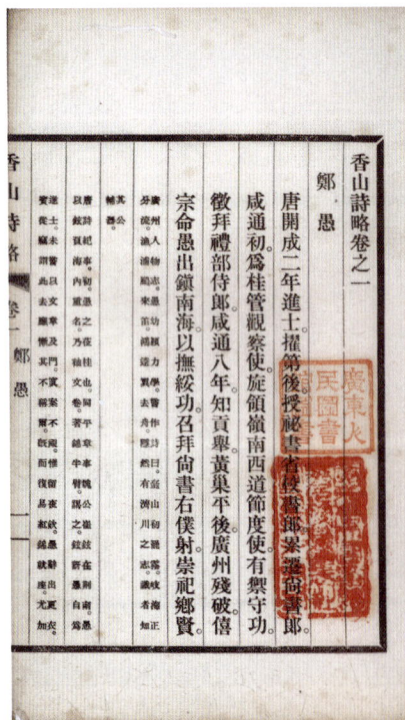

1937年铅印本《香山诗略》

辑自清代。意在以诗存人，"表彰寒瘦，搜讨遗失"，香山的隐逸布衣、忠义节烈都从宽采录。各卷诗人排列以科第为断，无科第者则按世次分编。诗人姓氏下杂采序跋、小传、墓志及评论等。有1937年铅印本。今有中山诗社1986年何文广校勘、李浩音释本。（黎聪）

梅水汇灵集 诗总集。清胡曦辑。8卷。以嘉应五属（梅县、镇平、平远、兴宁、长乐）为选辑范围，收录北宋元祐年间至清末客家诗人227人诗作近2100首。按人系诗，自宋罗孟郊始，至清末陈展翼止。卷1收录宋明诗人23人，诗作93首。卷2—7收录清代诗人185人，诗作1915首。卷8收录闺秀及方外诗人19人，诗作59首。书末附有宋、明两代无名氏縣辞杂谚4首。诗人名下均有小传，诗末附胡曦评点或前辈先贤诗评。有1933年兴宁书店排印本。（黎聪）

粤东三子诗钞 诗总集。清黄玉阶编。14卷。卷首有清嘉庆十六年（1811）翁方纲序及道光二十二年（1842）黄玉阶编写的总目。收录粤东三子张维屏、黄培芳、谭敬昭古今体诗1115首。其中谭敬昭2卷242首、黄培芳4卷469首、张维屏8卷439首。各人卷前均有黄乔松撰、黄玉阶增订的题辞，简叙其诗学取径、交游、评价等。有清道光二十二年（1842）广州刻本。（黎聪）

梅水诗传 诗总集。清张煜南、张鸿南、张直端先后出资，张芝田、刘燕勋、黎茂仙、黎志宁、黄仁荪编订。15卷。张煜南、张鸿南昆仲及张直端皆为祖籍梅县的印度尼西亚著名华侨实业家。分为《初集》10卷、《续集》3卷、《再续集》2卷。收录宋末至民国初年嘉应五属（梅县、镇平、平远、

兴宁、长乐）诗人近640人诗作4100余首。以诗人生年先后排列，姓名下附小传。《初集》有清光绪二十七年（1901）刻本，《续集》有清宣统三年（1911）刻本，《再续集》有1978年张直端独资刊印本。（黎聪）

东莞三逸合稿　诗总集。清苏泽东编。3卷。收录梁淯《不自弃斋诗草》1卷、赵祉皆《听涛屋诗钞》1卷、苏泽东《祖坡吟馆诗略》1卷。卷首有黄佛颐序，比较3人诗歌风格颇得其实。有清宣统三年（1911）粤东编译公司铅印本。（周濯缨）

东莞诗录　诗总集。清张其淦辑。65卷。广东最大的县域诗总集。在借鉴清代东莞前贤邓淳《宝安诗正》、罗嘉蓉《宝安诗正续集》、苏泽东《宝安诗正再续集》的基础上编成。收录宋初至清末东莞诗人816人，诗作5700余首。其中卷1—2收录宋代诗人29人，卷3收录元代诗人7人，卷4—23收录明代诗人261人，卷24—63收录清代诗人494人，卷64收录闺媛诗人8人，卷65收录方外、仙鬼诗人17人。卷首有自序及邓淳《宝安诗正序》、苏泽东《宝安诗正再续集序》。各诗家名下附小传及诗话评语，编者本人的《吟芷居诗话》亦附书而行。对前代遗民及作品大加赞赏，透露出张其淦的遗民心态。有民国初年张氏寓园本。（黎聪）

岭南诗存　诗总集。清末民初何藻翔编。不分卷。收录唐至民国初年岭南诗人417人诗作2300余首。按诗体编排，同一诗体下，以诗人时代先后为次。初版有张元济跋，推许编者珍视乡邦文献、“以诗存人”之志。所选多宋元、明清易代之际岭南遗民之诗，颇有可取资者。每卷末收编者署名“邹崖逋者”诗数首，借以抒发故国之思。有1925年上海商务印书馆排印本。（黎聪）

潮州诗萃　诗总集。清末民初温廷敬辑。3编50卷，其中甲编12卷、乙编36卷、闰编2卷。收录唐至民国初年潮州籍（揭阳、潮阳、海阳、澄海、惠来、普宁、饶平、大埔、丰顺九地）诗人439人，其中唐代诗人1人，宋代诗人6人，元代诗人7人，明代诗人120人，清代诗人278人，方外、闺秀诗人27人，诗作6530余首。全书编讫于民国初年，未曾付梓。温廷敬1954年去世后，稿本由汕头市图书馆收藏。后经饶宗颐推重，由吴二持、蔡起贤校点，汕头大学出版社2001年出版。（黎聪）

南园寄社诗草　诗总集。清许应铣（和轩）辑，冯询（子良）鉴评。收录清同治八年（1869）南园寄社诗作。许应铣随兄许应鑅游宦江西，为不忘乡学，集同乡幕友命题联吟而成。中有冯询点评。卷1为社集诗歌合集，计有许应铣、许炳杰、黄焌光、许炳泉、黎原超、蔡召镛、吴邦瑞、吴邦祺、冯永年、邹绍峄等人诗作；卷2为《子良先生和作》，即冯询赓和之作，以为程式。后有许应铣跋。有清同治八年（1869）刊本。（周濯缨）

南园后五子诗集　诗总集。清陈文藻等编。28卷，前后卷首各1卷，附刻《南园花信诗》1卷。收录南园后五子欧大任、梁有誉、黎民表、吴旦、李时行诗，其中欧大任6卷、梁有誉5卷、黎民表7卷、吴旦4卷、李时行6卷。前列5人姓氏及诸家诗评，每集前附诗人小传。欧、梁、黎、李4人有别集传世，惟吴旦诗赖此编以传，然收录不全，分编4卷，每卷仅数首。此编后附《南园花信》1卷，收晚明粤人咏《黄牡丹诗》百首。清同治九年（1870）南海陈氏与《南园前五先生诗》合刊，称樵山草堂重刊本。今有中山大学出版社1990年梁守中、郑力民点校“岭南丛书”本。（周濯缨）

粤闺诗汇　诗总集。清黄任恒辑。6卷。收录清代广东6位女诗人的6种诗集，包括顺德邱掌珠《绿窗庭课吟卷》1卷、新会黄芝台《凝香阁诗钞》1卷、顺德黎春熙《静香阁诗存》1卷、顺德龙吟芗《蕉雨轩稿》1卷、南海梁霭《飞素阁遗诗》1卷和番禺刘月娟《倚云楼诗钞》1卷，皆曾单独刊行。辑者意在表彰广东才女诗歌创作，传播岭南闺秀文化。有清光绪刻本。（邓丹）

广东诗汇　诗总集。近代邬庆时、屈向邦合编。150卷。收录汉至民国（个别诗作或作于新中国成立后）粤人诗作，以近人为最多，可视作《粤东诗海》等广东诗歌总集清末以来诗歌的补编。大致按诗人生卒年排序，不分闺媛、方外，首列汉代杨孚，讫于近人邬瑶光。各人收录诗歌少则1首，多则单人1卷，如第120卷均为黄遵宪诗作。诗人大都前列小传，或只列人名字号。有稿本。（周濯缨）

羊城竹枝词　诗总集。清吟香阁主人辑。2卷。辑者以羊城竹枝词为题征稿，择其优者刊行。共收151位诗人的诗作。作者大部分为广府人，亦有未注明籍贯，或仅录其字号、书斋、堂馆名者，另有2人署无名氏。卷2有吟香阁主人诗作4首。可补历来专赋羊城竹枝词之阙，具有一定的史料文献价值。有清光绪三年（1877）刊本、清光绪十四年（1888）佛山近文堂刊本。（周濯缨）

番禺潘氏诗略　诗总集。清潘仪增编、潘飞声校。不分卷。收录番禺潘氏家族23人诗歌作品。集前有传及诗话

评论，为研究广州潘氏家族以及潘有为、潘仕成等近代潘氏族人提供材料。有清光绪二十年（1894）刊本。（周濯缨）

兴宁二十五家诗选 诗总集。现代罗香林辑。选辑宋至民国时期兴宁县25位诗人诗作。始于宋代罗孟郊，止于民国何天炯，共收诗275首。每位诗人有简介及诗歌评论，其中多有稀见文献资料，具有重要的客家文献价值。有香港中国学社1973年初版手写影印本。（周濯缨）

广东历代诗钞 诗总集。现代余祖明编。11卷。搜辑汉至近现代广东先贤遗诗。每位诗人下有小传，或以诗传史，或以人传诗。卷首有白志忠、吴天任、陈本序并苏文擢、吴万谷、温中行、区季子、傅静庵题词。1979年所作自序、编辑凡例中阐明其关注乡邦文献整理搜集用意，在于汇集稀见诗作。凡前代总集已收概不重录，只补以往文献不收者。收录诗歌首重忠孝节烈，次则山川物产，对晚清民国诗家、闺秀、方外释氏的作品尤多关注。取材广泛，遍及各县志乘，崇尚温柔敦厚诗风，弘扬雅正诗教及民族精神。有香港能仁书院1980年"能仁

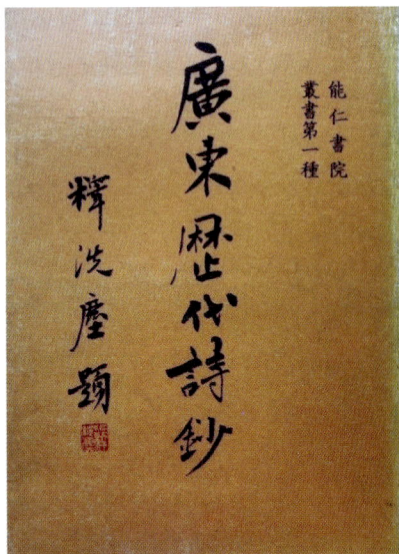

"能仁书院丛书"本《广东历代诗钞》

书院丛书"本。（周濯缨）

诗料类编 诗歌摘句类书。清张保年辑。28卷。主要收录诗歌材料。共分为26类，包括天文类、时令类、地理类、人物类、身体类、人事类、文具类、武备类、技艺类、珍宝类、音乐类、服饰类、饮食类、宫室类、器用类、菽粟类、草莽类、蔬菜类、树木类、花卉类、果蔬类、飞鸟类、走兽类、鳞介类、昆虫类、数目类，每一类又列若干子项，均举诗例，并用小字注明诗句作者，但未录诗题，不便查阅。27卷后半部分、第28卷为补遗。有清钞本。（周濯缨）

粤风 民歌总集。清李调元辑。4卷。收录粤地民歌113首。其中卷1收粤歌、峒歌53首，卷2收猺歌23首，卷3收狼歌29首，卷4收獞歌8首。"猺""狼""獞"都是古人对少数民族的侮称，"猺"指今瑶族，"狼"与"獞"则同指今壮族。各卷卷首均署原辑者姓名。卷1为睢阳修和，卷2为濠水赵龙文，卷3为东楼吴代，卷4为四明黄道。李调元尤着力于后3卷的编选，在每首民歌之下均对其句意词义、歌唱场景、族语方言、风土人情等详加注释评点。有清刻本。（黎聪）

岭南群雅 诗词总集。清刘彬华辑。8卷。刘彬华自序称"群雅"取汉司马相如《上林赋》"载云罕，掩群雅"之意。收录乾隆初年至嘉庆中期岭南诗人93人，诗词作品1500余首。编纂体例与其他总集有别，殁世、存世诗人兼收。初集3卷收录殁者冯敏昌等29人，并附刘彬华父刘善士遗诗《笔耒轩吟稿》。二集3卷收录存者宋湘等43人，初补集2卷则殁存者不论，增补诗人20人（宋湘重复不计），含殁者3人。诗人之下均附小传，介绍字

号籍贯、生平经历、著述情况等。小传后兼附编者《玉壶山房诗话》，以为传记之补。有清嘉庆十八年（1813）玉壶山房刻本。参见第772页新闻出版卷"岭南群雅"条。（黎聪）

五华诗苑 诗词总集。近现代陈槃编。6卷，附补编1卷。收录五华县明代以来121位作者的诗词作品801首。参考徐棹《全唐诗录》体例，各依诸家原集存其旧，每人附小传，并摘录诗序、诗话、诗评，对前贤诗篇有则录之，存疑篇目宁缺毋滥。有台北五华文献委员会1961年铅印线装本。今有上海古籍出版社2010年本。（周濯缨）

广东文选 诗词文总集。清屈大均选。40卷。收录汉至明末广东诗词文作家作品，按文体分卷编排，计敕、诰制、疏、表、颂、笺、状、议、策、序、论、辩、说、解、记、传、行状、碑、墓志铭、墓表、书、杂著、杂文、题跋、赞、铭、箴、诔、赋等诸体文25卷，诗14卷，词1卷，共收录作家200余人。屈大均视《广东文选》为其编辑《广东文集》之先声，自言《文选》作品是从《文集》中"拔其十之二三"而成，以崇正学、辟异端为要，故凡佛老家言或有伤雅正者，皆经删削。有清康熙二十六年（1687）三间书院刻本。今有广东人民出版社2008年陈广恩点校本。参见第771页新闻出版卷"广东文选"条。（黎聪）

岭南风雅 诗赋总集。清陈兰芝辑。3卷。收录岭南历代各体诗赋作品。集中各卷又分上、中、下3册，除卷3下册录"赋记序"81篇外，其余卷册均按时代先后排列，以人系诗。共收录诗人771家，兼收山人、僧侣、闺阁。所收诗多为关伦常、崇德义、吊往古、系风土之作。卷前专设"解释

名义"一章，对"乐府""律诗""绝句"等50种诗体，"诗有五忌""诗有八病"等9种诗论术语，"罗浮山""白云山"等122处岭海名胜作介绍。所选诗偶有注释评点。有清乾隆十五年（1750）刻本。（黎聪）

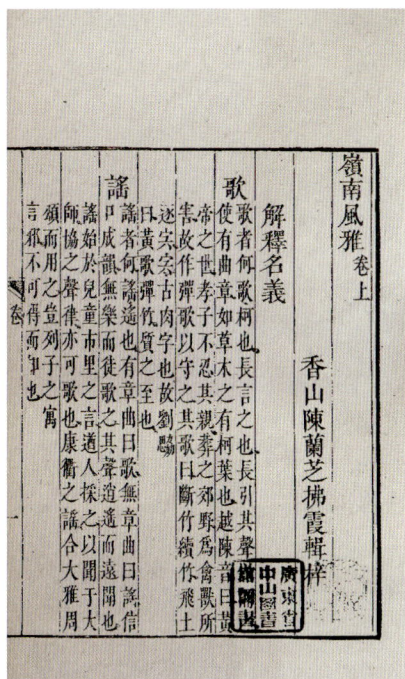

清乾隆十五年（1750）刻本《岭南风雅》

六艺流别 诗文总集。明黄佐辑，欧大任校正。20卷。卷首有黄佐自序，末有欧大任后序。选录先秦至隋代的各种文体分系于《诗》《书》《礼》《乐》《春秋》《易》六艺之下。类目繁多，共152体，各体之下，以题序简述各种文体的源流与特征，并选录该文体的代表性作品并说明收录标准。题序先列前人之说，再加辨正，颇有独到之见。以六经区别各体，并揭示文体演变规律，建立以六经为纲领的文体谱系。有明嘉靖四十一年（1562）宝书楼刊本、清康熙二十六年（1687）重刊本。（周潼缨）

粤东观海集 诗文总集。清李调元编。6卷。清乾隆四十二年（1777）李调元督学广东时汇集岁考试帖编辑而成。卷首有编者自序。收录赋70题120篇，诗歌155题595首，诗经解5

题10篇，杂古文5篇。卷次大致按照文体编排，其中卷1为赋，卷2—5为诗，有拟古、乐府、五古、七古、五律、七律、五排、七排、五绝、七绝等诸体，卷6收赋、诗经解及杂古文。有清乾隆刻本。（黎聪）

邱海二公文集合编 诗文总集。清焦映汉、贾棠编。16卷。收录明邱濬、海瑞诗文。清康熙年间，焦映汉、贾棠曾任分巡雷琼兵备道与琼州知府，为表达对琼州先贤邱濬、海瑞的尊崇而编。书首有叶向高、焦映汉、贾棠、党维世4人所作序言。邱濬集前有焦映汉、何乔远所作传，选录章奏、表、序、记、传等各体文9卷230篇，各体诗1卷56首。海瑞集前有梁云龙、何乔远所作传，选录奏疏、策、训论、申文等各体文6卷132篇。有清康熙四十七年（1708）刻本。（黎聪）

学海堂集 诗文总集。清阮元督粤时所创书院学海堂的优秀课卷选集。共4集。《初集》15卷，阮元辑，附1卷为何南钰选，成于清道光五年

清道光五年（1825）刻本《学海堂集》

（1825）；《二集》22卷，钱仪吉选，吴兰修编校，成于道光十八年（1838）；《三集》24卷，张维屏选，刻于咸丰九年（1859）；《四集》28卷，陈澧选，未竟而殁，金锡龄续成，刻于光绪十二年（1886）。课卷以经史为主，旁及算学、天文、地理，重训诂考据与义理探求，汉宋兼采。充分展现学海堂学子的朴学风貌，反映岭南文学、学术与文化传承大势，可窥见道光至光绪间广东学术风尚及诗学演进趋势，具有独特的学术价值和文学价值。（翁筱曼）

文选拾遗 诗文总集。清朱铭编。8卷。以唐李善《文选注》为底本，收录周代至南朝梁130余人诗文700余篇。初名《文选质疑》，计10余万言。后经删损，取其有裨于李注而足证诸家之疏舛者，定为8卷。仿李善《文选注》征引注释之法，引用书籍300余种。各篇不录原文，题目之下置注释条目，少者一则，多者八九则不等，皆排列有序，博而不紊，力求探明其本始出处。卷首有清咸丰八年（1858）自叙。卷末有清咸丰十一年（1861）郑献甫及光绪十八年（1892）徐绍植跋。有清光绪十八年（1892）朱铭家刻本。（黎聪）

梦醒芙蓉集 诗文总集。清黄佛颐编。3卷。扉页有苏若瑚隶书题"梦醒芙蓉集"。卷首有林则徐像及苏泽东题像赞、苏泽东像及黄映奎题像赞。有陈嘉谟、刘秉奎序及苏泽东自序，并题词34首。编者有感于鸦片搜刮民脂民膏、害国害民的危害，又感念林则徐虎门销烟壮举，选录清乾隆至光绪年间关于禁戒鸦片的各体诗文，以期唤醒人心。卷1选各体诗39家、词2家，卷2选各体文20家，卷3选各体文15家，并附戒烟药方10余种。所选诗文以严于内治为主，目的在于便

于讽诵、扩充见识、劝诫世人，用意深长、情辞警透。中国最早关于禁止鸦片的文学总集。有清光绪二十五年（1899）东莞苏氏祖坡吟馆刻本。（周灈缨）

粤东词钞　词总集。清许玉彬、沈世良编。广东第一部通代词选。选词1046首，词人66人，按时代先后编次，附词人姓名、爵里、词集。选词门径较宽，不同词风并举，力图齐备，体现存史传人之意。为了解广东词风演变提供较为完备的文献。有道光二十九年（1849）羊城学院前艺芳斋刻本。后杨永衍辑《粤东词钞》二编，选录明清粤籍词人31人，词作189首，光绪十八年（1892）刊行。潘飞声辑《粤东词钞》三编，续收清代粤籍词人17家词作129首，光绪十九年（1893）成书。（左岩）

粤东三家词钞　词总集。清叶衍兰辑。收录沈世良词50首、汪瑔词52首、叶衍兰词65首。3人原籍浙东，才学兼备，著述颇丰，工诗文、善书画，尤长于词，为词既各有个性，又大致旨趣相同，追求清丽超逸风格，在岭南文坛享有较高声誉。经谭献、张景祁、张鸣珂、叶衍兰选定，清光绪二十一年（1895）开刻，光绪二十二年（1896）刊成。卷首有谭献、张景祁、叶衍兰序。"粤东三家"之名由此确立。（左岩）

今词综　词总集。清沈宗畸编。4卷。收录清末朱祖谋、王鹏运、况周颐、杨燨、朱寯瀛、叶衍兰、周天麟、冒广生、刘炳照、郑文焯、王树藩、施赞唐、黄第、何震彝、袁祖光、余际春、李经世、王谦、彭瑛、胡熙寿、曹桭坚、蔡鸿燨、蔡寿臻、胡延长、戴述经、李恩绶、吴敬义、童闿、林学衡、易顺鼎、黄有书、周维华等32

位词人的词作263首。词人名下附小传，记其字号、爵里、科第、著述。有清光绪三十四年至宣统三年（1908—1911）《晨风阁丛书》本。（黎聪）

艺蘅馆词选　词总集。清末民初梁令娴编。5卷。梁令娴从麦孟华受业时的词抄本。初录近2000首，后经麦孟华甄别删汰。分甲、乙、丙、丁4卷，甲卷为唐五代词，乙卷为北宋词，丙卷为南宋词，丁卷为清代及近人词，合计597首，又补遗79首，为戊卷。所录宋词以南宋词为主。附录李清照《词论》、杨缵《作词五要》、张炎《词源》、陆辅之《词说》、周济《词选序论》、况周颐《玉梅词话》等词话6种。有清光绪三十四年（1908）初刊本、1935年中华书局排印本。今有广东人民出版社1981年刘逸生校点本。（黎聪）

广箧中词　词总集。清叶恭绰编。4卷。体例沿用谭献《箧中词》，收录清初至编者同时收441人词作1056首，尤其注重光绪、宣统以还诸家，以补《箧中词》之未备。卷首有夏孙桐、夏敬观序。钱仲联称其"选录之精，不亚谭氏"，夏承焘誉其"间加评泊，亦极确当"。有1935年叶恭绰家刻本。今有浙江古籍出版社1998年重印本。（姜波）

近代粤词搜逸　词总集。现代余祖明编。不分卷。卷首有汪兆铨、陈融、刘景堂、余少湘词翰影印件，并有苏文擢、陈本序及曾希颖、罗忼烈、区季子、黎心斋、饶宗颐等人题词和作者自序。书末附《近代粤人词集目》。纂辑自丘逢甲至余少湘83位广东词人词作368首。附词人生平小传。首重家世、出身、师承及著述。该书仿黄子高《粤诗搜逸》体例，意在搜存散佚，多收未刊词集者，或未编入有关

词集或其他总集、别集之作，具有拾遗补阙价值。有香港1970年自印本。另有《近代粤词搜逸补编续编》，有1972年香港自印本。（周灈缨）

时谐新集　民间曲艺总集。作者不详。收录近代广州各报章发表的民间曲艺作品，分《文界》《小说界》《诗界》《歌谣》《曲界·粤讴新解心》《南音》《小调》《班本》8大类。其中《歌谣》有《三字童谣》《新童谣四章》等4首，《曲界·粤讴新解心》有《自由钟》《自由车》《天有眼》《地无皮》《留不住》《真正肉紧》《唔怕耻笑》等20支，《南音》有《国民叹五更》《八股佬烟仙扎仔三谈情》2支。反映了近代广州等地俗文学风貌。有清光绪三十二年（1906）香港中华印务有限公司本。（周灈缨）

文苑综雅　赋总集。清王隼编。18卷。卷首有王煐作序。收录周至隋赋作143篇。作家上始战国楚宋玉，下迄隋卢思道，共66人。作家、作品排列略按时代先后，计战国楚宋玉3篇，汉5卷，魏2卷，晋5卷，宋、齐1卷，梁3卷，陈1卷，北魏、隋1卷。所收作品以潘岳、江淹最多，各10篇。其中宋玉、贾谊、司马相如、刘胜、王褒、扬雄、班婕妤、班彪、班固、班昭、张衡、傅毅、蔡邕等13人，每篇赋后均附简要笺释，皆精当。有清康熙刻本。（黎聪）

唐人赋钞　赋总集。清邱先德辑，邱士超笺。6卷。邱先德在其授业侄邱士超手录唐赋300余篇的基础上择删其半而成。二人均推历代之赋，莫盛于唐。收录唐代赋家近100人、赋作166篇。其中以王棨赋作收入最多，计21篇。前有伊秉绶、邱先德二人序及邱士超《唐人赋钞总论》。赋作均

附解题、注释与品评。与当时的赋作选本相较，可称详细，品评也时有新意。有清同治元年（1862）重镌本、清同治七年（1868）粤东翰宝楼刻本。（黎聪）

古诗流选　赋总集。清赵古农辑。4卷。书名取班固"赋者，古诗之流也"之意。为清嘉庆七年（1802）赵古农所编《玉尺楼赋选》的续选本，以补前书收录唐赋较少之憾。唐赋均于《文苑英华》中精选，赵宋以后则随手增选，再加上与粤有关的古迹者。上、中、下3卷各选录赋作20篇，补编选入16篇，共计选入赋作76篇，赋家57人。其中收录陆龟蒙、黎遂球最多，各6篇。各篇之下偶有评点文字，皆要言不烦。有清道光十年（1830）文畲堂刻本。（黎聪）

骈林摘艳　骈体辞句类书。清胡又安辑，郭弁京等6人参订。50卷。卷首有胡又安序、例言及目录。以类书形式收录骈文腴辞隽句，材料多来自清代骈文，未备者则以六朝至元明的古骈体补。共分50部，每一部下分总目、分目、子目三级纲目，每一子项举若干骈体辞句为例，然未注明出处及作者。据例言，此编原为骈文家之间授受相传的密钥，同好仅能传抄阅读，未曾付梓，故为此汇集点校，付刊石印，以免传抄之苦。有清光绪十八年（1892）琳琅十笏斋辑本（广州石经堂石印本）、清光绪二十年（1894）、光绪二十二年（1896）上海点石斋石印本，1916年广州科学书局石印本，1924年上海科学图书社石印本。（周灌缨）

文行集　文总集。清卫壮谋辑。6卷补1卷。仿明杨廷枢《皇明历朝四书程墨同文录》、清王介锡《明文百家萃》体例，选取明洪武至崇祯1150人各一篇制艺文章，合计1150篇。卷前附科目源流、科场纪异、先正格言3章。分"大学"64篇、"上论"231篇、"下论"268篇、"中庸"208篇、"上孟"158篇、"下孟"196篇、"补人补事"23篇。篇末系小传，考其人嘉言懿行以反证其文。有清乾隆映雪轩本。（黎聪）

粤东文海　文总集。清温汝能辑。66卷。收录汉至清岭南作家273人、作品1350余篇。规模为古代岭南文总集之最。分体编排，计敕制1卷，奏疏12卷，表状、颂1卷，策1卷，议3卷，序14卷，论4卷，碑2卷，记9卷，书4卷，传、行状4卷，墓铭、墓表1卷，说1卷，辩1卷，题跋、赞、箴、铭、解、考1卷，祭文1卷，杂文2卷，赋4卷。每卷所收作家按年代先后编次，共收录汉5人，唐5人，宋14人，元4人，明177人，清68人。卷前专列姓氏爵里总目，记录作者里籍、科举、官爵等。有清嘉庆十八年（1813）文畲堂刻本。参见第772页新闻出版卷"粤东文海"条。（黎聪）

国朝岭南文钞　文总集。清陈在谦评辑。18卷。收录清雍正至嘉庆年间岭南名家18人，各体诗文197篇。每人1卷，杨仲兴列首。各人名下所选文体不一，多寡不均，各从其性之所近，学之所造，以成一家之言。各作者名下列小传，记字号、爵里、科第、著述，并附陈在谦评语于后。篇末有袁枚、翁方纲、魏源、吴兰修、黄培芳等36位诗坛耆老评点，或长至数句，或仅一两短语，皆以理为主，以不失真为归。有清道光间学海堂刻本。（黎聪）

皇朝经世文新编　文总集。清麦仲华辑。21卷。初由梁启超创意，选文多出自《时务报》《知新报》《湘报》等维新报刊。旨在倡新法、新理、新器、新制、新学、新政。取材丰富，多通达时务之言。分通论、君德、官制、法律、学校、国用、农政、矿政、工艺、商政、币制、税则、邮运、兵政、交涉、外史、会党、民政、教宗、学术、杂纂等21门。编排上打破魏源《皇朝经世文编》体例，代之以具体的子目，每卷前有目录，录文不注出处。有清光绪二十四年（1898）上海书局石印本。（黎聪）

陈嵩伯诗集　诗别集。唐陈陶撰。陈陶原有《文录》10卷、诗2卷存世，然至明代先后亡佚。今所存为清康熙四十一年（1702）席启寓所编刻《唐诗百名家全集》之一种，乃从各种类书及古籍中辑出。共收诗166首，分体编排，题材除行旅吟咏、隐居访仙外，还多写征戍离别，如其七言绝句《陇西行》（其二），语意凄婉，用意工妙，为千古之作。（蒋明恩）

邵谒诗　诗别集。唐邵谒撰。1卷。有明朱警辑《唐百家诗》和王准辑《唐十子诗》本。清席启寓辑入《唐诗百名家全集》，作《邵谒诗》1卷。清刘云份辑《中晚唐诗》，更题《晚唐邵谒诗》1卷。中华书局1992年版《全唐诗补编》于影印本《诗渊》中又辑入4首遗诗。另外，据宋《李希声诗话》记载李秉彝家藏邵谒诗80首。今有广东高等教育出版社版1991年龙思谋《邵谒诗注译析》本。（蒋明恩）

南海百咏　诗集。南宋方信孺撰。不分卷。作于方氏番禺尉任上。承南宋诗歌地理志风潮，以古迹为题咏，征之史籍，每题之下皆有小注，详述该古迹所由来及相关典故、民间传说、诗文记载，颇为翔实。明清以来凡涉

广东名胜古迹之作多参考此书，明黄佐编修《广东通志》时便多处引用。首刊于元大德年间，流播未广，常见版本为清光绪八年（1882）学海堂刊本，书前叶孝锡序，书后金卓、江藩两任收藏者校勘后之跋。另有吴兰修于道光元年（1821）收入且行刊之《岭南丛书》本。今有广东人民出版社出版2010年刘瑞点校“广州史志丛书”本。（翁筱曼）

希吕集 诗别集。元罗蒙正撰。罗蒙正先后学诗于罗斗明、王景贤，尽得其传，名重一时。原有诗集5卷行世，后亡佚。清顾嗣立编《元诗选》三集辛集本录其诗一卷，计22首。有清嘉庆文畲堂刊《粤东诗海》本。（蒋明恩）

西庵集 诗别集。明孙蕡撰。最早版本为孙蕡门人黎贞编订8卷本，已佚。明弘治十六年（1503）苏州张习据所得旧本编成。10卷，卷1为五言古诗，卷2、卷3为乐府，卷4为歌行，卷5、卷6为七言古体，卷7为五言律，卷8、卷9为七言律，卷10为七言绝句。《钦定四库全书》收万历年间叶初春整理本，含诗8卷、文1卷。另有清乾隆三十五年（1770）、乾隆四十年（1775）、道光三十年（1850）刻本及民国甲戌年（1934）顺德龙氏中和园本，均源出万历本，略有辑佚和校勘。（陈恩维）

桂轩稿 诗别集。明江源撰。10卷。收诗840余首。分体编排。卷首有张升、李士实序，各卷后或有王臣、黄仲昭、刘忠等评语。有明弘治四年（1491）卢渊刻本。另有《续稿》6卷，收诗290余首。卷首有张诩序。有明弘治刻本。（林杰祥）

退庵遗稿 诗别集。明邓林撰。7卷。初为张震所编。陈贽为广东参议时掇拾邓林残稿，欲刊未果。后由陶鲁、叶芳合力梓行。前有陈贽序。多唱和之诗。田汝成纂《西湖志》时，多所采用其吟咏杭州西湖景物之诗。（邓海涛）

南海杂咏 诗别集。明张诩撰。10卷。杂咏广州古迹，分为祠庙、冢墓、山水等9门，末为杂赋。每题之下皆列小序。卷首自序署成化丁酉春二月，即成化十三年（1477）。《四库全书提要》谓“摭志乘为之，无所纠正。诗亦罕逢新语”。从山水、亭台、寺观、桥梁等各类古迹吟咏乡邦广州，且有史乘小序述其渊源，有可资考证之史料价值。有明弘治十八年（1505）袁宾刻本。今有广东人民出版社2010年刘瑞点校“广州史志丛书”本。（高美玲）

竹庐诗集 诗别集。明吴琏撰。不分卷。收录吴琏诗217首，附词作4首。卷首有明嘉靖九年（1530）胡韶所作序。有明嘉靖九年（1530）年刻本。（林杰祥）

矩洲集 诗别集。明黄衷撰。10卷。收录作者各地为官时所作诗，多咏边地乡土民情、风光景物之作。分《吴中稿》1卷、《南中稿》1卷、《闽中稿》1卷、《粤中稿》1卷、《湖中稿》1卷、《伐檀稿》1卷、《草堂前后稿》2卷、《草堂续稿》2卷，末附其弟黄裳所撰《樗亭集》1卷。（邓海涛）

瑶石山人诗稿 诗别集。明黎民表撰。16卷。前有明万历十六年戊子（1588）陈文烛序，称曾序其诗，镇江钟太守刻之；又称其子吏部郎君华裒刻此集，复属为序。可知是集为黎民表诗之再刻本。初刻今未见。前有赋3首，余皆古近体诗。（李艳平）

百花洲集 诗别集。明邓云霄撰。2卷。为其长洲任上所作。收诗327首，多为近体诗。《自序》称集中“论诗什九，品古什一”。有明万历三十五年（1607）陈元素等刻本。（陈腾）

欧子建集 诗别集。明欧必元撰。17卷。含《琭玉斋稿》14卷、《罗浮稿》1卷、《溪上草》1卷、《勾漏草》1卷。有清刻本。（林杰祥）

耳鸣集 诗别集。清王邦畿撰。卷首有金堡序、自序。收诗415首，其中拟乐府17首、七古诗21首、五言律诗147首、七言律诗127首、七言绝句103首。多感伤时事，寄托遥深之作。有清初古厚堂刻本、清黄梅花屋抄本。（蒋明恩）

选选楼遗诗 诗别集。明岑徵撰。不分卷。多有岭南名士如陈恭尹、释古梵、何绛等序跋。所录为作者生平游览、凭吊、寄怀与赠送之作，多流露国家兴亡之感，基调悲壮沉郁，传递其不仕新朝之志节。清初列入禁毁书目。有清康熙刻本。另有清康熙四十三年（1704）刻5卷本。（陈腾）

葵村诗集 诗别集。清黄河澄撰。11卷。收录乐府、四古、五古、五律、七律诸体，多结合兴亡离乱，写现实生活，因能倾注感情而感人备至。集中诗多有被辑入岭南诗歌总集如温汝能《粤东诗海》、凌扬藻《国朝岭海诗钞》等。有清康熙三十二年（1693）刻本。（陈腾）

六莹堂集 诗别集。清梁佩兰撰。17卷。《六莹堂集》（初集）补辑本9卷与《六莹堂二集》8卷的合刊本。清康熙二十年（1681）刻《六莹堂集》（初集）自订本。梁佩兰去世后，康熙四十四年（1705）其子梁僧

述、梁沂与方正玉辑录梁氏康熙二十年（1681）后诗，编为《六莹堂二集》，附诗余，付刻。康熙四十七年（1708），3人在梁氏自订本基础上将初集补辑为9卷付刻，并与康熙四十四年（1705）刻《六莹堂二集》合并印行。道光二十年（1840）南海伍崇曜以康熙四十七年（1708）合刊本为底本，经谭莹校勘后重刊。今日本内阁文库藏《药亭诗》3卷，实为汪观辑《五大家诗》之局部。现存最早版本为康熙四十七年（1708）合刊本。今有中山大学出版社1992年吕永光点校补辑"岭南丛书"本。（王富鹏）

翁山诗外　诗别集。屈大均撰。屈沱五书（《翁山诗外》《翁山文外》《翁山易外》《广东新语》《四朝成仁录》）之一。清康熙二十五年至二十六年（1686—1687），陈阿平合屈大均前刻《道援堂集》和《翁山诗略》2种，并益以集外之诗编成。15卷。康熙三十六年（1697）凌凤翔在陈阿平所编15卷本基础上补修校正重刊，目录18、实刻17卷，前15卷是诗，卷16—18为词，卷18未刻。屈

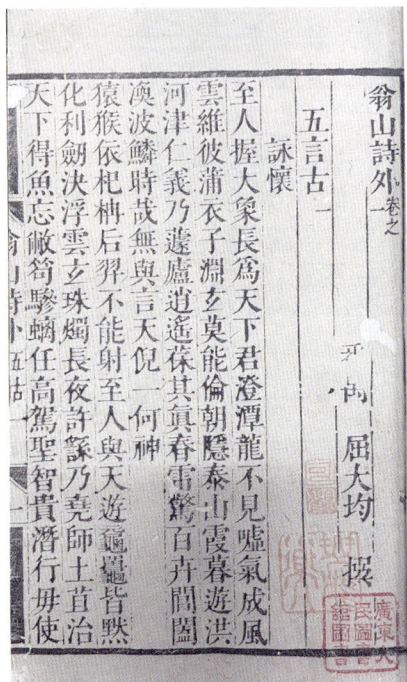

清康熙刻本《翁山诗外》

大均去世后，其子屈明洪又改补凌氏补刻本原版片重印。宣统二年（1910）国学扶轮社排印20卷本，将原本之"卷又八"改为卷九，"卷又十"改为卷十二，以次递推为19卷，连同原本有目无文之"卷十八词三"，为20卷。康熙年间黄廷璋《翁山诗外》刻本，有黄氏《序》及所摹屈大均遗像，今不见。康熙年间，徐肇元编《屈翁山诗集》9卷自陈阿平《翁山诗外》刊本出，沈用济选《道援堂集》10卷自凌凤翔《翁山诗外》重刊本出。今有人民文学出版社1996年欧初、王贵忱主编《屈大均全集》本。（王富鹏）

南樵初集　诗别集。清梁无技撰。14卷。收录五律、七律、古风等诸体诗，五律秀劲纤细，得初唐神貌，其余能脱汉唐而自成淳厚特点。有清康熙刻本。（陈腾）

潮行近草　诗别集。清释大汕撰。3卷。含五言律1卷、七言律1卷以及杂律1卷。存诗85首。为清康熙二十二年（1683）客行潮州时诗作汇编，多记录与潮州府地方官员交游事迹。诗亦收入12卷本《离六堂集》。有康熙刻本。（陈腾）

鸿桷堂诗文集　诗别集。清胡方撰。5卷。最早版本为清乾隆年间麦在田刊刻，附刻有《梅花四体诗》1卷、文钞1卷、《信天翁家训》1卷以及附录1卷。因声名不彰，刻板失传。清同治三年（1864）谭锡朋等复刻，名《鸿桷堂诗文集》，即现在通行的同治三年（1864）效学斋刻本。（陈腾）

瘦晕山房诗钞　诗别集。清罗天尺撰。16卷。《广东通志》曾著录，标为10卷。《中国古籍善本总目》则著录为16卷，乾隆年间刻本，并皆著录卷数为16卷。（陈腾）

语山堂集　诗别集。清余锡纯撰。6卷。《白侍亭诗钞》1卷、《语山堂诗钞》1卷、《岭外吟》1卷、《碍云台诗钞》1卷、《粤秀诗钞》1卷、《鼍江吟》1卷。另据《广东通志》，有《语山堂文稿》3卷，诗集12卷，12卷诗集中有6卷未见后人目录著录。有清雍正刻本。（陈腾）

鹤墅诗钞　诗别集。清潘宪勋撰。4卷。卷首有沈德潜、杭世骏、罗天尺、陈份、佘钝庵、何梦瑶、惠栋等7人之序，其中沈德潜诗名尤著，因沈序而益闻名，主要为友人交游唱和之作，或以诗歌抒发情感、纪事。有清嘉庆十九年（1814）蔾光阁刻本。（林杰祥）

鳌洲诗草　诗别集。清林蒲封撰。12卷附《鳌洲诗余》1卷。林蒲封生前自编，曾孙林荣璜付刻。卷首有清道光三年（1823）五月李黼平序，复有陈兆熙所作墓志。收诗813首，多纪事咏怀之作，风格雅正清俊。有清道光刻本、清光绪二年（1876）重刻本、1936年重刻本。（林杰祥）

松崖诗集　诗别集。清刘鹤鸣撰，黄培芳辑。4卷。收古今体诗618首，并附录词、后序和跋。清乾隆四十六年（1781）杨瑞原序，谓其不仅工于诗，亦工于文，所为碑版屏帐序跋等为时人所好。有清道光六年（1826）富文斋刻本，由其宗人校刊，前有道光五年（1825）白镕序，道光三十年（1850）香山刘氏重刊本。另有清刻本《刘松崖诗钞》1册不分卷，存诗百余首。（杜新艳）

九畹堂诗钞　诗别集。清潘兰皋撰。不分卷。首五言古诗、七言古诗，次五言律诗、七言律诗，次五言绝句、七言绝句，后附录时贤唱和诗。清乾

隆年间初刻。有清嘉庆元年（1796）重刻本（龙廷槐序）。（杜新艳）

赐书楼诗草 诗别集。清胡亦常撰。初集1卷、续集1卷、附录1卷。初集生前自编，清乾隆年间刊刻，有自序，题纪晓岚鉴定，收录乾隆庚辰（1760）至丁亥（1767）8年间所作诗94首。续集为弟胡应诸、侄胡大璋所辑，清嘉庆十八年（1813）刻，有何惠群序，龙廷槐鉴定，收诗64首。附录收钱大昕所撰墓志及时贤赠诗、挽诗。有清嘉庆十八年（1813）五山胡崇本堂重刻本、嘉庆二十一年（1816）合刻本（龙廷槐序）。（杜新艳）

南雪巢诗钞 诗别集。清潘有为撰。2卷。有钞本流传，陈昙校并跋，著者汇集，待定稿，订诗123首，另有待删诗数十首，有自评及删改。（杜新艳）

逃虚阁诗集 诗别集。清张锦芳撰。6卷。各卷不分诗体，约略编年，存诗497首。冯敏昌序称其早年颖异秀发，壮岁思精笔健，得心应手，诸体擅胜，晚岁和声鸣盛，臻于大方。陈昌齐跋谓其诗或异地怀人，或穷途暗泣，或登临思古，或即事遣怀，即情抒怀，和平中正，温柔敦厚。有清嘉庆六年（1801）刻本、清光绪十年（1884）重刻本。（杜新艳）

五百四峰堂诗钞 诗别集。清黎简撰。正集25卷续集2卷。正集按年编排，收录清乾隆三十六年至乾隆六十年（1771—1795）所作诗歌1952首。有嘉庆元年（1796）顺德黎氏众香亭刻本、嘉庆元年（1796）广州儒雅堂重修陈氏刻本、同治十三年（1874）南海陈氏重刊本、光绪六年（1880）顺德教忠堂刊本等。续集2卷，收录嘉庆元年至二年（1796—1797）所作诗81首，约嘉庆年间刊刻。又1926年番禺汪兆镛据黎简手稿本刊刻，有微尚斋刻本。另有《黎二樵未刻稿》1卷，稿本。今有中山大学出版社2000年梁守中校辑“岭南丛书”本。（周濯缨）

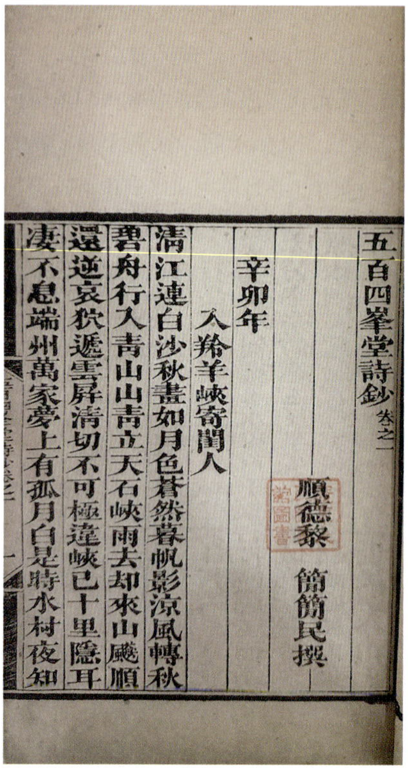

清光绪六年（1880）刻本《五百四峰堂诗钞》

梅窝诗钞 诗别集。清陈良玉撰。3卷。集中诗以写山川景物与日常生活著称。古体诗抑扬顿挫，俊而兼健，风格颇近杜甫、韩愈。近体诗隽朗疏秀，有自得之志。有清光绪元年（1875）刻本。（徐世中）

鸿雪斋诗钞 诗别集。清黄丹书撰。1卷。收古今体诗101首。其诗出入唐宋诸家，取法苏轼，清新自然，妥帖俊逸，不矜才，不使气，卓然自得。有清嘉庆十八年（1813）刻本（8卷，另有《文钞》1卷、《胡桃斋诗余》1卷）、《岭南四家诗钞》本（1卷，抄录本）。（杜新艳）

红杏山房诗钞 诗别集。清宋湘撰。13卷。有清嘉庆十八年（1813）广东宋氏刻本。嘉庆二十五年（1820）刊刻3种4卷，即《燕台剩沈》1卷、《南行草》1卷、《滇蹄集》2卷。道光年间增刻《滇蹄集》第3卷，收录道光元年至三年（1821—1823）诗作，是为道光贵州刻本。同治八年（1869）汇刻为13卷本，为宋湘曾侄孙维松将家藏红杏山房集刻板加上《楚艘吟》稿本付印，又增入《滇蹄集》第3卷、《不易居斋集》1卷、《丰湖漫草》1卷、《丰湖续草》1卷、《汉书摘咏》1卷、《后汉书摘咏》1卷、《试诗》1卷、《试帖诗》1卷、《同馆赋钞》1卷。集前大都有宋湘自序。《不居易斋集》《丰湖漫草》世有单行本。有清光绪重印本，赖际熙题署《红杏山房遗稿》。今有中山大学出版社1989年黄国声校辑《红杏山房集》本。（周濯缨）

清嘉庆刻本《红杏山房诗钞》

常惺惺斋诗钞 诗别集。清谢兰生著。存2卷。收古近体诗161首。以纪游诗居多。诗宗法苏轼，又出入杜甫、韩愈两家，而得其神骨。五古以神完精到著称，七古则以议论卓绝、大笔淋漓而闻名。有稿本。今有广东人民出版社2014年张贤明、柏峰标点“广州史志丛书”本（收入《常惺惺斋日

记（外四种）》）。（徐世中）

味根山房诗钞　诗别集。史善长撰。9卷。卷首有谭莹、张维屏序，皆称奇伟绝作。卷3—5为清嘉庆二十年（1815）遣戍新疆乌鲁木齐至二十四年（1819）赐还番禺期间所作，吟咏沿途纪行、在戍生活，为清代戍边诗的上乘之作。有清光绪番禺史氏刻本。（唐瑶曦）

慎诚堂集　诗别集。清邓士宪著，邓翔校辑。2卷。收文12篇、诗25首。文绝大部分为序，反映还乡官员的乡居生活，可为观察乡绅参与南海地方社会治理提供真切史料。李长荣曾选其诗辑为《慎诚堂诗钞》1卷，选入《柳堂诗友诗录初编》。另有《慎诚堂诗钞》传抄本10卷。今有广西师范大学出版社2012年"西樵历史文化文献丛书"本。（陈腾）

见星庐诗稿　诗别集。清林联桂撰。22集。初刻8集，清嘉庆十八年（1813）在广东广州雕版印行；续刻14集，道光八年（1828）在湖南长沙雕版印行。两次刻版都删去其半，收诗1500多首，规模宏大，诗作精选，有"粤西第一诗集"之誉。续刻雕版存广州市郊仓库，第一次鸦片战争时被焚。有清嘉庆十九年（1814）年本。今有广东经济出版社2017年林兆祥、陈玉盛笺注本。（李艳平）

侣石山房诗草　诗别集。清苏鸿著。4卷。多涉及纪游、题画、咏史、感遇等。有清道光二十八年（1848）羊城艺芳斋刻本。（徐世中）

安心竟斋诗钞　诗别集。清黄玉衡著。4卷。收诗200余首。多纪游、感事怀人、酬唱赠答、题画咏物之作。有清道光五年（1825）安心竟斋刻本。（徐世中）

岭海楼诗钞　诗集。清黄培芳撰。11卷。自选诗集。卷首有伊秉绶题字、翁方纲《粤东三子诗钞序》、恽敬《香石诗钞题辞》。收录黄培芳诗作747首，主要为咏史感怀、交游唱和诗作，多反映清中晚期岭南风物、社会现实之作，诗风清新自然、冲和骀荡。孔继昌钞本为黄培芳自选初稿，有圈点、删改痕迹，有冯敏昌、刘彬华、伊秉绶等人题辞。有清嘉庆二十年（1815）富文斋刻本（4卷）、清嘉庆间《岭海楼丛书》刻本（11卷）、清道光二十一年（1841）羊城富文斋刻本（11卷）、清孔继昌钞本（6卷）。（曾欢玲）

松心诗集　又称《松心十集》。诗别集。清张维屏撰。10卷。清嘉庆二十四年（1819）始辑。有嘉庆二十五年（1820）夏五月自序。张维屏自编，依时间先后编排，收录乾隆五十九年至咸丰九年（1794—1859）即15岁至80岁所作诗1667首，颇能体现其崇尚自然与崇尚风雅的诗观。有清嘉庆二十五年（1820）刊本。今有广东高等教育出版社1994年"岭南丛书"本（收入《张南山全集》）。（蒋寅）

松心十集　见"松心诗集"。

岱云初编　诗集。清吴梯撰。3卷。吴梯，广东顺德人。成书于清道光六年（1826），为作者任职山东期间所作。内容分"纪行"，如《自蒙赴沂水纪行》《下乡山行》《海运行》；"赠别"，如《赠别王十二兄妇病归山阴三首》《送黄香铁南归》等；"感怀"如《赴沂感怀》《晓行感怀》等；"农事"，如《劝农作》《后劝农》等；"唱和"，如《周广文见和浚徒骇河次韵奉答》《奉和鲁服斋观察卓荐感怀辱章枉寄二首》

等；"杂咏"，如《下乡杂咏二首》《奉调赴沂杂咏二首》《闱中杂咏和纪秋水二首》等，涉及任职期间各方面见闻感触。有清道光六年（1826）刊本。（黄志立）

黄蓉石先生诗集　诗别集。清黄玉阶撰。3卷。门人谭少沆得黄玉阶诗佚稿3卷，于清光绪三十三年（1907）年校刊。分《情禅室初稿》《弱冠集》《西园漫稿》三题。有潘飞声序，谓《楚庭耆旧集》录其诗20余首，《粤东词钞》录其游仙词数首。有南海谭氏刊本。（杜新艳）

巢蚊睫斋诗草　诗集。清陈谦撰。2卷。编次不分诗体。清同治二年（1863）刊刻李长荣辑《巢蚊睫斋诗草》1卷，收入《柳堂师友诗录初编》。后辑为《巢蚊睫斋诗稿》2卷，同治六年（1867）鹤塘书屋刊刻。有陈璞序、谭彦光及著者道光年间所作序文，简钧培等题语。另有清同治年间羊城富文斋刊本。（杜新艳）

化碧集　诗别集。清范蕳淑著。现存1927年管又新刻本、1933年《松山丛集》选录本、民国三十二年（1943）年重印本和梅县诗社2002年新刊本。管又新刻本前有梁光熙序、作者《自述》、范沄《黄香二姑生传》和严复等41位文人、闺秀所题诗词。重印本由蔡元培题写书名，保留初刻本序跋题词，另有梅县梁宪民撰《重刊化碧集》序，17位文人为重刊本题诗词。冼玉清《广东女子艺文考》和胡文楷《历代妇女著作考》皆著录，但将作者姓名误作"范蕳"。多感怀写恨之作，幽怨凄咽，感人至深。（邓丹）

退思轩诗存　诗别集。清史澄撰。10卷。其中卷1—4计收诗302首；卷

6—10 计收诗 446 首，缺卷 5，系《七十老翁诗一百首一卷》已有刻本故不入此稿内。卷后附《椒花第颂》1 卷，乃与子女所作唱和诗。有稿抄本。（蒋明恩）

宛湄书屋遗诗 诗别集。5 卷。诗按年编次，包括前集《东征草》2 卷、后集《端溪草》2 卷、续录《蠹余集》1 卷。有清光绪八年（1882）刻本。（徐世中）

集义轩咏史诗钞 诗别集。清罗惇衍撰。60 卷。由长子辑而付梓。前有李鸿章、龙元僖序及自序。搜辑周秦以下各朝人物 1660 人，人各七律 1 首，并附有小传、圈点标识以及注释。所收咏史诗注重载道淑世，强调诗的社会教化功能，要求诗歌能感发人的善心、惩创人的逸志，尤为突出儒家忠孝仁义的主题。有清光绪元年（1875）刻本。今有三秦出版社 2014 年赵望秦等校证《集义轩咏史诗钞校证》本。（蒋明恩）

小祇陀庵诗钞 诗别集。清沈世良撰。郑献甫编选，沈世良之子沈泽棠、沈泽荃、沈泽藩校。4 卷。卷首有郑献甫、谭莹、陈澧序，次为谭莹、汪瑔、蕴璘题诗，卷末为蕴璘跋。收诗 349 首。有清咸丰十年（1860）王蕴璘刊刻本。（左岩）

罗浮偫鹤山人诗草 诗别集。清郑观应撰。收诗 279 首，含五古、五律、五绝、七古、七律等，尤以七律为多。清光绪二十四年（1898）首刊，1 卷，宣统元年（1909）增订为 2 卷。两个版本均有作者所作序。另集前还有邓华熙、盛宣怀、郑沅、文廷式、夏同龢、胡昌俞、吴广霈等人序文。有清光绪二十四年（1898）刻本。今有上海古籍出版社 2014 年澳门博物馆、上海图书馆编《郑观应诗集》本。（蒋明恩）

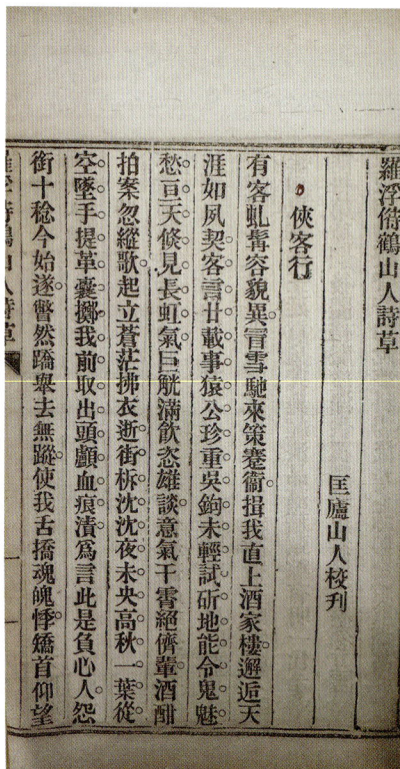

清光绪二十四年（1898）刻本
《罗浮偫鹤山人诗草》

人境庐诗草 诗别集。清黄遵宪撰。11 卷。清光绪二十八年（1902）在家乡广东嘉应州（今广东梅州）编定。收录早年至晚年编年诗 640 多首。着重表现中国近代国家局势、社会变迁与奋斗历程，呼唤政治开明和法度变革；反映世界新格局、新变化，倡言学习西方先进文化、科技与文明；描绘家乡山川景物、民俗风情；笔法灵活多变，状物写事真切生动，刻画人物形象鲜明；风格灵活多变，意境多种多样；以近代新名词、新知识和新事物入诗；运用方言俗谚，通俗晓畅，真率朴质，明快自然；积极创作"新派诗"，开近代诗歌新壁垒，创古典诗歌新境界，被誉为"诗界革命"的旗帜。有清宣统三年（1911）日本刊黄遵庚初校、梁启超覆校本，北平文化学社出版 1930 年高崇信、尤炳圻校点本，商务印书馆 1936 年钱仲联（萼孙）笺注本。今有古典文学出版社 1957 年、上海古籍出版社 1981 年、中国青年出版社 2000 年本。4 种版本时

观应诗集》本。（蒋明恩）

经修改，略有异同。今人另编有《人境庐集外诗集》，中华书局 1960 年版。（左鹏军）

《人境庐诗草》

日本杂事诗 诗别集。清黄遵宪撰。2 卷。清光绪三年（1877）黄遵宪任驻日使馆参赞后陆续创作而成。光绪五年（1879）同文馆集珍版刊行，收诗凡 154 首。光绪十六年（1890）改订

清光绪五年（1879）刻本《日本杂事诗》

增删至 200 首，光绪二十四年（1898）长沙富文堂刊行。诗采用竹枝词形式，诗后系以小注，诗与注相互发明。内容涉及日本社会、政治、国势、历史、天文、地理、文学、艺术、风俗、技艺等各方面，全面反映日本历史和现状，突出描绘明治维新以后走上现代化道路、社会各方面的新气象、新变化，意在为中国学习日本、变法自强提供启发和借鉴。每首诗均可独立成篇，全部诗作又构成大型组诗，代表近代中国认识日本的最高水平。除上述两种主要版本外，尚有香港和日本等地刊行的多种版本，影响颇广。今有湖南人民出版社 1981 年钟叔河注"走向世界丛书"本、上海古籍出版社 1981 年钱仲联笺注本。（左鹏军）

小苏斋诗钞 诗别集。清刘燿芬撰。12 卷。为作者生前自定诗集。清光绪三年（1877）自序称其写诗 12 年，存诗 400 余首，订为 6 卷。然目前所见 12 卷本无目录，以编年编次，起于同治五年丙寅（1866），卷 6 收至光绪十年甲申（1884），卷 12 收至光绪二十四年戊戌（1898）、二十五年己亥（1899），多为青壮年时的诗作。有清光绪八年（1882）黄绍昌序、光绪十九年（1893）郑藻如序。（杜新艳）

康南海先生诗集 诗别集。清康有为撰。其女康同薇、康同璧编。15 卷。含《延香老屋诗集》《万木草堂诗集》《汗漫舫诗集》等 15 集，每集自成 1 卷。收录诗作约 1600 首。收录康有为诗作，前期抒发怀抱，志气豪迈，想象奇特，文辞瑰丽，诗风雄壮有力。后期随着思想颓变，意境不高。其诗纪事纪行、写景抒情、展现政治抱负、理想情怀，描写异国风土人情、奇趣见闻等。是研究诗人生平思想、经历的重要文献。有 1937 年崔斯哲写印本、1941 年

商务印书馆影印手写本。（李艳平）

梦痕仙馆诗钞 诗别集。清张其淦撰。共收入古近体诗 10 卷，尤以七律、绝句为多。诗歌富有时代性，多描写日常生活及家国忧患。古体浑成自然，与东坡相近；近体则不尚奇肆，多清新之作。有清光绪三十二年（1906）刻本。（廖棋棋、蒋明恩）

嬉笑集 诗别集。忏绮庵主人（廖恩焘）著。粤语方言七律诗集。1919 年完成，1949 年夏在香港出版。内容分《汉书人物分咏》《金陵杂咏》《史事随笔》《信口开河录附存》4 类，收诗 73 首。以粤语方言俗语入诗，通过嬉笑怒骂以评骘人物，指点时事。诗作庄谐并具，褒贬得体，熔经铸史，巧妙入神，文人妙思迭见，为继何又雄、胡汉民、李泽甫、梁寒操、简又文等人粤语诗后，富有代表性的粤语方言诗集。（邓海涛）

柏庄诗草 诗别集。丘逢甲撰。收录清光绪十八年壬辰（1892）正月至同年闰六月间所作诗 249 首。多写时局变化、内心感受、游历所经、台湾风物、读史所感、友朋交往等，尤见爱国忧时、关注时局变化之情；刚健有力、流畅直率风格已清晰可见。是书原不为所知，直至台北市文献委员会 1980 年据稿本影印，方始知晓其尚存世间。前有黄宇元序，后附王国璠辑《仓海先生集外集》、丘秀芷《仓海先生二三事》《老故事》等。甲午（1894）以前所作诗篇未编入《岭云海日楼诗钞》，赖是集以传。今有中国友谊出版公司 1986 年排印本。（左鹏军）

岭云海日楼诗钞 诗别集。丘逢甲撰。1913 年粤东编译公司首次刊印，1920 年秋再版。1937 年，邹鲁任中山大学

校长期间，将首刊本进行校订、充实，扩充为 3 卷，并附《选外集》1 卷，按年编次，起自光绪二十一年乙未（1895），至 1912 止，收录诗歌 1600 多首，由中山大学出版部出版。前有邹鲁题签、像赞及序言，丘瑞甲《重编〈岭云海日楼诗钞〉小志》，冒广生像赞。后附丘瑞甲《捕先兄仓海行状》、汪琼《丘仓海传》、丘复《仓海先生莫志铭》、丘琮《仓海先生丘公逢甲年谱》。以反抗日本侵略、揭露清廷畏葸腐败、怀念台湾、志图恢复、感愤时事、呼唤国家强盛内容最为突出，亦有纪游怀古、表彰前贤、友朋酬唱之作，多写以亲身经历、所见所感，发自肺腑、情真意切；总体风格雄放刚健、悲壮慷慨，亦有清新隽永、圆熟晓畅之篇。今有上海古籍出版社 1982 点校本、安徽人民出版社 1984 年本。后者增补《选外集补遗》《其他诗作》、选编作者早年诗集《柏庄诗草》及其他评论资料而成，收录诗歌约 2000 首，为目前内容较完备版本。又有台湾银行经济研究室编"台湾文献丛刊"本。（左鹏军）

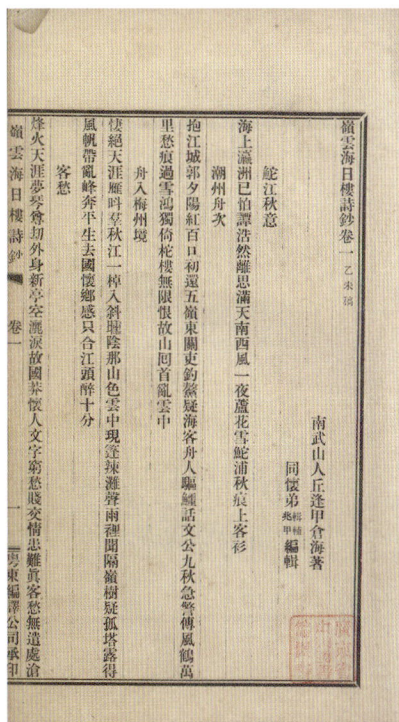

粤东编译公司1913年版《岭云海日楼诗钞》

蛰庵诗存 诗别集。曾习经撰。1卷。收录古近体诗194题，另有佚诗10首。有1917年手稿影印本。（陆健枫、蒋明恩）

竹潭诗钞 诗别集。清阮榕龄撰。4卷。收古今体诗349首。按年编排，据寓居、游历地组诗，皆有题注。卷首有自叙和张维屏题词。起于清嘉庆乙亥年（1815），止于道光壬寅年（1842）。有忧时慨世、思亲念友、顾影自悲、怀抱郁结、登山临水、意兴勃发等作。有清同治四年（1865）刻本。（高美玲）

蒹葭楼诗 诗别集。黄节撰。2卷。收录清光绪二十一年（1895）至1933年间诗作425首，不收宣统三年（1911）前十年之作。作者自编，以时间编次，1935年去世后方印行。前有张尔田序、诸宗元题诗、陈三立题词。多忧怀时局、关心国事民瘼、交游酬唱之作，时有激越感慨之音。又有《蒹葭楼自定诗稿》钞本传世，经黄节手订并有

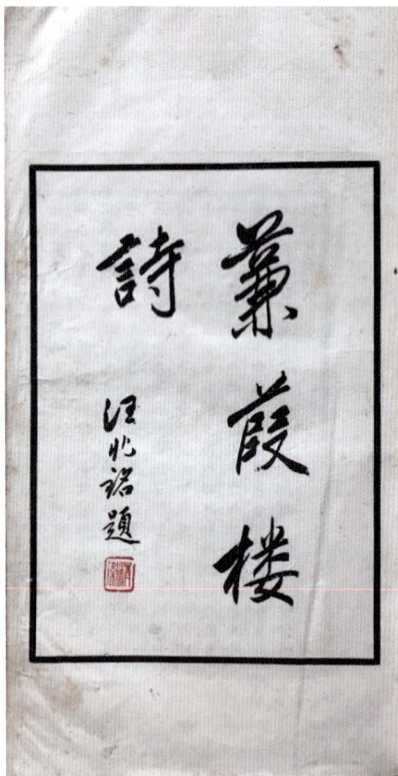

《蒹葭楼诗》

批语。今有中国人民大学出版社1989年马以君编《黄节诗集》本。（左鹏军）

梁任公诗稿手迹 诗别集。清梁启超撰，康有为批点评定。1册。线装本。收录清光绪二十四年（1898）戊戌变

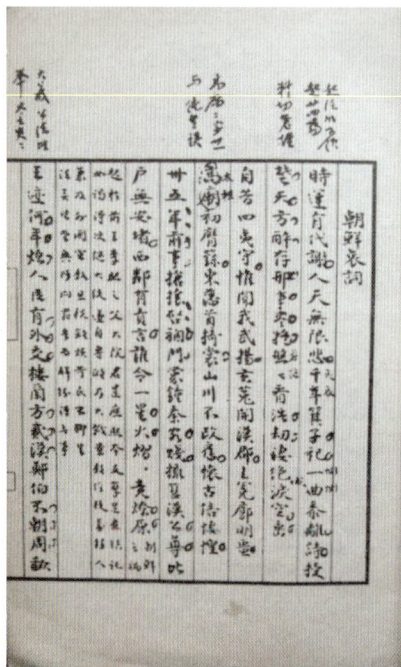

《梁任公诗稿手迹》

法失败后流亡日本时期所作古近体诗106首。内容包括政治时局、家国政事、怀人送别、酬唱应和等，反映当时作者的经历与忧心时局、愤懑感慨之情。提倡"诗界革命""以旧风格含新意境"的理论主张在诗中也有所表现，多感情饱满、直抒胸臆、气势充沛之作。其中一些诗篇，后来编《饮冰室文集》时失收，是了解梁启超诗歌创作原貌、校勘其诗作的重要文献。有上海古典文学出版社1957年据作者手迹影印本。（李艳平）

不匮室诗钞 诗别集。胡汉民著。8卷。以年编次。卷首有陈衍、冒广生、大厂居士序，陈三立、夏敬观、吴用威、冒广生等人题辞。卷1收清光绪十七年（1891）至1918年间诗作120余首。卷2—8收1930年以后诗500

余首。其中1919年以前诗作100余首。后附《不匮室诗余》20首。其诗自然有物，于时事变迁多有感慨，时发兴亡之叹，酬答唱和之作颇多，可见其交往活动之一斑。末有陈融跋。有1936年10月国葬典礼委员会石印本、广州编译公司1931年本（4卷，收1935年以后诗作350余首）。（李艳平）

灵州山人诗录 诗别集。清徐灏著。6卷。分体收诗445首。有清同治三年（1864）萃文堂刻本。（徐世中）

梦鲤山房诗 诗别集。清李有祺撰。7卷。其殁后弟子选其诗500余首，编次传钞。东桥序谓其诗以杜甫和苏轼为宗，出入于陆游、元好问，七古学黄庭坚，五律学王维、韦应物。卷1为四言古诗、五言古诗，卷2、3为七言古诗，卷4为五言律诗及五言长律，卷5、6为七言律诗及七言长律，卷7为五言绝句和七言绝句。李长荣辑有1卷编入《柳堂师友诗录初编》。有清同治元年（1862）二厓书屋刊刻本。（杜新艳）

微雨 诗集。中国第一本象征主义诗集。李金发著。北新书局1925年11月出版。"新潮社文艺丛书"之一。收录1920—1923年间在西欧留学时创作诗歌99首。内容充满了浓郁的异国情调，采用多种西方现代诗歌艺术手法，着重用象征物暗示情绪，讲究比喻，讲究省略和跳跃，联想奇特，意象晦涩。以自由的诗形、欧化的句法、文言词语和外文相互夹杂的语言，彰显出"雨"的象征、沉默与喧嚣、孤独与绝望、引诱与游戏的蕴涵，为诗坛带来奇特新鲜的艺术气息。是中国第一本早期象征主义诗集，标志着中国现代象征诗派的诞生，奠定了作者中国现代诗坛象征主义创始诗人地位。

出版时曾引起激烈论争，周作人、胡适、朱自清等曾参与。（李艳平）

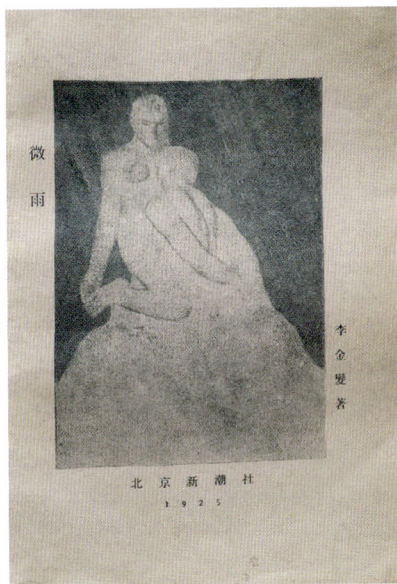

北新书局1925年版《微雨》

为幸福而歌　诗集。李金发著。上海商务印书馆1926年初版。"文学研究会丛书"之一。收诗101首。作者在《弁言》中自称"多半是情诗，及个人牢骚之言情诗的'卿卿我我'或有许多阅者看得不耐烦，但这种公开的谈心，或能补救中国人两性间的冷淡；至于个人的牢骚，谅阅者必许我以权利的"。内容以恋情为主，也有对社会、人生的揶揄，以及都市游子的乡愁。诗体为自由体，语言以白话为主，夹杂文言和西语，比较晦涩。（陈芝国）

食客与凶年　诗集。李金发著。上海北新书局1927年5月初版。"新潮社文艺丛书"之一。收诗89首。作者在《自跋》中自言写作动机为调和中西诗艺。在雨声、钟声、日光、秋声、雪、花朵、时间等唯美事物的感受和想象中，抒发异国他乡生活的愁思，其中既有对异国他乡四时景物的摄录，也有青春恋情的唯美主义想象，更有游子对母亲和故乡的思念。大多为自由体，极少格律体，即或收录其中的《Sonnet》，也仅有十四行之数，并不

是严格移植西诗的格律。语言文白夹杂，惯用文言的"之"字句；偶以法语词为诗题，诗行中也偶尔出现法语词。（陈芝国）

晚祷　诗集。梁宗岱著。商务印书馆1924年12月初版。收录写于1921—1924年的诗19首，另有引萨曼诗为《代跋》。《失望》借金丝鸟和黑蝴蝶安慰失望的朋友；《夜枭》书写人生的梦想和诅咒；《泪歌》抒发恋爱的感受；《晚风》表达游子的思念与梦想；《途遇》刻画路途中刹那间如梦似幻的恋情；《晨雀》赞美预言光明的晨雀；《苦水》歌颂人间苦水培植的妙慧之花；《晚祷》吟咏友情；《归梦》抒发思乡之情；《星空》赞颂形而上的无限和永恒；最长的一首《散后》，感叹人生的烦忧，主张以爱对待一切。诗作倾向于唯美主义和象征主义，多用隐喻和象征手法，追求和谐、含蓄和唯美的境界。语言庄重、典雅。以自由体为主，偶有散文诗，现代格律体仅有《陌生的游客》。（陈芝国）

黄花岗上　诗集。黄药眠著。上海创造社1928年5月初版。收诗37首（包括〈序诗〉）。分3辑：第1辑《诗人之梦》20首，第2辑《山僧》10首，第3辑《短歌》6首。《黄花岗的秋风暮雨》歌颂抛头颅、洒热血的革命烈士，展现他们的英姿，慨叹华族英魂消沉，呼唤国魂奋起；《檐前》表现人民在战乱和天灾中的悲惨处境。其余诗作大多抒写孤寂、忧伤的情怀和对暗黑人间的厌恶之感，也有关于爱情的歌吟等。诗形较为整体，也比较讲究音韵格律。（陈芝国）

海滨的二月　诗集。钟敬文著。上海北新书局1929年11月初版。"藕社丛书"之一。收诗34首（其中《补

录》8首），另有西薇译白朗宁诗《致意》，赵景深《赵序》，作者《自序》《后记》和凌冷西《凌跋》。这些诗保留作者"过去数年心灵变动的迹象"，其中《敌人呀，你们准备着罢！》《题〈沙基血迹图〉》《黑色的诗句》抒发对国家的爱、对敌人的恨；《海滨的二月》表达对故乡的思念；《就这样放开手罢》《眷恋着天涯的游人》吟咏爱情。更多的篇章如《沉昏》《留恋》《诗人底哀歌》等书写寂寞、苦闷与悲哀的情绪。在形式方面，有些篇章"显然地表现着受古诗词和别的影响之色调"。（陈芝国）

梦后　诗集。冯宪章著。"火焰丛书"之一。上海紫藤出版部1928年7月初版。收诗29首，另有陈孤风《序诗》1首、伍劲夫《前序》和作者《后记》。《序诗》说："这些诗篇不是空漠的闲言，是表现革命的意识与实践。"《前序》说："在这诗集里，大部分是描写青年的痛苦，及其真正的出路的，反抗的革命诗歌……有的是资本主义的棒喝，有的是工农胜利的赞美。"《后记》说："自从战败归来，日夜都匿在黑暗的书房……我很想再入战场，重来一番；同时更希望读者能够先我而去。"采用自由体，"有如战场上之军号，可以鼓人气，可以壮人胆"，青春与革命在诗歌意象中互文互喻。（陈芝国）

冷热集　诗集。任钧著。上海诗人俱乐部1936年11月初版。作者自费印刷，印出后，读书生活出版社特派人将全部书收回，该社包售。收诗25首，另有《不是诗——算是序诗》1首和《编后的几句话》。全部采用自由体，"篇篇都是描写现时代和人物的讽刺诗"。阿英将之称为"中国第一部讽刺诗集"，认为集里所收的诗，

"以'暴露'的居多，有时也走着'讽谕'的路"，"构思繁复深刻，笔姿细致有力，讽刺得极有力量"。（陈芝国）

后方小唱 诗集。任钧著。上海杂志公司（重庆）1941年4月初版。郑伯奇"每月文库"第2辑第3种。收诗25首。以抗战时期后方生活为题材，均为政治抒情诗，最初主要发表于重庆的报纸杂志，如《大公报》"战线"副刊。歌颂战时后方生活的光明面，如《失去了家的麻雀》《民族精神的花朵》《垃圾堆旁的合唱》等；愤慨日本侵略者的轰炸暴行，以及中国人民面对空袭坚韧顽强的精神，如《电灯亮了》《怒火》《炸后》《归来》《警报》《跟石头战斗的人们》。《流亡曲》抒发了对沦陷区人民的怀念，《欢迎曲》为在华日本人民反战同盟的同志而作。交替使用自由体和楼梯体，押脚韵，音韵铿锵。（陈芝国）

海上谣 诗集。侯汝华著。上海时代图书公司1936年4月初版。"新诗库第一集第八种"。收诗39首。分为《海上谣》和《迷人的夜》两辑。《海上谣》包括《海上谣》《蛋女》《水手》《月光曲》《咖啡店的女侍》等19首。《迷人的夜》包括《迷人的夜》《单峰驼》《村午》《南方的夏》等20首。既表现了南方城市迷离恍惚的美，也呈现了南方农村的田园诗场景，同时还想象海上水手的浪漫生活。诗风大约处于浪漫派与象征派之间。用笔细腻温和，笔触之间流露出淡淡的忧伤。（陈芝国）

茫茫夜 诗集。蒲风著。国际编译馆1934年4月初版。收录1928—1933年所作诗25首，另有《自序》、于时夏（陈子展）的《序》和森堡的《序》。杨骚参与编辑。于时夏认为表现了作

者正确的思想、真挚的情感，赞扬作者善于"选用日常的材料，从事朴实的描写，顾到谐美的音节"。取材于农村生活的现实，在这些诗篇里描绘了被压迫、被剥削的农民的痛苦和他们的斗争，并进而刻画出变革后新的农村景象。全部采用自由体，字句和音韵自然活跃，无雕琢和牵强的弊病，但在表现方面，仍不免抽象化、概念化之嫌。（陈芝国）

六月流火 叙事长诗。蒲风著。东京渡边印刷所1935年12月5日初版。署名"黄飘霞"。有作者《关于〈六月流火〉》一文。24节，近1800行。写王庄六月大旱，农民辛苦救稻，即将收割之时被当局修路强行破坏，农民奋起反抗并发生战斗的故事。这首故事诗"不仅是一幅成功的悲惨的写照，并且是我们目前所需要的能燃起群众民族革命的情绪的战歌"。然而"故事处理得太嫌平行，似为短篇小章凑合而成。全集中无一怎样起，又怎样落的人物角色。又行文方面，多作者歌诵的抒情之作；第一人称则满见诗内。故就质而论，这算不得长诗。"（陈芝国）

生活 诗集。蒲风著。上海诗人俱乐部1936年9月初版。收1934—1935年所作诗32首，另有《自序》1篇。共分3辑，大多为抒情诗。这些诗主要写于东京、广州和故乡梅县，抒发诗人在这些地方耳闻目睹人间生活百态之后的感受。作者力求去"描摹、表现这个离奇古怪的世界的、各种各样的生活的各方面"，既呈现生活的"灰黯、阴沉、悒郁、苦闷、悲哀、惨凄"，又积极探求公理、正义和光明。诗人的声音是"大时代的漩涡里"的声音，常用祈使语气、感叹词和排比句，感情比较热烈真挚。（陈芝国）

钢铁的歌唱 诗集。蒲风著。诗歌出版社1936年10月初版。收1936年所作诗26首，另有自序《门面话》和附录《怎样写国防诗歌》。作者说："这都是最近的东西，而且我所选择的都是近于'国防诗歌'的一方面的。"作者在1936年7月提倡新诗歌的斯达哈诺夫运动，此诗集常被视作这一运动的创作实践。诗作几乎都被用来呼唤民族的觉醒和战斗，诗人在作品中直接号召反抗侵略者。采用自由体，多用祈使句和排比句，大众化的语言，浅显易懂，但有些近于标语口号式的宣传，缺乏真正动人心魄的意象。（陈芝国）

国际纵队 诗集。雷石榆著。上海诗歌出版社1937年11月出版。扉页为雷石榆作词、丁玎作曲的《一日贡献国家歌》。李桦为封面及诗集绘制插图多幅。收诗36首，另有《卷末语》1篇。试图在抗战的洪流中，用诗歌鼓舞民众的斗志。有歌颂抗战军民的坚韧英勇，表达抗战必胜的信念，如《义勇军》《中国兵》《福州车夫歌》《回老家去》《青春曲》《最后胜利的旗帜》；有鞭挞卖国求荣的汉奸官员，如《打汉奸》《伪满官大人》；有写日本侵略者造成的苦难，如《饿眼望穿》《难活的渔船》。语言通俗，简明易懂，有着鲜明的大众化倾向和宣传特征。（陈芝国）

小蛮牛 叙事长诗。雷石榆著。"少年文库"之一。桂林文化供应社1943年4月初版。分13章，约1400行。写13岁农村放牛娃小蛮牛因为家贫，无钱逃难，在父母被日本侵略者杀害后，配合抗日武装对敌作战，多次给敌军予重创，在战斗中成长为民族英雄的故事。情节曲折，人物形象丰满，语言鲜活生动，采用自由体，讲究押韵。（陈芝国）

我们的堡　诗集。温流著。"诗歌出版社丛书"之一。青岛诗歌出版社 1936 年 5 月初版。收诗 22 首，写于 1933—1935 年，另有蒲风《序》1 篇。分 5 辑：第 1 辑 4 首，表现要在黑暗中点起火焰的人生态度；第 2 辑 5 首，拟各工种的工人之歌；第 3 辑 8 首，描写船夫、卖柴童、流民、乞丐等底层人民的艰难与痛苦；第 4 辑 3 首，写人民在大年夜、新年、清明节等节日里的悲剧；第 5 辑 2 首，其中《我们的堡》"把一个小市镇的生活概况，由过去直到现在都作了活的摄映"，"他还指出了这是由于资本帝国主义的透骨的侵入，军阀统治的不断的殃民"。蒲风《序》说："在取材的具体，描述的周到，表现的美好上，到底不能不独推那一篇《我们的堡》。"（陈芝国）

鸥外诗集　诗集。鸥外鸥著。列为"新地丛书"第三种。新大地出版社 1944 年 1 月初版。收 1936—1943 年所作诗 50 首，另有《感想》和《备忘录》各 1 篇。分 6 辑：第 1 辑《地理诗，政治诗》，第 2 辑《香港的照相册》，第 3 辑《被开垦的处女地》，第 4 辑《社会诗》，第 5 辑《抒情、恋诗》，第 6 辑《童话诗》。《备忘录》说："《铁的兵役》《都会的悒郁》《不治之疾》《无病的病人》《与自然无关》，这几篇都是我自己颇喜欢的作品。"诗集取材广泛，通过描绘德国、法国、英国、罗马尼亚、日本等国家和中国香港地区以及国内的社会生活，借以表达自己对社会现象的观察和批判，抒发个人的情感，具有左翼现代主义的特征。运用未来派的表现手法，构思新颖，尤擅在诗行使用不同字号来表达现代性的反讽和震惊体验。（陈芝国）

漳河水　叙事长诗。阮章竞著。写于 1949 年 3 月，最初发表于 1949 年 4 月

《太行文艺》，1949 年底修改完成，1950 年 9 月北京新华书店初版。全诗分 3 部 8 章。第 1 部"往日"分为漳河小曲和三个姑娘 2 章。第 2 部"解放"分为荷荷、苓苓和紫金英 3 章。第 3 部"长青树"分为漳水谣、翻腾和牧羊小曲 3 章。作者从漳河妇女"歌唱自己的翻身，歌唱自己的劳动，歌唱自己的生活"的漳河小曲中受到启发，取材太行山区漳河两岸人民的斗争生活，深刻反映了以荷荷、苓苓、紫金英这 3 个农村妇女为代表的中国劳动妇女，在新旧两个社会里的不同生活道路和不同的历史命运。采用多种山西民歌形式，融合古典诗歌的比兴手法，节奏感强，易于诵唱。（陈芝国）

民主短简　诗集。黄宁婴著。文生出版社 1946 年 12 月初版。除代序诗《鼓声》和《愤怒篇》外，收诗 33 首。《鼓声》《愤怒篇》系政治抒情诗，抒发对国民党黑暗统治的愤懑。其余 31 首都有特定的对象。赞扬农民、士兵、印钞工人、学生、闻一多和陈嘉庚，讽刺"今之拿破仑"、白部长、顾大使、蒋署长、"剿共英雄"和美国总统。采用自由体，讽刺诗多用书简形式和书信口吻。（陈芝国）

溃退　叙事长诗。黄宁婴著。"人间诗丛"之一。香港人间书屋 1948 年 6 月初版。与于逢此前讲述华南战事的报告文学《溃退》相呼应。1945 年秋写出草稿，1946 年冬初改，1948 年春再改。全诗 2 千余行，除《序诗》外，分 35 章。以一个战地记者的经历为线索，写 1944 年黔桂大撤退的场景。既揭露了抗战时期国军从湖南、广西、贵州撤退时的种种腐败无能，也控诉了广大民众所遭遇的灾难和不幸。采用自由体，情感饱满，在抒情中写实，讽刺意味浓厚。（陈芝国）

离六堂集　诗词别集。清释大汕撰。12 卷。除第 12 卷为词外，其余为各体诗。所附《离六堂近稿》亦多为诗。集首有自绘图 33 幅，描述其一生行迹。诗词中所写多为世变之际民生疾苦、社会状况与世间百态，或作者游历各地时所见之山川景物、内心感受等，颇能反映动荡时世中的社会现实和心态转变。因有诗文涉及三蕃等问题，为当朝所忌，列入乾隆禁毁书目。有清康熙广州怀古楼刻本。今有中山大学出版社 2007 年万毅、杜蔼华、仇江点校"清初岭南佛门史料丛刊"本（收入《大汕和尚集》）。参见第 256 页宗教卷"离六堂集"条。（陈腾）

匊芳园诗钞　诗词别集。清何梦瑶撰。8 卷。卷首有其友杭世骏、罗天尺序。卷 1—7 为诗集，收诗 610 首；卷 8 为词集，收词 35 首。其七律取径陆游，有"名贵卓炼"之名，为南香诸子之冠。有清乾隆十七年（1752）乐只堂刻本。（陈腾）

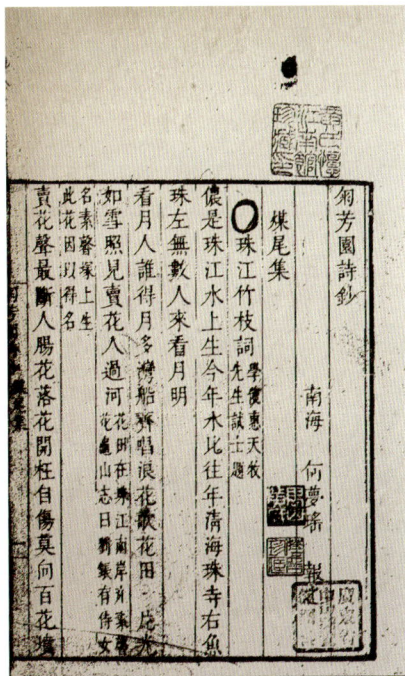

清乾隆十七年（1755）刻本《匊芳园诗钞》

忏庵诗词钞　诗词别集。清沈泽棠撰。3 卷。诗钞 2 卷分上、下卷，石德芬、

汪兆铭序,收古今体诗100余首。写实类有反映甲午战争、庚子事变的作品,交游类颇能体现光绪年间士人心态,另有纪游诗及咏史诗,也能反映诗人的阅历和思考。词钞1卷,汪兆铭序,收词数十首。有清光绪二十九年(1903)合刊《忏庵诗钞》2卷、《词钞》1卷。另有沈氏家刻本及遗稿本。(杜新艳)

双照楼诗词稿 诗词别集。汪兆铭撰。包括《小休集》上下卷、《扫叶集》1卷、《三十年以后作》1卷。收录诗词400余首。《小休集》《扫叶集》前各有作者自序。诗按年代编排,词附每集诗后。前期狱中诸诗,慷慨激昂、豪迈悲壮,最为称道。辛亥后所作,多为写景、咏物、纪游之作,常含苦闷忧思,时有清词丽句。后期诗多写相思、怀人,时寓忧世伤时之感。词作较诗少,然多笔力轻健,颇见才情。其中《小休集》录1930年前所作,为曾仲鸣仿宋聚珍本校印。《扫叶集》为《小休集》后续,未刊印,分期刊

泽存书库1942年版《双照楼诗词稿》

布于《同声月刊》。后日本人黑田合二集,仿宋聚珍版印布于北平,然该本讹误兹甚。又陈人鹤乞得汪氏删定本,经龙榆生校订,于壬午年(1942)三月刊行,是为泽存书库本。1941年后诗创作,经陈璧君、曹少岩加以整理,写定为《未刊稿》一卷。后林柏生将3集并为一本,上海中华日报社1943年铅字排印。后有多种印本流传。(李艳平、蒋明恩)

刘逸生诗词 诗词别集。刘逸生著。广东人民出版社1993年8月初版。含《初弦集》《危弦集》《继声集》《倚

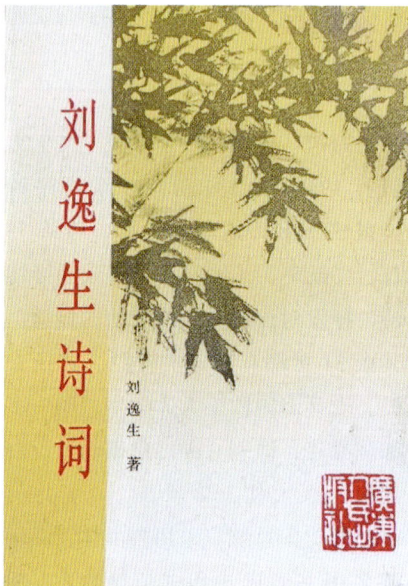

广东人民出版社1993年版《刘逸生诗词》

声集》《新声集》等5卷。《初弦集》录1934—1946年间诗,为早年之作,多写"少年漂泊者"的困苦生活,亦时见胸襟抱负。《危弦集》录1966—1976年间诗,多以社会现实为描写题材,具有纪实性,情感深厚沉重。《继声集》录1977—1992年间诗,多清新明丽、自然生动之作。《倚声集》录其历年词作,词风沉郁顿挫,回肠荡气,与清季词人况周颐相近。《新声集》录其新诗28首,多思考哲学、社会、人生等问题。(蒋明恩)

古香阁全集 诗词赋合集。清叶璧华

清光绪二十九年(1903)刻本《古香阁全集》

著。清光绪十九年(1893)叶璧华自编《古香阁一集》并作序,后由松南张榕轩出资刊印《古香阁全集》上下2卷。收入各体诗208题、379首,词74首,赋6首,清光绪二十九年(1903)刊行。有清光绪二十九年(1903)嘉应奇珍阁本。今有1951年其侄孙李承恩重刊、1961年其外家人叶伟康在泰国曼谷影印重刊本、1999年梅县诗社组成《梅县诗丛》编辑部重刊本。(曾欢玲)

曲江集 诗文别集。唐张九龄撰。凡20卷,附录1卷,其中颂、赞、赋共1卷,诗4卷,文15卷。文240余篇,举凡制、敕、书、序、赞、策、表、传、碑、铭、颂、赋、祭文等十几种,诗193题222首。今所传各版本皆以明成化九年(1473)韶州知府苏韡所刊韶州本为祖本,该本又以明成化五年(1469)翰林学士丘濬内阁手抄本为依据。其后版本众多。今有广东人民出版社1986年刘斯翰校注本、中华书局2008年熊飞校注《张九

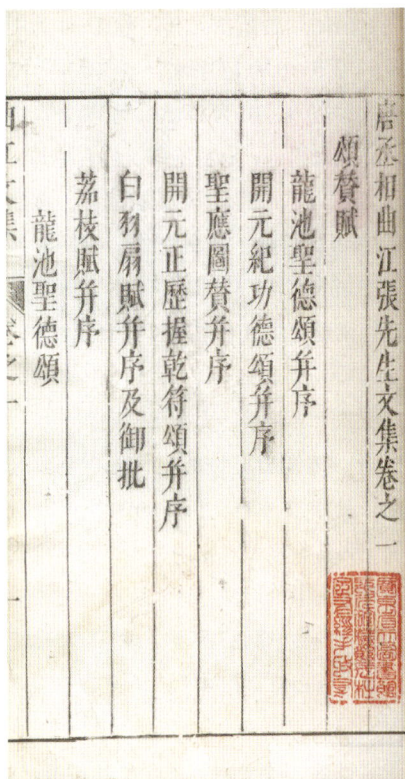

明崇祯十一年（1638）刻本
《唐丞相曲江张先生文集》

龄集》本。（蒋明恩）

武溪集　诗文别集。宋余靖撰。20卷。包括诗集2卷，制诰2卷，表状3卷，判词2卷，序1卷，论1卷，记5卷，启、箴、杂著1卷，墓志2卷，祭文1卷。诗135首。今所传诸版本大抵源于明成化本与清康熙本两种。前者由琼州丘濬自馆阁抄出后刊行，后者以韶州学人抄本为底本。（蒋明恩）

镡津文集　诗文别集。宋契嵩撰，怀悟编。沙门怀悟于南宋绍兴四年（1134）编成，后世以之为祖本，屡有刊刻。现存最早的版本为元至元十九年（1282）本，共20卷，卷首有总目录，其后为陈舜俞所撰《明教大师行业记》。流通本为明弘治十二年（1499）嘉兴僧如卺刻本，共22卷，收录文19卷，诗2卷，另附《沙门唱和诗》1卷。另有元至大本（20卷）和明永乐本（19卷）等。今有巴蜀书社2014年林仲湘、邱小毛校注《广西

地方古籍研究丛书》本、上海古籍出版社2016年钟东、江晖点校"云门宗丛书"本。参见第254页宗教卷"镡津文集"条。（蒋明恩）

海琼玉蟾先生文集　诗文别集。白玉蟾撰。21卷。由弟子彭耜据其生前刊行之《琼琯白玉蟾上清集》《琼琯白玉蟾武夷集》《新刊琼琯白先生玉隆集》，分类纂辑为40卷本。有附录。有明朱权重编明正统七年（1442年）宁藩刻本（臞仙本）、明万历桂芳堂本、省吾堂等刻本以及《白玉蟾海琼摘稿》唐胄编刻本等。（邓海涛）

文溪存稿　诗文别集。宋李昴英撰。门人李春叟辑，后世裔孙又访寻遗篇递相重刻。现存完备者计有20卷，其中文12卷，计113篇，内有4篇缺全文；诗5卷，计159首，另附赞铭11篇；词2卷，计30首；家书1卷，计5封，另附回札1封。存世版本有明嘉靖十年（1531）本、清康熙四年（1665）本、乾隆十八年（1753）本、乾隆三十八年（1773）李履中修补本、光绪二十三年（1897）久远堂重刻本等。今有暨南大学出版社1994年杨芷华点校"岭南丛书"本。（蒋明恩）

九峰先生集　诗文别集。宋区仕衡撰。3卷。著述至宋末已散佚，明万历十三（1585）年裔孙区大任网罗遗佚刊刻传世。文2卷，诗1卷。首卷有传4篇，记1篇，墓表1篇，不在卷内。附录含区子美《素馨花赋》1篇，区子复《述怀》1首。有清道光二十年（1840）《粤十三家集》刻本存世。（蒋明恩）

见面亭遗集　诗文别集。宋张镇孙撰。张镇孙原有《见面亭集》16卷，已佚。裔孙张耀昌辑录诗文1卷，含《度宗皇帝赐辛未状元张镇孙诗》《辛未状

元谢恩诗》《和度宗皇帝诗》《水帘洞诗》等4首诗及《殿试策》1篇，并附录张氏相关史传资料12篇。此外，黄佛颐又从黄子高《粤诗搜逸》中辑录诗5首。有清道光二十五年（1845）刊本存世。（蒋明恩）

秋晓赵先生覆瓿集　诗文别集。宋赵必瑑撰。6卷。卷1为律诗、绝句，卷2为古风，卷3为长短句，卷4为启、答，卷5为祭文、题跋、疏语、青词，卷6为附录，收他人所撰志传、行状、墓表、祭文、挽诗。有清影抄明万历九年（1581）刊本（有丁丙跋）、清道光二十年（1840）《粤十三家集》刻本、清光绪二十六年（1900）抄本。（李成秋）

秫坡黎先生集　诗文别集。明黎贞撰。初刻于明嘉靖二十九年（1550），已佚。清康熙二十四年（1685），其后人搜辑重刊。凡诗、词、赋3卷，杂文4卷，附录附以赠言1卷。有清嘉庆二十二年（1817）都会书屋刻本。（刘赫）

琴轩集　诗文别集。明陈琏撰。30卷。收录颂、赋、乐府、诗、序、铭、墓志等。首1卷，为序言多篇与目录。有清康熙刻本（收诗905首）、1930年东莞陈氏聚德堂刊本（10卷，选本）。（林杰祥）

觉非集　诗文别集。明罗亨信撰。罗亨信后人搜集其遗稿，丘濬、祁顺编。10卷。卷首有成化四年（1468）丘濬序、弘治五年（1492）祁顺序，复有戴锡纶序，未署年月。前6卷收序、记、碑铭、传、行状、跋、赞等148篇，多关涉明代边防及东莞历史，可为相关研究提供资料。卷7—9为诗，卷10为年谱、墓志等。有清康熙罗哲刻本。（林杰祥）

重编琼台会稿　诗文别集。明丘濬撰。传世版本众多，最初由嘉靖中琼山郑廷鹄汇合丘濬门人蒋冕等刻诗集《吟稿》及文集《类稿》，加上所得写本编成《琼台会稿》12卷。天启初年，裔孙丘尔谷又将《会稿》《类稿》以及《吟稿》合而选之，去粗取精，刻成24卷。有清光绪五年（1879）刻本。今有海南出版社2006年周伟民、王瑞明点校《丘濬集》本。（蒋明恩）

白沙集　又称《白沙子全集》。诗文别集。明陈献章撰。9卷。其中文4卷、诗5卷。卷首有门人湛若水、张诩及后

清顺治十二年（1655）刻本
《白沙子全集》（《白沙集》）

学高简、林裕阳、黄淳、何熊祥等人序，附录有行状、墓表、应诏录、赠诗等，卷末有罗侨、项乔、林会春跋。由门人湛若水校定，以嘉靖十二年（1533）高简、卞莱刊刻《白沙子》为底本，增补1卷。所收以诗为多，文包括奏疏、序、记、论、说、题跋等。有明万历四十年（1612）何熊祥重刊本、

清顺治十二年（1655）黄之证刻本等。有今人整理点校本。（高美玲）

白沙子全集　见"白沙集"。

巽川祁先生文集　诗文别集。明祁顺撰。16卷附录2卷。前载有韵之文，次为诗词，次为散体，末附张元正所作墓志、贾宏所作墓表，各为1卷。正文分为前、中、后3编。有明嘉靖三十六年（1557）刻本、清康熙二年（1663）在兹堂刊本。（邓海涛）

南川冰蘗全集　诗文别集。明林光（号南川）撰。12卷。诗、文各6卷。首1卷有原序、原跋、广州乡贤传、敕书等，末1卷外录，收师友往来诗文。有清咸丰元年（1851）刻本。（高美玲）

郁洲遗稿　诗文别集。明梁储撰。10卷。其孙梁孜从内阁录得其奏疏2卷，补入梁储子梁次挹抱集的8卷《郁洲集》中，厘为10卷，改题《郁洲遗稿》。明嘉靖四十五年（1566）刊。朱大韶

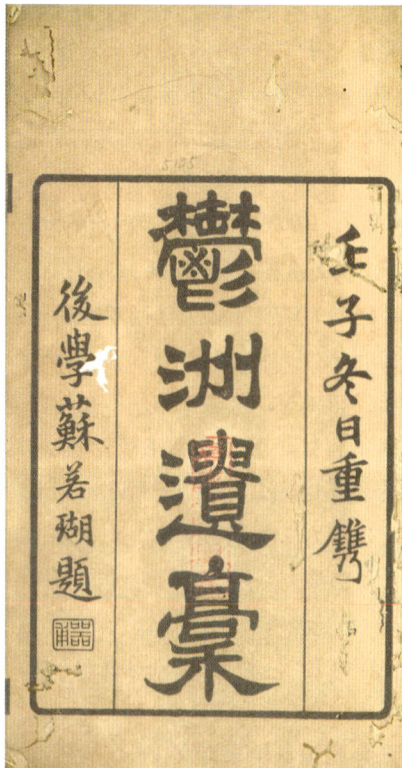

梁丝纶堂1913年刻本《郁洲遗稿》

序，前附明贤所撰纪传。卷1—4为奏疏，卷5、6为记序文，卷7、8为墓志文，卷9、10为诗歌。诗以七言律诗、五言律诗、七言绝句、五言绝句、七言古风、五言古风重加编排，多酬唱应和及题画、咏史之作。有明嘉靖四十五年（1566）回天阁本、1913年顺德梁丝纶堂重刊本。（杜新艳）

东所先生文集　诗文别集。明张诩撰。13卷。萧友山巡按岭南，促成是集刊刻。其中文9卷、诗4卷。卷首有黄佐、张希举序，对张诩为人、为学推崇备至。集中论诗文，皆本陈献章之说。是研究白沙学脉的重要史料。有明嘉靖三十年（1551）刊本。（高美玲）

西巡类稿　诗文别集。明吴廷举撰。8卷。收录吴廷举正德初官广东右参议、广东按察司副使时巡历省治以西诸郡所上奏疏、往来文牍、诗词。多感事忧时之作，于明末岭南政治风俗、邦运民生、山水人情，体察入微。明嘉靖晁瑮《宝文堂书目》著录，未注明卷册。《明史》著为8卷。《四库全书总目》著录有浙江范懋柱家天一阁藏本。其书或已不传。（杜新艳）

梧山王先生集　又称《梧山集》。诗文别集。明王缜撰。20卷。含奏疏10卷，序、引、跋、箴、铭3卷，诗7卷。卷首有王守仁、谭纶序。有清乾隆二十九年（1764）刻本、清光绪四年（1878）东莞王氏刻本。（林杰祥）

梧山集　见"梧山王先生集"。

甘泉先生文集　诗文别集。明湛若水撰。35卷。门人洪垣整理，明万历七年（1579）吴沧刊刻。诗2卷，杂著、书信、祭文、墓志铭各1卷，行略2卷，余皆为论述其心学思想的语录、问辩等。有不见于其他版本的诗文，

保留作者最后 4 年的创作。另有万历十六年（1588）刊 32 卷本，相同篇目下内容多有出入。（高美玲）

区西屏集　诗文别集。明区越撰。10 卷。诗 5 卷，文 2 卷，其余为附录、附录序及状、铭、词、歌诗等。有明嘉靖四十四年（1565）刊本。另有万历刊本《乡贤区西屏集》，卷首有林云同序，卷末附其子《区奉政遗稿》10 卷，又名《区见泉遗稿》，刻于万历四年（1576）。卷首有林云同、郭梦得序。当为区越与仲子区元晋合集。（高美玲）

钟筼溪家藏集　诗文别集。明钟芳撰。其后人辑录编纂。30 卷。其中文集 24 卷、诗集 6 卷。第 22 卷《皇极经世图续》、23 卷《杂著》、24 卷《怡情要览》原为独立之书。有明刊本。（林杰祥）

西樵遗稿　又称《方文襄公遗稿》《方

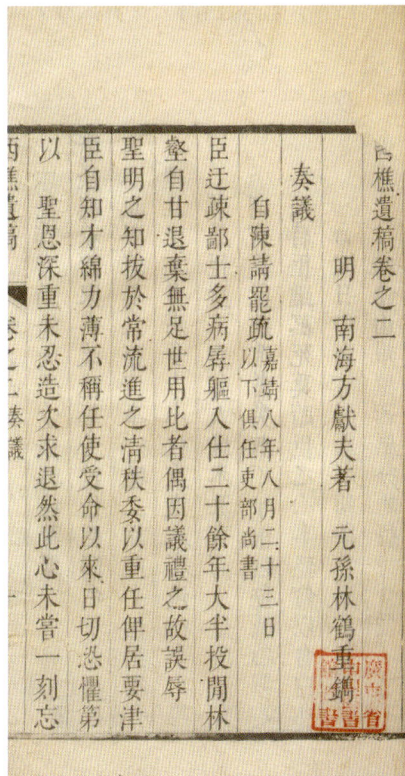

清康熙三十五年（1696）刻本
《西樵遗稿》

文襄公遗集》。诗文别集。明方献夫著。有明隆庆三年（1569）方献夫之子方藻所刻 5 卷本。清康熙三十五年（1696）方献夫玄孙方林鹤所刻 8 卷本为通行本。卷 1 至卷 3 为奏议，卷 4 为诗，卷 5 为赋、颂、箴、铭、赞、词，卷 6 为序，卷 7 为墓志、行状、祭文，卷 8 为书、说。集中反映了作者生平经历、人际交往与思想主张，对于明中期政治史、思想史和方氏的生活史、家族史，"大礼议"事件及相关人物和理学思想等方面的研究均有参考价值。（邓海涛）

方文襄公遗稿　见"西樵遗稿"。
方文襄公遗集　见"西樵遗稿"。

霍文敏公全集　又称《渭厓文集》。诗文别集。明霍韬撰。10 卷附《石头录》8 卷。收录霍韬所作疏、书、记、序、跋、传、铭、诗歌等。所附《石头录》2 至 7 卷系霍韬所撰生平大事记，卷 1、卷 8 为"前编""后编"，其子霍与瑕所增。沈应乾为原录作注，增加霍韬年岁与各事始末。有清同治元年（1862）石头书院刊本。（林杰祥）

渭厓文集　见"霍文敏公全集"。

泰泉集　诗文别集。明黄佐撰。60 卷。黄佐官南京国子监祭酒时，曾亲自编订其诗，凡 10 卷。明嘉靖二十一年（1542），门人李时行在嘉兴为之刻版，之后，黄佐儿子黄在中、黄在素、黄在宏汇辑其遗稿合编之。前有万历七年（1579）陈绍儒序、嘉靖二十一年（1542）张璧序。次制诰二通，谕祭文一通；行状一首，门人黎民表撰。目录、赋 3 卷，骚辞、乐章、琴操、乐府 1 卷，诗 10 卷，对策 1 卷，符命、颂、叙录 1 卷，箴上 1 卷，箴下、赞、铭、诵、谣、祝辞、字辞 1 卷，

奏疏 2 卷，书上 1 卷，书下、启 1 卷，问对、设论 1 卷，策问 1 卷，论上、中 2 卷，论下、议 1 卷，说 1 卷，记 4 卷，序甲至癸 10 卷，题跋 1 卷，《广东图经》2 卷，碑 1 卷，神道碑 1 卷，墓表 3 卷，墓志 4 卷，附诔传 2 卷，行状 1 卷，祭文 2 卷，共 60 卷。天文、舆地、兵阵、阴阳诸杂家，皆有论辨，见诸书中。有清康熙二十一年（1682）黄逵卿刻本。（曾欢玲）

思德堂集　诗别集。明翁万达撰。2 卷。收诗 194 首，由其次子翁思佐编选，十一世孙翁词林依约心轩家藏旧版重刊，更名为《思德堂诗集》。卷首有《明史列传·翁万达本传》、翁锐《请荫疏》（附刻）。主要吟咏诗人南平莫登庸、北抗俺答、赈饥民、修边墙、治边拒房的边塞生活感受，抒发心系苍生、抗敌安边的报国情怀。风格简古质朴，语澹意远，豪气雄阔，悲凉冲淡，颇有壮阔与冲淡、沉雄与宁静相映之趣。（翁奕波）

青萝文集　诗文别集。明王渐逵撰。20 卷。文 8 卷，首载《陈愚见以裨圣化》《乞创立以存根本》两疏，言治国及时政大义，剀切诚恳。诗 12 卷，分别为《北游》《大隐》《罗浮》《灵洲》《中洞》《樾森》《双鱼》《深明》《洛澄》《越山》《白云》《萝山》，多以行踪命名。另有清钞本《王青萝先生诗文集》2 卷存世，题为诗 1 卷、文 1 卷，实未分卷。前述 12 卷俱在诗集，且已分为 12 类，眉目清晰。文集收疏、序、记、书、祭文、墓表、杂著、说、传、论等。2 卷本与 20 卷本内容基本一致。其诗抒真情、尚意趣，多写自然风光，而参以世事感慨，其文各体兼擅，雄浑稳健，其诗文畅达可观。（杜新艳）

大司空遗稿　诗文别集。明陈绍儒撰。

10 卷。《四库全书总目》称诗皆明嘉靖四十年（1561）至万历八年（1580）前所作。其中文 8 卷、诗 2 卷。今无存本。（林杰祥）

东莆先生文集　诗文集。明林大钦撰。6 卷。清康熙五十五年（1716）其从玄孙林凤翥搜辑所存诗文并加校勘而成。收文 4 卷、93 篇，诗 1 卷 356 首，另有附录 1 卷。有清光绪十年（1884）林大钦裔侄孙林炳麟重校刻本。今有广东人民出版社 1995 年黄挺重编校注《林大钦集》本。（翁奕波）

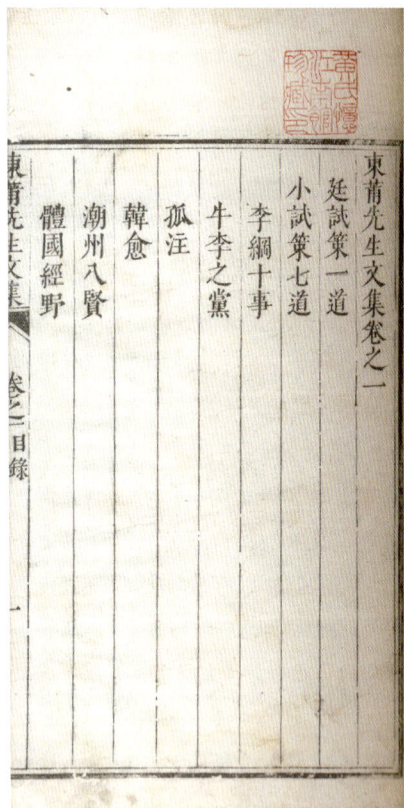
清刻本《东莆先生文集》

天山草堂存稿　诗文别集。明何维柏撰。《四库全书总目》著录 8 卷，其中文 6 卷，诗 2 卷。《明史·艺文志》作 20 卷。卷首有明万历十二年（1584）甲申七月东海颜鲸序。收录何维柏奏疏、杂著、讲义、语录、书、文、铭、记等。有明万历闽刻本、清沙滘何氏家藏手抄本。今有广西师范大学出版社 2014 年整理本。（高美玲）

吾野漫笔　诗文别集。明许炯撰。13 卷。其中文 7 卷、诗 6 卷。前有《自序》述其写作才能非由师授，梦醒后即能把笔为诗。（陈腾）

备忘集　又称《海忠介先生备忘集》。诗文别集。明海瑞撰。有明万历二十二年（1594）、万历三十年（1602）、天

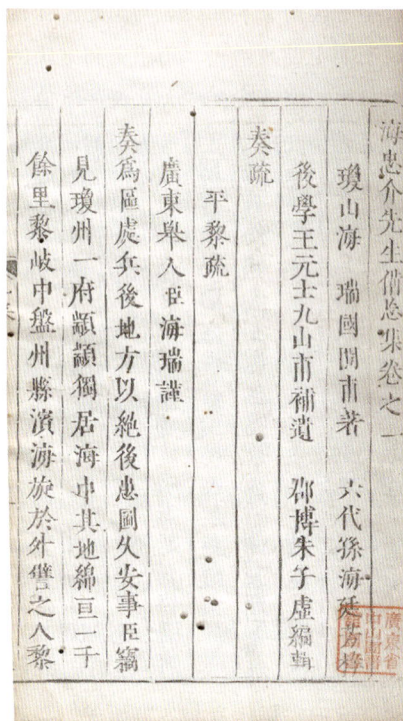
清康熙二十七年（1688）刻本《海忠介先生备忘集》（《备忘集》）

启四年（1624）本等。清康熙二十七年（1688）裔孙海廷芳据万历三十年本重刻《海忠介先生备忘集》10 卷，包括奏疏、序、申文、论、书、示谕、参评、参语、策、行状等。清光绪三十一年（1905）再次刊印时，又增入诗和《元祐党籍碑考》。今有中华书局 1962 年陈义钟编校《海瑞集》本，海南出版社 2003 年李锦权、陈宪猷点校《海瑞集》本。（蒋明恩）

海忠介先生备忘集　见"备忘集"。

欧虞部文集　文别集。明欧大任撰。22 卷。收录赋、颂、铭、行状、碑、墓志铭、诔、传、祭文、札疏、赞、

跋、杂著等各 1 卷，序 4 卷，记 3 卷，书 2 卷。多为应用之文，含各类文体。有明隆庆、万历刻本。（刘赫）

兰汀存稿　又称《比部集》。诗文别集。明梁有誉撰。8 卷。集前有曹天祐《梁比部集叙》、郭棐《兰汀梁公传》、区大任《梁比部传》，另附王世贞所撰墓表。卷 1—5 为诗，计有 235 首；卷 6—8 为序及序行状。后有《比部公诗跋》。有明刊本、清康熙二十四年（1685）梁氏诒燕堂刻本存世。（蒋明恩）

比部集　见"兰汀存稿"。

百可亭摘稿　诗文别集。明庞尚鹏撰。9 卷。弟庞英山从遗稿中择选编成。《百可亭摘稿》7 卷，录奏议 4 卷、杂文 3 卷；《诗集摘稿》2 卷。卷首有明万历二十七年（1599）王学曾序，称其序类苏欧，题咏类陶杜，诗文情、境、韵相协，评价颇高。有明万历二十七年（1599）庞英山刻本。（林杰祥）

谢山存稿　诗文别集。明陈吾德撰。10 卷。收录作者奏疏、序、碑记、诗歌等。卷首有明万历二十年（1592）鲁点、万历三十八年（1610）黄化甫二序。有清乾隆五十四年（1789）忠直堂刻本。（林杰祥）

悬榻斋集　诗文别集。明陈履撰。12 卷。诗集 8 卷，收各体诗 432 首；文集 4 卷，收文 107 篇。卷首有明万历二十一（1593）郑材序、二十三年（1595）何乔远序。有明万历刻本。（林杰祥）

石洞集　诗文别集。明叶春及撰。18 卷。《应诏书》2 卷 5 篇，《惠安政书》5 卷 12 篇，公牍 2 卷，志论 2 卷，序 3 卷，文 2 卷，诗 2 卷。有明万历

刻本、清康熙三十一年（1692）刻本、广东文献本（嘉庆刻、同治印）以及清黑格抄本等存世。（蒋明恩）

天池草 诗文别集。明王弘诲撰。26卷。其中文20卷、诗6卷。卷首有谕祭文及本传，又载其三世诰命及明万历十七年（1589）任会试副总裁时该科题名录。有康熙刊本，全名《太子少保王忠铭先生文集天池草重编》。（林杰祥）

区太史集 又称《区太史诗集》《区海目诗集》。诗别集。明区大相著。27卷。收录诗作1600余首。五、七言诗及五、七律诗居多，内容以游历采风、交游唱和为主。卷首有明崇祯十六年（1643）陈子壮序，序后附自作《前使集小序》《后使集小叙》。有明崇祯十六年（1643）刻本、清道光十年（1830）从孙区灿如重刊本、清道光二十年（1840）《粤十三家集》刻本。（高宛晴）

区太史诗集 见"区太史集"。
区海目诗集 见"区太史集"。

韩节愍公遗稿 诗文别集。明韩上桂撰，朵云山房辑。12卷。诗、文各6卷。分体编排，首1卷，末1卷。卷首有雷学海、陈昌齐二序。有清嘉庆二十一年（1816）九曜坊尚古斋刻本。韩氏另有《蘧庐稿选》，有13卷与17卷两种，所收与该书有部分重合。（林杰祥）

四留堂稿 诗文别集。明卢龙云撰。30卷。卷首有李维桢序及明万历四十年（1612）孟夏朱之蕃序。收赋、乐府、诗歌、序、传、记、论、祭文、墓表等。有明万历刻本。（林杰祥）

建霞楼集 诗文别集。明李孙宸撰。其子李果奇校刻。29卷。诗22卷，文7卷。多咏物、拟古之作，尤长于乐府，风格清丽高古，构思颇妙。有清刻本。（林杰祥）

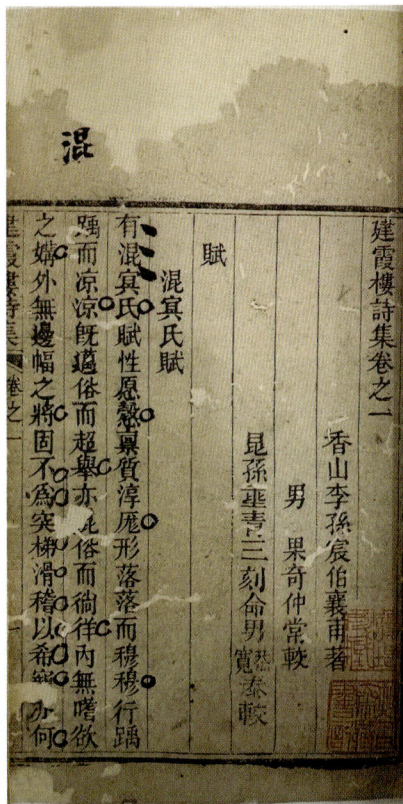

清刻本《建霞楼集》

北燕岩集 又称《黄春溥先生文集》。

清咸丰八年（1858）刻本《北燕岩集》

诗文别集。明黄公辅撰。4卷。由后人抄录保存，八世侄孙黄驹、黄维晋等汇集梓行。收奏疏、书、序、引与歌。卷首有清道光二十二年（1842）言良钰序、黄公辅传记多篇、年谱、画像等。为其奏疏、书、序、引与诗歌。有清咸丰八年（1858）杜阮万卷楼刻本、1946年《广东丛书》本。（林杰祥）

黄春溥先生文集 见"北燕岩集"。

鹤汀诗集 诗文别集。明李之世撰。10卷。卷首有明万历四十七年（1619）李本宁序、万历三十七年（1609）韩上桂序，附李之世小传。传称其所著有《圭山副藏》《剩水山房稿》《北游草》《南归草》等，后合编为《鹤汀诗集》。今存前7卷为诗集，多拟古、纪事、纪行、咏物之作。后3卷仅存目录，为"杂著上""杂著下""凫渚集"。据细目，收记、颂、序、传、墓志、判、铭等，当为文集。有清乾隆涉园刻本。（林杰祥）

元气堂诗集 诗别集。明何吾驺撰。3卷。首有明崇祯十三年（1640）王铎序，又有王思任撰《何龙友先生诗集叙》《敕修明史何吾驺传》。收五言古诗49首、七言古诗51首、六言诗1首、五言律诗134首、七言律诗172首、五言绝句70首、七言绝句350首、五言排律7首。卷末有清嘉庆年间族孙方水、其英、仲玉氏跋，族孙何天衢跋。有清嘉庆二十四年（1819）粤东省城学院前聚英堂刻本。（曾欢玲）

井丹诗文集 诗文别集。明林大春撰。约于明万历十四年（1586），林大春曾编《井丹先生集略》4卷，郭子章《潮中杂纪》著录，无序言，未付梓。

万历十九年（1591）有《井丹集》初刻本 15 卷，由林大春子林克鸣刊刻于家塾，周笃斐校对并作序，已佚。万历四十一年（1613），林克鸣刊刻增修本《井丹先生集》19 卷，首卷为《自叙述》。《明别集版本志》著录明万历林克鸣刻本，与万历十九年（1591）本前 4 卷别无二致，当为初刻本或增修本之残本。1935 年，潮阳人郭泰棨据旧印祖本重订刊刻，凡 20 卷。有 1935 年潮阳郭氏双百鹿斋重刊本。（周濯缨）

陈文忠公遗集　诗文别集。明陈子壮撰。11 卷。卷首有陆梦龙序、伍元薇跋。卷 1—6 题"练要堂集"，卷 7—11 题"秋痕院通志"，以为前后集。内容为赋 1 卷、诗 7 卷、文 3 卷。有清道光二十年（1840）南海伍氏诗雪轩刻本。（林杰祥）

陈岩野先生集　诗文别集。明陈邦彦撰，其子陈恭尹编。10 卷。卷前有目录、陈恭尹撰跋文。含文 4 卷，诗 4 卷，《易疏》2 卷。卷前 1 有陈恭尹《先府君岩野陈公行状》、薛始亨《陈岩野先生传》、屈大均《顺德起义给

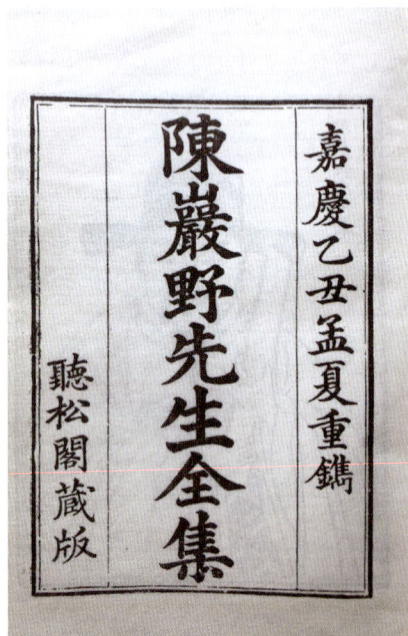

清嘉庆十年（1805）刻本《陈岩野先生全集》

事陈公传》。卷前 2 有《永历二年八月请恤疏》《永历三年三月请加恩疏》《永历三年六月吏部复疏》《永历三年七月兵部复疏》《永历三年七月请诰命疏》《永历三年八月吏部复疏》《永历三年八月请加祭葬疏》《永历三年十二月礼部复疏》《工部咨文》，并各附圣旨。卷前有《永历三年制诰》3 道。卷 9、卷 10《易疏》缺，存诗文各 4 卷。有南明永历四年（1650）刻本。今见清温汝能辑《陈岩野先生（诗）文集》4 卷本、清嘉庆十年（1805）听松阁刻本，卷前疏文等多有删削，撰者姓氏如屈大均等亦缺载。（李艳平）

峤雅　诗文别集。明邝露撰。2 卷。初刊于明崇祯年间。集前有阮大铖序。入清后，有邝氏海雪堂精刊本，手书开雕，刻工精美。又《峤雅》4 册 2 卷，有郭象升跋，约为顺治海雪堂刻本。乾隆初年，族人邝天辅重镌，误将部分书页倒置。道光年间，邝瑞重刊。清咸丰六年（1856），邝氏祖孙廷瑶笺注并刊刻《峤雅》，因与邝露同时的区怀瑞所辑粤人诗歌亦名《峤雅》，故廷瑶更名《邝海雪集笺》，即绮错楼刻本 12 卷。今有广东高等教育出版社 1990 年黄灼耀校点、杨明新注释"岭南丛书"本。（周濯缨）

铁桥集　又称《铁桥山人稿》。诗文别集。清张穆撰。不分卷。收诗 292 首。前有清康熙十五年（1676）宝林樵叟题词，崇祯十五年（1642）今释《铁樵道人稿序》。当刻于康熙十五年（1676）。另有何耀光校刊本，除初刊本外，增容庚、汪宗衍同辑《铁桥集补遗》2 卷、《铁桥投赠诗》《后人题画诗》及附录诸家笔记诗话等。卷首有张穆画作 10 幅及马国权所撰《前言》，卷末有后记。香港何氏至乐楼

1974 年刊行。（左鹏军、薛超睿）

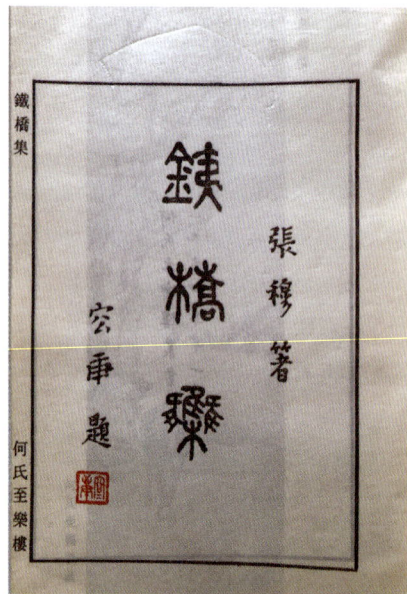

何氏至乐楼1974年版《铁桥集》

铁桥山人稿　见"铁桥集"。

遍行堂集　诗文别集。清释今释撰，古理、古习编。49 卷，复有目录 2 卷及续集 16 卷。卷 1—29 为文部，有说、序、文、疏、碑记、记、墓表、传、赞、偈、铭、疏、杂著、题、跋、书义、志、论、尺牍等；卷 30—48 为诗、词、语录、颂古等，其中诗包括五言、七言古诗，五言、七言律诗，五言、七言排律，五言、七言绝句等；卷 49 为"菩萨戒疏随见录"。续集共 16 卷，其中卷 1—12 为文，包括说、序、疏、记等；卷 13—16 为诗，有五言、七言古诗，五言、七言律诗及六言、七言绝句等。所收为澹归削发为僧后的著作，内容多为其与禅门同道以及清廷仕官交往的酬唱，亦不乏隐微透露民族气节之作。清乾隆四十年（1775），《遍行堂集》遭禁毁。有清宣统三年（1911）上海国学扶轮社铅印本。今有广东旅游出版社 2008 年段晓华点校"清初岭南佛门史料丛刊"本。参见第 255 页宗教卷"遍行堂集"条。（陈腾）

海日堂集　诗文别集。清程可则撰。7

卷。其中诗5卷、文2卷。有陈恭尹序。有清康熙二十八年（1689）刊本。另有乾隆三十六年（1771）石洲草堂刻本，5卷，内有翁方纲评，增原刻未载诗数首。道光五年（1825）又据康熙刊本重刻，附补遗诗数首，有曹溶、龚鼎孳、施闰章、汪琬、陈恭尹等序。另有嘉庆十七年（1812）丘士超诗集单刻本，卷首列王士禛、朱彝尊诸家序及程氏自序，又有丘士超跋。共录诗500余首，分体编纂。（曾欢玲）

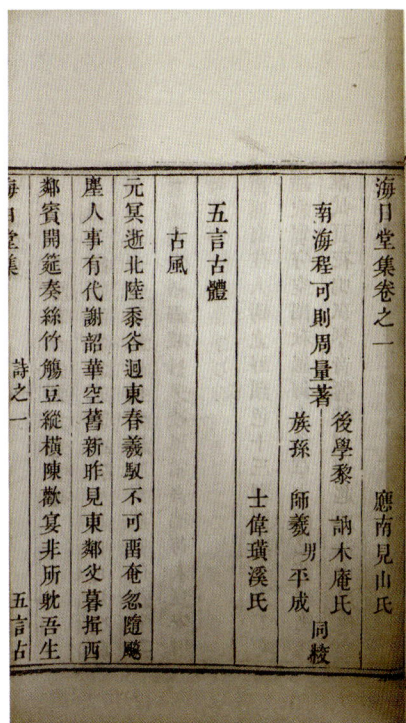

清道光五年（1825）重刻本《海日堂集》

独漉堂集 又称《独漉子诗文全集》。诗文别集。陈恭尹撰。诗、文各15卷，《文集》卷9实未刻。清康熙五十七年（1718）陈氏晚成堂刊本版面有"独漉子诗文全集"字样，故又称《独漉子诗文全集》。康熙十三年至十四年（1674—1675）初刻本为《独漉堂稿》7卷（赋1卷、诗6卷）。另有道光五年（1825）陈量平刊本、宣统刊本、1919年广州超华斋刊本等，诗、文各15卷。现存最早刻本为清康熙五十七年（1718）陈氏晚成堂本。今有中山大学出版社1988年

清宣统刊本《独漉堂全集》

郭培忠校点"岭南丛书"本。（王富鹏）

独漉子诗文全集 见"独漉堂集"。

阿字无禅师光宣台集 诗文别集。清释今无撰，门人古正、古云编。25卷。收录平生所著绝大多数诗文、疏、偈，其中诗歌11卷，为各文体篇幅之最。有清康熙刻本、清嘉庆二十四年（1819）重刻本、道光修补嘉庆刻本。今有广东旅游出版社2017年李君明点校"清初岭南佛门史料丛刊"本（收入《今无和尚集》）。参见第256页宗教卷"阿字无禅师光宣台集"条。（陈腾）

九谷集 诗文别集。清方殿元撰。6卷。其中乐府2卷，诸体诗2卷，杂文1卷，复缀《环书》1卷，并附《四书讲语》。《环书》颇有见地，沈德潜谓其"自成一子，欲究天人窍奥"。有清康熙刻本、清道光二十年（1840）

《粤十三家集》刻本。（陈腾）

咸陟堂集 诗文别集。清释成鹫著。57卷。清康熙年间，作者在世时刊印，是为《咸陟堂集》初集（即耕乐堂本）。清道光二十五年（1845），由粤东三子之一黄培芳出资重刻，增加了二集，此为通行本。成鹫诗文讲求抒发真性情与思想，因"多涉激愤"乾隆时被禁毁。此集反映作者笔力纵横的特点。集中亦不乏诗文批评意见，要之以从心适意为宗旨。今有广东旅游出版社2008年曹旅宁、蒋文仙、杨权、仇江点校"清初岭南佛门史料丛刊"本。参见第256页宗教卷"咸陟堂集"条。（陈腾）

二十七松堂集 诗文别集。清廖燕著。收录诗约550首，文章370余篇。集中多山水诗，气魄雄浑，格调高奇，竹枝词浅白通俗，轻松流畅，深具民歌风味。散文多批判现实之作，直斥科举制度和八股文的愚民本质，论辩杂文言辞辛辣、文风犀利，山水游记妙化自然、风格俏隽，小品散文抒写性灵、简短透快。有清康熙初刻本24卷。又有康熙刻本15卷。乾隆三年有续刻本22卷。清同治元年（1862）日本刊刻16卷本，有盐谷世弘、朱菓序及作者自序。另有多种抄本传世。今有上海古籍出版社2005年林子雄校点《廖燕全集》本、人民文学出版社2019年蔡升奕《廖燕全集校注》本。（周濯缨）

清端集 全称《陈清端公文集》。诗文别集。清陈瑸撰。8卷。收录文章7卷，有奏疏、条陈、告示、序、记和文等，计50篇；末附诗歌1卷，收古律诸体计98首。内容多为治理政务公文，涉及修堤筑坝、整饬吏治、整顿学风、民生疾苦等，反映其一生经世功业。有清乾隆三十年（1765）刻本、

清同治七年（1868）刻本（10卷）。

（陈腾）

陈清端公文集　见"清端集"。

萤照阁集　诗文别集。清车腾芳撰。门人邬学乾等辑。16卷。有庄有恭序。其中诗6卷、赋1卷、文9卷。卷8有《重刻〈广东新语〉序》，作于清乾隆三十九年（1774）文字狱之前，详细记录了屈大均事迹而能免于被禁毁。有清乾隆二十年（1755）刻本。

（陈腾）

劳阮斋集　诗文别集。清劳孝舆撰。10卷。其中《阮斋文钞》4卷、《诗钞》6卷。有何梦瑶、罗天尺序。录诗450首。其中《解缆竹枝词》《潮州竹枝曲》《螺蚬竹枝词》等皆记地方风俗。另有其子劳济、劳潼《光明府诗钞纪后》称有《阮斋诗集》8卷、《文集》4卷付刻，然今存诗集不及此数。有清乾隆二十七年（1762）家刻本。

（薛超睿）

万石堂诗文稿　诗文别集。清罗元焕撰。4卷。其中诗2卷、文2卷。卷1古体诗、五律，卷2七律、排律和五、六、七言绝句及补编，卷3书序、赞、表、记、说、跋、赋、箴、铭、引等，卷4寿文、行略、墓表、墓志铭、序、记、传等。其诗质朴自然，情真辞畅，乐府诗擅写儿女情态，而咏史诗则事典恰切。其文端庄流丽，精切翔实，以序文和寿文为主。有清钞本，4卷，周连宽跋，抄写精致，但编纂不甚完备，乾隆末年由零笺缮成之卷，即《南海府志》所云《万石堂稿》，非其诗文全貌。（杜新艳）

药洲花农诗文略　又称《海雅堂集》。诗文别集。清凌扬藻撰。22卷。《药洲花农诗略》6卷，《药洲花农文略》16卷。原是其自编家刻《海雅堂集》的1编与2编，以22卷合刊传世《诗略》存古近体诗382首，周谊序。《文略》接续《诗略》编为卷7—22，收录赋、考、辨、说、解、碑、记、序、书、疏、赞、跋、传、行状等各体散文，丰富翔实，陈义颇高，矫然自拔，堪追古人，颇能反映道光年间岭海诗文风尚。《诗略》道光八年（1828）始刻，《文略》道光十年（1830）始刻。有清同治狎鸥亭本。

（杜新艳）

海雅堂集　见"药洲花农诗文略"。

石云山人诗文集　诗文别集。清吴荣光撰。《诗集》23卷，收诗1512首。第1卷作于清嘉庆九年（1804），其他卷自咸丰八年（1858）起按年编次，内容依次为经进诗存、计偕吟草、木天诗存、归省第一集、观象研斋集、西台诗存、归省第二集、西曹诗存、陕安集、闽山浙水集、黔藩集、归省第三集、闽藩诗存、研舍诗存、京国八邮草、湘藩诗存、抚湘集、留湘集、京堂集、闽藩后集、归田集、赐五福堂集、试帖与筹清馆诗余。其诗题材

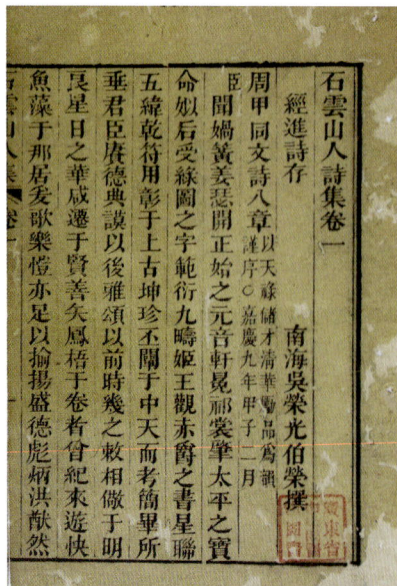

清道光二十一年（1841）刻本
《石云山人诗文集》

广泛，内容丰富，多涉及纪游颂圣、即事感怀、题画咏物、赠别唱和等方面。《文集》5卷，内容依次为经进文32篇、经义、赋、祝文、记31篇，记、叙、书事、檄谕35篇，墓志、祭文、寿文21篇，题跋67篇、另附奏议58篇。其文风雅一律，忠孝备于人伦；经济万言，忧乐先于天下。有清道光二十一年（1841）吴氏筹清馆刻本。

（徐世中）

朱九江先生集　诗文集。朱次琦撰。门人简朝亮等编订。前5卷诗，后4卷文，卷10为附录，收文5篇。卷首

清光绪刻本《朱九江先生集》

有简朝亮撰《年谱》1卷。集前有简朝亮序，诗前有钱仪吉《诗序》。收35岁以前所作诗254首、40岁以后所作文46篇。有清光绪二十年（1894）至二十三年（1896）简氏读书草堂刻本。

（郭子凡）

尺冈草堂遗集　诗文别集。清陈璞撰。12卷。其中诗8卷，文4卷。文分体编排，卷1序，卷2记、书、传、跋，卷

3 墓表、墓志、祭文、碣诔、像赞，卷4 拟传、书后。有清光绪十五年（1889）刻本。（李桂英、蒋明恩）

诵芬堂诗文稿 诗文别集。清邓蓉镜撰。2 卷。包括《诵芬堂文存》1 卷、《诗草》1 卷，收诗 340 首、论史及读书笔记 8 篇、序跋 17 篇，以及记传、碑铭、案牍等文字。有 1934 年东莞邓氏诵芬堂家刻本。（薛超睿）

随山馆全集 诗文别集。清汪瑔撰。其中《随山馆猥稿》10 卷、《随山馆续稿》2 卷。按年编次，录诗 1099 首；《随山馆词稿》2 卷，录词 95 首；《随山馆丛稿》4 卷，收赋、书、序、跋、碑、奏议等 53 篇；《随山馆尺牍》2 卷，收尺牍 76 通；《无闻子》1 卷，任州县幕僚时期辅佐吏治札记，共 194 则；笔记《旅谭》5 卷，收诗词话 185 则，其中卷 3 收录蔡锡男译《美国合邦盟约》；《松烟小录》6 卷，自称"效宋人说部"，记述当代广东掌故，兼论经史典故、诸子百家、诗文词语，共 302 则。有清光绪十七年（1891）由汪瑔子汪兆铨汇刻本。（左岩）

棣坨集 诗文别集。清朱启连撰。正集 4 卷，其中诗 100 余首，文 60 余篇。外集 3 卷多为少时所作，诗文杂编，另附《琴词》20 首，为琴家所必读。卷首有陈宝箴、杨锐、陈良玉及作者本人题词评语。又有陈宝箴《义宁陈石铭提刑来书》1 封。卷末有番禺陶邵学题跋。有清光绪二十六年（1900）陶邵学刻本。（蒋明恩）

说剑堂集 诗文别集。晚清民国潘飞声著。包括《老剑文稿》2 卷、《西海纪行》1 卷、《天外归槎录》1 卷、《香海集》1 卷、《游樵漫草》1 卷、《悼亡百韵》1 卷、《论岭南词绝句》

1 卷、《柏林竹枝词》1 卷、《海上秋吟》1 卷、《游萨克逊日记》1 卷、《海山词》1 卷、《花语词》1 卷、《珠江低唱》1 卷、《长相思词》1 卷。散文多议论经济，力主维新。诗歌笔力雄丽，有拔奇负异之概。《海山词》多写域外风情，颇多绮艳之作。《花语词》《珠江低唱》《长相思词》写景咏物抒情。词风清旷绮艳。有清光绪二十四年（1898）仙城药州刻本。（徐世中）

求慊斋丛稿 诗文词别集。清黄荣康撰。为著者光绪年间著作结集，含《求慊斋文集》8 卷、《求慊斋骈文》1 卷、《求慊斋诗集》14 卷、《击剑词》1 卷、《求慊斋尺牍》6 卷、《兰言搜玉集》4 卷、《茶铛畔语》2 卷续 2 卷、《曝背余谈》1 卷、《黄花晚节图题词》1 卷续辑 1 卷。《求慊斋文集》8 卷，收录清光绪三十四年（1908）前所作文 13 类 98 篇，书信另存为《尺牍》6 卷，骈文另存 1 卷。其文清通，多论史之作，讲求义理，如《齐桓公论》赞齐桓公擅用人，《管仲论》则批评管仲不能忠君。《求慊斋诗集》14 卷，录清光绪十六年至三十四年（1890—1908）间所作感怀、交游、唱和、咏物诗，凡 635 首。多反映现实，颇具杜诗遗风，也多纪游，时有山水佳作。有清光绪著者手订稿本。（杜新艳）

小雅楼诗文集 诗文别集。清邓方著。10 卷。诗 8 卷，遗文 2 卷，首附 1 卷，为邓实所撰墓志铭及黄纯熙序文。卷 1 五言古诗，卷 2 七言古诗，卷 3 杂言诗，卷 4 五言律诗，卷 5、6 七言律诗，卷 7 五言绝句、七言绝句，卷 8 七言绝句。多感时抚事，慷慨悲壮之作，也有流连沪渎风光及名山大川，吟风弄月之作。文 2 卷，15 篇，多感慨历史，出以个人裁断。有清稿本、

清光绪二十六年（1900）刻本。（杜新艳）

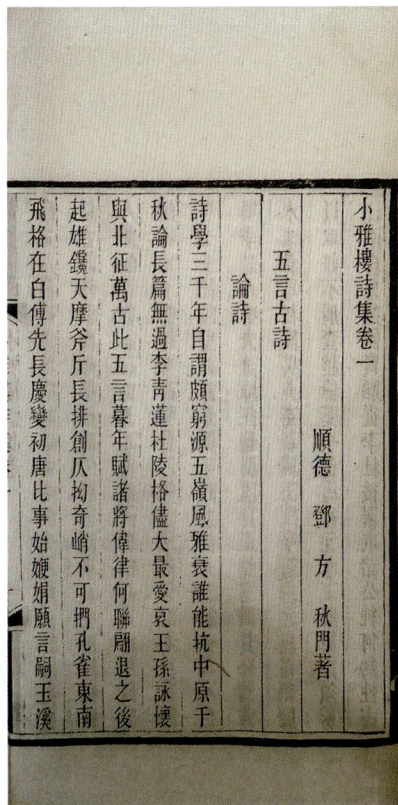

清光绪二十六年（1900）刻本《小雅楼诗文集》

苏曼殊全集 诗文别集，兼收小说、书札、杂著。苏曼殊撰，柳亚子、柳无忌编。鉴于苏曼殊生前身后作品散佚众多，柳氏父子以友人身份汇集相关材料编辑成书。5 册，含诗集、译诗集、书札集、杂著集、译小说集、小说集、附录传记与友朋回忆、各家评论资料多种。前有柳无忌 1927 年所作《苏曼殊全集序》，每集之中有相关考订、说明文字，对作者生平事迹、创作情况、作品存佚等有所考辨，并有插图、曼殊遗画及其他文献资料，为民国年间流传的众多版本之苏曼殊作品集中搜集资料较全面可靠的一种，多为后来研究者所取资。1927—1928 年北新书局出版。（左鹏军）

怀冰室集 诗文别集。王韶生撰。含文 5 编、诗 6 编、译诗 1 编、词 3 编。多为赴香港前所作。前有罗香林序，后有林天蔚、陈思良二人跋文。文多

载道淑世，有物有序，遣词造句抑扬顿挫又峻拔雄奇。诗词众体皆备，题材广泛，凡抒情、状物、叙事、写景，各随所适，不多用事，不尚奇险，简劲淡远。今有《近代中国史料丛刊续编》本。（蒋明恩）

梁秉钧卷　诗文合集。梁秉钧著。1989 年 11 月三联书店（香港）有限公司，集思编。分为 4 辑，前有代序《电影和诗，以及一些弯弯曲曲的街道》，以及附录不同学者对梁秉钧诗与散文的评论。第 1 辑诗，共 169 首。包括蝉声与雷鸣、游诗、咏物诗、中国光影和大屿山水 4 个部分。蝉声与雷鸣分为 6 卷，主要以作者在国内生活场景为题材。游诗分为 4 卷，主要以作者的国外旅居生活为题材。咏物诗分为 4 卷，主要以作者日常接触、玩赏过的一些生活物品和艺术作品为题材。中国光影以中国大陆风景人文为题材。大屿山水主要描绘香港大屿山的山水草木，抒发作者对香港本地的深情。第 2 辑包括散文 13 篇。第 3 辑长篇小说《烦恼娃娃的旅程》选段。第 4 辑论文 6 篇。对穆旦、辛笛、鸥外鸥等人的诗以及中国现代抒情小说的研究，注重从中西比较文学的角度提炼对象不同的现代性特质。（陈芝国）

刘希仁文集　文别集。唐刘轲撰。刘轲文名盛极一时，为时人所推崇，以之比肩韩、柳。清人江藩称其文持论公允，有理有据，不杂禅语，不坠理障，但缺少汪洋恣肆之气。其著述至宋后多不存。清嘉庆二十五年（1820）阮福据《全唐文》辑录其文 1 卷，之后曲江教谕梁炯又据此重新翻刻，均已不传。今所见者为清道光二十五年（1845）南海伍崇曜粤雅堂刻《岭南遗书》二集本。录文 14 篇，篇名、次序与《全唐文》相同。后"丛书集成初编"又据此本排印。今有广东人民出版社 2012 年林梓宗校注《刘轲集校注》本。（蒋明恩）

罗司勋文集　又称《原子集》。文别集。明罗虞臣撰。计 8 卷、外集 1 卷。包括序 13 篇、书 24 篇、奏议 2 篇（附狱录 1 篇）、对 1 篇、祭文 14 篇、传 18 篇、记 2 篇，后 1 卷为《家乘纂录》，外集 1 卷杂间各体。有清康熙三十八年（1699）刻本、康熙五十年（1711）罗氏刻本、清末民初刻本等。（蒋明恩）

原子集　见"罗司勋文集"。

翁山文外　文别集。屈大均撰。屈沱五书之一。清康熙年刻本。目录 20 卷，实刻 16 卷，卷 6、18、19 和 20 未刻。目录前有自序，序后有《文外铭》。首刻于清康熙二十五年丙寅至二十六年丁卯（1686—1687）之间，今未见。康熙年间刻《翁山文外》18 卷本，源流不明，今藏上海图书馆。康熙年间刻《翁山文外》17 卷郑谋信藏本，与 20 卷本相比，多收文 66 篇。

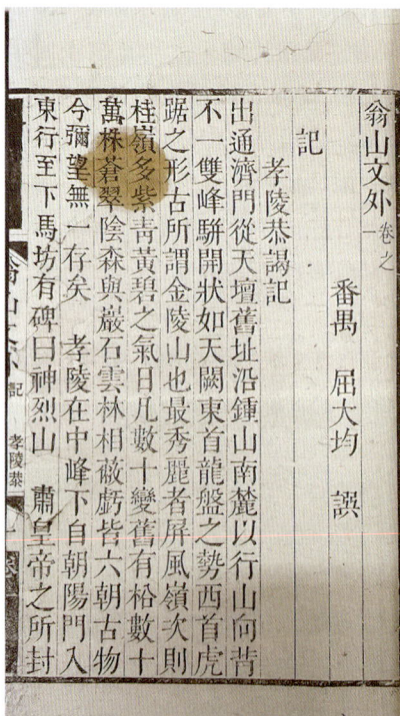

清康熙刻本《翁山文外》

宣统二年（1910）上海国学扶轮社排印 16 卷本，删去卷 6、18、19 和 20 四个卷目。1920 年吴兴刘氏刻嘉业堂丛书本为 16 卷刻本。另有 20 卷清抄本。薛熙评《翁山文钞》10 卷，有抄本和康熙三十四年刻本两种。其文出脱唐、宋、韩、欧窠臼，直追汉魏以至三代；其深造之言，刚健之气，得力于学《易》之功，理足词达，自行其气，浩瀚磅礴。文中保存大量被清代正史改写或遮蔽的真相，既可以文证史，又可补正史之不足。其文以儒学为旨归，表达遗民情怀和有关天地、经史等观念。现存最早版本为康熙 20 卷刻本。今有人民文学出版社 1996 年欧初、王贵忱主编《屈大均全集》本。（王富鹏）

东皋草堂文集　文别集。清韩海撰。10 卷。卷 1 为赋，卷 2、卷 3 为序文，卷 4 为碑文，卷 5、卷 6 为四六启，卷 7 为寿文，卷 8 为祭文，卷 9 为引、赞、跋，卷 10 为题词。又有《东皋文集》，顺德胡蓉编，罗天尺序。有清乾隆刻本。（杜新艳）

谦山文钞　文别集。清温汝能撰。2 卷。谦山文章重视学问根底，崇尚文以载道的创作宗旨，在京师有一定影响。所收文章皆是温汝能返乡专心著述期间所写，主要内容包括评议古人、乡邦文人别集序文、为水利以及宗族建设所作碑记铭文、为亲友撰写的行状等，对于了解顺德龙山（今顺德区龙江镇西部）乡村以及文化历史有所裨益。有清嘉庆九年（1804）听松阁刻本。（陈腾）

常惺惺斋文集　文别集。清谢兰生著。不分卷。后附《游罗浮日记》1 卷。共收文 50 篇，有序、跋、书、记等，以记、序居多。谢兰生嗜好古文，用力亦勤。创作取法于韩愈和苏轼，论文更强调内容，反对只重形式，崇尚

自然直抒胸臆，时人尊为文坛祭酒。有抄本。今有广东人民出版社2014年柏峰、张贤明标点"广州史志丛书"本（收入《常惺惺斋日记（外四种）》）。（张贤明）

雁山文集　文别集。清吴应逵撰。所收大多为表扬节义、有益世道人心之作，亦不乏情真意切的作品。有清道光刻本、1936年铅印本。（陈腾）

东塾集　文别集。陈澧撰。6卷。陈澧手定，收文200余篇，生前未付梓，后由门人廖廷相刊行。封面题"东塾集六卷附申范一卷"。首有《国史儒林传采进稿》，卷首有清同治六年（1867）陈澧作《申范序》，卷末有廖廷相跋。卷1、卷2多经学论辩、杂记，卷3、卷4多赠序、序跋、书札，卷5、卷6为传记和碑铭，末附《申范》1卷。集中经学论辩之文，可窥陈澧于天文、舆地、礼学、小学诸方面精深见解；诸篇杂记，剖析时政、世风、学风；赠序、序跋、书札之文，既可考学术交游，亦可

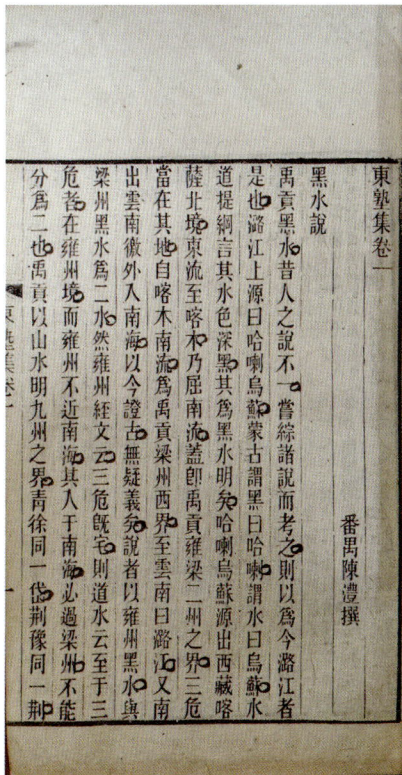

清光绪十八年（1892）刻本《东塾集》

窥文学思想；传记、碑铭多流露拳拳亲故之意。诸文，亦深寓对家乡岭南桑梓深情。有清光绪十八年（1892）羊城西湖街富文斋刊印菊坡精舍本。今有上海古籍出版社2008年黄国声主编《陈澧集》本。（唐瑶曦）

勖书室遗集　文别集。金锡龄撰。16卷。皆考订之文，1—7卷依次为《易》《书》《诗》《礼》《春秋》《论语》《孟子》《孝经》《尔雅》诸经经说，卷8释训诂名物，卷9释音韵文字，卷10为群书序跋，卷11为论学书札，卷12为读史书后，卷13为史论，卷14辨论学术，卷15考证天算，卷16杂考辨及杂文。清咸丰六七年间，金锡龄家毁于英军炮火，此为劫灰之余。有清光绪二十一年（1895）刻本。（唐瑶曦）

宛湄书屋文钞　文别集。清李光廷著。11卷。收录有古文、骈体文与考据文。有清光绪四年（1878）端溪书院刻本。（徐世中）

希古堂文集　文别集。清谭宗浚著。8卷。其中甲集2卷，乙集6卷，收文116篇，大部分为骈体文。所作事核言辨，辞约旨丰，早期文风以沉博绝丽著称，晚期则渐趋平淡。有清光绪十六年（1890）羊城刻本。（徐世中）

献心　散文集。黄天石著。香港受匡出版部1928年初版。收散文13篇，另有冰之的《作者与献心》（序）、星河的《短促中的永恒》（序）、天石的《灵光》（代序）和实秀的《校订之后》。冰之指出，黄天石受克鲁泡特金、托尔斯泰和武者小路实笃"很大的暗示和影响"，"而他的人道主义观念便随时流露发放出来，遂成就了这本《献心》之作"。此集表现了他"脱离现实的政治生活，向人的生活的转舵"。星河指出，《献心》中

"伟大的爱卵翼下的心儿，将凭着这一点石破天惊的赤诚，而溶混为一"，"我们读了这本书当会为了细腻的描写和凄丽的词句而醺醉于他的艺术的手腕"。（陈芝国）

西湖漫拾　散文集。钟敬文著。上海北新书局1929年8月初版。收散文15篇和《自叙》1篇，均为作者在杭州商业高等专科学校教书的半年间所作。是集为作者心声的表露，从中可见作者的志趣、怀抱与其所闲游的胜地，思慕的师友，牵系的爱人，追忆的故乡、学校。《西湖的雪景》《海滨》《残荷》写得冲淡隽逸，犹如散文诗。《幽怨》则在追怀思慕中展现了作者心理描写的能力。也有以书信体写成，如《从西湖谈到珠江南岸》《寄北平岂明老人》《幽怨》《谈乡下姑娘及其它》。不铺张扬厉地着笔，闲描轻写，热不至于狂呼，悲伤而不至于滥情。（陈芝国）

美丽的黑海　散文集。黄药眠著。副题《游苏漫忆》。香港文化供应社1946年12月出版。扉页以诗句"旧游多胜处，魂梦绕天涯"自题。收散文14篇，另有《后记》1篇。作者满怀感情地回忆他曾经游览过的列宁城、莫斯科、克林姆宫墙、莫斯科河、黑海、克里米亚、喀山、萨拉托夫、基辅、宁侵诺夫卡和塞瓦斯托波尔，也比较详细地叙述了自己与俄文教师克拉刺和卢格威治的友情，以及他与工人斯美诺夫一家人的交往。作者的左翼乌托邦视野为其笔下的风景和人物镀上了一层温暖美丽的金色。（陈芝国）

抒情小品　散文集。黄药眠著。桂林文生出版社1947年2月初版。扉页自题"长怀旧孤，永负忠魂"。收散文11篇，另有《后记》1篇。分为3辑：第1辑"沉思"（《沉思》《没有眼

泪的城市》《山城》）写于 1947 年前不久；第 2 辑"乱离"（《小洋房之礼赞》《乱离》《夜店》）写于 1944 年桂林撤退前后；第 3 辑"怀旧"（《海底怀念》《尼庵》《母亲》《笳笛》《烽火中的神女》）是太平洋战争爆发后，从香港逃难回家乡梅县，再转到桂林时所写。作者将十多年的体验和感受诉诸笔端，其中有愤怒，有控诉，有哀伤，有怀念，有讽刺。作者自铸新辞，从个人的牧笛切换至群众的号角，文采华丽。（陈芝国）

坐忘斋新旧录　散文集。姚克著，陈子善编。海豚出版社 2011 年 10 月出版。本书作为姚克的一个新旧集，有其在 20 世纪 30 年代的"旧"文，也有 1967 年其在香港出版《坐忘集》后所作未及结集的"新"文。基本涵盖了姚克在几个重要领域的成就，一是与鲁迅的密切关系，二是《清宫怨》与《雷雨》所体现他在戏剧和翻译领域的所为，三是对李贺诗歌的独特理解和翻译问题，四是关于其身世的文字，诸如与江青和姚文元的亲戚关系和对故乡的回忆。（陈芝国）

蛇衣集　散文集。徐訏著。上海夜窗书屋 1948 年 10 月初版。除《后记》外，收散文 42 篇。题材涉猎宽广，举凡香烟、科学、金钱、鬼神、服装、人口、幽默、文言文、睡眠、万金油、新年、阴阳、和平、战争、照相、女人、衣领、种族、诗画、芭蕾、上帝、历史和都市，几乎无所不谈。笔法既有逻辑严明的说理与辩论，也有言情状物的生动与幽默。（陈芝国）

麦地谣　散文诗集。林英强著。上海文艺新潮社 1940 年 3 月出版。"文艺丛刊"之一。收诗 32 首。另有锡金《序》1 篇。主要赞美在祖国各地艰苦卓绝斗争着的抗战军民，也有部分篇

章表现故乡山水的秀美。丰富的想象与强烈的情感水乳交融，语言保留前期自由诗许多韵律的言语成色，试图融合作者前期自由诗唯美的特质。（陈芝国）

粤北散记　散文集。司马文森著。大地社 1940 年出版。"大地社文艺丛刊"之一。包括 1 篇《题记》和 15 篇散文，近 13 万字。写作时间在 1939 年 3 月至 1940 年 2 月间，多连载于《文艺阵地》第 3、4 卷和一些综合杂志上。文章虽然每篇均可独立，但因为交给《文艺阵地》连载，又比较成系统，大多表现抗战初期广东动荡的过程。其中如《六月的羊城》《野火》《夜之谷》《曲江河畔》等，主要表现作者在抗战前期动荡的生活气息刺激下，心灵产生巨大的波动，进而从狭隘的个人世界走出来。（陈芝国）

一个英雄的经历　散文集。司马文森著。重庆生活书店 1940 年 7 月初版。包括 1 篇代序《悲剧而英雄的时代》和 8 个短篇。8 个短篇中，除《土地》写作并发表于 1937 年全面抗战爆发前，其他几篇都写于 1940 年前后，皆属于《粤北散记》的后半部。作者有感于无数为抗战作出贡献甚至牺牲的个体，因未能得到文艺工作者的书写而湮没无闻，不愿那些有血有肉的英勇事迹仅仅成为传说和神话，于是，在《土地》《大时代的小人物》《渣滓》《狗》中看到了与敌人血肉相搏的悲剧，也在《东江一少年》《一个英雄的经历》《马》《吹鼓手》中刻画了悲剧中的英雄。除《土地》外，其他 7 篇皆用简洁明快的手法。（陈芝国）

秦牧杂文　杂文、历史寓言集。秦牧著。"开明文学新刊"之一。开明书店 1947 年 6 月初版，1948 年 4 月再

版。收录 20 世纪 40 年代秦牧所写杂文 18 篇和历史寓言 7 篇，多角度揭露了魑魅横行的社会现实。其中有对卖国求荣的汉奸的鞭挞，如《"谢本师"》《鬼魅一夕谈》；有对毁灭文化的法西斯的抨击，如《浮士德小插曲》；有对追逐声色的纨绔子弟的讥讽，如《闲忙草》；有对底层人民苦难生活的同情，如《含泪的幽默》；有对传统文化糟粕的批判，如《求雨大典抉微》《祖宗的遗毒》。又能以寓言抒情说理，如《死海》歌颂抗元名将文天祥，《火种》借燧人氏赞扬启蒙精神。论理周密，寓言借古喻今，修辞巧妙有力，鞭辟入里。（陈芝国）

海琼子词　词别集。宋葛长庚撰。1 卷。明抄本原题《白玉蟾词》，朱祖谋《彊村丛书》用唐元素校旧钞《玉蟾集》本，辑为《玉蟾先生诗余》1 卷，附续集 1 卷，共 135 首。《全宋词》据《彊村丛书》本，并从《鸣鹤余音》卷 3 增补《珍珠帘》1 首，共收词 136 首（不计存目）。（刘兴晖）

文溪词　词别集。宋李昂英撰。1 卷。收词 30 首。多为咏物酬唱之作，借以感伤时事、感叹人生，亦有拟写闺情、描绘山水、自寿诞辰之作。长调多而短调甚少，尤擅铺陈；风格俊健，以豪放为主，兼具婉约之风。有清光绪十四年（1888）钱塘汪氏刻宋名家词本。此外，《四库全书总目》著录《文溪存稿》20 卷，李春叟辑，明成化中重刻，有陈白沙序，其中卷 16、卷 17 录词。明吴讷《唐宋名贤百家词》本和毛晋《宋六十名家词》本皆收录《文溪词》1 卷。（徐新韵）

覆瓿词　词别集。宋赵必豫撰。1 卷。收词 31 首。多为题赠唱和、祝寿之作，亦有少量咏物、纪游词。善用名

家词韵，其中用周邦彦词韵者凡 9 首。有清光绪间临桂王氏四印斋刻本。此外，《四库全书》集部有《覆瓿集》6 卷，卷 3 为《覆瓿词》1 卷。《全宋词》据傅增湘校本《秋晓先生覆瓿集》（清道光二十年伍氏诗雪轩刻本）卷 2 录入。（徐新韵）

白香词谱笺　词选（谱）笺本。清舒梦兰原辑，谢朝徵笺，张荫桓校。4 卷。舒梦兰原辑本选录自唐至清 59 位

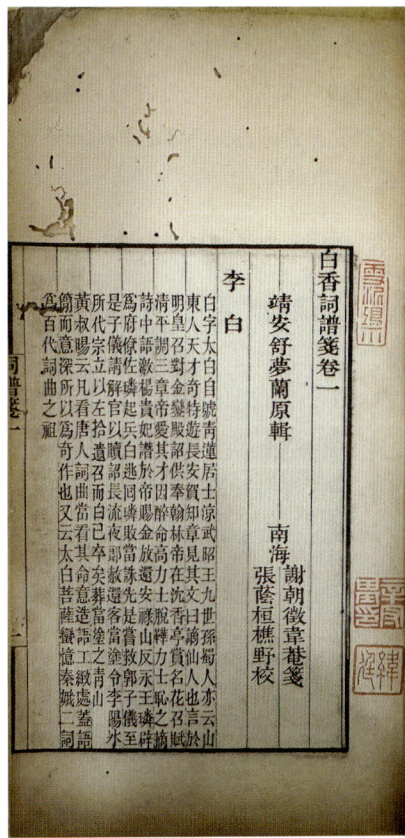

清光绪十一年（1885）刻本《白香词谱笺》

词人词作 100 首，凡 100 调，每调都有平仄声谱。多选味永深长之作，往往不以创调为谱例。谢朝徵仿《绝妙好词笺》之例，笺释文献掌故、词之本事，又对原辑本作了一些体例上的改动：删除苏轼《蝶恋花》（"花褪残红青杏小"），故录词仅 99 首，亦无《蝶恋花》调；改为按人编排，以作者时代先后为序次，自唐李白始，至清黄之隽终；删除原辑本声谱，突出词选特色。在民国年间流传甚广，

被誉为"学词入门第一书""词学之《三字经》"。有清光绪十一年（1885）刻本、上海文明书局本、扫叶山房本等。（刘兴晖）

听松庐词钞　词别集。清张维屏撰。4 卷。收词 129 首。包括《海天霞唱》3 卷（收词 104 首）、《玉香亭词》1 卷（25 首）。《海天霞唱》卷首有金菁茅题序和汤贻汾、谭敬昭、吴兰修、李遐龄题词。所收词风格多样，尤多兴情充沛、豪宕顿挫之作。有清刻本。（李全月）

桐花阁词　又称《桐华阁词》《桐花阁词钞》。词别集。清吴兰修撰。词 1 卷，首 1 卷，补遗 1 卷。收词 93 首。卷首有吴兰雪、郭麟、吴兰修、汪兆镛序文，次为陈璞所辑《拟广东文苑传》，再次为汤贻汾题辞，卷末有沈泽棠跋。以描写个人幽深心绪、怀古忧愁、亲友交游以及别致景物为主，笔调天然，清丽神韵，无艳丽繁复之风。有清宣统至民国间番禺汪氏微尚斋刊刻本。（翁筱曼）

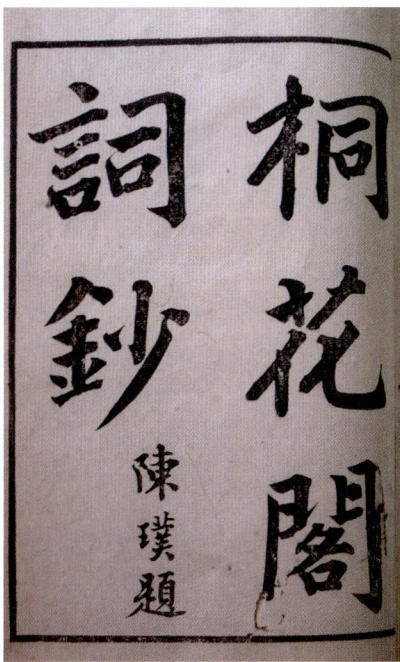

清光绪三年（1877）《学海堂丛刻》本《桐花阁词钞》（《桐花阁词》）

桐华阁词　见"桐花阁词"。

桐花阁词钞　见"桐花阁词"。

剑光楼词　词别集。清仪克中撰。1 卷。收词 107 首。内容包括伤春、伤别、纪行、题画、咏物、感旧、悼亡、酬赠等，题材较为广泛，大多是抒发性灵、表达内心情感之作，取法姜夔和张炎醇雅词风。有清光绪八年（1882）学海堂刻本（诗词文集）、咸丰十年（1860）半畊草堂刻本。半畊草堂刻本附咸丰庚申（1860）三月南海谭莹（玉生）序、道光九年己丑（1829）八月老复丁庵主郭麐序、九月吴趋江沅序及道光十五年乙未（1835）闰月嘉应吴兰修原序，另附谭敬昭、江潘题记。（徐新韵）

小游仙词　词别集。清叶英华撰，署名"梦禅居士"。附江南倦客题记。1 卷。收词 100 首。附于清光绪三年（1877）羊城刻本《花影吹笙词钞二卷》之后。选用"法驾导引"词牌，连作百首。托兴幽微，辞条丰蔚。江南倦客评其有裁云缝雾之妙思，敲金戛玉之奇声，令闻者如听仙乐。（徐新韵）

花影吹笙词钞　词别集。清叶英华撰。2 卷。收词 118 首。前有潘曾莹、潘祖荫序，后有叶衍兰、叶衍桂、叶衍寿校记。多抒写追求人生理想不能实现的苦闷，情思缠绵，意蕴深厚，文词工丽，句法跌宕，尊崇南宋，独标高格。有清光绪三年（1877）叶衍兰刊行本。（左岩）

席月山房词　词别集。清桂文燿撰，陈澧批校。1 卷。收词 43 首。有清钞本，前有陈澧序和汪兆镛、叶恭绰题识。另有 3 种稿本分别存于上海图书馆（收词 47 首）、中国国家图书馆（收词 22 首）和广东省立中山图书馆

（存词 22 首）。（李全月）

写韵楼词 词别集。吴尚熹撰。收词93 首。以小令为主。所作以节序词居多，写闺情春思，细腻雅致。间有咏物之什，体贴入微。此外于羁旅词中感昔伤今，于怀亲词中遥寄相思，以轻灵取胜，饶有士大夫气。有清光绪二十二年（1896）本。（夏令伟）

灯影词 词别集。清潘恕撰。1 卷。恕性清介，才艺多能，雅好书画，通音律。以倚声名粤东，其词用字新隽，宗北宋一派。孙潘飞声学词即由《灯影词》入手，《粤东词钞三编》自序云："飞声少时稍学为诗，于词则未解声律也。尝读先大父《灯影词》，拟作数首，携谒陈朗山先生。"《灯影词》收《灯影诗馀》《双桐圃词钞》二种。《词综补遗》卷 26 录其词 2 首。有清咸丰九年（1859）双桐圃刻本。（刘兴晖）

撷云阁词 词别集。清徐灏撰。1 卷。收词 102 首。多为写景、咏物、题赠、感事怀人之作。有清同治四年（1865）番禺徐氏北京刻朱印本、清宣统三年（1911）南京刻本、1925 年北京补刻朱印本。宣统三年（1911）南京刻本卷首附光绪元年乙亥（1875）山阴汪瑔所作序。（徐新韵）

忆江南馆词 词别集。清陈澧撰。1 卷。收词 25 首，后附《忆江南馆集外词》4 首。词前多有小序。词风清朗雅洁，意境幽隽，甚有韵味，深得白石炼字、琢句、运意、谋篇之妙。有民国陈乃乾辑《清名家词》排印本、《续修四库全书》本、1914 年番禺汪兆铺辑刻微尚斋本。微尚斋本由汪兆铨题名，前有自序一篇，另有陈宗颖题记，词集之后附汪兆铺跋。（徐新韵）

今夕庵烟语词 词别集。清居巢撰。1 卷。收词 47 首。以小令为主，多为题画、咏物、纪游、唱酬之作。其词意疏语淡，体物传神，设色生动，得秦观"山抹微云"词之韵。有清咸丰四年（1854）刻本、抄本（藏广州十香园，上有居巢眉批）。（刘兴晖）

荔香词钞 词别集。陈良玉撰。1 卷。陈良玉为汉军旗人，驻防广州，故以岭南方物名集。收词 36 首。有汪瑔、宋庵主、陈璞序，陈澧、朱鉴成题词。有抄本。（夏令伟）

楞华室词 词别集。清沈世良撰。2 卷。沈世良亲手选定。收词 87 首。词作的时间顺序可靠。有长调 58 首，中调 16 首，小令 13 首。题材以唱和、纪游、咏物、题画为主，以铺叙见长，结构严密，笔致曲折。有清咸丰四年（1854）秋七月刊刻本。另有清同治刻本《楞华室词》2 卷、清光绪二十一年（1895）刊刻《粤东三家词》本（《楞华室词》1 卷）。（左岩）

秋梦庵词钞 词别集。清叶衍兰撰。2 卷续 1 卷再续 1 卷。收词 191 首。卷首有张铭珂、张景祁、易顺鼎序 3 篇，谭献序 2 篇，叶衍兰自序 1 篇。多艳情词，对于爱情与女性的反复吟咏，反映了对唯美理想的追求，显示出词人细腻精致的审美感受和缠绵深挚的情感表达方式。有清光绪八年（1882）（2 卷、词续 1 卷）、光绪十六年（1890）羊城刻本及光绪二十一年（1895）《粤东三家词钞》本（《秋梦庵词》1 卷）。（左岩）

随山馆词稿 词别集。汪瑔撰。1 卷。收词 68 首。《随山馆词续稿》1 卷，收词 27 首。清光绪八年（1882），叶衍兰解绶南归，汪瑔请叶衍兰点定《随山馆词稿》。光绪十三年（1887）选

定。卷首有朱鉴成、沈世良、贾景芳、辛中仁、潘猷、徐昶、叶衍兰题词，陈良玉序文一篇。多是对日常生活和个人情感的沉浸和玩味，体物入微，清新淡雅，感情沉挚。反映词人独到的词学见解，寄托沉重的身世之感，是内心情感的真实展现，具有心史价值。（左岩）

荔湾渔笛 词别集。清黄炳堃撰。收词 86 首。内容多为客居游历等日常及风情之作，亦有记述火轮船、自鸣钟、寒暑针等新事物的作品。有清稿本。另有 1931 年刻本，分为上、下两卷，称《希古堂词存二卷》，前有崔师贯序。（李全月）

看山楼词 词别集。清冯永年撰。2 卷。收词 81 首，其中卷 1 收词 50 首，卷 2 收词 31 首。卷首附清光绪六年（1880）弓世燨序和邱尔朴序。题材广泛，以赠题、写景抒情为主，工于言情，缠绵婉曲，取温柔词而能归于蕴藉，有会于风人之旨。有清光绪六年（1880）刻本。（徐新韵）

款红楼词 词别集。清梁鼎芬撰。1 卷。以小令为主，多作于辛亥革命前，记录了词人辗转北京、上海、惠州、镇江等地的所感所思。除游冶、燕集唱酬之作外，多为寄托身世之悲、家国之慨的愁苦之音。词风清疏婉丽，近南唐北宋，然亦有学辛词的慷慨沉郁之作。有 1932 年刻本，为梁鼎芬去世 10 余年后，叶恭绰自李芳谷处得遗稿付梓，卷末有叶恭绰跋。（刘兴晖）

雨屋深镫词 词别集。汪兆铺撰。有初集、续稿、三编，各 1 卷。初集刻于 1912 年，与《微尚斋诗》合刊，收词 42 首；续稿 1928 年铅印刊行，收词 25 首；三编乃汪氏去世后，其家人所辑，刊于 1940 年。（夏令伟）

蛰庵词　词别集。曾习经撰。1 卷。曾习经字刚父，号蛰庵，广东揭阳人。光绪进士，官度支部右丞。其词为一代词宗朱祖谋所赏，收入《沧海遗音集》中，凡 69 首。他的词祖述五代北宋，以小令、中调为主，长于即景抒怀，而能含蓄蕴藉，婉转悠扬。狄平子谓其词"婉约善言情，直如万缕晴丝，袅空无尽"，叶恭绰称其词"迥非凡响"，可谓知言。（夏令伟）

双溪词　词别集。陈步墀撰。3 卷。收词 72 首。有黄映奎序，萧瑴常、杨其光、潘飞声、谢英伯、盛景璿题词。双溪为陈步墀故乡之名，故以名集。多为纪游、题赠、言情、悼亡之作，饶有雅思。偶或附入杨其光唱和之作。收入《绣诗楼丛书》。（夏令伟）

花笑楼词　词别集。清杨其光撰，陈步墀选。4 卷。收词 216 首。四种词各 1 卷合刻为 1 册，前有杨其光自序和陈步墀《花笑楼四种题词》。四种词分别为《花笑词》（1 卷，收词 85 首）、《归梦醒余》（1 卷，收词 32 首）、《华月词》（56 首）、《锦瑟哀辞》（43 首）。内容丰富，运思细腻深婉，多自然清新、哀艳缠绵之作，追摹纳兰性德词风，亦与郭麐词作相近，尤长于小令。有清宣统元年（1909）刻《绣诗楼丛书》本。（李金月）

海绡词　词别集。清陈洵撰。海绡词宗常州一派，由梦窗而窥美成。早年词精工深美，典雅婉曲，后转沉朴浑厚，臻于神骨俱静。寄兴深广，有悲世之志，往往托讽兴于时事。抒写故国之思、忧时念乱、侘傺失意的心绪。《海绡词》先后有 1 卷本（初印本）、2 卷本、3 卷本。1 卷本为朱祖谋手选，共 88 首，由朱祖谋囊金刊传。2 卷本收入朱祖谋所编《沧海遗音集》，其 170 首。第 3 卷由作者手订抄录，生前未刊。1961 年，其家藏本由弟子余铭传由台湾中华丛书审委员会编。其中，卷 1、卷 2 即《沧海遗音集》本《海绡词》，卷 3 为手抄本，卷 4 为补遗，后附《海绡说词》。今有上海古籍出版社 2002 年刘斯翰笺注本。（刘兴晖）

秝音集　词集。黎国廉、陈洵撰。1 卷。民初黎国廉与陈洵往来唱和词作集。刊于香港。前有张学华序，述其缘起，"始谭瑑青（谭莹之孙谭祖任，号聊园，广东南海人）在北京寓书六禾（黎国廉），索二人近稿，六禾为搜集百余首寄都门，术叔（陈洵）为定名曰《秝音集》。此二十五年前事也"。"二人前后唱和几及十年，近合无间。泊六禾北游，此事中辍。今检得此稿，乃附之梓，以留鸿爪。"可略知其编纂始末。"秝"者，高粱之俗称，此应为合二人字号禾（六禾）、术（术叔、述叔）之意而成。有 1948 年刊本。（刘兴晖）

蜕庵词　词别集。麦孟华撰。1 卷。麦孟华号蜕庵，因以名集。其词名早著，但词作存世数量不多。在其去世后，先由朱祖谋等人于 1921 年编入《粤两生集》卷五，后由其子编入《蜕庵集》卷二，1936 年刊行。另有梁启勋藏抄本《麦孟华诗词稿》传世。今有《〈粤两生集〉校补》一书，根据上述各本编校而成，共收麦孟华词 22 首。（夏令伟）

双清词草　诗词集。廖仲恺撰。清光绪二十三年（1897），廖仲恺、何香凝结缡羊城，题其住处为"双清楼"，取何香凝诗句"人月双清"之意。最初为写本，写于 1922 年冬。1925 年 12 月国民新闻报出版。前录诗作，后录词作。共收词 23 首，以小令、中调为主。多为幽禁中抒怀、题画寄赠之作，亦有漂泊异国他乡的故国之思，以婉媚为主，怅触于怀，语近情深，有南唐余韵，尤以题画词最为清丽。诗风质朴雅洁，化用典故自然浑融，多用比兴来托物言志，厚而不滞。（刘兴晖）

黄花晚节图题词　诗词集。清黄荣康辑。刻本卷 1 有梁鸿翯《序》、罗序球《绘图并序》和范福华《序》。续辑卷有梁檪华《再征诗启》和黄任恒《续辑序》，卷末附有黄荣康所撰《黄花晚节图记》《黄花晚节第二图记》及《先祖妣行状》。黄荣康为其祖母称觞而请罗序球绘《黄花晚节图》，并为图征集题词，后将所辑题词汇总刊刻。题词各体均有，以诗为主，题词前多有小序，排列顺序基本按照题咏时间先后，题词人数有 100 人之多。内容主要是表彰节孝之义。有清光绪二十八年（1902）黄云礽堂刻本、1922 补刻本。另有清光绪稿本，收录于黄荣康自著丛书《求慊斋丛稿》。（李金月）

击剑词　词别集。清黄荣康撰。1 卷。收词 36 首。该词集与黄荣康诗、文、尺牍等著作一并收录于其自著丛书《求慊斋丛稿》。《求慊斋丛稿》共 11 册，有总目录和序，各部分文体前有分目录。有清光绪稿本。（李金月）

碧琳腴馆词钞　词别集。清郑权撰。1 卷。收词 125 首。有清光绪二十五年（1899）陈宗颖序、光绪二十六年（1900）郑权自序，以及词集目录。其词甚工，内容多为自我排遣、追怀往事或陶写幽情。有清光绪二十六年（1900）刻本。（李金月）

遐庵词　词别集。叶恭绰撰。李宣龚、吴湖帆题署书名，冒广生、夏敬观作

序，收词 120 多首。其中少量词作为早年之作，大部分乃退出政坛后所作。1943 年铅印本。《遐庵汇稿》（1946 年出版）将此集与 1943 年后所作词一起收入该书中编诗文卷，名曰《遐庵词》，仍用冒广生、夏敬观原序，共收词 175 首。（姜波）

倚铜琵馆词钞　词别集。清温子颢撰。1 卷。收词 56 首。其词较工，风格较平实，内容多为记录日常闲情感悟，以及酬赠、观景、咏物等，略显贫乏。有清稿本。（李金月）

无庵词　词别集。詹安泰著。5 卷。香港至乐楼 1982 年 12 月出版。詹安泰早年受浙西词派影响较大，宗宋末姜夔、张炎一派，主雅丽清空。20 世纪 30 年代后，词风与朱祖谋、陈洵词为近，师法王沂孙，偏拙质寄托。最初结集的《无庵词》创作于"兵火满天，举家避难"年代，可作词史读；其后多处转徙、流寓各地，所制亦多家国忧愤与客愁之思。有手抄本。今有上海古籍出版社 2011 年《詹安泰全集》点校本。（刘兴晖）

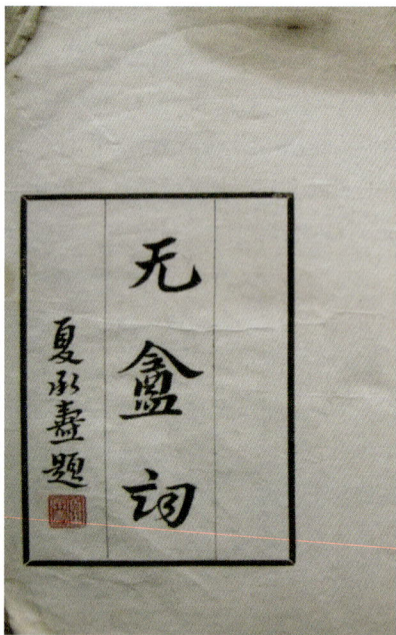

何氏至乐楼 1982 年版《无庵词》

天籁词　词别集。黄咏雩撰。卷 1《横

江集》，1929—1944 年作；卷 2《芋园集》，1945—1951 年作；卷 3《海日集》，1935—1966 年间历年剩稿；卷 4《怀古集》，补录北游怀古之作 27 首。前 2 集收词 120 首，朱庸斋选录。后 2 集收词 55 首，罗雨山续抄，并注其怀古诸词。词作语言含蓄、内蕴深厚、情感真挚，有骚雅遗风。凡山川地理、历史兴亡、宇宙万物之变迁，在其词作中都有呈现，兼含有词情与史情。（蒋明恩）

分春馆词　词别集。朱庸斋著。1 卷。由门人检拾辑录成集，何幼惠汇抄编成，何耀光出资刊行，收入"何氏至乐

何氏至乐楼 1981 年版《分春馆词》

楼丛书"。前有佟绍弼、傅子余、何耀光等所作序 4 篇。（刘兴晖）

春秋诗话　诗话。清劳孝舆撰。5 卷。清雍正八年（1730）劳氏与辑粤志，负奇忤物，去就饶平县幕，旅食无聊，于雍正十一年（1733）撰成此书。此书辑《左传》所载春秋时诗事，按内容及功能分为五类：一为赋诗，如重耳赋《河水》、秦穆公赋《六月》之类；二为引诗，如郑公子忽引"自求多福"、陈敬仲引"翘翘

车乘"之类；三为解诗，如郤至解《兔罝》、穆叔解《四夏》之三、《文王》《鹿鸣》之类；四为拾诗，乃古诗佚句左氏拾而存之者；五为评诗，为吴季札观乐一篇。各卷冠以小序，叙其义旨，卷末又综而论之。中间各则列举，系以疏释，而皆以阐释诗心诗意为指归。卷 4 辑录《左传》中韵语，别为 11 类，尤足征古诗源流，也颇见诗史眼光。其说诗能脱出经学藩篱，抉发诗学意蕴，故不迂不固，明爽可喜。桂文灿称"此为自来治《春秋》者所不及，亦自来辑诗话者所未道也"。有清乾隆十六年（1751）张汝霖刊本。今有广东高等教育出版社 1996 年毛庆耆点校"岭南丛书"本。（蒋寅）

石洲诗话　诗话。清翁方纲撰。8 卷。为作者视学广东、与诸生论各家各体诗时所撰。卷 1 论初盛唐诗，评杜诗独多；卷 2 论中晚唐诗；卷 3 论宋代前期诗，以东坡居多；卷 4 论山谷以后宋诗，迄于宋末；卷 5 论元诗，似为读顾嗣立《元诗选》的札记；卷 6 渔洋评杜摘记，卷 7 讲元好问论诗绝句 30 首，卷 8 讲王渔洋论诗绝句 35 首，阐发中屡有驳正。平生服膺渔洋诗学，于渔洋著述钻研极深，书中引申、发挥渔洋之说，虽不乏驳正之处，但终以曲为回护者多，平心商榷者少。前 5 卷为清乾隆三十年（1765）至三十三年（1768）所成，其稿久失，后叶继雯偶于京师书肆购得，请翁氏作跋，乃增元遗山、王渔洋诗说 3 卷，共成 8 卷。有清嘉庆二十年（1815）门人蒋砺堂粤东节署刊本。（蒋寅）

雨村赋话　赋话。清李调元撰。成书于清乾隆四十三年（1778）。是李调元莅任广东学政时为指导诸生习作律赋而撰，也是中国赋话发轫之作。10

卷，分《新话》《旧话》两部分。《新话》6卷，以唐宋律赋为中心，论述由汉魏至元明间赋作，多为作赋、读赋心得之见；《旧话》4卷，系采正史、诗话、总集、别集、赋选等编成，虽间下己论，但以陈述为要。前者见其赋作，后者见其本事，共同呈现我国历朝赋学概况。《雨村赋话》旨在揭示"作赋之法门"，对科试律赋创作中"破题与诠题""用韵与限韵""用笔用事""裁对与辞格""炼字与琢句""制局与炼局"等内容有深入探析，同时辑录汉至明典籍、笔记中所载赋坛轶事、赋家赋作、辞赋源流等内容，间附考辩，于唐宋之际律赋风格变化研究，尤具参考价值。有清乾隆四十九年（1784）刻《函海》本。（黄志立）

乐府标源 乐府研究。清汪汲撰。2卷。成书于清乾隆五十九年（1794）前，收入嘉庆间刊《古愚老人消夏录》。列举世传古乐府名71题，分类加以解释。其分类、曲调名目及解说等均本自郑樵《通志·乐略》，先释其本义，或举古辞以见初始之义，后列后代之变名，朝代名各以方框标示，较为醒目。其体例近似乐府解题辞典，但解释失之简略，且不说明所据文献，不便于查考。偶有更动《通志》原次序的情况，如将相和曲与吟叹曲、清商三调曲分割两处，清商七曲与清商三十三曲也是这样，于是乱其以类相从之理。又于《隋房内曲》与班固《东都五诗》间混入《饮马长城窟行》《竹枝》等歌曲九种，淆乱《通志》风雅之声与祀飨之声的区别，今人王运熙《汉魏六朝乐府诗研究书目提要》已指其误。（蒋寅）

陶诗汇评 诗歌评点。清温汝能纂。4卷。成书于清嘉庆十一年（1806）。自序述其编纂宗旨云："重在评，非

论其人也。于每句下略加诸家笺释，而不及列其姓氏，亦以所重在评，不重乎笺也，故名之曰'汇评'。"汇集前代诸家对陶诗的大量评论，计有韩驹、骆庭芝、杨万里、汤汉、葛立方、刘克庄、孙鑛、谭元春、钟惺、陈祚明、蒋薰、何焯、沈德潜、查慎行、鹤林、张尔公、闻人倓、周青轮等20余家，其中引李公焕《笺注陶渊明集》最多。在引述诸家评论之后，温氏对陶诗的评论则以按语出之，每多胜义。有清嘉庆十二年（1807）听松阁刻本。今有台湾花木兰文化出版社2018年高建新笺释本。（高建新）

读杜韩笔记 诗话。清李黼平撰。2卷。为读杜甫、韩愈诗札记，上卷论杜诗，多商榷前人注解，即便是众所熟知的名篇，如《秋兴八首》《咏怀古迹》之类，也能独出新解，纠以往注家之失，但其辩驳偶尔也有强作解事者。下卷论韩诗，多就作品疏解诗意，析其本事、构思、修辞、押韵等，不同于卷上仅商榷注释。李云傳跋称"独超众说，通其神恉，非惟学绝，抑亦识精也"。有1934年中华书局铅印本。（蒋寅）

见星庐馆阁诗话 诗话。清林联桂撰。2卷并首1卷附录1卷。专论馆阁试帖之诗。据自序撰于清嘉庆二十四年（1819），至道光三年（1823）由广州刘树芳富文斋刊行。作者以为"唐诗各体皆高越前古，惟五言八韵试帖之作不若我朝为大盛。法律之细，裁对之工，意境日辟而日新，锤炼愈精而愈密，虚神实义，诠发入微，洵古今之极则也"，崇留意论试帖诗之书，前代选本、总集寓目甚多。此编上卷先述本朝名公论馆阁诗之语及辑刊之举，对毛奇龄以来有关试帖与八股关系之说有所梳理，后列举试帖诸名作

品评之。下卷摘句论对偶、取意、用字、起法等修辞、技巧问题，于对偶中卦名对、假对、干支对有专门讨论。综合有清一代学者论试帖学说，集试帖诗研究之大成。（蒋寅）

见星庐赋话 赋话。清林联桂撰。10卷。成书于清道光二年（1822），收入光绪间刊《高凉耆旧遗集》。前有自序及他人跋语，阐明其创作缘由、完成时间、赋话内涵、体例形态等。首卷总论赋、历代作赋概况、名篇佳句，并以明代以前赋为例杂论之作法。卷2—9缀合具体作品，以评论清代馆阁律赋艺术为核心内容，不仅体现时人论时赋之赋学批评特色，且保存了当时颇具影响之律赋作品与作赋史料，具有清代赋论与律赋文献双重价值。卷10辑录林氏《临雍讲学赋》《圣驾东巡谒陵礼成赋》《祝嘏回文千字文》，另附论清代骈文1则。重视当时馆阁律赋，以嘉庆馆阁赋为中心，论述律赋创作技法，并论及律赋与八股文的关系，征引馆阁赋作200余篇；承继康熙间陆葇《历朝赋格》之说，将古赋分为文赋、骚赋、骈赋三大类，并就其演进轨迹详加论考，为清代赋话中较有见识之作。（黄志立）

香石诗话 诗话。清黄培芳撰。4卷。成书于清嘉庆十四年（1809）秋。作者认为"诗话之作固以论诗，兼以志美"，故书中品评与志人兼重，而要之以真为归。于清朝诗论家最推崇王渔洋，针对袁枚讥王渔洋"一代正宗才力薄"，谓渔洋之失往往在套而不在薄，袁枚"夸多斗巧，笔舌澜翻，按之不免轻剽脆滑，此真是薄也"，殊有见地。王渔洋之外，最欣赏钱载论诗之说，而深憾无刻本传世，书中采其论说都极精彩。于同时诗人最推崇冯敏昌，许其接武大家。书中博采

名家心得之谈，参以自家悟得，要言不烦而自精警。尤其对七古篇章结构句法论述颇详，每多胜解，故深得时人赞许。又善摘句，论诗心、结构之妙深造其微，足见眼界之高。嘉、道以还，诗话以纪人纪事为务，论诗理诗法有见解者很少，此书堪称矫矫不群。有清嘉庆十六年（1811）岭海楼刊黄氏家集本。（蒋寅）

清嘉庆十六年（1811）刻本
《香石诗话》

粤岳草堂诗话　诗话。清黄培芳撰。2卷。侄孙映奎称为晚年所作，但书中纪事止于嘉庆末，清道光六年（1826）刊凌扬藻《国朝岭海诗钞》已引其说，估计编定于道光初。卷1杂论古今诗，多就作品发议论，由点及面，语多折中持平，常可与前人见解相发明，如说"七律有一句数层，意格最为沉着"；也有独到之悟，如说"绝句有第三句点正意，第四句以景物衬托出之"，又说"小家数只是不解一重字，多读杜、韩诗便知"，都属于心得之谈，可见其晚年定论。卷2多论粤东诗人及宦粤诗人之作，自唐张九龄迄岭南三大家，又采辑诸家论岭南诗之说，有意梳理粤

清宣统二年（1910）排印本
《粤岳草堂诗话》

东诗歌源流。所载与当世诗人交游之迹，可资考证。有清宣统二年（1910）《绣诗楼丛书》排印本。（蒋寅）

国朝诗人征略　诗人传记。清张维屏编。初编60卷、二编64卷。初编于清嘉庆二十年（1815）四月编成10卷，广州超华斋刊行，至道光十年（1830）增刻至60卷；二编成于道光二十二年（1842）五月，是年刊行。后序述编纂宗旨"意在知人，本非选诗，其中或因题或因事，或己所欲言，或人所未言，意欲无所不有，不专论诗之工拙也"。其体例为先列小传，附载辑自文集、诗话、志乘、说部的前人评论及自撰《松心日录》《松轩随笔》《听松庐诗话》，后列佳作标题、摘句。凡采录前人评论都注明出处。初编自鄂貌图至刘开，皆按科第年辈编次，凡遗民及布衣单列卷帙。二编自黄机至岑溦，有补初编之阙，有续初编之余，自序称"今补与续既合为一书，言补则遗续，言续则遗补，因浑而名之曰二编"。后人多称其搜

罗宏富，考订详明，有功于文献；且眉目清晰，便于检索，体例堪称完备。初续两编，道光以前名家初编大体网罗，二编所增者声名远逊初编，而朝贵如阿桂、福康安辈厕入不少。又连篇累牍抄撮作者所撰论学文字，较之初编大概难免事略于前而文增于后之讥。今有中山大学出版社2004年陈永正点校本。（蒋寅）

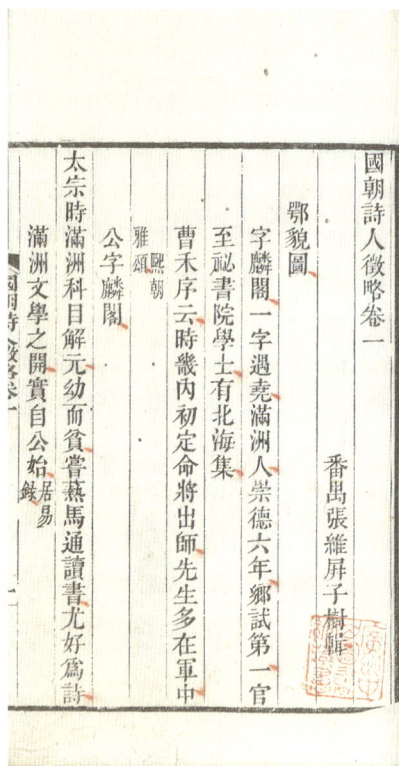

清道光十年（1830）刻本《国朝诗人征略》

读杜姑妄　杜诗注本。清吴梯撰。36卷。注释杜甫诗前后历数十年。按古、近体编次，前16卷为古体，第17—36卷为近体。自序述其编纂原则为"旧解所有，存是去非；旧解所无，独抒鄙见，但期有当杜旨，不顾世眼惊焉"。每诗于篇末另行低一格加按语，内容包括题解、异文校勘、诗句分段、诗旨阐释，常引仇兆鳌、杨伦诸家之说平章之，时有新见。清咸丰四年（1854）开雕，翌年有增订。（李成秋）

退庵诗话　诗话。清何曰愈撰。12卷。作者晚年所作。卷1多引述前人诗论加以折中，老生常谈居多。作者生当

诗歌传统受性灵派冲击之后，论诗推崇盛唐之音，称赞严羽、沈德潜为中流砥柱、风雅功臣。发扬儒家诗教强调以理节情，故不满于严羽"四趣"之说，认为"诗有别才，非关理也"是得其一而遗其三。最反对门户之见，主张风格多元化，持论灵活而不拘泥，反对死守法度。卷2皆表彰家族先辈之诗。卷3录旅行所见题壁及佚名零章断句，表彰家族闺秀之作。卷4以后为同时交游之作，以四川同僚及其眷属居多。卷11为咸丰间离蜀后作，论何绍基、宋湘、莫友芝、郑珍等当代名家之诗。卷12为同治间归粤后作，专论近百年来广东之诗，以冯敏昌为最大，黎简为最奇，刘鹤鸣雁行其间，其他如张维屏、黄培芳、谭敬昭、陈澧等各有论述。以纪人纪事为主，论及作家述多评少。其辨析前人论断，如阐释头重脚轻之病等，不无可取。道光《香山县志》卷21著录此书为16卷，今不见传本，疑稿本经何璟重编为12卷。有清光绪九年（1883）家刊本。今有广东高等教育出版社1996年覃召文点校"岭南丛书"本（与《春秋诗话》合刊）。（蒋寅）

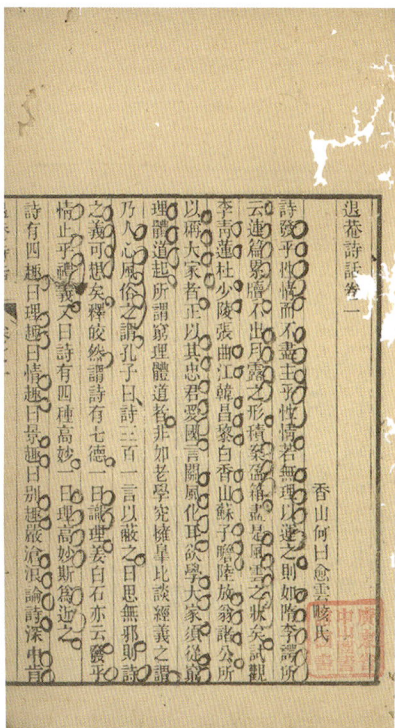

清光绪九年（1883）刻本《退庵诗话》

茅洲诗话 诗话。清李长荣撰。4卷。作者18岁时所辑，成于清道光十年（1830）。杂记嘉道间诗人诗事，尤其以广东诗人为多。所载广东名诗人如黎简、张维屏、张锦麟等逸事，多不见于他书，可资谈助。又屡载与日本诗家往来之迹，为近代诗话留意中外交流之始。其论诗主旨大体宗尚王渔洋之说，也承袭袁枚之说，采撷时人佳句，颇堪吟咏。有清道光刊本（未见传世）、清光绪三年（1877）重刊本。（蒋寅）

柳堂诗话 诗话。清李长荣撰，署子黼居士。1册。据《茅洲诗话》重刊自序"六十岁所辑《柳堂诗话》"，作于清同治十一年（1872）。现存《柳堂诗话》74则，与《茅洲诗话》内容风格相似。时及广东文坛掌故，闲谈论世。编于咸丰、同治年间，时清室经历鸦片战争、太平天国之乱，故记有粤人抗英之局，富有时代特色。其中记黎简死前掷自刻名印于珠江，后为渔人所用一事，又有陈钟麟生平未著诗话一事，对广东文献考辨甚有价值。同时有《深柳堂诗话》，与《柳堂诗话》同书异名。有抄本。（郭子凡）

雪庐诗话 诗话。清赖学海撰。1卷。清咸丰三年（1853）赖氏随冯询守江西吴城，时以诗求教，饫闻其议论，记录而成。光绪七年（1881）三月定稿，有光绪十八年（1892）邱诰桐邱园刊本。冯询为广东番禺人，师从张维屏。同治八年（1869）与金武祥同校吉安府试，曾说要作诗话，后不果，其诗论具见此书。观赖氏所记，冯氏论诗上下古今，范围很广，见识也殊为通达，且关系到道、咸间诗学观念的升降。其讲析篇章之理，每中肯綮。论黎简诗尤为见识独到，探其原本，

在晚清诗话中相当难得。（蒋寅）

十二石山斋诗话 诗话。清梁九图撰。10卷。成书于清道光间，道光二十四年（1844）先刊8卷，道光二十六年（1846）续刊为10卷行世。作者少学诗于刘潜蛟，论诗以汉魏、盛唐为宗，主真情，自序谓"诗必有移我情者始谓真诗"。梁善于采摘佳句，因深于世故，多阅历之言，且鉴赏眼力甚佳，文笔也很洗练，略施评点，均隽永有味，时人岑澂称其"持论既正，抉择亦精，味其旨趣，是欲与古为徒，不染时趋者"。所载诗人，每采诗稿未刊行者，保存文献甚多。有清道光二十六年（1846）梁氏十二石山斋本、清同治五年（1866）刻本（4卷）。（蒋寅）

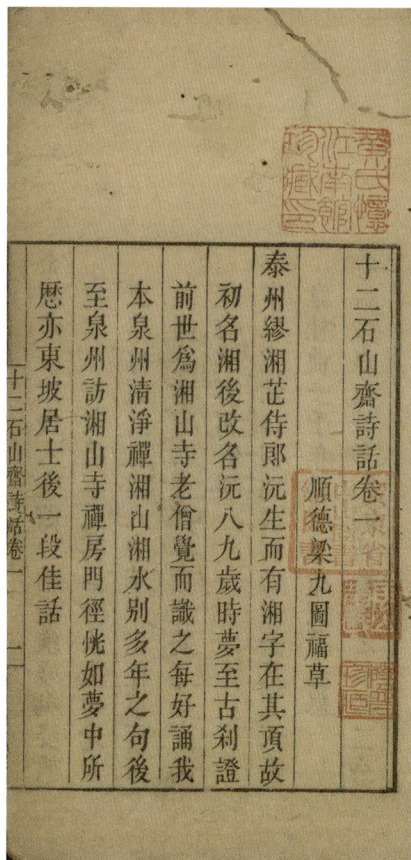

清道光二十六年（1846）刻本
《十二石山斋诗话》

诗学要言 诗话。清邹启祚辑。3卷。作者之孙邹庆时跋中称此书为教其学诗之作，上卷论学诗之纲领，中卷论作诗之精神，下卷论作诗之形体，"古

今百数十种诗话之精华盖萃于是，且学诗之秘要亦几揭发而无余"。此书为汇辑诗话，采书40余种，最晚为同时袁祖光《绿天香雪簃诗话》，大抵为常见书。虽篇幅不如游艺《诗法入门》、蒋澜《艺苑名言》、杨濬《筠石山房诗话钞》等书之富，然而择取甚精，都是古人论诗名言，对于古典诗学理论、知识堪称具体而微。有1931年刊邬氏家集本。（蒋寅）

耕云别墅诗话 诗话。清邬启祚撰。1卷。据家传载，诗话原为4卷，4万余言，付装潢时遗失其稿，赖朱通孺摘登于《北京通报》，存5千余言，孙邬庆时辑刊为1卷。现存文字都是论述邑中诗人，属于摘句之体。书中于番禺一邑清代名诗人黎遂球、屈大均、张维屏、潘飞声、梁鼎芬等都有评论，虽寥寥数则，也颇存乡邦文献。黄禧《棉花歌》一条记近代洋纱流入对广东植棉业的猛烈冲击，为经济史研究宝贵资料。有1931年刊邬氏家集本。（蒋寅）

桐阴清话 诗话。清倪鸿撰。8卷。撰述于清咸丰八年（1858）夏避乱佛山时，同年自刊于佛山。内容如自述"率意所成，都无体例"，然而记载清初以来诗人事迹，颇多风趣，可备遗闻，可资考证。倪鸿为张维屏弟子，除多载师门佚事外，尤详于乾嘉诸老掌故，袁枚、张问陶、洪亮吉、吴嵩梁、王衍梅、阮元等名士佚事均数见。亦多载交游往来之粤东文士，张维屏称其"于羊城耆旧遗闻轶事略可考见焉"。于同时人则多采有本事之诗，近乎《云溪友议》《本事诗》类小说之体。又长于摘句，每列举同题之作较其异同，以见前人文心之妙。（蒋寅）

橡坪诗话 诗话。清方恒泰撰。12卷。言及清道光十二年（1832）程恩泽典

广东乡试事，撰成于道光十二、十三年间，道光十三年有刊本行世。以纪人为主，略及读前人诗话的札记，有所商榷。论诗学之语不多，但关系到当时的热门话题，如以禅喻诗、学问与性灵的关系等，也可见一时风气。所论诗人都是乾嘉以来名家，颇存诗坛掌故。而尤详于粤籍与宦游粤省的诗人，对乾隆间岭南三子乃至李鸣盛、黄河澄等一时名家都有叙录，取人之精且富，在诸家粤人诗话中较为突出。有道光十三年（1833）仲秋庆保书翻刻本，不署作者姓名。道光十九年（1839）聚德堂刊本改题《厚甫诗话》，署元和陈钟麟厚甫撰。李文泰《海山诗屋诗话》卷6载方恒泰殁，所著诗话为书贾改题陈厚甫名出售，即谓此。（蒋寅）

海山诗屋诗话 诗话。清李文泰撰。成书于清光绪四年（1878）。10卷。所论限于本朝，尤详于粤籍诗家，上自前辈黎简、张维屏、宋湘，下及文廷式、于式枚一辈后起之秀，嘉、道以来名家悉有论述，叙事评论要言不烦，手眼不俗。于当朝诗推重王士禛、施闰章、宋琬、朱彝尊、陈维崧、查慎行、吴伟业、陈恭尹、梁佩兰、袁枚、黄景仁诸家，偶尔品评亦识趣雅正，能得其精妙所在。其他上下议论，多通脱名隽，论古今人诗相袭之处，也暗合于现代文学观念，不拘不滞。多载同时诗家遗闻逸事，堪为掌故，论诗者皆可取资。书中颇剌取李家瑞《停云阁诗话》、林钧《樵隐诗话》、郑溱澜《澹园诗话》、李长荣《柳堂诗话》等书。郑书今亡佚，赖此书存其片玉。有清光绪四年（1878）广州森宝阁铅字本。（蒋寅）

缉雅堂诗话 诗话。清潘衍桐撰。2卷。成书于清光绪十六年（1890），翌年刊刻于杭州。其自序云："近以

编辑之事，偶尔触发，缀为诗话，得若干条。皆是随手书写，不曾修饰。"其书实为潘氏编辑《两浙輶轩续录》之余，仿王昶《蒲褐山房诗话》之例，取作者小传及评论汇成。所述诗人生平，多载其学问渊源、师承关系，并非仅论其诗。虽名为诗话，实际上可作两浙学案来读。论诗多摘句，偶有一二印象式的总论，颇类唐高仲武《中兴间气集》的评语。（蒋寅）

湛此心斋诗话 诗话。清胡曦撰。2卷。专论本朝诗家及作品，尤以交游所及粤人及宦粤诗人居多，于粤省名诗家黎简、张维屏、宋湘、李黼平等都有论述，记诗人遗闻佚作，如黎简吸鸦片为名士之始、李调元《雨村诗话》人目之随园唾壶、宋湘《黔中纪行》佚诗及《春波洗砚图跋》、道光间邑人所撰竹枝词、仲振猷《红楼梦传奇》诸家题诗、曾国藩家书论诗语等，不乏一时掌故。作者读书细致，善摘前人诗中相同相反之命意、措辞加以比较，饶有趣味。也有读前人诗话商榷的札记，如考《随园诗话》《雨村诗话》所载诗作者传闻之异，论袁

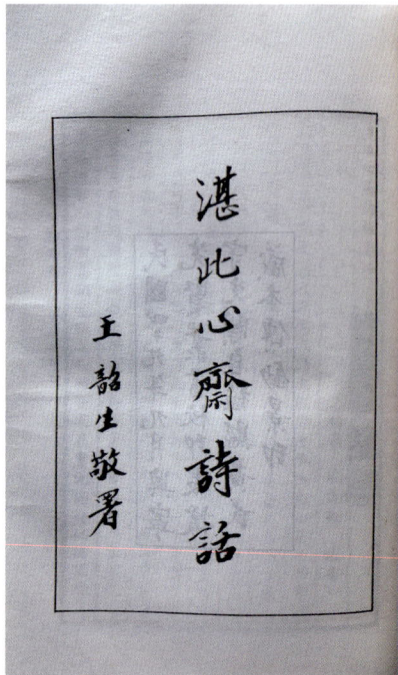

《湛此心斋诗话》

枚前后论王渔洋态度之异、张维屏《艺谈录》讥吴维彰诗之未当，都有助谈艺、资考证之功。有 1960 年《兴宁先贤丛书》影印守先阁传抄本。（蒋寅）

忏庵词话 词学批评。清沈泽棠撰。成稿于清宣统三年（1911）前后。收沈氏论词札记 86 则。品评颇见功力，多以摘句形式论南宋词，初以之为童蒙读物，重视点拨学词门径和法度。论词以雅正为旨趣，同时推崇意内言外，强调填词需以真气贯串，尤奉姜夔、张炎词为圭臬，对吴文英笔力之厚亦有深入见解。有稿本。（李小雨）

小匽说诗 诗话。清梁邦俊撰。8 卷。作于清道光间，书未成而作者去世。该书皆论清朝人诗，评骘与纪述、杂识参半，颇注意以诗印证土风民俗，留心事理，不专在于诗，对天文、地理、孝义、家乘、官箴等多有载记，足以参证旧闻、启发新义。又颇善摘句，文笔简淡可喜。有清道光二十九年（1849）梁九图刊本。（蒋寅）

读书草堂明诗 诗歌批评。清简朝亮撰。4 卷。清光绪十八年（1892）撰成 1 卷本收入《所托山房诗集》，未单行。1929 年，简氏旅次上海南园，将此卷略作整理，并续撰 3 卷，成今传 4 卷本。以古诗、律诗、绝句相结合为编纂体例，题解、注典、注音为撰写顺序，对杜甫、李白、韩愈等名家诗作加以点评，特别注重诗作事典的阐释。另将朱次琦、陶邵学、简朝亮与"简氏门人"之诗加以阐释，尤见晚清人论诗之地域特色。（郭子凡）

在山泉诗话 诗话。晚清民国潘飞声著。4 卷。收录 1905—1906 年间寓居香港时期连载于《华字日报》的论诗之作，后经修订整合为 4 卷本。书中颇多晚清诗坛掌故，记述海外交游酬唱之事，犹与日本汉诗人交往甚密。关注时局，缅怀故旧，于重点绍介广东艺文之余，不时流露海外经历与情怀。寓崇尚性灵诗学、"诗界革命"于诗学闲谈中。论诗尊重个性特征，不染门户之见，被作为近代文学变革时期的重要文学批评成果之一。后收入何藻辑《古今文艺丛书》，分载于第 3 集（卷 1、2）、第 4 集（卷 3）、第 5 集（卷 4）。现存 1913 年刊《古今文艺丛书》本。今有人民文学出版社 2016 年谢永芳等校笺本。（李艳平）

饮冰室诗话 诗话。晚清民国梁启超撰。不分卷。作者参与戊戌变法失败后流亡日本期间所作，连载于 1902 年、

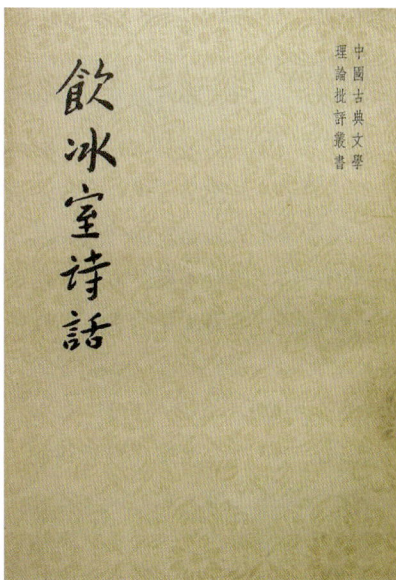

人民文学出版社1959年版《饮冰室诗话》

1907 年在横滨创办的《新民丛报》半月刊，共 204 则。但后来 1905 年广智书局版、1925 年中华书局版《饮冰室文集》和 1932 年中华书局版《饮冰室全集》，乃至于人民文学出版社 1959 年版《饮冰室诗话》所收，均截止于 1905 年所刊，仅 174 则。至 1998 年时代文艺出版社周岚、常弘重编本才补足《新民丛报》1906—1907 年所刊 30 则。诗话鼓吹"诗界革命"，提倡"以旧风格含新意境""熔铸新理想以入旧风格"，即在旧形式中注入新观念，创造新意境，并以此一标准推崇黄遵宪、康有为、谭嗣同、夏曾佑、蒋观云、丘逢甲一辈能以新事物、新思想入诗之诗家，推许夏曾佑、蒋观云、黄遵宪为"近世诗家三杰"，其论诗主张及诗歌评论以新锐的意识、犀利的文笔对晚清诗坛产生巨大影响，有力推动了近现代之交的诗歌转型。（蒋寅）

诗学 诗歌理论。清末民初黄节撰。1 卷。黄节于 1917—1925 年、1929—1934 年，两度执教北京大学，前后 15 载，此书为北大授课讲义。初名《诗学源流》（又名《诗学讲习所讲义录》，粤东编译公司于清宣统二年（1910）年刊行。后经修订，改名为《诗学》，1918—1919 年印行。又经修订完善，1921 年印行。系统论述了自先秦到明代的诗歌史，以诗学之起源、周秦间诗学、魏晋间诗学、六朝诗学、唐至五代诗学、宋代诗学、金元诗学、明代诗学 8 个专题叙述诗歌源流、品评诗人成就，是文学研究近现代转型中一部重要的诗学批评史。（李成秋）

颙园诗话 诗话。陈融撰。刊于 1935

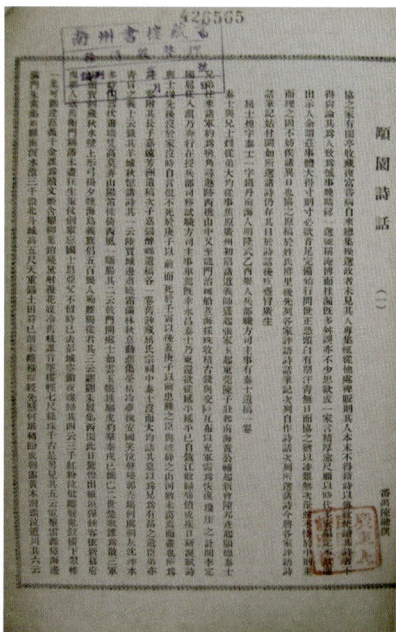

《颙园诗话》

年 3 卷第 10 期起至 1937 年 5 卷第 18 期《青鹤》杂志，共 47 期。此外，《美术（广州）》《南华月刊》《中兴报》亦刊。各期所论清代诗人，总计约 250 人。每论述一位诗人，都在姓氏爵里后先列各家评语、诗话、笔记，次列自作诗话，再次列所选诸诗题目，并注明各诗在某一别集、总集或其他著述中的具体卷数和页码。为弥补徐世昌《晚晴簃诗话》"博而挂漏，既多舛误"之失而作。（刘赫）

秋梦庐诗话稿　诗话。民国陈融撰。12 卷。专论近代粤东诗人，起伍瑞隆，止石德芬，列述粤东诗人计 341 家，清代粤东重要诗人备载其中。每则诗话包括作者简介、诗集评述两个部分。简介载作者名号、里籍、行状及著述；评述列举题跋、序文诸家评议及集中诗句，颇类朱彝尊《静志居诗话》、王昶《蒲褐山房诗话》等附总集以行的诗话体例，可谓集粤东诗人传记、评论之大成。有抄本藏香港大学冯平山图书馆特藏部。护页后有题识："自此订交，时有赠答，漫录于下。"似为抄录者手笔。（施志咏）

读岭南人诗绝句　诗歌批评。民国陈

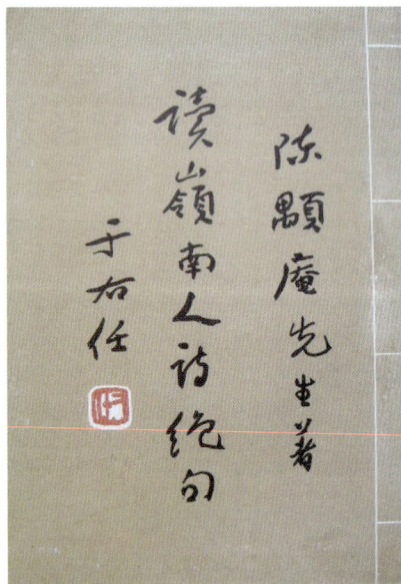

香港1965年誉印本《读岭南人诗绝句》

融撰。撰著前后历时 40 年，六易其稿。以七言绝句的形式评述、考辨汉代至民国年间 2094 家岭南诗人的诗歌作品。共 18 帙，凡诗 2681 首，后有少部分散佚，如第 14 帙论民国诗人即佚 53 家，计诗 102 首。今存诗 2577 首，论及岭南诗人 2041 家，集古今论诗绝句之大成。根据诗人的重要程度，少则 1 首，多则四五首，都系以详略不等的小注，具体评述每位诗人的创作，在寄托必恭敬止的乡邦情怀之余，也表现出兼容并蓄、通达开明的文学史意识和文化观念。对岭南诗人诗事及有关史实的梳理考订，具有重要的文献史料价值。其中 3 帙专论岭南闺秀、诗僧和道流诗家，全面展现了岭南诗歌史的发展历程。今有香港 1965 年誉印本。（蒋寅）

词学　词学批评。梁启勋著。北平京城印书局 1932 年出版。1 册。例言指出，词是一种文学艺术，是表达情感、描摹景物最为相宜的一种工具，并运用归纳、比较等科学方法，明词之"规矩"，进而臻于"巧"，以衡量艺术表达之高低深浅。上编分总论、词之起源、调名、小令与长调、断句、平仄、发音、换头煞尾、慢近引犯、衬音、宫调十二节，示人以词之"规矩"；下编分概论、敛抑之蕴藉法、烘托之蕴藉法、曼声之回荡、融和情景、描写物态（节序附）、描写女性八节，示人填词之"巧"。在民国词学研究中自成一家，较有特色。叶恭绰称其"识超义卓，考证精详，足称佳著"。（李小雨）

文坛五十年（正编续编）　文艺批评集。曹聚仁著。生活·读书·新知三联书店 2010 年 9 月出版。为《文坛五十年》（香港新文化出版社 1954 年初版）及其《续集》（香港世界出版社 1955 年初版）的合集。作者"以四

围师友生活为中心"，"以史人的地位，在文坛一角上作一孤立的看客"。这种既身历其境，又抽身旁观的双重视野，使本书兼具回忆录与文学史的定位和特性。依时间脉络先后为顺序，以 57 个专题，追述了 20 世纪初到新中国成立 50 年间的文学社团、流派、思潮、报纸杂志、重要作家和作品。不乏第一手信史资料，对作家作品的评论也独具只眼。（陈芝国）

诗与真　诗论集。梁宗岱著。上海商务印书馆 1935 年 2 月初版。收诗论 5 篇。另有《序》1 篇。扉页题"献给父亲"。书名受歌德《诗与真》启发而得。5 篇诗论分别为：《保罗梵乐希先生》《论诗》《论画》《文坛往那里去（用什么话问题）》《象征主义》。这本诗论集通常被视作中国象征主义诗学的奠基之作。作者试图沟通西方的象征主义诗学与中国古典诗学的情景交融理论以及王国维的境界论，从而将象征主义确定为"无论任何国度，任何时代底文艺活动和表现里，都是一个不可或缺的普遍和重要的原素"。梁实秋指出，《诗与真》的"文章写得很美，譬喻特别多，用字近于'浓郁'，句法也委婉整齐"。（陈芝国）

柳花集　文艺理论集。钟敬文著。"荒原丛书"之一。上海群众图书公司 1929 年初版。扉页题词"寄萍：请你不要嫌弃我这个礼物！"除《附印题记》外，收论文 18 篇。有关于文学史的札记，如《绝句与词发源于歌——中国文学史上的一个问题》；有诗论与诗评，如《盲人摸象式的诗谈》《仿吾的诗作》《李金发底诗》；有散文评论，如《试谈小品文》《平伯君的散文》《〈背影〉》；有外国文学读评，如《雨果的〈哀史〉》《读〈玛加尔的梦〉》；有摄影作品的探幽，如《〈银色的西湖〉》等。（陈芝国）

诗与真二集 诗论集。梁宗岱著。上海商务印书馆 1936 年 10 月初版。除《题记》外，收诗论 13 篇。其中《哥德论》《法译〈陶潜诗选〉序》《〈骰子底一掷〉》3 篇系作者翻译法国象征派大师梵乐希之作。《谈诗》强调诗人是"内倾"与"外向"的双重观察者，"对内的省察愈深微，对外的认识也愈透彻"。《李白与哥德》《论崇高》《说"逝者如斯夫"》主张诗人要有宇宙意识，立意要高，要能触及幽玄缥缈的形而上灵境。《新诗底分歧路口》《按语和跋》从理论和诗例两个方面，论证了节奏、韵律、意象和辞藻等形式技巧的重要性。（陈芝国）

论约瑟夫的外套 文艺理论集。黄药眠著。香港人间书屋 1948 年 8 月初版。除《前言》外，收论文 7 篇。在《论约瑟夫的外套》《论美之诞生》《文艺之政治性，艺术性及其他》《论文艺创作上的主观和客观》《读了〈文艺工作底发展及其努力方向〉以后》这些篇章中，与舒芜、朱光潜、冯雪峰等展开论争。其他篇章则从诗人自我改造的角度论述创作大众化诗歌的问题，评论艾青、何其芳、田间等人的诗作。论辩色彩较浓，文艺见解独到，有着非常鲜明的左翼色彩。（陈芝国）

论走私主义的哲学 文艺理论集。黄药眠著。香港求实出版社 1949 年 5 月初版。收论文 14 篇。《论走私主义的哲学》《论资本主义与文学》《论诗歌工作上的几个问题》《论作家的主观在创作上的作用》《论风格的诸因素》《论文艺批评上的功利主义》《关于〈文艺与生活〉的两种看法》《〈死去了的逻辑〉与〈可爱的错误〉》等篇章注重揭示创作心理、创作与生活、风格与批评等诸层面的关系。也有作

家作品专论，如对闻一多的《死水》、何其芳的《夜歌》、黄宁婴的《民主短简》、邵子南的《李勇大摆地雷阵》的分析等。（陈芝国）

论诗 诗论集。黄药眠著。桂林远方书店 1944 年 5 月印行。除《后记》外，收诗论 14 篇。论述了抗战时期诗歌的任务、方向、民族形式等问题，主张诗歌创作要有鲜明的时代性、正确的政治倾向和战斗意识。反对抗战诗歌的标语化和口号化，强调形象化。比较中肯地简评了艾青、田间、蒲风、柯仲平等人的诗作。《诗人在历史上走过的足迹》《略论中国诗史》《论屈原的诗》等篇章专论中国古典诗歌。（陈芝国）

粤东诗话 诗话。屈向邦撰。4 卷。据卷首自识，此编初为 1937 夏应《青鹤》杂志之约而作，约得百则，值淞沪战起，《青鹤》停刊，初稿未发表，遂汇续得之百则，分为 4 卷。书中杂论古今粤东诗人之作，于同光后谈说特详，而同光以前则前人所略者始及之，绝不蹈袭。粤东为近代文学发源

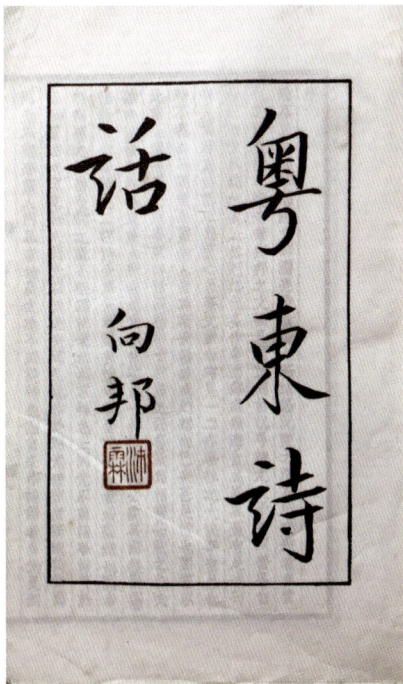

诵清芬室 1948 年版《粤东诗话》

地，名家辈出，书中多载晚近名家姻叶恭绰、黄节、梁启超、梁鼎芬、易孺、胡汉民等人事迹，于黄节《蒹葭楼诗》尤为推崇。又载《绿天香雪簃诗话》之作者为袁祖光，可了近代诗学一桩悬案。作于 20 世纪 20 年代，已浸染现代文学理论，故评论诗家，考镜诗学源流，分析甚细，颇具理论色彩。唯书中人物或只称别号、室名，体例不太一致。有屈氏诵清芬室 1948 年自印本。今有香港龙门书店 1964 年重印本。其后又有所增广，成《续编》1 卷，并加标注，易名《广东诗话正续编》，香港龙门书店 1968 年印行。（蒋寅）

抗战诗歌讲话 诗论集。蒲风著。广州诗歌出版社 1938 年 4 月初版。除《写在前面》外，收诗论 6 篇。《现阶段的诗人任务》要诗人承担起国防任务。《关于前线上的诗歌写作》从热情蓬勃、必须大众化、内容形式的统一化、表现具体化、抒情单纯化和简短有力街头诗等 6 个方面进行了论述。《现阶段的抒情诗》主要讨论抒情诗的定义和现阶段抒情诗的重要性。《关于抒情诗写作法的意见》则从更深的真实性、具体化、实际生活的新形式、伟大雄浑的想象及其内容等方面进行了论述。《目前的诗歌大众化诸问题》反对五、七言定型律和时调小曲。《诗歌大众化的再认识》继续从国防文学层面鼓吹诗歌大众化。（陈芝国）

立德堂诗话 诗话。清邬以谦撰。1 卷。收入清宣统三年（1911）邬庆时所刊《番禺邬氏丛刻》中。邬启祚延其课儿孙十余年，后为奉母归里畜牧，病卒，遗稿为白蚁所食，荡然无存。所撰诗话有时录示族弟庆时，庆时辑而刊之，仅存 9 则，其中论及梁鼎芬、邬启祚、潘飞声妻梁佩

琼。论诗有云："韩信将兵，多多益善，可为读诗之法；王猛扪虱，旁若无人，可为作诗之法。"语甚有味。（蒋寅）

见虾集 文艺批评集。刘以鬯著。辽宁教育出版社 1997 年 8 月出版。收《读〈仙宫〉》《端木蕻良在香港的文学活动》《萧红的〈马伯乐〉续稿》《雅与俗》《台静农的短篇小说》《顾城的城》等文学批评 40 篇。作者"不肯以一般文字工作与文学事业等量齐观。文学在他的心目中，乃严肃的艺术创作"。正因为置身香港左右冷战和商业化两相夹击的境地，"因而更加着力反拨，把'娱乐他人'的文字跟'娱乐自己'的文学断然划分界域"。除了文学史料的纠谬，文学价值是作者作出选择与判断的唯一尺度。对萧红、端木蕻良、穆时英、老向等人创作的评论，努力区别"事实"与"艺术"、"故事"与"小说"的界限，使其批评真正成为文学的批评。（陈芝国）

林以亮诗话 诗论集。林以亮（宋淇）著。台北洪范书店 1976 年初版。收新诗理论批评文章 11 篇。另有《自序》和夏志清《序》各 1 篇。结合中西古今的诗例，分别讨论新诗的形式、散文诗、诗的诙谐与幽默、新诗的阅读、诗歌翻译、诗的创作与道路以及诗歌对人的教育意义。其中论诗诗《喷泉》和《一首诗的成长》，如夏志清所言，道出了作者在"浪漫、现代、中国古老传统三种势力冲击下""写诗的苦乐"。（陈芝国）

新文学丛谈 文艺随笔集。司马长风著。香港昭明出版社有限公司 1975 年 8 月初版。先对新文学史的分期问题、团体与流派、作家南迁、白话文学、新文学里的洋文等问题概而论之，也

就蔡元培、胡适、林琴南、茅盾、冰心、闻一多、郭沫若、郁达夫、鲁迅、周作人和沈从文等的掌故予以叙述辨析。对周氏兄弟的为文与为人，结合掌故，进行了深入的论述。史料价值高，较有掌故性和趣味性。如指出赵家璧主编的《中国新文学大系》各编的得失，通过编者的立场、好恶，发现"里面有斗争"。《〈新月〉的后继刊物》认为徐志摩遇难后，"新月社"诸人风流未散。这些随笔从第一手材料出发，又写得直言不讳，提出了不少被文学史家忽略的问题，颇具见识。（陈芝国）

分春馆词话 词学批评。朱庸斋著。门人陈永正、蔡国颂、李国明、张桂光、梁雪芸、李文约等于札记书简或听课笔记中辑补而成。吴三立、杨重华为之序。5 卷。朱氏论词，深具词体演变意识，不泥于宋人，强调学古而有我，力主"文艺贵真""抒情贵深"的观念与形式，追求浑成雅正的艺术体格，以情文相生为佳。所论词作范围，上起敦煌词卷，下迄清末民初词作，重视词体特性，于字法、句法、用韵、宫调、声律处专加辨析，尤重在剖析词作笔法，常有独得之论。论清词不独关注浙、常两大词派，也注意浙、常而外的重要词人，比如周之琦、文廷式、张景祁等，并对"诗人之词""词人之词"加以界划。对粤词的发展作出思考，推屈大均为清代粤词第一人，而以陈洵词为粤词正声。论词立义较高，所涉较广，意欲示人学词正途。今有广东人民出版社 1989 年本、广东人民出版社 2018 年《朱庸斋集》本。（李小雨）

崔炜 传奇小说。唐裴铏撰。裴铏小说集《传奇》篇目。叙唐贞元中南海崔炜尚豪侠，中元日，为乞食老妪偿还酒钱。老妪为鲍姑，赠炜越井冈

艾。炜用艾为任器治愈赘疣，任器欲杀炜以飨独脚神，炜得任器女帮助而逃脱。炜坠入大枯井，为蛇治愈赘疣。蛇载炜至赵佗墓，炜得国宝阳燧珠和齐王女田夫人。羊城使者携炜归人间，方知人间已过 3 年。任器、赵佗为秦汉时期岭南历史人物，羊城使者、鲍姑、安期生、葛洪为岭南传说人物。与《传奇》中其他岭南小说同为岭南最早的传奇小说。《岁时广记》《类说》《艳异编》《情史》收录。明王元寿演为《紫绮裘》传奇。（耿淑艳）

张无颇 传奇小说。唐裴铏撰。裴铏小说集《传奇》篇目。叙唐长庆中南康张无颇游番禺，袁天纲女袁大娘赠其玉龙膏和暖金盒。广利王知其有膏，召无颇为其女医病。无颇出玉龙膏与女服之，女即愈。月余，女赠诗二首，有疾如初，无颇复往。王后疑女与无颇有私，王遂将女嫁与无颇。取材于岭南神话和传说。广利王即南海海神祝融，其宫殿即南海神庙，玉龙膏、骇鸡犀为岭南传说中的神异之物。《古今说海》《太平广记》《类说》《艳异编》收录。明杨琎演为《龙膏记》传奇。（耿淑艳）

陈鸾凤 传奇小说。唐裴铏撰。裴铏小说集《传奇》篇目。叙唐元和中海康陈鸾凤负气义，不畏鬼神。海康有雷公庙，每岁祭祀新雷。时逢大旱，乡人祈而无应，鸾凤大怒，烧毁雷公庙，食用黄鱼巍肉，持竹炭刀挑战雷神。鸾凤挥刀击雷，雷堕地，沛然云雨。鸾凤被乡人驱逐，至其舅家，舅家被雷焚烧。又往僧室，僧室亦被雷震。入于岩洞，雷不能复震。自后海康每有旱，乡人即请鸾凤持刀挑战雷神，皆大雨滂沱。取材于雷州半岛的雷神传说。陈鸾凤是一个敢于反抗权威和世俗之见的英雄，是岭南小说史

上极具光彩的形象。《太平广记》收录。（耿淑艳）

蒋武 传奇小说。唐裴铏撰。裴铏小说集《传奇》篇目。叙宝历中河源蒋武胆气豪勇，善射猎。忽有一猩猩跨象至，云山南有巴蛇，吞象数百，请武杀蛇。象跪地，洒涕如雨。武杀蛇，窥其穴，象骨与牙堆积如山，武乃大富。忽又一猩猩跨虎至，云四虎为黄兽所害，请武杀黄兽。武欲行，跨象猩猩又至，云有五虎吞噬数百人，黄兽食其四。武杀虎与跨虎猩猩。以岭南诸种动物传说构成，具有离奇怪异色彩。《太平广记》《类说》收录。（耿淑艳）

金刚仙 传奇小说。唐裴铏撰。裴铏小说集《传奇》篇目。叙开成中西域僧人金刚仙居清远峡山寺，善拘鬼魅。一日峡山寺李朴见大蜘蛛和两头蛇相斗，诛杀死蛇。李朴告知金刚仙。僧至蛛穴，振环杖而咒，触死蜘蛛，蜘蛛脱离恶业。数年后，僧欲归天竺，于峡山金锁潭捕一泥鳅。泥鳅乃龙之子，僧欲煮以为膏，涂足渡海。是夜，有白衣叟贿赂寺内仆役，使其持酒毒僧。僧欲饮，有小儿跃出打翻酒，云酒是龙王毒酒。小儿为昔日之蛛。僧放归龙子，乘船归天竺。金刚仙是岭南民间传说中的西域僧人，寓居岭南，有奇能异术。反映了唐代岭南与海外国家的交流。后世笔记多记其事。（耿淑艳）

孙恪 传奇小说。唐裴铏撰。裴铏小说集《传奇》篇目。叙广德中秀才孙恪游于洛中，遇袁长官之女，女艳丽聪慧，遂娶为妻。遇表兄张生，张生云袁氏为妖，赠其宝剑。恪携剑隐于室内，袁氏俄觉，责恪不顾恩义。后十余年，袁氏鞠育二子，治家甚严。恪之南康为判官，挈家而往。至端州，宿峡山寺。袁氏将碧玉环献僧，云是

院中旧物。有野猿数十，悲啸跳跃。袁氏悲泣，裂衣化为老猿而去。僧方悟此猿乃其为沙弥时所养，开元中高力士怜其慧黠，养于上阳宫内。恪惆怅，携二子回棹。岭南民间传说与历史事件融合，人猿相恋的情节充满悲剧色彩。《太平广记》《龙威秘书》《古今说海》收录。元郑廷玉演为《孙恪遇猿》杂剧。（耿淑艳）

双槐岁钞 文言小说集。岭南作家撰写的第一部笔记小说。明黄瑜撰。10卷。记洪武至成化间人文典礼、科举考试、军政边备、内阁旧事、朝野传闻等。其中小说部分多为轶事，夹杂少量志怪，100余则。内容较广，记君主和贤臣伟业的，如《圣瑞火德》《醉学士歌》《何左丞赏罚》。批判官场黑暗腐败，如《卜马益》《刘绵花》《孝穆诞圣》。记各阶层人民生活的，如《妖僧扇乱》《援溺得子》《木兰复见》。记官吏断案的，如《周宪使》《断鬼石》《陈御史断狱》。后世小说戏曲如《古

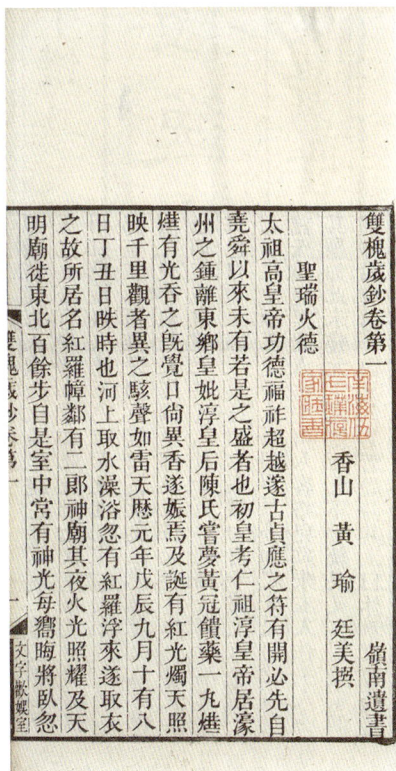

清道光十一年（1831）《岭南遗书》本《双槐岁钞》

今小说》《警世通言》《西湖二集》《聊斋志异》《钗钏记》传奇等多从中取材。有明嘉靖二十八年（1549）宝书楼刻本、清道光十一年（1831）《岭南遗书》刊本。（耿淑艳）

五山志林 文言小说集。清罗天尺撰。8卷。有凌江胡定序、作者自序。五山在顺德。以发南国之英华为创作目的，

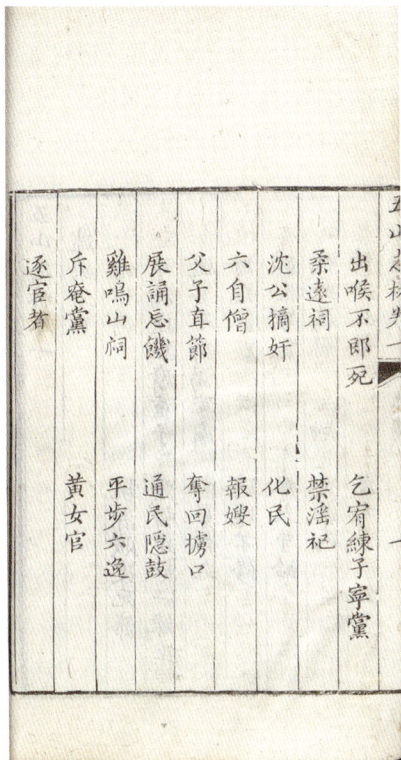

清乾隆二十六年（1761）刻本《五山志林》

全面表现顺德乡邦的历史变迁、人物风貌和精神特质。内容较广，记明清易代之际顺德人民的忠贞和豪迈，如《桃源贼双死节》《迎宴不许谒家庙》《出喉不即死》。记清初统治者的暴虐，如《莺鸡七》《徐侯政绩》《海盐风力》。记顺德底层人民的诚信、孝友、忠贞、扶危济困等美好品质，如《义仆祠》《广积沙》《贫僧助赈》。志怪有《琼林鸡异》《蕉异》《潭村灾异》等。《问安路》《一母两贵子》《飞锤》等为后世笔记沿袭。有清乾隆二十六年（1761）刻本、《岭南遗书》本、清光绪三十年（1904）刊本。（耿淑艳）

珠江名花小传 文言小说集。署支机生（缪艮）撰。1卷。清末虫天子《香艳丛书》收录。每篇小说后有署名缪莲仙的补述和缪子的评议。有小说21则，包括《绣琴》《文采》《大奀》《亚柳》《凤彩》《新娇》《瑞莲》《细妹》《阿凤》《婕卿》《阿富》《李顺娘》《沈三姑》《王翠凤》《秀英》《麦大安》《亚银》《阿宝》《张二妹》《小福》《珍珠》。记广州珠江上妓女的生活和精神风貌。记妓女的身世之悲，如《文采》《凤彩》。记妓女的反抗精神，如《大奀》。记妓女的胆识、智慧和侠义，如《新娇》。记妓女和文人之间的真挚情感，如《李顺娘》。以摹写情感见长，情感真挚绵邈，具有较高的艺术性。（耿淑艳）

岭南逸史 通俗长篇小说。清黄岩撰。28回。以《圣山志》为底本，从《霍山老人杂录》《广东新语》《赤雅外志》及省府诸志中取材。叙明万历年间潮州府程乡县青年黄逢玉，和汉族女子张贵儿、嘉桂山瑶王李小鬟、天马山瑶王梅英之妹梅映雪、疍户珠姐

清嘉庆十四年（1809）刻本《岭南逸史》

云妹、强盗之女谢金莲的爱情故事，间叙瑶民部落冲突、瑶民起义、平定盗贼等故事。突破传统偏见，描写瑶族人民的美好品性，肯定他们的斗争精神，为小说史上所罕见。其女性形象影响了《儿女英雄传》的十三妹、《绿牡丹》的花碧莲和鲍金花。清乾隆甲寅（1794）刊。有清嘉庆十三年（1808）、十四年（1809）刻本，内有乾隆甲寅西园老人序、乾隆癸丑（1793）醉园狂客序、乾隆甲寅张器也叙、凡例5则。每回末尾附醉园、西园、琢斋、竹园、启轩、李梦松评。（耿淑艳）

霭楼逸志 文言小说集。清欧苏撰。6卷。以备载莞邑轶事为创作目的，记莞邑遗闻轶事，具有浓郁的地方色彩。

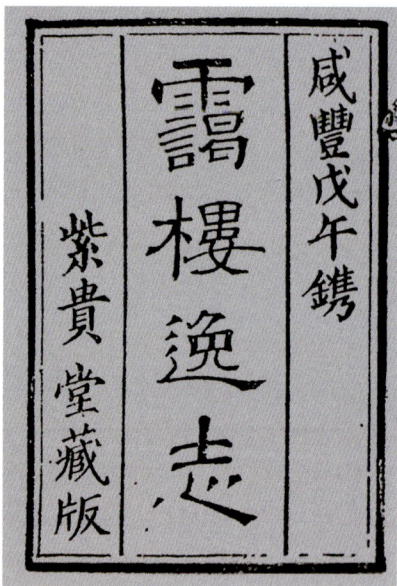

清咸丰八年（1858）刻本《霭楼逸志》

记莞邑各阶层人民生活，如《木梳菌》《胡廷兰》《义盗》。记莞邑民间流传的奇幻故事，如《一村求火》《钟布政鬼差》《鬼择婿》。记莞邑骇人听闻的案件，如《谋杀亲儿》《王三巧》《黄阿极》。其中《云开雪恨》反映清代官场的腐败和黑暗，极具批判性。为后世岭南小说提供了丰富素材。清安和先生以《云开雪恨》为底本，创作了通俗长篇小说《警富新

书》。吴趼人又以《警富新书》为底本，创作通俗长篇小说《九命奇冤》。有清嘉庆三年（1798）、清咸丰八年（1858）刻本。（耿淑艳）

潮嘉风月记 文言小说集。清俞蛟撰。俞蛟《梦厂杂著》中记广东潮州、嘉应轶事的内容被清末虫天子辑入《香艳丛书》，取名《潮嘉风月记》，3卷，为丽景、丽品、轶事。"丽景"8则，记潮嘉一带胜景、妓家习俗。"丽品"21则，"轶事"8则，皆为轶事小说。记潮嘉一带妓女的高洁品质、真挚情感和对爱情的忠贞，如《濮小姑》《郭十娘》《琳娘》《宝娘》《江左杨少愔》。语言清新流丽，情节委婉曲折，风格典雅绮丽。（耿淑艳）

蜃楼志 通俗长篇小说。清庾岭劳人说，禺山老人编。有罗浮居士序。24回。叙广州官场与洋商故事。广州十三行商总苏万魁经营商行，家中巨富，遭新任海关监督赫广大勒索，遂隐居花田，遭强盗抢劫而亡。万魁之子苏芳继承商行，焚券市义，灾年平粜粮米，化解赫广大的再次勒索。苏芳风流多情，娶温蕙若为妻，纳乌小乔、施小霞、巫云、也云为妾。结识王大海、吕又逵、何武等好汉，招降姚霍武，参与平定西域和尚摩剌作乱。反映清中期诸种社会矛盾，力图寻求化解矛盾的方式和拯救世风的良药，显示出朦胧的改良愿望。以世情为主，融才子佳人、英雄传奇、神魔题材于一体。有清嘉庆九年（1804）刻本、嘉庆十二年（1807）刻本、清咸丰八年（1858）刻本。（耿淑艳）

红楼复梦 通俗长篇小说。清陈少海撰。题红香阁小和山樵南阳氏编辑，款月楼武陵女史月文氏校订。100回。有陈诗雯序、作者自序、绣像、凡例。接

程刻本《红楼梦》120 回续起。叙贾宝玉转生于江苏镇江巨族祝家，名梦玉，兼祧三房，娶四妻，一正三副，即林黛玉转生的松彩芝、甄英莲转生的鞠秋瑞、史湘云转生的竺九如、晴雯转生的梅海珠。贾家回到金陵旧宅，与祝家通家往来。瑶人作乱，薛宝钗、贾珍珠等参战立功获封。梦玉中进士。众人一起进京供职，重游大观园。人物众多，情节离奇曲折，颇有悲凉之气，为《红楼梦》续书中艺术水平较高、篇幅最长的一部。有清嘉庆十年（1805）金谷园本、清嘉庆十年（1805）本衙藏板本、琅嬛斋刊本、平湖宝靶堂刊本、光绪二年（1876）上海申报馆仿聚珍版排印本。（耿淑艳）

警富新书　通俗长篇小说。清安和先生撰。40 回。题《添说八命全传》《一捧雪警富新书》。有敏斋居士序、绣像 12 幅。本于乾隆年间番禺真实大案，以欧苏《霭楼逸志》卷五《云开雪恨》为框架。叙番禺凌贵兴、梁天来两家，世为姻亲。凌贵兴惑于马半仙风水之说，受凌宗孔、区爵兴唆使，勾结强盗，害死梁家七人八命，又害死乞丐张凤。梁天来先后控于番禺县、

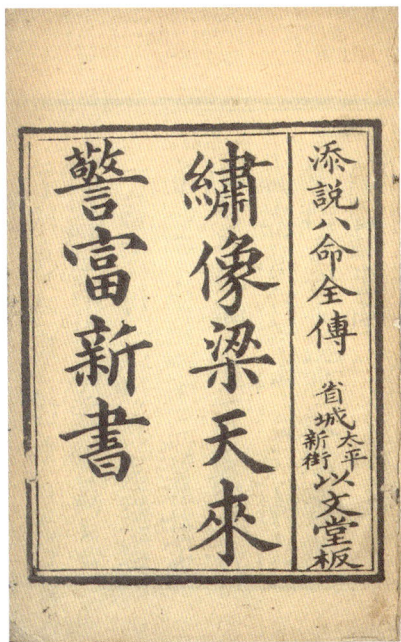

清嘉庆十四年（1809）刻本《警富新书》

广州府、臬台、抚院、肇庆府，均因贵兴贿赂官府而失败。天来上京告御状，冤案得以昭雪。一改公案小说歌颂清官的创作风气，重在批判清代司法制度的缺陷与黑暗，在中国公案小说史上有重要地位。近代吴趼人据此书敷衍为《九命奇冤》。20 世纪有电影《梁天来告御状》《梁天来》。有清嘉庆十四年（1809）翰选楼刊本、芸香阁刊本、以文堂刊本、佛山翰宝楼刊本，清道光桐石山房刊本、以文堂刊本。（耿淑艳）

绣鞋记警贵新书　通俗长篇小说。清乌有先生撰。20 回。叙莞邑石井乡叶荫芝，曾任户部主事，与羊城寡妇陈凤姐

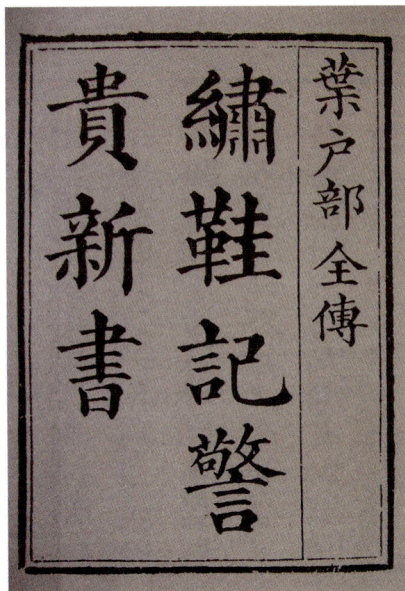

《绣鞋记警贵新书》

私通，以绣鞋为表记。凤姐出逃，与叶荫芝成亲。在邓清、叶润泽、李鹤举等人教唆下，叶荫芝大肆作恶，欺凌乡人。宪抚捉拿叶荫芝及其党羽，判叶荫芝绞刑。叶荫芝死后，在阴间与其党羽的鬼魂和生魂又受审判。生动反映了清中期岭南豪强恶势力给人民众带来的苦难，与《警富新书》同为晚清谴责小说的先声。有蝴蝶楼刊本，题《叶户部全传》《绣鞋记警贵新书》。有沧浪隐士跋、南阳子虚居士序，罗浮山下烟霞客、痴飞子戤、梅华道人题词。绣像 12 幅。（耿淑艳）

邝斋杂记　文言小说集。清陈昙撰。有自序、潘正亨序、张杓序、陈汝亨跋。8 卷。记嘉庆、道光年间粤地轶

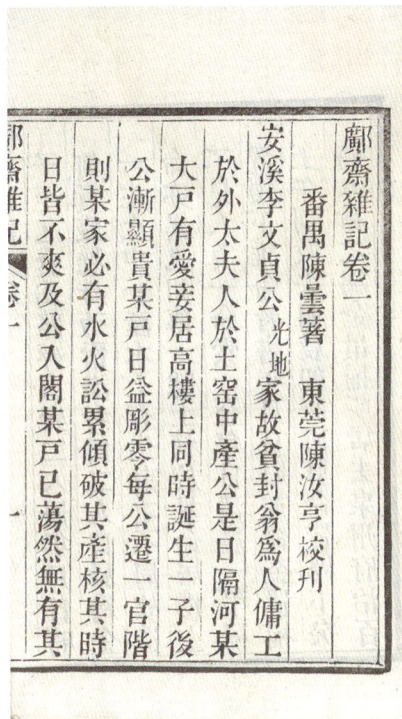

清光绪十年（1884）刊本《邝斋杂记》

事，间及他省故事。记文人的生活和精神风貌，歌颂文人的聪明才智和美好品质，如《彭文勤公督学》《张磬泉》《石氏兄弟》。记粤地官场的黑暗腐败、官吏的贪婪残酷，具有很强的批判意义，如《郁林州案》《糊涂县令》《猾吏》。志怪小说较多，多记粤地花妖狐鬼故事，但部分志怪小说踵武前作，缺乏新意。有部分志怪具有浓郁的粤地色彩，内容新颖奇特，如《摄青鬼》《雨仙》《尚可喜藏镪》等。有清道光九年（1829）本、清光绪十年（1884）广雅堂本。（耿淑艳）

粤屑　文言小说集。清刘世馨撰。8 卷。以纪方隅之琐屑、补志乘之疏遗为创作目的，记明清尤其是乾隆、嘉庆年间粤地各阶层人民的生活和精神风貌。记粤地历史人物的遗闻轶事，多取材于真人真事，同时融合民间传说，如《曹溪钵》《林查子》《洗夫

人》。记粤地青年男女爱情婚姻生活，如《义妻》《墨蛇》《风雨易妻》。记明清易代的故国之思和黍离之悲，如《百花冢》《仙塔》《古琴》。志怪小说有《星岩狐姥》《娟猪》《猫曲》等。长于铺叙和抒情，委婉有情致。后世小说、戏曲多从中取材。《风雨易妻》被清无名氏演为《风雪媒》传奇，《海门妇》被清无名氏演为《杨华选》传奇。有清道光十年（1830）刊本、清光绪三年丁丑（1877）4 卷本。（耿淑艳）

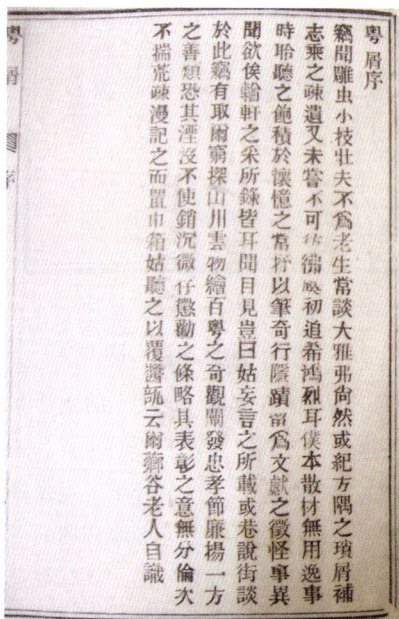

清光绪三年（1877）本《粤屑》

粤小记　文言小说集。清黄芝撰，黄培芳参订。4 卷附《粤谐》1 卷。有祁墦序、黄大干序、黄培芳跋。以彰显不载于史乘的粤地人物为创作目的，记乾隆、嘉庆、道光年间广州、顺德、番禺、佛山、增城、嘉应、新会、化州、高明等地的遗闻轶事，尤以广州为多。所记人物既有粤地著名人士，如黄瑜、黄佐、湛文简、梁储、黄萧养、张家玉、陈子壮等，也有士农工商、贩夫走卒等民间人物。志怪小说在卷四和《粤谐》，内容新奇，具有较高独创性，如"樱桃""许来""闪青鬼"。风格典雅，为岭南小说中的上乘之作。有清道光十二年（1832）

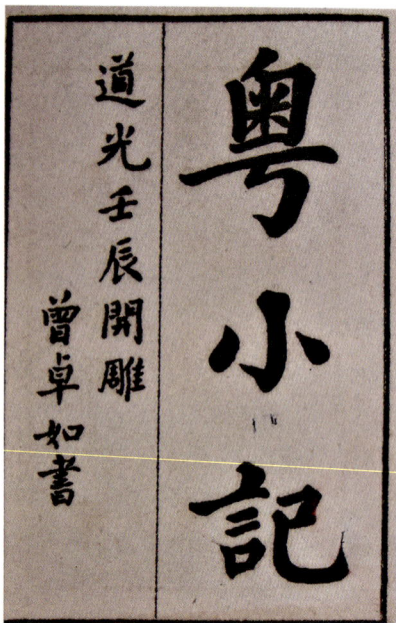

清道光十二年（1832）刻本《粤小记》

刻本、上海会文堂石印本。（耿淑艳）

大明正德皇帝游江南传　通俗长篇小说。清何梦梅撰。45 回。题《绣像正德游江南全传》。有游龙幻志序，绣像 28 幅。叙明正德皇帝朱厚照游江南故事。正德年少即帝位，刘瑾专权，朝政日非。正德私往江南冶游，一路上访察民情，惩治奸佞。遇龙凤酒店李凤、苏州宋彩霞，遂留恋不归。梁储奉命往江南寻访。刘瑾派人劫驾，王守仁复出救驾，擒刘瑾，护驾回朝。有清道光二十二年（1842）宝文堂本、高丽抄本、翰选楼刊本、经纶

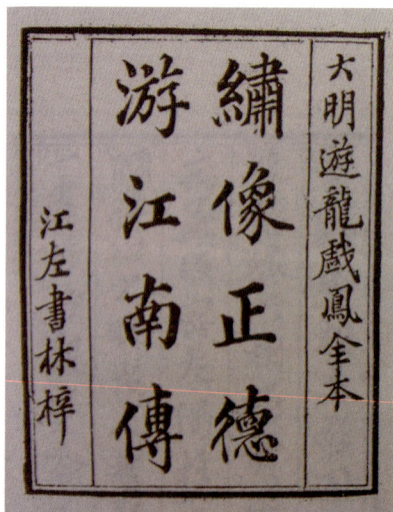

《大明正德皇帝游江南传》

堂刊本等。（耿淑艳）

西湖小史　通俗长篇小说。清上谷氏蓉江撰。有李荔云序，绣像 20 幅。16 回。首卷《西湖胜迹》记广东惠州府西湖数十处胜景。叙程乡县才子侯春旭与惠州府才子陈秋楂成为知音好友。秋楂在西湖铁陵庵与王春红一见钟情。春旭在西湖永福寺松风阁与黄秋娥一见钟情。秋楂考取状元，赴朝鲜抵抗倭寇，大捷而归。春旭因小人吴用修和奸相李树陷害，被下牢狱。秋楂上书弹劾李树，李树倒台，春旭获救。博罗县民众起义，攻陷县城，秋楂与春旭带兵抚定起义民众。两人分别与佳人成婚，隐居西湖。大体不出才子佳人小说模式，但所叙抗倭战争较为新颖，广东本地风光和生活的描写为小说增色。有清咸丰六年（1856）琅玕山馆刊本、清光绪二年（1876）六经堂刊本、光绪十三年（1887）徐文斋刊本。（耿淑艳）

越台杂记　文言小说集。清颜嵩年撰。4 卷。越台即越王台。所记皆关于粤地人物，且多叙家事。记广东颜氏、伍氏、潘氏家族的遗闻轶事，如颜嵩年之父、祖母、表兄潘正亨、表弟黄霭如、从兄颜广文、颜茂才等。记广东文人轶事，如黄培芳、曾宾谷、陈仲卿、吴兰修、许叔文、冯成修等。最有价值的是记广东军民反抗外敌入侵的轶事，如陈联陞、水师提督关天培、武生沈志谅等，反映广东军民在民族危亡时刻宁死不屈的反抗精神，开启了以鸦片战争为题材的小说创作序幕。有清同治二年（1863）刊本。（耿淑艳）

俗话倾谈　通俗短篇小说集。清邵彬儒撰。初集 2 卷，二集 2 卷。有自序。小说有 16 则，包括《横纹柴》《七亩肥田》《邱琼山》《种福儿郎》《闪山风》《九魔托世》《瓜棚遇鬼》《鬼怕孝心人》《张阎王》《骨肉试真情》

《泼妇》《生魂游地狱》《借火食烟》《好秀才》《砒霜钵》《茅寮训子》。为演说清代圣谕十六条中的第一条敦孝悌以重人伦、第三条和乡党以息争讼的义理而创作，同时生动反映晚清岭南社会生活。使用粤方言、白话、文言3种语言（方言）。对其后的圣谕宣讲小说产生了较大影响。有清同治九年（1870）五经楼刊本。又有广东华玉堂、黄从善堂、古吴文裕堂等刊本。（耿淑艳）

羊石园演义 通俗中篇小说。清笑翁撰。7回。清光绪二十四年（1898）七月《东华日报》开始连载。前有例言、苏器甫序、自序，后有跋、两封汉军榕坡生致报馆信函、依影小郎结语、词。据七弦河上钓叟《英吉利广东入城始末》敷衍而成。人名、地名均以草木之名代替。羊石园代广州，御花园代朝廷，蕃薯院代番禺县，莺粟国代英国，花王代咸丰帝，薯茛头代徐广缙，大冬

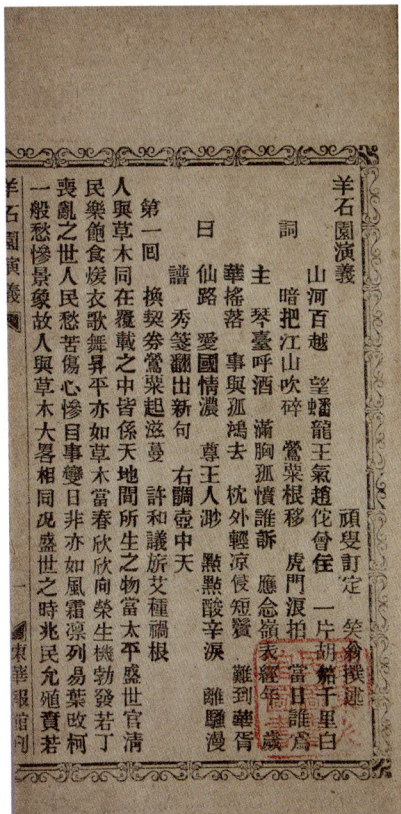

清光绪二十四年（1898）排印本《羊石园演义》

叶代叶名琛。叙自《南京条约》签订后，莺粟国强行输入洋莺粟。御花园否定了主战派意见，升大冬叶为总督。莺粟国多次蛮横进攻羊石园。羊石园军民奋力保卫城池，伤亡惨重。大冬叶惑于占卜，羊石园最终失陷。大冬叶被俘，不食而亡。以寓言手法抨击清政府的腐败无能，赞扬广州人民的爱国精神和斗争精神，是一部优秀的反帝反侵略小说。有清光绪二十四年（1898）戊戌秋东华日报馆排印本。（耿淑艳）

新中国未来记 通俗中篇小说。近代梁启超撰。5回。未完。刊于清光绪二十八年（1902）十月十五日至次年七月十五日《新小说》第1、2、3、7号。标政治小说。有眉批和总批。叙欧洲留学生黄克强、李去病学成归国，游历山海关、旅顺、上海、香港，目睹国家沉沦，悲愤难当。二人围绕救国方略展开辩论。克强是温和的改良派，主张君主立宪，开明专制。去病是激进的革命派，主张共和政体，代议会制。二人往复辩诘44次。克强的主张获得成功，60年后，中国实现了君主立宪制，富强繁荣。为晚清第一部新小说。为梁启超"小说界革命"主张的实践，旨在发表政见，商榷国计，对此后的岭南小说乃至整个中国小说均有示范意义。《广益丛报》、广智书局、商务印书馆皆有刊印。（耿淑艳）

二十年目睹之怪现状 通俗长篇小说。近代吴趼人撰。108回，8卷8册。标社会小说。署名我佛山人。每回有评语。原载清光绪二十九年八月十五（1903年10月5日）至光绪三十一年十二月二十五日（1906年1月19日）《新小说》第8至第15号、第17至第24号，连载至第45回，因《新小说》停刊而中止。带有一定的自传色彩，主要叙述"我"即主人公"九死一生"20年间目睹的各种怪现状，举

凡贪官污吏、讼棍劣绅、奸商钱虏、洋奴买办、江湖术士、洋场才子、娼妓娈童、流氓骗子等，狼奔豕突，层出不穷，全方位展示晚清黑暗腐朽的社会实景。采用第一人称叙事，在中国小说史上别开生面，促进了中国小说叙事视角的革新。有清光绪上海广智书局单行本。（纪德君）

痛史 通俗长篇小说。近代吴趼人撰。清光绪二十九年（1903）八月十五日至光绪三十一年（1906）十二月二十五日连载于《新小说》第8—13、17、18、20—24号。未完。标历史小说。叙南宋灭亡前后，民族败类贾似道卖国求荣，忠臣义士文天祥、张世杰、陆秀夫等奋勇抗元的故事。作者忧伤时势，旨在借古讽今，以那一段民族"痛史"警醒国人，激发国人的爱国仇寇之心。以讲史为本，兼具侠义小说色彩，笔酣墨饱，感情充沛，是晚清历史小说中的上乘之作。有清宣统三年（1911）上海广智书局27回单行本。（纪德君）

九命奇冤 通俗长篇小说。近代吴趼人撰。36回。清光绪三十年（1904）十月二十五日起连载于《新小说》第12—24号。标社会小说。据清嘉庆十四年（1809）安和先生《警富新书》改编。叙述雍正年间番禺县梁天来、凌贵兴两家因风水问题发生纠葛，积怨成仇。凌家倚借财势，对梁家百般欺凌，甚至纠结强盗，纵火焚熏梁家石室，遂酿成轰动一时的七尸八命惨案。梁天来衔冤上告，历经县、府、按察使、巡抚等审讯，都因凌氏以重金行贿，不了了之。最终梁天来冲破重重阻截，赴京告御状，终使沉冤得雪。作者采用讽刺小说的写法揭批晚清社会的黑暗和吏治的腐败，并借鉴西洋侦探小说的技法谋篇布局，取得了引人入胜的叙事效果。有清光绪

三十二年（1906）上海广智书局单行本。（纪德君）

廿载繁华梦 又称《粤东繁华梦》。通俗长篇小说。近代黄小配撰。40回。清光绪三十一年（1905）九月二十九

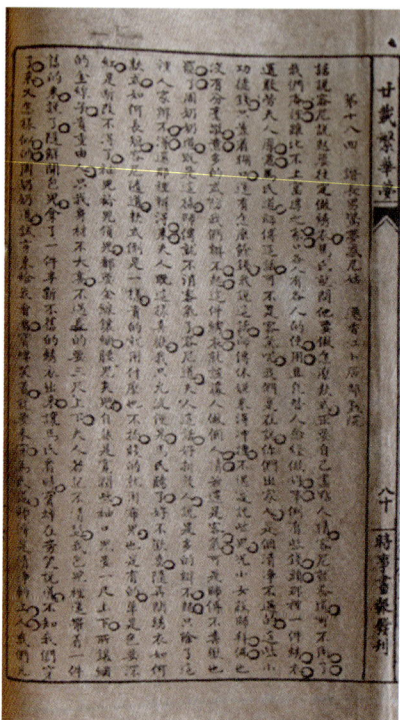

《时事画报》连载《廿载繁华梦》

日起连载于广州《时事画报》。叙市井光棍周庸祐由广东海关库书起家，通过贪污舞弊，强取豪夺，成为买办型官僚巨富，后被参劾查抄，人财两空，廿载繁华，终成一梦。其兴衰充分暴露了清朝政治、经济等的腐朽、黑暗，展现了清王朝内外交困、危机四伏的末日图景，揭示了它注定没落的命运。有清光绪三十三年（1907）时事画报社单行本（标近事小说。卷首有华亭过客学吕和曼殊庵主序）。（纪德君）

粤东繁华梦 见"廿载繁华梦"。

恨海 通俗长篇小说。近代吴趼人撰。标写情小说。10回。叙陈伯和与张棣华、陈仲蔼与王娟娟，青梅竹马，订立婚约。庚子乱起，两对青年男女备

尝颠沛流离之苦。伯和变成浪荡成性的瘾君子，死于烟馆；棣华万念俱灰，遁入空门。娟娟沦落风尘，倚门卖笑；仲蔼愤恨之极，披发入山。作者有意将个人爱情悲欢与家国兴亡糅为一体，赋予爱情叙事以时代感与历史沧桑感，写出了乱世人们的悲惨命运。因描写女主人公张棣华的情感心理细致入微，感人至深，被视为中国心理小说的开端。有光绪三十二年（1906）上海广智书局本。（纪德君）

洪秀全演义 通俗长篇小说。近代黄小配撰。54回。清光绪三十二年（1906）正月二十五日至五月二十一日连载于香港《有所谓报》附页，至第29回时，该报停刊，六月初六改由香港《少年报》附页续载。首次以章回小说形式描绘了波澜壮阔的太平天国运动，热情讴歌了太平天国将士浴血奋战、摧枯拉朽的革命精神，生动展示了人民群众拥护革命、"箪食壶浆以迎王师"的动人情景，深刻地揭露了清朝统治者的腐朽、官兵的残暴、曾国藩之流与外国侵略者勾结起来镇

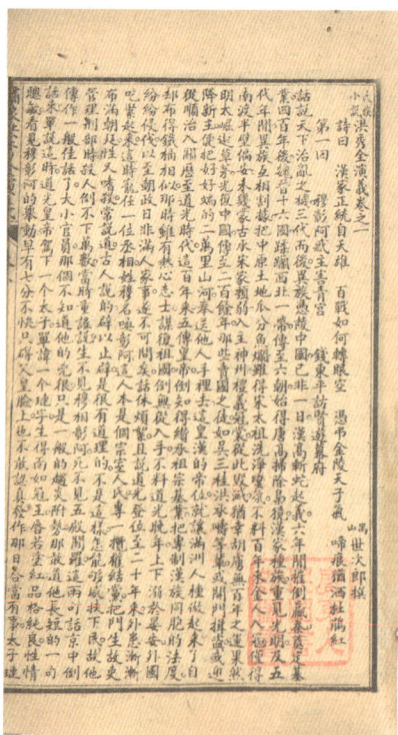

清末石印本《洪秀全演义》

压太平天国运动的罪行，充分表现了作者全从种族着想和为英雄生色的政治立场。思想意蕴丰富，艺术水平高超，堪称清代历史演义小说的扛鼎之作。有清光绪三十四年（1908）戊申石印本（标民族小说。首有自序、例言）。（纪德君）

发财秘诀 又称《黄奴外史》。通俗长篇小说。近代吴趼人撰。10回。清光绪三十三年（1907）十一月十五日至次年二月二十八日连载于《月月小说》第11～14号。标社会小说。有眉批，回末有作者自评。叙佛山穷汉区丙到香港做小买卖，赚洋人钱发了财，又在香港开食杂店，给洋人当侦探，出卖广州防务情报，致使广州失陷。而陶庆云、花雪畦、魏又园等汉奸买办，也依仗洋人欺压同胞，卖国求荣。他们发财的秘诀就是心狠手辣，把"本有的人心挖去，换上一个兽心"，并且"死心踏地当奴才"。较真实地揭示了在晚清社会日益殖民化的过程中一批洋奴买办的发家史，有一定的认识价值和批判意义。有清光绪三十四年（1908）上海群学社、1913年上海中新书局单行本。（纪德君）

黄奴外史 见"发财秘诀"。

劫余灰 通俗长篇小说。近代吴趼人撰。16回。清光绪三十三年（1907）十月二十四日至次年十二月二十五日连载于《月月小说》第10号—24号（第12、14、22号除外）。标苦情小说。有眉批。16回。叙陈耕伯与朱婉贞青梅竹马，情投意合，正待联姻，不料耕伯被婉贞之叔仲晦诱至猪仔馆，卖到海外；婉贞也被仲晦拐卖为妓。婉贞抵死不从，历经波折，重归乡里。仲晦谎称耕伯染疫而亡，婉贞矢志守节，侍奉公婆，抚育嗣子。20年后，耕伯携妻蔡氏及子女回归故里，婉贞

与蔡氏姐妹相称，阖家团圆。通过婉贞的磨难表彰其刚烈、贞孝，并通过耕伯的遭际反映海外华工的悲惨人生。有清宣统元年（1909）上海广智书局单行本。（纪德君）

宦海潮 通俗长篇小说。近代黄小配撰。32回。清光绪三十三年（1907）六月二十一日至光绪三十四年（1908）四月初十日连载于《中外小说林》5期至次年10期。标广东近事小说。32回。叙广东南海县张任磐始则时运不济，遭人嫌弃，继得山东巡抚赏识、举荐，为驻俄参赞，又拜在权贵门下，屡任要职，并出使美国、西班牙、秘鲁3国，烜赫一时，后被直隶总督凌朝禄参为康逆密友，革职发往新疆，终以私通俄人、图谋不轨罪名斩首。所写张任磐宦海浮沉，实即影射清末外交官张荫桓，旨在揭示人情世故的变幻无常，并隐寓国势盛衰的感情。有清光绪三十四年申（1908）香港《世界公益报》铅印本（每回有插图两幅，前有作者叙文、凡例14则）。（纪德君）

宦海升沉录 又称《袁世凯》。通俗长篇小说。近代黄小配撰。标近事小说。22回。前有黄小配兄黄伯耀清宣统元年己酉（1909）季冬所作序。叙袁世凯的宦海升沉历史，从他游天津入幕府写起，历述他在甲午战争、戊戌变法、义和团运动、中俄争端等事件中投机钻营，依附以慈禧太后为首的守旧势力而飞黄腾达，慈禧病故后失势而退居故乡的经历。揭批了晚清官场的黑暗和腐败，特别是京师满汉大员的劣迹及其内部斗争，刻画了袁世凯有术无学、善于钻营、阴险狡狯的个性特征。有清宣统元年（1909）香港实报馆刊行。（纪德君）

袁世凯 见"宦海升沉录"。

五日风声 通俗短篇小说。近代黄小配撰。清宣统三年（1911）五月十八日起连载于广州《南越报》，分57次载完。标近事小说。署世次郎（黄小配笔名）。11章。叙辛亥广州起义即黄花岗之役从酝酿、准备、发动、巷战、失败及失败后被捕党人英勇就义的全过程，讴歌革命党人为推翻清政府不惜自我牺牲的斗争精神。叙事有很强的新闻时效性与纪实性，有学者称之为中国最早的报告文学。（纪德君）

七载繁华梦 通俗长篇小说。近代梁纪佩撰。题《苏大阔新小说七载繁华梦》。内有王伯镛序、作者自序、例言8则。15回。叙晚清时期广东英德人苏警诸在广州的发迹史。苏警诸原是贫穷秀才，善于逢迎巴结，不吝金钱，得苏大阔诨名。到广州充经纪，巴结道台，结识赌行老板，到赌行任出官。几年间，将赌行据为己有，成为巨富。用巨金买了三品京堂顶戴。清政府假立宪时，参加竞选，当选省谘议局议员，成为省城新贵。生活奢豪，家中一妻三妾，吸鸦片、游花艇、狎烟妓。7年后，被清政府以积欠赌饷罪革去议员和三品京堂，查抄家产，关押狱中，七载繁华，终成一梦。仿黄小配《廿载繁华梦》，精细描摹人性的贪婪和堕落，着力抨击清末广东官场的荒唐和黑暗。有清宣统三年（1911）刊本。（耿淑艳）

断鸿零雁记 中篇小说。近代苏曼殊撰。1912年5月12日至8月7日在上海《太平洋报》连载。27章。叙广东僧人三郎的身世悲剧和爱情悲剧。三郎家运式微，少失怙恃，生活艰辛，因未婚妻雪梅之母毁婚，愤而出家为僧。从乳媪处得知身世，又得雪梅资助百金，遂东渡日本寻母，与母团聚。与表姐静子互生爱意，却受困于佛礼，

内心极度痛苦。后辞别母亲和静子，历经坎坷返回广东时，雪梅已殉情自杀。以第一人称叙事，写男女爱情悲剧，结合自身经历，抒发哀怨、痛苦、悲伤等情感，具有感伤情调，带动了流行一时的哀情小说创作，促进了此类小说的成熟。在内容和形式上推动了中国小说的现代性转型。上海商务印书馆1924年出版英译本。（耿淑艳）

绛纱记 短篇小说。近代苏曼殊撰。发表于1915年7月上海《甲寅杂志》第1卷第7号。上海亚东图书馆1916年9月刊《绛纱记焚剑记合本》。叙4对青年男女的爱情悲剧。秋云爱慕梦珠，赠梦珠绛纱。梦珠弃秋云出家，后见绛纱，遍访秋云不得。秋云和梦珠重逢，梦珠又弃秋云，坐化而亡，绛纱犹在。秋云出家为尼。昙鸾在星嘉坡和麦五姑相识相恋，麦父悔婚，昙鸾与五姑私奔。五姑病亡，昙鸾出家为僧。霏玉与卢爱玛约定婚姻，卢爱玛欺骗霏玉，另嫁富商，霏玉自杀而亡。玉鸾卓尔不凡，未婚夫与赌徒为伍，沦为乞丐，玉鸾出家为尼。人物命运带有作者人生体验的印记。4对恋人的结局或死亡或出家，体现了作者对爱情和人生的悲剧性认识。大海、孤岛、荒村、荒屋等空间场所，为小说营造了孤独凄美的抒情氛围。（耿淑艳）

焚剑记 短篇小说。近代苏曼殊撰。发表于1915年8月上海《甲寅杂志》第1卷第8号。上海亚东图书馆1916年9月刊《绛纱记焚剑记合本》。叙清末民初独孤粲与阿兰、阿蕙、眉娘、老妪、周大的生存悲剧。独孤粲清贫孤介，仗剑行义，护送阿兰、阿蕙至香港，救周大，为友复仇。阿兰为寻找独孤粲，漂泊流浪，暴毙途中。阿蕙嫁给已亡的梁氏子，孤独凄凉。眉

娘受继母虐待，流浪乞讨。老妪少时为妓，脱籍后孤苦无依。周大家人和村人被乱兵屠杀。独孤粲焚剑，和周大浪迹天涯。以清末民初兵匪作乱、水患成灾的动荡社会为背景，描写尸骸盈路、难民出没、人肉为粮的人间惨状，极具现实主义和批判精神。独孤粲从仗剑到焚剑，反映辛亥革命后知识分子从希望到绝望、从抗争到失败的历程，具有深刻的象征意义。（耿淑艳）

碎簪记 短篇小说。近代苏曼殊撰。发表于 1916 年 11、12 月上海《新青年杂志》第 2 卷第 3、4 号。叙庄湜与灵芳、莲佩的爱情悲剧。庄湜因反袁被捕，被杜灵运解救。灵运将妹妹灵芳许配庄湜，灵芳赠庄湜玉簪作为信物。庄湜叔婶属意莲佩。莲佩对庄湜一往情深，遭到庄湜拒绝，痛苦绝望，自杀身亡。灵芳为成全莲佩，含恨离去，亦自杀身亡。叔父打碎玉簪，谎称灵芳和他人订婚。庄湜心碎病亡。在古老的爱情故事中注入现代叙事技法。以簪象征坚贞的爱情，以碎簪象征爱情被传统礼教击碎，从而凸显个体意志与传统礼教的冲突。以第一人称"余"为叙事者，采用大量心理描写和细节描写刻画人物，以梦境暗示人物的悲剧命运，反映了苦闷感伤的时代特征。（耿淑艳）

非梦记 短篇小说。近代苏曼殊撰。发表于 1917 年 12 月上海《小说大观》第 12 集。叙燕海琴与薇香、凤娴的爱情悲剧。燕海琴父母双亡，依婶刘氏生活，师从汪玄度学画。与玄度之女薇香青梅竹马，以花钗为信物，立志非薇香不娶。刘氏以薇香贫贱，百般设计阻挠二人婚事。以凤娴富贵，逼迫海琴娶凤娴。海琴和薇香历经艰辛，仍无法成婚。薇香投江而亡，海琴出家为僧。揭露和抨击传统礼教、门第

观念、市侩思想对爱情的毁灭和对人性的摧残。情节跌宕起伏，一波数折。海琴的梦境，揭示人生的无常和虚幻，有浓重的感伤色彩。是苏曼殊传世的最后一篇作品。（耿淑艳）

粤东新聊斋 文言小说集。近代梁纪佩撰。2 集。初集有顺德仇颂康序、题词 10 首、作者自序、例言 6 则。二集有作者所画笔头点鬼图、古冈黎启豪题词、作者题词、罗界仙序。效仿《聊斋志异》，叙粤东怪异故事。记社会底层人民的生活和不幸，如《西潦侠报》《鬼团》《借妻》。记青年男女爱情婚姻，如《素馨田》《桃娘》《梅生》。记粤东名人传说，如《陈子壮》《湛甘泉》《南海邹伯奇》。记粤东名胜古迹传说，如《郑仙岩》《漱珠冈》《镇海楼》。以志怪之笔针砭社会时弊，书写底层生活。纪事明晰，义采灿然，有《聊斋志异》神韵。有 1918 年刊本。（耿淑艳）

金陵春梦 长篇小说。唐人（原名严庆澍）撰。最初在《新晚报》连载，每日一节，从 1952 年到 1955 年 9 月，陆续刊登了《郑三发子》《十年内战》《八年抗战》《血肉长城》《谈前后台湾风云》六部，引起读者极大兴趣。1956 年上海文化出版社陆续印行，是内地读者最早看到的香港小说之一。以蒋介石发家、崛起、落败为主线，记述蒋介石的一生及蒋家王朝盛衰的经过，反映中国现代几十年间的变迁。8 卷，各卷篇名依次是《郑三发子》《十年内战》《八年抗战》《血肉长城》《和谈前后》《台湾风云》《三大战役》《大江东去》。每卷相互衔接，亦可独立成书。随写随发，艺术上较粗糙，作者也一直在做精细的修改与补充，直至去世。修改后由香港致诚出版社分卷出版，1981 年出齐。是写中国现代历史跨度较长的小说，

有其不可替代的价值。（高美玲）

冲积期化石 长篇小说。张资平著。上海泰东图书局 1922 年 2 月出版。"创造社丛书"之一。前有《以诗代序》，末有《篇后致读者》。冲积期化石为地质名词，指第四纪时期的古生物遗体、遗迹，作者以此借喻作品是现实生活的印迹。叙青年韦鹤鸣的不幸经历。韦鹤鸣生于落魄家庭，生活的艰辛使他具有忧郁的性格，也具有战胜贫困的决心。在国内外求学的过程中，目睹新学的落后、教育的弊端、社会的黑暗、政府的腐败、中国人所受的屈辱，苦闷彷徨，孤独寂寞，无力抗争，最终颓唐下去。带有自传色彩，采用第一人称叙事，表现辛亥革命前后青年知识分子的心路历程。语言通俗简洁流畅，富有表现力。在中国现代通俗长篇小说发展史上具有开拓意义。（耿淑艳）

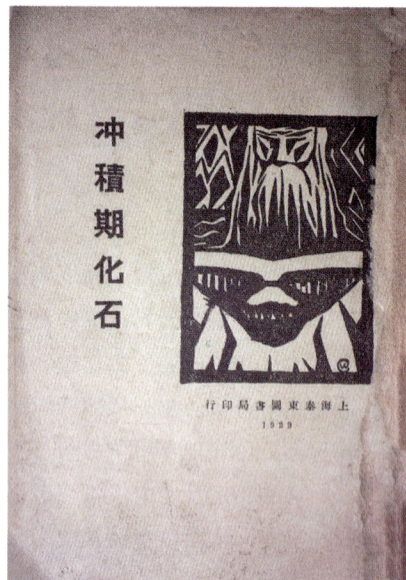

上海泰东图书局1929年第六版
《冲积期化石》

梅岭之春 短篇小说。张资平著。1924 年 4 月《东方杂志》21 卷 20 号发表。叙青年女子保瑛的悲剧。保瑛是童养媳，丈夫是目不识丁的牧童。保瑛对婚姻不满，受吉叔父影响，到教会中学读书，大胆地爱上吉叔父。

这种爱情不被封建伦理和基督教会允许，保瑛被迫回到婆婆家，受尽凌辱，8个月后早产一男婴。吉叔父被迫远走他乡。以五四新文化运动为背景，反映追求个性解的女性的悲剧命运。保瑛对吉叔父的爱既有爱情的成分，也有反抗包办婚姻的色彩，其悲剧性源于弱小个体与强大社会的冲突。具有浓郁的客家生活气息。1928年两次收入小说集《蔻拉梭》《梅岭之春》。（耿淑艳）

玫瑰残了　中篇小说。岭南第一部现代中篇小说。欧阳山著。1926年用笔名罗西在《广州文学》连载。上海光华书局1927年出版。叙大学生V的悲剧。V是20多岁的大学生，生活贫苦，爱上美貌的倩伦，但又嫌弃她粗鄙的灵魂，于是陷入痛苦与矛盾之中。他找借口回归故乡，与倩伦不辞而别。他给倩伦写了几封长信，倾诉自责与忏悔，倩伦最后嫁给他人。V痛苦、愤怒，离家到香港，与过去的情人蓉君重新恋爱，为蓉君写了71张信纸的信。V在香港贫病交加，最终离世。以五四新文化运动为背景，表现从封建束缚中解脱出来的知识分子的爱情悲剧。重在表现人物内心的狂热、孤独、忧郁、感伤、颓废等情绪，有浓烈的主观抒情色彩。（耿淑艳）

流亡　长篇小说。第一部反映"四一五"政变后革命形势的长篇小说。洪灵菲著。上海现代书局1928年。与《前线》《转变》合称《流亡三部曲》。叙革命青年沈之菲的成长历程。广州"四一五"反革命大屠杀期间，在国民党任职的沈之菲因思想激进，遭到通缉，携恋人黄曼曼逃到大东门。沈之菲已有父母包办的妻子，但他冲破包办婚姻束缚，与黄曼曼结婚。婚后，二人流亡香港，沈之菲被捕。出狱后，沈之菲只身流亡新加坡、泰国。通缉、

监禁、驱逐和流亡使沈之菲痛苦、悲观、颓唐，但最终坚定了革命信念。"八一"起义后，回到中国，与黄曼曼共同投入到革命中。带有自传色彩，描摹青年知识分子的流亡生活和心路历程，塑造了具有浪漫气息和革命激情的新青年形象。出版后被国民党查禁。（耿淑艳）

前线　长篇小说。洪灵菲著。上海晚山书店1928年5月出版。"我们社丛书"之一。叙小资产阶级革命者霍之远的成长历程。霍之远为国民党中央党部工作，同时又是共产党员。热衷病态的恋爱，其妻儿在乡下，却在广州与林病卿、艇妓张金娇、有夫之妇林妙禅热恋。热衷革命，积极参与各种革命活动，在反动派屠杀革命者的危急时刻，挺身而出，销毁文件，保护学生和同志安全，最终被国民党逮捕，成为坚定的革命者。以国共合作时期为历史背景，生动描摹小资产阶级青年的曲折心路。将小资产阶级青年从事革命的心理过程剖析得极为透彻，是洪灵菲在艺术上最成功的一部。上海泰东图书局1929年再版，被国民党查禁。（耿淑艳）

长光里　长篇小说。民国凤祠客、亿合著。凤祠客原名张美淦，亿原名钟勃，皆为广东潮安人。封面由大脚冯题字，首有贝丝、隽情、蕉窗、蔡儒兰题词，杨世泽、好管闲事、老祝、张亦文作序。1932年6月至10月在潮安《大光报》连载，1933年由《大光报》结集出版，是罕见的潮汕现代方言长篇小说。以各色人物讨论道德标准和家庭教育方针始，以"长光里"气数已尽、屁瘟爆发、众人作鸟兽散结束，历述发生于"长光里"中的种种怪现象，揭露社会各层面的丑态和罪恶。故事情节光怪陆离，风靡潮汕。杨世泽在序中认为该书的嬉笑怒骂或

因时过境迁而减其价值，但以文字论当为不朽之作。（翁奕波）

伙伴们　长篇小说。于逢、易巩著。桂林白虹书店1942年出版。叙广东捞家黄汉的成长历程。黄汉嫉恶如仇，性格刚烈，被称作雷公汉。从乡下游荡到广州，在广州做了10多年流浪汉。返乡后，父母已去世，继续游荡乡间。结识杨广、吴有财、卢九、陈满等伙伴，称霸乡里，打家劫舍，专和富人作对，成为远近闻名的捞家。抗战爆发，日寇进村，杀人放火，黄汉的伙伴卢九等人被打死，妻子被奸污，村庄陷落，唤醒了他的民族意识。他组织人马，成立八乡游击队，与日寇作战。在一次战斗中英勇牺牲。游击队被共产党收编，成为党的抗日队伍。以珠江三角洲人民生活和抗日战争为题材。黄汉从流浪汉到捞家到抗日英雄的历程，反映了珠三角农民民族意识和爱国精神的觉醒。语言、环境描写具有浓郁的岭南地方色彩。（耿淑艳）

南洋伯还乡　中篇小说。陈残云著。香港南侨编译社1947年1月出版。叙抗战胜利之后，漂泊南洋的老华侨罗润田在国统区广州的经历。南洋伯思乡心切，怀着落叶归根的希冀，携19岁女儿玉玲回国。目睹广州乡村的贫困，商业的颓败，人民的饥饿，豪强的狡诈，军人的野蛮，政府的黑暗，学校的堕落，他的血汗钱被吸空，玉玲也要被人诱逼为妻。他的梦想破灭，陷入痛苦、绝望、悲伤，最后带着颓丧的心情携女儿返回南洋。以现实主义精神反映国民党政府的黑暗，悲怆的去国主题是爱国主义主题的变奏。（耿淑艳）

虾球传　长篇小说。黄谷柳著。包括《春风秋雨》《白云珠海》《山长水

远》三部。《春风秋雨》于1947年11月14日至12月28日在《华商报》副刊《热风》连载，《白云珠海》于1948年2月8日至5月20日连载，《山长水远》1948年8月25日至12月30日连载。叙少年虾球的成长历程。虾球出生在香港，是个15岁的流浪儿，卖过面包，当过地痞爪牙，蹲过牢，做过扒手，后到内地参加共产党游击队。在与国民党军队的战斗中，立了功，成为小英雄。以香港、珠三角的社会生活为背景，描绘了城市流浪少年成长为革命战士的艰辛历程，揭露帝国主义的殖民罪行和国民党的腐朽黑暗，赞扬解放区人民的美好品质和不屈精神。有鲜明时代性和浓郁岭南水乡特色。新中国成立前后，出版多种版本并多次重印。被译成日文、英文、南斯拉夫文出版。（耿淑艳）

穷巷 长篇小说。侣伦著。1948年夏在《华商报》副刊《热风》连载，不久中断。1952年香港文苑书店出版。叙抗战胜利后，香港4个底层穷人的悲惨生活和不幸命运。高怀、罗建、莫轮、杜全4人有着不同的职业、经历，但都很贫穷，怀着重建生活的希望来到港岛，合租1间房屋。高怀有学识有才华，品行高尚，战时是新闻记者，战后却怀才不遇，只能靠微薄的稿费生活。罗建是小学教师，工作繁重，患有神经衰弱，年仅40，却已老迈。莫轮是收烂铜烂铁的小贩，跛脚瘦弱，终日奔忙，仍不能糊口。杜全是抗战军人，性格豪放，却因失恋跳楼自杀。其余3人因交不起房租，被迫流落港岛街头。继承五四新文学同情弱者、关心底层民众的优良传统，书写香港底层人民的悲苦生活，极具人文关怀和道德理想。（耿淑艳）

七剑下天山 长篇小说。梁羽生著。30回。1956年2月15日至1957年3

月31日在香港《大公报》连载。上接《塞外奇侠传》，叙清初以凌未风为首的天山七剑闯荡江湖反清复明的故事。凌未风是反清复明义士，携女婴易兰珠上天山，学成天山剑法，立志诛杀多铎。易兰珠刺杀多铎时，和纳兰明慧母女相认，多铎死于明慧怀中，明慧自杀。凌未风得飞红巾相助，救出易兰珠。凌未风被楚昭南所擒，关押在西藏布达拉宫，受尽折磨。刘郁芳、韩志邦铤而走险，救出凌未风，楚昭南自杀。凌未风、易兰珠、冒浣莲、武琼瑶、桂仲明、张华昭、飞红巾组成天山七剑，和天山之友刘郁芳光大天山剑派，继续抗清斗争。反清复明、推翻暴政的思想贯穿始终，体现了浓烈的民族意识和不屈的抗争精神，具有干云的豪情和阔大的格局。为群侠立传，七剑性格均饱满生动，富有立体感。（耿淑艳）

射雕英雄传 长篇小说。射雕三部曲（《射雕英雄传》《神雕侠侣》《倚天屠龙记》）之一。金庸著。1957年1月1日至1959年5月19日在《香港商报》连载。40回。叙南宋末年少年郭靖和杨康的成长故事。南宋末年，金国入侵。金国王子完颜洪烈勾结南宋官员段天德，迫害郭啸天和杨铁心两家人。郭啸天死亡，杨铁心不知去向。郭啸天之子郭靖淳朴厚道，善良诚实，随母流落蒙古，拜江南七怪为师，勤奋学艺。后游历江南，与黄药师之女黄蓉结识并恋爱，得黄蓉之助，拜洪七公为师。最终为父报仇，成长为一名为国为民的大侠。杨铁心之子杨康被完颜洪烈收养，聪明狡诈，贪慕荣华，拜丘处机、梅超风为师，欺师灭祖，惨死铁枪庙。以外族入侵中原为历史背景，侠义精神与民族大义相结合，气势恢宏，意境阔大，格调明朗，为新派武侠小说的扛鼎之作。（耿淑艳）

白发魔女传 长篇小说。梁羽生著。32回。1957年8月5日至1958年9月8日在香港《新晚报》连载。叙明万历年间绿林女强盗练霓裳与官宦之子卓一航的爱恨情仇。练霓裳出生时丧母，由母狼养育三四载，习得一手绝世剑法，成为绿林领袖。卓一航为云贵总督之孙户部侍郎之子，深受太子朱常洛赏识。练霓裳结识卓一航，双方互生爱慕之情。卓一航入狱，练霓裳倾力相救，卓一航继任武当掌门。练霓裳与武当派结下积怨，卓一航师叔合攻练霓裳。卓一航助战师叔，练霓裳伤心欲绝，一夜之间，头发全白，遂退出中原武林。练霓裳时下山行侠仗义，人称白发魔女。反抗权威与追求自由的精神交织，塑造了练霓裳这一经典武侠女性形象，为梁羽生武侠小说的扛鼎之作。（耿淑艳）

三家巷 长篇小说。欧阳山著。1959年8月3日在广州《羊城晚报》的《花地》栏目连载。后与《苦斗》《柳暗花明》《圣地》《万年春》合为《一代风流》。叙20世纪20年代广州三家巷的铁匠周家、买办陈家、官僚何家的日常生活以及三家年轻人在历史进程中的成长与抉择。1925年省港大罢工爆发，三家巷青年参加了罢工。"中山舰"事件之后，周家兄弟追随共产党，陈文雄、何守仁等人追随国民党。1927年"四一二"反革命政变，何守仁告发周炳兄弟，周金牺牲。周炳和周榕参加广州武装起义，起义失败后，离开广州。植根于20年代广州日常生活，以日常生活叙事折射宏大的革命主题，是新中国成立后17年小说中反映革命历史的经典之作。1999年7月《一代风流》改名为《三家巷》，由人民文学出版社出版。（耿淑艳）

萍踪侠影录 长篇小说。梁羽生著。

31 回。1959 年 1 月 1 日至 1960 年 2 月 16 日在香港《大公报》连载。叙大侠张丹枫与侠女云蕾的爱恨情仇。明正统年间，大臣云靖被扣瓦剌 20 年，后带 7 岁孙女云蕾逃回雁门关，却被皇帝赐死。10 年之后，云蕾学成武艺，结识张丹枫，二人双剑合璧，威力巨大，多次联手击退敌人。云蕾误以为张丹枫是害死祖父的凶手之子，在哀伤中离去，后从于谦处得知祖父被害真相。张丹枫助于谦立皇帝，击退也先，屡建奇功。云蕾追张丹枫到苏州，两人盈盈一笑，尽泯恩仇。以明代土木堡之变为背景，在复杂的忠奸斗争、波澜壮阔的民族斗争中，书写青年男女的爱恨情仇。个人命运和家国命运交织，缠绵悱恻之情和慷慨激昂之气交融。（耿淑艳）

神雕侠侣 长篇小说。射雕三部曲（《射雕英雄传》《神雕侠侣》《倚天屠龙记》）之一。金庸著。40 回。1959 年 5 月 20 日开始在金庸创办的《明报》创刊号上连载，配有插图，至 1961 年连载完。时间紧随《射雕英雄传》之后，叙神雕大侠杨过的成长故事。杨过为杨康遗腹子，11 岁时母亲穆念慈病逝，流浪嘉兴，被郭靖夫妇收养，被古墓派小龙女收为徒。聪慧异常，是武学奇才，为人洒脱不羁，狡黠率真，重情重义。对爱情忠贞不渝，与师父小龙女恋爱，历尽坎坷，等待小龙女 16 年之久，和小龙女成为名扬天下的神雕侠侣。有为国为民的侠义精神，助郭靖、黄蓉守卫襄阳，抵抗蒙古军队入侵。华山论剑后，和小龙女绝迹江湖。慷慨激昂的家国情怀和缠绵悱恻的爱情令人荡气回肠。杨过的形象生动饱满，是中国文化理想人格的化身。（耿淑艳）

倚天屠龙记 长篇小说。射雕三部曲（《射雕英雄传》《神雕侠侣》《倚天屠龙记》）之一。金庸著。40 回。1961 年 7 月 6 日在香港《明报》连载，1963 年连载完。元末，江湖各大门派与起源波斯的明教冲突尖锐。郭靖、黄蓉铸成的倚天剑和屠龙刀成为各大门派争夺的宝物。张无忌是武当大侠张翠山和明教殷素素之子、金毛狮王谢逊义子，武功集正邪于一身，性格善良。在光明顶大战六大门派，成为明教教主。统领明教，击败元军进攻。明教大将朱元璋离间张无忌与徐达、常遇春，张无忌心灰意冷，辞去教主职位，和赵敏隐迹江湖。历史背景恢宏壮阔，情节复杂，结构庞大，人物众多，个性鲜明，为"射雕三部曲"中艺术手法最成熟的一部。（耿淑艳）

云海玉弓缘 长篇小说。梁羽生著。52 回。1961 年 10 月 12 日至 1963 年 8 月 9 日在香港《新晚报》连载。叙清中期江湖浪子金世遗与厉胜男、谷之华的爱情故事。金世遗结识孟神通之女谷之华，二人互生情愫。谷之华落入孟神通手中，却不愿与父相认。金世遗和厉胜男找到明朝武林大魔头乔北溟遗下的秘籍、玉弓和宝剑。孟神通曾杀厉胜男满门，在厉胜男逼迫下自杀。厉胜男将含剧毒的孟神通首级送给谷之华，谷之华中毒。金世遗为求解药，被迫迎娶厉胜男，二人成婚，但厉胜男已油灯尽枯，死在金世遗怀中。厉胜男敢爱敢恨，蔑视权威，敢于挑战命运，极具个性和光彩。在复杂的爱情故事中揭示人性的矛盾和冲突，具有强烈的悲剧美。（耿淑艳）

迷濛的海峡 长篇小说。黄崖著。初版时间不详。以澳门和伶仃洋上的小岛路环岛、天堂岛为背景，叙 20 世纪 50 年代加入海盗组织的澳门青年林健青的悲剧。大学生林健青父母双亡，在萧昌华、刘大嫂等人的诱骗和胁迫下，加入刘大超的海盗组织，杀人绑架，参与派系内斗，逐渐堕落。在少女素兰和戴神父的感召下，人性觉醒。但最终仍找不到出路，仿佛被困在迷濛的海峡里。描写澳门海盗和黑社会横行的阴暗面，具有深刻的现实意义。情节惊险曲折，人物立体丰满。香港高原出版社 1962 年 4 月出版，中国友谊出版公司 1986 年 6 月再版。（耿淑艳）

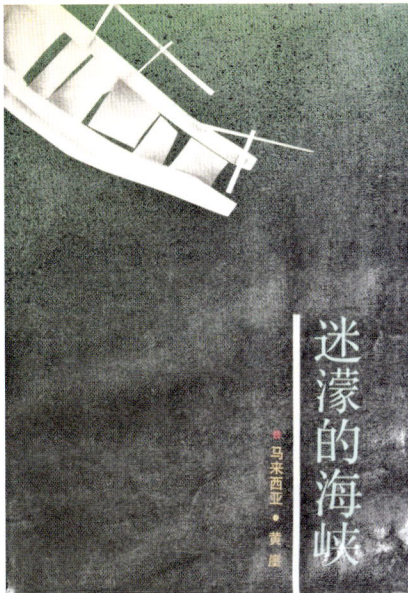

中国友谊出版公司1986年版
《迷濛的海峡》

酒徒 长篇小说。刘以鬯著。1962 年 10 月在香港《星岛晚报》连载。香港海滨图书公司 1963 年 10 月出版。以 20 世纪五六十年代的香港为背景，叙 1 位贫困的职业作家沉沦的心路历程。主人公"我"即"老刘"，学识深厚，有很高的艺术修养，从事文学创作多年，梦想构建严肃文学的大厦。移居香港大都市后，为了生存，不得不放弃原有的文学追求，为报纸副刊撰写武侠小说、黄色小说，沦为以卖文为生的流行文学作者。他的心灵痛苦焦虑，酒成为慰藉。用西方意识流小说技法写中国题材，为中国长篇意识流小说的开山之作，使华文小说与世界新锐的现代主义文学接轨。（耿淑艳）

苦斗 长篇小说。欧阳山著。广东人

民出版社 1962 年 12 月出版。《一代风流》第 2 卷。叙大革命失败后到"九一八"事变前，共产党和国民党反动派的艰苦斗争，人物活动中心由广州转移到广州近郊的农村。周炳来到上海后，目睹了上海的乌烟瘴气，内心苦闷愤懑，于是返回广州，在广州近郊震南村以教书为业。与党取得联系，发动群众，组织第一赤卫队，领导近郊农民和工人同国民党展开斗争。在艰苦的斗争中，赤卫队发生分化。冯致义、胡柳、谭槟牺牲，马有、区细左倾蛮干，李子木叛变。周炳、金瑞、冯年等则在苦斗中继续前进。着力塑造周炳的成长过程。周炳在革命斗争中，接受启蒙思想，逐渐克服弱点，坚定革命意志，成长为一个真正的无产阶级革命者。具有传统小说的古典美，铺陈渲染情节，杂糅地方方言，富有岭南生活气息。（耿淑艳）

人民文学出版社1994版《苦斗》

天龙八部　长篇小说。金庸著。50 回。1963 年起在香港《明报》和新加坡《南洋商报》同时连载，1967 年连载完。"天龙八部"出自佛经，指人间之外的八种神道怪物，作者以此借喻江湖是边缘社会。以宋哲宗时期为背景，叙大理段誉、契丹萧峰、少林虚竹的传奇人生。段誉为大理王子，纯良仁爱，受困于与诸多女子的感情，与王

语嫣终成眷属。萧峰是丐帮帮主，忠孝仁义，豪气干云，受困于契丹的民族身份，最后为了千万士兵的性命和百姓安宁，自杀而亡。虚竹是少林寺小和尚，拥有绝世武功，最大的愿望是做一个和尚，却被迫破除所有戒律，最后携本清露隐居灵鹫宫。既有对社会政治的反映，也有对人生的哲学思考和对人性的关照，具有深刻丰富的内涵。格调苍凉阔大，具有浓郁的悲剧之美。（耿淑艳）

香飘四季　长篇小说。陈残云著。作家出版社、广东人民出版社 1963 年 5 月同时出版。叙 1958—1959 年东涌村村民发奋图强建设新农村的故事。村主任许火照是雇农的儿子，在饥饿和贫困中长大，对党忠诚，并立志摘掉东涌村的穷帽子。在复员军人何津、妇女干部许凤英等骨干的支持下，许火照带领东涌村走上农业合作化道路。村民们改造盐碱地，排沟灌水，种植香蕉，发展畜牧业，与破坏生产的落后分子徐金贵、徐光祖、烂头海、许三财作斗争。东涌村获得大丰收，摘掉了贫穷的帽子。描绘新时代农村生活的新图景，反映新时代农民艰苦奋斗的精神和革命的激情。人物个性鲜明，乡土方言流丽，珠江水乡气息浓郁，艺术风格清新明媚。（耿淑艳）

绿竹村风云　长篇小说。王杏元著。人民出版社上海分社和广东人民出版社 1965 年 8 月同时出版。描写潮汕地区一个小山村在农业社会主义改造过程中，在党的领导下，以共产党员王天来为代表的贫下中农，与以王阿狮为代表的富裕中农之间的复杂而尖锐的两条道路斗争故事，是一部反映新中国成立初期农村合作化道路斗争的长篇小说。以潮汕方言为底色，在运用和提炼地方方言方面做了较成功的尝试。浓郁的地方特色和别开生面的

艺术感染力，冲击了当时人们的传统阅读习惯和审美定势，甫问世便引起较大轰动。王杏元因此作为农民作家代表出席亚非作家紧急会议，并受到毛泽东、周恩来、陈毅等党和国家领导人的接见。出版前经陈善文修改。（翁奕波）

笑傲江湖　长篇小说。金庸著。40 回。1967 年起在香港《明报》连载，1969 年连载完。少林、武当、青城、五岳剑派自诩正教，日月神教被正教视为魔教。令狐冲是华山派掌门岳不群的大弟子，胸怀侠义，追求独立自由，是天生的隐士，对权力没有兴趣，却身不由己，卷入江湖纷争。被逐出师门后，身负重伤，历尽磨难，数次被各派胁迫，凛然不屈。练就独孤九剑、吸星大法和易筋经，与日月神教教主我行之女任盈盈终成眷属，江湖纷争因此平息。淡化历史背景和时代背景，只写江湖人和江湖事，但却反映了中国历代政治生活的若干普遍现象。是金庸小说中运用象征寓意最纯熟的一部作品。（耿淑艳）

鹿鼎记　长篇小说。金庸著。50 回。1969 年 10 月 23 日在香港《明报》连载，1972 年 9 月 22 日连载完。围绕市井无赖韦小宝的传奇经历，展开明末清初波澜壮阔的历史画卷。韦小宝出身扬州妓院，混迹市井，武功稀松平常，擅长吹牛拍马、赌博撒谎，但骨子里却有一股侠义精神。结识反清复明的天地会总舵主陈近南并拜其为师。结识少年皇帝康熙，与康熙成为朋友，帮助康熙铲除鳌拜，平定三藩，抵抗罗刹军队入侵，被封为鹿鼎公。康熙命他剿灭天地会，他见忠义难全，弃官而去，带着 7 个妻子和母亲隐于江湖。韦小宝与金庸笔下的其他侠客形象不同，具有复杂性和矛盾性，这使韦小宝的形象真实生动，充满迷人色

彩。为金庸创作的篇幅最长、艺术水平最高的小说，也是金庸的封笔之作。（耿淑艳）

对倒 长篇小说。刘以鬯著。1972年在香港《星岛晚报》连载。对倒指一正一倒的错体双连邮票，作者以一正一倒相连的错体观念，构建双线并行的叙事结构。叙南来香港的中年人淳于白与本地少女亚杏的故事。淳于白与亚杏的故事各自发展，二人互不相识，在电影院相遇，并排而坐，互相打量，散场后各自归家。淳于白与亚杏没有情感关系，但都沉浸于自己的幻想。二人对香港事物有近乎相反的感受：淳于白经常回忆过去的上海生活，现实中却发现他一直否定的香港已经超越上海；本地少女亚杏则追慕流行文化中的男性，对身边的事物不屑一顾。在香港与上海、回忆与当下、真实与幻想之间，将新旧事物、文化和观念进行对倒，反映了香港社会的文化冲突和身份迷失，构思新奇独特，技巧圆熟，为意识流技法的典范之作。（耿淑艳）

热带惊涛录 长篇小说。陈残云著。花城出版社1983年4月出版。以20世纪40年代初期太平洋战争为历史背景，叙流浪海外的进步青年杜青松的传奇。杜青松是一个热爱祖国富有正义感的青年，抱着坚持抗战的热情到了南洋。在南洋群岛，目睹日本侵略者屠杀人民、奸淫妇女、迫害华侨等丑恶罪行，不畏艰辛、苦难和牺牲，先后到新加坡、马来亚、泰国、安南等地从事反抗日本侵略的斗争。最终回归祖国的革命大阵营。广泛描写太平战争爆发后南洋群岛各国人民遭受的苦难和艰苦卓绝的反抗斗争，是一部优秀的反法西斯小说。（耿淑艳）

风雨太平洋 长篇小说。杜埃著。3部。1984年第1部在菲律宾《世界日报》连载，1988年第2部在菲律宾《商报》连载，1998年第3部在菲律宾《世界日报》连载，部分内容由林彬续写。叙太平洋战场上菲律宾华侨抗日斗争的历程。太平洋战争爆发以后，日军入侵菲律宾，以许庚、霍斯特·李为领袖的马尼拉华侨历尽艰辛，辗转菲律宾各地，开展地下活动，成立菲律宾华侨抗日支队，与菲律宾人民共同战斗。以太平洋战争中的中国海外反法西斯武装力量为描写对象，赞扬中菲人民共同抗日的深厚友谊，在太平洋战争小说中独树一帜。（耿淑艳）

金钗记 潮剧剧本。叙汉元帝年间，南阳邓州书生刘希必（字文龙），娶妻3日，上京赶考。妻肖氏赠他金钗半支、菱花镜半面、绣鞋一只。刘希必状元及第，因拒绝丞相招赘，被派出使匈奴，滞留18载方得归国。汉王嘉奖，荣归故里。而肖氏被逼改嫁时抵死不从，守节21年。最后，肖氏被逼投河，恰逢文龙归来，夫妻相认，钗合镜圆。有明宣德写本，收入广东人民出版社1985年出版的《明本潮州戏文五种》。（林杰祥）

五伦全备记 又称《伍伦全备忠孝记》《伍伦全备纲常记》。传奇剧本。明丘濬撰。4卷，29出。剧演伍伦全、伍伦备一家忠孝事。太守伍典礼亡故，继室范氏对元配之子伍伦全、自己儿子伍伦备以及养子安克和都视如己出。三兄弟游春时遭醉汉辱骂，安克和动手打人，后醉汉死去，其妻告到官府，三兄弟争相认罪，范氏以亲生子伦备抵罪，官员感动，释放兄弟3人。三兄弟的老师施善教以女德教诲女儿淑清和外甥女淑秀，范氏聘下二女为伦全、伦备之妻。三兄弟上京赶考，伦全、伦备高中状元、榜眼，衣锦还乡。

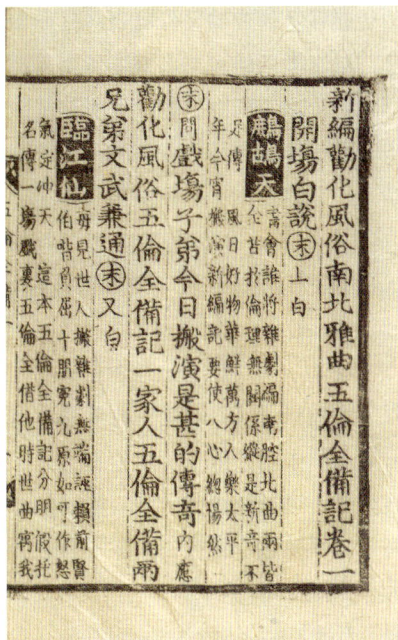

朝鲜教诲厅刊本《五伦全备记》

施善教以家贫和淑秀目盲为由退婚，伍家兄弟坚持完婚，婚后淑秀复明。伦全任谏官触怒权贵，被贬边塞，后被匈奴掳走。范氏闻讯病倒，二媳割肝割股入药也未能挽救，范氏病逝。伦备听闻哥哥被掳，与安克和同赴敌营，愿以自己性命换回哥哥。匈奴可汗大受感动，率众归降。朝廷旌表伍家，兄弟俱被封赠。后一家仙去，得以团圆。此剧极力宣扬封建伦理道德，许多关目因袭前人，情节多为拼凑而来。因思想陈腐，行文拖沓，填词俚浅，受后世曲论家批评。在封建道德说教方面，直接影响了邵璨《香囊记》。有明万历金陵世德堂刻本、朝鲜教诲厅刊本。（李继明）

伍伦全备忠孝记 见"五伦全备记"。
伍伦全备纲常记 见"五伦全备记"。

蔡伯皆 潮剧剧本。叙蔡伯皆与妻赵五娘新婚二月，应父命进京赶考，得中状元，牛丞相强行招赘，无法推辞，故一直滞留京城，未得归家。家中因饥荒，五娘典卖首饰，自咽糟糠以侍奉公婆，惜公婆体弱，相继病逝，五娘剪发送终，乞讨进京，在相府与蔡

伯皆相认。伯皆知父母已丧，赶回扫墓，得忠孝两全。与南戏、传奇《琵琶记》故事为同一题材。有明嘉靖钞本，原5册，存2，一为总本（述总剧情），一为生本（生角演出台本）。收入广东人民出版社1985年出版的《明本潮州戏文五种》。（林杰祥）

荔镜记 又称《陈三五娘》。潮剧剧本。述潮州黄五娘貌美，与无赖林大有婚约。泉州人陈三（字伯卿）送兄嫂赴任，返途经潮州。黄五娘对他有意，以手帕包荔枝投掷。陈三会合无计，乔装磨镜匠人，入黄府磨镜，故意将镜打破，卖身入府为奴。其后陈三、五娘情投意合，私订终身，与丫鬟益春一起私奔回泉州。林大告官，三人路上被抓回，陈三发配涯州。途中遇任满归乡的兄嫂，赦免陈三，并成全二人姻缘。有明嘉靖四十五年（1566）刻本，收入广东人民出版社1985年出版的《明本潮州戏文五种》。参见第614页艺术卷"陈三五娘"条。（林杰祥）

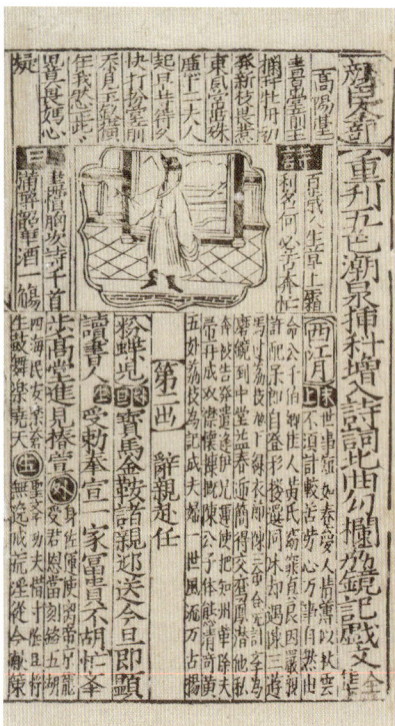

明嘉靖四十五年（1566）刻本《荔镜记》

荔枝记 潮剧剧本。故事情节略同《荔镜记》，曲文、宾白与故事安排稍异。

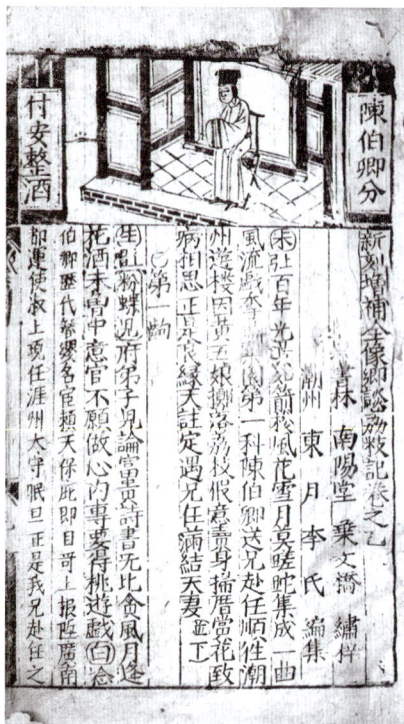

明万历九年（1581）刻本
《新刻增补全像乡谈荔枝记》

有明万历九年（1581）朱氏与耕堂刊本，收入广东人民出版社1985年出版的《明本潮州戏文五种》。（林杰祥）

金花女 潮剧剧本。叙金花嫁给穷儒刘永，夫妻恩爱。大比之年，金花向兄嫂借钱，供刘永上京赶试，但遭其嫂羞辱，幸得其兄暗中资助。刘永上京，金花送行，途遇强盗，刘永被投入江中，金花也跳江殉夫。二人得神仙救助，金花回家，被嫂逼往南山牧羊。刘永进京得中，荣归时，家人谎称金花已死，刘永到江边祭奠金花。后二人在南山相会，夫妻团圆。有明万历刊本，收入广东人民出版社1985年出版《明本潮州戏文五种》。参见第615页艺术卷"金花女"条。（林杰祥）

花笺记 又称《第八才子花笺书》《八才子花笺》《第八才子》。木鱼书曲本。作者不详，一说为一解元和一探花合写。约成书于明末。书叙书生梁芳洲与杨瑶仙小姐的爱情故事。梁芳洲为寻友读书，往姚舅母家暂住，对同住姚府

的杨瑶仙一见钟情，二人写下花笺盟誓。后梁生归家，得知梁父已为其聘娶刘玉卿，哀痛不已。瑶仙闻讯，随杨父进京，暂住舅父钱翰林家中。梁生高中探花，与瑶仙翰苑重逢，听闻杨父被困，梁生往边庭征贼。传闻梁生战死，刘府欲让玉卿改嫁，玉卿不从，愤而投水，被龙提学所救。后梁生大破贼寇，班师回朝，圣上下旨，让梁生同娶二女。情节曲折，感情真挚，故事描写细腻动人，文辞雅驯，用语自然，是最有名的木鱼书作品。在国际上影响极大，曾先后被翻译成英文、德文、荷兰文、丹麦文、法文等多种文字出版，歌德也受其影响，创作了《中德四季晨昏合咏》。很早传入越南，取材于此的喃传《花笺传》在越南有多个版本流行。现存版本较多，最早版本为英国牛津大学博德利图书馆藏明末刊本残页，另有钟映雪点评本，以及清中叶以后的各种翻刻本。整理本有薛汕、陈汝衡分别校订的《花笺记》和梁培炽的《花笺记会校会评本》。（李继明）

第八才子花笺书 见"花笺记"。
八才子花笺 见"花笺记"。
第八才子 见"花笺记"。

醉画图 杂剧剧本。清廖燕撰。1折。演述书生廖燕清高狂傲，不随流俗，虽有才学却不得施展，整日对着书斋中的《杜默哭庙图》《马周灌足图》《陈子昂碎琴图》《张元昊曳碑图》饮酒，与画中人交谈，倾诉心中愤懑之情。作者以真实姓名出场，化身为剧中人物，以自喻的方式书写，别创一格，对后来顾森、徐燨、吴藻等人的戏曲创作产生一定影响。有《二十七松堂集》本、清旧钞本、曲江家藏钞本、容肇祖钞校本。又作为《柴舟别集》之一种收入郑振铎辑《清人杂剧二集》。今有《清代杂剧选》本、《廖燕全集》本、《廖燕全集校注》本。（于琦）

镜花亭 杂剧剧本。清廖燕撰。1折。演述廖燕闲游至水月村，遇到水月道人，相谈甚欢。道人之女喜爱廖燕诗作，廖燕便收她为徒，并为新亭题名"镜花亭"，以隐喻镜花水月之意，表达世事无常，终归虚幻的人生感悟。有《二十七松堂集》本、清代旧钞本、曲江家藏抄本、容肇祖抄校本。又作为《柴舟别集》之一种收入郑振铎辑《清人杂剧二集》。今有《廖燕全集》本、《廖燕全集校注》本。（于琦）

诉琵琶 杂剧剧本。清廖燕撰。3出。演述落魄文人廖燕受穷鬼疟鬼纠缠，到朋友黄少涯家弹唱陶渊明《乞食》古风。黄听罢知晓其意，答应帮廖燕向其他文友寻求救济。廖燕引为知己，并以"文人贫甚亦风流"来自我安慰。廖燕请诗伯和酒仙驱除穷鬼，成功后3人饮酒庆贺。突然一道人闯入，道出廖燕前身是灵泷寺僧，在赠予他一首诗后消失不见。廖燕见诗后，悟透仕途险恶肮脏，于是决心纵情诗酒的生活。以寓言笔法表现文人不遇的人生遭际和顿悟的超脱心态。有于《二十七松堂集》，有清代旧钞本、曲江家藏抄本、容肇祖抄校本。又作为《柴舟别集》之二种（拆为《诉琵琶》一出、《续诉琵琶》二出）收入郑振铎辑《清人杂剧二集》。另有《廖燕全集》《廖燕全集校注》本。（于琦）

芙蓉亭乐府 又称《芙蓉亭院本》。传奇剧本。清黎简撰。20出，出目为《泛舟》《荷亭》《卖扇》《巧会》《情楫》《伏谎》《猜艳》《谑盟》《生别》《前判》《病诀》《寻婚》《冥诉》《幻撮》《后判》《还生》《咤女》《订婚》《闺诀》《情悟》。演述书生钱芳游学时，巧遇美男子沈玉，心生仰慕，遂与其订交。后钱芳又遇到男扮女装的沈玉，沈玉假称自己为沈玉之妹飞鸾，约钱芳夜半在芙蓉亭相会，立下海誓山盟。钱芳迫于父命，回乡应试，因思念飞鸾而身亡，遂赴地府控诉沈玉戏弄致自己枉死，判官以三生镜照得二人缘分，判钱芳生还，沈玉变为女子嫁给钱芳为妻。巧设悬念，情节曲折，寄寓了作者的怀旧之情。有清钞本及汪宗衍钞本、徐信符钞本。（于琦）

芙蓉亭院本 见"芙蓉亭乐府"。

二荷花史 又称《第九才子二荷花史》《九才子二荷》。木鱼书曲本。作者不详。书叙书生白莲与裴丽荷、何映荷二女的恋爱故事。白莲感怀小青身世，写祭文夜吊之，梦中得小青赠双荷。白莲春游，对裴丽荷、何映荷二女一见钟情，扮女装寻访，途中结识歌姬紫玉，怜其孤苦。白莲在婢女凌烟帮助下传递诗文互表心意，与二荷私订终身。白莲科考不顺，又因拒婚而被革去秀才功名，遂上京寻访二荷。裴父因触怒权贵，被贬边外，白莲得好友状元李若云推荐，领兵平辽，大胜封侯，归来迎娶二荷及凌烟、紫玉。后白莲得小青点化，解权归隐。情节曲折，描写细腻，故事结构严整，感情真挚动人，语言精练，辞藻优美，是木鱼书中的佳作。有钟梅村评点本及华翰堂、丹桂堂、萃英楼等多家书坊翻刻本。（李继明）

第九才子二荷花史 见"二荷花史"。
九才子二荷 见"二荷花史"。

江梅梦 杂剧剧本。清梁廷枏撰。4折1楔子。取材于《旧唐书》《新唐书》和传奇小说《梅妃传》。写唐玄宗李隆基宠幸贵妃杨玉环而冷落梅妃。梅妃作《楼东赋》进呈，再得玄宗眷顾。安禄山造反，梅妃被遗落长安，因怒拒安禄山立其为后而被杀害。乱后，玄宗思念梅妃，在梦中与其魂魄相会，得知埋尸之地，醒后传旨厚葬梅妃。与作者所撰杂剧《圆香梦》《昙花梦》《断缘梦》效仿汤显祖"临川四梦"，叙写爱情故事并以梦境穿插其中，故合称"小四梦"，共同反映以作者为代表的传统文人，处于清代中晚期的历史转型时代，对旧式治学和生活方式的无奈以及心态的变化。存清道光年间刊《藤花亭十五种》本、《藤花亭十七种》本，清代《藤花亭四梦》钞本。另有《艺文汇编》本。（于琦）

圆香梦杂剧 杂剧剧本。清梁廷枏撰。4折1楔子。演述书生庄达与妓女李含烟一见钟情。后二人分别，庄达上京赶考，含烟返回故乡。庄达落榜后急欲寻找含烟，途中遇含烟鬼魂托梦，得知其已病亡。庄达祭奠含烟，经上仙点化，方知含烟本为仙子且已回归仙界，幡然醒悟，痴心消去。作者业师李黼平评其"凄切清艳"。存清道光年间刻《藤花亭十种》本、《藤花

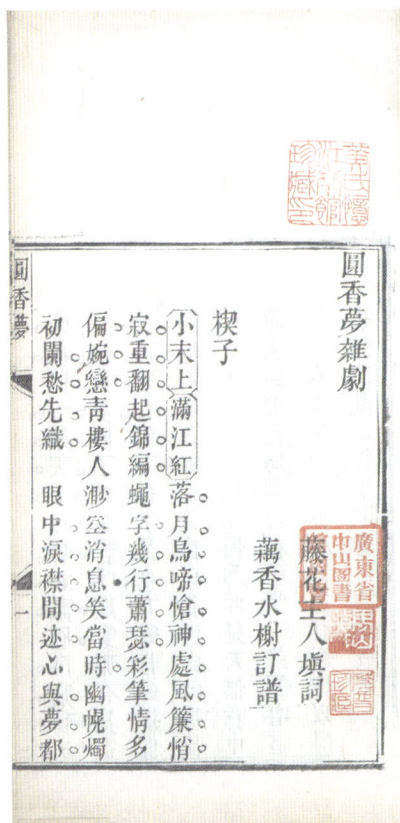

亭十五种》本、《藤花亭十七种》本，清代《藤花亭四梦》钞本。另有《艺文汇编》本。（于琦）

昙花梦 杂剧剧本。清梁廷枏撰。4 折 1 楔子。本事见清毛奇龄《曼殊别志书传》诸文，写毛奇龄之妾张曼殊是观音净瓶中白芍药的化身，嫁与毛奇龄后，两人十分恩爱，后因下人作梗，忧郁病亡。毛奇龄得知真相后痛苦至极，与文友们作诗凭吊。吴梅评其在"小四梦"中"略优"。有清道光年间刊《藤花亭十五种》本、《藤花亭十七种》本，清代《藤花亭四梦》钞本。另有《艺文汇编》本。（于琦）

断缘梦 杂剧剧本。清梁廷枏撰。4 折 1 楔子。演述岭南书生高仰士与女子陶四眉常在梦中相会，后因梦魂出窍时间总是相互错过，再无缘相聚。2 人在梦王指引下，相见却不相识，始悟梦中情缘皆为虚幻，遂各自散去。与"小四梦"其他作品皆有本事不同，全凭作者所感所忆创作而成，对梦幻情节的处理也更具哲思。有清道光年间刊《藤花亭十五种》本、《藤花亭十七种》本，清代《藤花亭四梦》钞本。另有《艺文汇编》本。（于琦）

粤讴 粤讴作品集。招子庸编著。收录 97 题 121 首。前有石道人序、题词若干，附方言凡例。其中绝大部分作品描写青楼女子生活，抒发相思别恨，也有少部分描写现实生活、名场失意等。作者本意为普度世间沉迷欲海者，劝人不要沉迷色欲，以解脱为先，实际却通过这些底层女子的生活，控诉黑暗的现实，有一定的现实意义，但也带有宿命论的颓废色彩。使用粤语方言创作，语言明白如话，又能化用意象典故，雅俗兼善。促进文人参与粤讴创作，提升文体品位，使粤讴这

一地方曲艺从俚俗走向典雅，进而转向关注现实，参与社会改造，在近代大放异彩。1904 年，英国人金文泰将其译为英文，命名为《广州情歌》出版。20 世纪 20 年代前后，庇山也翻译成葡萄牙文出版。最早为清道光八年（1828）广州澄天阁出版，后屡经翻印。今有广东人民出版社 1986 年陈寂评注本、朱少璋编校《粤讴采辑》收录本。（李继明）

再粤讴 粤讴作品集。署戏月山房香迷子辑，一说香迷子为黄慕陶。主旨与招子庸《粤讴》类似，多描写青楼女子生活，内容多为风花雪月、相思离愁，也有少量咏物讴出现。艺术手法上有所拓展，如采用一问一答的形式创作，或将花果名称巧妙嵌入歌中等。语言流畅，韵律娴熟。现存两个完全不同的版本：较早的为庚寅年（1830）省城兰经堂本，收 93 题 107 首，前有庚寅孟夏山峰居士小序、韫珍居士序、题词若干，以及琵琶音位、工尺谱等；另一版本较为常见，被以文堂、成文堂等多家书坊翻印，收 50 题 67 首，前有辛丑（1901）仲夏山峰

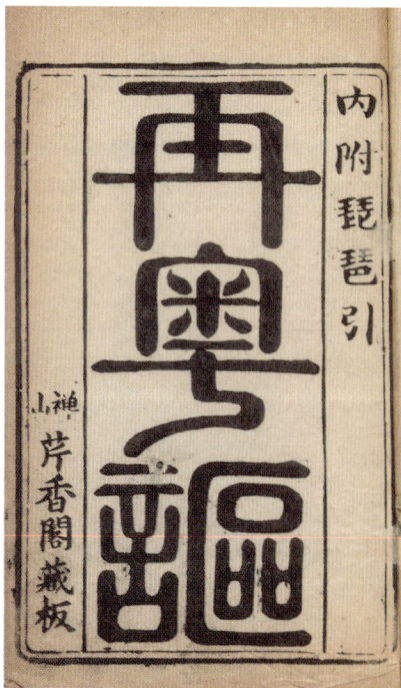

佛山芹香阁本《再粤讴》

居士小序，另有吊三妹挽诗若干，此版本亦被娄子匡主编的"民俗丛书"第 3 集收编，以及朱少璋《粤讴采辑》收录。（李继明）

新粤讴解心 粤讴作品集。廖恩焘著。1924 年出版。收作者 1921—1923 年于日本养病期间所著粤讴 110 首，早年间以珠海梦余生、外江佬等笔名发表于《中国旬报》《新小说》的粤讴则未收入。作者早年间的粤讴多关注时事，抒发民主自由思想和爱国情怀，此集中作品内容则较为复杂，既有传统题材的风月男女和歌咏风物，也有关注现实、讽刺时弊乃至于专门针对具体事件进行议论和抒发感慨的作品。方言运用纯熟，亦庄亦谐，比喻生动形象，多用议论抒情笔法，篇幅也相对较长。拓宽了粤讴的题材范围，是时事粤讴的代表作品集，创造性地运用了小序交代事由、粤讴抒情议论的范式，对近代报刊大量发表粤讴起了促进作用。后来时有再版，朱少璋《粤讴采辑》也有收录。（李继明）

欧阳予倩剧作选 话剧集。欧阳予倩作。1956 年人民文学出版社出版。收 6 部独幕剧和 2 部多幕剧。其中《屏风后》《车夫之家》《买卖》《同住的三家人》创作于 1929—1931 年作者主持广东戏剧研究所期间，率先发表在广东戏剧研究所的戏剧期刊《戏剧》上。剧情时间具有实时性，多以作者在广州的真实见闻为蓝本，演出时为减少麻烦，将地点改为其他城市。《屏风后》（1929 年发表）以屏风的设置作为全剧构思的关键，揭示并嘲讽封建道德家虚伪行为的实质。《买卖》（1931 年发表）对国民党统治的腐败无能及其蝇营狗苟之辈的揭露达到入木三分的艺术效果。受当时左翼戏剧创作运动的影响，《车夫之家》（1929 年发表）、《同住的三家人》（1932

年发表）突出表现了工人和城市贫民在帝国主义和买办资产阶级压迫下的苦难、觉醒和反抗，具有强烈的现实性和批判性，是欧阳予倩以往剧作中少见甚至是未曾出现过的。欧阳予倩和广东戏剧研究所的戏剧运动和戏剧创作实绩，推动了当时广东戏剧运动的发展，促进了广东地区戏剧从文明戏到现代话剧的过渡。（邓丹）

金叶菊　又称《西番金叶菊》。木鱼书曲本。作者不详。书叙张府以金叶菊为聘礼，与林梦仙结亲。梦仙与好友周玉仙游玩时，遗失金叶菊被国舅拾得。国舅以此为凭，谋娶梦仙不成，便陷害林家谋反，林家被灭。梦仙与张府公子彦麟成亲后，彦麟上京赶考，又与玉仙成亲，生子桂显。国舅闻讯，假传消息诱彦麟归家，截杀彦麟。彦麟托梦给梦仙，梦仙带回彦麟尸体，张母伤心而亡。梦仙卖掉其子桂芳，安葬丈夫及婆母。后桂芳得玉仙赎身，桂芳、桂显高中状元、榜眼，奉命征西。欧国舅欲害二子，通番卖国，二子斩除奸佞凯旋，一家荣宠。情节曲折，故事催人泪下，结构合理，语言雅俗相兼，是木鱼书中的佳作。现存两个版本系统：较早的为2集8卷本，较晚的为4卷本，二者内容相同，文字略异，都有多家书坊翻印。（李继明）

西番金叶菊　见"金叶菊"。

今梦曲　粤调南音集。粤文人据曹雪芹小说《红楼梦》改编撰作，并经劳纬孟、钟德等人校订。收《黛玉焚稿》《尤二姐辞世》《潇湘琴怨》《晴雯别园》《潇湘馆听雨》《宝黛谈禅》6首作品。后劳纬孟等人刊印《增刊〈今梦曲〉》，增收《芦亭赏雪》《黛玉葬花》《潇湘泣玉》《宝玉逃禅》《颦卿绝粒》《黛玉辞世》《怡红祝寿》

《夜访怡红》8首。反映了《红楼梦》在岭南民间改编与传播的情况。有香港威灵顿街聚珍书楼1919年刊印本。（邓海涛）

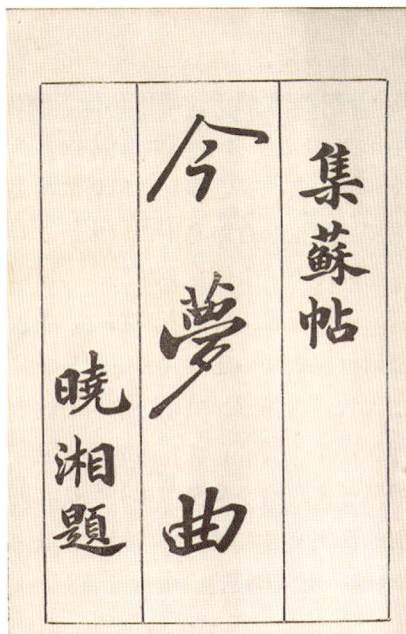

《今梦曲》

虐婢报　粤剧剧目。黄鲁逸编。剧演女财主虐待婢女后遭到报应惨死街头的故事。女财主以各种残忍手段迫害婢女，婢女不堪忍受逃亡。后财主房屋失火，流落街头，善良的婢女偶然在街上遇见昔日的女主人，想收留她。但女财主已贫病交加，死于街边。此剧由清末民初志士班优天影演出，为清末粤剧改良运动中出现的剧目，意在揭露阶级压迫和妇女迫害，情节比较简单，说教意味较浓，但在当时有揭露黑暗、唤醒国民的作用。（李继明）

自由女卖茶　粤剧剧目。黄鲁逸编。剧演纨绔子弟朱少度为非作歹，陷害女学生陈彩莲，冤案平反后被官府惩罚的故事。女学生陈彩莲与有志青年黄志强一见钟情，纨绔子弟朱少度偷得彩莲情书，往陈家求婚。正逢彩莲丧父，叔父陈其生为谋夺家产，迫其出嫁，彩莲抗婚离家，开天然茶室谋生。朱少度唆使陈其生火烧茶室，彩莲状告其生，反被诬与人私通而被收

监。黄志强留学归来，为彩莲平反冤案。官府判陈其生归还家产，并惩罚朱少度。该剧反对封建礼教，宣传男女平等思想，最后还借朱少度之口，宣传家庭教育的重要性，有很强的进步意义。为粤剧改良新戏，曾被多个戏班演出过。新中国成立后由豆皮元口述，谢彬筹记录，改名为《担枷》，收入《粤剧传统剧目汇编》。（李继明）

梁天来　粤剧剧目。改编自晚清小说《九命奇冤》，其事为雍正年间真实发生的奇案。剧演凌贵兴因表亲梁天来的祖屋妨碍自家祖坟风水，商议拆除遭拒，指使强盗纵火，造成七尸八命的惨案，天来避走广州得以幸免。贵兴早已买通官府，天来告官无门，状师施智伯也心力交瘁而死。后梁天来面见两广总督孔大鹏，得以申冤，贵兴趁大鹏调离，行贿脱狱。梁天来上京告状，将凌贵兴与群盗正法。清末民初，此剧被多个戏班搬演，广东汉剧也有此剧目。1957年，陈冠卿、林仙根重新整理，陈西名导演，罗品超、白驹荣、梁少声等再次演出。1959年广州文化出版社出版剧本。（李继明）

劫灰梦　传奇剧本。近代梁启超撰。仅成《楔子一出·独啸》，未完。载于《新民丛报》1902年第1年第1号；又载于《游戏报》1902年3月3日、3月4日，不署作者姓名。演述主人公杜撰在甲午、庚子之役以后，目睹国家危难、社会动荡、民不聊生的现实，发出悲愤的长啸，并欲效法法国作家福禄特尔（伏尔泰）写作小说剧本，以移风易俗，唤醒民众，尽自己的国民责任。与梁启超的"小说界革命"理论一道，倡导发挥小说、戏剧的宣传教育功能，开启民智，拯救民族国家，对近代文学思想艺术转型产生深远

影响。有钟骏文选辑《天花乱坠》本、《分类精校饮冰室文集》本、林志钧编《饮冰室合集》本、汤志钧等编《梁启超全集》本等。收入阿英编《晚清文学丛钞·传奇杂剧卷》等。（于琦）

侠情记 传奇剧本。近代梁启超撰。仅成第一出《纬忧》，未完。载于《新小说》1902年第1号。本为《新罗马》传奇的一部分，因《新罗马》连载旷日持久，作者拟将其中关于加里波的故事独立出来，另作传奇。演述意大利马尼他姐弟二人，深感祖国动荡不安，岌岌可危，在听说本国英雄加里波的事迹之后，立志要为祖国建一番大事业。剧中人物多道白而少唱词，借外国史实，表达作者呼唤国家强盛、民族独立的思想情怀。另有《分类精校饮冰室文集》本、林志钧编《饮冰室合集》本、汤志钧等编《梁启超全集》本等。收入阿英编《晚清文学丛钞·传奇杂剧卷》等。（于琦）

新罗马 传奇剧本。近代梁启超撰。原计划作40出，仅成7出，未完。载于《新民丛报》1902—1904年第10—13号、第15号、第20号、第56号；又载于《游戏报》1902年7月8日、7月9日、12月15日、12月23日；又载于《广益丛报》1903年第3号，1905年第62、63、64号合刊本。系作者根据自撰《意大利建国三杰传》改编。写19世纪欧洲列强企图合谋瓜分意大利。意大利17岁少年玛志尼忧国忧民，与志同道合的格里士比、阿西尼商议成立政党，定名为少年意大利。水手加里波的胸怀报国之志，四处联络同志，筹备发起革命。因剧作未完，"三杰"中的加富尔没有出场。为中国戏曲史上第一部搬演外国故事的剧本，拓展了戏曲的题材范围。另有《分类精校饮冰室文集》本、林志钧编《饮冰室合集》本、汤志钧等编《梁启超全集》

本等。收入阿英编《晚清文学丛钞·传奇杂剧卷》、张庚等主编《中国近代文学大系·戏剧集》等。（于琦）

血海花 传奇剧本。近代麦仲华撰，署名玉瑟斋主人。仅见第一出《嚼雪》，未完。载于《新民丛报》1903年第25号。取材于18世纪法国大革命相关史实，写巴黎女杰玛利侬与丈夫罗兰谈论起自路易十四以来，政府专制、民不聊生的社会状况，义愤填膺，同时有感于美国实现独立，主张法国也应效法，建立共和之制。于是二人满怀责任感，决心为共同的政治理想奋斗。虽是表现外国故事，但与中国近代政治变革密切相关，具有极强的现实意义。收入阿英编《晚清文学丛钞·传奇杂剧卷》。（于琦）

黄萧养回头 粤剧剧目。广东新武生编。载1902年梁启超主编的《新小说》杂志，后与《维新梦戏文》合刊，1903年上海广智书局印发单行本。叙明正统年间广东农民起义领袖黄萧养再世还阳，变为爱国志士黄开化，在庚子事变之后，团结爱国人士，反对外国侵略，使中国成为富强之邦。宣传革命思想，表现中华民族勇于斗争的精神，在唤起民族自觉、激发爱国热情方面起积极作用。此剧为案头剧，未有剧团公开演出过，但其题材人物启发了后来《黄萧养反珠江》《黄萧养起义》等剧目。（李继明）

班定远平西域 粤剧剧目。梁启超编。1905年连载于《新小说》第19—21号，题为"通俗精神教育新剧本"，有单行本。叙东汉定远侯班超经略西域事。六幕，为《言志》《出师》《平房》《上书》《军谈》《凯旋》，述班超奉旨出师，斩首匈奴使者，收服西域鄯善国王，镇守多年之后上书请回，最后凯旋。为应日本横滨大同学

校音乐会之邀而作，并在日本演出。意在提倡尚武精神，维护国家声誉，提振民族气节。全剧大量运用粤语，并根据剧情需要夹杂英语及日语，形成了特殊的语言形态，为粤剧的方言化和本地化改革提供了范例。剧中插入军歌、小调等新的音乐因素，有意识地与观众互动，调动观众情绪，是比较特殊的粤剧作品。后收入《饮冰室合集》《梁启超全集》等多种梁氏文集。（李继明）

温生才打孚琦 粤剧剧目。清末志士班演员冯公平等根据真实事件改编。剧演爱国侨工温生才1911年从南洋回广州参加革命起义，本欲行刺清朝水师提督李准，不料误刺广州将军孚琦，结果被捕，壮烈牺牲。全剧4卷，卷1《温生才行刺之原因》，卷2《温生才提讯之血胆》，卷3《孚将军刺后之感情》，卷4《张大帅接旨之办法》，详细描述温生才从行刺到审讯及牺牲的过程。在温生才就义后不久即上演，反映时事之迅速，一度在香港引起轰动，仅演出两场就被港英当局禁演，民国以后才在广州等地普遍演出。此剧歌颂革命志士的爱国行为，体现英雄为救国救民而英勇献身的大无畏精神，同时也表达对清廷将领家属的同情。此剧是按照粤剧班本的创作形式和表演排场编写的改良新剧，全部使用梆黄曲式，念白间有广州话俗语，为粤剧本地化改良作出贡献。有民国初年崇德书局石印本。（李继明）

父之过 七幕警世新剧。抱器室主（陈少白）作。1918年9月《梨影杂志》第一期登载第一幕。据开场白，全剧大意为莫财主不善教子，百万家资，生前为三子私下耗费将尽。莫家三子少失教育，穷极滥淫，伤残骨肉，后身败名裂。又写翟财主义侠过人，教子有方，一片天和。其中穿插美人局、

天师局等时事，切中时弊。剧本以广州方言写就，以大段台词为主，有如化妆演讲。（邓丹）

霓裳艳　传奇剧本。许之衡撰。2卷，上下卷各10出，共20出。首有周梦鸳序及数友朋题词。据当时北京菊坛实事而作，写才子阮心存与天津名伶刘喜娘相识相知、悲欢离合的故事，反映女伶可怜可悲的命运，对当时军阀肆意妄为、文人无才无德、利欲熏心的社会风气多有讽刺揭露。作者以杰出戏曲学者身份作剧，时代风尚、新名词术语、吴语说白时现剧中，颇为新奇。全剧情节曲折动人、排场巧妙，曲牌选择、文词处理极为讲究，时将梆子戏或皮黄戏串合于曲文之中，道具运用亦体现时代特色。曲词兼本色与绮丽之美，说白时用滑稽讽刺之笔。有1922年冬刻本。（左鹏军）

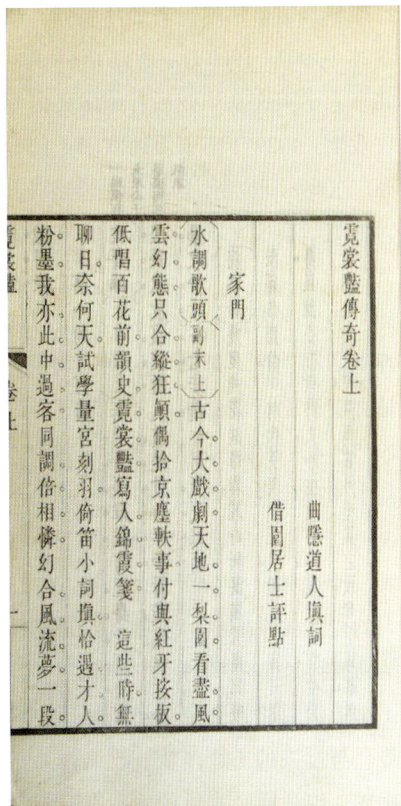

1922年刻本《霓裳艳》

苦凤莺怜　粤剧剧目。原编剧骆锦卿，后经马师曾多次修改。剧演乞儿余侠魂、歌姬崔莺娘帮助蒙冤的冯彩凤平

冤昭雪的故事。冯二奶与奸夫伪造情书，害侄女冯彩凤被其夫马元钧所逐。乞儿余侠魂偶然发现此事，到马家报信反遭毒打。马元钧赴宴，欲纳歌姬崔莺娘为继室，莺娘未允。翌日，莺娘上香，偶遇彩凤母女，余侠魂赶来告知真相，莺娘助彩凤往县处告状。余侠魂挺身作证，奸夫淫妇被绳之以法，彩凤沉冤得雪，与马元钧破镜重圆。情节曲折，人物形象鲜明，是粤剧的经典剧目之一。1924年由人寿年班首演，千里驹、嫦娥英、马师曾等领衔主演。马师曾在此剧中创造"乞儿喉"，成为马腔代表唱腔之一。（李继明）

屏风后　独幕话剧。欧阳予倩作。1929年5月25日《戏剧》第1卷第1期刊载。叙道德维持会会长康扶之之子康无垢，趁父亲外出，和道德维持会职员一面以赌博当作办公，一面邀来女伶忆情、明玉母女，玩笑取乐。话题引发忆情对自己早年被人诱骗生子后又惨遭抛弃遭遇的回忆。会长突然回府，忆情母女急藏屏风后，事情败露后一切真相大白：原来所谓的道德维持会会长便是当年遗弃忆情的康正名，而明玉和无垢竟是亲兄妹。剧作以屏风的设置作为全剧构思的关键，揭示并嘲讽封建道德家虚伪行为的实质。剧本收入人民文学出版社1956年出版的《欧阳予倩剧作选》和人民文学出版社1959年出版的《欧阳予倩选集》。（邓丹）

车夫之家　独幕话剧。欧阳予倩作。1929年5月25日《戏剧》第1卷第1期刊载发表。剧叙一人力车夫生活贫困，儿子病重也无钱医治。巡捕甲、小买办和巡捕的伙计来催他们搬房，巡捕见车夫女长得漂亮，留下伙计劝说车夫妻将她卖到堂子里去当妓女。车夫女宁死不屈，痛骂小伙计仗着外国人的势力胡作非为。车夫子出现幻觉，看到满街的强盗和鬼，又昏死过

去。印捕带人来拆房子，车夫眼看儿子被吓死，房子被拆掉而无可奈何。该剧表现底层贫民在列强、买办和官僚压迫下的苦难，具有强烈的现实性和批判性，被视为20世纪30年代无产阶级戏剧的前驱。收入人民文学出版社1956年出版的《欧阳予倩剧作选》和人民文学出版社1959年出版的《欧阳予倩选集》。（邓丹）

盲公问米　粤剧剧目。黄鲁逸、姜魂侠编。剧演失明神棍盲六借鬼神占卦坑蒙拐骗，后被送官判刑之事。盲六入住客店，与商人陈二叔同睡一床，讹诈了陈二叔的毛毡。陈二叔长女素娥，因幼子染病找盲六问卜。盲六探知其家富有，诈称幼子五鬼缠身，骗走素娥金饰。陈二叔得知，出门追盲六。二叔次女月娥请盲六解梦，盲六装神弄鬼，意欲调戏月娥。恰逢陈二叔赶到，将其扭送官府。是清末粤剧改良运动中涌现的名剧，意在讽刺封建迷信，情节夸张，语言幽默，咒神骂鬼，嘲讽愚昧，庄谐杂出，酣畅淋漓，有移风易俗的作用。为丑生姜魂侠的首本戏，20世纪30年代由祝华年班首演，后多次在海内外演出。剧本今已不传。（李继明）

王宝钏　四幕话剧。熊式一作。熊式一，知名双语作家、戏剧家。江西南昌人。毕业于北京高等师范英语部，后赴英国深造戏剧文学。其间将古典名剧《红鬃烈马》翻译改写成英文话剧 *Lady Precious Stream*（《王宝川》，又称《宝川夫人》），由英国麦勋书局出版（1934年），搬上舞台后连演三年900多场，开华人在西方戏剧界成功演剧的先河。后被译为数十种文字，并被一些国家列为中小学必读教材。1955年底，熊式一从新加坡南洋大学文学院院长卸任后到香港，创办清华学院。为让母语环境的读者

也能阅读和欣赏该剧，熊式一将 *Lady Precious Stream* 自译回中文话剧出版，在香港电台广播，又搬上舞台，在艺术节上和香港观众见面。2006年商务印书馆推出《王宝川》中英文对照本。（邓丹）

疚斋杂剧　杂剧集。冒广生（号疚斋）撰。4折，另有附录4种，各1折。卷首有插图、吴梅1934年所作题词。第1折《别离庙蕊仙入道》写冒辟疆事，第2折《午梦堂叶女归魂》写叶小鸾事，第3折《马湘兰生寿百谷》写马守真事，第4折《卞玉京死忆梅村》写卞赛事。附录之首有吴梅、张学华、汪兆镛、卢前题词，《南海神》写屈大均事，《云弹娘》写邝露事，《廿五弦》写阎尔梅事，《郑妥娘》写郑英事。剧中所写为明末清初江苏、广东两地文人交往、遭逢的故事，多据笔记传说写成，反映易世之际文人雅士的遭际与心态，透露出社会变革与文化变迁中作者的心态、趣味的某些侧面。此剧一本四折，由4个情节互不关联的独立故事构成，前有副末开场；附录4种，各为一个独立故事，反映了杂剧体制的变化及其与传奇借鉴融合的趋势。有《小三吾亭外集》本，1935年10月广州登云阁铅印。其附录4种又有民国年间蓝色油印初稿本。（左鹏军）

审死官　粤剧剧目。马师曾根据京剧《四进士》改编。剧演状师宋世杰替被诬告的寡妇杨秀珍申冤的故事。姚庭春与妻子田氏为谋家产，毒害胞弟，嫁祸弟媳杨秀珍。杨秀珍找兄长帮忙，却被卖给布商杨春作妻。杨春同情秀珍遭遇，决定为其申冤，不料二人失散。秀珍被名状宋世杰妻子唐氏所救，宋世杰可怜秀珍，决意为其告状。田氏兄长为布政司田能，田能贿赂知府，诬告秀珍谋杀亲夫。田能所派差役路

过宋世杰所开的客栈，宋世杰设巧计调换公文，成功替秀珍申冤。此剧曾多次演出，新中国成立后也多次上演，1948年改编电影在香港首映。（李继明）

火烧临江楼　潮剧传统剧目。讲述书生王双福邂逅近相府千金张翠锦，两人互生爱慕，却被国舅陈从德百般阻挠，后翠锦得兄长张纲相助设下焚楼计策，得以瞒过陈从德而远走高飞的故事。1953年三正顺潮剧团首演，林劢贤、周艾黎整理剧本，1958年广东人民出版社出版单行本；同年夏香港华文公司赵一山制片发行海外，为新中国成立后拍摄的首部潮剧电影。白字戏亦有此传统剧目《王双福》。（邓海涛）

《火烧临江楼》唱本

搜书院　粤剧剧目。1954年由杨子静、莫汝城、林仙根据同名琼剧改编。广东人民出版社1956年出版。剧演琼台书院掌教谢宝帮助镇台府婢女翠莲逃脱魔掌，与书院学生张逸民终成眷属的故事。张逸民拾得断线风筝，题词其上。翠莲奉命找回风筝，镇台发现题词，认定翠莲勾引情夫，欲将其送予道台为妾。翠莲出逃，路遇谢宝，来到书院，见到张逸民诉说遭遇，二

人互定终身。镇台闻讯，带兵搜查书院。谢宝得知详情，设巧计解救翠莲，使其与张逸民奔回故里。1954年由广东粤剧团首演，导演麦大非，黎国荣、刘美卿、李飞龙主演。1956年进行了较大幅度的修改，由马师曾、红线女、李飞龙领衔主演。1980年复演后，多次赴港澳和东南亚地区演出。情节曲折动人，人物形象生动鲜明。为粤剧经典剧目。（李继明）

击鼓骂曹　广东汉剧传统剧目。故事出自《三国演义》。讲述名士祢衡得孔融推荐，前往拜见曹操反受侮辱，祢衡怒气之下击鼓大骂曹操，曹操假作宽容，设计假手刘表杀害祢衡。剧本由杨启祥整理，1955年民声汉剧团首演。为汉剧代表性剧目。参见第613页艺术卷"击鼓骂曹"条。（邓海涛）

红楼梦　三幕话剧。胡春冰编导。胡春冰（1907—1960），浙江绍兴人，北京大学英文系毕业后，留学美国专攻戏剧。1929年南下协助欧阳予倩筹办广东戏剧研究所。1949年去港定居，为中英学会中文戏剧组参加香港艺术节创作《红楼梦》《锦扇缘》《美人计》和《李太白》等剧本，是该时期香港话剧创作产量最丰的剧作家，也是香港话剧运动的拓荒者和领导者。1955年4月在第一届香港艺术节首演，是中国现代戏剧第一个较完整改编小说《红楼梦》的剧本。以林黛玉为主线，透过林黛玉与贾宝玉、薛宝钗3人的爱情关系的曲折发展及其悲剧性结局批判旧传统、旧礼教的虚伪丑恶，揭示中国封建社会急剧崩溃的历史趋势。与过去的《红楼梦》改编作品相比较，该话剧对素材的剪裁有截然不同的手法，在香港剧坛掀起一阵热潮。（邓丹）

西施　五幕话剧。姚克编导。1956年

3月香港剧艺社以普通话首演。剧作突出西施、吴王夫差之间的情感纠葛和性格冲突。西施被范蠡献给吴王后，以机智的周旋帮助越国度过灾难，又出于女性良知不愿加害吴王，但吴国最终灭亡，而西施却因为对吴王的恋情而面临越王以叛国之罪对她的杀害。这一改编源于姚克对吴越之战认识的突破，强化了以西施为中心的戏剧性和人情味。剧本于香港剧艺社1957年出版。（邓丹）

双双配　粤北采茶戏传统剧目。讲述与父亲相依为命的大宝和与母亲相依为命的三妹，互相爱慕，但三妹挂念母亲而不肯结婚；某日两人深山劳动久而未返家，大宝父亲与三妹母亲进山寻找儿女，两位老人见面互诉心情，结为"老庚"（相好），最后老少两对"双双配"，成就一段佳话。此剧由粤北民间艺术团创作组整理，1957年首演。（邓海涛）

朱买臣卖柴　乐昌花鼓戏传统剧目。取材于汉代朱买臣的故事。讲述以卖柴为生的朱买臣笃志好学，但为其妻崔氏嫌弃，被迫写下休书。后朱买臣高中，荣归乡里，恰被改嫁到阎府的崔氏碰见并挡道欲求复合，朱买臣令其尽收覆水，崔氏无地自容，投江自尽。剧本由何万杰、廖质彬整理，1959年乐昌县花鼓戏剧团首演，为乐昌花鼓戏大型传统剧目。（邓海涛）

锦扇缘　三幕喜剧。胡春冰编剧，熊式一等导演，1957年中英学会中文戏剧组在香港艺术节公演。改编自18世纪意大利剧作家哥尔多尼的名著《扇子》，故事背景改在中国明朝，通过曲折浪漫、妙趣横生的爱情故事，表达"有情人终成眷属"的美好理想。延续20世纪40年代上海等地外国名著改编中国化的传统，人物个性、对话和戏剧特色完全中国化，充溢着中国古典文学和戏剧的意境与韵味，给人特殊的美感，是外国戏剧本土化的成功尝试。上演后受到香港观众和评论界的好评。（邓丹）

关汉卿　粤剧剧本。1958年马师曾、杨子静、莫志勤根据田汉同名话剧改编。广州文化出版社1959年出版。剧演关汉卿因写作《窦娥冤》触怒权贵而被放逐事。关汉卿写作《窦娥冤》，痛斥残暴统治，触怒当朝权臣阿合马。在拒绝了修改曲词的命令之后，关汉卿与扮演窦娥的歌妓朱帘秀被打入监牢，而扮演蔡婆婆的赛帘秀则惨遭挖目酷刑。此事惹得民怨沸腾，阿合马被义士刺杀。最终，关汉卿被统治者放逐南下，朱帘秀在卢沟桥悲歌相送。原本与话剧一样是团圆结局，周恩来总理观剧过后，建议改为悲剧结局。1958年，广东粤剧院首演，陈西名、林瑜担任导演，马师曾、红线女、林小群、少昆仑领衔主演，同年12月在中共八届六中全会作专场演出。（李继明）

秦始皇帝　又称《秦始皇》。大型历史剧。姚克编导。1961年香港圣士提反女书院学生首演。剧作肯定秦始皇统一中国的伟业，揭示权势欲对其人性的扭曲和他阴险狠毒、虚伪狡诈的种种罪恶。姚克主张将西方戏剧与中国传统戏剧冶为一炉，创造中国戏剧的新形式，在剧中运用象征性的脸谱和京剧、昆曲中的小丑角色，成功表现出传统形式的现代运用，演出多受好评。（邓丹）

秦始皇　见"秦始皇帝"。

楚汉风云　五幕话剧。李曼瑰作。从酝酿到1961年完稿，历经十数载。站在当代人的立场，据《史记》《汉书》的历史记载，以刻画人物为中心，重构楚汉历史。由张良得天书开场，还天书闭幕，张良和虞姬的友情、虞姬和项羽的爱情贯穿全剧，刘邦与项羽争夺天下波澜壮阔的场面穿插其中。人物众多，冲突错综复杂，展示人物的情感和欲望，探索人性的底蕴，大气磅礴而又浓厚抒情，标志着李曼瑰剧本创作专注于艺术追求，着力刻画人性、人情的转变和转向。剧本收入人民文学出版社2017年出版傅谨、陆炜编《中国话剧百年典藏》第6册。（邓丹）

陋巷　四幕话剧。姚克应香港戒毒会之邀，为筹款创建石鼓洲戒毒医院，同时向社会人士宣传吸毒问题的严重性而作。1962年香港励志社戏剧组首演。剧以九龙城寨为背景，描绘一群小市民在炎夏某日傍晚及翌晨的几个生活片段，触及长期困扰香港社会的贩毒、吸毒问题，揭示这一触目惊心的问题给香港人民特别是城市贫民造成的巨大灾难与精神痛苦。剧作取材于香港，意味着香港本土独特文化意识的产生，此后出现的社会剧，或多或少都受到该剧的影响。艺术上，采用连缀和组合"生活的片段"的写实方法，不落幕，不换景，用灯光来分割画面和控制几个生活片段的转换，富有独创性。1968年、1971年重演，12个剧社成功演出该剧。剧本收入人民文学出版社2017年出版傅谨、陆炜编《中国话剧百年典藏》第6册。（邓丹）

三笑缘　三幕古装喜剧。鲍汉琳1963年创编。取材于传奇故事《唐伯虎点秋香》。以唐伯虎一见钟情、执着追求婢女秋香为线索，一波三折，情趣丛生。唐伯虎追求秋香是为了打破门第、等级观念，追求平等、自由的婚姻。改编赋予剧本崭新的思想内涵。人物台词生动活泼，在现代白话中融

入平易的古典文学语言、成语，增加了喜剧色彩。在香港演出后，获赞许与好评。（邓丹）

山乡风云　粤剧剧目。1964 年吴有恒、杨子静、莫汝城、林仙根根据吴有恒小说《山乡风云录》改编。剧演女共产党员刘琴深入桃园堡进行敌后工作，并配合当地游击队攻下桃园堡的故事。刘琴进入堡内当中学教师，取得大地主的信任，还救了世代为奴的何春花，暗中发动当地贫苦农民。中秋之夜，趁举办拜月会之机，配合游击队攻下桃园堡。情节安排合理，人物形象鲜明，带有强烈的感情色彩，在身段表演、唱腔音乐和舞台艺术上都进行了有益探索，获得艺术界的认可。1965 年广东粤剧院首演，导演林瑜，红线女、黎国荣、罗家宝、罗品超、文觉非等参与演出。后参加中南区戏剧观摩演出，曾到京、沪巡演，受到周恩来赞扬。先后被多个剧种移植演出，是粤剧史上演出时间最长、演出剧团最多的现代戏。剧本收入花城出版社 1982 年出版的《广东戏曲选》。（李继明）

苏丹　花朝戏剧目。讲述 1948 年冬东江游击队指导员苏丹奉命进入碧河乡组织当地群众秘密开展武装斗争，解放碧河乡；后苏丹被国民党军队逮捕，壮烈牺牲。剧本由简佛权、熊展模根据叶维扬、李长波、钟斗祥的同名电影文学剧本改编，1964 年广东人民出版社出版单行本。（邓海涛）

昭君出塞　独幕话剧。李援华 1964 年创作，1965 年由作者导演首演于香港大会堂。剧写王昭君为解救被困在深宫中的自己和姐妹们，自请和番，甘愿离乡背井到塞外草原。把远古的民族悲剧改写成一出女性悲剧，渗透着浓厚的人道主义同情。艺术上，将话剧、戏曲、哑剧、诗朗诵等元素和写实表演、象征表演融为一体，颇有创新，体现 20 世纪 60 年代话剧作家的探索精神。剧本收入香港光露出版社 1983 年出版的《李援华戏剧集·独幕剧》。（邓丹）

孟丽君　五幕喜剧。李援华创作。据木鱼书《再生缘》和章回小说《孟丽君》改编。讲述孟丽君为反抗强权压迫，自主命运，女扮男装科场夺魁，担任宰相后选贤任能、平定番邦的故事。剧作围绕孟丽君异乎寻常的智慧、才华和反叛传统观念的挑战性格，展开跌宕起伏的情节冲突。是李援华"女性主义"剧作的代表作。（邓丹）

赵氏孤儿　五幕历史剧。黎觉奔作。剧写春秋时代，晋国权奸屠岸贾陷害忠臣赵盾全家后，程婴等忠臣义士冒死保护、养育赵氏遗孤的故事。不同于元明剧曲和京戏以"大报仇"为主题，本剧强调"义"，突出程婴、公孙杵臼等反对邪恶、坚持正义，或慷慨赴死，或忍辱负重的忠肝义胆与磊落人格。脱稿后由中英学会中文戏剧组和华侨书院演出，震动香港剧坛，成为黎氏的代表作。剧本于香港华侨戏剧学会 1970 年出版。（邓丹）

我爱夏日长　三幕喜剧。柳存仁作。剧写由内地迁居香港的杨伯玉教授为试探女儿阿珠的男友是否真诚，把自己装扮成一个贩毒集团的头子。结果，为继承财产而追求阿珠的男友经不起考验，逃之夭夭。情节曲折、冲突复杂，将现代都市青年的浮滑功利、夸夸其谈刻画得生动传神。不时加插富有本地色彩的台词，增加观众的亲切感。该剧屡次上演，深受欢迎。（邓丹）

梯子　独幕话剧。李援华 1972 年创作。改编自英国戏，概括表现 20 世纪 70 年代初香港的社会现实。围绕梯子这个象征性意象，刻画出为爬梯而争斗的众生相。"英雄"在母亲的设计下爬上梯子顶端，但梯子顶端争名夺利的钩心斗角、大打出手甚至摔下来又使他常常胆战心惊。"英雄"最后走下梯子，并且不顾母亲阻拦，把梯子用作救人救火的工具。剧作以叩问生命的意义为主旨，哲理性强，象征手法的运用受到现代派戏剧的影响，台词凝练，多有格言色彩。是李援华社会题材剧的代表作。（邓丹）

马陵道　正字戏传统剧目。源出元杂剧《庞涓夜走马陵道》。讲述战国时孙膑和庞涓同拜鬼谷先生为师，同在魏国为官。庞涓妒忌孙膑，向魏王进谗；魏王听信庞涓，刖去孙膑双脚。为保存性命，孙膑被迫装疯避祸，后得卜商之助逃往齐国，会合齐、赵等国伐魏，在马陵道捉住庞涓，终报仇雪恨。全剧存《射火星》《斩脚》《装疯》《马陵道》四折。该剧唱腔正音曲与昆腔兼有，富有代表性。演出本现存于广东陆丰县文化局。（邓海涛）

九　艺术卷

书　画

概　况

岭南书画　区域艺术。起源较早，新石器时代的一些彩陶图案展现出较高艺术水准。南越王墓出土的文物，如壁画、铜镜图案颇具艺术表现力；广州西村石头岗秦墓出土的漆奁，中间有"蕃禺"篆书印文，端庄大方，娴雅雍容。自汉至唐数百年，未见书法家墨迹传世，仅近代出土有碑刻和砖文。唐宋间，目前所见碑刻和摩崖石刻，多为入粤名人题刻，岭南人书迹少见。岭南画家在山水、花鸟、人物方面有作品传世。宋元以后，岭南书画名家渐增，如宋代诗人白玉蟾，以画梅花闻名，又擅大字草书，书法造诣甚高，是岭南书画史上的一位重要人物。明代，岭南书画家崭露头角。陈白沙独创茅龙书法，书风挺拔遒劲，生峭涩辣，自成一格，形成白沙书派，代表人物有陈献章、湛若水等。明代书法成就较高者还有黎民表、黎民怀、邝露等。著名画家颜宗、林良、张穆等，均有作品传世。清代进入发展时期。清前期，"三大遗民书家"屈大均、陈恭尹、彭睿瓘，工书擅画。清中期，宋湘、冯敏昌、黎简、吴荣光"岭南四大书家"，书风典雅。清晚期李文田出碑入帖，自创具有岭南特色碑派书法，质朴刚健。康有为以圆笔作碑体，雄强朴茂，其《广艺舟双楫》是中国书法史上具有划时代意义的理论著作。清末居巢、居廉的花鸟画开岭南画派先河。后以高剑父、高奇峰、陈树人为代表的画家通过吸取古今中外绘画之长来革新中国画，开创岭南画派；其弟子赵少昂、黎雄才、关山月强调"古为今用、洋为中用"，在中国现代美术史上产生广泛影响，与京津画派、海上画派三足鼎立。进入现当代，作为中国美术教育奠基人的林风眠，其作品融合中西画法，在形式上表现西方化的同时又具有中国传统审美趣味，在中国现代绘画史上占有独特地位。岭南书画虽然起步较晚，但其发展历程体现出很强的改革创新精神，成为中国书画史上亮丽的一笔。（梁达涛）

流　派

白沙书派　书法流派。明陈献章创立。陈献章系广州府新会县白沙里人，世称白沙先生，故称。陈献章书法挺拔雄强，生峭涩辣，自成一格，门下弟子众多，形成白沙书派，开岭南书法之先河。提倡自由开放的学书风气。

擅使用当地茅草做成的茅龙笔创作书法作品，字体俊逸，不计工拙。代表人物有陈献章、湛若水、梁储、萧文明等。（吴晓懿）

东塾印派 印学流派。清陈澧创立。陈澧为东塾印派创始人，故称。陈澧治印倡导宗汉法及元人朱文法，强调从小学入手，注重金石训诂和学问积累，由源及流，取法乎上，力避时人治印俗弊，主张醇正典雅的印风，形成并发展为富有岭南地方特色的印派。受陈澧印学观影响，金石学者及印人众多，代表人物有徐灏、陈璞、朱越生、孟鸿光、何昆玉、谢耀、宋泽元、梁垣光、何瑗玉、梁于渭、江逢辰、李阳、何瑛、苏展骥等。其形成及发展，提升了岭南篆刻整体地位和知名度，将清后期岭南篆刻艺术推至一个高峰，对岭南印学发展影响深远。（吴晓懿）

黟山印派 印学流派。清黄士陵创立。黄士陵为安徽黟县人，号黟山，故称。黄师承邓石如、陈曼生、吴让之、赵之谦，将吉金文字与三代秦汉融合在一起，将一些文字部首符号化，赋予线条形式感、质感、形式重美术化。取法古玺汉印，调和各种文字体势，形成"印外求印"的印文特点。不拘泥表面形式拟古，还古印本来面目，追古印光洁妍美之姿，印面力求完整、

精到。印风峻峭刚健、光洁凝练、古意盎然。印学继承浙、皖两派。黄士陵客居广东18年，在广东弟子众多。代表人物有易大厂、张祥凝、邓尔雅、冯衍锷、容庚、容肇祖等。他们文化底蕴深厚，精于金石碑版之学，在继承黄士陵印学思想的同时，能宗法秦汉古意，兼蓄三代遗蕴。（吴晓懿）

康梁碑学 书法流派。清康有为、梁启超创立。清代中期岭南碑学兴盛。继阮元《南北书派论》《北碑南帖论》之后，康有为《广艺舟双楫》对碑学做全面总结，提出"尊碑"之说，主张以碑派书风取代帖派书风。其书法扎根《石门铭》，意在矫正帖派辗转翻刻流弊，将碑学运动推向新高潮。梁启超在书学思想上受康有为影响，在书风上独树一帜，精研《张玄墓志》，贴近帖派儒雅气息，一反康有为一味霸悍的粗率之风。康、梁书法，各有千秋，影响大。他们主张的碑学，被后世称为康梁碑学。（吴晓懿）

岭南画派 画派。20世纪初高剑父、高奇峰、陈树人在广东创立。以倡导艺术革命、建立现代国画为宗旨，以折中中西、融汇古今为途径，以形神兼备、雅俗共赏为审美标准，以兼工带写、彩墨并重为艺术手法。注重写生。绘画题材以南方风物为主，多选

木棉、奔马、雄鹰、苍松等。融汇中西绘画之长，以革命精神和强烈时代责任感改造中国画，保持传统中国画笔墨特色，创制出有时代精神、地方特色、气氛酣畅热烈、笔墨劲爽豪纵、色彩鲜艳明亮、水分淋漓、晕染柔和匀净的现代绘画新格局。代表人物有居巢、居廉、高剑父、陈树人、高奇峰、何香凝、方人定、黎雄才、关山月、黄少强、赵少昂、陈凝丹等。与京津画派、海上画派三足鼎立，是20世纪中国画坛三大画派之一。（吴晓懿）

吴门隶书 书法流派。吴子复创立。吴书法受何绍基影响，也受广东书家林直勉启发，主张学习汉碑须有层次，由简到易，先学《礼器碑》，再学《张迁碑》《西狭颂》，最后学《郙阁颂》《石门颂》《校官碑》，认为这六种汉碑点划形式是一切书法点划形式祖宗。吴子复广采历代名碑法书，将己意与古韵相结合，形成独特书风，以平和秀雅为貌、以冲淡古风为神，平铺直叙，尤擅隶书，或雄奇，或峻逸，或厚拙，别具一格，人称"吴隶"。门下学生众多。代表人物有张奔云、关晓峰、何作朋、李家培、陈作梁、林少明、陈景舒、李伟等。李伟深得吴子复笔法要领，是传承吴门隶书的重要人物。（吴晓懿）

社团·场所

十香园 私塾。位于今广东省广州市海珠区江南大道中隔山村怀德大街3号。居廉、居巢故居，系其作画授徒之所。始建于清道光十二年（1832），初名今夕庵、隔山草堂。占地640平方米。为岭南风格庭院建筑，屋前有院落，含"啸月琴馆""今夕庵""紫花梨馆"，四周以青砖砌墙围成小院。园

内植素馨、瑞香、茉莉、夜合、珠兰、鱼子兰、白兰、含笑等10种花木，作写生及观赏之用，故名。毁于抗战时期，一度只剩下紫梨花馆。2006—2009年分期修缮，2010年完工。居巢、居廉居此为岭南培养大批人才，以岭南画派创始人高剑父、陈树人最为著名。被称为岭南画派摇篮。（吴晓懿）

十香园

濠上印社 印学社团。位于今广东省广州市越秀区清水濠盛家藏书楼濠上草堂。1918 年易大厂、邓尔雅、李尹桑、简经纶等发起创立，后发展有区梦良、李凤公、李研山、汪岋、李步昌、邓橘、盛鹏运等 20 余人。每周雅集，摩挲金石，谈论印艺心得。辑拓刊行印谱《濠上印学社印稿》《秦斋魏斋笔印合集》《乡斋印稿》《魏斋玺印存》《大同石佛堪玺印稿》《李茗柯玺印留真》《邓斋印可》《邓斋印雅》《梦园藏印》《梦园印存》等。反映岭南印人学古出新、富于创造精神。（吴晓懿）

赤社美术研究会 社团。位于今广东省广州市越秀区广大路。1921 年成立。胡根天与时任广州市教育局局长许崇清商议筹组成立，成员包括梁銮、陈丘山、冯钢百、徐东白、梅雨天、容有机、雷毓湘、李殿春、徐藏龄、崔国瑶等。主要目的是办画展与辅导学员学画。1921 年 10 月 1 日，在广州市立师范学校举办第一次西洋画展览会。1924 年附设美术学校，由墨西哥归国留学生赵雅庭任教务主任，辅导学员学习绘画。后海外留学归来的黄潮宽、朱炳光、李铁夫、关金鳌、许敦如、关良等加入。1928 年后，亦吸收国画家加入。1929 年，因受国民政府当局注意，"赤社"改为"尺社"。1935 年宣告结束。（吴晓懿）

春睡画院 教育机构。位于今广东省广州市越秀区大北门外象岗山脚朱紫街。1923 年高剑父在朱紫街购得晚清浙江旅穗人士停厝义庄，加以修葺后创立。前身为民国初年高剑父在广州高第街的怀楼、在文明路安定里的春瑞草堂。1938 年被日机炸毁。抗战胜利后，高剑父在原址创办南中美术院。1987 年，高氏家属将画院旧址房产及高剑父书画、手稿等文献资料共 1200 多件无偿捐献给广州市人民政府。1988 年，画院重新开放，改名为高剑父纪念馆。新址位于盘福大厦。为新国画运动培养了关山月、黎雄才、方人定等一批艺术家，推动了中国书画艺术发展，是岭南画派的摇篮。（吴晓懿）

广东国画研究会 社团。位于今广东省广州市六榕寺人月堂。1926 年成立。前身为创建于 1923 年的癸亥合作画社。在清末民初广东画风萎靡不振，传统国画受到来自东洋、西洋及折中新国画冲击的背景下，集合广东传统国画力量，以研究国画、振兴美术为宗旨。不设会长，会务由常务委员会主持，常务委员每年更替。下设编纂部、出版部、营业部、国画图书馆、研究部等，鼎盛时会员超过 300 人。有潘达微、李研山、李凤廷、张逸、黎葛民、黄宾虹等加入。该会画家与岭南画派画家展开了国画新旧论战，促进了广东国画艺术发展。出版《国画特刊》《画风》《我佛相集》等刊物。1938 年 10 月广州沦陷后停止活动。（吴晓懿）

岭南艺苑 教育机构。赵少昂从事美术教育和创作之处。旧址位于广东广州十甫路湛露直街 24 号。1930 年赵少昂创办。为西关竹筒屋，砖石修筑，共三层，单开间，进深大，分前、中、后三部分，以天井分隔，由廊道相连。最初赵少昂、黄少强共同主理，后赵少昂独自主理，随赵少昂迁居而迁移，苑址还有广州惠福西路、香港九龙荔枝角道、九龙钵兰街等多处。1990 年，中央侨办对该苑进行修复，赵少昂题写"岭南艺苑"匾额。（吴晓懿）

天南金石社 印学社团。旧址位于广东广州文明路黄文宽律师事务所，后迁至永汉路（今北京路）。1934 年由岭南篆刻家何绍甲、莫铁、陈大年、李泽甫、冯霜青、黄古乔、黄文宽等发起成立。旨在以印会友。每周例行举办雅集，社员互相观摩所藏金石铭刻与印谱。是岭南早期印学会。雅集活动博涉考古学、文字学、书画和篆刻艺术等研究，对岭南印学发展起到关键作用。（吴晓懿）

广州美术学院美术馆 科研机构。1958 年建成。2003 年在旧馆原址上建成新馆，建筑面积约 4500 平方米。按标准化、规范化、专业化建设，设有多功能学术会议厅、学术报告厅等。

广州美术学院美术馆

藏品 1 万余件，有古代及近现代书画、陶瓷、民间工艺品，各历史时期广州美术学院教师、青年学生和相关重要艺术家作品，尤其是李铁夫油画、水彩画等作品，以及极为珍贵精美区域美术文物潮州木雕等。设立"胡一川研究所""材料技法 | 修复研究室"。2019 年 6 月创立"新美术馆学"研究中心，创办《新美术馆学》学术刊物，编辑出版新美术馆学理论研究及译介丛书，建立美术馆及机构研究档案库，为研究者提供理论研究、思想探讨、实践实验的开放平台。经常举办来自世界各地美术馆、博物馆和艺术家的展览。其展览项目、研究项目、公共教育项目获得国家嘉奖与社会好评。是广州美术学院学术交流窗口。（吴晓懿）

广东画院　教育机构。新址位于广东省广州市白云区白云新城画院路一号。旧址位于广东省广州市越秀区人民北路 873 号。2020 年 12 月启用新址。创建于 1959 年，原名广州国画院，1962 年改名为广东画院。占地近 2 万平方米，总建筑面积 44693 平方米。秉承中国传统绘画和岭南画派的优秀传统，在黄新波、关山月、黎雄才等前辈艺术家的带领下，借鉴、吸收一切优秀的外来文化，积极促进自身的发展。以"学术立院、公益为先、传承传统、创新发展"为宗旨，坚持以人民为中心的创作导向，强调美术创作和理论研究，经常举办美术方面的学术讲座、学术交流、美术展览，积极推动广东美术创作繁荣发展。注重发掘和培养新时代美术名家，为社会提供高质量、高品位艺术精品。是全国第一所集国画、油画、版画于一体的综合性画院。（吴晓懿）

南天印社　印学社团。1962 年冯康侯在香港创立。社员有马宾甫、许太康、麦健盦、韩云山、徐虹矶、陈秉昌、孔平孙、林世昌、何继贤等人。举办金石研究和篆刻创作活动，有力地推动了印学在香港发展。（吴晓懿）

广东省书法篆刻研究会　书法社团。位于今广东省广州市天河北龙口西路 550 号。1963 年成立。侯过为主任委员，苏怡、吴仲喜、胡根天、胡希明、容庚、商承祚、杨奎章为副主任委员。举办"毛泽东诗词书法展""王杰日记书法展""抗美援越书法展"等活动和讲座。与北京、上海、江苏书法活动同步，为活跃 20 世纪 60 年代中国书坛作出重要贡献。1979 年，改名为广东省书法家协会。创办《岭南书艺》，为广东书法篆刻理论阵地。（吴晓懿）

深圳美术馆　艺术品展览机构美术馆。位于今广东省深圳市罗湖区东湖公园深圳水库风景区内。前身为深圳展览馆，始建于 1976 年，是深圳最早的艺术品展览机构。1987 年改名为深圳美术馆。占地面积 5500 平方米，建筑面积 2800 平方米，展厅面积 1200 平方米。具备展示、收藏、研究、教育、服务五大功能，向公众免费开放，利用特区文化窗口的作用及毗邻港澳的地理优势，推进海内外艺术交流。2001 年以来，确立"关注当代都市艺术，关注本土艺术"学术目标，策划举办年度中国当代艺术专题展和深圳本土艺术专题展，推进中国当代都市艺术和深圳本地艺术发展，塑造城市美术馆良好形象。（吴晓懿）

香港友声印社　印学社团。1978 年香港印人禤绍灿、邓昌成等在香港创立。后吸收新社员 40 余人。组织印社社员与中国内地、中国台湾地区和韩国、日本等印学团体举办展览，在国际印学交流方面起到桥梁作用。出版有《友声印集》《香港四家印谱》《印谱快讯》《香港胜迹印谱》等。（吴晓懿）

广东美术馆　博物馆。位于今广东省广州市越秀区二沙岛烟雨路 38 号。1990 年奠基，1997 年 11 月 28 日落成开馆。具有收藏、研究、陈列展览、教育、交流、服务等 6 大综合功能。建筑面积 2 万多平方米。馆内有 12 个展览厅、户外雕塑展示区、现代化多功能学术厅及教育功能区等。常设陈

广东美术馆

列展览以馆藏近现代沿海艺术作品、广东当代美术作品以及海外华人作品为主。重视艺术藏品及文献搜集与整理，有国画、油画、版画、素描、水彩、摄影、雕塑、影像、漆画、民间艺术等不同类型的藏品共计 3.6 万件（套），有中国现当代美术图书文献 3 万余种。注重艺术文物保护与修复工作，对纸本、布本、油材、陶瓷以及图书等有较先进的保护与修复能力。自开馆后发展为广东省内现当代艺术研究和展示中心。每年举办各类专题展览、邀请展览和申请展览等，参与和引进国际重要艺术展览，为区域文化繁荣及国际文化交流发挥重要作用。出版有《广东美术馆丛书》《20 世纪中国美术状态丛书》《大展丛书》等 200 余种图书，编辑出版《美术馆》《生产》两种学术期刊，定期出版《广东美术年鉴》等。2011 年被文化部评为第一批国家重点美术馆。参见第 685 页艺术卷"广东美术馆"条。（吴晓懿、彭圣芳）

岭南画派纪念馆　纪念馆。位于今广东省广州市海珠区昌岗东路 257 号广州美术学院内。1991 年开馆。建筑面积 3200 平方米，集研究、展示、教学、交流为一体，主要功能是收藏、

岭南画派纪念馆

整理、展示岭南画派画家作品和史料，为研究岭南画派构建学术平台。收藏近现代岭南大家原作近 2000 件以及文献、图片近万件；也收集、收购和收藏当代岭南派画家作品，建立岭南派画家"艺术档案"。是一座以画派命名的纪念馆，为海内外岭南画派艺术家进行文化交流及展示广东文化成就的重要场所。（吴晓懿）

广州艺术博物院　博物馆。位于广东省广州市海珠区艺苑路 198 号。前身是始建于 1957 年的广州美术馆，1995 年广州市政府重新选址立项兴建，2023 年 11 月 30 日，新馆开门迎客。占地面积 3 万余平方米，建筑面积 8 万平方米，设有 21 个展厅、近 2 万平方米展示面积。设计以"水中盛放的木棉花"理念为主题，突出岭南风格和广州地域特色，涵盖藏品区、展陈区、文化教育与公共服务区、业务科研与管理区、设备区、地下停车库和公共区域。具备完整的艺术类藏品体系，藏品数迄今为 33000 多件（套），以中国历代书画作品为基础，以岭南书画作品为重点，兼顾其他门类历代艺术品，藏品类别包括中国画、书法、油画、版画、水彩画、水粉画、粉彩画、漫画、漆画、雕塑、唐卡、铜器、陶瓷、木器、剪纸等。关注中国当代美术以及国际艺术发展动向，不定期举办当代重要艺术家和国内、国际艺术交流展，让公众了解当代国内外艺术发展现状，向各地推介岭南本土文化艺术。以高质量的陈列展览在国家级的各种评比中屡获殊荣，相继被评为"国家重点美术馆"和"国家一级

博物馆"，成为迄今为止全国唯一兼有这两个称号的艺术机构。（吴晓懿、彭圣芳）

深圳关山月美术馆　现代美术馆。位于今广东省深圳市福田区红荔路 6026 号。1994 年筹建，1997 年 6 月落成开馆，江泽民题写馆名。建筑面积近 1.5 万平方米，设有 8 个 400 平方米的标准展厅，其中 2 个为关山月作品专题陈列厅，配备恒温恒湿、自动防火和防盗监控系统，是国内设施较完备的美术博物馆之一。有藏品 5600 余件，以展示、收藏、研究、推广关山月艺术作品为主，同时兼备国家美术馆的各项功能，开展其他优秀美术作品的展示、收藏、研究、推广，以及交流和培训等工作。2011 年被评为第一批国家重点美术馆。（吴晓懿）

何香凝美术馆　美术馆。第一个以个人名字命名的国家级美术馆。位于今广东省深圳市南山区深南大道 9013 号。1997 年建成开馆。建筑面积 5000 余平方米。以收藏、陈列和研究何香凝艺术创作及艺术文献资料为基本宗旨，以策划、展示、收藏、研究优秀传统艺术、海外华人艺术、女性艺术，整理和保存相关艺术史文献资料等作为主要学术工作，注重交流、介绍和推广中外当代艺术。在传承和繁荣美术方面起积极作用。海外知名人士访问深圳时一般会参观该馆，成为宣传华夏文化重要平台，为团结海外华人和港澳台同胞作出重要贡献。（吴晓懿）

作　品

大埔陶符　刻画符号。出土于广东梅州大埔。岭南先民随手所刻，是南

越陶工一种原始记号，形式多样。诸如"丨""丨丨""二""十""∧""∨""╳"

等，具有较复杂线条构成，组合有序，方折兼施，线质自然简朴，带有原始

粗犷美。结体和刻画特征则与古汉字相似，与中原地区陶符有不少相同之处。作为前期抽象书法造型艺术，可看作是岭南书法艺术源头与开端，为汉字起源提供宝贵资料。这些符号是否为原始文字，目前尚缺乏充分证据，是中国目前发现最像古代象形文字的一种符号，对汉字产生起到一定作用。（梁达涛）

秦墓铜戈铭文　器物文字。铜戈1962年出土于广东广州区庄螺岗西汉墓，秦始皇十四年（前233）铸，现藏广州博物馆。铜戈两面刻铭，内端一面有铭文1字，铸造款，然已磨蚀，另一面上有铭文"十四年□属邦工□戠丞□□□"13字，因系刻凿，故文字点画断续相连，纹道极浅，线条细如发丝。无拓本，只有摹本。从字体来看，与中原地区同时期文字无二致，结体已具明显小篆特点，章法布局自然，错落有致。形制、铭文体例、字体结构与湖南长沙秦墓出土"四年相邦吕不韦戈"相同。考古学家推断铜戈很可能是秦统一中原后南征百越将士的兵器，戈上的铭文具有较高历史价值。（梁达涛）

南越王墓铜句鑃铭文　器物文字。句鑃1983年出土于南越王赵眜墓中，现藏南越王博物院，为古吴越乐器，是目前仅见有绝对纪年的一套青铜句鑃，形体厚重，一面素身无纹饰，另一面阴刻篆文"文帝九年乐府工造"，分两行排列，每行4字，其下刻有"第一"至"第八"的编码。字体呈方形，结体端正规整，与汉印文字风格较为相近，用笔方圆兼备，点画形态变化无端，体现出当时岭南工匠的书法艺术已趋成熟，与同时期中原地区铜器铭文相比亦不逊色。《西汉南越王墓》《广州市文物志》有著录。（梁达涛）

西汉黄肠木刻文　木刻文字。1916年黄肠木出土于一座西汉初南越国木椁墓，广东台山人黄葵石在广州乐山龟岗兴建居屋挖地基时发现，此墓有数十条椁板，每条木长丈余，宽尺余，端有隶书刻字，可辨者有甫五、甫六、甫七、甫八、甫九、甫十、甫十一、甫十二、甫十三、甫十四、甫十五、甫十六、甫十八、甫二十共14章，其余则残破朽坏。木刻文字出自西汉南粤工匠之手，未经书写而直接在木头上刻成，点画方整，间有参差，不做俯仰姿势，纯为西汉隶法，偶沿篆体，异于东汉诸碑，用笔、结字变化多端，富有书法意趣，貌古神虚。汉代木刻，在宋时已成绝无仅有之物，甚为珍贵，其上文字被认为是现存世上最早木刻文字，对研究岭南书法史源流有重要艺术价值与史料价值。《广东文物》有著录。（梁达涛）

陶提筒盖墨书　器物文字。提筒1953年出土于广东广州东郊龙生岗东汉墓，现藏广州博物馆，腹下近圈足处有一段圆管形"流"，通体施釉，筒盖内墨书"藏酒十石，令兴寿至三百岁"两行11字。有摹本存世，是岭南较早的墨迹。字体结构方扁，大小不一，波磔修长；用笔飘逸，点画舒展，秀美遒丽，是典型汉隶书风。岭南气候潮湿，纸张保存不易，故自汉至唐，广州地区多见砖文及碑刻。该墨书当出自民间工匠之手，代表当时岭南书风，具有很高书法价值。（梁达涛）

麻鹰岗墓砖文　砖文字。墓砖1956年出土于广东广州东郊麻鹰岗（今广州动物园内）东汉墓，楔形，长40厘米，宽20厘米，厚5厘米。现藏广州博物馆。砖上刻有"建初元年七月十四日甲寅治砖"1行13字，文字当在砖坯未干时以尖物刻画而成，字形活泼，

结体方扁，略带草意，点画粗细不一，朴茂稚拙。与同时期东汉碑刻相比，其用笔与结构皆不够严谨，体现当时民间的书风特点，可借此窥见隶书与草书交融递嬗轨迹。（梁达涛）

周府君碑　全称《神汉桂阳太守周府君碑》。刻石文字。东汉庙宇碑刻。据《韶州图经》记载此碑为郭苍撰，因桂阳有泷水，人患其险，太守下邳周憬颓山凿石以通之。东汉熹平三年（174），故吏区祉刻石以记功，在韶州乐昌县（今韶关乐昌）昌乐泷上周君庙中。《后汉书》无周使君者记载，故仍存疑。因石久佚，拓本亦不见传。宋欧阳修《集古录》、赵明诚《金石录》有著录。（梁达涛）

神汉桂阳太守周府君碑　见"周府君碑"。

西村广州北站晋墓砖文　砖文字。墓砖1954年出土于广州火车北站西村仔岗（今荔湾区北部）晋墓，呈青灰色，朝里一侧印有纪年文字、吉祥语或造砖者姓名，少数砖3个侧面印有文字。有"永嘉五年陈仰所造""永嘉六年壬申宜子保孙""永嘉六年壬申皆寿百年""永嘉六年壬申富且寿考""永嘉六年陈仲恕制作砖""永嘉七年癸酉皆宜价市""子孙千亿皆寿万年""永嘉世天下荒余广州皆平康""陈仁""陈计"10种，隶书，间有篆体，多呈方整工致之态，与汉印朱文风格相近，用笔纯熟，干净利索，笔道转折自然，反映当时广州地区民间流行的书体面貌。砖文吉语反映因广州偏于南陲，"八王之乱"与"永嘉之乱"未波及，社会生活环境安定平稳。《广州市文物志》有著录。（梁达涛）

王夫人碑　全称《故太原王夫人墓志

铭》。刻石文字。广东最古四大隋碑（《王夫人碑》《宁赞碑》《刘猛进碑》《徐智竦碑》）之一。清宣统三年（1911）出土于广州城东鹿步司属石碑乡山麓隋墓。后置于惠州丰湖书院，被盗卖后南海人罗原觉购藏，20世纪五六十年代捐赠广州博物馆。现藏广州博物馆。隋大业三年（607）刻。隶书。碑高40厘米，宽26厘米。无撰书人名。书法笔法结体严谨，朴茂端丽。内容分为序和铭两部分。序记述王夫人自曾祖持节南海而以岭南为家，并叙及其祖父、父、丈夫和她本人的情况。对研究岭南书法史以及考证广州城市沿革、隋唐时期基层组织以及城市区域的变迁等有一定价值。史学家简又文曾称为伪作。民国《番禺县续志》有碑文著录。（张贤明）

故太原王夫人墓志铭 见"王夫人碑"。

刘猛进碑 全称《前陈散骑侍郎刘府君墓铭并序》。刻石文字。广东最古四大隋碑（《王夫人碑》《宁赞碑》《刘猛进碑》《徐智竦碑》）之一。清光绪三十二年（1906）出土于南海王圣堂。现藏广东省博物馆。隋大业五年（609）刻。楷书。碑高82厘米，宽36厘米。碑文分刻两面，阳面有字17行，阴面16行，共779字，无撰书人姓名。笔法遒劲，体势紧密端厚，道茂古朴，间有行书笔意，与北方初唐书家如虞世南、欧阳询等书风一脉相承，具有很高书法价值。内容记述刘猛进祖籍和仕宦经历，以及其祖、父名和任职情况，还记载陈、隋间广东历史地理资料。是研究广东历史的珍贵史料。被学者誉为"吾粤瑰宝""国家之宝"。（梁达涛）

前陈散骑侍郎刘府君墓铭并序 见"刘猛进碑"。

宁赞碑 全称《宁越郡钦江县正议大夫宁赞碑》。刻石文字。广东最古四大隋碑（《王夫人碑》《宁赞碑》《刘

《宁赞碑》

猛进碑》《徐智竦碑》）之一。清道光十二年（1832）出土于广东钦州七星坪（现广西钦州）。现藏广东省博物馆。隋大业五年（609）四月刻。楷书。碑高118厘米，宽79厘米，碑额有穿，保留汉代碑刻遗制，楷书"宁越郡钦江县正议大夫之碑"4行12字。正文凡30行，行39字，共1134字。无撰书人名。初出土时，碑身下端稍损一角，损10余字，其余完好。现存剪裱本，高29.5厘米，宽16厘米。书法开唐人楷法先河，字形修长，与一般隋碑方正者稍异；点画遒劲，结体紧密，笔势峻健，古雅沉着，有北朝书风遗意，被誉为"粤碑之冠"。碑文内容对增补校对史籍和宁氏家族史实提供可靠史料，也是研究岭南土司制及民族关系的重要资料。图版载《中国书法全集·楷书全集》。（梁达涛）

宁越郡钦江县正议大夫宁赞碑 见"宁赞碑"。

徐智竦碑 全称《大隋仪同三司建州

刺史故徐使君墓志铭》。刻石文字。广东最古四大隋碑（《王夫人碑》《宁赞碑》《刘猛进碑》《徐智竦碑》）之一。清宣统三年（1911）出土于广州城北镇海楼后山岗。现藏广东省博物馆。隋大业八年（612）刻。楷书。碑高95厘米，宽55厘米，两面刻文，前刻18行，行29字；后刻16行，行29字，共986字。无撰书人名。初出土时，多有拓本，惜年久石朽，字多残损，现已难窥其全本。书风端庄典丽，温雅秀美，清逸苍劲，隶意几已全无，初露成熟唐楷笔意。内容撰述徐智竦及其曾祖、祖、父姓名和籍贯及担任官职、地点，是研究徐氏家族的重要实物资料。对研究广州北郊地名亦有重要参考价值。民国《番禺续志》有碑文著录。（梁达涛）

大隋仪同三司建州刺史故徐使君墓志铭 见"徐智竦碑"。

龙龛道场铭 摩崖石刻文字。龙龛岩位于广东罗定苹塘镇谈礼村，此铭镌刻于岩洞西侧石壁靠洞顶处。镌于武周圣历二年（699）。碑高80厘米，宽110厘米。楷书。字方寸大小，分41行，每行字数从20余字到30余字不等，共1238字。陈集原撰写铭序，无书者和镌刻人姓名。书法古朴豪气，间杂行体，有隋《龙藏寺碑》及欧阳询、虞世南书风遗韵。镌刻技艺精湛娴熟，除数字漫漶不清外，余清晰可辨，内有多个武则天时代创制新字及百多个六朝碑版别字，可见初唐文字使用和书法面貌。碑文叙述龙龛道场盛衰交替演变情况，涉及隋唐史、宗教史、文学史以及盛唐时期罗定的经济、政治、军事、文化、民俗和地方志诸多方面。是广东现存最早摩崖石刻，也是岭南现存最早唐刻及文字最多一块古碑，被誉为"岭南第一唐刻"。《广东省志·文物志》《肇庆

文物志》《岭南第一唐刻——龙龛道场铭》有著录。参见第233页宗教卷"龙龛岩"条。（梁达涛）

李邕端州石室记 摩崖石刻文字。唐开元十五年（727）立。现藏肇庆七星岩大岩洞口。广东省博物馆藏有清初拓本。楷书。碑高107厘米，宽80厘米。碑文18行，行23字，共386字。李邕撰，不著书人名氏，多认为是李邕自书，亦有疑为张庭珪所书。字径一寸余，掺有行书笔意，雄浑遒劲而不失自然洒脱，与当时唐人楷法有别，为后世所重。碑文描写端州石室仙境奇异景色，抒发作者情怀，指斥仙境虚妄，歌颂大自然美景，鼓吹积极有为的政治。是七星岩摩崖石刻中年代最早，历史、艺术、科学价值最高一题。潘耒《金石文字记》、道光《广东通志》、宣统《高要县志》等有相关考证。（梁达涛）

徐稚墓碣 刻石文字。唐开元十五年（727），张九龄在洪州都督任上为孺子亭所写，为张九龄书法成熟时期作品。原石已亡佚，拓本亦不见流传。张九龄书法可与大书家李邕并举。（梁达涛）

太原王府君墓志 全称《唐故清海军节度掌书记太原王府君墓志铭》。刻石文字。1954年出土于越秀山镇海楼北侧山坳处王涣（当时清海军节度掌书记）墓内。现藏广州博物馆碑廊。刻于唐天祐三年（906）。盖高75厘米，宽78厘米，厚10厘米，刻有"太原王府君墓志铭"两行篆书8字。志石高75厘米，宽78厘米，厚7厘米，左下角断裂为4块，拼合后尚完整，仅第36行"摩□原"中一字不能推知。楷书。凡44行，残数字，约共1704字。御史中丞上柱国卢光济撰写。楷法严谨，字形修长，书风介于

颜、柳间，章法紧密，其中"志"部分有行无列，大小错落，一任自然，"铭"部分每4字一组，行列皆对齐。是广州唐墓发现志石中体积最大且文字最多的墓志。《广州文物志》有著录。（梁达涛）

唐故清海军节度掌书记太原王府君墓志铭 见"太原王府君墓志"。

苏轼南海浴日亭诗碑 刻石文字。原碑在"文化大革命"期间被打碎，后寻回重拼。原拓片现藏广州市文物考古研究所，现藏南海神庙门外章丘岗上浴日亭诗碑乃仿制重刻。碑高154厘米，宽84厘米。楷书。凡5行，第1行为"南海浴日亭"诗题，诗文4行，行均14字，共56字。苏轼诗作。用笔肥厚，点画舒展，横轻竖重，存颜体遗意；体势宽博，字距参差错落，一任自然。诗后有4行小字行书跋文，共117字，可见114字。清陆耀遹《金石续编》载此石有元至元十八年（1281）上将军都元帅白佐重刻题记，至清代已漫漶，不可全部辨认，今已一字俱无。同治《番禺县志·金石二》辑有碑文。（梁达涛）

白玉蟾足轩铭卷 书法作品。现藏北京故宫博物院。南宋宝庆二年（1226）白玉蟾书。纸本，手卷，纵32.5厘米，横81.5厘米。草书，书22行，共195字。为白玉蟾33岁时所书。笔势清劲爽健，恣肆潇洒，奇拔俊逸。草法修长，每作连绵意，时断时连，气机贯注。用意超凡脱俗，存晋人风度，流畅中不乏含蓄，秀逸中不失遒劲，在宋代草书中亦称佳作。卷中钤有项元汴、耿嘉祚、安岐、乾隆内府、永瑆、奕绘、吴湖帆等人鉴藏印，卷后有元虞集、明项元汴、清永瑆、守虚子、绵亿、崇恩、近代吴湖帆、潘静淑等人跋语。清顾复《平生

壮观》、安岐《墨缘汇观》有著录。（梁达涛）

古仙诗碑 刻石文字。宋德祐年间重修五仙观时所刻。现藏广东广州惠福西路广州五仙观内。古成之自书诗刻。

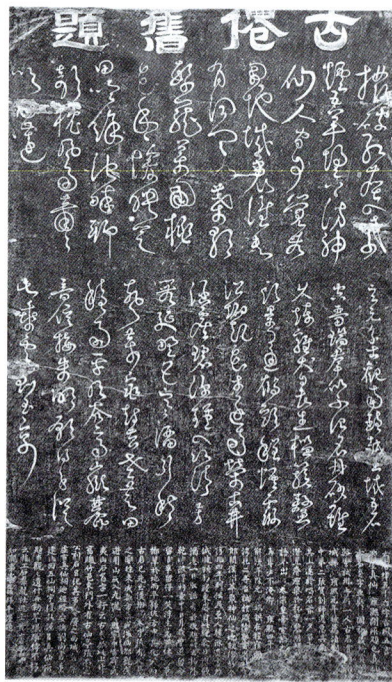

《古仙诗碑》

草书。碑额隶体"古仙旧题"4字。碑文为草书七律1首，五言排律十韵1首，俱未见《宋诗纪事》收录。书法意态纵横，挥洒自如，虽文字多已剥蚀，然踪迹可辨。碑文后并附楷书跋文，记"古成之为增城人"，与《惠州志》所载"为河源人"不同，与《宋诗纪事》称"为惠州人"亦不同，可正史载之误。是广州现存较早宋碑，具有较高研究价值。翁方纲《粤东金石略》、阮元《广东通志》皆有著录。（梁达涛）

陈献章种萆麻诗卷 书法作品。现藏广东省博物馆。明陈献章作。纸本，长428厘米，高25.3厘米。草书，凡53行，每行1至4字不等，共173字。用茅龙笔所书，诗中内容为一组反映陈献章乡间生活的七言绝句。书法苍劲雄浑，朴茂古雅，笔笔似断，

实笔笔皆连，用笔枯中带润，有重笔浓墨，又有干笔轻擦，重笔处显凝重，干笔处不枯峭。结体自然率意，其转折之圆韧、章法之错落在自得自娱中自然流泻，有如鸢飞鱼跃，意态自然，表现出作者晚年闲适自在、不受拘束洒脱情怀，无书家点画精微匠气。陈献章之书生辣、豪健，在明代前中书坛是一股刚劲的清风。（梁达涛）

梁储草书轴　书法作品。现藏广东省博物馆。《小门深巷巧安排》词轴，明梁储书。纸本，高 136.5 厘米，宽 53 厘米。草书。书轴 6 行，共 65 字。为茅龙笔所书，古拙刚健，有陈献章书风遗韵，行笔跌宕潇洒，大小错落一任自然，落墨干湿互见。字与字间穿插避让，呈现一种紧密感，字虽较小却有大气象。（梁达涛）

湛若水草书咏芙蓉诗轴　书法作品。

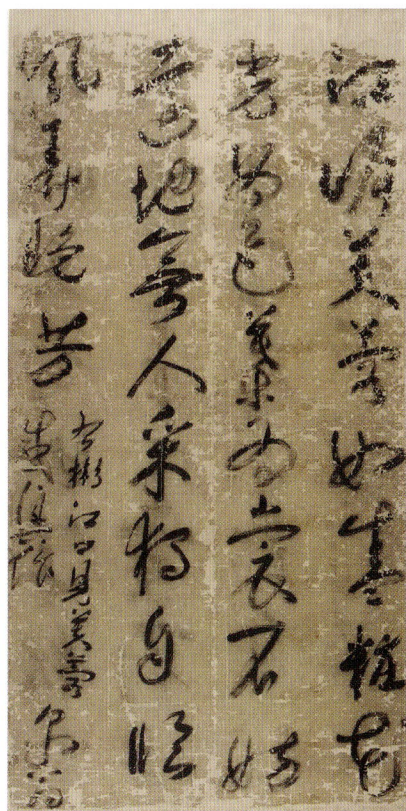

湛若水《草书咏芙蓉诗轴》

现藏广东省博物馆。湛若水书。绢本，高 199.5 厘米，宽 99.5 厘米。草书。该诗为其自作诗，作于明嘉靖二十三年（1544），时已 80 高龄，乃晚岁得意之书。用笔圆润，笔力雄健，笔势飞舞，气象深醇。墨色变化丰富，枯笔虽多，神采逼人。绢质略残，精神不减，纵横取势，神韵超迈，是湛若水代表书法作品，也是明代中期岭南书法杰作。（梁达涛）

赵善鸣行书轴　书法作品。香港郑若琳藏。赵善鸣书。纸本，高 177 厘米，宽 46.5 厘米。款署赵丹山，钤印"赵氏之子"（白文）、丹山元默（朱文）。行书。3 行，共 34 字。用笔多用颜法，点画厚实，结体多参米芾意，以欹侧取势，又不为其囿，朴茂厚重，兼具动态。时人誉其书为"神品"。《顺德文物志》有著录。（梁达涛）

函昰行书栖贤山居诗轴　书法作品。现藏香港中文大学文物馆。函昰书，清顺治十一年（1654）后作。纸本，高 170 厘米，宽 78 厘米。该诗为天然函昰作《栖贤山居十首》之一，编入《瞎堂诗集》卷八，时年 47 岁。笔意古雅，结体雄健，布局紧凑。整体面貌端稳整饬，又不失跌宕多姿，奇趣横出，萧散典雅，淳厚朴茂。是天然函昰盛年时期代表作。（梁达涛）

王渐逵行书七言绝句诗页　书法作品。现藏香港中文大学文物馆。王渐逵书。纸本诗页，每页宽 32 厘米，高 44 厘米。行书。王渐逵是湛若水的学生，其书法传承陈献章"哲人书风"，呈现古雅刚健之貌。用笔欹折，刚劲瘦挺，间参北海顿挫低昂之法，结体修长，翩翩纵逸，矫然不群，章法错落有致，收放聚落、顺逆起伏、疾徐润涩等把握得当，洒脱自如，纯任

天然，点画间尚存陈献章遗韵。（梁达涛）

海瑞送别帖　书法作品。现藏山东文物总店。海瑞书。纸本，纵 23.2 厘米，横 161 厘米。《送别帖》即《奉别帖》，为海瑞写给友人的一封信，用笔精到，笔法奇矫，精力弥满，毫无疲软之态；结体修长，工整端庄，有晋唐遗韵，不激不励，闲逸静雅，奇崛自生。是目前海瑞流传于世唯一可信墨迹。（梁达涛）

钟晓诗翰二页　书法作品。现藏香港中文大学文物馆。明嘉靖九年（1530）钟晓书。纸本，高 26.5 厘米，长 42 厘米。行书。行笔如歌，质韵兼备，以纵向取势，字体修长，疏朗典雅，安静祥和。用笔意态自然，丰润秀劲，点画间流露出苏轼、米芾笔意，竖笔尤为突出，如"仲""下""半""归"等字竖画用笔甚粗，有意强化以增其势，与"马""荣""云"等字点画纤细形成鲜明对比。整作前四行下笔严谨，字字独立，多为楷体，未见牵丝映带，至第五行明显加快行笔速度，不计工拙，字体大小、粗细一任自然，字组增多。（梁达涛）

黄著行书诗页　书法作品。现藏香港中文大学文物馆。明黄著书。纸本，高 30.5 厘米，宽 23.5 厘米。行书。内容为黄著写给友人"有中先生"的一封信札。用笔以中锋为主，点画厚实，典雅闲逸，笔意在颜真卿、米芾间。前几行诗作书写速度较慢，以行楷为主，方圆兼备，字字独立，一丝不苟。诗后文字，书写速度加快，枯笔、字组、牵丝、映带、草书增多，动中求静，欹侧生姿，任笔为体，大小错落，一任自然，臻于妙境。（梁达涛）

赵善和行书七言律诗页　书法墨迹。现藏香港中文大学文物馆。明赵善和书。纸本，高48厘米，宽26.5厘米。行书。10行，凡59字。书风间取宋人意趣，又不失唐人法度。用笔严谨，结体内敛，以行书为主，间用草书，参章草笔意，厚朴可喜。布局疏朗，清新洒脱，变化丰富，如"头""不""何"等，用笔加重，结体夸张，如平静湖面激起一层涟漪荡漾开来；"别""行""泽""中"等字又往纵向伸展，打破原本字字独立、规矩整齐平衡感，给作品增添活力与意趣。（梁达涛）

何吾驹风流管弦诗立轴　书法作品。现藏广东省博物馆。明何吾驹书。纸本，高169厘米，宽95厘米。草书。4行，共30字。用笔在东坡与北海之间，间参晋人笔意。中锋行笔，遒劲凝重，圆浑挺拔，有篆籀之意，时露方折，萧散畅达。结体宽博，中宫紧敛，取纵横交错之势。通篇看来，气势浩瀚，笔势飞动，一任自然，精光射人，豪纵中不失蕴藉，险劲中不失平和，在有意无意间表现出强烈个性面貌。在明末书家中，何吾驹敢于创新，书风颇近张瑞图、倪元璐，其古朴奇峭之处，或有过之。时书坛四大名家邢侗、董其昌、米万钟、张瑞图皆推服其为"树一帜于岭外"。（梁达涛）

梁元柱出山首疏横卷　书法作品。现藏广东省博物馆。明梁元柱书。纸本，横333厘米，高31厘米。行草书。笔法简古，以鲁公为面，间有怀素小草笔意。字体或肥或瘦，用笔轻重错落有致，笔画极细者不失劲气，极粗者自有其刚健之姿，雄深雅健，合为一手。笔势俊爽，清雄圆浑，沉着端重，胸臆豁然，奔放自如，无板滞穿凿的痕迹，似出乎不经意之手，实乃胸中书卷浸润酝酿而致。是梁元柱存世不可多得的书法佳作，表达作者忠君爱国之情。（梁达涛）

袁崇焕行书轴　书法作品。现藏广东省博物馆。明袁崇焕书。绢本，高157厘米，宽62厘米。行草书。4行，共39字。内容为节录李白《春夜宴桃李园序》，用笔内敛，草法娴熟，意气平和，一丝不苟。章法上不追求连绵起伏的艺术效果，除少数字组外，字字独立，依靠结体欹侧及大小变化增加作品动感，通篇错落有致，墨色自然而丰富，逸笔草草，流露出一种萧散雅逸之姿，书文意境和谐一致。（梁达涛）

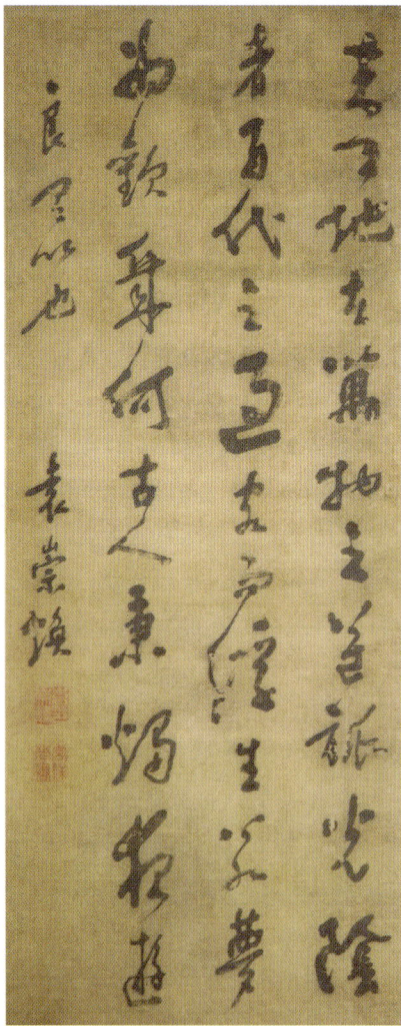

袁崇焕《行书轴》

伍瑞隆草书杂咏轴　书法作品。现藏广东省博物馆。草书。明伍瑞隆书。内容为伍瑞隆自作诗《题墨牡丹》。用笔圆劲飘逸，法度精严，笔力腕力，迥不犹人。结构秀逸自然，丰腴遒丽，笔势连贯，虬曲盘旋，挥洒自如。章法上注重字体大小、粗细及墨色变化，稍显不足在于作品新意较少，未能摆脱前人藩篱。（梁达涛）

彭睿壦行草书菜根谭轴　书法作品。现藏广州艺术博物院。清彭睿壦书。纸本，高194厘米，宽46厘米。草书。用笔厚实，以欹侧取姿，曲折回旋，变化自如，刚劲、英悍之气在点画轻重缓急曲折中呈现无尽。笔笔皆活，字字有灵，生机勃勃，一股高洁气质现于笔墨。《明清广东法书》有著录。（梁达涛）

陈子壮张秋即事诗轴　书法作品。现藏广东省博物馆。清陈子壮书。高212厘米，宽47厘米。草书。陈子壮早年好用羊毫笔，其书有米芾、董其昌笔意。字形长短不一，纵横交错，用笔流动，古淡朴茂，行距较宽，韵致秀逸，丰神俊爽。稍显不足在于点画秀美圆润稍乏劲气，相同笔画缺乏变化，略显板滞。（梁达涛）

邝露昼锦堂记册　书法作品。清李蟠旧藏，现藏孙中山故居纪念馆。明崇祯十五年（1642）邝露书。纸本，册页，共23页。高36厘米，宽19厘米。楷书。邝露书法以精擅各体而名世，屈大均评价其八分得汉法，楷书则仿《颜氏家庙碑》。邝露书法作品传世约20余种，各体精妙。此作内容为宋欧阳修作《昼锦堂记》，文字有删节。风格仿《颜氏家庙碑》，奇肆瘦硬，字径方存，虚和清挺，力追颜鲁公。（王峰）

王应华行草立轴 书法作品。现藏广东省博物馆。清王应华晚年书。纸本，高112.3厘米，宽34.6厘米，凡2行，计18字。草书。王应华传世书迹较少，书法主要师米芾，上追"二王"。所书行书小字多见于其画之题款，清朗俊秀而不乏雄浑之气。大字行、草书极尽雄肆之致，浑厚古拙。此作为王应华为方明禅师所书。纵笔取势，恣肆淋漓，结体、行笔无不透出苍劲老辣之意趣。书风略近米芾，多用折笔，横肆无匹，有磅礴雄肆之势。《广东历代书法展览精品集》有著录。（王峰）

陈子升行书诗轴 书法作品。叶恭绰、黄荫普旧藏，现藏广东省博物馆。清陈子升中年以后书。纸本，高204.5厘米，宽41.5厘米，凡5行，计104字。行书。陈子升工诗善琴及书画篆刻，其传世书法多金扇，长幅罕观。此作所录为陈子升自作诗两首，款记题名一为《呈石莲和尚》，一为《咏岭南牡丹》，两诗均收录至陈子升《中洲草堂遗集》卷十四。字形取法黄庭坚，用笔颇率真秀逸。《明清广东法书》《广东历代书法展览精品集》有著录。（王峰）

程可则草书五言诗轴 书法作品。现藏广州艺术博物院。清程可则晚年书。纸本，高221厘米，宽75.5厘米。草书。程可则书法涉钟王诸家，除擅长草书一体，还擅长隶、楷、行诸体。内容为五言诗一首。整体纵横交错，气势磅礴，书风近晚明祝允明，而较祝允明更富意趣。结字稳重求险，开阖有度，点画呼应，自然流畅。清新古雅，以气韵取胜，取法于晚明诸贤，极富个人意趣。（王峰）

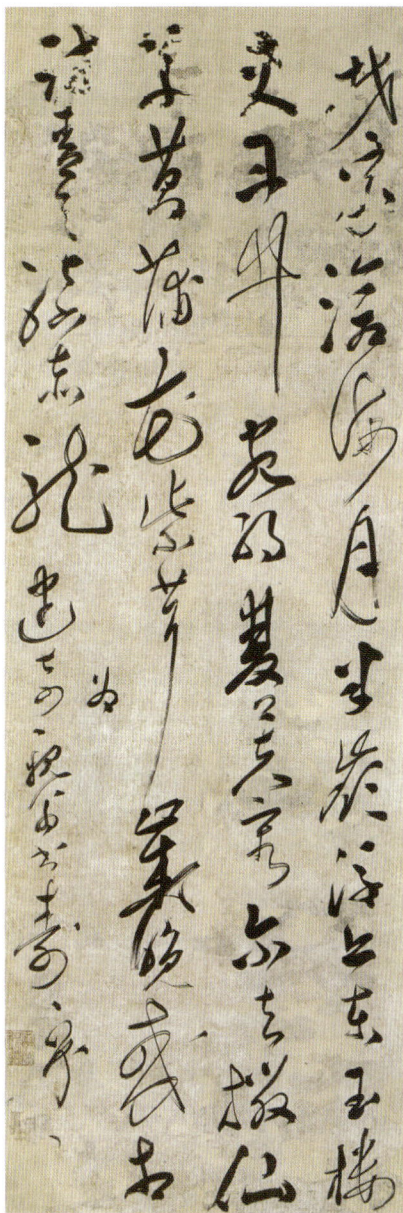

程可则《草书五言诗轴》

梁佩兰行楷七言联 书法作品。现藏广东省博物馆。清康熙二十三年（1684）梁佩兰书。纸本，高112厘米，宽25厘米。行书。为梁佩兰存世书作中少有的署年款之作。所书为七言对联，写与两广总督吴兴祚。用笔率意，流动自然，颇富徐渭行书古朴沉着之晋人雅致。梁氏行书多以苏轼为体，并参李邕及米芾书风，丰腴中透以骨力，字形多取横式，古雅浑朴，富含隶书韵味，别具风格。《明清广东法书》《广东省博物馆藏法书选》《岭南金石书法论丛》《广东传世书迹知见录》有著录。（王峰）

屈大均写杜甫八阵图句行书轴 书法作品。现藏广州艺术博物院。清屈大均书。纸本，高119厘米，宽30厘米。行书。作品内容为杜甫作《八阵图》。用笔近董其昌，笔势沉着、平稳娴熟、秀逸遒健。章法上两行基本对称，气势连贯，其字大小及粗细富于变化，生动自然。用墨以淡墨为主，稳重而不乏层次。为屈书传世之珍品。《广州市文物志》有著录。（王峰）

陈恭尹隶书七言诗页 书法作品。现藏广东省博物馆。清陈恭尹书。纸本，高27.2厘米，宽20.7厘米。隶书。内容为七言诗一首，用笔取法《曹全》与《夏承》二碑，秀逸灵动，改唐代以来隶书呆板屡弱，又不为汉碑章法与结体严谨所困，于古朴中见灵动。《广东历代书法展览精品集》《广东传世书迹知见录》等有著录。（王峰）

龚章行草巨幅立轴 书法作品。旧藏广州博古斋，现藏广东省博物馆。清龚章书。纸本，高221.5厘米，宽72.5厘米。行草。龚章其书结体，草法均与彭竹本相似。内容为明邝露作《君山七夕》。清劲脱俗，全篇气势磅礴，拗折处颇近彭竹本，用笔飞腾变化之处，似更在彭氏上。《广东历代书法展览精品集》有著录。（王峰）

黎简五百四峰堂草稿册 书法作品。现藏广东省博物馆。清乾隆六十年（1795）至嘉庆元年（1796）间黎简书。纸本，册页，共16开，高24.5厘米，宽24.5厘米。楷书。黎简书法格调甚高，草书精劲简洁，潇洒灵动，高古绝俗。此册录黎简乾隆五十九年（1794）所作之诗37余首，当为刊刻《五百四峰草堂诗钞》之用。字距、行距较小，结体清秀疏朗，与褚遂良小楷《阴符经》相仿，字体方正，行笔沉重秀劲，笔法带有

古意，古雅秀媚，洒脱蕴藉，富晋人韵致。（王峰）

冯敏昌行书节录吴都赋立轴　书法作品。现藏衡水学院书画艺术博物馆。清冯敏昌书。纸本，洒金立轴，高 128 厘米，宽 58 厘米。行书。内容为节录西晋左思《吴都赋》。恬静淡雅，多钻研取法于《兰亭序》，又参苏轼与黄庭坚笔意，形成自身独特风貌。《广东传世书迹知见录》《衡水中国书画博物馆馆藏精品选集》有著录。（王峰）

宋湘行书赠云谷二兄诗轴　书法作品。现藏广东省博物馆。清宋湘书。金笺，高 128 厘米，宽 39 厘米。行书。宋湘书法以行书为著，兼擅行楷与行草，行书取法于宋代苏轼、米芾、黄庭坚，上追"二王"与唐代李北海、欧阳询，颇得时誉，负一时之盛名。此作笔力老到，笔势豪迈，遒劲自然。《岭南金石书法论丛》《广东传世书迹知见录》有著录。（王峰）

黄丹书隶书七言联　书法作品。现藏肇庆博物馆。清黄丹书。纸本，高 75.6 厘米，宽 21 厘米。隶书。内容为七言对联。取法于《熹平石经》《乙瑛碑》《史晨碑》等汉碑，用笔爽朗有力，结体方正严谨，古朴浑穆，气势雄浑。（王峰）

谢兰生书画册　书画作品。现藏香港中文大学文物馆。清谢兰生作。洒金笺，册页，共计 16 开。高 28 厘米，宽 34 厘米。谢兰生能书擅画，所绘山水笔法简练朴厚，深得元人遗意。书法学颜真卿，并参以褚遂良及黎简笔意形成自身独特风格。此册中有谢兰生临《黄庭坚》《经训堂法书》，褚遂良《圣教序》，柳公权临王献之《送梨帖》及倪云林之诗帖等。《黎简谢兰生书画》有著录。（王峰）

吴荣光行书杜甫诗四条屏　书法作品。现藏广东省立中山图书馆。清吴荣光书。纸本，条屏，高 66 厘米，总宽为 360 厘米。行书。吴荣光书法早年取法欧阳询《九成宫》，亦参习褚遂良《孟法师碑》《雁塔圣教序》等，后受刘墉及翁方纲等人影响转学苏轼行书，中年学《兰亭》，晚年则以北碑入行草，笔力奇肆。内容为杜甫《戏为双松图歌》与杜甫《戏题王宰画山水图歌》。为吴荣光晚年典型书风，化碑入行草，笔锋奇姿，方圆并用，字势豪雄跌宕，意在笔先。（王峰）

黄培芳行草书轴　书法作品。清黄培芳书。纸本，立轴，高 168 厘米，宽 56 厘米。行草。黄培芳书法早年受赵孟頫、董其昌一路平和秀逸书风影响，后亦以"二王"为宗，追求超脱自然的魏晋书风。草书则与怀素的气韵通畅与颜真卿雄健浑厚间融入王铎雄浑恣肆用笔，形成自身独特书风。此作当为黄培芳晚年作品，内容为黄培芳对杜甫诗句之评述。笔法、结体和章法老练成熟、干净利落、游刃有余，取法上已脱离赵孟頫，更接近王献之欹侧与怀素平正之间，结字开阖有度，纵横交错，气韵连贯，用笔圆转，极富变化。（王峰）

张维屏行书条幅　书法作品。现藏高州市博物馆。清道光七年（1827）张维屏书。洒金纸本，立轴，高 136 厘米，宽 35 厘米。行书。内容为张维屏所录刘勰《文心雕龙·神思》中一节。以苏轼书为本，参以颜体点画浑厚古朴及褚体形疏气紧特点，多取法《集王圣教序》，自然恬静，疏朗雅致，又得苏体"尚意"意蕴，形成自身丰润而不乏骨力之风貌。（王峰）

鲍俊行草立轴　书法作品。现藏香港艺术馆。清鲍俊作。纸本，高 137 厘米，宽 30 厘米。行草。鲍俊书法变化多姿，清新古朴，自成一派。善小楷、行草与擘窠大字。小楷学徐季海，行草兼学米芾、赵孟頫与董其昌，擘窠大字则学李邕。对晋唐及宋元等诸名家书迹多有临习与取法，熔为一炉。为鲍俊临米芾《岁丰帖》一节。《广东历代名家书法》《广东传世书迹知见录》有著录。（王峰）

李文田朱子白鹿洞书院学规碑　碑刻书法。置于广雅书院无邪楼前。清光绪十四年（1888）李文田书。白石，高 2.97 米，宽 1.85 米。篆书。内容为朱熹所撰白鹿洞书院学规，乃朱熹为培养人才而制定的教育方针与守则，集儒家经典语句而作。笔画匀称，结体严谨，富于变化。取法自汉碑碑额，笔势放纵流畅，笔致温厚蕴藉，略带邓石如一派书风。（王峰）

康有为行草书庚子十月纪事诗卷　书法作品。康同环藏。清光绪二十六年（1900）康有为在新加坡槟榔屿书。纸本，高 22 厘米，宽 183 厘米。行草。康有为书法结体与运笔源出《石门铭》，取《灵庙碑阴》神韵，亦受邓石如、张裕钊等影响，不专于一碑一家，博取兼收。内容为康有为所书诗 5 首，是康有为流传墨迹中书写时间较早者，碑帖融合之风尚未形成。《中国书法全集》第 78 册有著录。（王峰）

潘飞声行书金陵杂诗屏　书法作品。现藏广东省博物馆。清潘飞声作。纸本，四条屏，高 92.3 厘米，宽 30.3 厘米。行书。潘飞声行书，苍秀遒劲，早年书法似叶衍兰，秀媚可喜，中年书法颇有金石韵味，行书苍秀遒劲，帖笔碑意，用墨浓润，姿态俊秀，意韵朴雅。晚年无意于书，不求工而自工。（王峰）

梁鼎芬草书遗札册　书法作品。现藏沈阳故宫博物院。清梁鼎芬书。册页，42开选2开，纸本，单页高25厘米，宽13厘米。草书。内容含梁鼎芬所书信札31通及熙元所画墨笔山水两开、玉庵跋记数题，合计42开。主要为梁氏避居时期致湖广总督张之洞之信札，内容涉及李鸿章、李瀚章、赵舒翘、沈曾植、曹元弼等人。用笔多用侧锋，撇捺加长，斩截峻峭，锋棱显露，瘦劲秀逸，随意写就，流畅自然。《沈阳故宫博物院藏精品大系·书法卷下》有著录。（王峰）

黄节行书临天马赋轴　书法作品。现藏广州艺术博物院。清黄节书。纸本，立轴，高239厘米，宽57.5厘米。行书。内容为黄节临《天马赋》一节，《天马赋》传为米芾所书。黄节书法学米芾及《马鸣寺碑》，闲淡自适，古雅淡逸，境界清高。追求米芾姿韵，用笔纤瘦流畅，虚实兼顾，清疏淡远，自然洒脱。（王峰）

叶恭绰行书诗翰轴　书法作品。现藏广州博物馆。清叶恭绰书。纸本，立轴，高132厘米，宽32厘米。行书。内容为录陆游七言律诗《枕上偶成》一首，当为麦华三所书。叶恭绰书法融汇诸家，兼有颜真卿骨力，赵孟𫖯秀致，褚遂良婉娜，《曹娥碑》韵趣，行书则沉雄朴茂。该诗翰运碑入帖，碑帖合一，用笔中有碑之气魄沉雄，姿态挺拔，又见帖之秀劲奇逸。（王峰）

邓尔雅篆体千字文册　书法作品。黄文宽旧藏。邓尔雅1947年书。纸本，册页。黄文宽以朱丝栏格纸嘱邓尔雅以篆书录北朝时期周兴嗣《千字文》。每页有方形朱丝栏格，横为2格，纵为4格，每格书1字。篆书。卷末附邓尔雅于1947年10月所作题跋以及黄文宽作释文。邓尔雅篆书由邓石如、

吴让之变化而出，用笔方劲中有圆润，字体挺拔，柔中有刚，绵里藏针，富有韵味。此作融黄士陵篆书与古籀风格于一体，清雅婉转中富有古意，刚柔并济。1983年岭南美术出版社出版。（王峰）

罗叔重行书七言联　书法作品。现藏澳门博物馆。罗叔重书。纸本，对联，单幅高120厘米，宽28厘米。行书。内容为"不风在日"七言联。罗叔重工楷、隶、行书，楷宗北碑，后师褚遂良；隶则取法《华山庙碑》，由平正之中常见险笔，行草亦峭劲绝俗，汇各家之长。此作即显示出罗叔重将北碑笔意融入行书之中，流畅而不失稳重，别具一格。（王峰）

白玉蟾竹实来禽图　国画。宋白玉蟾作。白玉蟾善书画，妙于画梅竹，数笔立就，为工画者所不能及。《式古堂书画汇考》《绘事备考》有著录。未见流传。（王峰）

颜宗湖山平远图卷　国画。现藏广东省博物馆。曾为上海徐伯郊收藏，后辗转流于国外，1949年收购回国。明颜宗作。绢本设色，长卷。高30.5厘米，长512厘米。颜宗善画山水，初学黄公望，后师法李成、郭熙，融北方山水画风于南方画中。此画为颜宗唯一传世作品。描绘湖山秀美与农家耕耘、渔捕及行旅情景。画面烟波浩渺，远山近峰绵延起伏，屋舍半隐于云，古树遒劲，山石如云，农夫行旅，劳作匆忙。全卷虽无高山峻岭之势，却有旷达深远之观。构图上以平远写景，布局得当。笔墨上虚实、浓淡结合，变化丰富。卷末有明景泰二年（1451）陈敬宗以行书所题《湖山平远图记》，下钤"敬宗"与"祭酒图书"2枚朱文印。后有清初黄时俊所题七言绝句一首，款署"涤烦生时俊书"下钤"黄时

俊印"朱文方印。此卷亦钤有"宝爱旧物""风雨楼""秋枚宝笈""契斋""荫堂"等多方鉴藏印，知历经邓实、商承祚、徐伯郊等人鉴藏。《木雁斋书画笔记》有著录。（王峰）

林良双鹰图轴　国画。现藏广东省博物馆。明林良作。绢本水墨，高166厘米，宽100厘米。画面主体为两只

林良《双鹰图轴》

苍鹰，一只苍鹰伫立于突起山崖上，凝视右方，其身后一只苍鹰侧身亦向右凝视。左侧山石之上，亦伫停一只山雀，藏于山石树枝之间，亦随双鹰一并注视右方。画面左侧主要勾勒山石树木，所绘石锋棱矗立，以斧劈皴法写成，突出山崖之陡峭。下方所绘古树，苍劲有力，所钩枝权疏朗自然。所绘双鹰用笔凝练，造型别致，且富有层次与节奏感，加之与上方山雀构成对比，更加凸显出双鹰神态炯炯。整幅图画动静结合，张弛有度，疏密有致。用笔遒劲有力，展现了苍鹰凝神专注，刚猛勇武之神态。此画款署"林良"，下钤"以善图书"朱文方印。（王峰）

何浩万壑秋涛图卷　国画。现藏辽宁

省博物馆。何浩作。纸本水墨，长卷，画心长449厘米，高27厘米。何浩未见史籍著录，为明代（一作南宋）画家。此画以绘山峦云雾、松林流水，描绘幽谷深壑中松林所荡起的阵阵松涛，宛如沧海舞浪。画面气势开张，韵味沉雄，饶有意境。所绘松树多作虬枝，笔力千钧，挺劲健硬；石多近云卷，体现石质坚硬与光滑，水墨润泽，富有生机。构图严谨，疏密有致，虚实相生。为何浩传世唯一真迹，亦为不可多得的山水佳作。此画款署"万壑松涛，何浩写赠"，以行书写成，下钤"笔底云山"及"五羊东溟图书"朱文方印。包首有乾隆题签"何浩万壑松涛真迹，妙品"。卷内钤有清乾隆、嘉庆、宣统三朝内府鉴藏印多方。《石渠宝笈》初编、《辽海文物学刊》1989年第1期、《辽宁省博物馆藏书画著录——绘画卷》有著录。（王峰）

钟学寿萱图　国画。现藏广东省博物馆。明成化六年（1470）钟学作。纸本水墨，高885厘米，宽43厘米。钟学擅画兰、竹、石，笔墨简练，姿态生动。此画无款识，仅钤有"雪舫""钟学"朱文方印两方。诗塘有天台夏埙、新喻胡荣、江浦张瑄三人之题记。此画为钟学为其友王宗吉母周安人70寿辰而作。描绘一株盛开的萱草。画面右下角绘一巨大寿石，其形上大下小，向左右延展。寿石后一束萱草挺拔而起，茎叶向四处伸展，错落有致，姿态各异，萱草顶端绘有萱花数朵，或盛开，或含苞待放，花叶生动逼真。构图简洁，画面疏密有致，用笔挺拔流畅，墨色浓淡秀润，寿石以枯笔所绘，复以淡墨渲染；花叶细笔勾勒，双钩填青，洋溢着蓬勃的气息。《广东文物》《广东名画家选集》《广东省博物馆藏画集》《广东省博物馆藏明画特集》有著录。（王峰）

朱完墨竹图轴　国画。现藏广东省博物馆。明万历二十一年（1593）朱完作。纸本水墨，立轴，高180.5厘米，宽82厘米。朱完善画墨竹、山水和人物。此画左侧绘丛竹5棵，右侧以墨写巨石。为其传世墨竹中孤品。笔墨及设色简洁自然，所绘竹竿、竹枝层次鲜明，竹叶繁密凌而不乱，石头老辣苍劲，兰花、杂草，体现文人画的笔情墨趣。《广东名画家选集》有著录。（王峰）

张誉山水轴　国画。现藏广东省博物馆。明张誉作。纸本水墨，设色。纵181厘米，横79厘米。张誉能诗、善书，工山水、人物、花鸟、草虫。擅长白描之法，学习李龙眠之法，笔调亦为精妙。画面青松密林，烟云缭绕，流泉飞泻，构图简洁而意境幽远，艺术风格接近明吴门画派沈周，笔法遒劲，墨色苍润，画中山石与云气表现和处理尤见功力深厚。（王碧凤）

梁元柱迎风竹图轴　国画。现藏广州艺术博物院。明天启四年（1624）梁元柱作。纸本水墨。梁元柱善画山水、竹石等。画面绘有两杆墨竹，劲挺洒脱，叶枝迎风摇曳，屹立于风雨之中，韧而不折。竹叶用笔爽利，以书法的意写出，用浓淡不同墨色表达两杆竹空间前后关系，画面笔墨清劲，具有文人画家笔墨气韵。画左下角有自题诗："迎风行蠧乱，暴雨老龙狂。天启甲子初秋为敦吾世丈写于邸中，梁元柱。"书法纵笔取势，行笔连绵，与凛然之墨竹相得益彰。钤白文方印"梁元柱""御史之章"，朱文方印"森琅"。该画为梁元柱晚期作品，是时梁被削职，归隐广州粤（越）秀山，作者以竹之气节自喻处于政治压迫中的自己，抒发不屈不挠、迎风不折心志，寄寓其归隐后个人精神理想。后人评其画"落落有奇致""信笔都

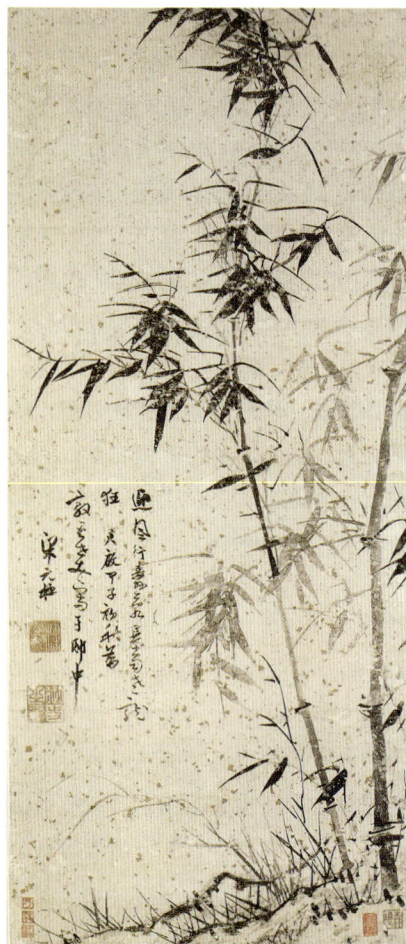

梁元柱《迎风竹图轴》

无入俗诗"。《广东名画家选集》有著录。（王碧凤）

高俨春山秀色图轴　国画。现藏广东省博物馆。清康熙五年（1666）高俨作。绢本设色。纵174.4厘米，横150.5厘米。描绘新会六湖峰景色，采用"深远法"构图，自山前窥山后，重山复岭、密树深溪。近景左边树木繁茂，山石林立，斧劈皴技法让巨岩愈加显得险峻雄奇，右侧溪水潺潺，坡脚平缓，与对岸密林茂柏嶙峋巨石形成鲜明对比，远山几笔淡墨抹出，远虚近实，景深幽远。整个画面以干笔皴擦，浓墨点苔，加以水墨渲染，墨色苍润富有层次，用笔浑厚凝练，随意点染而气势雄阔，气格高洁。画面左侧题款："丙申冬月，为梁母黄太夫人寿，高俨。"可知此幅为高俨应同邑梁近义母黄氏81岁大寿而作，以山势之高

来贺人之寿。时有评者将高俨与四王、恽寿平、傅山人等齐名。（王碧凤）

赖镜坐看白云图轴 国画。清赖镜作。纸本水墨。纵40厘米，横22厘米。明亡后赖镜出家万寿寺为僧，善画山水，书法仿苏东坡、文徵明，时称诗、书、画"三绝"。画面描绘一文士端坐望云，前景中树石笔力遒劲，墨色苍润，与远景中寥寥数笔勾勒的云和远山形成对比，疏逸秀润，气格高凝，有明吴门画派沈周风度。左上角自署款"白水"，钤朱文"孟容"印。收录于《广东名画家选集》。（王碧凤）

释今盨雪景芭蕉扇面 国画。现藏广州艺术博物院。清康熙二十五年（1686）释今盨作。纸本水墨，扇面。画面所绘为冬日雪景，以"一水两岸"式构图，用笔古拙，以披麻皴勾勒出水边坡脚，山石，用墨清淡，水面、坡石上的留白及枯枝、溪石、芭蕉、丛竹上用白色点凸显雪景，两岸数棵芭蕉上积雪尤厚，显得一派萧瑟。"雪中芭蕉"绘画题材来源于唐代王维禅画《袁安卧雪图》，将夏日芭蕉置于雪景中，产生出独特美感。此画亦有取"景外之景""韵外之致"意境，佛经中有将雪中芭蕉比喻众生身躯之不坚，今盨以雪中芭蕉来宣扬其佛学思想，借以寄予自身禅悟，对于人生豁达与开朗，超脱生死之后达观与自在。《广东历代绘画展览图录》有著录。（王碧凤）

吴韦甘竹滩小景卷 国画。清吴韦作。纸本水墨。吴韦绘画上重视对物写生，画面以手卷形式描绘龙江左滩西江支流入口甘竹滩，构图右上角滩石矗立，形成石奇水湍景象。用笔苍润墨色澹淡，属于传统文人小写意，有晚明山水气息。《广东文物》有著录。（王碧凤）

黄璧急流舟上图轴 国画。清黄璧作。纸本设色。纵165厘米，横89厘米。作品笔墨浑厚，构图自然，山石用"小斧劈皴"，体现山高势险。中景屋舍俨然，近景急滩上3艘轻舟，船夫或用竹篙抵，或配合岸边拉缆绳船夫将船逆流而上，人物形态生动，刻画细致，具有生活气息，渔舟和渔人造型有元人影子。《广东名画家选集》有著录。（王碧凤）

黎简芙蓉湾图轴 国画。现藏广东省博物馆。清嘉庆二年（1797）黎简作。纸本设色。描绘春、夏、秋、冬《山水四屏》中夏景，山石皴以长披麻，苍润淋漓，深远式构图，略施赭色，画面气韵古逸，生意盎然。画面左上作者自题隶书"芙蓉湾"三字，后有行草款识云：苦瓜和尚有《芙蓉湾图》，盖写江南秋色，吾粤夏时亦有此花，故亦写夏景。予甲寅有首夏见蓉花诗云：芙蓉花叶两轻明，青紫葱茏碧水冥。倚杖露光沾袖冻，过桥吟影入溪停。夷犹别浦春波后，仿佛秋风卯酒醒。翠盖青翰越人有，为君时有棹歌听。《芙蓉湾图》这类题材清初石涛常作，黎简在绘画技法上追石涛，亦也喜画。曾在其另一本《芙蓉湾图》上自题："苦瓜和尚有芙蓉湾一纸，予甚爱之，尝临十余本。戊申八月十七日慈度寺访致和尚。"可见用功之深。《广东名画家选集》有著录。（王碧凤）

甘天宠荷花翠鸟图轴 国画。清甘天宠作。纸本水墨。纵136厘米，横44厘米。画面中荷花、禽鸟，用大写意笔法，寥寥数笔，形似神俏，清新简淡，构思精巧，意境平和孤高，富有自然情趣。右上角自题："俦鹤甘天宠"，下钤盖有朱文"天宠之印"、白文"正盘"等印章。《广东名画家选集》有著录。（王碧凤）

李魁观瀑图轴 国画。清李魁作。纸本设色。纵33厘米，横27厘米。画面构图饱满，气势磅礴，开阔水瀑中山石峭突，全用黑墨点出，使画面具有强烈黑白反差，飞瀑流泉，曲折蜿蜒，山峦迭起，峰回路转，人物点景布于山水间，一派寄情于山水怡然自乐之态。右上角题："拨天开峭壁，独坐瞰飞流。骷髅皴法，斗山记。"下钤朱文印"斗山"。山石以"骷髅皴"，厚重凝练，敷色浓厚，山石间施赭石、朱磦。遵从石涛"法古而不泥古"艺术理念，吸收民间艺术重装饰性审美情趣，大胆创新，体现浓厚富有装饰意味艺术风格，在岭南绘画发展史上有重要地位。为广东山水画带来一股新风。《广东名画家选集》有著录。（王碧凤）

梁霭如夏日山居图轴 国画。清道光八年（1828）梁霭如作。绢本设色。纵157厘米，横87厘米。画面高远式构图饱满，前景用笔勾勒树石，掩映着数间茅屋，远景中山石以"披麻皴"为主，用笔厚重，墨色枯润相间，右上角自署："道光戊子夏月写于从吾所将斋，霭如。"绘画宗法黄公望、石涛等，画面承继元明前贤之风，在嘉道以还岭南画坛，独树一帜。《广东名画家选集》有著录。（王碧凤）

李国龙李跃门百蝶图卷 木刻图谱。清李国龙作。该图谱绘各式蝴蝶百只，蝴蝶形态生动、准确，刻工水平高超，木刻线条精准，细过发丝。附自作诗集，配以道光年间诸书画名家为其蝴蝶题咏，一图一题，涵括各种书体，计50余首，荟萃当时名流诗词和书迹，用手迹上板，刻印俱精，为历来画谱所罕见。卷首有闽人罗承恭绘制李跃门肖像《跃门李先生玉照》。《中国版画史图录》有著录。（王碧凤）

何翀春江水暖图轴 国画。清何翀作。纸本设色。纵185厘米，横52厘米。画幅中几丛修竹占上半部分空间，几枝桃花从右边斜出至水边，与水中5只鸭子，点出春江水暖鸭先知画意，画面设色淡雅，笔调轻松，一派自然生动之致，右上角题："仿华秋岳先生，竹外桃花意，为保山九兄弟大人雅鉴，壬申九秋，弟何翀。"何翀在取法古人基础上，勤于写生，重视观察自然，参入自家笔意，画面有岭南风情和审美情趣。与同时期"二居"（居巢、居廉）齐名，开岭南画人描绘南国风光先导，是晚清广东花鸟画从疏放写意向撞水撞粉风格转型关键人物之一。《广东名画家选集》有著录。（王碧凤）

居巢梨花扇面 国画。清居巢作。绢本设色。纵28厘米，横59厘米。画面绘制一枝梨花从左上角出枝向右生长，花繁叶茂，枝叶翻转灵动，设色典雅。在技法表现上用"撞水撞粉"法，梨花用"撞粉法"，即用白粉撞入色中使粉浮于色面，枝叶采用"撞水法"，以水注入色中，从向阳面注入使聚于阴面，用色的浓淡表达花、叶的阴阳向背关系。居巢作品多以团扇、册页等小品为主，所绘山水、花卉多秀雅，草虫灵动。画面意神形兼备，清新秀逸，将写生、没骨法、撞水撞粉法融于一体，其风格自19世纪末影响一代岭南画人。《广东名画家选集》有著录。（王碧凤）

苏仁山五羊仙迹图轴 国画。现藏广州艺术博物院。清苏仁山作。纸本白描。纵178.5厘米，横67.5厘米。描绘广州称为"羊城"典故，画上题有："五羊仙骑羊，蝗神骑驴。分野之下，能修德政，则蝗神逐蝗于柳，种种兆年丰，九谷遍阡陌。故附祀之。帝高阳苗裔跋。"画面中5位髯须鬈斑老者手持稻穗给予一少年，人物用白描手法，表达不着任何颜色，衣纹线条或粗或细，运笔或急或滞，古拙简明，融入草书、隶书笔意，极具书写意味。在人物神态上，唇、额头、眼角等处夸张描绘，凝重突出，生动表现人物意趣和神态。画面构图上五位仙人成包围之势围着一名少年，使少年成为画面焦点，点明主旨，匠心独运。整个画面潇洒厚拙，似信手而挥，古朴高逸，有金石味，体现作者艺术追求和高超艺术技法。《广东名画家选集》有著录。（王碧凤）

居廉花卉草虫屏 国画。现藏广东省博物馆。清光绪十九年（1893）居廉作。纸本设色，四屏。纵约100厘米，横约26厘米。四屏分别绘制牡丹、凌霄、绣球、紫薇等时卉，配以湖石、蜂、蝶、知了、螳螂。技法上，承继恽寿平没骨法基础上，辅以撞水撞粉法，即花朵用以粉撞入色中，使粉浮于色面"撞粉法"，枝叶采用以水注入色中，从向阳方面注入，使聚于阴的方面"撞水法"绘制，使花卉、枝、叶具有阴阳向背立体感。注重写生，图中各类昆虫精密写实，活灵活现，一花一叶一虫结构严谨，设色华妍清新典雅，笔致工整细腻，格调疏朗飘逸。款识："丙申冬日为鹤琴仁兄游戏大人鉴正。隔山老人居廉。"画屏钤有"居廉、古泉、可以、老刚、古泉、古泉父"等印章。在继承和发展恽寿平没骨画法基础上，广泛运用撞水和撞粉法，继承、发展和完善"居派"艺术。（王碧凤）

鲍少游夹竹桃鹦鹉 国画。鲍少游1916年作。纸本设色。该画是作者留学日本京都西京市立美术学校期间绘制。画面中大片夹竹桃丛中停着一只鹦鹉，构图饱满，以中国固有工笔画为主，辅以东瀛折中派，花、叶、枝通过勾勒后赋彩，用笔精细，设色清新，悉心为之。该作品曾在日本文部省第九届全国美术大会获奖。鲍少游花鸟画在题材和技法上有着多元探索，生趣盎然，具有浓郁岭南特色。（王碧凤）

高奇峰山高水长轴 国画。高奇峰作。纸本设色。图中远近两座山峰有别于传统山水皴擦之法，粗放用笔，施以淡墨大片渲染，水墨淋漓，山头浓墨略点苔点，凸显山的高耸山势，画面层次丰富，将中国画传统笔墨功夫，以及"撞水""撞粉"等花卉画中技法运用于山水，达到形体逼真而又生机勃勃的效果，画面融合中国画传统笔墨语言和日本画光影法，重用色和水墨渲染，用笔雄健、敷色湿润，呈现一种清丽秀润、晶莹光洁的意韵，气息高古，诗意盎然。（王碧凤）

黄少强止庐民间疾苦图册 国画。黄少强作。纸本设色，图册。该图册是描绘乡野民众生活情状绘画图集，画集中人物大多是生活在社会底层劳苦民众，如街头卖唱歌女、小贩、盲人、鞋匠、流民等。画中人物大多不重着色，多以疾行线条勾勒，配有悱恻动人长诗题跋，诗文浅显寓意深刻，诗、书、画相映揭露时局动荡下劳苦大众悲惨命运。黄少强主张绘画要关注民生，"到民间去，百折不回""谱家国之哀愁，写民间之疾苦"艺术创作理念体现。人物画作品以朴实、粗糙本色表现出极强感染力，展示其忧国忧民胸襟。徐悲鸿评其作品云："不尚工巧，不法古人，绘形绘色，民之呼声。"（王碧凤）

罗清桢抗战三部曲 木刻版画。罗清桢抗日战争时期作。该作品反映抗战三部曲《总动员》《出发》《突击》。

第一部分出征前动员报告，左上角将八路军总司令朱德做重点面部刻画，第二部分军队气势磅礴雄壮行列，第三部分在硝烟弥漫战场上，一列骑兵歼击日军场景。整组作品场面宏大，刀法精细。作者用木刻版画形式，反映时事，寓意深刻，以刀笔为"枪"，从事抗战宣传和开展木刻运动工作。（王碧凤）

黄般若九龙火舌图横幅　国画。黄般若1956年作。纸本设色。纵28厘米，横67.5厘米。该画描绘1953年12月香港九龙木屋区火灾事件。画面用水墨流动表现火灾产生的浓烟动态，树木、房屋、山坡笼罩在水墨氤氲之下，洋溢出富有现代感水墨语言，以雄浑灵动笔墨全新阐释山水画，是对中国传统绘画笔墨语言的思考和突破。是作者1949年移居香港之后重要作品之一。晚年黄般若把对自然山水感悟跟画学修养结合在一起，成为表现香港自然风物重要画家。（王碧凤）

黎雄才武汉防汛图卷　国画。现藏中国美术馆。黎雄才1956年作。纸本设色。纵30.4厘米，横2788厘米。以手卷形式自右向左分12段描绘1954年长江大洪水武汉军民防汛抗洪斗争历程。以淡墨为主，树石运用各种皴法，灵活轻松。每个场景用大堤、江面、树木、建筑等巧妙过渡，衔接自然，承前启后，整幅画卷虚实相生开合有度。军车、电站、电线杆、大堤等具有时代特征的物象入画，突出绘画主题，是传统绘画介入描绘现实生活的最佳范例。卷首题写"武汉防汛图卷"六字，卷尾落款"一九五四年九月于张公堤速写，一九五六年三月补成之，雄才题并识"，图后记中，黎雄才记录创作意图与过程。是一幅被美术评论界誉为"抗洪史诗"新中国山水画。（王碧凤）

李桦征服黄河　木刻版画。李桦1959年作。刻画新中国成立后工人们搞建设场面。前景中两组工人正组织有序地运送木方、钢管等建筑材料，刻画的人物形象动感，阳刻线条让将拉、抬、背、扛等劳作动作充满张力。后景建房场景、建筑、吊机设备等让整个作品构图饱满。以阳刻线条为主人物和背光建筑块面对比，作品黑白木刻语言强烈，视觉冲击强烈，主题鲜明，展现全国上下建设新中国的精神面貌。技法运用上，阴刻中略有受光以交代各种物象，阳刻中衬托少量排线、刀痕等，吸收汉代石刻、明清木刻和民间版画等传统民间艺术手法，形成具有民间艺术语言的中国新兴版画独特艺术特色。（王碧凤）

余本万里长城　油画。余本20世纪50年代作。描绘苍莽山间蜿蜒的长城，笔法凝练、色块对比强烈、构图简练，表现出雄厚北国风貌。余本作品融合东西方艺术，善于将中国山水画构图布局幻化成油画语言，油画民族化是其艺术探索也是其艺术特色。（王碧凤）

何香凝高松图　国画。现藏深圳何香凝美术馆。何香凝1960年作。纸本设色。纵135厘米，横140厘米。主体一棵青松昂然挺立于纸面，枝干遒劲，松下梅、菊、石穿插，梅花冷峻香弥，菊花顶霜傲放。画面右角陈毅题写："高松立海隅，梅菊为之护。幽兰出其间，清泉石中漱。绿竹更悠然，岁寒挺如故。画树重高洁，画花喜独步。大师撮其神，一纸皆留住。绘画如其人，方向毫不误。画高寿亦高，但祝两繁富。一九六〇年六月香凝老人以所画高松图嘱题，陈毅谨遵命。"何香凝自署："何香凝画于首都，时年八十有二。"何香凝作画讲究"立意"，常用松、竹、梅题材抒情明志，这些傲然于世的植物是她铮铮铁骨、坚韧不屈的刚毅性格的真实写照，另一方面也寄托着她对祖国能够抵御重重困难，抗风雪、御严寒的美好期望。将绘画作为表达手段与家国命运紧密联系，以饱满热情为国家命运竭尽所能。（王碧凤）

罗工柳井冈山　油画。现藏中国国家博物馆。罗工柳1960年作。纵284厘米，横223厘米。作者以中国传统山水画意境描绘革命圣地井冈山的秀润。在构图造景上采用中国山水"高远"视角，山体采用传统山水画"米点皴"和"苔点"笔触，加以油画形式表现出来。体现作者善于抒情造景的艺术特征，反映作者所主张的中国油画发展须向中国传统绘画借鉴和融合的艺术思想。（王碧凤）

关山月绿色长城　国画。现藏中国美术馆。关山月1973年作。纸本设色。纵144.5厘米，横251厘米。是关山月到粤西采风对粤西沿海防风护林带写生后创作。成片防风护林带置于前景中，占据大半幅画面，林带沿着海岸线纵伸到远处，将视线拉向远处。远景有一排民兵，凸显当时正处于社会主义新农村建设社会背景。树林和海水的法借鉴西方绘画表现手法，空间构图上将西方透视法与传统视角融合，防风林施以大面积石绿，凸显"绿色长城"主题。在1973年"全国连环画、中国画展览"，引起巨大反响。是传统山水向新山水改造和创新成功之作，被誉为新中国山水画范本。（王碧凤）

文　献

贞隐园法帖　杂帖。明郭秉詹写。10卷。清李威纂集其自藏郭氏缩临古帖，托叶梦龙主持刊刻。张伯英称郭氏临仿功夫深厚。该帖开本小，字细小，点画神完气足，锋芒毕现，为雕刻佳构。原石先收藏于叶家风满楼，后归潘仕成海山仙馆。（吴晓懿）

嘉显堂图书会要　印学论著。清何剑湖撰。1卷。分上编和续编。上编论篆刻源流、章法、刀法、笔法及历代印文演变，作者亲镌印章，加以诠释，附录有"研朱""揉艾""取油""配合""加金""盥涂""盖印""藏护"等目。续编分论章法、印体、篆病、印病等。现存清代岭南最早印学论著。有稿本。（吴晓懿）

临池琐语　书学著作。清陈昌齐撰。1卷。作者是乾隆年间帖学书法代表人物，该书是其学书独得之见。篇幅不大，对历代书法名家书法风格特征进行较为详细论述，论及广东书家较多。为初学者讲解学习书法方法，从执笔到临摹方法，指明学习书法原理与法则，是一篇经典式书学佳作。（吴晓懿）

常惺惺斋书画题跋　书画著作。清谢兰生撰。2卷。抄录谢兰生为书画作品所撰的题跋。门人陈澧题签。分上、下卷，前有《南海县志列传》谢兰生的传记及《宾谷诗话》《岭南群雅二集》等对谢兰生的评价。所撰题跋多短小精练、文字简约，内容涉及对前人及同时代人具体书画作品的品鉴、书画家创作特色的揭示、不同时期创作风尚的论述以及某些画科具体创作技法的概括等，比较集中地体现谢兰生的书画创作思想及艺术追求。是清代岭南比较

重要的书画理论著作。有清抄本。今有广东人民出版社2014年张贤明、柏峰整理《常惺惺斋日记（外四种）》本。（张贤明）

书诀　书学著作。清谢兰生撰。1卷。未刊行。以札记形式写成，20余则，分"书法"与"用墨法"两部分。"书法"有执笔、笔力、气势等论述；"用墨法"论述行草用墨与真书不同，学书者需掌握好"浓"与"淡"、"燥"与"润"关系。为清乾嘉年间岭南最重要书学著作，填补岭南书学空白。杨永权得朱次琦弟子陈如岳手抄本后，在《澳门日报》刊出。（吴晓懿）

听帆楼书画记　书画鉴藏著作。清潘正炜撰。正编5卷、续编2卷。成书

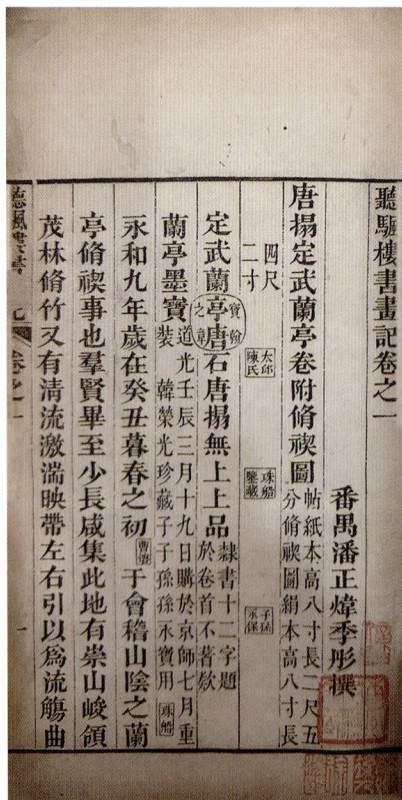

清道光二十五年（1845）刻本
《听帆楼书画记》

于道光二十三年（1843）。在收藏家吴荣光鼓励、指导下完成，体例与吴荣光《辛丑销夏录》相仿。收录作者自藏及其他藏家书画精品200余件。对所录书画一一解说，先注明绢纸、尺寸、印记、书体等，后列全文，继载题跋。所录书画大多传世，目录记载每卷书画创作年代，对自藏书画注明购入价格，若借用他人藏品亦加注明。资料丰富，考证严谨，获吴荣光等诸名家推崇，具有重要学术价值和权威指南作用，是中国鉴藏界主要参考书之一。有清道光二十五年（1845）刻本。（吴晓懿）

续三十五举　印学论著。清黄子高撰。1卷。承《三十五举》体例，为篆学心得随笔，凡81则。专论篆书。作者认为学篆须从《说文》始，蒙童入塾，当以摹写《说文》540部首为先，又举20字皆一笔写成者及159字皆二三至四笔写成者，以明笔顺，再留意偏旁，则可得篆法基础；复指学篆须熟临李阳冰篆书，而唐人其余诸碑，字多不合《说文》；继评述宋元明清之擅篆者。主张学篆须得其意，又不可"遗貌取神"。收入《美术丛书》《历代印学论文选》。（吴晓懿）

摹印述　印学论著。清陈澧撰。1卷。成书于清道光二十七年（1847）。参照《三十五举》而作，述小学、篆书、技法、印章源流、沿革及时流弊端等。强调"印外求印，印从书出"重要性，认为篆刻家要重视印外功修炼。在篆书三体（古文、小篆、缪篆）中，对缪篆论述尤详且独到。阐述印章布局、笔法和刀法重要性，对印章线条审美特质及精神内涵提出品评标准。作者推崇的"雅正淳古"印学思想对近代

印坛产生深远影响，成为后世岭南文人篆刻宗法走向标准。收入《西泠印学丛书》《美术丛书》。（吴晓懿）

梦幻居画学简明　画学著作。清郑绩撰。正集 5 卷、续集 5 卷。成书于清同治五年（1866）。以画科为编次，分论山水、花卉、禽兽、人物等题材的绘画。主张绘画应反映现实，首重形象，认为形象是绘画入门的规矩，要以形为神，重视神的表达。提出形象要饱含画家情感才能给人以美感。该书包罗宏富，叙述详明，结构完整，自成体系。（吴晓懿）

梦园书画录　书画著录著作。清方浚颐撰。24 卷。载录作者自藏书画作品 400 余件，体例仿《江村销夏记》，按时代编次，上自萧梁，下迄清代。卷 1 为梁、唐、五代，卷 2 至 4 为宋代，卷 5 至 7 为元代，卷 8 至 15 为明代，卷 16 至 24 为清代。记录作品材质、尺寸、书迹原文、题跋及收藏印记，间附自撰题语或诗咏于前人跋后。有清光绪三年（1877）方氏锦城柏署原刊本。（吴晓懿）

楷法溯源　书学著作。清潘存辑、杨守敬编。14 卷，古碑、集帖目录 1 卷。清光绪四年（1878）刊行。潘存、杨守敬共同收集资料，潘存点出精要，杨守敬仿翟氏《隶篇》体例编成，饶敦秩、王鸿达、黄士翰、黄士琳、王宏进、曹廷杰、尹寿衡、杨之闿、邓承修、邓承渭、何如璋、伦五常、陈乔森等核校。其编次和双钩描字方法，仿《隶篇》。正文辑汉、魏至五代 646 种碑刻、82 种法帖楷字及楷略兼行的字，按原体钩摹，约 2 万字。对小学、书法艺术均有较高价值。（吴晓懿）

广艺舟双楫　书学著作。清康有为撰。

清光绪二十八年（1902）重刊本
《广艺舟双楫》

6 卷。继包世臣《艺舟双楫》碑学理论而广之，故名。为纠正书坛因帖学造成书风萎靡，旨在去陈言，另辟蹊径，故以"变"立论，"以古为法"。推重魏碑，批判帖学及唐代结构严整书风，对于推动晚清碑学书法与理论研讨具有深远影响。阐述书派源流，好为臆说，品评艺术，亦不无偏见，其议论博辨，时有精辟见解，反映时代风尚和书法发展自趋通变形势，对书法研究有一定价值。成书后 7 年内连印 18 次，为晚清最重要书法著作。有南海康氏万木草堂刊本、《艺林名著丛刊》本、上海书画出版社崔尔平校注本。（吴晓懿）

书法指导　书学著作。清梁启超撰。1 卷。梁启超 1926 年为清华学校教职员书法研究会所写的一篇演讲稿。从西方美术视角重新审视中国书法，试图找出西画与书法的共通性。内容分为"书法是最优美最便利的娱乐工具""书法在美术上的价值""模仿与创造""碑帖之选择""用笔要诀"

五个部分，其中"书法在美术上的价值"最为后人所关注。标志书法研究新方向、新风气，被认为是现代书学研究开山之作，预示书法美学这一新领域的诞生。（吴晓懿）

谈艺录　艺术论著。邓实撰。1 卷。将所见前贤手札墨迹中有关艺事者汇编而成，分为"绘事""书""雕刻""文具""玩具""音乐""金石"等 7 门，言绘事 84 札，书法 14 札，"雕刻"中有述及篆刻者，"文具"中有论及文房四宝。今手札原迹不易见，对明末清初书法艺术发展研究有一定参考价值。（吴晓懿）

章草例　又称《章草辨异手册》。书学著作。王秋湄遗著，戴隆厚、王智园整理。1 册。上海书画出版社 2000 年出版。以皇象、索靖之书以及隋人《出师颂》、宋仲温《补急就章》为正宗，参照汉字发展史，对章草书法形成与发展进行阐述，概述章草产生、演变、字形组织及要领。（吴晓懿）

章草辨异手册　见"章草例"。

岭南书风　书学著作。清李蟠撰。1940 年撰，初名《楚庭书风》，刊于《探海灯》，1943 年改名为《岭南书风》出版。辑 56 首论书绝句而成，仿包世臣、康有为《论书绝句》体例，每首有详细笺释，吟咏广东历代书家，从书风角度论述广东书法，为后人研究广东书法史提供丰富材料。（吴晓懿）

丛帖目　法帖著录。容庚编。始编于 1931 年，至 1953 年完稿。20 卷，4 册。中华书局香港分局 1980—1986 年分册出版。收录容庚自藏及目见之历代丛帖，分为"历代""断代""个

人""杂类""附录"五类，310余种。每帖目下分注卷数、摹刻年月及摹刻人名；次详列帖中子目，附记真伪；次录历代名家跋记及近人张伯英《法帖提要》，并加注按语，以资考证。为历代丛帖著录书中最为精详之作，是研究帖学、书学者不可或缺参考书。（吴晓懿）

书学史　书学著作。祝嘉著。1941年完稿。14章。上自唐虞以前，下至晚清。以史论统史料、综而述之艺术史研究方法，以每个朝代书法为纲，以书家个案为目，宏观阐述书法历史。每个时代以总论串史料，年代之间前后呼应，对数千年书法艺术变迁史有清晰准确认识。引用典籍500余种，收书家2000余人。是从传统史学向现代史学过渡书史开山之作，填补书法史学空白。（吴晓懿）

岭南书法丛谭　书学著作。麦华三撰。1940年应广东文物展览会之约而撰。重点介绍广东历代书家，述其书学源流及成就，总结出粤人书家富有"重气节""重学问""不求闻达""富创造性"四个特色，列举95位粤籍书家均已故，对于健在粤籍及入粤书家皆不录，所采多为端人烈士、名将通儒，目的在于研究岭南文化，发扬民族精神。第一次较为系统地论述岭南书法史，评价中肯，是研究广东书法重要文献，为学界所珍视。收入《广东文物》下册卷八。（吴晓懿）

广东印人传　印学著作。马国权撰。自1963年春起开始搜集广东印学资料，起初随写随在报章上连载，后补充若干已谢世印人，著成出版。从明代袁登道到近代谈月色，收录广东印人102位，各系小传，并附印作，对明清以来岭南篆刻家生平及艺术成就

论析比较精到，为广东第一本全面介绍印学发展专著，堪称岭南印学奠基之作。有香港南通图书公司1974年版。（吴晓懿）

甲骨集古诗联　书法集字著作。简经纶集，王云五主编。上、下两编。收录简经纶以甲骨文所集诗联150副，兼附行草书释文及联句作者。其书法得康有为指点，对甲骨、钟鼎、汉魏碑刻、简牍均有研习，以汉隶最得神味。所书篆书雄迈古朴，尤精于甲骨文。上海商务印书馆1937出版、台湾商务印书馆1970年发行。（王峰）

友石斋法帖　丛帖。清叶梦龙嘉庆二十年（1815）撰集。谢云生摹刻。4卷。前有石刻目录。取叶梦龙自藏及伊秉绶所藏名贤墨迹汇刻，分别收录唐代至清代名贤书迹30余件，中有唐张旭《郎官石记序》1件及宋胡铨《刘子羽传》1件，其余以元明书迹为主，亦辑刻有陈子壮、邝露等岭南书家作品。张伯英评此帖所收绝无赝者。广州博物馆藏有嘉庆二十年（1815）拓本。（王峰）

筠清馆法帖　丛帖。清吴荣光道光十年（1830）撰集。6卷。首刊篆书"筠清馆法帖卷几"。选取吴荣光家藏拓本及墨迹勒石。卷一为"晋梁人书"，卷二为"唐君臣书"，卷三为"宋君臣书"，卷四为"宋人书"，卷五、六为"元人书"。是帖唐以前人书多取自《绛帖》及《群玉堂帖》。宋君臣书，于二帖外兼采墨迹。元人书则专取墨迹。选编精善，为粤中刻帖之佳者。中国国家图书馆、广东省立中山图书馆等藏有初拓本，另有上海文明书局影印本。（王峰）

寒香馆藏真帖　丛帖。清梁九章道光十六年（1836）撰集。6卷。取自梁

九章家藏古人法书，选择22家手摹勒石。所收书迹由唐至清，涉及怀素、李邕、朱熹、米芾、赵孟頫、张雨、俞和、方孝孺、陈继儒等人作品，其中多存伪迹，所收唐宋书迹皆为伪，明清人书尚有可观者。张伯英评此帖为粤帖中最下者。广州博物馆藏有清道光十六年（1836）拓本。（王峰）

耕霞溪馆法帖　丛帖。清叶应旸道光二十七年（1847）撰集。4卷。取拓本及真迹集成。所刻自（三国）魏至明，按时代有魏钟繇，晋"二王"，唐代欧、虞、褚等，宋代苏、米等，元赵等，明董其昌等28家书迹。所收《兰亭序》中有"少"等十余字双钩，字中间空，没有填墨。后有蔡襄刻跋。摹刻精谨，堪称精良。广州博物馆藏有道光间拓本。（王峰）

海山仙馆摹古帖　丛帖。清潘仕成咸丰三年（1853）撰集。12卷。专取古拓重刻，多世间稀有之本。所收有《定

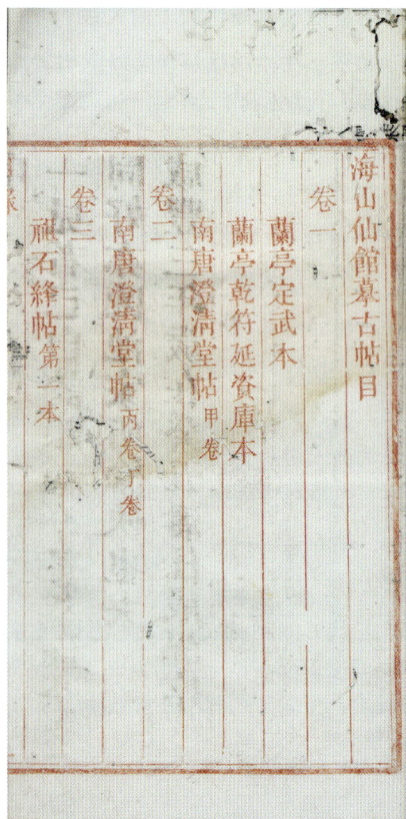

清咸丰三年（1853）刻本《海山仙馆摹古帖》

武本兰亭序》《澄清堂帖》《绛帖》《欧阳询化度寺碑》《张旭郎官石记序》《李邕云麾将军李秀碑》《颜真卿争坐位帖》等等，其中《澄清堂帖》《绛帖》皆依原本重摹。张伯英评此帖为潘氏所刊众帖中之可观者。广东省立中山图书馆等藏有初拓本。（王峰）

南雪斋藏真 丛帖。清伍葆恒道光二十一年至咸丰二年（1841—1852）撰集。端溪郭子尧、区远祥、梁天锡镌刻。清光绪三年（1877）帖石归于后启。12卷。以子丑寅卯等字列序分卷。所收自晋唐至元明57家书迹，子集收陆机《平复帖》《兰亭残本》《唐人写经》；丑集收文彦博、苏轼；寅集收黄庭坚；卯集收包拯、米芾、蔡京、米友仁；辰集收宋高宗、杨妹子、岳飞及《封灵泽侯敕》；巳集收王升、张即之；午集以下，为元明人书。偶杂伪迹，摹刻精善，为佳刻。广东省立中山图书馆藏有初拓本。（王峰）

岳雪楼鉴真法帖 丛帖。清孔广陶光绪六年（1880）撰集。12卷。以子丑寅卯等字列序分卷。卷首列有总目。道光间，孔广陶得叶应旸《耕霞溪馆法帖》帖石，增益而成。收录隋唐至清代名贤书迹，120余种。子集收隋唐人书；丑、寅、卯、辰册收赵构、蔡襄、苏轼、黄庭坚、米芾、张即之、岳飞等人书；巳、午、未册收赵孟頫、邓文原、鲜于枢、柯九思、倪瓒等人书；申、酉册收明人书；戌、亥则为清人书。所载多有源自叶应旸《耕霞溪馆法帖》、吴荣光《筠清馆法帖》、潘正炜《听帆楼集帖》。刊刻精细，拓本难得。广东省立中山图书馆藏有初拓本。（王峰）

尺素遗芬 丛帖。清潘仕成同治四年（1865）撰集。其子潘桂、潘国荣校勘，梅州邓焕平摹刻。4卷。前有印本目录，帖名仍用《海山仙馆藏真三刻》。所收为清代嘉庆至同治年间潘仕成与各家往来诗文手札，涉及林则徐、郭尚先、张岳崧、吴荣光等113人百余件书迹，涉书家多为晚清时期官贾富商、文人士子，亦涉及海外人士。所收书迹具有丰富史学及文献学价值。原石现存广州越秀山广州美术馆碑廊，共59石。广东省立中山图书馆藏有初拓本。（王峰）

云隐印稿 印谱。清谢景卿集。4卷。原书版框高8.8厘米，宽6.8厘米。首页有楷书"云隐印稿"4字，下署"南海谢景卿镌"6字。无序无跋。所收为谢景卿自镌印，印文多为姓名、斋号及诗句，2300余方。印谱版框为"绿丝栏"，每页1—2印，非石印材质下则注有印材类别。冼玉清《广东印谱考》、梁晓庄《广东印学年表》有著录。广东省立中山图书馆藏有清谢氏紫石山房钤印本。（王峰）

风满楼古铜印汇 印谱。清叶梦龙集。不分卷。成谱时间不详。原书版框高16.2厘米，宽10厘米。无序无跋，扉页有隶书"风满楼古铜印谱"7字。印谱版框为单线细框，书口有"印谱"2字，书口左侧为6栏，右侧则为2栏4格，每格钤1印，每页2—7印。所收印章为古玺印，与潘有为集《看篆楼印谱》多有重合，当为叶氏借看篆楼藏印后钤辑而成。梁晓庄《广东印学年表》、《广州图书馆藏仪清室所集广东印谱提要》有著录。广州图书馆藏有清钤印本。（王峰）

师古堂印谱 印谱。清刘绍藜集。3卷。原书版框高19.8厘米，宽12.2厘米。扉页有隶书"师古堂印谱"5字。首页有孙尔准、卢继祖、沈士煜、王惟馨、李致云、陈珏、吴润平、鹿泽长、吴家驹、丁嘉植、江楫才、李龥平等人题词。双栏，书口上镌"师古堂印谱"5字，下镌"玉田手篆"4字。据自镌印成。传世少，有4册本及8册本。马国权《广东印人传》、梁晓庄《广东印学年表》有著录。北京大学图书馆藏有清嘉庆二十四年（1819）岭南刘氏万花阁刻钤印本。（王峰）

听帆楼古铜印汇 又称《秦汉铜章撮集》。印谱。清潘正炜集。原书版框高12.6厘米，宽9.5厘米。作者平生喜收藏法书名画，建"听帆楼"。有3卷本与4卷本。原印初归潘有为，有为殁，印归正炜，并增辑为该谱。该谱4卷本收录官印177方，私印707方，每页6印。3卷本录增私印至886方，每页2至6印、9印。印谱刊有百龄、杨振麟序，吴兰修跋。冼玉清《广东印谱考》、梁晓庄《广东印学年表》、《广州图书馆藏仪清室所集广东印谱提要》有著录。广州图书馆藏有清道光十二年（1832）钤印本。（王峰）

秦汉铜章撮集 见"听帆楼古铜印汇"。

海山仙馆印存 印谱。清潘仕成藏印集。4册。成谱年不详，无序跋，书面有邓尔雅题签"海山仙馆印存"6字。该谱为集古铜印谱，每页1印，收录有大、小玺，汉官、私印等共计136方。冼玉清《广东印谱考》有著录。（王峰）

里木山房印存 印谱。清柯有榛集。2册。原书版框高14.1厘米，宽10.4厘米。版框四周双线，白口，书口楷书字"里木山房印存"。收录柯氏所藏名家篆刻以及同时师友常云生、吴蓉

浦等人印，加入柯氏本人与其子柯兆明、柯兆良所刻印汇钤成书。大部分为柯氏父子所作。每页钤印数不等，共31方。印谱有黎如玮、谭玉生序文，袁灏、郭向莹、苏道芳、林诵芬、萧作霖、方瑚等人题词。冼玉清《广东印谱考》、梁晓庄《广东印学年表》、《广州图书馆藏仪清室所集广东印谱提要》有著录。广州图书馆藏有清光绪间钤印本。（王峰）

味古堂印存　印谱。清冯兆年集。2册。钤印本。原书版框高16.7厘米，宽10.6厘米。单框细线，字口空白，每页1印，并附拓边款。扉页有隶书"味古堂印存"5字，下署"褒海题"。有梁金韬序，何桂林、刘端本、潘飞声、萧复常题词，卷末有冯兆年自识。每页1印，用朱泥，下拓边款用墨。收录文彭、黄易、陈鸿寿、丁敬、赵之琛、孟鸿光、钱松、胡盖、柯有榛、李阳、黄恩铭等所刊印章，共计124方。所收伪印极少且收录不少粤中

清光绪十三年（1887）印本《味古堂印存》

印人作品。冼玉清《广东印谱考》有著录。广东省立中山图书馆藏有清光绪十三年（1887）钤印本。（王峰）

星堂印存　印谱。清梁垣光镌印。1卷。无序无跋，扉页题隶书"星堂印存"4字，款记"光绪辛巳十一月李文田题"。收录梁垣光所刊各体印章，分"石印""玉印"及"铜瓷、晶珀、象牙、榄核、竹根、蜡石、玛瑙、松腴等印"3类，以隶书题于每类前。无版框，每页1至2印，部分拓有边款。后附梁垣光《用印琐言》。冼玉清《广东印谱考》、梁晓庄《广东印学年表》有著录。广东省立中山图书馆藏有清光绪二十一年（1895）钤印本。（王峰）

蔬笋馆印存　印谱。清符翕集。2册。原书版框高13厘米，宽9.7厘米。为符翕官粤期间为张之洞所刻印集存，分上下册，上册共收印鉴34方，为符翕自用印，下册收录40方，为张之洞所刻之印，有张之洞私印、藏书印、收藏印、闲章等。版框为双环扣纹饰，同《添茅小屋古铜印谱》，书口上镌"蔬笋馆印存"5字。每页1印。孙殿起《贩书偶记》、梁晓庄《广东印学年表》、《广州图书馆藏仪清室所集广东印谱提要》有著录。广州图书馆藏清光绪间钤印本。（王峰）

四百三十二峰草堂印章　印谱。清黄璟集。不分卷。原书版框高19.6厘米，宽14.4厘米。作者足迹所历，以诗画印以记事。有黄璟篆书自题"四百三十二峰草堂印章"，下署"乙未秋蜀泉"。有沈艾孙隶书题词，光绪二十一年（1895）舒树基楷书题序，附俞樾《黄小宋太守四百三十六峰草堂诗序》。俞樾称"四百三十六峰草堂诗"，当为误记。每页分上下栏，各钤1印，共计61页，收录黄璟自用印章121方。梁

晓庄《广东印学年表》有著录。中国国家图书馆藏有清光绪二十二年（1896）上海点石斋影印本。（王峰）

师古堂仿古印章　印谱。清莫善元集。2册。原书版框高17.6厘米，宽12.9厘米。分上下两册，上册附莫氏辑授课用《发明仿古印学论》，下册为集自刻印所成《篆刻印存》。收录主要为莫氏所摹明清流派印，摹印多出自《飞鸿堂印谱》，部分摹自粤中印人。马国权《广东印人传》、梁晓庄《岭南印学年表》、邝以明《广东印谱知见补略》有著录。广东省立中山图书馆藏有清光绪八年（1882）钤印本。（王峰）

梓庵印存　印谱。清周钧集。1册。原书版框高13厘米，宽7.6厘米。无序跋，版框为蓝色单线，分钤印页与剪贴页两部分。前6页为钤印本，每页收1—2印，共10方；后28页为剪贴本，收录周钧自用印，每页所收印数不等，共40余方，拓有边款。该谱少见于著录，仅见于《广州图书馆藏仪清室所集广东印谱提要》。广州图书馆藏有清光绪间钤印本。（王峰）

绿杉轩集印　印谱。清伍德彝集。6册。原书版框高11.5厘米，宽7厘米。作者曾学画于居廉，偶治印。是谱无序跋，单框黑线，书口下镌"绿杉轩集印"，每页1印。所收为伍氏自用印及居廉、可园张氏与符子琴三家用印，收录居廉所用印30余方。冼玉清《广东印谱考》、梁晓庄《广东印学年表》、《广州图书馆藏仪清室所集广东印谱提要》有著录。广州图书馆藏有清光绪间钤印本。（王峰）

今夕庵印存　印谱。清居巢集。成谱于清光绪年间。2册。原书版框高130

厘米，宽 90 厘米。收录居氏四代用印 53 方。卷首有王贵忱行书题"今夕庵印存"5 字，无序无跋，每页 2—4 印，部分印下或左侧以小楷记边款内容。版框为双环扣纹饰，书口下镌"添茅小屋"4 字，与《添茅小屋古铜印谱》版式相同。冼玉清曾记杨其光《添茅小屋古铜印谱》4 册，最后一册为居氏印谱。梁晓庄《广东印学年表》、冼玉清《广东印谱考》有著录。广州图书馆藏有清光绪间钤印本。（王峰）

汲古斋印谱　印谱。清潘有为集。成谱于清嘉庆年间。4 卷。所收为潘氏自刻印章。叶铭《印谱存目》中记潘有为篆，杨振麟、百龄序。梁晓庄《岭南篆刻史》认为潘氏为藏印家，未见有潘氏能篆刻之说，《汲古斋印谱》疑为《看篆楼印谱》前本。（王峰）

诵清芬室藏印　印谱。清屈向邦集。成谱于 1937 年。1 册。作者为屈大均后裔，嗜集印。收录当时治印者百数十家所成。有易廷熹序文，曹春涵、汤安、汤寅等人题诗。封面有易大厂题"诵清芬室藏印"6 字，扉页有王福厂篆书题"诵清芬室印谱"6 字。书口有"诵清芬室藏印"6 字，下有"荫堂"2 字，每页 1 印，上钤朱印，下附拓边款。另有《诵清芬室藏印二集》1 册。成谱于 1939 年，所收为屈向邦自镌之印。冼玉清《广东印谱考》有著录。广东省立中山图书馆藏有 1937 年钤印本。（王峰）

1937年本《诵清芬室藏印》

音 乐

概 况

广东音乐 又称粤乐。区域艺术。最初流传于广东珠江三角洲。大致经历起源、繁荣、停滞、全面发展四个时期。19世纪下半叶，起源于粤剧过场音乐、中原古乐、昆曲牌子和江南小调等。至20世纪初，成为一个独立乐种，形成二弦、竹提胡、三弦、月琴和笛硬弓组合演奏模式，具有轻巧轻快、采用花音技法、情感表达细腻、旋律柔美等风格特点。产生以招子庸、何博众、严老烈、丘鹤俦为代表的第一代作曲家，改编形成《雨打芭蕉》《旱天雷》等作品以及整理编辑多本乐谱集。20世纪20—30年代，广东音乐开始飞速发展，进入繁荣时期。1929年广州市第一家广东电台《中乐》节目主要内容即为邀请民间乐社和广东音乐名家到电台现场奏唱，大中华唱片公司最早录制《三宝佛》唱片，后上海、香港等地唱片公司录制500多首广东音乐唱片，发行时配曲谱供欣赏学习，引起爱好者竞购。司徒梦岩与吕文成将二胡改为高胡，演奏表现力增强，传统乐队组合形成以高胡为主搭配其他乐器软弓三件头、软弓五件头模式，高胡成为广东音乐中最具代表性特色乐器。该阶段音乐创作渐趋成熟，曲式结构推陈出新，旋律由简到繁，曲目通俗流行，具有时代性，演奏技巧改良提升，大量吸收化用西方音乐技法。这一时期，广州、上海和香港的广东音乐社团蓬勃发展，出版发行曲集、曲谱。代表性人物有何柳堂、何与年、何少霞、吕文成、尹自重、何大傻、何浪萍等，代表作品有何柳堂《赛龙夺锦》、何与年《午夜遥闻铁马声》、何少霞《晚霞织锦》、吕文成《梨花醉雨》等等。20世纪30年代末至40年代末，受战争影响，广东音乐发展陷入困境。该时期大量使用西洋乐器，传统软弓组合被爵士乐队取代。作品题材中表达反帝反封建民族立场，反映人们向往美好生活愿望，保留有传统音乐风格，形成流行音乐特色。代表人物有卢家炽、骆津、钱大叔、易剑泉、陈文达、梁以忠、陈俊英、陈德钜、邵铁鸿等。代表作品有《樱花落》《惊涛》《春风得意》《饿马摇铃》《红豆曲》。新中国成立后，进入全面发展时期。1953年广东音乐研究组成立，整理出版两集《广东音乐》。1954年，广东音乐演奏作品首次在国外获奖。1956年第一个专业乐团广东民间乐团成立，汇集当时全国优秀名家，乐团每年完成大量演出，演出水平受到全国公认，整理《八大曲本》。1958年广东音乐曲艺团成立，在国内开展巡回演出；同年广东音乐专科学校成立，开设广东音乐专业课。北京、上海、东北、天津、香港、澳门、广西以及东南亚、欧洲、北美有活跃乐团和演出活动。整体风格上，中、小乐队组合替代传统小组奏，减少西洋乐器使用，在继承传统的"轻、花、细、柔"基础上，形成淳朴、健康、明朗风格，在乐曲结构、旋律手法、节奏节拍、演奏技法等方面有较大突破。代表人物有刘天一、朱海、梁秋、陈卓莹、崔蔚林、王文友、苏文炳、方汉、黄锦培等。代表作品有《奋起救国》《普天同庆》《红棉花开》《云雀》等等，出版大批整理、研究著作。2006年入选第一批国家级非物质文化遗产名录。参见第1216页华侨·侨乡卷"广东音乐"条。（孔义龙）

粤乐 见"广东音乐"。

客家汉乐 又称广东汉乐、外江弦、儒家乐、汉调音乐。器乐乐种。主要流传于广东梅县、汕头、韶关、惠阳地区，在东南亚一带华侨中有流传。是中原地区人民南迁将中原音乐与当地广东民间音乐结合，发展演变而成，有数百年历史。到20世纪20年代，改称汉乐（即汉调音乐）。分为和弦索、锣鼓吹、清乐、中军班等演奏形式。和弦索用头弦领奏，由月琴、琵琶、椰胡、角胡、三弦、笛子等合奏丝竹乐形式。锣鼓吹由唢呐主奏，加上苏锣、小锣、钹、碗锣、乳锣、梆子、摇板等打击乐器吹打乐形式，头弦（俗称吊龟子）和苏锣是汉乐中最有特色乐器，打击乐器一般有严格音高标准。清乐演奏乐器只有筝、琵琶、椰胡三件乐器，俗称三件头弦索乐形式。中军班主要流传在兴宁、梅县、大埔和闽西一带，是职业或半职业民间音乐班，旧时作为仪仗性乐队在婚、丧、喜、庆等场合吹奏；演奏时多则20余人，少则2、3人，属于鼓吹乐形

式。中军班演奏形式又分两类，一是吹奏古曲"大乐"和民间小调，曲牌有［送歌］［嫁好郎］［饭后茶］［拜伯公］［步踏云］等；二是用唢呐咔奏广东汉剧唱腔。通常所说的汉乐，以和弦索与清乐更具代表性，以淳朴优美、典雅大方见长。所奏乐曲为汉剧音乐中传统曲牌，如《傍妆台》《小桃红》《柳摇金》《小梁州》《北正官》《万年欢》《到春来》《水龙吟》《串珠帘》《百家春》等。20世纪30年代，汉乐演奏兴盛，百代唱片公司为广州汕头汉乐演出团体录制唱片《出水莲》《绊马索》《寒鸦戏水》《串珠帘》等曲目。新中国成立后，中国唱片社为大埔新生木偶剧团、广东汉剧院等团体灌制《翡翠登潭》《出水莲》《熏风曲》《嫁好郎》等曲目唱片。此时创作了大量新作品，如气质高贵的《将军令》《北进宫》《朝天子》等，典雅清秀具有儒家风范的《出水莲》《柳叶金》《琵琶调》《西厢记》等，贴近大众生活的《迎宾客》《百家春》《卖杂货》《嫁好郎》等。涌现如饶淑枢、饶从举、罗九香、余敦昌、罗琏、李德礼等一批汉乐高手。"梅州客家山歌"2006年入选第一批国家级非物质文化遗产名录。（孔义龙）

广东汉乐 见"客家汉乐"。
外江弦 见"客家汉乐"。

儒家乐 见"客家汉乐"。
汉调音乐 见"客家汉乐"。

潮州音乐 器乐乐种。主要流传于广东潮州、汕头地区，东传至闽南龙岩、龙溪地区，西及惠阳部分潮语地区，北至五华、大埔、兴宁。广泛流行于上海、台湾、香港、澳门等地，在东南亚华侨中有相当影响。潮州市是该乐种中心和发祥地。其源头可追溯到唐宋之际，至明清时期发展成熟，至今约有400年历史。曲调源于当地民歌、歌舞、小调，并吸收弋阳腔、昆曲、汉调、秦腔、道调和法曲。分广场乐和室内乐两大类：广场乐包括潮州大锣鼓、潮州外江锣鼓、潮州八音锣鼓、潮州花灯锣鼓和潮州小锣鼓，统称为潮州锣鼓。室内乐包括潮州弦诗乐、潮州笛套古乐、潮州细乐和潮州庙堂音乐，统称为弦诗乐。弦诗乐可分为儒家乐和棚顶乐两种。儒家乐分两种，一种演奏于上层社会，另一种演奏于群众性集社组织，亦常用于自娱。棚顶乐主要用于舞台，为戏曲表演服务。目前流行弦诗乐均为传统儒家乐，主要特点是古朴典雅、优美抒情。最具特色乐器有潮州二弦、唢呐、深波。潮州二弦弓子长，声音尖亮高亢，是弦诗乐主奏乐器。潮州大唢呐称大吹，小唢呐称吹仔，用麦秆作哨子，音色柔美细腻，是锣鼓乐主奏乐器。深波是宽边大锣，用软槌击奏，音色醇厚浑圆，地方色彩很浓。潮州大锣鼓最初吸收正字戏音乐，许多著名乐曲表现戏曲中某一场景或整出戏曲故事。大锣鼓曲目很多，最著名有十八套，如《薛刚祭坟》《黄飞虎反朝歌》《关公过五关》《岳飞大战牛头山》《六国封相》等。潮州小锣鼓曲目有《画眉跳架》等。潮州苏锣鼓又名八音，它的形成吸收潮汕地区汉剧锣鼓音乐，演奏曲目多为汉剧吹奏曲牌。弦诗乐是采取板式变化方法发展构成乐曲，用"二四谱"记谱。"二四谱"中没有"乙凡"符号，"三"包括"四、乙"两音，"六"包括"工、凡"两音。"二四谱"在演奏中能产生"轻三六""重三六""轻三重六""活五"等4种调。轻三六调多表现轻快、活泼、欢乐明亮情绪。重三六调多表现庄重、严肃、激昂或悲愤情绪。轻三重六调表现清闲、游玩、心境平和情绪。活五调常表现痛苦、悲切、哀怨、凄凉情调。弦诗乐曲目丰富，著名的有十大名曲，即《昭君怨》《寒鸦戏水》《小桃红》《黄鹂词》《月儿高》《大八板》《平沙落雁》《凤求凰》《玉连环》《锦上添花》。其他流行乐曲有《柳青娘》《深闺怨》《出水莲》《千家灯》《粉蝶采花》等。2006年入选第一批国家级非物质文化遗产名录。（孔义龙）

乐 器

"八音"锣鼓 乐器组合。流行于粤西地区。明末清初自闽南传入高州地区，后常用于粤西年例等民俗活动。主要使用高边锣、战鼓。高边锣规格不一，有大、小两种，锣面平坦无脐，锣边宽，质地厚重，锣体不刮光，演奏时多使用放音奏法，余音延续时间长，发音浑厚响亮。战鼓按鼓面直径可分五种规格，制作用材与堂鼓相同，也可用椴木，由演奏者斜挂在肩上演奏，或前人背负后人敲击，也可置于鼓架上，音色低沉响亮。（何牧繁）

潮州筝 弹拨乐器。潮州细乐主奏乐器、南派古筝代表之一。流行于广东潮州、揭阳、汕头等潮州语系地区。原只有十六弦，筝体小，后发展为十八弦，目前已发展至二十一弦。原以合奏为主，后发展为独奏，有重奏形式，音色以柔美、细腻著称。代表曲目有《寒鸦戏水》《黄鹂词》《昭

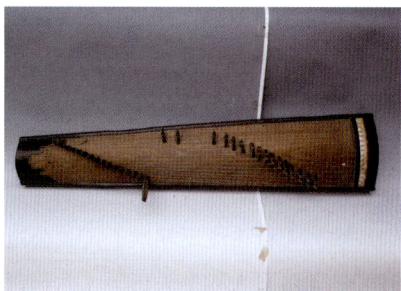

潮州筝

君怨》《柳青娘》《平沙落雁》《凤求凰》《锦上添花》等。（万钟如、何牧繁）

潮州扬琴 弹拨乐器。潮州音乐主奏乐器，被称为"潮州音乐的乐胆"。常与二弦、椰胡组合，为潮州音乐"三大件"。琴体由共鸣箱、山口、弦钉、弦轴、马子、琴弦和琴竹构成，改良后，琴码由最初两排增加到五排，称"五梯琴"，音域也由最初八度增加到十二度。擅长演奏轻快、活泼曲调，表现力丰富，音色清脆、飘逸、悠扬。受潮州文化熏陶，演奏技巧与风格具有典型"潮味"。（何牧繁）

二弦 俗称头弦。拉弦乐器。潮剧领奏乐器。早期广东音乐中，常与提琴、三弦、月琴、横箫组合演奏，称为"五架头"，也称"硬弓组合"。定弦在F调，发音尖锐清亮。二弦出现后，代替竹弦成为潮剧领奏乐器，音质坚实、音色铿锵明亮、穿透力强。近年来，音色、音质、音量均有改进，在弓、指、音域等方面有所创新。沿袭古乐演奏方式，俗称三催三拍，是潮剧音乐演奏特色。乐师演奏时，通常左手

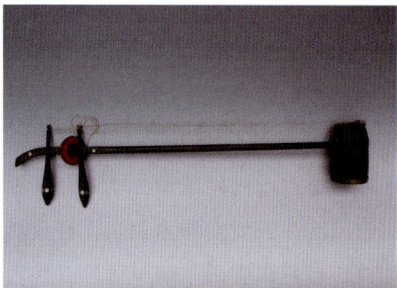

二弦

按弦右手运弓。左手有多种指法，如"按""滑""吟""压"。右手传统弓法为"文武病狂"："文弓"适用于慢速和中速演奏的曲子，音色流畅柔和、富有弹性；"武弓"适用于中速和快速演奏的曲子，音质浑厚、音量较大，刚实有力；"病弓"是满弓、长弓弓法，音色饱满均匀；"狂弓"是指运弓速度快、力度较强的弓法，适合演奏热烈奔放、一泻千里的旋律，演奏特色是快中带稳。（孙冰娜、吴国钦）

头弦 见"二弦"。

浮洋方潮盛铜锣 打击乐器。潮汕地区民俗活动中常用的礼器。流行于今广东省潮州市潮安区浮洋镇浮洋圩及仙庭村。出现于清道光年间。原始制作技艺包括拣料、熔铜、过模、打坯、修容、淬火和定音七道工序，其"一锤定音"技艺世代相传。现代冶炼锻造法更加规范、便捷，生产已具规模性，共有11大类67个品种，每一大类再细分为特大、加大、大、中、小、特小6个型号。主要产品有深波、马锣、斗锣、丁锣、虎狮钹、广钹、佛钹、斗钦、大丁钦、钦仔、月锣、佛铃、响钟、号头（大唢呐）、床头钹、音庆、大铜钟、挂锣、铜臼等。（肖文朴、夏煜卓）

广州箫笛 又称南箫。气鸣乐器。流行于广东、港澳及海外广府华侨聚居区。根据广东音乐七律定调制作而成的伴奏乐器，用以配合广东音乐民间器乐合奏以及粤剧等地方戏曲伴奏。与二弦、提琴、三弦、月琴共称为广东音乐"五架头"。与北方箫笛有所区别，其内径较大，膜较厚，音色清越嘹亮，穿透力和表现力极强，音域以中低音为主。制作技艺以家族传承和师徒传承为主。艺人制作经验、音

乐知识、乐感对制作技艺有直接影响。（何牧繁）

南箫 见"广州箫笛"。

汉族调弦 拉弦乐器。流行于海南。构造与二胡相同。20世纪初，艺人对早期琴筒、琴杆、琴弦进行改革，定调比原来提高八度成为高音主弦乐器，处于领奏地位。音色明亮、悦耳，在乐队演奏中极为突出。新调弦制成后，原调弦仍存用，在乐队中起辅助作用，称为"充邦"。独奏曲音域较宽，旋律音程跳动较大，时而激奋，时而低沉，音乐情绪丰富。代表曲目有《荫华山》《游河》《春封》《闺怨》《胭脂河》《包公怒》《深宫情怨》等。（何牧繁）

喉管 双簧气鸣乐器。流行于广东、广西。早期为广东街头小贩招揽生意的工具，20世纪20年代末期开始在广东音乐和广东粤剧中应用。有长喉管和短喉管两种，俗称长筒和短筒。长喉管为中音乐器，由哨子、管身、喇叭三部分组成。短喉管为高音乐器，由哨子、管身组成。"包吹法"技巧是喉管和类似喉管类吹孔乐器的特色吹奏方法。长短喉管在乐队中常用于合奏或为粤剧伴奏。近些年对喉管进行加键改良，扩充了音域，可奏出半音阶，适于各种转调，可用于独奏。（何牧繁）

金声狮鼓 打击乐器。流行于今广东省江门市一带。舞龙、舞狮、武术以及巡游等活动主要伴奏乐器。狮鼓外形似桶状，上窄下宽。狮鼓声是舞狮过程的灵魂，声音洪亮、制作精美，是具有岭南特色民间乐器。制作工序包括：第一步，选料；第二步，按草图开板，刨好后砌成鼓模，用竹篾箍好，固定鼓形；第三步，确定鼓胆

数目；第四步，拉鼓皮；第五步，下钉、上色、批灰，粘上鼓纸或彩布，完成狮鼓的制作。"金声狮鼓制作技艺"2009年入选广东省第三批非物质文化遗产名录。（郑静漫）

京族独弦琴 又称独弦匏琴、一弦琴。拨弦乐器。京语称"睹演旦匏"（Du yan Dan bou）。主要流行于今广西壮族自治区防城港东兴京族聚居区。有竹制和木制两种，由琴体、摇杆、弦轴、挑棒等构件组成。主要用作独奏，音色轻盈、柔弱、纤细，改良独弦琴加上电声使音色更美，余韵悠长。乐曲基本用泛音演奏，推拉摇杆擅长演奏滑音、倚音、波音、回音、颤音，尤擅奏缓慢、柔和、带有吟哦抖动性曲调，风格更显古朴典雅。传统曲目有《高山流水》《寒月孤影》《骑马》，改编曲目有《渔家四季歌》《拜月》《织网》《采珠谣》等。（何牧繁）

独弦匏琴 见"京族独弦琴"。
一弦琴 见"京族独弦琴"。

黎族鼻箫 气鸣乐器。黎语称"巡"。主要流行于海南黎族聚居地区。是黎族男女青年表达爱情时常用乐器。因用鼻孔吹奏而得名。用鼻子吹气奏响竹箫是海南"本地黎""润黎"独有吹奏方法。竹箫长约60厘米，开有4个小孔，其中1个小孔用作吹气，另3个小孔由手指控制。吹奏时控制吹气量大小，配合孔洞开合，奏出各种音阶。后黄照安、黄良文对鼻箫进行演奏方式和形制改良，称为"鼻笛"，演奏音域扩大。代表曲目有《鼻箫恋》《从那篱笆过》等。（何牧繁）

黎族哔哒 又称黎族排箫。单簧气鸣乐器。流行于海南。现已用于民族乐队。由两根细竹管并列绑扎而成，富有地方特色。管长25—30厘米，每根

管上开有2米4个音孔，两管孔距和吹口位置均相同，在管首吹口剖一小裂口，使表皮成簧片。早期哔哒为4孔，筒音为e1，1至4孔音阶分别为g1、a1、b1、#c1，音域较窄。20世纪50年代，陈文仲在民间传统哔哒基础上进行改良，音孔增至8孔（前有7孔、后有1孔），将原来倒开簧片改用芦苇片，置于管后，音域扩展至十度，音色清脆明亮。受黎寨青年喜爱，黎家热恋青年多在休息或放牧时吹奏，经常用于节日或喜庆等热烈欢快、喜庆热闹场合。独奏曲有《尖刀舞曲》《椰林舞曲》《胶园晨曲》等。（何牧繁）

黎族排箫 见"黎族哔哒"。

黎族叮咚 体鸣乐器。黎语称"朗贡"。主要流行于海南保亭、东方、乐东、白沙等地。由木杆和木架组成，木杆是发音体，民间多用当地质地坚硬细原木"柴即慎"（红麻树）制作，杆长2米、直径10厘米，用绳索吊于刻有花纹图案的三脚木架上。可以独奏、合奏或为歌舞伴奏。目前舞台上最常见叮咚是由2根木杆演奏，每根有两个不同乐音。民间叮咚除有2根木杆的以外，还有3根、4根或5根制作成的叮咚。代表曲目有《叮咚舞曲》等。（何牧繁）

黎族口弓 又称口琴、口弦。体鸣乐器。主要流行于海南黎族聚居地区。用两片长约60毫米、宽10毫米的簧片，平行装在长约80毫米木柄上，两片簧片相距约5毫米。簧片有竹质和铜质两种。演奏时把口弓放在唇口边，用手指弹拨弓片，用口腔送气，通过唇、舌动作变化和吐气、吸气气流变化可发出八、九度音程。低音浑厚圆润，高音清澈悦耳，乐曲一般比较短小，节奏轻快活泼。黎族青年会吹口弓，多用来倾诉爱慕之情。（何牧繁）

口琴 见"黎族口弓"。
口弦 见"黎族口弓"。

浦东牛皮鼓 打击乐器。主要流行于广东潮汕地区。用牛皮制作的鼓。清光绪年间由揭阳东山区浦东村李天恩首创，后代代相传，广泛应用于潮汕地区宗教祭祀、婚丧嫁娶、节日庆典、生活娱乐、戏曲表演、宫廷礼乐歌舞等诸多场合。鼓种类多样，分为尖脚鼓、双头鼓、更鼓、狮鼓等。制作需经过选料、制皮、制壳、定型、油漆5个流程。鼓身一般选用杉木或其他优良木料，形状以自然弯曲为宜；制皮最关键、技术含量最高；制壳取合格木料，在锯台上锯取弯形木条片凑合成鼓形；定型先做鼓脚后做鼓面；油漆先用血料或油料填补木条片之间或表面缝隙用砂纸将血料磨平，再用红色、绿色、黑色油漆材料涂饰或加绘民间图案。（钟菲）

秦琴 又称梅花琴、潮州琴。弹弦乐器。主要流行于广东。多用于广东音乐、潮州大锣鼓和民族乐队。原是潮州音乐乐器，20世纪20年代后用于广东音乐合奏，成为广东音乐特性乐器之一。也作为各地方剧种伴奏乐器，配合高胡或扬琴，擅长表现轻柔、优美旋律。结构和阮相似，由琴身、琴杆、琴头、弦轴和琴弦等构成。演奏时，左手持琴，右手用拨子弹奏。以五度音程定弦，音域为g—e3，现乐队中使用多为三弦秦琴，音高定为g、d1、a1，共有19个音品，按十二平均律排列。（何牧繁）

梅花琴 见"秦琴"。
潮州琴 见"秦琴"。

石龙新昌鼓 打击乐器。主要流行于今广东省东莞市石龙镇。清同治年间由广州增城三江镇村民钟佳首创。主

要有大灯鼓、醒狮鼓、龙船鼓、腰鼓、堂鼓等类型。其传统制作工艺烦琐，周期长，一般需经过鼓桶制作、鼓膜制作、蒙鼓皮、涂漆上色等四个流程。鼓桶一般选用水榕木或苦楝木，鼓膜选用新鲜水牛皮，去表皮毛、削脂肪层、削厚薄进行防腐处理，按照需要规格大小切割，分块进行拉紧固定、风干备用。蒙鼓皮是将鼓桶和已处理好牛皮进行合成用铆钉钉好。最后给抛光的鼓桶上底漆和面漆，写上店号即制作完成。（庄蔚）

瑶族五月箫 气鸣乐器。瑶语称"嗯啰凸"（ǹ luo tu）。主要流行于今广东省清远市连南瑶族自治县。管身采用中间无节、两端通透、上端稍粗竹管制成，正面中部开有 6 个圆形按音孔，下方开有 3 个出音孔。筒音为 d1—出 1，常用平吹八度音域，超吹技法使音域可达两个八度。平吹音色柔和优美，超吹音色单薄清脆。常用于独奏。演奏技法与一般竹笛相同，擅长演奏优美抒情曲调。代表曲目有《五月歌》《五月单身汉歌》《十二月歌》等。（何牧繁）

椰胡 拉弦乐器。潮剧乐器。流行于海南、广东、福建等地。多用于合奏，是广东音乐、潮州音乐及当地各种戏曲、曲艺常用乐器。弦筒用椰子壳制成，蒙薄桐木板，后面雕花窗作发音孔。弦杆长 74 厘米，弓长 80 厘米，用小贝壳作弦码，丝质线为弦，定弦为 F 调 1 5。音色浑厚、圆润，是潮剧特色中音乐器。过去流散潮剧艺人卖唱，带一把椰胡，穿街走巷，自拉自唱；农闲时潮剧爱好者用椰胡伴奏，自得其乐。（孙冰娜、吴国钦）

粤胡 又称高胡、南胡。拉弦乐器。流行于广东。广东音乐特有乐器之一。由广东音乐家吕文成于 20 世纪 30 年代在二胡基础上创制，多用于演奏广东音乐及粤剧伴奏，现已广泛应用于民族乐队。形制结构与二胡相同，琴筒比二胡细，多呈圆形，近年也有琴筒呈椭圆形和扁八角形的。音色甜美、纤细，擅长演奏抒情、活泼曲调。演奏时两腿夹持琴筒以控制音量，减少沙音，也使音色秀丽明亮。在广东音乐中常用作独奏或主奏乐器，大型民族乐队中多用作高音弦乐器。定弦为 g1、d2 或 al、e2。代表作品有《双声恨》《雨打芭蕉》《鸟投林》《平湖秋月》《昭君怨》《连环扣》《步步高》《小桃红》《春到田间》《鱼游春水》等。（何牧繁）

高胡 见"粤胡"。
南胡 见"粤胡"。

斫琴 制作古琴的工艺技术。大致经过选材、烘干、制作槽腹、髹漆、退光、缀徽、上弦等工序。琴材多以桐木为面板、梓木为底板。古木难求，现代斫琴家大多用新木制琴，用机器烘干琴材。槽腹尺寸以适中为宜。一般先上琴胎再髹漆，漆色常有紫漆、褐漆、黑漆、朱漆、黄漆等数种，用桐油数次合光、退光处理，以上工序完成后，即可上琴徽、弦、轸等配件。香港斫琴技艺奠基于浙派琴家徐文镜。20 世纪 50 年代，徐文镜将斫琴技艺传予"蔡福记"乐器厂少东蔡昌寿，徐氏斫琴技艺从此植根香港。自 1993 年起，蔡昌寿开办斫琴研究班公开传授古琴技艺，力图重兴古人自弹自斫的古琴文化，使斫琴传统手工艺在香港得以传承。香港古琴艺术（斫琴技艺）于 2014 年入选国家级非物质文化遗产代表性项目名录扩展项目名录。（郑小龙）

斫琴

器乐·声乐

潮州弦诗乐 器乐乐种。用丝弦、弹拨乐器组合的一种传统合奏形式。流行于广东潮汕和闽南地区，后随华侨传至东南亚诸国。根据不同应用场合和演奏风格，分为"儒家乐"和"棚顶乐"。"儒家乐"纤细、雅致，多用于民间婚丧喜庆等场合；"棚顶乐"简朴、粗犷，多用于戏剧舞台。传统乐曲多沿用中州古调传谱，兼蓄各地民间小调、佛曲、笛套和民间戏曲音乐等，有时吸收民间艺人从东南亚各国带来的民歌、小曲等。十大名曲有《昭君怨》《小桃红》《寒鸦戏水》《黄鹂词》《月儿高》《大八板》《平沙落雁》《凤求凰》《玉连环》《锦上添花》。（钟菲）

广东汉乐丝弦乐 器乐乐种。流行于广东民间的一种室内音乐。书生文士是丝弦乐创始者与演奏骨干。演奏活动包括自娱性室内演奏和社会性公演，参与活动人数不定，乐手自由组合。演奏形式以合奏为主，通常使用乐器有头弦、提胡、椰胡、扬琴、三弦、月琴、秦琴、琵琶、小唢呐、笛子、洞箫、笙等。另一种演奏形式是小组奏，如古筝、洞箫和椰胡小组奏，或

古筝、琵琶、洞箫和二胡小组奏。形式简练，风格雅致，素有"清乐""雅乐"之称。曲目以传统乐曲为主，乐曲古朴雅致，演奏风格轻盈朴实。在乐谱方面，老艺人所用乐谱是工尺谱，当代用简谱。重视乐谱规范化、口传心授和视谱演奏以骨干谱为本，即兴发挥少。（钟菲）

琴乐 器乐乐种。一种平置弹弦乐器的独奏艺术形式。主要流行于广东珠江三角洲一带。包括唱弹兼顾琴歌、琴箫合奏等艺术形式。琴上有散、泛、按三种取音方式，左右手不同的，具有丰富音色变化。左手"走手音"和润饰性指法"吟""猱""绰""注"，构成音韵兼备、虚实相应的音审美体系。岭南古琴艺术根植于岭南文化背景，是中国古琴艺术重要组成部分。岭南琴坛自宋代以来兴盛。明代随着经济繁荣与文化交流的频繁，岭南琴坛出现颇具影响的琴家，如邝露、陈子升、陈子壮、陈恭尹、梁佩兰等。明末岭南琴人多，无传谱存世。岭南琴谱一般可追溯至《古冈遗谱》，此谱已佚，刊于何时，至今无法考究。今存最早岭南琴谱为清代道光年间黄景星《悟雪山房琴谱》，一般认为黄景星是岭南琴派代表人物。现代岭南琴人以杨新伦为代表，其主要传人有当代广东琴家谢导秀。岭南琴派风格古朴、刚健、爽朗、明快。传世琴曲有《双鹤听泉》《碧涧流泉》《鸥鹭忘机》《怀古》《玉树临风》《神化引》等。（郑小龙）

古琴

潮汕佛教音乐 器乐乐种。广东佛教音乐一种。流行于广东潮汕地区。又因适应潮汕闽南方言信众需要，潮汕化特点突出。按来源和风格可分为两大类：一是禅和板，又名善和板、开元板；二是香花板，两者相互交融。禅和板以庄严清雅婉转悠扬见长，具有梵呗基本精神；香花板旋律热烈激扬，跌宕爽捷，大型佛曲徐缓哀婉，曲折多姿，富有灿烂活泼之趣，流行地区遍及潮汕各市县。演奏形式有声乐曲和器乐曲两种，声乐曲又分法器伴奏和管弦乐器伴奏两类。法器伴奏视演员多少而定，管弦乐器伴奏声乐曲，用于大型法事活动中，一般民族管弦乐队由民间乐师组成。潮汕佛教音乐精于不断更新，在佛乐体裁上日渐丰富，是当地文化和外来文化融合成功典范。（何牧繁）

潮州笛套吹打乐 器乐乐种。流行于广东潮阳县（今潮阳区）。因乐曲主要源于古代，又称潮阳笛套古乐。与潮州弦诗乐、细乐、庙堂乐等乐种有同源同流共通之处，在演奏技法、乐律运用和演奏形式上力求营造宫廷音乐氛围。是以套笛（2支以上的笛子）为主奏，以笛（宫廷中使用的龙笛，后改为曲笛并加入低音笛）、管、笙、箫等吹管乐器组合为骨干声部，配以拉弦、弹弦以及打击乐器民间合奏乐。音阶保持宫廷雅乐音阶（正声音阶）和清乐音阶（下徵音阶）结合，受明清两代传入昆腔唱腔和过场音乐影响，乐曲带有浓厚南昆腔音调，以笛子为主奏，配以锣鼓又能衍变成笛套吹打乐。早期该乐种分文庙（即孔庙）和民乐两派，后归于融合。代表艺人有鹄仔（文庙派的宗师）、猫古、陈乌吕、陈映（民乐派的宗师）、郑菜砌等，传统乐曲有《冲天歌》《四大景》《大金毛狮》《雁儿落》等。（钟菲）

潮州大锣鼓 器乐乐种。以唢呐为旋律主奏乐器，又称唢呐大锣鼓。流行于广东潮汕地区以及闽南、东南亚一带。在潮州音乐中最为普及，流传面最广，是将潮剧音乐从潮剧中提取出来加以创造形成的一种形式庞大、纯器乐演奏形式。表演形式为坐定演奏或游行演奏。游行队伍以旌旗开道，扛在肩上的旗叫"标"，用带尾青竹做旗杆，杆首挂吉祥物，扛标一般是女青年。演奏分为长行套和牌子套两种。长行套常见于喜庆和节日游行，演奏一些长行鼓点；"二板锣鼓""三板锣鼓"。牌子套由不同宫音系统牌子曲连缀而成。分为文套套曲锣鼓和武套套曲锣鼓。所用乐器以大鼓、中鼓、斗锣、大钹、小钹、亢锣、深波、苏锣、钦仔、月锣等；管乐则以唢呐、笛子为主，还有椰胡、扬琴、三弦、琵琶、提胡、大胡等。演奏大锣鼓时以大鼓为中心，司鼓者通过鼓点、音色变化以及吸收了中国拳术、剑术手势结合击鼓、指挥动作，在演奏时以不同的底鼓节奏（又称明介或实介）和手势（又称暗介或虚介）带领乐队演奏。一般演奏人员50人左右，大者过百，小者有二三十人。原来曲目没有曲谱，仅以口传心授传艺方式掌握在一些鼓师手中。后来在政府与民间艺人努力下，用锣鼓经和工尺谱整理记录19套乐曲，代表乐曲有《斗鸡》《薛丁山三休樊梨花》《六国封相》《天官赐福》等。新中国成立后，潮州民间音乐团改编和创作了5套大锣鼓曲，梳理多套游行锣鼓。在潮州大锣鼓形成之后，又衍生出不同形式，如苏锣鼓、细锣鼓、笛套大锣鼓、笛套苏锣鼓、笛套细锣鼓。大锣鼓除大鼓外，锣器较有特色的有钦锣、深波、斗锣，还有苏锣、亢锣、月锣、大钹、小钹等。（钟菲）

潮州笛套锣鼓 器乐乐种。流行于广东潮阳。是潮阳笛套吹打乐与潮州大

锣鼓交叉形成的一个新乐种。以笛子（俗称大笛）为主奏，辅以笙、箫、管等乐器，具有高亢、清悠、古朴特色，以强化打击乐声部的吹打乐种。因其形成流行于潮阳，故称。清咸丰年间，潮州大锣鼓传到潮阳，由潮阳笛套艺人将之吸收进行加工。笛套古乐初期只是把锣鼓部分引进原来笛套曲目中，后来又将锣鼓曲打击乐牌子穿插在乐曲中，形成以笛主奏的潮阳笛套锣鼓乐。陈映是笛套锣鼓创始人之一。笛套古乐艺人兼奏笛套锣鼓，两个乐种艺人实为一体，笛套锣鼓鼓师在乐队中居于乐队指挥地位。笛套锣鼓分笛套大锣鼓（以大锣鼓为主奏）、笛套苏锣鼓（以苏锣替代深波）和笛套细锣鼓（以小锣鼓为主奏），有三种形式的混合型，也叫笛套锣鼓。名鼓师有陈来得、姚座、林立言、刘德有、林立名等。传统乐曲有《大叩皇天》《乐灯楼》《浪淘沙》《普庵咒》等。（钟菲）

佛山十番锣鼓　器乐乐种。主要流行于广东佛山地区。吸纳粤剧部分打击乐器而形成，以在演奏过程中轮番突出十多种乐器和反复演奏不同曲牌著称。原有"素十番"和"混十番"之分。"素十番"是指纯打击乐组合演奏形式，"混十番"是指吹管乐器与打击乐器混合组合演奏形式。现十番锣鼓指的是"素十番"。乐队成员约30人，打击乐器有高边锣、大文锣、翘心锣、大鼓、群鼓、沙鼓、响鼓、响螺、大飞、单打10种。佛山知名十番会社有"明星影映"和"何广义堂"，主要艺人有马聪、何云溪、何然等。目前收集的素十番音乐有两组，第一组中有《挂牌》《碎锦》《长锣》3个曲牌，为"明星影映"所传，第二组中有《耍金钱》《合鼓引》《鼓起》《长锣》4个曲牌，为"何广义堂"所传。（钟菲）

广府八音　简称八音；又称八音锣鼓。器乐乐种。流行于广府地区。是广府民间吹打乐。简称八音。演奏八音乐队叫"八音班"，珠江三角洲地区称八音班为"锣鼓柜"。八音多出现于民间神诞、斋醮赛会、喜丧等仪式吹打乐。乐曲融入当地民歌、庙堂音乐外，大部分从粤剧移植过来。主要表演形式是演奏戏曲音乐，演奏时由大、小唢呐模仿生、旦唱腔演奏成套戏曲。曲目有《六国封相》《百里奚会妻》等。（钟菲）

八音　见"广府八音"。

八音锣鼓　见"广府八音"。

广府佛教音乐　器乐乐种。广东佛教音乐一种。流行于广府地区。广府地区是汉传佛教海路传入中国起始地，广州是南北佛教交流中心城市，保留佛曲多为全国通用曲目，且用"外江话"吟唱，所含中国佛曲共性较多。因受禅宗"不立文字"影响，未经过规范化和本地化而失传。各寺院现今所传唱广府佛曲各施其调，尚无定板。歌词结构非规整，前后句歌词字数通常是非等长。广府佛教歌曲中，每一句歌词字数以4字、5字、6字、7字居多，字数最少的为3字句，字数最多的为12字句。歌曲运用没有实意"啊、呀、耶啊、甘呀"等衬字、衬词，营造出古朴、庄严气氛，具有神秘宗教色彩。音乐速度缓慢，旋律无大起大落，节拍规整；运用民族调式，旋律缠绵，以平稳为主。对当地梵僧宣传佛法、传播佛教起到重要作用。（何牧繁）

广东汉乐中军班　器乐乐种。民间称中军班、八音、锣鼓吹、鼓乐家等。流行于广东客家民系。是广东汉乐民俗化的一个乐种。属鼓吹乐，唢呐为主奏乐器，笛子、笙、弦乐以及弹拨乐器为伴奏乐器，配以锣、鼓等打击乐器。民间把听中军班演奏称为"听笛"。乐曲按不同用途，分为喜庆乐、礼仪乐、宴乐、军乐、舞乐、祭祀乐（庙堂音乐）。一个中军班少则3人，多则20余人，艺人平时分散，受雇时才聚集。演奏曲目门类多，表演形式丰富。在唢呐曲牌、民间小调和丝弦乐曲中加入打击乐是中军班常用手法。还有"唢呐吹戏"，即用唢呐模仿人声演奏形式，俗称数课子、吹唱，属"咔戏"音乐。演出形式多变，还可加入戏曲演唱，形成综合表演形式。因与民间习俗关系密切，职业性、半职业性的民间中军班社多。有其独有乐曲，也有与丝弦乐共用乐曲，某些丝弦乐曲加入中军班式打击乐就变成为中军班音乐。乐器组合特点是加入唢呐和打击乐，有强化音乐效果。（钟菲）

海陆丰唢呐吹打曲　器乐乐种。海陆丰民间器乐曲主要演奏形式。流行于广东海陆丰地区。古朴豪放，结构简练，富有中原特色。最流行三大系列唢呐吹打曲为"大三"牌子曲、"五序四清"牌子曲、套曲。按情感情节、套曲结构不同选择不同曲牌。同一曲牌可用于不同套曲中。在不同套曲中，同名曲在运用时其旋律可略作变动，出现一系列附带有序号的同名曲牌。唢呐吹打曲牌可单独演奏，也可连缀成套曲。在演奏套曲时，司鼓和主奏唢呐要熟悉正字戏剧情，按戏剧情节发展吹奏和编配锣鼓点。有的吹打曲分"曲牌（一）"和"曲牌（二）"两部分。演奏曲目多为正字戏曲牌。代表乐曲有《许英杰和番》《仙歌十三腔》《走沙场》《五台山会》等。（钟菲）

海陆丰甲子八音　又称甲子北栅八音。器乐乐种。海陆丰民间器乐曲主要演

奏形式。主要流行于海陆丰甲子北栅。主要使用板鼓、云锣、刮仔、中钹、响盏（加冠锣）、钦、五劈（由五块竹板串成）、苏锣八种打击乐器。有南曲特点，综合吹打乐、丝弦乐乐种性能，与海陆丰民间音乐风格交融，福建民间音乐风格更浓。主要为庙会、节日庆典、街头舞台坐场吹打、婚丧嫁娶等演出，是艺人或爱好者娱乐性演奏形式。乐曲一般定调为bE调或F调，常把两个或几个曲牌连缀演奏，一般以一首4/4拍或4/8拍慢板曲子，转入1/4拍子三板曲子，多次反复后加速，最后由板鼓指挥结束演奏，也有三四首曲子联套演奏情况。乐曲多以商、徵调式为主，注重结束音宫音地位。笛子为乐队主奏乐器，其他乐器辅之。艺人有林庆仙、林虾、林奕聪、蔡茂和、林余泉源、林茂己、林友道等。遗存曲牌有《福建头》《双清》《槐荫折》等20多首。现存乐馆两处，一处是甲子城内"腾云轩"，一处是甲子北栅"洪门九妖"馆。（钟菲）

甲子北栅八音　见"海陆丰甲子八音"。

海南斋醮科仪音乐　器乐乐种。主要流行于海南。是海南省流行很广、影响很大的一种民间音乐。起源于远古民间巫术。海南道教属正一道，侍奉宫观，仍返家居住，经授职箓道公平时也务农事，有斋醮活动就为民间设坛祭祀法事。海南斋醮活动是中原道教天师道斋醮科仪承传派生，传至海南后，与本土原始宗教活动结合，吸纳方言俚语山歌调式演变，与佛教音乐融会而成。道教斋醮科仪，俗称道场，也是常说的法事。斋醮又称打醮，俗称做道场、经忏或做法事，是宗教礼节。斋醮科仪音乐从内容上分"斋"与"醮"，"斋"指亡斋（或称白斋），本意为庄敬洁净。"醮"俗称清斋，本意为僧道设坛祈神。2008年入选第二批国家级非物质文化遗产名录。（柏峰）

海南道教清斋乐　器乐乐种。海南斋醮科仪音乐之一。主要流行于海南。自宋代初年起海南就有道教流行，道教法事活动俗称为"作斋"。清斋亦称公斋，属"吉事"法事，如禳灾解厄、祈福谢恩、求嗣延寿、喜庆贺典等，一般在神庙中举行。海南道教神庙多，据清道光年间重修《琼州府志》记载，仅海口市有近百座供奉对象。神庙一般有约定俗成庙会时间，俗称为"公期"。届时请道士设醮作法，道士班少则5会时人，多则10多人，必有高功道士1人，正功或香官（助手）1—3人，其余为乐队数人。特点是：声调高、音域宽。诵经念咒与音乐、击乐同步进行。其中诵经念咒语音有官话、粤话、海南话及各种语系的长短句和语音。与当地百姓社会生活息息相关，在民间信仰中占重要地位。（何牧繁）

海南道教白斋乐　器乐乐种。海南斋醮科仪音乐之一。主要流行于海南。属"凶事"法事，为济幽度亡，一般在谢世长辞者各个冥期，即封棺日、五七、百日、一年（俗称小祥）、三年（俗称大祥）在亡者家中设斋场举行，佛道融合，用佛教生死轮回来告慰亡魂，安抚亲眷。择吉举行的白斋俗称家门斋，荐拔解释，用儒学来加以引导，劝人与人为善。由道公主持。白斋是佛道融会，以道教科仪程式为主，佛教署名同坛施法的斋场活动。一般有奏青词、太极祭炼、放天灯、超度、过关津、招魂等仪式。全程有斋乐伴奏，配合道长、道士跳傩舞作法。作斋时间三至七天不等。以低沉、稍慢、哀怨音乐为多，包含有悼念、

如诉如泣调式（借用琼剧板腔除外）。与当地百姓社会生活息息相关，在民间信仰中占重要地位，推动海南琼剧发展。（何牧繁）

海南锣鼓乐　器乐乐种。用鼓、板、锣、钹等打击乐器演奏的乐曲。广泛流行于海南。分为汉族锣鼓乐、黎族锣鼓乐、苗族锣鼓乐。多应用于婚丧喜庆、节日聚会、庙会祭祀等场合。民间乐队常使用鼓类有大鼓、花鼓、双面鼓、排鼓、军鼓、腰鼓、手鼓、黎族的牛皮鼓、鹿皮鼓，苗族的鹿皮鼓、藤鼓；板类有木鱼、子鼓、碗碟、叮咚、春臼、木卜；锣类有大锣、中锣、小锣、工字锣、脑锣、草子锣、苏锣、月锣；钹类有大钹、中钹、小钹、苏钹、苏子镲、吊镰和法器碰铃、单盅、三清等等。乐器有不同组合，用于不同场合，乐队规模可大可小，多时可达数十人。（钟菲）

海南汉族锣鼓乐　器乐乐种。海南锣鼓乐一种。可分为戏曲锣鼓和民俗器乐锣鼓乐两类。戏曲锣鼓有《大吊架》《水底鱼》《水波浪》等60多种，常在民间器乐演奏中使用。民俗器乐锣鼓乐有较强即兴性，如操台锣鼓、长行锣鼓、舞狮锣鼓等。民间锣鼓段乐曲结构一般有头、身、尾或起板、正板、煞板的称谓。锣鼓手黑衣仔被人誉为"琼州第一鼓"。新中国成立后较有成就的锣鼓手有许运福、陈天成等人，他们在实践中创造鼓、板锣、钹演奏技法，如击鼓手法有倒手鼓、阴阳手鼓等；板打法有单击、连击、滚击等多种变化；打锣有重击、轻击、闷击、掩音等手法；打钹有胸前钹、脑后钹、侧身钹的打法，造成不同的音响效果。对锣鼓乐艺术总的要求是鼓要稳（节奏稳）、锣要准（锣击点准）、钹要匀（用力均匀）。传统乐曲有《操台锣鼓（一）》《操台锣鼓

（二）》《长行锣鼓》《海口舞龙锣鼓》《舞狮锣鼓》《舞鹿锣鼓》等。（钟菲）

海南黎族锣鼓乐　器乐乐种。海南锣鼓乐一种。分为大场锣鼓、小场锣鼓。大场锣鼓是在广场大型活动中主要使用大鼓、小锣合奏，营造热烈气氛。小场锣鼓乐是在小场地活动中主要使用小鼓、小锣（或木卜、碰铃）合奏，增添喜庆气氛，又不太喧闹。大场、小场使用黎族木鼓是将一根独木挖空作为鼓腔，两端蒙上鹿皮或牛皮，在边缘用木签钉固鼓面而成。木鼓有大有小，大型长100厘米、口径60厘米，小的长度、口径酌减。鼓槌以木制成，大鼓声浑厚，小鼓声刚健。多采用2/4拍子，节奏类型可分为8种。传统乐曲有《广场锣鼓》《小场锣鼓》等。（钟菲）

海南汉族祭祀乐　器乐乐种。主要流行于海南。海南自古以来崇尚祭祀活动，主要有祭冼夫人、祭入琼始祖、祭神灵三种。祭冼夫人活动绵延千余年，每年二月初六至十二日，人们仿当年出征壮观仪式出行，俗称军坡节或装军。祭冼夫人仪式用乐恢宏、热烈，乐曲以五声音阶为基础，有起伏、跳跃，又有平稳舒缓，二者对比强烈。多用2/4拍子，吹奏乐器演奏技巧多用顿音奏法，利于行进。入琼始祖祭祀仪式俗称三分三献礼。祭入琼始祖音乐多为民间器乐和佛、道音乐。乐器则以吹奏乐、丝竹乐器为主，小件打击乐器为辅。五声音阶联曲体，偶有清角变宫，多为一板一眼。祭神灵活动从年初延续至年终，最普遍的是"拜八仙"，大凡喜庆活动要"拜八仙"祈福。祭神灵音乐比较丰富，以赞颂神灵功德为主乐曲，用大唢呐和大件打击乐器，热烈明快，节奏紧凑；以求神祈福为主乐曲，多为五声音阶，

节奏缓慢，配以低音为主乐器，气氛深沉肃穆。海南汉族祭祀乐丰富人们生活，促进当地祭祀活动开展。（何牧繁）

海南黎族祭祀乐　器乐乐种。主要流行于海南。黎族有自然崇拜、祖先崇拜、鬼神崇拜祭祀习俗。自然崇拜祭祀乐通常用一面锣一面鼓击打节奏，祭祀人念祭语或唱民歌，曲调简单古朴接近口语。祖先祭祀乐有三种形式，分别是"送葬祭祀""做八"和"告祖先"。"送葬祭祀"在不同阶段有唱民歌、乐队奏乐、跳舞等；"做八"乐器有唢呐、喇咧、锣、鼓、钹等，曲调古朴、柔和、肃穆，节奏自由，速度缓慢，旋律平稳，同一曲调多次反复且稍加变化，直至法事结束；"告祖先"多用锣鼓乐演奏。"祭鬼神"一般只用一面锣一面鼓击打，配合"娘母"或"三伯公"念唱祭语作法，个别地方有吹喇咧配合。（何牧繁）

海南吹打乐　器乐乐种。海南民间器乐主要品种。用唢呐等吹奏乐器加锣、鼓、钹等打击乐器或再加丝弦乐器组合演奏。吹打乐在海南历史悠久，宋代已有记载，也是在海南流布最广、曲目最多、影响最大的品种之一。曲目丰富，所用乐器也较多，根据使用乐器情况和表现形态，分为唢呐吹打乐、锣鼓清音乐、戏鼓乐三类，前两类有汉族与黎族之分。近代以来其建制和乐器扩充发展完善，乐器形成高中低配置，人数从7人发展到15人。民间吹打乐与当地民俗活动密切，逢婚丧礼仪、传统节庆、迎神祭祀、舞龙送灯、建房贺寿、衙门迎送等离不开吹打乐演奏。1950年海南解放后，被广泛应用于庆祝游行、节日喜庆、送军迎劳模等活动。（魏石成、钟菲）

海南戏鼓乐　器乐乐种。以海南地方

戏唱腔联缀而成联缀体乐曲。源于海南"土戏"（琼剧），用唢呐吹奏代替演员唱腔，以锣鼓衔接、烘托气氛，其余乐器作为伴奏使用。戏鼓演奏多为水平较高乐队在婚庆、节日时演奏，增加欢乐气氛。乐曲中锣鼓运用讲究，多以戏曲音乐锣鼓谱要求规范，可用作引子、连接，又可与旋律作重叠、交替进行，推动旋律层次发展；有时也以一定篇幅单独段落出现，以显示锣鼓独特色彩，锣鼓段多数来自戏曲锣鼓牌子。琼剧唱腔旋律是戏鼓乐曲旋律构成基础，常被戏鼓乐曲吸收。连缀唱腔有中板（海南琼剧的主要板腔）、苦叹板、教子腔、高腔、江浪腔、争辩腔、五更腔等，戏鼓乐在吸收多样唱腔音乐后具有浓郁地方色彩，为民众喜闻乐见。传统乐曲有《琼花怒放》《普天同庆》等。（魏石成、钟菲）

海南汉族歌舞乐　器乐乐种。海南歌舞乐重要组成部分。有歌乐、舞乐、歌舞乐三类。歌乐是歌唱和器乐相结合，乐队常邀歌唱者随行表演，在婚礼场合最为常见，平日也为民众娱乐欣赏。曲调比较固定，填词时"看字行腔"，对曲调稍作改动；旋律以五声音阶为主，加Fa、Si的偏音，旋律构成与方言音调关系密切，多为平稳级进，偶有上下五度跳跃，风格婉转而抒情；乐器多为唢呐、竹笛等吹管乐器。舞乐是舞蹈与器乐相结合，常用于交际场合，舞者带着乐器上场，注重节奏和演奏技艺，边演奏边跳舞，常用唢呐、直箫、调弦、秦琴和小打击乐器，代表乐曲有《盅盘舞曲》《春花怒放》等。歌舞乐平日不常见，多是由水平比较高大型器乐队和歌舞队在一定规模庆典活动中混合组织表演。歌舞乐多为单曲体和联曲体，注重歌、舞、乐三者和谐默契，联曲体三者有分有合。代表乐曲有《舞麒麟》《调

声歌舞曲》《中秋月》等。（钟菲）

海南黎族歌舞乐　器乐乐种。黎族代表性乐种，是海南歌舞乐重要组成部分。包括歌乐、舞乐和歌舞乐。歌乐是歌唱与器乐相结合，黎族人民改造日常生活中的徒歌清唱曲调，使适合于乐器演奏并编创歌颂党、歌唱领袖、歌唱新生活的歌乐，如《五指山之歌》《毛主席来过五指山》等。歌乐多为五声音阶单曲体，常使用乐器有唢呐、竹笛、唎咧、哗、二胡、高胡、秦琴、梆板、子鼓，一首曲目只用其中二三件，有的只用一件。舞乐是舞蹈与器乐相结合，题材以巫术祭祀、婚丧礼仪、劳动生产、生活娱乐等内容居多，所用乐器多为本民族独有打击乐器，如黎鼓、舂臼、柴棍、钱铃等，有的加入唢呐、竹笛、唎咧、哗等吹奏乐器，代表乐曲有《打木屐舞曲》《打柴舞曲》《舂米舞曲》等。歌舞乐主要用于喜庆、婚礼、舞台表演等集体活动场合，常用乐器有唢呐、竹笛、唎咧、秦琴、黎鼓、铜锣、子鼓等，乐曲有单曲和联曲，联曲一般只有二三首乐曲连缀而成，没有复杂变化，一般是时唱时舞或边唱边舞，乐曲贯穿始终，旋律级进为主，多为2/4拍子，音乐风格粗犷、活跃。代表乐曲《打硪歌》《砍山歌》《杜利利》《赞英雄》《敬酒歌》等。（钟菲）

连州十样锦锣鼓乐　器乐乐种。粤北瑶族地区代表性吹打乐形式。与十番锣鼓属同一形式。明代即已流行，常作为民间宗教仪式、龙灯队和舞狮伴奏乐，在民间流行很广。常用乐器有唢呐、大鼓（即堂鼓）、板鼓（俗称和尚头）、小锣、高边锣、大钹、小钹等。因乐器组合多样、鼓点花式多样，故称十样锦。锣鼓乐分唢呐与锣鼓合奏，以及清锣鼓两类。锣鼓点节

奏，稳中求变，音响动静结合，具有鲜明的山村锣鼓乐特点。传统乐曲有《七下三上》《五下》《三下》《火炮头》《十样锦》等。（钟菲）

陆丰紫竹道观道教音乐　器乐乐种。广东道教音乐。因闽南方言划归潮汕道教音乐，在潮汕道教音乐中具有重要地位。起源于19世纪上半叶，由道士陈诚道学习道经韵后，创立陆丰本土潮汕韵。紫竹观是广东保存全真道经曲比较系统和完整的道观，现有道经曲大多是观内道士外出将习得经曲带回传授，受地方戏曲和民间音乐影响而地方化，或是将没有曲调经文配以当地民间乐曲进行改编。潮汕道韵音乐旋律和唱法具有潮汕民间音乐色彩，旋律流畅、恬静优美，具有道家所追求的庄重飘逸感，其曲调与潮汕语言配合贴切，使潮人及其分布在世界各地侨胞都听懂词义，便于学习演唱。随潮汕道韵发展，陆丰紫竹观于1999年首次建立道韵乐队，推动道教音乐本地化。（何牧繁）

梅州客家道教音乐　器乐乐种。广东道教音乐。因方言划为客家道教音乐，是客家语系道教音乐典型代表。唱腔以客家山歌为主，形式短小精悍，曲调为兴宁等地客家山歌。采用客家"五句板"说唱形式，唱词七言五句为一段，歌词表达方式不讲究起承转合，只注重运用引人入胜双关、比喻手法。音乐核心音型是羽、宫、商（612）三音列，乐汇由此三音列变化组合而成，乐句和乐段结束音也是羽、宫、商（612）三音列之一音，乐曲有羽、宫、商三种调式。曲式结构自由，旋律风格宽广、昂扬。其音乐形式摆脱传统道经曲束缚，咏唱者将三音列反复组合形成可短可长乐句，借景生情、即兴发挥，从而达到说唱并举、通俗易懂的目的。（何牧繁）

粤北瑶族吹打乐　器乐乐种。粤北瑶族主要器乐曲形式。主要有唢呐与锣鼓的合奏，以及唢呐独奏，其次是笛子和箫独奏有少量五月箫和二胡演奏的曲子，也有纯锣鼓乐演奏形式。瑶族民族特色乐器是五月箫和长鼓。乐器配置有唢呐（两支以上）、板鼓（又称扁鼓）、中钹、小锣（又称手锣）、丈锣（又称云锣），也可加高边锣。以单支或数支唢呐为主奏，唢呐形制与汉族唢呐一致。曲目按主题分为两大类：一类是拜祖先乐曲；另一类是讴歌民族风情乐曲，占大多数，以成套婚嫁乐曲最为突出。吹打乐乐曲大致分为两类：一类是源于声乐化乐曲，另一类是器乐化乐曲。吹打乐以五声音阶为主，在转调时偶然会出现七声音阶，乐汇多由在纯四度音程之内所组合成的三音列所构成，具有记忆功能。（钟菲）

粤北丝弦锣鼓　器乐乐种。粤北吹打乐乐种。丝弦乐器加锣鼓合奏形式。来源之一是粤北采茶戏音乐，粤北采茶戏流传于客家地区，旧称唱花灯、唱花放、采茶、大茶，多以生、旦、丑三人演出，俗称三脚班。后与纸马、春牛等民间歌舞相结合，吸收湖南祁剧、湖南丝弦、赣州南北调以及安徽凤阳花鼓唱腔发展而成。锣鼓乐使用一鼓、一锣和一钹，乐器配置简单，锣鼓段短小精悍，在农村广为流行。另一个来源是中原传统曲牌，如《大开门》《小开门》。主奏乐器是二胡，俗称勾筒。早期乐器有二胡、唢呐、堂鼓、大文锣、钹、小锣，现加上笛子、三弦、琵琶、扬琴、大提琴、小镲、小文锣（京锣）等乐器。传统乐曲有《串台》《北路八板头》《南路八板头》《长锣板头》等。（钟菲）

湛江吹打乐　器乐乐种。粤西吹打乐系列乐种。以流行于雷州半岛民间音

乐为主，包括湛江及邻近县市雷州方言区民间吹打乐品种。来源一般有四种，分别为古曲、牌子小曲、本地小戏曲音乐、鼓吹乐"十番"乐曲。由以吹管乐器为主中小型乐队演奏，打击乐在合奏中起衬托或点缀作用，近代加入拉弦、弹拨乐器，20世纪70年代开始尝试使用西洋乐器。乐队大致可以分为牌子曲乐队和"十番"乐队两种。传统乐曲以唢呐为主奏，较多继承中原鼓吹乐紧凑集中特点，快板或中慢板曲调，总体比较雄厚、质朴；现代曲目较多地融进雷歌特性音调，多用羽、商、宫三种调式，Si和Fa音律比较特别，曲体与旋律扩展较为自由，听起来清新开阔，富于生活气息和时代感。乐曲多为短小精悍牌子曲，传统曲调多是在牌子曲基调上衍变而成，因承袭中原古乐音调，深受群众喜爱。传统乐曲有《坐门楼》等。（钟菲）

湛江丝弦乐 器乐乐种。粤西吹打乐的一个年轻乐种。流行于广东湛江地区。是在吹打乐基础上演变而成。新中国成立以后，部分吹打乐曲被现代舞台专业乐队改编成以丝弦乐为主、以打击乐为辅合奏乐来演奏。乐队使用改良唢呐、笙、笛子、喉管、三弦（或月琴、柳琴、琵琶）、中阮、扬琴、高胡（或板胡）、二胡（2—6把）、中胡（1—4把）、革胡（或大提琴）、大小堂鼓、大锣、厚边小锣、手锣、大中小钹、板鼓、木鱼、碰铃等乐器。专业乐队编制各异，很不稳定，保留至今的少。传统乐曲有《采海》《坐门楼》《春》等。（钟菲）

潮汕民歌 声乐乐种。潮汕地区少数民族间传唱的歌谣。流行于潮汕地区的疍、畲、僚等民族。明末清初已盛行。潮汕人把唱民歌称为"唱歌仔"。体裁大致可分为号子、潮州歌仔、礼

仪歌、歌舞小曲、渔歌、儿歌、生活音调7类，其中渔歌最具特色，称为"粤东渔歌"。渔歌以徵调式最多。曲式结构分为单一乐段、复合乐段、长短乐句灵活结合乐段、上下乐句组成乐段。吸收其他民间音乐音调作为渔歌衬腔、衬句，常用衬词有"啊、唎、哕、喂、哪、哎、个、就、哆、嘟、啊唎、啊哆"等。具有悠久历史和极高文学价值，呈现潮汕地区丰富人文景观。代表作品有《好君要有好娘配》《眺开湾外三张帆》等。（夏煜卓）

灯调 声乐乐种。民歌的一种。主要流行于今广西壮族自治区。具有地方特色，与当地社会历史、民风习俗相关。多在喜庆节日或日常生活演唱，以描绘生活情调见长。旋律轻松愉悦、风趣活泼，演唱时多载歌载舞、配以唢呐锣鼓伴奏。常见内容种类有表现喜庆主题灯调，如花灯调、麒麟调；表现劳动主题灯调，如竹马调、春牛调、采茶调；表现祭祀主题灯调，如耍花楼；表现神话主题灯调，如老杨公。汉族灯调地方色彩浓郁，唱词生动活泼、简练含蓄，具有丰富艺术价值，群众喜爱。（庄蔚）

调声 声乐乐种。民歌的一种。流行于海南儋州地区。当地主要歌种。产生于西汉时期。突破山歌固有表现形式，曲调短小、结构规整、旋律活泼，常为四句一段，近似起、承、转、合结构，吸收古曲、现代歌曲及外国歌曲旋律而成。起初大多为情歌，后随时代发展吸收学堂乐歌、革命题材等内容。有宫、商、羽等多种调式，旋律进行中经常出现调式变换和转调变化。歌唱形式有对唱、集体歌唱。歌词大多是韵脚宽松的"二句半"搭配"车水歌"旋律，加入节拍鲜明的舞蹈节奏和情绪昂扬的音调进行集体对

唱，富于舞蹈性。以若干常用曲调为基础加以重复模仿发展出更多新曲，受农村青年男女喜爱。代表曲目《天崩地塌情不负》《祖国江山花百样》等。（夏煜卓）

儿歌 声乐乐种。流行于广西、广东、海南等地。节奏长短不一、活泼生动，妇女和儿童是传唱主体，可分为游戏歌、生活歌两大类。唱词以三字、五字句为主，生活歌则有七字句。广西壮族自治区儿歌包括壮族儿歌、汉族儿歌、苗族儿歌、京族儿歌，分为摇儿歌和儿歌两大类，代表作品有《串铜钱》《月光光》等。广东儿歌包括广府儿歌、客家儿歌、潮汕儿歌、瑶族儿歌，分为摇儿歌、儿歌以及儿童游戏歌三类，代表作品有《排排坐》《落雨大》等。海南儿歌包括汉族儿歌、黎族儿歌（又称吞弟奥）。唱调多样化，有柔美恬静乐曲，又有节奏较自由似吟唱性的谣曲类，代表作品有《天哦哦》《摇仔调》《做鬼客》等。反映岭南风土人情、节令、气候、风物特征，体现岭南各个方言区特色，是岭南民间文化重要组成部分。（庄蔚）

风俗歌 又称风习歌、习俗歌。声乐乐种。流行于今广西、广东、海南等地。广西风俗歌以壮族、汉族、瑶族、苗族风俗歌为主。壮族风俗歌按演唱场合及社会功能分为生产类、巫术类、婚嫁类、丧葬类、歌舞类等，按流行地可分为北路、南路。汉族风俗歌按演唱场合与社会功能分为龙船歌、婚礼歌、贺郎歌、哭嫁歌、哭丧歌、节令风俗歌、跳岭头7类。苗族风俗歌主要分为婚嫁歌、丧歌、祭祀歌、酒歌4种类型。广东风俗歌以瑶族风俗歌为主，主要分为哭丧歌和祭祀歌两大类。哭丧歌曲调与哭嫁歌相仿，歌调口语化，随口即兴编唱，无固定曲

调；祭祀歌曲调带口语，旋律性强，节奏变化多而灵活。海南风俗歌以苗族风俗歌为代表，多用平腔调吟唱，歌词为七字四句体，问答式独唱或对唱，采用五声宫、徵调式。从生产、生活、劳动中发展而来，是岭南音乐文化重要组成部分，具有重要艺术价值和历史价值。（庄蔚）

风习歌 见"风俗歌"。
习俗歌 见"风俗歌"。

广府民歌 声乐乐种。记录广府人民劳动、生活、爱情，具有乡土气息的民歌。流行于广府地区。其史源已很难查考，古籍中有零星记载。品种有号子、木鱼歌、咸水歌、叹情、山歌、小曲、舞歌、岁时节令歌、儿歌等，以方言演唱。风格特点分为珠江三角洲中心区片、五邑片、粤西南片和粤西北片。珠江三角洲中心区片民歌以咸水歌为主，调式基本为徵调式，曲体为两句单乐段或四句复乐段，音阶形式为五声音阶，腔调有古腔咸水歌、长句咸水歌等，音域较宽，以男女互答对唱形式为主。五邑片民歌以徵调式和羽调式为主，音域跨度较大。粤西南片民歌以山歌为主。粤西北片民歌以山歌、舞歌和小曲居多，多用五声音阶，徵调式为主，受邻近广西壮族自治区、湖南影响。体裁丰富、特色鲜明，是广府人民生产生活方式和感情形态表现方式。代表作有《盐丁苦》等。（夏煜卓）

号子 又称劳动号子。声乐乐种。南方常称作喊号子、打号子、叫号子。岭南号子流行于广西、广东等地。由劳动人民在生产劳动过程中创作演唱，直接与生产劳动相结合而成。演唱形式有独唱、对唱、一领众和等多种，以一领众和形式最为常见。领唱曲调通常具有呼唤、号召、朗诵性质，合

唱部分则有应和、对答和歌唱性质。广西壮族自治区号子以汉族劳动号子居多，分为工程号子、搬运号子、撑船号子。广西壮族自治区苗族号子也称拉木歌，有成套唱腔分别适用于拉上、拉下、拉轻木、拉重木等不同劳动过程。广东号子多出现于广府民歌、客家民歌、潮汕民歌。广府号子包括男女抬杠号子、推车号子、起重号子、闸坡拉木号子等。客家号子包括林工号子和撑船号子。潮汕号子为二部合唱形式，"领唱"与"和唱"互相呼应。对劳动人民生活意义重大、影响深远。（吴璨、庄蔚）

劳动号子 见"号子"。

客家民歌 声乐乐种。客家民系传统民歌。流行于广东客家地区。在形成过程中保留有中原古韵，又融进畲、瑶等少数民族语言因素，以客家方言歌唱，被称为有《诗经》遗风的天籁之音。分为号子、山歌、小曲、舞歌、师爷歌、儿歌等类型。以山歌最有代表性，如"罗岗山歌"，音区较高，音域较窄，一般为羽调式或徵调式，善用衬词、拖腔和装饰音等，歌词采用比兴手法。小曲和舞歌从中原地带和各邻近省份传入，如"补缸调""莲花闹调"等小曲源自北方。传承悠久，文化内涵丰富，艺术形态完整。代表曲目有《革命失败唔使愁》等。（夏煜卓）

雷州民歌 声乐乐种。雷州地区传统民歌。主要流传于广东海康、遂溪、湛江及廉江西南等地。早在宋代已盛行。一部分由雷州古农谚演变而来，反映半岛风貌和人民劳动生产为主。格律严谨，基本以七字为一句，四句为一曲。表现手法有赋、比、兴、双关、连珠、倒装等。音域跨度不大，旋律进行平稳，节奏自由，以商调式、

羽调式为主。后衍生出"姑娘歌"的演唱形式，又衍生出劝世歌，后又发展为大班歌、雷州歌班，直至雷剧。是雷州半岛文化重要组成部分，联结雷州方言地区与海外雷州方言侨胞亲缘纽带。代表作有《大姐送饭去书房》《去担水》等。（夏煜卓）

情歌 声乐乐种。瑶族与壮族情歌体裁。瑶族情歌有出路歌、格洛档、讴莎瑶（排瑶）、甲子歌、夜歌五类。出路歌又称行路歌、爬山调等，是男女在山野对唱的情歌。格洛档为排瑶情歌之一种，男女用假声。讴莎瑶（排瑶）汉译为"串姑娘歌、谈婚调"等，是夜晚谈情说爱时唱的情歌，又称天黑歌。甲子歌有卜算预测含义，也可借以表达爱情。夜歌是根据夜晚唱思念情人内容命名。壮族情歌包含试探、爱慕、盘问、恋情、相思、赞美、挑逗、离别等多方面题材，歌词多为七言五句体，曲调为徵调式或宫调式，以三音列宫调式为基本调，按传统习惯即兴演唱，依字行腔，歌体较自由，节奏平稳，旋律平直简朴，民间又称过山调。瑶族情歌代表作有《出路歌》《你走路身姿轻盈》，壮族情歌代表作有《安定花盆等妹来》等。（夏煜卓）

山歌 声乐乐种。民间歌曲。多在山野劳动或抒发情感时演唱。岭南山歌流行于广西、广东、海南等地。内容广泛、结构短小、曲调爽朗、声音高亢、节奏自由。广西壮族自治区山歌以壮族山歌、汉族山歌、瑶族山歌、苗族山歌为主；壮族山歌普遍称为"欢"，分为北路山歌、南路山歌以及中路"双声"歌三种；汉族山歌俗称土歌，按曲调形式分为大山歌、风流歌、山歌调等类型；瑶族山歌普遍使用汉语西南官话柳州方言传唱，又被称为"官话歌"；苗族山歌主要分

布在桂东北、桂西北、桂北三个地区。广东山歌以广府山歌、客家山歌为主；广府山歌题材广泛，曲调舒缓、音域较窄，以徵调式为主；客家山歌除一般意义上山歌外，还有山歌号子、叠字山歌、叠句山歌、绝气山歌等特性山歌。海南山歌以汉族山歌、苗族山歌为主；汉族山歌分为海南话山歌、儋州话山歌、临高话山歌、军话山歌、客家话山歌；苗族山歌分为劳动歌、爱情歌和赞颂歌三种。彰显岭南音乐个性色彩，是中国音乐文化重要组成部分。（吴璨、庄蔚）

畲族民歌 声乐乐种。民歌的一种。主要流行于广东潮州凤凰山区。内容包括历史传说歌（叙事歌）、劳动歌、生活歌、风俗歌。旋律进行平稳，口语化强，没有固定旋律，曲调以五声音阶为基础，以三度内的级进为主。歌词主要为七言四句体，韵脚多以平声为韵。在长歌中可每节转韵，短歌则随情而发。唱法以假声、近乎关闭式头腔平唱，有的山歌带有客家山歌风味。代表作有《唱石古坪》《风吹磜》等。（夏煜卓）

生活音调 声乐乐种。以生活叫卖为主的民间小曲调。分布于广府、客家、潮汕三大地区。广府生活音调有吟诗调、叫卖调、猜拳调等。吟诗调主要分布于西江流域，起源于清代乾隆年间，曲调简单，以古人吟诗声调为基础发展而成，代表作有《葡萄美酒夜光杯》《咏龙井泉》等；叫卖调是旧时小贩们沿街叫卖而成，代表作有《卖蔗》《甜杨桃》等；猜拳调又称喊三国，为民间喜庆饮酒猜拳时唱。客家生活音调以叫卖调为主，或叫卖货物或招徕修补器皿杂物吆唱，代表作有《补镬头》等。潮汕生活音调主要以小贩沿街叫卖为内容，没有固定曲调，用潮汕方言或夹杂着侨居地语言演唱，

反映潮汕侨乡风情，代表作有《卖酥糖》等。（夏煜卓）

舞歌 又称歌舞小调。声乐乐种。在广府、潮汕、客家民间歌舞中有大量动物舞蹈，通常辅以道具伴以歌唱，舞歌即其中所唱的歌，一般在春节、元宵节以及迎神赛会时表演。广府舞歌用方言演唱，歌词为七言四句体，不拘平仄，由歌手自由发挥。潮汕舞歌叫歌舞小曲，以英歌舞最具影响力，表演分为文、武场。文场称英歌后棚，带有歌舞、旱船、杂耍等表演，用潮阳笛套锣鼓伴奏；武场气势雄伟，用潮州大锣鼓伴奏。客家舞歌以马灯调、春牛调为主，马灯调和劳动号子相似，有领唱和合唱。春牛调以农民开耕时歌颂耕牛、传授生产知识为内容，歌词中运用大量衬字、衬词和衬句。节奏分明，结构方整，动作性强，是歌舞剧音乐中重要组成部分，具有独立艺术价值。代表作有《唱英雄》《十二月长工歌》等。（夏煜卓）

歌舞小调 见"舞歌"。

小调 声乐乐种。流行于城镇集市的民间歌舞小曲。岭南地区的小调主要流行于广西、海南两地。结构规整、唱词稳定、曲调细腻、婉柔，歌词格式多样富于变化。题材广泛，保存较多传统音调。广西壮族自治区小调多为小曲，词曲短小精悍，主要有壮族小调、汉族小调、瑶族小调、苗族小调、京族小调。壮族小调种类丰富，有布洛陀歌、思梅调、春牛调等；汉族小调历史上曾称村坊小唱、俚巷歌谣，是乡村音乐向城镇音乐发展的产物；苗族小调主要流行在桂北苗汉杂居资源县、龙胜县，用汉语演唱，唱词唱腔近似汉族小调；海南小调曲调主要有"狄青调""吟诗调""小放

牛调""哭丧调"等。小调将现实生活美加以集中、提炼和升华，对岭南特色文化形成具有积极意义。（庄蔚）

叙事歌 声乐乐种。以歌唱形式叙述故事的民歌。主要分布于广东、广西。苗族叙事歌叫"长歌"，以唱词长著称，内容广泛，具有较高史诗性与文学价值。京族叙事歌旋律较口语化，节奏带有朗诵性质，基本歌腔固定，歌词为"上六下八"体，代表曲《雁儿捎信》。毛南族叙事歌叫"排见"，歌词每句五字、七字不等，句数可多可少，一般为偶数句，押脚韵。曲调由上下乐句构成，与语言结合紧密，旋律性不强，节奏较自由，代表曲《翻身不忘共产党》。水族叙事歌叫"大歌"，结构松散、自由，唱词字数、句数不等，唱腔长短不一，曲调近似吟诵，代表曲《有吃有住又有穿》。不同民族叙事歌在叫法和内容上略有不同，生动体现本民族历史内涵与生活特色。（肖文朴、夏煜卓）

瑶族民歌 声乐乐种。瑶族特色民歌。主要流行于今广东、广西。曲调形式丰富多样，表现形式简朴灵活。歌词主要结构是七言四句体。其二声部和三声部用和、虚、德、韵、线、即兴等形式进行演唱。内容大致分为情歌、礼仪歌、知识歌三类，包括创世歌、祭祀歌、信歌、生产歌、恋歌、盘歌、婚丧风俗歌、苦歌等。方言与音乐关系密切，在瑶族民歌歌种与体裁分类中表现更为突出。体裁分别有勉语群体瑶歌、布努语群体瑶歌、拉珈语群体瑶歌以及其他土语群体瑶歌。瑶族民歌表达瑶族人民对生活的热爱和憧憬，承载瑶族历史文化变迁，成为瑶族人民用来表达自己内心情感重要表现形式，具有重要历史文化价值。（庄蔚）

渔歌 声乐乐种。沿海渔民用以表达意志、抒发感情的艺术形式。流行于粤东沿海地区。分深海、浅海两类，前者是深海作业渔民所唱，近似咸水歌；后者是海边渔家妇女所唱，以优美旋律和平直音调为特点。内容广泛，除反映渔民生活，还吸收当地民谣、地方剧目片段。以闽南方言演唱，多采取对答和自述自唱民谣体，也采取分节体和带有故事情节叙述性形式。歌词结构工整，讲究对偶，格式一般为七言两句体。衬词常用来区别不同曲调调名，曲调活泼优美，以徵调式为主。曲式结构有单一的、复合的、长短乐句灵活结合等形式。是渔民日常生活体现，保存了渔民劳动生活和伦理生活的历史记忆。代表作有《迎亲花船到渔村》《讲着苦情痛心肝》等。（夏煜卓）

单声部革命歌曲 声乐乐种。以单一声部演唱或旋律单一反映革命内容的群众齐唱歌曲。主要为进行革命宣传而编唱，最早由五四运动后的积极分子编写。革命歌曲分为工农运动中的革命歌曲和根据地的革命歌曲两类。工农运动中的革命歌曲曲调多以填词为主的方法编成，歌词朴实无华、直白如话。根据地的革命歌曲主要形式是革命民歌和工农红军歌曲。岭南地区代表作有描写群众斗争生活及其坚强决心的，如吕骥《毕业上前线》，贺绿汀《干一场》；有描写武装部队和革命青年决心奔赴斗争第一线、为国为民捐躯英雄形象的，如郑律成《八路军进行曲》等；有描写各阶层群众以多种方式热情支援前线的，如冼星海《做棉衣》《江南三月》等。岭南革命歌曲格调昂扬向上、催人奋进，是广大工农红军奋勇抗战的精神力量。（夏煜卓）

合唱革命歌曲 声乐乐种。集体演唱多声部声乐作品的歌唱形式。是普及性最强、参与面最广的音乐演出形式之一。常有指挥，可有伴奏或无伴奏，要求单一声部音高高度统一、声部之间旋律和谐。合唱声部数量没有规定，一般有四个声部，多为男高音区，男中低音区，女高音区，女中低音区。演唱方式分为小型二部合唱与大型合唱。岭南地区小型二部合唱代表作有冼星海《到敌人后方去》《在太行山上》等；混name四部合唱代表作有贺绿汀《游击队歌》；大型合唱曲有冼星海《黄河大合唱》《生产大合唱》《九一八大合唱》等。合唱革命歌曲具有庄严宏伟气魄，表达岭南人民深厚爱国热情。（夏煜卓）

现代颂歌 声乐乐种。1949年以后产生歌颂功德、赞扬伟业的乐曲。是现代音乐文化重要组成部分。20世纪40年代打破正乐与民歌界限，在全国范围内流行起来。汉族和少数民族颂歌主题多以歌颂党、歌颂毛主席为主，也有歌颂人民解放军、歌颂解放和新社会幸福生活、歌颂党的总路线、歌颂农业合作化、歌颂民族团结等。体裁以独唱歌曲为主，创作手法多采用抒情性音调，形式、格调带有民族风格，在音乐风格和时代精神方面极富特色。岭南最具代表性的现代颂歌有《走进新时代》《春天的故事》等。颂歌作为光明的象征，鼓舞了人们斗争的勇气和胜利的信心，反映时代精神，值得后人学习。（庄蔚）

艺术歌曲 声乐乐种。歌词具有较高的文学性、区别于群众歌曲和通俗歌曲的声乐作品体裁。歌词直接采用著名诗歌，着重个人感情抒发和内心体验的揭示；结构较为完整独立，多为通谱歌曲，一首歌表达一个相对完整的思想或情节；作曲技法较为复杂，曲调与歌词配合紧密；要求演唱者音域较宽，对气息、音高、音色、音量等有良好控制能力，对歌曲语言、内容、情感、风格等有较高把握能力；伴奏不只作和声衬托，在渲染意境和刻画音乐形象等方面起协同作用。创作类型主要包括民歌改编的艺术歌曲、创作歌曲、毛泽东诗词谱曲的艺术歌曲。岭南地区代表作品有冼星海根据长诗《黄河吟》而创作的声乐套曲《黄河大合唱》。（夏煜卓）

粤语流行歌曲 声乐乐种。自流行音乐发展以来粤、港、桂地区产生的流行歌曲。20世纪20年代初，粤、港、桂地区流行歌曲发展，产生大批新人佳作，不少作品成为近30年来中国流行音乐代表作品。粤语流行歌曲发展主要经历三个阶段：（1）1979—1985年：改革开放初期流行歌曲处于酝酿与萌芽期，歌曲涌现，最具代表性的有《请到天涯海角来》《我的中国心》《军港之夜》等；（2）1986—1996年：流行歌曲处于崛起与强盛期，经典作品诞生，创作流行歌曲成为一种趋势与潮流，如《涛声依旧》《真的好想你》《奉献》等影响广泛的歌曲；（3）1996年—21世纪初：流行歌曲经历衰落与再生阶段，广东流行乐坛在全国地位越来越高，脍炙人口歌曲多，如《高原红》《风雨彩虹铿锵玫瑰》《快乐老家》等。新时期粤语流行音乐在中国音乐文化中地位不可忽视，成为老百姓娱乐生活中不可缺少的部分，一定程度满足了群众的精神文化需求。（庄蔚）

社团·场所

潮阳阳春园乐社 社团。约于清光绪六年（1880）由正字戏教戏先生陈映（又名陈柏）发起创立。乐社演奏除笛套锣鼓，还有三弹古奏、潮州弦诗乐和外江汉调音乐等。20世纪初，陈乌吕主持该乐社；20世纪30年代以后，马友轩成为该乐社主持人之一；1939年，潮汕沦陷，该乐社停止活动。新中国成立后，该乐社成员参加潮阳县民间音乐研究组，以马友轩、郑国瑞为首团结民间艺人发掘、整理和传授笛套音乐，使笛套古乐得以相传。（钟菲）

济隆音乐社 社团。清末民初活跃于广州珠江南岸。创始人是罐头厂老板宋部文、宋武、宋牛坡三兄弟。主要演奏家有何少霞、苏荫阶、何与年、宋华坡、宋郁文、何大傻、陈绍、吕文成、尹自重等。20世纪20年代，该乐社主要参加上海新月唱片公司、新月粤乐队录音活动。新月唱片公司录制乐曲有《醉翁捞月》《渔樵问答》《柳线长》《劝斯文》《三醉》《娱乐升平》《走马》《烛影摇红》《双声恨》等；百代唱片公司录制有《雨过天晴》等；胜利唱片公司录制有《小桃红》等；百代、和声唱片公司联合录制有《荫华山》。（钟菲）

汕头公益社 社团。成立于清宣统年间。社址先后设在汕头市区衣锦坊、梅县汕头市水平路华强百货商店二楼。由潮汕人和客家人混合组建的外江乐社。20世纪20年代张公立和李伯恒先后任社长。晚清大埔县秀才钱热储是该社骨干，其他成员有张汉斋（头弦）、魏松庵（打击乐）、王泽如、李少南（三弦）、郑南勋（扬琴）、饶淑枢（提胡）、吴欣孙（椰胡）、郑福利（小横笛），被誉称为"音乐八王"。1926—1937年是该乐社全盛时期，在百代唱片公司灌制近百张汉剧和汉乐唱片，1933年出版由钱热储主编《公益社乐剧目刊》，为汉乐发展留下了宝贵资料。1953年公益社与潮乐改进会合并为汉乐组，由张汉斋任主任，众玉波、杨广泉任副主任。1958年以汉乐组为基础扩大成立为汕头汉剧团，推动了汉剧的革新发展。（钟菲）

中华音乐会 社团。成立于1918年。会址设在上海虹口区武进路近河南北路处。由陈铁生、杨祖荣、黄咏台和黄桂辰等人发起创立。1923年创办《音乐季刊》，共出版5期。该会分为京乐、沪乐、粤乐和西乐4组，会员有吕文成、尹自重、钱大叔、陈俊英、陈日英、甘时雨、何仿南等人。音乐会演出地点大多在精武体育会中央大会堂或红光电影院。除演奏音乐外，该会乐师如陈铁生、吕文成、甘时雨、何仿南等还收徒授艺，为广东音乐发展培养了一批人才。广东音乐人成为当时上海乐坛主力，该会则是广东音乐在上海发起地和中心地，对广东音乐在上海革新和发展产生深远影响。（郑静漫）

素社 社团。创建于1923年。位于广东省广州市海珠区素社街道。由广东省国民政府民众教育馆康乐部主任易剑泉主持成立。该社邀集叶孔昭、黄龙练、陈文达等数十名音乐与戏剧名家，吕文成、琼仙也来切磋演奏技艺。该社每逢星期六晚有聚会，常举办免费公演音乐会。先后在荔枝湾漪澜堂和珠江南岸新建小区"素社新村"设台演出，听众多，对群众艺术生活影响大。（钟菲）

广州潮梅音乐社 社团。1930年创立。社址在广州市总工会附近。由何育斋创办。当时古筝演奏家罗九香在广州任广东省财政厅办事员，常参加音乐社演奏活动。该社主要演奏曲目是何育斋所整理、汇编《中州古调》《汉皋旧谱》中的60首汉乐曲。该社为保留和传承汉乐作出重要贡献。（钟菲）

扬风国乐社 社团。主要在广东潮州市区演出。社址先后设立于下水门街清芳巷内、北门马使埕张公馆、太平路中段林厝巷内、西马路雨伞巷对面等数处。前身为清宣统三年（1911）成立的外江班友声儒乐社。1935年8月，刘芳圃、柯志青、林培巨等人在开元寺内聚会，形成以友声社成员为主要骨干的新乐社。潮州北门士绅曾少秋取发扬国乐新风之意，为新乐社命名"扬风"。同年，扬风国乐社正式成立。1953年改名为潮州扬风汉剧社，组织乐社在粤东等地巡回公演；1955年改为潮州汉剧团。每逢春节、元宵节、七月半、中秋节等传统节日在开元寺、西湖、安济圣王庙等地组织演出活动。演出多数是应游神社、游艺会聘请，也有免费献演。演员有青衣—陈玉河，蓝衣—龚昭汉，花旦—张鸿标，红净—江钟、龚耀庭等。演出剧目有《蓝芳草》《西厢记》《庄子破棺》《血掌印》《白蛇传》《卖油郎独占花魁》《三娘教子》《三打王英》等120多个。（钟菲）

汕头潮乐改进会 社团。汕头南熏丝竹社、公余乐社、友余乐社、业余乐社等民间乐社的集合。改组后该会会址设在汕头市小公园打锡巷，任命杨广泉为主任，杨影为副主任，杨朱嘉为理事，会员有黄进忠、徐涤生、

二坎、林玉波、何天佑等 100 多人。1951 年 9 月 18 日，该会联合汕头公益国乐研究社，改名为汕头潮乐改进会国乐组，统称仍是汕头潮乐改进会。1952 年，开展全面搜集、整理、研究和演出活动，与新音乐工作者郑诗敏、张伯杰等合作。艺人们编印教材出版，组成专业团队对外访问、演出，为潮乐传承与发展作出贡献。（钟菲）

广东民间音乐团 社团。1956 年成立。前身为 1953 年成立的广东音乐研究组。成员有陈卓莹、刘天一、黄锦培、陈德钜、易剑泉、苏文炳等人。建团后创作大批新作品，其中《春到田间》《春郊试马》《鱼游春水》《月圆曲》被认定为新中国成立初期最受欢迎作品。1958 年，整理加工一批传统乐曲，为音乐团体演奏提供曲目，如《双星恨》《昭君怨》《雨打芭蕉》《旱天雷》《娱乐升平》《赛龙夺锦》《步步高》《醒狮》等，出版《广东音乐》第一、二集。（钟菲）

汕头市潮州音乐曲艺团 社团。1958年成立。前身为在潮乐改进会基础上整编扩展而成的汕头市民间音乐曲艺团。该团位于广东汕头金园路，是潮汕地区唯一一个集潮乐、曲艺于一体民间专业演艺团体。负责人林邦固、林运喜、林毛根。聘请张汉斋、林玉波、何天佑、李良沐、孙陈居等为教员，调任徐涤生、林木高、陈致祥、林先佩、陈桐等，聘请郑诗敏作指导。1961 年，该团到广州演出，其间为中央人民广播电台和中国唱片公司录音灌制 83 首潮乐曲，是有史以来最大规模潮乐灌片活动。1963 年，与汕头潮乐改进会合编《潮州音乐研究资料》，共收 23 篇理论研究文章。1983 年 11月，地、市机构合并后改名为汕头市潮州音乐曲艺团，团长李泽邑，副团长罗旭、陈纤。1984 年，在汕头市第

一届蛇岛之夏音乐会上，该团演出经过整理潮州大锣鼓《抛网捕鱼》《双咬鹅》，小锣鼓《粉蝶采花》《画眉跳架》，笛套《喜乐登楼》，弦乐《浪淘沙》《寒鸦戏水》，潮曲清唱《梅亭雪》等。（钟菲）

大埔县文化局广东汉乐研究组 社团。1981 年成立。1982 年冬解散。现会址一处位于广东省梅州市大埔县高陂镇，另一处位于梅州市大埔县茶阳镇。组织老艺人和知名乐手对丝弦音乐、中军班音乐两大类乐曲进行较为系统挖掘整理，组织由罗青田、余敦昌、罗德栽、罗琏、林培元、张高徊、李德礼、黄娘德共同编写《广东汉乐三百首》乐谱集，1995 年由李德礼收集整理、张高徊审校《广东汉乐新三百首》正式出版。该研究组在做乐谱集工作中，改变传统工尺谱记谱而选用简谱记谱方式，演奏其中乐曲并录音，使汉乐易于普及发展，为后人留下宝贵乐谱资料与音响材料，推动汉剧传承与推广。（钟菲）

汕头市潮州音乐研究室 社团。1983年成立。现会址位于广东省汕头市金平区东厦路。该研究室由汕头市潮州音乐曲艺团团长李泽邑兼任主任，工作人员有汪向明等。1985 年 5—9 月，该研究室特聘潮乐界演奏家杨广泉、王安明、杨祥加、林毛根、董峻等人整理潮乐十大套名曲演奏谱，特邀郑诗敏校谱与指导演奏队伍排练，由中唱广州分公司录制成卡式录音盒带发行国内外。同年 12 月，该研究室聘请郑诗敏、杨礼桐、杨卫邦、张华、黄顺提等专家撰写"弦诗十大套"评论、赏析和研究等文章 7 篇，编写"潮乐十大套"演奏谱，编辑出版内部资料《潮州乐曲选集》（十大套专辑）。1985 年 9—10 月，组织创作潮州方言歌、器乐曲和改编乐曲，采用中西合

璧乐队演奏，由汕头人民广播电台录播。1986 年，该研究室出版《新编潮州方言歌》（第一辑），收入新作 33首。成立以来，该研究室已收集乐曲 1000 余首，方言歌谣 500 多首，早期唱片 50 多张，理论文章数十篇，为研究潮乐积累了文献资料，为编写《中国民族民间器乐曲集成·广东卷》《中国戏曲音乐集成·广东卷》潮剧音乐部分以及《民歌集成》等著作出贡献。（钟菲）

星海音乐厅 演出场所。位于今广东省广州市越秀区二沙岛。占地面积 1.4万平方米，建筑面积 1.8 万平方米。以音乐家冼星海的名字命名。1998 年建成。设有 1500 座位的交响乐演奏大厅、460 座位的室内乐演奏厅、100 座位的视听欣赏室和 4800 平方米音乐文化广场。整体建筑为双曲抛物面钢筋混凝土壳体，室内不吊天花板，将建筑空间与声学空间融为一体。是中国最具影响力演出场馆之一，也是中国音效最好专业音乐厅之一。提升了广州在中国内地音乐文化版图地位，亦成为香港音乐团体和音乐家北上演出新平台。（何牧繁）

星海音乐厅

东莞玉兰大剧院 演出场所。位于今广东省东莞市南城街道鸿福路 96 号。总占地面积 36010 平方米，总建筑面积 40257 平方米。卡洛斯·奥特主持设计，2003 年 7 月 27 日正式开工建设，2005 年建成并正式开业。设有池座、楼座、包厢等 1600 座位的歌剧厅，多功能小剧场，设有池座、贵宾

座等 400 座位的试验剧场和排练厅。引进多场世界级演出，包括俄罗斯国家剧院芭蕾舞团《胡桃夹子》《天鹅湖》，以及其他在世界乐坛、舞坛、曲艺杂技舞台上的代表作品。中国十大剧院之一，东莞市标志性文化建筑，推动东莞市文化建设与发展。（何牧繁）

中山文化艺术中心 演出场所。位于今广东省中山市东区兴中道 73 号。占地面积 68599 平方米，总建筑面积 43431.4 平方米，是中山市人民政府"十五"规划重点工程项目之一。2003 年 8 月奠基动工，2005 年 11 月投入使用。由演艺大楼和培训大楼两大部分组成，大小剧场有舞台、音响、灯光设施，可满足不同演出需要。以举办文艺演出、文化活动、展览为主。2013 年携手国内作曲家、演奏家、歌唱家、戏剧家等开展艺术普及活动。在丰富市民精神文化生活同时，提升市民艺术素养和文化品位。是中山市标志性建筑。（何牧繁）

深圳音乐厅 演出场所。位于今广东省深圳市福田中心区，北靠莲花山，南邻深圳市政府。于 2007 年 10 月开业，占地面积 26345 平方米，建筑面积约 1423 平方米。由演奏大厅、小剧场和其他附属设施组成。演奏大厅是目前国内规模较大的纯自然声演奏大厅。策划承办国内外音乐大师和乐团演出活动，为深圳接待国际大型交响乐团演出、举办大型国际音乐赛事等提供符合国际标准的专业艺术活动空间。深圳市文化设施标志性建筑。（何牧繁）

广州大剧院 表演场所。世界十大歌剧院之一；广州新中轴线标志性建筑。位于今广东省广州市天河区珠江新城花城广场旁。由英籍伊拉克设计师扎哈·哈迪德和马歇尔于共同设计。2010 年建成。总占地面积 4.2 万平方米，建筑面积 7.3 万平方米，建筑总高度 43.1 米。由设有 1804 座位的歌剧厅，实验剧场，当代美术馆，歌剧厅、芭蕾舞和交响乐三个排练厅组成。成功聘请多位世界知名艺术家为签约艺术家。开展艺术普及教育活动、举办跨界展览、开展艺术培训课程等贴近大众生活项目，发起"青年戏剧培养计划"，为培养文化创意人才、演艺人才以及发现优秀演出项目作出重要贡献。参见第 930 页建筑卷"广州大剧院"条。（何牧繁）

广州大剧院

珠海大剧院 又称珠海歌剧院。演出

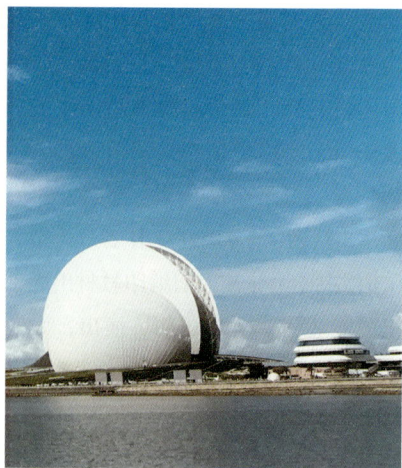
珠海大剧院

场所。珠海市地标建筑。位于今广东省珠海市香洲区渔湾路 129 号。1992 年正式立项，2010 年 4 月 28 日动工，2013 年 12 月 29 日主体结构封顶，2016 年建成。北京大学陈可石主持设计。规划用地 5 万平方米，建筑面积 5.9 万平方米。主体结构由一大一小两"贝壳"组成，得名日月贝，大"贝壳"是 1550 座歌剧院，小"贝壳"是 550 座音乐厅。剧院内部采用世界先进声、光学设计和舞台工艺设计。2017 年 1 月 1 日首演。常年举办市民音乐会、艺术讲座等惠民活动，让市民欣赏艺术，对增强城市文化功能、带动城市文化潮流、提升城市文化内涵具有重要意义。获 2019 年菲迪克工程项目特别优秀奖。参见第 930 页建筑卷"珠海大剧院"条。（何牧繁）

珠海歌剧院 见"珠海大剧院"。

作 品

狮子戏球 潮州音乐乐曲。潮州弦诗乐。分引子、主题和尾声三个部分，以鲜明的音乐语言、调式和曲式结构形式，表现狮子舞绣球时的诙谐活泼和欢快场景。引子部分由打击乐演奏，以轻快速度和活泼节奏交替展现舞狮时的特殊场景。主题部分展现狮子舞绣球时相互戏弄、观察、捕捉的形象，以起、承、转、合的旋律结构，运用不同节奏四次主题变奏。尾声旋律除上二度加花外，用同音反复手法，旋律起伏较大，调式游移转换，同主音徵、商调式反复交替，快速密集演奏乐曲达到高潮，在 C 商调式结束全曲。（郑小龙）

浪淘沙 潮州音乐乐曲。潮州弦诗乐。轻三六调式代表性曲目之一。"浪淘

沙"为曲牌名，以抒情慢板旋律表现恬美宁静意境。乐曲分为 6 个乐段，第 1 小段为一个散板引子，第 2 段至第 4 段为旋律主题部分，第 5 小段为旋律展开部分，第 6 小段结尾处旋律压缩加用传统程式"催"手法形成慢板段落到"催"过渡。曲子旋律多重复，以变奏、扩充或模进等手法强化旋律，成为贯穿全曲重要因素，有抒情平静风格特点。（郑小龙）

雁落平沙　又称《得胜令》。乐曲。21 小节民间短乐曲。通过孤雁表现人的心境。丘鹤俦 1916 年出版的《弦歌必读》有收录，是其中 11 首用士工线（6 3 为空弦）定弦乐曲之一。调式非徵调也非乙反调，不像宫、商调式，是一种从徵调式衍化出来的特殊商调式。旋律多采用四度、五度音跳跃进行，气势可与《赛龙夺锦》开篇"散板"相比拟，具艺术感染力。（郑小龙）

得胜令　见"雁落平沙"。

画眉跳架　潮州音乐乐曲。潮州弦诗乐。两段 48 小节。模拟画眉与窗外小鸟以唱和、对答方式，表现苦闷及对自由的向往。曲式结构旋律属于对答式句法构成单曲体作品。第一段前 4 小节为第一句，如寒暄问候之语，第 5—8 小节是相同对句，如两只小鸟的对答，旋律模仿和重复由此展开。第二段较第一段旋律无太大变化，只是在每一句句尾处将长音填充处理，节奏逐渐加快直至推向高潮，体现出生命的乐观顽强和对自由的渴望。（董学民、郑小龙）

杨翠喜　广东音乐乐曲。第一乐段开篇 5 小节仅一句乐语包含冒头、加花、倚音手法，结尾乐句重复和延伸显示轻柔关怀和慰藉。第二乐段也有冒头、加花和倚音旋法，有三个乐汇接连落在 3（mi）音上，设计巧妙。旋律展开部乐句使用延伸乐语手法。尾声综合乐语材料用带有归纳意味乐段婉转地结束全曲。旋律优美、情调平和、乐语婉转、结构完整，是广东音乐传统中艺术珍品。（董学民、郑小龙）

小桃红　广东音乐乐曲。曲牌名。古代丧礼仪礼乐名曲。音调悲哀，节拍缓慢，旋律音域多在两个八度内辗转旋回，音调不低沉且有相当亮度，属丧礼仪乐中之"喜丧"乐，表现悲喜交织永别情。后被粤剧吸收，应用在《吕布窥妆》过场，改变原曲调式结构及调线空弦色彩，使原曲调内含"丧""悲"乐意与情绪，倾向于晶莹、华丽、赞美，乐曲"丧""悲"情绪淡薄。（郑静漫）

双咬鹅　潮州音乐乐曲。吹打乐曲。流行于潮汕地区。反映民间斗鹅风俗。由《双咬鹅》《黄鹂词》和《吹鼓》三首曲牌联缀而成。《双咬鹅》是乐曲主体，以锣鼓开场，渲染节日气氛，气息宽广的歌唱性旋律刻画鹅昂首挺胸姿态，气息短促节奏化音型描绘鹅摇摇摆摆、碎步行进形象，曲牌更新音乐材料，最后用大小唢呐模仿对答，描绘两鹅相斗情景。《双咬鹅》后紧接《黄鹂词》，是一首句逗清晰、情绪轻快曲牌。与《双咬鹅》宫调不同，调性色彩变化和对比配器手法（粗吹锣鼓和细吹锣鼓）使音乐呈现鲜明对比，表现胜利者欣喜愉快情绪。乐曲最后套接《吹鼓》，在热烈欢快节日气氛中结束全曲。（郑静漫）

抛网捕鱼　潮州音乐乐曲。唢呐大锣鼓曲。来源于潮剧《二度梅》音乐，表现渔家父女捕鱼时救起被奸臣迫害而投河自尽的忠臣后代的故事。全曲结构除首、尾锣鼓外，为四个曲牌联缀，总体结构为：[锣鼓]散板引子——《八板》——《柳青娘》——《飞凤咬书》——《水低鱼》——[锣鼓]，各曲牌间有锣鼓穿插。速度从散板开始，中板转快。旋律采用轻三六调式，情绪明快。不同打击乐组合形成不同音乐效果，表现活跃音乐氛围。（郑静漫）

落雨大　广东音乐乐曲。儿歌。作者和创作时间无从稽考。广府地区最具代表性的儿歌，描绘广州市老城区即西关地区水淹街道的雨景，涉及岭南水乡民俗习惯，如担柴、绣花鞋等。采用五声 B 徵调式，以"do、re、mi、sol"音为主，旋律进行整体较平稳，以四分音符为核心节奏，辅以附点节奏点缀，运用多种拟声词来表达雨水声音。从儿童视角观察雨景，充满童言童趣。该曲产生不同版本，还改编为同名合唱曲《落雨大》。（郑静漫）

问　歌曲。萧友梅作曲，易韦斋作词。最初刊载于 1922 年出版的《今乐初集》。歌曲结构为一段体，由 4 个乐句加 1 个扩充的结尾构成。开篇 4 个匀称乐句，后以两个连续三度下行叹息般音调衔接，用连续感叹旋律配歌词"你知道今日的江山，有多少凄惶的泪"，表达对祖国军阀混战、山河残破忧虑。词曲准确表达当时知识分子和有志青年对祖国前途忧虑之情，体现当时人们要求反帝反封建和个性解放的精神诉求。曲调舒缓而深沉，结构严谨、材料精练，至今仍为音乐会上常演曲目。（郑静漫）

雨打芭蕉　广东音乐乐曲。主要流传于珠江三角洲一带。作品节奏顿挫、强弱处理层次清晰。曲调欢快，开篇旋律流畅明快，接着是一连串分裂短句，犹如雨打芭蕉淅沥之声。乐器使用上，突出以流畅、自然、活泼为主

广东音乐特色，是一首形象鲜明、情景交融的优秀乐曲，表达人们丰收在望欣喜之情。（郑静漫）

蕉石鸣琴 又称《蝶恋花》《蝶恋残红》。广东音乐乐曲。初见于1928—1929年，吕文成创作。乐曲采用"双音乐语"手法并贯穿于全曲，即每一乐句中途或结尾处收音时带有一个装饰性倚音。这种装饰性"双音乐语"，使乐句语气更柔和，语调和节奏更加文雅，开创运用广东音乐回旋音装饰性语调手法先例。（郑小龙）

蝶恋花 见"蕉石鸣琴"。

蝶恋残红 见"蕉石鸣琴"。

娱乐升平 广东音乐乐曲。20世纪20年代丘鹤俦创作。以海南音乐《婚礼曲》素材编写而成。节奏活泼、旋律表现喜气洋洋、欢腾热烈场景。乐曲采用广东民间舞狮中常见节奏音型"0 XX 0XX|XXX X"对称性出现。叠句式旋律发展手法与热烈场景相呼应。乐句、乐逗明显反复停顿。旋律线变化特点是在五声音阶级进基础上，多用四、五度跳进手法。整首乐曲结构短小，节奏变化丰富，旋律多彩动人，保持和发展传统广东音乐地方特色，又借鉴西洋作曲技法，具有强烈艺术感染力。（郑小龙）

陌头柳色 广东音乐乐曲。20世纪20年代何少霞创作。采用广东音乐语调，描绘女子目睹柳色明媚，后悔让夫君去追逐功名内心感受。乐曲前8小节音乐缠绵，旋律回旋音、倚音较多，绵续不断乐句表现春光迤逦和感情遐思。第9—13小节情绪变化较大，睹物思人，音乐感情转为激动出现多处切分音节奏，旋律音程有较大跳进。第14小节后情绪又转向妇人内心世界，表现柳色掩映妇人独下楼台情景。

在演奏上可有多种乐队的组合方式，演奏者多即兴性加花，或离原调，使乐曲更加缠绵动听。（郑小龙）

晓梦啼莺 广东音乐乐曲。20世纪20年代何柳堂创作。作品描绘主人公清晨尚在梦中，听到黄莺啼鸣而心情愉悦。开篇使用以7（si）为主音混合调式。第8小节以后又有两小节以4（fa）为主音旋律，后转入徵调，正线和反线交替使用。结尾处又回到起始时混合调式，落在2（re）音上结束。调式频繁转换似乎晓梦迷糊，被莺啼扰乱思绪，全曲整体是春光明媚氛围，情绪乐观轻快，充满希望。（郑小龙）

鸟惊喧 广东音乐乐曲。20世纪20年代何柳堂据古曲改编。乐曲总体表现为悲天悯人痛苦感受。第一段开篇前两个乐句用乙反调重复两遍，强化主人公心灵惆怅感。第二段情绪转换频繁，6个小节徵调式主人公心情转向豁达明朗，表现对美好生活回忆，随后转入4小节乙反调感伤情绪。两种调式在全曲总计反复8次，表达作曲家对生活的矛盾心理和反复斗争。所有旋律线从高处向下滑行，每句落到低音处作为乐句结束，乐曲情调呈现伤感忧郁情绪。全曲结束在徵调中音区，表示回归平稳安宁心境。（郑小龙）

寒鸦戏水 潮州音乐乐曲。潮州音乐套曲代表作之一。1930年，潮州筝家郭鹰移植改编为独奏曲。以别致旋律、清新格调、独特韵味，演绎寒鸦在水中追逐嬉戏情景。板式铺排采用潮州弦诗套曲典型结构样式，曲式结构属于典型"六八"板体，运用潮州音乐独特重三六调式演奏。变奏手法运用板式变化手法发展而成，在板式变奏中采用固定节拍布局模式。结尾部分用潮州音乐传统"催"手法，将旋律多次反复变奏，在快速和热烈气氛中

结束。采用传统十六弦钢丝筝演奏，音色清越、余音悠长、音韵委婉。凡潮乐流传处，可闻此乐声，故人们常称此乐曲为潮州"州歌"。（郑小龙）

赛龙夺锦 又称《龙舟竞渡》。广东音乐乐曲。何柳堂创作。广东音乐兴盛时期代表作品之一。以雄壮有力、富有号召引子开始，随后表现龙舟竞渡的活动场景，最后以热烈音调表现胜利场景结束全曲。乐曲大量使用模进和"音乐主题变形"手法，借鉴西方作曲技法，用分合、断连句法保持结构均衡。乐曲节奏轻快、抑扬顿挫，情绪明快健康，表达人们奋发向上的精神，描绘端午节民间举行龙舟竞赛时欢腾热闹的场面。（郑静漫）

龙舟竞渡 见"赛龙夺锦"。

孔雀开屏 广东音乐乐曲。1931年何泽民创作。刻画孔雀动态和神态，又将孔雀人化和个性化，以表现其品貌特征。第一乐段开篇4个延长音，表示孔雀在林中漫步身姿。第二乐段调式从徵调转为宫调，以示情绪变化，音乐模拟孔雀开屏姿态。旋律中短促休止符和欢快二度音程，描写孔雀歌唱和舞姿。尾声采用西洋音乐转调方式，转到原徵调式上方四度徵调式结束全曲，这种音高改变、调式不变转调手法在广东音乐中新颖别致。（郑小龙）

鸟投林 广东音乐乐曲。1931年易剑泉谱曲。以清新优美旋律，描绘夕阳西下、百鸟归巢南国诗意风光。开篇为4小节前奏式导入句，表现作者漫步树荫、怡然自得状态。随后进入鸟的世界，旋律乐语反复，象征鸟群归巢景象。旋律主要围绕中心音作自由伸展变化，在传统叠句技法基础上应用变形手法，乐曲中心音的进行特点

是商音→角音→徵音→宫音。在进入最后一个中心音宫音时，出现自由的华彩性鸟鸣段落，运用粤胡高亮明净的音色和滑音指法，表现出傍晚百鸟归巢时断时续的啼鸣，给人以安详之感。此曲后经吕文成录音播放后风靡一时，成为20世纪30年代初期广东乐坛之新声。（郑小龙）

平湖秋月　又称《醉太平》。广东音乐乐曲。吕文成创作。刊于1934年出版《弦歌中西合谱》第4集。主要描写月夜西湖景色。创作手法是对传统音乐艺术写意手法继承和发展。高胡、扬琴、横箫、秦琴等民族乐器表现明朗清澈音色特点和韵味。旋律主要由五声音阶级进而成，以高胡作为旋律主奏乐器。演奏使用大量滑指技巧，表现平湖秋月憩静画面。该曲借景抒情、格调清新，营造淡泊悠远、虚无缥缈意境，表达作者对大自然景色的真情实感与热爱，成为广东音乐中经典名作。（郑小龙）

醉太平　见"平湖秋月"。

出水莲　潮州音乐乐曲。潮州筝乐。中国古筝名曲之一。1933年，钱热储记谱，饶淑枢审谱，刊载汕头公益社《乐剧月刊》，题解为"出水莲描写莲塘萧散、秋凉景色，富有睹物伤时之意"。采用传统十六弦钢丝筝演奏，音调古朴、风格淡雅，表现莲的高洁品质。结构为八板体，分为三大段。第一段旋律富有层次变化，像一幅静谧清新雾莲图。第二段旋律色彩饱满，出水莲奋起与暴风雨搏斗场面，像一幅斗莲图。第三段旋律展现暴风雨洗礼后，莲花生机益然、坚贞顽强，宛如一幅清雅脱俗圣莲图，结尾处莲花消失于夜色。此曲与《寒鸦戏水》《平沙落雁》《柳青娘》同为潮州筝乐名曲，是筝家必弹曲目。（郑小龙）

彩云追月　广东音乐乐曲。"百代国乐队"后期代表作品之一。1935年任光和聂耳改编为民族管弦乐曲。曲式采用三段体结构，表现月明星稀、晴空万里、彩云浮动美好景色，寓意仙人驾五彩祥云奔向月宫情景。乐曲有一个切分节奏引子，也是乐段间过门和全曲结尾，成为贯穿全曲重要素材。第一乐段是纯五声音阶旋律，民族气韵浓郁、高雅而流畅。第二乐段转为七声音阶，由4个对称乐句组成，民族风韵鲜明，延续恬淡悠闲韵致。第三个乐段为七声音阶，由对答、模进多个乐句构成，增加音乐流动感。最后在空灵意境中结束全曲。此曲因充满诗意化意境，成为广东音乐代表性曲目之一。（郑小龙）

饿马摇铃　广东音乐乐曲。何博众首创，何柳堂整理，刊于1934年出版的《琵琶乐谱》，后由新月唱片公司灌录成唱片。乐曲描绘战马临战状态，显示悲凉氛围。开篇第1小节十六分音符具动势，传达饿马骚动、摇铃之姿。乐曲交叉使用徵调式、宫调式和乙反调式，调式频繁转换造成情绪变化。旋律乐汇中减七和弦使用，是此曲重要特色。此曲因构思精妙、特色鲜明，成为广东音乐经典之作。（郑小龙）

恨东皇　广东音乐乐曲。吕文成根据旧谱改写而成，最早见于1935年沈允升编《弦歌中西合谱》（第5集）。旋律流畅多由陈述、申诉句式构成。该曲为少有用小快板表达悲苦哀怨心情的广东音乐作品，代表广大民众一致的抗日心声和意愿。乐曲篇幅较短，在当时历史条件下属合时宜、易于被大众接受作品，时代气息浓郁、内容进步积极。（郑静漫）

旱天雷　广东音乐乐曲。原是严公尚根据《三宝佛》第二段《三汲浪》改编的扬琴曲，最早刊载于1936年出版的《琴弦乐谱》（第1集）。曲调活泼流畅，乐曲节奏跳跃、轻快、清新，表现人们久旱逢甘霖的喜悦心情。作品结构为两段体，G徵调式，运用广东音乐旋法和习惯语汇。全曲贯穿两个主题，分别为代表雷声节奏音型和代表雨声三十二分衬音音符，乐曲结尾处一连串扬琴衬音演奏将全曲推向高潮。该乐曲借喻旱天响巨雷自然现象，表达辛亥革命推翻封建统治。后来被改编为民族管弦乐、钢琴、小提琴、琵琶、古筝和弦乐四重奏等形式的作品。（郑静漫）

醒狮　广东音乐乐曲。初见于1936年，吕文成创作。收录于1939年陈俊英编辑出版的《国乐捷径》。乐曲欢快明朗、活泼欢畅，节奏快速热烈，以睡醒狮子为比喻对象，意在唤起民众奋发图强精神。全曲由引子和4个不同长短单乐段组成，乐句发展带有变奏回旋特点。引子为音乐主题，每个乐段前半部类似插句，同主题形成鲜明对比，后半部为主题变体。音乐旋法有民族传统特点，又融合西洋音乐创作方法。表现中华民族奋斗精神，有强烈爱国主义思想。（郑静漫）

午夜遥闻铁马声　广东音乐乐曲。何与年代表作。以琵琶谱面世于1937年。多以行板速度演奏，力度处理细致。曲名中"铁马"指古建筑中悬挂于檐下的以铁片串成的饰物。作者借午夜被风吹响的铁马声，揭示失意文人思绪有如午夜变幻的风和无规则叮叮作响的铁马声，纵横交织，时隐时现。此曲以发挥弹拨乐器特有的色彩性表现技法等艺术处理见长。后人多以弹拨乐器演奏，民间有独奏、齐奏、合奏等多种演奏组合形式。（郑静漫）

思乡曲 小提琴独奏曲。马思聪创作，为1937年创作的《绥远组曲》第二首。以内蒙古民歌《城墙上跑马》为创作素材，反映旧社会人民离家在外对故乡的思念之情。作品结构为单三部变奏曲式。第一部分为呈示部，旋律基本与原民歌相同，如诉如泣，深沉优美的旋律表达了浓郁的思乡情绪。第二部分是展开部，主要包括四个变奏，音乐速度加快，表达对故乡的热爱。第三部分是第五段变奏，小提琴在高音区再现呈示部主题，优美并带悲伤、惆怅和向往的心情。乐曲结束在不和谐的小七和弦上，音色变化丰富，情感细腻，思乡之情浓烈。中国小提琴音乐经典之作。（郑静漫）

步步高 广东音乐乐曲。吕文成代表作。初刊于1938年沈允升的《琴弦乐谱》。旋律音域在两个八度内，曲调轻快激昂，音浪叠起叠落，具广东音乐特色。中速偏快，2/4拍子，节奏明快，节拍重音明显，张弛富有动力。多在节日、喜庆场面演奏，可独奏也可合奏。使用"模进"创作手法，旋律进行非但没有失去中国音乐特点，反而妙趣横生。音程富有地方特色，以四、五、六、八度为主，与广州方言音调关系密切。乐曲结构为两段体，内部结构极不平衡，有不断向前推动惯性，如曲名一般象征着"步步登高"。多次被改编为各类乐曲并灌成唱片广泛发行。2001年中央民族乐团在维也纳金色大厅演奏了《步步高》，该曲也被称为"中国的拉德斯基进行曲"。（郑静漫）

连环扣 广东音乐乐曲。20世纪30年代严公尚（即严老烈）根据古曲《寡妇诉怨》改编。乐曲主题音调运用活泼节奏和扬琴竹法，表现生命活力和欢快气氛，难辨寡妇诉怨悲伤之情。全曲结构紧凑环环相扣，故名连环扣。

在正线上运用乙反调演奏，渲染出悲哀、压抑情绪。相对传统音乐手法，现代演奏表现功能性倾向，形成降B宫体系内的C商调式。旋律多用叠句和压缩反复手法，音乐明朗开阔、对比强烈，象征对光明前途向往。（郑小龙）

晚霞织锦 广东音乐乐曲。20世纪30年代何与年创作。作曲家深感晚霞艳丽，触发对人生晚景的达观，以第一人称直白式抒情。其特点是后半阕旋律比前半阕更加平和，将前半阕乐汇演变得更优美动听。音乐气氛安详自在，表现内心淡泊、宁静感受。旋律无明显起伏，曲调流畅优美。高胡演奏音色更接近人声，感情更加幽深。作品立意和心境十分贴题，显示出心态平和、乐天知命、悠然自得心境状态。（郑小龙）

沉醉东风 广东音乐乐曲。20世纪30年代吕文成创作。是抒情性传统音乐作品。"东风醉人"意味着太平盛世、社会和谐，是平民百姓世代心愿。乐曲情调平和，富有满足感。篇幅短小，24小节，结构规整、语言平易、旋律流畅、情调贴切，有浓郁广东音乐风格。曲式结构分为三个段落。第一段落为4小节序引。第二段落下半段将上半段开头两小节重复一次，随后转入第三段落直至结束。整首乐曲在乐句结束音上，有一个二度音程装饰性倚音，塑造一种不稳定感，旨在凸显令人心醉意味。（郑小龙）

黄河大合唱 大型合唱曲。中国合唱音乐里程碑式作品。1939年，由冼星海作曲、光未然作词。由9个乐章组成，朗诵和乐队音乐贯穿全曲。各乐章顺序依次为《序曲》（管弦乐）、《黄河套曲船夫曲》（合唱）、《黄河颂》（男声独唱）、《黄河之水天

上来》（配乐诗朗诵）、《黄水谣》（女声三部合唱）、《河边对口曲》（男声对唱）、《黄河怨》（女高音独唱与女声三部伴唱）、《保卫黄河》（齐唱、轮唱）、《怒吼吧，黄河》（混声合唱）。全曲音乐主题为力量、崇高和苦难，各个乐章相对独立，内容互相联系。音乐通俗易懂、明快简洁，有中国民间音乐风格，也有群众歌曲特点，在采用西方复调体裁等多声作曲技术方面取得出色成就，是史诗性和交响性兼具作品。作者在这部作品中创造性地将中国民族民间音乐与大合唱形式结合起来，使作品具大众化特点，洋溢强烈时代战斗气息。（郑静漫）

禅院钟声 广东音乐乐曲。崔蔚林创作。采用乙反调，感情基调比较悲伤，也不完全是悲切情绪。开篇几小节采用平静处理，表现哲人腔调，没有用悲切感情进行渲染。展开部吟咏出豁达心情，速度稍快，节奏鲜明。第三段转向明快带有歌唱性情绪，表达对世事豁然开朗的意味。第四段承接第三段情绪进一步发展。末段是二拍子尾声，速度加快，情绪显得更加豁达，禅院和钟声使音乐更加明净，进入心灵圣境。（郑小龙）

郑成功 歌剧。郑志声创作，未完成。根据历史故事情节完成《早晨》《朝拜》《小引》《主题》四个管弦乐片段和一个声乐片段《主题歌》创作。《朝拜》非常精练、简洁，艺术效果显著，具有鲜明民族风格和交响音乐气质。（郑静漫）

流水行云 广东音乐乐曲。20世纪40年代初邵铁鸿创作。采用乙反调式创作，显示忧伤和感慨情绪。乐曲情调由悲伤转为平静愉悦。旋律为陈述性语气，在不同音高上采用节奏相同模

拟重复，表达遭遇尘世困扰感受。旋律乐句多次重复，意味着反复多次申述。尾声旋律有深沉、忧患感情色彩。（郑小龙）

五指山歌 海南黎族民歌。五指山在海南省中部琼中县境内，是红军最早开辟的革命根据地之一，四周为黎族聚居区。1927 年起，红军建立工农革命政权，分牛羊，分土地，黎族人民为表达感激之情，便在原《五指山歌》基础上改动词句成为歌颂红军新民歌。该民歌是自由山歌体裁，在整理、记谱时，有的记成 2/4 拍，有的记成 3/4 拍。该曲历来被音乐工作者重视，声乐演员演唱，作曲家将其发展成器乐独奏、合奏和合唱。（郑静漫）

柳浪闻莺 广东音乐乐曲。标题中"柳"为静，"浪""莺"为动，以"柳"为背景，"寓动于静"。旋律流畅简朴，清新灵动，节奏轻快活泼，乐意盎然。多用呼应偶句，使乐曲在静基础上增添动感，以音乐语言勾画一幅宁静、美丽、充满生机活力的"柳莺图"。（郑静漫）

银球传友谊 潮州音乐乐曲。潮州弦诗乐。1973 年杨汉荣创作。在音乐创作方面，尝试以古老地方乐种表现新现实生活。在音乐结构方面，打破传统格式，主题用"催"手法展开，以复三部曲式组织乐曲。在调式方面，除保留传统 4（fa）、7（si）按音游移色彩特点外，应用调式调性转换。第二段调式调性明确转换，乐曲获得对比和发展。旋律跳动活泼、形象生动，配器灵巧，"领、合"交织穿梭。该曲音乐创作手法和表现内容具广东民间音乐特色。（郑小龙）

涛声依旧 流行歌曲。1993 年，陈小奇作词作曲。歌词立意取自唐代诗人张继的《枫桥夜泊》，音乐素材源于江南民间说唱渔鼓小调。作者把中国古典文学融入流行歌曲中，巧妙地将民间音调与当代流行音乐节奏糅合在一起，表达人生感悟。歌曲分前后两乐段，为单二部曲式结构，徵调式。第一段由起承转合 4 个长乐句组成，情绪较深沉缠绵，第二段也是由起承转合 4 个长乐句组成，旋律转到中高音区，环绕着高八度调式主音（徵音）迂回展开。情绪较前高扬更为伤感，描绘游子矛盾心情。20 世纪 90 年代曾风行全国。（郑静漫）

春天的故事 流行歌曲。1994 年，蒋开儒、叶旭全作词，王佑贵作曲。歌曲结构为复三部曲式。第一部分背景式的合唱伴唱，引出主题。第二部分歌曲主体，由两个乐段组成。第一乐段（4 句）为女声独唱，叙唱在中国改革开放历程中两件具有历史意义的事件；第二乐段（6 句）歌颂改革开放。两段旋律建立在五声徵调式基础上，糅合偏音，D 徵调式与 D 宫调式交替游移，使歌曲具有独特的风采和美感。第三部分变化再现第一部分背景式合唱伴唱，旋律和歌词反复强调"春天的故事"主题，继续赞颂邓小平功绩。1997 年被选为大型电视文献纪录片《邓小平》主题歌。（郑静漫）

雪狼湖 现代音乐剧。1997 年，张学友担任艺术总监及男主角，欧丁玉、杜自持担任音乐总监，香港天星文化娱乐有限公司投资。故事根据钟伟民同名小说改编，讲述花匠胡狼与富家小姐宁静雪之间的凄美爱情悲剧。分两幕，演唱歌曲是大众最为接受的通俗歌曲，收录 32 首歌曲。在中国原创音乐剧作品中属于成功作品。（郑静漫）

西关小姐 大型音乐剧。2012 年，广州歌舞团编排，傅勇凡导演，王军编剧，石松作曲。讲述民国初期广州西关小姐奉献慈善爱心获取人间真情故事。获得中宣部第十三届精神文明建设"五个一工程"奖、第十三届中国戏剧节"中国戏剧奖·优秀剧目奖"、第十五届中国上海国际艺术节"优秀参演剧目奖"、广东省第九届精神文明建设"五个一工程"奖和 2017 年广东演出风云榜"最佳原创节目"奖。（郑静漫）

舞 蹈

概 况

岭南舞蹈 区域艺术。在岭南孕育和发展，以表现岭南人民的风俗习惯、社会风貌、文化传统和民族性格的舞蹈形态。其起源可追溯至新石器时代，如韶关曲江马坝镇石峡遗址印有舞蹈纹的橙色陶片、珠海高栏岛宝镜湾藏宝洞石刻岩画的舞蹈形象，这反映青铜时代广东先民的舞蹈活动。广州西汉南越王墓玉雕舞人、广州东汉汉墓彩绘陶瑞俑群，佛山东汉墓彩绘女舞俑群等，说明秦汉时期已有较为成熟的发展，体现出南越族和中原汉族乐舞文化的交融。唐宋时期，受到中原佛教乐舞文化影响，在潮州开元寺留有石雕乐舞图像。明清时期，与音乐、南拳武术、杂技等结合，在民俗活动与神诞祭祀活动中进行演出与传承，还融入粤剧、潮剧、采茶戏等地方戏表演形式中。有民俗舞蹈和新创舞蹈两大类。《隋书·地理志》、明《广东通志》《雷州府志》《连州志》、清《岭南杂记》《粤东笔记》《潮州府志》等文献中记录有相关活动。《中国民族民间舞蹈集成》广东卷、广西卷、海南卷，《中华舞蹈志》广东卷、广西卷有较为翔实、系统的收录；《岭南风俗录》《岭南民间文化》《广东民俗大典》等亦有记载。体现了岭南文化源远流长的历史积淀、多元化的传播路向、开放的文化环境以及在当代的文化传承与艺术创新发展。（仝妍）

民俗舞蹈 五岭（大庾岭、骑田岭、都庞岭、萌渚岭、越城岭）以南，包括广东、广西、海南以及香港、澳门地区在内的传统舞蹈。有不同类型的龙、狮、凤、鱼、钱鼓、采茶等民俗舞蹈。主要种类包括汉族民间舞蹈和壮族、瑶族、苗族、黎族等少数民族舞蹈。（仝妍）

新创舞蹈 新中国成立前后，舞蹈艺术家取材岭南历史事件与文化现象进行编创的民间舞、古典舞、当代舞、现代舞、芭蕾舞以及舞剧。代表作品有舞蹈《英歌舞》《三月三》《草笠舞》《喜送粮》《摸螺》等，舞剧《五朵红云》《南越王》《风雨红棉》《沙湾往事》《醒·狮》等。（仝妍）

种 类

汉族民间舞蹈 民族舞蹈。多在岁时节日、农时节令、婚丧礼仪、祭祀信仰、宗教信仰等民俗事象中表演。在历史发展和民族融合过程中，一方面受中原文化感染、熏陶和同化，另一方面受岭南地域自然环境、社会与经济发展诸因素影响。分为民俗舞蹈、宗教舞蹈、傩三种主要类型。民俗舞蹈主要指在民俗事象活动中的民间舞蹈，如春节、元宵等传统节日流传在潮汕地区的英歌舞、钱鼓舞，佛山地区的十番、舞龙、舞狮、舞貔貅、舞麒麟、舞凤、舞鳌鱼等；如农时生产节令中舞春牛、跳禾楼、采茶歌舞等。宗教舞蹈主要是用民间舞蹈活动进行宗教教义与信仰宣传，岭南流传的宗教舞蹈主要是佛教、道教舞蹈，如香花佛事舞、道公舞、杯花舞、锣花舞、师爷舞、散花舞等。傩是古代祭仪活动，岭南地区傩舞为宋明时期从中原传入，主要有湛江地区"考兵""走成伥"，化州地区"跳花棚"和广西钦州地区"跳岭头"等。（仝妍）

龙舞 又称舞龙；俗称耍龙、耍龙灯、舞龙灯、玩龙灯。民俗舞蹈。由表演者托举或套着龙状假形进行表演的民族传统舞蹈。中国龙舞有2000多年的发展历史，在全国各地和各民族间广泛分布，形成制作形态不同、舞蹈技法各异的差异，在舞蹈、民俗、体育、戏剧等多个方面表现出重要的文化学术价值。岭南地区龙舞主要是从中原、闽南、西南等地区传入以及广东省内各地区之间相互融合而成，现有的代表性龙舞有醉龙、人龙舞、滚地金龙、火龙舞等。参见第1137页武术卷"舞龙"条。（仝妍）

耍龙 见"龙舞"。

耍龙灯 见"龙舞"。

舞龙灯 见"龙舞"。

玩龙灯 见"龙舞"。

醉龙 又称舞醉龙、耍龙船头。民俗舞蹈。龙舞的一种。主要流行于今广东省中山市、珠海市以及澳门特别行政区一带。融会武术南拳、醉拳、杂耍等技艺，每年四月初八浴佛节祭祀后举行巡游活动中表演。表演包括拜祀、插金花、请龙、三拜九叩、喝酒、席间舞龙、灌酒和巡游等内容。分巡游表演和定点表演，巡游表演时舞龙人做"游龙醉步"，壮汉时不时喷酒助兴；定点表演套路繁多，如"卧龙探水，带马归槽""左顾右盼，跪地穿龙"等。基本动作有"游龙醉步""麒麟步""起步蹚跃""腾云跃海""高擎低穿""左右旋跳""前后绞蹲"等，由大鼓、大钹、小钹、高边大锣等击乐伴奏。是古代广东中山民间特有的一种舞蹈，后随中山邑民迁徙传到澳门。2006年入选广东省第一批省级非物质文化遗产代表作名录；2008年入选第一批国家级非物质文化遗产扩展项目名录。（仝妍）

舞醉龙 见"醉龙"。

耍龙船头 见"醉龙"。

人龙舞 又称舞人龙。民俗舞蹈。龙舞的一种。主要流传于广东湛江、佛山顺德一带。一种不用道具而以人体组成龙形的龙舞形式。融会南派武术，每逢春节、元宵、中秋节等重大喜庆节日，仅由男性青壮年和儿童表演，属大型广场舞蹈活动。起源于明末清初，盛行于清代。广东地区主要有雷州半岛湛江东海岛人龙舞和佛山顺德杏坛光华村人龙舞。①湛江东海岛人龙舞。有起龙、龙点头、龙穿云、龙卷浪等独具表演程式，表演时几十至数

百名青壮年和少年均穿短裤，以人体相接，组成一条"长龙"，队形流畅多变。2006年入选第一批国家级非物质文化遗产名录。②顺德杏坛光华村人龙舞。表演时百多名壮年男子重叠形成龙形状，50多名少年跃上壮年男子肩头，组成一条由龙头、龙角、龙嘴、龙身、龙冠、龙尾组成的"人龙"，在三星锣鼓声和龙船鼓点节奏中，分整队待发、猛龙出世、人龙起舞、跃出龙门、翻江逐浪、人龙翻飞、双龙出海、盘龙昂首、叩门入洞、胜龙归海共10个舞段进行表演。2008年入选第一批国家级非物质文化遗产扩展项目名录（仝妍）

舞人龙 见"人龙舞"。

滚地金龙 又称地滚龙。民俗舞蹈。龙舞的一种。据载始创于南宋，随福建漳州移民传入广东汕尾陆丰大安镇南溪村。表演时由两人钻入"龙身被套"，一人舞龙头，一人舞龙尾。表演过程分为开场见礼、打围巡洞、游潭戏水、抻筋洗鳞、伏蛰闻雷、迎雷起舞、驾云飞腾、收场还礼8个舞段，模仿龙作旋舞飞腾、戏水嬉耍、沉思奋醒、柔静盘曲、勇猛奋进等动作。舞蹈套路多、舞段精彩、技艺兼善。伴奏采用大鼓、唢呐、大钹、大锣、小锣，采用曲牌包含《宫娥怨》《哭皇天》《八板头》等，道具用竹篾、纸、布等制作。2006年入选第一批国家级非物质文化遗产名录。（仝妍）

地滚龙 见"滚地金龙"。

火龙舞 又称烧龙、烟火龙。民俗舞蹈。龙舞的一种。流传于广东地区。主要有融合烟花表演的梅州丰顺县埔寨火龙、揭阳乔林烟花火龙、燃香表演的韶关南雄香火龙等。①埔寨火龙。埔寨村民每逢闹元宵时用竹篾稻草扎成"金龙"，安插爆竹香火，在元宵节燃舞，

寓意金龙降临，保佑人间风调雨顺。后衍化为35米长、填装各式烟花火箭能张嘴、吐珠、躬身、摇尾、喷火的火龙。表演由燃放禹门、烧烟架、舞火龙三个部分组成，有火缆队、喜炮队、龙灯队、鼓乐队共百余人参加。赤膊壮汉手擎火龙，在绣球引逗下绕场舞动，边舞边发射出各类烟花、火箭、金鲤、龙虾、鳌鱼等各式龙灯竞相伴随。2008年入选国家级第二批非物质文化遗产扩展项目名录。②乔林烟花火龙。始于明代，由30多位青年组成队伍表演，舞龙花样套式较多，融舞蹈、服饰、潮州音乐、武术于一体。表演时，掌珠人在前面引导龙首前行，龙身、龙头、龙尾火花四溅，曲折蜿蜒，高低起伏。2008年入选第二批国家级非物质文化遗产扩展项目名录。③南雄香火龙。有"公龙""母龙"之分，公龙体长9.9米，母龙约9米。两条龙分别插上1600—1800根香火，由两列舞者高举舞蹈，上下翻飞，表演套路有"双龙戏珠""跳跃龙门""双龙出海""云游四海"等。2011年入选国家级非物质文化遗产扩展项目名录。（仝妍）

烧龙 见"火龙舞"。

烟火龙 见"火龙舞"。

舞狮 又称狮子舞、狮舞、舞狮子、狮灯；古称太平乐。民俗舞蹈。由西域传

舞狮

入中国，后逐渐成为汉族人民喜闻乐见的舞蹈形式。表演者在锣鼓音乐下装扮成狮子的样子，模仿狮子各种形态、动作。有南北之分，北狮在长江以北较为流行，南狮则流行于华南地区、东南亚及海外华人社区。（仝妍）

狮子舞 见"舞狮"。
狮舞 见"舞狮"。
舞狮子 见"舞狮"。
狮灯 见"舞狮"。
太平乐 见"舞狮"。

醒狮 又称南狮。民俗舞蹈。流传于广东、广西、香港、澳门及东南亚侨乡和其他海外华人社区。融武术、舞蹈、音乐为一体，是岭南独具特色的狮舞。由唐代宫廷狮子舞脱胎而来，五代十国后随中原移民南迁传入岭南。明代在广东南海出现。逢节庆或重大活动时表演助兴。表演时1人舞狮头，1人舞狮尾。舞蹈采用南派拳术刚、韧、快、猛、巧手势和四平马、丁八马、吊马、麒麟步、虚步、圈狮等步伐和技巧。表演程序为开桩、出洞、上山、巡山会狮、寻青、采青、入洞、收式等，其中采青最精彩。表演分文狮、武狮、少狮三大类，动作多以南拳马步为主，模仿狮子眨眼、洗须、舔身、抖毛等动作，特技性较强舞法有狮子花灯、狮子吐球、大头佛引狮等。表演时，三星鼓、五星鼓、七星鼓锣鼓点根据舞狮动作、套路、情节灵活运用。"广东醒狮"2006年入选第一批国家级非物质文化遗产名录。参见第1138页武术卷"醒狮"条。（仝妍）

南狮 见"醒狮"。

席狮舞 又称打席狮、打狮舞。宗教舞蹈。狮舞的一种。流传于今广东省梅州市蕉岭县、兴宁市、梅县区一带。"香花"佛事中独有祭祀性舞蹈，是梅州客家地区特有汉族民间舞蹈，是其丧葬文化重要组成部分。以草席罩身，模仿狮子行走跳跃，包括"出狮""引狮""舞狮""种青""偷青""藏青""抢青""逗狮""入狮"等表演环节，前后约需20分钟，以锣、鼓、钹和客家大锣鼓等打击乐器从旁伴奏。主要动作有"舞席卷""起狮扮狮""狮摆头""狮脖伸动""蹲狮""卧狮"等。早期多用于佛事活动，后发展为吉庆节日中常见舞蹈，20世纪50年代初开始登上舞台，80年代后在全国民间音乐舞蹈比赛中获奖。2008年入选第一批国家级非物质文化遗产扩展项目名录。（仝妍）

打席狮 见"席狮舞"。
打狮舞 见"席狮舞"。

英歌 又称因歌、秧歌、莺歌。民俗舞蹈。流传于广东潮汕地区及东南亚潮汕人聚集区，尤盛于普宁、潮阳，延及惠来、揭西、揭阳、潮安以及汕尾海丰、陆丰等县市。融舞蹈、南拳套路、戏曲演技于一体。春节至元宵期间、盛大庆典、喜庆节日表演。可追溯到明代中期，形成的原因大致有几种说法：一是来源于古代祭祀仪式；

英歌

二是受戏曲影响；三是农民练武习艺以反抗官府欺压；四是从省外传入，并受北方秧歌、花鼓影响；五是由传统节日中各种民俗活动发展而来。男子表演，绘有脸谱，所演角色均为《水浒传》中的梁山英雄豪杰。舞者多为双数，少则12人，多至108人。舞者手执一对直径3厘米、长30—40厘米的圆形木棒，配合锣鼓点与吆喝，以击槌、旋槌等为基本技法，挥动双棒交错翻转叩击，配合各种步伐边走边舞。表演程序一般分为"前棚""中棚""后棚"三部分。队列图形变化丰富，有"双龙出海""猛虎下山""麦穗花""田螺圈"等样式；动作套式有"布田""洗街""拜年""背槌""旋槌""槌花"等形态各异舞姿动态；节奏有慢板、中板、快板三类。表演风格威猛、雄浑、粗犷、豪迈，场面恢宏，体现男性阳刚英武之气。"英歌（普宁英歌、潮阳英歌）"2006年入选广东省第一批省级非物质文化遗产代表作名录、第一批国家级非物质文化遗产名录。"英歌（甲子英歌）"2011年入选广东省第三批非物质文化遗产名录。参见第1138页武术卷"英歌舞"条。（仝妍）

因歌 见"英歌"。
秧歌 见"英歌"。
莺歌 见"英歌"。

钱鼓舞 又称抛钱鼓、踏钱鼓。民俗舞蹈。主要流传于广东省汕尾市陆丰市新铺、东铺、新寮、大安等地。是一种歌舞结合、以舞为主的表演形式。据传来自福建。为每年春节至元宵节喜庆活动中进行的"闹春"表演。一般由十二三岁男、女童配对表演，有特定装扮：男童手执八角形钱鼓，女童双手各执两片竹板。钱鼓造型为八角形单面鼓，直径24厘米、边高4厘米，每个角边钻一小孔，嵌上2枚铜

钱，八个角边共嵌 16 枚铜钱，摇动钱鼓时铜钱互相频繁碰击，发出清脆动听响声。主要表演形式为双人舞，有人物角色和故事情节。主要动作与套路有"三钱指""转鼓""抖鼓""笃鼓""磨鼓""抛接鼓""叠脚横鼓""画眉抖鼓""帮弓撩鼓""勒马过身""蹬跳相会""穿针绣花""弄蟾蜍"等，还融入带有武术色彩的舞蹈动作。伴唱由 6 至 8 名男女混声演唱，根据舞蹈情绪变化灵活掌握音乐速度快慢。一度濒于失传，新中国成立初期重新挖掘、整理和恢复，由传统双人舞发展为四人舞或者群舞。2006 年入选广东省第一批省级非物质文化遗产代表作名录。（仝妍）

抛钱鼓 见"钱鼓舞"。
踏钱鼓 见"钱鼓舞"。

麒麟舞 又称舞麒麟、武麒麟。民俗舞蹈。主要流传于广东广州、深圳、东莞、佛山等珠江三角洲地区以及汕尾海丰等地。原本是皇宫中的表演艺术，称为麒麟圣舞。明末由宫廷流入民间，是客家人南迁的见证。以锣鼓加唢呐为伴奏，具有典型中原地区花会的风格。麒麟造型为龙头、狮身、羊蹄、鹿角、牛尾，用竹篾扎架，用纱纸（绵纸）裱糊，彩绘成形。每只麒麟由两个青壮小伙表演，舞麟人双脚交叉向前迈行，用手操纵麒麟尾巴前后伸缩，有节律左右摇摆。有十多人进行的套路表演。表演套路有沙仙戏麒麟、沙仙驯麒麟，四门八点拳术（南拳派系中的十字门），空手对白刃和各种刀枪棍兵器武术表演。基本步法有"麒麟步""跳步""横步""矮步"等，基本动作有"绕头""舔尾""跳绕""舔脚""耍尾"等，主要套路有"双麒麟舞""玉麒麟舞""麒麟吐玉书"等，配以锣鼓打击乐和唢呐吹奏的简单旋律。是融合诗句对联、声乐鼓点、美术和武术的民间传统艺术。20 世纪 80 年代起，在原基础上吸收"十番""粤剧"等其他艺术门类。各地有不同特色。"麒麟舞（东莞、海丰、黄阁）"2006 年入选广东省第一批省级非物质文化遗产代表作名录。"麒麟舞（广东省海丰县）"2008 年入选国家级非物质文化遗产新增项目名录；"麒麟舞（广东省深圳市、东莞市）"2011 年入选国家级非物质文化遗产新增项目名录。参见第 1137 页武术卷"麒麟舞"条。（仝妍）

舞麒麟 见"麒麟舞"。
武麒麟 见"麒麟舞"。

舞貔貅 又称貔貅舞。民俗舞蹈。主要流传于今广东省广州市增城区派潭、正果、荔城等乡镇的增城客家舞貔貅，以及湛江吴川镇梅菉镇梅鹿头村的吴川梅菉貔貅舞。①增城舞貔貅，又称舞客家猫。明末清初客家人迁入增城时兴起。"貔貅"以泥和纸为主要材料，造型长身、圆脑、猴脸，远看像猫头，有的头顶还有独角。表演故事源于唐僧师徒西天取经途中降伏狮子，然后一同为山区客家人驱瘟逐灾民间传说。一般 5 人表演。其中 3 人套上貔貅道具，1 人舞头、2 人舞身和尾，另 2 人分别扮演孙悟空与沙和尚。表演以嬉闹、游戏、谐趣为特点，呈现出人、兽和谐相处及热闹祥和的气氛。2007 年入选广东省第二批非物质文化遗产代表性项目名录。②吴川梅菉貔貅舞，又称紫薇降貔貅。相传为纪念紫薇神童降服恶兽貔貅、为民造福功德。一人扮紫薇，持葵扇一把、木槌柴刀一副；两人套上貔貅道具；另有地公，面带诙谐面具，樵夫头戴草帽。紫薇主要动作有"飞旋振威""降服貔貅""紫微正照"等；貔貅动作有"声威震抖""四面环顾""跨步骗腿""碎步踏走""抹嘴剔牙""腹痛翻滚"等，主要模拟兽类生活习性动态，力求头、尾默契配合。演出时按"貔貅出动""貔貅行凶""紫微与貔貅搏斗""智胜降服貔貅"等套路表演。舞时主要用唢呐、大鼓、大锣、大钹等器乐伴奏。2012 年入选广东省第四批非物质文化遗产扩展项目名录。参见第 1137 页武术卷"舞貔貅"条。（仝妍）

貔貅舞 见"舞貔貅"。

鲤鱼舞 又称舞鲤鱼、鲤鱼灯。民俗舞蹈。主要流传于广东潮州一带。民间传说盘古开天辟地是由鲤鱼带领才寻到水源，为纪念鲤鱼功劳，每逢正月初四祭神时舞起鲤鱼以示纪念；后每逢喜庆节日以庆祝丰收，寓意"年年有余"，祈愿天下太平。鱼灯制作以竹篾、竹片及铁丝分别扎好鱼头、鱼身、鱼尾三个部分骨架，将圆竹棒一头插入鱼腹至鱼背顶端为握棒，最后用白布包缝各部位，绘上图案及色彩。5 名男子配合进行表演。基本动作有"丁字弓步""行鱼""抢食""颤鱼""斜降土"等，模拟鲤鱼在水中习性动态；步法以"圆场步"为主，配合跪地、抬腿、跳跃等。以潮州大锣鼓打击乐伴奏，主要乐器有大鼓、大锣、大钹、小钹等。"潮州鲤鱼舞""梅州鲤鱼灯"2007 年入选广东省第二批省级非物质文化遗产名录。（仝妍）

舞鲤鱼 见"鲤鱼舞"。
鲤鱼灯 见"鲤鱼舞"。

鳌鱼舞 民俗舞蹈。广东地区有番禺鳌鱼舞和澄海鳌鱼舞两种。①番禺鳌鱼舞，又称舞鳌鱼。主要流行于今广东省广州市番禺区渡头、龙岐、沙湾、西村、龙津等地。番禺沙涌举行有世代相沿"鳌鱼会"，每年农历三月，历时三天，九年一届。该舞是鳌鱼出会道具舞蹈。道具鳌鱼用竹篾扎出框

架、糊多层纱纸上色绘彩，涂漆定型；龙门用方形木框架制成。三人表演，两人扮演鳌鱼，一雄一雌，另一人表演文魁星，先扮书生，后扮状元。三人配合踏着锣鼓和唢呐伴奏，表演书生遇难、落海获救；鳌鱼出洞戏水、觅食、交配、散卵；状元酬劳恩公，为鳌鱼簪花披彩，鳌鱼齐跃龙门等情节。2007年入选广东省第二批省级非物质文化遗产名录。②澄海鳌鱼舞。主要流传于汕头澄海。每逢喜庆佳节、祭神请神游行时表演。表演者7人，其中渔女（男扮）1人，擎鱼珠引带1人，另5人藏于道具中操纵整鱼。表演基本程序是"舞鱼珠""鳌鱼出海""鳌鱼畅游""鳌跃龙门"等；常用队形图案有"四门阵""连环∞字阵""穿梭阵""龙门阵"。伴奏为成套潮州锣鼓班，统一由司鼓指挥演奏。2009年入选广东省第三批省级非物质文化遗产名录。（仝妍）

蜈蚣舞 民俗舞蹈。主要流传于今广东省汕头市澄海区西门乡。最早出现于清代，主要在正月时活动，每逢游神赛会、喜庆节日也会表演。道具蜈蚣全长6丈6尺（22米），由头至尾用硬、软28节布框衔接而成。表演者18人，其中舞彩珠者1人，舞蜈蚣头、尾者各1人，舞蜈蚣身者13人，放焰火者2人。表演由舞彩珠者指挥，引导蜈蚣前进。运用武术"丁字马""弓步""观音坐莲"以及舞蹈动作"彩珠引路""快速出洞""晃头摇身""上下摆尾""蜿蜒盘旋""悬空翻肚""吐烟喷焰"等，进行舞蹈和操纵蜈蚣爬行，变化出"2""7""8""水波纹""盘梅花点"等字形和图形。以潮汕大锣鼓伴奏。2006年入选广东省第一批省级非物质文化遗产代表作名录。2008年入选第二批国家级非物质文化遗产名录。"蜈蚣舞（雷州乌石蜈蚣舞）"2009

年入选广东省第三批非物质文化遗产目录名录。参见第1138页武术卷"蜈蚣舞"条。（仝妍）

凤舞 又称舞凤、舞鸡公。民俗舞蹈。广东地区主要有清远双凤舞、惠州凤舞等。①清远双凤舞，又称旱坑凤舞。由肇庆怀集传入清远阳山旱坑，每逢春节、元宵、端阳、中秋等民间节日以及乔迁新居、婚嫁喜庆等场合表演。道具凤凰以竹篾青为引编织而成。一般由3名男青年表演，两人扮演双凤，一人扮演引凤人，配以笛子、锣鼓、唢呐等乐器，双凤高举两块写有"风调雨顺、国泰民安"和"五谷丰登、六畜兴旺"红木牌，引凤人拿着拜匣，3人穿山过寨，登门到户，以示驱邪消灾，迎瑞纳福。基本动作有"举拜匣""举匣亮相""行礼""交替步""三步一抬""踏步扬头""展翅飞翔"等。20世纪50年代以后曾停止表演，80年代初恢复。2007年入选广东省第二批省级非物质文化遗产名录。②惠州凤舞，又称五凤朝阳。流传于惠东县平海镇东门村，在每年元宵节、三月三、九月九或在隆重节日活动中表演，以祈求民康物阜、风调雨顺、五谷丰登、国泰民安。表演时，4位长者分别手持火把站在4个角上照明，然后由7名少年扮演不同角色依序出场进行表演，其中1人身穿武服，手持金钱和仙绋扮演刘海仙（即刘海蟾，传统民间的"文财神"），1人身穿仙女服饰，头梳鬟角髻，手持牡丹花扮演"凤旦"，两人又称金童玉女；另有5人各自穿戴不同角色道具，扮演神话中凤凰、山雉、大鹏鸟、孔雀、鸲雏五种神鸟（即凤）。"五凤"出场后绕刘海仙和凤旦翩翩起舞。通过串凤、走凤、引凤等变换队形和动作；表演时配以唢呐、铜锣、钹、鼓等打击乐伴奏。2012年入选广东省第四批省级非物质文化遗产名录扩展项目名录。（仝妍）

舞凤 见"凤舞"。

舞鸡公 见"凤舞"。

鹤舞 民俗舞蹈。流传于粤北阳山、粤东潮州和珠江三角洲珠海、中山等地。目前主要以沙溪鹤舞、珠海三灶鹤舞为典型。①沙溪鹤舞，源起明代，盛于清代和民国，主要流传于中山沙溪镇申明亭村一带。清代开始融合蚌舞，取名鹤蚌相嬉；民国时期加进以鲤鱼灯作鹤蚌相嬉的前导，名为引鹤。原以鹤歌作伴唱，以传统敲击节奏而舞蹈，后演变为以广东音乐《得胜令》《赛龙夺锦》作配乐，加上传统敲击乐和鹤歌伴唱。2007年入选广东省第二批省级非物质文化遗产名录。②三灶鹤舞。珠海市三灶镇独有民俗舞蹈，是给老人拜寿、为村民祈福的一种礼仪习俗，仅在春节期间表演。表演时以锣鼓伴奏，间唱吉祥"鹤歌"。表演有开光（祭拜仪式，给"鹤"点睛）、拜老（逐户拜寿、祈福）、羽化（将鹤衣至村口处烧掉）三个固定程式，其间表现仙鹤"临门""觅食""洗嘴""梳毛""休息""嬉戏""归巢"等情节。2011年入选第三批国家级非物质文化遗产扩展项目名录。（仝妍）

舞春牛 又称春牛舞、唱春牛、闹春牛、跳春牛。民俗舞蹈。主要流传于广东茂名信宜，清远阳山连县，韶关曲江、始兴，肇庆怀集以及梅州等地。源于农业劳动生活。随中原文化南移传入岭南地区，并流传开来。人们根据"大字通书"中的春牛图仿制模型，边唱边舞。每年春节至元宵期间，舞牛队于白天敲锣打鼓、舞着春牛到各乡各村拜年。道具春牛头用竹篾、木、棕绳、黑布、纸等扎成，内设竹竿供牛头者操纵。舞牛形式有两种，一种为5人：牛郎1人、牛女2人、男舞牛者2人；另一种为8人，男舞牛者2

人、耕夫 1 人、看牛仔 1 人，4 人扮阿妹。表演分为 4 节：贺年、开耕、戏牛、丰收。基本步法有"脆蹲""后点步""后吸腿""十字步""圆场步"等；基本动作有"参拜""犁田""耙田""摸牛头"等。伴奏由乐器和打击乐组成，众人边唱边舞，歌词为迎春、劝耕、祈望五谷丰登等内容。2006 年入选广东省第一批省级非物质文化遗产代表作名录。（仝妍）

春牛舞 见"舞春牛"。
唱春牛 见"舞春牛"。
闹春牛 见"舞春牛"。
跳春牛 见"舞春牛"。

落地金钱 民俗舞蹈。主要流传于广东省梅州市平远县。每逢中秋、端午等传统节日或丰收喜庆时表演。道具采用 3 尺长竹竿，左右两端各凿缝 1 尺，每缝穿 5 节或 6 节竹签，竹签上各串 6 枚铜钱，首尾红绸加彩。表演者身着客家花边彩衣，双手各握金钱棒中间，或双手各执一根，滑、擦金钱棒和从前、后、左、右、上、下不同方向敲、拍、踢、举木棍，或以多人交叉起架，穿棒等动作，金钱发出悦耳响声。舞蹈步法以北方"扭秧歌"交叉步为主，走步与跳跃相结合。表演人数一般为 12 人以上，寓意一年 12 个月吉祥。（仝妍）

布马舞 民俗舞蹈。主要流传于广东省潮州市饶平县新丰、黄冈等乡镇。春节、元宵节等传统节日活动中祈求辟邪除灾、迎祥纳福道具舞蹈形式。道具"布马"长 120 厘米、宽 50 厘米，头长 45 厘米、颈高 47 厘米；马身中间留约 40 厘米的半圆形空洞，以便舞者套入操纵。由 9 骑或 11 骑列阵表演，多以文舞为主，舞步徐缓、舞姿温文。后在传承中增至 20 骑乃至 24 骑，以表现悲壮激越、气势磅礴

的武舞场面。基本动作主要有"抖鞭走马""跳转身""抽鞭纵跳""扬鞭跑马"等；队列图形有"长蛇开阵""闯跳四门""传花编索""粉蝶采花"等样式，可变化出"乾坤壁垒""双八卦阵""跳月走边""双龙摆尾"等阵式。以潮州音乐大锣鼓为伴奏，乐队多至四五十人。2006 年入选广东省第一批省级非物质文化遗产代表作名录。（仝妍）

竹马舞 又称打马灯、舞竹马。民俗舞蹈。主要流传于广东省梅州市新桥、华城、潭下等客家乡镇。明朝末年传入粤东五华县，距今已有 400 多年历史。竹马用竹篾扎成，全身糊纸缝布，造型如真马，形体高大，中央留空，供舞者在内操纵。表演者戴着纸马边舞边唱。还有舆车与鸡、鸭、鹅、鱼、羊、兔等灯饰道具，幌伞、浪伞、彩扇等舞具。表演以六畜灯领路，丑公丑婆舞扇花，马郎穿袍骑竹马，侍女紧跟撑幌伞，新娘摇扇坐推车，竹马郎腰系竹马，手提缰绳，舞姿如骑着马徐行。场上"马"走、"车"行、"扇"舞、"伞"转，边歌边舞。以笛子、唢呐为领奏乐器，二胡、高胡、扬琴、三弦、锣鼓、大锣、大钹等为伴奏乐器，乐曲具有浓郁客家风味。2007 年入选广东省第二批省级非物质文化遗产名录。（仝妍）

打马灯 见"竹马舞"。
舞竹马 见"竹马舞"。

盅盘舞 民俗舞蹈。主要流传于海南文昌、海口。原为纪念岭南"圣母"冼夫人民间传统节日"军坡节"时表演。主要有海口盅盘舞和文昌盅盘舞两种形式。①海口盅盘舞。1 男 2 女表演的儿童 3 人舞。男孩手持钱棍，女孩手拿铜盅和盘、筷，在乐队伴奏下通过两个铜盅上下撞击、筷子与盘拍

击、钱棍甩打进行表演。因伴奏乐队由小唢呐、短喉管、长喉管、竹笛、梆胡、椰胡、月琴、三弦八件乐器组成，故又称八音舞。②文昌盅盘舞。由 1 男 1 女（生与旦）装扮成"新郎"和"新娘"，另有 1 丑角，3 人进行表演。"新娘"双手各持叠置瓷盅，上下相击，翩翩起舞；"新郎"以筷击盘。丑角戴圆顶帽，手拿羽扇，穿蓝色长袍、黑便鞋，腰系红绸，戏逗生、旦以渲染喜剧气氛；生角戴礼帽，穿淡蓝色长袍、便裤、黑便鞋，右肩斜披红绸于胸前挽花；旦角穿红色旗袍、绿彩裤，脚穿红便鞋，头挽粉红色长纱巾，头顶扎大红花。因表演风趣，是"军坡节"表演队伍重头戏。2005 年入选海南省第一批非物质文化遗产代表作保护名录。（仝妍）

香花佛事舞 宗教舞蹈。佛教僧尼和在家修行俗家弟子香花和尚（男）、带发出家修行斋嬷（女）为丧家"做佛事"时跳的舞蹈。主要流传于广东梅州梅县、蕉岭、大埔等地。明万历年间，在"香花佛事"基础上，原来只有唱、念活动的《目连救母》上增添杖花等舞蹈，起娱神娱人、调节佛场气氛的作用。仪式过程中，唱、念、做三种形式相互交叉表演，"做"指用禅杖、铜钹作为表演器具，在佛事过程中穿插表演"打莲池""铙钹花""鲫鱼穿花"等舞蹈。一般在室内表演，"铙钹花"需大场地，在室外表演。在客家农村偏远地区，丧家"做佛事"习俗还存在，香花佛事舞仍在民间流行并常有活动，传扬孝悌、仁义、忠君、诚信观念。（仝妍）

杯花舞 又称杯花。宗教舞蹈。道教法事舞蹈。主要流传于广东梅州兴宁、梅县、龙川、平远、五华等地。原以客家"五句板"说唱用竹板击板伴舞，清末道士朱官祥以本地俗称"伯公

杯"瓷质酒杯代替竹板伴舞，成为兴宁道教法事中特有道具，一直沿用至今，使用酒杯时两杯口相扣，拇指托住下杯底，中指弯曲顶在上杯内，食指和无名指分别夹按在上杯两侧，将上杯沿斜压在下杯口内，上下翻腕两杯相击。通常在道教法事"安龙""奉朝""做观"时进行舞蹈，主要表现民间传说中陈、李、林姓三位奶娘到茅山学法除恶过程。表演时觋婆嬷化身为三奶娘合体，双手各持白瓷伯公杯两个，边唱边敲击瓷杯边舞。舞步有云步、横步、跪步等，步法可进可退，可绕小圈，可走"∞"形。两手敲击瓷杯动作主要有摇杯、打杯、转杯、磨杯、杯花出手等，舞者应和舞步节拍，使瓷杯交替发出清脆悦耳、富于节奏变化且别具韵味音响。新中国成立后，道教法事基本停止，但杯花舞始终在民间流传。经过舞蹈工作者整理加工，从宗教化走向民俗化，从祭祷化走向娱乐化，发展成为富有地方特色的民间舞蹈之一。2007年入选广东省第二批省级非物质文化遗产名录。（仝妍）

杯花 见"杯花舞"。

屯兵舞 宗教舞蹈。道教"正一颁符屯兵科"为"求仙奉道，治妖驱邪，祈保平安"祭典仪式性舞蹈。主要流传于广东省湛江市徐闻县。今仍传承的原始科本《正一颁符屯兵科》手抄于晚清时期，集念、白、吟、唱、跳、鼓角伴奏于一体。表演场合分3种：一是教派或道士为保持自身兵马法力而祈请神仙下凡为证，在自家庭院跳屯兵舞，颁粮散饷、操练兵马；二是城乡村庄聘请道士举行驱邪擒魔的屯兵舞；三是境坊或村庄祈求来年风调雨顺、合境安康屯兵祈福。表演者有3人，分别为道士2人、法兵1人，有严格着装要求，手持相应令、印等法

器；走步按道教"八卦九宫图"踏罡，图形有横"∞"字形、卷心菜形、入罡乾坤形、出罡离坎形等。表演过程为建坛请神、启师、涂符入罡、请水点罡入杯、外庭屯兵、辞神。舞蹈动作有推角刀、角刀花、跑跳步、跪拜步、三台步、跑跳吹牛角、金鸡啄谷、鲤鱼摆尾、握剑点水、观音坐莲、真武插剑、握剑喷水等。2013年入选广东省第五批省级非物质文化遗产代表性项目名录。（仝妍）

散花舞 宗教舞蹈。赞颂神明功德吉事类道教法事仪式。主要流传于广东省湛江市雷州市雷城、附城、白沙、南兴、松竹、沈塘等乡镇农村。分"文散花"与"武散花"。"文散花"悠扬抒情，主唱者手执企铃，随板轻摇，伴奏乐器为高音唢呐及小钹、云锣、铜胆、月鼓；"武散花"热烈欢快，主唱者手执月鼓，伴奏乐器为中音唢呐及大锣。表演时庙堂设祭坛，祭坛旁站立主斋道士1人、主板1人，唱念散花词曲，奏乐诵经，由4名男性进行祭仪表演："春之歌"由"高功"主演，"夏之歌"由"左坛师"表演，"秋之歌"由"右坛师"主演，"冬之歌"由"醮主"主演，"四季歌"集体表演。在主斋人唱念和乐队伴奏下，演员在草席上手捧花盘起舞，时而独舞，时而群舞，边舞边散花，以示娱神、祝颂、祈福、禳灾。步法平稳、动作流畅、姿态优美。（仝妍）

禾楼舞 又称跳禾楼。道教祭祀性质民俗歌舞。主要流行于今广东省江门、阳江、茂名、云浮、清远、肇庆等市。原是秦汉时期南江流域古越族乌浒人庆祝丰收、祭祀神灵一种舞蹈，后由南江传到高州、化州、台山、阳江、郁南等地，并融入道教文化元素，演变为庆丰收、盼太平民俗歌舞活动。

表演时，场上设有竹木、稻草搭建四角或八角高脚禾楼，燃火堆；舞者脸戴面具、头戴斗笠，男着黑衣黑裤麻鞋、腰束围巾、挂牛角号，女着黑衣黑裙麻鞋、戴绣图饰物披肩、挂藤环。领舞者（道师）头戴莲花冠，系红色间黄披肩，在节奏强烈锣鼓乐和唢呐声中，左手举起牛头锡杖，右手摇动系有彩带的铜铃，引领高举竹筒火把男舞队和手捧稻穗女舞队，一边唱禾楼歌，一边以粗犷摆身、摇手、踏足等动作，向着东南西北四方起舞，双手举起稻穗，以示庆祝丰收，祈求上天赐福。舞蹈动作以十字步为主，载歌载舞，有独唱、对唱形式。2008年入选第二批国家级非物质文化遗产新增项目名录。参见第347页民俗卷"禾楼舞"条。（仝妍）

鲤鱼莲花灯舞 道教祭祀性道具舞蹈。主要流传于海南省儋州市汉族地区。原是"打斋招魂"活动中跳的舞蹈。相传是唐代鉴真和尚东渡日本回国后传授，后流传到儋州。表演者16人，其中道公1人；拿小鼓、中镲、中锣、小手鼓、小锣者各1人；拿鱼灯者2人；拿莲花灯者2人；道童、童男和玉女各1人，分别站在3位青壮年男子肩膀上。先由道士在坛前向天叩拜，唱《请神歌》请各路大神，然后表演鲤鱼莲花灯舞。舞蹈步伐以走圆场步和十字步为主，童男和玉女出场至台中，道童带领队伍走十字步左右摆动，两纵队走8字队形穿花起舞；走回原纵队后再以十字步摆动结束，表示已将亡魂引领归家。此类灯舞多于节庆时表演，是观众喜闻乐见的形式，又是道场仪式重要组成部分。（仝妍）

八音舞 民俗舞蹈。主要流传于海南，以临高八音最有特色。唐宋时出现雏形，明代成熟，清以后盛行。多在欢庆重大节日以及民间婚礼、祭

祖、拜神、庙会等喜庆聚会活动中表演。伴奏音乐以民间曲牌组成，乐队以唢呐为主奏乐器，其他乐器有竹笛、二胡、月琴、三弦、板胡、秦琴、竹箫，合称"八音"。由4男4女共8名儿童表演，舞队以自然村为单位组成，演员一般为十二三岁少年。舞者分别手持小锣、小钹、碰铃、小碟，边击边舞，领头者（常为持小锣者）以吹哨子指挥队形变换。表演程式相对固定，基本队形有"两岸飞来""莲花式"等。祭祖时常以方形或圆形表演，舞蹈动作平稳、场面庄重；游行时以队列式图形再加交叉等队形变化，动作幅度大，场面热烈。临高八音舞有不同流派，各流派舞步基本一致，表演程式和队形变换稍有不同。海南八音由海南华侨传入东南亚各国。（仝妍）

傩舞 民族舞蹈。集祭祀、舞蹈、武术、音乐、雕刻于一体，是民间傩祭活动中的舞蹈。主要流传于粤西雷州半岛湛江、雷州、吴川和茂名化州等地。自隋唐至宋元，随中原汉人南来以及大批闽南人迁居粤西传入并发生演变。所敬神灵不同，形成雷州"走清将"、麻章"考兵"、吴川"舞二真""舞六将"、化州"跳花棚"等风格各异、别具特色的傩舞。多为群体性舞蹈，少则数人，多则数十人、上百人，表演时领舞、群舞、独舞、双人舞穿插进行。基本动作有"马步"、左右踏步、丁字步、跬步、大八字步、前后点步、半蹲、摇头、拧身、绕腕、推指、碎步等，蹦、窜、翻及亮相等技巧性动作。舞蹈主要以摇头、拧身、蹲颤、绕腕、推指以及碎步、踏跳为主题动作。伴奏音乐以打击乐为主，有陶鼓、大小圆鼓、堂鼓、高边锣、大小锣、钢胆以及唢呐等。除"考兵"外，粤西傩舞节奏为2/4拍。以樟木雕刻而成的面具，以

黑、红、黄三色为主，造型古朴、色彩丰富，主要分凶善两种。表演程式分开坛、开洞、闭坛三步，表演风格质朴、夸张、粗犷、威武。"湛江傩舞"2008年入选第二批国家级非物质文化遗产扩展项目名录。（仝妍）

走清将 又称走成伥、舞户。傩舞类型。主要流传于广东湛江雷州地区。跳傩日各乡镇不一，均在每年正月间，表达祈求平安，迎祥纳福之意。雷州地区多雷，故舞者为传说中雷首和东、南、西、北、中5个方位共6位雷神。面具显雷神威严之相，特别是雷首，额头另有一眼，为竖目；手持斧凿，相击可迸发火花，象征雷电。表演一般为6人或8人，由雷首和五雷及土地公、土地婆组成；舞蹈服饰依据面具色彩搭配，主要有蓝、黄、红、绿、橙5种颜色。行傩时舞者戴木质面具，穿五彩长衣，分3个阶段起舞："设坛"举行"请将练兵"仪式；诸雷神与土地公、土地婆依程式舞傩，为主人迎祥纳福；舞傩后，傩队以锣鼓引路，前往各家各户从大门进庭院，由五雷将站成梅花阵在堂前跳傩"驱鬼逐疫"。（仝妍）

走成伥 见"走清将"。
舞户 见"走清将"。

考兵 傩舞类型。主要流传于广东湛江湖光镇地区。南宋时由当地彭氏始祖从江西带来。每年正月十五举行，活动时间通常从辰时（7时至9时）至戌时（19时至21时）。表演人物为"康皇"部将车、麦、李、刘、洪5位将军和土地公、土地婆组成。分3个阶段进行：道士在庙前做祭祀仪式，颂扬"康皇"及5将功德，祈求他们除灾、保平安；扮演5将的舞者手执斧、刀、铜、链、令旗，在唢呐和打击乐伴奏下，面对康皇神像挥举兵器

而舞；全村男女老少出动，在"考兵"带领下游遍各家各户后行至村中空旷处，跟着将军们跳傩；再巡游至起始广场，进行巫术和特技表演。地理环境、风俗习惯和经济与文化差异，各地活动形式不同，动作特点多是"前弓步"向前迈进3步后，"碎步"往后急退；以道教"香火诀"为基本手势，向前迈步时伴以呐喊声，体现出传统傩文化宗教祭祀色彩。（仝妍）

舞二真 傩舞类型。主要流传于广东省湛江市吴川市大岸等地。每逢正月初八至十五举行，表演以车、麦二真君在康皇塑像前誓师除邪的舞蹈为主，故名舞二真。表演时，众人在康皇神位前设醮，后在陶鼓和唢呐伴奏下，二真君由祭坛两边出场，道士咒语和唢呐、陶鼓、圆鼓伴奏声，按72句动作口诀和套路，挥动手中武器跳驱除邪魔舞蹈。舞毕，众人抬康皇神像在二真君率领下，巡游至早已摆好香烛供品（俗称摆盏）全村各家，二真君再挥动武器跳驱除邪魔舞蹈。各家巡遍后，队伍重回庙前，绕庙三匝，再舞蹈一回，结束仪式。该舞有"传子不传女，传内不传外"家规，元宵节期间主要在小部分地区进行。（仝妍）

舞六将 傩舞类型。主要流传于广东省湛江市吴川市博铺镇。三月初一至初三北帝神诞期间进行，又称年例。初一清晨，先由道公在北帝庙主持祭坛仪式，人们用神轿抬着戴着傩面具的北帝菩萨，在仪仗队和北帝手下6员大将（赵公明、马华光、关云长、张节、辛环、邓忠）与土地公的簇拥下游神。北帝菩萨每到一处祭祀神坛，必"舞六将"，直到初三下午转入尾声"押舟"，即把纸船送往河边焚烧，以示送鬼驱邪。傩队最后回庙升座送圣，祭祀全部结束。六将和土

地公由男性扮演，戴樟木雕刻而成面具；伴奏乐器为陶鼓、小圆鼓，根据不同角色情绪和表演进行快、中、慢节奏变化，起烘托、渲染气氛作用。（仝妍）

跳花棚 又称跳棚。傩舞类型。主要流传于广东省茂名市化州市官桥镇长尾公、卷塘尾等村。相传从明朝末年起在化州流传，其中长尾公村是姚氏独传"跳花棚"村，世代相传，沿袭至今。每逢小雪至大雪节气期间，各村择日进行傩祭。在举行跳棚傩祭活动前4天，傩舞老艺人在村中挑选16周岁以上男子集中教练吟唱和舞蹈。表演有固定"科本"：接神、安座、开棚、小孩儿、道叔、秀才、后生唱歌、依前、陈九、锄田、钓鱼、判官、监棚、送虫、量棚、八仙、拆棚、独角和尚十八科（场）。表演形式边唱边舞，头戴用樟木雕刻而成的36个不同角色面具，如道士、陈九、判官、关公、三娘、耙头等；不同角色有相应服饰、舞蹈和唱词，吟唱内容多为农事耕耘、男女情感、生活趣谈、驱邪除恶以及祈求神灵保佑风调雨顺、物阜民安、五谷丰登等。伴奏乐器主要有二胡、秦琴、唢呐、堂鼓、中钹、高边锣等。20世纪50年代初后曾停止活动，70年代末恢复。2007年入选广东省第二批省级非物质文化遗产代表作名录；2011入选第三批国家级非物质文化遗产名录。（仝妍）

跳棚 见"跳花棚"。

少数民族舞蹈 民族舞蹈。主要分布于广东、海南和广西部分区域的瑶族、壮族、苗族、黎族、畲族、回族、满族7个少数民族。岭南自然环境、社会文化与经济发展诸因素影响，发展和产生演变形成的少数民族舞蹈形式。岭南少数民族舞蹈可分为拟兽舞蹈、祭祀舞蹈、民俗舞蹈3类。拟兽舞蹈内容和素材多以动物为原型，带有图腾崇拜色彩，旨在分享神的福佑，如龙舞、狮舞、麒麟、蜈蚣舞、公鸡舞等。祭祀舞蹈形式上多以使用道具为明显特色，反映少数民族传统祭祀仪式，如连南瑶族排瑶的长鼓舞等。民俗舞蹈主要指在少数民族传统民俗活动中的民间舞蹈，如春节和元宵节等传统节日流传在广东清远壮族的舞龙灯和海南黎族苗族"三月三"中的舞蹈等。承载着少数民族社会形态与人文内涵，富有原始性和形象直观性等风格特点。（仝妍）

舞火狗 拟兽舞蹈。源于瑶族对狗的崇拜。流传于广东省惠州市龙门县蓝田瑶族过山瑶乡。每年八月十五以村寨为单位举行，是瑶族少女"成年礼"特殊仪式。未婚少女扮演的"火狗"姑娘包黑布头巾、戴竹签，穿蓝布大襟上衣和中式裤，腰围黄姜叶扎成围裙，两臂扎黄姜叶，叶间插香，赤脚，拇、食、中指捏住香下端。基本动作有"平步""叩拜""拧摆步""甩手蹲点步""弓腰踢腿"。无音乐伴奏，歌舞曲有3段，"火狗"姑娘边舞边反复地唱。有图腾崇拜祭祀舞蹈庄重严肃、虔诚稳重，也有青年人舞蹈场面淳朴、热闹。2006年入选广东省第一批省级非物质文化遗产代表作名录。（仝妍）

长鼓舞 又称打长鼓、大长鼓。祭祀舞蹈。源自瑶族对祖先崇拜。广东地区主要流传于清远市连南瑶族自治县排瑶聚居地。每年春节、元宵、三月三"起愿节"、六月六"赛土神"、十月十六"耍歌堂"等传统节日活动中广场舞蹈。长鼓长约1.2米，两头大、中间小，呈喇叭形，鼓身用沙桐木制成，两端蒙以牛皮或羊皮，作为鼓面。舞时长鼓横挂在腰间，左手握住鼓腰上下翻转，右手随之拍击。打鼓基本动作有"摆鼓""捧鼓""击鼓""晃鼓"等，步法基本动作有"旁点步""马步""弓步""蹉步""颤动步""进退步"等，基本动律和动作技巧有"蹲颤""单腿跳""撒步跳转""踏跳吸腿转""端腿跳转蹲""吸腿跳转蹲"。按表演形式，分"盘古长鼓舞""锣笙长鼓舞""桌台长鼓舞""芦笙长鼓舞""羊角短鼓舞"等；按表演人数，分单人舞、双人舞、群舞等类型。鼓的打法有"武打""文打"和"高桩""矮桩"之分。舞者横穿直插，或走大小圆场起舞，舞队听从领舞者鼓点指挥。以击鼓音响节拍为伴奏，可在舞蹈过程中即兴演唱或演奏。鼓的击法有齐奏与一领一和两种形式，齐奏时鼓点一致，舞蹈动作统一；一领一和时，领鼓者先击前半拍，其他人击后半拍，舞蹈动作亦然。2008年入选第二批国家级非物质文化遗产新增项目名录。参见第1133页武术卷"打长鼓"条。（仝妍）

大长鼓舞 见"长鼓舞""打长鼓"。

小长鼓舞 祭祀舞蹈。原称长鼓舞，因所用之鼓较小，于20世纪50年代改称小长鼓舞。起源于瑶族祭祀活动。主要流传于广东省清远市连山壮族瑶族自治县、乳源瑶族自治县、连南瑶族自治县和连州市等瑶族支系过山瑶聚居地区，以连山壮族瑶族自治县的小长鼓舞保留最完整、最具有代表性。随瑶胞南迁流传入粤。由木质泡桐木制作，长70—90厘米，中间鼓腰细至成年人指掌可握；两端圆形，内里挖空，外蒙兽皮，可击出清脆声响。通常为2人或4人对鼓而舞。表演时双腿屈蹲，有规律地上下颤动，基本步伐有蹲、颤、跳、跳蹲步、闪跳、点靠步、跳跪步、撒拐蹲转。执

鼓法有"握鼓""阴手横鼓""阳手横鼓""正竖鼓""反竖鼓",击鼓法有"击拨""击扶""击托""击按""击推";鼓花动作主要有"大莲花""小莲花""跨腿鼓花""翻打鼓花"和"抛鼓鼓花"等。表演套路主要以表现建房 24 个表现性动作与"莲花盖顶"和"飘摇过海"(或"行江")两个程式性动作相结合,构成相对独立 24 组动作,每组为 1 套。表演时按东、北、西、南 4 个方位,逆时针方向依次打 1 套动作,然后再做第 2 套,以此类推。舞时有鼓、小锣、钹、堂锣、唢呐等伴奏。2011 年入选国家级非物质文化遗产扩展项目名录。(仝妍)

长鼓舞 见"小长鼓舞"。

盘王舞 又称跳盘王。祭祀舞蹈。十月十六瑶族祭祀始祖盘王仪式"还盘王愿"中所跳舞蹈,岭南主要流传于广东、广西瑶族聚居区。包含《铜铃舞》《祭兵舞》《出兵收兵舞》《约标舞》《捉龟舞》等。大多模仿劳动动作,再现瑶族先民耕种狩猎、出征杀敌画面。乐器以长鼓为主,锣鼓、唢呐、钹等瑶族传统乐器为辅,曲调平缓喜悦,节奏复杂多变,时而有男女伴唱。(仝妍)

跳盘王 见"盘王舞"。

舞龙灯 民俗舞蹈。主要流传于广东省清远市连山壮族瑶族自治县三水乡等过山瑶聚居村寨。常由 18 人至 22 人组成,每人手握一灯,龙珠灯在前引龙,龙头灯随龙珠灯晃动方向追逐,龙身灯随龙头灯晃动,龙尾灯跟在最后,两个鱼灯随龙在两旁衬托配合自由游动,在表演场地边沿 4 方位站立 4 个牌灯。基本步伐有"漫步""圆场步""大八字步"等,基本动作有

"高举灯""平举灯""低举灯""抖灯""游灯""单手滚龙一""单手滚龙二""双手滚龙一""双手滚龙二""自由式"等。主要以男性为主进行表演,舞姿粗犷,动作灵巧敏捷。舞者穿着出山瑶民族服饰,以鼓、钹、京锣、云锣等打击乐器伴奏。原是逢年过节表演以祈求风调雨顺、人寿丰年,尤其在大旱之年要组织盛大舞龙灯活动,盼望天降甘霖,以保农家好收成。现成为瑶族人民较为常见的文化活动形式。(仝妍)

舞寿星公与龟鹿鹤 又称舞龟鹿鹤。祭祀舞蹈。主要流传于广东省清远市连山壮族瑶族自治县。每年春节期间,乡民们自发组织,串村过寨进行表演,也是壮侗三年一次举行"打醮会"盛大活动中必演节目之一,寓有祈福纳祥、人寿年丰的美好愿望。以道具表演为主。表演者装扮成寿星公、灵童、玉女,龟、鹿、鹤,模拟各种神物特征与动态。音乐曲调以壮族"三音"旋律为主,乐器有竹梆、鼓、小钹、狮锣、铓锣等,随情节表演变化而有快慢、强弱变化。20 世纪 40 年代初停止活动。新中国成立后恢复,后因"龟"字问题又停止活动。20 世纪 80 年代末 90 年代初恢复,在各种吉庆活动中表演。(仝妍)

舞龟鹿鹤 见"舞寿星公与龟鹿鹤"。

师公舞 祭祀舞蹈。为流传于不同地区、不同称谓、不同形态跳神舞蹈统称。主要流传于广西南宁、钦州、河池等地。与岭南古代巫舞、傩舞有一定关系,是道教与岭南原始宗教结合的祭祀舞蹈,穿插于"师公"主持各种酬神、驱邪祭祀仪式中。"师公"戴面具于神台前扮神作舞。可分为两类:一类是以独舞为主要表演形式传统型跳神舞蹈,另一类是以多人舞为

主要表演形式变异型跳神舞蹈。主要伴奏乐器是蜂鼓,为广西地区跳神舞蹈所独有。(仝妍)

跳岭头 祭祀舞蹈。师公舞一种。主要流传于广西壮族自治区钦州市黄屋屯、大寺、贵台、新棠、长滩和那蒙等乡镇。由于表演地点是在村边山坡岭头上,因而得名。是壮族八月初七传统节日舞蹈。由当地农民组成,每队人数有十几或二十人不等,为首者称师傅。祭祀仪式共有"开三元""立坛""纳灯""赞瘟""火化龙船"5 项,跳岭头是贯穿于祭祀仪式的舞蹈。舞蹈所用服饰由乡民自行制作,主要有盔甲、衫裙、兵丁服、三元夫袍、五雷服、精服六种,节目包括《三师格》《四师格》《三元天格》《四帅格》《五雷格》《仙娘格》《十帅格》《千岁格》《杀精格》《唱格》《捉五方精格》11 个节目。娱乐成分增强后,由民间宗教仪式蜕变为一种民俗活动。至今每年中秋节前后仍普遍进行。(仝妍)

春牛舞 又称舞春牛。民俗舞蹈。流传于广西壮族自治区钦州市钦南区黄屋屯镇以及周边市县等壮族地区。与中原地区鞭春活动有渊源。一年四季有表演,常见于春节和一些喜庆活动中。表演时间通常为两个多小时,大致包括贺祖、春牛舞和春牛戏 3 个部分。舞蹈由 3 种不同类型动作组成:一是模拟牛各种神态和习性动作;二是模拟农业劳作动作,如犁田、耙田、拔秧、插秧、挑谷等;三是程式化采茶舞步,如基本动作"扣春花"以膝部屈伸和头部与上身摆动来表现采茶劳作。(仝妍)

舞春牛 见"春牛舞"。

招龙舞 又称召龙舞。祭祀舞蹈。主

要流传于海南省白沙、琼中、东方、乐东等县市苗族居住区。是苗族民间祭祀舞蹈，多在每年六月初一、初二，正月十五，十二月十五表演。参加人数不限，除"呆辈"（大意为师傅，指领舞者）会跳以外，会跳的本族男子可参加。舞者身披一条绣花"褛白带"，带子两端缀有8对红蓝相对颜色，左右绣有8个字，左为"十方光顺"，右为"十方行通"；两端各捆绑一根长约一尺小木棒，舞者以左右手握木棒，比拟为龙头和龙尾；场里有一人击打铜锣苗鼓伴奏。"呆辈"主持仪式开场结束后，和披"褛白带"舞者一起入场起舞，他们两手分别挥舞"龙头""龙尾"，扭动"龙腰"朝东南西北中五方游动，象征已经召来的神龙向人间播撒平安吉祥，保佑人间五谷丰登、风调雨顺、国泰民安。表演形式保留和传承苗族原古宗教文化。2005年入选海南省第一批非物质文化遗产代表作保护名录。（仝妍）

召龙舞 见"招龙舞"。

苗鼓舞 又称猴儿鼓。祭祀舞蹈。原名蛮儿鼓。随海南苗族"盘皇"信仰产生的带有祭祀色彩舞蹈。每年正月初一或十五祭祀活动中，在道公"请神"引领下进行，人数不等，分文班、武班舞者，分别按"文官动鼓上下转，武官动鼓转坛中"舞法要求表演。基本动律为颤膝摆身，基本步法为十字步拧身，基本动作有蹲起划鼓、跪地划鼓、蹦跳横移、蹦跳转身。舞时按东、西、南、北、中方位顺序而跳，舞者和锣者弯腰曲背，双脚前进后退跳动；另有苗族妇女站立一旁伴唱《盘古歌》，增加舞蹈气氛。（仝妍）

猴儿鼓 见"苗鼓舞"。

三元舞 又称盘皇舞。祭祀舞蹈。主要流传于海南省三亚、陵水、保亭、琼中、白沙、通什等市县苗族山村。由进入海南的苗族先民创制的舞蹈，表现苗族先人迁徙崖州历史传奇。"三元"，是上元、中元、下元合称，上元为唐道杨相，中元为葛定应相，下元为周护正相，由古代神话中天官（天帝）、地官（地祇）、水官（水神）三神演化而来。每年正月十五、七月十五、十月十五，各村由"村老"（村长）牵头组织举行。"上元舞"表现苗族先人渡海时艰难以及安全登上崖州后感谢神灵情景；"中元舞"表现苗家人欢乐和开路情景；"下元舞"表现苗家人寻宝（盘古印）和得宝时欢乐心情。舞者身着苗族服装，头缠蓝黑头巾，包胸上襟，下着大筒裤，腰扎布带；鼓手头扎红头巾。舞蹈动作主要为双腿屈伸蹲立，走"8"字以及双手横向舞"8"字，提气含胸，干脆有力。舞时以锣、鼓击打伴舞。2007年入选第二批海南省级非物质文化遗产名录。（仝妍）

盘皇舞 见"三元舞"。

大刀舞 民俗舞蹈。主要流传于海南白沙、保亭、屯昌等地。在节日或喜庆时表演。大刀，苗语称"刀巴"，该舞反映居住在海南岛亚热带山区中苗族人民传统狩猎生活。在苗鼓和铜锣击点伴奏下，舞者时而俯身左拧右旋，时而挥舞木制的大刀跳跃，舞蹈动作幅度大，节奏鲜明。表演人数不限，穿着苗服及头巾、腰带等苗族男性日常服饰。（仝妍）

老古舞 祭祀舞蹈。主要流传于海南省白沙黎族自治县细水乡、元门乡、白沙镇、牙叉镇，琼中县一带黎寨山村。黎语"闯坎"的意译，意为告祖先，又称愧董笼，意为拜古面，即祭拜故去老人，主要在丧事和祭拜活动

时进行，是黎族古老民间祭祀舞蹈。一般分为4个部分：起师，做斋迎亡魂；开阙，以锣鼓声召唤亡灵成双成对回来；挽囔，舞队带着死者灵牌沿12个春臼绕转；走洪围，在场地上以双行形式走竹圈阵图。"苟它"（领舞者）手持剪刀，边剪绳索边带领舞队沿路线有规律穿插行走，直至将绳索全部剪断，走出阵图。另有舞者摆放多个供着灵牌春臼间，表演耕田、打猎、捕鱼等舞蹈，表现黎族人民在原始社会阶段刀耕火种、狩猎、捕鱼、祖先崇拜等生活内容。2011年入选第三批国家级非物质文化遗产新增项目名录。（仝妍）

五方舞 祭祀舞蹈。主要流传于海南陵水县隆广、本号，三亚市田独、林旺等黎族孝黎支系聚居地。黎族丧俗仪式"打斋"中所赋祭祀舞蹈。"五方"是指东、西、南、北、中5个方位。"打斋"跳五方舞，可招归亡魂，避免在野外被恶鬼欺凌。表演者5人，均为男性，一人为道公，其余4人分别击鼓、锣、镲、铜锣。一般在晚间表演，分两步进行：第一步，在锣鼓声中，道公手提点燃的七星灯与拂尘，与4位锣鼓击乐者一同沿着五方神位转圈，再跳回香案前，意为向天皇发文，请放亡魂归宗；第二步，从香案始，道公与击乐者绕神位顺转逆转，相互穿插，在愈奏愈烈锣鼓声中，加快舞步旋转数圈，最后，道公提着七星灯走进丧家居室厅堂，表示死者灵魂已在七星灯引路下回到丧家，舞蹈结束。队形复杂多变，常用队形有"一绕一""田螺形""扭麻绳""连环扣"等。（仝妍）

打柴舞 又称跳竹竿。民俗舞蹈。流传于海南黎族聚居区。起源于古崖州地区（今海南三亚）黎族丧葬习俗。有成套舞蹈内容、跳法和专有名词。

表演者由多人组成，舞前先于地面放置两根较粗圆木，相距两米宽，在上面横架数对长竹竿，旁蹲数位男女青年（"打柴者"）手执竹竿，敲打节奏。舞者（"跳柴者"）在圆木间跳跃舞蹈。由平步、磨刀步、搓绳小步、小青蛙步、大青蛙步、狗追鹿步、筛米步、猴子偷谷步、乌鸦步9个相对独立的舞步组成，反映海南黎族百姓栽稻、狩猎等劳动生活。一般多在山坡地坪表演，跳柴者可按节奏以不同步法在柴杆中踩踏跳跃，表演可单人跳、双人跳，也可双人并肩跳、相对跳、背对跳、绕圈跳，伴以呼声以渲染气氛。舞蹈动作不多，可反复进行。随"跳柴"习俗流传演变，成为带有民族文化色彩的健身活动。新中国成立后，经加工改编，木棍变为竹竿，成为黎族传统舞蹈和体育项目。2006年入选第一批国家级非物质文化遗产新增项目名录。（仝妍）

跳竹竿　见"打柴舞"。

钱铃双刀舞　民俗舞蹈。分为陵水钱铃双刀舞与乐东钱铃双刀舞。陵水钱铃双刀舞流传于海南陵水、乐东、保亭、万宁、通什等市、县黎族聚居山村；乐东钱铃双刀舞流传于海南乐东县千家、抱由等乡镇黎村。由两位男舞者表演，一人手持钱铃（长1米或30厘米，两端穿孔后穿挂铜钱或金属片），一人执双刀（约长25厘米），头扎红巾，赤足赤膊或穿无袖长衣做拼杀格斗动作。舞蹈开始，随音乐节奏，执钱铃者在前，执双刀者在后，绕场一圈开始对打。舞者以蹲、跳、转身等动作协调配合，动作激烈、步法灵活，表现黎族男子勇敢、机智、豪迈性格。为喜庆佳节娱乐舞蹈，其中也有请神赶妖内容，带有原始宗教色彩。2012年入选第四批海南省非物质文化遗产代表性项目名录扩展名录。（仝妍）

舂米舞　民俗舞蹈。主要流传于海南保亭、白沙、乐东县交界五指山腹地黎族聚居区。当地妇女在舂米时助乐舞蹈活动，是在长期劳动生活中演变形成的具有独特艺术风格的舞蹈形式。每当黎族人办喜事，妇女们就聚在一起，2人、4人或6人不等，手持长约1米、两头粗、中间把手处细、约重3000克舂米杵，舂米桶中放入稻谷，姑娘们各持木杵轮番舂米，在挥动木杵在木杵与桶撞击节奏中演变形成自娱性劳作舞蹈。基本步法有"蹲起步""跳蹲步""踏地步""横移步""跳移步""练跳步"等，动作以双臂上下挥动，双腿和上身有节奏的颤动、摆动为主，节奏感强，古朴粗犷，展示黎族妇女热爱生活、热爱劳动精神风貌和勤劳、柔韧的性格特征。2005年入选海南省第一批非物质文化遗产保护名录。（仝妍）

机构·社团

广州军区政治部战士歌舞团　表演团体。前身为1947年东北民主联军（后改称第四野战军）政治部宣传部舞蹈队，是全国、全军最先建立的舞蹈专业队伍之一。1955年正式命名为中国人民解放军广州军区战士歌舞团。2004年与战士话剧团、战士杂技团等单位合并为广州军区政治部战士文工团，2016年改编为南部战区陆军部战士文工团，2017年撤编。将部队舞蹈艺术观念与岭南舞蹈文化相融合，对当代岭南舞蹈创作、表演发挥积极作用。作品曾获国务院"文华大奖"、中宣部"五个一工程"奖、解放军文艺奖、曹禺戏剧文学奖、中国舞蹈荷花奖、戏剧梅花奖、曲艺牡丹奖、音乐金钟奖、电视飞天奖、金鹰奖、话剧金狮奖，以及其他省级以上奖项

2000余项（次）；多次代表国家和军队出访美洲、欧洲、亚洲的多个国家及地区演出。代表作品有舞蹈《进军舞》《艰苦岁月》《夜练》《喜看龙舟》等，取材岭南革命历史舞剧有《五朵红云》《虎门魂》等。（仝妍）

广东歌舞剧院　表演团体。位于广东省广州市天河区水荫四横路34号。直属广东省文化和旅游厅。前身是1949年成立的华南文工团。1953年起先后改名为华南歌舞团、广东省歌舞团、广东音乐舞蹈艺术剧院、广东歌舞剧院。2011年改制为广东歌舞剧院有限公司。20世纪五六十年代，创作演出中国早期舞剧《五里亭》、舞蹈《跳鼓》、歌曲《欢迎老大哥》等作品，中国第一部歌舞剧《乘风破浪解放海

南》在这一时期创作并演出，被称为"新民主主义时期文艺创作的里程碑"。后创演舞蹈《英歌舞》《绣花舞》《红花舞》《阿细跳月》等作品。进入21世纪，创演舞蹈《缫丝女》《自梳女》《长城》《黄河》《妻妾成群》等，舞剧《风雨红棉》《骑楼晚风》等。2010年至今，创作舞蹈《与妻书》《蓝盔行动》等，舞剧《沙湾往事》《田园》等，音乐剧《再见，1990》等。是华南地区较具实力艺术院团之一，云集国内舞蹈、声乐、舞台设计制作等艺术领域顶尖人才，担负广东省对外文化交流重任，展现与传播岭南特色舞蹈艺术。（仝妍）

南方歌舞团　表演团体。位于广东省广州市海珠区赤岗路27号。1953年7

月 1 日成立。直属广东省文化和旅游厅。原为海南歌舞团、广东民族歌舞团，1984 年从海口迁至广州，1989 年改为南方歌舞团。2010 年改制为南方歌舞团有限公司。活跃在民族地区，为挖掘和发展岭南民族舞蹈积累艺术实践经验。1984 年被广东省人民政府授予"南粤山花"荣誉称号。代表作品有舞蹈《三月三》《草笠舞》《摸螺》《喜送粮》《龙子情》《龙女》《潮汕赋》《风从南国来》《舞火狗》《岭南人家》《岭南之舞》《请茶》《雨中》《椰林深处》《半边裙子》《打柴舞》等。（全妍）

广州歌舞剧院 表演团体。位于广东省广州市越秀区桂花岗新一街 13 号。原广州歌舞团。1965 年成立。2005 年 3 月划归广州大学发展"院团"共建，2008 年改制为广州歌舞剧院有限公司。以"剧目立团、人才兴团、市场促团"为发展理念，50 多年来创作、演出舞剧《白毛女》《沂蒙颂》《小刀会》《珠江赤潮》《奔月》，举办国内第一个男子舞蹈晚会《张润华舞蹈晚会》，1998 年舞剧《星海·黄河》、2018 年舞剧《醒·狮》、2021 年舞剧《龙·舟》等有岭南文化特色又在全国产生影响。作品获中宣部"五个一工程"奖、文化部"文华大奖"、中国戏剧节"中国戏剧奖·优秀剧目"奖、全国舞剧歌剧音乐剧优秀剧目展演一等奖、中国舞蹈"荷花奖"舞剧奖、广东省"五个一工程"奖、鲁迅文学艺术奖等。先后出访美国、日本、新西兰、新加坡、越南、韩国、印度尼西亚、毛里求斯、秘鲁等国家和地区进行文化艺术交流和演出活动，在宣传和推动岭南文化发展中作出贡献。（全妍）

香港城市当代舞蹈团 表演团体。香港第一个全职专业现代舞团。位于今

香港特别行政区九龙黄大仙沙田坳道 110 号。1979 年香港人曹诚渊创立。以体现香港当代文化及推动现代舞蹈发展为宗旨，遵循"立足香港、汇聚华人菁英、创造当代中国舞蹈"艺术路线。保留超过 200 部本土编舞家完整作品，包括曹诚渊、黎海宁、梅卓燕、潘少辉、伍宇烈等的作品，与其他媒介艺术家合作，展现多元化香港文化特色。先后代表香港在美洲、欧洲、澳洲及亚洲共 30 多个主要城市进行巡回演出。1998 年开始推展"中国舞蹈发展计划"，为中国内地正在萌芽的现代舞团体提供行政与技术支援，在中国内地与北京雷动天下现代舞团合办多个具有影响力的现代舞节。是当代岭南文化国际化、开放性的重要体现，也是粤港澳大湾区文化建设的重要力量。代表作品有《狂想·大地》《创世记》《我要飞》等。（全妍）

深圳歌舞团 表演团体。位于广东省深圳市福田区上梅林梅华路 128 号。1987 年成立。直属深圳市文化局。2004 年 8 月转制为深圳歌舞团演艺有限公司。创排大型歌舞《开拓者礼赞》《太阳·大海·江河》《深圳之春》《再创辉煌》，大型现代舞剧《深圳故事·追求》、大型纪实剧式歌舞《祖国，深圳对你说》及男子群舞《行囊落下是故乡》等一批精品。作品曾获中宣部"五个一工程"奖，文化部"文华奖"，全国第五届舞蹈比赛表演奖、创作奖等奖项。是国内艺术表演团体转企改制先行者。（全妍）

广东现代舞团 表演团体。中国第一个现代舞专业团体。位于广东省广州市天河区沙河顶水荫四横路。前身为广东实验现代舞团，1992 年由广东省人民政府批准正式成立。创团团长为杨美琦。2004 年改制为企业，改名为广东现代舞团。由四大部分组成，分

别是现代舞团、培训中心、现代舞周和企业服务中心。演出形式主要分为舞团演出、小剧场演出、海外演出、商业演出、外展演出。创作出一批展现中华民族特色与时代特色作品，如《鸟之歌》《须弥芥子》《本无》《庄子的 N 时代》等，多次应邀前往美国、法国、德国参加国际艺术季及巡回演出，被美国《纽约时报》形容为"国际舞蹈界的成功典范"。2019 年现代舞剧《潮速》展现改革开放 40 年鲜活历程。推动中国现代舞在国内外发展，也是岭南舞蹈现代化进程中的重要内容，是广东省乃至中国重要文化名片。（全妍）

广州芭蕾舞团 表演团体。广东省唯一专业芭蕾舞团。位于广东省广州市天河区沙河龙洞华南植物园左侧。1993 年成立。是继中央芭蕾舞团、上海芭蕾舞团、辽宁芭蕾舞团、天津芭蕾舞团后中国第五家芭蕾舞团。首任团长及艺术总监为国家一级演员张丹丹。艺术风格独树一帜，剧目种类丰富多样，除引进世界经典芭蕾名剧、演绎当代编导优秀作品外，还致力于传承和弘扬中华优秀传统文化以及岭南历史文化，创编排演一系列芭蕾舞剧，现有保留剧目 20 部大型舞剧及100 多个精品节目，如《梅兰芳》《风雪夜归人》等芭蕾民族化探索优秀舞剧作品，《浩然铁军》等革命历史题材芭蕾舞剧作品。至今已赴俄罗斯、英国等多个国家及香港、澳门特别行政区和中国台湾地区演出、访问、交流，扩大中国芭蕾艺术在世界影响力。曾获国际级奖项 53 个，国家级奖项 61 个，其他国内比赛及艺术活动奖项 110 个。原创民族芭蕾舞剧《风雪夜归人》获第十三届"文华大奖"并囊括单项奖。2005 年并入广州大学，又称"广州大学芭蕾舞团"，开启"团校合一"文化体制改革模式。2018 年加入"丝

绸之路国际剧院联盟"，参与"一带一路"沿线演艺交流合作。2019 年 8 月，携原创现代芭蕾舞剧《布兰诗歌》受邀进入美国林肯艺术中心举办"中美舞蹈文化周"活动。（仝妍）

深圳歌剧舞剧院 表演团体。位于广东深圳市福田区梅林街道新兴社区梅华路 128 号。2018 年 3 月成立，下设歌剧团、舞剧团和合唱团。成立以来，秉承"中国气派、当代风格、国际视野"宗旨，吸引了国内外高层次舞蹈青年人才加入。联合国内优秀编导、编剧和舞蹈演员创排高品质舞蹈与舞剧作品，如剧院成立后的首部原创舞剧《追梦人》，于 2019 年首演，呈现了深圳建市 40 周年壮阔历程；舞蹈《烈火中永生》《肖像》分别获得第十二届中国舞蹈"荷花奖"当代舞奖、现代舞奖；现代舞《之间》获"广东省第七届岭南舞蹈大赛"表演、创作、作品金奖；当代舞《狂人日记》获"广东省第七届岭南舞蹈大赛"表演、创作、作品银奖。（仝妍）

作 品

渔光曲 双人舞。编导梁伦，主演梁伦、陈锟仪，作曲任光，作词安娥。1943 年创作，首演于广西业勤小学。以 1934 年电影《渔光曲》主题曲作为舞蹈音乐，表现一对渔家父女的艰苦生活，反映旧时代渔民在苛捐杂税重压下的艰辛苦难。运用现实主义和象征手法将生活动作凝练为舞蹈艺术动作，风格淳朴，富有生活气息。20 世纪 40 年代中华舞蹈研究会、中国歌舞剧艺社保留节目，在国内及南洋地区演出。（仝妍）

阿细跳月 群舞。编导梁伦，主演陈锟仪、梁伦、倪路、张放、胡均等。1946 年在云南昆明彝族音乐舞蹈会公演。塑造阿细族人民勇敢、乐观、坚强性格特征，表现他们对险恶自然环境和黑暗势力的抗争精神。在保留原始风格基础上按照舞台艺术创作规律丰富和发展，尤为注重节奏鲜明对比，以女子三顿足同时三击掌一转身动作为主题动作，具有激情、粗犷、淳朴、欢快特点。先后为战时中华舞蹈研究会、中原剧艺社、中国歌舞剧艺社以及新中国成立后华南文工团、歌舞团演出保留剧目。1957 年获"世界青年与学生和平友谊联欢节"金奖；1994 年获"中华民族 20 世纪舞蹈经典"提名。（仝妍）

乘风破浪解放海南 歌舞剧。总导演梁伦、张中，编导周国、陈锟仪、周思明、梁伦、张中、倪路、陈群、何国光，作曲施明新、蔡余文、林韵、张柏松。新中国成立后第一部歌舞剧。1950 年由华南文工团首演。六幕剧。主要表现中国人民解放军在解放海南作战中，英勇机智地克服困难，完成军事任务。采用现实主义创作手法，融入海南黎族、苗族、瑶族传统舞蹈素材，塑造中国人民解放军英雄形象，反映军民团结革命斗争现实生活。1950 年 10 月赴北京为"世界民主青年联盟代表团"演出，获得国外专家赞许；1951 年再度进京在首都剧场公演，后在中南海怀仁堂演出，《人民日报》《人民画报》等刊登评价文章和演出剧照。（仝妍）

英歌舞 群舞。编导陈群。广东歌舞剧院 1955 年首演于广州。取材于粤东地区民间英歌舞。舞者双手各持一根短木棒，上下左右互相对击，动作健壮有力，节奏强烈。是新中国成立后首次将民间英歌舞搬上艺术舞台。以男子群舞作为表演形式，充分展现传统英歌舞中男子阳刚之美。（仝妍）

三月三 群舞。编导陈翘、刘选亮，作曲马明、洪流。海南民族歌舞团 1957 年首演，当年参加第六届"世界青年与学生和平友谊联欢节"。以黎族传统民俗节日"三月三"为主要表现内容，形象再现节日里爱情甜蜜气氛和黎族青年对自由、幸福的追求。在传统黎族民间舞蹈基础上，对舞蹈形态、韵律、构图、道具发展提高，充分展现浓郁黎族舞蹈风格特征。是新中国成立后首部反映黎族百姓生活的舞蹈作品，为中国少数民族舞蹈在当代发展作出积极贡献。（仝妍）

草笠舞 群舞。编导陈翘，作曲李超然。海南民族歌舞团 1959 年首演。以道具草笠为主要线索，表现一群劳动归来的黎族少女内心世界和青春活力。1962 年获"世界青年与学生和平友谊联欢节"金奖；1994 年获评"中华民族 20 世纪舞蹈经典"。（仝妍）

五朵红云 群舞。编导查列、夏炎等，作曲彦克、郑秋枫、汪声裕，作词张永枚。中国人民解放军广州部队战士歌舞团 1959 年首演。讲述 1943 年海南岛黎族人民举全族之力奋起反抗国民党欺压，最终在中国共产党帮助下获得解放的故事。剧中"织群舞""春米舞""篝火舞"等黎族传统民间舞蹈充满黎家风俗民情。1959 年参加新中国成立 10 周年献礼演出，同年获中国人民解放军第二届文艺汇演优秀节目奖；1962 年由八一电影制片厂拍摄

为舞剧艺术片；1963 年由上海文艺出版社出版舞台演出本，并先后由空军政治部歌舞团、中国歌剧舞剧院舞剧团等演出。1994 年获"中华民族 20 世纪舞蹈经典"提名。（仝妍）

胶园晨曲 群舞。编导陈翘，作曲李超然，作词刘选亮。广东民族歌舞团 1971 年为柬埔寨西哈努克亲王访华创作编排。描绘海南橡胶园农场中割胶工人们早起劳作场景，反映在艰苦社会生活中，工人阶级进取、勤劳工作生活态度，营造了充满浪漫主义色彩现实社会和富有春天气息的艺术境界。（仝妍）

喜送粮 群舞。编导陈翘，作曲陈元浦。广东民族歌舞团 1972 年首演。表现丰收时节一群黎家姑娘向国家交公粮场景，生动反映黎族人民农业丰收时的喜悦和爱祖国、支援社会主义社会建设精神风貌。编导与黎族姐妹一同筛选粮食、同交公粮，以传统黎族民间舞蹈动律为基础，对黎族百姓劳作生活进行挖掘、整理、加工后，创造出具有浓郁少数民族风格特征的舞蹈语汇。1978 年人民音乐出版社出版该作品场记。（仝妍）

雨打芭蕉 群舞和舞剧。①女子群舞。编导黄健强、薛威信。广东歌舞剧院 1981 年首演。取材于广东汉族传统音乐《雨打芭蕉》，是首个根据广东音乐作品创编的同名舞蹈作品，表现珠江三角洲地区浓郁水乡风情和田园风光。1986 年获第二届全国舞蹈比赛创作三等奖。②舞剧《沙湾往事》选段。编导周莉亚、韩真。广东歌舞剧院 2014 年首演。舞蹈构图、道具配合设计巧妙，塑造岭南女子典雅、娴静人物形象，展现 20 世纪 30 年代广府文化独特人文情趣。（仝妍）

摸螺 群舞。编导陈翘，作曲陈元浦。广东民族歌舞团 1982 年首演。提炼加工日常生活中儿童动作，在黎族舞蹈基本动律基础上，塑造一群单纯、美丽黎家小姑娘舞蹈形象，展现黎族人民生活风俗和时代风貌。1983 年获首届广东省鲁迅文学艺术奖舞蹈创作一等奖；1986 年获第二届全国舞蹈比赛编导三等奖；1994 年获"中华民族 20 世纪舞蹈经典"提名。（仝妍）

南越王 舞剧。编剧、总导演梁伦，编导陈建民、曹志光、黄健强，作曲石夫。1989 年广东歌舞剧院舞剧团首演。分为"挂帅""南征""称王""归汉"4 幕，以现实主义创作手法表现"赵佗归汉"历史主题，宣扬赵佗促进汉越民族团结、勇于开拓、维护国家统一进步精神，古越族儿女辛勤耕耘、为汉越团结和国家统一献身的品格；以充满浪漫主义色彩表现方式将男女主人公悲伤又不失豪情的爱情故事娓娓道来，带给观众审美享受。1989 年获广东省庆祝中华人民共和国成立 40 周年文艺汇演作品一等奖；1992 年获第四届广东省鲁迅文学艺术奖；1993 年获文化部第四届"文华新剧目奖"。（仝妍）

虎门魂 舞剧。编导郭平、李华，作曲徐肇基，作词瞿琮，舞美设计刘文豪、邢辛、王丽、朱萤萤、邓学广，艺术顾问查列、郑秋枫。1992 年广州军区战士歌舞团首演。根据 1990 年为纪念鸦片战争 150 周年创作的同名舞蹈改编而成，共分五场。以清朝末年为历史背景，塑造渔女、炮长和一群平凡百姓群像，讲述他们用生命捍卫民族尊严的悲壮故事，较为成功地将革命历史题材与浪漫主义表现相结合。1992 年获全军第六届文艺汇演创作一等奖、表演一等奖，刘晶、刘丕中等获演员一等奖；2000 年获文化部第八

届"文华大奖"；获第六届中国艺术节"艺术节大奖"等。（仝妍）

神话中国 舞剧。总导演曹诚渊，编导乔杨、秦立明、沈伟等。1993 年广东现代舞实验舞团首演于广州。由盘古、女娲、共工、夸父等中国神话故事人物组成，借助有着远古历史并影响中国人思维方式的神话，讴歌、反省或批判中国历史和文化，重新阐释宇宙起源、人类起源、神话起源。借鉴西方现代舞理念表达中国人历史与现实情怀。是中国内地第一部大型现代舞剧。（仝妍）

潮汕赋 歌舞诗。总策划吴勤生、李国俊，总导演刘选亮，艺术指导陈翘，作词王纪平、李英群、爽亮，作曲配器陈恩彦，编舞谢晓泳、高波等。1993 年南方歌舞团、广东民族乐团联合演出。由《古港谣》《过番歌》《迎春曲》3 段组成，表现中外经济文化交流发展时代主题与潮汕几代人漂洋过海、艰苦创业和投入家乡特区建设曲折历程，讴歌改革开放，富有潮汕特色与时代精神。1993 年获第五届广东省艺术节优秀演出奖、编导二等奖、乐队演奏二等奖、作曲二等奖及服装设计二等奖。（仝妍）

玄凤 芭蕾舞剧。编导张建民，作曲杜鸣心。1997 年广州芭蕾舞团首演。取材于敦煌莫高窟第 257 窟北魏时期壁画《鹿王本生图》，是一部具有中国民族特色芭蕾舞剧。分《林中凤》《梦中凤》《画中凤》《火中凤》四幕，运用"交响编舞法"编创理念探索追求对中国芭蕾舞剧的民族性格刻画，在以西方芭蕾艺术为表现形式基础上融入中国古典舞和民族民间舞蹈语汇，展现中华民族具有代表性的敦煌文化。1997 年获第五届中国戏剧"97 中国曹禺戏剧文学奖"、优秀剧

目奖等多个奖项。（仝妍）

舞越潇湘　芭蕾群舞。编导张建民，音乐王甫建。1998 年由广州芭蕾舞团首演。将西方芭蕾"开、绷、直、立"审美与中国古典舞"圆、曲、拧、倾"身韵以及现代舞动作、技巧、韵律相融合。音乐改编自古琴曲，以写意手法表现大自然行云流水、山水灵秀和意蕴以及天地间和谐。1998 年获首届中国舞蹈"荷花奖"比赛唯一作品银奖（金奖空缺）、表演铜奖（金银奖空缺）。（仝妍）

星海·黄河　舞剧。总导演曹其敬，编剧杨明敬，编导文桢亚、王中圣、张润华，音乐徐占海等，舞美高广健等。1998 年由广州市歌舞团首演于广州友谊剧院。分序幕《求索》和《苦难》《抗争》《融合》《逆发》《诞生》5 场，再现人民音乐家冼星海忧国爱民，在斗争生活中创作《黄河大合唱》的人生经历和思想情感变化历程。展现出 20 世纪三四十年代民族解放战争时期生活与斗争场景，生活气息浓郁，时代色彩鲜明，场面恢宏、气势磅礴。1999 年在北京中国剧院为新中国成立 50 周年、纪念《黄河大合唱》诞生 60 周年献演。获第六届广东省鲁迅文学艺术奖、第九届文化部文华奖、第六届中国艺术节优秀剧目奖；1999 年获中宣部第七届精神文明建设"五个一工程"奖，广东省"五个一工程"奖等。（仝妍）

深圳故事·追求　舞剧。艺术顾问余秋雨，总导演应萼定，作曲叶小纲，编剧岳世果等，舞美王志强。1999 年为纪念改革开放 20 周年、新中国成立 50 周年，由深圳市委宣传部、深圳市文化局组织策划进京公演。以现实生活为题材，以 3 个平凡打工青年反映 20 年来人们生存状态的变化，表现了

深圳这座年轻城市不断追求、勇于开拓的精神力量。1999 年获中宣部第七届精神文明建设"五个一工程"奖；2000 年获文化部"文华新剧目奖""文华音乐奖""文华舞美奖""文华表演奖"。（仝妍）

风雨红棉　舞剧。编剧吴惟庆、胡小云，总编导文桢亚，编导陈军、高原、孙跃颉，作曲方鸣、王崴，舞美灯光秦立运、胡加。2002 年广东歌舞剧院首演于广州。取材于 1927 年广州起义烈士周文雍、陈铁军"刑场上的婚礼"的故事，分为《禁锢婚礼》《精神婚礼》《刑场婚礼》3 部分。以当代视角塑造革命者形象，将革命者形象人性化地呈现在舞台上。获第八届广东省艺术节一等奖、第十一届文化部文华大奖文华编导奖、文华表演奖、文华音乐创作奖、文华舞台美术奖、中宣部第九届精神文明建设"五个一工程"入选作品、第三届全国舞剧观摩演出（比赛）评委会大奖、第七届广东省鲁迅文学艺术奖等。2019 年作为"岭南风华·我爱你中国——广东省庆祝中华人民共和国成立 70 周年舞台艺术精品展演"重点演出剧目之一，由广东歌舞剧院复排。（仝妍）

大围屋·雪娘　原名《大围屋》。舞剧。编导刘勇、詹晓南、谭晓洪、刘兴范。2005 年深圳市龙岗区文化馆和深圳市群众艺术馆联合创作。分《根生了》《柱立了》《果熟了》《烛红了》《梁塌了》《灯亮了》和《龙腾了》6 场，通过对主人公雪娘、梅子、天树之间爱情纠葛和奋斗历程描述，展现客家人万里迁徙历程和进取精神。是首部以舞剧形式呈现客家文化文艺作品。获得第十届广东省艺术节一等奖、广东省第七届精神文明建设"五个一工程"奖、第九届广东省鲁迅文学艺术奖。（仝妍）

大围屋　见"大围屋·雪娘"。

骑楼晚风　原名《王阿婆与许老头》。舞剧。总编导王舸，编导周莉亚、夏铭，编剧许锐，作曲程远。2009 年广东歌舞剧院首演于广州。讲述老广州王阿婆与一个初到广州探女儿四川人许老头，偶然相识于骑楼街区且产生感情，碍于社会家庭等原因进退两难；面对突如其来的灾难，人们重新找回久违的亲情、友情、爱情。以骑楼这一广州特色建筑为标志，展现都市人的生活现状，颇具岭南风情。2010 年获文化部第十三届文华奖特别奖。（仝妍）

王阿婆与许老头　见"骑楼晚风"。

风雪夜归人　芭蕾舞剧。根据著名剧作家吴祖光的同名话剧改编。编剧、总导演陈健骊，作曲方鸣，编导傅兴邦，主演傅姝、王志伟。2010 年广州芭蕾舞团首演。讲述京剧名伶魏莲生与官宦宠妾袁玉春从互生情愫到心系彼此，最终化"蝶"而去的悲欢离合。在舞蹈语汇上吸收中国传统民族舞蹈、戏曲等，并以深刻的思想内容、鲜明的人物形象、浓郁的民族风格和优美的传统音乐，对中国的民族芭蕾舞创作做了有益的尝试。2010 年获文化部第十三届文华奖文华大奖。（仝妍）

三家巷　舞剧。改编自欧阳山同名小说。2011 年广州军区政治部文工团创作演出，献礼中国共产党 90 华诞。五幕舞剧。以 20 世纪 20 年代发生在广州的沙基惨案、省港大罢工、广州起义三大历史事件为背景，讲述周炳、陈文婷、何守仁、区桃 4 位年轻人在大时代背景下成长与爱情故事，歌颂一代青年追求共产主义信仰人生历程。剧中满洲窗、灰塑、趟门、荔湾湖、拖板鞋、大裤脚等道具，"过契""花市""乞巧节"等广东民俗场景，体

现出浓郁广东地方特色。获 2010 年度国家舞台艺术精品工程年度资助剧目、重点资助剧目，第八届中国舞蹈"荷花奖"舞剧·舞蹈诗比赛作品金奖，第九届广东省鲁迅文学艺术奖，第十二届全军文艺优秀作品奖舞蹈类"特别奖"。（仝妍）

沙湾往事 舞剧。总策划／艺术总监熊健，监制刘励、黄倩，编剧唐栋，作曲杜鸣，总编导周莉亚、韩真，执行编导石泉。2014 年广东歌舞剧院首演于广州大剧院。以 20 世纪 30 年代广东沙湾古镇为背景，以"何氏三杰"等众多广东音乐人为创作原型，围绕经典名曲《赛龙夺锦》薪火相传内容主线，将中国舞和现代舞的表现融为一体，沿用广东名曲素材，巧用英歌棒、龙舟鼓等舞蹈道具和沙湾灰塑、砖雕等舞美绘景，穿插安排粤剧、南狮展演等环节，以舞剧形式表现广东音乐前辈们艺术理想与民族情怀。获

国家艺术基金资助项目、滚动资助项目；第十届广东省鲁迅文学艺术奖；文化部第十五届文华大奖等。（仝妍）

醒·狮 舞剧。总导演史前进，编导钱鑫、王思思，编剧罗丽，作曲王喆，舞美刘科栋等。2018 年广州歌舞剧院首演。以第一次鸦片战争中广州三元里抗英斗争为故事背景，反映时代风云中南粤儿女精神觉醒、勇于抗争的故事。剧中将第一批国家级非物质文化遗产项目"广东醒狮"作为核心戏剧元素、表演形式、文化内涵，融入南拳、木鱼说唱以及民谣，将广东街坊、店铺街、茶楼、咏春拳练习木桩等广东民俗呈现于台上。2018 年获第十一届中国舞蹈"荷花奖"舞剧奖；2019 年入选第十二届中国艺术节暨第十六届文华大奖参评剧目。（仝妍）

潮速 舞剧。艺术指导张晓雄，编舞吴建纬。2018 年国庆前夕由 12 位舞者

在广东粤剧艺术中心首演。是广东现代舞团为纪念改革开放 40 周年而作。分上阕与下阕，名为"涌"和"湃"，每阕含三个篇章，分别是《潮间带》《洄澜》《车站》和《都会》《夜曲》《节庆》。以改革开放 40 年历程为创作出发点，通过塑造在 40 年间将青春与梦想奉献给祖国建设事业的社会群像，反映改革开放壮丽如潮诗篇。（仝妍）

与妻书 双人舞。编导汪洌，表演者金超、古宛玉。2018 年由广东歌舞剧院出品。取材于近代散文名篇《与妻书》，即林觉民烈士在 1911 年黄花岗起义前写给妻子陈意映的诀别信，以现实主义与浪漫主义相结合手法，表达革命烈士对妻子的深情和对祖国的热爱，表达为国献身、甘愿牺牲个人幸福的崇高情怀。2018 年获第十一届中国舞蹈"荷花奖"当代舞奖。（仝妍）

文 献

中国民族民间舞蹈集成·广东卷 资料汇编。中国民族民间舞蹈集成编辑部编，广东省分卷梁伦主编。中国 ISBN 中心 1996 年出版。该书普查、编写工作始于 1982 年 2 月，历时 12 年，收录从广东省普查出 450 个舞蹈节目中精选汉族、瑶族、壮族和中华苏维埃时期 42 个舞蹈节目稿本。记录动作、音乐、场记、服饰、道具，每个舞蹈流传地区、历史演变、风格特色、

有关传说、文史记载、艺人情况、工艺制作、民俗风情，相应风俗习惯和宗教仪式活动。是舞蹈领域创作、教学、科研、表演重要工具书，为人类学、社会学、历史学、音乐学提供大量研究资料。（仝妍）

中华舞蹈志·广东卷 志书。中华舞蹈志编辑委员会编。学林出版社 2006 年出版。分为综述、志略、文物史迹、人

物传记、图表等部分，在《中国民族民间舞蹈集成·广东卷》资料基础上历时 6 年编纂而成。系统记述 98 个舞蹈历史渊源、演变风格、具体现状、演出形式、音乐伴奏、服饰道具，有关风俗节令、信仰礼仪、工艺美术、文献考古等史料，为广东地区民间舞蹈研究及人类学、社会学、历史学、音乐学等领域提供翔实资料，对传承与保护地域舞蹈文化有着积极意义。（仝妍）

戏曲曲艺

概　况

岭南戏曲　区域艺术。岭南汉族地区多种声腔剧种总称。清代中叶以来，以昆腔、高腔、吹腔、皮黄、乱弹等为代表的外江戏声腔系统汇集岭南，与本地多种方言和地方曲调相互融合、分化、发展，造就了岭南地区融多种声腔为一体的多个多声腔剧种。岭南戏曲声腔体系复杂，唱腔音乐丰富，演唱语言多样，流布地域广阔，表现出丰富多彩的艺术风貌和特色鲜明的文化品格。其中以流布于广府、潮汕、客家三大族群区域的粤剧、潮剧和汉剧最具代表性。粤剧唱腔体制以梆黄为主，兼具曲牌体，其排场艺术、南派武技、表演体制、表演习俗等，体现出与传统戏曲一脉相承的文化基因，将地域色彩鲜明的民间说唱融合进自身音乐体系，呈现出俚俗化、地方化特色，有"南国红豆"的美誉。潮剧源自南戏，是南戏和潮汕本土民间艺术融合的结晶、中国古老戏曲存活于舞台的生动例证，也是潮汕族群重要的文化象征。唱腔包括曲牌、对偶曲、词牌、小调，轻婉清扬，抒情优美；潮丑和旦行是潮剧最具特色的行当，有较高审美价值。广东汉剧是客家文化的重要组成，是中原文化与南方土著文化交融的艺术奇葩，以皮黄为主要声腔，吸收客家汉乐曲调，音乐唱腔丰富优美、古朴大方。剧目与其他皮黄剧种相通，以历史演义、民间传说和风情谐谑故事见长，行当齐全，表演艺术多姿多彩，为广大观众喜闻乐见，被誉为"南国牡丹"。粤剧和潮剧在北美、东南亚、澳洲等区域传播甚广，是海外华人聚集区重要的文化表征，也是研究岭南文化和中华文化海外传播的重要内容。（李静）

岭南曲艺　区域艺术。岭南地区说唱艺术总称。是岭南地区民间口头文学和歌唱艺术长期发展演变形成的艺术形式。以粤语方言说唱为主的粤曲、木鱼歌、南音、龙舟歌等流传广远而最具代表性，对粤剧音乐构成有深刻影响。粤曲流行于广东省、广西壮族自治区等粤语方言区，并流传到香港特别行政区、澳门特别行政区以及东南亚、美洲的粤籍华侨聚居地，是最具影响力的岭南曲艺品种，唱腔与粤剧基本相同，以梆黄为基础，糅合木鱼歌、龙舟歌、粤讴等地方说唱形成唱曲类声腔复合型曲艺形式，与粤剧相互影响、相互借鉴。木鱼歌又称摸鱼歌、沐浴歌、目鱼歌，七言句为主，可加衬字，行腔相对自由，唱词被书坊刊刻出版，称木鱼书，内容部分为原创，也改编流行小说、戏曲，影响最大的作品是《花笺记》。南音是在木鱼歌、龙舟歌基础上吸收潮曲及江浙南词而形成的曲种，音乐结构严谨，变化丰富，有本腔、扬州腔、梅花腔（乙反腔）、平腔之分，因艺术性极强，被粤剧、粤曲吸收为专腔曲牌。龙舟歌又称龙朱歌、龙洲歌，唱词多用日常口语，七言为主，可加衬字，行腔自由，有文唱、武唱之分，内容多改编自木鱼、南音和小说戏曲等故事，也有时事、吉利话和劝世文等内容，后被粤剧、粤曲吸收为专腔曲牌。私伙局是民国年间兴起并盛行于民间的音乐乐社组织，民间艺人以结社方式切磋技艺、改良乐器、吸纳西乐、创编音乐，促进粤曲、粤乐发展。以私伙局为代表的民间音乐社是现今最为广泛的民间演唱形式，是传播与传承岭南曲艺最重要的群众文化组织。（李静）

剧种曲种

粤剧　又称广东大戏、广府戏。戏曲剧种。以粤方言演唱。发源于佛山，流行于广东珠江三角洲、粤西和香港特别行政区、澳门特别行政区以及广西东南部，海外粤籍华人聚居区也有演出。一般认为，粤剧是受弋阳腔、昆腔、汉剧、徽剧、秦腔等多个剧种影响发展起来的多声腔剧种。经历"行当制"（末、生、旦、净、丑、外、小、贴、夫、杂）到"台柱制"（文武生、小生、正印花旦、二帮花旦、丑生、武生）的行当演变。唱腔以板

腔体为主，兼有曲牌体。声腔以梆子、二黄为主，习称梆黄，兼有高腔、昆曲牌子、民谣说唱及小曲杂调。演唱分平喉（男腔真嗓发音）、子喉（女腔假嗓发音）、大喉（男腔真嗓发音，兼用假嗓，又称霸腔、左撇），一般生、丑、末、婆脚用平喉，花旦用子喉，小武、武生、花脸用大喉。子喉、平喉演唱各种板式和曲牌基本曲调，大喉演唱将基本曲调提高四至五度行腔。主要润腔方法是"问字攞腔"，讲究腔由字出，字随腔落，调式变化与节奏变换自然、顺畅。"江湖十八本""新江湖十八本""大排场十八本"是代表性传统剧目，《白金龙》《火烧阿房宫》《宝莲灯》《罗成写书》《凤仪亭》《搜书院》《山乡风云》等有广泛影响。与传统戏曲文化一脉相承，又具浓厚岭南民俗文化意蕴，是岭南文化标识和岭南族群认同与文化交流的重要媒介，是粤方言区中最具影响力和海外传播力的戏曲剧种，有"南国红豆"之誉。2006年入选第一批国家级非物质文化遗产名录。2009年入选联合国教科文组织人类非物质文化遗产代表作名录。（李静）

广东大戏　见"粤剧"。
广府戏　见"粤剧"。

潮剧　曾名潮腔、潮调、潮音戏、潮州白字戏、潮州戏。戏曲剧种。以潮汕方言演唱。流行于广东潮汕地区、福建南部、香港、澳门、台湾地区以及东南亚、欧美等潮裔聚居地。源自南戏，是南戏和潮汕本土民间艺术相互融合而成，距今已有近600年历史。现存明宣德七年（1432）《刘希必金钗记》戏文中出现大量潮汕方言词语，包含诸多对潮汕风情、名物、例俗描写，唱辞受潮州歌册体影响，是潮汕地方戏曲由南戏转型为潮剧里程碑式作品。明嘉靖四十五年（1566）刻本《重刊五色潮泉插科增入诗词北曲勾栏荔镜记》（附刻《颜臣》）和万历年间刻本《摘锦潮调金花女大全》（附刻《苏六娘》），是成熟潮剧剧本。行当齐全，明代时细分为生、旦、贴、外、丑、末、净七行以及杂角，目前归为生、旦、净、丑四大类，其中潮丑和旦行是最具特色行当。潮丑分工细致，有官袍丑、项衫丑、踢鞋丑、武丑、老丑、小丑、女丑、裘头丑、褛衣丑、长衫丑10类，擅长扇子功、梯子功、皮影步等特技。旦行可分为乌衫、蓝衫、彩罗衣旦、衫裙旦、老旦、武旦等。声腔为曲牌体和板腔体混合，以轻六调、重六调、活五调、反线调四种宫调为基础，常运用后台帮唱。唱腔轻婉清扬，抒情优美，唱腔结构包括曲牌、对偶曲、小调。伴奏音乐有弦诗、笛套、唢呐曲牌和锣鼓牌子等。代表性剧目有《扫窗会》《杨令婆辩本》《闹钗》《陈三五娘》《苏六娘》《柴房会》《金花女》《辞郎洲》《张春郎削发》《刘明珠》《江姐》等。雅俗共赏，可在明烛华堂演出，也可在竹棚茅舍演出。在海外，是华侨联结故土文化纽带、眷恋乡情依托。2006年入选第一批国家级非物质文化遗产名录。（孙冰娜、吴国钦）

潮腔　见"潮剧"。
潮调　见"潮剧"。
潮音戏　见"潮剧"。
潮州白字戏　见"潮剧"。
潮州戏　见"潮剧"。

广东汉剧　戏曲剧种。流行于广东客家、潮汕地区。原名外江戏。1933年改称汉剧，1956年定现名。清中叶以来，皮黄戏曲流入广东，因使用官话唱念，音乐优美，行当齐全，风格雅致，剧目丰富，受到粤东士绅群体欢迎。晚清同治、光绪年间在粤东地区势力极盛，名角辈出，于潮州上水门建有外江梨园公所，戏班多达30余个。清末民初潮阳老三多、澄海老福顺、普宁荣天彩与潮州新天彩并称外江戏四大名班。抗战期间，剧种活动中心由潮汕地区向客家地区转移，渐成客家大戏代表。以皮黄南北路为主要声腔，另有部分四平调、吹腔、昆曲、小调和佛曲。伴奏乐器分文场、武场，文场乐器有头弦、二胡、三弦、横箫、唢呐、扬琴、提胡、秦琴、月琴、椰胡、琵琶、古筝等；武场乐器有大鼓、边鼓、大苏锣、小锣、号头、钹等。头弦、大苏锣、号头是特色伴奏乐器。行当分为生（小生）、旦、丑、公（老生）、婆、乌净、红净七大行和杂、包单等小行。在七大行中，公行分白须、掺白须、乌须老生、武老生等；生行分文生、武生、文武生、娃娃生等。旦行分正旦、青衣、花旦、武旦、彩旦等。丑行分官袍丑、方巾丑、短衣丑、武丑、童丑、女丑等。剧目与其他皮黄剧种相通，以历史演义、民间传说和风情谐谑故事见长，经典剧目有《齐王求将》《揭阳案》《昭君出塞》《丛台别》《五台会兄》《洛阳失印》《一袋麦种》《包公与妞妞》等。在闽西、台湾地区及东南亚一带颇有影响。有"南国牡丹"之誉。2008年入选第二批国家级非物质文化遗产名录。（柏峰、陈燕芳）

正字戏　戏曲剧种。曾流行于闽南与粤东一带，现在主要流行于海陆丰地区。本名正音戏，用中州官话唱念，多声腔剧种。萌芽于明初至正德年间，作为南戏一支传入粤东，演变过程中受海盐腔、弋阳腔影响，吸收昆腔、青阳腔、杂调、乱弹等因素，形成于明嘉靖至万历年间，定型于明万历至明末时期，清中叶在潮州比较活跃，清末民初，退出潮州府，偏处海丰、陆丰两县演出提纲戏维持。新中国成

立后，由政府扶持恢复专业剧团，招收女演员改变过去全男班状况。"文化大革命"期间，剧团被解散。1980年，陆丰县剧团恢复建制。分文戏和武戏。文戏声腔以正音曲（大板曲）和昆腔（唱牌子）为主，间以杂调、皮黄腔。武戏以做工尤以打斗为主，极少演唱，表演包括抖靠旗、抖肌肉、抖髯口、跑马步、南派武功等。乐队分文片和武片，主要乐器有大管弦、响弦、三弦、大鼓、品、笛子、大吹、鼓头等，不同声腔的剧目使用不同的乐器。主要行当有红面、乌面、白面、老生、武生、白扇、正旦、花旦、帅主、公末、婆、丑等12种。有些行当勾画脸谱，有200多种图案。传统剧目2600多个。代表剧目有《三元记》《铁弓缘》等"十二真本"戏。武戏多为连台本戏，如《三国传》《隋唐传》等。历史悠久，风格古朴，具有浓厚岭南特色和丰富的历史价值，为戏曲声腔流变和地方文化对戏曲影响等研究提供珍贵材料。2006年入选第一批国家级非物质文化遗产名录。（柏峰、于琦）

西秦戏 戏曲剧种。曾流行于粤东、广州、闽南、香港和台湾一带，现主要活动于广东海陆丰地区。以中州官话演唱。明末清初，西秦腔传入广东，后吸收皮黄声腔与剧目、民间艺术而形成。清嘉庆二十一年（1816）在陆丰县碣石镇北关帝庙戏台有"丙子顺泰源"戏班在该处演出剧目及演员名字墨迹。顺泰源戏班是海丰三大老牌名班之一。咸丰十年（1860）重修潮州田元帅庙时，众戏班勒石决议"西秦班每年每班银二元"敬神，是时被视为大戏。清末该剧种演出活动大多在惠东县以东地区进行，发展大批纯科白或以科白为主的提纲戏。后因战争濒临解体。新中国成立以后，政府组织整理传统剧目70多个，吸收一批

女学员随班学艺，对唱腔、表演、舞美等进行改革和提高，将剧团改名为海丰县西秦戏剧团。剧团在"文化大革命"中被解散。1978年重建海丰县西秦戏剧团。声腔分为正线、西皮、二黄、杂调四种，正线被认为是本腔。西皮是"三十六本头"主要声腔。二黄是女角常用声腔。音乐唱腔为齐言对偶句板式变化体。乐队分文畔、武畔两种，并有"八张交椅、十一条线"的规矩。伴奏音乐分为器乐曲牌和锣鼓。器乐曲牌分大锣鼓牌子和伴奏曲两部分，锣鼓分正线曲锣鼓、丁锣鼓和苏锣鼓三类。演职人员分五行十柱制，包括打面行、打头行、网辫行、旗军行等。打面行包括红面、乌面、丑等；打头行包括正旦、花旦、蓝衫、婆脚等；网辫行包括老生、文生、武生、公末等；旗军行括乌军、红军等。表演风格粗犷豪迈，雄浑激昂，长于武戏。其武打技巧取法于南派武功。传统剧目有"四大传""八草传""四大弓马""三十六本头""七十二小出"等，擅演封神戏、家国题材剧目。该剧种留存西秦腔艺术因子，是清代地方戏曲声腔传播流变活证物，具有很高的研究价值。海丰县西秦戏登记在册剧团仅一个，从艺人员50多人，传统剧目和传统特色打头、打击乐、曲牌、道具等已濒临消亡，抢救、保护工作迫在眉睫。2006年入选第一批国家级非物质文化遗产名录。（柏峰、刘红娟）

白字戏 戏曲剧种。流行于海陆丰地区。用海陆丰方言演唱。一般认为南宋形成的闽南、粤东民间小戏是其前身。宋元南戏正字戏传入闽南、粤东后，与当地潮调、泉调及竹马戏等民间艺术相结合，用福佬方言变调而歌，于明中后期形成。因当地称官话为"正字"，称本地方言为"白字"，故名。闽南白字戏称为老白字，潮州白字戏

称为上路白字、潮音戏、潮州戏，海陆丰白字戏称为下路白字或南下白字。近代以来，潮州白字戏与海陆丰白字戏在改良与固守传统中分途演进。20世纪50年代国家规划地方剧种时把潮州白字戏定为潮剧，白字戏遂成为海陆丰白字戏的专称。音乐唱腔基本为曲牌联套与板腔结合体，辅以民歌小调，因唱曲多用"啊咿嗳"衬词拉腔，故俗称啊咿嗳。曲牌由牌头、牌腹、牌尾3部分构成。角色行当分生、旦、丑、净、公、婆、贴7个，20世纪50年代以前属童伶制，多演出以生旦为主角的文戏，重唱功，擅演悲情戏、苦情戏，呈现柔美哀怨艺术风格。代表剧目为"八大连戏"，包括《英台》连、《秦雪梅》连、《高文举》连、《陈三》连、《王双福》连、《崔鸣凤》连、《杨天梅》连和《萧光祖》连等。《桃花搭渡》《事九问路》《骑驴探亲》等诙谐、搞笑的民间小戏也受欢迎。具有民间祭祀戏剧活化石功能，对研究中国民间戏剧，重新认识中国戏剧史具有很高历史价值。目前传统剧目和行当艺术及舞台艺术等已濒临消亡。2006年入选第一批国家级非物质文化遗产名录。（詹双晖）

花朝戏 戏曲剧种。流行于广东紫金、五华、河源等地山村。源于紫金县乡村的"神朝"祭祀活动。神朝祭祀后，神朝艺人为取悦观众，用客家话唱念，搬演简单有趣乐舞、故事，这种表演谐趣花俏，同虔诚肃穆"神朝"形成鲜明对比，故名。清末民初，花朝从神朝活动中脱离，后受粤剧与江西采茶戏影响发展而成。盛行于20世纪初至20世纪30年代，后渐衰落，50年代至60年代恢复。唱腔由神朝腔和民间小调组成。伴奏管弦、弹拨乐器主要有高胡、二胡、扬琴、昆、筲子、喷呐、笔、单簧管、大提琴等；打击

乐器主要有板鼓、本鱼、堂鼓、高边锣、小锣等。表演程式源于劳动生产，有比较固定的心脚、丁点步、穿心手和扇花、滚巾、圆手、采花、转步等。代表剧目有《秋丽采花》《卖杂货》《三官进房》等，取材于民间传说和社会生活。是中国极具特色的稀有剧种，在探讨民间文学、民间音乐、民俗文化、宗教文化等方面具有不可替代的历史文化价值。面临专业人才流失严重、戏剧自身发展不足、缺乏必要经济支撑等压力和挑战。2006年入选第一批国家级非物质文化遗产项目名录。（刘红娟）

雷剧　戏曲剧种。用雷州方言演唱。流行于广东雷州半岛等粤西地区以及广西壮族自治区、海南等地区。起源于雷州歌，经历姑娘歌、劝世歌、大班歌等历史阶段，于清道光年间演变成戏曲形态，1954年后称雷州歌剧，1964年定为现名。现行音乐体制以板腔体为主，兼用曲牌体。唱腔分为三大类，即源自雷州歌的雷讴类、高台类，以及20世纪70年代以后出现的、与雷州歌差异较大的混合类，还有少量变格腔。板式有慢板（缓板）、中板（平板）、快板（包括一般快板、溜板、流板、快溜板）、散板、复板等五种。器乐曲分为伴奏曲和过场曲两大类。伴奏乐器以雷胡为主，辅以二胡、扬琴、笛子、唢呐、锣、钹、板鼓等。脚色体制随剧种发展由简单到细致，以小生、花旦、丑生、乌衣、武生为主。表演技艺多学习其他剧种，尤近于粤剧，有排场表演和吊索、吊辫等空中特技表演。舞台美术方面，脸谱、服饰、砌末早期多仿大戏，中华人民共和国成立后健全、规范。至清末民初积累常演传统剧目100多种，新中国成立以后增添很多移植改编剧目和新创剧目，具有较高历史、文化和艺术价值。面临专

业人才流失严重、缺少观众、缺乏必要经济支撑等，传承发发可危。2011年入选第三批国家级非物质文化遗产名录。（于琦）

粤曲　曲艺曲种。流行于广东省、广西壮族自治区粤语方言区、香港、澳门以及海外粤籍华侨聚居地。采用粤方言演唱。最初形成于清道光年间的八音班乐工弹唱，同治后，由失明女艺人"师娘"从事职业演唱，出现茶楼曲坛"一几两椅"坐唱表演形式，以及"八大曲本"等代表性曲目。1918年前后，开眼的女伶登台唱曲，进入鼎盛时期。将十大行当并为子喉、平喉、大喉三大腔系，改假嗓为真嗓，将"舞台官话"改为粤方言演唱，并逐渐改坐唱为站唱，后期有专职男唱家加入。新中国成立后，成立广东音乐曲艺团，培养演唱和创作人才。以从粤剧中吸收的梆子、二黄为主，以木鱼、南音等地方歌谣、小曲小调为辅，曲牌板式丰富。伴奏乐器主要有以二弦、月琴和短喉管为核心"硬弓"组合和以高胡、琵琶、扬琴和长喉管为核心"软弓"组合，以及椰胡、筝、洞箫、唢呐和击打乐等，吸收小提琴、吉他、萨克斯等西洋乐器。与粤剧关系密切，在唱腔、艺术上互有借鉴，曲目多有重合。代表人物有熊飞影、邓曼薇（小明星）、张月儿以及撰曲家王心帆等。代表流派有"星腔""柳仙腔""鬼马腔"等。代表作品有"八大曲本"和《羊城新八景》等。2011年入选第三批国家级非物质文化遗产名录。（李继明）

木鱼歌　又称摸鱼歌、沐浴歌。曲艺曲种。粤语地区流行的诗赞系说唱曲艺，属弹词系统。明中叶已出现，盛行于整个清代，民国后日渐衰落。使用粤语演唱，七言句为主，可加衬字，行腔相对自由。按流行地区可划分为广府木鱼、

吴川木鱼和偃木鱼3种。唱词被书坊刊刻出版，称木鱼书，内容部分为原创，也改编流行的小说、戏曲。影响最大的是《花笺记》。对后来的龙舟歌、南音、粤讴等有较大影响，曲调也被粤剧粤曲吸收为专腔曲牌。2011年入选第三批国家级非物质文化遗产名录。（李继明）

摸鱼歌　见"木鱼歌"。
沐浴歌　见"木鱼歌"。

南音　曲艺曲种。主要流行于珠江三角洲地区。以说唱为主，使用粤方言演唱，与以演奏为主的泉州南音不是同一曲种。一说为江浙南词传入广东衍变而成，故名。现一般认为是清乾隆晚期产生于珠江花舫中，在木鱼歌、龙舟歌基础上吸收潮曲及江浙南词优长而形成的新曲种。音乐结构严谨，变化丰富，有本腔、扬州腔、梅花腔（乙反腔）、平腔之分。板式上，有慢板、中板、快板、流水板、尖板等。伴奏一般使用扬琴、洞箫、筝、琵琶、椰胡，有起板和过门。唱词结构分起式、正文和煞尾，每句一般七字为主，采用"二二三"结构。按内容和传播主体，可分为地水南音、戏曲南音、老举南音和报人南音等种类。代表作品有叶伯瑞《客途秋恨》、何惠群《叹五更》、钟德《增刊今梦册》等。因艺术性强，现仍有传唱。被粤剧、粤曲吸收为专腔曲牌。近代报刊借用南音形式传播革命思想，促进近代广东反帝反封建运动。2011年入选第三批国家级非物质文化遗产名录。（李继明）

龙舟说唱　又称龙舟歌、龙朱歌、龙洲歌。曲艺曲种。主要流行于珠江三角洲。表演时艺人手持木雕龙舟，故而得名。一说由清乾隆时期顺德龙江破落子弟在木鱼歌基础上创制，一说

为广东天地会为宣传反清复明所创，到晚清民国时期达到极盛。使用粤方言演唱，尤以顺德话为正宗。唱词多用日常口语，七言为主，可加衬字，行腔自由，有文唱、武唱之分。演唱时艺人胸前挂扑小锣鼓，用于伴奏。内容多改编自木鱼、南音和小说戏曲等故事，也有关注时事、吉利话和劝世文等内容。后被粤剧、粤曲吸收为专腔曲牌，促进粤剧、粤曲本地化。又被近代报刊用于宣传革命思想，推动近代广东社会运动。2006 年入选第一批国家级非物质文化遗产名录。（李继明）

龙舟歌 见"龙舟说唱"。
龙朱歌 见"龙舟说唱"。
龙洲歌 见"龙舟说唱"。

咸水歌 又称疍歌、蜑歌、艇歌、蛮歌、咸水叹、叹哥兄、叹姑妹、白话渔歌、浪花歌、后船歌。民歌。沿海水上疍民所唱的歌谣。主要流行于今广东珠江三角洲河网地带及沿海地区，包括广州、中山、珠海、佛山、东莞、江门、阳江和香港、澳门，以及广西梧州、北海及海南三亚等地。因疍民生活在海边咸水之上而得名。明末清初已十分流行，新中国成立后随疍民上岸定居而衰落。在疍民生产生活、休闲娱乐及婚丧嫁娶等活动中占重要地位。无伴奏乐器，无起板、过门及固定节拍，随字求腔。唱词多随编随唱，有衬词，善于将事物名称巧妙嵌在唱词中，内容多与疍民生产生活和民俗活动相关。演唱形式有独唱、对唱，有斗歌竞唱习俗。代表曲目有《对花》等。2006 年入选第一批国家级非物质文化遗产名录。参见第 343 页民俗卷"咸水歌"条。（李继明）

潮州歌册 又称潮州歌、歌册歌。曲艺曲种。流行于广东潮汕地区、福建西南地区、香港、澳门、中国台湾地区及东南亚潮语华侨中。使用潮州方言演唱。约形成于清初，以潮州地区歌谣唱念方式为基础，吸收弹词、木鱼书、戏曲等形式而形成。唱词以七字句为主，四句一换韵，也会穿插三、四、五、六字句，以及三三四、三三五、三三七等句式。内容多为历史故事以及民间传说，近代也产生宣传革命的作品。代表作品有《荔枝记》《苏六娘》等。对潮剧的发展有较大影响。2008 年入选第一批国家级非物质文化遗产扩展项目名录。（李继明）

潮州歌 见"潮州歌册"。
歌册歌 见"潮州歌册"。

雷州歌 又称雷歌。民歌。流行于广东雷州半岛（今雷州、徐闻、遂溪、湛江市郊区、廉江西南地区）、电白（今属茂名）等地，及东南亚雷州籍华人华侨中。以雷州方言演唱。来源于雷州古谚语和民谣，明末成形，至清初以对唱形式在当地盛行，流传至今。其分支长期发展，成为雷剧主要声腔。一般唱词结构为每首四句，每句七字，四、三分顿。有的可在句前加二至三字，称为"歌垫"。第一、二、四句末字押雷州方言音韵，第一句末字为仄声字或阴平声字；第二句第四字为阳平声字，末字为阴平声字；第三句末字为仄声字；第四句第四字为阳平声字，末字为阳平声字。调式主要有商调式（以 2 为主音）、羽调式（以 6 为主音）和宫调式（以 1 为主音）。传统题材多为劝善教化，分为口头歌、情意歌、班本歌、出榜歌、姑娘歌等类型，保留在民国时期歌册抄本和刻本中。新中国成立以后，出现现代题材作品。改革开放后，当地成立雷州歌研究会，举行多次歌赛，产生题材广泛、内容丰富的新作。2008 年入选第二批国家级非物质文化遗产名录。（于琦）

雷歌 见"雷州歌"。

姑娘歌 曲艺曲种。流传于雷州半岛一带。由雷州歌发展而成。雷州歌歌手脱离生产，组成半职业化班社专事演唱，表演以女演员为主，故名。依附于当地乡民年例习俗，至清雍正年间已盛行。语音唱词基本沿用雷州歌的格律，曲调简朴、古拙、粗犷。早期为无伴奏清唱，亦有即兴对唱，20 世纪 50 年代起增加乐器伴奏，以笛子为主，兼用弓弦、弹拨乐。表演形式一是祭祀式演唱，神诞年例时，演员登台演唱前，跪在神台前，轮流清唱；二是斗歌式演唱，歌台上歌手间或歌手与观众间对唱问答；三是歌舞式演唱，一男一女对唱，边唱边走动换位，道具有扇、巾。题材主要包括娱神酬答、劝世教化、人情风俗、生活常识等，传世作品 5000 多首。2006 年入选广东省第一批省级非物质文化遗产代表作名录。（于琦）

劝世歌 曲艺曲种。流传于雷州半岛一带。由姑娘歌发展而成。姑娘歌演员为宣扬道德教化，常在对歌后增加劝人戒恶从善演唱，故名。清代乾隆、嘉庆年间盛行。唱词格律与雷州歌同，说白临时编造，无锣鼓弦乐伴奏。初由一人演唱，后因歌颂真人善事具一定情节，发展为分角色演唱，有时人物众多，则一人兼演数角，表演为生活原型动作。各人物角色身穿便服，腰系红带，两颧涂红，双眉画黑，男角手执道具扇子、烟筒，女角手执道具彩巾，台上摆设一桌数凳。代表曲目有《断机教子》。（于琦）

唱腔音乐

专戏专腔 戏曲唱腔。传统粤剧专用唱腔。前辈艺人在某出戏中，以特定表演行当扮演特定角色，为此专门设计一段特别唱腔以宣泄特定情境中的特定情绪和情感。获得行内和观众认可后，凡在这出戏中扮演该角色，演员即照此唱腔演唱。后其他戏也借用或套用来表现相似或相同戏剧情境中类似的人物情绪，成为粤剧编剧和撰曲创作手段。丰富粤剧板腔旋律，增强唱腔情感表现力，彰显粤剧艺术类型性特征。有恋檀腔、打洞腔、教子腔、回龙腔、追贤腔、祭塔腔、罪子腔、卖马腔等30余种。（李静）

霸腔 戏曲唱腔。传统粤剧武场行当唱腔。《霸王别虞姬》中项羽唱腔高昂雄浑，音量充沛，以表现霸王气度而得名。早期粤剧演唱遵循一首曲以一个调贯穿到尾的规范，戏班习惯上也将梆子（士工线）武场行当唱腔称为霸腔。行腔时多用高腔，或嚣张跋扈，或高亢激越。音域较高，通常需要真假嗓结合演唱，要求演员唱功基础扎实、嗓音条件良好。主要用于武生、小武、大花脸、二花脸等行当。（李静）

平霸 又称肉带左。戏曲唱腔。行当唱腔。演唱时与平喉唱法一致，但运腔过程需要在适当处提高音高，与霸腔近似，是一种介于平喉与霸腔之间的唱法。一般用于武生、小武等行当，有时出于人物情绪需要，也用于文武生演唱。平喉、平霸、霸腔在人物个性的体现上有递进效果，平喉平稳自然，平霸较平喉更威武有力，但不如霸腔高亢雄浑。（李静）

肉带左 见"平霸"。

公脚腔 戏曲唱腔。传统粤剧表演行当公脚的行当唱腔。公脚一般饰演身份卑微的老年人，以唱为主，发声以喉音和腭音为基础，讲究收声归韵；行腔较多使用中低音，演唱风格苍劲悲凉。明显有别于传统粤剧其他行当的演唱。名伶公脚贯的《辨才释妖》、公脚保的《三娘教子》是最具特色的传统公脚腔。（李静）

驹腔 流派唱腔。清末民初粤剧男花旦千里驹（区家驹）所创。千里驹以中音作为演唱音高，创造出咬字准确、吐字清晰、跌宕分明的演唱技法，"滚花"板式演唱尤能体现这一特点。千里驹还善于根据角色情绪变化选用恰当的节奏和旋律演唱。其【燕子楼中板】是当时男花旦的演唱范本。是粤剧男花旦演唱艺术高峰，对粤剧、粤曲旦角演唱影响深远。粤曲歌坛金山女和文雅丽两位女伶，因擅唱该唱腔而闻名。（李静）

白腔 流派唱腔。民国年间粤剧小生白驹荣所创。白驹荣创造"一紧二慢三宽"技法，演唱时吐字清楚，字音准确，字正腔圆；根据角色情绪需要控制、调节用气力度和短长，呈现字中有情、情字交融、字中有腔、腔字紧连的特点。演唱【木鱼】【板眼】【减字芙蓉】【南音】等板式尤能体现这一特点。首本戏《泣荆花》"参禅"一折中首创的【八字句二黄慢板】板式唱法被命名为参禅腔（又称和尚腔），是该唱腔艺术重要代表。（李静）

马腔 流派唱腔。粤剧演员马师曾所创。马师曾早年习丑生，根据自己嗓音洪亮扎实欠圆润的特点，融合卖柠

马腔代表剧目《搜书院》剧照

檬小贩叫卖声，创造吐字清晰、惯用方言俚语、贴近生活的"柠檬喉"发音方法。《苦凤莺怜》中首次以柠檬喉演唱义丐余侠魂，节奏明快、谐趣隽永，又称乞儿喉。擅唱【中板】，创造性地在过门间隔处填上曲词，半唱半白，顿挫分明，增强叙事性，突出音乐性；以颤舌音夹在拖腔中增强唱腔表现力，常以广州西关语音突出"事""之""四"等字，音韵奇特，腔口新颖。晚年习老生，唱腔节奏严谨，讲究韵味，行腔短促，较少花腔。该唱腔注重唱腔技巧内涵和角色性格塑造。代表作有《搜书院》《关汉卿》等。（李静）

薛腔 流派唱腔。粤剧生角薛觉先所创。薛觉先强调在发音准确的基础上行腔，创造出"问字攞腔"技法，根据所唱字字音尾，依照原来板腔基本旋律行腔，使音准字露，字正腔圆，运用旋律向下运行的唱法，以深化角色情感与情绪。该唱腔音色清亮，吐字清楚，节奏稳定明快，发声刚柔有度，运气呼吸自然；善于运用唱腔多种表现手法，表现角色特定情绪，刻画角色个性特点，具有鲜明岭南地域色彩和粤剧韵味。薛觉先在传统梆黄的基础上发展【长句二流】【长句滚花】【长句二黄】乙反、反线等新唱

法，创造【解心腔】【南音二流】等新板腔，以及《倦寻芳》《寒关月》《丹凤眼》《胡不归》《貂蝉怨》等新小曲，对粤剧唱腔发展影响深远。（李静）

桂腔　流派唱腔。粤剧小武桂名扬所创。该腔融会薛腔、马腔优长，节奏顿挫分明，短促有力，体现字字千钧力度；不追求华丽音色，强调演唱露字，较少使用高音；根据角色身份与性格不同处理唱腔。桂名扬擅演袍甲戏，尤擅"武戏文做"，桂派唱腔成为其塑造古代英雄形象的重要手段。创造的锣边大滚花表演程式组合，将身段表演、锣鼓节奏和演唱整合起来，有鲜明的行当表演特点。演唱《赵子龙》《火烧阿房宫》中的【滚花】，每一顿配以一记重槌，被称作【包槌滚花】，鲜明演绎英雄人物的威势。该唱腔成为演唱这一类人物的程式性唱腔。（李静）

廖腔　流派唱腔。粤剧丑生廖侠怀所创。20世纪30年代粤剧戏班实行"六柱制"，丑生戏份减少，演唱只为交代剧情、叙事补充或与对手的零碎对答。廖侠怀钻研唱功，于细微处见风格。追求同一板式中通过唱腔处理使旋律起伏，达到妙趣横生的效果。喜用【中板】【板眼】【木鱼】【滚花】等自由松散的板式，发挥丑生插科打诨的特长。行腔明快，咬字准吐字有力，常有即兴创作。贴近生活，针砭时弊。首本名曲有《花王之女》《大闹广昌隆》《双料龟公》等。（李静）

芳腔　流派唱腔。粤剧花旦芳艳芬所创。芳艳芬擅长以气役声，发音时轻抒轻放，拉腔只上行至中高音；擅长运用鼻腔共鸣，将鼻音、齿音、舌音交替运用，自然流畅；不刻意追求高

音，凸显声音圆润剔透特质。演唱能随角色情绪自如转换板式塑造人物。尤其在【反线中板】【反线二黄】演唱中体现出特有拖腔，《白蛇传》"仕林祭塔"一折【反线二黄】祭塔腔即是这一特色突出代表。（李静）

风腔　流派唱腔。粤剧小生陈笑风所创。陈笑风运用真假嗓发音，针对自身嗓音扬长避短，演绎角色情绪；多扮演儒雅文士，演唱中多用舌齿音，将声音推向鼻腔，引起轻度共鸣。有意识地在同一板腔曲词中变换骨干音，凸显人物情绪与情感。《朱弁回朝》"冷山怀圣"的【长句二流】为突出代表。无伴奏的念白和清唱，如【诗白】【引白】【木鱼】【长句滚花】等也能做到吐字清晰。风腔流传广，代表曲目有《山伯临终》《绣襦记·元和乞食》《六号门·卖仔》等。（李静）

任腔　流派唱腔。香港粤剧女小生任剑辉所创。将娇柔的女性声音与充满阳刚气的"桂腔"结合，形成女小生的独特唱腔。擅唱【中板】【反线中板】【乙反中板】，爽朗明快中透出妩媚。演唱《帝女花》之【秋江哭别】【妆台秋思】、《紫钗记》之【渔村夕照】【小桃红】等大段完整的填词乐曲，能在固定的旋律中唱出与众不同的韵味；将韵律感和节奏感强烈的念白改为生活语言，情绪表达充分而自然。香港剧坛女性生角均以习任腔为荣，影响深远。（李静）

虾腔　流派唱腔。粤剧小生罗家宝所创。罗家宝乳名阿虾，故名。罗家宝发挥自身共鸣音较好的特点，演唱多中低音，吐字清晰。拉长腔时擅用他人少用的"耶"音。吸收传统粤剧公脚腔的演唱方法，表现人物的无助与无奈。【二黄】板式尤能体现该唱

腔特色，《柳毅传书》"洞房"【长句二黄】、《祭玉河》"祭江"【二黄】、《红梅记》"石牢咏"【反线二黄】、《梦断香消四十年》"再进沈园"【长句二黄】等均具特色。（李静）

妹腔　流派唱腔。粤剧名旦颜思庄所创。因艺名上海妹而得名。上海妹擅演悲剧人物，刻画人物思想性格入微。其天赋条件有限，嗓音柔弱，遂根据实际情况，注意在法口、气息等方面运用技巧，吸收千里驹、薛觉先、马师曾等名家唱法，在唱腔风格上咬弦露字，抑扬跌宕，行腔委婉，尤擅【反线中板】和【滚花】；改【乙反二黄】结束音的"6"为"5"来收腔，颇富特色。妹腔个性鲜明，丰富多变，糅合了霸腔、平霸、平喉、子喉等各种唱法，并根据曲词和人物设计唱腔，区分不同情绪，唱腔旋律优美，在行腔中适当之处降低几度音阶演唱，更使人有缠绵婉转、高低适中、情深韵浓之感。据传为子喉【反线中板】首创者，对粤剧粤曲唱腔艺术贡献良多。（邓海涛）

镜腔　流派唱腔。粤剧名伶吕玉郎所创。吕玉郎原名吕庭镜，镜腔因而得名。天生玉喉，嗓音圆润，音域宽广，行腔委婉，咬字稳实。拜薛觉先为师，为薛派传人之一，但能运用自如，不照搬模仿。被称为"玉喉小生"。选择适合发声的呼吸位置予以演唱，多用"吁"字音拉腔，艺术特色鲜明，善于表现儒生纯真忠厚的人物性格。能根据不同人物的情绪选用合适的唱腔板式，并在同一板式中表现出丰富多彩的唱腔技巧。例如同是演唱【反线中板】，均能根据曲中人物性格情绪予以设计，或低回深沉或平直朴实或喜悦跳跃，艺术情感不一而足。代表曲目有《一枝金笔写春天》《偷祭潇湘馆》《珠海丹心》

《苏武牧羊》等。其艺术继承者有徒弟关国华、陈晓明和子侄吕洪广、吕雁声等人。（邓海涛）

凡腔 又称狗仔腔。流派唱腔。粤剧名角何非凡所创。学习并吸收曲艺唱家优点长处，熔于一炉，唱腔跌宕起伏，忽而低沉，忽而响亮，互相交错，富有韵味。唱腔特点在于吐字清晰且跳跃，行腔时加强跳顿，不刻意保留连贯性，给人若断若续的感觉。有时会在演唱中故意增强声音力度，凸显节奏感；有时音程大跳下行，高低分明且驳接畅顺，这些特点在其名曲《情僧偷到潇湘馆》的"打扫街""二黄慢板""反线中板"和"滚花"中均得到充分展现，在表达人物内心情感的同时，又给予观众强烈的艺术感受。凡腔独特之处，还在于以类似小狗"喔喔"叫声行腔，取代行内流行的"问字攞腔"方式。代表曲目有《情僧偷到潇湘馆》《夜吊白芙蓉》《红花开遍凯旋门》《黑狱断肠歌》《碧海狂僧》《凤阁灯前碎玉箫》《七星伴月》等。（邓海涛）

狗仔腔 见"凡腔"。

B腔 流派唱腔。粤剧名伶陈小汉所创。行内人称陈小汉为B哥，故名。陈小汉善于以传统程式塑造人物。早期声线高亢亮丽，音域宽广；后因声带影响转而注重问字取腔，以情带声，创造出爽朗有力、顿挫多变的唱腔。代表曲目有《西楼恨》《吴汉杀妻》《梦会太湖》《琴挑》《梦会骊宫》《同是天涯沦落人》《别馆盟心》《宝玉怨婚》《断肠碑》等。（邓海涛）

潮泉腔 戏曲声腔。明代昆山腔、梆子腔、柳子腔、弋阳腔四大声腔之外的第五声腔。形成于明代，是宋元南戏传到闽南、粤东之后与当地方言、

音乐融合而形成的声腔系统，潮闽相半，歌调轻婉。明清时流行于闽南厦门、泉州、漳州、漳浦、云霄、诏安与粤东饶平、南澳、潮安、澄海、潮阳、普宁、惠来、揭阳等地。潮泉是广东潮州与福建泉州，两地地缘相近，人文相似，戏曲交流频繁，潮州话与泉州话同属闽南方言系统，潮调与泉调常在同个戏曲剧目中共存共唱。明代潮剧如明本《荔镜记》多唱潮泉腔。（孙冰娜、吴国钦）

帮唱 又叫帮腔、帮声。潮剧演唱形式。承袭宋元南戏帮唱艺术形式，演员在幕后众声唱和帮腔，增强唱腔音乐表现力和感染力。基本类型有女声帮唱、男声帮唱、男女声混合帮唱，基本形式有拖腔帮唱、高音帮唱、重句帮唱、衬句帮唱、句末帮唱、对偶曲中母句帮唱、小调中有音无义帮唱等。在《荔镜记》《金花女》等明本潮州戏文中已可见内棚帮声。《桃花过渡》中桃花与渡伯对歌，每一段结尾有"倪了倪"（或"呓了呓"）帮唱。（孙冰娜、吴国钦）

帮腔 见"帮唱"。
帮声 见"帮唱"。

正音曲 又称大板曲。戏曲声腔。正字戏声腔。曲牌体。1949年前没有明确分类，后依潮剧唱腔之例分为重三六曲、轻三六曲、轻重六反曲、活五曲、反线曲。板式有散板、中板、紧中板、慢中板、三板、三板散、垛板、钉头板、抛板、摇板、增板等，不单独使用，常几个板式连接起来使用。保留不少滚唱和滚白。曲调灵活多变，起伏幅度大，适于表现不同情绪。曲牌大多失传。最具代表性的传统唱腔是"三公曲"。（于琦）

大板曲 见"正音曲"。

三公曲 戏曲唱腔。正字戏唱腔。有狭义与广义之分。狭义指红面饰演的关羽、尉迟恭、包拯的唱腔；广义指净行及老生唱腔，是在狭义三公曲基础上演变而成。发源于明代南戏与传奇，明末定型成为正音曲本腔。字多腔少，旋律稳健，风格古朴、豪放。（于琦）

昆腔 又称牌子。戏曲声腔。正字戏声腔。曲牌体。不同乐器伴奏的曲牌使用不同调式，有六孔调、乙字调、正工调、凡字调、五字调、上字调。板式有散板、中板、三板、钉头板、抛板、摇板等。演唱与乐队伴奏齐起，中间少有过门，唱法粗犷。曲调高亢、开朗、悠扬。曲牌保存较多，包括四大套曲、单牌子以及只有乐曲没有唱词的吹打牌子。（于琦）

牌子 见"昆腔"。

正线曲 戏曲声腔。西秦戏本腔。最具剧种特色的一类唱腔曲调。因其领奏乐器是奚琴，故亦称奚琴曲或西秦曲。分为二番和梆子两类共14种板式，男女分腔22种。二番板式包括二番、慢二番、紧二番、十二段、五更叹、流水、中流、紧板、导板、哭板；梆子类声腔板式包括平板、梆子、巴山反、三股分。特点是淳朴委婉，常伴"吁""咿"的拖腔。光绪年间一些粤剧老倌演出的经典剧目中，存在吸收西秦戏该声腔以招揽观众现象。（刘红娟）

啊咿嗳曲 戏曲唱腔。白字戏声腔拉腔调式。一般在拉腔和尾腔地方，不唱字只唱有声无字"啊咿嗳"腔调。传统白字调每一句唱词有"啊咿嗳"，称白字戏为"啊咿嗳"曲。典型"啊咿嗳"拉腔如【历路曲】，一个唱段中有几十个"啊咿嗳"，节奏缓慢，

是白字戏演员学习"啊咿嗳"样板。来源比较复杂，很可能来源于竹马戏福建调中"啰哩嗹"曲以及海陆丰宗教音乐"师公调"，还与牧牛号子、渔歌、蛋歌有密切关系，它们都有类似于"啊咿嗳"的调式。（詹双晖）

雷讴 戏曲唱腔。雷剧唱腔。由雷州歌衍生而成，唱词格律、特征音型与雷州歌相同。按七字句四、三分顿。分为原雷讴、高商雷讴、低商雷讴三类。原雷讴，宫音高度等于"F"或"G"，终止于"2"音或"5"音。高商雷讴，宫音高度等于"C"，终止于"2"音。低商雷讴，宫音高度、终止音与原雷讴相同，第二句和第四句中四个顿的尾字落音时与原雷讴有一个乐音不同。（于琦）

流行腔 又称平调、温柔腔。戏曲唱腔。雷剧唱腔。来源于雷州歌，属雷讴类。原无伴奏，1961年，粤西雷州歌剧团陈文、徐闻县雷州歌剧团陈正端谱出伴奏乐曲，配以过门和引子，形成简单板眼结构，为各剧团普遍使用，故名。结构为每段四句，第二和第四句尾字均落在"2"音上。字与字之间只有短促经过音，没有明显拖腔，词汇与节拍基本相对，曲调中速和缓，多用于叙述。（于琦）

平调 见"流行腔"。

温柔腔 见"流行腔"。

高台 戏曲唱腔。雷剧唱腔。由雷州歌衍生而成，唱词格律、特征音型与雷州歌相同。按七字句的四、三分顿。分为高台宫调腔、高台原腔、高台羽调腔三类。高台宫调腔，宫音高度等于"F"，终止于"1"音。高台原腔，宫音高度等于"C"，终止于"6"音。高台羽调腔，宫音高度等于"F"，终止于"6"音。（于琦）

神朝腔 唱腔术语。花朝戏唱腔。源于神朝祭祀时巫师所唱的腔调。唱词基本为上下句句式，句中多用"哪""哩""呀""哟"等衬字拖腔，常一人领唱，众人帮腔，主要用徵调式和羽调式。常用的有【鸡歌】【田螺经】【佛腔】【观音腔】【告神】【奠酒】【忏腔】等50多首。（刘红娟）

星腔 粤曲流派唱腔。粤曲女平喉唱家小明星（邓曼薇）所创。唱腔婉转低回、丰富细腻，讲究行腔运气，吐字转板，声韵格调，在腔调中增加装饰音与休止符，融平喉、子喉、大喉特色于一体。后继者有陈锦红、李少芳、辛赐卿、黄少梅、李月友、何萍、叶幼琪、梁玉嵘等人。代表曲目有《秋坟》《风流梦》《花弄影》《故国梦重归》《夜半歌声》《抗战胜利》《人类公敌》《痴云》《多情燕子归》《孔雀东南飞》《乞借春阴护海棠》《痴泪浣秋蝉》《恨不相逢未剃时》等。（邓海涛）

鬼马腔 流派唱腔。粤曲女平喉唱家张月儿所创。张月儿能唱善奏，尤擅"三喉"，早期唱粤曲班本，后走谐趣路线，专唱谐曲。因粤语方言将诙谐搞笑称"鬼马"而得名。月儿被人誉为"鬼马歌王"。曾灌录唱片。代表曲目有《通台老倌》《呃神骗鬼》《扭纹新抱治家姑》等。（邓海涛）

芳腔 流派唱腔。粤曲唱家何丽芳所创。何丽芳擅唱三喉，融星腔、柳仙腔等唱腔于一体，形成行腔流丽洒脱、醇厚大气风格，所唱"梅花腔""冰魂腔"尤为称道。代表曲目有《张文贵践约临安》《浔阳江上浔阳月》《抗婚月夜逃》《星殒五羊城》《思凡》《伯牙碎琴》等。（邓海涛）

红腔 又称女腔。流派唱腔。粤剧名

红腔代表剧目《昭君出塞》剧照

旦红线女所创。红线女自幼跟随舅母习艺并得到名伶靓少凤指点，打下扎实的唱功基础。其音色亮丽，音域宽广，行腔委婉，在继承传统粤剧名家唱腔基础上，汲取京剧、昆曲、歌剧、西洋音乐艺术长处，自成一派。1951年红线女所演唱的《一代天骄》标志着红腔的形成。红线女擅长各种板式，能根据唱段曲牌板式与曲词文意设计唱腔，以声音塑造人物形象，用唱腔表达角色情感。例如在《打神》《慈母泪》中的【二黄慢板】，红腔充分展现了不同的技巧和旋律；在【反线中板】中彰显攞字技巧，发音清晰玲珑，富有层次感；善于通过轻重分明的吐字，尤其是半音和装饰音，凸显词曲的神韵和内涵。红腔在处理不同曲目时，能反映红线女匠心独运的艺术特色，例如把慢板中第一顿和第二顿的音乐伴奏过门旋律变成演唱内容，使唱词连贯流畅。在不违背大体原则和规范前提下，大胆突破，利用"底板"拓展拖腔，增强曲调旋律性，使唱腔大气淋漓，连绵不断。代表曲目有《香君守楼》《打神》《昭君出塞》《蔡文姬》《梨花落》《一代天骄》《荔枝颂》《蝶双飞》《柴房自叹》等。红腔影响深远，泽被甚广，传承者有红虹、郭凤

女、苏春梅、琼霞等人。（邓海涛）

女腔　见"红腔"。

荣腔　流派唱腔。粤曲唱家何世荣所创。为现代瞽师演唱粤曲之派别唱腔。何世荣擅长弹唱，模仿名家腔口唱法，熔薛（薛觉先）腔、凡（何非凡）腔、虾（罗家宝）腔、白（白驹荣）腔、马（马师曾）腔于一炉。嗓音低回沉厚，自然质朴，擅于以四弦琴自弹自唱粤曲，别具一格，人称荣腔。代表曲目有《怡红公子悼金钏》《祭潇湘》《宝玉逃禅》《杜十娘怒沉百宝箱》等。传承者有李广生、莫若文、郑健明等。（邓海涛）

豉味腔　粤曲特色唱腔。澳门粤曲唱家李向荣所创。李向荣自学多种乐器，唱腔风格突出，仿如粤地出产的"豉味双蒸酒"般醇厚味道，因而得名。行腔低沉厚实，舒缓从容，常使用低音下行旋律。代表曲目有《云雨巫山枉断肠》《离鸾秋怨》《敲碎别离心》等。（邓海涛）

骨子腔　粤曲特色唱腔。或指梁以忠所创幼细纤丽、雍容大度子喉唱腔，或指"骨子歌王"钟云山吐字清晰、腔调跌宕的唱腔。艺术风格文雅大方、声情并茂。该唱腔风格受业余唱家及民间音乐社演唱者钟爱。代表曲目有《吟尽楚江秋》《唐宫秋怨》《花落春归去》《一段情》等。（邓海涛）

平腔南音　又称鉴叔南音、陈氏南音。南音唱腔流派。由瞽师陈鉴首创，后被其女陈燕莺及孙女陈丽卿、陈丽英所继承。演唱采用以羽调式色彩特殊徵调式，板面从粤讴旋律素材中变化而出，乐句似唱似白，短促停顿较多，似断还连。所选曲目故事性较强，善用声调、

语气、节奏变化凸显人物性格，推进故事情节，乡土气息浓厚。代表作品有《闵子骞御车》《周氏返嫁》等。丰富南音演唱艺术，拓宽南音叙事功能，对后世影响极大。（李继明）

鉴叔南音　见"平腔南音"。
陈氏南音　见"平腔南音"。

扬州腔南音　又称飏舟腔。南音唱腔流派。因融入扬州歌调韵味，故名。一说为飏舟腔，发音清锐、婉转动人，有舟摇摇而轻飏之感，因而得名。音域较高，发音不重繁密重悠扬，音拖得很长，柔和而不吭。比普通南音婉转，没有梅花腔凄苦。代表人物为瞽师钟德，一说为钟德所创。代表曲目有《祭潇湘》《宝玉哭晴雯》等。（李继明）

飏舟腔　见"扬州腔南音"。

歌谣体　音乐体制。粤剧的一种板腔形式。是龙舟、木鱼、南音、粤讴、板眼、芙蓉、咸水歌等广东民间歌谣（民间说唱）的统称。清末民初至20世纪20年代前后，广州、香港、澳门及珠江三角洲地区兴起粤曲歌坛，粤剧与粤曲相互吸收借鉴，粤剧融化了民间歌谣，丰富、发展了唱腔，更具地方特色。歌谣体与板腔体、曲牌体以及小曲杂调一道构成粤剧的唱腔音乐系统。（李静）

小曲　音乐术语。粤剧行内对定谱乐曲的惯称。用于填词演唱或伴奏音乐，是粤剧唱腔音乐的组成。包括外省传入的有谱有词的杂曲，如《骂玉郎》《贵妃醉酒》《英台祭奠》《四季相思》等；有谱无词的民间器乐曲，如江南丝竹《无锡景》《柳青娘》、广东音乐《雨打芭蕉》《平湖秋月》等；古曲新编的《妆台秋思》等；中外电

影插曲、舞厅乐曲、酒吧歌曲，如《魂断蓝桥》《天涯歌女》《夜上海》《苏珊娜》等；新创曲（生圣人），如《吴王怨》《寒关月》《倦寻芳》等。（李静）

十手制　音乐体制。粤剧棚面（伴奏乐队）分工形式。粤剧本地班形成后，乐队形成较为细致的分工，上手吹箫、笛或操月琴，负责定弦；二手吹箫、笛或操三弦；三手操二弦或司大钹；四手负责掌板（司鼓）；五手司大锣；六手司大鼓，夜场兼操二弦；七手司小锣，文戏顶替掌板，日场武戏顶替大鼓掌打闹场戏；八手操提琴，日场替三手司大鼓，夜场有时兼司小锣；九手吹箫，日场顶替上手或二手，头场顶替五手；十手为替手，日场顶替五手、六手，夜场顶替二手、八手。粤剧发展成熟，乐队增加短筒、长筒和扬琴，改制为"十三手"。传统乐队基本组织形式及分工一直沿用至今。（李静）

硬弓组合　俗称五架头。音乐体制。粤剧梆黄时期棚面（伴奏乐队）组合方式。沿袭外江班文武场体制而来。多伴奏高亢激越唱腔，如霸腔等。一般由5人组成，分左、右场。左场操二弦兼吹唢呐，二场操月琴兼吹横箫，右场司鼓，中场司大镲兼操二弦，另有大锣手。（李静）

五架头　见"硬弓组合"。

软弓组合　俗称三件头。音乐体制。粤剧梆黄时期棚面（伴奏乐队）组合方式。多伴奏平和抒情的唱腔，如平喉、子喉唱段。以高胡为主奏乐器，配以扬琴、秦琴、洞箫、长筒。（李静）

三件头　见"软弓组合"。

轻三六调　又称轻六调。音乐调式。用于潮剧唱腔。多以 61235 构建旋律。传统潮州音乐中，弦乐以"二四谱"记谱，即：二、三、四、五、六、七、八（对应简谱 5612356）。"二四谱"中标明该调时，演奏"三""六"音阶不须用力在弦上重按，故为轻三六，简称轻六。用于表现欢快情绪与热烈气氛。如《苏六娘》中唱段《春风践约到园林》。（孙冰娜、吴国钦）

轻六调　见"轻三六调"。

重三六调　又称重六调。音乐调式。用于潮剧唱腔。多以 71245 构建旋律。标明该调时，即在二四谱中，"三""六"两音需在弦上重按使音阶偏移，故称重三六，简称重六。重三六对"三""六"两个音的特殊处理，与轻三六相比，在简谱上表现为从 6 变 7，从 3 变 4，根据不同乐曲要求，音高会有不足半音的偏移。用于表现庄严肃穆、沉郁稳重情绪。如《扫窗会》中的唱段《曾把菱花来照》。（孙冰娜、吴国钦）

重六调　见"重三六调"。

活三五调　又称活五调。音乐调式。用于潮剧唱腔。多以 57124 构建旋律。弹奏活三五调时，在重六调基础上，处理"三""五"两个音时左手加入灵活的滑颤。根据乐曲需求，"活三"音在略低于 7 和略低于 1 间游移，速度偏慢，技法强调轻重得当；"活五"音游移幅度大一些，从略高于 2 到接近 4，速度也偏快，技法讲究"稳"和"硬"。演唱时，游移的"三""五"音和偏移的"六"音使该调更难掌握和唱出韵味。活五调与潮语腔调关系密切，唱词音调的升降可使曲调圆活多变，一音数韵，韵味醇厚。如《刘明珠》【哭坟】。活五调属悲调，潮

语用调多变，也有悲调喜唱的"喜乐活五"，如《京城会》【皂罗袍】。（孙冰娜、吴国钦）

活五调　见"活三五调"。

反线调　音乐调式。用于潮剧唱腔。多以 61245 构建旋律，是轻六调变体。所谓反线，即变更琴弦的音高，由原曲升高纯四度进行演奏。大多数反线采用唢呐演奏，为丑角唱腔所用。格调诙谐幽默，如《刺梁冀》的【罗汉月】。（孙冰娜、吴国钦）

头板曲牌　又称镇头板、加赠板。潮剧曲牌类唱腔结构。一板七眼（8/4），板上起唱，第四眼为赠板，次强拍。结构严谨，节奏缓慢，字句间常有拖腔，一唱三叹，行腔吐字优雅婉转。头板曲牌相应唱词一般为长短句，曲牌结构上，先由武畔打击乐起【三脚介】，后接序段，以文畔【弦引介】为始，唱散板，散板后可接一段念白，或直转行板。行板前有过渡段，行板后接【头板锣经】，其后为主体的变体与反复，收腔句结尾。曲牌结构可以随剧目略加调整。潮剧承继南北曲结构规范后演化而来，腔调有古意。现存头板曲牌 24 个。如《扫窗会》【四朝元】，《拒父离婚》【石榴花】。（孙冰娜、吴国钦）

镇头板　见"头板曲牌"。
加赠板　见"头板曲牌"。

二板曲牌　潮剧曲牌类唱腔结构。有二板快（一板三眼 4/4）、二板慢（一板一眼 2/4）两种。遵从"起、承、转、合"结构形式，多为四句式结构。二板快，常始于散板，多以弱拍起唱；二板慢，则多从强拍起唱，常在散板前加锣鼓介与弦引介。二板曲牌作为转折曲段，多在套曲中上承头板曲牌，下启三

板曲牌，也可作一个独立唱腔曲段使用。这种结构给主体中不同牌调与旋律自由组合以空间，便于叙事抒情。是潮剧唱腔最主要也是应用最广的主要腔调板式。如《琵琶记·五娘上路》【山坡羊】，《荔镜记·大难陈三》【红衲袄】。（孙冰娜、吴国钦）

三板曲牌　潮剧曲牌类唱腔结构。分为有板无眼（1/4）、散板以及前二者结合三种板式。在散板与有板无眼相结合的板式中，常以散板起唱，以锣鼓介承接至有板无眼，节奏逐渐规整和强烈。有板无眼板式具有锣鼓科介紧凑密集、节奏强烈快速的特点，基本句法相对稳定，接近朗诵或者说唱，字多腔少，叙述性强，多承接二板曲牌，将前者情绪和唱腔推向高潮，收腔句配有包腔锣鼓。三板曲牌唱腔中，【摘句】也被称为【拆句】，有最快的行腔速度，上句或者子母句完成后会以一击锣鼓收尾，多配合角色抒情场景，如《芦林会》"结发恩爱重"曲。散板曲牌节拍相对自由，体例短小，句与句之间用锣鼓衔接，通常作为一种元素穿插在套曲中，如《蓝关雪》中"才离了渭水秦川"曲。三板曲牌中的散板结合有板无眼这一板式亦可整体视作散板，从散至整，以一散一整作为一个腔格，腔格反复也被称作【赚板】，收腔句亦用锣鼓。（孙冰娜、吴国钦）

唢呐牌子　伴奏音乐。用于潮剧。可分为套曲牌子和应用牌子。套曲牌子一般由若干首曲牌联缀，用以表现剧情，如《十仙》由【文点江】【新水令】【三板吹鼓】【仙歌】【三板吹鼓】【沽美酒】【清江引】【三板吹鼓】【双套坠子】【新水令】【江儿水】【雁儿落】【清江引】【进香】【尾声】15 个曲牌连贯吹奏组成。《封相》《开台团圆》《收煞团圆》

等也是曲牌联奏。应用牌子有固定使用方式，与舞台表演相配合，如文官行兵用【朝元歌】，武将行兵用【一江风】，官相升帐用【无头坠子】，写信、上奏用【急三枪】，结婚拜堂用【大拜堂】等。（孙冰娜、吴国钦）

锣鼓科介 又称鼓介。伴奏音乐。用于潮剧。主要有开场锣鼓、唱腔锣鼓和专用锣鼓。开场锣鼓，如【三站锣鼓】【火炮锣鼓】，用于演出前号召观众，也用于剧情中间停顿和煞尾。身段锣鼓，如【激面介】【站三下介】【打架介】【想计介】【惊逃介】等，用来配合演员表演程式。唱腔锣鼓，如【三脚鼓介】【站三下介】是开唱锣鼓，用于起板前；【头板锣经】【半畔莲】等是一种过腔锣鼓，在唱腔间起承接作用。专用锣鼓，如【安更介】【响雷介】【天光介】，专用于表现天亮、夜间更鼓变化、响雷等，以交代时间与环境变化。（孙冰娜、吴国钦）

鼓介 见"锣鼓科介"。

弦诗 伴奏音乐。潮剧用于文畔。源自潮州弦诗乐。一般作为过场或两个唱段中间的表演、说白间奏音乐。结构严谨、板拍均匀，由【头板】【拷拍】【三板】三段组成，每段均六十八板，也被称为【排诗】。如【平沙落雁】【寒鸦戏水】【凤求凰】【锦上添花】【柳青娘】【大八板】等。正字戏只用于正音曲和杂调，均为间奏音乐。1949年后来自潮剧或白字戏，但与二者不同。定调比潮剧高一阶，在重三六调处理上与潮剧有重要差别。白字戏亦有此乐。（孙冰娜、吴国钦、于琦）

笛套 伴奏音乐。用于潮剧。源自潮州音乐。吸收昆曲牌子、潮阳笛套、

汉调音乐而成。多用于迎送、拜堂、赏月、饮宴等场面，如【喜乐登楼】【百家春】等。正字戏中分为以笛或品伴奏的"笛仔套"和以大吹伴奏的"大吹套"，常与吹打牌子配合使用。留存曲牌较少，多用于特定场面、情节或《绿袍记·掷钗》等特定剧目。（孙冰娜、吴国钦、于琦）

南北路 声腔术语。广东汉剧主要声腔。南路指二黄，一般认为源自江西宜黄腔，旋律流畅优美，柔缓稳重，正线定弦为5：2，反线为1：5。北路指西皮，起源于北方梆子腔，风格激昂高亢，活泼明快，正线为6：3，反线为2：6。主要板式有倒板、慢板（一板三眼）、原板（一板一眼）、二板（摇板）、三板、滚板、哭板、马龙头、叠板等。以该术语代指皮黄声腔的剧种有广东汉剧、广西桂剧和湖南湘剧等。（陈燕芳）

丝弦乐 音乐乐种。广东汉剧音乐重要组成部分，为广东汉乐乐种之一。在广东汉剧音乐中有170多首，包含部分吹腔曲牌和民间小调。常用乐器有头弦、扬琴、提胡、椰胡、三弦、月弦、秦琴、琵琶、小唢呐、竹笛、洞箫、笙、古筝，以及云板、戟子等，根据实际情况组合演奏。整体风格优雅古朴，在剧中可用于清赏、宴饮等特定场景，如【水龙吟】【迎仙客】，或烘托人物心境，如【哭皇天】。广东汉剧部分皮黄曲调对汉乐丝弦调演奏亦有影响。（陈燕芳）

中军班音乐 又称中军班、鼓吹、吹打音乐。音乐乐种。广东汉剧音乐重要组成部分，为广东汉乐乐种之一。原为客家地区仪式音乐，后被广东汉剧吸收以烘托戏剧气氛。艺人多为半职业型，三五至十数人不等。主奏乐器为唢呐，音色高亢嘹亮，伴奏乐器

为笛子、笙、弦乐以及弹拨乐器，另有锣、鼓等多种打击乐器。常见广东汉剧舞台者，如礼乐"吹鼓"，军乐"战刀花"，宴乐"园林好"，喜乐"清江引"，哀乐"大江"等。（陈燕芳）

中军班 见"中军班音乐"。
鼓吹 见"中军班音乐"。
吹打音乐 见"中军班音乐"。

文武畔 音乐体制。潮剧乐队俗称。文畔即管弦乐，武畔即打击乐，乐队总指挥由司鼓负责。20世纪20年代以前，文畔有竹弦、椰胡、秦琴、唢呐，武畔有竹板、正板、辅板、月锣、小鼓、小钹、钦仔、曲锣、号头、深波、马头锣。20世纪20年代到70年代中期，为使音乐拥有更丰富的表现力，文武畔乐器有所变化，或增或删。20世纪70年代中期至今，潮剧乐队的乐器相对固定。文畔乐器有二弦、椰胡、扬琴、琵琶、大唢呐、小唢呐、竹笛、二胡、洞箫、板胡、小三弦、大三弦、大提琴（部分剧团会增用小提琴、小号、月琴、古筝、中三弦等），武畔乐器有木板、正板、辅板、大鼓、中鼓、小鼓、哲鼓、低音鼓、大斗锣、曲锣、钦仔、深波、月锣、苏锣、号头、大钹、小钹、铜盅。（孙冰娜、吴国钦）

深波 乐器名。潮剧铜质乐器。属潮剧特色打击乐器。直径64厘米（或80厘米），边高15厘米左右，敲打时锣体以架悬挂，用布团扎成锣锤敲打，有固定音阶，定音为F调或C调。音色浑厚、深沉，音量宏大，音波连绵不绝，余音悠远。（孙冰娜、吴国钦）

号头 俗称胡嘟嘟。乐器名。潮剧铜质乐器。喇叭口吹管，无键无孔，由三节套管连接，可伸缩，长120厘米。

喇叭口上卷，直径 12 厘米。定音为 B（筒音），音色独具特点。常用于战场、校场、刑场等场面。少参与伴奏，在演出中多用于昭示戏始戏歇。乡间演出在戏出台之前，由武畔起锣鼓，叫上棚鼓。上棚鼓快煞尾时，由头盔师父吹响号头。夜场、日场演出，开始和结束，有号头吹响。号头在对台戏（相斗戏）也起到类似作用。如遇二台相斗，由正台先吹起号头，偏台吹起响应，表示戏已开始。结束时也由正台吹响，偏台呼应，同时歇鼓。（孙冰娜、吴国钦）

胡嘟嘟 见"号头"。

吹打牌子 伴奏音乐。正字戏提纲戏伴奏曲牌。以唢呐配合锣鼓乐器演奏。多为弋牌子和昆牌子，有【十三腔】【三报】等套曲和单牌子。风格古朴豪放、节奏明朗、气势恢宏。使用的特定场面有明确规定。（于琦）

十三腔 声腔音乐。正字戏昆腔套曲。属双调，由【新水令】【补补娇】【折桂令】【江儿水】【雁儿落带得胜令】【侥侥令】【收江南】【园林好】【沽美酒】【清江引】【红绣鞋】【尾声】等南北曲牌构成。曲调幽雅、轻松，多用于喜庆场面和表达闲情逸致。（于琦）

走沙场 声腔音乐。正字戏昆腔套曲。属中吕宫，由【粉蝶儿】【泣颜回】【石榴花】【黄龙衮】【扑灯蛾】【上小楼】【幺篇】等南北曲牌构成。曲调开朗、雄健，多用于征战场面和表达豪情壮志。（于琦）

三报 声腔音乐。正字戏昆腔套曲。属黄钟宫，由【醉花阴】【喜迁莺】【出队子】【刮地风】【四门子】【醉仙翁】【尾声】等曲牌构成。曲调气

派，比较跳跃，多用于表现重大政治斗争和军事场面。（于琦）

三音 又称三目猫。乐器名。正字戏特色乐器。乐盘由铜制成，一般为 3 只，面积和样式相同，薄厚不同，圆形，直径 5 厘米，边沿 1 厘米，边沿钻孔穿绳，系于横木条上。敲击音色分别为"叮""咚""锵"（定音"1""2""3"）。（于琦）

三目猫 见"三音"。

八张交椅 十一条线 音乐体制。西秦戏后棚乐队传统体制。分文畔和武畔。八张交椅指 8 名击乐人员，具体分工为：头吹（第一唢呐手）、二吹（第二唢呐手）、鼓头（司板手）、大鼓（司鼓手）、班锣（一人打双面锣）、工锣、大铙（中镲）、响盏（小手锣）。十一条线指西秦戏传统弦乐伴奏乐器，即头弦（俗称硬子）两条线，二弦（即提琴）两条线，三弦三条线，月琴四条线。头弦由第一唢呐手（大吹）兼任，提琴由司鼓手兼任，三弦由第二唢呐手（二吹）兼任，月琴由工锣手兼任。20 世纪 50 年代以后，在原有乐器基础上，增加扬琴、高胡、二胡和大提琴，乐队的人员也增加到 12 人左右。（刘红娟）

硬子 又称西秦弦、奚琴。乐器名。西秦戏领奏乐器。历史上西秦戏硬子以植物剑麻（俗称筋箈）根茎挖空作琴筒，蒙以桐木板。音色柔和、宽厚。现西秦戏硬子形制如同京胡，比京胡稍大一些。特征是琴筒和琴杆为竹制，琴筒一端蒙蛇皮。张两根弦，原来用丝弦，现用钢丝弦。伴奏讲究"沉弓润指、疏弓走指"。（刘红娟）

西秦弦 见"硬子"。

奚琴 见"硬子"。

白字牌子曲 又称白字曲。声腔音乐。用于白字戏。分为正音曲、反线曲两种。正音曲常用曲牌有【驻云飞】【锁南枝】【红纳袄】【猴头】【四朝元】【下山虎】【山坡羊】【玉芙蓉】【皂罗袍】【鉴州歌】【虞美人】【水底鱼】【石榴花】【四玉仕】【鲤鱼吐气】等。特征是在曲牌中加入滚白、滚唱，还有畅滚、帮声，在剧情发展到高潮时出现。反线曲包含两类：一类是来自正字戏的草昆曲牌和小锣鼓曲牌，如【十三腔】【小登楼】【新莲花】；一类来自民国初期潮音师傅所传潮音戏班革新的潮音曲，常用曲牌有【十三腔】【金钱花】【弹琴调】等，尾句常有"啊咿唉"拖腔。反线曲有帮腔，无滚唱。反线曲风格独特，主要用于小锣鼓戏中，代表性剧目是《南海记》。（詹双晖）

白字曲 见"白字牌子曲"。

杂调曲 唱腔音乐。用于白字戏。分为小调、本地民歌和本地庙堂音乐 3 种。小调是指由正字戏传入江南流行民歌小曲、里巷歌谣，是早已戏曲化的民歌，如【梆子】【五更叹】【琵琶词】【青铜宝剑】【螃蟹歌】【补缸歌】【花鼓调】【花灯调】【采茶歌】【山歌】等。本地民歌是指从闽南、潮汕、海陆丰一带民间歌谣中吸收入戏的民歌小调，如【长工歌】【十二月歌】【灯笼歌】【骑驴歌】【蚯蚓歌】【耷歌】（今称【渔歌】）【媒人歌】【歌册调】【读书调】【龙船歌】【王婆骂鸡】【怕么歌】等，唱腔轻松活泼，以小锣小鼓伴奏，富有生活情趣。本地庙堂音乐指当地流行佛曲道调。佛曲有香花（唱潮音）、禅和（唱粤音）、外江（唱正音）三大腔系；民间还盛行白字

经，即劝世文（变文），多为弹词化对偶七字句，如《目莲救母》《十月怀胎》《二十四孝》等。道调，又称师公调，主要曲牌有【风打梨】【隆涟词】【大炼丹】【小炼丹】等，唱腔高雅古朴、委婉缠绵，情调比较悲伤，多用"啰哩嗹"拖腔，适宜表现儿女情。（詹双晖）

对偶曲 又称子母句曲。唱腔音乐。用于白字戏。由曲牌中滚唱发展而成，也有认为脱胎于潮州歌册等民间说唱。子母句是由上下句组成旋律腔句，上下呼应，上句是子句，下句是母句，唱词多为七字句，间有五字句、三字句。上句一般不停顿，落音多为2、3、5；下句一般分为两个逗句，第二逗句落音多为1、5，并伴以帮腔。对偶曲依字求声、依字择腔，根据剧情和人物感情通过板式变化铺陈情节，字音明朗清晰，旋律流畅，易于演唱承传，很受农村观众喜爱。（詹双晖）

子母句曲 见"对偶曲"。

竹弦 又称响弦仔。乐器名。白字戏特色乐器。主奏乐器。音色醇厚、柔和、明亮。定弦5 1，在演奏方法上讲究"沉弓润指"，有吟音、打音和上、下揉滑演奏手法。运弓慢而有力，很少用快弓。（詹双晖）

响弦仔 见"竹弦"。

雷胡 乐器名。雷剧特色乐器。1975年由海康县雷剧团何堪泰创制。以竹料、木料制成，以钢丝作弦。形似圆形二胡，主要由琴头、琴杆、琴筒（琴身）、弦轴、琴弦和琴弓构成，琴筒长11.5厘米，厚0.5厘米，筒口直径6.5厘米，琴板0.15厘米，琴码与千斤相距23厘米，千斤与外弦轴相距12厘米，外弦轴与内弦轴相距7厘米，琴杆、弦轴、琴弓与二胡相同。内弦定音G，外弦定音D，音高于二胡，低于中音板胡，音量比板胡稍小，音色介于二胡与高胡之间，略带板胡韵味，清晰明亮。（于琦）

表演体制

粤剧排场 表演排场。传统粤剧演出中固定、规范的表演程式组合。具有各不相同的表演特点、技艺特色和具体内容指向，被相同或相似戏剧情节、戏剧场面套用、仿用和借用。按表现内容可分为两种：一是由舞台调度与程式动作相结合，用于表现戏剧场面的群体性表演排场，如将军出征前检阅部队的"点将起兵"、朝臣排列等候皇帝登殿的"排朝"，由类型性群角演员完成。二是用于敷演具体戏剧情节的特定表演排场，是由某一剧目中某一表演片段提炼出来而形成基本固定的规范化程式表演，比如"三击掌"排场、"鬼担担"排场，一般由主演者表演，正字戏亦有相似体制，多用于武戏。（李静）

四大排场 又称小武四大排场。表演排场。粤剧小武4个表演排场"西河会妻""风仪亭""打洞结拜""平贵别窑"的合称。粤剧小武行当舞台表演基本形态。"西河会妻"主角赵英强是短打小武，较多运用跟斗、翻扑等技巧，主要表现南派小武风格。"打洞结拜"是小武开面饰演赵匡胤，风格粗豪，"弹烛花""掌风灭烛"是其独特表演。"风仪亭"着重演员身段和唱功，表现吕布介于正邪之间的层次和分寸，"拨烂扇"技巧为后学追求与效仿。"平贵别窑"是袍甲戏，着重表演身段和功架，在粗放中表现薛平贵的细腻情感。该表演排场是判断小武演员技艺水平与身价高低的标尺。（李静）

小武四大排场 见"四大排场"。

水波浪 表演程式。粤剧特有的表演程式。演员从舞台任意处起步，以半圆形的线路急促走到另一角色跟前，用表示询问、观察的表演与其交流，接着回到原处（或以同样半圆形线路从反方向走到其他角色跟前询问、观察）表演左右为难、犹豫不决、最后下定决心的过程。该程式随着锣鼓点时而激烈时而和缓，时而短暂停顿时而连续不断，表现角色起伏变化的情绪，行内称为"水波浪"。三击掌、逼反、杀忠妻等排场表演中均运用。（李静）

哭相思 表演程式。粤剧特有的表演程式。演员按照特定的锣鼓和音乐表演角色悲痛哭泣的程式。锣鼓和音乐音量、力度减弱，若断若续，表现饮泣、环境不允许痛哭或悲痛则称为"暗哭相思"。可根据剧情需要灵活运用，以转换板式来表现悲伤哭泣被喝止中断后的角色情绪变化。（李静）

粤剧十大行当 行当体制。粤剧戏班早期把演出中的角色按演员技艺和饰演角色类型划分为末（公脚与总生）、净（二花面）、生（正生和武生）、旦（正旦）、丑（男丑和女丑）、外（大花面）、小（小生与小武）、贴（花旦和小旦）、夫（老旦）、杂（六分、拉扯等）。清同治以后，粤剧艺

术发展和艺术风格变化，表演行当整合、淘汰，变为武生、正生、小生、小武、正旦、花旦、公脚、总生、净、丑10个行当。清末表演行当称谓和排列次序变为武生、小武、花旦、正旦、正生、总生、小生、公脚，将大花面和二花面统称花面，把男丑和女丑纳入丑行。20世纪30年代，"十大行当"又整合为"六柱制"。（李静）

六柱制　编制模式。20世纪30年代，传统粤剧戏班编制由100多人大班组成变成70多人剧团，产生以武生、文武生、正印花旦、小生、第二花旦、丑生等主要演员担纲演出主角的分工模式，6位演员如6条支撑剧团的梁柱，故名。此非严格意义的表演行当分工，而是反映戏班结构的内部调整。武生包揽传统粤剧10个表演行当中的公脚、总生、正生等所有挂须主要角色和外（大花面）、净（二花面）等需要开面的主要角色。丑生担纲男丑、女丑和所有归属丑角类主要角色。正印花旦和第二花旦属同一表演行当，所占戏份不同。文武生不是表演行当，只代表剧团中第一男主角。小生是剧团第二男主角，地位与第二花旦相仿。打破传统戏班严格的表演行当界限，裁减戏班冗员，发挥演员表演才华，促进粤剧艺术转型。也带来硬凑"六柱"的弊端；行当笼统含混弱化行当表演艺术。20世纪60年代消亡。（李静）

文武生　表演岗位。粤剧戏班特有的编制现象。传统粤剧十大行当无文武生，20世纪20年代，大中华戏班班主小武靓少华邀请名小武靓仙加盟，为平衡两位小武排名，首创文武生标识自己的表演特色是武戏文做，后各戏班效仿。粤剧团实行"六柱制"后，成为剧团文武全才第一老倌。其设立打破严格行当界限，淡化行当专项技

能，不以戏中人物表演行当安排角色，在其他地方剧种中罕见。（李静）

七大行当　行当体制。广东汉剧现行脚色，包括生、旦、丑、公、婆、乌净、红净7行。清同治年间，粤东外江戏脚色包括生、旦、丑、末、净、外、小、贴、夫、杂10行。光绪年间，10行归并为生、旦、丑、公、婆、净6行。宣统以来，净行分化出饰演英雄好汉角色的红净，又称红面，饰演英雄好汉或权奸神怪角色的黑净，又称黑头、乌面、大花脸。除7大行当外，还有旗军、宫女、丫鬟等龙套。（陈燕芳）

童伶制　演出体制。传统潮剧特有的演出制度。始于清嘉庆年间。除丑行、净行和老生外，小生、花旦、青衣等主要角色由童伶扮演，唱腔音乐形成与童伶真嗓相适应的生旦同腔同调艺术特色。童伶卖身年龄一般为八九岁，期限一般是七八年，卖身后被剥夺人身自由。童伶多不识字，学艺时死记硬背，常受罚。经开蒙教习，资质好则担当角色演戏，资质一般则跑龙套。演出时，童伶在幕后只许站不能坐。童伶到发育变声时需退出舞台或改行，艺术生涯短暂。演员艺术生命短暂给潮剧艺术发展带来极大限制。1951年烧毁童伶卖身契约，废止童伶制。但童伶制存在150年，有一定历史作用和艺术审美价值，形成潮剧唱腔轻婉清扬的艺术特色。（孙冰娜、吴国钦）

半夜反　演出体制。潮剧、白字戏演出一种特别现象。明前期在潮州地区，外来士大夫官宦追捧正字戏，本地观众喜爱用乡音演唱的潮音戏，为迎合两种不同观众群，出现上半夜演正字戏，下半夜演潮音戏奇特演出现象。潮汕民间有"三更想，半夜反"俗谚，故名。旧时白字戏亦有半夜反演出现

象，上半夜演正字戏下半夜演白字戏，白字戏班吸纳从"大班"（即正字戏班）来的"下手脚"（二、三流演员），凑在上半夜第一、二出做武戏和半文半武戏（即讲官话、演正字的剧目），至下半夜第三、四出才转做白字戏文戏。该体制在白字戏仍有遗存，一些剧团上半部分演正字，下半部分演白字，或者白天演正字，夜晚演白字。（吴国钦、詹双晖）

双棚窗　表演体制。潮剧特殊表演形式。由两组演员同台演唱同一剧目。如《扫窗会》，两对王金真与高文举分立台左和台右，两组演员唱同样唱词，说一样道白，形体动作镜面对称，左边王金真向左转时，右边王金真则向右转；当右边高文举右手执扇，左边高文举则左手执扇，故名。童伶制时期戏班中该体制被认为是训练童伶舞台感、节奏感的重要手段。广场演出时，该体制能让不同位子观众欣赏演员表演。遇喜庆请戏，戏班演时主人需加倍戏金赏赠。过去只有行当较齐全大班才能演，民间有"好戏双棚窗"俗谚。潮剧舞台有另一种表现手法也称"双棚窗"，即将舞台分割成两个表演区域，把不同人物在不同地点中发生情节同时以台左与台右"双棚"展现，通过直观对比或衬托，获得艺术表现效果。（孙冰娜、吴国钦）

广场戏　曾名踮脚戏、涂脚戏。演出形态。潮剧配合潮汕民俗活动的演出模式。按请戏名目，可分为节庆戏、喜事戏、神诞演戏、禁约戏、罚戏等。舞台为由竹木（或钢架铁板）搭建的流动戏棚。演出剧目一般由请戏方和剧团磋商。资金来自乡村集体筹资或商人独资，观众不需买票，随来随看，名为娱神实为娱人。作为潮剧演出市场的重要组成部分，将潮剧影响力播

植于乡镇基层，为培养潮剧观众和戏曲后备力量作出贡献。（孙冰娜、吴国钦）

跷脚戏 见"广场戏"。

涂脚戏 见"广场戏"。

大小生 行当。成年男性扮演的潮剧小生。童伶制废除后，小生改由成年男子扮演。因童伶演唱制度，潮剧在唱声音乐上形成了与童伶真嗓相适应的男女同腔同调特点，基本音域是F调，成年男子真声很难达到，因此大小生在最初出台时因唱声遭到观众抵制。为解决大小生唱声问题，潮剧界自20世纪50年代进行尝试与改革，如通过降低调门、转换调门、唱"双拗"声、选择适合音阶等方法。至今，男小生唱声问题还未完全攻克。老怡梨班翁銮金、老源正班郑蔡岳、三正顺班郑壁高、老正顺班李钦裕、老玉梨香班黄清城等是有名大小生。（孙冰娜、吴国钦）

女小生 行当。成年女性扮演的潮剧小生。童伶制废除后，成年男子担任的男小生唱声达不到原有童伶唱腔调门，剧团尝试由成年女性担任，自然声域比较适应传统童声调门，得到部分观众的认可。但因表演风格偏向阴柔，以及男小生演出空间遭到侵袭，女小生遭到部分人排斥，禁止女小生出台一度成为潮剧界不成文规定。后男小生在舞台上站稳脚跟，女小生被重新接纳。（孙冰娜、吴国钦）

乌衫 又称青衣。潮剧行当。多扮演贤妻良母或贞节烈女。多属悲剧角色。注重唱功，追求委婉雅致。表演善于寓动于静，风格庄重大方。典型人物如《井边会》李三娘、《扫窗会》王金真、《芦林会》庞三娘。（孙冰娜、吴国钦）

青衣 见"乌衫"。

彩罗衣旦 又称花旦。潮剧行当。主要扮演婢女或村姑。穿窄袖衣衫，系腰带，多属天真伶俐的喜剧人物。源自南戏小旦，表演上追求小、佻、俐、巧，"丑味三分"，重口白和眼神。典型人物如《苏六娘》婢女桃花、《陈三五娘》婢女益春。（孙冰娜、吴国钦）

花旦 见"彩罗衣旦"。

乌面 潮剧行当。即净行。主要扮演文臣、武将、草莽英雄、恶霸等角色。少唱，多用"炸声"道白，重在"喝头"好（丹田气足），勾脸谱。按表演风格分为文乌面和武乌面。文乌面注重袍蟒工架造型，如《摘印》中潘仁美、《搜楼》中严世蕃。武乌面也称草鞋乌面，表演注重武功做派，如张飞、鲁智深等。或扮演心地善良、性格诙谐人物，如孟良、焦赞，又称为乌面丑。（孙冰娜、吴国钦）

潮丑 潮剧行当。可分为官袍丑、项衫丑、踢鞋丑、武丑、老丑、小丑、女丑、裘头丑、褛衣丑和长衫丑10类。官袍丑扮演官场人物，多为县官、门官、驿丞等，重扬袍揭带，重须眉眼脸、帽翅做功，或模拟动物，如《南山会》驿丞。项衫丑扮演中青年男子，多为品格低下人物，也有正面人物，注重技法，如水袖、折扇等，或模仿皮影表演，如《闹钗》胡琏。踢鞋丑扮演江湖相士、术士或市井底层人物，有正义感，注重腰腿功，常用椅子功、梯子功等特技，如《柴房会》李老三。武丑扮演武艺高超豪爽人物，所用程式属南派武功，注重花条、木棍运用，如《宿店》时迁。女丑俗称老鹅，扮演中老年妇女，如媒婆、鸨婆、乳娘等，善恶不拘，其表演有由严妆、指骂、飞凤爪、鸡啄米、斗鹅、双环扣、飞鹰踢、护身钹、倒插烛和煞科组成打架科介，人物多为男角反串，因不协调感而自带喜剧基调，如《换偶记》张幼花、《香罗帕》中赵夫人等。老丑和小丑扮正直善良而风趣人物，如艄公、更夫、店小二、家僮等，表演重口白，有浓厚地方特色，如《桃花过渡》艄公。裘头丑扮穿素色衫裤农民或城市贫民，程式自由，重口白，如《李唔直》李唔直。褛衣丑穿长衫套马褂或背心，留长辫，戴瓜皮帽，多为反面人物，如旧本《杨子良讨亲》中杨子良。长衫丑穿蓝或赤长衫，留长辫，蓄八字胡，扮市井中下层人物，如卖卜盲人。表演风格灵活夸张而功底严谨细腻。（孙冰娜、吴国钦）

大后尾 又称大后斗。潮剧特色发髻。源于潮汕民间妇女日常发型。该发式在脸部左右对称抓髻两片，头顶梳纱鬓，脑后梳成帆船状或菜刀状，系结鬓匙、凤钗、水鬓花、梅花粒、后尾夹、半边莲等10种金银珠饰，风格古朴独特，典型如《龙井渡头》中美娘，《荔镜记》中黄五娘。将该发式简化后的头髻称为后尾仔，《杨子良讨亲》中乳娘，《铁弓缘》中店婆等就采用此发式。（孙冰娜、吴国钦）

大后斗 见"大后尾"。

正字戏行当 行当体制。最初为八柱制，即"四大柱"红生、正生、正旦、公和"四小柱"乌面、武生、花旦、丑；明代宣德年间演变为九脚制，即增加婆脚；清末民初演变为"三大行十小行"，即勾脸行的红面、乌面、白面、丑，网边行的正生、武生、公，扮头行的正旦、花旦、婆。现行体制为十二脚制，即正生、武生、白扇、帅主、公、红面、乌面、白面、丑、正旦、花旦、婆。（于琦）

雷剧行当 行当体制。在晚清演出套用戏曲形式，分为官、娘、公、婆4个行当。后学习效仿粤剧，形成生、旦、净、丑、杂5个行当，后划分更复杂。新中国成立后，行当有所增删，名称也有变化。现行体制为小生（又称文生）、武生、花旦（又称闺门旦）、乌衣、丑生（又称杂脚）、三柱（又称须生）、武旦（又称刀马旦）、白净（又称大花脸）、杂行（又称二功、二刚），前5种为主要行当。（于琦）

五行十柱 行当体制。西秦戏角色分类。五行是演员和乐队人员的5种分类：红面、乌面、丑打面行，正旦、花旦、蓝衫、婆脚打头行，老生、文生、公末网辫行，乌军、红军旗军行，文畔、武畔音乐行。十柱指演员10种角色，包括红面、乌面、丑、正旦、花旦、婆、老生、武生、文生、公末十大行当。（刘红娟）

应日 又称正日。表演体制。海陆丰地区举行一次民俗演出最少要演三五天，其中神诞或节日那一天是本次民俗活动中最重要、最热闹的日子，故名。戏班须配合寺庙或者村社祭祀、酬神活动，按规定时辰开鼓、上演神功例戏，并到寺庙、村社、村民家中祈祷祝福。如三月妈祖诞演戏，三月二十三是妈祖神诞，这一天的演出就是正日；中秋节演戏，八月十五即正日。一般安排在开演第二天（也有少部分在第三天），这一天戏班大多要演一整天戏，上午搬仙（演神功例戏），下午演热闹武戏（以关羽、张飞、秦琼等武将或钟馗驱邪出煞），晚上演正戏。（詹双晖）

正日 见"应日"。

打五件 表演特技。粤剧南派特有群体性武打组合。20世纪30年代，粤剧南派创造以该武技为基础的南派武打组合，替代京剧基础把子"小五套"。该武技以岭南民间常用桥凳（长条板凳）、担挑（竹扁担）、竹箩、四方台（桌）、匕首等5种生活用品为武器，摆放在剧情发生的茶楼、食肆、村边、榕树头等舞台环境四周，常用于表现剧中人情急之中随手拿起身边日常用品与人交手情形。武术套路舞台化充满生活气息，具观赏性。现已失传。（李静）

打真军 表演特技。粤剧南派武技。武场戏使用真实大刀、剑、三节棍、枪、匕首、钢叉等冷兵器对打，故名。广东下四府和广西粤剧小武演员必习武技。有严格套路，主角和配打的五军虎须配合默契才能顺利安全完成表演。表演者还需根据角色和情节要求，袒胸露腹以示粗豪，夹杂硬气功以示刀枪不入，展现演员过硬真功夫。表演难度较大，又有危险性，需要多人长期合作训练才能演出，该武技现已极少在粤剧舞台展现。（李静）

照镜 表演特技。粤剧南派武技。广东下四府一带粤剧戏班演员武戏常用。表演时舞台正面放置靠背椅，演员正向或斜向椅子，完成助跑、跃起、腾空、空中转体180度、双腿屈膝盘坐在椅子上扎架一系列动作。因演员助跑时背对观众，腾空转身后又马上面对观众，这个过程就似镜子反射，故名。女演员表演该武技，称为莲花座。尤以"高台照镜""过山椅""骑人椅"最具高难度。高台照镜是在高台（桌子）上表演，其戏剧场景是金殿，又称金殿椅；过山椅是越过桌子来表演，又称飞越照镜；骑人椅是在舞台前方横向等距离排列7张靠背椅，第一位演员上场表演，第二位演员重复动作，从第一位演员头上飞越而过，转体落在第二张椅子上，后面演员依次表演，最后由戏班中武功最好的第7位演员，腾空飞跃越过前面6位演员，坐到第7张椅子上，因连续表演该武技，又称为连环照镜。（李静）

踩沙煲 表演特技。粤剧演出时根据剧情需要，将民间煎药陶制器皿沙煲倒扣于地，演员踩在其上转、闪、挪、移，上肢对打和搏击动作刚劲有力，双脚跳跃移动须轻、稳，否则会踏破沙煲或踩不到沙煲而跌落。训练和表演难度大，又需特定戏剧情节，练习者少。20世纪50年代香港粤剧童星潘有声在《十三妹大闹能仁寺》中反串饰演打武旦，是粤剧舞台最后一次表演。（李静）

勒马三回头 表演特技。广东汉剧旦行表演程式。用以表达分别场景中人物眷恋不舍情景。第一回头旦角演员直接夺过马夫手中缰绳，以蹦子跳、抓翎、回步等身段表现依依不舍神态。第二回头以旋步、蹦子翻身、挑翎回头、跨腿碎步等程式动作表达痛苦愁闷心情。第三回头以探海、下腰、翻身、下马、掏翎回首等身段表现被迫登程心情。代表性演出片段为《重台别》中陈杏元出塞情节。（陈燕芳）

横空架桥 又称空躺椅。表演特技。广东汉剧丑行用后脑勺和脚跟将身体架空在两张椅屏之间，侧身往下俯视表示正在观察动静的特技。代表性人物角色为《时迁偷鸡》中的时迁。（陈燕芳）

空躺椅 见"横空架桥"。

乌龟拜年 表演特技。广东汉剧丑行用以表现人物因某种身体缺陷带来行动障碍的特技。表演时一步三回头，一摇三摆手。如参拜长官时参、拜、翻、站四步连续贯串：矮步倒地，双

脚朝天、连续翻滚，最后单腿直立，产生滑稽效果。代表人物角色为《洛阳失印》中陶知县。（陈燕芳）

吐血　表演特技。广东汉剧、正字戏传统特技。据《中国戏曲志》等资料记述，有两种表演方法，其一将道具血含在口中，收缩丹田，用鼻子内劲将道具血逼喷而出，其二是表演前用棉团浸透道具血，上场前放入口中，可照常唱念，需吐血时嚼咬棉团将血喷出。道具血由银朱加白糖制成。代表性演出片段为《五丈原》中诸葛亮向姜维等交代后事情节。粤剧也有此特技，称为"呕真血"。（陈燕芳）

皮影步　表演特技。潮剧丑行身段步法之一。常见于项衫丑、踢鞋丑、裘头丑。演员模仿皮影动作特征，以手足关节为支点作机械性摆动，动作显得僵硬板直、滑稽可笑。代表性演出如《闹钗》中胡琏诬蔑其妹时得意忘形表演步伐、《井边会》随军老兵追赶急走身段步伐。（孙冰娜、吴国钦）

狗步　表演特技。潮剧官袍丑舞台表演步法。其动作规范是骑步下蹲，一手擒胸提袍，一手反背于臀部，旋水袖作狗尾状，上身略前俯，伸首缩颈，头上纱帽翅有节奏上下摆动，身躯如一条摇头摆尾狗。常与帽翅功、水袖功配合表演。用以表现官员欺软怕硬、势利可笑。代表性角色如《王茂生进酒》中门官。（孙冰娜、吴国钦）

瞎子身段　表演特技。潮剧长衫丑瞎子身段谱。瞎子角色表演有16字艺诀：以耳代眼，手眼不一，行必侧身，出手尺内。以耳代眼，即舞台上瞎子角色与外界交流时，把耳朵朝向对方脸，以耳当眼，而非面对面；手眼不一，即手到眼不到，与戏曲常规眼到手到不同，扮演瞎子演员在手动之后，

通过侧耳听其反应；行必侧身，出手尺内，是表演瞎子走路时需侧身横步、边探边走，举步时先试探再下步，出手范围限制在胸前一尺之内，以示谨慎。擅演此身段演员有谢大目等。代表性角色有《周不错》《剪辫记》中的瞎子。（孙冰娜、吴国钦）

摇肩磨步　表演特技。潮剧彩罗衣旦舞台身段。以双足尖先后踏地，移动脚跟磨动，如马蹄点踏。使用暗劲让头、肩、腰轻轻摆动，颈部保持不动，双手下垂各执结带一端，相距约1尺许，配合肩部、头部摆动，身段轻盈活泼。（孙冰娜、吴国钦）

折扇特技　表演特技。潮剧丑行表演折扇技艺。分合扇法式、半张扇法式和张扇法式3类，每类有10多种特技手法。合扇法式有摇扇、点扇、掷扇、冲缩扇、掉扇、滑指扇、合顶扇、轮扇、冲天扇、整容扇、皮影扇、旋扇、藏扇。半张扇法式有半张摇扇、劈收扇、推收扇、挥扇、侧望扇、窥扇、背供扇、摇合扇。张扇法式有劈扇、绞花扇、滚挥扇、云手扇、抱肚扇、望云扇、内翻扇、外卧扇、扬扇、脑后扇、夹指扇、张翻扇、张顶扇、背扇。代表性演出如《闹钗》中胡琏手上折扇扑腾、《刺梁冀》中万家春手中折扇耍弄，功夫灵活繁复。（孙冰娜、吴国钦）

烛台特技　表演特技。潮剧运用烛台的表演程式。演员一脚悬空抬起，一脚独立，一盏点燃蜡烛置于翘起足踝上，其下身稳而上身伸展自如，足踝用暗劲将蜡烛往上弹起，用手接住，燃烧的蜡烛始终保持不熄。代表性演出有《活捉孙富》中孙富被杜十娘鬼魂叫醒后片段。（孙冰娜、吴国钦）

椅子特技　表演特技。潮剧运用椅子

的表演程式。可分为推椅、藏椅、挡椅、套椅、掷椅、旋椅、架椅、穿椅、钻椅、走椅、挟椅、背椅、坠椅、卧椅、正抱椅、上跃椅、前翻椅、后翻椅等。《活捉孙富》《活捉张三》《柴房会》中有该特技表演。（孙冰娜、吴国钦）

溜梯特技　表演特技。潮剧丑行表演程式。在梯子上表演各种动作，或面梯溜下，或横梯直坠，或绕梯旋转，或后空翻，或后扑虎，或头倒插等等。代表性演出有《柴房会》中李老三被莫二娘鬼魂吓到爬上梯子后一系列惊慌动作。潮剧旧本《缶盆案》《双梅星》《玉蝴蝶》也有该特技表演。（孙冰娜、吴国钦）

草猴拳　表演特技。潮剧裘头丑表演程式。潮俗谓螳螂为草猴，该特技是基于螳螂动作特征提炼而成，故名。包括洗脸、整装、展翅、走路、攀爬、抓沙、打架、歇息8个部分。草猴动作的手式犹如猴手，屈肘夹腋，缩颈吸颊，手的活动范围多在上身及头部周围；站式需夹膝屈蹲，身躯显得紧促矮小；表演时动作连续，节奏急促，显得小里小气。可用来刻画品行不佳、精神低迷的猥琐人物。代表性演出有《扛石》中丘阿孝的出场亮相。（孙冰娜、吴国钦）

吊绳特技　表演特技。潮剧使用绸布或彩绳的表演程式。常用于拷打场景。如《闹佛堂》中，花花公子薛武被母亲吊梁责打时，舞台上方降下一根红绸将薛武缚住，薛武先沿绳子往上爬，继而前后滚翻，双手拉绳，双膝屈蹲，跪于空中求饶。挨打过程中，薛武时而双足前后伸成一字马式，时而横亘悬空作蜻蜓点水状。两人同受拷打时，发展成为双吊绳特技，代表演出有《双招财》。（孙冰娜、吴国钦）

柴脚特技 表演特技。潮剧丑角从民间杂耍"假脚狮"（踩高跷）汲取而来的特技，柴脚即木跷。演员脚上装3尺高柴脚，在舞台上大步跨迈，技巧高超。旧时潮剧演出广场戏时，方便远处观众看表演。代表性演出有《青峰寺》中蛤师和尚搭救小尼时登山涉水片段。（孙冰娜、吴国钦）

冲冠特技 表演特技。潮剧老生特技之一。演员头一仰，将纱帽往后抛甩出去，纱帽在向后甩出时，有一定高度，纱帽抛落弧线便于堂上听差接住。如《闹开封》中开封府尹王佐为维护正义愤而抛掷官帽表演。（孙冰娜、吴国钦）

旋袍特技 表演特技。潮剧官袍丑运用袍服表演的特技。有提带踢袍、转身旋袍等程式。当袍角被踢起时，成水平线；旋转时需配合锣鼓点先从左向右，由右向左，再从左向右，如是旋动三次，节奏均匀，袍服呈波浪形。名丑谢清祝擅演此特技。代表性演出有《审头刺汤》中汤勤在察看莫成头颅时的表演动作。（孙冰娜、吴国钦）

抛杯咬杯特技 表演特技。潮剧彩罗衣旦特技。演员口咬茶盘边沿，使暗劲让茶杯从盘中弹起，在空中翻转后，用口咬住，再置于盘中。为便于演员咬住茶盘，茶盘一般为特制，三边有边沿，一边无边沿。代表性演出如《龙凤店》中李凤上酒片段。（孙冰娜、吴国钦）

跑布马 表演特技。正字戏表演技艺。源自海陆丰民间竹马戏。以竹子、藤条、布制作马头、前身和后身，用布覆盖马身，饰以彩绘。演员套于腰部表演，身着重物但跑动灵活，以示轻盈，不同场合表演不同动作，以示逼真。如《射郭淮》中的跑马表演。（于琦）

杀千刀 表演特技。正字戏表演技艺。出于《武松杀嫂》，表现武松击杀西门庆的场面。武松扮演者以铁制真短刀一左一右连续猛刺西门庆扮演者颈部，前者眼望台下却不伤及后者，以示惊险及两者配合之娴熟默契。（于琦）

抖动功夫 表演特技。正字戏表演技艺。表演者结合剧中特定情境，抖动头盔缨、翎子、帽翅、须口、水袖、靠旗、脸部肌肉，表现或渲染人物的神态气质、心境情绪。有微抖、轻抖、剧抖以及配合其他身段动作的多种技法。净、丑、武生等行当多用。如《张飞归家》中张飞、赵云的抖靠旗表演。白字戏中亦有此技艺。（于琦）

舞七丈旗 表演特技。正字戏表演技艺。包括展旗、舞车轮式、舞四门龙、舞花篮、舞海浪、舞香塔、舞双环、跳圈、走圆场、落地滚等一套舞旗动作，展示正字戏古朴技艺与艺术魅力。如《连环计》中貂蝉献艺的表演。（于琦）

耍交椅花 表演特技。西秦戏表演技艺。道光年间惠平县平山西秦戏老生黄戊创立。表演者坐在交椅上，结合唱词舞台提示、说话语气缓急、依靠腰身、臀部、双脚力量、配合双手、水袖、髯口、帽翅、身段，控制椅子随身体前倾、后顿、下跪、左旋、右转、椅子轮流单腿360度旋转"跑圆场"，交椅成为身段表演延伸有机部分，边唱边做，体现西秦戏老生唱做并重特点。如《刘锡训子》中特技表演。（刘红娟）

企公仔架 表演特技。西秦戏武生的一种功架表演。表演者右脚单腿站立，左脚屈起内侧上收。双手伸出如双翼状，时而左右平伸，时而高低斜张；双目如雄鹰在高空盘旋俯瞰。功架亮相历时20分钟。如《斩郑恩》中高怀德表演。（刘红娟）

卷靠旗 表演特技。西秦戏武戏一种表演动作。表演者左右肩各插两支方形靠旗上场，面向观众，手提长戟，在锣鼓伴奏下用"鹌鹑走"步法倒退，先是倒拖枪踏步走，再是独脚跑用回头枪抵挡，表演者肩背用暗力摆动靠旗，使其一支一支蜷缩成条状，又使卷着靠旗一支一支展开，配合"鹌鹑走""独脚跑"如此反复，多次圆场。如《三英战吕布》中吕布在三战"追赶场"表演。（刘红娟）

麻风走 表演特技。西秦戏丑行一种特殊身段动作。表演者左臂屈起，右臂挟棍，用三种步法逃走。开始时弯腰"长短脚走"，即右脚微弯踏平步，左脚曲起蹬脚尖，左右摇摆，一颠一跛；被追近时，改用"臀坐走"，左脚屈起，右脚伸直，边跌走边圆场；最后采用"躺平走"，即两脚翘起，仰卧舞台正中打旋，靠着臀部和臀部力量，使身体像罗盘针一样转动。如《芭蕉记》中太白金星化身麻风病人被追赶时的表演。（刘红娟）

落马金枪 表演特技。西秦戏提纲戏武打特技表演。在大锣大鼓大唢呐渲染下，表演者凌空腾起翻身落马，横枪对准铜旗守将（铜旗虎）一刺。动作利索，造型优美。武生张彬在此基础上又创造"倒背枪"打法。表演者在马上跌落在地时，右脚跪地，左脚半蹲，把金枪腾空抛起，又平稳接在手里，由左往右一挥，横枪靠背正中"铜旗虎"。如《秦琼倒铜旗》罗成破百门金锁连环阵时的表演。（刘红娟）

蜈蚣走 表演特技。西秦戏净、丑特技表演。表演者身体弯曲，头向前倾，突出臀部，屈起挟胸如跑步状，两膝盖紧贴，脚尖落地，迈动大腿，左右摇摆，频频圆场，如蜈蚣爬行。如《三救星》大吉、利是，《斩洪建》斩首官，《斩李广》大伯爷。（刘红娟）

落马铜 表演特技。表演突然翻身落马，眼看就要落地，突然右手铜猛一点地，借势凌空翻个筋斗，平稳立于原地，随即甩出双铜，将"铜旗虎"打死。西秦戏《秦琼倒铜旗》中有表演。（刘红娟）

屈脚坐走 表演特技。西秦戏公末行表演特技。表演者腿脚无力难以迈步，跌坐在地，爬又不妥，跑又不行，挣扎着要走，只能屈脚坐着走，左脚一屈一跌，右脚一伸，然后右脚一屈一跌，左脚一伸，一步一跌，如此反复而圆场。表现惊恐无力又挣扎前行情形。如《王云救主》中王云的表演。（刘红娟）

皮影步 表演特技。白字戏丑行模仿皮影人物动作创造的身段步法。其特征是表演者手足摆动时讲究"活关死节"，即手足以关节为支点作机械性摆动，没有曲线、弧线移动。以手臂动作为例，如全臂摆动，则以肩关节为支点，手臂僵直（形成死节）摆动；如下臂摆动，则以肘关节为支点，上臂僵直不动。该身段步法，通过把人动作皮影化，取得滑稽搞笑效果。一般包括小走、急走、煞科等一组连续动作。如《白兔记》"井边会"有表演。（詹双晖）

十八罗汉架 表演特技。雷剧表演者模仿寺庙中十八罗汉形象，融入雷州南拳龙、蛇、虎、豹、鹤五形武功创造而成。全套表演共18个身段造型：伏龙、伏虎、引龙、引凤、托塔、大肚佛、长眉、开胸、睡佛、弹琵琶、撩耳、托腮、托伞、摇铃、托鹿、抱印、抓蛇、望千里。表演者可以表演全部18个功架，如《五郎救弟》中杨五郎自叹身世；也可以根据剧情选取部分动作组合在一起表演，如《焦光普卖酒》中焦光普跳椅、拦马、睡觉等动作。广东汉剧常为乌净演员所用，如《五台会兄》中杨五郎兼唱兼做，模仿寺庙中罗汉姿态，扮卧佛就寝时双目微闭，用朝天腿转出手，右腿横扎，身向左侧虚躺，头枕于左手腕上，拂尘背于右手。还有活佛看经、魁星点鬼、猛虎下山、背帚望月等架式。粤剧亦有此技。（于琦、陈燕芳）

吊索 表演特技。雷剧表演技艺。舞台顶部棚架悬下一条绳索，表演者急速沿绳索爬至舞台顶部棚架，在绳索上翻滚，表演"腾空十字""鲤鱼翻身""高空吊脚"等动作；或将绳索套在颈上再沿索滑下，双脚离地后，颈部挺直，双腿伸直或半屈膝，作正反旋转等动作。如《齐王求将》齐王、《拷蛤》蛤蟆等角色表演。粤剧、潮剧等剧种亦有同类表演。（于琦）

吊辫 表演特技。雷剧表演技艺。表演者沿空中绳索爬至舞台顶部后，用绳索接缚自己发辫，由棚顶人员拉动绳索将其吊起。有的表演者双脚离地后，由检场人抛掷小竹椅等道具，表演者双脚接住，夹稳道具，被拉至舞台高处；有的表演者用双手各提一坐着小孩的椅子，再被拉至舞台高处，以示吊辫负重惊人。如《穷鬼斗饿贼》中饿贼一角表演。（于琦）

耍彩巾 又称手帕花。表演特技。花朝戏旦行常用的一种表演技巧。用手拿彩巾舞动出各种花式。常用有正手、反手转圆帕花，"8"字帕花、云手、晃手翻浪帕花、甩帕花、滚巾等，其中滚巾难度较大，它是用手指顶住手帕，利用腕力使手帕急速旋转后往上一抛，然后用食指和中指轻轻接住，侧身下蹲，滚动的手帕有如一把旋转的花伞。（刘红娟）

手帕花 见"耍彩巾"。

耷勾脚 表演特技。由神朝巫公表演演变而成的花朝戏演员常用动作。以耷勾状的勾脚构成的步法，通常作为表演者转身起点步，主要步法有斜身起步、转身叉步和蹲身跪步等。（刘红娟）

穿心手 表演特技。由神朝巫公表演演变而成的花朝戏演员常用动作。圆手过程中左手或右手在胸前由下往上穿构成手法，常用有并指穿心手、剑指穿心手、兰花指穿心手等。通常情况下，与耷勾脚是配合动作。（刘红娟）

社团·舞台

本地班 戏班统称。粤语地区由本地人组织的早期粤剧戏班。与外江班相对。清初被称为"土优""土班"，由本地艺人组成在广州府题扇桥演出，早期唱"广腔"，后改唱近西班的"梆子""乱弹"，主要在郡邑乡落等地

演出，后汲取外来剧种声腔和本土民间艺术，形成自身特色，活动场地转移城市，取代外江班地位。除粤中及西江一带广府班外，还有粤西的下四府班、粤东一带的惠州班。演出剧目有《芦花荡》《王彦章撑渡》等。杨懋建《梦华琐簿》有相关记述。（邓海涛）

外江班　戏班统称。清乾隆年间来广东演出的外省戏班统称。主要有姑苏班、安徽班、江西班、湖南班、陕西班、河南班等，主要演唱高、昆、乱弹等声腔，在广州建造外江梨园会馆。除外省来粤的外，广州也出现在本地组织的外江班，如洋行班是广州十三行商帮共同出钱组织唱昆曲的戏班，班主是洋行商人。还有富商家庭蓄养外江戏班。在声腔、剧目和表演艺术等方面对本地班艺术发展起借鉴作用。清末民初，随本地班发展壮大，该戏班活动减少。（邓海涛）

红船班　戏班。以船为栖居休息地和交通运输工具，船身涂以红色，故称红船，粤剧戏班称为红船班，艺人称为红船子弟。活跃于清乾隆至20世纪30年代100多年间。除演员，还有乐师及总务人员。按容量分为大、中、小型戏班，组织结构由大舱、棚面、柜台三部分组成。以天艇、地艇两只船为一组，后添置装载舞台背景道具和演员私人戏服的"画艇"，柜台人员、棚面乐师与生、旦、净、末等文角色住在天艇，武生、小武、六分、大花面等武角色住在地艇。该戏班体制与运作模式加速了粤剧戏班本地化，为后来省港班奠定了发展基础。（邓海涛）

省港班　戏班。指清末至20世纪三四十年代，以在广州（省城）、香港、澳门等城市演出为主，名角集中、

规模较大的戏班。清光绪年间有人寿年班、祝华年、祝康年，民国时期有梨园乐、新中华、环球乐、大罗天，后期有薛觉先领衔的觉先声剧团、马师曾领衔的太平剧团等。主要在城市设备完好的戏院演出，观众主要是市民阶层、富商豪绅以至达官贵人。常到东南亚和美洲等地演出。对粤剧戏班组织模式、表演剧目、音乐唱腔、舞台美术等作很大变革，较红船班，变化多，影响大。多属资方班，分属经营戏班的公司所有，如宝昌、宏顺、怡记、太安、华昌等。按商业经营，市场运作。新编剧目增多，题材广泛，有历史题材，也有国内外现实生活题材。开始使用"平喉"真声演唱，以广州方言唱白，引进小提琴、色士风（萨克管）等西洋乐器加入伴奏乐队。演出侧重生旦戏。演员结构由行当制转变为台柱制，从十柱制变为六柱制，即武生、文武生、小生、正印花旦、二帮花旦、丑生。表演和舞美吸收电影、话剧的长处，渐趋写实。该戏班出现标志粤剧戏班城市化，对于粤剧行当、粤剧剧目与粤剧表演等方面均有影响。（邓海涛）

志士班　戏班。辛亥革命前后由革命志士创建，故名。仿效话剧服装、布景和化妆，以话剧加粤曲演唱形式表演，使用广州方言俗语。最早剧社采南歌，由陈少白、程子仪、李纪堂等于1904年成立，专招10多岁童子训练，教以戏剧知识和文化，在广州、香港、澳门等地演出，后因经济问题未及两年散班。除采南歌外，尚有优天社（后易名为优天影）、振天声、优者胜等20多个。创作不少反映现实生活剧目，如《火烧大沙头》《熊飞起义》《虐婢报》《温生才打孚琦》《云南起义师》等。致力于戏剧改良，改革过程中注意吸收新的艺术表现方法，丰富粤剧艺术，推动近代广东戏

剧改良与发展。（邓海涛）

全女班　戏班。因演员全为女性，故名。20世纪二三十年代盛行。群芳艳影、镜花影、金钗铎、名花影被称为粤剧"四大女班"。以广州为主要演出中心，也到香港、澳门、上海、梧州、天津等城市和广州附近乡镇，有的远赴新加坡、美洲。规模较小，多在小型戏院和百货公司天台游艺场演出，有一些"茶居班"在茶楼演出。主要演出剧目有《仕林祭塔》《黛玉葬花》《夜送寒衣》《癫婆寻仔》《生祭李彦贵》等。有时搬演薛觉先、马师曾剧目，模仿其表演及唱腔，注意在布景、灯光、服装方面下功夫。名伶有陈皮梅、谭兰卿、宋竹卿、任剑辉等。（李静）

民主班　又称共和班。戏班。民营公助粤剧团。20世纪50年代初期，广州市根据政务院戏曲改革工作要求，成立艺人自愿合作、集体经营、民主管理民营剧团，摒除了旧职业戏班班主制和私营性质，故名。第一个戏班是东方红粤剧团，后有南方、珠江、太阳升、永光明、新世界、光华、冠南华等。剧团自主经营，自主管理，拥有人事、艺术生产和经济自主权；政府文化部门派干部到剧团担任辅导员，联系工作，抓政治业务学习，对在艺术上有成绩的戏班给予适当经济补助，支持剧目创作和艺术生产。人员相对稳定，可根据情况相互间进行主要演员调配。（李静）

共和班　见"民主班"。

人寿年班　戏班。粤剧省港大班。创建于清光绪后期，宝昌公司属下一个大型戏班，有"省港第一班"之称。清末以来，粤剧名演员如蛇王苏、肖丽湘、小生聪、风情杞、千里驹、白

驹荣、薛觉先、马师曾、靓少凤、靓新华、嫦娥英、蛇仔利、新珠、靓荣、靓少佳、靓次伯、林超群、庞顺尧等曾在该班搭班演戏。戏班成名戏有《游湖得美》（小生聪、肖丽湘）、《再生缘》（肖丽湘、风情杞）、《舍子奉姑》（小生聪、千里驹）、《金生挑盒》（白驹荣、千里驹）、《三伯爵》（薛觉先）、《苦凤莺怜》（马师曾）等。从1912年后，由千里驹支撑10余年，1927年千里驹离开后，该班境况不佳，后由靓少佳、蛇仔利、新珠、嫦娥英、赛子龙等人担纲演出《龙虎渡姜公》（连台本戏）、《状元贪驸马》等戏，稍有起色。1933年，班中发生丑生罗家权枪杀徒弟唐飞虎一案，班主怕受牵连，宣告散班。（李静）

觉先声剧团　戏班。粤剧省港大班。1929年薛觉先改戏班为剧团，创办于香港。聘江枫、冯志芬为编剧，主要演员除薛觉先、唐雪卿夫妇外，先后有嫦娥英、谢醒侬、李翠芳、李艳秋、少达子、黄秉铿、叶弗弱、廖侠怀、上海妹、半日安、陆飞鸿、新周瑜林、麦炳荣、吕玉郎、薛觉明、新马师曾、楚岫云等。剧目题材中外并举，古今兼纳，悲喜兼备，贴近时代、贴近生活，适应不同层次观众要求。主张"合南北剧为一家""综中西剧为全体"，革新剧团体制，对旧戏班舞台演出陋习进行改革，提高艺术质量，增强演出效果，形成"薛派"艺术。主要剧目有《胡不归》《姑缘嫂劫》《白金龙》《璇宫艳史》《心声泪影》《游龙戏凤》《西施》《貂蝉》《花染状元红》《前程万里》等。1941年12月，日本侵略军占领香港，次年薛觉先夫妇返内地，于广西重建觉先声剧团，在桂、粤、湘、滇四省投入抗日劳军演出。1944年湘桂大撤退时剧团解散。1945年抗战胜利后，薛氏回香

港重组觉先声剧团，后散班。（李静）

太平剧团　戏班。粤剧省港大班。1933年马师曾组建于香港。太平戏院老板源杏翘任班主并出资，马师曾全权主理，与觉先声剧团齐名。编剧卢有容、冯显洲、黄金昌、陈天纵，主要演员有陈非侬、半日安、梁冠南、冯侠魂、冯醒铮、赵惊魂、李艳秋等。1934年初，加聘花旦谭兰卿、上海妹等女演员，成为粤剧界最早实行男女合班剧团之一。以太平戏院为演出基地，也到澳门和珠江三角洲一些城镇演出。结合社会形势、市场需要和演员特点，编演揭露社会黑暗、惩恶扬善新剧，大多轻松谐趣，寓教于乐，人情世态刻画入微，生活气息浓郁。主要剧目有《斗气姑爷》《刁蛮公主戆驸马》《野花香》《审死官》《贼王子》《神经公爵》《佳偶兵戎》《藕断丝连》《苦凤莺怜》等。抗战期间编演《洪承畴千古恨》《秦桧下地狱》等鞭挞汉奸、宣传爱国。在服装、布景、表演形式方面锐意革新；推行排戏制度，每台戏演出前事先排练。形成"马派"艺术。1941年日本侵略军占领香港，马师返回内地于广州湾（今湛江市）重组太平剧团，主要成员有马师曾、伺芙莲、剑影、梁冠南、胡迪醒和红线女等。1942年初，马师曾进入广西组建抗战剧团，戏班散班。（李静）

大利年剧团　戏班。粤剧名班。1935年廖侠怀在广州组建，抗战胜利后一度改名为胜利年剧团。主要演员有黄秉铿、黄千岁、谢君苏、谭兰卿、唐雪卿（客串）、区楚翘、罗丽娟、陈燕棠、吕玉郎、陈燕侬、李帆风、梁鹤龄、绿柔魂、梁艳庄、紫兰女等。廖侠怀集编导于一身，编演剧目多为表现下层人民生活的喜剧，荒诞多讽，针砭时弊，寓意深刻。剧中加插

长篇说白，或揭露人间黑暗，或辛辣讽刺现实，为一大特色。主演剧目有《月底西厢》《哑仔卖胭脂》《柴米夫妻》《棒打薄情郎》《铁嘴鸡》《乞儿入太庙》《哭崩万里长城》《赌仔雪奇冤》《花王之女》《大闹广昌隆》等。1951年廖侠怀移居香港，剧团散班。（李静）

大龙凤剧团　戏班。粤剧名班。1946年由芳艳芬在广州组建，与非凡响剧团、大利年剧团齐名。主要演员有新马师曾、梁瑞冰、陈铁英、廖金、绿衣郎、白超鸿、白玉堂、黄君武、梁醒波、白驹荣、小觉天、邓丹平等。剧目有《夜祭雷峰塔》《宝玉哭晴雯》《桃花扇》《多情孟丽君》《状元争郡马》等。芳艳芬擅演闺秀戏，在《夜祭雷峰塔》主题曲中演唱【反线二黄】，可与李雪芳"祭塔腔"相媲美，此曲为"芳腔"流派代表作，该剧也是芳艳芬首本戏。20世纪40年代末芳艳芬移居香港，剧团散班。（李静）

非凡响剧团　戏班。粤剧名班。1947年成立，班主先后为张始鸣（张雷公）、苏永年。成立三年共五届班。领衔主演何非凡，主要演员有芳艳芬、楚岫云、凤凰女、陈燕侬、罗丽娟、梁金城、小觉天、陆云飞、白龙珠、曾君瑞、何少明。演出剧目有《虎将铜城》《秋坟》《姑嫂坟》《一曲凤求凰》《断雨残云》《黑狱断肠》《红花开遍凯旋门》《雪访情僧》《夜吊白芙蓉》等。何非凡演唱《情僧偷到潇湘馆》主题曲《偷祭潇湘》广为流传，形成"凡腔"唱腔流派（人称狗仔腔）。情僧戏《风雪访情僧》《碧海狂僧》等是非凡响剧团和何非凡常演剧目。1949年秋，何非凡在港重组非凡响剧团，赴台湾地区以及泰国、美国、新加坡、马来亚等国演出。（李静）

永光明粤剧团 戏班。粤剧名班。1949 年在广州成立。原为永兴公司戏班，1953 年改为艺人合作民主班（共和班）。编剧为冯志芬，主要演员有吕玉郎、楚岫云、陆云飞、小飞红、黄君武、冯侠魂、白超鸿、罗家宝、吕雁声、陈笑风等。1950 年，演出华南文学艺术界联合会筹备委员会剧目组编写《红娘子》《刘永福》《三打节妇碑》等新粤剧。1956 年转为地方国营剧团，1958 年并入广东粤剧院。（李静）

东方红粤剧团 戏班。粤剧戏班。1950 年 11 月成立。是在华南文学艺术界联合会支持帮助下广州地区成立的第一个粤剧共和班（民主班），也是第一个民营公助粤剧团。主要演员有陶醒非、梁国风、陈笑风、白凌霜、陈绮绮、胡迪醒、罗家宝等，编剧陈冠卿。1956 年转为地方国营，1958 年并入广东粤剧院。（李静）

荣天彩 戏班。晚清民国时期粤东外江四大名班（普宁荣天彩、潮州新天彩、潮阳老三多、澄海老福顺）之首。清光绪年间创办于普宁，活动范围包括粤东、闽南地区和东南亚地区。重要艺人有姚显达、李克昌、丘赛花、陈隆玉、郑耀龙、盖宏元、苏长庚、詹吕毛、张全镇、唐冠贤、黄玖莲、钟欣懿等。常演剧目包括《六郎罪子》《五台会兄》《钓金龟》《打洞结拜》《四进士》《落山别》《明公案》。光绪末年曾赴上海演出。民国初年曾到东南亚新加坡、马来西亚、爪哇、泰国等地演出。抗战爆发后，粤东外江班处境艰难，时任班主丘少荣领班至福建诏安，转点东山时因纠纷致戏箱被扣，就此散班。（陈燕芳）

老三多 戏班。晚清民国时期粤东外江四大名班（普宁荣天彩、潮州新天彩、潮阳老三多、澄海老福顺）之一。清光绪年间创办于潮阳。重要艺人有沈克昌、蓝大目、罗芝瑶、苏长庚、李兴隆、李德全、张松枝等。常演剧目包括《清官册》《罗成写书》《刘金定》《猪屠记》《打跛驴》《昭君和番》《对绣鞋》。活动区域主要为粤东潮汕、客家地区。1910 年，全班 100 多艺人到东南亚地区演出，历时 3 年，影响深远。抗战爆发时全班滞留新加坡，被迫抵押戏箱，就此散班。（陈燕芳）

老福顺 戏班。晚清民国时期粤东外江四大名班（普宁荣天彩、潮州新天彩、潮阳老三多、澄海老福顺）之一。清光绪年间创办于澄海。重要艺人有曾长锦、张朝明、陈妈允、张金介、蔡荣生、李叠钉、邹进龟等。主要剧目有《洛阳失印》《珍珠衫》《打侄上坟》《王茂生进酒》《蝴蝶梦》《重台别》等。抗战期间，活动区域由潮汕地区转入客家山区，后由大埔萧道斋承办，故改名为新老福顺，后转型为培训艺员的外江戏科班。（陈燕芳）

新天彩 戏班。晚清民国时期粤东外江四大名班（普宁荣天彩、潮州新天彩、潮阳老三多、澄海老福顺）之一。清光绪年间创办于潮州。班主陈二舍为潮州庵埠富商。知名艺人有黄春元、丘赛花、涂大枝、梁良才、张来明、林南辉、赖裕宣、詹阿镜等。主要剧目有《凤仪亭》《士林祭塔》《贵妃醉酒》《三气周瑜》《击鼓骂曹》《骂阎罗》《法门寺》。抗战期间在潮属各县坚持演出，后因潮汕沦陷散班。（陈燕芳）

桂天彩科班 又称外江童子班。戏班。粤东外江戏科班。艺员俗称外江仔。清同治十三年（1874），外江班桂天彩在潮州附设科班，聘请外江戏名角王老三、杨老七为教师，招收十二三岁儿童授艺，艺徒出科后即进入同名外江班演戏。此类戏班培养著名艺人黑净姚显达、红净陈隆玉等。（陈燕芳）

外江童子班 见"桂天彩科班"。

汕头公益乐社 业余乐社。粤东外江戏乐社。清宣统元年（1909）创办于汕头。首任社长张公立，继任者李博桓。初始社址位于汕头市区衣锦坊，抗战胜利后新址设在安平路华强百货商店二楼。20 世纪二三十年代，该社人才荟萃、实力雄厚，集结当时粤东著名音乐家、外江戏票友，以多种形式交流、传承外江戏艺术。该社章程对社员习乐时间有具体规定，社中张汉斋（头弦）、魏松庵（打击乐）、王泽如、李少南（三弦）、郑南勋（扬琴）、饶淑枢（提胡）、吴欣孙（椰胡）、郑福利（小横笛）被誉为"音乐八王"。社中骨干、大埔钱热储于 1933—1934 年主编出版《公益社乐剧月刊》12 期，搜集、整理早期外江剧本、曲本及相关评论文章。1926—1937 年间，在百代唱片公司录制近百张汉剧、汉乐唱片，留下宝贵音频资料，流传海内外。1953 年，与潮乐改进会合并为汉乐组，张汉斋任主任，林玉波、杨广全任副主任。1958 年，汉乐组扩大为汕头汉剧团。（陈燕芳）

汕头以成社 业余乐社。粤东外江戏乐社。1921 年创立，成员多为原公益社成员，首任社长许宛如。1931 年逢汉口水灾，组织义演、筹款赈济，开外江业余乐社登台扮演先河。1933 年在中山公园献艺 4 日，为贫民教养院筹款。剧目有老生许宛如《孔明拜斗》、蓝普生《百里奚认妻》、乌净李慕周《打严嵩》、红净许农圃《访赵普》、小生孙展程《三气周瑜》、

刘石农《当妻》、张铭伦《珠衫记》、青衣方永练《昭君和番》和《百里奚认妻》、林泽青《大劈棺》、龚招汉《女收狐》、丑角张湘波《偷油》。（陈燕芳）

大埔同艺国乐社　业余乐社、戏班。1930年由刘书臣倡建于大埔。早期仅作同好闲暇交流、节日助兴之乐。1931年，华侨蓝灼华募捐白银1000元购买潮州外江行头，从业余乐社升级为有一定演出组织能力的业余班社。以蓝灼华为名誉社长，罗竹眉、吴达初为正、副社长，聘请邱瑞旺为教师，刘周、林贯权为艺术顾问。1933年后，地方绅士罗梅波主持邀请专业艺人黄桂珠、詹欣、萧娘传、黄玉兰、丘赛花、张全镇、萧雪梅等入社，聘请李祝三招收艺徒，正式转型为专业演出班社。抗战全面爆发至1949年间，因潮汕沦陷，班社运营停滞。新中国成立后，社中主要艺员罗恒报、黄姝传、刘照光、刘万千、罗元招、李德碑等活跃于广东汉剧舞台，为传承、发扬剧种艺术作出重要贡献。（陈燕芳）

新加坡余娱儒乐社　业余乐社。新加坡首个外江戏乐社。1912年由陈子栗创立于新加坡沙球劳路附近敬昭街谦裕号内。办社宗旨为"研究汉剧，保存国粹，联络感情及协助公益慈善事业"。历任社长、名誉社长多为新加坡华人富商，社名余娱取"东山丝竹，绰有余闲，言曰余娱"之意。20世纪中期后以演唱潮剧为主。建社以来，多聘请外江戏名师教戏授曲，传抄大量早期外江戏剧本，为岭南地方戏曲、音乐研究保留珍贵文献。（陈燕芳）

新华汉剧社　戏班。广东汉剧班社。1938年由彭君儒倡建。成员大多来自各外江戏班。知名艺人有黄桂珠、李

献君、丘引、李丙森、罗恒报、巫玉基、萧雪梅、张志达、黄毓秀等。主要活动区域为闽、粤、赣边区。抗战期间，组织宣传演出，多次为前线募捐义演，排演古装戏《精忠报国》《忠王李秀成》《昭君和番》，以及文明戏《同归于尽》《铁血将军》《越狱》等。1944年解散。（陈燕芳）

民声汉剧团　剧团。广东汉剧班社。组建于1950年，原名大埔湖寮民声汉剧团，1953年改名为大埔县民声汉剧团，1954年改为国营粤东民声汉剧团。历任正、副团长张选、丘优、邬庆访、丘均香。业务总管罗恒报，编剧杨启祥。主要演员黄桂珠、黄姝传、罗恒报、黄玉兰、罗千秋、刘绍燊、刘千万、黄崇德、范思湘、罗纯生。音乐设计饶淑枢、罗旋，司鼓陈德魁，头弦罗享韶，舞美何萍。常演剧目有《九件衣》《血泪仇》《黄泥岗》《红娘子》《六郎罪子》《百里奚认妻》《重台别》《秦香莲》《兰继子》等。1956年与艺光汉剧团合并，组建为广东汉剧团。（陈燕芳）

梅县艺光汉剧团　剧团。广东汉剧班社。1950年成立，前身为梅县文学艺术界联合会汉剧实验剧团，1952年启用现名。1956年改名为汕头专区地方国营艺光汉剧团。历任正、副团长钟普光、彭君儒、汤明哲、巫玉基。编剧钟普光、黄伟济、刘兴集、饶伟奇，导演黄毓秀，教师李义添、钟熙懿，主要艺人曾谋、萧雪梅、郑汝光、梁元龙、陈星照、巫玉基、李荣娇、梁素珍、龚秀珍、杨棉盛、李炳元，乐师彭君儒、邓扬昌，舞美黄庆秀、曾然。主要剧目《梁山伯与祝英台》《闹严府》《五台山》《昭君和番》《贵妃醉酒》《梁四珍与赵玉粦》《高文举》等。1956年并入广东汉剧团。（陈燕芳）

惠阳地区汉剧团　剧团。广东汉剧班社。1965年成立。前身为汕头公益社改组的汕头市业余汉剧团，该团1957年转为专业班社，1960年调至韶关专区，改名为粤北汉剧团。1963年转调惠阳专区，易名为东江汉剧团。1965年，连平汉剧团并入，改名为惠阳专区汉剧团，1979年启用现名。正、副团长黄丹池、刘汉。主要演员邓剑琴、蔡桂挽、杨丽珠、钟展昌、丘玉龙、朱启香、丘淑芳、叶品春、张永新等。主要剧目有《穆桂英》《兰继子》《碧血扬州》《梁四珍与赵玉粦》《珍珠塔》《贩马记》。（陈燕芳）

广东汉剧院　剧团。广东汉剧主要官方传承机构。1956年7月在原粤东民声汉剧团基础上组建广东汉剧团，团址在汕头孔庙。同年9月并入汕头专区艺光汉剧团，调整后分设一、二团。一团团长黄一清，主要演员黄桂珠、黄姝传、罗恒报等，音乐设计饶淑枢、罗旋、管石銮；二团团长陈晨光，主要演员陈星照等。1959年改为广东汉剧院，1965年迁至梅县，"文化大革命"期间被撤销，20世纪80年代恢复建制。20世纪60年代拍摄《齐王求将》《一袋麦种》等舞台艺术片，后担负剧种研究工作，记录、整理传统唱腔、表演身段和特技等资料，发表一批学术研究文章，制作资料汇编4期，长期致力于广东汉剧对外宣传、展演、交流，以及人才培养和其他传承工作。（陈燕芳）

老正顺香班　戏班。潮剧四大班之首。清光绪年间王立秀创建。严禁用女伶演戏，戏囊画八宝图案、太极图案。20世纪二三十年代两次到泰国、越南等地演出。1943年潮汕闹饥荒时转卖他人，购买女童伶演戏，延长童伶演戏年限。抗战胜利后，阵容强大，有"四生八旦十一丑"（十一丑，指名

丑郭石梅有十一个手指头）的说法。新中国成立后，改称正顺潮剧团，1956年抽调一批骨干到广东潮剧团后，与玉梨潮剧团合并为汕头市潮剧团。教戏先生有傅晋元、良宗、芝开、徐乌辫等，鼓师和乐师有万丰、陈丙福、王炳意等，演员有乌必、阿倪、谢大目、振坤、郭石梅、姚璇秋、萧南英等。代表性剧目有《扫窗》《拒父离婚》《琵琶记》《收浪子尸》《秦雪梅吊孝》《陈三五娘》等。（孙冰娜、吴国钦）

老源正兴班 戏班。潮剧传统戏班。光绪末年潮阳县下林黄乡人创建。1923年卖给澄海外砂乡王阿倦，之后数易班主。20世纪30年代拥有著名教戏先生及其他艺人，实力雄厚，俗谚云"老源正，无看心头痛"。新中国成立后改称源正潮剧团，1956年为广东省潮剧团输送一批艺术骨干，1958年并入广东潮剧院，为院属二团。有卢吟词、黄喜怀、林和忍、阿漾、马飞、林炳和、洪妙、叶清发、吴丽君等名艺人。代表性剧目有《秦德避雨》《回窑》《收浪子尸》《王莽篡位》《大难陈三》《辩本》等。（孙冰娜、吴国钦）

老三正顺香班 戏班。潮剧传统戏班。清末陈家泽买三玉堂班班底扩充而成。20世纪三四十年代先后到泰国、越南以及香港、上海等地演出，1943年转卖。新中国成立后改称三正顺潮剧团。1958年并入广东潮剧院。有名编剧谢吟、名教戏先生卢吟词、黄玉斗等。代表性剧目有《大难陈三》《人道》《扫窗会》等。该班1958年拍摄的《火烧临江楼》是第一部潮剧电影。（孙冰娜、吴国钦）

老玉梨春班 戏班。潮剧传统戏班。清末陈腾阳创办。民国初年卖给陈和

利承办。以乌衫戏、花旦戏、武戏出名。20世纪30年代曾聘京剧武师传艺，至20世纪50年代初拥有一批武戏。1951年改名为玉梨潮剧团。1958年并入广东潮剧院。先后出现马飞、魏启光、陈书橱、黄清城、吴木泉等名艺人。代表性剧目有《胡惠乾》《闹开封》《打花鼓》《赵宠写状》《红鬃烈马》《双喜店》等。（孙冰娜、吴国钦）

老怡梨春班 戏班。潮剧传统戏班。1939年张式宝创建。1942年转卖给张春年，重金聘请名教戏先生，又聘请黄金泉、黄玉斗、卢吟词等搭班，遂成名班。1951年改称怡梨潮剧团。1958年该班纳入广东潮剧院编制，为院属三团。出自该班名演员有翁銮金、谢大目、柯立正、范泽华、陈清泉等。代表性剧目有《桃花寨》《拒父离婚》《收浪子尸》《柴房会》《芦林会》《春香传》等。（孙冰娜、吴国钦）

老赛宝丰班 戏班。潮剧传统戏班。20世纪40年代初吕帐煌以饶平居豪乡花鼓班为基础扩建而成，在粤东闽南一带演出。有编剧陈名振、王菲、马飞，教戏先生杨树青，主要演员有谢清祝、魏海亮、黄添和、郑仕鹏、陈玩惜等。1951年改名为赛宝潮剧团，成立工委会进行民主管理。代表性剧目有《文素臣》《孟姜女哭倒长城》《飞龙乱国》《彩楼记》《屈原》《救风尘》《绣襦记》等，1958年并入广东潮剧院，以之为班底组建五团。1961年归澄海县所属，改名为艺香潮剧团。（孙冰娜、吴国钦）

潮剧六大班 戏班。新中国成立前后潮剧最负盛名的六个戏班。分别是老正顺香、老源正兴、老三正顺香、老怡梨春、老玉梨春、老赛宝丰。1951年，六大班废除童伶制，废除封建班

主所有制，实行艺人民主管理，戏班改称剧团。1956年8月，六大班贡献一批优秀艺术骨干，组成一个对内示范、对外交流代表性剧团广东潮剧团。（孙冰娜、吴国钦）

广东潮剧院 剧院。潮剧代表性艺术演出与传承单位。1958年12月由原广东省潮剧团和源正、怡梨、玉梨、赛宝、三正顺潮剧团合并而成。目前属下有广东潮剧院一团、二团、三团和潮剧艺术博物馆。创作、整理、演出《陈三五娘》《续荔镜记》《苏六娘》《辞郎洲》《杨令婆辩本》《扫窗会》《柴房会》《闹钗》《张春郎削发》《袁崇焕》《八宝与狄青》《陈太爷选婿》《终愈魂》《葫芦庙》《德政碑》《东吴郡主》《李商隐》等一批优秀剧目。组团赴东南亚、欧美、我国港澳台演出，在东南亚及我国港澳台地区具有较大影响。2013年起打造"潮剧大观园·周五有戏"惠民演出品牌，推动一批新剧目的创作和排演，取得较好社会效益和经济效益。（孙冰娜、吴国钦）

潮州市潮剧团 剧团。潮剧演出团体。1956年成立。注重人才队伍建设，行当齐全。代表性剧目有《莫愁女》《五女拜寿》《御园辨亲》等，陆续创排《曹营恋歌》《韩愈治潮》《枫叶情》《赠梅记》《韩江纸影人》等作品。有潮州市潮剧艺术培训中心，形成良好传承机制。培养出郑舜英、李玉兰、唐龙通、蔡小玲、许佳娜等知名演员以及陈鹏、郭明城等艺术骨干。每年下乡演出200场以上，多次应邀赴海外访问演出，在海内外享有盛誉。是国家级非物质文化遗产潮剧保护单位。（孙冰娜、吴国钦）

揭阳市潮剧传承中心 剧团。潮剧传承机构。1953年10月成立，原名揭阳

玉春香潮剧团，后数次改名，1992年改名为揭阳市潮剧团。培养出唐丽华、陈舜卿、刘桂珍、王丽文、许淑娥、黄沛林、陈郑江、洪丽卿、陈玉婵、林柔佳等演员。代表性剧目有《龙井渡头》《千金女》《父子三登科》《打金枝》《潇湘秋雨》《乾隆下江南》《丁日昌》等。（孙冰娜、吴国钦）

双喜班 戏曲班社。正字戏班。晚清正字戏名班之一。清乾隆三十四年（1769）黎承柱购买闽南正字戏戏班创建；一说其母陈宜人承买四平戏戏班创建。1950年废除班主制，改成立陆丰县新民正字剧团。1953年恢复原班名，改称双喜正字戏剧团。主要活动于海陆丰、惠东、潮汕、兴梅、闽南等地。知名艺人有花旦林德忍，武生郑娘分、卓福仔，正生曾妈心，正旦黄学明、曾广照，红面何娘安，婆何丙，帅主黄泽保等。演出剧目包括《白兔记》《五台会兄》《貂蝉舞旗》《方世玉打擂》《杜王斩子》等。（于琦）

老永丰班 戏曲班社。正字戏班。1929年海丰汕尾启泰商号老板创建；一说汕尾大渔栏主郑志盛创办。后继任班主有郑乃二、朱佛妹。1950年废除班主制，改成立集正字戏、西秦戏、白字戏于一体的海丰县新生剧团。1953年恢复原名，改称永丰正字戏剧团。主要活动于海陆丰、惠东、潮汕、兴梅等地。知名艺人有红面阿树、郑城界、乌面许贺、白面林友平、正生郑乃二、武生张细抱、陈宝寿、正旦阿唛、花旦庆吼、朱佛妹、丑余池、婆阿帕、公阿永。演出剧目有《罗帕记》《古城会》《百日缘》《凤仪亭》《百花赠剑》等。（于琦）

汕头专区正字戏剧团 戏曲院团。1960年由海丰县永丰正字戏剧团与陆

丰县双喜正字剧团合并而成。1966年停止活动。1969年戏班解散。陈宝寿任副团长。主要成员有演员陈宝寿、黄学明、刘泰、刘妈倩、吴平、陈桂卯，编剧陈春淮、卢煤，导演伍权，作曲马超群，演奏员李先烈等。演出剧目包括《满江红》《孙安动本》《六郎罪子》《方世玉打擂》《荆钗记》《武松杀搜》《五台会兄》《社长的女儿》《芦荡火种》《焦裕禄》等。发掘、整理传统剧目，致力于编演现代戏，积累了不少艺术改革经验。（于琦）

陆丰市正字戏传承保护中心 戏曲传承机构。前身为1978年成立的陆丰市正字戏剧团，2012年划转为公益一类事业单位并改为现名。主要成员有演员许素芳、陈舜卿、陈楚仙、林秀禄、王黛珠、庄联雄、彭美英、郑炳、黄阳民、李海曦、吴国亮、黄壮营、黄云娟、陈耀清、蓝荣准、曾玲、庄良炉、曾兆秦、曾向绸、刘锦文、刘万森，作曲秦钦，乐师黄育、刘小潮、江初、林炳焕、蔡小展、郑俊绵等。整理、移植、创作演出的剧目有《换乌纱》《绿袍记》《姜维射郭淮》《辕门射戟》《五台山会兄》《张飞归家》《金山战鼓》《状元与乞丐》等。（于琦）

顺太平班 戏班。广东海陆丰地区最早西秦戏戏班。清乾隆年间建立。咸丰五年（1855）有附设科班招生授徒，培养出名角兴华旦等。清光绪年间，普宁、海丰县、陆丰、惠阳等县人先后当过班主。20世纪20年代，有名角文生何玉、武生张彬、红面曾水祝、花旦刘松、公末苏石连等。1933年，因台柱被挖而散班。影响大，派生出红箱顺太平、青箱顺太平、老顺太平、新顺太平、金字顺太平、鹿境顺太平等几个戏班。（刘红娟）

顺泰源 戏班。广东海陆丰地区西秦戏老牌名班之一。创始人、所在地、建立时间不详，清嘉庆二十一年（1816）已有此班。光绪二十八年（1902）曾赴东南亚演出，1935年又到香港高升戏院演出。20世纪40年代散班。名角有老生罗益才、乌面黄戴、红面黄坎、丑何念砂、文生何玉、文武生罗宗满、武生张木顺、正旦刘松、花旦陈益、黄发、老旦曾炮、公末苏石连等。演出剧目有《打金枝》《锦香亭》《贵妃醉酒》等。（刘红娟）

祝寿年 戏班。广东海陆丰地区西秦戏老牌名班之一。创始人、建立时间不详。光绪年间，班子阵容仍很可观，行当齐全。名演员有乌面蔡扶六、红面鸟仔路、丑陈德、老生妈德、武生光德、文生光喜、花旦张德容等，后期班主是福建省漳浦县一绅士。常演《救宋王》《赵宠写状》《重台别》等剧目。清末民初在粤东海陆丰、潮汕地区、闽南等地演出活跃。（刘红娟）

华天乐 戏班。广东海陆丰地区西秦戏戏班。清光绪年间梁世居始创。1914年开设科班招生授徒，科班设址在海丰县捷胜城外油车间，由老生罗益才执教，培养老生曾月初、文武生罗宗满、红面陈铭谞、武生林咏、黄杰、红面陈夸、丑何念砂、刘宣、花旦黄发、正旦荣华、老旦曾炮等一批名伶。曾月初、罗宗满、林泳、陈夸、曾炮等人于新中国成立后在拯救剧种、培养年轻一代等方面作出杰出贡献。（刘红娟）

荣华春 戏班。广东海陆丰地区西秦戏戏班。1933年，蔡腾辉重金挖掘老顺太平、新顺太平戏班台柱组建，委托文生何玉和名红面曾永祝经营。班

中名角有红面曾永祝、亚炳、陈铭诩、乌面来兴、亚愤、徐覃棚、丑刘宣、老生亚衍、曾月初、文生何玉、武生黄杰、林咏、张木顺、公末覃台、老旦陈世、正旦张汉标、翟当、赵南、花旦陈益、陈咾等。散班时间不详。戏班财力雄厚，购置全新行头服饰，行头富丽，名噪一时。（刘红娟）

海丰县西秦戏艺术传承中心　剧团。西秦戏唯一官方传承机构。地址设在海丰县海城。前身是海丰县西秦戏剧团，班底是庆寿年班。庆寿年剧团建于20世纪40年代初，原班主唐娘泽。该班历经饥荒、瘟疫、日本两度侵陷，1949年几近散班。1949年幸存的西秦戏艺人汇集恢复庆寿年剧团。1952年改名为海丰县工人西秦剧团。1954年恢复原名庆寿年。1956年改名为海丰县西秦戏剧团。20世纪六七十年代，与白字戏剧团合并为海丰县剧团。1979年重新析出恢复海丰县西秦戏剧团。2015年改为现名。主要演员有老生吕维平、文生余泽锋、红面许子佳、正旦陈少文、花旦陈美珍、武生詹德雄、丑敖永彬、公末陈文辉、头弦吴焕如、鼓头钟莹窗等。常演剧目有《刘锡训子》《留取丹心照汗青》等。承担对外宣传、排演新戏、演出与交流、人才培养传承等工作。（刘红娟）

高贤斋曲馆　曲社。西秦戏曲馆。创建具体年份不详，清中叶已经存在。创建者是汕尾鱼行商贩。址设在汕尾老鱼街（今广东汕尾市区新兴街）。E馆联"高人钟子知音至，贤士周郎顾曲来"存世。成员保持30人左右，乐队和唱曲人员分开，按西秦戏十大行当和后场音乐配备人员。所唱均为正线曲，相传有一百零八出。常演剧目有《小盘殿》《大盘殿》《女中魁》等。较有名成员有老生徐特贤、正旦梁筹、花旦黄佛照、文生曾溪、红面

吴景、老旦潘陆舜、正旦陈妈银和音乐人员许汤美、潘香等。民国年间西秦戏艺人吕娘吉和罗宗满曾任该馆教戏师傅。20世纪50年代初停止活动。（刘红娟）

荣顺班　戏班。现可考最早白字戏班。清代咸丰年创建于海丰县城。班主曾乃妹，沙港大乡人，祖上三代领过戏班，其子曾永坤承父业，习乌净。名武生曾天、庄良妹，名花旦黄佛妹，以及乌面扇出身于该科班。（詹双晖）

老泰顺班　戏班。白字戏戏班。清光绪三十三年（1907）创建。班主刘乃木，老生出身。培养旦角大葵、曾纪掩，净角郑城界、刘仁热、刘妈倩，武生刘茂成，鼓头刘彩等知名艺人。（詹双晖）

海丰县白字戏剧团　剧团。广东海陆丰地区唯一一家国有专业白字戏剧团。前身为沙港新荣顺班，1956年被政府收编为地方国营剧团，改名为海丰县白字戏剧团。在政府领导下，剧团配备作曲、编剧、导演、美编等专业人员，从演出体制、演出剧目到音乐唱腔、表演艺术、舞台美术等进行全方位改革，初步完成从传统戏班制向现代剧团制转变。"文化大革命"期间，剧团曾一度解散，后又与海丰县西秦戏剧团合并为海丰剧团，1979年恢复独立建制。2013年剧团转制为白字戏艺术传承中心，保留剧团称号。对白字戏传统艺术资料挖掘、整理、研究、创编等工作，先后整理编排《崔君瑞休妻》《金叶菊》《扫窗会》《珍珠塔》等一批白字戏传统剧目。创作大型白字戏《龙宫奇缘》《彭湃之母》等多个原创新编戏。是海陆丰地区历史最久、最具知名度的白字戏戏班。（詹双晖）

祝太平班　又称造甲班。戏曲班社。雷州歌班。1914年，由木偶班主陈天伦与蒲包商人陈法硕合资组成。陈天伦任班主，艺人实行聘请制。全班阵容稳定，人员齐全，有陈维德、许维丑等年轻演员，领班乐手为著名八音师傅陈同乐，主奏吹角，木偶班乐手司锣鼓。购置全新装备和软画配景、桌帏椅披等，开雷州歌班讲求舞台美术先河。演出剧目为最新移植剧本，艺术居众班之首。后因蒲包商人撤回资金，无法维持而散班。（于琦）

造甲班　见"祝太平班"。

徐闻县雷剧团　戏曲院团。历史可追溯至民国初年徐闻县新寨村新班与和安区赤坎仔班。后新班改名为龙胜利雷州歌剧团，赤坎仔班改名为颂升平雷州歌剧团，1954年两班合并成集体所有制剧团，命名为徐闻县雷州歌剧团，后转为国营剧团，改为现名。1978年曾分为一团和二团，后又优化合并为一个团。首任团长符寿，主要演员有林乔胜、符莲英、许妃和，武打演员李炳烈，后起之秀有黄华文、郑马华、王汝珍、林助、何冬娟等。常演《罗通扫北》《樊梨花点兵》《马武打官》《薛仁贵征东》等武戏，获奖剧目有《公主坟》《雨仔落泱泱》等。（于琦）

湛江市实验雷剧团有限公司　戏曲院团。最早可追溯至清末林芝忠为班主的芝忠雷州歌班。1954年，在李莲珠、黄自华倡导下，改名为和平雷州歌剧团。1959年转为湛江专区直属艺术单位，改名为粤西雷州歌剧团，后解散，1978年重新复团，定名为湛江地区雷剧团。1983年，因地、市合并改名为湛江市雷剧团。1986年，改名为湛江市实验雷剧团。2011年改制转企，次年改为现名。首任团长曾成。主要艺

术骨干有导演蔡葵、许少梅、邓兆芳，唱腔音乐设计陈湘、何堪泰、曾健，剧目编创人员林干森、陈乃明，还有林奋、陈兆荣等大批优秀演员。主要演出剧目有《红灯照》《春草闯堂》《齐王求将》《红梅记》《徐九经升官记》《秦香莲后传》《七仙姬》等；获奖剧目有《抓阄村长》《梁红玉挂帅》《貂蝉》《海毗情》《挖宝记》等。（于琦）

雷州市名城雷剧演出有限公司　戏曲院团。前身可追溯至1949年艺人符维坎等人组成的业余雷州歌班"东西班"。1953年改为集体所有制的专业剧团改名为新中华雷州歌剧团。1959年，转为海康县直属国营艺术团体，改名为海康县雷州歌剧团。1976年，改名为海康县雷剧团。1994年，海康县撤销，设立雷州市，改名为雷州市雷剧团。2012年，改制后改为现名。培养的优秀演员有符玉莲、金由英、李景龙、洪玉生、林奋、谢岳等。金由英获评国家级非物质文化遗产雷剧代表性传承人。获奖剧目有《陈瑸放犯》《雷神的传说》《赵氏孤儿》等，常演的还有《窦一虎闹喜堂》《凤冠梦》《龙凤争挂帅》等。（于琦）

定长春班　戏班。约1904年，叶春林在其神朝班底基础上组建，是神朝向花朝戏过渡并首先使用花朝戏为名称的戏班。主要成员有旦严镜、江火招，丑翁均义，生叶阿旺，唢呐手叶石灵。代表剧目有《秋丽采花》《补缸》《问仙》《过渡》等。主要演出范围在本县及邻县客家地区。在花朝戏形成过程中起重要作用，后来组建戏班为表示对该戏班的敬意，班名命名均有"春"字，如紫华春、庆祥春、胜华春等。20世纪30年代，叶春林艺徒另立门户，各自组班，该戏班没落。

散班时间不详。（刘红娟）

紫华春班　戏班。晚清民国时期演出剧目最多、影响最大花朝戏班。1936年由叶木养创办。名角有邹四、余南育、叶金保、钟甲先、黄桂亮、何亚巧、叶锦星、温金池等。常演剧目有《卖杂货》《张郎休妻》《一枝花》《三官进房》《磨豆腐》《试妻测情》《杜云杀妻》等。抗战期间，从粤剧移植一批剧目，借鉴吸收不少表演程式，"三小戏"角色行当开始有所突破。是继定长春后对花朝戏艺术发展作出较大贡献戏班。20世纪40年代解散。（刘红娟）

紫金县花朝戏剧团　剧团。花朝戏官方传承机构。1960年12月在原紫金县文工团基础上组建。主要负责人钟声、李振球、刘林安。编导叶维扬、黄运华、简佛权、陈世兴、钟石金，主要演员邓观云、严银香、刘恩芳、陈淑君、陈雀光、黎茂良、陈育昌、张惠莹、邓秋云、傅忠、张秀英、赖小梅等。唱腔设计熊展模、温国群、罗贻遐、廖法传、张伟光。舞台美术设计曾鹤、聂英。演出剧目有《卖杂货》《三看亲》《十五贯》《花烛泪》等近百个。剧团积极挖掘、整理、革新传统艺术，使花朝戏得到较大发展，活动地区从紫金县扩展到粤东客家话地区。（刘红娟）

琼花会馆　行业组织。建立时间有两种说法，一说明嘉靖年间建于佛山大基尾；一说清雍正年间由北京艺人张五逃亡来粤，教授红船子弟京腔、昆腔而建立。因供奉戏行祖师"华光"，又称琼花宫，因而得名。本地班艺伶排练、教习、切磋艺术、办理戏务之处，亦是当时戏班管理机构。咸丰四年（1854），因本地班艺人李文茂率红船子弟响应太平天国起义，而被清

军烧毁。会馆管理制度较为严格，本地班在下乡演出前，须在该会馆聚首，方可分散四乡表演；逢重大节日有联班演出。是已知最早粤剧行业组织。对早期本地班组织、发展以及早期粤剧艺术提高起促进作用。（李继明）

粤省外江梨园会馆　又称外江总寓。行业组织。广东外江班行会组织。清乾隆二十四年（1759）由钟先廷首倡。位于广州城西魁巷。负责外省戏班在广州的演出管理、团结艺人等工作。初始14个戏班，另有一箱上组织福和会，后经历多次重修。组织严密，管理严格，如来粤新班须缴费入会，各班不准私自揽戏，对演出价格有明确规定等。其建立说明当时外江班演出兴盛，对组织演出、协调关系、促进各省戏班交流起积极作用。各省戏班竞争丰富了广州剧坛，为粤剧形成奠定基础。（李继明）

外江总寓　见"粤省外江梨园会馆"。

吉庆公所　行业组织。粤剧行会组织。清同治七年（1868）成立。位于广州黄沙同吉大街。清后期粤剧禁令稍弛，因琼花会馆被毁，为保障粤剧正常演出而成立的演出交易机构。八和会馆成立后，迁往同德大街，附属于八和会馆。公所大厅挂有"水牌"，开列班名、演员、剧目等信息，供雇请戏班的"主会"选择。交易达成后，须在会所签订合同，抽取佣金，若交易中产生纠纷，须由会所进行调解。是晚清粤剧演出市场垄断性管理者和监督者，维持演出市场秩序，保证粤剧顺利演出，促进粤剧复兴。（李继明）

八和会馆　行业组织。粤剧艺人行会组织。清光绪十年（1884）由粤剧艺人邝殿卿（新华）倡导，独脚英、林之等人参与，合全行之力于光绪十五

年（1889）建成。初址在广州黄沙海亭街，抗战期间被日军炸毁，胜利后迁至恩宁路。新中国成立后，原属机构撤销，粤剧从业人员加入广州市粤剧曲艺临时代表会。20世纪80年代后机构有所恢复，1985年成立广东粤剧八和联谊会。"八和"取和翕八方之意，会馆下设八个堂口：永和堂管理武生，兆和堂管理文生，庆和堂管理二花面、六分，福和堂管理旦行，新和堂管理丑行，德和堂管理五虎军（武打演员），普和堂管理棚面（音乐人员），慎和堂管理戏班经营人员。各堂有宿舍，安置失业艺人及散班后无家可归艺人，另设养老所、方便所（医院）、一别所（料理后事）、八和小学等机构。初建时采用行长制，邝殿卿为首任行长。1925年，改行长制为委员制，选举靓耀、千里驹、少新华等为委员。自会馆成立至新中国成立，粤剧艺人须缴纳份金入会，无会籍者不得搭班演戏，香港、新加坡等地设有该会馆同业组织。在当时对团结艺人、协调戏班关系、保障艺人福利起重要作用。（李继明）

广东优伶工会　行业组织。1925年省港大罢工期间，粤剧艺人飞熊崑、大眼钱、一枝梅等人在广州市工人代表大会支持下，为反对粤剧八和公会对下层演员歧视而成立。会址设在黄沙柳波巷内。参加者多为下层演员和失业艺人。工会组织四海升平、万福年等戏班到四乡演出，解决艺人生活问题；撰写揭露社会黑暗的粤曲在街头演唱，或在演戏时插唱；印发传单批评八和公会。1926年秋省港大罢工结束，广东优伶工会也停止活动。1927年，飞熊崑率领原优伶工会部分会员参加广州起义。（李静）

广州市粤剧曲艺工人临时代表会　行业组织。1951年6月，由广州市总工会召集原广州市粤剧职业工会和广州音乐业职业工会成员代表筹备组成，简称临代会。会址在广州市恩宁路原八和会馆旧址。会内设组织部、女工部及行政事务机构。职能是团结艺人，协调剧团关系，维护粤剧曲艺工人权益。临代会对艺人组班（团）及演出等进行制度规范，也对待业艺人去留作出制度上安排。1956年6月，广州市文化工会成立，临代会撤销。（李静）

潮州外江梨园公所　行业组织。潮州外江戏艺人行会。清朝光绪初年始建。地址设在潮州上水门街。是各班社祭祀、分班活动主要地点，也可作为艺人演出时住所。面积约150平方米。中有天井、回廊，大厅内祀奉斗姥、田公元帅、九皇神、财神等，左右墙镶嵌清末民初外江戏班题银碑多块。门额有石匾阴刻"外江梨园公所"字样。建筑考究，装饰精美。早期雇用两位庙祝供奉香火、料理戏班事务，费用由各班社分摊。每年六月二十六、十二月二十六分班之日，集合各班班主、艺人筹划分班事宜，祭祀戏神，设宴3天。民间须先派人到公所请戏，方可安排戏班演出。（陈燕芳）

潮音梨园公所　行业组织。潮剧艺人行会。清光绪年间，外江班在潮州上水门街建立外江梨园公所，潮音班也于潮州下水门城边姊妹庵内添设九皇斗姥等神位。潮音各班委派一人保管祭物，督促各班依例于九月初九"食斋"，间或也参与一年两次艺人"过班"事务。1920年至1925年，潮安县县长洪兆麟把所有庵堂列为官产拍卖。潮音班集资将姊妹庵赎回，用贝壳灰把门匾糊住，改为红底黄字的"潮音梨园联谊社"匾额。是潮剧艺人联络情谊的群众团体，社址于1958年修马路时拆毁。（孙冰娜、吴国钦）

潮州梨园工会　行业组织。潮剧艺人联合会。1925年12月，因潮州戏班班主克扣艺人工资，潮剧30多个戏班在徐乌辫、谢大目等艺人发动下，举行罢工集会而成立。会址设在潮州府衙东面巷内。宗旨是维护艺人权益。该工会发动过两次罢工，要求增加佣金。罢工期间由徐乌辫和工会组织委员卢吟词等出面，先后组织剑光、剑影、剑声3个剧社，并在潮州东门搭建乐群戏院，供3个剧社演出，以维持艺人的生活。（孙冰娜、吴国钦）

潮剧票友会　社团组织。能够登台演出的潮剧爱好者团体组织。潮剧票友多，票友会遍布潮汕各地，如环球潮人潮剧票友会、汕头市潮剧票友会等。票友会定期组织会员唱曲、演出、交流，以演唱唱段为主，参加各类演出活动。或请专业演员同台搭档演出。票友会成员不限年龄。是潮剧艺术与群众联系桥梁，潮剧艺术普及、传承重要一环，潮剧群众基础中最为积极、活跃部分。（孙冰娜、吴国钦）

广州南海神庙戏台　又称波罗庙戏台。粤剧戏台。位于今广东省广州市黄埔区南岗镇庙头村。戏台筑于江边，台基以花岗岩石垒砌，高约米，宽约12米，深4米多，演出时两侧搭副台。每年二月十一至十三是南海神诞（俗称波罗诞），附近各乡集资演戏酬神。据粤剧老艺人忆述，人寿年、日月星等戏班曾到此演出。1925年前后戏台毁弃不存。（邓海涛）

波罗庙戏台　见"广州南海神庙戏台"。

佛山祖庙万福台　粤剧戏台。佛山祖庙内戏台。清顺治十五年（1658）建立。位于今广东省佛山市禅城区祖庙

万福台。初名华丰台。光绪年间慈禧寿辰，改现名。戏台建筑在高 2.07 米高台上，歇山式卷棚顶，面宽三间，12.73 米，进深 11.78 米，台面至檐前高度 6.25 米。用装饰贴金木雕隔板分为前台和后台，隔板左右开门，供演员等出入。前台三面敞开，明间演戏，次间为乐池。台前空地开阔，青石铺地，供观众自携条凳或站立观戏用。空地东西各有廊，为二层建筑，形似包厢，供地方士绅及眷属观剧。既祭神又演戏。多次重修。曾上演《六国大封相》等经典剧目。至今是华南地区最古老和保存最好古戏台，对粤剧发展起重要推动作用，被视为粤剧文化表征之一。（柏峰、邓海涛）

广州庆春园 粤剧戏台。广州第一间茶园式戏园。为当时粤剧名伶登台献艺之所。道光二十年（1840）始建。位于今广东广州吉祥路地段。为园林式茶园，兼演大戏。戏台前置桌凳，边演戏，边卖茶、烟、点心、果品，不收门票，只计茶资。随商业发展，戏曲、歌舞走向社会，出现由商贾集资兴建会馆戏台，有两种方式，一种是官宦之家建于园围内府第戏台，一种是供平民百姓观戏用的戏园、戏院。后怡园、锦园、庆丰、听春诸园相继而起。内有李文田为该园撰写的对联"东山丝竹，南海衣冠"，以及李文田、张维屏等名人题联题诗。第二次鸦片战争时美法联军侵占广州，毁于兵燹。（柏峰、邓海涛）

海珠大戏院 粤剧戏台。光绪二十八年（1902）始建。位于今广东省广州市越秀区长堤大马路 292 号。原名同庆戏院。光绪三十年（1904）改现名。2011 年 11 月 8 日改名为岭南大舞台。1926 年戏院改建，中央顶部是一个倒锅形状钢筋混凝土结构，有三层楼观

众厅，设有座位 1900 多个，全部座位为活动式可以移动。地理环境优势，对戏班和观众有吸引力。各戏班经常上演而名扬省港澳。20 世纪三四十年代，诸如觉先声、大利年、龙凤、花锦绣、非凡响等省港大班在此上演《胡不归》《甘地会西施》《肉山藏妲己》《花天娇》《情僧偷到潇湘馆》等剧。20 世纪 30 年代初梅兰芳南来亦曾在此演出。第一届（1990 年）、第二届（1996 年）、第三届（2000 年）羊城国际粤剧节也在此演出。（柏峰、邓海涛）

香港高升戏院 粤剧戏院。香港开埠初期粤剧表演固定场所之一。清同治六年（1867）建成。位于今香港特别行政区西营盘黄河大道西 117 号。原名高升戏园。以演大戏为主，楼高两层，舞台前设长板位，二楼正中设有女士席，设有"企位"（"企"在广东话里是"站"的意思，即"站位"）。光绪十六年（1890）时为李陞产业，1955 年改现名。1971 年拆除，现为侨发大厦所在地。人寿年、觉先声、光华、花锦绣、镜花艳影、燕新声、锦添花、金声、绮罗香、童班人之初、多宝等戏班剧团以及薛觉先、上海妹、半日安、麦炳荣、余丽珍、新马师曾、任剑辉、白雪仙、梁醒波、靓次伯、凤凰女、吴君丽等粤剧名伶曾在该戏院演出。（邓海涛、柏峰）

香港太平戏院 粤剧戏院。香港粤剧表演固定场所之一。清光绪十六年（1890）左右建成。位于香港特别行政区石塘咀。原名太平戏园。分前、中、后座，可容纳上千观众，楼上设超等级包厢。1981 年停止营业。太平、人寿年、胜利、前锋、雏凤鸣等戏班剧团以及马师曾、陈非侬、红线女、薛觉先、上海妹、半日安、何非凡、卫少芳、谭兰卿、欧阳俭、麦炳荣、

梁醒波、龙剑笙、梅雪诗等粤剧名伶以及梅兰芳、程砚秋等京剧名家曾在此地演出。（邓海涛、柏峰）

澳门清平戏院 粤剧戏院。澳门粤剧主要演出场所，澳门最早戏院之一。清光绪元年（1875）王禄、王棣建立。位于澳门福隆新街旁，寓意娱乐升平，故名。早期专门表演粤剧，后兼放电影，1992 年歇业。目前正在进行修复工作。雄风、光华、胜利、童班人之初、励群、广东粤剧院等戏班、剧团以及罗品超、白驹荣、罗家宝、少昆仑、郑绮文、李燕清、罗家英、李宝莹、关海山、林锦棠等粤剧名伶以及京剧名家梅兰芳曾在此地演出。（邓海涛）

天台游乐场 演出场所。广州百货公司天台露天影场。出现于 20 世纪 20 年代。较闻名者有长堤先施百货公司、西堤大新百货公司、惠爱大新百货公司、真光百货公司等，尤以大新、先施两公司优胜。倩影依、刘彩雄、梁丽姝、徐杏林、黄侣侠、宋竹卿、谭兰卿、小叫天、任剑辉、蝴蝶影等粤剧名伶均登台演出。除粤剧外，还有京剧、文明戏表演以及电影放映。1938 年 10 月广州沦陷，被迫停业。（邓海涛）

南方剧院 演出场所。1937 年建立。位于今广东省广州市越秀区教育路 80 号。原名大华戏院。新中国成立后改名为南方剧场，1986 年易现名。经多次装修改造，1997 年，剧院再次全面改造，现拥有 790 个高级雅座，其中地下 518 席，楼座 272 席，舞台宽敞，声、光效果俱佳。早期上演粤曲名曲欣赏会。现为广州市演出公司属下一间集戏剧演出、电影放映、娱乐舞厅等多种功能娱乐场所。1991 年推出以粤剧为主的黄金演出系列活动，后推

出粤剧黄金周活动。除粤剧外，还有曲艺、京剧、话剧、潮剧、杂技、木偶、轻音乐等演出。（邓海涛）

黄花岗剧院 演出场所。广州戏剧演出主要场所。1986 年建成。位于今广东省广州市越秀区先烈中路。因靠近黄花岗七十二烈士陵园，故名。有座位 1723 个，具有现代化音响、灯光和中央空调设备，后台有两层化妆室，可供 100 个演员同时使用。曾演出粤剧、京剧、芭蕾舞剧、歌舞剧等，为历届羊城国际粤剧节以及大型粤剧剧目演出场所之一。（邓海涛）

广州友谊剧院 演出场所。广州大型剧院之一。1965 年 8 月落成。位于今广东省广州市越秀区人民北路 698 号。1985 年、2005 年两次改建。2010 年改造完工。把岭南传统特色庭院、园林有机融合于现代建筑之中，享有"庭院式剧院"美誉。可容纳观众 1288 人。配套设置休息室、贵宾厅、接待室等休闲空间，在后台设置大型化妆间、服装间 15 间，可同时容纳 250 人使用。早期为中国进出口商品交易会接待来宾观看演出主要场所。红线女独唱会、芳艳芬艺术欣赏会、倪惠英从艺 30 周年专场以及第一、二、三届羊城国际粤剧节开幕式晚会等大型演出均在此举行。（邓海涛、柏峰）

陆丰碣石玄武山寺戏台 演出戏台。明清神庙戏台。明万历五年（1577）建立。位于今广东省汕尾市陆丰市碣石镇玄武山元山寺内。清乾隆十五年（1750）、光绪八年（1882）和 1913 年多次修葺。坐南向北，与寺庙山门、正殿、石塔连成一线。台基 1.4 米，台面宽 17.5 米，前台深 10 米，后台 5 米。前台两侧石柱篆刻对联两幅。寺内另有平房戏馆供艺人居住，辟"总

理馆"统理演出事务。光绪二十二年（1896）至 1946 年，每 10 年举办神诞大庆，邀请正字戏、西秦戏、白字戏、潮音戏、外江戏班会演，俗称佛祖重光戏。参演戏班少则六班，多则十几班。原戏台在"文化大革命"中被毁，后按原形制扩大一倍面积修复。（陈燕芳）

澄海陈府戏台 清代园林戏台。位于广东澄海城西区后池巷陈府内。清乾隆年间江西广信府知府陈时谦建。坐南向北，面朝陈府正厅，面积 12 平方米。双月形歇山顶，石柱四支，对面为观戏厅，面积约 20 平方米。左侧假山、莲池，右侧大屋拜亭，可从侧面观戏。（陈燕芳）

潮州卓府戏台 演出戏台。清代园林戏台。清同治元年（1862）建立。位于今广东省潮州市中山路廖厝围 8 号。同治五年（1866）连府第并归潮州总兵卓兴。由戏台、耳房、看台组成。戏台前台高 0.5 米，宽 5.95 米，深 3.5 米，后台厅宽 3.8 米，深 3 米，两侧厢房各宽 3.5 米，深 3 米。戏台左边另有供艺人住宿耳房。看台宽 8 米，深 6 米，与戏台隔一天井，相距约 4 米，比戏台略低。（陈燕芳）

大埔湖寮福地坪戏台 演出戏台。1937 年前后建立。位于今广东省梅州市大埔县湖寮镇五虎山北坡。为钢筋混凝土结构现代建筑，占地面积 270 平方米。舞台向前突出，台基高 3 米，宽 12 米，深 4 米，顶高 5 米。后台两侧各有一房间。新中国成立后改作他用。（陈燕芳）

六柱式戏棚 演出戏台。潮剧舞台样式。出现于清代，沿用到 20 世纪 20 年代。竹竿为架，木板铺台，桐油帆布或谷箔覆顶，舞台台中垂挂 3 副竹

帘，司鼓在帘后指挥前台，竹帘顶端绣金字横匾写有戏班班名，乐队在竹帘后演奏，台中摆一桌两椅。这种挂竹帘演戏的古老舞台装置，有元明南戏遗风。清康熙年间陈琼所画《修堤图》第四幅"演戏庆功"中可以看到这种六柱式戏台。（孙冰娜、吴国钦）

南澳县关帝庙戏台 演出戏台。位于今广东省汕头市南澳县深澳镇关帝庙前 6.5 米处。始建于明万历七年（1579）。清代曾重建。戏台台基用灰沙夯筑，三面墙结构，主台宽 6.7 米，深 8.5 米。台顶盖瓦，台背有贝灰沙护墙，分前后台及侧厢，两旁有进出门。后台墙高 5.2 米，中央有一大圆窗，演出时用帷幕隔成前后台。透过圆窗向外望，可见青屿，故有"青屿浮天"之称。为南澳古八景之一。现遗址保存尚好。（孙冰娜、吴国钦）

汕头大观园戏院 演出场所。20 世纪粤东地区潮剧演出场所。1929 年由李茂源集资兴建。旧址位于今广东省汕头市中心国平路。戏院建筑原为贝灰结构。新中国成立后对戏院进行维修。1955 年扩建，戏院分上、下两层，约 1400 个座位。"文化大革命"以前，该戏院每晚有潮剧演出，演出火热，一票难求。"文化大革命"后兼放电影。1986 年因戏院陈旧破损，停止团体演出活动。被誉为"潮剧殿堂"，是汕头埠专业性大戏院。广东潮剧艺术博物馆藏有建筑模型。（孙冰娜、吴国钦）

汕头慧如剧场 演出场所。粤东地区主要戏曲演出场所。1993 年始建。位于今广东省汕头市金平区潮护路。舞台台面宽 14 米，左右副台各 8 米，舞台深 18 米，高 18 米，舞台设有垂

直吊杆 33 道。设座 626 个，配备贵宾室、化妆间、服装室等。从 2013 年 1 月起，该剧场固定每周五晚上定点定期开展"潮剧大观园·周五有戏"惠民演出活动，采用低票价及免费赠票等方式，2013 年至 2016 年共演出近 250 场，免费公益演出 50 多场。除潮剧演出之外，还引进粤剧、广东汉剧、山歌剧、京剧、正字戏等剧种参与演出。（孙冰娜、吴国钦）

私伙局　乐社组织。以粤剧、粤曲和粤乐为主要娱乐及表演方式。流行于讲粤方言的广东、广西、香港、澳门和海外华人聚居地，尤以广州和珠江三角洲地区最为集中。因自备器具，故名。有固定场所，一般有一名社长，有固定唱家、相对固定乐师、相对固定活动。活动方式大致有两种，一种是唱家和乐师自娱自乐；另一种是唱家请乐师，需支付乐师出场费。一般

掌板为一到两人，乐师三到五人，乐器一般是高胡或小提琴、扬琴、电阮；或加上中胡、色士风、大提琴等。最早称灯笼局，后出现正式取名的民间乐社。以 1916—1918 年间普贤堂成立作为该乐社组织兴盛标志，有民镜（文镜）、素社、庆云、晨霞、杰社、今雨等乐社，涌现梁以忠、吕文成、易剑泉、陈德钜等曲艺家和音乐家。系发扬普及粤剧、粤曲文化的重要渠道和形式，具有影响力。（邓海涛、柏峰）

灯笼局　粤曲歌伶表演方式和现象。其出现有两种说法，一说富豪人家凡有如婚娶、满月等喜庆宴会，邀请歌伶唱歌助庆。因办喜事人家门前常挂一对大灯，邀请音乐玩家（业余爱好粤乐、粤曲人群）或女伶到特定场所参与拍和演唱的现象，称为出灯笼局。一说当时省城粤曲玩家喜邀师娘开局唱曲，往往通宵达旦，须挂灯笼回家。与歌坛

表演等相比，更注重自娱自乐和艺术交流，商业气息大为弱化。（邓海涛）

歌坛　粤曲演唱表演场所。指早期艺人穿街过巷，沿途或摆地摊卖唱。进入"女伶"时期后，艺人人数增加，职业化明显，茶楼、游乐场等商业地方提供表演场所，催生一批撰曲者、拍和师与歌坛艺人。其出现，标志粤曲艺术及粤曲艺人地位与水平提升。（邓海涛）

茶座　演出场所。始于 20 世纪初期瞽姬演唱。茶楼开设唱曲歌坛，既以曲艺表演吸引大众消费，也使歌伶迭出，催生撰曲家与粤曲作品，弥补民众因戏院废存或票价高昂而无法观赏戏曲艺术，歌者在商业化竞争中琢磨曲艺，促进粤曲唱腔成熟与完善，凸显粤曲文化消费与茶楼经济消费相互结合特点。（邓海涛）

作品·文献

江湖十八本　系列剧目。早期粤剧传统剧目泛称。粤剧艺人从清代各地方声腔流行剧目搬演移植，依据剧目流行程度，以数词作为剧名首字并依次排序，计有《一捧雪》《二度梅》《三官堂》《四进士》《五登科》《六月雪》《七贤眷》《八美图》《九更天》《十奏严嵩》等 10 种，后 8 种剧名不确，说法多样，疑为后人凑数而为。这批剧目保留了粤剧作为外江戏阶段的许多遗存，体现皮黄入粤之初的声腔特点，也是皮黄入粤后本土化产物，为粤剧声腔源流研究提供重要依据。（李静）

大排场十八本　系列剧目。清同治中叶传统粤剧剧目。以呈现粤剧戏班主要角色行当为主，多为折子戏，计有《寒

宫取笑》《三娘教子》《三下南唐》（《刘金定斩四门》）《沙陀借兵》（《石鬼仔出世》）《五郎救弟》《六郎罪子》（《辕门斩子》）《四郎探母》《酒楼戏凤》《打洞结拜》《打雁寻父》《平贵别窑》《仁贵回窑》《李忠卖武》《高平关取级》《高望进表》《斩二王》（《陈桥兵变》）《辨才释妖》（《东坡访友》）《金莲戏叔》等 18 种，基本涵盖当时粤剧 10 个主要行当，是当时粤伶必习之戏。（李静）

例戏　系列剧目。粤剧戏班在庆典、酬神、敬神、祈福时循例必演的仪式性剧目。昆班称为开场戏，京剧称开锣戏。注重表现仪式性过程，没有复杂情节和矛盾冲突。传统粤剧在新建戏台上首次演出，须循例演《破台》

《祭白虎》以驱妖祛邪，戏班演出首晚必演《六国大封相》以展示戏班阵容和各行当特色，粤剧行师父诞必演《香花山大贺寿》以示永不忘本。其余庆典演《跳加官》《八仙贺寿》《天姬送子》《玉皇登殿》以表吉祥、喜庆。下四府一带每年年例邀请戏班演吉祥戏也是例戏。现在《破台》《祭白虎》已很少演出。（李静）

六国大封相　又称《六国封相》《封相》。剧目。传统例戏。叙述东周战国时期苏秦成功游说齐、楚、燕、赵、韩、魏六国联盟抵抗强秦，被封为六国丞相的故事。全剧无矛盾起伏，综合弋昆、高腔、梆子以及传统戏曲基础表演程式作展示性排场演出，是戏班开台首演最盛大的例戏。演出需要

戏班角色行当齐全，服饰、道具完备精美，场面鼎盛恢宏，常作为检验大戏班的标准。其中坐车、推车、罗伞架、胭脂马等特色性表演程式有严格规范的表演要求，常用于展示和检验行当艺术造诣与基本功。（李静）

六国封相 见"六国大封相"。

封相 见"六国大封相"。

香花山大贺寿 剧目。传统例戏。表演观音出世至得道，诸位神仙齐来祝寿的礼仪过程。全剧台词皆"国泰民安""长春不老""招财进宝""百子千孙"一类祝贺语；场面恢宏热烈，艺术处理颇具岭南地域色彩，"南狮""香花山""菩提岩"等折表演极具粤剧特色。全剧5个小时，角色众多繁杂，有名姓者达七八十人。粤剧戏班每年九月二十八为祖师爷华光师傅庆贺诞辰必以全戏行的戏班力量演出该剧"贺寿"部分，展现各行当表演技艺，其中"插花""摆花""降龙架""韦驮架""观音十八变""洒金钱"等表演程式、技艺和排场尤具艺术价值。（李静）

三出头 系列剧目。早期粤剧戏班每晚开演的三出戏。一般由负责主演文场戏的公脚、正旦、小生、总生、正生等行当老倌演出。三出剧目取自传统大排场十八本中的粤调文静戏，以《三娘教子》《四郎探母》《六郎罪子》《酒楼戏凤》《打洞结拜》《平贵别窑》《打雁寻父》《寒宫取笑》《沙陀借兵》为常见。具体演哪三出，一般由订戏的主会或观众指定。戏班首晚演出三出须安排在《破台》《八仙贺寿》《六国大封相》等例戏以及三出昆剧折子戏后。大排场十八本是粤剧戏班艺人经舞台实践，用排场形式规范的套路表演，是各行当应工戏，是演出时间不长的折子戏，也被称为

排场戏。粤剧进入城市戏院演出后大多也一晚演三出折子，观众也将粤剧折子戏称为三出头。（李静）

棚头戏 系列剧目。广东汉剧在民间演出时剧目经典、排场热闹，以吸引观众的一类剧目总称。据罗恒报辑录《外江戏（广东汉剧）传统剧目说》，外江戏传统四大棚头戏指全本《珍珠塔》《春秋配》《彩楼配》《双槐树》，副四大棚头戏指全本《下河东》《四进士》《九莲灯》《孙膑收庞涓》，四小棚头戏指《大闹开封府》《渭水访贤》《龙凤阁》《狸猫换太子》。（陈燕芳）

十锦戏 系列剧目。以剧目名称中出现数字为序。据罗恒报辑录《外江戏（广东汉剧）传统剧目说》，指《一捧雪》《二堂放子》《三顾茅庐》《四国齐》《五丈原》《六国封相》《七擒孟获》《八仙庆瑞》《九锡宫》《十三妹》。另有十小锦戏《一文钱》《二进宫》《三家店》《四郎探母》《五台山》《六月雪》《七姐下凡》《八大锤》《九焰山》《十道本》。（陈燕芳）

击鼓骂曹 剧目。广东汉剧老生（公）行应工戏。情节见《三国演义》第二十三回，亦见明徐渭杂剧《四声猿》之《狂鼓史》。剧述孔融向曹操推荐祢衡，曹操未加礼遇，遭祢衡反唇相讥。作为报复，曹操于群臣宴会时命祢衡为击鼓吏。祢衡赤裸身体，横眉冷对，执槌击鼓，大骂曹操。老生扮祢衡，乌净扮曹操。老生唱做兼重，击鼓时自擂自唱，取代司鼓。《汉剧提纲》评曰："老生扮祢正平，裸体击鼓一段，为全本结晶，一种伤时愤世慷慨激昂之气，处处从鼓声唱声中透出。"参见第516页文学卷"击鼓骂曹"条。（陈燕芳）

齐王求将 剧目。广东汉剧老生跨丑行特色剧目。本事见刘向所编《列女传》，情节见元杂剧《丑齐后无盐破连环》。剧述齐宣王亲信奸佞、贬杀忠良，以至秦国公孙衍进犯时国无良将，不得不召回老臣田婴，田婴7年前因反对宣王绞杀王后钟离春被贬，其间暗保王后不死，如今引宣王恳求钟离春出战，钟离春怒斥宣王昏庸，与其约法三章后挂帅出征、击退来敌。老生扮齐宣王，在本行当表演程式外兼有滑稽、诙谐的丑行唱腔、道白。老生扮田婴，旦扮钟离春。1962年由陶金、陈葆祥、黄一清、杨启祥、萧衍盛等根据传统折子戏《齐王哭殿》整理改编为全本戏，由珠江电影制片厂拍摄戏曲艺术片。导演陶金、陈葆祥，音乐设计饶淑枢、罗旋、管石銮、范思湘，黄粦传饰齐宣王，黄桂珠饰钟离春，范开盛饰田婴，梁素珍饰夏妃，曾谋、罗纯生饰太监。（陈燕芳）

昭君出塞 剧目。广东汉剧旦行应工戏，主要唱吹腔。情节见元杂剧《汉宫秋》、明传奇《和戎记》。剧述昭君与元帝分别，奉命出塞和亲，行至黑水涯投水而亡。旦扮王昭君，唱做兼重，表演静中见动。全剧分乘车、骑马两段，各有20多句唱词，通过戏曲程式表演虚拟呈现昭君艰难赶路、眷恋故国情态。《汉剧提纲》评曰："其唱调别在皮黄之外。与小调'怀古'相类，想系昆剧原本，又此出与杏元和番关目略相仿，惟杏元和番，送行者两小生，此出送行者丑与马夫。"（陈燕芳）

洛阳失印 剧目。广东汉剧丑行应工戏。本事见明冯梦龙所编《智囊补》，具体情节选自清盛际时传奇《胭脂雪》第二十一至二十三出。剧述昏官陶洪在点检讼案证物时，意外发现新任巡抚官印一枚，意欲以此加官晋爵，被

衙役白怀劝阻，白怀同情失印巡抚，暗中前往官邸打探，发现巡抚即其子白简，父子相认，二人设计在陶洪拜见白简时诈言龙舟失火，假令陶洪看守巡抚印盒，待其发现印盒中空，不得已将私藏官印物归原处。剧中老生扮白怀，小生扮白简，丑扮陶洪，以说白为主。丑角有高难度乌龟拜年特技表演，故广东汉剧戏谚有"丑怕下洛阳城"之说，亦作"丑行难做洛阳县"。昆剧、京剧、汉剧、湘剧、祁剧、桂剧、秦腔、滇剧、潮剧等有同题剧目。（陈燕芳）

打洞结拜　剧目。广东汉剧红净应工戏。情节见明冯梦龙所编《警世通言》卷二十一《赵太祖千里送京娘》。剧述赵匡胤夜宿青牛观，闻得雷神洞内女子恸哭，故破洞救出。此女为山西人氏赵京娘，于清明上坟途中被强人所掳囚于洞中。赵匡胤提议送其返乡，京娘初表疑惧，后赵匡胤与其结为兄妹，结伴而行，途中京娘多次表达爱慕之意，均为赵匡胤所拒。红净扮赵匡胤，旦扮赵京娘。旦角所唱襄阳腔曲调"年年有个三月三"系广东汉剧特色唱腔。（陈燕芳）

五台会兄　剧目。广东汉剧乌净应工戏。情节见元杂剧《昊天塔》第四折。剧述杨六郎护送杨令公骨殖回朝，夜宿五台山时遇一醉酒武僧，武僧主动提起宋朝杨家将事，引起六郎疑窦，经过一番盘询，发现正是剃度出家的杨五郎，兄弟相认后，五郎助六郎退敌下山，二人挥泪作别。剧中乌净扮杨五郎，生扮杨六郎，婆扮方丈。乌净表演重功架，须模仿十八罗汉造型，唱做兼重，故有"净怕上五台山"之说。《汉剧提纲》评曰："百零八下手脚，极为苦做。至其唱工，则哭骸一段，跪伏唱哭板，尤为难中之难。"昆剧、京剧、秦腔、汉剧、川剧、湘剧、桂剧、粤剧等有同题剧目。（陈燕芳）

百里奚会妻　剧目。广东汉剧生旦对手戏。本事见应劭《风俗通义》，具体情节见明冯梦龙、蔡元放编《东周列国志》第二十五、二十六回。剧述虞国百里奚在秦为相，因思念妻儿郁郁寡欢。家仆提议请街上缝衣妇人弹唱解闷，百里奚应允。妇人入府，先唱小曲思夫，再唱"探地落"，声情哀怨，百里奚闻之疑为发妻杜氏，二人相认团聚。老生扮百里奚，旦扮杜氏，表演极重唱功。《汉剧提纲》评曰："蓝衣旦歌中一曲思夫，一曲叹颓落，皆特别词调，寻常伶工，多以他项小调代之，斯下乘矣。曾见以成社方永练君，以前调和琵琶，以后调和筝。自弹自唱，极有神韵，可谓得汉剧之真髓，惜班中无此人材。"京剧、川剧、滇剧、秦腔、梨园戏、莆仙戏、粤剧、汉剧、潮剧有同题剧目。（陈燕芳）

五福连　又称《扮仙》。系列剧目。潮剧开场例戏。是五段吉祥小戏的连演，一般为《十仙庆寿》《跳加冠》《净棚》《仙姬送子》和《京城会》。有时首折应请戏方要求会更改为《六国封相》。若《跳加冠》单独表演，其余四出则称为四出连。《十仙庆寿》取自《蟠桃会》，演东方朔邀请八仙向王母娘娘祝寿。《跳加冠》由演员着蟒袍，口咬加冠壳，手持朝笏，将书有"国泰民安""风调雨顺"等条幅进行展示。《仙姬送子》演仙姬下凡送子与董永。《净棚》中演员身着黄龙袍，头戴帝王冠，登台踏四角头，合手垂袖念："高搭彩楼巧艳装，梨园子弟有千万，句句都是翰林造，唱出离合共悲欢。来者万古流传。"这段台词没有伴奏，仅有与每句末3字相和的号头声。《京城会》取自《彩楼记》，演吕蒙正得中之后与夫人刘翠娥团聚相会。《六国封相》演苏秦受六国相印，富贵还乡，六国使臣迎接苏秦并向其祝贺。五福连寓意福、禄、寿，演出时庄重严肃又喜庆热闹。（孙冰娜、吴国钦、詹双晖）

扮仙　见"五福连"。

陈三五娘　又称《荔镜记》。潮剧传统戏。有明嘉靖刻本传世。并蒂荔枝为表记，磨镜入府为机缘，讲述陈三与五娘的爱情故事。1955年谢吟根据潮剧老艺人口述，参考梨园戏整理。剧述潮州富户黄九郎之女五娘碧琚，元宵观灯时巧遇泉州人陈伯卿，互生爱慕。武举林大鼻垂涎五娘美色，下聘订婚，五娘因此抑郁成病。后五娘在楼上见伯卿路过，将一并蒂荔枝裹于罗帕中投与伯卿以表情意，伯卿遂化名陈三，自称磨镜匠入黄府，并故意失手碎镜，以借偿镜为由卖身黄家；在婢女益春相助之下，和五娘得以见面，私定终身，后3人逃离黄府，远走泉州。全剧分8场，由正顺潮剧团首演。导演郑一标、吴峰（执行），作曲杨其国、黄钦赐、陈华。主要演员有李钦裕（饰陈三）、姚璇秋（饰五娘）、萧南英（饰益春）、郭石梅（饰林大）、吴林荣（饰卓二）。田汉《赠广东潮剧团》诗云："争说多情黄五娘，璇秋乌水各芬芳。"作为潮剧经典保留剧目，《陈三五娘》在海内外潮人聚居地流传甚广。陈三五娘对封建宗法礼教制度反抗和对婚恋自由追求，折射出积极时代意义。剧中所反映潮州社会生态，有浓厚地方特色和民间气息。梨园戏、莆仙戏、高甲戏、芗剧、歌仔戏等剧种均有此剧目。1956年广东潮剧团成立后，《陈三五娘》成为保留剧目。1961年由香港凤凰公司拍成彩色影片。（孙冰娜、吴国钦）

苏六娘 剧目。潮剧传统戏。有明代万历年间同名刻本摘锦十一出传世。1956年张华云（执笔）、谢吟根据旧抄本及老艺人口述重新整理出全本。剧述明代揭阳苏六娘与西胪表兄郭继春同窗共砚，情爱甚笃，私订姻缘，不料六娘的父亲却把她许配给饶平杨师爷之子杨子良，六娘母亲不愿独生女远嫁，苏父也暗自悔婚，遂拖延婚期；杨子良与其乳娘亲自来揭阳讨亲，在官威族势逼迫之下，苏家约定3天后出阁。苏六娘婢女桃花奉命赴西胪报讯；婚前一夜，桃花仍未归回，婚期在即，六娘无计可施，留下绝命书欲投江自杀，到江边时巧遇匆忙回来的桃花与继春，后得渡伯仗义相助，六娘和继春终于结合。此剧由广东潮剧团首演，执行导演卢吟词，作曲黄钦赐、陈华、张伯杰、林炳和，舞台美术设计洪风，吴丽君饰苏六娘，黄清城饰郭继春，洪妙饰乳娘，蔡锦坤饰杨子良，陈馥闺饰桃花。1959年由姚璇秋饰苏六娘，翁銮金饰郭继春，由香港鸿图影业公司拍成彩色影片发行海外。《苏六娘》中的《杨子良讨亲》《桃花过渡》等折，仍活跃在潮剧舞台上。（孙冰娜、吴国钦）

金花女 剧目。潮剧传统戏。郑文风、王江流、陈鸿岳根据明本潮州戏文《重补摘锦潮调金花女大全》整理，马飞作曲，名《金花女》。剧述书生刘永以荆钗为聘，娶妻金花，金花爱刘永之才，婚后陪伴刘永上京考取功名，孰料途中遭遇强盗，双双投江，生死两不知。刘永被救之后赴京应试得中状元，金花则被救回兄嫂家中。金花兄长金章仗义，但嫂嫂金章婆势利，逼金花改嫁富家子弟刘迪，金花不从，被迫往南山牧羊砍柴。刘永荣归，江边祭妻，经驿丞牵撮，夫妻在南山团聚。1962年广东潮剧院青年剧团排演，主演陈丽璇、叶清发、吴为雄、郑蔡岳、朱楚珍、洪继深等；1981年广东潮剧院一团复排，主演郑小霞、陈学希、李有存、林舜卿等。同题材的舞台剧目还有1962年由刘管耀与柯静呆整理创作、1963年演出的《南荆钗》，1979年该本复排，名《金花牧羊》。"金花女"是潮汕民间家喻户晓的潮剧故事，舞台本《金花女》和《金花牧羊》并蒂绽放，曲词质朴本色、蕴藉有趣、故事流畅动人、妙趣横生，深受观众喜爱。参见第510页文学卷"金花女"条。（孙冰娜、吴国钦）

扫窗会 剧目。潮剧经典折子戏。源自明代传奇《珍珠记》中"书馆逢夫"一出，是潮剧青衣行当中唱做并重的应工戏，杨其国传唱。剧述上京寻夫却落入温氏圈套成为温府婢女的王金真，在好心老仆相助下，手执扫帚在其夫高文举书房外打扫，通过扫窗引起书房内高文举注意，继而相认；原来当年穷困潦倒的高文举得王员外赏识，与其女王金真喜结连理，婚后在妻子支持下上京应试得中状元，却遭温阁老看中，被迫入赘温家；高文举写信欲接金真上京团聚，温氏暗将书信换成休书，王金真心知丈夫不是薄情郎，疑休书有诈，上京寻夫；久别重逢的夫妻互诉衷情时为温氏发觉，文举只好搬梯助金真逾墙逃走，往包拯处告状，夫妻终得团圆。该剧较完整保留潮剧古老曲牌、唱腔音乐和做功表演。20世纪50年代《扫窗会》由姚璇秋、翁銮金主演，曾晋京在中南海怀仁堂演出，与《杨令婆辩本》《闹钗》被誉为潮剧百花园中三块宝石。（孙冰娜、吴国钦）

井边会 剧目。潮剧经典折子戏。郑文风、何苦整理，出自南戏《刘智远白兔记》。该剧是潮剧生旦唱工戏。剧述五代时贫苦无依的刘智远入赘沙陀村李家，娶妻李三娘，婚后被迫前往太原投军，已有身孕的三娘在家中遭受兄嫂虐待折磨，后李三娘在磨房产子，因无人帮忙接生，只得自己将孩子的脐带咬断，因此为儿起名咬脐；咬脐出生后，险些被兄嫂溺死，幸得窦公相救，送往太原父亲处，改名承佑；16年后，赴九州任安抚使的刘智远兵至徐州，儿子刘承佑出营打猎，射中白兔，于井边恰遇严寒中汲水的李三娘，母子井边相会，虽心有所感，但地位悬殊，无法相认，三娘咬破手指，写就一封血书，托承佑前往军中交给刘智远。此折姚璇秋、吴丽君、朱楚珍等扮演过李三娘一角。（孙冰娜、吴国钦）

芦林会 剧目。潮剧经典折子戏。出自明传奇《跃鲤记》，是潮剧传统乌衫（青衣）唱工戏。剧述秀才姜诗有妻庞三娘，但姜诗听母之命，以三不孝为由休妻，三娘身无所依，只得寄居尼姑庵；一日，三娘闻家婆染病，欲啖江鲤，遂不眠不休织布，换得鲤鱼一条，但仍少柴薪烹饪，只好往芦林处拾柴，巧逢姜诗路过此处，两人相会，三娘诘问当日休妻情由，姜诗责备其不贤不孝，三娘据理诉情，一一辩驳，姜诗始知错怪三娘，有意重叙旧好，但恐冒顺妻逆母之名，难以自决，夫妻洒泪而别。该剧1958年由汕头戏曲学校陈凤兴传唱，汕头潮剧研究会组织谢吟、王江流、李志浦整理，初稿由谢吟执笔，郑一标导演，杨广泉、黄秋葵作曲。1959年剧本由广东潮剧院艺术室集体讨论后再次修改，马飞参加作曲，黄清城饰姜诗，范泽华饰庞三娘，作为新中国成立10周年献礼剧目进京演出。阳翰笙作诗赞誉："一曲芦林会，声声断我肠。千人屏息坐，争夸范泽华。"1960年香港新联影片公司拍摄由汕头戏曲学

校学员许惠芳饰庞三娘、纪树章饰姜诗的《芦林会》，纳入戏校纪录片《乳燕迎春》中。1979年汕头戏校恢复《芦林会》传承演出，由林洁、陈学希主演。（孙冰娜、吴国钦）

柴房会 剧目。潮剧传统戏。剧本由魏启光、卢吟词整理。剧述市井货郎李老三，夜间投宿客栈柴房，遇女鬼述说冤情，并请李老三为其报仇。原来鬼魂自称莫二娘，遭劫被卖入妓院，后与扬州商人杨春相识，拟托付终身，怎奈杨春意在莫二娘多年积蓄，将银钱骗到手之后便将她遗弃在客店，绝望之下，莫二娘悬梁自尽，化作怨鬼。李老三善良正直，闻之遂起怜悯之心，与莫二娘之鬼魂一同前往扬州复仇。20世纪30年代，该剧以唱功出名。20世纪60年代经过重新整理，在李老三受惊时增加梯子功、椅子功表演，成为一个唱做兼重、屡演不衰保留剧目。广东潮剧院成立后，由李有存首演，1981年后由方展荣主演。两代名丑，唱做俱佳。（孙冰娜、吴国钦）

刺梁冀 剧目。潮剧经典折子戏。出自明传奇《渔家乐》，是潮剧踢鞋丑做工戏。剧述东汉桓帝时梁冀欲弑君谋位，封锁黄河渡口，相士万家春在渔家邬飞霞父女帮助下得以渡过黄河，到洛阳谋生，后邬飞霞之父遭梁冀杀害，邬飞霞冒贵人之名接近梁冀。一日，万家春在街上卖卜，被抓入梁府观相，恰逢邬飞霞为父报仇刺杀梁冀，危急之际，万家春智救飞霞逃出险境。此剧要求演员具备高超弓马动作与腰腿功夫。1958年该剧由名丑徐坤全口述传艺，名丑李有存在师承基础上有新创造，成为潮剧著名折子戏。（孙冰娜、吴国钦）

杨令婆辩本 剧目。潮剧经典折子戏。

是潮剧老旦唱功戏。潮剧长连戏《狄青全传》中的一折。剧述佘太君为保忠良后裔焦廷贵，亲上金銮殿保奏，痛斥奸臣庞洪，辨明是非，并以先帝因杨家忠良辈出而赐龙头杖追打庞洪，迫使仁宗赦免焦廷贵。因洪妙对杨令婆成功塑造而饮誉海内外。（孙冰娜、吴国钦）

闹钗 剧目。潮剧经典折子戏。出自明传奇《蕉帕记》。是潮剧项衫丑应工首本戏。剧述龙姓书生在胡家寄读，胡家纨绔子弟胡琏在青楼狎妓回家后，发现一支金钗落在龙生书房门前，恰逢其妹亦失落金钗，遂大吵大闹，咬定龙生与其妹有染，胡家婢女小英笃定另有隐情，与胡琏在胡母面前以三十大板作赌；后真相大白，胡琏之妹的金钗在花园中找到，胡琏所捡金钗乃自己从青楼所得，自作自受的胡琏既遭母亲、妹妹斥责，又挨小英一顿竹板。该剧有水袖功、扇子功与模仿皮影动作等身段程式。（孙冰娜、吴国钦）

桃花过渡 剧目。潮剧经典折子戏。出自潮剧《苏六娘》。剧述苏六娘婢女桃花奉小姐之命，搭渡往返西胪与揭阳之间，替苏六娘和郭继春二人传递讯息，渡船艄公风趣幽默，让桃花与其斗歌，以此免收桃花过渡钱。本折剧情简单，艄公撑船，桃花搭渡，两人江上斗歌，一唱一答，以月份地方风情事物作比喻，妙语连珠，轻松有趣，舞台效果强烈，乐曲来源于潮汕民间传统小调《灯笼歌》与《蚯蚓歌》，伴奏以小锣钹为主，艺术感染力强，一直在舞台和民间传唱。（孙冰娜、吴国钦）

刘明珠 剧目。潮剧新编历史剧。剧本整理郑文风，作曲马飞，领奏陈汉泉，司鼓王志龙。剧述明穆宗时潮州

总兵刘光辰掌握辅业亲王朱厚燔结党暗谋兵权的罪证，但在上京面圣前不幸被朱厚燔所察而遭害；刘明珠知晓父亲遇害真相，决心上京面君，除奸报仇，上京途中，明珠巧遇海瑞，得海瑞庇护回京，待朝面君；穆宗得知案情后，念朱厚燔往昔功绩，请太后裁决，太后欲保亲王，密谕海瑞查清刘光辰被害一案，同时让穆宗下旨要求海瑞选能手为太后制作百宝珠衣，想以此迫使海瑞无暇同时顾及二者而放弃刘案，在商议权衡之下，海瑞前往查案，而海瑞夫人和刘明珠则假扮串珠女进宫制衣；朱厚燔火烧珠楼，谎报珠衣已毁，欲以行事不力治海瑞欺君之罪，幸得宫女提前透露，刘明珠和海瑞夫人方逃过一劫，顺利将珠衣交给太后，海瑞搜集朱厚燔罪证返朝，当庭呈示，穆宗仍然不愿定朱厚燔之罪，刘明珠见状，终于忍无可忍，怒斥朱厚燔，使冤情和真相昭然天下。1964年珠江电影制片厂与香港凤凰影业公司合作拍摄，范泽华饰刘明珠，张长城饰海瑞，洪妙饰皇太后，陈玩惜饰朱厚燔，朱楚珍饰王夫人。该剧文辞优美，契情扣景，潮汕民间有"好曲《告亲夫》，好词《刘明珠》"之誉。（孙冰娜、吴国钦）

玉堂春 剧目。潮剧传统戏。剧述苏三因家贫卖身入青楼，得遇贵公子袁金龙，二人私订终身，后袁金龙床头金尽，被鸨母赶出，幸玉堂春（苏三）赠盘缠方得考中科举，袁金龙后出任巡按，闻玉堂春被鸨母卖身给富商沈燕林，又被沈妻陷害，身陷囹圄，遂查明真相，延请布政使刘秉义为玉堂春雪冤，奸人因而伏法，袁金龙与玉堂春终得团圆。《玉堂春》由教戏先生林如烈作曲，曲子缠绵动听，从20世纪三四十年代传唱至今，其《三司会审》《梅亭雪》成为著名折子戏。（孙冰娜、吴国钦）

李唔直 剧目。潮剧传统戏。是潮剧裘头丑应工戏。潮汕地区广为流传民间故事，清末民初已在潮剧舞台演出，后由谢吟、何杰、江流整理。剧述李唔直娶员外小女儿为妻，然家境窘迫，备受员外及旁人白眼；一次掠水鸡过程中寻到一藏宝石洞，洞中有奇声，言洞中宝物乃"李门环"所有，后李唔直生得一子，老丈人正巧为孩子取名为李门环，李唔直乃携子同往石洞，终得洞中宝藏，为老丈人祝寿献宝，让看不起他的势利亲戚后悔不已。20世纪50年代，潮剧代表团、正顺潮剧团演出。该剧为潮剧喜剧，在民间有一定影响力。（孙冰娜、吴国钦）

周不错 剧目。潮剧传统戏。是潮剧长衫丑应工戏。谢大目传授。剧述瞎子周不错，曾给国舅算命而冒犯官威，险些丢了性命，从此不敢随便替人算命，只在凉亭处卖卜；周不错有一女玉华，每日负责将父亲搀扶至凉亭，久而久之，与在凉亭卖糕饼的少年金钱互生情愫；一日，金钱请周不错为其卜算姻缘，周口中念念有词，金钱便回头牵玉华在凉亭后私定终身，周不错算出金钱的姻缘在8年后才出现时，二人已经起誓完成回到周不错身边，周不错知情后愕然不已，最后只好同意这门婚事。此剧为潮剧喜剧，剧情幽默风趣，宣扬婚姻自由。谢大目、周芝圃曾演剧中瞎子而名噪一时。（孙冰娜、吴国钦）

王茂生进酒 剧目。潮剧传统戏。剧本由魏启光根据潮剧旧本整理编写。剧述穷困潦倒王茂生无意中获悉，平辽王乃是昔年结拜金兰的薛仁贵，苦于无钱置办贺礼，情急之下，用咸菜瓮装汾河水，抬到薛仁贵王府，权作贺礼；进门时却备受门官刁难，茂生情急智生，乘其他官差入门之际，用老婆头上的钗簪将王茂生拜帖别在门官官袍背后，门官进入王府后，薛仁贵发现王茂生的帖，传令大开中门迎接，薛仁贵和王茂生兄弟畅饮家乡酒，方知是一瓮清水，百官虽为诌媚奉承亦皆称好酒，茂生窘逼不已，仁贵却说水比酒更香，饮水要思源，于是，宾主共饮汾河水，佳话留与后人传。剧中"簪贴"关目，富喜剧色彩，将王茂生睿智与门官势利，揭示得入木三分。全剧诙谐风趣，已成为潮剧经典剧目，1962年摄制成戏曲艺术影片。剧名"王茂生进酒"成为潮汕民间俗谚，意谓礼薄人情厚。（孙冰娜、吴国钦）

张春郎削发 剧目。潮剧传统戏。剧作家李志浦根据旧本《张春兰舍发》重新整理改编。剧述相国独子张春郎，才情横溢，长相英俊，为鲁国公所荐，被招为驸马；张春郎奉旨回京城完婚时，途经好友半空和尚所在青云寺，入寺寻访，巧逢未婚妻双娇公主在前殿进香，难抑好奇心的张春郎扮作和尚欲先睹未婚妻芳颜，怎知被公主察觉，以为遭好色之徒轻薄，欲以逾礼之罪斩之；青云寺长老知晓内情，本欲告知公主，为傲骨十足张所阻，只能斡旋以削发入寺为僧，代斩首之罪，公主回官方知实情，后悔莫及，经鲁国公调解，公主亦削下青丝向张赔礼，两人冰释前嫌，结发完婚。20世纪80年代潮剧院一团演出，1984年由中央新闻社和香港志佳影片公司摄制成戏曲艺术影片，1987年到北京参加首届中国艺术节。被评剧、川剧、越剧、湘剧、楚剧和粤剧等20多个剧种移植过。（孙冰娜、吴国钦）

春香传 剧目。潮剧传统戏。改编自朝鲜古典艺术剧本。剧述朝鲜全罗道南原府使道之子李梦龙于端阳节出游，遇艺妓春香，彼此钟情，订下婚姻，使道调任汉阳，梦龙与春香相别，3年不通音信；新任卞学道闻春香貌美，欲强纳为妾，春香拒之，卞怒，逮春香至公堂，严刑拷打，春香不屈，被判死罪；时李梦龙已任巡按御史，得知此事，乃赶往南原，乔装探监，尽知冤情，乃革卞职，释春香出狱，与之成婚。潮剧《春香传》由王菲编剧，黄秋葵、杨广泉作曲。20世纪五六十年代怡梨潮剧团、红阳潮剧团演出。剧中《爱歌》《别歌》《狱中歌》旋律优美。其中《爱歌》"春香当当当，梦龙咚咚咚"腔句一直传唱。（孙冰娜、吴国钦）

辞郎洲 剧目。潮剧新编历史剧。林澜、魏启光、连裕斌编剧，根据《宋史纪事本末》《潮州府志》《饶平县志》等有关张达、陈璧娘的史料创作。剧述南宋末年，皇帝赵昺被元兵追杀，漂泊海上，诏令护守饶平海州的张达勤王护驾。张将军一生为国，但屡遭朝廷陷害，表明早已退隐林下，不肯勤王。经其妻陈璧娘大义相劝，张达重燃报国之志，一呼百应，率军出征。出师之日，璧娘吟诗壮行并赠青丝作为夫妻信物。张达骁勇善战，逼退敌兵，但朝廷小胜即安，不肯接应登岸，张达下海苦谏无果，帝舟粮尽遭困。代夫固守海州后方的璧娘忧国忧郎，果断带领义军相助，奋身杀敌。元命宋朝降官为使者，以张达性命诱降璧娘，但璧娘坚信将军宁死不降。来使示以信物青丝，璧娘料定张达已经殉国，斩杀来使。敌军围困海州，璧娘为保义军脱险，立尸抱剑，壮烈牺牲。后人感其忠义，将海州改名为辞郎洲。20世纪50年代潮剧院一团演出，姚璇秋、翁銮金、谢素贞等主演，1959年参加广东省艺术会演，作为建国10周年献礼剧目到北京演出。（孙冰娜、吴国钦）

袁崇焕 剧目。潮剧新编历史剧。陈

英飞、杨秀雁编剧。剧述明末烽烟四起，外敌入侵辽东，崇祯帝起用被先帝罢免的袁崇焕抗敌。袁崇焕放下成见，前往蓟辽整备边军，敌人不敢正面与袁崇焕对撼，绕过其镇守的城池，直取帝京，袁闻讯大惊，遂聚轻骑勤王，孰料崇祯生性多疑，为敌反间计所惑，夺袁崇焕帅位，袁身陷囹圄，毅然以血书召部下前来解燕京之围；敌军虽被击退，然崇祯却不仅不为袁崇焕雪冤，反欲逼迫其认罪，袁为全名节，拒不从命，在刑场以死明志。20 世纪 80 年代初，潮剧院二团演出。（孙冰娜、吴国钦）

丁日昌　剧目。潮剧新编历史剧。改编自晚清官员丁日昌在上海开展洋务运动的史事。陈鸿辉、陈作宏编剧，郭楠导演，黄钦赐作曲，揭阳市潮剧团演出。剧叙同治年间，丁日昌任苏淞太兵备道员，见苏淞一带列强行事霸道，欺辱百姓，遂起引进西洋技术建造坚船利炮之意。丁日昌上书请谏，得以顺利建立江南机器制造总局。他严查海关税务解决资金来源，用以聘请美国工程技师与购置先进机器。丁日昌的行为触动了列强势力以及买办们的利益，遭各方阻力倾轧。面临对外联系人被暗杀、税款被贪污、拨款被阻截、朝中顽固派极力阻挠等困境，丁日昌在个人健康状况极其危殆情况下仍然坚持抗争，取得了阶段性胜利。1990 年，揭阳县潮剧团携该剧参加第二届中国戏剧节，受到好评。（孙冰娜、吴国钦）

彭湃　剧目。潮剧现代戏。编剧郑文风、陈鸿岳、陈英飞、洪潮、林劭贤、周艾黎、李志浦。剧情改编自先烈彭湃革命故事。1922 年秋，彭湃背叛地主家庭，将田产分予佃农，投身革命运动，他深入农村群众中，积极揭露军阀和豪绅剥削人民的罪恶真

相，得到广泛支持，其农会组织渐渐发展壮大，反动势力见势不妙，利用帮派和亲缘故交关系，试图瓦解革命力量；适逢 1927 年南昌起义，党的"八七"会议给彭湃带来精神鼓舞和正确革命路线，彭湃发动武装起义，将当地反动势力悉数消灭，成功建立起海陆丰苏维埃政权。1978 年 5 月，潮剧团一团演出。（孙冰娜、吴国钦）

江姐　剧目。潮剧现代戏。1963 年郑文风、王菲、谢吟、何苦根据长篇小说《红岩》改编。剧述重庆解放前夕，沙磁区区委书记江雪琴身负重要任务前往川北根据地，在古城门口发现丈夫华蓥山纵队政委彭松涛遇害后被敌人割下头颅，她强忍悲痛赶赴根据地，决定继承丈夫遗志，继续投身革命，由于叛徒甫志高出卖，江姐落入敌人手中；双枪老太婆为营救江姐截击敌人，击毙叛徒，但营救未成，江姐面对敌人威逼利诱、严刑拷打凛然不屈，在重庆解放前夕英勇就义。该剧由广东潮剧院首演，姚璇秋饰江姐，谢素贞饰双枪老太婆，黄清城饰甫志高，郭石梅饰徐鹏飞。该剧成功地塑造江姐、双枪老太婆等共产党员形象，人物刻画有血有肉，唱腔音乐动听感人，是新中国成立以来潮剧流传最广、影响最大现代剧目。其中《江姐上山》成为一个独立保留折子戏，唱段《松涛松涛我的亲人》广为传唱。（孙冰娜、吴国钦）

革命母亲李梨英　剧目。潮剧现代戏。根据吴南生长篇报告文学《松柏长青》改编，编剧林卡、马骏昕、张文、向东，作曲陈华、卢吟词、黄玉斗、张文，舞台设计洪风。剧述 1937 年七七事变前夕，战斗在闽粤边区红三团主要领导人未经请示而接受国民党改编，独立营一大队长又犯"左"倾盲动错

误，遭到敌人暗算，在严酷革命斗争中，女共产党员李梨英把伤兵站转移到乌山深处，克服缺粮缺药种种困难，保护红军伤员，保存革命力量。1958 年广东潮剧院一团演出。李梨英扮演者有 A 角姚璇秋和 B 角吴丽君，郭石梅饰演金盛，黄清城饰演德钦，李炳松饰演卢生。1959 年国庆节期间在北京献演，得到戏剧界的高度肯定。2017 年广东潮剧院在《松柏长青》和《革命母亲李梨英》基础上进行再改编，创作出《红军阿姆》，由詹少君主演。（孙冰娜、吴国钦）

七日红　剧目。潮剧现代戏。剧本由李英群、谢逸、刘管耀、赖扬芬、袁穆伦创作，改编自周恩来、贺龙 1927 年占领潮州建立红色政权事迹。剧述南昌起义后，周恩来、贺龙于 1927 年 9 月 23 日率军占领潮州，并建立工农兵政权，敌民团总局局长顾鹏程带着残存兵力以及所逮捕革命人士逃往乡下顾陇村，继续负隅顽抗，贺龙遣教导队参谋李韩生混入敌人巢穴，探清其中兵力分布，而后一举击溃残敌，救回被捕同志；9 月 30 日，潮州城内起义军遭到敌人猛烈进攻，因敌众我寡，在英勇抵抗后，为保存革命火种，无奈撤离潮州；虽然人民政权仅存在 7 日，史称"七日红"，但周恩来、贺龙的革命精神深深影响当地人民，在他们离去后，人民继续高举红旗，沿着武装革命道路前行。该剧 1978 年由潮安潮剧团演出，陈立山、唐龙通等主演。（孙冰娜、吴国钦）

万山红　剧目。潮剧现代戏。编剧向东。根据潮汕地区生活素材并参考王杏元长篇小说《绿竹村风云》创作。是一出反映 20 世纪 50 年代农业合作化运动的潮剧。剧述万峰山区万山村中农王阿犀囤积土地、造假放债以谋私利，村中贫农春嫂一家由于丧失劳

力，不得不卖地抵债，在两极分化愈演愈烈势头下，村长王凤来贯彻党的农业合作化政策，发动群众建立合作社，改善民众生产生活，成功纠正王阿犀带来不良影响，让万山村走上社会主义建设大道。1965 年，广东潮剧院一团首演，姚璇秋饰王凤来，范泽华饰春嫂，张长城饰阿犀。（孙冰娜、吴国钦）

海上渔歌　剧目。潮剧现代戏。谢吟根据同名歌剧改编，是一出在唱腔音乐与表演上很有特色的潮剧短剧。剧述橄榄父女在打鱼时，救下两个落水特务老王和海霸，误信他们是解放军，后来老渔民发现破绽，趁机暗示女儿吹海螺报警；由于身份暴露，老王和海霸想杀害老渔民，在千钧一发之际，海上巡逻队民兵赶到，捕获特务。该剧曾参加广东省 1954 年度戏曲汇报演出。20 世纪 50 年代，正顺潮剧团、源正潮剧团、怡梨潮剧团演出。（孙冰娜、吴国钦）

十二真本　原称十二金本。系列剧目。正字戏传统剧目总称。包括四大苦戏《白兔记》《荆钗记》《琵琶记》《葵花记》、四大喜戏《三元记》《五桂记》《满床笏》《月华园》和四大弓马戏《铁弓缘》《义忠烈》《千里驹》《马陵道》或《铁冠图》。前 6 部为正音曲剧目，后 6 部为昆曲剧目。形态古老，保留大量民间演戏规俗，为正字戏戏班看家剧目，是衡量一个戏班演出水平的标志。（于琦）

十二金本　见"十二真本"。

三十六单头　系列剧目。正字戏传统剧目统称。除"十二真本"戏外，还包括正音曲《金貂记》《鹦哥记》《十全义》《同窗记》《断发记》《樱桃

记》《蓝关雪》《三关记》《百花记》《蕉帕记》《罗帕记》《彩楼记》《绿袍记》《槐荫别》，昆曲《疯僧扫秦》《连环计》《义侠记》《翠屏山》《锦云裘》《倒铜旗》《党人碑》《烂柯山》《蝴蝶梦》《昊天塔》《渔家乐》等 27 本，共 39 本。36 个剧目存在不同说法。为戏单上开列的重要剧目，长期舞台实践过程中形成的正字戏最精华者。（于琦）

正字戏提纲戏　系列剧目。剧本以人物为中心，以科白为主线，较少唱词，有各种提示，包括语言、动作、小调、气氛或时间、上下场、排场、舞台演出处理、人物角色、鼓介、吹打牌子以及特殊提示。题材以明、清时期的历史演义和传奇小说为主。文戏、武戏均有。分为大传戏、小传戏、本头、锦出四类。代表性剧目有《东汉传》《三国传》《隋唐传》等。亦为剧本创作方法，也见于粤剧、白字戏等剧种。（于琦）

荆钗记　剧目。正字戏传统戏。剧述南宋时温州士子王十朋家贫，以荆钗为聘，娶钱员外之女钱玉莲；婚后王十朋上京赶考，钱玉莲继母威逼她嫁给富豪孙汝权，玉莲不从，投江自尽，幸得福建安抚使钱氏所救认做义女，后王十朋到福建为官，夫妻遂得团圆。故事来源于同名古南戏，情节稍有删改并增加义士渔翁等人物。演唱以正音曲为主。正字戏四大苦戏之一。老戏班常演《小迫嫁》一折，为乌面行当的拿手戏。存清同治十一年钞本。（于琦）

槐荫别　原称《百日缘》。剧目。正字戏传统戏。1953 年陈春淮根据老艺人口述记录、整理，海丰县永丰正字戏剧团首演，主演陈宝寿、蔡十二。剧述张七姐原为天上仙姬，被贬下凡

与董永结为夫妇，百日姻缘期满，七姐迫于玉帝之令，向董永道说明真相，并在当初成亲的槐荫树下痛惜离别。整理本删去宣扬封建道德的内容和语言，剧情更加集中、紧凑。演唱采用青阳腔、余姚腔、海盐腔、弋阳腔等多种声腔。表演唱做兼重，质朴细腻。是生、旦的看家戏之一。（于琦）

百日缘　见"槐荫别"。

百花赠剑　剧目。正字戏传统戏。黄雨青整理，1956 年海丰县永丰正字戏剧团首演，主演陈楚仙、蔡十二。剧述元代江六云奉朝廷之命，暗查安西王谋反之事，化名海俊，混入王府后受到重用，总管巴喇因嫉妒设计陷害，将醉酒的江六云带进百花公主内寝，百花公主见江六云不凡，心生爱慕，赠以祖传宝剑并与其缔结姻缘。剧本删除原本中的秽语，突出百花公主对爱情的大胆追求。演唱以正音曲为主，曲词文雅，唱腔优美。表演细节丰富，旦角以嗅酒、按杯、剑刺等动作，生角以跪搓步、矮子步、滑步等步法展示做功。（于琦）

张飞归家　剧目。正字戏传统戏。陈春淮、黄雨青整理改编，1959 年海丰县永丰正字戏剧团首演，导演陈宝寿、陈春淮，主演刘妈倩、蔡十二。剧述刘备任用诸葛亮为军师，命其登台点将，抵抗曹操大军，张飞不服，醉闯辕门，大闹并负气出走范阳，被刘备等人追回，后张飞依诸葛亮之计击破敌军，负荆请罪，服从调遣。剧本在《文闯》《奔走》两折戏基础上，参考提纲戏和粤剧剧目进行大幅增改。舞台表演套用跳台、拜帅场等传统排场，突出乌面行当，唱念粗犷古朴，做功大开大合。1960 年参加汕头专区戏曲会演，被评为优秀剧目。（于琦）

三国传 剧目。正字戏传统提纲戏。剧情根据按照小说《三国演义》内容改编，从桃园结义开始，至三分归晋为止。由《双救驾》《劫公卿》《占官渡》《破乌巢》《马超败陇西》《张飞夺阳平关》《孔明归天》《三国尽归司马氏》等多本组成，超过 500 出。剧本以记录科白为主。舞台演出用当地方言，大锣大鼓伴以吹打牌子，形象地再现征战之情景。（于琦）

四大传 系列剧目。西秦戏最具代表 4 种结构庞大、体制浩繁超大型连台本合称。内容以历史演义为主，包括《封神传》《隋唐传》《飞龙传》《宋传》。《封神传》参照《封神演义》从"纣王进香""苏护反商"到"纣王焚楼""开读封神榜"一共 75 出，唱正线；《隋唐传》包括《扫北传》《征东传》《征西传》《反唐传》，一共 212 出，唱正线、皮黄。《飞龙传》又称《后五代传》，一共 57 出，唱正线。《宋传》包括《下南唐》《下河东》《杨家将传》，一共 83 出，唱皮黄。（刘红娟）

八草传 又称八小传。系列剧目。结构比大传稍小，8 部西秦戏连台本戏合称。内容以历史传奇人物为主，每一种可以演出 20—28 小时，包括《背解红罗》20 出、《双合明珠宝剑》27 出、《锦香亭》40 出、《李旦走国》30 出、《二度梅》43 出、《天图霸》35 出、《游江南》28 出、《大红袍》40 出，其中《背解红罗》《李旦走国》《二度梅》《大红袍》是正线腔戏，《双合明珠宝剑》是科白戏，《锦香亭》《天图霸》《游江南》是皮黄戏。八小传共 198 出，其中文戏 63 出，占 1/3，余为提纲戏。（刘红娟）

八小传 见"八草传"。

四大弓马 系列剧目。西秦戏正线声腔 4 种代表性剧目合称。包括《上京连》《三官堂》《贩马记》《宝莲灯》。《上京连》包括《克己上京》《长亭别》《文武考》《阳河堂会》；《三官堂》包括《陈世美上京》《请晏》《三官堂》《考察》；《贩马记》包括《李奇贩马》《李奇哭监》《赵宠写状》《大堂相会》；《宝莲灯》包括《刘锡上京》《双得子》《刘锡训子》《沉香打洞》。每一种剧目包括 4 个折子，又被称为四出连。（刘红娟）

刘锡训子 剧目。西秦戏传统剧目。西秦戏"四大弓马"之一《宝莲灯》的折子。老生与正旦本工戏。剧述罗州太守刘锡其子沉香、秋儿为同父异母兄弟，学龄之年，沉香、秋儿共赴学堂读书，沉香在学堂被秦太师之子秦官宝嘲笑，沉香不慎打死对方；刘锡得知，审问二子，兄弟互争偿命；秦府派兵前来抓人之际，刘锡与妻王氏匆忙将身世告知沉香后放他逃生。该剧涵盖正线声腔大部分唱腔板式，表演着力椅子功特技表演，展现老生与正旦在面临紧急事件时丰富细腻心理活动，体现西秦戏老生唱做并重功夫。该剧目也是老生必学教材戏。（刘红娟）

仁贵回窑 剧目。西秦戏传统剧目。老生、正旦本工戏。剧述薛仁贵投军 18 载，征东立功封为平辽王，回乡探望妻子柳迎春，路过汾河湾，恰逢猛虎袭击正在镖鱼打雁的少年，仁贵拔剑射虎，误伤少年，尸体被虎负去，仁贵回至窑前，假作捎信人试探柳氏；仁贵入窑后看见男鞋一双，又疑柳氏不贞，澄清误会后，仁贵才惊觉被误射之少年即为己子丁山，夫妻大拗。该剧唱做并用，是西秦戏正线腔代表剧目。（刘红娟）

斩郑恩 剧目。西秦戏传统剧目。武生、乌面、红面、正旦、花旦、老生本工戏。剧述赵匡胤称帝后，终日沉湎酒色，宠幸爱妃韩梅和国舅韩隆，借故将结义兄弟、开国元勋郑恩斩首，万里侯高怀德打抱不平，支持郑妻陶三春举兵围攻五凤楼，逼迫韩妃下楼赔罪，乘机将她杀死，并除去韩隆，剧中扮演陶三春的正旦需有耍枪技艺，扮演万里侯高怀德的武生有一段约 20 分钟类若雄鹰高空盘旋俯视的"企公仔架"表演。（刘红娟）

重台别 剧目。西秦戏传统剧目。西秦戏草传戏《陈杏元和番连》折子，小生和花旦对手戏。剧述陈杏元被迫和番，与亲人在重台生离死别情景，其中有一段长达 20 多分钟唢呐伴奏下哑剧式表演是该剧特色。该剧 7 支套曲中尤以 40 小节【宫娥怨】为中心笛套曲，在套曲的伴奏下，全无唱念，演员完全运用台步、眼神、身段、翎子、手袖、扇子等表现装轿、上轿、登程、换马等剧情，表现陈杏元面对恋人、弟弟、世伯、婢女等不同人物时复杂感情。（刘红娟）

秦琼倒铜旗 剧目。西秦戏传统提纲戏剧目。西秦戏四大传之一《隋唐传》折子。剧述西魏元帅秦琼挥师伐隋，至东岭关遇敌摆下铜旗阵，得隋朝骠骑将军罗成暗中相助，倒旗破阵得胜。剧目采用登高台、摆阵、行兵、点将、跑马、射箭、叠十花、穿巷仔门、飞虎跳、撩马打、顶牌打、插角打等多种武打、表演程式，用大唢呐、大号、大鼓、大锣、大钹等吹打乐器，燃放爆竹，营造出马嘶人吼、硝烟弥漫的古战场气氛。剧中落马金枪、落马铜特技表演展现罗成与秦琼的英武。此剧人物众多，行当齐全，排场壮观，符合广场戏观众崇尚热闹的心理，晚清民国颇受欢迎。（刘红娟）

徐棠打李凤 又称《吐血城》。剧目。西秦戏本头戏。武生、乌面本工戏。剧述汉朝猎户徐棠和农民李凤结拜兄弟，二人误投奸贼梁不柱帐下，梁不柱派遣徐棠下书迫皇叔刘忠与他一起通番谋反，刘忠激励徐棠弃暗投明，徐棠遂回营劝说李凤协助皇叔刘忠反戈除奸；李凤为爵禄所迷，屡劝不从，反与徐棠绝交，徐棠为救太子将李凤打败，将李凤抛上城头致其跌地摔死。此剧是南派武功戏之一，唱西皮。晚清民国颇受欢迎。（刘红娟）

吐血城 见"徐棠打李凤"。

八大连戏 剧目。白字戏传统代表性剧目合称。也是白字戏世代相传、迄今仍盛演的看家剧目。包括《梁山伯祝英台》《秦雪梅》《高文举》《陈三》《王双福》《崔鸣凤》《杨天梅》和《萧光祖》8个传统连台戏。有来自宋元南戏、明传奇剧目，如英台连（《同窗记》）、高文举连（《珍珠记》）、秦雪梅连（《三元记》）；也有来自民间说唱故事剧目，如《崔鸣凤》《萧光祖》《王双福》；还有根据当地民间传说编写的剧目，如《陈三五娘》《杨天梅》，其中后者还是海陆丰白字戏特有剧目。除《高文举》保留有一些文人雅曲外，其他剧目无一不质朴、通俗，呈现出与文人戏曲相异的民间俗戏曲风格。题材一般为老百姓婚姻、家庭生活，表现普通百姓日常生活与理想，具有乡土生活气息。（詹双晖）

梁山伯祝英台 又称《同窗记》《红罗记》。剧目。简称《英台》连。明传奇本、潮州歌册本与民间小戏相结合的剧目。全剧包括拼父读书、凉亭结拜、书馆共读、踏青掷鸟、托媒回家、十八相送、思忆下山、梳妆说女、四九问路、山伯访友、英台送兄、梁妈求婚、山伯寄书、英台回书、山伯临终、拼父祭灵、英台祭灵、英台祭坟、阎王审判、山伯中元等20出。与其他剧种梁祝故事不同的是，故事结局不是梁祝化蝶，增加阎王审判、山伯中元两出，山伯被阎王判定还魂回阳与英台成亲，最后还高中状元。从语言风格来看，《英台》连是潮州歌册《梁祝》的白字戏版。唱词基本是七言体，语言朴素通俗，适合乡社观众欣赏要求。本剧还把受当地民众喜爱的戏弄小戏也糅合进来，成为全连戏中最有地方特色的一场戏。（詹双晖）

同窗记 见"梁山伯祝英台"。
红罗记 见"梁山伯祝英台"。

高文举 又称《珍珠记》。剧目。系白字戏把文人传奇改编成民间戏曲典范。全剧分为凉亭招婿、送别赠珠、温相迫招、张千带书、辨书拼父、历路寻夫、拷打金真、鞫问老奴、扫窗会夫、开封审案10出。剧述落难书生高文举发达后不忘发妻王金真的悲欢离合故事。第六出历路寻夫，王金真孤身千里寻夫途中的唱段，字字怨，声声悲，步步叹。这个文曲俱佳的曲段被称为历路曲，几百年传唱不休，被当成一个曲牌运用到其他剧目中。（詹双晖）

珍珠记 见"高文举"。

白罗衣 剧目。白字戏革新戏代表剧目。系海丰县白字戏剧团于20世纪50年代据白字戏传统剧目《罗衫记》改编而成。该剧摒弃原剧中因果报应、子报父仇主题，加强矛盾冲突与人物性格等新的戏剧元素。剧述恶霸徐能杀死刑部给事苏云，徐亲随陶大暗中放走苏妻郑娇鸾，郑于途中产下一子，被徐能拾得，交陶大抚养并取名徐继祖；18年后继祖高中，赴任途中接到郑娇鸾状纸，在陶大的指证下继祖获悉真相，遂不畏权势将徐能正法。原剧中苏云是因为上任途中误乘江湖大盗徐能贼船而被沉江杀害，完全出于偶然；革新后《白罗衣》，徐能身份由单纯江湖大盗变为扬州太岁，一个亦官亦盗地方恶霸；刑部给事苏云因受理徐能案件得罪徐的保护伞王尚书，被谪贬为兰溪县令，并在赴任官船上为徐所杀，妻子被虏。原剧中徐的爪牙陶大改为仗义机谨的忠仆，戏份也大为提升，成为剧中第二号角色。特别是《拷陶》一场是戏剧冲突上乘之作，陶大（以公丑应行）与徐继祖（小生）表演技艺展现白字戏表演特色。（詹双晖）

白字提纲戏 演出形态。白字戏武戏。所演剧目因没有舞台脚本只有故事提纲而得名。这种戏只有科白（念白用土官话）没有唱（或者很少唱），台词和表演均由演员根据特定剧情自由发挥（亦有少数比较定型），乐队没有丝弦乐，只用大锣大鼓和大唢呐伴奏。与白字文戏主要通过唱功来表现剧情不同，该戏通过各种不同排场及做功来体现，用质朴形体动作和运用各种抖动功夫（靠旗、翎子、头盔缨、帽翘、髯口、水袖以至面部肌肉）来刻画人物，其用粗线条展现剧情的叙述方法与白字戏文戏细腻的情节表现方法相异；这些艺术特征正好适合文盲及识字不多又有尚武精神的海陆丰乡社观众胃口，深得观众喜爱，至今长演不衰。现常演提纲戏主要有《万家春看相》《方世玉打擂》《双白燕》《公安大战》《司马海回朝》《纪銮英》《刘明珠》《周世珍回朝》《貂蝉打旗》《射郭槐》《胡奎结拜》《战淮安》《燕青打擂》《薛刚反唐》《罗成夺元》《陆文龙归宋》等。（詹双晖）

五福连 又称搬仙戏。剧目。白字戏开棚例戏。包括《净棚》《跳加冠》《仙姬送子》《京城会》《八仙庆寿》5出。其中净棚为简短驱除鬼煞的洗叉仪式，其他搬仙仪式戏属于吉祥戏，为地方、信众祈求吉祥福瑞。《跳加冠》只有身段表演，由演员扮天官展示天官赐福、指日高升、加冠晋禄等吉祥条幅。《仙姬送子》《京城会》分别选自南戏中《织锦记》与《吕蒙正破窑记》中一段，取其送子、中元团圆好意头。《八仙庆寿》有福建仙、搬大仙、扮行仙等多种演法。（詹双晖）

搬仙戏 见"五福连"。

龙宫奇缘 剧目。新编白字戏剧目。剧述南海渔村青年男女阿端、晚霞在龙宫中的传奇爱情故事。改编自海丰籍音乐家马思聪晚年在海外精心创作大型舞剧《晚霞》（取材于《聊斋志异》），立意在于寄托对祖国、故乡和亲人热爱和眷恋。该剧特邀省内外多名艺术家和海陆丰本土戏剧名家参与主创，在继承传统基础上，在导演手法、剧本结构、唱腔设计和舞蹈编排等方面有大胆创新，为传承与发展民族民间文化艺术遗产，进行大胆探索，是白字戏精品剧目。（詹双晖）

李三娘 剧目。雷剧传统戏。1959年何德根据劝世歌《白兔记》改编，粤西雷州歌剧团首演，导演何德、林干森，主演谢莲兴、苏武。剧述刘智远不堪夫人李三娘兄嫂欺压，逃离李家，从戎邠州，三娘受尽兄嫂折磨，产下婴儿被人送往智远处抚养；16年后，智远得官，携子荣归，与三娘团聚，并惩治恶人。改编后删去旧本封建迷信情节，突出李三娘坚贞爱情和悲惨命运，剧情紧凑，主线清晰，人物鲜明。表演上突出乌衣行当，以唱功著称。（于琦）

千里缘 原称《千里姻缘》。剧目。雷剧传统戏。1961年宋锐整理改编，粤西雷州歌剧团首演，导演林振雄，主演谢莲兴、谢树桑。剧述唐朝陈如梅得知指腹为婚之夫郑亚得尚未满周岁，退婚不成，备尝艰辛将其抚育成人，后亚得高中状元，为赵丞相赘婿，荣归之日，夫妻同拜如梅为姐，如梅悲愤而死。整理改编本删去原本中陈如梅听天由命情节，突出她的不幸遭遇，成为较有影响的传统剧目。（于琦）

千里姻缘 见"千里缘"。

斩周忠 剧目。雷剧传统戏。原名《反状元》，民国初年由雷城道南印务局出版。1962年宋锐整理改编，粤西雷州歌剧团首演，导演林干森，主演谢树桑、谢莲兴。剧述晋国驸马周忠为乌泥国公主所擒，弃国投敌，后晋国公主司马英拯救被奸臣陷害的周父，并带兵杀敌，面谏周忠，最后斩杀奸臣，得胜回朝。整理改编本一改旧作主题混乱、情节烦琐、充满糟粕面貌，表现周父大义灭亲品格，鞭挞周忠卖国求荣卑鄙行为。舞台表演多套用排场，其中有不少刀马旦、武生专工。（于琦）

齐王求将 又称《钟无艳》。剧目。雷剧传统戏。原名《齐王击掌》。1980年林干森根据雷剧艺人吴乃爱口述和粤剧《钟无艳》整理改编，湛江地区雷剧团首演，主演曾成、王玉清、蔡葵。剧述战国时齐宣王听信谗言，导致正宫娘娘钟无艳被逼出逃。3年后，敌国来犯，齐王惊醒，亲自请钟无艳出山，钟无艳领兵抗敌，护国救民，终赢得胜利。整理改编本对旧本原有排场进行削减、调整和提炼；在传统吊索特技中加入腾空十字、鲤鱼翻身、高空吊脚等新动作；扮演钟无艳演员表演椅子功；适当借鉴吸收动画片动作。为该剧团常演首本戏。琼山县琼剧团将其改编移植成琼剧。（于琦）

钟无艳 见"齐王求将"。

陈瑸放犯 剧目。雷剧新编历史剧。1981年吴茂信、宋锐创作，海康县雷剧团首演，导演白芸生、符玉莲，主演洪育生、李景龙、陈介文、翟玉清，音乐设计何堪泰，舞美设计霍璜基、杨显忠。剧述清代海康进士陈瑸任台湾县令时，为取得贪官的罪证，假扮囚犯入狱，目睹被囚禁的无辜百姓之惨状，坚持释放他们回家，朝廷派钦差前来查办，为报陈瑸恩德，被释放的百姓提前回监，一人不少；陈瑸因廉政爱民，受到朝廷的褒奖，贪官污吏亦被惩处。因陈瑸故事在民间流传甚广，颇受观众欢迎。（于琦）

抓阄村长 剧目。雷剧现代戏。1992年卢凌日创作，湛江市实验雷剧团首演，总艺术指导兼导演张建军，主演曾成，唱腔音乐设计邹光福、曾健，舞美设计袁荣明、徐兴嘉。剧述憨厚正直的农民牛德禄被管区主任蒙骗，通过抓阄成为村长，牛德禄辞官不成，答应"承包"3天，3天中，牛德禄以自己聪明才智，化解村里困难和危机，惩治管区主任的不正之风，维护群众利益，扭转村民对他的偏见；在群众褒扬声和呼唤声中，牛德禄下定决心做好人民公仆，成为真正一村之长。首演同年秋进京演出，广受好评。（于琦）

梁红玉挂帅 剧目。雷剧新编历史剧。2000年陈京松、林奋、唐熙凤创作，湛江市实验雷剧团首演，导演沈斌，唱腔音乐设计吴兆生、曾健，主演林

奋。剧述南宋时期梁红玉接替被降职的丈夫韩世忠担任元帅，以自己的魄力和才能治愈心怀不忿的丈夫及众将，后在众人帮助下，擒拿奸细，保住粮草，率领大军奔赴沙场歼敌，在当地首演获得好评，次年进京演出引起轰动。（于琦）

秋丽采花　剧目。花朝戏传统剧目。剧述秋丽与德哥同在林府为奴，互生爱慕，一日德哥来到林府后花园帮秋丽淋花，两人以花为媒订下终身，此时林家恶少林虎撞进花园，欲寻秋丽开心，秋丽以给林虎饮"甘露"为计，戏弄林虎，令其狼狈而逃。此剧以旦角表演见长。围绕观花、采花、淋花、扑蝶等细节，有秋丽，秋丽与德哥，秋丽与林虎的单、双人舞，动作细腻生动。该剧出自花朝戏班定长春班，后成为花朝戏班保留剧目。（刘红娟）

卖杂货　剧目。花朝戏传统剧目。剧述商人子弟董亚兴家道中落，沦为走村串户的货郎，偶然来到杏花村卖杂货，见一女子灵巧出众，为讨女子欢心，将货物一送再送，最后货物全部送光时，女子贤英接过货郎鼓敲打货郎头，货郎才发现女子正是自己发妻，货郎发誓痛改前非，夫妻重归于好。该剧是唱做并重丑角和旦角对手戏，声腔属于"北路"基本调系统，全剧由【牡丹花开】【行路调】【送物调】及【讲楔子】组合而成。此剧出自晚清民国影响最大紫华春班，编者不明，后成为花朝戏保留剧目。（刘红娟）

苏丹　剧目。花朝戏剧目。1959年由简佛权、熊展模据叶维扬、李长波、钟斗祥射同名电影改编。讲述1948年冬东江游击队某部指导员苏丹奉命化装进入碧河乡，组织群众保了护粮，秘密开展武装斗争，最后壮烈牺牲的故事。此剧由紫金县文工团首演，为

花朝戏表现现代生活取得经验，扩大了花朝戏在群众中的影响。剧本于1964年由广东人民出版社出版单行本，后收入1982年花城出版社出版《广东戏曲选》。（刘红娟）

八大曲本　又称八大名曲。系列曲目。古腔粤曲代表性曲目。原为粤剧"大排场十八本"中部分精彩唱段，内容大多为历史题材及民间故事。计有《弃楚归汉》《辩才释妖》《六郎罪子》《鲁智深出家》《附荐何文秀》《雪中贤》《百里奚会妻》《黛玉葬花》8种。保留粤剧梆、黄的许多古腔，如罪子腔等，被职业演唱粤曲的瞽姬"师娘"采用，成为粤曲代表性曲目。1958年，中国音乐家协会广东分会成立"八大曲本"研究小组，以温丽容唱腔为主，将其词句、曲谱、锣鼓谱整理出来，仅出版《百里奚会妻》1册。（李继明）

八大名曲　见"八大曲本"。

才子书　系列曲目。部分木鱼书代表作品总称。受晚明以来李贽、金圣叹等人提倡小说戏曲的文学观点影响，约在清初形成。与小说《十大才子书》略有不同，现已知有11种，分别是《一才子三国》《二才子好逑传》《三才子玉娇梨》《四才子平山冷燕》《五才子玉簪记》《六才子西厢记》《七才子琵琶记》《八才子花笺记》《九才子二荷花史》《十才子金锁鸳鸯》《十一才子雁翎媒》，现第二、三、四才子书已无传本。前7种改编自小说、戏曲，后4种为木鱼书原创故事。多为文人改编或创作，文辞雅驯，情节曲折动人，是木鱼书代表作品，流传广，影响大。《八才子花笺记》被翻译成多种外文，传入欧洲，影响歌德创作《中德四季晨昏合咏》。（李继明）

民俗木鱼书　系列曲目。反映广府民俗一类木鱼书作品总称。木鱼书中有一类曲本在故事中穿插民俗仪式和内容，如《六姑回门》《三姑回门》，在女主角从出嫁到回门过程中，描写开面、哭嫁、迎亲、食暖堂饭、拜堂、回门等婚俗，记录哭嫁歌文，有些直接反映民俗仪式，如《长命富贵》直接以《烧钱》《买水》《拈孝衣》等为题，描述广府丧俗仪式环节，或直接用于仪式环节演唱。这类木鱼书反映当时广府地区民俗，在民间流传广，传抄盛行，是广府民俗研究的宝贵资料。（李继明）

客途秋恨　南音曲目。清叶廷瑞作。该曲有两个版本，原曲以男子口吻，在离乱羁旅之中怀念失去联络的青楼知己；另一版本则指明此二人为浙江文士缪莲仙与珠江名妓麦秋娟。文辞雅致，情感细腻动人，在粤人中传唱。与何惠群《叹五更》并称"粤调南音双绝"。该曲多次被灌录成唱片发行，更被改编为粤剧及电影搬演。晚清民国时期被多次翻印，五桂堂、以文堂、醉经堂等有存世版本。（李继明）

沙田夜话　南音曲目。韦丘撰词。本为诗人韦丘所写诗歌，后改为龙舟、南音等曲艺形式。曲述生产队长李广英建好新砖屋，舍不得拆掉旧茅寮，反映新中国成立前后沙田农村生活巨大变化。写景语言清丽，人物形象生动活泼，幽默诙谐。1962年由粤曲平喉唱家李丹红演唱，演唱技巧成熟，一人分饰多角，采用大喉、平喉、子喉轮唱的形式，说唱相间，声情并茂，感染力强，大获成功。是20世纪60年代以来珠三角地区家喻户晓的南音作品。1965年由广东人民出版社出版。（李继明）

叹五更　又称《何惠群叹五更》《多

情叹五更》。南音曲目。何惠群作。初载守经堂本《岭南即事》，首篇为《无题曲并序》，后屡被翻刻，题为《叹五更》《何惠群叹五更》《多情叹五更》等。该曲共 6 段，借思妇口吻，以五更为序，追忆往日欢乐时光，盼郎君早日归来，以表达思念之情。曲辞雅致，多化用古典诗词，自然贴切，写情深婉动人。每段一转韵，音乐性强。该曲为文人撰作南音代表作品，与《客途秋恨》并称"粤调南音双绝"。后世多有仿作，如《妓女叹五更》《金山客叹五更》《陈祐好叹五更》等，形成南音富特色的"叹五更"体。龙舟、木鱼等也多有借鉴。（李继明）

何惠群叹五更　见"叹五更"。
多情叹五更　见"叹五更"。

碧容祭监　又称《碧容探监》《大闹梅知府》。龙舟曲目。亦可用南音唱。故事取材于木鱼书《玉葵宝扇》片段。曲述萧永伦被岳父陷害下狱，3 天后问斩，其未婚妻伦碧容得兄嫂廷蝉帮助，谎称拜佛出门，廷蝉大骂势利梅知府，带碧容到监中生祭萧公子。该曲哀婉动人，流传广。曲本被多家书坊反复刊印发行。故事被多次改编为粤剧。最有名版本为 1960 年陈冠卿改编本《大闹广昌隆》。（李继明）

碧容探监　见"碧容祭监"。
大闹梅知府　见"碧容祭监"。

除却了阿九　又称《除却了亚九》。粤讴曲目。叶廷瑛作。为叶廷瑛替巨贾伍崇曜劝说名妓阿九从良而作。此曲先夸赞阿九美貌，后劝说红颜易老繁华不再，不如随痴情人从良，脱离苦海。篇幅较长，先铺陈阿九美貌，描写细腻诡艳，劝说之词又明白如话，呈现出雅俗相间特点。是粤讴少见佳作。（李继明）

除却了亚九　见"除却了阿九"。

吊秋喜　粤讴曲目。招子庸作。该曲为招子庸悼念妓女秋喜而作。曲述招子庸穷途失意，与秋喜相恋，秋喜因负债累累，不得脱籍从良，又被债主逼迫，愤而投水自尽。该曲感情真挚，凄婉动人，引人共鸣，在粤人之中流传广，与南音《客途秋恨》《叹五更》齐名。曾在香港电台播放，多次被灌录成唱片发行，还被改编为粤剧《夜吊秋喜》搬上舞台。收入招子庸《粤讴》，后又有多种单行本发行，影响大。（李继明）

新出咸水歌　咸水歌合集。疍家男女对唱情歌，以女唱、男答形式，唱姑妹与兄哥之间海誓山盟，反映水上生涯辛苦以及被生活所迫咸水妹（妓女）悲惨生活。其中有许多关于广东风物及习俗的描写，也有较多番鬼和香港的描述。采用对答形式，多用口语，俚俗浅白，感情真挚。（李继明）

粤剧传统剧目丛刊　图书。剧本汇编。1956—1957 年广东省、广州市戏曲改革委员会编。广东人民出版社 1956 年至 1957 年出版。共 10 集。收入早期粤剧传统剧目整理本 24 个，以梆子、二黄腔为主。由老艺人口述，专人记录、整理。每集附前记，介绍所收剧目剧情及剧本整理情况。整理保存传统粤剧剧本，具有重要文献价值。（李静）

粤剧传统剧目汇编　图书。剧目汇编。1961—1962 年中国戏剧家协会广东分会、广东省文化局戏曲研究室编印。内部出版。共 25 册，收入包括大排场十八本、八大曲本、折子戏、改良新剧等在内的粤剧传统剧目约 170 个，

多唱梆子、二黄腔。广州市粤剧老艺人剧团集体记录或个别口述，专人校订，或根据现存抄本、刻本整理校订。整理和保存重要传统粤剧剧目和剧本，具有较高文献价值和学术价值。（李静）

粤剧现存剧目编目　图书。剧目汇编。1962 年中国戏剧家协会广东分会、广东省文化局戏曲研究室编印。内部出版。根据中国戏剧家协会广东分会、广东省文化局戏曲研究室、广东粤剧院、广州市老艺人粤剧团等单位当时存留粤剧剧本和一部分仅有演出分场提纲、演出说明书或主要曲文残本查点登记，依照剧名、作者、演出者、馆藏地、备注加以著录。共辑剧目 2903 个，其中民初以前流行剧目 231 个；改用广州话演唱以后，直至新中国成立前大约 30 年间剧目 1075 个；新中国成立后至 1961 年间整理、改编和创作的剧目 1597 个。对粤剧近代转型研究具有重要文献价值。（李静）

粤剧传统音乐唱腔选辑　图书。曲谱汇编。1961—1962 年间由广东省粤剧传统艺术调查研究班编辑，中国戏剧家协会广东分会、广东省文化局戏曲研究室内部出版。共 9 集。收入传统例戏《六国大封相》《香花山大贺寿》《八仙贺寿》《跳加官》《仙姬送子》《玉皇登殿》全套锣鼓音乐唱腔简谱，粤剧专曲专腔 15 个，薛觉先唱腔 18 折，粤剧牌子曲 133 首，行当唱腔 15 折。均通过老艺人口述或私人藏本记谱整理，部分剧目注有饰演行当、乐器配置、唱法介绍等。对粤剧音乐和唱腔研究具有重要参考价值。（李静）

粤剧传统排场集　图书。资料汇编。1962 年中国戏剧家协会广东分会、广东省文化局戏曲研究室编印。内部出版。前言介绍排场定义，指出排场对

粤剧演出的重要意义。选编排场 142 个，其中文戏排场 55 个，武行排场 81 个，丑行排场 6 个。对粤剧表演艺术传承与研究具有较高文献价值。（李静）

粤剧脸谱集　图书。脸谱汇编。20 世纪 60 年代初，广东省文化局、中国戏剧家协会广东分会组织粤剧老艺人剧团大牛炳、新珠、靓大方、何飞龙、豆皮元、周瑜良等艺人口述，广东粤剧院舞台美术设计潘福麟参与整理、绘画及写作文字说明。广东人民出版社 1963 年出版。彩色版，收录脸谱 141 个，每个脸谱有正面图谱、剧名和角色名说明，基本按照年代先后排列，代表性脸谱有《玉皇登殿》之天将、《香花山大贺寿》之李铁拐、《花果山》之赤猴、《大破瘟神阵》之杨任、《黄天化消灭魔家将》之魔礼洪、《二十八宿归天》之王莽、《霸陵桥》之关羽、《风尘三侠》之虬髯公、《钟馗嫁妹》之钟馗、《生辰纲》之杨志等。中国戏剧家协会广东分会撰写前言和简介。对粤剧表演艺术传承与研究具有较高文献价值。（李静）

广东人民出版社1963年版《粤剧脸谱集》

明本潮州戏文五种　图书。戏文集。吴南生、杨越、王贵忱等编。广东人

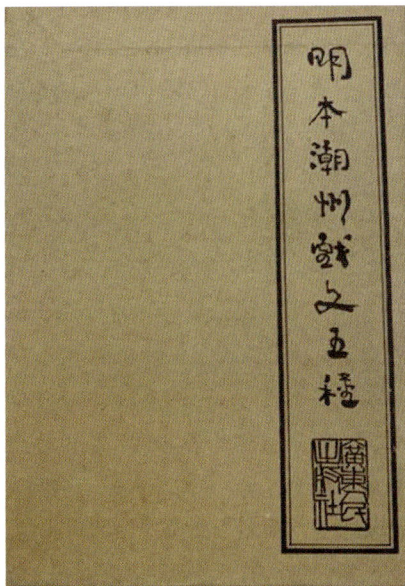

广东人民出版社1985年版
《明本潮州戏文五种》

民出版社 1985 年出版。收集宣德年间写本《新编全像南北插科忠孝正字刘希必金钗记》、嘉靖年间写本《蔡伯喈》、嘉靖年间刻本《重刊五色潮泉插科增入诗词北曲勾栏荔镜记》（附刻《颜臣》）、万历年间刻本《新刻增补全像乡谈荔枝记》《摘锦潮调金花女大全》（附刻《苏六娘》）等。有吴南生撰序，饶宗颐卷首作《〈明本潮州戏文五种〉说略》。对研究中国古代戏曲史和潮剧历史源流，有很高历史价值和学术价值。（孙冰娜、吴国钦）

潮州志·潮州戏剧志稿　图书。志书。萧遥天撰。原为饶宗颐 1948 年主编《潮州志》专志未刊稿。萧遥天修订重写，1957 年以《民间戏剧丛考》为名在香港出版。分上篇《潮州诸戏辨证》和下篇《潮音戏概观》，上篇叙正音戏、西秦戏、外江戏、秧歌、关戏童、倒吊吹手、傀儡戏、纸影戏、舞狮等内容，下篇分为寻源、述异、辨声、编目四章，今只存寻源一章。《民间戏剧丛考》内容分为三部分：潮州本土诸戏（潮州戏叙原、潮音戏浮雕），潮州外来诸戏（正音戏、外江戏、纸影戏

等），潮州音乐（潮乐的音谱、潮乐的乐调、潮乐的锣鼓），第三部分以《戏剧音乐志》名目收入饶宗颐总纂《潮州志》第 8 册。1958 年《戏曲简讯·戏曲研究资料》转载。对潮剧源流、剧目、表演、音乐、组织和习俗等方面论述颇详，具有较高学术价值与文献价值。（孙冰娜、吴国钦）

潮剧研究资料选　图书。资料汇编。《广东省戏剧资料汇编》之二。广东省艺术创作研究室编，1984 年 5 月内部出版。辑录萧遥天、李国平、陈历明、林淳钧、薛汕、张伯杰、王永载、马毅友和筱三阳等人写于不同时期、散见国内外书刊报章关于潮剧研究论文。是关于潮剧源流、发展、沿革以及剧目、表演诸方面重要资料汇集，具有较高文献价值与学术价值。（孙冰娜、吴国钦）

明本潮州戏文论文集　图书。论文集。陈历明、林淳钧编。香港艺苑出版社 2001 年出版。该书收集国内报刊发表有关明本潮州戏文研究文章 42 篇。饶宗颐题署书名并作序。（孙冰娜、吴国钦）

潮剧剧目汇考　图书。资料汇集。林淳钧、陈历明编著。广东人民出版社 1999 年出版。3 册。收入潮剧上演过古今长短剧目 2400 多个。其中新中国成立前上演过的剧目 1000 多个，新中国成立后至 20 世纪 90 年代中期上演过的剧目 1300 多个，海外潮剧团（主要是香港地区和新加坡）上演过剧目约 150 个。每个剧目包括"内容"和"考释"两部分。内容是剧目故事内容，考释包括故事来源、剧作者、演出团体和演出年代。该书是潮汕历史文化研究中心主编《潮汕文库》一种。对研究潮剧剧目及潮剧演剧史有重要意义。（孙冰娜、吴国钦）

潮剧闻见录 图书。潮剧资料性著述。林淳钧著。中山大学出版社 1993 年出版，111 篇。暨南大学出版社 2019 年修订再版，114 篇。以笔记形式记录潮剧剧目、演员、表演、舞台、服饰以及潮剧轶闻旧事，资料翔实，兼具史料性与可读性，是一部了解、研究潮剧重要资料性著述。曾获潮学研究优秀奖。（孙冰娜、吴国钦）

潮剧志 图书。志书。连裕斌主编，李国平、林淳钧、陈韩星副主编。汕头大学出版社 1995 年出版。内容分综述、图表、志略、传记四部类，涉及潮剧历史、剧目、音乐、表演、舞美、演出习俗、文物古迹等项目。有饶宗颐作序并题写书名。该书内容精细、编排精当、版式精致，是一部比较完善戏曲文献，也是潮剧史上第一部志书。饶宗颐称"记载详确，足为信史"。1999 年获文化部第一届文化艺术科学优秀成果奖三等奖。（孙冰娜、吴国钦）

潮剧音乐资料汇编 图书。资料汇编。潮剧音乐工作组、广东潮剧院整理，中国音乐家协会广东分会、中国戏剧家协会广东分会、广东省文化局戏曲工作组、广东省民间音乐研究室联合编印，1964 年内部发行，1979 年汕头市文化馆重印发行。7 册。内容包括唱腔、伴乐和理论研究文章三部分，唱腔部分 3 册：第 1 册为 106 首传统唱腔选曲，第 2 册为 68 首编创唱腔选曲，第 3 册为 82 首民间唱腔选曲。伴乐部分 3 册：第 1—2 册为唢呐牌子、笛套、弦诗选曲，共 502 首；第 3 册为套曲锣鼓总谱，包括五福连、铜旗阵、樊梨花征西等传统套曲锣鼓。理

论研究文论 1 册，收入中华人民共和国成立以来潮乐研究的论文评介资料 31 篇。是潮剧音乐创作和研究的重要参考资料。（孙冰娜、吴国钦）

雷州歌谣话初集 图书。资料汇编。不题编著者。成书时间约为民国初年。全书分为四章，第一章土风章收录来源于府志、国史及其他文献的雷州歌，第二章古体章收录盛行于清代前、中期五言、长歌类雷州歌，第三章近体章收录近代赋、比、兴类雷州歌，第四章杂体章收录流行于雷州民间的口头歌、情义歌、班本歌、出榜歌、姑娘歌。部分歌谣段首标"〔唱〕"；歌谣中部分方言字词有注音；每首歌谣后附有注解，段首标"（解）"；文中有编者说明、评述，段首标"●""◉""◎""〇""❍"等符号。书中收录雷州歌题材丰富，反映雷州人民生产生活情况，展示近代雷州歌质朴俚俗的艺术面貌。编著者对于雷州歌兴起原因、歌唱形式、音韵格律、创作技巧、风格嬗变、不同类型雷州歌关系等问题多有论述，体现出一定学术意识，是研究早期雷州歌的重要文献。版本有初印本，分上下两册，赤坎华文印务局刊印出版。现存陈国胜提供、牧野君复印本；另有 1956 年陈国胜手抄评点本，后由陈湘收藏。（于琦）

雷剧志 图书。志书。陈湘、宋锐、詹南生编写。湛江市文化局 1992 年编印。记述时段上限以雷州地区最早出现戏曲活动年代开始，下限止于 1992 年。全书分为综述、图表、剧目、音乐、表演、舞台美术、机构、演出场所、演出习俗、艺人、文物、古迹、论著、班中行话、轶闻传说、传记、

附载等几部分，并附有照片。该书对雷剧相关资料进行归纳、整理和编纂，记录雷剧历史和现状，总结雷剧改革工作经验教训，首次较为全面、系统地介绍雷剧这一地方剧种。（于琦）

雷韵 图书。专著。陈湘著。中国文联出版社 2010 年出版。由陈湘之女陈一新整理其父生前手稿和自编使用韵字归类小册，选取其父所著《雷剧音乐》《舞台寄情》等书部分内容编辑而成。全书凡两章一附录，第一章《雷州歌》探讨雷州歌由来、源头、唱词格律、旋律、曲调、调式类型和歌韵合并等问题，第二章《雷剧音乐》论述雷剧声腔体制和体系、雷剧声腔套用、唱段设计、器乐曲、敲击乐等内容，附录《雷州话声、韵、字、词》包括雷州话的声母、韵母、声调、常用音和字音、词语、声调归类等相关表格。该书收集 40 多年雷剧文艺工作者创作的乐谱作为示例，总结并展示雷剧音乐艺术改革成果，建立起雷剧音乐体系结构并加以详细阐释，对雷剧艺术发展具有重要理论意义和应用价值。（于琦）

正字戏大观 图书。资料汇编和剧本集。陈春淮编著。花城出版社 2001 年出版。分《谈艺录》《剧本选》2 册，前者分 6 部分，收录文章 40 余篇，包括正字戏的渊源、历史与现状，正字戏传统剧目、音乐唱腔和表演艺术等方面的历史资料和艺术评论，后者收录《槐荫别》等 10 个正字戏传统戏剧本和相关评论，大部分为编著者根据提纲戏改编、整理而成。对研究正字戏的形成、发展状况具有一定的史料和学术价值。（于琦）

影 视

概 况

岭南电影 岭南电影机构制作出品的电影。包括香港、广东、广西、澳门、海南等地出品的电影，以香港地区最为繁荣，广东其次。香港电影始于1913年第一部故事短片《庄子试妻》，由黎民伟与美国人布罗斯基合办的香港第一家电影制片公司华美影片公司拍摄。后黎民伟创办民新电影公司。香港地处中西方文化交会地，受中原文化和岭南文化在内的中国传统文化和西方文化影响，其发展可分为三个时期。第一时期为1949年以前，香港电影受中国传统文化影响，发展轨迹、创作观念与内地电影相一致，两地产业屡有互动，有联华港厂、南洋影片公司等重要制片机构。第二时期为1949—1997年，香港电影深受西方文化影响，以市场追求为要，形成独有的以迅速高效为特色的较为成熟的制片体制。以邵氏兄弟（香港）有限公司、嘉禾影业有限公司等为代表，制作出大量娱乐性强的商业片，独具"尽皆过火，尽是癫狂"的风格魅力。影片远销东南亚及欧美市场，是全球有影响力的电影工业基地和出口地，被称为"东方好莱坞"。第三时期为1997年香港回归祖国后，香港与内地电影交往密切。2003年，《内地与香港关于建立更紧密经贸关系的安排》（CEPA）签订，两地合拍电影成为趋势，香港电影发展进入新阶段。早期香港电影有粤语片和国语片之分。粤语片植根于岭南本土文化，20世纪30年代出现，到50年代已有粤剧电影、抗战电影、家庭伦理片、社会写实片、武侠片、喜剧片、文艺片等多种成熟类型。代表人物有汤晓丹、秦剑、吴楚帆等。国语片得益于抗战前后的上海南下影人，兴盛于20世纪50年代到70年代初。有历史电影、黄梅调电影、歌舞电影、喜剧片、文艺片、新武侠片等，代表人物有李翰祥、胡金铨等。20世纪70年代以后，以李小龙为代表的功夫片在中西方广受欢迎及香港电影新浪潮兴起，香港电影百花齐放，表现出不拘一格的创造力和天马行空的想象力。功夫片、喜剧片、警匪片、文艺片、鬼怪片等类型佳片纷呈，名导明星迭出，代表人物大多仍活跃在银幕。现香港电影语言多有粤语和普通话版本。中国电影开拓时期有郑正秋、郑君里等不少来自广东的电影人，电影活动多在上海、香港等地。广东本地制片力量薄弱。广东电影发展经历三次创作热潮。1958年，珠江电影制片厂成立，成为广东电影生产的主力军，广东电影出现第一次创作热潮，以蔡楚生、王为一、伊琳等为代表，拍摄了《南海潮》等一批表现革命斗争历史的作品，为中国电影带来了浓郁的南国气息。第二次创作热潮出现在1978年改革开放以后，广东成为改革开放前沿阵地，电影人敏锐捕捉现实，领风气之先，创作《雅马哈鱼档》等一批反映改革开放背景下南国都市人群生活及精神变化的"南国都市电影"，率先在银幕上呈现出改革开放给人民生活带来的勃勃生机，引起全国关注。1985年，深圳影业公司成立，在银幕上呈现出特区改革开放现实风貌。第三次创作热潮出现在21世纪以后，众多民营电影公司成立，广东影坛动画电影、儿童电影异军突起，商业类型片探索初见成效，呈现百花齐放局面。广东电影扎根岭南，连接内地与港澳，电影人视野开阔，勇于创新，善于合作，影片表现近代以来中国革命风云和改革开放背景下人民的生产生活，具有鲜明的时代精神和地方色彩。电影类型多样，成就突出的主要有：一是革命斗争历史题材影片，以20世纪60年代《南海潮》《大浪淘沙》，80年代《与魔鬼打交道的人》，21世纪的《秋喜》等为代表；二是人物传记片，以丁荫楠拍摄的革命伟人传记为代表，包括《孙中山》《廖仲恺》《邓小平》等；三是文化反思片，以胡炳榴《乡音》《乡情》，张泽民《绝响》，郑华《等郎妹》等为代表；四是都市片，以张良《雅马哈鱼档》《少年犯》，孙周《给咖啡加点糖》等为代表；五是儿童电影，以《漂亮妈妈》《走路上学》等为代表；六是粤剧电影，以《关汉卿》《柳毅奇缘》等为代表；七是动画电影，以《喜羊羊与灰太狼》《熊出没》等为代表。广西电影以广西电影制片厂为主力，突出民族特色，注重人才，注重合作，勇于探索，为张艺谋、张军钊等优秀电影人才提供了创作空间，出品了《春晖》《黄土地》《一个和八个》《血战台儿庄》《百色起义》

《周恩来》《长征》等许多获得国内外重要奖项的作品，在国内外享有很高的声誉。（周文萍）

岭南电视 岭南电视机构制作出品的电视。香港最早的电视台是1957年成立的丽的映声电视台，也是首家华语电视台（1973年改名为丽的电视有限公司，1982年改名为亚洲电视）。1967年香港电视广播有限公司（简称无线电视）开播，两大电视台占据香港电视的主流。广东最早的电视台是1959年成立的广州电视台（1979年改为广东电视台）。1984年，深圳电视台成立。1988年，广州电视台成立。电视作为传播媒介，制作节目有新闻、财经、教育、体育、文艺、服务等多种类型。最受观众

欢迎的艺术类型是电视剧。香港电视剧商业性强，数量多、类型多，在港澳台、内地及东南亚都很受欢迎。主要类型有以《霍元甲》《射雕英雄传》等为代表的武侠剧，以《武则天》等为代表的历史剧，以《上海滩》等为代表的民国剧，以《新扎师兄》等为代表的警匪剧，以《创世纪》等为代表的商战剧，以《溏心风暴》等为代表的家庭剧等。广东电视剧注重本土题材，注重精品战略，代表类型有：一是表现革命历史题材的主旋律作品，如《虾球传》《一代风流》《潜伏》《热血军旗》等；二是反映广东改革开放题材的作品，如《公关小姐》《外来妹》《情满珠江》等；三是公安及军队题材作品，如《英雄无悔》《和平年代》等；四是广东本土文

广东广播中心大楼

化题材作品，展现岭南文化背景下普通民众的市井生活与生命悲欢，如《外来媳妇本地郎》等。（周文萍）

类型·流派

粤语片 电影类别。泛指电影公司使用粤语作为标准对白制作的剧情长片。1933年，上海天一影片公司开拍首部有声粤语片《白金龙》，导演邵醉翁、汤晓丹，主演薛觉先，在香港公映后获得成功，香港影界出现该类型片拍摄热潮。1935—1937年共拍摄157部。抗战全面爆发后，香港电影人拍摄系列粤语国防电影，表达反抗侵略者的决心，代表影片有《气壮山河》《最后关头》《血溅宝山城》等。20世纪40年代后半期至50年代，多以市井生活为题材，致力反映战后底层人民的生活境况，彰显"人人为我，我为人人"的时代精神，代表影片有《危楼春晓》《慈母泪》《家家户户》等。20世纪60年代以后，立足现实民生、根植本地文化，推出谢贤、嘉玲、南红、陈宝珠、萧芳芳等偶像明星，掀起一股粤语片的"青春风暴"，《播音王子》《彩色青春》《英雄本色》等影片，成为一时经典，神怪武侠片、

都市喜剧片也是这一时期该类型影片重要组成部分。70年代初产量下滑，1973年楚原重拍《七十二家房客》刷新票房纪录后才有好转。许氏兄弟合作推出《鬼马双星》《天才与白痴》《半斤八两》等市民喜剧片后走向复苏。80年代后，随着国语片的式微，香港电影基本确定以粤语为标准对白。在面向内地观众时，港片多采用国语配音版本。（张燕、钟瀚声）

粤剧电影 电影类型。特指影片内容与粤剧相关，运用粤剧艺术元素进行创作的电影。1933年，由粤剧名伶薛觉先舞台代表作改编的《白金龙》，引发粤剧电影商业拍摄热潮，一般被视为粤剧电影正式诞生。涵盖粤剧和电影两个不同艺术门类，是粤剧舞台艺术与电影艺术相结合产生的跨门类艺术形态。具有电影特性，又有粤剧特征。赋予粤剧传统舞台艺术以新颖视觉审美元素，促使传统粤剧艺术和

新兴电影工业相互渗透影响，如粤剧演员"亦伶亦星"和粤剧故事"影剧互动"等。流播区域为粤语流通区，主要流行于中国广东省大部分地区、广西壮族自治区东南部、香港特别行政区、澳门特别行政区和东南亚地区，以及美洲、大洋洲、欧洲粤籍华侨聚居地。20世纪30至60年代是粤剧电影黄金时代，至70年代走向拍摄低谷。21世纪以来，随着国家对传统戏曲艺术的重视，粤剧电影作为记录传播粤剧的有效延伸，再次掀起拍摄热潮。（罗丽）

鬼怪片 电影类型。"鬼怪"是亚文化区特有文化现象。1936年出品的电影《午夜僵尸》是香港的第一部鬼片，1939年，香港共拍摄《女摄青鬼》《狐狸精》《食人太太》《古坟冤魂》等13部影片，出现第一个高潮，这一时期该类型片尚处在发展中，在内容表达上借助中国传统民俗文化和志怪小说。20世纪40—50年代，陷入低潮。

至 60—90 年代，香港经济腾飞以及香港新电影运动出现，鬼怪元素分别与喜剧和恐怖电影类型杂糅，这一时期出现喜剧鬼怪片开心鬼系列等，也有取材自中国古典小说《聊斋志异》的《倩女幽魂》三部曲、讲述鬼神（通常是女鬼）和人绮丽爱情的《胭脂扣》《青蛇》等影片。1997 年后走向没落。（康宁）

国语片 电影类别。主要指电影公司在香港生产、以国语 / 普通话作为标准对白的故事长片。1938—1941 年，上海影人南下香港主导拍摄生产约 20 部国语片。最早在香港拍摄国语片的是"上海影戏大王"张善琨创办的上海新华影业公司，摄制的《貂蝉》被誉为香港第一部国语片。抗战胜利后，蒋伯英等人成立的大中华影业公司，推出《玉人何处》《莫负青春》等近 40 部影片。李祖永与张善琨合作成立永华影业公司，拍摄《国魂》《清宫秘史》等史诗巨片，为香港国语片奠定良好基础。20 世纪 50、60 年代是其发展黄金时代，制作中产阶级都市喜剧、时装歌舞片和古装戏曲片，培养夏梦、李丽华、林黛、葛兰、尤敏等时尚女星。李翰祥拍摄大量古装稗史片与黄梅调戏曲片，如《江山美人》《倩女幽魂》《梁山伯与祝英台》等，在银幕上重新唤起华人观众"文化中国想象"。60 年代中期以后，胡金铨、张彻导演执导《大醉侠》《独臂刀》等影片，掀起新派武侠片革新浪潮。70 年代初制作《精武门》《猛龙过江》等功夫片，《骗术奇谭》《大军阀》等宫闱片、风月片。70 年代后期制片业务萎缩，被使用粤语作为标准对白的港产片取代。（张燕、钟瀚声）

武侠片 电影类型。讲述具有武术技能的江湖侠客故事。在无声电影阶段即受欢迎。传统武侠片打斗源自戏曲舞台，程式化突出，还有很多特技展现的神怪打斗，并不重视真功夫。20 世纪

30 年代末到 40 年代末香港拍摄的武侠片多为神怪武侠片。60 年代中期，以《独臂刀》《大醉侠》等为代表的新派武侠片为其打开新天地。20 世纪 80 年代后，《黄飞鸿》《笑傲江湖》等在以现代观念表现传统武侠题材时，更以丰富想象和新颖特技创作出充满视觉奇观的武侠世界。21 世纪初，《蜀山传》《狄仁杰之通天帝国》等以炫目特效将奇幻武侠片制作发展带到新高度。是中国最富特色类型片。（周文萍）

黄飞鸿电影 电影类型。黄飞鸿是近代广东佛山洪拳大师，中医外科名医。曾在广州建立武馆、医馆，任广州水师武术教练、广东民团总教练。香港拍摄以黄飞鸿为主角的电影达上百部，载入《吉尼斯世界纪录大全》。第一代黄飞鸿电影拍摄于 20 世纪 40 年代末到 60 年代，由关德兴主演。第一部是 1949 年的《黄飞鸿传》。早期黄飞鸿形象带有市井草莽气息，后成为奉行儒家传统道德的侠义君子，惩恶扬善又克己忍让的古典英雄形象。70 年代末期以后，以《醉拳》为代表，黄飞鸿摆脱传统保守形象，诙谐风趣，更加平易近人。90 年代，黄飞鸿系列塑造的黄飞鸿形象俊朗儒雅，性格温和不失风趣，动作刚柔相济，力量与美感兼具。开创武侠片真功夫实打先河，将黄飞鸿这一岭南英雄人物及南派功夫带入电影，建构了武侠电影南派风格。以近代中国历史为背景，在江湖故事中反映中国传统文化和民族精神，也反思了传统文化。（周文萍）

功夫片 电影类型。脱胎于武侠片，比武侠片注重真实武功和打斗场景展示。"功夫"在粤语中即指武术。20 世纪 40 年代末到 50 年代，香港拍摄以黄飞鸿电影为代表的一系列表现广东武术家的影片，以真功夫实战代替特技和舞台招式，呈现不同于北方江

湖的岭南武林世界。兴盛于 70 年代，《唐山大兄》《猛龙过江》《精武门》等影片将"功夫"一词带到全世界。70 年代末至 90 年代，《醉拳》《警察故事》系列影片将诙谐幽默的表演与功夫融为一体，将功夫喜剧亚类型推向高潮。同期黄飞鸿电影系列广受欢迎。2000 年后，《叶问》电影系列成为功夫片在新世纪的代表作。（周文萍）

黄梅调电影 电影类型。黄梅调是黄梅戏旧称。源于湖北黄梅一带采茶调，是安徽主要地方剧种。1957 年，内地黄梅戏电影《天仙配》在香港公映，引发轰动。1958 年香港长城电影公司拍摄香港第一部该类型片《借亲配》；邵氏电影公司也出品了首部黄梅调电影《貂蝉》，后接连推出《江山美人》《杨贵妃》《梁山伯与祝英台》《王昭君》等系列，掀起该类型片热潮。与内地注重传统戏曲表演程式不同，香港该类型片有大量黄梅调唱段作为叙事和表意元素，在戏曲与电影两者间更偏重电影表现手法，更像是穿插黄梅调唱段的古装电影。语言选择上，放弃地方方言采用国语对白，通俗易懂，易于为观众接受。音乐上，不固守传统戏曲板腔，融入现代音乐与配器，表现力丰富。题材多为中国神话、历史、民间传说、才子佳人故事，为观众喜闻乐见，向海外观众传播了中国传统文化。代表导演李翰祥，他的此类作品常于江山家国离乱背景之中讲述才子佳人悲欢离合故事，大气精致，构图讲究，画面、服装道具精美，常常搭建富丽堂皇布景进行拍摄。从 20 世纪 50 年代末到 60 年代末盛行于中国香港、台湾及整个东南亚地区的华语电影海外市场，其时古装文艺电影（非武侠打斗类）很少不用黄梅调唱调推进情节。20 世纪 60 年代末期，其垄断地位被新派武侠片等取代。（周文萍）

许氏喜剧电影 电影类型。许氏兄弟

（一般指许冠文、许冠杰、许冠英三兄弟）开创的喜剧风格，具有本土粤语喜剧色彩。1974年许冠文自编自导《鬼马双星》，开创许氏粤语喜剧路线。许氏喜剧继承以往香港粤语喜剧贴合社会现实的传统，聚焦中下层市民生活，以调侃幽默富有人情味的方式，观照20世纪70、80年代的香港市民阶层，赢得大众喜爱。擅长将喜剧动作化，为此后功夫喜剧电影奠定基础。代表作品有《鬼马双星》《天才与白痴》《半斤八两》《卖身契》《摩登保镖》《神探朱古力》等。（康宁）

香港新浪潮电影　又称香港电影新浪潮、香港新电影。电影潮流。开始于1978年严浩导演《茄喱啡》，崛起于香港无线电视台菲林组。时任无线电视台节目部经理梁淑怡创立菲林组，招募一批从海外留学归

港的青年电影人，如徐克、许鞍华、严浩、蔡继光等人，也给予本土影人谭家明和章国明机会。1979年，《蝶变》《疯劫》《点指兵兵》推出，同时，一批非电视台出身，有留学背景的导演如翁维铨、于仁泰也推出《行规》和《墙内墙外》等影片。1980年，徐克和许鞍华成为新浪潮主力军，推出《第一类型危险》《地狱无门》《撞到正》。1981年，新艺城公司成立，香港电影制片环境发生变化，由大公司取代小公司主导制片业，香港新浪潮电影的导演除许鞍华外，大多投身大公司拍片。到1982年，香港新浪潮电影彻底归于平静。（康宁）

香港电影新浪潮　见"香港新浪潮电影"。

香港新电影　见"香港新浪潮电影"。

"无厘头"喜剧电影　电影类型。20世纪90年代初兴起于香港。是一种具有地域特色的电影风格。"无厘头"词源地颇有争议，大多认为"无厘头"是粤方言，通常用来指代一个人行为无逻辑、无标准和无意义等。该类型片用夸张丰富的肢体动作，对传统和流行文化进行戏仿和颠覆，甚至用反传统、反经典方式消解和重构高雅文化。继承香港喜剧观照小人物人文传统，将镜头对准后工业化时代的社会边缘人，让他们在电影中完成逆袭，从而受到大众欢迎。过于依赖粤方言且充满地域文化特色，在赢得华人文化群体喜爱同时，也对非中华区观众作出区隔，使其难以在更大范围内获得理解。代表作品有《国产凌凌漆》《大内密探零零发》《济公》《大话西游》《九品芝麻官》《鹿鼎记》《千王之王2000》等。（康宁）

机　构

民新影片公司（Minxin Film Company）制片公司。1923年黎民伟、黎海山、黎北海等在香港创建。1926年，公司迁沪，成立上海民新影片公司。除摄制影片外，还经营影片后期制作与放映业务，开办民新影戏专门学校。1929年，与华北电影公司合作拍片，1930年并入联华影业公司。1936年，黎民伟于上海短暂复办民新公司，因上海沦陷，最终只拍摄3部电影即宣告结业。主张"宗旨务求其纯正，出品务必求其优美"，先后拍摄20多部影片，主要作品有《孙中山先生北上》《黄花岗》《孙大元帅誓师北伐》《国民革命军海陆空大战记》等纪录片，以及《胭脂》《西厢记》《木兰从军》《复活的玫瑰》《玉洁冰清》《天涯歌女》等。（温明锐）

联华港厂（Lianhua Film Company）　制片公司。1931年成立。联华影业公司在香港的分支，即联华第三厂。黎北海担任厂长，主要艺术人员有关文清、梁少坡、罗永祥、吴楚帆、黄曼梨等。摄制的《铁骨兰心》是香港电影史上第一部使用手提摄影机拍摄的作品。其他主要作品有《古寺鹃声》《夜半轮声》《暗室明珠》等剧情片和《蚁》《蛙》等科教片。设有演员养成所，以美国电影教育为样本，较为系统地培养专门电影人才。香港当时著名电影人李铁、石友于、唐醒图等毕业于该所。1934年，联华影业公司内部进行结构调整，联华港厂撤销。（温明锐）

南洋影片公司（Nanyang Film Company）制片公司。1937年在天一影片公司香港分厂基础上改组而成。绍邨人（绍

仁棣）负责主持公司业务。所摄制的影片追求效率、降低成本，出品数量较多。作品以粤语片为主，通俗易懂，受民众喜爱。影片除在香港、内地上映外，还在马来西亚、新加坡等地供南洋邵氏院线发行放映。主要作品有《百战余生》《怪侠一枝梅》《望夫山》《洪承畴》《国难财主》等。作品《黑侠》在香港连映11天，创造当时卖座纪录。（温明锐）

大观声片有限公司（Grandview Film Company Limited）　制片公司。1933年赵树燊、关文清在美国旧金山创办，1935年迁至香港。公司影片在主题、摄影和美术上追求新潮，公司创办人赵树燊也是香港彩色宽银幕立体声影片创始者。出品90多部影片。主要作品有《边防血泪》《生命线》《抵抗》

《公敌》等爱国抗日影片，《大傻出城》《摩登新娘》等讽刺喜剧，《昨夜牧歌》《芦花泪》《金粉霓裳》等剧情片。（温明锐）

南粤影片公司［Naam Yuet（Nanyue）Movie Company］　制片公司。1935年摄影师竺清贤和制片人王鹏翼在香港创办。共拍摄影片30部，以粤语片、戏曲片为主。主要演员有薛觉先、唐雪卿、汤晓丹等。主要作品有《梁天来告御状》《沙三少》，体育新闻纪录片《南华会大战哥灵登》等。作品《俏郎君》在香港率先采用"分身术"摄影特技，使由同一演员饰演不同角色同时出现在银幕上。《午夜僵尸》开香港僵尸题材电影序幕。最卖座作品《第八天堂》，创下1939年香港最高票房纪录。1941年，创办人竺清贤前往印度尼西亚发展，公司宣布结业。（温明锐）

香港大中华影业公司（Great China Film Company）　制片公司。1946年蒋伯英、朱旭华在香港创办，主要投资人谢秉钧。公司规模较大，编导张石川、朱石麟、文逸民、方沛霖、杨工良，演员胡蝶、周璇、龚秋霞、上官云珠、陈娟娟、舒适、黄河、严化，作曲家陈歌辛、黎锦光，美术人员张光宇、姚吉光等曾先后加盟。以摄制国语片为主。《芦花翻白燕子飞》是抗战胜利后摄制的第一部香港电影。《满城风雨》《龙凤呈祥》《情焰》《同病不相怜》《风雪夜归人》等产生很大影响。1949年，蒋伯英返回上海发展，公司宣布结业。（温明锐）

永华影业公司（Yung Hwa Motion Picture Industries Limited）　制片公司。1947年上海人李祖永在香港创办。公司规模大、现代化程度高，有自己的摄影棚，从外国引进当时一流全套电影生产放映设备，招募南下香港内地人才。编导主任欧阳予倩，编导柯灵、周贻白、卜万苍、朱石麟、李萍倩、张骏祥、姚克、吴光祖、程步高，演员刘琼、陶金、王元龙、李丽华、白杨、舒绣文，技术人员余省三、包天鸣、卢世侯等先后加盟。拍摄23部影片，主要为国语片。《国魂》《清宫秘史》等电影制作严谨、艺术精良，为当时香港电影少见。其他代表作如《海誓》《怒潮》《翠翠》《火葬》《山河泪》《拜金的人》等产生重要影响。公司后期发生片库大火，经营不善，于1956年正式结业。（温明锐）

长城电影制片有限公司（Great Wall Movie Enterprise Limited）　制片公司。前身是1947年张善琨在香港创办的长城影业公司即"旧长城"。袁仰安掌管，网罗精英人才，秉承"意识正确、内容健康、娱乐表现、商业市场"制片方针，成为香港国语片中坚力量。活跃于20世纪50—60年代，是香港左派电影龙头公司。除有"旧长城"剩余资金和吕建康投入外，得到内地支持。公司成立之初设立编导委员会，用以打磨作品、监管与提高作品艺术质量；主要以售卖电影发行权获得资金支持；倡导明星制，在商业化市场机制中取得良好效应。电影作品在创作美学层面偏向于写实，聚焦香港小人物艰难谋生的现实生活，关注海外劳工的悲剧命运和香港本土的家庭教育与社会教育。共拍摄115部影片，类型多样，制作发行影片有《说谎世界》《南来雁》《方帽子》《新红楼梦》《孽海花》《阿Q正传》等，获得票房与口碑双丰收。（康宁）

安乐影片有限公司（Edko Films Ltd.）制片公司。1950年江祖贻在香港创办。起初经营香港电影放映、发行、进口业务，20世纪80年代进入内地市场，先后负责二十世纪福克斯、梦工厂、环球影业、索尼影业等国际电影公司香港地区影片发行事务，共发行100余部影片。旗下拥有内地、香港百老汇电影院线。1980年开始制作电影。参与投资和制作的代表作品有《饮食男女》《卧虎藏龙》《英雄》《色戒》《寒战》等，发行作品主要有《断背山》《中央车站》《天空之城》《小鞋子》《撞车》等。（温明锐）

凤凰影业公司（Feng Huang Motion Picture Co.）　制片公司。1952年在香港成立。组成人员主要来自龙马影业公司、永华公司和五十年代影业公司，朱石麟是核心人员。影片创作以喜剧为主，在20世纪50年代享有"喜剧之家"称谓。后期龙马影业因费穆病逝和吴性栽资金退出停办，但优质的电影理念为其发展打下坚实基础。在组建方面，借鉴20世纪50年代影业运作模式，吸纳永华部分人才。在运作模式上，采用"卫星绕地球"方法。侧重幕后人员培养，培养出陈静波、任静之、罗君雄等一批电影人。在资金来源上，主要通过旧资源利用和卖片花两种途径获得。在创作美学方面，影片在写实基础上，关注"人"，强调人与人之间情谊。作品更为本地化，多反映香港中下层普通市民的艰辛生活。制作发行影片有《阖第光临》《一年之计》《男大当婚》《夫妻经》等。1982年，与长城、新联两家左派电影公司合并，成立银都机构。（康宁）

新联影业公司（Sun Luen Film Company）　制片公司。1952年成立。主要创办人为时任《文汇报》编辑主任廖一原。坚持"新联出品，必属佳片"理念，提出"白开水"拍片口号，即提倡健康、导人向善，是粤语影坛一股清泉。采取以文艺电影为先导、多

类型拓展为发展、喜剧电影为补充的创作策略。在创作中体现以家庭伦理为创作方向，强调朴素写实创作风格，如《败家仔》《家家户户》《父慈子孝》《十号风球》《选女婿》等。以家庭伦理片、喜剧片、歌唱片、恐怖片为主，还拍摄《东江之水越山来》《桂林山水甲天下》等风光纪录片。1982年并入银都机构。（康宁）

中联影业公司（Union Film Enterprise Ltd.） 制片公司。1952年按股份制组建，股东为吴楚帆、刘芳、陈文、李晨风、李铁等21人。主要摄制文艺片，以反对封建礼教、批判社会不公为价值取向。秉承严肃认真制作理念，在出品影片中标出"中联出品，制作严谨"宣传语。创业作品为根据巴金同名小说改编影片《家》（1952），该片取得商业成功，重新奠定文艺片在粤语电影中的地位，引发文艺片热潮。制作的影片有《情劫姊妹花》《双雄斗智》《往事知多》《芸娘》《人隔万重山》《自梳女》《山长水远》《百变妇人心》《杜鹃魂》《马来亚之恋》等。（康宁）

光艺制片公司（Kong Ngee Co.） 制片公司。1955年新加坡光艺院线何启荣家族在香港创办。秦剑任总经理。作品以粤语片为主。采用流水线制片厂生产体制和跨国发行垂直整合经营模式。秉持年轻化制作路线，在院线支持下，起用新人，演员谢贤、嘉玲、南红、姜中平、周骢、王伟、陈齐颂等是公司签约艺人。以年轻人为消费市场，擅长摄制现代都市时装片，共生产110余部电影，建立粤语片中产阶级风格。作品《欢喜冤家》《难兄难弟》《英雄本色》等为20世纪80、90年代香港"难兄难弟"类型电影提供发展原型。"南洋三部曲"《血染相思谷》《唐山阿嫂》《椰林

月》为20世纪50、60年代粤语电影地方性和跨国性缩影。代表作有《胭脂虎》《遗腹子》《手足情深》等。1962年，成立新艺、潮艺（专事摄制潮剧片）和粤艺（专事摄制武侠片）等公司。1968年，公司宣布结业。
（温明锐）

国际电影懋业有限公司（Motion Picture & General Investment Co. Ltd.） 制片公司。1956年，陆运涛以永华片场为基础，将原国际发行公司改组而成。共拍摄227部影片，粤语片31部。出版《国际电影》321期。1965年，朱国良改组为国泰机构（香港）有限公司。以"巨片标志，荣誉之征"为拍片理念。产业模式上引入现代化管理模式和经营模式。仿照好莱坞片场制，流水作业式生产影片；重视品牌文化，建立明星制；设立监管制度，成立编审委员会；建立垂直整合体系，集制作、发行、放映于一体。展开全球化扩张，争取中国台湾和东南亚、日本乃至欧美市场。与邵氏兄弟（香港）有限公司展开竞争。1971年，结束制片部门，永华制片厂转交嘉禾。制作影片有《四千金》《曼波女郎》《情场如战场》《龙翔凤舞》《云裳艳后》《空中小姐》《星星月亮太阳》《小儿女》《深宫怨》等。（康宁）

珠江电影制片厂 制作机构。中国南方电影的重要生产基地。1958年5月1日正式成立。厂址在广东省广州市。1985年改建成珠江电影制片公司。2006年4月转制为国有独资有限公司。2008年和广东省电影公司联合组建为珠江电影集团。拍摄影片1000余部，是中国电影版图不可或缺的力量。20世纪60年代，以《南海潮》《七十二家房客》《大浪淘沙》《跟踪追击》等影片为代表，拍摄了一批表现革命历史、市民生活及新中国建设的影片，

带有浓厚的南国气息，形成岭南电影独特风格。1979年以后，摄制了《海外赤子》《春雨潇潇》《与魔鬼打交道的人》《雅马哈鱼档》《特区打工妹》《乡情》《乡音》《逆光》《廖仲恺》《孙中山》等影片。或表现改革开放背景下的时代律动，或反思传统文化下的乡村生活，或呈现中国革命历程中的伟人风采，风格突出、表现成熟，受观众欢迎。目前珠影集团下属有电影制片公司、影视制作公司、南方新干线电影院线、演艺公司等，打造电影创作生产、电影宣发放映、电影融媒体、影视文化关联产业四大业务板块，致力建设成为粤港澳大湾区独具特色的全产业链现代电影集团。（周文萍）

珠江电影集团

邵氏兄弟（香港）有限公司 [Shaw Brothers（Hong Kong）Ltd.] 制片公司。1958年邵逸夫在香港创办。在香港清水湾建造邵氏影城，挖掘专业人才，培养邹文怀、李翰祥、张彻、胡金铨等一批导演。其黄梅调、武侠片成为行业指向标。在经营上开创中国式大片厂制度；在运作理念上重视电影制作；在产业模式上进行垂直整合，以宣传部、制作部为重心，完善发行体制与放映体系。在大片厂制度下，电影为流水线式生产，工种细化，工作效率提高。建立明星制，树立邵氏品牌形象。坚持类型化创作原则，迎

合观众喜爱，体现邵氏电影在社会进程中的自觉探索。制作发行影片有《梁山伯与祝英台》《独臂刀》《大醉侠》《貂蝉》《江山美人》等。20 世纪 70 年代末 80 年代初将重心转移到电视行业。（康宁）

嘉禾电影有限公司（Golden Harvest Pictures Ltd.）　制片公司。1970 年，邹文怀、何冠昌、梁风等人在香港创立。以"卫星制"创新制片模式。1970—1973 年间，与李小龙合作《唐山大兄》《精武门》《猛龙过江》《龙争虎斗》等获得成功。许冠文、许冠武兄弟加入后开创香港本土意识的"许氏喜剧"。与成龙合作后将喜剧动作化。1978 年开始，共出品 27 部成龙出演电影，开拓复合电影类型功夫喜剧片和警匪动作片。制作黄飞鸿系列电影、僵尸系列电影和鬼打鬼系列电影，丰富了香港电影类型。2007 年，邹文怀将嘉禾转卖给内地橙天娱乐（国际）控股有限公司，改名为橙天嘉禾。（康宁）

新艺城影业有限公司（Cinema City Company Limited）　制片公司。1980 年黄百鸣、石天、麦嘉等在香港创办。由奋斗影业公司改组而成。徐克、施南生、曾志伟、泰迪罗宾等是核心创作策划人员。以拍摄喜剧片为主，注重电影娱乐性和联动市场营销，突出改编翻拍本土化，后期制作倾向大投资、大场面、全明星阵容。《滑稽时代》《鬼马智多星》《八星报喜》《我爱夜来香》《最佳拍档》以及开

心鬼系列影片等是叫好又叫座的喜剧电影。作品《监狱风云》《英雄本色》《倩女幽魂》等对香港电影发展有重要影响。后创办人和主创人员各自发展，1991 年公司停产结业。（温明锐）

银都机构有限公司（Sil-Metropole Organisation Ltd.）　制片公司。1982 年在香港创办。由长城电影制片有限公司、凤凰影业公司、新联影业公司三家左翼电影公司整合而成。整合三家公司人才、艺术和技术力量，设立发行机构，成为集制作、片厂、院线、发行和广告于一体的多功能电影产业链集团式机构。成立之初与三家公司并行存在、独立经营。20 世纪 80 年代后期，三家公司相继歇业后调整为独立出品影片，一方面成立卫星公司支持新锐导演拍片，制作《喜宝》《人在纽约》《庙街皇后》《飞越黄昏》《笼民》等影片；一方面支持老导演在内地拍摄，制作《一代妖后》《敦煌夜谭》等影片；也投资内地影片，如《最后的贵族》《秋菊打官司》《西楚霸王》等，成功兼顾香港和内地电影交流及市场口味。（蒋妍静）

深圳电影制片厂有限公司　制片机构。1985 年 1 月成立。前身系深圳影业公司。2004 年 6 月划归深圳广电集团管理。2008 年改为今名，为深圳广播电影电视集团属下全资企业，实行企业化管理。建厂初期，摄制发行《少年犯》《联手警探》《你好！太平洋》

《花季·雨季》《因为有爱》《我们手拉手》等 30 多部电影，以及电视剧《深圳人》《侯门之女》《未有重点的跑道》等。2000 年以来，投拍电影《夜明》《五颗子弹》《大漠战将——班超》等，参与投拍电影《村戏》《变化中的中国：生活因你而火热》《邓小平小道》《奇迹·笨小孩》等，多次获奖。（周文萍）

香港寰亚电影有限公司（Media Asia Film Company Limited）　制片公司。1994 年成立。总部位于香港，隶属寰亚综艺集团，创办人庄澄、钟再思、冯永等。初期以小成本制作为主，第一部电影《我和春天有个约会》获成功。2002 年出品的《无间道》是 21 世纪初香港电影最重要作品之一。向内地拓展业务，与内地合作出品一批有影响的影片。代表作有《天下无贼》《夜宴》《头文字 D》《伤城》《投名状》《集结号》《南京！南京！》《志明与春娇》等。（温明锐）

银河映像［Milkyway Image（HK）Ltd.］制片公司。1996 年杜琪峰、韦家辉联合在香港创办。游乃海、郑保瑞等是公司主创人员。作品追求原创性和个性化，以黑色、冷酷、狂峻、凌厉影像风格著称。以黑帮片、警匪片为主要类型，有独特"港味"。也生产爱情喜剧片和贺岁片，共拍摄 20 余部电影。代表作有《一个字头的诞生》《枪火》《暗花》《暗战》《PTU》《黑社会》《孤男寡女》等。（温明锐）

作 品

庄子试妻 剧情片。无声片。香港第一部故事短片、第一部在国外放映的中国影片。1913年华美影片公司出品。导演黎北海，编剧黎民伟，主演严珊珊、黎氏兄弟。影片共2本，改编自粤剧《庄周蝴蝶梦》"扇坟"一段。讲述庄子诈死，佯扮为少年情人，以试探妻子是否守节的故事。采用露天实景拍摄方法，使用摄影特技，将庄子鬼魂拍摄得忽隐忽现，增强戏剧效果。（温明锐）

胭脂 剧情片。无声片。香港第一部故事长片。1925年香港民新制造影画片公司出品。编导黎北海，主演黎氏兄弟、林楚楚、梁少坡。民新公司在广州西关片场拍摄，送往香港洗印。影片共8本。改编自《聊斋志异》同名故事。讲述情侣胭脂和鄂生遭淫贼宿介陷害，获清官明察，最终沉冤得雪、终成眷属的故事。思想性和艺术性较高，从当时充斥着洋人生活、异国风情的纪录片电影市场中脱颖而出，上映时受观众欢迎，创造当时香港电影票房纪录。（温明锐）

傻仔洞房 粤剧电影。局部有声，有说是香港第一部粤语有声片。1933年中华制造声默影片有限公司出品。导演黎北海，主演廖梦觉、杨倩侬、黄佩瑛。改编自同名粤剧。讲述傻仔迎娶新娘的连串笑话，除新婚之夜傻头傻脑、笑料连连外，后拜见外父、跟老婆拍拖逛街也大出洋相，惹人发笑。影片通俗诙谐风趣，夸张即兴表演手法对香港喜剧电影影响深远。（周文萍）

白金龙 粤剧电影。香港第一部粤语有声片。1933年天一影片公司、南方影片公司联合摄制。导演汤晓丹、薛觉先，编剧薛觉先，主演薛觉先、唐雪卿、黄佩英。改编自同名粤剧舞台剧。讲述富家子弟白金龙与美貌女子张玉娘的恋爱故事。影片镜头处理较为平实，片中有《花园相骂》等粤剧舞台版主题唱段。粤剧《白金龙》曾5次搬上银幕，包括以续集形式出现的《续白金龙》（1937），以重拍形式出现的《新白金龙》（1947、1954），以女扮男装反串演出的《女白金龙》（1953）。（罗丽）

方世玉打擂台 功夫片。1938年三兴贸易公司出品。导演洪仲豪，主演新马师曾、曾三多、谭秀珍，武术指导何斯杰、吴本超、吴美露。讲述方世玉在擂台上打死雷老虎，雷老虎妻子找方世玉及其母苗翠花报仇的故事。创立"武术指导"这一行当，对香港动作片发展起巨大推动作用。（周文萍）

孤岛天堂 剧情片。1939年香港大地影业公司出品。导演蔡楚生，编剧蔡楚生，主演黎莉莉、李清。改编自赵英才所著小说。讲述上海沦陷成为"孤岛"后，一群爱国青年坚持同汉奸进行斗争。与他们同住一楼的东北流亡舞女知道他们的身份后，主动帮助，为他们提供情报。许多贫苦小商贩、市民，甚至孩子也为他们提供帮助。他们在消灭汉奸特务后参加了游击队。该片为蔡楚生在上海沦陷后南下香港拍摄，是内地影人在香港拍摄抗战电影的代表作之一。（周文萍）

珠江泪 剧情片。1949年南国影业有限公司出品。导演王为一，编剧陈残云，主演李清、张瑛、王辛。讲述勤劳的青年农民大只牛和阿鸡，奋力反抗恶霸官仔贵的剥削压迫与自己穷困命运的故事。官仔贵垂涎大只牛妻子的美色，便设计让大只牛与阿鸡入伍前往前线打仗，大只牛与阿鸡所在的军队溃散，大只牛得以跟牛嫂重聚。最后官仔贵率手下追来截停准备返乡的大只牛等人，双方激烈对抗，官仔贵不敌大只牛及一众苦力，狼狈逃走。该片多处在广州实景拍摄，展现出丰富的南国风情场景，并鲜明刻画出被压迫的南方老百姓众生相，反映了广大人民渴望解放的期盼。具有很高的艺术水准，位居1950年上半年十大卖座电影首位，是粤语电影中的一部里程碑作品。获文化部1949—1955年优秀影片荣誉奖。（蒋妍静）

家 剧情片。1953年中联影业公司出品。导演吴回，编剧司马才华，主演吴楚帆、张瑛、张活游。改编自巴金同名小说。描写20世纪20年代初四川成都一个封建大家族的腐朽生活，歌颂其中冲出封建藩篱的青年的奋斗精神。导演通过高觉新这一为家庭忍辱负重、牺牲个人一切的人物形象，突出表达儒家伦理观念。弱化原著中的政治意味，如原著中觉民、觉慧兄弟参加政治活动，在影片中被删除。冲突简单化与对立明显化是影片另一改编特色。导演想通过新旧正邪对立的简单方式，使影片对当时文化程度普遍较低的香港民众起教育效果。出演主角高觉新的男演员吴楚帆，因该角色于1956年被内地评选为"五十年代中国五个最受欢迎男演员"之一。（蒋妍静）

四千金 剧情片。1957年国际电影懋业有限公司出品。编导陶秦，主演林

翠、叶枫、穆虹、苏凤。改编自郑慧小说。讲述孔家姐妹 4 人，母亲早逝，走上各自人生旅途的故事。表现 4 个性格迥异姐妹对爱情、家庭和生活的不同看法和态度，真切展示现代都市中不同女性的命运。影片模仿好莱坞，把剧情重点放在男女爱情及家庭战争，以一个中产阶级家庭展开故事，竭力展示较为优越生活画面，展现西方生活文化。（蒋妍静）

胡不归　粤剧电影。改编自粤剧《胡不归》，有 7 个版本，最经典的是 1958、1966 年拍摄的 2 个版本。1958 年香港植利影业公司摄制《胡不归》，导演蒋伟光，编剧杨捷，主演芳艳芬、林家声、半日安、谭倩红、许英秀等。该片情节与原剧相似，拍摄时保留粤剧"慰妻""逼媳""哭坟"三场。1966 年九龙影业公司摄制彩色电影《七彩胡不归》，导演李铁，编剧李愿闻，主演陈宝珠、萧芳芳、谭兰卿、薛家燕等。该片保留粤剧的主要场面，运镜平实，放弃使用传统粤剧锣鼓，改用西洋乐器。7 次搬上银幕的《胡不归》，在不同时期，电影的艺术处理手法各不相同，有侧重舞台化处理，有只保留粤剧唱腔，也有只保留粤剧故事情节接近故事片类型，为了解和研究不同时期的粤剧表演、粤剧电影提供了系统资料。（罗丽）

阿 Q 正传　剧情片。1958 年长城电影制片有限公司等联合出品。导演袁仰安，编剧许炎、徐迟、姚克，主演关山、李次玉、苏秦。改编自鲁迅同名小说。讲述农民阿 Q 表面性格要强，实际上内心懦弱，坚持自己的一套为人处世哲学即"精神胜利法"。阿 Q 误打误撞成为一名革命者，在周围人对他逐渐改观之时，辛亥革命走向失败，阿 Q 在经过审判之后被处死。影片通过阿 Q 这个人物形象揭露了 20 世纪初旧式中国人身上存在的愚昧、自私及狂妄等劣根性，突出对旧礼教和旧社会病态的批判。（蒋妍静）

家有喜事　喜剧片。1959 年国际电影懋业有限公司出品。导演王天林，编剧汪榴照，主演尤敏、雷震、丁皓。讲述纱厂老板冯耿堂与妻子施尔芬、秘书杜蕙芳之间的情感纠葛。起初施尔芬对杜慧芳多有误会，冲突不断，改观后主动撮合对她有意的儿子冯祖康与其喜结连理，最终皆大欢喜。情节铺排流畅，涉及逾越传统伦理内容，毫无低俗成分，同时弱化人物贫富悬殊关系，凸显人性善良及人的相互理解。（蒋妍静）

紫钗记　粤剧电影。1959 年香港宝鹰影业公司出品，宝鹰公司创业作品。导演李铁，编剧唐涤生，摄影孙伦，主演任剑辉、白雪仙、梁醒波、靓次伯、苏少棠、任冰儿等。改编自明代汤显祖同名传奇，以及仙凤鸣剧团同名粤剧舞台作品。讲述唐代才子李益和歌姬霍小玉之间悲欢离合的爱情故事。是粤剧戏曲片中雅俗共赏的佳作，保留"灯街拾翠""花院盟香""阳关折柳""花前遇侠""剑合钗圆"等粤剧分场，传统舞台表演在电影手法营造下具有可看性。1977 年，香港金凤影片公司将该剧再次搬上银幕，执导李铁，主演龙剑笙、梅雪诗、梁醒波、靓次伯、朱剑丹、言雪芬。（罗丽）

山东扎脚穆桂英　又称《七彩杨宗保》《扎脚穆桂英》。粤剧电影。1959 年香港丽光影业公司出品。导演黄鹤声，编剧李少芸，摄影崔鑫玉，主演余丽珍、任剑辉、梁醒波、谭兰卿、半日安、靓次伯等。改编自李少芸粤剧舞台作品。分上下两集。上集讲述杨宗保为取得降龙木与穆桂英私下订鸳盟，后携手同破天门阵；下集讲述杨宗保战死沙场后，穆桂英为免杨家绝嗣，把儿子文广改扮成女儿，免被征召上战场。文广长大后爱上太师之女潘小燕，令小燕珠胎暗结，文广男儿身份被揭穿。幸有宋帝所赠免死牌，获免罪，并得宋帝撮合良缘。该片在情节中穿插神怪特技、传统排场、北派对打、功架表演。粤剧名伶余丽珍的表演在电影手法的着力塑造下颇具看点，突出其作为刀马旦以武艺见长的粤剧表演。（罗丽）

七彩杨宗保　见"山东扎脚穆桂英"。
扎脚穆桂英　见"山东扎脚穆桂英"。

帝女花　粤剧电影。1959 年大成影片公司出品，永华电影制片厂有限公司拍摄。实际导演左几，由龙图挂名导演，摄影魏海峰，主演任剑辉、白雪仙、靓次伯、欧阳俭、陈好逑等。改编自同名粤剧，是任剑辉、白雪仙的代表作，也是仙凤鸣剧团、雏凤鸣剧团的经典作品。讲述明末长平公主与驸马周世显的殉国故事。片中完整保留"树盟""庵遇""香夭"等几场，任、白二人的演绎丝丝入扣。金凤影片公司 1976 年再次将该剧搬上银幕，导演吴宇森，摄影张耀祖，布景钱森，音乐指导李占、顾家辉，中乐朱致祥，主要演员龙剑笙、梅雪诗、靓次伯、言雪芬、李凤、梁醒波、江雪鹭等。该片分镜头和调度力求电影感，与传统舞台化大异。布景设计考究，灯光配合宽银幕构图精致妥帖，分镜头和剪接结合曲词，是粤剧电影中电影感较强、电影手法使用丰富的作品。（罗丽）

渔岛之子　反特片。1959 年珠江电影制片厂拍摄发行。导演徐严，编剧孙景瑞，主演袁东保、张汝郊、张铮、简瑞超。改编自刘鉴、星索同名小说。

故事发生在新中国成立初期的南海渔岛上。海生、小发、金福、小玉和亚妹等孩子在参加爬山比赛时发现一个装有电台的包。他们准备把包拿去交给解放军时，特务蒋登九出现。他先自称是勘探队员，让孩子们把包还给他，被拒绝后原形毕露，和同伙林振波一起把孩子们扣作人质，准备逃离海岛。李老师发现孩子们失踪，将情况报告解放军，解放军搜山寻找孩子。孩子们也与特务斗智斗勇，最终协助解放军抓捕特务。影片风格清新自然，插曲《你好，可爱的海岛》由孙景瑞作词，梁立柱、张仲池作曲，具有浓郁的南国色彩。是珠江电影制片厂拍摄的第一部故事片。（周文萍）

关汉卿　粤剧电影。1960年海燕电影制片厂与珠江电影制片厂联合摄制。导演徐韬，主演马师曾、红线女、文觉非、谭玉真、林小群、少昆仑等。改编自同名粤剧。故事集中在写《窦娥冤》、演《窦娥冤》、禁《窦娥冤》上，表现关汉卿与朱帘秀的遭遇与感情。采用棚内搭景与舞台表演样式结合的视觉结构方式，视觉表现流畅，着重刻画人物，镜头、机位调度灵活，保留戏曲表演的基本特点，在故事叙述和人物性格塑造方面达到很好的效

《关汉卿》海报

果。影片对于实景和虚拟表演进行平衡处理，拍摄镜头运用不复杂，推拉平移，运镜集中演员表演的同时，又不至取镜呆滞。是马师曾、红线女的代表作，保存了马师曾、红线女的粤剧唱腔和表演。（罗丽）

不了情　爱情片。1961年邵氏兄弟（香港）有限公司出品。导演陶秦，编剧陶秦、潘柳黛，主演林黛、高宝树、关山。讲述少女李青青和海归青年汤鹏南的爱情故事。两人相爱却因误会分开，多年后重逢，解开误会，旧情复燃，李青青却因绝症与世长辞。影片以大都市中的小人物为题材，展现一对年轻爱侣之间情真意切的爱情悲剧。1962年获第9届亚洲影展最佳女主角奖、最佳主题歌特别奖。（蒋妍静）

凤阁恩仇未了情　粤剧电影。1962年香港大龙凤影业公司出品。导演黄鹤声，编剧李愿闻，摄影黄捷，主演麦炳荣、凤凰女、梁醒波、谭兰卿、黄千岁等。改编自同名粤剧。讲述耶律君雄与红鸾郡主相恋谈婚论嫁的故事。偶然之下，失忆的红鸾郡主与拒婚投河的倪秀钿在阴差阳错之下互换身份，引出一场真假郡主案。主题曲《胡地蛮歌》打破粤剧一般在末场演唱主题曲惯例，在头尾两场遥相呼应。该片以粤剧音乐唱腔作为影片创作核心，基本保留粤剧舞台演出的全部唱段和基本样式。电影手法以记录为主，在调度上显出一定灵活性。（罗丽）

南海潮　剧情片。1962年珠江电影制片厂出品（1963年上映）。导演蔡楚生、王为一，编剧蔡楚生、陈残云、王为一，主演吴文华、蒋锐、高弦、张铮。以回忆方式讲述新中国成立前南湾渔民郑金水一家几代受渔霸欺压，又被日寇残害的悲惨生活。后在共产

党带领下，渔民们奋起反抗、翻身做主、获得解放。影片以个人命运反映时代变换与阶级冲突，情节曲折，形象鲜明，主题突出，写实与抒情相融合，不乏喜剧和战斗场面，题材、内容、场景、音乐等方面均具有浓郁的南国色彩。（周文萍）

梁山伯与祝英台　黄梅调电影。1963年邵氏兄弟（香港）有限公司出品。导演李翰祥，主演乐蒂、凌波等。改编自中国同名民间传说。讲述貌美才高的员外之女祝英台求学心切，女扮男装进入书院读书，后与同窗义兄梁山伯互相心生爱慕，两人历经曲折还是无法结合，最后祝英台来到病逝的梁山伯墓前哭祭，两人化作一双彩蝶飞而远去。故事凄美动人，在台北创下首轮连映162天纪录，在华语社会和东南亚地区也红极一时，影响深远，被视为20世纪60年代最重要的电影之一。影片歌曲采用黄梅调演唱，成为脍炙人口的曲目。1963年获第2届台湾电影金马奖最佳剧情片、最佳导演、最佳女主演、最佳音乐奖，第10届亚洲影展最佳彩色摄影、最佳美术、最佳音乐、最佳录音等奖项。（温明锐）

跟踪追击　反特片。1963年珠江电影制片厂出品。导演卢珏，编剧聂建新、朱向群、安忠民，主演林岚、陈天纵、林书锦、史进。讲述1961年国庆前夕，特务从深圳罗湖口岸潜入广州，意图破坏发电厂。公安人员从一个老太婆手提包中发现线索，在群众配合下跟踪追击，与特务斗智斗勇，及时排除炸弹，抓获特务，保卫了发电厂。影片情节紧凑、曲折多变，刻画了公安干警机智勇敢的形象。（周文萍）

七十二家房客　粤语喜剧片。1963年珠江电影制片厂和香港鸿图影业公司

联合摄制。导演王为一，编剧王谷柳、王为一，主演文觉非、谭玉真。改编自上海大公滑稽剧团同名滑稽剧，背景移到解放前的广州。讲述一间旧大院的房主和72家房客间逼迁与反逼迁的故事。72家房客是贫苦群众，平时受屋主炳根和其老婆八姑欺压。炳根夫妇想把大院改成"逍遥宫"，请来警察"369"帮他们驱赶房客，房客团结起来反对逼迁；炳根夫妇打算把养女阿香送给警察分局长当姨太太，以便依仗局长势力赶走房客，阿香不肯顺从，从迎亲宴席上逃回大院，在房客的帮助下藏起来，炳根夫妇得罪局长，被关进监狱，"逍遥宫"计划流产，72家房客得以安身。影片具有浓厚的地方特点和市井色彩。故事生动有趣，人物活灵活现，笑料迭出，是中国喜剧电影的经典之作。（周文萍）

大浪淘沙 剧情片。1965年珠江电影制片厂摄制，1977年上映。导演伊琳，编剧朱道南、于炳坤、伊琳，演员于洋、简瑞超、杜熊文、刘冠雄、史进等。改编自朱道南回忆录《在大革命的洪流中》。讲述大革命前后靳恭绶、顾达明、杨如宽、余宏奎等几个知识

《大浪淘沙》海报

青年的命运，他们对现实不满，结拜为兄弟，离开家乡寻求出路。他们到济南进入山东第一师范学校，认识共产党员赵锦章和国民党员薛健白等老师，在老师们的启发教导下，学习革命理论，接触革命活动，走上不同的革命道路。在宏大格局下不乏细腻深入的刻画，突出理论中注重情景交融、鲜明、形象、真实地再现第一次国内革命战争时期中国社会的历史风云和青年知识分子的道路选择，是一部难得的展现大革命时期知识分子革命历程的史诗式作品。插曲《大江东去浪淘沙》《工农兵联合起来》等气势磅礴、脍炙人口。（周文萍）

大醉侠 武侠片。1966年邵氏兄弟（香港）有限公司出品。导演胡金铨，编剧胡金铨、张仪，动作指导洪金宝，主演郑佩佩、岳华、陈鸿烈。讲述官家小姐金燕子哥哥被山贼"索命五虎"抓获，金燕子女扮男装前往营救，被笑面虎暗算，危急时刻得到大醉侠出手相救，贼人藏身广济寺，广济寺主持了空作恶多端，与大醉侠是同门师兄弟，为夺掌门之位杀害师父，金燕子和大醉侠联手，一起杀了了空，除掉山贼，救出哥哥。是香港新武侠电

影经典之作，胡金铨将刀光剑影故事与古朴宁静场景融为一体，营造出富有中国古典韵味的江湖世界。动作设计精巧丰富、力量与美感兼具，客栈和古庙两场大战尤为突出。（周文萍）

独臂刀 武侠片。1967年邵氏兄弟（香港）有限公司出品，导演张彻，编剧张彻、倪匡，主演王羽、潘迎紫、焦姣。讲述大侠齐如风收留为救自己而牺牲的仆人方诚之子方刚，传授其武艺。齐如风器重方刚，方刚受师兄们嫉妒和欺负，齐如风女儿齐佩对方刚因爱生恨，联合师兄与他比武，以暗算手段砍断他的右臂，方刚逃出齐家，被少女小蛮所救，坚持用残存的左手练成独臂刀；齐家后来遭仇家报复，弟子被杀，齐佩被困，方刚回到齐家帮助师父杀仇家，解除齐家危机后与小蛮一起远走。风格干净利落，叙事简洁流畅，动作场面惊心动魄、悲壮惨烈，显示出暴力美学。（周文萍）

唐山大兄 功夫片。1971年嘉禾电影有限公司出品。编导罗维，主演李小龙、苗可秀、韩英杰等。讲述华人青年郑潮安武艺高强，其母亲不希望他惹事，把他送到泰国一间冰厂做工，郑潮安在冰厂得到工友石大哥帮助，一直安分守己，他发现工厂工人一个个神秘失踪，调查发现老板以工厂为掩护买卖毒品，他与老板交涉，被老板蒙骗，导致石大哥和工厂工人被老板杀害，郑潮安独自来到老板家里与之展开决战，消灭了坏人。影片上映后突破香港最高票房纪录，连破东南亚地区华语片纪录，在西方各大城市受到欢迎。（周文萍）

鬼马双星 喜剧片。1974年嘉禾电影有限公司等联合出品。导演许冠文，编剧许冠文、刘天赐等，主演许冠文、许冠杰、许冠英。讲述邓国文常因出

老千而成为监狱常客，在监狱中他时常表演自己出千骗术给狱友解闷，刘俊杰见识他令人眼花缭乱的千术之后，十分佩服，希望出狱后能和邓国文合作赚大钱。他们设计赌局欲给恶霸大佬全哥下套，不料邓国文在决定胜负紧要关头被一个流浪汉识破秘密，全哥即派手下追杀邓国文和刘俊杰，最后两人用意想不到的方法躲避追杀。影片遵循以往粤语喜剧草根路线，唤起港人的认同感。（蒋妍静）

醉拳 功夫片。1978 年思远影业公司出品。导演袁和平，主演成龙、袁小田。讲述少年时期黄飞鸿喜欢习武，惹是生非，父亲请好友苏花子教他，黄飞鸿初不肯用功，直到与人较量被打得落花流水后，才下定决心好好练武。在经过种种训练后，苏花子教授他绝技"醉拳"后离开，此时父亲仇人请来杀手要杀黄父，黄飞鸿佯装喝醉，用醉拳打败杀手。人物性格鲜明，叙事简洁流畅。成龙在片中发挥其喜剧天赋，将诙谐表演融入硬桥硬马功夫打斗之中。影片标志着成龙功夫喜剧成熟，也标志着功夫喜剧正式成为香港电影一个亚类型。2005 年入选香港电影金像奖"中国电影诞生一百年——最佳华语片一百部"。（周文萍）

少林三十六房 功夫片。1978 年邵氏兄弟（香港）有限公司出品。导演刘家良，编剧倪匡，主演刘家辉、汪禹、罗烈、徐少强等。该片讲述书生刘裕德跟随老师反清，全家被清兵杀戮，他幸免于难逃到少林寺，少林寺收留他，为他取法号"三德"，他在少林寺潜心学武，数年间学遍少林 35 房武艺，成为功夫高强武僧，他下山报仇后联合许多好汉与清廷对抗，并收陆阿彩、洪熙官等人为徒，最后重回少林寺，创立第 36 房。影片将重点放在对功夫的展示上，显示真打实练的武

打风格和主演的真功夫。1978 年获第 24 届亚洲影展最佳动作效果奖。（周文萍）

蝶变 惊悚片。1979 年思远影业公司出品。执导徐克，编剧林凡，主演张国柱、刘兆铭、米雪。以书生方红叶及他所撰一本记录武林秘事的《红叶札记》展开故事。方红叶、女侠青影子等人受沈家堡堡主邀请来到沈家堡，得知沈家曾受杀人蝴蝶诅咒，它们潜入沈家堡四处行凶，使得如今沈家堡破败不堪，田丰等人察觉此事有多处可疑便留下探究蝴蝶谋杀一事，没想自己陷入一场巨大仇恨纠葛之中。影片展现了众角色复杂的人性阴暗面，武打场面具有创新性，不同于以往注重实际武术招式的武打电影，以灵活电影感处理武打场面使之丰富与刺激，运用科技手段营造出诡奇灿烂的武侠世界。（蒋妍静）

疯劫 惊悚片。1979 年比高电影有限公司出品。导演许鞍华，编剧陈韵文，主演赵雅芝、张艾嘉、徐少强。取材于发生在香港龙虎山的一件真实凶杀案。讲述警方在龙虎山上发现两具面目不清的男女尸体，确认他们是相约探母后双双失踪的阮士卓和未婚妻李纨，认为住在山上破屋中的疯子阿傻是杀害二人的凶手，凶杀案在即将结案时，李纨好友连正明发现疑点，她自行追查后证实女尸身份是阮士卓情妇梅小姬，凶手正是行凶后一直隐秘生活在荒山上的李纨。影片融入导演与编剧大胆而微妙的女性触觉，情节曲折离奇，画面血腥残暴，气氛诡异瘆人，风格阴抑感性。该片中不同人物对凶杀案有着不同陈述视角，打破过去香港电影惯于单线的叙事模式，被业内定论为"香港第一部自觉地探讨电影的叙事模式、手法和功能的电影"。1980 年获第 17 届台湾电影金马奖优等剧情片奖、最佳摄影奖及最佳

剪辑奖 3 个奖项。（蒋妍静）

海外赤子 剧情片。1979 年珠江电影制片厂摄制。导演欧凡、邢吉田，编剧胡冰，主演秦怡、史进、陈冲。讲述华侨姑娘黄思华投考部队文工团的曲折故事，表现了华侨对祖国的热爱。将故事情节发展与人物性格、命运紧密结合，使人物性格得到有声有色的展现，并充分利用音乐和歌曲表现出海外侨胞的感情波澜和赤诚热爱之心。该片具有丰富的南国情调。1979 年获文化部优秀影片奖，1983 年获首届广东省鲁迅文艺奖三等奖，插曲《我爱你，中国》2005 年入选中国电影百年歌曲精选目录。（周文萍）

《海外赤子》海报

与魔鬼打交道的人 谍战片。1980 年珠江电影制片厂出品。导演林岚，编剧刘师征，主演郭允泰、方化等。主要讲述 1947 年，蒋介石在发动全面内战的同时下达"A"字密令，以扑灭上海地下党核心组织。荣昌公司总经理张公甫是地下党员，他在特殊环境里与敌人斗智斗勇、挫败"A"字密令阴谋，完成支援前方的任务。情节惊险曲折，成功塑造张公甫以资本家身份为掩护的地下党人形象。因斗争需要，他忍痛与儿子决裂，严词拒绝亲弟弟要求，

牺牲失散多年的女儿，体现出高尚革命情操。人物原型为卢绪章。1980年获中国文化部优秀影片奖，1983年获广东省第一届鲁迅文艺奖。（周文萍）

梅花巾 剧情片。1980年珠江电影制片厂出品。导演张良，编剧王静珠、张良，主演王琴宝、章杰、杜熊文。讲述苏州评弹艺人郭月庭一家在解放前后的不同命运。郭月庭和妻子美玉生有一对双胞胎女儿，40年前，恶霸想强占美玉，郭月庭愤而将其打伤后逃亡海外，美玉带着女儿逃往上海，途中红梅走失，美玉身亡。红梅、白梅分别被人收养，一个学习刺绣，一个学习评弹，经历很多波折，后两姐妹被恶霸关入监牢，才得以相认；新中国成立后，郭月庭回国寻亲，在书场听到红梅演唱讲述一家人经历的《梅花巾》，父女终于团聚。剧情起伏跌宕，以郭氏一家尤其是红梅、白梅两姐妹遭遇控诉旧社会黑暗，歌颂新社会。王琴宝在片中一人分饰两角，体现不同性格。该片充满浓郁生活气息和水乡特色，展示苏州刺绣、评弹、园林等艺术瑰宝，体现传统文化魅力。（周文萍）

父子情 剧情片。1981年凤凰影业公司出品。导演方育平，编剧张坚庭、李碧华等，主演石磊、朱虹、郑裕柯。讲述有4个女儿，却只有1个儿子的罗山木，在重男轻女观念驱使下，将自己出人头地的期望全部寄托在儿子家兴身上，对他偏爱又苛求，逼迫他读书上进，不惜牺牲几个女儿前途来换取物质条件为儿子未来铺路，最后父亲在收到儿子回国前夕寄来的毕业证书时，因过于高兴而心脏病发作去世。亲切自然地写出温馨质朴又充满矛盾的家庭亲情，刻画出父子关系，从小题材发挥出大旨意，使剧中人物富有真实性和典型性。从具体家庭人

情矛盾，间接反映香港社会20世纪60年代以后的变化演进历程，表现年轻港人的个人经验与集体记忆。1982年获首届香港电影金像奖最佳影片奖和最佳导演奖。（蒋妍静）

烈火青春 爱情片。1982年世纪影业有限公司出品。导演谭家明，编剧谭家明、陈韵文等，主演张国荣、叶童、汤镇业、夏文汐。讲述香港青年Pong与Kathy相识后陷入热恋，Kathy表兄弟Louis邂逅年轻模特Tomato迅速坠入爱河，4个人成为好友，常常相约一起玩耍，后来他们因给予Kathy的日本前男友，也是日本恐怖组织"赤军"出逃者信介帮助而引来日本杀手追杀，最终Louis和Tomato侥幸存活，Pong和Kathy死于"赤军"手下。是香港新浪潮导演谭家明代表作之一。画面大胆豪放，具有鲜明导演个人风格，表现新一代香港年轻人的真实生活和心理状态。1983年获第2届香港电影金像奖最佳影片奖、最佳导演奖、最佳男主角奖等9个奖项的提名。（蒋妍静）

投奔怒海 剧情片。1982年星光娱乐公司出品。导演许鞍华，编剧邱刚健，主演林子祥、刘德华、马斯晨等。讲述越南解放后，在越战时同情越共的日本记者芥川汐见以"国际友人"身份前往越南访问，受到越南官方隆重接待，随后他意外结识当地女孩琴娘，得知他之前所见太平情景只是越共政府特意安排的假象，实际上越南人民还生活在水深火热之中，芥川陆续认识酒吧老板娘及其情人祖明，他向包括琴娘在内的越南人民尽力提供帮助，最后送琴娘和她年幼的弟弟成功乘船出海，芥川自己却遭遇不测。格局平实，人情细腻，叙事节奏循序渐进，画面不乏血腥暴力，也避免过分冲击和煽情，力求将影片故事刻画得冷静细致。突破以往香港电影的套路模式，

将家国情怀与政治隐喻贯注其中。1983年获第2届香港电影金像奖最佳影片奖、最佳导演奖、最佳编剧奖、最佳美术指导奖、最佳新演员奖5个奖项。（蒋妍静）

靓妹仔 剧情片。1982年珠城制片有限公司出品。导演黎大炜，编剧文隽，主演林碧琪、温碧霞。讲述来自一个破碎家庭的少女Lam和Irene等三个与她境况相似的女同学离家出走，走向堕落，她成为舞女从事色情行业，而她的姐妹中，一个掉入毒品深渊，一个被男人抛弃后跌落地铁车轨，当她亲眼目睹深爱男孩Peter被黑社会乱刀砍死，身心俱疲，最后选择回到母亲身边。该片聚焦香港不良少女这一引起社会广泛关注的话题，具有社会意义。风格写实，暴露出社会腐败现实风气，反映出香港社会某些阴暗面。全部采用实景拍摄和同期录音情景，对白自然流畅，节奏爽快。1983年获第2届香港电影金像奖最佳影片奖、最佳导演奖等8个奖项提名。（蒋妍静）

三家巷 剧情片。1982年珠江电影制片厂出品。导演王为一，编剧王为一、曾炜，主演孙启新、叶雅宜。改编自欧阳山同名小说。以20世纪20年代在广州发生的沙基惨案、省港大罢工、广州起义三大历史事件为背景，通过三家巷中周、陈、何三个家庭几个青年间爱恨交织的故事和彼此关系变化，反映这一时期复杂历史矛盾斗争和青年人对各自人生道路的选择。塑造周炳、周榕、陈文雄、陈文婷、区桃等众多性格鲜明青年形象。具有浓厚岭南风味，是地道的广东故事。（周文萍）

逆光 剧情片。1982年珠江电影制片厂出品。导演丁荫楠，编剧秦培春，主演郭凯敏、吴玉华、刘信义、徐金金、肖雄。以20世纪80年代的上海

为背景，讲述造船厂钳工廖星明，在剧作家苏平鼓励之下，坚持学习文化，成为可塑之才，他与出身于干部家庭的夏茵茵相爱，由于门不当户不对，恋情遭到上一辈人反对，两人力排众议步入婚姻殿堂。廖星明的妹妹廖小琴贪图享乐，抛弃男友黄毛，投入富二代小齐怀抱，徐珊珊苦苦爱慕不学无术的电工姜维，屡屡受到后者伤害，她和黄毛相遇。从几对青年工人对爱情对人生的选择，唤起人们对生活的思考，电影在结构和表达上探索新的手法，带有抒情意味和哲理性。1983 年获第 3 届中国电影金鸡奖最佳摄影奖。（周文萍）

新蜀山剑侠 武侠片。1983 年嘉禾电影有限公司出品。导演徐克，主演洪金宝、元彪、郑少秋、林青霞等。改编自还珠楼主武侠小说《蜀山剑侠传》。讲述西蜀士兵狄明奇误入魔教之地，被南海派剑客丁引所救，后丁引和师弟晓如被血魔附身，众人去瑶池仙堡求堡主救治，赴天刀锋寻找紫青双剑。在飞天入地神怪元素中融入古装武侠，具有天马行空的想象力。聘请《星球大战》特技小组制作特技镜头，视觉效果突出，为观众创造神奇奇幻武侠世界。是香港电影特效史上一部里程碑之作。（周文萍）

半边人 剧情片。1983 年银都机构有限公司出品。导演方育平，编剧施扬平、王正方，主演许素莹、王正方。讲述出生香港平民村屋区内的阿莹帮着家里人在街市上摆鱼档，生活忙碌单调，爱情破裂致她于更加苦闷的境地，她偶然得到在一家电影文化中心兼职的机会，报酬是可以免费选修中心一个课程，阿莹选择戏剧班，负责教导她的教员张松柏是一名留洋归来怀才不遇的电影导演，两人在互相了解和交流中发展出一段纯洁而微妙的师生关系。1984 年获第 3 届香港电影

金像奖最佳导演奖、最佳剪辑奖、最佳影片奖 3 个奖项。（蒋妍静）

A 计划 动作片。1983 年嘉禾电影有限公司等联合出品。导演成龙、洪金宝，编剧成龙、邓景生。讲述香港开埠之初，猖獗的海盗屡屡进犯港口，骚扰劫持香港商船，威胁香港国际贸易中心地位，香港政府基于此考虑成立水警，制定 A 计划抵抗海盗，因种种原因并不顺利，海盗头目罗三炮抓走英方将领及其家属作为人质，水警警长马如龙自告奋勇前去营救，他深入海盗巢穴，和皇家警察里应外合，最终成功营救人质将作乱海盗一网打尽。该片是 20 世纪 80 年代警察片代表作之一，汲取武侠类型片中中国功夫和传统侠义思想，加入现代观念和枪战类型，使内容丰富，形式活泼。（蒋妍静）

廖仲恺 传记片。1983 年珠江电影制片厂出品。导演汤晓丹，编剧鲁彦周，主演董行佶、梁月军、刘铁蕾、史东敏、章杰。讲述廖仲恺 1922 年 6 月至 1925 年 8 月 20 日期间的斗争生活。塑造中国近代民主革命家廖仲恺的形象，表现其爱国为民、坚持革命的坚强意志和临危不惧、大义凛然的革命家气节。1983 年获文化部优秀影片奖优秀故事片二等奖，1984 年获第 4 届中国电影金鸡奖最佳导演奖、最佳男主角奖，1986 年获第 2 届广东省鲁迅文艺奖一等奖。（周文萍）

乡音 剧情片。1983 年珠江电影制片厂摄制。导演胡炳榴，编剧王一民，主演张伟欣、刘延。故事发生在遥远的山村，余木生是一名船工，对人非常热心，对妻子陶春有些专断，陶春美丽贤惠，对丈夫百依百顺，两人习惯这样生活，直至陶春患肝癌病倒，余木生才发现自己从来没有照顾过妻

子的感受，他非常后悔，为时已晚。该片反映封建传统观念对人们根深蒂固的影响，陶春代表传统女性，贤惠顺从缺乏自我意识。风格含蓄淡雅、令人回味悠长。1983 年获文化部优秀影片奖优秀故事片二等奖，1984 年获第 4 届中国电影金鸡奖最佳故事片奖，1986 年获第 2 届广东省鲁迅文艺奖一等奖。（周文萍）

《乡音》海报

似水流年 剧情片。1984 年青鸟电影制片公司等联合出品。导演严浩，编剧严浩、孔良，主演斯琴高娃、顾美华、谢伟雄。讲述生活在香港的姗姗在父亲过世后，与妹妹因遗产问题决裂，她返回潮汕为祖母奔丧，借机散心，姗姗的到来打破两名儿时好友孝松和阿珍的生活，姗姗与孝松接触让阿珍心生妒忌，最后大家解开误会，姗姗离开时，阿珍在码头含泪送别。摒弃传统戏剧式结构，以散文式手法营造含蓄恬静的风格，以平凡人物和普通事件，优美田园景色，表现出经受心理伤痛的港人主角在回归故土后得到精神抚慰。运用运动摄影和场面调度完成长镜头，以此表达现场气氛的连续性，捕捉人物情绪反应细节，表现对香港和内地精神与物质差异的深层次思考和探讨。1985 年获第 4 届香港电影金像

奖最佳电影奖、最佳导演奖、最佳编剧奖、最佳女主角奖、最佳新演员奖及最佳美术指导奖6个奖项。（蒋妍静）

雅马哈鱼档 剧情片。1984年珠江电影制片厂摄制。导演张良，编剧章以武、黄锦鸿，主演张天喜、许瑞年、

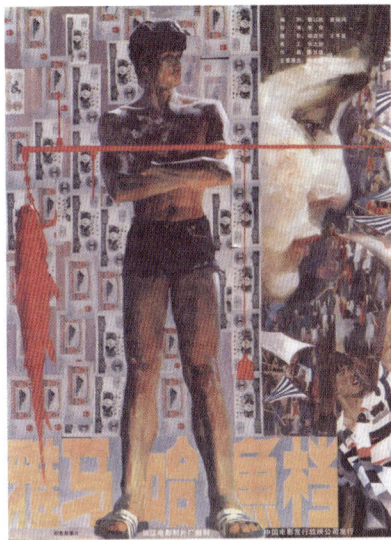

《雅马哈鱼档》海报

杨丽仪、黎志坚。讲述改革开放初期三位广州青年阿龙、海仔、珠珠开办个体鱼档故事，反映在急剧变化的现实生活面前，人们生活观念和价值观念发生的变化，除广式建筑、夜市、老城、龙珠街和新式高楼大厦外，有当时时髦的迪斯科、音乐茶座、粤语歌、万宝路，全面呈现广州文化，书写中国电影史上"南国都市电影"新篇章。该片被誉为"广东改革开放第一张亮丽的名片""当代广州的清明上河图"，拍出广州立于改革开放前沿的缤纷与鲜活。1984年获文化部优秀影片奖优秀故事片二等奖，1985年获第5届中国电影金鸡奖最佳美术奖，2018年入选第27届金鸡百花电影节改革开放40年中国电影成就影展。（周文萍）

阿混新传 喜剧片。1984年珠江电影制片厂出品。导演王为一，编剧肖璋（执笔）、伍仁，主演严顺开。改编

自同名滑稽剧。讲述上海市某农业饲料厂青年工人杜小西不学无术，是个"阿混"，经过多次教育，鼓起勇气，弃混图新，立志做一个对社会有用的人。该片风格清新风趣，有浓郁的生活气息，看后引人发笑又启人深思。1985年获第5届中国电影金鸡奖特别奖，1986年获第2届广东省鲁迅文艺奖二等奖。（周文萍）

警察故事系列 动作片。共6部。首部于1985年由威禾电影制作有限公司出品。导演成龙、陈志华，主演成龙、林青霞、张曼玉。讲述香港警察陈家驹历尽艰辛抓获贩毒集团头目的故事。开创奇观性动作场面先河，"陈家驹"一角成为香港电影史上的经典警察角色，1986年获第5届香港电影金像奖最佳导演、最佳故事片奖。其他5部作品分别为《警察故事续集》（1988）、《警察故事3超级警察》（1992）、《警察故事4之简单任务》（1996）、《新警察故事》（2004）、《警察故事2013》（2013）。系列中前4部电影以"陈家驹"这一超级警察角色所面临的多重困难展开故事，其中正面警察奋力维护社会秩序与保护人民安全，为塑造香港警察形象起到积极作用。第5部男主人公改为"陈国荣"，并重塑警察形象，片中的警察不再是从前无所不能、果敢无畏的超级英雄，而变为身负深仇的悲情人物，这使得该角色更为内蕴深刻、形象多元，也一改以往主角单打独斗场面，加入多位年轻角色，他们同样承担推动剧情的重要作用。第6部故事格局空间有所缩小，讲述老警察钟文和女儿置身密室与犯罪团队展开斗争的故事，主演在片中的表现再次有所突破，与前5部港味浓重的动作片相比，整体风格偏向内地警匪片。（蒋妍静）

绝响 剧情片。1985年珠江电影制片

厂出品。导演张泽鸣，编剧张泽鸣，主演孔宪珠、陈锐、冯狄青。20世纪60年代初，广州西关老艺人区枢创作不少曲谱，最大心愿是出版自己的曲集，一直未能实现，儿子冠仔颇有音乐天赋，因听信父亲婚变"丑史"负气离家出走，待其归来，区老枢已日渐苍老，曲谱也下落不明，对遗失曲谱念念不忘的区老枢，因忧郁和积劳成疾而与世长辞，经历人世浮沉，冠仔明白父亲曲谱价值所在和父亲对粤剧音乐作出的贡献，也对社会和人生有更为深刻的理解。该片以民族音乐人区老枢的悲剧对历史进行反思，风格含蓄隽永，优美广东音乐和小巷风光营造浓郁的岭南风情。1986年获第6届中国电影金鸡奖最佳摄影奖、最佳美术奖，意大利第4届国际青年电影节特别奖。（周文萍）

少年犯 剧情片。1985年深圳影业公司摄制。导演张良，编剧张良、王静珠，主演陆斌、蒋健、朱曼芳、王吉、沈光炜、赵汝平。故事以《社会与家庭》杂志女记者谢洁心到少管所采访调查为线索，围绕三位少管所学员方刚、肖佛和沈金明被押送进少管所、最终改过自新展开故事。该片反映青

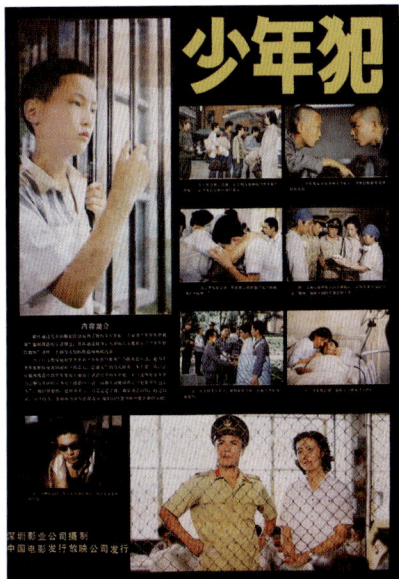

《少年犯》海报

少年犯罪及其成因问题，引起社会广泛关注。创作者研究众多真实案例，深入了解少年犯，拍摄期间使用实景拍摄，少年犯演员也是来自少管所的真实少年犯，给人真实感，情感质朴，震撼人心。1985 年获中国广播电影电视部优秀影片奖，1986 年获第 9 届大众电影百花奖最佳影片奖，1987 年获《文汇报》和《中国电影时报》举办的"新时期十年电影奖"最佳故事片奖，1989 年获第 7 届伊朗发吉尔国际电影节金蝴蝶奖等。（周文萍）

英雄本色 警匪片。1986 年新艺城影业有限公司出品。导演吴宇森，编剧陈庆嘉，主演狄龙、周润发、张国荣。讲述国际伪钞犯罪集团头目宋子豪及其兄弟小马哥、身为警察的弟弟宋子杰经受道德、法律、亲情、友情四重撕扯的英雄故事，出狱后宋子豪本想金盆洗手，但被对手以宋子杰生命安全威胁，不得不再次涉黑。在枪战中，小马哥中枪身亡，宋子豪为兄弟亲情选择主动服法。该片呈现处于社会灰色地带和生存边缘的小人物身上的江湖伦理和兄弟情义，赋予警匪片类型以"情"与"义"为主要叙事元素的全新诠释。昭示了吴宇森警匪商业电影风格化的开端，开创了香港 20 世纪 80 年代黑社会浪漫英雄片的先河。影片首映时打破香港票房纪录。1986 年获第 23 届台北金马影展最佳导演奖，1987 年获第 6 届香港电影金像奖最佳电影奖等多个奖项。被称作与同时期好莱坞优秀动作片齐名的经典之作。（赖秀俞）

倩女幽魂 古装奇幻片。1986 年新艺城影业有限公司出品。导演程小东，编剧阮继志，主演张国荣、王祖贤、午马、刘兆铭。改编自《聊斋志异》中的《聂小倩》。讲述在一个颠倒黑白的社会里，正直善良的书生宁采臣

与先被冤枉而死，后陷于树妖控制的少女聂小倩之间发生的人鬼之恋，这份爱情于世俗伦理不符，他们渴望冲破以树妖为象征的封建枷锁，在追求圆满爱情的同时抵达个人解放。除了别具一格的爱情叙事之外，飘逸灵动的武术特技为影片增色不少。采用全新的电影美术手法包装传统的聊斋故事，从造型到表演曾引领一时风潮。1987 年获第 24 届台北金马影展最佳男配角奖等 4 个奖项，1988 年获第 7 届香港电影金像奖最佳美术指导奖等 3 个奖项。（赖秀俞）

孙中山 传记片。1986 年珠江电影制片公司摄制。导演丁荫楠，编剧贺梦凡、张磊，主演刘文治。讲述孙中山为救国救民战斗一生的故事。从青年时期和一批革命先行者们在宋耀如家聚议，到 1925 年病逝，他坚持探索奋斗，为中国革命作出巨大贡献。规模宏大，展现系列重大历史事件，反映第一次国共合作建立历程，特别表现孙中山在共产国际和中国共产党帮助下坚决改组国民党、提出"联俄、联共、扶助农工"三大政策，促成国共两党合作伟大业绩，谱写出气势恢宏

《孙中山》海报

的革命史诗。1987 年获第 7 届中国电影金鸡奖最佳故事片、最佳导演等 9 个奖项，第 10 届大众电影百花奖最佳故事片奖，中国广播电影电视部优秀故事片奖。1999 年入选上海影评人奖"新中国电影五十年优秀影片五十部"获奖影片，2005 年入选中国电影百年名片目录。（周文萍）

秋天的童话 爱情片。1987 年德宝影业有限公司出品。导演张婉婷，编剧罗启锐，主演周润发、钟楚红、陈百强。讲述一个海外华人在离散境遇、阶级差异下的爱情故事，李琪为爱情只身远赴纽约求学，却发现男友早已移情别恋，另结新欢。在唐人街依靠劳力谋生的船头尺对为情伤之苦所累的李琪照顾有加，同在异乡为异客，两颗心慢慢靠近，历经波折，最后两人迎来大团圆结局。1987 年获第 24 届台湾电影金马奖最佳男主角奖，1988 年获第 7 届香港电影金像奖最佳电影、最佳编剧奖等。（赖秀俞）

龙虎风云 动作片。1987 年新艺城影业有限公司出品。导演林岭东，编剧林岭东、沈西城，主演周润发、李修贤、孙越。讲述抢劫集团头目南哥和手下得力大将阿虎，策划抢劫珠宝工厂，警方得知消息成立专案小组调查。警察卧底高秋身份暴露后，与高秋成为知己的阿虎不惜与南哥作对也要保全高秋，最后阿虎被警方击毙，高秋也在内疚中痛苦死去。是 20 世纪 80 年代香港英雄片代表作之一。通过纪实手法表现枪战，营造出残酷性，以此凸显英雄悲剧感。以卧底警察高秋和黑帮成员阿虎为主角，展现他们与他们内部或外部更加邪恶势力的斗争，表现他们之间义薄云天的情谊。1988 年获第 7 届香港电影金像奖最佳导演奖和最佳男主角奖。（蒋妍静）

监狱风云 犯罪片。1987年新艺城影业有限公司出品。导演林岭东，编剧南燕，主演周润发、梁家辉、黄光亮。讲述广告设计师卢家耀因在一次事故中劝阻寻衅滋事的不良分子不慎失手伤人，被判入狱服刑3年，已经服刑多年的老囚犯钟天正出手相助在狱中受尽欺负的卢家耀，两人结为患难之交，钟天正即将获释，却不知自己之前因帮卢家耀出头而得罪心狠手辣的典狱长，他和卢家耀受到监狱黑势力的迫害。监狱作为影片故事背景和环境，给人强烈视觉冲击，对人性深层挖掘和社会阴暗面的剖析更具深刻性。整部影片以忧郁、落寞和压抑为主调，导演运用压抑逐步累积的叙事方法，使冲突、矛盾和人物压抑心理渐进激化，体现出悲壮和凄美浪漫之感。（蒋妍静）

给咖啡加点糖 剧情片。1987年珠江电影制片公司出品。导演孙周，编剧郑华，主演陈锐、李凤绪、杜荣、杜紫。讲述从事美术工作的广州青年刚仔经常带着相机在街头摄影，他喜欢清纯的补鞋妹林霞，常去找她，林霞来自农村，对城市一切充满好奇，又有些胆怯，两人产生感情；时林霞家里要求她回去换亲，林霞虽不情愿，还是顺从家里安排离开广州，刚仔面对生龙活虎的小弟，心里有些茫然。通过刚仔、林霞、小弟等年轻人表现时代变迁下现代都市社会各种人不同的生活状态和精神世界，影像构思新颖巧妙，是一部具有现代意识和反思意味的都市片。1988年获第8届中国电影金鸡奖最佳摄影奖提名。（周文萍）

大清炮队 剧情片。1987年珠江电影制片公司出品。导演陈国军，编剧郁琦、远方，主演辛明、刘晓庆、葛存壮。讲述鸦片战争时期，清朝国门被侵略者撞开，清军从沿海小村庄临时召来一批农民组成左营炮队，与英法联军抗战，面对船坚炮利的侵略者们，毫无作战经验的中国百姓克服内心恐惧，同仇敌忾与敌人展开殊死血战，全部牺牲的故事。该片塑造抗击侵略士兵群像，性格各异，具有坚强不屈的意志和爱国主义精神。鞭挞封建朝廷腐败，反思中国的落后与愚昧。场面宏伟壮观，具有强烈震撼力和悲壮美。（周文萍）

旺角卡门 犯罪片。1988影之杰制作有限公司出品。导演王家卫，编剧王家卫，主演刘德华、张曼玉、张学友、万梓良。讲述3个香港都市年轻人躁动而迷茫的生活，终日混迹于旺角的帮派成员阿杰重情重义，与天真冲动的乌蝇携手闯荡江湖。阿杰表妹阿娥因病借住在阿杰家，两人在朝夕相处间暗生情愫，阿娥鼓起勇气以物言情，阿杰碍于江湖身份不敢回应。此时乌蝇身陷生命危局，阿杰在男女之情与兄弟道义之间选择后者，最后救人不成，两人双双丧命。电影以双重情感悲剧告终。1989年获第8届香港电影金像奖最佳男配角奖。（赖秀俞）

七小福 动作片。1988年邵氏兄弟（香港）有限公司出品。导演罗启锐，编剧罗启锐、张婉婷，主演洪金宝、郑佩佩、林正英。讲述出身贫寒的小龙被母亲送入戏剧学校拜于占元为师，学习戏剧技艺，在学校里他结识三毛、阿彪等一众师兄弟，也与大家成为好朋友，他们技艺日渐纯熟，台下观众却越来越少，许多戏剧同行转身投入电影行业，无力再支撑戏校运作的于占元决定关闭学校，与小龙等弟子惜别，最后小龙、三毛和阿彪在影坛闯出自己的一片天地，令于占元感慨又欣慰。以文艺片平淡纪实的手法表现师徒情深感人情节，以暗黄色色彩基调展现20世纪60年代的香港生态，描写当下年轻一代艺人童年往事，记录一群香港动作明星的成长岁月，蕴含怀旧与温馨情调。1988年获第25届台湾电影金马奖最佳剧情片奖、最佳导演奖，1989年获第8届香港电影金像奖最佳男主角奖、最佳摄影奖。（蒋妍静）

黑太阳731 战争片。1988年银都机构有限公司出品。导演牟敦芾，编剧牟文远等，主演王刚、吴代尧、王润身。讲述1945年初，日军挑选一批少年军人作为日军驻中国的"731细菌部队"接班人，让他们前往哈尔滨接受严格军事训练，这些少年陆续见识与协助日军完成各项以中国人为主要对象的惨绝人寰的人体实验。日军暴行还包括大屠杀、恣意奸淫等，无数生命在其中惨遭凌辱杀戮。展现20世纪30年代侵华日军，在中国东北以平民、战俘进行细菌实验的种种暴行，依据真实史实、人物和事件，具有较强警示意义。采用纪录和戏剧性叙事相结合手法，利用真实尸体进行拍摄，呈现不加删减的画面，血腥残酷，效果逼真，令人触目惊心，具有强烈震撼性。（蒋妍静）

胭脂扣 爱情片。1988年嘉禾娱乐事业有限公司出品。导演关锦鹏，编剧邱刚健、李碧华，主演梅艳芳、张国荣、万梓良、朱宝意。改编自李碧华同名小说。故事发生于20世纪30年代，十二少陈振邦与妓女如花吞食鸦片殉情，相约以胭脂扣为信物，在阴间再续前缘。然而，如花在阴间整整守候50年，以鬼魂形式重返人间寻人却发现，十二少仍苟活于世。穷愁潦倒的十二少为自己当年的贪生怕死惭愧不已，然而此情已成追忆。影片中，风尘女子如花与落魄公子十二少跨越半世纪的爱情故事与香港历史之间形成饶有意味的同构关系。电影在刻画

20世纪30年代的绮丽往事时呈现出一种颓靡怀旧想象。在十二少和如花以往辉煌光景与如今残破境况的两相映照之下，揭示导演对旧日香港的怀念与认同。1987年获第24届台北金马影展最佳女主角奖等3个奖项，1989年获第8届香港电影金像奖最佳电影奖等7项大奖。（赖秀俞）

寡妇村 剧情片。1988年珠江电影制片公司、香港银都机构有限公司联合摄制。导演王进，编剧陈立州、王岩、王雁，主演梁玉瑾、于莉。讲述东南沿海有一个有着奇特婚俗的小渔村，成亲未满三年的夫妻不允许同床，只有在清明、中秋和除夕夜妻子才可到夫家，人称寡妇村，小村落里有婷姐、多妹、阿来三姐妹，婷姐和万福多年没有孩子，多妹和四德结婚三年仍不知双方长相，阿来因不能与丈夫朝夕相处而怨声载道，为医治生病的婷姐，多妹忍痛卖掉黄牛，不料买牛人正是自己未曾谋面的丈夫。围绕奇特婚俗和三对性格各异、情况不同年轻夫妻的命运展开，反映封建婚俗对人尤其是女性生命的压制及造成的悲剧。1989年获第12届大众电影百花奖最佳故事片奖，1990年获第6届法国蒙彼利埃中国电影节金熊猫奖、广东省庆祝建国40周年优秀作品一等奖，1992年获第4届广东省鲁迅文艺奖。（周文萍）

阿郎的故事 爱情片。1989年新艺城影业有限公司出品。导演杜琪峰，编剧郑忠泰、吴文辉，主演周润发、张艾嘉、黄坤玄、吴孟达。讲述富家女波波爱上浪漫不羁的赛车手阿郎，不顾家人反对与阿郎相恋，未婚怀孕。然而，阿郎不改往日作风，流连于风月之间。波波生产时，阿郎因非法赛车锒铛入狱。波波家人为拆散他们，故意让波波误以为孩子已夭折。伤心欲绝的波波因此赴美生活。阿郎出狱后从孤儿院认领儿子波仔，决心重新出发。10年后，在波仔的单车比赛上，阿郎与波波阔别重逢。在一切将要重新开始之时，阿郎不幸在赛车比赛中葬身火海。电影情感饱满动人，富家女与浪子的人物设置、浪子回头戏码成为经典的爱情片叙事结构。（赖秀俞）

喋血双雄 警匪片。1989年寰亚传媒集团等联合出品。导演与编剧吴宇森，主演周润发、李修贤、叶倩文。讲述职业杀手小庄因在一次杀人行动中误伤酒吧歌女珍妮，令她双目接近失明而内疚不已，其后便一直暗中保护她；为能赚取一笔足以送珍妮出国治病的资金，小庄再次接受杀人任务，然而完成任务后却没收到钱，反而被雇主汪海派人追杀。奉命追查相关命案的警官李鹰在调查过程中，发现和小庄彼此身上有许多共同点，二人惺惺相惜，最后小庄在与汪海一伙人的教堂枪战中身中数弹死去，李鹰在悲痛之下枪杀汪海替小庄报仇。有意刻画人物在面对枪林弹雨时的镇定潇洒，在影像方面突出镜头节奏感和韵律感。1990年获第9届香港电影金像奖最佳导演与最佳剪辑奖。（蒋妍静）

飞越黄昏 家庭伦理片。1989年梦工厂电影制作公司出品。导演张之亮，编剧张之亮、陈锦昌，主演吴耀汉、冯宝宝、叶童。讲述单身母亲梅姨辛苦将女儿Jo抚养长大，而Jo却认为梅姨对自己限制过多，个性独立要强的Jo在长大成人后远走美国结婚生子；一次Jo返港探望梅姨，两人还是产生不悦和摩擦，梅姨知心好友王师傅知晓她们之间的误会，经他调解后母女冰释前嫌，事后Jo认为王师傅是个好男人，也察觉梅姨和他之间互相有意，在Jo努力撮合下，他们最终走到一起。细腻地展示母女间因代沟问题而

引发的生活上的种种矛盾，涉及上中下三代代沟、老人之间黄昏恋等命题，还有中国传统与美国精神对比，及对生老病死、悲欢离合的种种感触等颇为丰富的主题。对白幽默生动，具有较强喜剧性和温馨情调。1990年获第9届香港电影金像奖最佳影片、最佳编剧、最佳女配角3项大奖。（蒋妍静）

八两金 爱情片。1989年嘉禾电影有限公司出品。导演张婉婷，编剧张婉婷、罗启锐，主演洪金宝、张艾嘉。该片是张婉婷"移民三部曲"最后一部。讲述一名华人的偷渡返乡之旅。"八两金"指金手表、金项链等金饰。在美国摸爬滚打16载的底层华人移民猴子，返乡前向亲朋好友借八两金，营造出衣锦还乡的假象，返乡后，猴子偶然与童年玩伴乌嘴婆重逢，二人暗生情愫，但乌嘴婆已有婚约，即将远嫁美国。最后猴子将八两金赠予乌嘴婆作嫁妆，送别他们的黯然爱情。该片对华人文化记忆与精神原乡展开探索，真实呈现中国大陆农村在革新之际的乡土伦理、社会图景以及古朴纯真的情感经验。1990年获第9届香港电影金像奖最佳原创电影音乐奖。（赖秀俞）

古今大战秦俑情 爱情奇幻片。1989年天艺集团出品。导演程小东，编剧李碧华，主演张艺谋、巩俐、于荣光。改编自李碧华小说《秦俑》。讲述主人公蒙天放和韩冬儿跨越秦朝、民国和现代的三世传奇爱恋故事。融合动作、冒险、爱情和奇幻等多种元素，剧本构思精巧，情节曲折动人，场景气势恢宏，加之复杂特效和演员精湛的表演，使得整部影片制作精良。1990年获西班牙科幻电影展最佳电影技巧奖，1991年获法国巴黎奇情动作电影展最受欢迎影片奖、第10届香港电影金像奖最佳电影配乐奖。（蒋妍静）

黑楼孤魂 恐怖片。1989 年深圳影业公司出品。导演梁明、穆德远，编剧穆德远，主演陈希光、潘婕、韩小磊、管宗祥、李振锋。讲述电影录音师霍峰和女演员于红在一座即将拆除的破楼里录声音效果时，录到诡异的声音，于红发现楼里曾经发生过一桩冤案，受害者是 14 岁女孩小菊，杀害小菊的是导演郑磊，含冤十几年的小菊想在旧楼人去楼空之际向当年杀害自己的凶手报复。郑磊乘坐出租车时，突然惊觉出租车里没有司机，车子直接把他送到旧楼前，将他摔进楼里。在小菊冤魂的恫吓下，郑磊吊死在楼中，随着护士一声"吃药了"的呼唤，这个病人讲述的故事结束。该片是新时期国产恐怖片经典之作，对恐怖片视听语言进行探索，结局颠覆是反转，也是思索。（周文萍）

阿飞正传 剧情片。1990 年影之杰制作有限公司出品。导演王家卫，编剧王家卫，主演张国荣、刘德华、张曼玉、刘嘉玲、张学友、潘迪华。以 20 世纪 60 年代初期为时代背景，讲述一个关于漂泊与寻找的故事。香港青年旭仔从小被生母抛弃，生活放浪形骸，自命为"无脚鸟"（喻指漂泊无依的认同困境）。为寻求身份认同，旭仔只身前往菲律宾寻找生母，不料却意外身亡，"无脚鸟"形象喻示一代香港人的迷惘、不安与哀愁，而孤独无根的旭仔一意孤行的寻母之旅可谓是港人认同焦虑的镜像呈现。1991 年获第 28 届台北金马影展最佳导演奖、第 10 届香港电影金像奖最佳电影奖等多个奖项。（赖秀俞）

喋血街头 犯罪片。1990 年金公主电影制作有限公司出品。导演吴宇森，编剧吴宇森、梁柏坚、秦小珍，主演梁朝伟、张学友、李子雄、任达华、袁洁莹。以越战为背景，围绕三个男人的兄弟情义展开。讲述从小一同长大、肝胆相照的好兄弟阿 B、辉仔与细荣心怀豪情壮志，本想携手闯荡江湖，却在利益的诱惑与欲望的驱使下反目成仇。生死之交的兄弟情演变为寡情薄义，呈现出浓厚悲剧色彩。乱世沉浮中小人物的英雄主义以及影片中诸多的时代背景与历史身影，使这部电影颇具史诗气质。糅合枪战镜头与战争线索，其独特的暴力美学获得更大的发挥空间，也在类型元素融合层面作出了相应突破。该片成为导演作品序列中具有标志性意义的经典之作。1991 年获第 10 届香港电影金像奖最佳剪接奖。（赖秀俞）

赌圣 喜剧片。1990 年嘉峰电影有限公司出品。导演元奎、刘振伟，编剧刘振伟、吴思远，主演周星驰、吴孟达、张敏、吴君如。讲述混迹赌场的左颂星和三叔无意卷入黑社会斗争，一次逃避追杀之下左颂星认识美丽女郎绮梦后倾心于她，绮梦表面上是黑社会赌王洪光身边的女杀手，实际上是洪光死对头陈松派来潜伏在洪光身边的卧底；后洪光与陈松为争夺"世界赌王"宝座而公开比赛，左颂星代表陈松出赛，他的特异功能使绮梦身份暴露，洪光派人追杀绮梦，左颂星因牵挂绮梦无心参赛便离开，眼看洪光就要夺得宝座，关键时刻振作后的左颂星出现，打败洪光。该片结合港片中常见赌场元素与新鲜科幻元素，使得赌场片有焕然一新面貌。为 1990 年香港年度票房冠军，2000 年获第 10 届香港电影金像奖最佳男主角和最佳男配角 2 个奖项提名。（蒋妍静）

客途秋恨 家庭伦理片。1990 年高仕电影公司与台湾"中央电影公司"联合出品。导演许鞍华，编剧吴念真，主演张曼玉、陆小芬、李子雄、萧湘。讲述母女两代人的家国之思。1973 年，在伦敦攻读电影专业的晓恩因妹妹婚礼返港，与素来不睦的母亲葵子再起冲突。葵子因生活孤独、文化隔阂等原因，与夫家人以及女儿之间矛盾重重。因父亲身患重病，葵子渴望返回大陆探望，以此为契机，母女两代人在返乡之路上终于获得精神上的和解。影片对情感的刻画细腻动人，富有强烈的抒情色彩。一方面由"恨"诠释"爱"，体现身处异乡的离散华人内心的孤单惶惑。另一方面采用微观的个人家族故事透视宏观的家国历史，母女和解背后折射出战争阴影在个人与家庭中产生的心灵创伤，富有代际差异的生命历程也体现出华人的独特身份认同在新时代所遭遇的挑战与危机。1990 年获第 27 届台北金马影展最佳原著剧本奖。（赖秀俞）

联手警探 剧情片。1990 年深圳影业公司出品。导演郭宝昌，编剧吴启泰，主演于荣光、郭秀云、江汉、计春华、宁静。讲述深、港两地警方密切合作，破获假钞大案的故事。取材新颖独特，让观众耳目一新。获 1989—1990 年中国广播电影电视部优秀影片奖、1992 年第 4 届广东省鲁迅文艺奖。（周文萍）

父子老爷车 喜剧片。1990 年深圳影业公司摄制。导演刘国权，编剧公乐，主演陈强、陈佩斯、郝岩、王冰。讲述正直忠厚的老奎和儿子借改革开放浪潮想经商开店，没成功，不甘失败的老奎买了一辆 20 世纪 40 年代的"老爷车"，准备干出租，买来的车子无法办理营运执照，父子俩犯愁之际，遇上来北京出差的任总经理，任总经理在特区娱乐城工作，想用老奎父子的车招揽顾客，他劝父子俩南下特区到游乐城工作，还签了合同，到了特区老奎"老爷车"为娱乐城招揽很多游客，也发生很多令人啼笑皆非的事

情。该片是陈强、陈佩斯父子主演系列喜剧电影"天生我材必有用"之一，以风趣幽默的方式反映经济改革给普通人生活带来的变化。（周文萍）

《父子老爷车》海报

你好！太平洋 剧情片。1990年深圳影业公司出品。导演陈家林，编剧刘星、刘学强，主演赵友亮、刘文治、陈保国、刘威、吴海燕。讲述特区建立后，与香港毗邻的南鹏吸引众多投资商、企业家和劳动人才，香港女企业家冯洁仪、北方汉子王海鹏、能言善辩的叶青等人来到南鹏大展宏图，10年过去，南鹏实现经济腾飞的故事。该片艺术地反映了改革开放以来，各级政府领导、劳动人民10年来在南鹏特区，通过艰苦奋斗取得的举世瞩目的成就。风格纪实，气势恢宏。获1989—1990年中国电影华表奖优秀影片奖，1991年获第3届哈尔滨冰雪电影艺术节冰雪杯纪念奖，1992年获第4届广东省鲁迅文艺奖。（周文萍）

豪门夜宴 喜剧片。1991年上映。导演徐克、高志森等，编剧王晶、徐克等，主演洪金宝、郑裕玲、刘德华、张学友等。讲述曾小智为从孝顺的科威特王子手中签下重建家园计划合同，想方设法找回自己冷落多时的父亲并

百般做戏讨好的故事。这是为1991年中国华东地区发生特大水灾筹款赈灾而拍摄的公益影片。有两个特点：一是有比较鲜明的价值观，其核心是中国传统"孝"和"仁"，有明确价值取向和言说意义。二是较高组织、制作和拍摄水准。（蒋妍静）

跛豪 犯罪片。1991年麦当雄影业有限公司等联合出品。导演潘文杰，编剧麦当雄、萧若元，主演吕良伟、叶童、郑则仕。以香港20世纪六七十年代大毒枭跛豪吴锡豪生平故事为题材。讲述汕头青年伍国豪因内地经济困难，随难民潮一同来到香港，他投靠黑帮大哥肥波，在卖命血拼之下，得到肥波重用并在黑帮中确立起自己的地位，他一步步夺取肥波产业和地盘，成为香港黑帮贩毒集团首领，伍国豪位高权重之后，性格变得狂妄自大导致众叛亲离，最后被昔日手足出卖、遭廉政公署拘捕入狱。整体气势甚强，结构完整，有刺激画面，以及有细腻巧妙的情感描写和复杂权力斗争，内容丰富精彩。1992年获第11届香港电影金像奖最佳电影奖及最佳编剧奖2个大奖。（蒋妍静）

纵横四海 犯罪片。1991年金公主电影制作有限公司出品。导演吴宇森，编剧吴宇森、高志森、秦小珍，主演周润发、张国荣、钟楚红、曾江。集动作、悬疑、犯罪、爱情、亲情等多种类型元素于一体，主要讲述三个孤儿的传奇人生故事。砵仔糕、阿占和红豆同为养父收养的三个孤儿，三人互相扶持着长大，并被养父费心培养成为其赚钱的艺术品大盗。但当他们被指使偷取名画《赫林之女仆》，却不慎落入养父与他人合设的陷阱时，在被追杀的路上失去了联系，多年以后，他们于香港重逢，却发现沧海桑田，物是人非。一改吴宇森从前对男

性兄弟道义的聚焦，着重于乌托邦式的爱情、友情与亲情刻画，被视为浪漫主义犯罪电影的经典作品。（赖秀俞）

逃学威龙 喜剧片。1991年永盛电影制作有限公司出品。导演陈嘉上，编剧陈嘉上、黄炳耀，主演周星驰、吴孟达、张敏。讲述周星星被安排进入一所中学调查寻找丢失配枪，遇到老师何敏，被她吸引，与他一起进入学校的卧底同事达叔发现学校里几个学生和黑社会头目大飞有关系，他们在学校里走私军火，大飞发现自己的军火被周星星运走，绑架达叔作换取军火人质，周星星应约而至，救走达叔后引爆军火，最后局长带着支援赶到众人混战的校园，解救被大飞挟持的周星星和学生。该片是周星驰"无厘头"风格影片代表作之一，情节构思标新立异，故事结构交错杂糅，人物设定反传统，笑料噱头丰富充足。1992年获第11届香港电影金像奖多个奖项的提名。（蒋妍静）

心香 剧情片。1991年珠江电影制片公司出品。导演孙周，编剧孙周、苗月，主演朱旭、王玉梅、费洋。讲述出身京剧世家的京京，因父母离异后到独居的外公家暂住，不同年龄和生活习惯使两人产生矛盾，外公好友莲姑，丈夫几十年前去台湾后音讯全无，外公在生活中与她互相照顾。一天，莲姑收到台湾来信说她丈夫在回大陆的飞机上意外去世，莲姑不久后与世

《心香》剧照

长辞，外公想卖掉自己的京胡为莲姑超度，京京以自己的方式帮助他，爷孙俩终于相互理解。该片表现人与人之间的美好感情，反映家庭成员间的代沟及传统文化传承等问题，内涵丰富、节奏舒缓、影像优美，温暖的光影里带着淡淡忧伤。1991 年获中国广播电影电视部优秀影片奖，1992 年获第 12 届中国电影金鸡奖最佳导演奖、最佳摄影奖、最佳录音奖，1993 年被评为《当代电影》国产"十佳影片"，1996 年获第 5 届广东省鲁迅文艺奖电影奖。（周文萍）

烈火金刚 剧情片。1991 年珠江电影制片公司出品。导演何群、江浩，编剧江浩，主演申军谊、赵小锐、宋春丽、李强、葛优。改编自刘流同名长篇小说。分为两集，第一集《孤胆英雄》，第二集《神奇英雄》。故事发生在冀中大平原，"五一"反扫荡时期，日军对根据地实行疯狂的三光政策，八路军排长史更新、骑兵班长丁尚武、医疗队林丽与主力部队失散，经过艰苦奋战，他们相继和敌后武工队队长孙定邦、区长金月波、县大队侦察员肖飞汇合，组成一支强有力的抗日武装，与敌人展开游击战争。该片塑造了抗日战士的英勇形象，颂扬革命英雄主义精神，故事紧张惊险、悬念迭出，风格雄浑壮烈、震撼人心。1991 年获中国广播电影电视部优秀影片奖，1992 年获中宣部精神文明建设"五个一工程"入选作品奖。（周文萍）

笼民 剧情片。1992 年银都机构有限公司出品。导演张之亮，编剧张之亮、吴沧洲，主演黄家驹、乔宏等。讲述在寸土寸金的香港，一些底层民众只能居住在人口密度极大的旧楼中，以铁丝网隔开床位，困在这样的笼屋之中。当笼民们收到这栋楼宇即将被拆迁的通知后，他们求助于两位议员，议员们假意答应并重金怂恿毛仔诱骗笼民们自愿搬出笼屋。展现现代化都市中特殊人群"牢笼式床位居民"的生活问题，严谨认真、亲切感人，成为平民社会写实片的典范。充满黑色幽默，具有强烈讽刺与象征意味，画面充塞笼民们的面孔、身体、铁丝网以及笼民们零乱的杂物等，营造出具有震撼力的真实感。1993 年获第 12 届香港电影金像奖最佳影片、最佳导演、最佳编剧及最佳男配角 4 个奖项，第 1 届上海国际电影节评委会特别奖。（蒋妍静）

阮玲玉 传记片。1992 年嘉禾电影有限公司出品。导演关锦鹏，编剧邱刚健、焦雄屏，主演张曼玉、秦汉、梁家辉、吴启华。讲述 20 世纪二三十年代中国著名女影星阮玲玉的传奇一生。该片不是一部普遍意义上的传记电影，导演在双层时空设置中进行了大胆的形式实验：一方面叙述阮玲玉的生平故事，另一方面让出演历史人物的演员跳出剧情，从表演者的视角对自身的表演行为进行"现身说法"。导演与演员们从当代视角出发，对民国时期阮玲玉的生平进行评论。这些复杂的形式设计使《阮玲玉》成为一部对阮玲玉生平展开考察、评论，以及以其为素材进行文化符号再生产的"伪"传记电影，呈现当代香港如何理解、想象与重构旧上海。1991 年获第 28 届台湾电影金马奖最佳女主角奖等奖，1992 年获第 42 届柏林国际电影节银熊奖最佳女演员奖，1993 年获第 12 届香港电影金像奖多个大奖。（赖秀俞）

新不了情 爱情片。1993 年无限映画电影制作有限公司出品。导演尔冬升，编剧尔冬升，主演刘青云、袁咏仪、冯宝宝、秦沛、刘嘉玲、吴家丽。讲述郁郁不得志的青年乐手阿杰与活泼开朗的女孩阿敏相遇之后，因后者的鼓励恢复斗志，重振事业，二人成为恋人的故事。阿杰与阿敏本来拥有美好的未来，不料造化弄人，阿敏患有骨癌，病入膏肓，将不久于人世。虽然他们的爱情是一场不可抗拒的悲剧，但他们以真挚的感情拯救了对方，充盈了各自的生命。故事不脱俗套与煽情，其中苦情戏呈现出一股难得一见的清新之风，对 20 世纪 90 年代香港庙街市井风情以及困顿时代的集体记忆的再现十分动人。1994 年获第 13 届香港电影金像奖最佳电影奖、最佳导演奖等奖项。（赖秀俞）

霸王别姬 剧情片。1993 年汤臣电影有限公司与北京电影制片厂联合出品。导演陈凯歌，编剧李碧华、芦苇，主演张国荣、巩俐、张丰毅、葛优、英达、雷汉。改编自李碧华同名小说。透过两个京剧演员在大时代下激荡的人生经历，讲述了一个戏梦人生的精彩故事，呈现半个世纪以来中国社会的沧桑巨变。故事发生于 20 世纪 30 年代的北平，程蝶衣和段小楼是从小一同学戏的师兄弟，长大后程蝶衣因与段小楼合演《霸王别姬》成为名角，戏里戏外，假凤虚凰，程蝶衣对段小楼情根深种。影片最后，人事两非，两人重演《霸王别姬》时，程蝶衣拔出那把见证这段是非因缘的宝剑斩断前尘往事，也结束了他的幻梦一生。该片深切地反映了现当代中国的历史图景，并呈现出一种恢宏的史诗气质。1993 年获第 46 届法国戛纳国际电影节主竞赛单元金棕榈奖。（赖秀俞）

白发魔女传 武侠片。1993 年东方电影制作有限公司出品。导演于仁泰，主演张国荣、林青霞、蓝洁瑛。改编自梁羽生同名小说。讲述武当派首席弟子卓一航，自幼天资过人，桀骜不

驯，受到掌门阳紫真人看重，卓一航成年后偶遇小时候曾见过的恋霓裳，两人暗生情愫，未曾想恋霓裳是魔教首领姬无双部下，卓一航将师门惨死怪罪于恋霓裳，恋霓裳伤心出走，两人重逢后冰释前嫌，最终却没能获得圆满结局。该片为新式魔幻爱情武侠片，导演在美术、灯光及摄影等方面极为考究，呈现出一个华丽迷幻、绚烂阴郁的武侠世界。服装布景突破传统武侠片原有模式，人物造型精致，兼具魔幻感和少数民族特色。1993年获第30届台湾电影金马奖最佳改编剧本奖、最佳电影歌曲奖2个奖项，1994年获第13届香港电影金像奖最佳摄影奖、最佳美术指导奖、最佳服装造型设计奖3个奖项。（蒋妍静）

青蛇 古装奇幻片。1993年思远影业公司与上海电影制片厂联合出品。导演徐克，编剧徐克、李碧华，主演张曼玉、王祖贤、赵文卓、吴兴国。故事从妖魔横生的南宋年间说起，白蛇与青蛇某日被佛珠灵光诱惑，化身为凡人女子现身于人间，因缘际会，偶遇白面书生许仙。白蛇与许仙相恋成婚，与此同时，青蛇对许仙芳心暗许，诱惑许仙。许仙本对青蛇意乱情迷，却被以降妖除魔为己任的和尚法海施法，白、青二蛇原形毕露。整个故事构成一个情欲迷离、哀婉百转的人间悲剧。该片对《白蛇传》的"故事新编"颇具颠覆性力量，一方面，有意从青蛇视角探讨青蛇、白蛇、法海及许仙之间的情爱纠葛，呈现出颠覆原初性别秩序的意味，另一方面，法海一改前文本中冷面无情的迂腐形象，而表现为同样有七情六欲的肉身凡胎。（赖秀俞）

重庆森林 剧情片。1994年泽东电影有限公司出品。导演王家卫，编剧王家卫，主演梁朝伟、王菲、金城武、林青霞。讲述失恋警察223与神秘女杀手之间的一段都市邂逅以及警察663与快餐店女孩的爱情故事，一方面呈现出富有现代性特征的都市情感生态，另一方面折射出香港的身份焦虑。电影具有显著的风格化特征：孤独迷茫的内心刻画、富有疏离感的情感描写、神经质的呓语、如影随形的忧郁以及拼贴性的视觉剪辑等。1994年获第31届台北金马影展最佳男主角奖，1995年获第14届香港电影金像奖最佳电影奖等奖项。（赖秀俞）

东邪西毒 武侠片。1994年台湾学者电影有限公司出品。导演王家卫，编剧金庸、王家卫，主演张国荣、林青霞、梁家辉、张曼玉、梁朝伟、刘嘉玲、张学友、杨采妮。讲述一个关于爱情与遗忘的故事。欧阳锋因爱而不得，避隐江湖，成为一名杀手掮客。其挚友黄药师因痴恋朋友盲武士之妻桃花而引来杀身之祸。对黄药师因爱生恨的慕容燕委托欧阳锋杀黄药师，村姑和洪七也因情感困境而生杀人诉求，和欧阳锋产生江湖交锋。该片是对金庸《射雕英雄传》各种元素进行重新拼贴的"故事新编"作品，将都市中痴男怨女的爱恨情仇灌注于金庸小说的武侠人物灵魂之中，富有浓厚的后现代色彩，是一部突破武侠类型的电影。1994年获第51届威尼斯国际电影节最佳男主角奖提名、最佳摄影奖，第31届台湾电影金马获最佳摄影奖，1995年获第14届香港电影金像奖最佳摄影奖等奖项。（赖秀俞）

金枝玉叶 爱情片。1994年东方电影发行有限公司出品。导演陈可辛，编剧阮世生、陈可辛、许愿、许月珍、张国荣等，主演张国荣、袁咏仪、刘嘉玲、曾志伟。从性别视角出发，以"爱情无关性别"为主题，讲述了一个浪漫都市爱情故事。林子颖是女歌手玫瑰及一手栽培玫瑰的音乐监制顾家明的狂热粉丝，为了面见偶像，林子颖以女扮男装模样参加顾家明负责的歌手选拔比赛，意外拔得头筹，她的纯真与善良让顾家明和玫瑰均为之坠入爱河，他们之间构成了一段扑朔迷离的三角关系。该片的突出贡献在于，在跨性别认同议题的银幕呈现上开创先河。1995年获第14届香港电影金像奖最佳女主角奖与最佳原创电影歌曲奖。（赖秀俞）

我和春天有个约会 剧情片。1994年高志森影业有限公司、寰亚电影有限公司联合出品。导演高志森，编剧杜国威，主演刘雅丽、苏玉华、罗冠兰等。改编自香港话剧团同名舞台剧。讲述昔日舞厅歌女姚小蝶成为一代歌后，回到当年自己成长和工作的丽花皇宫，准备进行一场纪念演出，不由得想起自己和三位姐妹的往事。姚小蝶一路走红，事业顺利，可最终却没能和所爱的人白头偕老；蓝凤萍美丽动人，她因爱人好赌欠下高额赌债而不得善终；洪莲茜性格叛逆，才华横溢，是四姐妹里的大姐，总爱替妹妹们出头，最后因肝癌去世；性格单纯又乐观的金露露嫁给富家少爷陆达生，得到幸福。该片生动地表现出20世纪60年代香港舞厅文化和在这背后人物悲欢离合的故事，唤起港人的时代记忆。1995年获第14届香港电影金像奖最佳编剧奖、最佳新演员奖及最佳女配角奖3个奖项。（蒋妍静）

红玫瑰与白玫瑰 剧情片。1994年金韵电影有限公司出品。导演关锦鹏，编剧林奕华，主演陈冲、赵文瑄、叶玉卿、史戈。改编自张爱玲同名小说。故事发生在20世纪30年代初，佟振保迷恋热情奔放的王娇蕊，在短暂暧昧过后，佟振保缺乏勇气对王娇蕊负责，反而懦弱地选择听从母亲的安排，

与孟烟鹏踏入传统的婚姻秩序，迈进现实生活牢笼之中，佟振保终究不能在情感维度上说服自己，婚后他流连于烟花之地，以放浪形骸生活麻痹自己，时过境迁，佟振保与王娇蕊重逢，曾经的激情再次被点燃，这段爱情未能善终。该片突出之处，在于张爱玲原著中的风月无边与暧昧迷离，以及对人性的深刻洞察，和对旧上海乱世浮华的文字描摹在电影镜头中得到风格化的影像呈现。1994年获第31届台北金马影展最佳女主角奖、最佳改编剧本奖等奖项。（赖秀俞）

南中国1994 剧情片。1994年天津电影制片厂、深圳影业公司出品。导演张暖忻，编剧黄世英、蔡一兵，主演程前、苏瑾、李士溪。讲述1994年南方某开放城市某公司经营中的一段故事。公司总经理于杰向董事长徐景风介绍发展部经理袁方，徐董对袁方的工作非常满意，邀请他出任公司工会主席，袁方上任后，认为要协调好公司劳资关系，不能一味惩罚职工，要做好教育工作，后于杰因工作问题，对职工进行搜身，引起罢工，罢工平息后，于杰离开公司，袁方接任总经理。该片敏锐反映改革开放以来的新风貌和新问题，引人思考。1995年获第15届中国电影金鸡奖最佳摄影奖。（周文萍）

天国逆子 剧情片。1995年东熙影业公司出品。导演严浩，编剧王兴东、王浙滨，主演斯琴高娃、庹宗华。改编自张成功报告文学《苦海中的泅渡》。讲述关建父亲关世昌在外正义和善，在家对妻儿施以暴力，一次偶然机会妻子蒲凤英认识了工人刘大贵，他们发展成情人被关世昌发觉，他对蒲凤英的暴力变本加厉，巨大压力和屈辱令蒲凤英下毒杀死关世昌，目睹母亲向父亲投毒一幕的关建心中留下

阴影与郁结，抵不过思想斗争他最终决定告发母亲。叙事流畅富有节奏，镜头风格粗犷大气，保有细致自然的生活感。是颇有戏剧性和争论性的真实奇案片，以通奸杀夫和逆子告母双层奇案，牵涉法与情冲突，呈现效果逼真现实。1994年获第7届东京国际电影节东京电影节大奖、最佳导演奖，1996年获第2届香港电影评论学会奖最佳女主角、香港电影评论学会推荐电影2个奖项。（蒋妍静）

女人四十 家庭伦理片。1995年嘉禾娱乐事业有限公司出品。导演许鞍华，编剧陈文强，主演萧芳芳、乔宏、罗家英、罗冠兰、夏萍、丁子峻。讲述香港职业妇女阿娥如何在家庭和事业间安放自身的故事。在父权权力机制占据主导位置的社会体系中，阿娥在妻子、媳妇、母亲与职员的多重角色中备受煎熬。当家庭重担落在阿娥身上时，她不堪重负，在与患有阿兹海默症的公公长期相处中，终于体会到一种亲情的羁绊以及生命的本真。电影将镜头聚焦于中年女性群体，试图揭示她们的劳动与情感，体现出显著女性主义立场。1995年获第45届柏林国际电影节最佳女演员银熊奖、第32届台湾电影金马奖最佳剧情片奖等多个奖项，1996年获第15届香港电影金像奖多个大奖。（赖秀俞）

太阳有耳 剧情片。1995年宝威娱乐有限公司于出品。导演严浩，编剧严浩、懿翎，主演张瑜、尤勇、高强。改编自莫言小说《姑奶奶批红绸》。讲述称霸一方的土匪头子潘好看上农妇油油，油油丈夫闻此，为自己利益将妻子拱手送给潘好，跟着潘好回到他家的油油起初感到生气和屈辱，让她没想到的是潘好没有像她预想的那样凌辱自己，对她百般呵护，油油渐渐爱上潘好，但潘好平日里还是一个

伤天害理的土匪，在他答应油油不去伤害抓来的无辜百姓转身又大开杀戒后，油油为保护百姓，在怀着潘好孩子的情况下，痛苦又绝望地杀死潘好。该片把奇情和文艺相结合，剧情曲折多彩，风格荒凉苍茫，对中国近代历史政治多有反思。1996年获第46届柏林国际电影节最佳导演银熊奖。（蒋妍静）

大话西游 系列古装奇幻片。改编自神怪小说《西游记》。该系列共3部。第1部《大话西游之月光宝盒》与第2部《大话西游之大圣娶亲》，1995年彩星电影公司出品，导演刘镇伟，编剧刘镇伟，主演周星驰、莫文蔚、吴孟达、蓝洁瑛、朱茵。讲述取经路上，孙悟空打算杀害唐三藏，夺走月光宝盒。观世音得知后，欲除掉孙悟空以免危害众生，唐三藏闻此前往阻拦，愿以命相换。观世音听后，令悟空500年后投胎为人，赎其罪孽。500年后，孙悟空转世为强人帮帮主至尊宝，为拯救因情自杀的白骨精白晶晶，使用月光宝盒让时光倒流，由此引发至尊宝与盘丝大仙紫霞的一段爱恨情仇。第3部《大话西游3》，2016年北京春秋时代影业、乐华娱乐、星光联盟影业联合出品，导演刘镇伟，编剧刘镇伟，主演韩庚、唐嫣、吴京，讲述紫霞仙子通过月光宝盒预先得知自己死亡以及孙悟空悔恨终生的下场，试图逆天改命的故事。该系列对《西游记》最为显著的颠覆，在于使一个古代取经故事变成现代爱情故事，由此"大话西游"系列被奉为后现代文本创作的经典体现，并构成显著的青年亚文化现象。该片在中国大陆发行时，恰逢互联网高速发展，其"无厘头"影像风格与经典人物对白引发文本解读的网络大众狂欢。该系列揭示西游故事跨时空、跨时代的影响力，以及在跨媒介创作上不衰的活力与强大潜力。（赖秀俞）

1000 万港元大劫案　剧情片。1995 年珠江电影制片公司出品。导演刚毅，编剧廖致楷、许纬华，主演马文忠、杨宁、汤镇宗。以轰动全国的"6·13"（1995 年 6 月 13 日）"东星轮"大劫案为题材的纪实性侦破故事影片。"东星轮"上载有从澳门运往香港的 1000 万港币，在海上行驶中，钱被劫匪劫走，粤、港、澳三地警方收到 1000 万港元被劫消息，立刻成立侦破案指挥中心，警方通过劫匪大哥大上留存的电话号码和群众举报，掌握劫匪梁炳照等人的线索，案件发生后 52 小时被成功侦破。该片是中国首部反映粤、港、澳三地警方联手侦破重大案件的故事片，讴歌中国沿海城市警民与港、澳方通力合作，侦破重大案件的辉煌成绩。节奏流畅明快，人物形象生动，具有鲜明时代感。（周文萍）

冼星海　音乐传记片。1995 年珠江电影制片公司出品。导演王亨里，编剧王亨里，主演张志忠、哈斯高娃、夏和平、华明伟、廖京生。讲述人民音乐家冼星海的生活和创作历程，呈现其创作包括《黄河大合唱》在内许多音乐时的种种细节。该片激情澎湃，音乐壮美雄浑，催人奋进。1996 年获第 2 届中国电影华表奖评委会特别奖、中宣部精神文明建设"五个一工程"入选作品奖、广东省宣传文化精品奖、第 2 届广东省鲁迅文艺奖电影奖，1997 年获广东省第 2 届精神文明建设"五个一工程"奖，1998 年获广东省第 6 届鲁迅文艺奖电影奖。（周文萍）

甜蜜蜜　剧情片。1996 年嘉禾电影有限公司出品。导演陈可辛，编剧岸西，主演张曼玉、黎明、曾志伟。主要讲述两个大陆新移民的爱情故事。从天津到香港打工的黎小军与来自内地的李翘相遇，同为异乡客的他们因在艰辛生活中的互相扶持而渐生依恋之情，但现实却使他们没有勇气将这段爱情进行到底。1995 年，全球转播邓丽君死讯，二人在纽约街头得以重逢，爱情经岁月磨洗后终获圆满。邓丽君的《甜蜜蜜》在此一语双关，既呼应二人在香港的往日旧情，又指明电影对残酷爱情故事的浪漫化处理。该片承载一代人的情感记忆，喻示 20 世纪八九十年代陆港之间的历史因缘与身份认同。1997 年获第 34 届台北金马影展最佳剧情片奖、第 16 届香港电影金像奖最佳电影奖等多个大奖。（赖秀俞）

《古惑仔》系列　剧情片。改编自香港漫画家牛佬同名作品《古惑仔》。该系列所建构的古惑仔世界衍生出诸多影片，包括正传 6 部、前传 1 部以及多部外传作品。首部正传作品《古惑仔之人在江湖》，1996 年香港晶艺电影事业有限公司出品，导演刘伟强，编剧文隽，主演郑伊健、陈小春、黎姿、吴镇宇、谢天华、吴志雄。其余 5 部正传作品分别为《古惑仔 2 之猛龙过江》（1996）、《古惑仔 3 之只手遮天》（1996）、《97 古惑仔：战无不胜》（1997）、《98 古惑仔：龙争虎斗》（1998）、《胜者为王》（2000）。正传故事脉络以陈浩南在日本击败台湾三联帮，跃升为洪兴最高领导人作结。前传作品《新古惑仔之少年激斗篇》（1998）是根据牛佬漫画《少年陈浩南》改编的衍生作品，主要讲述陈浩南少年时期的青春故事，改编自牛佬漫画《少年陈浩南》。《古惑仔》电影序列不断"翻新"，2013 年仍有新传《古惑仔：江湖新秩序》面世。该系列的突出之处，在于对少年江湖世界的乌托邦式建构，青少年之间的兄弟之情和江湖义气，成人世界的尔虞我诈与利益冲突最终被青少年的友情与义气一一化解。自 20 世纪 90 年代以来，《古惑仔》系列成为青年亚文化的重要符号，在香港掀起一股黑帮电影风潮，影响力涵盖东亚电影市场。（赖秀俞）

虎度门　喜剧片。1996 年嘉禾娱乐事业有限公司出品。导演舒琪，编剧杜国威，主演萧芳芳、袁咏仪。改编自杜国威同名话剧。讲述冷剑心在成为一代粤剧名伶后面临生活重大抉择与烦恼的故事。冷剑心丈夫在港生意失败，想带着全家移民澳洲，她若选择跟随丈夫移民，就必须放下自己的戏剧事业。她发现自己的女儿倾心于女孩，冷剑心赏识剧团新晋花旦叶玉霜的才华，收她作为干女儿，又发现叶玉霜男友竟是自己多年前托付给好友抚养的私生子，冷剑心强忍情绪，上台完成自己的告别演出。该片讨论许多社会焦点，包括移民、传统戏曲生存、同性恋处境及女性如何平衡事业与家庭等问题，全片感情充沛，故事情节引人深思，表现粤剧艺术强大的生命力，又表现人物之间细腻真切的情感。1996 年获第 33 届台湾电影金马奖最佳女主角奖，1997 年入选第 2 届香港电影金紫荆奖十大华语片。（蒋妍静）

香港制造　剧情片。1997 年天幕制作有限公司出品。导演陈果，编剧陈果，主演李灿森、严栩慈、李栋全、谭嘉荃。讲述几个边缘青年的残酷青春故事。痛恨父亲、家庭破碎的叛逆青年中秋对身患绝症的阿屏一往情深，为替阿屏还债成为杀手，某次中秋遇袭受伤，伤愈后发现佳人已逝。与此同时，中秋一直关照的智障青年阿龙因被利用运送毒品不幸丧命。双重打击下，绝望的中秋决定对这个冷酷无情的现实世界展开复仇。影片中，身处边缘的青年与即将遭遇历史变局的香港形成同构关系。再现了当时香港黑社会的挣扎与浮躁，揭示了草根少年面对无望未来的悲凉心境。1997 年获第 34 届台北金马影展最佳导演奖，1998 年获第 17 届香港电影金像奖最佳

电影奖等多个奖项。（赖秀俞）

春光乍泄　爱情片。1997年中国香港地区春光映画出品。导演王家卫，编剧王家卫，主演梁朝伟、张国荣、张震。影片刻画一对男同性恋的爱欲缠绵的故事。1997年，黎耀辉与何宝荣遭遇爱情瓶颈，他们决定去往香港人眼中的世界尽头阿根廷寻求感情的新起点，抵达阿根廷后，他们寻找梦寐以求的瀑布未果，并因缺少返港路费而不得不滞留当地。在反复无常的感情折磨中，这段脆弱的爱情走到了尽头，黎耀辉和何宝荣为获得情感慰藉，将自己置于离散之境，无奈两人被放逐于欲望的深渊。在爱与恨之间，情感边界一次又一次经受挑战。围绕欲望的迷失与情感的寻求展开叙事，最后指向认同与归属问题。1997年获第50届戛纳电影节主竞赛单元最佳导演奖、第34届台北金马影展最佳摄影奖，1998年获第17届香港电影金像奖最佳男主角奖等奖项。（赖秀俞）

南海十三郎　剧情片。1997年高志森影业有限公司出品。导演高志森，编剧杜国威，主演谢君豪、潘灿良、苏玉华。改编自金牌粤剧编剧南海十三郎的事迹。江誉镠是粤剧名家江太史公的十三子，自幼顽皮，出入名流场所，爱好看戏的他竟成长为戏班御用编剧，人送绰号"南海十三郎"。因时局动荡，他发挥自己的才华为前线战士写起抗日剧本，战争结束后他却无人赏识，最后意识疯癫，冻死在香港街头。该片画面考究，剧本结构严密，构思稳重，表现港人对本土文化与传统文化的反思和重新重视，通过南海十三郎这个编剧跌宕起伏的人生故事，展现传统文化的顽强生命力。1997年获第34届台湾电影金马奖最佳男主角奖、最佳剪辑奖及最佳改编剧本奖3个奖项，1998年获第17届香港

电影金像奖最佳编剧奖。（蒋妍静）

宋家王朝　历史片。1997年嘉禾电影有限公司与北京电影制片厂联合出品。导演张婉婷，编剧罗启锐，主演张曼玉、杨紫琼、邬君梅。讲述晚清末年，宋查理三个女儿由美国学成归国，大姐宋霭龄嫁给商人孔祥熙，二姐宋庆龄顶着父亲的反对压力嫁给孙中山，三妹宋美龄倾情蒋介石，三姐妹随着三个对中国有着重要影响的男人而各有其不同命运。该片从宋氏三姐妹手足情深私密角度，展现近代中国社会50年变革历史，突破历史传记片叙事模式，影像自由地在三姐妹各自时空中穿梭，体现导演独到的历史解析能力和影片操控能力。剧组请日本著名作曲家喜多郎创作配乐，曲调气势磅礴，令影片更具质感。1997年获第17届中国电影金鸡奖最佳合拍故事片奖以及第34届台湾电影金马奖最佳视觉效果奖、最佳原创音乐奖等3个奖项，1998年获第17届香港电影金像奖最佳女主角奖、最佳男配角奖、最佳服装造型设计奖等6个奖项。（蒋妍静）

安居　剧情片。1997年珠江电影制片公司出品。导演胡炳榴，编剧马卫军，主演潘予、白雪云。讲述广州西关老人阿喜婆与打工妹珊妹的故事，阿喜婆儿子忙于生意，请来钟点工珊妹照顾独居的阿喜婆，珊妹耐心照顾老人，获得阿喜婆信任，两人互相关心，建立了真正感情。该片反映商品大潮冲击下老年人的养老问题，细致刻画出阿喜婆古怪外表下渴望关心的心理。风格含蓄、叙事流畅、表达细腻，具有较强的艺术感染力。1997年获第3届上海国际电影节金爵奖最佳女演员奖、评委会特别奖，1998年获第4届中国电影华表奖优秀故事片奖、最佳导演奖、最佳女演员奖以及第18届中国电影金鸡奖最佳故事片

奖、最佳导演奖等多个奖项。（周文萍）

花季·雨季　剧情片。1997年深圳市委宣传部、深圳影业公司联合摄制。导演戚健，编剧丛容，主演颜丹晨、张超、炀姿白云、李晨、刘垠。讲述深圳一所重点高中里一群十六七岁孩子在班主任江楠老师带领下成长的青春故事。1998年获第4届中国电影华表奖优秀儿童片奖、最佳新人奖以及第18届中国电影金鸡奖最佳儿童片奖、广东省第7届精神文明建设"五个一工程"奖、广东省第6届宣传文化精品奖等奖项。（周文萍）

《花季·雨季》海报

风云之雄霸天下　武侠片。1998年香港嘉禾公司出品。导演刘伟强，主演郭富城、郑伊健、千叶真一。改编自香港漫画家马成荣漫画《风云》。讲述天下会帮主雄霸想要成为天下霸主，受到神算泥菩萨批语启发，找来两名男童聂风与步惊云，将他们抚养长大以助自己成就大业，他们发觉自己与雄霸实际上有着不共戴天仇恨，经过一系列误会又冰释前嫌后，聂风和步惊云决定合力与雄霸决一死战，为自己背负的仇恨复仇。该片利用大量数码合成技术，具有漫画神韵，又充满科幻和超现实色彩。这

些以电子游戏作为视听效应的特技画面，令影片风格在结合动漫天马行空之际，呈现出东方武侠世界中独有的虚幻意境。1998 年获第 35 届台湾电影金马奖最佳视觉效果奖、最佳造型设计奖，1999 年获第 18 届香港电影金像奖最佳剪接奖、最佳电影配乐奖等 4 个奖项。（蒋妍静）

枪火 剧情片。1999 年银河映像出品。导演杜琪峰，编剧游乃海，主演吴镇宇、吕颂贤、任达华、林雪。影片讲述五个互不相识、性格迥异的江湖打手阿鬼、阿来、阿 Mike、阿信和阿肥共同被黑社会大哥聘为保镖，五人一同出生入死，并由此成为肝胆相照的好兄弟。然而，好景不长，由于一个通奸的秘密，五兄弟四分五裂。在警匪片的类型叙事框架下，影片的人物塑造十分精彩，五个角色性格鲜明。该片与一般的犯罪电影偏向动态的枪战场面设计不同，枪战戏的镜头调度较多以静态形式呈现枪战过程中人物内在的心理动态。2000 年获第 19 届香港电影金像奖最佳导演奖以及第 37 届台北金马影展最佳导演奖、最佳男主角奖等多个奖项。（赖秀俞）

赛龙夺锦 剧情片。1999 年珠江电影制片公司出品。导演王亨里，编剧郑华、王亨里，主演耿乐、梅婷、王晓娟、韩炳杰。讲述发生在珠江三角洲水乡的现代爱情故事，青年音乐家龙舟陷入创作困境，被邀请到金涌村为当地准备在端午节举办的音乐晚会作曲，他怀着抗拒之心去当地考察，被当地民众的生活和女大学生真真的热情感染，激发出灵感和热情，创作音乐组歌《赛龙夺锦》。该片体现当代岭南水乡积极的生活面貌，充满强烈时代节奏。2000 年获第 6 届中国电影华表奖优秀故事片奖。（周文萍）

漂亮妈妈 剧情片。1999 年珠江电影制片公司、广东三九影业有限公司联合出品。导演孙周，编剧刘恒、孙周、邵晓黎。讲述工人孙丽英儿子郑大先天失聪，丈夫为此与她离异，她面对困难没有退缩，独自扛起生活重担，儿子不愿接受自己身体残疾的事实和对佩戴助听器的排斥又使她感到失落与无奈的故事。该片朴素、真诚，客观真实地表现孙丽英伟大的母爱和坚强精神，对人物精神世界表现深入细致。1999 年获上海影评会全国十佳影片奖、中国残疾人联合会第 3 届奋发文明进步奖电影奖，2000 年获蒙特利尔国际电影节最佳女演员奖、第 20 届中国电影金鸡奖最佳女演员奖，2001 年获第 24 届大众电影百花奖最佳女演员奖、最佳故事片奖等多个奖项。（周文萍）

花样年华 剧情片。2000 年泽东电影有限公司出品。导演王家卫，编剧王家卫，主演梁朝伟、张曼玉。影片灵感源自刘以鬯的小说《对倒》。故事背景设定在 20 世纪 60 年代的香港，报馆编辑周慕云与其邻居太太苏丽珍不约而同地发现自己的妻子与丈夫发生婚外情。在反复试探中，两人在共享背叛滋味下产生微妙的情感联结，从一开始偷情的演练，转为真切的悸动。岁月流转，所有暧昧终于变成陈年回忆。该片将一段偷情关系描绘得百转千回。2000 年获第 53 届戛纳电影节主竞赛单元最佳男演员奖等奖项。（赖秀俞）

走出硝烟的女神 战争片。2000 年珠江电影制片公司出品。导演王薇，编剧贺梦凡、金海涛，主演宋春丽。讲述 1949 年春天，中国人民解放军西北某部女兵营营长陈大曼、侦察连连长郑强奉命率小分队护送一支孕妇队到盘龙堡野战医院休整，到盘龙堡才发现野

战医院已经撤走，面临敌军追击，为保卫母亲和孩子，郑强等战士献出宝贵生命。该片选取一个特殊群体来表现战争，将战争、女人和婴儿交织在一起，在战争残酷中表现人性美好，讴歌战士的牺牲精神。2001 年获第 7 届中国电影华表奖优秀故事片奖、广东省精神文明建设"五个一工程"入选作品奖。（周文萍）

少林足球 喜剧片。2001 年星辉海外有限公司出品。导演周星驰，编剧周星驰、曾谨昌等，主演周星驰、吴孟达等。讲述有"黄金右脚"之称的明锋，被人陷害受伤，因断右脚而葬送自己的足球梦想，一次偶然机会让他结识拥有惊人脚力的星，明锋喜出望外，说服星去参加即将举行的全国超级杯足球大赛。星找回曾经和自己一同在少林寺学习武术的一帮师兄弟一起开展足球训练，众人也在训练中找回被平庸生活磨平的斗志，这支少林足球队在大赛中越战越勇，一路杀进决赛，决赛遇到的对手正是当年使明锋受伤的强雄的队伍，经过一场恶战，最终少林足球队战胜对方。影片保留周星驰传统"无厘头"风格，片中非单纯靠语言搞笑，还以喜剧动作代替喜剧语言，香港电影传统类型元素动作以及与国际化接轨的高科技特效占据影片主体。2001 年获第 38 届台湾电影金马奖最佳视觉效果奖和最佳动作指导奖，2002 年获第 21 届香港电影金像奖最佳导演奖、最佳男主角奖、最佳电影奖等 7 个奖项，2003 年获第 45 届日本电影蓝丝带奖最佳外语片奖。（蒋妍静）

瘦身男女 喜剧片。2001 年一百年电影有限公司出品。导演杜琪峰、韦家辉，编剧韦家辉、游乃海，主演刘德华、郑秀文、黑川力矢。讲述旅居日本香港人 MiniMo 在钢琴家男友黑川赴

美国留学后，因沮丧孤独而暴饮暴食，最后从窈窕淑女变成一个大胖子，与在同一间旅馆逗留的肥佬偶然相识、相知、相恋的故事。肥佬与MiniMo体型类似，也来自香港，在日经营刀具生意。为以昔日完美形象与初恋相见，MiniMo在肥佬的协助下进行瘦身计划，二人由此日久生情，历经误会与波折，MiniMo与肥佬双双瘦身成功，有情人终成眷属。该片的创新之处在于从身体视角出发讲述爱情故事。并集中呈现了导演爱情喜剧的典型风格：节奏明快、温馨幽默、角度新奇。在现实主义框架下，爱情结局深具浪漫色彩。2002年获第21届香港电影金像奖最佳原创电影歌曲奖。（赖秀俞）

蓝宇　爱情片。2001年永宁工作室出品。导演关锦鹏，编剧魏绍恩，主演胡军、刘烨、苏瑾。讲述发生于20世纪80年代末一对男同性恋者的爱情故事。1988年，商人陈捍东与大学生蓝宇相遇，两人坠入爱河。几年后，陈捍东不堪家庭和社会压力，决意退出这个情感困局。然而陈捍东对蓝宇未能忘情。多年后，两人重归于好。好景不长，横祸忽降，陈捍东入狱，蓝宇奔走相救。只是短暂的幸福时光后，蓝宇意外身亡，这段恋情以悲剧告终。作为一部描写男同性恋情感世界的电影，该片收获了大量观众好评，全因它将爱情叙事去性别化，由此激发出一种丰沛的情感力量。2001年入选第54届戛纳电影节"一种关注"单元，获第38届台北金马影展最佳导演奖、最佳男主角奖等5项大奖。（赖秀俞）

买凶拍人　喜剧片。2001年嘉禾娱乐事业有限公司、领信国际有限公司联合出品。导演彭浩翔，编剧彭浩翔、谷德昭，主演葛民辉、张达明。讲述一个职业杀手与一个业余导演合作进行"杀人拍片"的荒诞故事。故事从在金融风暴的猛烈冲击下，以杀手为业的阿Bart收入锐减开始讲起。阿Bart为生计考虑，不得不应允客户"边杀人边拍片"的要求。由此，阿Bart找到郁郁不得志的年轻导演阿全，两人组成一个提供"杀人拍片"服务的杀手组合。这一特殊服务使他们的杀人生意大增，不仅引起市场上其他杀手的效仿，同时也迫使他们卷入复杂的江湖纠纷中。该片深具迷影文化色彩，颠覆一般的杀手故事，呈现出浓厚的反类型特色，并在底层小人物形象的刻画上表现出色，体现了香港电影一以贯之草根精神，为喜剧电影赋予浓重的批判性。（赖秀俞）

麦兜系列　动画片。共7部。原创者谢立文和麦家碧。《麦兜故事》（2001）、《麦兜，菠萝油王子》（2004）、《春田花花同学会》（2006）、《麦兜响当当》（2009）、《麦兜·当当伴我心》（2012）、《麦兜·我和我妈妈》（2014）、《麦兜·饭宝奇兵》（2016）。该片从庶民视角出发，讲述身处草根阶层的小猪麦兜的成长史。《麦兜故事》为系列首部，讲述在香港土生土长的麦兜，与妈妈麦太太生活在大角咀市井一角，作成一个小市民家庭的日常生活。2002年获第39届台北金马影展最佳动画长片奖等多个奖项。《麦兜，菠萝油王子》与《麦兜响当当》由香港Bliss Pictures Ltd出品，前者2004年获第41届台北金马影展最佳动画长片奖。《春田花花同学会》由银都机构有限公司、Applause Pictures、摩根＆陈影业有限公司出品，由真人演绎与动画叙事两部分组成，形式新颖。《麦兜·我和我妈妈》由广东新华展望传媒有限公司、万有动力有限公司出品。2015年获第52届台北金马影展最佳动画长片奖。该系列被誉为深具香港本土意识的成人童话。它将都市实景与动画技术相结合，勾画香港本土地域空间与集体记忆，可谓是香港社会发展史的生动寓言。麦兜成为21世纪以来香港在人物塑造层面最成功的原创漫画形象。（赖秀俞）

无间道　警匪片。2002年香港寰亚电影发行公司出品。导演刘伟强、麦兆辉，编剧庄文强、麦兆辉，主演刘德华、梁朝伟、曾志伟。故事主角分别为警方和黑社会潜伏于对方阵营的卧底陈永仁与刘建明，为了给黄志诚警司和黑社会大哥韩琛提供情报，他们长年累月地进行潜伏行动。在一次毒品交易拉锯战中，警方和黑社会的卧底计划不幸双双暴露，双方由此展开卧底铲除行动。多番交战之下，刘健明成功摆脱卧底身份，而陈永仁虽已身亡，但其警察身份终得以正名。影片借"无间"之名展现两个被置换身份的人终其一生却无法逃离心灵的苦境。之后主创将《无间道》开发成一个电影系列。该系列在警匪电影类型片上的重大贡献在于突破"单向卧底"模式，创造"双向卧底"。2003年获第40届台北金马影展最佳剧情片奖、第22届香港电影金像奖最佳电影奖等多个奖项。（赖秀俞）

大块头有大智慧　剧情片。2003年一百年电影公司出品。导演韦家辉、杜琪峰，编剧欧健儿、韦家辉等，主演刘德华、张柏芝。讲述香港女警李凤仪在扫黄时拘捕当众裸露的脱衣舞男大块头，大块头因在逃跑时无意中妨碍警方办案而被认定为与嫌犯有关，大块头被捕还被加以严刑，李凤仪相信他与案子无关，为他据理力争，后两人想合作一同抓捕罪犯，李凤仪发现大块头多年前是一个具有慧根的和尚，还了解到他的许多往事，她对大块头心生爱慕，大块头帮李凤仪调查她的杀父凶手，李凤仪也帮助大块头追查他的青梅竹马小翠的悬案。影片

围绕"万般带不走，唯有业随身"的佛教用语，诉说大块头和女警李凤仪之间罪与罚的微妙孽缘故事，探讨因与果的宿命悲剧和人生救赎醒悟主题。2004年获第23届香港金像奖最佳影片奖、入选第9届香港电影金紫荆奖十大华语片。（蒋妍静）

忘不了　爱情片。2003年银都机构有限公司出品。导演尔冬升，编剧阮世生，主演张柏芝、刘青云、古天乐。讲述一对都市底层男女在现实生活困境中互相扶持、相濡以沫的故事。小慧的未婚夫阿文因交通事故意外身亡，小慧不得不独自担负起抚养其与前妻所生儿子乐乐的重任。为了谋生，小慧找到了小巴司机的工作。同为小巴司机的大辉出于同情，对小慧处处施以援手，并在精神上给予抚慰。两颗寂寞的心灵由此渐生情愫。但小慧始终不能放下身亡的未婚夫，于是拒绝了大辉的爱情。该片聚焦底层小人物群像，细腻刻画他们所遭受的社会重压和生命困苦，并塑造了身处逆境中勇敢坚毅的小人物形象，进一步凸显出创作者从现实主义视角出发，对爱情童话所作出的深刻思考，由此呈现出人类心灵的复杂性。2004年获第23届香港电影金像奖最佳女主角奖。（赖秀俞）

邓小平　传记片。2003年广东省广播电影电视局、深圳市委宣传部、电影频道节目中心、珠江电影制片公司联合摄制。导演丁荫楠，编剧龙平平、高屹、丁荫楠，主演卢奇、王苏雅。以纪实手法表现以邓小平为核心的党中央第二代领导集体，带领中国人民冲破"左"的思想束缚，改革开放，锐意进取，建设中国特色社会主义的历史进程。该片以历史事实为主，结合必要生活细节展示邓小平作为改革开放总设计师的领导才能和人格魅力。获第9届中国电影华表奖优秀故事片奖优秀男演员奖，

2003年获第26届大众电影百花奖最佳故事片奖，第23届中国电影金鸡奖最佳化妆奖、最佳故事片特别奖，中宣部第9届精神文明建设"五个一工程"优秀作品奖；2006年获第7届广东省鲁迅文艺奖（艺术类）。（周文萍）

《邓小平》海报

刁蛮公主戆驸马　粤剧动画电影。2004年红线女艺术中心、珠江电影制片公司联合摄制。导演红线女、张长亮，编剧马师曾（原作）、红线女（改编）。改编自红线女粤剧艺术经典剧目《刁蛮公主戆驸马》。讲述皇帝之女凤霞公主与驸马孟飞雄的故事，公主自恃尊贵，要驸马在婚礼上跪迎，驸马不愿，拿出先王所赐黄金铜压制，双方各不相让，一番波折后才领悟到夫妻要互相尊重。该片首次将粤剧、动画、电影三者融合，红线女与弟子欧凯明合作为剧中凤霞公主、孟飞雄配音配唱，节奏明快，画面时尚。2004年获第10届中国电影华表奖优秀美术片奖。（周文萍）

如果爱　歌舞片。2005年星美传媒集团、摩根＆陈影业公司、中国电影合拍公司联合出品。导演陈可辛，编剧杜国威、林爱华、阮世生、方晴，主演金城武、周迅、张学友、池珍熙。

影片采用"戏中戏"的影像形式讲述演员孙纳、林见东与导演聂文之间错综复杂的三角情感纠葛。故事开始于1995年，梦想成为演员的孙纳与以导演为志向的林见东相恋，约定一同为梦想奋斗。然而纯真的爱情终究不敌名利的诱惑，孙纳为了梦想放弃与林见东的爱情。最终蜕变为当红女演员的孙纳，与同为演员的昔日恋人林见东在一部歌舞片中重逢，然而往事不可追。该片出色地呈现爱情的多个面孔。2006年获第25届香港电影金像奖最佳女主角奖、第43届台北金马影展最佳导演奖等奖项。（赖秀俞）

等郎妹　剧情片。珠江电影制片公司制作，2007年电影频道节目中心出品。导演郑华，编剧张五洲、弯弯，主演袁志博、褚栓忠、董娉、杨昊飞、向甜。故事发生在20世纪30年代的客家山区，客家女润月幼年丧母，8岁那年被父亲送到王家做等郎妹。婆婆桃花生下男孩思焕，这便是润月未来的丈夫。润月与婆婆一起照顾丈夫长大，也忍受着内心的煎熬，16年后，润月等到结婚之日，思焕一直将润月视为姐姐，不肯与她圆房，思焕去南洋，润月陷入长达一生的等待中。该片以润月一生悲剧反映等郎妹这一客家婚俗及这一风俗下客家妇女的残酷命运，风格写实，富有抒情韵味，具有深刻文化反思意味。2008年获第9届中国长春电影节金鹿奖最佳数字电影奖、第48届蒙特卡洛国际电视节数字电影最佳导演奖，2009年获第8届广东省鲁迅文艺奖（艺术类）。（周文萍）

天水围的日与夜　家庭伦理片。2008年卡士有限公司出品。导演许鞍华，编剧吕筱华，主演鲍起静、梁进龙、陈丽云。以诸多香港底层劳工居住的住宅区天水围为故事舞台，讲述两个家庭相互扶持的故事。乐观开朗的贵

姐与性格软弱的儿子张家安居住在天水围。贵姐年少时将自己的青春年华贡献给原生家庭中的两个弟弟，如今人到中年，每天兢兢业业地在超市工作。贵姐虽然踏实勤劳，但却依然过着拮据的生活。同住一栋楼的老年妇女梁欢形单影只，素日在贵姐工作超市打工。贵姐主动释放的善意，让二人渐渐熟识，在相互扶持生活里，两代底层女性形同亲人。该片对香港庶民社会的关注与刻画凸显强烈的本土关怀，并且以写实、细腻的影像风格呈现出朴实无华的生活现实与情感结构，彰显出鲜明的女性主义立场。2009 年获第 28 届香港电影金像奖最佳导演奖、最佳编剧奖等奖项。（赖秀俞）

赤壁 历史片。分为上、下两部。2008 年、2009 年由中国电影集团公司、橙天娱乐国际集团有限公司、狮子山制作公司、艾回娱乐有限公司、北京春秋鸿文化投资有限公司等机构联合出品。导演吴宇森，编剧吴宇森、陈汗、郭筝、盛和煜，主演金城武、梁朝伟、张震、林志玲、张丰毅、胡军、中村狮童等。上部故事发生于东汉末年，曹操挟天子以令诸侯，企图一举剿灭刘备、孙权等人，完成一统天下的宏图伟业。刘备听取军师诸葛亮建议，联合孙权，组成联盟共同对抗曹操。下部讲述八卦阵一战后，曹操败退，孙刘联盟与周瑜、曹操三方争霸的精彩故事。该片呈现了冷兵器战争背后尔虞我诈的战术谋略，赋予历史演义不少现代视角的黑色幽默解读，是新时代三国故事好莱坞式的影像改编。《赤壁（上）》2009 年获第 28 届香港电影金像奖最佳美术指导奖等奖项，《赤壁（下）》2010 年获第 29 届香港电影金像奖最佳剪接奖等奖项。（赖秀俞）

走路上学 儿童片。2008 年深圳市新经典广告制片厂等出品。导演彭家煌、彭臣，编剧彭臣，主演丁嘉力、阿娜木龄、曹曦文。讲述云南怒江傈僳族孩子溜索过江、上学读书的故事。7 岁的瓦娃羡慕姐姐娜香能够溜索过江去对岸读书，后来姐姐娜香从溜索上失手坠落江中，瓦娃对溜索有深深的恐惧，春暖花开时节，腊登乡第一座横跨怒江两岸的"爱心桥"建成，瓦娃终于可以走路上学。该片朴实自然，纯真动人。2009 年获第 13 届中国电影华表奖童牛奖单元优秀少儿影片奖、优秀少儿男演员奖以及第 27 届中国电影金鸡奖最佳儿童片奖，2010 年获第 12 届平壤国际电影节最佳影片奖、广东省第 8 届精神文明建设"五个一工程"奖等。（周文萍）

《走路上学》海报

岁月神偷 家庭伦理片。2009 年美亚电影、天下影画有限公司、北京大地时代文化传播有限公司联合出品。导演罗启锐，编剧罗启锐，主演任达华、吴君如、李治廷、钟绍图。该片最为突出的影像表现是对 20 世纪 60 年代香港风土人情与世俗伦理的怀旧性呈现。故事聚焦于一个鞋匠家庭，罗先生一家人以罗记鞋铺维生。长子罗进一是品学兼优的好学生，幼子罗进二不学无术，这个家庭生活举步维艰，却始终保持积极乐观。怎料一系列变故纷至沓来。"温黛"台风正面袭港，罗记鞋铺损失惨重，罗进一罹患脑癌，全家倾其所有，仍无力回天；历经苦难洗礼，性格顽劣的罗进二一夜长大，认识到生命无常，唯有以坚韧意志面对困境方是生命真谛。上映后勾起香港的集体回忆。2010 年获第 60 届柏林影展新生代单元适宜儿童观看组最佳电影水晶熊奖。（赖秀俞）

《窃听风云》系列 犯罪片。共 3 部。导演、编剧麦兆辉、庄文强。2009 年第 1 部由银都机构有限公司、博纳影视娱乐有限公司、上海天娱传媒有限公司等联合出品。主演刘青云、古天乐、吴彦祖。讲述警局刑事情报科窃听小组督察梁俊义带领情同手足的部下杨真、林一祥针对金融公司风华国际非法操控股价一事进行调查。在此过程中，他们通过窃听无意间得到一个股票情报，庞大的财富诱惑令身陷经济窘境的杨真和林一祥走上经济犯罪之路，最终引来杀身之祸。2012 年第 2 部《窃听风云 2》由银都机构有限公司、博纳影视娱乐有限公司出品。该片在商战故事框架中，增添了丰富的悬疑色彩。主要讲述香港证券商人罗敏生发生车祸，警察何智强经调查后挖掘出背后隐藏秘密的故事。2014 年第 3 部《窃听风云 3》由银都机构有限公司、博纳影视娱乐有限公司、优酷土豆股份有限公司、快乐星有限公司联合出品。以香港特别行政区政府出台的终止接受丁屋申请政策为背景，讲述一个因贪欲引发经济犯罪的故事。2015 年获第 34 届香港电影金像奖最佳编剧奖等 3 项大奖。（赖秀俞）

秋喜 谍战片。2009 年珠江电影制片

有限公司、广东南方广播影视传媒集团、深圳市环球数码影视文化有限公司出品。导演孙周，编剧王力夫、孙周、刘琛、王熠，主演郭晓东、孙淳、江一燕、秦海璐、王雅捷。故事发生在 1949 年 10 月解放前夕的广州，国民党在挽回败局已无望的情况下，对城市肆意进行破坏，潜伏在国民党内部的中共地下党员晏海清为保卫城市，与上司夏惠民展开惊心动魄的较量，他与疍家妹秋喜之间产生纠葛。集谍战、传奇、言情于一体，情节跌宕起伏，场面宏大，制作精良，展示 20 世纪 40 年代广州骑楼、豪门宅院、早茶夜市、疍家花船等岭南风情，富有视觉冲击力和艺术感染力。2010 年获第 6 届中美电影节金天使奖最佳影片奖，2011 年获第 28 届中国电影金鸡奖最佳男主角奖。（周文萍）

喜洋洋与灰太狼　系列动画电影。共 8 部。广东原创动力文化传播有限公司等出品。2009—2015 年共出品 7 部，2022 年出品第 8 部。具体为《喜羊羊与灰太狼之牛气冲天》《喜羊羊与灰太狼之虎虎生威》《喜羊羊与灰太狼之兔年顶呱呱》《喜羊羊与灰太狼之开心闯龙年》《喜羊羊与灰太狼之喜

《喜羊羊与灰太狼之牛气冲天》海报

气羊羊过蛇年》《喜羊羊与灰太狼之飞马奇遇记》《喜羊羊与灰太狼之羊年喜羊羊》《喜羊羊与灰太狼之筐出未来》。首部《喜羊羊与灰太狼之牛气冲天》由赵崇邦执导，黄伟健、倪小鸿、李炳林担任编剧。故事以缩小的羊羊们和灰太狼在蜗牛体内展开各种冒险、对抗细菌故事为主线，保留电视剧集的轻松开心感，融入当时各种流行元素，强化影片亲情线。角色主要以二维方式呈现，部分场景使用 3D 场景技术，通过渲染技术巧妙与二维形象融合，使空间镜头有更好的沉浸体验，画面精细程度较电视剧集有大的提升，高潮部分配合绚丽的特效，呈现精彩的场景氛围。该片保留 IP 电视剧集中深受小朋友喜爱的搞笑夸张人设，镜头设计与色调也为适应电影大屏幕特点进行调整。2009 年获第 5 届中国国际动漫节 2009 美猴奖最佳配音奖、第 13 届中国电影华表奖优秀动画片奖、第 6 届金龙奖最佳动画长片奖、中宣部精神文明建设"五个一工程"奖、第 8 届广东省鲁迅文学奖，2010 年获中国西部动漫文化节最佳长片奖等多个奖项。（陈赞蔚）

狄仁杰系列　古装探案片。共 3 部。包括《狄仁杰之通天帝国》（2010）、《狄仁杰之神都龙王》（2013）、《狄仁杰之四大天王》（2018）。华谊兄弟传媒股份有限公司出品。导演徐克，编剧张家鲁。第 1 部《狄仁杰之通天帝国》，主演刘德华、刘嘉玲、李冰冰、邓超、梁家辉等。故事发生在唐朝，高宗驾崩数年后，武则天权倾朝野，动工修建通天浮屠彰显权势。即将竣工时，宫廷里接二连三地发生命案。案情特殊，武后命入狱 8 年的狄仁杰任钦差负责探查，狄仁杰由此踏上惊险重重的查案之旅。该片 2010 年获第 47 届台北金马影展最佳视觉效果奖，2011 年获第 30 届香港电影金像奖

最佳导演奖、最佳女主角奖等 6 个奖项。第 2 部《狄仁杰之神都龙王》，主演刘嘉玲、赵又廷、杨颖、冯绍峰、林更新，讲述狄仁杰的青春故事，塑造了一个"青春版"狄仁杰故事世界。第 3 部《狄仁杰之四大天王》，主演赵又廷、冯绍峰、林更新，讲述狄仁杰与武则天因神器亢龙锏发生冲突，在医官沙陀忠协助下与武则天展开对抗的冒险故事。（赖秀俞）

《志明与春娇》系列　爱情片。共 3 部。导演彭浩翔，编剧麦曦茵、彭浩翔，主演杨千嬅、余文乐。共 3 部。2010 年第 1 部《志明与春娇》由寰亚电影有限公司出品，影片从香港正式实施室内全面禁烟条例说起，讲述张志明与余春娇两个都市男女以烟为媒介，相识、相知、相恋的过程，形象地展现了当代都市孤独、迷茫、自恋的情感生态。2011 年获第 30 届香港电影金像奖最佳编剧奖。2012 年第 2 部《春娇与志明》由寰亚电影有限公司、中影寰亚音像制品有限公司出品，剧情上承袭前作，讲述志明与春娇到北京后各自发展新恋情，二人最终重修旧好的故事。2017 年第 3 部《春娇救志明》由中影寰亚音像制品有限公司、寰亚电影制作有限公司等出品，讲述春娇与志明的爱情步入 7 年之痒。该系列以香港都市性格与浓厚青年气息著称。（赖秀俞）

桃姐　家庭伦理片。2012 年博纳影视娱乐有限公司、银都机构有限公司等联合出品。导演许鞍华，编剧陈淑贤、李恩霖，主演刘德华。改编自监制李恩霖与曾侍奉他家三代人的女佣钟春桃间的真实故事。讲述梁家少爷罗杰与家庭女佣钟春桃之间长达半世纪的主仆情谊。桃姐 13 岁进入梁家工作，照顾梁家老少四代人，年老中风后，不得不搬出罗杰家，住进养老院。罗

杰意识到桃姐对整个家庭的贡献，对桃姐的晚年生活展开"反哺"。该片的重要意义在于揭示桃姐作为一代劳动女性在女佣这个看似不起眼的工作岗位上付出不平凡的情感和劳动，引发大众对当今社会老龄问题与女性议题的关注与重视。2012年获第31届香港电影金像奖最佳导演奖。（赖秀俞）

《寒战》系列　警匪片。共2部。第1部2012年银都机构有限公司、万诱引力丁有限公司、安乐影片有限公司联合出品。导演与编剧陆剑青、梁乐民，主演郭富城、梁家辉、李治廷、彭于晏、杨采妮。糅合警察内部对峙与警匪之间对抗为一体。故事从警队深夜接获一通匿名电话开始，歹徒声称在香港街头劫持一台冲锋车及五名警队成员，其中一名被劫持警员是警队现任行动处副处长李文彬之子李家俊，这一紧急治安事件让警队感到恐慌。适逢警务处处长曾向荣离港，警队领导权被两个下任处长选举候选人——作风强硬的李文彬与年轻力壮的刘杰辉瓜分，二人为争夺核心权力，在这场行动中斗智斗勇，并采用香港警务处内部最高级别的行动代号"寒战"为营救行动定性。在悬疑紧张的文戏之外，融合诸多警匪电影的动作元素，追车、爆破与枪战等动作戏码构成影片亮点。2013年获第32届香港电影金像奖最佳电影奖等奖项。2016年，《寒战Ⅱ》上映。在上部故事线索上延伸，讲述"寒战"事件背后主谋李家俊从监狱中成功出逃后的犯罪行动。与上部相同的是，警方内部分化的权力斗争与破解香港治安危机、召唤香港法治秩序构成双线结构，成为影片叙事焦点。错综复杂的权力斗争被视为该系列的最大特色，是该系列对香港警匪类型电影所作出的突破与创新。（赖秀俞）

全民目击　法庭片。2013年深圳二十一世纪威克影视传媒有限公司、电广传媒影业（北京）有限公司等出品。导演非行，编剧非行，主演孙红雷、郭富城、余男。讲述富豪林泰准新娘被杀，嫌疑人是其女儿林萌萌，林泰聘请律师周莉为女儿辩护，周莉在庭审中与检察官童涛唇枪舌剑，发现案件另有蹊跷的故事。该片以几次庭审为线索展开，情节紧凑，波澜起伏，不断反转，引人入胜。号称国内首部商业法庭悬疑类大片，以成熟的叙事手法和对社会热点话题的反映引起强烈反响。获中宣部第13届精神文明建设"五个一工程"奖、第32届大众电影百花奖最佳女配角奖、第30届中国电影金鸡奖最佳女配角、第52届韩国大钟奖海外单元最佳男演员奖等国内外奖项。（周文萍）

黄金时代　剧情片。2014年中国电影集团公司、星美传媒集团等机构出品。导演许鞍华，编剧李樯，主演汤唯、冯绍峰、王志文、朱亚文、黄轩、郝蕾。以萧红为焦点，将其置于多个人物视角的回忆中，呈现萧红自哈尔滨、青岛、上海、武汉一路南下，最后在战乱中病死于香港的传奇经历。尤为关键的是，该片以萧红短暂一生的情感体验与创作历程透视民国文坛的文化记忆。作为传记电影，该片在影像呈现形式上力图创新，试图再现萧红被文学史、民国史进行再度想象与建构的生产过程。2015年获第34届香港电影金像奖最佳电影奖等5项大奖，是第1部夺得金像奖最佳电影奖的非香港公司出品的电影。2014年获第51届台北金马影展最佳导演奖等奖项。（赖秀俞）

救火英雄　灾难片。2014年珠江电影集团有限公司、英皇影业有限公司、寰亚电影制作有限公司、英皇电影发行（北京）有限公司出品。导演、编剧郭子健，主演谢霆锋、余文乐、任达华、胡军等。主人公何永森、游邦潮和叶志辉三人在消防局工作，是多年生死兄弟。后来三人命运各异，关系也不复往昔。从内地新来的消防员海洋，他的儿子葬身火海，他却无能为力，平安夜，电站因高负荷运转而爆炸起火，一群人困于火海中，消防员走进火海，在救火的同时也救赎兄弟间的情感。情节紧凑，场景壮观，人物塑造有一定深度。2014年获第51届台湾电影金马奖最佳动作设计奖，2017年获第10届广东省鲁迅文艺奖（艺术类）。（周文萍）

打工老板　剧情片。2014年深圳市华浩影视有限公司出品。导演张唯，主演姚安濂、汤嬣、赵炬、黄精一。以改革开放30年深圳特区企业生存状态为主线，讲述工厂老板林大林在创业过程中经历的艰难历程。以写实手法反映特区民营企业的生存状态，揭示外资与企业、老板与工人间种种问题，反思中国制造业存在的问题。2014年获第38届蒙特利尔国际电影节最佳男演员奖，2015年获第33届伊朗曙光国际电影节最佳剧情片奖、第38届纽约亚裔电影节最佳观众奖以及入选第3届海峡两岸三地十大华语影片，2016年获柏林华语电影节评委会特别奖。（周文萍）

《打工老板》海报

青涩日记 青春片。2014年珠海山中木文化传播有限公司出品。导演谢悠，编剧谢悠，原著裴蓓，主演陈赋、季纯伊、左夏初。主角王曲曲是人们眼中的叛逆少年，转学报到第一天显得非常傲慢无礼，班长韩由由是学霸，也是乖乖女，她跟王曲曲同桌后了解到他家庭濒临破碎，叛逆外表下是内心对爱的渴望，韩由由自己也承受着父亲给予的太多压力。该片探究青少年成长与教育等社会话题，在家长和孩子中引起强烈共鸣，具有很大的社会意义。2014年入选教育部办公厅、国家新闻出版广电总局办公厅《第34批向全国中小学生推荐优秀影片片目》，2017年获第10届广东省鲁迅文艺奖，2018年获第16届中国人口文化奖广播影视类作品二等奖。（周文萍）

小凤仙 粤剧电影。2014年中国戏剧家协会、佛山粤剧传习所（佛山粤剧院）联合摄制。导演尹大为，编剧尹洪波、梁郁南，主演李淑勤、欧凯明、陆志鹏、伍韵飞等。改编自同名粤剧。讲述民国初年京城名妓小凤仙掩护蔡锷脱离袁世凯软禁，潜回云南开展护国运动的故事，演绎小凤仙与蔡锷相识、相知、相爱，由冤家变成情人的故事。该片保留戏剧特有的夸张意境，巧妙结合电影直观真实的影像特征。电影加插多个打斗、战争场面，用于突出大银幕视觉效果。以流畅镜头语言强化演员表演特色、剧中人物的性格特征和矛盾冲突。演员表演舍弃舞台上程式化动作和夸张表情，保留粤剧唱腔，念白也较为生活化。（罗丽）

熊出没 系列动画电影。2014年起由华强方特（深圳）动漫有限公司等出品。已出品《熊出没之夺宝熊兵》《熊出没之雪岭熊风》《熊出没之熊心归来》《熊出没·奇幻空间》《熊出没·变形记》《熊出没之原始时代》《熊出没之狂野大陆》《熊出没之回到未来》。定位为合家欢动画，故事模式为住在森林里的主人公光头强和熊大熊二因遇见某人或去某地而经历一段奇幻欢乐又不无惊险的冒险历程，在此过程中发现自身任务及反派恶行，三者齐心合力完成任务及打败坏人。思想性、娱乐性、艺术性兼具，数年间发展为中国原创合家欢动画电影第一IP。该系列电影获中宣部精神文明建设"五个一工程"优秀作品奖、中国文化艺术政府奖最佳动画电影奖、中国国际动漫节"金猴奖"等众多奖项，入围法国昂西国际动画电影节昂西水晶最佳动画长片奖、韩国釜山国际电影节BIFF Cinekids奖等，打响中国动漫品牌国际知名度。（陈赞蔚、周文萍）

水滴之梦 剧情片。2016年华派影业（深圳）有限公司出品。导演常晓阳，编剧崔民、张万一，主演胡明、石林。

《水滴之梦》剧照

讲述来自四川的陌生男女王大水和封小沙为得到一份工作，假冒夫妻做了边疆水井房工，生活在同一个屋檐下，在每天的平凡工作和欢喜冤家式相处中，他们从相识相知到相爱，彼此产生感情，一直被认为已故的封小沙丈夫突然出现，三人面临选择的故事。风格平实，风趣幽默，充满生活气息和真挚情感。2016年获2016年度广东省广播影视奖，2017年获广东省第10届精神文明建设"五个一工程"奖。（周文萍）

神兽金刚之青龙再现 三维动画电影。2016年广州达力动漫有限公司制作。总导演朱晓兵，编剧、艺术指导黄贻青，执行导演汤远铭、顾能、李润云。讲述一直觊觎地球水资源的咒冥帝，召唤出地球上的远古巨兽肥遗兽对地球发动掠夺攻势，保卫地球的神兽战队5位成员青龙超人叶辉、麒麟超人林聪、白虎超人张力、朱雀超人赵燕和玄武超人陈锋各显神通，与外星球黑暗势力进行战斗的故事。为国漫首部机甲动画电影，电影中机甲设计基于真人比例。广州塔、北京万里长城、上海黄浦港、西岳华山、广西梯田等多处中国著名景点在电影中展现，有一定场景代入感。2016年获第13届中国动漫金龙奖（CACC）最佳长片动画奖铜奖，2017年获广东省广播影视奖电影动画片类三等奖。（陈赞蔚）

南哥 剧情片。2017年广东南方领航影视传播有限公司等出品。导演郑华、潘钧、王俊翔，主演孙洪涛、茹萍、艾丽娅。改编自广重集团干部、共产党员郭建南的扶贫事迹。郭建南在单位是有名热心肠，被大家尊称为"南哥"，他临危受命接任阳西县荔潭村扶贫组长后帮助村民致富：动员养蚝大户帮助村民，带领村民养鹅卖鹅，给村里孩子设立助学基金，在村民生活得到改善之时，他突发心脏病牺牲在老旧座椅上。该片还原郭建南形象，生活化的细节使人物形象立体生动。岭南风光增添影片抒情的氛围，反映当代中国南方农村现状。2018年入选第27届金鸡百花电影节改革开放40年中国电影成就影展；2019年获第4届意大利中国电影节最佳故事片、最佳女演员奖，广东省第11届精神文明建设"五个一工程"奖，入选中宣部纪念建国70周年推荐影片。（周文萍）

村戏 剧情片。2017年上海电影（集

团）有限公司、深圳电影制片厂有限公司、百城映像（昆山）影视文化有限公司联合出品。导演郑大圣，编剧李保罗，主演李志兵、梁春柱、王春明、吕爱华。讲述 20 世纪 80 年代农村包产到户前夕，村民一面筹划排演老戏《打金枝》，一面被传说中的分地计划搅动心思。分地和唱戏交织于一起，牵出一段令人痛心的历史悲剧。该片以特定年代荒谬又真实的故事反思历史与人性，内涵丰富，有强烈形式感。形式感加强影片"戏"的感觉，与真实生活疏离，具有寓言意味。获第 31 届中国电影金鸡奖最佳摄影奖，第 9 届中国电影导演协会评委会特别表彰，第 26 届上海影评人奖"2017 年度华语十佳影片"、最佳新人女演员奖，第 3 届德国中国电影节最佳导演奖，第 25 届北京大学生电影节主竞赛单元评委会大奖等多个奖项。（周文萍）

天籁梦想 儿童片。2017 年深圳市华浩影视有限公司、上海视众影视传播有限公司联合出品。导演张唯，编剧初征、陈睿睿、尼达次仁等，主演落松土登、嘎玛松姆、益西旦增、班玛久买。

《天籁梦想》海报

讲述四个藏族盲童想到深圳参加电视台歌唱节目，家长反对，他们便凭着图丹仅剩的一只好眼睛偷偷出发，途中经历翻车、索桥等种种坎坷，也得到各种帮助，终于登上电视台"天籁梦想"舞台，图丹也接受眼睛复明手术重见光明。该片清新自然，表现梦想之美、互助之美、自然之美和音乐之美。2017年获第 13 届中国国际儿童电影节最佳儿童片奖，2018 年获第 17 届成都儿童电影周最受欢迎儿童女演员奖、第 10届印度蒙台梭利城市学院国际儿童电影节最佳儿童片奖、第 7 届俄罗斯后贝加尔国际电影节的新面貌竞赛单元最佳电影奖。（周文萍）

照相师 剧情片。2018 年深圳市华浩影视有限公司、深圳广播电影电视集团等出品。导演张唯，主演谢钢、涓子、

《照相师》海报

刘牧、康磊。讲述深圳一个摄影世家的故事。父亲蔡祥仁一生生活艰苦，妻子去往香港后没有音讯，他辛苦抚养儿子成人，儿子蔡安国思想活络，20 世纪80 年代时和妻子陈文娟合伙倒货，搞起新鲜婚纱摄影、艺术摄影，儿媳敢闯敢干，建立自己的事业，离开蔡家，蔡祥仁把振兴照相馆的希望寄托在孙子蔡正雄身上，孙子却有自己创业的志向。

该片以蔡家三代人经历反映改革开放40 年来深圳的发展变化，显示改革开放成就。具有浓郁深圳元素，将众多深圳代表性景观及此一时期重大历史事件一一呈现。2019 年获广东省第 11 届精神文明建设"五个一工程"奖。（周文萍）

柳毅奇缘 粤剧电影。2018 年广州中投文化有限责任公司、广东粤剧院等出品。导演邓原、潘钧，主演丁凡、

《柳毅奇缘》海报

曾小敏。改编自粤剧舞台剧，描述书生柳毅与落难龙女之间的跨界情缘。融合舞台拍摄、实景拍摄和摄影棚里拍摄三种拍摄方法，片中采用体量宏大、带有弧度的 LED 全场景布景，后期使用 150 多个电脑特效镜头合成，呈现出来的 3D 效果逼真、唯美，在视觉上具有冲击力。在戏曲片中使用动态仿真背景，使得视觉上真实立体，符合电影观众求新求变的观影期待，符合中国传统戏曲虚拟、写意、夸张的美学原则，在保留唱腔和身段的同时，突破传统戏曲片舞台表演局限，富有诗情画意，以神奇浪漫色彩展示粤剧艺术舞台魅力。（罗丽）

新灰姑娘 三维动画电影。2018 年

广州金川文化有限公司等出品。导演 Lynne Southerland，执行导演廖光华，编剧 Alice Blehart。讲述一个新的灰姑娘故事。灰姑娘在皇宫发现舞会上的王子是假冒的，真正的王子已被巫术变成可怜的老鼠，在魔法师学徒莉莉的帮助下，灰姑娘终于逃离阴谋陷阱，但她还想要拯救落难的王子。该片赋予灰姑娘积极进取、为爱而勇敢的全新形象，更符合新时代的女性观与价值内涵。是借用欧美经典童话 IP 影响力，创新剧情的三维动画影片。2019 年获 2018 年度广东省广播影视奖优秀故事动画片二等奖、第 12 届厦门国际动漫节金海豚奖最佳影视动画长片银奖。（陈赞蔚）

白门柳　汉剧电影。2018 年广东省戏剧家协会、中央新闻纪录电影制片厂（集团）、广东汉剧传承研究院联合出品。导演赵达，编剧张维、徐青，主演李仙花、张广武。改编自刘斯奋获茅盾文学奖同名长篇小说。讲述明末清初，多才多艺的秦淮名妓柳如是巧妙自荐与东林党魁、江南名儒钱谦益结为秦晋之好，柳如是深明大义，在明末复杂政局中为钱谦益与阉党党羽阮大铖等周旋，帮助钱谦益复官从政，清兵大举南下，钱谦益失节投降，与众朝臣献城归顺清王朝，柳如是无限失望，举身跳入荷花池。以实景拍摄，具有较强真实感，通过镜头与环境烘托来表现人物内心世界。2018 年获第 15 届广州大学生电影节最受大学生欢迎非遗影片奖，2019 年获第 2 届中国戏曲电影展优秀戏曲电影。（周文萍）

变化中的中国：生活因你而火热　纪录电影。2019 年深圳广播电影电视集团等出品。导演程工、张祎、胥峥、王晓峰。以横向空间为轴，从中国不同区域选取不同职业人士展现当代中国人面貌：北京教师和创业者、广州医生、齐

齐哈尔警察、昆明外卖拳王和新疆克尔孜壁画研究者，这些普通人代表中国大多数人，他们平凡而敬业，以自己的劳动为中国的建设添砖加瓦，成为中国脊梁。该片取平民视角，展青春梦想，扬文化传承，以深刻人文关怀从凡人小事中展现伟大时代。2019 年获中国最具影响力十大纪录片奖、中国（广州）国际纪录片节金红棉组委会特别推荐优秀纪录片奖，2020 年获 2019 年度广东省广播影视奖特别奖。（周文萍）

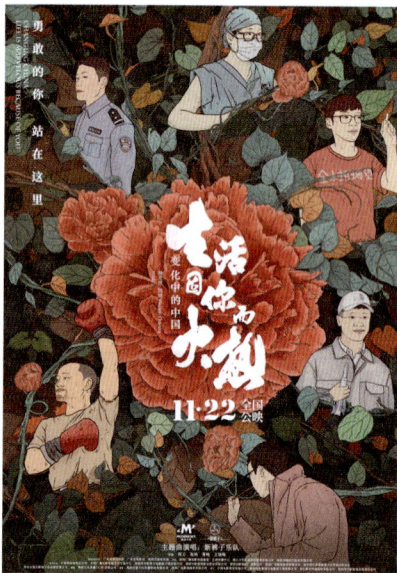
《变化中的中国：生活因你而火热》海报

猪猪侠·不可思议的世界　三维动画电影。2019 年广东咏声动漫股份有限公司出品。导演钟裕，编剧王晓莉、易平。该片是猪猪侠系列第 5 部大电影。讲述从小喜爱猪猪侠的少女吉祥由于学业压力与父母产生矛盾，她伤

心难过之时意外穿越梦幻世界，遇见超能力消失的童年英雄猪猪侠，为送吉祥回家，猪猪侠和吉祥开始一段啼笑皆非却又惊心动魄的冒险之旅，最终猪猪侠寻回做英雄的勇气，吉祥也收获勇敢与友情，成功回到人类世界。该片围绕"成长"主题，借人类角色初中少女吉祥引出故事，通过处于青春期的吉祥与家长的矛盾、猪猪侠重拾勇气突破自我等情引导观众思考，向儿童、青少年传递勇敢、坚强、坚持梦想等价值观。2019 年获厦门国际动漫节金海豚奖最佳影视动画长片提名奖。（陈赞蔚）

楚留香　连续剧。1979 年香港电视广播有限公司出品。导演王天林，主演郑少秋、赵雅芝、汪明荃、关聪、吴孟达、夏雨、高妙思等。改编自古龙小说《楚留香传奇》。共 65 集。分为无花传奇、大沙漠、神宫传奇、最后一战 4 个部分。讲述盗帅楚留香、苏蓉蓉一行人闯荡江湖的传奇故事。剧情跌宕起伏、人物性格鲜明、武打流畅，在香港、台湾等地引起轰动，主题曲也广为传唱。（何嘉瑜）

上海滩　连续剧。1980 年香港电视广播有限公司出品。导演招振强、谭锐铭等，主演周润发、赵雅芝、吕良伟等。共 25 集。讲述主人公许文强在上海滩的传奇经历，反映在民族危机与

《猪猪侠·不可思议的世界》海报

帝国主义危机双重压迫下，上海滩人民的动荡生活与复杂心理。剧中许文强、丁力、冯程程等人物形象生动，荡气回肠的主题曲在一代中国人心中留下不可磨灭的印象。该剧创造多项纪录，位居 1990 年香港无线电视台 80 年代十大剧集评选榜首、1999 年新加坡电视媒体 20 世纪百部华语经典电视剧集第一位等。（吕思敏）

大地恩情　连续剧。1980 年丽的电视台出品。导演李兆熊、徐小明，主演刘志荣、潘志文、余安安等。共 75 集。由《家在珠江》《古都惊雷》《金山梦》3 部组成。《家在珠江》通过农民杨六斤、杨九斤的悲惨遭遇，表现辛亥革命前后中国农民的生活状况；《古都惊雷》通过爱国青年容亨跌宕起伏的人生经历，生动再现五四运动前后中国革命的复杂时局；《金山梦》描写杨九斤在美国打工时，接连遭遇一系列不幸事件，重新振作开辟新生活的故事。以浓厚的乡土风味、深厚的爱国主义热情、曲折动人的情节发展、生动形象的人物塑造感染观众，首播创造丽的收视高峰。（吕思敏）

霍元甲　连续剧。1981 年丽的电视台出品，1983 年引入内地。导演徐小明，主演黄元申、米雪、梁小龙。共 20 集。讲述清末民初，从小体弱多病的霍元甲成为一代武术宗师的传奇故事。在民族危机与帝国主义危机双重压迫下，霍元甲苦练武功，挑战外国武师，苦心孤诣，想以此振奋国人心态，重塑国人形象。该剧反映中国近代民族的困难与危机，体现了中华民族强烈的爱国主义精神。通过该剧及续作《陈真》《霍东阁》，霍元甲及其弟子被国人熟知和铭记。2019 年获新时代国际电视节全国十佳电视剧，主题曲《万里长城永不倒》获新时代国际电视节全国十佳电视金曲。（吕思敏）

羊城曙光　电视剧。1981 年广州电视台出品。导演沈忆秋，主演王志刚、黎舒兰、吕树人、丁铁宝、欧阳奋仁、彭白、胡琳琳、陈衍洲、邢马克等。讲述广州解放前夕，国民党反动派在逃离前预谋炸毁电厂，妄图将广州变成一座死城。广州酒店地下党组织为阻止国民党的破坏行动，与国民党专员及特务斗智斗勇，粉碎国民党预谋，保护广州，使广州最终迎来解放曙光。（孙博然）

万水千山总是情　连续剧。1982 年香港电视广播有限公司出品。导演杜琪峰，主演汪明荃、谢贤、吕良伟。共 30 集。以 20 世纪 30 年代的中国为背景，讲述律师阮庭深与女学生庄梦蝶之间的爱情故事以及阮、庄、齐三家三代人之间的恩怨交错。父辈庄鹤儒、阮涛不相往来，阮庭深与庄梦蝶却一见钟情，为爱情不惜远走北平，庄家养子庄天涯痴恋庄梦蝶却只能含恨退出，与齐韵芝结婚，他们的孩子阮文瀚与思著仿佛重演了上一代命运，在香港相遇、相爱，三代人的利益纠缠与两代人的爱恨纠葛，体现出缠绵情意。该剧是经典爱情剧，通过阮、庄、齐三家的商业建设、庄梦蝶组织学生运动、对庄大为等阿谀奉承背叛者的批判等情节传达出浓浓的爱国之情。主题曲《万水千山总是情》和插曲《勇敢的中国人》广为传唱。（何嘉瑜）

虾球传　连续剧。1982 年广东电视台出品。编制张木桂，执导潘文杰，主演钟浩、麦文燕、卢海潮、闪增宏等。共 8 集。根据黄谷柳同名小说改编。以 1947 年二战结束后的香港社会为背景，以贫苦少年虾球从香港流浪到广州再到东江游击区的经历为线索，反映当时底层民众的生活。虾球在流浪途中被黑社会流氓等诱骗入伙，为他们卖命，历经

绝望后参加革命成为游击队队员。该剧在现实苦难中融入浪漫主义色彩，哀而不伤、痛而不悲。（孙博然）

警花出更　连续剧。1983 年香港电视广播有限公司出品。监制邱家雄，主演郑裕玲、石修、欧阳佩珊。共 20 集。剧情围绕女警张凯明和女上司郑舜华展开。两人从性格不合、互相看不对眼，到相交甚笃，最终破解贩毒案，获得各自幸福。语言风格朴素风趣，塑造两位性格鲜明、独立自主的女主角表达女性自强自立新思想，开创香港警匪连续剧先河。主题曲获多项奖项。（陈咏欣）

射雕英雄传　连续剧。改编自金庸同名小说。有多个版本，影响最大的是 1983 年香港电视广播有限公司出品，1985 年引入内地。监制王天林，编导杜琪峰，主演黄日华、翁美玲。共 59 集。分为铁血丹心、东邪西毒、华山论剑三部分。以宋、金、蒙古三国对峙为背景，表现郭靖、黄蓉、杨康、穆念慈等一班武林人士在民族危机日益加深社会背景下的曲折经历，弘扬郭靖身上"侠之大者，为国为民"的精神。与 1988 年版《绝代双骄》被推崇为武侠剧"双圣"，在海内外华人中有深远影响。（吕思敏）

笑傲江湖　连续剧。改编自金庸同名小说。有多个版本，首个版本 1984 年香港电视广播有限公司出品，导演、监制李鼎伦，编剧张毅成，主演周润发、陈秀珠、戚美珍等。共 20 集，讲述华山派弟子令狐冲和魔教圣姑任盈盈意外相识相爱以及江湖各派围绕武功秘籍《葵花宝典》展开血腥斗争的故事。相较之后其他电视剧版本，制作显得粗糙简陋，刻画人物及情节表述手法略显单薄，不为大多数年轻观众熟知，但依旧给当时观众留下深刻

印象。1996 年香港电视广播有限公司出品的版本影响最大，执导袁英铭、刘国豪、李添胜，主演吕颂贤、梁佩玲、陈少霞，香港版 40 集、海外版 43 集，1998 年由广东引入内地，该版本在考虑电视剧区别于小说表达方式以及不违背原著基础上，改编采用充满江湖和生活气息的台词，充满韵味，由谭咏麟和陈慧娴合唱的主题曲《活得潇洒》是一代经典歌曲。（莫殷殷）

新扎师兄　系列连续剧。共 3 部。香港电视广播有限公司出品。主演梁朝伟、张曼玉、刘嘉玲、刘青云。分《新扎师兄》（1984）、《新扎师兄续集》（1985）和《新扎师兄 1988》（1987），每部 40 集。围绕张伟杰从热血正义的新警员成长为出色警察的经历展开，在与黑帮斗争的同时也经历爱情、友情及婚姻生活的种种挫折。该剧有着经典港剧独有的写实生活气息，主角历经坎坷仍选择热爱工作和生活的励志精神，透着浓浓港味。（梁炜钰）

一代风流　连续剧。1984 年广东电视台出品。改编自作家欧阳山以"一代风流"为总题创作的 5 卷本长篇小说。共分 5 部，前 2 部为《三家巷》《苦斗》，导演耿明宸、曹宇文、刘国庆，编剧曾炜。后 3 部为《柳暗花明》《圣地》《万年青》，导演丁鹏、张世亮，编剧李耀光、丁鹏、张世亮。共 35 集。以 1919—1949 年广州地区的人民生活和历史事件为背景，以打铁匠出身的知识分子周炳的经历为主线，围绕"三家巷"周、陈、何三个家庭，官僚地主阶级、买办资产阶级和手工业无产阶级这三个阶级纠葛、矛盾与变化展开，反映新民主主义革命时期民众生活和无产阶级革命斗争，展现青年人对未来人生和革命道路的不同

选择，是中国新民主主义时期南方社会与阶级变化的缩影。（孙博然）

双星恨　连续剧。20 世纪 80 年代广东电视台出品。导演张霓霞，主演胡涓涓等。共 8 集。改编自粤剧名曲。讲述 20 世纪 30 年代一对双目失明、性格迥异的双胞胎姐妹雪姬与王菊桃以唱南音为生的故事，时代变幻与社会动荡让姐妹命运更添坎坷。该剧将镜头对准旧社会，以社会底层民众生活遭遇为切入点，一方面反映动荡年代里千姿百态的社会风貌，另一方面展现富有岭南特色的民间艺术南音的发展形态。全剧感情真挚，气氛凄婉，动人心弦，具有鲜明的岭南地域气息。获第 2 届广东省鲁迅文艺奖。（郭晓婷）

流氓大亨　连续剧。1986 年香港电视广播有限公司出品。导演邱家雄，主演万梓良、郑裕玲、吴启华、周海媚。共 30 集。讲述一对亲生兄弟的爱恨纠葛故事。方谨昌为人正直，但志存高远，与女友谢月明订下婚约。其多年前失散的弟弟钟伟舜闯入他的生活，钟伟舜品行恶劣，不择手段，玩弄方学宁感情又害其自杀，不惜杀害亲父，他利用权势逃过法网，连累方谨昌被革职、与女友婚约搁置，钟伟舜觊觎首富之女宋楚翘，宋楚翘嫁给方谨昌，钟伟舜出于嫉妒绑架宋楚翘，最终钟伟舜恶有恶报，坠楼而死。为 TVB 十大全球收视率最高剧集之一。（李琳）

万花筒　电视短剧。1986 年广东电视珠江台、佛山话剧团出品。主创何健烈、王首一、陆晓光、王岗等，主演鲁牛、陈碧姬、郭昶、孔宪珠、林星云等。共有《万花筒》《农家故事》《人生百态》3 个系列 372 集。讲述新时代一个叫"万花巷"的广州居民生活区里

的社会生活百态，反映新时期人民群众精神风貌。该剧简练利落，冲突性强，贴近生活，通俗风趣，注重时空感与场景化结合。拍摄过程以室内为主，引入少量外景、同期声制作方法。以雅俗共赏的审美特色成为当年国内盛极一时的品牌栏目剧，给电视观众带来耳目一新的审美体验。剧集《儿女亲情》1990 年获第 10 届中国电视剧飞天奖单本剧三等奖。（郭晓婷）

绝代双骄　连续剧。改编自古龙同名小说。有多个版本，1988 年香港电视广播有限公司出品被认为是还原原著的经典版本。导演伍润泉，主演梁朝伟、吴岱融、黎美娴、谢宁等。共 20 集。主线是小鱼儿与花无缺为父报仇，其间交织他们与铁心兰、苏樱及张菁等几位女主人公的爱情悲剧故事。较好地保留了古龙武侠小说的内核，演员对于人物演绎也很到位。与 1983 年版《射雕英雄传》被推崇为武侠剧"双圣"，在海内外华人中有深远影响。（吕思敏）

誓不低头　连续剧。1988 年香港电视广播有限公司出品。共 28 集。监制梁材远，编审韦家辉，主演郑少秋、曾江、郭晋安、罗嘉良。讲述主人公谢文武在 10 多年前被督查陆国荣陷害入狱，10 多年后被无罪释放，与老奸巨猾、心狠手辣的真凶陆国荣斗智斗勇、誓不低头，最终让真凶得到应有惩罚的故事。该剧以悬念营造出扣人心弦的情节，刻画出复杂人性，在跌宕起伏的故事中展现人生百态，充满戏剧性又不失真实性。整部剧给观众传达一种坚持真善美、积极向上的人生价值观。（李美燕）

义不容情　连续剧。1989 年香港电视广播有限公司出品。监制韦家辉，导演李国立、叶昭仪、袁英明，主演黄日

华、温兆伦、刘嘉玲、周海媚。共50集。围绕丁有健、丁有康亲兄弟的人生轨迹展开，性格完全相反的两人走上截然不同的人生道路。弟弟丁有康成绩优异，为人残忍，为追求目标不择手段，哥哥丁有健为人耿直善良，溺爱弟弟，放弃学业供弟弟读书，为他顶罪入狱，但丁有康仍不知悔改，丁有健决定对其绳之以法。情节曲折跌宕，兄弟善恶反差和引人深思的悲剧结局，揭示无恶不作终究害人害己的道理，突出"义不容情"主题。（何嘉瑜）

康梁变法 连续剧。1989年广东电视台制作。导演王启民、可仁，编剧郑榕。主演寇振海、梁丹妮。共18集。讲述康有为在清朝末年与弟子梁启超等人发起戊戌变法的经过，深刻地揭示晚清政府的腐败，歌颂康有为等知识分子的爱国主义精神，展示戊戌变法失败的必然性。该剧采用历史真实与传奇故事相结合的方式，内涵丰富，艺术感染力强。获广东省庆祝建国40周年优秀作品一等奖。（林帼华）

商界 连续剧。1989年广州电视台出品。导演成浩、袁军，编剧姚柱林、杨澄壁。共12集。改编自钱石昌、欧伟雄所著同名小说。讲述在计划经济向商品经济转变的大时代背景下，几个人被卷入商海的故事。剧情以国营穗光公司、东喜（集体）公司、银河（个体）公司与银行信贷部之间的纠葛作为主要线索，围绕主线涉及的主要人物罗泰康夫妇、张汉池夫妇、廖祖泉夫妇、曾广莱夫妇的命运沉浮而展开。叙事清晰，情节跌宕，全景式展现改革开放初期以广东为代表的中国商界的种种现状，将南国经济、社会、文化及民众心理变化真实描绘出来，体现岭南的文化特色。获第10届中国电视剧飞天奖二等奖和第4届中南六省金帆奖长篇剧二等奖，1992年

获第4届广东省鲁迅文艺奖电视奖。（林帼华）

公关小姐 连续剧。1989年广东电视台拍摄制作。导演黄加良，编剧邝健人。主演萨仁高娃、袁玫、高莲娜、张青、章申、刘红豆。粤语版为24集，在中央电视台播出普通话版为22集。讲述香港小姐周颖被内地改革开放形势所吸引，到广州"寻梦"的故事。有才能的周颖因工作失去与未婚夫李志鹏的爱情，却也在工作中以自身的魅力吸引高翔，她成功在国庆节号召酒店全体员工设计了"中"字构图全家福，圆了自己的广州"寻梦"。该剧富有浓郁广味，为全国人民描绘多彩而生动的广州，把广州形象以及岭南文化推向全国。1990年，国家广电部艺委会在北京组织召开《公关小姐》研讨会，编辑出版《〈公关小姐〉创作评论集》。获第11届中国电视剧飞天奖长篇电视剧三等奖、第9届《大众电视》金鹰奖优秀长篇连续剧奖、广东省庆祝建国40年优秀作品一等奖、第4届鲁迅文艺奖长篇优秀电视剧奖。（林帼华）

我本善良 连续剧。1990年香港电视广播有限公司出品。导演李兆华，主演温兆伦、邵美琪等。共40集。主要讲述20世纪70年代香港三个家庭两代人之间的爱恨情仇。一场大火让原本温馨的一家三口离散，警察蒋定邦以为妻儿已丧命，伤心离开香港，20年后回港意外发现一起杀人案件中被告人齐乔正的儿子齐浩南是自己的亲生儿子，前妻也成了齐乔正妻子，外冷内热而崇拜养父的齐浩南瞬间陷入两个父亲一正一邪的困境中。另一方面又机缘巧合地与曾和养父有过纠葛的石常春之女石伊明产生爱情。该剧将齐浩南放在正义与邪恶、亲情与爱情等多重矛盾中，通过激烈冲突发出

"我本善良，是谁把我推向深渊"的诘问，引人深思。1990年获全年剧集收视冠军，在纽约国际电影电视节中获银奖。1995年在香港观众投票最受欢迎港剧中获第一名。（李美燕）

深圳人 连续剧。1990年深圳影业公司电视剧部出品。导演小岛，编剧刘健民，主演陶泽如、鲁亦兰、左翎等。共10集。有上、中、下3部，以上部为代表，主要讲述性格、志趣各不相同的同胞四姐妹到特区的创业过程，通过四姐妹的坎坷经历以及她们各自丈夫、朋友、同事的经历反映特区不同阶层、不同文化层次的各类人的心态，全方位展现特区众生相，是深圳人事业奋斗史，也是心灵成长史。获第11届中国电视剧飞天奖长篇三等奖、全国电影厂优秀电视剧奖、第15届《大众电视》金鹰奖最佳中篇电视连续剧奖等。（叶燕婷）

外来妹 连续剧。1991年广州广播电视台出品。导演成浩，主演陈小艺、汤镇宗等。共10集。讲述改革开放初期，以赵小云为代表的一群来自偏远山区的农村姑娘，结伴到广州打工的故事。其中赵小云凭借勤奋、吃苦、聪明，成为一名自强自立的企业家。该剧选材新颖，切中热点，敏锐地抓住当时广州突然涌现打工族这一社会群体，现实感强烈，是国内第一部反映打工者生活和劳资关系的电视剧。获第12届中国电视剧飞天奖长篇电视剧一等奖、第10届《大众电视》金鹰奖优秀连续剧奖、中宣部第二届精神文明建设"五个一工程"奖等奖项，入选广电总局"纪念中国电视剧诞生50周年50部剧目"。（林帼华）

大时代 连续剧。1992年香港电视广播有限公司出品。监制、导演韦家辉，主演郑少秋、刘青云、刘松仁等。共

40集。以20世纪60年代至90年代香港股票金融市场变化为背景，讲述两个家庭、两代人恩怨情仇的故事。丁蟹误会好友方进新，冲动下将其打死，潜逃台湾，方进新之子方展博在父亲旧友帮助下，继承父业，进入股坛。得知丁蟹潜逃返港后，他立誓报仇，指控丁蟹杀人，全家因此遭受有黑社会背景的丁家的迫害，方展博不得已出走台湾暂避，在得到好友们帮助后，最终在股票市场击倒丁家父子。通过两代人变幻莫测的命运和股市的起落沉浮，揭示了香港的时代变迁，对香港30年的繁荣发展历史进行反思。标志香港TVB家族剧模式真正形成。2006年获评十大经典港剧第三名。（李琳）

壹号皇庭 系列连续剧。共5部。香港电视广播有限公司出品。导演邓特希，主演欧阳震华、陈秀雯、陶大宇、林保怡、宣萱等。分《壹号皇庭》（1992，13集）、《壹号皇庭 II》（1993，15集）、《壹号皇庭 III》（1994，20集）、《壹号皇庭 IV》（1995，26集）和《壹号皇庭 V》（1997，45集）。该系列围绕香港一群正义律政界人员的职业生活展开，讲述他们运用智慧和专业知识解决工作上遇到的棘手问题，在法庭上为真理和公正进行抗辩，在法庭外，他们亦面对各种感情问题。该剧时间跨度长，出场人物多，剧情紧凑，制作精良，塑造不少坚强独立有主见的人物形象。该系列分别获得香港1994年十大电视节目第二位、1995年十大电视节目第二位、1996年十大电视节目第四位和1998年十大电视节目第四位。（陈咏欣）

情满珠江 连续剧。1993年珠江电影制片厂、中央电视台、广东电视台等出品。执导王进、袁世纪，主编廖志楷、李彦雄、戴沛霖，主演左翎、巍子、陈锐等。共35集。讲述以广州青年梁淑贞、林必成、张越美和谭蓉为主的知青，在70年代下乡、80年代艰辛返城、改革开放时期的创业人生经历，再现经济转型时期广东人民不畏困难、艰苦奋斗的历程和珠江三角洲城乡的生活变化。剧中人物性格丰富、形象丰满，主要情节源自生活。涉及女知青为返乡出卖肉体、民营企业创办中明争暗斗、知青逃港等话题，实现主旋律与通俗剧接轨。获中宣部第3届精神文明建设"五个一工程"奖、第14届中国电视剧飞天奖长篇连续剧一等奖、第12届《大众电视》金鹰奖优秀长篇连续剧奖。（叶燕婷）

笑看风云 连续剧。1994年香港电视广播有限公司拍摄制作。导演钟澍佳、蔡晶盛，主演郑少秋、郑伊健、郭晋安、郭蔼明。共40集。以黄天主导商界风云为基础，围绕黄天与潘仲兄弟情谊及包文龙和林贞烈的爱情展开。讲述中天集团主席黄天遭人暗算，探员包文龙在调查过程中与其成为忘年交的故事。是香港无线电视台27周年台庆剧。（李琳）

刑事侦缉档案 连续剧。共4部。香港电视广播有限公司出品。分《刑事侦缉档案》（1995年，20集）、《刑事侦缉档案 II》（1995年，40集）、《刑事侦缉档案 III》（1997年，40集）以及《刑事侦缉档案 IV》（1999年，50集）。前2部导演黄伟声、黄伟森、唐凤珍、陈维冠和潘嘉德，编剧欧冠瑛、曾凤如、关静雯和邹锦安；第3部导演潘嘉德，编剧欧冠瑛和贾伟南；第4部导演黄伟声和潘嘉德，编剧邵丽琼、欧冠瑛和贾伟南。演员有陶大宇、郭可盈、张延、苏玉华、梁荣忠、陈美琪、郭蔼明、钟丽淇、汤宝如、杨婉仪、陈法蓉、古天乐、陈锦鸿、宣萱、佘诗曼、李珊珊、向海岚等。剧情是一半刑侦一半感情穿插进行，前3部主要讲张大勇和李忠义如何通过聪明才智和兄弟默契破解错综复杂案件，同时讲述张大勇和记者高婕纠缠不清的复杂恋情，看似忠厚老实的李忠义身边不断出现感情线。第4部主角变成徐飞和江子山，讲述他们合力侦破案件的故事，也涉及徐飞和梁芊芊、武俏君，江子山和文婉兰、唐心如，两段虐心三角恋。该剧有惊险烧脑的侦察推理、刺激紧张的抓捕，又有牵动人心的感情戏。延续TVB剧集一贯平民生活化气息，具有朴实生活质感。（梁炜钰）

神雕侠侣 连续剧。改编自金庸同名小说。有多个版本，以1995年香港电视广播有限公司版本影响最大。监制李添胜，编剧黄国辉、汤健萍、赵静蓉、陈宝燕担任，主演古天乐、李若彤、傅明宪、白彪、魏秋桦。共32集。讲述南宋末年，杨过和他师傅小龙女之间生死相许、不离不弃的凄美爱情故事以及郭靖与黄蓉保卫襄阳的英雄事迹，其间穿插描写李莫愁、陆展元、武三通、公孙止、裘千尺、郭芙、郭襄等人的爱情故事。较之后来版本，该剧道具布景简陋，特效简单，但从剧本改编、导演、武术、摄影、剪辑、音乐到演员选角等方面都成熟，堪称金庸剧一代经典之作。（莫殷殷）

我和春天有个约会 连续剧。1996年亚视出品。导演高志森，主演邓萃雯、商天娥、万绮雯、蔡晓仪。共40集。改编自同名舞台剧。以20世纪70年代的香港为背景，讲述爱好唱歌的姚小蝶来到丽花皇宫，结识敢爱敢恨的蓝凤萍、性格傲慢的洪莲茜、单纯热情的金露露的故事。小蝶因天生好嗓子和好运气得到赏识，成为丽花当家

花旦，遇到让她一生难忘的沈家豪，两人因音乐结缘、相爱，但阴差阳错却分别20年，最后二人相认还是分开。该剧以缠绵悱恻的爱情和四位女性角色为主线的新鲜视角、怀旧动听的音乐元素获得大众喜爱，多次被改编和翻拍。2013年，根据该剧改编的《爱在春天》在湖南卫视首播。（何嘉瑜）

英雄无悔 连续剧。1996年广东省委宣传部、广东省公安厅、广东电视台、中央电视台联合出品。总导演贺梦凡、邓原，主演濮存昕、李婷、张力维、王玉璋等。共39集。全景式再现改革开放中人民警察为发展经济保驾护航的刑侦反腐故事。讲述警校高才生高天毕业后进入公安局工作，因不公遭遇而黯然离开警队，几年后公安厅副厅长了解到当年真相，撤销对高天的处分，劝他重返公安局，两难时恩师"老材料"勇斗黑势力而壮烈牺牲的事迹激发高天内心深处的英雄主义情怀，重返警队。该剧以高天复杂曲折的人生经历为线索，全面生动地再现广东省改革开放十几年来的深刻变化，弘扬英雄主义理想。剧中杂糅爱情、警匪、豪门恩仇、官僚腐败等元素，曲折生动，抓人眼球。获中宣部精神文明建设"五个一工程"优秀电视剧奖和第16届中国电视剧飞天奖长篇连续剧一等奖。（叶燕婷）

和平年代 连续剧。广东电视台等出品，1996年首播。执导李舒、张前，主编张波，主演张丰毅、尤勇等。共23集。是一部描写改革开放背景下部队建设以及军队与地方关系的电视剧。以1978年党工作中心转移为背景，以一支特种作战部队组建、成长、壮大，成长为进驻香港特区象征主权的部队为主要线索，讲述边境轮训、百万大裁军、走精兵之路、特区发展、准备进驻香港等世界瞩目大事件，气势宏大，全景式再现中国改革开放15年来军队的建设和发展，展现新形势下的新型军民关系，表现和平年代以经济建设为中心背景下人的位置和选择，讴歌当代军人甘于寂寞、忍受清贫、无私奉献的高尚情怀。获中宣部第6届精神文明建设"五个一工程"奖、第10届全军电视剧金星奖长篇连续剧一等奖、第15届中国电视金鹰奖最佳长篇电视剧一等奖、第17届中国电视剧飞天奖长篇电视剧一等奖。（叶燕婷）

千秋家国梦 连续剧。1997年广州电视台、广州千秋广告传播有限公司出品。导演卢伦常、蒋家骏、姜明海，编剧何冀平、于力、司徒慧焯，主演赵文瑄、潘虹、张延、吴大维等。共30集。讲述中国近代广州高第街许氏家族崛起、鼎盛、衰落的历程。几个阶段分别以许拜庭、许崇智、许子维为主线，讲述人物于个人、社会、小家、大国生活的遭际，以一个风云家族为切入点，生动形象地反映近代中国潮起潮落的历史，取材视角宽广而精准，时间跨度大，涉及人物多，配乐感染力强。全剧风格以宏大叙事为主，不乏柔情细腻诗意呈现，具有史诗风范。（郭晓婷）

天龙八部 连续剧。改编自金庸同名小说。有多个版本，1997年香港电视广播有限公司版本影响最大。该版本执导李添胜，编剧金庸、梁咏梅，主演黄日华、陈浩民、樊少皇、李若彤、刘锦玲、刘玉翠、张国强、赵学而、何美钿。共45集。以宋哲宗时期宋、辽、大理之间矛盾为背景。讲述面对乱世，萧峰、虚竹、段誉三人非同寻常的江湖生涯，以他们和父辈之间错综复杂的恩怨情仇为线索，展现有关生死情仇、爱恨别离、民族大义等江湖故事。角色塑造生动形象，剧情紧凑，武打设计精彩，配乐精良巧妙。主题曲《难念的经》，歌词唱尽英雄侠义、儿女情长、家国情怀和人生思考，渲染提升电视剧的思想意蕴。（莫殷殷）

肥猫正传 连续剧。亚洲电视出品。共2部。第1部1997年首播，共30集；第2部1999年首播，共32集。导演谭朗昌，主演郑则仕、鲍起静。以残障人士的日常生活为题材，讲述肥猫因感染黄疸病导致中度弱智，父亲无法接受一走了之，母亲独自将其养育成人的故事。该剧关注残障人士群体生存境况，呼吁加强对残障人士群体社会保障，是香港电视剧中少有的题材。剧中塑造肥猫母子形象，母亲坚强、慈爱，肥猫真诚善良，对生活充满希望，对母亲孝顺。两人平凡、艰苦的生活点滴为观众展现温馨、和睦的家庭画面。（何永望）

妙手仁心 连续剧。香港电视广播有限公司出品。共3部。第1部32集，1998年播出，导演、编剧邓特希；第2部40集，2000年播出，导演戚其义，编剧陈宝华；第3部40集，2005年播出，导演戚其义，编剧周旭明、蔡婷婷。主演吴启华、林保怡。以20世纪90年代为起点，2003年香港抗击"非典"疫情为终点，讲述医务工作人员以精湛的医术和高度负责的医德救死扶伤的故事。剧情设计巧妙，人物形象真实立体，丰富饱满。（何永望）

陀枪师姐 系列连续剧。共4部。香港电视广播有限公司出品。监制邝业生，主演关咏荷、滕丽名、欧阳震华、魏俊杰和蔡少芬。分《陀枪师姐I》（1998，20集）、《陀枪师姐II》（1998，32集）、《陀枪师姐III》（2000，32集）和《陀枪师姐IV》（2004，40集）。讲述性格迥异的女

警朱素娥和陈三元各自的成长史和感情困境。主演演技精湛，制作精良，剧情跌宕起伏。（陈咏欣）

姐妹 连续剧。广州电视台出品，1998年首播。执导袁军，编剧谢丽虹，主演常远、郝蕾、蒋恺、张国强等。共20集。讲述殷小荞、殷小麦姐妹及其身边有着姐妹情的年轻女性们在南方某大城市的"外来妹"生活，真实地展现世纪变革时期社会底层年轻女性的命运，揭示20世纪90年代中国一些社会问题。人物性格立体多元，展现社会转型期境况下个人的无奈与抉择，反映传统美德与新一代的思想矛盾。获第17届中国电视金鹰奖优秀长篇连续剧和第6届广东省鲁迅文艺奖。（叶燕婷）

创世纪 连续剧。1999年香港电视广播有限公司出品。监制戚其义，编剧司徒锦源、欧健儿等，主演罗嘉良、陈锦鸿、郭晋安、古天乐、吴奇隆、郭可盈等。分为上、下两部，第1部51集；第2部56集。以风云变幻的香港地产界为背景，讲述叶荣添、马志强、许文彪三个男人纠缠交错的命运，展示其创业过程和人性转变的故事。剧中聚焦各大公司的商业较量，是香港家族剧中商战叙事的巅峰之作。是香港无线电视台25周年台庆剧。主演古天乐、罗嘉良分获2000年TVB万千星辉颁奖典礼我最喜爱角色奖、2012年7月亚洲偶像盛典90年代经典角色奖。（李琳）

男亲女爱 连续剧。2000年香港无线电视广播有限公司出品。监制徐正康，编剧鲍伟聪、林少枝，主演黄子华、郑裕玲。共100集。讲述一个自视甚高的女律师毛小慧，巧遇恶名远扬的古惑师爷余乐天，两人阴差阳错地走在一起，其复杂微妙的感情关系引发

一段段风趣幽默、轻松爆笑的故事。剧情发生在律师事务所，法庭情节是辅助，事务所和人物日常生活是真重点，用喜剧的嬉笑怒骂、插科打诨包裹小人物的酸甜苦辣，让人生出温暖和感动。生活化的场景，搞笑温馨的剧情，堪称香港情景喜剧的经典之作。（莫殷殷）

外来媳妇本地郎（第一部） 系列情景剧。2000年广东广播电视台首播。执导陆晓光、王岗、刘卫平、杨甲年、王胜起等，主演龚锦堂、黄锦裳、苏志丹、丁玲、刘涛等。主角是住在广州西关老屋康家一家人，康伯、康婶生了4个儿子，分别是祈光、祈宗、祈耀和祈祖，4个儿子结婚了，老大阿光娶河南姑娘，老二阿宗娶本地姑娘，老三阿耀娶上海姑娘，老四阿祖娶德国姑娘。地域、文化隔膜在这一大家庭里闹出不少笑话，故事即在此展开。第一部获得成功后，一直延续拍摄，已播出4000多集，是中国电视史上播出时间最久、播出集数最多的电视系列情景剧。为广东精神文明建设"五个一工程"入选作品，获广东广播电视文艺奖等多个奖项。（龙诗琳）

寻秦记 连续剧。2001年香港电视广播有限公司出品。监制庄伟建，主演古天乐、宣萱、郭羡妮、林峰。共40集。根据黄易同名小说改编。讲述项少龙偶然穿越到战国时代，帮助秦王嬴政统一六国，卷入各种政治上的阴谋斗争，与少女星云共渡难关、彼此相爱的故事。在古装穿越的独特题材中加入现代元素，构思新奇，同一个整体里古今元素对比产生的喜剧效果吸引观众，成为穿越剧鼻祖。对历史的颠覆、武侠和科幻结合也是该剧特色。（李美燕）

皆大欢喜 连续剧。有古装版和时装

版。古装版2001年香港电视广播有限公司出品，导演徐遇安，编剧赵静蓉、贾伟南等，共164集。时装版2003年首播，导演徐遇安，编剧鲍伟聪、赵静蓉等，共443集。古装版以明朝中叶为背景，原本是女山贼的游念慈与金华坠入爱河后，金盆洗手，在池力共镇经营饭庄，养育并非自己亲生的金年、金月、金日三胞胎。该剧围绕以游念慈和三胞胎为核心的大家族，描绘种种轻松愉快又掺杂着误会和摩擦的生活片段。时装版由古代转到现代香港，讲述一心打理茶餐厅的游念慈，与她所抚养的金年、金月、金日三胞胎之间的各种生活琐事。（何永塑）

金枝欲孽 连续剧。共2部。第1部2004年香港电视广播有限公司出品。导演戚其义，编剧周旭明，主演佘诗曼、黎姿、邓萃雯、张可颐、林保怡、陈豪等。共30集。以清嘉庆年间后宫为背景，讲述如玥、玉莹、尔淳、安茜等妃嫔在紫禁城为个人利益而钩心斗角的故事。用错综纠葛的感情、复杂的人性和曲折悲凉的故事情节传达了"无人不冤，有情皆孽"的主题，被称为"宫斗剧的始祖"。第2部续集《金枝欲孽贰》2013年4月22日播出，监制戚其义，主演邓萃雯、陈豪、蔡少芬、伍咏薇、黄德斌、关礼杰。续集一改宫斗争宠、钩心斗角的故事脉络，将目光聚焦在人性里的欲望，以宫妃和名伶的情感纠葛为主线，描写紫禁城中的爱与恨。（何嘉瑜）

风雨西关 连续剧。2005年广东润视影音、湖北电视台出品。导演徐耿，主演陈坤、孙俪、高云翔、刘牧等。共40集。讲述民国年间广州西关几个家庭中梁锦坤、谢天慧、谢天佑、方家俊等青年的不同命运，从两小无猜的玩伴到卷入家族恩怨与社会冲突，几个年轻人在情感纠葛中作出自己的

选择，走上不同的道路。该剧带有广东作家欧阳山小说《三家巷》影子，人物众多，故事复杂，在人物命运中展现时代变迁，展现 20 世纪 20 年代广州西关风情。（周文萍）

溏心风暴　连续剧。2006 年香港电视广播有限公司出品。导演、监制刘家豪，主演夏雨、李司棋、关菊英、陈豪、钟嘉欣等。共 40 集。以海味店为背景，讲述一个家族家长里短的故事。剧中唐仁佳是个身价六亿的草根富豪，将一间主卖"溏心鲍鱼"的海味店发展成连锁经营大企业，家主唐仁佳与正妻、小姨、姜室以及他的 4 个子女唐志安、唐至逸、唐志欣和唐至欢组成大家庭，因父辈或子女辈感情和财产权利暗生恩怨、纠缠不清，引发系列故事。该剧故事模式和价值观念在香港家族剧中颇具代表性。（孙博然）

潜伏　连续剧。广东南方电视台、东阳青雨影视文化有限公司联合出品，2008 年首播。导演姜伟、付玮，编剧姜伟，主演孙红雷、姚晨、祖峰、沈傲君等。30 集。改编自龙一同名小说。讲述我党地下工作者余则成在军统天津站潜伏，女游击队队长翠平到来后，两人以假夫妻身份开展工作，两人性格、修养完全不同，冲突不断，余则成恋人左蓝的牺牲让翠平经历成长，余则成和翠平在斗争中产生情感，两人配合完成一个个艰巨任务。该剧类型特点突出，创意独特，情节曲折，人物性格鲜明，表演精彩，成为谍战剧里程碑作品。获第 27 届中国电视剧飞天奖长篇电视剧一等奖、中宣部第 11 届精神文明建设"五个一工程"奖、第 15 届上海电视节白玉兰奖最佳电视剧金奖、第 25 届中国电视金鹰奖优秀电视剧奖、广东省第 7 届精神文明建设"五个一工程"奖。（华明）

天地民心　连续剧。深圳广电集团深广传媒公司、北京华晟泰通传媒投资有限公司等出品，2009 年发行。导演杨梓鹤，编剧朱秀海，主演成泰燊、袁弘、王洛勇、宋佳、赵鸿飞、杨烁等。40 集。讲述"三代帝师""四朝重臣"祁隽藻坚守"为生民立命，为天地立心"初心，冒着生命危险直言进谏，跟不同势力作斗争的故事。采用文人儒生视角去思索国家前途命运与个人理想追求的问题，人物形象饱满立体。2011 年获第 28 届中国电视剧飞天奖长篇电视剧三等奖。（邓洁敏）

兵锋　连续剧。中共深圳市委宣传部、深圳广播电影电视集团等联合出品，2010 年发行。导演刘岩，编剧邓一光，主演贾一平、沈佳妮、王挺。28 集。以 1998 年兰西拉工程全线贯通为背景，讲述战士肖沐天和其兄弟班在经历救古蒙儿、强渡黑马河，与异国军队对峙，暴风雪、冰山等自然挑战以及队友牺牲创痛，最终打击国际盗猎分子的故事。剧中冲突矛盾不断，蕴含对诸多问题的思考。体现了戍边军人的坚定信念和责任担当。2011 年获第 23 届全军电视剧金星奖一等奖、第 28 届中国电视剧飞天奖长篇电视剧一等奖。（邓洁敏）

五星红旗迎风飘扬　连续剧。浙江长城影视传媒集团、广东南方电视台联合出品，2011 年首播。总导演王晓明，主演唐国强、陈建斌、郑国霖、孙维民等。40 集。讲述新中国成立初期，百废待兴，在党和政府的真诚邀请下，钱学森、钱三强、邓稼先等大批爱国科学家，冲破重重阻力回到国内，投入"两弹一星"的研究中。规模宏大，涉及国家领导人在内的众多历史人物和新中国成立之初许多重大历史事件。2011 年获第 28 届中国电视剧飞天奖长篇电视剧一等奖，2012 年获中宣部第 12 届精神文明建设"五个一工程"最高艺术成就奖。（周文萍）

热血军旗　连续剧。广东南方领航影视传媒有限公司、北京中视精彩影视文化有限公司等联合出品，2017 年上映。为纪念中国共产党建军 90 周年而摄制。导演张多福，编剧彭景泉、陈玉福、蒋卫岗、陈学军、刘晓波，主演黄海冰、郭广平、周惠林、曹磊、黄俊鹏、刘晓洁等。30 集。以北伐战争、国共合作破裂为起点，以古田会议作结，系统梳理中国共产党建军思想脉络形成及建立一支由中国共产党领导的新型人民军队的过程。重大史实准确，主题鲜明，立意挖掘深入，基调昂扬，人物形象鲜活。弘扬从实际出发探索中国革命道路及理想主义信念和革命英雄主义精神。2018 年获第 31 届中国电视剧飞天奖优秀电视剧大奖、第 29 届中国电视金鹰奖优秀电视剧奖。2019 年获第 11 届广东省"五个一工程"奖。（华明）

工艺美术

概　况

岭南工艺美术　区域艺术。由实用工艺及装饰工艺组成的岭南造物艺术。广东英德青塘遗址发现的距今约 1.7 万年的陶器，是广东目前考古发现年代最早的陶器。1983 年发现的南越王墓是岭南规模最大、出土文物最丰富、年代最早的彩绘石室墓，出土陶罐、铜器、玉配饰、金缕玉衣、丝织物等文物，展现了早期岭南在陶艺、金属、染织、雕刻、编织、服饰、绘画等方面的造诣，具有岭南独特的地域文化风格和特点。在岭南各类工艺中，陶瓷、雕刻、编织、刺绣、押花成就较为突出。陶瓷工艺最早可追溯到新石器时期。佛山石湾地区的新石器时代河宕贝丘遗址中，出土大量陶器。石湾窑在今广东省佛山市石湾镇，以陶塑和建筑陶瓷著称，始于宋代（一说始于唐），盛于明清。石湾窑的石湾公仔具有浑厚、粗犷、质朴、率真的特色。代表作品有潘汾淋的《蚁如人生》《蚂蚁世界》《共享成果》，庞文忠的《佛山黄飞鸿》《鲁智深》，刘传的《岳母刺背》《屈原》《杜甫》《李白》，黄松坚的《龙之尊者》等。雕刻工艺的起源早于西周。广东考古发现的第一件西周铜盉"龙纹鋬耳铜盉"雕塑多处龙纹。其后，岭南雕刻工艺在表现形式、器物到材料选择上日渐丰富。广府地区主要采用"三雕两塑"（砖雕、木雕、石雕和灰塑、陶塑）形式，以岭南风土人情、民间传说、历史故事、四季花果等为图案题材，绘画技巧高超、工艺精湛，代表作有广州陈家祠、佛山祖庙等建筑的雕塑。端砚始于唐初的端州（今广东肇庆端溪），具有发墨不损毫、呵气能研墨等实用性以及纹路细密、软硬适度、宜于雕刻等工艺性。现代端砚的代表作品有程文的《端州古郡图砚》，柳新祥的《龙腾盛世砚》，程振良的《鸟巢砚》，刘演良的《海天旭日砚》，黄伟洪的《朝阳无限好砚》，程振业的《人文湾区砚》等。潮汕木雕始于唐代，盛于明清，根植于潮汕地区民情风俗，形成题材丰富、工艺精湛的艺术表现风格。潮汕地区自古崇佛敬神、重视祭祀，反映在祠堂的建筑形式和内部装饰上，有浓郁的崇佛敬神文化氛围。潮州木雕的代表作品有潮州从熙公祠的木雕，现代的代表作品有黄帜明、陈雨田、吴江冷等人集体制作装饰于北京人民大会堂的《雄鸡五梅图》《龙虾蟹鱼》《三羊开泰》《含莲花鸟》，秦宪的《百鹰图》《法界源流图》，张维怀的《大观园庆元宵》等。广东客家地区的木雕构图多以抽象符号与图案相结合，代表作品有韶关曾氏祠堂的木雕。广西主要以木雕为主，体现喜、善、养、禄四大吉祥文化寓意，代表作品有《沙弥禅梦》《八仙》《扬帆起航》等。编织工艺有 1000 多年历史。藤编主要以棕榈藤类植物茎秆的表皮和芯为原料，在广东、广西、福建等地尤为著名。在中外文化交融下，岭南藤编材料、藤制品实现多样化，体现务实、兼容及创新性。藤编的代表作品有梁灿尧的《松鹤延年》《沙皇转椅》《叶归花架》等。粤绣中的广绣主要流行于珠江三角洲。最早起源于唐永贞元年（805），之后工艺愈发成熟，式样更加丰富，出现台屏、条幅、挂屏、服装等。装饰图案主要为自然景色和花鸟动物，"图必有意"，具有一定的叙事功能。广绣作品色彩种类丰富，具有视觉反差，渲染刺绣作品中热闹、欢乐气氛，代表作品有《晨曦》《牡丹松鹤》《紫荆孔雀》《百鹤图》《孔雀挂屏》等。岭南押花是一种以天然植物花卉为装饰材料的传统手工艺，始于秦汉，盛于唐宋，发展于当代。创作前需对花草色泽和形态进行脱水干燥处理。制作时，选取天然植物花卉的根、茎、叶、花、果、种子等部分或者整株植物，根据植株本身天然形态、纹脉和色泽进行匹配和拼贴。最后再密封装裱、装潢成画。岭南押花的代表作品有傅庆军的《岁寒三友》《金陵十二钗》。此外，还有染织、漆艺、剪纸、泥塑和绘画等。随时代变迁及经济发展，作品表现形式更丰富，更精细和现代化，保留历史传统和鲜明地域特色。　（刘子川）

种 类

黎族原始制陶技艺 传统技艺。黎族用露天平地堆烧陶器的技艺。起源于海南地区。分为无轮泥条盘筑成型和无轮泥片围合成型两种。制作的陶器造型朴实，风格粗犷，以厚胎、鼓腹、唇沿、无颈、平底或圜底为典型特征；依功能分为炊煮器、蒸酿器、饮食器和盛储器4大类，多为夹砂粗陶。技艺由族群女性传承，以家庭为单位制作器物习技艺，所制陶器或为家庭日常使用，或用作以物易物，延续数千年。黎族独特的自然环境、社会结构、经济形态和族群文化是原始制陶技艺得以流传的前提条件。黎陶成型与烧制技艺在一定程度上保留史前时期制陶工艺原始形态，被视为中国陶瓷文化起源"活标本"。2006年入选第一批国家级非物质文化遗产名录。2011年黎族泥片制陶技艺入选国家级非物质文化遗产扩展项目名录。（罗佳）

钦州坭兴陶烧制技艺 传统技艺。以广西钦州钦江东、西两岸陶土为原料的陶器制作技艺。产生时间可追溯至唐以前。东泥较软，西泥偏硬，一般将两者按软六硬四比例混合后使用。烧成的陶器以紫红色为主。早期主要为手工拉坯成型，半机械化生产后引进拉坯、注浆、印模和滚压等新成型方法。陶土中含有丰富三氧化二铁成分，在烧制过程中胎体颜色会发生窑变，成品不施釉料，采用表面磨光工艺，保留陶土原有紫红色泽，又显现出自然形成各色纹理。主要采用剔、刻、堆、雕等装饰手法，表现山水、人物、花鸟、吉祥图案以及具有广西人文特色的装饰图案。2008年入选第二批国家级非物质国家遗产名录。（罗佳）

彩瓷技艺 传统技艺。在瓷胎表面饰以彩绘装饰的技艺。广东彩瓷有广彩和潮彩两大流派。广彩（广州织金彩瓷），产生于清康熙末年至雍正年间，主要特点是借鉴织锦图案装饰，在白胎瓷器上用颜色和金银水描绘，满地加彩，不漏白胎。广彩生产流程分为样品设计、描线、填色、封边、斗彩、炉房等工序，构图设计讲究完整、统一、和谐，分为艺术瓷和日用瓷两大类。广彩主要是外销品，其表现手法继承传统彩瓷特色，又吸收西洋画法，装饰纹样主要包括人物、山水风景、花鸟等题材，又有中西样式之分，纹章（徽章）瓷颇为流行，形成集中西韵味于一体的艺术风格。潮彩是潮汕地区陶瓷彩绘的通称，唐宋时期就有生产，题材以寓意品格高尚、象征富贵吉祥的动植物、人物历史故事为主；画法主要受中国传统写意画影响，讲求气韵胜于形似，又吸收潮绣、潮州木雕、潮州香包、民间绘画（如金漆画、墙画、佛画）艺术语言和装饰手法，形成色调艳丽鲜明、纹样精细工整、产品浮凸多层次的艺术特色。（罗佳）

陶瓷微书 传统技艺。中国书法中的微型书法与彩瓷工艺结合的技艺。起源于殷商时代，用特制毛笔书写，字体大多为0.1毫米见方，与传统书法一般讲究字体结构、章法布局、神韵风骨。融入陶瓷装饰的微书，依陶瓷器形、绘画构图布局设计，或以书配画，独立成章，或以书组画，以物而形，具有审美价值与创新意义。2014年入选第四批国家级非物质文化遗产名录。（罗佳）

枫溪瓷烧制技艺 传统技艺。潮州枫溪陶瓷生产技艺。广东潮州枫溪是明代重要陶瓷生产区。产品依工艺分类主要有瓷塑、通花瓷、色釉瓷和彩绘瓷；依功能分为日用瓷、艺术瓷、建筑卫生瓷和特种用瓷4种，以艺术瓷最为著名。艺术瓷主要供陈设观赏，故又称艺术陈设瓷，题材有人物、动物、通花瓷塑、花瓶（盘）彩绘等多个种类，现代又有陶艺和瓷塑壁画等。除花瓶（盘）彩绘涉及瓶体造型的整体设计与彩绘外，其他种类技艺体现以雕、捏、刻、贴、塑为主。2008年入选第二批国家级非物质文化遗产名录。（罗佳）

枫溪手拉朱泥壶制作技艺 传统技艺。以潮州本土朱泥为原料，采用手工拉坯成形法制作茶壶的技艺。始于清代中期。朱泥俗称红泥，属紫砂泥料之一，质地细腻柔韧不含砂，经选料、调配、淘洗、陈放、练泥等制泥程序，具备可塑性好、光滑度高、生坯柔韧、干燥收缩性小等工艺性能，用于制造茗壶具有质地坚实、表面平滑、保温性好等特性。制作过程有拉、修、批、上水、上浆、烧等近60道工序，依靠辘轳旋转成形，属几何形类传统圆器款式。开创出"圆非一相"壶艺新天地。制作出的茶壶造型讲究，也突出适用性，壶身小，壶体薄，蓄热长，善发茶香，便于使用。2014年入选国家级非物质文化遗产代表性项目名录扩展项目名录。（罗佳）

石湾陶塑技艺 传统技艺。广东佛山陶器制作技艺。产生时间可追溯至汉代。明清时期，佛山石湾发展为综合性的陶瓷生产基地。产品分日用陶瓷（包括炊煮器、饮食器、容贮器、灯盏、烛台和文房用具等）、美术陶瓷

（包括各种陶塑、实用美术器物、玩具、花瓶、花盆、金鱼缸、仿古器物和仿各名窑产品等）、园林陶瓷（包括各色琉璃瓦、造型瓦脊、色釉栏杆、华表、花窗、柱筒、鼓墩等）、手工业用陶瓷（包括酿造业、浆染业、制糖业等所需的大缸、大盆及各种类型的瓮、坛、罐等）及丧葬用陶瓷（如魂坛、瓮棺、祭器等）5 大类，以日用陶瓷、美术陶瓷和园林陶瓷闻名。主要运用捏、捺、贴、雕等手法塑造，施以釉色，有装饰意味。题材包括人物故事、鸟兽虫鱼、花果器皿、山公亭宇、仿古器物等，取材于现实生活，又结合神仙道佛、民间传说等内容进行创作，形态生动，刻画细腻，具有人文性、民族性和地方性等艺术特点。2006 年入选第一批国家级非物质文化遗产名录。（罗佳）

石湾陶瓷

小江瓷器手工制作技艺　传统技艺。广西钦州浦北县境内所制造瓷器的统称。开始于南北朝时期，成熟于宋代。明末清初，景德镇窑工避乱来到小江，始创小江镇马路坡小江窑。其产品与景德镇瓷器一脉相承，又具有广西地方特色，岭南民间有"北有景德镇，南有小江瓷"美誉。小江瓷器胎体较厚，釉色鲜亮通透，越州绿和越州红绿彩釉色为浦北独有。装饰手法包括釉上彩、釉中彩、釉下彩和综合装饰；装饰形式有手绘和贴花两种。烧制要经过 72 道工序。2012 年入选广西壮族自治区第四批自治区级非物质文化遗

产代表性项目名录。（罗佳）

广州珐琅制作技艺　又称画珐琅。传统技艺。广东广州结合西洋技法形成的瓷器制作技艺。起源于 15 世纪中叶的欧洲，于清康熙年间自广州港传入中国，就地设厂研制。其产品称为洋瓷，宫廷称其为广珐琅，多以金属为胎（铜胎为主）。制作方法：先于红铜胎上涂施白色珐琅釉，入窑烧结后，使表面平滑，以各色珐琅彩直接涂绘，再经烧制而成。相对于清宫造办处画珐琅工艺注重传统手法宫廷样式，广州民间私家作坊画珐琅吸收西洋画法，出现仿欧洲风格造型，构图繁密，线条奔放，富有欧洲西洋画色彩，盛行锦地开光人物、花卉、山水风景等，釉色鲜艳，有玻璃质光泽感。清代主要用以满足宫廷、国内市场及国外市场需求。外销广珐琅受国外市场文化审美以及生活习惯影响，在造型、纹饰、色彩及功能上体现截然不同的审美特色。2009 年入选广东省第三批省级非物质文化遗产名录。（罗佳）

画珐琅　见"广州珐琅制作技艺"。

红釉彩瓷"满堂红"烧制技艺　传统技艺。广东潮州饶平九村刘氏家族研发的高温大红色釉陶瓷烧制民间技艺。可追溯到清代末年。制作上以高岭土、长石、石英、高温熔块、高温色料等为原材料，经过原料制备、成型、素烧、上色、烤色、喷釉烧成及彩绘等 100 多道工序。采取色釉分离工艺，先将着色剂和基础釉分开，再按先后次序将着色剂和基础釉固定在陶瓷坯体上，经多次烧制而成。解决高温红釉釉面光泽度不够、色泽不均匀、呈色不稳定等问题。2009 年入选广东省第三批省级非物质文化遗产名录。（罗佳）

光德陶瓷烧制技艺　传统技艺。广东

梅州光德镇传统手工制瓷技艺。传承始于南宋。传承方式主要有家庭传承和师徒传承两种。烧制技艺分为 4 大工序：一是采集瓷土、拌泥、拌浆釉，分为采瓷土、放车碓、踏泥、洗泥、干泥、洗浆釉；二是拉坯成型，有打饼式和手拉坯式两种成型方法；三是绘画上釉，分为釉上彩和釉下彩两种；四是燃烧制成，瓷坯采用匣钵装烧法入窑烧制，烧熟冷却后即成。产品主要有仿古瓷（青花花瓶、花篮瓶、古凳等）、工艺瓷（青花四角花瓶、蒜头瓶、天珠瓶、果盘、笔筒、笔架等）和日用瓷（杯、盘、碗、碟、匙、茶具、花盆、鱼缸、烟灰盅等）三大类。2012 年入选广东省第四批省级非物质文化遗产名录。（罗佳）

吴川瓦窑陶鼓制作技艺　传统技艺。用陶泥制作民间打击乐器的技艺。流传于今广东省湛江市吴川市梅菉街道瓦窑村。起源于唐代。吴川瓦窑陶鼓属于鼓类乐器中的腰鼓，使用吴川本土陶泥制成，造型古朴，经过制模、选泥、炼泥、雕花、上釉、晾晒、烧制、蒙皮、调音等 38 道工序纯手工制作，送入瓦窑烧三天两夜完成。陶鼓整体内空，一头大、一头小、中间细，形成两头鼓口大小不一的葫芦形状；大鼓口直径约 30 厘米，小鼓口直径约 17 厘米，长 50 至 80 厘米不等，重约 5 千克。表演时左手持小木棒敲击大鼓面，右手掌击小鼓面，使陶鼓发出叮、碰两种音色，具有一鼓双音特色。瓦窑陶鼓为吴川民间傩舞"舞二真""舞六将"或祭神时的伴奏乐器，当代艺人因此编纂衍生出瓦窑陶鼓舞。2013 年入选广东省第五批省级非物质文化遗产代表性项目名录。（罗佳）

潮州通花瓷技艺　传统技艺。广东潮州枫溪运用雕贴镂空制作通体镂空瓷器的技艺。20 世纪 20 年代产生。集

雕、塑、捏、印、贴、刻、划、绘等装饰工艺于一体，呈现玲珑剔透、精巧典雅的艺术特色。发展过程中吸取潮州木雕、潮州抽纱艺术形式和技术特点，与彩绘、浮雕、瓷花等装饰工艺相结合。早期通花瓷采用手工制作，工艺流程分为拉坯、修坯、捏塑、贴塑和镂空雕5个步骤；通花图案以竹梅纹和网地纹为主；尺寸规格不大，器形有花瓶、橄榄瓶、将军坛、冬瓜罐、媒筒等。20世纪50年代后，随制陶技术发展，通花瓷在工艺、品类、装饰和规格等方面有新发展。雕刻工艺上，除单层雕刻外，有双层甚至多层雕刻；品类功能上，可作为建筑装饰，也可用作室内陈列；装饰纹样上，从竹梅图案发展到复杂几何纹样；尺寸规格上，有几厘米袖珍小品，也有高1米多的大型瓷件。（罗佳）

黎族传统纺染织绣技艺 传统技艺。海南黎族妇女利用棉、麻等天然纤维制作衣物和其他生活用品的传统手工技艺。最早可追溯至春秋战国，其时黎族妇女已掌握棉纺技艺，西汉广幅布被征作岁贡珍品，宋元技艺成熟并传播全国，清代黎锦已是国内外贸易珍品。集纺、染、织、绣于一体。机杼主要有脚踏织机和踞腰织机两种。印染以扎染为主，刺绣有平面绣和双面绣两种。产品有麻织、棉织、织锦、印染（包括扎染）、刺绣、龙被等品种，图案丰富，有160种以上，有人物、动物、植物、花卉、生活用具、几何纹样，以人物、动物、植物图案为主。2006年入选第一批国家级非物质文化遗产名录。2009年入选联合国教科文组织急需保护的非物质文化遗产名录。参见第104页历史卷"黎族织锦"条、第217页民族民系卷"黎族传统纺染织绣技艺"条。（刘子川）

广绣技艺 传统技艺。以广东广州为中心的珠江三角洲地区的刺绣技艺。唐代已有记载，至宋代工艺成熟。清光绪年间，广东成立工艺局，设缤华艺术学校传授刺绣等工艺。民国初年，广绣业出现专业分工。品种按材料分，主要有真丝绒绣、金银线绣、线绣和珠绣4类。技法有钉、垫、拼、缀、铺五种。色彩根据刺绣品种主要分为两类：威彩以较饱满色彩为主调，淡彩以三间色为主调。图案以人物与花鸟为主，受岭南画派影响，吸收西洋画法，把吉祥和美好愿望融入其中。制作工具有绣线、绣针、花架、丝绸底料、搭手竹等。2006年入选第一批国家级非物质文化遗产名录。（刘子川）

潮绣技艺 传统技艺。以广东潮州为中心的刺绣技艺。始于唐代，风格形成于明、清，流传于国内及东南亚一带。分为绒绣、线绣、金银线绣、金绒混合绣4大类。绣法有绣、垫、贴、拼、缀5种，针法有六角三叠踏针锦、垫棉过金针、双丁鳞、垫绣菊花畔鳞等200多种，以浮雕效果的垫高绣法独异于其他绣法。图案除人物、花鸟、动物走兽、器皿、博古、龙凤外，常用鱼虾和南国佛手、菠萝、林檎等为题材。构图饱满匀称，色彩浓艳。主要用于剧服、道具、庙宇装饰等。2006年入选第一批国家级非物质文化遗产名录。（刘子川）

潮绣

瑶族刺绣 传统技艺。瑶族以棉布为主要原料的刺绣技艺。汉代已有记载，隋唐出现瑶族绣花裙，宋代瑶族刺绣技艺十分纯熟，明末清初达鼎盛。采用棉布为底，用红、绿、黄、黑、白5种色线来配色绣。不用画底稿，先用黑线或白线（视布色而定）依着布纹绣出一行行方格，再在方格中绣出不同的图形。从反面绣，不看正面，又能使正面构成三角形、齿状形、城堞状形等，其结合在一起形成一个个物体图案，再将其组合起来，就是各种衣物服饰上的图案。图案配色组合各异，基本形态是定型的，呈现出几何化、程式化特征。造型抽象，运用变形、夸张、象征、比喻等表现形式和表达技巧，记载瑶族生存发展和信仰崇拜。主要配饰在男女衣服、头巾、腰带、围裙、小孩帽子、挎包、伞袋等物件上。2011年入选第三批国家级非物质文化遗产名录。（刘子川）

潮州抽纱刺绣技艺 传统技艺。清光绪年间由欧洲传入抽纱与潮州刺绣相结合的制作技艺。多采用棉、麻、法丝、玻璃纱为面料，白色或淡浅色纱线绣制，俗称做白纱。按图案设计抽出布料中某些经纬线，以针线缝锁抽口，再加花纹刺绣。通过400多种针法工艺和设计布局，变化图案。构图独特，针法细腻，色调淡雅，以刺绣垫凸和抽通为特点。主要品种有手巾、台布、绣衣、床罩、被枕套、靠垫、餐套等。2009年入选广东省第三批省级非物质文化遗产名录。（刘子川）

香云纱染整技艺 又称晒莨。传统技艺。香云纱又称莨纱、响云纱、莨绸、黑胶绸等。清中叶以后，随广州对外通商，广佛缫丝业得以发展，至民国初年产生。产品以丝罗织物与平纹织物为坯绸，采用薯莨汁染色，再用河泥覆盖，经日晒加工而成。工艺流程有浸莨水、晾晒、洒莨水、封莨水、煮练、卷绸、过泥、洗涤、晒干、摊雾、拉幅、整装等10多道工序。质地轻薄、柔软、凉爽、耐汗、易洗、

快干，是适合热带、亚热带地区夏季衣料，有金属和珍珠般光泽，贮存或穿着时间越长越柔软、亮泽、舒适。2008年入选第二批国家级非物质文化遗产名录。2011年国家原质检总局批准对香云纱实施地理标志产品保护。（刘子川）

晒莨　见"香云纱染整技艺"。

海南苗族传统刺绣蜡染工艺　传统技艺。明万历年间，苗族先民带入海南。分为染料制作、染布、刺绣3个主要步骤。在蜡染黑蓝色棉布上用红、青、黄、蓝、白5种颜色丝线绣出花纹图案。图案丰富、色调素雅、寓意美好、风格独特。用于制作服装服饰和各种生活用品。2009年入选海南省第三批省级非物质文化遗产名录。（刘子川）

和平县墩头蓝纺织技艺　传统技艺。棉纺织印染布料技艺。因染制出来的布料呈蓝色，又因其产地名为墩头村，故名。明清时期已有出品。用自产棉、麻、大青叶、栀子等纯天然野生织染材料，采用纺、织、染、踹等十几道工序。以素色为主，采用经纬交叉、纵横交错的方式编织。布料有整洁柔软、厚密有度、简洁大方、耐磨实用等特点，以自然、清新、简约、和谐的蓝色闻名东江流域。被广泛应用于群众生产生活中。2015年入选广东省第六批省级非物质文化遗产代表性项目名录。（刘子川）

小榄刺绣　传统技艺。因刺绣时所用丝线有毛绒质感，也称丝绒绣。明中叶后形成风格，是粤绣一个具有地方特色的分支。制作工艺流程包括选图、勾稿、上绷架、选线、选针、刺绣6个步骤。针法有基础针法、辅助针法和实用针法3大类45种，以实用针法最具特色。中山小榄是南国菊乡，绣品题材图案除常见雀鸟、鱼虫、龙凤、鸡鸭等外，常配以菊花等花卉图案，富岭南风土特色。早期制品主要是实用性刺绣，后发展为有欣赏性绣画。2013年入选广东省省级非物质文化遗产代表性项目扩展名录。（刘子川）

珠绣　传统技艺。潮州地区用针穿引珍珠、玻璃珠、宝石珠，在纺织品上组成图案的刺绣技艺。起源于唐代，鼎盛于明清，新中国成立后工艺失传。作品分为珠绣服装、珠绣包（袋）、珠绣画3大类。制作流程主要有构思、画稿、针稿、排料、刺绣等。质地上局限于丝绸面料，囊括印花布、牛筋布、人造革、真皮等材料。纹样为图案形式，构图讲究均衡对称。色彩突出主色调，合理搭配，强调装饰效果。针法主要有垫针、平针、掺针、乱底、过桥、散点、喷点、锁枝、排管、吊片、吊穗、满珠、蕾花等20多种，散点、乱底、吊片、吊穗等为珠绣独有针法。2015年入选广东省省级非物质文化遗产代表性项目扩展项目名录。（刘子川）

瑶族银饰制作技艺　传统技艺。包括排瑶和过山瑶银饰制作技艺。清代已有文献记载。制作流程有化银、锻打、下料、粗加工、做铅托、精加工、焊接、酸洗等工序。产品类型有头簪、头钗、耳环、胸牌、项圈、银锣、手镯、戒指、银树、过山瑶银扣、过山瑶金蓬铃、瑶新娘头饰品和瑶族男子肩饰品等。图案多以几何形为主，有三角形、圆形、正方形、长方形、月牙形以及人物、花鸟虫鱼等规格。与宗教信仰、生活习俗、生产劳动相关，具有民间文化和民间习俗，传承瑶族文化和传统礼仪相结合的特点，有鲜明的民族特色及地域性。2013年入选广东省第五批省级非物质文化遗产代表性项目名录。（刘子川）

阳江小刀制作技艺　传统技艺。指由打铁衍生出的专属制作技艺。流传于广东阳江地区。有选材、入钢、打刀、热处理、收尾等工序。产品具有锋利好用、坚固耐用、美观实用三大特点，在国内享有"小刀王"美誉。行销亚、欧、美、非40多个国家和地区。2012年入选广东省第四批省级非物质文化遗产名录。（刘子川）

后安刀锻造技艺　传统技艺。以海南万宁后安镇刀锻造手工技艺制造刀具的技艺。清末民国是生产鼎盛时期。生产的产品种类有小刀、大刀、菜刀、镰刀、钩刀、剪刀、凿子、锯类木工用具，制作需高温淬炼工序，淬火功夫精到、锋利耐用、价格低廉，一度远销省外乃至东南亚一些国家和地区。2005年入选海南省第一批非物质文化遗产代表作保护名录。（刘子川）

铜铸胎掐丝珐琅器制作技艺　传统技艺。至迟春秋时期已出现，清乾隆时期最为繁荣。20世纪30年代李楚仙来到潮州，创办铜铸胎掐丝珐琅器作坊。在铜胎上将扁薄而匀称铜丝掐成纹样轮廓线黏合上去，经焊接组成图案，在掐好的铜丝纹样轮廓内填充珐琅釉料，烧结而成。制作技艺分为整胎、掐丝、焊丝、点琅、烧琅、磨琅、鎏金7个主要环节。在材料选择、制作工艺等方面，保留传统铜铸胎掐丝珐琅器制作技艺，又借鉴青铜器、陶瓷器、漆器等器物造型。2012年入选广东省第四批省级非物质文化遗产名录。参见第809页科技卷"铜铸胎掐丝珐琅器制作技艺"条。（刘子川）

陆丰金属雕　传统技艺。以金、银、铜等金属片为材料制作的技艺。广东陆丰郑氏祖先自福建迁来，带来金银首饰铸造与雕刻工艺。清道光年间，陆城郑宗文开设金银首饰作坊。以

0.4—0.8毫米金属片为原料。制作流程包括设计、选材、稿件变形、复制、造型、整形、成模、热处理、合成、冷却、定型、雕刻、焊接、漂洗、抛光、氧化、电镀、安装、装裱、配套等工序，部分工序要反复几遍。有立体、半立体、平面等多种。题材包括山水、人物、飞禽、走兽、花草、诗词、珠宝箱盒、玉器镶嵌等。以线刻、浮雕、镂空为主要手法，制作精巧。2013年入选广东省第五批省级非物质文化遗产代表性项目名录。（刘子川）

阳江漆器髹饰技艺　传统技艺。古代制作漆器的一种。始于明末清初。因天然生漆不能满足需求，后用"阳江漆"腰果漆。工艺流程复杂，主要技法有镶嵌彩面、螺钿、贝壳、描金堆漆、拍花、印花等，面漆髹饰传统上多为黑色和朱色。采用腰果漆后，髹饰工艺有新变化，增加推磨、罩金、罩银、罩铜、罩锡等多种装饰技艺。种类多，有皮胎漆、木胎漆、麻胎漆、金属胎漆、纸胎漆和瓷胎漆等。制品造型多为实用型，如皮箱、茶叶盅、首饰盒、印章盒、眼镜盒等，具有质轻、坚固、防潮、耐热、耐碱、经久不变形、不褪色等特点，以皮胎漆品最具传统特色，可做生活用品，又可做美术工艺品，具有岭南民族风格和地方特色，有很高实用和艺术价值。2011年入选第三批国家级非物质文化遗产名录。（刘子川）

潮州推光金漆画技艺　传统技艺。在推光漆板上用金粉和金箔创作的技艺。始于清道光十七年（1837）丛熙公祠中的金漆画装饰，清后期已成为当地传统建筑装饰及神器装饰重要方式。制作过程分实木板制作、漆板制作、金漆画绘制3大部分。题材主要有生产劳动、日常生活、名胜古迹、花鸟虫鱼、民间故事、戏曲、章回小说故事、历史人物等。产品构图不受透视限制，平视与远视相结合，用"之"字形、"S"形等路径安排，画面虽散而连，互相呼应。潮州推光金漆画2015年入选广东省第六批省级非物质文化遗产代表性项目名录。（刘子川）

潮州金漆粉线官帽技艺　传统技艺。以挤凸为工艺核心、以神像头佩戴为工艺载体制作的传统手工技艺。粉线工艺是官帽之魂。据记载，该工艺从元代开始出现。制作过程需要起稿、折帽形、加固、上漆、勾勒粉线、打漆、贴上纯正古板金、彩绘等40多道工序。可勾勒出鸟兽、龙凤、花卉、缠枝花、莲瓣、八宝、梵文等图案。作品样式多，除作为正宗神明帽使用，还能做成家具装饰品。在中国广东潮汕地区、福建、台湾以及东南亚等地受欢迎，有美好寓意。（刘子川）

象牙雕刻　传统技艺。以非洲象牙为原材料雕刻的制作技艺。秦汉时期已有发展。宋代形成地方特色，被称为南派牙雕。明清时工艺与生产规模达到历史高峰。民国以来，工艺水平精湛，在全国牙雕行业中独树一帜。讲究牙料漂白和色彩装饰，重雕工、精镂细刻，整体布局繁复热闹，不留空白。制作工具有刮刀、锉刀、凿刀、戳刀等。工艺以镂雕、拼嵌为技术核心。镂雕为广州牙雕传统技艺，即在浮雕基础上，镂空其背景部分。拼嵌是该技艺的创新，借鉴吸收木雕榫卯技艺，以拼嵌技艺扩大牙雕作品体积，拼嵌浑然一体，无斧凿痕迹。牙雕作品主要分为三类：一是欣赏品，包括象牙球、花舫、人物、蟹笼、花塔、花瓶、鸟兽、石山景等；二是实用品，包括折扇、台灯、烟嘴、笔筒、粉盒、图章、梳具、筷子、牙签、书签、纸刀、象棋等；三是装饰品，包括手镯、项链、耳环、戒指、别针等。传统名品有牙球、牙舫、人物等，以牙球最为著名。也有牙雕与其他多种材料如紫檀、犀角、玳瑁、翠羽等镶嵌于一器，图案富有层次，华丽美观。2006年入选第一批国家级非物质文化遗产名录。（刘子川）

11层孔雀象牙船

广州榄雕　传统技艺。指广州地区以乌榄核为材料雕刻的制作技艺。核雕的一种，属立体微雕类。兴起于明代，盛于清代直至抗日战争全面爆发前。1938年日军入侵后萎缩。新中国成立后恢复。雕刻工具主要有锉刀与锥刀。技法以浮雕、圆雕、镂空雕为主。制作工艺以镶嵌为技术核心，其镶嵌技艺以精细见长，作品由镶嵌制成，通身不见拼接接口，具有岭南工艺美术典型特点。按形式分主要有座件、挂件、珠串、核舟。以东坡游赤壁为题材的核舟是榄雕中的传统题材，历代名家有此类作品流传。新品种有多层花舫、通雕蟹笼、撒网渔船、吊链宫灯、花塔、古鼎、国际象棋等。2008年入选第二批国家级非物质文化遗产名录。（刘子川）

广州玉雕　传统技艺。以翡翠玉为材料，以玉器首饰和玉雕座件为配件的雕刻技艺。与北京、扬州、上海的玉雕工艺并列为中国四大派。新石器时代遗址中已发现完整玉环及残玉环。唐代白玉凤首觯、宋代玉狮，雕刻工艺已达上乘。明清时期，工匠集于广州，民间玉器制作工艺得以发展。20世纪30年代达到鼎盛，玉雕业户达4000多家，长寿路、带河路玉器墟成为中国南方最大珠宝玉器市场。传统首饰采用浮雕工艺，有双钩浅彻法和

深浮雕、撞地浮雕法，纹饰多以瓜果、花鸟、龙凤、观音、佛像和福禄寿等为纹样，分为玉镯、光身碎件、花件三大类共100多个花色。座件采用镂空通雕技法，有人物、花卉、鸟兽、瓶罐等。近数10年来，在传统技艺上发展出新工艺。造型设计借鉴宋代七巧色玉技艺，创造巧色特技，注重利用玉料天然纹理和色彩，量料取材，避开裂纹，巧用色彩，玉器浑然天成。雕琢技法以通雕座件、镂雕玉球和组合镶嵌等闻名。代表作品《赐福龙舫》《新世纪的春天》等。2008年入选第二批国家级非物质文化遗产名录。（刘子川）

阳美翡翠玉雕　传统技艺。广东揭阳东山区磐东镇阳美村传统玉石雕刻技艺。始于清光绪三十二年（1906），20世纪五六十年代远销全国。讲究玉石材质，选取来自缅甸和国内玉矿中玉质晶莹、硬度高翡翠为材料。在工艺上，借鉴吸收潮州木雕表现形式和技艺手法，又融合潮绣表现物象肌理和注重光影和谐技巧，造型设计利用玉石天然纹理，以小巧玲珑取胜。其技艺属南派风格，也融合北派特色，以奇、巧、精、特技艺著名。2008年入选第二批国家级非物质文化遗产名录。（刘子川）

潮州木雕　又称潮汕金漆木雕、金漆木雕。传统技艺。唐宋时期已存在，至明清雕刻技艺成熟。主要用以装饰建筑、家具和祭祀器具。以樟木为材质，有浮雕、沉雕、圆雕、镂雕、通雕等形式。在构图处理上，常以"之"字形布局构图，模仿中国画、戏曲舞台，其特点是在一个木雕面上将不同时空中发生的故事同时表达出来，叙述方式用特殊构图方式处理人物活动脉络，即"径路"。题材有花鸟虫鱼、四季果品、江海水族、珍禽瑞兽、民间神话传说、古代戏曲等。与东阳木雕并誉。以多层镂通为特色，以金箔贴饰，以黑

潮州金漆木雕《秋菊紫蟹》

漆或五彩烘托，前者称"黑色装金"，后者称"五彩装金"。也有采用"本色素雕"。2006年入选第一批国家级非物质文化遗产名录。参见第844页建筑卷"潮州木雕"条。（刘子川）

潮汕金漆木雕　见"潮州木雕"。

金漆木雕　见"潮州木雕"。

广式硬木家具制作技艺　传统技艺。以广州为中心，广东地区以硬木生产家具的技艺。明穆宗年间已与宫廷使用硬木家具媲美，至清代中期，该技艺发展到鼎盛时期。用料考究，使用紫檀、酸枝、花梨木等贵重硬木。工艺流程包括选材与设计、开料、木材处理、装饰（雕刻、镶嵌、描绘及其他多种工艺的运用）、打磨、打蜡、上漆及装配等。装饰手法包括：雕刻，常运用透雕、浮雕、圆雕、线刻等各种雕刻方法；镶嵌，用不同质地材料镶嵌，创造镶嵌艺术很多新技法。按镶嵌材料分为理石嵌、螺钿嵌、百宝嵌、骨嵌等。最常见是大理石嵌，一般用整块大理石做成桌面或者椅背。螺钿嵌工艺有白色和彩色之分，五彩嵌最漂亮。百宝嵌用螺钿、玛瑙、金、

银、牙、角、绿松石、寿山石等材料镶嵌家具。骨嵌分为高嵌、平嵌、高平混合嵌三种，骨嵌技艺精良，能持久保存。兼用描金、彩绘、贴黄、掐丝珐琅等手法。造型浑厚、庄重，追求构图效果，不惜材料，弯直有度，高低有错，主次分明，强调布局和整体效果。雕刻图案多用传统民间寓意，有幸福吉祥之意。2008年入选第二批国家级非物质文化遗产扩展项目名录。（刘子川）

海南黄花梨家具技艺　传统技艺。用海南黄花梨制作硬木家具的技艺。明代中后期，海南黄花梨具有材质坚硬、纹理奇丽、结构细密、耐腐蚀、木头干燥后不变形，精加工后光泽油亮的特点，色彩从浅到深，特别是结疤的地方纹理清晰，呈现出不同花纹受到青睐，明清以来是皇室用材首选。传统工具包括斧头、曲尺、墨斗、鲁班尺、凿子、雕刻刀等。制作技艺经历从独木家具到合木家具，从实用家具到新款家具；类型有普通床、椅、柜子、小方桌，古典优雅、技艺高超、价值昂贵经典家具。加上明晚期文人阶层审美意趣影响，呈现简洁风格、舒适实用功能、文雅意趣等特征，成为古典家具中美的典范。（刘子川）

端砚制作技艺　传统技艺。以广东肇庆端溪出产石料为原材料制作砚的技艺。制作过程主要有采石、选料、制璞、设计、雕刻、配盒、打磨、上蜡等工序。端溪石大多不抗震，生产各个环节均为手工制作。采石工具主要

肇庆端砚制作

包括粗细不等尖口铁凿、铁笔、铁锤、炮凿及照明用灯等，雕刻工具主要包括锤、凿、凿卡、木钻、锯、滑石及功夫台等。具有发墨不损毫、呵气能研墨等实用性，具有纹路细密、软硬适度、宜于雕刻等工艺性，具有色彩柔和、可紫可绿、石品花纹丰富等观赏性。肇庆端砚与甘肃洮砚、安徽歙砚、山西澄泥砚为中国四大名砚。2006年入选第一批国家级非物质文化遗产名录。（刘子川）

澳门神像雕刻 传统技艺。澳门以樟木和柚木为材料的雕刻技艺。制作工艺包括选材、设计、雕刻、接合、打磨、造底、上彩、金漆、贴金箔等环节。制作类型分为渔民信仰神像、道教及民间信仰神像、佛像及神龛佛具、民居商号装潢杂项、公共雕塑和木雕大型佛像。经历从简朴到精致、从小型到大型、从单体到组装的发展过程。在保存本地雕刻工艺传统同时，吸收外地造像设计和接合方法，产品由基本木雕公仔发展为具有国际水平贴金木雕佛像、佛具及重逾10吨妙法寺木雕大佛。2008年入选第二批国家级非物质文化遗产名录。（刘子川）

广州木雕 传统技艺。始见于广东广州三元里马鹏岗西汉前期汉墓出土的武士俑和骑马俑。距今已有2000多年历史，明清两代是兴盛时期。与潮汕木雕同属于岭南木雕，以精致、繁美、华丽闻名。木料主要是紫檀木、酸枝木、花梨木、坤甸木、樟木、柚木等。制作工艺包括设计、开料、做坯、装饰、打磨、打蜡、装配等多道程序。一件家具只用一种木料，或只用一根木料制成。一般不施油漆。制成品包括广式家具雕刻、建筑装饰木雕两大类以及红木小件和红木宫灯。注重保留木料天然纹理，打磨光滑，髹漆明亮，配合具体形象雕刻，形成天然与人工相结合的风格效果，注重具体形象雕刻，讲究繁复精细装饰性，装饰面积往往达到80%，追求粗犷豪放形象，气势恢宏，是艺术装饰与生活实用的结合。题材多样，有历史故事、神话传说，有渔、樵、耕、读；纹样有龙凤狮蝠、八仙三星、如意八宝、梅兰竹菊、岭南佳果等传统吉祥式样，又有虎爪脚、法国式图案洋花、双狮滚球等西洋式样，独具广州风味。具有岭南艺术独特魅力，彰显广州作为中西文化融合的国际化都市形象。（刘子川）

五华石雕 传统技艺。广东梅州五华以花岗岩石和汉白玉石为原料的雕刻技艺。该技艺种类多，明嘉靖十六年（1537）起，就有用石建桥和建房屋基础的记载。清代时，五华境内有石宫、石庙、石室、石牌坊、石门、石窗、石柱、石梁等建造的民居，石雕佛像、石狮、碑刻等。造型技法有圆雕、镂雕、浮雕、碑刻等。善于铺设公路、桥梁、港口、码头，建筑高楼大厦、楼亭台阁，雕刻人物、山水、飞禽走兽。题材丰富，有明代所雕石狮、县城城隍庙碑刻《凤凰台》及镂空精雕的画眉鸟笼等。当代以大型建筑装饰雕刻为主，兼有都市、园林布置中单体雕塑，呈现出该技艺不同表现风格。2007年入选广东省第二批省级非物质文化遗产名录。（刘子川）

云浮石艺 传统技艺。以广东云浮当地的石为原料的雕刻技艺。明万历年间，当地已用于庙宇、宗祠建筑装饰和家居用品的雕制以及碑刻等。传统以石雕、石刻为主。石雕以圆雕、浮雕、阴雕技艺见长，题材以大肚弥勒佛、观音、仙女散花等仙佛人物造型居多，还有象征祥瑞的龙、凤、狮、龟、麒麟以及虎、象、牛、马、飞禽鱼虫等；石刻以碑刻形式表现诗文名句书法为主。当代新增石拼图和实用装饰工艺。石拼图分板材拼图和石材马赛克拼图，板材拼图是利用不同颜色石板材拼成各种花色图案，石材马赛克拼图利用石板材边角料、碎料及其天然色彩，拼成图案、书法或画面；实用装饰工艺有花瓶类、盘类等实用器皿装饰，也有圆柱、罗马柱、壁炉等建筑构件装饰。新中国成立后，曾被选用于人民大会堂、毛主席纪念堂及故宫、布达拉宫修复的建筑装饰。具南方石艺特色，是南方石雕工艺代表。2007年入选广东省第二批省级非物质文化遗产名录。（刘子川）

灰塑 又称灰批。传统技艺。岭南一种以石灰为原料的传统建筑装饰技艺。唐已存在，明清两代最盛。以石灰为

灰塑

主要原料，配以干稻草、玉扣纸、红糖、糯米粉和各色颜料，经过浸泡、发酵、搅拌、混合、糅合等工序，制作出草根灰、纸筋灰、色灰三种必需材料，因此得名。工艺流程包括以钢钉、铜线扎制造型骨架，以草根灰往骨架上色灰至雏形成型，铺压纸筋灰使表面细腻光滑，上色灰面进行定型和修型，由浅色到深色逐次着色至最后以黑线勾勒完成。须控制塑型灰浆厚薄，在环境气温、湿度及时间上有严格限制，故须经历若干天才能结束整套工艺。在灰塑景物中或塑图组合间，留出装饰性通风孔，以减轻台风对脊饰冲击。主要用于传统建筑屋檐瓦脊、山墙顶端、门额窗框及亭台牌坊等的美化装饰。有半浮雕、浅雕、高浮雕、圆雕和通雕等适应不同部位装饰需求的多种造型手法。题材丰富，有地域人文景观、神话故事、民间传说、戏曲人物、民间风俗、祥禽瑞兽、花卉果木以及吉祥文字图、法宝纹图案等。落成于清光绪二十年（1894）的陈家祠，汇聚该技艺各式各样珍品。2008 年入选第二批国家级非物质文化遗产名录。（刘子川）

灰批 见"灰塑"。

面塑艺术 俗称捏面人。传统艺术。源于山西，初为食用，后发展为民间艺术形式。清同治年间传入云浮郁南。主要材料有面粉、糯米粉、明矾、食盐、色料等，采用羊毛、羽毛、丝线、棉花等材料，用于制作人物胡须、头发、冠顶之类。制作工具主要有剪刀、梳子、墨笔、小刀、竹针和竹签等。先将面粉、糯米粉等混合颜料调成各色面块，运用捻、揉、搓、挤、压、团、挑、按、拨等技巧，配以相关的道具，将面块塑造成各种形象。题材多取材自传统戏曲、四大名著、民间传说、神话故事、儿童卡通中的人物

以及十二生肖和其他动植物等。强调在较短时间内完成，中间不间断。具有颜色丰富、体积较小、便于携带、材料便宜、制作成本低廉等特点。2015 年入选广东省第六批省级非物质文化遗产代表性项目名录。（刘子川）

捏面人 见"面塑艺术"。

甲子贝雕 传统技艺。广东汕尾陆丰以传统螺钿镶嵌为基础的雕刻技艺。因集中于甲子镇而得名。明清时期，甲子镇有人将贝壳经过锯、磨、钻、刻等制成首饰品。清光绪年间，甲子镇内有小规模贝雕家庭作坊十几家。20 世纪七八十年代，甲子贝雕进入鼎盛时期。原材料为贝壳、螺类。工艺流程主要包括设计图样、取材、制作、上色、安装。创作作品不同，工艺流程稍有不同，如贝雕画采用先设计画稿再按需选料，立体贝雕则按先选好贝、螺自然形态进行构思创意设计。表现手法有立体、半立体、平贴、刻线、浮雕、镂空、沉雕等。作品分为浮雕挂画、立体贝雕、低浮雕及镶嵌 3 种。浮雕挂画作品以花鸟、人物、山水、博古为主，立体贝雕作品以人物、花鸟鱼虫、花瓶摆件为主，低浮雕及镶嵌作品主要为漆板挂画、家具、屏风等。2013 年入选广东省第五批省级非物质文化遗产代表性项目名录。（刘子川）

防城彩石雕刻技艺 传统技艺。以广西防城十万大山所产彩石（叶蜡石）为原料的雕刻技艺。工艺流程包括相石（含选石、审石、画石、化格、躲石等环节）、雕刻（含整形、粗坯、细坯、精刻、修光等）、打磨（含粗磨、细磨、上蜡揩亮等）和安配底座。题材多取材于山水、花鸟、虫鱼以及神话故事、民间传说、历史人物等。防城彩石曾与寿山石、青田石、鸡血

石三大名石并称。2016 年入选广西壮族自治区第六批自治区级非物质文化遗产代表性项目名录。（刘子川）

合浦角雕 传统技艺。广西合浦以牛角为原料的雕刻技艺。最早出现于明代，至清代进一步发展。材料为广西水牛角。工艺流程主要包括选料、开料、削坯粗雕、打磨、粗磨、细磨、抛光、热处理造型、过蜡、组装成型等。根据角质特点，表现手法有镂空、镶嵌、浮雕、平雕、巧色等。题材包括虾、蟹、鱼、鸟、虫、禽、兽、花、草、树等，以水族生物为特色。构图上吸取图画虚实相间、疏密有致、大胆取舍、工意结合等手法。图案结构艺术化，转化成独特民间传统工艺。当代工艺吸收广东高州角雕技法，形成以镂空雕刻技艺为主体特色的合浦牛角雕工艺技术。2021 年入选第五批国家级非物质文化遗产名录。（刘子川）

阳春根雕 传统技艺。民间称之为木影。广东阳江阳春用枯树根为原料的雕刻技艺。清代已流行，后不断传承发展，至 20 世纪四五十年代已形成多品种系列。所用材种有龙眼、荔枝、香樟、榕树、山杜鹃、山茶、紫薇、九里香、黄荆等，不能挖活根，以水中漂浮枯树根（俗称水浮柴）、千年沉积木、废弃的残树桩、枯根、朽木等为材料，不同雕刻品种又有不同的材质要求。分艺术根雕与实用根雕两大品种系列。艺术根雕以质地坚韧、长势奇特、盘根错节、弯曲有致、形态怪异的根材为上乘材料，经冲洗、去皮、修整、雕凿、打磨、上油（打蜡）而成。象形艺术根雕系列包括人物类、动物类、景观类、根画壁饰类等；抽象艺术根雕系列利用根材奇特结构或线形、肌理、质感、色彩等特点，通过剪裁加工和命题方式赋予某种哲理、隐喻或象征意义。实用根

雕多用树头、树桩、树根、树瘤等为材料，雕制工艺与艺术根雕基本相同，有桌椅、茶几、屏风等家居用品系列和手杖、茶罐、笔筒、烟筒等日用品系列。近20年又发展创造出汉字书法根雕，成为一大新品种系列。（刘子川）

缅茄雕刻　传统技艺。广东茂名高州以缅茄树种子为材料的微雕技艺。清光绪十一年（1885）高州县城南华路彭学元始创。缅茄树产自缅甸，高州缅茄生于高州西岸关屋村，为高州独有，已有400多年。每年清明前后开花，次年春节前后荚果成熟。荚长约25厘米，荚内有果实3—6粒不等，状似茄子，故称缅茄。果实如拇指大小，3/5为深褐色，2/5为黄蜡色，俗称蜡头，角质，有光泽、纹理细密，质地坚韧。雕刻品种有龙、狮、凤、龙凤、龙狮、双龙、双狮7种。早期作品有雀、猴、鹿、蜂、观音、佛像、《龙凤戏珠》和《双狮舞球》等，有"爵、侯、禄、丰"幸福吉祥之意。也雕刻图章印鉴。在雕刻前，缅茄子用锡纸纹布包上蜡蒂浸水2天，取出晾干，用茶盅盖住3天，使其质地富有黏性，形如人参，透明光洁。每个品种经过粗工、通道工、龙珠工、修整工、龙须工、龙麟工、抛光工7个工艺。题材有飞禽走兽、亭台人物、诗词字画、民间传说等。或挂于身上辟邪、装饰，或欣赏、收藏，或赠予亲友、贵宾。2012年入选广东省省级非物质文化遗产名录扩展项目名录。（刘子川）

广式红木宫灯制作技艺　传统技艺。广东广州用进口红木雕刻、手工绘画宫灯的传统技艺。是绘画、木雕和玻璃工艺集合体。红木宫灯起源于明代，是进贡皇宫珍品。清代除充当贡品外还大量出口，广受外国人喜爱，被称为"中国灯"。主要选材有紫檀木、酸枝木、花梨木、菠萝格木、坤甸木等进口木材。制作流程包括制作红木组件和制作玻璃画两大阶段。红木组件制作经过选料、烘焙、开锯、拉花、雕刻、刮磨、组装、粗磨、上底漆、细磨、捡色、上面漆等工序；玻璃画制作经过玻璃开料、喷砂、绘画等工序，将红木组件与玻璃画、灯穗和灯泡等组装。广式红木宫灯与故宫藏17、18世纪宫灯一脉相承，雕刻工艺以通雕为主；造型以六角形为基础，有挂灯、座灯、壁灯、提灯、柱灯、风灯、走马灯等。2009年入选广东省第三批省级非物质文化遗产名录。（刘子川）

广式红木宫灯

潮州花灯　传统美术。广东潮汕地区民间用竹制作的花灯。始于明代，距今已有400多年的历史。以灯屏为主干，辅以节日喜庆、祭祀等活动所挂饰物为补充。主要以竹、铅线、丝纸做骨架，用绸缎、丝绢、花边绣品作衣饰。制作工艺包括构思、扎胚、装裱、装饰、组装（大型或活动型花灯）等复杂流程。分为彩扎彩塑立式屏灯和可吊挂可手提彩绘挂灯两大类。题材有人物、山水、花鸟虫鱼、日用品，素材来源于社会生活各方面。集彩扎、彩绘、剪刻于一身，融合潮州特有潮剧、潮绣、泥塑等艺术元素。2008年入选第二批国家级非物质文化遗产扩展项目名录。（刘子川）

忠信花灯　传统美术。广东河源连平县东南部六镇（即忠信镇周边五镇）传统赏灯民俗中用竹等制作的花灯。始于明末清初。有缭丝灯、宫廷灯、参灯、磨灯、紫灯、龙凤灯、宝莲灯、百公灯、廓灯、五福灯等品种。结构从上到下分为灯盖、灯身、灯裙，从里到外一般有2—4层，规格大的直径有12米，小的40厘米。多呈柱形，外层配以剪纸、图案、纸穗等，集绘画、工艺、剪纸、书法、诗词于一体。灯裙最特别，由各种各样花案彩色灯带组成，灯内装置各种画片可旋转流动。主要材料有笏竹、苗竹和红、绿、白等彩纸。制作工艺流程包括扎、钻、刻、剪、印、画、糊、裱等。2011年入选第三批国家级非物质文化遗产扩展项目名录。（刘子川）

佛山彩灯　俗称灯色。传统美术。广东佛山及其周边地区民间节庆活动中用竹篾等制作的彩灯。始于宋代，兴盛于明清时期。包括大型彩灯和头牌灯、人物故事组灯、彩龙、灯笼4大门类。主要材料为竹篾、铁线、纱纸、各式绸布、剪纸图案、各色颜料以及照明器材，按不同用料分为竹织灯笼、纱灯、剪纸灯、秋色特艺灯等。制作分设计、扎廓、打衬、装配4大工序。主要用佛山独有铜凿衬色剪纸作图案纹样装饰，使用纹样有民间喜爱且寓意吉祥的龙凤、金钱、寿字、万字、牡丹花卉、瓜果以及几何图案等。2008入选第二批国家级非物质文化遗产扩展项目名录。（刘子川）

灯色　见"佛山彩灯"。

彩扎　又称佛山狮头。传统美术。广东佛山民间传统用竹篾等制作的彩扎。源于明代，清乾隆年间在佛山兴起。按造型分为文狮、武狮、少狮3类。文狮以刘备、关羽面相为脸谱；武狮

以张飞面相为脸谱；少狮是一种狮头面具，专供儿童玩耍。装饰图案以民族传统唐草纹为基调，按云头如意纹、太极纹和螺旋纹变化规律，在狮头各个部位进行装饰；图案纹样左右、前后、上下结构严谨，均衡对称；色彩以红、黄、绿等色为主，配以黑色（乌烟）作调和。主要材料有竹篾、藤条和纸、绸、布、毛等。制作分为扎、扑、写、装4大工序。2008年入选第二批国家级非物质文化遗产名录。（刘子川）

佛山狮头 见"彩扎"。

新会葵艺 传统美术。广东江门新会民间传统用蒲葵叶制作的工艺品。源于东晋，明代成为贡品，清代至民国初期盛行。新中国成立以来，新会成为世界最大葵业基地。种类有500多种，根据使用功能分为3类：日常用品类，包括葵蓬、葵刷、葵扫、葵蓑衣等；编织工艺类，包括花篮、通帽、藤席、坐垫、画帘等；葵扇类，有上百个花色品种，主要代表为烙画扇或称火画扇。制作过程有剪、晒、焙、削、漂染、合、编织、勾花或嵌花、印花、绣花等近20道工序，经过10多人手工劳动。2008年入选第二批国家级非物质文化遗产名录。（刘子川）

白沙茅龙笔制作技艺 传统技艺。以广东江门新会圭峰山茅草为主要材料制作笔的技艺。起源于明代，陈白沙始创。所用草料选摘背风向阳、不老不嫩、茎壮粗大、长短适宜的茅草，经晒干再浸泡2—3天。制作过程有选裁、锤砸、浸泡、刮青削草、捆绑装饰等多道工序。笔坯经浸胶、风干和梳整后，再用红、白丝绒绕扎，并配以笔帽、丝带等饰物制作完成。有别于一般毛笔制作传统，以植物纤维制

成，在中国制笔史上独树一帜。2018年入选第二批国家级非物质文化遗产名录。（刘子川）

莞草编织技艺 传统技艺。以广东东莞莞草为主要原料的编织手工技艺。清嘉庆年间已有记载。20世纪后编织技艺逐渐成熟。制作的草席行销香港和东南亚等地。产品种类分为水草类、草绳类、草辫类、绳席类、辫席类、草席类；工序包括挑草（挑水草）、染水草、晾晒、行绠、晾晒、剪席、拍席、统席。2015年入选广东省第六批省级非物质文化遗产代表性项目名录。（刘子川）

雷州蒲织技艺 传统技艺。广东湛江雷州以蒲草为原料编织日常用品的传统手工技艺。明清两代，蒲织已成为雷州大宗出口货物。主要工序有选草、春草、染草、起头、织肉、织花、织角、穿边等。产品有手工、实用、环保等特点。产品品种有草席、草袋、草扇、草帽等，以草席为大宗。草席自古有"大者曰席，小者曰苞"之说，有素色、花色之别；小席、素席多用于制作船帆、货物包装，故称蒲苞或帆；大席、花色席多用作枕席，故称床席。根据席宽大小，分大、中、小规格。2012年入选广东省第四批省级非物质文化遗产名录。（刘子川）

黎族藤编技艺 传统技艺。海南黎族以藤、竹、草等材料编织生活用品的传统手工技艺。最早可追溯到唐代，唐代开元至北宋元丰年间，岭南等地已向朝廷进贡皮藤、五色藤盘等。工艺流程有砍藤、劈条、煮条、晾晒、编织。产品包括生活用具，分藤编、竹编和草编三大类，以竹编和藤编最常见，草编较少。2007年入选海南省级非物质文化遗产名录。（刘子川）

淡水客家凉帽制作技艺 传统技艺。广东惠州淡水以竹子为主要原料，通过竹编、染织和缝纫等工序制作凉帽的手工技艺。凉帽是客家妇女主要服饰之一，源于北宋苏东坡苏公笠，花色品种有箩盖花、满天星、禾围花、福字、梅花仔、万寿无疆、福禄满堂、风调雨顺、喜气洋洋等。制作工序有选料、开料、削外圆尖、削篾、撕篾、织笪、扫油、划圆、折布、剪圆、染布、晒布、圈内圆、车头布、夹外圆、扎藤、车穗布、缝布、串线等。大致分为开料、织笪、扫油、剪圆、扎藤、染布、褶布7个环节。2013年入选广东省第五批省级非物质文化遗产代表性项目名录。（刘子川）

猫头狮 又称客家狮。传统美术。广东河源和平县贝墩镇南坝村客家地方传统狮手工艺品。明正统九年（1444）兴宁肖德茂来到南坝村学东片定居，将客家狮制作技艺带到南坝，相传至今。成品分大、中、小三种，最大载重量100千克以上，狮头重量最重6斤，最轻3斤。制作有取泥、塑坯、上纸、点画、上油5道工序。异于北狮，也不同于南狮，形猫似狮，狮头正额写有"王"字，狮面牙尖，鼻高，眼大，眉显，狮头上绘有七彩龙、凤、梅、兰、竹、菊、八仙法器和海云等纹样。2009年入选广东省第三批省级非物质文化遗产名录。（韩琦）

客家狮 见"猫头狮"。

阳江风筝 传统美术。有1400余年历史。种类有筒子风筝，软板、硬板风筝，软翅、硬翅风筝，直串、树串风筝等。彩绘有七仙女、嫦娥奔月等人物故事，石榴、牡丹、双桃、荷花等花卉瓜果，龙、虎、鹰、百足（蜈蚣）、蝴蝶、蜻蜓、白鲳、鲨鱼等鸟兽鱼虫。制作技艺包括扎制骨架、裱

糊蒙面、彩绘美化和调试放飞。2006年入选广东省第一批省级非物质文化遗产代表作名录。（韩琦）

金渡花席编织技艺 传统技艺。广东肇庆高要金渡镇用蒲草制作床上用品和工艺品的手工技艺。始于明代。主要材料是蒲草，又叫莛芏，细长、光洁、柔韧，有"赛龙须"美誉，来源于高要金渡、白土一带。制作工序分为晒黄草、拣草、舂草、染色和编织5道。编织花纹有蝴蝶、花鸟、连环扣、二龙争珠、双凤朝阳、心心相印等如意吉祥图案。基本花纹为格子花，其中四角分不同色彩的叫"四角分明"，四角织花式的叫"走四角"。2009年入选广东省第三批省级非物质文化遗产名录。（韩琦）

横经席制作技艺 传统技艺。云浮郁南以席草为纬、麻绳为经，用木织机编织床席的手工技艺。始于明清，传承至今。产品种类有地席、挂席、床席，尤以床席即横经席为传统手工席典型代表。制作技艺包括种草、收割、破草、晒干、分拣、割麻、撕条、晒干、纺线、穿栲、布纲、送草、打栲、成型、修边、结线、整理、晒干等多道工序。织造过程需两人合作使用木织机（也叫席床），木织机由席订和席栲构成，选用坚硬重实木料制造。另一辅助工具是用竹片做成的草叉，长度比草席宽度稍长，约4尺5寸，头部有一叉口，用以叉住席草往席床麻线开口中间穿过编织。2009年入选广东省第三批省级非物质文化遗产名录。（韩琦）

外砂织席技艺 传统技艺。广东汕头龙湖外砂民间以芏草和黄麻编织草席的传统手工技艺。相传清康熙年间已有简单织席工艺。主要包括破草、晒草、压直、择草、布绠、规席、印花、

蒸汽、推实、修剪10道工序。编织一张草席需用3.5小时，用草约4000条。规席成型后再进行套色印花，放进蒸桶用蒸汽蒸，以增加图案色牢度。经过套色印花和蒸汽蒸草席，待晾干后再从上至下推拉使之密实，再进行修剪后方成。2015年入选广东省省级非物质文化遗产代表性项目名录扩展项目名录。（韩琦）

揭东竹丝编织画技艺 又称篾织。传统技艺。广东潮汕地区用加工好的竹丝编织创作书画的技艺。清代《潮州府志》已有记载。原材料选用当地生长3年以上、竹身呈黄蜡色、每节竹节60—80厘米、竹株生长挺直、不受虫蛀、没有倒伏的广宁竹。主要工序包括锯、刮、片、分、理、浸、染、晒、编、织、修、装潢等10多道。编织方法有平面编织法、黑白两织全、立体织法等。以人物、花卉、雄鹰和山水风景等为题材。是濒临失传的民间技艺，仅在揭阳蓝城区霖磐镇西龙村夏氏一家传承。（韩琦）

东莞千角灯 民间艺术。花灯的一种。广东东莞特有特色传统手工艺品。宋代八角宫灯形式。在广东凡添男丁人家，会在男丁诞生后的开春时节（一般是正月十五前后）举行灯会。在东莞方言里，"角"和"个"同音，"灯"和"丁"同音。其意是取千角千灯人丁兴旺，千花本同树，千角本同根谐意。相传宋代皇室之女逃难定居东莞，凭记忆中皇宫灯样式，指导莞城艺人扎作"千角灯"，亲手绣上"二十四孝图"灯带24条，又称为"皇姑带"。该灯为纸扎工艺，要求一定有一千个角，缀有一千盏灯。整个灯分为灯顶、灯柱、灯体、灯带、灯盏5部分。灯顶和灯柱部分主要是用铁丝扎作8条立体彩龙骨架和圆形大宝顶。灯体部分主要由200多个大

小不等的浮凸立体等边三角形和四方型立体结构拼接而成。灯顶八大角上有8条立体呈腾飞状态彩龙，八角中每个角有3条灯带垂下。灯带从上往下分为8格，每一格双面绘有山水、花卉、人物等图画。集书画、剪纸（刻纸）、刺绣等民间手工艺于一体。其扎作无图纸，也无样本留传，只由师傅口传身授。因历史悠久，体积巨大，工艺精湛，被称为千古一灯。2006年入选第一批国家级非物质文化遗产名录。（柏峰）

兴宁花灯 民间艺术。广东梅州兴宁用竹制作的花灯手工艺品。起源于宋元，盛于明清。按形态分有龙凤灯、金柱灯、百子灯、围龙灯、状元灯、宫灯、宝盖灯、伯公灯、观音灯、摇钱灯、廊灯、圆灯、莲花灯等。按使用范围分有赏灯专用灯、敬神祭祀灯、演戏专用灯、装饰灯、照明灯、堂号灯等。制作工序主要包括选竹、裁竹、削蔑、扎架、裁纸、糊纸、画人物画、贴人物画。分为上、中、下三层，中层又分为上下两层，各有六扇大门、六扇小门构成，并有老式和新式之分。老式的花灯中上层六扇大门比较讲究，分别是手工描绘《恭贺新禧》《状元及弟》《状元骑白马》《弦箫鼓乐》《全家禄满朝贵》《百岁老人抱子孙》等太平盛世祈福图案，中下大门为文官、武官各三组，小门为龙角。花灯内一竹碗盏油灯，外面挂6条花带或贴有红花、白花等。新式花灯6个扇面是金童玉女、接财接丁等印刷图案。与北京六格花灯（宫灯）一脉相传，是兴宁重要传统民俗赏灯的载体。（韩琦）

花袖 又称草袖、手袖。民间艺术。明清以来珠海三灶岛农民用草编织的一种草编制品。用晒干咸地水草织成。有普通编织和精致编织两种编织法。

采用精致编织法织成的草袖，袖身间有装饰花纹，叫作"花袖"。呈圆筒状，规格大小因人穿戴而异。一对花袖戴在左右手上，割禾、割草等劳作可以防芒刺，耐磨损，能护肤护衣，是当地劳动者的装饰，也是当地男女青年的定情信物。（韩琦）

草袖 见"花袖"。

手袖 见"花袖"。

瑶族服饰制作技艺 传统技艺。瑶族服饰分头饰、胸饰、背被、腰饰、绑腿、银饰佩挂。最为精美部分为瑶绣，衣、褂、襟、裙、头帕、腰带、挎包，刺绣有动植物、人物图案。头饰种类多，有"龙盘"形、"A"字形、"月牙"形、"飞燕"形等，有的戴竹箭，有的竖顶板，有的戴尖帽，有的戴竹壳。瑶族支系多，各支系服饰不尽相同，瑶族因服饰颜色、裤子式样、头饰装扮不同而得族称。如广西壮族自治区南丹瑶族男子穿交领上衣，下着白色大裆紧腿齐膝短裤，得"白裤瑶"之称；龙胜瑶族穿红色绣花衣而得"红瑶"之称。（韩琦）

北海疍家服饰制作技艺 传统技艺。广西北海从事渔业或水上运输水居族群制作服饰的技艺。使用布料为粗白布。制作方法主要包括买布、染色、晒干、剪裁、缝制。疍民在日常生活中（或传统节日时），男性常穿蓝色或灰蓝色疍家上衣，女性常穿黑色疍家上衣。红色是新娘结婚时穿，白色是新郎结婚时穿。疍家妇女穿衣喜宽大，在制作时，上衣是马蹄袖，领袖衣边绣花边，裤则宽大，形成腿穿宽裤筒、衣着马蹄袖、头戴垂檐海笠的疍家服饰特征。男性下身一般为黑裤，裤筒宽大，疍民妇女有专门的短裤，长度只及膝盖上端，蓝色或灰蓝色色调，裤子后面往外翘，一般系银

腰带或玉琢腰带，腰带有雕刻图案。（韩琦）

广州戏服制作技艺 传统技艺。粤剧表演使用服饰的制作技艺。广州戏服属岭南刺绣服饰，不同角色分为不同种类和款式，不同种类戏服在用料、设计、缝合、块件组成上有历代沿袭规定，其领、袖、封腰、下摆款式各不相同，绣花图案各有讲究。不同角色戏服配备相应盔头、巾幅和靴鞋。从设计、剪裁、缝纫、刺绣到盔头、须口制作由不同艺人负责，不以流水线方式生产。选料包括丝绸、麻布、棉布等数十个品种。刺绣上运用广绣，融合绒绣、钉金、机绣，具有平、密、和、垫四大特点。与北方戏服不同，该戏服用威五彩、淡五彩，引用西洋画色调，用色鲜艳。一套戏服一般要七八米布料，需大量金线、珠片等配件。制作工艺复杂，须多人合作3—6个月才能完成。2009年入选广东省第三批省级非物质文化遗产名录。（韩琦）

潮剧戏服制作技艺 传统技艺。广东潮剧表演使用服饰的制作技艺。始于明宣德年间南戏在潮汕地区流行时。明清两代潮剧戏服制作集中于潮州、汕头两地。潮剧戏服品种有蟒袍（简称蟒）、开台、大甲（即大靠）、舟甲（即改良甲）、武铠（即铠甲）、五彩裙、京装裙、鱼鳞裙、绣宫裙、蟒尘裙等，纹饰有龙、凤、鸟、兽、虫、鱼、云、水、花卉等。体现传统潮绣制作工艺技术风格。采用金银钱绒色线绣制，绣面饱满浮凸，柔和多变，富丽堂皇，配色协调，图案纹样能体现人物角色身份。靴鞋是服饰附属部分，分长靴、短靴、男鞋、女鞋4大类，靴底厚薄，从2寸至5寸不等。长筒靴，文武官员、文生武生均可穿；短靴多属武人穿用。男鞋在鞋

头起两条立体线，俗称双鼻，或垫上凸起的如意形，俗称勾纹鞋。女鞋面一般绣花饰，武旦鞋头加缀上五色绦穗一绺，称为"彩鞋"，也用于花旦角。（韩琦）

香港中式长衫和裙褂制作技艺 传统技艺。香港把男性和女性穿着的长袍统称为"长衫"。长衫是客制服装，讲求衫身合一，需先为客人量度身体各部位尺寸；裁剪前需要先处理布料，喷水后熨平，防止布料收缩；裁剪布料时无须事先绘画纸样，师傅使用粉线，直接在布料上根据客人体形画样。男装长衫制作使用"大裁"裁缝方法，前幅与后幅相连，不在肩线位缝合，一般在右前方开襟，右侧缝纽扣。女装长衫早期使用"小裁"制作方法，也不在肩线位缝合，衣袖与前后幅连为一体。现时女装长衫制作技艺受西方裁缝方法影响，裁布料时分前幅、后幅、前幅底披和衣袖部分，如制作夹里长衫还要裁里布，然后车缝、熨拔、反夹里、前后幅埋夹、衣领制作和钉纽扣，还需根据所需款式，在步骤中加上装袖、制作绲条及花纽等。中式长衫是香港人在隆重及喜庆场合穿着首选服装。裙褂是新娘出嫁传统礼服。中式长衫和裙褂在民国初年开始流行。长衫在20世纪20年代首先在上海流行，后在香港普及。香港本地融合东西方设计，设计出有香港特色长衫风格，20世纪五六十年代在香港盛极。与长衫同时流行的有裙褂。当时出嫁新娘穿裙褂作为礼服。20世纪六七十年代是裙褂全盛时期，女性均有一套。男装长衫在新界传统宗族社会是父老身份象征，有重要社会意义。女装长衫在香港普及后，缝制技术受到东西方服装设计影响，产生独特风格。图案以龙、凤为主，传统以手工制造。"香港中式长衫制作技艺"2021年入选第五批国家级非物质文化

遗产代表性项目名录扩展项目名录。（韩琦）

广东内画 传统美术。运用中国画构图、笔墨、设色技巧，在玻璃瓶和水晶瓶内壁上反手作画的技艺。由鼻烟壶内绘壁画技艺发展而来，广东汕头传统工艺美术。始于清嘉庆年间，形成北京京派、河北衡水冀派、山东博山鲁派和广东汕头粤派。粤派内画由汕头内画大师吴松龄始创。作画的壶体以正圆瓶为主，有梅形、胆形、棒槌形、观音形、鱼尾形、眉形、橄榄形、萝卜形等多种造型及不同规格，最大高13.5厘米、直径6.5厘米，最小仅高5厘米、直径2.5厘米。作画工具为吴松龄研制弯曲形画笔，笔头以铁线做成弯曲形，尖端安上狼毫，以竹作笔杆，整体呈弯曲状。基本技法一是瓶外描金，包括用金水在瓶外壁描绘花边图案，风干、烘烤；二是瓶内磨模，包括用铁线黏合石粒，在瓶内按经纬线把内壁摩擦均匀，洗净晾干；三是瓶内作画，包括构思腹稿、内壁画线、笔墨渲染、上色等。瓶外壁装饰吸收景泰蓝珐琅彩和潮汕彩瓷描金技艺，内壁画借鉴京派工笔重彩，更多采用岭南派国画技法，把水彩色、国画色、油画色融于一壶，线条纤秀，色彩浓艳。2008年入选第一批国家级非物质文化遗产扩展名录。（韩琦）

潮州麦秆剪贴画 传统美术。广东潮州传统以麦秆为原料制作的贴画，在潮州麦秆编织技艺基础上发展而来。可追溯到中原初始移民迁徙到潮州时期，唐代后演变成为麦秆花画，经艺人创新发展而成。20世纪40年代是黑布底本色麦秆平面画。制作材料麦秆草，有大麦、小麦两种。把麦秆草剥箔（即把麦秆草剥成二层草皮和草壁）再进行制作。按形态分有平面贴画、浮雕贴画；按色彩分有彩色画、本色

贴画；按用途分欣赏品和实用品两类。题材主要有人物、花卉、鸟兽、水族和山水。表现形式有本色和套色两种。本色是利用麦秆本身金黄色、棕赤色变化，通过剪刻贴在深色衬纸或薄板、绸缎上；套色是将麦秆粘贴于薄板上。有潮州刺绣的纤细，又有中国画的韵味、油画的浑厚、水彩画的清丽。每个品种有100多个花式。2009年入选广东省第三批省级非物质文化遗产名录。（韩琦）

胪溪壁画 传统美术。广东汕头潮南区传统民居、寺庙、祠堂等建筑应用的民间传统美术。按作画地方不同，分为彩楣画、门肚画、窗楣画、屋角墙头画等。创作过程为上贝壳纸灰、磨平、构图、作画、上料上色、再渲染、补图、上漆。创作题材大多取材于潮汕民间传奇故事和祥瑞和谐图案等，以吉庆祥瑞、富贵长青、仁义孝廉等题材为主。2015年入选广东省第六批省级非物质文化遗产代表性项目名录。（韩琦）

高州木刻画 传统美术。高州农民版画。源于唐代，唐末就有民间艺人刻印红纸墨印年画门神。在木板上作画，用雕刻刀去掉画稿里不需要部分，版面上留下部分凸起，把凸版做模，用纸印刷而成。作为民间绘画艺术，属凸版版画。以前用松枝木板，现大部分改用五合板。分单色木刻画与套色木刻画。单色木刻画颜色简单，风格简朴，主题突出；套色木刻画有几种颜色就有几个版，制作出来的画色彩丰富。2012年入选广东省第四批省级非物质文化遗产名录。（韩琦）

佛山木版年画 传统美术。始于宋元时期广州、佛山刻绘门神习俗，即直接在门板上手绘刻画，后来置木版绘刻。形成于明永乐年间，兴盛于清乾

嘉年间。到抗日战争全面爆发前，20世纪30年代后萧条。借鉴和吸取佛山民间剪纸、染色纸、铜凿写衬、木版花纸、神衣、门盏花钱等地方民间艺术制作技巧，色彩使用红丹、绿、黄、黑等大色块套印。以技艺划分，有手绘、木板套印、木印填色3种，以线条粗犷、色彩绚丽、造型简练、构图饱满、装饰性强为特色，人物衣饰上花纹用写金描银渲染，俗称写花，富民间画韵味，为其他地区民间年画罕见。以类型划分，有门画、神像画、岁时风俗画三种。题材主要有吉祥图案、辟邪迎祥、民俗民风、戏曲故事、历史演义故事等。主要功用为祭祀、祈福和装饰环境，体现人们驱邪纳福愿望。表现手法上，善于结合当地风俗民情。清末《佛山忠义乡志》记载有专门生产门画、年画、神像"门神行"。在线条处理、造型格调、设色技巧、题材选择上具有广府文化细腻的艺术特征。反映佛山本地文化历史根源以及佛山传统民间绘画和印刷工艺基本情况。广东佛山是中国四大木版年画生产基地之一，与天津杨柳青、苏州桃花坞、山东潍坊年画齐名。2006年入选第一批国家级非物质文化遗产代表性项目名录。（刘子川）

彩画 传统美术。主要流传于广东揭阳及汕头、潮州、汕尾等地。集当地民间绘画之大成，传播到东南亚潮人聚居区。主要工序有地仗、漆底起光、绘制彩画。地仗即在木结构表面涂一层以生漆、油灰、猪血、贝灰粉或砖瓦粉等材料组合的灰料保护层，反复打磨，使木结构表面平整。地仗要求5次，然后再上5次漆，在两层灰料中间夹一层麻布，填补木构缺陷，保护木构。漆底起光是做底漆，根据不同要求调配各种油质颜色，在构件上油刷多遍。绘制彩画根据设计图样用调和漆与矿物质颜色调配后进行彩画描

绘，其表现技法有彩绘、镶嵌、戗雕、研磨、堆塑等，除金、银、铝箔等，蛋壳、螺钿、金属片等材料也可装饰镶嵌画面。表现形式有金漆画和五彩彩漆画两种。题材有山水、人物、动物、花鸟、水族、果品以及带有喜庆吉祥寓意的传统故事、戏剧等。其布局、构图多采用对称、均衡的方法；色彩以暖色调为主，常用大红大绿。2013年入选广东省第五批省级非物质文化遗产代表性项目名录。（韩琦）

广东剪纸 传统技艺。主要由流传于广东佛山地区的佛山剪纸和流行于潮汕地区的潮阳剪纸及潮州剪纸构成。流行于明代，繁荣于清代，至清光绪年间达到鼎盛。佛山剪纸由当地民俗活动发展而来，主要分布在佛山市禅城区及南海区部分乡镇。源自中原，结合当地民俗风情及手工业、商业发展起来，至清代已成行成市，出现行会组织。分为纯色剪纸、衬料剪纸、写料剪纸、铜凿剪纸4大类。根据用料不同，又可分纯色料、纸衬料、铜衬料、染色料、木刻套印料、铜写料、银写料、纸写料、铜凿料等9种。剪纸手法分为剪和刻两大类。剪，多为随意剪制，每次两三张，如礼品花、灯花、乞巧节烛台花、香案花、饼花等，每次可刻20至30张，粗犷的图案可刻50至100张不等，便于复制。所用刻刀大小不一，一般随意磨制而成，宽度从3毫米至1毫米不等，一套10余把。操刀时以握毛笔法垂直切割，线条连接不断，成型如网状。以喜庆吉祥、驱邪纳福、多子长寿等为主题，以铜箔金碧辉煌的特点配合鲜明色纸，形成铜凿剪纸独特的表现形式。潮阳剪纸主要分布在汕头市潮阳区铜盂、西胪、和平、贵屿等镇。兴起与迁居中原人有关。多表现吉祥喜庆、福禄寿诞、五福呈祥、子嗣绵延、五谷丰登、六畜兴旺等祥瑞题材，一

般在游神赛会、元宵关灯、中秋拜月、婚俗喜庆、祭祖拜神等活动中用作装饰，也有表现日常生活内容，如花鸟虫鱼、动物走兽、民间传说、神话故事、戏曲人物、市井百姓等。也有装饰性小花样，如供品花与礼品花等。造型灵活，构图以对称为主，结构严谨，饱满而不杂乱，以"花中套花"布局最具特点。刀法精巧细腻，以阳剪为主，配合使用阴剪。阳剪纹线工整细致，阴剪线条粗壮有力。潮州剪纸主要分布在粤东地区。题材涉及花果、走兽、人物、风景和文字图案等，形式有纯色、多色、阳刻、阴刻等类型。不画稿，艺人们凭记忆和想象，一手拿纸，一手运剪，直接将花样剪出。2006年入选第一批国家级非物质文化遗产名录。（柏峰、韩琦）

大吴泥塑 俗称大吴安仔。传统美术。主要分布于广东潮州地区。始于南宋末年，明中叶随潮州木偶戏盛行得到发展，清中叶至民国初年进入鼎盛期。专以潮州大吴村西约80亩田中半米深处无沙砾、黏性强米黄色田泥为材料。制作工艺包括练泥、捏塑、烧坯、彩绘等多道工序，有雕、塑、捏、贴、刻、印、划、彩等技法。捏塑工艺中贴塑是该技艺具创造性的造型手法和独特技艺。主要用于古装戏曲人物穿戴装饰。题材以人物塑像为主，有取材于潮剧、民间传说、古代小说场面的文身、武景、大斧批、臣景、文寸等，又有生旦净末丑，造型120多种"泥头绢衣"脸谱头像；有各路仙、佛、神造像，又有俗称杂锦、胖娃娃、双童、鲤鱼童等玩具塑像。与天津泥人张、无锡惠山泥人并称中国三大泥塑。2008年入选第一批国家级非物质文化遗产扩展项目名录。（刘子川）

大吴安仔 见"大吴泥塑"。

茶山公仔 又称茶园公仔。传统美术。明代初期初具雏形，明清之际显著发展，民国初期广为流传。是东莞乃至珠江三角洲一带开灯习俗必备品。主要制作步骤分为练泥、上模、上色。题材源于戏剧中的历史、神话人物，主要包括"桃园结义""三英战吕布""夜战马超""牛郎织女"和"四兄弟"（刘备、关羽、张飞、赵云）等。分为五个级别，一级品立体配套，精工彩绘，穿着真丝绸衣；二级品精工彩绘，不穿真衣；三级品一般彩绘，可配套或不配套；四级品一般彩绘，每套四个，统一格式，俗称四兄弟；五级品单个不配套，多为"天姬送子""状元及第""醒狮迎春""福禄寿"之类。2012年入选广东省第四批省级非物质文化遗产名录。（韩琦）

茶园公仔 见"茶山公仔"。

潮州嵌瓷 传统美术。以绘画为基础运用彩色瓷片剪裁镶嵌的建筑装饰技艺。俗称贴饶或扣饶。源于明末，兴盛于清代。题材选取受潮州传统木雕、金漆画、绘画艺术、瓷器装饰以及丝织品图案影响。表现手法有平嵌、浮嵌、圆嵌等。主要材料是瓷片、纸灰泥、红糖浆和耐腐蚀性氧化物颜料。使用工具有粉手、剪钳、磨石和毛笔。根据创意、构图和要求，先用纸灰泥堆塑成所要表达对象的大体形状，将瓷片钳剪成所需要形状，再在瓷片背面涂上纸灰进行嵌贴。2011年入选国家级非物质文化遗产扩展项目名录。（韩琦）

黎族树皮布制作技艺 传统技艺。黎族以植物树皮为原料，经过拍打技术加工制成布的传统手工技艺。据典籍记载，至少在3000年以前海南岛便出现树皮布。有多种树皮可制作树皮布，

如厚皮树、黄久树、箭毒树、构树等。制作工序包括扒树皮、修整、将树皮放在水中浸泡脱胶、漂洗、晒干、拍打成片状和缝制，其中以锤打工具石拍最为重要。可以剪裁缝制帽子、枕头、被子、上衣、裙子、兜卵布、口袋等生活用品。该技艺已少有人掌握。2006 年入选第一批国家级非物质文化遗产名录。参见第 804 页科技卷"黎族树皮布制作技艺"条。（韩琦）

英石假山盆景技艺 传统技艺。以英石为主要构件制作假山盆景的技艺。广东英德传统手工技艺。宋代史料已有记载。制作材料英石，宋代即列为贡品，清代被定为中国四大园林名石之一。产品主要种类有山水式、旱山式、树附石式、石附树式，造型主要有峰、峦、岭、峡、崖、壑、岛、矶、嶂、岫、岑、渚等，以瓦盆、瓷盆、木盆、石盆为底座，内铺沙粒，规格

英石

一般为宽 30 厘米、长 40 厘米，最小如碗碟，挑选假山构件，洗刷修整，以水泥、细沙、黄糖、黑墨等拌浆，按设计搭配粘贴构件等工艺程序制作而成。2008 年入选第二批国家级非物质文化遗产名录。（韩琦）

骨器制作技艺 传统技艺。海南岛黎族地区保留古老制骨工艺。骨器种类有骨铲、骨刀、骨刮器、打纬度刀、骨梭、骨镖、骨梳、骨簪和项饰等，骨簪为骨器中最精美骨雕。制作工艺分洗刷去油脂、截料、修整成型、磨制、钻孔雕刻、装饰着色 6 道。骨器是人类继木器、石器发明之后又一重要发明，在史前文化中占有重要地位，是研究黎族历史文化的重要实物资料。2005 年入选海南省第一批非物质文化遗产代表作保护名录。2021 年入选第五批国家级非物质文化遗产代表性项目名录。（韩琦）

岭南盆景 又称广东盆景。传统艺术。中国盆景艺术五大流派之一。已有近千年的历史，至清代岭南盆景艺术已普及于民间。分为树桩盆景和山水盆景两大类。树桩盆景关键是选择适合制作意图的树形。山水盆景以观赏岩石为主。多用石湾彩陶盆，几架有落地式和案架式，多用红木等较名贵木材制作。有三大特点：一是创作手法

岭南盆景

独特，师法自然，突出枝干技巧；二是着重景与盆的造型和选择，力求盆与景和谐协调；三是善用修剪又不露刀剪痕迹。（韩琦）

黎族独木器具制作技艺 传统技艺。指用天然木料剜空制作器具的技艺。黎族独木器具是数千年黎族传统文化的实物见证，分为两大类，即生活用具和生产用具。材料常选用楠木、枕木，树干一般浸泡 2—3 个月，木头被完全浸透，透出泥巴气味。结构采用榫卯结合形式。将牛皮等运用进来，如制作牛皮大鼓、牛皮凳等。装饰花纹常用人字纹、几何纹和动植物纹等。独木器具表现了黎族特定的生产方式、生活方式和民族特征。2009 年入选海南省第三批省级非物质文化遗产名录。（韩琦）

场 所

广州博物馆 机构场所。国家一级博物馆。收藏有关广州历史文物、举办陈列展览和进行科学研究的专门机构。位于今广东省广州市越秀山镇海楼。1929 年 2 月 11 日正式对外开放，为中国最早创建的博物馆之一。馆藏藏品约 13.5 万余件。有 4 个展区，其中位于镇海路东侧的仲元楼展

广州博物馆

区依托原广州美术馆建设，展区主体建筑为仲元图书馆。2021 年专题展出《海贸遗珍》，该展展示 18 世纪清代中期至 20 世纪初广州外销的牙雕、刺绣、丝织、广彩、外销瓷、外销画等传统工艺品。（彭圣芳）

广州雕塑院 机构场所。位于今广东

省广州市越秀区。前身是广州人民美术社雕塑组。1956年建立。广东最早的雕塑艺术专业机构，20世纪50年代国内成立的3家雕塑创作专业机构之一。创作越秀山《五羊石像》、中山纪念堂《孙中山纪念像》、广州起义纪念碑、上下九步行街和沙面风情雕塑群、二沙岛《南粤先贤群像》、辛亥革命纪念馆先贤先烈雕塑等作品。在其他城市雕塑方面，创作南京《雨花台纪念像》、海南《鹿回头》、广西《刘三姐》、常州《未来属于我》、四川汶川《大禹》雕塑等作品，成为城市文化景观。（彭圣芳）

广东省博物馆　机构场所。国家一级博物馆。旧馆位于广东省广州市越秀区文明路6号（今215号），新馆位于广东省广州市天河区珠江新城珠江东路2号。旧馆南副楼于1959年上半年落成，1959年10月1日，该馆及所辖广州鲁迅纪念馆正式对外开放。1992年在原址上建设新陈列大楼落成，面积为原楼4倍。2003年易址新建，2007年建成新馆。陈列以广东历史文化、艺术、自然为三大方向，分为历史馆、自然馆、艺术馆和临时展馆四大部分。常设展览有广东历史文化陈列、广东省自然资源展览、潮州木雕艺术展览、

馆藏历代陶瓷展览和端砚艺术展览。古字画和古陶瓷藏品丰厚，以岭南画派书画藏品著称；广东传统工艺端砚和潮州木雕独成系列；广东出土文物、广彩瓷器、石湾陶塑、广州牙雕、外销画等富有地方特色；自然标本中须鲸骨骼、巨型孔雀石和5吨多重信宜玉石等极珍贵。配置有陈列展览系统、藏品管理系统、教育和综合服务系统、业务科研系统、安全保卫系统和行政管理系统等。馆内总用地面积4.1万平方米，总建筑面积6.7万平方米。地下一层，地上五层。藏品保藏系统、教育服务设施、业务科研、公共服务、综合管理等各种设施完备。参见第930页建筑卷"广东省博物馆新馆"条。（吴晓懿、彭圣芳）

广东民间工艺博物馆　机构场所。国家一级博物馆。位于今广东省广州市荔湾区中山七路恩龙里。1959年设址于陈氏书院。全馆占地面积1.5万平方米，建筑面积6400平方米，由四合院将19座建筑联为一体，形成深三进、广五间、九堂六院，是一家收藏、研究和展览以广东地区为主兼及全国历代民间工艺品的艺术类博物馆。收藏各类文物与现代工艺精品2万多件（套），几十个种类，国家级珍贵文

物近3000件（套），是广东省内博物馆中收藏明清以来广东民间工艺精品最为丰富的艺术类博物馆。馆内藏品自成体系，有石湾陶、广彩瓷、象牙雕刻、粤绣、广州木雕、砖雕、石雕等。岭南民间工艺精品是馆藏重点，也是该馆基本陈列的重要内容。参见第373页学术·教育卷"陈氏书院"条、第895页建筑卷"陈家祠堂"条。（彭圣芳）

马坝人博物馆　机构场所。即韶关市曲江区博物馆。位于今广东省韶关市马坝人遗址景区内。创建于1978年。是韶关市曲江区文物保护管理、收藏、研究和展览的主要单位。现有馆舍建于1988年。陈列内容主要有马坝人陈列、石峡遗址陈列、古代陶瓷精品陈列。馆藏文物包括化石、石器、陶瓷、铜器、铁器、玉器、书画及革命文物，共4441件。（彭圣芳）

肇庆市博物馆　机构场所。国家二级博物馆。位于今广东省肇庆市端州区。1979年建立。是一所综合性博物馆。博物馆设有"砚都瑰宝""谢志峰藏古端砚"等常设陈列。"砚都瑰宝"陈列位于阅江楼西侧崧台书院端砚陈列馆内，陈列面积368平方米，介绍端砚自初唐问世以来历史概貌，包括端砚砚坑与矿床地质、端砚形制与石品花纹，历代端砚雕刻工艺发展轨迹。"谢志峰捐赠古端砚"陈列镇馆之宝康熙御书碑，碑刻内容有康熙诗作和临摹宋代书法家米芾及明代书法家董其昌诗帖。（彭圣芳）

深圳市博物馆　机构场所。国家一级博物馆。位于今广东省深圳市福田区。成立于1981年，是一座以地志性为主的综合类博物馆，集收藏、保护、研究、展示、教育于一体的大型总分馆制博物馆。有历史民俗馆、古代艺术

陈家祠

馆、东江游击队指挥部旧址纪念馆和深圳改革开放展览馆4处馆址。历史民俗馆现有古代深圳、近代深圳、深圳改革开放史和深圳民俗文化陈列，系统展示深圳城市历史及民俗文化。古代艺术馆有"馆藏书画精品展""馆藏铜器文物精品展""馆藏陶瓷精品展"3大基本陈列。现有各类文物藏品近4万件。（彭圣芳）

河源市博物馆　机构场所。国家二级博物馆。位于今广东省河源市源城区。前身是1982年成立的河源县博物馆。2013年河源市博物馆开始建设新馆，2016年12月28日建成开放。新馆建筑面积7090平方米，分河源历史文化和河源客家民俗两大基本陈列。各类文物、实物800余件（套），历史图片500多张。（彭圣芳）

南越王博物院　机构场所。国家一级博物馆，是以南越国重要考古遗存为依托的大型考古遗址类博物馆，包括南越王墓和南越王宫两个展区，前者位于广州市越秀区解放北路867号，后者位于广州市越秀区北京路374号。王墓展区以南越文王墓为核心，基本陈列包括南越王墓原址和"南越藏珍——西汉南越王墓出土文物陈列"，专题陈列有"杨永德伉俪捐赠藏枕"。王宫展区以南越国宫署遗址为核心，由南越宫苑馆、南汉宫殿馆、陈列楼以及古代水井馆4部分组成，基本陈列为"岭南两千年中心地"，下设4个常设展览："南越王宫""南汉王宫""名城广州二千年"以及"饮水思源——广州古代水井文化"，它们与原址保护

展示的考古遗迹相结合，展现了广州2200多年的历史。"秦代造船遗址、南越国宫署遗址及南越文王墓"1996年被国务院公布为第四批全国重点文物保护单位。参见第163页历史卷"南越文王墓"条、第922页建筑卷"西汉南越王墓博物馆"条。（彭圣芳）

三栋屋博物馆　机构场所。位于今香港特别行政区新界荃湾古屋里2号，是香港文化博物馆分馆，地区性客家民俗文化博物馆。清乾隆五十一年（1786），陈姓在广东的支系建立三栋屋村。法定古迹。1987年，三栋屋博物馆完成修建工程。藏品来自香港文化博物馆本地历史藏品，馆内展出藏品数283件，陈列一些家具、农具和日用品，展览反映荃湾历史及早期乡民生活的物品，并按每家不同生活来布置，反映中国南方旧农村生活。（彭圣芳）

罗屋民俗馆　机构场所。位于今香港特别行政区柴湾吉胜街14号。香港历史博物馆五间分馆之一，地区性民俗文化博物馆。18世纪初，罗姓客家人自宝安迁至香港柴湾，建村定居。法定古迹。1990年1月19日正式开放。罗屋属三间两廊式中国传统民居。屋外空地是村民用来晒谷、晾衣、修理农具、乘凉和宴会的地方，俗称晒棚或禾坪。屋内按照村屋原貌放有家私、农具、日用品等展品，内容主要介绍柴湾历史、罗屋历史和特色，以及客家人生活习俗。（彭圣芳）

广东美术馆　机构场所。位于今广东省广州市越秀区二沙岛。1990年奠基，

1997年11月28日落成开馆。2019年12月27日，落户在广州市荔湾区白鹅潭的广东美术馆（新馆）、广东非物质文化遗产展示中心、广东文学馆"三馆合一"项目（白鹅潭大湾区艺术中心）举行了奠基仪式，未来将形成一馆两区的新格局。广东美术馆具有收藏、研究、陈列展览、教育、交流、服务等6大综合功能。美术馆展览策划、研究与收藏以中国近现代沿海美术、海外华人美术、中国当代美术为主要方向，围绕立足本土、关注国内、加强国际交流的思路，强调"沿海性"与"当代性"。有中国画、油画、版画、素描、水彩、摄影、雕塑、影像、漆画、民间艺术等不同类型的藏品超过4万件（套）。馆内设有美术文献研究中心，成立于2021年，前身是资料室。中心集研究、收藏、保护、传播和公众服务于一体，致力于开拓更多以美术文献为主导的学术研究，为国内外学界及广大观众提供专业的服务。中心典藏以20世纪广东美术史文献为主，设立黄志坚中国近现代美术文库、鹤田武良中国近现代美术文库、杨铨美术文库、沙飞暨中国摄影史文库等5个特藏美术文库。参见第522页艺术卷"广东美术馆"条。（彭圣芳）

广东美术馆

作 品

玉兽面纹琮 玉器。1977年在广东曲江马坝石峡文化遗址出土。高4.4厘米，内径5.7厘米，边长6.7厘米。青玉，石性较强。器两端各有1圆环形口沿，中心从上至下有1圆穿。体上大下小，略呈方筒形。器外以四角为中线，以四面中央从上至下垂直凹槽为分界，各饰一双圆圈和横线组成的目，以折角方凸块为鼻，以两道凸弦纹为额组成兽面纹。其中一组兽面纹下部原缺损。琮在广东地区较少见，曲江石峡文化墓葬中共出土6件琮，其形式和玉料与良渚文化玉琮相似。发掘报告称可能是良渚文化地区所制，后通过交换运送至石峡文化地区。说明良渚文化和石峡文化两地之间有文化交流和来往。现藏广东省博物馆。（李亮）

玉兽面纹琮

釉陶罐 陶器。约1940年在广东梅州五华出土。春秋时陶器。腹径25厘米、高25厘米、口径17厘米。小口，短径，鼓腹，圈底，最大腹径在下半部。通体纹饰分上、中、下三部分。上部窄肩处饰有篦点纹3行，中腹部拍印夔纹5行，有重叠。夔纹样式受同时期青铜器纹样影响。下腹部印有方格纹。胎质灰白坚实，上有薄而不均的褐黑釉，是岭南迄今已知保存最精美和完整的夔纹陶罐标本。现藏香港博物馆。（李亮）

铜编钟 青铜乐器。1972年在广东肇庆松山战国墓出土。一组6件。形制相同，大小相递。最大通高56.5厘米、口长25厘米，最小通高35.5厘米、口长15.5厘米。有高筒形纽，上有绳索式小环耳。钟口如月牙形，身上部有18个柱状枚，下鼓部正面由两组勾连雷纹组成图案，其余部分均为素面。形制和花纹与罗定南门垌1号战国墓出土甬钟完全一致，反映出流行于西江流域的一种地方风格。现藏广东省博物馆。（李亮）

人像匕首 青铜器。1963年在广东清远马头岗2号春秋墓出土。全长26.5厘米，柄长14.1厘米，刺长5.7厘米，宽1.9厘米，厚1厘米，人像高6.9厘米、宽3.9厘米、厚1.6厘米。长柄，环首，短刺，圆刃。柄作扁圆形，上饰捆绑状藤纹，下端饰锯齿纹。柄上有环首，中为方孔，环首上再饰1个立体人像，具有女性特征，臂已残断，双足分立。在匕首环首上加铸立体裸女像器型至今未见于广东其他地方，在湖南长沙树木岭战国墓、越南清化那山、东山遗址有大致同类器物发现，反映古越人、楚人和古交阯人的文化交往。现藏广东省博物馆。（李亮）

铜人首柱形器 青铜器。1973年在广东肇庆四会鸟旦山战国墓出土。共4件，器形相同。分人首和器体两段，通高21—24厘米、人首长6厘米。上段是人的胸以上部分。长颈，窄肩，人头颅顶宽，两圆耳，眼眶深陷，有睛。缩腮，嘴大，唇部突出，为当地古越人典型特征。下段器体是四方长条柱形，略扁，上大下小。下端侧面有四方形穿孔，中间插着长条形楔子。出土时其中2件楔子插在穿孔中，另2件楔子散落墓中。这种器形在广东清远春秋墓、肇庆战国墓均有出土，也是4件。柱形器除饰人首外，也有饰巨兽和巨禽的。仅见于两广地区，具有鲜明和强烈的古越族文化色彩。现藏广东省博物馆。（李亮）

"文帝行玺"金印 金器。1983年在广州象岗山西汉南越王赵眜墓出土。通高1.8厘米，边长3.1厘米，重148.5克。铸造而成。印文阴刻篆书"文帝行玺"4字，外加"田"字格。书体平正，布局整饬，刀法精工。印纽为圆雕状盘龙，造型庄重浑厚。首尾及两足分置四角上，首微昂，作欲腾跃疾走状。使用者为南越王国第二代国王赵眜，尺寸、质料和纽式均不符合汉制，体现南越王效慕汉朝又要僭越称帝的意图。是目前所见西汉时期最大的金印。现藏南越王博物院。（李亮）

"泰子"金印 金器。1983年在广州象岗山西汉南越王赵眜墓出土。通高1.5厘米，长2.6厘米，宽2.4厘米。出土时与一枚"泰子"玉印一起置于墓主腰间，为南越王赵眜随身携带物。印文阴刻篆文，印面右"泰"左"子"，外有边栏，中有竖界。印纽为一圆雕状立龟。先铸后凿而成。疑为南越国第一代王赵佗之子遗物，因赵佗之子未及嗣而亡，印为赵眜掌管。现藏南越王博物院。（李亮）

玉角形杯 玉器。1983年在广州象岗山西汉南越王赵眜墓主棺室出土。原用丝绸包裹，尚存残迹。通高18.4厘米，口径5.8—6.7厘米，壁厚0.2—0.3厘米，重372.7克。玉质为新疆和田青玉，局部有红褐色浸痕。杯形如犀牛角，中空。口呈椭圆形，随杯身往下收束，近底有长而弯转绳索式尾，缠

玉角形杯

绕于杯身下部。靠杯口处有阴线弦纹1周,自口沿处起以1个立姿夔龙向后展开,纹样绕着杯身回环卷缠,渐高起,由浅浮雕至高浮雕,到杯底成为圆雕。在浮雕纹样中,用单线勾连雷纹填补空白。口沿处微有缺损。汉代常见有圆身盘足高足杯和椭圆形口双耳杯。此件角形玉杯在所出土玉杯中尚属初见。造型奇特,堪称稀世之珍。现藏南越王博物院。(李亮)

玉兽首衔璧饰 玉器。1983年在广州象岗山西汉南越王赵眜墓主棺室出土。通长16.7厘米,横宽13.8厘米。青玉质。通体经浸蚀后呈鸡骨白色。整体由1兽首衔1圆璧组成。体扁。兽首近方形,类似铺首,左侧饰1螭虎纹。鼻部镂空1方形銎与璧套接。璧扁圆,上端有方孔与銎衔接,可前后摆动。璧两面均饰凸起谷纹。通器由一块玉料琢制。用一块玉料镂空为套连活环特殊工艺,在战国早期曾侯乙墓中已应用,为数甚少。南越王墓出土该类玉器为出土汉代玉器中初见。现藏南越王博物院。(李亮)

玉舞人 玉器。1983年在广州象岗山西汉南越王赵眜墓西耳室出土。高3.5厘米,宽3.5厘米,厚1厘米。青白玉,钙化,局部有缺损。舞者梳右向横出螺髻,着右衽长袖衣裙。双膝跪地,束腰,扭胯,拧身。左臂上扬至头顶,长袖自然下垂。右臂甩向侧后方,长袖随势扬起。头微向右偏,张口似歌咏状。衣裙线刻卷云纹花边。头顶有1圆孔,用绳贯穿可佩系。采用圆雕手法,雕工精细,姿态曼妙生动,为出土汉代玉舞人中首见圆雕品。舞姿具有中原舞蹈的特点,说明西汉前期岭南已有中原与越族风格融汇舞蹈出现。现藏南越王博物院。(李亮)

玉舞人

双面兽首铜顶饰 青铜器。1983年在广州象岗山西汉南越王赵眜墓出土。共3件,为屏风顶部插烛构件。高17.2厘米,宽57.2厘米。兽面造型怪异,呈卵圆形,扁如蟹盖,鼻宽而高,瞠目露齿。头顶出双角,双角间有1烛插。发须向两旁延伸绞缠为卷云纹样,终端各有1烛插。通体鎏金,双角、眉毛、卷云纹用黑漆线绘,多已脱落。每件3烛插上各有数字,分别为"一、二、三""五、六、七""九、十、十一"。推断此3烛插应与2件单独插蜡烛构件一起陈放,所以缺少"四""八"号。现藏南越王博物院。(李亮)

铜句鑃 青铜乐器。1983年在广州象岗山西汉南越王赵眜墓东耳室出土。一套8件。器形基本相同,尺寸递减。总重191千克。最大的1件通高64厘米,重40千克。最小的1件通高36.8厘米,重10.75千克。器体硕大,胎壁厚实,柄、身合体铸造。柄为扁方形实柱体,上宽下窄,截面平整呈橄榄状。器体上大下小,口部呈弧形。一面光素,另一面阴刻篆文"文帝九年乐府工造",分2行,其下每件阴刻"第一"至"第八"编码。篆文字体工整、规范。句鑃盛行于春秋晚期至战国时期长江中下游吴越地区,南越王句鑃沿袭长江、东南沿海地方文化,由南越王国乐府工铸造,也有自己特色。是首套在岭南发现的句鑃。现藏南越王博物院。(李亮)

鎏金壶 青铜器。1983年在广州象岗山西汉南越王赵眜墓东耳室出土。同墓出土形制相近鎏金壶2件,一大一小。大壶通高50厘米,口径16.8厘米,小壶高37厘米,口径12.9厘米。细颈鼓腹,腹中两侧有铺首衔环1对,低圈足外撇。有盖。小壶盖已破碎,掉落器内,锈结成一块。自颈及腹有3道凸弦纹。通体鎏金。大壶鎏金多已剥落。装饰朴素不失华贵。形制与中原西汉同类器相近。现藏南越王博物馆。(李亮)

船纹铜提筒 青铜器。1983年在广州象岗山西汉南越王赵眜墓东耳室出土。高40.4厘米,口径35厘米,腹径37厘米。器作圆筒形,下部微收,平底圈足。原有木盖,腐朽不存。提桶口沿下有1对双桥式复耳,复耳间有1个四线纹贯耳。筒身共3组几何纹带,近口沿处1组宽6厘米,近圈足处2组各宽3—4厘米。几何纹均以勾连菱形纹为主,上下缀以弦纹、点纹和锯齿纹。器腹部1组主纹带饰羽人船4

船纹铜提筒

只，船身修长，首尾相连，有水鸟、海龟、海鱼点缀。船头倒吊 1 首级，竖 2 根祭仪用羽旌，羽旌间立 1 水鸟。每船 5 人，多戴长羽冠穿羽裙，少数戴短冠。船头站立 1 人，多持弓执箭，独 1 人左手持钺，右手持 1 披发首级。船中前部有 1 长杆，杆上挂羽旗，下置鼓形器，1 人坐于前，执短棒作击鼓状。其后站立 1 人。左手抓 1 背手奴隶（或战俘）的头发，右手执短剑作斩刺状。船中后部有高台，台下置 1 鼎状物，台上站立 1 人，持弓执钺或持箭倒提 1 首级眺望远方。船尾 1 人执橹。纹样描绘杀俘祭河（海）神仪式活动。是极具岭南文化特色青铜器具，常见于两广、云南和今越南地区，是古越人典型文化器物之一。南越王墓总共出土铜提桶 9 件，大小有序，多数为几何纹样，该件尤为特别。现藏南越王博物院。（李亮）

五铢纹铜鼓　青铜器。1954 年在广西岑溪出土，西汉铜鼓。高 57.2 厘米，鼓面径 90 厘米。形体凝重，纹样清晰，具有粤系铜鼓的特征。鼓面有檐伸出鼓身，由 2 弦或 3 弦的同心圆分为 9 个圈带。中央圈带有日光形纹，针状光芒 12 道。由内而外分别装饰云纹、水波纹。第 2 和第 7 圈带饰有五铢钱纹。鼓面边缘均匀布列 6 只伏蛙。鼓身分胸、腰、足 3 段。胸壁略直，腰部内收，足壁外撇。腰上部两侧有环耳。自上而下饰弦纹、折线纹、圈点纹带，夹以压印五铢钱纹带。鼓上五铢属汉宣帝、元帝时流通货币类型，据此可确定鼓的时代。铜鼓系南方民族特有，五铢纹体现中原文化对岭南的影响。现藏中国国家博物馆。（李亮）

羽人铜灯　青铜器。1973 年广西梧州大塘鹤头山东汉墓出土。高 30.5 厘米、底径 12.8 厘米。分灯座、灯柱和灯盘 3 部分。灯座呈覆杯形，底缘饰齿纹，上有 3 人骑兽飞跃奔驰浮雕纹样。座顶有圆孔，可插入柱榫。灯柱下端两面有身披双羽人像，踞坐，双手据膝，头顶 1 柱。柱上端为龙首，口衔柱榫，与灯盘底管套接，使灯盘旋转自如。灯盘通体素面无纹，有执柄及 3 足，可平置桌面单独使用。盘中有 1 针柱用来插蜡烛。该灯可拆卸，设计巧妙，具有典型汉灯特色，装饰富于神话意味，反映人们希望死后化身羽人成仙的想法。1995 年 11 月被定为国家一级文物。现藏梧州市博物馆。（李亮）

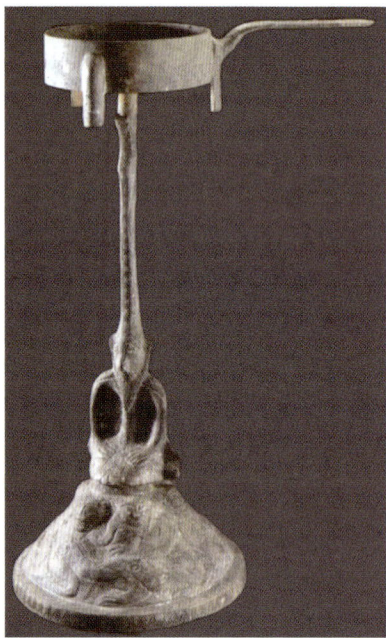

羽人铜灯

陶畜舍　陶塑。1963 年在清远连县西晋墓出土。舍高 9.2 厘米，进深 10 厘米、宽 12 厘米。明器。灰硬陶。基面为长方形，中央开 1 门。屋顶呈盖状，中有脊隆起，两斜面刻瓦形线，可与屋身分离。屋身印方格纹。出土时舍内置有陶牛、羊俑。同墓出土还有陶马、鸡、鸭、水犁耙等。家畜陶塑模型形体小，无法精细刻画，富有神采，有浓郁生活气息。西晋时期，北人南迁，岭南人口增加，带来先进农田耕作技术，促进粮食丰产和六畜兴旺。随葬陶塑明器是当时岭南农业生产情况的形象资料。现藏广东省博物馆。（李亮）

陶牛车　陶塑。1980 年在苍梧倒水南朝墓出土。车身长 13 厘米。车轮较大，车身有拱顶蓬，内乘 1 陶俑，衣冠齐整。车头 1 陶俑，头戴尖顶帽，右手似执鞭，作驾车姿态。车前 1 拉车陶牛，体格强壮，四肢粗大。是研究当时梧州社会交通工具的重要实物。1995 年 11 月被定为国家一级文物。现藏梧州市博物馆。（李亮）

堆雕陶坛　陶塑。新会湾云寺后山出土，唐代陶器。通高 84.8 厘米，口径 12 厘米。灰陶，胎呈灰白色，通体施薄黄釉，大多脱落。分器身和器盖两部分。器盖塑楼亭小塔及人物等。器身短颈，卷唇，腹部为橄榄状，下接高圈足，底部略向外撇。器肩塑多足蟠龙 1 条，张口露齿吐舌。蟠龙下有鱼、狮、鸥及 10 多个人物。器腹上部有 3 道平行水波纹堆贴，下有大水波纹和 10 片莲瓣纹，每片莲瓣纹中有 1 人物造像。器腹下部有 2 道平行水波纹堆贴界分出腹部和圈足部，圈足上饰 2 组弦纹。整器装饰繁复不失秩序感，体现岭南唐代陶雕工匠高超技艺。该类陶坛多用于放置骨灰、钱币或稻谷，是考察唐宋时期岭南民间信仰及丧葬习俗的重要实物。现藏广东省博物馆。（李亮）

铜人像　铜像。1977 年在高州良德唐墓葬出土。通高 12.5 厘米，头长 3.7 厘米、宽 4.2 厘米，重 229 克。人头像下连接有铜管，出土时管里残存有削尖木棍残段，应为杖头饰物。人像似女性容貌，卷发下垂，条理分明，披掩至脖颈，仅露耳饰。脸型丰圆，脸颊隆润。弯眉圆眼，颏厚唇薄。宽鼻翼，高鼻梁直通额际。人像具有鲜明异域特色，从相貌特征看应为昆仑人或古波斯人，是研究唐代岭南海外交通、商业往来的重要形象资料。现藏湛江市博物馆。（李亮）

端溪箕形砚　石砚。1965 年在广州动物园工地出土，唐代砚。长 18.9 厘米，宽 12.6 厘米，高 3.3 厘米，池深 1.5 厘米。为端溪朝天岩砚石所制，呈箕形。造型古朴，石质细腻，蓝紫色，表面泛出青苔斑痕。砚面前窄后宽，呈风字状。砚首为外凸弧形，有 1 条窄平沿，从平沿处向下倾斜与砚身倾斜面相接形成砚池。砚池底部有两个梯形方足，双足与砚池外凸面成三足支撑状。整砚雕琢精细，线条简洁流畅，是目前广州出土唯一唐代端砚，是端溪在唐代已经生产石砚的物证。现藏广州市文物管理委员会。（李亮）

木雕罗汉　木雕。1963 年在韶关曲江南华寺大雄宝殿佛藏内发现北宋雕刻。通座高 52.5 厘米。北宋庆历七年（1047）雕成。右腿平放，左腿支起，左臂搁左膝上，于山石形木座结半跏趺坐。双手持经卷，两眼下垂，张口似诵经状。衣褶自然流畅，作风浑厚质朴，形神俱妙。座前刻有铭文："广州第一厢第三界居住女弟子叶九娘抽舍净财收赎罗汉一尊韶州南华寺供养乞保平安庆历七年二月日置。"铭文明确写有年代、舍造人姓名、住址和罗汉送置的地方。南华寺共有北宋木雕罗汉 300 余尊，此为其中 1 件，近半数像座上刻有铭文，对于研究宋代雕塑、习俗信仰等有重要价值。现藏广东省博物馆。（李亮）

慧能铜像　铸铜像。北宋端拱二年（989）紫铜铸造。通高 180 厘米，重 1 吨。弯眉垂目，面容清瘦内敛。双手掌心朝上，叠放腹前。双腿于铜座椅上结跏趺坐，如入禅定。法衣华美，手法写实。衣褶和纹饰制作均精丽，面颊和胸肋皱纹清晰。铜像刻画出一位法相庄严的老僧形象，是北宋青铜造像佳作。现供奉广州六榕寺六祖堂内。（李亮）

青釉夹耳罐　瓷器。1954 年在广州番禺石马村五代南汉墓出土。高 18.6 厘米，口径 7.2 厘米。短颈，直口，丰肩，肩以下渐收敛。长圆腹，矮圈足。肩面 4 耳，呈十字排列。除前后附有 1 对圆孔板耳外，左右各附圆孔夹耳 1 对。罐盖平，盖边两面伸出带孔两翼。合盖时，盖两翼可嵌入 2 夹耳中，以木塞或绑绳穿孔中固定。如只穿绑一侧夹耳和盖翼，以之为轴，罐盖可随意开启。罐里外施青釉，釉面开碎纹片。器物设计精巧别致，集美观和实用于一身，应为广东瓷窑产品。除广东外，浙江、湖南五代青瓷也有该类夹耳盖罐发现。印度尼西亚中央博物馆藏有同类型青瓷夹耳罐，应为产自南汉外销印尼的产品。现藏故宫博物院。（李亮）

石板浮雕　石板浮雕。1976 年在河源紫金城郊北宋砖室墓出土。共 4 件，龙雕、虎雕、凤雕、鸡雕各 1 件。石板为长方形，龙雕石板长 76.5 厘米、宽 31 厘米。张口吐舌，舌卷 1 珠，尖爪长尾，身刻鳞甲，脊上有刺，作腾云状。虎雕石板长 77 厘米、宽 30 厘米。双眼圆睁，张口似咆哮，身爪似龙，有水波状虎斑纹和尖尾。凤雕石板长 38 厘米、宽 30 厘米。收翅翘尾，作行走状。鸡雕石板大小与凤相同，收翅垂尾，亦作行走状。4 件浮雕手法生动，粗犷减底凿刻背景和主体物细致雕刻形成对比，为研究宋代广东民间雕刻艺术提供形象素材。现藏广东省博物馆。（李亮）

白釉黑彩瓷佛像　瓷像。宋潮州窑烧造。高 31.5 厘米。灰白色胎，除底部外，通体施白釉。釉色白中泛灰青或米黄，釉面开细冰裂纹。面方耳长，圆润开阔。弯眉垂眼，眉间有白毫相。头戴发髻冠，冠前饰一粒白珠。胡须弯曲有装饰意味。披袈裟于莲台呈跏趺坐，衣

白釉黑彩瓷佛像

纹柔和流畅。发冠、须鬓、眉目施釉下黑彩。方座四面刻有题记 62 字："潮州水东中窑甲，弟子刘扶同妻陈氏十五娘，发心塑释迦牟尼佛，永充散施供养，为父刘用及阖家男女乞保平安。熙宁元年戊申岁五月廿四日题，匠人周明。"详细记录产地、供奉人和工匠姓名等信息。潮州窑自宋以来为外销瓷器的重要产地。该瓷像为潮州窑代表作品。现藏广东省博物馆。（李亮）

广窑瓷琴　瓷器。南宋广窑烧造。长 110.7 厘米。胎薄，通体施鳝鱼黄薄釉，琴徽填白釉。有打磨痕，多处露紫胎，见窑变蓝、紫和月白等色大小斑点。琴首镌刻乾隆御诗："觥额恢恢太古器，形模不假雷霄制。易漆以陶岂无为，我于重华窥其义。谏者十人争小事，不如渭汭初所试。焦尾断纹浑可弃，五弦七弦惟汝制。元音淡泊从

慈嗣，譬如伫羡面之粹，冲以内养无火气"，并署"乾隆丙寅八月御赏并题句"，阴刻"乾隆宸翰""几暇临池"印款。龙池内篆书刻"维沙陶瓦，制从鸿蒙。鸢飞鱼跃，为歌南风"四言诗。凤沼内篆刻"修身理性"4字。传世有锦袱1块，黑漆匣1个，匣面镂刻御制诗及梁诗正等词臣唱和诗。琴身题刻、锦袱和漆匣为乾隆年间所加。现藏台北故宫博物院。（李亮）

赭褐色彩绘带盖瓷罐 瓷器。1957年海康县文化馆在海康附城西湖水库工地收集的元代彩绘瓷。通高31.2厘米，口径9.6厘米，底径13.7厘米。白地赭花，丰肩圆腹。下腹斜收至底，略外撇。底平无釉。盖顶1圆钮，边为荷叶形，盖面饰莲瓣纹和弦纹。外壁上端彩绘双凤四喜鹊花卉图案。腹上、下部分别饰窄条铜钱纹和卷草纹1周，上下双勾弦纹界分出两层8开光。开光饰4菱形和4团扇折枝花卉。纹绘构图严谨，主次分明。形制和纹样具有元代特色，双凤四喜鹊纹在其他地区少见，应为本地所创，是民窑杰作。现藏广东省博物馆。（李亮）

仿商贯耳壶 瓷器。明代石湾陶。高15厘米，口径9.8厘米，底径8.3厘米。侈口，束颈，鼓腹，圈足外撇。颈饰弦纹5道，有双贯耳。施钧蓝变釉，又称翠毛釉，因其釉色酷似翠鸟羽毛而得名。底无釉呈酱褐色，内竖刻2行"仿商贯耳壶可松制"楷书款。作者可松，姓苏，明代晚期石湾陶艺名家。善仿钧窑器，尤以烧制仿钧翠毛釉最为出色。作品多仿商、周青铜器形制。所制器物底部多刻写或钤印底款，字体端庄秀丽。该器造型古朴浑厚，釉色晶莹润泽，为传世精品。现藏广东省博物馆。（李亮）

如意观音 白瓷塑像。明代潮州窑烧制。高78.5厘米。白釉。瓷胎洁白坚硬，施牙白色釉，开小冰裂纹片，甚莹润。观音头梳双瓣垂于肩，着长衫裙，衣纹自然流畅。一手执如意，一手埋袖中，跣足立于江流中荷叶座上。头身比例适度，袒胸处饰串珠。脸稍方，眼皮微垂，神态慈祥。如此大型而完美明代人物瓷像少见，是潮州窑瓷塑杰作。造型风格和表现技法受明代福建德化窑瓷塑影响较大。现藏广东省博物馆。（李亮）

如意观音

天籁琴 古琴。明代琴。长126.7厘米，肩宽19厘米、厚5.2厘米，尾宽13.4厘米、厚4.2厘米。原琴面通体髹朱漆，修复后改髹黑漆，呈小蛇腹断。有7个黄玉质弦头，13个金徽位，玉质雁足缺1个，琴弦断缺3根。琴底颈部刻篆文"天籁"2字，下有"万年永宝"印文。铭曰："式如玉，式如金。怡我情，声我心。是谓天籁之琴。东樵铭。"下有篆书"东樵"椭圆形印章。龙池下方有篆书"岭南潘氏海山仙馆宝藏"铭文。此琴保存于清代琴箱，上书"天籁之琴"，款署"同治壬申七月次葵氏藏"，后有竹子图画。琴箱内有张鲁直墨书题跋，详细记载天籁琴流传经过。该琴传为诗人韦应物故物，后辗转流传至广东，1984年1月，鉴定为明代古琴。现藏广州博物馆。（李亮）

镇海楼前石狮 石狮。明代红砂岩制成。雌雄成对，大小相仿，相向蹲立于镇海楼前。身长1.87米，高2.24米。下连长方形座，座长2.03米，宽0.88米，高0.26米。座外砌红砂石矮基。雌狮在西边，左前足踏球，右前足抚小狮，小狮风化严重，仅存两后足能辨认。雄狮在东边。左前足支地，右前足踩1绣球。双狮体型肥大，造型古朴。雕饰不多，仅用阳刻纹表现狮毛。双目圆瞪，咧嘴露齿，牙关紧闭。嘴部突出似蟾蜍模样，温驯而不显威猛，具有地方特色和民间艺术韵味。石质粗松，风化剥蚀严重，基本保留明代原貌。是广州现存最大的红砂岩石雕狮子，原位于广州城内永清门前，1912年拆城开路后置于镇海楼前。（李亮）

铜镀金嵌珐琅瓶式钟 铜钟。清乾隆年间制造。高80厘米，宽32厘米，厚25厘米。分3层。底层内置机械装置。正面居中为2针时钟，钟盘左右各有1朵料石转花。顶部平台四角有瓶花，中间凸起1方台。台正面有可变换4字祝颂之词，分别为"喜报长春""福与天齐""福禄万年""太平共乐"。方台上立1双耳宝蓝色珐琅扁瓶，瓶腹嵌料石变色转花，花可变红、绿、黄、蓝4色，花型也可随

之变化 4 种。瓶中插 1 花树，顶花可开合，四角绿叶也可转动，花芯落 1 蝶。上弦启动后，时间一到，在乐声中花开、花转、变字幅，循环往复，设计精巧，古朴典雅。清康熙至乾隆年间，广州工匠在外国进口西洋钟基础上模仿创新，制造出具有中国传统工艺特点与艺术风格的自鸣钟作为贡品入贡。该钟原藏故宫博物院，1963 年移交广州博物馆收藏。（李亮）

珐琅锦地人物瓶　珐琅器。清代乾隆年间烧制。1 对。高 45.5 厘米、口径 10.5 厘米、腹径 19.5 厘米。铜胎。撇口，直颈，高圈足，颈部两侧有铜镀彩绘双螭耳。通体施红色珐琅釉为地，与多色搭配描绘缠绕花纹锦地，菊花和牡丹等吉祥花卉点缀其间，以金线勾勒轮廓仿掐丝效果。颈部和圈足各有铜镀回纹 1 周，配以芭蕉叶纹和如意纹等。腹部前后开光处以西画法绘洋侍女和山水风景，用红、蓝等单色渲染山水。整体装饰规整而富有变化，

珐琅锦地人物瓶

色彩鲜明，繁而不乱。寓意吉祥延绵，富贵连绵。底写"大清乾隆年制" 3 竖行楷书双圈方形印款。是广州珐琅外销品典型产品，为研究广州珐琅外销提供珍贵实物。现藏广东民间工艺博物馆。（李亮）

婴戏图碟　瓷器。清代嘉庆年间广彩瓷。高 3.1 厘米，口径 15.2 厘米，底径 8.3 厘米。撇口，浅腹，圈足。金

婴戏图碟

边，折沿处用红、绿、麻色彩绘牡丹花 1 周，内腹绘婴戏图。儿童神态各异，栩栩如生，笔法流畅，色彩艳丽。人物、禽鸟、花草和几何图案丰富热烈，繁而不乱，受西洋装饰绘画风格影响。该碟色彩华丽，为广彩成熟时期作品。现藏广东省博物馆。（李亮）

陈氏书院屏门雕饰　木雕。清代屏门柚木雕刻。高 450 厘米，局部高 170 厘米。四扇。每扇屏门分上、中、下 3 个装饰区域，用双面镂雕和浮雕手法。镂雕装饰区正反两面内容相同，雕有"太史第""四羊图"等历史人物故事或吉祥图形，周饰动植物浮雕花样。整体布局巧妙，技法精到。清代广东木雕有潮州和广州两大流派，前者以雕镂精细、贴金炫目取胜，后者以清新刚健、洒脱流畅见长。两种风格在华南沿海地区影响深远。该雕饰为广州木雕代表。现藏广东民间工艺博物馆。（李亮）

佛山祖庙琉璃瓦脊人物雕塑　雕塑。

清光绪年间石湾窑烧制。主要分布在祖庙三门、前殿和正殿瓦脊上。三门瓦脊长 31.6 米，高 1.6 米。正脊为双面，塑各类故事人物 300 多个，十几座亭台楼阁和花卉鸟兽点缀其间。故事内容家喻户晓，有《姜子牙封神》《甘露寺》等。光绪年间文如璧店烧制。三门前东西两侧墙壁有日、月二神塑像，高 0.85 米。日神为白须老者，形象英武；月神为温婉女子，身形窈窕。光绪年间黄古珍烧制。前殿东西看脊长 4.3 米、高 1 米。有《郭子仪祝寿》《哪吒闹海》故事人物雕像，光绪年间均玉店烧制。正殿双面瓦脊长 7.4 米、高 1.3 米。有三国故事人物群像。光绪年间吴宝玉店烧制。受粤剧影响，所塑人物多着粤剧戏装，姿态表情皆合法度。考虑到瓦脊装饰与观者的距离和角度，人物造型大都粗犷写意且向前倾斜，便于远距离从下往上观看。两广地区及东南亚各国庙宇上有类似瓦脊雕塑，是清代佛山石湾窑烧制瓦脊雕塑代表。（李亮）

金漆木雕神亭　木雕。清代潮州金漆木雕。高 210 厘米，底部 80 厘米 ×80 厘米。形体高大近似塔形，重檐式建筑结构。黑漆贴金。由亭体、亭基、亭脚和底座组成。亭体分 3 层。底层亭是装饰重点，四角屋檐下各有 1 根多层镂空的通雕缠龙圆柱，各侧面内外镶嵌多层雕工精巧人物故事和花鸟鱼虫。正面是殿堂形式，门两侧有 1 副黑底金字对联，上联"圣泽覃敷、民康物阜"，下联"慈光普照、浪静波平"。门楣上匾额书"海国慈航" 4 字。二层亭体量较小，结构样式与底层亭基本相同，装饰相对简单。三层亭体量最小，装饰简略。亭基四面镶嵌各类内容镂空金漆通雕。亭脚由 4 件大狮、小狮组成圆雕承托。底座平面髹黑漆作地，以金线绘 1 盘龙图案。四侧立面镶嵌花鸟鱼虫通雕和浮雕纹

样。整体装饰有主有次，庄严灵秀。体现潮州金漆木雕工艺精巧、玲珑剔透、金碧辉煌艺术特色，是清代广东木雕精品。平时放置于祠堂或寺庙中供村民拜祭。每年初春举行迎神赛会，由青壮年男子抬着沿街游行，驱魔祈福，保佑乡土吉祥平安。现藏广东民间工艺博物馆。（李亮）

金漆木雕神亭

神龛门饰凯旋图 木雕。清光绪年间潮州金漆樟木木雕。神龛高 3.25 米，宽 1.78 米，深 1.25 米。由 80 多块木雕和 20 多幅磨金漆画装饰。《凯旋图》是龛门内侧门肚上雕饰，以整块木板通体镂空精雕而成。高 84 厘米，宽 52 厘米。板面安排人物，刻画前方将士凯旋、受到热烈欢迎的场面。人物间穿插亭台楼阁、花鸟鱼虫、树木桥梁等。层叠交错，繁而不乱，结构巧妙，造型生动。表面髹漆贴金，是潮州金漆木雕精品。现藏潮州市博物馆。（李亮）

孔雀牡丹座屏 刺绣制品。清代广州刺绣。连座高 36.5 厘米、宽 25 厘米，画芯 20 厘米 ×15 厘米。绣有雌雄 2 孔雀，雄雀立于高石上，在竞放

的牡丹、玉兰和梅花间开屏而立，与回首雌雀对目而望。锦鸡、喜鹊、燕子和蝴蝶飞翔其间，构成一幅气氛热烈、生机盎然的画面。绣品设色艳丽明快，浓淡相宜。构图饱满，形象逼真。分别运用扭针、续针、撕针、咬针、勒针、勾针和珠针等传统针法，表现出各类物象姿态和质感。绣技精工细腻，针法整齐，针步均匀，光亮平整，水路清楚，纹法得当。绣品与红木镶螺钿座屏相得益彰，更显精巧玲珑。现藏广东民间工艺博物馆。（李亮）

蓝地斜纹万字金缎 广缎制品。清末制作。整长约 13 米，宽 0.79 米。蓝底，以金线缀成小斜"卐"，并以"卐"字为装饰图案主体。金线纹饰构图严谨规整，编制细密精巧，在光线照映下显金碧辉煌。缎尾绣有"粤海关监督臣海绪"字样，为清末粤海关监造给朝廷贡品。至今保存完整。广州制造工艺至清代所织花缎有"广缎"之称。1978 年故宫博物院移交广州博物馆收藏。（李亮）

象牙雕龙船 牙雕。清同治年间广州制作。长 93 厘米，宽 17.5 厘米，最高点 53 厘米。船体用多块象牙拼装而成，镶有少量铁、蚌等材料。分龙头、龙身、龙尾。船舱分 3 层，各层布局合理，构思巧妙。船底层有 28 人，其中船首 5 人，舱内 6 人，左右船舷桨手各 8 人，船尾舵手 1 人。中层 13 人。顶层刻 2 鸟、花草盆景、旌旗等。船体保持天然象牙白质地，人物、花草、旌旗等多施彩绘。采用透雕工艺，楼板精细镂空，整件作品玲珑、剔透、精巧。在人、物刻画布置上寄寓万寿吉祥之意，是为庆贺慈禧太后四十寿辰而制作的贡品，反映清末广州牙雕工艺水平。1963 年故宫博物院移交广州博物馆收藏。（李亮）

象牙雕渔家乐笔筒 牙雕。清乾隆年间广东黄振效制。高 12 厘米，口径 9.7 厘米。口光素，筒壁用高浮雕和镂雕工艺表现两幅渔家乐图景，图中山石耸立，松、槐、柳树成荫，芦荡风起。一面雕刻渔夫在船尾撑篙，渔妇抱着孩子在船头沐浴嬉戏，表现出渔家生活场景。另一面 5 名渔民围坐树荫下品茗聊天。溪边停靠 1 渔船，2 名渔夫分别坐船头船尾作休息状。船篷上伏 1 小猫，情趣盎然。船篷透雕，篷内物品雕刻精细，历历可数。在第一幅渔家乐图景上一片平滑山壁间，阴刻楷书填黑乾隆御制诗文 1 首："网得鱼虾足酒钱，醉来蓑笠伴身眠。漫言泛宅曾无定，一曲渔歌傲葛天"，落款"乾隆御题"。下置"宸""翰"朱文篆印 2 方。在另一幅图景左下方山壁有阴刻楷书填黑款："乾隆戊午长至月小臣黄振效恭制。"即乾隆三年（1738）五月制。笔筒借鉴嘉定地区竹刻技艺，雕刻精湛，工细入微。松叶如轮，松针纤细，人物发、须、眼以墨点染，是皇家收藏精品。现藏故宫博物院。（李亮）

赤壁夜游橄榄核舟 雕刻。清康乾年间广东陈祖章作。高 1.6 厘米，长 3.4 厘米。呈深橘红色。舟上设备齐全，舱中有桌椅杯盘，小窗镂空，可开合。船篷、门窗、栏杆等刻画精微。舟上 8 人，为苏东坡泛舟夜游赤壁故事。东坡凭窗而坐，其余客人、客妇、艄公、书童等 7 人神态各异，栩栩如生。舟底镌刻《后赤壁赋》全文，文字极为细微。下有"乾隆丁巳五月臣陈祖章制"款。明清之际，盛行榄雕，该雕刻为上乘之作。现藏台北故宫博物院。（李亮）

湛谷生榄雕舫 雕刻。清道光年间广东湛谷生作。长 4.3 厘米。以苏东坡泛游赤壁为故事背景，以镂雕和浮雕

技法将榄核雕刻成玲珑精致游船。东坡与2友人围桌端坐于船头，饮酒赏月，纵横古今，气度潇洒，十分传神。船尾蹲坐1煮茶书童，另一侧有1摇橹船姑，裤脚下还有1孩童。船舱2层，雕饰雅致，窗门开闭自如。船头有从榄核原身雕出活动船链，玲珑精巧。船底用苍劲秀丽正楷，刻上苏东坡《前赤壁赋》全文，并署款"乙未年湛谷生老人作"，字迹清晰有力。是湛谷生作于道光十五年（1835）的精品。现藏广东民间工艺博物馆。（李亮）

素胎金丝猫　陶塑。清黄炳作。高12.8厘米。猫凝神俯身，屈足前探，弓腰翘尾，跃跃欲试，作觅食状。神态可爱，造型生动。猫毛细致可数，用泥胎烧成自然色呈现出金丝猫毛色。黄炳，清代广东石湾陶塑名家，善书画，精陶器鸟兽人物，以塑造猫、鸭和猴等动物形象闻名，吸收国画翎毛画法，应用于陶塑，创造出独特的胎毛技艺。"黄炳猫"独具一格。现藏广东省博物馆。（李亮）

素胎金丝猫

拾贝孩童像　陶塑。陈渭岩作。高59.3厘米。光头孩童仅留一撮桃形发盖。上穿肚兜，下着长腿宽裤，脚穿布鞋。宽布腰带垂至膝下。左手持贝，右手伸出拇指。拾到贝壳后喜笑颜开，活泼可爱。立座左上方空白处刻"广州石湾陈渭岩塑"楷书款。陈渭岩，清代光绪至民国年间广东石湾陶塑名家。善塑人物和动物。将西洋雕塑手法融入中国传统

陶塑艺术，作品稳重、深沉、古拙、传神。现藏广东省博物馆。（李亮）

拾贝孩童像

素胎打蚊公　陶塑。刘佐朝作。全身素胎。光头跣足。身穿宽袍大衣，着短裤，坐石上。右脚着地。左腿伸出外撇，左脚上翘。1蚊落于左膝外侧。右手指蚊，左手高举作欲打蚊状。铃刻"石湾刘胜记"和"佐朝制"款印。刘佐朝，广东石湾陶塑名家。人物神态夸张生动，衣纹流畅自然，富于市井平民生活气息，是民国初年石湾陶塑代表作品。现藏广东民间工艺博物馆。（李亮）

青白釉贵妃醉酒　陶塑。潘玉书作。器高33厘米。陶胎，胎色灰白幼洁。杨贵妃酒后醉眼蒙眬，体态雍容娇媚。披帛带飘向空中，被侍女挽扶着蹒跚而行。衣纹流畅，釉色素雅。身施青白釉，脸部不施釉。人体比例准确，刻画生动入微，手捏原作，底铃阳文方章"潘玉书制"。潘玉书，清光绪至民国年间广东陶艺名家。擅长人物

雕塑，尤长于塑造侍女形象。传统民间雕塑功底深厚，善于吸收外来雕塑精华。商承祚捐献，现藏广东民间工艺博物馆。（李亮）

青白釉贵妃醉酒

喜报　剪纸。清代佛山灯画。长38.8厘米，宽17.8厘米。为状元及第报喜队，共10人。状元骑白马，后有1人手举华盖，簇拥着敲锣打鼓、执扇摇旗队伍。人物造型各异，生动传神。脸部为手绘描画，衣纹用木刻手法，设色有写意感。先以纯色纸为材料进行剪刻，后写衬以多彩。用于走马灯上，当走马灯转动时，形成热闹报喜场面，寓意功名盖世、富贵荣华。该类剪纸融剪、刻、印、绘于一体，颇具地方风格，成为佛山传统民间剪纸的独特风格。现由私人收藏。（李亮）

喜报

关帝·张仙·王灵官 年画。清代佛山木版神像画。长60厘米，宽49厘米。木板印线后手绘。描绘精细，人物特征分明。造型生动传神，色彩金碧辉煌。关帝是护家宅保平安神，张仙是生育和保护儿童神，王灵官是道教司火神。将三位对家庭有好处的神放在一起供奉，表达人们对美好生活的向往。是佛山木版年画精品。现由私人收藏。（李亮）

海南锡胎椰雕温酒壶 雕刻。清代海南椰雕。通高11厘米，口径3.8厘米，腹径13厘米。分3层结构。外层为天然椰壳，雕刻图案化椰树、飞鸟等岭南风物。刻工精细，饰以回纹花边，古朴大方，装饰感强。中层为镶带提梁锡质壶胎。内层为锡质带流筒壶，可放置在壶胎内，露出壶嘴。使用时内壶装酒，壶胎可盛热水温酒，外层椰壳起保暖和隔热作用。设计巧妙，集艺术性和实用性于一身，是具有海南民间特色的雕刻工艺品。现藏广东民间工艺博物馆。（李亮）

海南椰雕镶银掐丝珐琅提梁壶 雕刻。清代海南椰雕。通高10.5厘米，口径3.6厘米。带双提梁和流。以椰壳自然形态加工制成。壶盖镶掐丝珐琅缠枝花卉，巧妙利用四片绿叶结出1个金瓜作为盖钮。提梁的掐丝图案精美轻巧。壶身一面镶珐琅折枝花鸟，另一面镶山水人物小景。造工精细，色彩沉着，与椰壳天然深褐色纹理相互映衬。壶内镶银质内胎，与椰壳隔一层，起保温和隔热作用。壶盖底有楷体"钰兴"印款及"钰兴"直行楷书刻款，应为制作者的名字或店号。壶背面篆书"延年益寿"吉祥语。壶腹上部刻有2行楷体"暮雨吾妹惠存，姊秀生敬赠"直款。现藏广东民间工艺博物馆。（李亮）

三娘挑经 剪纸。潮州江根和作。宽35厘米，高18厘米。题材取自潮剧戏目《三娘挑经》。主体为两个独立人物正面形象，造型夸张，传神写意。寥寥几刀把人物动态、性格和情感刻画得栩栩如生，有皮影戏趣味。布景香台外形简洁，刀法洗练，留白得当，疏密有致。整体效果明快简洁，体现剪纸技巧、独特艺术风格以及地方文化特色。现由私人收藏。（李亮）

三娘挑经

锦鸡牡丹 刺绣。1959年广州余德、黎燕屏作。一对锦鸡俯首翘尾，一株牡丹花开枝展。构图饱满合理，设色鲜艳调和，气氛热烈，装饰感强。运用直扭针、捆咬针、续插针、辅助针、编绣、绕绣、变体绣等20多种针法，讲究纹路转变，水路匀细齐整，排针光洁平齐，是"绣花王"余德晚年精心绣制的精品。现由私人收藏。（李亮）

蟹篓 木雕。潮州张鉴轩、陈舜羌作。以整块樟木由外及内逐层镂空雕刻而成。内外大小各异的螃蟹惟妙惟肖，栩栩如生。清末潮州艺人黄开贤以蟹和篓为题材在古庙梁架上雕刻半个蟹篓作为装饰。张鉴轩和陈舜羌受其启发，将原来只观一面建筑装饰雕刻形式发展成为面面可观立体圆雕陈设品，构思巧妙，技艺娴熟，造型优美，题材和风格都具有地方特色。1957年在第六届莫斯科世界青年联欢节造型艺术博览会上展出，获铜奖。现藏广东省博物馆。（李亮）

蟹篓

双画眉 陶塑。1954年区乾作。高19.3厘米。雄性画眉鼓动簧舌，昂首歌唱。雌性画眉俯身翘尾，扭头聆听。两鸟神情呼应，栩栩如生。采用红、白两种胎泥，胎骨剔亮后再刻出毛羽，纹理清晰可数。烧成后嵌上漆黑晶亮的眼珠，配以白陶泥搓捏成的鸟爪和喙，质感对比强烈，是石湾动物陶塑精品。现藏石湾美术陶瓷厂。（李亮）

举杯邀明月 雕刻。1979年广州翁荣

标、张民辉、吴昌融设计制作。题材取自李白《月下独酌》诗意与嫦娥奔月神话故事。李白靠在石边举杯独酌，嫦娥提着灯笼在云中呼应。祥云缥缈托起象征明月牙球，瑞鹤鲜花若隐若现，将人间仙境刻画得淋漓尽致。雕刻技艺精湛，以29层规格的牙料镂刻出45层牙球，每层间隙不足3毫米。球体表面刻龙云浮雕，内层为通花，被称为翁氏"薄皮牙球"。作品赴京为新中国成立30周年献礼。现藏广东民间工艺博物馆。（李亮）

十五贯 瓷塑。潮州林鸿禧作。题材取自昆剧《十五贯》况钟探鼠情节。况钟两腿相交，稳坐板凳，手持折扇，作指点状。目光炯炯，朝向娄阿鼠方

向，身体随之微向右倾。娄阿鼠左脚点地，右腿屈曲至胸前，右脚踩在板凳上，双手置于胸前右膝附近作抓挠状。扭头朝向况钟所指方向，瞠目结舌，坐立不安。况钟淡定从容的神情

十五贯

和娄阿鼠做贼心虚的形态形成呼应和对照，两人体态和表情均刻画得生动传神、入木三分。现藏广东民间工艺博物馆。（李亮）

金陵十二钗 瓷塑。潮州陈钟铭作。以《红楼梦》中黛玉葬花、宝钗扑蝶、凤姐设局、可卿春困、元春省亲、迎春诵经、探春结社、惜春作画、湘云眠芍、妙玉奉茶、李纨课子、巧姐出逃12个广为人知情节为背景，塑造12个不同性格和境遇女性形象，姿态表情各异，风格内敛秀雅。衣纹写意凝练，场景道具删繁就简，仅一人一石一花，施以素釉淡彩，体现枫溪瓷晶莹皎洁的特点，是现代枫溪瓷塑人物佳作。现藏中国工艺美术馆。（李亮）

文 献

异物志 又称《南裔异物志》《交趾异物志》《交州异物志》。专志。岭南第一部物产专著；中国第一部地域性物产志；"异物志"类著作开山之作；"粤人著述源流"之一。东汉杨孚撰。《隋书·经籍志》著录1卷。成书于1世纪后期至2世纪前期。原书已佚，清代广东学者曾钊从《齐民要术》《艺文类聚》《初学记》《太平御览》《太平寰宇记》诸书中辑成2卷，其中明确为杨孚所撰者为1卷，称《异物志》。主要记载汉代岭南风土异物和民族风俗，详细列举岭南动物、植物、矿物、器物等。其中有涉及手工业和手工技艺的记载，如首次记载岭南以芭蕉纤维制成蕉葛布，为研究汉代岭南工艺美术提供第一手资料。以文叙事，以诗咏物。四字一句，长短工整，悉用古韵。有清道光南海曾钊辑佚校注"岭南文库"本。参见第95页地理卷"异物志"条、第168页历史卷"异物志"条、第

817页科技卷"异物志"条、第1187页对外贸易卷"异物志"条。（李亮）

岭表录异 又称《岭表录》《岭表记》《岭南录异》《岭表录异记》。笔记。唐刘恂撰。3卷。记载岭南气候地理、草、木、虫、鱼、鸟、兽、风土人情和海外奇谈等。广东地方史料最为详细。记录手工业如陶瓷、铸铜、造船、酿酒、制笔技艺和民间艺术如葫芦笙等。为研究唐代岭南自然地理、经济文化交流以及民间手工艺提供珍贵材料。原书已佚，现存本为后人辑佚而成。鲁迅以25种典籍为依据加以注释、补遗和校勘。今有广东人民出版社1983年鲁迅校勘"广东地方文献丛书"本、广西民族出版社1988年校补"桂苑书林"本。参见第168页历史卷"岭表录异"条、第817页科技卷"岭表录异"条。（李亮）

岭外代答 笔记。南宋周去非撰。10

卷。分地理、边帅、外国、风土、法制、财计、器用、服用、食用、香、乐器、宝货、金石等20门。谋篇布局颇有章法，传闻逸事追本穷源，为研究宋代岭南风土物产、军制、经济、手工业史、贸易、海上交通等提供可靠材料，是广西地方史中时代较早且内容较全面的重要文献。文笔古朴优美，具有一定文学价值。是书宋代已流传，多见著录。有清《四库全书》本、《知不足斋丛书》本、《笔记小说大观》本、"丛书集成初编"本。今有远东出版社1996年《宋明清小品文集编注》本、中华书局1999年杨武泉校注"中外交通史籍丛刊"本。参见第817页科技卷"岭外代答"条。（李亮）

桂海虞衡志 笔记。南宋范成大撰。1卷。分志岩洞、志金石、志香、志酒、志器等13篇。记载宋代广西地区山川形胜、洞穴幽奇、金石矿藏、手工技

艺、动植物形态特性、风土人情、气候习俗、聚落特征和民族关系等，反映宋代广西地区社会、经济、文化、民族、手工艺等状况。文字质朴典雅，记录翔实可靠，可与正史互参，具有很高史料价值。成书以来一直为学者重视。南宋时已有刻本，明初编纂《永乐大典》时对旧本进行删削，至清乾隆年间旧本已佚。今存为节录本。（李亮）

粤西金石略　金石文献。清谢启昆撰。15 卷。著录自晋《龙编侯墓砖文》至元《帝舜庙碑》480 多种金石文献。前一卷半为晋至五代文献，中十一卷半为宋代文献，后两卷为元代文献和《铜鼓考》，附《待访目录》供查阅研究。金石文字录其全文，列其出处，有假借通用字加以疏通，相关史实附以考辨。为研究八桂人士碑刻艺术、佛道文化、交游活动等提供珍贵文献。《铜鼓考》对研究古代南方铜鼓装饰具有参考价值。有清嘉庆六年（1801）铜鼓亭刊本。（李亮）

粤中见闻　笔记。清范端昂撰。35 卷附记 1 卷。范端昂，字吕男，广东三水人。分天部、地部、人部、物部 4 大类。内容繁富，有气候、地理、山川、物产、人物、文学、哲学、民俗等。物部内容包括广东金属、海产、植物、谷物、药物、水果、动物等，对广东农业和工艺生产情况有翔实记载，是反映广东风物特色的地方文献。大量引用民间谣谚、俗语、传说等颇具地方特色内容，文笔洒落，语言流畅，具有一定文学价值。有清乾隆四十二年（1777）范氏刻本、嘉庆六年（1801）五典斋刻本。今有广东高等教育出版社 1988 年汤志岳校注"岭南丛书"本。参见第 171 页历史卷"粤中见闻"条。（李亮）

羊城古钞　笔记。清仇巨川纂。8 卷首 1 卷。分舆图、星野图目、城池、山川、祠坛、书院、坊表、桥梁、寺观、人物、仙释、古迹、杂物等 25 门。辑录自远古至清嘉庆年间岭南历史记载和传闻逸事，加以分类排列，内容翔实。为研究古代广州自然地理、名胜古迹、文化教育、历史人物、风俗物产、工艺文化的史料。有清嘉庆十一年（1806）刻本。今有广东人民出版社 1983 年陈宪猷点校"岭南文库"本。参见第 172 页历史卷"羊城古钞"条。（李亮）

岭南丛述　笔记。清邓淳编辑。60 卷。分天文、舆地、群山、诸石、乐器、闺阁、服饰、宫室、墓域、器物、珍宝、饮食、技术等 40 目。记录岭南天文地理、名胜古迹、人物文学、传闻逸事、饮食习俗、医药养生、工艺技术等。涉猎广泛、资料详尽，大量来自经史典籍和广东地方文献，征引书目达 500 余种，是百科全书式地方文献。有清道光十年（1830）养拙山房刻本。参见第 172 页历史卷"岭南丛述"条。（李亮）

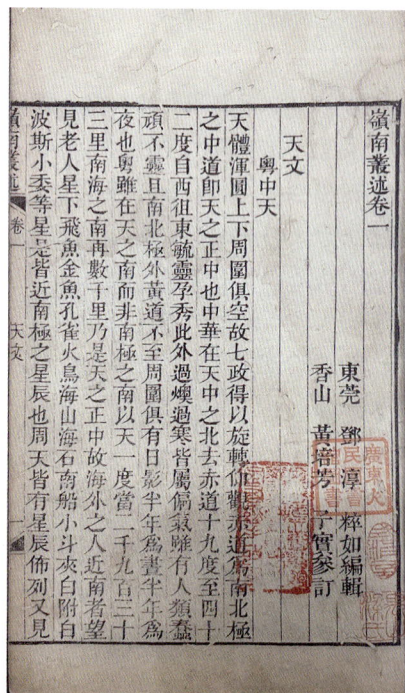

清道光十年（1830）刻本《岭南丛述》

十　新闻出版卷

概　况

岭南刻书　区域出版。岭南雕版刻书总称。最早可追溯至远古广东先民在陶器、青铜器上的刻画和雕刻，以及先秦以来的印玺、竹简、碑文等。唐代多为佛经、佛像，唐僧人义净在粤传经，以泥作版，印刷佛像，为"唐代刊书之先导"（向达语），可视为岭南刻书之滥觞。宋代岭南刻书业发展成熟，雕版印刷技术普及，广州、潮州及各地都有刻书。北宋在岭南设置广南东路、广南西路，官刻书籍主要由转运使（漕司）负责。北宋皇祐三年（1051），广南东路刊刻《罗浮山记》。绍圣三年（1096），广南西路刊刻《脉经》。南宋岭南教育文化事业发展，刻书数量增加。宋代广州官刻流传至今的书籍有《新刊校定集注杜诗》《附释文互注礼部韵略》等。宋代潮州官刻有《韩文公集》《大学》等。宋代广东私人刻书有《曲江集》《武溪集》等。明代，岭南刻书业发达，所刊书籍有"广版"之称。广东官刻由布政使司、按察使司负责，前者刊刻书籍涉及经、史、子、集，如《周礼句解》《大学衍义》等，后者刊刻医学、文学类书籍，如《伤寒

琐言》《岭南文献》等。明代岭南书院众多，刻书以广州崇正书院最为著名。明代广西梧州官刻主要有《五经旁训》《初学记》《东泉文集》等。明代广东私刻以诗文集为主，如《白沙先生集》《泰泉集》等。明代广东书坊有岭南书林、镇粤堂、思城斋等。清代岭南刻书业更加发达。嘉道年间，两广总督阮元建置的学海堂编书刻书，开风气之先，且带动广东私人刻书发展，出现了伍崇曜刊刻《粤雅堂丛书》、潘仕成刊刻《海山仙馆丛书》等。同治年间，菏古堂刊刻的"二十四史"闻名于世。光绪年间，广雅书局刊刻图书300多种，为清代四大官书局之一。清代广东书坊，主要集中在广州、佛山两地，如广州心简斋、翰宝楼、富文斋等，佛山文盛堂、奎元堂、会元楼等。清末，时兴铅印、石印图书，刻书业日渐式微。民国刻书，如《聚德堂丛书》《东莞诗录》《陈东塾先生遗诗》《澳门杂诗》等，皆为民国广东刻本。（林子雄）

岭南近代新闻出版　区域出版。19世纪初至新中国成立前岭南新闻出版活动

的总称。主要涵盖报纸、期刊、出版机构、广播通信等。以报刊出版和西方印刷技术传入为特点的中国近现代新闻出版业发端于岭南，其时间早于作为中国近代史开端的鸦片战争。19世纪初，基督教新教传教士来到中国，为提高印刷效率，转向应用西方活字印刷技术和印刷机器。澳门土生葡人和在广州经商的外国人，开始将创办报刊作为舆论动员和传播信息的工具。因清政府厉行禁教，严防外国人印刷中文出版物，新闻出版活动多以管制相对宽松的中国澳门及南洋一带为基地。清嘉庆十九年（1814）9月创建的澳门东印度公司印刷所，是中国境内最早将西方近代活字印刷技术应用到中文印刷中的机构。道光二年（1822）9月，葡萄牙立宪党人创办的葡文报刊《蜜蜂华报》（*A Abelha da China*），为中国境内最早出版的外文报刊。道光七年（1827）11月，广州出现了中国内地最早的英文报纸《广州纪事报》（*Canton Register*）。道光十一年（1831），广州首先应用西方石印技术印刷传教单张。道光十三年（1833）4月，澳门诞生了中国境

内最早出版的中文报刊《杂闻篇》（*A Miscellaneous Paper*）；几个月后，广州出版《东西洋考每月统记传》（*Eastern Western Monthly Magazine*），"Magazine"概念首次引入中国，有人称其为中国杂志的鼻祖。道光十四年（1834），在广州的 14 名华人基督徒，有 5 人为专责不同工序的刻（印）工。梁发和屈昂是最早懂得西方平版印刷技术的中国人。梁发参与了英国传教士米怜于嘉庆二十年（1815）在马六甲（今属马来西亚）创办世界首份中文杂志《察世俗每月统记传》（*Chinese Monthly Magazine*）的全过程。道光十九年（1839），林则徐在广州设翻译馆，汇编《澳门新闻纸》，"新闻纸"为 newspaper 的最早中文译名。鸦片战争后，近代新闻出版中心由粤港澳地区转到上海。同治四年（1865）创刊的《广州新报》（*The canton News*）是中国最早的中文医学期刊。同治十一年（1872）在香港创办的《香港华字日报》是中国人自办报纸之始。同治十三年（1874）在香港创办的《循环日报》和光绪二十三年（1897）在澳门创办的《知新报》宣传维新变法。《述报》（1884 年）、《广报》（1886 年）、《中国日报》（1900年）、《广东日报》（1904 年）、《时事画报》（1905 年）等一批带有明显政治倾向的报刊，《岭南日报》（1891年）、《中西日报》（1891 年）、《羊城日报》（1902 年）、《广东七十二行商报》（1907 年）等一批具有浓郁商业色彩的报纸，均是中国近代历史进程中的重要参考史料文献。广州西关十八甫一带报馆林立，号为报馆街；永汉北路（今北京路）一带汇聚了大批出版发行机构，包括商务印书馆广州分馆、中华书局广州分局、世界书局广州分局，号为书店街。直至今日，北京路仍分布着新华书店、古籍书店、科技书店等。新闻出版不断出现新的媒体。光绪三十年（1904），中国人自办的第一家通讯

社中兴通讯社在广州创办。1929 年，广州市播音台在广州中央公园（今人民公园）开播，为广东最早的无线电台。电视台、影音制品、网络媒体等相继兴起，新闻出版边界被拓宽。广州是早期马克思主义传播的发源地，1924 年国共合作后，成为大革命中心，新闻出版活动达到高潮。中国共产党创建前后传播马克思主义的报刊就有《劳动者》（1920 年）、《广东群报》（1920年）、《劳动与妇女》（1921 年）、《新青年（广州版）》（1921 年）、《青年周刊》（1922 年）等，出版发行机构有人民出版社广州工作机构、平民书社等。1923 年 4 月，中共中央机关报《向导》迁广州出版；同年 7 月 1 日，中共在广州创办机关刊物《前锋》。国共合作后，毛泽东在广州主编国民党中央执行委员会机关刊物《政治周报》（1925 年），国民党中央妇女部出版《妇女之声》（1925 年），国民党中央农民部出版《中国农民》（1926 年），中共广东区委创办机关刊物《人民周刊》（1926 年）、国光书店，共青团广东区委出版《少年先锋》（1926 年）等。广东的进步新闻出版活动盛极一时，革命报刊和进步图书成为推动革命运动向前发展的重要动力。大革命失败后，中国共产党领导的新闻出版活动转入地下。东江、琼崖革命根据地在极其艰苦的条件下创建了一批油印报刊，且秘密发行到国统区。1927 年 10 月中共广东省委秘密创刊的《红旗》，早于后来确定为中共中央机关刊物的同名杂志（1928 年 11 月 20 日创刊），在中共党史上具有重要地位。1937 年 11 月上海沦陷后，进步文化人南下广州、香港、桂林，宣传抗战的报刊相继出版，粤港澳新闻出版面貌一新，桂林一度成为出版城、文化城。抗战胜利后，中共创办了《华商报》（1941 年）、《正报》（1945 年）以及新民主出版社等新闻出版机构，成为新中国成立后华南地区创

建新闻出版事业的先驱。（金炳亮）

岭南现代传媒 区域出版。新中国成立后岭南新闻出版事业和传媒产业的总称。主要涵盖报刊、出版社、广播电视、通讯社等传统媒体，以及各类基于互联网的新兴媒体。1949 年 10 月 23 日，《南方日报》创刊，11 月 7 日广州新华书店开业，广东省社会主义新闻出版事业由此开启。1950 年 7 月，新华书店华南总分店成立，管辖广东、广西各级新华书店及图书出版业务。在此基础上，华南人民出版社（1956 年改称为广东人民出版社）、广西人民出版社、广西民族出版社、广东省新华书店和广西壮族自治区新华书店相继成立。新中国成立后，香港《大公报》（1938 年）、《文汇报》（1948 年）、《南华早报》（1903 年）、《工商日报》（1925年）、《华侨日报》（1925 年）、《大众报》（1933 年），以及商务印书馆香港分馆、中华书局香港分局、新民主出版社等继续经营，成为港澳新闻出版业的中坚力量。1958 年，广州电视台（广东电视台前身）成立，为最早成立的省级电视台之一。改革开放后，广东出版界提出"立足广东，面向全国，兼顾海外"方针，出版一批新书好书。《黄金时代》（1975年）、《花城》（1979 年）、《家庭》（1982 年）等杂志在发行量、影响力等方面引领全国，出版界誉之为"广东期刊现象"；广东省创建的出版社数量仅次于北京、上海，花城出版社、岭南美术出版社创建不久就进入全国出版社名社行列；引进港台图书，开全国风气之先。20 世纪 90 年代，广东报业崛起，《广州日报》发行量、广告收入屡创全国第一，并成立全国第一家报业集团；南方报系在办报模式和报纸影响力等方面深刻影响了当代中国报业发展；在全国率先

推出大型地域文化丛书"岭南文库"（1992 年），率先举办读书人的节日——南国书香节（1993 年），创建中国第一座现代书城——广州购书中心（1994 年）；广东音像产业、书刊印刷产业均在全国领先。进入 21 世纪，广东传媒业在集团化改革、媒体融合发展、全民阅读活动推广等方面亮点纷呈，数字出版产业连年为全国之冠，培育出腾讯、网易、欢聚时代（YY）等知名互联网企业，产生了微信等应用广泛的新媒体产品。2016 年，南方出版传媒股份有限公司在上海证券交易所主板上市，成为广东省级文化产业第一股。（金炳亮）

刻　书

宋代广东刻书　古代出版活动。宋代刻书业发展成熟，书籍的种类和数量增加。宋代广东雕版印刷技术已经普及，自广州、潮州，乃至偏远的连州、雷州都有刻书。北宋皇祐三年（1051），广南东路刊刻郭之美《罗浮山记》，此为"广东椠本之可考者，余所见以此为最先"（黄慈博语）。官刻以地方志为主，广南东路刊刻有《广州图经》《南海图经》《潮州图经》《潮州新图经》《韶州图经》《琼州图经》《广东会要》《罗浮山记》等。北宋元祐年间，韶州府刊刻《曲江集》。大观初年，潮州人刘允刊刻《昌黎先生集》。南宋统治核心南移，岭南文化教育发展，刻书数量增加。广州官刻本有《家礼》《新刊校定集注杜诗》《附释文互注礼部韵略》《文章正宗》《南海志》等。潮州官刻本有《韩文公集》《大学》等。广州光孝寺刊刻惠能

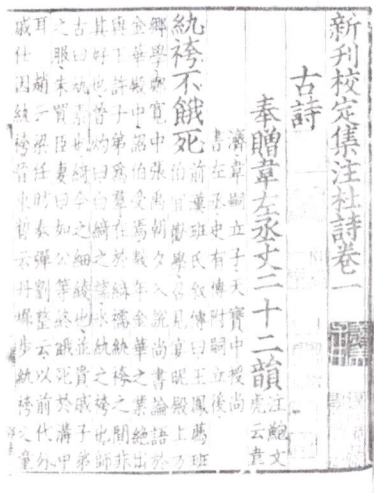

宋广东官刻本《新刊校定集注杜诗》

《金刚大义诀》等。私人刻书方面，北宋元祐年间张唐辅刊刻《曲江集》，冯元后人刊刻《冯章靖公集》。绍兴七年（1137），余仲荀刊刻《武溪集》，欧阳伋刊刻《静退居士集》。宋代广东刻书，版式开阔，字体隽丽，结构宽博，刀法圆润。《四库全书总目提要》称《新刊校定集注杜诗》"字画端劲而清楷，宋版中之绝佳者"。（林子雄）

宋代广州刻书　古代出版活动。宋代广州是岭南政治文化中心，刻书业发达。早期广州官刻有《广州图经》《南海图经》等。北宋年间广东经略使、广州知州王靖编纂《广东会要》，在广州刊刻。南宋嘉定年间，广州知州廖德明建立师悟堂，刊刻朱熹《家礼》及程颢、程颐的著作。嘉定、淳熙年间，广州知州陈岘、方大琮先后编纂出版《南海志》。淳熙、宝庆年间，广东转运使曾噩在广州刊刻《新刊校定集注杜诗》《附释文互注礼部韵略》。嘉熙五年（1241），广东提举常平刘克庄，在广州刊刻《文章正宗》。此外，宋代番禺县曾刊刻《敬斋医法》。宋代广州刻书，版面疏朗，笔画浑厚，刀法有力，端庄稳重。宋代广州刻工众多，有上官生、危杰、朱荣、刘千、刘迁、刘羽、刘士震、杨定、杨易、吴元、吴文彬、岑广、岑达、岑友、陈敬甫、范贵、范文贵、洪恩、郑宗、郑安礼、郭淇、莫衍、莫冲、黄甲、黄由、黄仲、敬父、萧仁、鲁时、潘珏等，其中吴文彬为"广

州地区名匠"。（林子雄）

宋代潮州刻书　古代出版活动。宋代潮州是岭南刻书重地。潮州近宋代三大刻书中心之一的福建，"刻书为岭南之冠"。北宋大观初年，潮州人刘允以郡昌黎庙香火钱刊刻《昌黎先生集》。绍兴九年（1139），刘允之子刘昉重刊《韩文公集》。庆元年间，潮阳县学刊刻朱熹训释的《大学》读本。嘉定十七年（1224），潮阳刊刻《通鉴总类》。潮州刻地方志书以图经为主，如《潮州图经》《潮州新图经》《潮州记》等。潮州府刊刻《韩文公集》有大、中、小字本和《通鉴总类》《汉隽》《蔡端明集》《赵忠简集》《北门集》《三山王讷斋集》《许东涧应龙集》《续谈助》《谕俗续编》《林贤良草范集》《新修潮阳图经》《韵略》《瘴论》《备急方》《易简方》《治未病方》《痈疽秘方》。潮州府学刊刻《吕氏易集解》《春秋集传或问》《孟子说》《朱文公论孟或问》《中庸辑略》《北溪字义》《新修潮阳图经》等。潮州濂溪书院刊刻有《濂溪大成集》《孟子说》《春秋集传或问》。潮阳灵山寺曾刊刻《正弘集》1 卷。潮州官刻书版分别贮存在潮州府衙、潮州学宫及濂溪书院内，据元《三阳志》记载，有图书33 种，书版 10358 块。（林子雄）

明代广东刻书　古代出版活动。明代岭南刻书数量大幅增加，"广版"在

全国有一定影响和地位。官刻方面，广东布政使司、按察使司是主要官刻机构，刻书内容涉及经、史、子、集，如《周礼句解》《大戴礼记》《大学衍义》《宋史》《大明律释义》《军政条例》《问刑条例》《医方选要》《伤寒琐言》《本草集要》《岭南卫生方》《岭南文献》《东里文集》等。其中，明嘉靖七年（1528），经礼部商议提取成化年间广东布政使司所刻的《宋史》用于校补全史。明代重视地方志的编纂，在官刻书籍中，地方志占较大比例。明代广东有书院168间，以广州崇正书院刻书最为著名。私人刻书方面，有嘉靖年间广州潘光统刊刻的《唐音类选》《明音类选》，家刻本有嘉靖、万历年间黄佐后人刊刻黄佐著作《六艺流别》《泰泉集》，崇祯年间潮州薛侃后人刊刻薛侃著作《图书质疑》等。明代广东书坊有岭南书林、思城斋等，坊刻书籍有《岭南珠玉》等。明代广东刻工日趋家庭化、家族化。明万历四十三年（1615）刊刻的《岭南文献》，刻工13人均为梁姓。知其姓名者180多人，明代刻工王继仁、冯希、关士芳、麦保、李元真、陈三、程士鸾、谢裕等前往外地刻书，嘉靖年间福建刊刻的《惠安县志》及安徽刊刻的《唐承相曲江张先生文集》都留下了他们的名字。（林子雄）

明代广州刻书 古代出版活动。明代广东布政使司、按察使司、都指挥使司等均在广州。广东布政使司刊刻的书籍涉及经、史、子、集，如《周礼句解》《大戴礼记》《大学衍义》《唐书》《宋史》《大明律释义》《军政条例》《问刑条例》《东坡文集》等，广东按察使司主要刊刻医学、文学类书籍，如《伤寒琐言》《岭南文献》《岭南文献轨范补遗》《广中五先生诗集》《东里文集》等。明代广

州府注重儒学礼教推广，刊刻《礼记集说》《周礼详解》《周礼互注重言重意》等，并出版《春秋胡传》《丹崖集》《陈刚中诗集》《六子书》《本草集要》《程文雅录》《白沙先生诗教解》《泉翁大全》等。番禺县刊刻《岭海舆图》《敬斋医法》《历法》，南海县刊刻《饮膳正要》《南海百咏》等。来粤官员给岭南刻书带来新的风格和经验，明成化年间广东按察使司金事张习在广州刊刻"吴门四家"的著作。岭南刻工主要集中在广州，各地刻书需要请广州刻工。明崇祯十年（1637），廉州府刊刻府志，书版材料用的是高凉（今广东高州）梨木，从事雕版者为广州刻工。明初广州刻书颇有元朝遗风，写刻黑口，用赵（孟頫）体字。明嘉靖以后广州刻书最早采用仿宋体，风格趋向统一。（林子雄）

明代潮州刻书 古代出版活动。明代潮州官刻以地方志为主。自永乐起，潮州府数次编纂和刊刻府志。嘉靖年间，知府郭春震召集教授黄仲阳，教谕宋楫，生员薛良翰、谢以质、黄建可等人纂修《潮州府志》，且在府学雕版印刷。另有《揭阳县志》《大埔县志》《程乡县志》《饶平县志》《惠来县志》，隆庆《潮阳县志》，万历《普宁县志》《潮中杂纪》等刊刻行世。嘉靖年间，潮州知府何镗刊刻《韩文公集》，万历潮州推官王国宾补刻。明代潮州府刊刻《一统志略》《南澳志》《韩祠录》《韩山校士录》《学史》《薛胡粹言》《礼义会编》《乡礼书》《乡约》《赌诫》《草木子》《稀痘方集》《寓潮集》《少谷集》《守潮文集》《金城山集》《明农山堂汇草》。海阳县刊刻《林东莆论策》《西京杂记》《三辅黄图》，揭阳县刊刻《四贤潮语》。明代潮州私刻本有《同野集》《三溪

文集》《系知堂集》《井丹集》《桃溪吟稿》《宫詹遗稿》《东涯集》《忠宣公集》《中离集》《明农山堂汇草》《研几录》《文武师资》《棘寺平反》《溪声堂法帖》等。此外潮州宝积寺曾刊刻《金刚经》等。明嘉靖四十五年（1566），潮州书坊刊刻《重刊五色潮泉插科增入诗词北曲勾栏荔镜记戏文全集》，现存英国牛津大学图书馆。万历年间，潮州刊刻的《新刻增补全像乡谈荔枝记》《重补摘锦潮调金花女大全》，为广东早期戏曲刻本。书法流畅、字体清秀，如万历年间潮阳林氏家刻本《井丹先生集》，体现明代潮州刻书的高超水平。（林子雄）

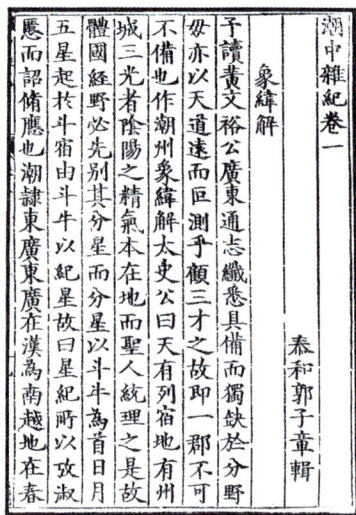

明潮州官刻本《潮中杂纪》

清代广东刻书 古代出版活动。清初广东社会局势不稳，刻书业受到很大影响，官刻寥寥可数。顺治年间刊刻的书籍有《张曲江集》《白沙子全集》等。康熙年间，图书编纂及刻书业逐渐恢复。全省编纂和刊刻地方志150多部，带动刻书业的发展。地方人士组织诗社，搜集先贤诗文，编纂、刊刻《广东文选》《岭南五朝诗选》《番禺黎氏存诗汇选》《广东诗粹》《岭南三大家诗选》等。近代以后广东经济、文化、教育事业兴起，刻书数量

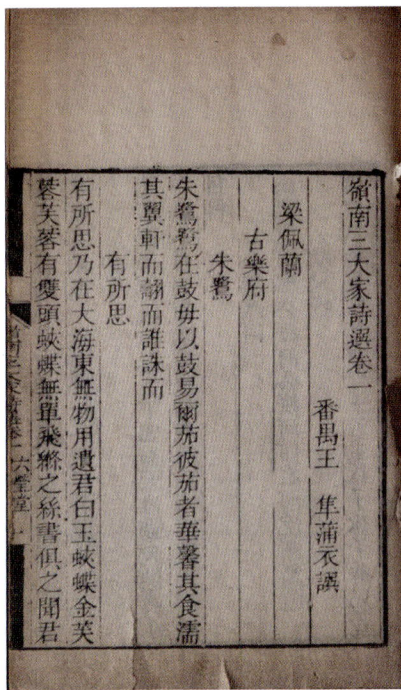

清广州番禺王隼刻本《岭南三大家诗选》

猛增，在全国处于领先地位。道光年间，学海堂开刻书风气之先。张之洞创办广雅书局，为清代四大官书局之一。名人富商刻书成风，伍崇曜是广东私人刻书最多者。新会陈氏莳古堂刊刻的《二十四史》闻名于世，广为流传。私人刻书还有罗学鹏辑《广东文献》、温汝能辑《粤东诗海》《粤东文海》、凌扬藻辑《国朝岭海诗钞》、邓淳辑《岭南丛述》等。清代广东书坊业发展，主要集中在广州、佛山、东莞、潮州等地。顺德马冈自嘉庆年间起刻书业兴旺，以女工刻书、刻工价廉闻名。清代广东刻书的寺院，有广州海幢寺、端州庆云寺等。（林子雄）

清代广州刻书 古代出版活动。清代康熙年间，岭南社会秩序逐渐恢复，屈大均、陈恭尹、梁佩兰等人在广州组织浮丘、探梅、东林、湖心诗社，促进岭南文学作品的编纂出版。先是陈恭尹向社会征集岭南文献，后屈大均编纂《广东文选》、黄登编纂《岭南五朝诗选》、梁善长编纂《广东诗粹》等在广州刊刻。嘉道年间，阮元在广州建立学海堂，引导岭南教育文

化事业发展。道光年间，广州私人刻书成风，伍崇曜、潘仕成在广州刊刻《岭南遗书》《粤十三家集》《粤雅堂丛书》《海山仙馆丛书》。光绪年间，张之洞在广州创办广雅书局，为清代四大官书局之一。清代广州书坊主要在城内西湖（仙湖）街（今西湖路）、双门底（今北京路）、龙藏街（今惠福东路与西湖路之间）、九曜坊（今教育路南段）等，此地原为学署，故又称学院前。清代广州著名书坊有守经堂、富文斋、翰墨园、超华斋、艺芳斋、萃文堂等，刊刻的书籍丰富多彩。（林子雄）

清代潮州刻书 古代出版活动。清代潮州官刻以顺治《潮州府志》为开端，潮州及各县刊刻地方志书近40部。康熙年间，程乡刊刻县志，适逢"三藩之乱"及郑成功反清，书版多有损失。乾隆年间刊刻的《潮州府志》《揭阳县志》，受朝廷禁毁图书政策影响，书版屡遭删改铲挖。清光绪十九年（1893），乾隆《潮州府

清潮州金山书院刻本《醉经楼集》

志》因书版残缺重刊，版存金山书院。光绪年间，金山书院刊刻《醉经楼集》。此外，清康熙五十八年（1719），潮州灵山寺刻《正弘集》。私刻是清代潮州刻书主体。私刻书籍有《孝经绎说》《论语集部》《四书串义》《韵字释同广义》《稽古篇》《持静斋书目》《阴那山志》《鹅湖讲学会编》《西役纪程》《韩江记》等近百部。清初陈衍虞自刻诗集《客闽草》《旅心草》等，后人刊刻《还山文稿》《郡乘小序》《种墨亭尺牍》。明人王天性著作《半憨集》，经历顺治、康熙、道光三度刊刻。清代潮州书坊主要有文在楼、存文楼，曾刊刻地方志、族谱、医书等。光绪年间，汕头《晓钟报》、启新书局及澄海景韩学堂曾刊行《潮州乡土地理教科书》《潮州乡土格致教科书》《澄海乡土物产教科书》《澄海乡土格致教科书》《澄海乡土地理教科书》等乡土教材。宣统二年（1910），潮州同文善堂刊刻《经验杂方》。清咸丰年间，潮州李万利书坊及其属下的万利老店、万利春记、万利生记以及王生记、陈财利堂、吴文瑞堂、王友芝堂等，都是刊刻潮州歌册的书坊。（林子雄）

广东官刻 又称官板。古代出版活动。古代官署或官员刊刻的书籍。宋代岭南设置广南东路、广南西路，官刻书籍由转运使（漕司）及各级衙门负责。宋代广东官刻以地方志为主，有《罗浮山记》《广州图经》《南海图经》《广东会要》《南海志》《清远县志》及《眉山先生文集》《大学》《家礼》等。淳熙宝庆年间，广东漕司在广州刊刻的《新刊校定集注杜诗》《附释文互注礼部韵略》，是仅存的广东宋刻本。潮州是宋代广东乃至岭南的刻书中心之一，其在府衙、学宫及濂溪书院刊刻图书和贮藏书

版。明代在广州的广东布政使司、按察使司刊刻的图书涉及经、史、子、集。官刻本除《广东通志》及各府、县志外，广州府有《丹崖集》《陈刚中诗集》《白沙全集》等，韶州府有《朋良集》，惠州府有《东坡寓惠录》，肇庆府有《律诗类编》，潮州府有《一统志略》《韩祠录》等，琼州府有《琼台吟稿》《丘文庄集》《大学衍义补》。清代广东官刻除大量地方志之外，政府还资助刊刻《广东文选》等书籍。道光年间，学海堂刊刻典籍，开刻书风气之先。道光初年，广东省衙门曾以蜡版刊刻《辕门钞》（官府公报）。广雅书局刻书多且精，是清代四大官书局之一。官刻本始终保持开本宽阔、字体端庄、刀法有力的风格。宋代广州漕司刻本是岭南官刻的典型，明代潮州府刊刻的《潮中杂纪》序文"字大如钱"，刻工端楷，排列整齐，字体古朴，且以方框提示标题，此形式在地方志中比较罕见。（林子雄）

官板 见"广东官刻"。

广东私刻 古代出版活动。私刻又称家刻、自刻，由私人出资刊刻的书籍。宋代，广东私刻有《曲江集》《冯章靖公集》《武溪集》《静退居士集》等。潮阳人郑文振刊刻《朱文公韩文考异》，"锓版最先，盖文公（朱熹）亲见之"。明代广州私刻有崔与之《崔菊坡先生言行录》、元结《次山集》、舒芬《梓溪文集》、林光《南川诗集》、黄佐《明音类选》《六艺流别》《庸言》，潘光统《唐音类选》，黎民表《罗浮山志》，欧大任《百越先贤传》。私刻本有《文溪集》《罗司勋集》《泰泉集》《谢山存稿》《寒窗感遇集》《霍文敏公文集》《郁洲遗稿》《白沙先生集》《九峰先生集》《区太史诗集》等。明代潮州私

刻多为家刻本，如萧端蒙《同野集》、饶相《三溪文集》、邹守益《系知堂集》、林大春《井丹集》、周孚先《桃溪吟稿》、翁万达《宫詹遗稿》《东涯集》、林熙春《忠宣公集》等。清代广州私刻以伍崇曜、潘仕成、陈焯之等出版的丛书为代表。清代潮州私刻以陈氏世馨堂最多，该堂除刊刻陈衍虞及陈珏、陈士规著作外，还搜集潮州先贤之诗，刊刻《古瀛诗苑》。道光年间，海阳贡生郑昌时自撰自刻《韩江闻见录》。潮州教授冯奉初搜集明代潮人著作，汇编刊刻《潮州耆旧集》。（林子雄）

广东坊刻 古代出版活动。书坊刻书。宋代广东从事雕版印刷的刻工有上官生、危杰、刘士震、吴文彬、陈敬甫、范贵等。明代广东书坊有岭南书林、镇粤堂、思城斋等，刊刻《纪效新书》《古今韵分注撮要》《刊古文争奇》等书。书坊除印售书籍外，还为官府雕版，如广东布政使司由书坊代为刊刻《岭南珠玉》。清代广州出版图书较多的书坊有守经堂、富文斋、芸香堂、超华斋、艺芳斋、拾芥园、聚文堂、萃文堂、古经阁、麟书阁、儒雅堂、以文堂等，佛山有文盛堂、奎元堂、会元楼等。广东书坊刊刻的图书内容丰富，包括地方志、诗文集、医书、兵书、历书、小说及木鱼书等。旧时有人称书坊刻书"庸恶陋劣，漫无别择"，坊刻本从来不受重视。清末，广州书坊，聚文堂、艺芳斋、翰墨园等出版套印本，引起关注。（林子雄）

广州书坊 书坊，又称书棚、书肆、书林。清代乾隆以前广州书坊有连元阁、木天阁、大雅堂、达朝堂、心简斋、翰宝楼、会元楼、韦文堂、六书斋等。嘉道以后，广州刻书业发展，双门底（今北京路）、西湖街（今西

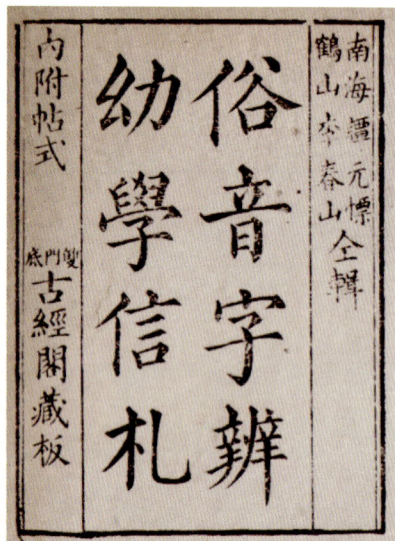

广州古经阁刻本《俗音字辨 幼学信札》

湖路）、龙藏街、九曜坊一带书坊林立，不仅刻书售书，且卖文具古董，带动了文化教育的发展。学海堂曾以"双门底卖书坊"命题让学生作文。清代广州有书坊240多间，除在双门底一带外，还在西关（今荔湾区）第七甫、第八甫、十七甫等地经营。较大规模和经营多年的有心简斋、文畬堂、守经堂、富文斋、芸香堂、超华斋、艺芳斋、拾芥园、正文堂、味经堂、五桂堂、聚文堂、聚珍堂、萃文堂、萃经堂、古经阁、聚贤堂、经史阁、艺苑楼、翰文堂、儒雅堂、翰墨园、麟书阁、以文堂。清末一些书坊改称书局、刻字店，如守经堂书局、五桂堂书局、艺苑楼刻字店等。（林子雄）

佛山书坊 书坊。清代，广东佛山镇与河南朱仙镇、湖北汉口镇、江西景德镇被称为"天下四大镇"，当地手工业多至170行，书籍、刻字、纸墨行业兴旺。乾隆年间，佛山书坊有文盛堂、奎元堂、会元楼、翰宝楼，其中以刊刻《佛山忠义乡志》的文盛堂最为著名。道光以后，佛山书坊及刻字行主要集中在走马路、豆豉巷、福禄里、绒线街、大地街、舍人后街、水巷，如同文堂、近文堂、翰文堂、

天宝楼、天禄阁、文光楼、永文堂、芹香阁、正同文、进文堂、修竹斋等，刻工尚巧，刊刻历史、地理、医书小说以及木鱼书等。早期书坊多用木雕版印刷，后引进机器，采用石印或铅字排印，出版的图书远销内地、西北江及东南亚，兴盛时从事出版印刷工作者上千人。（林子雄）

广东书院刻书　古代出版活动。宋代，潮州濂溪书院曾刊刻《濂溪大成集》《孟子说》《春秋集传或问》等书。明代广东书院迅速发展，全省有书院 168 间。明正统二年（1437），广东提学副使林廷玉在广州建立崇正书院，嘉靖年间崇正书院刊刻有《前汉书》《后汉书》《四书集注》《周易传义》《诗集传》《叔和集》《中郎集》等，以棉纸印刷，风格古朴工整，小字刻镂颇为清晰，在明代书院刻书中有一定知名度。清代学海堂对广东文化教育事业影响巨大，书籍刊刻是其中之一。道光年间，阮元主持编纂《广东通志》《皇清经解》，光绪年间学海堂仍刊刻书籍。清代广东书院刻书的内容以课题、课艺、章程、书院志为主，如道光年间的《粤秀书院志》《粤秀书院课艺》，同治年间的《应元书院志略》《应元书院课艺》。同光年间，菊坡精舍编纂《十三经注疏》《通志堂经解》《古经解汇函》《菊坡精舍章程》《菊坡精舍集》，委托广东书局刊刻，版藏书院。光绪年间，广雅书院刊刻《广雅书院同舍录》《广雅书院藏书目录》《广雅书院史学丛书目录》，肇庆端溪书院刊刻《端溪丛书》《端溪书院志》。（林子雄）

学海堂刻书　古代出版活动。清代嘉道年间，阮元建立学海堂，聘请吴兰修、赵均、林伯桐、曾钊等人为学长。阮元"尽出所藏，选其应刻者付之梓

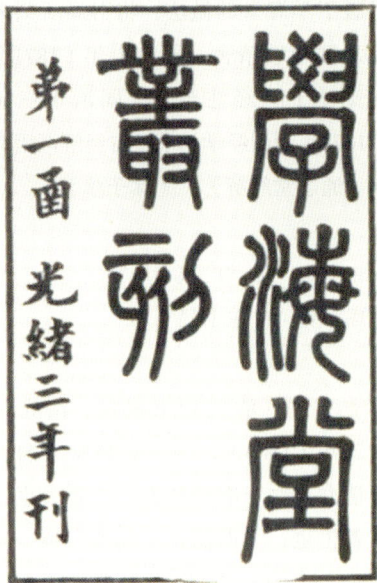

清光绪三年（1877）刻本《学海堂丛刻》

人，以惠士林"（《皇清经解序》），他主持编纂《广东通志》、刊刻《皇清经解》，开广东大规模刻书风气之先。越秀山上的启秀山房、文澜阁是师生和学者编审图书和学海堂藏书藏版之地。据统计，自道光至光绪年间，学海堂刊刻了《经典释文》《西汉会要》《数学精详》《岭南集》等，内容涵盖经史子集，共 31 种，2650 卷。学海堂专门制订《藏版章程》，制度严谨，对保护书版发挥了重要作用。为推广流行，书坊有意印刷某书，向学海堂交纳版租，即可开印。清咸丰七年（1857）英军占领越秀山，学长珍藏在文澜阁的书版，"募有能取出者厚赏之，有通事某甲取出，然缺失者大半矣"。（林子雄）

广东寺院刻书　古代出版活动。寺院刻书处称为经寮、经坊，所刻主要是佛经和僧人诗文集，经费主要来源于政府支持、寺院集资和信众的捐赠。宋元时期，广州光孝寺刊刻惠能《金刚大义诀》《仰山辨宗论》《金刚经口诀义》等，广东宣慰使云从龙刊刻《坛经》。明万历年间刊刻释德清著

作，如《观老庄影响论》《观楞伽记》《金刚决疑》《大乘起信论直解》《憨山老人年谱自叙实录》《曹溪中兴录》《楞严正脉》等。清初，肇庆鼎湖山庆云寺刊刻《涂鸦集书问》《涂鸦集录》《六道集》《经忏直音增补切释》《沙弥律仪要略增注》《鼎湖山庆云寺外集》《鼎湖山志》，广州海幢寺刊刻《华严宝镜》《天然和尚梅花诗》《光宣台集》《海幢阿字禅师语录》等。康熙年间，粤北丹霞山别传寺刊刻《遍行堂集》。广州长寿寺刊刻《离六堂集》等，刻书多至"堆积书版"。黄华寺刊刻《剩人和尚语录》。法性寺刊刻《法性禅院倡和诗》。潮州灵山寺刊刻《灵山正弘集》。道光年间，广州华林寺刊刻《咸陟堂文集》。直至清末，广东寺院刻书从未间断。（林子雄）

海幢寺刻书　古代出版活动。所刻书籍被称为海幢寺经坊本，又称海幢书。

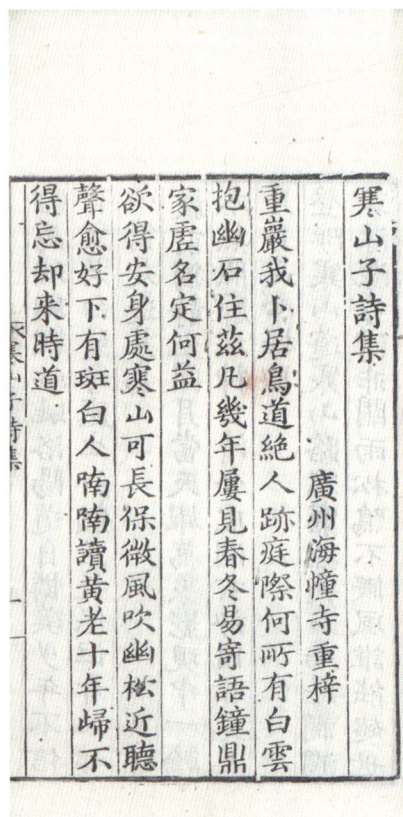

清海幢寺重刻本《寒山子诗集》

清初，海幢寺曾刊刻《华严宝镜》《沩山警策句释记》等书。康熙年间，海幢寺设置经坊，用于印刷图书和贮存版片。此后海幢寺刻书渐多，至乾隆、嘉庆达到高峰，其刻书以佛经为主，如《维摩诘所说经注》《楞严经集注》《六祖大师法宝坛经》等，有僧侣诗文，如《月鹭集》《光宣台集》《瞎堂诗集》《千山诗集》《慧海小草》《片云行草》《莲西诗存》《绿筠堂诗草》《寒山子诗集》等。此外，海幢寺还刊刻道教典籍《高上玉皇本行集经》等。清代海幢寺刊刻书籍100多种。（林子雄）

广东书局 又称粤东书局、省局。清代刻书机构。清同治七年（1868），两广盐运使方浚颐拨款在广州创办，延请陈澧主持编校事务。刊刻书籍均属经部，校勘精审，为时所重。如同治七年（1868）刊刻《钦定四库全书总目》《钦定四库全书简明目录》。不久方氏去，继任者钟谦钧亦重视书

局业务，其仿阮元刻存《皇清经解》书版于学海堂的做法，将书局所刻书版入藏菊坡精舍。同治十年（1871）刊刻《十三经注疏》，同治十三年（1874）刊刻经学丛书《古经解汇函》和《通志堂经解》。（林子雄）

粤东书局 见"广东书局"。
省局 见"广东书局"。

广雅书局 清代刻书机构。清光绪十二年（1886），两广总督张之洞上奏请办，次年准奏开办。广者大也，雅者正也，大而能正，是为广雅。晚清四大官书局（浙江书局、崇文书局、金陵书局、广雅书局）之一。开办经费43000两银，其中张之洞捐银10000两，广东巡抚吴大澂捐银3000两，地方绅商捐银30000两。位于广州文明门外聚贤坊（今文德路81号孙中山文献馆），在旧机器局的基础上修葺扩建而成。规模宏大，有校书堂、藏书楼、藏板楼等。设提调专司雕版、刊

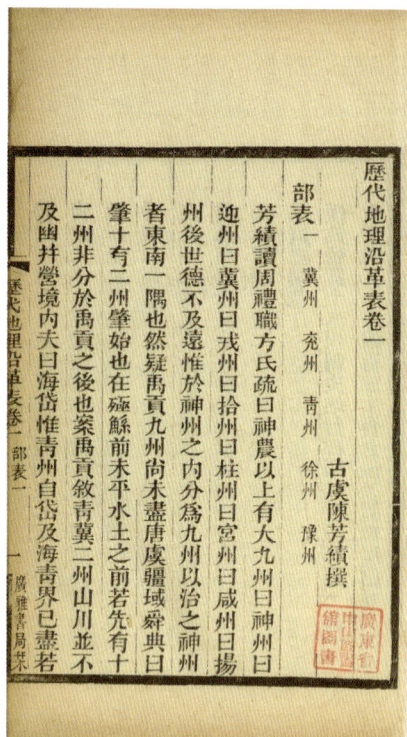

清光绪二十一年（1895）广雅书局刻本
《历代地理沿革表》

刻、印刷之事；设总校、复校、初校专司文字校勘之事，并在卷后署名，以示负责。以捐银发商生息（每年得息2365两），加上诚信堂、敬忠堂（均为本地富商）每年捐银5000两，作为日常经费。张之洞令王秉恩提调局事，廖泽群为总校，复校、初校有李肇沅、屠敬山、陶睿宣、何翰章、王仁俊、吴翌寅、叶昌炽、缪荃孙、黄涛、沈葆和、丁树屏等，皆通经博古之士。多选用珍异孤本，详审精校，所刊无俗本、无劣工，远超之前官私书局所刻各书。所刻较著名的图书有《周易解故》1卷、《易学象数论》4卷、《孟子集注》7卷、《四书集注》19卷、《礼记经传运解》37卷、《朱子语类日钞》5卷、《勾股通义》3卷、《史记索隐》30卷、《汉书辨疑》22卷、《后汉书补表》8卷、《三国志辨疑》3卷、《十七史商榷》100卷、《廿二史考异》100卷、《廿二史札记》36卷、《历代史表》59卷、《历代职官表》71卷、《历代地理沿革表》47卷等。谭钟麟督粤时，重编

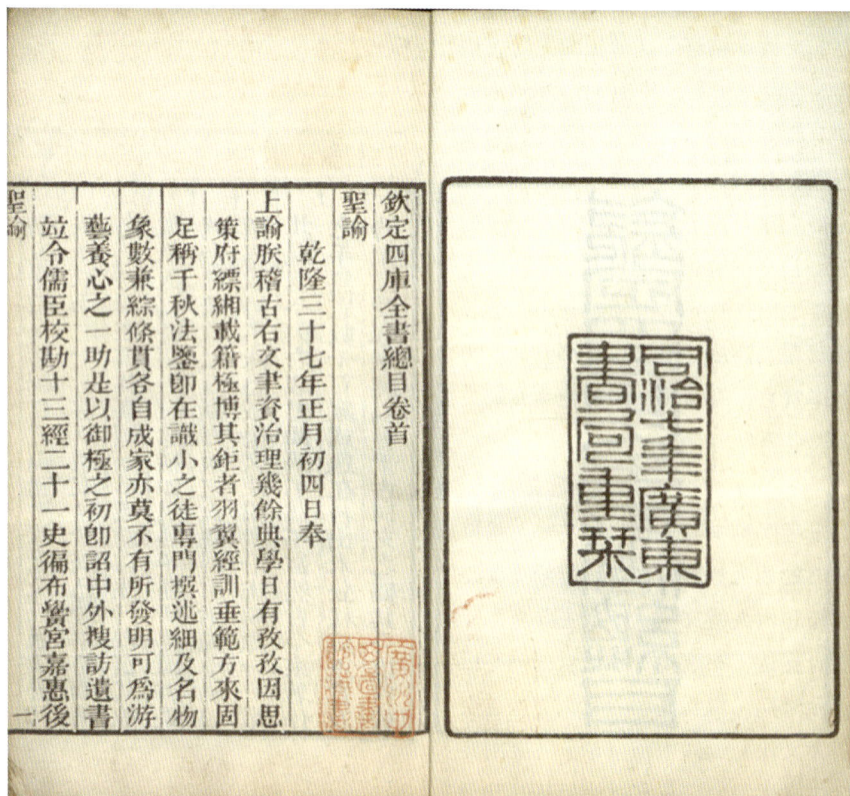

清同治七年（1868）广东书局重刻本《钦定四库全书总目》

校刊《武英殿聚珍版丛书》，虽属帖刻，而非写刻，且校对粗疏，然卷帙浩繁，达 148 种 1000 册之多。以史部诸书最见特色，吴翌寅编有《广雅史学丛书书目》，其中不乏稿本、孤本；上海文澜书局从中选辑《史学丛书》93 种 1771 卷石印出版，胡适称其为"不朽名著"。光绪三十年（1904）停办。根据徐信符主持广东省立图书馆时整理印行的《广雅书局书目提要》，总计刊刻经、史、子、集各部典籍 177 种、5890 卷。光绪三十三年（1907），广东提学使于式枚建藏板楼，入藏学海堂、菊坡精舍、应元书院、海山仙馆、粤雅堂和广雅书局的刻书版片。1912 年由广东图书馆接收。（金炳亮）

广雅板片印行所 民国时期古籍印行机构。1917 年广东省省长李耀汉仿江苏板片印行所设立，附设于广州市文德路广东省立图书馆。馆长徐信符主持。刊刻印行《广雅书局丛书》《学海堂丛书》及其他广东文献，如整理学海堂、菊坡精舍、海山仙馆、粤雅堂所遗书版，逐一刊行。1923 年筹款扩充，1934 年改称广东省立编印局，继承所藏 50 余万片书版。后因战乱和保存不善等因素，到 1953 年时，书版仅余 14 万—16 万片。1961 年，经商承祚、谭彼岸、冼玉清等专家鉴定，部分书版作为文物入藏广东省博物馆等机构，其他作为非文物处理，不知所终。（金炳亮）

广东省立编印局 民国官办出版发行机构。1934 年 9 月在广州市文德路成立。隶属广东省教育厅，采用委员制，委员及委员会主席由省教育厅委任。成立之初，委员会主席由黄希声担任，委员有廖景曾（兼总务部主任）、徐信符（兼发行部主任）、谢群彬、朱念慈、谭太冲、杨寿昌 6 人。干事有梁荫庭、卢景荣、金毓柏、罗鉴深 4

人。设有总务部、发行部、编辑部，主要职责为广雅版片的整理印行、广东文献的征集印行、世界名著的编译印行、整理国故、近代学术的介绍。1938 年 10 月广州沦陷前，抽印重刊《广雅书局丛书》《海山仙馆丛书》等，各有编号，次第发行。1945 年业务中止。（林子雄）

顺德马冈刻书 古代出版活动。马冈，村名，在广东佛山顺德县城南五里。自清嘉庆年间开始，马冈村民多以刻书为业，雕版刻字主要由女工负责，男子辅助，依墨迹刻画界线，故"价廉而行远"，享有盛誉。学海堂曾以"咏马冈刻书"为诗题作为馆课。嘉庆至光绪年间，江宁、苏州、福建等地书商及广州的书坊前来雕刻书版，携归当地，印刷分售。随着雕版刻工业务发展，马冈有冯怀香堂、冯学镳堂、冯继善堂、冯积厚堂及琢文堂等书坊，刻工有冯裕祥、梁体元、冯配珍、李应掌等。（林子雄）

木鱼书刻印 古代出版活动。从清代至民国，木鱼书盛行于珠江三角洲及海外粤人聚居地，家家必备，妇孺懂唱，印刷发行量很大。刊刻木鱼书的书坊主要集中在广州、佛山、莞城三地，广州有三元堂、三益堂、五桂堂、以文堂、丹桂堂、文伟书局、生兴印务局、成文堂、华兴书局、金玉堂、荣桂堂、荣德堂、启德书局、善文堂、富桂堂、载经堂、聚元堂、璧经堂、德文堂、醉经堂等。佛山有文光堂、圣文堂、近文堂、芹香阁、经元堂、福文堂、修笔斋等。东莞有会源堂、明秀堂、富文堂、萃英楼、翰文堂等。其中以广州丹桂堂、五桂堂、以文堂和东莞萃英楼及佛山芹香阁刊刻最多。（林子雄）

丹桂堂 清代书坊。位于广州九曜坊。主人姓苏。清道光至光绪年间，主要

刊刻通书，如《道光乙巳通书》《咸丰三年通书》《光绪十二年通书》等。清同治六年（1867）印行的《寒宫取笑》（仅有唱词，没有曲牌）为目前所见最早的粤剧唱本。苏氏还有攀桂堂，所刊书籍封面有"丹桂堂大字七政""贵客光顾请认苏家攀桂堂为记""丹桂堂苏板大字通书"等字样。（林子雄）

五桂堂 清代书坊。位于广州西关第七甫。清光绪年间，广州府花县秀才徐学成与堂兄徐学源及同乡林贵、毕襄集资合股创办。初期专门刊刻木鱼书、通书、日历及旧小说，其中以木鱼书印数最大。民国初年，改用进口手摇印刷机，图书发行量大增。1915 年，在香港荷里活道开设分局，林贵任分局司理。两地所印图书或称省港五桂堂，远销海外。20 世纪 40 年代末，广州五桂堂结业。1972 年 7 月，五桂堂香港分局关闭。（林子雄）

清五桂堂刻本木鱼书《三姑回门》

富文斋 清代书坊。位于广州西湖街。主人姓余。广州刻书较多的书坊之一。自嘉庆至光绪年间，所刊书籍内容广泛，遍及经史子集。业务精良，版面讲究，承接官刻、私刻，官刻如《广

东通志》《学海堂集》《通志堂经解》《广州府志》等，私刻如《岭南遗书》《守约篇丛书》《东塾丛书》及陈在谦《国朝岭南文钞》等。清光绪二十一年（1895）刊刻黄遵宪撰著的《日本国志》，对维新运动兴起产生影响。（林子雄）

翰墨园　清代书坊。位于广州九曜坊。清道光年间开业。主人骆浩泉，精版本及书籍装订，擅套印，曾刊刻《朱批苏文忠公诗》《史记菁华录》《文心雕龙》《昌黎先生诗集注》等套印本。清光绪二年（1876），刊刻《杜工部集》，正文为墨黑，学者批注文字以紫、蓝、朱、黄、绿五色刊出，颜色斑斓，精彩夺目，故被称赞曰："朱墨本，亦称套板，广东人为之最精，有五色者。"（《中国雕板源流考》）（林子雄）

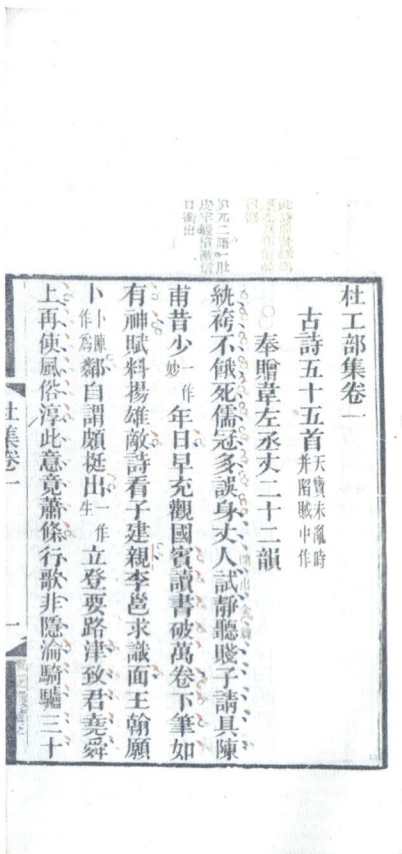

清光绪二年（1876）翰墨园六色套印本《杜工部集》

广州书坊街　书坊集中地。位于广州北京路一带。宋代广州城内有双阙，其上为楼，下为大门，俗称双门，民间称此地为双门底，为商业旺地，以卖书坊、古董市、花市最为著名。因附近有各级官署及粤秀、西湖、穗城书院，为官员和师生方便购书而逐渐成为书坊集中地。除双门底外，邻近的西湖（仙湖）街、龙藏街、九曜坊、书坊（芳）街等地也布满书坊。民国后，双门底改名为永汉路、汉民路，尚有近百家书局、书店遍布于此，较大规模的有中华书局、商务印书馆、世界书局等。1966 年，改名为北京路。今广州的主要书店，如新华书店、科技书店、古籍书店、联合书店仍在此经营。（林子雄）

广版　又称广板。古代对广东刻书的称谓。明代出现。明成化年间，两广巡抚都御史朱英在广州刊刻《宋史》496 卷、目录 3 卷。嘉靖年间，版片呈送南京国子监，重修刻印，引起关注。清代广东刻书多种多样，广州、佛山、东莞等地书坊众多，刻工价钱便宜，江浙一带的书商纷纷前来刻书购书，广版闻名遐迩。（林子雄）

广板　见"广版"。

中国刻工　又称中国印工。西方传教士对帮助他们刊刻传教册子的中国人的总称。以西方机器印刷为技术特点的中国近代出版业，开始于 19 世纪初期西方传教士来华传教，他们编撰和刊印大量中文传教小册子，为此雇佣中国人为其雕版和铸造活字，并从西方引入印刷机器。他们都是华人基督徒。清道光十四年（1834）在广州的 14 名华人基督徒中，就有 5 个是专责不同工序的刻（印）工。代表人物有梁发（A-fa）、梁进德（Liang Tsin-deh，Leang Atih）父子、屈亚熙、屈昂（Keuh A-Gong）、屈阿喜（Kueh Ahe）祖孙 3 代，蔡兴、蔡高（Tsae A-Ko）兄弟，何亚新（Ho Ah Sun）等。其中，梁发和屈昂是最早懂得西方平版印刷技术的中国人。嘉庆十二年（1807）起，他们先后在广州、澳门、马六甲（今属马来西亚）和香港等地，或为马礼逊、米怜、裨治文等传教士雇佣，或供职于印刷出版机构，如澳门东印度公司印刷所、英华书院印刷所等，从事木刻雕版、铸造活字和机器印刷工作，为中国近代出版业的最早参与者。清雍正以来厉行禁教政策，同时严禁中国人为外国人刻印图书，梁发、屈亚熙都曾被广州官府抓捕，再经传教士救出。嘉庆二十二年（1817）以后，传教士和相关印刷出版机构"已不雇佣中国人，而只雇佣葡萄牙人和孟加拉人"。广州、澳门的中国刻工或遭遣散，或转往南洋。传教士称赞他们是"有独创性的活字刻字工"。（金炳亮）

中国印工　见"中国刻工"。

梧州刻书　古代出版活动。明成化六

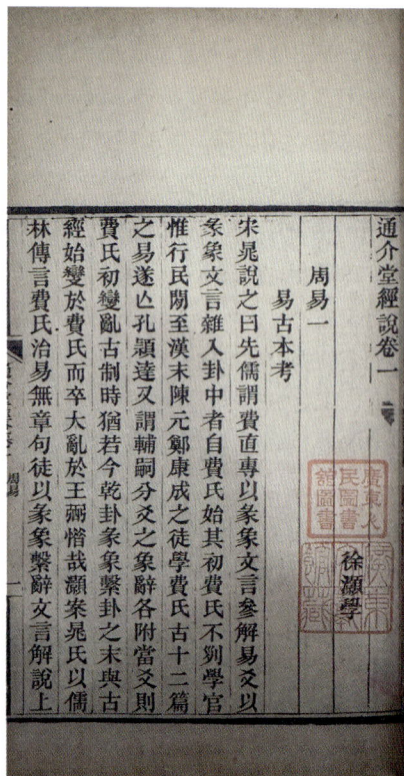

清咸丰四年（1854）梧州刊刻《学寿堂丛书》本《通介堂经说》

年（1470）在梧州设立两广总督府，至清康熙四年（1665）止。梧州是两广政治、军事的中心，文化事业发达，成为广西继桂林之后的又一刻书中心。明嘉靖至万历年间，坐镇梧州的两广总督蔡经、谈恺、张翰、吴文华等相继刻书，尤以万历二十三年（1595）陈大科总督两广后，刻书更趋活跃，仅4年间即刻《五经旁训》19卷、《灵隐子注》6卷、《丰对楼诗选》43卷、《说文解字（五音韵谱）》12卷，以及"雕印甚精"（《书林清话》）的《初学记》30卷。受总督府刻本的影响，明嘉靖

年间梧州知府刘士奇、郑尚经先后刻《定性书》与《东泉文集》8卷，天启年间苍梧知县梁子璠刻《增定论语外篇》4卷。延至清康熙两广总督衙门撤出梧州，官刻本随之式微。清代，仅见光绪三年（1877）梧州官署刻《越南辑略》2卷。坊刻、私刻逐渐取代官刻，光绪十九年（1893）大南门内唐立言堂刻《白鹤山房诗钞》，光绪十七年（1891）塘基街刘志言堂补刻《（乾隆）昭平县志》，更有广东番禺人徐绍桢自咸丰至光绪年间在梧州撰辑刻印《学寿堂丛书》，持续三四十年，计有

《通介堂经说》37卷、《乐律考》2卷、《灵洲山人诗录》6卷、《四书质疑》19卷、《孝经质疑》1卷、《后汉书朔闰考》5卷、《三国志质疑》6卷、《勾股通义》3卷、《学一斋算课草》4卷、《学一斋勾股代数草》2卷、《学一斋算学问答》1卷、《算学报》3卷，凡12种。除梧州府外，府辖苍梧、岑溪、藤县私刻本的种类数量亦不少，其中藤县苏氏宝墨楼刊本《王施诗合刻》8卷、《爻山笔话》14卷、《银月山房诗草》2卷等流传至今，均为古籍善本。（陈南南）

报 刊

广州纪事报（*Canton Register*） 又译《广东纪录报》。中国内地最早出版的英文报纸。清道光七年（1827）11月8日英商马地臣（James Matheson）和美商威廉·伍德（Wiliam W. Wood）在广州创办。伍德兼采访、编辑、排字工作。印刷机器由怡和洋行借出。由于办报方针上的分歧，数月后伍德离去，转让给马地臣经营，改由施赖德（John Slade）担任主笔。开始为双周刊，后改为周刊，道光八年（1828）9月至次年5月再改为双周刊，十四年（1834）起一直为周刊。以报道经济、商业行情及中国官方公布的材料为主，为鸦片贸易的合法化进行辩护，体现了西方国家掠夺中国财富的图谋。道光十三年（1833），《中国差报》（*The Chinese Courier*）并入。道光十九年（1839）因中英关系紧张迁往澳门，改名为《澳门杂录》。道光二十三年（1843）6月迁往香港，改名为《香港纪录报》（*Hong Kong Register*），由怡和洋行发行。道光二十九年（1849）后产权几度变更。除出正张外，还出行情报、物价报等增刊多种，并印有海外版。曾将《三

国演义》译成英文连载，开创港澳英文报刊连载中国长篇小说之先河。当时广州影响最大的外文报纸。据道光十六年（1836）统计，每期有280份运往南洋、印度和英、美一些主要商业城市。清咸丰十一年（1861）至同治二年（1863）停刊。（蒋建国）

广东纪录报 见"广州纪事报"。

华人差报与广东钞报（*Chinese Courier and Canton Gazette*） 外国人在华创办的英文报纸。清道光十一年（1831）7月28日在广州创刊。周报。每期4版，偶尔增加至4版。报址设在广州十三行商馆区法国馆5号。初名*Chinese Courier and Canton Gazette*，次年4月14日更名为*The Chinese Courier*（又译《中国差报》《中国信使报》）。创办人为美国人威廉·伍德（William W. Wood）。内容多为时事评论，也刊登一些较有学术性的专题文章及部分原始文献，其中一些是清政府和地方行商文件的译文，具有很高的史料价值。伍德延续《广州纪事报》的办报风格，攻击中国人的民族

性，鼓吹对华采取军事行动，反对东印度公司垄断对华贸易，抨击基督教在华传教活动。其一半时间在广州一半时间在澳门出版。由于伍德四处树敌，报纸无法继续经营，道光十三年（1833）9月23日停刊后，并入《广州纪事报》。（金炳亮）

广州周报（*The Canton Press*） 外国人在华创办的英文报纸。《海国图志》译为《澳门新闻纸》。清道光十五年（1835）9月12日由英国商人支持在广州创办。办报经费来自英商颠地行（Dent & Co.）及部分广告收入。首任编辑弗兰克林（W. H. Franklin），道光十六年（1836）2月6日起，德国汉堡的莫勒（Edmund Moller）接任，并任发行人。周六出版。早期为4开8版，后改为对开4版。经常加页出增刊，重大事件发生时，则出版号外（Extra）。被认为是"英商自由派的报纸"。内容以广州口岸新闻报道和时事评论为主，兼及欧美和英国殖民地的时事动态，也刊登涉及中外关系的原始文献、清政府文件的译文和学术性文章。鸦片战争前每期刊登商船

信息（Shipping Intelligence）和市价表（The Canton Press Price Current）。与《广州纪事报》立场有异，经常论战。道光十九年（1839）因中英关系紧张迁往澳门。二十三年（1843）再迁香港。道光二十四年（1844）3月30日停刊。共出版443号。（金炳亮）

中国丛报（*The Chinese Repository*）又译《中国文库》《澳门月报》。中国内地第一份英文期刊。月刊。定价每年6元。清道光十二年（1832）5月美国传教士裨治文（Elijah Coleman Bridgman）在广州创办，并自任主编。办刊经费来自美国商人、同孚洋行老板奥立芬（David W. C. Olyphant）和中国基督徒协会赞助。使用美部会（The American Board of Commissioners for Foreign Missions）运到广州专供出版传教读物的印刷机器印刷，字模为澳门东印度公司印刷所那一套，道光十五年（1835）开始使用。办刊宗旨是"传播有关中国的知识"。以"提供有关中国及邻近地区最可靠、最具有价值的资料"为目标。内容包括政治、经济、军事、文化、中外关系等各个方面，并刊发大量书评。译载《三字经》《千字文》《幼学诗》《孝经》等中国童蒙读物及《小学》等中国文化经典，还刊登过《红楼梦》前八回的英译。英国传教士马礼逊（Robert Morrison）、美国传教士卫三畏（Samuel Wells Williams）曾先后参加编辑。印刷工作一直由卫三畏带领广州本地雇佣的排字工人完成。道光十九年（1839）春因中英关系紧张迁往澳门出版。道光二十二年（1842）再迁香港出版。道光二十五年（1845）迁回广州。道光二十七年（1847）裨治文赴上海后，卫三畏接任主编。主要撰稿者除裨治文（350篇，约占总量1/4）、卫三畏（120篇）之外，还有郭士立（Karl Friedrich

August Gützlaff）、马礼逊马儒翰（John Robert Morrison）父子、文惠廉（William Jones Boone）、伯驾（Peter Parker)等。创刊时发行量400份，道光十四年（1834）出版第3卷时增加至800份。部分发行到欧洲和美国。是当时发行量较大的期刊。咸丰元年（1851）出版至8月号停刊。共出版20卷，232期。每卷650页左右。刊载文章1378篇。咸丰六年（1856），存在广州美国商馆的6500册刊物（据卫三畏统计，创刊至终刊共印刷21000册），连同印刷机器和字模，全部毁于第二次鸦片战争英军攻城引起的大火。为鸦片战争前后西方了解中国的重要渠道，也是这一时期最重要的英文出版物，被誉为"有关中国的知识宝库"。卫三畏编制了全刊总索引，附在最后一期。（金炳亮）

中国文库 见"中国丛报"。
澳门月报 见"中国丛报"。

东西洋考每月统记传（*Eastern Western Monthly Magazine*） 中国最早出版的中文杂志。"Magazine"（译作"统记传"）作为一种新的出版形态，首次以实物方式在中国出现。清道光十三年（1833）8月1日德国籍传教士郭士立（Karl Friedrich August Gützlaff）在广州创办。每月1册，每册8页，线装，木刻。内容以时事新闻报道和介绍西方科技知识及政治、经济制度为主，兼及基督教教义宣扬，并有各类文学作品；尤以介绍西方史地知识和社会制度为重点。常年开设《东西史记和合》《史记》《地理》等栏目。每期发行数从数百册到千余册不等，主要在华南地区发行。道光十四年（1834）出至第10期休刊。次年复刊，出6期后又休刊。道光十七年（1837）再次复刊，改由中国益知学会（The Society for the Diffusion of Useful Knowledge in China，又译在华实用知识

传播会）主办。对鸦片战争前后中国"开眼看世界"思潮和近代中西文化交流有重要影响，《海国图志》《瀛环志略》等都从中撷取过诸多资料。道光十九年（1839）1—2月停刊。参见第307页宗教卷"东西洋考每月统记传"条。（金炳亮）

澳门新闻纸 中国最早的译报。清道光十九年（1839）2月，林则徐任钦差大臣、两广总督后，力主禁烟，深感了解"夷情"之必要，设翻译馆，聘请译员翻译外文报刊，经编辑整理后抄送广东督抚衙门及海关等处。因当时外文报刊主要来自澳门，这些零散资料在后来汇编成册，称为《澳门新闻纸》。现存6册，包括一篇道光十八年（1838）7月16日的译稿和十九年（1839）7月23日至二十年（1840）11月7日译稿。主要译员有梁进德、袁德辉等。主要内容为鸦片贸易及英国对中国禁烟态度等。部分内容经林则徐加工润色后以《澳门月报》方式送呈道光皇帝御览，后收入魏源《海国图志》。是带有内部参考消息色彩的手抄译稿汇编，不公开出版发行，是林则徐"开眼看世界"的重要媒介，也是早期中国人了解外国情况的一扇窗口。另有清同治十一年（1872）9月20日在澳门创办的葡文周刊 *Gazeta de Macau e Tinier*，中文译名亦为《澳门新闻纸》，同治十三年（1874）3月20日停刊。参见第1270页海洋文化卷"澳门新闻纸"条。（金炳亮）

中外新闻七日录 中国内地出版的第一份中文报纸。创办于清同治四年（1865）一月七日。英国传教士湛约翰（John Chalmers）主编，报头"远人采"即湛约翰笔名。编辑部在惠爱医馆。每期两版，每版分上下2栏。以新闻报道为主，偶有新闻评论。充

分利用医学传教士在广州开办的几家医院发行，每7日发行一号，每号售价2文钱。注意国内外新闻的报道，经常摘录《京报》《上海新报》《香港中外新报》等报刊的新闻。国内新闻，转载北京、上海、浙江、广西、湖南、福建等地的新闻较多；省内新闻，除广州外，报道佛山、肇庆、潮州、梅州等地的社会新闻较多；国际新闻涉及面较广，欧洲、非洲、亚洲、美洲的新闻都有报道，美国、英国新闻内容较多。也注重科技知识的传播，如《地气论》《地球转动论》《日论》《人身血脉运行图说》《电气线近闻》《气机篇》《种痘说》等文章，对天文、物理、医学、科技等领域的知识作了比较科学合理的分析。（蒋建国）

广州新报（*The Canton News*）　中国最早的中文医学期刊。广州第一份西医科普刊物。清同治四年（1865）美国传教士嘉约翰（John Glasgow Kerr）在广州创办。小型中文周刊，1英尺见方，单面印刷，价格低廉。内容以西方医药知识和中外新闻为主。依托医院出版，注重介绍西医西药知识，帮助中国人认识理解西方医学。重视中外新闻报道，国际新闻如《英国近事》《法国近事》《布国钢炮》等为读者提供西方国家社会动态，广州本地新闻如《广州白鸽票近事》《澳门近事》《东莞县教会近事》《广州大雨》《广东增城县义学》《西人言明年气象》等为了解广州风土人情提供便利。每期销行约400份。清同治十年（1871）停办。（赵建国、李兴博）

述报　清代石印报纸。创办于清光绪十年（1884）三月初一日，次年4月3日停刊。广州多宝大街海墨楼石印书局印行。每日出版，逢十休刊。印刷精美，字体工整美观，版式设计别出心裁。每份4版，第1、2版"述中外

清光绪甲申年（1884）八月初一日《述报》

紧要时事"，第3版"译录西国一切图式书籍"，第4版刊登"各行告白及货物行情、轮船出入日期"。具有强烈的时政倾向，利用当时先进的邮政、电信条件接收国内外新闻稿件，采纳国内外报刊的最新消息，特别注重对重大社会事件的报道，时政新闻往往采取评论的方式刊登在显要位置。中法战争期间的新闻报道和评论结合广州官方及民间对中法战争的态度，曾占其版面的2/3左右，为研究中法战争提供了大量珍贵的历史资料。此外，还注意对广州民生新闻的报道，如社会弊病、民间纠纷等。（蒋建国）

广报　清代广州出版的第一份铅印日报。清光绪十二年（1886）6月24日邝其照创办。报馆初设在两广总督署对面的华宁里，后迁双门底（今北京

路北段）圣教书楼。版式模仿上海《申报》，从美国进口印刷机器印刷，创办后即成为销量最大报纸。主笔先后有吴大猷、林翰瀛、肖竹朋、罗佩琼、劳宝胜、武子韬等。报头显眼，第一版主要刊登时事评论和广东新闻，其中广州本地新闻占很大分量。第二版主要刊登中西新闻、宫门抄、辕门抄、省城货价行情。新闻占2/3版面。主要面向广东，尤其是以广州地区为主，在国内其他城市也有发售，除了省内佛山、香山、新会外，还有上海、福州等地的销售点。在海外华语世界有较大影响，发行市场也颇具规模。每期在显眼位置刊登一篇1000—1500字的评论稿，选题新颖，注重结合国内外形势，大胆发表见解，注重启发读者，并不拘一格选用作者来稿，如《大局论》《台防说略》《论商务宜重》《论乡约宜重》等文章，颇有气势。采编人员基本来自广州本地，对自己生活的城市有特殊的感受，与鸦片战争前的报刊通过间接途径获取新闻有很大不同。因其敢言及社会改良思想，两广总督李瀚章颇为不满，报纸经营陷于困难。光绪十七年（1891）10月，因刊登某大员被参新闻，李瀚章以"妄谈时事，淆乱是非"之名查禁。邝其照族人以英商必文（John Pitman）名义另创《中西日报》发行。（蒋建国）

岭南日报　清代广州出版的商业报纸。清光绪十七年（1891）创办，二十三年（1897）停刊。劳保胜、武子韬组织，朱鹤担任主笔。其报头采用横排的方式，有英文报名 *THE SOUTHERN*

清光绪十三年（1887）十一月十六日《广报》

TIMES。在内容上，注意突出新闻特色；在编排上，新闻头条一般是"上谕"，突出政治新闻的重要性。时政评论较少，且篇幅较短，而地方新闻所占比例更多，新闻题材也以民众日常生活感兴趣的话题为主，讲究时效性和趣味性。在商业化运作方面有明显特色，在第一版显著位置刊登广告，体现其广告营销策略方面的大胆突破。（蒋建国）

中西日报 清代广州出版的商业报纸。清光绪十七年（1891）创刊，是《广报》的延续，略晚于《岭南日报》。《广报》被查封后，为逃避地方官员的继续封禁，原《广报》搬到沙面东桥西路，发行代理处与《广报》大体一致。请英国商人必文出面办理，邝其照仍然是主办人。由巴都耶印务局

刊印。报头横排，下面印有"CHUNG HSI YET PAO"字样，为"中西日报"的粤语音译。新闻报道以广州为中心，也关注佛山、南海、肇庆等地的奇闻趣事。内容多为社会风俗、盗窃打斗、社会绯闻、赌博嫖娼、突发事件等。如光绪十八年（1892）6月10日的新闻《论怪石》《观射被伤》《各行告白》等。在维新运动中，其论说切中时弊，具有一定影响。光绪二十六年（1900），因登载义和团获胜、八国联军败绩事，西方列强迫粤当局查禁。同年，改名为《越峤纪闻》，继续出版了一段时间。（蒋建国）

广智报 维新派在广州创办的报刊。清光绪二十四年（1898）创刊。周刊，博闻报馆发行，共出版42期。宣传戊戌维新及变法图强。主要栏目有《论

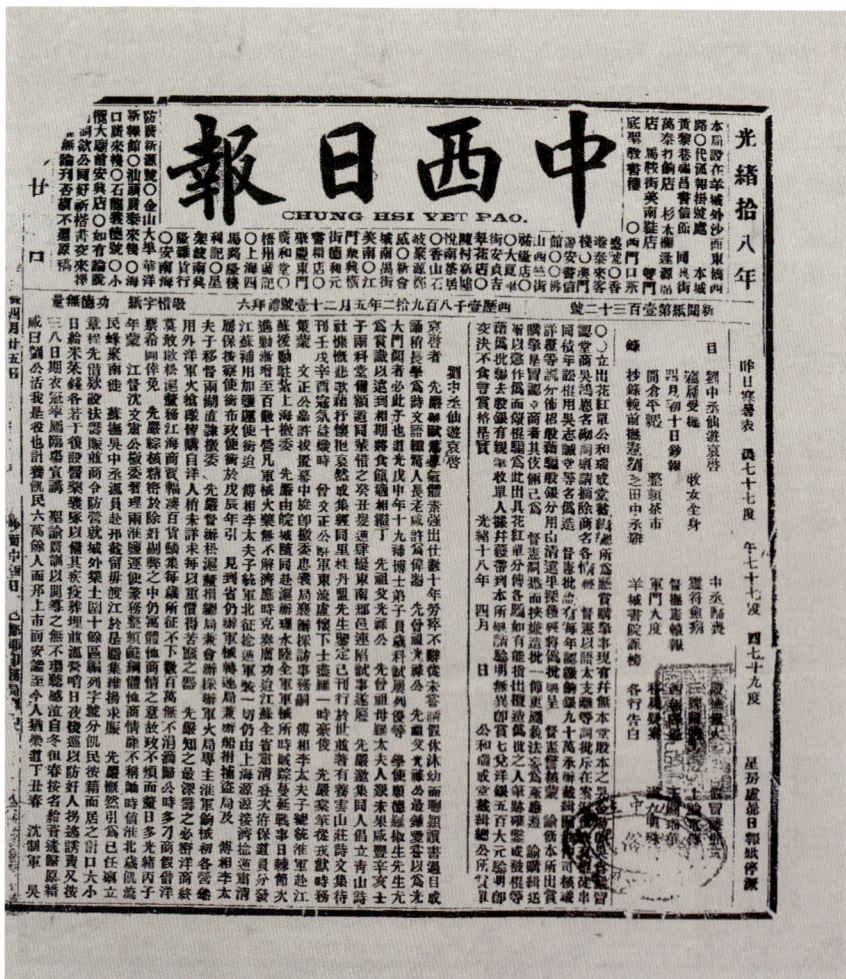

清光绪十八年（1892）五月二十一日《中西日报》

说》《学术》《掌故》《交涉》《兵防》《农事》《工艺》《矿务》等。次年改组为《中外大事报》出版。（赵建国、李兴博）

安雅书局世说编 俗称《世说编》。清代安雅书局附设的日报。清光绪二十六年（1900）创刊。经理黎佩诗（伯尹），主笔有朱鹤、谭荔垣、詹菊慈、黎佩诗等。思想倾向进步，倡导维新变法，颇热衷于传播西学、推广新学。以稳健著称，论调温和，一般不轻易得罪某个派别，对革命党和保皇党都敬而远之，故能躲过各种检查。报头为竖排，第一栏为目录，第一、二版显要位置为广告，第三、四版为新闻，第五、六版为各行告白，基本上是各行业的广告。广告占2/3左右的篇幅，在光绪三十年（1904）以后的版面中尤为突出。其新栏目首先是官方发布的公文、法令；其次是《本省纪闻》，下分《商务》《民情》2个二级栏目；再次是《中外纪闻》，分为《要电》《官事》《商务》《民情》4个二级栏目。在新闻报道中，商务新闻占相当的比重，以经济信息为特色。也注意社会新闻。因新闻条目较多，篇幅又有严格限制，故非常简约，以报道事实为宗旨，不随意评论自己采编的新闻，一般在3行以内，不超100字。这种消息型新闻，覆盖面较广，数量大，每天一般都超过25条，可提供诸多信息，这与之前的其他报刊相比较为少见。1920年停刊。（蒋建国）

世说编 见"安雅书局世说编"。

羊城日报 清代开新公司所属日报。清光绪二十八年（1902）正月中旬创刊。报馆设在广州西关十八甫西约。属保皇派报纸，目录前注明"大清邮政局特准挂号认为新闻纸类"以表明其受到官方的认可。主办人为文澜书

院绅士钟宰荃。在香港上环设立总写字楼，有较多业务。其代理处广州有25处，外埠有52处，是当时广州销量第一的大报。以独家新闻著称，新闻栏目一般占4个版以上，涉及国内外最新动态，内容多样，不拘泥于对新闻事实的报道，标题亦很有创意。新闻来源、论述问题、涉及面远超同期的其他广州报刊。（蒋建国）

鮀江辑译局日报 汕头埠第一份中文报纸。清光绪二十八年（1902）3月22日创刊。每日发行，8开4张8版，周日休息。8版中，4版为新闻和其他文章，4版为广告。刊登地方、全国乃至世界的时事新闻。主要栏目有《本局特电》《折件选录》《论说杂著》《潮属纪闻》《粤省纪闻》《京省纪闻》《各国纪闻》等。其出版标志着广东报纸开始向省城广州之外的其他市县发展。（赵建国、李兴博）

岭东日报 清代潮汕地区报纸。清光绪二十八年（1902）5月3日杨沅、何士果、陈云秋、温廷敬等在汕头育善街创办。温廷敬出任笔政，编辑先后有曾杏村、苏大山、徐昌国等。每期8开8版，每页中留折缝，可折订成小册子。每份售价12文，光绪二十九年（1903）调整为18文，每月本埠定价4角5分，外埠5角，全年本埠定价4元6角，外埠5元。光绪三十年（1904）2月起报价调整为每份25文。内容既有奏折、上谕、辕报等官方文件，也有潮嘉新闻、本省新闻、京省新闻、外国新闻等时事新闻，还有各类杂文、谐谈、诗歌等；另有4版广告，后期扩展至12版。同年12月增设附张，《海天杂俎》6卷、《白话丛录》6卷在附张上连载。注重时政，每遇重大事件，以专题连续报道。如光绪三十一年（1905）抵制美货运动期间，连续发表《论汕埠宜亟力争

美禁约》《论争禁约之要义》《为汕商拟争美约者告》等文章。宣统二年（1910）8月停刊。保存了较多清末粤东地区基层社会的历史资料。（赵建国）

岭南女学新报 广东第一份妇女杂志。清光绪二十九年（1903）3月在广州创刊。月刊。主要办刊人员是冯活泉、叶芳圃，主要撰述者有冯活泉、周惠卿、余美德、施梅卿、张仪贞、陈秀琼、藤原文子等。内容主要反映岭南妇女事务。设有《卫生》《益智》《进德》等栏目。对晚清女学传播有一定影响。停刊时间不详。（金炳亮）

潮州白话报 汕头埠最早的潮语白话报纸。清光绪二十九年（1903）12月19日曾杏村在汕头存心善堂后座创办。总编撰杨守愚，编辑有庄一梧、赖淑鲁、曾练仙、蔡树云、钟楚白等。总代办处设在育善街岭东日报社。32开线装成册，每期32版。设有《论说》《潮州新闻》《中外新闻》《教育》《传记》《曲本》《歌本》《小说》《选述》等栏目。《论说》为重点栏目，体现报纸立场，内容多样，涉及经济、实业、教育、妇女、市政等领域。新闻通常附有简单评论，帮助文化水平较低的读者理解新闻内容。刊登的小说、歌本、曲本，语言均是潮州方言，内容大多以史讽今，以启发民智为目的。前后共出版11期，光绪三十年（1904）8月19日停刊。（赵建国、李兴博）

拒约报 全称《美禁华工拒约报》。清末广州为宣传拒约运动而创办的报刊。清光绪三十一年（1905）8月21日创刊。旬刊。总部设在广州河南海幢寺南武学堂，总发行部位于城西高基进取学校。总编黄晦闻，督印人胡子晋，编辑谢英伯、王君衍、黎起卓、陈树人、

何子陶等，多为革命派知识分子。创刊号《拒约报出世感言》称"拒约而有报也"，申明该报专为反对美国华工禁约而办。除广州和香港外，澳门和上海等地也设有代理处。通过各种言论和文艺作品向群众宣传拒约运动，成为"同胞警钟、社会木铎"。反美拒约运动进入低潮后，1905年10月底被迫停刊，共发行了9期。（蒋建国）

美禁华工拒约报 见"拒约报"。

时事画报 广东最早的画报。清光绪三十一年（1905）八月二十六日创刊。馆址初位于广州西关十八甫。旬刊，但各年份出版期数不等，多者36期，少者3期。宣统元年（1909）五月后曾停刊，七月后在香港接着出版。宣统二年（1910）出4期后停刊，1912年复刊后改名为《广州时事画报》，1913年停刊。共出版142期。发起人潘达微、何剑士、高剑父、陈树人、赖亦陶、潘毅伯等。以"仿东西洋各画报规则办法，考物及纪事，俱用图画"的方式编辑，以"开通群智，启发精神"为宗旨。内容丰富，主要发布时事新闻、报道国内外大事、刊载岭南地方风俗，亦登载小说、杂文、时评、短评及民间文学粤讴、龙舟、班本等。创立之时，正值广州抵制美约运动，大量刊登美国当局迫害华工情形及广州民众抵制美约的情况，图文并茂，很受欢迎。政治倾向比较激进，具有革命思想，抨击清政府的腐败行径，支持广州民主革命运动，及时报道革命形势。宣扬自由、平等、博爱的人道主义精神，尖锐揭露帝国主义对中国的侵略。提倡科学进步，倡导文明风尚，揭露社会弊病，鞭挞社会陋习。有专业、庞大的画家阵容，且多有西学背景。较早刊登现代漫画，且多出自有影响力的漫画家如潘达微、何剑士等。代理处从初期的广东省内

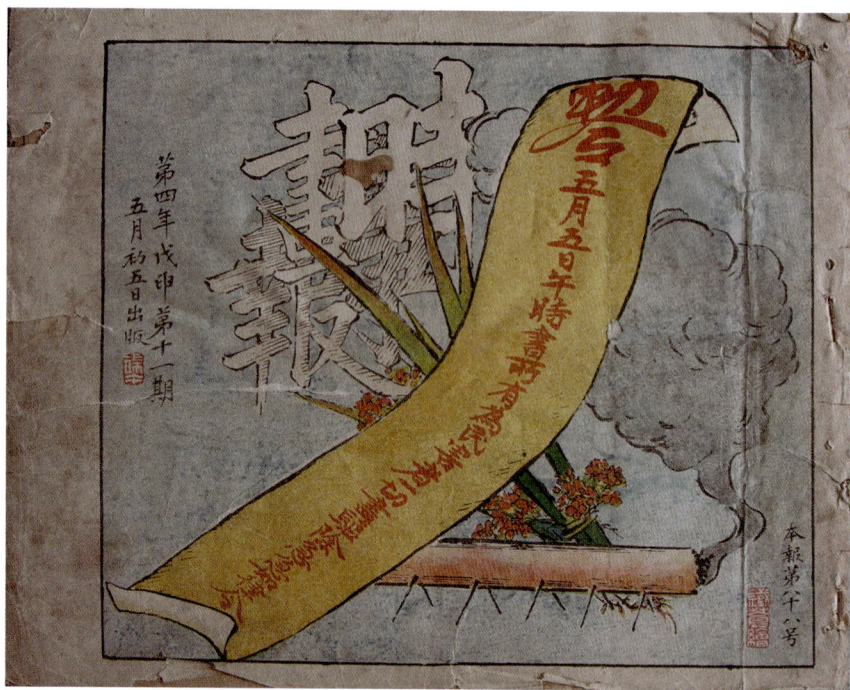

戊申年（1908）第十一期《时事画报》

以及香港、澳门等6处扩展到上海、福建、河北以及安南、东京、三藩市、暹罗、檀香山、小吕宋等数十处。（蒋建国、张贤明）

国事报 保皇党在广州创办的报纸。清光绪三十二年（1906）9月18日创刊。总发行所位于广州西关十八甫西约门牌第6号。主办人徐勤，主笔黎砚斐、立雍斯、伍博典等，宣统二年（1910）的编辑兼发行人为李阆，印刷人为罗文。分为两大张，共8页，1—4页为广告，5—8页为正文，其中7—8页亦有部分广告。以维护清朝统治、反对革命为宗旨，经常发表鼓吹君主立宪的文章。其成立之日，即遭到革命党和其他进步报纸的批判。有《论说》《上谕》《本馆特电》《本省要闻》《京省要闻》《海外要闻》《奏折》《辕报》《小说》《杂记》等栏目。忠于清政府和地方当局，对官方出台的重大政策，往往会及时刊登或转载，并配合《论说》栏目评论当前大事。也注重广州地方绅商的切身利益。在《本省要闻》中，以较多的新闻条目反映全省社会新闻，内容

较为简单，但报道面较广。（蒋建国）

国民报 广州地区革命党人的机关报纸。清光绪三十二年（1906）11月创刊。馆址原位于广州西关第八甫。主办人兼编辑卢谔生，撰述邓子彭、李孟哲、冯百厉等。1912年，发行李伯抚、编辑邓悲观、印刷舒俊达，总发行所位于西关第七甫97号门牌。以"唤醒国民精神，而发起其爱国思想为主义"为宗旨。内容分为庄、谐两部，附张内容以杂、博、趣为特色，采用各类文体写作。如1914年曾在附张连载长篇社会小说《欲海潮》，其他还有《落花梦》《新趣语》《伟人迹》《话剧曲》《实业谈》等栏目。庄部内容主要有《论著》《本报特电》《粤事》《时评》《中国新闻》《外国新闻》等。《论著》以时政大事为对象，以推进改革、提倡革命为主要立场。《本报特电》内容简洁，为外地记者发回的紧要电报，有助于了解国内外最新动态。（蒋建国）

广东白话报 清代广东白话报纸。清光绪三十三年（1907）5月31日创刊。

主要撰述人有黄世仲、欧博鸣、易侠等。总发行处位于广州靖海门外迎祥街。第一期免费送阅。栏目有《议事亭》《影相馆》《大笪地》《是非窦》《地保戮》《杂货铺》《门宫茶》《亘戏台》《好油头》《时间袋》等。内容丰富，言辞激烈，为当时广东通俗报刊的一面旗帜。（蒋建国）

农工商报 清代广州倡导农工商业的报纸。清光绪三十三年（1907）6月创刊。报馆位于广州光雅里。广州有藩司前萃渡书社、双门底上街点石斋、双门底下街圣教书楼等10个代理处，佛山有重兴街中西药局、正埠周霖记等4个代理处，香港、澳门、石龙、东莞、顺德、陈村、江门、新会等地有10多个发行点。每月出3册，每册20页。主要介绍农业、工业、商业三大经济领域的新闻动态，让读者了解国内外经济发展的基本情况，掌握一些工艺实用技术，积累一些初步的专业知识，从而振兴实业、开启民智。特别注重对创办各类实业的报道，如新发明、新工艺、新技术的使用和传播，各行业的情况调查，以及政府相关政策、法令等。栏目有《论说》《新闻》《新法》《学理》《讲古仔》《讲道德》《新笑谈》等。《新闻》侧重最新工商业动态；《新法》对各类工艺技术多有介绍；《学理》主要介绍物理、化学等自然科学知识，并结合日常生活进行讲解，深入浅出，颇有趣味；《讲古仔》《讲道德》《新笑谈》则谈古论今，结合当时的社会思潮，大力鼓吹发展工商业，介绍西方文明之风等。是一份面向普通民众的通俗性、科普性、知识性报纸。（蒋建国）

广东七十二行商报 清代广州商业报纸。清光绪三十三年（1907）8月4日创刊，1937年停刊。报馆位于广州太

平门外第七甫西约。主办人黄景棠，总司理兼发行人罗啸璈，总编辑陈罗生，副总编辑陈宝尊，撰述人冯智慧、钟履崔。商业气味十分重，第1、2、5、6、8版都是广告，此外第3版上半部分也刊登广告，广告占全部版面的2/3以上，种类、数量均居当时广州报纸之首。新闻栏目主要有《论说》《本报特电》《本省特别新闻》《本省新闻》《京省新闻》《海外要闻》《专件》《译丛》《辕报》《牌示》等。特别注意经济新闻，为商界经营提供资讯。商业化定位，为广州日益繁荣的商业市场提供很好的广告机会。（蒋建国）

新宁杂志 岭南刊行时间最长的杂志；中国影响最大的侨刊。清宣统元年（1909）2月5日在新宁城（今台山市台城）创刊。主要反映地方时事和北美地区华侨华人事务。设有《论坛》《社评》《台山消息》《国内要闻》《特写》《杂谈》《华侨通讯》等栏目。1939年台城沦陷后迁香港出版。1941年12月香港沦陷后停刊。抗战胜利后复刊，1949年再停刊。1957年3月第2次复刊，不久又停刊。1978年12月第3次复刊，至今仍在刊行。在

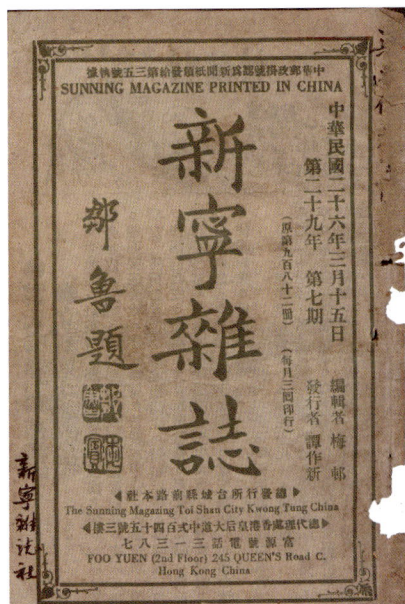

1937年第7期《新宁杂志》

沟通海内外华人华侨、促进祖国建设方面贡献良多。广东经济出版社影印出版该刊创刊至1949年部分，收入《华侨报刊出版大系》，具有重要史料价值。参见第1218页华侨·侨乡卷"新宁杂志"条。（金炳亮）

南越报 广东同盟会的秘密机关报。清宣统元年（1909）6月22日创刊。报馆位于广州西关第七甫。主编苏棱风、卢博浪、李孟哲、杨计白等。为革命党人宣传革命思想的喉舌，反对君主立宪，揭露清政府的腐败统治。采用大量粤语方言以满足广东读者的阅读需要。以敢言著称，在青年学生和进步人士中有很大影响。内容分庄、谐两部，庄部有《论说》《时事》；谐部有《题词》《文界》《冷评》《说部》《笑话》《剧本》《粤讴》等；附张主要刊登广告、小说等。《文界》一般一日一文，大多为革命党人所写，以批判社会丑恶现象、推动社会文明为主要目的。广告多刊登滋补养生类产品，许多补品广告刊登一整版。另外，谐部还刊登轮船及其货物行情，以及股票和汇价等，颇具商业气息。（蒋建国）

震旦日报 清代具有革命倾向的日报。清宣统二年（1910）10月创刊。发行康仲荦，编辑陈援庵（垣），印刷梁勤。总发行所位于广州第七甫门牌第77号。内容多与革命有关，直接代表革命党人的政治倾向。有《论说》《新闻》等栏目。广东军政府成立后，曾发布紧要布告云："自今始，凡属新政府之种种进行方法，当与诸君子而监督之，我同胞之公意，本报无不极力发挥……"及时在《新闻》栏目刊登广东军政府的公文布告、最新政策，如《罢酒捐、屠捐、猪捐告示》《都督胡为出示安民示》《胡都督为出示晓谕事》等。重视辛亥革命后广州社

会形势的变化，常报道社会新气象。《京省新闻》以报道全国革命动态为主。副刊《鸡鸣录》主要刊登消遣性文章，以反映民主革命思想为宗旨，特别注意刊登一些时事杂文，借以鼓吹革命思想，体裁有杂文、专件、传记、小说、班本、南音等，文字浅易，趣味性强。（蒋建国）

广东教育官报 晚清至民国时期广东出版的教育类公报。清宣统二年（1910）创刊。式样仿照学部官报。每月出版1册，全年共出10册，每册零售3角，发行至县乡学堂，流布较广。以刊登教育法令为主，形式上力求有所创新。主要栏目有《图画》《表解》《谕旨》《章奏》《文牍》《乡土资料》《纪事》《文苑》《丛录》《附篇》等。注重附篇的编排，希望通过附篇扩大影响，改变官报呆板的形象。主要面向学校和教育行政机关发行，故其广告以书籍类为主，每期最后几页为售书价目。民国成立后，改名为《广东教育公报》，由广东省教育厅印行。月刊。1930年停刊。主要公布关于教育方面的法令、章程、文件，同时登载反映广东各地教育情况的调查报告和研究教育问题的学术论文。内容有法令、文牍、报告、新思潮、新材料、书目、广告等。（蒋建国、童雯霞）

人权报 清代政论性报纸。清宣统三年（1911）3月29日创刊。报头下有粤语音译英文名 THE YAN KUN PO。发行所位于广州第八甫。发行李文治，编辑黄伯器，印刷胡惠。除倡导人权、坚决反对清政府外，其政见与革命党并非一致。内容分为《特别记载》《论说》《要件》《专电》《粤事》《各属通信》《天声人语》《岭南月旦》《大陆春秋》等，谐部内容有《文界》《小说》《谈丛》《粤讴》《班本》

《掩耳盗铃》等。头版头条以特色栏目吸引读者，刊登国内外重大时事新闻。《天声人语》以揭露官场腐败和社会黑暗而获得好评。副刊文章多为休闲消遣内容。《小说》以刊登官场和艳情小说为主。（蒋建国）

可报 广州革命党人出版的报纸。清宣统三年（1911）3月30日创刊。日刊。此前，同盟会军事领导人黄兴、赵声等在广州策划武装起义，需要言论机关加以鼓吹，拟复刊《平民日报》，未获批准，遂由陈炯明牵头，无偿租用该报馆址和设备，另创《可报》。朱执信主编，参加编撰工作的有邹鲁、叶夏声、马育航、陈达生、凌子云、高仓、陆大同等。创刊之日，报馆同仁举一支大笔上街游行，表示要为民主革命呐喊。4月8日，温生才射杀兼署广州将军满洲副都统孚琦，发文称赞温生才是英雄，痛斥清帝为卖国贼。4月22日被查封。（蒋建国）

两广官报 清代两广总督衙门主办的政府公报。清宣统三年（1911）6月13日创刊。周报。每册报费3角，每月4册，报费6角，全年报费6.5元。主要登载官文书，不述新闻，不撰论说，不转载别报论说，不刊录诗词及无关政事闻见等。内容有电传、谕旨、宪政、外务、吏政、民政（纪禁赌及民政部主管事件）、财政、典礼、教育、军政、法务、实业、邮传、特别要件等。每期内容较多，涉及两广总督衙门颁发的各项文书。有助于了解地方政治，但内容呆板，发行范围有限。（蒋建国）

光华报 清代具有革命倾向的日报。清宣统三年（1911）12月14日创刊。在广东光复、辛亥革命取得成功之后创办，有"光复中华"之意。发行、编辑所位于广州第七甫门牌第54号。

创立初期的发行范围主要在广东省内，代理处共有30余处，除香港外，基本在省内。注意经营成本，报费价格本城与国外相差一倍以上。广告较多，第1、2张基本是医药保健品广告，第2张头版也是广告。停刊时间不详。（蒋建国）

公言日报 清代潮汕地区报纸。1913年11月10日在汕头育善后街60号创刊。创办人是张裕酒厂老板、大埔人张弼士，由张秩卿主持。发刊词对报名"公言"解释为"非一人一党之公言，而国家天下之公言也；非一时片暑之公言，而千秋万世之公言也"。关注国内外重要事件，如1918年5月16日《留日学生因亡国条约成立将全数返国》，报道留日中国学生在东京举行游行示威抗议段祺瑞与日本签订军事协定，遭日本当局殴打镇压后纷纷罢课回国，组织救国团体事件。在潮汕地区率先报道五四运动爆发，5月6日刊发号外，并发表短评。后报纸开辟《神州义愤》专栏，报道全国各地特别是潮海各地的反帝反封建爱国运动。副刊《杂箸》，主要是义夫贞妇之类的消闲文章，1919年后改名为《谈丛》，开始登载反映五四运动和新文化运动的文章，1922年又改名《新诸子百家》。（赵建国、李兴博）

广东中华新报 早期广东传播马克思主义学说的日报。大约1916年创刊。社长容伯挺，重要撰稿人陈大年、杨匏安等。1916年6月起增设《通俗大学校》副刊，"专载百科学术思潮常识"，介绍西方新思潮和科学知识，报道新文化运动，阐述马克思主义学说，在介绍新文化方面有突出贡献。1919年11月11日至12月4日，连续19次刊登杨匏安撰写的长篇文章《马克斯主义》，对传播马克思主义贡献巨大。1920年被陈炯明查封。（蒋建国）

民风日刊 岭南新文化刊物。1919年7月底8月初创刊，8月10日第12号起改名为《民风周刊》。编辑发行所位于广州南潮街30号。16开，每册16页。从18号起，与《唯民周刊》合并，主编由两极（梁冰弦）改为高汉声，征文由"不拘文言白话"改为"文以简当切要，白话更好"，编辑发行所改到广州东堤荣利新街22号。合并后，内容基本与前一致，宣扬无政府主义学说和观点的占相当大的一部分。在揭露旧制度、旧习俗、旧礼教以及介绍新思潮和反映社会下层人们生活疾苦等方面，起了一定的积极作用。约1920年4月停刊。（蒋建国）

劳动者 马克思主义在中国传播的重要刊物。1920年10月3日在广州创刊。主要撰稿人有梁冰弦、黄凌霜、傅无闷、薛剑耘等。广东社会主义者同盟编辑出版。周刊。主要内容是向工人宣传马克思主义、无政府主义和工团主义，同时介绍苏俄革命的经验。发刊词号召工人"自己起来掌管生产和分配""从根本上要求制度改革"。第2号发表《共产党的粤人治粤主张》，宣传实现工农团结，推翻一切政治机关和金钱组织，实行共产主义的政治主张。第2—6号连载列悲翻译的《劳动歌》，首次介绍欧仁·鲍狄埃的《国际歌》。为中国共产党创立做了思想上的准备。1921年1月2日出至第8号停刊。（金炳亮、蒋建国）

广东群报 早期广东传播马克思主义学说的报纸。1920年10月创刊。陈公博、谭平山、谭植棠创办。编辑兼发行所位于广州第七甫门牌100号。日刊，每期10版。报名意为发展人类的群性，建立群众团体，团结互助，创立民主自由平等的社会。创刊号阐明办报宗旨："一、不谈现在无聊的政治，专为宣传新文化的机关。二、不受

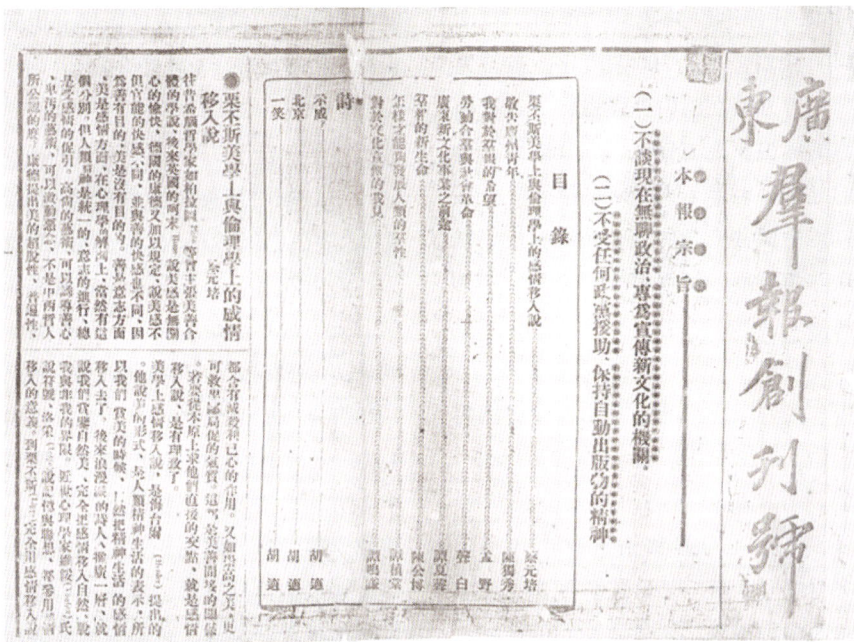

《广东群报》创刊号

任何政党的援助，保持自动出版物的精神。"创刊后，受到知识青年和工人阶级的欢迎。辟有《世界要闻》《国内要闻》《特别调查》《工人消息》《时评》等栏目。1921年春，"共产党广州支部"成立后，成为党组织的机关报。1923年1月停刊。（蒋建国）

劳动与妇女 马克思主义在中国传播的重要刊物。1921年2月13日在广州创刊。主要编辑和撰稿人有沈玄庐、陈独秀、谭平山、陈公博等。4开，每期4版4张。《广东群报》总发行。宣传劳动解放和妇女解放，对广大劳

第2期《劳动与妇女》

动群众和被压迫的妇女进行马克思列宁主义通俗宣传教育，批驳守旧势力攻击社会主义的谬论。目的是把广大劳动妇女发动和组织起来，依靠阶级的力量去谋自身解放。辟有《短评》《纪实》《小说》等栏目。（蒋建国）

广州市政公报 广州市政府机关报。1921年2月28日在广州创刊。周刊。市政厅设立时期（1921—1936）主要报道广州市政府施政的概要，内容有特载、法规、公告、电令、会议记录、市政概况、人事动态、统计图表、附录等。多次改版，曾用名《广州市市政公报》《广州特别市市政公报》《广州市政府市政公报》《广东市政公报》，但内容基本不变。1946年10月10日至1947年，原刊以新编期号出版。是了解市政厅设立时期广州市政府施政内容的参考资料。（童雯霞）

新青年（广州版） 五四时期和大革命时期的重要刊物。1915年9月5日在上海创刊，第一卷名《青年杂志》，第二卷改名为《新青年》。刊址初在上海，1917年迁往北京。1919年10月又迁回上海，自第8卷第1号起成为

上海共产主义小组的机关刊物。1921年4月1日迁往广州，仍为月刊，以"广州新青年社"名义编辑发行。刊址位于广州城内惠爱中路昌兴新街26号3楼。经理苏馨甫。每号约4万字，印行几千至上万册不等。各号栏目不尽相同，大体有《专论》《小说》《戏剧》《诗歌》《散文》《译文》《国外大事记》《国内大事记》《社会调查》《世界说苑》《通讯》《附录》等。1922年7月休刊。1923年6月15日复刊，改为季刊，实际上一年半时间仅出4期。由瞿秋白主编，成为中国共产党中央委员会的理论性机关刊物。复刊号由瞿秋白题写刊名和设计封面。主要撰稿人有瞿秋白、陈独秀、郑超麟、蒋光赤、任卓宣等。大量刊发列宁、斯大林著作，介绍苏俄革命经验和国际无产阶级革命理论。1924年12月20日刊出季刊第4期《国民革命专号》，刊发陈独秀、彭述之等撰写的有关国民革命的文章15篇。因人力物力所限，被迫休刊。1925年4月22日再次复刊，第1号为《列宁专号》，刊载《中共第四次大会对于列宁逝世一周年纪念宣言》、瞿秋白《列宁主义概论》等15篇纪念列宁、介绍列宁主义的文章。复刊后改为不定期出版。1926年7月25日出至第5号后停刊。共出版9卷54期。此外，还以"广州新青年社"名义编辑出版《新青年丛书》《共产主义ABC》《中国共产党五年来的政治主张》等一批图书。在广州编辑和印行时间长达3年3个多月，在介绍、宣传马克思列宁主义，促进国民革命，驳斥无政府主义、国家主义和各种假社会主义，揭露国民党右派言论等方面贡献巨大，为中国共产党的创建和发动国民革命做了思想上和理论上的准备。（金炳亮）

广东省教育会杂志 民国时期的教育类刊物。1921年在广州创刊。月刊。

广东省教育会编辑处编辑，商务印书馆广州分馆发行。主要撰稿人有黄炎培、胡适、汪金、金曾澄、谭鸣谦、陈炯明、吴敬恒、林翼中、温仲良等。主要栏目有《会务》《讲演》《评论》《演讲》《会员录》《政治教育》《杂录》《文牍》等。对广东省教育会的会务情况有翔实记载，包括广东省对该会的公署公函以及该会教育活动的安排、教育经费的分配、部分会议记录、学校代表人员对广东教育的提议等。关于教育研究的论著，对教学方法、师范教育的规范乃至对中小学各科的教学进行广泛而深入的探讨。停刊时间不详。（童雯霞）

向导（*The Guide Weekly*，**广州版**）　中国共产党成立初期中央机关报刊。1922 年 9 月 13 日在上海创刊。创刊号发表《本报宣言》宣称"代表中国民众利益"，办刊宗旨是"以统一、和平、自由、独立四个标语，呼号于国民之前"。第 6 期起迁北京印行。1923 年 4 月（第 21 期）随中共中央迁广州出版。发行地址位于广州昌兴新街 28 号。形态由报转刊。在中国共产党第三次全国代表大会召开（1923 年 6 月 12—20 日）前后，宣传国共合作。1924 年 10 月（第 86 期）迁回上海出版。陈独秀、蔡和森先后任主编，瞿秋白参与编辑。主要栏目有《时事评论》《中国一周》《世界一周》《外患日志》《通信》《读者之声》等。主要撰稿人有陈独秀、蔡和森、彭述之、瞿秋白、李大钊、张国焘、高君宇、张太雷、向警予、周恩来（笔名伍豪）、李立三、罗章龙、郑超麟、赵世炎、罗亦农等，多为中共早期领导人。其中陈独秀发表文章 150 余篇，蔡和森发表文章 130 余篇。先后在全国各地建立 30 多个分售处。早期发行约 1 万份，大革命时期发行量激增，由数万份增加至 10 万份。1927 年 7

月 18 日停刊。共出版 201 期，刊文 1400 余篇，总计 300 余万字。被誉为"四万万踏在国内外强盗脚下苦难同胞的赤卫军之先锋队"，"国民革命的导师，也是工人阶级的喉舌"。在宣传中国共产党的纲领路线、指导群众斗争方面，发挥了重要作用。（金炳亮）

青年周刊　广东社会主义青年团机关刊物。1922 年 2 月 26 日在广州创刊。创刊号社址位于广州市惠爱东路 22 号，第 2—8 号转移到素波巷 19 号。每号 8 开 4 版。每份售价铜圆 1 枚。主要由杨匏安、阮啸仙等人负责组织和撰稿。杨匏安在创刊号发表《宣言》称以指导青年、实行社会革命为办刊宗旨。第 2 号刊登《广东社会主义青年团讨论会简章草案》，第 3 号刊登《广东社会主义青年团关于成立大会的通知》，第 4 号刊登《广东社会主义青年团成立志》，第 4—7 号连载杨匏安撰写的《马克斯主义浅说》。对马克思主义在中国传播和早期青年运动发挥了重要作用。停刊时间不详。（金炳亮）

珠江评论　民国时期宣传新文化和社会主义思想的刊物。1922 年 9、10 月间在广州创刊。早期有个别中共党员参加编辑工作。内容包括对中国工人运动的报道、妇女问题的讨论和时事评论等。主张社会主义，反对帝国主义的侵略和军阀统治，提倡武装斗争。第 4 期发表《敬告总工会诸君》《我们如何干工会运动》等文章，认为工会必须为工人运动的最终目的，即"推翻现在资本主义的社会，而建设一个比现在更适合的新社会组织"而奋斗，必须信仰社会主义，由无产阶级领导工会。同时批评了工人运动中忽视政治斗争只重经济斗争的无政府工团主义倾向，主张以社会主义阶级教育及

实际斗争经验增强工人的阶级意识和提高他们的觉悟。（蒋建国）

岭南科学杂志（*Lingnan Science Journal*）　民国时期英文学术期刊。1922 年 12 月在广州岭南大学创刊。前身为《岭南农事》半月刊、《岭南农业学刊》（每年出版 2 期），在香港印刷。以刊登农林方面的科研成果为主。1928 年第 5 卷起改名。季刊，每年出 4 期，合为 1 卷。内容扩大到自然科学各方面。主要刊载物理学、化学、生物学等学科的研究论文、调查报告等，尤以植物分类学、实用植物学、昆虫生理及分类学、鱼类分类学方面的论文质量较高。岭南大学自然博物采集所所长、美籍教授贺辅民（William Hoffmann）主编。办刊经费来自岭南大学美国基金会。发行范围包括在华的教会大学和教育、学术机构，也向海外 60 多个国家数百个机构发行。因战乱曾数度休刊。1951 年 12 月停刊。共出版 23 卷。中国出版时间最长的英文期刊之一，在学术界享有较高声誉。（金炳亮）

农声　民国时期存续时间最长的农业科学杂志。1923 年 5 月广东农业专门学校学生会主席张农发起创办。初为不定期出版。以改进农业、指导农民、改良社会为办刊宗旨。主要内容为介绍农业科技和相关学术成果，刊载中国农业和农业高等教育发展信息，译介国外农业耕作技术、畜牧知识等。主要撰稿人有梁家勉、林爱群、谢申、书绅、丁颖、彭家元、郑步青、谢醒农、钟桃、沈鹏飞、黄干桥、邓植仪、李杰、傅思杰、李振院、罗振基等。主要栏目有《论说》《农林消息》《校闻》《附录》《农林常识》《研究》《译述》《会务纪要》等。为了宣传农业教育的重要性与作用，普及农业科学技术，全部赠阅。1928 年秋，改

为双月刊，明确"以灌输农林学知识，发展农林业为宗旨"，聘请农学院知名教授为编辑和撰稿人，内容得到进一步提高，曾出版《农林化学》《昆虫》等专号。至1937年6月，已出版至208期，国内订户遍及20个省，国外也有少量订户。1938年10月广州沦陷后转移至粤北编辑出版。1949年1月停刊。共出版232期。在中国现代农业科学研究和高等农业教育方面占有重要地位。（全炳亮、童雯霞）

前锋　第一次国内革命战争时期中国共产党中央委员会机关刊物。1923年7月1日在广州创刊。主编瞿秋白。主要撰稿人有陈独秀、张太雷、向警予等。广州平民书社发行。月刊，但常脱期。以探讨和分析中国革命问题为主，重视对实际问题的调查研究，运用马克思主义对当时中国革命的专门问题进行分析。积极宣传中国共产党第三次全国代表大会制定的策略方针。每期辟有《寸铁》栏目，由陈独秀和瞿秋白撰稿，以短小精干的文字揭露时政弊端，战斗性极强。是研究第一次国内革命战争时期中国共产党统一战线策略方针和实践的重要文献。（蒋建国）

广州民国日报　广东国民党人出版的报纸。1923年在广州创刊。孙仲英任社长兼编辑主任。日刊。主要栏目有《评论》《特别记载》《本市新闻》《本省新闻》《国内要闻》等。副刊有文学、科学、经济、农业、妇女、孙文主义研究等8种，每周轮流刊出。1924年7月15日，由国民党广州市执行委员会接办，开辟《学汇》栏目。同年10月27日，收归国民党中央宣传部接办，社长陈秋霖，另辟《党务消息》栏目。1936年，为南京国民党中央宣传部接收，12月31日停刊，改组为《中央日报》。是第一次国内革命战争和十年内战时期的重要参考资料。（蒋建国）

青年军人　黄埔军校创办的革命期刊。1925年1月黄埔军校特别区党部青年军人社创办。半月刊。早期编辑由中共党员王一飞、周逸群等主持，后期由胡秉铎任总编辑。黄埔军校校长蒋介石致《发刊词》。第2期为《东征专号》，刊有《本校校歌》及有关东征战役的22篇文章。第4期为《中山先生追悼号》。1925年5月改名为《青年军》（第6、7期合刊），孙中山题写刊名。先后推出《东征阵亡将士纪念号》《总理逝世二周年纪念特刊》《廖公哀悼集》《党员大会特号》《北伐胜利纪念号之一》《北伐胜利纪念号之二》等专号。最初每期印数5000份，第3期后增至1万份。约1927年4月停刊。对推动国共合作和国民革命发挥了重要作用。（全炳亮）

中国军人　黄埔军校创办的革命期刊。1925年2月20日黄埔军校青年军人联合会创办，并作为其会刊。中共党员王一飞主编。16开。初为半月刊，第2期改为旬刊，第6期起再改为月刊，不定期出版。"以团结革命军人，拥护革命政府，宣传革命精神为主旨"，号召"全中国革命军人，联合起来"。创刊号封面是孙中山的大幅戎装肖像。主要撰稿人有蒋先云、周逸群、李之龙等中共党员。曾出版《苏联红军八周年纪念特刊》专号。每期发表10多篇文章，不分栏，有图片和插图，如马克思像、孙中山像、青年士兵全身戎装照、惠州战役照片等。经常组织专题讨论，如"我们为什么当兵？""我们当兵的与工农是什么关系？"刊址初位于广州小市街88号，后迁至大沙头，再迁至南堤二马路河南大本营。印刷点有华兴中西印务局、官印书局、广州东雅公司等。定价铜

圆5枚，10份以上7折，军人赠阅。在国内外设立分售处17个，发行量最多达2万多份。1926年3月下旬出至第9期停刊。对推动国共合作和国民革命发挥了重要作用。（全炳亮）

工人之路特号　中华全国总工会省港罢工委员会机关报。前身为1925年5月31日在广州创刊的《工人之路》周刊（16开，目前仅见第1期）。省港大罢工爆发之后，中华全国总工会决定将《工人之路》以特号形式每日刊出。1925年6月23日，广州发生英法军队开枪扫射游行队伍的"沙基惨案"，次日，特号创刊。每日1期，单张4开4版。中华全国总工会宣传部部长、省港罢工委员会党团书记邓中夏任主编，参加编辑工作的有郭瘦真、蓝裕业、李时英、罗伯良等。以登载省港罢工消息及省港罢工委员会文告为主，并登载省港及其他地方反抗帝国主义运动的一切消息。另辟《短评》《吼声》等专栏，发表各社团对于反抗外国势力的意见与批评，以指导罢工斗争。编辑部初期位于广州文明路75号2楼之中华全国总工会筹备处，后随该会迁至广州越秀南路93号惠州会馆2楼。初由位于广州惠福西路的宏兴印务公司承印，每期印行3000份。第44号起改由光东书局承印，印数增至1万份。除分送罢工工人和附近农民外，还发往全国其他地方。邓中夏、苏兆征等省港罢工领导人经常发表文章。每天刊载帝国主义者的损失值，鼓舞罢工工人的斗争士气。在列宁逝世2周年、3周年之际分别出版两期《纪念列宁特号》，在纪念巴黎公社55周年之际出版《巴黎公社纪念号》。后期新辟《工人俱乐部》副刊，由罗伯良主笔，主要由工人自己投稿，形式活泼，登载一些用广州方言写成的文艺作品。第441号起，为配合"省港劳动童子团联合会"

成立，副刊每周腾出一天，编辑《小孩子周刊》，专门发表适合儿童阅读的稿件，开我国报刊开设儿童专刊之先河。1927年4月14日出至第616号时，因随后发生广州"四一五"反革命政变而停刊。省港大罢工是世界工人运动史上坚持时间最长的罢工斗争，《工人之路特号》亦成为大革命时期指导罢工斗争出刊时间最长的日报，在宣传马克思列宁主义和革命统一战线，揭露帝国主义和国内反动军阀，提高罢工工人斗争觉悟等方面发挥了重要作用。（金炳亮）

黄埔潮　黄埔军校创办的刊物。1925年10月黄埔军校政治部创刊。以"八千同学言论机关，也就是黄埔潮高潮的声息"为办刊宗旨。为加强宣传出版工作，军校政治部设有编译委员会，并管理印刷所。设有宣传科，内有编纂股、发行股、书报流通所等部门。定价每册大洋5分。初为半月刊，由广州永汉路培英图书印务公司印刷。1926年8月改为周刊，由黄埔同学会宣传科编辑股出版，广州惠爱东路人民印务局印刷。同时并入《军人日报》副刊。1926年11月初，中共党员梁若尘任主编。主要撰稿人有罗绮园、甘乃光、萧楚女、任卓宣、戴安澜等。有《总理逝世周年纪念特号》《廖党代表逝世周年纪念特号》《庆祝北伐胜利专号》。有过16开、24开、32开、64开等几种开本，但以16开本横排为主。有几期杂志为蜡刻油印。国内外发行点达三四千处。发行方式灵活，10册以上7折，50册以上6折，100册以上5折；军队人员、学校机关全部赠阅。早期为中共主导，对推动国共合作和国民革命发挥了重要作用；后来沦为蒋介石反革命宣传的喉舌，经常以蒋介石肖像作封面，并在显要位置刊登蒋介石的言论。停刊时间不详。（金炳亮）

政治周报　国民党中央执行委员会机关刊物。由毛泽东（时任国民党中央宣传部代理部长）提议，1925年12月5日创办。第1—4期由毛泽东主编。社址位于广州大东路30号的国民党中央党部。以"忠实地报告我们革命工作的事实"为办刊宗旨。创刊号发表毛泽东撰写的《〈政治周报〉发刊理由》，明确指出："为什么出版《政治周报》？为了革命。为什么要革命？为了使中华民族得到解放，为了实现人民的统治，为了使人民得到经济的幸福。"毛泽东先后以"润""子任"笔名发表一系列文章，揭露国民党右派的反动面目。共产党人沈雁冰（茅盾）、张秋人、萧楚女、杨开慧等为办好该报积极工作。第13、14期连载刘少奇撰写的《一年来中国职工运动的发展》。分售点遍布全国，达37个之多，每期发行达4万份。1926年3月，毛泽东任第六届广州农民运动讲习所所长后，由沈雁冰（时任国民党中央宣传部秘书）接任主编（第5期）。不久，沈雁冰调上海工作，编务交张秋人负责。1926年，在国民党右派的逼迫下，中共党员全部退出国民党，6月5日停刊。共出版14期，发表各类文章110多篇，计40余万字。在开展革命宣传、反击国民党右派方面发挥了重要作用，有力地促进和指导了反帝反封建革命斗争。（金炳亮）

中国农民　国民党中央农民部主办的革命期刊。1926年1月1日在广州创刊。毛泽东任主编。以"唤醒农民群众"为办刊宗旨。与广州农民运动讲习所教学和学员有密切关系。创刊号发表毛泽东撰写的《中国农民中各阶级的分析及其对于革命的态度》，第2期发表毛泽东撰写的《中国社会各阶级的分析》。设置有《插图》《报告》《特载》《国际农民运动消息》《中

国农民消息》《参考资料》等栏目。《插图》刊载各地农民运动的摄影和领导讲话摄影；《报告》刊载重大政治事件报道、各地农民运动报告；《特载》刊载中央关于农民运动的政策纲领；《国际农民运动消息》刊载国际农民运动的相关消息，报道苏俄农民的生产生活情况；《中国农民消息》按行政省份刊载我国各地的农民运动近况；《参考资料》刊载各地农民协会及军政领导关于农民土地问题的电讯、政令等。撰稿人有李大钊、毛泽东、彭湃、阮啸仙、林伯渠等。1926年8月北伐军攻取武昌后，随国民党中央农民部迁武汉。1926年12月一度停刊，1927年6月复刊，出版《农民问题专号》（第2卷第1期）。国共合作分裂后停刊。在宣传国民革命和国民党的联俄、联共、扶助农工的新三民主义政策，推进农民运动等方面发挥了重要作用。（金炳亮）

岭东民国日报　国民党在潮梅海陆丰地区的党报。民国时期汕头办报时间最长、影响最广的报纸。1926年1月20日在汕头创刊。李春涛任社长，赖俊任总编辑。1925年底国民革命军第二次东征军收复潮汕，东征军总政治部主任周恩来派李春涛等人筹办。周恩来以东征军总政治部的名义拨款1万大洋作开办经费，另每月拨付3000大洋经费。为加强报社工作，周恩来电告中共广东区委抽调干部支援，中共广东区委派丁愿到报社任编辑，负责编撰政治新闻；李春蕃任副总编辑，冯河清任新闻编辑。报纸出版之初，周恩来以东征军总政治部主任的名义电令各县，指出该报为潮梅海陆丰主要党报，旨在唤起潮梅民众革命精神。副刊《革命》，周恩来题字。每周1期，主要登载介绍共产主义的文章，如马克思的《1848年6月巴黎无产阶级之失败》、列宁的《国家与革命》

等，曾转载毛泽东《国民党右派分离的原因及其对于革命前途的影响》，在粤东产生较大影响。在周恩来的帮助和关心下，逐渐发展成一家每天出1期（星期一停刊）、每期3大张（12版）的大型报纸。1927年2月15日，国民党广东省党部宣传部派出方乃斌等"接收"报社，李春涛、赖俊等被迫辞职。1939年6月21日汕头沦陷，报社迁入内地。1945年9月8日在汕头复刊，1949年6月1日停刊。（赵建国、李兴博）

人民周刊 中共广东区委机关刊物。1926年2月6日在广州创刊。创刊号至第29期由时任中共广东区委宣传部部长张太雷主编，第30期后由任卓宣主编。编辑部先后位于广州文明路75号3楼中共广东区委所在地和广州东山龟岗二马路。以"反对帝国主义及其一切依附帝国主义所赖以生存的军阀、官僚、买办阶级、地主"为宗旨。创刊号至第25期为16开本，每期10多页至20多页；第26期起改为8开单张，"另加专载纯理论之附刊半张"。每期稿件均由时任中共广东区委书记陈延年审阅签发。设有《社论》《特载》《专载》《时评》《评述》《一周述评》《论文》《报告》《通讯》《人民生活》等栏目。每期均附插图。主要作者有周恩来、陈延年、张太雷、邓中夏、彭湃、恽代英、黄平、阮啸仙、张国焘、杨善集、任卓宣等中共早期领导人。其中陈延年以"林木""木"笔名发表文章。张太雷以"大""雷""大雷""泰雷""春木"等笔名发表文章70多篇。周恩来先后发表《现时政治斗争中之我们》《国民革命及国民革命势力的团结》《现时广东的政治斗争》等文章。第5期（1926年3月）和第19期（1926年8月）分别为《纪念孙中山先生》和《纪念廖仲恺先生》专刊。每期印行2万余份。为满足读者需求，曾将第1—26期汇刊，重新装订成册，以每册银洋8毫（预约6毫）的优惠价格出售。1927年4月10日刊出第50期，两天后蒋介石发动"四一二"反革命政变，第51期虽已定稿，但未及付印即被迫停刊。另出版有《人民周刊丛书》（包括《中国民族革命运动及其策略》《中国民族运动与劳动阶级》等）。在指导大革命时期工农运动、宣传中国共产党的方针政策、打击帝国主义和其他反动派、揭露国民党右派阴谋等方面发挥了重要作用，是中国共产党重要历史文献。（金炳亮）

犁头周报 广东省农民协会机关刊物。1926年4月创刊。周刊。出版者不详。旨在宣扬农民革命，刊载大量重要决议案和文书；注重分析研究当时广东革命根据地存在的问题及发动组织农民革命的策略方法，对民团问题进行过许多论述。主要栏目有《重要决议案》《文书》《宣言》《附录》等。撰稿人有罗绮园等。停刊时间不详。在开展革命宣传、组织农民革命方面发挥了作用，有力地促进和指导农民进行革命斗争。（童雯霞）

黄埔日刊 国民党中央军事政治学校（前身为黄埔军校）校刊。发行持续时间最长、发行区域最广、发行量最高的黄埔军校出版物。前身是《国民革命军中央军事政治学校日刊》。1926年5月中央军事政治学校政治部在广州创办。初期的编辑委员会由时任军校政治部宣传科科长安体诚任主编，宣传股长宋云彬、李逸名等任委员。编委全部是中共党员，恽代英、萧楚女、熊雄、方鼎英、罗懋其等是主要撰稿人。每日1张，对开4版。主要报道学校时事和日常生活。主要栏目有《本周学校口号》《本周各学生队政治讨论会题目》《时评》《校闻》《党务》《革命之路》《军事》《短剑》《要讯》《杂讯》《专件》《本周政治述评》《日评》等。注重问题讨论，专辟《问答》，由学生提出问题，教员作简短回答。问题来自"质问箱"：凡学生关于主义及一切政治经济问题有疑问时，可投函于"质问箱"，由主任、教授分别书面或口头答复质问者。1927年1月熊雄任政治部主任时将恽代英、萧楚女等共产党人发表的政治问题回答编成《政治问答集》公开出版。后期邓文仪任政治部主任，沦为蒋介石反革命宣传的喉舌。发行以校内为主，面向社会，另外还采取"赠阅"和"函索即寄"等办法扩大发行。高峰期发行量达四五万份。1932年停刊。（金炳亮、蒋建国）

农民问题丛刊 大革命时期农民问题专题丛刊。1926年5—9月，毛泽东任第六届广州农民运动讲习所所长期间主持编辑出版，并撰写序言《国民革命与农民运动》。16开。广州国光书店发行。原计划出版52种，因经费不足，只出版了26种：（1）《孙中山先生对农民之训词》；（2）《中国国民党之农民政策》；（3）《革命政府对于农民运动之宣言》；（4）《广东农民协会章程及农民自卫军组织法》；（5）《广东第一次农民代表大会之重要决议案》；（6）《广东第二次农民代表大会之重要决议案》；（7）《广东省党部第一次全省代表大会关于农民运动之决议案》；（8）《湖南农民运动目前的策略》；（9）《农民合作概论》；（10）《列宁与农民》；（11）《农民国际》；（12）《俄国农民与革命》；（13）《中国农民问题研究》；（14）《土地与农民》；（15）《苏俄之农业政策》；（16）《社会革命与农民运动》；（17）《日

德意三国之农民运动》；（18）《广东农民运动概述》；（19）《海丰农民运动报告》；（20）《广宁农民反抗地主始末记》；（21）《普宁农民反抗地主始末记》；（22）《中国之主要农产品》；（23）《中国重要农产物之对外贸易概况》；（24）《全国农业行政机关试验机关及教育机关》；（25）《全国之农业进步及其原因》；（26）《中国之农业生产问题》。内容涵盖国内国际的农民问题，很多都是当时专门组织开展调查研究之后形成的调查报告，也收载一些当地开展农民运动的重要文献。其中关于广东的材料 8 种，为丛刊的精粹。对宣传国共合作，指导和开展农民运动发挥了重要作用，是中国共产党创建初期农民运动的重要历史文献。（金炳亮）

广东财政公报　民国广东省政府官方公报。1926 年 8 月在广州创刊。周刊。主要登载论述、命令、法规、文书、署厅务纪要述评、调查、统计、财政要闻、附录等。1930 年第 7 期改名为《广东财政厅财政公报》，1938 年停刊。对了解民国时期广东省政府施政情况有史料价值。（童雯霞）

少年先锋　大革命时期共青团广东区委员会机关刊物。1926 年 11 月在广州创刊。旬刊。求实（李伟森）任主编，主要撰稿人有恽代英、熊锐、李春蕃、陈少通、梁新枝、赤声等。主要设有《诗歌》《通信》《论述》《随感录》等栏目。主要内容有革命歌曲、革命诗歌小说、读者来稿、苏联革命情况、青年运动和共产主义文章。内容生动活泼，经常使用插图。主要读者群体是大学生乃至小学生。办刊宗旨是以一般被压迫青年的切身问题为内容，以浅显趣味为形式，凡是能够读报纸的青年都能阅读，凡是被压迫的青年

都能从刊物获得帮助。发行量由"六千而达万数"。1927 年 4 月 1 日出到 2 卷 19 期，因时局急剧逆转，原计划出版"五一纪念特号"未能出版，就此停刊。（蒋建国、童雯霞）

广东建设公报　民国广东省政府官报。1926 年 12 月在广州创刊。广东省建设厅出版。月刊。内容主要反映广东建设行政的状况，发表关于建设的论著、译述，刊登国民政府、省政府命令及广东省建设厅命令、法律条例规则，各项实施计划，各交通及建设行政机关的文件报告特载，有关交通建设的统计表册及收支款项等。1930 年停刊。对了解民国时期广东建设行政情况有一定史料价值。（童雯霞）

中华基督教会广东协会月刊　中华基督教会广东协会（前身是成立于 1918 年的广东基督教大会）会刊。1926 年创刊，每月出版。1933 年改为周刊，重新起卷，每期 4 页，每年 1 卷。1938 年 10 月因广州沦陷而停刊。刊址位于广州仁济路。抗战时期在香港九龙、粤北连县曾有出刊。1945 年 9 月复刊，改称会刊，1949 年停刊。共出版 40 多期。内容以反映基督教在广东的传教活动、中华基督教会广东协会会务等情况为主，也有一些地方事务的报道，有一定史料价值。（金炳亮）

妇女之声　中国国民党中央妇女部和广东省党部妇女部机关刊物。创刊时间不详。主编是时任国民党中央妇女部秘书黎沛华，主要撰稿人有何香凝、宋庆龄、蔡畅、邓颖超、高恬波、赵如雪、张婉华等。通讯处位于广州大东路 30 号国民党中央妇女部机关内。第 4—18 期为旬刊，第 19—25 期不定期出版。以宣传报道广东妇女运动为主，亦刊登其他省市如湖南、湖北、上海、广西等的妇女运动，着重报道

广东妇女参加国民革命运动和支援五卅运动、省港罢工、北伐等的情况，还刊登中国共产党所领导的广东省妇女解放协会及所属各市、县妇协的活动。约 1927 年停刊。对推动广东妇女运动起到重要作用。（蒋建国）

中华民国政府公报　民国国民党政府公报。1927 年 3 月在广州创刊。国民政府秘书处出版。旬刊。主要刊登广州国民政府成立初期的宣言、法规、训令、电报、布告、呈文、附件等，反映国民党政府执政初期行政工作的面貌。1927 年起改名为《国民政府公报》，迁南京出版。1948 年停刊。（童雯霞）

红旗　中共广东省委秘密出版的革命报刊。1927 年 10 月在广州创刊。时任中共广东省委宣传部部长恽代英任主编。初为 16 开。半周刊。由广州印刷工会负责印刷，秘密发行。广州起义爆发后，立即出版《红旗日报》号外，印刷 25 万份，在全市各处张贴，上面登载苏维埃政府职员名单，成为中国第一个苏维埃政府的机关报。梁若尘等参加编辑工作。第 2 期对开 1 张，首版刊载广州苏维埃政纲命令，其余刊登有关起义战况和群众踊跃参加起义新闻，急速发稿排印，当天下午 4 时，版已排好，但突接自行撤退通知，故未及付印发行。广州起义失败后，转入地下继续出版，刊期先改周刊，再改旬刊。第 21 期（1928 年 1 月）以《康南海遗著》作封面，伪称"香港中华圣教总会印"以躲避国民党追捕。同时改成袖珍小本，多用广东方言以使工农群众皆能阅读。重要作者有周文雍、恽代英、罗绮园、周其鉴、苏兆征、邓中夏、周恩来、冯菊坡、阮啸仙、彭湃、王学增、杨石槐、黄平、叶挺、朱德等。1928 年 7 月印行 4 开 1 页的特刊。含有"红旗"字样的报刊

还有：1930 年 4 月，中共广东省委出版蜡纸刻印的《南方红旗》半月刊；1930 年 10 月，中共琼崖特委出版蜡纸刻印的《琼崖红旗》月刊；1931 年 5 月，中共东江特委出版钢笔抄写的《东江红旗》旬刊。均为秘密出版。由于条件艰苦，印数严格控制，从数百到数千不等；不标价，通过党的地下交通站秘密发行。从时间顺序看，中共广东省委秘密出版的《红旗》，早于1928 年 11 月 20 日中共上海地下党组织创办的《红旗》（第 40 期起确定为中国共产党的政治机关报），在中国共产党的历史上具有重要地位。（金炳亮、蒋建国）

私立岭南大学校报　岭南大学校内刊物。1927 年 10 月在广州创刊。岭南大学秘书处编辑发行。定价每册 5 分，初为不定期出版，1929 年发行至第 9 期后改为周刊，定价每册 2 分。主要登载岭南大学各类消息、教育公文以及学校的校规通则、校况介绍等。主要栏目有《公文》《会议记录》《校务》《纪事》《注册》《附中消息》《日记》《校董会》《学生团体》《往来函牍》《特训》等。抗战时期还发行过曲江版。（赵建国、李兴博）

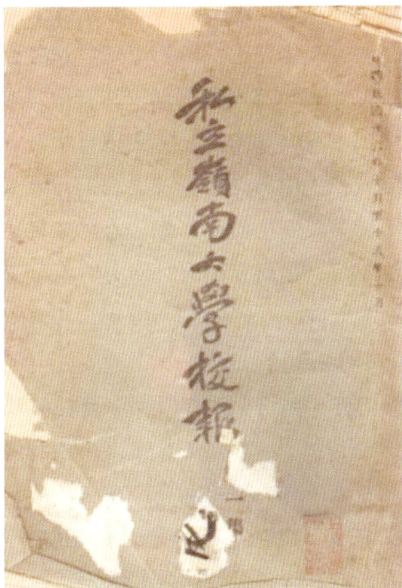

《私立岭南大学学报》

国立中山大学语言历史学研究所周刊　民国学术期刊。1927 年 11 月 1 日傅斯年领导的国立中山大学语言历史学研究所创办。余永梁任主编。每期发表学术论文三五篇，作者多为包括语史所在内的海内外学术名家，如王国维、马衡、赵元任、陈寅恪、顾颉刚、董作宾、罗常培、商承祚、吴梅、俞大维等。所刊论文以先秦史籍研究和古文字考证诠释占较大比重，并收载了一批民族学调查和研究成果。一些专题以专号形式出版，如《切韵专号》《西南民族研究专号》等。1930 年 5 月停刊，共出版 132 期。在学术界的影响可与同时期的《中央研究院历史语言研究所集刊》及北京大学《国学季刊》比肩。在中国学术史上有重要地位。（金炳亮）

国立中山大学日报　民国持续刊行时间最长的高等院校日报。1927 年 5 月9 日，国立中山大学政治训育部宣传部和事务管理处鉴于“各科学院距离甚远，教员及学生散处各地，以致消息常患隔阂、办事诸感不便”，在广州创办。1928 年 2 月 10 日，改为教务处负责编辑。1929 年 12 月 26 日，学校成立编辑处专职负责编辑事宜。全面抗战时期，学校被迫西迁云南时一度中断。1940 年 9 月 25 日在云南澄江复刊，此后又随学校迁回粤北坪石，连续不定期出版至 1949 年 10 月广州解放才停刊。早期保持 4—8 个版面，20 世纪 30 年代增加到 12—20 个版面。主要刊载“本大学行政机关及正式学生团体会社消息”。栏目较为稳定，有《孙中山遗嘱》《总理纪念周》《布告》《启事》《专载》《校闻》《演讲录》《会议录》《学生社团》等学校活动记录。内容涉及学校规章制度、人事变动、课程安排、各类会议、院系动态、图书信息和重要演讲等。面向海内外发行。对研究国立中山大学

1927年5月9日《国立中山大学日报》

校史、岭南地方教育史乃至民国高等教育史有较大参考价值。（曹天忠、肖胜文）

民俗　民国学术期刊。国立中山大学语言历史学研究所民俗学会主办。前身是《民间文艺》（共出版 12 期）。1928 年 3 月 21 日改名为《民俗》。周刊。钟敬文、容肇祖、刘万章先后任主编。顾颉刚撰写发刊词，强调要重视农夫、工匠、商贩、兵卒、妇女、游侠、娼妓、仆婢、堕民、罪犯、小孩的生活。主要收载民间故事、传说、

《民俗》

谜语、歌谣、各民族习俗风尚及民俗研究文章。其中一些专题以专号形式出版，如《旧历新年号》《中秋专号》《神的专号》《疍户专号》《祝英台专号》《槟榔专号》等。1930年4月30日发行至110期时停刊。1933年3月21日复刊，出至6月13日第123期时又停刊。1936年9月复刊，至1943年再次停刊，又出了2卷8期。是中国民俗学研究的先驱刊物，在中国学术史上有重要地位。1983年上海书店曾影印出版。（金炳亮）

社会科学论丛 民国学术期刊。1928年11月在广州创刊。初为月刊，国立中山大学法学科编辑，国立中山大学出版部发行。文章内容涉及多个学术领域，刊登学生和教授的论文，刊稿较为丰富。1934年改为季刊，邹鲁题写刊名，国立中山大学法学院社会科学论丛季刊编辑委员会编辑。以参考、比较世界各国现有法律，研究中国社会状况为办刊宗旨。无固定栏目。发表国立中山大学法学教授在法律、政治、经济、社会等方面的学术论著，同时刊载书评、译著和学生论文。历任主编有邓孝慈、朱显祯、薛祀光、郑彦棻；编辑委员有徐焕、范扬、黄元彬、杨光湛等人。1937年停刊。为民国时期国内外政治、经济、法律、社会等相关问题研究提供基本参考。（童雯霞）

岭南学报（*Lingnan Journal*） 岭南大学出版的学术期刊。中国南方最早的大学学报。1929年12月创刊。时任岭南大学副校长（后出任首位华人校长）李应林提议，谢扶雅主持创办，反映了岭南大学由华人自办以来华人学者群体成长的历程。1931年成立由校长钟荣光任命的编委会，成员有谢扶雅、容肇祖、杨寿昌、黄仲琴、梁绰余、卢观伟、涂治、陈序经、陈心陶、黎泽天，谢扶雅为主席。何格恩负责具体编辑事务。"形式和纸张，大概仿照《燕京学报》。"作者多为岭南大学同人，也有来自国立中山大学以及北京、上海、福建等地学者。抗战前作者有谢扶雅、陈受颐、陈序经、杨成志、崔载阳、容肇祖、伍锐麟、冼玉清、全汉昇、饶宗颐、郑师许、李镜池、庄泽宣、陈学恂等，抗战后有陈寅恪、王力、容庚、钟敬文、杨树达、罗莘田（常培）、刘节、梁方仲、朱师辙、陈槃、张纯明、杨庆堃、吴尚时、曾昭璇、周连宽、罗福颐等。多为当时已名重学林的学者或后来的学界翘楚。1929—1937年为季刊、半年刊，出版6卷，每卷4期。1938年10月广州沦陷后，因岭大播迁粤北、香港等地，出版时断时续。1947年复刊，改由岭南大学中国文化研究室主办，刊期不定。复刊前，曾出版《地理学英文专号》。内容方面，初期社会科学与自然科学兼备，20世纪20年代《岭南科学杂志》创办后，不再刊登自然科学文章。多发表30页以上的长文，长者达数百页。以中国文史研究和岭南文化研究最具特色。有关中国思想史、文学史、政治与经济史、艺术史、历史文献学、汉语言与方言的研究名家名作荟萃，具有以经典释读和文献考证为基础的传统治学路径与现代社会科学相结合的中国现代学术转型显著特征。《广东专号》上（第3卷第4期）发表容肇祖的《学海堂考》（文末附《菊坡精舍考略》），《广东专号》下（第4卷第1期）发表郑师许《龙溪书院考略》及汪宗衍的《陈东塾年谱》。饶锷、饶宗颐父子所撰《潮州艺文志》占了整两期（第4卷第4期、第6卷第2、3期合刊本，500多页）的篇幅，是单篇论著的专号。吴尚时与学生曾昭璇合著的《珠江三角洲》被誉为"近代珠江三角洲研究的里程碑式之力作"。岭南大学社会研究所《沙南疍民调查》等系列社会调查报告，王力主持撰著的《珠江三角洲方音总论》《东莞方音》《台山方音》等广东方言调查报告，谢扶雅《光孝寺与六祖慧能》，冼玉清《陈白沙碧玉考》《招子庸研究》等均为岭南文化相关领域研究的开山之作，为岭南大学乃至华南学界赢得了日益彰显的学术声誉。1952年因院系调整，岭南大学停办而终刊。共出版12卷35期。（金炳亮）

现代史学 民国学术刊物。1933年1月在广州创刊。国立中山大学史学研究会编辑、发行，广州现代书局总代售。抗战爆发后出版时断时续，1942年迁重庆，当年第4卷第4期起改为国立中山大学文学院编辑，国立中山大学出版组发行。初为季刊。因时局动荡每期篇幅差别较大，抗战期间经费短缺、学校迁移，维持困难。主要撰稿人有朱谦之、陈安仁、傅衣凌、戴裔煊、陈啸江、谢富礼、梁瓯第、王兴瑞等。内容涉及经济史、教育史、古代婚姻制度、文化运动史、宗教史、考古学及史料考证等。栏目有《史学理论》《文化史及社会史》《历史辅助科学》《辨伪及考证》等。至1943年6月，共发行5卷18期，总字数超过200万字。曾出版《中国经济史专号》《文化评论特辑》《史学方法论特辑》3个专辑。部分论文作者据此扩展成专著，如朱谦之《文化哲学》、陈安仁《中国文化演进史观》、梁瓯第《书院制度研究》等。论文多有独到见解，是研究民国时期史学不可忽视的资料。（童雯霞）

新广东 陈济棠治粤时期综合性时政评论刊物。1933年1月在广州创刊。发行人不详。主要刊登广东省政务、工农业、交通、金融、教育、卫生等方面的述评，以及国内外重要新闻的报道分析、文学评论和文学作品等。

主要栏目有《论著》《本省要政述评》《国内外经济情报》《图片》《文艺》《专载》《时事论坛》等。秦庆钧、廖崇真、冯锐、李钜扬等为《本省要政述评》主要撰稿人。1936 年 6 月停刊。（童雯霞）

南大青年 民国时期基督教青年会刊物。在广州创刊，创刊时间不详。广州岭南大学青年会主办，编辑及作者主要是岭南大学学生。周刊。主要刊登岭南大学青年会会闻、岭南大学校闻及社友所撰的论说及文艺作品。设有《论说》《会闻》《校闻》《各社消息》等栏目。注重刊登会友的文艺作品，曾发行《银沫》《湘声》副刊，主要刊登岭南基督教青年会会友所著的论著、文艺、新旧诗词、短篇小说、粤讴及各类小品文章。1931 年开始发行英文版 Lingnan Youth。1934 年停刊。对教会大学和基督教青年会的研究具有重要意义。（童雯霞）

广东省银行月刊 民国广东金融刊物。1937 年 7 月在广州创刊。广东省银行经济研究室编辑、发行。月刊。1938 年 10 月广州沦陷时停刊。1946 年 3 月复刊，1947 年 12 月停刊。撰稿人有钟承宗、区琮华、伍凌羽、刘佐人等。主要刊登研究性的经济专论、选译外国经济名著，有关广东省及国内外经济问题的讨论、各地工商业及各项经济实况调查等。栏目有《专论》《本省各地经济状况》《经济资料》《统计图表》等。是研究民国时期广东金融状况的参考资料。（童雯霞）

救亡日报（广州版） 宣传抗日救亡运动的报纸。1937 年 8 月在上海创刊。上海沦陷后，1938 年 1 月 1 日，郭沫若、夏衍等在广州复办，由余汉谋捐助 2000 毫洋作开办费。社址位于广州长寿东路 50 号。8 开 4 版。日

报。夏衍任总编辑。内容丰富，主要宣传民主、团结、抗战、进步，行文通俗，能精辟分析战局，报道真实战况，反映民众抗日心声，并注重文艺性、趣味性。设有栏目 40 个。每日印数 8000 份。1938 年 10 月 21 日，日军迫近广州，散发完当天的报纸向粤北撤退后停刊。1939 年 1 月 10 日在桂林复刊。1941 年 2 月 28 日停刊。（蒋建国）

抗战大学 中国共产党领导的大型统一战线刊物。1937 年 11 月初在广州创刊。陈华主编，时任中共广东省委宣传部部长饶彰风（蒲特）领导，并成立由陈华、梁威林、李育中、龙世雄等组成的编委会。抗战大学社编辑，广州统一出版社刊行。初为半月刊，后改为不定期刊。1938 年 10 月 21 日后停刊。1939 年 2 月 10 日在桂林复刊，从第 2 卷第 4 期开始继续刊行，桂林沦陷后停刊。后在香港复刊 3 期。共出版 16 期。最终停刊时间与原因不详。以革命青年尤其是青年大学生为主要受众，围绕抗战，指导青年学生参加抗战工作，与大学生活和青年学生紧密相关。大力宣传动员群众参加抗战及介绍延安抗战大学的情况，不少青年经该刊介绍到陕北参加八路军。辟有《时论专辑》《评论》《通讯》《专论》《专载》《抗战大学讲座》《读者信箱》等栏目。《时论专辑》主要刊载世界反法西斯战争与国内外重大战役及会议的评论，朱德、方振武、郭沫若、杨虎城等均有时评。《抗战大学讲座》刊载与抗战时局相关的讲座信息。对华南宣传发动群众抗战起了号角的作用。（蒋建国、童雯霞）

新战线 华南地区宣传抗战刊物。1937 年 12 月 18 日在广州创刊。钟天心主编，新战线周刊社编辑出版。共

发行 31 期，从 1937 年 12 月第 1 卷第 1 期至 1938 年 6 月第 1 卷第 26 期均为周六发行，第 27、28 期为每月发行 1 期，1938 年 9 月 1 日第 2 卷第 1 期起改为半月刊，第 2 卷共发行 3 期。1938 年 10 月 1 日被迫停刊。特约撰稿人有方少云、巴金、茅盾、张劲夫等。以"呼吁广大民众积极投身于抗日救亡"为主旨，刊载来自官方和民间各界人士抗日救亡宣传文章，也发表诗歌、剧本等文艺作品，报道各地军民的抗战活动，探讨战时教育工作，评述国际反法西斯战争形势，刊载漫画以及战地照片。栏目有《政治报告》《前线与后方》《短论》《国际情势分析》《集体意见》《救亡情报》《自由论坛》等。保存大量全面抗战初期的文献。（童雯霞）

南针 华南地区宣传抗战刊物。中华民族解放行动委员会广东省委员会机关刊物。1937 年在广州创刊。周刊。广州现代出版合作社筹备处编辑发行。张孟镜主编。社址位于广州豪贤路秦乐新街 10 号。以"阐扬救亡理论，促进抗战行动"为宗旨，站在坚持抗战、团结、进步的立场，分析评论抗战初期国内外各种政治动向和问题，发表抗日救国文章，宣传国共两党抗战主张，谴责汉奸投降主义。主要栏目有《我们的话》《论坛》《国际知识》《闲话》《各地通讯》《文艺》《一周时事》等。《我们的话》每期刊登 1 篇社论，多针对国内政治。《论坛》刊载时政短评。《国际知识》介绍世界各国概况，涉及各国军备状况、国际条约、国际法等内容。《各地通讯》通过纪实文学的形式，报道国际形势及国内各地抗日救亡运动和国防状况。《文艺》刊载少量文学作品，有小说、散文、随笔等。《一周时事》以简短的文字报道一周的新闻。（童雯霞）

文艺阵地 抗战时期进步文艺杂志。1938年4月16日在广州创刊。茅盾主编。16开。初为半月刊。因广州遭遇日军轰炸，七八月间迁香港编辑，上海印刷。1939年1月16日（2卷7期）起由楼适夷代行主编。1940年4月16日（4卷12期）起改为月刊，24开，以两种封面出版发行：在上海公开发行的为《文阵丛刊》，其他地方发行的仍为《文艺阵地》。1940年5卷2期被国民党查禁。1941年1月10日在重庆复刊，仍由茅盾主编。1942年11月（7卷4期）停刊。以"拥护抗战到底，巩固抗战的统一战线"为办刊宗旨。茅盾开设《文阵广播》专栏，以简短的语言传递文化界的近况，以摘录作家书信自述为多，夹以编者的评述和叙述。撰稿者多为国内知名作家，如郑振铎、张天翼、周文、萧红、以群、茅盾、沙汀、陈翔鹤、卞之琳、老舍、萧乾、艾青、田间、刘白羽、夏衍、杨朔、艾芜、周而复、冯雪峰、穆木天、何其芳等。共出版63期。发表长、短篇小说100余篇（部），剧本近30部，不少作品在中国现代文学史上产生过深远影响，占有重要地位，如茅盾的《霜叶红似二月花》（前9章）、张天翼的《华威先生》、姚雪垠的《差半车麦秸》、骆宾基的《东战场的别动队》、奚如的《肖连长》、丁玲的《冀村之夜》、欧阳山的《三水两农夫》、艾青的《吹号者》、臧克家的《泥土的歌》、夏衍的《赎罪》、陈白尘的《魔窟》、周而复的《播种者》、司马文森的《粤北散记》等。是全面抗战时期国民党统治区影响最大的综合文艺杂志，对团结和发动文艺界抗击日本侵略起了重要作用。（仝炳亮）

救亡呼声 抗战时期进步期刊。1938年8月21日在广州创刊。旬刊。稍早之前成立的抗战救亡组织救亡呼声社编辑出版，救亡呼声社是"七七"事变后广东第一个公开合法的统一战线抗日救亡团体，社长谌小岑。设有出版部，邓明达负责。中共党员吴华、黄泽成、邹仑、邓明达、卓炯等为骨干。平均每期发行1500份，最高达24000份。以宣传抗日民族统一战线为办刊宗旨。所刊文章态度鲜明，言论较为激进。（仝炳亮）

抗日新闻 抗战时期中共琼崖特委机关报。1939年3月在特委驻地琼山县树德乡创办。4开4版。油印。周报，也曾出5日刊、3日刊。初期由时任中共琼崖特委书记李明（即林李明）直接领导，特委领导人冯白驹、王白伦等也十分关心、支持报纸的出版。栏目有《社论》《时评》《国际国内时事》《本岛新闻》《副刊》等。有关政策性的重要文章和评论，均由中共琼崖特委领导撰写或审定。每期印500份左右，一度增加到2000余份，通过交通站免费发行至各抗日根据地及游击区的区县乡党组织和民主政权。在抗战时期起到宣传作用。（童雯霞）

新华南 抗战时期中共广东省委机关刊物。1939年4月1日在广东战时省会韶关创刊。在国共第二次合作的背景下，经国民党广东地方当局注册登记，公开出版发行。省委提出党对刊物"必须保证组织上、政治上独立领导"。参与编辑和撰稿的有民主党派和各界进步人士。中山大学知名教授、国民党第四战区政治部第三组上校组长尚仲衣任编委会主任，何家槐、左洪涛、任毕明、石辟澜等人为委员，其中尚、何、石为中共党员。尚仲衣牺牲后由石辟澜接任，并增加李章达、张文为编委。撰稿人中有知名文化人沈钧儒、胡愈之、夏衍、刘思慕、钟敬文等。发行量约4500份。经常出版特刊、特辑及战地版，以适应各种突发新闻事件。始终高举抗战旗帜，发表大量宣传抗日民族统一战线、动员民众抗日、批判消极悲观思想的文章。被誉为"国民党黑暗统治中的一盏灿耀的明灯"，对国统区青年追求进步产生了较大影响。因无固定经费来源，广告收入和发行收入不足，依靠各界赞助勉力维持。在国民党压制下，曾有1年多时间转往湖南衡阳、江西赣州印刷；无法正常邮寄，只能用通讯员网络及各种关系递送刊物。1941年春，在国民党掀起第二次反共高潮中被查封。（仝炳亮）

广东妇女 抗战时期进步期刊。前身是《新妇女》。1940年初在广东韶关创刊。广东省新生活运动促进会妇女工作委员会（负责人吴菊芳为当时广东省政府主席李汉魂的夫人）编辑出版，新生活图书合作社发行。作者有吴菊芳、丘斌存、谌小岑、陈明淑、陆淑英、宋云彬、林觉夫等广东知名人士。16开。半月刊。主要内容是反映妇女问题、妇运状况、对妇运工作的意见、介绍妇女知识等。主要栏目有《短评》《组训妇女特辑》《通讯》《文艺》《卫生常识》《妇女动态》等。停刊时间不详。对动员民众抗战，推进妇女运动起了一定作用。（仝炳亮）

前进报 东江纵队机关报。前身为《东江民报》，1942年3月29日改名为《前进报》。社长杨奇，副社长涂夫，主要工作人员有石铃、徐日青、黎笑、林娇、郭村、郑盾等。初为4开油印，1945年改为对开铅印。周报。报社设有编辑部、出版部、发行部、油印室、资料室等部门。无固定社址，常随部队在东莞、宝安、大鹏半岛一带迁移。曾两次越过日军封锁线到香港新界出版。主要发行地区包括东江解放区和珠江、西江、韩江、粤中、南路等游击区，并通过秘密交通网送至广州、

香港等沦陷区，在华南地区有广泛影响。1944 年 2 月 15 日，东江纵队司令部、政治部发布《关于加强〈前进报〉工作的决定》，明确提出《前进报》应当有严正立场，有政治家风度，任务是传播中国共产党的政治主张，扩大政治影响力，揭发敌伪的残暴，暴露国民党错误政策所造成的黑暗，动员与组织人民坚持抗日战争。通过"发展通讯网，培养工农兵通讯员""健全发行工作""组织读报工作"等多种手段使其"真正成为群众的报纸"。1945 年 9 月 5 日，第 100 期以"本报同人"的名义发表百期纪念献词，并举办报刊展览，召开庆祝大会，中共广东区党委宣传部部长饶彰风到场祝贺，兄弟单位代表 100 余人参加庆祝大会。之后东江纵队根据中共中央指示，派出杨奇等 6 名骨干前往香港创办《正报》。1946 年 6 月 30 日，东江纵队奉令北上山东烟台后停刊。（赵建国、李兴博）

抗日杂志　东江抗日根据地出版发行的刊物。1943 年 6 月在广州创刊。东江纵队抗日杂志编辑委员会编印。主编王作尧。发行者、刊期不详。创刊目的是"为供给军政业务上的研究教育材料，交换经验及作为自我学习的材料"。主要刊载战术原则、政治工作讲话、战斗经验、诗歌和调查材料等。（童雯霞）

学习知识　中共广州市工委主办的唯一公开刊物。1945 年 12 月 25 日创刊。主编邓邦俊，华南兄弟图书公司经营。社址原位于广州教育南路铭贤坊 3 号 4 楼，后迁往惠福东路 159 号 3 楼。栏目有《短评》《专论》《讲座》《科学知识》《文艺》《青年园地》《通讯》《读者信箱》等。首期出版后，引起国民党当局的注意，第 2 期以"出版手续不全"为由被查禁。后转为地下秘密出版。1946 年 4 月底，在第 8 期刊出后结束。在历史转折关头，配合《华商报》等在争取民主反对内战的宣传阵地上发挥一定的作用。（蒋建国）

人民报　农工民主党主办的报纸。1946 年 3 月 1 日在香港创刊。社长李伯球，发行李克平（中共党员）、丘哲，总编辑张琛（共产党员），主笔黄药眠，编委包括李伯球、陈晓凡、曾伟、张琛等，编辑丘一中等。报社位于香港毕打街毕打行 2 楼，编辑部、经理部设在坚道 137 号 3、4 楼。有《国内新闻》《国际新闻》《地方新闻》《副刊》等版面。发行量 3000 余份。以日报出版 30 期后，4 月 1 日迁往广州出版，改为 3 日刊，出版了 30 期，后又以周刊和半月刊形式出版了 36 期，直到 8 月底被国民党当局查封。创刊词提出四个目标：巩固世界和平，促进中国真正的民主政治之实现，普遍改善人民生活，争取言论自由、学术思想自由与发展科学。还提出要站在人民立场与所有爱好和平民主的一切党派、团体竭诚合作，督促政府。在广州出版时，第 1 版登载国内外重要政治新闻，把广州民主运动情况放在重要位置；第 2、3 版登载全国各地民主运动情况、专题采访和各地重要新闻；第 4 版为副刊《语丝》，楼栖主编。由于积极宣传民主政治，争取言论出版自由，招致国民党当局刁难破坏，被迫两次迁址，先是从广州长堤 223 号迁至惠福东路 66 号 3 楼，后又迁至花塔路仓前街 36 号。从创办到结束仅 6 个月，在全国面临民主与独裁、和平与战争的严峻斗争关键时刻，敢于同国民党当局作面对面的斗争，是当时民主党派报刊的一面旗帜。（赵建国、李兴博）

每日论坛报　解放战争时期广州进步报纸。1946 年 10 月 10 日创刊。是一份由华侨出资、学者专家办报、进步人士参加、中共党组织支持的报纸。社长为中华文化学院创办人之一、中山大学教授、印度归侨章导，总编辑先后为时任中华文化学院历史系主任黄元起、新闻系讲师龙劲风，主笔先后为国立中山大学教授、时任中华文化学院新闻系主任彭芳草和时任工商管理系主任周守正。4 开 2 张 8 版，其中 4 版新闻、4 版副刊，除国际、国内、省市、经济版和文艺副刊《海珠》版外，还有各种周刊或双周刊，专刊多为该报的一大特色。以如实反映当时当地的真实情况为宗旨，体现出进步倾向和鲜明立场。在新闻报道中要求民主，反对内战，支持学生运动。1947 年 5 月 31 日深夜，国民党当局强行关闭报社，并逮捕章导、龙劲风、彭芳草和编辑、记者、职工 67 人。后在中山大学、中华文化学院学生的请愿和华侨团体、社会舆论的压力下，被捕者全部获释，对当时的社会舆论起促进作用。1950 年 1 月复刊。后改组为《联合报》。（蒋建国）

世界新潮　解放战争时期广州进步杂志。1946 年 11 月 1 日中国共产党领导的中流出版社创办。半月刊。16 开。每期二三十页不等。社长为中山大学教授罗志甫（时在北平）。编委多为兼职，主要由李庆华（李坚）负责联络。主要撰稿人为华南地区各大学教授、学者。"以集纳世界名文，介绍清明思想，提倡独立创见为职志。"创刊号印行 1500 册，以后各期大多印行两三千册，是当时广州畅销的杂志之一，除广东本省外，还远销广西、湖南、云南、香港等地，南洋地区也有华侨书店代售。（金炳亮）

西关报馆街　近代广州报馆的主要聚集地。清光绪二十四年（1898）后广州报业逐渐繁荣，报馆的分布从沙面

租界逐渐北上，先向十八甫汇集，后延伸至西关第八甫、第七甫一带，民间俗称"报馆街"，至1912年先后有54种报纸在此。光绪二十四年（1898）之前，十八甫是西关报刊的集中地，新创报刊14种：《岭学报》《岭海报》（1898年）、《羊城日报》（1902年）、《时敏报》（1903年）、《游艺报》、《时事画报》、《觉报》、《警报》（1905年）、《国民报》、《国是日报》、《粤东小说林》（1906年）、《二十世纪军国民报》、《滑稽魂》、《时谐画报》（1907年）；第八甫、第七甫有3种：《广智报》（1898年）、《安雅书局世说编》（1900年）、《广东七十二行商报》（1907年）。1908—1912年间，十八甫报刊数量明显下降，新创报刊仅3种：《时敏新报》（1909年）、《中原报》（1911年）、《广东日日新报》（1912年）；第八甫、第七甫至少有16种：《南越报》、《砭群丛报》（1909年）、《震旦日报》、《平民日报》（1910年）、《人权报》、《天民报》、《可报》、《光华报》（1911年）、《中国日报》、《大公报》、《觉魂日报》、《华国报》、《华严报》、《广南报》、《广州共和报》、《珠江日刊》（1912年），成为主要分布地。此后第八甫、第七甫的新办报刊源源不断，1913—1927年共计41种。1931年，第七甫和第八甫合并改造，更名为"光复中路"，聚集了《广东七十二行商报》《广州共和报》《公评报》《国华报》《新国华报》《现象报》《人权报》《南越报》《大同报》《粤商公报》《广东报》《天声报》《越华报》《环球报》等众多报馆，形成别具特色的"报馆街"，成为近代广州报业繁盛至极的缩影。（赵建国、李兴博）

南方日报　中共广东省委机关报。南方日报报业集团旗舰媒体。1949年10月23日作为中共中央华南分局机关报在广州光复中路48号创刊，毛泽东题写报名，发刊词为"新的中国，新的广东"，由华南分局统战部副部长饶彰风兼任社长，杨奇任副社长，曾彦修任总编辑。1955年7月1日成为广东省委机关报。1989年7月1日报社正式迁往广州大道中289号。1998年成立南方日报报业集团。1999年1月1日开始自办发行。2002年8月6日提出"高度决定影响力"办报口号，定位为华南地区主流政经媒体及权威、智慧型资讯提供者。2005年7月，南方日报报业集团更名为南方报业传媒集团，由报刊业向多媒体传媒业发展。2011年2月18日，南方传媒大厦正式启用。2019年1月1日，进入报业融合转型时期，提出打造"政经纸""观点纸""深度纸"观点。至2019年，报纸发行量连续33年位居全国省级党报第一。主要业务范围包括新闻采编，报纸、互联网报纸、移动媒体、电子刊物的出版、发行和经营业务等。版面按内容主要有要闻、重点、评论、时局、广东新闻、时事新闻、产业周刊、副刊、视界等。主要栏目有《南方时论》《现场短新闻》《广东重磅》《智库视点》等及地方发行版。新闻作品分别获得中国新闻奖系列报道类奖和消息类奖；一批人获国家级新闻工作者称号。（罗映纯）

广州日报　中共广州市委机关报。广州日报报业集团旗舰媒体。1952年12月1日创刊，担负广州市宣传报道和广州市工作指导的任务。毛泽东题写报头。由时任广州市委宣传部副部长赵冬垠任社长兼主编。先后经历几次停刊、两次复刊。1955年1月停刊合并于《南方日报》，1958年6月15日复刊；1961年2月1日与《羊城晚报》合并，1965年7月1日复刊。"文化大革命"期间再次停刊、复刊，1968年9月1日合并于《南方日报》，1972年2月26日以《广州报》报名恢复出版，4开4版小报，双日出版，1972年8月1日改出日报并恢复《广州日报》名称和沿用毛泽东手写报头，1973年8月1日恢复为对开4版大报。1978年中共十一届三中全会后，创下中国报业发展史上多个"第一"：1979年4月8日率先恢复刊登工商广告；1981年4月1日率先在党报中实现"自筹自支、自负盈亏"的新财务制度；1987年1月1日在全国地方报纸中率先从4版扩至8版；1990年1月1日在全国首批自办发行；1993年率先在国内报纸中推行广告公司代理制；1996年1月15日组建中国第一家报业集团；1997年7月1日"97版香港回归特刊"创中国报纸版数之最；1998年11月23日建成亚洲印刷能力最大的印务中心；2000年1月1日"新千年200版纪念特刊"再次刷新中国报纸出版纪录；2006年9月8日率先推出《导读与索引》版；2007年11月16日由广州日报社控股的粤传媒在深圳证交所正式挂牌上市，是首只由中宣部和新闻出版总署批准上市的传媒股；2014年12月1日中央编辑部正式投入运行，是国内报业首个媒体融合中央编辑部。主要业务范围包括新闻采编、报纸、互联网报纸、移动媒体、电子刊物的出版、发行和经营业务等。版面按内容设有要闻、湾区、评论、理论周刊、区街等党务政务版面；身边纸（2012年11月6日推出的贴近百姓和基层的本土信息版）、经济、娱乐、体育、揾食、每日闲情、人物、旅游周刊、生活周刊、健康周刊、教育周刊等生活资讯版面；广州档案独家解密、广州文化拾遗、诗意花城等岭南文化版面。精品栏目有《排头兵报告》《广州创新英雄》《五层楼下》等。新闻作品，主要是报纸漫画，多

次获中国新闻奖；多人获国家级新闻工作者称号及国际级奖项。（罗映纯）

羊城晚报　中共广东省委党报。广东省委主管、主办，省委宣传部代管。羊城晚报报业集团旗舰媒体。1957年10月1日创刊。为更好地以喜闻乐见的方式宣传党的方针政策，在时任中共广东省委第一书记陶铸倡议和时任广东省委宣传部部长王匡的具体指导下，由南方日报社黄文俞、李超、杨奇等负责筹备出版。是新中国成立后国内第一份大型晚报。以陶铸提出的"贴近时代、贴近读者、贴近生活"为办报宗旨。首任总编辑李超。1961年2月1日与《广州日报》合并，成为广州市委机关报。1965年7月1日改由中南局直接领导，成为中南局的报纸。1966年9月1日改名为《红卫报》，同年12月13日停刊，1980年2月15日正式复刊。创刊报头由陶铸题写，复刊报头由叶剑英题写。复刊后保持原有版面及栏目，主要有综合新闻版、《花地》文艺副刊、体育专栏和综合性副刊《晚会》、时事新闻版等。精品栏目有《五层楼下》（后改名《越秀山下》）及《羊城今昔》《星期特写》《时事走廊》《街谈巷议》等；新设《港澳之夜》《经济特区之窗》《求是》《书报摊》《国际副刊》五个专刊和《读者来信》《市场》《花讯》三个专栏。1998年5月18日组建羊城晚报报业集团。2015年推动媒体融合创新建设，同年3月入选"国家数字复合出版系统工程应用试点单位"，是广东省唯一入选的新闻出版传媒机构，7月入选国家新闻出版广电总局确定的"国家第二批数字出版转型示范单位"。新闻作品获中国新闻奖通讯类奖和版面类奖，两人分别获国家级新闻工作者称号和国家级奖励，《昨夜今晨》等栏目获广东新闻奖名专栏奖。（罗映纯）

足球报　中国唯一一份足球专业报纸。广州日报报业集团属下系列报之一。1980年1月1日创刊。初创时为4开4版，半月刊，1984年1月改为周报。逢周二出版。1993年1月扩版增期，周刊改为一周双刊，每期8版扩为每期16版。2001年8月6日扩至24版。今已整体转型先锋报业有限公司，属于上市公司粤传媒子公司。报道内容主要有国内外足球资讯和足球彩票。除纸媒外，也经营官方微博和官方微信，业务延伸到新媒体平台端。主要栏目有《眼界》《足球中国》《足球天下》《角度》《冠军杯杂志》《特寻坊》《我在现场》等。（罗映纯）

深圳特区报　中共深圳市委机关报。中国经济特区第一份以政经报道为主的大型综合性日报。1982年5月24日创刊。对开报纸。立足深圳、全国发行、兼顾海外。创办初期由时任深圳市委宣传部部长李伟彦任社长、张洪斌任总编辑。竖排繁体字印刷，1986年改为竖排简体字印刷，1987年改为横排简体字印刷。《世界经济和港澳市场》专版为全国党报首创。1989年1月1日由对开4版扩大为对开8版，此后又经历5次大规模扩版，2000年9月29日扩大为40版以上。1999年11月1日，深圳特区报业集团正式成立，是我国经济特区首家报业集团。1999年9月控股并全面管理《香港商报》，开内地报业对香港报纸进行参股改革的先例。2003年12月26日，大型特辑《国际深圳》出版，版面总数达200版，广告收入首次突破1000万元。2016年3月28日新闻客户端"读特"正式上线。报道范围涉及时政、经济、社会、文化、民生等领域。主要栏目有《新春评论》《直通车》《人文天地》等。1992年对邓小平视察深圳进行了报道，长篇通讯《东方风来满眼春——邓小平同志在深圳纪

实》产生了广泛影响。新闻作品获得中国新闻奖消息类奖和通讯类奖，《直通车》获中国新闻奖新闻名专栏奖。多人获国家级新闻工作者称号和国家级奖励。（罗映纯）

南方周末　综合性新闻周报。南方报业传媒集团主管、主办。1984年2月11日创刊。第一任主编关振东。1992年1月从对开4版扩大为对开8版。初创时期为全国性的文化娱乐周报。1996年转型为新闻周报，以大案要案报道和跨地区舆论监督为主要特色。2002年提出严肃主流报纸办报方向，并在同年10月改"黄金报型"出版。转型为新闻报纸之后，影响力覆盖全世界，是国际主流新闻机构经常引用、转载的中国媒体。中国媒体融合发展的领先者之一，中国内地首家设立计量式软性付费墙的报纸。2007年4月新品牌口号"在这里，读懂中国"正式启用。2009年8月28日官方微博开通，9月APP上线，2013年1月16日，微信公众号开通。2018年8月23日，南方周末会员制正式在官方APP上线，同年11月，首个知识付费课程上线。2018年和2019年，开设《广东文化标本观察》专版，报道改革开放40年来广东文化建设取得的成就。2019年11月15日，推出自主研发知识付费课程《怎样讲好一个故事》。主要版面和栏目包括法治、调查、时局、观察、特稿、公益、防务、天下、教育、写真、经济、绿色、评论、文化、副刊等，除评论、副刊等版块外，主打深度报道。（罗映纯）

信息时报　综合性都市报。广州日报报业集团属下系列报之一。1985年创刊。定位为经济信息类专业报纸，1999年划归广州日报报业集团。2001年5月改版，定位为综合性都市报。改版后以"发财狮子，大众报纸"为

办报口号，突出实用性、生活性。主要版面有要闻、出门一叮、城中热议、活力社区、区区无小事、好人365、体育娱乐、国际新闻、财经产经、彩票新闻、文化新闻、行业新闻、评论等。特色栏目有《白话广州》《白话街事》。2015年与广州各街道办联合开设政务微信公众号——"微社区e家通"，挖掘本土新闻，推动媒体融合。（罗映纯）

珠海特区报　中共珠海市委机关报。1985年11月1日创刊。时任中共中央政治局委员方毅题写报名。以宣传党的对外开放政策和特区经济建设为办报宗旨。1989年1月1日改为对开4版，日报，周末为8版，此后又进行两次改版扩版。1990年在国内率先开设《港澳台》专版，随后又增设英文版。2017年9月8日组建珠海报业传媒集团，2019年4月28日珠海报业传媒集团与珠海广播电视集团正式合并，成立珠海传媒集团有限责任公司。（罗映纯）

汕头特区报　中共汕头经济特区委员会机关报。1986年10月1日创刊。对开4版，周刊。1992年4月1日改为日报，1993年扩为8版。主要报道中央、广东省有关经济特区政策及特区委员会指导方针和政策，报道汕头特区改革开放成就及潮汕、粤东各地经济、社会情况。1994年更名为《汕头特区晚报》，1999年由新组建的汕头经济特区报社接办。1999年底与美国华文报纸《国际日报》合作出版专刊，成为我国第一份与国外新闻媒体合作并在国外发行的报纸。（罗映纯）

深圳商报　深圳市委直属的综合性日报。1989年1月20日创刊。对开4版，周报，同年10月停刊。1991年1月2日复刊，对开4版周二报，中共

深圳市委确定其为深圳市政府机关报。以立足深圳，宣传特区，辐射内外，服务经济为办报宗旨，突出特区和商品经济特色。1992年10月改出日报，此后6次扩版。2002年9月30日，与深圳特区报业集团联合组建深圳报业集团。2016年开始媒体融合转型，2016年12月28日新闻客户端"读创"正式上线。2019年10月29日"读创"迭代升级为"深圳300万商事主体社交平台"，由纯资讯平台向垂直社交平台转型，开创一个媒体服务一座城市所有企业的先河。自主建设文库、图库、视库、智库"深圳商报四库全书"工程。智库旗下的深圳品牌实验室研发了"深圳品牌TOP100"年度报告等产品，参与编制"深圳企业创新指数"，并进行"粤港澳大湾区·2019年度品牌人物"评选。（罗映纯）

南方都市报　综合性日报。南方报业传媒集团属下系列报之一。1995年3月30日创刊。周报。第一任主编关健。1997年1月1日改出日报，4开16版。2000年到2002年转型，提出"办中国最好的报纸""改变使人进步"等口号，开始向主流大报迈进。2000年3月1日在48版基础上增加8版，开始主打深圳市场。2002年3月4日扩至88版，改版A叠，开辟时评版，同年进入东莞市场。2003年进入佛山、珠海、中山三地。2005年成为全国版数最多的都市报。2010年12月在香港、澳门先后正式公开发行。2015年6月启动新一轮优化，加强纸媒向移动互联网嵌入，提出"做中国一流智库媒体"的思路。2018年向智库型媒体机构转型，同时组建南都短视频事业部，体现移动优先战略。主要版面有封面、社论、要闻、体育、周一见、深圳大件事、财经、家居、健康快消、十三行+周刊、商业数据、江门读本、东莞读本、珠海读本、中

山读本、风尚生活、旅游时代、佛山读本、惠州读本、汽车、文娱、阅读。主要栏目有《南都调查》《智库报告》《时局》《大湾区》《N视频》《南都鉴定》《马上办》《人物》等。（罗映纯）

广州英文早报　华南地区最早创办的全国邮发的综合性地方英文报纸。广州日报报业集团所属系列报之一。1997年7月1日创刊。逢周三出版，4开24版，彩色印刷，发行数量为35万份。2007—2008年改版，明确目标读者为外籍人士和白领精英，新闻信息和专访报道增加。有"华南第一英文传媒"美誉。2014年1月1日纸质版停止出版发行。（罗映纯）

Shenzhen Daily（深圳日报）　深圳报业集团旗下英文日报。中国内地三大英文日报之一。1997年7月1日创刊。4开16版，周一至周五出版，彩色印刷。内容涉及财经、社会、文化、旅游、体育、娱乐和生活资讯等方面。以居住在珠三角地区尤其是深圳的外籍人士为主要读者对象，同时也服务于以英语为工作语言或第二语言的高层白领、公务员、海归人士。（罗映纯）

新快报　综合性日报。羊城晚报报业集团所属系列报之一。国内第一份全彩印刷日报。以珠三角地区白领和中产阶层为核心读者群。1998年3月30日创刊。以关注民生、服务社会为宗旨，强调新闻与资讯的实用性。初创时对开4版。办报口号为"白领看世界"，2004年改为"知情就是力量"。2006年3月30日改版，由对开4版改为4开80版。改版后内容主要有广州新闻、广东新闻、中国新闻、特色新闻和评论、国际新闻、财经新闻、体育新闻、彩票新闻、娱乐新闻和副刊、

系列周刊。版式设计时尚，内容新锐生猛，力求为城市主流消费阶层提供全方位资讯。（罗映纯）

21世纪经济报道 南方报业传媒集团所属子报系的商业报纸。全国三大经济类报纸之一。前身是1984年9月创刊的《广东价格报》。2001年1月1日创刊。面向全国发行，办报口号"新闻创造价值"，定位为国际化的商业报纸。以管理者、机构投资者、政府决策者等为核心目标人群。以分析国际形势、透视中国经济、观察行业动态、引导良性发展为目的，立足于国际运行的经济法规，及时有效地反映世界格局及变化，深度报道中国企业界的动态与发展。2001年11月由32版扩增至40版。2003年1月1日由每周1期改为每周2期，逢周一、周四出版，同年组建"21世纪报系"。2008年1月1日改为每周5期，周一到周五出版，设有评论、政经、资本·金融、产业·公司、人文、IT、汽车、网络、地产等版块。2008年1月1日创建"21世纪网"，设立《今日焦点》《即时新闻》《特别报道》等栏目，迈出从传统媒体到新媒体的扩展性一步。（罗映纯）

羊城地铁报 中国内地第一份地铁报纸。广州日报报业集团所属系列报之一。2006年10月1日创刊。广州日报、广州地下铁道总公司联手打造。逢周一至周五出版。每天至少24版。全彩装订。纸版和数字版同步推出。核心读者为白领上班族。纸版通过地铁渠道免费派送。内容以新闻信息和生活资讯为主。以免费＋渠道＋伴随性阅读的独特模式，为地铁乘客提供城事、国事、天下事等新闻资讯以及地铁票价政策、运营调整等地铁资讯、生活资讯等。2018年12月休刊。（罗映纯）

广东画报 综合文化期刊。1953年1月在广州创刊。半月刊。同年7月第13期改为月刊。印数4000—5000册。24开，12页。广东省美术创作室编，华南人民出版社出版。1958年5月，改为广东画报社编辑出版。用大量摄影图片报道广东经济建设、社会风貌、人民生活、风土人情等。1967年停刊，1973年1月复刊，改由南方日报社主办。双月刊。1978年改为月刊。1980年起正式恢复对港澳及海外公开发行，依托香港迅速打开海外市场。1985年，经广东省委宣传部批准，编辑方针由"立足本省，面向全国，兼顾海外"改为"以对外宣传为主，主要读者对象为海外华侨、华人和港澳同胞"。内容侧重反映侨乡变化，报道民间的交往，反映广东改革开放新面貌及建设成就，思想性、知识性、趣味性相结合。平均期发行量达4万份（其中在香港印刷约5000份），遍布60多个国家和地区，以港澳地区和东南亚居多，是对外宣传的大型综合性画报。主要栏目有《月是故乡明》《龙的传人在海外》《港澳及海外读者点题报道》《乡音》《开放之窗》《广东史话》等。1999年10月改名为《城市画报》，定位为生活资讯类刊物，双周刊。南方日报社主管、主办。（刘晖）

作品 文学期刊。1955年5月在广州创刊。中国作协广东分会（后改名广东省作家协会）主办。月刊。1960年7月休刊。1962年1月复刊，1965年1月休刊。1966年5月复刊，改名为《南方文学》，出2期后休刊。1972年复刊，改名为《广东文艺》。1978年7月恢复《作品》刊名。先后由著名作家欧阳山、周钢鸣、韩北屏、萧殷、秦牧、易巩、陈国凯等任主编。立足广东，面向全国，兼顾海外，一大批老中青作家在上面发表了许多优

秀作品。内容丰富，具有时代精神，富有浓郁的岭南特色，充分反映了新中国成立以来广东文学发展与传播的历程。20世纪80年代期发行量曾高达100万份。先后由广东人民出版社、花城出版社出版。2014年全面改刊。扩大文学概念，刊发大量名家名作，稿件被国内重点选刊、选本转载。2018年开创草根评刊，来自五湖四海的评刊人200多位评刊人先后举办10余次线上评刊会，在全国各大报刊发表有关评论文章2000余篇，成为新媒体关注度最高的文学期刊之一。增加受年轻人喜爱的内容，2018年开辟《科幻》栏目。2019年推出《类型》栏目，刊发武侠、科幻、悬疑、推理作品，受广大读者欢迎。今主要栏目有《记录·时代镜像》《发现·洞幽烛远》《民间诗刊档案》（与《岭南师范学院学报》合作）、《汉诗》《90后推荐90后》《手稿》等。（刘晖）

《作品》复刊号

象棋 综合文化期刊。新中国成立后广东省第一份体育类期刊。全国创办最早的棋类刊物。1955年5月在广州创刊。月刊，32开。广东省体育运动委员会主办，广东人民出版社代为编辑和印刷出版。1967年停刊。1979年1月复刊，由省体委编辑出版和发行。

旨在继承祖国的文化遗产，宣传和推广象棋运动，为广大象棋爱好者欣赏棋艺、提高棋艺水平、了解棋坛动态提供资料。主要栏目有《布局研究》《名手对局评注》《棋局创作》《开局研究》《古谱研究》等。发行量长期维持在几十万份。20世纪90年代停刊。对普及和推动岭南的象棋运动发挥了重要作用。（刘晖）

中山大学学报 学术期刊。1955年在广州创刊。双月刊。教育部主管、中山大学主办。杨荣国任主编。初为社会科学版、自然科学版合刊，分期轮流出版，1959年开始分为社会科学版、自然科学版平行出版，1980年后又增加医学版。创刊伊始即主张"一流大学办一流学报""一流学者办一流刊物"，刊物受到毛泽东关注并通过中共中央办公厅秘书室驰函订阅。作者队伍涵盖老、中、青学者，拥有陈寅恪、许崇清、容庚、商承祚、岑仲勉、梁钊韬、方孝岳、詹安泰等著名学者，也积极扶持新兴学术后进。1959年出版《东南亚各国华侨问题专号》，文章主要来自成立不久的东南亚历史研究室的教师，对印尼出现的反华排华所造成的两国之间华侨问题的严重形势作出了评述，引起社会较多关注。1966年出版1期后停刊，1973年复刊。继续服务于社会主义市场经济建设，广泛团结学者专家，展示新时期优秀学术成果，培养年轻的优秀学者。2008年，吴承学任主编，社科版改版，从128页扩展到208页，扩充内容，载文篇幅位居高校学报第一。刊物定位于"理解学术、敬畏学术、服务学术"理念，走"专、特、大、强"特色化、品牌化道路，建设高水平编辑队伍，严把学术质量关，突出展示中国特色学术。内容涵盖文学、史学、哲学、政治学、经济学等多个学科领域，制定精品选题，建设重点

栏目，积极服务于当代中国的思想文化建设和经济社会发展。主要栏目有《新时代研究》《马克思主义研究》《中国文体学研究》《近代中国的知识与制度转型》《经典与解释》《西学东渐研究》《环南中国海研究》《宗教与文明研究》《跨文化与区域研究》等。入选教育部高校哲学社科名刊工程（2011年）、第一批国家社科基金资助学术期刊（2012年），2013年、2015年、2017年被国家新闻出版广电总局评"百强报刊"，获评第六届（2019年）"全国高校社科名刊"。（刘晖）

少先队员 青少年期刊。1956年4月在广州创刊。共青团广东省委主办。前身是1941年5月在香港创刊的《新儿童》。半月刊。同年12月因香港沦陷而停办。1942年在桂林复刊。1944年9月，日军入侵桂林时停刊。抗战胜利后在广州复刊，办了4期，1945年12月转回香港。1951年转至内地，确定为少先队队刊，半月刊。1961年，因国家经济困难、纸张缺乏停刊，1982年10月复刊，由半月刊改为月刊。围绕"队刊"定位，面向全体少先队员，进行以德育为主的全面发展教育，给广东少先队员们思想上的引领、精神上的陪伴。复刊后单纯依靠邮政发行不足以弥补亏损，遂开辟自办发行，形成自己的发行网络，发行量由4万份上升到19.4万册，最高月发行量达到185万册。积极开展各种少先队活动，广东首届红领巾讲故事比赛，广东省少先队员智能运动会，广东省第一、第二届"小主人杯"竞赛，广东革命斗争史考察，以及"祖国妈妈我爱您"征文比赛等，吸引许多小读者参与。2005年，改为旬刊，每月出版3期，分别是适合小学一到三年级学生阅读的低年级版"新苗圃"；适合小学四到六年级学生阅读

的中高年级版"成长树"；适合小学高年级到初中二年级离队前学生阅读的团队衔接版"知识路"。2018年再次改版，在印制材料、装帧设计等方面做了提升，增加了页码，设置丰富多彩的栏目。主要栏目有《雏鹰在线》《少先队讲堂》《故事你我他》《本刊策划》《趣味中队会》《动感中队》《最美南粤少年》等。影响力和发行量稳居全国少儿期刊第一阵营，入选国家"双效"期刊、全国少年儿童推荐百种优秀报刊。（刘晖）

华南师范大学学报 学术期刊。广东省教育厅主管、华南师范大学主办。双月刊，国内外发行。1956年10月在广州创刊，名《华南师范学院学报》，年刊。1958年起分社会科学版、自然科学版，均为半年刊。1961年停刊。1974年复刊，社科版改刊名为《广东师院学报（哲学社会科学版）》，季刊。1977年改为《华南师范学院学报（哲学社会科学版）》。1983年第1期起改为《华南师范大学学报（社会科学版）》。1996年起改为双月刊。突出学术性、师范性、地方性、应用性，为学校建设与学术发展服务。坚持改革创新，努力提高刊物学术水准，在全国师范院校学报中保持较高的文章转载率，影响力逐年上升。主要栏目有《岭南学术》《学术观察》《教育学/心理学论坛》《经济学/管理学前沿》《人文视阈》《政法论丛》等。在首届（1999年）、第二届（2002年）和第三届（2006年）中国人文社科学报评优中均被评为"全国百强社科学报"，第四届（2010年）被评为"全国高校三十佳社科期刊"，第五届（2014年）被评为"全国高校精品社科期刊"。2019年，在全国高校文科学报研究会第八届理事会第五次会议上被评为"全国高校社科名刊"。自然科学版以推动科学研究、提高华南师范大学教学和科

研水平，促进国内外学术交流为宗旨，反映华南师范大学理科各学院、研究所科研、教学研究的最新科研成果。主要栏目有《特约综述》《数学与应用数学》《计算机科学与软件工程》《物理学与光学工程》《化学与环境》《生物学与生物工程》《地理科学与技术》等。（刘晖）

华南理工大学学报　学术期刊。曾名《华南工学院学报》。月刊。分自然科学版、社会科学版。教育部主管、华南理工大学主办，国内外发行。1957年，自然科学版在广州创刊，刊期数度调整，有季刊、双月刊、月刊。坚持"百花齐放、百家争鸣"的方针，以传承人类文明、荟萃科学发现、引领科技发展为使命，严谨办刊，为"科教兴国""文化强省"服务。主要栏目有《电子》《通信与自动控制技术》《计算机科学与技术》《材料科学与技术》《土木建筑工程》《交通运输工程》《能源》《动力与电气工程》《机械工程》《生物工程》《化学化工》《食品科学与技术》等。《土木建筑工程》有关岭南建筑以及岭南建筑技术的研究性论文，为岭南建筑的对外传播以及岭南建筑技术的传承搭建了良好的平台，被国内外30余种索引文摘和数据库收录。1999年6月社会科学版创刊，初为季刊，2004年改为双月刊。以"建设一流大学学报"为目标，立足广东、面向全国，积极反映人文社会科学各领域在改革开放和现代化建设中的理论与实践成果，侧重于客家文化、岭南建筑文化和新岭南文化的研究。主要栏目有《马克思主义研究》《经济与管理前沿探索》《政治与哲学》《法学》《公共管理》《社会与文化》《建筑美学》《新闻传播》《高等教育》等。（刘晖）

学术研究　学术期刊。1958年1月在广州创刊。原名《理论与实践》，由杜国庠提议、时任广东省委书记陶铸批准创办。郭沫若题写刊名。16开，月刊。初由广东省科学工作委员会主办，本刊编辑，广东人民出版社出版。1960年2月广东省社会科学界联合会成立后接管。1962年改现名，改双月刊。1966年第3期后停刊。1978年复刊。王致远、孙孺任主编。复刊号发表著名学者陈寅恪的遗稿。作者有王季思、商承祚、容庚、卓炯、梁钊韬等著名学者。第3期组织了"真理标准问题"的讨论，并发表了一系列文章，引起广泛关注。1996年改为月刊。《马克思哲学的当代理解》《环境史》等专栏引起学术界的广泛关注和参与。主要栏目有《特区经济研究》《港澳研究》《中国特色社会主义政治经济学》《全球化下的区域竞争与合作》《港澳与珠三角研究》《岭南文化研究》《审美文化研究》等。以稳健严谨、求实创新的办刊风格在学术界赢得良好声誉，是全国学术理论刊物的重要品牌。1995年获首届全国优秀社会科学期刊奖学术理论类优秀期刊提名奖；2003年、2005年获第二、第三届国家期刊奖提名奖；2013年、2015年、2017年连续三届被国家新闻出版广电总局评为"百强报刊"、2012年国家社科基金首批学术期刊资助等。关注学术研究新方向、新领域和新学科，重视名栏建设和话题策划。（刘晖）

广东支部生活　党建期刊。1998年在广州创刊，前身为1959年1月创刊的《支部生活》。月刊。中共广东省委主管、中共广东省委组织部主办。1966年停刊。1981年1月复刊。秦玉根任总编辑。以"加强党的基层组织建设，加强党员教育服务"为办刊宗旨，宣传党的方针政策，紧密联系基层党组织和党员教育工作实际，突破传统呆板模式，把严肃的政治内容与生动活泼的宣传形式结合起来，把思想性和可读性结合起来。拥有较高水平的编辑人员，积极加强栏目策划与设计的整体性，深入实地采访，团结通讯员队伍，刊载连续性的报道，弘扬优秀党员的模范事迹和先进基层党组织的经验，认真回答和解决党建工作中遇到的实际问题，是广大党员的良师益友，党务工作者的得力助手，党外积极分子的热诚向导。发行量逐年增长，1999年期发行量达146万份，为全国地方党刊发行量最大的刊物。主要栏目有《特别策划》《先锋谱》《经验交流》《组工问答》《问题讨论》《改革纵横》《支部工作顾问》《党务工作者园地》《心声热线》《致富之路》《木棉花》。2003年12月停刊，共出版276期。曾获第一、二届全国百种重点社科期刊奖；第一、二届国家期刊奖社科期刊提名奖。（刘晖）

华南农业大学学报　学术期刊。1959年5月25日在广州创刊。初名《华南农学院学报》。双月刊。华南农业学院主管、主办。秉承专家办刊、开放办刊的理念，不设专职编辑，所有职责均由编委会承担。"文化大革命"期间停刊。1980年复刊，1984年第3期改现名。依托岭南热带亚热带的地缘优势，以"创办精品期刊，跻身先进科技期刊之林"为编辑目标，在选题与组稿上突出农业专业特性，注重基础研究与应用研究，向国家和省部级重大科研项目以及重点学科和重点开放实验室的研究成果倾斜。主要栏目有《动植物遗传育种》《作物栽培》《植物保护》《动物科学与动物医学》《水产科学》《生物学》《土壤科学》《农业生态与环境科学》《园艺学》《林业科学》《食品科学》《农业应用化学》《农业机械工程和智能化》等。（刘晖）

广州文艺 文学期刊。1973 年在广州创刊。前身为 1971 年创刊的《工农兵文艺》。广州市群众文化艺术馆创办的内部刊物，广州市文联主管，广州市文艺报刊社主办。初为双月刊，1979 年 1 月改为月刊。突出青年特点，提倡"青年写，写青年，青年读"，积极辅导文学青年创作，发表他们的处女作。题材反映现实生活，体裁有小说、报告文学、散文、诗歌、评论、美术作品等。平均期发行量 20 多万册，鼎盛时期发行量近 40 万册，与《萌芽》《芳草》《青春》并列为文学期刊界的"四小名旦"。进入 21 世纪后，大幅度调整栏目，扩展众多文艺门类，形成以现代都市文学艺术为主体的风格。重点推介广州本土作家，主办"朝花文学奖""都市小说双年奖"以鼓励文学创作。主要栏目有《岭南风采》《特区剪影》《都市小说双年展》《散文天下》《广州元素》等。

（刘晖）

佛山文艺 文学期刊。1972 年在佛山创刊。佛山市文化局群众文化艺术馆内部报刊，后改为公开出版。主要刊登戏剧、曲艺、山歌等宣传党政的说唱材料。曾从杂志变为小报，再由小报改为期刊。1989 年，刘宁任主编，全面改版，变为月刊，确立"以读者为中心，以市场为导向"的办刊理念，服务珠三角庞大的打工群体，鼓励"我手写我心"的文学写作。1994 年，改为半月刊，成为全国首家文学半月刊，发行量迅速增长，月发行量超 120 万册，被誉为"第一打工文学大刊"。1995 年，进行体制机制改革，成立具有独立法人资格的佛山文艺杂志社，社会效益与经济效益突出，成为地级市刊物中的佼佼者，期刊界誉之为"佛山文艺现象"。20 世纪 90 年代确定走市场化、"打工文学"路线的目标，旗帜鲜明地彰显草根性、大众性、民

间性，除了戈戟的武侠小说受到读者热捧外，还有《打工 OK》《众生一族》《星梦园信箱》《华先生有约》等栏目亦颇具特色。2000 年，佛山文艺杂志社改名为佛山期刊出版总社。2001 年，为了与子刊《打工族》相区别，其"打工文学"在价值取向上作出调整，减少反映打工者经历的作品，更多的是都市情爱故事，增加贴近信息化时代的《影视吧》《在线阅读》《文化淘宝》等泛文化的网络文摘栏目，加强与作者、读者沟通交流的《读评不设防》《短信评刊》《痴人知语》栏目。2005 年进入新组建的佛山传媒集团。2010 年后进一步增加文化生活类栏目，如《特别推荐》《生为女子》《两性空间》《非常人家》《流行读本》《新乡土小说》《粤派实力》《作家十二邀》等。是中国打工文学的标志性期刊。（刘晖）

黄金时代 综合文化期刊。1975 年在广州创刊。原名《广东青年》。月刊，32 开。共青团广东省委主管，广东省青少年文化促进中心主办。1978 年改 16 开。1979 年 9 月，与山西青年杂志社共同发起，在广州主办全国省市青年报刊第一次年会，对如何办

《黄金时代》创刊号

好新时期青年报刊的问题交流了经验，并形成会议纪要。中共广东省委对会议非常重视，省委第一书记习仲勋三次接见与会同志，并发表讲话。1981 年 1 月改现名，发表《珍惜黄金时代——改刊致读者》，内容突破团委机关刊物偏重自上而下的宣传模式，去地方化，面向全国，紧紧围绕新时代青年文化主题，与年轻人平等交流。改刊大获成功，发行量由原来的二三十万册迅速上升到 140 万册，其成功的全新定位引发全国青年刊物的"改名热"，推动全国期刊改版浪潮。1993 年第 7 期发表《我们的孩子是日本人的对手吗？》，引发社会大讨论。1998 年改为大 16 开本，全彩印刷。2012 年，为推动产业工人文学创作，培养扶持青工作家，与中国青年报社联合发起设立全国产业工人的文学大奖——"全国青年产业工人文学大奖"，被誉为青年产业工人中的"鲁迅文学奖"。现分上半月和下半月两个版。上半月"生力军"版由原来《黄金时代》（青干版）与广东省团刊《生力军》杂志合刊而成，是团省委面向全省各级团组织和广大团干部的工作指导刊物。主要栏目有《学习路上》《高层声音》《共青要闻》《专题》《亮点》《人物》《青关注》。下半月"中学生"版服务于普通中学、中等职业学校和技工学校团校建设和中学生成长发展，是广东中学共青团刊，是中学生思想政治理论学习的课外辅导刊物。主要栏目有《团课》《热点评论》《志愿者》《花季故事》《经典阅读》等。曾获第一届全国百种重点社科期刊奖、"新中国 60 年有影响力的期刊"称号。全彩印刷，装帧精美，整体风格生动活泼、积极向上、特色鲜明。作为广东共青团重要的舆论宣传阵地，紧紧围绕全团工作的新要求和青年的新变化，积极传播党的主张，推动共

青团工作，做好思想引领，传播广东声音，促进青年健康成长和发展。（刘晖）

花城　文学期刊。1979年4月在广州创刊。16开。广东人民出版社出版的文艺丛刊之一。创办初期参与人员有苏晨、岑桑、李士非、易征、林振名、王曼等。1979年出版3期，1980年出版4期。1981年1月，改由花城出版社主办，双月刊。以贴近现实、尖锐大胆著称。除了《小说》《散文》《诗歌》等专栏外，还开设了反思与评论的《怀念与思考》《花城论坛》，反映境外动态的《香港通讯》《海外风信》《外国文学》等。立足岭南，面向全国，积极推介港澳台及海外的文学作品，引领最新的文艺思潮。注重美术设计，广邀关山月、茅盾、赵朴初、容庚、李苦禅等名家为封面作画、题字，图文并茂。首期推出中篇小说《被囚的普罗米修斯》引起轰动，连印三次，销售达30多万册。20世纪80年代发表大量有分量、反映现实问题的纪实文学和报告文学作品，形成专栏特色，影响力较大，单期发行量高达76万册，被称为文学期刊界"四大名旦"中的"花旦"。20世纪90年代后，调整办刊方向，倡导与发表先

《花城》创刊号

锋文学作品，发掘并扶持年轻新锐的作家走向文坛，率先发表了林白、陈染、吕新、李洱等作家的处女作，成为全国新锐与先锋文学的主要阵地。始终保持纯文学的办刊理念，鼓励文本创新和实验，兼容并蓄各种风格与流派，积极培养和挖掘文学新人，以其先锋精神、探索姿态以及崇尚创造和自由的风格，成为当代文学界的标杆。20世纪80年代开始举行"《花城》文学奖"（后改为"花城文学奖"）影响较大，1984年从维熙、高晓声、秦牧等人的作品获得首届奖项。路遥《平凡的世界》（刊载于1986年第6期）获得第四届花城文学奖，并在1991年获得第三届茅盾文学奖。因资金短缺，举行五届之后停办，2017年重新启动，举办第六届。2019年10月"创刊四十周年座谈会"在北京中国现代文学馆举行。刊物创刊四十年之际，在广东艺术剧院举办第七届花城文学奖颁奖典礼。创刊以来，积极营建良好的编作关系，举办各种类型笔会、文学沙龙。主要栏目有《花城关注》《蓝色东欧》《思无止境》《域外视角》《花城译介》《长篇小说》《中篇小说》《短篇小说》《诗歌》《中国叙事》等。2009年，花城出版社成为南方出版传媒股份有限公司全资子公司，刊物改由南方出版传媒股份有限公司主管，花城出版社主办。（刘晖）

随笔　文学期刊。1979年6月在广州创刊。广东人民出版社出版的文艺丛刊之一。大32开。不定期出版。前四集有精装、平装两个版本。苏晨主持创刊，任主编，并撰写发刊词《繁荣笔记文学——〈随笔〉首集开篇》。茅盾题写刊名。创刊号封面与版权页上标明"第1集"，第15集后由花城出版社出版。1983年1月起改为双月刊，逢单月10日出版。1993年后，办

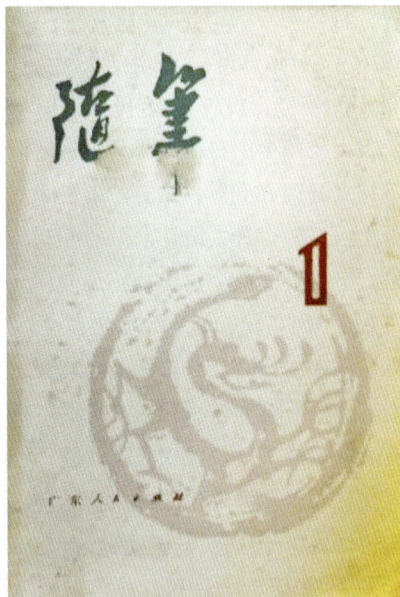

《随笔》创刊号

刊宗旨作了进一步调整，高扛"广义性大散文"旗帜，刊发大量个性鲜明、感情真挚的文艺作品，均言之有物、言之有理、言之有情、言之有文，逐渐奠定了在中国文学刊物中的地位。创刊以来，为知识人搭建发表文章与交流思想的园地，编发了大批有真知卓识、个性鲜明、感情真挚的优秀作品，得到一大批知名的作家、学者支持。挖掘与揭示深层的历史、思想和文化知识，不趋时、不媚俗、讲真话，体现深厚的人文关怀和社会责任感，坚持严肃、正派、高雅、开放的品位格调。2019年，在创刊四十周年之际，著名学者宗璞评价其是一本严肃而有趣的刊物。刊物基本不设栏目，只保留《文苑手记》《往事漫忆》两个栏目，前者为文学、艺术等领域的思想随笔；后者专注于历史钩沉、文坛往事等记事随笔。曾获第三届、第四届广东省优秀期刊奖，第一届广东省优秀出版物奖（装帧设计奖）。被文化界誉为"北有《读书》，南有《随笔》"，是集思想性、知识性、文学性于一体的文化期刊品牌。（刘晖）

暨南大学学报　学术期刊。月刊。暨南大学主管、主办。有哲学社会科学

版、自然科学版。哲学社会科学版1936年创刊。初名《暨南学报》。月刊。曾停办，1979年复刊。前期以发表本校师生的科研成果为主，后期坚持"开门办刊"，主打"请进来、走出去、融得进、站在前"的办刊风格，坚持人文社会科学的正确导向，贯彻"双百"方针，走理论联系实际、学术结合时代之路，追踪社会思潮、理论前沿和学术热点。主要栏目有《应用经济学》《现代企业管理》《文艺学》《海外华人文学》《华人华侨研究》《汉语方言》等。自然科学版1980年6月创刊，曾名《暨南大学学报（自然科学版）》（1980—1983）、《暨南理医学报》（1984—1989）。刊期数度调整，有半年刊、季刊、双月刊、月刊，其中单期为自然科学版，双期为医学版。主要栏目有《医学》《生物学》《化学》《环境学》《药学》等。1990年重改刊名《暨南大学学报（自然科学版）》。
（刘晖）

热带地理　学术期刊。华南地区唯一的综合性地理学术期刊。1980年在广州创刊。广东省科学院广州地理研究所主办。初为季刊，后改双月刊。具有浓郁的岭南特色。　（刘晖）

热带农业科学　学术期刊。1980年在海南儋州创刊。原名《热带作物研究》。农业部主管、中国热带农业科学院主办、中国热带农业科学院科技信息研究所编辑出版。初为季刊。1998年第4期始改为现刊名，改刊期为月刊。秉承立足海南、面向全国热带农业、为我国热带农业现代化建设服务的办刊方针。主要刊载我国热带农业领域的最新科技成果与先进生产经验，热带农业领域实验型学术论文、科学文献综述、生产技术总结和管理经验等，学术与技术并重，内容涵盖热带

农业科学领域的各个专业，以促进热带农业科学发展和进步，以广大热带南亚热带农业科技工作者、管理干部以及全国农林院校师生为主要读者对象。主要栏目有《耕作与栽培》《环境与植物保护》《遗传育种》《农业工程》《植物保护》《园林园艺》《农业经验与气象》《专题综述》等。　（刘晖）

武林　综合文化期刊。新中国成立后第一份武术普及刊物。1981年7月在广州创刊。广东省体育运动委员会、科学普及出版社广州分社共同编辑出版。16开，双月刊。时任广东省体委主任陈远高写发刊词《喜见武林今又绿》，提出其宗旨在于宣扬中国武术运动，发掘和整理中国武术遗产，团结武术工作者和爱好者，互相学习、交流经验，为推广和促进我国武术运动的普及和提高服务。从创刊号开始，连载金庸的武侠小说《射雕英雄传》（第一回），一炮走红，首印30万册，供不应求。第二期印70万册。第三、四期印数达100万册，成为武术类刊物中发行量和影响力第一的品牌，使金庸作品拥有广大的读者群，亦使金庸的名字在内地家喻户晓。1982年改为月刊，发行量达到116.3万册，成

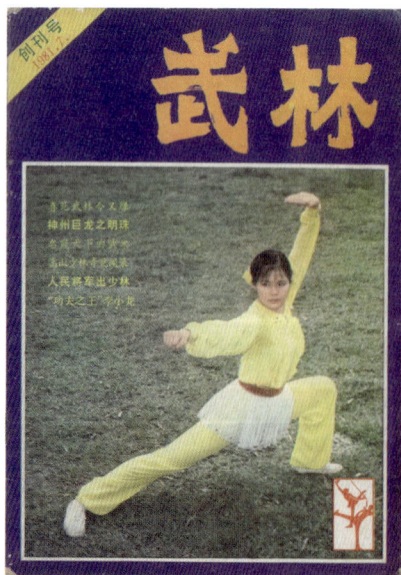

《武林》创刊号

为广东首家超百万的期刊，1983年期发量超过295万册，1984年期发量达160万册，居同类刊物之首，创下了市场发行量的纪录。1986年，凭借着强大的影响力，杂志社在成都召开了全国太极拳研讨会，2年之后在广州又召开了第二届，在中国武术史上影响甚大，20世纪90年代达到顶峰。2002年，主持召开了全国首届传统武术名家功夫研讨会。2006年停刊。参见第1150页武术卷"武林"条。　（刘晖）

南方医科大学学报　医学期刊。广东省教育厅主管，南方医科大学主办。1981年在广州创刊。月刊。初名《第一军医大学学报》，2006年改现名。2013—2019年连续7年蝉联中国科技期刊最高荣誉"百种中国杰出学术期刊"。主要栏目有《基础研究》《临床研究》《技术方法》《经验交流》《流行病学调查》《病例报告》等。
（刘晖）

周末画报　综合文化画报。1980年在广州创刊。洪斯文任主编。广东人民出版社主办。1981年改为岭南美术出版社主办。4开4版，套色印刷，初为双周刊，后改为周刊。办报方针是"雅俗共赏、老少咸宜、图文并茂、健康有益、针砭时弊"。主要刊发连环画，内容贴近生活，集艺术性、知识性、趣味性于一身，富有岭南特色。《乐叔和虾仔》方言漫画专栏风行一时，乐叔和虾仔形象后通过电视小品、话剧、木偶剧、年画、产品广告等形式广泛传播。20世纪80年代行销全国80多个大中城市，在省外设有8个分印点，发行量最高时达180多万份，影响力波及港澳地区乃至欧美等国，有"羊城小报王""小报中的珠玉"之称，是著名的广州本土文化品牌。1983年7月28日，中共广东省委第一书记任仲夷到编辑部视察并座谈。

1998 年改为半月刊，铜版纸全彩印刷，定位为"世界新公民读本"，成为集新闻、财经、生活、城市于一体的时尚资讯生活类画报。（刘晖）

特区文学 文学期刊。深圳经济特区最早创办的期刊。1982 年 4 月在深圳创刊。季刊，后改双月刊。深圳市文联主管、主办。深圳经济特区唯一公开发行的纯文学杂志。早期立足深圳，兼顾港澳台及海外华文文学，是传播港澳台与海外华文文学的重要阵地。宗旨是反映特区经济建设面貌、介绍港澳社会生活、培养文学新人、交流内外文化动态，以特区题材优先，彰显特区特色。开创和扶持了"打工文学"，挖掘和培养了一大批优秀的本土作家。连续五届获广东省优秀期刊奖。近年来积极传播与推广粤港澳大湾区文学创作成果与经验，举办"新时代的大湾区文学"对话活动，策划《大湾区文学专号》，创设《大湾区文学地理》专栏。其他主要栏目还有《都市文本》《都市万维》《叙事》《新锐》《选诗》《读诗》《大湾区文学地理》《创意写作》《90 后》等。（刘晖）

家庭 综合文化期刊。中国内地第一家以恋爱、婚姻、家庭为报道和研究对象的综合月刊。1982 年 4 月创刊。初名《广东妇女》。广东省妇女联合会主管、主办。1983 年 1 月改现名。办刊宗旨是在婚姻家庭领域里倡导社会主义精神文明、促进现代家庭生活方式的变革、竭诚帮助读者营造幸福美满的家庭。改变栏目、内容，读者群扩大，发行量也一路飙升，从 3 万册涨到 20 万册。1985 年起，月发行量连年超过 100 万册，最高达 400 万册，远销港澳台地区及海外 27 个国家。1984 年 5 月组织召开国内第一次专题讨论家庭问题的全国性学术会议，近百名海内外学者提交论文 190 篇，会

后出版了国内第一本家庭问题论文专集——《婚姻家庭探索》，同时发表第一个"家庭宣言"。与国内有关机构合作成立国内第一个家庭研究中心，进行过许多种类的调查。1992 年，成立广东省大家庭实业股份有限公司，这是全国第一家横跨数省的股份公司，也是第一家由新闻单位牵头的规范化股份制企业。1999 年 1 月改为半月刊，2004 年 12 月改为旬刊。2001 年世界期刊联盟公布，其发行量位于全球综合类期刊发行量排行第 8 名。2002 年 1 月 25 日，经中宣部和新闻出版总署批准，家庭期刊集团挂牌，成为全国首家期刊集团。2008 年，其商标价值从 1996 年的 1.4 亿元人民币上升到 2.68 亿元。同年 11 月，成为广东省首家整体改制的家庭期刊集团有限公司，注册资本 1.47 亿元，法定出资人为省政府，省财政厅履行国有资产监管职责，省妇联暂时代行出资人职责。公司被省委、省政府确立为重点扶持的七大文化龙头产业集团之一、首批文化体制改革试点单位和广东文化强省建设十项工程期刊领域的重要项目。先后有 5 家全资子公司，创办《孩子》《赢未来》《财讯》《尚流》《当代家庭教育》等系列子刊以及中国家庭领域公众号运营矩阵。主要栏目有《家庭与社会》《家庭书架》《家庭文摘》《特别关注》《特别策划》《体验人生》《心灵私语》《恋之风景》《边缘情感》《青春加油站》等。（刘晖）

开放时代 学术期刊。1982 年在广州创刊。原名《广州研究》，1998 年改现名。双月刊。广州市社会科学院主管、主办。办刊宗旨是坚持四项基本原则，坚持党的改革开放路线，以深厚的学理关注中国的改革开放现实，以"大历史"的立场贯通理解近现代以来的中国问题。突出理论前沿与实践前沿，坚持"以学术关怀社会"的

理念，倡导更加现实、专业的学风。秉持以学术关怀社会的编辑理念，关注中国的改革开放，奠定国内一流学术思想刊物地位。拥有由国内外优秀学者组成的学术委员会和审稿人队伍，在国内社会科学期刊中率先推行双向匿名评审制度。主要栏目有《中国特色社会主义理论研究》《专题》《人文天地》《法学与政治》《经济社会》《传播与网络》《他者的世界》等。2004 年起每年举办开放时代论坛，2015 年起举办开放时代工作坊，均受到学术界高度关注。2014 年被中国学术期刊（光盘版）电子杂志社有限公司、清华大学图书馆和中国学术文献国际评价研究中心评为"2014 中国最具国际影响力学术期刊"，2015—2019 年连续被评为"中国国际影响力优秀学术期刊"。（刘晖）

热带海洋学报 学术期刊。1982 年在广州创刊。中国科学院南海海洋研究所主办。双月刊。主要刊载南海及邻近热带海洋学研究成果，与世界 14 个国家和地区的 125 个单位建立刊物交换关系。主要栏目有《海洋生物学》《海洋水文学》《海洋地质学》《海洋地球物理学》《海洋气象学》《海洋环境保护》《海洋遥感》《海洋矿物资源及开发》《海洋管理》《海洋化学》等。（刘晖）

家庭医生 科普期刊。1983 年 2 月在广州创刊。关勋添为首任主编。中山医学院（后改为中山医科大学，并入中山大学）主办。是面向城乡家庭的医学科普读物。32 开。封面双色印刷，不定期出版。当年共出 5 辑。1984 年改为双月刊，封面 4 色印刷。1985 年改为月刊。2000 年改为半月刊。办刊宗旨是提升岭南民众健康素质，普及医疗卫生科学知识、传播健康文化，填补了岭南大众健康科普期刊空白。

在编辑策略上，提出"三贴近"（贴近读者、生活、家庭）原则，设立丰富的栏目，满足家庭老中青三代的阅读需求。拥有一支医学理论水平高、业务精湛的作者群体，除原中山医科大学及附属医院的医生作者外，广邀岭南其他医学院校及医生撰稿，介绍、宣传医学知识，在宣传和介绍岭南健康文化、常见病、多发病的防治知识方面做了大量工作。主要栏目有《柯大夫信箱》《深度报道》《寻医问药》《养生餐桌》《生活家》《母婴育儿》《老年大学》《男女性情》等。1986年开始自办发行，连续多年发行量超过100万册，在全国科普期刊中居第一位，在世界行业期刊排名第11位。1996年，和学校签订承包经营协议书，经过工商注册成立广州家庭医生杂志社。1999年，创办海外版，发行到东南亚及欧美国家。1999年、2003年获第一、二届国家期刊奖。2005年改制完成，推进传统媒体与新媒体创新融合，运营微信公众号矩阵，包括《家庭医生》《养生每日推送》《一分钟健康养生》等，推进传统媒体与健康产业深度融合的"双融合"发展，全面建设健康科普融媒体平台。"健康媒体融合出版平台建设及产业应用项目"（2015年）、"中国家庭医生APP"（2017年）入选中央文化产业发展专项资金项目。对普及群众卫生知识，提高人民健康水平发挥着重要的作用，被誉为"一所没有围墙的医科大学""广大群众的医学顾问和老中青年的生活挚友"。（刘晖）

特区经济 学术期刊。1983年4月试刊，内部发行。创刊人、总编周秉腾。1985年公开发行。月刊。初为深圳市新闻出版局主管、深圳市社会科学院主办，2017年改为深圳市经理进修学院主管、主办。立足深圳，重点研究特区经济问题，并兼顾国家重点、热点经济问题和国际热点经济问题的研究，注重实践经验的总结和问题的深度剖析，成为根植于特区的一份权威的、有特色、有理论深度和较高学术水平的综合性经济类月刊，为弘扬特区经济学术研究和交流提供一个独具一格的平台和窗口。主要栏目有《月度经济回眸》《对策与战略》《湾区经济·研究》《专稿》《"一带一路"专栏》《文化·旅游》《实证·实践》《民生·扶贫》《科技·创新》《深度研究》《改革·创新》等。以研讨会的形式广泛探讨与传播热点经济理论问题是其办刊特色。1994年12月与国务院特区办研究室等单位联合主办"中国经济特区发展比较研讨会"，著名经济学家于光远等专家、学者和5个经济特区、部分开发区研究部门负责人共40多人参会。1997年主办"第二届深港甬经济合作研讨会"。后又组织深港河套地区发展研讨会、经济茶座等多项活动。编辑出版《特区经济》丛书、《中国农村城市化》丛书等多套有影响力的出版物。连续五届（1992年、1996年、2000年、2004年、2008年）入选四年一评（代表中国学术期刊最高水平和荣誉）的中国经济类核心期刊，并获"广东省十佳期刊"和"中国城市经济十佳期刊之首"称号。1998年列入深圳市文化事业发展（1998—2000）重点扶持期刊。（刘晖）

岭南文史 综合文化期刊。1983年在广州创刊。季刊。1983—1995年由广东省文史研究馆主管、主办。1996年由广东省人民政府参事室、广东省人民政府文史研究馆主管，广东省人民政府文史研究馆主办。全国文史馆系统向国内外公开发行的4个馆刊之一。以广东省文史研究馆馆员专家为依托，团结粤港澳和国内其他省区市的历史文化学者，整理挖掘岭南地方史料，融思想性、学术性、知识性于一体，宗旨是研究岭南历史、探讨岭南文化、传播中华文化精华、促进学术交流。注重立足岭南，面向海内外华人华侨，对岭南历史文化以及广东近代革命历史有较深入的挖掘和研究，有较强的岭南地域文化特色。主要栏目有《馆员论坛》《史海钩沉》《人杰风华》《风俗民情》《历史长河》《文物考古》《岭南论坛》《舆地沿革》《名胜古迹》《新著评介》《文苑春秋》《学术争鸣》等。（刘晖）

广东社会科学 学术期刊。1984年9月在广州创刊。广东省社会科学院主管、主办。初为季刊，1991年起改为双月刊。坚持"百花齐放、百家争鸣"方针，提倡学术自由探讨、学人平等对话，崇尚笃实严谨学风，严格遵守学术规范，全面推行同行专家评议和双向匿名审稿制度。常设栏目质量优良，特色专栏优势明显。主要栏目有《哲学》《经济学》《历史学》《文学》《社会学》《法学栏目》《孙中山与辛亥革命研究》《港澳台研究》等。2012年，入选国家社科基金资助期刊。2015年被评为广东省品牌期刊。（刘晖）

广东第二课堂 教育教辅类期刊。1985年在广州创刊。原名《第二课堂》。著名数学家苏步青题写刊名。广东教育杂志社主管、主办。1993年改现名。半月刊。分小学版、中学版。全国最早定位于素质教育的学生期刊。注重学生动脑、动手、动口能力，融思想性、科学性、知识性和趣味性于一炉，推动教育的改革发展。发行量多年稳居全国同类刊物前列。主要栏目有《名人的少年时代》《我的少年时代》《作文PK台》《特别策划》《民间有奇遇》《岭南人文》《阅读者》等。（刘晖）

香港风情 综合文化期刊。1985年6月在广州创刊。广东人民出版社主办。双月刊。当时内地唯一专门介绍香港风土人情的杂志。以"展现香港风貌，透露香港世情"为编辑方针。刊物甫出版，即引起海内外的广泛反响，香港电台以及《明报》《新晚报》《大公报》等相继报道。开设栏目丰富多彩，有《东方之珠》《广角镜》《都市剪影》《香港掌故》《文化广场》《浮世绘》《旅游札记》《各行各业》等。1987年，最高期发行量38万册。香港回归前，主要展示香港的风貌世情。香港回归后，向潮流时尚式的消费杂志转型。2001年，全面改版为时尚杂志。英文名改为SEEN，以大号字体出现。2006年停刊。（刘晖）

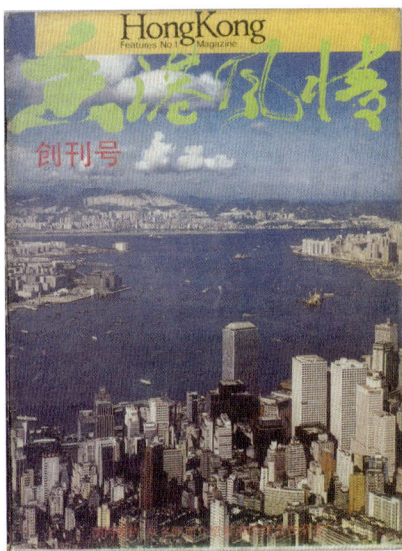

《香港风情》创刊号

南风窗 时政新闻期刊。1985年4月在广州创刊。月刊。由广州市委主管、主办，后归入广州日报集团旗下。刊名由时任市委书记许士杰选定。初定位于改革开放的窗口，沟通理解的桥梁，确立"四新""四桥"的办刊宗旨：传播改革开放的新观念、新事物、新潮流、新趋势；做政治与经济、理论与实践、领导与群众、几代人之间的桥梁。关注社会热点，反映涌现的新事物，举办交响音乐会、桌球大赛等社会活动。创刊号发起"假如我是

广州市长"的活动，配发市长叶选平的话"让那些从零开始的人讲话"，倡议全民参与，由老百姓给市长提建议，社会反响很大。1988年，中国记协和中国新闻学会在北京联合召开有32家首都新闻报刊的总编参加的"南风窗办刊实践研讨会"，这是新中国成立以来第一次为一家地方报刊开的研讨会。1990年后刊物多次调整定位以适应市场需求，1992年，在广东省委宣传部、新闻出版局、期刊协会联合举办的首届全省优秀期刊评奖活动中获"十佳"之一。1997—2004年，秦朔任总编辑，进行"二次创业"，全面改版，全彩印刷，定位于"聚焦政经，相约成功"，吸引大量公务员、商业人士、科研人员等社会阶层，期发行量达66万册，成长为发行量最大的地方政经新闻杂志。2002年改半月刊，2008年改为双周刊，逢单周周三出版。2006年推出"调研中国"公益项目，支持在校大学生进行田野调查和社会实践。2015年，成立南风窗传媒智库。推动媒体融合与战略转型，实施内容提升工程，致力于成为一家集出版、智库和公益等多元发展的立体传媒机构。编辑部相继推出《广州故事》《思想的温度》《大学与城市》

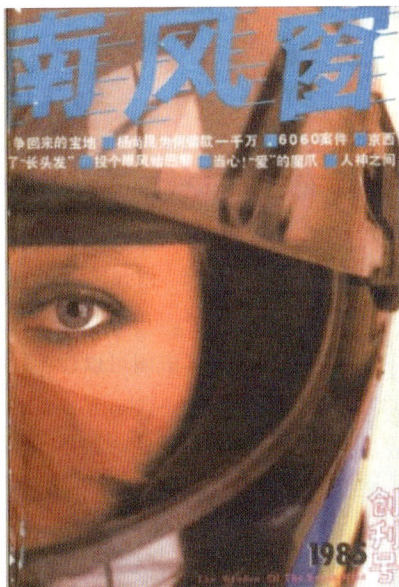

《南风窗》创刊号

等文化类图书。主要栏目有《窗下人语》《封面报道》《纵论》《时局》《公共政策》《城市》《镜头》《经济》《中国与世界》《人物》《思想与文化》《专栏》《南书房》等。（刘晖）

少男少女 青少年期刊。广东省作家协会主管、主办。1987年6月在广州创刊。双月刊。1994年1月改月刊，1999年5月改半月刊。2002年改旬刊，2018年9月改周刊。主要面向12—19岁青少年。可以从两面分开读，一面是少男专刊，一面是少女专刊，这种"双封面"设计独树一帜。以"新闻"和"新闻特写"两种文体糅合起来，形成精短的"青春体报告文学"，反映广东中小学生昂扬向上的精神面貌和特立特行的优秀事迹，具有文学性、可读性、青春性与时效性。最高月平均发行量达80多万份。主要栏目有《青春梦剧院》《校园风景线》《诗游广州》《岭南散文佳作赏读》《成长岁月》《文学新星系》《我的岭南情》《写作大讲堂》等。（刘晖）

深圳青年 青年期刊。月刊。共青团深圳市委主管，深圳青年杂志社主办。1988年11月在深圳创刊。王京生任首任总编。1993年，主办"深圳首届文稿竞价活动"，收到全国及海外华人作家800多部作品，参加竞价的11部作品全部成交，成交额达249.6万元。这是改革开放后全国首次举办的文稿版权拍卖会，被称为全国精神产品市场化"第一槌"。刊物封面语"这里的握手比较有力，这里的微笑比较持久"影响力深远，吸引无数读者。坚持积极的文化建设，强调"看重人的尊严，智慧与爱的力量"，突出新观念，展示健康前卫的新生活方式，讲述平凡人的不平凡的故事，鼓励青年奋斗奋进。秉持励志、进取、奋斗、

成功的办刊宗旨，形成了新潮、前卫、时尚、灵动的特色。主要栏目有《本刊策划》《抢鲜族》《心情故事》《财富青春》《人物》《城市动画》等。是深圳发行量最大的期刊。曾多次获"广东省优秀期刊"的称号，并连续 2 次被国家新闻出版署评为"全国百种重点期刊"，是深圳市唯一一家获此荣誉的期刊。（刘晖）

党风　时政类期刊。1988 年在广州创刊。中共广东省纪委主管、主办。发行量曾达 37 万份，2003 年应全国期刊整顿要求而停刊。2005 年，根据新的形势，以内刊（双月刊）形式恢复。2010 年，经报新闻出版总署批准，恢复公开出版，并更名《广东党风》。2019 年，恢复原刊名，月发行量约 15 万份。自 2010 年起连续 8 年获全国纪检期刊专业评比"特等奖"和"最佳期刊奖"。2015 年跻身中国邮政发行报刊 100 强暨期刊 50 强排行榜，全国纪检期刊仅此一家。现由南方出版传媒股份有限公司主管，广东省纪检监察学会、广东时代传媒有限公司主办。坚持"姓党、姓纪、姓粤"的办刊宗旨和反腐倡廉的阵地、党风政风的窗口、业务交流的平台、党政干部的净友的办刊理念，将"办最具影响力的党风廉政建设和反腐败月刊"作为刊头语。紧贴中纪委、省纪委的中心工作，注重前瞻性、深刻性、创新性、可读性，不断进行思想深度和视野广度的探索，力求文风清正、版式创新，传递广东党风廉政建设和反腐败声音。主要栏目有《高端视野》《警钟长鸣》《调研集萃》《党风聚焦》《特别报道》《民心桥》《民生热线》《南粤听潮》《粤企风清》《基层连线》《经济纵横》《案例析疑》等。（刘晖）

证券市场导报　经济类期刊。中国第一家证券类期刊。月刊。1991 年 7 月在深圳创刊。深圳证券交易所主办。初为内刊，1993 年公开发行。内容主要是探索证券市场运行规律，报道市场动态及国外先进理论和经验，刊载专家评价分析，对中外证券市场进行比较研究。所载文章题材新颖、信息量大、时效性强。主要栏目有《编者絮语》《上市公司》《证券机构》《证券产品创新》《海内外证券市场数据》《公司金融》《债券市场》《基金研究》《微观结构》《制度创新》《证券法律与监管》《证券译苑》《理论专题》等。（刘晖）

打工族　综合文化期刊。1993 年在佛山创刊，《佛山文艺》子刊。半月刊。刊名直接以读者对象群体命名，与母刊共同扛起"打工文学"大旗。真诚关怀珠三角打工群体，集中发表新闻性、纪实性、资讯类文章。主要栏目有《打工俱乐部》《蓝珠热线》《举案说法》《故事茶座》等。发行量曾达到 15 万册，为珠三角众多打工类期刊中的翘楚。2004 年，宣布回归纯文学道路，被视为"打工文学向纯文学回归"的标志性事件。2011 年停刊。（刘晖）

新周刊　综合文化期刊。双周刊。1996 年 8 月在广州创刊。广东省新闻出版局主管、主办，2004 年转为广东省出版集团主管、主办，现为南方出版传媒股份有限公司主管、主办。孙冕任社长，封新城任执行总编。初为综合性时事生活周刊，8 开新闻纸，"我们所有的努力，就是为了新一点"的创刊词、"中国可以说不"的封面专题成为亮点。1996 年 9 月，成功举办"96 周华健广州演唱会"，乃策划大型社会文化活动之始。有高度的市场意识，1997 年 9 月全面改版，16 开，112 页铜版纸全彩印刷，调整定位为"中国最新锐的时事生活

周刊"，获得市场认可与青睐，广告收入增长迅猛。同年，三九集团注资，赵新先任出品人，建立全国发行中心，20 多个发行分部遍及全国。1997 年 11 月，推出黑底号外《中国不踢球》获得"号外专家"之称，《1997 年大盘点》的专题策划引发国内报刊界"年终盘点"跟风潮。刊物从社会学的视角观察社会变迁，反映都市文化与生活方式，以专题策划、封面话题、活动策划见长，形成以新视角阐释社会现象的犀利话语风格。2000 年连续推出重磅专题，如"爱情之死""飘一代""第四城""城市败笔"等，此后屡见此类富有新意的专题策划。主要栏目有《语录》《锐词》《封面专题》《社会》《文艺》《生活》《专栏与插画》。年度新锐榜、电视节目榜等发榜形式的大盘点式内容整合成为读者津津乐道的话题内容。形式上，注重视觉传播功能，图像极具冲击力，首席摄影记者张海儿确立了刊物的视觉风格与取向。《2000 年大盘点》封面获 2001 年美国第 15 届"奥齐奖"（OZZIE）封面设计大奖，成为国内首个获得国际业界设计大奖的期刊。2001 年 9 月全面改版，128 页。在运营过程中提出"四商主义"，即观点供应商、视觉开发商、资讯整合商、传媒运营商，保持了对社会世相、人情心态、时尚新知、生活方式等领域的敏感性，"为中国记事，为人民表情，为时代立言"。2010 年，与北京大学合作，成立生活方式研究院。2011 年 8 月推出创刊 15 周年的红底特大号，封面专题"追问中——一个'中国控'十五年来的十五个提问"，对该刊十五年封面专题进行大展示与总结。2014 年 3 月，再次调整定位，向"中国最新锐的生活方式周刊"转型。眼光投向国际，相继对西班牙、日本等进行专题报道。2019 年 5 月，新周刊 APP 上

线。官方微博粉丝 1000 多万，具有广泛影响力。（刘晖）

南方 党建期刊。2004 年 1 月在广州创刊。广东省委机关刊物。月刊。2003 年底，中共广东省委根据中央有关党政部门报刊治理工作的精神，决定停办由省委有关部门主办的《党风》《广东支部生活》《文明导报》《粤海同心》4 种刊物，而创办此刊作为省委唯一机关刊物。时任中共中央政治局委员、广东省委书记张德江撰写发刊词《在创新中脱颖而出》，时任中共广东省委副书记、广东省省长黄华华撰写《南方论坛》专栏开篇文章《要用科学的发展观指导实践》。2007 年 1 月，改双周刊。按照中央部署和省委要求，坚持政治家办刊，坚持守正创新，加强思想理论建设，突出党建特色，成为南方思想理论高地、广东最权威的时政党建大刊。月发行量超 120 万份。以"深度凝聚力量"为刊头语。主要栏目有《社评》《传习录》《要论》《封面》《焦点话题》《饮茶粤海》等。2010 年后，陆续创办《南方杂志·领导参阅》《南方杂志·理论季刊》。在互联网时代注重深化媒体融合转型，2017 年以后以"南方+"党建频道为核心，联通微、网、端等各种新媒体平台，多层次多元化传播党的声音，成为广东省最专业的党建新媒体矩阵。2018 年，构建"南方党建智库"，重点阐释习近平新时代中国特色社会主义思想，集党建传播、党建研究、党建服务与产品于一身。是南方报业传媒集团的成员单位，与《南方日报》、南方网、"南方+"客户端共同构成南方报业传媒集团"一报、一刊、一网、一端"党媒立体宣传格局。（刘晖）

南方人物周刊 综合文化期刊。2004 年 6 月在广州创刊。南方报业传媒集团主管、主办，《南方周末》编辑出版。首任主编徐列。双周刊，2006 年 1 月改为旬刊，2009 年 1 月改为周刊（全年出版 45 期），2015 年开始全年出版 40 期。刊头语"记录我们的命运"，以"平等、宽容、人道"为办刊理念，关注对中国的进步和社会生活产生重大影响的人、在与命运的抗争中彰显人类的向善力量和深邃驳杂的人性魅力的人。主要面向大型城市主流读者群，主要栏目有《封面人物》《文化》《明星》《社会》《专栏以及资讯》《后窗》等。以原创内容为主，注重内容品质，以独特的视觉和前瞻性的视野，透过纷繁芜杂的现象和人物，刻画时代的肖像。每年推出的"我们时代的青年领袖"和"中国魅力 50 人"年度榜单，形成较大的影响。在北京、上海、成都设有分部。2006 年获得第一届广东优秀出版物奖（装帧设计奖）。（刘晖）

广东党建 党建期刊。2009 年 1 月在广州创刊。执行主编秦玉根。南方出版传媒股份有限公司主管，广东省党的建设研究会、广东时代传媒集团有限公司主办。双月刊，逢单月 16 日出版。坚持"面向基层、服务党员"的办刊宗旨。是党务工作的忠实顾问、支部书记的亲密助手、共产党员的知心朋友和积极分子的热忱向导。发行量约 16.5 万份。主要栏目有《本刊特稿》《特别策划》《聚焦》《一线》《先锋》《党代表之窗》《网络舆情》《议事厅》《警示录》《工作顾问》《党史博览》《世界政党》等。（刘晖）

蜜蜂华报（*A Abelha da China*） 又译《中国之蜂》。中国境内最早出版的外文报纸。葡文。周刊。清道光二年（1822）9 月 12 日巴波沙（Paulino da Silva Barbosa）在澳门创办。澳门东印度公司印刷所协助印刷。逢周四出版，每期 4 页，每页双栏。设有杂文、政论文栏目，也刊登读者来信和广告。每期均刊出政府的公文、决议、命令、任命文书、政府宣言及会议记录等。1820 年 8 月 24 日，葡萄牙本土发生立宪革命，以君主立宪取代帝制。新政府废除了 1737 年发出的出版禁令（规定只有葡萄牙本土可以出版报刊）。巴波沙作为葡萄牙立宪党澳门分部的首领，"从创刊伊始，便站在居澳葡人的角度，为葡萄牙立宪革命的胜利而呐喊"。以"蜜蜂"命名是因为"蜜蜂会咬人，而被咬的当然是旧有建制和保皇忠君的人了"。巴波沙在澳门的立宪革命推翻了澳督欧布基（*José Osório de Castro de Albuquerque*）的"专制统治"，以绝大多数票当选为澳门总督，执掌临时政府。道光三年（1823）9 月 23 日，澳门本土保皇派发动政变，夺回政权。当月 27 日（第 54 期）起，改由保皇派继续出版，直至 12 月 27 日终刊。其创办过程，反映了葡萄牙本土政治力量和澳门土生葡人的自治诉求之间的斗争。立宪党人和保皇派人士分别掌权，都充分利用其作为舆论工具，因此具有显著的官报和政党报刊性质。标志着由西方传教士发端的中国报刊业，开始超越宗教文化因素，成为与政治因素关联密切的近代媒体。共出版 67 期。澳门基金会和澳门大学 1994 年影印出版有合订本。（金炳亮）

中国之蜂 见"蜜蜂华报"。

澳门钞报（*Gazeta de Macau*） 又译《澳门报》。澳葡政府官报。葡文。澳门执政的保皇派在《蜜蜂华报》停刊以后，利用其资源，于清道光四年（1824）1 月 3 日创办。社长罗萨（António José da Rocha）仅为挂

名，实际上由当时的奥古斯丁修道院（Augustinian Monastery）院长孔塞桑（Frey José da Conceição）负责编辑。编辑部和印刷所都在奥古斯丁修道院内。刊头印有澳门市议会的徽号。版式与《蜜蜂华报》完全相同，但言论较为温和。头版头条注明为"官方法令"。内容以政府公告及各类政令为主，同时刊载地区和国际新闻，其中含有大量商业内容。创刊开始就设有《澳门贸易栏》刊登商船进出时间表，还注明每艘船的船长和乘客名字、各船所载的主要商品以及澳门海关开列的商品名录等。道光六年（1826）12月16日停刊。共出版50期。（金炳亮）

澳门报 见"澳门钞报"。

香港公报（*Hong Kong Gazette*） 香港第一份英文报刊。清道光十一年（1831）5月1日英国人马礼逊之子马儒翰（John Robert Morrison）创办。半月刊。每期4页。主要登载香港英国当局和英军的告示，也刊载广州和澳门的消息。道光二十二年（1842）3月17日，与《中国之友》（*The Friend of China*）合并为《中国之友与香港公报》（*The Friend of China and Hong Kong Gazette*）。道光二十四年（1844）《中国之友》独立发行。内容包括英国女王命令，港英政府公告和法例，香港立法局会议程序及表决情况，香港财政、海运、教育、卫生的年度报告，陪审团名单，邮局公告，气象资料等。同治元年（1862）3月1日创办中文版。1997年7月1日香港回归后改名为《香港特别行政区政府宪报》。（赵建国、李兴博）

广州杂文编（*The Canton Miscellany*） 又译《广州杂志》。外国人在华创办的第一份英文期刊。清道光十一年

（1831）6月在澳门创刊。月刊。澳门东印度公司印刷所刊印，东印度公司广州商馆发行。内容比较杂，有政论、诗歌、宗教、澳门历史、广东地理、中国语言文字等，以历史文化为重点，不强调经济实用。最早刊登瑞典学者龙思泰（Anders Ljungstedt）撰著的《早期澳门史》。龙思泰为当时广州瑞士洋行的大班，晚年在澳门生活，该书系根据一名葡萄牙学者的手稿及其个人累积的史料写成，后由澳门东印度公司印刷所单独刊行，是研究澳门历史的重要参考文献。仅出版10期。道光十二年（1832）9月停刊。（金炳亮）

广州杂志 见"广州杂文编"。

杂闻篇（*A Miscellaneous Paper*） 中国境内最早出版的中文报刊、中国第一份铅活字排印刊物。粤语音译 Tsu-Wan-Pien。清道光十三年（1833）4月29日马礼逊（Robert Morrison）在澳门创办，马家英式印刷所刊印。不定期出版。4页，不分栏，双面印刷。内容有传教文章、一般知识和少量新闻。最早在中文报刊上引介西方的医学观念、活字印刷术和"新闻纸"（Newspaper）概念。首译"爷火华"（Jehovah），为基督教"耶和华"最早译名。内文使用顿号"、"和句号"。"，且句读在正文之间，而不是将标点标于文字旁边，是为中文标点符号首创。因采用平版印刷机结合中文铜活字印刷，极大提高了印刷速度，每期印刷发行达2万份，为同一时期发行量最大的报刊。同年10月17日停刊，原因是澳门天主教区大主教卡皮图拉（Vigario Capitular）向澳门总督发出通知，认为马礼逊"以印刷机刊印某种与罗马天主教教会相反的教义"，违反了所谓禁止使用印刷机的规定。仅出版3期。在中外文化交流史上占有重要地位。参见第307页宗

教卷"杂闻篇"条。（金炳亮）

传教者与中国杂报（*The Evangelist and MisellaneaSinica*） 又称《澳门杂文篇》《杂文篇》。中国出版的首份中英文合刊报刊。林则徐主持编译的《澳门新闻纸》和魏源的《海国图志》称其为《依泾杂说》（"依泾"，是 Evangelist 的音译）。清道光十三年（1833）5月1日马礼逊在澳门创办，马家英式印刷所印刷。中英文合刊，不定期出版。每期4版，双面印刷。内容包括中国文化知识、宗教知识和教义讨论、各地消息和评论。《海国图志》载："此书初出时，中国人争购之。"同年6月3日，因部分内容引起澳门天主教神父的不满，被澳葡政府取缔，成为中国新闻史上最早被查禁的报刊。出版4期，存活时间不到2个月，但在中外文化交流史上占有重要地位。（金炳亮）

澳门杂文篇 见"传教者与中国杂报"。
杂文篇 见"传教者与中国杂报"。

澳门政府公报（*Boletim Official do Governor de Macau*） 澳葡政府的官办报刊。葡文。清道光十八年（1838）9月5日创刊。逢周六出版。3栏排印，页数根据需要而定。创刊号上记载编辑者是澳门著名报人佩加杜（M. M. D. Pegado）。出版17期后于同年12月26日停刊，道光二十六年（1846）复刊。主要内容是各种官方法令、政令及各类重要文件。道光三十年（1850）开始增加中文内容。虽曾多次更名，但刊行至今。（赵建国、李兴博）

中国之友（*The Friend of China*） 晚清香港的英文报刊。清道光二十二年（1842）3月17日英商奥斯维尔德（Richard Oswald）在澳门创办，第二期（1842年3月24日）迁往香港，

与《香港公报》（*Hong Kong Gazette*）合并为《中国之友与香港公报》（*The Friend of China and Hong Kong Gazette*）。初期主编是英商怀特（James White）和美国传教士叔未士（Rev. Jehu Lewis Shuck）。两人担任主编期间，持亲港英政府的方针。合并后的第 1 卷第 1 期（1842 年 3 月 23 日）刊登马儒翰的公告："由政府授权出版的《香港公报》从本日期起不再继续，但所有出现在《中国之友与香港公报》上的、由政府机构合法签署的全部公共命令与公告，将被视为正式的。"道光二十三年（1843）下半年，卡尔（John Car）担任主编，编辑方针随之改变，一方面将贸易作为新的关注点，另一方面发表批评政府的社论。道光二十四年（1844）重新独立发行，并恢复本名。道光二十五年（1845）8 月 30 日开始出版副刊《中国之外友》（*The Overland Friend of China*）。道光三十年（1850）6 月，台仁特（William Tarrant）担任主编，宣示办刊方针："为了帮助本殖民地从其堕落中拯救出来——为其清理门户——为了取代我们所期待的文明进步过程中的障碍……通过一支无所畏惧的笔，我们能够将黑暗曝光，使之置于公众的批评之下，我们相信我们将不会辜负《中国之友》之名。"台仁特对港英政府的猛烈批评导致他在咸丰九年（1859）被控诽谤罪入狱。咸丰十年（1860）台仁特出狱后将刊址迁往广州，同治二年（1863）迁往上海。同治八年（1869）停刊。（赵建国、李兴博）

德臣西报（*The China Mail*）　又译《中国邮报》。香港发行时间最长、影响力最大的英文报纸。清道光二十五年（1845）2 月 20 日创刊。初为周报，同治元年（1862）2 月 1 日起改为日报。最早的业主兼主编是肖特里德（Andrew Shortrede，又译肖德锐）。

道光二十五年至咸丰八年（1845—1858）主要刊登商业广告、政府宪报以及邀请传教士和专家撰写专稿，新闻报道较少。总的趋向是亲港英政府，但也有例外，道光三十年（1850）就曾刊登关于港英政府的弊端与腐败的调查。因维护香港人的利益和反对澳门进行华工贸易而普遍受到华人的欢迎。咸丰六年（1856）德臣（Andrew Dixson）成为经营该报的肖特里德公司的股东，并出任主编。咸丰八年（1858）肖特里德去世后，德臣一度成为唯一的业主。港人遂以《德臣西报》为中译名，直至 1967 年才依据其英文原义改译为《中国邮报》。同治六年（1867），与肖特里德公司的另一份英文报纸《每日晚报》（*Evening Mail*）合并，改出日报。1950 年被《南华早报》（*South China Morning Post*）收购，改出晚报。1972 年，香港电视广播集团从《南华早报》购入该报 60% 股权，并将其 4 开小报格式改回对开大报。1974 年宣布停刊。（赵建国）

中国邮报　见"德臣西报"。

遐迩贯珍（*Chinese Serial*）　香港中文杂志。中国最早刊登书评和广告的杂志。清咸丰三年（1853）8 月英国伦敦会传教士麦都思（Walter Henry Medhurst）在香港创办。综合性月刊。香港英华书院印字局用铅活字排印和出版发行。有宗教内容，也反映科学技术和历史、地理、政治、商业、教育、天文、医学、时政等，还有图书评论，偶尔插登广告。定价 15 文，各期 11—21 页不等。印行 3000 份。主要在港澳地区和内地的广州等通商口岸发行。咸丰六年（1856），5 月停刊。共出版 32 期。（金炳亮）

澳门施利华报业家族　晚清民国时期澳门报业家族。施利华家族在澳门地位显赫。若瑟·施利华（José da Silva），为澳门土生葡人施利华（又译席尔瓦）家族第二代，做过律师、商人、记者，曾任澳门政府署理邮政局长及葡萄牙驻上海领事馆临时代办。若瑟·施利华对澳葡政府持批评态度，多次在报纸上发表批评政府和教会的文章而遭暴力袭击、罚款甚至被抓进监狱。同治七年（1868）8 月若瑟在澳门创办葡文《独立报》（*O Independente*）。康斯坦修·施利华（Constâncio José da Silva）为若瑟儿子，为澳门大律师，曾任代理大法官，光绪二十六年（1900）任澳门官印局局长，先后 4 次担任澳门市政厅副主席。光绪十三年（1887）接任《独立报》主编，直至光绪二十四年（1898）停办。光绪十九年（1893），出资创办葡汉双语周报《镜海丛报》，并任总监。光绪三十四年（1908）11 月 19 日创办《真理报》（葡文），兼任主编，宣统二年（1910）12 月 7 日被澳门政府查封，1911 年曾短暂复办。塞萨里奥·施利华（José Cesario da Silva），若瑟另一个儿子，光绪十九年（1893）7 月 19 日创办葡文《自由报》（*A Liberdade*），风格辛辣尖刻。此外，施利华家族尚办有《澳门人之声》《未来报》等。家族开有一家印刷厂，清咸丰四年（1854）起承印《澳门政府公报》。（金炳亮）

孖剌西报（*Hongkong Daily Press*）　又称《孖剌报》《孖剌沙西报》。香港第一份英文日报。每日发行，星期天除外。清咸丰七年（1857）10 月 1 日美商赖登（George M. Ryden）、英商孖剌（Yorick Jones Murrow）在香港创办。同年 11 月 3 日开始随报附送《香港船头货价纸》，英文名初名 *Daily Press*，咸丰十一年（1861）改称 *Hongkong Daily Press*。创刊时孖剌担任主编，次

年拥有该报完全所有权。敢于揭露港英政府的贪污腐化，言论大胆尖锐。咸丰八年（1858），孖剌发表文章抨击英国驻香港总督包令滥用职权，给怡和洋行特殊便利，结果他以"诽谤罪"被判刑6个月，罚款100英镑。报纸因此事声名大噪，香港报界呈现《孖剌西报》和《德臣西报》"二报对峙"之势。光绪十年（1884）孖剌去世后，仍为其家族所有。1941年香港沦陷后停刊。（赵建国）

孖剌报　见"孖剌西报"。

孖剌沙西报　见"孖剌西报"。

香港中外新报　香港第一份中文报纸。最早以单页报纸形式两面印刷的中文报纸。其前身为随《孖剌西报》附送的《香港船头货价纸》，内容以船期、商品价格、行情为主，以《孖剌西报》中文晚刊名义印行。同治三年（1864）改名，后又改名为《中外新报》。初为一周三刊，逢星期二、四、六出版，同治十二年（1873）改日报。第1版主要内容是货价行情。第2版为新闻版，分《本港新闻》《中外新闻》《羊城新闻》《选录上海新报》《选录京报》。第3、4版以广告为主。后脱离孖剌报馆，成为中国人自办的报纸。1919年停刊。（赵建国、李兴博）

清光绪十五年（1889）《香港中外新报》

香港每日新闻　香港英文早报。19世纪中叶美国人在香港创办。每日销售量约5000份。内容涵盖政治、经济、文化等领域，以实时信息发布为主，并设有《读者来信》栏目。出版副刊《香港新闻远东商业指南》。1937年，中国新闻处在香港设立办事处，并购买香港每日新闻社，出版大量宣传品和小册子。1938年，在宋庆龄的推荐下，爱泼斯坦进入香港每日新闻社工作。他编发新闻，撰写社论，谴责日本侵略罪行，批评欧洲绥靖政策，揭露国民党内战阴谋，对支持中国抗战及反法西斯侵略起到良好舆论作用。（赵建国、李兴博）

大西洋国（*Ta-Ssi-Yang-Kuo*）　澳门葡文周刊。清同治二年（1863）10月8日若瑟・加布里埃尔・费尔南德斯（José Gabriel Fernandes）创办。澳门土生葡人、报人、历史学家庇礼喇任主编。葡文刊名使用粤语译音。内容包括新闻、历史和文学。同治五年（1866）4月22日停刊。共出版134期。保存了许多极为珍贵的澳门历史资料。光绪二十五年（1899）10月，庇礼喇之子若昂・庇礼喇（João F. M. Pereira）在里斯本创办《大西洋国——葡萄牙远东档案及年鉴》，以纪念其父，并延续刊物内容，至光绪三十年

（1904）停刊。（全炳亮）

独立报（*O Independente*）　澳门历史较长的葡文报纸。施利华家族报纸。清同治七年（1868）8月澳门土生葡人若瑟・施利华（José da Silva）在澳门创刊。政治新闻半月刊。同治八年（1869），澳门总督安东尼奥・苏沙（António Sérgio de Sousa）勒令停刊，被迫迁往香港出版，以保持自由率直的风格。同治十二年（1873）迁回澳门，光绪六年（1880）再次迁到香港，光绪八年（1882）又返回澳门。光绪二十四年（1898）7月24日停刊。（赵建国、李兴博）

香港华字日报　香港中文日报。中国人自办的第一份报纸。清同治十一年（1872）4月17日陈霭亭创办。原为《德臣西报》附属《中外新闻七日报》，借用《德臣西报》的机器印刷并代为发行。起初是一张小型报纸，主要翻译西报的文章及转载《京报》中清廷的消息，后扩展为日出两张的日报。1919年脱离英商自立门户，逐渐成为香港地区重要的中文报纸。办报宗旨是"以世界知识，灌输于国人，以国内政俗，报告于侨胞，而益奋其爱国之念"。在陈霭亭的主持下，以"香港第一家沿着华人意旨而办的华文报"自居，提倡"转移习俗"，积极替华人争取改善民生。主要刊载香港、内地与翻译自外报的新闻，栏目有《粤省新闻》《香港新闻》《中外要闻》等。发表过不少要求清廷重视洋务的评论，与后来的《循环日报》论点一致。是香港早期中文报业，由外人控制向华人控制的过渡性产物。一直营业到1941年香港沦陷前。1946年4月和6月，曾两度复刊，但不久又停刊。（赵建国、李兴博）

循环日报　中国近代第一家宣扬资产

清光绪八年（1882）四月十五日
《循环日报》

阶级政治改良主义思想的报纸。中国第一份"华人资本、华人操权"的报纸。清同治十三年（1874）2月4日在香港创刊。王韬任主编。王韬在《论日报渐行于中土》中阐述了办报宗旨："西国之为日报主笔，必精其选，非绝伦超群者，不得预其列……其立论一秉公平，其居心务其诚正。如英国之《泰晤》……人仰之如泰山北斗。国家有大事，皆视其所言为准则，盖主笔之所持衡，人心之所趋向也。"分新闻版、广告版和政论。内容分3栏，首栏选录京报，次栏为羊城新闻，最后一栏为中外新闻，包括国内新闻、本地新闻和商务行情。以政论著称，每日头版第一篇均为政论。王韬在该报发表《变法》《变法自强》《重民》等上千篇政论文章，立场鲜明，短小精悍，深入浅出，通俗易懂，而且富于感情，后来发展成为重要的报章体裁，在中国报刊评论史上具有开创意义和重要影响。创办之初，不少广东人参与其中，在广东、香港发行较广，在广东的订售点达到9处，深受广东知识分子如康有为、梁启超等人的喜爱，极大地促进了西学在岭南的传播，为岭南培育了不少维新与革命人才。在东南亚和欧美华人社会中也拥有不少忠实的读者。1947年停刊。（蒋建国）

士蔑西报（*The Hongkong Telegraph*）又称《香港电讯报》。香港英文报纸。清同治七年（1868）6月15日由美籍牙医约瑟夫（Robert Frazer-Smith，港

译"士蔑"）在香港创办。士蔑兼任主编，直至同治二十一年（1895）去世。每日刊行，周日停刊。每期销量4000余份。报道言论大胆，受到读者欢迎。1916年并入《南华早报》。（金炳亮）

香港电讯报 见"士蔑西报"。

镜海丛报 澳门葡汉双语（"前用西洋字，后用中华字"）周报。施利华家族报纸。葡语名称直译为《澳门回声——政治、文学及新闻报》。清光绪十九年（1893）7月18日弗兰西斯科·飞南第（Francisco Hermenegildo Fernandes，又译作飞若瑟，俗称"飞二"，为孙中山密友）在澳门创办。逢周二出版，后改为周三出版。伯多禄·施利华任主编，康斯坦修·施利华担任总监。因批评澳葡政府，光绪二十五年（1899）9月18日被勒令停刊。共出版114期。为研究澳门历史的重要资料库。中文版葡文音译为*Ching-Hai Ts'ung-Pao*，栏目有《社论》《中外报》《省港报》《本澳新闻》《官方事告》《诗词》等并刊登广告。宣传反清思想，报道了许多孙中山早年在澳门的革命活动。孙中山在《医药问答》栏目撰稿答疑。发行范围遍及中国香港和内地，以及新加坡、葡萄牙、小吕宋（今属菲律宾）、旧金山、帝汶等。光绪二十一年（1895）12月25日停刊。（金炳亮）

知新报 维新派在南方的代表性报刊。清光绪二十三年（1897）2月22日在澳门创办。初为5日刊。康广仁担任总经理。从第20册起，改为旬刊。光绪二十六年（1900）2月14日，再改半月刊，每期60余页。百日维新失败后继续出版，前后共133期。梁启超提出3条办报方针："一、多译格致各书各报以续《格致汇编》；二、多

载京师各省近事为《时务报》所不敢言者；三、报末附译本年之列国岁计政要，其格式一依《时务报》。"强调废科举、兴学校、育人才、重科学。除了严肃的政论外，还选取时效性和趣味性兼顾的译文，对发展教育亦起到一定作用。关心世界大事、国计民生乃至个人卫生，可满足各阶层的需求。在版式、用纸、价格等方面模仿《时务报》。开设的主要栏目有《京外近事》《政论》《上谕恭录》《农学》《矿学》《工事》《商事》《路透电音》等。在澳门和广东设立代售点，其他地区则依赖《时务报》的发行网络销售。（蒋建国）

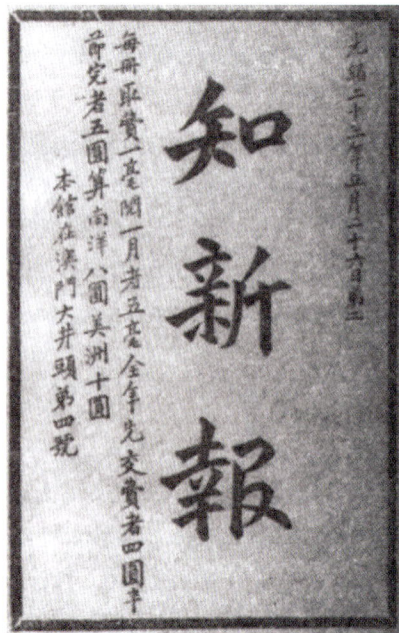

清光绪二十三年（1897）五月二十六日
《知新报》

中国日报 资产阶级革命派创办的第一份报纸。清光绪二十六年（1900）1月25日在香港创刊。社址位于香港士丹利街24号。孙中山领导创办，陈少白主持。宗旨是"开中国人之风气、识力，祛中国人之萎靡颓废，增中国人兴奋之热心，破中国人拘泥之旧习，而欲使中国维新之机勃然以兴"。同时出版日报和旬刊。日报每天出版大小两张，分别刊载正文和货价船期表，正文主要内容包括论说、国内新闻、

外国新闻、广东新闻、香港新闻、来稿、来件等。对革命的宣传，随着形势的变化，经历了由含蓄到公开、色彩逐渐鲜明、水平不断提高的过程。创刊初由于缺乏办报经验，思想上未同改良派决裂，未大张旗鼓鼓吹反清革命，半年后革命色彩才日渐鲜明。光绪三十一年（1905）冬，连载冯自由 2 万余字"论说"文章《民生主义与中国政治革命之前途》，最早阐释民生主义，成为言论界"畅论民生主义之嚆矢"。旬刊名为《中国旬报》，每期一册，主要刊登"中外之要言，名人之议论，政治、格致、农圃、工艺、商务、方技之学"。光绪二十七年（1901）2 月停刊，共出版 37 期。是革命党人的宣传舆论阵地和重要活动据点，多次武装起义的策划、组织和联络都在报馆内进行。辛亥革命后，由香港迁往广州。1913 年 8 月，龙济光入粤，报纸被封。前后共出版 14 年，是辛亥革命时期出版时间最长的革命报纸。（赵建国、李兴博）

南华早报（*South China Morning Post*） 香港第一份大众化的英文报纸。清光绪二十九年（1903）11 月 7 日英国人克宁汉（Alfred Cunnighan）和华侨谢缵泰创办。早期每期出报 1 张，售价 1 毫（角），发行对象以普通市民为主。主要报道国际新闻和经济新闻。1916 年兼并《士蔑西报》（*The Hongkong Telegraph*）。至 1941 年 12 月太平洋战争爆发前，每期发行 20—24 版，销量达到 5000 份。抗战胜利后销量近万份，为香港第一大英文报，在港澳地区及东南亚享有盛誉。1971 年在香港交易所上市。1986 年 11 月，主要控股方汇丰银行将股份售予默多克（香港音译为梅铎）控制的新闻集团。1993 年，控股权转至郭鹤年控制的嘉里传媒。2015 年 12 月，再转至阿里巴巴集团控股有限公司，今仍在发行。在香港刊行 100 多年，是迄今为止刊期最长的英文报纸。在中外交往史上发挥了重要作用，也为香港发展保存了较为完整的历史资料。（金炳亮）

广东日报 资产阶级革命报刊。清光绪三十年（1904）3 月 31 日在香港士丹利街创刊。郑贯公主编，黄世仲、陈树人、胡子晋、劳纬孟等编撰。定价每年 6 银圆，长期订购每年 5 银圆，每月定价 6 铜圆，零售每张 5 铜仙（分）。宗旨是"发挥民族主义，提倡革命精神"，反对君主立宪，鼓吹民主共和。主要栏目有《言论界》《实事调查》《两粤要事》《东洋访稿》《内地纪闻》《中国事》《外国事》《地方新闻》《电报》《战警》《译书》等。另发行文艺副刊《无所谓》，每日 2 页，随报附赠。主张以文艺启迪民智，挽救危亡，常设栏目有《杂文》《粤讴》《新戏》（后改名为《班本》)等。粤讴是广东民间方言传统曲艺，新戏则是戏剧唱本。《无所谓》副刊将时事新闻糅入其中，成为当时开展革命宣传的重要手段。光绪三十一年（1905），李宗汉接办。三十二年（1906）3 月停刊。（赵建国、李兴博）

有所谓报 全称《唯一趣报有所谓》。清末宣扬反美爱国运动的报纸。清光绪三十一年（1905）6 月 4 日创刊。总发行所设在香港荷里活道 79 号开智社，三十二年（1906）1 月 18 日迁至德辅道中 35 号旧楼。总编辑兼发行人郑贯公，撰述黄世仲、陈树人、王斧、李孟哲、卢伟臣等。光绪三十一年（1905）5 月，全国掀起反美爱国运动，报纸一创刊，就以极大的热情站在运动的前列。反奴役、反卖国、反专制的反帝爱国宣传，鞭辟入里，声情并茂，且庄谐并举，雅俗共赏，被誉为"新闻界之唯一特色者"，是这一时期省港地区办得最好的革命报纸。光绪三十二年（1906）春，因坚决反对岑春煊将粤汉铁路改归官督商办，被岑春煊禁止在内地销售。同年 4 月总编辑郑贯公病逝，7 月重组，改名为《东方报》，谢英伯主编。光绪三十三年（1907）1 月 13 日因"资本亏累"停刊。（蒋建国）

唯一趣报有所谓 见"有所谓报"。

澳门通报 澳门中文日报。1913 年澳门商会主席卢廉若创办。社址位于澳门炉石塘街 57 号。与孙中山关系密切的澳门葡人弗兰西斯科·飞南第（Francisco Hermenegildo Fernandes）化名飞师阁担任督报人。创办初期，因经营困难，由澳门商会各赌商联合成立快活楼娱乐公司，"以赌养报"。后延聘彩票专家王惺岸为撰述，刊登彩票资讯《同铺票经》，为港澳地区首创。又在澳门首创刊登省港澳船期表。报纸销路日广，行销中国港澳、内地以及南洋，在香港、广州、江门、新会、石岐等地设有代办处。发行量及广告收益均为澳门最高。20 世纪 20 年代停刊。（金炳亮）

澳门时报 澳门中文日报。1916 年香港资深报人陆庆南在澳门创办。社址位于清平直街 28 号。陆翼南主持报纸编务。澳门最早辟有电讯栏的中文报章。一度因经营困难，与《民生报》《平民报》合用一个工厂，采用"套版印刷"方式以节省费用。是 20 世纪 30 年代澳门最有影响力的中文报纸。1941 年因经费不足停刊。（金炳亮）

华侨日报 香港第一份星期日出版的报纸。前身为《香港华商总会报》及香港首份中文日报《香港中外新报》。1925 年香港华商总会将报纸卖给岑维休，同年 6 月 5 日改名为《华侨日

报》。总编辑李大醒（原《香港华商总会报》总编辑，任职仅数月），胡惠民、张知挺相继任总编辑，同时报馆地址亦由乍甸街迁到荷李活道。创办初开设广州和广东省各县新闻栏，如第6版的《粤省要闻》专题板块、第8版的《各属新闻》。派专人在广州采访和联系各县地方，递送新闻资料，能较多较快地反映广州市和省内各地的重要新闻。读者主要为居住在香港的广东人。1941年日军侵陷香港时，总编辑岑维休避居他地，何建章继任。1985年岑才生任总经理。1991年被《南华早报》收购，1994年初香港富商香树辉接手，1995年1月12日因亏损多时宣布停刊。每日出版张数多、广告多、销数多、盈利多，经营稳定，在香港中文报坛享有较高地位。（赵建国）

工商日报 香港中文报纸。1925年7月8日创刊。因省港大罢工香港所有中西报纸被迫停刊，香港人洪兴锦、黄德光等以斡旋工潮为目的而创办。发行所位于中环鸭巴甸街18号，后迁往结志街。创办初期，督印人容守正，总编辑黎工佽，俞华山编《要闻》（即《电讯与粤闻》），梁谦武编《港闻》，经理部有郑德芬和李茂祥等。1930年何东接办，任董事长，中文秘书胡秋五以经理名义掌管一切事务。1930年夏，因采购轮转机，迁往德辅道中43号，并于同年11月15日首创1份售价1仙（分）的报纸《工商晚报》。袁擢英、李振中、梁宽相继任总编辑，胡秋五曾担任过经理、总编辑、总经理、社长、董事等职，任职长达50多年。1933年，李济深、陈铭枢、蒋光鼐、蔡廷锴等在福建发动"闽变"，依托独家消息，该报销路大增，成为香港最畅销的报纸，也成为香港乃至全中国瞩目的报纸。1941年12月香港沦陷前一天停刊，直到1946年2

月5日复刊，同月15日《工商晚报》亦复刊。复刊时总编辑龙实秀，编辑有陈子俊、陈子多等，莫辉宗任采访主任兼港闻版编辑。抗战前期何东接办后，有独立见解和主张，相当长的一段时间没有依附于国内党派的政治势力。选聘的几位总编辑，有一定的民主思想，主张新闻自由。副刊刊载的小说和杂文，有针砭时弊的表现，颇能迎合香港市民的口味。1956年，何东去世后，其子何世礼继任董事长，一切事务委托胡秋五代理。何世礼对每日报纸的社论和头条新闻尤为关注。胡秋五退休后，何世礼之子何鸿毅继任社长。1984年11月30日停刊。（赵建国）

朝阳日报 澳门中文日报。1932年11月创办。陈少伟兼任社长，蔡凌霜为编辑。社址初位于炉石塘街，1933年迁到营地大街104号大众报社。副刊与连环漫画颇具特色。初期经营困难，后获体育界人士麦荆雷及曾枝西女士大力支持，逐渐打开局面。全面抗战爆发后，与《大众报》成为澳门报界抗日救亡运动的两面爱国旗帜，在揭露日军暴行、动员澳门民众捐款捐物支援抗战等方面发挥了重要作用。1939年停办。（金炳亮）

大众报 澳门出版时间最长的日报。1933年7月15日创办。对开1张，每日印行。陈天心任社长。社址位于澳门营地大街104号。初期经营困难，后获体育界人士曾枝西女士赞助。全面抗战爆发后，与澳门"四界"救灾会合作，以义卖、劝捐等形式支持抗战工作，与《朝阳日报》成为澳门报界抗日救亡运动的两面爱国旗帜。1947年春休刊。1948年初复刊，资深报人蔡凌霜任社长。1953年在澳门报界率先采用新式标点符号。20世纪80年代后，逐步扩版至10版，彩色印

刷，并发行至珠江三角洲地区。1984年，增出珠海特区版。2007年增出葡文版。（金炳亮）

生活日报（香港版） 抗战时期香港进步报纸。1936年6月7日邹韬奋创办，胡愈之、金仲华、王纪元等担任编辑。每日出版外埠2张（8版），本埠1张（4版），周日出版《生活日报星期增刊》3张（12版）。以"人民报纸"（真正对读者负责）为办报宗旨。以"五万万（国内外的中国人合计）中国人一天不可缺少的精神食粮"为追求目标。所刊言论广泛反映全国各界人士的意见和要求，不偏向一党一派。内容丰富，既反映全国民众的实际生活，也回应全国民众对文化的实际需求。风格上，"言论、新闻和副刊打成一片"。形式上，既有新闻消息，也有社论、时评、专栏等，版面编排活泼，多有图片、漫画，并设有《读者来信》栏目。绝大部分社论都是全国人民最关心的抗日救国问题，也有像《评二中全会决议案》《谁当总统》《决不轻言牺牲》等，都是和国民党政府针锋相对的。由于资金、技术等原因，同年8月1日停刊，共出版55期。《生活日报星期增刊》改名为《生活日报周刊》继续在港刊行。不久，改名《生活星期刊》（第1卷第17期）在上海出版。1936年11月22日，邹韬奋被捕，《生活星期刊》改由金仲华主持，向国民党上海市政府社会局申请更换登记，未获批准，出版至第28期后被迫停刊。（赵建国、李兴博）

世界知识（香港版） 抗战时期香港进步刊物。1937年11月上海沦陷后，大批进步文化人避居香港。1938年3月1日，金仲华在香港将《世界知识》复刊（7卷6号），刊期接续上海版（1934年9月创刊），内容

风格不变。由于缺乏人手，从选题、组稿、定稿、看清样到《瞭望台》专栏，以及重点文章的撰写乃至资料图片的收集整理、封面图案的选择与设计等，基本都是金仲华一个人承担。1941 年初张明养接任主编。1941 年 12 月日军进犯香港，被迫停刊。（金炳亮）

华侨报　澳门中文报纸。1937 年 11 月 20 日香港《华侨日报》编辑赵斑斓、雷渭灵在澳门创办。办报宗旨是"立足澳门，客观报道，服务社会"。办有《新声报》《新声日报》《体育报》等子报。发行量很快达 3000 份以上，被认为是"中立的，有影响的报纸"。率先采用电讯报收录国民党中央社电讯及国际、国内新闻。在宣传抗战、动员民众捐款捐物支持抗战等方面发挥了积极作用。20 世纪 70 年代初，赵斑斓承购全部股权，将其变为私营报纸，并自任社长。1973 年，在澳门率先引进柯式印刷机，版面逐步扩至七八张，发行至内地、港台及海外华人地区。辟有弘扬澳门文化的《斑斓版》。今仍在刊行，是澳门刊行时间最长的报纸。报纸之外，还涉足图书出版业务，出版有《澳门问题》系列和《澳门旅游地图》《澳门经济年鉴》等。（金炳亮）

星岛日报　中文国际报纸。1938 年 8 月 1 日，虎标万金油永安堂老板胡文虎独资创办。胡文虎说明创办的意图包括协助政府从事抗战建国伟业、报道新闻并为民众喉舌、提供学术并发扬科学精神、改良风俗以倡导社会进步。报纸规模庞大，董事长下设经理，统管编辑部、营业部、印刷部及秘书、会计、司库、庶务等部门。编辑部下设 17 科，负责通讯、译电、国内外新闻、美术摄影、图书资料及校对工作。1941 年 12 月香港沦陷，胡文虎被软禁，被迫

停刊。1945 年 8 月 14 日复刊，由胡好主持，先后创办《星座》《香港史地》《文史》《音乐》《艺苑》等多个有影响力的副刊。1949 年后继续编辑出版，逐渐发行到全球华人社区，在香港设有新闻编采总部，在美国纽约设有国际新闻中心，纽约、洛杉矶、三藩市、多伦多、温哥华等地设有海外分社。是胡文虎创办的 16 家报纸中规模最大、影响力最大的一家。（赵建国、李兴博）

大公报（香港版）　香港发行时间最长的中文报纸。1938 年 8 月 13 日胡政之、徐铸成等在香港创办。清光绪二十八年（1902）6 月 17 日英敛之在天津法租界创办《大公报》，先后有津、沪版，张季鸾创办汉口版、重庆版，胡政之创办香港版和桂林版。香港版创刊号的报头下，总号是"12384 号"，继承了汉口版的总号，这是自天津创刊以来各版的总号数。创刊号社评《本报发行香港版的声明》和《"八一三"一周年》，选在 8 月 13 日创刊，本意是纪念上海抗战一周年。报纸每天发行两大张，共 8 个版，每版 13 栏。第 1 版是报头和广告；第 2 版主要是社评；第 3、4 版是要闻、短评、特栏，通常国内要闻在第 3 版，国际要闻在第 4 版；第 5 版为地方通信；第 6 版是《本港新闻》；第 7 版是《体育》《经济界》《交通界》；第 8 版是副刊《小公园》，逢周二、四、五、日改登《文艺》。1939 年起《小公园》停刊，只出《文艺》。1939 年 5 月 2 日起增出《文协》，7 月 4 日又增出《学生界》《大众顾问》。1938 年 11 月 15 日创办《大公晚报》，每天一大张，共 4 版，只在香港销售。1941 年 12 月 13 日停刊，工作人员陆续前往桂林。1948 年 3 月 15 日复刊，11 月 5 日发表社评《和平无望》，放弃对蒋介石的支持态度。

1949 年之后继续出版。后增发海外航空版、美洲航空版、英文版。1984 年后积极报道内地改革，对沟通中外、促进交流发挥了重要作用。1988 年 10 月实施改版，扩充版幅、增加新内容，特别加强关于经济和内地新闻的报道。今仍是香港重要的中文报纸之一。（赵建国、李兴博）

华商报　民国时期香港进步报纸。1941 年 4 月 8 日创办。邓文田任总经理，范长江任副总经理，胡仲持任总编辑，张友渔任总主笔。发刊词《我们的信念和愿望》阐述了力求团结抗日的办报宗旨。除了每天有一篇社论和每周一篇《国际一周》外，还设有各种大大小小的言论专栏。如第 2 版由编辑主任廖沫沙等在编后写的政论式的杂文专栏《今日问题》就颇有宣传效果。1941 年 12 月 12 日停刊。日本投降后，经中共广东区党委饶彰风和连贯的努力，1946 年 1 月 4 日复刊，并由晚报改为早报。董事长为香港华北银行华人副经理邓文田，总编为刘思慕，总经理为中国民主同盟负责人萨空了，主笔夏衍，社委有连贯、饶彰风、夏衍、乔冠华等。在政治上接受中共领导，成为民主党派反美蒋的"第二条战线"。高举和平民主的旗帜，呼吁停止内战，实现和平。其言论方针是团结人民，打击敌人。是中共在香港的重要舆论阵地。1949 年 10 月 15 日停刊。停刊后 60 多名报社职工前往广州筹办《南方日报》。（蒋建国）

正报　抗战胜利后香港出版的第一份中共党报。1945 年 11 月 13 日杨奇等在香港皇后大道中 33 号洛兴行创办。创刊词《工作的开始及开始后的工作》阐明办报宗旨主要是从广大的人民利益出发，站在公正的立场上为人民服务，不为权势所左右，报道正确

《正报》

的消息，不讲假话。为了在香港立足，在内容上刊登独家新闻和办好雅俗共赏的副刊。报纸头版主要刊登新华社的电讯及报纸综合编写的特稿。第2版为通讯版，着重反映国民党统治区人民反饥饿、反迫害、反内战的斗争，支持各民主党派和学生要求和平、争取民主的运动。第3版为副刊，其中《正风》是综合性文学副刊，《新野》是通俗性副刊，《港粤文协》是港粤两地作家协会编辑的会刊。第4版为本地新闻版。内容丰富、风格独特，吸引了香港市民的注意，销量稳定在8000份以上。从第16期开始将三日刊改为两日刊，直到1946年7月21日改为杂志型旬刊，10月26日又改为周刊，星期六出版。从报纸改为杂志，在读者对象、编辑方针、主要内容上做了调整。从商业型报纸转变为中共广东区党委的机关刊物，担负起教育、培养干部的任务。1948年11月13日，因中共华南党组织的工作重点转移而停刊，人员调回广州，参加创办中共广东省委机关报。（赵建国、李兴博）

群众周刊（香港版） 中国共产党在香港公开出版的刊物。1947年1月创刊。中共南方局工委书记章汉夫（化

名章潮）为发行人。由《华商报》有利印务公司印刷，新民主出版社发行。宣传中共政策，揭露国民党搞内战、独裁的反动政策，报道解放战争进程。日常事务由林默涵、廖沫沙、黎澍、范剑涯等负责，其中林默涵负责编辑业务，卢杰负责发行和对外联络。后期主要由杜埃、陈夏苏负责。总发行量约7000份。香港发行由新民主出版社代理；海外发行由设在纽约、旧金山、伦敦、巴黎、马尼拉等城市的代销处经办；内地则用伪装的办法改换封面，通过地下交通秘密发行。有力地鼓舞了国统区人民，争取了海外进步人士支持。1949年初，随着留港的大批民主人士北上，由杜埃接任总编辑。1949年10月出至第3卷第43期停刊。另有汉口版（1937年12月创刊号至1938年12月第2卷第9期）、重庆版（1938年12月第2卷第10期至1946年6月第11卷第4期）、上海版（1946年6月第11卷第5期至1947年3月第14卷第9期）。（全炳亮）

文汇报（香港版） 中国共产党领导的香港进步报纸。1948年9月9日创刊。以徐铸成为首的原上海《文汇报》同人与当时香港的国民党亲共人士共

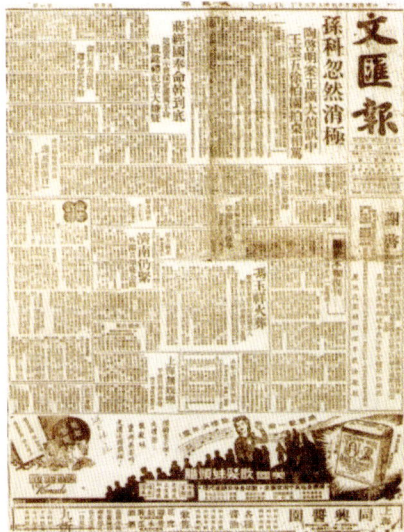

《文汇报（香港版）》

同创办。李济深为董事长，马季良为总编辑，主笔为徐铸成。香港版创办之初，中共地下党希望以中间偏左的姿态办报，方便争取读者，同时如果《华商报》等报被封，可以坚守战线。聚集了一大批左翼知识分子。由郭沫若和侯外庐主编哲学周刊，茅盾主编文学周刊，翦伯赞主编历史周刊，宋云彬主编青年周刊，孙起孟主编教育周刊。创刊3个月，日发行量突破25万份，成为当时中共领导下的海外重要宣传阵地之一。1957年后，由中共港澳工委接管，港澳工委常委吴荻舟担任社长。1997年增加电子版，纸质版的新闻、专题和大部分副刊内容即日上传网络，免费供读者阅览。目前平均每日出15大张60版，主要版面有社论、要闻、众声、中华风采、环球视野、财经、中国经济、教育、影艺等。星期日随报赠送《百花》周刊。在东南亚、北美洲出版10个不同的海外版本，是全球影响最大的华文媒体之一。报纸同时在内地发行，设立了包括北京新闻中心、上海新闻中心、珠三角新闻中心在内的40余个办事机构。（赵建国、李兴博）

广西新报 梧州出版的第一份现代报纸。清光绪三十四年（1908）四月十八日在梧州创刊。梧州革命党人与立宪派人士主办。1913年停刊。铅印日报。初为8开4版，后改对开4版或6版。发起人、撰稿人主要是留日归国学生和商界、教育界、政界人士，其中不乏同盟会会员。主办人先后为陈太龙、林绎、甘毅、廖百芳。总发行所位于梧州西门内县前街，经邮寄发往省内外。"以开通广西省全部风气，提倡实业，助成地方自治为宗旨。"政治态度多变：初拥清保皇，主张君主立宪；辛亥梧州独立前夕转而反对清廷，鼓吹革命；袁世凯篡权又拥袁，反对革命。主要栏目有《上

谕》《论说》《专电》《本省要闻》《国内要闻》《国外要闻》《抚宪辕报》《藩辕牌示》《邸抄》《实业汇纪》《海外丛谈》《政治小说》《白话小说》《昨日商情》《船期》《粤剧唱本》等。副刊《附章》登载文艺作品。（陈南南）

梧江日报 清末民初广西资产阶级革命报纸。清宣统三年（1911）八月同盟会在广西梧州创办。1912年8月改由国民党梧州支部主办。编辑区笠翁、甘绍相。初为4开8版，后改对开8版。旨在"彰善瘅恶，主持公道"。标榜"监督政府，指导国民，鞭策官吏"。主要栏目有《社论》《舆论》《专电》《本城新闻》《国内外要闻》《通讯》以及副刊。1913年7月停办。（陈南南）

圣经报 民国广西基督教期刊。1913年基督教美国教会广西差会在广西梧州创办。差会会长翟辅民（Robert Alexander Jaffray）任主编，梧州宣道书局刊行。主要宣传基督教思想。初为季刊，1917年起改双月刊，1923年后不定期出版。期发行量近千份，销往国内各大中城市及南洋各埠。1920年翟辅民离开梧州后，继续为刊物写稿。1932年停刊。（陈南南）

梧州民国日报 民国国民党官办报纸。1921年国民党梧州市党部创办。铅印日报。原为4开8版，后改对开大张。社址曾设在国民党梧州市党部、北山同园、城厢小学、马王街、塘基街、大南路、五坊路。负责人先后为马君武、李家英、李血泪、龙启炎、谭寿林、罗绍徽。主要栏目有《社论》《时评》《专电》《本埠要闻》《国内外要闻》《副刊》《专刊》《读者园地》等。刊发内容分两个不同历史阶段，第一阶段为创办至1926年11月，主要宣传国民革命、国共合作、工农运

动和反对帝国主义及北洋军阀，对推动梧州与两广的革命运动产生广泛影响，但也因此遭官僚、政客等反动势力打压，时办时停。第二阶段自1927年4月12日蒋介石发动反革命政变至1934年停刊，为国民党桂系的宣传喉舌。（陈南南）

妇女之光 民国广西进步期刊。梧州女权运动同盟会、广西妇女联合会先后主办。1925年10月至1926年底在广西梧州出版。铅印，32开，46页。有半月刊、月刊。负责人李省群，总编辑钟山。旨在宣传促进妇女觉醒，团结广大妇女去争取男女平等和婚姻自由，号召反对封建包办婚姻，废除娼妓、纳妾、蓄婢等封建社会陋习。因触犯封建势力代表人物而遭攻击污蔑、造谣诽谤，但针锋相对，坚决斗争，影响较大。（陈南南）

怀集日报 抗战时期广西学生军所办抗日民族统一战线报纸。1939年，学生军第一团三大队与怀集县（今属广东省肇庆市）政府合作创办。前身为《民众报》三日刊，后改出日报。广西学生军是国民党广西省政府组建的抗日救亡队伍，军中建有中共总支和支部，有90多名中共党员，为中共广西省工委派出。中共党员霍克等直接参与编辑工作。稿件一部分来自国新社、中国青年记者学会和民族革命通讯社，一部分自采。每期铅印1000份，在两广地区发行。（金炳亮）

西江日报 民国广西进步报纸。1946年3月12日在桂平创办。1947年3月23日迁至广西梧州。社址位于九坊路。铅印日报。主要为对开4版。社长陈情，总编辑黎珉。发行人先后为覃卫斌、程思远。宗旨是"促进与发扬西江文化"。刊载中央社电讯、港澳专电、财经新闻。辟有《港澳金融》《梧

州行情》《社会服务》《文摘》等专栏。1948年8月后，报社中共地下党员摘抄刊发新华社电讯，让读者及时了解时局变化的真实情况。副刊《主流》设《天下大事》《艺坛史话》《科学珍闻》《幽默》等专栏。1949年10月停刊。（陈南南）

钟声日报 民国广西进步报纸。1946年10月在广西梧州创刊。初名《钟声报晚刊》，11月改名为《钟声报》，1947年6月改现名。铅印日报。初为4开2版，后为对开4版。社址先后位于百合路、塘基街。1947年10月1日改为股份有限公司，董事长先后由黎超群、黄冠群担任。1948年6月7日股份有限公司结束，黎荣燊独资办报，任发行人兼社长。后由孔宪章担任社长。办报宗旨是"以严正立场报道世界时事，以客观态度描写社会新闻，以轻松趣味幽默之文笔揭发人间之黑幕，用以为世人之警钟"。主要栏目有《评论》《国内外要闻》《地方新闻》《摩登语录》《士林佳话》《诗音》《每日漫读》等副刊有《流线》《未央宫》。1949年11月停刊。（陈南南）

通讯社·广播电台·电视台

中兴通讯社 中国人自办的第一家通讯社。清光绪三十年（1904）在广州创办。位于广州市中华中路回龙里。发行人兼编辑骆侠挺。主要发稿对象是广州和香港的报纸。（刘茉琳）

展民通讯社 中国人自办的第二家通讯社。清宣统三年（1911）在广州创办。位于广州市小北路。创办人杨实工。（刘茉琳）

潮梅通讯社 中国共产党创办的第一家通讯社。1925年在汕头创办。创办人黄光明、赵幕儒、詹展育。东征军总

政治部主任兼潮梅行政委员周恩来领导。任务是向上海、北京各地传递潮梅新闻与革命消息。主要发稿对象是当地报纸，进步报纸《岭东民国日报》采用较多。1926年关闭。（刘茉琳）

国民通讯社　中国共产党领导的通讯社。1926年在汕头创办。位于汕头国民外交后援会2楼。创办人梁若尘、朱宝岱、杨拱垣、马赤人等。主要发稿对象是汕头地区的报纸，以及广州的《广州民国日报》《国民新闻》《工人之路》等。1927年关闭。（刘茉琳）

国际新闻社香港分社　又称香港国际新闻社。通讯社。中国共产党领导的新闻机关。1937年11月上海沦陷，国际新闻社（简称国新社）郑森禹、王纪元、恽逸群、胡仲持、陆诒等撤到香港成立。地址位于香港弥敦道。向内地报刊和海外华侨报刊提供国新社新闻和专论稿件。1941年12月太平洋战争爆发后停止活动。抗战胜利后在香港坚道20号复办。主要成员有高天、萨空了、刘思慕、狄超白、张铁生、千家驹、陈此生、陆诒等。1949年后，成员回内地参加新中国新闻事业建设。（金炳亮）

香港国际新闻社　见"国际新闻社香港分社"。

新华通讯社广东分社　新华通讯社派驻广东的分支机构。1949年在广州创办。位于沙面，1982年搬至连新路158号。前身为新华社华南总分社，1952年华南总分社撤销，宣告成立广东分社。1958年，广东分社与《南方日报》合并，负责人互相兼职，记者两边发稿。随后《人民日报》广东记者站合并进来。1961年，广东分社与南方日报分开。1987年，与《人民日报》广东记者站分开，独立建制。今有员工120余人，设采编、营销、管理三大部门，在深圳、珠海设立支社，在湛江、汕头分别设立粤西、粤东新闻信息中心。对广东社会主义革命和社会主义建设事业的各个阶段的成就和经验做了及时报道。肩负着向国内外发布全国重大新闻的重任，同时又是党中央、国务院了解情况的一个重要渠道。分社记者采写的稿件分为国内通稿、专稿、对外稿、内参稿4大类，采写内参稿件是新华社新闻业务的重要组成部分，也是中国特色社会主义新闻事业的一大特色。（刘茉琳）

中国新闻社广东分社　中国新闻社在广东的分支机构。是中国新闻社最早建立也是国内最大的分社。1952年在广州创办，前身为中国新闻社广东办事处，与香港大公报、香港文汇报广州办事处组成三联办事处，专门向港澳台和海外华文报刊、华语电台、电视台发稿。1954年独立为中国新闻社广州办事处。1956年正式成立广东分社。"文化大革命"期间建制撤销，1978年10月复社。主要宗旨是向华侨华人与港澳台同胞介绍新中国，弘扬中华优秀传统文化，侨乡报道是重要内容。主要业务是向海外华文传播机构发电讯稿、专稿和图片。先后在广东各地设立记者站或支社，前期在四邑、惠阳、梅县、汕头、海南设有常驻记者站，后期在深圳、珠海、韶关、东莞、汕头、江门等地建有多个支社。（刘茉琳）

广州市播音台　广播电台。广东最早的无线电台。1929年5月6日开始播音，呼号为CMB，发射功率500瓦。位于广州中央公园（今人民公园）。用粤语、国语（普通话）和英语播音，内容包括气象、报时、时事、音乐、歌曲、京剧、演讲和金融等。1934年3月，国民政府交通部统一划定全国电台呼号，呼号改为XGOK，发射功率1千瓦，并改由广州市政府直接管理。1931年"九一八"事变爆发后，播放大量抗日内容，宣传抗日救亡运动。1938年日军侵占广州后停播。（刘茉琳）

广州人民广播电台　中国最早成立的省会城市电台。1991年12月1日开始播音，全国第一家全天24小时播音的省会城市电台。陆续开播4套全天24小时播音的调频立体声频道：新闻资讯广播、金曲音乐广播、经济交通广播、青少年广播。还有数套有线数字广播节目，并与中央人民广播电台合作转播中央人民广播电台第二套节目《经济之声》和第三套节目《音乐之声》。覆盖珠江三角洲大部分地区和粤北部分地区，覆盖人口2000多万。坚持"声声相关，时时相伴"的都市特色与地域风格，4个频道各具优势，互为补充。主要品牌栏目有《零点一加一》《零点冲动》《经典回响》《体坛新势力》《新闻风云榜》《午间新闻速递》。（刘茉琳）

广东人民广播电台　全国改革最早、规模最大、资源最多的省级电台。1949年10月20日开始播音，发射功率1千瓦，用普通话、粤语、客家话播音，面向全省听众。创建初期位于广州沙面肇和路，1959年迁至人民北路686号广东广播中心。叶剑英为电台题词："大家办广播，大家听广播。"每天自制节目137个小时，包括新闻广播频率（频率：FM91.4和AM648兆赫）、文体广播频率（频率：FM107.7兆赫和AM603兆赫）、珠江经济广播频率（频率：调频97.4兆赫和中波1062千赫）、羊城交通广播频率（频率：FM105.2兆赫）、音

乐之声广播频率（频率：FM91.4兆赫和baiAM648兆赫）、南方生活广播频率（频率：FM93.6兆赫）、南粤之声广播频率（频率：FM105.7兆赫）、城市之声广播频率（频率：FM103.6兆赫）等，覆盖全省，部分广播覆盖江西省、湖南省、广西壮族自治区、福建省、海南省部分地区和港澳地区。拥有《民声热线》《广东广播新闻》《天生快活人》《以案说法》《大吉利车队》《音乐先锋榜》等品牌节目。20世纪八九十年代广播张悦楷的《水浒传》《三国演义》《杨家将》粤语"讲古"，深受欢迎。今已与其他3个媒体合并为广东广播电视台，为南方广播影视传媒集团的成员单位。（刘茉琳）

珠江经济广播电台 全国第一家省级经济广播电台。频率：调频97.4兆赫，中波1062千赫。1986年12月15日开始播音。用广州话、普通话播音，以广州话为主。创造了大板块、热线电话、主持人直播为主要特征的播出模式，被誉为"珠江模式"。全天24小时播音，内容包括新闻、财经、市场、生活服务、音乐娱乐和时尚资讯等。2013年电台全新改版，以"饮珠江水，听珠江台"为引领，打造结合岭南地方风情、本土文化与现代都市感相结合的特色品牌。（刘茉琳）

广东音乐台 全国第一家立体声广播电台。频率：FM99.3兆赫、FM93.9兆赫、FM96.8兆赫。前身为广东人民广播电台音乐之声。1991年1月23日开播，用粤语、普通话播音。全天24小时播音，内容包括新闻、体育、社会生活等各类资讯，突出欣赏性和娱乐性。1999年6月28日创办我国第一个全数码电台户外直播室——"流行前线"，发展至今拥有海印广场直播室、流行前线直播室、东川名

店运动城直播室、番禺百德中心直播室4个国内先进的全数码户外直播室，每年超过100场与音乐相关的户外活动，收听率一直位居广东省的前三名。旗下的《音乐先锋榜》是中国第一个华语原创流行音乐排行榜。（刘茉琳）

羊城交通台 广州城市交通广播专业电台。频率：FM105.2兆赫。1993年7月30日在广州开播。用粤语、普通话播音，以粤语为主。内容包括交通专业和交通特色的音乐、娱乐节目。以"宣传交通、服务交通"为办台宗旨，积极宣传广东、广州有关交通职能部门的各项工作，及时反映市民对交通建设、交通管理的意见和建议。借助交警、交通、路政、市政等职能部门的紧密合作，每15分钟播出一次"最快、最准、最全面"的交通消息，并随时插播各类突发路况信息。（刘茉琳）

广东卫星广播 前身为广东新闻台。1989年11月15日开始播音。1996年7月8日改为卫星广播，通过亚洲2号卫星传送。覆盖全中国，甚至东到太平洋，北到东欧、俄罗斯，西到非洲大部分地区，南到澳大利亚、新西兰，覆盖人口20多亿。开办中国广播界最早热线电话针砭时弊的节目《今日热线》。（刘茉琳）

广东电视台 中国最早的省级电视台之一。1958年创办，名广州电视台。位于广州环市东路331号。1959年9月30日，试验性播出黑白电视节目，10月1日正式播出。1974年12月26日改为彩色电视节目。1979年1月1日改名为广东电视台，1980年叶剑英题写台名。拥有6个开路电视频道，分别为卫星频道（简称广东卫视）、珠江频道、体育频道、公共频道、新闻

频道、嘉佳卡通频道，另外还有国际频道、珠江频道海外版、现代教育频道、移动频道和数字电视频道（欧洲足球频道、高尔夫频道、快乐宠物频道、英语辅导频道、房产频道、会展频道、岭南戏曲频道）等电视频道。其中广东卫视以"活力中国、前沿广东"为品牌特色，拥有《财经郎眼》《社会纵横》《天作之合》《活力大冲关》《技行天下》等精品节目；珠江频道20世纪90年代播出享誉全国的优秀剧集《公关小姐》《情满珠江》等，2000年之后又有系列短剧《外来媳妇本地郎》，被南粤观众称为"老友频道"。（刘茉琳）

广东有线广播电视台 中国内地首家有线电视机构。1994年4月广电部批准成立广州市有线电视中心，9月改名为广东有线广播电视台，实行事业单位企业管理，自负盈亏，自主经营。至1999年有都市频道、影视频道、体育频道、信息频道、购物频道、卡通频道等6个频道。2001年7月1日，根据相关法令，撤销广东有线广播电视台，将其中的体育频道划归广东电视台管理，并将其他频道与广东经济电视台整合成南方电视台，原广东有线广播电视台的都市、信息、影视、购物、卡通等频道分别改成南方电视台的都市、综艺、影视、科教、少儿等频道。2005年，科教频道划归广东电视台，成立广东电视台新闻频道。（刘茉琳）

广东经济电视台 中国首家商业电视媒体，广东最早的电视企业。1994年12月22日创办。前身为广东商业电视台。节目融新闻、财经、消费、信息服务、文体娱乐、电影电视剧于一体，内部管理实行自负盈亏和人员聘任制。2001年7月1日，经广电总局批准，与广东有线

广播电视台合并，组建南方电视台。
（刘茉琳）

南方电视台 电视台。2001 年 7 月 1 日创办。由广东有线广播电视台和广东经济电视台整合而成，包括南方经视、都市 / 卫视频道、综艺频道、影视频道、少儿频道。覆盖广东省，具有专业化、本土化的特点。品牌栏目有《今日一线》《粤唱粤好戏》《城事特搜》《卫视新闻坊》等。（刘茉琳）

广东广播电视台 省级大型综合传媒机构。2014 年 4 月 23 日创办。是经广东省委、省政府和国家新闻出版广电总局批准，由原南方广播影视传媒集团、广东人民广播电台、广东电视台、南方电视台、广东省广播电视技术中心整合组建而成，是集广播、电视、报纸、杂志、网络、新媒体、广播电视发射传输等多种业务为一体的省级广播电视大型综合传媒机构。2017 年 12 月 23 日开播 4K 超高清电视节目。
（刘茉琳）

出版发行·图书展会

广州美国海外传道会会长理事会书馆 又称美国海外传教委员会印刷所、布鲁因印刷所（The Bruin Press，纪念一位名叫布鲁因的牧师）。基督教在华编辑出版机构。清道光十二年（1832）英国伦敦会传教士马礼逊（Robert Morrison）发起在广州成立。聘请美国传教士裨治文（Elijah Coleman Bridgman）主持。次年，美国传教士卫三畏（Samuel Wells Williams）加入。共有 5 名印刷工，其中华人 3 名，葡萄牙人 2 名。印刷发行《中国丛报》及各种教会出版物。初期用雕版印刷，1838 年戴尔（Samuel Dyer）牧师发明钢冲压制造中文字模后，用此法制造中文铅活字排印，为中国内地最早用中文铅活字排印出版物的机构，同时仍保持雕版印刷。在清咸丰八年（1858）英法发动的第二次鸦片战争中，因馆舍被毁，外国传教士被驱逐出境而停办。同治七年（1868）在北京复办，亨特（P. R. Hunt）主持，经费来源于馆舍被毁的赔款。（金炳亮）

美国海外传教委员会印刷所 见"广州美国海外传道会会长理事会书馆"。

布鲁因印刷所 见"广州美国海外传道会会长理事会书馆"。

广东海防书局 清代官办编辑出版机构。清道光年间在广州设立。道光十五年（1835），两广总督邓廷桢聘请梁廷枏为书局总纂。编辑出版了《广东海防汇览》《粤海关志》《海国四说》等有关海防及介绍广东省情的书籍。道光二十六年（1846）刊印《海国四说》（包括反映美国历史的《合省国说》和反映英国历史的《兰仑偶说》）开创了中国人编写外国史的先例。（金炳亮）

中国益知学会（The Society for the Diffusion of Useful Knowledge in China） 又译在华实用知识传播会。基督教在华翻译出版机构。其母体"英国实用知识传播会"为 1832 年在伦敦成立的文化团体，以向公众传播基督教神学和科学知识为宗旨。清道光十四年（1834）11 月 29 日，经德国籍传教士郭士立（Karl Friedrich August Gützlaff）提议，在广州成立。英商马地臣（James Matheson）任会长。裨治文（Elijah Coleman Bridgman）、郭士立为中文秘书，马儒翰（John Robert Morrison）为英文秘书。其宗旨是"尽其所能，以各种办法和廉价的方式，筹备并出版通俗易懂、适合于中国之现状的实用知识的中文书刊"。中文秘书负责实际事务，其职责是"审查所有提交给本会出版之著作，并就此向委员会作出报告；根据委员会的指令，负责并监督出版、销售和发行事宜"。编制通用中文术语表供外国人中文写作使用。出版的中文著作有郭士立的《古今万国纲鉴》《万国地理全集》，裨治文的《美理哥合省国志略》《广东方言文选》（中英双语），以及《伊索寓言》等。道光十七年（1837）接手编辑出版《东西洋考每月统记传》。道光十九年（1839）出版的《中文选辑》（Chinese Chrestomathy）包括中国文选及地理、数学、建筑、博物等，是中国最早西式学堂马礼逊学堂（1839 年 11 月 4 日在澳门创立）的教科书。会员除传教士外，多为广州英美商民头面人物，初期有会员 47 人，道光十八年（1838）发展到 83 人。约在道光二十六年（1846）停止活动。（金炳亮）

在华实用知识传播会 见"中国益知学会"。

汕头英国长老会书馆（The English Presbyterian Mission Press） 英国长老会（English Presbyterian Mission）在华印刷出版机构。清光绪六年（1880）英国传教士吉布森（Joseph Gibson）和詹姆斯（James Anderson）等在汕头创办。设在一家寄宿学校中，学生兼做排印工作。初期主要采用雕版印刷，手工操作。光绪十六年（1890）后，逐渐转为以活字排版、机械印刷为主。拥有浇制铅版设备、装订设备和数台

印刷机、压书机、切纸机等。主要出版以潮汕方言写成的教会书籍和《基督教每月消息》杂志。出版物主要在潮汕地区和惠州发行，部分发行到东南亚地区。（金炳亮）

海墨楼石印书局　私营印刷出版机构。清光绪八年（1882）刘学询在广州西关十五甫外多宝大街创办。仿西法机器点石印书，故坊间又称为"点石书局"。出版科举用书、书画墨迹和舆图等，并承印粤秀书院、越华书院、羊城书院的课卷、文选等教学用书。光绪十年（1884）4月18日出版发行《述报》，每月合刊1册，名为《中西近事汇编》，是中国最早的报刊合订本。所出图书多在《述报》《循环日报》上刊登广告（告白）。（金炳亮）

海南岛教会印书局　基督教（新教）美国长老会（American Presbyterian Mission）在海南岛创办的印刷出版机构。约19世纪80年代末建立。以海南方言编印出版教会通俗读物，在海南岛发行。（金炳亮）

圣教书楼　晚清新学书店。约19世纪90年代在广州双门底（今北京路北段）创办。创始人为基督教信众左斗山。主要销售上海广学会出版的《万国公报》，以及林乐知、李提摩太等译、撰的西学书籍。清光绪十九年（1893）春，孙中山到广州行医，借书楼开办诊所，并以此为掩护秘密联系陆皓东、陈少白、郑士良、尤列、区凤墀等革命党人，策划革命活动。冯自由称其"实为广州惟一的新学书店"，"孙总理及康有为之倡导维新，大都得力于是"。（金炳亮）

广州美华浸信会印书局（The China Baptist Publication Society Press）　美国浸信会（Foreign Mission Board of the Southern Baptist Convention）在华印刷出版机构。直译为"中国浸礼会出版社"。清光绪二十五年（1899）美国传教士湛罗弼（Robert E. Chambers）发起，联合全国各浸礼会、差会和其他教会在广州沙面创办。中国基督信众捐款2000美元。实行董事会制度，湛罗弼自任总干事兼司库。考尔斯（R. T. Cowles）负责印刷工作。光绪二十八年（1902）出版《真光杂志》，是中国基督教杂志的鼻祖。另出版有中文《恩喻周刊》和英文《新东方》杂志。宣统二年（1910），书局交美国浸信会传道部和南方浸信会传道部办理，湛罗弼改任总理。华人张亦镜、叶芳圃、李会珍等先后参与其事。宣统三年（1911）迁到广州东山新河浦，规模扩大。设有一个70余人的印刷厂和一个发行机构光楼。雇有20多个书刊推销员。所印书刊除在内地发行外，还向海外华侨销售。共出版用文言文、白话文、粤语、潮汕话、客家话写成的各种出版物300余种，计7000万页，是华南地区最大的基督教出版机构。20世纪20年代迁往上海。（金炳亮）

蒙学书局　私营印刷出版机构。约20世纪初在广州双门底（今北京路北段）创办。采用西方传入的印刷技术，出版发行面向大众的史书、医书、韵书等。清光绪二十八年（1902）5月8日在广州创办《文言报》半月刊（13号起改名《文言编》，共出15号）。机制白报纸两面印刷，为广东首创。（金炳亮）

安雅书局　私营印刷出版机构。清光绪年间在广州创办。以刊印各种通俗小说、医方杂史为主。清光绪二十六年（1900）冬，书局老板梁志文在《博闻报》基础上创办报纸《安雅书局世说编》，每日刊行。（金炳亮）

商务印书馆广州分馆　晚清民国图书发行机构。清光绪三十二年（1906）在广州永汉路（今北京路336号）设立。以发行总部位于上海的商务印书馆（1897年创建）出版的图书杂志为主，兼营文具等。新中国成立后由广州市军事接管委员会接管，广州新华书店成立后在原址开办科技书店，专营科技书刊发行，营业至今。（金炳亮）

悟群著书社　私营出版发行机构。清宣统元年（1909）在广州九曜坊创办。出版了《禁烟伟人林则徐》《自由女佛山故事》《岑督征西演义》《叶名琛失城记》等白话小说（又称新小说）。是广东首家新小说出版发行机构，在当时有较大影响。（金炳亮）

华南圣教书会　基督教在华编辑出版机构。清宣统元年（1909）创办。伦敦圣教书会在广州设立的分支机构，负责教会出版物的编辑出版和印刷发行。1914年与广州美华浸信会印书局联合成立华南基督教图书公司，负责华南地区教会书刊的销售。约20世纪20年代后期停止活动。（金炳亮）

岭南小说社　私营出版机构。约20世纪初期在广州西关设立。清宣统三年（1911）11月，为配合革命党人宣传活动，出版《革党赵声历史》《革党暗杀林时爽、林冠慈合史》《湖北革命军》《凤山将军炸弹记》《两王入粤杀汉人记》《近世党人碑》等一批反清革命小说。（金炳亮）

广州共和书局　私营出版发行机构。1912年初在广州开业。地址位于双门底上街（今北京路北段）。主要出版发行文史类书籍。20世纪20年代广州国民革命高涨，也代售革命书刊，如《广东群报》1921年5月13日刊发

《新青年丛书》（包括《社会主义史》《工团主义》《阶级争斗》等8种）书讯，注明丛书总发行所为上海租界新青年社，分发行所为广州共和书局。（金炳亮）

中华书局广州分局 民国时期书刊发行机构。1913年在广州永汉路（北京路314号）设立，是中华书局在全国较早设立的分局之一。以出版发行总部位于上海的中华书局（1912年创立）出版的图书杂志为主。新中国成立后由广州军管会接管，广州新华书店成立后在原址开办儿童书店，专营少年儿童图书的发行。（金炳亮）

世界书局广州分局 出版发行机构。1921年在广州设立。地址初位于惠爱中路的昌兴新街，后迁到人民北路170号（今北京路316号）。世界书局于1917年由沈知方于在上海创立，1921年改为股份公司后规模迅速扩大。早期以出版小说为主，1924年起出版教科书，发展成为与商务印书馆、中华书局鼎立的民国三大出版发行机构。大革命时期，沈知方以"世界书局广州分局""广州共和书局"名义，编辑出版和发行《全民政治问答》《农民协会问答》《不平等条约问答》《三民主义浅说》等通俗小册子，受到读者欢迎。北伐战争时，出版发行反对帝国主义、宣传国民革命的书刊，有力配合了北伐战争，打击了帝国主义和反动军阀。1949年10月广州解放后被军管会接收。（金炳亮）

人民出版社广州工作机构 中国共产党领导的出版发行机构。人民出版社于1921年9月1日由中共中央宣传部主任李达在上海创建。1922年后，由于上海反动势力压迫，而广州革命力量高涨，其出版发行活动转向广州。

活动据点为广州市惠爱中路昌兴新街26号楼上。编辑出版了"马克思全书"（包括《工钱劳动与资本》《共产党宣言》《资本论入门》等）、"列宁全书"（包括《列宁传》《劳农会之建设》《劳农政府之成功与困难》《共产党礼拜六》等）、"康民尼斯特（今译"共产主义"）丛书"（包括《共产党底计划》《俄国共产党党纲》《国际劳动运动中之重要时事问题》《第三国际议案及宣言》等），还有一些宣传介绍俄国十月社会主义革命和国际劳工运动等方面的图书，各印3000册。1923年秋，为节省开支，一度与自上海迁入、同地址办公的广州新青年社合并。11月，出版发行业务再迁回上海，组建上海书店。新中国成立后，广州旧址仍存。（金炳亮）

平民书社 中国共产党领导的出版发行机构。1923年底在广州设立。社址位于昌兴新街26—28号。除发行瞿秋白主编的中共理论刊物《新青年》季刊及《前锋》杂志之外，还出版发行了一系列宣传介绍马克思主义和中国共产党的政策主张，以及社会科学方面的图书，如《共产党宣言》《陈独秀先生演讲录》《新社会观》等。约1924年底停止活动。（金炳亮）

民智书局广州分局 国民党创办的出版发行机构。1924年9月18日在广州成立。地址位于永汉路（今北京路）。民智书局于1921年在上海创立，主持人系国民党元老胡汉民的亲家林焕庭。出版发行宣传介绍国民党方针政策，以及孙中山、朱执信、戴季陶、周佛海、邵元冲等人的著述，也有一些社会科学方面的书籍。（金炳亮）

海南书局 私营出版机构。1924年在海口博爱路创办。同盟会会员海口人

王梦云有感于海南文化落后，发动筹设。其他发起人还有李开定、孙邦鼎、林成梓、唐品三、王硕人等。因王梦云要返回日本完成学业，推举唐品三为经理，林成梓为副经理，王硕人为出纳。成立伊始，聘请海南岛名儒王国宪等驻局整理、辑校琼州典籍。以王国宪总纂辑校的《海南丛书》最为著名。其他还有《琼州府志》《琼山县志》《琼山诗选》《琼山文选》，以及丘濬的《大学衍义补》、苏轼的《海外集》等。印刷设备在海南岛内首屈一指，大革命时期曾代理排印中共党员罗文淹领导的《琼崖民国日报》。1939年海口沦陷后，书局被日军强占，又利用其设备编印伪《海南迅报》。唐品三等人逃到湛江，继续书业经营。抗战胜利后，唐品三回到海口，有意复兴书局，未能如愿。持续经营15年，为民国时期海南岛最大的书局，对海南文献整理出版贡献良多。王梦云晚年定居台北，曾任海南同乡会理事长，仍致力于海南地方文献的编辑出版，主持辑印《丘文庄公丛书》《海忠介公全集》等，所用底本即为当年海南书局排印本。（金炳亮）

国光书店 中国共产党领导的出版发行机构。约1925年初在广州成立。地址位于昌兴新街26号，后业务扩充，迁至永汉路（今北京路）省财政厅前。由中共广东区委宣传部直接领导。区委工作人员黄国梁兼任经理。出版了一系列宣传介绍马克思主义和中国共产党的政策主张，以及社会科学等方面的图书。如毛泽东主办农民运动讲习所期间主编的《农民问题丛刊》、毛泽东著的《湖南农民运动考察报告》、陈望道译的《共产党宣言》、中国青年社编的《马克思主义浅说》、张太雷主编的《人民周刊丛书》、施存统译的《资本制度浅说》、邓中夏

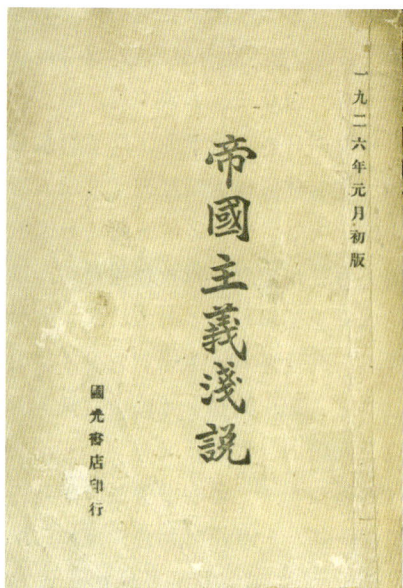

国光书店1926年版《帝国主义浅说》

著的《省港罢工概观》、刘宜之著的《唯物史观浅释》、于树德著的《社会进化简史》和《帝国主义浅说》，以及中共广东区委举办干部训练班所用的教材和参考读物，等等。发行方面，除发行自己出版的书刊之外，还代理发行《向导》《新青年》《人民周刊》等中共主办的期刊，以及《中国军人》等革命书刊。直接经营国民印刷厂，承印各类书刊。1927年广州"四一五"反革命政变后停办。（金炳亮）

黄埔军校政治部编译委员会　黄埔军校编辑出版机构。黄埔军校成立后，由周恩来领导的政治部十分重视宣传工作，成立编译委员会，"专司本校编译事宜，并管理印刷所"。另设宣传科，下设编纂股、发行股和指导股，并有书报流通所销售书刊。构成黄埔军校比较完整的编辑、印刷和出版发行体系。期刊方面，有《黄埔潮》《建国粤军月刊》《中国军人》《青年军人》《军事政治月刊》等30余种。图书方面，有《黄埔丛书》多种，以及《政治问答集》《中央军事政治学校法规全部》《入伍生之训练》《东征纪略》等。还有《克复潮汕之捷报》

《拥护省港罢工》2种辑刊。（金炳亮）

省港罢工委员会宣传部编辑股　省港罢工委员会编辑出版机构。编辑出版了《工人之路特号》及一系列以省港大罢工为题材的图书，包括邓中夏著的《省港罢工概观》《省港罢工中的中英谈判》《罢工与东征》《工会组织法讲义》《罢工的政策》，恽代英著的《中国民族革命运动史》以及《罢工纠察为国牺牲录》《省港罢工工人代表大会第一百次纪念册》《世界职工运动》《东园被焚记》《军阀铁蹄下的中国民众自救》《廖陈二公殉国周年纪念册》《孙总理逝世一周年纪念集》等。全部交国光书店发行。在省港大罢工期间发挥了重要的宣传舆论作用。（金炳亮）

中山大学出版部　民国时期学术出版机构。前身是成立于1924年的广东大学出版部。1927年广东大学改组为中山大学，出版事务继承广东大学做法，在校务方面，设立专门的出版委员会，职责是"规划本校的出版事项，审查

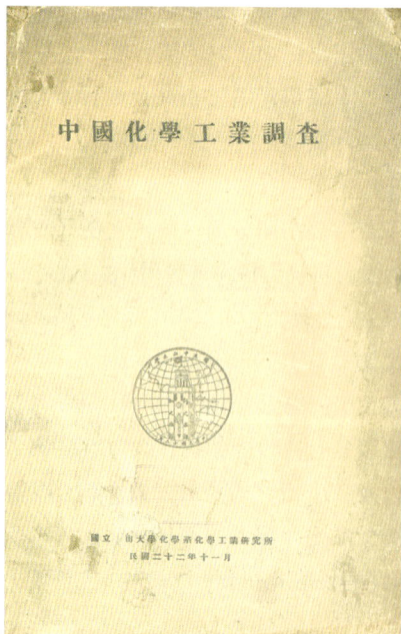

中山大学出版部1933年版
《中国化学工业调查》

出版的稿件"。另在教务处下设出版部作为执行机构。出版部主任为出版委员会当然委员。大学组织及机构历经多次变动，但出版委员会和出版部一直存在。部分院所设有出版物审查委员会和出版股，如语言历史学研究所和后来的文科研究所。出版了一大批极具价值的学术书刊，图书方面有《史料丛刊》《考古学会丛书》《民俗学会丛书》等，期刊方面有《文学院专刊》《教育研究》《民俗》《国立中山大学语言历史学研究所周刊》《社会科学论丛》《现代史学》等，均为当时中国高水平学术书刊的代表。1928—1938年出版书刊近千种。其中《民俗学会丛书》36种，包括钟敬文的《楚辞中的神话与传说》、容肇祖的《迷信与传说》、顾颉刚的《孟姜女故事研究集》、刘万章的《广州民间故事》等。1938年10月广州沦陷后，中山大学迁到粤北的坪石、东江等地，机构和人员大为精简，出版部改为出版组，有职员7人，仍归教务处管理。出版了朱谦之的《文化社会学》、杨成志的《人类学论集》、陈焕镛的《中国经济植物学》以及《广东植物志》《海南植物志》《细菌学图谱》等重要学术著作。抗战胜利后仍称出版部，直至1949年10月广州解放。在民国时期的大学出版和中国学术出版领域有重要地位。（金炳亮）

北新书屋　广州进步书店。1927年3月鲁迅在广州创办。地址位于芳草街44号2楼。因售卖的大部分书来自上海北新书局而得名。书店前面卖书，后面住人，由许广平妹妹许月平代理日常业务。开张时，许广平以"景宋"笔名在广州《国民新闻》副刊撰文介绍。经售的书刊三四十种，均为南方不易见的进步书刊，既有鲁迅自己的著译本，如《呐喊》《彷徨》《坟》《热风》《华盖集》《中国小说史略》

等，也有创造社、未名社、沉钟社等进步文学社团著译的书刊。鲁迅经常到书店了解经营情况。广州"四一五"反革命政变后，国民党对进步书刊严厉查禁。书店经营日渐困难。同年8月中旬，鲁迅关闭了书店，剩余书刊廉价转给广州共和书局。书店经营虽然不到半年，但一定程度上打破了广州文坛的沉寂局面。（金炳亮）

统一出版社 中国共产党领导的出版发行机构。1937年11月1日在广州成立。阳光（温京，中共党员）任总编，阳光、梁威林、李育中、龙世雄等组成编委会。出版发行"新型的战时综合杂志"《抗战大学》和《抗战大学小丛书》《列宁丛书》等。所出书刊由广州一般书店、生活书店、新华日报广州分馆等发行，发行范围远及广东梅县以及广西和香港等地。在全面抗战初期为建立抗日民族统一战线发挥了重要的舆论宣传作用。1938年10月广州沦陷后停办。（金炳亮）

新华日报广州分馆 中国共产党领导的新闻出版机构。1938年1月11日，中共在国统区的党报《新华日报》在武汉创刊。4月，在广州汉民路（今西湖路）40号设立分馆。为确保读者当天看到报纸，分馆每天从汉口将报纸纸型空运到广州，并立即安排印刷。广州、重庆为《新华日报》两个分印点。除翻印报纸外，还发行《救亡日报》《群众周刊》及进步图书。中共广东省委提出党报发行"最快、最高、最远"的口号，省委宣传部增设发行部和服务部，负责销售党报。《新华日报》在广州最高日发行量达5000份。1938年10月广州沦陷后一度迁往粤北曲江县，改称新华日报曲江分销处，后仍以新华日报广州分馆名义开展活动。1939年8月，国民党掀起反共高潮，强令武汉《新华日报》停刊3

天，国民党广东当局要求分馆停止发行业务。在八路军驻香港办事处主任廖承志和驻广州办事处主任云广英进行协调和斗争后，国民党广东当局收回成命。一系列书报刊联动的新闻出版活动，有力地宣传了中国共产党的抗战主张，推动了抗日民族统一战线的形成。（金炳亮）

读书生活出版社广州分社 出版发行机构。1938年4月在广州开设。经理万国钧。读书生活出版社由李公朴于1936年在上海创办，1937年11月上海沦陷后迁武汉。曾出版艾思奇的《哲学讲话》（后改名为《大众哲学》），极为畅销。1938年10月广州沦陷后停办。（金炳亮）

南方出版社 中国共产党领导的出版发行机构。1938年7月夏衍在广州创办。救亡日报社所属的一个部门，以出版《十日文萃》杂志为主。在广州3个月间，出版日本作家石川达三撰写的揭露南京大屠杀的小说《未死的兵》《南方文艺丛书》等。1938年10月广州沦陷后迁往桂林。（金炳亮）

新建设出版社 国民党官办出版发行

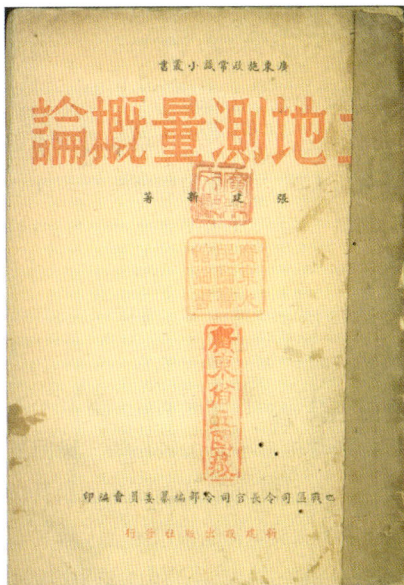

新建设出版社1940年版《土地测量概论》

机构。1938年底在广东曲江成立。广州沦陷后，曲江成为广东省战时临时省会，大批文化人撤退到这里。第七战区长官司令部专门设立编纂部，下设出版部，以"新建设出版社"名义编辑出版报刊书籍，宣传抗战。中共党员陈荡为编纂部主任兼出版社经理，设有门市部、批发部和邮购部。仅1940—1942年就出版了《土地测量概论》《广东省地税概要》《广东沙田》《广东林业概况》《广东蚕丝业概况》《广东粮食》等24种图书。为全面抗战初期建立民族统一战线发挥了积极作用。（金炳亮）

中心出版社 出版发行机构。1939年初在广东省战时临时省会曲江创办。主编梁紫邱。出版了《民族画报》《新时代》月刊及《三民主义选集》《广东政治新阶段》等图书。（金炳亮）

前进出版社 中国共产党领导的出版发行机构。1944年在东江纵队前进报社出版部基础上成立。其社徽图案为在朝阳初升的地平线上，一个头戴斗笠的农夫在播种，下面从右到左横写"前进出版社"。出版了《前进文萃》（3辑）、《时论文集》（8集）、《韬奋先生逝世纪念特刊》《团结的大会胜利的大会》（中共七大文件汇编）等图书。（金炳亮）

兄弟图书公司 进步书刊发行机构。1944年夏生活书店、新知书店、读书生活出版社联合在广西贺县八步镇创办，12月迁至广东连县。唐津霖任经理。1945年12月1日再迁广州，地址位于惠爱东路329号（今中山四路328号），仓库位于西湖路路口。曹健飞任经理，吴仲任副经理。店招牌由左洪涛请国民政府广州市市长陈策题写，以掩人耳目。经售从上海、重庆、香港等添进的革命书刊，如香港《华商报》，毛

泽东著的《论联合政府》《新民主主义论》《论文艺问题》《整风运动》等。是周钢鸣、黄庆云等进步文化人经常聚集的地方。1946 年 5 月被广州国民党当局指使特务捣毁。吴仲转往香港，继续从事进步出版活动。（金炳亮）

琼崖出版社　中国共产党领导的出版发行机构。1945 年 5 月中共琼崖区党委创办。编辑出版《新民主报》（前身是《抗日新闻》），为中共琼崖区党委机关报。半月刊。办刊宗旨是"党在政治上、思想上与工作上领导琼崖人民革命斗争"。设有《社论》《国内半月》《琼崖半月》《解放区介绍》《新中国横断面》《思想修养》等栏目。1945 年 5 月 15 日发刊，1950 年（第 18 期）停刊。设有印刷厂。出版图书有《中国人民政治协商会议特辑》（3 辑）、毛泽东的《论联合政府》《目前形势和我们的任务》、刘少奇的《论共产党员的修养》《论党》以及《革命战士修养读物》（3 集）、《论战局》《群众工作手册》《追悼王白伦同志特辑》等。（金炳亮）

琼崖出版社版《论联合政府》

学习知识出版社　中国共产党领导的出版机构。1945 年 12 月 25 日中共广州地下市委创建。社址原位于广州市教育南路铭贤坊 3 号 4 楼，后迁惠福东路 159 号 3 楼。工作人员 7 人，其中 4 人为中共党员，成立党支部，崔博峰为书记。邓邦俊任主编。公开出版发行《学习知识》杂志。另外，编印出版一些小丛书、小册子，如《政协文汇》《东北问题》《较场口血案》《评二中全会》等，大多由剪报编辑成册。1946 年 5 月，在国民党当局公开迫害下被迫关闭。（金炳亮）

广州书报杂志供应社　中国共产党领导的发行机构。1946 年初中共党员李嘉人在广州西湖路 100 号、102 号创办。表面上经售书报杂志，实际上是地下党的秘密交通站，可以读到中共办的《新华日报》《华商报》《大公报》等。1946 年 6 月 30 日被广州国民党当局查封。（金炳亮）

中流出版社　中国共产党领导的出版发行机构。1946 年夏末在广州教育路 72 号 2 楼开业。经理李汉霖。抗战胜利前夕，陈戈（陈汉欣）、李汉霖（李哲民）、罗志甫、李庆华（李坚）等粤籍进步人士在重庆以"发展桑梓文化事业"为号召募集资金，准备创办广州南天出版社。抗战胜利后，扩大募股，兴宁县军政、工商、文化界知名人士李振球、李洁之等加入，遂改"南天"为"中流"。李道澄在广州昌兴街设立的自由印刷所和自由出版社先后并入。自由印刷所更名为文业印刷所，陈戈兼任经理。中共南方局书记方要求出版群众性的出版物，创办以中间面目出现的刊物以避开国民党耳目；做好两手准备，如果刊物和出版社被国民党查封，拿笔杆子不行，则拿枪杆子。编辑出版《民间歌曲选》第一辑 1500 册，不到两个月售罄，再版 2500 册也很快销完。第二辑 2000 册也全部卖完。1947 年 10 月 20 日出版《世界新潮文艺丛刊》第一辑，

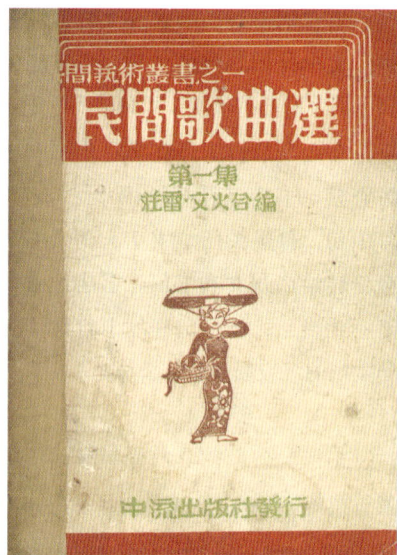

中流出版社1946年版《民间歌曲选》

12 月 12 日出版第二辑，各印 2000 册，均销售一空。在国民党文化高压政策之下，广州生活书店、兄弟图书公司等先后被特务捣毁；同时由于社会动荡，物价飞涨，出版社所出书刊虽然销售畅旺，仍然入不敷出。1947 年 5 月，《世界新潮》半月刊被迫停刊。1948 年春，根据方方指示，李庆华、陈戈、李道澄等先后奔赴游击区，参与解放事业，出版社遂停业。（金炳亮）

中印文化企业公司　出版机构。1946 年 10 月在广州成立。地址位于广东省财政厅前。印度华侨、中山大学教授、民盟会员章导任董事长。运营资金主要来自印度华侨赞助。公司下设《每日论坛报》、中印出版社和中印印刷厂（附门市部）。由于宣传进步民主运动，1947 年 5 月被广州国民党当局查封，章导被捕，进步书刊被撤版销毁。（金炳亮）

中印出版社　出版机构。1946 年冬成立。中印文化企业公司所属。社长为中山大学教授、民盟会员刘渠。编委有王亚南、梅龚彬、钟敬文、冯海燕、廖钺等。廖钺为编辑部主任。负责日常事务的刘渠、廖钺、钟嫦英均为中共党员。创办有《论坛》杂志，中山

大学教授、词学家詹安泰题写刊名，主要刊登中山大学进步教授撰写的时评时论。1947年5月被广州国民党当局查封，已排版付印的《论坛》第2期被迫撤版销毁。（金炳亮）

人间书屋 出版机构。1947年进步作家黄新波、陈实发起在香港成立。不久，黄宁婴、黄药眠、华嘉等作家加

人间书屋1948年版《溃退》

入。资金由作家们自筹，作家自费出书，书店售书所得由作家、出版机构、印刷厂分账。中共中央南方局文委领导夏衍、邵荃麟、冯乃超，以及香港新民主出版社、工合印刷厂、香港进步书店等给予大力支持。先后出版《人间文丛》《人间译丛》《人间诗丛》，作者有夏衍、黄秋耘、黄药眠、聂绀弩、杜埃、华嘉、林默涵、黄宁婴、楼栖、林林等，在中国香港及东南亚有较大影响。1949年10月，迁广州（汉民北路249号），并在接收国民党正中书局基础上重新开业。设有门市部。负责编辑工作的有杜埃、华嘉和黄宁婴，均为兼职。主要出版华南文联编写的图书，也承印部分中小学教材。先后出版《广州文艺丛书》，以新编粤剧为主；《青年学习丛书》，有张江明的《新民主主义讲话》《认识苏联》，萧殷的《生活·思想·随

笔》，黄茅的《新美术讲话》，周钢鸣的《论文艺改造》，林林的《诗歌杂谈》，戴夫的《坚定的人》等；还有一些宣传小册子。为新中国成立后广东创建社会主义出版事业作出积极贡献。1953年并入华南人民出版社。（金炳亮）

广州新华书店 新中国成立后广东省最早设立的国有图书发行机构。1949年11月7日在广州市永汉北路265号（原国民党正中书局所在地，今北京路347号）建成开业。首任经理吴仲。根据中央文委指示，由中共领导下的香港新民主出版社筹备书店。他们派人到解放区取得毛泽东题写的"新华书店"手迹和一批解放区新书样本、纸型，又以新华书店名义赶印了大批毛泽东、刘少奇、朱德等领导人的画像和著作。1950年7月1日，组建新华书店华南总分店，广州新华书店为其下属机构。1992年，组建全国首家图书发行企业集团——广州新华书店企业集团。1994年建成广州购书中心。2000年12月，实现转企改制重大

新华书店华南总分店编审出版部出版的图书

改革。2008年组建广州新华出版发行集团股份有限公司，是广州市三大国有控股文化企业集团之一。业务涵盖图书出版、发行和文化产品流通，以及数字出版、电子商务、场地出租、

室内装饰、物资储存、汽车货运、文化娱乐、信息咨询等。拥有以广州购书中心为图书零售旗舰店的大中小型书城（店）30多个，还拥有覆盖全市主要商圈的报刊亭近2000个，出版物经营品种超过30万种。总资产9.9多亿元。"铿锵点书台""读者俱乐部""羊城书展"等品牌项目受到读者的喜爱。（金炳亮）

新华书店华南总分店 新中国成立初期华南地区出版发行机构。1950年春，中央人民政府政务院发布《关于统一全国新华书店的决定》，在北京成立新华书店总管理处，华北、华东、东北、西北、中南、华南、西南设新华书店总分店。1950年7月，华南总分店在广州成立，下设广东、广西分店，分店以下设支店，广州新华书店为其下属机构。吴仲任经理。又设编审出版部，杜埃任主任，编辑出版图书。1951年4月，在编审出版部基础上组建华南人民出版社。1952年4月1日，改称新华书店广东分店，统管广东省各地新华书店。（金炳亮）

南方通俗读物联合出版社 又称南方通俗出版社。新中国成立初期非国有出版机构。1951年3月在广州成立。社址位于广州永汉北路（今北京路）263号。初为私人联营，1951年12月

南方通俗读物联合出版社1951年版
《婚姻大革命》

转为公私合营。罗戈东兼任社长，杨铁如任副社长。以出版配合政策宣传的通俗读物为主，年出版图书数十种。如配合《婚姻法》实施，组织编写出版《自由婚姻》《幸福新婚姻》《童养媳翻身》《婚姻大革命》等；配合互助合作，出版了《家家参加互助组》《互助组长李桂英》《互助庆丰收》《新粤曲》系列图书等。1956年5月，人员和业务并入广东人民出版社。（金炳亮）

南方通俗出版社 见"南方通俗读物联合出版社"。

华南人民出版社 新中国成立后岭南第一家国有出版机构。1951年4月在广州成立。社址位于广州永汉北路170号（新华书店华南总分店所在地），后迁至大南路43号。首任社长由中共中央华南分局宣传部副部长曾彦修兼任。前身是1950年7月组建的新华书店华南总分店编审出版部。1953年人间书屋并入。1956年春改名为广东人民出版社。为全国较早成立的地方人民出版社之一。管理范围包括广东、广西和现在的海南省。出版了《华南大众读物》《华南大众小丛书》《谁

养活谁》《婚姻法图解》等。其中《为什么要把粮食卖给国家》农村干部几乎人手一册，《怎样打算盘》印行100多万册。租型印制人民教育出版社课本和人民出版社出版的中央文献。代印出版《广东画报》《作品》《象棋》等杂志。（金炳亮）

广东省新华书店 广东省国有图书发行机构。前身为新华书店华南总分店，负责两广地区的图书出版发行工作。1952年4月1日，新华书店华南总分店改称新华书店广东分店，成为广东省图书发行的管理机构和图书调拨中心，全省唯一具备中小学教材发行资质的单位。1954年改称广东省新华书店。至1955年底，全省有新华书店85处，全部集中统一管理。此后在管理体制上经历了多次变动：1956年各地新华书店第一次下放归地方管理，1963年上收；1969年第二次下放，1980年上收；1968年12月，全省新华书店建制一度被撤销，业务由广东人民出版社代管，直到1978年9月才恢复建制；1985年各地新华书店第三次下放，21世纪初又上收（不包括广州、深圳、湛江三地的新华书店）。1999年6月，组建广东新华发行集团股份有限公司，成为全国首家完成股份制改造并实行集团化运营的省级新华书店，为全国首批三家出版发行体制改革试点单位之一。2001年，组建了更大规模的广东新华发行集团，是广东省重点扶持的国有控股的出版物发行龙头企业。2004年，资产划入广东省出版集团有限公司控股的南方出版传媒股份有限公司。2016年，南方传媒上市之后，通过换股方式使旗下各子（分）公司（即各地新华书店）资产成为南方传媒上市资产。截至2018年末，总资产43亿元，净资产20亿元，营业收入近30.28亿元，利润2.2亿元。拥有100家子（分）公

司，网上书店2家，实体书店309家，四阅书店12家，校园书店137家，新华文化驿站及社区书店60家，连锁经营网络覆盖全省94个市县城乡。业务涵盖政治读物、中小学教材及一般出版物发行、电子商务、教育培训、物流配送服务、物业运营、文化地产建设等领域。为全省约19000所学校1500万师生提供中小学教材发行服务，几十年如一日践行"课前到书、人手一册"的承诺，送书到校、分书到班。在全省农家书屋建设、文化产品政府采购、举办南国书香节等公共文化服务方面表现突出。先后被评为"全国文明单位""全国新华书店系统先进集体""广东省守合同重信用企业"；多家门店获"全民阅读示范书店""全国百佳文化地标""最美基层店"等称号。（金炳亮）

广东人民出版社 国有出版企业。南方出版传媒股份有限公司（简称南方传媒，其控股母公司为广东省出版集团有限公司）全资子公司。总部设在广州。社址初位于大南路43号，曾迁至光孝路17号，1975年迁至大沙头四马路10号。前身是华南人民出版社，1956年春改现名。同年5月，南方通

广东人民出版社1969年版
《政治学习文选》

俗读物联合出版社并入。1959年9月，广州文化出版社并入。1968年一度被撤销，代之以"毛主席著作印制办公室""毛主席著作广东出版发行站"。1969年恢复建制。改革开放前以"地方化、通俗化、群众化"为办社宗旨，除出版各类图书之外，还承担人民教育出版社的教材租型印制业务。管理广东省新华书店、广东新华印刷厂、广东省印刷器材公司等单位。1978年5月广东省出版事业管理局成立后，成为其直属单位，并不再行使全省出版事业管理职责。以"围绕中心、服务大局"为办社宗旨。先后分出广东科技出版社、岭南美术出版社、花城出版社、广东教育出版社、广东新世纪出版社。实行"事业单位，企业管理"体制。2005年转制为企业，工商登记为"广东人民出版社有限公司"，但出版图书、音像和电子出版物仍沿用"广东人民出版社"名称。1999年广东省出版集团成立，为其全资子公司。2009年，以广东省出版集团出版资产为基础组建南方传媒，为南方传媒全资子公司；2016年南方传媒在上海证券交易所上市，为其重要上市主业资产。设有历史文化分社、教材教辅分社、市场图书分社、融合发展分社和岭南文库编辑部、华侨文库编辑部、政治读物编辑室、古籍辞书编辑室等部门，在北京、中山、惠州等地设有分支机构。先后出版《三家巷》《唐诗小札》《广东名画家选集》《人啊！人》《广州音字典》《中国家庭史》《澳门编年史》《清车王府藏戏曲全编》《中华人民共和国通史》以及"岭南文库"等一批好书。年出书1000余种。获国家图书奖、中央宣传部"五个一工程"奖、中华优秀出版物奖图书数十种。先后创办《农村文化室》《广东儿童》《花城》《随笔》《风采》《海韵》《译海》《旅游》（后改名《旅伴》）、《影视世界》《周

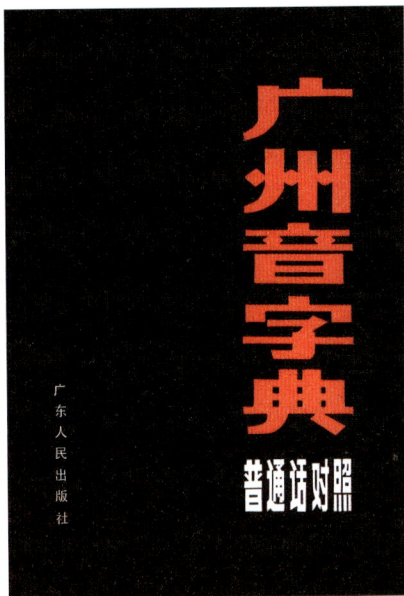

《广州音字典（普通话对照）》

末》连环画报、《画廊》丛刊、《剑花》漫画杂志、《中学生之友》《美与生活》《车主世界》以及《香港风情》《希望》等10余种丛刊、杂志。获"全国新闻出版系统先进集体"荣誉称号。（金炳亮）

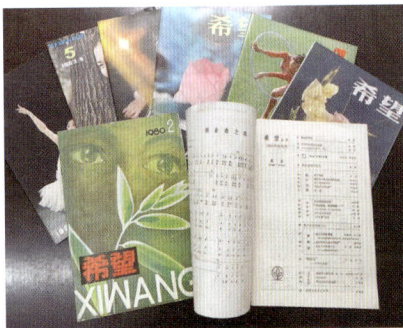

《希望》杂志

广州文化出版社　国有出版机构。1958年在广州成立。杨铁如任社长。1959年初出版长篇报告文学《向秀丽》，发行100余万册。因没有取得出版总署社号，人员和业务于1959年9月并入广东人民出版社。1987年经国家出版事业管理局批准重新成立。以出版广州地区的学术著作和通俗读物为主。1989年底在国家出版政策调整整顿中被撤销。共出版图书近百种，发行500余万册。反映岭南文化的图书有《羊城书系》《岭南画派》等。（金炳亮）

广东科技出版社　国有出版企业。南方出版传媒股份有限公司（简称南方传媒，其控股母公司为广东省出版集团有限公司）全资子公司。总部位于广州。前身为广东省科学技术出版社，1973年6月成立，由广东省科技局领导。1978年5月，在广东人民出版社科技书刊出版业务和广东省科技出版社基础上重组，改现名，并转归广东省出版事业管理局领导。为全国较早成立的地方综合性科学技术专业出版社。实行"事业单位，企业管理"体制。注重出版富有岭南特色的科技图书，如《广东植物志》《华南杜鹃花志》《广东地产药材研究》《岭南中医世家传承系列》《岭南中医药文库》等。创办过《科技世界》《实用知识》《广东职业教育》《名医》等期刊。20世纪90年代发起成立广东优秀科技专著出版基金，为全国第一家正式获得国家批准注册成立的专项出版基金，有效地解决了科技专著出版难的问题。2005年转制为企业，工商登记为"广东科技出版社有限公司"，但出版图书、音像和电子出版物仍沿用"广东科技出版社"名称。1999年广东省出版集团成立，为其全资子公司。2009年，以广东省出版集团出版资产为基础组建南方传媒，为南方传媒全资子公司；2016年南方传媒在上海证券交易所上市，为其重要上市主业资产。获"全国新闻出版系统先进集体"荣誉称号。（金炳亮）

太平洋影音公司　国有音像出版企业。1979年1月在广州成立。是新中国成立后第一家拥有整套国际先进水平、全新录音录像设备和音像制品、光盘生产线，集生产和销售业务于一体的音像企业。出版了新中国第一盒立体声录音带《朱逢博独唱歌曲选——蔷薇处处开》、第一张激光唱片《蒋大为金曲》、第一套中国录影集、第一

张蓝光 CD，开创音像出版事业先河。1981 年设立云雀奖，每年评选和表彰、奖励优秀的演唱者和演奏者。最早实行签约歌手制度，1982 年 5 月签约青年歌手沈小岑，长期挖掘培养新人，致力于精品原创。1986 年，牵头联合省内几家音像单位成立南方音像集团，并举办全国音像制品订货会。除了民族、流行音乐原创作品的制作外，还制作出版了《粤剧粤曲文化艺术大观》《广东名人套装》《岭南飞歌》《粤剧天籁——红线女经典作品集》《中华音乐版图系列——印象岭南》《广东音乐》等振兴岭南文化的精品音乐作品，为广东音乐的发展作出了贡献。累计出版节目 10000 多版，获国家、省级大奖 200 余种。（刘晖）

深圳市新华书店　国有图书发行机构。1980 年 1 月成立。前身为 1950 年 6 月成立的新华书店宝安支店，1954 年改为宝安县新华书店。1985 年广东省新华书店管理体制改革，由省店直接管理改为归属地深圳管理，人权、财权和经营权三权到位，获得快速发展。早期主要从事中小学教科书发行，是深圳市唯一具备中小学教科书发行资质的发行机构。改革开放后，一般图书发行高速增长，并逐渐多元化经营。1996 年创立深圳书城。2000 年起每年 11 月承办深圳读书月活动（由深圳市委、市政府主办），营造读书氛围。2004 年组建深圳市发行（集团）公司，新华书店改制为有限公司，作为集团旗下的国有全资子公司。2007 年组建深圳出版发行集团，为深圳市三大文化产业集团之一。总资产近 11 亿元，年销售额近 7 亿元。截至 2019 年底，建成 6 座本地书城、1 座异地书城、47 家公共书吧。（金炳亮）

广东省地图出版社　国有出版企业。总部位于广州。1980 年 10 月成立。

广东省国土资源厅主管、主办。广东省唯一一家以地图出版和地理、地图知识性出版物为主的专业出版机构。2010 年改制为"广东省地图出版社有限公司"，但仍以"广东省地图出版社"名义出书。2020 年改为广东省出版集团有限公司主管、主办。编辑出版有《广东省地图册》《广东省政区图》《广州街道详图》《广东历史地图集》《珠江三角洲地图集》《岭南乡土地名丛书》等岭南特色图书。（金炳亮）

岭南美术出版社　国有出版企业。总部位于广州。1981 年 1 月成立。广东省唯一一家的专业美术出版单位。实行"事业单位，企业管理"体制。主管、主办单位先后为广东省新闻出版局、广东省文学艺术界联合会，2020 年改为广东省出版集团有限公司主管、主办。20 世纪 80 年代出版通俗性连环画周报《周末画报》，发行量最高达 180 万份，掀起一波"小报热"，塑造的"乐叔与虾仔"艺术形象家喻户晓，深入人心。20 世纪 90 年代美术丛刊《画廊》以先锋姿态，发表一系列理论探索文章和美术作品，在美术界享有盛名。编辑出版《广东画人录》《李铁夫画集》《黎雄才画集》等画册。编辑出版中小学义务教育课程标准美术教材获审定通过，在全国发行。2005 年转制为企业，工商登记为"广东岭南美术出版社有限公司"，但出版图书、音像和电子出版物仍沿用"岭南美术出版社"名称。（金炳亮）

花城出版社　国有出版企业。南方出版传媒股份有限公司（简称南方传媒，其控股母公司为广东省出版集团有限公司）全资子公司。总部位于广州。1981 年 1 月成立。为广东省唯一一家专业文艺出版单位。20 世纪 80 年代初

与香港合作出版《郁达夫文集》《沈从文文集》。在内地率先引进出版港台文学作品，掀起琼瑶、席慕蓉、金庸等出版热潮。引领了朦胧诗、先锋文学等文学热潮。编辑出版的《花城》《随笔》连续出版 40 余年，长盛不衰。主办大型文学期刊《花城》，在文学界享有盛名。《随笔》杂志富含思想性，深受读书界好评。还曾创办《时代报告》《历史文学》《文化广场》等期刊。2015 年，编辑出版王蒙的长篇小说《这边风景》获第九届茅盾文学奖。编辑出版中小学音乐教材通过国家审定，在全国发行。实行"事业单位，企业管理"体制。2005 年转制为企业，工商登记为"广东花城出版社有限公司"，但出版图书、音像和电子出版物仍沿用"花城出版社"名称。1999 年广东省出版集团成立，为其全资子公司。2009 年，以广东省出版集团出版资产为基础组建，为南方传媒全资子公司；2016 年南方传媒在上海证券交易所上市，为其重要上市主业资产。（金炳亮）

广东旅游出版社　国有出版企业。广东省旅游控股集团有限公司全资子公司。总部位于广州。1981 年 8 月成立。主管、主办单位为广东省旅游局，2000 年改为广东省旅游集团。1982 年经广东省体制改革委员会批准，在全国率先由事业单位改制为全民所有制企业。2018 年改制为有限责任公司，工商登记为"广东旅游出版社有限公司"，但仍以"广东旅游出版社"名义出书。20 世纪 80 年代引进出版台湾作家三毛、香港作家梁羽生作品。编辑出版有《岭南山水传说》《岭南风俗录》《岭南风情》大型画册等岭南特色旅游图书。曾刊行旅游文化杂志《旅潮》，后停办。（金炳亮）

中山大学出版社　国有出版企业。总

部位于广州中山大学南校区。1983年8月成立。1997年并入中山大学音像出版社。实行"事业单位，企业管理"体制。2007年成为全国大学出版社首批转企试点单位，工商登记为"广州中山大学出版社有限公司"，但仍以"中山大学出版社"名义出书。以学术图书为主要出书方向，中山大学作者占比约40%。编辑出版有"岭南学丛书""岭南濒危剧种研究丛书""百川汇南粤——海上丝绸之路对岭南文化的影响丛书"等岭南特色图书。（金炳亮）

广东高等教育出版社 国有出版企业。总部位于广州。1984年3月成立。广东省教育厅主管，广东省教育研究院主办。以出版各级各类教育教材、教学指导用书、教辅读物、学术专著为主。2013年，被确定为"广东职业教育教材出版基地"。实行"事业单位，企业管理"体制。编辑出版有《广东通史》《广东碑刻铭文集》《东南亚华侨史丛书》《冼星海全集》等岭南特色图书。（金炳亮）

海南人民出版社 国有出版机构。1984年7月在海口市成立。按照我国出版体制，各省只在省会设人民出版社，但少数民族自治地区例外。为地方性综合出版社，实行"事业单位，企业管理"体制。岭南文化出版物有《东坡胜迹诗联选》《琼崖革命斗争税收史》等。1988年海南建省，成为省级人民出版社建制。1990年改名为海南出版社。（金炳亮）

海天出版社 国有出版企业。总部位于深圳。1984年9月成立。实行"事业单位，企业管理"体制。2006年转制为企业。2007年与深圳市发行集团（公司）联合组建深圳市出版发行集团，2018年改名为深圳出版集团有限

公司。2022年9月经批准同意更名为深圳出版社。编辑出版有《深圳通史》《深圳传奇》《深圳斯芬克斯之谜》《深圳全纪录》《关山月全集》（与广西美术出版社合作出版）等岭南特色图书。曾刊行校园文学期刊《花季雨季》，后停刊。（金炳亮）

广东教育出版社 国有出版企业。南方出版传媒股份有限公司（简称南方传媒，其控股母公司为广东省出版集团有限公司）全资子公司。总部位于广州。1985年5月成立。1991年独立运营。1993年出版的沿海版教材，是最早由地方出版社出版发行的全国通用教材之一。至21世纪初，出版国家课程标准教材14科，仅次于人民教育出版社，居全国地方教育出版社榜首；出版广东省中小学地方课程教材100种，广东省教育厅审定通过的教材辅导读物350多种，居全省首位。编写出版的广东乡土教材有《中山历史》《珠江口上的明珠——番禺》《孙中山的故乡——中山》《佛山文化》《走进岭南文化》等。部分教材获得港澳中小学校选用。1995年出版《新三字经》，各种版本在国内外累计发行4000余万册，成为出版界现象级的产品。先后创办《新空间》《数码先锋》《收藏·拍卖》等期刊。实行"事业单位，企业管理"体制。2005年转制为企业，工商登记为"广东教育出版社有限公司"，但出版图书、音像和电子出版物仍沿用"广东教育出版社"名称。1999年广东省出版集团成立，为其全资子公司。2009年，以广东省出版集团出版资产为基础组建南方传媒，为南方传媒全资子公司；2016年南方传媒在上海证券交易所上市，为其重要上市主业资产。获"全国优秀出版社""全国新闻出版系统先进单位""全国百佳图书出版单位"等荣誉称号。（金炳亮）

华南理工大学出版社 国有出版企业。总部位于广州华南理工大学五山校区。1985年7月成立。实行"事业单位，企业管理"体制。2009年转制为企业，工商登记为"华南理工大学出版社有限公司"，但仍以"华南理工大学出版社"名义出书。出版高校教材，涵盖自然科学、工程技术、管理科学、人文社科、艺术及医学等学科领域。其中《岭南建筑经典丛书》，包括园林、祠堂、书院、学宫、民居、古村落等27种图书，是对岭南建筑的系统梳理。《客家研究文丛》共50种图书，囊括文学、历史、哲学、地域、民俗、方言、经典、艺术、科技、人物传记等各个方面。（金炳亮）

新世纪出版社 国有出版企业。南方出版传媒股份有限公司（简称南方传媒，其控股母公司为广东省出版集团有限公司）全资子公司。总部位于广州。1985年7月成立。1995年独立运营。为广东省唯一一家专业少儿读物出版单位。主要出版婴幼儿图画书、幼教教材、少儿教养类、游戏类、手工类图书、儿童文学读物、中小学各科辅助读物、英语教学类读物、工具书、漫画书等各种适合少年儿童阅读的图书。出版岭南文化特色图书《粤韵唐诗》《粤韵宋词》《绘声绘色看方言》《岭南幼儿多元智能课程》等。成立之初即创办《少年文摘》杂志，在青少年类报刊出版界有一定影响，多次入选新闻出版总署评出的全国百强青少年报刊。实行"事业单位，企业管理"体制。2005年转制为企业，工商登记为"广东新世纪出版社有限公司"，但出版图书、音像和电子出版物仍沿用"新世纪出版社"名称。1999年广东省出版集团成立，为其全资子公司。2009年，以广东省出版集团出版资产为基础组建南方传媒，为南方传媒全资子公司；2016年南方传

媒在上海证券交易所上市，为其重要上市主业资产。（金炳亮）

广东音像出版社 国有音像出版企业。1987年在广州成立，隶属广东省文化厅，2010年转企改制为有限公司。具有音像、电子和网络出版权，在音乐、影视、文化教育、游戏娱乐领域策划出版了10000多种产品。致力于挖掘与弘扬岭南优秀文化，拥有岭南地方戏剧的节目资源和广东非物质文化遗产内容资源。2016年以来，利用在音乐制作和出版方面的优势，推进南粤古驿道音乐活化制作工作，抢救性挖掘、保护了一批古驿道上的古曲、古谱、古音，并参与了一系列古驿道音乐的制作与研究，为南粤古驿道音乐的复活和宣传推广作出了贡献。2019年7月，经广东省自然资源厅、广东省文化和旅游厅、广东省住房和城乡建设厅批准成立"广东音像出版社南粤古驿道音乐研究制作中心"，依托本社音乐制作、出版专业优势，做好传承、推广和利用南粤古驿道音乐工作。（刘晖）

珠影白天鹅音像出版社 国有音像出版企业。1988年在广州成立。珠江电影制片有限公司主管、主办。以珠江电影制片有限公司为节目制作基地，是集音像制品的编录制作、生产加工、发行出版于一体的经济实体。音像出版物品种较多，包括风光片、电影、交响乐、电视、电影纪录专题片、纯音乐类、影视音乐（含MTV）类、民歌、教育系列、流行歌曲系列、民族器乐曲系列等，致力于推进民族传统文化，弘扬岭南特色文化。相继推出音像制品《中国电影名曲系列》《民歌器乐系列》《岭南盛典广东音乐四百年》《六祖坛经大型交响合唱音乐会》以及大型电影故事片《邓小平》《荔枝红了》等，在历届音像制品评选中获得多项殊荣。（刘晖）

暨南大学出版社 国有出版企业。总部设在暨南大学石牌校区。1989年成立。实行"事业单位，企业管理"体制。2010年转制为企业，工商登记为"广州暨南大学出版社有限责任公司"，但仍以"暨南大学出版社"名义出书。在华侨华人研究、华文教育出版等方面具有一定影响。2011年以来，编辑出版《岭南文化书系》近百种、《潮汕文库》40余种。（金炳亮）

广州出版社 国有出版企业。总部位于广州。1992年12月成立。实行"事业单位，企业管理"体制。1998年并入广州日报报业集团。2009年转制为企业，工商登记为"广州出版社有限公司"，但仍以"广州出版社"名义出书。现为广州出版发行集团所属企业。编辑出版有《广州市志》《广州大典》《香港大辞典》《澳门大辞典》《广府名人读本》《粤剧大辞典》等岭南特色图书。（金炳亮）

汕头大学出版社 国有出版企业。总部设在汕头大学。1993年成立。实行"事业单位，企业管理"体制。编辑出版有《潮汕史稿》《潮汕民俗大观》《潮汕民间美术全集》《国语潮音大字典》（与广东人民出版社联合出版）等富有潮汕特色的图书。（金炳亮）

广州购书中心 中国最早的大型现代化书城。广州新华出版发行集团有限公司旗下企业。1994年11月23日在广州开业。为全国最早建立的大型图书商城。紧邻天河体育中心，位于天河商圈的核心地带。占地5475平方米，楼高10层，总投资1亿元，总建筑面积24000平方米（图书营业面积15000平方米）。由著名建筑工程师郭明卓设计。在全国率先将商城概念引

广州购书中心

入书店经营，是广州天河商圈的第一座商城。建成之初就按规范化企业运营，为全国新华书店系统第一家股份有限公司。常年销售图书品种达10余万种，其中社会科学类图书有1.5万种，科学技术类图书有1.8万种，文学艺术类图书有1.5万种，每日吸引3万人次以上的读者浏览、选购。2004年11月13日起，开通网上书店。2014年全面改造升级，定位于"城市文化生活中心"，通过创新书店与多元文化业态组合，形成主业经营全品类、精品化与多种经营、休闲服务相配套，线上线下多渠道运营的崭新格局。建设"两微一端"、APP、小程序、自助付款体系于一体的智慧书城。2017年，被评为中国"最美新华书店"。（金炳亮）

学而优书店 民营书店。1994年在广州成立。创办人陈定方。以销售社科学术图书为主，逐渐向多元化发展。有20多家分店，其中有开在中山大学、暨南大学、广东工业大学旁边的学术文化书店，有开在深圳机场、广州白云机场候机楼的机场书店，还有与广州地铁合作开办的"地铁文化快线"连锁店，与广州市少年宫合作开办的学而优童书坊，以及开在深圳富士康工业园区的厂区书店等。读者人群覆盖珠江三角洲，兼及中国港台和东南亚的新马泰地区。2002年，在中山大学西门口附近开设旗舰店（新港店）。在实体书店屡受冲击下，提出"我们要做专业的阅读服务提供商"，坚守阵地。（金炳亮）

广东经济出版社 国有出版企业。南方出版传媒股份有限公司（简称南方传媒，其控股母公司为广东省出版集团有限公司）全资子公司。总部设在广州。1995年12月在原科学普及出版社广州分社（1978年成立，1989年撤销）所属资产基础上组建成立。实行"事业单位，企业管理"体制。2005年转制为企业，工商登记为"广东经济出版社有限公司"，但出版图书、音像和电子出版物仍沿用"广东经济出版社"名称。2009年，以广东省出版集团出版资产为基础组建南方传媒，为南方传媒全资子公司；2016年南方传媒在上海证券交易所上市，为其重要上市主业资产。以经济类图书为主要出版特色。编辑出版有《海上丝绸之路研究书系》《中国南海海洋国土》《中国南海海草研究》等有岭南特色的重点图书。先后出版有《武林》《科普画报》《汽车与你》等杂志。（金炳亮）

深圳书城 国有图书卖场，书城模式的引领者。深圳出版发行集团旗下企业。1996年，深圳中心书城开业。其后在深圳全市范围陆续建成罗湖书城、南山书城、宝安书城、龙岗书城、龙华书城等14家连锁书城，均以"深圳书城"冠名，成为全国知名的书城文化品牌。在全国图书销售排名前10的大书城中，中心书城、南山书城、罗湖书城均位列其间。2008年，中心书城推出"深圳晚8点"公益文化活动，构建以"阅读"为核心的开放的晚间文化生活空间。拓展实体书店的服务

深圳书城开业

空间，打造"数字书城""智慧书城""掌上书城"。（金炳亮）

羊城晚报出版社 国有出版企业。总部位于广州。羊城晚报报业集团主管、主办。1998年12月成立。实行"事业单位，企业管理"体制。2010年5月转制为企业，工商登记为"广东羊城晚报出版社有限公司"，但仍以"羊城晚报出版社"名义出书。编辑出版有《广东粤剧系列丛书》等具有岭南特色的图书。（金炳亮）

南方日报出版社 国有出版企业。总部位于广州。南方日报报业集团主管、主办。1999年成立。实行"事业单位，企业管理"体制。传媒类图书具有一定影响。编辑出版有《岭南文艺百家丛书》《岭南三秀丛书》等具有岭南特色的图书。（金炳亮）

广州市朗声图书有限公司 混合所有制出版公司、文化科技融合型企业。2003年在广州成立。创始人、董事长欧阳群。以版权运营和出版为主业。拥有金庸、梁羽生等知名武侠小说作家在内地的作品出版专有使用权。出版有《金庸作品集》《梁羽生作品集》《古龙精品集》系列武侠经典、多语种金庸作品漫画、《潘鹤作品集》等。推出武侠文创产品、中华经典系列有声书、百听听书数字有声数据库，以及金庸听书、百听听书应用平台和百听融合阅读空间集成系统等出版融合创新产品。朗声数字听书馆、听读中国—经典作品听书再造工程获中央和广东省文化产业资金资助及奖励。拥有国家发明专利、外观专利、商标、软件著作权、广东省高新技术产品、广东省最具价值版权作品近百件。获"2013年中国版权最具影响力企业"、第六届中国国际版权博览会"金慧奖"——最佳企业奖（2016年）、"全

国版权示范单位"（2017）等荣誉称号。入选国家2019年度数字出版精品遴选推荐计划和2019—2020年度国家文化出口重点项目单位。（金炳亮）

深圳报业集团出版社 国有出版企业。总部位于深圳。深圳报业集团主管、主办。2004年6月成立。全国第一家按企业批准新建的出版机构。编辑出版有《潮州窑历代茶具》《潮瓷下南洋》等具有岭南特色的图书。（金炳亮）

广东海燕（语言）电子音像出版社 国有音像出版企业。南方出版传媒股份有限公司（简称南方传媒）全资子公司。2006年，由广东海燕电子音像出版社（成立于1996年）与广东省语言音像电子出版社（成立于1983年）合并而成，并顺利完成转企改制，是南方传媒旗下唯一一家具有电子、音像、互联网、图书等多种出版介质平台的出版社。拥有图书（盘配书）、音像、电子、互联网全媒体出版资质及批发兼零售业务，还拥有电视节目制作经营资质。在出版类型上，以教育、少儿、语言、文化教育产品为主。2000年以来，两社共获国家级奖项荣誉62种。弘扬传承岭南文化，策划展现岭南文化特色的项目，陆续出版了《走读广东·广东非物质文化遗产》《叹·粤剧》《其命惟新——广东美术百年大展》《至美岭南文化巡礼》《潮汕文化选辑》《南粤瑰宝》等优秀音像制品。策划制作的"小学语文教材（部编版）"的学习光盘中有广东方言（粤语、潮汕话、客家话）古诗词朗诵，展现岭南文化特色。（刘晖）

广州方所 新型实体书店及综合文化平台。2011年11月25日在广州开业。由知名服饰设计品牌"例外"创始人

毛继鸿，联手台湾诚品书店创始人之一廖美立共同创建。位于广州天河繁华商区太古汇，面积 1800 平方米，与世界各地知名品牌相邻，开创了书店进驻品牌商城的先例。设计上充满艺术感，提倡"美学生活"，图书陈列品种偏重艺术和人文；实行跨界经营，以书店为主，混合美学生活、咖啡馆、艺术展览、服饰时尚等，并定期举办各类讲座和艺术鉴赏，在业态上是一种新型文化平台。开业后成为广州的文化新地标，并带动各路资本进军实体书店和新华书店转型升级。后陆续在成都、青岛、西安开设同品牌书店。（金炳亮）

澳门东印度公司印刷所（The Honorable East India Company's Press） 中国最早使用铅合金活字排版、机器印刷的出版机构。清嘉庆十九年（1814）9 月英国东印度公司雇用的印刷工彼特·汤姆斯（Peter Perring Thoms）在澳门创立。位于龙嵩街附近（今江沙路里，Beco de Goncalo），屋主为澳门富商、土生葡人江沙路（Goncalo Pereira da Silveira）。初期主要为刊印马礼逊编撰的《华英字典》（A Dictionary of the Chinese Language）服务，后也为东印度公司的商业印刷服务，并为传教士印刷宗教出版物。经费出自东印度公司。目前所见最早出版物为嘉庆二十年（1815）2 月 5 日刊行的《嘉庆皇帝上谕》（马礼逊译）和小说《三与楼》（李渔著，德庇时译）；同年出版马礼逊译自中文《京报》的英文著作《中文原本翻译》。嘉庆二十一年（1816）出版马礼逊编著的汉语口语对话教材《中文对话与例句》，供外国人学习中文使用。二十二年（1817）出版《中国一览》，是第一本向西方世界介绍中国历史的英文图书。嘉庆二十年（1815）至道光三年（1823）陆续出版马礼逊

编写的《华英字典》，共 6 册，5000余页，采用中英铅活字合排和相应的拼版技术，中文自左至右横排，均为中国出版史首创。道光二年（1822）协助印刷澳门第一份葡文报纸《蜜蜂华报》。道光八年（1828）出版英文版《广东省土话字汇》（Vocabulary of the Canton Dialect），是最早介绍粤方言的专门工具书，为中西文化交流打下良好基础。早期使用铅活字为英国传教士马施曼（Joshua Marshman）在澳门创制。为印制马礼逊的巨著《华英字典》，彼特·汤姆斯带领中国刻工刻制铅合金活字约十万枚，用雕版浇铅版后割开制成，是中国最早的一副中文铅字字模。道光十一年（1831）印刷澳门第一份英文期刊《广州杂志》（The Canton Miscellany，又译为《广州杂文编》）。道光十二年（1832）出版瑞典学者龙思泰（Anders Ljungstedt）著的《早期澳门史》、麦都思（Walter Henry Medhurst）编撰的《福建方言字典》。此外，还出版了马儒翰编写的《华英通书》（中英文对照历书）若干本和《汉文诗解》等。目前可查知的出版品种近 30 种，还有用于传教的大量宣传单。道光十三年（1833）6 月 30 日被澳葡政府以刊印违反罗马天主教教义出版物为由关闭。首次将中文铅活字应用到西方印刷术中，是中国印刷史上的重大变革，标志着中国近代出版史的开端，在中外文化交流史上具有重要地位。（金炳亮）

马家英式印刷所（The Morrison's Albion Press） 又称亚本印刷厂。澳门印刷出版机构。由于传闻澳门东印度公司将关闭其在华办事处，服务于传教工作的东印度公司印刷所前途未卜，马礼逊于清道光十二年（1832）11 月在澳门家中自设私人性质的印刷所。"马家"即马礼逊家，"Albion"是印刷机

的名称。印刷所的设备为马礼逊购自伦敦的英式平版印刷机和他道光六年（1826）从英国带回澳门的中国第一部石印机，还有一些中文铜活字。马礼逊之子马儒翰具体负责印刷出版事务。11 月 19 日，马礼逊将其纪念来华廿五周年的英文报告《基督教在华廿五年发展经过》付印，成为其最早出版物。道光十三年（1833）4 月 29 日，出版发行马礼逊创办的中文报刊《杂闻篇》（A Miscellaneous Paper），是为中国境内出版的第一份中文报刊及第一份用铅活字排印的报刊。5 月 1 日，出版发行《传教者与中国杂报》（The Evangelist and Miscellanea Sinica），为中国境内第一份中英文合刊的报刊。以传教的单张和小册子为最大宗，也有一些实用书籍，如马儒翰编撰的《华英通书》及《中国商业指南》等。出版物印量大，传教单张印刷动辄上万份，《杂闻篇》印刷达 2 万份。开创了以西方近代印刷术配以中文铜活字印刷的先河。道光十三年（1833）底，澳葡政府以违反"出版预检制度"为名，下令关闭。马礼逊父子将印刷机移送到广州继续出版工作，道光十四年（1834）8 月，因马礼逊去世而完全关停。（金炳亮）

亚本印刷厂 见"马家英式印刷所"。

亚美尼亚印刷所（Tipografia Arménia）澳门印刷出版机构。前身为费力西安诺印刷公司（Tipografia Feliciano），创始人为澳门土生克鲁斯（Cruz）家族第三代费利克斯·费力西安诺·克鲁斯（Félix Feliciano da Cruz）。约创建于 19 世纪 30 年代。出版《澳门土生公正报》（O MacaistaImparcial，1836 年 6 月 9 日创刊，1838 年 7 月 4 日停刊）、《澳门土生灯塔报》（O Farol Macaense，1841 年 7 月 23 日创刊，1842 年 1 月 14 日停刊）、《澳门土生曙光报》（A Aurora

Macaense，1843 年 1 月 14 日创刊，1849 年停刊）。（金炳亮）

英华书院印字局　又称伦敦会香港书馆。香港印刷出版机构。清道光二十三年（1843）11 月创办，为香港英华书院（Anglo–Chinese College）所有。前身是 1820 年英国伦敦会传教士马礼逊、米怜等传教士在马六甲创建的英华书院印刷所和戴尔（Samuel Dyer）负责的中文字模铸造厂，何亚新（Ho Ah Sun，何启的祖父）等中国活字刻工参与相关工作，出版了一批中文书籍，其中 1823 年刊印马礼逊、米怜翻译的《神天圣书》（开本为 12*17cm，线装 21 册）为早期流行最广的《圣经》中文版本。迁港后由理雅各（James Legge）负责，以出版中文《圣经》、宗教读物等为主，主要采用铅活字排版、机器印刷。同治九年（1870）停办。（金炳亮）

伦敦会香港书馆　见"英华书院印字局"。

澳门花华圣经书房（The Chinese and American Holy Classic Book Establishment）　又译华英校书房。澳门印刷出版机构。清道光二十四年（1844）2 月基督教（新教）美国长老会（American Presbyterian Mission）传教士麦嘉缔（Divie Bethune McCartee）、柯理（Richard Cole，又译为谷玄，来华之前在美国接受过专门的印刷技术训练）、娄礼华（Walter Macon Lowrie，又译为劳里）牧师在澳门创办。其印刷设备和中文活字字模（由娄礼华父亲从巴黎订购，数量达数千个）均由创办人从美国带来。除美国传教士外，只雇 2 名印刷工人和 1 名排字工人。采用活字排版。因所铸活字在香港制作，世称"香港字"，其规格与现在流行的四号字相同。又曾使用泥版浇铸铅版之法进行印刷，以提高印刷效率。主要为基督教圣书公会和教育、医学团体出版书籍，并承印各种报刊。道光二十五年（1845）4 月，美国长老会将宁波确定为主要的传教基地，书房随传教士迁至宁波。截至咸丰元年（1851），共印刷出版《圣经》等各种传教小册子达 2100 万页之多。咸丰十年（1860）再迁至上海，改名为美华书馆（The American Presbyterian Mission Press）。至 19 世纪后期，逐渐发展成为中国规模最大、设备最齐全的印刷出版机构。其刊印的书籍《地理全志》《格致质学》、报刊《万国公报》《中华医学杂志》均为当时影响很大的出版物。以电解法铸造汉字字模，按部首排列汉字字盘，均为首创。光绪二十三年（1897），在该馆任职的夏瑞芳和鲍咸恩、鲍咸昌兄弟共同创立商务印书馆。在西方现代印刷技术传入中国和中国现代出版业建立进程中占有重要地位。（金炳亮）

华英校书房　见"澳门花华圣经书房"。

罗郎也印字馆　香港印刷出版机构。清道光二十四年（1844）澳门土生葡人德尔菲诺·罗郎也（Delfino Joaquim de Noronha）在香港创办。罗郎也早年在澳门圣若瑟书院（St. Joseph's College）学习排版印刷技术，约道光二十二年（1842）到香港，在孖剌报馆做印刷工，为首位在香港开拓工商业的澳门土生葡人。馆址位于港岛威灵顿街柯士华尔特台。职员均为澳门土生葡人。罗郎也是澳门土生葡人罗郎也家族之第四代，族人在上海和新加坡等地均设有印刷厂。承印和出版多种在粤港澳三地出版的中、英、葡文报刊：《香港政府宪报》（英文）；《真理与自由》（葡文），咸丰二年（1852）4 月 15 日在广州创刊，主编为若瑟·苏沙，为澳门土生葡人在广州创办的唯一一份报纸；《近事编录》（中文），同治三年（1864）罗郎也在香港创办，为澳门土生葡人创办的第一份中文报刊；《爱国者》（葡文），光绪二十八年（1902）在香港创办的周刊，停办时间不详。（金炳亮）

商务印字馆（Tipografia Mercantil）　澳门印刷出版机构。约 19 世纪中期尼阁老·飞南第（Nicolau Tolentino Fernandes）在澳门创办。为当时澳门唯一采用国际先进技术和设备的印刷企业。主要经营出版、印刷业务。飞南第家族为澳门葡人望族。尼阁老为家族之第二代。第三代先拿·飞南第经营博彩业成为澳门首富，曾任意大利驻澳门领事，1893 年获封伯爵称号。1893 年，尼阁老之子弗兰西斯科·飞南第（Francisco Hermenegildo Fernandes，孙中山密友）接手经营，同时创办葡汉双语周报《镜海丛报》。承印报刊有《澳门政府宪报》（1901 年 1 月起改由澳门官印书局印刷）、《运动报》（葡文，*O Movimento*，1863 年 1 月 7 日在香港创办，3 月 12 日停办）、《澳门新闻纸》（葡文，*Gazeta de Macau e Timor*，周刊，1872 年 9 月 20 日创刊，1874 年 3 月 20 日停刊，共出版 78 期）、《澳门土生人报》（葡文，*O Macaense*，周刊，1882 年 2 月 28 日创刊，1886 年 10 月 28 日停刊，原由大众印刷厂印刷，后改由商务印字馆印刷）、《人民回声报》（葡文季刊，1919 年 8 月 11 日创刊，后改由《自由报》印刷所承印）、《澳门土生回声报》（葡文周报，1931 年 10 月 3 日创刊，1932 年 10 月 24 日停刊）。（金炳亮）

中华印务总局　香港印刷出版机构。清同治十二年（1873）二三月间王韬、黄胜等合资合作在香港荷里活道门牌

第29号创办。采用股份制公司经营，集资参股并作为"值理人"的还有和记洋行买办梁安（云汉，字鹤巢）、有利银行买办冯明珊（普熙）、瑞记洋行买办陈桂士（瑞南）等，为中国近代首家华人资本的民间印刷出版机构。王韬主持局务。印刷设备和中文活字钢模从停办的香港英华书院印字局以1万墨西哥鹰洋购买。"专印各种活字版书籍"，并出售铅活字版，代印"告白"（广告招贴）。同治十二年（1873）出资创办并印刷出版《循环日报》。至光绪十年（1884）王韬返沪定居，印刷出版湛约翰（John Chalmers）《粤英字典》等各类书籍30余种。王韬居港期间著述均由其刊印。其中，同治十二年（1873）7月用铅活字排印出版王韬著《普法战纪》14卷21万余字，后重版又增补6卷，是梁启超在《西学书目表》中列为中国人必读的西学书之一。同年刊行英国传教士宾为霖（William Chalmers Burns）译著的基督教名著《天路历程》。光绪元年（1875）修订再版邝其照《字典集成》（*A Small English and Chinese Lexicon*），为第一部由中国人编纂出版的英汉字典（1868年首次在上海刊行）。光绪六年（1880）刊行郑观应《易言》36篇，为《盛世危言》的最早版本。光绪二十四年（1898）刊行何启、胡礼恒合著的《新政真诠》，是维新变法思想的代表作。光绪二十六年（1900）出版全面反映中日甲午战争的长篇白话历史小说《说倭传》。均为中国近代史上影响深远的图书。（金炳亮）

拿撒勒印书馆　又称纳匝肋印书馆。香港天主教出版机构。清光绪十年（1884）巴黎外方传道会在香港创办。以中文、法文、拉丁文、马来语等12种语言刊印书籍。至1934年的50年间，平均每年出版图书29种，印行62000册以上。内容除宗教外，还有历史、地理、语言、文学以及哲学、教育、传记等，仅各语种字典就出版了28种，其中4种获得法国学术界的嘉奖，各语种《圣经》多至33种版本；总印数超过300万册。（金炳亮）

纳匝肋印书馆　见"拿撒勒印书馆"。

香港圣书公会　伦敦圣教书会在香港设立的分支机构，负责教会出版物的编辑出版和印刷发行。清宣统元年（1909）前后成立。发行范围以中国港澳为主，兼及内地和东南亚地区。（金炳亮）

香港商务印书馆　又称商务印书馆香港分馆。香港出版机构。1914年，商务印书馆在香港成立分馆，初以门市经营，挂"香港商务印书馆"的牌子。1922年购地建成印刷厂，又开设编辑部和发行部，成为具有完整编辑、印刷、发行体系的综合性出版机构。以出版发行中小学教材、中外工具书为主。1917年出版香港课本，20世纪30年代出版以中国港澳及东南亚地区华人学校为发行对象的全套中小学教材。因上海沦陷，1937年12月，商务印书馆设驻港办事处，总经理王云五常驻香港，指挥全国各地的分支机构。至1941年12月香港沦陷，成为商务印书馆实际运营的总部。编辑出版了《万有文库简编》《中山大辞典一字长编》等大型丛书。1938年创办《东方画刊》及《健与力》杂志。1949年后，继续经营。1988年注册成为商务印书馆（香港）有限公司，为隶属大型中资企业香港联合出版集团旗下的图书出版机构。（金炳亮）

商务印书馆香港分馆　见"香港商务印书馆"。

香港中华书局　又称中华书局香港分局。香港出版机构。1927年创立。初仅为门市经营，对外挂"香港中华书局"的牌子。1933年在九龙开办印刷厂，设备之新号称远东第一。1937年11月上海沦陷后，中华书局创始人兼总经理陆费逵率上海总部人员迁到香港，领导全国各地分支机构。上海旧厂的印钞部及印刷设备也迁至香港，获得较快发展。以出版发行教科书和古籍图书为主。1941年7月9日陆费逵在香港病逝。1949年后继续经营。1988年注册成立中华书局（香港）有限公司，为大型中资企业香港联合出版集团旗下重要出版机构。（金炳亮）

中华书局香港分局　见"香港中华书局"。

半岛书店　中国共产党领导的书刊发行机构。1935年，杨铁如在香港九龙弥敦道创办，任经理。工作人员有丘东平（中共党员，作家）、杨蔚夫、陈其章、温兴等。资金由丘东平向十九路军将领募集。主要发行《救国时报》（中共在巴黎出版）、《全民》月刊，以及宣传抗日民族统一战线的小册子等革命书刊。书店同时也是中共的秘密联络点，叶挺（当时住在澳门）、陈辛仁、黄新波、梅龚彬、宣侠父等中共党员不时出入书店。不久，书店被港英政府勒令关闭，存书和人员转往广西。1936年，以此为基础，杨铁如创办苍梧书店，仍任经理。（金炳亮）

中国出版社　香港出版机构。1938年在武汉创办。抗战胜利后，因国共谈判失败而停办。1946年9月在香港复业。在中共南方文委领导下开展工作。社址先后位于干诺道西99号4楼、中环机利文理街11号。主要出版

政治类书籍，其中又以出版革命领袖的经典著作最引人注目。如毛泽东著《开展大规模的群众文教运动》《论联合政府》《辩证法唯物论》，刘少奇著《关于修改党章的报告》，朱德著《论解放区战场》，以及《马列主义丛书》等。还出版了一批介绍解放区各项建设的书籍，如《解放区的土地政策》《解放区的民兵》《解放区的生产运动》《解放区图片选辑》《土地改革与整党典型经验》《关于工商业政策》等。设有门市部，经售本版图书和其他进步书刊。（金炳亮）

保卫中国同盟出版委员会 香港出版机构。1938年6月保卫中国同盟成立。吸收邹韬奋、金仲华、邓文钊等从内地抵港的新闻出版工作者参加。随之创办英文期刊《新闻通讯》（*China Deffence League News Letter*）作机关刊物。编辑有伊斯雷尔·爱泼斯坦等国际友人。16开，每期8页。发行量逐渐达到2500份。后增出中文版，由邹韬奋、金仲华、陈君葆负责编辑。1941年11月出版至36期时，因日军进犯香港被迫停刊。图书出版方面，宋庆龄主编《妇女与抗战丛书》，宣传中国妇女对抗日救亡运动的贡献。邀请国际友人撰写长篇战地报告，如杰克·贝尔敦的《新四军》、杰姆斯·贝尔特兰的《从红卍字到红十字》、马海德的《西北边区的医疗工作》等，有利于国际社会了解中国共产党的真实情况，争取国际正义援助。（金炳亮）

生活书店香港分店 香港出版发行机构。1938年7月1日在香港皇后大道开办。经理甘伯林。出版发行《生活》《世界知识》等10种期刊，以及各类社会科学著作400余种。兼营印刷业务。生活书店于1932年7月由邹韬奋

在上海创办，1936年起在全国各地陆续开设分店50余处。香港分店充分利用香港特殊的环境，除印刷发行在香港复刊的《生活》周刊和《世界知识》杂志之外，还印刷发行沈志远在香港创办的《理论与现实》，以及在内地编辑出版的《全国抗战》《妇女生活》《读书月报》等杂志。对香港作为抗战大后方新闻出版的繁荣作出较大贡献。1941年三四月间出版黄秋耘编辑、揭露皖南事变真相的图书《新四军事变面面观》，短时间内发行了2000册。1942年，在国民党特务威胁下，被迫停办。业务转由中共领导的香港光夏书店（读书生活出版社开办）、南洋图书公司和星群书店（生活书店开办）接手。（金炳亮）

南洋图书公司 香港出版发行机构。1941年3月新知书店和文化供应社联合开办，吉少甫负责。印行在延安出版的《解放》，重庆新华日报馆出版的《群众》周刊，以及各类进步文艺书籍。又重新编排《文化杂志》重要文章为32开本的双月刊，在港发行。生活书店香港分店停业后，接手其部分业务。（金炳亮）

新民主出版社 香港出版机构。中共南方局文委领导的《华商报》出资并筹备，1946年3月成立。初期邓家恺任经理，廖沫沙任主编。后由吴仲接任经理。1948年冬，为迎接全国解放，迅速扩大业务，出版队伍达到20多人。由于条件简陋，主要翻印从解放区和游击区秘密流入的旧书及外版新书；一些图书翻印后又利用香港自由贸易条件流入国统区。所出版的图书多由《华商报》附属的有利印务公司印刷。重要出版物包括马恩列斯和毛泽东著作、中共中央文件以及各类进步读物，先后出版马恩列斯著作24种、马克思、列宁、斯大林传记6种、

毛泽东系列著作单行本《新民主主义论》《在延安文艺座谈会上的讲话》《中国革命与中国共产党》《论人民民主专政》《反对自由主义》《反对党八股》《改造我们的学习》《将革命进行到底》等22种，刘少奇《论共产党员的修养》《关于修改党章的报告》，朱德《论解放区战场》，还出版了《一九四七年以来中共中央重要文件集》《中国土地法大纲》《中国共产党抗战文献》，以及《整风文丛》《中国人民文艺丛书》等。充分利用香港有利位置，建立海内外发行网络，图书发行到内地解放区、游击区和国统区，也发行到海外。同时还发行《群众》周刊（香港版）和《正报》等中共报刊。为解放区、国统区人民提供了精神食粮，有力宣传了中国共产党的方针政策，提高了中国共产党的威信。（金炳亮）

新民主出版社1949年版《一九四七年以来中国共产党重要文件集》

香港三联书店 香港出版发行机构。前身是1948年10月26日成立的生活书店、读书出版社、新知书店香港联合发行所。同期还在香港成立了生活·读书·新知三联书店总管理处，1949年3月，总管理处迁至北京，新中国成立后并入人民出版社。香港出

版业务以"三联书店香港分店"名义继续经营。1988年1月1日，改称三联书店（香港）有限公司，又称香港三联书店，以区别于北京三联书店和上海三联书店。在上海、广州、深圳建有分支机构。为大型中资企业香港联合出版集团旗下重要出版机构。（金炳亮）

梧州宣道书局　清末民国出版印刷机构。清宣统二年（1910）前由美国基督教宣道会华南教区总部传教士翟辅民（Robert Alexander Jaffray）在广西梧州创办。初始租用四坊街民房作印刷所，有10名工人和两台小型脚踏印刷机。1914年印刷所迁往白鹤山，添置机动印刷机、切纸机、装订机、铸字机、石印机、抽水机和套色珂罗版等设备。外籍人士文翼中、高利士博士先后担任主管，既编辑出版发行各种布道福音书和报刊，也承印中外文出版物、各式账簿图表。营业范围遍及两广、云贵等省，顾客多为在华南经商的洋行、教会、机关和学校。从1913年开始编发《圣经报》和稍后编印《宣道消息》两种报刊，每期发行

梧州宣道书局1919年刊《救主再临考》

近千份，行销全国及南洋各埠。编辑出版的图书有《救主再临考》《摘录圣书》《罗马人书讲义》等。这些书刊除各地宣道会发行外，还通过15名专职售书员挑着书担在广西各地销售。年销量约8万册。1932年遭大火焚毁而停业。（陈南南）

苍梧书社　中国共产党在广西创建的第一家出版发行机构。1926年11月7日在梧州创办。负责人易超然、钟云、陈漫远。社址位于梧州塘基街。秘密销售革命书刊，如《共产党宣言》《共产主义ABC》《列宁文选》《社会发展史》《历史唯物论》等政治读物，以及鲁迅、郭沫若和苏联作家高尔基等的文学作品，还有《向导》《新青年》《狂飙》《语丝》《创造》《少年先锋》《梧州青年》等期刊。1927年"四一二"反革命政变后被查封。（陈南南）

苍梧书店　民国时期进步书店。1936年初在广西梧州开业。负责人杨铁如。店址位于大中路。工作人员有杨蔚夫、陈其章、温兴、何丁平、谭伦等。主要发行宣传抗日民族统一战线的书刊，如《救国时报》《全民》月刊和延安出版的《解放》周刊，以及邹韬奋主编的《抗战》三日刊等。抗日中华民族革命大同盟广西地方委员会（领导成员有彭坚、郭布谷、杨铁如3人）以此为联络地点，宣侠父等共产党人曾多次在店里召开会议。1938年结束梧州业务迁往南宁。南宁沦陷后，疏散到田阳、百色，沿途摆摊设点供应图书。抗战胜利后在南宁复业。1946年改名为春秋书店，翻印毛泽东的《论持久战》《论新阶段》和《支部生活》等。1956年结业，人员转入南宁市新华书店。（陈南南）

群生书店　抗日战争时期中共地下组织开办的进步书店。前身是新生书店。1936年中共北流县委负责人凌建平在广西玉林创办。黄经柱任经理。开办资金由凌建平、黄经柱向亲朋好友集股，凌建平还卖掉了自家的3亩田。公开出售《抗战》《新华日报》《救亡日报》《理论与现实》《世界知识》《妇女生活》等报刊。邹韬奋在《抗战》杂志发表专文，高度赞扬。发行范围除玉林五属（兴业、北流、博白、陆川和玉林）外，还派人到广东的廉江、湛江、遂溪、化州等地去流动供应。博白、陆川分别开有群生书店和新生书店。通过书店的掩护，许多中国共产党的重要会议在此召开。（金炳亮）

羊城书展　全国性书展。广东省书报刊发行业协会、广州市出版印刷业协会主办，广州市新华书店承办。1981年6月14日，首届书展在广州文化公园举办，主要结合广州本地文化特色开展图书营销活动，以出版物及相关文化产品展示、交流和贸易为主。这是改革开放后广东最早举办的大型书展，全国各地103家出版社参加，共展出1万多种读物，参加人数达35万多人次，销售图书近300万册，销售额达92万多元，图书订货400多万元。展期约2周，实行展销结合、开架闭架结合。后来发展为广州市规格最高的图书展会之一，展会地点主要在天河购书中心、天河体育中心等。2003年，大规模邀请民营书业进场展出，民营几乎占了参展单位一半的比例。由于以图书展示销售为主，书市功能比较单一，影响力逐年下降。2007年，与南国书香节合办，每年举办一次。（刘晖）

香港书展　国际性书展。亚洲大型综合性书展，华文世界三大知名书展之

一。香港贸易发展局主办。1990 年 7 月，首届香港书展在香港会议展览中心 2 楼举行，展期 4 天，免费入场，请港姐、影视明星到场吸聚人气。20 世纪 90 年代，定位为区域性的图书展销平台，以现场售书为主。1997 年，在香港会议展览中心新翼举行，首设"儿童天地"展馆，增设"国际版权交易会"及"亚洲出版研讨会"推广版权贸易，吸引了来自东南亚国家及其他欧美国家的出版商。进入 21 世纪后，从注重区域商业性的模式向商业与文化融合模式转型，注入更多文化元素，提高文化品质，全力打造市场化运作下的国际图书文化艺术展。1999 年首设立周末夜书市，2006 年设置午夜书市，从晚上 12 点延至凌晨 2 点，专门设立两条特别巴士线。2005 年邀请各地知名作家、学者、专家开办讲座。一系列专题阅读活动提高了书展的文化品位，形成强大的文化辐射力，参加书展的读者逐年增加，从早期的 20 万人次到 100 多万人次。办展模式对上海书展、南国书香节具有示范引领作用。广东及内地其他出版机构都积极通过书展平台与全球其他图书出版机构进行沟通交流，更多华文出版物从这里"走出去"。（刘晖）

南国书香节　全民阅读活动。1993 年 12 月创设。以政府倡导、出版界发起、作者与读者共同参与，组织一系列跟读书有关的活动。首届于 1993 年 12 月 19—26 日在广州流花路的广交会（中国进出口商品交易会）展览馆举办。时任中共中央政治局委员、广东省委书记谢非题词："改革开放，南国书香。"此后，先后在广州旧广交会展馆、花城会展中心、锦汉展览中心等地办展。早期由广东省新闻出版局主办，主要是图书展销，不定期举办，与传统书市无异。2010 年 7 月，作为"文化会展品牌"写入《广

南国书香节现场

东省建设文化强省规划纲要（2011—2020）》。2007 年，与羊城书展合办。2008 年，中共广东省委提出建设"书香岭南"的全民阅读目标。由省委宣传部指导广东新华发行集团股份有限公司实施。将系列活动的主题确定为"阅读嘉年华"，提出"让读书成为一种生活方式"。成为集出版成果展示、文化活动举办、全民阅读推广于一体的文化盛会。每年暑假 8 月中旬在广州琶洲会展中心（广交会新展馆）举办。截至 2019 年，已成功举办 25 届。琶洲会展中心主会场之外，省内地市设分会场，还不定期开设台湾馆、香港馆、马来西亚馆等主题展馆，展销面积超 20 万平方米，参与读者超 200 万人次，参展产品达 20 万种，超过 500 家国内外出版机构参展，成功举办名家讲坛、主题讲座、新书首发、互动体验等活动 300 余场。莫言、余秋雨、曹文轩等文化名人多次参加南国书香节的活动。在全国办展较早，办展模式引领全国，有力推动了全国范围的全民阅读活动。2014 年以来，"倡导全民阅读""建设书香社会"连续 5 年写入《政府工作报告》。（金炳亮）

深圳读书月　全民阅读活动。2000 年深圳市委、市政府创建。深圳市委宣传部主办，深圳市新华书店（后改为深圳出版发行集团）承办。每年 11 月 1—30 日举行。以"阅读·进步·和谐"为总主题。每年举办数百项读书文化活动，包括深圳读书论坛、经典诗文朗诵会、年度十大好书、领导荐书、诗歌人间、中小学生现场作文大赛、书香家庭、赠书献爱心、绘本剧大赛、青工阳光阅读、手机阅读季、海洋文化论坛、温馨阅读夜等。2000—2019 年共举办 20 届，累计开展各类阅读文化活动 8805 项，参与人数从首届的 100 余万人次提升至 2019 年的约 1100 万人次，邀请饶宗颐、金庸、莫言、法国龚古尔文学奖得主帕特里克·格兰威尔等 200 多位国内外专家学者参加主题活动。已成为深圳市民的文化庆典，深圳市的文化名片。中央宣传部两度在深圳召开全国全民阅读经验交流会，推广其模式，并授予"全民阅读活动先进单位""全国全民阅读优秀项目"称号。2013 年 10 月，联合国教科文组织特别授予深圳"全球全民阅读典范城市"称号。（金炳亮）

文献出版

南园五先生诗集 诗歌总集。选录元末明初南园五先生孙蕡、黄哲、王佐、李德、赵介诗歌。明嘉靖三十六年（1557），两广总督谈恺辑《广中五先生诗集》。此后嘉靖、崇祯以及清乾隆、同治年间多次整理重刊，较常见为同治九年（1870）南海陈氏樵山草堂所刻《南园前五先生诗》5卷本。前有陈暹《重正五先生诗选旧序》、葛征奇《重订五先生诗集旧叙》及陈子壮《重刻南园五先生诗旧序》、李珀朗《重刻南园五先生诗序》。收录五先生诗歌221题254首，其中卷1为赵介诗6题6首、卷2为孙蕡诗91题114首、卷3为王佐诗13题13首、卷4为李德诗42题47首、卷5为黄哲诗69题74首。有明嘉靖、崇祯刻本，清乾隆、同治刻本。今有中山大学出版社1990年梁守中、郑力民点校"岭南丛书"本。参见第453页文学卷"南园前五先生诗"条。（林子雄）

岭南文献 诗文总集。明张邦翼编纂。32卷。收录唐张九龄至明万历年间315位粤人诗文。以明人著述为主，《四库全书总目提要》称其"于岭南诸集，搜辑颇广。然明人著作，百分之中几居其九焉。盖时弥近而所收弥滥，亦明季标榜之习气也"。前有明万历四十四年（1616）张邦翼《岭南文献序》和《文献凡例题评》《岭南文献卷数总目》。其后的《岭南文献姓氏》列出所收诗文作者姓名，并以小字注明其籍贯、官职、科第等。按体裁排列，卷1为敕、敕书、诰命、檄、露布，卷2为颂、表、策、奏札，卷3—4为议，卷5—9为疏，卷10—15为序，卷16为书，卷17为书、启，卷18为碑、墓志铭，卷19—20为记，

明万历刻本《岭南文献》

卷21为传，卷22为论、辨，卷23为说、解、跋、禁谕、杂文、祭文，卷24—25为赋，卷26为四言古诗、古乐府、五言古诗、七言古诗，卷27为五言律诗、六言律诗，卷28—30为七言律诗，卷31为五言排律、七言排律、五言绝句、六言绝句、七言绝句，卷32为歌、行、长短句、辞、操、曲、草堂词、谣、杂诗、杂咏。有明万历四十四年（1616）刻本、清抄本。（林子雄）

岭南文献轨范补遗 诗文总集。明杨瞿崃编纂。6卷。杨瞿崃，字稚实，福建晋江人，明万历三十五年（1607）进士，曾任广东按察司副使。前有杨瞿崃《补刻岭南文献序》《刻文献补遗摘要姓氏》。为《岭南文献》补编。《四库全书总目提要》称其"有文无诗，亦略分体。中间又自分理类、事类等目，间级评语。盖与张本同为采选岭南之诗，而用意则各有在也"。卷1为事理疏议（制敕附），收录崔与之等14人的文

章。卷2—3为理类杂文，收录陈献章等38人的文章。卷4为理类语录，收录陈献章等5人的语录，事类语录收录湛若水等14人的语录，铭赞箴赋收录丘濬《德馨堂铭》等10位作者的文章。卷5为事理疏议，收录张九龄《上封事疏》等12人的文章；理类杂文收录余靖《海潮序》等18人的文章。卷6为事类杂文，收录张九龄等36人的文章。有明刻本。（林子雄）

明万历刻本《岭南文献轨范补遗》

广东文集 诗文总集。清屈大均辑。300多卷，今所见仅存16卷。屈大均认为广东自汉至明1000余年，名卿巨公辈出，醇儒逸士蝉联，且多有存书。为此他广泛搜集，仿张溥《汉魏百名家》之例，编辑《广东文集》。书前有屈大均《广东文集总序》。按作者生卒年排列，卷1为汉陈元《陈议郎集》1卷，卷2为汉杨孚《杨太守集》1卷，其后为唐刘轲《刘御史集》1卷，明谭清海《谭处士集》2卷、杨起元《杨文懿集》3卷、林培《林光禄

集》3卷、黎遂球《黎太仆集》3卷。据《中国古籍善本书目》，是书仅存1部，原为浙江邮亭（朱希祖）之物。20世纪60年代，朱氏后人捐藏南京图书馆。有清康熙刻本。（林子雄）

广东文选　诗文总集。清屈大均编纂。40卷。屈大均因《广东文集》诗文数量过大，"姑于诸集拔其十之二三"

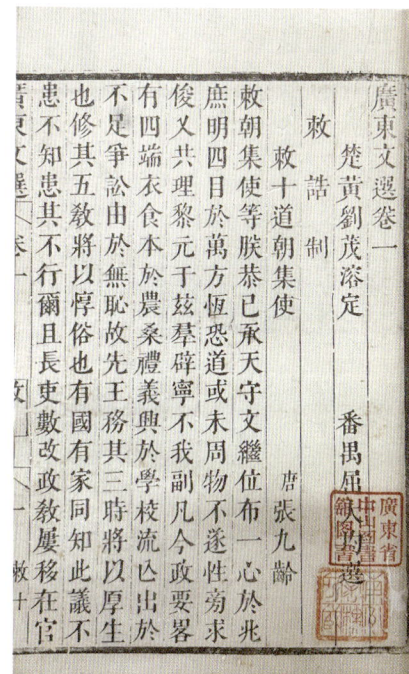

清康熙二十六年（1687）刻本《广东文选》

而成。选辑自汉至明粤人著述，文体齐全，内容丰富，着重收集陈白沙、湛若水、黄佐等著名学者的文章，有不少佚文、佚诗。前有清康熙二十六年（1687）刘茂溶《广东文选序》和屈大均《广东文选自序》。按文章体裁排列，卷1为敕、诰、制15篇，卷2—4为疏56篇，卷5为表、颂、笺、状11篇，卷6为议14篇，卷7为策6篇，卷8—9为序130篇，卷10为论20篇，卷11为辩、说、解26篇，卷12—13为记65篇，卷14—15为传29篇，卷16为行状3篇，卷17为碑11篇，卷18为墓志铭3篇，卷19为墓表6篇，卷20为书22篇，卷21为杂著、杂文19篇，卷22为题跋9篇，卷23为赞、铭、箴、诔12篇，卷24

为赋15篇，卷25为赋8篇，卷26—40为诗词757题965首。有清康熙二十六年（1687）广州三闾书院刻本。今有广东人民出版社2016年陈广恩点校本。参见第458页文学卷"广东文选"条。（林子雄）

广东文献　诗文总集。清罗学鹏编纂。前有清嘉庆二十二年（1817）唐才《广东文献序》等。全书有4集，按作者朝代排序。《初集》18卷为张九龄、崔与之、李昂英、陈献章、湛若水、丘濬、梁储、海瑞、孙蕡、王佐、李德、黄哲、赵介、欧大任、梁有誉、黎民表、李时行和吴旦的诗文。《二集》9卷为余靖、陈邦彦、邝露、黎遂球、韩上桂的诗文，卷8为潘楱元《广州乡贤传》，卷9为罗良会《列郡名贤录》。《三集》17卷为李孔修、霍韬、黄佐、杨起元、陈建、叶春及、庞嵩、何真、罗亨信、彭谊、卢祥、袁崇焕、庞尚鹏、叶梦熊、李待问、梁元柱的诗文。《四集》26卷为莫宣

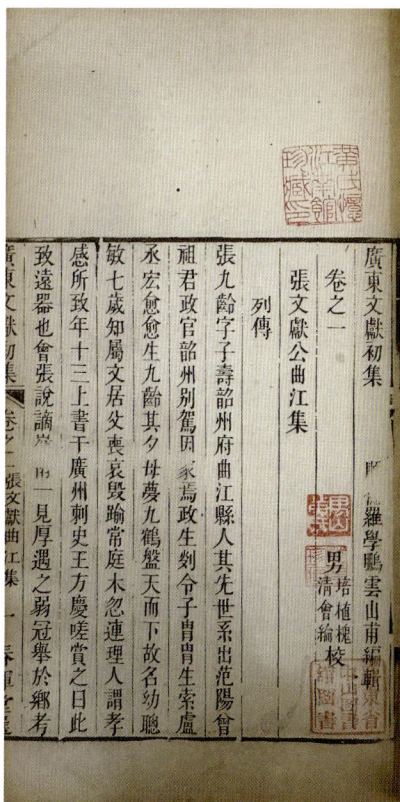

清嘉庆刻本《广东文献》

卿、郑愚、邵谒、苏福、陈琏、祁顺、伦文叙、伦以谅、伦以训、伦以诜、袁昌祚、尹瑾、袁崇友、袁了尘、袁友仁、袁士凤、袁邮、唐璧、罗虞臣、韩殿、陈克侯、谢与思、欧大相、何绛、区主遇、陈子壮、黎遂球、区怀瑞、黎邦城、黄圣年、徐荣、罗必元、释通岸、王邦畿、程可则、陈恭尹、梁佩兰、方殿元、方还、方朝、方京、余锡纯、罗天尺、陈份、严大昌、梁麟生、何梦瑶、冯慈、黎伟光、胡亦常、陈官、潘文因的诗文。有清嘉庆顺德罗氏春晖堂刻本。（林子雄）

广东诗粹　诗歌总集。清梁善长编纂。12卷补编1卷。梁氏因前人搜集粤诗或"不专于诗"，或"持择未精"，

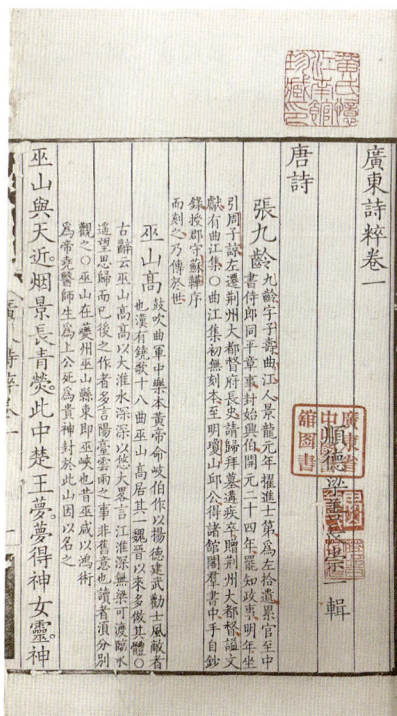

清乾隆十二年（1747）刻本《广东诗粹》

故于乾隆年间延请车腾芳、罗天尺、庄有恭等48位学者，对唐宋以迄清朝的粤诗进行广泛采访，细加校订，遵循"因其诗而传其人，非因其人而收其诗"的原则选录历代广东诗人作品而成。前有清乾隆十二年（1747）王之正《广东诗粹序》和梁善长《例言》《参订姓氏》。卷1收辑唐、五代、宋、元

诗 98 首，卷 2—10 收辑明诗 1009 首，卷 11—12 收辑清诗 273 首。补编卷收明诗 3 首。收录广东 416 位诗人作品，其中唐代 6 人、五代 1 人、宋代 22 人、元代 4 人、明代 305 人、清代 78 人，按朝代先后顺序排列，称为唐诗、五代诗、宋诗、元诗、明诗、清诗。是书写刻精秀，字整行端，印刷讲究，堪称清代粤版书的杰作。有清乾隆十二年（1747）达朝堂刻本。（林子雄）

岭南群雅 诗词总集。清刘彬华辑。8 卷。前有清嘉庆十八年（1813）刘彬华序及《岭南群雅目录》。收入 73 位粤人诗词作品，附作者小传，并引用刘彬华自著《玉壶山房诗话》的评语。初集 3 卷，卷 1 收冯敏昌、饶庆捷、张锦芳 3 人诗词作品，卷 2 收刘鹤鸣、郭德钜、黄绍统、周仲焜、张锦麟、胡亦常等 18 人诗词作品，卷 3 收黎简、叶钧、黄丹书等 9 人诗词作品。二集 3 卷，卷 1 收宋湘、徐旭曾、谢兰生等 14 人诗词作品，卷 2 收张维屏、李士桢、谭士桢等 12 人诗词作品，卷 3 收李光昭、彭泰来、李遐龄等 17 人诗词作品。初补集 2 卷，增补诗人 20 人（宋湘重复，不计）。有清嘉庆十八年（1813）玉壶山房刻本。参见第 458 页文学卷"岭南群雅"条。（林子雄）

粤东文海 文章总集。清温汝能辑。66 卷。温汝能搜辑 273 位粤人"言语文章有义理法度可观"的 1350 多篇文章进行论定编次。其中汉代赵佗等 5 人、唐代张九龄等 5 人、宋代余靖等 14 人、元代李桂高等 4 人、明代孙蕡等 177 人、清代程可则等 68 人。每位作者下有籍贯生平简介。按体裁分类。前有清嘉庆十三年（1808）温汝能《序》、嘉庆十八年（1813）李威《序》以及《例言》《粤东文海总目》《粤东文海姓氏爵里总目》。卷 1《敕

制》26 篇、卷 2—13《奏疏》188 篇，卷 14《表状》8 篇、《颂》15 篇，卷 15《策》12 篇，卷 16—18《议》36 篇，卷 19—32《序》347 篇，卷 33—36《论》78 篇，卷 37—38《碑》32 篇，卷 39—47《记》188 篇，卷 48—51《书》71 篇，卷 52—55《传》71 篇、《行状》5 篇，卷 56《墓铭》21 篇、《墓表》11 篇，卷 57《说》21 篇，卷 58《辩》11 篇，卷 59《题跋》19 篇、《赞》8 篇、《箴》4 篇、《铭》5 篇、《解》3 篇、《考》7 篇，卷 60《祭文》23 篇，卷 61—62《杂文》52 篇，卷 63—66《赋》96 篇。有清嘉庆十八年（1813）文畬堂刻本。参见第 461 页文学卷"粤东文海"条。（林子雄）

清嘉庆十八年（1813）刻本《粤东文海》

粤东诗海 诗歌总集。清温汝能辑。100 卷补遗 6 卷。清嘉庆九年（1804）开始编纂，嘉庆十五年（1810）完成。共收唐至清粤籍诗人近千人。另附辑有谣谚杂语 16 种。每位作者有生平事迹以及摘录各种诗话文字。前有嘉庆十五年（1810）温汝能《序》、

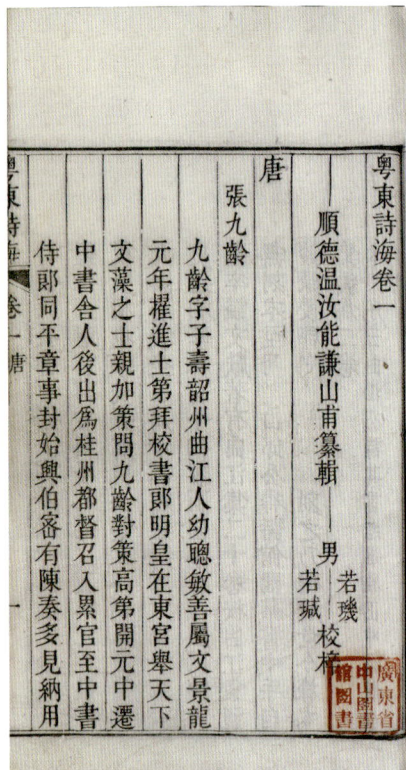

清嘉庆十八年（1813）刻本《粤东诗海》

嘉庆十八年（1813）李威《序》及《例言》。卷 1—4 为唐代，卷 5—6 为宋代，卷 7 为元代，卷 8—55 为明代，卷 56—95 为清代，卷 96—97 为闺媛，卷 98—99 为方外，卷 100 为仙佛。补遗 6 卷，卷 1 为唐、元、明代，卷 2—3 为明代，卷 4—6 为清代。有清嘉庆十八年（1813）文畬堂刻本、清同治五年（1866）重刻本。今有中山大学出版社 1999 年吕永光等整理，李曲斋、陈永正审定本。参见第 454 页文学卷"粤东诗海"条。（林子雄）

柳堂师友诗录 诗歌合集。清李长荣辑。不分卷。共收辑与柳堂主人往来关系密切的 218 位诗人的诗歌。前有清同治二年（1863）谭莹《序》、文星瑞《师友录题词》和《柳堂师友诗录初编总目》。作者多为粤籍，亦有来粤任职者和访粤人士。自张维屏《听松庐诗钞》始，至简士良《秦瓦砚斋诗钞》，每人一集，集前有作者小传。书中还反映了日韩使臣、学者与柳堂

诗友的交往。对了解和研究柳堂以及近代广州诗坛人物和历史有较大参考价值。有清同治二年（1863）富文斋刻本。参见第 456 页文学卷"柳堂师友诗录"条。（林子雄）

粤十三家集　诗文合集。清伍崇曜编纂。收录自宋代李昂英至清代易宏共 13 家的诗文，故称。前有清道光二十年（1840）伍崇曜《序》。收入宋李昂英《文溪集》20 卷、赵必璟《秋晓先生覆瓿集》4 卷、区仕衡《九峰先生集》3 卷，明李时行《李驾部集》6 卷及《青霞漫稿》1 卷、黎民表《瑶石山人诗稿》16 卷、陈子壮《陈文忠公遗集》11 卷、黎遂球《莲须阁集》26 卷、陈子升《中洲草堂遗集》26 卷，清方殿元《九谷集》6 卷、梁佩兰《六莹堂集》17 卷、王隼《大樗堂初集》12 卷、易宏《云华阁诗略》6 卷及《坡亭词钞》1 卷。每种书前辑录原序，书后则为编者跋文，讲述著者生平及版本源流。（林子雄）

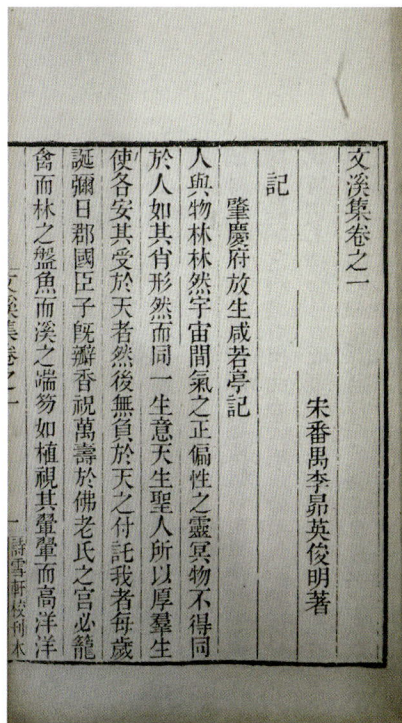

清道光二十年（1840）刻《粤十三家集》本《文溪集》

潮州耆旧集　诗文合集。清冯奉初编纂。37 卷。收辑明代 20 位潮人著作。前有清道光二十七年（1847）冯奉初《题辞》及《例言》。卷 1 李龄《李宫詹集》，卷 2 萧龙《湖山集》，卷 3 萧与成《铁峰集》，卷 4—6 薛侃《中离集》，卷 7—8 林大钦《东莆集》，卷 9—13 翁万达《东涯集》，卷 14—15 为萧端蒙《同野集》，卷 16 王天性《半憨集》，卷 17 饶相《三溪集》，卷 18 薛雍《拯庵集》，卷 19 陈一松《玉简山堂集》，卷 20—23 林大春《井丹集》，卷 24—25 唐伯元《醉经楼集》，卷 26—28 周光镐《明农山堂集》，卷 29—31 林熙春《城南书庄集》，卷 32 谢正蒙《谢御史集》，卷 33—34 郭之奇《宛在堂集》，卷 35 罗万杰《瞻六堂集》，卷 36 谢元汴《霜崖集》，卷 37 黄一渊《遥峰阁集》。每集前有作者小传、序文、题辞、目录和评论。有清道光二十九年（1849）刻本、光绪三十四年（1908）重刻本。今有香港潮州会馆董事会 1980 年缩印本、暨南大学出版社 2016 年吴二持点校"潮汕文库"本。（林子雄）

琼台耆旧诗集　诗歌合集。王国宪编纂。36 卷。辑录清代琼山、文昌、定安、儋州 24 位琼人诗作。前有王国宪《叙》及凡例、传略，卷 1 王懋曾诗 79 题 85 首，卷 2 符家麟诗 10 题 10 首，卷 3 王承烈诗 89 题 141 首，卷 4—5 张岳崧诗 147 题 174 首，卷 6 莫瑞堂诗 41 题 101 首，卷 7 曾日跻诗 79 题 79 首，卷 8 云茂琦诗 49 题 154 首，卷 9 王映斗诗 10 题 10 首，卷 10 韩锦云诗 40 题 49 首，卷 11 王廷傅诗 85 题 134 首，卷 12 叶栖鸾诗 31 题 31 首，卷 13 林瀛诗 8 题 15 首，卷 14 吴憬平诗 36 题 36 首，卷 15 潘存诗 20 题 20 首，卷 16 冯耿光诗 99 题 133 首，卷 17 王沂暄诗 53 题 119 首，卷

18 李文彬诗 44 题 57 首，卷 19 云茂济诗 6 题 11 首，卷 20—23 陈贞诗 264 题 362 首，卷 24—30 冯骧声诗 165 题 190 首，卷 31—32 林之椿诗 123 题 141 首，卷 33 曾对颜诗 72 题 85 首，卷 34—35 张廷标诗 122 题 150 首，卷 36 舒乔青诗 35 题 35 首。有 1918 年琼山中学校刻本。今有海南出版社 2004 年郑行顺点校"海南先贤诗文丛刊"本。（林子雄）

广东文征　文章总集，现存收集作者最多、文章最全的粤人总集。清吴道镕编纂。不分卷。编纂凡例多参照清同治八年（1869）出版的《湖南文征》，按文章体裁编录，再顺时代次序。共收作者 712 人、文章 3293 篇。其中自汉至元有 82 人，明 300 人，清 320 人，释、道各 5 人。内容分 16 类：敕制、诰命共 33 篇，上书、表、启、状共 22 篇，奏疏 376 篇，策议 83 篇，书 273 篇，论、辨、考、解、说共 422 篇，序 779 篇，题跋 145 篇，记 446 篇，碑 74 篇，墓碑、志、表共 101 篇，传、状共 154 篇，祭文、诔共 48 篇，赋 179 篇，箴、铭、颂、赞共 109 篇，杂文 49 篇。另有《广东文征续编》，吴道镕于民国时期以《粤东文海》为基础，前代散佚者补之，嘉道以后至晚近诸人复增辑之，旨在全面收集粤人文章，未及完而逝。学者张学华继而代为整理书稿，并撰《广东文征作者考》。1972 年，广东文征编印委员会在香港成立，《广东文征续编》由香港中文大学出版发行。有稿本，藏于广东省立中山图书馆。另有 1939 年油印本，1973 年至 1979 年香港中文大学增补本。（林子雄）

海山仙馆丛书　清代私刻丛书。清潘仕成编纂。118 卷。共收书 56 种。前有清道光二十八年（1848）叶志诜

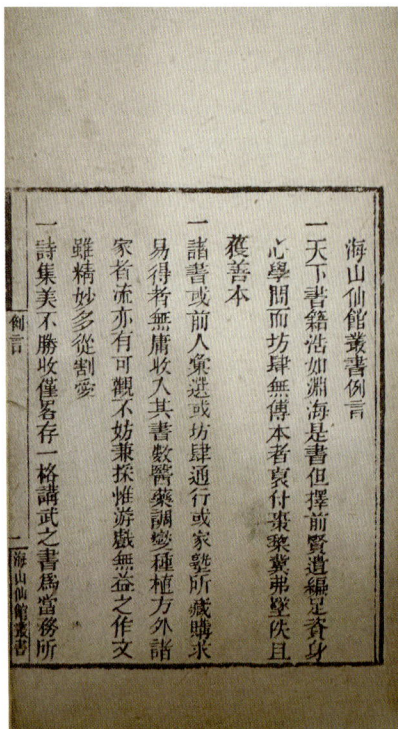

清道光刻本《海山仙馆丛书》

《序》及例言、总目次。最早的一部书《遂初堂书目》刊于道光二十六年（1846），至咸丰元年（1851）出版《全体新论》止。按经史子集排序，内容丰富，除传统的经学、史学、音韵、诗文等类著作外，还有数学的《几何原本》《同文算指》《圜容较义》《测量法义》《勾股义》，医学的《傅青主女科》《全体新论》，天文地理的《翼梅》《海录》《新释地理备考全书》，制造的《火攻挈要》等，其中不少西人著述，且有插图，如《全体新论》附图93张。其西学著作是洋务运动前中国出版的先驱。有清道光海山仙馆刻本。（林子雄）

粤雅堂丛书 清代私刻丛书。清伍崇曜编纂。丛书内容一是从《永乐大典》辑出的佚书，二是阮元进呈四库未收之书，三是日本学者林述斋所库《佚存丛书》部分图书，四是嘉道年间流传未广的著述，以及唐宋乃至元明旧籍，多为罕见之书。前有清咸丰三年（1853）伍崇曜《粤雅堂丛书序》。有20集及续集，每集收书数量

不等，第1集4种、第2集11种、第3集5种、第4集7种、第5集3种、第6集6种、第7集7种、第8集5种、第9集7种、第10集5种、第11集3种、第12集8种、第13集6种、第14集5种、第15集10种、第16集4种、第17集6种、第18集7种、第19集4种、第20集5种，续集66种。有清道光、光绪间南海伍氏粤雅堂刻本。（林子雄）

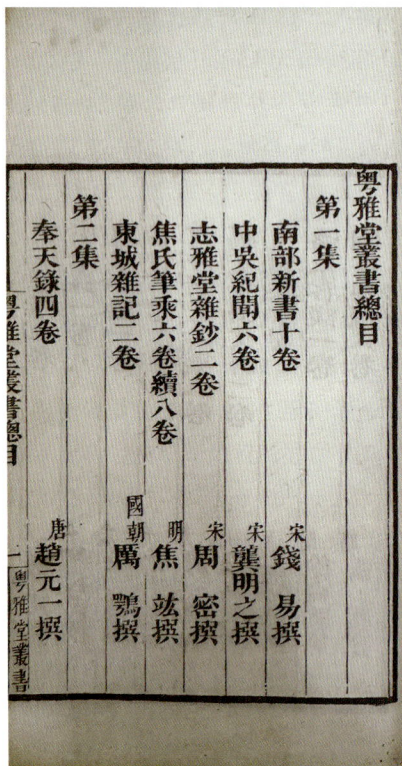

清刻本《粤雅堂丛书》

岭南遗书 清代私刻丛书。清伍崇曜编纂。6集。前有清咸丰三年（1853）伍崇曜《粤雅堂丛书序》。第1集为《双槐岁钞》等6种，第2集为《刘希仕文集》等11种，第3集为《崔清献公集》等10种，第4集为《周易本义注》等9种，第5集为《杨议郎著书》等20种，第6集为《毛诗通考》等5种。有清道光、同治间南海伍氏粤雅堂刻本。（林子雄）

守约篇丛书 清代私刻丛书。清李光廷编纂。3集。前有清同治十三年（1874）陈澧《序》和《守约篇目

录》。甲集为《易略例》等21种，乙集为《两汉刊误补遗》等16种，丙集为《鹖冠子》等25种。有清同治、光绪间广州刻本。（林子雄）

如不及斋会钞 清代私刻丛书。清陈坤编纂。陈坤，字希吕，号子厚，浙江钱塘人，以广东同知直隶州，加知府衔。不分卷，收入《为政忠告》《日省录》《大学日程》《幼训》《虚字考》等18种文献，其中包括编者所撰《鳄渚回澜记》《治潮刍言》《粤东剿匪纪略》《如不及斋诗钞》等8种。有清同治、光绪间陈坤刻本。（林子雄）

碧琳琅馆丛书 清代私刻丛书。清方功惠编纂。前有清光绪十年（1884）李元度及宣统元年（1909）谭钟《碧琳琅馆丛书序》《碧琳琅馆丛书总目》。收入著作45种，分为3部：甲部为《易经解》等12种，乙部为《两汉朔闰表》等16种，丙部为《养蒙大训》等18种。底本多据碧琳琅馆所藏旧刻，珍贵难得。有清光绪间方氏广东刻宣统元年（1909）印本。（林子雄）

藏修堂丛书 清代私刻丛书。清刘晚荣编纂。6集。前有清光绪十六年（1890）汪琼《序》和《藏修堂丛书总目》。第1集为《李氏易解剩义》等7种，第2集为《通鉴纲目释地纠谬》等4种，第3集为《御览书苑菁华》等4种，第4集为《藏书纪要》等15种，第5集为《张仲景注解伤寒百证歌》等8种，第6集为《诒晋斋集》等3种。内容涵盖经史子集。有清光绪间新会刘氏藏修书屋刻本。（林子雄）

学海堂丛刻 清代书院丛书。清学海堂编纂。2函。作者阮元、林伯桐、张

维屏、黄子高、杨荣绪、吴兰修、曾钊、张杓、马福安、谭莹、朱次琦，阮元之外皆为学海堂学长。第1函为《石画记》等6种，第2函为《周礼注疏小笺》等6种。有清光绪间广州刻本。（林子雄）

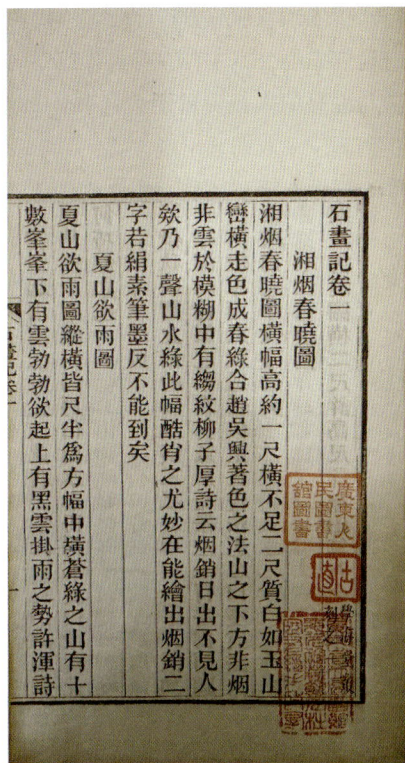
清刻本《学海堂丛刻》本《石画记》

翠琅玕馆丛书 清代私刻丛书。清冯兆年编纂。4集。第1集为《飞鸿堂印人传》等20种，第2集为《夏小正传》等7种，第3集为《说文管见》等12种，第4集为《诗氏族考》等12种。内容涵盖经史子集。有清光绪间新会刘氏藏修书屋刻本。（林子雄）

知服斋丛书 清代私刻丛书。清龙凤镳编纂。5集。内容涉及四部，以史籍为主。前有清光绪二十二年（1896）龙凤镳《知服斋丛书序》。第1集为《逸周书》等9种，第2集为《十三州志》等9种，第3集为《双溪醉隐集》等3种，第4集为《朱子读书法》等3种，第5集为《崇祯五十宰相传》等3种。有清光绪间顺德冯氏刻本。（林子雄）

螺树山房丛书 清代私刻丛书。清龙裕光编纂。共收入《钱仲文集》《宫教集》《元朝典故编年考》《静学文集》《嘉靖以来首辅传》等文献5种，系《四库全书》所收之书，每种书前引用《四库全书总目提要》作为简介。有清光绪间顺德龙氏刻本。（林子雄）

端溪丛书 清代书院丛书。清梁鼎芬编纂。4集。第1集为《孟子字义疏证》等4种，第2集为《汉官答问》等3种，第3集为《墨子刊误》等4种，第4集为《亭林文集》等8种。有清光绪二十五年（1899）端溪书院刻本。（林子雄）

粤西通载 又称粤西三载。清代广西文献总集。《粤西诗载》《粤西文载》《粤西丛载》的总称。清汪森辑。康熙年间汪森辑录广西自秦汉迄明末的历代诗文暨逸闻杂事而成。汪森《粤西通载发凡》陈述其编辑要旨。《粤西诗载》25卷，收录作者832人，古诗、律诗、排律、绝句计3118首，词45首，除涵盖政治、经济、文化、军事、民族、社会，以及山川名胜、风俗习惯、气候物产等领域外，还有反映"广西山歌""象耕""象驯"等社会文化现象的珍贵史料。《粤西文载》75卷，汇辑各式文体的文章1600多篇，涉及民族、政治、军事、经济、文化、山川气候、风俗物产等诸多方面，依次分赋、制敕、奏表、奏状、奏疏、表、志、记、碑文、序、书、启、议、论、考、说、辨、解、题跋、赞、颂、铭、露布、檄、牒、谕、移文、青词、上梁文、杂著、小传、墓志铭、祭文等33大类，有的大类还分子目，历史人物小传就分"名宦""迁客""人物""烈女"4个子目。资料翔实，包罗广备。《粤西丛载》30卷20目，是汪森"诗载""文载"付梓后，将富余资料整理汇编而得。内容

包括各郡碑目、题名石刻、入粤纪程、名贤轶事、总督军务、荐绅盛事、杂品别纪、仙道、释氏、志怪、灾祥、疆理杂志、琐事杂记、风气俗习、物产、蛮种土司、历代驳蛮、明室驳蛮、借国叛寇、粤右蛮窟等。地方民族史料丰富。清代纪昀评价《粤西文载》"搜采殊见广备""所录碑版题咏之作，多志乘所未备"；称《粤西丛载》"所录虽颇近琐碎，而遗文轶事，有裨考证者，悉已采辑，无遗于一方文献，亦有可借以征信者焉"。有清康熙四十三年（1704）梅雪堂刻本《粤西诗载》、清康熙四十四年（1705）梅雪堂刻本《粤西文载》和清光绪年间石印本《粤西丛载》存世。（陈南南）

粤西三载 见"粤西通载"。

广雅书局丛书 又称《广雅丛书》。民国丛书。徐信符编纂。1917年，广雅板片印行所成立，徐信符整理广雅书局板片，选择版框尺寸一律者，编纂出版。前有1920年徐信符《序》。共154种600册，多为清人著作，其中经类26种、小学11种、杂著18种、史学93种、集部6种。有1920年广雅板片印行所印本。（林子雄）

广雅丛书 见"广雅书局丛书"。

晨风阁丛书 民国丛书。沈宗畸编纂。著作者以清代、民国为主。内容广泛，经史子集均收。收入图书53种，其中包括沈宗畸所辑《炼庵骈体文选》等6种书。有民国初年国学萃编社铅印本。（林子雄）

聚德堂丛书 民国丛书。陈伯陶编纂。收入明代至民国莞人著作11种，明陈琏《琴轩集》、陈建《学蔀通辨》等，清陈阿平《陈献孟遗诗》、陈铭珪《长

春道教源流》、苏泽东《宋台秋唱》及陈伯陶《胜朝粤东遗民录》等。有民国东莞陈氏刊本。（林子雄）

广东丛书 民国丛书。广东丛书编印委员会编纂。抗战期间，为研究乡邦文化、弘扬民族精神而倡议编印。中华文化协进会主持，成立广东丛书编印委员会，由叶恭绰担任主任委员。前有李汉魂、叶恭绰《序》。共3集，第1集为《唐丞相曲江张文献公集》等8种，第2集为《皇明四朝成仁录》等3种，第3集为《太平天国官书》等12种。内容涉及四部，以史籍为主。有民国商务印书馆长沙影印排印本。（林子雄）

1941年影印本《广东丛书》

海南丛书 民国丛书。海南书局编纂。9集。1935年刊行。第1集为丘濬《琼台会稿》，第2集为海瑞《备忘录》，第3集为《鸡肋集》等3种，第4集为《天池草》，第5集为《陈中秘稿》等4种，第6集为《石湖遗稿》等6种，第7集为《筠心堂文集》，第8集为《阐道堂遗稿》，第9集为《白鹤轩集》等3种。（林子雄）

潮州艺文志 地方志书。饶锷辑，饶宗颐补订。1926年饶锷开始编纂，拟定23卷，编定16卷，1932年因劳致

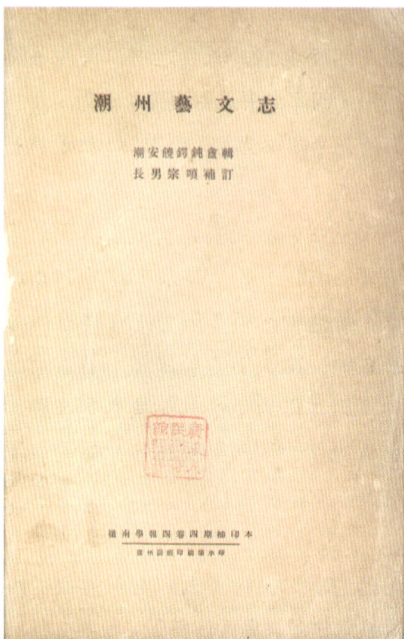

1934第4卷第4期《岭南学报》刊登
《潮州艺文志》

疾去世后，饶宗颐"别其类次，为十有七卷"，另有《外编》《订伪》《存疑》各1卷，共20卷。1934年9月《岭南学报》第4卷第4期开始刊登卷1—7的经部、史部，1936年第6卷第2、3期刊登卷8—13的明人集部，其余7卷未曾刊出，后遭兵燹遗失。收录书目上起唐代，下迄民国初年，共分经、史、子、集四部37类，部类下再分小类。每一条之下，大致依书名、出处、存佚、序跋、人物、按语相次。另有1994年上海古籍出版社"潮汕文库·潮汕历史文献丛书"本，署饶锷、饶宗颐著，以及2009年中国人民大学出版社《饶宗颐二十世纪学术文集》本。此外，1948年饶宗颐总纂《潮州志》中亦有《艺文志》，不分卷，署饶宗颐辑。（张贤明）

广州年鉴 ①民国地方年鉴。广州年鉴编纂委员会编纂。广州年鉴编纂委员会1935年12月出版。32开，精装。广州市社会局局长张远峰为编纂委员

会委员长，邬庆时、赵灼、陈念祖分别任编纂组、征集组、事务组主任。共21卷。内容以1933年为主，比较详细地反映了民国年间广州市社会繁荣时期方方面面的情况。②现代地方年鉴。广州年鉴编纂委员会编。是由广州市人民政府主管，广州市人民政府地方志办公室主办，有关部门共同参与编纂的大型资料性工具书。1983年创刊，采取期刊出版方式，一年一鉴。旨在全面、系统、准确地载录广州自然、政治、经济、文化和社会等方面基本面貌与发展情况，为了解和研究广州提供基本资料。（张贤明）

广东文物 民国广东文物丛刊。1940年在香港出版。以"研究乡邦文化、发扬民族精神"为宗旨。1940年2月22日至3月2日，以叶恭绰为主任委员的中国文化协进会，联合在港文化界人士，在香港大学冯平山图书馆举办"广东文物展览会"。展出各类文物、文献2000余件，观展人数达数万人次，可谓盛况空前。展会前后，主办方发动学术界调查、整理和研究文物，收集文物图片数百张，研究论文数十篇。为使文物资料和研究成果永久保存，叶恭绰、黄慈博、许地山、黄般若、李景康、陆丹林、简又文等分工合作，编辑成书，合3册10卷。上册为"图录之部"，收录图像、金石、书画、手迹、典籍、志乘、文具、器用、古迹、制作、太平天国文物、革命文献共十类文物图录、摄影，以及展会相关资料；中、下册为"研究之部"，收录史地交通、人物考证、人文艺术、学术文艺、鉴藏考古5个门类40余篇研究论文，作者均为相关领域的知名学者，如许地山、金曾澄、黄咏雩、高剑父、麦华三、李健儿、罗香林、徐信符、饶宗颐、冼玉清等。国民政府立法院院长孙科、广东省主席李汉魂、岭南大学校长李应林分别

作序，叶恭绰作跋。扉页印有"谨献此书纪念广东历代保种卫国的民族英雄"，宣示抗日意志。孙科在序中谓此书"存国粹于山河破碎之余，阐文化于兵火摧残之后"，"洵艺林之巨著也"。今有广东人民出版社 2013 年影印本。（金炳亮）

广东年鉴　①民国地方年鉴。广东年鉴编纂委员会编纂，郑师许任总编纂。广东年鉴编纂委员会 1941 年 5 月出版。1941 年，广东省政府主席李汉魂命省政府秘书编译室编纂，省府秘书长郑彦棻任编委会主任。32 开，精装。共 26 编 138 章，480 万字。记事上溯远古，下至 1941 年，载录岭南典章文物，保存民国时期广东省自然与社会方方面面的资料。民国时期仅出版一部，没有续编。1991 年广东省地方志办公室、广东省文史研究馆、汕头市地方志办公室内部发行此书的重新誊印本。②现代地方年鉴。广东年鉴编纂委员会编。广东省人民政府地方志办公室组织编纂，广东年鉴社负责组稿、编辑、出版、发行。是广东省人民政府主管的地方综合性年鉴，是权威、全面、公开出版发行的年度资料性文献。16 开，精装。1987 年创刊，采取期刊出版方式，一年一鉴。旨在全面、系统、准确地反映广东省政治、经济和社会各项事业的基本情况和发展，为了解和研究广东提供基本资料。（张贤明）

广州文史资料　地方文化专门性丛书。中国人民政治协商会议广东省广州市委员会文史资料研究委员会编。1960 年 10 月创刊，创刊时只在内部作为不定期刊物发行。后由广东人民出版社、中国文史出版社等公开出版，截至 2019 年已出至第 82 辑。32 开，平装。创刊时名《广州文史资料选辑》，后改名为《广州文史资料》。仿照全

国政协编辑的"文史资料选辑"先例，从征集的资料中选取与广州市有关的历史事件，目的是保存和积累历史资料。所选资料以撰写者叙述本人的亲身经历和见闻的史料为主，对史料有研究而有一定价值的稿件为辅，不拘体裁。内容包括清末到广州解放有关战争、政治、艺术、华侨等各方面的历史，可为历史研究人员较系统、完整、准确地了解过往的广州提供帮助。（张贤明）

广东文史资料　地方文化专门性丛书。中国人民政治协商会议广东省委员会文史资料研究委员会编。1961 年 6 月创刊，创刊时只在内部作为不定期刊物发行。后由广东人民出版社、中国文史出版社等公开出版。32 开，平装。系根据时任全国政协主席周恩来在全国政协一次茶会上号召"其有丰富经历的老年人士，把他们的亲身经历和见闻纪录下来，传之后代"的指示精神，参照全国政协的办法，设立文史资料委员会专门负责编写的刊物。其编辑方针是按上级指示精神，让亲身经历过和亲自见闻过清末以来至新中国成立前各个历史时期的历史事件的亲历者将经历毫无顾虑地如实反映出来，不限观点、不限体裁、不求完整，要求有一定的史料价值。目的是为历史编写提供真实详尽的素材，以便于历史研究工作者有更多真实可靠的材料，来阐明我国近代社会的深刻变化和发展规律。（张贤明）

广东名画家选集　画作选集。广东名画家选集编辑委员会编辑。中国美术家协会广东分会 1961 年 9 月出版，南方日报美术印刷厂印刷。4 开，精装。收录明清以迄民国初年各个时期画坛突出代表，共 62 位广东著名画家的作品 108 幅。共制作了 500 册散页和 1000 册图书，散页挂于当时广东最大

的宾馆东方宾馆客房，图书则分国内版和出口版，国内版版权页上的发行者为广东省新华书店，出口版面向国际友人。时任广东省委书记陶铸题写书名，审阅清样，且在特定条件下批准成立编委会、从香港购买纸张和油墨，并请来上海印刷工业公司的高级技术工作组进行业务指导。选集制作精美，是继北京《中国历代绘画：故宫博物院藏画集》、上海《上海博物馆藏画》之后全国第三本大型画册，也是这个时期印刷精美、定价最高的粤版书。（张贤明）

广东地方文献丛书　地方文献综合性丛书。广东人民出版社出版。32 开，平装，亦有精装，每册篇幅不大。从 1980 年 1 月出版第一种到 1997 年出版最后一种，共出版了 27 种。内容比较广泛，主要提供有关广东地方的历史、文化、艺术以及其他方面的文献，实际上是以文学作品的选录、标点、注释为主，也收有反映岭南历史地理风貌的笔记以及地方志书中影响较大的金石志等，可为专业研究人员和业余爱好者参考、研究提供帮助。（张贤明）

广东党史资料　地方文化专门性丛书。中共广东省委党史资料征集委员会、中共广东省委党史研究委员会办公室编，后改由中共广东省委党史研究室编。前期是内部刊物，1983 年 7 月由广东人民出版社出版第一辑，其后不定期出版，已出版 50 多辑。以刊登广东各个革命历史时期的重大事件、重点人物、重要会议和重大问题的有关材料为主，包括未发表过的革命历史档案、资料、革命回忆录、调查访问材料、重大历史事件的考证或订谬、人物传记及专题研究等，并适当选刊有研究参考价值的各方面史料。目的是作为党史研究和教学的参考资料，同时也是为对广大党员和群众进行革

命传统教育和进行爱国主义、共产主义精神文明思想教育提供生动的革命斗争史料的党史读物。（张贤明）

岭南丛书　地方文献综合性丛书。广东省高等学校《岭南丛书》编辑委员会负责组织实施。32开，平装。1988年8月出版第一种，广东高等教育出版社、中山大学出版社、暨南大学出版社、中国文史出版社等陆续出版，至2000年《广东文献综录》出版，共出版了30种。丛书受上级委托编写，主要收集1911年辛亥革命前岭南学者、作家的著述以及其他有关岭南的文献，包括文、史、哲、地、经、法等类，着重收录历代学术成就卓著、影响广泛的著述，一般不收巨帙、残本、府县志及学术价值不大者，是"岭南历代文献之荟萃"（《编辑缘起》）。整理上主要采取标点、校点、校注、汇编、辑佚等方式。（张贤明）

广州史志丛书　地方文化专题性丛书。广州市人民政府地方志办公室组织实施，《广州史志丛书》编审委员会负责编审。16开，平装，间亦有精装。1989年9月出版第一种，至2019年已由广州文化出版社、广东人民出版社、广州出版社、暨南大学出版社、方志出版社、宗教文化出版社、广东经济出版社、广东科技出版社等出版了55种。主要是在充分利用编纂广州市志时形成的地情调查、地情研究、地情咨询资料、方志理论研究成果以及搜集整理的旧志文献基础上，将未能入志的资料以丛书形式公开出版。内容主要是有关广州历史情况的旧方志和其他古文献整理，今人有关广州地情的著述、研究成果，史志理论研究成果。（张贤明）

广东省志　大型地方志书。广东省地方史志编纂委员会编。16开，精装。

1992年12月至2007年4月由广东人民出版社陆续出版。采取"分志丛书体"方式，设94部平行分志，共约6700万字。省志编修由人大代表、省政协副主席莫雄于1979年12月广东省五届人大二次会议上提出，1984年3月省委、省政府发文启动，历时23年。编修体制采取省委领导、省政府主持、省地方志办组织实施，省直及中直驻粤有关单位、省军区和专家参与的体制，由广东省地方史志编纂委员会负责编写的规划、指导、审查、出版工作。参与编纂单位达118家。记事上起事物在广东（包括现在的海南省）的发端，下至1987年，特殊情况适当下延。本着"详今略古"原则，重点记述新中国成立后的史实。写法以志体为主，横述门类，纵述史实，述而不论。主要资料来自各单位各部门保存的档案材料以及各级档案馆、统计局等部门的官方资料及数据。这是新中国成立后编纂出版的第一部省志。（张贤明）

岭南文库　大型地方文化综合性丛书。广东人民出版社1993年起陆续出版，至2019年已出版200余种。1991年成立岭南文库编辑委员会，中共广东省委常委、宣传部部长任编委会主任，编辑部设在广东人民出版社，执行主编岑桑。1995年中共广东省委宣传部、省新闻出版局、广东中华民族文化促进会等联合发起成立广东岭南文库出版基金，经多次募集，基金累积至1000余万元，其利息用于资助出版。

"岭南文库"获第三届国家图书奖证书

1993年出版首批18种图书，其后每年出版若干种。入选著作涵盖岭南人文学科和自然学科，包括历史地理、经济发展、社会文化、自然资源和人物传记等。并从历代有关岭南文化名著中选择典籍，编校注释，选粹重印。个别有重要参考价值的译著、图录，亦在选辑之列。是岭南文化相关出版物中，出版时间延续最长、图书品种最多的丛书。为地域文化研究起到了推动作用，被誉为"岭南文化的百科全书"。1997年，获第三届国家图书奖。（金炳亮）

广州市志　大型地方志书。广州建市以来正式出版的第一部市志。广州市地方志编纂委员会编，杨资元总纂。16开，精装。共21卷23册，2418万字，配图2000多幅。1984年正式启动编纂，1995年12月至2000年12月由广州出版社分册出版，2004年11月出版电子版。采取章节体，记述上限为清道光二十年（1840），下限至1990年，适当上溯、下延。全面反映广州市1840—1990年自然、政治、经济、文化和社会的历史和现状，多角度、多层面体现广州作为岭南文化中心地、海上丝绸之路发祥地、民主革命策源地、改革开放先行地的地情风貌。（张贤明）

广东通史　地方通史。新中国成立以来第一部广东通史。方志钦、蒋祖缘主编。32开，精装。分3部6册，分别是《广东通史：古代上册》《广东通史：古代下册》《广东通史：近代上册》《广东通史：近代下册》《广东通史：现代上册》《广东通史：现代下册》，广东高等教育出版社分别于1996年4月、2007年12月、2010年6月、2010年6月、2014年12月、2014年12月出版，共538万字。秉持"上下古今相通，经济、政治、文化

相融相通"的编纂理念，较全面、系统地记述史前至解放战争时期广东方方面面的历史。并根据广东历史发展的特点，注意突显编写的个性与特色，侧重记述鸦片战争以来广东近代、现代的历史，对港澳问题亦有涉及，并补过去同类书籍对社会经济、文化、教育、民族、华侨等问题论述的空白或不足。（张贤明）

澳门丛书 地方文化专门性丛书。澳门基金会、澳门文化局资助并组织实施，广东人民出版社审定书稿并出版。16 开，平装。2004 年 7 月开始出版，2019 年出版了 31 种。丛书主要收录与澳门相关的政治、经济、文化、社会研究著述，从不同角度对澳门社会的方方面面进行深入的分析研究。（张贤明）

岭南文化知识书系 地方文化专门性丛书。广东人民出版社岭南文库编辑部组织实施。32 开，平装。每册约 4 万字。广东人民出版社 2004 年 10 月出版第一种，2019 年已出版近 300 种。书系为"岭南文库"的延伸，但选题更多样，覆盖面更广，大致可分"人物业绩""名城名胜""文化艺术""政治历史""民族民俗""南粤先贤""名镇系列""岭南古俗""蕴庐文萃"等类。采用通俗读物的形式，文字通俗，图文并茂，寓知识性于可读性之中。（张贤明）

广东历史文化名人丛书 地方文化专门性丛书。第 1 辑朱小丹、欧初主编，第 2—5 辑林雄、欧初主编。32 开，平装。2005 年 7 月广东人民出版社出版第 1 辑，至 2009 年 12 月第 5 辑，共出版了 5 辑 50 种，每辑 10 种。每种介绍一个广东历史文化名人（包括广东籍与部分外籍入粤者），通过其生平、思想等来展示广东历史文化的深

厚底蕴。注重雅俗共赏，配有插图及"小知识"，追求学术性与科学性、通俗性统一。（张贤明）

清代稿钞本 大型文献综合性丛书。广东大沿海出版工贸有限公司策划，广东省立中山图书馆、中山大学图书馆编，桑兵主编。广东人民出版社陆续出版。16 开，精装，影印。自 2007 年 4 月出版《清代稿钞本》开始，至 2017 年 8 月《八编清代稿钞本》出版，共 8 编，每编 50 册，合计 400 册。精选广东省立中山图书馆、中山大学图书馆馆藏未刊的清代稿本、钞本、孤本等珍稀文献 2000 余种，包括清人的日记、诗文、论著、传记、年谱、书信、谘议局报告、警务档案、公文、电稿、政书、账册等，内容涉及学术研究的各个领域。在编排上，不按传统的经、史、子、集分类，而是根据所发掘、抢救的文献情况及境内外古籍文献整理、编选、影印出版的先例，按照每编尽量汇辑同类型文献的原则，优先出版日记、书札、诗文集等的稿本、钞本，其次为孤本、珍本，最后为较具史料价值的稀见刻本或印本。各编首册编列所在编的总目录。对清史纂修，深入研究清代政治、军事、经济、社会、文化、学术、对外关系以及岭南区域史等具有重要意义。丛书列入"十一五"国家重点图书出版规划、"国家清史编纂委员会·文献丛刊"。前六编获 2016 年度全国优秀古籍图书奖一等奖。（张贤明）

广州大典 大型地方文献综合性丛书。陈建华、曹淳亮主编。16 开，精装，影印。广州出版社出版。广州市

《广州大典》

"十一五""十二五"时期重点文化工程，2007 年全国古籍整理出版规划领导小组支持项目。中共广州市委宣传部、广东省文化厅策划并组织实施编纂，旨在系统搜集整理和抢救保护广州文献典籍、传播广州历史文化。自 2005 年开始编纂，2015 年完成。收录广州人士（含寓贤）、有关广州历史文化的著述以及广州版丛书，所收文献的时间下限为 1911 年，个别门类下延至民国，地域范围包括清中期广州府所辖的南海、番禺、顺德、东莞、从化、龙门、增城、新会、香山、三水、新宁、新安、清远、花县，以及香港、澳门、佛冈、赤溪。底本以广东省立中山图书馆和中山大学图书馆藏书为基础，海内外各公藏机构和个人藏书为补充，总共收录来自国内 55 家、国外 14 家藏书单位以及 6 位私人藏书家的文献 4064 种，其中珍本善本等稀见文献众多，珍贵的稿抄本有 462 种、清乾隆以前刻本 357 种。编排上，

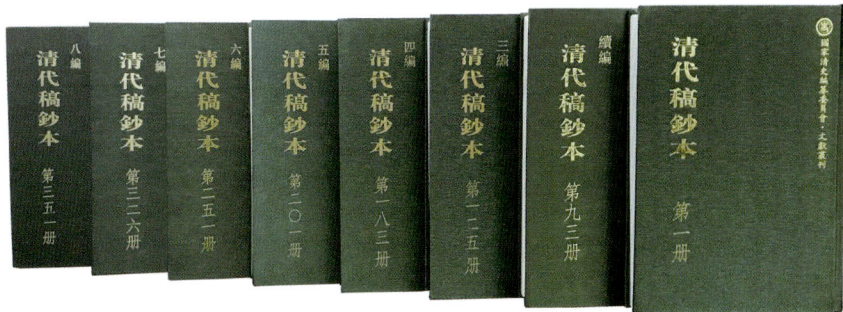

"清代稿钞本"

依经、史、子、集、丛五部类单独出版，共 520 册。其中，丛部 2008 年 9 月出版，收录文献 932 种，102 册；经、史、子、集部均于 2015 年 3 月出版，其中经部收录文献 375 种，56 册；史部收录文献 1178 种，197 册；子部收录文献 747 种，62 册；集部收录文献 832 种，103 册。《广州大典·丛部》获首届南粤出版奖；2022 年《广州大典（经史子集部）》获首届广东出版政府奖。有配套的数字资源库，可实现全文阅读下载。（张贤明）

全粤诗　迄今为止规模最大、内容最全的粤诗总集。"七全一海"（《全元文》《全宋文》《全宋诗》《全明戏曲》《全明文》《全明诗》《全粤诗》《清文海》等 8 部大型总集的合称）中唯一的地方性总集。中山大学中国古典文献研究所编。32 开，精装。先秦至明代部分由陈永正主编，共 804 卷，收录诗家 2500 多人，诗作 6 万多首，分成 26 册，自 2008 年 12 月出版第一册，2019 年已全部由岭南美术出版社出版；清代部分由杨权主编。收录现存能见及的历代原籍粤地或生平主要活动在粤并落籍在粤的粤人诗歌，粤女外嫁他省、外省女子入嫁粤人或祖籍外省而生于粤者，亦从宽收录。时间则上自汉朝，下迄清代，酌收少量民国初期诗人作品。地域包括今广东、海南、香港、澳门以及广西钦州、北海等地。在编纂上，采取标点、校勘的方式，依诗人先后进行排序，诗作前撰有诗人小传，以介绍诗人生卒年、字号、里籍、科第、仕履、生平主要事迹、封赠、著作等。秉持"诗人一个不漏、诗作一首不缺"的原则，做到"所知必采，所见必录"。是研究岭南政治、经济、军事、民生、宗教、风俗等方面不可或缺的一手资料。清代部分为 2015 年度国家社会科学基金重大项目"岭南诗歌文献整理与诗派研究"最大子项目。（张贤明）

葡萄牙驻广州总领事馆档案　大型专门性丛书。广东省立中山图书馆、澳门基金会、葡萄牙外交部档案馆、澳门大学图书馆编。16 开，精装，影印。4 种 209 册：《葡萄牙外交部藏葡国驻广州总领事馆档案（清代部分·中文）》（16 册）、《清代葡萄牙驻广州总领事馆档案》（32 册）、《民国葡萄牙驻广州总领事馆档案》（29 册）、《民国葡萄牙驻广州总领事馆档案（外文部分）》（132 册），广东教育出版社分别于 2009 年 11 月、2015 年 7 月、2016 年 5 月出版前三种，广东人民出版社 2019 年出版第四种。收录葡萄牙外交部档案馆中所藏清光绪二十一年（1895）至 1947 年间葡萄牙驻广州总领事馆的档案，地域范围主要为今中国广东和澳门，兼及香港、广西、福建，以及南亚与东南亚。以葡文、中文、英文为主，间有少量法文和日文。详细记录了当时葡萄牙领事馆处理各方面事务的情形，透过大量日常事务真实反映总领事馆在行使、落实领事裁判权等治外法权方面的实际情况，为了解、印证中葡两国关系以及粤港澳三地的关系、社会民情等提供史料。这是中国第一次从国外将一个机构、一个方面的原始档案完整地复制回国。参见第 1272 页海洋文化卷"葡萄牙驻广州总领事馆档案"条。（张贤明）

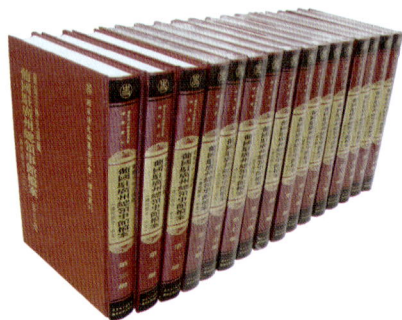

《外交部藏葡国驻广州总领事馆档案
（清代部分·中文）》

《民国葡萄牙驻广州总领事馆档案》

澳门编年史　地方编年史。吴志良、汤开建、金国平主编。广东人民出版社 2009 年 12 月出版。16 开，平装。6 册，分明中后期、清前期、清中期、清后期、民国时期和索引 6 卷，1 册 1 卷。以中国纪年为纲，记录上起明弘治七年（1494）教宗子午线划分，下至新中国成立共 450 余年有关葡萄牙

《全粤诗》先秦至明代部分图书

人东来及澳门本身的历史。内容涉及澳门政治、经济、文化、军事、法律等各个方面。获首届国家出版基金资助。2010年获第二届中国出版政府奖图书提名奖。（张贤明）

广州市志（1991—2000） 大型地方志书。广州市地方志编纂委员会编，杨资元总纂。16开，精装。共19卷10册，1200万字，配图2100多幅。2009年11月至2012年11月由广州出版社分册出版。全面反映了广州市1991—2000年自然、政治、经济、文化和社会的发展历程。在《广州市志》的基础上，对前志记述内容做了一定调整，并据10年间广州市的新市情设立新的卷和内容。（张贤明）

岭南中医药文库 大型地方文化专门性丛书。广东科技出版社组织实施。广东科技出版社2009年陆续出版。32开，精装。是广东省委、省政府为振兴中医事业，建设中医药强省而扶持的重大出版项目。对古今岭南中医药文化、岭南中医药研究成果及应用进行全面分析整理和总结。共分7卷："典籍系列"全面搜集和整理国内外馆藏、民国以前的岭南中医药典籍进行影印出版；"文献研究系列"通过对岭南中医药文献进行深入考证与整理，展示岭南中医学的发展历史与文化风貌；"医家系列"主要是抢救性总结和继承广东省代表性名老中医宝贵的学术经验和临证精华；"本草系列"对岭南境内野生及栽培的所有中药从形态、栽培、炮制、性能及其现代研究成果等方面进行全方位整理；"产业系列"深度挖掘和展现广东省内龙头中药企业先进的管理经验、独特的品牌优势等；"医疗系列"对广东省内示范中医院的发展历程、管理经验、技术特色、文化建设等方面进行全面总结；"现代研究系列"汇集新中国成立后广东省在中医药科研方面的丰硕成果。截至2019年，已出版文献近百种。（张贤明）

广州通史 地方通史。杨万秀主编。32开，精装。中华书局2010年8月出版。分"古代卷""近代卷""现代卷""当代卷"4卷，共8册，270万字。贯通古今，较全面、系统地记述从远古到1991年广州的政治、经济、军事、文化、社会、民俗、城建等方面的内容。充分反映广州历史的特点，特别突出广州的对外开放、市场经济和岭南文化，展现新中国成立后40余年间广州取得的辉煌成就。（张贤明）

广东历代方志集成 大型地方文献专题性丛书。广东省地方史志办公室辑。16开，精装，影印。岭南美术出版社2011年6月出版。丛书的整理、出版缘于广东省地方志史办公室对广东历代方志收藏现状的担忧以及如何更好地发挥广东历代方志为第一轮修志工作服务的考虑。2003年，广东省委、省政府将"系统整理、出版广东各历史时期的志书"列入《广东省建设文化大省规划纲要》。2004年，省方志办成立广东历代方志整理委员会及以资料处理为主的编辑部，全面普查广东历代方志的状况。2005年，成立《广东历代方志集成》编纂委员会和编辑部，全面搜集、整理广东历代方志，出版《广东历代方志集成》正式启动。项目由广东省财政支持，历时6年完成。共收录国内外20多家藏书机构收藏、中华人民共和国成立前编纂的省通志、府州志、县志433种，按明清时期广东政区分成11部，276册。其中省部30册、广州府部48册、韶州府部16册、南雄府部5册、惠州府部21册、潮州府部47册、肇庆府部51册、高州府部15册、廉州府部12册、雷州府部7册、琼州府部24册。采取"不点、不校、不编"的原则，以影印的方式整理。这是广东省第一次全面整理广东历代方志，中国地方志指导小组向全国推广了广东省的做法与经验。（张贤明）

馆员文库 地方文化专题性丛书。广东省人民政府文史研究馆编。广东人民出版社不定期出版。16开，平装，间亦有精装。自2012年7月《方圆集》出版始，截至2019年已出版13种。收录广东省人民政府文史研究馆馆员的文史、艺术等各类研究成果精华，从不同角度反映文史研究馆馆员对历史和现实的认识与研究。（张贤明）

民国时期广东财政史料 地方文化专门性丛书。广东省财政科学研究所、广东省立中山图书馆、广东省档案馆编。16开，精装，影印。广东教育出版社2011年9月出版。收录资料37种、档案204件，按财政法规、财政概况、财政统计、田赋粮食、财政历史档案等分为5大类别。反映了广东财政在中国财政近代化转型过程中的示范性作用及特殊地位，为学术界和财政部门全面、系统、深入地研究民国时期广东财政提供原始材料。（张贤明）

杜定友文集 别集。杜定友著。广东省立中山图书馆、中山大学图书馆编。16开，精装，影印。广东教育出版社2012年10月出版。主要收录广东省立中山图书馆、中山大学图书馆所藏，兼收广东省文史馆、复旦大学图书馆、交通大学图书馆以及杜定友亲属、好友、研究专家、藏书家等所收集杜定友的资料。内容包括杜定友的专著、论文、自传、书信、手稿、照片等。可为杜定友研究以及中国当代图书馆学研究提供资料。（张贤明）

黄埔军校史料汇编 大型地方文献专门性丛书。国家出版基金资助项目。5 辑 152 册，广东省立中山图书馆、广州市社会科学院、中山大学图书馆、广东省档案馆编。广东教育出版社于 2012—2020 年陆续出版。16 开，精装，影印。全面、系统收集、整理 1924—1949 年间黄埔军校的各类期刊、著述、演讲、宣言、条例、教材、同学录、纪念册等，其中不少是印量稀少、鲜为人知且未曾公开的史料。这些史料以广东省立中山图书馆藏书为基础，以广州市社会科学院、中山大学图书馆、广东省档案馆、四川省图书馆、中山市档案馆和其他图书、档案及个人藏书为补充。是研究黄埔军校史乃至中国现代史的重要参考资料。（张贤明）

广东省志（1979—2000） 大型地方志书。广东省地方史志编纂委员会编。方志出版社 2014 年 9 月出版。16 开，精装。采取"分卷综合体"，归并了部分《广东省志》的分类，共 44 卷，约 2000 万字。根据国务院地方志"每 20 年左右续修一次"的要求，广东省政府在 2002 年 2 月启动第二轮《广东省志》编纂工作，至 2014 年 12 月完成，历时 12 年。编修体制同第一轮修志一样，仍采取省委领导、省政府主持、省方志办组织实施、省直及中直驻粤有关单位和专家参与的体制，由广东省地方志编纂委员会组织实施，36 家单位牵头、556 家单位、3463 人参与编纂。全面、客观地记述 1979—2000 年改革开放期间，广东省行政区政治、经济、文化和社会等方面发生的深刻变化，着重反映广东人民在党和政府的领导下所取得的成就。这是新中国成立后广东省的第二部省志，入选"全国首批地方志书精品工程"。（张贤明）

广东华侨史文库 大型专门性丛书。张应龙主编。16 开，精装、平装。2011 年，中共中央政治局委员、广东省委书记汪洋提议编写出版《广东华侨史》。2014 年起，广东人民出版社陆续出版各类华侨史著作，为最终出版多卷本大型通史著作《广东华侨史》做准备。以"资料翔实、观点全面、定性准确、结论权威"为编纂总原则，所收著作以华侨文献档案资料、学术专著、论文集、口述历史、图录为主，计划出版基础性文献和研究成果 50 种。（张贤明）

近代华侨报刊大系 大型地方文献专门性丛书。"民国时期文献保护计划"工程、国家出版基金资助项目。16 开，精装，影印。第 1 辑由广东省立中山图书馆编，广东经济出版社 2015 年出版。截至 2019 年已出版 3 辑，收录侨报侨刊 210 多种，共 105 册。反映 19 世纪中叶至新中国成立前华侨的生存、发展、融合的情况以及所作的贡献。是研究华侨文化，中国对外交往史、移民史的史料。（张贤明）

海外广东珍本文献丛刊 大型地方文献综合性丛书。16 开，精装，影印。广东人民出版社、广东省立中山图书馆共同策划，广东省人民政府拨出专款资助出版。收录海外图书馆及相关机构、个人收藏，反映广东历史文化和粤人著述等具有珍稀性和学术性的地方古籍文献，旨在搜集、抢救和整理存藏海外的珍稀广东文献典籍，促进中华优秀典籍回归故里，深化岭南历史文化的研究。第 1 辑广东省立中山图书馆编，广东人民出版社 2016 年 3 月出版，共收录加拿大、德国、美国、英国、葡萄牙和日本等地收藏的稀见广东文献 71 种，参照《中国古籍善本书目》《中国古籍总目》，依经、史、子、集、丛编次，每部再按类、属分类编排。为保存更丰富的版本信息，用现存状态仿真影印的方式进行灰度图印制。获全国优秀古籍图书一等奖。（张贤明）

容庚藏帖 大型丛帖汇刊。"十二五"国家重点图书出版规划、国家出版基金资助项目。程存洁主编。广东人民出版社 2016 年 3 月出版。线装，182 函 750 余册，影印。收录广州博物馆收藏的历代丛帖（容庚捐赠）及其他可确定为容庚收藏的丛帖共 172 种，大致与容庚撰著《丛帖目》所述品种数相合，约占全国公私所藏半数强。在编排上，依《丛帖目》按历代、断代、个人、杂类、附录类的分类序次，共 20 卷。制作上，采用手工宣纸印刷，真实、细致地再现原帖面貌。较完整地呈现了中国碑帖书法的历史发展脉络，为书法史研究提供了实物，亦具有珍贵的文物价值和历史文献价值。获全国优秀古籍图书一等奖。（张贤明）

《容庚藏帖》

方成全集　全集。方成著。广东人民出版社 2016 年 6 月出版。16 开，精装。2 卷共 16 册。漫画卷 1—11 册主要收录方成 20 世纪 30 年代至 21 世纪初已发表或未发表而自珍藏的漫画作品。文稿卷 12—16 册主要收录方成 20 世纪 80 年代至 21 世纪初已发表或未发表的理论文稿，分为"述人生""谈漫画""说幽默""画外音""老友记"等，对方成一生历程、漫画心得、幽默理论、杂文评议、朋辈交游等进行了较全面的总结。（张贤明）

当代岭南文化名家丛书　地方文化专门性丛书。慎海雄主编。广东人民出版社 2016 年出版第一种，截至 2020 年共出版 32 种。16 开，精装。是中共广东省委宣传部领导和策划、广东人民出版社负责具体实施的重大文化出版项目。旨在梳理当代岭南文化的高成就，弘扬现当代岭南文化名家的精神风貌和学术品格。在文学、绘画、雕塑、音乐、舞蹈、戏曲、影视、新闻出版、工艺美术、非遗传承等领域，遴选出当代岭南文化建设进程中贡献卓著、影响广泛的广东文化名家，如王为一、张良、丁荫楠、马思聪、郑南、郑秋枫、廖冰兄、关山月、陈金章、潘鹤、杨之光、红线女、林墉、姚璇秋、梁伦、陈翘、梁素珍、刘斯奋、章以武、岑桑、王云五、杨奇、刘陶、吴松营、关国栋、黄景仁、马镇坤、李孟昱、范以锦、刘婉玲等 32 位，通过"名家传略""众说名家"和"名家作品"3 个部分展现名家的生平事功、思想轨迹、创作理念、审美取向和艺术造诣，以引领读者品鉴名家名作，体悟当代岭南文化的独特魅力。（张贤明）

中山文献　大型地方文献综合性丛书。16 开，精装，影印。旨在系统搜集和整理中山文献典籍，保护和传承中山历史文化，推动学术研究。收录有关中山历史文化和中山人士（含寓贤）的著述，孙中山著述、研究孙中山生平和思想的著述以及其他相关著作，有关中山的历史档案。所收文献以 1949 年为限，特殊的延至 20 世纪 50 年代初。地域涵盖今中山、珠海以及澳门地区。第 1 辑由孙中山故居纪念馆、广东省立中山图书馆编，广东人民出版社 2017 年 4 月出版，共收古籍 352 种、孙中山文献 101 种。第 2 辑由孙中山研究院（中山）、孙中山故居纪念馆、广东省立中山图书馆编，广东人民出版社 2020 年 11 月出版，共收古籍、民国文献、孙中山文献、期刊 362 种。第 3 辑由孙中山研究院（中山）、中山市档案馆、中山市地方志办公室、孙中山故居纪念馆编，广东人民出版社 2023 年 5 月出版，共收录中山市档案馆所藏 19 个专题 3640 余件档案。（张贤明）

《中山文献（第三辑）》

客家珍稀谱牒文献丛刊　大型地方文献专门性丛书。国家出版基金资助项目。广东人民出版社 2017 年 12 月出版。16 开，精装，影印。收录福建、江西、广东、台湾、四川、浙江等地及海外明代至民国时期具有代表性的客家谱牒 66 种，涉及 54 个家族、36 个姓氏，按百家姓顺序编排。在收录上，坚持客家血缘"断自可知"的收录原则，不收录已出版、底本不清晰及存在迁徙源流不明晰、谱牒真实性存疑者；注重地域与姓氏的代表性，注重反映两岸同胞的同根同源性。是研究闽、粤、赣、川、台甚至海外社会史、经济史、人口史等的第一手资料。（张贤明）

《客家珍稀谱牒文献丛刊》

东莞历史文献丛书　大型地方文献综合性丛书。16 开，精装，影印。旨在系统搜集整理和抢救保护东莞地方文献典籍，保护和传承东莞历史文化，推动学术研究。收录有关东莞历史文化以及东莞人士的著述。所收文献上起宋代，下迄 1912 年，内容涵盖文学、史学、哲学、艺术、宗教、地理、医学等。第 1 辑由广东省立中山图书馆、东莞市莞城图书馆编，广东人民出版社 2017 年出版，共收 199 种文献，47 册，按经、史、子、集、丛编排，其中经部 10 种、史部 60 种、子部 28 种、集部 66 种、丛部 2 种（内有子目 35 种）。第 2 辑由广东省立中山图书馆、东莞市莞城图书馆编，广东人民出版社 2022 年出版。（张贤明）

《东莞历史文献丛书》

韩国首尔国立大学藏同顺泰号文书　地方文献档案。国家古籍整理出版专项经费资助项目。周湘、柏峰编。16 开，

精装，影印。18 册。广东人民出版社 2019 年 7 月出版。收录韩国首尔国立大学中央图书馆和奎章阁韩国学研究院所藏 1889—1907 年间在朝鲜半岛的代表性华侨企业同顺泰号的近万件文书，包含《同顺泰宝号记》《同顺泰往复文书》《同泰来信》《交货尺牍》《各埠来货置本单》《进口各货舱口单》等。比较真实、详细地反映当时朝鲜半岛的社会生活、经济发展状况以及华人企业与国内的一些经济来往情况，是研究早期东亚、东北亚贸易以及朝鲜半岛早期华商情况的重要史料。获全国优秀古籍图书一等奖。（张贤明）

客家珍稀文书丛刊　大型文献专门性丛书。国家出版基金资助项目。曹树基、陈支平总主编。16 开，精装，影印。广东人民出版社 2019 年 7 月出版。首次从民间系统收集、整理清代至民国时期"客家三州"（广东梅州、江西赣州、福建汀州）的客家珍稀文书，其中广东（梅州）40 户，契约文书约 5300 件、账簿 31 册；江西（赣南及广昌）146 户，契约文书约 1.17 万件、账簿 138 册；福建（闽西、闽南、闽东）40 户，契约文书约 6000 件、账簿 48 册，总计契约文书约 2.3 万件、账簿 217 册。主要类型包括田地、房屋、山林的买卖、典当、租赁等契约，各种凭票、清单、税票、纳税执照、官府布告、房屋产权所有证、管业证书、选民证、诰命文书、中考捷报、捐官文书、休书、遗嘱、过继书、分家书、改嫁书、推单、礼单以及大量反映民间金融资本运作的商业账簿等。体例上利用大数据将相关文书进行"归群"，实现全部归户到村、镇，然后按时间先后顺序排列。对粤、赣、闽三省客家地区的社会史、经济史、赋役制度以及客家族群的历史状态等有研究参考价值。（张贤明）

粤剧表演艺术大全　粤剧表演艺术百科全书。《粤剧表演艺术大全》编纂委员会编，倪惠英主编。16 开，精装。2017 年 6 月启动，共分《做打卷》《唱念卷》《锣鼓器乐卷》《排场剧目卷》《化妆服具卷》。通过对粤剧表演艺术进行追根溯源的梳理和整理，全方位、多角度地反映粤剧表演艺术的整体面貌。其突出之处在于运用现代科技手段挖掘、整理、保存一些已失传或濒失传的表演艺术，采用融媒数字出版方式，图、文、音、像相结合，将粤剧近百年来最有特色的表演形式记录下来。广州出版社 2019 年 10 月出版《做打卷》。（张贤明）

广东文征续编　文章总集。许衍董编纂，汪宗衍、吴天任参阅。鉴于《广东文征》遗佚尚多，因此集议及时搜集、选取广东近百年来的文章，以赓续吴道镕的《广东文征》。1984 年开始，3 年网罗广东近百年来 340 余家，采录文章 1400 余篇，计 300 余万言。全书 32 卷，分为 4 册。以清末至 20 世纪 80 年代已故作者为限，按作者生卒年次排列，自孙中山起，至 1985 年去世的温中行止。文章之前列作者小传，以见生平梗概。与《广东文征》衔接一体，系统连贯，堪称杰构。有 1988 年香港广东文征编印委员会刊本。（林子雄）

东莞明伦堂档案　大型地方文献综合性丛书。国家重点档案保护与开发项目。16 开，精装，影印。全面收录清道光十八年（1838）至 1949 年间地方政治组织东莞明伦堂的机构沿革、经营管理、司法纠纷、慈善公益等方面的档案，包括地契资料、收支账册、捐资教育卫生的会议原始记录、学生名册、与地方政府和学校等的来往文书等。第 1 辑由东莞市档案馆编，刘志伟主编，广东人民出版社 2020 年 6

月出版。参见第 184 页历史卷"东莞明伦堂档案"条。（周惊涛）

茂名历史文献丛书　大型地方文献综合性丛书。中共茂名市委宣传部、广东省立中山图书馆编。广东人民出版社 2021 年 9 月出版。16 开，精装，影印。30 册。旨在系统搜集整理和抢救保护茂名地方文化典籍，保护和传承茂名历史文化，推动学术研究。按经、史、子、集四部分类编排，收入 1912 年以前（地方志收录下限为 1949 年）高州府所属茂名、电白、信宜、化州、吴川、石城诸州县的乡贤与寓贤著述及反映茂名地区历史文化的文献共 148 种（含子目）。（王俊辉）

《茂名历史文献丛书》

孙文全集　全集。"十一五"国家重点图书出版规划项目。黄彦主编。广东人民出版社 2021 年 12 月出版。16 开，精装。共 20 册，1400 万字。收录孙文执笔的中外文著述，包括为机关团体起草而本人不署名的文件，以及亲闻者当时记录整理或当时报刊、书籍、内部报告中加以报道、援引而来源可靠的演说、谈话。据著述的性质及表现形式大致分成代表作四种、论著、杂著、译著、遗嘱、文告、规章、书信、电报、演说、谈话、公牍、人事任免、题词等 14 类，同类以时间先后编次。另有著述年表及索引各 1 册。该全集的突出之处在于补入以往全集版本未收的著述，以上佳底本替换已收著述欠佳的底本，新增了大量外文文献及对部分外文文献做了

《孙文全集》

《韶关历史文献丛书》

重译和新译，并做了大量去伪存真、标题拟定、内容校勘、著作时间考订以及注释等整理工作。是迄今收录文献最全、体量最大、考订严密的孙中山全集。（张贤明）

韶关历史文献丛书　大型地方文献综合性丛书。中共韶关市委宣传部、广东省立中山图书馆编。广东人民出版社 2022 年 1 月出版。16 开，精装，影印。55 册。旨在系统搜集整理和抢救保护韶关地方文化典籍，保护和传承韶关历史文化，推动学术研究。收录 1912 年以前原韶州府、南雄州人士（包括寓贤）的著述，以及历代反映韶关的文献典籍，按经、史、子、集四部分类编排，共收录文献 173 种，其中经部 3 种、史部 105 种、子部 28 种、集部 37 种。（王俊辉）

新兴媒体

网易　互联网企业、网络平台。1997 年丁磊在广州创办。利用互联网技术，加强人与人之间信息的交流和共享，实现"网聚人的力量"。业务范围涵盖门户网站、在线游戏、电子邮箱、在线教育、电子商务、在线音乐、网易 BoBo 等多种服务。相继推出了包括中文全文检索、全中文大容量免费邮件系统、无限容量免费网络相册、免费电子贺卡站、网上虚拟社区、网上拍卖平台、24 小时客户服务中心在内的业内领先产品或服务，还通过自主研发推出了国产网络游戏。初期主要业务是出售邮件系统软件的授权，1998 年推出 163.com 为域名的免费 Web 邮件服务，后来推出了门户网站服务，与新浪、搜狐并称为中国三大门户网站。2000 年 6 月在美国纳斯达克上市。2001 年底，推出首款自主研发的大型网络角色扮演游戏《大话西游》，是中国较早的大型网络游戏之一。之后又在原作的基础上开发了《大话西游 II 》，成为国内率先成功运营的国产网络游戏。2006 年进入中文搜索引擎市场，推出名为"有道"的搜索服务。2012 年 4 月，以邮箱业务作为用户入口，重返电子商务领域。（周畅）

腾讯　互联网企业、网络综合服务提供商。1998 年 11 月在深圳成立，马化腾、张志东、许晨晔、陈一丹、曾李青 5 位创始人共同创立。业务包括社交、娱乐、金融、资讯、工具和平台等不同领域。拥有中国使用人数最多的社交软件腾讯 QQ 和微信，以及最大的网络游戏社区腾讯游戏。在电子书领域，旗下有阅文集团，运营有 QQ 读书和微信读书，提供社交平台与数字内容两项核心服务。通过即时通信工具 QQ、移动社交和通信服务微信和 WeChat、门户网站腾讯网（QQ.com）、腾讯游戏、社交网络平台 QQ 空间等中国领先的网络平台，满足互联网用户沟通、资讯、娱乐和金融等方面的需求。2004 年 6 月，在香港联合交易所主板正式挂牌。2005 年 3 月，收购 Foxmail。2007 年，涉足大型网络游戏，代理的《穿越火线》和《地下城与勇士》是代表作品。2008 年 6 月 10 日起，纳入恒生指数成分股（蓝筹股）。主要业务划分成企业发展事业群、互动娱乐事业群、移动互联网事业群、网络媒体事业群、社交网络事业群、技术工程事业群，并成立腾讯电商控股公司，专注运营电子商务业务。2014 年 5 月，成立微信事业群。（周畅）

大洋网　综合门户网站。广州日报报业集团主办。1999 年 12 月正式上线。坚持走以新闻为核心、城市生活服务资讯为主导的本土化路线。今设有 20 多个主频道近百个大小栏目，涵盖新闻、论坛、博客、娱乐、书城、英文、汽车、美食等资讯内容，以及广州日报报业集团属下《广州日报》《信息

时报》《羊城地铁报》《番禺日报》等4家网络数字报纸、12家系列报纸杂志电子版。平均每天发布几千条各种新闻及资讯，每天1—2个新闻专题，每周1—2期《大洋面对面》网络嘉宾访谈节目，每周在广州电视台刊播半小时电视节目《都市在线》，成为广州市重要的舆论宣传阵地、广州市主流网络媒体。网站不断开拓和打通多种新闻传播渠道，率先推出网络数字报纸。2005年8月与广东移动合作推出《广州日报》《信息时报》手机报纸（WAP版、彩信版）。2006年4月，《广州日报》《信息时报》《番禺日报》《羊城地铁报》"数字报纸"相继推出。2006年7月推出全省首家英语手机报纸 Life of Guangzhou，为广东的外籍人士和英语学习爱好者提供了一个了解广东新闻、生活资讯最便利的窗口。（周畅）

金羊网 广东省最早成立的新闻网站。2000年10月成立，2003年取得国务院新闻办颁发的网站新闻登载资格证，现为华南地区重点新闻网站。以羊城晚报报业集团的传统业务为依托，集新闻信息、服务信息与周到快捷的电子商务于一体。利用图文、视频等方式进行立体传播，通过整合华南地区乃至国内外丰富的新闻信息资源，在互联网传播的基础上还通过手机WAP网站、手机报纸、手机客户端及微博等多样化形式为网民展示最及时、最精彩的实时新闻及网上评论。至2013年，已为4.85亿网络用户提供互联网与移动端融合的优质内容与深度交互服务。每天实时输出原创优质新闻资讯，专注提供与百姓生活息息相关的服务信息及体验，服务经济、政务、生活、文化四大生态圈。目前网站内容影响力和经营实力已跃居全国地方网媒前列。（周畅）

南方网 全称南方新闻网（southcn.com）。综合新闻网站。最早创办的全国重点新闻网站之一。南方报业传媒集团主办。与《南方日报》《南方》杂志、"南方+"客户端共同构成广东"一报、一刊、一网、一端"党媒立体宣传格局。2001年12月13日正式开通。提供中、英两种语种的新闻、信息服务，开设要闻、国际、港澳台、社会及广东省各地市频道等共30个新闻信息频道以及理论、体育、娱乐、法治、财经、教育、科技、IT、房产、人才、汽车、旅游、女性等13个信息频道，还开辟了英文、社区、动漫、物志等多个子网以及手机短信、商务密室、网上商城、南方书城、分类信息和网上广东等多个市场拓展窗口，对外承建泛珠三角区域合作信息网、广东省人民政府电子政务门户网、广东公选网、广东同心网、广东侨网、广东艺术网、广东作协网、广东图片网、广东会展网、广东社科网、南粤先锋网、妇女打工者权益保护网、南日律师网等13个网站。地方分站全面覆盖广东21个地级市，业务范围涵盖新闻信息发布、广告、电子政务、IT技术服务等领域，日均发稿更新6000多条，日均访问量超过3000万人次。是广东省内具有广泛传播力影响力的龙头骨干新型主流媒体。（周畅）

南方新闻网 见"南方网"。

酷狗 数字音乐交互服务提供商。2003年谢振宇在广州创办。致力于为互联网用户和数字音乐产业发展提供完善的解决方案。创造多项国际领先的技术，先进的共享交互网络、数据传输方案，高效的分布式无集中化搜索，全球唯一歌曲识别技术等填补了国内技术空白，引领新一代互联网构架技术的发展。提供的服务包括有DIY的个人数字专辑、在线播放器、

Web2.0概念下的"狗窝"等。2014年4月与酷我音乐合并，成立海洋音乐集团。2015年8月拥有7亿用户，平台日播放量达到30亿次，旗下有繁星网、5sing原创音乐平台等，与国内外超过500家唱片公司合作建立正版音乐库。同年，上线"听歌识曲"功能，用户获取新歌更便捷。2018年发布酷狗音乐9.0版本，包括1700万正版曲库，专利申请超过1100件。（周畅）

欢聚时代（YY） 互联网企业、网络社交媒体平台。2005年4月在广州成立，2012年11月在美国纳斯达克上市。全球首个富集通信技术业务运营商、中国最大的互联网语音平台提供商、全球最大的团队语音提供商。旗下业务覆盖直播、短视频、社交、电商、教育、金融等领域，核心产品包括YY、虎牙直播等。目前注册用户7.7亿人，月活跃用户达到1亿。（周畅）

微信（WeChat） 基于网络的综合社交平台。2011年1月21日腾讯公司上线运营，具体由张小龙所带领的腾讯广州研发中心团队研发和运营。支持跨通信运营商、跨操作系统平台通过网络快速发送免费语音短信、视频、图片和文字，也可以使用通过共享流媒体内容的资料和基于位置的社交插件"摇一摇""漂流瓶""朋友圈""公众平台""语音记事本"等服务插件。2012年3月，用户数突破1亿大关。2012年4月19日，发布4.0版本。增加了类似Path和Instagram一样的相册功能，并且可以把相册分享到朋友圈。为进军国际市场，将其4.0英文版更名为"WeChat"，之后推出多种语言支持。2012年7月19日，4.2版本增加了视频聊天插件，并发布网页版界面。2014年3月，开放支付功能。（周畅）

大粤网 综合新闻网站。腾讯公司和南方报业传媒集团联手打造，腾讯网和南都报系具体运营。2011年8月18日正式上线。网站定位为广东城市生活门户，把握城市脉搏，创造快乐生活。依托广东地区7700万QQ用户群及强大的原创内容优势，涵盖新闻、娱乐、消费、互动等多个方面，为用户提供快速、贴心、实用的本地新闻、消费资讯、生活服务产品；搭建Q友会、社区微博、在线咨询等社交化互动平台，为用户带来全新的网络生活方式。今主要有粤生活、购实惠、微广东、Q友会、逛社区五大核心产品，深度整合腾讯现有的各种应用和数据库平台，已开通新闻、娱乐、理财、房产、汽车、旅游、美食、女性、数码、报料、Q友会、微博广东等12个频道以及16个社区板块，重点打造具有广东地域文化特色的休闲类、消费类、服务类的网络产品。（周畅）

虎牙直播 互联网游戏互动直播平台。2011年以YY直播为名在广州创建，隶属于欢聚时代，2014年11月24日更名为虎牙直播，开始独立运营。主要以游戏视频直播为主，逐步引入多元化直播品类，拥有包括网游竞技、单机热游、手游休闲、娱乐天地4大品类近300个特色频道，涵盖电子竞技、音乐、体育、美女、户外、真人秀、综艺、娱乐、美食等热门内容，为用户提供高清、流畅而丰富的互动式视频直播服务，产品覆盖PC、Web、移动三端。2018年5月在纽约证券交易所上市，成为中国游戏直播行业第一股。截至2019年底，PC端月活跃用户超1.5亿、移动端月活跃用户6160万。（周畅）

企鹅号 互联网一站式内容平台。腾讯公司运营。2016年6月上线发布。致力于帮助媒体、自媒体、企业、机构获得更多曝光与关注，持续扩大品牌影响力和商业变现能力，扶植优质内容生产者做大做强，建立合理、健康、安全的内容生态体系。发布的内容可一键推送到腾讯新闻客户端、天天快报客户端、微信新闻插件、手机QQ新闻插件等平台，覆盖超过8亿的网民。2017年11月全新升级，成为腾讯"大内容"生态的重要入口，内容创作者生产的内容可以通过微信、QQ、QQ空间、腾讯新闻、天天快报、QQ浏览器、应用宝、腾讯视频、NOW直播、全民K歌等十大平台进行分发，每天覆盖超过100亿访问量，实现"一点接入、全平台分发"。通过产业资源以文创基地和新媒体学院为基础，孵化优质内容。通过收益扶持及专项投资、IP打造帮助内容创作者，孵化真正有营养、有内涵的精品内容。（周畅）

藏书楼·图书馆

石室 藏书楼。明代丘濬的藏书处。位于海南琼山县府城西厢下田村（今海南琼山府城镇金华村）。明成化五年（1469），丘濬返乡为母亲李太夫人守丧，成化九年（1473）建。"石室"的取名源自丘濬保护藏书的理念，他认为南方潮湿，藏书处所不宜以木而应以石作为建材。后来在《大学衍义补·图籍之储》中建议朝廷效仿汉代"金匮石室"，在文渊阁附近用瓦石（不用木）另辟一楼贮藏重要文书资料。丘濬有感于儿时借书、求书不易，将藏书公开以解决琼州僻处书籍资源匮乏的问题，同时也可助力乡人勤学上进。丘濬撰有《藏书石室记》，详细记载建石室藏书楼始末。（蔡思明）

槐荫书屋 藏书楼。明代丘濬在京师的读书、藏书处所。明景泰五年（1454），丘濬进士及第，选翰林院庶吉士，遂将京师住处读书、藏书之地命名为槐荫书屋。屋中间置有书桌，左右陈列书籍，窗侧有一株古槐树。夏秋之际，槐树挡住骄阳，室内如注清风和甘泉，"槐荫书屋"之名即源于此。丘濬撰有《槐荫书屋记》以记其始末。（蔡思明）

万卷堂 藏书楼。明代陈琏的藏书处。位于今广东省东莞市莞城街道同德街。陈琏致仕后所建。多藏官府所未收之书，且对外开放，还为远来之士提供食宿。后藏书被官府夺去，堂址今已不存，明初驸马都尉沐昕题写的"万卷堂"匾额，现藏东莞市博物馆。（蔡思明）

宝书楼 藏书楼。明代黄佐的藏书处。明嘉靖七年（1528），黄佐于广州越井冈修缮粤洲草堂及家祠、宗庙，祠前建宝书楼。藏书为一时之冠。明清鼎革之际，家庙为藩兵所占，宝书楼遭损毁，后黄逵卿、黄镜心父子在广州承宣里黄氏故居重建祖祠时重建。（蔡思明）

奎翰楼 藏书楼。明代梁储子孙的藏书处。据《羊城古钞》，"在城东仁寿里梁文康祠内"，原址位于今广州文德路。梁储子孙用来收藏明成化、弘治、正德、嘉靖四朝所赐的数百函玺书。楼旁建有晒书台，每年秋日曝书。今已不存。（蔡思明）

西园 藏书楼。明代张萱的居所。张

萱退隐后居于此。园内根据藏书类别而建藏书专室，有论世斋、汇史楼、涵雅楼、篯经堂、僻古斋。张萱著有《西园闻见录》《西园汇经》《西园汇史》《西园史余》《西园类林》《西园古文》《西园古韵》等。（蔡思明）

吼阁　藏书楼。明代梁朝钟的藏书处。收藏梁氏先祖宦游四方时累积的书籍，经、史、子、集分类列于架上。后遇贼乱、水患，但仍存不少宋元善本。梁氏感其事，编有《吼阁藏书目》。（蔡思明）

三闾书院　藏书楼。明代屈大均的藏书处。位于屈大均家乡番禺沙亭。收藏屈氏在乡间所得之书。"三闾书院"之名源于三闾大夫屈原。屈大均常与友朋在此吟诗作词，集结有《三闾书院倡和集》。（蔡思明）

筠清馆　藏书楼。清代吴荣光的居所。以其命名所藏项圣谟《竹林书屋图》为"筠清馆图"而取名。藏有书籍、金石、碑帖等，以藏宋本《苏诗》而得名。吴荣光因而撰有《筠清馆金石文字》《筠清馆法帖》。藏品在吴氏身后逐渐散去，南海孔氏岳雪楼、巴陵方氏碧琳琅馆均有所得。（蔡思明）

赐书楼　藏书楼。清代吴荣光的藏书处。因藏御赐善本而得名。吴氏将筠清馆藏书捐予福州凤池书院后，在陕西、福建、贵州、浙江等地为官时，又购得不少。晚年归乡，因岭南气候潮湿，特建藏书楼以保护藏书，仿方渐"增壁为阁"故事，阁上除霉去湿，将2万卷书籍分列两旁。据吴氏《赐书楼藏书记》所述，其藏书经历过3次散佚，掌天津漕运时，因稽查不力而被革职，为生计所迫，出售部分书籍和书画藏品，包括宋版《史记》及《陈后山集》等；后擢升出京

之际，赠予友人部分书籍，多为通行易得之本；在福建盐法道任上时，又捐赠大量藏书给福州凤池书院，包括《佩文韵府》《五经大全》《周礼》《尔雅》等，后调离福建，再次捐赠《全唐文》1000卷。（蔡思明）

倚山楼　藏书楼。清代叶梦龙的居所。位于广州白云山山麓其父墓旁。富藏古籍善本、书画珍品等，常于其间读书，与诸友人携酒唱咏。（蔡思明）

岭海楼　藏书楼。清代黄培芳的藏书处。位于广州双门底泰泉里（今广州北京路286号）。黄培芳编有《岭海楼书目》，藏书5万多卷。清咸丰七年（1857）英国入侵广州时，城内居民迁徙一空，黄培芳以先世图书所在坚守不动。1938年日军入侵广州时，岭海楼、黄氏故居及藏书均被毁。其遗址现为广州青年文化宫。（蔡思明）

春堂　藏书楼。清代梁梅的藏书处。梁梅，生卒年不详，字子春，广东顺德人。梁母典卖钗饰购异书，梁梅因绘《春堂藏书图》。藏有汉瓦、晋砖、宋画及宋元明善本书籍。（蔡思明）

面城楼　藏书楼。清代曾钊的藏书处。名出自《魏书·李谧传》："拥书万卷，何假南面百城。"所藏多为雇人影写或抄写的秘本。晚年罢官后，藏书逐渐散出，多为龙山温树梁所得，徐信符南州书楼所得亦不下300种，且多属抄本孤本。曾钊与顺德马福安均撰有《面城楼记》以记之。曾钊还有藏书处"古输廖山馆"和"曾诂堂"，曾编有《古输廖山馆藏书目录》（未见）、《曾诂训堂藏书总目》1卷。（蔡思明）

寒香馆　藏书楼。清代梁九章藏书画处。位于佛山梁园内。清嘉庆、道光

年间由梁蔼如、梁九章、梁九华、梁九图叔侄4人陆续建成，历时40余年。主要收藏所得书画、法帖等。梁氏曾选择藏品中精善的22家刻《寒香馆帖》6卷。（蔡思明）

守经堂　藏书楼。清代吴兰修的藏书处。藏书在万卷以上，与曾钊面城楼齐名。陈昌齐撰有《守经堂记》。（蔡思明）

风满楼　藏书楼。清代叶梦龙的居所。位于广州竹栏门外。曾为其父叶廷勋居所。所藏书画甚富。叶梦龙刊有《风满楼集帖》6卷，有"叶氏风满楼所藏书画"印。（蔡思明）

云山书院　藏书楼。清代陈琮所建。位于广东韶关始兴县西南兴仁里村北侧。藏书数千卷，陈琮于其间讲学、读经、著述。清末毁于大火。（蔡思明）

藤花亭　藏书楼。清代梁廷枏的藏书处。收藏金石、曲本类书籍甚富。梁廷枏曾刊刻《藤花亭十种》。（蔡思明）

岳雪楼　藏书楼。清代南海孔氏家宅。位于广州市荔湾区南门太平沙。清道光五年（1825）孔继勋建，督粤使者江宁邓廷桢题写楼额，侍郎平湖徐士荣撰记。楼内藏书处曰"三十三万卷堂"，主要收藏书画图籍。其子孔广镛、孔广陶继承遗续，充盈所藏。吴荣光筠清馆、潘正炜听帆楼的珍贵收藏多入岳雪楼。《岳雪楼书画录》收录唐、五代、宋、元、明书画138件，《岳雪楼鉴真法帖》收录自隋唐至清及其先人遗书120余种。光绪年间藏书逐渐散出。孔广陶之子孔昭鋆首先选其中宋、元精本藏于其所建之烟浒楼。光绪二十八年（1902），罗振玉

与日本人藤田丰八至粤，岳雪楼藏书二人各得一半。罗振玉所得归入大连大云书库，后散失部分，终归辽宁省图书馆和大连图书馆。藤田丰八携另一半至日本，死后赠予东洋文库。随后藏书继续散出，蒋式芬、沈曾桐、王秉恩均有所得，上海、北平书贾相拥而来，择其精华。民国后，所剩部分归康有为万木草堂。沈曾桐所得岳雪楼抄本后归广东省立中山图书馆。（蔡思明）

三十三万卷堂 藏书楼。清代南海孔广陶的藏书处。位于岳雪楼内。编有《三十三万卷堂目录略》，所收为通常阅览之书，精椠本未列。（蔡思明）

烟浒楼 藏书楼。清末孔昭鋆的藏书处。位于孔昭鋆所建南园别业内。岳雪楼藏书散出前，孔昭鋆选其中的宋元精椠本藏于此。后几易其主，曾为南园酒家。民国著名藏书家伦明曾于广州麦栏街邱家见宋椠本王右丞、孟浩然、韦苏州等的文集，还有旧抄《宋二十家文集》，毕秋帆、钱竹汀诸家校《资治通鉴》等书，以及宋拓兰亭书画等多种，称"皆孔氏抵债物，转数主而至邱也"。（蔡思明）

听松园 藏书楼。清代张维屏的藏书处。位于今广东省广州市荔湾区芳村花地。清道光二十七年（1847），张维屏之子祥泰在花埭西所筑听松园，供其著书。藏书以清代文集居多，不求佳本，唯自首至尾批评。徐信符南州书楼藏有张维屏手校之《唐宋诗醇》、冯注《苏东坡集》。张维屏卒后逐渐衰落，后成为广州培英中学校址。抗战时遭战火。今仅存张维屏手书"听松园"匾额，存广州培英中学鹤洞校区。（蔡思明）

海山仙馆 藏书楼。清代潘仕成所建的私家园林及藏书处。位于广州西郊泮塘一带。园中设有藏书、刻书之所。初名荔香园，后称海山仙馆。有门联"海上神山，仙人旧馆"。清道光九年（1829）始建，同治五年（1866）竣工，占地近百亩。馆中景致经过精心设计和规划，亭台楼阁不多，游廊曲榭环绕数百步，沿壁石刻皆晋唐以来名迹暨当代名流翰墨。馆内藏有古籍、金石、碑帖、书画等诸多珍籍。刊刻有《佩文韵府》106卷、《韵府拾遗》106卷、《经验良方》10卷、《咽喉秘集》2卷、《痧症全书》3卷、《验方新编》16卷、《鬼趣图题咏》1卷、《水雷图说》1卷、《海山仙馆藏真》16卷、《海山仙馆藏真续刻》16卷、《海山仙馆藏真三刻》16卷、《尺素遗芬》4卷、《海山仙馆摹古帖》12卷、《海山仙馆禊叙帖》1卷、《宋四大家墨宝》6卷以及《海山仙馆丛书》118卷等。潘仕成晚年经营盐务破产，海山仙馆逐渐衰败，后数易其主。（蔡思明）

乐志堂 藏书楼。清代谭莹的藏书处。藏书3万余卷，不以宋、元精椠见称，但文、史二部较为齐备。藏书后多传其子谭宗浚。编有《乐志堂藏书目》。（蔡思明）

持静斋 藏书楼。清代丁日昌的藏书处。遗址位于今广东省梅州市丰顺县丰顺中学内。所藏大多为丁氏宦游江南时，在太平天国兵燹中搜罗的藏书家流散的书籍，多宋、元、明珍本。丁氏自编《持静斋书目》4卷、《续增书目》1卷，著录藏书3300余种。莫友芝编撰《持静斋藏书记要》，述其所藏珍善本，包括宋刊本、元刊本、明刊本、钞本、稿本等计771种。藏书在民国时逐渐散去，书板为广州华英书局所获，徐信符南州书楼亦收入部分藏书。此外，丁日昌尚有藏书处"实事求是斋"。（蔡思明）

百兰山馆 藏书楼。清代丁日昌的藏书处。位于广东揭阳蓉城马山窖东侧絜园内。丁日昌晚年寓居广东揭阳时所建，匾额为何绍基所题。林达泉代编有《百兰山馆藏书目录》。馆址仍存。（蔡思明）

碧琳琅馆 藏书楼。清代方功惠的藏书处。方氏藏书始于其父，后经其广泛搜罗，可与孔广陶岳雪楼媲美，以"城北之方，城南之孔"并称。方氏在光绪初年曾派人到日本购书，早于明治维新时期杨守敬访书日本。广东诸多藏书家的藏书散出后皆为方氏所得。刊刻有大量书籍，以《碧琳琅馆丛书》最为有名，选定待刻之书60余种，刻定44种，共120册，书口有"碧琳琅馆丛书"6字，每种之末又刻"巴陵方功惠校刊"7字。编有多种藏书目录，有《碧琳琅馆书目》4卷，著录书籍3500种以上；《碧琳琅馆珍藏书目》4卷，著录书籍约2000种，多宋、元本书籍；《碧琳琅馆集部书目》不分卷，著录所藏集部总集之书约500种；《碧琳琅馆藏书记》，为方氏的藏书题跋著作，收录方氏藏书题识75篇。另有李希圣《雁影斋题跋》，为其助方氏之孙检读碧琳琅馆藏书时，择选其中精善本所撰之题识。方氏卒后，其孙方朝坤将碧琳琅馆全部藏书运至北京琉璃厂待出售，庚子之乱时，朝坤弃书南归，藏书散佚不少。最终，大部分藏书售予琉璃厂书肆，有10万余卷经李希圣商议后赠予京师大学堂（现归北京大学图书馆）。碧琳琅馆刻书板片，先售予辛仿苏，后归黄咏雩。（蔡思明）

远爱楼 藏书楼。清代伍崇曜的藏书处。得名于宋代苏轼《扶风天和寺》中"远望若可爱，朱栏碧瓦沟"。伍氏延请谭莹编有《远爱楼书目》。（蔡思明）

粤雅堂　藏书楼。清代伍崇曜为刊刻书籍而建。位于今广州文德路172号。伍氏延请好友谭莹共同刊刻《岭南遗书》《粤雅堂丛书》《粤十三家集》等大型广东地方文献丛书。其中，《粤雅堂丛书》最为显赫，于清道光三十年至光绪元年（1850—1875），历时25年而成，共3编，每编10集，收书213种，1347卷。谭莹撰有《粤雅堂记》。（蔡思明）

东塾书楼　藏书楼。清代陈澧的读书、藏书处。徐信符称其藏书四部齐全，对于优良版本，钤"东塾书楼印"或"兰浦"或"陈澧"印，孤本则三印皆钤。其藏书在民国时期逐渐散去，徐信符南州书楼得其藏书最多。1924年，东塾故居失火，书楼藏书付诸一炬。（蔡思明）

传鉴堂　藏书楼。清代陈澧的读书处。堂内放置陈氏先祖留下的《资治通鉴》《通鉴目录》《通鉴释文辨误》《甲子会记》《宋元通鉴》等，而且非司马光的著述不入内。希冀传于后世子孙，世世皆能敬读之。陈澧撰有《传鉴堂记》述其始末。（蔡思明）

希古堂　藏书楼。清代谭宗浚的藏书处。堂名源自吴兰修、曾钊所结希古堂。所藏为原谭莹乐志堂藏书及后来广泛搜罗的书籍，增至12万卷，无宋元佳本，但各部齐备。后谭氏奉命至滇南督粮，因路远不能载书，择选8万余卷放置长椿寺。藏书传至其子谭瑑青后，藏于广州西关旧宅，多被人窃卖。谭瑑青后赴湖北为官，携带书籍数十箧，后弃芜湖广州会馆。谭瑑青喜爱书画，于书籍不甚珍惜，曾请某书店代为整理，店主为牟利，将全本分散出售，而谎称残缺之本。其余书籍后被弃于破屋中，为某书店以百金得之。（蔡思明）

随山馆　藏书楼。清代汪璈的藏书处。藏书以集部最为全备，传至三代，由其子兆铨（字莘伯），孙彦平、彦慈继承，后遭水患，再遭兵燹，藏书渐散。（蔡思明）

九十九峰草堂　藏书楼。清代丘晋昕的藏书处。丘晋昕，字翰臣，号云岩，广东梅州人。所藏为其历年购置的书籍。清咸丰九年（1859）太平天国军攻占其家乡大埔县，藏书大部分遭损坏，存者十无一二。温廷敬所辑《茶阳三家文钞》中收录有丘氏撰《藏书记》。（蔡思明）

诵芬堂　藏书楼。清代邓蓉镜的藏书处。藏书籍、书画甚富。邓氏撰有《诵芬堂藏书记》《诵芬堂藏书画记》记其收藏始末。（蔡思明）

秋琴馆　藏书楼。清代黄绍昌的藏书处。所藏多佳本，喜盖藏书印，署姓名而不书斋名。陈玉壶绘有《秋琴馆图》。有《秋琴馆书目》。徐信符南州书楼收藏黄氏藏书至多。（蔡思明）

目耕堂　藏书楼。清末民初易学清的藏书处。易氏与其子易若谷皆好藏书，先世留有遗书，后经其父子广泛搜罗，藏书大为可观。所藏无宋元精椠，但各部类齐全，每卷均钤有"易氏目耕堂"印。藏书在民国之后逐渐散去，伦明多次拜访其家，所见书籍渐少，辛亥之后，还于书坊见其所藏《文苑英华》《六十种曲》等书。（蔡思明）

人境庐　藏书楼。清末黄遵宪的藏书处。位于今广东梅州东郊周溪畔。室名出自陶渊明诗句"结庐在人境，而无车马喧"，门楣匾额"人境庐"三字为日本书法家大域成濑温所书。藏书种类丰富，既有传统经、史、子、集，也有经世实学以及近代的西学著作。有《人境庐黄遵宪藏书目录》。藏书今存587种计80769册。为黄遵宪纪念馆的一部分。（蔡思明）

葵霜阁　藏书楼。清末民初梁鼎芬的藏书处。位于广州大东门榨粉街93号太史第。"葵霜"之名，为表梁氏之忠心和气节。所藏无宋元精椠，丛书尤多，湖北省县志、近代诗人集较丰富。晚年改为梁祠图书馆，订立《梁祠图书馆章程》，将所有藏书面向公众开放借阅。梁氏卒后，其子将在粤藏书捐给广东省立中山图书馆，徐信符为之编目，入《广东图书馆藏书目录》。藏于北平寓所的藏书，因贫无以自存，初售予伦明通学斋，后被日本人购去。（蔡思明）

十峰轩　藏书楼。广州广雅书局图书校对和汇总之所。位于广州城南文明门外（今广州文德路62号）。清光绪十三年（1887）两广总督张之洞创设。曾被称为竹林书库，砖木平房。1912年广东提学使沈曾桐以广雅书局藏书为基础，筹办广东图书馆（1917年改名为广东省立图书馆）。因时局动荡，广东省立图书馆时停时复，十峰轩先后被粤海道尹公署、保护古物所、广雅板片印行所、广东全省教育委员会、广东省教育厅、汪伪广州市政府机关广东建设委员会等机构占用。1948年3月，十峰轩回归省馆，先后成为阅览室和特藏书库。后因该地地势低洼，虫患频生，屋顶漏雨，时常需要维修，20世纪80年代被拆除。（蔡思明）

丰湖书藏　藏书楼。惠州丰湖书院的藏书处。位于惠州城西南银岗岭，后迁至西湖永福寺。南宋宝祐二年（1254）始建。梁鼎芬任丰湖书院山长之际，仿镇江焦山书藏而建。因惠州地处偏僻，学风未开，藏书之家不

多，梁氏面向社会发布《丰湖书藏捐书启》，聚得 200 多箱藏书。所藏以清代文集及广东省内外地方志最为丰富。梁氏订立《丰湖书藏四约》，即"借书约""守书约""藏书约""捐书约"。"借书约"规定每月 2 日、12 日、22 日为借书日；借书期限为 10 日；凡书 5 本一部以上者，以本为限，不得多借；凡借书不得超过 3 种；"守书约"和"藏书约"规定了书籍管理和书籍保护的若干条例；"捐书约"规定了书籍捐赠的若干条例。梁氏编有《丰湖藏书捐书编目》5 卷以及《丰湖书藏目录》8 卷。民国初年，丰湖书院遭兵燹，藏书损毁严重。1921 年，丰湖书院剩余书籍被移至惠州城内西门二仓（今惠州市第九小学附近），1931 年迁入中山公园，并以"惠州私立丰湖图书馆"命名。丰湖书院原址位于今惠州西湖风景区内，2014 年经重新修葺后对外开放。（蔡思明）

泰华楼 藏书楼。清代李文田的藏书处。位于今广州荔湾区恩宁路多宝坊 27 号。楼名源于李氏所藏《东岳泰山碑》和《西岳华山碑》宋拓本，匾额为陈澧所题。藏书多珍籍秘本，为其他藏书家所未见。伦明曾观其藏书，见其藏书书衣皆有题识，辨证书中得失。藏书在 1938 年广州沦陷时有损失，一部分早前移置北平，后入燕京大学。遗址今存，为两层砖结构古建筑。（蔡思明）

爱庐 藏书楼。清代陶福祥的藏书处。藏书逾 10 万卷，多精椠本，有"爱庐"藏书印章。（蔡思明）

澄观阁 藏书楼。清代伍元蕙的室名。刻有《澄观阁摹古帖》，《张伯英碑帖论稿》称此帖重在临摹古刻，藏有宋拓本等稀见之本，且伪书较少，相较潘氏、孔氏等诸家，鉴别更优。（蔡思明）

南雪斋 藏书楼。清代伍元蕙的室名。"南雪"之名源自东汉南海郡番禺县先贤杨孚。杨孚晚年返乡后，从洛阳移植一株松树种于宅前，天寒之际竟出现积雪盈树的景象，故世人称其为"南雪先生"。伍元蕙以此命名居所，以慕先贤之功德。多收藏书画、法帖，刻有《南雪斋藏真帖》16 册。有"伍元蕙俪荃氏""南雪斋""俪荃审定""俪荃秘玩"等印。（蔡思明）

五十万卷楼 藏书楼。清末民初莫伯骥的藏书处。因莫氏藏书达 50 万卷而得名。莫氏多方搜集，南北多位藏书家散出之书均归入五十万卷楼，如北平盛昱之意园、山东临清徐坊之归朴堂、揭阳丁日昌之持静斋、南海孔广陶之岳雪楼、湖南巴陵方功惠之碧琳琅馆、江苏江阴缪荃孙之艺风堂、湖南长沙叶德辉之观古堂、贵州独山莫棠之铜井文房、江苏扬州吴引孙之测海楼、山东聊城杨氏之海源阁等，多为其所得。另有天禄琳琅之遗珍、《永乐大典》之零本等，也有所得。有《五十万卷楼藏书目录初编》，共 22 卷，收录经、史、子、集四部书籍 920 种，在此基础上又删补增订成《五十万卷楼群书跋文》，收录书籍 405 种。抗战期间，莫氏举家移居香港，所携 1400 箱书籍均遭劫夺。其著述原稿 50 种未及付印，寄存抵押，未能寻回。所劫之书，部分运至广州当废纸出售。抗战胜利后，在蒋复璁、叶恭绰等人的抢救下，莫氏部分藏书归入公共图书馆。中国国家图书馆、广东省立中山图书馆以及港台地区图书馆均有藏。（蔡思明）

宝礼堂 藏书楼。清末民初潘宗周的藏书楼。位于上海法租界蒲石路（今长乐路 680 号）。潘宗周，广州南海人，喜藏宋本。潘氏从袁克文处购得南渡后三山黄唐所刻《礼记》，为海

内孤本，故名其堂曰"宝礼堂"。袁氏所藏珍善本旧籍，洪宪后多归潘氏。另有苏州汪士钟艺芸精舍、上海郁松年宜稼堂、山东杨氏海源阁、松江韩氏读有用书斋等部分藏书，亦先后入宝礼堂。张元济助潘氏编撰有《宝礼堂宋本书录》4 卷，收录宝礼堂所藏宋本书。藏书后由其子潘世兹继承，抗战爆发后先转移至香港保存，后于 1951 年与宝礼堂住宅一同捐赠给国家，现藏于中国国家图书馆。（蔡思明）

徂徕山馆 又称石室。藏书楼。清末民初石德芬的居所。位于广州城南清水濠。石德芬追慕徂徕先生（石介）之学问和品格而取名。藏书四部略备，宋元本有数种。晚年其子娱情声色，藏书为书贾所得，逐渐散去。（蔡思明）

石室 见"徂徕山馆"。

湖楼 藏书楼。清末民初曾习经的藏书处。曾氏在京师为官时，常游琉璃厂，所得皆用于购置书籍。藏书册面皆署"湖楼"二字。去官后，晚景逐渐窘迫，但仍居京师，不愿返粤，以至靠卖书为生。殁后，留下书籍数十箱，叶恭绰念旧情，拟全部购下，请伦明为之点查，后因故未成。曾氏亲戚陈某将其售予琉璃厂翰文斋。有《曾氏湖楼书目》，吴则虞称"涂改满纸，盖草目，非其全也"。（蔡思明）

芋花庵 藏书楼。清末民初辛耀文的藏书处。辛耀文，生卒年不详，字仿苏，自号芋花庐主人，广东顺德人。得名于辛氏所收藏之程瑶田《芋花图》，辛氏携十数万金游京师，结交众多名士，并大肆搜购名画古书。辛氏藏书不盖藏书章，且轻易不出借。北京会文斋书店何厚甫所得刘鹗藏书佳本，多归辛氏。归粤后，辛氏又相

继得孔氏岳雪楼散出之书以及香山何佩舫藏书。辛氏过世后，藏书逐渐散落，宋元椠本，最初售予胡毅生，其余明抄孤本，一部分入徐信符南州书楼，一部分入莫伯骥五十万卷楼，一部分入胡毅生隋斋。（蔡思明）

饮冰室　藏书楼。清末民初梁启超的藏书处。位于今天津河北区民族路46号。1924年建成。藏书种类繁多，上自典册高文，下逮诸子百家，旁及东瀛海外之书，均有收藏，不求版本精善，但求实用。梁启超生前曾指导其侄梁廷灿及门生编写《饮冰室藏书目初编》，然仅编完经部及子部儒家类。梁氏去世后，后人遵其遗愿，将饮冰室藏书捐给北平图书馆（今中国国家图书馆），计刻本、钞本3470种、41819册，此外还有金石墨本及梁氏手稿、信札等。馆长袁同礼组织馆员编撰《梁氏饮冰室藏书目录》。遗址今为梁启超旧居。2006年被国务院公布为第六批全国重点文物保护单位。（蔡思明）

冠冕楼　藏书楼。清代广雅书院内所设藏书楼。位于今广州荔湾区广雅路1号广雅中学内。匾额为张之洞所题，取杜甫"冠冕通南极，文章落上台"之意。广雅书院落成后，张之洞在各处征集图书，又经梁鼎芬、黄绍昌、廖廷相等山长的扩充，藏书大为可观。朱一新、廖廷相编有《广雅书院藏书目录》，著录书籍近3000种，5万多册。藏书箱用磨砂玻璃，刻有篆文"广雅"二字。1913年，彭金铭担任广东省第一中学校长时，冠冕楼被拆毁，后于其间种植花卉成一花园，但所藏图书未损毁，后经重建，楼下为客厅，楼上藏书。藏书先后遭水患和盗窃，后一部分移至西江图书馆，一部分移至广东图书馆。藏于西江图书馆的部分后由陈炯明送还广东高等师范学校，

藏于广东图书馆的部分连同藏书书箱，均遭兵燹而毁。徐信符在主持广雅板片印行所时曾借出6个书箱，移往香港，后移至澳门。旧址今为广雅中学校史博物馆。（蔡思明）

南州书楼　藏书楼。清末民初徐信符的藏书处。位于广州小北路。所藏以广东地方文献为最，其次是古今名人集部著作及丛书。广东学者冼玉清曾于南州书楼观书，后编写《南州书楼广东书目》，收录书籍483种。民国时期藏书先遭大水，再遇兵燹，后转移至香港、澳门等地，其间损失不少。广州解放后，藏书由徐汤殷继承，部分藏书辗转流出海外。广东省立中山图书馆、中山大学图书馆购得其大部分藏书。（蔡思明）

励耘书屋　藏书楼。陈垣的书斋。"励耘"为陈垣父亲的名号，以此作为书斋名，除了缅怀其父，也是勉励自己做学问要像耕田锄草一样，业精于勤，精耕细作。"励耘书屋"无固定建筑，而是作为书斋名随陈垣居所的改变而迁移。陈垣常往来北京琉璃厂、隆福寺，熟悉诸多书商，藏书数万册。其藏书多因研究和写作需要而积累，有诸多关于宗教史、元史、蒙古史、中西交通史、周边国家史地、边省史地以及中国古代文学、历史的书籍，还藏有大批丛书。此外，还收藏书画、名人手稿和书稿等。陈垣去世前留下遗嘱，将所有藏书和两大箱文物均捐献给国家，藏书藏中国国家图书馆。（蔡思明）

颂斋　藏书楼。容庚的藏书处。收藏图书、彝器、书画等物，因古代"容""颂"相通而取斋名为"颂斋"。颂斋藏品后多捐赠给公藏机构。20世纪50年代，容庚捐赠一批青铜器给广州博物馆。20世纪八九十年代捐

赠新藏历代书画千余件给广州美术馆（现为广州艺术博物院），捐赠部分书籍给中山大学图书馆和广东省立中山图书馆。（蔡思明）

天啸楼　藏书楼。饶锷、饶宗颐父子的藏书处。位于潮州市下东平路305号。1929年始建。楼位于饶氏私宅"莼园"内，藏书10万余册，为粤东地区最大的藏书楼。以潮州文献最富。20世纪50年代，因饶氏家人相继离开潮州，莼园转让给新加坡华侨黄景云，改名为松园。2016年潮州市湘桥区政府对松园进行修复，现作为"饶宗颐学术馆"对外免费开放参观。（蔡思明）

绿野草堂　藏书楼。清代冯龙官的藏书处。冯龙官，生卒年不详，字孟苍，广东顺德人，12岁补县学。成年后沿楚入蜀，纵览名山大川，归粤后开始聚书，并勤于钻研。有"绿野草堂""冯龙官印"印章。藏书善鉴别版本，每遇善本均手装并撰写跋语。中年之后，以书易米，藏书渐渐散去。（蔡思明）

风雨楼　藏书楼。邓实的藏书处。楼名取"风雨如晦，鸡鸣不已"之意。收藏书籍5万余册。（蔡思明）

六篆楼　藏书楼。清末龙凤镳的藏书处。所藏书多精椠珍本。散出后，部分被岭南大学图书馆（今中山大学图书馆）所收。（蔡思明）

颐园　又称越秀山堂。藏书楼。陈融的藏书室。位于广州越秀山一带。收藏书籍、金石、字画、古董等，书籍以清代集部最多，在2000种以上。1938年广州沦陷，被日寇炮火炸毁。（蔡思明）

越秀山堂 见"颐园"。

韵录庵 藏书楼。林国赓的藏书处。林国赓,生卒年不详,字飓伯,广东番禺人。藏书多史部书籍,辛亥之后多散出。(蔡思明)

续书楼 藏书楼。伦明的藏书处。"续书楼"得名于伦明有意续修《四库全书》,但"续书楼"仅是其自署,有藏书印,楼并未筑成。清光绪二十六年(1900)庚子之变后,富贵之家多书籍散出,伦明常出入海王村隆福寺等地搜购图书。广东孔氏三十三万卷书堂、鹤山易氏、番禺何氏、钱塘汪氏等藏书散出,均为其购得。后于琉璃厂开通学斋书店,请孙殿起管理,其后所得书籍大多由孙氏为其搜罗。伦明于广州的部分藏书寄存南伦书院时,先遭遇盗窃,后又遇书院拆迁,藏书尽毁。伦明殁后,藏书捐予北京图书馆(今中国国家图书馆)。伦明撰有《续书楼藏书记》记其藏书始末。(蔡思明)

学寿堂 藏书楼。徐绍桢的藏书处。徐氏早年于江浙一带治兵时,所搜典籍甚多,且多珍本。居于南京钟山时,于后湖湖神庙之左购地50余亩建藏书楼,所藏不下20余万册。辛亥革命时被张勋焚毁,图籍荡然。民国后又重新开始聚书,在北平与琉璃厂书商往来密切,于版本颇有钻研,有《学寿堂题跋》《学寿堂日记》,多记读书之心得。(蔡思明)

藏修书屋 藏书楼。刘晚荣的藏书处。刘晚荣,生卒年不详,字节卿,广东新会人。刘氏好藏书,且广为流布,择精善本而刊行。刊刻有《藏修堂丛书》6集,共39种、217卷。编有《述古丛钞》5集,共26种、173卷。《藏修堂丛书》刻版后被顺德冯兆年所得,拟刊行《翠琅玕馆丛书》,未付梓而卒,书板后被冯氏子孙售予黄任恒,黄氏于1916年刊成《翠琅玕馆丛书》。(蔡思明)

兼葭楼 藏书楼。黄节的藏书处。位于广州河南龙庆里。清光绪二十八年(1902)始建。得名于《诗经·秦风·兼葭》,蔡哲夫为其作《兼葭楼图》。黄氏广搜旧籍,番禺石星巢、仁和叶庆垣、遵义黎庶昌家中所藏精椠,多为其所收。晚年治《毛诗》,凡见《毛诗》《楚辞》《文选》三类书,无一不收。于北京任教期间,曾因薪资未发而售书以维持生活,殁后除图书外别无长物。(蔡思明)

濠堂 藏书楼。盛景璿的藏书处。位于广州城南清水濠。盛景璿,也作盛景璇,字季莹,一字淡迫,广东番禺人。喜藏书画,精鉴赏,藏书数十篑,有宋元残本,又获陈东塾手稿若干册。曾在潮州、汕头收购丁日昌持静斋遗书。卒后,藏书部分归陈融黄梅花屋。(蔡思明)

蒲坂书楼 藏书楼。澳门姚钧石的藏书处。姚钧石,内科医生。"蒲坂"为上古舜帝都城的名字,姚氏自称是舜帝后裔,故以此命名其书楼。1941年姚氏从徐信符手中购得一大批藏书,故藏书主要为徐信符南州书楼旧藏。1959年,加拿大不列颠哥伦比亚大学(The University of British Columbia, UBC)何炳棣代表该校至澳门,从姚氏手中购得蒲坂书楼藏书,共计3105种,其中元版1种,明版179种,清初版本682种,清稿本120种,其他版本2176种,计45000多册,成为UBC亚洲图书馆中文古籍的主要藏书。(蔡思明)

碧琅玕馆 藏书楼。冼玉清的居所。位于岭南大学东北区32号(今中山大学广州校区康乐园东北区318号)。为单层红楼,因周边植有修竹而名琅玕,陈三立题写匾额,有"潇洒送日月,寂寞向时人"(杜甫诗)一联。屋内客厅兼作书房,厅中搭有木阁楼,用以藏书。有《琅玕馆修史图》,为吴湖帆所绘,商衍鎏题写卷首名,卷中有文艺界27位学者的题词,现藏广东省文史馆。冼玉清去世后,碧琅玕馆藏书和手稿全部捐给中山大学图书馆和广东省文史馆。(蔡思明)

忆江南馆 藏书楼。黄荫普的藏书处。1937年建。早期藏书主要有黄氏早年在北京琉璃厂所购书籍以及在海外累积的逾百册西文参考书。此后,黄氏在担任商务印书馆广州分馆经理时,搜购大量广东先贤遗著和手稿。1940年,编有《忆江南馆藏书目录》。1956年,黄氏将广州藏书全部捐献给广东省立中山图书馆,其中广东文献944种、3717册,杂志57种、513册,其他书籍411册。1980年,再次将存港的中文书籍385种、918册捐赠给广东省立中山图书馆,古籍750册、英文图书70册捐赠给广州暨南大学,刊物合订本数十种以及中外图书数百册捐赠香港浸信会书院。1984年,又将有关文史书籍250册捐赠给广东省立中山图书馆。广东省立中山图书馆编印有《黄荫普先生捐赠"广东文献"书目》《黄荫普先生赠书目录续编》。黄氏《忆江南馆回忆》中的《藏书记略》述其藏书始末。(蔡思明)

广东省立中山图书馆 省级综合性公共图书馆。国家一级图书馆,全国文化信息资源共享工程广东省分中心、广东省古籍保护中心、全国图书馆联合编目中心广东省分中心。总馆位于广东省广州市越秀区文明路213号,分馆位于今广州市越秀区文德路81

广东省立中山图书馆

号。1912年，广东图书馆在文明路聚贤坊成立，原址为清代广雅书局藏书楼，其中的"抗风轩"为孙中山早年从事革命活动的秘密据点。1933年，广州市立中山图书馆在文德路建成开放。1955年省市两馆合并，改名广东省中山图书馆。1986年总馆迁至现址。2002年改现名。2010年总馆改扩建首期工程竣工并对外开放。现馆舍总面积10.5万平方米。至2019年底，馆藏纸质文献949万册（件），电子文献1300多万册（件）。古籍藏量47万册，178部善本入选《国家珍贵古籍名录》，居华南首位，为最具规模的广东地方文献和孙中山文献收藏中心。2008年被国务院公布为第一批全国古籍重点保护单位。日均服务读者约1.5万人次。秉承"传承文明、服务社会"的理念，积极发挥广东省图书馆界龙头引领作用，在阅读推广、古籍保护、技术创新、信息开发、体系建设等方面取得显著成效。建设全民阅读示范基地，打造有影响力的全民阅读品牌，开辟讲座展览、少儿阅读、助残扶弱、外语学习等服务阵地，满足各界群众的多元文化需求；组织全省古籍普查工作，成立国家古籍保护中心人才培训基地，建立国家级古籍修复技艺传习中心广东传习所，整理出版《广州

大典》《清代稿钞本》等20余套大型古籍地方文献丛书，组织制定《图书馆古籍虫霉防治指南》；利用新技术驱动服务创新，完善全媒体数字图书馆服务体系，加强数字化资源建设，为公众提供丰富文化数字资源；依托信息资源优势，整理开发《决策内参》、生态环保等专题信息产品，为党政机关等提供决策支持；构建全省现代公共图书馆服务体系，推进广东流动图书馆、全省县域总分馆和广东书目中心建设，组织全国图书馆参考咨询联盟，制定参考咨询服务行业标准。（钟图）

暨南大学图书馆 高等学校图书馆。由校本部（石牌校区）、番禺校区、珠海校区、深圳校区、广园东校区5个校区图书馆组成，馆舍总面积8万余平方米，设有阅览座位近万个。是中国高等教育文献保障系统（CALIS）广东省成员机构、中国高校人文社会科学文献中心（CASHL）华南地区成员馆。1918年10月6日成立，为中国第一所由政府创办的华侨学府图书馆。以"书香暨南，悦享人生"为理念，以"提高服务水平，增强馆域氛围；拓展数字资源，凸显馆藏特色；厚植科研实力，推进文化传承"为核

心任务，为师生博览群书、获取知识、交流学术的重要场所。至2019年12月底，共有各类印刷型文献440余万册，中外文数据库180个，中外文电子书约260万种，电子期刊5.2万种。场馆构建了灵活开放的服务格局，突出信息化、智能化特点，2018年10月智慧图书馆门户正式上线，已初步构建起以智慧空间、智慧门户、机构知识库及大数据平台为基础的智慧图书馆服务体系。2009年被国务院公布为第二批全国古籍重点保护单位。馆藏线装书约1万种，12万余册，其中明清善本约9000册，章太炎藏书近300部，约4000册。设有世界华侨华人文献馆（简称"世华馆"）、广东报业图书馆、暨南大学汉语方言学文献资料中心、《金瓶梅》研究文献资料中心，其中世华馆藏有各类涉侨文献及实物约4万册（件）。2010年，获批教育部科技查新工作站。2018年8月成立暨南大学知识产权信息服务中心。举办"暨南书悦会""华侨华人文化周""经典悦读"等品牌书香活动。（李宾）

汕头市图书馆 地市级综合性公共图书馆。国家一级图书馆，全国文化信息资源共享工程市级支中心，广东省古籍重点保护单位、全国联合参考咨询联盟成员单位。位于今广东省汕头龙湖区长平路11街区，东至林百欣国际会议展览中心，南至时代北3街，西至时代中街，北至华银大厦。1921年创建，初名汕头市立通俗图书馆，1946年改名为汕头市中正图书馆，1949年改名为汕头市图书馆。原馆址位于商业街尾一民房楼下，后经数次搬迁。1979年汕头市图书馆馆舍在外马路125号动工，1981年建成开放。2006年汕头市图书馆新馆在汕头时代广场开馆。占地面积9610平方米，建筑面积28675平方米，主体建

筑 14 层，高度 52.2 米。馆内设计藏书量 150 万册，至 2019 年底，馆藏文献总量约 156 万册（件），包括纸质文献 98.1 万册（件），电子文献 55.4 万册。为广东省三大古籍收藏机构之一。馆中入藏中文古籍 2.3 万余册，其中善本 30 种，196 册。馆内设有中文图书借阅室、少年儿童图书借阅室、报刊阅览室、潮汕地方文献阅览室、民俗阅览室、茶文化阅览室、线装古籍阅览室、工具书阅览室、外文图书阅览室、电子阅览室、视障人阅览室、共享图书室等，配有 550 平方米的展览厅、260 座的报告厅以及亲子阅读区、多媒体体验区、多功能厅、共享工程影视展播室、自习室、培训教室等，拥有阅览座位约 2100 个，配置各类自助服务设备，无线网络全覆盖，每周开放 64 小时，夜间开放，并辅以 24 小时自助图书阅览室。2011 年 12 月起实行全面免费开放，2015 年 6 月开始实行二代身份证免押金注册读者。2016 年 8 月全面完成汕头市公共图书馆"一证通"项目建设，实现全市公共图书馆自动化管理、统一业务规范、数字资源共建共享和图书通借通还。（周松潮）

中山大学图书馆　高等学校图书馆。由中山大学广州校区南校园图书馆、北校园医学图书馆、东校园图书馆及珠海校区图书馆和经济与管理学科分

中山大学图书馆

馆组成。馆舍总建筑面积达 11 万余平方米，设有阅览座位 6916 个，检索终端 400 台。是中国高等教育文献保障系统（CALIS）广东省中心、CALIS 数字图书馆基地、中国高校人文社会科学文献中心（CASHL）华南区域中心、教育部文科文献信息中心、教育部部级科技查新工作站和首批国家知识产权信息服务中心，全国古籍重点保护单位和国家级古籍修复中心。1924 年创办，其历史可追溯到清光绪三十二年（1906）建立的两广优级师范学校藏书楼。1952 年，随新组建的中山大学更名为中山大学图书馆。至 2019 年 12 月底，图书纸质馆藏总量达 745 万余册（件），其中收藏有本校和岭南大学近百年来保存和传承下来的珍贵中西文古籍近 40 万册，石刻拓片 3.8 万余件，民间历史文献 39 万余件，近现代历史文献近 30 万册，外文专藏数十万册，还包括数十位著名学者的私人文献专藏、珍贵手稿以及影印古籍、地方文献、博硕士学位论文。2008 年，被国务院公布为第一批全国古籍重点保护单位。数字资源收藏丰富，居于国内高校前列，包括网络数据库 1038 个、电子图书 272 万余册、中外文电子期刊 12 万余种、多媒体光盘资源 2.2 万余片。秉承公平、开放、共享的理念和优良传统，以"智慧与服务"为馆训，不断完善图书馆的服务功能，提高图书馆的服务质量。除提供常规

的传统服务外，还可提供多媒体资源浏览、官微阅读推广服务、学科专题信息导航等形式多样的深层次信息服务。（钱莹颖）

华南理工大学图书馆　高等学校图书馆。由五山校区、大学城校区 2 个校区图书馆组成。总面积约 6.7 万平方米，阅览座位约 5000 个。是中国高等教育文献保障体系（CALIS）广东省成员机构、中国高校人文社会科学中心（CASHL）华南地区成员馆。1936 年 11 月五山校区图书馆奠基，著名图书馆学家杜定友主持筹建，1954 年由岭南近现代建筑大师夏昌世设计建成，是新中国成立后早期岭南建筑的代表之一。建馆以来，秉承"红色甲工，百年办学"之华工文脉，"博学慎思，明辨笃行"之华工精神，服务广大师生员工。藏书共 727 万册，其中纸质文献约 367 万册，电子文献约 360 万册。电子数据库 156 个。年进馆读者超过 200 万人次。馆藏跨清末、民国和现当代，涵盖文理工管医等学科，形成了学科门类齐全、馆藏特色鲜明、数字资源与文献典藏并重的全方位、立体化的知识资源保障体系。为读者提供纸质文献借阅、电子资源利用、文献传递、学科服务、定期讲座、信息素养教育、科技查新、论文检索、多媒体视听等现代化服务。参见第 913 页建筑卷"华南工学院图书馆"条。（吴琛）

华南师范大学图书馆　高等学校图书馆。由石牌校区、大学城校区、南海校区 3 个校区图书馆组成。总建筑面积 8.2 万平方米，读者座位 4800 多个。是中国高等教育文献保障系统（CALIS）广东省成员机构、中国高校人文社会科学文献中心（CASHL）华南地区成员馆。前身可以追溯到 1933 年建立的勤勤大学师范学院图书馆。

1939年，随校更名为广东文理学院图书馆。馆舍3576平方米，藏书约10万册。1951年，在广东文理学院图书馆的基础上，调集原中山大学师范学院、华南联合大学教育系的图书设备，创立了华南师范学院图书馆。1952年，岭南大学教育系、广西大学教育系、湖南大学地理系、南昌大学部分文科系和海南师专并入华南师范学院，图书资料随之并入。1980年，图书馆扩建至8356平方米，阅览席位1300个。1982年10月，图书馆随校更名为华南师范大学图书馆。截至2019年12月，纸质文献总量约411万册（件），电子图书1000多万册，电子期刊近4万种，逐渐形成了以教育文献和古籍文献为特色，覆盖全学科的完整馆藏体系。线装古籍约14万册，善本古籍6000册，地方志1600种，在广东省高校位居前列。2009年，被国务院公布为第二批全国古籍重点保护单位。除为读者提供传统的外借、阅览、参考咨询服务外，还提供馆际互借与文献传递、用户培训、查收查引、决策服务等多层次多形式服务。"十三五"期间，建成至善堂、明德堂、文化艺术空间、新书空间、数字资源空间、知识共享空间等新型空间。打造博雅沙龙、行知论坛、经典讲坛、真人书会、尚书会等品牌活动。推行人脸识别门禁、一卡通管理、通借通还、藏借阅一体化服务等管理和服务模式，实现了学校"一校三馆"文献资源的共建、共知、共享。（孟朝晖）

华南农业大学图书馆 高等学校图书馆。位于今广东省广州市天河区五山路483号华南农业大学内。由总馆、泰山区分馆和启林区分馆组成。馆舍总建筑面积3.6万平方米。机构设置为六部一室：资源建设部、特色资源部、流通阅览部、信息咨询部、阅读推广部、系统部和馆办公室。设有13个书刊阅览室，阅览座位2700余个。网络环境良好，软硬件设施完备。是中国高等教育文献保障系统（CALIS）广东省成员机构、CALIS农学中心成员馆，中国高校人文社会科学文献中心（CASHL）华南地区成员馆。其前身为1909年设立的广东公立农业专门学校图书室。1953年，在原中山大学农学院图书馆、岭南大学农学院图书馆的基础上，并入广西大学农学院畜牧兽医系的藏书和设备，成立华南农学院图书馆。1984年改现名。至2019年底，馆藏资源总量达922.87万册，其中纸本文献266.74万册，电子资源折合馆藏656.13万册。文献信息资源覆盖学校全部学科，已形成多学科、多载体，以热带、南亚热带农业科学、生命科学文献为特色和优势的文献保障体系。采用借、阅、藏合一的借阅管理模式，周开馆时间105小时，一周7天全开放，全天24小时开放图书馆电子资源。除提供常规的书刊借阅服务外，还提供参考咨询、馆际互借与文献传递、信息素养教育、学科服务、科技查新、定题情报分析、学科竞争力分析、决策支持服务和知识产权信息服务等特色服务。2011年1月获得"教育部科技查新工作站"资质，2018年7月成立知识产权信息服务中心。（杨德惠）

广州中医药大学图书馆 高等学校图书馆。由三元里校区和大学城校区两个校区图书馆组成。总建筑面积3.49万平方米。是中国高等教育文献保障系统（CALIS）医学中心成员馆和广东省成员机构、中国高校人文社会科学文献中心（CASHL）华南地区成员馆。1956年在接收广东中医药专门学校旧藏的基础上建成。馆藏图书168.8万册，在线阅读电子图书158万册。以教学科研实际需要为重心开展馆藏建设，突出中医药和岭南文化特色。现有馆藏古籍22833册。积极采用购买、受赠、寄存等方式，有效吸纳民间收藏，充实古籍馆藏。近年以收集岭南医学文献、岭南中医药海外传播、中医药防治传染病等特色文献为特藏建设方向。1992年起开展科技查新业务。2007年成为教育部科技查新工作站，是华南地区最早的医药类部级查新站，多次获教育部查新年检优秀等级和表彰。2019年成立知识产权信息服务中心和中医药情报信息中心，面向校内外开展中医药知识产权和信息服务。馆内的悦读中医书吧是全国首家高校与出版社共建的校园特色书店，集校园书店、咖啡馆、出版工作室和文化活动平台于一身。（张正）

广东省社会科学院图书馆 社科院系统图书馆。广东省三大古籍收藏机构之一。位于今广东省广州市天河区天河北路618号广东社会科学中心5楼、6楼。馆舍面积2800多平方米，阅览座位156个，分中文图书阅览室、中文报刊阅览室、外文阅览室、特藏文献阅览室、密集书库、古籍特藏书库6个功能区。1958年成立，前身是广州哲学社会科学研究所图书资料室，1983年改现名。1993年由原址广州越秀北路222号搬到广州天河北路369号，2016年搬入现址。设立图书部、网络技术部、数字资源部3个部门。图书部主要负责传统纸质社科文献资源建设，包括各类文献的收集、整理、编目、检索、咨询和服务。网络技术部主要负责全院信息化基础设施管理维护、科研系统开发建设及网络安全工作。数字资源部主要负责面向全院提供信息和知识服务，购买和维护数字馆藏资源，探索社会科学文献信息资源建设和文献信息服务方式、方法、手段的创新。至2020年5月，馆藏总量38万多册，藏有古籍、中文图书、中文报刊、外文书

刊等各类文献。其中平装书187688册；线装书9746种，130521册；报刊272种。明清古籍和民国文献为其特色馆藏。现藏古籍主要收集于建馆初期，共6005种，79250册。2020年被国务院公布为第六批全国重点古籍保护单位。馆藏民国期刊296种，1655册；民国报纸40种。以为本院科研教学工作服务为宗旨，读者对象主要是本院科研人员和研究生。在文献信息资源建设方面，主要围绕广东省社会科学院科研事业发展规划，收集、挖掘、整理和优化各种各样的文献资源和数字资源，现已引入中国知网、万得（Wind）资讯、中国社会科学文库、书同文古籍数据库、中国社会科学年鉴数据库等国内知名学术数据库。（汪洋）

广州图书馆　城市图书馆，国家一级图书馆，广州市公共图书馆服务体系的中心馆。位于今广东省广州市天河区珠江新城珠江东路4号。旧馆位于广州中山四路，由毛泽东同志主办农民运动讲习所附属陈列馆"星火燎原馆"改建而成，1982年1月2日始建。新馆于2012年12月28日开放，建筑面积9.8万平方米。秉持"理性、开放、平等、包容"的理念，致力成为促进阅读、交流与分享，激发理性、灵感与想象力，倡导社会和谐包容的公众共享空间。设有阅览座位4500个，公用计算机740台，信息点4000个，无线网络全覆盖，实现大开放、全公益、自助化服务，是国内率先全面推行免押金注册政策的公共图书馆之一。实体藏量1025.6万册（件），形成地方文献、历史文献、家谱文献、名人专藏、多元文化等馆藏特色。负责建设运营全市共享的广州数字图书馆，数字资源达到822TB。设有直属分馆22个、自助图书馆9个、流动图书馆服务点20个。

广州图书馆

基本形成文献信息服务、公共交流服务、数字图书馆服务并重的服务结构，形成文化领域服务特色，成为广州市新的文化地标和城市窗口。2014年广州市"广州之窗"城市形象推广厅于此设立。2015年广州大典研究中心于此挂牌。2018年广州纪录片研究展示中心于此设立，成为国内首家致力于纪录片收藏与服务的公共文化机构。（高美云）

深圳图书馆　城市图书馆。国家一级图书馆。位于今广东省深圳市福田区福中一路2001号。前身为宝安县图书馆，1984年改现名。1986年红荔路馆舍落成开放。在全国率先实行"分级藏书、分科开架、分室阅览"的新型藏书与流通模式，并免证进馆。在公共图书馆中第一个全面实现图书馆流通业务计算机管理。2006年，位于深圳行政文化中心区莲花山南的新馆开放，总建筑面积49589平方米，日均接待读者1.4万人次。始终坚持"文化＋科技"引领事业发展，自主研发多种创新产品。1988年，受文化部委托研制"集成图书馆自动化系统"

深圳图书馆

（ILAS），两年后投入运营；2006年，率先在国内图书馆界全面应用无线射频技术（RFID）；2008年，成功研发首台"城市街区24小时自助图书馆"，被列入"国家文化创新工程"。专注于文明传承与文化耕耘，是深圳全民阅读的重要阵地与主要推广者。2012年设立南书房、讲读厅、深圳学派文献专区、世界文化区、影音馆等13个新型文化空间，形成学术文化、经典阅读、创意思维、艺术阅读、传统文化、公益培训、公益法律等12个系列活动，塑造南书房家庭经典阅读书目、深圳学人·南书房夜话、外来青工知识竞赛、共读半小时、"阅在深秋"公共读书活动等一系列具有深圳特色和广泛影响力的阅读品牌。秉承"服务立馆、技术强馆、文化新馆"的办馆理念，建立起由实体馆、网站、微信微博、支付宝城市服务、移动APP、电话语音系统等构成的多元化服务平台，365天为市民提供丰富的服务项目和便捷的服务体验。截至2019年底，拥有持证读者137万名，微博微信关注用户89万名；馆藏纸质文献533万册，电子文献507万册（件）。2018年入选第三批中国20世纪建筑遗产项目名录。参见第914页建筑卷"深圳图书馆"条。（肖永钗）

十一　科技卷

概　况

岭南科技　区域科技。岭南科技的发展大致可分先秦、汉晋、唐宋、明清和近代五个历史阶段。先秦时期，传世文献记载很少。从考古资料来看，岭南是稻作的重要起源地，海洋渔业较发达，是中华文明的起源地之一。秦汉魏晋南北朝时期，出现独具地域特色的物产，荔枝、龙眼、橄榄、槟榔、珍珠等已成为中原不可或缺的"异物"。这个时期的科技发展相对落后于中原。隋唐宋元时期，发展速度加快，特色农具的创造和珠三角沙田的围垦、蔗业的兴起十分突出，农业科技有进步。明清时期，发展后来居上，农、林、牧、副、渔各业全面进步，一跃成为全国最发达的地区之一。近代以后，岭南特殊的地理区位，最先受欧风美雨，科技率先转型。众多华侨独领风气之先，大力学习和引进西方的现代科技；现代科技教育不断兴办，科学家、工程师及企业家大量涌现，如陈启沅、詹天佑、冯如、丁颖、凌道扬、陈焕镛等；出版了不少科技文献，取得众多成就。岭南科技有独特的地域特色。农田水利方面，岭南创造了葑田、沙田、涂田和桑基鱼塘等土地利用方式，兴筑了以桑园围为代表的水利工程。作物栽培方面，岭南是世界稻作起源地之一，是佳果驯化中心、特种林木栽培利用中心、花卉栽培中心和域外作物引进中心。植物保护方面，岭南发明了举世闻名的黄猄蚁治虫技术，创造了稻田养鱼和稻田养鸭技术。畜禽驯养方面，岭南育成了华南猪、文昌鸡、狮头鹅等知名品种，嘌蛋法成为明清家禽人工孵化技术进步的重要成就。渔业水产方面，南海采珠、西江鱼苗、海洋渔业名闻天下。纺染方面，岭南创造了香云纱、广缎、潮绣等名品及染织技艺。采治铸造方面，铜鼓是岭南的重要标识，胆水浸铜法、石湾陶瓷、佛山冶铁名扬天下，南汉铸造的"涂金千佛塔"是我国现存最古、最大、最精美、最完整的古铁塔。造船航海方面，岭南制造了许多航行在南海至印度洋上的巨大海船。医药方面，李珣《海药本草》是隋唐五代岭南中医药物学业达到新水平的标志。岭南科技产生于风土特异的岭南大地，在自我创造的基础上，采中原之华，纳海外之精，融汇升华，独树一帜，极大地推动了生产力发展和社会进步，是岭南文化发展的集中体现。（王福昌、倪根金）

成　果

踏犁　又称脚犁。翻土农具。最早见于宋周去非《岭外代答》，称踏犁出现在广西静江府（治所在今桂林）。商代称"跖铧"，唐代称"长镵"。由犁柄、犁铧、扶手和踏横木4个部件组成。犁铧铁制，比曲辕犁的铧窄小，属于耒耜类农具。使用时双手按住扶手，脚踏踏横木，将犁铧插入土中，向后扳压犁柄，翻耕土地。功效比牛犁低很

踏犁

多，适用于多石、田块小和不能使用牛耕的山地。在宋代的农业中发挥了较大作用。广西壮族至今沿用。（王福昌）

脚犁 见"踏犁"。

秧船 又称插秧船、艇仔。插秧农具。因外形略似小船，故名。其发明可能受宋代出现的秧马影响，但形制有较

秧船

大不同。由座椅和船舱两部分组成。水稻插秧时，秧苗置放船舱，插秧的人蹲坐于座椅上插秧，每插完一处，双脚一蹬，倒退行驶。可减轻劳动强度、提高劳动效率。源于新会，后推广到珠江三角洲的东莞、番禺，甚至广西、贵州。（王福昌）

插秧船 见"秧船"。
艇仔 见"秧船"。

水梭 灌溉农具。最早见于宋居简《北磵集》。形状如勺、匙。一种用绳子

水梭

绑缚于三脚架上，架设于田间沟水汇集处，使用时，手握勺柄，勺空舀水，勺满倒入田中。广西贺州一带称作舁斗，今仍广泛使用。另一种外形一致而小，不设三脚架，全凭手工舁水。使用者一手提前绳，一手抓后柄，使用轻便，妇孺亦可用之。美国富兰克林·H.金《四千年农夫：中国、朝鲜和日本的永续农业》载朝鲜农民亦使用这种灌溉农具，所附图酷似广西贺州水梭。（王福昌）

摘禾刀 又称掐刀、爪镰、禾剪。收割农具。元王祯《农书》称"粟鎜"。刀长寸许，上有圆銎，用以穿食指，

摘禾刀

刀向手内。收割时，用于摘禾穗。适宜水稻成熟期不一、需要一株一株选择性进行收割的地区。海南、广西、贵州、云南等地，尤其是黎族、苗族、侗族等少数民族地区沿用至今。潘伟《中国传统农器古今图谱》载有两种摘禾刀：一种与王祯《农书》相似，在苗族地区使用，多为铜制；一种用竹子做手柄，收割时手握竹柄，在侗族地区使用。（王福昌）

掐刀 见"摘禾刀"。
爪镰 见"摘禾刀"。
禾剪 见"摘禾刀"。

打禾石 脱粒农具。流行于岭南客家地区。比打禾桶更古老。为边长约80厘米、厚约10厘米的立方体石块，在靠近上方的正中凿一直径约10厘米圆孔，需要时用木竹杠穿入圆孔，由两人抬至目的地。常与打禾铗配套使用。脱粒有两种方法：一种是用手抓起禾把，砸向打禾石；一种是用打禾铗夹住禾把，砸向打禾石。（王福昌）

打禾石

石辊榨糖机 又称石磟榨糖机。榨糖农具。20世纪机器榨糖兴起前流行于岭南的半机械式榨糖工具。由石磟、磟杆及固定装置组成。石磟由两个高约60厘米圆形石柱组成，一个为公一个为母，上部各有24个齿，固定装置把公磟与母磟固定后，相互咬合，形成可由公磟带动的公母组合。公磟心比母磟心约高60厘米，公磟心顶端安装磟杆，磟杆长七八米，从石磟伸到牛的跑道，由牛力带动。各地石磟榨糖机部件和装置并不完全一致。（王福昌）

石磟榨糖机 见"石辊榨糖机"。

代耕架 又称木牛、人力耕架、耕架代牛。耕地机械。源于《旧唐书》所载王方翼"造人耕之法"。明代因耕牛不足，在其基础上加以改进，发明了代耕架。制成五种木牛，分别为"坐犁""推犁""抬犁""抗犁"和"肩

代耕架

犁"。在田地两头分别设立"人"字形木架，架上各装一辘轳，在辘轳中段缠以绳索，绳索中间结一小铁环，环与犁上曳钩，连脱自如。辘轳两头安装十字交叉的橛木，手扳橛木，犁自行动。三人合作，田地两头耕架各一人，交替相挽，一人扶犁，则使一来一往，效率高且省力。清屈大均《广东新语》有同样记载。适用于山丘、水田和平地的不同耕作条件。明末清初在广东得到推广。是中国农具发展史上的一项创新。（王福昌）

木牛　见"代耕架"。

人力耕架　见"代耕架"。

耕架代牛　见"代耕架"。

灵渠　又称秦凿渠、湘桂运河、兴安运河。水利工程。位于今广西壮族自治区桂林市兴安县境内。秦始皇二十八年（前219），命监御史禄督率士兵、民夫修建，沟通湘江与漓江，运载粮饷。秦始皇三十三年（前214），凿成通航。历朝有重修。主体工程由铧嘴、大天平、小天平、南渠、北渠、陡门、水涵等部分组成，互相关联。拦河水坝建于湘江上游的海洋河上，水坝成"人"字形（夹角108度）以减少水流冲击力，北渠一侧叫大天平，南渠一侧叫小天平，坝高约3米。水坝前端叫铧嘴，其形似犁铧，把海洋河水分成左右两边，一边经北渠流回湘江，一边由南渠流向漓江。枯水期，渠内水量不足，修陡门分段蓄水通航，类似船闸。另设有水涵，引渠水灌溉。自秦以来，对南北政治、

经济、文化交流和密切各族人民往来起了积极作用。被誉为"世界古代水利建筑明珠"。1988年被国务院公布为第三批全国重点文物保护单位。参见第18页地理卷"灵渠"条、第99页历史卷"开凿灵渠"条。（王福昌）

桑园围　水利工程。位于今广东省佛山市南海区、顺德区。因内有不少桑树园而得名。《南海县志》记载，宋徽宗年间始筑东、西堤，元、明、清三代屡有修筑，顺德龙江段至民国初期才加高并联成围，1924年最终成为一条较完整的堤围。是西江和北江干流的主要堤围，分东围、西围，西围抵御西江洪水、东围抵御北江洪水。全长68.85千米，围内面积133.75平方千米，捍卫良田1500公顷。建筑材料最初为泥，明代改为泥石并用。明洪武二十九年（1396），因洪水倒流逆灌，在桑园围倒流港采取"取大船、实以石、沉于港口"的方法，即"载石沉船"堵口方法，这是明代珠江三角洲水利围垦技术的标志性成果。围内九江、龙江等地经济发达，分属顺德和南海。为了便于管理，逐步确立

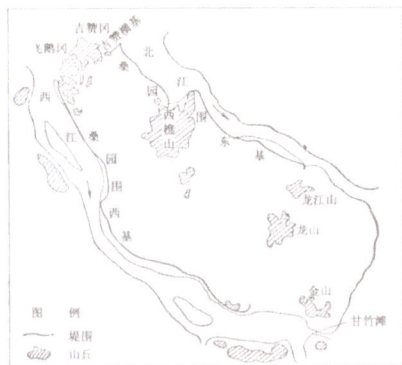

桑园围

了岁修、"四防"和"二守"制度，"四防"即昼防、夜防、风防和雨防，"二守"即官守和民守。是中国历史上有专门"围志"文献记载的著名水利工程。（王福昌）

特侣塘　水利工程。位于今广东省湛江市雷州市附城镇与沈塘镇之间的东洋一带。南宋绍兴二十八年（1158），雷州官员何庚为解决干旱问题修建，用于灌溉，且有效治理了盐碱问题，明王良弼《何公渠》对其称赞有加。乾道六年（1170）地方官员戴之邵重修，排灌效果突显，出现了"东洋熟，雷州足"的局面。明万历年间塘底淤浅。是粤西历史上著名的水利灌溉工程。（王福昌）

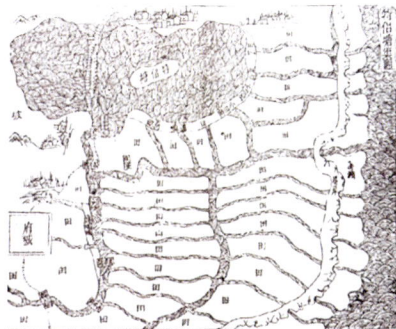

特侣塘

三利溪　水利工程。位于今广东省潮州市潮安区。自韩江引水，下经揭阳，至潮阳界入海，因三县受益而得名。北宋元祐年间潮州知州王涤倡修。王涤将潮州城西的自然河沟芹菜沟拓宽挖深、截弯修直，以疏通水道、减轻水患，同时也增加灌溉、航运的功能和冲淡沿岸耕地含盐量。明清两代多次清淤重修。清乾隆二十三年（1758）潮州知府周硕勋等倡导复修，共浚溪1294丈，溪面宽3丈，底宽2丈，并在两岸打桩春筑唇灰（贝灰三合土）以防崩塌，同时重修引水入渠的南门涵，一直沿用至1957年。陈献章有《三利溪记》。是韩江下游古代著名灌溉航运工程。（王福昌）

葑田 又称葑田、浮田、架田。土地利用方式。始于汉晋。珠江三角洲水多地少，当地人民与水争地，创造的

葑田

一种土地利用方式。具体做法是利用芦苇、竹篾或木筏，制作成浮于水面的耕地种植庄稼。种植作物的不同，有的（如葑）可在无土条件下直接栽种，有的则要铺上"葑泥"再栽种。晋嵇含《南方草木状》、元王祯《农书》、清李调元《南越笔记》等均有记载。其中清屈大均《广东新语》记载最为详尽。无土栽种的葑田为世界上最早的无土栽培。（王福昌）

葑田 见"葑田"。
浮田 见"葑田"。
架田 见"葑田"。

沙田 土地利用方式。主要分布于今广东南海、顺德、台山、新会、斗门、中山、番禺、东莞、宝安等地。广东

沙田

文献称沙坦、潭田、潮田、围田、草坦、水坦、桑田、基塘、塘坦等，均为广义上的沙田。珠江三角洲本是岛丘散布的浅海湾，几千年来经由珠江冲积和人工围垦，浅海湾成为900万亩沙田。海洋成为沙田的围垦，一般要经过鱼游、橹迫、鹤立、草埗和围田5个阶段。唐代以前，发展十分缓慢；宋代以后，加速发展；明清以后，发展迅猛。沙田是珠江三角洲生产生活的物质基础，垦殖技术的进步促进珠江三角洲商品性农业的繁荣及市镇经济的发展，其占有形态推动宗族势力及经济的发展。元王祯《农书》收有"沙田"条。（王福昌）

大东梯田 又称坪山千亩梯田。土地利用方式。位于今广东省梅州市大埔县大东镇坪山村。始建于明中期，完工于清初。在坡地上分段沿等高线建成的阶梯式农田。共有1200多亩，坡度多为25度至65度，沿山坡从山脚连到山顶，从此山连到彼山，少的数十级，多的千多级，依靠两条引自3000米外山溪的水渠灌溉。梯田密集，形态原始，保水、保土，"夏种水稻冬种油菜"，营造出"春如道道金链，夏滚层层绿波，秋叠座座金山，冬锁条条苍龙"的美景。附近村落历史文化底蕴深厚，文物古迹较多。（王福昌）

坪山千亩梯田 见"大东梯田"。

基塘农业 土地利用方式。珠江三角洲传统土地利用种植方式。始于宋，形成于明初，成熟于清末。珠江三角洲地势低洼，将地势低洼处开挖成鱼塘，高处培泥为基，基上种桑、果、木、竹，避免了水患，收到了"十倍禾稼"的经济效益。与农业模式相匹配，其水利系统结构为大围—子围—河涌—基塘。"围"是堤围，用以抵挡江水，河涌是天然或人工的小河沟，

旱时给基塘加水，涝时为其排水。经过发展，有蔗基鱼塘、果基鱼塘、稻基鱼塘、菜基鱼塘、花基鱼塘等多种形式。增加了耕地面积，构成水陆互养、能量循环、地力常新、可持续发展的生态农业模式。2020年广东佛山基塘农业系统被公布为第五批中国重要农业文化遗产。（魏露苓）

桑基鱼塘 土地利用方式。基塘农业的典型形式。汉代珠江三角洲地区已有种桑、饲蚕、丝织活动，早期在基上种龙眼等果树。明中叶至清中叶，珠江三角洲成为继太湖流域之后又一个蚕桑中心，桑基鱼塘迅速发展。普遍采用"四水六基"的比例。桑基鱼塘的物质能量循环利用，基上种桑，桑叶养蚕，蚕茧缫丝织绸，蚕蛹、蚕粪用来喂鱼或养猪，猪粪为桑树施肥。为了维护桑基鱼塘，每年挖出塘泥培到基上，称"罱泥"。罱泥所得的塘泥肥沃，既培基，又为桑基施肥，充分利用资源，将废品量和污染降到最低，形成一个良好的生态系统。因其巧妙的土地利用方式、良好的能量循环、环保与可持续发展，20世纪80年代被列入联合国粮食及农业组织（FAO）"最佳生态系统"。1992年，联合国教科文组织称桑基鱼塘为"世间罕有美景，良性循环典范"。（魏露苓）

火耕水耨 耕作方式。最早见于《史记》。汉魏六朝时流行于中国南方稻作农业区。具体方法是在取水方便的"河滨海岸""沮泽之地"，旱季焚烧田中野草，雨季将水放入田中，直接播撒稻种，不用牛耕地，也不用移栽插秧和中耕，是一种原始的耕种方式。与同时代北方精耕细作的旱作农业技术相比较为粗放，单产不一定高，但巧用水火两种自然力，是当时条件下简单而又高效率的耕作方式。经改

良后被长期沿用，1949 年后，珠江三角洲的沙田种植尤其是深水稻种植仍用此方式。参见第 99 页历史卷"火耕水耨"条。（魏露苓）

黄猄蚁治虫　治虫方式。最早见于晋嵇含《南方草木状》、唐刘恂《岭表录异》、宋庄绰《鸡肋编》、宋乐史《太平寰宇记》、明徐光启《农政全书》亦载其说。黄猄蚁（Oecophylla smaragdina），体棕黄，脚长，因似黄猄（Muntiacus reevisi）而得名。黄猄蚁喜在柑橘树上筑巢，一巢往往有蚁数万，攻击性强，是 20 多种柑橘害虫的天敌。清屈大均《广东新语》记载了更多有效方法，为黄猄蚁搭建"蚁桥"，即在树与树或枝与枝之间"以藤引度""繁竹索引"，让黄猄蚁更方便从一处爬到另一处，扩大杀虫范围、提高防控效率。现代调查研究表明，有蚁树比无蚁树柑橘受害率减少 5.57%，落果数减 68.71%。历史上，主要流行于广州、四会、阳春、电白等柑橘种植区。20 世纪 70 年代，广东柑橘产区仍用此法。是世界上最早的生物治虫方式，国外直到 19 世纪才有类似记录。（魏露苓）

挣稿制　又称撞稿、挣植、挣插、大行稀子。耕作制。一般认为最早见于元末明初。"挣"是努力争得的意思，"挣稿"就是努力争取得来的一造水稻。具体做法是春季插早稻后 15—20 天，在其正在生长的时候，将晚稻的秧苗插进早稻行间。早稻和晚稻有一段时间同生长。早稻收割后，晚稻继续生长，直到收割。挣稿制的稻田，早稻插秧的行距 18—20 寸，比较宽。早稻品种选择，要用分蘖集中、茎干直生、叶片狭直、耐浸的品种。晚稻品种选择，要用生长粗壮、再生力强、耐咸耐浸、秆长穗大的品种。珠江三角洲的挣稿制与堤围的修建有关，新

中国成立初期仍然存在。（魏露苓）

撞稿　见"挣稿制"。

挣植　见"挣稿制"。

挣插　见"挣稿制"。

大行稀子　见"挣稿制"。

稻田养鸭　生态农业。始于汉，成熟于明。流行于广东珠江三角洲沙田地区。生活于咸淡水交汇区的蟛蜞喜吃稻芽和幼苗，危害很大。农户早期抓蟛蜞喂鸭，后来将鸭放进稻田，让其直接吃蟛蜞和飞虱、黏虫、三化螟、稻纵卷叶虫等水稻害虫。再后来发展为专门养鸭户，用鸭船装鸭，放入农户稻田为其灭虫。田主向"鸭船主"付报酬。随着双季稻的发展，养鸭户还养出五造鸭，涵盖了两造稻的全部生长期。稻田养鸭是珠江三角洲沙田地区较为普遍的种养结合模式，也是一种有效的生物防治技术。（魏露苓）

丝苗米　稻米品种。最早的文献记载见于清光绪年间。原产于今广东省广州市增城区朱村街白水山上的栖云寺旧址前的三亩地。传统丝苗米有矮脚丝苗米和高脚丝苗米，矮脚丝苗米以朱村白水为佳，高脚丝苗以派潭灵山和正果水口村为上品。清光绪年间，增城、香山、东莞、花县、南海、番禺等县均有种植，并大量销往南洋和美国市场。20 世纪 50 年代因品种混杂退化，产量低、易感病、不抗倒，种植面积逐年减少。1978 年起，农业科技工作者成功培育出了既保留传统出口丝苗米特优米质又大幅增产的"丝苗选 6 号""双野丝苗"等一批品种，产量上升，被广东省内各地引种，并传播至赣、闽、桂、湘、滇、皖、川、江、浙等省区。丝苗米米粒细长苗条，无腹、心白、透明晶莹，软硬适中，口感佳，素有"米中碧玉，饭中佳品"美誉，是有明显地方特色的籼稻优质

稻米。以增城所产最佳。参见第 944 页饮食卷"增城丝苗米"条。（赵飞）

山兰稻　又称山栏稻。稻米品种。种植历史悠久，唐代李德裕贬崖州有"五月畲田收火米"诗句。海南古代黎族人筛选出来适宜山地种植的旱稻品种。分山栏米和山栏糯米。颗粒比普通水稻米大，米质白，黏性强而芳香可口，但产量低。传统种植方式是独特的"砍山栏"，即俗称的刀耕火种。大致要经过选地、破山、焚烧、围栏、点种、除草、守护、收获等几个过程。历史上曾广泛种植于海南岛山区和丘陵山地，即今保亭、琼中、东方、崖县、白沙、乐东、陵水、万宁等黎族聚居区和部分苗族区。1956 年面积达 56 万亩。因禁止刀耕火种，只有少量存在，被称为原始农业的活化石。2017 年海南琼中山兰稻作文化系统被公布为第四批中国重要农业文化遗产。（倪根金、赵飞）

山栏稻　见"山兰稻"。

马坝油粘　稻米品种。产于广东省韶关市曲江区马坝。以米粒细小、质地软硬适中、油脂量高而闻名，广东省知名米品牌。马坝稻作历史悠久，距今四五千年的石峡遗址就出土栽培水稻。20 世纪四五十年代成为广东出口大米的主要品种之一。经过农业科技人员利用多方面研究试验，将原有马坝油粘的种质资源进行杂交、选育，培育出一系列马坝油粘品种，改变了马坝油粘原来产量低、秆高、易感病虫害的缺点，亩产由先前的 250 千克，达到 400—500 千克，种植面积逐年扩大。（赵飞）

蕉布　布料。古代岭南蕉麻纤维加工品。蕉麻（Musa textilis Née），芭蕉科、芭蕉属，植株与香蕉相似，古籍

称其为"蕉葛"。汉杨孚《异物志》记载了芭蕉叶经水煮之后成丝，用于纺织。三国吴万震《南州异物志》记载从植物加工成纤维的方法，做法是先放在锅里煮，再放进掺灰后变碱性的水中浸泡成丝。唐时岭南广州府、潮州府、封州府、贺州府、宾州府和安南上都护府将其做成葛布上贡朝廷。清朝，岭南仍然种蕉麻、织蕉布，其加工纤维的方法则是放进溪中沤制而成。（魏露苓）

竹布 布料。古代岭南竹纤维加工品。最早见于晋裴渊《广州记》。做法一般为煮、石槌、浸、纺绩，其工艺流程可能与造纸相类似。可加工成布的竹子有桂竹、箣筍、篞竹、花穰竹、笆竹等。（魏露苓）

黎族树皮布制作技艺 传统技艺。树皮布，又称楈布、答布、都布、楮皮布。原料一般为桑科大树的皮。制作工序如下：第一，剥皮，沿树干划出一条长口，剥下树干的整块皮。第二，用木棒、刀背拍打树

穿着树皮布服装的黎族人

皮，除去外皮，留下纤维部分。第三，将留下的纤维部分浸在用草木灰淋出的"火灰水"里，浸 10 天。第四，浸好之后漂洗、晾干。第五，槌打。将晾干的树皮纤维部分放平在地上，用木棒打，或放进平底臼里，用木棒舂。边打边淋水。第六，整理。去厚补薄，即为成品。树皮布的起源颇早，环珠江口地带和海南岛新石器遗址，均出土有加工树皮布的工具近似长方形的扁"石拍"。今海南岛的黎族、云南的基诺族仍有人在做。2006 年入选第

一批国家级非物质文化遗产名录。参见第 682 页艺术卷"黎族树皮布制作技艺"条。（魏露苓）

圈枝法 又称驳枝、高空压条。无性繁殖方法。方法简易，成苗快，结果早，并能保持母树优良性状。广东的果农繁殖柑橘、荔枝、龙眼等果树普遍使用。操作流程包括选定繁殖季节、选择母树、选择枝条、圈枝操作、锯离母树、假植等六个步骤。（赵飞）

驳枝 见"圈枝法"。
高空压条 见"圈枝法"。

嘌蛋法 孵化技术。嘌是快速而轻捷的意思。种蛋运输易破碎，雏苗运输难于管理，造成较大的损失。为了解决这个问题，人们发明了待种蛋人工孵化到快出雏时，从孵化场运到出售地点去出雏的方法，这种方法比较快速轻捷，故名。据罗天尺《五山志林·火焙鸭》记载，事先根据运输距离的远近，估算好所需天数，然后确定每批蛋的起运时间。种蛋到达目的地后，小鸭刚好破壳而出，即可投入市场出售。此法是建立在对禽蛋胚胎发育深刻认识基础之上，是在人工孵化法中总结出来的宝贵经验，反映了明清时期中国家禽人工孵化技术的进步。（王福昌）

岭南天蚕 又称樟蚕、枫蚕、樟木蚕、天蚕子、枫虫、樟木蛆。拉丁名 *Eriogyna pyretorum Westwood*，属昆虫纲、鳞翅目、天蚕蛾科。原产广东、广西、海南。以樟树、枫树、水柳、沙梨等树的叶子为食，为完全变态的昆虫。一个生命周期经过卵、幼虫、蛹、成虫 4 个形态。幼虫成熟后，被放进水中淹死，将其腹中 2 条丝腺取出，放入醋中浸泡，捞出拉丝，长约 7 尺，洗净晾干后即为成品，名为"天蚕丝"。因其品质优越，民国时主要用于钓鱼线

和手术缝线。岭南最早记载见于宋代周去非的《岭外代答》，实际开发利用早于此。民国时期，广东政府曾对其进行专门调查，并推动利用。1949 年后因环境变化等原因而消失。（魏露苓、倪根金）

樟蚕 见"岭南天蚕"。
枫蚕 见"岭南天蚕"。
樟木蚕 见"岭南天蚕"。
天蚕子 见"岭南天蚕"。
枫虫 见"岭南天蚕"。
樟木蛆 见"岭南天蚕"。

扣罛捕鱼 又称旋网。捕鱼方法。罛是渔网的一种，由网身、底脚、牵绳 3 部分组成。网身圆锥形，底口大，底脚拴网坠。牵绳和网身，传统均用麻制并用薯莨染色，现改用尼龙绳。网坠，最早石质，后来陶质，现改为铅质。撒网操作时，人站在岸上或浅水中，将部分网衣搭在肩上，再用两手抓住余下的网衣，向左划一弧线将网抛出，右手轻带，使网口成圆形扣进水中。一段时间拉住牵绳往岸上拖。（魏露苓）

旋网 见"扣罛捕鱼"。

假核育珠 养殖技术。最早见于宋庞元英《文昌杂录》。具体做法是将"珠核"（贝壳小片等物）放进珍珠贝的外套膜与贝壳之间，使之产生珍珠。（魏露苓）

"中山一号"稻种 水稻品种。1926 年，丁颖在广州犀牛尾的沼泽地里发现一种野生稻，命名为"犀牛修尾"，种植在学校农场的水塘。经过播种、选种、试验，在育种植株中发现了表现较好的性状稳定株系。在育种的过程中意识到野生稻可用于改良栽培稻品种，克服其不良特性，从而获得一些新的优良品系。1933 年，用"犀

牛尾"与农家品种杂交育成"中山一号"新品种。这是世界上最早把野生稻抗御恶劣环境种质成功转育到栽培稻种中去的科学试验，开创了野生稻与栽培稻远缘杂交育种的先河。其他杂交品种还有用印度野生稻与广东栽培稻"早艮占"杂交育出的"艮印20""东印1号"水稻品种，成为世界上第一株水稻千粒穗类型，定名为"千粒穗"。（赵飞）

橡胶北移技术　栽培技术。橡胶是一种喜高温、多雨、静风和肥沃土壤的典型热带乔木。世界植胶分布在南纬10°以北、北纬15°以南的赤道附近。1951年，中国开始在海南岛、雷州半岛建设天然橡胶生产基地，广东、云南、广西、福建等科技工作者经过长达30年的反复实践，创造了一整套橡胶北移栽培技术。橡胶属裸芽植物，幼芽没有鳞片保护，不耐寒冷。该技术包括选择地势、营造防护林、选用抗风抗寒品种、割胶技术，打破了"裸芽植物不能北移"的论断，在植物驯化、育种的研究上，引起了世界产胶国的普遍关注和重视，具有重大科学价值。到20世纪80年代初，中国已建成以海南岛、西双版纳为主的天然橡胶生产基地，在接近北纬25°的广西、福建一些经过选择的地区，也植胶成功。1982年10月被国家科委评为

国家发明一等奖。（赵飞）

雷州青年运河　水利工程。位于今广东省湛江市雷州半岛。因运河开凿者以青年为主，故名。主体工程包括鹤地水库和引水渠两个部分。1958年6月，鹤地水库在廉江县鹤地举行开工典礼，1959年9月建成，总库容11.51亿立方米，为广东省最大的"人造海"。1959年9月，引水渠开始施工，1960年建成。该运河包括主河、四联河、东海河、西海河、东运河、西运河5大干河，全长271千米。以农业灌溉为主，可灌溉廉江、遂溪、海康、吴川及湛江市郊200万亩农田，综合工业、生活供水和防洪、发电、养殖、航运、旅游等功能。雷州青年运河展览馆是广东省爱国主义教育基地。参见第20页地理卷"雷州青年运河"条。（王福昌）

邓小平为雷州青年运河题字

罗定长岗坡渡槽　又称长岗坡渡槽。水利工程。位于广东省云浮罗定市罗平镇长岗坡。1976年11月动工，1981年1月竣工通水。总长5200米，宽6米，高2.2米，共有133个墩、132个跨拱，拱的最大跨度51

米，最大高度37米。每年把近4亿立方米的太平河、罗镜河河水输送到金银河水库，保障城区以及多个乡镇人口的生产生活用水，灌溉下游20多万亩农田。被誉为"南粤红旗渠"。2014年以前为世界最长的渡槽。入选2009年第三次全国文物普查重要新发现。2019年被国务院公布为第八批全国重点文物保护单位。参见第919页建筑卷"罗定长岗坡渡槽"条。（王福昌）

长岗坡渡槽　见"罗定长岗坡渡槽"。

白沙茅龙笔制作技艺　制作工艺。明陈献章（号白沙先生）始创。用茅草制成笔的工艺，关键在选草。每年7—10月，从新会圭峰山采摘茅草，经过选草、剪裁、浸泡、锤砸、刮青、削峰到上胶、装饰近10个工序。粗粝的根茎经过浸泡软化，具有软硬适中、吸墨性好、富于弹性、书写流畅、坚韧耐用的特点。清康熙年间，新会有专制茅龙笔的店铺，比较出名的有伍氏捷元斋笔庄和先贤白沙茅龙笔。抗战时期出现"做笔街"或"笔街"，著名的有登元阁、会元阁、文香阁。是传统手工制作技艺的典范，以植物纤维创新制笔的新途径。以茅龙笔书写的代表作有陈白沙的《慈元庙碑》《种蓖麻诗卷》。2008年入选第二批国家级非物质文化遗产名录。（何北海、林润惠）

苔纸　又称侧理纸。风格独特的艺术加工纸。晋王嘉《拾遗记·晋时事》记载为南越所献，因其纹理纵横斜侧故又称侧理纸。从现存古代实物看，因纸中含绿色水苔之类物质，故称。制作时，在捞纸前于纸浆中添加少量水苔类纤维状物质，再打槽捞纸，抄造的纸面上则会呈现纵横交织的有色纹理。（何北海、林润惠）

罗定长岗坡渡漕

侧理纸　见"苔纸"。

黄麻纸　又称黄纸。世界上最早用天然药用植物染料染成的加工纸、中国发现最早的药物纸张。东晋葛洪所创，其在广东罗浮山炼丹时，在麻纸上刷黄蘗汁以防蛀，因其辟蠹、庄严且便于涂改，逐渐普及使用，唐、宋时期的文书、经卷等多用。在中国造纸和包装史上占有重要地位。（何北海、林润惠）

黄纸　见"黄麻纸"。

端砚制作技艺　制作工艺。端砚产于唐初肇庆端州，盛于宋。石质致密坚实、幼嫩细腻、温润如玉，有下墨如风、发墨如油、不耗水、不结冰、不朽、护毫、形制精美、雕刻精巧等特点。制作过程包括采石、选料、制璞、设计、雕刻、配盒、打磨、上蜡等工序。端溪石大多不抗震，生产各个环节均为手工制作。采石工具主要有粗细不等的尖口铁凿、铁笔、铁锤、炮凿等，雕刻工具主要有锤、凿、凿卡、木钻、锯、滑石及功夫台。端砚因石品花纹以及巧夺天工的雕刻艺术而闻名于世，被尊为众砚之首。与甘肃洮砚、安徽歙砚、山西澄泥砚并称为中国"四大名砚"。2006年入选第一批国家级非物质文化遗产名录。（何北海、林润惠）

树皮布石拍　又称树皮拍。工具。用于制作树皮布。主要分布在香港以至环珠江口，以深圳咸头岭遗址为代表的大湾文化区考古发现大量新石器时期树皮布石拍。一般一端由藤条沿石

树皮布石拍

拍两侧系套、藤条延长加上木柄成柄把。使用时利用离心力使石拍打击更具力量，用石拍拍打植物树皮纤维做布料。综合环珠江口地区已发现树皮布石拍的形制，有圆角长方形、圆角正方形、长条形、圆形、菱形、亚腰型六种。是中国目前所知唯一年代最早、科学性最强的与树皮布技术有关的工具。（孙恩乐）

树皮拍　见"树皮布石拍"。

南越国青铜铸造印花凸版　印花器具。世界纺织史上最早的彩色套印工具。广州南越王赵眜墓发现的青铜铸造印花凸版，一套大小两件，背面皆有一穿孔小纽，使用时可穿绳执握，依次逐个打印，套印出彩色图案。同时出土的还有红白色丝织物，花纹与凸版火焰图案相似。按照每印1米织物测试计算，马王堆汉墓织物捺印1200次/米，南越王墓捺印约600次/米。（孙恩乐）

南越国青铜铸造印花凸版及印出来的布纹

铜版熨斗　熨烫工具。广东省广州市白云区梓元岗南朝墓出土。铜质，由花瓣形盆与手柄组成。花瓣形盆中间的凹槽用于放置炭火，通过炭火高温

铜版熨斗

传递到盆底部，用于熨烫面料和衣物。综合出土文物和文献资料，六朝时期广州的纺织工艺技术有了明显提高，纺织工艺包括基本工具形制基本完备。（孙恩乐、朱广舟）

香云纱染整技艺　又称晒莨。环保性的染色涂层制作工艺。香云纱又称莨纱、响云纱、莨绸、黑胶绸等。工艺历史悠久。独产于广东佛山地区顺德及周边地区。以纯蚕丝织物为原料，经用含有凝胶和单宁酸的薯莨块茎液多次浸染、煮和曝晒，单面涂上含有氧化铁（含量0.95—0.6之间）的河泥，清洗河泥后，再经薯莨液浸染、曝晒、摊雾等工艺制成，表层呈乌黑色，反面呈棕色且持有莨斑、泥斑的全手工操作丝织物。坯绸、阳光、草地、薯莨、河泥缺一不可，工艺流程包括：绸缎准备→榨薯莨汁→浸莨水1次→洒莨水6次→封莨水6次→煮练1次→封莨水12次→煮练1次→封莨水1次→过河泥→水洗→封莨水1次→摊雾→拉幅、卷绸→检整码尺→成品入库，上述流程中的浸、洒、封、煮、水洗等各个过程操作十分繁复，染色过程一般要历时15天左右才能完成。香云纱具有质地爽朗硬挺、性能吸湿散热、易洗易干、色彩朴质深沉、肌理层次丰富的特点。适于做服装和纺织品，是广东著名高档纺织品。2008年入选第二批国家级非物质文化遗产名录。2011年原国家质检总局批准对"香云纱"实施地理标志产品保护。（孙恩乐、梁珠）

晒莨　见"香云纱染整技艺"。

黎族踞腰织机 简称腰机。织机。黎族最原始、最常用的纺织工具。与六七千年前半坡氏族使用的织机十分相似。由藤腰带、腰力棍、木刀、拉经棍、竹梳、竹纬线针、整绒梳等部件组成。使用时，织锦女子席地而坐，绑着藤腰带，用双足踩织机经线木棍，用右手持纬线木刀，按织物的强力交替程度，用左手投纬引线，然后用木刀打紧纬线。（孙恩乐、朱广舟）

腰机 见"黎族踞腰织机"。

蒸汽缫丝机 纺织工具。陈启沅改进和制造。清同治十三年（1874），陈启沅在南海县简村创办中国首家民族资本企业继昌隆蒸汽缫丝厂。蒸汽缫丝机以蒸汽机为动力，使用机器缫丝，生产厂丝、洋庄丝，品质比传统手缫土丝大有改进。设备中有煮沸水的大炉锅1座，蒸汽炉1座。大炉锅装有水喉，送开水到缫丝工作位，以为冲茧之用。贮冷水大锅，配有水喉，输送冷水到各工作位，用来调节温度和洗涤，能迅速出丝。特点是利用蒸汽管传热烘干丝片；利用蒸汽机作为动力传动机械。机体分前台和篗篁台两个部分：前台缫丝部分装有缫丝锅、索绪锅、捻鞘装置、蒸汽管、水管等

主要机部件；篁台在前台的后面上方，也称后台，是丝条的卷绕部分，由篁轴、络绞装置、缫篁及烘丝管组成。从缫篁中心至前台边缘的水平距离留有65—70厘米空间。缫丝工人面向前台，背朝篁台进行缫丝、绪丝穿过集绪器，并合成丝条，经上、下鼓轮，捻鞘，引向篁台，卷丝于缫篁上。缫篁有四角形和六角形两种，篁周长约60厘米，缫篁中心开有方孔，插入篁心棒，篁心棒的一端装有小擦轮，接触回转轴上的大擦轮，而使缫篁回转。缫丝发生故障，丝条被阻或发生断头，缫丝工人脚踏刹车，把篁心棒抬起，使小擦轮脱离回转轴上的大擦轮，全台缫篁停转，待故障排除后恢复运转。大大提高了生产效率，南海、顺德等县相继改用汽机缫丝。（孙恩乐、朱广舟、陈茜微、汪滢）

华南牌缝纫机 品牌名。华南缝纫机制造厂旗下的缝纫机品牌。华南缝纫机制造厂的前身为1937年颜若芝兄弟在广州开设的华南机器厂总装成功，1954年8月，与多厂合并成立。分为家用和工业用缝纫机两大类共31个品种，家用机有通用型、多能型；工业机有平缝、包缝、锁纽孔、曲缝以及专用型等六大系列产品。产品质量达

华南牌缝纫机

到国家A级水平。1956年9月，研制成功中国第一架GB2-1型多功能家用缝纫机；1980年，设计研制出GC10-1型高速平缝机。中国六大名牌缝纫机之一。（孙恩乐、朱广舟、陈茜微、范福军）

中山装 服饰。1912年孙中山创制、倡导的一款中国人的礼服。孙中山参照中国原有服饰，吸收南洋华侨的企领文装和西装样式主持设计，本着适于卫生、便于动作、易于经济、壮于观瞻的原则，由广东台山人黄隆生裁制出的一种服装样

身着中山装的孙中山

式。因由孙中山创制，并倡导且率先垂范，被称为"中山装"。其款式主要特点包括：三维立体结构；立翻领、领口装风纪扣；前中开襟，单排5粒扣；4个带盖的贴袋，其中下贴袋为琴袋式样；袖口3粒扣；后片不破缝。其文化寓意为：5粒门襟纽扣表示民国的立法、司法、行政、弹劾和考试五权分立制度和中国汉、满、蒙、回、藏五族共和；4个口袋代表"礼、义、廉、耻"国之四维；衣袋上的4粒纽扣表示民众拥有的选举、创制、罢免、复决四权；3粒袖扣包含民族、民生、民权三民主义；后片表示祖国民族统

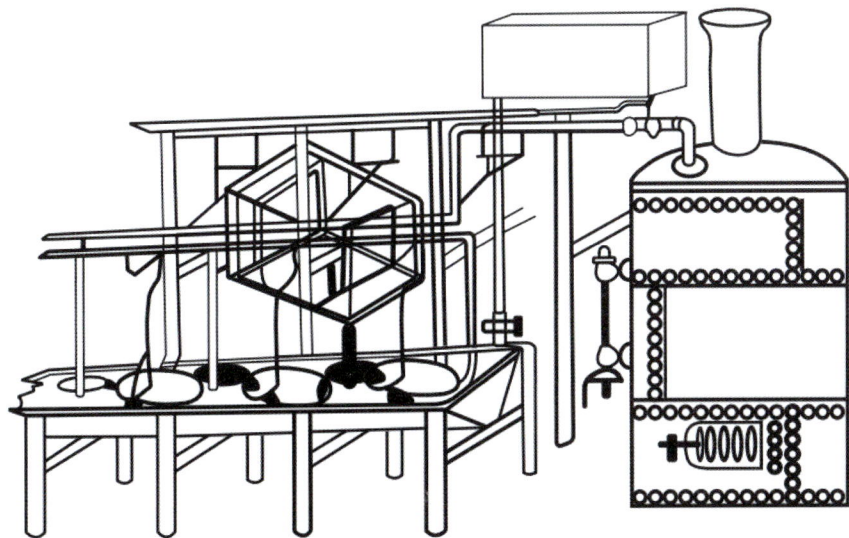

蒸汽缫丝机

一之大义。缝制工艺以西装为基础，是中西文明结合产物。其在设计思想上兼具有中西服装的元素和特征，成为中国服装史上一个划时代的文化符号。中山装作为中华民族礼仪文化的载体，彰显出了"博爱、创新、包容、和谐"的新时代精神。（孙恩乐、黄明华、谢萍）

胆水浸铜法　又称胆铜法。炼铜法。利用铁可置换溶液中铜离子的化学原理，将铁放在胆矾（硫酸铜）溶液中，胆矾中的铜离子被金属铁置换，产生的单质铜沉积下来的一种产铜方法。最早发现用铁可以置换出铜的是西汉初期的一些炼丹家，北宋时进一步成熟和推广。《宋会要·食货篇》载，北宋徽宗时期仅南方地区就有110处胆水浸铜场，分布于今广东、江西、湖南等省。规模最大的是韶州岑水铜场，宋徽宗大观年间岁收胆铜100多万斤，占岁收铜660万斤总产量的17%左右。南宋时期胆铜法成为当时最主要的产铜方法，所占比例增至85%。大大提高了铜产量，降低了炼铜成本，比世界同种技术早了700多年。在世界冶金技术史及化学发展史上占有重要地位，是中国对世界冶金技术的一项伟大贡献。（李丹丹）

胆铜法　见"胆水浸铜法"。

铜鼓　又称罐鼓、蛙鼓。文物。中国古代南方少数民族地区特有的青铜打击乐器。由炊具铜釜发展而来，后成为号令部众的权力象征或祭祀、赏赐、进贡的重器。形状一般上宽、中窄、下敞口，像倒置的大口罐，故又名罐鼓。又因鼓面浮雕图案中常附有青蛙雕像，故亦称蛙鼓。自春秋中期至清末均有使用，使用的民族很多，流传地区很广，主要分布在今中国广东、海南、广西、湖南、云南、贵州、四川等地及东南亚国家。出土数量以中国为最多。（黄超）

罐鼓　见"铜鼓"。
蛙鼓　见"铜鼓"。

广钟　物品名。清代至民国时期广东地区制钟工匠所造自鸣钟的总称。形式多样。外壳造型通常有房屋、教堂、楼、台、亭、阁、塔、花瓶和葫芦形等，表面有金光闪闪的镀金层和色彩鲜艳、光泽明亮的画珐琅等。钟壳装饰主题多为吉祥如意、歌舞升平等传统内容，如"龙凤呈祥""福禄寿呈""渔樵耕读""三星高照""五子夺莲""群仙祝寿""双鹿呈祥"等。是清代广东工匠对欧洲钟表进行仿制并有一定创新的产品，具有中国的民族风格及传统工艺特色。（黄超）

西关打铜　制作技艺。广州的铜器生产历代延续，清中期已形成比较大的产业规模，乾隆时在西关即已形成铜器生产、销售一条街，叫打铜街（今光复南路），清末民初达到鼎盛，打铜行工人达2000余人。民国初年，因修建马路，打铜街消失，打铜商铺迁往长寿西路、龙津路、一德路等地，长寿路、龙津路有众多铜具作坊和铜器行业公会，但铜器具作坊较为分散，不过从业者仍有七八百人。新中国成立后单独的制造行完全消失。其制造工艺分铸造、打制两类，材料有青铜、黄铜、紫铜与白铜。制品根据材料可分为青铜器、黄铜器、紫铜器与白铜器，根据用途可分为日用品、工艺品、乐器、供器等。是西关传统的手工艺作业之一。（黄超）

佛山冶铁　冶炼业。佛山冶铁业均属民营。明清时期佛山是中国华南的金属制造中心，素有"佛山之冶遍天下"的美誉，广东各地采炼的生铁，多顺江贩运至佛山镇铸成熟铁锭和其他铁制品。明成化、弘治年间，佛山居民大都以冶铁为业，冶铁户称炉户，受炉户雇募者为工匠。各炉户因铸铁器制品种类的不同而形成若干行业，有铸锅、铸铁灶、炒炼熟铁打造军器、打拔铁线、打造铁锁、打造农具杂器和铁钉等。清代佛山冶铁发达，其中佛山铸铁锅是广东著名的铁锅产品，种类繁多，主要分为单烧、双烧、牛锅、糖围、鼎锅，"大者曰糖围、深七、深六、牛一、牛二，小者曰牛三、牛四、牛五"，生产上采用烘模（范）技术，基本方法与明代宋应星《天工开物》的记载相仿，本地用其特有的红山泥制模（范），对泥模（范）进行烧制，一锅一模（范），工艺主要分为制模（范）、熔铁、浇铸3道工序。佛山冶铁产品远销海内外。（黄超）

佛山红模铸造法　又称薄壳泥模铸造、熔模铸造、失蜡铸造。制作技艺。因其铸型系用红山泥为主，又在炉里烧红后成型，故名。工序有压蜡、修蜡、组树、沾浆、熔蜡、浇铸金属液、后处理等。用蜡制作所要铸成零件的蜡模，然后在蜡模上涂以泥浆，这就是泥模。泥模晾干后，放入热水中将内部蜡模熔化，然后再焙烧成陶模，一经焙烧，制泥模时留下浇注口，再从浇注口灌入金属熔液，冷却后，所需的零件就制成了，而废弃的泥模有用于砌成"泥模墙"者。冶铸工艺独特，可以制造直径超过1米、厚度仅为几毫米、成品率达100%的优质铁锅，除供应国内，还远销东南亚、欧美等国。19世纪的英国工业界将"红模铸造法"生产的铁锅视为"工业奇迹"，将收集到的有关"红模铸造法"绘成画册，作为重要的技术史文献。（黄超）

薄壳泥模铸造　见"佛山红模铸造法"。

熔模铸造 见"佛山红模铸造法"。

失蜡铸造 见"佛山红模铸造法"。

叠铸 又称层叠铸造。制作技艺。佛山古代已有。具体方法是将多层铸型叠合起来，组装成套，从共用的浇口

叠铸所用范盒

杯和直浇道中灌注金属液，一次得到多件铸件。此法可大幅提高劳动生产率，节省造型材料和金属液，降低成本。今仍广泛应用。（黄超）

层叠铸造 见"叠铸"。

石燕岩采石遗址 遗址。位于今广东省佛山市南海区西樵镇西樵山狮脑峰东南面。主要在明清时期开采。明以前露天开采，明以后多为洞穴开采。石燕岩因洞曾盛产石燕得名。石燕岩采石场是由露天到洞室开采的大型采石场，包括"天窗框""石屏风""石祠堂"等处，开采的是粗面岩石材，岩质多为红色粗面岩，适合建房。采石后多运至山下交易，西樵山下的石岗圩村即因此而得名。（黄超）

金箔锻造技艺 制作技艺。始于南京。佛山的金箔锻造技艺是广东省传统金箔行业的代表。工序有熔金、拉金、打箔（包括大小锤打和机打）、煽金箔、切金箔等10余道。产品多应用于建筑物表面的装饰、佛像的贴金等。（黄超）

阳江剪刀锻制技艺 锻造技艺。阳江剪刀由2片剪片（包括剪肚和剪口）、2个剪环和剪钉3个部分组成。工艺流程包括选材、试钢、开料、裁切、熔火、入钢、锻打、整形、退火、铲刀、锉刀、冲孔、凿字、热处理、清洗、磨削、装配、齐剪尾、调弯、检验、试剪、上油、包装等20多道工序，其中入钢要将粗坯加温到一定火候后用铁锤和錾子在刀口处起槽，起槽后将钢芯嵌入，并趁热锻打熔合；锻打则强调火色看得准，是剪刀锻制的基本功夫；热处理包括淬火、回火、退火等工序，是锻制核心。制品种类繁多且品质好，民国《阳江志》已记载其制品"俱佳，货行远近"。（黄超）

阳江小刀 物品名。流传于广东阳江地区，作坊主要分布在江城、阳东、阳西、阳春等地。由打铁衍生，后来发展出专属制作技艺。工序有选材、入钢、打刀、热处理、收尾等。其制品清代已有名气，同治间是广东客商争相采购的物品之一；20世纪50年代以前以小作坊（打铁铺）模式生产，"何利全"最出名；50年代曾公私合营及组建国营工厂生产，改革开放后有阳江十八子、盛达、银鹰、永光、鸿丰、巧媳妇、金辉等民营企业生产。制品具有锋利好用、坚固耐用、美观实用三大特点，在国内享有"小刀王"的美誉，行销亚、欧、美、非等洲40多个国家和地区。（黄超）

潮州金银錾刻技艺 传统技艺。清乾隆《潮州府志》中已有记载。工艺流程包括构思、画稿、金属熔炼、平錾、冲压、拉丝、镶嵌等。制品有日用品、首饰、陈列欣赏品三大类。日用品有酒具、茶具、调味具、杯、盘、碗、碟、牙签筒、银箸等。首饰分纯金银首饰和镶嵌首饰两种，有手镯、手链、戒指、胸花、项链、耳环、头结、发夹、钗、牌、坠等1000多个花式，镶嵌材料多使用珍珠、美玉、宝石等。陈列欣赏品分立体挂屏和立体摆件两种，其中立体挂屏多以古代人物故事、山水风光、瑞兽花鸟等为题材，高档的采用薄铜片以金银箔板錾刻，是以特殊的工艺技术制成高低浮雕状，再錾出附物随形的细部；立体摆件借鉴玉、石、木、瓷、泥塑等雕塑的圆雕艺术空间感，采用金银薄片和花丝材料，运用传统的花丝、平錾、浮雕、镶嵌等工艺制作，也有先用泥塑造型，再经脱胎形成分解造型。清代潮州城内已形成金银饰品作坊一条街，叫打银街，其名沿用至今。（黄超）

浮洋方潮盛铜锣制作技艺 制作技艺。始于清道光年间，与武汉铜锣、苏州铜锣在制作技艺上渊源相承。流传于潮州市潮安县浮洋镇浮洋圩及仙庭村。清咸丰年间，方明治自福建连城县学得后，由方君圃、方俊仕等传承传播。其制作技艺有古今两种不同方法。原始制作技艺包括拣料、熔铜、过模、打坯、修容、淬火和定音7道工序。其"一锤定音"技艺世代相传，所制作的各种铜锣音色、音量、音准俱佳。现行的冶炼锻造法与原始的冶炼及锻造技艺一脉相承，但更加规范、便捷。（黄超）

铜铸胎掐丝珐琅器制作技艺 传统技艺。已有100多年的历史。源于清乾隆时期在清宫内务府造办处供职的广东籍工艺人李应时，后技艺传子李贤良、孙李楚仙，20世纪30年代李楚仙迁居潮州后仍从事珐琅器制作。其工艺是在铜胎上将扁薄而匀称的铜丝掐成纹样轮廓线黏合上去，经焊接组成图案，在掐好的铜丝纹样轮廓内填充珐琅釉料，最后烧结而成。其制作技艺分为整胎、掐丝、焊丝、点琅、烧琅、磨琅、鎏金7个主要环节。在材料的选择、制作工艺等方面，保留了传统的铜铸胎掐丝珐

琅器制作技艺，又借鉴了青铜器、陶瓷器、漆器等器物的造型。20世纪初期，因铜价上涨，成本提高，有些制作工艺失传、材料配方残缺。2012年入选广东省第四批省级非物质文化遗产名录。参见第672页艺术卷"铜铸胎掐丝珐琅器制作技艺"条。（黄超）

打铁街作坊群 专业街。位于今广东省揭阳市揭西县棉湖镇解放路侧。形成于宋以后。打铁街全长148米，有近70家住户，附近打铁池水可供淬火。明、清以降，多摆卖五金制品，有锄头、镰刀、犁耙等农具，菜刀、瓜刨等厨具，剪刀、钳子等用具。铺档前面是摆满五金制品的门市，后面是作坊，楼上则为住居。商店、作坊、住居三位一体是棉湖地区明清时期社会经济的缩影。（黄超）

潮汕锡业 行业名。据《潮州府志》记载：宋、明潮汕锡矿丰富，是朝廷采买的主要产地，锡业甚盛。元末，擅制锡的林氏迁徙至揭阳三姓村，教村民冶锡技艺，经营矿业，此后遂以采锡、冶锡为生，三姓村亦改名为锡场。明万历二十四年（1596），采矿者大发地利。清初，锡矿输税于官，亦听民采取，采矿热潮引起矿民与农民的土地矛盾，矿业历八百载而未衰。潮汕锡器的工艺品类繁多，日用品类有锡圆盘、锡杯、锡茶具、锡茶壶、锡吊饰，尤以锡茶叶罐最受欢迎，远销东南亚各地；仪杖类的有锡八宝（是潮汕祠堂、宅第摆设于拜亭两旁的礼仪装饰工艺品）、锡仪杖（又称十八般兵器）；神器锡供品类有锡馔盒、锡香案、锡香炉等。清咸丰十一年（1861）汕头开埠后，潮阳制锡业集中到汕头，并形成了打锡专业一条街"拍锡街"。清代，潮汕地区锡器行业以颜记锡器最为出名，其产品的观赏性、实用性与价值颇高，潮汕俗话

有云"拍锡颜"，光绪三十年（1904）在汕头还成立了汕头市颜记锡器有限公司，是潮汕地区唯一一家历史悠久的专业手工锡器制作公司。因地理位置和历史条件，汕头潮阳的锡器制品广销海外。（黄超）

陆丰金属雕 工艺品。广东陆丰地区以金属片为雕刻材料制成的立体或半立体的工艺美术品。材料以金、银等贵金属材料为主，后受材料限制，亦采用铜、铝等。制作工序包括构思设计、材料筛选和复制、造型、整形、成模、热处理、合成、冷却、定型、雕刻、焊接、漂洗、抛光、氧化、电镀、安装、装裱、配套等20多道。山水、人物、飞禽、走兽、花草、诗词、珠宝箱盒、玉器镶嵌兼备，造型端庄、典雅、淳厚、古朴，具有浓厚的潮汕地方色彩。雕刻手法主要使用线刻和浮雕，层次分明，既有立体、半立体造型，又有平面装饰，讲究意象性，重在表现物象的神韵，具有很强的视觉冲击效果。远销海内外，创造了较高的经济价值。（黄超）

凡口铅锌矿 矿厂地。亚洲最大的铅锌银矿产基地。位于今广东省韶关市仁化县。1965年建成投产，处于南岭东西向成矿带中段，曲江构造盆地北缘，凡口倾伏向斜扬起部位，该向斜轴向北西，向南东倾伏，主要由晚古生代地层组成，其内发育近南北向和近东西向的次一级褶曲和以北北东向为主的断裂，矿化主要富集在中—上泥盆统地层中。矿区面积4平方千米，由水草坪、铁石岭、富屋及凡口岭4个矿床组成，以水草坪矿床为主体。矿产资源丰富，矿石品位高，矿石除富含15%左右的铅锌金属外，还含有银、锗、镓等元素，是中国较大的银矿生产基地、中国三大镓锗矿之一，是中国重工业和信息工业的原料基地。（黄超）

粤北矿冶 矿冶业。粤北是岭南重要的矿冶基地，矿产资源丰富，如连州产金、银、铜、铁、汞，石钟乳号称天下之最。唐代粤北已开始发展采矿业和冶铸业，如连州的铸钱业、韶州的矿冶业均有一定基础。宋代粤北的矿冶水平更是发达，韶州的岑水铜场是当时全国最大的炼铜场，采用先进的"胆水浸铜法"大规模生产胆铜，产量曾一度占全国铜产量的90%。20世纪60年代，韶关市翁源县还有长近800米、宽近300米被称为铁屎坪的矿冶遗址，上面铺满了黑红色的铁屎石，寸草不生，起墩处有几米厚，薄处也有几十厘米厚。（黄超）

岑水铜场 遗址。位于今广东省韶关市曲江区大宝山东南麓。始建于北宋咸平二年（999），北宋著名铜场之一。天圣元年至政和六年（1023—1116）为产铜最盛时期。生产方法既有胆水浸铜法，也有火法炼铜，其利用岑水中含有大量硫酸铜和地表下的胆土，采用"胆水浸铜法"大规模生产胆铜，其工艺技术比西班牙里奥廷托1670年开始从酸性矿坑中回收铜早600余年，在中国科技史上有重大意义。至和二年（1055）产铜量大增，年产铜50余万公斤，为全国三大铜场之一。王安石变法时期，铜场常有10万人日夜采炼，生产规模宏大。元丰元年（1078），岑水铜场和中子场一年产铜640余万公斤，约占全国总产量的88%，居当时各大铜场之冠。后因矿工外调，产铜量下滑。政和六年（1116），产铜量达百万公斤。南宋铜场转衰，绍兴三十一年（1161）产铜约200万公斤，占全国铜产量的57%。明成化年间停业。遗址所在的大宝山山势陡峭、沟谷深险，古称羊肠山。遗址上有老窿500多个，有圆井、方井、斜卷、平巷之分，最大垂深158米仍见窿木者，最长320米左

右。炼渣的外观分瓦片状、胶状、气孔状几种，有明显之孔雀石及兰铜矿为标志。参见第 102 页历史卷"岑水场"条。（黄超、李丹丹）

倭铅　又称托他桌、窝铅、白铅、亚铅。金属名。读作 wo yuan，明代对锌的称谓。明宋应星《天工开物》已记载坩埚炼锌的土法冶炼技术，此法直至现代有锌产地滇东北和黔西南地区仍在使用。至晚在清代，已通过海上丝绸之路的贸易路线从广州口岸出口到欧洲各地，并以托他桌（Tutenag 或 Tutenague）之名作为压舱货物置于船中。（黄超）

托他桌　见"倭铅"。
窝铅　见"倭铅"。
白铅　见"倭铅"。
亚铅　见"倭铅"。

白铜　又称镍白铜。主要为铜镍合金。最早见于东晋常璩《华阳国志》：

白铜制品

"螳螂县因山而得名，出银、铅、白铜、杂药。"至迟在明代，已知将金属锌加入铜镍合金得到似银合金。含铜 40%—58%、镍 7.7%—31.6%、锌 25.4%—45% 的合金被称为白铜或中国白铜，最早从广州口岸出口到欧洲。1822 前后英国、德国、奥地利等国的实业家与科学家不约而同对白铜进行科学分析，此后由德国进行仿制，发展成为重要电阻材料，称为德国银（铜 25%—50%，镍 5%—35%，锌 10%—35%）。是中国金属冶炼史上的独创，是世界金属冶炼史上的重大

发明。（黄超）

铜镍合金　见"白铜"。

红夷大炮　兵器。明万历末年从荷兰传入我国。明政府命大学士徐光启购买和仿制欧洲新式大口径火炮。《明史·兵志四·火器》记载："大西洋船至，复得巨炮，曰红夷，长二丈余（约合 6 米），重者至三千斤（约合 1800 千克），能洞裂石城，震数十里。"为前装滑膛炮，具有口径大、管壁厚、身管长、炮身前细后粗的特点，为当时威力最大的火炮。（黄超）

打金制作技艺　传统技艺。打金是充分利用黄金的延展性通过铸造、錾刻、电镀、抛光等流程将其制成金饰的一门技艺。岭南地区工匠制作的成品包括传统样式的唐装金饰和镶银、珠宝、钻石的洋装金饰以及个性化仿真金饰，具有色泽明亮、精致典雅等特点。（黄超）

机构单位

夏葛女医学堂　教育机构。广东最早的女医学堂、美国基督教长老会在广东创办的第二所西医院校。创办于清光绪二十五年（1899），原名广东女医学堂，位于广州西关。富马利（Mary H. Fulton）为首任校长。光绪二十八年（1902）由美国纽约长老会属下拉法埃脱教堂赠款建成附设教学医院首座楼房，命名柔济医院以纪念长老会牧师戴维·柔济（David Gregg）。同年，美国人夏葛（E.A.K.Hackett）捐款，在西关逢源中约建设新校舍，于光绪二十九年（1903）落成，新校舍与柔济医院相邻。为纪念捐款者，以"夏葛女医学堂"命名。光绪三十年（1904）开办附属护士学校，美国人

端拿（Charles Turner）女士捐资购地建楼，故命名为端拿护士学校（又译特纳护士学校）。仿效美国医学教育模式，建立自己的办学机制，医校、医院、护校三位一体。1921 年改名为夏葛医科大学，学制由 4 年延长为 6 年，预科 1 年，本科教学 5 年，其中第 5 年实习。1932 年经教育部核准立案，定名为私立夏葛医学院，王怀乐任院长，同时废除预科，改为本科 6 年，实习 1 年，共 7 年。1933 年起，兼收男生。自创办至 1935 年，该校共计有毕业生 31 届 246 人，全是女生。1936 年 7 月，归并岭南大学，改称为夏葛医学中心，并迁至长堤的博济医院内，成为中山大学中山医学院的前身之一。

该校开创了中国近代女子高等医学教育的模式，为中国医学教育作出独特贡献。参见第 303 页宗教卷"夏葛女医学堂"条。（蓝韶清、薛暖珠）

柔济医院　医疗机构。创办于清光绪二十五年（1899），原为夏葛女医学校的附属医院。光绪二十八年（1902）由美国纽约长老会属下拉法埃脱教堂赠款建成首座楼房，命名柔济医院以纪念长老会牧师戴维·柔济（David Gregg）。医院床位 60 张，专门收治妇女儿童病人，成为妇产科、小儿科专科医院的雏形。1930 年，由美国长老会移交中国政府。1954 年由广州市人民政府接管，改名广州市第二人民医

院。2006 年转为广州医学院第三附属医院，2013 年更名为广州医科大学附属第三医院。参见第 304 页宗教卷"柔济医院"条。（蓝韶清、薛暖珠）

中法韬美医院 医疗机构。筹建于清光绪二十七年（1901），建成于光绪二十九年（1903）。院址位于广州长堤路。是广州开办时间较早、规模较大的一间西医院。"中法韬美医院"（Hospital Franco Chinoic Paul Doumer）的名称，是当时法国政府为纪念一位海军军官、驻印度支那总督 Paul Doumer 而命名。是近代广州一所政要疗养院，1926 年，国民政府委员会主席汪精卫曾入住。出版有《中法医刊》。1951 年由广州市人民政府接管，改名为广州市工人医院。今为广州医科大学附属第一医院。参见第 293 页宗教卷"中法韬美医院"条。（蓝韶清、薛暖珠）

高州农业学校 教育机构。前身是创办于清光绪三十一年（1905）的高州崇实中学堂，校址设在高州城节孝祠，课程设实用技能科目。光绪三十三年（1907），校址迁往已停办的高州县立师范，附设小学。宣统三年（1911），改名为高州中等工业学堂，有工业班 2 班、艺徒班 1 班，并在秋林办陶瓷厂。1913 年改名为高州甲种农业学校，以城郊考试场为学校农场，东门、城南荒山坡岭为第一、第二林场。1921—1932 年改为广东省立第五师范学校，1932 年改为广东省立第一农业学校，经费由省政府拨给，增设农、林场，增购图书、仪器，扩建实验室。1935 年改名为广东省立高州农业职业学校，设农作栽培、畜牧兽医、森林专业。出版《高农月刊》，介绍农学知识、农业经济新法，传布农事消息，谋划农业发展。是近代广东省第一所农业学校和全国开办最早的农

业中专之一。现为广东省高州农业学校。（杨品优）

两广高等工业学校 教育机构。清光绪三十二年（1906）两广总督岑春煊创办。校址位于前巡抚衙门（旧址在今广州市人民公园），首任监督候补道陈涛。"以研究学术技艺为宗旨，以制造精良，振兴工艺为成效"。先设预科，预科分高等班（3 年毕业）及寻常班（4 年毕业）两级。预科学生毕业后再开设本科，本科分机器、应用化学及土木工学 3 科。预科学生名额限定 220 人，其中广东省 150 人，广西省 50 人，外省 20 人。学习科目有修身、国文、东文（即日文）、英文、历史、地理、算学（包括算术、代数、几何、三角）、博物、物理、化学、图画（机械画及西洋画）、体操等。民国政府成立后，学堂设备归广东高师接收。是广东近代官立工业教育机构之始。（倪根金）

广东光华医学堂 教育机构。第一家中国民间自办和主持的西医学校。清光绪三十四年（1908），粤籍华人梁培基等人创办广东光华医社，次年春在此基础上创办广东光华医学堂。"光华"即"光我华夏"之意。梁培基担任医社社长，郑豪为医学堂首任校长。学制 4 年，由中国教员采用中文课本授课。1912 年改名为私立广东光华医学专门学校，1929 年改名为私立广东光华医学院，1954 年与私立岭南大学、中山大学合并为华南医学院，1957 年改名为中山医学院。参见第 379 页学术·教育卷"广东光华医学堂"条。（蓝韶清、薛暖珠）

广东省立农业专门学校 教育机构。由广东全省农林试验场附设农林教员讲习所改办而来。校址在原讲习所。首任校长黄遵庚。1917 年秋开始招

生。学制方面，1919 年改为 4 年，其中预科 1 年，本科 3 年。1921 年设立林科。1923 年实行选科制和学分制，4 年共 148 个学分。1923 年取消预科，改为本科 4 年制，本科课程设置仿国外农业大学，早期多用外国教材，一、二年级多用英文原本讲授，三、四年级的课程多由教授自编讲义，如昆虫学、森林保护学、植物病理学等。先后聘请欧华清、张天才、黄枯桐、邝松龄、缪任衡、沈鹏飞、丁颖等为教师。1923 年与东南大学农科、北京农业大学签订交换教授、学生成绩相互承认和相互转学的协议。实行教授治校，由教授组成行政委员会、财政委员会、预算委员会等机构。创办《农声》旬刊。1923 年 8 月农林试验场撤销，农专接管了试验场的财产与人员。1924 年与广东高等师范学校、广东公立法科大学合并组成国立广东大学，成为农科学院。（杨品优）

仲恺农工学校 教育机构。为纪念廖仲恺实行扶助农工而兴办的农业学校。1927 年 3 月 26 日开学，校址位于广州市珠江南畔石涌口。何香凝任校长。学校初期内分农艺、蚕丝 2 科，首招 2 个蚕丝班，学制 3 年；1 个蚕丝实习班，学制 1 年，共计新生 98 人。学校聘许崇清为校董会主席；教职员全部实行聘用制，聘请桂应祥、杨邦杰等为教师。拥有桑园 400 亩，养蚕室 1800 多平方米，制丝工场 1 间，制丝机 36 台和华南最大蚕种冷藏室。设置全面的实验及实习科目，学生每星期到校内基地实习 2 天；每学期到农村实习 15 天；毕业实习到农村、农场、制丝厂 30 天。出版《仲凯农工学校研究报告》系列，发表《广东特异蚕卵之形态与遗传学的研究》等论文，育出优良蚕品种"仲 258""仲 1041"。抗战期间，学校屡有搬迁，先迁南海县西樵山下官山圩，继迁中

山县南屏乡、澳门、乐昌桂花村。1942 年校名改为广东省立仲恺高级农业职业学校。现为仲恺农业工程学院。（杨品优）

中华农学会广东分会 科学社团。1917 年中华农学会在上海成立，推动各地农学组织发展。1926 年 8 月 14 日，中华农学会第九次年会在中山大学举行，丁颖、邓植仪等人提议成立中华农学会广东分会。18 日，中华农学会广东分会正式成立，会员 21 人，选出丁颖、邓植仪等 7 人为第一届理事会理事，丁颖为会长，谢哲声为总干事，会址设在中山大学农科。理事会每隔 4 年换届改选。1938 年日军入侵广州，会务中断。抗战胜利后，省农学分会恢复活动。1946 年 6 月 23 日，在广州文德路广东留美同学会举行抗战胜利后的第一届会员大会，69 人出席，会议通过修改分会章程，刘荣基任总干事。章程规定农学分会的任务是：农业调查统计及研究；农业技术的指导；联系会员及关心其生活福利。新中国成立后，恢复省农学分会活动并产生第一届理事会，丁颖任理事长。省农学分会的成立，对加强广东农业生产的调查研究，探讨广东农业生产存在的问题起到一定的作用。（杨品优）

南中国数学会 科学社团。1947 年在中山大学成立，中山大学数学天文系主任刘俊贤发起并任主席。有会员 70 人，并有 5 间学校加入为机关会员。宗旨是推进数学研究，刊行数学杂志，以为教学之助。创办广东最早的数学会刊《数学教育》。1948 年 11 月与中国科学社华南分社等 11 个广州市科学团体联合举行年会，成立了广州市科学团体联合会，出版《广州市十一科学团体联合年会会报》。后合于中国数学会，改称中国数学会广东分会。（倪根金）

广东全省农林试验场 科研机构。清光绪三十四年（1908）九十月间，广东农事试验场筹办处成立，留美农学博士唐有恒任主任兼农师，负责筹办工作，选定广州东门外欧村前犀牛尾右侧场地为场址，拟定《广东全省农事试验场章程》，侧重试验、教育和推广三结合的方向。宣统元年（1909）3 月正式成立，区柏年任场长。场下设农业、圃学、畜牧、蚕桑、化学、气象 6 科，从事试验。10 月，试验场增加林业事宜，并改名为广东全省农林试验场。试验场附设农林教员讲习所，招收多届学生。试验场主要进行种稻、新法栽桑养蚕的试验与推广。1914 年以后试验场得到较快发展，成绩较为显著的为水稻、种蔗、改良养蚕种桑制种、树种、土壤肥料、气象观测、防虫治虫等。农业推广方面，采用口头现场宣传、书面成绩报告和建试验场陈列所等方法。试验场主编出版《农林月报》，后改名为《广东农林月报》。孙中山 1923 年再度返粤后，曾将大元帅府设于广东农林试验场。1923 年 4 月，广东省省长徐绍桢批准变卖农林试验场以还清军用债款。8 月广东银行接管试验场地，试验场将下属苗圃移交广东省农业专门学校接管，试验场于1924 年 1 月结束。除唐有恒和区柏年两任场长外，后来场长先后由陈颂硕（留日，1912 年 5—6 月）、利寅（留英，1912 年 7 月—1913 年 12 月）、黄遵庚（留日，1914 年 1 月—1920 年 6 月）和邓植仪（留美，1920 年 7 月—1923 年 8 月）接任。是清末民国引领全省推广农林技术的机构。（杨品优）

两广地质调查所 科研机构。1927 年9 月 6 日成立。所址位于广州市东山庙前西街 51 号。朱家骅任所长，隶属于广州政治分会。设所长、秘书、技正、技士、技助、绘图员等职，内设地质、矿产、陈列、编辑发行、事务 5 股，附设矿物岩石研究室、矿产研究室、古生物研究室、化验室、陈列馆、地质图书馆等。1929 年 4 月改属中山大学地质矿物学系。1944 年底因日军攻占乐昌坪石，被迫停办。1948 年重建。1950 年初，改为中南军政委员会重工业部第五地质调查所，同年冬改为中南行政区重工业部地质调查所广州分所，所址迁往广州沙面复兴路 24 号。1952 年地质部成立，广州分所并入汉口地质部中南地质局。1927—1952 年，对两广、云贵和南海群岛等地区的 62 个县的地质资源进行系统的考察并绘制了大量地质地形图，仅抗战前就完成两广面积 4/5 的地质矿产调查。同时辅助地方政府开发两广的矿产资源，调查矿种 30 种，抗战时尤以军事矿产考察为工作重心。共出版年报 5 卷 8 册、古生物志 1 卷、特刊 18 种、集刊

清宣统元年（1909）的广东全省农林试验场

2 期、汇刊 1 期、临时报告 4 种，其中刊载地质矿产调查报告和论文共 76 篇，是中国早期地质科学发展的重要基石，是民国时期规模最大的地区性地质调查所。继朱家骅之后，朱庭祜、何杰、黄著勋、李翼纯、杨遵仪、陈国达、潘钟祥、莫柱孙相继任所长。

（李丹丹）

国立中山大学农林植物研究所　科研机构。1928 年，陈焕镛建议在中山大学筹建植物研究室，1929 年扩充为植物研究所，陈焕镛任所长。以全面调查研究广东植物、编撰广东植物志作为改良及发展广东农林事业为宗旨。开展植物标本的采集和交换工作，遍及粤、桂、琼、湘，抗战前采集标本 31 万份，与国内外交换标本 3 万多份；1931 年建立植物标本园，栽培植物标本 1.5 万份；尤以山毛榉科、夹竹桃科、萝藦科和楝科研究为要；1930 年出版中国最早发行的英文植物学杂志 Sunyatsenia（《中山学报》）。成为中国植物分类研究中心之一。1947 年与农科研究所农林植物学部合并为植物学研究所，改隶理学院。1954 年改隶中国科学院并易名中国科学院华南植物研究所。（刘萍）

广东土壤调查所　科研机构。根据邓植仪建议，1930 年 10 月由广东省建设厅农林局、农矿部广州农产物检查所和中山大学农学院联合建立，专司广东省土壤状况系统调查与分析研究。邓植仪任所长，职员有彭家元、陆启先、吴文利、刘茂青、吕润民、温大明、周炯辉、刘天乐、陈宗虞等 13 人。1932 年 9 月改隶中山大学农学院。抗战时期，随中山大学内迁云南澄江县，谢申任所长。成立后即开始进行全省分县土壤详细调查，开创了中国分县土壤调查的先河；编撰出版 28 个县土壤调查报告书。1933 年，进行沿交通干线的调查，调查成果汇入由邓植仪编写的《广东土壤提要初集》。1934 年把广东主要土壤高地分成 17 个系，低地分成 19 个系，编绘成《广东全省土壤分布略图》；同年彭家元写成《广东重要土壤肥沃度概述》。抗战期间，除继续广东分县土壤调查，还开展了云南澄江、湖南阳明山等土壤调查。是民国时期实力较强的土壤研究机构。（刘安壕）

广东蚕业复兴运动　农业改良运动。20 世纪 20 年代广东丝业贸易大幅萎缩，要求改良蚕业呼声不断。刘伯渊、考活、邓植仪、杨邦杰等学者在调查广东蚕业的基础上，提出改良广东蚕丝业的建议，其中考活提出从蚕业技术改良到蚕业推广的一揽子计划。1923 年广东省政府和岭南农科大学合建蚕丝改良局。1932 年蚕丝改良局拟定了"建设救济丝业方案"，12 月，蚕丝改良局编就"改良蚕丝五年计划书"。1933 年陈济棠"三年施政计划纲要"实施，蚕丝改良列入施政重点。1933 年 2 月冯锐兼任蚕丝局长，后廖崇真任局长，在顺德等蚕区开办蚕丝改良实施总区。前期蚕丝改良运动主要措施：（1）优良蚕种的选育。除了岭南大学，中山大学农学院、仲恺农工学校也附设蚕种改良所，专事蚕种改良。（2）优良蚕种的推广。改良实施区制定《广东全省蚕业改良实施区总区分区组设某某中心表证蚕户暂行条例》，改良区的技术人员还经常做巡回示范和讲演。（3）在桑区推广种植杂粮和转换基面作物，桑基鱼塘和蔗基鱼塘交替。（4）对缫丝业和土丝织业的改良。广东蚕丝改良总区在 1936 年的计划中，第一年以丝商为对象，实行生丝对外贸易统制；第二年以丝厂为统制对象，实行缥丝统制；第三年以蚕农以及制造家为统制对象，实行蚕种统制。抗战期间，广东省继续在西江高要县与粤北进行蚕业改良。广东蚕丝复兴运动是在一揽子蚕丝业改良方案的基础上对蚕丝区进行近代化的全面改造。运动中出版《广东蚕丝复兴运动专刊》。（杨品优）

广东复兴糖业运动　农业改良运动。20 世纪 20—30 年代，广东土糖业衰落，洋糖大量进口。1932 年陈济棠提出"广东省三年施政计划"，冯锐起草了《复兴广东糖业三年计划》，提议在广东建立机器榨糖厂，推动甘蔗品种改良和技术进步，发放蔗农贷款和实行糖业统制等措施。改良从甘蔗品种入手。1933 年冯锐前往菲律宾考察、搜集共 52 种蔗种，同年广东聘请美国糖业专家金格主持蔗种改良工作，在珠三角设立新洲、磨碟沙、陈村等 5 个优良蔗种繁殖场，从中筛选出爪哇 2878、爪哇 2883 等优良品种推广，农林局在徐闻办垦殖场引种爪哇、印度、夏威夷、巴地拉等品种。其次建立机器榨糖。1933 年广东先后向美国、捷克购买先进榨糖机器，如可生产精糖的双亚硫酸法压榨机、沉淀箱框板式压滤机、低温蒸发罐和真空蒸发罐等。1934 年市头、新造两糖厂建成，到 1936 年初惠阳、顺德、揭阳、东莞 4 座糖厂相继建成投产。6 个厂总榨蔗量达 6000 吨／日。促生了新式农业农场，推动甘蔗栽培中大规模应用化肥、良种和先进栽培技术，促进土糖业技术改造和新型糖厂建立。（杨品优）

广东全省农品展览会　展览会。广东农林试验场承办，共举办 2 期。第 1 次会期 1917 年 4 月 5 日至 11 日，会场设在省城东门外农林试验场。以广东为主体，外省农产品参加展览者作为参考品。出品分菽部、蔬菜部、果实部、工艺原料部、嗜好植物部、气象部、农林教育部等 18 部。其中以水

产部为最，其次是药材行药用植物、丝业研究所丝类展品。展出来自全省 60 多个县的 1 万多种农产品。第 2 次会期 1921 年 3 月 1 日至 10 日，会址设在广州石马岗农林试验场，农林试验场场长邓植仪具体负责，评选出最优等农品 208 项，特等农品 203 项。文件汇集成《广东第二次农品展览会报告书》。起到了交流信息、奖优劝劣和开通风气的作用。第 3 次展览会因时局变化未能举行。（杨品优）

广东农务总会 学会。清宣统元年（1909）10 月成立。自治研究社社长梁庆桂兼任总理。以"以振兴实业，开通民智"为宗旨。在研究农学、讲求农务、创办农业试验场、推动农业发展等方面开展活动。香山、英德、惠来、合浦、海康等成立州县农务分会。至 1910 年，广东省共成立 43 个州县农务分会和 18 个乡镇农务分所。1911 年 4 月，广东农务总会建成农务讲习所，延聘教员讲授农学知识。香山县黄旗都农会编印《农荟》，凡 192 卷，多为会员所撰写。在领导全省开展农业新政方面发挥了一定作用。（杨品优）

白云山模范林场 林业管理机构。1928 年沈鹏飞建议将白云山荒山划出，创办国立中山大学农科附设第一模范林场，面积 1453 公顷。林场办事处设在黄婆洞，先后任命德国学者 H. 阿善罗、G. 芬次尔和侯过为林场主任，开展了森林经理调查，编制中国最早的森林施业案《白云山模范林场森林施业案》，将全场划分为 27 个林区，内设苗圃 6 处，林木标本园 1 处，林木

白云山林场办事处（今松涛别院）

试验区 8 处，修建 50 多千米林道、园林式亭台楼榭，有明珠楼、水月阁、松风亭、仙露台等。1935 年造林基本完成。至 1937 年，造林约 1400 公顷，栽植各种苗木 284 万多株及标本 210 多种。抗战胜利后仍属中山大学农学院，由侯过继任主任，作为教学实习和科学研究基地。1947 年恢复白云山林场，名为中山大学农学院模范林场，场长黄维炎。1950 年 7 月改属广州市建设局领导，建设森林公园。（刘萍）

陈联泰机器厂 工厂。近代广东著名民族资本工业企业。清道光十七年（1837），南海丹灶人陈澹浦在广州创办。创办时名为陈联泰号五金铺。初为家庭手工作坊，以制造缝衣针及修理各种五金器械为业。19 世纪四五十年代，仿制西方现代车床，制造出中国第一台木制足踏车床。车床的仿制及使用使船舶机器修理技术取得突破，发展为技术先进的半机械化机器修理企业。同治十二年（1873）为继昌隆缫丝厂制造了中国第一台机器缫丝机，次年试制后膛七响连环快枪，光绪二年（1876）制造了广东第一艘蒸汽机小火轮。光绪八年（1882）改名为陈联泰机器厂。参见第 113 页历史卷"陈联泰机器厂"条。（倪根金）

宏远堂机器造纸厂 工厂。近代广东最早的造纸厂。厂址位于南海县盐步水藤乡。清光绪八年（1882），南海盐步商人钟锡良（又名钟星溪）发起成立造纸股份公司，集资 15 万两白银，从英国爱柏川公司购进设备建立。占地 30 多亩，雇工 100 余人。光绪十五年（1889）正式投产，生产能力 804 吨／年，商品名宏远堂纸。光绪三十一年（1905）改为官商合办，更名为增源纸厂。辛亥革命后改为商办，由港商李石泉等合资经营，更名为锦远堂纸厂。参见第 113 页历史卷"宏远堂机

器造纸公司"条。（何北海、林润惠）

巧明火柴厂 工厂。中国第一家民族资本火柴厂。厂址位于佛山文昌沙。清光绪五年（1879），旅日华侨肇庆人卫省轩利用带回的制造火柴的技术，投资 2 万银圆创办。初创时每日制作火柴仅 10 余笠，每笠装 1200 盒，由工人在街头叫卖。光绪三十四年（1908）因亏本宣告停业。宣统元年（1909），旅日华侨黄文山以其子黄寿铭名义与大阪公益火柴株式会社少东井上重造，各以 50% 股本收购，改名为巧明公记火柴厂，厂址迁至缸瓦栏重新开业。因瑞典火柴大量输入中国，1929 年第二次停业。后被该厂经理尹景年集资收购，在广州芳村开办巧明公记火柴分厂。引进外国技术顾问和主要原料，生产的"猴"牌火柴远销海内外。广州沦陷后，停工关闭。抗战胜利后，处于半修复半开工状态。新中国成立后公私合营，厂名依然存在。1958 年，并入海珠区马冲桥的广州火柴厂。（刘安燨、夏巨富）

石井兵工厂 又称广东兵工总厂。兵工厂。民国时期华南地区最大的军火工厂。厂址位于广州石井。清光绪十一年（1885），两广总督张之洞在原广州机器局基础上增厂扩建。首先并入增埗火药制造厂，改称制造东局；次年，又在石井购地 31 亩，支银 1.73 万余两，筹建枪弹制造厂，称制造西局。主要制造毛瑟、马梯呢、士乃得和云者士等 4 种枪械和子弹，日产子弹 8000 颗，有助于解决清军所需弹药。光绪三十一年（1905），两广总督岑春煊在石井枪弹厂旁增建一家修理兵器的机器厂，且扩建枪弹厂和火药厂。率先在全国仿制德国武器，成功仿造德国 1903 年式七九毛瑟枪，后改进德国 1907 年式六八步枪，并研制"光绪三十三年六八式五响无烟快

枪"。至清末，成为仅次于江南机器制造总局、金陵机器制造局、福建马尾船政局的重要兵工厂。1936年收归中央，改称广东第一兵工厂。全面抗战爆发前夕迁广西容县，与广西兵工厂合并，改称40厂和41厂，后再迁贵州桐梓山洞内，生产子弹、手榴弹、步枪和轻机枪等武器，为抗战作出重要贡献。抗战胜利后关闭。参见第118页历史卷"石井兵工厂"条。（李丹丹）

广茂香罐头厂 工厂。清光绪十九年（1893），广东人张广源投资白银10万两在广州建立。将广东盛产的鲮鱼与阳江特产豆豉结合，生产"豆豉鲮鱼"罐头。1912年，"广茂香"商标在香港注册。1915年，广茂香罐头果品瓜笋在巴拿马万国博览会上获金牌奖章。1960年，并入广东罐头厂。2008年搬迁到从化太平经济开发区。有"百年鹰金钱，始创豆豉鲮鱼"之说。是中国最早的罐头食品加工厂，食品行业领军企业。（刘安壕）

江门制纸股份有限公司 造纸厂。江门资历最老、规模最大的侨资企业。江门第一间机械化造纸厂。1910年台山籍旅日华侨余觉之在江门文昌沙（今江海区）筹建。1913年正式投产，以废纸、破布、废棉花等为原料生产荔红纸、包装纸、火柴盒纸等产品。1915年起在管理上采用董事会制。1954年6月在民主改革的基础上实行公私合营，更名为公私合营江门造纸厂。1966年10月由公私合营企业改为全民所有制的国营企业，更名为广东省江门造纸厂。1993年以其为核心企业组建江门造纸企业（集团）公司。2006年7月停产。参见第1218页华侨·侨乡卷"江门造纸厂"条。（何北海、林润惠）

广东省营制纸厂 工厂。1932年广东省政府投资毫洋8000多万元，聘请刘

宝琛、陈丕扬分别任厂长和总工程师。生产新闻纸。1936年在广州市海珠南石头村奠基建设，占地2000多亩，引进瑞典制浆和造纸设备、捷克动力设备。1938年8月，两台25吨/日的新闻纸长网纸机安装完毕，为当时全国规模最大的新闻纸造纸厂。1940年5月，设备全部被劫运至日本，在北海道勇佛建成纸厂。1946年8月6日，中国驻日代表团通过盟军总部饬令日本政府查复并归还全部被劫设备。1948年11月，被劫设备全部运抵广州黄埔港。1950年6月，轻工部对其进行第一期复厂重装，1952年基本完成。1953年11月进行扩建，从芬兰引进450米/分高速造纸机。后转隶属轻工业部，更名国营广州造纸厂。1997年以其为主体成立广州造纸集团有限公司，辖下有广州造纸股份有限公司、广州越威纸业有限公司、广州造纸实业有限公司等经营实体。2005—2012年，厂址从海珠区搬迁至南沙区，主要产品为胶印新闻纸、环保书写纸、环保牛皮纸等。新闻纸的国内市场占有率约40%。是华南地区重要的新闻纸生产基地。（何北海、林润惠）

广东省营制纸厂

广东富国煤矿公司 煤矿公司。1929年新会人谭礼庭投资30余万筹办。呈请开采曲江县属丝茅坪、马蹄窝、老虎冲各矿及乐昌县属杨溪、炎岭脚、鸡公山、土猪岭等处煤矿。1931年，正式改组为广东富国煤矿股份有限公司，成立董事会。1932年两次增资扩股，由前期商人独资企业转化为合资

股份制企业。1945年日军占领煤矿，矿场内设备被日军劫掠，矿井、铁路等被毁，被迫暂停开采。1953年实行公私合营，1958年由公私合营转为国营，改名为广东省曲仁煤矿。1961年，改称曲仁矿务局。曾为广东煤业巨擘。民国时期广东生产规模最大的一家机械化民营企业。（李丹丹）

市头糖厂 工厂。位于广东省广州市番禺区南村镇市头村。1933年在广东省农林局局长冯锐策划下，与捷克斯可达工厂签订购买市头糖厂装备合同。1934年5月破土动工，12月10日建成投产，工厂占地面积175亩，日榨甘蔗1000吨，生产食用酒精5000升。1936年3月又与斯可达公司签订《市头糖厂扩建合同》，增设一套日榨1750吨糖机的设备，日产10—15吨方糖车间设备一套。同年12月竣工，称广东省营市头糖厂。是当时广东最大、最现代化的糖厂。抗战爆发后，遭侵华日寇飞机轰炸，日军侵占广州后，因糖厂机器被拆卸运往台湾，被迫解散。1948年国民广东省政府和资源委员会决定重建糖厂，未成。新中国成立后复建，1951年12月28日复建工程竣工，日榨甘蔗1000吨。1954年改名为国营市头糖厂。1965年，利用甘蔗渣试制人造富强纤维获得成功，日产富强纤维2吨。1970年改名广东省市头甘蔗化工厂。（刘安壕、倪根金）

韶关飞机厂 工厂。1934年4月始设厂房，次年8月基建完成，耗资约30万元。引进美国全套设备和技术，聘请美籍俄人萨克诺夫（Shazhhhhtknov）为顾问、戴查理（Charles Day）为总工程师，雷兆鸿、陈作儒等20余名留学生为技术员。下设工务、总务两处，工务处下有设计、建造、调配、材料、检查等科以及金工、白铁、机身、机翼、热铸、装配等车间，职工

大部分为五邑籍华侨或华侨子弟。1936年5月20日，制成第一架"复兴"式飞机。至抗战全面爆发时，生产4架"复兴"式飞机，装配11架波音P-26A飞机，仿制生产霍克-双翼战斗轰炸机30架，修理旧飞机14架。抗战全面爆发后，内迁至云南昆明西宗村。1939年改名为航空委员会空军第一飞机制造厂。是当时国内同类工厂中规模较大、设备较先进、技术力量较雄厚的一家军工厂，为抗战作出重要贡献。（李丹丹）

文 献

异物志 又称《南裔异物志》《交趾异物志》《交州异物志》。博物书。岭南第一部物产专著；中国第一部地域性物产志；"异物志"类著作开山之作；"粤人著述源流"之一。东汉杨孚撰。《隋书·经籍志》著录1卷。成书于1世纪后期至2世纪前期。原书已佚，清代广东学者曾钊从《齐民要术》《艺文类聚》《初学记》《太平御览》《太平寰宇记》诸书中辑成2卷，其中明确为杨孚所撰者为1卷，称《异物志》。主要记载交州（今广东、广西、越南北部等）的物产及民族风俗，详于异物，计有人、地、兽、虫、鱼、食、果、草、木、玉、石等11大类，各类又分细目，共176种。有清道光南海曾钊辑本。今有广东人民出版社2010年吴永章辑佚校注"岭南文库"本。参见第95页地理卷"异物志"条、第168页历史卷"异物志"条、第695页艺术卷"异物志"条、第1187页对外贸易卷"异物志"条。（谢萍）

南方草木状 植物书。现存最早的地方植物志。晋嵇含撰。3卷。成书于西晋永兴元年（304）。最早版本为南宋《百川学海》本。记载广东番禺、南海、合浦、林邑等地植物共80种。卷上叙述草类，有甘蕉、耶悉茗、茉莉花、豆蔻花、鹤草、水莲、菖蒲、留求子等29种；卷中叙述木类，有榕、枫香、桂、桄榔、水松等28种；卷下叙述果类和竹类，果类有荔枝、椰、橘、柑等17种，竹类有云丘竹、石林竹、思摩竹等6种。分类方法科学，对各种植物的形态特征、生物学特征描述准确细致。有清末吴江沈氏怡园刻本。有明新安程荣刻本、清乾隆《汉魏丛书》本、清光绪末、1916年吴江沈氏怡园刻本。今有商务印书馆1955年排印本、云南民族出版社1991年《南方草木状考补》本。参见第1090页中医药卷"南方草木状"条。（谢萍）

广志 博物书。北朝郭义恭撰。成书于北魏前期，原书已佚。元陶宗仪辑佚13则，录为1卷。清马国翰辑佚收272则，录为2卷。记载各地物产中特异者，如动物、植物、玉石等，也涉及各地山川、湖泊、习俗等。对岭南荔枝、龙眼、槟榔、椰子、阳桃、枇杷、木瓜、橄榄、甘蔗等记载尤详。历代各类文献特别是农书、类书、本草书多所录引。（谢萍）

岭表录异 又称《岭表录》《岭表记》《岭南录异》《岭表录异记》。博物书。唐刘恂撰。3卷。成书于五代，原书已佚。记述唐代岭南各地珍奇草、木、鱼、虫、鸟、兽和风土人情，涉及当时航海遇飓风所见的海外奇闻，共124则，其中虫鱼44则，草木15则，禽11则，兽11则，果10则，器物7则，物候7则，矿物6则，杂记5则，食目4则，地理4则。《新唐书·艺文志》《直斋书录解题》《文献通考》和《宋史·艺文志》有著录。《说郛》（宛委山堂本）和《百川学海》载数页，作1卷，是节录本。宋《太平寰宇记》《太平广记》《太平御览》等书多有征引，《永乐大典》所载条理较详。《四库全书》本据《永乐大典》逐卷辑录，凡123条，3卷。在生物学史上颇有价值，是现存有关粤东舆地最古之书及最早记载广东风土人情的笔记。鲁迅以唐宋类书所引各条校《四库全书》本，作补遗，加按语，有校勘记，为完善的本子。今有广东人民出版社1983年鲁迅校勘"广东地方文献丛书"本、广西民族出版社1988年校补"桂苑书林"本。参见第168页历史卷"岭表录异"条、第695页艺术卷"岭表录异"条。（谢萍）

北户录 博物书。唐段公路撰。3卷。段公路，临淄人。成书于唐僖宗乾符年间。杂记岭南风土物产、饮食服饰、草木果蔬、虫鱼鸟兽，共53篇。首载右拾遗陆希声序，卷1录17篇，记通犀、鹧鸪、绯猿、金龟子、水母等动物。卷2录16篇，记鹅毛被、鸡毛笔、红盐、米饼、睡菜、水韭、蕹菜等特产。卷3录20篇，记无核荔枝、变柑、橄榄子、白杨梅等水果花卉。内容广博翔实，写作上先记一方物性状或与此物性状有关之事，均为亲见、亲历或亲闻，后广征博引，以为佐证，其中不乏古代南方的科技史料。其征引文献多有亡佚者，如《淮南万毕术》《广志》《南越志》《南裔异物会要》《陶朱分养鱼经》《名苑》和张华《博物志》等，具有较高史料价值和文献价值。有《续百川学海》本、《古今

说部丛书》本、《四库全书》本、《十万卷楼丛书》本，以《十万卷楼丛书》校勘本为佳。今有中华书局1985年"丛书集成初编"本。参见第168页历史卷"北户录"条。（谢萍）

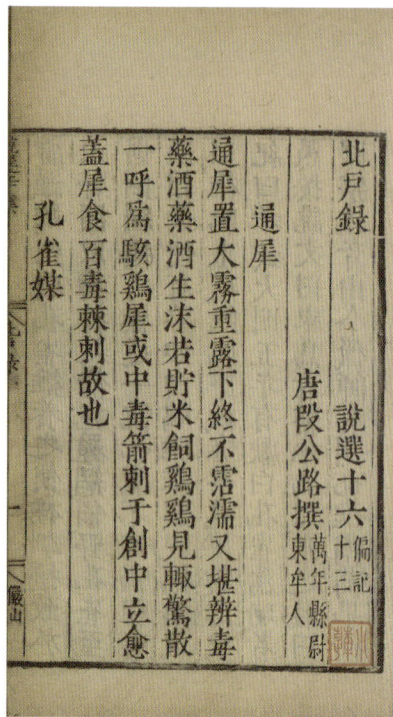

明嘉靖二十三年（1544）刻本《北户录》

广中荔枝谱　农书。最早记录岭南荔枝的专书。宋郑熊撰。成书于北宋开宝四年（971）。已佚，存于南宋吴曾《能改斋漫录》卷15和清汪灏等著的《广群芳谱》卷60"果谱中"。记载广中（广东中部）荔枝品种名称和简单性状，录有荔枝品种玉英子、焦核、沉香、丁香、红罗、透骨、样柯、僧耆头、水母子、蒺藜、大将军、小将军、大蜡、小蜡、松子、蛇皮、青荔枝、银荔枝、不意子、火山、野山、五色荔枝等22种。（谢萍）

海潮图序　海洋学书。宋余靖撰。撰写于北宋天圣三年（1025）。余靖曾东到江苏海门，南到广东东莞县的武山，对东海和南海潮汐变化进行长时间观测和研究。批判唐卢肇"日激水而潮生"等论点，坚持北宋燕肃等人提出的"应月说"。对东海和南海潮候进行整理、归纳和比较，并制定海门和武山的实测潮汐表。这两个实测潮汐表一直沿用到明代。其对潮汐涨水方位不断旋转的描述已具有近代潮汐椭球学说的雏形。收入余仲荀编《武溪集》卷3。（艾素珍）

岭外代答　博物书。南宋周去非撰。10卷。约成书于南宋淳熙五年（1178）。原书已佚，今本从《永乐大典》辑出。因有问岭外之事者，倦于应酬，以是编示之，故曰"代答"。以笔记形式记录在桂林任职期间的亲身经历和耳闻目睹，内容包括宋代岭南政治、经济、军事、地理物产、民俗风情、名胜古迹、少数民族、对外贸易共20门294则。卷1地理门22则，边帅门6则；卷2外国门（上）10则；卷3外国门（下）14则，兵民门12则；卷4风土门11则，法制门6则；卷5财计门8则；卷6器用门20则，服用门10则，食用门7则；卷7香门7则，乐器门6则，宝货门7则，金石门13则；卷8花木门45则；卷9禽兽门38则；卷10虫鱼门12则，古迹门9则，蛮俗门16则，志异门15则。所记条分缕析，较晋嵇含《南方草木状》、唐段公路《北户录》、唐刘恂《岭表录异》诸书叙述为详；所记西南诸夷，多据当时译者之辞；边帅、法制、财计诸门，可补正史而备考证，为其他志书所不及；还记载了当时岭南与海外诸国的交通、贸易情况。是研究岭南社会经济、地理和民情的重要志书。有清《四库全书》本、《知不足斋丛书》本、《笔记小说大观》本、"丛书集成初编"本。今有上海远东出版社1996年《宋明清小品文集辑注》本、中华书局1999年杨武泉校注"中外交通史籍丛刊"本。参见第695页艺术卷"岭外代答"条。（谢萍）

端溪砚谱　工艺书。最早专论端砚的专书。宋无名氏撰，叶樾订。1卷。书末有南宋淳熙十年（1183）荣芑题跋。记述肇庆府高要县东南端溪府斧柯山砚岩，包括上岩、中岩、下岩、龙岩等，对端石出产位置、石质、石眼、形制、石病均有论说，着重分析砚石产地优劣、砚品质高下，并记录了各种材质的价格。具有颇高的史料价值。有宋《百川学海》本。（卢家明）

岭海舆图　地图书。明姚虞撰。1卷12图。姚虞任职广东时所作。岭海指广东省。以图为纲，以序、纪为说明。前为全省地图《岭海舆地全图》，其后为南雄、惠州、潮州、肇庆、高州、廉州、雷州、琼州等10府图，附南夷图。记述省、州行政区之建置沿革、山脉河流、关隘塞寨、州县户籍、田粮赋税、官兵驻防等。南夷图标注有安南、占城、满剌加、三佛齐、渤泥、锡兰、苏门答腊等31个国家与地区，记述贡物种类及通贡时间。附大埞、急兰丹二国，为通市邻国，记贸易时间及物品。重视海防，详细标注隘要关津，不能尽绘者，详于文字。略古详今，略文重武，略山河详钱粮。对研究明代广东地理、军事有一定参考价值。有清《四库全书》本、《守山阁丛书》本。（管成学）

海道针经　海洋地理著作。作者不详。含《顺风相送》《指南正法》两书。分别成书于明中叶和清初。《顺风相送》收录127则，《指南正法》收录87则。内容大致有气象观察方法，如太阳太阴出入时刻、逐月恶风、潮水消长、雷电、观看星辰，以及定罗经下针、定舡行更数和其他一些禁忌；各州府山形水势记载，每一路程沿途各地作简单说明；各处往回针路、日清，于往还各地的罗经方向、路程远近、礁石隐显、打水深浅、能否停泊，都有详载。全书记述东海、南海、印度海

太平洋所见，包括岛屿、港湾、暗礁、鱼类、鸟类、海洋气象知识、居民、物产、民俗、经贸等，内容丰富，记述详明。是我国发明航海罗盘之后记录航路针位和里程，用以导航的工具书。有稿本，藏英国牛津大学鲍德林图书馆。今有中华书局1961年向达校注《两种海道针经》本。（倪根金、管成学）

虎丘茶经注补　农书。明末清初陈鉴撰。1卷。陈鉴，广东化州人，曾居苏州。认为虎丘茶早享盛名，而陆羽《茶经》漏载，乃于清顺治十二年（1655）注补之。该书依陆书分为10目，每目摘录有关的陆氏原文（无关者不录），即其下加注虎丘茶事，性质类似而超出陆氏原文范围的，乃"补"于各该陆氏原文之后。为研究虎丘茶叶的重要史料。有清康熙三十四年（1695）《檀几丛书》本。（冯秋季）

岭南风物记　博物书。清吴绮撰，宋俊增补，江闿删订。不分卷。吴绮，字园次，一字丰南，号绮园，又号听翁，江都（今江苏扬州）人。吴绮于清康熙二十二年（1683）年游粤，归而成是书。所记事物，以类相从，共147条。依次计为：叙气候2条，石11条，草木花竹61条，鸟18条，兽5条，虫5条，鳞介19条，布3条，香2条，酒2条，蔬谷5条，杂事14条。有些岭南特产为前代或同时代人著述所未载者，如"西洋鸡""西洋狗"的记载以此书为最早，是研究广东物产的重要资料。有《四库全书》本、抄本及华南农业大学图书馆过录本。又有《岭南风物志》《岭南风物纪》存世。前者内容为气候2条、石10条、草木花竹60条、鸟17条、兽5条、酒2条、蔬谷4条、末15条为杂事。较详于肇庆端砚、韶州英石、南雄石墨、东莞紫石英和女儿香、沉香等。后者内容为首2条叙气候，次

10条叙石，次60条叙草木花竹，次17条叙鸟，次5条叙兽，次6条叙虫，次17条叙鳞介，次3条叙布，次3条叙香，次2条叙酒，次4条叙蔬谷，次15条叙杂事。另有宋俊增补7条。有《四库全书》本。参见第170页历史卷"岭南风物记"条。（冯秋季）

广东月令　农书。清钮琇撰。1卷。约成书于清康熙二十九年（1690）。因认为宦游之地的风土大略相同，只有广东与北方不同，与江淮相比差距也比较悬殊，乃采集闻见成是书。凡分12月，每月内记以本月富有南方色彩的农事。有清康熙三十四年（1695）《檀几丛书》本、《古今说部丛书》本等。（冯秋季）

矿山志　专业志书。清郭遇熙撰。郭遇熙，字骏臣，号省斋，河南新乡县人，清康熙十八年（1679）进士，曾任从化县知县兼摄清远、东莞两县事。该志为其任职从化知县时所撰，收录于清雍正八年（1730）《从化县志》。分为引言、上篇、下篇、旧志矿山论四个部分，主要记述明末清初从化县及周边地区有关官民开矿与"矿盗"的问题，特别指出因开矿而引发的民生问题与社会动乱。其中引用了旧志中从化地区的矿产资源及分布，主要包括流溪堡纸峒的银"矿山"、与龙门交界的"铁山"及同属溪流地区山林中生产木炭的"炭山"。许多重要的历史资料与顾炎武《天下郡国利病书·广东》中记载的内容吻合。（黄超）

农桑易知录　农书。清郑之侨撰。3卷。刻于清乾隆二十五年（1760）。内容包括劝课农桑、推广农作物新品种、重视农具的运用，对以稻谷为主的种植业的整个生产过程作了较详细的叙述。卷1农务事宜，包括开荒、筑堤、开渠、犁田、辨种、浸种、作埂、壅粪、

除稗、插莳、耘搅、除虫、捕蝗、阁稻、收获、留种、祭田祖、种麦、种黍稷、种高粱、种蔬菜、种瓜、种姜、种芋、种豆、种棉花、种兰、种竹木、种薯等内容；附器具养牛，列有犁耙、水车等15种农具，详细论述耕牛的饲养及疾病治疗。卷2桑务事宜，记述旎人栽桑养桑到缫丝生产过程，附养蚕十忌及育蚕器具。卷3农桑善后事宜，论治家、起居、处世、交谊、备荒之道。是保留下来唯一一部清代广东人著述的综合性农书和研究清代粤地农业和乡村的重要著作。有清乾隆二十五年（1760）《郑氏丛刻》本。今有广东人民出版社2010年《明清广东稀见笔记七种》点校本。（谢萍）

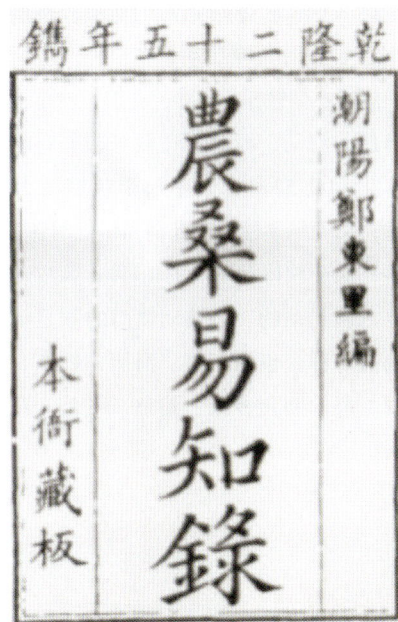

清乾隆二十五年（1760）刻本《农桑易知录》

三江水利纪略　水利书。乾隆年间官书。清庄有恭等撰。4卷。记载清乾隆年间庄有恭兴修苏、松、太三江水利疏浚工事。清乾隆二十八年（1763）年十二月，在江苏布政使苏尔德、苏松太道李永书的协助下，三江水利工程动工，翌年三月告竣，用白银22万两，为当时东南一大水利工程。书前附庄有恭、苏尔德和李永书三人序。卷1先《三江水利图》，后"水利文檄章奏详禀"；卷2"章程条议"；卷

3“水利各河源委、宽深丈尺、土方银数”；卷4“水利善后事宜”和“在事各员衔名及各属董事姓名”。每目前各有小序，可为后重修水利者章程。对条议章制、工程原委记载尤详，可供修治东南水利者参考。有清乾隆二十九年（1764）刊本。（艾素珍）

然犀志　水产书。清李调元撰。2卷。成书于清乾隆四十四年（1779）。自序称其“视学粤东，遍至其地，如广、惠、潮、高、雷、廉、琼、丰皆滨海，以故供食馔者唯鱼为先……以其皆鳞介之物，故以‘然犀’名之”。海洋动物占极大比例。上卷载水生动物36种，属于鱼纲的17种；爬行纲、甲壳纲的3种；软体动物门的9种；两栖纲、哺乳纲和腔肠动物各1种，包括三脚蟾、铜锣槌、虎沙、花蟹、沙鱼、海豚、海马、鲟鱼、乌贼等。下卷收水生动物52种，其中属于鱼纲的28种；甲壳纲5种；哺乳纲和爬行纲各3种；属于软体动物门的10种；棘皮动物、腕足动物、节肢动物门的颚足动物各1种，包括海螺、海胆、牡蛎、蚬、蛏、鲥鱼、鲳、鳊鱼、飞鱼、石

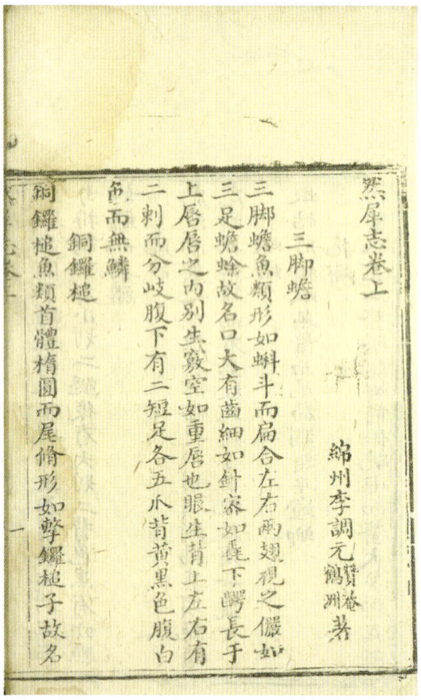
然犀志卷上
綿州李調元贊菴鶴洲著
三脚蟾
三脚蟾魚類形如蝌斗而扁合左右兩翅視之儼如三足蟾蜍故名口大有齒細如針密如篦下腭長于上唇唇之內別生竅空如重唇也眼生背上左右有二刺而分岐腹下有二短足各五爪背黃黑色腹白色而無鱗
銅鑼槌
銅鑼槌魚類首體橢圓而尾脩形如擊鑼槌子故名

清光绪二十五年（1899）刻本《然犀志》

首鱼等。描述了不同海洋生物的形态、解剖结构、行为，有的还提及繁殖方式、寄生虫等不易观察到的方面，外加一部分加工、食用方法。中国古代唯一的广东海洋动物志，是研究古代广东海洋生物资源和广东海洋生态变迁的重要资料。有清乾隆绵州李氏万卷楼刻函海本、乾隆初刻本、清嘉庆十四年（1809）李鼎元重校本、清道光五年（1825）李朝夔补刊本、清光绪广汉钟登甲乐道斋刊本。参见第1268页海洋文化卷“然犀志”条。（谢萍）

禹贡注节读　地理书。清马俊良撰。1卷。成书于清乾隆五十年（1785）。该书对胡渭《禹贡锥指》择其精要，编成读本，以便初学。其书以经文为纲，低经文一格为释文，按胡氏原书荟萃众说，并加简明按语，以明己见。治河方略、江河变移、古今异同为其重点。“经属渭汭”“九江黑水”等考证欠佳。有清乾隆五十四年（1789）端溪书院刻本。（管成学）

禹贡图说　地理书。清马俊良撰。不分卷，收图47幅。成书于清乾隆五十四年（1789）。《禹贡》之图，至晋而亡佚。晋裴秀再绘禹贡图18幅，宋程大昌又绘31幅，均失传。故马氏引绘《禹贡锥指》原图，摘说系图，间附按语。其书以图为主，有九州分域、尔雅九州、职方九州、冀州、导山、梁州黑水、导河、九河逆河碣石、导漾、涧瀍改流、四海等54幅历史地图和五服、周九服等2幅示意地图。阐述《禹贡》所述九州区域、山川大势、黄河、长江等水系概况，为向初学者普及《禹贡》知识而作，是《禹贡注节读》姐妹篇。有清乾隆五十四年（1789）端溪书院刻本。（管成学）

桑园围总志　水利书。清明之纲、卢维球纂修。14卷。初成于乾隆年间。桑园围是珠江三角洲最早的一处大型堤围，地跨南海、顺德二县，处西北两江间。清乾隆五十九年（1794）围决，桑园围总局主持修围，并创修围志，是后各朝续修。是书乃是汇集各志，按乾隆围志样式翻刻，重者删之，缺者增之，合为总志。卷首冠以总序和《桑园围全图》一幅。卷1、2为《乾隆五十九年甲寅通修志》，卷3为《嘉庆二十二年丁丑续修志》，卷4为《嘉庆二十四年己卯岁修志》，卷5、6为《嘉庆二十五年庚辰捐修志》，卷7、8、9为《道光十三年癸巳岁修志》，卷10、11为《道光二十四年甲辰岁修志》，卷12为《道光二十九年己酉岁修志》，卷13为《咸丰三年癸丑岁修志》，卷14为《同治六年丁卯岁修志》。保存大量有关该围的工程技术资料，是研究古代珠江流域农田水利史的重要文献。有清同治九年（1870）刻本。参见第183页历史卷“桑园围志”条。（卢家明）

圜天图说　天文书。清李明彻撰。3

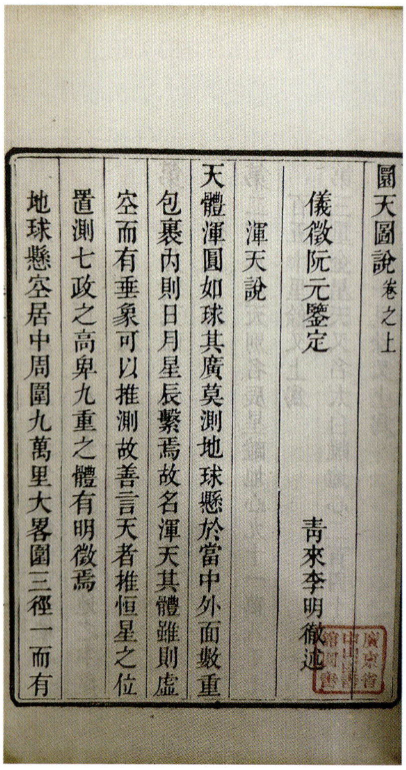
圜天圖說卷之上
儀徵阮元鑒定
青來李明徹述
渾天說
天體渾圓如球其廣莫測地球懸於當中外面數重包裹內則日月星辰繫焉故名渾天其體雖則虛空而有垂象可以推測故善言天者推恒星之位置測七政之高卑九重之體有明徵焉
地球懸空居中周圍九萬里大畧圜三徑一而有

清嘉庆二十四年（1819）刻本《圜天图说》

卷。清嘉庆二十四年（1819）出版。该书收录了他对地球、日月、星辰、雷雨、潮汐等天体及自然现象的论述，并附有顺天（今北京）、江宁（今南京）、苏州等16个府的日出、日落和一年24个节令时刻的测定记录。有清道光元年（1821）松梅轩刻本。（王福昌）

圜天图说续编 天文书。清李明彻撰。2卷。清嘉庆二十四年（1819）《圜天图说》付梓，又收入《浙江省志》，遂补作续编，道光元年（1821）成书并付刻。前有陈鸿章序。卷首为6幅星图：北极恒星图、南极恒星图、黄赤二道见界星图、二十八宿星象见界图、北极河汉见界星图、南极河汉见界星图；卷上分"五星纬行顺递伏见说""月五星纬行图""月五星纬行说""周天纬度图说""黄赤斜升纬差图说""金水二星伏见说""日盈缩平行实行说""月平行交终朔策说""日月交蚀说""七政合聚迟痴凌犯说""算月迟疾限图式""七曜会策说""五星平行率说""永静天说""恒星分度无名星数说""斗建考证说""斗杓天枢图说""恒星伏见说"等18目；卷下分"浑天经纬说""南北周天经度图说""黄赤同升经差图说""度分宫舍广狭说""天汉说""日月晕说""日月重见说""风雨征说""天地形气变现风雨说""虹说""风云雷电雨图""风云雨露雾霜说""雷电说""雪霰冰雹说""辨罗计气孛说""彗孛说""气盈朔虚闰余说""历朝岁差说""岁差不同说""年月之说""辨分野说""历元非甲子说""辨天开说""地震说""洋海说""咸水说""火井温泉说""潮汐说""地平子午规图说"（附简平仪图说）等29目。其书所叙，已不限于天文知识，如地震、海洋、潮汐、火井等应归于

地理类。是对《圜天图说》之补充，其解说基本正确，对传播天体运行、气象知识、海洋潮汐等起了推进作用，是对清代天文知识的总结，可供研究清代天文学史者参考。有清道光元年（1821）松梅轩刻本。（孔国平）

龙眼谱 农书。岭南最早也是唯一一部龙眼专书。清赵古农撰。不分卷。成书于清道光五年（1825），刻于道光九年（1829）。汇辑前代文献记载，考订龙眼名称、性状，记载珠江三角洲龙眼产地，介绍龙眼品种及种植、嫁接、贮藏、加工方法，并辑录有关典故、题咏。是岭南唯一的龙眼专著。有清厂广山房本。（谢萍）

槟榔谱 农书。中国古代第一部也是唯一一部槟榔专书。清赵古农撰。不分卷。成书于清道光五年（1825），刻于道光九年（1829）。辑录历代有关槟榔种植业文献，内容包括槟榔形态、功效、栽培、医用、加工及食用民俗，侧重海南槟榔的情况。前有3篇序、题词、自序，后有跋。有清厂广山房本。（谢萍）

岭南荔枝谱 农书。清吴应逵撰。6卷。成书于清道光六年（1826）。据自序所言是根据友人提供材料编纂而成。内分总论、种植、节候、品类、杂事（上、下）等6目。卷1"总论"，讨论荔枝之名的来由，描述荔枝的生态，叙述荔枝的历史，说明荔枝的吃法，选录前人赞荔的文辞。卷2"种植"，叙述荔枝的特性、荔枝栽培方法、虫害的防治及广东的主要产地。卷3"节候"，记叙荔枝花开、果熟的时令及天气对荔枝收成的影响。卷4"品类"，记述广东荔枝80多个品种，其中对挂绿、糯米糍、桂味、妃子笑等有详细介绍。卷5、6"杂事"，辑录有关典故和传说以及保鲜、

加工的方法。目下汇集前人有关记载，兼附作者调查所得，引书94种，所引资料均注出处。荔枝品种以广东为限。是清代中叶广东荔枝资料的汇编。有清道光十一年（1831）《岭南遗书》本、道光三十年（1850）刻本、1936年"丛书集成初编"本等。（赵飞）

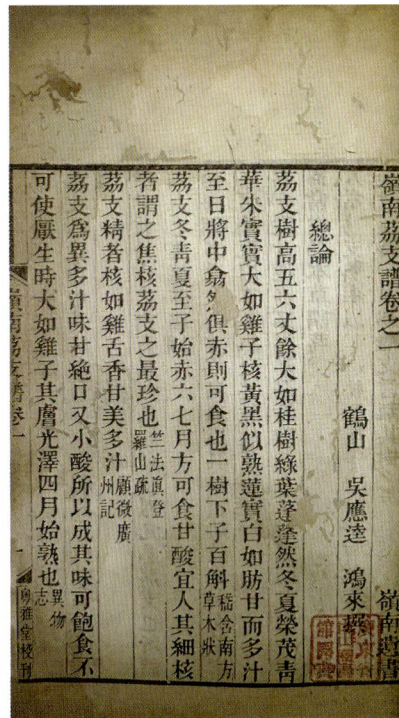

清道光三十年（1850）刻本《岭南荔枝谱》

烟经 烟草书。清赵古农撰。2卷。刻于清道光九年（1829）。辑录前人有关烟草文献。上卷分《征引》与《品题》。《征引》汇辑明末以来有关烟草的记载，考析烟草名实、性状及传播情况。《品题》汇辑清代以烟草为题材的诗赋。下卷分《种植》《制作》《分类》《土产》《适用》，叙述烟草的栽培、加工制作、食用方法，广东及各省的烟草品种、烟草的效用等。卷末附《鸦片方》1卷，汇辑时人诗赋，揭露外国鸦片烟的流毒，劝诫世人不要服食鸦片，要抵制鸦片。详广东一地烟草情况，是研究广东烟草栽培历史以及鸦片战争前广东社会经济的重要文献。有清厂广山房本。（谢萍）

端溪砚史 工艺书。清吴兰修撰。3

卷。精于端砚品鉴。卷1结合坑图详考产地砚坑分布；卷2考辨端石材质、制作工艺，讲述评砚、用砚、藏砚的要诀；卷3记贡砚、开坑和逸事。是清代记述广东端砚的重要著作。有清道光十四年（1834）郑氏淳一堂刻本、道光十七年（1837）嘉善周氏刻本、道光三十年（1850）南海伍氏粤雅堂本等。（倪根金）

演炮图说辑要　武器著作。清丁拱辰撰。6卷。清道光二十二年（1842）自费出版。早年经商时，有心学习和研究西方兵器。鸦片战争时，居粤见国内所铸火炮多未合度，且炮法未精，即将所学绘制成铸炮、制弹、演炮等图说，详细介绍西方火炮的构造、性能、使用方法、瞄准系统以及炮车炮架、举重移动等制造、操作方式等。后经实践修改《演炮图说》，三易书稿，并由陈庆镛、丁守存、郑复光修订，道光二十三年（1843）重辑为《演炮图说辑要》，由泉州会文堂刊印出版。4卷50篇，附有插图110多幅。主要内容有各种西炮、西轮、火药、炮弹的制法；炮位的安放；准确测量各种火炮的远近高低的方法，各种火炮类型、应用；各种炮台、炮位依式变化的建造和安置；演练火炮时应注意的各种事项以及西洋战船、火轮、火轮船、量天尺的制法与应用等，附有图表和文字说明。（黄国胜）

演炮图说后编　武器著作。清丁拱辰撰。2卷，附图81幅。咸丰元年（1851）写成，同年八月在桂林刊印。主要内容有制造大炮、炮弹和其他各种小型火器的技术操作；对枪炮的测量、演练教习和选将练兵的方法，火药库的制式等。是中国近代第一部介绍西方火炮知识的专著，对研究近代欧美火器的发展和中国近代军事技术史有一定参考价值。（黄国胜）

平海心筹　兵书。清林福祥撰。2卷，附图14幅。成书于清道光二十三年（1843）。为作者参加抗击英军的记录与总结。卷上记有火器、制药和广东水道图及潮长、潮退时辰，其中记载火药神飞将军、水底雷、水底龙王炮、火先锋、毒烟喷筒、火龙刀、群蜂炮、飞火筒、葫芦炮、神雾筒、夜叉铳、神机火箭、毒火球等13种，记载火药配制方法有火药方、火线药、扁线药、火攻神药法品、火攻从药等28个制药方。卷下是防夷十八论、三元里打仗日记、请求收复香港的上书、训兵辞及书信的汇录，其中防夷十八论提出以小船代替大船，以喷筒、火箭代替大炮的战术；在炮台修筑方面也提出有见地的思想。是鸦片战争后出现的一部重要军事技术书。有清咸丰四年（1854）刻本。今有广州古籍书店1960年油印本。参见第1270页海洋文化卷"平海心筹"条。（黄国胜）

清咸丰四年（1854）刻本《平海心筹》

水雷图说　武器著作。中国第一部现代化水雷制造著作。清潘仕成撰。不分卷。鸦片战争后，潘仕成自行捐造水雷、大炮、战船等武器，曾历时9

个月造出中国最早的现代化水雷，并投身抗英斗争。书前有自序。正文有雷椟总图及说、椟内位置图说、承机图说、发机图说、鼓力入水深浅差等图说、椟送至船底位置图说、盖图说、塞图说、罗盖图说、要盖图说、铅铁坠图说、浮球图说、水鼓图说、水鼓底盖图说、草围图说、直水管图说、曲水管图说、鼓柱及柱套图说、火床图说、床板图说、揭板及轴图说、弹条图说、铜火帽图说、火塔图说、扛机板及扛锭机械图说、草垫图说、螺丝钉图说、火石机图说等。并有木刻插图31幅。有清道光二十三年（1843）海山仙馆刻本。（黄国胜）

春秋经传日月考　历法书。清邹伯奇撰。1卷。以清《时宪历》之术求之，"上推二百四十二年之朔闰及食限有，然后以经传所书质其合否？乃知有经误、传误、术误之别。略陈鄙见于上方，并附推步术于后"（自跋）。考《春秋》经传冬至、朔闰、月建等内容，上起鲁隐公元年（前722），下终鲁哀公十四年（前481）。上端横列春秋纪年，右侧竖列冬至、首朔、春秋置闰、建子正、二丑、三寅、四卯、五辰、六巳、七午、八未、九申、十酉、十一戌、十二亥各项。表格中为所考定具体日数。表顶间有注文，对格中所考加以说明。是一部考证春秋朔闰的历法书。可为研究《春秋》古历者、研究春秋时代文史学者提供参考。有清道光二十三年（1843）两湖书院刻本。（孔国平）

算迪　数学书。清何梦瑶撰。8卷。清乾隆十八年（1753）对卷帙浩繁、难以阅读的数学著作《数理精蕴》进行缩写改编而成。书前有江藩序和自序。卷1为加法、减法、因乘、归除、命分、约分、通分、乘除并用、四率比例、按分递折比例、按数加减比例、

和数比例、较数比例、和较比例、盈朒比例。卷2为借衰互证、叠借互证、方程、平方、带纵平方、勾股、三角形。卷3为割圆、割圆作八线表法、三角形边线角度相求、测量、直线面、曲线面、圆内容各等边形、圆外切各等边形、各等边形、更面形、立方、带纵较数立方、带纵和数立方、开三乘方。卷4为直线体、曲线体、各等面体、球内容各等面体、球外切各等面体、各等面体互容、更体形、各体权度比例、堆垛。卷5为难题、几何原本摘要。卷6为借根方法（加减乘除、带纵、线类）。卷7为借根方法（面类、体类、诸乘方表）。卷8为比例尺解。提出流量等于过水断面面积乘以断面平均流速的计算方法，在流体力学史上较早提出这种先进的方法。收录的算题包含丰富的力学尤其是杠杆力学的知识。既继承中国传统数学知识，又吸收西方传入的知识。有清道光二十五年（1845）《岭南遗书》本、1935年王云五主编"丛书集

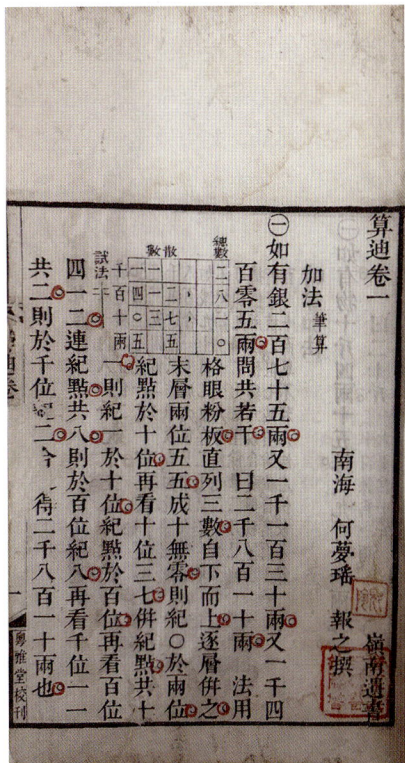

清道光二十五年（1845）刻《岭南遗书》本《算迪》

成初编"本。（黄国胜）

汉书地理志水道图说 水利书。清陈澧撰。7卷，7幅图。成书于清道光二十八年（1848）。按齐召南《水道提纲》《皇舆全图》对《汉书·地理志》所涉河渠加以考证，参证各省图籍和各种地理文献，阐释古今地名、地理沿革、河源派脉等。以《汉书·地理志》原编次为顺序，绘图附于各卷末。是一部简明的河渠读本。有《二十五史补编》本。清吴承志《汉书地理志水道图说补证》，可资参考。（管成学）

弧三角平视法 数学书。清陈澧撰。1卷。陈澧教学过程中的心得。卷前自序说初学者难以理解"弧三角图，以斜视绘之，则诸线皆见"，从《历象改成》中的一幅图示得到启发。"窃取此法，以绘正弧三角诸图，则简而明矣。凡十六法，综而概之为四法，则更简明矣。"有清咸丰本、《东塾遗书》本、《岭南遗书》本、《中西算学丛书初编》本。（孔国平）

三统术详说 历法书。清陈澧撰。4卷。为阐释西汉末刘歆所编《三统历》而作。是见于史志的最古老的完备历法。是书对《三统历》历详加阐述，补衍推解，但算数繁复，且假托黄钟，附会易著，神秘其术，对研究该历有一定的参考价值。有《东塾遗书》本、《中西算学丛书初编》本、《广雅书局丛书》本。（孔国平）

测天约术 天文书。清陈昌齐撰。1卷。中国古代以浑天仪测量天文，而传统的弧矢命算、勾股定理等计算方法，较西方的弧角八线、弧三角法、八线对数比例法稍为不便，该书是一本以正弧三角形和斜弧三角形求测天之法的著作。将元代郭守敬以来的"弧

矢命算之法"，参证西人利玛窦、穆尼阁的算法总结为12种方法。有清道光三十年（1850）南海伍氏刻本。（孔国平）

算林必法 数学书。清刘昌言撰，吴颖奇增补。2卷。为普及珠算及实用数学而作。以程大位《算法统宗》为蓝本，仿原书体例，分为方田、粟米、差分、少广、商功、均输、盈不足、方程、勾股九章，各章之首有提要。先介绍算盘定式、度量单位、物体比重等预备知识，然后详述珠算乘、除口诀。选录《算法统宗》部分内容并补充不少新题及算法，多采歌谣表述，易于记诵。题目多有趣味性及实用性，注意选择简明算法但较少阐述算理。有清咸丰四年（1854）吴怡和堂刻本。（孔国平）

全体新论 解剖生理学著作。近代中国第一部介绍西方解剖生理学的中文著作。合信著，陈修堂同撰。清咸丰元年（1851）在广州出版。分39章。内容取自西洋医学各家生理学和解剖学的现成著作，归纳成三大部分：一是各器官及其功能描述；二是讨论消

清咸丰元年（1851）刻本《全体新论》

化、循环与呼吸系统；三是讨论生殖器官。力图沟通中医，引述中医脏器之论并加以解释。有清咸丰元年（1851）上海墨海书馆本。与合信编译的《西医略论》（1857年）、《内科新说》（1857年）、《博物新编》（1859年）、《妇婴新说》（1858年）合称《合信氏医书五种》。（蓝韶清、薛暖珠）

猫苑 动物书。清黄汉辑。1卷。成书于清咸丰二年（1852）。黄汉在广东做幕僚期间，见猫无专书，仿《虎荟》《蟹谱》《蟋蟀经》例，博采古今猫事编成。分种类、形相、毛色、灵异、名物、故事、品藻、补遗8个部分，广收中国历代有关猫的典故、寓言及传说，补前人缺漏者加按语，且辑录失传已久的《相猫经》24条。此外，还记载猫的疾病治疗和绝育手术。是中国古代文献中较早的猫专谱，对研究中国古代生物学有一定参考价值。有清咸丰二年（1852）瓮云草堂刻本、1913年上海进步书局《笔记小说大观》石印本。（谢萍）

博物新编 博物书。合信编。3集。本书属教科书体裁，介绍物理、化学、天文、生物、地理等自然科学知识，包括当时最新科学发现和成果。第1集化学部分，详细讲述养气（又名生气）、轻气（又名水母气）、淡气、炭气、磺强水（又名火磺油）、硝强水（又名水硝油）和盐强水，即氧气、氢气、氮气、一氧化碳、硫酸、硝酸、盐酸的性质和制造方法。认为化学元素有56种，反映西方19世纪初期的水平。但并未引入西方的化学符号。书内还有多幅化学仪器图。第一次用中文规范无机酸的命名法，成为清末化学家徐寿等人采用的无机酸命名法的依据。书中详细介绍开辟工业上大规模生产硫酸的途径制取三酸的方法，

有力地促进化学工业的发展。物理学部分介绍热能、蒸汽机、火车、水甑、汽柜、冷水柜、火炉、汽尺、汽制、风力机、寒暑表、轻气球、潜水衣等实用器物。第2集分天文略论、地球论、昼夜论、行星论、日离地远近论、日体圆转论、地球行星论、众星合论等若干部分，并介绍地球经纬结构，四大洲各国土地人物、四季、月轮圆缺、月蚀、潮汛、水星、金星、火星、小行星、土星、吁呢嘡土星、彗星、经星等。附有赫谢尔（Herschel）望远镜、象限仪等光学仪器的外形图，图示了凹面镜聚焦、凸面镜散光和虚焦点、照度减倍、小孔成像、投影大小、幻灯机、显微镜、各式透镜、凸透镜成像等几何光学知识。第3集分鸟兽略论等16部类，介绍猴、象、犀牛、虎、狮、豹、犬、熊罴、马、骆驼、貂兽、哺乳类的胎生鱼（如鲸鱼），以及鹰类、无翼禽、涉水鸟等。是近代西方科技输入中国的第一本著作，清末中外文化交流史上一部重要译著。有清咸丰五年（1855）上海墨海书馆本。（田育诚、柏峰）

虞书命羲和章解 天文书。清曾钊撰。1卷。有感于治经者不详解历学，而术士又不通经，或以为唐虞之际未曾测五星，而详证古今论说撰此卷。篇首题《唐书·命羲和章》，为历学之祖。其中历象日月星辰，即后世恒星七政各有一天之说之本，测中星以定分至，即后世岁差说之本；宾饯，即后世里差说之本；敬致，即定气说之本；月中永短，即准北极高卑以分昼夜漏刻多寡说之本。并有六职之分，四宅之地，四夷之解，注疏详明。运用大量天文、历法、地理、政治资料，博瞻详考，展现出一幅天人相应的社会场景。有1939年商务印书馆据《岭南遗书》排印"丛书集成初编"本。（游战洪）

禹贡新图说 地理书。清杨懋建撰。2卷。成书于清道光年间。习《禹贡》而撰此书。书前有陈澧序与自序。共41篇，附图38幅。以清代中外学识为新说，阐释《禹贡》。失误较多，如将南北美洲数十国释为红毛国，写入书中，实与《禹贡》毫不相干；又如《周礼职方九州图说》详琼州，而略台湾；释汉代胡人祭天神皆为回教，尤为失考。有清同治六年（1867）刻本。（管成学）

汉西域图考 地图书。清李光廷撰。7卷。成书于清同治九年（1870）。前有《汉西域图》8幅、《地球全图》1幅。卷1为图说，说明汉代西域的位置、疆界、沿革等；卷2为天山以南诸国沿革考；卷3为天山以北诸国沿革考；卷4为今新疆军台道里表；卷5为葱岭诸国沿革考；卷6为葱岭以西诸国沿革考；卷7节录《佛国记》《大唐西域记》《西使记》有关汉代西域各国之文。以图与图说互相配合论述西域诸国。以今图证古地，图不能尽其意者，辅以论说。考述翔实，补正错漏。如补《瀛环志略》回部水道诸文，皆有贡献。文中地名错误不少，如将元代玉龙杰赤当成今玉龙哈什；汉代之大月氏当成今布哈尔；元代阿力麻与阿里马，误为一地等等。有清同治九年（1870）刻本，收入《皇朝藩属舆地丛书》第4集。（管成学）

广东图说 地图书。清毛鸿宾、瑞麟为总裁，陈澧、邹伯奇、赵齐婴绘图，桂文灿编图说。92卷。成书于清同治年间。奉旨而作。有广州、惠州、韶州等9府图，直隶厅3图、直隶州4图及所属州县图等，计94幅。以初刻《广东通志》图为底本，参订文武官员新绘之图，采辑商民水手所绘水道、海岛之图。以北京经线为本初子午线。采用"计里画方"技法，比例尺较康

熙、乾隆一统图大一倍。纬度每格长一尺，为地百里，经度每格九寸有奇，当地 90 余里。每度析为 60 分，以便量得细数。广州经纬度以实测为据，府、厅、州、县依《广东通志》旧图为底本，以官员所绘新图考订，略作修改。体例仿《元和郡县图志》，首地图，次图说，以图为经，以说为纬。山脉先述方位、道里，次叙山川大势、道路四至、名胜古迹等。河流仿《水经注》体例，考其源头，分述派脉，并载所经乡、镇等。详载香港、澳门等沿海岛屿。有清同治九年至十年（1870—1871）萃文堂刻本。参见第 183 页历史卷"广东图说"条。（管成学）

言禽录 动物书。清代岭南唯一一部专门记述鸟类的笔记体著作。清梁松年著。1 卷。辑录文献中有关鸟类的记载。无目录。录有凤凰、报春鸟、惜春鸟、鸲鸪、鹦鹉、儿回来、鹧鸪、归飞、姑恶、杜鹃等共 61 种鸟类资料。对每种鸟先释名，后描述体貌、鸣叫状态，部分还加以考证或配以传说，对岭南鸟类多有关注。附录《言兽》1 卷 7 则，即麒麟、角端、泽兽、跌蹄、张林家狗、牛、鼠、豕等。资料多来源于正史、地方笔记，用"松按"发表见解。有抄本。（谢萍）

蚕桑说略 蚕桑书。清李应珏撰。1 卷。成书于清同治年间。以浙江蚕区见闻撰成《拟兴高郡蚕桑说》，后从中摘出主要内容编成。包括种桑秧、栽桑树、摘桑叶法、留蚕种、浴蚕子、初养蚕法、蚕头眠法、蚕二眠法、缫蚕丝法、养二蚕法、种桑摘叶避忌、养蚕饲叶避忌、预防蚕病避忌、蚕种病根避忌等内容。收录于《乡董箴言》中。（卢家明）

岭海兰言 又称《粤兰百种录》。花卉书。清区金策撰。2 卷。上卷包括序言、绪论、称谓、培养、位置、栽种、防护、鉴别、格理、丛谈、种兰僮课、艺兰备物，论述艺兰技术；下卷介绍兰花品种，共白墨种、墨兰种、大叶种、细叶种四类 120 种，附录介绍类兰种、非兰种各 8 种及"植兰歌"。重点记述兰花培养与欣赏，有独到的艺兰技术，状物形神兼备；"格理"部分对兰的解剖结构及生理方面的认识为当时国内其他兰花著作所不及。辑录的兰花栽培方法具有较强的科学性与实用性，一些栽培技术至今仍被广泛采用。有南州书楼旧藏抄本。今有广东人民出版社 1992 年鲁子青校注翻译本。（谢萍）

粤兰百种录 见"岭海兰言"。

蚕桑图说合编 蚕桑书。清何石安、宗影藩撰。不分卷。清同治十年（1871）广东高廉道刊刻。为在粤中地区推广中原蚕桑技术，将《蚕桑合编》和《蚕桑说略》合刻，名为《蚕桑图说合编》，分饬各府州县，劝导施行。《蚕桑合编》撰者何石安。何石安自幼于蚕桑一事探访源流，并与家人亲身实践，将种桑养蚕的经验技巧，配以图说，撰成此书。《蚕桑说略》撰者宗影藩。他在蒲圻大兴桑蚕事，作此书刊发四乡，分桑说 5 条和蚕说 10 条，条分缕析，详细说明。该书记载中国江南传统的蚕桑技艺，对研究南方蚕桑业发展史有一定参考价值。有清同治末年高州富文楼刻本。（刘蔷）

化学初阶 化学书。美国嘉约翰口译，何瞭然笔述。4 卷 35 章 363 节。有长善、何瞭然、嘉约翰序。撰书目的是为介绍西方化学知识，方便学生循此学习，并使世人了解化学的用处。配有化学器具及化学操作方法图 83 幅。前 2 卷和《化学鉴原》译自 Wells's

Principles and Applications of Chemistry 一书的无机化学部分，作者 David Ames Wells。卷首有"化学提纲"，即《化学鉴原》前 29 节的内容。介绍近代化学的基本概念，如将物质分为元素和化合物，化学作用和化学变化的特点，定比定律等。介绍已知的 65 种元素，其中金属 49 种，非金属 15 种，并对元素的存在、性质、用途、主要化合物进行说明。翻译时采用单字译音作为元素命名的原则，拟定已知 65 种元素的中文名称，还选用《化学鉴原》合译者徐寿、傅兰雅拟定的化学元素中文译名，为元素的译名打下基础，其中很多中文译名沿用至今。该书介绍的 65 个元素中，Didymium 后来被证明并不是元素。是最早系统介绍近代化学知识的汉译著作。清同治十年（1871）广州博济医局出版卷 1、卷 2，同治十二年（1873）出版卷 3，光绪元年（1875）出版卷 4。（黄国胜）

邹征君遗书 数学书。清邹伯奇撰。6 种 9 卷。包括《学计一得》2 卷、《补小尔雅释度量衡》1 卷、《格术补》1 卷、《对数尺记》1 卷、《乘方捷术》3 卷、《邹征君存稿》1 卷、《舆地全图》1 册、《赤道南北恒星图》2 幅，附刻《夏氏算书遗稿》4 种（夏鸾翔撰）、《徐氏算学》3 种（徐有壬撰）、《造各表简法》（即垛积招差）、《截球解义》、《椭圆求周术》。《学计一得》取经义中有关天算部分，或先儒所未发，或阐发而仍不清楚的，一一录出，用中西法阐释。《补小尔雅释度量衡》分别注录度量衡名近百科。《格术补》系根据宋沈括《梦溪笔谈》书中之说，观察日月光影，用数学方法加以推求撰成，对成像、各种光学元件的性能与作用、成像规律给出定量关系，主要来自西方近代光学成果，是中国光学史上划时代的著作。《对数尺记》略述对数

尺的形制刻度及用法，并列举对数尺的优点 7 则，在图式中，绘有对数尺各画刻度图 8 幅。《乘方捷术》吸收董方立《割圜连此例术图解》及戴鄂士《求表捷术》精华，而另立开方四术，演图详解，以明其理，右通左达，以用其条。《存稿》为其遗稿，非数学著述。其余《舆地》《恒星》各图，以及《夏氏算书遗稿》《徐氏算学》均为测绘书，为涉算者必读书。有清同治十二年（1873）刊本、同治十三年（1874）重刊本、广州拾芥园重刊本、《中西算学丛书初编》本。参见第 402 页学术·教育卷"邹征君遗书"条。（柏峰）

赤道南北恒星图　星图。清邹伯奇撰。2 幅，即《赤道南恒星图》和《赤道北恒星图》。按岁差推定清咸丰四年（1854）冬至恒星黄赤经纬表，并绘制两巨册径丈余的大幅星图。《赤道南北恒星图》系据其原《赤道总图》，以赤道分周天恒星为南北二图，经纬俱 5 度一格，用六种符号表示星等，并有新增星。《邹征君遗书》仅存目，无图。浙江图书馆藏《赤道南恒星图》和《赤道北恒星图》，贴在《邹征君存稿》之末，当是邹图缩临本。《邹征居遗书》有清同治十二年（1873）广州邹达泉拾芥园刊本、《中西算学丛书初编》本。（孔国平）

西医新报　西医药刊物。嘉约翰主编。清光绪六年（1880）创刊。季刊。中文，每期 8 页。广州博济医局发行。内容是向中国人介绍西方医学医药知识。第 1 号刊有短文 14 篇，即《论医院》《中国行医传道会》《内科新说》《方便医院之情况》《烫伤之治法》《真假金鸡纳霜》《初起之眼炎》《大腿截去术》《上臂截去术》《内瘤奇症略述》《论血瘤》《癫狂之治法》《论内痔》《论外痔》。中国最早的

西医药刊物。次年停刊，共出版 8 期。（倪根金）

诸天讲　又称《讲诸天书》《天游庐讲学记》。天文书。清康有为撰。15 卷。成书于清光绪十一年（1885），1926 年左右康有为在上海讲学时曾加以修改。主要介绍西方天文知识。分《通论》《地篇》《月篇》《日篇》《游星篇》《彗星篇》《流星篇》《银河天篇》《霞云天篇》《诸天二百四十二天篇》《上帝篇》等，附月球图 15 幅。肯定哥白尼、伽利略、牛顿在天文学发展中的重大作用；首次向中国介绍康德—拉普拉斯星云说；讨论天体起源、演化问题，承认宇宙是无限的；批判占验、分野等的荒谬；在后来的修改中又增补 20 世纪初西方太阳系起源的假说：张伯伦—摩尔顿的星云假说和乔治·达尔文的月亮起源的潮汐假说。《诸天二百四十二天篇》中充满佛教经典名词术语，《上帝篇》中论证"上帝之必有"。有 1930 年中华书局铅印本。今有中华书局 1990 年楼宇烈整理本。（孔国平）

讲诸天书　见"诸天讲"。
天游庐讲学记　见"诸天讲"。

蚕桑谱　又称《广东蚕桑谱》。蚕桑书。广东第一部关于蚕桑生产的专书。清陈启沅撰。2 卷。成书于清光绪十二年（1886），刻于光绪二十三年（1897）。在考究西方蚕桑种植、机器缫丝基础上，参考广东本地蚕桑养殖经验，为提高蚕农植桑养蚕技术撰写而成。包含选种、种桑、养蚕、制造过程、缫丝诸法。第 1 卷包括《蚕桑总论》《论练种法》《论放蛾泡水要法》《养蚕赞育篇》；第 2 卷包括《论缫丝法》《头造宜忌篇》《第二造宜忌篇》《第三造宜忌篇》《第四造宜忌篇》《第五造宜忌篇》《第六

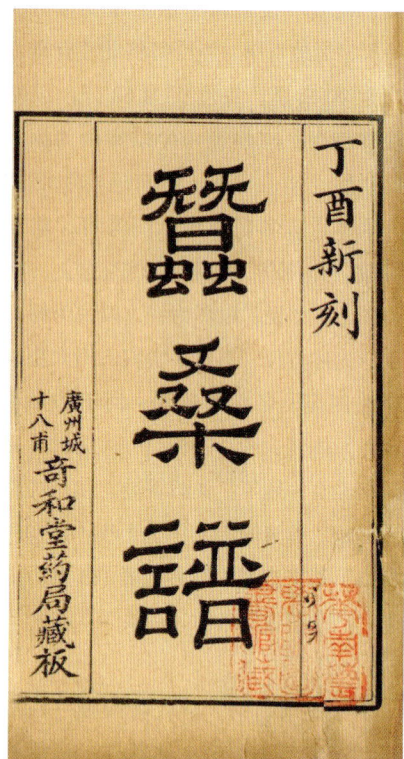

清光绪二十三年（1897）刻本《蚕桑谱》

造宜忌篇》《寒造宜忌篇》《种桑宜忌篇》。通俗易懂且实用性强，对蚕农、桑农的不当行为加以纠正，在珠三角地区颇为流行，对晚清蚕桑技术的运用与传播起到了很大的作用。有清光绪二十三年（1897）广州十八甫奇和堂药局刻本。今有广西师范大学出版社 2015 年"西樵历史文化文献丛书"本。（余格格）

广东蚕桑谱　见"蚕桑谱"。

万国舆图　地图书。清陈兆桐原绘，李节斋重绘，田慰农校。1 册，42 图。陈兆桐因其父为驻外国领事，得以接触西方舆地之学，此图即照英国地图绘制，其经纬以格林威治为中心。图分两大类：一类为日、月、地球、各大洲图，有"地球五带图""日蚀图""月轮盈缺图""地圆图""天下五大洲图""亚细亚东部图"等；另一类为分国地图，有英吉利、瑞士、法兰西、德意志、西班牙、意大利、俄罗斯、葡萄牙、美洲合众国等。每

图旁有比例尺，尺旁有英里数。以方黑点为首都，以圆黑点标注一般城市。以粗黑线画山脉，以曲线绘河流。以"新辑万国总说"分述各国概况。后附中西度量权衡表、中西海里度数比较表、五大洲各国大事表。其各国大事表所记国名、首都、形势、藩属形势、国政、事权、君位、疆域、藩国疆域、人口、藩国人口、赋税、银两、铁路里数、电线里数等，记述较重要的各国地理知识。印度与北阿美利加（今美国）等国地图比例尺与英国比例尺相比较，对原英国地图进行有选择裁减，重点更加突出。为中国现存第一部世界地图集，在中国地图史上占有重要地位。可供研究中西地图交流史者参考。有清光绪十二年（1886）上海同文书局石印本。（管成学）

勾股通义 数学书。清徐绍桢撰。3卷。清光绪十四年（1888）刊刻。由随徐绍桢习算学的内弟周清簪整理成书。卷1列勾股相求诸题，计171题。卷2为算表，以勾股相加减，求得勾股和与勾股较，并说明其理。卷3为图说，或一图一说，或一题多图多说，对勾股容圆、容方各种算题，多方研讨，详尽演释。有清光绪十四年（1888）《学寿堂丛书》本。（孔国平）

陈启沅算学 数学书。清陈启沅撰。13卷。卷首有自序、例言、目录、各面边体比例定率、周髀经解及书后测量遗术。卷1、卷2介绍数学名词、大数、小数和度量衡以及珠算盘式图、珠算口诀等，并举例帮助用法，所立各问皆为贸易常用之要。卷3至卷9承袭《算法统宗》的编排，按《九章算术》次序列举各种应用题及解法，依次为方田章、粟布章、衰分章、少广章、商功章、均输章、盈朒章、方程章、勾股章，订正前人算书的个别错误。卷10至卷13依次为三角求积、

各形边线、割圆各理、测量比例。而测量比例有表测比例谱、器测比例谱、气测比例谱、声测比例谱等10种，其中涉及蒸锅、蒸汽机等方面的知识和介绍来源于陈启沅所创办的继昌隆缫丝厂的生产和生活实践。有清光绪十五年（1889）惜阴草堂刻本。今有广西师范大学出版社2015年"西樵历史文化文献丛书"本。（杨梦诗）

大生集成 妇产科著作。清王绳武撰。5卷。卷1为胎产大意、种子、女科调经，提倡先天未孕应进行养护。卷2有胎前总论、胎教、胎前节养、产难七因。卷3述临盆要论、临产宜忌、乳病、产后病等。卷4为儿科诊法、新生儿护理与小儿疾病12种。卷5是小儿疹痘杂病8种。认为胎前养护时宜静宜动，但不宜躁不宜逸，注重胎教。还提出小儿体格是否健壮，与父母本身大有关系。最大特点是强调养护预防。有清光绪十六年（1890）王氏自刻本。（黄婵芳）

后汉书朔闰考 历法书。清徐绍桢撰。5卷。其内弟周清簪从学算历之术，整理讲稿，刻成此书。卷1始自东汉光武帝建武元年（25），分列距上元岁、积月、闰余、积日、大余、小余、中积日、中大余、中小余各项，然后考证12个月各朔日及置闰。终于建武中元二年（57）。卷2起自东汉明帝永平元年（58），终于汉章帝元和元年（84）。卷3起自汉章帝元和二年（85），终于汉顺帝汉安二年（143）。卷4起自汉顺帝建康元年（144），终于汉献帝建安二十五年（220）。卷5附录三统术、四分术，叙述《三统历》《四分历》上元、设章、置闰之法。三统历各章章首名表，前后错落不齐。虽经钱大昕排比整齐之后，但后学仍苦其难读。此书以每统各为一列，推其小余系之于下，立为求入章入篇

积年之法，极便后学。在地球绕日运行传入之后，此书仍本地球中心说。有清光绪十七年（1891）《学寿堂丛书》本。（孔国平）

医理略述 西医书。清尹端模译编。2卷。尹端模受业于天津医学馆，后至南海医学堂任助教。本书系其据西医书籍编译而成，共15章。首论，据理治法之本；其次按西方解剖生理部位（清化、呼吸、脑、内肾、皮肤等）论述生理、药理、病理变化与治疗药物，基本是简介西医治疗方法。所论均为医理概述，以西医为主、中医为辅。文字通俗易懂，是中国现存较早的西医理论介绍书籍。有清光绪十八年（1892）新镌羊城博济书局本。（王武斌）

星学初阶 天文书。清钟瑞彪撰。1卷32图。游美洲11年，常学西欧天文学。归来后，自制天球仪、地球仪、测时图表及天文钟等，参合中国古代天文知识而成。有东莞陈嘉谟、麻阳田郅轩及驻美国总领事梁廷赞序文。三垣、二十八宿各一图，图后有步天歌，以小字注文加以说明。最后是南极入地星图，此图之星为《步天歌》《经天该》中所未言，是作者就古今中外历书所补。此书为引进西欧天文、恒星、行星等学说与中国古代天文学说结合的初级读物，是西学东渐的一本重要的星学著作，可供研究清末天文历法者参考。有清光绪十八年（1892）刻本。（孔国平）

课蚕要录 蚕桑书。清廖为桂辑录。1卷。成书于清光绪十八年（1892），在原籍抄得此书，归而聚族设局课蚕，试行有效。分种桑各法、桑地、蚕室、蚕器、量桑养蚕法、饲蚕用桑法、赛神法、蓄蚕花法、桑蚕利息、饲蚕顿数、饲蚕功课等目。附养蚕秘诀。具体介绍种植桑树和饲养八蚕的技术，如"饲蚕

顿数"条详细记述每日喂养时刻，"饲蚕功课"条详细记述了蚕的生长过程。内容简明，切于实用，具有较高的科学价值。有清光绪二十二年（1896）《蚕桑会粹》本。（冯秋季）

粤中蚕桑刍言 蚕桑书。清卢燮宸撰。2卷。卢燮宸为推广桑基鱼塘生产技术，详考老农、透参各法撰成。分种桑、养蚕、养鱼3部分，计40篇。第一部分"种桑事宜"，总结广东蚕区的桑种采收、播种（点播、撒播）育苗、桑苗栽植、施肥、树型养成、采桑法、屈桑技法、桑园除草及煤油杀虫法等，尤详于挖塘养鱼、培基栽桑等内容。第二部分"养蚕事宜"，详述蚕品种及其性状、浴种、暖种、蚕宝温度调节、给桑次数、上簇结茧、簇中保护、杀蛹法及蚕病。第三部分"养鱼事宜"，论及桑基鱼塘模式中鱼塘的具体标准以及鱼的种类、数量及投放时节。是迄今发现的中国古代有关桑基鱼塘的唯一专书，对珠江三角洲建设桑基鱼塘、形成良性循环的人工生态系统仍有借鉴意义。有清光绪十九年（1893）广州黄从善堂刻本。（余格格）

重辑桑园围志 水利书。清何如铨纂修。17卷。成书于清光绪十一年（1885）。在《桑园围总志》基础上，汇集光绪年间修围的文献资料编成。因桑园围的修筑与浙江海塘相类，故体例仿杨鑅《海塘揽要》。前有广州知府李璲及桑园围总局局董冯栻宗序。共17卷16门，卷1为奏议，卷2为图说，卷3江源附潦期、潮信，卷4为修筑，卷5为抢救，卷6为蠲赈，卷7为拨款，卷8为起科，卷9为义捐，卷10为工程，卷11为章程，卷12为防患，卷13为渠窦附子围，卷14为祠庙附产业，卷15为艺文，卷16、17为杂录。内容门类在《桑园围总志》基础上作了较大修改。对桑园

围的发展历史、管理制度以及珠三角地区的水利工程、农业情况等有较详细的记载。有清光绪十五年（1889）年刻本。今有广西师范大学出版社2014年"西樵历史文化文献丛书"本。参见第183页历史卷"桑园围志"条。（张贤明、卢家明）

弧角七政图算 天文、数学书。清蔡绥彩撰。5卷。因球面三角知识难以普及，遂以传统的几何方法解决天文问题。首先简介近代天文理论，称"天文大，大至无穷；地虽大，以天视之，惟止一点"。然后详述求日、月、五星行度之法，并介绍浑仪的构造及用途。文字深入浅出，常以图代算，直观易懂。有清光绪二十一年（1895）刊本。（孔国平）

志陶轩算述 数学、天文书。清黎佩兰撰。1卷。以中西天算知识，扼要介绍一批基本的数学概念及天文学原理。数学方面包括点、线、面、体、直线、曲线、相交、垂线、圆、象限、割圆八线、内角、外角、内切、外切、椭圆、抛物线、双曲线、圆锥、比例，以及传统数学中勾、股、弦、乘方、开方、天元一、阳马、刍童、垛积、招差等概念，定义简明易懂，但不够严格。天文学方面包括传统的盖天说、浑天说、蒙气说，西方传入的天球说、地球绕日说及日食、月食原理，并辅之从图。为启蒙之作，适于读者自学天文、数学常识。有清光绪二十二年（1896）刊本。（孔国平）

中国权度合数考 数学书。清杨毓辉撰。1卷。该书从《中西度量权衡表》辑出，而益以所未备。首列中国权度名义，次中国权度合英法之数，次各国权度合中国之数。为算家备考之书。有清光绪二十三年（1897）石印本。（孔国平）

学一斋算课草 数学书。清徐绍桢辑。4卷。徐绍桢在桂林讲习算学，选取各类习题编成。1、2卷辑于清光绪二十三年（1897），3、4卷辑于清光绪二十六年（1900）。辑录"和倍""善倍""垛积""开方""追及""速度""勾股""年龄差"等初级数学应用题百余题。每题先列题目，再给答案，继之铺展算式，最后徐绍桢校语，剖析解题思路。有清光绪二十三年至光绪二十六年（1897—1900）番禺徐绍桢自刻《学寿堂丛书》本。（孔国平）

中西四千年纪历 历法书。清孔昭焱撰。不分卷。成书于清光绪间。自黄帝轩辕氏元年起，定西历为2708年，止清光绪二十三年丁酉（1897），定西历为1897年，前后共计4605。每页11行，上为中历，下为西历。中历以君主纪年，标以在位年限，10年为一纪，建元之后遇元一纪，个别条目附有按语；西历与今公元纪年基本相符，如定孔子（前544—前479），清光绪六年为1875年。表述清晰，后附甲子表。有清光绪二十三年（1897）粤东省西湖街成文刊本。（苏晓君）

纺织机器图说 纺织书。梁启超辑。不分卷。为《西政丛书》农政类中之一种。辑者认为"中华产棉既多，用棉亦众。人工廉而销坊广。于此艺（指纺织技艺）应推广行之，使成极大工艺"。故略撷其译本最要者汇编成书。分为轧花机、纺纱机、织布机3部分。其中纺纱机部分下又分打花去土机、弹花成片机、梳棉成布机、引棉成条机、初成松纱机、中引长纱机、纺浆棉纱机、纺经纱机、纺纬纱机、络纱成绽机、合绽成色机、提检废棉花等项；织布机下又分络经机、理经机、浆缕机、织楼机、折布机等项，与前附7帧各式机器图配合说明。后附《字

林西报》中的《论上海纺织局大概情形》《丹科先生讲论纺织工艺情形》二文。为清末论述纺织工艺著作中较详者。有清光绪二十三年（1897）慎记书庄石印本。（权儒学）

佛山书院算课草 数学书。清潘应祺、曹汝英合编。11 卷。佛山书院的算课教学例题集。前有刘国光序，称该书"精深者在所必录，浅易者亦所不遗……大用大效，小用小效"。题型丰富，题目出自众多学者之手，分为测营、掘井、勾股、开船、起重、借款、召兵、炮击等类，涉及初等代数、平面几何、平面三角及力学，各题深浅不一。但未成系统。有清光绪二十四年（1898）广州刊本。（孔国平）

经算杂说 数学书。清潘应祺撰。1 卷。从《书经》《禹贡》《春秋》《礼记》《周官》《考工记》及历代史志等经典著作选择若干数学及天文问题，参照近代理论予以阐释，有独到见解，尤其是对古今中外的宇宙模型进行比较，崇尚哥白尼学说。卷末《跋畴人传》宣扬西算源于中国，主张"熔西洋之巧算，入大统之型模"，思想趋于保守，但列举若干中国古代与西方近代科学相符的数学及天文成果，对科学史研究尤其是比较科学史研究有所补益。有清光绪二十四年（1898）广州成文堂刊本。（孔国平）

学一斋勾股代数草 数学书。清徐绍桢撰。2 卷。因与友人陈六蘷研讨勾股弦和较相求诸术，六蘷成代数 1 卷。对直积回求、容方容圆诸题，未尝演算。清光绪二十四年（1898），与学生严杏林、严槐林、游曰信共同演算勾股弦和较相求诸题，成书 2 卷。其书先画勾股、直积、容方、容长方、容圆、九容各图，讲述勾股弦和较相求的原理。然后演算各种例题，如勾

弦之积为 15，股弦之积为 20，求勾股弦；又如，勾之 1/2 乘弦为 120，勾股较乘股为 64，求勾股弦；股乘 5，除以弦得 4，勾股较乘勾为 108，求勾股弦等各题。所列算式较繁杂，但过程较详，便于初学者。有清光绪二十四年（1898）刻本。（孔国平）

算学杂识 数学书。清曹汝英撰。10 卷。前卷为数学，以介绍由西方传入的初等数学为主，也有少量中国传统数学知识。内容由浅入深，先讲笔算，继之以代数、勾股，然后是平面三角、球面三角及有关测绘问题，最后讲曲面体及圆锥曲线。有理有法，并辅以图表。采用近代数学符号，但未引入阿拉伯数码。后 3 卷介绍由西方传入的气候学、声学、光学、力学，以及火器、铁路知识，并能结合国情及自己的实验予以阐发。有清光绪二十四年（1898）广州成文堂刊本。（孔国平）

蒲葵栽制法 农书。清刘敦焕撰。共 17 个小节。第 1 至 13 节，介绍蒲葵的制作技艺，分别为"形质""葵种""播植""分秧""种法""肥料""施肥时期""害虫""害虫捕治""生长""割粗叶"等。第 14 至 17 节，介绍葵扇的加工技术，包括"曝叶""蔫烘""制扇""苏制"。是清末记载新会蒲葵栽培和葵扇制作的专书。有清光绪二十六年（1900）江南总农会罗振玉编《农学丛书》（初集）石印本。（赵飞）

种木番薯法 又称《树葛种植法》。农书。中国第一部木薯专书。清梁廷栋撰。成书于清光绪二十六年（1900），发表于《农学报》第 103 期。共 993 字，分为形状、性质、治地、种法、收挖、留种、制粉、计利等 8 个部分，对海外传入的木薯的性状、栽培技术、加工及生产经营分别作简明而系统的

介绍，反映了晚清时期木薯在两广地区的发展情况。有《农学丛书》（第 2 集）本。（倪根金、郭健英）

树葛种植法 见"种木番薯法"。

天地问答 天文地理书。清张隽撰。7 卷。卷 1 为"天地总"，综述清代对天地的认识，有不当之处；卷 2 为"天文上"，辨盖天、浑天、宣夜三说，苛求于古人；卷 3 为"天文中"，述日月之行，颇多错误；卷 4 为"天文下"，对利玛窦、第谷传入的西方天文学知识，加以辨识，错谬百出；卷 5 为"地理上"，以中国古籍所记地理与利玛窦所传西方地理知识相比较，亦多荒谬；卷 6 为"地理中"，对《禹贡》《史记》所记地理知识加以解释，错误较少；卷 7 为"地理下"，对古代文献有关潮汐的记载加以解释，错误较少。在西方近代天文地理知识传入中国时，以捍卫孔孟圣儒之学为旗帜，声讨地为圆球之说，抨击星体大于地球之论，反对地、月、五星绕日而行的科学理论等，反映了当时一部分士子对近代科学的顽固态度。有清光绪二十六年（1900）刻本。（孔国平）

直方大斋数学上编 数学书。清曹汝英撰。13 卷附 2 卷。成书于清光绪二十九年（1903）。该书为曹汝英在广州学堂时所编教本。卷 1 为前言与习问，卷 2 为加法，卷 3 为减法，卷 4 为乘法，卷 5 为除法，卷 6 为公约数，卷 7 为公倍数，卷 8 为零分数，卷 9 为比例，卷 10 为面积，卷 11 为开平方，卷 12 为体积，卷 13 为开立方。后附各题正确答案。附卷上 4 目为"连分数""小分数""循环小数""多项数"，附卷下 3 目为"百分法""差分""揉合法"。是一本以西方传入数学知识为主的初级课本，浅显明晰。有清光绪二十九年（1903）羊城刻本。（管成学）

算术驾说 数学书。清潘应祺撰。11卷。"驾"，传也，"驾说"为传述前人学说之意。全书由浅入深，循序渐进。各卷依次为加、减、乘、除求最大公约数及最小公倍数、分数、单位换算、比例、平方及开平方、立方及开立方、诸乘方及开诸乘方（即求高次方根）。是一部内容比较全面的算术教科书。系统性较强，后说所用之理，必为前说已言。书中算理、算法相辅而行，法后均有相应习题供演算。采用近代数学符号，但未引入阿拉伯数码。有清光绪三十三年（1907）番禺潘氏刊本。（孔国平）

百砚斋算稿 数学书。清凌步芳撰。8种19卷。清光绪三十三年（1907）成书。受维新思想影响，引入西洋算学多种，用广东花码字，译辑了《割圆捷术通义》2卷、《衍粟布衍草》1卷、《算学答问》1卷、《指数变法》1卷、《重学详说》6卷、《微分详说》3卷、《积分详说》4卷、《火器略说》1卷，后5种未刊印。光绪二十八年（1902）开雕。其中《割圆捷术通义》全名为《杜德美割圆通义》，卷上为"圆径求周""通弧求通弦""通弧求矢""弧背求正弦""弧背求正矢""通弦求通弧""矢求通弧""正弦求弧背""正矢求弧背"9术，对此9术列式画图详解。卷下分"圆径求周""圆周求径""圆周求径又法"等33术。除"弧求余弦"等3种外，其他30种方法，皆为凌氏新定。《衍粟布衍草》是丁果臣所辑本改编，对原术详加解说并补充新术。此书分为10款，先立术后释术。题目多为利息问题，数学知识涉及开方术、天元术等，一题常用多法。采用了若干近代代数公式，但未引入阿拉伯数码。《算学答问》以文字叙述为主，算式不多，采用问答形式，涉及平面三角、比例问题、堤坝求积公式、物体重心、杠杆原理、引力问题等，对《算学启蒙》（朱世杰撰）、《代数术》（华蘅芳、傅兰雅译）、《重学》（李善兰、艾约瑟译）诸书中疑难之处予以解释，并纠正屈曾发《九数通考》中的个别错误。在理论上并无创新，但能比较深入地理解各种数学及力学问题，并针对学者的疑难详加阐述，有益于自然科学知识普及。《指数变法》全名为《指数变法汇钞》。《火器说略》是求炮弹射出的抛物。现存凌仲孺后裔凌慕增处，并保留有《微分详说》《积分详说》原作手稿和一部分木刻版。有清光绪二十八年（1902）、光绪三十二年（1906）广东凌氏百砚斋刊本。（孔国平、柏峰）

广东化学会实业报 化学刊物。近代中国最早的化学专业杂志。利寅创办。1910年5月在广州创刊。每月出2期。利寅、李应南担任总理。陈望曾、张弼士等担任名誉赞成员，唐有恒、利寅、区锡恢、罗听余、莫思远等担任编撰员。每期刊登10余篇文章，介绍化学理论、化学应用。栏目包括《论说》《学理》《应用》等。在清末普及化学知识，推广化学应用和补益实业上有一定的促进作用。（倪根金）

岭南蚕桑要则 蚕桑书。清赖风韶撰。1卷。清光绪三十四年（1908）赖风韶在其乡罗阳集资倡办蚕桑实习局，宣统三年（1911）成书。记述蚕桑实习局局创办经过、规则章程及栽桑养蚕、缫丝织布等技术，包括《罗阳蚕桑实习纪始》《倡办蚕桑实习局章程》《各员权限》《劝农刍言》《种桑要则》《蚕房须知》《蚕器须知》《饲蚕须知》《论蛾眠》等28则。《种桑要则》介绍大面积播撒育苗方法和苗圃管理中追施豆饼粉技术，对桑树栽植、桑园施肥、树型养成、中耕除草、桑叶采收等项有先进技术和经验叙述。养蚕要则对种茧种蛾的选择、预计叶量、给桑次数、蚕箔、蔟中保护（火焙法）等项有独到见解。是清代广东蚕区最后一部蚕书，对清末罗定地区的养蚕缫丝业起着重要指导作用，提供了关于蚕业与农业经济之间的资料。有清宣统三年（1911）泷阳蚕桑义学刻本。（余格格）

矿学真诠 采矿书。清王汝淮撰。13卷。清宣统三年（1911）始撰。王汝淮认为中国采矿古法失传，新法尚未发明，各地开矿盲目开挖，收效甚微，遂以英国老师的教材，参考世界各国采矿文章，加上亲自考察所得，编成此书。卷1讲矿产，涉及地质学、矿物学与矿床学，以围岩与矿产的关系为重点；卷2讲采矿，重在讲述勘探方法；卷3讲打钻，通过钻探，查明储量，兼及钻机构造，事故处理；卷4讲采矿工具，分挖矿、开隧、碎石等机器；卷5讲矿井，分图式、支护、排水等项技术；卷6讲挖矿，分述露天开采与地下井巷两种技术；卷7讲撑架，介绍井巷所用木撑、砖撑、金属撑等；卷8讲灯光，叙述井下各种照明方法；卷9讲井巷运输，分竖井、斜井、巷道、地面等项，工具有射管、流筒、车辆等，动力用水力、电力、蒸气等；卷10讲井巷通风，分天然、炉火、机器等项介绍；卷11介绍矿井提升技术，工具有辘轳、滑车、吊箱等；卷12讲排水技术，介绍过江龙、起水桶、抽水机等；卷13讲选矿，淘洗分手工与机器两项，选矿分流水、蒸气、磁力、沉淀等技术。熔中西采矿技术于一炉，是一部详尽的采矿学专著，也是第一部中国人写的矿务学教科书，开近代中国采矿学之先河。有清王汝淮石印本传世。（管成学）

琼州海黎图 清代以图文并茂的方式反映海南黎族社会风貌的画册。撰者不详。包括《琼州海黎图》《琼黎一览

图》《琼黎风俗图》。《琼州海黎图》15 幅图，涵盖海南岛地理古图、黎族居处、对歌择偶、婚聘、迎娶、聚会饮食等内容。《琼黎一览图》19 幅图，再现黎族传统的猎、渔、耕、采香等生活场景。《琼黎风俗图》15 幅图，展现黎族传箭、采藤、织、交易等内容。出自清代不同作家之手，内容、形式相似，多角度描绘了清代黎族传统生产、生活习俗。是清康熙、雍正时期治理海南黎族过程中，官方为掌握"黎情"而绘制的黎族风俗的图画。对海南黎族历史的研究具有极高的学术价值，是研究海南黎族重要史料。（谢萍）

农荟 农学丛书。广东香山县黄旗都农会编订。清末刊印。共 33 册，192 卷，包括农学总论二 23 卷、土质 5 卷、气候 1 卷、肥料 5 卷、农具 5 卷、植物总 7 卷、森林 7 卷、种子学 4 卷、果实类 7 卷、茶业 4 卷、谷类 4 卷、蔬菜类 11 卷、花卉 8 卷、动物 1 卷、家畜类 10 卷、家禽 7 卷、蜜蜂 2 卷、蚕业 26 卷、纺织 4 卷、水产 11 卷、农事制造 17 卷、农家传 11 卷等。篇目多为译自欧美、日本的农学著作与中国古农书，也有当地人所译著者，如第 3 册香山黄旗都农会成员张寿浯著《农学论》。除介绍农学、耕作学、土壤学、水利工程学等近代农业科学知识外，也有述及香山沙田的耕作法、种稻法、种豆法、种蔗法及广东茶叶生产情况。（杨柳）

广东阳春县实业调查报告 调查报告。清许南英撰。1 卷。许南英光绪末年官阳春知县，任内向上司呈报县情而成是书。分农、工、商三部。《农部》下分田亩、水利、山陵、池沼、谷产、隰产、圃利、林利、水产、畜产、农时等 11 项；《工部》下列农产制品、动物制品、矿物制品等 3 项；《商部》仅列销行本地之商业 1 项。反映了清末阳春山区农林业的破败情况。有清《农学丛书》（第 6 集第 72 册）本。（冯秋季）

广东实业调查概略 调查报告。清祥林撰。1 卷。光绪末年，祥林官广州府通判，任内综合各地调查材料成书。分农、工、商三类。《农类》下列田亩、水利、山陵、池沼、物产、隰产（74 种）、圃利（58 种）、林利（64 种）、水产（90 种）、畜类、农时（实为广东月令）等 11 项。《工类》下列农产制品 13 种、动物产品 5 类、矿物产品 5 类，各详其产地。《商类》下分销行本地商业（72 种）、销行外省之商货（28 种）、销行外国之商货（36 种）等 3 项。所述产品多有计价，是研究清末广东经济贸易的宝贵资料。有清光绪二十六年（1900）《农学丛书》（第 6 集第 72 册）本。（冯秋季）

徐闻县实业调查概略 调查报告。清何炳修撰。1 卷。何炳修任广东徐闻县知县时对当地实业状况进行调查而成。分农类和手工类 2 项。农类下列田亩、水利、山陵、谷户、杂产、园圃、林产、水产、畜产、农时等 10 项。手工类主要是制糖业，下列蔗田、每亩植蔗数、种植法、转种、灾害、收采、利益、制糖器具、制糖法、制糖成本、糖厂及造糖人户、糖之价值等 12 项，末附商号、输出数额、厘税、商况 4 项。是研究清代雷州半岛农业和手工业、商业发展的重要资料。有清光绪二十六年（1900）《农学丛书》（第 6 集第 72 册）本。又载光绪三十年三月上（1904 年 4 月）《农学报》。（冯秋季）

端溪砚坑考 工艺书。清计楠撰。1 卷。重点介绍端溪砚的诸多坑口，比如龙岩、将军坑、水坑、大西洞、梅花坑、半边山岩、蚌坑石等，对各坑口的石质也有描叙。另著有《石隐砚谈》，1 卷。认为端溪砚始于唐代武德年间开采，并论及砚台品相、石眼发墨等情况，见识精当。有 1914 年秀水金氏梅花草堂铅印本、民国神州国光社《美术丛书》（3 集第 7 辑）本。今有江苏古籍出版社 1999 年《端溪砚考集成》本。（倪根金）

手工制造业作坊组画 图书。大英图书馆藏。4 册。每册 10 幅画，每幅画都是对相应手工制造产品步骤与生产

铸铁锅组画之落模、烧模

工艺的图像展示；封面统一用一种比较粗的绿、蓝和黑色的丝布制成，其上绘有黄色佛教万字图案，丝布是中国制造的，很可能是佛山产品，这与伦敦惠康图书馆（Wellcome Library）所藏 187 号通草纸画册封面所用的丝布完全相同。第一组为铸铁锅组画，绘制的实际是"铸铁锅"而不是"铸铁"，所绘的是佛山著名的铁锅铸造作坊，与明代宋应星《天工开物》所记"铸釜"工艺基本相同，是民间广泛使用的半球形铁锅。第二组为造铅粉组画，绘制的是铅粉（实际是白铅粉）的制造过程。第三组为造红铅组画，"红铅"即铅丹（又称殊粉、朱丹、铅华等），化学名四氧化三铅（Pb_3O_4），常与黄色氧化铅（PbO）黄丹混合生成，反映了清代的制造方法基本沿袭明代，可能作坊主和匠师们出于保密的原因，没有将制作铅丹的真实配方和关键的制作工艺告诉画师，画中的制造工艺有的与历史所记载的并不完全相同。第四组为造银朱组画，"银朱"化学名红色硫化汞（HgS），天然的中

国古代称丹砂、辰砂、朱砂，英文名 Cinnabrais 或 cinnabar；人工合成的中国古代称紫砂、灵砂、小还丹，明代称银朱。反映了清代手工制造业作坊的工作情况以及手工业技术的情况。（黄超）

广东农林月报　农业刊物。1916 年 10 月 1 日创刊。广东省地方农林试验场编行。月刊。栏目包括《农学论著》《农业》《林业》《蚕业》《气象》《杂俎》《调查》等。作者主体是试验场师生。所刊文章既有农业地位论述，也有各地农业调查，更多是农林牧蚕等业种养技术的探讨，如创刊号上的《农业救国论》《种椰子说》《广东特产荔枝栽培法》《罗定蜜柚栽培法》《春蚕种类记》《适于粤省之速效林木》《广东烟丝商状调查记》《花县种烟草业调查记》等。传播了农业知识，推动了试验场师生农业研究。是民国广东最早的农业刊物。（杨柳）

钨　图书。英文专著。王宠佑、李国钦合著。内容涉及钨的历史、性质、地质、选矿、冶金、分析、应用和经济等，内容丰富，为学术界瞩目。是美国化学学会自 1921 年起出版的化学专著系列丛书的第 94 本，先后出版 3 次。（黄超）

农事月刊　农业刊物。1922 年 7 月创刊。岭南农科大学劝农部发行，1927 年后由岭南大学农学院发行。前 48 期为单月刊，后 24 期改为《农事双月刊》，中间几度停刊又复刊，1932 年 6 月最终停刊。共出 75 期。分《著作》《林业》《园艺》《畜牧》《调查》《杂俎》《新闻》《行情》《小说》《粤讴》《农歌》等栏目。刊载国内外农业科教研究论文，也刊登一些农业信息和纪念短文。如高鲁甫《高州发现奇树》《雷敬刚》分别是国内对珍稀缅茄树、华人园艺家刘锦浓的首

次报道和介绍。作者以学校师生为主，有高鲁甫、郭华秀、邵尧年、程葆元、容秉衡、张世雄等。民国广东重要农业刊物之一。（杨柳）

农声　农业刊物。创办人张农。1923 年创刊。初为学生会会刊，每月 3 期，从 81 期升格为农学院院刊，1928 年改为月刊。抗战时期坚持出版，1949 年 1 月复刊 1 期后停刊。刊发学术研究论文，采取连载的方式介绍有关学科的基础理论；刊登通俗易懂、图文并茂，用于传播农业生产知识的科普文章。栏目包括《研究》《译述》《论坛》《调查报告》《特载》《文艺》《农谚》《农林消息》《农林顾问》《农林常识》《校闻》《本院气候观测报告》等。是民国时期广东存在时间最长、影响最大的农业刊物，民国农学研究成果发表和交流重要阵地。共出 232 期。（杨柳）

南中国丝业调查报告书　调查报告。考活（C. W. Hocward）、布士维（K. P. Buswell）著。1925 年出版。1923 年，广东省政府为改良发展蚕丝业，设立广东全省蚕丝改良局，委任岭南农科大学蚕桑科主任、美国教授考活为局长，考活与布士维率队历时 4 个月调查了两广蚕桑地区 32 个县 146 个市镇以及 71 个蚕丝市场，深入 340 户蚕农、152 家蒸汽缲丝厂和 23 家脚力缲丝厂，其中在顺德调查的点位最多。全书 12 章，系统地记载了当时两广种桑、育蚕、制丝、生丝贩卖等各个方面情况，并提出了改良发展的意见，对此后广东的蚕丝业改良和复兴具有重要的参考作用。文末附顺德、香山两县各桑区肥料调查报告书、广东气象观测表。1925 年岭南农科大学出版英文版和黄泽普译的中文版，1981 年刘仕贤重点摘译了前 5 个章节，印刷成《华南蚕丝业之调查》。（杨柳）

西沙岛东沙岛成案汇编　调查报告。陈天锡编。1928 年广东省实业厅出版。由《西沙岛成案汇编》《东沙岛成案汇编》二书合编而成。主要介绍广东省政府 20 年来开发经营西沙群岛和东沙群岛的经过，有详细的地图和附录。内容包括历史记载的西沙、东沙诸主要岛屿的地理位置与发现过程，精确的经纬度数、交通里程、平方面积、物产资源、历史沿革、行政区划、岛上建设，以及清政府与日本、越南等国对群岛主权之争的外交电文、案牍文件等，分门别类加以考证、整理，附注详细说明。是中国有关西沙群岛、东沙群岛最早、最系统、最完整的历史文献，以众多翔实的历史资料无可辩驳地全面论证了东沙、西沙两岛属于中国的历史事实。（余格格）

调查西沙群岛报告书　调查报告。沈鹏飞编。1928 年 5 月，在中山大学推动下，为"谋国权之巩固，与图地利及实业之发展"，广东民政厅、实业厅、建设厅，南区善后委员会公署、第八路军总指挥部、海军司令部、测量局、中山大学、两广地质调查所等组成调查队，由中山大学农学院院长沈鹏飞主持。丁颖、陈达夫、朱庭祜等于当月 22 日乘"海瑞"号军舰前往西沙永兴岛、赵述岛、石岛、琛航岛等进行为期 16 天的实地调查。返回后递交各专题调查报告，由沈鹏飞汇总编辑。共 7 章，包括西沙群岛的地理、历史、主权、海流、气候、物产、生物、磷酸矿和农业经济价值等，并附有西沙群岛地图、照片、调查西沙群岛日记等。全面详尽地反映西沙群岛各方面的情况，提出西沙群岛面积虽小，却关系海权领土问题甚大。为国内各方面所重视，也为国外学者所注目，以权威性、无可辩驳的历史事实论证西沙群岛属于中国。今有台湾学生书局 1975 年《中国南海诸群岛文献汇编》本、海南

出版社 2004 年《海南岛志》本（附录四）。参见第 1273 页海洋文化卷"调查西沙群岛报告书"条。（余格格）

广东各江水源林调查报告书　调查报告。广东省建设厅农林局林业系编。是《东江水源林调查报告书》（1930 年）、《韩江水源林调查报告书》（1931 年）、《北江水源林调查报告书》（1931 年）、《南路水源林调查报告书》（1931 年）、《琼崖水源林调查报告书》（1932 年）5 部水源林调查报告书总称。目的是了解广东水源地森林及荒地概况，为建设水源保安林做准备。每部调查报告前均有大量水土流失、森林植被、伐木业等情况的照片，并附有调查区域的地图，文末附有调查日程。《东江水源林调查报告书》调查者张福达、李觉、许纬东。15 章。依次为绪言、调查区域、气候、地质、农民状况、本流与支流、降水量与水流量之关系、流水中含有固形物之成分、土砂之崩坏、沿江之森林及荒山、森林植物之分布、木竹材之采伐利用、保安林编入区域、林业上今后之设施、结论。《韩江水源林调查报告书》调查者李觉、马兆彤、许纬东。15 章。《北江水源林调查报告书》调查者陈时森、李觉、何庆功。12 章。《南路水源林调查报告书》调查者王显智、李觉、凌树藩。13 章。《琼崖水源林调查报告书》调查者李觉、陈时森。13 章。后 4 个调查报告章节设置与《东江水源林调查报告书》类似，各有所偏重。如《琼崖水源林调查报告书》增加"汉黎生活状况"内容。内容详细全面，为水源林保护提供切实依据。是民国时期最系统的省级水源林调查报告。（黄国胜）

矿业特刊　调查报告。广东省建设厅矿冶组组织编纂。1930 年 4 月起，省建设厅分别组织东江、西江、北江、

南路和中区 5 个调查团先后历时 1 年调查 52 县，19 类矿产，112 个矿区。1931 年 8 月出版。由论著、报告、法规、公牍、统计等部分组成。论著部分阐述广东矿产资源禀赋特征，探讨广东矿业发展的方向，矿业与工业互动关系，着重论述煤铁矿、钨矿等重要基础性能源、金属矿产采炼问题及对外贸易问题。报告部分主要分东西南北中五路调查报告，对各路主要矿产种类作系统梳理，尤对各矿位置及交通、地质地势、矿质矿量、采炼沿革等内容进行详细阐述，针对各矿实际提出建设性结论见解。附有矿产分布表、矿产出口统计等表格 11 幅。共编制东南西北中各路矿区报告书 5 本，另有矿质标本 200 余宗、化验 75 宗。是 20 世纪 30 年代针对广东矿业调查最详尽的一部专著。（李丹丹）

续桑园围志　水利书。民国何炳堃纂修。16 卷。1919 年温肃、周廷干、岑文葆等倡议重修，1920 年始修，1923 年成书，在《桑园围总志》《重辑桑园围志》的基础上修成。对前志已记载的内容，"撮举大者以存其梗概"，详载前志未载录的内容。前有温肃、岑兆征序。16 卷 16 门，卷 1 为奏议，卷 2 为图说契附末，卷 3 为沿革，卷 4 为修筑，卷 5 为抢救，卷 6 为蠲赈，卷 7 为拨款，卷 8 为起科，卷 9 为义捐，卷 10 为工程，卷 11 为章程，卷 12 为防患，卷 13 为渠窦，卷 14 为祠庙附产业，卷 15 为艺文，卷 16 为杂录。其中卷 1 奏议，因已入民国，本无奏议，所辑清光绪十四年至宣统末奏议因佚失，故本卷仅沿旧例立目，实际没有内容。侧重对甲寅（1914）、乙卯（1915）大水及其情况的记录。对清末民国时期珠三角地区的水利工程、农业等研究有较高的价值。有 1932 年铅印本。今有广西师范大学出版社 2014 年"西樵历史文化文献丛

书"本。参见第 183 页历史卷"桑园围志"条。（张贤明、卢家明）

琼农　农业刊物。1934 年 3 月创刊。中山大学琼崖农业研究会创办。月刊。以研究海南农业为宗旨。1935 年 8 月起刊名改为《琼农月刊》，1937 年 7 月停刊，1947 年 3 月复刊，至 9 月最终停刊。内容以研究琼崖农林事业发展和灌输农林科学知识为主。包括专业论文、农业常识介绍、对琼崖县社会情况调查、对琼崖农业发展建议。栏目包括评论、论著、农况、琼闻等。对推动当时海南农业开发起到了一定作用，是民国时期海南的唯一农业刊物。共出版 47 期。（杨柳）

广东农业通讯　农业刊物。1940 年 10 月创刊。月刊。广东省建设厅农林局编印发行。后更名为《广东农业战时通讯》，增加广东粮食增产督导处为发行单位。1942 年出版第 27 期后停刊。以推广农业科学、促进农业生产为宗旨。主要评论战时广东粮食、农村、水利等农业问题。内容包括学术论文、政府公文等。栏目包括特载、

1943 年第 3 卷第 1、2 期合刊
《广东农业战时通讯》

论著、研究、农林知识、农林通讯、报告、农林消息等。是了解抗战时期广东农业政策、农学研究和农业推广等的重要资料。（杨柳）

广州刺绣针法 刺绣书。广州市工艺美术研究所编写。1959年9月广东人民出版社出版。归纳总结30多种广绣针法，包括绒线绣和金银线绣针法，常用针法有扭针、捆针、续针等，象形针法有篷眼针、竹织针、方格网针等，辅助针法有珠针、钉针、辅针等。具体系统整理广绣针法要诀：针脚整齐，针步均匀，手法要光亮平滑；纹路要纹法有理，浓淡得宜；象生要应物象形，更求神似。表现人物时，应根据画稿的不同要求，以虚实、层叠、注重刺绣的绣纹渗绣，使线、面结合表现人物气质，花鸟绣则注重平齐、细密、和顺、均光等艺术风格，广绣刺绣针法力求主题突出。是一部系统归纳整理广绣针法的著述。（孙恩乐、朱广舟）

广东人民出版社1959年版《广州刺绣针法》

中国水稻栽培学 学术著作。丁颖主编。1961年10月农业出版社出版。77万字。系统论述了中国稻种起源、演变、形态、生理、栽培条件、分类、选种和全国各省区优良品种的概况。根据

古书记载、字体演化，以及各地野生稻种的发现和稻谷凝块的出土，系统证明中国是水稻原产地之一；指出灿、粳稻，早、晚稻，水、陆稻，粘、糯稻的品种演变规律。叙述和分析中国水稻栽培技术，包括从播种到收获的整地、育秧、密植、施肥、灌排、管理、轮栽、病虫、农机、加工等技术措施问题，提出要获得水稻大面积均衡持续增产，必须全面运用综合的农业技术措施。是中国第一部水稻理论专著。（谢萍）

眼科学 眼科教材。陈耀真主编。1963年8月人民卫生出版社出版。17章，第1章绪论，第2章介绍视器发育、胚胎、解剖和生理，第3章眼检查法，第4至17章分别记述眼睑病、泪器病、结膜病、角膜病、巩膜病、虹膜睫状体病、晶状体及玻璃状体病、青光眼、眼底病、眼外伤、眼眶病、屈光、眼肌病、盲等眼病类型。中国第一部全国高等医学院校通用教材，标志中国医学眼科学的教育工作开始向现代眼科科学普及迈进。（黄国胜）

海南植物志 地方植物志。1957年中国科学院华南植物研究所提出编写计划，主编陈焕镛，副主编张肇骞、陈封怀。4卷，分别于1964年、1965年、1974年、1977年由科学出版社出版。收载海南岛野生及习见栽培维管束植物，对每一种植物的形态、产地和分布地区都有比较详细的介绍，大多数的属都附有插图，以供对照。第1卷记载蕨类植物、裸子植物及被子植物中自双子叶植物的木兰科至龙脑香科，共113科，330属，881种。第2卷记载双子叶植物的桃金娘科至蛇菰科，共44科，287属，844种，1亚种，47变种，3变型。第3卷记载双子叶植物的鼠李科至爵床科，共56科，409属，927种，66变种，3亚种，4变型，4栽培变种。第4卷记载双子叶植物的

马鞭草科至单子叶植物的禾本科，共46科，321属，739种，3亚种，58变种，5变型。开创中国人用现代植物分类学方法编写植物志先河。（黄国胜）

广东植物志 植物志。中国科学院华南植物研究所（2003年更名为中国科学院华南植物园）编，主编陈封怀、编辑吴德邻。10卷。其酝酿和构想编写可追溯到1929年陈焕镛建立中山大学农林植物研究所时。书中记载广东省野生和习见栽培的维管束植物逾7000种，对各科、属的特征均有简要描述；对每种植物的形态、产地、分布、生境和经济用途均有较详细的介绍。并附有中名及学名索引，以便查对。该书第1、2卷完稿于海南建省之前，因此海南植物亦收载于各卷中。1974年第1卷完稿，1987年广东科技出版社出版。1991年第2卷出版，1995年第3卷出版，2011年底出版完毕。是专门记载广东植物资源的权威性著作。（黄国胜）

中国农业科学技术史稿 学术著作。梁家勉主编。93万字。1989年10月农业出版社出版。分原始社会、夏商西周、春秋战国、秦汉、魏晋南北朝、隋唐五代、宋元与明清8个时期，对各个时期农具与动力、农田水利与土地利用、作物结构、土地耕作、肥料、良种选育和繁殖技术、栽培管理技术、园艺、茶业、蚕业、畜牧兽医、渔业、食品加工与储藏、农学文献与农学思想进行论述，揭示从农业发生（约1万年前）到1840年鸦片战争前后，中国农业科学技术发展历程和发展规律。附有插图150余幅。首部系统论述中国古代农业科技历史与成就的专著，是中国农学史研究上集大成的著作，填补了中国农业科学技术通史著作的空缺。（谢萍）

十二 建筑卷

概 况

岭南建筑 区域建筑。岭南气候高温多雨，民俗民风独特。在社会经济文化发展中，形成广府、潮汕、客家三大民系，各自形成独有建筑风格，形成岭南建筑特色。按形成先后，可分为特色鲜明的三大类：古代建筑、近现代建筑和当代建筑。古代建筑主要分广府建筑、潮汕建筑、客家建筑三种类型。受多元文化和岭南气候地理影响，形成以天井庭院为中心、内部空间开敞、室内外空间联系密切的特点；创造天井、厅堂和巷道组成的通风体系。采用三间两廊、明字屋、竹筒屋、围龙屋、围楼、四点金、下山虎、三壁莲、驷马拖车等典型平面。造型规整朴实，就地取材，庭院常有水、石、廊、桥等要素，装饰带有南国风情，营造工艺别具特色。近现代岭南在外来文化影响下，形成医院、学校、百货公司、电影院、博物馆、工厂、茶楼、骑楼等新建筑类型，体现面对外来建筑文化时的自我调适、理性选择和融会创新；近代侨乡建筑有明显的中西合璧风貌特征。新中国成立以后，当代岭南建筑形成平面开敞、空间通透、造型轻巧、色彩淡雅、环境融合、兼容并包等总体特征，现代主义与地域特色结合紧密；注重探讨建筑热工学性能，达成较好热舒适度，在文化博览建筑、大学校园规划、教育建筑、高层建筑、体育建筑创作方面形成较大影响力。古代建筑是中国物质文化遗产和非物质文化遗产宝库，凝聚岭南先民生存智慧和创造才能，形象传达出岭南传统文化基本精神及其深厚意蕴，表现岭南传统文化价值系统、民族心理、思维方式和审美理想。岭南是中国近代革命策源地，在全国重点文物保护单位中，以近现代重要史迹和纪念物所占比重最多。当代建筑从地域技术特征、社会时代精神和人文艺术品格等方面展现岭南建筑文化地域性格，体现岭南文化务实、开放、兼容、创新等特点。（唐孝祥、冯楠）

广府建筑 建筑类型。主要分布在以珠江三角洲为核心的广府民系聚居地区。具有规则有序、深池广树、连房博厦、装饰多样的风格特点。包括广府公共建筑、广府传统民居和广府庭园建筑等。公共建筑一般指宫殿、寺庙、祠堂、书院等建筑物或建筑群，具有依山就势、多重院落、规模宏大的空间形态特色。传统民居常见类型有明字屋、三间两廊、竹筒屋、大型天井院落式民居等。庭园建筑主要包括建筑绕庭布局和前庭后院布局两类。建筑布局与构造注重通风、防潮、防晒，建筑装饰具有多元性、包容性、重

广府建筑

商性、实用性特点。（陆琦、陈家欢）

潮汕建筑 建筑类型。主要分布在广东省东部沿海等潮汕民系聚居地区。具有密集聚居、中轴对称、多元组构、色彩绚丽的风格特点。主要包括潮汕公共建筑、潮汕传统民居和潮汕书斋庭园等形式。公共建筑以祠堂和庙宇为主，规模较大，强调中轴对称。小型传统民居多为小面宽大进深的平面形态，常见竹竿厝、单佩剑等形制；中型传统民居一般为爬狮下山虎、四点金、五间过、三坐落样式，平面布局上讲求庄正严谨，左右对称；大型传统民居由中、小型民居简单平面通过适当排列组合形成，主要有七间过、八厅相向、二落二从厝、三落四从厝、三壁连、双佩剑、驷马拖车、百鸟朝凰等多种类型，还有围楼、图库等特殊形式。书斋庭园将书斋和住宅组合在一起，以单个或多个庭园融入建筑群，形成园林化居住空间，有附建式和独立式两种。装饰手法多种多样，最为精彩是木雕、石雕、嵌瓷和彩画四种。（陆琦、陈家欢）

潮汕建筑

客家建筑 建筑类型。主要分布在粤东、粤北等客家民系聚居地区。客家民居主要是指客家先民在南迁后，为适应当地自然社会环境、维持传统风俗习惯及满足自身生活需求营建的传统集居式住宅。具有注重礼制、防御严密、讲究风水的特征。整体布局对称向心、祠宅合一。基本平面单元和

客家建筑

类型主要有堂屋、横屋、门楼屋、合面杠、堂横屋等形式。以基本平面单元组合发展成各种各样围屋类型，正屋和横屋组合较为常见，有的在后部再加上围屋，或四周围合形成围楼。组合类型有下山虎加横屋、大型堂横屋、围龙屋、杠屋（楼）、四角楼、方围楼、圆围楼等多种形式。（陆琦、陈家欢）

侨乡建筑 民居形式。近代广东侨乡一种中西合璧的建筑形式。主要集中在广东五邑侨乡、潮汕侨乡、梅州侨乡等地区。繁盛于19世纪末至20世纪中叶。经历中外建筑文化由接触到冲突再到融汇创新的过程。具有中西合璧时代特征、适合气候地理等适应性特征和兼容并蓄文化综合特征。平面布局灵活承袭中国传统营建制度，外观造型吸收西方外部装饰特征，采用西方材料、技术和引入外来空间形式。主要有三大类型：以商贸活动为主的沿街骑楼式建筑，用于居住的洋楼、别墅、庐与碉楼建筑，祠堂、教堂、学堂等公共建筑。近代中西文化交流重要见证。（陆琦、冯舒般）

侨乡建筑

岭南建筑学派 学术派别。岭南有着共同或类似学术理念的建筑师与建筑学者群体，形成有特定学术阵地、代表人物、学术思想、代表作品和学术影响的科学共同体。以勷勤大学建筑工程系、国立中山大学建筑系、华南工学院建筑工程系、华南理工大学建筑学院为主要学术阵地，林克明、陈伯齐、夏昌世、龙庆忠、佘畯南、莫伯治等为学派核心力量。以岭南现代主义建筑思想、建筑安全思想、亚热带建筑理论、岭南园林理论、"两观三性"理论、民系民居理论、文化地域性格理论等为代表性学术理论，注重建筑的自然适应性，致力表达岭南文化精神，探讨文脉延续的途径。代表作品包括广州华南土特产展览交流大会展馆、肇庆鼎湖山教工休养所、北园酒家、泮溪酒家、白云山庄旅舍、广州友谊剧院、西汉南越王墓博物馆、华南理工大学逸夫人文馆、广州粤剧博物馆等。建筑与庭园结合紧密，呈现轻盈畅朗、质朴明快、灵活自由、凉爽舒适、兼容并包、世俗享乐等地域特色。形成学术传承，为学派提供可持续发展动力，保障学术思想延续与创新。形成古建筑与城市防灾学、传统民居研究、岭南庭园研究、传统城市营建、建筑美学等重要特色方向。在文化博览建筑、现代校园规划、教育类建筑创作中取得较为突出的成绩。依托华南理工大学建筑学院、《南方建筑》杂志社、亚热带建筑科学国家重点实验室、华南理工大学建筑设计研究院、广东省设计院、广州市设计院等主要学术阵地，形成产学研一体化教学模式，呈现出理论与实践结合、秉持地域化科研办学方向、注重建筑专门史研究等整体特征，产生较大学术影响。（唐孝祥、李孟、冯楠）

风格·术语

排屋　民居样式。三开间或多开间横向并联而成的条形屋。主要分布于粤中、粤西及粤北农村。形制简单，多数有夹层。布局主要有两种。第一种是单栋式青砖排屋，一户人使用。根据厨房设置，又分为两种形制：一种是厨房不在屋内，另外单独设置，内部仅有厅和房功能，最简易的是厅和房合并使用；一种是两到三个开间，厨房设置于厅和房一侧。第二种是联排排屋，为多户分别占用多个开间，联排排屋有厨房与厅、房不相通，各自设有独立入口，有在房间内部将厨房与厅、房相联通。多采用土坯墙或砖木结构。山墙砌筑多用悬山和硬山两种，土坯墙多采用悬山，避免雨水直接冲刷墙面。砖墙有悬山形式，也有直接砌筑至顶硬山形式。以墙体承重屋面木檩条重量，被称为山墙搁檩，木檩条上铺椽子，椽子上铺瓦，以小青瓦互扣，不用瓦筒，也不用灰浆固定。基础多用块石，常见基础用石有花岗石、红砂石等，以当地容易取材为准，石质坚硬即可。外墙材料及做法因地而异，常见有土坯墙、青砖墙、石墙。室内地坪有灰土地坪、四合土地坪、大阶砖地坪，也有用砖铺砌者。在传统村落规划中，齐整并联排屋布局体现乡土社会均等共生思想。广东地区最简单的民居形式。（陆琦、陈家欢）

三间两廊　民居样式。三开间式建筑，前带两廊，和天井组成三合院住宅。平面内厅堂居中，房在两侧，厅堂前为天井，天井两旁称为廊的分别作厨房、柴房和杂物房之用。天井内通常有水井，供饮水用。广府地区主要民居形式。参见第1226页华侨·侨乡卷"三间两廊"条。（唐孝祥、白颖）

竹竿厝　民居样式。单开间式，通常厅、房合一，也有分开的，前带小院，后带天井厨房。开间跨度不大，4米左右。面宽一般为15—21坑（每坑约27厘米，即木行尺9寸），结构比较简单。进深最大可达十几米，是面宽的三四倍，故以竹竿来形容其窄长形态。潮汕地区常见传统民居形式。（唐孝祥、白颖）

单佩剑　民居样式。双开间式，由竹竿厝发展而成。平面进门为大厅，旁边是卧房，后带天井厨房。一般为平房，也有二层楼，开间跨度不大。入口开间的凹入，正立面给人明确不对称感，形成单侧跨佩剑之势，因而得名。潮汕地区常见传统民居形式。（唐孝祥、白颖）

双佩剑　民居样式。由单佩剑发展而成，三开间式，带后天井的三合院形式。在城镇中较多采用。潮汕地区常见传统民居形式。（唐孝祥、白颖）

明字屋　民居样式。平面为双开间，形似"明"字。平面布置较灵活自由。两个开间可大小不一，进深可长可短。厅前一般带有天井。由厅、房、厨房和天井等组合而成。厨房位置不同构成不同平面布置形式，一般有三种：一是厅、房在前，厨房在后；二是厨房在前，厅、房在后；三是厨房在中间，厅、房在前后。明字屋功能明确，平面紧凑，灵活自由，使用方便，通风采光好。在传统旧城镇中较常见，有的为节约还做成楼房。广府地区常见民居形式。（陆琦、冯舒殷）

竹筒屋　又称直头屋。民居样式。出现于19世纪下半叶。平面呈纵向条形，大型的向纵深延伸，短则7—8米，长则12—20米。中间设若干天井，有的建成楼房。一般分前、中、后三部分。前部是大门和门头厅；中部大厅，内设神楼，单层，较高，厅后为房；后部是厨房、厕所。三部分以天井分隔，廊道联系。靠天井和廊道解决内部通风、采光、排水和交通。室内隔墙不到顶，楼板做通风孔，增加层高，双层隔热顶，天台植花木，建凉亭等为通风隔热措施。19世纪末竹筒屋仍保留传统特色，外观单层，内常置夹层，有楼梯，石基砖墙，木构瓦顶。民国后由于西方建筑技术传入，采用混凝土梁和西洋建筑局部装饰，出现上设阳台的2、3层平顶楼房。粤中地区单开间民居形式。（陆琦、冯舒殷）

直头屋　见"竹筒屋"。

下山虎　民居样式。在潮汕农村中较为普遍。形制十分古老，在广州出土的汉代明器和北京故宫博物院隋代展子虔画作《游春图》中可见其原型。以大门为嘴，"伸手"为两只前爪，后厅为肚，厅两旁两间房为后爪，平面格局与下山之虎相像，因而得名。由三面房屋和一面墙壁组成，形成"一厅二房二伸手"平面格局。门楼较宽敞，是介于门楼屋和二堂屋之间的一种平面形式。正屋为三开间，中央为"厅"两侧为房，前为天井，天井两侧的厨房或储藏室称为"伸手"。适合小户人家生活居住。潮汕民系和客家民系地区三合院式民居形式。（唐孝祥、白颖）

四点金　民居样式。大型宅院基本构

成单位。前后两厅各有东西两间旁房占据整座庭院的四角而得名。平面布局规整，整体呈方形。正屋（大厅大房）和门楼间均为三开间居中轴，中间隔着天井，天井两侧各有厢房连接正屋和门楼间，形成围合，大门多开于门楼间中央开间，天井四周屋檐下有回廊，连通整座小院。方正对称的格局极易扩展为宗祠和家庙。潮汕宗祠就是在其基础上扩建而成。潮汕地区三合院式典型民居形式。（唐孝祥、白颖）

多间过 民居样式。在三开间的"四点金"基础上，正屋向左右拓展，增加两开间或四开间形成较为横长四合院落民居。按正屋总开间数命名为"五间过""七间过"，七间以上极为少见。"五间过"与"四点金"同为两进建筑，前后座比"四点金"向两侧各增加一间卧房。"七间过"则在"四点金"基础上前后座各向两侧增加两间卧房，中央天井相应横向扩大，天井两侧为厨房和储物间。多间过比"下山虎""四点金"能容纳更多人口，也可作为多壁莲、从厝式府第等更大规模民居形制组成要素。潮汕地区传统民居形式。（唐孝祥、白颖）

驷马拖车 又称三落二火巷一后包。民居样式。"落"是潮汕方言，即进的意思。是"四点金"的复杂化。因建筑格局像一驾由4匹马拉着的车子而得名。第一进院落凹字型门洞，俗称"门楼肚"，过渡厅东西两侧厢房为"前房"，院落中设有"反照"，也称照壁、影壁或风水墙，院落东西两侧"青龙门"和"白虎门"后分别有通火巷，是平行与主体建筑两侧、连接第一进与第二进院落通廊，与后面厝手间内外子孙门连接，常被称为"火巷"。第二进院落设有大厅，左右厢房称为"大房"，大厅前后各由

八扇禅门隔起来。第二进和第三进院落由南北厅和"厝手间"连接。第三进院落大厅后设有暗间，称作"后库"，后库左右有门通"后包"，是指三进院落后面一列房子，可在后部成片扩建"下山虎""四点金"。主体建筑前低后高，每一进递增三级石阶，突出主要厅堂，保证后进采光，反映潮汕地区严格区分尊卑上下、男女内外，又注重崇宗睦族文化传统。"反照"具有遮挡视线作用，通廊可停放交通工具，南北厅多用于待客，大厅则作议事和祭祖用。建筑功能齐全，方便聚族拜祖、聚众防守。潮汕地区聚族式大型民居形式。陈慈黉故居可作代表。（唐孝祥、冯楠）

三落二火巷一后包 见"驷马拖车"。

从厝式 民居样式。以四点金、多间过、多座落或多壁莲等形式的宗祠、家庙为中心，左右前后以从厝、前罩和后包围护，形成中轴对称、祠宅一体具有向心性民居建筑群。平面构成上分为两大部分：一部分是中轴线上核心体，有完整厅堂系统，常采取四点金等级以上各类平面形制，最常见是三座落；另一部分是围绕中部核心体的各种居住用房，根据其所处位置，前方的称前罩，后方的称后包，左右两侧的称从厝，统称为厝包。具体民居构成可根据需要进行选择，体现潮汕民间建筑在群体空间组织和形态塑造上的能力。有"潮汕厝，皇宫起"的美誉。潮汕地区大型合院式民居形式。（唐孝祥、白颖）

百鸟朝凰 民居样式。建筑由"三座落""三厅亘""八厅相向"等主体加上从厝、后包等组成，房间总数可达100间以上。整个平面系中轴线对称布局，建筑主体多路多进。相邻两座中间隔着天井，天井两侧各有厢房

连接各座形成围合。主体建筑两侧各有一列或两列排房，俗称"从厝"，以"火巷"隔开，"从厝"排屋一般是"一厅四房五间过"，或由两组一厅二房连成；主体建筑后面又有一列排屋，与两侧"从厝"排屋相连，与后厅以巷隔开，为"后包"；整座正门开于门楼间中央，门前有一大埕（即广场），大埕两侧均开有门，称"龙虎门"。规格达到100间围绕中心厅堂的"凰"，才称为真正的"百鸟朝凰"。对于研究清末民初潮汕社会经济发展和政治文化、社会思潮和传统建筑理论，具有较高的历史价值。潮汕地区传统民居形式。（陆琦、冯舒般）

图库 又称围。民居样式。平面呈方形，由"三座落""四点金"平面组合变化、发展而形成，是大型集居式平面住宅。形式与客家围屋近似，平面布局以"三座落"为主体，两侧带厝包，或一垂，或二垂，后面带后包。最大特点是四角有微凸的碉房，用于防御。外围高两层，也有三层。墙体是三砂土，坚实牢固，通常不开窗。中间为单层，厅堂是活动中心，出入口主要是大门。潮汕地区组合型民居形式。（唐孝祥、白颖）

围 见"图库"。

杠屋 民居样式。因其纵向排列，山墙朝前，纵列式横屋如同轿子两侧杠杆而得名。做成楼式者，则称作杠楼，也称杠式楼。杠屋或杠式楼最少有二杠，三杠，多至八杠。经济较落后地区常做成单层。经济水平较高地区，特别是华侨房屋，则做成楼房。建筑原则根据经济条件，首先建造最简单、实用的杠屋，留出空间，待经济条件允许后再建造祖堂。受风水地理的影响，根据阴阳五行测算建造屋式。客

家民居中较为简单的民居形式。（陆琦、冯舒般）

围龙屋　又称围龙。民居样式。主要建于山坡上。分为前后两部分，前半部是堂屋与横屋组合体，后半部是半圆形杂物屋，称作围屋。以堂屋为中心，或一堂屋（即单门楼），或二堂屋、三堂屋，在两侧加横屋，后面部分加围屋组合而成。围屋房间为扇面形，正中间称为龙厅，其余房间称为围屋间。横屋数量不拘，视家族人口而定，一定要对称。后围数量与横屋相应，以保持平面布局完整。有的门前禾坪周围砌高围墙，两端各开大门，称作"斗门"，形成封闭院子。禾坪前有低矮照墙和半月形池塘，作蓄水养鱼、浇菜灌溉和消防排水之用。规模宏伟，集传统礼制、伦理观念、阴阳五行、风水地理、哲学思想、建筑艺术于一体。在客家民居中数量最多。广东兴梅客家地区最常见的民居形式。参见第1212页华侨·侨乡卷"围龙屋"条。（陆琦、冯舒般）

围龙　见"围龙屋"。

围楼　民居样式。主要分布于江西、福建、广东一带。各地习惯叫法不同，江西多叫"围屋""围楼""土围子"，福建惯称"土楼""土围楼"，广东一带称作"四角楼""围"。分布各地围楼外观造型与平面格局有一定差异，建筑形态以方形和圆形最为常见，还有半圆形、椭圆形、马蹄形、多边形、扇形等。围楼中轴对称，礼制建筑居中，居住建筑环绕四周。典型平面布局为：中央是祖祠堂，外围是房间及仓库。厨房等其他设施布置在外围房间和中心祠堂间空地。大量居住、储藏等房间依外墙而建，外墙也作为整座围屋承重和防御。体现儒家思想中严格家族制度和含蓄隐秘家

庭气氛。客家人因循生存环境与坚守自身传统文化的体现。集祠、家、堡一体，具有鲜明防卫特征的封闭式客家民居形式。（陆琦、冯舒般）

戍楼　民居样式。一般设于建筑群中地势较高位置。平面体量小，进深、面宽和开间数小于其他民居。进深6—7米，面宽6—8米，多为二开间。高有3层、4层、5层不等，墙体厚重，3层以上墙体厚度常会骤减。多在村落入口、道路转角或沿河修建，也有与祠堂或民居组合布局。亦承担临时休憩和仓储功能。沿河修建时称水楼，以连州楼村水楼群为典型，顶部有跌落式马头墙或锅耳式山墙，整体形象高耸挺拔，沿河一侧18座水楼排开形成类似城墙戍楼群。粤北地区传统村落中用于防御、瞭望用的民居形式。（陆琦、陈家欢）

四角楼　又称方形角楼。民居样式。主要分布在广东北部始兴、翁源、新丰、连平一带，以及广东东部兴宁、五华一带。因在四角建有碉楼而得名。与早期围屋有关，也与江西南部土围子有渊源。一般中轴为堂屋，以三堂居多，左右横屋和上堂外墙相连成围，四角建高出横屋和堂屋一至二层碉楼，碉楼凸出檐墙1米多，墙体有枪口。正面三门，中间堂屋为入口正门，左右两侧横屋有小门，门前与围龙屋布局相同，有禾坪、前护墙、半月形池塘等，禾坪两头建出入口"龙虎门"。大多外围四周围合成"口"字状，内部平面布局有堂横屋，整个建筑平面如"国"字状。内部平面布局还有杠屋、排屋等其他形式建筑屋式，也有四周做成两重围，呈"回"字形等。客家地区常见的聚居民居形式。（陆琦、冯舒般）

方形角楼　见"四角楼"。

圆寨　民居样式。平面由居住单元沿圆周布置而成。每单元一个开间，单元为双数。一般有20、24、28、30、32、36等数。其分配是寨门一间，正对寨门的一间称为公厅，作祠堂用，其余各间作为住家。住家单元平面类型有单进竹竿厝、二进竹竿厝、三进竹竿厝和爬狮四种，平面为扇形，前小后大。前三种类型多用于单环寨，爬狮式较多用于双环寨或三环寨。单进竹竿厝平面，卧室、厨房、生活起居在同一房间。二进或三进竹竿厝平面，中间为天井，进门为单侧门楼，可放农具。后进两层或三层，有木梯可上楼。厅在楼下，住房在夹层或二层，顶层作贮物用。在二楼靠内院设凹廊，各家独立，外观却为互相连通跑马廊。圆寨有单环、双环、三环之分。双环寨布局与单环寨布局基本相同，仅单元形式有差别。环形房屋层层相套，有的寨可以达到数百间。寨内水井粮仓齐全，具有较强防御功能。潮汕地区聚族而居圆环状大型传统民居形式。（陆琦、冯舒般）

方寨　民居样式。有两种平面布局形式：一种是四周为两层或多层围屋，内院为梳式巷道布局，巷道两旁为"爬狮"或"四点金"式住宅，外形规整方正，形似缩小的古城，潮汕方寨多为这种布局建造。另一种平面形式与潮汕"驷马拖车"或潮阳"图库"类似，是"三座落"和"从厝""后包"组合体，周围房屋连成一体，或两层，或三层，成为寨楼形式，外墙壁用厚实生土夯筑，具有较强防御性。潮汕地区聚族而居大型传统民居形式。（陆琦、冯舒般）

寮房　又称隆闺、布隆闺。民居样式。海南岛黎族、苗族孩子十三四岁与父母分开居住，搬到"布隆闺"居住。"布隆闺"是指零星单独小屋子，多

建在父母住屋附近或村边较偏僻地方。男孩住的叫"兄弟布隆",女孩住的叫"姐妹布隆",大的可住三五人,小的只能住一二人,不设灶火。适合于通婚年龄青年男女,晚上可互相拜访,在"布隆"里谈情、唱歌、吹奏黎族特有的鼻箫或口号。黎族、苗族一种矮小茅居民居形式。(陆琦、冯舒殷)

隆闰 见"寮房"。

布隆闰 见"寮房"。

船型屋 民居样式。黎族先民以船为家,上岸农耕后,模仿水上渔船建造。以竹木为屋架,上盖茅草或葵叶,用植物藤扎架。底下架空、上部住人。底部低矮架空是为兼顾防潮湿、虫兽和避免台风、海风侵袭。内部平面划分简单,用竹木栅等半隔断分隔出卧室。墙壁与屋顶不分,统一构成半圆形桶状茅草盖,状如船篷,在前后设门,四周无窗,门外设有船头(晒台),上下用小梯。有的屋盖低矮,其半圆形茅顶边缘可以垂到地面,像扣在地上的船篷。生产力提高和汉族到海南定居,船型屋发生变化。屋盖用人字顶,茅屋升高,两檐离地升高约50厘米。有的屋盖更高,前后或檐旁用柱廊。海南沿海地区黎族借鉴汉族居住建筑,将原来半拱形屋顶改变为汉族金字形屋顶,称为"金字屋"。墙壁多以竹木为构架,抹以稻草泥,茅草顶。少数富裕人家亦有建瓦屋。平面基本呈长方形,内部分隔成厅、卧房、厨房、粮仓等,卧房面积较小,常不开窗,尚保留船民时代生活习惯。黎族最原始的民居形式。(陆琦、冯舒殷)

疍家棚 又称水棚。多在江河内湾或小溪侧边集中成群建造,内部用木板架成水上街道,宽80—150厘米,可分叉向水面伸出,长200—300米。住家后面是河面,渔民小船可直达住家门口。

下部为木桩基础,上部为绑扎竹木构架,地面是水上架空木地板。珠江三角洲沙田地区水棚外墙,过去常用树皮或甘蔗皮做围护,采用竹或蔗皮编成支摘窗,以调节遮阳;内隔断用竹子或蔗皮编织,屋顶铺以厚20—25厘米蔗叶或稻草隔热;在靠近河边一面,白天将活动式板壁取下,作为有盖阳台,晚间把板壁装上。条件好的,墙壁、地板、楼梯、栏杆和屋架用木造,屋面用木板、板皮瓦面。屋顶为悬山形式或单面歇山。平面布局简单,只有厅、房,厨房多设在厅堂内。厨房也有单独建造,附设于厅堂旁边,用木板道与厅堂相通。设有露台,并备以木梯、木栈道通达停泊的小船。采用有吸湿性能天然植物材料,适应岭南湿热气候,难以抵抗风灾和火灾。岭南沿海、内河区域以舟楫为家渔民居住的水上民居形式。(陆琦、冯舒殷)

水棚 见"疍家棚"。

庐楼 民居样式。一般2至3层,选址多在村前后边缘处。一般单独建造,少以组群形式出现。建筑造型像别墅,外观设计和结构比较自由灵活,立面对称形较多,有传统式、西方古典式和近代式,吸取西方建筑某些式样或细部来丰富本地庐宅立面造型。布局手法和细部仍受地方传统影响。平面布局以传统三间两廊为基础,比较灵活自由,房间开有窗户,室内通透开敞,通风采光好,北墙也不受传统观念限制而增开窗户。窗户形式、平面布局和组合有不同程度变化。侨乡民居形式。(陆琦、冯舒殷)

碉楼 民居样式。因形似碉堡,故名。民国时期社会动荡,时有匪患,侨乡居民为自保而建造。平面呈矩形,楼高3至5层,最高9层。有两种样式,一种是平面布局为集居式,中间为通

碉楼

道和楼梯间,两旁为房间,为几户共同出资建造并合住。底层作贮物用,并作厨房;二层住人及存放粮食;三层以上住壮年男子并作瞭望、守卫之用。一种是平面布局为传统三间两廊式,内部分隔灵活。顶层四周向外悬挑,形成外挑式回廊,廊壁及地板凿有梯形小洞,作枪眼用。屋顶形式丰富,有中国传统屋顶式、仿意大利穹隆顶式、仿欧洲中世纪教堂式、仿亚伊斯兰寺院穹顶式、仿英国寨堡式、仿罗马敞廊式、折中式和中国近代式。是集防卫、居住和中西建筑艺术于一体的多层塔楼式建筑。广东五邑侨乡民居形式。(陆琦、冯舒殷)

骑楼 又称有脚骑楼。民居样式。因近代城市商业发展,在修建或扩宽城市街道时兼顾道路步行系统畅顺和街

骑楼

道两侧立面美观而形成。后檐廊向楼房发展,演变出"前店后居"或"下店上居"等形式。单体而言,其底层有面向街道架空支柱层,其后为店铺,上层则全部为住房。整体格局而言,连排骑楼底层形成前面是柱廊式人行道,再向外是商业街,上层是功能相互独立的住宅群。造型上有传统式、

西方古典式、现代式、折中式等形式。外墙色调以白、黄、灰色调为主。建筑材料以砖、木、石为主。结构形式多为砖木混合结构。以天井或院落来组织内部空间，进深小的采用走道或天井连接前店和后屋，进深大的则布置两进或三进天井将建筑统一起来。这种内庭外廊式布局实现室内外空间和谐过渡。具有适应岭南气候特征和便利商业用途的特征。岭南临街楼民居形式。（陆琦、冯舒殷）

有脚骑楼　见"骑楼"。

茶楼　商业建筑。经历从二厘馆到茶居，再到茶楼的发展历程。常见兼营茶市饭市，常和酒家合称"茶楼酒家"。骑楼式茶楼的入口、立面和园林式茶楼的庭院最具地域特色。骑楼式以"巧心式"竖向空间划分、入口处通高门厅、"上高楼"楼梯、结合天井或中庭景观空间、整体立面高挑、立面装饰华丽为标志性建筑特征。园林式采用建筑融入园林景观的庭院式布局，喜运用廊、桥、亭、台等构筑物来组织和划分空间，以理水、叠山、置石等方式增添意趣。广州地区莲香楼、陶陶居、太昌茶楼、荣华楼、广州酒家、北园、南园、泮溪酒家等为典型代表。岭南建筑与饮茶文化结合的产物，是人们进行品茶、休闲、会友等活动场所。（陆琦、冯舒殷）

街屋　商业建筑。盛行于岭南商业市镇。具有一定商业规模的市镇、集镇上沿街分布联排式传统民居。集商品交换、手工业生产与居住等多种功能于一体。线性街屋式配置是商业机能产物。（陆琦、冯舒殷）

华侨洋房　民居样式。海外华侨华人回家乡修建。规模小的为独栋别墅洋房，规模大的为别墅群及私家园林。

建筑平面多采用独立集中式布局，房间开间较宽，进深较浅，居室注重开窗采光通风。建筑基地有前后花园。花园布局有西方园林的简洁几何及轴线构图式、中国古典园林自然式及岭南庭院式，常见混合采用，呈现中西合璧的风格面貌。受西方或东南亚建筑文化和设计思想影响较深。建筑整体风格多采用外国样式，有西方古典式、折中主义以及现代主义，亦常见融合中国传统元素和岭南传统特色元素。广州东山口一带侨园和开平立园洋房建筑为典型代表。符合华侨生活风格及现代居住习惯。参见第1219页华侨·侨乡卷"广州东山洋楼"条。（陆琦、冯舒殷）

西关大屋　俗称古老大屋。民居样式。主要兴建于清同治、光绪年间。基本布局是三开间，纵向多进，中间为主要厅堂。中轴线由前而后，依次为门廊、门厅（门官厅）、轿厅（茶厅）、正厅（大厅或神厅）、头房（长辈房）、二厅（饭厅）、二房（尾房）。每厅为一进。厅与厅间以天井相隔，天井上加小屋盖，靠高侧窗或天窗通风采光。正间两旁有书房、偏厅、卧室和楼梯间等。最后为厨房。门厅右边一般设有庭院小品，栽种花木，布置山石鱼池供游憩观赏。庭院后部为书房。大屋两侧各有一条青云巷（取"平步青云"意），又称"冷巷""火巷""水巷"等，有通风、防火、排水、采光、晾晒、交通、栽花木等多种功用。入口大门常分为"三道"，称作"三件头"。外为屏风门，中为趟栊门，内为大门。汲取西洋建筑装饰风格，室内装修和陈设讲究，工艺精细，高大明亮，厅园结合。广东广州西关（今属荔湾区）一带富有岭南特色传统民居形式。（陆琦、冯舒殷）

古老大屋　见"西关大屋"。

座落　建筑术语。"落"是潮汕方言，意为"进"。潮汕地区对两进以上民居建筑单体的统称。几落即中轴线上有几进建筑。多座落是四合院单体在纵向上的扩展，通过多进院落串联而形成，常见有三座落和四座落，尤以三座落居多，五座落及以上罕有。一般建造多座落的家庭都具有一定的政治或经济地位。多座落常作为大型民居建筑群主体建筑，即祠宅合一府第式民居中轴祠堂，在多座落左右前后加上厝包，成为潮汕地区特有向心围合从厝式府第。（唐孝祥、白颖）

壁连　建筑术语。潮汕地区对多路多进民居建筑组合的统称。以一座多进宗祠或家庙为中轴，两旁各拼接一路多进建筑，形成三座多进院落相并联，称为三壁连。五座横向相连，即为五壁连，最多可达七壁连。潮汕建筑以中轴对称为尊，一般以多路建筑为主体向两侧对称扩充，路数多为奇数，双路并联双壁连建筑罕见。各路间以火巷相隔，正立面上设火巷门，火巷门与建筑相连为一体。是祠宅一体，集居住、祭祀、教育功能于一体大型民居组团，为大家庭合族共居。（唐孝祥、白颖）

从厝　又称护厝。建筑术语。从厝式民居构成部分。位于从厝式民居核心体两侧，也有单侧情形。常为一列或两列线性排布房间。除具居住功能外，可分化出敞厅，称"花厅""书斋厅""从厝厅"，亦可发展为自带院落连续型合院。与核心体之间形成的天井称"花巷""从厝巷""护厝巷"，在功能复杂多变时，常使用隔墙、插山厅、过墙亭做空间分割。（唐孝祥、冯楠）

护厝　见"从厝"。

后包　又称后仓。建筑术语。从厝式

民居构成部分。位于从厝式民居核心体后方。线性排列厅房，一般为一行，偶有两行，亦有少数形成连续合院。与从厝连在一起对核心体形成围合结构。与核心体之间长条形空地称为后包阳埕。（唐孝祥、冯楠）

后仓　见"后包"。

光厅暗房　建筑术语。广东民居建筑组成部分。在厅堂两旁，有门直接或间接通向厅堂，因甚少开窗或开小窗而得名。主要用作住宿休息，面积略小于厅堂，开间宽度一般为13—15坑。房内设阁楼，作存放稻谷和杂物用。（唐孝祥、白颖）

坑　建筑术语。广东民居房屋面宽计算单位。指两瓦中线至中线之间宽度，一般比板瓦宽3%—5%。广东民居以"间"为基本单位，"间"有面宽和进深，面宽由瓦坑数来决定。每坑约27厘米，相当于木行尺9寸。（唐孝祥、白颖）

木行尺　建筑术语。潮汕地区古营造丈量单位。潮汕地区度量建筑宽、深、高度标准，等同于古代曲尺。继承曲尺、飞白尺传统做法。1木行尺相当于29.8厘米，一般以30厘米来折合计算。（唐孝祥、白颖）

步　建筑术语。潮汕地区天井进深和面宽计算单位。一般为单数，每步为4.5木行尺，即135厘米。（唐孝祥、白颖）

过白　建筑术语。潮汕地区古建筑营造制度。多见于潮汕地区古建筑南北向两进厅堂里，从后厅神案上香炉顶向前厅望，视线擦过后厅廊檐封檐板下皮，到前厅屋顶，要求能见到一定高度天空，所见天空称为"白"，这个高度即为过白。该高度通常为1.8尺、1.9尺、2.1尺、2.2尺。符合过白，意为可通天神。（陆元鼎）

尺白　建筑术语。潮汕地区古建筑营造制度。古代潮汕地区建屋时，在尺的九星数字中，尺尾数符合吉星数称为尺白。尺白九星分别为：一贪狼、二巨门、三禄存、四文曲、五廉贞、六武昌、七破军、八左辅、九右弼。一、二、六、八、九是吉星，共五星；其余为凶星。故凡建屋尺寸尾数在一、二、六、八、九吉星数者被认为符合尺白。（陆元鼎）

寸白　建筑术语。潮汕地区古建筑营造制度。古代潮汕地区建屋时，在寸的九星数字中，寸尾数符合吉星数称为寸白。寸白九星分别为：一白、二黑、三碧、四绿、五黄、六白、七赤、八白、九紫。一白、六白、八白为大吉，九紫为次吉。建屋时，当尺的数字不能符合尺白吉星，要尺白无量寸白量。寸尾数应为一、六、八，方符合寸白吉数。（陆元鼎）

丈竿　建筑术语。潮汕地区古建筑营造制度中丈量标准。以木行尺为基本单位，长1丈8尺6寸木行尺。丈竿正反两个面均有刻度。一幢建筑物用一条丈竿。木工师傅计算后，凡建筑物面宽、进深以及室内、室外高度，包括脊高、檩高、檐高、滴水高等主要尺寸标明在丈竿上，房屋建成后，该丈竿置于后厅屋架上，作为以后修建时丈量依据。（陆元鼎）

陶塑瓦脊　又称陶脊。建筑术语。屋脊上用于防水防风，兼顾装饰的岭南建筑特色构件。从传统琉璃脊饰基础上发展而成。屋顶有正脊、垂脊、戗脊、博脊以及重檐围脊之分，为展示屋脊装饰效果，常在天井内院檐口增加一条看脊。陶塑多用于正脊、重檐前后围脊与看脊。正脊为双面，围脊和看脊是单面。为适合从下往上远距离观看，脊上人物图像做调整，人像适度前倾，将头部比例适当放大。以陶泥为胎，运用贴塑、捏塑、捺塑、模制等手法塑造。瓦脊体积庞大，须分段入窑烧制，经过高温煅烧后再用琉璃釉彩上色，将分段成品拼接安装在屋顶上。在广州出土的汉代陶屋中可见早期原型。宋元时期被运用于宫殿、祠堂、庙宇等建筑。明清时期普及盛行，题材多为陶塑人物、动物、花卉。人物塑造着重轮廓线条和动态感，线条简练粗犷，形象生动，富有情趣。增加祠庙艺术表现力，使建筑有丰富天际轮廓线。广东佛山石湾是重要生产基地。（陆琦、冯舒般）

陶塑瓦脊

陶脊　见"陶塑瓦脊"。

禾坪　又称阳埕、地堂。建筑术语。广东传统村落民居前较大面积的空地。修建在池塘与民居之间，多为长方形，四面通风。作晾晒农作物之用。丰收季节，被划分为不同家庭使用。也作村民日常休闲交往、乘凉、举行宗族活动的场所。（陆琦、冯舒般）

阳埕　见"禾坪"。

地堂　见"禾坪"。

冷巷　建筑术语。潮汕地区称厝巷。民居建筑组群间纵向巷道。宽度1—3米。高度根据两侧民居山墙及院落厢房屋檐高度确定，其天际轮廓线呈规律变化。因巷道窄而建筑物较高，巷道常处于建筑物遮影下，温度较低。当民居屋面和天井因受太阳灼晒造成气流上升时，可使冷热空气对流。巷道纵深，形成良好通风系统，外部气流通过巷道补充入内，达到通风和降温效果。（陆琦、冯舒般）

镬耳山墙　又称锅耳墙。建筑术语。广府民居中常见封火墙样式。与江南地区观音兜形似。外观呈抛物线形，从侧面看颇似汉字"凸"，从正面看

镬耳山墙

墙尖部分则呈半圆形，酷似乡村灶头大镬（锅）的两只耳朵，故而得名。镬耳墙前后两端高出屋面檐口约30厘米，顶部高出正脊至少1米，多用青砖砌成，用材讲究，造工精细，嵌以砖雕，饰以花虫鸟兽，人物传说等彩画。镬耳山墙两边镬耳形状，象征官帽的两耳，也叫鳌背墙，寄予独占鳌头之意。最早只用于寺庙、书院和民居中关乎家族兴旺祠堂等较高级建筑中，后平民化。源于南宋江南地区，明清逐渐在广府地区发展、成熟。（唐孝祥、白颖）

锅耳墙　见"镬耳山墙"。

人字山墙　建筑术语。广府地区民居封火墙样式。造型近似三角形，垂脊根据屋面坡度向上延伸，到顶部则呈抛物线向上，形成一个类似人字形状，故而得名。造型简单，经济实用。与镬耳山墙相比，面积较小，约为镬耳山墙2/3。有祈愿平安美好寓意。适用于小型民居。（唐孝祥、白颖）

方耳山墙　建筑术语。由徽州五叠式马头墙样式演变形成，造型艺术与五叠式马头墙相似。外观造型模仿古钱币，修建有三级平台，与水平方向成75度斜线，有较强视觉冲击力，注重营造层次感和韵律感。适用于大型民居或祠堂。广府民居封火墙样式。（唐孝祥、白颖）

五行山墙　建筑术语。潮汕地区民居封火墙样式。受五行学说影响，按形状可分为金、木、水、火、土5种基本样式，命名与堪舆学五行命名一致，故而得名。金式山墙顶部为圆形，木式山墙形态比较竖直，水式山墙具有水的形态，火式山墙顶部较尖，土式山墙顶部比较平稳。根据5种基本样

式，衍生出大土、火星、龙头楚花火星式、大幅水以及花式大水式等变体。封火山墙样式选择有讲究，通常建屋前，需请风水先生进行全盘考察、推算，根据房屋朝向、地形、地貌、环境以及屋主生辰八字等因素，最后确定山墙样式。蕴含趋利避害，家宅兴旺的祈盼。（唐孝祥、白颖）

双隅墙　建筑术语。岭南传统建筑中砖墙。根据砖墙厚度命名，厚半砖、12厘米称单隅墙；厚一砖、24厘米称双隅墙；厚18厘米称假双隅墙。砌合方法有一顺一丁、三顺一丁、梅花丁、三七缝法、条砌法等。（唐孝祥、白颖）

蚝壳墙　建筑术语。岭南沿海地区建筑中比较独特的墙体。最早源于南北朝，明代发展为常见建筑墙体。建造房屋时，生蚝壳拌黄泥、红糖、蒸熟糯米，一层层堆砌起来。蚝壳表面凹凸不平，在日照下形成蚝壳阴影，起隔热效果，冬暖夏凉，被称为凸砖遮阳墙。蚝壳呈鳞状以向下45度方式整齐垒砌，方便雨水下泄，避免雨水浸入内墙，保持室内干爽。在广东江门新会，有用铜丝穿过蚝壳使之成为整体后再进行砌筑，其他地区将蚝壳逐个砌筑而成，砌时用蚝壳灰泥浆砌结。具有隔音效果，坚固耐用，能抵挡枪炮攻击；墙体具线条感和雕塑感，体现岭南先民在建筑营造中结合地域特点、善用当地材料的智慧。（唐孝祥、徐应锦）

厝角头　建筑术语。潮汕地区建筑封火山墙墙头。是潮汕地区封火山墙的重点装饰部位。做法分为三线、三肚、下带浮楚（楚花）。线即模线，窄者称为线条，宽者称为板线。板线沿左右两边而下，将板线间划分为一个个被称为肚或板肚的装饰空间，用凹凸

变化形式线段，突出建筑物立体轮廓，内缀彩画、灰塑或嵌瓷作为装饰。"肚"根据题材不同又可分为花鸟肚、山水肚、人物肚。墙头线条正下方为腰肚，其下团花为楚花。造型与楚漆器中循环飞动的纹样相似。装饰丰富了潮汕传统建筑立面艺术效果，体现潮汕建筑美学上对精细的追求和高超建筑装饰技艺。（唐孝祥、白颖）

楚花 俗称垂带。建筑术语。潮汕民居山墙尖部位腰肚下花纹装饰。即北方民居博缝的部位。其做法有用色带的，做成深灰色，以突出建筑物立体轮廓；有用彩画、灰塑或嵌瓷作为装饰，嵌瓷有平贴和浮凸两种；有的在通风小窗周围做成花纹图案。小型民居墙头仅用线条装饰。造型与楚漆器中循环飞动纹样相似。这些装饰使墙面有明显明暗和色彩变化，丰富民居侧面艺术效果。（唐孝祥、徐应锦）

垂带 见"楚花"。

鸟尾脊 又称燕尾脊、燕尾脊翘。建筑术语。潮汕地区建筑一种屋脊形式。位于屋脊左右两端，由屋脊线的两端向外向上延伸翘起，尾部有分叉，因形似燕尾而得名。常见王宫宫廷或帝后级庙宇上。潮汕人将其归为火形，一般民居惧火而不用，庙宇、祠堂则借此以期香火旺盛、人丁兴旺。（唐孝祥、徐应锦）

燕尾脊 见"鸟尾脊"。
燕尾脊翘 见"鸟尾脊"。

卷草脊 建筑术语。岭南建筑常见屋脊形式。屋脊两端有上翘，但无分叉，上面用各种连绵不断的S形草纹作装饰。卷草纹作为一种中国传统的装饰纹样，变化多样、自由，十分灵活，装饰味浓。一般在庙宇寺院建筑中使

用，寓意生机勃勃、生生不息。（唐孝祥、徐应锦）

龙船脊 又称船脊、龙舟脊。建筑术语。广府地区建筑传统屋脊形式。因正脊两端和垂脊末端高翘，形似龙船而得名。源于珠江三角洲赛龙舟习俗和水文化传统，并因名中带"龙"而寓意吉祥富贵。早期脊身仅装饰有卷草纹，为灰塑浅浮雕。清以后脊身有中间主画和两侧辅画之分；构件亦增多，如起翘部分的船托，以灰塑寿桃、花篮等造型最为常见。正脊离脊端三四尺处常置琉璃鳌鱼，是海洋文化和大陆文化结合产物。展现岭南先民舟楫为生、靠水而居生存理念。在珠江三角洲极为普遍。（唐孝祥、冯楠）

船脊 见"龙船脊"。
龙舟脊 见"龙船脊"。

博古脊 俗称博古。建筑术语。岭南建筑常见屋脊形式。指平脊身中间以灰塑图案为主、脊两端以砖砌成几何图案化抽象夔龙纹饰屋脊。常由脊额、脊眼、脊耳构成。夔为一种独脚龙形兽，商周时期就将夔纹用于器具上，以图趋吉避凶，后演化为几何装饰图像。百越之地受汉族文化影响，蛇崇拜由来已久，与龙文化相融合。夔龙纹作为脊饰在岭南于清中期盛行并演变，由灰色、敦实夔首造型发展为艳丽、高瘦的包含寿桃、蝙蝠、瓜果等造型世俗形象。运用于园林、祠堂、民居等建筑中，屋脊嵌瓷图案以花草、松竹、麒麟、龙凤、狮马、禽鸟等组成各种祥瑞主题，如七鹤归巢、松鹤延年、三雄图等。岭南世俗文化代表。（唐孝祥、徐应锦）

博古 见"博古脊"。

虾弓梁 建筑术语。广府古建筑门厅外檐梁架构件做法，阑额的一种形式，多为石制。木制阑额为檐柱和檐柱之间起联系作用的矩形横木。因截面为矩形，线脚棱角分明，梁肩呈S形、梁底呈拱状且造型如弓得名。（唐孝祥、冯楠）

虾弓梁

排山勾滴 建筑术语。古建筑瓦作屋顶部位。系悬山、歇山、硬山式建筑垂脊外侧勾头与滴水的统称。因处在建筑屋顶垂脊部位俗称排山脊而得名。垂脊外侧砌置筒瓦做法，在出土的东汉建筑明器上有出现。滴水系建筑物屋顶仰瓦形成的瓦沟最下面一块特制的瓦。勾头即瓦当。在传统建筑营造过程中，须先铺砌此部分，后调整垂脊。有屋脊正中滴水坐中和勾头坐中施工方法。（唐孝祥、徐应锦）

广式木雕 广府地区传统建筑一种硬木构件雕饰。用于建筑梁架构件装饰、外檐装修和室内装修，是结合建筑构架及构件形状，利用木材质感进行雕刻加工、丰富建筑形象的一种雕饰门类。雕作制度按雕刻形式分为4种，即混作、雕插写生华、起突卷叶华、剔地洼叶华。按雕刻技术可分为线雕、隐雕、剔雕、透雕、混雕5种形式。通过木材不同质感和不同雕琢技法，在不同部位表现出雕饰明快和木质柔美风格，增强建筑艺术表现力和感染力，达到技术与艺术统一。在广府传统建筑中有广泛应用，也用于家具。当代指附着于红木家具上的雕饰。（唐孝祥、徐应锦）

潮州木雕 又称潮汕金漆木雕、金漆

潮州木雕

木雕。 潮汕地区民间雕刻艺术。发源于广东潮汕地区，其中以潮安、潮阳、揭阳、饶平、普宁、澄海等地最为发达。始于唐，盛于宋。选用樟木或银杏、冬青等木材，经过凿坯、细刻、磨光、髹漆、贴金等工序制成。雕刻方法有浮雕、沉雕、通雕、圆雕等，以透雕见长；其中通雕融合各种雕法于一个画面上，表现多层次复杂内容，经上漆贴金，显出金碧辉煌、玲珑剔透艺术效果。最初用于建筑装饰和家具装饰，后逐渐形成一种流派。与东阳木雕并称中国两大木雕体系。参见第 674 页艺术卷"潮州木雕"条。（唐孝祥、冯楠）

广式砖雕 岭南民间建筑装饰工艺。岭南将砖木、石头等材料用于建筑而产生的一种雕饰类别。可分为两类，一为组合砖雕，一为单体砖雕。组合

广式砖雕

砖雕规模宏大，场面宽阔，所反映内容情节复杂，雕刻技艺形式多样，能将历史故事、神话传说或戏曲场景中情节表现出来；单体砖雕是对花卉、鸟兽、瓜果之类图案的雕刻，以若干块砖先用灰粘合后雕刻，嵌上神龛边框或作楣饰、座饰。秦汉时期出现早期建筑砖雕饰件。汉以后，受中原文化和外来佛教文化影响，雕刻技艺提高，雕刻纹饰多元化。明清时期，因省工、经济，刻工细腻，题材丰富，在粤中地区的佛寺、祠堂建筑和民居建筑中广泛使用，常见于大门、墀头、墙楣、墙面、照壁等处。近代以来，被现代雕塑工艺装饰或其他形式装饰代替。是记录历史信息、弘扬传统文化重要媒介。（唐孝祥、徐应锦）

灰塑 建筑术语。岭南建筑常见装饰做法。以白灰或贝灰为原材料做成灰膏，加上色彩，在建筑物上描绘或塑造成型的一种装饰类别。包括画和批两大类。画即彩描，即在墙面上绘制山水、人物、鸟兽、花草、图案等壁画。批即灰批，即用灰塑造出各种装饰。通常采用矿物颜料，如银朱、红丹、土黄、石绿、佛青、乌烟等，用牛胶或桃胶水调制，化学稳定性好、耐酸、耐碱、易大量制取。题材涉及神话故事、民间传说、戏曲人物、民间风俗、祥禽瑞兽、花卉果木、吉祥文字等，蕴藏吉祥如意的意境。被广泛运用于建筑物门额窗框、山墙顶端、屋檐瓦脊、亭台牌坊等处，尤以祠堂、庙宇、寺观和豪门大宅为多。粤中地区以石灰为主，粤东、海南地区用贝灰代替石灰以防海风侵蚀。南宋时已存在，明、清两代最为兴盛，清末达到顶峰，民国时期仍有传承。岭南建筑传统装饰艺术典型代表。（唐孝祥、徐应锦）

彩描 又称墙身画。建筑术语。灰塑的一种平面表现形式。着重于用色彩描和画。多用于檐下、外廊门框、窗框、室内墙面等部位，题材随装饰部位有不同。具体步骤：首先将所需装饰部位淋湿，用沙筋灰作底，增强画与墙面黏结力，底子厚度视需要而定；其次在底子上用纸筋灰批面、找平，表层细腻平滑、洁白如纸；再次用灰膏条或其他材料画轮廓起稿，以隐约可见为准；最后染色，模仿国画中工笔画作画法，线条流畅，色彩调谐。彩描技法有意笔、工笔、水彩、双勾、单线等画法。其色彩在沿海一带用色较为鲜艳，内地一带较为温和沉着。色彩运用原则是使自然色彩与理想色彩相结合，其方法是在写实基础上归纳和夸张，与建筑物色调和装饰部位视觉要求相适应，达到理想效果。抗蚀性较差。展示岭南文化特点的重要表现形式。（唐孝祥、徐应锦）

墙身画 见"彩描"。

灰批 建筑术语。有凹凸立体感灰塑做法。分为圆雕式和浮雕式两种。圆雕式可分为多层立体式和单体独立式两类。主要用在屋脊上，多与厌胜和阴阳五行学说有关，如垂鱼、鸡尾、龙、水兽等。做法是先用铜线或铁线做出骨架，将沙筋灰依骨架做成模型粗样，半干时用配好颜料纸筋灰仔细雕塑而成。人物多，层次多，制作过程复杂。红糖、细石灰、鸡蛋清混合物是上乘黏合材料。浮雕式灰批用途广泛，处理手法多样。题材有草尾、花鸟草木，人物山水等。一般工艺步骤为：先在墙上打上铁钉，用沙筋灰（草筋灰）在所装饰部位做底子找平，塑好模型，在需要凸出较大部位预埋铜线或铁线，然后用灰膏或其他材料勾出图案轮廓，最后按需要将纸筋灰调上各种颜料，塑造而成。色彩鲜艳、线条粗劲、层次分明，富有装饰性。

岭南各地建筑均有使用。（唐孝祥、徐应锦）

梳式布局 俗称耙齿状。建筑术语。村落布局方式，包括半圆形或不规则长圆形池塘、禾坪、村后种植树木、村口门楼、民居等。民居平面单元多为三合院、大门侧向开，建筑纵向安排少则四五家、多则七八家，梳子一样排列，故而得名。两列间有一巷称里，宽1.2—2米。布局以村落形态为切入点进行定义，具有明显秩序性特征。蕴含古人生存智慧与文化传统。广府地区传统村落典型布局形式。（陆元鼎）

耙齿状 见"梳式布局"。

夏式遮阳 建筑术语。岭南现代建筑中一种窗口和屋顶遮阳方式。因由夏昌世设计而得名。1958年，夏昌世在《亚热带建筑的降温问题——遮阳、隔热、通风》中提出岭南现代建筑防热理论。针对现代建筑窗口和屋面防热薄弱环节，创作窗口水平和垂直结合综合式遮阳和平屋顶连续遮阳两种构件。夏季实测表明，有夏氏综合式遮阳的窗口，外表面温度比没有遮阳窗口低2—3℃；夏氏连续拱遮阳屋面板内表面温度比没有遮阳屋面板低11℃。岭南现代建筑防热创举。（唐孝祥、徐应锦）

满洲窗 珠江三角洲一带民居和庭园建筑的一种窗户形式。也作室内装修用窗。开启方向为上下推拉，也有向上翻动的。木竖框安置多对弹簧零件承托窗扇，可随意上下调节。一般做成方形。常分为上、中、下三段，形成方形九宫格状。格心棂子纹样丰富。多在窗棂间镶嵌彩色玻璃，有些刻有图画、图案或书法。具有明朗活泼和富丽堂皇之感。岭南传统建筑特色之一。（陆琦、冯舒般）

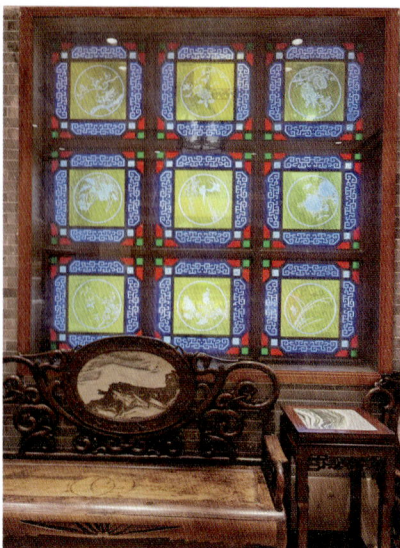
满洲窗

趟栊门 广东中部地区民居建筑的一种横栅滑门。常见于西关大屋传统大门，是"三件头"中间一道。临街巷最外侧一道是四扇或双扇对开屏风门，也叫矮脚吊扇门或花门，作用是遮挡街上行人视线。其后为趟栊门，可以左右滑行开启、合上，由10多条直径约10厘米粗大圆木横架做成，兼顾防盗和通风采光。在闷热潮湿的岭南，能保证室内通风。也体现岭南人生活取向，重视家庭独立的生活空间和个人隐私。趟栊后的大门是真正大门，一般非常厚重，用于防盗。（陆琦、冯舒般）

趟栊门

如意斗 以保持对称的斜栱为基础的一攒斗栱或几攒斗栱组合的斗栱形式。

主要用于牌坊、祠庙建筑梁架斗栱上。可分为单一如意斗栱和组合意斗栱。每攒斗栱除纵横四向各出翘、栱外，还在45°方向挑出斜栱，多攒斜栱组成复杂网络状。宋辽时期出现，形式多样，在演变过程中结构作用减退，装饰性凸显。在岭南多用于木牌楼和等级规格较高的祠庙建筑。（陆琦、冯舒般）

凹斗门 又称凹门廊式。三开间岭南民居建筑和小型祠堂大门常见形式。心间大门向内凹入，两侧为两次间正面墙体，前檐没有廊柱。适应岭南气候特点，避免台风、雨水淋湿门扇。可作为进入屋内临时避雨处，还有防晒、遮阳作用。（陆琦、冯舒般）

凹门廊式 见"凹斗门"。

香亭 又称仪亭、拜亭、接旨亭、抱印亭。厅堂前相连方形敞亭。岭南各地祠庙、民居建筑均有使用。位于正厅之前并与正厅明间相接，通常以四根角柱支撑不设墙体，形式上与官式建筑中抱厦相似。亦有通面阔拜厅，与祭厅形成勾连搭。通常采用重檐歇山或卷棚歇山，高大轩敞。多用于供奉刻有圣旨的牌匾，亦可在雨天为参加祭祀族人遮风避雨。是岭南传统建筑发展历史中出现的具有强烈地域特色的建筑元素，也是岭南传统建筑形制发展走向成熟的重要象征。（陆琦、冯舒般）

仪亭 见"香亭"。
拜亭 见"香亭"。
接旨亭 见"香亭"。
抱印亭 见"香亭"。

天井 建筑术语。房屋之间或房屋与墙体之间围成的露天空间。为古建筑院落空间构成的一种形式。大小和形

天井

状按其所在位置及其功能而定。大者为庭院，小者称天井。是解决采光、通风、纳阳、排水、晾晒衣物、饲养家禽的空间。南方民居中不可缺少的构成部分，具有浓郁生活气息。（陆琦、冯舒殷）

腰门　又称矮脚门、避窃门。建筑术语。民居建筑大门前面的两扇小门。高度约为大门的一半。其形式有双扇或四扇，上部常用图案棂子作为格芯题材，下部裙板多以浮雕为主。具有通风兼防卫功能。（陆琦、冯舒殷）

矮脚门　见"腰门"。
避窃门　见"腰门"。

横披　建筑术语。古建筑外檐上部小木作装饰构件。清式建筑称谓。设置在槛窗、格扇上部柱子之间，多用小立柱划分为几段，每段做成带棂花格的小窗或与隔扇心做法相同。据载现存最早的横披，出现于河北涞源辽代阁院寺文殊殿，为毽纹样式。一般用于较高大住宅厅堂、斋轩或庭园建筑中。形式多样，既通风透光，又美观典雅。（陆琦、冯舒殷）

海月窗　又称蚝壳窗、蠡壳窗、蚌壳窗、蛎壳窗、海镜窗。中国沿海地区类似玻璃窗传统窗具。制作工艺分为蠡壳加工和蠡壳镶嵌两部分。选用软体动物海月贝壳，经过陈化去味、刷洗擦薄、切边劈壳、打磨抛光、劈篾上色、打眼固定等多道工序制成窗片，将窗片镶嵌至以木材、竹材制成的门窗框架上。材质坚固耐用，防火、防水、防风，不易破损，七彩半透明材质透亮能避人窥视，又能有效地柔化自然光线，兼具美观和实用色彩。宋代在江南及岭南沿海一带已十分盛行。（陆琦、冯舒殷）

蚝壳窗　见"海月窗"。
蠡壳窗　见"海月窗"。
蚌壳窗　见"海月窗"。
蛎壳窗　见"海月窗"。
海镜窗　见"海月窗"。

庭园　建筑术语。建筑物围合或建筑物与墙垣围合中有水石花木造景的场地。庭一般指堂阶前空地。因建筑布局在总体组合上"进"数不同，庭按位置有前庭、中庭、后庭及侧庭之分。园是游憩性绿地统称。岭南庭园多附于住宅前后或侧旁，围绕生活起居功能来营构。平面布局灵活多样，采用几何式图案构图。建筑与庭园空间注重互相渗透，讲究开敞通透以适应湿热气候。空间处理较平易，起伏不大。庭与园合用是在人工围合的建筑空间里引进自然景物，满足在居住环境中追求山林野趣的生活需要。顺德清晖园、东莞可园、番禺余荫山房、佛山梁园等为粤中地区精品代表。（陆琦、冯舒殷）

敞楹式　等级较高祠堂神庙头门建筑形式。头门正面开敞，前檐下为檐柱而非封闭墙身，以露明檐柱立于台基之上，且多见塾台。一般前后檐置石檐柱，大门处有时沿墙壁立木柱，有时直接以墙分隔，有的在两端靠山墙前后檐各立一根木柱，有的仅在前跨立柱，并无固定范式。平面上心间和次间墙一般处于同一位置，或位于正脊下方，或向外平移一架。檐柱、虾弓梁、雀替多用石材，较早实例中多用木梁且用月梁，也有不用虾弓梁、在石额枋上直接放置如意斗栱的做法。梁架施于檐墙之外的做法改变头门空间格局，减少室内空间，削弱头门作为厅堂空间属性，扩大和强调檐下空间。在广府地区建筑中较为常见。（陆琦、冯舒殷）

天官赐福　珠江三角洲地区民间常见的祭祀道教神灵天官牌位、神龛或塑像。在三间两廊传统民居中，常在天井空间居中靠墙放置。祠堂建筑中以塑像形式出现。天官、地官、水官合称三官大帝，在庙宇中神牌多称为三元三品三官大帝，庙宇称为三元殿、三圣宫等。也有以纹样图案形式用于年画、刺绣、建筑装饰、木刻。（陆琦、冯舒殷）

风兜　建筑术语。岭南民居屋顶及屋面通风构造手法。通过两层不同标高的屋面引导顺坡而起的凉风进入室内的做法。在粤中地区的民居中，一般做在大厅上空屋面上，大门关闭时，因天井甚小，风可从屋面上吹入。是增加自然通风的有效方式。（陆琦、陈家欢）

花胎　又称化胎、花头、花梯。建筑术语。客家围龙屋整体建筑后部半圆形围屋建筑内形如龟背的斜坡院地。位于龙厅以下，祖堂以上。分为就地势围建而成和人工填土而成两种。客家围龙屋有建在山根下凸出的山筋之前，部分山筋山地被围进院内形成一块球面隆起的院地，因而得名。一般镶以卵石，便于排水。可作居民活动场所或供居民晾晒物品。在粤东梅州客家人宅居理念中，被视作风水龙脉宝地和富有胎息的场所。（陆琦、陈家欢）

化胎　见"花胎"。
花头　见"花胎"。
花梯　见"花胎"。

覆龟顶拜亭 卷棚歇山式屋顶亭式建筑。半开放的上香、礼拜祭祀空间。位于正厅之前并与正厅明间相接，以四根角柱支撑，四面开敞不设墙体。当后檐柱为正厅的前檐柱时，与正厅明间同宽，则为拜厅。常见于广府地区建筑。（陆琦、冯舒殷）

神楼 岭南民居厅堂内供祭祀祖先和供奉神明用的阁楼。一般距离后檐墙四步架，距离在2—2.5米，高2.5米以上，常与二层阁楼结合，或在一层以木梯来上下楼。顶部接近屋顶，深0.8—0.9米。前面多设挂落作三间横向分割，三间均设香炉和不同祭祀牌位。下方空间称下室，以屏风隔扇和前厅作分隔。（陆琦、冯舒殷）

神主牌 牌状祭祀对象象征物。常用木制，故又称木主。根据祭祀对象不同，又有公嬷牌位、祖先牌位、家神牌位等称谓，分别在神庙、祠堂或民居堂屋祭祀空间中摆放。在神庙中常与神像并置，上书祭祀神祇的名讳，在部分小神庙或者部分特殊神庙中，也有不设塑像单设牌位的情况。在祠堂中常设在后寝，上书故去祖先名讳，作为魂灵依附的牌位，按辈分、地位等顺序摆放在神龛内供奉。在祠堂比较高大情况下，也有在寝堂设置阁楼以拓展寝堂空间做法，形成神楼。在民居中，不同地区有不同做法。广府地区"私伙太公"个人衍生祠堂，以一厅堂形制为主，直接在堂内设神台、神龛供奉牌位。在客家等地区居祠合一民居建筑里，直接在堂屋中摆放。神主制度和祭祀制度在岭南广泛传播且世俗化的体现。（陆琦、陈家欢）

柁墩 建筑术语。屋顶梁架结构中两层梁之间的短柱或垫木。宋元时期根据其骆驼背外形，又称驼峰，在各地还有其他叫法。位于上下两层梁枋之间，支起上梁，将上梁承受重量传到下梁的木墩（方形块）。本身之高小于本身之宽，木纹是横着用。因其厚实表面多做雕刻，成为梁架中不可缺少的雕刻部位。雕饰内容多样，最为常见的是在正反两面以人物故事为主，其次是动物类以及植物类纹饰。深圳、香港、东莞局部地区在清中晚期以后开始流行一种将彩绘与木雕相结合的艺术表现手法，彩绘色泽以黄、绿、蓝为主，添加颜色后木雕柁墩人物形象突出、视觉效果明显。（陆琦、陈家欢）

水束 建筑术语。岭南传统建筑梁架中兼具结构和装饰作用的构件。向上弯栱式的牵制构件，起着拉结作用。有两种结构作用：一种在承檩同时拉结前后斗栱，增强梁架整体性；一种仅用于支承檩条，增加檩条与传递荷载构件面积。常见以S形、鳌鱼形、卷草纹、浪花纹等题材或纹样进行雕饰。（陆琦、冯舒殷）

叠斗脊柱 建筑术语。古建筑屋顶木构梁架中一种构造做法形式。大木构架中将若干座斗自下而上层叠，在叠斗过程中组合水平方向构件，从而形成类似于人体脊柱的一种仿生柔性结构。以南方地区原生穿斗构架体系为基础，吸收融合或直接移植北方中原古建筑抬梁构架结构方式与构造样式而创造。作为柱身延长部分有增强构架柔韧性的特点，对抗震十分有利，尤其在粤东地震带应用广泛。在潮州开元寺天王殿中，不仅应用于各榀梁架内檩条之下，在正面正中3间门楣之上、串枋之下隔架也有使用。在潮州目前所见清代建筑中，一心间梁架会采用金瓜叠斗结构方式，是辨认度很高的地域特征之一。（陆琦、陈家欢）

雷公柱 建筑术语。较高建筑为避免遭受雷击而设置的一种立柱。大多为木质。主要用在庑殿顶和攒尖顶建筑中，是一种形体较短小的柱子。在庑殿顶建筑中，用于支撑庑殿顶山面挑出的脊檩和两边的由戗，其上端支在吻下，下部立在太平梁上。在攒尖顶建筑中，多直接悬在宝顶之下，只以若干戗支撑。其下面柱头如悬垂，通常做成莲花头形式。在较大型攒尖顶建筑中，则要在其下设置太平梁，以增加承托力。（陆琦、冯舒殷）

两观三性 岭南当代建筑理论。1996年何镜堂首次提出地域性、文化性和时代性建筑创作思想，后经历"三性有机统一"以及"两观和三性"等不同理论演进阶段，2008年正式总结为"两观三性"建筑论。在理论进化过程中拓展出用于指导实践的思维方法、设计方法与评价工具，也成为人才培养的学术思想内核。核心思想为：建筑要树立整体观和可持续发展观，建筑设计要体现地域性、文化性、时代性和谐统一。理论源于对建筑本质的认知，对中国传统和谐理念、岭南建筑思想的传承，对设计实践的总结和反思。指导2010上海世博会中国馆、侵华日军南京大屠杀遇难同胞纪念馆扩建工程、上合青岛组织峰会国际会议中心等实践作品设计；培养团队20余名全国设计大师、全国青年建筑师等建筑人才，成为当代中国建筑学界构建知识体系代表，推动中国建筑设计理论与实践方法体系的发展。是中国当代建筑研究延续性的体现。（向科）

代表性建筑

临贺故城　古城遗址。广西现存时间最长、保存最完整的古城遗址。位于今广西壮族自治区贺州市八步区贺街镇。始建于西汉元鼎六年（前111），为临贺郡（贺州）治所。明洪武十年（1377），改贺州为贺县，属平乐府。1951年县治自临贺故城迁至八步镇。有大鸭村、洲尾、河西、河东等城址4座，香花等古墓群7个，宋代营盘1座。故城主要指河西古城址，占地面积0.34平方千米，东面临江，南、西、北三面筑城墙。汉代城墙为夯土城墙，宋代在汉、五代土墙垣基础上包砌青砖并筑城垛，绕城开挖护城河，元、明、清沿用宋代城墙，清同治、光绪年间和民国初期均有修葺。目前城墙砖已拆，仅剩夯土城垣。城墙四面各开一个城门，城内有9条3—4米石板街和10余条1—2米卵石巷道组成鱼骨状路网。城内古建筑包括各姓氏宗祠、县府衙门、临江书院、粤东会馆、文庙、八圣庙、观音楼、文笔塔、古民居、桂花古井、河西古码头等。古代城市重要构成要素城墙、护城河、码头、桥梁、街道、衙门、学宫书院、寺塔一应俱全，其很早就具备政治、经贸、文教、宗教、军事等完备城市功能。2001年被国务院公布为第五批全国重点文物保护单位。（玉潘亮）

新田古村　传统村落。位于今广东省韶关市南雄市乌迳镇浈江河上游。始建于西晋建兴三年（315），先祖李耿家族迁徙至此开基。三面被浈江河环绕，占地面积约4.8万平方米，传统建筑面积约1.8万平方米，集中连片，呈圆形分布状，以祠堂、民居为主，另有书院、牌坊、石鼓、石井等构建筑物。街巷多为青石或鹅卵石铺砌，传统建筑墙体多为青砖砌筑，红砂岩墙基，建筑檐口、屋脊、天花多有装饰，祠堂前多设有照壁。民间习俗丰富，保留有姓氏节、九节龙、乐仙等民俗。建筑为粤北客家民居。2009年被公布为第二批广东省历史文化名村。2013年被公布为第二批中国传统村落。（朱雪梅、杜与德）

石寨村　又称石城。传统村落。位于今广东省汕尾市陆丰市大安镇。唐武德五年（622）设陆安县时开始建村。明朝为简陋土寨，清初形成今所见格局。原是石、陈、谢三姓聚居地，现居民均为黄姓。传统建筑包括石城、和安里、黄忠贞公祠三部分，总面积约10万平方米。石城呈椭圆形，城墙周长约700米，高约10米，下部由不规则条石垒筑，上部由三合土夯筑，宽4米，分内外墙，内外墙之间有2米宽巡城道，外墙设堞口和炮眼。东西南北各有一门，距城门40米处两旁各设墙头堡。城内民居多建于清代，依山而筑，高低错落，格局多为"三间过二伸手"。寨内最高处巷道旁有一通体漆黑、上钝下硕、状若蜘蛛的巨石，各巷道以此石为中心，向四周呈放射状纵向分布，横向巷道又交错分布，呈蜘蛛网状。巷道石板下设置排污暗渠，因山势呈螺旋状流入寨外鉴湖，暗渠兼有秘密通道功能，可藏匿数百人。巷道两端筑有院门，与环城巷道相连，成为城中城。石城周围有数处泉眼，水流四面环绕缠护，形如冠带之势。城内城外有大树银王、魁亭夜月、蜘蛛结网、龟山列案、鉴湖出涨、澳港归帆等内八景、外八景。建筑为粤东潮汕民居。2012年被公布为第一批中国传统村落。2013年被评定为中国古村落。2014年被公布为第六批中国历史文化名村。参见第76页地理卷"石寨村"条。（朱雪梅、杜与德）

儋州故城　又称中和古城。古城遗址。位于今海南省儋州市中和镇西边村附近。始建于唐武德五年（622）。初为夯土城墙，明增砌石包墙，清又多次重修，1927年、1951年和1952年部分城墙及东、南门被拆除。城址平面近似方形，周长约1600米，占地面积17.5万平方米。设东、南、西、北四城门，外筑月城和壕沟。城墙高4.2—5.5米，宽约21米，现存西、北两门，完整城墙约200米，残墙约450米，基础尚存的城墙约950米。古城内外保留东坡井、魁星塔、桃榔庵遗址（苏东坡被贬儋州时居所）、州衙遗址等。海南现存年代较早、保存较为完整古城遗址。2006年被国务院公布为第六批全国重点文物保护单位。中和镇2008年被公布为中国历史文化名镇。（朱雪梅、杜与德）

中和古城　见"儋州故城"。

保平村　又称毕兰村。传统村落。位于今海南省三亚市崖州区。始建于唐代。因李德裕谪居毕兰而扬名，后因宁远河水冲毁毕兰村，村民移居黎地，聚居于毕兰村北，取名保平村，意为保世代平安。村庄占地面积约210万平方米，传统民居保护区面积约25万平方米。明清传统建筑群按功能分为学堂、庙宇、宗祠和民居四大类。传统民居多为一进、二进，呈三合、四合院平面布局，一般民宅建筑形制多为单进，由门楼、照壁、左右厢房、堂屋等建筑主体构成。最具特色的建筑物有明经第、小门楼、保平书院、九姓祠堂、关帝庙、文昌庙、天后庙、保平桥、毕兰村遗址。为国家级非物

质文化遗产崖州民歌发源地、红色革命老区，革命烈士麦宏恩、何绍尧故乡。"崖州民歌" 2006 年入选第一批国家级非物质文化遗产名录。2010 年被公布为第五批中国历史文化名村。参见第 75 页地理卷"保平村"条。（朱雪梅、杜亦皓）

逢简村 传统村落。位于广东省佛山市顺德区杏坛镇。西汉时已有人生息，后发展成集市。唐代已成村，清末达到鼎盛。村域面积约 526 万平方米，村庄占地面积约 40 万平方米。沿河而建，临水而居，总体沿逢简涌、逢桑涌主干发展，再沿内河涌纵深支干延伸，形成主次分明、纵横交织组团状形态。文物古迹有刘氏大宗祠、明远桥、宋参政李公祠、金鳌桥、巨济桥和梁公祠、雍和书院、觉妙净院、三界庙、主帅庙、钓矶、八角古井等传统建构筑物，还有御赐金桂、榕树、龙眼等百年古树。代表性民俗是龙舟竞渡。建筑为广府民居。2016 年被公布为第四批中国传统村落。（朱雪梅、王曼琦）

逢简村

程洋冈村 又称大梁冈；古称凤鸣冈、凤冈、凤岭。传统村落。位于今广东省汕头市澄海区莲下镇。为多姓聚居商贸型村落。唐代以前是韩江出海口岛屿，南北朝时已有人居住，初有浪俚及僚人聚居，继有柯、钟、黎、麦、詹、洪、翁、梁、郭等 99 姓到此定居，宋代陈、黄、蔡、郑、许等姓陆续迁入，明代林姓迁入，今只剩蔡、陈、许、郑、林五大姓氏，另

程洋冈村

有李、薛、柯、郭等少数人口，其他姓氏仅留下钟厝池、黎厝池、麦厝围、詹埠头、洪厝潭、翁厝斗、梁厝园等地名。村域面积约 256 万平方米，村庄占地面积约 100 万平方米，保留有永兴街、新兴街、源兴街、詹埠头等总长约 1 千米的商业街。现存建筑最早建于宋代，有书斋 15 座、祠堂 19 座、宫庙 10 座、牌坊、更楼、码头、寨墙、巷门、古井等多处。传统建筑主要是潮汕地区常见的竹竿厝、下山虎、四点金、单背剑、双背剑等格局。其装饰特点：一是装饰类型多，主要有金漆木雕、石雕、灰塑、嵌瓷、壁画、彩画等；二是装饰部位广，石木部件、门窗户肩、墙头屋脊、外墙檐下均有装饰。从村落整体景观到单体建筑，从坐向、明暗、风水讲究到装饰工艺技术等，均体现潮汕传统民居建筑布局特色与装饰特点。2019 年被公布为第五批中国传统村落、第七批中国历史文化名村。参见第 76 页地理卷"程洋冈村"条。（朱雪梅、杜与德）

许驸马府 传统民居。潮汕民居。位于今广东省潮州市湘桥区中山路葡萄巷东府埕 4 号。始建于宋英宗治平年间。为北宋太宗曾孙女德安公主驸马、殿直许钰府第。占地面积 2450 平方米，建筑面积约 1800 平方米，坐北朝南。总面宽 42.36 米、总进深 48.84 米。主体建筑为三进五间。前、后座均有插山，中座东西围屋有从厝、小

厅及书斋，上厅后有横贯全宅后院。厝身三进与插山构成工字格局，围屋于中座东西山墙外，形成独厅、独院、独天井。廊、厢与厝身屋面交接为八字槽排水天沟，屋面正脊末端为石质鳌尖，墙体为板筑夯灰和青砖条浆砌，后座正厅东侧墙壁保留桃红竹编灰壁。整座建筑结构严谨，古朴大方。潮州古建筑三件宝之一。1996 年被国务院公布为第四批全国重点文物保护单位。（唐孝祥、冯楠）

大岭村 原名菩山村。传统村落。位于今广东省广州市番禺区石楼镇西北部。陈氏祖先保昌公于北宋天圣元年（1023）奉诏任南雄县教谕，至三世遗庆公于南宋绍兴元年（1131）自南雄珠玑巷迁至菩山村开村繁衍。村域面积 3.57 万平方米，保存较完好的传统建筑群约 9000 平方米，古塔、古桥、古祠堂、门楼、牌坊、蚝壳屋等岭南传统特色建构筑物遍布全村。村内民居排列在菩山脚下与大岭涌之间，呈南北向半月形布局，砺江涌与七星岗，加上鱼塘耕地，形成"蛎江涌头，半月古村"整体格局。保存有 6 条古街和 45 条古巷，以一条古街为主轴，旁生里巷，与水系相通，次一级巷道与主街道垂直而设，形成"鱼骨状""大街小巷"两级交通街巷格局。"山、水、村、田"形态保存完整，为珠江三角洲地区传统水乡典型代表。龙舟竞渡为特色民俗活动。建筑为广府民居。2007 年被公布为第三批中国历史文化名村。2012 年被公布为第一批中国传统村落。2019 年被公布为第一批广东省文化和旅游特色村。参见第 73 页地理卷"大岭村"条。（朱雪梅、杜与德）

苏二村 原名荔枝村。传统村落。位于今广东省湛江市遂溪县建新镇。北宋年间黄氏先祖从福建莆田迁此开村。因北宋苏东坡曾两次踏进该村，故易

苏二村

荔枝村为苏二村。村庄占地面积 73.3 万平方米，有 40 多幢明清传统民居，千年古井和千年官道各 1 处，百年以上荔枝园 2 处。村东一条溪流自北向南流过，街巷以纵向主街和多条横向巷道为主要骨架，构成东向为主、南北延伸的街巷系统。街巷均青石铺砌。传统民居砖木结构为主，以红砖为主要材料。平面布局多为四合院式，分上房、套房、厢房、门厅、照壁、院子等几部分，一般面阔约 12 米，进深 11—12 米，部分设有倒座，进深约 18 米；另有平面布局为二进四合院式，分前后厅堂、套间、外院、里院、巷及偏房等。传统建筑装饰木雕、石雕、砖雕，典型代表是拦河大屋，共有 50 多间房，100 多扇门，占一条街，屋顶盘曲，气势恢宏，其布局之工、结构之巧、装饰之美、营造之精罕见。村里醒狮历史悠久，逢年过节、喜红庆典，用醒狮助兴，祈求平安吉祥。2012 年被公布为第一批中国传统村落。2014 年被公布为第六批中国历史文化名村。参见第 76 页地理卷"苏二村"条。（朱雪梅、杜与德）

福溪村　传统村落。位于今广西壮族自治区贺州市富川瑶族自治县朝东镇。因境内福溪而得名。始建于北宋年间。传说为宋代思想家周敦颐族人创建，后陆续迁入蒋、何、陈三大姓，兴盛于南宋，明清达到高峰。村落坐东向西，为一溪、二庙、三桥、四祠、十三门楼、十五街巷。一溪指村头一处地下河涌泉，形成溪流，初称沱溪，后改为福溪，村落因此得名；二庙指马楚大王庙、马楚都督庙（马殷庙），马楚大王庙始建于明洪武二十九年（1396），原建于村北，清道光二十八年（1848）迁至现址，马楚都督庙始建于明永乐十一年（1413），为砖木结构，至明弘治十二年（1499）改建成全木柱支撑，又称百柱庙，2006 年被国务院公布为第六批全国重点文物保护单位；三桥指青龙桥、回澜桥及钟灵桥，"富川瑶族风雨桥群"2013 年被国务院公布为第七批全国重点文物保护单位；四祠为周、蒋、何、陈四家祠堂；十三门楼指周、蒋、何、陈四大姓氏所建门楼，其中周氏 2 座、蒋氏 3 座、何氏 6 座、陈氏 2 座；十五街巷是 15 条明清时期所建青石板街巷。其中"马殷庙"2006 年被国务院公布为第六批全国重点文物保护单位。2012 年被公布为第一批中国传统村落。2014 年被公布为第六批中国历史文化名村。参见第 76 页地理卷"福溪村"条。（玉潘亮）

福溪村

碧江村　古称迫岗。传统村落。位于今广东省佛山市顺德区北滘镇。古时因村内有一小山岗而名迫岗，后因粤语岗、江同音而改称碧江。始建于南宋初年。始祖为北宋苏绍箕。明成化年间建造白云山的晴川墓和祠堂。原在此定居的还有甘、丁、马、刘、仇五姓。村域面积 890 万平方米，村庄占地面积 162.48 万平方米。现存祠堂、宅第、民居、书塾、古桥、私家园林等明清传统建构筑物共 1 万多平方米，村心街和泰兴大街集中 16 处保存较好的明清传统建筑，金楼、泥楼、职方第（含见龙门）、慕堂苏公祠、砖雕照壁、亦渔遗塾、三兴大宅（怡堂）7 处为广东省文物保护单位。典型代表碧江金楼，原名赋鹤楼，建于清代嘉庆至道光年间，是苏丕文所建藏书楼，二层砖木结构建筑，内部雕刻精美，有深、浅浮雕，以及线刻、镂雕和玻璃镶嵌等，题材为花卉与动物，施以泥金和贴金。建筑为广府民居。其中"金楼及古建筑群"2002 年被公布为第四批广东省文物保护单位。2005 年被公布为第二批中国历史文化名村。2012 年被公布为第一批中国传统村落。参见第 73 页地理卷"碧江村"条。（朱雪梅、杜与德）

文山村　传统村落。古琼州四大文化名村（攀丹村、金花村、文山村、水南村）之一。位于今海南省海口市龙华区新坡镇。南宋翰林院学士周秀梅为躲避战乱，于南宋绍熙五年（1194）携子榜湘渡琼，其长支第四代周榘迁居员山里。明嘉靖初，巡抚谈公巡视员山里，见此地文士接踵，官员济济，便将"员山里"改名为"文山村"。村域面积约 666 万平方米，村庄占地面积约 23 万平方米。保存有不可移动文物 34 处、古巷 35 条、祠堂 6 座、四合院传统民居 115 处 306 栋 440 间、牌坊及其他遗迹。村庄地势中高边低，建筑分组团聚，八面披离，交互层叠，状如莲花，环村东南西北与中央各开凿水井；村前有一长水塘，环绕三面，塘中横架两桥贯通东西；村后有山，势似城墙，拥卫村庄，与石城墙内外围抱，成为屏障；村前方叠起重案，弯环围绕。文山八景分别是村成莲花、五井饮和、水环玉带、鱼桥钓月、山城拥障、娥案围光、仙洞聚奇、三元镇口。村中先后有周宾、周宗本、周世昭 3 名进士，15 名举人，56 名贡生。2012 年被公布为第一批中国传统村落。（朱雪

梅、王曼琦）

黎槎村　又称八卦村。传统村落。位于今广东省肇庆市高要区回龙镇。始建于南宋嘉定年间。村域面积293万平方米，村庄占地面积6.7万平方米，四面环水，中间高四周低，房屋和街巷依八卦形布置，仅有南北两个出口与外界相连。民居布局有"十里一坊"，分兴仁里、柔顺里、毓秀里、仁和里、居和里、淳和里、尚仁里、仁华里、遂愿里、东江里、遂德坊等族群，每个族群拥有各自门楼、祖厅、祠堂等，各族群民居相对独立，巷道各自相连。房屋依山而建，环水而设，东面有6排，东北面有7排，南面8排，西面和北面各11排，由99条巷道相连，每部分为"梳式布局"，整体组合呈八卦形，以乾、坤、震、巽、坎、离、艮、兑等卦形排列，一座一排一圈，风格独特。2012年被公布为第一批中国传统村落。（朱雪梅、杜与德）

八卦村　见"黎槎村"。

淇澳村　原名旗嚞澳；曾名奇独澳。传统村落。位于今广东省珠海市唐家湾镇。始建于南宋淳祐四年（1244）。村东祖庙始建于宋代，清康熙十三年（1674）毁于大火，乾隆、同治年间重修。村域面积约2400万平方米，村庄占地面积54万平方米。地势南北高中间低，整体为村庄、农田、围塘、红树林滩涂格局，保存有宗祠（蔡氏宗祠、钟氏大宗祠）、宫庙（祖庙、天后宫、文昌宫）、故居（苏兆征故居）、古街（白石街）、传统民居、炮台（淇澳炮台）、古井等传统建筑。现存传统民居多为三开间，青砖墙体，花岗岩墙基，硬山坡屋顶，檐口下多施有彩画。岛上有"淇澳八景"，分别为鹿岭朝露、金星波涛、夹洲烟雨、

蚝珠夜月、赤岭观日、松间流水、鸡山夕照、婆湾晚渡，还有红树林公园。2014年被公布为广东省传统村落。"淇澳端午祈福巡游"2015年入选广东省省级非物质文化遗产代表性项目名录扩展目录。建筑为广府民居。（朱雪梅、陈铮）

旗嚞澳　见"淇澳村"。
奇独澳　见"淇澳村"。

东林村　传统村落。位于今广东省湛江市雷州市南兴镇南渡河南岸。始建于南宋祥兴年间，为林姓世居。最初选址位于现旧村西南侧，后向东北侧发展，清至民国扩大，1972年旧村东侧开始建设新村。村域面积约200万平方米，村庄占地面积6.7万平方米，传统建筑面积约2万平方米。整体坐北朝南，以旧村口公共序列带为新旧村连接轴，为梳式布局。有16条青石板巷，最古老的仁里巷长155米，建于宋祥兴年间。现存传统民居100多座，明代民居4座，保存较好清代民居有司马第、大夫第、藩佐第、桂庐等。传统民居以红砖为主要建筑材料，屋脊角翘一般灰塑龙形卷草，檐头灰塑山水花鸟，檐际雕刻瑞兽祥鸟。石狗是该村独特非物质文化遗产，村民用青石（玄武岩）刻成狗雕像，作保护神、吉祥物加以供奉。明代有解元、进士6人，举人11人，贡生等58人，任官职者45人。2012年被公布为第一批中国传统村落、第三批广东省历史文化名村。（朱雪梅、王曼琦）

黄埔村　传统村落。位于今广东省广州市海珠区琶洲黄埔涌旁。南宋时已是海舶所集之地。明清以降，发展成为广州对外贸易的外港，黄埔古港开始建设。村域面积约400万平方米，村庄占地面积约200万平方米。地形

西北高东南低，周边有8口池塘，建筑布局顺应地势，以祠堂为中心，祠堂面对池塘，其后为棋盘式布局民居建筑。保存有黄埔古港遗址1处、古商业街2条、祠堂12座、家塾2座、名人故居5座、宫庙1座、传统民居众多，还有古井、坊门、广场等。特色节庆活动有端午节赛龙舟、上匾、北帝诞、广州祠堂文化节等。中国海上丝绸之路起点之一。建筑为广府民居。2013年被公布为第二批中国传统村落。（朱雪梅、陈铮）

黄埔古港

侯南村　旧称溪南。传统村落。位于今广东省梅州市大埔县百侯镇。始建于宋代。北依梅潭河，历史上梅潭河是潮汕平原与漳厦平原的主要内陆交通线，侯南成为梅州大埔地区商品主要集散地，产生以骑楼老街为主要建筑类型的百侯圩市。村域面积约1100万平方米，村庄占地面积约280万平方米，三面环山，择水而居，田村相生，依老子"万物负阴而抱阳，冲气以为和"理念，宅第多坐西北向东南，避风向阳，体现天、地、人和谐统一的哲学思想。村内以通议大夫第、肇庆堂为代表的明清客家传统民居100多座，祠堂90多座，古街巷36条，古碑、古牌匾、古桥、古路、古井、古树等文物古迹一批。祠堂多为九厅十八井官厅式大屋，36条石砌街巷将大屋连为一体，形成"三十六条巷，巷巷都一样"的民居布局。建筑风格体现客家传统民居特色，民国期间修建的民居大多融入西方建筑元素，体现中西合璧特点。其中"大埔肇庆堂"2019年被国

务院公布为第八批全国重点文物保护单位。2013年被公布为第二批中国传统村落。（朱雪梅、王曼琦）

溪南 见"侯南村"。

上岳村 又称上岳古围村。传统村落。位于今广东省清远市佛冈县龙山镇。始建于南宋。先太祖是南宋抗元名将朱文焕，北江抗元时殉国，其后人避乱广州，后迁到上岳村繁衍生息。占地面积约45万平方米，主要有十八"里"，呈长方形城堡结构，长约200米，宽约50米，共有37栋108间。其中相连在一起的上归仁里、中归仁里、下归仁里约建于清乾隆年间，是保存最为完好的传统建筑群。村落呈梳式建筑群布局，几十座"镬耳墙"民居整齐排列，错落有致。每座民居雕梁画栋，墙壁绘画各具特色。下归仁里的四美楼，亦称银庄，是村里最坚固的建筑。外墙厚实，大门是与门廊齐高的铁栅，沿堂屋木梯子上到二楼，墙上正面侧面各两个方孔，通过方孔能环视全村，是观察敌情的瞭望口、防御外袭的射击口，能通风透气。上归仁里、中归仁里、下归仁里各有一个门楼，第一个门楼门匾是"归"，第二、第三个"归"字分别少了一横、一撇，以此区分三个归仁里。村中保存较完好的古井超过20口。今还保留祭井文化，每逢节气祭日，村民们到井边拜祭井神。其中"上岳村建筑群"2012年被公布为第七批广东省文物保护单位。"上岳古围村"2009年被公布为第二批广东省历史文化名村。"佛冈县龙山镇上岳古围村"2010年被公布为第五批中国历史文化名村。"上岳古围村"2012年被公布为第一批中国传统村落。参见第75页地理卷"上岳村"条。（朱雪梅、王曼琦）

塘尾村 传统村落。位于今广东省东莞市石排镇。始建于宋代。李氏先祖为避靖康之乱迁入南雄珠玑巷，宋代末年六世祖李栎菴遭权贵排挤，逃至塘尾，被黎姓人家收留并配以女儿，而后族人在此繁衍至今。村庄占地面积3.96万平方米，依山势缓坡而建围寨。全围坐北朝南，以村口水塘为中心，村内道路七纵四横，呈井字形网状村落布局。围前一大二小3口鱼塘，分别代表"蟹壳"与2只"蟹钳"，围面2口古井代表2只"蟹眼"，寓意一只巨蟹守护后面村落和前面千亩良田。4个围门，加上谯楼、巷道牌楼，共计28个，寓意二十八星宿。古围墙有108个射击孔，按36天罡、72地煞排列。现存传统民居268座，祠堂21座，书室19座，古井10口，围门4个，炮楼28座。至今保留纪念北宋抗辽名将康王（又名康保裔）的"康王宝诞"民俗活动。建筑为广府民居。2006年被国务院公布为第六批全国重点文物保护单位。2007年被公布为第三批中国历史文化名村。（朱雪梅、杜与德）

南社村 原名南畲村。传统村落。位于今广东省东莞市茶山镇。始建于南宋初年。为谢、陈、黄、麦、钟、戚、席诸姓聚居地。明崇祯十七年（1644）为防匪患修筑围墙，设东、西、南、北4座门楼及17座谯楼。村域面积约690万平方米，村庄占地面积约11万平方米，分7个村民小组。传统建筑群利用樟岗岭与马头岭形成的长形水塘，顺樟岗岭与马头岭自然山势错落分布，巷道与长形水塘垂直，呈梳状布局。民居布局以三间两廊、三间一边廊为主，祠堂除宗祠以三进布局外，各家祠、家庙则是二进院落形式。广府建筑特色为主，亦受潮汕、安徽、湖南及西方建筑文化影响。采用东莞红砂岩和青砖，多以红石做门、窗框和墙基，豆青色水磨青砖墙，形成独特的色彩搭配。现存祠堂30座、庙宇3座、传统民居250多间、古井20多口、古墓36座。全国重点文物保护单位的文物本体19处，市级不可移动文物7处，历史建筑94处，传统风貌建筑223处。2005年被公布为第二批中国历史文化名村。"南社村和塘尾村古建筑群"2006年被国务院公布为第六批全国重点文物保护单位。2012年被公布为第一批中国传统村落。2019年被公布为第一批广东省文化和旅游特色村。参见第72页地理卷"南社村"条。（朱雪梅、杜亦皓）

古排村 又称南岗古排、南岗排、南岗古寨、首领排。传统村落。全国规模最大、最古老的瑶族山寨。位于今广东省清远市连南瑶族自治县三排镇。宋代排瑶祖先已在南岗结亲定居，到明代已具相当规模，鼎盛时期有600户5000多人，故又被称为首领排。村庄坐西南向东北，占地面积14.39万平方米，现存各类历史建构筑物计440座（处），包括民房、仓储房、牲畜棚、石棺墓、寨门、石板道、祖庙等。整体布局依山而建，房屋层叠，错落有致，石板道纵横交错，主次分明。民居基本是两层砖木结构，青砖构筑，硬山顶瓦面，大部分有前廊，部分墙

古排村

体上绘有反映八排瑶族生产、生活情景的彩绘，以其中的"瑶王屋"为代表。瑶家把又长又大的木材当瓦檐，延伸到门口 1 米多长，再把楼板伸出 1 米，用木条将楼板与瓦檐木条连接起来，将伸出的阳台吊在屋檐下，形成吊脚楼。2008 年被公布为第一批广东省历史文化名村、第四批中国历史文化名村、第五批广东省文物保护单位。2012 年被公布为第一批中国传统村落。参见第 74 页地理卷"古排村"条。（朱雪梅、杜亦皓）

江边村 传统村落。位于今广东省东莞市企石镇。始建于元武宗至大年间。黄氏祖先自江夏（今属湖北省）迁徙广东南雄，先祖黄云萝于南宋迁居企石，第七代孙黄月聪再定居江边新围，约在明嘉靖年间成为村落，并兴建黄氏宗祠。北临东江，南靠石马河。村庄占地面积 5.37 万平方米，依罗屋岭缓坡而建，内部"三纵十五横"巷道形成井字形网状村落布局。防御系统严密，原有围墙环绕村落，设谯楼 5 座，围门 6 座。现存传统建筑多为明清时期所建，元代及以前建筑 2 座，明代建筑 16 座，清代建筑 224 座，古井 12 口，300 年以上古榕树 6 棵，百年以上荔枝树约 1000 棵。传统建筑石雕、砖雕、木雕、灰塑工艺品具广府民居特色。2012 年被公布第三批广东省历史文化名村。（朱雪梅、杜与德）

旭日村 传统村落。位于今广东省惠州市博罗县龙华镇罗浮山脚下。陈氏先祖约于 1330 年迁入龙华镇石门楼一带，明末清初再迁至此地。村域面积约 230 万平方米，村庄占地面积 24.33 万平方米。村前临东江、左邻沙河、右依太平山、北靠罗浮山，各宗族建筑依山就势而建，呈组团状排列，由蔚园、东园、大园、南边、大巷、梅花、永吉等 7 个村小组组成。现存传

统建筑 600 多处，主要为祠堂、民居和碉楼三大类，由数条麻石巷道相连。有陈百万故居、平伯陈公祠、聘君陈公祠、洛峰陈公祠等多处代表性传统建筑，陈百万故居分东门和主屋两大部分，由东门进入，经回廊，中间花岗岩石天井，两旁厢房，有花园与庭院，主屋为三行五列结构，以中厅为中轴线，两旁横向伸展带侧屋，至今保存完好。锣鼓表演为该村特色民间表演艺术，每逢春节、嫁女娶亲、子女入学、添丁、乔迁等喜事，村民会敲锣打鼓、燃放鞭炮。建筑为广府民居。2012 年被公布为第一批中国传统村落。（朱雪梅、杜与德）

茶东村 传统村落。位于今广东省中山市南朗镇。元顺帝时期，先祖陈玄保于此建村。民国时期演变为茶东和茶西两个自然村。村域面积约 360 万平方米，地势北部起伏南部平坦。保存有宗祠（陈氏宗祠、净溪陈公祠、贡三陈公祠、筠溪陈公祠）、宫庙（武帝庙）、公园（清代茶东公园）、圩场遗址（东来圩）、传统民居、牌坊（茶东牌坊）等。陈氏宗祠始建于明朝中期，清康熙七年（1668）重建，为锅耳山墙，三进三间布局，有雨廊、偏厢、天井等，门楼为四柱三间戏台式单檐建筑，二进楼抬护栏有阳刻双龙戏珠花岗岩石雕和石狮子望柱。传统民俗是打火把节，寓意将灾难打发，祈求风调雨顺，国泰民安。建筑为广府民居。2019 年被公布为第五批中国传统村落。（朱雪梅、王曼琦）

兴井村 与石镇村合为林赛石村。传统村落。位于今广东省河源市和平县林寨镇。元至正九年（1349），和平富坑的陈姓元坤公移居于此。村落占地面积约 10 万平方米，传统建筑占地面积约 3 万平方米，保存较完好的围屋有 24 座，其中清朝年间 20 座、民

国时期 4 座。围屋群处于田野之间，错落有序，注重防御。平面呈四方形，多为二堂二横或三堂四横式，高墙合围，一般高 10 米，石灰夯筑墙体，四角建有碉楼，外墙不设窗户，设枪眼和瞭望孔，大门和侧门坚固，门外有粗 0.1 米的铁闸加固。围内房屋多，房间、仓库、厨房、厕所齐全，天井一般还建有水井。围屋有明显中轴线，主体建筑厅堂建于中轴线，两旁建厢房和横屋，在厅堂与厅堂之间，厅堂与横屋之间，用巷道作为交通网络，将整幢房屋连结起来。外墙不设窗户，采光主要依靠天井，屋内天井少则 7 个，多则 10 多个，利于雨水和生活用水排放。建筑为客家民居。（朱雪梅、杜亦皓）

歇马村 又称歇马举人村。传统村落。位于广东省江门市恩平市圣堂镇锦江河畔。因该村历史上功名人士众多，又依"雄马"形建造，故名。元至正年间，梁江从韶关南雄珠玑巷迁至恩平，其孙师达先落脚塘马园再定歇马建村。占地面积 14.67 万平方米，北靠松山，南临锦江，西北高东南低，呈东西伸展长形坡地。村落建筑梳式布局，仿"雄马"形状建造，分为马头、马身、马尾三大部分，下水道、巨型卵石、水塘等寓意"马"的各个器官。街巷由村中部呈放射形布局，每条街巷配有排水渠，马头明渠，马尾暗渠，贯穿全村。周围遍植树木，现存古树名木众多，有朴树、榕树、樟树、龙眼、杨桃等。传统建筑以民居为主，另有祠堂、书院等，多建于明、清和民国时期，为青砖外墙，灰瓦硬山顶。进门处有歇廊，左为房间或厨房，与庭院左右两侧抄手相围，形成四合院格局。建筑为广府民居。2008 年被公布为第四批中国历史文化名村。2009 年被公布为第二届全国文明村镇。2011 年被公布为第二批全国特色景观旅游名村。参见第 74 页地理卷"歇马

村"条。（朱雪梅、杜与德）

塱头村　传统村落。位于今广东省广州市花都区炭步镇。北宋末年黄居正举家迁至南雄珠玑巷，南宋末年再迁至广州北郊，元至正二十七年（1367）迁至此建村。村民多姓黄，为黄居正后人。面积6.25平方千米。整体呈梳式布局，北高南低，保存有宗祠（黄氏祖祠、景徽公祠、渔隐公祠、以湘公祠、友兰公祠、留耕公祠、乡贤栎坡公祠）、书室（谷诒书室、台华公书室、菽圃公书室、耀轩公书室）、家庙、府第、更楼、民居、桥梁、古巷（积墨巷、永福里、敦仁里、农家乐里）、池塘（泮月塘）等文物古迹。为珠三角地区著名进士村、乡贤故里，有耕读传家文化传统。传统建筑中的石雕、砖雕、木雕及灰塑等工艺精湛。建筑为广府民居。2013年被公布为第二批中国传统村落。2014年被公布为第六批中国历史文化名村。参见第75页地理卷"塱头村"条。（朱雪梅、杜与德）

范和村　又称饭罗冈、饭笋冈。传统村落。位于今广东省惠州市惠东县稔山镇。村域面积约2200万平方米，村庄占地面积133万平方米。背山面海，后有龙山，前有喇叭口，呈现三环山一临水格局。村中房屋集中布置在港湾冲击平地，至今保存四大围屋，除尚德围损毁严重外，罗冈围、吉塘围、长兴围保存较完整，围内房屋排列整齐规整。另保存有宫庙神殿12座，古戏台3座，西式教学楼1座，哥特式天主教堂1座，古祠堂众多。传统建筑汇聚明清时期潮汕文化、客家文化、广府文化和西洋文化特色。村内活态保存着众多非物质文化，有独特的嫁娶礼俗、花甲老人"食福"、端午"抢炮头""三大醮会"以及国家级非物质文化遗产惠东渔歌、白字戏和潮剧。2014年被公布为第三批中国传统村落。（朱雪梅、杜与德）

饭罗冈　见"范和村"。
饭笋冈　见"范和村"。

苏家围村　传统村落。位于广东省河源市东源县义合镇义合村东江与久社河交汇处。始建于明代，为北宋苏东坡后裔聚居地。村域面积约1000万平方米，村庄占地面积1.73万平方米，总长43.4米，总宽11.3米。整体坐西北向东南，村内寺庙、书房、祠堂、圩市、民居齐全，保留较完整传统民居20多座、祠堂2座。代表性建筑是东山苏公祠，建于明成化十七年（1481），为苏东坡第十五世孙苏东山所建，三进三开间带前广场和照壁，一进头门前五级花岗岩石阶，头门轩廊两侧有红砂岩柱、砂砾岩框和门枕；中厅为会客场所，由六根柱子顶撑梁架和瓦面，人称六柱官厅；上厅为祭祀场所，墙壁设有苏氏先人牌位，厅上挂"永思堂"木牌匾。另有东山学堂遗址1座、义江古庙遗址1座、古街道遗址1处、东江古码头2处、古榕树5棵等。有南中国画里乡村美誉。2019年被公布为第五批中国传统村落。（朱雪梅、杜与德）

苏家围村

大鹏所城　全称大鹏守御千户所城。军事城堡。位于今广东省深圳市大鹏新区鹏城社区。建于明洪武二十七年（1394）。广东都指挥花茂奏请添设

"沿海依山广海、碣石、神电等卫所二十四处，筑城浚池"，大鹏所城是其中之一。占地面积约10万平方米，平面呈近梯形布局，注重防御，由城外至城内层层设防，城墙高6米、长1200米，上设雉堞654个，并辟有马道，分东、西、南、北四个城门（北门于万历年间被堵塞），每个城门上建有一座敌楼，两边各设两个警铺，城外东、西、南三面，环绕着一条长1200米、宽5米、深3米护城河。城内有南北街、东门街和正街三条主要街道，小巷纵横，多为青石板铺就。传统建筑除庙宇和民居外，还有10余座清代将军府第，以振威将军府第为代表。2001年被国务院公布为第五批全国重点文物保护单位。所在的"鹏城村"2003年被公布为第一批中国历史文化名村。参见第72页地理卷"鹏城村"条。（朱雪梅、杜与德）

大鹏守御千户所城　见"大鹏所城"。

古鹤村　传统村落。位于今广东省中山市三乡镇。始建于1398年。原是一座小岛，先人在岛上开垦，后珠江口泥沙堆积，当地人开始围垦造地成为村庄。因村庄周围曾是湿地，引来大批白鹤，因而得名古鹤。村域面积约620万平方米，村庄占地面积约200万平方米，地势呈东高西低。周边河溪水道有梅花坑、大坑、侣竹亭坑和三

潭，自东向西汇入茅湾冲，经坦洲水道入海。坐东南向西北，梳式布局，主街道分为上、中、下街。保存有古围墙3段、宗祠5座、庙宇3座、石板街3条（1800米）、古井16口、传统民居130多座、碉楼3座、旗杆夹5座。典型代表是建于清光绪八年（1882）的郑之庸"乐善好施"牌坊，四柱三间三楼，高约8米，花岗石雕凿筑，歇山顶，三楼均用石雕斗拱承托，柱下镶嵌抱鼓石，坊额四周有人物花卉雕刻。村后青龙山有百年古树100多棵，包括土沉香、楠木、野生荔枝、显脉杜英、白桂木、冬青树、五味子树等。建筑为广府民居。2014年被公布为第三批中国传统村落。（朱雪梅、杜与德）

蚬岗村　又称蚬岗八卦村。传统村落。位于今广东省肇庆市高要区蚬岗镇。始建于明初。李氏始祖名秀卿，明初自南海小塘移居至高要蚬岗村西南门里。村内有李、叶、邓、尹、石、钟、何、陈等17个姓氏，以李姓居多。村庄四面环水，因其形状如一只蛰伏在水中的巨蚬而得名。依岗而建，布局呈蚬状"八卦"形，直径约600米，以各族、各姓、各坊建祠堂，有"八卦十六祠"之称。民居建筑环岗一巷一圈共20圈，岗顶一圈10间，每下一圈房屋递增，岗脚边四周是池塘，由岗顶向村边有8条巷道呈放射状分布。巷道以咸水石铺砌，纵横交错。岗顶为八卦中心，原栽种有8棵古榕树，暗含乾坤八卦玄机，分别种于乾、坤、震、巽、坎、离、艮、兑八个方位。代表性建筑有始建于明天启年间、重修于清光绪年间李氏大宗祠、清同治年间钦点蓝翎御前侍卫故居和书塾、明清时期民居、炮楼、祠堂等。传统建筑保留镬耳山墙、鳌鱼尾以及屋檐口灰雕彩画等广府民居特色风格。（朱雪梅、杜与德）

蚬岗八卦村　见"蚬岗村"。

茶山村　传统村落。位于今广东省梅州市梅县区水车镇。建村于明初，鼎盛于清末至民国时期。村域面积约27万平方米，村庄占地面积约5万平方米，传统建筑面积5.8万平方米。村落依山势而建，传统建筑集中于南向山麓，东西向长约1000米，30多座不同时期、形态各异客家传统民居，依山势呈带状沿山脚布局。溪流从谷地中间自西北向东南汇入梅江河。传统民居大多前有池塘，后有风水林或化胎，整体形成圆形或椭圆，为"天圆地方"朴素宇宙观在客家民居建筑中的体现。现存传统民居34座，最早的建筑是明代绍德堂，明清建筑还有萼辉楼、创毅公祠、伯荣楼、畅云楼、德崇楼、司马第、培云楼、承庆楼8座。除几处书屋和1座碉楼保存状况较差外，其余民居建筑基本保存完整。被誉为客家民居第一村。2012年被公布为第一批中国传统村落。（朱雪梅、杜与德）

白石村　传统村落。位于今广东省肇庆市端州区黄岗街道。明永乐年间，广西李氏等族人相继迁入白石，与原住民杂居，形成李、罗、张、梁、程、郭、蔡、白、杨九姓聚居的村落，目前李姓约占全村1/4人口。濒临西江，遥望羚峡，靠北岭。村域面积约120万平方米，村庄占地面积约11万平方米。由应日坊、文星坊、大德坊、惠福坊组成。现存连片传统建筑总面积2万多平方米，传统民居群多建于清末和民国期间，为青砖瓦房，有宋代古巷、古井等遗址。保存较完好的古迹有始建于明永乐年间的李氏宗祠、清代梁氏宗祠、伍丁祖师堂和大德长庚书塾等。最为珍贵的是清光绪十五年（1889）刻《张之洞为开采砚石以贡品事碑》，是目前仅存有关端砚生产

的碑记，见证着白石村制砚的历史，具有很高文物价值。村庄端砚制作技艺世代相传，被誉为中国端砚文化村。2012年被公布为第一批中国传统村落。（朱雪梅、杜与德）

卿罡村　旧称卿岗村。传统村落。位于今广东省清远市连州市保安镇。始建于明永乐年间。清道光年间村人觉得"岗"字不雅，改为"罡"。村域面积约1600万平方米，村庄占地面积约60万平方米。整体呈圆形，清代修筑城墙和4座城楼，城墙高约4米，厚约1.5米，城墙上有铳眼和望台。按北斗七星格局建造，每一座门楼代表一个星座，每一条青石板巷道代表一条行星轨道，村前3座山冈代表北斗七星的"天罡"星座，东、西、南、北四座门楼代表"天枢""天璇""天玑""天权"四星位置。巷道为青石板铺砌，传统建筑多为青砖砌筑，硬山顶，上为阴阳板瓦面，正脊板瓦叠置，直棂窗。现有门楼5座、祠堂4座、民居120多栋。2014年被公布为第三批中国传统村落。（朱雪梅、杜与德）

卿岗村　见"卿罡村"。

水东村　传统村落。位于今广东省云浮市云城区腰古镇新兴江江畔。始建于明永乐二年（1404）。全村为程姓，是北宋理学家程颢后人，为避战乱从河南南迁至此，已传至23代，分别以"序伦""笃庆"和"聚顺"为堂号。村域面积23.8平方千米，村庄占地面积4.5万平方米。村落布局结合地形按"八卦"形建造，以村前椭圆形大池塘为中央，以村内中间巷为轴线，将全村居民建筑分为东、西两部分，一边坐东朝西，另一边坐西向东。保存有明清传统建筑588座，传统民居为砖木结构瓦房，面阔三间，多为二进，

带有天井和两侧厢房，雨水通过天井四周小水渠流入阴沟，俗称四水归堂，意为肥水不外流。部分房屋尚存有镬耳山墙，前檐多为重檐，大部分居民外墙和屋檐有精美雕刻。建筑为广府民居。2012年被公布为第一批中国传统村落。2019年被公布为第七批中国历史文化名村。参见第76页地理卷"水东村"条。（朱雪梅、王曼琦）

烟桥村 旧称燕桥村。传统村落。位于今广东省佛山市南海区九江镇。始建于明正统十四年（1449），何氏六世祖

烟桥村

慕庄公建村。村域面积约80万平方米，村落占地面积3.8万平方米，坐东向西。四周水系环绕，南北建有炮楼，村后篔竹围绕，村前河设有木桥，与何氏六世祖祠和古榕树形成村口公共活动区域。村前木桥原名燕桥，因终年水汽蒸腾，雾气缭绕，得名烟桥。村庄房屋行列布置，呈梳式布局，青石板街巷交错成鱼骨状，中部大道南北走向贯穿全村，楼脚巷、烟桥正道、北头巷、下巷、耙丁一至十一巷、中间巷等东西走向巷道与南北大道交接，有元、亨、利、贞四条并排巷道，形成鱼骨状村落格局。保存有清重修宗祠1座、清朝旌表节孝牌坊1座、清朝古井3口、清朝镬耳屋14间、传统民居60间，门楼、古巷、古树、古壁画、古砖雕等一批文物古迹。建筑为广府民居。2012年被公布为第一批中国传统村落、第三批广东省历史文化名村。2014年被公布为第一批广东省传统村落。（朱雪梅、杜与德）

燕桥村 见"烟桥村"。

道韵楼 俗称大楼。传统民居。潮汕围楼。位于今广东省潮州市饶平县三饶镇南联村。始建于明成化十三年（1477），建成于万历十五年（1587）。占地面积15000平方米，坐南朝北。周长328米，内切圆径10.2米，高11.5米，墙厚达1.6米。建筑呈八角造型，仿八卦形状而建。正中门楼上书"道韵楼"3个字。楼中每一"卦"长39米，"卦"与"卦"间用巷道隔开，八卦共72间房。最多时曾居住600余人。房间向心布置，自内向外每组房间均为三进，一、二进为平房，第三进连接外墙为楼房。墙基垫两层青砖，墙身为夯筑土墙。楼中部有一单层堂屋。阳埕左右两眼公用水井，象征太极两仪阴阳鱼鱼眼。依照诸葛八卦生门入、休门出原理，在大门一侧开设旁门为"休门"作为出口。围楼周边设有枪眼、炮眼，楼顶有防范燃火烧门的注水暗涵，具防卫、防灾功能。是中国目前发现规模最大八角形围楼，以"古、大、奇、美"著称。现内部设有多个主题陈列馆。2006年被国务院公布为第六批全国重点文物保护单位。（郭焕宇）

大楼 见"道韵楼"。

湖贝村 传统村落。位于今广东省深圳市罗湖区东门商业旺区。明成化年间，张氏族人从福建迁居至此繁衍生息。多为潮汕移民。村庄占地面积约11万平方米，整体呈"三纵八横"排列，有宗祠（怀月张公祠）、门楼、民居、水井。兼有潮汕文化与广府文化融合特色。（朱雪梅、王曼琦）

仁厚温公祠 传统民居。粤东北地区现存历史最古老围龙屋建筑。位于今

广东省梅州市梅县区丙村镇群丰村。始建于明弘治三年（1490），中部堂屋为明代建造。占地面积2.3万多平方米。建筑主体由堂屋、横屋、后部化胎及半圆形"围龙"组合而成，正面为空地禾坪、半圆形水塘。建筑平面布局为三堂八横三围，上、中、下三堂屋居中，横屋左右对称分布，每纵列横屋分为三段，每段五间，纵向分布天街，横向设置短巷。后部弧形围屋"围龙"与堂屋间形成围合半圆形化胎。围屋内有房间390间，及近百间杂间。围龙屋整体呈前低后高态势，寓意步步高升，水塘与化胎前后呼应，形成完整形态。（郭焕宇）

松坪村 原名松树坪。传统村落。位于今广东省梅州市梅县区雁洋镇。始建于明中叶，李、赖、叶、吴、房五姓先祖为避战乱由中原经江西、福建等聚居开村。村域面积约70万平方米，村庄占地面积约20万平方米。东依阴那山，北临梅江河，南至西南部靠"文峰"畬茶崇、老虎冈、马鞍山群峰。主要集中于东西宽500多米、南北长不足1000米冈子上，从添溪引来的水圳，绕村逆河流而上达西面塔冈一隅。村内现存明清建筑36栋，有松乡公祠、政创公祠、应盛公祠、继生公祠、孝义公祠、警严公祠、智介公祠、树德楼、裕轩公祠、介翁公祠、端林公祠、诒谷堂、石鼓楼、长塘尾、上屋及细上屋、德树公祠、嘉穀楼、养正堂等，多为围龙式、杠式、堂横屋式或混合式，多为单层土木结构瓦房，灰沙夯筑，保存状况较好。建筑为客家民居。2012年被公布为第一批中国传统村落。（朱雪梅、杜亦皓）

松树坪 见"松坪村"。

大芦村 传统村落。位于今广西壮族

大芦村

自治区钦州市灵山县佛子镇。形成于明嘉靖二十五年（1546）至清道光六年（1826）。村域面积480万平方米。村内地势平缓，根据星象北斗七星图栽种7棵大树，开挖有水塘，寓意"七星伴月"。沿水边建有四美堂（镬耳楼）、三达堂、东园别墅、双庆堂、蟠龙堂、东明堂、陈卓园、富春园和劳克中公祠等9个古民居建筑群，为梳式布局。为明末清初广府风格。建筑由居中院落式主屋和两侧辅屋组成，主屋由3—5进院落串联，每进为三间两廊，中部为天井，用于采光和排水。地势由内到外降低，显露出宗法礼制观念。主屋为硬山顶，辅屋为悬山顶。在斗拱、柱础、屏风、门窗等构件上雕刻有岭南特色图案。有楹联300多副，为明清时期创作，内容以修身、持家、立业、报国为主。建筑为广府民居。1999年被广西楹联学会和广西民间艺术协会授予"广西楹联第一村"称号。2007年被公布为第三批中国历史文化名村。2012年被公布为第一批中国传统村落。"钦州跳岭头"民间信俗2014年入选国家级非物质文化遗产代表性项目名录扩展项目名录。参见第74页地理卷"大芦村"条。（玉潘亮）

侨乡村 传统村落。位于今广东省梅州市梅县区南口镇。明嘉靖年间，潘氏永发公夫人携二子至南口三星寨下，与邻刘氏、黄氏、谢氏、罗氏、濮氏、钟氏、陈氏开荒垦地建村；清末民初，村民到东南亚及欧美各国谋生，渐成侨乡，因此得名。村域面积约150万平方米，村庄占地面积121.3万平方米。现存围龙屋98座，依麓湖山脚而建。有单层围龙结构、双层围龙结构，如德馨堂、刘氏祖屋；中西合璧十厅九井结构，如南华又庐；五杠式结构，如承德堂。在保持客家传统建筑特色的同时，融入华侨侨居国文化元素。"南华又庐"被公布为第四批广东省文物保护单位。建筑为客家民居。2012年被公布为第一批中国传统村落。2019年被公布为第一批国家森林乡村。

（朱雪梅、杜亦皓）

钦州大芦村镬耳楼 又称四美堂。传统民居。广府民居。位于今广西壮族自治区钦州市灵山县佛子镇大芦村。为大

钦州大芦村镬耳楼

芦村劳氏家族祖屋。始建于明嘉靖年间。崇祯年间在前门楼和主屋第四进"官厅"两侧建镬耳山墙而得名，清康熙五十八年（1719）整个建筑群建成。占地面积4460平方米。包括前门楼、主屋、廊屋、斗底屋、辅屋、后花园和围墙。平面为五进穿堂式建筑布局，每进为三间两廊，主屋三开间，两侧廊屋，中间为天井。主屋为硬山顶龙船脊，廊屋为悬山顶，砖木结构，砌筑材料多为青砖。五进院落层次分明，地面由门厅（外）至五进厅（内）逐级抬高，前后院以侧门和回廊贯通，构成错落有致、庄重森严整体。主辅相对、以廊分割的结构，把长幼尊卑、男女起居严格分界，主屋两侧有一大一小2条巷道，大的供男性使用，小的为女性使用，体现出宗法礼制观念。装饰讲究，房檐、梁枋、柱础、屏风、门窗等构件雕刻精美。是具有广府民居特色的建筑。（玉潘亮）

四美堂 见"钦州大芦村镬耳楼"。

定安王弘诲故居 传统民居。位于今海南省定安县雷鸣镇龙梅村王氏宗祠左侧。建于明嘉靖年间，坐东北朝西南。明末烧毁，清康熙年间由王弘诲曾孙王懋在原址重建。多次修缮。现存两处正屋，另有横屋。占地面积约500平方米，砖木结构，合院式布局。故居内原存有王弘诲画像一幅，已毁，现仍存有明代石槽、石盆各一件。（郭焕宇）

龙湖古寨 原称塘湖寨；旧志称塘湖市。传统村落。位于今广东省潮州市潮安区龙湖镇。建寨于明嘉靖三十七年（1558），时任江西布政使刘子兴因在家守制，倭寇侵扰，号召村民在此"建堡利甲，置栅设堠"。村域面积451.2万平方米，村庄占地面积约150万平方米。整体布局为"三街六

巷"格局，以中间直街为中轴南北走向，带状分布，北门外灵护庙如龙首，直街如龙身，花岗岩砌块如龙鳞，两旁传统民居如龙腾云驾雾。先祖为祈祥纳福，把塘湖改名为龙湖。目前保存有100多座传统建筑，较著名的有方伯第、进士第、探花府、绣衣第、许氏宗祠、龙湖书院、天后宫等。传统建筑门廊立面注重装饰，门簪、门匾、对联、侧壁则多绘风俗彩画，门框、柱梁、柱础、栏杆、台阶等用石雕，喜用石鼓、瑞兽、狮子等，集木雕、石雕、贝雕、嵌瓷、彩绘、贝灰塑等潮汕民间工艺精华。建筑为潮汕民居。2012年被公布为第一批中国传统村落。（朱雪梅、杜与德）

塘湖寨 见"龙湖古寨"。

塘湖市 见"龙湖古寨"。

潮州老城古民居建筑群 传统民居。潮汕民居。位于今广东省潮州市湘桥区。包括南门十巷历史街区、许驸马府历史街区和旧西门历史街区民居建筑群。自明中后期至近代陆续建成。老城民居建筑群有竹竿厝、单佩剑、双佩剑、爬狮、四点金、五间过、三坐落等基本型，基本型组合衍生成为功能复杂大型府邸。14座民居建筑，包括黄尚书府、铁巷陈宅、辜厝巷林宅、郑厝巷蔡宅、东府埕儒林第、青亭巷大夫第、卓府、马使埕阎宅、红栏杆、辜厝巷王宅、甲第巷外翰第、甲第巷大夫第、兴宁巷大夫第和德里旧家，除德里旧家坐南朝北，为潮汕地区常见四厅相向布局，其余为三进或四进，附带从厝或后包。2013年被国务院公布为第七批全国重点文物保护单位。（郭焕宇）

联丰花萼楼 传统民居。现存最古老、最完整客家土楼建筑之一。位于今广东省梅州市大埔县大东镇联丰大丘田村。建于明万历三十六年（1608）。占地面积2886平方米，土木结构，呈圆形外观。土楼内部分内环、二环、外环三个环形层次，居中大厅为祭祀、议事场所。房间210间，组成28套上下贯通户型单元，满足小家庭独立性和私密性居住需求，顶楼各户型单元通过回廊相联系，符合客家聚族而居的特点。土楼内部圆形空地，占地面积283.6平方米，鹅卵石铺砌，寓意多子多孙，中部拼花为一钱币图案，寓意丰衣足食，旁侧有一深18.6米水井。仅设一处出入大门，麻石门框，外墙夯土墙，首层无窗，二、三层设枪眼。命名寓意兄弟齐心，建筑形态圆满，内部空间划分和居住形式体现客家人守望相助的生活观念和居住传统。2019年被国务院公布为第八批全国重点文物保护单位。（郭焕宇）

五星村 传统村落。位于今广东省云浮市郁南县大湾镇。李氏后人于清代兴建李氏大宗祠、象翁李公祠、诚翁李公祠、峻峰李公祠、禄村李公祠、芳裕家塾、洁翁李公祠、锦村李公祠、拨亭李公祠、介村李公祠、学充李公祠共11座祖祠，形成现在的村落。村域面积693.2万平方米，村庄占地面积166.7万平方米。以山、水、田地为依托，点状聚落布局。传统民居采用纵向三、五、七做排列，逐级升高台基、两侧分别各有一排和两排厢房（俗称双登带），有的置有前后园，横向一般一座三门，多的有三座七门，外加围墙、花厅、轿厅、花园等构成建筑群体。现存传统建筑55座，其中传统民居大屋35座、祠堂19座、庙宇1座。有14座被公布为广东省文物保护单位。建筑为广府与客家文化融合民居。2018年被公布为第一批广东省历史文化名村。（朱雪梅、杜亦皓）

潮溪村 传统村落。位于今广东省湛江市雷州市龙门镇。始建于明崇祯年间。为陈姓世居。村域面积约400万平方米，村庄占地面积15.3万平方米，现存清代建筑遗产1.45万平方米。村庄坐北向南，东南北三面有U形深坑水田和溪流环抱，按八卦设有3座村门楼，周边原有一道3米多高土围墙，设有枪眼、炮孔。传统民居布局严谨有序，有8条大巷，大多为砖木结构瓦房。现存碉楼9座，传统民居85座，著名的有朝议第、观察第、醛尹第、明经第、儒林第、司马第、奉政第、分州第、藩佐第、富德、峥嵘、德成、修齐、家齐、德晖、道义等。街巷口有10多尊"司仪神"石狗。民居较完整地保留清代传统风貌，有较高文化民俗与建筑艺术价值。2009年被公布为第二批广东省历史文化名村。2012年被公布为第一批中国传统村落。（朱雪梅、王曼琦）

东华里 原名伍杨街。历史街区。位于今广东省佛山市禅城区福贤路。原以清初聚居此地的杨、伍两族姓氏命名为伍杨街，后房产转卖他姓，乾隆年间改为东华里。清嘉庆、道光年间协办大学士、四川总督骆秉章携家人迁入此地，对其北侧自家宅第进行修葺，清末民初华商招雨田家族迁入此处，将其南侧宅第作改建，形成现今格局。街道全长112米、宽1.8米，路面用花岗岩石条铺砌，条石宽0.3米、长1.5米，规格统一，表面平整。街首闸门楼存清道光二十三年（1843）石刻街额。有明字屋、三间两廊和竹筒屋等，多是镬耳山墙。呈现广府地区传统建筑特征。"东华里古建筑群"2001年被国务院公布为第五批全国重点文物保护单位。"祖庙—东华里"2020年被公布为广东省历史文化街区。参见第79页地理卷"东华里"条。（朱雪梅、陈铮）

周田村 传统村落。侨乡红色文化村。

位于今广东省惠州市惠阳区秋长街道。清康熙元年（1662）原居兴宁合水溪唇村及黄陂镇叶氏族人60余人，在叶特茂带领下迁徙至此落叶生根，取名周田，意为"向外发展，人口增加"。康熙十五年（1676）兴建周田老屋，为叶挺、叶亚来等革命将士、华侨故乡。村域面积约680万平方米，村庄占地面积约320万平方米，分14个村民小组。村庄以周田老屋建筑群为中心布局，20多栋客家围屋呈辐射状发展。围屋形制多为封闭方形，前有月池、禾坪，后有花台，四角设碉楼，碉楼部分为镬耳山墙，部分为传统坡屋顶。围屋内部以"三堂两横"为核心，呈对称式布局，私密性强。"叶挺将军故居"2006年被国务院公布为第六批全国重点文物保护单位；育英楼、会新楼、碧滟楼3处为广东省文物保护单位。建筑为客家民居。2012年被公布为第一批中国传统村落。2013年被公布为第二批国家森林乡村。（朱雪梅、杜亦皓）

前美村　传统村落。位于今广东省汕头市澄海区隆都镇。始建于元朝末年。陈氏先祖为躲避战乱举家迁居现前溪陈村溪尾，清康熙三十二年（1693）陈氏长房第十一世祖陈慧先创立前溪陈村，清末民初以泰国著名侨商陈慈黉为代表的陈氏后裔回乡建造宅第，创建前溪陈村新村，1941年将前溪陈村溪尾居美村、朱盾、后陈等村落合并为前美村。村域面积约280万平方米，村庄占地面积约80万平方米。东、南、西三面分别是韩江支流北溪、南溪、东溪，整体布局呈组团状，各宅第以祠堂为中心，民居环侍宗祠，排列整齐，巷道笔直，前低后高，尾脊高昂。典型代表是陈慈黉故居，包括郎中第、寿康里、善居室和三庐书斋4部分。村内永宁寨是四方形寨堡，讲究风水布局，有防洪、防盗、防涝等功能，寨墙、寨耳、龙虎门和八卦井等

前美村

至今保存完好。建筑为潮汕民居。2002年被公布为第四批广东省文物保护单位。2008年被公布为第一批广东省历史文化名村、第四批中国历史文化名村。2012年被公布为第一批中国传统村落。2019年被公布为第一批广东省文化和旅游特色村。参见第74页地理卷"前美村"条。（朱雪梅、杜与德）

钦州苏村古建筑群　传统民居。位于今广西壮族自治区钦州市灵山县石塘镇苏村。清康熙年间由迁至苏村的刘

钦州苏村古建筑群

氏十八世祖仕佥公所建。建筑群占地面积约8000平方米，由荫祉堂（刘氏宗祠）、大夫第、司马第、磋尹第、二尹第、司训第（含花厅）、贡元第等7组相邻院落组成。每组院落间有一定距离，自成一体，相互不设门户连通。总体布局以大夫第为中心，右边为司马第、荫祉堂，左边为磋尹第、二尹第、贡元第，后面为司训第，构成"凸"字形格局。司马第、大夫第、磋尹第和二尹第为四进，司训第和贡元第为三进。每进均为三间两廊布局，后进（头厅）为居室，二进（二厅）中间为神厅，三进（三厅）中间为客厅，四进中间为院落大门。地面由前至后逐进依次递高，每两进间为天井，天井两边对称布置廊

屋，形成"四水归堂"的院落格局。为砖木结构，屋檐雕刻莲花瓣装饰，寓意"连升"，屋顶为硬山顶，屋脊为龙船脊与博古脊，盖筒瓦或小青瓦，不少为镬耳山墙，在桂东南地区民居中具广府建筑特色。2017年被公布为第七批广西壮族自治区文物保护单位。（玉潘亮）

大芦村东园别墅　又称大芦村外翰第。传统民居。位于今广西壮族自治区钦州市灵山县佛子镇大芦村。清乾隆十二年（1747）由大芦村劳氏第八代孙劳自荣三兄弟所建。建筑占地面积7750平方米。由老四座、新四座、桂香堂三座正屋及前门楼、望远楼等附属建筑组成。前门楼与三座正屋间隔一个大地院。老四座与新四座为四进，地面由前至后逐进依次递高，每进为三间两廊布局，主屋三开间，两侧廊屋，中间为天井。新四座主屋后两层楼房称为望远楼。3幢正屋与内廊屋间通道，须经各自第一进檐廊方可进入，与各进侧门构成纵横交错、内回环、外封闭形式，体现出宗法礼制观念。为砖木结构，人字山墙，龙船脊，小青瓦。"大芦村古建筑群"2013年被国务院公布为第七批全国重点文物保护单位。（玉潘亮）

大芦村东园别墅

大芦村外翰第　见"大芦村东园别墅"。

大埔泰安楼　俗称石楼。传统民居。客家围楼。位于今广东省梅州市大埔县湖寮镇龙岗村。始建于清乾隆二十八年（1763），2004年、2005年进行维修。占地面积6684平方米，面宽52米，进深49米，砖石木结构。主楼占地面积2577平方米，两侧书斋占地面积2764平方米。方围前有半圆形水塘和方形禾坪，整体呈方形，后部轮廓有曲折，仅有正门一处入口，为一座牌坊式大门，彩绘装饰，门楣题写"泰安楼"3字，门两侧书写对联"泰然一室，安住层楼"。方围中轴对称，内部为双堂二横屋，青砖砌筑，尺度阔大。上堂设祖先牌位，横屋分设堂屋两侧。四周围楼高11米，一至三层设内廊，木柱支撑，首层柱身下部为麻石，设柱础。外墙一、二层为石材堆叠砌筑，故得名石楼，三层为青砖，坚固厚实。一、二层窗设有条状麻石护栏，具防卫功能。规模宏大，格局规整，建造工艺精湛。现内部设展览区域，展陈客家民俗风情和历史名人等。2019年被国务院公布为第八批全国重点文物保护单位。（郭焕宇）

大埔泰安楼正门

石楼　见"大埔泰安楼"。

大万世居　传统民居。客家围屋。位于今广东省深圳市龙岗区坪山镇大万村。清乾隆五十六年（1791）建成，居住曾姓家族。占地面积22680平方米，建筑面积15000平方米，坐东向西。由三堂、二横、二枕杠、内外二围楼、八碉楼、一望楼组成。围屋大门向西，门楼上书"大万世居"4个大字，门前为禾坪、半圆形池塘，禾坪两侧存有旗杆石。围屋内部以天街巷道组织交通。瑞义公祠居中，封檐板、梁架以雕刻和彩绘装饰。规模庞大，保留客家人的文化遗产，对研究客家民系源流和迁徙具有重要价值。2002年7月，成立大万世居客家民俗文化博物馆。2018年被列入深圳市提升改造"十大特色文化街区"之一。2002年被公布为第四批广东省文物保护单位。（郭焕宇）

廖家围　传统民居。广府民居。位于今广东省佛山市石湾镇建国路建国二巷、三巷。清乾隆年间建造。总面积近20000平方米。原有祠堂多座，民居20余座，以"三间两廊"民居建筑单元，纵向排列，形成建筑组群。目前保存较好建筑物仅存建国二巷2、3、4号一列。单座建筑面积约160平方米，一明两暗三开间布局，"三间"中部为厅，两间卧室分别居其左右，天井左右两侧"两廊"为厨房、储藏功能用房。硬山顶镬耳山墙，青砖砌筑。屋顶檩条密排，称"密梁"。入户大门设趟栊，开于侧面山墙，通往纵巷。建筑组群的建筑形制统一，排列整齐。现建筑局部仍存有灰塑装饰。建筑群毗邻本地著名的石湾公仔街和东平河码头，廖氏族人众多，近代时期多参与制作石湾陶。对研究佛山石湾经济和文化具有重要历史价值。（郭焕宇）

马降龙村　原名丰岁菌。传统村落。侨乡碉楼村。位于今广东省江门市开平市百合镇。建于清乾隆年间。由黄氏家族的永安、南安和关氏家族的庆临、河东、龙江5个自然村组成。村域面积345万平方米，村庄占地面积约60万平方米。背靠百足山，面临潭江水，5个自然村呈条形分布，15座碉楼与周围民居、自然环境和谐相融。民居多为三间两廊形式，青砖墙，坡屋顶硬山墙，正脊有船脊、草龙脊和凤头脊等样式，灰塑浮雕脊饰，题材有仙鹤、麒麟、孔雀、瑞狮、祥龙、松树、牡丹、荷花、修竹、宝葫芦等。碉楼多为中西合璧式，使用进口水泥、钢筋、玻璃等材料，常用建筑形式为外廊柱式和拱券。作为开平碉楼与村落组成部分被列入联合国教科文组织《世界遗产名录》。2016年被公布为第四批中国传统村落。（朱雪梅、杜亦皓）

丰岁菌　见"马降龙村"。

阳江雅韶十八座　又称西元村、西元十八座。传统村落。位于今广东省阳江市阳东区雅韶镇漠阳江畔。元朝初年谭氏迁至此处定居。清乾隆年间商人谭谓出资建造18座房屋，遂成村庄。村域面积约60万平方米，村庄占地面积约1万平方米。整体呈梳式布局，民居建筑沿中部主巷布置，18座大房子按6×3整齐排列，民居为青砖墙体，巷道亦由青砖铺设。后人仿原"十八座"又建了18座房屋，形成现有36座房屋，分为"上十八座"和

阳江雅韶十八座

"下十八座"。36座民居全为硬山顶，部分为镬耳山墙，外墙局部有龙凤和花草虫鱼装饰图案，横梁露头部分雕成兽首形状。有"雅居福地，韶辉九州"美誉。2013年被公布为中国传统村落。（朱雪梅、杜与德）

西元村 见"阳江雅韶十八座"。
西元十八座 见"阳江雅韶十八座"。

宋氏祖居 传统民居。位于今海南省文昌市昌洒镇古路园村内。宋庆龄高祖韩儒循建造。宋庆龄父亲韩教准（即宋耀如）出生于此。1950年、1985年两度重修。占地面积1500多平方米，建筑面积198平方米，坐西朝东。建筑形制方正规整，二进格局，有前后两个庭院，两间正屋、一间厨房、一间厢房、一间储藏间，南侧立面开设两处入口，大门形制相似，规模大小不同，有主次之分。首进院落为主入口，尺度大，悬挂邓小平题写的"宋氏祖居"4字匾额。前后两进正屋为一明两暗制式，中部为厅堂，两侧为卧室，内部对称布置桌椅，第二进厅堂有木屏风镌刻宋氏家谱。建筑主体为硬山形制，采用双层板筒瓦砂浆裹垄屋面，瓦作工艺体现海南地方特色，适应炎热地区气候，具有防雨、防风、隔热功能。墙体青砖砌筑，墙基有花岗岩条石落地。是全国青少年爱国主义教育基地。（郭焕宇）

碧江金楼 原名赋鹤楼。传统民居。广府民居。位于今广东省佛山市顺德区北滘碧江。始建于清嘉庆、道光年间。由泥楼、职方第、金楼、南山祠、见龙门、亦渔遗塾、慕堂祠、砖雕大照壁和三兴大宅等建筑组成。金楼位于职方第后，是宅院建筑群中藏书楼和书斋。楼内装饰金漆木雕，故而得名。首层为三开间，一厅两房，二层布局，借鉴旧时珠江船舫紫洞艇，由前厅、中厅及后部书房组成。前厅南向开窗，卷棚天花，中厅两侧布满木雕博古花窗，镶嵌玻璃，外侧走廊连通前厅、书房，书房与中厅间设一八边形漏窗，空间隔而不断。木雕做工精细，题材内容丰富，分布于隔断、门窗、屋顶等部位。现存有刘墉、宋湘、王文治、张岳崧、戴鸿慈等清代名家书法题写木、石匾额。反映清代以来顺德碧江崇文重教的传统。"金楼及古建筑群"2002年被公布为第四

碧江金楼内景

批广东省文物保护单位。（郭焕宇）

赋鹤楼 见"碧江金楼"。

儋州油麻村 传统民居。位于今海南省儋州市南丰镇油麻村。清乾隆、嘉庆年间，客家先民林士登自广东蕉岭县南下到达海南儋州，居住那金村，后迁至油麻村定居至今。目前村中仍居住林姓后代数十人。占地面积约900平方米，坐北朝南。布局方正，外围为一圈围屋，向心围合，四面均为单开间房屋，向院内开门、窗，东侧中部有一碉楼"景星楼"，具有瞭望、防卫功能。围屋内，后部为两进五开间庭院。前部为一排一明六暗排屋。正面设左中右3个入口，左右入口与围屋内部通廊连接，中部为主入口，设门厅。中轴线上分布4个厅堂，中轴线末端正堂屋也称祖公厅，是重要礼制空间。环形通廊及内院形成纵横相连交通联系。材料综合运用土、木、石、砖、瓦等，外墙不开窗户，仅在碉楼二层设瞭望口。整体装饰朴素。具有客家围屋民居向心围合、崇宗敬祖典型特征。（郭焕宇）

邦塘村 传统村落。位于今广东省湛江市雷州市白沙镇。明朝中期李氏始祖李德重从湛江东海岛东头山迁居此地，原址在北村，清嘉庆年间形成南北两村，均为李氏后裔居住。村域面积约400万平方米，村庄占地面积1.33万平方米。南北村间是一片呈"Y"字形百亩田野，迎宾泉、宴富泉、石头公泉分布田野北侧，泉水汇聚而成的河流贯穿田野。传统民居大部分集中在南村，李光祖一家拥有古宅10多座，由4条巷道连成一体。现存传统民居共160多座，祠堂数十座，古井5口，以及"廉让间"和"中和"2条保存完好清制特色巷道。现存传统建筑多为清中期所建五行山墙、照壁、脊

饰等装饰精美。2012 年被公布为第一批中国传统村落。（朱雪梅、杜亦皓）

张岳崧故居 传统民居。位于今海南省安定县龙湖镇高林村。有两处建筑：一处为张岳崧出生和儿时居住的房屋，位于村内西侧，占地面积 1500 多平方米；另一处为张岳崧中进士探花郎入仕后，晚年居住的房屋，建于清嘉庆十四年（1809）占地面积 1200 多平方米。坐北朝南，为砖、石、木构造，巷道石材铺地，原有两正屋，均为一明四暗布局，厅堂居中，卧房分列左右，另有横屋、围墙，围合形成两个宽阔院落。建筑布局方整，中轴线上分布入口和厅堂，另建有张岳崧孙媳许小韫柏香山馆，高林学馆设于西北侧屋内。2009 年被公布为海南省第二批省级文物保护单位。（郭焕宇）

光二大屋 传统民居。位于今广东省云浮市郁南县连滩镇西坝石桥头村。"二"与"仪"在粤语中同音，也雅称光仪大屋。始建于清嘉庆年间。占地面积 6667 平方米，坐东北朝西南。呈四方形，四面围合，前低后高，回字形对称式布局，围寨形式，村民又称其为清朝古堡。外围建筑墙身最高处 13 米。前有居中入口门楼，后有高楼，内部中轴线上为四进厅堂，左右分列横屋厅房，以连廊、天井连接，厅房纵横连通。首进厅堂与入口门楼间围合形成广场。内部功能齐全，有公共厅堂、居住用房、仓库、磨房、密室、水井，曾居住 700 多人。考虑

光二大屋

防洪、防火、防卫功能，大门设计考虑密封闭合抵挡洪水，还设置五竖九横木棍防护，门顶开洞用于灌水灭火。背山面水，呈现清代粤西传统民居围寨类型建筑形态特征。2008 年被公布为第五批广东省文物保护单位。（郭焕宇）

那厚村 传统村落。位于广西防城港防城区大菉镇。清道光六年（1826）由广东廉江迁到那厚村的唐氏家族所

那厚村

建。2016 年进行修缮整治。坐落于十万大山山脚，村内有一清末民居建筑群，面积约 8000 平方米，坐西北朝东南，背靠山丘，面向水塘。由门楼、碉楼、堂屋、横屋等数 10 栋建筑围合而成，内开敞外封闭，具有客家围屋特征。建筑为砖木结构，墙体基础和下部用青砖、石头砌筑，上部用泥砖、青砖，悬山顶，屋面为青瓦。建筑群入口位于南侧，分两道门，入口通道由石块铺设而成。正门为趟栊门，通风又保证安全，两侧为横屋和碉楼，第二道门位于一栋二层建筑底层，通过两道门后即为中心庭院。堂屋面对庭院，为客家民居"双堂屋"形制，分前后两座，两座中间为天井，两侧为厢房，硬山搁檩结构，墙体青砖砌筑，悬山顶，上盖青灰色烧瓦。围屋四角设有碉楼，上有"丁"字形枪眼。建筑为客家民居。2013 年被公布为第二批中国传统村落。（玉潘亮）

满堂围 又称满堂客家大屋。传统民居。客家围楼。位于今广东省韶

关市始兴县隘子镇。始建于清道光十三年（1833），建成于清咸丰十年（1860）。占地面积 13860 平方米，建筑面积 34010 平方米。三座方形围楼并置，连接成方围组群，每座方围在四角建碉楼，前部凹形倒座围合方形禾坪，设入口门楼，具防卫功能。方围间有门户通道，相互连通。居中方围为主围，较高大，其后部形态呈弧形。主围四角碉楼为三层，四围为两层，围内建有双堂屋，前堂为两层，后堂为四层望楼，称"太子楼"，是教育子孙的学堂。主围两侧两座方围尺度略矮，围内为三堂屋。建筑外墙采用砖和条石，内墙采用卵石或土坯。1996 年被国务院公布为第四批全国重点文物保护单位。（郭焕宇）

满堂客家大屋 见"满堂围"。

龙田世居 传统民居。位于今广东省深圳市坪山区坑梓街道田段心社区。始建于清道光十七年（1837）。占地面积 16000 多平方米，建筑面积 6000 多平方米，坐东南向西北。面宽 65 米，进深 73 米。堡寨式方形围屋，由中部堂屋、外围、四角碉楼、围外两横屋、护寨河、寨墙等组成。与粤北客家地区四角楼类似，外部护寨河东北角设一出入口。围屋墙体采用夯土筑成，正立面设左中右 3 个入口，中部入口门头署"龙田世居"4 个字，围屋平面轮廓近似方形，四角碉楼略微突出，四周外围部分为 3 层，碉楼及后楼为 4 层，碉楼与围墙内侧环形通道连通。保留较多民族、家族演变信息和人文发展元素，被誉为深圳民俗博物馆。2002 年被公布为第四批广东省文物保护单位。（郭焕宇）

自力村 传统村落。侨乡碉楼村。位于今广东省江门市开平市塘口镇。清道光十七年（1837）安和里（俗称犁

头咀）首立村，永安里（俗称黄泥岭）几户从黄村迁来，合安里（俗称新村）于光绪三十一年（1905）建村，后合安里、安和里和永安里3个自然村合并，名自力村，取自食其力之意。村域面积约310万平方米，村庄占地面积5.7万平方米。安和里立村最早，呈梳式布局。碉楼多为4—5层，其中标准层2—3层；墙体结构有钢筋混凝土和混凝土包青砖等形式，上部结构有四面悬挑、四角悬挑、后面悬挑等形式，风格样式有柱廊式、平台式、城堡式和混合式。现保存有龙胜楼、云幻楼、竹林楼、振安楼、铭石楼、安庐、逸农楼、球安居庐、居安庐等9座碉楼和养闲别墅、耀光别墅、叶生居庐、官生居庐、澜生居庐、湛庐等6座别墅，是开平现存碉楼最多、最集中的村落之一。建筑为客家民居。作为开平碉楼与村落组成部分被列入联合国教科文组织《世界遗产名录》。2005年被公布为第二批中国历史文化名村。2012年被公布为第一批中国传统村落。参见第73页地理卷"自力村"条。（朱雪梅、陈铮）

自力村

沙田曾大屋 原名山下围。传统民居。位于今香港特别行政区新界沙田东部狮子山隧道公路旁。因全村居民姓曾而得名。客家人曾贯万于清道光二十七年（1847）购地建造，同治六年（1867）建成。建筑多有破损。占地面积约6500平方米。呈长方形。围屋内部为三堂屋四横屋形制，四角建有镬耳形山墙更楼，围墙排列枪眼、瞭望孔，起防卫功能。房屋间有巷道及天井相连。北面围墙开设3个入口，

门洞为拱形，正门居中，直接通往中轴线前中后3个堂屋及天井院落。后堂屋多用于祭祀，是重要礼制空间。建筑融防卫与居住功能于一体，反映香港客家人传统礼制与生活秩序。为香港一级历史建筑。（郭焕宇）

山下围 见"沙田曾大屋"。

盛塘村 又称天主堂村、圣堂村。传统村落。位于今广西壮族自治区北海海城区涠洲镇涠洲岛。清道光三十年（1850）法国传教士带领广东恩平、开平等地客家信众来到洲岛，于同治八年（1869）在涠洲岛建天主教堂，期间信众围绕教堂定居，至同治十年（1871）形成村落，故而得名天主堂村，新中国成立后改为圣堂村，后更现名沿用至今。以盛塘天主教堂为核心布局。有文人故居、古民居、古井、古桥。盛塘天主教堂为哥特式风格。建筑为客家民居。2010年被公布为第一批广西历史文化名村。2019年被公布为第五批中国传统村落。（玉潘亮）

天主堂村 见"盛塘村"。
圣堂村 见"盛塘村"。

大湾古建筑群 传统民居。位于今广东省云浮市郁南县大湾镇五星村。建于清咸丰年间至20世纪初。李氏大宗祠始建于咸丰六年（1856），多次重修，祺波大屋始建于光绪五年（1879），峻峰李公祠始建于宣统元年（1909），拔亭李公祠、介村李公祠、正村李公祠、诚翁李公祠、锦村李公祠、学充李公祠、芳裕家塾等始建于清末期。保存良好古建筑46座，其中古民居大屋27座，祠堂19座。建筑群外部封闭，内部巷道纵横交错。建筑纵向排列，逐级升高，形成组群。建筑结构完整，主要装饰部位石雕、木雕、灰塑、陶塑、彩画等装饰工艺

精湛，具有浓郁粤西特色。2002年被公布为第四批广东省文物保护单位。2013年被国务院公布为第七批全国重点文物保护单位。（郭焕宇）

云龙村 传统村落。位于今广西壮族自治区梧州市岑溪市筋竹镇。形成于清咸丰年间。村域面积11平方千米。

云龙村

依山而建，分布有莫氏大屋（得中堂）、莫少北屋、莫氏宗祠、刘三庙等传统建筑20余座。建筑多为夯土、砖木结构，青砖地坪，人字山墙，屋顶为硬山和悬山顶，博古脊。以得中堂最具代表性，占地面积949.6平方米，坐东朝西，整体格局保存完整，由门楼、主座、副楼及瞭望楼等建筑组成，依山就势置于不同标高的石砌平台上。主座为三间两廊形制的三合院式建筑，副楼及瞭望楼为2层楼房，青砖砌筑，屋顶盖小青瓦。门内石阶两侧菱角石上雕有四个龙头，在民居中较为罕见。木雕、灰塑精美，彩画清晰。村边尚存有牌坊，上书天浩命、龙章宠锡。具有较高历史和艺术价值。整体为岭南广府建筑风格。2019年被公布为第五批中国传统村落、第七批中国历史文化名村。参见第77页地理卷"云龙村"条。（玉潘亮）

钟楼村 传统村落。位于今广东省广州市从化区神岗镇。南宋淳祐年间庐陵欧阳氏后人欧阳梦雷于从化凤院开村，清咸丰年间凤院村欧阳枢、欧阳载兄弟于钟楼开村。村域面积183.7万平方米。整体坐西北向东南，依金钟

钟楼村

山而建，流溪河主支流从村旁流经，形成"秀拔之龙，重重沙卫；朝迎之水，处处归源"格局。四周有3米多高城墙，4个制高点建有两层高墩垛，城墙外围为宽2米多、深3米多护城河，从村前绕到村侧，顺山势直至山顶。村口有一门楼，开一小拱门，上书"钟楼"二字。以欧阳仁山公祠为中轴线，公祠左4巷右3巷，每个巷口另有门楼，上有巷名。巷道中间设有花岗岩砌边、青砖铺底排水渠。巷道两侧是三间两廊的民居，每排7户，每户两廊相通对望。欧阳仁山公祠为砖木石结构，硬山顶式，共有99个门，取"九九归一"之意。建筑为客家民居。2013年被公布为第二批广东省生态示范村。2013年被公布为第二批中国传统村落。（朱雪梅、王曼琦）

吉大文故居　传统民居。位于今海南省乐东县九所镇镜湖村。吉姓先民于明代永乐年间来此建村。始建于清咸丰年间。占地面积2800平方米，坐东朝西，面向镜湖。三进式布局，砖木结构。建筑主体局部已毁坏。首进有南北两门楼，南门楼为主大门，扇状牌匾雕刻文字，背面雕刻文房四宝图案。第二进天井院落两侧原有房间已拆除。第三进为正屋，面阔三间，穿斗式木构架硬山顶，厅堂居中，后部上空设木雕神龛，卧房居于左右，最外侧为东西两间耳房。建筑装饰语言丰富精美，主要分布于木构梁架、神龛、门窗、屋脊、墙面，采用木雕、彩绘、灰塑等装饰技艺，塑造花鸟、鲤鱼、竹子等图案。为海南十大名人故居之一。（郭焕宇）

大旗头村　又称郑村；原名大桥头。传统村落。位于今广东省佛山市三水区乐平镇。明初钟氏、郑氏在此定居。现存村落为清广东水师提督郑绍忠所建。清同治二年（1863）后，郑氏后人郑绍忠对全村进行改建重修。面积约5.2万平方米，传统建筑面积约1.4万平方米。郑姓主要分布于村西南区域，钟姓分布于村北区域，相对独立，在村落事务上协同一体。整体呈梳式布局，前低后高，有祠堂（裕礼郑公祠、郑氏宗祠）、家庙（振威将军家庙）、府第（尚书第、建威第）、文塔、民居、晒场、广场等。村东北有文塔为"笔"，村前池塘为"墨池"，广场为"纸"，晒场为"砚台"，构成"文房四宝"意象。建筑为广府民居。其中"大旗头村古建筑群"2002年被公布为第四批广东省文物保护单位。2003年被公布为第一批中国历史文化名村。2004年被评为"广东第一村"。2012年被公布为第一批中国传统村落。参见第72页地理卷"大旗头村"条。（唐孝祥、冯楠）

长围村围屋　又称燎原长围。传统民居。位于今广东省韶关市始兴县罗坝镇燎原行政村长围自然村。始建于清咸丰五年（1855），建成于同治二年（1863）。占地面积3265.6平方米，坐北朝南。由一围楼三排屋组成，面阔52米，进深92.2米。三排屋居前，厅房组合，上厅供奉祖先牌位，房间用于居住。三排屋间巷道笔直，以红砂岩铺砌水沟。三排屋前有禾坪和水塘，后为围楼，呈长方形，面阔52米，进深16.9米。建筑结构坚固，具防卫功能，首层使用河石堆砌，厚达1米，高2米，二至四层采用青砖砌筑，四层四角设置凸出墙身的护角，开设圆形枪眼。屋顶四角屋檐起翘，各层外墙开设窗洞或枪眼，多由红砂岩收边。入口使用麻石砌拱门，门洞上方镶嵌红砂岩石刻"人文蔚起"。围楼内部中间为长方形天井，天井四周为环廊，楼内贯穿木梯，每层28间房。围楼与三排屋间连接成为整体，居住功能为主排屋与突出防卫功能围楼巧妙结合，是粤北地区客家围屋建筑典型案例之

大旗头村

一。2013 年被国务院公布为第七批全国重点文物保护单位。（郭焕宇）

燎原长围 见"长围村围屋"。

龙门鹤湖围 传统民居。位于今广东省惠州市龙门县永汉镇鹤湖村。建于清同治二年（1863）。建筑占地面积6166 平方米，坐西北朝东南。面阔 79米，总进深 77米。有 108 间通廊房，由三堂、四横、一外围、四碉楼、一望楼、一斗门组成。中部为堂横屋形制，三进堂屋，左右各二横屋。外围高 2 层，四座碉楼高 3 层，后部居中的望楼高 5 层。围屋三面环水，兼具防卫、防火及调节排水功能，前部为半圆形水塘，连接围屋两侧带状护围水塘，后部为半圆形高地，密植树木。禾坪有古井，斗门位于禾坪一侧，外部建有石桥，连接围屋内外。建筑与环境融合，体现客家民居选址特点和空间环境营造模式。2019 年被国务院公布为第八批全国重点文物保护单位。（郭焕宇）

海口李氏民居 传统民居。位于今海南省海口市秀英区石山镇儒豪村。始建于清同治五年（1866）。占地面积约 2500 平方米，坐东朝西。三路纵向多进院落与一排横屋并置形成建筑组群，设左中右三条纵向通道，通道入口设大门，进入大门后有拱门，门头有图文装饰，题写牌匾"百福骈臻""万宏永朝""礼门""景福"等。正屋为三开间一明两暗格局，穿斗式木构架，石木结构，硬山双坡顶，灰色板筒瓦屋面。选用本地火山石砌筑墙身。梁架施以木雕。彰显出石山地区特有的建筑文化。（郭焕宇）

德安里村 传统村落。位于今广东省揭阳市普宁市洪阳镇。始建于清同治十年（1871），建成于光绪十六年

（1890），系广东水师提督方耀与其兄弟共同营建的府第式家族集居寨。村域面积 6.3 万平方米，村庄占地面积3.2 万平方米。整体分老寨、中寨、新寨三部分，寨内有客厅、祠堂、佛堂、书斋、卧室、餐厅、库房、阁楼、门房，还有寨前广场、后花园、莲池、寨门、围墙，围墙外有护寨河，房屋总数 773 间。老寨祠堂后为五间过和下山虎民居，祠堂两侧由前至后依次为左右对称的三厅通和 3 座下山虎民居，后横排着 7 座下山虎民居，3 条横向通道称为三街。祠堂两侧与三厅通间有两条纵巷，三厅通两侧各有两条10 米长纵深火巷，俗称为六巷。每条巷子整齐排列着 22 间平房，围绕大祠堂房屋刚好是 100 座房屋，故称百鸟朝凰。中寨和新寨建筑格局是驷马拖车民居，以中间大祠堂象征"车"，左右两边次要建筑象征拖车"马"。寨内明沟排水至寨前溪。建筑为潮汕民居。2013 年被公布为中国传统村落。（朱雪梅、陈铮）

安定王映斗故居 传统民居。位于今海南省定安县定城镇春内村。始建于清同治年间。王映斗在京请人设计建筑图纸后带回安定建造。坐西朝东，规模宏大，占地面积约 2000 平方米，前临水塘，约 1000 平方米。建筑面宽约 40 米，深约 60 米。"品"字形布局，共计有 12 院 72 门。纵向巷道组织交通，设三道门，石板铺地。为砖木结构，正屋为三开间，厅居中，两侧为卧房。有"父子进士""进士第"等题字匾额。（郭焕宇）

贺州江氏客家围屋 俗称大江屋。传统民居。贺州保存最完整、规模最大的清代客家民居。位于今广西壮族自治区贺州市八步区莲塘镇仁冲村。始建于清光绪十一年（1885）。占地面积约 15000 平方米，坐东北朝西南。由堂

屋、横屋、天井、禾坪等功能空间组成。共四堂四横，16 处天井，132 个房间。采用对称布局，从南到北、由低到高依次排列下厅、中厅、上厅、祠堂，形成层层递进空间轴线，其余附属用房沿轴线两侧对称布置，主次分明。下厅、中厅、上厅、祠堂间形成 3个天井，两边各延伸出花厅，共 8 间，供主人摆酒设宴。堂屋四周建有具备防御功能围墙，主堂屋与屋前弧形围墙围合成一个半月形禾坪，是日常生产生活场所。为砖木结构，三合土墙基、泥砖墙，内外批灰，硬山顶，屋顶以青灰瓦为主。屋檐、挡风板、门窗等多处有木雕，以百寿图木雕为最好。2019年被国务院公布为第八批全国重点文物保护单位。（玉潘亮）

大江屋 见"贺州江氏客家围屋"。

南华又庐 传统民居。位于今广东省梅州市梅县区南口镇侨乡村。始建于清光绪十二年（1886），建成于光绪三十年（1904）。由旅印尼华侨侨领潘祥初兴建。占地面积约 10000 平方米，有"十厅九井"之称。建筑为中轴对称布局，主体部分以禾坪、下堂、天井、中堂、天井、上堂贯穿中轴线。和一般围龙屋面向中轴线布置通廊式横屋不同，堂屋左右两侧横屋朝向与堂屋一致。横屋部分由八组建筑单元组成，左右各四，相对独立，又纵向连通。每个单元在纵巷设独立院门，配一厅、一天井，房间对称布置。在保持围屋整体性同时，形成"屋中屋"格局，潘祥初 8 个儿子各居其一。围屋后部枕屋两端设碉楼，起防御功能。建筑内部装饰丰富，庭园内有花墙、敞廊、金鱼池、花台、六角厅等。该围屋在传统围龙屋、堂横屋平面布局上衍化而来，反映出近代广东客家侨乡建筑文化演化特征。2002 年被公布为第四批广东省文物保护单位。（郭焕宇）

侯氏宣德第　传统民居。位于今海南省海口市旧州镇包道村。侯氏先祖始建于清乾隆年间，后人分别于清光绪十三年（1887）、十五年（1889）、十七年（1891）加建房屋。占地面积20余亩，坐北朝南。四路纵向多进院落与一排横屋并置的建筑组群。建有围墙和大门，形成围合封闭的整体。西侧一路建筑面宽稍窄，共四进，最早修建。其他三路为三进式，横屋排列于东侧。各路房屋之间为笔直巷道，各个院落设有独立院门，与巷道连通。正屋共13栋，为一明两暗三开间布局，厅居中，正立面与背立面均开门，连通前后天井院落，形成内部交通联系。建筑群原本前临水塘，后倚山丘，现水塘已无，原址建起房屋。建筑为砖木结构，硬山顶，灰色板筒瓦屋面，有两路第一进正屋为抬梁式木构架，其余正屋为穿斗式。建筑装饰语言丰富，保留有柱础石雕、梁架及门窗木雕、墙面彩绘及灰塑等装饰技艺精美，装饰内容寓意美好。2019年被国务院公布为第八批全国重点文物保护单位。（郭焕宇）

卢宅大屋　传统民居。澳门商人卢华绍（卢九）家族的旧居。位于今澳门特别行政区大堂巷。约于清光绪十五年（1889）落成。2002年由文化局管理修缮，部分已对外开放。以青砖建造，与广州西关大屋布局、形制类似，高两层，建筑装饰语言精美，内容丰富，兼容并蓄，有广府地区常见砖雕、灰塑、木雕等传统装饰工艺，又运用海外材质、技艺、纹样，如铸铁栏杆、彩色玻璃窗等。反映澳门民居中西文化交会交融特征。澳门现存数量不多、较为完整的传统民居大宅建筑。属于澳门历史城区，已列入世界文化遗产名录。（郭焕宇）

大埔光禄第　传统民居。近代华侨实业家、张裕葡萄酒酿酒公司创办者张弼士的故居。位于今广东省梅州市大埔县西河镇车龙村。建于清光绪三十四年（1908）。占地面积4336平方米，建筑面积4698平方米，坐南朝北。为三堂四横一围形制，前为禾坪，禾坪有围墙，设转斗门出入口，两侧为厨房、杂物间。首进堂屋入口大门上方题有"光禄第"3字，门肚墙身彩绘装饰，屋顶梁架饰以精美木雕。堂屋梁架、封檐板、屏风等多金漆木雕装饰。围龙屋前低后高，逐级抬升，后围两端略呈弧形，屋后为山岗，密植山林，山岗与屋之间环绕一河流。2019年被国务院公布为第八批全国重点文物保护单位。（郭焕宇）

陈芳家宅　又称陈芳故居；原名陈氏庄园。传统建筑。位于今广东省珠海市香洲区前山街道办梅溪村村口。由陈芳故居、石牌坊群、陈氏墓园组成。陈芳故居总占地面积5742平方米，建筑面积2600平方米，包括陈公祠2座、大屋3座、洋房和花厅各1座。建于清光绪年间，因陈芳及其父母等人在家乡热心公益事业，光绪皇帝赐建石牌坊群。原为4座，现仅存3座，均为三间三楼式石牌坊。陈氏墓园内葬有陈芳母，以及三子陈庚虞、长孙陈永安等，为石砌灰砖墓，占地面积2000平方米，坐北向南。园内有八角凉亭、石板路，存有"胜地佳城"碑刻。2006年被国务院公布为第六批全国重点文物保护单位。参见第1216页华侨·侨乡卷"陈芳故居"条。（郭焕宇）

陈氏庄园　见"陈芳家宅""陈芳故居"。

陈慈黉故居　传统民居。位于今广东省汕头市澄海区隆都镇前美村。旅外侨胞陈慈黉家族于清宣统二年（1910）兴建。占地面积2.54万平方米，建筑面积近2万平方米，有厅房506间。建筑主要由郎中第、寿康里、善居室和三庐书斋四部分组成，以驷马拖车为主体。三庐书斋属中西结合花园式别墅建筑。善居室始建于1922年，占地面积6861平方米，计有大小厅房202间，是宅第中规模最大、设计最精、保存最为完整的一座。各座宅第以纵轴线展开空间序列，布局完全对称。每座院落内部大院套小院，大居配小屋，点缀亭台楼阁、西式阳台，又设有更楼、哨台和通廊天桥，封闭、内向建筑整体格局中，通过开敞走廊、窗扇渗透着西方建筑外向风格。各式门窗造型饰以灰塑与玻璃，地面铺贴进口瓷砖。木雕石刻多以花鸟、祥禽为内容，表达吉祥、吉庆、富贵的美好愿望。故居内书法石刻出自当时名家之手。被誉为"岭南第一侨宅"。2002年被公布为第四批广东省文物保护单位。参见第1218页华侨·侨乡卷"陈慈黉故居"条。（唐孝祥、白颖）

张鸿猷旧居　传统民居。位于今海南省陵水黎族自治县椰林镇。琼山籍张鸿猷祖父清末年间举家迁居陵城后建造。占地面积1500平方米，坐西北朝东南。红砖砌筑墙身，木构屋顶，为三进二天井合院式建筑格局。院内两侧通过廊房相连通，有多个院落门楼，形制基本相同。主入口大门装有防盗用途的木栏杆门，立面上部对称开设两扇窗户，镶嵌有镂空绿色琉璃花格。2015年被公布为海南省第三批省级文物保护单位。（郭焕宇）

三亚陈氏古宅　传统民居。位于今海南省三亚市崖州区保平村。始建于清代，2010年修缮。总建筑面积约1500平方米。包括陈学良宅、陈学伦宅、陈传荣宅、陈传良宅等。建筑布局形式有两种：一是独立四合院样式，如位于本村"大"字形布局节点位置，

由入口门楼、东西厢房、主屋围合形成独立院落，入口门楼为两层，主屋为三开间，厅堂居中，4间卧房分列左右；另一种是多进、窄巷布局样式，由多个具有血缘联系家庭建造房屋单元，并置相连，形成组团，陈传荣、陈学良宅等归为此类，每个家庭单元包括入口门楼、主屋、东西厢房，与邻居主屋相邻，围合形成天井院落。陈氏古宅内多彩绘、木雕装饰。陈传荣宅内木作构件保存较好，木雕装饰精美。2015年被公布为海南省第三批省级文物保护单位。（郭焕宇）

洪水村　原名红水村。传统村落。位于今海南省昌江黎族自治县王下乡。处于海南西南群山中。村中金字形屋保存完好，最早的草屋由竹竿和茅草建成，经改造后屋顶增高，用草排从周边到屋顶顺序盖好，屋顶上竹竿与竹竿间、茅草片用麻绳或藤条固定。土墙由茅草和泥土混合构筑，门窗洞口用木头或水泥条固定，窗内或窗外再挂一块竹编席，打开时用棍子撑开。保存有黎锦编织、酿酒技艺、黎族歌谣等具有黎族特色的非物质文化遗产。被称为"黎族文化活化石"。2019年被公布为第一批国家森林乡村。（朱雪梅、陈铮）

红水村　见"洪水村"。

白查村　传统村落。位于今海南省东方市江边乡。村庄分为谷仓区、居住区、田地种植区三大功能区。尚存有81间传统船型屋，形似倒扣的船，有高架船型屋与低架（落地式）船型屋，外形像船篷，拱形状，用红、白藤扎架，上盖茅草或葵叶。房子分为前后两节，门向两端开，茅草屋中间立3根高大柱子，黎语叫"戈额"，象征男人；两边立6根矮柱子，黎语叫"戈定"，象征女人，代表一个家由男人

和女人组成的。村民从外面挖回粘土，把地面铺平，浇上水后双脚踩平，晒干或晾干地面，使之平坦坚硬。"黎族船型屋营造技艺"入选第二批国家级非物质文化遗产名录。建筑为黎族民居。是海南船型屋保存最完整的自然村落之一。（朱雪梅、陈铮）

烟园村　传统村落。位于今海南省琼中黎族苗族自治县长征镇。祖先在明万历年间来到海南定居。传统民居错落分布在丘陵之地，两旁有老旧瓦房。至今保留着传统蜡染和刺绣技艺。建筑为苗族民居。（朱雪梅、陈铮）

盐丁村　传统村落。位于今海南省儋州峨蔓镇。先祖从福建莆田迁居至此。村内盐田总面积133万平方米，有1300多个盐槽。盐槽有墨砚式和棋盘式布局，盐槽中分布小石屋，用来存放盐巴。大部分传统建筑为黑色火山岩建造，砌成八字形或月字形。生产食盐通过"盐丁之路"运往海湾口码头。村内古盐田从宋代延续至今。2015年被公布为海南省第三批省级文物保护单位。（朱雪梅、陈铮）

和平桥　石桥。潮阳最长的古桥。位于今广东省汕头市潮阳区和平镇新和村。始建于南宋建炎元年（1127）。相传为福建入粤的大峰和尚所建，元泰定元年（1324）起经历数次重修。1992年和平镇人民政府主持再次重修。桥头"和平桥"额碑亦为大峰和尚所题。墩柱式石梁桥，长100.8米。以松木条叠基，基上叠石为分水尖形墩。桥面铺石板，每条石板长7.5—8米，宽0.9米。全桥18孔，每孔铺石板5条。两侧护栏以三合土夯筑。桥墩最高15米，最低13米，桥孔间墩头高低错落，形成曲线，能分解潮水涨落时的冲击力。有"虹桥跨练"之称，为潮阳八景之一。（唐孝祥、冯惠城）

广济桥　古称康济桥、丁侯桥、济川桥；俗称湘子桥。石桥。位于今广东省潮州古城东门外。横跨韩江，连结东西两岸。南宋乾道七年（1171），潮州太守曾汪倡建，于中流砌一大石墩，连接86只巨船成浮桥，称康济桥。淳熙元年（1174），浮桥毁于洪水，州守常袆重修浮桥，增至106船，于西岸建仰韩阁。淳熙六年（1179）州守朱汪增建二石墩，共成石洲。庆元二年（1196），形成河东济川桥、河西丁侯桥，中间浮桥连接的形式。后又数次增建，明宣德十年（1435），将木梁换为石，更名广济桥。正德八年（1513），减浮船6只，增设一墩，形成"十八梭船二十四洲"格局。全长518米，集梁桥、浮桥、拱桥于一体，浮桥随潮水起伏，可开可合。桥墩上建有24座亭台楼阁，形成店铺林立的"一里长桥一里市"。桥墩大小、形状不一，多为长轴六边形，两面设分水尖；少数为五边形，朝上游设分水尖。桥墩庞大，西段桥墩每墩宽度5.7—10.3米，长度10—17.5米；东段桥墩宽度9.9—13.85米，长度10—21.7米。桥梁由长13—15米、宽约1米巨石构成。西段第四孔和东段第八孔为通航孔，桥面高度分别为15.37米和16.5米。古代广东通向闽浙交通要津，潮州八景之一，被桥梁专家茅以升誉为世界上最早的启闭式桥梁。中国四大古桥之一。1988年被国务院公布为第三批全国重点文物保护单位。（唐孝祥、冯楠）

康济桥　见"广济桥"。
丁侯桥　见"广济桥"。
济川桥　见"广济桥"。
湘子桥　见"广济桥"。

保宁桥　又称观前桥。石拱桥。位于今广东省惠州市博罗县城西门外观背村。宋德祐元年（1275）知县黄保始

建，原有建桥碑，碑额刻"保宁桥"3字，下署"宋德祐元年乙亥仲冬吉旦"。明景泰七年（1456）改建，清乾隆十八年（1753）重修，1972年因北段红石出现风化部分下塌，由当地村民再度维修，至今保存完好。为两孔石拱桥，南北长31.4米，东西宽4.5米，高7米。桥南段用青石砌筑，长11.4米；北段用红条石砌筑，长20米。桥拱呈半月形，外形古朴、壮观。（唐孝祥、白颖）

观前桥 见"保宁桥"。

惠爱桥 原名金肃桥、西门桥；俗称旧桥。木吊桥。位于今广西壮族自治区北海市合浦县廉州镇惠爱路西门江上。始建于明正德年间。原是以松木桩为桥墩的木桥。清光绪十三年（1887）毁于大火，宣统元年（1909）重建。由光绪进士、山东菏泽人、廉州知府李经野题匾，当地工匠蒋邑雍设计、承建。1989年大修。桥跨26米，桥面宽2.75米，桥身通高5.64米。为人字结构木吊桥。桥墩两侧各有一砖拱形泄水孔，跨度各4.4米。桥身木构，上部用4根边长40—50厘米方木构成两个人字架，架顶端各衔咬一根垂直下竖木柱，形成两个并列三铰拱。通过木柱将桥面梁悬吊在两个人字架下。桥体全用榫接组装，连接点均为方榫或燕尾棒榫。人字架顶部以瓦覆盖。结构设计为中国罕见。2013年被国务院公布为第七批全国重点文物保护单位。（唐孝祥、冯惠城）

金肃桥 见"惠爱桥"。
西门桥 见"惠爱桥"。
旧桥 见"惠爱桥"。

泰新桥 又称屋桥。廊桥。位于今广东省肇庆市封开县平凤镇平岗管理区新村。明嘉靖十二年（1533）始建，清嘉庆十七年（1812）重建。桥长10.89米，宽3.4米，高3.5米。梁柱结构，桥上有桥屋，面宽3间、歇山顶，明间宽4.06米，两次间分别宽3.14米、3.35米；进深3间，分别宽0.84米、2.56米、0.76米。屋脊饰灰塑卷草吻，脊身灰塑浮雕卷草花纹。桥墩为4列16根方石柱，上方承托桥屋的梁架。桥梁梁架间雕有双狮戏珠、鱼跃龙门、丹凤朝阳、麒麟献瑞和卷草云纹等图案。桥身栏板式样古朴。桥梁部分形制保持唐末时期木结构梁柱式桥梁形制，具有艺术、科学和历史价值。1989年被公布为第三批广东省文物保护单位。（唐孝祥、冯惠城）

屋桥 见"泰新桥"。

云桂桥 又称尚书桥；俗称小港桥。石桥。位于今广东省广州市海珠区前进路的晓港公园内。始建于明嘉靖二十四年（1545）。明代清官何维柏隐居于广州河南小港（今海珠区）的"天山草堂"，在附近天山书院聚徒讲学。为方便学生来往，何维柏出资把原来的木桥改为石桥。花岗岩石砌成，造型精巧。桥长约35米，宽3米多。桥面两边有石砌护栏，桥栏雕饰简朴，造型简练明快。桥分3孔，立于马涌中的桥墩设计巧妙，用条石垒砌而成，下面两侧呈船形，以减弱桥墩对河水的阻力，上端出2层挑梁，承托桥面石梁。石梁侧面中央刻有"云桂"二字，有"折桂"而从"云路"之意。广州现存古老石桥之一。（唐孝祥、冯惠城）

尚书桥 见"云桂桥"。
小港桥 见"云桂桥"。

富川瑶族风雨桥群 廊桥。位于今广西壮族自治区贺州市富川瑶族自治县。原有108座，历史最悠久的是登瀛桥，始建于明万历二十一年（1593），横跨在秀水河上。1983年毁于火灾。现存回澜、钟灵、青龙、双溪水、朝阳、福寿、凤溪新桥、黄候泉、高桥等27座，历史最久远的是回澜桥，建于万历三十年（1602）。现存风雨桥中包括10座单跨桥、8座双跨桥、6座三跨桥、1座四跨桥，还有2座为其他类型。桥长6—37米，桥宽3—6米，桥亭最宽10米。分为木梁、石梁、石拱3种桥型，石拱风雨桥最具特色，融北方石拱、岭南亭阁、瑶族杆栏和徽派马头墙特点于一体，集交通、避雨、休憩、集会等功能于一身，与自然风光融于一体，是广西瑶族地区特有的桥梁形式。立面造型丰富，风格典雅别致，历史之悠久、数量及种类之多、保存之完整，在广西乃至全国较为罕见。2013年被国务院公布为第七批全国重点文物保护单位。（玉潘亮）

通福桥 俗称五眼桥。石拱桥。位于今广东省广州市荔湾区芳村石围塘秀水河上。始建于明万历四十年（1612）。户部尚书李待问返乡后捐资修省佛通衢大道及兴建此桥，故又称李公桥。以红砂岩石建造为主，中间桥拱较大，其余较小，造型和结构别具特色，宽孔薄壳。桥面铺设红砂岩石块，全长44.6米，桥宽2.9米，南引桥长5.1米，北引桥6米。中孔高4.4米，宽6.6米，其余4孔对称排列，孔宽分别为5.1米和4.4米。中孔上方刻有阴文正楷"通福桥"。上下桥有8个石级台阶，每级台阶高0.1米，宽0.53米。栏及桥孔边缘用白色花岗石镶嵌，色彩协调，造型古朴美观。（唐孝祥、冯惠城）

五眼桥 见"通福桥"。

石井桥 石桥。位于今广东省广州市白云区石井镇内。建于清道光十一年

（1831），全桥长 68 米，宽 3.8 米，有 6 个桥墩，属梁式石桥。桥两旁有石栏，两端各建有一亭，西亭已拆毁。亭为歇山顶，绿琉璃瓦脊。桥西头有"道光岁次辛卯"纪年石刻，两侧还有"好进仙人履，能通驷马车"石刻对联。咸丰九年（1859），英军进犯石井乡，桥从西头至第 5 块石栏板上留有当时侵略军炮弹洞穿的弹痕。第二次鸦片战争历史遗迹。2002 年被公布为第四批广东省文物保护单位。（唐孝祥、冯惠城）

慧光塔 又称寿佛慧光塔。砖塔。位于今广东省清远市连州市慧光路南端慧光公园内。始建于南朝宋泰始四年（468），初为木塔，宋代重建为楼阁式塔。平面呈六角形，高九层十七级，通高 49.9 米，塔刹高 7.8 米。首层边长 4.7 米，墙厚 2.89 米，用人字形砖拱承托坐斗，再在坐斗上置鸳鸯交手拱，第一层仅有平坐，二层以上有腰檐和平坐。首层塔身设有门，隔一面开 1 门，共开 3 门，均通塔心室。二层以上每层辟圭形真门 2 个和宽假门 4 个，从真门入塔心室登阶梯穿壁绕平坐，可逐层登至顶层。各层每面以倚柱分 3 间。每层平坐以菱角砖和挑檐砖叠涩出檐。塔身呈直线收缩，塔刹为铁铸，以覆钵、露盘、相轮、宝盖、宝珠等组成。结构特殊，其鸳鸯交手拱在广东罕见。中国古老的砖塔之一。2006 年被国务院公布为第六批全国重点文物保护单位。参见第 242 页宗教卷"慧光塔"条。（唐孝祥、冯惠城）

六榕塔 又称六榕寺塔、宝庄严舍利塔、六榕寺花塔、花塔、千佛塔。砖木塔。岭南现存最高宋塔。位于今广东省广州市越秀区六榕路 87 号六榕寺内。因苏东坡由海南贬所北归途经，留字"六榕"而得名。原为宝庄严寺，始建于南朝梁大同三年（537），曾建四角六层木结构宝庄严寺舍利塔。北

宋初，寺、塔毁于火灾，北宋端拱二年（989）重建寺，改名净慈寺。后经多次修缮。八角砖木楼阁式塔，明九暗八，共十七层。通高 57.6 米。首层直径 12 米，外设副阶。梯作穿塔壁绕平坐式。各层塔身外壁饰素壁丹柱，有回廊围绕。塔檐以绿琉璃瓦覆顶，檐端微翘。塔顶为元至正十八年（1358）铸造的 9.14 米高千佛铜柱，柱身密布 1023 尊浮雕小佛，有云彩缭绕天宫宝塔图。以铜柱为塔刹，为中国古塔所罕见。塔顶上有火焰宝珠、双龙珠、九霄盘、覆盘和 8 根铁链，连同铜柱重逾 5 吨。塔形、普柏枋、圆护斗等形制保存宋代风貌，首层副阶及各层琉璃瓦檐出檐较浅，为晚清重修式样。其梅花井桩地基设计巧妙，有效解决地下水位较高造成的承载力不足、沉降不均匀等问题，是现代梅花桩的雏形，对研究中国古代建筑基础结构等问题有重要价值。1989 年被公布为第三批广东省文物保护单位。2006 年被国务院公布为第六批全国重点文物保护单位。参见第 242 页宗教卷"六榕寺塔"条。（唐孝祥、冯楠）

正相塔 又称开元塔、老塔、仙塔。砖塔。位于今广东省河源市龙川县佗城镇。原名开元塔。始建于唐开元三年（715），宋代重修。塔平面六角形，为 7 层楼阁式塔。原高 30.1 米，1959 年修缮后高 32.2 米。塔腔为壁内折上式结构。塔身各层用菱角牙砖与挑檐砖相间叠涩出檐，每层置假平座，各面门排列在同一直线上。塔身用砖砌出仿木结构形式。各面作面阔 3 间，设阑额而无普柏枋。第一层各面门枋上置重拱，承托横枋，横枋上施把头交项作和转角铺作。第二至第六层各面均置把头交项作和柱头铺作。第七层当心间置把头交项作。"正相塔（老塔）"1978 年被公布为第一批广东省文物保护单位。参见第 243 页宗教卷

"正相塔"条。（唐孝祥、冯惠城）

大颠祖师塔 又称舌镜塔、瘗舌冢。石塔。位于今广东省汕头市潮阳区铜盂镇灵山寺后。始建于唐长庆四年（824），为禅宗九祖大颠祖师归葬之处。据明隆庆《潮阳县志》载，该塔于唐末称瘗舌冢，宋至道年间改称舌镜塔，沿用至今。是一座天竺窣堵坡形式石造塔，高 2.8 米，塔身最大直径为 1.8 米，由 78 块花岗石砌成。基座平面呈八角束腰形，有飞龙走兽及花卉浮雕图案。基座有石雕仰莲花瓣承托塔身，塔身外观呈圆柱状覆钵形。正面有莲花承托方形神龛，龛内刻有"唐大颠祖师塔"六字。1978 年被公布为第一批广东省文物保护单位。2019 年被国务院公布为第八批全国重点文物保护单位。参见第 243 页宗教卷"大颠祖师塔"条。（唐孝祥、冯惠城）

怀圣寺光塔 又称光塔、怀圣塔；俗称蕃塔；原称呼礼塔。砖塔。位于今广东省广州市越秀区光塔路 56 号怀圣寺西南。波斯语读作"邦克塔"，"邦"与粤语"光"读音相近，也因塔顶竖灯导航而得名。建于唐代。塔高 36.6 米。平面呈圆形，塔底直径 8.85 米，由下至上收分，上下收分尺度较

怀圣寺光塔

大，中为实心塔心柱。塔内有双螺旋形楼梯围绕塔心盘旋而上至塔顶。塔刹顶部现为砖牙叠涩出线，脚上砌成尖顶状。青砖砌筑，表面涂抹蚬壳灰。塔刹顶部塔顶原有一具金鸡，可测风向，明洪武年间被风吹落，送南京保存。明万历二十八年（1600）重修改为铜葫芦形。清康熙年间又被吹落。1934年重建为火焰形塔尖。塔身有长方形小孔，具有浓郁伊斯兰建筑风格。主要为召唤穆斯林做礼拜和指引船舶用。造型独特，为中国塔林所罕见。是中外交往的历史见证，对研究古建筑和中外交往史、伊斯兰教史、广州城建史有重要价值。中国伊斯兰教最大邦克塔之一。1996年被国务院公布为第四批全国重点文物保护单位。参见第272页宗教卷"怀圣寺光塔"条。（唐孝祥、冯惠城）

云龙寺塔 又称西山寺塔。砖塔。位于今广东省韶关市仁化县董塘镇安岗村后山。唐乾宁至光化年间始建。为四边形五层仿阁楼式砖塔，残高10.4米。底层空腔筑有一小心室，其余层皆为实心。首层边长2米、高2.1米，在1.35米高处以斗拱承托菱角牙砖与挑檐砖相间叠涩出檐。二层至五层塔身高度逐层递减，略呈直线形内收。二层以上用菱角牙砖与挑檐砖相间叠涩出檐，出檐短浅。现塔尖已毁。每层设有腰檐和平假座，每面中心为佛龛，正中对齐成一条直线。各层各面塔身有仿木构斗拱、额枋、倚柱等。全塔为红灰夹心砖筑，形制古朴，具有典型唐塔特征，是研究广东古塔珍贵实物。1988年被国务院公布为第三批全国重点文物保护单位。参见第243页宗教卷"云龙寺塔"条。（唐孝祥、冯惠城）

光孝寺铁塔 铁塔。位于今广东省广州市越秀区光孝寺内。分东铁塔和西铁塔。西铁塔为南汉后主刘鋹的太监、

内太师龚枢澄与邓氏三十二娘于南汉大宝六年（963）合铸；塔平面呈正方形，原为7级仿楼阁式塔，今仅余3层，塔身正中每面铸有一大龛，供奉端坐于莲花座的释迦佛、弥勒佛等，龛外遍铸小龛，内供小佛像，第一层208尊，第二层201尊，第三层168尊，共592尊；塔檐下饰飞天、飞鹤、飞凤、云彩等图案，基座为灰页岩雕制双层须弥座，分别雕刻莲花瓣纹、竹节纹、重叠菱形纹等。东铁塔为刘鋹于大宝十年（967）铸，原立于开元寺，南宋端平年间移今址，清乾隆二年（1737）和乾隆十三年（1748）装金；形制风格与西塔大致相同，塔平面呈四边形，塔基首层为花岗岩雕制，7层仿楼阁式塔，总高7.69米，塔身各层共饰大佛像28尊，小佛像996尊，正中一大龛，供一大佛像，塔身铸楷书铭文8行，具有唐碑风格，塔基第二层须弥座束腰及其以上部位为铁铸，铸饰"行龙火珠""升龙降龙三宝珠"等图案铭文。双塔铸造工艺精致，造型优美，是具有极高艺术价值的铁铸佛教建筑物。中国现存有确切铸造年代的最早大型铁塔。（唐孝祥、冯惠城）

千佛铁塔 铁塔。位于今广东省梅州市梅江区大东岩山。铸于南汉大宝八年（965），原位于修慧寺中，清代州

官迁于齐州寺中。1935年始，梅县县长彭精一与师长黄任寰移于东山岭上，建八角亭保护。1991年12月3日兴建千佛石塔，1993年2月6日完工，将千佛铁塔补铸完善，迁入石塔底层保护。原铁塔共七层，高4.2米，底宽1.6米，四方形，塔身铸有千佛。新建佛塔平面呈八角形，用花岗石砌筑而成，塔高九层36米。佛塔二至八层墙内镶嵌千尊汉白玉佛，九层供奉千尊鎏金铜佛，塔顶托起一座七层小石塔，形成塔中有塔，塔上有塔，铁佛、玉佛、金佛共容一塔"三千佛塔"的特色。清末黄遵宪搜集铁塔残片，收藏于人境庐，作千佛铁塔歌并序，纪其事。中国古老铁塔之一。1989年被公布为第三批广东省文物保护单位。参见第243页宗教卷"千佛铁塔"条。（唐孝祥、冯惠城）

三影塔 又称延祥寺塔。砖塔。广东仅有的有绝对年份可考的北宋早期砖塔。位于今广东南雄雄州镇永康路三影塔广场北。北宋大中祥符二年（1009）建。因有两影倒悬，一影向上而得名。为六边形九层楼阁式砖塔，通高50.2米，基座高1.78米，直径8.94米。塔阶梯为穿壁绕平坐式。各层由平坐栏杆围成回廊。每层有六角形内室，室内有壁龛4个。每层各立面设有一门，用仿木构件的青砖砌阑

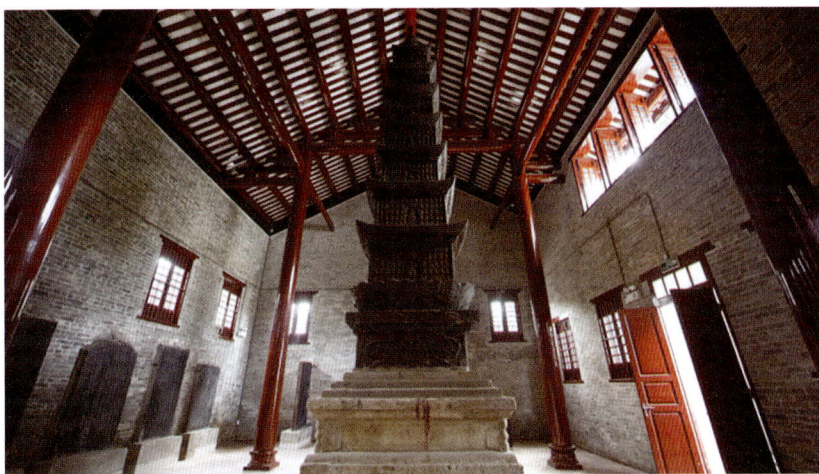
光孝寺东铁塔

额、普拍枋和转角柱，转角柱上施斗拱，斗拱用菱角砖和挑檐砖叠涩出屋檐。檐覆盖铁红色板瓦和筒瓦，翼角下有夔龙首角梁，脊端置陶制鸱狩。塔身第一层正面有青砖刻"大中祥符二年三月二十四日"。其形制反映宋代建筑一些典型特征，为考据和验证宋代建筑特征提供依据。1988 年被国务院公布为第三批全国重点文物保护单位。参见第 243 页宗教卷"三影塔"条。（唐孝祥、冯惠城）

澌溪寺塔　原名秀宝塔。砖塔。位于今广东省韶关市仁化县董塘镇澌溪山瑶族村。建于北宋熙宁八年（1075）。七层楼阁式塔。塔平面为正方形，边长 3.46 米，塔高 23.14 米，塔身各层置腰檐和假平坐。首层方形须弥座三面设火焰形佛龛，北面为正面。各层每面正中设火焰形壸门。各层用菱角牙砖和挑檐砖相间叠涩出檐。内部穿心壁绕平坐，青砖穿心梯，可通至顶层。塔身每层各面角柱置砖砌一斗三升斗拱攒，门或窗上方置丁头拱一攒。该塔外形清秀古朴，有宋代砖塔风格，又有唐代方塔建筑特点。1979 年被公布为第二批广东省文物保护单位。参见第 244 页宗教卷"澌溪寺塔"条。（唐孝祥、冯惠城）

文光塔　又称千佛塔。石塔。位于今广东省汕头市潮阳区棉城镇中华路东侧。始建于南宋绍兴元年（1131），后坍塌。咸淳二年（1266），道人赵汝篪主持重建，内置千佛，称千佛塔。后废。明崇祯八年（1635），知县漆嘉祉主持复建。清嘉庆二十年（1815）潮阳知县唐文藻对塔进行全面整修。为八角七层楼阁式塔，通高 42.42 米。基座为石砌须弥座，有石望柱栏杆。塔台阶两侧有石狮子一对。有《潮阳邑候漆公鼎建文公塔记》碑。除首层用花岗石砌筑外，其余塔身多以青砖

修砌，门框石制，门呈拱券形。各层用石斗棋及青砖叠涩挑出平坐，平坐外侧有立石栏杆。塔内置螺旋式石阶梯，依阶梯通道盘旋而上可到平坐和塔顶，墙身开设圆形窗洞，供采光用。塔刹成葫芦状。塔身逐层减低收分，比例协调匀称，砖石砌法精湛，是广东省保存完整的古塔之一。2013 年被国务院公布为第七批全国重点文物保护单位。参见第 244 页宗教卷"文光塔"条。（唐孝祥、冯楠）

龟峰塔　砖仿木塔。位于今广东省河源市源城区东江河畔龟峰山。因建在龟形石山顶上而得名。始建于南宋绍兴二年（1132），明万历三十年（1602）重修。1989 年按宋式复原。为六边形楼阁式塔，通高 42.6 米。首层外边长 5.4 米，内边长 1.6 米，塔正门向东，明 7 暗 6，共 13 层，层层收分。各层设有木楼板加铺方砖，暗层有穿墙上、下两个门，4 个佛龛。明层有门，上通另一层平台，另有五门通向外边平坐栏杆。沿阶梯盘旋而上，可达顶层。平坐和出檐用隔层菱角牙砖叠垫出挑，出檐较其他塔宽厚。平坐设有木栏杆，每层六角有角柱。台基被尘土埋没，塔檐与平坐崩塌，瓦面无存，塔内各层原有木楼板亦已毁坏。原有塔顶毁。原有副阶，首层塔身外有梁枋孔洞、塔基周围有柱础石出土。塔檐现改用灰色琉璃瓦施瓦当滴水，角梁下悬挂铜钟。被列为河源八景之首，享有东江第一塔美誉。2006 年被国务院公布为第六批全国重点文物保护单位。（唐孝祥、冯惠城）

儒符石塔　又称草鞋塔、涅槃塔。石塔。位于今海南省海口市琼山区石山镇西北的儒符村。建于宋代末年。占地面积约 250 平方米，坐西北向东南。金刚宝座为正方形，用火山岩砌筑而成。宝座顶部边长 7.6 米，底部边长

10.3 米，高度 6.45 米，中部略鼓，上下均有收分，呈梯台状。宝座背面有步级上登台面，步级长 8.5 米，宽 2.5 米，共 24 级踏步。步级和坐台四周设石雕护栏。塔平面呈正方形，塔身为重檐五级，翼角起翘，檐口平直，由 23 层石头砌筑而成。首层平面为正方形，边长 2.8 米 ×2.8 米，内龛供奉石雕像一尊，檐角飞起，基座为金字形。塔高 2.6 米。原金刚宝座上 4 个角有 4 根石柱象征 4 座小塔，中间主塔，塔旁有一亭，亭内陈设菩萨和武将神像，置覆钵和火焰盘轮等。四角上石柱和亭毁损后未修复。塔刹为葫芦形，高 0.3 米。海南现存唯一古代金刚宝座塔。1994 年公布为海南省第一批省级文物保护单位。（唐孝祥、冯惠城）

草鞋塔　见"儒符石塔"。
涅槃塔　见"儒符石塔"。

镇风塔　石塔。位于今广东省潮州市饶平县柘林镇东北 1 千米风吹岭西麓。因柘林近海，常遇风潮侵害，故在风口处建塔，取镇风镇水之意，故名。元至正十三年（1353）二月建。为平面八角形 7 层楼阁式塔。塔高 22 米，基围 16 米。塔基层围屏上绘刻人物故事、花卉鸟兽图案。底层塔身厚 1.6 米，二层厚 1.5 米。塔身用石板铺盖，每层开设圆窗和拱门，塔底层留一空洞，进入塔身可沿石阶登上各层。塔廊装有石栏杆。是潮汕地区元代古塔典型代表。"古塔镇风"为柘林八景之一。1989 年被公布为第三批广东省文物保护单位。（唐孝祥、冯惠城）

美榔双塔　俗称姐妹塔。石塔。位于今海南省澄迈县美亭乡美榔村东南隅。始建立于元代。姐塔坐东南向西北，为正六边形，高 7.41 米，梢式条石结构，共 7 层，塔基高 3.1 米，每边长

5.2 米，塔座四角雕狮子头像。妹塔坐东北向西南，为四角 7 层，塔身高 9.26 米，塔基高 3.1 米，每边长 7.4 米，塔的须弥座刻有仰覆莲，其间刻有狮子、野猪、狼等浮雕，四角设头顶手托力士像做倚柱。两塔前各有长 6.26 米、宽 2.9 米罩拱桥相通，进门可登塔。每层立柱开门，塔刹为印度形制。东 20 米处筑有牌楼式石拱门，门内立《千古流芳》石碑两块，与双塔组成一体。东北 50 米处有仙寿庵。双塔外观协调，变化有致，为研究古代石塔和文化艺术发展珍贵资料。1996 年被国务院公布为第四批全国重点文物保护单位。（唐孝祥、冯惠城）

姐妹塔　见"美椰双塔"。

高州宝光塔　又称宝光塔。砖塔。广东最高楼阁式砖塔。位于今广东省茂名市高州市宝光路。建于明万历四年（1576），由高州知府张邦伊主持修建。1949 年后两次维修，1993 年再次维修加固。现为铜质葫芦形塔顶。塔为八角九层楼阁式塔，通高 65.8 米，底层边长 5.72 米。塔身用青砖砌筑。塔基为石筑须弥座，束腰部分各面嵌有花岗石浮雕图案 3 幅。浮雕内容分别有吉祥富贵、双凤朝阳、鹏程万里、鱼跃龙门以及有地方特色的高州香蕉图等。基座每角镶嵌一尊托塔力士浮雕，高 0.55 米，宽 0.38 米。塔门有砖雕图案装饰。塔内建有螺旋形砖级，为壁内折上式，沿阶梯可逐层攀登至塔顶。每层设 4 面真门 4 面假门，两两相对，塔内通明透亮。塔内每层原有佛像数尊，其中底层为护塔大佛像，造型高大威严，其余各层为小佛像，形态各异。2019 年被国务院公布为第八批全国重点文物保护单位。参见第 244 页宗教卷"高州宝光塔"条。（唐孝祥、冯惠城）

崇禧塔　砖木塔。位于今广东省肇庆市西江岸上。始建于明万历十年（1582），建成于万历十三年（1585）。岭西副使王泮兴建。有文运兴旺、鸿福无疆之意，故名。1960 年、1983 年两次维修，恢复楼板、平坐、瓦檐、栏杆等，增建外围墙。由赵朴初撰书"崇禧塔"匾和"七星高北斗，一塔耸南天"对联镶嵌在山门。塔平面呈八边形，内分 17 层，外观 9 层，塔高 57.5 米，为穿壁绕平坐砖木混合结构。比例匀称，自下而上逐层减高收分。须弥座高 1.84 米，周长 46.5 米，塔基 8 个角有石雕"托塔力士""鲤跃龙门""双凤朝阳""二龙戏珠""麒麟献瑞"等浮雕图案。每层腰檐用琉璃瓦铺盖，檐角悬挂铜风铃。塔楼板为木质，各层平坐有木护栏。底层至五层有佛龛。各层门洞为圭形券门，由西北方向乾清门进入塔内，穿壁绕平坐盘旋，直至顶层。1978 年被公布为第一批广东省文物保护单位。（唐孝祥、冯惠城）

凤凰塔　又称涸溪塔。砖石塔。位于今广东省潮州市古城外东南约 2 千米处韩江边。因遥对凤凰山，又与凤凰台隔江相望而得名。建于明万历十三年（1585），清乾隆三十年（1765 年）重修。光绪二十六年（1900）年全面加固修缮，修复首层石栏杆和二层木柱栏杆，保留明代遗构与风格。为楼阁式塔，平面呈八角形，7 层。塔高 45.8 米，基围 46.6 米，墙厚 2 米多。塔基为石砌须弥座，各面边长 5.8 米，高 1.5 米。除塔门一面为梯级外，其余七面嵌有石刻浮雕。雕刻内容有凤凰双飞、鸳鸯戏水、二龙戏珠、双狮夺球、鲤鱼跳水、金犬吼天、鹿鸣回首，以及海马、巨象、莲花、卷草等祥瑞图案。塔一、二层为整齐花岗石条石砌筑，用丁头拱逐层托出塔檐，二层以上除压檐石承丁头拱以托出石质塔檐之外为青砖砌筑。塔内一、二层

靠壁有螺旋石阶梯，到第三层进入夹壁，可盘旋登上顶层，夹壁梯道开一小窗以采光。塔刹为 3 米高铜铸葫芦。1978 年被公布为第一批广东省文物保护单位。（唐孝祥、冯惠城）

涸溪塔　见"凤凰塔"。

金鳌洲塔　砖石塔。位于今广东省东莞市莞城西南 1 千米万江桥畔。始建于明万历二十五年（1597），原为抗御水害的镇水宝塔。清乾隆二年（1737）重建，1991—1992 年进行全面维修。塔为平面八边形楼阁式塔，高 49 米。塔基为红砂岩，建立在天然岩石上，塔基距水边三五米。塔身为砖木混砌，外观逐层递减收分，比例均匀。塔身各面饰以仿木构柱、额及门，门洞交错置之。塔腔为穿壁绕平坐结构。各层用菱角牙砖与挑檐砖相间叠涩出腰檐及平坐，平坐上置木构栏杆。塔顶有生铁铸杆刹，顶端置宝葫芦。东莞文物八景之一。1989 年被公布为第三批广东省文物保护单位。（唐孝祥、冯惠城）

琶洲塔　砖石塔。珠江三塔（琶洲塔、赤岗塔、莲花塔）之一。位于今广东省广州市海珠区琶洲。琶洲原为珠江

琶洲塔

中洲渚，洲上有两小山丘，两山连缀形似琵琶，故名琵琶洲，塔因洲得名。洲又称鳌洲，故塔又称海鳌塔。明代琶洲为天然避风港，来自闽浙船只常停泊于此，南海光禄勋承王学曾等倡议在洲上建塔，以为航标。万历二十五年（1597）奠基，万历二十八年（1600）落成，工程由工匠龚坤主持。清道光二十四年（1844）重修，1991年再次重修。为八角楼阁式塔，青砖砌筑，内膛为八角直井式，外观9层，内分17层，高50余米。梯级穿壁绕平坐式。楼内各层对开四门，如十字巷纵横贯通，相邻两层错开辟门，其他各面无门而设佛龛为假门。各级平坐设木护栏。塔顶为八角攒尖顶。铁铸覆盆上铸有"道光重修"字样。顶檐有铁铸雁形角梁伸出悬钟。塔旁尚存《琶洲鼎建海鳌塔记》石碑，高1.71米，宽0.87米，1991年修缮时重铸铁塔刹，木质刹柱改为铁柱。有琶州砥柱美誉。清代羊城八景之一。1989年被公布为第三批广东省文物保护单位。（唐孝祥、冯惠城）

三元塔 砖木塔。位于今广东省肇庆市德庆县西江北岸白沙山上。明万历二十七年（1599）知州沈有严倡建，因州人祈求科举考取状元、榜眼、探花三元及第愿望而得名。为穿壁绕平坐楼阁式塔，平面呈八角形，外观9级，内为17层，高58米。塔基由红砂岩和花岗岩砌成，基围上雕刻有老虎、狮子等走兽。须弥座转角处砌有石雕托塔力士。塔身各层转角有方形倚柱，柱头施额枋，塔檐用四至五层菱角牙子砖砌出。每层各面有圭形洞门，平坐浅短，用三层菱角牙子砖砌出。外表柱、枋粉饰材料选用银朱灰。1989年被公布为第三批广东省文物保护单位。（唐孝祥、冯惠城）

聚奎塔 砖木塔。位于今海南省琼海市塔洋镇西南约500米处。建于明万历三十三年（1605），由琼东知县卢章兴建。有取士子登科、文运兴旺之意。为楼阁式塔，平面呈八角形，共7层，通高近30米。塔基为八角形，共有3层。四周设矮墙围护，前方为大门和步级。塔身首层直径4.8米，首层设塔门可步级进入塔内。塔身向上逐层缩减，塔身中空，四周有墙。首层砖身出檐0.7米，向上各层逐渐收缩。塔身上墙面交接处，有仿斗栱式样装饰。塔身外部由8个墙面构成，朝南设一真门，其余面为假门，从真门入可循夹墙小梯道向上登至塔顶。塔刹为覆盆式葫芦宝顶，保存完好。1994年被公布为海南省第一批省级文物保护单位。（唐孝祥、冯惠城）

莲花塔 原名文禺塔。木塔。珠江三塔（琶洲塔、赤岗塔、莲花塔）之一。位于今广东省广州市番禺区莲花山镇莲花山主峰上。因建于莲花山上而得名。建于明万历四十年（1612）。鸦片战争和抗日战争时期，受枪炮轰击，塔身破损严重。1983年重修后，每层铺设楼板，内辟步级螺旋登顶层。檐面铺饰绿琉璃瓦和滴水，檐角下挂铜钟，塔心柱改作钢筋混凝土，重铸复盆、宝珠仰莲和铜

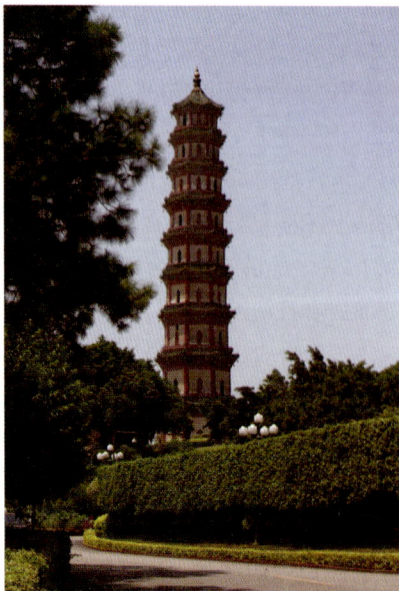

莲花塔

葫芦顶。为楼阁式塔，平面呈八角形，外观9层，内为11层，通高48.46米。塔身各层四面错开辟窗。塔身外壁白色，转角置红色倚柱，额枋上以菱角牙砖叠涩挑出绿琉璃瓦檐。二层以上层层收分，略作平坐。楼内各层铺设木楼板，塔腔为壁内折上式结构。塔顶为八角攒尖绿琉璃瓦顶，塔刹由覆盆、宝珠、仰莲、铜葫芦组成。该塔踞于珠江入海口处，为往来船只测定方位和指点航向坐标，见此塔即知广州至，故又称省城华表。1989年被公布为第三批广东省文物保护单位。（唐孝祥、冯惠城）

文禺塔 见"莲花塔"。

狮雄山塔 砖塔。位于今广东省梅州市五华县华城镇东南方向狮雄山上。始建于明万历四十年（1612），知县詹子忠、署县事通判蒋杞、守道蔡国炳等主持兴建。清乾隆五十九年（1794）和1926年进行维修。1998年12月4日重修，1999年9月竣工。为9层楼阁式塔，高35.5米。平面呈八角形。塔基须弥座由条石砌筑，每边长5米，底径13.8米。塔身用青砖砌筑，墙厚4米。塔腔为壁内折上式结构。各层开有拱形或火焰形窗，用斗栱砖和人字形菱角牙砖叠涩出檐。1—7层设木楼板，第8层收分较大，砌出平坐。塔顶为八角攒尖，塔刹为铁铸葫芦形。塔内存两方修塔碑记。1989年被公布为第三批广东省文物保护单位。（唐孝祥、冯惠城）

文昌塔 砖塔。位于今广西壮族自治区北海市合浦县廉州镇南郊四方岭。始建于明万历四十一年（1613），后经5次修葺。塔平面呈八角形，共7层，高约36米，底层直径8.56米，逐层向上收缩。青灰色条砖砌成，塔身为白色，角边和拱门边为红色，塔身坐北向南，塔尖为红色葫芦宝顶，每

层有佛龛 6 个，角檐上有一鳌鱼，下有一个"龙吻"，每层有坤门和风门相对，其余为假门，塔内有阶梯盘旋而上，阶梯原为木质，后修葺时改为水泥，增设铁质栏杆，塔顶有铁圆轮及铜座覆盖，铜座于 1950 年台风时失落。2009 年被公布为第六批广西壮族自治区文物保护单位。（玉潘亮）

三元启秀塔 又称三元塔；俗称调会塔。砖木塔。位于今广东省湛江市雷州市雷城东南三元塔公园内。明万历四十三年（1615）建成。建前为塔拟名"启秀"，因破土时挖出三枚蛇蛋，认为此乃是三元及第之吉兆，故曾名三元启秀塔。为穿壁绕平坐楼阁式塔。平面呈八角形，外 9 层，内 17 层，暗层 8 层，通高 57 米，塔身逐层内收，比例匀称。塔基为石雕须弥座，共镶嵌 23 块浮雕石刻，有鲤鱼跃龙门、三阳开泰等图案。登塔阶梯为穿壁绕平坐式。每层塔身有砖砌叠涩出檐，挑出回廊；各层设拱券门和假门，相间交错。塔刹为紫铜葫芦形状，高 2.2 米。1979 年被公布为第二批广东省文物保护单位。（唐孝祥、冯惠城）

三元塔 见"三元启秀塔"。
调会塔 见"三元启秀塔"。

赤岗塔 砖塔。珠江三塔（琶洲塔、赤岗塔、莲花塔）之一。位于今广东省广州市海珠区新港中路艺苑路 99 号。始建于明万历四十七年（1619），至天启年间由尚书李待问续建而成。1998—1999 年进行维修。为楼阁式塔，平面呈八角形。外观 9 级，内分 17 层，塔高 53.7 米。塔基用红砂岩砌成，表层为灰色斑岩，东边在后来修复时以花岗石补铺。塔基为八角形，每边长 5.5 米，高 1 米，每边有托塔力士石刻造像。首层直径 12.5 米，辟有 3 个门，每个门口砌以石阶。西门有梯级上 2 层

赤岗塔

（暗层）塔心室。梯级为穿心壁绕平座式，盘旋至顶层，现木楼板已损坏。塔每层设神龛。塔身每层刷以白灰，每层八角均竖有一红色倚柱，柱头有额坊，叠以牙砖。二层以上每层逸出腰檐，檐上以砖牙挑出平台。塔体上端为一八角攒尖塔顶。继琶洲塔、莲花塔后广州修建的第三座风水宝塔，建塔为聚扶舆之气。2022 年被公布为第十批广东省文物保护单位。（唐孝祥、冯楠）

斗柄塔 砖塔。位于今海南省文昌市铺前镇岭内村东约 0.8 千米处，坐落在七星岭主峰上，犹如七星生柄，故而得名。始建于明天启五年（1625），清光绪十三年（1887）重修。为楼阁式塔，平面呈八角形，共 7 层。通高 21 米，塔基周长 44.8 米，7 层塔身层层收缩递减，以线砖与棱角牙子砖叠涩出檐。首层正面朝西，置一拱券形门，门额上镶嵌一横长方形石，书"斗柄塔"3 字，上署"明天眉五年孟冬月建造"，下署"清光绪十年运夏重修"，每层设有拱门，塔身开若干墙洞，用于通风采光，塔内一侧设有梯口，可盘旋而上，直至塔顶。该塔地处海南岛东北端，是古代海上丝绸之路必经之地，对航行在南海上的商船有航标作用。造型优美，气势壮观，是海南省较有代表性风水塔，反

映古代海南对道教文化的敬仰和追求，为研究海南塔发展史提供实物资料。2013 年被国务院公布为第七批全国重点文物保护单位。（唐孝祥、冯惠城）

石康塔 又称顺塔。砖塔。位于今广西壮族自治区北海市合浦县石康镇大湾村委罗屋村。建于明天启五年（1625）。为楼阁式塔，占地面积约 50 平方米，平面呈八角形，共 7 层，高 24 米，底层直径逾 6 米，塔从底层向上逐层收缩，塔心设阶梯逐层次第回旋往上，可登至顶部。塔身结构全用青砖对缝粘砌，表层抹灰浆，每层叠涩出檐上置平座，开东西通风门，即坤门与风门，其余是假门。2017 年被公布为第七批广西壮族自治区文物保护单位。（玉潘亮）

顺塔 见"石康塔"。

魁星塔 石塔。位于今海南省儋州市中和镇中和一小内。始建于明末清初。魁星在道教中是主宰文运的星神，人们祈盼状元及第而修建此塔。塔平面呈不等边八角形，共 7 层，由玄武岩筑成。塔身高 7.02 米，塔身内部空心，每层平出短檐，塔身外形如竹笋状。底座宽而顶部尖，第一、三级南面各开一个方形窗口，第五级北面辟有金钱形窗。塔刹作仰莲承托圆珠，宝顶石榴形。（唐孝祥、冯惠城）

贺州文笔塔 又称魁星楼。砖塔。位于今广西壮族自治区贺州市八步区贺街镇临江西岸。始建于清乾隆五年（1740）。占地面积约 80 平方米，塔平面呈六角形。共 5 层，高 27 米，塔身开有拱形、圆形、山字形和长方形窗，塔体用大青砖砌造，表面呈红色，顶上盖绿色琉璃瓦，顶尖饰宝葫芦，门额上题"魁星楼"3 字，是清代该地尚文标志性建筑物。2001 年

作为临贺故城一部分被国务院公布为第五批全国重点文物保护单位。（玉潘亮）

魁星楼　见"贺州文笔塔"。

允升塔　又称祥光塔、文笔塔。砖塔。位于今广西壮族自治区梧州市万秀区龙湖镇高望村锦屏山。始建于清道光二年（1822），1982年修葺。清代两广总督阮元巡视梧州时为塔题额"秀发梧江""光射斗牛""观文城北"，并赋诗曰："云山郁蒸，江水澄凝，得此高塔，势欲上腾，梧江吉士，从始其兴。"故而此塔取势欲上腾之意名允升。为楼阁式塔。平面呈六角形，共7层，高约36米，底边长3.9米，塔身叠涩出檐。塔身开有椭圆、圆形、六边形窗及半圆券顶门，塔顶为六角攒尖顶。（玉潘亮）

祥光塔　见"允升塔"。

文笔塔　见"允升塔"。

炳蔚塔　砖塔。位于今广西壮族自治区梧州市龙圩区龙圩镇铁顶角山上。建于清道光四年（1824）。占地面积77.56平方米，为楼阁式塔。平面呈六角形，共7层，高34米，底层直径4.4米。塔身无平坐层，塔壁外仅设腰檐。腰檐不用挑檐砖和菱角牙子，采用地方特色海草灰塑。每层腰檐下饰黑地白纹墙楣画，塔顶为攒尖顶，铺黄色琉璃瓦，顶端为黄色琉璃葫芦宝刹。黑地白纹纹样在桂东、桂南广府建筑砖檐中常见，是常用装饰手法，体现岭南地域特点。2017年被公布为第七批广西壮族自治区文物保护单位。（玉潘亮）

迎旺塔　砖木塔。位于今海南省三亚市崖城镇水南村。始建于清道光三十年（1850），咸丰元年（1851）竣工，崖州知州徐泳韶同州人捐建。为楼阁式塔，平面呈八角形，7层，高20米。塔身立于平地，首层径长4.2米，砖砌出檐。首层出檐0.3米，逐层向上收缩。内部中空，壁厚约0.5米，无楼层不能登顶。塔第一层和第二层东面开拱门，第二层拱门上方有长方形灰塑，题字"海南第一塔"。四层及以上开窗，有4个小半圆券窗、4个正方形小花窗和9个圆窗主要作用为采光通风。塔刹高1.5米，为覆盆式葫芦顶。葫芦宝顶日军侵华时所毁。2009年被公布为海南省第二批省级文物保护单位。（唐孝祥、冯惠城）

北山石塔　旧称东山石塔。石塔。位于今广东省阳江市江城区北绣路烈士陵园内。南宋宝祐年间由知州黄必昌建。塔全身为石砌结构。后塔顶崩坏，清光绪二年（1876）举人邓琳等倡导重修，以砖构筑塔顶。1983年重修加固，1992年按原貌更换塔顶，以花岗石材更换塔刹。塔基周围宽8米铺筑花岗石条石，加建双重石雕围栏。平面呈八角形，9层，高18.52米，由长方形花岗岩石条层垒成。塔座为须弥座，高1.52米，刻有彩云如意图案。由底至顶逐层收缩。首层塔身不设门窗，第二层以上各层相错设四龛为假门。第三层南面有阴刻楷体"福禄来朝"4字。二至四层有塔心室，十字相通，隔层错开，中间有通道可上，五层以上为实心。各层用伸出石条作挑檐，形成飞檐翘角。塔刹由相轮、覆钵、基座组成。阳江八景之一。1979年被公布为第二批广东省文物保护单位。（唐孝祥、冯惠城）

东山石塔　见"北山石塔"。

文昌文笔塔　又称白土尾塔。砖塔。位于今海南省文昌市东郊镇白土尾。建于清光绪年间，为港边村潘运通邀众建造。距海边不足50米，具有海上航标功能。2010年曾修缮。为楼阁式塔，坐东朝西，平面呈八角形，共7层，通高25米，原塔用火烧土砖加黄土、石灰叠砌。塔基为八角形，周长21.58米。塔身由底层向上逐层收缩，顶部渐小，塔形显笔状。首层面西开一拱门，二、六、七层各开拱门，采光塔第二层设有观景台和护栏。塔内有螺旋形石阶，可上登。2009年被公布为海南省第二批文物保护单位。（唐孝祥、冯惠城）

白土尾塔　见"文昌文笔塔"。

三元宫　原名越岗院；曾称北庙。道教宫观。位于今广东省广州市越秀区越秀山南麓。始建于东晋大兴二年（319），历代均有营缮。坐北向南，依山而建。三路两进格局，现存殿堂总建筑面积约2000平方米。中路以三元宝殿为中心，前对山门，后望老君殿，殿前庭院空阔，以廊屋连至东西侧钟鼓楼。东路由南而北布置客堂、斋堂、旧祖堂、吕祖殿。西路由南而北布置钵堂、新祖堂、鲍姑殿。山门立于沿山而上台阶顶端，三明两暗五间三进，次间设塾台，青砖砌墙花岗岩墙基。三元宝殿空间轩敞，抬梁式木构架，三间四柱设前后廊，明间神

三元宫

龛内供奉尧、舜、禹三尊圣像。殿前设拜亭，三明两暗五开间，尽间正面砖墙开琉璃花格窗，卷棚歇山顶。为岭南现存历史较长、规模较大的道教建筑。参见第263页宗教卷"三元宫"条。（姜省）

冲虚古观 原名都虚观。道教宫观。位于今广东省惠州市博罗县罗浮山北麓朱明洞景区麻姑峰下。东晋咸和二年（327）葛洪创建。现存建筑为清同治年间重建，总建筑面积4400多平方米。坐北向南，依山势错落布置。轴线对称布局，中轴线设山门（王灵官殿）、三清殿二进建筑。王灵官殿前以台阶连接两层平台至白莲湖边。正立面采用广府祠堂式样，三开间带左右耳房。明间设大门，门额题"冲虚古观"4个字。两次间设墪台，设虾弓梁并狮座抬檐檩。明间供奉灵官像。硬山顶覆绿色琉璃瓦。内进庭院即主体建筑三清宝殿，面阔五间22.36米，进深18.95米。三间四柱抬梁式木构架。硬山顶覆绿色琉璃瓦，正脊有彩色灰塑双龙抢珠和鳌鱼一对，两端以博古收口。三清宝殿左右分别布置葛仙祠、黄大仙祠，葛仙祠东南设纯阳宝殿。还有寮房等附属建筑百余间。观内有稚川丹灶，清乾隆二十四年（1759）重修，通体用花岗岩石条、石柱、青砖垒砌而成，分为炉座、炉身、炉顶3部分。有为纪念葛洪而建洗药池，以及百年丹桂、明代古卉九里香等珍贵植物。1983年被国务院公布为道教全国重点宫观。2019年被国务院公布为第八批全国重点文物保护单位。参见第263页宗教卷"冲虚古观"条。（姜省）

华林寺 又称华林禅寺。佛教寺院。羊城五大丛林（光孝寺、华林寺、六榕寺、大佛寺、海幢寺）之一。位于今广东省广州市荔湾区下九路西来正街。始于南朝梁普通七年（526）禅宗初祖达摩登陆广州之时"结草为庵"的西来庵，历代多有修葺。清顺治十一年（1654），依照丛林制度扩建，殿宇齐备，改名华林寺。康熙四十年（1701），建舍利殿，内设七级白石舍利塔（俗称白石塔）。道光二十九年至咸丰元年（1849—1851），建五百罗汉堂。1924年，广州市政府为开辟马路，拍卖大部分寺产拆改殿宇，仅余五百罗汉堂、舍利塔和库房等建筑，整体规模剧减。现山门东向，寺内殿宇布局紧凑，多为20世纪90年代后复建。山门内进两侧为功德堂，院内偏北置舍利塔，旁为五百罗汉堂、达摩堂和祖师殿。五百罗汉堂殿门南向，平面布局呈田字形，内设4个采光天井。中轴线上由前至后布置3尊佛像，东西两翼空间环形展开，供奉五百罗汉。白石舍利塔六面七层楼阁式样，高7米，立于方形台基上，每面开火焰门并雕刻花纹，为岭南石雕艺术精品。参见第232页宗教卷"华林寺"条。（姜省）

华林寺五百罗汉堂

六榕寺 曾名宝庄严寺、净慧寺、长寿寺。佛教寺院。羊城五大丛林（光孝寺、华林寺、六榕寺、大佛寺、海幢寺）之一。位于今广东省广州市越秀区六榕路。始建于南朝宋年间，南朝梁大同三年（537）建有塔。北宋初年，塔、寺均毁。历代多有修缮或改建。早期寺院规模可观，明初割寺之半为永丰仓，鸦片战争至民国年间，先有寺东部分用地被占为英国领事馆，后有广州市政府再占寺东用地开辟六

榕路和净慧公园，总体规模缩小。现占地面积不足8000平方米，总建筑面积4300多平方米。整体布局以花塔为中心，始创时轴线南北向，明洪武八年（1375）改山门为东向。寺内现存主要建筑为山门、天王殿、大雄宝殿、花塔；花塔南为民国修建的六祖堂和补榕亭，另有说法堂、观音殿、僧舍斋堂等小型建筑。觉皇殿内供奉清康熙二年（1663）精铜铸造三尊大佛像，佛像各高6米，重10吨，是广东省现存最大古代铜像。1983年被国务院公布为汉族地区佛教全国重点寺院。参见第231页宗教卷"六榕寺"条。（姜省）

南海神庙 又称波罗庙、东庙。海神庙。位于今广东省广州市黄埔区庙头村旭日街22号。始建于隋开皇十四年（594），历代有营缮。现存主要建筑为1986—1990年间依明代建筑形制复原而成。占地面积近3万平方米。坐北向南，前堂后寝。中轴线上由南而北依次布置"海不扬波"牌坊、头门、仪门、礼亭、大殿和昭灵宫，两侧对称布置附属建筑。石牌坊位于广场中间，三间四柱冲天式。头门为清代遗构，三间两进分心槽，两次间前后对称设墪台4个，两侧设八字墙，门前有明代红砂岩石狮一对。仪门三间四进，两侧与复廊相连，围合成大殿前院，具唐风。礼亭位于大殿前，面阔进深均三间，单檐歇山顶。大殿五间五进，单檐歇山顶覆绿琉璃瓦，殿内用24根红色巨柱，明间供奉南海神祝融。昭灵殿五间四进。隋唐以降，历代皇帝派员到南海神庙举行祭典，留下包括唐代韩愈碑、宋开宝年间石碑以及历代皇帝御祭石碑40余方，有"南方碑林"之称。庙内尚存明代铁钟、玉刻南海神印等文物。2011年"波罗诞"入选国家级非物质文化遗产扩展项目名录。中国现存最完整官方祭

南海神庙

祀用海神庙，也是唯一保存的海神庙。2013年被国务院公布为第七批全国重点文物保护单位。2016年，南海神庙及码头遗址被选定为广州海上丝绸之路申遗6个重要史迹点之一。参见第1245页海洋文化卷"南海神庙"条。（姜省）

波罗庙 见"南海神庙"。

东庙 见"南海神庙"。

石矍村冯氏祠堂 又称将军第、冯氏大宗祠。宗祠。位于今海南省澄迈县澄迈湾南岸石矍村。主要祭祀冯宝公、洗夫人及海南冯氏祖先。始建于隋大业五年（609），历代有营缮。坐北向南，前临风水塘（名饮马湖），三路三进布局。中路为主体，从前至后分别为头门（将军第）、正厅（谯国殿）、后座（始平堂），左路为阳夏庙，右路为出嗣堂。头门三间，明间门额书"将军第"3个字。正厅三开间，明间梁架三间四柱，用料厚重古朴，使用月梁。明间神龛内供奉冯宝、洗夫人塑像，木雕精美，左右次间为房间。整座建筑较低矮，用料朴实健硕，颇具唐宋之风。海南"公期"民俗文化策源地。2019年被国务院公布为第八批全国重点文

物保护单位。（姜省）

将军第 见"石矍村冯氏祠堂"。

冯氏大宗祠 见"石矍村冯氏祠堂"。

雷祖祠 先贤祠庙。唐代首任雷州刺史陈文玉（雷祖）纪念祠。位于今广东省湛江市雷州市西南的英榜山上。始建于唐贞观十六年（642），历代有营缮。现存建筑主要为明清遗构。占地面积约1万平方米，坐北向南，前部依山势设置两级平台。中轴对称格局，依山势共分为三进。第一进为山门。门内东西分置钟鼓楼；第二进为拜亭与正殿，左右分设侧殿，后设小花园；第三进为太祖阁，设东西廊。山门三开间硬山顶，前廊用青石柱，台基高耸。正殿前设单间二进拜亭。拜亭用硬山搁檩假歇山顶，两山面各开落地拱门，亭左右各有跪地石人两个。正殿名雷祖三殿，三间三进，硬山顶。抬梁式木构架，屋面平缓，前檐出檐较深。有千年石人、乾隆御赐匾额及历代碑刻40余通。雷阳八景之一。1996年被国务院公布为第四批全国重点文物保护单位。（姜省）

潮州开元寺 曾名荔峰寺、开元万寿

禅寺、镇国开元禅寺、开元镇国禅寺。佛教寺院。岭南四大名刹（广州光孝寺、韶关南华寺、肇庆庆云寺、潮州开元寺）、潮郡三大名刹（潮州开元寺、潮阳灵山寺、揭阳双峰寺）之一。位于今广东省潮州市湘桥区开元路32号。原名荔峰寺，唐开元二十六年（738）改以"开元"为额，兴工扩建。此后历代均有扩建或修葺。占地面积11031平方米，坐北向南。中轴对称布局。轴线上依次布置"梵天香界"照壁、金刚殿（兼山门）、天王殿、大雄宝殿、藏经阁。另有观音阁、地藏阁、方丈厅、祖堂、伽蓝殿等建筑，唐代石经幢一对。大雄宝殿前庭院以围廊环绕，东侧附设观音阁院落，西侧附设地藏阁院落，院中部东西对设阿育王塔各一。大雄宝殿五开间并副阶周匝，内供佛像三尊，前设月台，副阶以石柱环列，月台与廊中共设石雕栏板78块，雕饰释迦牟尼出家故事和花鸟异兽。重檐歇山顶覆以金色琉璃瓦，正脊与戗脊端头以嵌瓷工艺装饰。天王殿位于大雄宝殿正南侧，五明四暗九开间，单檐歇山顶，前后檐柱以石木相拼，柱础覆盆式样。金柱顶端以叠斗承托金檩，叠斗四出凤头栱。寺内现存宋代大铜钟、元代石刻香炉及铜云板、明代木雕千佛塔、清代乾隆御赐《大藏经》等珍贵文物。集潮汕地区木雕、石雕、彩绘、嵌瓷等工艺之大成，被誉为粤东第一古刹。1983年被国务院公布为汉族地区佛教全国重点寺院。2001年被国务院公布为第五批全国重点文物保护单位。参见第234页宗教卷"潮州开元寺"条。（姜省）

青山禅院 又称青山寺；古称杯渡庵、杯渡庙、杯渡寺。佛教寺院。香港最古老的寺院。香港三大古刹（杯渡寺、灵渡寺、凌云寺）之一。位于今香港特别行政区九龙半岛西南的青山（旧

称屯门山）上。最初为杯渡岩上的茅屋，称杯渡庙。南汉大宝十二年（969）首建杯渡寺，历多次重建改建。1921年重建为现存格局。依山势布置，山门之上为护法殿，左为韦驮殿，右为地藏殿，拾级而上为大雄宝殿，左为诸天宝殿，右为青云观，观后有清道光年间铸造古钟一口，沿路向西为知客堂和食堂，再西沿杯渡花园可达海月亭，上有"杯渡遗迹"牌坊，牌坊内进为法堂，再上为藏经阁，中央放置杯渡禅师石像。另有五德观、方丈室、居士林、观音阁等建筑。大雄宝殿三间三进设回廊，硬山顶人字山墙龙舟脊，正脊饰以二龙抢珠、鲤鱼戏水陶塑，殿内供奉三世佛像。其格局呈现释、道两种宗教并存特点。建筑布局与地形结合紧密，有工整严谨部分，又有活泼优美部分，形成生动宗教建筑景观。为香港一级历史建筑。参见第231页宗教卷"青山禅院"条。（姜省）

真武庙　又称真武堂。道教宫观。位于今广东省湛江市雷州市区南亭街口。始建于宋天圣元年（1023）。现建筑为明万历三十二年（1604）重修。占地面积837平方米。中轴对称布局，由前至后依次为头门、楼阁、正厅。头门用牌楼门面，三间八柱三楼，石柱插栱托檩，重檐庑殿顶。中开大门，额刻"南合武当"4字。左右两次间开琉璃花格窗，后檐砌为房间。正厅三间三进，抬梁式木构架，明间供奉真武大帝神像。有明代建筑风格和地方色彩。2008年被公布为第五批广东省文物保护单位。（姜省）

真武堂　见"真武庙"。

仁威祖庙　又称仁威庙。道教宫观。位于今广东省广州市荔湾区龙津西路庙前街。始建于北宋皇祐四年（1052），明天启二年（1622）、清乾隆和同治年间进行大规模营缮。现大致保留同治年间重修格局。占地面积2300多平方米，其中广场占地700多平方米，坐北向南，平面轮廓略呈梯形。三路五进，分前后两部分。中路轴线上前三进为头门、正殿、中殿，后二进为后殿和后楼。前三进布局规整，各跨院间以青云巷连接。后二进为后殿和后楼，依左右围墙通长布置，穿过后殿可到达。头门外广场两侧各立一花岗岩石雕龙柱，俗称龙柱。头门三间三进，五岳山墙，明间设大门一对，前檐梁架雕饰精美。正殿面阔三间，进深三间四柱九架梁设前后廊，正脊和山墙顶陶塑人物、亭台楼阁是佛山石湾文如壁店烧制。中殿、后殿建筑式样与正殿基本一致。"仁威庙"2012年被公布为第七批广东省文物保护单位。参见第264页宗教卷"仁威祖庙"条。（姜省）

佛山祖庙　道教宫观。位于今广东省佛山市禅城区祖庙路21号。始建于北宋元丰年间。明清两代多次重修扩建，现基本保存清光绪二十五年（1899）大修格局。总建筑面积3500平方米，坐北向南，主要建筑沿中轴线对称布局，从南至北依次为万福台、灵应牌坊、锦香池、钟鼓楼、山门、前殿、正殿、庆真楼。万福台建于清顺治十五年（1658），为倒座戏台，是广东现存最古老、最完整古戏台，也是粤剧首演必选之所；正对灵应坊，二者间院落宽阔。灵应坊为三间十二柱三楼三滴水牌坊，是广东省现存最雄伟壮观木石结构牌坊。坊两侧接青砖墙，各设一个拱门，北对长方形锦香池及山门。山门九开间，前檐为长廊，直通两侧围墙。硬山顶，屋顶正脊全长32.03米，是世界上最长陶塑瓦脊。正殿与前殿、山门极近，以拜亭两两相连，内部空间逼仄。正殿抬梁式大木构架和斗拱为宋代风格。庙内存放24尊夹漆神像。汇集题材丰富的灰塑、砖雕、木雕、石雕等装饰，被誉为"东方艺术之宫"。1996年被国务院公布为第四批全国重点文物保护单位。（姜省）

浦口彭氏宗祠　俗称浦口祠。宗祠。纪念彭氏入粤先祖延年公。位于今广东省揭阳市榕城区浦口村。中轴对称布局，共有大门、正厅、后厅3座建筑。大门为三明两暗格局，用凹斗门。硬山顶绿色琉璃瓦，中三间屋顶略升高，正脊和垂脊厝角头有嵌瓷动物、花卉装饰。左右连廊通至前厅廊下。正厅为三间三进敞厅，抬梁式木构架，明间金柱用石质梭柱，厅内明间悬挂"大理寺正卿""潮州刺史"匾。后厅为报本堂，面阔三间，抬梁式木构架，四间五柱设前廊。前檐廊设卷棚轩，梁架采用潮汕典型"五脏内"形制。明间供奉彭延年公与两位夫人画像。后厅左右连廊可通前厅。建筑内外檐雕梁画栋，以木雕、石雕、嵌瓷装饰最为精美。（姜省）

浦口祠　见"浦口彭氏宗祠"。

揭阳城隍庙　庙宇。位于今广东省揭阳市榕城区东门城隍街。始建于宋绍兴十年（1140），明洪武二年（1369）重建。现基本保存明万历年间格局。总建筑面积2000多平方米。中轴对称布局，主体建筑三进，由前向后依次为牌坊、大门、钟鼓楼、大殿、后殿。庙前牌坊为三间四柱三楼木石结构，白色石柱绿琉璃瓦顶。大门三间两耳分心槽，中三间各设一对木门。正脊饰以嵌瓷。木构穿斗式构架，中柱襻间斗拱富特色。拜亭单檐歇山顶。其后紧接大殿，三间四进，单檐硬山顶用龙舟脊，脊端装饰嵌瓷楚花，殿内用22根花岗岩石柱，木构抬梁式构架。明间供奉城隍公。大殿左右两侧廊内各设二层歇山顶钟鼓楼。后院为

放生池，后檐廊连拱桥通至后殿，殿内奉祀城隍夫人，俗称夫人厅。规制齐备，为广东现存规模最大城隍庙建筑，岭南县级城隍庙重要实例。2019年被国务院公布为第八批全国重点文物保护单位。（姜省）

揭阳学宫 又称揭阳文庙、红学。地方官学。位于今广东省揭阳市榕城区韩祠路7号。始建于南宋绍兴十年（1140），历代有营缮改建。现基本保存清光绪二年（1876）改建后的格局。占地面积约2万平方米，总建筑面积5526平方米，坐北向南。共三路建筑。中路保存完整县级文庙配置，由前至后依次为照壁、棂星门、泮池、大成门、大成殿、崇圣祠，大成殿两侧配东西庑，崇圣祠两侧设东西斋。东路为明伦堂，西路为文昌祠。照壁位于轴线最前端，南面镌刻"太和元气"4个字，为1984年按原貌修复。棂星门三门五柱，柱顶嵌云枋龙首。门内为泮池，池上设桥。泮池北侧为大成门，三间四进分心槽，抬梁与穿斗结合式构架，单檐歇山顶，屋脊正中置一蓝色宝瓶，左右各一鳌鱼。大成门两侧附厢房、库房。内进为纵深庭院，中轴线设御路，尽端为辇道连月台。大成殿五间五进，平面呈近方形，以实墙围合左右尽间与后檐。重檐歇山顶覆金色琉璃瓦，屋顶坡度平缓，造型独特。正脊分三段，中段龙舟脊下设垂脊，以嵌瓷装饰。两山面另起木式山墙封实。殿内满堂柱，十五架梁四柱设前后廊，梁架用潮汕典型"五脏内"做法。明间两对石质金柱上各设一条木雕彩绘盘龙。大殿后为崇圣祠。岭南古代文庙的样例。2013年被国务院公布为第七批全国重点文物保护单位。参见第359页学术·教育卷"揭阳学宫"条。（姜省）

东莞潢涌黎氏大宗祠 宗祠。位于今

东莞潢涌黎氏大宗祠

广东省东莞市中堂镇潢涌村。始建于南宋乾道九年（1173），历有修葺。占地面积2360平方米，总建筑面积1337平方米。布局取形于龟，有头、有手、有足、有尾，中轴对称布局，轴线上三座主体建筑朝向各有偏向。祠前三级水，祠堂正对黄旗山尖峰，与周围自然环境相融。主要建筑有头门、正厅和后座。头门三间附两耳，次间设塾台，台、柱、门框、墙基均用红砂岩，别具特色。正厅三开间，三间四柱设前后廊，硬山顶人字山墙，正脊装饰灰塑和陶塑。明间后檐金柱夹设六扇花格屏门，上悬匾额"文章御史"。后座三间三进，明间木雕神龛供奉祖先神位。2004年入选"东莞文物八景"。黎氏大宗祠2002年被公布为第四批广东省文物保护单位。（姜省）

韩文公祠 庙宇。为纪念唐代文学家和教育家韩愈而建。位于今广东省潮州市湘桥区东兴北路18号。始建于南

韩文公祠

宋淳熙十六年（1189），历代有修缮。现存建筑基本为明清风格。北临韩江，南依笔架山，总建筑面积约620平方米。是建筑结合自然的佳作。主体建

筑位于51级台阶顶端石砌平台上，依山势布置为前后二进。第一进为头门，第二进为大殿，地坪高差2.5米，以爬山廊相连。头门三间，面宽18.7米。大殿三间五进，单檐歇山顶，正脊以嵌瓷博古纹装饰。近年在临江处新建石牌坊一座并修整前广场，在大殿后加建侍郎阁。主体建筑东西两侧结合原有石桥、水井等扩建为园林景观。祠内有历代碑刻40通，明代碑刻15通，是研究潮州历史文化、古代书法艺术珍贵史料。2006年被国务院公布为第六批全国重点文物保护单位。（姜省）

胥江祖庙 俗称芦苞祖庙。庙宇。位于今广东省佛山市三水区芦苞镇北郊华山之麓。始建于南宋嘉定年间，历代有修葺。清嘉庆十三年（1808）至嘉庆十四年（1809）和光绪十四年（1888）分别重修。占地面积965平方米。坐东南向西北，由三组单进院落构成，从北往南分别是普陀行宫、武当行宫、文昌行宫，分别供奉观音大士、北方真武和文曲星君。庙前有水塘和广场。三庙建筑均为三开间，布局严谨，空间高敞。硬山顶五岳山墙覆绿色琉璃瓦，正脊装饰大幅灰塑、陶塑，十分壮观。正厅依山势设于高处，以爬山廊与头门连接。建筑内外檐以木雕、灰塑、陶塑、壁画等装饰，精湛细腻，是岭南建筑装饰工艺的集中体现。集祭祀儒、释、道于一体的神庙。1989年被公布为第三批广东省文物保护单位。（姜省）

芦苞祖庙 见"胥江祖庙"。

沙湾留耕堂 宗祠。位于今广东省广州市番禺区沙湾镇。始建于南宋德祐元年（1275）。现存建筑为清康熙年间扩建而成。占地面积3300平方米，坐北向南。中轴对称布局，自南向北

依次为仪门、牌坊、正厅、后座。大门前用大块青石铺成广场，俗称大天街。前临一长条形池塘，临池塘处有8对旗杆架用以旌表何氏功名。仪门五开间，尺度高敞。前檐明间设实木大门两扇，抱鼓石一对。次间和尽间设通长塾台，花岗岩檐柱，抬梁式木构架设卷棚轩，如意牌科斗拱支撑檐檩。仪门后邻石牌坊，三间十二柱三楼，柱间封以木板门。牌楼两侧接青砖墙，左右各开一方形门洞，通往正厅前院落。正厅为象贤堂，前设月台，东西列廊庑。月台正面保留壶门做法，软盒子内雕饰吉祥图纹，有宋元遗风。象贤堂五开间，为拜亭与正厅勾连搭而成，进深17米多。均用抬梁式木构架。拜亭梁架为三间四柱九架梁用前后廊。正厅梁架为三间四柱十一架梁用前后廊。后座五间三进，明间木雕神龛内供奉何氏先祖神位。建筑气势雄伟轩朗，建造工艺精美，是岭南宗祠翘楚。2019年被国务院公布为第八批全国重点文物保护单位。（姜省）

德庆学宫 又称康州孔子庙。地方官学。位于今广东省肇庆市德庆县德城镇朝阳西路。始建于北宋大中祥符四年（1011）。现存格局为元大德元年（1297）重建后的规制，明清有修缮。占地面积约8000平方米。中轴对称布局，由前至后依次为棂星门、泮池、大成门、大成殿和尊经阁。主体建筑大成殿，平面正方形，五开五进，殿高19.4米。殿前设月台，阔13.22米，深8.7米，围以栏杆，月台前正中及左右各设踏道。重檐歇山顶覆灰瓦，坡度平缓，出檐深远。正脊及戗脊以彩色灰塑装饰。山面各施悬鱼一条。用殿堂式大木构架，明间以三跳如意斗拱承托平棋天花和梁架，次间对称减柱共4根，为元代常见做法。下檐斗拱七铺作单抄三下昂，有宋代风格。

下昂出挑总长居现存唐宋大木建筑之首。上檐斗拱为元代遗构，以象鼻昂出挑。檐柱用花岗岩石柱，明间四根金柱石础高82厘米，利于防洪。建筑左、右、后三面围以高墙，空间别具一格。大成殿是岭南元代木构建筑重要遗存，被誉为国之瑰宝。1996年被国务院公布为第四批全国重点文物保护单位。参见第357页学术·教育卷"德庆学宫"条。（姜省）

乾塘陈氏大宗祠 宗祠。位于今广东省湛江市坡头区乾塘镇政府西坡乾公路旁。始建于元延祐二年（1315），进行过4次大修。占地面积837.1平方米，坐北向南。主体建筑三进，分别为头门、正厅、后座。头门五开间，尺度高敞。硬山顶土形山墙类潮汕做法，正脊置鳌鱼宝珠。明间设木板门两扇，两侧有石鼓一对。门上木匾书"陈氏大宗"4字。次间各开两扇小门，尽间为房间。正厅三间三进，前檐柱为青石柱，厅内用4根红木柱，以青石为础。明间金柱悬挂木刻楹联一副，为清代军机大臣李鸿章手迹。后座三间三进，明间设高大木雕神龛供奉陈氏先祖神位。前檐青石柱两根，用雷云文柱础。柱间设花格门，雕刻精美。2010年被公布为第六批广东省文物保护单位。（姜省）

海口天后宫 俗称妈祖庙、大庙；原名环海坊。庙宇。位于今海南省海口市中山路87号。始建于元代。占地面积约1400平方米，坐西南向东北。现存两进建筑。正厅与后座间以拜亭连接，呈工字形布局。正厅三开间。硬山顶碌灰筒瓦屋面，绿琉璃滴水剪边。正脊饰博古纹灰塑。明间供奉灵官像。后座为近年重修，三间三进。明间供奉妈祖像。梁架为三间四柱抬梁式木构架，类似潮汕地区"五脏内"做法。被誉为老海口保护神。是海南建立最

早、规模最大的妈祖庙。是海口城市文脉重要文化载体。2009年被公布为海南省第二批省级文物保护单位。（姜省）

妈祖庙 见"海口天后宫"。
大庙 见"海口天后宫"。
环海坊 见"海口天后宫"。

马殷庙 又称百柱庙、马楚都督庙、濂溪庙、灵溪庙。庙宇。纪念和祭祀五代十国时期楚王马殷的祠祀建筑。

灵溪庙（马殷庙）

位于今广西壮族自治区贺州市富川瑶族自治县朝东镇福溪村灵溪畔。始建于明永乐十一年（1413），原为砖木结构，至明弘治十二年（1499）改建为木柱结构大殿，清康熙十五年（1676）重修，嘉庆十一年（1806）修葺，同治六年（1867）扩建两侧厢房。建筑面积约500平方米，高约6米。坐南朝北，由南（后殿）北（前殿）两座大殿和东西两侧厢房构成一个21.4米×21米凹字形平面，北殿入口两侧设有两只威武的麒麟。庙前广场上设祭台，立有楚王马殷石雕坐像。大殿正对面为戏台。南北大殿之间有三段连廊衔接，并形成两个1.4米×1.7米天井，以改善采光和通风。全庙有22根大殿立柱、54根厢房立柱和44根吊柱、托柱，共120根木柱，故称百柱庙。大殿屋顶为悬山顶上盖小青瓦，山脊正中有蝙蝠泥塑，厢房为歇山顶，屋檐外挑约1.5米。建筑采用南方穿斗式与北方抬梁式结合的木构形式，集合穿斗式抗震抗风和抬梁式大跨度空

间优点，体现南方少数民族和中原汉族建筑技艺巧妙结合。2006 年被国务院公布为第六批全国重点文物保护单位。（玉潘亮）

百柱庙 见"马殷庙"。
马楚都督庙 见"马殷庙"。
濂溪庙 见"马殷庙"。
灵溪庙 见"马殷庙"。

黄氏宗祠 又称南陆公纪念祠。宗祠。纪念黄氏太始祖南陆公祠堂。位于今广西壮族自治区贺州市八步区贺街镇河西街南门路 13 号。始建于明永乐十四年（1416），20 世纪 60 年代遭破坏，1992 年重修。建筑面积 600 多平方米，主体采用三间两进平面布局，左右两厢房，中间天井，辅屋有 10 个房间。砖木结构，人字山墙，硬山顶，屋顶琉璃筒瓦，其墙体材料以竹条为筋，采用生土、石灰、糯米、红糖等材料糅合夯实而成。（玉潘亮）

南陆公纪念祠 见"黄氏宗祠"。

广裕祠 宗祠。陆氏家族大宗祠。位于今广东省广州市从化区太平镇钱岗村。始建于明宣德年间，多次修葺，现主要建筑基本保存完好。总建筑面积约 600 平方米。坐北向南，中轴对称布局，从前至后依次布置头门、正厅、后座。头门前有广场，尽端为一座八字砖砌照壁。头门三间三进，两山连接两段不等高翼墙。前后檐用花岗岩石柱，以插栱承托檐檩。前檐柱

广裕祠

上搭木质月梁，栌墩上以正心单栱承接金檩，造型古朴雅致，有明代建筑风采。脊檩底阳刻"时大清嘉庆十二年岁次丁卯季冬谷旦重建"。碌灰筒瓦悬山顶，用龙舟脊。后檐以通廊连接正厅。正厅三间四进抬梁式构架，十三架用四柱设前后廊。木柱用红砂岩柱础。正檩底阳刻"时大明嘉靖三十二年岁次癸丑仲冬吉旦重建"。青砖砌墙，空间轩敞通透。后座三间三进，十一架用三柱设前廊，后檐以砖砌短墙承托梁架。正脊底阳刻"时大清康熙六年岁次丁未季夏庚子吉日众孙捐金重建"。明间设木质神龛供奉祖先神位。祠内完好保存多处确凿营缮记录，为珠三角宗族文化和宗祠建筑历史演变提供重要史料。2006 年被国务院公布为第六批全国重点文物保护单位。（姜省）

澳门妈阁庙 又称妈祖庙、妈阁庙；原称妈祖阁；俗称天后庙；旧称正觉禅林、海觉寺。庙宇。主要供奉妈祖。位于今澳门特别行政区风顺堂区澳门半岛西南部妈阁山西面山腰上。始建年代未有定论。建筑因应地形布局，其间连以阶梯平台。轴线上由低到高依次排列大门、牌楼、正殿（"神山第一"殿）、弘仁殿、观音阁，正觉禅林偏于正殿一侧。大门、牌楼和正殿位于同一平台。大门为单门三楼式花岗岩门楼。其后紧随三间四柱冲天式石牌楼，正中门额阴刻"南国波恬" 4 字。正殿筹建于明万历三十三年（1605），明崇祯二年（1629）重修，全石构建，三间三进后附一神龛。屋顶分为三段，前段为卷棚歇山顶，中段为卷棚顶设天窗，后段为重檐歇山顶。弘仁殿依山崖而建，为 3 平方米小石殿，重檐歇山顶覆绿色琉璃瓦。正觉禅林创建于清道光八年（1828），殿前设院落，正面院墙上内嵌三间四柱三楼式牌坊一座，中开月洞窗，两

边各设一个琉璃花格窗。硬山顶覆琉璃瓦，用镬耳山墙。三殿均供奉妈祖，有观音阁供奉观音菩萨。2005 年作为澳门历史城区的一部分被列入《世界遗产名录》。参见第 265 页宗教卷"澳门妈阁庙"条、第 1246 页海洋文化卷"澳门妈阁庙"条。（姜省）

开平碉楼 民居建筑。侨乡建筑代表。位于今广东省江门市开平市境内，主要密集分布于百合、塘口、水

开平碉楼

口、蚬冈、赤水等村镇。开平碉楼建于 16 世纪、兴盛于 19 世纪末 20 世纪初。明清五邑人因生活艰难出洋谋生，以鸦片战争至抗战时期为移民高潮，又因 1924 年至 1945 年间的欧美排华政策，导致开平外汇激增，碉楼大规模兴建。第一座为三门里迎龙楼，后被华侨仿建，高峰时 3000 多座，现存 1833 座。按照功能划分有更楼、居楼、众楼、庐楼。平面多方形或矩形，有独立成楼的，有带裙楼的。大的为三开间或更大，小的有半开间。多层建筑，最高是赤坎乡南楼，7 层，最矮 2 层，4—6 层居多，高于一般民居。外墙承重，笔直、厚重、坚固，可防凿、防火攻，不易攀爬。分为石楼、三合土楼、砖楼和混凝土楼 4 种。各层墙上均设射击孔，窗户开口小，均配铁栅和铁窗扇、铁门。碉楼装饰分室外和室内。室外装饰集中门斗、窗台、柱廊、挑台、屋顶山花和女儿墙等部位，以顶部最精彩。碉楼顶部四角悬挑全封闭或半封闭角堡（俗称燕子窝），造型变化集中

塔楼顶部，有中国传统屋顶式（早期碉楼）、仿意大利弯窿顶式、仿欧洲中世纪城堡式、仿中亚伊斯兰寺院弯顶式、仿英国寨堡式、仿罗马敞廊式、折中式、中国近代式等混搭组合。装饰手法多样，有岭南常见的彩画、灰塑、石膏图案、壁画、木雕等，装饰图案糅合西洋题材如卷草、缨路、涡卷等几何图案。室内装饰集中天花、地面、屏风隔扇以及神祖皇亭。集防护与居住于一体，合中西建筑艺术于一身，在中国社会转型时期，见证华侨文化与世界移民史文化的交融与碰撞的近代中国乡土建筑的一个特殊类型。2007 年开平碉楼以其所依托的马降龙村、三门里村落、自力村村落与方氏灯楼、锦江里村落等四个提名地作为世界文化遗产入选《世界文化遗产名录》，成为中西融合的中国岭南乡村人文自然景观的特殊类型，是华侨家国情怀的文化符号。2001 年被国务院公布为第五批全国重点文物保护单位。参见第 1213 页华侨·侨乡卷"开平碉楼"条。（郦伟、林超慧）

开平碉楼与村落　传统村落。位于今广东省江门市开平市境内。以马降龙村、三门里村落、自力村村落与方氏灯楼、锦江里村落等 4 个提名地作为世界文化与自然双重遗产入选《世界遗产名录》。开平村落发端于宋朝，现存最早村落建于明代；碉楼为文化区域内特殊的建筑形式，代表独特的文化景观。碉楼起源于 14—15 世纪、兴盛于 19 世纪末 20 世纪初。明清五

开平碉楼与村落

邑人因生活艰难出洋谋生，以鸦片战争至抗战时期为移民高潮，又因 1924 年至 1945 年间的欧美排华政策，导致开平外汇激增，碉楼与村落大规模兴建。开平地区丘陵密布，可利用土地有限，受季风影响严重。与其他以祠堂为核心的岭南传统村落不同，开平村落根据不同的地理条件、散落分布。四个提名地的核心区域面积为 3.4 平方千米，其中三门里村 140000 平方米，自力村与方氏灯楼占 2520000 平方米，马降龙村 1030000 平方米，锦江里村 610000 平方米。聚落整体由排列有序的"三间两廊"传统民居、庐楼、碉楼、宗祠等建筑，组合成依山、面水、傍田、方整的岭南乡村格局。村落内碉楼按照材料可分为石楼（10 座）、土楼（100 座）、砖楼（249 座）和混凝土楼（1474 座）四种不同形式。近代开平村落规划融合中国传统建筑的堪舆风水文化，又借鉴国外先进排水技术，中西合璧的开平碉楼通过多层的竖向构图，打破村落底层统一的水平轮廓线，形成高低错落的天际轮廓线与河流、山丘、田野形成极具包容的岭南乡村人文自然景观。是中国社会转型时期，华侨把各国文化引入、融合、共生的重要历史文化景观，体现客土械斗、日本侵华等时期四邑人民团结一致抵御外敌的不屈精神，是中国乡土建筑聚落的一个特殊类型，是华侨文化的纪念丰碑，是华侨家国情怀的文化符号。参见第 1213 页华侨·侨乡卷"开平碉楼与村落"条。（郦伟、林超慧）

更楼　开平碉楼形式。多位于村口或村中心高地。用作夜里打更、报时、防守、瞭望、预警。一般墙身装饰较少，楼顶也有造型复杂、讲究艺术的，分为灯楼与闸楼。灯楼为上置探照灯，楼中配备发电机、枪械、报警、警戒人员休息室，一般 4、5 层高，有 173

座。以塘口镇方氏灯楼、赤坎镇腾蛟村南楼为代表。闸楼位于村口值更警戒用，形式简单，一般为二层门式碉楼，现存 33 座。以马降龙庆林村的闸楼、蚬冈南兴里门楼为代表。（郦伟、林超慧）

居楼　开平碉楼形式。一般位于村落后面或侧面。为富裕华侨独资兴建，具有防御与居住的功能。体量较大，装饰精美。首层一般为会客、煮食之用，二层以上为宿寝、存储财物之用，顶层设祖堂祭祀、防御，部分带小型牢房，有 1273 座，最能体现碉楼的艺术特征。以自力村铭石楼、锦江里瑞石楼为代表。（郦伟、林超慧）

众楼　开平碉楼形式。一般位于村后或村侧。由全村或若干户集资共建。各集资家庭根据入股多寡划分房间数，楼高一般四五层，类似现代公寓，共用厕所厨房，用作集体避难，有 542 座。平面面积小，外形简练、坚固、装饰较少。以蚬冈镇锦鲤江里村锦江楼、马降龙村天禄楼为代表。（郦伟、林超慧）

庐楼　开平碉楼形式。带西洋建筑风格的别墅建筑。与碉楼形式相近。平面多按照宅基地面积而建，多为方形或矩形的母体并联布置，有单开间和三开间两种形式。单开间面宽在 3.5—4 米，三开间一般采用一厅两房布局，进深较浅的楼梯放一侧，进深较大的楼梯放心间后面中央位置。体型一般 3—4 层，形体简单，开窗稍大配装，顶部多无挑台与四周券廊，有中西合璧的造型处理，防御性稍弱于碉楼。以塘口镇辉华坊、赤坎镇永安北村、百合镇马降龙庆临里骏庐为代表。（郦伟、林超慧）

旧城冼太庙　庙宇。为纪念冼太夫人

而建。位于今广东省茂名市高州市文明路潘州公园北面。明嘉靖十四年（1535）始建，嘉靖四十三年（1564）和清同治年间先后重修。总建筑面积826.3平方米。坐北向南，中轴对称布局。主体建筑共四进，由前至后为头门、中殿、正殿、后殿。头门三间，正面用二根雕龙石柱，硬山顶人字山墙，正脊两端以鳌鱼咬脊，中部设鳌鱼宝珠。正殿前设单间拜亭，四角用四根雕龙石柱，歇山顶鳌鱼咬脊。正殿三间三进，硬山顶前覆披檐，人字山墙。明间供奉洗夫人坐像，可自动变换站坐姿或伸缩手，以便信众更换衣装。后殿为冯公庙，供奉冯宝夫妇坐像。所有建筑均用红墙并覆绿色琉璃瓦。壁画、灰塑、木雕、石雕等十分精美，是高州建筑装饰工艺代表作。粤西地区规模最大的洗太庙。2019年被公布为第九批广东省文物保护单位。（姜省）

大三巴牌坊 又称圣保禄大教堂遗址。教堂遗址。位于今澳门特别行政区大巴街。明嘉靖四十二年（1563）建。葡萄牙语"圣保禄"发音接近粤语"三巴"，也称大三巴教堂。万历二十三年（1595）和万历二十九年（1601）两次毁于火灾。万历三十年（1602）再次重建，崇祯十年（1637）完工，清道光十五年（1835）再次遭焚毁，只剩下教堂前壁。因与中国传统牌坊相似，故名。牌坊高约27米，宽23.5米，用麻石砌成，典型巴洛克式建筑风格，装饰雕刻有明显东方色彩。总体分为5层，首层是进出教堂3个大门，正门和两个旁门顶上分别用拉丁文刻着"天主圣

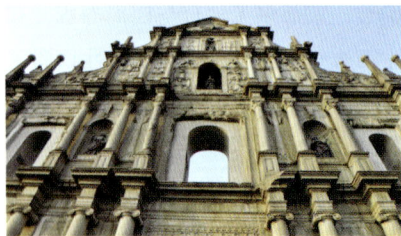

大三巴牌坊

母"和"耶稣"字样；第二层壁龛雕刻有耶稣会圣人像；三至五层构成三角金字塔形，第三层正中有一童贞圣母雕像，周围有天使和花朵陪伴；第四层有一耶稣圣婴雕像；第五层刻有鸽子形铜像，周围是太阳、月亮、星辰石雕，是西方宗教文化在中国和远东地区传播重要见证。澳门八景之一。被联合国教科文组织列入《世界文化遗产名录》。（郦伟、胡超文）

圣保禄大教堂遗址 见"大三巴牌坊"。

顺德北滘尊明苏公祠 又称兹德堂；俗称五间祠。宗祠。祀奉碧江苏氏南房十三世祖苏祉。位于今广东省佛山市顺德区北滘镇碧江居委泰兴大街。建于明嘉靖年间。占地面积约1100平方米，坐西南向东北。轴线对称布局，原有建筑三进，现仅存头门、正厅。头门五间三进，设通长前廊，明间大门阔大。硬山顶人字山墙龙舟脊，青砖墙用红砂岩墙基。前廊梁架用月梁，驼峰、斗拱纹饰简朴。八角形石柱出三跳插拱承托檐檩，有明代建筑风格。正厅五间三进，前后檐围以麻石栏板。木质抬梁式构架用月梁，梁柱皆用料粗壮。风格宏大，构件做法优雅、精美，是佛山明代祠堂典型范例。2008年被公布为第五批广东省文物保护单位。（姜省）

兹德堂 见"顺德北滘尊明苏公祠"。
五间祠 见"顺德北滘尊明苏公祠"。

西樵山云泉仙馆 又称云泉仙馆。道观建筑群。位于今广东省佛山市南海区西樵山白云峰西北麓白云洞内。创建于清乾隆四十二年（1777），清道光年间被改建为道观。前身为攻玉楼、玉楼书院。坐东南向西北，依山就势，布局严谨。为二进歇山顶建筑。主要有前殿、钟鼓台、祖堂、墨庄、帝亲殿和后殿厢

房等。殿前有石华表两根，石狮一对，两侧墙壁上饰狮子、凤、鱼等浮雕和六骏图、百鸟朝凤壁画，殿门左右为钟鼓台。前殿面宽15米，进深3米，后有放生池。后殿为赞化宫，奉祀吕洞宾，面宽15米，进深14米，抬梁木构架，由四根圆形花岗石柱支撑，地面铺砌大方砖。殿堂外四周有迪廊，正脊为陶塑二龙争珠和鳌鱼图案，檐角脊饰陶瓷狮子和灰塑狮子。建筑风格朴素明快，石刻立雕清雅别致，有很高的工艺价值。2008年被公布为第五批广东省文物保护单位。参见第266页宗教卷"西樵山云泉仙馆"条。（林广思、吕博文）

屏山邓氏宗祠 祠堂。位于今香港特别行政区元朗屏山。约建于16世纪中叶。中轴对称布局，轴线上布置头门、正厅、后座3座主要建筑。建筑群前部设宽阔广场。头门三间两进，硬山顶灰筒瓦屋面，用龙舟脊，人字山墙。前檐次间设塾台，以一对驼峰加一斗三升承接檐檩，后檐次间砖砌房间。青砖墙用红砂岩墙基。正厅开敞，三间三进，硬山顶碌灰筒瓦屋面。抬梁式木构架，精雕动植物和吉祥图案。次间后檐墙面各开1个月洞门通往后座。后座明间设神龛供奉邓氏先祖神位。是屏山邓氏家族祭祖、举行传统节庆仪式及宗族聚会的场所。香港法定古迹。（姜省）

西天庙 庙宇。祀奉海南才子王佐。位于今海南省海口市龙华区义兴街75号。始建于明隆庆年间，后屡毁屡建。清代历4次改建、大修。现基本保留清代建筑风格。占地面积1193平方米，坐南朝北。中轴对称布局，三进主体建筑，从前往后依次为山门、正厅、拜亭与后座，东西两侧围以廊庑。山门前设三间四柱冲天式牌坊一座，尺度小巧。山门三间，明间抬梁式木构架，硬山顶碌灰筒瓦屋面，绿琉璃滴水剪边。正脊有双龙抢珠陶塑脊饰。

正厅为面阔三间敞厅，明间抬梁式木构架，次间硬山搁檩。左右连廊留巷道通后院。后座三间三进，明间供奉王佐神像。前檐连接单间拜亭，卷棚歇山顶。西天庙木雕、石雕、脊饰、彩绘、灰塑等建筑装饰十分精致，呈现海南传统建筑工艺水准。2009 年被公布为海南省第二批省级文物保护单位。（姜省）

大士阁　又称四牌楼。宗祠。供奉观音大士。位于今广西壮族自治区北海市合浦县山口镇永安村。始建于明万历四年（1576），清道光六年（1826）、1959 年、1984 年和 1992 年先后重修。总建筑面积为 248.5 平方米。坐北向南，分前后两阁，上下两层，底层建筑面积为 167.5 平方米，二层建筑面积为 81 平方米。采用穿斗式与抬梁式结合的结构形式，平面为 9.7 米 ×16.37 米矩形，6 进 3 开间。两阁以四柱厅为中心，上层为阁楼式，以木板围护，设有门窗，地面铺设木板，内设神龛，下层为敞开式，无围护。建筑构件采用格木制成，具有坚硬、耐潮、防腐等特点。木质构件之间以榫卯相连或穿枋连接，36 根立柱之间以 72 根木梁（牵木）连接，柱头斜向上做出三挑华拱（斗拱），每挑华拱均有瓜柱承托，亭内各梁间有瓜柱作支承。全阁 108 根瓜柱寓意 108 罗汉。屋脊、飞檐和封檐板等处雕刻或绘有神话人物、珍禽异兽和奇花异草等纹饰。1988 年被国务院公布为第三批全国重点文物保护单位。（玉潘亮）

四牌楼　见“大士阁”。

陈白沙祠　祠堂。明代大儒陈白沙家祠。现为陈白沙纪念馆。位于今广东省江门市蓬江区白沙大道西 37 号。建于明万历十二年（1584），1985 年江门市政府拨款大修。占地面积 960 平方米，坐西北向东南。门前有明代石木牌坊一座，三间四柱三楼，以旌表陈白沙之母。如意牌科斗拱支撑屋顶，上层庑殿顶，下层歇山顶覆灰瓦，用绿琉璃滴水剪边。中轴对称布局，主体建筑共四进。由前至后依次为春阳堂、贞节堂、崇正堂、碧玉楼。春阳堂为头门，邻牌坊之后，面阔三间，正立面明间开两扇实木大门，次间设塾台，虾弓梁与狮座承檐檩，两端设八字门墙，门内明间设屏门四扇，次间砖房各一，木构抬梁式梁架，雕饰精美。贞节堂为正厅，三间四进，抬梁式木构架，十一架梁用四柱前后廊，次间砖房各一，左右以廊庑连接崇正堂。崇正堂三间三进，抬梁式梁架，心间开敞，次间砖砌房间并设网纹花格窗。碧玉楼为两层小楼，现存建筑为万历年间重建，明间布设陈氏祖先神位，次间靠墙各设一木楼梯，二楼空间开敞，悬挂“碧玉楼”匾额，布置几案桌椅。各建筑单体均为硬山顶，用人字山墙龙舟脊，碌灰筒瓦，绿琉璃滴水剪边。建筑整体风格繁简得当，古朴典雅。2019 年被国务院公布为第八批全国重点文物保护单位。（姜省）

古榕武庙　俗称关帝庙。庙宇。位于今广东省揭阳市榕城区天福路。始建于明万历二十九年（1601）。历代有重修。占地面积 1400 平方米，坐北向南。二进合院，主体建筑为头门、拜亭与正殿，两侧连以浅窄通廊。头门三间二进分心槽，附两耳，建筑前围以石栏杆，硬山顶，由三重屋面叠加而成；正脊饰以嵌瓷图案，以三对木门分前后檐，明间大门两边装花岗岩门框，设石狮子一对，门额镌刻“古榕武庙”；次间两门均设抱鼓石一对，石柱木构架，前檐设卷棚轩，后檐设扁长八边木雕藻井，以两跳插栱从井口挑升八边形盖板，图案繁缛，雕工精湛；栱间板肚木雕精细，题材以生活场景和历史故事为主，是罕见的古建筑木雕精品。拜亭单间三进，用石柱，重檐歇山顶；正脊装饰嵌瓷双龙抢珠，垂脊厝角头装饰戏剧人物；石柱木梁架，木雕精美绚丽。正殿屋顶中高边低分三段，硬山顶覆绿色琉璃瓦，抬梁式木构架；明间悬挂光绪赐匾“威宣南海”。2013 年被国务院公布为第七批全国重点文物保护单位。（姜省）

关帝庙　见“古榕武庙”。

开宁寺　佛教寺院。位于今广西壮族自治区贺州市八步区开山镇南和村。明万历年间为贺县县令欧阳辉所建。寺中现存一座 11 米 ×31 米前、中、后三殿式建筑。砖木结构、人字山墙、硬山顶、小青瓦。前殿大门外原有一对浮雕盘绕石龙柱，柱础为石狮，造型生动、工艺精湛，具有明代建筑艺术特点，后石雕龙柱与石狮子均被盗。寺门左前方 29 米处有一石塔，建于清咸丰四年（1854），塔基为方形平面，塔身为六角形平面，三层重檐，葫芦顶，通高 5.2 米，塔身镌有浮雕图案和阳刻文字。（玉潘亮）

吴氏宗祠　宗祠。位于今广西壮族自治区贺州市昭平县黄姚镇金德街。始建于明万历年间。建筑面积 214 平方米，坐东朝西，采用三间两进平面布局，左右两厢房，中间天井，砖木结构，硬山顶、小青瓦、灰塑博古屋脊、镬耳山墙。祠门有“宗开渤海，祠镇珠江”楹联，表明吴氏先祖由渤海一带迁至黄姚。祠内有 400 余年历史的壁画 12 幅，以山水田园、人物典故为主题，形象逼真、线条流畅、色泽艳丽。抗战时期，广西艺术馆曾搬迁至此。（玉潘亮）

父子进士牌坊　又称丝纶世美牌坊。

纪念性建筑。明代为表彰饶相、饶舆龄父子同中进士而建。位于今广东省梅州市大埔县茶阳镇大埔中学门口。建于明万历三十八年（1610）。占地面积 55 平方米。牌坊高 12.5 米，宽 4.65 米，由花岗岩预制件搭建而成，三间十二柱三楼。12 根石柱前后列为三排，承托上部石梁、匾额和屋顶，匾额正面阴刻"父子进士"，背面阴刻"丝纶世美"，列旌表人名。明间设大门、两次间开小门。坊顶雕琢为仿木构屋盖。牌坊结构严谨精致，造型大方，工艺精湛。2013 年被国务院公布为第七批全国重点文物保护单位。（姜省）

丝纶世美牌坊 见"父子进士牌坊"。

广州沥滘卫氏大宗祠 宗祠。位于今广东省广州市海珠区沥滘村四约。始建于明万历四十三年（1615），清代重修。占地面积 2000 多平方米，坐北向南。中轴对称布局。由头门、牌楼、拜亭与正厅、后座组成，头门五间两进分心槽，明间设木板大门一对。硬山顶碌灰筒瓦屋面，中三间屋顶略高，灰塑龙船脊置鳌鱼一对。牌楼随头门之后，三间四柱三楼。檐下五跳如意牌科，庑殿顶灰塑龙舟脊。明间木门四扇，次间用红砂岩砌实。牌楼两侧接青砖墙，各开一拱形门洞。牌楼后为庭院。正厅五间三进，前设卷棚顶拜亭，四柱十三架梁设前后廊。硬山顶碌灰筒瓦屋面，用龙舟脊。厅内摆放乾隆皇帝御赐 12 块大型黄花梨拜寿屏风。后座五间三进，硬山顶碌灰筒瓦屋面，用龙舟脊。（姜省）

茶东陈氏宗祠群 宗祠。位于今广东省中山市南朗镇榄边村茶东大街。占地面积 3100 平方米，总建筑面积 2430 平方米，坐西北向东南。包括陈氏宗祠、里仁祖家庙、贡三陈公祠、净溪陈公祠 4 座建筑。陈氏宗祠规模最大，与里仁祖家庙偏于一侧，另一侧为贡三陈公祠和净溪陈公祠，各有独立院落，院落之间以青云巷连接。陈氏宗祠始建于明末，重建于清康熙三十三年（1694），现保存光绪年间修复风格。中轴线上依次布置头门、正厅、后座，均为三开间，镬耳山墙龙舟脊。头门正面次间设塾台，设虾弓梁与狮座承托檐檩，木构梁架雕饰精美。塾台台基阳刻博古纹、隐八仙等纹饰，雕工精细。正厅为星聚堂，三间三进用四柱，抬梁式木构架。明间设屏门四扇。正厅前设东西厢房接头门，厅后设东西连廊连后座。后座三间三进，次间设房，抬梁式木构架。里仁祖家庙始建于清康熙年间，单间五进，建筑面积 293 平方米。贡三陈公祠始建于清代，三间五进，建筑面积 514 平方米。净溪陈公祠始建于清代，三间三进，建筑面积 423 平方米。是典型组合宗祠群，对研究岭南宗族文化具有重要价值。2013 年被国务院公布为第七批全国重点文物保护单位。（姜省）

顺德清晖园 园林建筑。广东四大名园（清晖园、梁园、余荫山房、可园）之一。位于今广东省佛山市顺德区大良镇清晖路 23 号。始建于明代。曾为明万历年间状元黄士俊府邸。后经更替分为中、东、西三部分，中部主人龙廷槐邀请书法家李光洛书"清晖"二字，意取"谁言寸草心，报得三春晖"，以示筑园报母。民国战乱损毁，1959 年广东省委批款修复扩建，2002 年原三部分重新合为一体，同称清晖园。占地面积 2.25 万平方米，多庭综合式布局。南部水景区、中部林园区和北部住宅区在空间上相互渗透，形成"园中有园、景中有景、步移景换"空间布局。庭园整体布局在水平方向上的空间组织形式是"由空经疏而密"，建筑群体态势在竖直方向是"顺前就后、由低而高"。园内建筑以"间"为单位组合成风格各异的庭院，区域间有分隔，以游廊、甬道和各式小门相互勾连，融为一体。主要景点有小蓬瀛、八表来香亭、碧溪草堂、蔴书屋、凤来峰、留芬阁等。保留一批艺术、文学、书法作品，集岭南古典园林、江南园林、珠江三角洲水乡于一体。2013 年被国务院公布为第七批全国重点文物保护单位。（林广思、黄雯雯）

五仙观 又称五仙古观。道教宫观。祀奉五羊仙人。位于今广东省广州市越秀区惠福西路 233 号。现存主要建筑建于明清时期。坐北向南，依坡山地势而建，原有建筑仅存仪门、后殿、钟楼和部分廊庑。2004 年按清末格局修复仪门前牌坊、东西廊庑。仪门面阔三间，进深两间十一架，硬山顶覆绿色琉璃瓦，青砖墙用石墙基。石门额上"五仙古观"为清同治十年（1871）两广总督瑞麟手迹。仪门后为中殿遗址，再后为后殿。后殿面阔三间 12.4 米，进深三间 10 米，殿高 8 米，重檐歇山顶覆绿色琉璃瓦。脊檩底有"大明嘉靖十六年龙集丁酉十一月二十一日吉旦"刻字，是广州现存最完整的明代建筑。钟楼又称岭南第一楼，始建于明洪武七年（1374），重建于清乾隆五十三年（1788），为城楼式建筑。下为红砂岩砌筑台基，高 6.8 米，略有收分，中开拱形门道。台上立三间三进木构钟楼一座，总面阔 11.83 米，总进深 9.73 米，重檐歇山顶覆绿色琉璃瓦，总高 15 米，位于坡山之巅。1989 年被公布为第三批广东省文物保护单位。"五仙观及岭南第一楼"2013 年被国务院公布为第七批全国重点文物保护单位。参见第 264 页宗教卷"五仙观"条。（姜省）

鳌山古庙 俗称观音庙。庙宇。位于

今广东省广州市番禺区沙湾镇三善村南面村口。始建于明代，清道光、光绪年间两次重修。占地面积557.7平方米，坐东向西。东靠鳌山，西对大洲海。由五组建筑组成，自北向南依次为报恩祠、鳌山古庙、社稷庙、先师古庙、神农古庙。均为两进一院格局。报恩祠、鳌山古庙、社稷庙为一组，位于高1.56米月台上，下设广场与池塘。台基正面居中以金字形白石台阶连接月台与广场。鳌山古庙居中，三开间，正厅供奉观音菩萨。庙内青砖白石墙基，硬山顶用五岳山墙，灰塑正脊。社稷庙居左，单开间。正厅明间原设神台，现改为厨房。报恩祠居右，灰塑正脊硬山顶，旁附潮音阁。先师古庙俗称鲁班庙，形制简单，正立面只开方形大窗一扇。神农古庙在先师古庙左侧。头门前设高敞的单间拜亭，由4根方形石柱支撑卷棚歇山顶。头门与亭檐同高，后为正厅。（姜省）

观音庙 见"鳌山古庙"。

香港文化名人大营救指挥部旧址 又称福建会馆。会馆建筑。位于今广东省河源市龙川县老隆镇华新路39号。始建于清初，为旅居龙川的福建王姓商人投资兴建的同乡会建筑。占地面积570平方米。建筑坐东南向西北。通面阔15米，通进深38米。一路三进五开间布局，由前堂、前天井及两侧廊、中堂、后天井及两侧廊、后堂组成。屋顶均为采用硬山顶形式、灰板瓦面、抹白灰扇形瓦头、砖砌抹白灰平脊形制。墙体三合土夯筑，表面抹白灰，正立面底部批褐红灰，内部墙底部仿青砖墙面、批黑灰画白线。建筑整体为客家风格，兼具闽南特色，以中堂梁架为代表，其形制为闽南地区常见叠斗瓜筒抬梁式梁架形式：瓜筒下端做成鹰爪状，瓜筒上出丁头栱承托替木再承托檩条。前堂正脊及垂脊做法也是客家与闽南两种风格的融合。1942年，在中国共产党领导组织的香港文化名人大营救中，该会馆作为大营救行动指挥部而得名。2019年被国务院公布为第八批全国重点文物保护单位。（郦伟、赖瑛）

福建会馆 见"香港文化名人大营救指挥部旧址"。

悦城龙母祖庙 庙宇。西江流域龙母民间信仰的祭祀圣地。位于今广东省肇庆市德庆县悦城镇。始建年代不详。清顺治、咸丰年间有修缮。占地面积4.8万多平方米，大致坐西向东，面向西江。建筑物沿轴线排列，从前至后依次为石牌坊、山门、香亭、正殿、妆楼、前后两庑、东裕堂、西客厅、八角碑亭、龙母墓、程溪书院等位于轴线两侧跨院。山门前为广场，通西江边码头。建筑群后部为龙母公园。石牌坊建于清光绪三十三年（1907），居于广场中部，三间四柱五楼式，高10米，宽9.5米，以花岗岩精雕而成，两侧连接直棂石护栏和马蹄券形石门。山门五间三进，广府祠堂式样，用虾弓梁与狮座承托檐檩，硬山顶覆绿色琉璃瓦，正脊装饰灰塑和陶塑，用水形镬耳山墙。香亭平面方形，三间三进，重檐歇山顶覆绿色琉璃瓦。四角用透雕蟠龙石柱，中间用高大石柱础承托四根木柱，防西江水患。正殿面阔、进深均为五间，平面呈长方形，重檐歇山顶上覆绿琉璃瓦，殿内空间高敞，用抬梁式木构架。两侧以廊庑连接山门和妆楼。妆楼为二层楼阁，五间三进，硬山顶覆绿琉璃瓦，用水形镬耳式山墙，楼上为龙母寝居。将环境、生态、防洪等技术用独特设计手法结合，排水泄洪系统快捷不留淤泥，房屋通风采光合理，四季通爽无虫蛀，体现高超传统建筑设计智慧。建筑物装饰砖雕、木雕、石雕、灰塑、陶塑，是岭南传统建筑典范。2001年被国务院公布为第五批全国重点文物保护单位。（姜省）

顺德何氏大宗祠 宗祠。位于今广东省佛山市顺德区乐从镇沙边村沙边大街28号。清康熙四十九年（1710）重修，康熙五十八年（1719）竣工。占地面积约750平方米，坐南向北。主体三进，依次为头门、正厅、后座。前有开阔广场，对设旗杆石两组。头门用三间三楼牌楼式门面，明间瓦顶高，次间瓦顶低；次间设塾台，台基雕麒麟等瑞兽；前后檐梁架木雕丰富细腻。正厅为厚本堂，面阔三间，明间为三间四柱十三架梁设前后廊，梁架用月梁。后座三开间硬山搁檩，明间前檐设卷棚轩，次间砖砌为房间，后檐为灰砂蚝壳墙。所有建筑均覆碌灰筒瓦，金色琉璃滴水剪边，青砖墙用红砂岩墙基。顺德明清祠堂的重要代表。2002年被公布为第四批广东省文物保护单位。（姜省）

苍梧粤东会馆 原名关夫子祠堂。会馆建筑。位于今广西壮族自治区梧州市龙圩区忠义街。清康熙五十三年（1714）由关夫子祠堂改建而成，乾隆五十三年（1788）维修扩建。建筑面积1373平方米，原为三进院落式布局，分前、中、后三殿和更楼，现仅存中殿（武圣殿，供奉关羽）和后殿（天妃殿，供奉天后）。中、后殿深

苍梧粤东会馆

宽各8米，每殿由4根木柱和2根石柱支撑，叠梁式构架，采用乌木与铁力木为栋梁，雕梁画栋。人字山墙、龙船脊、屋面铺设黄色琉璃瓦当，上刻"寿""金玉"等字样。后殿侧墙上嵌有《重建粤东会馆碑记》及《重建粤东会馆题名碑》。1994年被公布为第四批广西壮族自治区文物保护单位。（玉潘亮）

关夫子祠堂 见"苍梧粤东会馆"。

侯王庙 庙宇。为纪念南宋忠臣杨亮节而建。位于今香港特别行政区九龙城白鹤山。南宋末年至元朝初年已存在。现存建筑建于清朝雍正八年（1730），并于乾隆二十四年（1759）、道光二年（1822）、光绪五年（1879）进行修缮。2005年大规模翻新并加建诗词坊、许愿阁等景点，2006年开放。中轴对称布局。正门在前，内进为正殿，前设拜亭。正殿明间供奉侯王像。其左侧分列罗汉堂、佛光堂及龙华堂。罗汉堂及佛光堂组合为小庭院，庭院墙头的石湾人物陶塑精美，色彩鲜明。香港一级历史建筑。（姜省）

曾氏宗祠 宗祠。位于今海南省海口市美兰区桂林洋农场迈德村西北边。始建于明朝正统年间。主体为清乾隆年间重修，后多次营缮增建。清代曾设海南最早私塾高等学堂于内。坐北向南，中轴对称布局，由南至北依次为头门、经学堂、拜亭和正厅，两侧有厢房与花园。头门前有广场，对设旗杆石两组。头门面阔三间，硬山顶碌灰筒瓦屋面。明间木板大门两扇，门额阴刻"曾氏宗祠"4字，两旁石质楹联阳刻"武城氏族，鲁国家风"。经学堂三明两暗五开间，明次间设花格门。东西两侧各设三开间廊庑。正厅面阔五间，抬梁式木构架。宗祠建

筑古朴庄重，具琼北特色，木雕装饰和壁画，显现海南传统建筑工艺特色。（姜省）

钦州市广州会馆 会馆建筑。位于今广西壮族自治区钦州市钦南区中山路24号。始建于清乾隆四十八年（1783），

钦州市广州会馆

后分别于道光十四年（1834）和光绪十八年（1892）两次重修，民国年间曾做办学场所，新中国成立后由钦州县人民政府接收，后为钦南区第一招待所。占地面积1180平方米，建筑面积728平方米，坐西朝东。檐口高8米，矩形平面，分南、中、北纵列三路，中路为门楼、天井、露台和后座，南北两路为前后厢房和中会客厅。兼有聚会和住宿接待功能。砖木结构，人字山墙，屋面琉璃筒瓦，南路屋顶为博古脊。墙身为青砖砌筑，上有彩绘，檐柱、廊柱、虾公梁及门框均为花岗石雕刻。台基、菱角石、梁柱上有大量精美石雕和木刻，雕工精湛细腻。正门上石刻匾额"广州会馆"为清乾隆年间状元、书法家庄有恭所题。2017年被公布为第七批广西壮族自治区文物保护单位。（玉潘亮）

澄海西塘 宅园建筑。位于今广东省汕头市澄海区樟林镇。建于清嘉庆四年（1799），光绪年间按苏州园林式样扩建。面积约700平方米。集住宅、书斋、庭园一体的宅园。平庭水石庭双庭错列布局，园内空间分为四部分：入口门厅小院、前部宅院、

中部庭院园、后部书斋。园林建筑由住宅、书斋及两亭构成。前部住宅为三开间厅堂，前后有廊，前廊附有拜亭，院落规整，开敞疏朗。中部庭院主体为假山，山上有一重檐小亭。山下有塘，塘南有一扁六角重檐小亭。后部书斋为两层楼船式船厅，二楼与庭园内假山相通，傍塘而立。造园艺术高超，结构精巧，以假山、楼阁作为庭园边界，增加庭园开阔感，是明清时期岭南宅园的代表。（林广思、吕博文）

宋王台公园 又称宋皇台公园、宋王台遗址公园。遗址公园。位于今香港特别行政区九龙码头涌道与宋皇台道交界处。原址位于香港九龙马头涌之圣山上，是南宋皇帝赵昰、赵昺南下避难之处。嘉庆十二年（1807）勒石以铭。1941年被日军毁弃，后于残石中切割出现今宋王台石碑。1945年于原址之西兴建公园。公园中轴对称布局，面积约1000平方米。入门左右碑记分立，上书"宋王台遗址碑记"并详细介绍此地历史沿革及掌故。最东侧有一石砌的高台，台上有一石碑，上刻"宋王台"三字。是香港人寄托恋国之情爱国之心的地方，也是许多名家歌咏的对象。是香港九龙地区文化地标性遗迹。（林广思、吕博文）

宋皇台公园 见"宋王台公园"。
宋王台遗址公园 见"宋王台公园"。

佛山梁园 庭园建筑。广东四大名园（清晖园、梁园、余荫山房、可园）之一。位于今广东省佛山市禅城区松风路先锋古道93号。由清代聚居于佛山的梁氏家族于嘉庆、道光年间建成，咸丰年间规模最大。由无怠懈斋、寒香馆、十二石斋、群星草堂、汾江草庐等五组园林建筑群组成。后

遭破坏。1994 年佛山市政府进行全面修复。占地面积约 13000 平方米。形成以宅第、祠堂、园林三位一体古建筑群，营造出石庭、水庭、水石庭等多种庭园空间。现存建筑有部曹第、佛堂、客堂、梁氏宅第、二道门、荷香小榭、刺史家庙、后花园、群星草堂、秋爽轩、小榭楼、石庭、船厅、日盛书屋、半边亭、观鱼池、个轩、汾江草庐、石舫、韵桥、西门楼、水松堤、松竹寮、柴扉等。住宅呈现南北三纵，每纵由多进厅堂和小院构成，南北朝向。园林建筑包括轩堂馆舍、廊阁桥亭等多种类型，建筑架构采用岭南小木作手法，小巧简朴，畅朗轻盈，各种装饰构件、窗棂隔扇精美纤巧。庭园空间以奇峰异石为主要造景手段，点缀楹联、匾额、彩绘、雕刻等装饰以表达诗情画意。具有很高历史、艺术、科学和观赏价值。清代岭南文人园林代表。1989 年被公布为第三批广东省文物保护单位。2016 年，梁园及周边环境改造提升工程正式动工，将梁园景区从原有 19 亩扩大至 68 亩，包括修缮佛山梁园老园及重建梁园历史景观。（林广思、吕博文）

洪秀全故居 传统民居。位于今广东省广州市花都区新华街道大道官禄布村。始建于清嘉庆年间。因洪秀全起义反清，咸丰四年（1854）被清军烧毁。1959 年根据考古发掘，在原墙基上参照当地客家民居重建复原。建筑面积 90.8 平方米，坐西北朝东南，总面阔 16.5 米，总进深 5.5 米。为泥砖瓦木结构，平面格局为一层排屋形式，一厅五房，六间相连，客家称为"五龙过脊"。屋面为悬山顶，十五檩，人字山墙，盖瓦面，土坯砖墙，灰砂石头墙基，夯土地面。房间无窗户。第一间为洪秀全夫妇居住，陈列仿客家样式床、桌子和凳子；第

二间为厅堂，正面挂洪秀全太祖洪英纶夫妇画像，有洪秀全亲笔题诗；后面几间为洪秀全父母兄弟居住；最后一间为厨房。故居保护范围除主体建筑外，包括书房阁、洪氏宗祠、洪秀全故居纪念馆等，洪氏宗祠辟为纪念馆辅助陈列室。当地最简朴的客家民宅建筑形式。1988 年被国务院公布为第三批全国重点文物保护单位。（郦伟、杨星星）

贺州粤东会馆 会馆建筑。位于今广西壮族自治区贺州市贺街镇河东街。始建年代无考，清道光二年（1822）重建并留存至今。占地面积 2331 平方米，建筑面积 2661 平方米，坐西向东，砖木结构，为三进三路院落式建筑，由前、中、后三殿及两侧厢房组成"日"字形平面布局。地面由前殿至后殿逐级升高，殿堂廊下，由圆木柱或方石柱支撑，人字山墙、博古脊。庭院通道铺设红色阶砖和长方形条石。壁画、木雕与石雕保存良好。（玉潘亮）

崖城学宫 又称崖城孔庙、圣庙、文庙。地方官学。位于今海南省三亚市崖州区牌坊街。始建于明朝，清道光三年（1823）迁建今址。民国以后，建筑多有圯废，仅存大成殿、谒台、东西庑、大成门。经 1988 年、2003 年、2006 年、2007 年多次维修重建，基本恢复原貌。现占地面积 6798 平方米，总建筑面积 1530 平方米，坐北向南。取鳌山（南山）之鳌头为拱向，开文明门为山门，中轴对称布局。由前至后依次为少司徒牌坊、照壁、棂星门、泮池、大成门、大成殿、崇圣祠。东跨院为明伦阁。照壁临街，两侧墙上各设一拱门。大成门五间二进分心槽，镬耳山墙金色琉璃瓦顶，屋坡平缓。明间开木板大门两扇，尽间门略窄。大成殿前设月台，殿宇五间

三进，抬梁式木构架，梁架简洁，未用斗拱。重檐歇山顶覆金色琉璃瓦，正脊有双龙戏珠陶塑，戗脊尾饰鳌鱼。殿内以木雕神龛供奉孔子和"四配"（颜子、曾子、子思、孟子）塑像 5 尊。崇圣祠三开间带两耳房，镬耳山墙绿色琉璃瓦顶。明清崖州最高学府。中国最南州级孔庙。2013 年被国务院公布为第七批全国重点文物保护单位。（姜省）

崖城孔庙 见"崖城学宫"。
圣庙 见"崖城学宫"。
文庙 见"崖城学宫"。

叶挺故居 传统民居。位于今广东省惠州市惠阳区秋长街道周田村。始建于清道光二十四年（1844），是一座两堂两横形制客家围屋。占地面积 578.55 平方米，坐西向东。面阔 28.5 米，进深 20.3 米，门前有一围墙围合长 36 米、宽 20 米的禾坪，禾坪北面置斗门。首进为门厅，中间为天井，天井两侧有横巷，连通整座围屋；二进为敞厅，现为展厅，两侧堂间为叶挺父母卧室、叶挺夫妇卧室、叶秋平卧室、叶辅平卧室。故居现存放有 150 多件照片、文物（包括农具、厨具、生活用具等），展示叶挺生平和成长背景。全国爱国主义教育示范基地、中国侨联爱国主义教育基地、全国红色旅游经典景区。2006 年被国务院公布为第六批全国重点文物保护单位。（郦伟、赖瑛）

文武庙 庙宇。用于祀奉文昌和关帝。位于今香港特别行政区上环荷李活道。约于清道光二十七年（1847）落成，历多次重修，现保存道光三十年（1850）重修格局。主体由文武庙、列圣宫和公所 3 个单进院落组成。文武庙供奉文昌及武帝，列圣宫供奉诸神列圣，公所为区内华人议事及排难

解纷场所。3组院落间以两条巷道分隔。文武庙包括头门与正厅两进三开间建筑，广府宗祠样式门面，次间分设两个花岗岩塾台。正厅前设单间重檐歇山顶拜亭一座，与头门后檐相接。左右留狭长小天井，两旁为卷棚顶厢房。头门与正厅均为镬耳山墙绿色琉璃瓦顶，正脊装饰灰塑戏剧场景和鳌鱼宝珠。抬梁式木构架，明间神龛内供奉文武二帝。列圣宫和公所建筑均单间单进，硬山顶人字山墙覆绿色琉璃瓦，正脊装饰灰塑博古和鳌鱼。反映昔日香港华人社会组织和宗教习俗，具有重要历史和社会意义。香港一级历史建筑、香港法定古迹。（姜省）

东莞可园　庭园建筑。广东四大名园（清晖园、梁园、余荫山房、可园）之一。位于今广东省东莞市莞城街道可园路 32 号。建于清道光三十（1850），园主张敬修。占地面积约 2200 平方米。布局小巧玲珑、设计精巧，由建筑群及其围合两个错列式内庭构成，为连房广厦式布局。将建筑外景和建筑群透视空间作为庭园主要景物。建筑分成 3 个群组：南部门厅群组，北部厅堂群组，西部楼阁群组，各组间以回廊连接，每一组群有厅堂、楼台、廊和小院。厅堂群组正厅为三开间，前有台状方亭，再前筑狮形壁山，登假山可上亭顶平台，为"狮子上楼台"。正厅通过长廊与门厅群组连接，门厅群组北部有一望街楼，越街建筑，楼上设眺台可观街景。门厅正对面有一半八角形小榭，为"擘红小榭"。出榭通过曲折连廊为西部楼阁组群，包括可楼、双清室（亚字厅）、绿绮楼和可舟等。可堂上为可楼，高四层，可登楼观园内外景色。可楼东部为双清室，平面为亚字形，东南面有曲尺形莲花池。北部两层船厅为可舟，接园外大塘。2001 年被国

务院公布为第五批全国重点文物保护单位。（林广思、吕博文）

蒋光鼐故居　又称荔荫园。传统民居。位于今广东省东莞市虎门镇南栅村三蒋自然村。初创于清代道咸年间，抗日名将蒋光鼐祖父蒋理祥创建。1987 年经市、镇两级政府接收后重新修缮。总面积约 1551 平方米，带院落。主体建筑基座为拱形涵洞式垫托底层地面，花岗岩石砌台阶，石雕栏杆精致。平面布置一厅两厢，前廊后室，一式二层。庭院为红墙围护，前园有高台，石砌门楼，门楼样式为疏瓦翘檐；后园有山麓，是蒋光鼐父母墓，墓台上坐北朝南地竖立"考妣碑"。蒋光鼐为其弟蒋光鲁建的六角亭离碑百步，曰"光鲁亭"。建筑中西合璧，别具岭南特色。近代西洋别墅式园林民居代表之一。2019 年被国务院公布为第八批全国重点文物保护单位。（鄢伟、林超慧）

荔荫园　见"蒋光鼐故居"。

潮州"梨花梦处"书斋　庭园建筑。位于今广东省潮州市中山路廖厝围。建于清道光年间。双平庭并列式布局。全园建筑为典型潮州形式，结构紧凑，景不多而有佳趣。全园分南北两部分，南部为书斋，北部为戏台。南庭书斋朝东，为三开间，带前卷及后面有"过墙亭"花厅，沿对墙布置水石水景，西北角上设六角亭。北庭有两小花厅和戏台，戏台为船厅式小筑，分为前后两部分，前为舞台，后为三开间附属建筑，中厅摆设鼓乐。是清代广东潮州府总兵卓兴的书斋庭园和观戏娱乐场所。（林广思、吕博文）

苏兆征故居　传统民居。位于今广东省珠海市香洲区唐家湾镇淇澳岛淇澳村白石街 461 号。原为苏兆征祖父于

清道光年间所建。建筑面积 68 平方米，占地面积 100 平方米。房屋坐东南向西北。青砖土木结构小平房，一进，面宽三间，左间（东侧）倚筑一小间厨房，后又在西墙筑一小间作舂米房。屋前有院落、围以矮墙、设有小门楼。中轴对称，左右平衡，对外封闭，对内开放。主房中间为堂，左右为房，形成亮厅暗房。两坡硬山顶，正房高于两侧厢房，采用露明穿斗木构架，以青砖作为围护结构。青砖灰瓦，简单的白灰勾缝，形成独特的肌理效果。为防台风袭扰，建筑往往不出檐或少出檐，檐口密封，在檐口下进行灰塑装饰，外窗上出挑披檐以对窗形成必要保护，形式各异，自成特色。故居周边有古炮台遗址、红树林等景观。1949 年后屡有维修，2010 年增建陈列馆，工程总占地面积 499.44 平方米，现总建筑面积 234 平方米。1979 年被公布为第二批广东省文物保护单位。（鄢伟、杨辉）

东莞道生园　传统民居。位于今广东省东莞市莞城街道西隅道富巷内。建于清咸丰六年（1856）。占地面积约 750 平方米，为平庭和水庭的中庭串列式布局。东西两庭以花厅分隔，以复廊、月洞门等连接。北面水庭以池塘为中心，以石板桥等相连。房屋面朝东南，首进为人字山墙，二进为镬耳山墙，三进为马头山墙。2013 年 10 月被拆除，仅剩门石杂草。岭南画派鼻祖居巢、居廉在此居住 10 年。被誉为岭南画派重要发源地。（林广思、黄雯雯）

广州沙面建筑群　公共建筑。位于今广东省广州市珠江岔口白鹅潭畔。清咸丰九年（1859），英法以"恢复商馆洋行"为借口，强租沙面，咸丰十一年（1861）建成沙面岛，面积 0.22 平方千米。岛内以沙面一街为

界，西为英租界，占全岛 4/5，东为法租界，占 1/5。全岛以道路网格分隔为 12 个区。建筑群共有 150 余座欧洲风格建筑，基本保存完好。建筑形式有新巴洛克式、仿哥特式、券廊式、新古典式及中西合璧风格。沙面大街 2、4、6 号楼（俗称红楼），红砖砌筑，三层楼房，东西两侧圆锥形塔，有法国特色弧形阳台，具有浓郁法国乡村塞堡风格。沙面大街 14 号是露德天主教圣母堂，建筑尖顶、尖拱状门窗，具有典型仿哥特式风格。沙面大街 54 号汇丰银行，为 4 层楼房，折中主义风格建筑，立面具古典主义风格，底层为粗大石砌筑，古典柱式控制立面构图，南面和西面分别有门进出，二楼外墙砌有通柱至三层顶，在西南楼上建有穹隆顶亭子。沙面大街 48 号旗昌洋房，为二层楼房，立面四周为简洁连续拱券券廊，具有维多利亚建筑风格，是券廊式建筑代表。近代西方建筑文化输入中国重要窗口。1996 年被国务院公布为第四批全国重点文物保护单位。2017 年入选第二批中国 20 世纪建筑遗产项目名录。（郦伟、杨星星）

澳门南湾公园　又称加思栏花园。公共建筑。位于今澳门特别行政区葡京酒店加思栏兵营前。始建于清咸丰十一年（1861）。1920 年花园前方一带开始进行填海工程。1935 年开辟加辣堂街，园内面积大为减少。占地面积 6000 平方米。园分高低两部分，低部位于南湾街与家辣堂街之间，高部位于家辣堂街与兵营斜巷、加思栏新马路及东望洋新街之间。园中一座高两层圆柱形建筑，前身为欧战纪念馆，纪念第一次世界大战阵亡的葡国军士，现已成为澳门伤残人士协会会址。花园旁边八角亭图书馆，原为花园酒水部，现为中华总商会附设的书报阅览室，是澳门较具规模的公众书报室。

清代澳门同知印光任曾作《南湾浴日》诗描绘花园的旖旎风光。（林广思、黄雯雯）

加思栏花园　见"澳门南湾公园"。

谢晋元故居　传统民居。位于今广东省梅州市蕉岭县新铺镇尖坑村方塘子。由谢晋元曾祖父建于清咸丰年间。占地面积为 1080 平方米，建筑面积为 675 平方米，坐西北向东南。总面阔 24.90 米，总进深 40 米，为沙灰瓦木结构杠式客家围屋，三幢合面两门楼平房，共有 23 间房屋。故居前有禾坪、悬山屋顶、蝴蝶瓦屋面、三合土墙、麻石门框。正立面左、右两侧大门上方分别题"荆树居""儒林第"。荆树居分上、中、下三廊，中廊为过廊，卵石天井。儒林第分上、中、下三廊，左、右次间为厅，石基木柱、木屏风构筑厅门；中廊为三合土墙体，中有琉璃花窗，两侧为拱券门；下廊天井用卵石铺筑成八卦形状图案。2013 年被国务院公布为第七批全国重点文物保护单位。（郦伟、杨星星）

北帝庙　又称湾仔北帝古庙、湾仔玉虚宫。道教宫观。供奉北帝。位于今香港特别行政区湾仔隆安街 2 号。主体建筑于清同治二年（1863）落成，1928 年重修。建筑宏伟，轴线上由前向后布置山门、拜亭与正厅、后座。山门三间两进，硬山顶人字山墙，前檐立面为广府宗祠式样，石柱虾弓梁、狮座承托檐檩。正脊及墀头饰以石湾陶塑。拜亭与正厅分别供奉北帝神像一座，正厅主神铜像高达 3 米，铸于明万历三十二年（1604）。北帝像前有四大天王立像，造型威武细致。正厅左右分设龙母殿、三宝殿。龙母殿为有庭院的两进建筑。庙内有铸于清同治元年（1862）年及光绪九年

（1883）铜钟。是湾仔早期发展的历史地标。香港一级历史建筑、香港法定古迹。（姜省）

湾仔北帝古庙　见"北帝庙"。
湾仔玉虚宫　见"北帝庙"。

莲花宫　佛教寺院。祀奉观音菩萨，亦供奉太岁、韦驮及阴财神。位于今香港特别行政区大坑莲花街。清同治二年（1863）左右重建为今貌。共有前殿与正殿两进建筑，前殿建于拱式石砌平台之上，后殿坐落于巨石上。受地形所限，两殿之间不设天井，在左右设出入口台阶。前殿平面呈半八角形，重檐攒尖式屋顶。正面轴线上设有拱形窗楣和石质半圆形小阳台，覆以半圆形屋盖。天花为六边形，绘制金龙与祥云。正殿分上下两层，下层设石制神坛供奉观音，上层设太岁殿及木制观音神楼，两层之间平台设韦驮殿。硬山顶人字山墙覆绿色琉璃瓦，正脊饰有宝珠、鳌鱼及狮子等陶塑。宫内存放清同治四年（1865）古钟、清宣统元年（1909）彩门和 1925 年牌匾等文物。建筑布局因地制宜，中西合璧，独具特色。香港一级历史建筑、香港法定古迹。（姜省）

唐家三庙　庙宇。位于今广东省珠海市唐家湾镇唐家村大同路西北面。始建年代不可考，清代多次扩建维修。现存建筑为 2017 年按清同治二年（1863）格局修缮完成。占地面积约 1500 平方米，坐西北向东南。门前有高约 1 米平台，设石质围栏，与三庙总面阔等宽。文武帝殿居中，金花庙居左，圣堂庙居右，组成三跨院。文武帝殿三开间，三进建筑。金花庙与圣堂庙均为三开间，两进建筑，正厅前设拜亭。三庙汇聚三雕两塑一彩建筑装饰，圣堂庙院落两侧围墙上的大型立体灰塑尤其精美，为清中晚期

岭南灰塑代表。檐下有保存完整的彩画大师杨瑞石作品。是珠海现存规模最大、历史最久祠庙建筑。具有深厚文化内涵和较高的艺术价值，是研究珠海地方民俗珍贵实例。2010年被公布为第六批广东省文物保护单位。（姜省）

广州圣心大教堂 全称广州石室耶稣圣心大教堂；又称石室、石室圣心大教堂、石室耶稣圣心堂、石室天主教堂、耶稣圣心大教堂、广州天主教圣心大教堂；俗称石室教堂。教堂。天主教广州教区主教堂。中国最宏伟的双尖塔哥特式石结构建筑。位于今广东省广州市越秀区一德路旧部前56号。第二次鸦片战争后，法国政府依据不平等条约，强迫官府出租原两广总督行署地兴建。由法国明稽章（Guillemin）主教负责筹建，由法国Vonutrin和Humbert两建筑师按哥特式风格设计，广东揭西石匠蔡孝任总管工。清同治二年（1863）奠基，光绪十四年（1888）竣工。因在圣心瞻礼日正式举行奠基典礼，故名。占地面积2754平方米，坐北朝南，平面呈拉丁十字形。南北长78.69米，东西宽35米，主要用材为花岗石，局部用青砖。分为3层。门前为广场，正立面为东、西塔楼，高58.5米，中部为大门。正立面、东立面、西立面各有直径7米玫瑰花窗，东西两侧用飞券，内部左右各10根石柱以支撑十字形尖券拱顶。气势宏伟，装饰精美，同时融入中国建筑元素。是全球四座全石结构的哥特式教堂建筑之一。1962年被公布为广东省文物保护单位。1996年被国务院公布为第四批全国重点文物保护单位。参见第286页宗教卷"广州圣心大教堂"条。（郦伟、杨星星）

余荫山房 又称余荫园。园林建筑。广东四大名园（清晖园、梁园、余荫

山房、可园）之一。位于今广东省广州市番禺区南村镇邬氏家祠之侧。始建于清同治六年（1867），落成于同治十年（1871）。园主人刑部主事邬彬告老还乡建造，以纪念祖先福荫。占地面积1598平方米，坐北朝南，为两水庭并排、方庭和回字庭布局。主、副轴线明显。西庭为中庭内院式水庭，正对厅堂设方池；东庭为环溪局，在水中建八角形水厅。以方池、八角形水池、桥廊形成庭园的东西主轴。园林主景沿轴线布置，分别为深柳堂、榄核厅、临池别馆、玲珑水榭、来薰亭、孔雀亭和廊桥等。庭园建筑绕水庭布置，通透开敞。园林布局灵巧精致，通过回廊、花窗、影壁的巧妙借景，达到园中有园、景外有景的艺术效果。2001年被国务院公布为第五批全国重点文物保护单位。（林广思、黄雯雯）

余荫园 见"余荫山房"。

北海涠洲岛天主堂旧址 又称盛塘天主教堂。公共建筑。位于今广西壮族自治区北海市海城区涠洲镇盛塘村。建于清同治八年（1869），2011至2014年，北海市文物管理所对旧址进行维修。总建筑面积约2000平方米，

由教堂、神父楼、修道院和育婴堂等4部分组成。教堂前为21米高钟楼，由顶部四角小尖塔、上层尖券窗、中层玫瑰窗与下层尖券门组成。钟楼后为矩形巴西利卡形制教堂，长51.6米、宽12.2米、高15米。内部由两排柱子划分成纵向三通廊，中跨较宽，两侧稍窄，侧廊为方形柱，尖券拱顶，通廊尽端为祭坛，形成纵向延伸的空间序列。结构体系由火山灰块石的骨架券和飞扶壁组成。气势恢宏、巍峨矗立，是较典型哥特式风格建筑。建筑材料以因地制宜、就地取材为原则，用当地火山灰块石和珊瑚石砌墙，砂浆采用蜗壳灰，古朴而又粗犷质感极具地域特色。"北海近代建筑"2001年被国务院公布为第五批全国重点文物保护单位。（玉潘亮）

盛塘天主教堂 见"北海涠洲岛天主堂旧址"。

澳门郑家大屋 传统民居。近代著名实业家、思想家郑观应故居。位于今澳门特别行政区妈阁街龙头左巷10号。始建于清同治八年（1869）。占地面积约4000平方米，呈不规则狭长形，沿主干道妈阁街修建，东西长120米。主要由余庆堂、积善堂、庭

北海涠洲岛天主堂旧址

院、佛堂、辅助用房以及花园等部分构成，大部分建筑为砖木混合结构。余庆堂与积善堂为典型广东三间两廊式建筑，平面三开间，前三间，后三间，中间为天井。前三间主要是厅堂空间，楼高两层；后三间和天井为后楼部分，楼高三层。余庆堂主要用作家族公共活动，包括会客厅、书房、神厅等；积善堂主要用于居住。室内天花、门楣窗楣则体现西方特色。名作《盛世危言》便在这里完成。是澳门现存最大型中式民居建筑。作为澳门历史城区组成部分被联合国教科文组织列入《世界遗产名录》。（鄞伟、胡超文）

从熙公祠 宗祠。位于今广东省潮州市潮安区彩塘镇金砂一村。马来西亚爱国侨领陈旭年家族祠堂。因陈旭年字丛熙，故名。清同治九年（1870）马来亚柔佛州港主、侨领陈旭年兴建，光绪九年（1883）建成。总建筑面积1319平方米。坐东向西，面宽31.22米，进深42.25米，为二进院落，四厅相向格局。位于陈氏家族三壁连民居群中路，前有通长前埕，西以矮墙与外村内道路分界，大门开于前埕两侧墙上，3个院落间以巷道相隔并通至后包。祠前有一对青石雕刻石狮，神态生动。头门三明两暗，凹斗门式样。明间设木板大门，门前一对抱鼓石，旁侧各开一小门。门额题字"从熙公祠"，以花岗岩门肚分隔前后。前檐明间梁架以福建青石精工雕琢而成，柁墩与板肚雕工精美，以动植物、人物故事为题材。横梁端头悬吊多层镂雕石花篮，梁柱交界处装饰通雕花鸟石雕件，工艺精湛。大门正面和侧面共设4幅石雕门肚，以士农工商、渔樵耕读、百鸟朝凤、花鸟虫鱼为题材，透雕、镂雕等工艺技法高超，为潮汕石雕代表作。拜亭为假歇山顶，正厅为硬山顶，覆灰色小瓦并做碌灰筒瓦，

以勾连搭连接。正厅梁架采用潮汕典型"五脏内"做法，板肚饰金漆木雕，雕工精美，题材为祥瑞动物、生活场景等。潮汕地方建筑艺术与工艺美术完美结合的典范。2006年被国务院公布为第六批全国重点文物保护单位。参见第1215页华侨·侨乡卷"从熙公祠"条。（姜省）

梁启超故居 传统民居。位于今广东省江门市新会区茶坑村。始建于清同治十二年（1873）。梁启超父亲梁莲涧修建。占地面积168平方米，整体建筑面积400多平方米。由故居、怡堂书室、宏文社学、回廊等组成。砖木结构、硬山顶，有一正厅、一偏厅、一饭厅、二耳房，两厅前各有一天井。厅内设有楼梯与书房连通。厅后设有木构神阁，有木雕装饰。木阁楼设走马楼式回栏。怡堂书室为梁启超曾祖父所建，砖木结构、硬山顶，有岭南传统灰塑装饰，是梁启超少年读书学习之处。宏文社学为茶坑村奎楼（文昌阁），重檐砖石木结构，为梁启超讲学处。故居与书屋之间原为空地，1993年建为展廊。2001年由莫伯治主持设计，建成梁启超故居纪念馆，陈列梁启超生平事迹之图文和遗物，建筑面积1600平方米，为中西合璧式。

既有晚清岭南侨乡建筑韵味，更隐现天津饮冰室风格。1996年被国务院公布为第四批全国重点文物保护单位。
（唐孝祥、冯楠）

冯子材旧居建筑群 又称宫保第。传统民居。位于今广西壮族自治区钦州市钦北区宫保街70号。始建于清光绪元年（1875）。因清廷授予太子少保加封尚书衔而得名。原占地面积15万平方米，现占地面积15220平方米，建筑面积2020平方米，坐北朝南。院落式布局，3排9座27间，抬梁式砖木结构。旧居范围包括三山一水一田，有六角亭、三婆初、珍赏楼、书房、虎鞭塔、菜园等。包括主体建筑、头门和鱼塘等。主体建筑坐西北朝东南，平面为宽40.5米、深45米矩形，分左、中、右三路，每路三进二天井，每两路之间各有一条青云巷（冷巷），寓意平步青云，有通风、防火、排水、交通等功能。每进主屋三开间，两侧廊屋，中间为天井。砖木结构，青砖墙体，抬梁式木构架，人字山墙，卷尾龙船脊，灰沙筒瓦。主体建筑之外旧居内外还有习武场、上马石、祭旗坛、谷仓、拴马树、马厩、炮楼、水井、碑林等附属设施，旧居外东西两面原有二塔，称为虎鞭塔，已于20世

冯子材旧居建筑群

纪 50 年代拆毁，仅存遗址。大门前立有两头镇宅神兽石狮，门顶上悬挂"冯子材故居"蓝字大匾。梁、柱、门、窗、匾联采用坚实格木、木雕是建筑一大特色，挂檐板上刻有菊、梅、竹、鸟、虫、鱼等吉祥动植物的浮雕，横梁、柁墩、板梁和脊檩等构件上刻有各式吉祥如意纹路及纹饰。清代南方典型的府第建筑群，简洁典雅。2001 年被国务院公布为第五批全国重点文物保护单位。（玉潘亮）

宫保第　见"冯子材旧居建筑群"。

丁氏光禄公祠　又称丁日昌故居。传统民居。位于今广东省揭阳市榕城区元鼎路中段西侧。为丁日昌于清光绪四年（1878）所建。占地面积 6100 平方米，主体建筑坐北向南，前部有阳埕、方池、照壁，为三落三进厅合院府第。主体部分分东、中、西三路三组建筑，共有大小房屋 100 间，是典型潮汕"四马拖车"格局。整组建筑群前埕左右各突出一座"下山虎"作为东西书斋，总平面呈"兴"字形布局，俗称百鸟朝凰。大门檐柱为八棱工字础，中厅和后厅为三进间，明间主柱呈菱形。建筑规模宏大，布局实用大方，梁架等木构件木雕精美，富有潮汕特色，梁架、垂脊彩绘和泥塑采用西方建筑图案，有很强地域特征和时代特征。2013 年被国务院公布为第七批全国重点文物保护单位。（郦伟、杨星星）

丁日昌故居　见"丁氏光禄公祠"。

人境庐和荣禄第　传统民居。位于今广东省梅州市梅江区金山街小溪唇客家公园内。人境庐建于清光绪九年（1883），占地面积约 901.71 平方米，坐东北向西南；总面阔 28.32 米，总进深 31.84 米，园林式布局。庐舍由厅堂、息亭、卧虹榭、五步楼、七字廊、十步阁、鱼池、假山和花圃组成，门额上"人境庐"3 字为日本书法家大域成濑温所书，庐中会客厅保留有黄遵宪撰写的对联。因地制宜，小巧玲珑，环境幽雅，质朴无华而又富于园林景致，吸收西方文化和日本建筑风格，具有较高历史和艺术价值。荣禄第为黄遵宪故居，建于光绪七年（1881），占地面积 631.04 平方米，坐北朝南；总面阔 23.20 米，总进深 27.20 米，为三堂走马楼布局，由堂屋、横屋、厨房等组成，悬山顶、灰瓦面，以南北、东西两轴线构建成九厅七井，中心为三堂屋，二座二层横屋，呈对称布局，中堂有单坡顶卷棚，西侧加建三间厨房，屋内空间宽敞，保存雕花屏风、雀替等精美木构件，具有较高历史和艺术价值，对研究黄遵宪和客家建筑艺术有很高价值。2013 年被国务院公布为第七批全国重点文物保护单位。（郦伟、杨星星）

鲁班先师庙　又称鲁班庙。庙宇。祀奉鲁班。位于今香港特别行政区西环青莲台 15 号。始建于清光绪十年（1884），1928 年、1949 年两次重修，基本保持原格局。主体建筑前后两进，皆单开间，尺度小巧。硬山顶用五岳山墙，正脊装饰灰塑和鳌鱼宝珠。硬山搁檩。建筑内外装饰众多且工艺精湛。内外檐壁画精美，题材丰富。大门两侧砖墙上部、墀头均装饰精致砖雕。正厅内神龛木雕华丽精细。为香港一级历史建筑。（姜省）

鲁班庙　见"鲁班先师庙"。

澳门白鸽巢公园　又称贾梅士公园。公共建筑。位于今澳门特别行政区花王堂区澳门半岛白鸽巢前地。始建于 18 世纪 70 年代。原为葡萄牙富商俾利喇（D. Manuel Boaventura Lourenço Pereira）花园别墅，曾租予英国东印度公司作为其澳门的办事处及收集植物用的苗圃。19 世纪初，俾利喇的女婿马忌士（Lourenço Caetano Marques）继承物业。清道光二十九年（1849），马忌士为了纪念曾在该处隐居并写下不朽史诗《葡国魂》的伟大诗人贾梅士，斥资铸造了一尊贾梅士的半身塑像并将其置于花园内的石洞之中。光绪十一年（1885），物业被澳门政府购置，并将其改建为对公众开放的公园，以马忌士曾在此处饲养白鸽而得名。占地面积 2.1563 万平方米。园内小径，依山建筑，纵横如八阵图。入口喷泉池中央有艺术雕塑名为《拥抱》，以纪念中葡友谊。园内建筑物很少，小山环叠，古木参天，鸟语花香，构成公园主要景观特色。清朝有吟咏诗句："白鸽巢高万木苍，沙梨兜拥水云凉。炎天倾尽麻姑酒，选石来谈海种桑。"是澳门最大的公园之一，每日都有大量市民到此游园，园内经常举办各类活动，对市民生活影响深远。（唐孝祥、范添怡）

贾梅士公园　见"澳门白鸽巢公园"。

北海英国领事馆旧址　公共建筑。位于今广西壮族自治区北海市海城区北部湾中路 17 号北海市第一中学校内。建于清光绪十一年（1885）。1922 年英国领事馆撤出，1924 年卖给法国天主教区圣德修道院，后按原风格在东端扩建，1959 年划拨给北海市一中，1999 年 10 月，因解放路工程建设需要，将该建筑往东北平移 55.8 米，2005 年北海市第一中学对旧址进行维修。建筑面积 1133 平方米，平面呈长 47.2 米、宽 12 米 L 形，高两层，屋面四周为平顶，中心为四坡顶，白色外墙，1—3 层外廊为连续半圆拱券，每个拱券单元均有拱心石和腰线装饰，护栏采用宝瓶式绿釉陶质立柱和

北海英国领事馆旧址

花岗岩扶手，屋面檐口有齿状线脚装饰，房间采用外开可调式百叶门窗，室内装饰精致美观，门套、窗套有线脚装饰。地面铺装红黄灰三色相间拼花地砖，室内有壁台、壁炉。"北海近代建筑"2001年被国务院公布为第五批全国重点文物保护单位。（玉潘亮）

己略黄公祠 宗祠。位于今广东省潮州市湘桥区义安路铁巷2号。建于清光绪十三年（1887）。建造者中传有曾任广西思恩知府的黄鹏飞，以其号己略得名。总建筑面积550平方米，坐北向南。建筑南侧隔路设麒麟照壁一座。一进院落，四厅相向布局。中轴线上设头门与正厅，与东西向敞厅相接。敞厅附前廊，两侧墙各开一门，分别通向四角小院。头门三明两暗，凹斗门式样。明间设木板门，大门上方石门额阴刻"己略黄公祠"几个大字。两侧各以两幅整块花岗岩分隔前后檐。梁架以花岗岩雕琢而成，板肚雕工精美，以民间故事和戏曲情节为主题。正面4幅通高门肚阴刻《己略黄公祠堂颂》，侧面两幅阴刻植物图案。硬山顶碌灰筒瓦屋面。正厅为衍庆堂，与拜亭以勾连搭连接。正厅三开间，梁架采用潮汕典型"五脏内"做法。板肚遍饰金漆木雕，雕刻精美，

题材为人物故事、生活场景等。明间原设金漆木雕神龛一座，已佚。拜亭梁架以凤凰金漆木雕承托各层檩枋。外檐设插栱与倒吊莲花木雕。拜亭为假歇山顶，后厅为硬山顶，均做碌灰筒瓦。木雕工艺精湛，色彩绚丽，题材丰富，被誉为"潮州木雕一绝"。2001年被国务院公布为第五批全国重点文物保护单位。（姜省）

陈家祠堂 又称陈家祠、陈氏书院。宗祠。广东七十二县陈姓合族祠。位于今广东省广州市荔湾区中山七路恩

陈家祠堂内景

龙里。清光绪十四年（1888）动工，光绪二十年（1894）落成。占地面积1.5万平方米，建筑面积6400平方米，坐北向南。宽、深均为80米。采用"三进三路九堂两厢杪"格局，由9座厅堂、6个院落、10座厢房和长廊巷道组成。中轴线上厅堂为主体建筑，两侧以铸铁柱支撑的开敞廊道联系南

北；两跨院设偏厅，在东西尽间接廊庑，前檐连通为南北向通廊，横向将厅堂前后檐廊贯通，形成六巷八廊格局，空间层次丰富。头门面阔五间三进，十七架梁用四柱；中三间梁架抬高形成错落屋面组合，次间与尽间均设塾台。正面以虾弓梁和狮座承托檐檩，为典型广府祠堂立面。正厅为聚贤堂，面阔五间27.65米，进深三间16.7米，二十一架梁六柱设前后廊。堂前设单层月台，宽16.4米，深5.67米，围以石质栏杆，嵌以铸铁通花栏板。后座五开间，明间设神龛供奉陈氏祖先神位。建筑内外遍施砖雕、石雕、木雕、灰塑、陶塑、铸铁和彩绘等装饰，题材广泛、造型生动、技艺精湛，是岭南民间装饰艺术殿堂。广府祠堂典型代表。1960年被公布为广东省重点文物保护单位。1988年被国务院公布为第三批全国重点文物保护单位。参见第373页学术·教育卷"陈氏书院"条、第684页艺术卷"广东民间工艺博物馆"条。（姜省）

五公祠 庙宇。为纪念李德裕、李纲、赵鼎、李光和胡铨5位名臣而建。位于今海南省海口市美兰区海府路169号。始建于明万历年间。清光绪十五年（1889）重修，后多次修缮。依地势而建，占地面积约66000平方米，坐北向南。祠前为湖岛交错巴仑河，由曲桥连至三间三楼拱门牌坊。由观稼堂、学圃堂、五公祠、苏公祠、伏波祠和陈列馆等组成。共三跨院落。主体建筑五公祠，位于西跨院，供奉5位名臣。二层楼阁，单檐歇山顶，建筑面积498.88平方米，高12.26米，后墙实砌砖墙，其余三面为回廊。雷琼建筑的代表。2001年被国务院公布为第五批全国重点文物保护单位。（姜省）

些利街清真寺 又称些利街回教清真

礼拜总堂；曾称些利街回教堂。清真寺。香港最古老的清真寺。位于今香港特别行政区些利街 30 号。建于清光绪十六年（1890），光绪三十一年（1905）穆斯林慈善家艾萨克·伊斯哈格（Essack Elias）出资重建。周围有 3 处花圃环绕。寺内有礼拜殿、教长室和教长居宅，以及水房、更衣室等，另有一座穆斯林孤寡收容所。礼拜殿为阿拉伯风格。三间三进，正面中开间突出一座三层邦克楼，用洋葱形穹顶，三层周围出挑一圈回廊。立面设火焰券窗楣，尖券窗户，顶部设圆形小窗。呈现特定历史时期香港多种建筑风格杂糅并蓄特点。香港一级历史建筑。参见第 274 页宗教卷"些利街清真寺"条。（姜省）

刘永福旧居建筑群 又称三宣堂。传统民居。位于今广西壮族自治区钦州市钦南区板桂街 10 号（古称下南关）。

刘永福旧居建筑群

建成于清光绪十七年（1891），2001年以后，国家及地方先后进行修复。占地面积 2.28 万平方米，建筑面积5622 平方米。由门楼、照壁、主座、谷仓、书房、围墙及炮楼等几部分组成，有大小房间 119 间。建筑均采用砖木结构。主座为客家堂横屋形制，堂屋坐北朝南，分门厅、中厅和祖厅三进式厅堂，每进厅堂面阔五间，高两层 14 米，每两进之间为天井，天井两侧为东西会客厅和东西花厅；东西两侧横屋和北侧枕屋三面围绕堂屋，形成三堂两横一枕屋布局；谷仓位于主座东侧，与横屋围合出晒谷场。外围

由头门、二门两座门楼、书房、围墙以及 4 座炮楼组成防御空间。头门临江向东，有"三宣堂"匾额；二门为两层，原有"建威第"金字大匾，配"恩承北阙、春满南天"对联。二门内是广场，广场南面有一照壁，书"卿云丽日"4 字，与广场北面的主座相对，广场西侧为书房。建筑入口采用趟栊门，梁、驼墩等木构件上多做雕刻，墙壁绘有名山大川、亭台楼阁、奇花异草、彩凤仙鹤、圣贤豪杰、文臣武将、牧童樵夫、仙翁神女等 100多幅彩绘壁画，是具有岭南特色的代表性客家民居。2001 年被国务院公布为第五批全国重点文物保护单位。（玉潘亮）

三宣堂 见"刘永福旧居建筑群"。

孙中山故居 传统民居。位于今广东省中山市南朗镇翠亨村。建于清光绪十八年（1892），由孙眉出资，孙中山主持设计建成。正门南侧挂有宋庆龄手书"孙中山故居"木刻牌匾。占地面积 515.4 平方米，建筑面积 373.6 平方米，坐东北朝西南。是一幢砖木结构、具有中西合璧风格两层楼房。包括主座建筑和右后方厨房等建筑。主座外立面仿西方建筑，红墙、白线、绿釉瓶式栏杆。一、二层外廊各有 7 个连续赭红色罗马筒形拱券拱，二层设内阳台，屋檐正中饰有光环的灰雕和飞鹰，楼板为木质。一楼正门上挂一副对联："一椽得所，五桂安居"，室内装饰设计采用中国传统建筑风格，房屋中间是正厅。正厅置祭祖木龛、书桌、台椅等，木龛分里外两层，外层浮雕贴金陡板，框周刻绘福寿连连吉祥纹案；里层镂金花罩，框罩刻塑枝繁叶茂万代相连浮雕。龛体自屏门上楣起脚直接其上檩梁，龛后留有净宽 1 米便道连接左右耳房，分别是孙眉与孙中山卧室。孙

中山卧室内置有孙中山当年用过的大木床、梳妆台和椅等。二楼南边是书房，摆放有孙中山曾使用过的书桌、台椅、铁床等。右后方厨房，与故居主座成垂直布置。厨房平面为两开间两进深，为抬梁式木屋架承檩，卷棚顶硬山带气窗两坡屋面。厨房内有壁炉、炉灶、洗涤池、案台、石臼和磨具等。1988 年被国务院公布为第三批全国重点文物保护单位。（郦伟、杨星星）

溪北书院 教育机构。位于今海南省文昌市铺前镇文北中学内。始建于清光绪十九年（1893）。占地面积 20 多亩。坐北向南，轴线上由前至后依次布置大门、讲堂、经正楼，斋舍为讲堂东西侧独立院落，以东西廊与讲堂后院相通，经堂位于东斋舍之后，以围墙环绕。大门三明两暗五开间，进深三间，中开双扇木门，门匾上为清末书法家杨守镜所题"溪北书院"4 个字，两尽间房间各一。卷棚顶覆绿色琉璃瓦。内进为宽阔院落，尽端设单层月台，其上为讲堂。三明两暗五开间，进深三间，硬山顶覆绿色琉璃瓦。明间设八扇花格屏门，两尽间房间各一。抬梁式木构架，空间高敞，构造简明，前后檐廊用花架梁。经正楼为专用藏书楼，1921 年改建为中西合璧式二层楼，面宽 17 米，进深 11 米，四周设外廊，楼内用木柱，外廊和楼顶均改为钢筋混凝土结构。海南保存最完整的清代书院建筑群。2019 年被国务院公布为第八批全国重点文物保护单位。（姜省）

顺德乐从本仁堂 原名仙溪太祖祠，俗称乐从陈家祠。宗祠。位于今广东省佛山市顺德区乐从沙滘村。清光绪二十一年（1895）奠基，光绪二十六年（1900）竣工。占地面积 4000 多平方米，坐南向北。三进三跨院格局，

设四条南北巷道。中轴线上由前至后依次为头门、正厅、后座。头门五间，明间设大门两扇，仅在尽间各设一个塾台。人字山墙硬山顶，正脊灰塑高大，饰以双龙戏珠陶塑和一对鳌鱼。头门与正厅间庭院宽阔，地面由长条花岗岩铺砌。东西为带前廊敞厅，以木雕花罩分为三间。正厅前设月台，围以石雕栏杆，工艺精细。后檐明间两金柱间设 5 米多高坤甸木雕花大屏门 6 扇，雕工精美，古朴壮观。后座五开间，空间轩敞。明间供奉木雕神龛，龛前为巨型木雕祭桌，兽首柱脚，古拙凝重。后檐金柱间均装木雕花罩。正厅、后座正脊装饰大块灰塑，画面布局与灰塑工艺精湛，线条古朴传神。（姜省）

仙溪太祖祠　见"顺德乐从本仁堂"。
乐从陈家祠　见"顺德乐从本仁堂"。

丘逢甲故居　又称心泰平草庐、培远堂。传统民居。位于今广东省梅州市蕉岭县文福镇逢甲村。由丘逢甲选址、建造，清光绪二十二年（1896）落成。1984 年作为名人纪念馆正式开放，2014 年以故居为核心，兴建同心纪念公园。建筑占地面积约 1880 平方米，坐西向东。为两堂四横一围龙形制客家围龙屋，前有半月形水塘，后有风水林，通面阔 48 米，通进深 60 米，共 2 堂屋、55 间房。留存丘逢甲亲自题写的正门及祖堂等对联，其他堂、室保留清代名人、书法家题写的堂名、楹联，还陈列丘逢甲任台湾义军大将军时在战斗中缴获的日本侵略军刺刀等文物。"丘逢甲故居纪念馆"2000 年被公布为首批广东省爱国主义教育基地。2006 年被国务院公布为第六批全国重点文物保护单位。（郦伟、赖瑛）

心泰平草庐　见"丘逢甲故居"。

培远堂　见"丘逢甲故居"。

大清邮政北海分局旧址　公共建筑。位于今广西壮族自治区北海市海城区中山东路 204 号。建于清光绪二十三年（1897），1897—1903 年间作为大清邮政北海分局办公地点，1903—1910 年作为北海邮政总局办公场所，民国期间先后作为北海一等邮局和二等邮局办公场所。建筑面积 126 平方米，平面呈长 18.6 米、宽 6.76 米矩形。一层砖木结构，四坡屋顶，其形式具有殖民地外廊式建筑特征，浅黄色外墙，连续半圆拱券，每个拱券有拱心石和腰线装饰，房间采用外开可调式百叶门窗，两侧门窗上盖有梯形遮阳棚。现为北海近代邮电历史陈列馆。曾是全国 24 个海关寄信局之一，35 个大清邮政总局之一，也是清朝最早建立的邮政分局之一。2006 年被国务院公布为第六批全国重点文物保护单位。（玉潘亮）

大清邮政北海分局旧址

广东邮务管理局旧址　公共建筑。位于今广东省广州市荔湾区沿江西路 43 号。清光绪二十三年（1897）为大清邮局所在地。1913 年广东国税厅筹备处将该址拨为粤海关扩建邮政新局，由英国工程师丹备（William Danby）设计，1916 年建成。1938 年广州沦陷，西堤大火，该楼门窗、地板等全部被焚毁。1939 年由工程师杨永棠在原大楼结构及外貌不变情况下设计重建，1942 年竣工。1953 年改为广州市邮局。2002 年被辟为广州市邮政博览馆。占地面积 1740 平方米，坐北朝南，平面呈梯形，南面主楼三层半（半层为地下室）高 18 米、北面副楼两层高 12.5 米，首层作基座处理，仿粗石面基座，南面二三层为敞开式外廊，以爱奥尼巨柱贯通。钢筋混凝土结构，外墙用石头砌筑，门前设台阶，斩假石基柱，四角均设方形锥柱。楼内各室宽敞，设壁炉，室内门窗地板为柚木，通道用花阶砖铺砌，铸铁漏花装饰楼梯扶手。广州近代代表性仿欧洲新古典主义风格建筑。2002 年被公布为第四批广东省文物保护单位。（郦伟、赖瑛）

邮政博览馆

梧州近代建筑群　公共建筑。位于今广西壮族自治区梧州市区。建于清末民国时期。主要是清光绪二十三年（1897）《中英续议缅甸条约》将梧州辟为通商口岸后，在梧州建立的各类近代公共建筑，共 7 处。分别是梧州海关旧址、美孚石油公司旧址、英领事署旧址、思达医院旧址、梧州邮局旧址、新西酒店、天主教堂。建筑主要为殖民地外廊建筑或折中主义建筑风格。梧州近代开埠以来中西经济文化交流的物证，展现梧州城市与建筑近代转型的发展历程。2013 年被国务院公布为第七批全国重点文物保护单位。2020 年入选第五批中国 20 世纪建筑遗产项目名录。（玉潘亮）

潮阳西园 传统民居。位于今广东省汕头市潮阳区棉城西环路东侧。始建于清光绪二十四年（1898），竣工于宣统元年（1909）。由邑人萧钦创建，萧眉仙设计。占地面积1330平方米，建筑面积约900平方米。整体布局为潮汕民居五间加边房式，呈不规则梯形，包括住宅、中庭和书斋庭园3部分。住宅坐北朝南，面向中庭。中庭设有水池，池上置重檐六角亭。为两层钢筋混凝土结构楼房，平面外廊式，中间楼梯用天井采光，立面为西洋花柱式装饰。书斋庭园布局紧凑，有楼有阁，有壁山池水。假山高筑叠落，为珊瑚石、英石混筑。螺旋梯为西洋手法，上可登假山顶，俯览园内园外风光。造园技艺继承岭南传统庭园精髓，对西方园林形式美学有所借鉴，运用近代新材料、新技术大胆创新，其创作思路和艺术风格至今仍值得借鉴和吸收。（林广思、黄雯雯）

凤岗碉楼 传统民居。位于今广东省东莞市凤岗镇。分布在油甘埔村、竹塘村、三联村、黄洞村、塘沥村、天堂围村等近10个村中，有110余座，其中鹤圆路碉楼、慎修楼、定公楼、红星楼为东莞市不可移动文物。19世纪末，在海外的华侨回到家乡凤岗，买地置业兴建碉楼，作为防御之用。现存最早碉楼是始建于光绪二十四年（1898）的天堂围村忠义楼，最晚的是建于1935年的油甘埔村来进楼。大多数碉楼建于20世纪20—30年代。楼体采用三合土加糯米浆和红糖水夯筑而成，一般呈四方形，层数为2—8层，层高3米左右，建筑面积多为5米×5米或6米×6米。楼层和楼梯使用杉木板铺设。碉楼各层四周设有大小不一射击窗口，射击窗口采用花岗石材料，枪眼造型多为"十"字形。天台四周建有护墙，多装饰黑色带或红色带，或黑红相间、红白相间、红黄相间色带。四角多装饰黑色如意纹悬鱼、鱼形、鸟形或蝙蝠形灰塑吐水。楼体多与单层排屋相连接，其布局有左（右）排屋右（左）碉楼、前排屋后碉楼等形式。（郦伟、杨星星）

硇洲灯塔 公共建筑。位于今广东省湛江市麻章区东海岛硇洲镇孟岗上岭村马鞍山。始建于清光绪二十五年（1899），光绪二十九年（1903）建成。由当时广州湾法国公使署主持设计，硇洲岛工匠招光义主持建筑工程。1989年维修。坐北向南，全塔通高20.969米（不包括高1.9米避雷针）。灯塔由塔座、塔身、灯座3部分组成。塔座覆斗方形，底边长6.82米，顶边长5.68米，高5.4米。塔身为圆台状，通高10.369米，最大径5.35米，圆径3.5米，设若干窗洞，灯座作穹形，用玻璃围合便于灯光射出。塔身与灯座相接处，设一环形平台，有一门可通，平台周围设铁栏杆。塔身、塔座用规格一致花岗石叠砌，砌筑灰浆用红毛泥、珊瑚壳灰拌蜂蜜制成。塔腔内径2.6米，以68块扇形麻石构件叠砌，呈螺旋式上升，形成中心圆柱，盘旋可抵达灯塔平台。是中西技术结合的近代建筑。结构合理，砌筑细致，外形美观，厚重牢固，自建成至今一直在使用。世界上仅存的两座水晶磨镜灯塔之一。1996年被国务院公布为第四批全国重点文物保护单位。（郦伟、杨星星）

双峰寨 又称石塘寨。传统民居。位于今广东省韶关市仁化县石塘镇石塘村。石塘村乡绅李德仁筹建于清光绪二十五年（1899），清宣统二年（1910）告竣。因寨门刻有"双峰保障"而得名。坐北向南，平面呈方形，南北长73米，东西宽70米，寨墙外四周为宽13.7米、水深约2米的护寨河环绕，总占地面积约7300平方米。防御性能突出是该寨突出特点。寨墙内中间为宽大空坪，房屋倚四周寨墙而建；墙高9米、厚达1.3米，四角各建高13米的四层角楼，南边寨墙中间再建高15.3米的5层主楼，东、西两边寨墙中间则建望台；寨内以2层走马环廊相连，底层环廊宽3.5米、二层环廊宽1.2米，贯通主楼、角楼和望台，环廊每隔3.9米开设一个射击孔，总计55个。为加强防御，南边主楼外加设一道宽24米、深2.5米的门屋，寨内开凿数口水井以保障持久防御。1928年在此爆发的双峰寨保卫战被誉为"广东农民暴动中最伟大的战斗"。2006年被国务院公布为第六批全国重点文物保护单位。（郦伟、赖瑛）

石塘寨 见"双峰寨"。

广州湾法国警察署旧址 又称绿衣楼。公共建筑。位于今广东省湛江市霞山区海滨大道南3号。曾是法国在广州湾租借地设置的检察署，因武装警察当地俗称绿衣兵，故建筑又名绿衣楼。始建于清光绪二十五年（1899）。建筑面积约460平方米，坐北向南略偏西，主体地下一层、地面二层、局部三层，砖混结构。平面呈拉丁十字形，东西宽26米、面阔9间，南北长17米、面阔5间，四面环廊，南面主入口4根爱奥尼柱形式柱门廊承载二楼宽阔阳台，背面相应凸出为间。楼顶原有挂钟塔楼，现已毁。建筑主立面在南面，法国新古典主义风格，横三段、纵三段，以正中钟楼为构图中心，左右对称。一层主体为长方形门廊，圆拱形门洞，窗户亦为圆拱形，底部设宝瓶式栏杆装饰，增强建筑横向力量。二、三层则为长方形窗洞，下设木质栏杆装饰。所有窗扇内外两层，内为玻璃窗、外为百叶

窗。墙面地下室用粗麻石砌筑，一层用仿石护面、二层不做装饰。墙面明黄色与窗户木本色形成强烈对比。本土传统灰塑工艺集中在柱头、山花、门窗、阳台等线脚及装饰图案上。"广州湾法国公使署旧址和法军指挥部旧址"2013年被国务院公布为第七批全国重点文物保护单位。（郦伟、赖瑛）

绿衣楼　见"广州湾法国警察署旧址"。

霞山天主教堂　又称维多尔天主教堂。公共建筑。位于今广东省湛江市霞山区绿荫路85号。清光绪二十六年（1900），广州教区主教梅利派法籍神甫范兰主持建造，光绪二十九年（1903）建成。建筑面积485平方米，坐西向东，面阔14.75米，进深36.7米，砖石钢筋混凝土结构。典型哥特式建筑，主立面由一对双尖石塔夹着中厅山墙，垂直地分为3部分，中央是圆形玫瑰花窗。结构采用尖形肋骨交叉拱顶，外墙每根柱身伸出一个或数个飞扶券以支撑外墙。湛江最早教会建筑之一。参见第288页宗教卷"霞山天主堂"条。（郦伟、赖瑛）

五仙门发电厂　工业建筑。位于今广东省广州市越秀区沿江西路421号。建于清光绪二十七年（1901）。厂房建筑由澳大利亚建筑设计师帕内设计。占地面积3922平方米。坐北向南，宽约74米，长约53米。建筑形制为骑楼，建筑结构采用当时最先进铆钉连接钢材的钢构梁柱方式与钢筋砼剪力墙组合体系，所用钢材为德国制造，外墙为红砖清水墙。建筑南立面采用柱式构图，仿石券水泥批荡窗花，巴洛克檐口女儿墙；东西两侧立面首层采用砖砌拱券窗、叠窗，及檐口形式的腰线，西立面山墙上仍保存广东省会电力机厂成立时具有纪念意

义的"1920"年代标志。（郦伟、杨星星）

小画舫斋　庭园建筑。位于今广东省广州市荔湾区龙津西路逢源大街21号。建于清光绪二十八年（1902），园主为新加坡华侨富商黄氏家族。占地面积1525平方米。为中庭并排和错列式综合的连房广厦式布局。平面构图呈"凸"形。园林建筑分三部分：南部的门厅与住宅、北部的船厅、祖堂和戏台、东部的门厅和后楼。各部分间有廊相连。通风采光俱佳，是典型西关大屋式建筑。面部正门白石衬脚，墙壁用大青砖精砌，门额石刻"小画舫斋"。北部的二层船厅，为两层木结构，卷棚歇山顶，西北面临涌，有蚀刻蓝色玻璃的满洲窗，一楼有码头和游船，登楼可观园外水景，因其平面形状类画舫，因而得名。园内遍植柳、竹、桃和各色时花，砌有水池假山。被誉为最具岭南民间建筑风格和西关民俗风情西关大屋。1956年，黄氏后人黄子静、黄明伯等将其献给政府。（林广思、吕博文）

澳门卢廉若公园　又称娱园、卢九花园。园林建筑。位于今澳门特别行政区半岛的罗利老马路与荷兰园马路交界处。建于清光绪三十年（1904），为澳门第一代赌王卢华绍（卢九）及其子卢廉若、卢煊仲的私园，后被澳葡政府收购，经修缮后于1974年向公众开放。现占地面积1.78万平方米。整体风格模仿苏州园林，分为北边以春草堂为主的水庭和南边以养心堂与百步廊组成的旱庭。园林建筑沿袭岭南传统民居府邸布局，也结合葡式建筑的装饰风格。主要园林建筑春草堂为水榭厅堂，外墙米黄色加以白丝线条饰边，前后有廊，廊柱采用古罗马的科斯林柱式和混合柱式。堂前檐廊采用圆柱和弧形扇窗，以红色铁制座

椅栏杆围合，两旁搭配樽柱式宝蓝色彩釉陶器。园内叠石组景丰富，分别以叠石假山和布点散石营造成高低错落、层次变幻的空间，同时烘托气氛表达园林意境。被誉为澳门近代三大名园之一。园中"卢园探胜"1992年被评选为澳门八景之一。（林广思、黄雯雯）

娱园　见"澳门卢廉若公园"。
卢九花园　见"澳门卢廉若公园"。

康乐园早期建筑群　公共建筑。岭南大学旧址。位于今广东省广州市海珠区新港西路153号中山大学内。清光绪三十年（1904）开始筹建。原址为四牌楼忠贤街福音堂，后更名岭南学堂，有岭南附中、附小建筑群、张弼士堂、怀士堂、陈嘉庚堂、荣光堂、陆佑堂、爪哇堂、十友堂、张成楼、马应彪夫人护养院、马应彪招待所等建筑。建筑群以三合院组团式布局，以"十"字形主副轴将各组团串联起来。公共建筑平面布局多规整、对称、均衡，以"一"字形展开，主入口在建筑中部，常在台阶前矗立两个灯塔以强调，早期采用外廊式，如马丁堂、附中学宿舍、格兰堂等；后期一般采用中间走廊式布局，如张弼士堂、荣光堂、广寒宫等，立面常大面积开窗，试图营造虚实对比的效果。住宅类建筑早期平面布局自由，主副楼的空间形态丰富，主仆交通流线分明，各使用空间相互渗透，私密性不强，一般在南面布置虚实对比强烈的外廊，丰富空间层次，建筑开窗面积大，主入口处有门廊过渡。住宅类建筑后期平面趋向规则、紧凑，浴室多为两相邻房间共用，家庭公共空间，起居室、客厅等空间不完整，常作为各流线交集点。建筑群采用无论公共建筑还是住宅建筑，大部分设半地下室，红色砖墙居多，装饰中西结合，绝大部分屋顶为

中国式屋顶，适合岭南气候，并融合中西建筑技术、观念、材料。每个建筑因功能、建造技术、建筑设计师的不同理解，形成各具特色的屋顶造型。其建筑形态演变，反映外国建筑师在实践中对中国传统建筑屋顶形态的理解，解决建筑技术与形式的矛盾；为广州中西建筑技术与艺术的结合作出启发和引导。（郦伟、林超慧）

广州大元帅府旧址 公共建筑。位于今广东省广州市海珠区纺织路东沙街18号。由设计师珀内尔（Purnell）和佩吉特（Paget）设计。前身为兴建于清光绪三十二年（1906）的广东士敏土（水泥）厂办公楼。1917年和1923年，孙中山两次于此地设立大元帅府。2006年5月作为孙中山大元帅府纪念馆对外开放。占地面积为8020平方米，包括门楼、北楼、南楼三部分。门楼为2003年根据历史照片原样重建。高二层，门额有"五蝠拱寿"图案和"大元帅府"木匾。两座大楼为三层砖木石钢混凝土结构，中间有架空走廊连接，每层四面有回廊，回廊由西式风格半月形券拱组成，装饰线脚、陶土宝瓶栏杆、自上而下竹节形排水管等具体建筑细节，反映其融合

广州大元帅府旧址

岭南建筑和西方建筑特色风格。系广州作为中国近代民主革命策源地的重要纪念性建筑。1996年被国务院公布为第四批全国重点文物保护单位。2019年入选第四批中国20世纪建筑遗产项目名录。（唐孝祥、冯惠城）

开平风采堂 又称名贤余忠襄公祠。祠堂建筑。位于今广东省江门市开平市三埠街道东堤路1号（风采中学校

开平风采堂

园内）。于1900年前后筹款，清光绪三十二年（1906）动工，1914年竣工。为开平、台山两地余氏族人为纪念先祖余靖而建。建筑由风采堂、风采楼两部分组成。总建筑面积5364平方米，坐西南向东北。整个建筑群最大特色为中西合璧风格。平面布局中轴对称，采用当地常见前屋后楼形式：临江风采堂为三路三进三开间布局，总面阔54米、总进深50米，平面略

成方形，主、次路之间以青云巷连接，形成六院十五厅，中路为祠堂功能、两次路为学校之用；风采楼位于风采堂之后、中轴末端，高三层，总面阔20.5米、总进深12.5米，是供奉余襄公之地，也是敬祖祭祀的华侨聚会、休息之所。该祠中西合璧风格鲜明。建筑结构上，使用圆形拱券柱承重形式，也保留传统硬山搁檩形式。外观造型上，采用传统辘筒灰瓦屋面、封火山墙等形式，又有局部平屋顶、穹顶以及三角形山花、外廊、双柱等西式特征。建筑材质上，有砖、石、木等传统材质，又有生铁、钢筋混凝土等当时新颖材质。装饰手法上，有传统木雕、石雕、灰塑、陶塑等工艺，又有铸铁仿木雕等工艺。尺度比例上，部分刻意追求黄金分割比，如风采楼总面阔与总进深之比、中间大厅长宽之比等。2019年被国务院公布为第八批全国重点文物保护单位。（郦伟、赖瑛）

名贤余忠襄公祠 见"开平风采堂"。

邓发故居 传统民居。位于今广东省云浮市云城区云城街道办城西犊石塘村。建于清光绪年间。坐北向南，为二进院落四合院式布局、泥砖、瓦、木结构，人字山墙，外墙青砖装白灰，内墙白灰勾缝，硬山顶两坡屋顶。三间两进一厢房，上、下厅之间有天井，两座两厅十房，东边有回水。主体建筑呈对称布局，边长21.3米，宽12.6米，建筑面积268.38平方米，前边晒场长21.3米，宽6米，面积127.8平方米。故居按平面功能布置格局分设纺织作坊、出生房、厨房、游击队员养伤处、邓章隐藏处、生活作坊、读书房、革命活动室、农具存放处。邓发生平事迹展示馆位于故居东侧。建于2019年10月，建筑面积约150平方米。1979年被公布

为第二批广东省文物保护单位。（郦伟、杨辉）

潮阳磊园 又称耐轩园。居住建筑。位于今广东省汕头市潮阳区亭脚路罗汉松小区北侧。于清宣统元年（1909）建成。1949年后被当地公共服务管理部门占用，2005年后划归潮阳区园林管理部门。现建筑均被拆改，唯假山风貌犹存。原占地面积600平方米，以太湖石叠石树池布局，内有众多名人题刻。东侧为池塘，西侧为当地蜡石和海石堆砌的三层假山，其侧筑"磊园楼"，系瓦木结构。园中太湖石假山与巨大榕树形成天然"榕门"，另一侧建四照阁并筑有石洞。呈现别具一格石木交融式园林景观，配合园林石刻篆文，体现了文人造园的文化内涵。（林广思、黄雯雯）

耐轩园 见"潮阳磊园"。

广东谘议局旧址 公共建筑。位于今广东省广州市越秀区中山二路92号烈士陵园内。建于清宣统元年（1909）。日本留学生金浦崇、金浦芬捐建。占地面积为3500平方米，坐北朝南。砖、木、钢梁柱混合结构。自南至北轴线上有大门（为祠堂式建筑，已毁），石砌荷池拱桥，主楼仿古罗马式议会大楼形式，后座为砖木结构两层楼房（已毁）。主楼东西两侧有砖木结构附属建筑（已毁）。主楼前圆后方，大厅屋顶为半球形，8柱环列，有内外回廊，廊两层。入口1948年改为罗马式4条大圆柱。宣统二年（1910）广东谘议局在此成立。次年武昌起义后宣布广东独立，设立广东军政府，先后改为省议会和非常国会。孙中山三次在广州建立革命政府，其中两次是在此宣誓就职。1925年10月国民党中央党部迁此办公，毛泽东任国民党中宣部代部长也在此办公，编

辑出版《政治周报》。2006年被国务院公布为第六批全国重点文物保护单位。2018年入选第三批中国20世纪建筑遗产项目名录。（郦伟、赖瑛）

康真君庙 俗称康公庙。庙宇。祀奉康公真君（汉代大将李烈），也供奉南海广利洪圣大塘王、西山金圣候王、六祖圣佛和华佗先师。位于今澳门特别行政区十月初五街中段。建立于清代。原有三路建筑，现存中路与左路。中轴线上主要建筑为头门和正厅，左路为华佗殿、六祖殿、藏经阁及附属用房。头门三间两进，小型广府祠堂样式。硬山顶用五岳山墙，正脊装饰灰塑和一对陶塑鳌鱼。明间大门两扇，青砖墙面用花岗岩墙基。拜亭高敞，为改建而成。正厅前设拜亭一座。正厅三间三进，抬梁式木构架。专主民间喜庆法事，殿前中央放置有"酒船石"，于清咸丰年间雕刻而成，有船、鲤跃龙门、龙凤呈祥及鹤延年吉祥图案，供善男信女向神佛礼拜奠酒之用。体现澳门城市发展底蕴，具有重要历史价值和社会意义。（姜省）

康公庙 见"康真君庙"。

阮啸仙故居 居住建筑。位于今广东省河源市东源县义合镇下屯村。始建于清代。1996年按故居原貌进行修复，2004年重新维修并完善附属设施。占地面积约2200平方米，建筑面积630平方米，坐南向北，三堂四横一后杠屋布局。目前保存有平房三间，三进院落式。建筑为硬山顶，抬梁与穿斗混合式梁架结构，白墙黑瓦，古朴简洁，围屋前有一个半月形大池塘。有较高的艺术和观赏价值。1989年被公布为第三批广东省文物保护单位。（郦伟、杨辉）

叶剑英故居 居住建筑。位于今广东

省梅州市梅县区雁洋镇雁上村虎形自然村。建于清代。占地面积约400平方米，现存建筑面积350平方米。坐东北朝西南。平面布局呈长方形，面阔17.95米，进深26.32米。正面设一大门，悬山顶，蝴蝶瓦屋面，三合土墙体、土木结构，为二合杠屋客家围屋。大门中轴线上置天井与厅堂，大门两边对称筑厢房。共有15个房间，其中4间为叶剑英家所拥有。1986年，广东省人民政府对故居进行重修，按原貌陈列并对外开放。2001年被国务院公布为第五批全国重点文物保护单位。（郦伟、杨星星）

陆皓东故居 居住建筑。位于今广东省中山市南朗镇翠亨村。建于清代晚期。占地面积446平方米，建筑面积273平方米，坐西向东。是具有广府传统建筑特色三间两廊式砖木结构建筑。分为正厅及两个耳房。厅内悬挂陆皓东烈士遗像及生平事迹介绍。建筑风格朴素，檐下饰有泥塑及彩绘。门前挂"二龙世胄；双璧家风"木对联。故居前有庭院，植有岭南花木。1989年被公布为第三批广东省文物保护单位。（郦伟、杨辉）

周其鉴故居 居住建筑。位于今广东省肇庆市广宁县东乡镇新楼村。建于清代晚期。是周家产业。面积163平方米，坐北向南。三间两廊传统式青砖木瓦结构建筑，宽14.1米，深11.6米。金字瓦面，船形瓦脊，两房有阁楼。山墙三隅青砖至阁楼，两隅至瓦面，侧开门门。左上房是周其鉴夫妇起居室。大革命时期，周其鉴经常在此进行革命活动，是其在广宁领导农民运动重要活动地点之一。1989年被公布为第三批广东省文物保护单位。（郦伟、杨辉）

陈少白故居 又称白园。传统民居。

位于今广东省江门市江海区外海街道南华里1号。清末建筑，分为两处，隔河相望，以白桥连为一体，分别为莎萝坪和白园，白园右侧有一池塘。故居为一座封闭式院落，因所有建筑物的梁架和封板以及内墙皆漆以白色，故又名白园。为陈少白主要起居之所，由其父陈子桥始建，1927—1932年两次重修，成今天所见布局。总占地面积1040平方米。白园设前门、后门和侧门，各门两侧均有用以防御的枪眼；院内左侧为起居室，建有阁楼，底层长度35米，宽4米，阁楼长度16米，宽4米；右侧建有亚字楼，为故居的主楼，是陈少白主要的起居之所，长8.4米，宽7米，青砖水泥砌建，楼高二层，院内建筑以檐廊连接。现在二楼的房间内，还保留有一张陈少白睡过的酸枝木大床。亚字楼后面建筑分别为厕所、浴室及厨房。在陈少白故居门前，有一座陈少白于1934年春兴建的水泥砌筑石桥，称为白桥，白桥与莎萝坪相通。莎萝坪内建有单层带天面平台建筑，名瞻云台，园内有六柱六角亭，内置铁锅，名粥锅亭，该锅曾为陈少白被清兵追捕时隐身之所。2002年被公布为第四批广东省文物保护单位。（郦伟、杨辉）

白园　见"陈少白故居"。

北海近代建筑　公共建筑。位于今广西壮族自治区北海市海城区的北海旧城内及涠洲岛上。建于清末民国时期。主要是清光绪二年（1876）《中英烟台条约》将北海辟为通商口岸后，在北海建立的海关、领事馆、洋行、教堂、女修院、学校、医院、图书馆、邮政局等近代公共建筑，共17处，分别是北海关大楼旧址、英国领事馆旧址、法国领事馆旧址、德国领事馆旧址、德国森宝洋行旧址、北海天主堂旧址、涠洲岛盛塘天主堂旧址、涠洲

城仔教堂、双孖楼旧址、女修道院旧址、主教府楼旧址、德国信义会教会楼旧址、会吏长楼旧址、贞德女子学校旧址、普仁医院旧址、合浦图书馆旧址、大清邮政北海分局旧址。除涠洲岛2座教堂为哥特式建筑风格，其余建筑均为殖民地外廊式建筑风格，多采用拱券、西式柱式、百叶窗、宝瓶式栏杆等西式建筑元素。近代北海对外开埠后中西经济文化交流的物证。2001年被国务院公布为第五批全国重点文物保护单位，2017年入选第二批中国20世纪建筑遗产项目名录。（玉潘亮）

东平大押　又称大东门当铺碉楼旧址、大东门当铺。居住建筑。位于今广东省广州市中山四路1号。建于民国初年。占地面积94.5平方米，坐北向南。平面呈方形，宽9米，长10.5米。北侧高五层，南侧高四层，立面清水砖墙，四面开窗，窗口内大外小，便于防卫。五层双坡屋顶，四层单坡屋顶。外立面呈碉楼状。现仅存当铺的仓储楼。旧广州地标性建筑之一。国内首家典当博物馆。（郦伟、林超慧）

大东门当铺碉楼旧址　见"东平大押"。
大东门当铺　见"东平大押"。

陈廉仲故居　又称陈廉仲公馆。居住建筑。位于今广东省广州市龙津西路逢源北街84号。建于民国初年。建筑用地920平方米。带庭院，主体建筑三层高，砖木结构，布局一正一偏，以正间主厅为中心，通达后座与偏间的行房，正面、西面设外廊，东面为独立的梯间，保证各层独立使用。与传统西关大屋组合相约，造型轻巧简约，窗楣、栏栅、门洞等装饰引入20世纪初西方建筑元素，如圆券拱、欧式立柱、三角山花等，建筑形式适宜地方气候。园内有三座以英石砌筑的

石山。（郦伟、林超慧）

陈廉仲公馆　见"陈廉仲故居"。

简氏别墅　居住建筑。佛山现存规模最大的民初中西合璧园林式大型建筑群。位于今广东省佛山市禅城区祖庙街道恩光社区臣总里17号。近代广东南洋兄弟烟草公司创办人简照南的别墅。占地面积3200平方米。由门楼、主楼、后楼、西楼等组成。门楼、主楼与西楼沿南北中轴线排列，西楼则坐西向东。主楼高2层，正面采用古典复兴式风格，背面采用南洋地区外廊式风格。建筑内部多用中式风格屏风雕花等，钢筋混凝土结构，与后楼以天桥相连接。西楼高3层，仿西洋式建筑，钢筋混凝土及青砖混合结构。2002年被公布为第四批广东省文物保护单位。（郦伟、胡超文）

黄花岗七十二烈士墓　又称黄花岗公园。纪念建筑。辛亥革命重要史迹。位于今广东省广州市越秀区白云山南麓先烈中路79号。1912年，广东军政府为纪念辛亥"三二九"广州起义牺牲烈士，在潘达微掩埋忠骨处始建烈士墓园。1918年，方声涛募捐继续修建，墓园初具规模。1919年，参议院议长林森向华侨发起募款，又先后增建墓亭、纪功坊、大门楼等。1932年，杨锡宗、林克明负责规划设计，至1935年基本建成。占地面积约16万平方米，坐西北朝东南，整体规模宏大，气魄雄伟。主要建筑汇集在中轴线上，依托地形，逐级上升。正门为高13米牌坊，上有孙中山题"浩气长存"四个字。墓道长200米，两旁种植苍松翠柏。园内有墓亭、陵墓、纪功坊、记功碑、乐台、四方塘、黄花亭、西亭、自由神像等建筑。记功碑上刻有历史缘由和烈士英名，顶部是高举火炬的石雕自由神像。岗陵上

字放七十二烈士墓，居于墓台当中，纪功坊立于墓后。南墓道为碑林，镌刻有"自由魂""精神不死"等碑文。1986年以"黄花浩气"被评为羊城新八景之一。1961年被国务院公布为第一批全国重点文物保护单位。2016年入选第一批中国20世纪建筑遗产项目名录。（林广思、黄雯雯）

黄花岗公园　见"黄花岗七十二烈士墓"。

土洋村东江纵队司令部旧址　宗教建筑。原为意大利式天主教堂。位于今广东省深圳市大鹏新区葵涌街道土洋社区中心巷16号。建于1912年。占地面积约400平方米，建筑面积270平方米，坐北朝南，为砖瓦结构二层一进楼房。面阔三间10米，进深10米。包括主楼、礼拜堂、附属用房等。主体建筑为两层夯土木结构楼房，外形及装饰颇西式化。主楼居中，心间高三层、次间高两层，砖木结构，大门设砖拱门廊，尖山式硬山顶，辘筒灰瓦，屋顶四周有女儿墙。主楼东侧为单层礼拜堂，面阔6米，进深15米，正门设有意大利风格砖拱门廊，土砖木结构，尖山式硬山顶。主楼西侧为马厩，面阔3.5米，进深9米，砖木结构，小青瓦屋面。1943年12月2日，广东人民抗日游击队东江纵队在土洋村宣告成立。1943年12月到1945年5月期间，东江纵队司令部设于此，东江纵队司令员曾生等领导人在主楼工作和居住。1944年8月，广东省委在此召开省委委员、省军政委员会联席会议（史称土洋会议）。1997年设立东江纵队史迹展览馆，通过119件东纵战士战斗、生活、日用品等实物以及大量的照片、文献资料，展示东江纵队"南域先锋""海外萤声""艰苦风范"的革命精神和战斗历程。2019年被国务院公布为第八批全国重点文物保护单位。（郦伟、赖瑛）

粤海关旧址　公共建筑。原为粤海关税务司公署，今为粤海关博物馆，位于今广东省广州市荔湾区沿江西路29号。1914年3月奠基，由海关总税务司署营造处总营造司狄克（David Dick）和建筑工程帮办安洛得（Charles Dudley Arnott）设计和建造，由晖华昌工程公司承建，1916年6月落成。楼高31.85米，建成之初是当时广州市最高的建筑物，也是广州市最早使用钢筋混凝土结构的建筑，总建筑面积约3292平方米。建筑物平面呈内廊式平面布局，三面围廊，它的正立面风格基调为英国爱德华时期巴洛克式的新古典主义建筑风格，下段底层是花岗岩条石基座，中段是贯通二、三层的罗马式爱奥尼花岗岩双柱列，上段是四层平屋顶，屋顶中央覆盖欧式穹顶组合塔钟；正立面入口门廊的断檐山花十分显眼，山花券拱上有"粤海关"三字。粤海关旧址塔钟所在的顶层钟楼高13米，建筑面积为62平方米，外部四周有4个直径2.7米的发光钟面显示时间，它的分针长度为1.25米，时针长度为0.85米，用罗马数字表示刻度，中间为白色的莲花图案。内部有5个大小不一的铜铸吊钟和走时机构，均是1915年在英国生产，现保存良好。建筑物内高大宽敞，各室设有壁炉，柚木地板，绿色釉面砖墙裙，第一层的公共空间更使用了最为精美和复古的罗马式马赛克地砖。2006年被国务院公布为第六批全国重点文物保护单位，并先后获评或入选广州丝绸之路千年秀标志景点、广东十大海上丝绸之路文化地理坐标、第四批中国20世纪建筑遗产名录、广东省粤港澳大湾区文化遗产游径等。（郦伟、杨星星）

粤海关旧址夜景

广州东亚大酒店　又称港润东亚大酒店。公共建筑。位于今广东省广州市越秀区长堤大马路320号。始建于1914年。是先施公司的附属企业。楼高7层，营业面积8000平方米。外观采用巴洛克风格装饰特征，更现代、更简洁，罗马柱采用简洁方柱、圆柱。主营旅业外，设有酒吧、波楼、美容室、娱乐场。7楼为天台花园，地下和阁楼设有中西餐厅。因环境舒适典雅、设施豪华获"百粤之冠"的美誉。广州解放第一面五星红旗升起的地方。（郦伟、蔡仕谦）

港润东亚大酒店　见"广州东亚大酒店"。

棣华居　居住建筑。位于今广东省梅州市梅江区西阳镇白宫新联村。由旅印尼华侨丘宜星、丘添星兴建，1915年动工，1918年建成。占地面积约3400平方米，主体建筑面积1850平方米，坐西向东。中轴对称纵向椭圆平面布局，前低后高，由水塘、门楼、门坪、堂屋、横屋、围屋、天井、化胎、杂屋等组成。总面阔58.09米，总进深73.6米。主体建筑呈半圆形，前临水塘，背靠青山，有龙厅、正堂、南北厅等数十个房间，以锁头屋形式围合成三堂四横一围屋，两层高，夯土墙，灰瓦面，土木石结构。外斗门坐西南向东北，面阔三间，进深一间，石柱木轩卷棚，梁架饰双狮彩色通雕，挂落饰蝙蝠、花草等通雕。中堂是抬梁式屋架。下堂面阔为三间，前檐廊是四架梁卷棚顶，斗拱饰金色木雕狮形。左侧坐西南向东北，外设硬山式门楼；右侧与横屋连接坐南向北处设杂屋，与围墙、门楼连接。2002年被公布为第四批广东省文物保护单位。（郦伟、林超慧）

海口琼园　园林建筑群。位于今海南省海口市琼山区海府路169号五公祠内。1915年由琼崖道尹朱为潮始建。与五公祠、苏公祠、伏波祠、学圃堂、观稼堂、五公精舍等组成五公祠园林建筑群。占地面积约7000平方米，比邻五公祠北门，北靠苏公祠，南临湖面，包括粟泉亭、洗心轩、洞酌轩等园林建筑。建筑布局呈前低后高，逐级而上。门洞左侧为浮粟泉，泉为方形。泉上方有一六角小亭，为粟泉亭。庭园最高处为洗心轩，由洗心轩东侧进入自然式景观游仙洞，可俯览全园。琼园与苏公祠庄严肃穆的祠堂建筑相辅相成，体现海南丰厚人文底蕴。（林广思、黄雯雯）

文昌符家宅　又称符家大宅、松树大屋。居住建筑。位于今海南省文昌市文城镇松树村。1915年由符氏三兄弟符永质、符永潮、符永秩建造，1917年建成。占地面积约1430平方米。由3栋2层楼房排列相连而成，是海南琼北民居常见的三进单横屋式，中间有一贯穿风雨廊。东侧设路门。每栋楼房结构类似，采用心间为堂，次间、稍间为卧室设计，旁有台阶通往二楼，院落划分为8个小天井。庭院被风雨廊切割，辅于灰塑的拱券、花池、照壁等设施，庭院空间丰富、通透。风雨廊在南立面和围墙构成主要的形象立面。南洋风格的拱券和马蹄形、三叶形、弓形与尖形等伊斯兰风格图纹运用是符家宅一大特色。2019年被国务院公布为第八批全国重点文物保护单位。参见第1220页华侨·侨乡卷"文昌符家宅"条。（郦伟、赖瑛）

符家大宅　见"文昌符家宅"。
松树大屋　见"文昌符家宅"。

福兴楼　又称龙楼、火山古堡。居住建筑。位于今海南省海口市秀英区石山镇施茶村委会美社村。始建于1916年。古堡长6.9米，宽4.3米，高18.6米四层石碉楼，总体上小下大，用火山岩玄武岩砌成，底层高达4.5米，向左侧扩展辟为守卫碉楼的门岗，门口设铁门，二层是阳台，从底层通向二层，楼梯采用条石铺设，条石与外墙相连，浑然一体。地板用水泥连接，木楼梯通向三楼和四楼，坚硬牢固。是近代海南与南洋文化交流、建筑风格互相融合的反映。（郦伟、蔡仕谦）

龙楼　见"福兴楼"。
火山古堡　见"福兴楼"。

文昌公园　公共建筑。位于今海南省文昌市文新南里7号。建于1917年。

自2002年以来，文昌市人民政府进行全面改造。占地面积2.1万平方米。园内有郭母李太夫人王夫人纪念亭、陈岛沧纪念亭、思师亭等。郭母李太夫人王夫人纪念亭采用中式建筑造型，西式细部构造装饰，亭里有民国时期李宗仁、林森、于右任、冯玉祥、张学良、白崇禧、孙科、陈立夫、陈果夫、孔祥熙、邵力子等33位高级官员和名人的亲笔题字题词，是中国保留历史名人墨迹最多、最完整纪念亭之一。陈岛沧纪念亭为纪念公园创建者陈岛沧所建，陈岛沧纪念亭和思师亭为中西合璧园林建筑。该园保留众多民国至今华人华侨及社会贤达墨迹，彰显岭南文化底蕴，体现海南兼容并济文化内涵。2009年被列为琼州百景之一。（林广思、黄雯雯）

大埔肇庆堂　又称敬修衍庆。居住建筑。位于今广东省梅州市大埔县百侯镇侯南村。1917年，由杨荫垣、杨俊三兴建。主体是一座两堂两横围屋和一栋两层西式风格建筑。围屋硬山顶，穿斗与抬梁相结合，砖石木混合结构。堂内所有梁柱、斗拱结构严谨精密，绘有彩绘山水、花鸟、人物，雕有龙、狮、虎、豹等，工艺精致。屋顶、外大门屋脊饰有各种花鸟、瑞兽、鱼虾。堂外设一大门坪，门坪外筑有高墙，左右对称分设二外门。堂后辟一半圆形后花台，后台筑有高墙。西式建筑总面阔17.4米，总进深9.7米，共两层，面阔五间，进深二间，三面外廊样式。2019年被国务院公布为第八批全国重点文物保护单位。（郦伟、赖瑛）

敬修衍庆　见"大埔肇庆堂"。

浮月洋楼　居住建筑。位于今广东省江门市台山市斗山镇墩头村委会浮月村。包括中山阁、贤安庐、安雅庐、兰芳居、觉庐、秦华居、恒安居、仕

庐、英庐、源庐、炯庐、鎏庐、晃庐、惠华居和陈国旗楼 15 栋洋楼。最早的惠华居建于 1917 年，觉庐最晚，于 1936 年完工。洋楼大多单门独户，庭院式设计，占地面积 150—200 平方米，钢筋混凝土结构的主楼高三至四层，为了防御，一二楼设计多较为封闭，窗口狭小设有枪眼，三楼以上设圆柱敞廊、拱门阳台、雕花山墙。兼具居住与防卫功能，均为庭院式别墅建筑。台山市新八景之一。2008 年被公布为第五批广东省文物保护单位。（郦伟、杨辉）

广州中央公园　又称人民公园。公共建筑。位于今广东省广州市越秀区公园路以北、府前路以南、东到吉祥

广州人民公园

路、西至连新路，北面为广州市人民政府。隋朝起基址为衙门官邸，元代为广东道肃政廉访使署，明朝为都指挥司署，并曾为南明绍武政权王宫，清代先后为平南王府和广东巡抚署。1917 年，孙中山倡议辟为公园，由杨锡宗设计。1918 年建成，命名为市立第一公园，1921 年 10 月 12 日开幕。1966 年改名为人民公园。占地面积 4.46 万平方米。采取意大利图案式庭园布局，呈方形对称形式。南北向道路为中轴线，与广州旧城中轴线相重合。轴线两侧道路花木对称排列布置。经历多次修整后，早期栽种树木现已树荫遮天，构成公园主要景观特色。园内常举办各类游园活动及纪念活动，对市民生活影响深远。（林广思、黄雯雯）

人民公园　见"广州中央公园"。

梧州海关旧址　公共建筑。梧州第一座使用水泥建造的近代建筑。位于今广西壮族自治区梧州市万秀区西江三路 5 号地委大院内。建于 1918 年。1949 年 12 月 5 日梧州市军管会接管海关梧州分关，1950 年移交梧州地区行署使用。占地面积 3200 平方米，4 层砖混结构，其形式具有外廊式建筑特征，立面采用三段式处理，1 层架空，2—4 层外廊立面采用连续半圆拱券，护栏采用宝瓶式绿釉陶质立柱，3—4 层设外凸弧形阳台。目前广西保留最完好、规模最大民国时期海关建筑群。作为"梧州近代建筑群"一部分 2013 年被国务院公布为第七批全国重点文物保护单位。（玉潘亮）

珠海唐家栖霞仙馆　居住建筑。位于今广东省珠海市高新区唐家湾镇会同社区。建于 1918—1922 年间，由香港太古洋行买办华人莫仕扬嫡孙莫咏虞兴建。为中西合璧园林建筑。占地面积 1.5 万平方米，由斋堂、门楼、六角亭、茅亭、啖荔亭、六角喷水池、人工山石和发电房等组成，主体建筑斋堂仿上海太古洋行建造，坐西向东，共两层，占地面积 400 多平方米。进深 19.62 米，面阔 20 米，内分梦香堂、念经堂、客厅、寝室和厨房，上下两层走廊设有圆拱形门。珠海市三大历史园林之一。（郦伟、胡超文）

潮海关旧址　公共建筑。位于今广东省汕头市金平区海安街道怀安居委外马路 2 号。始建于 1919 年，1921 年建成。2006 年 12 月，汕头海关对钟楼进行原貌修复，并建成汕头海关关史陈列馆，于 2008 年正式对外开放。占地面积为 474 平方米，建筑面积 1556.2 平方米，坐北向南。通面阔 30 米，通

进深 15.8 米。建筑风格为欧式长方体、钢筋混凝土结构，分上下两层，走廊环绕四周，内部装饰考究。外立面红砖白柱，天台周围有 160 个"米"字形通花装饰，大门顶端狮子浮雕，下端有花岗岩石面黑色罗马数字大钟。是汕头开埠以来最早的建筑之一，目前全国保存较为完好的民国早期海关钟楼之一。2019 年被国务院公布为第八批全国重点文物保护单位。（郦伟、杨星星）

啬色园　又称黄大仙祠；俗称黄大仙庙。宗教建筑。位于今香港特别行政区九龙黄大仙区竹园村 2 号。建于 1921 年，1971 年重建。占地面积 1.8 万平方米。现有大雄宝殿、三圣堂、意密堂、麟阁、经堂、盂香亭、从心苑、九龙壁、牌坊等建筑。按照 1937 年在黄大仙殿前占卦结果并严格根据五行八卦原理设计而成，飞鸾台"金"形，经堂"木"形，玉液池"水"形，盂香亭"火"形，照壁"土"形，形成五行巩固系统。祠内建筑按左龙右凤、五行属性兴建，体现中国传统建筑文化及园林特色。反映香港文化信仰和风水需求，是传承至今、广负盛名的宗教民俗场所。香港一级历史建筑。参见第 267 页宗教卷"啬色园"条。（林广思、黄雯雯）

潮州饶宅秋园　居住建筑。位于今广东省潮州市湘桥区下东平街中段。始建于 1922 年。西面是住宅区，东面是庭园与花园，以园门作为两园间过渡空间。园内设有"云栖轩"、六角亭、圆洞石门、湖池等景观。书斋入口庭园为凹字形平面布局，西部厅堂、中部书斋、拜亭采用规整式布局，东部侧庭则采用自由式叠山池岸。屋顶采用平顶结构。园内有芭蕉青翠，怪石成山，紫藤环绕，运用多种石材，营造出"咫尺山林"的意境。目前入口

书斋已改为新楼，石山庭园保存基本完整。（林广思、黄雯雯）

林鸿高围楼 居住建筑。位于今海南省海口市美兰区三江镇三江村委会罗悟村。旅泰华侨林鸿高所建。始建于1922年。建筑占地面积1845平方米。大楼坐北朝南，回廊式钢筋混凝土结构，长61.5米，宽30米，共两层。原有72个房间，现存34个房间。房间东西对称，南北有院子，罗马柱装饰。抗日战争时日本侵略军曾在楼中驻扎，解放军在解放初期曾于楼中设立团部，并建立部队干部文化培训学校，后三江人民公社在此设立办公室。2015年被公布为海南省第三批文物保护单位。（郦伟、蔡仕谦）

中山马应彪故居南源堂 居住建筑。位于今广东省中山市南区街道沙涌社区应彪路马公纪念堂内。1923年由上海先施百货公司创办人、澳大利亚侨商马应彪为纪念其父马在明兴建，1933年建成。是中国近代先施百货公司创始人马应彪故居。南源堂取其孙子马健南、马健源名字各一字命名。建筑主体高三层，平屋顶，中间升起两层钟楼，四周筑女儿墙。正面设外廊且二、三层局部挑出，方柱旁配有欧式立柱，柱头为爱奥尼式，柱身上半部有齿槽，下半部光滑。仿英国钟楼式风格，混凝土及砖木混合结构。所在的"马公纪念堂"2008年被公布为第五批广东省文物保护单位。参见第1223页华侨·侨乡卷"马公纪念堂"条。（郦伟、胡超文）

中国共产党第三次全国代表大会会址 公共建筑。社会科学类历史专题纪念馆。位于今广东省广州市越秀区恤孤院路3号，由中共三大会址遗址广场、中共中央机关旧址春园、中共三大历史陈列馆组成。1923年6月12日至20日，因中国共产党第三次全国代表大会在此召开得名。原是临时租用的普通两层楼房，每层有两个房间互相连通，砖木结构，人字瓦顶。会址在抗战时期被日机炸毁。改扩建中设计巧妙融入党徽镰刀和锤头元素，以抽象元素与建筑体量的组合，构成突出的建筑语言；榫卯结构的交织形式，表达榫卯共握、工农同心的设计理念。陈列馆占地面积668.42平方米，建筑面积为2305平方米。2013年被国务院公布为第七批全国重点文物保护单位。2022年入选第六批中国20世纪建筑遗产项目名录。（唐孝祥、颜沁怡）

台山骑楼 民居建筑。侨乡建筑。位于今广东省江门市台山市境内。主要集中在台城，包括新昌、斗山、获海、公益、大江、三合、都斛、广海、端芬等镇区。从1924年到1929年，台城出现第一次改造建设商业街区高潮。是台山侨圩最重要建筑形式。因地域多丘陵，交通受阻，侨圩骑楼街多沿"水路""铁路"分级聚集。骑楼前铺后居、上宅下店，一般2—3层，营造工艺多西式，立面、街道肌理、社区生态保存原真度高。融合岭南文化与海外经济、建筑、文化、生活方式，见证台山城镇发展史，是大湾区文旅夯实特色资源。（郦伟、林超慧）

中央银行旧址 公共建筑。位于今广东省广州市越秀区沿江中路193号。1924年建成。建筑面积1098平方米。高两层，钢筋混凝土结构。正中大厅外墙为花岗岩石，上空是椭圆形透光棚顶藻井，沿藻井四周楼道环绕仿科斯林式柱子和罗马式柱子，其余外墙刷水洗石米，墙面饰椭圆形图案，楼顶是低矮的女儿墙，建筑环绕围墙。2002年被公布为第四批广东省文物保护单位。（郦伟、林超慧）

广州湾法国公使署旧址 又称公使堂。公共建筑。位于今广东省湛江市霞山区海滨大道南。建于清光绪二十九年（1903）。法国新古典主义风格建筑，曾是法国在广州湾租借地设置的最高行政机关。建筑占地面积900平方米。坐西向东，地面上两层建筑、地下一层地下室，共三层，钢筋混凝土结构。建筑平面呈矩形，面阔25米，进深36米。建筑首层5个出入口，主入口设在东面，朝向海湾，上10级台阶进入门廊方可入室内；南、北立面各两个入口。正立面左右对称，中间主体16.8米圆弧形向外凸出，高19.1米，采用横三段、纵三段构图手法，顶部有6.8米高穹顶形钟楼，形成建筑立面明确的主次关系。墙面主体色彩为明黄色，镶白色墙角线、腰线、窗框等。建筑西面不开设窗户，一层三面窗户窗楣均为三角形山花形式，二层窗楣东面、南面为山花形式、二层为弧线形式。广州湾法国公使署旧址和法军指挥部旧址2013年被国务院公布为第七批全国重点文物保护单位。（郦伟、赖瑛）

公使堂 见"广州湾法国公使署旧址"。

中华全国总工会旧址 公共建筑。社会科学类历史专题纪念馆。原为惠州会馆。位于今广东省广州市越秀区珠光街道湛塘路社区越秀南路89号。1985年改现名。1925年10月，中华全国总工会从大德路临时会所迁入，1927年2月，改为中华全国总工会广州办事处。1949年以后，广州市人民政府多次拨

中华全国总工会旧址

款对旧址进行修缮，1959 年对外开放，"文化大革命"期间关闭。1984 年全面修缮，并于 1985 年 5 月 1 日重新开放，2021 年，修缮后再次对公众开放。坐西朝东，建筑面积 1746 平方米，砖木结构，西式洋房建筑。包括礼堂和办公楼，设有地下室，主楼立面以黄色和白色为主，有连续柱廊，广州四大名园之一的"东园"和"挹翠园"位于其南侧。拱券形主入口和铸铁栏杆门扇。室内按历史原貌复原全国总工会执行委员会办公室、干部办公室、教育宣传委员会办公室、《工人之路》编辑室、大会议厅、宣传部办公室、秘书部办公室、小会议室、组织部办公室等 9 室。1988 年被国务院公布为第三批全国重点文物保护单位。2019 年入选第四批中国 20 世纪建筑遗产项目名录。（唐孝祥、曾灿煦）

李济深故居　居住建筑。位于今广西壮族自治区梧州市苍梧县大坡镇料神村。建于 1925 年。原建筑为四进三院，"文化大革命"期间拆毁最后一进及两碉楼等附属建筑，现为三进两院，自 1985 年起多次维修。占地面积 3342 平方米，建筑面积 2010 平方米。总体布局坐南朝北，高三层，砖木结构，青砖瓦房四合院，大小厅房 53 间。大门口镶嵌大理石一块，镌刻着民革中央主席届武亲笔题写的"李济深故居" 5 个字。庭院内由外廊串起各个房间，地面铺装为八卦图案。四周有炮楼，主体建筑墙体上设有射击孔，炮楼屋顶瓦面设置墩子式"回"形走道，与踏步相通。入口左右两侧各设立狮一只，门楼半圆山花以中国传统吉祥图案灰塑松鹤鹿，象征福禄寿，在山花构图外圈开光图案分别饰中国传统的梅花、石榴、荷花等吉祥图案，顶部设八卦图案造型，屋顶上装饰中间为一个印章，左右为两个变体的巴洛克涡卷式山花，寓意

出入平安。是一座具有较强防御性质、中西合璧内庭院式建筑。1996 年被国务院公布为第四批全国重点文物保护单位。（玉潘亮）

北海合浦图书馆旧址　公共建筑。北海最早的图书馆。位于今广西壮族自治区北海市海城区解放路 17 号。建于

北海合浦图书馆旧址

1926 年。由国民党上将、中国国民党革命委员会创始人之一陈铭枢捐资建造。建筑面积 600 平方米，平面为矩形，高两层，主入口设外凸柱廊门，并设双向阶梯通往楼内，四坡屋面，具有殖民地外廊式建筑特征，浅黄色外墙，1—2 层为连续券柱廊，正立面为中轴对称 7 开间，开间宽度由明间向尽间逐渐缩小，拱券弧度由明间梢间逐渐变小至半圆拱券，尽间为尖券拱，1 层券柱两侧设方形倚柱，2 层券柱两侧设简化的科林斯倚柱，2 层额题"图书馆"3 字，女儿墙压檐，中间为巴洛克风格半圆山花，护栏采用宝瓶式绿釉陶质立柱和花岗岩扶手。1938 年曾作为中共在北海重要指挥部，新中国成立后至 1994 年一直作为北海中学图书馆，后为北海中学工会活动室。作为北海近代建筑的一部分 2017 年入选第二批中国 20 世纪建筑遗产项目名录。（玉潘亮）

开平立园　居住建筑。位于今广东省江门市开平市塘口镇赓华村。旅美华侨谢维立于 1926 年动工建设，1936 年初步建成。占地面积 11014 平方米。

布局分为三部分：别墅区、大花园区、小花园区。3 个区用人工河或围墙分隔，用桥亭或通天回廊将 3 个区连成一体。有别墅 6 座，碉楼 1 座，普通居住建筑 5 座，园林建筑 2 座，牌坊 2 座，亭子和亭桥 4 座，塔 1 座。其中洋文和洋立两座别墅富丽堂皇，其柱式采用希腊式圆柱和古罗马式的艺术雕刻支柱，窗户具有浓厚西洋风味，屋顶为中国宫殿式风格，绿色琉璃瓦、龙脊檐角吻兽。大花园区在别墅区西边，布局为南北向，以立园大牌坊和"本立道生"大牌坊为轴心。小花园区位于大花园区和别墅区之南，中间与运河相隔，构图为"川"字形。有中国园林韵味，又吸收欧美建筑的西洋情调。中国目前发现较为完整中西结合名园之一。作为开平碉楼的一部分 2017 年入选第二批中国 20 世纪建筑遗产项目名录。（林广思、黄雯雯）

广州农民运动讲习所旧址　简称农讲所。公共建筑。位于今广东省广州市越秀区中山四路 42 号。原为番禺学宫。始建于明洪武三年（1370）。占地面积 8000 多平方米，坐北朝南。红墙黄瓦、砖木结构古建筑群，周围有围墙，东西宽 35 米，南北长 154 米，从南至北由棂星门、泮池、拱桥、大成门、大成殿、崇圣殿和两侧的两廊、两庑、明伦堂等组成。棂星门为花岗岩雕琢，门额上悬挂周恩来手书"毛泽东同志主办农民运动讲习所旧址"横匾；前院为泮池，泮池中间架有一座石拱桥，泮池路旁的草坪上，保留第六届农民运动讲习所学员锻炼身体的单杠；大成门以木板间隔，设有教务部、庶务部和值星室，东西两耳房是图书室和所长办公室；大成殿辟为课堂，台基由花岗石砌成，两侧为教员和学员宿舍；崇圣殿正间作饭堂，东间设军事训练部；院内种植有木棉、菩提、龙眼、九里香等古树。1926 年

5月—9月，在此举办第六届农民运动讲习所，毛泽东任所长。存有文物1152件，一级品64件，其中有农民运动讲习所证章和毛泽东主编的《农民问题丛刊》。"广州农民运动讲习所旧址"1961年被国务院公布为第一批全国重点文物保护单位。（林广思、黄雯雯）

农讲所　见"广州农民运动讲习所旧址"。

广州中山图书馆　公共建筑。现为广东省立中山图书馆少儿部、孙中山文献馆。位于今广东省广州市越秀区文

广东省立中山图书馆少儿部、孙中山文献馆

德北路81号。1927年由广州市市长林云陔提出筹建，美洲1.5万名华侨捐款30万大洋，时任广州市工务局技士林克明设计。1929年始建，1933年10月落成。占地面积约5000平方米，建筑面积3978平方米，坐西向东。馆前有翰墨池，馆后有六角攒尖"番山亭"。主体建筑平面呈正方形，边长45米，高两层18米。中间为重檐八角攒尖大厅，四周采用回廊式，各有一条走廊与中间大厅相连，四角角楼为单檐四角攒尖顶。中间用做大阅览室，两侧房间为管理人员办公室，大楼梯左右两廊为一般阅览室和开架书库，后座二层为书库，二楼前座为研究室和会议室。建筑周边以白花岗岩石栏杆围合，两层台基，各高六个台阶；墙基为花岗岩石砌筑、墙身为红砖砌筑，红色水磨石倚柱贯通两层；绿色琉璃瓦面，屋身与屋顶之间由混凝土

制绿白相间色斗栱装饰；主入口在建筑东面正中，圆拱门，门罩绿琉璃瓦面、两攒混凝土绿白相间色斗栱，与主体建筑屋面相呼应。林克明负责设计并建成的第一座"中国固有式"建筑。（郦伟、蔡仕谦）

赤坎旧镇近代建筑群　居住建筑。位于今广东省江门市开平市赤坎镇。起始于1927年城镇改造计划，由当地关氏和司徒两大家族主持。多为骑楼建筑，呈"上宅下铺"商住形式，由民国初期移民欧美等地的华侨融合外国和开平本地建筑艺术而建成，门面共600多座，长3000米。建筑有哥特式、古罗马式、巴洛克式、伊斯兰风格，又有广式传统等装饰风格，是赤坎古镇最主要建筑特色。主要分布在镇内中华东路、中华西路、堤东路、堤西路、二马路和河南路。分别建成于1923年的司徒氏图书馆和1929年的关族图书馆，占地面积800平方米左右，均为3层楼高，既是两族人学习和教育重地，也是华侨回家乡后聚会俱乐部。2002年被公布为第四批广东省文物保护单位。（郦伟、杨辉）

北海中山公园　公共建筑。纪念孙中山的综合公园。位于今广西壮族自治区北海中心北部湾中路。始建于1928年。1993年中海鸿实业公司投资，改造为娱乐、旅游、观赏、休息服务于一体综合性公园。占地面积12.14万平方米，设有儿童游乐区、文化娱乐区、老人活动区、动物展区、"园中园"盆景区、园务管理区等功能区。道路以星形放射路网为骨架，以自由式路网穿插其中，环道将各功能区串联起来。树木繁盛，有榕树、白玉兰树、樟木、大王椰子树等古树名木。园内抗日战争胜利纪念亭于1946年元旦落成，被北海人民称为"血肉凝成的丰碑"。现作为城市公园免费向市民开

放。有岭南园林特色，是北海市历史最长，功能较为完善的综合性公园。（林广思、黄雯雯）

梧州中山纪念堂　公共建筑。位于今广西壮族自治区梧州市万秀区文化路北山上中山公园内。始建于1928年，

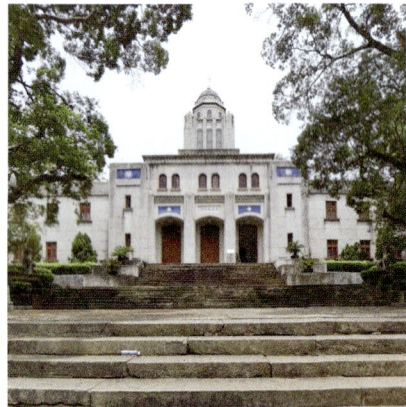

梧州中山纪念堂

1930年建成。占地面积1630平方米，建筑面积1330平方米。坐北向南，依山而建。纪念堂主体建筑分前（南）、后（北）座，与东西两翼组合成一个"中"字形平面。立面构图具有欧洲古典主义建筑特征。前座正中有3扇高大券拱门，上方有时任国民党广东省主席陆军上将陈济棠题写的"中山纪念堂"5个字，上方设有6个半圆拱券窗，檐口与立面中间腰际叠涩砌筑并装饰有齿状、三叶草、三角纹样。大门两侧为墙体梢略前置壁柱主体，左右两翼对称。建筑立面采用浅色水刷石墙面。前座顶部设四层方塔穹顶塔楼，后座会堂采用"人"字形钢制屋架，会堂内设地座与楼座，可容纳1000人。广西具有代表性的近代建筑。2006年被国务院公布为第六批全国重点文物保护单位。（玉潘亮）

三河中山纪念堂　公共建筑。位于今广东省梅州市大埔县三河镇汇城村凤翔山脚。1929年，中华革命党党员、同盟会会员徐统雄倡筹款项，于明代兵部尚书翁万达墓园前

地面积 7900 平方米。主体建筑坐西向东，钢筋混凝土两层楼房，楼高 10 米，占地面积 238 平方米。石牌坊原为翁万达墓道前之物，石牌坊上端镌刻"中山公园"4 字，为胡汉民所书。纪念堂前是两根石华表及孙中山全身铜像。一楼中堂有蒋中正书题"景仰国父"、林森书题"作君作师"等匾额，内有孙中山、蒋介石、胡汉民、林森题词真迹。2019 年被国务院公布为第八批全国重点文物保护单位。（郦伟、赖瑛）

中山纪念堂　公共建筑。位于今广东省广州市越秀区东风中路中山公园内。1929 年海外华侨集资筹建，1931 年建

中山纪念堂

成。建筑师吕彦直设计。建筑面积约 3700 平方米，高度约 49 米。采用传统宫殿式立面风格与近代西洋平面相结合方法。屋顶四面为 4 个重檐歇山抱厦，烘托中央八角攒尖式巨顶，覆盖宝蓝色琉璃瓦顶，檐下层叠舒卷。基座和台阶是白色花岗岩石，墙裙是淡青色大理石、墙身是乳黄色贴面砖，外廊是紫红色水磨立柱。中心是观演厅，结构精妙，采用钢架与钢筋混凝土混合结构，形成 71 米大跨度空间。1956 年，在纪念堂前重铸孙中山先生铜像，1963 年大规模翻修。现为市内大型集会、演出重要场所和广州市标志性建筑。2001 年被国务院公布为第五批全国重点文物保护单位。2016 年入选第一批中国 20 世纪建筑遗产项目名录。（郦伟、林超慧）

潮州饶宅莼园　又称莼园、下东平黄宅。居住建筑。现作为饶宗颐故居对外开放。位于今广东省潮州市湘桥区下东平路 305 号。1930 年由饶锷所建。20 世纪 50 年代后，被新加坡华侨黄景云买下，基本保持原貌。占地面积 965.81 平方米，南宅北园，西侧开门，有住宅区"淞庐"，藏书楼"啸天楼"，及北部后花园。"淞庐"是典型潮州园林式民居，建筑南北向布局，采用四点金天井式布局。入口居西，为西洋风格凹斗门厅。宅后北部为啸天楼，楼高二层，有前后走廊，立面西洋风格。花园居于东北，采取侧庭形式，宽度不足 12 米，西侧正对啸天楼有矩形亭"饮光阁"，中部为八角形书斋厅堂，镶嵌彩色玻璃，东侧为水石庭园，有亭桥竹木相配。宅园保存较为完好，体现国学大师书斋庭园艺术氛围和文化内涵。（林广思、黄雯雯）

莼园　见"潮州饶宅莼园"。
下东平黄宅　见"潮州饶宅莼园"。

陈济棠公馆　居住建筑。位于今广东省广州市越秀区中山一路梅花村 3 号。建于 1930 年。广州市工务局技师罗明燏设计建造。现为广东省妇女联合会办公处。占地面积 2150 平方米，带院子，院门向东，门内建有八角亭，主体建筑位于院子中部，北面建附楼，南面原有水池和假山，现改建成办公楼。主体建筑高二层半，坐北向南、砖、混凝土混合结构，红砖砌墙，南为入口，入口门端处施山花，立四通柱承托二楼出檐。门厅后设梯上二楼，两侧设房间，内有壁炉，地面铺水泥花地砖。二层顶部为天台，天台前部建穹隆顶亭子，后部建房舍。二楼后有楼梯通向附楼。附楼为二层高，分东西二楼，红砖砌墙，南面设走廊，北面设房间。东楼盖绿琉璃瓦。（郦伟、林超慧）

小树庐　居住建筑。位于今广东省梅州市平远县仁居镇飞龙村磷石。建于 1930 年，由参加辛亥革命、任国民革命军陆军师长、陆军代军长严应鱼所建。1949—1956 年，曾为中共平远县委员会和平远县土改委员会会址。占地面积 3180 平方米，面阔 48.50 米，进深 65.50 米，砖瓦木质结构。35 间 7 厅 4 舍。主体建筑外建 4 间杂房，门坪外砌有 1.2 米照墙，与照墙相连处，左右各有建功立业一房一厅，屋前左侧建有一座外门楼，右侧为一口水井，正大门为莲花托斗拱的歇山顶。房屋四周封闭，左右横屋大门口等处设置有瞭望射击孔，大门上外包铁皮，墙面装饰有彩绘历史故事。2008 年被公布为第五批广东省文物保护单位。（郦伟、杨辉）

龟岗民国建筑群　居住建筑。位于今广东省广州市东山。建于 20 世纪 20—30 年代。东起龟岗，西至均益路，南到东华东路，北临庙前西街，共 6 列。其中 5 列平行排列，被启明 1 路、启明 2 路、启明 3 路、启明 4 路分隔开来，另外一列则沿着与 4 条小道平行的启明横马路而建。建筑风格比较接近，洋房采用并联式或联排式设计形式。建筑为 2—3 层平顶小楼，红砖砌墙，水泥钢筋结构，外墙清水红砖勾缝，室内门窗、地板装饰较讲究，地铺水泥花阶砖，门口有红砖围起来的小院。窗户和阳台为欧式风格，呈半圆形顶，窗户比较小，阳台由数根罗马柱支撑，门框窄而高，室内楼梯较窄，栏杆多为枣红色木制。为典型近代风格建筑，色彩、砖瓦、木料搭配呈现出中西合璧风格。建筑墙面较厚，最薄处有 24 厘米，隔热性能比较好。目前外表保存比较完好的约 60 栋，主要是民居房。（郦伟、杨辉）

广州市府合署　公共建筑。现为广州

市政府大楼。位于今广东省广州市越秀区市府前路。林克明设计，由南生公司承造。1931 年动工，1934 年建成。原设计三期施工总面积 3.8 万平方米，只建成第一期。建筑面积 1.3 万平方米，坐北向南。大楼为钢筋混凝土结构。黄琉璃瓦绿脊，红柱黄墙白花岗石基座。前座通阔 88 米。主楼内分 5 层，高 33.3 米，四角重檐歇山顶。两角楼内分 5 层，四角重檐攒尖顶。侧翼东西两楼分两层，重檐棺十字脊顶。其余两坡顶红圆柱明廊，内分 4 层。大楼在功能上按土地、公安、工务、财政、社会、教育六局合署办公设计。根据民族传统形式图样及合署精神，采用合座式结构。大楼内六局可分可合，南立面中央主楼五楼为市长办公室，四楼为会议室，三楼为各局长和秘书等办公室，二楼为六局办公室。基座部分为首层，以花岗石砌筑，其上批荡假石，装修以柚木门框、中式图案钢窗、仿古彩绘梁枋斗拱。六局均可独立出入，内部有纵横通道，便于相互沟通。基座为花岗岩砌筑。正门前月台总阔约 34 米，深约 8 米。月台仿须弥座形式，饰莲瓣图案，三面设石阶。水洗石米寻杖栏杆，雕云纹松鹤望柱，垂带尽头设抱鼓石。主台阶前立有一对石狮，是清代康熙年间广东巡抚部院门前的旧物。（唐孝祥、冯楠）

张炎故居　居住建筑。位于今广东省湛江市吴川市塘㙍镇樟山村。建于 1931 年。民国时期中西合璧式建筑。建筑面积 324.4 平方米，占地面积 600 多平方米。为红砖、混凝土构筑的二层楼房。平屋顶，平面呈非对称凹式布局，右宽左窄，内部空间布局规整。正门入口设在平面约四分之三处，左右两部分楼房均由走廊连接，左边为厢房，右边经三级石阶就可直入大厅。正门前有小花园，大门内有露天天井，首层大厅门口两旁各有一个红木楼梯，二楼大厅的厅门为红木百页合门。墙体立面外红内白，在细部空间以及装饰材料等方面则引用了西式风，建筑内立面局部装饰中式风格的雕饰。1989 年被公布为第三批广东省文物保护单位。（郦伟、杨辉）

联芳楼　居住建筑。位于今广东省梅州市梅江区西阳镇白宫新联村。取"五叶联芳华"之意命名，寓意"兴旺发达，世代联芳"。1931 年，旅印尼华侨丘麟祥、丘星祥诸兄弟回国兴建，潮州人翁瑞社设计，1934 年竣工。耗资 24 万银圆。占地面积 2460 平方米，建筑面积 2930 平方米。坐西北面东南，长近百米，宽四五十米。平面布局呈方形，均衡对称，中轴线上分上、中、下三堂，正立面中轴线上设主门楼，左右对称各设副门楼、小门楼及厢房，上堂左右为枕屋式厢，屋内分建房室百余间，堂、厅、房间、走廊、天井设计十分巧妙。采取中西合璧方式，集西洋古典风格、巴洛克、洛可可风格以及中国闽粤客家风格为一体，采用中轴对称的布局，是当时少有砖混结构客家民居建筑。内部装修极度精美、施工考究、精湛，具有很高工艺水平，除在一些细部纹样及平面布局上有客家民居传统外，西洋化程度极高。2002 年被公布为第四批广东省文物保护单位。参见第 1222 页华侨·侨乡卷"联芳楼"条。（郦伟、杨辉）

中山纪念中学旧址　原名私立总理故乡纪念中学校。公共建筑。位于今广东省中山市南朗镇翠亨村。1931 年，孙科筹办总理故乡纪念中学校，1936 年竣工。占地面积 2058 平方米，建筑面积 4630 平方米。建筑依山势呈阶梯式，总体布局以逸仙楼为核心，南北向中轴线对称布局，由 8 座建筑组成：第一道建筑是校门，由 3 座牌坊门楼并排组成，以长廊连接两边建筑，东为"寿屏堂"，西为"皓东堂"；沿中轴线经台阶上第二级平台，东为"哲生堂"，西为"鹤龄堂"；第三层平台中央是建筑群核心"逸仙堂"，为建筑群最高点；逸仙堂西侧是"慕贞堂"，东侧为原膳堂。北为寿屏山，是南北轴线的终点。新中国成立后，更名为中山纪念中学。现校名由宋庆龄于 1978 年题写。反映中国传统中庸思想和与自然和谐共生人文思想。2013 年被国务院公布为第七批全国重点文物保护单位。2018 年入选第三批中国 20 世纪建筑遗产项目名录。（郦伟、赖瑛）

私立总理故乡纪念中学校　见"中山纪念中学旧址"。

汀江圩华侨近代建筑群　又称梅家大院。居住建筑。位于今广东省江门市台山市端芬镇"一里三桥"大同河畔。1932 年由当地华侨以及侨眷侨属创建。占地面积 5.3 万平方米，由 108 幢二至三层带骑楼的钢筋水泥结构楼房，呈长方形排列，整齐划一，中间留有长 214 米、宽 28 米共 2.66 万平方米专供商贩摆卖商品的广场，整体造型呈"回"字形，如一座大型院落。四周骑楼，店铺居多，其中以"堂""号""记""祥"为名商铺有 33 家，间有少量单纯居住的"卢"。商铺或住宅，为宽度 3 米的占有一至三个开间的骑楼建筑。在矩形平面的角部及东西长边的中段留有出入口，分别联系大同河、通向端芬镇的公路和毗邻河岸码头。楼房屋顶为硬山顶、砖墙瓦顶，门面、窗户、阳台等属于希腊式、罗马式和西班牙式建筑风格，墙上有山花装饰，有各种灰塑装饰图案，十分精美，颇具艺术价值。该建筑群集西方建筑式样和中国传统建筑艺术于一体，一定程度反映当时侨乡人民开放思想和生活水平。全国保存最为完好侨乡建筑之一。2002 年被公

布为第四批广东省文物保护单位。（郦伟、杨辉）

梅家大院　见"汀江圩华侨近代建筑群"。

国立中山大学石牌旧址建筑群　公共建筑。位于今广东省广州市天河区华南理工大学校园内。始建于 1933 年 3

国立中山大学石牌旧址

月，各类建筑 186 座，69 座保存至今。整体采用"小集中，大分散"布局，教学区相对集中，其余各部分相对独立。现存建筑主要有传统复兴、现代主义和折中主义三种风格，主要是传统复兴式。建筑大多选用砖混、钢筋混凝土框架等结构形式，采用砖、钢材混凝土等建筑材料，具有较高技术价值。建筑融合中西建筑理念，主体造型以中式为主，具有中国传统建筑美学追求，细部处理常借用西式手法，又富有西方现代建筑技术理性，巧妙自然。是中国传统建筑走向现代的起点。2018 年入选第三批中国 20 世纪建筑遗产项目名录。（郦伟、蔡仕谦）

卢家宅　居住建筑。位于今海南省琼海市博鳌镇莫村村委会留客上村。始建于 1933 年。卢修焕、卢修泽两兄弟所建。占地面积 1100 多平方米。宅院共三行两进，正屋六间，正屋两侧有传统二层横屋，三行并列横屋楼上道门全通，高耸围墙将宅院围成一个较封闭的整体。有伊斯兰教尖拱形窗户，阳台通风窗是玉色釉面柱子和绿色釉面窗。2009 年被公布为海南省第二批

省级文物保护单位。（郦伟、蔡仕谦）

广州海幢公园　公共建筑。位于今广东省广州市海珠区同福中路与南华路交叉口。与海幢寺连为一体。海幢寺原为始建于南汉的千秋寺，后毁，于明末建海幢寺。1933 年辟为海幢公园，"文化大革命"期间损毁，1993 年重修。公园以寺名。占地面积 19700 平方米，廊庑式布局，整体地形南高北低，建筑群坐东南朝西北，按照一条主轴线和多条次轴线规整排列。主轴线上依次是海山门、头门、天王殿、大雄宝殿、塔殿和藏经楼。轴线东面是寺院部分，包括诸多功能建筑诸如办公室、宿舍、娱乐室等，留出大部分为园林空间。园区以硬地适应华南多雨气候，呈现岭南古典园林庭院特征，以鹰爪兰、古榕树及孤赏石等园林要素体现寺庙风格。海幢寺是弘扬佛法之所、广州旅游胜地，在广州佛教和广州文化发展历史中发挥重要作用。参见第 237 页宗教卷"海幢寺"条。（林广思、黄雯雯）

台山县政府大楼　公共建筑。位于今广东省江门市台山市台城街道东云社区中山路三巷 6 号。1913 年在原清代县署旧址奠基兴建，1933 年竣工。1912—1949 年为台山县政府所在地，现为台山市人民政府办公地。占地面积 1108 平方米，坐北向南。钢筋混凝土结构，主楼高 4 层，首层为地下室，地面以上 3 层，钟楼楼高 3 层，建在主楼楼顶。正面 19 级台阶突出中心入口位置。2—4 层设有办公室和会议室，地面铺设彩釉砖，布局大致相同。高耸穹顶钟楼具有欧洲文艺复兴时期建筑风格。大楼整体造型大方，比例严谨，左右对称，富丽堂皇，是台山标志性建筑之一。2002 年被公布为第四批广东省文物保护单位。（郦伟、杨辉）

蔡家宅　又称海南侨乡第一宅。居住建筑。位于今海南省琼海市博鳌镇留客村。建于 1934 年。建筑总面积 2645 平方米。由 4 座宅院组成，以蔡家森宅邸规模最大，保存最完整。该宅占地面积 400 多平方米，建筑面积 1200 多平方米，院内前、后庭均连接走廊和楼梯，三进厅堂，两侧有横廊连接多间楼阁，二层高，外观像古城堡。装饰集中在入口、天井、屋顶，前檐雕刻飞翘龙头，门窗木雕精致，天井立柱花栏为西式立体花盘和古罗马人像雕塑，屋顶装饰融合海南民居的屋脊翘头与西方的方、圆、弧变化图案。2006 年被国务院公布为第六批全国重点文物保护单位。（郦伟、林超慧）

海南侨乡第一宅　见"蔡家宅"。

凤栖堂　居住建筑。位于今海南省海口市琼山区府城海南中学内。始建于 1934 年 9 月，海南文昌籍旅泰华侨韩裕准、韩怀礼先生捐资兴建。用先人韩凤栖之名命名。总占地面积 275 平方米，长 24.4 米，阔 13.4 米，地基高 0.9 米，檐高 4.8 米，脊高 8.2，四边走廊，各阔 2.7 米，上有天花板及瓦面两层，前阶一连，后阶二连，四周栏杆。堂内五间，中间三间，为宽准堂、裕准堂、恭准堂。东边一间敬准堂，西边一间拔廷堂，建筑为绿釉瓦重檐屋顶，黄壁朱柱，仿中国古代木构建筑式样，内部水泥天花板及石拱门窗等仿西式装饰构造。整体结构保存完整。（郦伟、蔡仕谦）

顺德糖厂早期建筑　工业建筑。位于今广东省佛山市顺德区大良街道顺峰居委沙头村。1934 年陈济棠兴办地方实业时，投资 330 万元建成。捷克斯可达工厂连工包料承建，制糖设备来自捷克。现尚存 4 栋早期厂房：制糖车间、压榨车间和成品糖仓库两间。

制糖车间长 35 米、宽 20 米，钢框架结构，共用 32 根工字钢柱，把厂房分成宽 4 开间、长 7 开间，钢柱上有圆头铆钉，大跨度钢桁架上盖铁皮顶。空心红砖上有"水""广州小港""永利砖厂"等铭文。成品糖仓库两间，各长 22 米、宽 40 米。压榨车间长 24 米、宽 45 米。均为钢框架结构，以空心红砖砌墙。保存有助晶箱、桔水罐等早期设施。全国第一批现代化甘蔗糖厂。见证中国制糖行业史与广东近现代工业发展的珍贵实物。2013 年被国务院公布为第七批全国重点文物保护单位。2018 年入选第一批中国工业遗产保护名录。2019 年入选第四批中国 20 世纪建筑遗产项目名录。（鄢伟、赖瑛）

海口人民公园 古称大英山。公共建筑。位于今海南省海口市龙华区大英山。占地面积为 23.3 万平方米。按功能分区划为东西湖游览区、烈士纪念区、热带植物标本区、兰圃等。正门入口海南解放纪念碑，并有朱德亲笔题词。烈士纪念区有冯白驹将军塑像及纪念亭。植物群落丰富，热带种植着各种科属的热带、亚热带观赏植物 5000 多种。现一园两湖的格局是海口市中心大型公园和大型的水体园林，有海口市"城市绿肺"之称。1935 年任琼崖绥靖公署专员的黄强将其开发为海口中山公园。遭日军毁坏，新中国成立后勒碑以纪念牺牲的海南革命烈士，并于 1952 年复建为海口公园。1957 年时任广东省委书记的陶铸莅琼开挖东西湖，建设海口人民公园。1963 年朱德视察海南时，提议在公园内增设兰花圃，将市民休闲娱乐功能遂逐步完善。商业、休闲、旅游的中心地，也是城市人文历史风貌的体现。（林广思、黄雯雯）

大英山 见"海口人民公园"。

何家宅 又称奎星楼。居住建筑。位于今海南省琼海市博鳌镇奎岭村。建于 1935—1938 年间。何姓印度尼西亚华侨回乡所建。占地面积约 300 平方米。传统青砖灰瓦与西洋圆柱拱窗和谐共存；拱门回廊和飞檐翘角相映成趣，大量使用罗马式立柱、拱券等西式建筑装饰元素。2009 年被公布为海南省第三批省级文物保护单位。（鄢伟、蔡仕谦）

奎星楼 见"何家宅"。

从化温泉陈济棠别墅 居住建筑。位于今广东省广州市从化区温泉镇河东荔园路 50 号。建于 1936 年。坐东北向西南，建筑平面呈"十"字形，面阔 7 间，宽 22.45 米，深 11.5 米，钢筋混凝土结构。楼高两层，中间出歇山顶抱厦，与广州中山纪念堂侧面屋顶形式一致。屋顶举折明显，盖素瓦，九脊则施绿色琉璃瓦，碌筒琉璃瓦剪边。墙头、梁架上绘以故宫中所用的各式"和玺彩画"，北方风格明显。别墅内明间为大堂，后有楼梯，大堂两侧是房间。（鄢伟、胡超文）

香港虎豹别墅 居住建筑。位于今香港特别行政区铜锣湾大坑道 15 号 A。华侨商人胡文虎于 1936 年为其家族兴建，并以胡文虎、胡文豹兄弟二人名字命名。原占地面积 53.4 万平方米，现由一幢 3 层高主楼和私家花园组成。主楼依山而建，为红墙绿瓦的宫殿式建筑；花园中以"虎塔"及"18 层地狱"最为闻名。虎塔高 44 米，7 层、白色、六角，曾是香港岛上唯一中国式塔楼，也是香港新八景之一"虎塔朝晖"。花园假山中有多幅以轮回为主题壁画，描绘十八层地狱场景以警恶劝善，还有"八仙过海""猪兔联婚"、龙、凤、麒麟等彩色雕塑，极富民族特色。为香港一级历史建筑。（鄢伟、胡超文）

韩家宅 居住建筑。位于今海南省文昌市东阁镇宝芳办事处富宅村。为旅泰富商韩钦准建造，1936 年始建，1938 年建成。占地面积 1335 平方米。布局为海南传统单纵轴线多进式布局，有四进宅院，每进正屋三开间，有横房 16 间，青灰高墙，木制门窗，东横屋顶建方形凉亭两座，四面院墙围合。室内为印花彩色地板、布置雕花旧式家具和彩绘壁画，壁画描绘韩家在泰国生活状态，显示主人家的元兴利火锯厂地貌和生产情况，及临水花园洋房泰国住所。建筑院门、窗花雕刻，保留了文昌民居传统装饰，又融合东南亚一带与欧洲装饰风格。2013 年被国务院公布为第七批全国重点文物保护单位。（鄢伟、林超慧）

新西酒店 又称西宁酒店、新西旅店。公共建筑。位于今广西壮族自治区梧州市河东城区西江一路 14 号，西江一路与大南路转角处。始建于 1936 年。抗战期间停业，1946 年复业后改名为新西酒店，1956 年参加公私合营，再改名为新西旅店，2017 年国家拨款动工修缮，至 2019 年完工。建筑占地面积 230 平方米，建筑面积约 1600 平方米，为 7 层钢筋混凝土结构建筑。建筑分为底层、中段和顶部三段式立面。

新西酒店

底层为骑楼式外廊，转角处为贯通一至二层的券柱式装饰，由一层的科林斯柱与二层的半圆拱券组成，拱顶有拱心石装饰；中段为二至五层，立面简洁明快，采用水平和垂直线条划分出一个个方窗，采用木制外开百叶窗，窗台有浅浮雕装饰，五层转角处出挑铁艺栏杆阳台，两侧窗台设栏杆装饰；五层上部外飘出一个檐栏，檐栏以上为六至七层阁楼、屋顶女儿墙及山花组成的顶部，六层转角处为3个半圆拱券窗，转角两侧为方窗，窗间配以罗马双柱装饰，顶部为巴洛克风格山花，山花两侧女儿墙上原有5个荷花苞状石雕，其中2个破损遗失，于2017年修缮时复制。建筑具有芝加哥学派特点。曾有"广西第一酒店"之称。与梧州海关旧址、梧州邮局旧址等七处合称梧州近代建筑群。"梧州近代建筑群"2013年被国务院公布为第七批全国重点文物保护单位。（玉潘亮）

西宁酒店　见"新西酒店"。
新西旅店　见"新西酒店"。

华南工学院图书馆　公共建筑。位于今广东省广州市天河区华南理工大学北校区正门东侧。现名华南理工大学图书馆。1936年11月开始动工。由杨锡宗设计。因全面抗战爆发，仅完成首层楼面混凝土工程而停工。1954年由夏昌世主持修改续建竣工，后多次扩建。总建筑面积2.1万平方米。设有各类阅览室12个，座1900个。建筑屋面为现代主义样式平屋顶，立面多次采用密集的竖向长窗，采光较好，在外表面形成的光影增加建筑层次和韵律感，丰富建筑外立面的变化。其扩建工程获1993年度国家教委优秀工程设计表扬奖第二名。2018年作为国立中山大学—华南工学院建筑群的组成部分入选第三批中国20世纪建筑

遗产项目名录。参见第795页新闻出版卷"华南理工大学图书馆"条。（唐孝祥、冯惠城）

爱群大酒店　公共建筑。位于今广东省广州市越秀区沿江西路113号。1934年，同盟会会员、旅美华侨陈卓

爱群大酒店

平集资兴建。陈荣枝、李炳垣设计，香港惠保公司承建。1937年建成开业，李宗仁、孙科、于右任、余汉谋等国民党军政要人题词庆祝。原是香港爱群人寿保险有限公司的产业。1938年被侵华日军占用，1945年收回。1949年后是接待外宾的宾馆。1952年改名为爱群大厦。1981年引进外资进行全面改造装修。1984年重新改造后，发展为综合型酒店。占地面积800多平方米，建筑面积约1.44万平方米，坐西朝东。平面呈三角形，高约64米，共15层，首层沿街为骑楼形式，内有门厅、餐厅、商场，2楼以上保留天井，周边布置客房和写字楼，11层的平台上建尖平顶塔楼，顶上塑"爱群"两字。广州近代第一座摩登式钢框架高层建筑。"广州爱群大厦"2018年入选第三批中国20世纪建筑遗产项目名录。参见第1014页饮食卷"爱群大酒店"条、第1223页华侨·侨乡卷"爱群大厦"条。（郦伟、林超慧）

爱群大厦　见"爱群大酒店"。

琼海关旧址　公共建筑。位于今海南省海口市龙华区得胜沙路8号。1937年落成，建筑师吴景祥设计。曾为海口海关缉私局，现改为城市博物馆，建筑中西合璧。建筑面积约740平方米，平面不对称，主体建筑为三层，局部六层，南面设门厅及阳台，北边及西边设有门廊。见证了日本侵占沦陷区海关，琼州及南洋地区近代经贸发展的历史。2013年被国务院公布为第七批国家重点文物保护单位。（郦伟、林超慧）

香港禧庐　又称景贤里。居住建筑。位于今香港特别行政区港岛区湾仔司徒拔道45号。建于1937年。占地面积4910平方米。由主楼、副楼、车库、廊屋、凉亭、游泳池等组成。主楼平面呈岭南传统三合院式布局，即主屋加两侧翼，门口朝南，南面建照壁，形成内院；与传统建筑不同的是两翼稍为张开，使内院的空间得以扩阔。建筑整体红墙绿瓦，为近代中国古典式风格。见证香港华商阶层崛起的历史。为香港法定古迹。（郦伟、胡超文）

景贤里　见"香港禧庐"。

永安堂　工业建筑。位于今广东省广州市越秀区沿江西路14号。建于20世纪30年代。原是侨领胡文虎在国内生产和经销虎标万金油的场所。20世纪90年代胡文虎之女胡仙捐作广州市少年儿童图书馆。占地面积为707平方米，建筑面积4251平方米。主体建筑坐西朝东，方形平面，宽26米，长26.3米，开间与进深均为五开间，高5层。外墙为洗石米，首层沿街为骑楼，东面入口为半圆外挑架空圆拱门，天面居中砌五层钟楼，分3级收分，

钟楼最高层为四面设钟的墙面，是广州 20 世纪最高大钟楼。2020 年以广州先施公司附属建筑群旧址为名入选第五批中国 20 世纪建筑遗产项目名录。（郦伟、林超慧）

陈廉伯公馆　居住建筑。欧式洋楼。位于今广东省广州市荔湾区西关逢源路沙地一巷 36 号。20 世纪 30 年代建成。占地面积约 400 平方米，主体建筑坐东朝西，层高 5 层。为钢筋混凝土结构，带法式半地下室，外墙为巴洛克建筑风格，屋顶为四檐滴水中式大屋瓦面。首层入口两侧各设一壁灯，有丰富线脚。地面铺大理石砖，柚木门窗。楼南侧设旋转梯直上 2—6 楼，原有木扶手，铸铁楼梯栏杆。主楼外墙及楼内主要结构保留完好，原有庭院，后改建为宿舍楼，现已拆除，现主楼西北角有西式小亭，与公馆凉亭相对。中西结合，内部装修精美。为广东省商团总团长陈廉伯所有，曾作为洋务工人及工商界知名人士聚会的荔湾俱乐部，1946 年转作两广监务公署办公地点。（郦伟、林超慧）

广南医院旧址　公共建筑。茂名市最早综合性医院。位于今广东省茂名市高州市分界镇分界圩 194 号。1942 年由陈济棠创立。占地面积 493 平方米。坐东向西，总面阔 35.2 米，总进深 14 米。工作用房 21 间，大厅 1 间。地基抬高 1 米，白墙红柱，仿卷棚歇山顶，砖瓦回廊结构，正面走廊宽大，有较好防雨防潮功能，红色门窗较小；木材料至今保存完好，未受白蚁的侵蚀，砖瓦大部分未有损坏。2008 年被公布为第五批广东省文物保护单位。（郦伟、杨辉）

华南土特产展览交流大会建筑群　公共建筑。今为广州文化公园。位于今广东省广州市荔湾区西堤二马路 37 号。建于 1951 年。林克明、夏昌世、

金泽光、谭天宋、余清江、杜汝俭、陈伯齐等人共同设计，林克明负责总规划。用地总面积 11.76 万平方米。平面呈沿展场中轴对称布局。两纵两横的主要道路将场地划分成井格形，中间为中心广场。分 10 个分馆和 2 个服务部。有 14 座建筑使用平屋顶，多数采用薄檐细柱平屋顶、简洁的形体以及曲线形建筑元素，展现现代主义倾向形式特征。华南地区国民经济恢复时期重要的社会经济事件见证。是新中国第一次现代主义倾向的"集群设计"。（唐孝祥、冯楠）

兰圃　公共建筑。位于今广东省广州市越秀区解放北路 901 号。建于 1951 年。初期为植物标本园，为越秀公园的苗圃。1957 年改作专业培育兰花。总占地面积 5 万平方米，含有水域面积 9000 平方米，地块呈 85 米×500 米狭长状。由郑祖良为首的设计团队营造。从入口进景园门，可见景门"兰圃"二字。进入场景空间，通过景色多变、空间构图灵活自由的水石庭、草石庭和棚、榭、廊、亭等典雅建筑，以动静结合、欲扬先抑等手法，创造静、秀、趣、雅 4 种不同特质空间组合。园内有芳华园、春光亭、惜荫轩、明镜阁等建筑，其中芳华园为 1983 年中国参加慕尼黑国际园艺展的中国庭园缩景，被评为"最佳庭园"，获德意志联邦共和国大金奖和联邦德国园艺建设中央联合会大金质奖。在 20 世纪 70 年代以前，被用于承接来穗的国家领导人及重要外宾。1976 年后，正式对公众开放。（郭卫宏、李宾）

深圳图书馆　公共建筑。位于今广东省深圳市福田区福中一路 2001 号。前身为始建于 1951 年的宝安县图书馆。几经易名，1984 年改现名。现址于 1983 年开始筹建，1986 年建成开放投入使用。郭怡昌主持设计。入口处理

突破常规，利用高差，采用高台式入口，大门上以倾斜玻璃面结合琉璃小檐民族形式。琉璃小檐下立着菱形红色花岗岩列柱与顶层悬挑式茶色玻璃八角形突盒窗。大厅设下沉式新书展览平台，整体内部空间由穿堂、门厅、询问、目录厅、读者休息厅等组成序列。2006 年图书馆新馆开放。新馆由日本建筑师矶崎新主持设计。三栋黑色放射性建筑状若三本翻开的图书，水幕和三维玻璃曲面犹如竖琴。与深圳音乐厅一道构成深圳文化中心。集大众化、数字化及研究型为一体的大型现代化公共图书馆。2018 年入选第三批中国 20 世纪建筑遗产项目名录。参见第 797 页新闻出版卷"深圳图书馆"条。（唐孝祥、曾灿煌）

琼崖工农红军云龙改编旧址　公共建筑。位于今海南省海口市琼山区云龙镇云龙圩。始建于 1952 年，旧址原为六月婆庙场址，1984 年、1989 年和 1998 年扩建和改建该遗址。遗址因 1938 年 12 月 5 日琼崖工农红军在此改编为"广东民众抗日自卫团第十四区独立队"而得名。占地面积 1 万平方米。外观朴实稳重，为海南汉族传统建筑。正门直入是独立队战士铜像，铜像高 4.6 米，座堆高 5.8 米，正面宽 2.4 米，侧面宽 2.2 米，黑色大理石镶贴，方形底座承托，台阶高 0.65 米，分三级。铜像后是纪念馆，纪念馆由 1 米高的座基托起，长 40 米、宽 8 米、高 7 米，建筑面积 300 多平方米。顶盖蓝色琉璃瓦，整体瑰丽壮观。铜像东侧建有"荡寇亭"和"凯旋亭"，亭由 4 支圆红柱支立，顶盖橙色琉璃瓦，两亭之间由 40 米长曲廊连结为一体。馆内陈列系统介绍琼崖红军成立、抗日战争和解放战争革命历程。1994 年被公布为海南省第一批省级文物保护单位。（郦伟、蔡仕谦）

华南工学院2号楼 公共建筑。原为华南工学院档案馆。位于今广东省广州市天河区华南理工大学五山校区内，是华南理工大学行政办公楼主楼。1952年由夏昌世主持设计。处于华南工学院半山公园顶台地北端，南北向大坡南侧坡顶上。因地势而建，尊重地形，契合自然坡地，减少土方量，为保留基地内的8棵榕树，在规划时北移建筑。出于对气候和功能因素的考虑，南北向为一字形平面。体量上结合地形高度错落排布。全楼体量分为三段，采用砖混与框架结构结合方式。立面中部采用混凝土框架结构来承托大屋顶重量。南面中央入口处做高一层采用仿宋式门廊。1989年该设计获教育部优秀建筑设计奖三等奖。2018年作为国立中山大学—华南工学院建筑群的组成部分入选第三批中国20世纪建筑遗产项目名录。（郭卫宏、丁雅倩）

中山医学院生理生化大楼 公共建筑。位于今广东省广州市中山二路中山医科大学内。1953年建成。由夏昌世设计。大楼是中山医学院医疗教学建筑群中最先建造的一栋教学楼。基地地形复杂，西高东低，高差达3米，因此建筑呈梯级式，西段为三层、东段为四层。大楼采用以大实验室代替若干小实验室的设计方案。东段负一层房间较小，层高为3.1米，一、二层大实验室进深为10.24米，层高3.7米，高深比为1:2.8，三层为小房间，因受屋面热辐射直接影响，层高采用3.3米。生化楼西、南立面采用水平与垂直相结合遮阳板构件，将岭南通风隔热方法应用到现代建筑设计上，降低了室内温度，体现设计的人文关怀。1988年中山医学院医疗教学建筑群获中国建筑学会优秀建筑创作奖。1993年中山医学院第一附属医院医疗教学建筑群获中国建筑学会成立40周年颁布的建筑创作奖。（王国光、胡凯雯）

肇庆鼎湖山教工休养所 公共建筑。即鼎湖山旅舍。位于今广东省肇庆市鼎湖山景区的天溪山谷。1953年夏，受广东省人民政府的委托，夏昌世将鼎湖山景区的庆云寺部分建筑改造设计成为教工休养所。建筑面积2580平方米，坐西朝东。有休养房间40余间。整体建筑依山势跌级排布，有山涧从场地东边穿过。保留原庆云寺山门、大雄宝殿等殿堂，拆除已属危房的客堂。整体分为5个部分，依山涧走势而建，平行于山脊自西向东逐渐下降。5个部分分别是庆喜堂、福善堂、新建休养房间、小平房以及老堂，可容纳150—180人同时休养。休养所配有文娱室、餐厅、厨房、办公室、医务室等辅助用房等。室外设计建造有平台、花架和凉亭等，散落的形体通过外廊、花架等结合屋脊横线条与立柱统一起来，结合天然山间绿化设计，形成优美舒适的休养环境。休养所改造设计作为岭南处理山地建筑的一个典型案例被广泛学习。（郭卫宏、丁雅倩）

广州美术学院主楼 公共建筑。位于今广东省广州市海珠区昌岗东路257号广州美术学院内。建成于1953年，

广州美术学院主楼

1958年移交给广州美术学院。外观上使用裸露红砖形成独特的建筑肌理，与白色墙体形成鲜明色彩对比，也为后续广州美术学院整体风格定下基调。设计时注重隔热、遮阳、通风功效，充分考虑岭南气候特点。2020年入选第五批中国20世纪建筑遗产项目名

录。（唐孝祥、苏逸轩）

中山医学院校园建筑群 公共建筑。现为中山大学中山医学院。位于今广东省广州市越秀区中山二路74号中山大学北校区内。原建筑群由"红楼"办公楼、图书馆楼、博物馆楼、西侧辅助建筑群以及蔡廷锴将军楼等组成。1952年起，因中国高等学校院系调整，受华南医学院院长柯麟邀请并得到陶铸支持，由陈伯齐主持校园总体规划，夏昌世主持建筑设计。1954年，规划兴建药理寄生虫楼等教学建筑群。布局强调建筑间有机性，避免过度分散造成人力物力浪费，增加公共设施的应用。学科相近的教学楼结合布置，便于业务联系。整体教学区以图书馆为中心，联系其他各个学科教学楼。在建筑设计上满足教研组教学和科研用房的要求适应学院扩增计划，充分考虑客观实际条件，因地制宜，顺应场地变化。特别考虑华南亚热带地区气候特点，作遮阳通风处理。造型上协调统一，又不局限于一定形式，在经济、适用条件下兼顾美观原则。2020年入选第五批中国20世纪建筑遗产项目名录。（郭卫宏、丁雅倩）

华侨新村 居住建筑。位于今广东省广州市越秀区环市东路。新中国成立初期，为安置归国投资的华侨，特别规划兴建的别墅区。筹建工作主要由林克明负责，黄适、陈伯齐、金泽光、余畯南、麦禹喜等工程师参与设计。1954年10月选定新村村址，边投资、边设计、边施工，1958年建成。占地面积68万平方米。北靠白云山、东北与黄花岗相望，东南为广州烈士陵园，西望广州越秀山。第一期规划用地约20万平方米，1955年5月动工。规划设计有独院式住宅253幢，配有小学、幼儿园等配套设施。建筑风格和室内装饰等采用较为现代设计。新中国成

立后全国大城市中第一个大型华侨住宅区，也是政府落实华侨政策历史见证。2023 年入选第七批中国 20 世纪建筑遗产项目名录。（郭卫宏、丁雅倩）

中苏友好大厦 公共建筑。位于今广东省广州市越秀区解放北路。建于 1955 年。由林克明主持设计。占地面积 97854 平方米，展馆建筑面积约 1.8 万平方米，展出面积 9600 平方米。平面布局呈近"工"字形。由文化馆、农业馆、工业馆和中央大厅 4 个部分组成。立面外墙采用较为简朴的灰色水刷石饰面，室内整体装修工程用料上乘，中央大厅高逾 20 米，为跨度圆拱穹顶，大厅方厅为重点装饰部分。1955 年 10 月 5 日，"苏联经济及文化建设成就展览会"开幕式在此广场举行。1957 年 3 月，首届广交会在此举办。1974 年大厦进行了改扩建，与新增建的南楼以及北面展览馆共同组合成为新的中国出口商品交易会展览馆建筑群，即现在中国出口商品交易会流花路展馆，其为 5 号馆。新中国四座"苏式"风格展览馆（北京苏联展览馆、上海中苏友好大厦、广州中苏友好大厦、武汉中苏友好宫）之一。2018 年入选第三批中国 20 世纪建筑遗产项目名录。（郭卫宏、丁雅倩）

广州体育馆 公共建筑。位于今广东省广州市越秀区解放北路与流花路交界处。1957 年 10 月建成并投入使用。由林克明、杨思忠等主持设计，1956 年 6 月开始设计，同年 9 月开始施工。布局为中轴对称，中间高三层，两侧则为两层，共有 5600 个观众席位，上下一共 18 排，设有出口 26 处。馆内光线充足，尽量利用四面窗扇采光。南面窗全部可开启用于通风。外观以简单朴素为原则，采用非常明显的苏式风格，浮雕、勒脚等细部处理受苏联影响较深。在当时是规模仅次于北京体育馆的体

育馆，49.8 米钢筋混凝土大屋架设计是国内之最。一度成为广州最为重要体育场馆，长期承担广东省重大体育赛事。（郭卫宏、丁雅倩）

中山医学院第一附属医院 公共建筑。位于今广东省广州市越秀区中山二路 1 号中山大学附属第一医院内。1956 年由夏昌世主持设计。整个布局以"工字楼"为中心，四周布置其他各个功能系统。建筑依地势而建，尊重场地高差变化，顺应基地周围功能关系。工字楼利用工字型平面优势，中段布置综合性功能，南北前后布置病房，中间布置教学用房和供应部分。坐落在高地上的工字楼与南侧门诊部以连廊相连，在功能上相互补充。门诊部和住院部分区明确，避免交叉感染；根据不同人群活动流程设计；平面自由伸展。全楼遮阳技术成熟，每个窗户独立设计遮阳板，排列富有韵律，满足病房采光通风要求的同时，丰富建筑外观。在形体上，"工字楼"前座中轴对称，后座多变自由。三段式构图将单调枯燥水平线条引向天空。"工字楼"设计 1993 年获得中国建筑学会优秀建筑创作奖。被评为全国"样板工程"。（郭卫宏、丁雅倩）

华侨大厦 公共建筑。位于广东省广州市越秀区侨光路。为华侨投资兴建。参与大厦建筑设计的有林克明、麦禹喜、朱时庄等。1956 年 5 月开建，1957 年 4 月底完成。建筑面积约 1.8 万平方米。东西中轴对称，采用较为简洁设计样式，中间稍高，两边稍低。配置条件较高，有中西餐厅、阅览室、礼堂等配套服务设施，还为每个客房设置独立卫生间。1987 年扩建，扩建设计者主要有陈田贵等。扩建后总建筑面积为 7.8 万多平方米。客房数量 900 多间。扩建后新旧楼形成不对称建筑体形。在外墙和窗户形式上保持

协调统一。新中国成立后广州第一座接待海外华侨的宾馆。2018 年入选第三批中国 20 世纪建筑遗产项目名录。（郭卫宏、丁雅倩）

起义路 1 号广交会馆 又称中国出口商品陈列馆。公共建筑。原为广交会展馆，现为广州时装批发市场。位于

起义路1号广交会馆

今广东省广州市越秀区海珠广场西北角道路转弯处。由林克明、麦禹喜主持设计，参与设计的还有王燕、黄浩、叶乔柱、梁庆恩等。1957 年 10 月开始施工，次年 4 月完工。由两座旧建筑物改造而成。总建筑面积 1.2 万平方米，其中新建约 1 万平方米。会馆楼高 5 层，每层设置不同展览区，5 层为内部办公区，设有天台和露天舞池。为便于各国来宾和交易团交流洽谈，还分设洽谈室、接待室等。外立面采用灰白色水刷石墙面。采用钢窗，内部地面采用水磨石地面，室内粉刷采用乳白色，会馆平面布局灵活。1974 年后，广交会移至流花路展馆，起义路 1 号广交会馆完成历史使命。在促进对外贸易同时，也反映新中国工农业的伟大成就。（郭卫宏、丁雅倩）

中国出口商品陈列馆 见"起义路 1 号广交会馆"。

暨南大学早期建筑 公共建筑。位于今广东省广州市天河区黄埔大道西 601 号。指暨南大学石牌校区。1958 年，

暨南大学在广州重建。1970年停办，1978年复办。校园占地总面积2121600平方米，校舍建筑面积1670500平方米。整体布局采用传统书院围合式院落，有明显中轴线，建筑主次清晰、功能明确。中轴线由南门、教学楼、图书馆等组成，两侧设有行政楼、医学院楼、文科楼、理科楼、博物馆、化学楼等。西门始建于1954年，仿中国传统牌坊结构，门额有何香凝题"广州归国华侨学生中等补习学校"，时为广州华侨补校校门。北门建于1958年，为当时学校正门，楣间为校长陶铸所题"暨南大学"。南门建于1964年，建成后便为暨大正门，门柱四立，20世纪90年代重建，呈圆拱形，寓意"声教讫于四海"，门上"暨南大学"四字为叶剑英所题。明湖为人工湖，1959年由港澳台侨和内地师生2000余人耗时2月修成，湖分两边，似空中日月故得名。2020年入选第五批中国20世纪建筑遗产项目名录。参见第1217页华侨·侨乡卷"暨南大学"条。（唐孝祥、冯楠）

泮溪酒家　公共建筑。广州三大园林酒家（北园酒家、南园酒家、泮溪酒家）之一。位于今广东省广州市荔湾区龙津西路151号，荔湾湖畔。因地处泮塘，且附近旧有泮溪而得名。建于1959年，由建筑师莫伯治设计，荟萃江南、岭南庭园特色及其装饰艺术精华。由假山鱼池、曲廊、湖心半岛餐厅、海鲜舫等组成，布局错落有致，荔湾湖景色衬托，更显景色如画。粉墙黛瓦，绿榕掩映，环境幽雅，入口门额"泮溪酒家"为时任广州市市长朱光所题。酒家布局迂回有情，空间层次丰富，曲桥流水成趣，园林景致浓郁。建筑四面门窗以五彩花窗镶嵌，室内门罩挂落形式多样，工艺精湛，清雅瑰丽，岭南地方文化特色突出。2016年入选第一批中国20世纪建筑遗产项目名录。参见第1015页饮食卷"泮溪酒家"条。（唐孝祥、冯楠）

矿泉别墅　又称矿泉客舍、矿泉旅舍。公共建筑。位于今广东省广州市越秀区三元里大道501号。1960年由莫伯治在几栋汽车修理厂仓库基础上改建设计。1970年中期加建5、6号楼。现矿泉别墅建筑群仅存5、6号楼。总建筑面积5358平方米，楼高3层，共计客房100间。是一组围绕内庭院开放的建筑群。其中6号楼底层架空，围绕"山溪乱石"进行组景，溪水分级绕石而下。楼阁跨庭院而筑，建筑空间成为组景构图一部分。内庭东侧由廊道跨水面连接5号楼，水面隔而不断，同园林景观融为一体，营造出建筑微气候环境。从廊道进入客舍，休息平台东端悬挑楼梯飞出，即"飞梯"。1976年获建设部优秀建筑设计一等奖，1981年获全国优秀建筑设计一等奖，1993年获中国建筑学会优秀建筑创作奖，并获中国建筑学会1949—2009暨中华人民共和国成立60周年建筑创作大奖。2019年入选第四批中国20世纪建筑遗产项目名录。（郭卫宏、李宾）

矿泉客舍　见"矿泉别墅"。
矿泉旅舍　见"矿泉别墅"。

广州火车站　公共建筑。位于今广东省广州市越秀区环市西路159号。由林克明、莫耀命、黄扩英等主持设计。始建于1960年，1974年4月12日建成正式投入使用。2018年启动改造工程。总建筑面积约为2.8万平方米，一、二层候车室面积有2万多平方米。车站楼层高约8米，配有大厅、售票厅、行李托运、母婴休息室等功能设施。车站内部采用岭南园林设计，左中右3部分用庭园相隔，保证整个站楼室内采光和通风。建成初一度成为广州市新景观地标。作为华南地区最大客运站以及铁路枢纽中心，承担着华南近郊与连接对外交通的重要运输联系功能。2018年入选第三批中国20世纪建筑遗产项目名录。（郭卫宏、丁雅倩）

广州火车站

羊城宾馆　园林酒店。现广州东方宾馆。位于今广东省广州市越秀区流花路120号。东楼建于1961年，由林克明主持设计，因中国出口商品交易会人流增多，1972年由余畯南等建筑师主持扩建西楼，即东方宾馆。东靠越秀山公园，西面流花湖公园。东楼8层，建筑面积约4.2万平方米，配有客房460间。扩建的西楼有11层，配有客房776间。建筑平面呈"工"字形，四端各自独立，便于分区使用。整栋建筑采用对称手法。正门因凹廊和挑台的处理，加上建筑体量比较大，显得端庄而美观。整体用色以灰白色为基调，最大限度保持材料本身质感，朴实无华、恬静淡雅。内部装修各个房间因不同功能而各有特色。首层翠园宫餐厅室内装修由莫伯治设计，采用"新艺术运动"与传统构图结合风格。与广州电视广播大厦、中苏友好大厦、广州体育馆等公共建筑组成一个完美建筑群。扩建后西楼曾获国家建委全国优秀设计表扬奖。（郭卫宏、丁雅倩）

双溪别墅　公共建筑。位于今广东省广州市广园中路801号白云山风景名胜区内。宋朝此处为"月溪寺"，是白云山最早寺院。清朝同治年间，改名双溪古寺，因寺内有月溪和日溪两

支泉水绕寺而得名。后毁于战乱。20世纪50年代末，为拓展国际外交，接待省市政府重要客人，分别建造别墅甲座和别墅乙座。其中甲座由郑祖良在原有旧建筑基础上设计改建，乙座由莫伯治主持新建。1962年启动建设，1963年落成。1966年"文化大革命"开始后遭到破坏。1998年为纪念周恩来诞辰100周年，进行修复整治。2006年白云山风景名胜区管理局负责进行二次维修工作。甲座为一间一室一厅套间，面积约40平方米。乙座客厅采用半开放式设计，一面濒临山壁，有细泉从山壁滴下，故名读泉。依山而建，融入自然山水之间，梯级沿溪而上，房屋错落有致。以地形和景物为依托，以连廊为组织构件连接室内外空间，将不同功能建筑空间组合成一个有机整体，形成曲径回廊相连、假山叠石相衬、大小空间有序的岭南庭园。其建成标志着融地域性与现代性并重的现代岭南庭园风格产生。门口"双溪"二字，出自朱德手书。1993年，获得了第一届中国建筑学会建筑创作奖。2019年入选第四批中国20世纪建筑遗产项目名录。（郭卫宏、李宾）

山庄旅舍　又称白云山庄、广州大厦山庄旅舍。公共建筑。位于今广东省广州市白云区白云大道北1128号白云山风景名胜区内。原是苏东坡的嫡孙、南宋太尉右承相苏绍箕修建的苏氏宗祠"月溪寺"。明朝初年，改建为月溪书院。1962年由莫伯治主持设计，修建山庄旅舍，1965年建成。占地面积约8500平方米。场地由西向东逐渐降低。入口在东侧，建筑散落于西侧台地之上，由连廊组织同庭院构成"前院—中庭—内庭—后院"空间序列。通过"藏而不露、缩龙成寸"手法将山庄同自然融合，表达"相地合宜、构园得体"园林文化。注重总体结构、功能秩序关系，

引入山水绿植元素营造宜人环境，创新运用传统造园手法，因地制宜选择材料、技术，融现代建筑思想于一身，标志岭南现代庭院在理论探索基础上迈入成熟的创作实践。曾接待了众多党和国家领导人。1993年，山庄旅舍设计获得第一届中国建学会优秀建筑创作奖。2005年获广东最佳生态园林酒店、十大最具魅力酒店称号。2016年入选第一批中国20世纪建筑遗产项目名录。（郭卫宏、李宾）

白云山庄　见"山庄旅舍"。
广州大厦山庄旅舍　见"山庄旅舍"。

松涛别院　公共建筑。位于今广东省广州市白云区广园中路801号白云山风景名胜区梅花岭北端山谷。由郑祖良主持设计。1964年建成甲、乙、丙三座建筑。用地面积约6000平方米，20世纪70年代和80年代进行两次设计加建。原入口位于场地西北角，在康宁桥北侧。从入口通过台阶向东，有一六角小亭，向南折回过桥见东侧湖面。甲座建筑由客厅、厨房、卫生间组成，客厅东西向开窗，东侧临水有方形露台挑出水面。由甲座向南经爬山连廊向东即为乙座，向南为丙座。乙座北向四开间均为客房，其北侧挑出敞廊，面朝湖面方向。丙座同乙座呈120度夹角，主立面面向西北方，为四开间，西侧尽端凸出一五边形小厅。乙座再向东与丙座南侧为后期加建部分。场地内有三级跌水，自东向西跌落至桃花涧，向建筑群沿纵深方向平行布置。建筑依山而建，树绿花香，成为岭南现代庭园建筑的代表。（郭卫宏、李宾）

友谊剧院　公共建筑。全国剧院设计的典范之作。位于今广东省广州市越秀区人民北路696号。1964年底开始设计，由建筑师余畯南、林克明、麦

禹喜、朱石庄等主持设计。1965年8月16日建成投入使用，1987年冬停业改建，1988年7月13日恢复营业。建筑面积6100平方米，座位一共有1609个。设计简洁大方，经济适用，突出演出功能，富有现代感。座位设计讲求实效。内部装修从演出效果出发，不过于富丽堂皇。整体设计强调形式协调统一，使建筑成为周围环境一部分，采用现代主义与岭南庭园相结合手法，整体显得朴实、简洁、清新。通过墙体和玻璃的材质变化形成丰富空间变化效果和相互呼应关系。剧院设计获得广东省1980年优秀科研成果奖。2018年入选第三批中国20世纪建筑遗产项目名录。（郭卫宏、丁雅倩）

华南植物园水榭　公共建筑。华南植物园内湖边小亭。位于今广东省广州市天河区天源路1190号华南植物园内。1965年建成。由郑祖良设计。坐东南朝西北，从入口到湖边挑台有21米进深，有9处空间转折，穿插3个方形天井，步移景异，表现流动空间特质。建筑屋顶细柱薄檐，由3根25厘米直径细柱托起，展现纤细精致感觉。建筑空间以身体为尺度，可视为柯布西耶多米诺体系的展现。有一半凌波而跨，体现《园冶》中"立半山半水之间"意境，隐于周边棕榈植物之中，构成"花间隐榭"场景。呈现出密斯式水平板式空间，同背景的竖向植物形成对比。曾是用于接待来穗贵宾最高级场所，有不少国家领导人莅临。岭南现代庭院典范。将现代建筑同传统乡土庭院融合。（郭卫宏、李宾）

白云宾馆　公共建筑。五星级商务酒店。位于今广东省广州市越秀区环市东路367号。1972年，为扩展贸易往来，适应交易会的需要，中央决定

在广州兴建白云宾馆，1976年6月1日，正式开业运营。莫伯治主持设计。总建筑面积58601.07平方米。楼高114.05米，是高低层结合庭院式宾馆。高层主楼为客房，共计33层（不包括地下室），标准层高3.3米。平面功能由公共活动、客房、管理3个部分组成。低层部分结合原有地形构建大小不同的室内庭院用以公共活动，室内中庭利用原有3棵古榕做点景，环以瀑布、景石、水池，中庭古中带雅。主楼位于场地西北角，周边预留场地综合考虑交通、绿化等室外环境，室外前庭花园约2000平方米。设计中的垂直空间由山岗、前庭、内庭、屋顶花园、顶层天光小院等众多空间组成。将现代建筑功能空间同岭南庭院进行有机融合，标志着新中国第一座最高现代建筑诞生。被建设部评为优秀建筑设计一等奖，中国建筑学会1949—2009暨中华人民共和国成立60周年建筑创作大奖。2017年入选第二批中国20世纪建筑遗产项目名录。（郭卫宏、李宾）

流花路广交会馆 又称中国出口商品交易会流花路展馆。公共建筑。原为广交会展馆。位于今广东省广州市越秀区人民北路。在原中苏友好大厦基础上改造而成。1974年由余畯南、黄炳兴等建筑师主持设计。因每年春秋举办两届中国出口商品交易会而闻名。占地面积约99500平方米，总建筑面积约为110500平方米。在原中苏友好大厦南面新增一个T型入口大楼，大厦北面新增一系列展览建筑，配置餐厅、接待、银行等配套服务设施，设备齐全，功能良好。会馆内由5个较大的院落与众多小型的内院建筑群体组合形成。各群体间可以联合布展，也可独立展出，体现建筑师对于展览建筑空间功能模块性设计功底的掌握。当时广东省最大单项民用建

筑。近年来多次进行改造更新，硬件条件日臻完善，成为各类展览展出的首选。2020年入选第五批中国20世纪建筑遗产项目名录。（郭卫宏、丁雅倩）

中国出口商品交易会流花路展馆 见"流花路广交会馆"。

罗定长岗坡渡槽 又称长岗坡渡槽。公共建筑。引水灌溉水利设施。位于今广东省云浮市罗定市罗平镇长岗坡。1976年11月动工兴建，1981年1月竣工通水。起点位于罗平镇长岗坡，终点位于双莲村天堂顶，总长5200米，宽6米，高2.2米。渡槽两边设人行道、护栏，每隔2米设一根拉杆，连拱结构，有133个墩、132个跨拱，拱最大跨度51米，最大高度37米，设计引水流量25立方米/秒。将上游泷江河、太平河水引入金银河水库，每年引水近4亿立方米灌溉20多万亩农田，使得罗定盆地变成旱涝保收天府之国。2014年以前为世界最长的渡槽。有"广东红旗渠""南粤红旗渠"之称。入选2009年第三次全国文物普查重要新发现。2019年被国务院公布为第八批全国重点文物保护单位。参见第805页科技卷"罗定长岗坡渡槽"条。（郭卫宏、李宾）

广州花园酒店 公共建筑。位于今广东省广州市越秀区环市东路368号。1980年基地奠基，1984年10月试营

广州花园酒店

业，1985年8月正式全面营业。香港建筑师司徒惠主持酒店主体设计，广州岭南置业公司与香港花园酒店有限公司合作兴建。总建筑面积155086平方米，基地面积13210平方米，绿化面积17039平方米。酒店整体成两个Y字形，平面布局紧凑，客房容量大且视野开阔。主楼位于基地北面，南面为传统岭南庭园，首层面积12020平方米，入口由门厅、休息厅及服务总台组成，通透的平面设计使得室内外融为一体。庭园设有18米双瀑布、拱桥、亭台水榭等，植物配置采用岭南植被，运用中式园林以小见大、步移景异等空间处理手法。酒店大堂装饰有150平方米红楼梦《大观园》金箔壁画和广东水乡风貌石刻壁画，前厅两侧的大型漆书壁画《百骏图》《百美图》等，展示中国文化。集住宿、餐饮、商务、会议、旅游等服务为一体的中外合作性质酒店。1987年，被评为全国首届工程鲁班奖。2019年入选第四批中国20世纪建筑遗产项目名录。（唐孝祥、曾灿煜）

中山温泉宾馆 公共建筑。中国第一家中外合作宾馆。位于今广东省中山市三乡镇雍陌村。由霍英东、何鸿燊等人投资兴建。设计单位为广州市设计院。邓小平题名。1980年12月28日正式开业。占地面积13万余平方米，总建筑面积约2.7万平方米。设计选取罗三妹山与温泉作为规划设计主题，利用山色和温泉资源，形成"前水后山、复构堂于水前"景色，利用东南面低注地段开辟1万平方米映山湖，环绕水面组织功能空间，形成环山抱水的格局。主楼区由5栋2—4层客房楼组成；别墅区由10座别墅组成，楼高1—2层，散落于用地东北部，自成一区；配套服务区包括餐厅、宴会厅、商场等，布置在基地西边人流密集的道路旁，设有独立门厅与出

入口；温泉浴室区由 20 个单间浴室组成。5 座客房主楼设南暖廊、北阳台，向北可观看内湖，向南可观山景。10 栋别墅分别由莫伯治、林兆璋、蔡德道等人分别独立设计。餐厅由 5 个正方形主厅和 4 个副厅组成，与宴会厅布置成"凹"形平面布局。园林设计方面，继承岭南园林布局方法和技巧，宾馆内共设 18 个绿化庭院，栽植具有岭南特色的观赏植物和经济植物，园中有园，院内有院，园院呼应，建筑与园林相映成趣。2013 年初完成全面升级改造，原有园区实现整体翻新，新建翠亨园、中餐厅、国际会议中心、温泉园等特色园区。宾馆是改革开放窗口，接待过众多党和国家领导人、外国元首，被誉为岭南钓鱼台国宾馆。2009 年获"国际知名休闲度假酒店"称号。（王国光、胡凯雯）

深圳国际贸易中心　全称深圳国际贸易中心大厦；简称国贸大厦。公共建筑。位于今广东省深圳市罗湖区嘉宾路与人民南路交会点东北侧。20 世纪 80 年代初进行项目招标。朱振辉主持设计。1982 年 4 月项目动工；同年 10 月主楼地下室开工，1983 年 5 月 1 日开始主体施工。中建三局一公司在标准层施工中研制出国内第一套大面积内外筒整体同步滑模工艺，使主体标准层施工速度从开始 7 天一层，提高到 5 天、4 天一层。1985 年 12 月 29 日项目竣工。占地面积 20000 平方米，建筑面积约 100000 平方米，地下 3 层，地上楼高 50 层共 160 米，由方形塔式主楼和北侧长 150 米裙楼构成。钢筋混凝土筒中筒结构，标准层的每层建筑面积为 1322 平方米，第 24 层为避难层，第 49 层设有旋转餐厅，第 50 层设有直径为 26 米的直升机停机坪。主楼采用通高多折玻璃窗带，其竖向通条茶色玻璃铝合金窗与群楼大片茶色玻璃幕墙形成强烈对比。群楼

远端圆形超级市场与主楼取得均衡，凸出伞状圆顶与主楼顶层旋转餐厅相呼应。采光中庭通高 4 层，围绕大面积音乐喷泉设置廊道，远端有高 20 米水幕。采用现代化新型公共设施，如自动消防装置、冷冻水空调系统、自动防排烟、闭路电视、特殊照明、全电子交换机通讯、自动广播、保安巡视系统，并设有先进电脑自动控制管理中心。国内第一座集商业、贸易、办公、餐饮于一体的多功能超高层现代建筑，被誉为"深圳经济特区的窗口"和"中国改革开放的象征"。1986 年获建设部科技进步二等奖，优秀设计二等奖。1988 年获国家计委、经委国家质量银质奖。2018 年入选第三批中国 20 世纪建筑遗产项目名录。
（唐孝祥、冯楠、马海超）

深圳国际贸易中心大厦　见"深圳国际贸易中心"。

国贸大厦　见"深圳国际贸易中心"。

深圳博物馆　公共建筑。现有古代艺术馆、历史民俗馆、东江游击队指挥部旧址纪念馆和深圳改革开放展览馆 4 处馆址。古代艺术馆位于今广东省深圳市福田区同心路 6 号，1982 年立项建设，1988 年 11 月对外开馆。总建筑面积 1.84 万平方米，展楼建筑面积 8000 平方米。毗邻深圳市委和荔枝公园，为一座园林式博物馆，延续了原建筑朴素典雅、庄重大气的风格。展楼内螺旋式分布 4 层 13 个展厅，设有 3 部"胶囊"观光电梯，观众可乘电梯到达顶楼，盘旋而下参观。主要展出中国古代艺术相关文物。历史民俗馆位于深圳福田区福中路市民中心 A 区，2008 年 12 月建成开馆，建筑用地 1.25 万平方米，建筑面积 3.36 万平方米，用于展览深圳的历史民俗。由展楼、工作楼、文物库和视听厅等 4 处独立的建筑物组成，形成一

组内部功能现代化的建筑群。东江游击队指挥部旧址纪念馆，位于今广东省深圳市罗湖区南庆街 13 号。占地面积 240 万平方米，建筑面积 794 平方米，前身为兴建于民国时期的鸿安酒店，建筑坐西朝东，由一座面阔 8.5 米、进深 10.29 米的砖混结构的三层主楼及其西侧的面阔 4.42 米、进深 12.05 米的二层砖木结构副楼组成。该旧址原为深圳市级文物保护单位，2012 年划归深圳博物馆管理，2017 年 12 月经改造后对外开放。深圳改革开放展览馆，位于深圳福田区福中路 184 号，2018 年 11 月 8 日对外开放。展览面积 6300 平方米，展馆建筑外表面采用双层表皮结构，以石材、玻璃与穿孔板为主要材料。国家一级博物馆。深圳文化建设的重要组成部分，见证深圳改革开放发展历程。（郭卫宏、李宾）

广州白天鹅宾馆　公共建筑。中国第一家中外合作五星级宾馆。位于今广东省广州市荔湾区沙面南街 1 号。

白天鹅宾馆

1983 年 2 月 6 日开业。由霍英东与广东省人民政府投资合作兴建。设计单位为广州市设计院，佘畯南和莫伯治共同设计。最初命名鹅潭宾馆，因其选址位于沙面岛南侧、白鹅潭畔滩涂，定址后填沙造地，填筑面积约 3.6 万平方米。建筑用地北揽沙面历史建筑群，南望沙面岛珠江河面。结合岭南湿热气候特点，建筑体型高低层结合，简洁明快，素雅大方。功能齐全，空间布局流畅而收放自如。楼高 34 层，外

面为白色喷涂和玻璃马赛克，平面腰鼓形。首层是商场，2层是接待厅，有各式餐厅、邮电银行、美容、游泳池、健身房等配套设施。3—26层为标准客房，东西长80米，层高2.8米，每层客房40间。27层为总统套房。南墙面设通透、开阔大面积玻璃幕墙，在室内可尽览白鹅潭。在空间组织方面，以景观轴结合岭南园林造园手法，以景导人，把珠江景观导入室内、把游者引向江边。裙房内中庭是3层通高立体园林，高30多米，享誉国际的"故乡水"用山石瀑布寓意"高山流水"。"故乡水"漫过石崖，从崖顶金瓦亭子旁飞泻而下，亭子题"濯月"二字，与透过中庭玻璃屋面的天光相互呼应，一语"别来此处最萦牵"道破乡愁。1984年获国家优秀设计金质奖和施工金质奖，1985年成为国内首个世界一流酒店组织成员。2010年广东省第三次全国文物普查被认定为文物。2016年入选第一批中国20世纪建筑遗产项目名录。（王国光、胡凯雯）

中国大酒店　公共建筑。位于今广东省广州市越秀区流花路122号。1984年落成开业。1998年重新装修。占地

中国大酒店

面积1.9万平方米，建筑面积16.8万平方米。主楼19层（包括地下一层），高62米。由五星级酒店主楼、公寓和商业大厦（写字楼及商场）三部分组成。整体造型风格大气威严，在内外装饰装修中充分考虑岭南人文风貌，糅合了现代建筑的简洁明了与东方的

低调内敛。结合周边闹中取静，舒适写意环境，呈现出开放包容态势。改革开放后中国大陆第一家中外合资经营酒店。2014年2月被评定为广州第一批历史建筑。2002年入选第五批中国20世纪建筑遗产项目名录。（唐孝祥、苏逸轩）

深圳大学早期建筑　公共建筑。位于今广东省深圳市南山区南海大道3688号。现为深圳大学粤海校区。1983年5月，深圳大学由国务院正式批准，9月正式成立。1984年1月至1988年10月间由李宗浩担任深大基建办主任、总工程师。整体布局依山就势、因势利导，与自然环境巧妙融合，充分考虑客观的实际条件，顺应场地的变化。大部分建筑坐北朝南、偏东15度，顺应亚热带自然气候的特点，引入东南风，穿堂入室驱除闷热，同时更好地减少西晒。整体特色在体现对环境的自然适应性的同时还兼顾美观。2022年入选第六批中国20世纪建筑遗产项目名录。（唐孝祥、颜沁怡）

香港汇丰银行大厦　公共建筑。位于今香港特别行政区中环。为第四代汇丰大厦建筑。1985年落成。诺曼·福斯特（Norman Foster）设计。占地面积5000平方米，建筑面积9.92万平方米，最高180米。有46层楼面及4层地库，用钢3万吨及铝4500吨建成。采用最新结构技术，运用商品混凝土和散装水泥应用技术，及粗直径钢筋连接技术和新型模板与脚手架应用技术。有8组组合柱，每一组包括4根钢柱。相对组合柱之间跨度为38.4米，楼层空间宽阔，布置和使用灵活。从上到下有5个结构层，将3个实用楼层分为5组。结构层中央有下伸悬杆，与各层楼板相连接，起悬挂作用。10层高内庭空间高而狭窄，两边为营业和办公用房。大厅采用圆拱式，门框

墙面选用地中海有孔大理石。前厅内八幅铜雕壁画集中体现中国传统书法艺术，通过汉字从甲骨文、钟鼎文到篆、隶、楷、草演变，反映中国上下五千年文明史。在内庭顶面安装一套反光镜，将横向射入结构层天然光线反射向下，反光镜角度由电脑控制，增加内庭的亮度。为抵抗风力，钢结构表层用铝板包覆，铝板表层涂有灰色带荧光聚合物。将现代技术与现代美学融为一体。获英国皇家建筑师学会金奖和美国雷诺斯纪念奖。（王国光、胡凯雯）

草暖公园　文化公园。公共建筑。位于今广东省广州市越秀区环市西路187号。1985年6月开始施工，1987年建成。设计单位广州园林建筑规划设计院。占地面积13400平方米，东西长120米，南北宽115米。集音乐咖啡厅、商业廊、会议室等功能于一体。因唐李贺诗句"草暖云昏万里春"而得名。设计基于周边环境的现代建筑群，结合自身场地面积局促，采用全开敞方钢和铸铁围栏，使街景和园景相互渗透，同时考虑城市风貌问题，将场地内建筑物置于公园北端和两侧，中央留出大片园林空间。设计理念以欧美造园手法，采用大片绿地点缀修整的树木花丛，同橙黄色建筑屋面构成色彩丰富的场景。局部设计方面，对树种和景石的挑选反映岭南园林地方色彩。南立面为正立面，与环市路相接，可扩大视觉感受。主体建筑音乐咖啡厅置于公园尽端，主入口偏于中轴线置于西南方，同主建筑形成45度角，延展游览路线。音乐咖啡厅占地面积1053平方米，平面呈对称，主塔楼高17米，复式两层，可容纳400名观众，内设电子音乐喷泉，是广州市第一座大型现代化电子音乐喷泉装置。园内建筑以简化欧洲风格塑造出中西合璧的公园景象，建筑物外观设

计考虑到作为公园的景点作用，场地内布置形成园界，同时兼顾经济效益。1987年获建设部优秀工程设计二等奖。（郭卫宏、李宾）

香港中银大厦　公共建筑。香港地标建筑之一。位于香港中西区中环花园道1号。1985年动工，1990年建成。贝聿铭设计。占地面积8389平方米，总建筑面积13万平方米。高70层，楼高315米，加顶上两杆高度共367.4米。大厦重量由四角四根大柱承受，幕墙采用蓝灰色玻璃，加上规整45度斜向装饰线。该"线"同时也是结构构件，使大厦用钢量比相应规模传统建筑节省近一半。内部东西两侧各建有因地而成的三角形花园，园中林木布置古朴典雅，错落有序，山石间有人工瀑布。花园把中国文化意境引进银行室内，突破一般银行建筑中金融市场冷漠气氛。大厦采用空气调节系统，运用新科技，强调节能特性。建成时是亚洲最高建筑物，在全世界高楼中名列第5。1989年获杰出工程大奖，1991年获AIA Reynolds Memorial Award，1992年获大理石建筑奖，1999年获香港建筑师学会香港十大最佳建筑，2002年获香港建筑环境评估"优秀"评级奖项。（王国光、胡凯雯）

深圳蛇口希尔顿南海酒店　公共建筑。深圳第一家涉外高级酒店。位于今广东省深圳市蛇口经济特区望海南路。原深圳南海酒店。1986年建成投入运营。2017年6月，运营方引入希尔顿酒店管理集团，改造提升后重新开业运营。酒店由主楼和南海翼两座相邻楼宇组成。"南海翼"是酒店标志性建筑，建筑曲线造型仿佛水鸟羽翼，在功能上是酒店客房区域。客房内部装修以简洁新中式风格为主。南海翼入口轴线上建有海湾园林空间，风格中西结合，有中式亭廊和西式草坪水池，植物配植方面以热带植物为主。2018年入选第三批中国20世纪建筑遗产项目名录。（唐孝祥、马海超）

西汉南越王墓博物馆　公共建筑。今与南越王宫博物馆合并为南越王博物院。位于今广东省广州市越秀区解放北路867号。1986年12月2日举行建馆奠基仪式，首期工程开工。1988年2月8日，综合陈列楼建成，正式对外开放。1989年，进行墓室维修加固，

西汉南越王墓博物馆

墓室光棚、东回廊建设。莫伯治、何镜堂设计。1983年，南越王墓发掘后就地建设而成考古遗址类博物馆。1993年2月8日，第二期工程主体陈列楼竣工，博物馆全面建成。《西汉南越王墓出土文物陈列》《杨永德伉俪捐赠藏枕专题陈列》开幕。占地总面积约9000平方米，建筑面积17400多平方米，共3层。以古墓为主题，运用当代材料、技术、造型手法保护其完整性。整个设计以现代主义建筑手法结合地方特点，传承2000多年前历史文化内涵，寓传统于创新之中。布局设计考虑自然采光，突出古墓主题保护历史遗迹，尊重周边环境同建筑构成有机整体。2010年完成周边地带系列改造规划，规划主要从功能布局、设施配套与环境整治三个方面进行修建改造。对象岗山原有风貌进行

恢复整治。1991年被全国优秀设计评选委员会评为优秀设计项目金奖，2008年被评为"国家一级博物馆"，2009年获中国建筑学会建筑设计新中国成立60周年建筑创作大奖。"秦代造船遗址、南越国宫署遗址及南越文王墓"1996年被国务院公布为第四批全国重点文物保护单位。2016年入选第一批中国20世纪建筑遗产项目名录。参见第163页历史卷"南越文王墓"条、第685页艺术卷"南越王博物院"条。（李卫宏、李宾）

广州天河体育中心　公共建筑。位于今广东省广州市天河区天河路299号。为迎接"六运会"而建。1987年竣工。设计单位为广州市设计院。占地面积54.54万平方米，总建筑面积12.47万平方米。由体育场、游泳馆、体育馆及田径练习场、风雨跑道、环场道路等配套工程组成。通过大梁、大柱、大形体、大块面，传递粗犷美、力量美。外墙采用乳白色。体育场位于正中，建筑面积6.57万平方米，平面呈椭圆形，立面呈马鞍形。体育场外观主要由看台构架、飘篷等组成，东西看台有61级座位，上悬挑出25米钢雨篷，共6万个座位。272根变截面支柱及看台底部梁板明露，休息空间开敞而通透。考虑到岭南地域气候，将看台外悬，有利于休息空间的遮阳挡雨。游泳馆位于东南面，平面呈长八

角形，是将长方形平面切去四角视觉条件较差部分而成，立体桁架结构，跨度74米，建筑面积2.3万平方米。馆内有中央空调，供水系统控制水温水质。体育馆位于西南面，建筑面积2.56万平方米，下呈方形，上呈六边形。屋面六角形，采用英国轻型屋面复合板，面积9940平方米。除作为体育比赛场馆外，还有文艺演出场馆的功能。建成时为广州市最大体育竞技和群众体育健身场所。1988年获鲁班奖，1991年获全国优秀设计一等奖。2018年入选第三批中国20世纪建筑遗产项目名录。（王国光、胡凯雯）

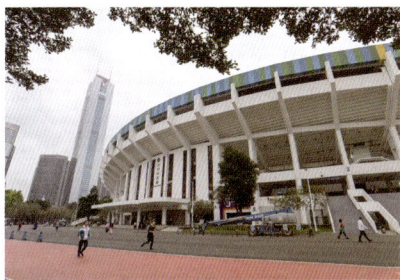

广州天河体育中心

广东国际大厦 又称广东国际大酒店、63层。公共建筑。位于今广东省广州市越秀区环市东路339号。1987年动工，1992年建成。设计单位广东省建筑设计研究院。总建筑面积18万平方米。由一座主楼、两座副楼组成。主

广东国际大厦

楼63层（包括3层地下室），高198.4米；副楼分别为23层高97米和33层高117米。主楼外墙采用蜂窝铝板和蓝色镀膜玻璃装饰，裙楼外墙使用光面花岗石。天面可以起降直升机。综合应用无粘结预应力混凝土楼盖、SP—70高效模版体系、超高层混凝土泵送技术、陶粒空心砖隔墙等10项新技术、新工艺、新材料。在国内首次大面积使用高效模体系，达到3天1层的早拆模版技术，模版重复使用次数是老式模版的5倍以上。在超高层建筑施工成套技术和管理方面作了有益探索。被建设部列为综合应用新技术新工艺成果试点工程。主楼结构设计与施工技术获1992年国家科技进步二等奖；主楼设计获1994年国家设计金质奖。2018年入选第三批中国20世纪建筑遗产项目名录。（王国光、胡凯雯）

广东国际大酒店 见"广东国际大厦"。
63层 见"广东国际大厦"。

深圳华夏艺术中心 公共建筑。位于今广东省深圳市南山区华侨城光侨街1号。1990年9月5日开工建设，1991年9月建成完工。深圳华夏艺术中心由华森建筑与工程设计顾问有限公司张孚佩、周平、曾筠等人负责设计。建筑面积13070平方米。以三角形构图与场地西侧华侨城办公楼取得协调。入口宽度60米巨大网架形成灰空间，通过45度角建筑造型汇聚视觉焦点。东南侧外墙以"六象图"浮雕隐喻"阴阳、风雨、晦明"自然变化，下部以水池倒影增加动感。西侧大楼梯旁为"五行"元素抽象浮雕。用粉红色凹凸面砖和镶嵌灰色砖线构成对比。建筑总计4层，一层东侧为歌舞厅，两层通高，西侧为健身房；二层西侧为影剧院；三层东侧为多功能厅，西侧为专用展览厅；四层东侧为艺术信息

和声像演播用房，西侧为10个艺术活动室。构思从建筑风格到功能空间，力求传统与现代科技文化的紧密结合，体现文化建筑的市民性、开放性以及南方建筑的特征；体现华夏文明同西方文化和谐统一，展现20世纪90年代中国改革开放新面貌。1994年获全国优秀工程设计奖金奖。（郭卫宏、李宾）

深圳发展银行大厦 公共建筑。现为平安银行大厦。位于今广东省深圳市罗湖区深南东路的黄金地段。由澳大利亚柏涛建筑事务所主持设计。1992年12月28日开工建设，1997年1月18日正式投入使用。建筑整体外形呈风帆状，节节上升的梯形砌块造型取"发展"之意。倾斜向上的巨型不锈钢构架，增加建筑力量感、强化视觉均衡与和谐。建筑立面采用香槟红幕墙和花岗石饰面。建筑内部设计融合尖端科技与"人本主义"服务思维，采用智能化管理系统，包括：3A系统（楼宇自动化系统BA、办公自动化系统OA、通信自动化系统OA）、通信网络系统以及全国最大的网点IBDN布线系统。大厦内供水、供电、空调开启、电梯运作、停车场管理、消防报警、开关门感应、红外线监测等方面实现全智能化控制，其科技化、智能化程度在当时处于全国领先水平。深圳著名地标建筑。2018年入选第三批中国20世纪建筑遗产项目名录。（唐孝祥、马海超）

平安银行大厦 见"深圳发展银行大厦"。

珠海机场 公共建筑。即珠海金湾机场。位于今广东省珠海市金湾区金海中路。1992年开始建造，1995年6月建成通航。陶郅牵头设计。北接中山，东邻香港、澳门，西连江门、

阳江等地。原址为抗战期间日军修建的机场。按照 ICAO 4E 级标准规划设计和建设，2013 年 1 月 10 日改名为珠海金湾机场。主体建筑旅客航站楼总建筑面积 9.27 万平方米，航管楼总建筑面积 4500 平方米，航空指挥塔高度 45 米。航站楼及航管楼设计刻画纯净简洁的航空建筑个性，同当地天然滨海环境相融，造型体量平缓优雅，外观采用灰白主色调，同蓝天、碧云、绿植交相辉映。设计首次采用双指廊形式，平面 "U" 字形，采用 12 米 × 12 米标准柱网，以最短交通流线、最少站坪面积和最节约飞机滑行停靠方式组织国内候机 9 个登机桥和国际候机 8 个登机桥。办票柜台以 4 个岛状处理，采用开放通透玻璃隔断，引导人流，引入自然采光，减少照明能耗，与室外景观呼应。在综合厅布置富有亚热带特色高大棕榈树，将大型绿化引入室内空间。在空间设计、结构技术、设备选型、装饰施工等方面为国内同时期建设多个机场确定全新标准。该设计 1998 年获教育部优秀设计一等奖，建设部优秀设计一等奖。2000 年获国家级优秀勘察设计金奖。（郭卫宏、李宾）

珠海金湾机场 见 "珠海机场"。

中信广场 又称中天大厦。公共建筑。位于今广东省广州市天河区天河北路，在天河区中轴线上。1993 年兴建，1997 年建成。设计单位为刘荣广伍振民建筑师事务所（香港）有限公司。占地面积 2.32 万平方米，总建筑面积 23.6 万平方米。建筑高度 389.7 米。布局理性有创意地结合天河区整体规划，利用简单造型突出主体建筑。大厦由一座 80 层的主楼，左右两座对称的高 38 层的副楼以及高 5 层的裙楼组成。主楼呈四方形，裙楼呈半圆形，左右副楼则像主楼的两翼。主楼有甲级办

中信广场

公楼，提供 13.1 万多平方米现代化办公用房。外墙以蓝绿及不同灰度玻璃幕墙镶嵌，主楼入口大堂楼高 24 米，以不锈钢及玻璃为主建材，辅以黑色大理石。主楼两旁为两座双塔式公寓，总面积 6.9 万多平方米，内部设备配套周全。裙楼部分为 4 层面积 3.5 万平方米购物商场，有特为公寓住客而设的住客俱乐部及平台花园。时创中国内地高层建筑新高，有 "华南第一高楼" 美誉。获 "全国行业质量示范企业"。（王国光、胡凯雯）

中天大厦 见 "中信广场"。

深圳地王大厦 公共建筑。位于今广东省深圳市罗湖区深南东路、宝安南路与解放中路交会的黄金三角地带。1994 年 5 月 27 日开始动工。实行地下建设和地上建设同时进行。1995 年 6 月 9 日封顶，次年 3 月竣工。建筑组群分为 3 个部分：主体为 68 层写字楼，立面由两个柱形塔组成，辅楼是一座 33 层、120 米高酒店式商务住宅，形体呈两块板式叠合相错，中间一巨型门洞，贯通大厦南北，构成奇特景观。5 层高购物裙楼，将两个主体连接在一起。主楼建筑体形设计灵感

来源于中世纪西方教堂和中国古代文化中 "通、透、瘦" 精髓，宽与高之比例为 1 : 9，创造世界超高层建筑最 "扁"、最 "瘦" 纪录。主题性观光项目 "深港之窗" 坐落在顶层，是亚洲第一个高层主题性观光游览项目。集办公、商业于一体的超高层综合性建筑组群。2018 年入选第三批中国 20 世纪建筑遗产项目名录。（唐孝祥、曾灿煜）

广东奥林匹克体育场 公共建筑。羊城新八景之一 "五环晨曦"。位于今广东省广州市天河区黄村街道体委基地社区大观路 36 号。1998 年 12 月动工，2001 年 9 月竣工。美国 NEB 设计集团与华南理工大学建筑设计研究院共同设计。总占地面积 14.56 万平方米，可容纳观众 8 万人。广东奥林匹克中心主要场馆。屋面设计取材于奥林匹克圣火和广州珠江形态，蕴含体育运动感和地方文化时代精神。21 个色彩各异看台区像广州市市花木棉花。火炬由螺旋状环带构成，用悬索固定。电脑计时记分显示屏 77 平方米，南面主显示屏 220 平方米。建成时创造国内体育场馆 6 个 "最"：在同类场馆中建设速度最快，当时规模最大，最早采用分开的 "缎带" 式屋顶，电子田径记分系统最先进，电子显示屏效果全国最佳，舞台规模最大。可用于多功能开发经营，体育场内设宾馆、新闻会议中心、药检中心、体育俱乐部、会所、商场等。地处广州市中部与东部两大组团接合部，是连接两大发展组团间的 "绿色走廊"，集文化、体育、科技、旅游于一体的城市观光休闲带。2002 年获中国建筑工程鲁班奖。（王国光、胡凯雯）

广州体育馆 又称新广州体育馆。公共建筑。位于今广东省广州市白云区

广州体育馆

白云大道南 783 号。1999 年动工，2001 年交付使用。法国建筑大师保罗·安德鲁与广州市设计院共同设计。为迎接全国第九届全运会而建造。体育用地东侧为白云山风景名胜保护区。三大场馆如三个起伏山丘与秀丽白云山相呼应。占地面积 24 万平方米，总建筑面积近 10 万平方米。主体建筑平面呈由大至小 3 个梭形，按顺序进行弧线排列。主要建筑有 1 号馆、2 号馆和 3 号馆，配套建筑有餐厅、办公楼、能源中心等，能承接室内田径、体操等室内国际比赛项目，具备文艺表演、会议等功能。1 号馆建筑面积 3.96 万平方米，观众座位由 6063 个固定座位、3790 个活动座位和 23 个主席台座位组成，比赛场地可以摆放 2000 多个临时观众座位。2 号馆建筑面积 1.94 万平方米，首层面积 6400 平方米，负二层设有游泳池和篮球馆。3 号馆建筑面积 9048 平方米，首层面积 2300 平方米，用于青少年业余体校培训，功能与 2 号馆首层相同。场馆屋盖材料采用双层半透明乳白色聚碳酸酯板材，其透光率为 10%，白天外观为乳白色屋盖，阳光穿过半透明屋盖射入体育馆内，形成适合各种体育运动采光条件。场馆成为广州文化演出、休闲娱乐、健身活动领域最具影响力场所之一。2003 年获中国建筑工程鲁班奖。（王国光、胡凯雯）

新广州体育馆 见"广州体育馆"。

广州艺术博物院 公共建筑。位于今广东省广州市越秀区麓湖路 13 号白云山下。2000 年秋第一期工程完成，并于同年 9 月 23 日对外开放。2003 年第二期工程完成。莫伯治设计。占地面积 2.03 万平方米，建筑面积 4.03 万平方米。现有展馆（厅）19 个，设有多功能报告厅、文物库房、文物修复室、艺术鉴赏室等，专业功能齐全，配套设施完善。正面矗立文塔，细部以"羊"和"丰"字造型隐喻，呼应羊城、穗城场地所在。红砂岩墙面上构图史前岩画浮雕，表现岭南历史源远流长。庭院空间结合地势高低起伏，建筑四面围合，以风火山墙、汉唐檐口、猪头龙石雕饰等反映岭南文化和风格。以博物院内艺术品为主角，通过"功能空间分离"手法将展厅门厅、服务交通等空间分解为独立要素，按照自身特点加以塑形，灵活组织，形成拼贴效果。引用多样化构件符号，以形式语言"乱象"暗示博物院艺术作品不拘一格、百花齐放。2015 年被文化部评为第二批国家重点美术馆。参见第 523 页艺术卷"广州艺术博物院"条。（郭卫宏、李宾）

广州艺术博物院

新白云机场航站楼（T1） 公共建筑。位于今广东省广州市花都区机场大道 888 号。2000 年动工，2004 年建成。由美国 PARSONS & URS Geriner 两公司联合体与广东省建筑设计研究院联合设计。占地面积 1500 万平方米。机场按功能划分为航站区、飞行区和南北工作区。航站区道路采用贯穿式布局。沿南北中轴线对称，南、北两个主楼居中，两侧分别为东西连接楼及东西各 5 条指廊。主楼宽约 300 米、进深约 150 米，平面呈腰鼓形。首层南面为商业中心，设餐厅、食街及商场，北面为控制中心及信息中心。三层为出港办票大厅，国际部分设两个前列式办票岛，34 个柜台，国内部分设 9 个办票岛，144 个柜台。地下一层为行李分拣房、地铁站厅、可到达连接楼及停车楼、酒店。地下二层为地铁站台。连接楼长 450 米、宽 5 米，平面呈长弧形。三层为出发过厅，布置安检及边检、头等舱、商务舱、母婴候机室、快餐厅、商场。机场整体建筑造型线条流畅，选用国内先进具有高科技倾向建筑材料可透光张拉膜顶篷、三维曲面金属屋面、向下倾斜弧面点式玻璃幕墙、点式玻璃幕墙前有钢结构人字形柱等，呈现出具有高科技风格、形式简洁流畅、尺度宏伟的现代化大型国际空港。（王国光、胡凯雯）

华南师范大学南海学院 公共建筑。位于今广东省佛山市南海区桃园西路。2000 年设计，2001 年建成。设计单位华南理工大学建筑设计研究院何镜堂工作室。基地面积 27 万平方米，建筑面积 14.5 万平方米。依据特定地域环境，将自然环境和理性教育理念相结合，以山水作为校园环境主体结构。建筑布局灵活有机，分为教学中心区、生活区、体育运动区和会议接待区，形成四组相对完整区域，分布于山林之中，各区顺应地形成各自空间特色，彼此间联系便捷又有所隔离。密集有序建筑群体与疏朗自由自然环境形成对比，形成丰富景观特色。通过院落式布局和坡屋顶造型营造书院气息。通过底层架空、廊道串连和休息平台布设等手段，引导气流，降温除湿。出檐深远、立面凹凸变化显著的建筑结构，改善了室内的物理环境。2004 年获国家级优秀设计项目银奖、中国建筑学会建筑创作奖佳作奖，2009 年

获中国建筑学会建国 60 周年建筑创作大奖。（王国光、胡凯雯）

广州国际会议展览中心 简称广州会展中心。公共建筑。位于今广东省广州市海珠区赤岗琶洲岛。2001 年动工兴建，2002 年底完工，2003 年投入使用。日本佐藤综合计划设计与华南理工大学建筑设计研究院联合设计。建筑用地面积 70 万平方米，总建筑面积 39.5 万平方米。分三期建设，三期建设在造型上协调统一。建筑设计主题是"飘"，寓意珠江暖风吹过大地飘落在珠江岸边。单体展馆面积最大 39.5 万平方米，钢横架跨度世界最长，每个展厅顶部由 6 个长 126.6 米大跨度预应力张弦梁钢管桁架支撑，是世界跨度最大钢横架。拥有三层共 16 个展厅，展厅总面积 16 万平方米，有国际标准展位 10200 个，有能满足 30000 人同时用餐服务设施。架空层 3 个，首层 8 个 1 万平方米左右展厅，净高 13 米，二层 5 个约 1 万平方米展厅，净高 8.89—19 米。为无柱空间。可为各类型展览提供超高展出空间。首层、二层展厅规格长 130 米、宽 90 米，具备超强承重能力，每平方米设计荷载能力分别为 5 吨和 1.5 吨。展馆南北双向有开放式进出口，可连成一体，又可独立办展。地下有 2200 个停车位，南侧设计为大型室内停车场，总面积 49917 平方米，设计有 1800 个停车位。会展中心建筑物周围设计约 400 个室外停车位。有 91 部各类电梯，100 多个出入口，均匀铺设自动扶梯 46 条、水平观光扶梯 16 条以及垂直升降电梯 29 台。广场面积超过 2.2 万平方米，以展览、展示、表演和大型集会为主要使用功能。绿化率 48.7%，整体设计与自然和谐融洽。规模目前世界排名第三，以其独特设计造型、先进结构技术、国际化展示空间设计成为广州市代表性建筑之

一。获中国建筑学会建筑创作大奖、广东省注册建筑师协会第五次优秀建筑创作奖、广州市优秀工程设计一等奖、广东省优秀工程设计二等奖。（郭卫宏、丁雅倩）

广州会展中心 见"广州国际会议展览中心"。

深圳大学城清华大学园区 公共建筑。位于今广东省深圳市南山区丽水路 2279 号，大湾区科教创新高地西丽湖国际科教城中部。一期于 2001 年设计。设计单位深圳市建筑设计研究总院。占地面积约 50 万平方米。由大学城西院区、西丽湖院区和大学城东院区组成。2003 年该园区入驻，总建筑面积 9.3 万平方米，总占地面积 20.2 万平方米。校园紧邻西丽湖，大沙河穿校而过，慢行交通将各院区相互串联。中央廊道将水、电、空调、智能信息接口组成单元化形式，满足功能要求。建筑外维护采用塑钢窗、中空玻璃和水平遮阳反光板，有效降低中央空调能耗。会议厅采用大高差观众厅设计，增强互动可能。2005 年获广东省优秀设计二等奖。（王国光、胡凯雯）

广州大学城 公共建筑。位于今广东省广州市番禺区小谷围街道。总体规划建设于 2003 年 1 月正式启动。广州市城市规划勘测设计研究院、城市规划研究所规划设计，张毅等主持设计工作。共分为 5 个组团，各组团有各组团风格。第一个组团是中山大学和广东外语外贸大学，总占地面积 208.93 万平方米。第二组团是华南理工大学、广州中医药大学、广东医学院，总占地面积 283.26 万平方米。第三组团是广东工业大学、广州美术学院，总占地面积 240.72 万平方米。第四组团是广州大学，总占地面积 123.40 万平方米。第五组团是华南师范大学、星海

音乐学院，总占地面积 109.33 万平方米。各个组团充分体现以人为本理念，形态各异、各具特色。在规划设计开发前为自然村落，设计加强了地下空间综合利用，集中规划设计城市地下综合管沟、统一设计、统一建设、统一管理。实现"电、热、冷"三联供和能源循环梯度利用，提高了能源综合利用率。利用区域集中供冷和集中供热。建设完成后实现城市分质供水。利用数字化与多媒体技术，实现数字化城市与信息基础建设，实现开放式校园理念。获广东省优秀城乡规划设计一等奖。（郭卫宏、丁雅倩）

华南理工大学逸夫人文馆 公共建筑。华南理工大学五山校区地标建筑之一。位于今广东省广州市天河区五山路华南理工大学校内。2003 年建成。由邵逸夫捐资。设计单位华南理工大学建筑设计研究院何镜堂工作室。用地面积 8805 平方米，建筑面积 6398 平方米。处在校园总体规划南北中轴线，东、西湖校园生态走廊中心节点，两套系统叠合，衍生出人文馆总体有机布局。空间格局以院落为中心。建筑高 2—3 层，平面为 3 组建筑围合而成，中间穿插院落。东侧采用规整平面构成，西侧较为自由，以较小体量结合园林和亲水设计。建筑南北两侧为绿化休闲场地。按功能分成展厅、阅览室和报告厅，分别位于场地东、南、北三个方位，呈"品"字形，开敞式连廊把 3 个组成部分融合在一起。钟塔高 40 米。屋顶设置可调式遮阳百叶，实现对遮阳有效控制，利用柱廊与脱开墙体阻挡太阳光直晒，采用低辐射玻璃及浅色挂石降低辐射热，达到节能效果，营造具岭南建筑特质人文空间。2005 年获优秀建筑设计奖一等奖，2008 年获全国优秀工程设计金奖。（王国光、胡凯雯）

佛山世纪莲体育中心 公共建筑。位于今广东省佛山市顺德区东平新城区岭南大道南 1 号。2004 年开始动工，2006 年建成。设计单位德国 GMP 国际建筑设计有限公司和华南理工大学建筑设计研究院。第 12 届广东省运会主会场。总面积 42 万平方米。由体育场、游泳跳水馆、室外热身场地（含 400 米跑道运动场、足球训练场）、室外水上中心、能源中心及附属配套服务设施组成。体育场建筑面积 7.82 万平方米，直径 305 米，高 50 米，膜投影面积 5.34 万平方米，由屋盖索膜结构、下部钢筋混凝土支撑结构、看台及附属用房等部分组成，拥有观众座位 3.67 万个。体育场屋面工程投影为环形，外环直径 310 米，内环直径为 125 米。以受压钢桁架、脊索、谷索、受拉内环索为主，包括膜材和小型索类，共同组成轮辐式世纪莲屋盖结构。配合每块面积近千平方米膜材料，形成"莲花"造型，命名为"世纪莲"。屋盖结构坐落在 40 根折线形钢筋混凝土柱顶。膜结构屋盖由主体钢结构系统、钢索系统、膜系统 3 个部分组成，主体钢结构系统由上压环、下压环及腹杆组成，分布于场区外圈，下压环标高 29 米，上压环标高 49 米，上下压环由腹杆连接为整体。整个膜结构屋盖充分利用结构基础整体承载能力，最大限度发挥材料力学的效能。佛山东平新城的地标建筑。2009 年获国际体育建筑最高层次奖励—IOC/IAKS 国际体育建筑奖银奖。（王国光、胡凯雯）

广州大学城广东药学院教学区 公共建筑。位于今广东省广州大学城组团二内。2004 年由何镜堂、郭卫宏、吴中平等主持建筑设计。教学区东面珠江，南临华南理工大学及穗石村，西为广药生活区，北接广州中医药大学。教学区占地面积 38.1 万平方米，建筑面积 24.4 万平方米。将建筑群体集中布置，形成整体，为校园自然留出更大更完整外部空间。尊重自然环境，使自然景观成为校园特色。由一条贯穿校园内各空间的主轴串联成一个整体。主轴开端是由交流中心、行政楼以及科技楼围合而成的校前广场。管理楼和教学楼获得 2005 年建筑部优秀建筑工程二等奖、全国优秀工程设计铜奖。行政办公楼获得 2005 年广东省优秀工程设计二等奖。规划与建筑设计获得第 4 届中国建筑学会建筑创作优秀奖、中国建筑学会建国 60 周年建筑创作大奖。（郭卫宏、丁雅倩）

广东省档案馆新馆 公共建筑。位于今广东省广州市天河区龙口中路。2004 年潘忠诚等主持建筑设计。总建筑面积 44385 平方米。整馆由两部分组成，档案大楼地上 25 层，地下 1 层（局部 2 层），建筑面积 34598 平方米，结构高度 85.2 米。综合大楼地上 18 层，地下 1 层，建筑面积 9787 平方米。整馆设置对外开放广场，设置 5000 平方米展厅。扩大室内阅读空间，根据档案保密程度设置不同功能分区和流线。室内外空间设计关注对称以追求庄重。建成时是国内规模最大、楼层最高、设施最先进省级档案馆，广东省唯一省级综合性档案馆。获 2002 年度国家档案局优秀工程设计综合奖（排名第一）、2006 年获广东省优秀工程设计一等奖、2007 年获第七届中国土木工程詹天佑大奖。（郭卫宏、丁雅倩）

太古汇 公共建筑。位于广东省广州市天河区天河路 383 号。2004 年动工，商场及办公楼部分于 2011 年开幕，酒店住宅于 2013 年开幕。由 Arquitectonica 建筑公司与广州市设计院合作设计。用地面积 4.39 万平方米，建筑面积 45.76 万平方米。由办公楼（塔 1、塔 2）、酒店、文化中心及裙楼商业组成。两层裙楼屋顶花园通过两端露天自动扶梯和大台阶与街道连通，成为立体城市街道，24 小时对公众开放。建筑巧妙使用地下空间，串联地铁、公交集运 BRT、公交车等大规模公共交通，减少邻近城市主干道交通压力。商业中庭公共空间无柱、通透、流畅、导向性强，安全性高，充分利用天窗自然光。办公塔楼采用近似方形平面，空间间隔灵活，楼面实用率高。柱跨及幕墙分隔采用国际惯用模数满足租户分隔及立面美观。绿色建筑设计采用 BIM 建筑信息模型技术，土建装修一体化。融汇文化艺术、大型购物中心、甲级写字楼、星级酒店于一身。广州地标建筑之一。两座办公塔楼获得了 LEED CS 金级认证。2012 年获 MIPIM 亚洲最佳综合体银奖，2015 年获全国优秀工程勘察设计行业奖二等奖，2019 年被评为国家五星购物中心。（王国光、胡凯雯）

太古汇

白云国际会议中心 公共建筑。位于今广东省广州市白云区白云山风景名胜区西麓（原东方乐园用地）。2007 年 2 月建成并投入使用。中信华南（集团）建筑设计院和比利时 BURO Ⅱ 事务所联合设计。总建筑面积 31.6 万平方米，主体建筑 B、C、

D 三栋会议展览中心和 A、E 两栋东方酒店。会议展览中心分为 5 个建筑体块，北向南平行布置。各栋楼间以东西贯通生态花园以及步廊连接。B、C、D 栋建筑主要为会议、展览以及宴会。地上建筑面积 147445 平方米，地下建筑 40521 平方米。以 "山中之城" 或 "城中之山" 理念，利用红砂岩浑厚与玻璃材质轻盈形成对比。可展现白云山江水文脉和历史沉积，又呈现简洁现代建筑形态形象。室内空间延续室外设计风格，有良好导向性，各个空间采用不同设计手法使得内部空间具有个性。获得 2008 年国家优质工程银奖、2008 年巴塞罗那世界建筑节能公共建筑设计大奖、2009 年获第八届中国土木工程詹天佑大奖。（郭卫宏、丁雅倩）

广东中国客家博物馆　公共建筑。国内首家全面展示客家历史文化民俗的综合性博物馆。位于今广东省梅州市梅江区东山大道 2 号。2005 年兴建，2008 年建成。华南理工大学建筑设计研究院设计。占地面积 11.35 万平方米，建筑面积 3.7 万平方米。由主馆客家博物馆、分馆黄遵宪纪念馆、梅州市非物质文化遗产展示馆、梅州华侨馆、梅州大学校长馆、梅州将军馆、梅州名人廉吏馆以及《客家文博》杂志社组成。馆区正大门为圆形两层牌坊结构，形似客家土楼。主馆为圆台形建筑，占地面积 5984.7 平方米，建筑面积 1.2 万平方米。以主馆客家博物馆为整体枢纽，分馆与主馆互补，形成客家文化整体性生态博物馆网络。馆藏文物主要为唐代水车窑产品、客家历代名人书画和各类型客家民俗文物。馆内设有固定陈列 "客家人" 主题展览。展示汉族客家民系文化渊源与发展。分馆用于纪念特定杰出人物或特定文化。是客家人寻根问祖和文化交流重要平台。参见第

1226 页华侨·侨乡卷 "广东中国客家博物馆" 条。（王国光、胡凯雯）

广东科学中心　公共建筑。位于今广东省广州市番禺区小谷围岛大学城。2008 年由中南建筑设计院袁培煌、李

广东科学中心

钫、张行彪主持建筑设计。占地面积 45 万平方米。从远处望去像一艘 "航母"，从空中俯瞰像广州市花木棉花，自由、活泼、灵动的形象符合南方人性格。有三大功能区：科普展示教育区、市民服务区、行政及产品研发区。采用平面与竖向功能结合方式，将各个区域有机结合在一起。获住建部全国优秀工程勘察设计金奖、中国建筑学会建国六十周年建筑创作大奖、中国勘察设计协会优秀工程勘察设计行业奖（建筑工程）一等奖等奖项。（郭卫宏、丁雅倩）

广州塔　俗称小蛮腰。公共建筑。广州地标建筑。位于今广东省广州市海珠区阅江西路 222 号。2009 年建成。由荷兰建筑师马克·海默尔和芭芭拉·库伊特与广州市设计院联合设计。建筑面积 12.97 万平方米。塔身主体高 454 米，天线桅杆高 146 米，总高度为 600 米。外形、体量和结构为 "双椭圆"。一个椭圆位于地面，另一个椭圆位于 450 米高楼面处。主塔周边采

用不规则架空大平台，南面缓坡延伸至南面绿化广场，北面跨越滨江路，通过绿化阶梯过渡，与珠江形成亲水平台，连接滨江景观带、与南广场涌边景观带、磨碟沙公园、会展公园构成为城市空间。镂空、开放结构形式，减少塔身体量感和承受风荷载，塔体更纤秀、挺拔。建筑体型独特，建筑高度超限，结构体系复杂，与世界同类建筑相比，设计不拘一格。集广播电视发射、文化娱乐和城市窗口功能于一体。2011 年获中国建筑工程鲁班奖。2012 年获国家级建筑设计金奖。2013 年获国际菲迪克百年重大建筑项目杰出奖。（王国光、胡凯雯）

小蛮腰　见 "广州塔"。

利通广场　公共建筑。位于今广东省广州市天河区珠江新城 B2—4 地块。2009 年建成。设计单位 Murphy/Jahn Architects 和华南理工大学建筑设计研究院何镜堂工作室。用地面积 9915.65 平方米，建筑面积 15.97 万平方米。主塔高度 302.7 米，65 层。塔楼设计高效节能，将观景视角最大化，强调与城市的连接及其之间挑战关系。楼顶为斜坡屋面，高度从东端 12.6 米上升到西端 37.8 米。核心筒由白色玻璃覆盖。大堂向基地敞开。平面为正方

形标准层，提供进深 12 米无柱办公空间，使用率 78%。结构采用钢筋混凝土结构和钢结构组合形式，墙体材料以轻质混凝土墙板为主。2011 年获美国能源与环境设计先锋奖（LEED）。2013 年获广东省优秀工程勘察设计一等奖。（王国光、胡凯雯）

深圳平安金融中心　公共建筑。位于今广东省深圳市福田区福田街道福安社区益田路 5033 号。北塔于 2009 年开工建设，2016 年竣工完成。南塔于 2015 年开工建设，2018 年竣工完成。KPF 建筑事务所设计。由北塔、南塔组成。北塔占地面积 18931.74 平方米，总建筑面积 459525 平方米，由主塔和商业裙楼及 5 层地下室组成。主塔总高度 592.5 米，楼层高度 555.6 米，118 层。整个塔呈八角形一直到顶部后聚拢。商业裙楼 8 层，层层退台形成屋顶花园。塔楼建筑采取对称、锥形，减少倾覆力矩 32%，风力负荷 35%。创新性地采用"巨柱—核心筒—外伸臂"抗侧力体系，外框由 8 个巨型钢骨混凝土柱对角支撑作为立柱，核心筒为钢骨—劲性混凝土，主体结构由数座 V 形石柱支撑，保证建筑稳定性，减小底板厚度。基于北斗系统高精度变形监测技术，实现水平方向 2 厘米、竖直方向 4 厘米测控精度。塔顶设 2 台各 400 吨重主动调谐式阻尼器（HMD），实现 20% 减振效果。外立面采用高耐腐蚀性能 316L 不锈钢幕墙。为深圳最高、中国第二高、世界第四高建筑。2017 年获得美国绿色建筑委员会 LEED CS 金级认证。2019 年获美国芝加哥的高层建筑和城市居住委员会（CTBUH）评选的 400 米以上最佳高层建筑奖。（郭卫宏、李宾）

惠州市金山湖游泳跳水馆　公共建筑。位于今广东省惠州市惠城区演达大道附近。2010 年完工。广东省建筑设计研究院郭胜设计。为迎接第十三届广东省运动会游泳、跳水、水球及花样游泳等赛事而建。建筑面积 2.45 万平方米，建筑高度 30 米，地下 1 层，地上 2 层。可容纳 2000 名观众。建筑形态自由，形体上采用非线性处理手法，通过组合变形和材质对比，强调钢结构韵律美。场馆屋盖结构纵向和横向呈流线形，纵向高度变化较大，结构设计借鉴桥梁设计经验，通过合理地选用固定支座、单向活动支座以及多向活动支座等新型抗震减振支座，减小结构构件尺寸。2011 年获全国优秀工程勘察设计行业奖二等奖，2011 年获第六届中国建筑学会建筑创作佳作奖。（王国光、胡凯雯）

惠州市中心体育场　又称惠州奥林匹克体育场。公共建筑。惠州地标建筑之一。位于今广东省惠州河南岸高布村东北侧。2010 年建成。设计单位中建国际设计顾问有限公司（CCDI）。占地面积 12.86 万平方米，建筑面积 6.5 万平方米，建筑高度 35 米。主场可容纳 4 万名观众。以"客家围屋，盛世舞台"为原点，结合岭南气候特征及体育场功能需要，外立面采用半透明网眼膜材幕墙帷幔，形成纱质白盒子，有如当地人常用凉帽，使半室外空间在保证自然通风采光前提下处于一个凉爽空间。主要功能配置有一片标准足球场地、标准田径比赛场地、田径副场、1400 座网球场和 10 片网球训练场地。2010 年第十三届广东省运动会主会场。（王国光、胡凯雯）

惠州奥林匹克体育场　见"惠州市中心体育场"。

南沙体育馆　公共建筑。位于今广东省广州市南沙区黄阁镇。2010 年建成。设计单位华南理工大学建筑设计研究院。建设用地 42.2 万平方米，建筑面积 3 万平方米，建筑高度 29 米。共 3 层。运用近似太极阴阳图的构成方式，隐喻中国武术的"阴阳俱合，天人合一"境界。结合广东沿海地区独特海洋文化特征，借鉴"海螺"外壳作为造型设计意向。体育馆流线型金属屋面外壳被分成 9 个曲面单元，分为南北两组，以比赛大厅圆心为中心呈螺旋放射状展开。建筑主体采用钢筋混凝土结构及钢结构，比赛大厅主体钢结构采用先进双层环形张弦穹顶结构，主跨度 98 米。场馆功能配置合理并考虑赛后利用。将传统文化和地域文化与现代体育建筑设计有机融合的一次尝试。2010 年广州亚运会武术比赛场馆。2011 年获空间结构优秀工程综合金奖。2012 年获全国工程建设项目优秀设计成果二等奖。2013 年获建筑工程三等奖。（王国光、胡凯雯）

广州西塔　又称广州国际金融中心。公共建筑。广州标志性建筑。位于今广东省广州市珠江新城珠江西路。2010 年建成。由英国威尔金森艾尔建

广州西塔

筑事务所与华南理工大学建筑设计研究院联合设计。建筑面积44.8万平方米，建筑高度440米。外形简洁、优雅，平面呈三角形，向珠江敞开。塔楼共103层，由下至上分别为办公区、酒店和顶层观光区。主厅通过自动扶梯与位于地下层辅助办公大厅相连，便于前往地下商业区和地铁站。地面层，塔楼与包含零售商场、会议中心和高端公寓综合体裙楼相连。塔楼顶部30层为广州四季酒店，有344间客房和套房，还提供水疗中心、健身中心以及泳池，有3个正式宴会厅，可提供超过3500平方米活动空间。塔楼为斜肋构架结构，由混凝土填充钢管制成，具有良好结构刚度及防火性能。管状斜肋结构每12层形成一个节点，构成若干54米高钢铁钻石。8.5万平方米玻璃幕墙面积为单体建筑之最，是全球第一高隐框玻璃幕墙塔楼。2012年获英国皇家建筑师协会（RIBA）建筑设计莱伯金建筑奖，2013年获优秀建筑设计一等奖，2019年获中华人民共和国成立70周年优秀勘察设计项目。（王国光、胡凯雯）

广州国际金融中心　见"广州西塔"。

广东省博物馆新馆　公共建筑。国家一级博物馆。位于今广东省广州市天河区珠江新城珠江东路2号。2004年开始动工，2010年5月18日建成开馆。设计方案"珍宝容器"由许李严建筑师事务所严迅奇主持建筑设计。总用地面积4.1万平方米，总建筑面积6.7万平方米。地上5层。设计理念借鉴中国传统文化和岭南地方特色，将全馆比喻为一尊收纳、保藏珍品宝盒。从岭南传统工艺雕刻中汲取营养，提炼出建筑表皮肌理表现。采用传统漆器常用红黑二色作为立面主配色。选用现代金属板材和玻璃作为立面主要材料，体现中国传统艺术

和岭南历史文化神韵，彰显时代特点又富有传统文化和地方特色。参见第684页艺术卷"广东省博物馆"条。（郭卫宏、丁雅倩）

广东省博物馆新馆

广东奥体中心游泳跳水馆　公共建筑。位于今广东省广州市天河区黄村奥体路818号。2010年建成。设计单位华南理工大学建筑设计研究院。第16届亚洲运动会新建场馆。建筑面积33331平方米，建筑总高度29米，双侧固定观众席4584席。主体建筑采用白色与蓝色双色渐变穿插流动造型，隐喻广州"云山珠水"城市地理特征，是对主体育场"飘带"曲线的延续。游泳池、训练池、跳水池三者对室内净高要求不同，设计方案通过造型穿插，形成室内空间的高低，满足需求。建筑内部通过把训练池抬高一层，取得适宜室内空间高度，池岸下部房间也能得到充分利用，减少地下室面积。通过形体组合形成错落室内空间，增加了吸声处理面积使屋盖系统自身形成一个空间吸声体，有利于避免音质缺陷的形成。通过结构桁架布置，用33块蓝白铝合金板切体组合，形成渐变DNA结构，形成有序渐变室内桁架排列，在有秩序感的同时富于变化。马道、空调风管等藏于空间钢管桁架内，室内空间整体感强。跳水馆在举行游泳、跳水和现代五项游泳比赛及亚残会游泳比赛后作为国家南方训练基地，满足国家队冬训及亚运会后举行重大赛事需求。2011年获建筑设计一等奖，中国建筑学会第六届建筑创作奖佳作奖。（王国光、胡凯雯）

广州大剧院　公共建筑。世界十大歌剧院之一；广州新中轴线标志性建筑。位于今广东省广州市天河区珠江新城花城广场旁。由英籍伊拉克设计师扎哈·哈迪德和哈罗德·马歇尔共同设计。2010年建成。总占地面积4.2万平方米，建筑面积7.3万平方米，建筑总高度43.1米。设计立足于广州地域文化，外形如被珠江水冲刷过的两块灵石，用现代技术手段体现"圆润双砾"概念。外立面采用花岗岩石材与玻璃形成对比，保证室内空间获得珠江景观和自然光线。分为两块"石头"，大石为1800座大剧院和录影棚、艺术展厅等。小石为400座多功能剧场。通过大小石的体形、色彩、质感上对比与呼应，表达自然粗犷形象，展现舒展飘逸建筑空间效果。内部设计为多边形双曲面造型，环抱式看台有利于侧向反声，增强混响。乐池设计为倒八字形，方便演员与观众互动。墙壁上设计建造众多孔洞，可快速将反射声扩散。获菲迪克百年重大建筑项目杰出奖。参见第558页艺术卷"广州大剧院"条。（郭卫宏、丁雅倩）

珠海大剧院　又称珠海歌剧院。公共建筑。珠海市地标建筑。位于今广东省珠海市香洲区渔湾路129号。2010年动工，2013年主体结构封顶，2016年建成。设计单位北京市建筑设计研究院有限公司。规划用地5万平方米，建筑面积5.9万平方米。整体形象由大、小两个贝壳（又称日月贝）组成。日月贝外表框架是钢结构，总用钢量约1万吨。白天呈现半通透效果，晚上像月光晶莹剔透。"贝生于珠，珠生于海"，诠释珠海拥抱海洋文明、连接过去走向未来的城市精神特质。日月贝薄壁大曲面施工采取先进三维建模BIM技术。弧形外墙为分段浇筑。定期清洁由钢化材料构建外

墙面，可克服潮湿侵蚀。采用世界先进声、光学设计和舞台工艺设计。大剧场可容纳 1600 人，由前厅、观众厅和舞台三部分组成，满足大型歌舞剧、音乐剧、芭蕾舞剧、话剧、交响乐、大型综合演出等需要。小剧场可容纳 500 人。获 2019 年菲迪克工程项目特别优秀奖。参见第 558 页艺术卷"珠海大剧院"条。（王国光、胡凯雯）

深圳湾体育中心　俗称春茧。公共建筑。位于今广东省深圳市南山区后海中心区东北角。2011 年建成。设计单位佐藤综合计划和北京市建筑设计研究院联合设计。占地面积 3074 万平方米，总建筑面积 32.6 万平方米。东临深圳湾，是前海中心重要组成部分，具有城市中心、黄金地段、交通便捷、环境优美的区位特点。"一场两馆"一体化设计理念，将体育场、体育馆、游泳馆从西到东整合并列，在造型和体量上突出建筑标志性，有利于节能节材，实现土地集约最大化。代表破茧而出的孵化器，即"春茧"。屋架为钢结构单层空间网壳，将三大场馆覆盖在动态一体化屋面空间下。在体育场东侧"切"出一个"落地窗"。设置"海之舞台"和空中观景桥。三大广场设置突出体育中心"山海城"一体主题。体育中心除可容纳 2 万观众的体育场、1.3 万观众的体育馆、660 观众的游泳馆外，还有运动员接待中心、体育主题公园及商业运营等设施。第 26 届世界大学生夏季运动会主会场。除承担部分国内综合赛事、专项赛事及体育训练的功能外，是一个集竞技比赛、全民健身、旅游休闲、商贸博览为一体大型综合性体育建筑群。2012—2013 年度获国家优质工程奖。（王国光、胡凯雯）

春茧　见"深圳湾体育中心"。

广州气象监测预警中心　公共建筑。位于今广东省广州市番禺区大石街南大路工业一路 68 号。2011 年建成。设计单位广州珠江外资建筑设计院有限公司。基地面积 5.4 万平方米，建筑面积 1.01 万平方米。西端与山体相接，利用上山露天直跑楼梯和通风采光带形成冷巷空间，各功能用房顺势排列，按需要设置天井，向西以一系列敞厅相连。建筑内部步道延伸到自然环境中，借助带状绿化屋面和草坡将自然景观延伸到建筑内部，建筑与环境交融。冷巷、天井、敞厅和庭院等岭南传统元素，结合不同类型的开敞空间，形成空间序列，有效组织通风，调节微气候。中庭借鉴传统岭南建筑天井手法，引进自然采光，达到挡风、排热节能效果。利用技术手段和建筑材料，与岭南文化结合，适应地域气候，体现地域历史和现实。2014 年获中国建筑学会建筑创作奖金奖、中国建筑学会中国建筑设计奖。（王国光、胡凯雯）

深圳市宝安体育场　公共建筑。位于今广东省深圳市宝安区。2011 年建成。德国 GMP 国际建筑设计有限公司与华南理工大学建筑设计研究院联合设计。处在深圳市新中心区城市景观主轴线上。建筑面积 8.85 万平方米。能容纳 4 万人。以华南地区竹林场景为设计理念，重现地域特色同时，"竹林"还构成看台以及大跨度屋面结构支撑系统。建筑外表皮将建筑立面、主体结构及所运用象征性建筑语汇整合为一个整体。钢柱在光影中赋予建筑竹林的意象。"竹林"造型有节节攀高寓意。体育场屋盖为马鞍形车辐式张拉索膜结构，运用张力环与压力环受力平衡原理，两个张力环位于不同高度上，通过位于赛场上方 18 米高处竖向支柱连接，与体育场边缘压力环相接，实现整个结构的稳定

性。2011 年深圳世界大学生运动会主要场馆之一。2012 年获国家优质工程银奖，2018 年获建筑设计金奖。（王国光、胡凯雯）

番禺镜花园　公共建筑。位于今广东省广州市番禺区化龙镇农业大观园（四海马术）内。设计单位日本藤本壮介建筑设计事务所。2011 至 2014 年开始研究、设计和建造。项目以"田地"为概念，寻求与环境融为一体。整体建筑采用分散式布局。建筑由纵向排列 7 个展览空间构成，7 个展厅在外形上相对独立，墙体为裸露砖体或是刷成白色、红色，其中一个空间外墙由有岭南地域特色原材料生蚝壳筑成。各个展厅内部空间相互连通。（王国光、胡凯雯）

澳门大学横琴校区　公共建筑。位于今广东省珠海市横琴岛。2013 年建成。设计单位华南理工大学建筑设计研究院何镜堂工作室。占地面积 109 万平方米，总建筑面积 96.68 万平方米，地上建筑面积 81.68 万平方米，地下车库与架空面积 15 万平方米。校园东部有长约 2000 米滨海岸线。以展现"岭南水乡"岛屿式生态景观环境为依托，强调从宏观到微观层面空间交融，将核心建筑组团图书馆、中央教学楼和校史厅建筑中庭、岭南庭院、欧式水苑与以湖面、岛屿、中心景观水轴为主体校园大环境融为一体。围绕校园中心形成多个组团相互围合关系，组成大功能组团围绕生态湖泊和园林公共开敞空间总体形态。各建筑组团形成书院式格局，各书院形成各自立体化中心与多层次步行系统，形成独立高效运作系统。在溪流、湖泊、湿地等多层次生态环境围绕基础上，发挥水体资源空间纽带作用，通过不同轴线组织、围合界面控制及景观设计，创造出具有浓郁人文气息现代化绿色校园空间。2013 年获优秀

工程勘察设计奖一等奖，2017 年获全国优秀工程勘察设计行业奖二等奖。（王国光、胡凯雯）

广州粤剧艺术博物馆　公共建筑。位于今广东省广州市荔湾区恩宁路 127 号。2013 年项目启动，2015 年底工程

广州粤剧艺术博物馆

土建、设备安装、园林景观完成建设，2016 年 6 月 9 日正式对公众开放。由郭谦主持设计。为保护和传承粤剧遗产而建。项目规划总用地 1.72 万平方米，总建筑面积 2.17 万平方米。总体布局环中心晚沙湖，以合院式围合，以"压边"手法，将建筑沿场地边界排布，在内形成院院连结又相对独立园林庭院，错落布置别院声歌、銮舆载乐、琼花畅曲、梨园钟声、吉庆别馆、普天叹曲六组院落空间。沿十字轴布局，轴线中心交会于南部戏台"广福台"，以其为核心形成众星捧月。分南、北岸两部分，南岸是博物馆建筑及园林主体部分，主馆地下两层、地上三层，北岸为办公服务等配套设施。基于现代建筑设计需求，融岭南三雕（石雕、木雕、砖雕）、两塑（灰塑、陶塑）、嵌瓷、彩画等岭南传统建筑文化于一身，为粤剧艺术创造出传承与发展的空间。将建筑实体转化为园林空间，通过建筑、造园、筑山、理水为设计指导，以园林式、开放式、经世济用等理念，打造为城市地标，2016 年获中国建筑工程鲁班奖、IFLA 国际奖。（郭卫宏、李宾）

广州东塔　又称广州周大福金融中心。公共建筑。位于今广东省广州市天河

广州东塔

区珠江新城 J 区。2014 年封顶。由 KPF 建筑事务所与广州市设计院联合设计。建筑高度 530 米，建筑面积 50.8 万平方米。外立面采用螺纹陶瓦板，两侧配以金属线条和玻璃，覆盖整个塔楼，与周围相邻建筑白线条相呼应。塔楼呈水晶造型，与广州城市景观视觉统一，打破材料边界。垂直体量阶梯变化满足楼层各种功能需求，明确办公、住宅、酒店和塔冠 4 个过渡点。退台为用户提供不同高度观景平台，在酒店内形成空中花园。设计方案平衡固体材料使用，满足业主最大化窗户面积需求。2013 年获亚太区房地产奖的"Best Commercial High-rise Development China"大奖及"Mixed-use Development China"优异奖，2018 年获广州市优秀工程勘察设计奖一等奖。（王国光、胡凯雯）

广州周大福金融中心　见"广州东塔"。

华南理工大学松花江路历史建筑（更新改造）　公共建筑。位于今广东省广州市天河区五山路华南理工大学校内松花江路 14—37 号。2015 年建成。设计单位华南理工大学建筑设计研究院何镜堂工作室。用地面积 5100 平方

米，建筑面积 3500 平方米。原为老中山大学时期教授居住区，被列为历史保护建筑。由北面 6 栋 20 世纪 30 年代建成的坡屋顶别墅和南面 4 栋 20 世纪 70 年代 2 层双拼别墅构成。原场地中央由被各户分割的绿地整合在一起，营造核心景观空间。以钢和玻璃为主要材料新建小体量建筑，一方面分隔庭园空间、增加空间层次，另一方面与水景、绿化相互映衬，形成庭园中最主要景观节点。使原来单一狭长形空间呈现出"起—承—转—合"空间序列。在环境与建筑过渡位置、建筑与建筑连接处、新旧建筑间营造了 10 余个尺度各异、各具特色的小庭院、小天井。建筑采用园林化、功能更新、社区融入、生态节能等设计策略，经过 4 次更新改造，转变为建筑师工作室，为校园创造了一个富有文化气息的创新基地。获 2009—2019 中国建筑学会建筑创作大奖。（王国光、胡凯雯）

潮汕历史文化博览中心　公共建筑。位于今广东省汕头市濠江区南滨路。2015 年建成。设计单位华南理工大学建筑设计研究院何镜堂团队。总建筑面积约 7 万平方米。建筑高度 46.2 米，5 层。建筑风格取材于潮汕韵味山海特色、红头船、潮汕民居。为南滨片区中轴线核心建筑，博览中心打造面海、面山和潮汕风情 3 个观景平台，以跨海平台、英歌广场、潮汕历史文化风情街为人文历史符号指代。主体建筑功能分区包括潮汕文物展示区、潮汕民俗展示区、华侨文化展示区、书画美术展示区 4 大展示区域。室内设计围绕"时光隧道"大厅形成自然舒展、错落有致的波浪形平台，以精致细腻、色彩绮丽的室内装饰呈现潮汕文化精细特点。中庭内嵌一艘帆船，呼应外立面设计主题。潮汕历史文化博览园重要组成部分，是汕头地标性建筑。（王国光、胡凯雯）

禅泉酒店　公共建筑。位于今广东省云浮市新兴县 310 乡道六祖故里旅游度假区。2016 年建成。设计单位广州市设计院。占地面积 12 万平方米，建筑面积 8 万多平方米。以"禅宗文化"为主题，将核心元素贯穿于自然温泉、生态园林、别墅湖泊景致及酒店设计风格中。由禅泉度假酒店、禅泉精品酒店（别墅）、禅泉温泉会所等组成，具有餐饮、康体、休闲娱乐等功能。酒店大堂与主楼、裙楼组成"品"字形六大庭院布局，周边辅以水景池、静泻水帘、跌级瀑布、龙山湖、精品别墅群和大型叠石瀑布、中式园林景观。酒店建筑木结构部分，采用进口柚木和传统榫卯结构。2016 年获广州市优秀工程勘察设计奖、广东省第六次优秀建筑创作奖。（王国光、胡凯雯）

南海博物馆　公共建筑。位于今海南省琼海市潭门镇。2016 年动工，2017 年建成。设计单位华南理工大学建筑设计研究院何镜堂工作室。用地面积 10.02 万平方米，建筑面积 7.06 万平方米。契合场地形成南北长、东西窄、面向水面弯曲的狭长建筑体量。红树林河道横贯基地，将整体建筑分为南北二区，通过空中平台与屋顶连接为一体，南区为博物馆主体，北区为会展平台。造型通过对海船、海浪、渔网、船型屋等元素表达，再现南海海洋文化及海南本土文化特性。建筑内部注重通风、遮阳、隔热等绿色生态节能。在建筑体型、室外景观、通风廊道、立面遮阳等多层面满足南海气候适应性要求。大型公共建筑 BIM 设计实践典范。国家一级博物馆。2019 年获建筑创作奖、行业优秀勘察设计一等奖。（王国光、胡凯雯）

连州摄影博物馆　公共建筑。位于今广东省清远市连州旧城中山南路。2017 年建成。设计单位源计划建筑师事务所。基地面积 2120 平方米，建筑面积 3400 平方米。由新旧两幢建筑相互咬合构成。以"连州大屋"意向设计 3 个连续坡面作为屋面，新屋面下为展厅和公共活动空间。屋顶露天小剧场连接博物馆新旧建筑。建造材料由附近城乡旧屋回收灰瓦和黑色片岩混合砌筑而成。新建展厅外墙采用传统白铁皮（镀锌钢板）与旧灰砖墙体片段组合。博物馆首层、半户外中庭和花园，与老城主街和内部巷道系统连通，是一个全天候公共开放空间。连州地标建筑之一。（王国光、胡凯雯）

惠能纪念堂　公共建筑。位于今广东省云浮市新兴县。2017 年建成。设计单位华南理工大学建筑设计研究院何

惠能纪念堂

镜堂工作室。建筑面积 1.08 万平方米。以现代形式表达惠能禅宗文化精髓。建筑融于山水，以重檐唐风形象与环境对话。汲取传统佛教建筑空间布局，通过空间收放组合，将内外庭院和主体大厅有机地串联在一起。围合空间设置镜面水景。定慧堂为核心纪念性空间，采用八边形平面形制，与上下天地两方，象征佛教十方世界的圆满。以主纪念堂为中心礼制性院落式空间布局，主体纪念堂位于惠能广场中轴线上，强调纪念性和礼仪性。将错动排列铝板金属遮阳片用于主纪念馆玻璃幕墙表皮设计，上刻有镂空经文。铝板金属遮阳片可随风转动。2019 年获教育部优秀工程勘察设计一等奖、行业优秀勘察设计

奖二等奖。（王国光、胡凯雯）

广州市城市规划展览中心　公共建筑。白云新城文化核心地带。位于今广东省广州市白云区展览路 1 号。设计单位华南理工大学建筑设计研究院何镜堂工作室。2017 年建成，2018 年 4 月对市民免费开放。建筑面积 84635 平方米。建筑分为四层，一层序厅、文创中心、报告厅等。二层城市历史展览、4D 影院等。三层城市沙盘、交通市政展示等。四层创想空间、城区规划展示。首层架空，营造灰空间提供可全天候观光城市客厅。主入口处设置水院，通过连桥到达室内，连接上下楼层白云步道同远山轮廓遥相呼应。三层模型展厅开放设置，以共享中庭方式打造以人为本的立体剧场。屋顶花园通过植物蒸发降温改善建筑微气候。外表皮采用深色镂空金属板传达岭南传统民居感觉，结合暖色陶棍百叶为室内营造可有效遮阳又不妨碍视线的游览体验。建筑整体形态简洁，集规划展示、交流培训、文化沙龙、政务接待等多功能于一体。（郭卫宏、李宾）

两塘书院暨金石博物馆　公共建筑。位于今广东省韶关市武江区莞韶园内。2017 年建成。设计单位深圳汤桦建筑设计事务所。建筑面积 2724 平方米。背山面水，拥有 180 度视野自然景观和地理位置。场地高差复杂，自然植被茂盛，以一种最小干预方式介入场地之中，选取水岸边和山林间两个支撑点，连接两点以垂直于湖岸线角度布置建筑体量。用一系列体量穿套、切割，形成层层叠叠空间关系，增加建筑中景深体验。南面用老砖砌筑砖墙、通上屋面台阶分割建筑体量，北面则完全向风景开敞。中部挖空庭院将自然景观引入室内，室内外空间交融，虚体空间、景观、实体空间形成建筑在空间上的榫卯

关系。下沉庭院更加强化空间互补契合。立面上榫卯关系体现在砖材质与混凝土材质变化和形体转接关系中。面对水面形体采用一条斜线来收小建筑面宽，整个形体更加纤细，弱化体积感，与周边环境和谐共生。展示内容为"当代咏梅主题中国篆刻"。2018年获建筑设计银奖，2019年获建筑创作奖。（王国光、胡凯雯）

港珠澳大桥珠海口岸工程 公共建筑。位于今广东省珠海市。2018年建成。设计单位华建集团华东建筑设计研究总院。建筑面积44.74万平方米。港珠澳大桥重要配套项目，是国内首例在人工填筑海岛上建设的超大型口岸。建筑群自南向北由珠澳旅检楼、交通综合楼、珠港旅检楼、商业连廊、会展中心等建筑形成"三点一线"布局，体现"一地三通，如意牵手"寓意。口岸核心位置是旅检楼和交通综合楼两座建筑，由环形大屋顶相连，形成统一整体，是人工岛的视觉中心。环形屋面围绕公共室外空间，被屋面环绕的人行广场具有归属感和标识性。以"如意"为参照，给建筑赋予圆润体量，回避尖角和方向感，体现华人世界处世哲学。设计过程将数字化方法贯穿设计、分析、建造全过程，探讨大跨钢结构形体算法，得到符合不同项目特征的个性化天窗设计。连接香港、珠海和澳门三地政治、经济与文化的纽带。中国唯一三地互通、客货兼重陆路口岸工程。2019年获建筑创作奖、鲁班奖。（王国光、胡凯雯）

文　献

广州市工务之实施计划 政府出版物。程天固编，广州市工务局1930年12月出版发行。包括导言、广州市区之地志、建设计划、预算与效果、余论等部分。反思以往广州市城市建设，以图改善市民生活环境、促进社会经济发展。拟定广州市区功能分布和河南发展规划，推动道路建设、内港建设、公共建筑物建设、公园与公共娱乐设备建设等城市建设工程。为现代广州第一部完整城市规划方案，是关于《实业计划》中广州构想的探索，对民国时期广州城市建设有着深远影响。（唐孝祥、冯楠）

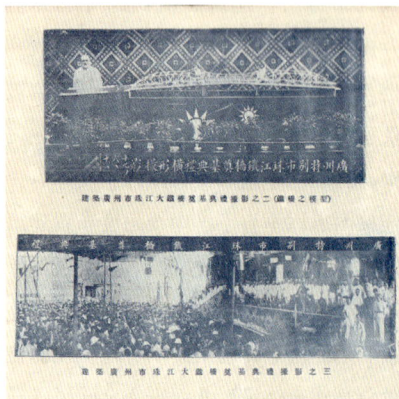

《广州市工务之实施计划》中的插图

建筑中华南、中马路征信录 政府出版物。广州马路建设资料汇编。广州市工务局、广州市商会合编，1932年3月发布。内容包括归德门在建设中摄影图、四牌楼在建设中摄影图、小市街马路图等图画部分，序文部分，收支总表、征费收入表、欠缴路费表等表式部分，提议兴筑小市街等路意见书、市政府指令据缴荣兴公司合约准备案文、布告收用街石文等文件择要部分。研究广州城市交通、道路工程建设重要文献。（唐孝祥、冯楠）

广州城市设计概要草案 政府出版物。广州市政府1932年8月公布。重新划定广州市城市界线，根据市民和经济需要将城市划分为工业、住宅、商业和混合等4个功能区；针对城市内部交通，专门制定道路计划，包括全市干道系统、市区道路系统和城市道路尺度；规划城市外部交通，推动汽车站、火车站、码头的建设；营造城市公园、广场和绿地，改善城市环境。体现民国时期广州城市快速发展，是西方城市规划思想渗透的结果。是广州市第一部城市规划行政文件。（唐孝祥、冯楠）

广州市修正取缔建筑章程 政府出版物。《广州市取缔建筑章程》修订版。广州市工务局1932年8月印行。内容包括总则、领照办法、建筑限制、材料、拓宽街道、禁例、小修工程、御火建筑、钢筋三合土、钢铁工程、棚厂、罚则、取缔危墙办法等17章，共149条章程，另有附录14章。民国时期广州城市建设重要章程，体现广州市城市建设工作发展，标志城市建设规范的完善。（唐孝祥、冯楠）

广州市建筑法规 政府出版物。《广州市修正取缔建筑章程》修订版。广州市工务局1936年5月印行。收录广州市建筑规则等内容的法规文献。针对城市发展情况加以修正，列为法规。主要内容包括总则、请照手续、建筑限制、材料、拓宽街道、禁例、小修工程、御火建筑、钢铁工程、附则等17章、共149条法则，另有附录8章。要求任何建筑工程须按照工务局颁布的说明书进行填写、报备，批准后方得施工。对建筑施工图、防火措施、楼梯做法、节点尺寸、用料比例等进行把控，通过法规对广州市新建、改建及修建等一切建筑工程进行规范，达到预防建筑灾害、改善建筑卫生和

交通情况等目的。是民国时期一部重要建筑规范，有效保证广州市建筑品质和安全。（唐孝祥、冯楠）

汕头市政计划举要 政府出版物。翁桂清、杨锡宗编。汕头市政府 1936 年发布。内容包括修筑堤岸、设立码头、建立保税货仓、疏浚河涌、组织交通、开辟新村、划定城市功能分区等 17 项内容。其中保税区、工业区和金融区分区概念直到现在还是工商业中心城市总体规划主要分区手段。（唐孝祥、冯楠）

中国建筑与中华民族 图书。龙庆忠著。华南理工大学出版社 1990 年出版。包括《中国建筑与中华民族》《天道、地道、人道与建筑的关系》《中国塔之数理设计手法及建筑理论》《营舍之法》《穴居杂考》《古番禺城的发展史》等 18 篇文章。阐释中国古代建筑发展历程和理论内涵，论述中国建筑与中华民族发展关系，系统展示龙庆忠关于中国古建筑长达半个多世纪的研究成果，为研究、学习古建筑重要书籍。（唐孝祥、冯楠）

园林述要 图书。夏昌世著。华南理工大学出版社 1995 年出版。内容共分 8 章，依次是：造园说往概略、园林的类型、园林布局、景物与视觉及空间过渡、设景组景的意匠、南北造园风格及其特点、《园冶》及南巡时造园的影响、南巡与仿制各园，并附有 42 处名园图录和 32 篇文献举略。在实地调查基础上，系统全面地研究造园相关专著，总结中国古典造园艺术和古典园林的特征。其中关于园林布局和南北园林风格特点论述尤为详尽。继承和发展以计成、李渔等为代表的中国古典园林学理论和实践精华，是研究中国园林艺术重要成果，亦是研究夏昌世建筑创作及其思想的珍贵资料。（林广思、黄雯雯）

佘畯南选集 图书。佘畯南著，曾昭奋主编。中国建筑工业出版社 1997 年出版。包括建筑文选、创作与构思、建筑作品实录、建筑作品名录、"万里行"存稿、速写集和记佘畯南等几个部分。收录《我的建筑观——建筑是为"人"而不是为"物"》《做一个人民建筑师》《宁可无得，不可无德——与青年学生漫谈建筑与为人这里》《解放思想，努力创新》《对创作之路的认识和体会》等文章，解析广州白天鹅宾馆、广东中山温泉宾馆、广州东方宾馆、广州友谊剧院、广州少年宫等建筑作品，记录汪之力、邵华郁、张钦楠、齐康、彭一刚、张锦秋、戴复东、窦以德等人对佘畯南建筑的理解。（唐孝祥、冯惠城）

亚热带建筑：气候·环境·建筑 图书。林其标著。广东科技出版社 1997 年出版。包括导论、建筑气候和建筑环境三部分内容。导论主要阐明环境、人与建筑之间的相互关系以及建筑学发展趋势。建筑气候部分主要从室外气候、室内气候和城市气候三个角度论述气候环境与建筑设计之间的关系、如何利用设计手段改善气候问题。环境建筑部分主要通过热气候特征及其对建筑要求、传统民居特点与设计经验、亚热带建筑设计原则与实例剖析三个方面，从布局、单体设计、装饰等角度分析亚热带建筑设计思想、设计原则、手法。为建筑从业者提供借鉴和参考。（唐孝祥、冯楠）

岭南庭园 图书。夏昌世、莫伯治著，曾昭奋整理。中国建筑工业出版社 2008 年出版。内容涉及中国园林中三大流派之一岭南园林庭园，阐释其发展历史、造园理论、庭园设计等方面。在实例调查基础上，结合各方面收集资料，较全面系统地整理、总结岭南庭园建筑艺术特点。其中关于庭园建筑和掇山叠石论述更为详尽。是关于岭南庭园最早、最全面著述。（唐孝祥、冯楠）

莫伯治文集 图书。莫伯治撰。中国建筑工业出版社 2012 年出版。包含作者 1957 年以后所写文章 75 篇，内容涉及中国园林造园艺术和典例，包括岭南庭园、潮州庭园、粤中庭园等；论述广州现代庭院建筑和园林创作思想和实践总结，以及游赏中外建筑和园林观感散记等。反映莫伯治在建筑与园林创作实践与理论探索方面的成就和建树。是研究莫伯治和其作品的重要资料，也是了解中外各地建筑与园林创作艺术珍贵资料。（林广思、黄雯雯）

新建筑 期刊。1933 年由郑祖良、黎抡杰、霍云鹤等创办。全面抗日战争爆发后，由霍云鹤、莫汝达担任发行人，郑祖良、黎抡杰担任主编，于 1941 年 5 月 15 日在重庆出版发行战时刊（又称渝版），延续原杂志对现代主义运动与中国实际相结合的思辨色彩。抗战胜利后，仍由霍云鹤、莫汝达担任发行人，郑祖良、黎抡杰担任主编，于 1946 年在广州复刊胜利版。杂志宗旨为反抗现存因袭的建筑样式，创造适合于功能性、目的性的新建筑。中国近代第一份以传播现代主义思想为主旨建筑杂志。当时勤勤大学建筑系现代主义教育及岭南现代主义探索的重要见证。（唐孝祥、冯楠）

广西城镇建设 期刊。1974 年由广西土木建筑学会与广西建筑信息中心联合创办。1988 年由内部发行转为公开发行。原名《广西土木建筑》。2002 年改为现名，成为国内外公开发行期刊。现由广西壮族自治区住房和城乡建设厅主管，广西壮族自治区住房和城乡建设信息中心主办，广西城镇建设杂志社有限公司出版。最初

为季刊，现为月刊。办刊宗旨为探索和引导住房和城乡建设事业发展方向和改革实践，对城镇化问题进行理论研究和实践探索，宣传住房和城乡建设事业的方针政策，报道住房和城乡建设事业最新动态，弘扬先进城市建设及优秀建筑文化，搭建住房和城乡建设行业科技推广、学术研究、成果交流平台。内容涵盖建设工程、勘察设计、建设科技、村镇建设、规划园林、城市建设、房地产、建筑安全、工程造价、墙体革新、建设论坛等。（玉潘亮）

广东园林 期刊。1979 年在广州创刊。初由郑祖良等策划主办。原名《广东园林学术资料》。现主办单位为广东园林学会，上级主管单位为广东省科学技术协会，现常务协办单位为广州市林业和园林局。初为季刊，2005 年改为双月刊。常设栏目有《风景园林研究》《实践》《教育》《艺术与历史》等，每期根据广东园林行业动态热点增加专题文章。刊登园林科技文章，传播园林绿化知识，为风景园林专业人员提供百家争鸣、百花齐放的学术园地。（唐孝祥、冯楠）

南方建筑 期刊。1981 年创刊。2008 年起由华南理工大学建筑学院主办并改版。双月刊。主要栏目有《民居与传统建筑研究》《城乡规划》《风景园林》《建筑教育》《建筑技术》等。传播岭南建筑文化的媒介，推动岭南建筑学派发展。2016 年成为中国社会科学院人文社会科学引文数据库收录的唯一建筑学类期刊，2017 年入选 RCCSE 核心学术期刊。2018 年被 EBSCO 数据库正式收录，成为 EBSCO 数据库收录的第一本中国国内建筑艺术／设计类期刊。（唐孝祥、冯楠）

规划师 期刊。1985 年由桂林市城市规划院创办。初期以介绍桂北民居为主的地方性杂志，原名《规划师信息》。1988 年取得省级刊号，1993 年成为国内外公开发行期刊，1998 年主办单位由桂林市城市规划设计研究院变更为北海市城市规划局，地址由桂林迁至北海，9 月迁南宁，挂靠于广西城乡规划设计院，2000 年成立《规划师》杂志社，2003 年主办单位变更为广西建筑综合设计研究院，现由广西师范大学主管，广西期刊传媒集团有限公司主办，华蓝设计（集团）有限公司和雅克设计有限公司承办。初为季刊，后改为双月刊、月刊，现为半月刊。办刊宗旨是为规划工作者服务，为城乡规划事业服务。主要栏目有《规划师论坛》《规划设计》《规划广角》《规划管理》《规划评论》等。是中文核心期刊、中国科技核心期刊，也是全国三大规划专业期刊之一。（玉潘亮）

十三　饮食卷

概　况

粤菜　又称广东菜。区域菜系。中国四大菜系之一。包括广府菜、潮州菜、客家菜和海南菜四大流派，以广府菜为代表。狭义认为即广府菜。起源早，在马坝人年代，人类开始利用自然火来制作熟食。战国时，《山海经》中有南方人吃蛇的记载。南越王赵眛墓中有烤乳猪用的炉、叉和乳猪残骨。汉唐已有烹饪技艺。宋以后北方移民增加，南北烹饪技艺融合，自成一格，南方食制基本奠定。明清以后，真正成熟与发展。近代以来，西菜传入，对其发展起推动和促进作用。新中国成立后走上发展快车道，进入繁荣鼎盛期。以菜品风味独特、风格高雅大气、选料广博奇杂、技法灵活善变、口味崇尚清鲜、技术不断创新而独树一帜。选料广博奇杂精细；烹调技艺以我为主，博采中外为我所用，讲究火候，有熬、煲、蒸、炖、炒、油泡、扒、炸、煎、浸等方法。滋味有甘、松、脆、肥、浓五滋和酸、甜、苦、辣、咸、鲜六味，具有三大特点：五滋六味，调味基础；因料施味，味型鲜明；惯用酱汁，浓淡相宜。风味上注重口感，讲究清、鲜、爽、嫩、滑，体现浓厚岭南特色。一般夏秋求清淡，冬春重浓醇。广府菜、潮州菜、客家菜互相交融，争相辉映。传统名肴有烤乳猪、白切鸡、蚝油网鲍片、蟹肉桂花鱼肚、烧鹅等，以烤乳猪为特色菜。代表酒家有广州酒家、南园酒家、北园酒家、泮溪酒家、大三元酒家、陶陶居、大同酒家、莲香楼等。（黄明超）

广东菜　见"粤菜"。

广府菜　又称广州菜。粤菜主要流派。发祥于广东广州，流行于讲粤语的地区。秦汉时期，北方移民南下，中原饮食文化和南越人饮食习惯融合，形成广府菜雏形。西汉以后，中原烹调技艺与岭南地理环境和当地人的饮食习惯进一步融合。唐代，菜品开始多样化，并形成独有的风味。明清时期，吸收中外菜肴文化的精华，迅速发展。民国初年市场繁荣兴旺，菜式达数千款，较大的饮食店有200多家，出现家家独创招牌菜的局面。新中国成立尤其是改革开放以后，随着饮食市场的繁荣与市场竞争的激烈，再次得到发展机会，新创菜品不断涌现，绝技绝招相继出现。形成食味以鲜为先、追求本味、不时不食的独特风格。形成食源广泛、味道鲜美、制作考究的菜品特点。随季节时令的变化而调整菜式，烹调方法多样化，品种丰富，堪称岭南饮食文化中的一朵奇葩。宴席讲究规格和配套，由冷盘、热荤、汤菜、大菜、单尾、甜菜、点心、水果等组成，菜品以8道或9道为多，俗称"九大簋"。"粤菜烹饪技艺"2015年入选广东省第六批省级非物质文化遗产代表性项目名录。（黄明超）

广州菜　见"广府菜"。

客家菜　又称东江菜。粤菜主要流派。流行于客家地区。客家人南迁时带来中原的烹调技术，适应居住地的地理环境和风俗习惯而形成。以突出主料、重油、主咸、偏香为特色。分兴梅派和东江派两个流派。兴梅派主要分布于广东梅州。除蔬菜外，肉料有猪、牛等家畜和山间野味，水产品以

淡水养殖为主，大部分保留中原饮食文化特色，主咸重油，汁浓芡亮，酥烂入味，乡土风味突出。东江派主要分布于广东惠州、河源。蔬菜丰富，肉食以猪等家畜为主，咸、淡水产品丰富。受广府菜风味影响较大，品种变化较为多样，菜肴讲究鲜爽，口味偏甜，注重锅气。风味特色菜，如盐焗系列菜式的盐焗凤爪、盐焗虾、盐焗甲鱼等。改革开放以来，客家菜吸收各地风味特色，在原有特色基础上加以创新，形成新型客家菜风格。特点是菜品主料突出，朴实大方，善烹禽畜肉料，口味偏浓郁，重油，主咸，偏香，以砂锅菜出名，具有浓厚的乡土气息。特色名菜有东江盐焗鸡、扁米酥鸡、爽口牛丸、玫瑰焗双鸽、东江酿豆腐、东江爽口扣、糟汁牛双胘、东江炸春卷、梅菜扣肉等。（黄明超）

东江菜 见"客家菜"。

潮州菜 又称潮汕菜、潮菜。粤菜主要流派。包括广东汕头、潮州、揭阳、汕尾等市的风味菜品。起源可追溯到秦汉以前，唐代已初步形成特色，宋至清逐步形成风味体系。以烹制海产品见长。《三阳志》《潮州府志》《潮阳县志》《澄海县志》等方志有"至于海错……难以悉载""所食大半取于海族""鱼虾蚌蛤，其类千状"等相关记载。潮汕平原的开发和移民的涌入带来中原的饮食文化和烹饪技艺，经过与当地食俗及食材的交融，形成独特的烹调技艺，主要有炆、炖、煎、炸、卤、焗、灼（焯）、烧、炊（蒸）、炒、泡、扣、煲、焅、烩、返沙、羔（糕）烧等。其中炆、炖是独特风味，通过物料吸收辅料精华，浓香入味；爆炒爽脆香滑；炊、泡尤为鲜美，保持原汁原味。素菜是其特色之一，依时而变，品种多样。素菜

荤做是其特色之一，用禽畜肉、骨类熬汤烹制或以之为辅料烹制而成，上菜时去掉，达到"有味使其出、无味使其入"的境地。酱碟佐料多是其一大特色。上至筵席菜肴，下至地方风味小吃，每道菜必配各式各样的酱料。筵席自成一格，大喜筵席用 12 道菜，包括咸、甜点心各一件，喜席有两道甜菜，头道甜是清甜，尾道甜是浓甜，寓意生活幸福，从头甜到尾，越过越甜蜜。有两道汤（羹）菜，席间穿插工夫茶，解腻增进食欲。至清末民初，进入鼎盛时期，饮食名店林立，名师辈出，名菜纷呈。改革开放之后，各地和海外潮菜兴起，潮汕饮食文化走向全国，走向世界。"潮州菜烹饪技艺"2009 年入选广东省第三批省级非物质文化遗产名录，2021 年入选第五批国家级非物质文化遗产代表性项目名录。（肖文清）

潮汕菜 见"潮州菜"。
潮菜 见"潮州菜"。

海南菜 粤菜主要流派。地方菜系，属粤菜支系，涵盖整个海南岛。海南岛地处热带，雨量充沛，四面环海，岛内多山，物产资源丰富，为烹饪提供了坚实的物质基础。源于中原餐饮，融会闽粤烹艺，吸收黎苗食习，引进东南亚风味，分汉族风味、少数民族风味和清真风味三大流派，汉族风味最为典型。唐宋以来，被贬谪来琼的中原名臣、学士带来中原饮食文化。元末明初粤菜烹饪技术传入海南，当地烹饪技术得以提高，黎族、苗族和清真食俗使其风味显得多彩。选料以海南特产为主，遍及海鲜、野味、家禽家畜和可食热带植物。用料讲究鲜活，喜欢现宰现烹。滋味重原汁原味，以清鲜为主。味型有原鲜、咸鲜、酸甜、五香、姜葱、蒜香、椰香、胡椒和酱香等多种。菜式分宴席菜、便餐

菜和家常菜三大类。烹调方法与粤菜相同，最常用的有炒、蒸、煲、炖、焯、炸、煎、焖、焗、卤等。日常饮食有独特的食规和酒规。（黄明超）

"粤菜师傅"工程 民生工程。广东省以岭南饮食文化为基础，开发培养粤菜技能人才，促进就业创业，助力扶贫脱贫和乡村振兴的措施。2018 年 4 月 26 日，在广东省乡村振兴工作会议上正式提出并实施，先后颁布《广东省"粤菜师傅"工程实施方案》《广东省"粤菜师傅"烹饪技能标准开发及评价认定框架指引》《"粤菜师傅"工程标准体系规划与路线图（2020—2024 年）》《关于推动"粤菜师傅"工程高质量发展的意见》等系列政策措施。围绕"人、菜、店"核心要素，开发"粤菜师傅"系列培训和考核标准，出版《广东省"粤菜师傅"工程培训教材》共 11 种，建成大师工作室 100 家和"粤菜师傅"省级培训基地 100 个。实施 3 年，开设粤菜相关专业的本科高校、技工和职业院校 189 所，共培训 26.1 万人次，带动 63.9 万多人实现就业创业；评选一批星级粤菜师傅和"粤菜师傅名村"，打造乡村旅游粤菜美食点 300 多个和粤菜美食旅游精品线路 100 条。找准"广东所能、兄弟省区所需"的结合点，采取"请进来"学制培养、"送上门"短期培训、"普及性"远程教育、"组织化实施"等方式，将其导入广西、四川、贵州、云南、西藏、新疆等西部省区技能扶贫协作体系，共享粤菜文化，实现共同致富。推动粤菜文化传承和餐饮产业链的发展，创新"乡村美食旅游"模式，开创一条看得见、"吃"得到的脱贫攻坚"舌尖模式"，被誉为全面建成小康社会的"风味之路"。（陈非）

传统食俗

广府饮茶习俗 又称广州茶楼文化。饮食习俗。以饮茶、吃点心为主。岭南饮食文化标志性符号。发祥、发展于广东广州，流行于广府地区和海外华人文化区。清咸丰同治年间，广州出现门口悬挂"茶话"木牌的"二厘馆"，后发展为"茶居""茶楼"，成为各阶层人士"叹茶"、聚会交流场所，形成独特茶楼文化。茶以普洱、铁观音、花茶等为主。茶点丰富精美，蒸炸煎烤煮、荤素甜咸，品种繁多。茶楼经营分早茶、午茶和夜茶三市，以早茶为主。饮茶消费丰俭由人，简约则"一盅两件"，是其具体形式和代表性符号。"一盅"是指一杯或一壶茶。最初是每人一杯，这种杯带盖，可反复泡茶，称为"焗盅"。"两件"是指通常每人点两款或以上茶点，并非具体数目。"两件"更重要的含义是茶点有咸、甜两大类。形成问位点茶、斟茶礼节、行"叩茶礼"、揭盖续水、点心单盖印等茶楼习俗。客人把茶壶壶盖半开，表示需要加沸水，给斟茶者行"叩茶礼"表达谢意。传统茶楼还有其独特服务方式，如茶点由服务人员手捧或推车（车厢底部加注热水保温）到桌前，任客人选用，服务员在点心卡上盖章（记账），现已改为由客人即点即烹即食。最初结账方式叫"唱单"，服务员根据茶点碟大小、形状、花纹所代表价格数碟唱单，在结账单上用花码字写上金额，交客人去结账，同时向柜台喊出一句暗语，通知收银员有客人来结账。现"唱单"已消失，"埋单"仍通行。广州茶楼业兴盛不衰，形成一批著名老字号，如陶陶居、莲香楼、大同酒家、广州酒家、泮溪酒家等。（刘诗嘉、龚伯洪、黄明超）

广州茶楼文化 见"广府饮茶习俗"。

煲老火汤 饮食习俗。煲制时间一般在1—1.5小时，较滚汤时间长，故而得名，老火汤又称老火靓汤。流行于广东、香港、澳门、广西和海南部分地区。原料荤素搭配。荤料通常有老鸡、鸭、鸽、猪蹄、猪肚、猪舌、猪脾（猪横脷）、排骨、牛腩、鱼、甲鱼、干蚝豉、干章鱼等。素料包括鲜料和干料，蔬果的瓜果根茎花叶均可煲汤，一些药食同源的原料也可用于煲汤。制作方法：原料洗净，个别经过简单预制就可煲制。需预制原料是鱼和鸭，要先煎过，牛腩、猪肚、猪舌要飞水去血污，甲鱼、蚝豉需爆炒，干货要先涨发。掌握以下技巧：（1）用陶质汤锅。（2）原料冷水下锅煲制。（3）放一片刮洗干净的陈皮，冷水下。（4）西洋菜、白菜等青菜需要待水开才下。（5）猛火烧开，撇净泡沫转中慢火煲制，最后20分钟猛火煲制。（6）肉料需整块煲制，汤煲好再切开。（7）肉料与成品汤比例不要大于1:4。（8）汤煲好才调味，一般只调入精盐即可，不能下糖。（9）用生抽佐食汤料。岭南气候炎热，一年四季均煲汤。夏秋季节煲清润、鲜而不腻的汤，冬春季节煲香浓、质稠的汤。参见第1061页中医药卷"老火汤"条。（黄明超）

潮州工夫茶艺 又称工夫茶艺、潮汕工夫茶艺。饮食习俗。明清时期开始流行于广东潮州府及周边地区。始于明代闽北，清代兴于闽南漳州、泉州、汀州及盛于潮州和台湾，传至日本、南洋等地，完善于清末民初的潮州府。工夫茶烹治之法始于陆羽的《茶经》，器具精致。选择以凤凰单丛茶为代表的乌龙茶类。采用特定器具、洁净的水和独特的技法程式，蕴含了"和、敬、精、乐"的精神内涵。中国茶叶学会团体标准《潮州工夫茶艺技术规

广府饮茶习俗

潮州工夫茶茶具

程（T/CTSS 5—2019）》规范了茶器和冲泡 21 程式。"中国工夫茶艺"已普及应用于六大茶类。2007 年入选广东省第二批省级非物质文化遗产名录，2008 年入选第二批国家级非物质文化遗产名录。"汕头工夫茶艺""揭阳工夫茶艺"2009 年入选广东省第三批省级非物质文化遗产名录。（叶汉钟）

工夫茶艺　见"潮州工夫茶艺"。

潮汕工夫茶艺　见"潮州工夫茶艺"。

擂茶　又称三生汤、五味汤、七宝茶、咸茶、菜茶、粥茶。饮食习俗。将材料浸湿，放在陶钵里用擂槌研成碎泥，滤出渣料，留下糊状的茶泥，加入配料，冲进沸水或沸汤或热粥搅拌而成。最早有三种主料，故称三生汤。随材料的增加演变出五味汤、七宝茶等。制作材料可荤可素，随时令变换，可搭配药食共用的材料。客家妇女是制作擂茶的主角，制作工具为"擂茶三宝"，分别是内壁有粗密沟纹敞口的陶牙钵、以山苍子树为主（亦可选用石榴树、茶树）制成的擂槌和捞滤碎渣的捞瓢。"擂茶席"是婚嫁寿诞和喜庆活动的一种宴饮形式。"茶粥""茶饭"则是部分地区日常早午

擂茶

餐的主食。广东陆河地区每年正月初七是"开茶日"，用七种菜擂成"七样菜茶"。广东海丰地区家有大事要摆"咸茶宴"，男方向女方订婚要请"定头茶"，女方则要回请"订婚茶"，甚至病人痊愈出院要请"过运茶"。"擂茶粥制作技艺"2018 年入选广东省第七批省级非物质文化遗产代表性项目名录。参见第 1061 页中医药卷"客家擂茶"条。（黄明超）

三生汤　见"擂茶""客家擂茶"。

五味汤　见"擂茶""客家擂茶"。

七宝茶　见"擂茶""客家擂茶"。

咸茶　见"擂茶""客家擂茶"。

菜茶　见"擂茶""客家擂茶"。

粥茶　见"擂茶""客家擂茶"。

生菜会　民俗活动。流传于广东广府地区。因粤语的"生菜"与"生财"谐音，故有"迎春日，啖生菜"的习俗。据传始于明代之前。早期多与观音诞联系在一起，各乡镇举办的日期、地点、仪式及活动内容各有变化与侧重，基本活动包括求"观音开库"、醒狮祭拜、抢炮头、摸螺摸蚬、醒狮表演等。通过吃生菜包、食生菜席等方式进行祈福，会期还有多种曲艺表演和商贸买卖活动。生菜包以洗净的生菜叶包裹炒熟的蚬肉、虾米、咸酸菜、韭菜、白饭粒等馅料，加上调味料，风味独特。寓意生财有路、蚬肥年丰、长长久久。"官窑生菜会"2009 年入选广东省第三批省级非物质文化遗产名录。（洪一巧、龚伯洪）

茶果食俗　饮食习俗。用米粉和其他食物及中草药等制作。流传于广东肇庆、中山、珠海、深圳、惠州等市。珠海市金湾区三灶镇定家湾茶果分为油糍、糍粑、棕仔、艾糍、叶仔糍、年糕、年角仔、汤圆、芝麻糊、咸茶

等；珠海市香洲区唐家湾茶果，现存品种 36 种，一般按年节制作而各具风味，如正月初七的豆捞，三月初三的生梗（三丫苦）糕，清明节的炊松糕，四月初八的栾樨饼，五月初五的露兜粽，六月初六的百叶甜品，七月十四的炊煎堆、叶子糍，八月十五的蒸芋头糕，冬至的炊虾米萝卜糕、九层糕，十二月岁末的蒸年糕、菜角、五指槟等；唐家湾官塘村的茶果，现有品种 53 种，分为糯米类、粘米类、小吃类 3 个大类。中山市三乡镇的先民来自闽南，每年春节、三月初三、端午节、七夕节、中秋节、重阳节等节日制作茶果供奉拜祭祖先、馈赠亲朋，品种主要有：三丫苦茶果、竹叶包兼粽、兼糕、白水饺、芋头糕、萝卜糕、角仔、叶仔、豆捞等。广东深圳、惠州一带客家居民将萝卜粄、糯米糍粑、艾粄、桃粄等统称为茶果。（洪一巧、郝志阔）

茶果节　民俗活动。流传于今广东省肇庆市高要区宋隆河流域。每年春节期间举行送瘟神、祈福的"行村""行社"活动，由道士手执铜锣边敲边唱边放村民用纸扎的花船，家家户户烧香拜神和煮茶果食用，称为茶果节。现成为走亲访友、互相交流的民间节日，非常热闹。（洪一巧、郝志阔）

小榄菊花饮食习俗　饮食习俗。流传于今广东省中山市小榄镇一带。据载南宋咸淳年间，小榄先民被黄菊吸引而垦荒开村定居，形成种菊、赏菊和食菊（菊花入馔）的风尚，成为"南派菊花会"的代表。明代，小榄艺菊兴盛，菊花栽培过渡到整形盆栽，每年菊花盛放时，各氏族集所植菊艺摆设评比，曰"菊试"，后发展为菊花会。清乾隆元年（1736），有赛菊，形成"菊试"，赛场设在李氏尚书四世祖祠前。乾隆五年（1740）菊试后，

改办“菊社”。乾隆四十七年（1782）和乾隆五十六年（1791），各大姓氏联合先后举办两次大型菊花会。嘉庆十九年（1814），小榄举办第一次甲戌菊花会。乡绅约定，为纪念先辈南宋咸淳甲戌定居之功，以后每逢甲戌年举办一次菊花盛会。同治十三年（1874），小榄举行第二次甲戌菊花会。改革开放后，小榄菊花会改为每五年举办一届中型菊花会，每年举办一次小型菊花会。1994年举办第四届甲戌菊花大会。“小榄菊花会”2006年入选第一批国家级非物质文化遗产名录。小榄以菊花为原料的特色风味饮食有菊花酒、菊花饼、菊花肉、菊花鱼球、菊花水榄、菊花八宝糯米饭等，有酒家开发菊花宴接待海内外宾客。茶薇酒、茶薇蛋卷、茶薇糖等也是小榄花卉饮食习俗的一部分。（刘诗嘉、龚伯洪）

高明濑粉节　民俗活动。流传于今广东省佛山市高明区。相传源自明代高明道人谭玉爽为乡民度荒年而施法做粉，另说是瑶人传给汉人。“濑”是粤语，将漏器内流体摇洒的动作。温水调成的米浆盛于多孔漏器内，通过小孔均匀“濑”入将微沸的水中煮熟，再用凉水冷却，便成为粉质细腻光滑、口感爽滑柔韧的濑粉，食用时佐以多种副料。当地政府将每年10月13日定为“高明旅游濑粉节”。（黄明超）

九大簋　饮食习俗。流传于广东珠江三角洲地区，是盛宴的代称。“簋”是古代祭祀用以盛载黍稷等食物的圆形器皿，继而被用作古代贵族的食器或祭器，后流传到民间作食具。出土于广东省佛山市三水县金本镇（今佛山市三水区金本社区）的东汉前期墓葬文物显示，当地的“簋”是可装五六斤米饭的“大碗”。若九个“大碗”装满食物，表明宴席隆重与丰盛。一般为八菜一汤，菜式选用因宴席档次、性质、风俗习惯、季节有较大差别。（黄明超）

九大碗　又称九子碟。民俗活动。一般在白切鸡、糖醋咕噜肉、卤鸭、发菜蚝豉、炒干鱿、大酥丸、油豆腐、虾米、粉丝、黄焖猪肉等菜肴中选择九种。寓意“九子登科”“长长久久”，体现客家人注重耕读传家、求取功名的文化传统，还寄寓着甜甜蜜蜜、精打细算、发家致富等美好愿望。（江志伟、冯秀珍）

九子碟　见“九大碗”。

大盆菜　饮食习俗。流传于广东客家地区。是一种分层摆放食材的盆装菜，也是乡间聚宴形式。将各种食材烹制好，分层放进大盆里。传统盆菜以木盆盛载，现在基本改用金属盆或者陶瓷盆，方便食用时加热。盆菜通常有15种食材，如萝卜、枝竹、鱿鱼、猪皮、冬菇、鸡、鲮鱼球和焖猪肉，价高的盆菜有花胶、大虾、发菜、蚝豉、鳝干等。焖猪肉是盆菜的主角。盛放时蔬菜放在下层，吸收肉味。较名贵和需要先吃的食材，如鸡及大虾放在上层。最早的大盆菜自下而上分5层，后来发展到9层、10层。把食材分层摆放进大盆称“打盆”，把蹲在地上围着锅享用大盆菜称“围堑”。梅州等客家地区流传的盆菜宴追求和味，享用盆菜的乐趣不在食而在“围”，食用时要把菜肴从下翻到上混在一起，而非一层层食用。大盆菜传承着民族记忆，包含着平等、同享、团结以及身份认同（相传男丁吃过了“点灯”盆菜宴，才正式成为家族成员，有资格分太公的财产）等文化内涵。佳节和庆典举办盆菜宴，寓意“团团圆圆”“长长久久”“十全十美”“盆满钵满”“生意兴隆”等。“下沙大盆菜”“长安大盆菜”2009年入选广东省第三批省级非物质文化遗产名录。（江志伟、黄明超）

连平八盘　饮食习俗。流传于今广东省河源市连平县。民间在喜庆、婚嫁、做生日、庆满月、款待亲朋好友时举办的宴席形式。主人家在村中的宗祠或农家房舍前举办，形式是八人一桌，上八道丰盛的菜肴，被称为“筵席八盘”。由乡村大厨掌勺，以农家放养的鸡、鸭、鹅或猪肉、鱼肉、牛肉为主料，配以香菇、木耳、竹笋等地方土特产食材及农家种植的蔬菜，以大铁锅、铁铲为厨具，采用柴火加热，以煎、焖等方式烹制，口味香咸，量足实惠，原汁原味。宴席上的菜式叫“老八盘”，包括客家酿豆腐（或煎焖油豆腐）、红焖肉、白切鸡（或客家娘酒煮鸡）、鸡杂薯丝煲、清蒸河鱼（或油炸河鱼）、鲜炸肉丸、豆腐丝、油炸“颗春”（鸡蛋）等菜肴。（江志伟、冯秀珍）

潮州打冷　饮食习俗。流传于广东潮汕地区。打冷又称打呤，即“潮式夜宵”“潮式明档”。称谓来自香港，尤指以白粥及各式鱼饭、卤水、小菜、小炒为主打的夜宵“排档”。潮汕本

潮州打冷

地称为"夜糜"或"夜糜档""夜糜摊",是潮汕日常饮食形式之一。潮汕人嗜食白粥,崇信"夜糜压火",潮汕地区每个城市有灯火通明的"夜糜街"。供应的"糜配"(菜品)以乡土家常菜为主,品种近百种,以明档形式示客,被称为"百科全书式的实体菜谱"。鱼饭类,常见的有巴浪鱼、大眼鸡和红鹦哥鱼以及薄壳米、红肉米和冻红蟹等数十种;卤水类,常见的有卤鹅、卤猪脚、卤蛋、卤豆干等;生腌类,常见的有腌膏蟹、腌虾蛄、咸血蚶等;熟食类,常见的有猪肠咸菜、猪尾炖豆仁、青蒜炊乌鱼、酸菜焖鲫鱼、鳗鱼炆咸菜、春菜煲等。还有各式海鲜小炒和传统菜脯、咸菜等。客人现点现取或现场烹制,立等可食。物美价廉、直观快捷是其显著特点。(吴镇城、陈非)

春白糍 又称打糍粑。饮食习俗。流传于岭南。将糯米浸泡一夜,淘洗后滤干水分,入木甑蒸煮,以饭粒可以被捏烂为度,掏出放到石臼里舂。通常以两个青壮年为主力,或者各家各户轮番舂制。要趁热,需要力气、速度,也需要节奏和配合等技巧。直至糯米饭变成胶状,趁热用舂杵将其拖出挑起,涂上煮熔的蜜蜡茶油,传统做法是由主妇将其分成拳头大小的糍团,再由年轻人拍成扁圆状,摊开在大簸箕上晾五六天至表面微有裂缝为宜,再放在清水中浸泡,每隔七八天换一次水,可以保存三四个月。即舂即食,甜食时蘸蜜糖或黄糖浆,咸食时蘸豉汁或辣酱。还可煎可煮可炒可烧烤。(李婷、黄明超)

打糍粑 见"春白糍"。

龙船饭 又称龙舟饭。饮食习俗。流传于广东珠江三角洲水乡地区。起源于供参加端午节龙舟赛选手食用的一种用籼米加糯米混合煮成,加入腊肉粒、虾米、冬菇粒、豆角粒或菜粒炒成的什锦饭。后演化为龙舟赛后大家共享的聚餐活动。有的地方则举办龙舟宴。各地菜式不同,分别表达不同的吉祥意头,如寓意"红皮赤壮"的鸿运烧肉、"节俭持家、顶呱呱"的节瓜煲猪肉、"多子多孙、添丁发财"的龙船丁、为选手祛除水湿气又具有"红红火火、先拔头筹"寓意的辣椒炒头菜等。在村民中选善厨者担当厨师,各家各户出人手帮忙和提供厨具、餐具及桌椅等供公用。菜和饭用大盘盛装,村民可以到现场赴宴,也可以领取回家享用。席间或有猜拳行令、文娱节目、竞放鞭炮等助兴。寄托"龙精虎猛、顺风顺水"的美好意愿,丰富了岭南端午节的活动和内涵。(陈非、黄明超)

龙舟饭 见"龙船饭"。

团年饭 又称年夜饭。饮食习俗。狭义指农历除夕的家庭团圆聚餐,广义也指团体机构的年末聚餐。岭南各地团年饭不同地区有不同特色,通常饭前祭拜祖宗和酬谢神明,以表达对一年来幸福生活的感恩。食物名称大多寓意喜庆,寄托对未来生活的美好愿望。广府地区通常用白切鸡象征生计顺利,清蒸鱼表示年年有余,烤乳猪和烧肉祝愿红红火火,冬菇和生菜象征金钱和生财,蚝豉发菜猪手寓意好事和财富就手,煎堆表达财源滚滚,炒丁和年糕则期盼人丁兴旺和年年更高等。珠江三角洲部分地区的主角是盆菜,象征"盆满钵满"和团圆美满。客家地区则讲究要有八大碗或十大碗,象征丰收喜庆和"十全十美",用芹菜、算盘子、发粄等食物寓意勤劳致富、精打细算和兴旺发达。潮汕地区以"围炉"的形式表达团圆和丰盛,菜品数量要求是双数,其中不可或缺

的是白焯沙蚶(俗称血蚶),其壳称作"蚶壳钱",放在门口压岁,表示出入平安和财源广进。(陈非、黄明超)

年夜饭 见"团年饭"。

岭南鱼生 生食鱼方式的总称。古称鲙或鱼鲙,就是生食鱼肉。流传久远的食鱼方式,有"冬至鱼生、夏至狗"之说。清屈大均《广东新语·鱼生》有记载。适合制作鱼生的鱼类包括鲩鱼、黄鱼、鲥鱼、嘉鱼、鲈鱼等,以鲩鱼为首选。活鱼彻底放血,冲洗干净,打鱼鳞,除内脏,起肉。鱼肉用清水冲洗干净后用毛巾抹干水分,直刀横切成薄片,铺在冰块上便可食用。各地佐料不尽相同,姜丝、葱丝、花生油及生抽是共性佐料,顺德、南海加配柠檬叶丝、荞头丝、大头菜丝、菊花瓣等。梅州、五华加配萝卜干丝、炸花生等。潮州加配酸菜丝。清远连山壮族瑶族自治县加配辣椒丝。以鱼肉鲜爽、味道各异为特色。食用鱼要注意卫生,严格控制食量。(黄明超)

顺德鱼生 特色食鱼方式。流传于广东顺德地区。选用鲈鱼、鲩鱼等淡水鱼为原料。宰杀后去皮、剔骨,揩干血水,切薄片弃红肉,铺在冰块上便可食用。配料有姜丝、葱丝、炸芋丝、柠檬叶丝、萝卜丝、洋葱丝等,调料有酱油、香油、盐、糖等。(李婷、黄明超)

客家鱼生 特色食鱼方式。流传于广东兴宁、五华一带。选用淡水鱼制作,宰杀后去皮、剔骨,揩干血水,切成薄片。将鱼片放在筛子上晾晒,直至水分沥干。传统上用酿酒剩下的醪糟蘸鱼生,软化细鱼骨,增添风味。鱼片在蒜蓉醋里泡几秒钟,捞起沥干,

再泡老抽，捞起入碗，加配菜和调料拌匀，酸甜可口。（江志伟、冯秀珍）

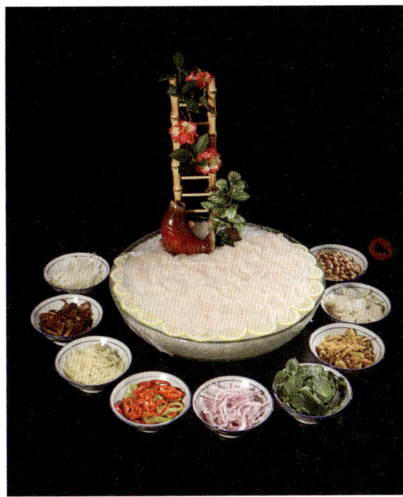

客家鱼生

潮州鱼生　特色食鱼方式。流传于广东潮汕地区。选用淡水鱼制作。取草鱼宰杀，剥皮，用毛巾擦拭，不可碰水，讲究干爽。将两片鱼肉完整取下挂在铁钩上，风干。食用时取下切成薄片，铺在通风透气的竹筛上。夹起时有微微粘连。配菜有姜丝、萝卜丝、芹菜、芫荽、花生米、菜脯丝、酸阳桃、蒜头、辣椒、金不换等。以鱼肉软韧、口感饱满、味觉丰富为特色。鱼骨熬汤，鱼腩煮成鱼糜，鱼头加白菜打边炉等。潮汕地区的鱼生还有庵埠、官塘和澄海等流派。（方树光、陈育楷）

潮州虾生　又称虾刺身。特色食虾方式。流传于广东潮汕地区。用鲜活基围虾去壳去虾线，从背部剖开，摆放在冰盘（盘中放冰，用薄膜覆盖）中。配料有潮味花生米、潮汕萝卜干、芹菜、蒜片、姜丝、红椒丝、白萝卜丝和青柠等9种。配料自由搭配，虾肉放在配料上，淋少许生油，点蘸南姜末、白醋。（方树光、陈育楷）

虾刺身　见"潮州虾生"。

粤菜刀工技艺　运刀方法。通过刀法将食材切割成形的工艺。刀法是切割食材时运刀的方法，分标准刀法和非标准刀法两大类。标准刀法是运刀时刀身与砧板平面所夹角度基本一致或呈现一定规律的刀法，分直刀法、平刀法、斜刀法和弯刀法4类。非标准刀法是指运刀时刀身与砧板平面不存在规律性角度或不是主要以刀刃加工的刀法，分剖法、起法、刮法、撬法、拍法、削法、剖法、戳法、割法、敲法、捺法、改法12种。（黄明超）

粤菜烹饪技艺　烹制方法。分烹调技法和烹调法两大类。烹调技法是指烹调方法的工艺类型，是烹制工艺的一般方法，以常规的传热介质为基础结合各种因素来分类。烹调法是烹制工艺的个别方法，侧重于工艺程序和烹制成菜的具体方法，以烹调技法为基础，结合工艺特点来分类。粤菜主要的烹调法有26种，其中独有的是软炒法、焗法、煀法、浸法、煮法、煲法、余法、清法、熬法、冻法和爆法。2015年入选广东省第六批省级非物质文化遗产代表性项目名录。（黄明超）

粤菜调味技艺　调味方法。将调味品添加到菜肴、点心中，使菜肴、点心呈现设定味型以满足味觉享受的工艺。由化学呈味物质通过人的味蕾所产生的味觉称为化学味觉。化学味觉分单一味和复合味两大类。单一味又叫基本味，有咸、鲜、甜、酸、苦和辣6种。以一种单一味为主味，混合其他一种或一种以上的单一味，经各味之间的相互作用而成的味称为复合味，分为以咸味为基础味的咸复合味和以甜味为基础味的甜复合味两类。咸复合味按复合味中所明显呈现的单一味种类分为双合味、三合味和多合味三种。按汁、酱味型来分类，有糖醋味、果汁味、西汁味、卤水味、XO酱味、咖喱味、虾酱味、黑椒味、烧汁味等多种。甜复合味以糖为主要调味品，再辅加奶品、可可、果汁、山楂、杏仁汁等原料调制而成，有奶香味（或鲜奶味）、可可味、果汁味、橙汁味（鲜橙味）、山楂味、杏仁味等多种。调味方法按调味的时机划分，有加热前调味、加热中调味和加热后调味3种。（黄明超）

特色食材

岭南稻米　谷类作物。岭南是中国最早种植水稻的地区之一。考古学家将英德牛栏洞遗址出土的水稻硅质体年代前推至最早1.4万年前，由于纬度低、海拔低、气候湿热，岭南栽培的稻米多为细长、灰色半透明、黏性较低、出饭量较大的籼米。具有几大特色：一是温中益气，药食同源；二是含有丰富的米谷蛋白、米胶蛋白、球蛋白，其蛋白质含量在6%—8%；三是直链淀粉含量普遍在20%—24%；四是多为杂交水稻，优良品种多。长期培育改良，岭南出产多种优质稻米，被列为国家地理标志保护产品的有马坝油粘米、增城丝苗米、罗定稻米、罗浮山大米、连山大米等。（佘婷婷、陈非）

马坝油粘米　谷类作物。产于今广东省韶关市曲江区。"马坝人""石峡文化"遗址出土了4000多年前人工种植的米、谷。马坝狮子岩周围是品质最好的马坝油粘米产地。早造（春植）在每年3月10日前播种，4月20日前后抛（插）秧；晚造（秋植）在每年7月10日前播种，8月1日前抛

（插）秧。米粒小巧玲珑，米色微带青绿，无腹白，晶莹剔透、半透明，富有油质感。截至 2018 年底，辖区内种植油粘米约 17.3 平方千米，亩产 400 余千克，主要为散户种植。1996 年获中国第二届农业博览会金奖，2002 年获全国第一批五类食品"QS"标志，2003 年获国家绿色食品标志，2004 年列为国家地理标志保护产品。（佘婷婷、李婷）

增城丝苗米 谷类作物。原产于今广东省广州市增城区朱村街白水山上的栖云寺旧址前的三亩地。民国版《增城县志》有"丝苗最佳"之说。春植（早造）在每年春分前播种，清明前后抛秧；秋植（晚造）在每年大暑前播种，立秋前抛秧。每年 7 月、11 月两次收获。稻谷较小，呈扁圆形，米粒细长，平均长 7 毫米，宽 1.8 毫米，晶莹洁白，米泛丝光，玻璃质，质地软硬适中，油质丰富，千粒重 15.5 克，无腹白。煮饭爽滑可口，饭色发亮，具有清新香味，口感佳，饭粒条状而不烂。被誉为"米中碧玉、饭中佳品"。2004 年列为国家地理标志保护产品。参见第 803 页科技卷"丝苗米"条。（佘婷婷、李婷）

增城丝苗米

罗定稻米 谷类作物。产于今广东省云浮市罗定市。罗定位于两广交界，拥有广东省最大的红土盆地，是岭南最早种植人工栽培稻的地区之一，是广东省重要的产粮区和首个全国绿色食品原料（水稻）标准化生产基地。每年 7 月中旬播种，8 月上旬插秧，11

月上旬收获。米粒细长、大小均匀、晶莹洁白，油润有光泽，呈半透明状，入口柔滑有弹性，香甜回甘，冷不回生。2005 年获第三届中国国际农产品交易会畅销产品奖，2010 年获第八届中国国际农产品交易会金奖，2011 年获中国国际有机食品博览会金奖，2014 年列为国家地理标志保护产品。（佘婷婷、李婷）

连山大米 谷类作物。产于今广东省清远市连山壮族瑶族自治县。据载明代广东布政使呈贡连山大米。清代连山香粳、大糯被列为朝廷贡品。1915 年，连山香粳被北洋政府农商部鉴定为全国最优等稻米。单季稻每年 5 月下旬之前播种，6 月中下旬完成移栽；双季晚稻每年 7 月上旬之前播种，7 月下旬至 8 月上旬完成移栽。米粒色泽晶莹玉白、通透；形状呈细长或长圆形，横断面呈扁圆形，无腹白或腹白小；蒸煮时有自然清淡的米饭香味，饭粒晶莹剔透，富有光泽，柔而不黏，质地适中，冷却后不硬、不回生。2008 年获中国绿色食品博览会银奖，2014 年列为国家地理标志保护产品。（佘婷婷、李婷）

罗浮山大米 谷类作物。产于今广东省惠州市博罗县。据传种植历史始于汉代，北宋苏东坡贬官惠州时引进中原先进种植技术。新中国成立以来不断引进和改良品种，质量产量不断提升。早造在 3 月上旬、晚造在 7 月上旬育秧；早稻在 3 月底 4 月初、晚稻在 7 月下旬至 8 月初抛秧；早造在 7 月中下旬、晚造在 10 月下旬至 11 月上中旬收获。当黄熟谷粒达到 95% 时分品种收割，自然晾晒。米粒整齐匀称、细长苗条、微泛丝光、晶莹洁白、米饭油亮、香润黏滑、柔滑爽口、冷不回生。2002 年 12 月 30 日"新穗粘水稻"搭乘神舟四号载人飞

船升空。2015 年列为国家地理标志保护产品。（佘婷婷、李婷）

东莞米粉 谷类制品。产于今广东省东莞市。选取新鲜优质大米洗净浸泡，经过石磨反复碾磨，将沉淀后的浆汁加热蒸熟，放凉后出丝、晾晒、定型。特色之一是粉细丝滑。为国内米粉最早出口的品种之一。20 世纪六七十年代，是东莞三大经济支柱之一。2002 年列为国家地理标志保护产品。（谭小苗、李正旭）

河源米粉 谷类制品。产于今广东省河源市。以万绿湖天然净水和精选优质大米为原料，采用传统工艺和现代科技精制而成。表面光滑，粗细均匀，呈现米色，口感爽滑，保持大米原有清香和营养健康，不上火。2003 年列为国家地理标志保护产品。（谭小苗、郝志阔）

新兴排米粉 谷类制品。广东最早生产并出口国外的排米粉。产于今广东省云浮市新兴县。已有近百年的生产历史。以稻米为原料，用山泉水清洗、浸泡、磨浆，经脱水、碎浆、蒸粉、挤条、榨丝、冷却、松丝、切割、复蒸、洗粉、成型、干燥等工序制作而成。状如银丝、米香浓郁、粗细均匀、新鲜爽口、久煮不烂，有广东"排米粉之王"的称誉。2012 年列为国家地理标志保护产品。（洪一巧、周云水）

岗坪切粉 谷类制品。产于今广东省肇庆市怀集县岗坪镇。据称始于宋代，清咸丰年间，已经销往珠三角和广西等地。采用当地出产的优质大米，经过磨浆、蒸煮、晒干、切丝（切粉）等 10 多道工序制作而成。色泽自然，米味清香，无酸味、霉味及其他异味，口感韧滑、食后留香。2018 年列为国

家地理标志保护产品。（洪一巧、周云水）

沙坊切粉 又称沙坊粉。谷类制品。产于今广东省清远市连州镇沙坊村。据称该村创建于五代南楚时期，已有千余年历史。用当地粳米为原料，先碾两遍，第一遍去米皮，第二遍去粗胚；再置于当地的大龙河中浸泡，直至米提起时无浊水，手感爽滑，再上磨打浆；浆以幼滑不涩手为度，蒸成的粉皮油润细腻、透明如纸、不易折断、久煮不糊、柔韧爽滑。蒸熟的粉皮放在太阳下晾晒至七成干，切成细条，再晒至全干。烹饪前，先浸泡2—6小时，可蒸、可炒、可汤。常规做法是沙坊切粉与酸豆角、腌制好的鲜牛肉一起蒸5分钟。喜庆宴席或家常便饭，均为第一道菜上席，当地称为"起粉"，寓意生活事业红红火火。"沙坊切粉制作技艺"2018年入选广东省第七批省级非物质文化遗产代表性项目名录。（谭小苗、周云水）

沙坊粉 见"沙坊切粉"。

蒲米 又称熟米、菩米、煸米、符米、焦米。谷类制品。产于广东省客家地区。《紫金县志》记载，明万历十八年（1590）知县陈荣祖教民食用熟米，以去湿除寒。选用优质稻谷，多用刚收割的湿谷，选用优质水源，按照中药材制作方法经过蒸、煮、晒等工序精制而成。比普通生米略大、黄白色，呈半透明。食用方法有蒸饭、煮粥、

蒲米

爆米花等。可制作米橙、糕点和擂茶、萝卜粥、瘦肉粥等，也可以与生米混合煮粥。具有消食和除湿驱寒等效果，为客家地区群众所喜爱。"蒲米制作技艺"2018年入选广东省第七批省级非物质文化遗产代表性项目名录。（谭小苗、周云水）

熟米 见"蒲米"。
菩米 见"蒲米"。
煸米 见"蒲米"。
符米 见"蒲米"。
焦米 见"蒲米"。

咸面线 简称面线。谷类制品。流传于广东省潮汕及梅州丰顺等地。用盐水和优质面粉混合，手工揉搓成约1

咸面线

厘米直径的条状，表面抹上花生油，按圆心形卷置于大瓷盆内，将两根竹竿（或木棍）并排插入固定于墙体的板眼内，将卷好的面条按"8"字顺序环绕在两根竹竿上，待面条自然下垂至一定的弧度时，将其中一根竹竿拨出并拉拽，然后将面杆改为垂直悬挂，趁面条柔软反复拉拽，直至变成细条，移至特制的架子上晾晒，直至面线不黏手时拧成"8"字团状，缠绕成束。放入木制蒸桶内，盖上麻织布后加上竹编盖，中火蒸3小时，取出趁热把面线打松，晾干后装入木桶内。成品干爽柔韧，耐保存。食用时先用开水将面线煮熟煮透，以炒韭菜、芽菜为最佳搭配，也可作甜面线汤，甜咸交融。在广东普宁等地是祭祖拜神的常规供品，也是婚娶嫁娶及

情来礼往的基本礼品。（罗钦盛、陈非）

面线 见"咸面线"。

张溪香芋 薯类作物。俗称炮弹芋头。产于今广东省韶关市乐昌市。据载乐昌种植芋的历史已有340多年。每年3月下旬至4月上旬种植，11月下旬至翌年1月底采收。芋形端正，呈纺锤形或圆柱形，表皮黄褐色，皮薄光滑，肉质结构紧密，酥松无渣，芋香浓郁。2008年列为国家地理标志保护产品。（谭小苗、佘婷婷）

苏村番薯 薯类作物。产于今广东省湛江市吴川市长岐镇苏村。据传有500多年种植历史。小东江及其支流三叉江冲积出面积5.3多平方千米的低坡，江水长期浸没，沉积了一层很厚的河泥，富含番薯生长必需的钾元素，含量达43%以上。每年9月下旬育苗，翌年3月中下旬移栽，8月中下旬收获。著名品种有"桃白""桃红""贼佬笑""莺哥白""本地妹""细微笑""鸡母卜""湛苏交三号"等。主要品种是生长期为6个月（一般番薯4个月）的蕹菜薯，以个大（可达3.6千克）、水分少、粉足、耐储存、味道醇香绵甜、质地松软而驰名。2014年列为国家地理标志保护产品。（洪一巧、佘婷婷）

潮阳姜薯 薯类作物。产于今广东省汕头市潮阳区棉北街道后溪一带。有100多年种植历史。每年3月下旬定植，12月到翌年1月收获。皮薄光滑，肉质洁白、清爽滑润，富含黏液质，营养丰富。可制成姜薯汤、焖薯块、五果薯泥等，是潮州菜著名的甜品原料，也是当地人逢年过节的吉祥食品。2016年列为国家地理标志保护产品。（肖伟忠、李婷）

封开油栗 薯类作物。产于今广东省肇庆市封开县。据传明代长岗马欧古林洞人就利用野生板栗人工种植，品种不断改善。春植在1月下旬至2月底，秋植在10月至11月，采收期为8月下旬至10月上旬。皮薄明亮，栗褐色或红褐色，少绒毛，单粒重15克左右。肉色蛋黄，糯性中等，果味香甜，含淀粉、蔗糖、粗蛋白等物质，营养价值高，具有补肾、健脾、活血等保健作用，被称为"肾之宝"。耐贮藏，煮熟后不易变质。2013年列为国家地理标志保护产品。（洪一巧、佘婷婷）

合水粉葛 薯类作物。产于今广东省佛山市高明区合水镇。源于当地野生葛，经改良、提纯和复壮，成为优良品种。每年在大寒至立春之间育苗，雨水后定植，11月至12月采收。有细叶粉葛、大叶粉葛、苍梧粉葛、柴葛（麻葛）4个品种。外观呈橄榄形，块茎须根少，无分叉，有轻微皱褶，呈黄白色，葛肉乳白色。粉质多，味道甘凉，微甜，无渣，耐储藏。2006年列为国家地理标志保护产品。（李婷、佘婷婷）

火山粉葛 薯类作物。产于今广东省韶关市曲江区大塘镇火山地区的塘口、历山、竹园。据传在清朝末年就开始种植，培育出无渣清甜、质鲜肉嫩的优良特性。2月1日至2月10日育苗，3月5日至3月10日定植，12月上旬采收。富含淀粉、蛋白质、氨基酸及多种微量元素，营养价值高，可作上等餐料。具有清热、养肝、理气、养颜等功效。2010年列为国家地理标志保护产品。（李婷、佘婷婷）

庙南粉葛 薯类作物。产于今广东省广州市南沙区横沥一带。12月底至翌年1月初定植，7月上旬至8月上旬采收。呈短纺锤形状，表皮有深褐色斑、皱褶，瘤突明显，葛味浓。肉质米白色，纤维少，多汁，带黏性，甘甜醇正，脆嫩少渣，具有润肠、清热的功效。是当地春节开门迎神纳福"斋晏"的重要食材，逢年过节待客送礼的必备。可煲汤、煮糖水、红烧、清蒸、炖兔肉、炒肉片及制成糖葛等。代表性菜品有粉葛扣肉、粉葛鲮鱼汤、粉葛猪脚汤等。2012年列为国家地理标志保护产品。（李婷、佘婷婷）

竹山粉葛 薯类作物。产于今广东省清远市佛冈县汤塘镇竹山村。清康熙《清远县志》有相关记载。惊蛰前后定植，9月开始采收，采大留小，直到翌年1月采收完毕。呈橄榄形，块茎须根少，无分叉，表皮有轻微皱褶，呈黄白色，葛味浓；葛肉乳白色，皮薄、肉香、质嫩、入口无渣。淀粉含量高，纤维少，清甜、口感好。具有开郁散火的功效。可煲汤、炆肉、清蒸等。经典汤品有薏米眉豆粉葛汤、粉葛黑豆猪骨汤、粉葛鲮鱼汤等。亦可制成葛粉用沸水冲饮。2013年列为国家地理标志保护产品。（李婷、佘婷婷）

活道粉葛 薯类作物。产于今广东省肇庆市高要区活道镇。明末清初由当地野生葛培育而来，以仙洞粉葛最为闻名。12下旬催芽，雨水后定植，8月至12月采收。个头适中，外形饱满如橄榄，表皮光滑少皱褶，皮色乳黄。肉质呈乳白色，纤维少，气味清香，烹熟后香味浓郁，带黏性，味道天然甘甜，少渣，口感细嫩。2014年列为国家地理标志保护产品。（李婷、佘婷婷）

吴厝淮山 薯类作物。产于今广东省揭阳市揭东区玉湖镇吴厝村。6月至7月播种，翌年1月上旬至6月上旬采收。《玉湖区志》（1987）记载，1971年由到广西指导农业生产的玉湖镇泽联村人吴苏海、吴文凤引进"白淮（鸡骨淮）"品种。条形顺直、表皮光滑、须根稀疏，肉质坚实、口感较粉。2010年列为国家地理标志保护产品。（李婷、佘婷婷）

阳山淮山 薯类作物。产于今广东省清远市阳山县。据称早在隋唐时期阳山就利用河边沙质地种植。4月至5月中旬定植，11月中旬至翌年春季采收。呈棍棒形，饱满、粗大，表皮有红、白色之分，茎通常带紫红色，肉质雪白、久不变色、口感细腻、胶质多，切开时有丝状黏液，香味自然清淡、甜滑松爽。2014年列为国家地理标志保护产品。（李婷、佘婷婷）

三圳淮山 薯类作物。产于今广东省梅州市蕉岭县。春分前后种植，12月中旬后采收。呈黄褐色圆柱状，密生细须根，断口呈乳白色，黏稠汁液多。久煮不散，口感酥糯。2018年列为国家地理标志保护产品。（李婷、佘婷婷）

增城迟菜心 又称高脚菜心。蔬菜作物。产于今广东省广州市增城区小楼镇。清宣统《增城县志》已有记载，称赞其心最美，为蔬品之冠。8月至12月播种，9月至翌年1月定植，11月至翌年3月上旬采收。茎干基部通

增城迟菜心

常是空心的，从底部看可以发现有一个小窟窿；叶柄白色或淡绿色，鲜脆，纤维较少；叶片绿色或浅绿色；叶片、叶柄、菜薹披蜡质白色粉状物；主薹长 35—45 厘米、直径 2.8—4.1 厘米，单棵重 280—600 克；生长周期长，皮脆肉软，口感清甜，菜味浓、爽脆、少渣、味道鲜甜。蛋白质含量为 2.2 克 /100 克，总糖含量为 3.4%，维生素 C 含量为 59.3 毫克 /100 毫克，钙含量为 969 毫克 / 千克，粗纤维含量为 0.79%。2010 年列为国家地理标志保护产品。（李婷、佘婷婷）

高脚菜心　见"增城迟菜心"。

水东芥菜　又称彭村芥菜。蔬菜作物。产于今广东省茂名市电白区彭村，因临近水东湾而得名。产地有大海的水、汽、雾环绕，且多在旱地和沙质土种植，又多以井水、有机肥浇灌。爽脆可口、质嫩无渣、鲜甜味美。春夏季播种 30 天至 45 天收获；秋冬季播种 40 天至 50 天收获。形似鸡心状，菜干肥硕圆润，碧绿透亮，称为"灯笼芥"。性温、味辛，具有通气开胃、利气化痰功效；益肺、脾、胃。2007 年列为国家地理标志保护产品。（李婷、佘婷婷）

彭村芥菜　见"水东芥菜"。

杜阮凉瓜　又称杜阮苦瓜。蔬菜作物。产于今广东省江门市蓬江区杜阮镇。据《新会县志》记载，早在明代当地已经开始种植凉瓜，民国时期已经扬名。一年春、夏、秋三造种植，以夏季最佳，产量最高。果形肥短，蒂部宽圆，果尖似凿子，本地人称"大顶瓜"，形容为"柿饼蒂、老鼠尾"。色绿如翡翠，肉厚脆口，甘而不苦，爽脆无渣。2013 年列为国家农产品地理标志保护产品。（李婷、佘婷婷）

杜阮苦瓜　见"杜阮凉瓜"。

英家大头菜　蔬菜作物。产于今广西壮族自治区贺州市钟山县清塘镇英家村。据传其栽培、种植历史与腌制、糖化、贮存工艺已传承 300 多年。8 月中下旬至 9 月中上旬育苗，9 月至 10 月底定植，12 月中旬至翌年 1 月上中旬采收。选择大叶种（板叶）、小叶种（花叶）本地根用芥菜，于晴天采收晾晒蔫后加盐腌制，2 天后出缸用盐水洗净，晾晒；待晾晒至三四成干时装入缸内压紧密封。两三个月后腌制成熟即可分装上市。以色泽淡黄，味美鲜香，咸淡适宜，略有甜味，质地脆嫩，菜片整齐均匀而著称。2016 年列为国家地理标志保护产品。（李婷、佘婷婷）

虎嗷金针菜　蔬菜作物。产于今广东省汕尾市海丰县黄羌镇虎嗷村。据传已有 800 多年历史，起源于石莲庵僧人开垦田园种植斋菜自用。9 月至 10 月栽植，花蕾发育饱满，有光泽、呈深黄色，顶端紫绿色点褪去，蕾苞未开裂前采摘。花瓣肉质肥厚，色泽浅黄或金黄，条身紧实粗壮，花蕾口紧闭，花粉不泄露。香味浓郁，无酸味，爽脆鲜甜，营养丰富。2006 年被中国绿色食品发展中心认定为 A 级绿色食品，2011 年列为国家地理标志保护产品。（李婷、佘婷婷）

新垦莲藕　蔬菜作物。产于今广东省广州市南沙区万顷沙一带。《珠江三角洲农业志》记载，清道光十八年（1838），东莞明伦堂围垦造成万顷沙良田。万顷沙地势低，常年持水，冲积淤泥土层深厚，土壤肥沃，含丰富有机质，钾含量特别丰富，气候温暖湿润。3 月至 4 月上旬栽植，9 月下旬至翌年 3 月采收。夏收的莲藕嫩白爽脆，味道甘甜清香；秋冬收的莲藕淀粉丰富，松化可口。2009 年列为国家地理标志保护产品。（李婷、佘婷婷）

新垦莲藕

埔田竹笋　蔬菜作物。产于今广东省揭阳市揭东区埔田镇。距今已有 100 多年历史。多为麻竹笋。9 月（秋分）前后留苗，翌年 3 月下旬至 4 月上旬定植，在竹笋进入拔节期前后取笋。块肥大、肉鲜嫩，乳白色、有光泽，呈锥形状。味道鲜美、爽口、甘甜，是稀有的食用笋品种。可制成笋脯、笋菹、笋干、罐头等，是潮汕笋粿等的重要食材。被誉为"岭南山参""金衣白玉，蔬中一绝"。2005 年列为国家地理标志保护产品。（陈文修）

西牛麻竹笋　又称英德麻竹笋。蔬菜作物。产于今广东省清远市英德市西牛镇。栽培历史可追溯到清代道光年间，有"麻竹长数大，大者径尺，概节多枝，丛生回枝，叶大如履"的记述。2 月至 4 月种植，当竹笋长到 60—100 毫米长，即笋头露出 2—3 个青节时，及时采割。粗大肉厚，单个笋重 3—5 千克。不同部分各具风味，笋头爽脆，笋味香浓；节中带嫩绿色，笋尾鲜嫩，笋肉洁白，笋味甘甜香浓。味甘、无毒，主消渴，具有清热化痰、益气和胃、利气通水、利膈爽胃等功效，多食有助消化、消滞。有"蔬中第一珍"的美誉。2008 年列为国家地理标志保护产品。（佘婷婷、李婷）

英德麻竹笋　见"西牛麻竹笋"。

蕉岭冬笋　蔬菜作物。产于今广东省梅州市蕉岭县。2月下旬至4月上旬种植，11月下旬至翌年2月底采收。笋壳淡黄色，笋肉白色或乳白色，笋体饱满，壳薄肉厚，呈马蹄状，有沉实感。口感细腻爽脆，香味浓郁，清甜鲜美。含有蛋白质和多种氨基酸、维生素、纤维素。2018年列为国家地理标志保护产品。（佘婷婷、李婷）

北乡马蹄　又称北乡荸荠。蔬菜作物。产于今广东省韶关市乐昌市北乡镇。清同治十年（1871）续修《乐昌县志》有种植记载，1931年重修《乐昌县志》记载当地马蹄的种植和功效等。果实个大色美，脐部平整，肉嫩爽脆，清甜多汁，无渣。6月25日至7月5日播种，7月下旬移植，12月上旬至翌年1月底采收。具有生津降火、清热解毒、润肺化痰、明目退翳和滋补身体等功效。可生食，亦可熟食，还可以制成罐头、凉果蜜饯。2009年列为国家地理标志保护产品。（李婷、穆洪涛）

北乡荸荠　见"北乡马蹄"。

浦北红椎菌　又称正红菇、葡酒红菇。蔬菜作物。属于菌根性食用菌。产于今广西壮族自治区钦州市浦北县。5月至8月为生长期，5月至9月中旬采摘。干品菌盖厚实，中央略凸起，呈褐红色，菌柄部呈白色且带有不均匀的深红色。有野生菌的独特芳香。烹调后汤色粉红，味道鲜甜可口。具有养血壮体、护肤美颜等功效。2014年列为国家地理标志保护产品。（李婷、穆洪涛）

正红菇　见"浦北红椎菌"。

葡酒红菇　见"浦北红椎菌"。

派潭凉粉草　又称凉粉草、仙人草、仙人冻、仙草、薪草。蔬菜作物。产于今广东省广州市增城区派潭镇。是制作凉粉糕、凉茶的上等原料。据传100多年前从广西引进。1929年《增城县农业调查报告》记载，该县每年出口凉粉草5000担。4月上中旬定植，6月至7月采收。有红梗与青梗两种，叶浓茎幼，干草光泽好，有甜香味，胶质适中，用其制作的凉粉糕，呈透明墨茶色，有特殊香味，爽滑可口，拌上糖浆食用。性凉，味甘淡，能防治中暑、感冒等。与荔枝、丝苗米、乌榄并称"增城四宝"。2010年列为国家地理标志保护产品。参见第1040页中医药卷"凉粉草"条。（李婷、穆洪涛）

仙人草　见"派潭凉粉草""凉粉草"。

仙人冻　见"派潭凉粉草""凉粉草"。

仙草　见"派潭凉粉草""凉粉草"。

薪草　见"派潭凉粉草""凉粉草"。

雷公笋　蔬菜作物。产于海南岛，为姜科多年宿根直立草木。2月至10月上山采摘嫩茎，其形似笋，喜阴湿，风雨雷电交加天气长得更好，因此得名。肉质厚，质鲜嫩脆，清香可口。含有丰富的皂苷、总黄酮，心血管疾病、高血压、糖尿病患者常年食用有特别功效。其根状茎内服可治水肿，外洗可治疮疖，利水，消肿，拔毒。主治肾炎、水肿、肝硬化腹水、小便不利、尿道刺痛、肾结石等。（谢祥项、穆洪涛）

新丰佛手瓜　又称合掌瓜、万年瓜、拳头瓜。瓜果作物。产于今广东省韶关市新丰县。原产于墨西哥及中美洲热带地区、西印度群岛一带，19世纪初传入中国。形如两掌合十而得名。3月中旬至4月初定植，5月下旬至11月下旬采收。瓜身厚大均匀，单个重300—350克，瓜皮嫩绿润泽，无虫斑、杂色。富含蛋白质、膳食纤维、维生素、胡萝卜素以及硒、钾等微量元素，硒含量每100克达30.58—53.01微克。口感爽脆清甜，多汁可口，具有祛内火、润肠胃等功效。2010年列为国家地理标志保护产品。（李婷、佘婷婷）

合掌瓜　见"新丰佛手瓜"。

万年瓜　见"新丰佛手瓜"。

拳头瓜　见"新丰佛手瓜"。

观音阁花生　瓜果作物。产于今广东省惠州市博罗县观音阁镇。民国《博罗县志》称花生是当地仅次于水稻的重要产品。种植历史悠久，一直沿用前人留下来的土种，当地人称为"百日掂"。2月下旬至3月中旬春播，7月下旬至8月上旬秋播；春植的收获时间为7月中下旬，秋植的收获时间为11月中旬。籽仁珍珠豆形，荚果网目小、网纹较深、缩缢浅，果嘴长带勾。二粒荚果为主，百果重169克，百仁重约70克；种皮白红色、果形美观白净；口感细腻、香甜、爽口。2003年10月15日被选为"航空种子"搭乘神舟五号载人飞船升空。2015年列为国家地理标志保护产品。（李正旭、周云水）

九龙豆腐　豆制品。产于今广东省清远市英德市九龙镇。由当地优质黄豆和天然山泉水加工而成，以鲜、嫩、滑著称，没有豆腥味。用滚烫的开水倒入浆内搅匀，称为"烫浆"，用纱布滤去豆渣，用猛火煮开、上板。外表细若凝脂，嫩而不滑，晃而不散，弹性十足；滚汤时久煮不碎，清鲜柔嫩。（谭小苗、穆洪涛）

普宁豆干　豆制品。产于今广东省揭阳市普宁市流沙镇一带。造型四方，上部中间有一个四方的凹印（象征官印）。原料中约有20%的薯粉，故又称"薯粉豆干"。黄栀是特殊配料，气味芳香，有清热、泻火、凉血药效，

是天然食用黄色素，起锅前加入，使豆干有特殊的香气和漂亮的黄色。制作时，提前半天浸豆，至少磨两次浆，煮浆时加入薯粉，倒入垫有棉布的十字形木质豆干格，棉布包住豆浆，中间放上一方形木块。可叠加多层，再用压水架缓缓加重排出水分，取出豆腐块放入大鼎内慢火浸煮，温度控制在66—70℃，待其浮上水面便可捞出，晾干即成。（罗钦盛、陈非）

普宁豆干

车田豆腐　豆制品。产于今广东省河源市龙川县车田镇。采用东江上游泉水以及当地绿衣黄豆为原料，以传统工艺制作而成，有石膏豆腐和盐卤豆腐两种。豆香，嫩滑爽口，清淡中蕴含鲜美。坊间有"豆腐好吃数岭南，岭南豆腐看东江，东江豆腐数车田"的说法。（谭小苗、穆洪涛）

樟市黄豆腐　豆制品。产于今广东省韶关市曲江区樟市镇。用古代传统手工技艺制作，用石磨磨浆，盐卤凝块，又鲜又嫩。涂上黄栀子后，既去豆腥味又使豆腐更加鲜亮，具有清热、泻火、凉血的功效。（谭小苗、穆洪涛）

布骆包子豆腐　豆制品。产于今广东省梅州市兴宁市大坪镇布骆村。源于汉代，盛于明清，已有500余年历史。据《兴宁杨氏族谱》记载，明洪武年间杨氏第86世靖公创制包子豆腐。明正德年间，祝枝山任兴宁县令时作《思食豆腐》，另有诗句提到制作包子豆腐的模具"堆盘（碗）"。据《兴宁县志》记载，大坪圩建于明朝初年，清代有福记、毓记等包子豆腐店。清道光以后，布骆村人到五华、老隆、韶关等地开豆腐作坊。选择上好的大豆、清甜山泉水和优质卤水制作。经过手工推磨，细布过滤，柴火煮浆，柔慢调制，小块压水等工序，呈方形、白色、嫩滑、鲜甜。可以做成酿豆腐、焖豆腐、煎豆腐、沙煲豆腐、清水豆腐、卤豆腐、豆腐干等10多种美食。"兴宁大坪布骆包子豆腐制作技艺"2018年入选广东省第七批省级非物质文化遗产代表性名录。（李正旭、周云水）

黄花黄豆腐　豆制品。产于今广东省清远市英德市黄花镇。豆腐压榨成型后，将其切成小块，用白布将切好的豆腐（每块重量约100克）包好，水烧开后加黄栀子，将包好的豆腐下锅浸染，约10分钟后起锅，用火焙约10分钟即成。（谭小苗、穆洪涛）

红菌豆腐头　豆制品。产于今广东省梅州市平远县仁居镇。取新鲜的豆渣，用文火翻炒，至没有水分后用手捏成团。簸箕里垫好豆头叶（又叫大枫叶）或梧桐叶、芭蕉叶，把豆渣铺上晾稍凉，用锅铲慢慢压实，将"菌娘"（做好的豆腐头红菌）均匀撒开并收藏。两三天后长出白菌，慢慢转为红菌。一面长满红菌，翻转到另一干净簸箕里，除掉垫叶，待两面长满红菌，即可食用或蒸熟晒干待用。色红肉白，韧嫩甜美。配猪肝、瘦肉煮汤。（李正旭、周云水）

托洞腐竹　豆制品。产于今广东省云浮市云安区石城镇托洞村。以大云雾山下的黄豆或小青豆为主要原料，用山泉水制作，其生产过程全部手工操作，不添加任何色素和添加剂。外观油亮光泽，呈浅黄色或黄白玉色，枝条状或片状；口味纯正，甘淡清香，无异味，韧性好，有嚼头，吸水膨胀后不黏糊，在同类产品中尤以久煮不烂见长。2012年列为国家地理标志保护产品。（李正旭、周云水）

新陂乐仙腐竹　豆制品。产于今广东省梅州市兴宁市新陂镇乐仙村。据传自明朝起新陂就有加工制作腐竹的传统，清末乐仙村戴湖、戴洪招由广东龙川县铁场同姓戴屋传来制作腐竹的技术，并到龙川鹤市铸腐竹锅（掺铜），选择江西信丰古陂的青豆，在技术上不断钻研，加工出金黄透明的腐竹，煮时易烂，汤色白，食味清。（李正旭、周云水）

万江新村腐竹　豆制品。产于今广东省东莞市万江街道新村。据称清代东莞万江已有制作腐竹的小作坊，20世纪五六十年代，新村腐竹已成为东莞的知名产品，是制作素菜的主要材料之一。其工艺坚持用复杂而严谨的"挑腐竹"技艺，一步一道工序，精益求精。腐竹色泽亮丽，豆味浓郁，爽滑可口，耐煮不糊。（李正旭、周云水）

英德腐竹　豆制品。产于今广东省清远市英德市。黄花、九龙、望埠等乡镇制作腐竹的历史悠久，传统作坊很多。用本地优质黄豆和天然泉水为主要原料，传承柴火煮浆、人工揭拉腐皮的传统工艺，不使用任何添加剂。嫩滑鲜甜，筋道爽口，以山水腐竹著称。（李正旭、周云水）

笪桥黄瓜干　瓜果制品。产于今广东省茂名市化州市笪桥镇。用黄瓜腌制脱水而成。据称此传统工艺已有100多年历史。选取通直、饱满的全瓜放进50—60℃的热水中烫熟过青，捞起置于太阳下暴晒，晚上收起，用热盐

水浸 2—3 分钟，放入冷盐水中浸。如此反复浸三四天，直至瓜味咸淡适宜为止。瓜干扁薄，色泽金黄、淡甜爽脆可、久贮不坏，是夏天的最佳菜品、茶楼酒家的美食。（洪一巧、李锐）

惠州梅菜 蔬菜制品。产于今广东省惠州和梅州等市。相传为梅仙姑所送而得名。据惠阳方志记载，明代下叶本地已经开始生产梅菜。又因曾为宫廷食品而被称为"惠州贡菜"。用新鲜的芥菜或大头菜经晾晒、精选、飘盐等多道工序制成，色泽金黄、香气扑鼻、清甜爽口，具有消滞健胃、清热解暑、降脂降压功效。可作配料制成梅菜扣肉、梅菜蒸猪肉、梅菜蒸牛肉、梅菜蒸鲜鱼、梅菜汤等菜肴。2005 年列为国家地理标志保护产品。（李正旭、周云水）

阴菜 蔬菜制品。产于今广东省东莞市东坑镇。用阴干方法将杷齿萝卜干制而成。当地人认为是"极补之物"，称之为"阴菜此物，珍贵无比，参茸不易也"，故有"东坑人参"的美誉。据称保存得当可达数十载之久，且其药用价值也呈阶梯状增长。（李正旭、郝志阔）

腌菜 蔬菜制品。基本制作工艺是水烫杀青、拌盐腌渍、晾晒风干、封缸发酵、盐水浸泡等。利用食盐的高渗透压作用、微生物的发酵作用和蛋白质的水解作用以及其他一系列的生物化学变化，最终使蔬菜制品具有独特的色、香、味。品种很多，岭南最常见的腌菜有潮州咸菜（参见"潮汕咸菜"条）、惠州梅菜（参见"惠州梅菜"条）、酸菜、咸酸菜、萝卜干（菜脯）、大头菜、酸笋等。酸菜，亦称水碌菜，爽口清香，略带酸味。以芥菜为原料，清洗干净，整理好，暴晒

一天至蔫软，放进沸水中烫过杀青，滤水后装入瓦缸内压放紧实至填满，随后封盖密封，不透气不透光。气温高时第二天就可以食用，气温低时时间要长一些。咸酸菜以芥菜为原料，清洗后晾晒至蔫软，用沸水烫过，整整齐齐排放进瓦坛子里，加入质量分数约15% 盐水，水淹过面，密封，腌制 30 天即可。以咸酸、爽口为特色。萝卜干（菜脯）以白萝卜为原料，清洗干净，顺切成几条（也可以原个腌制），晒软，用粗盐搓揉后放在竹筐内，盖上稻草，用重物压实滤水。第二天摊开晾晒，晚上用粗盐再次搓揉，用重物压实滤水。此后白天晾晒，晚上堆压直至干透。以色泽金黄、气味芳香、口感爽脆为特色。大头菜以根用芥菜为原料，制作方法与萝卜干基本相同。酸笋以鲜笋为原料，清洗干净，对半切开或者切片，加入凉开水浸泡 1—2 个月即成。（黄明超）

潮汕橄榄菜 蔬菜制品。据唐代刘恂记载，岭南有生嚼橄榄的习俗，用树枝节上生的脂膏和其皮叶煎之，调如黑饧（糖），谓之橄榄糖。宋代周去非也提到一种状如黑胶饴的"橄榄香"。据载，明代澄海已有用橄榄和盐渍芥菜（当地人俗称咸菜叶）煮制成的乌橄榄菜。清中期，澄海县外砂乡

潮汕橄榄菜

有"乾亭菜廊""天盛菜廊""顺昌泰菜廊"等专门作坊。选取当地盛产的新鲜芥菜叶、橄榄果，经盐渍发酵、洗盐退淡、焗煮加料等环节加工而成。先将芥菜叶和橄榄果用盐腌渍 30 天后，用清水洗净退淡，去除杂质，叶菜须切碎脱去水分；橄榄果须经油煮。将两种原料放在锅里，加入食用油，用猛火和文火焗煮 7 小时，使菜、果慢慢由赭绿色变成乌黑色。此过程中，按比例添加食盐、芝麻油、油炸蒜末等辅料。甘醇浓郁、丰腴滑润、爽口开胃。"潮汕橄榄菜制作技艺"2015 年入选广东省第六批省级非物质文化遗产代表性项目名录。（许永强、黄进贤）

潮汕咸菜 蔬菜制品。产于今广东省揭阳市地都、新亨、汕头市下蓬、鮀浦、莲上、湾头、外砂、坝头、潮州市庵埠、池湖等乡镇。被称为潮汕饮食"三宝"之一。原料是大芥菜，潮汕大芥菜肉厚脆嫩，丰腴多汁，清甘微苦，具有宣肺化痰、温中利气、消肿止痛等功效。收割后，去其老叶，稍加暴晒，使其软化，放进大缸，均匀撒上食盐，用大石头压紧。两三天后，盐化、菜软，开始每天加入适量的热米汤，直至菜叶变为黄色，闻到酸甜气味，便可取出食用。金黄晶莹，酸甜酥脆，风味独特。有咸菜和酸菜两种。可以直接食用，可以加工成品种多样的风味小菜，作为配菜炒饭、煮汤、入馔等。（陈伟松、李婷）

潮汕菜脯 又称潮汕老菜脯。瓜果制品。即腌制萝卜干。产于今广东省潮汕地区的饶平高堂、揭东新亨、惠来隆江、潮南井都、潮安江东等地。因潮汕俗称萝卜为"菜头"得名。是潮汕等地城乡家居三餐必备的传统风味小菜和烹饪材料。取成熟饱满的新鲜萝卜，漂洗干净，晾晒半天，放进盐

| 5年 | 15年 |
| 20年 | 25年 | 35年 |

不同年份的老菜脯

池（或竹篱圈），逐层均匀地撒上食盐，隔日早上再取出晾晒，至傍晚日落再放回盐池，继续均匀逐层撒盐。如此反复晒制约半个月，即变成扁平柔软的浅黄色萝卜干。肉厚酥脆，味道香甜。可直接佐餐，可做配菜入馔。因香气扑鼻，被誉为"馨菜脯"，清代汕头"汉记庄贡品田唇馨菜脯"是朝廷贡品，饶平吴其章（"老裕盛"）等潮商通过红头船将菜脯远销海外，菜脯是汕头开埠后的大宗出口商品之一。珍藏多年后，成为乌黑油亮、陈香馥郁的"老菜脯"，有"黑色的金子""赛人参"等美誉，其健胃、消食、消气功效更加显著，老菜脯粥、老菜脯蒸肉等成为养生珍馐。"饶平高堂菜脯"2011年列为国家农产品地理标志保护产品。"澄海老菜脯制作技艺"2018年入选广东省第七批省级非物质文化遗产代表性项目名录。（郭苑玲、王文成）

潮汕老菜脯 见"潮汕菜脯"。

冬菜 蔬菜制品。即天津冬菜，原产于天津。是一种半干态发酵性腌制食品，有荤冬菜（加大蒜）和素冬菜两大类。早先广东潮汕地区冬菜由天津贩运而来，至抗日战争期间，广东省澄海县莲阳公平腐乳厂延聘天津技师，开始生产冬菜。自此，京津大白菜（亦称冬菜）也被引进潮汕地区种植。将大白菜的心瓣切成片，晒至半干，再用盐、大蒜等腌制而成。是粤菜尤其是潮菜的重要调味品之一，多用作汤料或烹饪鱼类肉料原料。莲阳产的冬菜以味美出名，每年有相当数量销往海内外各地。（郭苑玲、陈非）

沙古菜头仔 蔬菜制品。产于今广东省湛江市遂溪县沙古镇，被称为"遂溪三宝"之一。相传北宋年间苏东坡被贬海南儋州，途经广东遂溪境内古官道时品尝当地土制腌萝卜配米粥，赞其为"菜中头名"，从而得名。以当地特有土质种植的萝卜为原料，仅以日晒海盐并以当地特有的红黏土为辅料，用传统工艺制作而成。食用时，从坛内取出，洗净表面泥土，切碎，可生食，可配肉等辅料，炒、煎、蒸、炖皆可。甜香爽脆，咀嚼时有清亮响声，有消滞开胃，理气顺气之功效。（江志伟、李锐）

什锦菜头 又称什锦菜、十样菜。蔬菜制品。相传清同治年间，广东东莞厚街人把荞头、芥菜心、白瓜、子姜片、胡萝卜等10多种原材料加工制作成一个新式小菜，因其材料多样而取名什锦菜头。民国时期厚街力记是生产什锦菜头的著名老字号，年产量达到10吨左右，传说目前仍在使用的什锦菜专用大铜锅，已有百年历史。制作过程要经选料、腌胚、切粒、漂洗、加糖煮制等工序，五六天才成，且稍有不慎，就会变质变色。因其甜脆可口，风味特别，是酒楼食肆的餐前开胃小菜。（江志伟、郝志阔）

什锦菜 见"什锦菜头"。
十样菜 见"什锦菜头"。

南乳花生 又称南乳肉。果仁制品。以花生为原料，以南乳、精盐、八角和甘草为调味料，炒制而成。先将南乳等调味料调成味水浸泡花生，滤干水分晾干后混入粗沙粒，加入八角和甘草，在锅内炒至花生酥脆，筛去沙粒即可。民国初年，"广茂香"字号经营南乳花生，并供失明人士销售以养家糊口，成为当时广州、佛山、东莞一道独特的街景。（潘英俊、黄明超）

南乳肉 见"南乳花生"。

海南文昌鸡 禽畜产品。产于今海南省文昌市。优良肉鸡品种，具有400多年的传统养殖历史。据传，发源于今海南省文昌市潭牛镇天赐村，因鸡啄食榕树籽形成极佳的肉质。经过培育进化，逐渐形成鸡身圆润、脚矮爪细、毛色光亮、皮薄肉嫩的特点。在山林中放养，自由采食野果以及螺、虫、蜢等食物，早晚喂养少量大米、糠和番薯。6个月后便可上市。约上市前60天置于安静避光处笼养育肥，这是其独特之处。2004年列为国家地理标志保护产品。（谢祥项、黄明超）

清远鸡 俗称清远麻鸡。禽畜产品。产于今广东省清远市。母鸡背羽面点缀深色麻斑点，故俗称清远麻鸡。属小型优质肉用鸡种。《中国家禽品种志》27个优质品种之一。据1921年再版的宋代《清远县志》记载，自宋代起就为当地群众饲养，民国期间已誉满省港澳，蜚声东南亚。外形特征为一楔、二细、三麻身。即体形为楔形，前圆钝躯圆大；翼细、脚矮细；母鸡背羽有黄麻、褐麻、棕麻3种颜色。放养于干爽、空气清新、水源洁净、绿树成荫高处的山林草地，采食虫蚁、鱼虾、螺蚬、青草、草籽等食饵，饮天然露水。以肉质嫩滑、肉味鲜美、皮色金黄、皮爽骨软而驰名。2010年列为国家地理标志保护产品。（谭小苗、黄明超）

清远麻鸡 见"清远鸡"。

信宜怀乡鸡 禽畜产品。产于今广东省茂名市信宜市怀乡镇。因其脚、嘴、皮毛皆黄，当地又称为三黄鸡。皮肤浅黄，背部和尾部脂肪分布均匀，皮黄骨酥，肉质香滑。耐粗食，适应性强，抗病力高，生长快，饲养不到200天即可出栏。分为大、小两型。大型鸡体大、骨粗、脚高；小型鸡体小、骨细、脚矮。2013年列为国家地理标志保护产品。（李锐、唐以杰）

岑溪古典鸡 禽畜产品。产于今广西壮族自治区梧州市岑溪市。因用传统方法轮放到山林中饲养，故名。有"广西土鸡赛天下，岑溪三黄赢广西"之誉。原生三黄鸡种，是广西唯一没有引进外来血缘的优质地方土鸡。外形特征为禾虾头、柚子身、铁线脚。体型小巧，外表华丽。肉嫩味鲜，骨细香软，皮薄油少。2016年列为国家地理标志保护产品。（李锐、唐以杰）

封开杏花鸡 又称米仔鸡。禽畜产品。产于今广东省肇庆市封开县。属小型优质肉用鸡种。历代被列为朝廷贡品。外形特征为三黄、三短、三细，即嘴黄、毛黄、脚黄；颈短、喙短、身短；头细、翼细、脚矮细。肌肉丰满，骨细皮薄，脂肪分布均匀，成品肉质嫩滑鲜甜。2018年列为国家地理标志保护产品。（李锐、黄明超）

米仔鸡 见"封开杏花鸡"。

海南加积鸭 禽畜产品。产于今海南省琼海市加积镇。属番鸭类。相传300多年前由华侨从马来西亚引进。形体扁平，红冠黄蹼，嘴的基部和眼圈周围有红色或黑色的肉瘤，翼羽长及尾部，尾羽长，向上微微翘起。羽毛颜色有白色、黑色和黑白花色三种，少数呈银灰色。当地的饲料及饲养方法使其形成脯大、皮薄、骨软、肉嫩、脂肪少、营养价值高的特点。（黄明超）

清远乌鬃鹅 又称黑鬃鹅、火鹅仔。禽畜产品。广东省四大名鹅（清远乌鬃鹅、潮汕狮头鹅、阳江黄鬃鹅、开平马冈鹅）之一。产于今广东省清远市。属小型鹅种，因其颈至背的鬃毛有一明显黑色羽毛带而得名。宋代《清远县志》已有清远养鹅的记载，民国时期享誉海内外，是出口港澳和东南亚地区的主要鹅种。体重2.5—3.5千克。以肉质嫩、骨骼软、体形小而久负盛名，是制作烧鹅的上乘原料。外形特征可归纳为三黑、三细、一矮，即嘴黑、毛黑、脚黑，头细、颈细、骨细，脚矮。2007年列为国家地理标志保护产品。（黄明超）

黑鬃鹅 见"清远乌鬃鹅"。
火鹅仔 见"清远乌鬃鹅"。

潮汕狮头鹅 禽畜产品。广东省四大名鹅（清远乌鬃鹅、潮汕狮头鹅、阳江阳鬃鹅、开平马冈鹅）之一。产于广东潮汕地区。属巨型肉用种鹅。据

潮汕狮头鹅

载，明嘉靖年间由今广东饶平浮滨镇溪楼村人选取大型野鹅驯化而来，民国初年传到汕头月浦，1965年，高级畜牧师唐述尧带领澄海白沙原种场科研人员经过多年"提纯、复壮、精选、繁育"培育而成。体形硕大，体重可达13.8千克。躯似方形，头大、颈粗、蹼阔，头部有一个向前方突出的巨型肉瘤，雄壮威风。1978年中央新闻纪录电影制片厂拍成专题片为建国30周年献礼。2008年1月，中国政府将100枚狮头鹅受精蛋作为国礼赠送给泰国国王。用狮头鹅烹制的卤鹅是潮汕名菜，头、掌、肝、肠尤受欢迎。"饶平狮头鹅"2012年列为国家农产品地理标志保护产品。（肖文清、陈非）

阳江黄鬃鹅 禽畜产品。广东省四大名鹅（清远乌鬃鹅、潮汕狮头鹅、阳江黄鬃鹅、开平马冈鹅）之一。产于广东省阳江市。属小型鹅种。因自头顶至颈背部有一条棕黄色的羽毛带而得名。全身羽毛紧贴，背、翼和尾羽为棕灰色，胸羽灰黄色，腹羽白色。喙、肉瘤黑色，胫、蹼橙黄色、黄褐色或黑灰色。体重3—4千克。早熟，易肥，肉质细嫩。2013年列为国家地理标志保护产品。（李锐、黄明超）

开平马冈鹅 禽畜产品。广东省四大名鹅（清远乌鬃鹅、潮汕狮头鹅、阳江黄鬃鹅、开平马冈鹅）之一。产于今广东省江门市开平市。属中型鹅种。体重3—4.5千克。外形有乌头、乌喙、乌背、乌脚"四乌"特征，羽毛灰黑，头大颈粗，胸宽脚高，粗食早熟，易长，产蛋较多。公鹅体形偏大，头冠的肉瘤突出；母鹅体形偏小，头冠的肉瘤比公鹅小且圆。肉纹纤细，肉质细嫩，肉味鲜美，脂肪适中，皮薄骨脆，是制作烧鹅的上乘材料。2013年列为国家农产品地理标志保护产品。（李锐、黄明超）

徐闻山羊 又称徐闻东山羊、徐闻羊、雷州山羊。禽畜产品。从山东烟台引进，经过长期驯化选育而成。多为黑色，少数为麻色或褐色。黑色的分高脚与矮脚两种类型，高脚种体形较高，多产单羔，喜吃灌木枝叶，饲养量较少；矮脚种体形较矮，骨细，多产双羔，采食安定，不挑食，易管理，农民喜欢饲养。皮毛为麻色和褐色的从头顶脊骨中央至尾部有一条黑色毛带，身上渗有黑色的杂斑。肉质鲜嫩，脂肪分布均匀，肉色棕红，膻味较淡，营养丰富，具有滋阴壮阳、补虚劳、祛寒冷、益肾气、暖脾胃、温补气血的功效。2007年列为国家地理标志保护产品。（李锐、黄明超）

徐闻东山羊 见"徐闻山羊"。
徐闻羊 见"徐闻山羊"。
雷州山羊 见"徐闻山羊"。

中山脆肉鲩 水产品。产于今广东省中山市。原养殖于中山市长江水库，20世纪80年代初，中山市鸡笼镇（今东升镇）开始池塘试养。需提供独特的养殖环境，喂养浸软或浸泡发芽的蚕豆和分阶段调控。肉质爽脆，带有韧性，耐煮不碎，味道鲜美。胶原蛋白丰富，钙的含量比普通草鱼提高17.5%，蛋白质质量较佳。体型大，上市规格大于5.5千克/尾。不宜整条烹制，通常分割成鱼肉、鱼腩、鱼脊、水拨（鱼的胸鳍部位）、鱼头、鱼尾、鱼皮等多个部位，用炒法、焖法、焗法、蒸法、煎法、炸法、焯法等多种烹调法烹制出多种风味的菜品。2008年列为国家地理标志保护产品。（唐以杰、黄明超）

麦溪鲤/麦溪鲩 水产品。产于今广东省肇庆市高要区大湾镇古西村。当地有麦溪和白溪塱塘（合称为麦溪塘）。当地鱼塘具有独特的土层结构、土质环境和水生植物，土质富含各种微量元素，水中微生物含量高。保留着传统的耕养相间养殖方式，年初排水晒塘，种植早稻、小荸荠、麻慈籽、茅草；年中引西江水进塘加以合理的调理。麦溪鲤头细嘴小，背高脊隆，腹圆身肥，口感鲜香，肉质嫩滑，土腥味少，肥而不腻，粗蛋白≥13%，粗脂肪含量5.0%—8.0%。麦溪鲩银鳞闪闪，全身粉白，肉质嫩滑、清甜、甘香而无腥味，富含硒、锌、铁等人体必需的微量元素。蒸制时忌放姜葱和酱油，只需放入精盐、陈皮丝和花生油即可。2012年列为国家地理标志保护产品。（黄明超）

文庆鲤/文庆鲩 又称文岌鲤。水产品。产于今广东省肇庆市鼎湖区沙浦镇典三村的文岌塱。位于西江边，地势低洼，汛期河水上涨，加上雨水和山泉水，塱内形成了大大小小的鱼塘，塘内之水清新，浮游生物多，矿物质丰富，有天然稻禾花、茅草、野生马蹄仔、慈姑、芡实等天然植物。文庆鲤体侧扁，头小，背厚，腹部圆大，体型粗短，背色黄绿，体侧带金线，显光泽，具有肉质嫩滑、肉味甘香、骨骼较软、鳞薄爽滑、无泥腥味等特色。清蒸可以不去鳞，只添加盐、陈皮丝和花生油，鲜嫩甘香可口。文庆鲩体态匀称修长，腹部平缓，体色呈茶黄色，有光泽，背部青绿，腹部灰白，胸鳍和尾鳍带灰黄色，具有肉质嫩滑、甘香可口、鱼味浓郁、久煮不老、无泥腥味等特色。含粗蛋白≥17.5%，粗脂肪≤4.0%。2014年列为国家地理标志保护产品。（黄明超）

文岌鲤 见"文庆鲤/文庆鲩"。

黄沙蚬 水产品。产于今广东省珠海市莲洲镇麻溪河和粉洲至赤坎水道的黄沙冲积层。与横山鸭扎包、粉洲禾虫、横山粉葛并称为珠海莲洲"四大美食"。个体大，外壳呈黄褐色，肉质鲜美。蚬肉含有丰富的蛋白质和多种人体所需的微量元素，其中钴有利于提升人体的造血功能，起到补肝、护肝效果。另有开胃、通乳、明目、利尿、去湿、治肝病、醒酒、麻疹退热、止咳化痰的功效。（郝志阔、唐以杰）

莲洲禾虫 水产品。中文名疣吻沙蚕，属环节动物，多毛类水生动物，形长似蜈蚣。产于今广东省珠海市莲洲镇粉州村。莲洲地处珠江虎跳门水道西侧，咸淡水交界，水质清澈，稻田广袤，盛产禾虫。每年三月、四月和八月的初一、十五，大量禾虫随大潮流入虎跳门水道。此时期是捕捞禾虫的黄金时期，被称为"禾虫造"。色金黄带红杂绿，虫身丰腴，含浆饱满，含有丰富的蛋白质和维生素，具有滋阴壮阳、健脾、暖身、祛湿等药膳功效。《本草纲目拾遗》有相关食用及养生功效的记载。可煎、煮、蒸、炖，尤以瓦钵焗禾虫最显风味。当地农家人还精心制成禾虫干、禾虫饼、禾虫酱，被誉为"禾虫三宝"，成为馈赠亲友的佳品。（郝志阔、唐以杰）

百侯牛肉干 肉制品。产于今广东省梅州市大埔县百侯镇。据载清朝初年，百侯就是周边地区的中心集镇，称为百侯圩。屠户把卖不完的牛肉加工成牛肉干，以便贮存和售卖。经过300年的发展，从选材、刀工、烤法、佐料、包装每个环节日趋完善。选用新鲜牛臂肉，除去牛衣膜、筋腱和脂肪，留下精牛肉，再顺着纹理切成0.2厘米的薄肉片。用花椒、八角、肉桂、茴香、丁香、山柰等中药材做成卤汤腌制约10小时。捞起牛肉沥干水，将腌制好的牛肉片一张张铺在铁罩网上，用炭火烘焙而成。含有人体所需的亚油酸、维生素B6、肉毒碱、蛋白质、

铁、锌、镁等多种营养物质，常食用能起到补中益气、滋养脾胃、强健筋骨之功效。（江志伟、冯秀珍）

潮汕牛肉丸 肉制品。产于广东潮汕地区。传统制法是选用新鲜的牛腿包肉和胸肉作原料，去筋后切成块，放在大砧板上，用特制的两把呈方形或三角形的 3 千克铁锤，用力捶打成肉酱，加入少量雪粉、精盐、鱼露和味精，继续捶打 15 分钟，随后用大钵盛装，加入方鱼末、白肉粒和味精，拌匀，用手搅挞，至肉浆黏手不掉下为止。之后用手抓肉浆，握拳挤成丸，用羹匙掏进温水盆里，再用慢火煮熟，捞起即可。分为牛肉丸、牛筋丸两种。"潮汕手打牛肉丸制作技艺"2018 年入选广东省第七批省级非物质文化遗产代表性项目名录。（林海平、肖文清）

潮汕牛肉丸

潮式肉脯 肉制品。产于广东潮汕地区。肉脯在《周礼》《论语》中均有记载。晚清成为满汉全席的菜肴之一。选用筋膜和脂肪较少的当地猪后腿肉，起肉时用手工去掉筋膜脂肪，经精心腌渍、摊筛、烘干、烤制等工序而成。贮存和携带方便。色泽橙黄，香醇回甘，滋味绵长。可作冷菜上筵席或作花式冷盘的点缀、配色料等。（陈伟松、李婷）

酝扎猪蹄 又称佛山扎蹄。肉制品。猪脚开皮，抽去脚筋和骨，再用肥肉夹着瘦肉用水草包扎在猪脚皮内，再在桂枝、草果、大茴、小茴等 20 多种材料配制而成的特制卤水中慢火煮浸酿制而成。另一种做法是用整只猪蹄酿制而成。食用时把猪蹄切成薄片，外面一圈猪皮色泽金黄，里面的肉呈油亮的浅褐色，配芥辣和酱油、葱、蒜蓉等调料。猪皮爽嫩，肉松香脆，耐嚼有弹性。（潘英俊、生书晶）

佛山扎蹄 见"酝扎猪蹄"。

潮州咸牛奶 俗称牛拎、牛铃。奶制品。潮语"牛凝"的发音，或"拎"的动作命名。流传于广东潮汕等地的传统腌制类佐餐小菜。产于今广东饶平浮滨、揭阳桐坑、揭西棉湖和普宁等地。制作时将水牛奶放于锅中煮熟，调入适量的米醋，使其凝结。冷却至 32℃ 左右，用汤匙舀出放于米醋中，用拇指、食指和中指拎成圆形或方形薄片，再放入浓盐水中浸渍。成品色泽雪白，表面有手指纹花，咸中带浓郁的牛奶香味。具有牛奶的营养成分，没有水牛奶的腥味，当地人视为素食，是配糜（潮汕粥）的佳品。有消食功效。（陈文修）

牛拎 见"潮州咸牛奶"。
牛铃 见"潮州咸牛奶"。

岭南腊肠 腊肠制品的总称。唐宋时期，来广州经商或传经的阿拉伯人和印度人等带来了灌肠类食品，岭南人融合南北、中外的工艺和风味形成了岭南腊味中独特的腊肠系列。工艺程序主要有腌制、晾晒或烘焙等。不添加花椒、八角、桂皮等香料，香精及淀粉、植物蛋白等。具有咸中带甜、酒香醇厚等特色风味，色、味、香、形均佳。花式品种有生抽肠、老抽肠、

鸭肝肠、瘦肉肠、猪心肠、鲜虾肠、冬菇肠、鱿鱼肠、玫瑰肉肠、牛肉肠、东莞厚街腊肠等几十种。（潘英俊、生书晶）

广式腊味 腊制品。品种有腊肉、腊肠、腊鸭、腊鸡、腊鱼、腊鸭肾等大类。原料主要有鸡、鸭、鱼、猪肉及猪肝和鸭肝、肾等，配料有咸蛋黄、冬菇等。调味料主要有生抽、汾酒、精盐、白糖等。选用优质肉料，经过形状修整、搭配、腌制、造型、风干而成。鸡、鸭、鱼等原料剖开腹部、摊平、撑开成平板形，猪肉以五花肉、半肥瘦猪肉、瘦肉为主，切成扁条状，用麻绳穿挂，猪肝等原料切成粒状灌进肠衣，腊肠扎段。根据原料性质、等级和风味进行搭配和调整。传统做法在冬季刮北风时节制作，风味、品质最佳。现代化食品加工厂大多采用或增加热风进行烘干。色泽酱红，鲜甜咸香。食用方法有蒸、炒和制作腊味煲仔饭等。中国传统肉制品典型代表之一。"广式腊味制作技艺"2022 年入选广东省省级非物质文化遗产代表性项目名录扩展项目名录。（黄明超）

广式腊味

广式扣肉 肉制品。岭南夹肉类风味名菜。选用整块五花肉，经过煲焓、炸色、清洗、切块、初步调味、夹排副料、蒸制、淋原汁芡等工序制作而成。猪肉整块煲至七成焓，将表皮抹老抽，猛火高油温炸至酥化，呈大红

色。将炸好的肉切成扁长方块，与形状相似副料（梅菜除外）相互间隔排在扣碗里，用中火长时间蒸制使主辅料滋味渗透融合，蒸熟后再覆扣在盘上，淋上原汁勾成的芡液即成。圆包成形、色彩相间，主辅料同时食用为最佳。特色菜品有香芋扣肉、梅菜扣肉、粉葛扣肉等。另一种特色做法是"爽口扣"，在煲焓肉块表皮只抹精盐，高油温炸至微上色，然后降低油温缓慢浸炸至肉块油脂大量减少，表皮酥化，呈现大红，口感脆爽，其菜名也常称为"××爽口扣"。（黄明超）

广式烧味 肉制品。广东人对烧烤制品的习惯称谓。与腊味合称烧腊。原料主要有猪、鸡、鸭、鹅、鸽等。腌制原料主要有五香盐、精盐、白糖、红糖、生抽、老抽、汾酒、柱侯酱、芝麻酱、五香粉、大茴粉、南乳等。品种主要有烧烤全体乳猪、烧金猪、烧肉（烤整只中猪）、蜜汁叉烧、蜜汁烧肉排、烧金钱鸡（即三夹肉）、脆皮烧鸡、烧鸡翼、脆皮烧鸭、脆皮烧鹅、烧琵琶鸭、烧乳鸽等。将带皮肉料用沸水烫皮，涂抹麦芽糖、白酒、醋和清水调和成的糖水上皮，上叉或穿挂、上皮、晾干，用烤的方法烹制而成。不带皮肉料腌制后直接穿挂烤制，烤好后再淋上稀释的麦芽糖返烤片刻。不同烧味选用不同腌料。上叉工具是乳猪叉和鸭叉，穿挂工具是叉烧环。传统工艺是以瓦缸为烤缸，用木炭烤，尤以荔枝木炭为最佳。烤制方式有挂炉烤和明炉烤两种。把穿挂好肉料吊挂在底部有炭火的烤缸里烤制为挂炉烤；把上叉乳猪、鸭、鹅架在卧式烤炉上烤制为明炉烤。现代化烤制工艺多以不锈钢烤缸，用电或燃气为热源。成品色泽大红，烧烤香浓、滋味甘美。广式烧烤乳猪需开腹取内脏、劈开脊骨和头骨，用木条撑开成弯板形，方便均匀受热。烧乳猪最重

要食用部位是表皮，色泽大红，有光皮和麻皮两种，光皮皮色光亮，口感香脆甘腴；麻皮皮面满布脆泡，口感松化酥脆。（黄明超）

黄圃腊味 腊制品。产于今广东省中山市黄圃镇。据传是清光绪年间王联盛所创。广式腊味的典型代表。选用当地猪的后腿肉，采用人工切肉，使用天然生晒的酿造酱油腌制。进入烘房前的腊肠须晾晒，一般晾晒3—4小时，直到肠体表面无多余水分后进入烘焙车间。温度由室温升至50—58℃，保温4小时后，进行翻杆，倒挂腊肠重新升温至50—58℃，保温4—5小时。烘焙员根据温度、湿度情况控制烘焙时间，一般需要72小时。整个过程手工技艺制作。民国时期，黄圃人在广东广州开设了"沧洲""八百载"等名店，广州"皇上皇"、香港"荣华"等也由黄圃师傅坐镇主理。2006年列为国家地理标志保护产品。"黄圃腊味传统制作工艺"2009年入选广东省第三批省级非物质文化遗产名录。（潘英俊、生书晶）

东陂腊味 腊制品。产于今广东省清远市连州市东陂镇。据称有300多年历史。包括腊肉、腊肠、腊鸭、腊狗4个主要品种。生产原料来自按养殖规范饲养、符合一定质量要求的鲜活畜禽（猪、鸭、狗），经宰杀、选料、配料、腌制、自然风干等工序加工而成。不经烘烤或者烟熏，不加任何添加剂。生产具有季节性，生产时间为每年的寒露至小寒之间。具有香、嫩、爽口，腊香浓郁，甜咸适中等特点；瘦肉呈暗红色，肥肉呈半透明的白色或淡黄色。总糖含量不大于15%，食盐含量不大于10%，为低糖低盐的健康食品。2006年列为国家地理标志保护产品。（潘英俊、生书晶）

坡头腊味 腊制品。产于今广东省湛江市吴川市。民国《吴川县志》有"坡头腊味多而优"的记载，当地《李氏族谱》也有清光绪年间制作腊味的记载。广式腊味的典型代表。以腊肠、腊肉最富传统特色。以腊肠制作为例，经过选料、切肉、腌制、洗肠衣、灌肠、晾晒、回香等工序。选料讲究三分肥、七分瘦，瘦肉以猪的后臀肉、肥肉以后腿至腰椎的肉为佳。切肉分为切片、轻拍、滚块3个步骤，讲究力度、斜度适中，大小薄厚均匀。腌制用料除糖、盐、酒外，还有八角、桂皮、陈皮、丁香、小茴、沙姜、甘草、香叶等香料；腌制方法或研磨成粉，或用酒浸泡，或用水煮沸，先腌肥肉，半天后再腌瘦肉。腌制好的肉粒灌到清洗干净的猪肠衣中，做到肉粒松紧均匀，肠体饱满，并用针在肠衣上均匀刺孔，排除气泡。灌好的腊肠，挂在干燥通风的晒场自然晾晒风干，晾晒的第一晚最重要。腊肠的瘦肉变为暗红色、肥肉呈乳白色，肠体硬挺干爽呈圆柱形，肠衣表面有自然皱纹，腊香明显，可判定晾晒完成。晾晒好的腊肠分层放入瓦罐内，用麻布遮盖严实，常温下存放3—7天，可使腊肠继续发酵，使肉类和调味料充分渗透、融合，进行二次焗味，此工艺称为回香。是粤西传统五仁和金腿月饼的必备配料。"湛江坡头腊味制作技艺"2015年入选广东省省级非物质文化遗产代表性项目名录扩展项目名录。（潘英俊、生书晶）

山塘腊味 腊制品。产于今广东省清远市清新区山塘镇一带。据田野考察推断，其制作历史源于清末民初，至今已有100余年。新中国成立后，山塘公社供销社专门组织一批老、中、青腊味师傅生产制作腊味，被选为上调入京的农副产品。包括腊猪肉、腊鸭、腊肠等。以腊肠为例，一般采用

半肥瘦的农家土猪肉，把肥肉和瘦肉剁碎，倒入白酒、酱油等进行搅拌调味，再将肉粒灌进腊肠衣，最后把串起来的腊肠进行自然晾晒即可。坚持手工制作，形成了色、透、香、滑、爽、脆的风格。（潘英俊、生书晶）

梧州腊肠　腊制品。产于今广西壮族自治区梧州市。始产于清光绪年间。以肉类为原料，经切绞成丁，配以辅料，灌入动物肠衣，按 15 厘米长分节结扎，针刺排气。用热水洗去表面油污，挂在架上，白天置于通风干燥处晾晒，晚间入烘房烘烤，反复三天即成。色泽鲜明，烹饪简捷，蒸炒煎炸，味道鲜美，入口衣脆肉爽，甘香不腻。2008 年列为国家地理标志保护产品。（潘英俊、生书晶）

厚街腊肠　腊制品。产于今广东省东莞市厚街镇。相传起源于南宋末年，当地村民为躲避战乱便于携带和保存而创制，距今已有 800 多年历史。清宣统《东莞县志》有"腊风肠推厚街……销路皆两广"的记载。民间口头禅有"东莞腊肠，又粗又短"，故称"枣肠"。将一定比例的瘦肉、肥肉、鸭肝、猪肝等切碎，稍剁与调味料搅拌均匀，灌入肠衣，经刺孔排气，结扎成双根长 10 厘米的肠条，用温水洗去表面油污，挂杆晾晒和烘烤而成。天然生晒需要 7 天时间。可分为花肠、白油肠、鸭肝肠、猪肝肠等。质鲜、香醇、爽脆，是腊味煲仔饭、腊肠蒸鸡、腊肠香菇蒸鱼、荷兰豆炒腊肠、腊肠炒饭、腊肠卷、腊肠比萨等名菜名点的重要原料。"厚街腊肠制作技艺"2012 年入选广东省省级非物质文化遗产名录扩展项目名录。（潘英俊、生书晶）

高埗矮仔肠　腊制品。产于今广东省东莞市高埗镇。传说由清末高埗人吕佳创制。选用猪后腿瘦肉和脊膘为原料，均切成肉粒，并按一定比例进行混合，加入调味料和 6 年以上 50 度汾酒拌匀，灌进即刮即用的新鲜猪肠衣内，经手工绑节、打孔、去污、生晒等 6 道工序制作而成。肠长一般为 2—3 厘米。选用直径约 0.8 毫米的尖钢针疏密有致地打孔。生晒则以腊月生晒为主，再以文火烘烤至透明干爽。成品外表干爽，油润亮泽，肉味、酒香、咸味和甜味恰到好处，肥瘦适度。食用时瘦肉松软，肥肉脆而不腻，油香扑鼻，醇厚滋润。"高埗矮仔肠制作技艺"2015 年入选广东省省级非物质文化遗产代表性项目名录扩展项目名录。（潘英俊、黄明超）

凤岗客家腊肠　腊制品。产于今广东省东莞市凤岗镇一带。随着客家人的迁徙而产生。目前仍有传承谱系清晰的黄官球腊肠制作技艺。选用黑毛土猪的后腿肉，用火炒过的精盐以及独特配方酿造的酱油腌制，肠衣选择猪小肠，料酒选择存放 10 年以上的汾酒再加以家传秘方独特配制的酒。制作过程分 9 个步骤：洗肉、切肉、拌料、发酵、灌肠、扎针、扎绳、消毒、晾晒。日晒夜收，勤翻勤动，每天早上 7 点开始晾晒，根据太阳光角度，移动晒架，翻动腊肠，确保腊肠照受热晒均匀，每天太阳下山收回，防止晚间露水沾湿。皮薄肉靓，色泽诱人，以咸香醇厚而闻名。（潘英俊、生书晶）

东莞腊猪头皮　腊制品。产于今广东省东莞市。选用皮薄肉厚的短腿肥猪，剔除猪脸上的毛发、油根，用盐揉搓 1 小时左右，直到猪头皮出现油膏。再把猪头皮铺在水缸中，用粗盐腌制一周。取出后用温水泡 6 个小时，再次用小刀去掉残余。用糖、油、酱等腌制几个小时，在竹筛子铺开猪头皮，

晾到微硬，最后挂在光亮的瓷砖墙上晾晒一周左右而成。（潘英俊、生书晶）

南雄板鸭　腊制品。产于今广东省韶关市南雄市。据称明万历年间南雄就有板鸭生产，清代《南雄州志》称之为南雄鸭。采用本地麻鸭，用茶油、粗盐腌制，腌制后采用自然风干、露天晾晒的方法干燥脱水。绷板定型，盘成琵琶形，故称板鸭。造型美观，嫩而肥脆，鸭皮白中透黄，油尾丰满，肉红味鲜，香韧骨脆，气味绵长。主要工序有宰杀、脱水、开剖、腌制、定型、露晒、检验等。以珠玑巷腊巷的板鸭最为出名。2009 年列为国家地理标志保护产品。（潘英俊、生书晶）

白沙油鸭　腊制品。产于今广东省东莞市虎门镇白沙社区。中国北方地区称为板鸭。相传在明清时期，虎门白沙设盐埠，官兵多江浙人，善养鸭，解甲不归乡，定居此地养鸭；又江西南安籍退役者善制腊鸭，二者创制出"白沙油鸭"。秋天先养 10 天，宰杀后刷盐酱腌一夜，用冷暖水轮洗，盐度适中，晒三天，再吊起风干。肥白肉厚，甘饴香醇，肥而不腻，香而不俗。"白沙油鸭制作技艺"2012 年入选广东省省级非物质文化遗产名录扩展项目名录。（潘英俊、生书晶）

横山鸭扎包　腊制品。产于今广东省珠海市斗门区莲洲镇横山。相传清光绪年间，莲洲镇河涌纵横，沙田宽广，农作物和水生物丰富，养殖的家禽质量上乘，口感鲜美，久负盛名。鸭扎包是鸭下铲包（鸭下巴包）、鸭翼包、鸭脚包的统称。用盐、白糖、生抽、五香粉、高度白酒、水，与鸭下巴、鸭翼、鸭脚、鸭肝、鸭肠和肥猪肉等一起拌匀，入瓦罐密封腌制，

每隔 1 小时搅拌 1 次。后放到白纱布里晾干至八成，用腊鸭肠将之一圈圈捆绑而成。"横山鸭扎包"2013 年入选广东省第五批省级非物质文化遗产代表性项目名录。（潘英俊、生书晶）

湛江干鱼　水产制品。俗称鱼干。主产于今广东省湛江市赤坎区调顺岛。干鱼可久存备用，又可使海鱼菜品样式丰富。据称至今已有 200 多年的历史。产品有咸晒干鱼、淡晒干鱼、清晒干鱼等类别。制作技艺包括捕鱼、精选、开片、清洗、浸泡、盐腌、晾晒、回鲜等多道工。肉质鲜嫩，口感鲜香。"湛江干鱼制作技艺"2018 年入选广东省第七批省级非物质文化遗产代表性项目名录。（洪一巧、李锐）

蚝豉　又称牡蛎干。水产制品。制作手法有生晒和熟晒两种。一种是将鲜蚝肉直接放在阳光下或烘炉内干燥，成品颜色变深，俗称金蚝。另一种是将鲜蚝肉放入沸腾清水里焯熟再铺在网架上，在阳光下或烘炉内干燥，成品颜色白净、饱满，俗称银蚝。前者保存蚝肉的脂肪及鲜味，气味较浓，不利于保存。后者成品脂肪含量较低，易于保存，蚝香较淡。营养丰富，有"海牛奶"之称。粤语谐音"好市"，与发菜（发状念珠藻）组合为一道名菜"发财好市"，再加猪手，则为"发财（好市）就手"。岭南开年饭的主料之一及喜庆佳肴食材。（潘英俊、郝志阔）

牡蛎干　见"蚝豉"。

皱纱鱼腐　又称罗定皱纱鱼腐。水产制品。产于今广东省云浮市罗定市。相传始创于元朝大德年间。新中国成立后编修的《罗定县志》记载其成

皱纱鱼腐制作的鱼腐扒菜胆

名。选用当地新鲜鲮鱼，宰净、起肉、铲皮、剁蓉，加入精盐拌挞成鱼胶，加入蛋黄充分拌匀，最后加入淀粉和清水的混合液，搅拌成鱼腐胶，用手挤出小丸放进油锅，用约 110℃ 的油温炸至小丸膨胀，金黄色便可出锅成鱼腐。鱼腐出锅后随即收缩变扁圆状，表面带皱纹而得名。以口感软滑、蛋香味鲜、圆饼成形、色泽金黄为特色。各地纷纷仿制，绝大部分鱼腐改用全鸡蛋液制作，鱼腐口感更加软滑。2010 年列为国家地理标志保护产品。"罗定皱纱鱼腐制作技艺"2018 年入选广东省第七批省级非物质文化遗产代表性项目名录。（潘英俊、黄明超）

罗定皱纱鱼腐　见"皱纱鱼腐"。

鱼胶　又称花胶、鱼鳔、鱼肚。水产制品。与燕窝、鱼翅、海参等齐名，被誉为"海洋人参"。北魏贾思勰《齐民要术》有加工石首鱼鳔食用的记载。唐代鱼胶为贡品。清陈士铎《本草新编》称其有补精益血之功。完整地取出鱼鳔，清洗干净并撕去鱼泡内外两层膜，用架子定型，晾晒 3—5 天，期间不断擦拭鱼胶渗出来的鱼油，直至完成脱水脱油即成。主要成分为高级胶原蛋白、黏多糖、多种维生素及锌、硒等多种微量元素，是理想的高蛋白低脂肪食品。具有养血止血、御寒祛湿等功效，能提高免疫力。岭南有制作、收藏、食用鱼胶的传统，多配以药材烹制为滋补炖

品。（纪瑞喜）

花胶　见"鱼胶"。
鱼鳔　见"鱼胶"。
鱼肚　见"鱼胶"。

达濠鱼丸　又称潮汕鱼丸、潮州鱼蛋。水产制品。产于今广东省汕头市濠江区。选用马鲛、白鳗、淡甲（鲩鱼）、那哥（多齿蛇鲻）等海鱼，去鳞刮肉，再去骨和皮，剁成鱼糜，用木盆盛放，加蛋清和海盐后用手工揉拍至柔滑而有胶质稠度，再倒入淀粉或者其他调味之后挤成丸状，放入温度适当的水中浸泡凝胶，需用文火煮制，煮熟捞起晾凉即可。色泽洁白或灰白，富有弹性、鱼香浓郁、味道鲜美。可单独煮汤，也可配成粿条、面条汤等。2018 年列为国家地理标志保护产品。（肖文清、黄进贤）

潮汕鱼丸　见"达濠鱼丸"。
潮州鱼蛋　见"达濠鱼丸"。

潮汕虾丸　水产制品。产于广东潮汕地区。选用肉质爽脆的沙虾，去头用冰水浸泡，再去虾壳，挑去虾线（肠），冰水洗净，用白布吸干水分。采用平刀法，将虾肉捶拍成肉糜状。再将虾糜放入木盆内，加入蛋清、精盐、味精，用手掌快速捶打，直至虾肉胶质渗出，确保弹性口感。将虾泥捏在掌心，从虎口挤出圆球状丸子，用汤匙快速舀出，拿捏成圆形，平放在竹篾盘或木盘上，虾丸不会变形。煮制时，将虾丸放入温水中文火加热，捞起晾凉即可。食用时，用冷汤水煮熟即可。另有一种亦称虾枣，做法不同，把虾肉切粒，加入白肉粒（丁）、马蹄粒、葱白粒等与面粉搅匀，捻成丸状下锅油炸，蘸金橘油食用。金黄酥脆，甜香清爽。（肖伟忠、黄进贤）

潮州虾饼 又称干炸虾饼。水产制品。潮汕风味小吃。主料是当地的新鲜小海虾、小河虾，先把面粉、生粉、葱花加水调成浆，调入盐、五香粉、味精；用特制的长柄浅底铁盏，先抹上薄油，倒入粉浆，小虾用姜葱酒腌渍后，整条放在粉浆上面，连同铁盏一起放入油锅中炸至金黄色，然后捞起倒出，即成虾饼。色泽金红、香酥鲜甜、口感丰富。是祭祀供品，也是街头小吃，还是宴席或家庭菜肴。（黄霖、陈非）

干炸虾饼 见"潮州虾饼"。

潮汕墨斗丸 水产制品。产于广东潮汕地区。墨斗鱼即墨鱼，又称乌贼。选用新鲜墨鱼剖开，取出白色鱼肉（俗

潮汕墨斗丸

称大白板），洗净切成细条，用肉锤锤击至泥状，盛入盆内，加入精盐、味精后，揉拍至胶状浆体；将肥猪肉、大蒜或蒜头切成细粒并混合淀粉，倒入木盆与墨鱼浆搅拌均匀；用手把墨鱼浆挤成圆球形，置于约70℃的水中文火煮至熟透，捞出即可。色泽洁白，口感丰富，有弹性，入口爽脆又带有胶质感，味道鲜美，宴席和家常饮食均适用。（肖伟忠、黄进贤）

潮汕鱼册 水产制品。产于广东潮汕地区。据传古时捕鱼人为祈求出海平安，称为签筒，读书人觉得更像书册，便改称鱼册，相沿习用。选取新鲜的白肉海鱼，去头剔骨后刮出鱼肉，在砧板上拍打碾压成鱼茸，盛于木盆内，

加入食盐、味精和生粉，搅匀后摔打成鱼浆（糜）。用刀把鱼浆刮成像册子一样有褶皱的片状，卷上"三层肉"（即五花肉）丝、青瓜条、芹菜丝、红辣椒丝等即成。滚汤极为鲜美。（陈少俊、肖伟忠）

潮州鱼饺 又称潮汕鱼皮饺。水产制品。潮汕特色（海鲜食品）鱼糜制品。饺皮选用肉质细腻、鲜嫩的那哥鱼（多齿蛇鲻）、鳗鲡鱼、马鲛鱼等为原料，除头去骨，刮出鱼肉，在砧板上用刀压抹，剔净鱼刺和细筋，再用刀压拍成鱼茸，加拌精盐，用手甩打成胶状。案板上撒上生粉防止粘连，放上鱼茸，用擀面杖滚碾压薄，形成薄如蝉翼的半透明鱼肉片，被称为水晶饺皮。饺馅选用新鲜的猪赤肉和少量白肉剁成肉茸，反复摔拍成肉泥，加入炒香的方鱼末和虾肉等拌匀，用鱼肉饺皮包成蝴蝶结或馄饨形状，小巧玲珑，粉白透红，煮熟后晶莹剔透，弹牙脆爽，细腻鲜美。可蒸、可煮、可炸。常用肉汤或骨汤加紫菜或白菜等做成汤菜，家常和宴席都适宜。（陈育楷、方树光）

潮汕鱼皮饺 见"潮州鱼饺"。

潮汕薄壳米 又称凸壳肌蛤、凤眼、凤眼蚬、海瓜子、薄壳。水产制品。产于广东潮汕沿海地区。因其壳薄透明而得名。据《澄海县志》记载，200多年前澄海盐鸿就是最早养殖薄壳米的地方，百十相黏生长于近海海泥（滩涂）中，夏月出佳，至秋味渐瘠。本

潮汕薄壳米

地人摸索出脱丁、浸漂、打米、捞米、捞壳、装篓等多道工序，顺利去壳，只剩下薄壳米（肉）。味道鲜美，含有丰富的蛋白质、氨基酸、铁、钙等多种营养成分，具有调节血脂、预防心脑血管疾病、平咳喘等功效。食用方法多，或带壳炒金不换（三七），或直接炒葱和韭菜，或与薯粉搅拌均匀像煎蚝烙一样煎薄壳米烙和薄壳米爽，或入馅为薄壳米粿，或做薄壳米煲等。（林群壮、陈非）

凸壳肌蛤 见"潮汕薄壳米"。
凤眼 见"潮汕薄壳米"。
凤眼蚬 见"潮汕薄壳米"。
海瓜子 见"潮汕薄壳米"。
薄壳 见"潮汕薄壳米"。

海南岛盐 调味品。产于海南岛。《新唐书·地理志》就有海南近海百姓煮海水为盐的明确记载。唐代岭南道有五大盐产地，海南儋州义伦、琼州琼山、振州宁远居其三。采用天然日晒、用木竹工具采收和贮运等生产工艺，保留海水中的矿物质及微量元素。清纯鲜咸，品质独特，渗透性好，是制作腌制品、酱油、味噌等的优质材料。富含68种对人体健康有益的微量元素，尤其是锶的含量高达73毫克/千克，是普通海盐的13倍以上。对骨质疏松、高血压等心血管疾病有良好作用。20世纪90年代初，海南岛有盐场23个，盐田面积4313公顷，平均年产量达到25万吨。2004年列为国家地理标志保护产品，儋州洋浦盐田"海盐晒制技艺"2008年入选第二批国家级非物质文化遗产名录。（潘英俊、谢祥项）

连南瑶山茶油 调味品。产于今广东省清远市连南瑶族自治县。连南是中国油茶之乡，瑶山油茶的种植栽培历史悠久。隋唐时期，瑶族先民迁徙至

连南百里瑶山，刀耕火种，种植山禾、玉米、大豆、油茶等粮油作物。清康熙年间，连南知县李来章发布千字公告《劝谕瑶人栽种茶树一则》，号召瑶家发展山毛油茶生产，产地面积发展到3万多亩。10月中旬开始采收油茶。茶籽果大皮薄、肉质幼细，出油率48%—52%。采用热压榨工艺生产，油脂浅黄澄清透明，气味清香甘甜，具有消炎、祛毒、除斑积、解惊风、治疗高血脂等功效。2007年列为国家地理标志保护产品。（潘英俊、郝志阔）

湛江蔗糖 调味品。产于今广东省湛江市遂溪县。遂溪具有悠久的种植甘蔗和制糖历史，东汉杨孚《异物志》有"交趾产蔗制石蜜"的记载，晋葛洪《西京杂记》有"南粤出产蜜（土糖）"之说。明嘉靖《海康县志》、清康熙《遂溪县志》有遂溪植蔗制土糖及盛产五色片糖记载，清嘉庆《雷州府志》则称制造乌（红）、白两种糖。据载制糖技艺源自南宋王灼《糖霜谱》和明宋应星《天工开物》中的"石辘榨蔗，锅灶熬糖，瓦器分蜜"方法。工艺流程包括削蔗去杂、榨汁、过滤分离、九锅连环熬糖、冷却切块和打包6道程序。九锅连环熬糖是关键环节。9口铁锅一字排列，靠近灶头的"头锅"较大，直径从1.2米至0.7米依次至灶尾第9锅。将蔗汁倒入头锅熬煮约20分钟，用长柄铁勺舀至第2锅，加入少量石灰，煮沸10分钟左右，转盛入第3锅，按此法依次操作至第6锅。从第6锅到第9锅，每锅熬煮3—5分钟，每次加约10毫升的生花生油，到第9锅即可出锅。冷却后，磨粉或切块，制成红砂糖或砖糖。赤砂糖用蒲草席包装，片糖用甘蔗叶包装。上品土糖颜色暗红，对光半透明，成橙红色，纯度高，甜度高，有清冽的蔗香，无焦苦回味。"遂溪制

糖技艺"2013年入选广东省第五批省级非物质文化遗产代表性项目名录。（潘英俊、李锐）

观音阁红糖 又称观音阁黑糖。调味品。产于今广东省惠州市博罗县观音阁镇。12月上旬至翌年3月下旬采收甘蔗。采用挤压榨汁法榨汁，将蔗汁加热至沸腾，连续清泡、沉淀，以蔗汁表面无漂泡为准；在沉淀池沉淀后用滤网过滤澄清；温度控制在160—180℃浓缩，时间1—2小时；用温度≤220℃的饱和蒸气煎糖，连续搅拌30分钟，出锅糖汁浓度≥92° Brix。用电动搅拌器连续搅拌翻滚进行打砂。成品呈粉状，赤褐色或黑褐色，干爽疏松，可有少量糖粒，具有浓郁的蔗香。2018年列为国家地理标志保护产品。（潘英俊、李锐）

观音阁黑糖 见"观音阁红糖"。

东莞荔枝蜜 调味品。产于今广东省东莞市清溪镇。据载东莞荔枝种植历史悠久，《元一统志》《大德南海志》均有记载。东莞素有"荔枝之乡"美誉，从最早成熟的"三月红"及最晚上市"密叶"，荔枝采蜜期可达半年。清溪镇是东莞荔枝的主要产地之一，也是客家人的聚居地。清溪客家人发明蜂蜜脱水提纯技术，提高荔枝蜜的纯度，又延长保质期。荔枝蜜以色、香、味俱全而闻名，有蜂蜜之清润却无荔枝之燥热，具有生津、益血、理气的功效。"东莞荔枝蜜酿造技艺"2018年入选广东省第七批省级非物质文化遗产代表性项目名录。（潘英俊、李锐）

肉桂 古称越桂。调味品。产于今广东省云浮市罗定市和广西壮族自治区防城港市一带，以罗定肉桂与防城肉桂为著名。明清时期，罗定州城已经

有商铺开始出口外销。清康熙二十六年（1687）《罗定州志》记载，其为当地主要特产。定植后5年或砍伐重新萌芽后3年方可采收，剥皮制成桂皮，枝叶加工蒸馏制成桂油。桂皮呈槽状或卷筒状，外表面灰棕色，质硬而脆。罗定肉桂味甘甜，辣味适中。"桂"与"贵"字同音，罗定人在进宅、迎亲、生子、祝寿等喜庆之事时，会在宅前屋后种上一两株桂树或砍一大丫鲜桂枝叶供奉神灵，以示庆贺，祈求富贵吉祥。防城肉桂皮厚光润，含油率高，辛香偏辣，药用调香兼优。"罗定肉桂"2008年列为国家地理标志保护产品。（潘英俊、李锐）

越桂 见"肉桂"。

徐闻良姜 又称小良姜、高良姜、蛮姜、南姜。调味品。产于今广东省湛江市徐闻县一带。因最早发现于古高凉县，曾称高凉姜。产量占全国的90%以上。据《宋史》与清雍正《广东通志》记载，在广东雷州一带有大规模种植，从北宋到明代以"雷州良姜"之名供给朝廷。种植后3—4年收获。将收获的根茎除去泥土、须根及鳞片，切成5厘米的小段晒干。在晒至六七成干时，堆在一起闷放2—3天，再晒至全干。为圆柱形，皮皱肉凸，表皮红棕色，气味芳香浓烈。有散寒止痛、温中止呕、生津回甘的功效。因广东潮汕地区广泛应用，又被称为潮州姜。2006年列为国家地理标志保护产品。（潘英俊、李锐）

小良姜 见"徐闻良姜"。
高良姜 见"徐闻良姜"。
蛮姜 见"徐闻良姜"。
南姜 见"徐闻良姜"。

连山大肉姜 又称越姜。调味品。产

于今广东省清远市连山壮族瑶族自治县，原产于广东云浮新兴。屈大均《广东新语》有记载。分田姜和山姜，有"在田姜多腴，在山姜多辣"之说。其中田姜被移种于连山，有 200 多年的栽培历史。4 月中下旬种植，11 月中旬收获。肥大饱满，皮薄纤维少，肉质脆嫩细腻，辣味适中，略带香味，含有多种维生素和氨基酸。2018 年列为国家地理标志保护产品。（潘英俊、李锐）

越姜　见"连山大肉姜"。

高州桂圆肉　又称龙眼、圆眼。调味品。产于今广东省茂名市高州市。有"南方人参"美称。据称西汉时期开始人工培植，而且"龙眼"之名自南越王赵佗"献汉高帝始有"。《后汉书》有"旧南海"进贡龙眼、荔枝的记载。清光绪年间重修《高州府志》称带壳"暴干"者为圆眼干，拆肉暴干者为圆眼肉的记载。民国《茂名县志》记载"圆眼肉"分晒干及火焙两种做法，年产约万担。选六七月上市的优质鲜果去壳、去核，用生晒法或干燥法加工制作而成。被视为名贵的滋补品和药材，在两广地区常与沙参、玉竹、百合等煎汤，名曰"清补凉"。2011 年列为国家地理标志保护产品。（潘英俊、李锐）

龙眼　见"高州桂圆肉"。
圆眼　见"高州桂圆肉"。

新会陈皮　又称冈州红皮、新会柑皮、果皮、真橘皮、真陈皮、广皮、广橘皮、新会皮。调味品。产于今广东省江门市新会区。由当地所产大红柑果皮加工制成，具有"药食同源"特性。新会柑驯化自野生品种，据称元代之前已有人工栽培种植，明代开始大规模种植，清代"其柑种植之

千百成围"。清乾隆、嘉庆年间，新会商人在重庆、成都等地相继开设德隆、悦隆等 9 家"隆"字号商铺，销售新会葵扇和陈皮。分为春植（立春至立夏）或秋植（白露至寒露），分花皮、柑青皮、微红皮、大红皮 4 种。选择晴朗天气，从果顶正三瓣开皮，留果蒂部相连，置于当风、当阳处，质地变软后翻皮，自然晒干或烘干，自然贮存即可。味苦、辛，性温，具有理气健胃、化痰止咳等功效。可制作各式菜肴、甜食、汤品、凉果等。早在宋代，已成为南北贸易的"广货"之一。2006 年列为国家地理标志保护产品。"新会陈皮制作技艺"2009 年入选广东省第三批省级非物质文化遗产名录。2016 年入选《广东省岭南中药材保护条例》首批保护品种名录，保护地为新会。"中药炮制技艺（新会陈皮炮制技艺）"2021 年入选国家级非物质文化遗产代表性项目名录扩展项目名录。参见第 1029 页中医药卷"广陈皮"条、第 1227 页华侨·侨乡卷"新会陈皮"条。（潘英俊、李锐）

冈州红皮　见"新会陈皮""广陈皮"。
新会柑皮　见"新会陈皮""广陈皮"。
果皮　见"新会陈皮""广陈皮"。
真橘皮　见"新会陈皮""广陈皮"。
真陈皮　见"新会陈皮""广陈皮"。
广皮　见"新会陈皮""广陈皮"。
广橘皮　见"新会陈皮""广陈皮"。
新会皮　见"新会陈皮""广陈皮"。

星子红葱　调味品。产于今广东省清远市连州市星子镇等地。据载星子镇人李廷珙（官至北宋刑部尚书、御史大夫上柱国）将红葱献给宋太祖赵匡胤，以其辛辣、除膻、提味、杀菌、醒神之功效助宋军克服瘴疠和水土不服的困扰，为平定岭南立下功劳。清乾隆年间，星子镇是岭南通往中原

古道上的一大驿站，水路可通达广州，红葱随着流传而扬名。10 月下旬至 11 月下旬播种，翌年 2、3 月上市。4 月中旬至 5 月上旬采收后自然风干。表皮紫红色，葱头呈蒜瓣状，肉质紧密，鳞片厚实。口感爽脆，浓香辛辣，具有消食、去毒、除腥、促进食欲的功效。2004 年获广东省无公害农产品产地认证。2005 年获国家无公害农产品认证。2007 年列为国家地理标志保护产品。（潘英俊、李锐）

柱侯酱　调味品。原产于广东省佛山市。相传清同治年间由佛山三品楼厨师梁柱侯用面豉酱调制而成。推出后大受欢迎，遂开店经营，并以柱侯酱为名。以大豆、面粉作原料，经制曲、晒制成酱胚，调入猪油、白糖蒸煮而成。后改进制酱工艺，加配精盐、白糖、芝麻和生抽，味道更为芳香鲜美。以色泽红褐、豉味香浓、入口醇厚、鲜甜甘滑为特色，适于烹制鸡鸭鱼肉等，尤以柱侯鸡为最。新中国成立后，由酱油厂继承并发扬，增加脱水大蒜、芝麻油等原料，用工业化方法生产。1985 年获"广东省优质产品"称号。（潘英俊、黄明超）

蚝油　调味品。流传于岭南。据载，清光绪十四年（1888）李锦记创办人李锦裳在制作蚝豉时，因忘记抽出柴火导致炉上蚝汤被熬成浓稠的"蚝油"。现代生产工艺将新鲜牡蛎蒸、煮后的汁液进行浓缩或直接用牡蛎肉酶解，再加入食糖、食盐、淀粉或改性淀粉等原料，辅以其他配料和食品添加剂制作而成。成品呈半流状，稠度适中，长时间贮存无分层或沉淀现象。红褐色至棕褐色，鲜艳有光泽，油滑绵润。具有蚝肉特殊的香气，味道鲜美，醇厚甘甜。适合多种烹饪原

料和烹调方法，可作调料点蘸。（潘英俊、李锐）

紫金椒酱 调味品。产于今广东省河源市紫金县。原称沈鸿昌辣椒酱、永安椒酱。相传清乾隆三十六年（1771）由沈鸿昌创制。用晒干辣椒、大蒜、桂皮粉、虾仁、花生油等原料调配制成。沉实芳香，风味独特，营养丰富，适合炒、煎、焗、爆、蒸等热烹菜式。有调和气血助消化、增强食欲、灭菌防病等功效。与竹壳茶、铁锅并誉为"紫金三朵花"。1984年和1987年获"广东省优质产品"称号。（潘英俊、李锐）

狮岭黄豆酱 又称面豉。调味品。产于今广东省广州市花都区狮岭镇。将煲软的黄豆与炒熟后磨碎的小麦、大米等混合发酵制成。精选当年产优质黄豆、小麦、大米和当地山泉水放入发酵陶缸内，倒入煮沸的盐水，依靠酱料自身发酵，日晒完成发酵而成。保持整粒黄豆的形态，颜色金黄至红棕色，色泽鲜亮，酱香味鲜，咸甜适口。（潘英俊、李锐）

面豉 见"狮岭黄豆酱"。

普宁豆酱 调味品。产于广东潮汕地区。选用优质黄豆为原料，配以面粉、食盐和水，经过发酵、晒制、蒸气杀菌等生产流程制作而成。包括曝豆、碾

普宁豆酱

豆、浸豆、炊豆、饲醭、推醭、推水醭、煮酱、试酱、装酱等工序。将黄豆磨成豆瓣，再浸软，用竹筐发酵。酱体橙黄鲜亮，咸香鲜甜，富含蛋白质、氨基酸、还原糖，营养丰富。据载明末清初，普宁已有专业酱园出现。清道光二十年（1840）方书哲在广东洪阳（原普宁县城）城东门开设"源兴号"酱园，研制、生产和销售以"普宁豆酱"冠名的豆酱。道光二十七年（1847）方和元创立"财元号"酱园。光绪年间，方思谓建"祥裕号"酱园。至民国时期已发展到10多家商号。新中国成立后，合兴、炳记、遂记、维记、元香、捷记、祥裕、财源、和源、利合、洪香、裕记12家商号联合组成洪阳酱油联营社，专门生产豆酱、酱油，年产豆酱1100担。"普宁豆酱制作技艺"2009年入选广东省第三批省级非物质文化遗产名录。（罗钦盛、陈非）

寮步豆酱 调味品。产于今广东省东莞市寮步镇。始创于清道光年间寮步村民。以黄豆、盐和酒为原料酿造制作而成。将黄豆洗净，浸透，蒸熟，沥干水分，摊开晾凉，加入菌种自然发酵3—5天，豆粒被霉菌裹住即可用手搓擦，筛去部分霉菌，将豆粒洗干净，沥干水，按比例加入烧酒进行二次发酵，48小时后加入盐并搓匀。将豆粒约六七成磨烂，移入酱缸晒足180天。有豉味又有酒香，以鲜甜咸香为特色。民国时期已远销美国、加拿大、新西兰等国家。（刘松泰、黄明超）

寮步面豉 又称寮步面豉酱。调味品。产于今广东省东莞市寮步镇。以黄豆、面粉和盐为原料酿造制作而成。洗净黄豆蒸熟，摊开晾凉，按比例加入面粉拌匀，移入发酵房发酵5天左右，再倒入酱缸，加入盐水晒50天至酱面结盐霜即可。以鲜甜味

美、豉香十足为特色。（刘松泰、黄明超）

寮步面豉酱 见"寮步面豉"。

广合腐乳 调味品。产于今广东省江门市开平市。因清光绪年间方守觇在江门开平水口镇东埠创设"广合号"专营腐乳而得名。以优质大豆为原料，经过磨浆、点卤、制坯、长毛、腌坯、微生物发酵酿制、洗卤等工艺流程制成。成品整齐均匀，质地细腻，无霉斑、霉变及杂质，腐乳香味纯正、浓郁，红方表面呈红色或枣红色，内部呈杏黄色，色泽鲜艳，有光泽；白方外表呈乳黄色，口感细腻、幼滑。西方人赞为"中国奶酪"。"广合腐乳酿造技艺"2012年入选广东省第四批省级非物质文化遗产名录。参见第1216页华侨·侨乡卷"广合腐乳"条。（潘英俊、穆洪涛）

揭阳酱油 俗称揭阳豉油。调味品。产于今广东省揭阳市。共有选料、原料处理、制曲、发酵、淋油、配兑、煮炼、过滤、成油巴氏灭菌、灌装10道制作工序。其中天然日晒180天。其酱醇厚，其香浓郁，其味鲜甘。清道光年间，杨详坤开设"杨财合"酱油作坊，创制优质豉油。20世纪40年代，揭阳已有大小酱油生产作坊32家。1956年公私合营组成揭阳酱油厂。20世纪80年代创制白豉油精。"揭阳酱油酿造技艺"2009年入选广东省第三批省级非物质文化遗产名录。（陈文修）

揭阳豉油 见"揭阳酱油"。

百叟豉油 调味品。产于今广东省河源市连平县隆街镇百叟村。据称用清代末期至今已经传承五代的土法制作而成。黄豆、红豆、黑豆均可。包括

选洗、水煮、自霉、晾干、发酵、淋油、蒸馏、过滤、生晒9个工序。成品呈深褐色，有独特的草蘑香味，滋味鲜美，吸附力强，保质期长。（潘英俊、陈非）

隆盛酱油 调味品。产于今广东省韶关市。其发酵周期，经三伏天大缸暴晒，日晒夜露，翻滚起沫，从春分至冬至，最长达12个月酝酿而成。色泽红褐，酱香浓郁，体态醇厚，以浓郁、自然的豉香、花果香著称。迄今仍保持着西江流域疍家人传统酱油酿造工艺，经几代传人不断改进，至民国初年生产出"晒街油"精品。（潘英俊、陈非）

香满源酱油 调味品。产于今广东省肇庆市端州区。其酿造技艺可追溯至清光绪三十四年（1908）。选用优质原材料，经过黄豆蒸煮、曲种培养、拌曲、发酵、天然晒制以及独特的地窖回阴工艺等工序酿制而成。以滋味鲜美、酱香浓郁、久储不霉、营养保健为特色。（潘英俊、陈非）

西南抽油 调味品。产于今广东省佛山市三水区西南街道。创立于清道光年间，前身是三和酱园。采用古法酿造，经过黄豆蒸煮、接种、制曲发酵、高盐稀态发酵、晾晒成酱等工序，讲究"小缸薄晒"，让黄豆中的微生物与阳光更充分和长时间接触，以使风味更加醇厚。有"佛山酱油始祖"之称。（潘英俊、陈非）

厚街酱油 调味品。产于今广东省东莞市厚街镇。据称当地水质为重碳酸盐水，有助于大豆发酵。其工艺源自佛山酱园。选用低油脂、高蛋白质小颗粒黄豆，利用日光照晒和曲霉菌、乳酸菌和酵母菌充分发酵而生产出酱油。具有高温短时蒸料、自然发酵、

不添加风味菌、自然出油，不使用压榨设备等特点。成品质地厚，味道鲜美，色红香足，久储不变。（潘英俊、陈非）

黄姚豆豉 调味品。产于今广西壮族自治区贺州市昭平县黄姚镇一带。清乾隆二十四年（1759）《昭平县志》有豆豉为黄姚特产的记载，并记载了豆豉制作的炊浸、洗豆俱用宝珠江水，故制成豆豉透心柔软，香甜异味，品质精良。以颗粒完整均匀、鲜黑油润发亮、质地韧软无核、香气浓郁醇厚、味道鲜美深长为特色。著名的豆豉老字号作坊有"古怡盛""古信记""梁隆安"等。2012年列为国家地理标志保护产品。"黄姚豆豉加工技艺"2008年入选广西壮族自治区第二批自治区级非物质文化遗产名录。（潘英俊、陈非）

阳江豆豉 调味品。产于今广东省阳江市。选用本地产黑豆、发源于大云雾山的漠阳江水、本地生晒粗颗粒海盐，经过选豆、投料、洗豆、浸豆、蒸豆、冷却、制曲、洗曲、配盐、搅拌、入埕、天然发酵、晒干、回油、检测、挑选、包装、验收18道工序，40余天才制成。采用有盐低温发酵法（有盐固态发酵），形成独具特色的豆豉香味和风味。颗粒适中，乌黑油润，皮薄肉多，豉肉松软，不含水分。有颗粒状和酱状两种，又有白豆豉（原料为黄豆）和黑豆豉之分。有蒜辣型、麻辣型、蒜蓉型、甜酸型、葱香型、姜香型等即食系列豆豉。据载晚清时期，阳江豆豉制造业已发展成熟，民国《阳江志》有黑豆做豉的记载。著名的作坊和店铺有三德、富记、大米、发源栈、广亨等。与漆器、小刀并称"阳江三宝"。2013年列为国家地理标志保护产品。"阳江豆豉酿制技艺"2012年入选广东省第

四批省级非物质文化遗产名录。（潘英俊、陈非）

罗定豆豉 调味品。产于今广东省云浮市罗定市。以黑豆或黄豆为原料，经过筛选、润水、蒸煮、制曲、洗曲、配料、装坛、晒露、成品9道工序酿制而成。晒露时间为1年。豉肉松化、皮皱肉干，质地柔软，味道鲜甜，色泽浆红或黑褐，富含蛋白质、氨基酸、乳酸、磷、镁、钙及多种维生素，具有较高的营养和药用等价值。明末清初已是罗定特产之一。清乾隆年间，罗定进士徐逢举作"榄角咸鱼豆豉蒸，蚝豉虾米买多丁"的诗句。2018年列为国家地理标志保护产品。"罗定豆豉酿制技艺"2013年入选广东省省级非物质文化遗产代表性项目扩展名录。（潘英俊、穆洪涛）

大湾豆豉 调味品。产于今广东省清远市英德市大湾镇。选用优质红豆，采用传统的工艺制作。经过筛选、洗豆、浸泡、蒸煮、发酵、腌制、晾干等工序，呈黄褐色，酥化、咸甜适中，具有味道鲜甜，豉香浓郁，入口松化，油而无渣的特点。（潘英俊、穆洪涛）

蟛蜞酱 又称蟛蜞解、蟛蜞咸扒。调味品。蟛蜞学名相手蟹，因其举起双螯时形似古人作揖，被称为"礼云"。选用正月蟛蜞，除去盖甲（或背甲）和毛爪，清洗干净，用石磨碾成酱，用盐拌匀放入瓦罐密封发酵10天左右，再加入炒米拌匀，晒至米糜烂即成。一些地方会添加酒、红糟、陈皮。日常用作佐料。（潘英俊、黄明超）

蟛蜞解 见"蟛蜞酱"。
蟛蜞咸扒 见"蟛蜞酱"。

淇澳虾酱 调味品。产于今广东省珠

海市淇澳岛。根据原料虾的不同可分为乌虾酱、猛虾酱、银虾酱等。渔民将渔网底的虾苗（银虾）用粗盐混合在石臼捣烂，放入瓦罐密封发酵3天后再加入适量海盐搅拌均匀，密封发酵3天；北风起、天气晴朗，将虾酱倒在竹箩上晒6天左右至胶状即成。酱质细滑，颜色紫红，气味鲜香。将虾酱干燥成块状，称为虾糕或虾膏（也有以"虾卵"为原料制作的），味道较虾酱更浓郁。屈大均《广东新语》记载沿岸渔民惯于捞虾做酱。（潘英俊、陈非）

潮汕鱼露　又称鱼酱油。调味品。潮汕俗称初汤、腺汤。潮汕地区海产丰富，当地人民利用市场价值较低的小鱼虾或水产品加工后的下脚料等加盐腌制，利用原料自身所含的蛋白质、脂肪、酶等进行自然发酵，经过1—5年的日

潮汕鱼露

晒夜露，在多种微生物共同作用下，让原料鱼中的蛋白质、脂肪等成分进行发酵、分解，最终酿制而成。色呈琥珀，咸鲜融合。潮汕人称腌制的海产品为"膎"或"鲑"，如虾膎、尔膎、凤眼膎、蚝膎等，其汤汁就是"膎汁"。《礼记》有相关记载。《揭阳县正续志》记载当地人捕虾作"醓"，大概是"初汤"的含义。原产于广东潮汕、福建，后随华侨流传到东南亚等地。被誉为"潮菜之魂"。（陈文修）

鱼酱油　见"潮汕鱼露"。

潮式沙茶酱　又称沙茶、沙爹。调味品。沙茶、沙爹是印尼语 sate 的潮语音译。流传于广东潮汕地区。19世纪潮汕人下南洋的产物。以花生和芝麻为基质，配料包括鲽脯、虾米、鱼露、大蒜、洋葱头、辣椒、五香、砂糖、食盐、植物油等。经过精选、漂洗、干燥、焙炒生香、研磨成末，以植物油为调和剂拌和成酱。辣、咸、甜适口，色、香、味协调。呈淡褐色糊酱状，具有大蒜、洋葱、花生米等的复合香味，虾米和生抽的复合鲜咸味，以及轻微的甜、辣味。适用于蘸、炊、煎、炒、煮、烤等多类烹调方法。（许永强、黄进贤）

沙茶　见"潮式沙茶酱"。
沙爹　见"潮式沙茶酱"。

特色肴馔

白切鸡　又称姜蓉白切鸡、白斩鸡。广东名菜。用浸法烹制，以皮爽肉滑味鲜著称。一般以鸡项（未下过蛋的母鸡或刚下第一窝蛋的小母鸡）为主料，也可用骟鸡（阉割的公鸡）。将宰杀好的光鸡放进90℃左右的热汤内浸至刚熟，然后转浸在冷汤中过冷河，捞出斩件摆放在盘上造成鸡形。姜蓉、葱白丝放在味碗内，浇入热花生油，加入精盐、味精搅匀作佐料。清平鸡、九记路边鸡、市师鸡、红葱头鸡等粤菜名鸡馔是在白切鸡的基本工艺上演

变而来的。（黄明超）

姜蓉白切鸡　见"白切鸡"。
白斩鸡　见"白切鸡"。

盐焗鸡　客家传统菜。以鸡项为原料，用盐焗法烹制。剁去光鸡项的脚，抹干表面水分，在鸡腔里抹精盐和八角末，塞进姜件、葱条，表面抹生抽，裹一层刷油的棉纱纸，再裹一层未刷油的棉纱纸，放进炒至高温的粗盐中焗25分钟至熟。取出鸡，将鸡的骨、肉、皮分别撕成小块，加精盐、味精、猪油和麻油拌匀，按骨在底、肉铺盖在骨上、面上铺鸡皮的方式在盘上砌成鸡形。用炒热的精盐加沙姜粉和猪油拌匀作佐料。最初的盐焗鸡是用盐腌制后蒸制，后来改进为用热粗盐焗熟，更具特色，盐香浓郁，皮爽肉嫩，色泽金黄，骨肉

咸香。"客家盐焗鸡制作技艺"2013年入选广东省第五批省级非物质文化遗产代表性项目名录。（黄明超）

盐焗鸡

广州文昌鸡　广府名菜。广州酒家始创。以海南文昌鸡为主料，配以火腿、鸡肝、郊菜制作而成。将净鸡用微沸二汤浸熟，取肉，切成24小块，并将浸熟的鸡肝和熟火腿亦切成24片，三种食料间隔地排在盘上成三列，摆上鸡头、鸡翅、鸡尾，砌成鸡形，伴炒熟的郊菜，浇上味芡即成。菜名中的"文昌"有两层含义：一是首创时选

白切鸡

用海南文昌的优质鸡为原料；二是首创此菜的广州酒家地处广州市文昌路。用浸法烹制，以皮爽肉滑味甘美著称。是传统名馔"金华玉树鸡"的姊妹菜。（黄明超）

金华玉树鸡

大红脆皮鸡　广东名菜。以鸡项为原料，用浸卤法和炸法烹制。将八角、甘草、沙姜、陈皮、白芷、丁香、草果、豆蔻等香料放置于纱布袋中，放在清水中滚制成白卤水。将斩去双脚的光鸡放进烧开的白卤水中用慢火浸13分钟至仅熟，取出，用洁净毛巾抹干表皮水分，涂抹用麦芽糖、浙醋、绍酒、干淀粉和水调成的脆皮糖浆，挂在通风处风干。烹制时先炸虾片，接着炸鸡头颈，再炸鸡身，斩件摆在盘上砌回鸡形，虾片伴边。以蒜蓉、辣椒米、葱花为料头，加入糖醋，用湿淀粉勾芡作佐料。皮色大红，鸡皮酥脆，肉滑味鲜带卤香，是一道两种风味完美结合的菜品。在此菜的基本工艺上演变出双喜脆皮鸡（伴炸云腿、炸鸡肝）、上洋脆皮鸡（加伴皮蛋和酥姜）、孔雀开屏脆皮鸡（摆砌凤尾造型）等菜品。（黄明超）

大红脆皮鸡

江南百花鸡　广东名菜。以鲜虾、鸡和夜来香花或白菊花瓣为原料，经切改、摆砌、淋芡、围花等工序，用蒸法烹制而成热菜。先将鲜虾剥壳，洗净，吸干水分，剁成蓉状，加入精盐、味精搅拌至黏稠，再拌入冷藏过的肥肉幼粒即成虾胶。自鸡颈后经背直剖至尾端，将鸡皮完整剥出，切下鸡头、翼尖和鸡尾，蒸熟备用。剥除鸡皮上的油脂和筋肉，用刀尖扎几个小孔，外皮朝下铺在竹箅子上，内皮拍上一层薄薄干淀粉，将虾胶酿在鸡皮内侧，用鸡蛋清抹至平滑，用猛火蒸约6分钟至熟。取出切成3条，再横切成长方形24件，皮朝上成3行排在盘上，鸡头、鸡尾拼摆于两端，翼尖分拌于两侧，使之成鸡形。热锅下油，烹绍酒，加上汤、精盐、味精、胡椒粉，用湿淀粉勾芡，添加麻油和熟猪油推匀后淋在鸡皮上，四周铺放夜来香花或白菊花瓣。该菜以江南名花夜来香或白菊花瓣装饰，还可同食，故称为"江南百花鸡"。20世纪30年代广州文园酒家的招牌菜。（黄明超）

凤城蜜软鸡　又称菠萝蜜软鸡。广府名菜。以鸡项为主料，菠萝为副料，用浸法烹制。将光鸡放在有姜葱的汤水中浸15分钟至熟，取起，放进冰冷开水中冷却。冷却后起肉并将鸡肉切成粗条，鸡皮切成长方形片，切下鸡头、鸡翅、鸡腿、鸡尾后将余下鸡骨斩件成块。蜜糖、猪油、精盐、味精调匀成味料。鸡骨块调入少量味料拌匀，堆放在盘中。鸡肉条稍挤水分，拌入部分味料铺在鸡骨上，鸡皮拌入余下味料铺在鸡肉上，摆上鸡头、鸡翅、鸡腿、鸡尾成鸡形，四周围伴菠萝块即成。此菜用百花之精华蜂蜜调味，清香甜美，皮爽肉滑。（黄明超）

菠萝蜜软鸡　见"凤城蜜软鸡"。

凉冻金钟鸡　又称冻金钟鸡。潮汕名菜。以鸡肉为主料，鸡蛋、火腿为副料，用蒸法烹制。精盐、绍酒涂抹鸡身内外，面上放姜件、葱条腌制5分钟，蒸约15分钟至熟，冷却后起出鸡肉并切成带皮的12小块，余下鸡肉切丁。鸡蛋蒸熟，去壳去黄，蛋白切成12小片。火腿切成12小片。鱼胶片、琼脂洗净，放在汤盅里，加入上汤、精盐、味精，蒸至溶化，取出过滤。取12只小茶杯，杯内涂少许鸡油，把鸡肉、火腿片、蛋白片、香菜叶整齐排在杯内，鸡粒填在杯中间，熟青豆粒加在杯面，淋入约70℃的鱼胶琼脂液，冷藏。食用时从杯子倒出，平面朝下摆放即可。以晶莹透明、四色相映、清凉味鲜为特色。（黄明超）

冻金钟鸡　见"凉冻金钟鸡"。

桶子油鸡　又称桶子豉油鸡、筒子油鸡。广东名菜。据传始创于20世纪30年代陆羽居酒家。以鸡项为原料，用

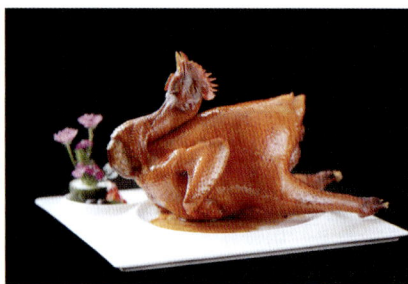

桶子油鸡

卤法烹制。在翼下开小孔取出内脏，在肛门插进一短竹筒，放进烧开的用八角、草果、沙姜、甘草、陈皮、桂皮、丁香、豆蔻、罗汉果等香料和生抽、冰糖、绍酒混合调成的精卤水中，慢火浸卤30分钟至熟。浸熟后抹麻油，斩件砌成鸡形，以浸卤的卤汁作佐料。以色泽金黄、皮爽肉滑、卤香浓郁、豉油味浓、食味带甘为特色。（黄明超）

桶子豉油鸡　见"桶子油鸡"。

筒子油鸡　见"桶子油鸡"。

片皮鸭　又称金陵片皮鸭。广东名菜。

在江苏风味的金陵片皮鸭基础上结合广东工艺制作而成。以鸭为原料，用明炉烤法烹制。在右翼底开一小孔，拔出食管和气管，在肛门处勾断肠端。在翼下小孔掏出内脏和肺，剁去鸭掌和鸭翅前两节。用一根长6.5厘米一头平、一头削成叉形的竹叉放进鸭腹内顶住鸭脊撑开鸭胸，放进沸水中烫至鸭皮紧绷，用对折的翼毛插进肛门排水，用两根小竹枝撑开两翅。稍晾干水分，表皮抹上用清水化开的麦芽糖，用铁钩钩住下巴挂起风干。风干后，把淮盐、八角、拍扁的姜块和葱条从翼下小孔放进鸭腔内，拔出肛门翼毛，塞进木塞。用铁叉从两腿内侧插进，从两翼膊穿出，鸭脖顺铁叉绕一周，叉尖紧插下颌，架在卧炉上先烤鸭头鸭脖及鸭尾至浅红色，再烤鸭身，直至整只鸭烤熟且呈大红色。以皮脆色红、肉嫩骨香、可分三食、滋味各异为特色。（黄明超）

金陵片皮鸭　见"片皮鸭"。

百花煎酿鸭掌　广东名菜。以虾胶、鸭掌为原料，用煎法烹制。用精盐擦过鸭掌，再用清水洗干净，用水滚至六成焾，冷水冷却后从掌背将掌骨脱出，去清掌筋和掌枕。用有姜汁酒、精盐的味汤煨过鸭掌，取出，吸干水分。在鸭掌背拍上薄薄一层干淀粉，酿上约15克的虾胶，抹成琵琶形。热锅滑油后将酿有虾胶的一面排放在锅里，用中慢火将虾胶煎熟且呈浅金黄色，取出平排在盘里。把郊菜炒熟，勾芡，围伴在鸭掌四周。油滑锅后烹绍酒，下上汤、蚝油、白糖、味精、麻油、胡椒粉，老抽调色后用湿淀粉勾芡，浇在鸭掌上便成。以滋味鲜爽、咀嚼甘香、琵琶成形为特色。以"百花"命名是因为虾胶有"百花馅"之称。虾胶制作的方法见"江南百花鸡"条。（黄明超）

蚝油鸭掌　广府名菜。以鸭掌为主料，菜胆为副料，用燸法和扣蒸法烹制。剪去鸭掌趾尖，用清水滚过。在炒锅内爆炒姜、葱，烹绍酒，加清水、陈皮、八角和鸭掌，用慢火燸30分钟。取出鸭掌，转放进扣碗排好，加入燸制时的味汤蒸20分钟至焾。取出，滗出味汁，覆盖在盘上。炒熟菜胆，围伴在鸭掌边。滗出的味汁回锅调味后勾芡，淋在鸭掌上面即可。以鸭掌软焾、造型整齐、滋味浓郁、入口芳香为特色。若在燸制中使用靓陈皮，在调味中注意加重陈皮气味的鸭掌菜便称为"陈皮扒鸭掌"。（黄明超）

陈皮扒鸭掌　广府名菜。见"蚝油鸭掌"。

挂炉烧鹅　又称烧鹅、挂炉烤鹅。广东名菜。选用2.5千克的黑棕鹅为原料，用挂炉烤法烹制。宰鹅后开腹取出内脏，斩去鹅掌及翅尖。先把五香盐（由精盐、白糖、味精、大茴粉、五香粉、沙姜末、陈皮末、桂皮末混合）放进鹅腹腔内擦匀，放入鹅酱（用米酒、汾酒、芝麻酱、柱侯酱、南乳、五香粉、大茴粉、味精、白糖、蒜蓉、干葱末、花生油调制而成），用烧鹅

挂炉烧鹅

针缝合腹部。从鹅颈开口处慢慢充气，使鹅体膨胀，放入沸水中烫至定型，抹干水分，把用麦芽糖、白醋、浙醋、曲酒调成的脆皮水均匀地刷在鹅的表皮上，用鹅环挂好，吊在阴凉通风处晾干。将晾干的鹅挂入烤炉中，用中度炭火先烤鹅背至起红色，转烤鹅胸，约烤30分钟，改用大火将鹅的表皮烤至酥脆。以成品色泽金红、皮脆肉滑、骨香有汁为特色。食用时先倒出鹅腹内的味汁，将鹅斩件装盘，再淋上倒出的味汁，随酸梅酱味碟上桌蘸食。（黄明超）

烧鹅　见"挂炉烧鹅"。

挂炉烤鹅　见"挂炉烧鹅"。

西汁焗乳鸽　广府名菜。以乳鸽主料，番茄为配料，用焗法烹制。用精盐、生抽、绍酒擦匀鸽身内外，再用老抽擦匀鸽表皮，腌制15分钟。其间把番茄横切成5毫米厚的圆形片，粘上白糖、鸡蛋液和干淀粉高油温炸脆。腌制好的乳鸽放进180℃的热油中炸至大红色，捞出沥油。原锅留少许余油，爆香姜、葱，放进乳鸽，烹绍酒，加上汤，用小火焗约10分钟，再加入西汁和白糖焗熟。焗好的乳鸽切件摆在盘上，原汁收浓加麻油推匀后淋在鸽身上，四周摆放炸好的番茄片。（黄明超）

冬笋鹌鹑片　广东名菜。以鹌鹑肉为主料，冬笋、冬菇为辅料，用泡油炒法烹制。冬笋顺纹切成长方形片，冬菇涨发后斜刀切成片。冬笋、冬菇分别滚煨。鹌鹑肉切成薄片，加湿淀粉和蛋清拌匀。鹌鹑头、翼、脚拌干淀粉炸至金黄色。用精盐、味精、白糖、老抽、胡椒粉、麻油加水调成芡液。鹌鹑片放进120℃热油中泡油至九成熟，捞出沥油。原锅留少许余油，放进蒜蓉、姜花略爆香，下冬笋片、冬

菇片、鹌鹑片、葱段，烹绍酒，调入茨液勾芡，加包尾油匀出锅装盘，炸好的鹌鹑头、翼、脚摆放在盘边。以味鲜、肉嫩、笋爽、芳香为特色。（黄明超）

炒黄埔蛋　又称黄埔蛋。广东名菜。据传源于珠江广州黄埔河段上的船家，后经过厨师改进制作工艺，成为一种

炒黄埔蛋

独特的烹蛋工艺。以鸡蛋为原料，用软炒法烹制。鸡蛋液加精盐，打散。热锅滑油，留少量余油，调中火，下鸡蛋液，将已熟的鸡蛋液推至锅边，反复多次，直至鸡蛋成熟。成熟的鸡蛋液像皱褶的黄布，早期被戏称为"黄布蛋"。以鸡蛋原色、表面光亮、香滑味鲜、皱布成形为特色。（黄明超）

黄埔蛋　见"炒黄埔蛋"。

大良炒牛奶　又称四宝炒牛奶。广东名菜。首创于广东顺德大良镇，因而得名。以鲜牛奶为主料，蟹肉、虾仁、鸡肝、橄榄仁为辅料，用软炒法烹制。牛奶预热至95℃，加入精盐，用少量牛奶化开的淀粉、蛋清拌匀，再加入熟蟹肉、泡油后的熟虾仁、熟鸡肝略

大良炒牛奶

搅拌，倒入有底油的锅内用中火翻炒至牛奶凝固，放入炸好的橄榄仁出锅装盘，面上撒火腿蓉。以液态牛奶被炒至凝固而称奇，以牛奶软滑、状如雪山、奶香味鲜、富有营养著称。将液态牛奶炒至凝固成菜是粤菜的特有技术。（黄明超）

四宝炒牛奶　见"大良炒牛奶"。

花雕焗鸡　又称花雕肥鸡。广东名菜。广东广州北园酒家创制，是该酒家的招牌菜。以鸡项为原料，用焗法烹制。用沸水将净鸡表皮烫至紧缩，抹干水分后抹蜜糖。把切薄的肥肉片放在砂锅内煎出油脂，放进鸡煎至表皮呈金黄色，下姜件、葱条爆香，烹花雕酒，下汤水、精盐、味精，加盖慢火焗10分钟，把鸡翻转，加蜜糖和蚝油继续慢火焗10分钟至熟。取出斩件，在盘上砌回鸡形。加热原汁，浇在鸡上。以鸡肉嫩滑、气味芳香、色泽红亮为特色。开创以酒香衬托鸡香、调和滋味之先河。（黄明超）

花雕肥鸡　见"花雕焗鸡"。

太爷鸡　又称茶香熏鸡、茶香鸡。广东名菜。在广东新会当知县的江苏人周桂生取广东卤法和江苏熏法之长创制而成。老百姓称其为"太爷鸡"。以鸡项为原料，用卤法制熟再用熏法增香。净鸡先放进精卤水里卤制至仅熟。把香片茶叶、红糖、大米放在锅内炒至产生烟香，把卤好的鸡放在锅内的架上加盖熏制5分钟。把鸡斩件放在盘上砌成鸡形，取精卤水、上汤、味精、麻油混合调成味汁，浇在鸡上。鸡皮色枣红，肉滑味浓，茶香清幽。"太爷鸡"出名后，广州六国饭店购买其生产和销售权。1936年，六国饭店改进了"太爷鸡"的制作工艺，并以"驰名太爷鸡"为号挂出大块霓虹

灯招牌，"太爷鸡"从熟食档的制品变成大饭店的名菜。1959年，主制"太爷鸡"的厨师受聘于大三元酒家，"太爷鸡"在广州大三元酒家延续其工艺，成为大三元酒家四大名菜之一。20世纪70年代，改以"茶香鸡"为名经营。1981年周桂生的外孙高德良在广州文明路开设"周生记"鸡档，重新以"太爷鸡"之名经营。（黄明超）

茶香熏鸡　见"太爷鸡"。
茶香鸡　见"太爷鸡"。

双鸽吞燕　广东名菜。以燕窝和乳鸽为原料，用炖法烹制。把燕窝放在清水中浸2小时，初步回软后拣去绒毛和杂质，转用沸水焗至透心。乳鸽从颈背开刀，斩断颈骨，把骨架连同内脏一起从刀口处取出，腿骨亦取出，成为一个肉袋子，即为全鸽，共两只。将燕窝放在密篱上用沸水淋烫，用毛巾吸干水分，将燕窝连同盛载的密篱一起放进味汤里滚约1分钟，沥水，再轻轻压干水分，加入幼粒状火腿和味料拌匀，填进鸽腹内，用水草把开口处扎紧，放进沸水中飞水至鸽皮紧缩。猪肉大方粒和火腿粗粒也分别飞水。用铁针在乳鸽身扎若干个小孔，解去水草，背朝上放进炖盅内，再放进肉粒、火腿粒、姜件、葱条、绍酒、精盐和沸水，加盖，用中火炖90分钟至焾。撇去汤面浮油和浮沫，拣去肉粒、火腿粒、姜件、葱条，乳鸽调整为胸朝上。用毛巾将汤滤过，加入上汤，倒回炖盅内，加盖，封砂纸，返炖20分钟即可。味醇色清，鸽肉软嫩，燕窝柔滑，富有营养。（黄明超）

红烧大群翅　广东名菜。鱼翅是鲨鱼鳍的干制品。群翅是大鲨鱼全身的鱼翅，即头围前脊鳍、二围后脊鳍和三围尾鳍，三围合称一副群翅。食用的是鱼鳍中俗称翅针的软骨。经过发翅、

煨翅、燏翅和扒翅4道工序，耗时近一周。发翅就是通过清水浸、沸水焗、清水煲等方法除去鱼翅的骨、腐肉、外翅膜和外翅膜上的细鳞（俗称沙），取出排列整齐的完整翅针排。用竹箅子夹好，用清水滚几遍，再放进有姜件、葱条、姜汁酒的汤水中煨两三次，每次约30分钟，去除异味。放进有老鸡、猪肉、鸡脚、猪肘的汤水中慢火煲，为燏翅。燏至翅针变软且入味，放在盘上，浇上用顶汤、火腿汁、胡椒粉、调味料加芡粉调成的浓芡，撒上火腿丝，为扒翅。上菜时配炒至仅熟的银针（即摘去头尾的绿豆芽）和浙醋佐食。20世纪30—40年代，以广东广州大三元酒家厨师吴銮烹制的最负盛名。滥杀鲨鱼破坏海洋生态环境，不提倡食鱼翅。（黄明超）

蟹黄生翅 广东名菜。以鱼翅、蟹黄为原料，用烩法烹制。鱼翅分群翅和散翅，粤菜称散翅为生翅。把发好的鱼翅放进有姜件、葱条、姜汁酒的汤水中煨好，时间长短视鱼翅粗细而定。把蟹黄放在碗内，加胡椒粉用汤匙搅成糊状，加少量顶汤化开。蟹肉拣清碎壳。净锅用油滑锅，烹绍酒，下上汤、煨好的鱼翅、精盐、味精、蟹肉，微沸时用湿淀粉勾芡，端离炉火，将蟹黄徐徐加到锅内，用炒勺推匀，重新回到炉火上，汤微沸时添加约5克食用油推匀即可盛于汤窝里。食用时可以用浙醋佐食。羹纯滑清香，色相嫣红，味道鲜美。（黄明超）

甜芙蓉燕窝 又称甜芙蓉官燕。潮汕名菜。以燕盏为原料，用蒸法烹制。用浸、焗方法发好燕盏，蒸15分钟。把蛋清抽打至成稠蛋泡，放进蒸好的燕盏上，再蒸半分钟，滗水后放在汤锅里。沸水加入冰糖煮成糖水，与燕窝一同上桌，食用时把糖水沿汤窝边淋入。以清甜润肺、燕窝上浮为特色。（黄明超）

甜芙蓉官燕 见"甜芙蓉燕窝"。

咸三丝官燕 潮汕名菜。以燕窝为主料，火腿、鸡胸肉和鸡蛋珠（母鸡体内未成形的无"壳"鸡蛋）为辅料，用蒸法烹制。用浸、焗方法发好燕盏，用低浓度碱水泡过，漂清碱味，蒸15分钟，沥净水分，用上汤淋过，沥干水分，放在汤锅里。熟火腿和熟鸡胸肉均切丝，放在燕窝边上。取鸡肚里未成形的鸡蛋珠，用针刺一小孔，将鸡蛋液挤到沸水里熟后得鸡蛋丝，放在燕窝边上。顶汤加入味精、浅色酱油滚至刚沸，盛于鸡盅里，与燕窝一同上桌，食用时把顶汤沿汤窝边淋入。以汤清味鲜、滋补润肺为特色。（黄明超）

清汤燕盏 又称清汤官燕。广东名菜。以燕窝为主料，用清法烹制。把浸发好的燕盏拣干净燕毛和杂质，放在密篱上用沸水淋烫，用毛巾吸干水分，将燕盏连同盛载的密篱一起放进浓味汤滚约1分钟，沥水，轻轻压干水分，放在汤锅里。燕盏上摆放一片火腿片，两旁各放一条焯熟的菜软，沿汤窝边淋入经过调味并煮沸的顶汤。汤味极鲜，燕盏柔滑，富有营养。（黄明超）

清汤官燕 见"清汤燕盏"。

蟹黄扒燕盏 广东名菜。以燕盏、蟹黄为原料，用扒法烹制。把浸发好的燕盏拣干净燕毛和杂质，放在密篱上用沸水淋烫，用毛巾吸干水分，将燕盏连同盛载的密篱一起放进浓味汤滚约1分钟，沥水，轻轻压干水分，放在盘上。把蟹黄放在大碗里，加入沸水将蟹黄浸至六成熟，放在密篱上沥净水分，用120℃的热油淋烫。热锅滑油，烹绍酒，下上汤、精盐、味精，用湿淀粉勾芡，下蟹黄推匀，浇在燕盏上。以口味甘美、燕窝柔滑、富有营养为特色。添加蟹肉时则称为珊瑚扒燕盏。（黄明超）

生财好事 广东名菜。"生财"就是生菜，"好事"就是蚝豉。以蚝豉、火腩、冬菇、生菜为原料，用扣蒸法烹制。蚝豉放入清水中浸2小时至软，洗净后用沸水焗约1小时后除净蚝的碎壳，用清水滚过。冬菇放入约35℃热水中泡软，剪蒂，洗净。火腩切块。生菜剪去尾端，习惯称为生菜胆。烧锅滑油后放进蒜蓉、姜件、葱条爆炒至香，烹绍酒，下汤水、陈皮、蚝豉、火腩、冬菇、精盐、味精、白糖、生抽，待烧沸后用小火焖约半小时，取出。把冬菇伞面朝下放在扣碗底中心，将蚝豉围伴在碗边，余下的火腩、蚝豉、冬菇放在碗里填满，将原汤倒入碗内蒸约半小时取出，滗出原汤后扣碗覆在盘中。炒熟生菜胆围伴在四周。原汤放进锅中，加蚝油，微沸后用湿淀粉勾芡，加少许鸡油推匀，揭去扣碗，浇芡汁即成。除该菜外还有生财（生菜）大利（猪脷）、发财（发菜）就手（猪手）、吉祥如意（榆耳）等。（黄明超）

清蒸鳜鱼 广东名菜。清《调鼎集》已有记载，现在做法有所改进。以鳜鱼为主料，火腿、香菇、姜、葱、香菜为配料，用蒸法烹制。鳜鱼宰杀后揩干，表面抹盐，按头朝左、尾朝右、腹部朝里的方式横放在盘上，鱼与盘之间垫葱条，鱼体上按火腿片、姜花、香菇片的顺序将配料顺排一列，以猛

清蒸鳜鱼

火蒸至仅熟。滗汁，弃葱，转换到另一净盘上，淋160℃热油，浇上用上汤、精盐、胡椒粉、麻油、猪油加湿淀粉调成的清芡，香菜伴在鱼尾两侧。以肉滑、味鲜、芡清为特色。（黄明超）

生炒鲟龙片 又称笋炒鲟龙片。广府名菜。以鲟鱼肉为主料，鲜笋为副料，用泡油炒法烹制。鲟龙就是鲟鱼，宰杀后的鲟鱼，取肉去皮，斜刀切片，用精盐拌匀。鲜笋切成长方形片，或笋花片，用清水滚透，再用盐水煨入味。蒜蓉、姜花、葱段为料头。用精盐、味精、白糖、胡椒粉、麻油、淀粉加水调成芡液，并将葱榄放进芡液里。鲟龙片放进120℃的热油里泡至八成熟，捞出沥油。原锅留少许油，放进蒜蓉、姜花略爆香，先下笋片，再放鲟龙鱼片，烹绍酒，立刻调入芡液勾芡，出锅装盘。以气味芳香、鱼片爽滑味鲜、色泽洁白油亮为特色。中华鲟属于国家一级保护动物，禁止捕杀。该菜使用的鲟鱼为人工繁殖品种，可用于餐饮。（黄明超）

笋炒鲟龙片 见"生炒鲟龙片"。

生炒鲩鱼腩 又称笋炒鲩鱼腩。广府名菜。"笋"与"损"谐音，而"生"有生生猛猛之吉意，故名。以鲩鱼腩为主料，鲜笋为副料，用泡油炒法烹制。把鲩鱼腩整个圈切出来，斜刀横切成片，洗干净，沥干水分，用精盐拌匀。鲜笋切成长方形片或笋花片，用清水滚透，再用盐水煨入味。蒜蓉、姜花、葱段为料头。用精盐、味精、白糖、胡椒粉、麻油、淀粉加水调成芡液，并将葱段放进芡液里。将鲩鱼腩放进120℃的热油里泡至九成熟，捞出沥油。原锅留少许油，放进蒜蓉、姜花爆炒，先下笋片，再下鲩鱼腩，烹绍酒，调入芡液勾芡，出锅装盘。

以气味芳香、鱼腩卷曲成形、爽滑味鲜、笋片脆嫩、芡色油亮为特色。（黄明超）

笋炒鲩鱼腩 见"生炒鲩鱼腩"。

油浸笋壳鱼 广东名菜。以笋壳鱼为原料，用油浸法烹制。将笋壳鱼洗净，沥干水分，用姜汁酒和生抽腌制10分钟，放进150℃的热油里，转用约120℃的热油浸约5分钟至熟，沥油，放在盘上，撒胡椒粉、葱丝，浇上180℃的热油，浇上调制好的豉油即可。以鱼肉嫩滑、略带豉香为特色。（黄明超）

姜葱焗文㶥鲤 广东名菜。以文㶥鲤为主料，姜、葱为副料，用焗法烹制。将文㶥鲤拌精盐放进有少量油的热锅

姜葱焗文㶥鲤

内煎至两面呈金黄色，出锅。原锅下姜块和葱条爆香，烹绍酒，加汤水、精盐、味精和文㶥鲤加盖焗8分钟至熟，取起文㶥鲤放在盘上，锅内加老抽将汤汁调成金黄色，加胡椒粉、麻油，用湿淀粉勾稀芡，连同姜、葱一起浇淋在鲤鱼上即可。以鱼肉肥美、姜葱芳香、味道浓郁为特色。（黄明超）

香滑鲈鱼球 广东名菜。将去皮的鲈鱼肉顺纹切成长方块，称为"鲈鱼球"。稍过熟的鲈鱼散碎如蒜瓣，故鲈鱼肉有"蒜子肉"之称。将鲈鱼球均匀拌精盐，放进130℃热油中泡至五成熟，沥油。原锅留少许油，放进姜花爆香，

烹绍酒，加上汤、精盐、味精、白糖，放进鲈鱼球，撒入胡椒粉，用湿淀粉勾芡，加葱榄和麻油出锅装盘。以鱼球完整、味道鲜美、色泽洁白、芡色油亮、气味芳香为特色。（黄明超）

郊外大鱼头 广府名菜。始创于广东广州北郊的茶寮，后为广州北园酒家十大名菜之一。当时广州北郊一带为农田，故名。以鳙鱼头为主料，肉丝、豆腐、菜心为辅料，添加炸蒜子和香菇丝增加香气，用焖法烹制。鱼头去鳃洗净，涂抹盐水，裹上干淀粉，放进180℃热油炸制，稍后降低油温浸炸，翻动，浸炸约10分钟，升高油温略炸后捞出沥油，放在砂锅里。炸豆腐块和蒜子。原锅留少许余油，煸炒姜丝和肉丝，烹绍酒，下汤水、炸蒜子、冬菇丝、精盐、味精、白糖、生抽，烧开后倒进砂锅内，炸豆腐放在鱼头四周，加锅盖用慢火焖至鱼头变软入味，捞出鱼头置于盘中，将炸豆腐放在鱼头四周，撒胡椒粉。炒熟的郊菜也围在鱼头四周。将砂锅里的原汁放在炒锅里，加蚝油，用湿淀粉勾稀芡，加芝麻油和花生油推匀，淋在鱼头上即成。（黄明超）

什锦鱼青丸 广东名菜。以鱼青为主料，搭配蔬菜粒，用泡油炒法烹制。鱼青即只用鱼肉白色部分做成的鱼胶，选用鲮鱼为佳。宰好鲮鱼，起肉，皮朝下放在砧板上，用刀从鱼尾向鱼头方向刮出白色的鱼肉，在砧板上捶成细蓉，拣出骨刺，清水略洗，装进布袋里压干水分，放在盆里，加入精盐、味精搅拌至黏稠，再加入蛋清、湿淀粉搅拌至黏稠、纯滑，挤成橄榄形，用90℃的热水浸至仅熟，即为鱼青丸。将鲜笋、削棱丝瓜、胡萝卜切成橄榄形粒（鲜笋可切成十字形），湿香菇切成粒形。笋粒、菇粒用清水滚，再用味汤煨至入味。芡汤加胡椒粉、淀

粉、麻油调和成芡液，短葱榄放在芡液里。鱼青丸放进120℃的热油里泡10秒，捞出沥油。原锅留下少许余油，放进蒜蓉、姜米略爆炒，放进胡萝卜粒、丝瓜粒、笋粒和冬菇粒略炒，放进鱼青丸，烹绍酒炒匀，调入芡液炒匀，加包尾油即可上盘。以鱼青丸洁白、爽滑、味鲜、色彩艳丽油亮为特色。是一道巧用原料的精品菜肴。（黄明超）

碧绿三拼鲈 又称麒麟鲈鱼。广东名菜。以鲈鱼肉为主料，火腿、鲜笋、香菇、菜心为辅料，用排蒸法烹制。

碧绿三拼鲈

菜品由白、红、黄、褐和绿多种颜色的原料整齐排砌在一起，酷似中国神兽麒麟的鳞甲，菜品便以"麒麟"命名。鲈鱼肉去皮后顺纹切成长方形件，共24件，用精盐、味精拌匀。火腿切成长方形片，共24片。鲜笋修切成笋花，共24片，用清水滚至无异味，再用含盐汤水煨约1分钟。香菇放进以姜、葱、精盐、味精、绍酒调制的味汤里煨好后切成24片。将菜心剪成郊菜，姜切成姜花。按笋花、鱼肉、火腿、香菇的顺序分成3列排在大盘上，每行插姜花3片，淋食用油，用猛火蒸7分钟至熟，取出滗去原汁，把炒熟的郊菜围伴在两旁及行间。热锅滑油，烹酒，下上汤、精盐、味精、胡椒粉、麻油，用湿淀粉勾芡，加包尾油推匀，浇在每行拼件上即成。麒麟生鱼（斑鳢）制作方法相同。（黄明超）

麒麟鲈鱼 见"碧绿三拼鲈"。

香汁焗龙虾 广府名菜。粤菜多以"汁"来表达味型，如豉汁、果汁、煎封汁、柠汁、西汁、香橙汁、蟹汁、白汁、奶汁、京都汁等。香汁突出蒜、姜混合的香味，主要用于蟹、龙虾等甲壳类水产品。以龙虾为原料，配以蒜蓉、姜米和葱花，用焗法烹制，焗好的伊面垫底。宰好龙虾（需排尿），斩大块，拌精盐，粘薄薄一层干淀粉，放进180℃的热油中泡30秒，捞出沥油。原锅下蒜蓉、姜米爆炒至香，烹绍酒，下汤水、精盐、味精、白糖、龙虾块，加盖，慢火焗约1分钟，撒胡椒粉和葱花，用湿淀粉勾芡，加包尾油炒匀即成。（黄明超）

白焯螺片 广东名菜。以大响螺为主料。破壳取肉，去靥和肠，洗净潺液，切成薄片。热锅内下油、姜件和葱条爆炒出香味，烹姜汁酒，下汤水滚片刻，捞出姜、葱，放进螺片猛火焯至九成熟，捞出沥水，重新放进有少量油的锅中，烹绍酒，猛火煸炒约3秒即成。用虾酱、蚝油作佐料。（黄明超）

大良煎虾饼 广府名菜。始创于广东顺德大良。以鲜虾仁、鸡蛋为原料，用蛋煎法烹制。剥去虾线（肠），洗净，用毛巾吸干水分，加入精盐、味精和淀粉拌匀，腌制15分钟。鸡蛋液加入精盐，打散。腌制好的虾仁放进150℃热油里泡至仅熟，沥油后放进鸡蛋液里拌匀。原锅留少许余油，放进混合虾仁的鸡蛋液略炒后摊平，用中火煎至金黄色，翻转再煎至金黄色即成。以

大良煎虾饼

甘香、味鲜、圆饼成形为特色。大良煎虾饼也可煎成小蛋饼。（黄明超）

煎酿焗明虾 又称煎酿明虾、煎焗酿明虾。广东名菜。以大明虾为主料，猪肉为副料，用煎焗法烹制。将明虾剪好洗净，切开虾腹深约2/3，粘一层薄薄的干淀粉。将猪肉剁烂，加入精盐、味精搅拌至黏稠，加入淀粉和清水再搅拌至黏稠，成为猪肉胶，酿进虾腹，表面抹鸡蛋液，酿馅朝下放在热油锅内用中火煎至金黄色，烹绍酒，加入上汤、唔汁、精盐、味精、白糖，加盖焗约1分钟至熟。每只虾斜切为两段，摆盘砌回虾的原形，稍淋原汁，用芫荽叶点缀。以金红光润、略带焦香、肉爽味鲜、微酸惹味为特色。（黄明超）

煎酿明虾 见"煎酿焗明虾"。
煎焗酿明虾 见"煎酿焗明虾"。

干煎大虾碌 广东名菜。以大明虾为原料，用干煎法烹制。将明虾剪好洗净，沥干水分，放进180℃热油里略

干煎大虾碌

炸，沥油后在锅内煎至微焦香，加入用茄汁、唔汁、蚝油、精盐、味精、白糖、上汤调成的味汁，翻炒收汁至干，摆盘即可。以色泽金红油亮、味鲜夹带果香、气味略带焦香、质爽微酸惹味为特色。后演变出美极焗大虾、青芥香辣虾。（黄明超）

油泡虾仁 又称油泡鲜虾仁、滑鲜虾仁。广东名菜。以虾仁为原料，用油泡法烹制。将虾仁洗净后用毛巾吸干

水分，加入精盐、味精、食粉拌匀，再加入蛋清和淀粉拌匀，冷藏腌制1小时。将精盐、味精、白糖、胡椒粉、麻油、淀粉和水混合调成芡液，放短葱榄。将腌制好的虾仁放进140℃热油里泡至八成熟，沥净油脂。放进虾仁，烹酒，调芡液勾芡，出锅装盘。以虾仁白里透红、肉质清爽、味道清鲜、气味清香、卖相清新为特色。（黄明超）

油泡鲜虾仁　见"油泡虾仁"。

滑鲜虾仁　见"油泡虾仁"。

鲜菇川虾扇　广府名菜。"川"实为"汆"。以虾为主料，鲜菇、笋花、菜软为副料，用汆法烹制。剥去虾壳，洗净，用毛巾吸干水分，两边摊开放在有淀粉的砧板上，用擀面棍轻轻拍打，使虾肉慢慢展开成扇形，即为虾扇。鲜菇削净后用清水氽过，对半切开，与姜件、葱条一起煸炒约30秒，烹绍酒，加汤水、精盐、味精煨1分钟。将笋花片放进有精盐的水里煨1分钟。将虾扇放进沸水里飞水至熟，捞出后再将菜软焯熟，沥水。把虾扇放进汤锅内，其他副料排在四周造型。锅内放入上汤，加精盐、味精、胡椒粉调味，烧开，撇去浮油、泡沫即成。以汤清味鲜、造型雅致为特色。（黄明超）

金钱虾盒　又称酥炸虾盒。广东名菜。以淡水虾为主料，肥肉、鸡蛋为副料，

金钱虾盒

用蛋白稀浆炸法烹制。将鲜虾取肉制成虾胶。选用肥肉头，切成圆形片，下精盐、绍酒腌制15分钟。把肥肉片铺在有薄薄一层干淀粉的盘上，挤出一颗虾丸放在肥肉片上，贴上芫荽叶，盖上肥肉片，捏紧四周成钹形即为虾盒。蛋清打散，加入湿淀粉搅匀为蛋白稀浆。虾盒沾蛋白稀浆，放进150℃热油里炸至浮起，呈金黄色，捞出沥油，装盘。以色泽金黄、酥脆醇香、盒面布幼蛋丝为特色。虾胶制作方法见"江南百花鸡"条。（黄明超）

酥炸虾盒　见"金钱虾盒"。

百花酿蟹钳　又称脆炸酿蟹钳、脆皮炸蟹钳。广东名菜。蟹钳即蟹螯，百花即虾胶，因虾胶有"百花馅"之称，故以"百花"命名。以蟹螯、虾胶为原料，用脆浆炸法烹制。蟹螯用水滚约10分钟至仅熟，拍裂，取出蟹肉，留下螯壳末端及螯内扇骨，虾胶与蟹肉拌匀，酿在扇骨上，抹成蟹螯原样，用猛火蒸3分钟至熟。裹上脆浆，放进160℃热油里炸至脆浆酥脆、呈金黄色，捞出沥油，螯尖朝外围成圆形排在盘上，用喼汁、淮盐作佐料。以酥脆甘香、清鲜爽口、蟹螯形、金黄色为特色。虾胶制作方法见"江南百花鸡"条。（黄明超）

脆炸酿蟹钳　见"百花酿蟹钳"。

脆皮炸蟹钳　见"百花酿蟹钳"。

百花仙岛　又称虾胶酿鲜菇。广东名菜。以虾胶为主料，鲜菇为辅料，用蒸法烹制。鲜菇洗净用沸水氽过，放进清水漂冷，沥水。锅内下油烧热，下姜件、葱条和鲜菇一起煸炒约1分钟，烹绍酒，下汤水、精盐、味精煨2分钟，沥水。将煨好的鲜菇对半顺切开，用毛巾吸干水分，在菇伞内撒一层薄薄干淀粉，酿进虾胶，手沾蛋清

将虾胶抹成海岛形，鲜菇朝下、虾胶朝上放在盘上，用猛火蒸2分钟至熟，取出，滗去盘上的水。炒锅滑锅，烹绍酒，下上汤、精盐、味精、胡椒粉，用湿淀粉勾芡，浇在虾胶上，伴芫荽装饰。以虾胶爽滑味鲜、卖相清新雅致为特色。将酿好的虾胶朝下放，把鲜菇伞对半剪开，在鲜菇根部插两根细火腿丝，像秋蝉，故有"荔熟婵鸣"之名。虾胶制作方法见"江南百花鸡"条。（黄明超）

虾胶酿鲜菇　见"百花仙岛"。

虾胶酿鲜笋　又称百花酿鲜笋。广东名菜。以虾胶为主料，鲜笋、菜心为辅料，用蒸法烹制。将洗净的菜心剪去黄花及叶尾，剪顶端12厘米长为郊菜。把鲜笋修切成笋花，切双飞片（双连片）用清水滚过，放进有精盐的汤水中煨2分钟，沥水。煨好的笋花用毛巾吸干水分，在开口处内撒一层薄薄干淀粉，酿进虾胶，手沾蛋清将虾胶抹成微微突出，笋花朝下分两列排在盘上，用猛火蒸2分钟至熟，取出，滗去盘上的水。炒熟郊菜围伴和摆在列与列之间。炒锅用油滑锅，烹绍酒，下上汤、精盐、味精、胡椒粉，用湿淀粉勾芡，浇在酿虾胶的笋花上。以爽滑味鲜、色彩艳丽、清新雅致为特色。虾胶制作方法"江南百花鸡"条。（黄明超）

百花酿鲜笋　见"虾胶酿鲜笋"。

蒸大红膏蟹　广东名菜。以雌青蟹为原料，用蒸法烹制。雌青蟹也叫膏蟹，脂膏俗称蟹黄。宰杀膏蟹，取出

蒸大红膏蟹（左生蟹右熟蟹）

蟹黄，拌花生油，放在剪成圆形片的蟹盖上。将蟹身剁去爪尖，切成 8 件，蟹爪朝里、蟹身朝外围成圆形状排在盘上。将蟹螯剁成两段，拍裂，放在蟹爪上，浇花生油，面上放姜件和葱条，用猛火蒸 8 分钟至九成熟，迅速把蟹黄连蟹盖围放在盘边再蒸 2 分钟。姜蓉加盐淋热油和浙醋一起作佐料。经过二次蒸，大红膏蟹具有色、香、味、形、口感俱佳的品质。蟹性寒，故需佐以姜、醋同食。（黄明超）

蒜子瑶柱脯 广东名菜。以瑶柱脯为主料，用蒸法烹制。瑶柱又称干贝，瑶柱脯即颗粒大的瑶柱，有"味皇"之称。剥去瑶柱脯边旁枕肉（韧带），放进清水里浸 1 小时。浸透的瑶柱脯排放在碗里，放进猪油、姜汁酒、精盐和沸水用中火蒸约 1 小时，加入焯过水的炸蒜子再蒸 30 分钟至软烂，滗出原汁，覆盖在盘上。烧热炒锅，下油，烹绍酒，放进原汁、上汤、蚝油、白糖、麻油，用老抽调色，用湿淀粉勾芡，加猪油调匀后浇在瑶柱脯上即成。也有用炒熟的菜胆垫底或围边。以带浓郁的海味干货味、瑶柱软烂带爽、辅以炸蒜子香气、味道鲜甜甘香为特色。（黄明超）

火腩焖大鳝 又称火腩煜大鳝、火腩炆大鳝。广东名菜。以白鳝为主料，火腩、冬菇为配料，用煜法烹制。烤猪两侧腹部称为火腩。把干冬菇放进约 35℃ 热水中泡 30 分钟，剪菇蒂洗

火腩焖大鳝

净，即涨发成湿冬菇，用清水滚过。火腩切块待用。宰白鳝，切成 4 厘米段，拌生抽，沾干淀粉，待淀粉回潮时，把蒜子放进 120℃ 热油中炸至金黄色，捞出沥油，把沾有淀粉的白鳝放进 180℃ 热油中炸 30 秒，捞出沥油。原锅留少许油，下蒜蓉、姜米、火腩略煸炒，烹绍酒，下汤水、精盐、味精、白糖、陈皮末、冬菇、炸蒜子和白鳝，下老抽将汤汁调成金红色，烧开后熄火。将白鳝竖立排在扣碗里，火腩、炸蒜子、冬菇填在碗中，倒入汤汁，用中火蒸约 15 分钟至熟，取出，滗出原汁，覆盖在盘上。原汁回锅，加胡椒粉，用湿淀粉勾芡，浇在白鳝上即成。以鳝肉软嫩烂滑、滋味浓郁芳香、整体圆包造型、芡色均匀红亮为特色。（黄明超）

火腩煜大鳝 见"火腩焖大鳝"。
火腩炆大鳝 见"火腩焖大鳝"。

瓦罉煜水鱼 又称红烧甲鱼。广东名菜。以甲鱼（水鱼）为主料，配以烧肉、湿冬菇、炸蒜子，放在瓦罉内，用煜法烹制。宰杀甲鱼，洗净斩块，飞水后放在有油的锅内加姜件、葱条和绍酒煸炒至香，出锅，拌生抽和干淀粉，泡在 150℃ 热油中，沥油待用。锅留少量余油，下蒜蓉、姜米爆香，下甲鱼块、烧肉块、冬菇、炸蒜子，烹绍酒，加汤水和陈皮末，调入精盐、味精、白糖，烧开后转放进瓦罉内中火煜 15 分钟至熟，加蚝油、胡椒粉、麻油，用老抽调浅红芡色即成。加入炸蒜子、烧肉、冬菇作配料，消除异味，增加香气，使味道浓郁，适合秋冬进补。涨发冬菇方法见"火腩焖大鳝"。（黄明超）

红烧甲鱼 见"瓦罉煜水鱼"。

太史田鸡 广东名菜。由广东江孔殷家厨始创。以田鸡为主料，瑶柱、冬瓜、毛尾笋、火腿、香菇为副料，用炖法烹制。瑶柱、毛尾笋、香菇均用水涨发好。火腿切粒。冬瓜去皮、瓤，修切成棋子形，放在清水中滚 3 分钟，转放在清水中漂凉，与其他副料一同放进炖盅内，加姜件、葱条、精盐、味精，注入汤水，添加绍酒，加盖用中火炖 30 分钟至熟。宰杀田鸡，起出脊骨、小腿骨，斩件，洗净后拌淀粉飞水，沥水后放进有油的炒锅内烹绍酒略煸炒。取出炖好的副料，拣去姜、葱，撇去汤面浮油，调味，把田鸡放在冬瓜面上，撒胡椒粉，加盖，封砂纸再炖 30 分钟即可。以味鲜清润、肉料软烂为特色。据说该菜是有来历的。清代江孔殷在翰林院拜庶吉士，主持修史，广东人尊称其为江太史。一次江府宴客时做了这道菜。客人询问菜名，家厨答道："此汤主料是田鸡，所以菜名有'田鸡'二字。副料用了江珧柱，跟我家老爷的姓，故叫太史。另外，汤中用了毛尾笋，毛尾笋一节一节的，像我家老爷的文明杖。所以这道汤就叫太史田鸡。"（黄明超）

炖禾虫 又称焗禾虫。广东名菜。以禾虫为主料，搭配鸡蛋，用蒸法烹制。禾虫学名疣吻沙蚕。将禾虫洗净沥水，用毛巾吸干水分，盛入瓦钵，加花生油，静置 10 分钟。加精盐搅拌，再加入叉烧粒、榄角粒、陈皮末和炸蒜蓉拌匀，加入打散的鸡蛋液拌匀蒸熟，转放在小炉上用微火烤干水分，淋热花生油，撒上胡椒粉、柠檬丝即成。

炖禾虫

蒸熟后也可以用焗炉焗香。清屈大均《广东新语》对禾虫的捕捞和烹调有详细的描述。（黄明超）

焗禾虫 见"炖禾虫"。

炭烧生蚝 广东名菜。源于中国南方沿海地区。以生蚝为原料，用炭烧方法烹制。将活生蚝撬开，取出蚝肉，用清水洗净，沥干水分。取一边蚝壳用清水洗净，放在炭火上，放一粒蚝肉，边烤边加味料，待壳内发出吱吱响声后，将蚝肉翻转，加味料稍烤一下，即可食用。味料讲究，有蒜香、豉汁和原味3种口味。蒜香口味味料由蒜蓉、精盐、味精、食用油拌匀。豉汁口味味料由豆豉蓉、蒜蓉、姜米、精盐、味精、白糖、食用油拌匀。喜欢辣味的添加辣椒米。原味口味的只在蚝肉上刷点油，撒少许精盐和姜米即可。以鲜嫩肥美、清甜无渣、口感爽滑、口味多变为特色。（黄明超）

沙虫汤 广东名菜。以活沙虫为主料，瘦肉和丝瓜为辅料，用滚法烹制。清洗沙虫外表的沙粒，剪开沙虫尾部采集沙虫血，沉淀待用。用筷子从头部插入，翻转沙虫，清除内脏，洗净，用毛巾吸干水分。瘦肉切片，拌湿淀粉。丝瓜削棱切片。砂锅倒入上汤，下姜片烧开，下精盐、味精、胡椒粉调味，下沙虫血、丝瓜片和肉片，重新烧开后熄火，放进沙虫、葱花略搅拌即可。以汤色奶白、沙虫爽滑、汤水鲜醇为特色。（黄明超）

片皮烧乳猪 又称烧乳猪、烤乳猪。广东名菜。以乳猪为原料，用明炉烤法烹制。早在西周时期已列为八珍之一，称为炮豚。南北朝贾思勰《齐民要术》记载了烤乳猪的烹饪技法。清代，烤乳猪是满汉全席中的一道主要菜肴。传至广东后除名字改叫烧乳猪

外，技术做了改进。由仅剖腹改为剖腹劈头成平板形。制作工艺分劈猪、腌制、上叉、上皮、晾干、烤制和片皮7个部分。剖腹去内脏，洗净后顺下巴劈开头部至头顶，取出猪脑，劈开脊骨，切离肋骨，起出扇骨及后腿部分肉。用五香盐均匀抹在内腔肉面上。整只乳猪穿插在专用叉上，用木条固定形状。用沸水烫过表皮，均匀抹上由麦芽糖、汾酒或白酒、浙醋调成的乳猪糖水。用微热焙干或自然风干表皮。晾干的乳猪放在炭火上烧烤至皮脆色大红。烤好的乳猪撤出钢叉和木条，卧放在大盘上，在猪背上起四条长条形猪皮条，每条横切7刀成8件，均摆回原位。上桌时配葱球、白糖、甜酱、千层饼和酸甜菜佐食。食法是吃三道，第一道吃背皮，撤下后将仍带皮的部分斩件，摆砌成猪形为第二道，第三道是将余下部分斩件搭配蔬菜炒制热菜。高档宴席一般不上第三道。烧乳猪有光皮（又称化皮）和麻皮之分。光皮者皮光如镜，口感香脆。麻皮者表皮密布脆泡，口感酥脆。两者色泽均大红。高档宴席片皮烧乳猪菜名为"红皮赤壮"，寓意吉祥。（黄明超）

烧乳猪 见"片皮烧乳猪"。
烤乳猪 见"片皮烧乳猪"。

明炉叉烧 又称蜜汁叉烧；简称叉烧。广东名菜。以猪肉为原料，用挂炉烤法烹制。把猪肉切成宽4厘米、厚1.8厘米的长条形，洗净，沥干水分，加

蜜汁叉烧

入精盐、生抽、白糖、片糖、五香粉、大茴粉、汾酒、芝麻酱、老抽腌制，须翻拌，穿挂在叉烧环上成肉排，放进烤炉内用中火烤30分钟至熟，取出晾3分钟后淋上麦芽糖加沸水调成的糖浆，回炉再烤约3分钟即成。肉质软嫩，滋味芳香，略带蜜味，可切片直接食用，也可作其他菜品的配料。有梅叉和上叉（花叉）之分，梅叉以瘦肉为原料，上叉（花叉）以半肥瘦猪肉为原料。（黄明超）

蜜汁叉烧 见"明炉叉烧"。
叉烧 见"明炉叉烧"。

皱纱圆蹄 又称皱纱元蹄、皱纱豚蹄。广东名菜。以圆蹄为主料，用爆法烹制。圆蹄即猪腿上半部肉块，成品猪皮呈皱褶，故称皱纱。用火燎去肉块皮上汗毛，洗净，修包成大致呈圆形，肉上剞"井"字刀痕，放进汤锅内慢火滚约45分钟至七成熟，捞起，抹净表皮水分和油脂，趁热涂上老抽，用铁针在皮上密密扎孔，皮朝下放在笊篱上，放进180℃热油炸至皮色大红，放进清水里浸漂30分钟。圆蹄皮朝上放在垫有竹算子的大砂锅内，加满汤水，下精盐、白糖、绍酒、姜件、葱条、八角、生抽，用中火烧沸，下老抽调汤色，加盖用慢火爆40分钟至熟，取起沥净汤水，放在盘上，围伴爆熟的生菜胆，浇上用原汤加味精、胡椒粉、老抽勾成的芡液即可。以色泽大红、肉质软熟、香气浓郁、皮起皱纹为特色。（黄明超）

皱纱元蹄 见"皱纱圆蹄"。
皱纱豚蹄 见"皱纱圆蹄"。

糖醋咕噜肉 又称炒咕咾肉、溜咕噜肉、糖醋酥肉。广东名菜。以去皮五花肉为主料，鲜笋为副料，用酥炸法烹制。鲜笋切成菱形块，用清水滚至

糖醋咕噜肉

无异味。在洗净的五花肉上横竖剞刀痕，切重约 12 克的菱形块，下精盐拌匀，拌湿淀粉、鸡蛋液，均匀地粘上干淀粉。淀粉回潮后，将五花肉放进 180℃热油中炸约 20 秒，降低油温浸炸至肉块浮起，再将油温升至 180℃将肉块捞出，放进笋块炸 30 秒，沥油。原锅留少许余油，下蒜蓉、糖醋、笋块、辣椒件，微沸时勾芡，下炸好的肉块、葱段拌匀出锅。以芡色红亮、香酥酸甜、醒胃为特色。搭配的副料可将鲜笋换成酸萝卜、酸青瓜、菠萝等。以菠萝为副料时，称为岭南咕噜肉或香菠咕噜肉。糖醋排骨（又称生炒排骨、生炒骨）与糖醋咕噜肉制法相同，不配副料。（黄明超）

炒咕咾肉　见“糖醋咕噜肉”。

溜咕噜肉　见“糖醋咕噜肉”。

糖醋酥肉　见“糖醋咕噜肉”。

大良野鸡卷　又称大良冶鸡卷、大良肉卷。广府名菜。20 世纪 20 年代广东顺德大良宜春园酒家董程师傅创制。菜名中的“野”字有两层含义：一是暗指非鸡肉；二是借用清袁枚《随园食单》所载野鸡卷之名。以猪肉为原料，用炸法烹制。将肥肉切成薄片，加汾酒拌匀腌制 20 分钟。将瘦猪肉切成薄片，加汾酒、精盐、生抽、白糖拌匀腌制 20 分钟，腌制后沥干水分，拌鸡蛋与淀粉调成的蛋浆。火腿切条。肥肉片铺在撒了干淀粉的板上，瘦肉铺在肥肉上，火腿条排成一列摆放在肥肉长边的一边，卷起卷紧成圆棍形，放入蒸笼内用中火蒸 15 分钟至熟。冷却（也可以冷冻）后横切成棋子形，用 160℃热油炸至呈金黄，沥油上盘，蘸淮盐佐吃。以甘脆酥化、焦香味美、肥而不腻、宜酒宜茶为特色。（黄明超）

大良冶鸡卷　见“大良野鸡卷”。

大良肉卷　见“大良野鸡卷”。

蚝油牛肉　广东名菜。以牛肉为原料，用泡油法烹制。洗净牛肉横纹切片，加入食粉、生抽、淀粉、清水拌匀，加食用油盖面上，腌制 30 分钟。用蚝油、味精、生抽、老抽、胡椒粉、麻油、淀粉和水混合调成芡液。腌制好的牛肉放进 130℃热油里泡至九成熟，捞起沥油。原锅留少许余油，下姜片、葱段、牛肉，烹绍酒，调入芡液炒匀，加包尾油出锅装盘。以牛肉软嫩、蚝香味浓为特色。（黄明超）

糟汁炒肱胱　又称糟汁泡肱胱、糟汁牛双肱。客家名菜。以牛双肱为原料，用油泡法烹制。剥去牛双肱外皮，去掉筋膜后洗净，在圆的一面剞刀距约 0.4 厘米的“人”字形花纹；另一面每隔 0.6 厘米横剞一刀，切成块，放入清水盆浸约 30 分钟取出，用毛巾吸干水分，下干淀粉拌匀。将精盐、味精、麻油、胡椒粉、糟汁、湿淀粉加汤水调成芡液。把牛双肱放进 150℃热油里泡至九成熟，迅速捞起沥油。原锅留少许余油，下蒜蓉、姜片、葱段、牛双肱，烹绍酒，调入芡液炒匀，加包尾油出锅装盘。以牛双肱口感鲜爽、糟汁味浓、芡色微红、芡匀油亮为特色。（黄明超）

糟汁泡肱胱　见“糟汁炒肱胱”。

糟汁牛双肱　见“糟汁炒肱胱”。

梅菜扣肉　客家名菜。以五花肉为主料，梅菜心为副料，用蒸法烹制。将五花肉洗净后放进汤锅中滚至熟，抹去肉皮上的水分和油脂，涂上老抽，用铁针密密扎孔，用 180℃热油炸至肉皮呈金红色，晾凉后切成长方形件，呈风车叶形排在扣碗里（也可叠齐排砌），加入用豆豉蓉、蒜蓉、姜末、南乳、精盐、味精、白糖、老抽、绍酒调匀的味料，用中火蒸 40 分钟至焓，取出，放进拌过白糖、花生油的梅菜心片，再蒸 15 分钟，取出滗汁，覆盖在盘上，原汁勾芡后浇在扣肉上即成。以圆包造型、色泽酱红、软焓醇香、肥而不腻为特色。可以选用梅菜干。梅菜干需用水浸开，切碎，挤干水分，用白糖、生抽焖透，与肉块一起蒸制。与盐焗鸡、酿豆腐并称为“客家菜三件宝”。（江志伟、黄明超）

将军啄石　客家名菜。以猪肚、乳鸽为主料，冬菇、瑶柱、白果、薏米为副料，用炖法烹制。把净光乳鸽塞进洗净的猪肚内，在肚尖处切一小孔让乳鸽头伸出。涨发好的瑶柱、冬菇和去衣的白果肉塞进猪肚里，用小竹签缝好肚口，再用水草扎牢，放进炖盅内，加入薏米、姜件、葱条、汤水、白糯米酒，加盖用中火炖 3 个小时至焓。拣起姜件、葱条，撇去浮油，加入精盐、味精即可。以猪肚、乳鸽焓滑，汤清芳香味鲜为特色。以该工艺为基础演变出“猪肚包鸡”。（黄明超）

东江窝烧鸭　客家名菜。以鸭为主料，糯米、莲子、猪肉、虾米、冬菇为副料，用煲法烹制。宰鸭时只煺毛不开膛，从颈背开口，取出连内脏在内的整个骨架，割去鸭尾臊，得到除颈背开口外完好的鸭皮和鸭肉，像个布袋，称为全鸭，洗净，沥干水分。糯米用清水浸 90 分钟，洗净，沥干水分。莲

子浸发至透。猪肉、虾米、冬菇切成粒。猪肉粒拌淀粉，与虾米、香菇粒、糯米、味精和猪油拌匀成馅料，从开口处填入鸭腔内，用草绳扎紧刀口，放入沸水里滚约1分钟。取出洗净，解去草绳，用铁针在鸭身扎小孔，用白布将鸭裹着用草绳扎紧，放入汤锅里用中火煲约4小时至熟，取出。解开绳和布，背朝上放于大碗内。割开鸭背，将精盐、味精、胡椒粉、香油、熟猪油兑成的味汁加进鸭腔内，拌匀，覆扣在大汤锅内，与烧沸上汤一并上桌。以口感软熟、味鲜香浓为特色。（黄明超）

东江扁米酥鸡 客家名菜。以鸡为主料，扁米、瘦肉、腊肠、鸡肝、虾米、冬菇、火腿为副料，用蒸法烹制。扁米由糯米蒸熟成饭晾干而成。宰鸡时只煺毛不开膛，从颈背开口，取出连内脏在内的整个骨架，得到除开口处外完好的鸡皮和鸡肉，像个布袋，称为全鸡。扁米用清水浸40分钟洗净沥干水。瘦肉、腊肠、鸡肝、虾米、冬菇、火腿切成0.7厘米的方粒；冬菇粒滚过，鸡肝粒和拌淀粉的瘦肉粒飞水。瘦肉粒、腊肠粒、鸡肝粒、虾米、冬菇粒、火腿粒、扁米、葱白粒在有猪油的锅内炒香，加精盐、味精、白糖，烹入绍酒炒匀成馅料。馅料从全鸡开口处填入，鸡颈皮绕过翼底打结封好开口，放进沸水中滚约半分钟，沥水后用铁针在鸡皮四周扎小孔，放入大汤碗里，姜件、葱条放在鸡面上，用中火蒸1小时，取出晾凉。裹上蛋液，粘上干淀粉，用180℃热油炸至皮酥呈金黄色，沥油装盘，鸡四周伴芫荽。烧热炒锅，下猪油，烹绍酒，加上汤、蒸鸡原汁、精盐、味精、蚝油、胡椒粉，用湿淀粉勾芡，加猪油、麻油推匀后，分盛4个小碗作佐料。生菜洗净，剪成圆片，分盛4小碟，跟酥鸡一同上席。用生菜片裹着鸡肉吃。（黄明超）

鸡炒酒 又称姜酒鸡、娘酒鸡、酿酒鸡、娘酒炒鸡、酒鸡。客家名菜。客家有以娘酒和姜酒鸡为产妇进补的传统。以鸡为主料，添加酒，用煮法烹制。选用1年左右的雄鸡或阉鸡，斩成大块，洗净。老姜切片放入锅加油煸炒至香气溢出，再放入鸡块爆炒至金黄色，转放入砂锅内，加娘酒文火煮30分钟即成。酒可选用黄酒、糯米酒。以酒醇鸡香为特色。有祛风除寒、通络祛瘀、活气养血、温补脾胃、促进乳汁分泌等功效。是药食同源的传统饮食文化，承载喜酒喜菜的功能。生儿育女时送姜酒鸡给亲戚，问喜（怀孕）也雅称"姜酒香否"。早期添男丁时要炒一大锅姜酒鸡，先祭拜祖先报喜，再分发给全村每家一碗共喜。（罗鑫、黄明超）

姜酒鸡 见"鸡炒酒"。
娘酒鸡 见"鸡炒酒"。
酿酒鸡 见"鸡炒酒"。
娘酒炒鸡 见"鸡炒酒"。
酒鸡 见"鸡炒酒"。

八刀汤 又称猪杂汤。客家名菜。据传源于广东河源紫金一带。在猪颈、猪舌、猪心、猪肝、猪肺、猪腰、小

八刀汤

肠、猪肚尖8个部位各取一刀，制成汤品，故得名。将切8个部位片、块放进骨头汤或山泉水中滚10分钟，加入精盐、胡椒粉、葱花调味即成。以汤清肉鲜为特色。以"三即"——即切、即煮、即食为最佳品质。（江志伟、黄明超）

猪杂汤 见"八刀汤"。

三及第 又称及第汤、三及第汤。客家名菜。以猪瘦肉、猪肝、猪粉肠为主料，枸杞叶为副料，用滚法烹制。

三及第

将猪瘦肉、猪肝切片，猪粉肠切段，加入精盐、味精、生抽、黄酒、淀粉、姜丝、胡椒粉、花生油腌制30分钟。锅内放水烧开，下腌制好的肉料，搅散，下洗净的枸杞叶、花生油烧开肉熟即成。习惯配腌面食用。以汤鲜肉嫩为特色。猪粉肠、猪肝、猪瘦肉分别象征在科举考试中的解元、会元、状元，"三元及第"就是连得三元。该汤品的设计及命名有劝勉读书人勤加努力，争取早日金榜题名的意思。"三及第制作技艺"2015年入选广东省第六批省级非物质文化遗产代表性项目名录。（罗鑫、黄明超）

及第汤 见"三及第"。
三及第汤 见"三及第"。

丙村开锅肉丸 又称开镬肉丸。客家名菜。以五花肉为主料，干鱿鱼、香菇、虾米为副料，用蒸法烹制。干鱿鱼、香菇、虾米浸发后切小粒，炒熟备用。五花肉剁成蓉状，加入精盐、味精、胡椒粉拌成肉胶，混合鱿鱼、香菇、虾米挤成肉丸，蒸熟、撒葱花或香菜趁热吃用。讲求热气腾腾、开锅即食，故得名。以味道鲜美、口感爽滑为特色。客家话"丸"与"圆"谐音，寓意团团圆圆，体现客家人对团圆的珍视。与萝卜丸、芍菜丸同装一盘，称"丙村三大"。（罗鑫、黄明超）

开镬肉丸　见"丙村开锅肉丸"。

油泡爽肚　又称油泡雪衣。广东名菜。以爽肚为原料，用油泡法烹制。爽肚就是猪肚蒂部铲去内层后斜刀片切而得的薄片，口感爽脆，故称爽肚。因色泽洁白又称雪衣。片切出的爽肚放在清水中漂片刻，用毛巾吸干水分，加入小苏打、精盐、味精和淀粉拌匀腌制1小时。精盐、味精、白糖、胡椒粉、麻油、淀粉加水混合成芡液。爽肚放在沸水中飞水约2秒，捞出沥水，放进130℃热油里滑油约5秒至九成熟，捞出沥油。原锅留少许余油，下姜花、葱榄、爽肚，烹绍酒，调入芡液勾芡，加包尾油出锅即成。以爽肚爽脆洁白、芡液均匀油亮、口感鲜爽脆嫩为特色。（黄明超）

油泡雪衣　见"油泡爽肚"。

白云猪手　广府名菜。以猪肘为原料，用滚法和醋浸法烹制。传说源于广东广州白云山。又因菜肴成品猪肘是洁白色的，故名。刮净猪肘的毛，去蹄甲，放进清水中滚60分钟，取出漂水，斩件，再滚至六成软熟，用清水漂90分钟。白醋加精盐、白糖烧开，晾凉。猪肘用沸水烫过，冷却后放进白醋里浸约6小时。上盘时撒上五柳丝和红辣椒丝。以皮爽肉滑、肥而不腻、酸甜可口、十分醒胃为特色。（黄明超）

白云猪手

鼎湖上素　广东名菜。据载源于广东肇庆鼎湖山庆云寺。20世纪30年代由广东广州西园酒家改制而成。黄耳、榆耳、银耳、花菇、竹荪、干蘑菇、桂花耳用水浸发或焗发，涨发后用清水分别滚过，用上素汤加调味品分别煨至入味。鲜草菇削去泥根，蒂部呈十字切两刀，菇伞切一刀。鲜草菇、白菌、鲜笋花分别用清水滚过，用素上汤加调味品煨至入味。鲜莲子滚焓。将滚煨后的各料放在锅内用素上汤加调味料焖透，取出，沥净水分。取大汤碗，按白菌、花菇、竹荪、鲜草菇、黄耳、鲜莲子、蘑菇、鲜笋花、榆耳的次序，各取一部分从碗底部向上依次分层排好，剩余各料全部放入碗中填满，蒸热后把碗覆在盘上，形成层次分明的山形，桂花耳放在"山"的顶部，银耳、炒熟的银针和菜软依次由里往外围在"山"边。炒锅下花生油，烹绍酒，下素上汤和调味料，用湿淀粉勾芡，取多量味芡液淋在"山"上，部分味芡液浇在银耳上即成。以鲜嫩爽滑、清香溢口、造型整齐、层次分明为特色。（黄明超）

蚝油扒柚皮　广府名菜。以柚子皮为原料，用扒法烹制。削净柚子皮的外层（即皮青，也可用火烧焦，放在清水中刮净），放进沸水中滚约2分钟，转放清水中边浸边用手挤压，去除苦味。在锅内用油把鲮鱼骨煎香，用竹算子夹好，放在砂锅内，加入汤水滚30分钟，加入精盐、味精、白糖后把挤干水分的柚子皮整齐地叠放在上面，加适量猪油，加盖煸20分钟至柚子皮软熟，取出沥水后排在盘上。锅内下汤水、精盐、味精、白糖、蚝油、老抽，用湿淀粉勾成稍稠的芡液，加包尾油推匀后浇在柚子皮上即成。以柚子皮软滑、味浓为特色。是巧妙利用下脚料的代表作。（黄明超）

蟹肉扒鲜菇　广府名菜。以蟹肉和鲜菇为原料，用扒法烹制。拣净蟹肉的碎壳。鲜菇削净，用清水氽过，放进有油的锅内与姜件、葱条一起煸炒约30秒，烹绍酒，加汤水、精盐、味精煨1分钟，沥水。烧热净锅，用油滑过，烹绍酒，下上汤、精盐、味精，放进鲜菇，用湿淀粉勾芡，放在盘上。烧热净锅，用油滑过，烹绍酒，下上汤、精盐、味精、胡椒粉，放进蟹肉，用湿淀粉勾芡，加包尾油推匀，铺盖在鲜菇上即成。也可在蟹肉勾芡后添加蛋清，蛋清成熟后成小块状。以黑白分明、清鲜爽滑为特色。（黄明超）

冬瓜盅　又称八宝冬瓜盅、玉液琼浆。广东名菜。以冬瓜为主料，瘦肉、鸭肉、蟹肉、田鸡肉、虾仁、鸭胗、烧鸭肉、火腿、鲜莲子、鲜菇、夜香花为配料，用炖法烹制。将青皮冬瓜蒂部切下一截长约25厘米，将刀口刨成斜边，修切出锯齿形，掏出瓜瓤，放进沸水中滚约10分钟后转放在清水中漂凉，令其透心，立于炖盅内。放入飞过水的鸡骨、田鸡骨、猪骨，灌满汤水，添加精盐，用中火炖约1小时至焓。同时将瘦肉粒、鸭肉粒飞水，放进炖盅内，加入火腿粒、姜件、葱条、绍酒和汤水，用中火炖约1小时至肉料软焓。取出冬瓜盅内的骨料，倒出原汤。鲜菇粒、鲜莲子用水滚过，虾仁、鸡肝粒、鸭胗粒飞水，蟹肉、烧鸭粒用沸水烫过。将炖肉粒的原汤和肉粒放进锅内，拣去姜、葱，加入所有配料，调味后灌进冬瓜盅内，盅口撒火腿蓉，插夜香花，用压成小饼形的精盐作佐料。以汤清味鲜、质感软焓为特色。（黄明超）

八宝冬瓜盅　见"冬瓜盅"。
玉液琼浆　见"冬瓜盅"。

糕烧芋泥　潮汕名菜。以芋头为主料。芋头去皮，切成大片，放进蒸笼炊熟，趁热用刀压成芋蓉。入鼎内放少量猪

油、芋蓉和少量白糖放进鼎边搅拌边翻炒。先用慢火，边铲边加入白糖，加至白糖量达到一定的配比，翻炒至芋茸水分全部挥发，再加入熟猪油，边铲翻边加到一定配比。传统配方是500克芋茸配500克白糖和200克熟猪油。成品表面有油膜。以口感细腻油滑、芋香浓郁、甜润可口为特色。（许永强、肖文清）

糕烧芋泥

护国菜 又称云腿护国菜、云腿素菜汤、云腿薯苗羹。广东名菜。以番薯叶等为主料，用烩法烹制。传说南宋

护国菜

末年少帝赵昺逃难途经广东潮州，品尝当地人制作的菜羹后赐名。选用嫩番薯叶，择去叶梗，用添加苏打的水滚过，漂洗碱味剁细，放进锅内用猪油炒过，加上汤和煨过的草菇丁，调味略炆，勾芡，出锅，放进汤锅内，撒上火腿蓉即成。（黄明超、肖文清）

云腿护国菜 见"护国菜"。
云腿素菜汤 见"护国菜"。
云腿薯苗羹 见"护国菜"。

金钱酥柑 又称金钱酥。潮汕菜点。

选用个头适中的蜜柑，去皮。将柑掰片，去筋膜，用开水泡以去其酸味，用刀从柑瓣的外侧切开，不切断，摊开后成金钱状的圆形，去除柑核。将备好的糖腌白肉片、糖冬瓜片、橘饼切成圆形片，摆放在柑片上，再取一片柑片盖上，裹上淀粉，再裹上鸡蛋面浆，油炸而成。形如铜钱，色泽金黄，脆嫩多汁，香甜可口。（方树光、肖文清）

金钱酥 见"金钱酥柑"。

蚝油茭笋 又称蚝油茭白。广府名菜。以茭笋为原料，用清炒法烹制。剥茭笋外皮，切去老根，洗净剖开，斜切成片，放进沸水中滚1分钟，捞起沥水。烧热净锅，用油滑过，下蒜蓉爆香，下茭笋片、精盐、味精、白糖、葱段慢火煸炒约20秒，调入蚝油、老抽、胡椒粉、麻油，用湿淀粉勾芡，加包尾油炒匀出锅装盘。以茭笋脆嫩、蚝香味鲜为特色。（黄明超）

蚝油茭白 见"蚝油茭笋"。

海南椰子盅 海南名菜。以椰子、鸡肉、火腿、香菇、鲜奶、椰汁为原料，用炖法烹制。剥椰子衣，刨刮外壳，洗净，横锯顶部约五分之一，锯出部分留作盖，倒出椰汁，放入淡汤、精盐、田鸡骨、鸡骨等骨料炖1小时。鸡肉切粒拌淀粉，飞水；火腿切粒；香菇涨发后滚1分钟，切粒。倒出炖椰子的汤水及骨料，重新注入上汤，加入鸡肉粒、火腿粒、香菇粒、精盐，加盖用中火炖1小时，加入椰汁、鲜奶，再炖3分钟至返热即可。以椰奶香浓、清鲜滋润为特色。（黄明超）

客家酿豆腐 又称东江酿豆腐。客家名菜。以豆腐为主料，猪肉、香菇等为副料，用煎法或蒸法烹制。猪肉剁

客家酿豆腐

成蓉状，香菇泡发后切细粒。猪肉蓉加精盐、生抽、胡椒粉、淀粉搅拌成肉胶，加香菇粒、葱末搅拌成馅。水豆腐切成长方形块，面上挖凹槽填入馅料，先煎有馅的一面，再煎另一面至两面金黄色，下汤水，调味略焖，收汁，撒葱花出锅。也可将豆腐切成三角形，从侧面酿入馅料，或蒸或煎或焖均可。油豆腐则切开口，挖出瓤，酿进馅料，蒸熟，可直接食用，也可配萝卜、青菜再次焖制。酿豆腐是客家人传承中原传统饮食文化在迁徙地因地制宜创造的食品。在此技艺上演变的酿苦瓜、酿茄子、酿角椒被誉为"酿三宝"。"客家酿豆腐烹饪技艺"2015年入选广东省第六批省级非物质文化遗产代表性项目名录。（江志伟、黄明超）

东江酿豆腐 见"客家酿豆腐"。

酿春 客家名菜。以鸭蛋、猪肉为原料，用浸法制作。客家人将"卵"称作"檚"，"檚"即蛋，酿檚即是酿蛋。也因"檚"与"春"谐音，民间多写作"酿春"。将五花肉、虾米、香菇等剁碎，调味，加淀粉和水拌匀作肉馅。打鸭蛋，用竹篾在蛋黄上挑出一个小口，再挑起肉馅填入蛋黄中，保持蛋黄的膜不破裂，放入约90℃热水中浸熟，转放入粉丝垫底的砂锅中加汤水煮开，撒上胡椒粉和葱花即成。以嫩滑爽口、味道鲜美、造型别致为特色。（罗鑫、黄明超）

凤凰浮豆干 潮汕小吃。即炸豆干。产于今广东省潮州市凤凰山。选取黄豆，用凤凰山泉水浸泡5—6小时，用石磨磨成浆，煮滚后加入盐卤，形成一粒粒米粒状，用布包好，装入约10厘米的小方块板模中，用木板压上挤出水分，挤压成小块豆干，再用花生油炸成金黄色，切成四块，配上当地人称为"草仔"的薄荷叶，点蘸专门配制的辣椒蒜泥醋进食。（方树光、陈育楷）

凤凰浮豆干

潮式卤水 又称潮汕卤水、潮汕卤味。潮汕卤制品的总称。卤是中国古老烹饪技艺，潮汕卤水可以指"卤汤"，把八角、桂皮、香叶、甘草等香料放进铁鼎慢火煸焙至香味溢出，放入器皿中加入热油浸泡12小时，取油待用，把香料用纱布包裹扎紧为香料包；用猪油炸过的干葱渣与南姜、带皮蒜头、原条红辣椒等包裹成配料包，将香料包、配料包和飞水过的五花肉、大骨等放入足量清水中旺火烧开再转慢火熬制1小时，加入香料油、干葱

潮式卤水拼盘

油以及生抽、老抽、鱼露、盐、冰糖等再熬制6小时，去除上述物料及杂质，即为卤水（汤）。也可指用特制卤汤卤制的各种禽畜水产和瓜果蔬菜菜肴，最经典的是卤鹅，常见的还有卤鸭、卤肉、卤大肠、卤蛋、卤豆干、卤苦瓜和卤汤焯通心菜、香菜等。卤鹅或卤味拼盘是宴席第一道菜。（许永强、黄进贤）

潮汕卤水 见"潮式卤水"。
潮汕卤味 见"潮式卤水"。

潮汕卤鹅 潮汕名菜。选用本地狮头鹅，用特制潮式卤水卤制。调制卤水的材料主要有南姜、八角、桂皮、川

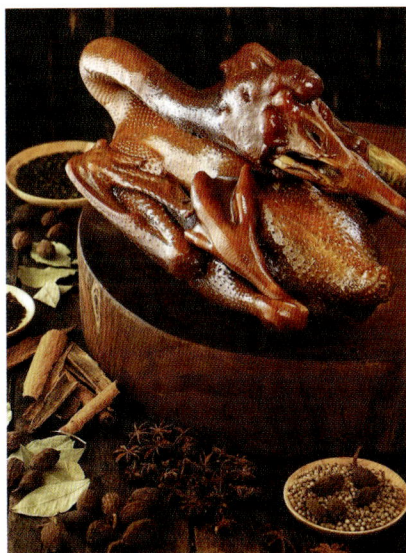

潮汕卤鹅

椒、甘草、香茅、丁香、香叶、草果、陈皮、罗汉果、蒜头、芫荽头、葱头以及酱油、冰糖、料酒、焦糖等。添加五花肉、猪头皮，使卤汤有肉香味；南姜含有挥发姜油酚、姜油酮等，有解表散寒、解毒和去腥增味等功效；焦糖作用为着色，使卤鹅有光泽亮度。开卤水的中药材和调料分装两个袋子。制作过程中把鹅吊起淋卤汤四次，使内腔均匀受热，肉质香嫩油腻。整鹅呈棕色，油润光泽。晾干后可切件或起肉、片肉、摆盘，配

蒜头醋或原卤汤上桌。"汕头卤鹅制作技艺"2018年入选广东省第七批省级非物质文化遗产代表性项目名录。（许永强、肖文清）

碌鹅 又称沥林燒鹅。广东名菜。以黑鬃鹅为原料，用焖法烹制。将宰杀好的黑鬃鹅洗净，沥干水分，豆瓣酱、

碌鹅

生抽、蒜蓉、姜米等配成的酱料涂匀鹅腔，用老抽涂匀鹅身，放入有花生油的大锅内煎至鹅身呈金黄色，烹入绍酒，加入浸至鹅身半高的清水、精盐、白糖，加盖猛火烧开，用小火焖制约40分钟，将鹅在锅内适当翻动碌制致熟。晾凉后斩件装盘砌成鹅形，淋原汁即成。以味道香浓、肉嫩滑为特色。（黄明超）

沥林燒鹅 见"碌鹅"。

笪桥隔水蒸鸡 广府名菜。明末清初由广东省化州笪桥叶姓厨师始创。以散养土鸡为原料，用蒸法烹制。用精盐、味精、绍酒、姜蓉抹匀光鸡内外，腌制20分钟，视鸡的大小用中火蒸18—25分钟。蒸熟后把鸡趁热撕成几大块装盘，淋上蒸鸡的原汁即成。可选用鸡项，也可选用骟鸡。以皮色微黄、香味四溢、肉质鲜美、皮爽肉滑、原汁原味、油而不腻、骨都有味为特色。（黄明超）

均安蒸猪 广府名菜。创始于清同治年间广东省广州府顺德县均安一带。

均安蒸猪

其流传得益于顺德的祠堂文化。以整头中猪为原料，用蒸法烹制。猪只屠宰后洗净，起除脊骨外的全部骨骼，加入精盐、白糖、黑椒粉、五香粉等调味料揉抹猪的内外，腌制2小时。把整猪铺放在杉木箱里的拱形木条架上（现在多用不锈钢架），木箱底部留有透气的孔，盖上箱盖，放入土灶大铁锅上，猛火蒸约1小时至熟。斩件上盘撒一层炒香的芝麻即成。以皮滑肉爽、腴美肥嫩、入口酥化为特色。（黄明超）

黄花肉扎 广府名菜。源于清代广东省广州府清远县新民村。以猪八样（猪舌、猪脸肉、猪耳朵、猪肚、猪腰、猪心、猪肝、猪臀肉）为主料，黄豆腐干、酸笋、头菜、红葱头、生姜、豆角（或韭菜）等为副料，用煮法和焯法烹制，手工捆扎而成。各种食材分别用水煮好或焯好，在砧板上切成大小、长短均等的片状、条状或丝状，每种食材取一片（条），用焯熟的豆角（或韭菜）将其捆扎成柴把状的肉扎，呈同心圆状围放在竹编"窝篮"上便可供享用。食法随意，传统食法将肉扎放入醋中浸透后食用，集酸、甜、咸、香、脆、爽于一体。（黄明超）

保安围扣肉 广府名菜。以猪五花肉为主料，芋头为副料，用扣蒸法烹制。将五花肉修切成大方块，用汤水滚半小时后捞出，抹干表面水分和油脂，趁热用铁针在肉皮上密密扎孔，并用精盐在皮上揉磨，放进180℃热油中炸至金黄色，捞起，放在温水里浸泡30分钟，切成长方块。芋头削皮洗净后切成和猪肉差不多大小的芋头块，下油锅炸至略收缩，捞出沥油。肉块放进蒜蓉、南乳、精盐、味精、白糖、绍酒、八角末、老抽等调料拌匀，皮朝下与芋头块相间排在大碗填满，余下味汁全部放进碗里，用中火蒸一个半小时至软烂。取出，滗出味汁，覆盖在同样大小的碗里，原汁调味勾芡浇在扣肉面上即成。以甜而不腻、味道醇香、入口即化为特点。东莞喜庆筵席常有此菜。芋头莞音为"富"音，寓意大富大贵。（黄明超）

潮州糟肉 又称凤凰红糟肉。潮汕名菜。红糟肉包括糟猪肉、糟鸡肉、糟鸭肉等。制作红糟肉的红曲，是以籼稻、粳稻、糯米等稻米为原料，用红曲霉菌发酵而成的棕红色或紫红色米粒。将糯米煮成比较稠的粥，温度降至30℃左右，下红曲并搅拌均匀，盖上盖子发酵约24小时，即成为糟。选择最佳发酵时间放进煮好晾凉的肉和调料，再盖好放置两天，即可开盖食用。以松脆爽口、肥而不腻、营养丰富为特色。是广东省潮州市凤凰镇节日招待宾客的重要菜肴，红彤彤的红糟肉寓意着红红火火的新年。（方树光、陈育楷）

凤凰红糟肉 见"潮州糟肉"。

黄金酥丸 又称炸过大肉丸。广府名菜。相传其名源自一副民间对联"黄金万两送千金，酥丸一对迎十丸"的横批"黄金酥丸"。以猪后腿肉为原料，用炸法烹制。将刚宰杀的猪后腿肉切成拳头大小的肉块摊开降温，用铁锤捶打成肉糜。将肉糜放在大盆内，加入盐水及淀粉，用手搅拌至肉糜变成肉胶，挤成重30克左右的肉丸，用160℃热油炸至外表金黄，内熟即可。以外表金黄酥化、肉质爽滑柔韧为特色。清代广东惠阳人杨明以黄金酥丸飨宴袁枚，被袁枚记录在《随园食单》上。"黄金酥丸制作工艺"2015年入选广东省第六批省级非物质文化遗产代表性项目名录。（黄明超）

炸过大肉丸 见"黄金酥丸"。

石埗羊肉 广府名菜。始创于20世纪30年代广东省东莞县寮步石埗村。以海南东山羊为原料，用焖法烹制。将带皮剔骨羊肉切块，放入锅内干煸至羊肉表面焦黄和微有焦香，去除羊肉水分。锅内放入花生油、老姜片爆香，加入羊肉块翻炒至香，加入过面的清水和用寮步豆酱、桂皮、八角、小茴香、草果、香叶、甘草调制而成的酱料，焖约90分钟，加入精盐、白糖、花生酱、麻油，转放进砂锅内，加入焖制的汤汁边滚边食。以肉质焓滑、芳香无膻味为特色。（潘英俊、黄明超）

排瑶牛皮酥 广东名菜。流传于今广东省清远市连南瑶族自治县八排瑶地区。选用牛龄5年左右的黄牛皮，生牛皮不用褪毛，直接把牛皮切成一小块吊在火塘上熏干或整张牛皮钉在木屋外风干。食用时，在风干的牛皮上切下所需的分量，连毛一起放入火炉搪烧。烧透后取出牛皮放在硬木墩上反复捶打，使之松软，且能掰开即可。

将捶好的牛皮放入沸水中浸泡 15 分钟，再用 30—40℃的温水反复搓洗，直到牛皮露出金黄色。配料包括食油、食盐、黄豆、姜、辣椒和排瑶特有的野生香草"古獠"等。以焖为主，把黄豆慢火炒熟后起锅备用，再烧红油锅将清洗好的牛皮和食盐入锅炒，后用沸水作汤焖 10 分钟，加入配料和黄豆捞起即成。以松、软、糯、香、爽口为色。"排瑶牛皮酥制作技艺"2015 年入选广东省第六批省级非物质文化遗产代表性项目名录。（谭小苗、郝志阔）

潮州牛肉火锅 又称潮汕牛肉火锅。潮汕特色饮食方式。用产自云贵川和内蒙古地区的黄牛肉。将牛肉划分出

潮汕牛肉火锅

10 多个不同味觉和口感的部位，牛脖子上隆起部位里的一小块称为脖仁的雪花肉；肩胛骨上下两片则分别称为匙仁和匙柄；里脊肉可分为吊龙心、吊龙边、吊龙伴；前腿腱子肉带筋膜横切成薄片，呈现出三层美丽的花纹，称为三花趾；后腿花纹有五层，称为正五花。还有牛舌、生板筋、牛百叶、牛粉肠、生熟肉丸和胸口膀等，其余部位的肉被捶打制成牛肉丸。最后还可以用底汤烫潮汕粿条，拌以沙茶酱和芹菜粒。用于火锅的蘸料以沙茶酱和潮汕辣椒酱为主；雪花肉则点蘸普宁豆酱。为保持牛肉的原味和鲜嫩口感，当下流行用清汤或矿泉水作清汤锅底。（林海平、陈非）

潮汕牛肉火锅 见"潮州牛肉火锅"。

潮汕鱼饭 潮汕特色食鱼方式。因潮汕沿海渔民以鱼为饭而得名。通常以潮汕低价位的近海（浅海）鱼为原料，如巴浪（蓝圆鲹）、吊景（颌圆鲹）、宽目（竹荚鱼）、花仙（鲐鱼）、姑鱼（金色小沙丁）、那哥、三黎鱼（斑鰶）、伍笋、银鱼等主要品种。渔船抵岸后，用鱼篓对鱼进行分类分装，撒上薄盐，在每个鱼篓上放上铁筛，一次可叠装十几篓，放入盐水锅中先用猛火后用文火煤制，即可起锅。另用沸盐水洒淋鱼身，并将鱼篓放在架子上晾凉即成。将鱼尾放在中间，鱼头放在边沿，每一层均匀撒一层盐摆晒，使鱼与鱼之间有空隙，煮鱼时鱼汤能够迅速渗入，使鱼均匀受热。鱼和盐的比例大概是 20：3。能保持鱼的鲜味，又能存放较长时间。食用时点蘸普宁豆酱为最佳搭配。"达濠鱼饭制作技艺"2018 年入选广东省第七批省级非物质文化遗产代表性项目名录。（陈伟松、肖伟忠）

潮汕蚝烙 潮汕小吃。以广东省汕头市濠江区或潮州市饶平县汫洲镇产的每粒约 2 厘米大小的新鲜蚝仔（珠蚝）为原料，上等雪粉（番薯粉）、鲜鸭蛋为配料，用煎烙法烹制。蚝仔、雪粉、葱珠粒拌匀，倒入预热的平煎鼎内，用熟猪油，边煎烙边搅拌，半糊化、后抹平。再放入有辣椒酱的鸭蛋液，摊在上面，煎至两面呈金黄色即可。以外酥脆、内鲜嫩为特色。食用

潮汕蚝烙

时放上芫荽叶，搭配撒有少量胡椒粉的鱼露蘸料。（陈少俊、肖文清）

潮州薄壳烙 潮汕小吃。见"潮汕薄壳米"。

古井烧鹅 广东名菜。以黑棕鹅为原料，用烤法烹制。选用生长期约 3 个月的放养黑棕鹅为原料。腌制原料除生抽王、白糖、精盐、蒜蓉、五香粉、汾酒、桂皮、茴香、新会陈皮、芝麻油外，还有一些秘制的酱料。用耐烧、少烟、有木香、干透的陈年荔枝木为燃料。制作工艺与挂炉烧鹅基本相同。以皮脆汁浓、肉香甘甜为特色。据说是采用南宋宫廷秘方。宋元崖门海战（发生于今广东新会）后，在南宋宫廷负责制作烧鹅的御厨到银洲湖西岸仙洞村开了间烧鹅店，把鹅烧得色香味独特。其女嫁到银洲湖东岸古井村时将秘制烧鹅手艺带到古井村。"古井烧鹅"之名由此而起。（黄明超）

金巢琵琶鸭 广东名菜。由广东省珠海市斗门区乾务镇虎山村金巢烧味店创制。以白毛母鸭为原料，用明炉烤法烹制。因烘烤后成品外形酷似民乐器琵琶而得名。制作过程包括煺毛开膛、清洗除油、卸裹整形、配制酱料、腌制鸭身、晾晒风干、明炉烧烤、整形出品等工序。以趁热品尝为最佳，表皮香脆，香味独特，外酥内嫩不肥腻，以自家秘制的梅膏酱蘸食，咸甜适口，甘脆爽口。（黄明超）

明火叉烧烧排骨 广东名菜。民国初年，广东珠海大赤坎村赵池大（即赵佐修）在菲律宾马尼拉创制。选用梅头肉（猪肩部）和水肋排，经自配酱料腌制、晾干、悬挂在特殊大烤炉内烤制，边烤边涂适量的天然甜味料。以肉质软嫩多汁、色泽鲜明、香味四溢、滑爽不腻为特色。承传广东叉烧

的风味，又独创自身酱料配方和加工工艺，具有独特酱香和荔枝柴香。（黄明超）

红烧乳鸽 又称烧乳鸽。广东名菜。以乳鸽为原料，用炸法烹制。宰杀洗净的乳鸽用精盐、味精、五香粉、姜

红烧乳鸽

件、葱条和露酒腌制 2 小时，用沸水淋烫表皮，涂上麦芽糖糖水，晾干，放进 180℃ 热油中炸至稍变金黄色，降低油温浸炸至熟，升高油温炸至大红色出锅，沥油，切件摆盘即成。用淮盐、噏汁作佐料。以皮色红亮、肉嫩味鲜、鸽皮酥脆、气味芳香为特色。（黄明超）

烧乳鸽 见"红烧乳鸽"。

广府粥品 广东小吃。按米的种类分粳米粥和糯米粥两类。广东以粳米粥为主。按味道分淡、咸、甜三类。淡粥一般称为白粥或明火白粥，米粒完全糜化，成绵滑的糊状。咸味粥一般是肉粥。甜味粥一般添加莲子、百合、红豆、绿豆、海带、茅根等植物原料，以糖调味。按制作方式分煲粥和生滚粥两类。粥料与米一起同煲成粥为煲粥，常见咸味煲粥有柴鱼花生粥、菜干猪骨粥、咸猪骨粥、坠火粥（咸瘦肉粥）、蚝豉粥等。常见甜味煲粥有红豆粥、茅根粥、八宝粥、莲子百合粥、淮山粥、海带绿豆粥、番薯粥等。将白粥烧开，放进粥料滚熟成咸味粥为生滚粥。常用粥料有鱼片、猪肝、肉片、牛肉片、鸡胗肝、鱼丸、肉丸、

牛肉丸、墨鱼丸、浮皮丝、海蜇丝、叉烧丝、烧鸭丝、鱿鱼丝、水蛇肉、蚬肉、蟛蜞、生菜、菜心粒、炸花生仁、蛋丝、薄脆、葱花、香菜等。艇仔粥、及第粥属于生滚粥。以调节口味、增加食欲、容易消化为特色。（黄明超）

东莞粥品 广府小吃。流传于今广东省东莞市。粥品有道滘肉丸粥、虎门蟹黄粥、水蛇粥、生蚬粥、蟛蜞粥、茅根粥等。道滘肉丸粥以肉丸小巧玲珑、滋味爽口鲜美、粥绵纯滑带香著称。茅根粥以茅根、竹蔗、玉竹、马蹄、眉豆、腐竹熬制而成，有清热滋润功效。一荤一素成为东莞粥品代表。早餐通常是陈皮、咸榄熬制的明火白粥。（黄明超）

艇仔粥 广东小吃。在小船上制作和售卖的粥品。由珠江三角洲疍家始创，在广东广州发扬光大。广州人将小船称为艇仔，因而得名。早期艇仔粥用打捞的鱼、虾、蟹、蚬、螺等加粳米熬成，粥味鲜甜。现在的做法是先用粳米熬成绵滑粥底，将滚烫粥底倒入盛有选定配料的碗中烫熟烫热即成。常用配料有鱼片、猪肉片、牛肉片、浮皮丝、海蜇丝、叉烧丝、烧鸭丝和鱿鱼丝等。炸花生、油条段、葱花、蛋丝、薄脆等配料多放粥面。用精盐、胡椒粉调味。以粥底绵滑、味道鲜美、配料丰富为特色。（黄明超）

艇仔粥

阳山麦羹 又称玉米羹。广东小吃。

流传于今广东省清远市阳山县。阳山人称玉米为包麦，因而得名。老玉米脱粒磨成玉米粉，加清水搅拌均匀，倒进沸水锅内，边倒边搅拌直至完全匀和纯滑，加入少许食用碱搅拌 10—20 分钟即可。食用时可配酸笋、酸菜、青菜、橄榄菜等佐食。以入口细腻、润滑、香甜、鲜美为特色。（黄明超）

玉米羹 见"阳山麦羹"。

沙河粉 又称河粉。广府小吃。因广东省广州市沙河镇用白云山泉水制作而得名。籼米洗净后用清水浸泡 1 小

沙河粉

时，磨成稀粉浆，倒在密眼竹簸箕内摊平，用旺火蒸熟，晾凉后切成带状即成。食法可做汤粉可炒粉。做汤粉，所磨米浆水分比例要大些，要进行 1—2 个小时搅拌使之发酵。用作炒粉，则水分要少些，不必发酵。以粉薄透明、韧而爽滑为特色。"沙河粉传统制作技艺"2012 年入选广东省第四批省级非物质文化遗产名录。2021 年入选第五批国家级非物质文化遗产代表性项目名录。（黄明超）

河粉 见"沙河粉"。

万宁后安粉 又称海南粉。海南小吃。流传于今海南省万宁市后安镇一带。以籼米为原料，用蒸法烹制。籼米浸水磨浆，放在蒸盘内蒸成薄片，切条成粉坯，配猪什汤及猪什食用。以米粉柔韧、汤清味鲜、猪什嫩滑为特色。（潘英俊、黄明超）

海南粉　见"万宁后安粉"。

海口甲子粉　海南小吃。流传于今海南省海口市琼山区甲子镇。以籼米为主料，多种食材为副料，用蒸法烹制。籼米浸水磨浆，掺入番薯淀粉在蒸盘内摊薄，猛火蒸成粉片，切条成粉坯。有腌粉和汤粉两种食用方式。以牛肉干、猪肉干、炸花生、炸芋头、芝麻、酸菜、黑豆芽、葱花等作配料，与粉坯捞拌而食的方式为腌粉；猪肉汤配上猪肉片、海虾、海蟹、贝类、海鲜等调制成肉汤，加进粉坯食用的方式为汤粉。以粉质柔韧、汤清味鲜、味道咸香为特色。（潘英俊、黄明超）

陵水酸粉　海南小吃。流传于今海南省陵水黎族自治县。以籼米为主料，多种食材为副料，用蒸法烹制。籼米浸水磨成米浆，沥去水分后揉成小粉团，用猛火蒸熟。取出揉搓透彻，放在榨粉机里压榨成丝条状滚熟成粉条。净粉条置于碗内，依次加入牛肉干、沙虫干、鱼饼片、炸花生米、滚熟的韭菜段、酸醋汁、粉糊、蒜头油、香菜、黄灯笼椒，搅拌均匀即可食用。以鲜、酸、辣俱全为特色。（潘英俊、黄明超）

陈村粉　广府小吃。流传于今广东省佛山市顺德区陈村镇。清末民初顺德陈村人黄但创制，当时称为粉旦（但）。可与多种食材结合，不同烹调方法烹制出不同成品。籼米用清水

陈村粉

淘洗干净，沥水后再用清水浸5—8小时，连水一起磨成米浆，加入玉米淀粉、红薯淀粉和澄面搅匀，倒在密眼竹簸箕内摊平，用旺火蒸熟。以薄、爽、滑、软为特色。（黄明超）

德庆竹篙粉　又称竹篙粉。广东小吃。流传于今广东省肇庆市德庆县。因蒸熟后需搭在竹篙上晾凉而得名。用清水浸米，磨成米浆后冲浆（即米浆从高处往下倒，下面用桶承接），加入适量淀粉和花生油搅拌均匀，放到铁制器具里摊成薄薄的一层，用中火蒸熟。取出后搭在粗大的竹篙上晾凉，切条后可以直接拌味料食用，也可以烹制后食用。以口感爽滑为特色。（黄明超）

竹篙粉　见"德庆竹篙粉"。

濑粉　广东小吃。广东省佛山市高明区、东莞市厚街镇、中山市三乡镇和广州市西关是发源地，流行于广东恩平、开平马冈和深圳公明。各地的制作工艺、食材搭配各有特色。将干粳米粉加入80℃左右的热水搅拌、搓揉均匀，添加清水将粉团搅成糊状为粉糊。将粉糊装进有漏孔的濑粉模具里，从漏孔自然或挤压成圆条形落入约90℃的锅水里，濑粉模具在锅面上顺同一方向濑动。约2分钟成熟，捞出放进清水中"过冷河"。食用时放进沸水中烫过，铺上熟食材，浇进味汤即成。素濑粉仅撒葱花，荤濑粉食材配料有烧鹅、烧鸭、叉烧、牛腩、排骨、猪肉、猪杂、鸡等。可作早餐、正餐，也可作宴席主食。以长、韧、爽、滑为特色。"厚街濑粉制作技艺"2015年入选广东省第六批省级非物质文化遗产代表性项目名录。（黄明超）

儋州米烂　海南小吃。流传于今海南

省儋州市。以籼米为主料，多种食材为副料，用滚法烹制。籼米浸水磨成米浆，加沸水烫成半生熟米粉糊，放进带孔眼的酹粉器里，从孔眼挤出酹入沸水里滚熟成粉条，放入流动清水里漂凉。用沸水略烫，沥水，加入用蒜蓉、葱花、烫熟的豆芽、炒香的白芝麻、炸花生、芹菜粒、酸菜粒、豆角粒、虾皮、猪肉粒、五香粉等炒制成的调味料，凉拌即可食用。以粉条质感软滑、口感清爽、滋味鲜香为特色。（潘英俊、黄明超）

琼海鸡屎藤粑仔　海南小吃。流传于今海南省琼海市。鸡屎藤又称皆治藤、鸡矢藤。清屈大均《广东新语》记载有食用鸡矢藤之事。以鸡屎藤粉与米粉团为主料，用煮法烹制。将新鲜鸡屎藤叶和藤晒干，打磨成粉。籼米粉浆沥去水分，揉成小团猛火蒸熟，加入猪油及鸡屎藤粉搓揉透彻，揉成小团，搓成两端尖、中间粗的粑仔条，或擀成薄片再切成细条。把粑仔条放进沸水锅中，下姜丝、椰丝和适量红糖烧开即可。也可把滚熟的粑仔条放进椰奶里加冰块冷食。以香甜软糯为特色。（潘英俊、黄明超）

肠粉　广东小吃。将粘米磨成米浆，放在蒸盘上蒸成一张米膜，用刮板刮拨成圆筒形，铡断，放在盘上，浇上酱油即为肠粉。配料分三种：没有配料的是斋肠粉，下肉料的是荤肠粉，非肉料的是素肠粉。个别地方有甜肠粉。常用荤料有猪肉、牛肉、虾仁、

肠粉

猪肝、腊肠、鸡蛋等，常用素料有云耳、金针、金针菇、香菇、油条等。无论荤料素料，蒸前一字形横排在生粉浆里一起蒸熟。从制作工具来看，分为布拉肠粉和抽屉式肠粉两种。布拉肠粉粉浆浇在蒸盘布上蒸制，口感比较软滑。抽屉式肠粉粉浆浇在抽屉式蒸盘上蒸制，口感软滑带爽，出品效率高。用专门调制的酱油调味，潮汕地区也有配汤汁。各地均有肠粉，风味各异，以软滑为基本特色。（黄明超）

宰相粉　又称清化粉、剪粉、切粉、香粉。广东小吃。产于今广东省韶关市始兴县，因渊源于唐朝名相张九龄而得名。以新籼米为主要原料，经过选米（早、中、晚稻米各占70%、20%、10%的比例较好）、洗涤、浸泡、磨浆、蒸等工序制成粉皮，晾至八成干，用30—40℃温水泡软，切成粉条，捆扎成形，晒干，包装。以晶莹油润、粉色透明、米香浓郁、炒而不烂、煮而不糊、口感柔韧、滑爽为特色。2010年列为国家地理标志保护产品。"宰相粉制作技艺"2015年入选广东省第六批省级非物质文化遗产代表性项目名录。（黄明超）

清化粉　见"宰相粉"。
剪粉　见"宰相粉"。
切粉　见"宰相粉"。
香粉　见"宰相粉"。

云吞　广东小吃。面粉过筛，加入清水和少许精盐搅拌均匀，揉成面团，擀成薄片，切成约8厘米×8厘米正方形即为云吞皮。包裹馅料捏好即为云吞。大小以一口一颗为标准。通常用汤水滚熟，加入面条和汤成为云吞面。不配面条即为净云吞。馅料常以猪肉为主料，韭黄和葱花为副料，混合剁碎并调味而成，或加入虾仁、大

地鱼末、香菇、马蹄、香菜、芹菜制作馅料。以香滑爽口为特色。也可用炸法烹制，如锦卤云吞。炸法烹制，馅料稍少，用糖醋芡调味，一般会配几块烧鹅。（黄明超）

竹升云吞面　广东小吃。用大茅竹竹竿压打出来的面条，粤语习惯将竹竿称为竹升而得名。早在民国时期开始流行。制作用的竹竿要粗大，一头套在案板边的铁环，另一头伸出案板另一边。面粉加鸭蛋、少量的水（也可不加水）和面碱揉成面团置于竹竿下，师傅骑坐竹竿上单脚一蹬一蹬，使竹竿碾压面团，边碾压边移动竹竿，直至面团柔顺筋度大，放进压面机轧出银丝般面条。水沸腾时下面条快速搅散，即捞出来"过冷河"，再放进滚沸的水里面焯一下，盛进有猪骨汤的碗里，放上滚熟云吞和青菜即可食用。以爽滑、柔韧、鲜美为特色。（黄明超）

竹升云吞面

外海面　又称外海竹升面。广东小吃。流传于今广东省江门市。因发源自外海镇而得名。用优质面粉加鲜鸡蛋按一定的比例配制而成。和面后用竹升压面团增加面的筋度。以制作精细、爽口为特色。（黄明超）

外海竹升面　见"外海面"。

腌面　又称梅州腌面。客家小吃。将手工制作的面条煮熟捞起，倒入碗中，加入蒜蓉油、葱花搅拌均匀即可。以蒜香扑鼻、面条爽滑为特色。常与三

腌面

及第汤、枸杞猪肉汤搭配食用。（罗鑫、黄明超）

梅州腌面　见"腌面"。

爱西干面　潮汕小吃。始创于20世纪30年代。位于汕头老市区小公园的店址沿用至今。广东潮汕地区传统风味粿条面类餐点经典代表之一。标配是一碗干面一碗汤。面主要有两种，一种略薄，浅黄色，柔韧爽脆，俗称"面薄"；另一种细圆，黄绿色，质感润湿，暗香深沉，俗称"生面""湿面"。面条在汤锅里煮熟抖干，倒入碗里。丁面伴料主要是精制的吊（风）干卤肉片，淋上沙茶酱、花生酱、芝麻酱等调制成的酱、卤汁、清油（膡）、葱珠（油）等，搅拌均匀即可。配面什锦汤以骨汤为底，汤里有肉片、猪杂、猪肉丸、猪肉饼、鱼丸以及青口、蚝、鱿鱼片等各式海鲜及生菜等。面香、肉香、酱料香融为一体；汤料丰富，鲜爽可口。干湿搭配，美味实惠。（陈少俊、陈非）

海南鸡饭　海南特色主食。以海南文昌鸡为主料，籼米为副料，用浸法和煮法烹制。用汤水将光鸡浸熟或蒸熟，晾凉备用。籼米洗净，放入瓦罉，加入适量浸鸡汤或蒸鸡渗出的汁、鸡油及椰子油煮成米饭。在米饭即将煮好时，将熟鸡斩件铺在米饭上面，盖上盖子，焗至米饭完全熟透即可。食用时配花生油、豉油和炒熟的青菜。以

鸡肉鲜美嫩滑、米饭芳香甘美为特色。（潘英俊、黄明超）

糯米鸡 广府名点。以糯米饭、鸡肉、猪上肉、五花肉、叉烧、虾肉、笋肉、冬菇为原料，用蒸法烹制。糯米洗净，浸约 2 小时，取出沥干水分，蒸熟，拌猪油、精盐、味精。鸡肉拌调味料、淀粉蒸熟；猪上肉、五花肉切小片拌淀粉泡油；叉烧切片；虾肉拌淀粉泡油；笋肉切成小菱形片，滚煨后扭干水分。湿冬菇切成小件，滚煨，压干水分；全部放进锅内，烹酒，下清水、调味料略煮，勾芡。干荷叶用热水浸泡 20 分钟，洗净，修剪好，扫上花生油，放进 200 克糯米饭、鸡肉及其他各料，将荷叶包成四方形，猛火蒸 20 分钟至熟透即可。以饭粒软糯、滋味浓郁、有荷叶清香为特色。（黄明超）

糯米鸡

台山黄鳝饭 广东特色主食。流传于今广东省江门市台山地区。以黄鳝、籼米为主料，冬菇丝、腊肉丝为副料，用煮法烹制。通常有 3 种烹制方法。第一种，将活黄鳝尾端剪去，与籼米一起煮熟，饭熟后取出黄鳝拆肉弃骨。第二种，将黄鳝剔骨、切片，待米饭将近煮

黄鳝饭

熟时放在饭面一起煮熟。第三种，将黄鳝剔骨，所得黄鳝骨熬汤煮饭；黄鳝肉与籼米一同煮熟，取出撕成条；在锅内用猪油爆香姜丝，加入与黄鳝一起煮好的米饭、冬菇丝、腊肉丝、陈皮丝及豉油炒香，转放进砂锅内浇入少量花生油烧到微焦或入烘炉烤 8 分钟，撒上香菜、葱白花焗 10 分钟左右，拌匀便可食用。以口感松软、米饭芳香、黄鳝味浓为特色。（潘英俊、黄明超）

酿鸭饭 又称酿甲。广东特色主食。流传于今广东省河源市紫金县客家地区。以番鸭、糯米为主料，干鱿鱼、五花肉、炸花生为副料，用煮法、蒸法烹制。糯米用水浸透。宰好番鸭用水煮熟，撕下鸭皮，去骨，肉撕成鸭条。浸透的糯米加鸭汤蒸熟。干鱿鱼浸透，切丝。五花肉切粒，加精盐、生抽、胡椒粉拌匀。花生炒脆，脱衣。把鸭皮铺在碗底，先后放进鸭条、鱿鱼丝和五花肉粒，糯米饭加花生拌匀放进碗里堆高，用木条在中间插一孔透气，用中火蒸 30 分钟，取出后淋熟花生油，覆扣在碟上，面撒葱花即可。虾米、腊肉粒、冬菇、芝麻是放进饭里的常用原料。以香而不腻、回味无穷为特色。（黄明超）

酿甲 见"酿鸭饭"。

徐闻八宝饭 又称八宝糯米饭。广东特色主食。流传于今广东省湛江市徐闻县。八宝是俗称，指莲子、蜜枣、金橘脯、圆肉、枸杞子、杏脯肉、葡萄干、腰豆等干果材料，原料没有硬性规定。干果按一定图形排放在扣碗内，填满用猪油或椰子油加清水蒸熟再拌上红糖或白糖的糯米饭，用猛火蒸 15 分钟左右，将扣碗覆扣在碟上即可。以圆包造型、香甜软糯为特色。（黄明超）

八宝糯米饭 见"徐闻八宝饭"。

广式象形点心 广府点心。以面粉、澄面、米粉、糖、油等原料，运用纯手工工艺制作动、植物形态，以立体

广式点心

造型、形象逼真、栩栩如生而著称。植物造型有仿花卉如荷花酥、莲藕酥、海棠酥等，仿水果如石榴包、寿桃包、葫芦包等，仿蔬菜如青椒、萝卜、蚕豆、花生等。动物造型如刺猬包、猪猪包、金鱼包、蝙蝠夹、蝴蝶夹、金鱼饺、白兔饺、知了饺、蜻蜓饺、燕子饺、鸽饺等。熟制工艺包括蒸、烤、炸等多种，造型多运用省略法、夸张法、变形法、添加法、几何法等手法。可供食用，或仅供装饰和艺术摆设。（陈有毅、黄明超）

叉烧包 又称蚝油叉烧包、蜜汁叉烧包。广东名点。粤式早茶四大天王（叉烧包、虾饺、干蒸烧卖、蛋挞）之一。

叉烧包

以面种、低筋面粉、白砂糖、泡打粉、猪油、清水为原料揉成面团作包子皮。以低筋面粉、生粉、猪油、生抽、白砂糖、蚝油为原料煮成叉烧芡。叉烧切小片拌入叉烧芡做成叉烧馅。面团出体每个25克，擀薄，包进20克叉烧馅，包成有褶纹的雀笼形，垫上底纸，放入蒸笼内醒发2分钟，猛火蒸8分钟至熟而成。以包子色白、富有弹性、爆口自然、甜味适中、馅味大咸大甜、馅心正中、包圆不泄脚为特色。（黄明超）

蚝油叉烧包　见"叉烧包"。
蜜汁叉烧包　见"叉烧包"。

酥皮包　又称酥皮面包。广东名点。以高筋面粉、干酵母、白糖、黄油、清水、鸡蛋、面包油为面坯原料，低筋面粉、白糖、黄油、鸡蛋为酥皮原料，用烤法烹制。将白糖、黄油、鸡蛋和匀，筛入低筋面粉，拌匀后折叠成酥皮面团。面坯所有原料混合揉成光滑面团，静置发酵后分体搓圆放在烤盘上二次发酵。发酵合度拍上酥皮，刷蛋液，用180℃炉温烤约12分钟至熟即成。以色泽金黄、气孔细密均匀、包体松软有弹性、酥皮有不规则裂纹、口感甘香酥脆为特色。（陈有毅、黄明超）

酥皮面包　见"酥皮包"。

虾饺　又称薄皮鲜虾饺、水晶虾饺皇。广东名点。粤式早茶四大天王（叉烧包、虾饺、干蒸烧卖、蛋挞）之一。始创于20世纪初广东广州五凤村一家"怡珍"的家庭式小茶楼，起名为五凤鲜虾饺。以澄面、生粉、猪油、清水等糅合成皮料，以虾仁、肥肉、鲜笋制作成馅料，用蒸法烹制。鲜虾仁洗净，吸干水分，一半剁蓉，加入精盐、味精搅拌至黏稠成虾胶。一半切

虾饺

粒，加入精盐和淀粉拌匀。肥肉烫熟，吸干水分，切细幼粒。鲜笋切丝，滚过，拧干水分。虾胶、虾粒、肥肉粒混合在一起，加入精盐、味精、白糖、胡椒粉、麻油拌匀，加入笋丝拌匀即成虾饺馅，冷藏30分钟。澄面、淀粉过筛后放在盆内，加精盐拌匀，倒入沸水用木棒搅拌均匀，加盖焗5分钟成熟澄面，加入猪油揉至纯滑便成皮料。取皮料用拍皮刀拍压成圆形薄皮，包入馅料，捏成弯梳形，用猛火蒸5分钟至熟即成。以皮薄柔韧、晶莹通透、皮白心红、鲜爽湿润为特色。（黄明超）

薄皮鲜虾饺　见"虾饺"。
水晶虾饺皇　见"虾饺"。

娥姐粉果　又称凤城粉果。广东名点。传说20世纪20年代由广东顺德大良人"娥姐"首创，后工艺有较大改进，仍沿用该名。以澄面、淀粉、猪油加清水为皮料，瘦肉、虾仁、竹笋、冬菇、叉烧等为馅料，用蒸法烹制。澄

娥姐粉果

面、淀粉和匀，过筛。清水加精盐烧开后熄火，倒入澄面内搅匀，加盖焗3分钟成为熟澄面，加入猪油搓揉至纯滑，作皮料。瘦肉、虾仁切幼粒，拌湿淀粉后泡油。叉烧切幼粒，鲜笋切小菱形片，冬菇切粒。笋小菱形片和冬菇粒滚煨后压干水分。净锅下油，下瘦肉、虾仁、竹笋、冬菇、叉烧等料，烹酒略炒，下汤水、精盐、味精、白糖、生抽、胡椒粉、麻油调味，勾芡成馅料。取皮料擀成圆形片，再用手捏成灯盏形，包入馅料、咸蛋黄、芫荽叶，包成橄榄形，用猛火蒸3分钟至熟即成。也可用煎法烹制。蒸品以皮薄洁白、晶莹透明、透出红绿、鲜香爽口为特色；煎品以色泽金黄、皮微脆鲜香为特色。（徐丽卿、黄明超）

凤城粉果　见"娥姐粉果"。

干蒸烧卖　又称蟹黄干蒸烧卖、广式干蒸烧卖、干蒸猪肉烧卖、干蒸。广东名点。粤式早茶四大天王（叉烧

干蒸烧卖

包、虾饺、干蒸烧卖、蛋挞）之一。产生于20世纪30年代。以中筋面粉、鸡蛋液、清水和枧水为材料制成面皮，用蒸法制作。把面皮用面棍擀成约1毫米厚，再切成边长约7厘米的正方形片，为烧卖皮。以瘦肉、肥肉、生虾肉、湿冬菇为材料，切成丁粒状制成馅料。瘦肉丁加入精盐、味精搅拌至有胶，加入肥肉粒、虾肉

粒、冬菇粒以及白糖、生抽、胡椒粉、麻油、猪油等调味料拌成馅料。每片烧卖皮包约12.5克干蒸馅，包成半露肉馅的樽形（即底面平，中部收腰），顶部点上蟹黄，放在已扫油的小蒸笼里，用旺火蒸熟。以色泽鲜明、形状平正、味道鲜美、爽中带湿润，不离皮、不粘牙为特色。（徐丽卿、黄明超）

蟹黄干蒸烧卖　见"干蒸烧卖"。
广式干蒸烧卖　见"干蒸烧卖"。
干蒸猪肉烧卖　见"干蒸烧卖"。
干蒸　见"干蒸烧卖"。

牛肉烧卖　又称干蒸牛肉烧卖、牛肉干蒸烧卖。广东名点。以牛肉为原料，用蒸法制作。肥肉、荸荠（马蹄）肉切成幼粒。柠檬叶、湿陈皮均切成幼丝，芫荽切碎。牛肉除筋洗净剁成蓉状，加入枧水、食粉、精盐搅拌至起胶，加入肥肉粒、荸荠粒、柠檬叶丝、陈皮丝、芫荽、味精、白糖、生抽、姜汁酒、胡椒粉、麻油拌匀，再下湿马蹄粉拌匀，加入适量清水拌纯滑黏稠，加入花生油拌匀，挤成圆球形放在垫有腐竹的小蒸笼里用猛火蒸熟即成。也可焯制。以圆球成形、色泽鲜明、口感爽滑、入口有汁、味道鲜香为特色。（徐丽卿、黄明超）

干蒸牛肉烧卖　见"牛肉烧卖"。
牛肉干蒸烧卖　见"牛肉烧卖"。

蛋挞　又称擘酥鸡蛋挞。广东名点。粤式早茶四大天王（又烧包、虾饺、干蒸烧卖、蛋挞）之一。以蛋浆为馅料的酥食点心。据说19世纪20年代始见于广东广州。以中筋面粉、猪油、黄油、鸡蛋、白糖、清水制作成水油皮，以中筋面粉、猪油制成酥心，水油皮包上酥心，以大包酥的方法擀成

蛋挞

面皮，压成圆片放进圆盏内，使皮与盏吻合，倒入以鸡蛋液、白糖、三花淡奶、吉士粉及水混合而成的蛋浆，用180℃炉温烤20分钟至熟即成。以酥有层次、入口松化、色泽金黄、蛋香浓郁为特色。在此基本工艺上演变出葡挞、椰挞等品种。（陈有毅、黄明超）

擘酥鸡蛋挞　见"蛋挞"。

东莞鸡蛋卷　又称东莞蛋卷。广东小吃。流传于今广东省东莞市。将鸡蛋液打散混合过筛的面粉，加入白糖和花生油调成鸡蛋浆，取蛋浆放入蛋卷机上摊开，蛋卷机上下模具合起来加热，蛋浆被烫熟，取出趁热卷成圆筒状，晾凉即成。以呈圆筒状、金黄酥脆、蛋香浓郁为特色。（黄明超）

东莞蛋卷　见"东莞鸡蛋卷"。

菠萝包　香港名点。在制作餐包的基础上铺上一层由白糖、鸡蛋和牛油做成的酥皮，用刮刀压出方格纹，高温

菠萝包

烤后酥皮形成裂纹，因似菠萝的纹路而得名。低筋面粉过筛后加入黄油、

白糖、鸡蛋液拌匀并揉成酥皮。高筋面粉过筛后加入鸡蛋液、干酵母、牛奶、白糖、黄油等混合揉成光滑面团，静置发酵后分体搓圆成包体进行二次发酵。发酵合度后在包体面上拍上酥皮，刷蛋液，用中火烤熟即成。以面包柔软、香甜四溢、酥皮金黄松脆为特色。现点现烤为最佳食用效果。（黄明超）

萨琪玛　又称沙琪玛、沙其马、萨其玛、萨齐马、马仔。广东名点。源于清代关外三陵的祭品，后传入北京并

萨琪玛

流传到广东。以高筋面粉、鸡蛋、椰蓉为原料，用炸法烹制。高筋面粉加入蛋粉、臭粉（碳酸氢铵）、小苏打拌匀，加入鸡蛋液揉成面团，静置120分钟揉滑后擀薄切成细条，筛去浮面，放进160℃热油中炸至金黄松化的马仔条。白糖、饴糖混合熬成糖浆，滴入白醋，拌入炸好的马仔条拌匀，放进铺了椰蓉的木框内压实成型，冷却切块即成。以色泽金黄、口感酥松、入口即化、味道清甜为特色。（黄明超）

沙琪玛　见"萨琪玛"。
沙其马　见"萨琪玛"。
萨其玛　见"萨琪玛"。
萨齐马　见"萨琪玛"。
马仔　见"萨琪玛"。

煎堆　广东名点。始制于明代。糯米用水浸5小时，磨成米浆，过筛，沥水成粉团，部分加入含糖沸水烫熟，掺和余下米浆揉成皮料。红糖、饴糖

加适量清水熬成糖胶，加入苞谷、炸花生仁、芝麻仁拌匀成馅料。取皮料55克擀薄成圆形片，包入馅料75克，搓成圆形，洒上一层水后，粘上芝麻即成煎堆生坯，放进180℃热油炸至膨起呈金黄色圆球至脆即成。以圆球成形、皮脆馅酥、口味甘香为特色。有九江煎堆、石岐煎堆、空心煎堆等多个品种。清屈大均《广东新语》记载："广州之俗，以烈火爆开糯谷，名曰爆谷，为煎堆心馅。"因其成形为圆形，有团圆和"碌得起"（混得好）之吉祥寓意而受欢迎，成为年宵食品。"九江煎堆制作技艺"2015年入选广东省第六批省级非物质文化遗产代表性项目名录。（陈有毅、黄明超）

牛乳 又称大良牛乳、金榜牛乳。广府小吃。奶制品。有"东方芝士"美誉。始创于明代，为今广东省佛山市

牛乳

顺德区大良镇金榜乡特产。形状为圆片，故称金榜牛乳。新鲜水牛奶加热至微温，白醋加热至微热。在杯里倒入三分之一杯白醋，舀一勺牛奶，即凝固成团，将成团牛奶倒入圆形模具中将其抹平，将牛奶里的醋压挤出来，掀出牛奶片放入高浓度盐水中浸4小时。成品放在盐水里入樽保存。呈雪白圆状薄片，味略咸而甘甜可口，正气补身，有坠火功效。多用于煲粥，也可泡开水饮用。（冯凤平、黄明超）

大良牛乳 见"牛乳"。
金榜牛乳 见"牛乳"。

沙湾水牛奶 广东甜品。起源于清朝，广泛流传于今广东省广州市番禺区沙湾及周边地区。以沙湾产水牛奶为原料创制。有姜埋（撞）奶、双皮奶、凤凰奶糊、窝蛋奶、牛奶白饼、牛乳等系列特色食品。"沙湾水牛奶传统小食制作技艺"2018年入选广东省第七批省级非物质文化遗产代表性项目名录。（黄明超）

双皮奶 又称大良双皮奶。广东甜品。据说清朝末期由广东顺德一位董姓农民始创。以牛奶为原料，用蒸法烹制。

双皮奶

将鲜牛奶加热至90℃左右，牛奶冷却后表面上形成一层奶皮。在奶皮边划一小口，将牛奶倒出，让奶皮留在碗底。倒出的牛奶加入打散并撇去泡沫的蛋清、白糖搅匀，沿划开的奶皮口倒回碗里，使奶皮重新浮起，用慢火蒸至凝固，冷却后新的奶皮生成，即为双皮奶。可拌鲜果、葡萄干等来装饰。以双层奶皮、入口嫩滑、奶香浓郁为特色。"双皮奶制作技艺"2018年入选广东省第七批省级非物质文化遗产代表性项目名录。（冯凤平、黄明超）

大良双皮奶 见"双皮奶"。

姜撞奶 又称姜埋奶。广东甜品。以姜汁和牛奶为主要原料，用混合法烹制。老姜去皮切块，榨出姜汁，拌匀。取全脂鲜奶加热至80℃，加冰糖或白糖搅拌均匀，将70℃热牛奶从稍高的位置上倒入盛有姜汁的碗中，静置约1分钟即凝固而成。以味道香醇纯滑、甜中带有微辣、暖胃解表为特色。（黄明超）

姜埋奶 见"姜撞奶"。

西关水菱角 又称水菱角。广府小吃。属特殊濑粉。以成品似菱角故名。约起源于1945年广东广州西关。将60℃热水加进粘米粉中搅拌成浓稠的粉糊，用筷子夹起粉糊，当粉糊形成三角形时将其拖动入锅内沸水中，粉糊沉入水中，浮起便熟，即为水菱角。将水菱角放进冷水中"过冷河"。锅内放进汤水，加入虾米、花生、香菇粒、猪油渣，下精盐、味精、胡椒粉调味，调入稀米粉浆使汤水略变稠滑，放进水菱角烧开盛起，撒上冲菜丝、叉烧丝、鸡蛋丝、葱花即成。以形似菱角、颜色洁白、口感韧滑、米香浓浓为特色。（黄明超）

水菱角 见"西关水菱角"。

糖不甩 又称如意果。广东小吃。花生仁炒脆后碾碎，芝麻放在净锅里慢火炒香，凉后加入花生碎、椰丝和白糖拌匀成配料。筛过糯米粉，加入冷开水揉成粉团，搓成小丸，用沸水煮熟成糯米汤丸，沥干水分。片糖放进锅内加水和姜片煮成糖浆，放进糯米汤丸并用汤勺搅拌不致粘锅。汤丸沾上较厚糖浆时取出装盘，撒上花生、芝麻等配料便成。以口感柔滑香甜、醒胃不腻、香味四溢为特色。是汤圆的"孪生兄弟"。加姜汁可以祛寒正气。（黄明超）

如意果　见"糖不甩"。

五彩皮蛋酥　又称莲蓉皮蛋酥。广东名点。中筋面粉过筛后加入猪油混合，搓匀至面团纯滑起筋成酥心。再取中

五彩皮蛋酥

筋面粉过筛，加入清水、白糖和猪油混合后搓揉至面团纯滑不沾手即为水油皮，饧面 30 分钟。酥姜切末与莲蓉拌匀。皮蛋蒸熟晾凉切成小块，用莲蓉约 20 克包好，搓成圆形作馅料。取水油皮擀开成圆形，包入酥心，收口朝下排好，饧面 15 分钟。取一份小面团收口朝上用手压扁，用擀面杖擀成长圆形，从上往下卷 2—3 圈成圆筒形，后再次擀成 18 毫米长条形，再卷成圆筒形，饧面 15 分钟。取一圆筒面团竖起，压扁，擀成中间厚的圆形片，包裹馅料，搓成稍扁圆球形，收口朝下放在垫有硅纸的烤盘中，面上刷蛋黄液，撒白芝麻，175℃烤 25—30 分钟即成。以圆岛成形、色泽金黄、面呈龟裂纹、皮薄馅香甜、酥皮层次清晰、口感松化酥软为特色。在此基础上演变出咸蛋黄酥、鸡粒酥、蚝豉酥等多种酥类点心。清朝时已流行。清顾仲《养小录》称之为顶酥。（陈有毅、黄明超）

莲蓉皮蛋酥　见"五彩皮蛋酥"。

鸡粒芋角　又称蜂巢芋角、荔浦芋角。广东名点。以芋蓉、熟澄面、猪油、白糖、精盐等为原料，搓成皮料。鸡肉粒、虾仁、冬菇粒、瘦肉粒等原料加调味料炒匀成馅料。用皮料包馅料成角形，用 160℃热油炸至表面呈蜂

巢、色泽金黄即成。以外皮酥脆、内层软滑、馅有肉汁、咸甜带鲜为特色。（陈有毅、黄明超）

蜂巢芋角　见"鸡粒芋角"。
荔浦芋角　见"鸡粒芋角"。

酥皮莲蓉包　广东名点。面粉加面种、清水揉成面团，静置发酵，发酵至一个半小时加面碱、发酵粉和白糖揉匀，饧面 15 分钟，再揉面，饧面，如此反复 2—3 次，直至面团光滑柔软为半发酵面团。另取面粉加猪油搓匀，揉成酥心面团。按 8∶2 比例用半发酵面团包入酥心面团折叠制成面皮，面皮包莲蓉馅搓成圆形包体，在顶部切划"十"字，稍醒发后用猛火蒸 8 分钟至熟即成。以色泽洁白、口感绵软、富有弹性、甜而不腻、带有莲香为特色。清屈大均《广东新语》有记载。（陈有毅、黄明超）

松化鸡蛋散　又称蛋散、蛋馓。广东小吃。年宵品。南乳加南乳汁捣烂成南乳酱。中筋面粉加鸡蛋、蒜蓉、南乳酱、白糖、精盐、食粉、猪油、清水混合拌匀，揉成纯滑面团，静置后擀薄至 0.2 厘米，切成长方块，中间顺切一刀，卷成麻花状，放进 160℃热油里炸至浮起即可捞起沥油。以色泽金红、质地松脆、味道咸香、入口即化为特色。（陈有毅、黄明超）

蛋散　见"松化鸡蛋散"。
蛋馓　见"松化鸡蛋散"。

莲子蓉酥盒　广府名点。20 世纪 20 年代广东广州陆羽居茶楼点心师郭兴为"星期美点"创制。用无糖水油酥皮包裹莲蓉烤制而成。将莲子蓉、白糖放入铜锅内，以中火加热，用铜铲翻动莲子蓉至脱去大部分水分，分次加入猪油及花生油翻炒成莲蓉。莲蓉加

入榄仁、糖冰肉粒揉成莲子蓉馅。中筋面粉加入清水和猪油搓揉至纯滑成水油皮。中筋面粉加入猪油搓揉至纯滑成油心皮。水油皮和油心皮均冷藏约 30 分钟，按 6∶4 比例分别揪出水油皮与油心皮，分别擀成同样大小，折三折，擀至 0.5 厘米成水油酥皮，包上莲子蓉馅，搓成鼓形，面上扫鸡蛋液，以 180℃底面火烤 20 分钟左右即成。以口感酥松、馅香味甜为特色。（潘英俊、黄明超）

莲子蓉酥盒

笑口枣　又称拆口枣、麻枣、爆枣。广府小吃。源自清代广东广州西关民间小吃店。因其经油炸后裂开口子而

笑口枣

得名，寓意笑口常开。低筋面粉过筛后加入白糖、小苏打、食用油和清水拌匀，以擦、揉和复叠等手法揉成面团，静置 20 分钟，出体每块 30 克，搓成小圆球形，粘上白芝麻轻搓一下，油温 150℃时下锅，然后降低油温，保持 130℃左右油温浸炸，炸成金黄色、开口时提升油温至 180℃便可出锅沥油，装盘。以色泽金黄、香甜酥脆、裂口自然为特色。（黄明超）

拆口枣　见"笑口枣"。

麻枣 见"笑口枣"。

爆枣 见"笑口枣"。

椰黄甘露酥 又称甘露酥。广东名点。熟面粉加入椰蓉、白糖、鲜奶、鸡蛋黄、黄油拌匀，搓成小球形作椰黄馅料。低筋面粉加入发酵粉、臭粉过筛，加入鸡蛋液、白糖、猪油（牛油）等拌匀，以擦、揉和复叠手法揉成团，搓条，包入椰黄馅料，搓成高身圆包形，收口朝下放在垫有硅纸的烤盘里，表面扫蛋液，用上下火180℃烤15—20分钟至金黄色即成。以呈圆山形、表面金黄有自然裂纹、酥松味甜、椰香浓郁为特色。在此工艺基础上演变出莲蓉甘露酥、豆沙甘露酥、咸蛋黄甘露酥等品种。（徐丽卿、黄明超）

甘露酥 见"椰黄甘露酥"。

鱼皮角 又称凤城鱼皮角、鱼皮饺。广府小吃。据传明末清初由广东顺德大良镇冯不记云吞面老铺，将包云吞的面皮改用鱼蓉胶擀薄为皮而来。因其形状亦改为扁平半圆形，像粉角而得名。起出鲮鱼肉，鱼皮朝下放在砧板上刮出白色肉蓉，加精盐搅打至起胶成鱼青。猪肉剁成蓉状，加精盐、味精搅打至起胶。将大地鱼烤香后碾成鱼末。虾仁洗净吸干水分切粒。腊鸭肝浸发后切成幼粒。肥肉切成幼粒。取部分鱼青加入猪肉胶、虾仁、腊鸭肝、肥肉粒、大地鱼末、白芝麻、精盐、味精、白糖、生抽、胡椒粉拌匀成馅料。余下鱼青加清水搅拌均匀后拌入干淀粉成为鱼皮粉团，切出1.5—2克的颗粒，擀成小圆片，包入馅料对折捏成角形，用上汤煮熟装盘配汤或盛在碗里加入韭黄段上汤。蒸或煎均可口。以洁白鲜嫩、香滑爽口、久煮不烂为特色。（黄明超）

凤城鱼皮角 见"鱼皮角"。

鱼皮饺 见"鱼皮角"。

咸煎饼 又称西关咸煎饼、风味咸煎饼。广府小吃。用炸法烹制。中筋面粉和发酵粉混合过筛。稀面种、精盐、

咸煎饼

白糖、南乳、食粉、臭粉、枧水和清水一起擦匀，放进筛好的面粉和发酵粉拌匀，揉成纯滑不粘手面团，静置约1小时。复叠一次后将面团擀薄，扫食用油，卷成圆筒状，横切成重约100克圆形件，切口撒白芝麻，再静置20分钟，用手指压拉成直径约10厘米中间薄的圆形件，放进180℃热油中炸至浮起呈金黄色，捞出沥油，装盘。以色泽金黄、车轮模样、味道咸香、外带酥脆、内里绵软为特色。20世纪30年代，广东广州德昌茶楼谭藻师傅在原有配方中加入晒过的南乳，增加糖量，做出的德昌咸煎饼更加咸香惹味。（徐丽卿、黄明超）

西关咸煎饼 见"咸煎饼"。

风味咸煎饼 见"咸煎饼"。

杏仁露 又称杏仁霜、杏仁奶。广东甜品。脱衣南杏与少量脱衣北杏用清水浸透后连水一起磨成浆，沥渣后加水、白糖煮至浓稠即成杏仁露。稠一点的可加少量粘米或糯米一起磨浆。喜欢牛奶味可添加牛奶。以色泽洁白、口感细腻、香味独特、甘甜清润为特色。（黄明超）

杏仁霜 见"杏仁露"。

杏仁奶 见"杏仁露"。

绿豆沙 又称陈皮绿豆沙。广东甜品。将绿豆洗净，用清水浸大约2小时，搓揉去除豆皮，放进锅内加清水、陈皮，煲1小时至绿豆近似糊状，加片糖及少许精盐煮溶即成。以香滑清甜为特色。广东人喜欢加芸香（臭草）同煲，增加清热功效和香气。（黄明超）

陈皮绿豆沙 见"绿豆沙"。

芝麻糊 又称手磨芝麻糊。广东甜品。将芝麻炒香，大米用水浸透，吸干水分。芝麻和大米混合加水磨至顺滑成芝麻米浆。加水放进锅内加糖慢火烧开，装碗即成。以口感柔滑、清甜芳香为特色。把花生仁、核桃仁、山药分别磨成粉或浆添加到芝麻糊里可致不同风味和功效。大米也可换成糯米、黑米等。机器生产的芝麻糊是将芝麻等各种材料炒香或烤香，磨成粉状，混合，独立包装。食用时用沸水冲调。（黄明超）

手磨芝麻糊 见"芝麻糊"。

奶皇香麻枣 广东名点。糯米粉、澄面、白糖、猪油加清水揉成粉皮，糖粉、牛油、吉士粉、奶粉、椰子酱调和成馅料。粉皮包上馅料搓成圆枣形，沾上白芝麻，炸至浅金黄色即可。以色泽浅金黄、外酥内软韧、味甜带奶香为特色。（黄明超）

广式饼饵 饼食总称。饼皮可用面粉、澄面、粘米粉、糯米粉、淀粉等原料制成。馅料可用新鲜猪肉、火腿、叉烧、果仁、莲蓉、豆蓉、豆沙、梅菜、番薯等。按照馅料处理方式，可分为包馅、夹肉、无馅和粉料馅料混合等

多种。包馅饼如广式月饼、潮汕朥饼、莲蓉酥饼、老婆饼等；夹肉饼如盲公饼、杏仁饼等，粉料馅料混合饼如鸡仔饼、核桃酥、炒米饼、番薯饼等；无馅饼如西樵大饼、油香饼等。味型可分为甜、咸和甜咸复合等。甜味如纯莲蓉月饼，咸味如金腿五仁月饼，甜咸复合味如双黄莲蓉月饼。制作（加热）方式有烤、煎、炸、蒸等，烤的如月饼、鸡仔饼、核桃酥、盲公饼、腐乳饼；煎的如椰蓉吉士饼、香煎番薯饼；炸的如油香饼、水晶秋芋饼；蒸的如晶饼、白糖饼等。饼的个重差别大，有1千克的西樵大饼、2千克的金腿五仁月饼，小的盲公饼不到12克。广式饼饵品类众多，广府、潮汕和客家各地风味各异。基本形状为扁圆形，方形的如潮州腐乳饼。是岭南饮食生活中重要角色，可作祭祀供品、应节佳品，也可作婚嫁礼饼、手信礼品，是日常茶点和风味小食。（黄明超）

广式月饼　广东名饼。起源于广东广州莲香楼。低筋面粉500克过筛，375克月饼专用糖浆与12.5克碱水和匀，加入150克花生油拌匀，加入330克过筛面粉拌匀，擦透，揉成团，静置30分钟，加入余下面粉叠匀成月饼皮面团。静置约1小时后取25克面团，擀成圆薄皮，包上约150克馅料，收口朝下放进月饼模具中压实，敲出，放在烤盘中喷水，用面火220℃、低火190℃烤8～10分钟，取出，稍凉后扫蛋黄液回炉烤约6分钟即成。以皮薄

广式月饼

松软、馅大味靓、造型美观、图案精致、色泽金红为特色。按口味分有咸、甜两大类。按馅料可分有莲蓉月饼、豆沙月饼、五仁月饼、水果月饼、叉烧月饼等几大类。以饼馅主要成分命名，如五仁、金腿、叉烧、莲蓉、豆沙、豆蓉、枣泥、椰蓉、冬蓉等。"安琪广式月饼制作技艺"2008年入选第二批国家级非物质文化遗产名录。"莲香楼广式月饼传统制作技艺""潮式月饼制作技艺"2012年入选广东省省级非物质文化遗产名录扩展项目名录。"吴川月饼制作技艺"2013年入选广东省省级非物质文化遗产代表性项目扩展名录。（黄明超）

广式莲蓉饼食　广东名饼。在传统饼食制作技艺基础上，经过历代制饼师傅改进发展而来。一是用枧水洗褪莲子衣时，掌握好枧水纯度和比例，在去除涩味同时保证莲子香味；二是制作莲蓉时火候与时间讲究，制作出的莲蓉色泽金黄、幼滑、清香味浓；三是采用当年产湘莲、优质白糖和即榨花生油为原料制作莲蓉。以甘美香溢、风味独特为特色。（黄明超）

西樵大饼　广东特色饼饵。用西樵山清泉制作为优，因而得名。相传明弘治年间，由吏部尚书方献夫意外发明。低筋面粉过筛后加入鲜酵母、猪油和清水揉成匀滑的面团，让其发酵好，将白糖添加到面团中再揉至匀滑，再发酵约1天成为面种。另取低筋面粉过筛，加入鸡蛋液、食粉、臭粉、枧水和清水搅拌均匀，揉成面团，与面种充分糅合，然后分剂，搓成圆球形再压扁成生饼坯，放进撒过面粉的烤盘内，饼面亦撒上一层面粉，用上火180℃、下火190℃烤约15分钟至熟透即成。外形圆大，颜色白中微黄、不起焦，入口松软、清香甜滑，可大可小，大者可达1千克。寓意为甜甜蜜

蜜、花好月圆，是嫁娶喜庆、探亲和年节的礼品。（冯凤平、黄明超）

炒米饼　广东小吃。以大米、糖为原料，添加配料，用烤法烹制。大米淘洗滤干水分，翻炒至微微金黄，碾成米粉，加入用糖熬好并冷却的糖胶以及各种配料（可以是芝麻、花生、椰丝等）搅拌均匀，填进木制饼模里压实再磕出，放入炉温100℃的烤炉中烘干即成。以扁圆成形、黄白色泽、米香浓郁、松脆甘甜、饼面印有岭南风格花纹为特色。各地均有配料不同的炒米饼，也有自己的俗称。"电城炒米饼制作技艺"2015年入选广东省第六批省级非物质文化遗产代表性项目名录。（黄明超）

盲公饼　又称佛山盲公饼、合记肉心饼。广东名点。相传清嘉庆年间佛山一名叫何声朝的双目失明者开设"乾乾堂"卦命馆时由其儿子首创。最初用饭焦干磨成米粉，加上芝麻和花生碎，用生油拌匀制成米饼，称为肉饼，一般称其为盲公饼。1952年佛山市正式定商标为"盲公饼"。工厂化生产后配方和制作工艺略有变化，以生糯米粉、炒熟糯米粉、绿豆粉、白糖粉、白芝麻、花生仁、熟猪油、冰肉为原料。将冰肉切成小薄片，炒熟花生仁和芝麻磨成粉末。将绿豆粉、糯米粉、熟糯米粉拌匀，加入熟猪油、糖粉，加清水搅拌溶化，再加上芝麻、花生粉末，拌匀后把绿豆粉拨入揉成粉团。取粉团搓成小圆粒放入饼模内，在中央放一块冰肉，把饼模四周粉料合拢包着冰肉，压平，取出放置在烤盘上烘烤而成。（黄明超）

佛山盲公饼　见"盲公饼"。
合记肉心饼　见"盲公饼"。

咀香园杏仁饼　又称中山杏仁饼。广

东小吃。1918 年，广东省香山县（今中山市）咀香园首创。以绿豆粉、糖粉、水、冰肉为主要原料，用烤法烹制。脱壳绿豆和去衣南杏仁烤至香脆，冷却后研磨成粉。肥肉腌为冰肉，切成小片。杏仁粉先后与糖粉、猪油、清水拌匀擦透，加入绿豆粉拌匀擦透成半干湿粉团。粉团以夹冰肉方式放入饼模压实，刮平，脱模，用100℃炉温烘烤45分钟至表面微黄即成。以饼色微黄、饼身松脆、饼心香甜、入口松化为特色。现已开发出夹肉杏仁饼、粒粒杏仁饼、花生酱杏仁饼、芝士奶黄杏仁饼、黑芝麻杏仁饼、芝麻杏仁饼、紫菜肉松杏仁饼、咀香园软式杏仁饼等系列产品。"咀香园杏仁饼传统制作工艺"2009 年入选广东省第三批省级非物质文化遗产名录。（黄明超）

中山杏仁饼　见"咀香园杏仁饼"。

唐家麦记饼　广东特色馅饼。流传于今广东省珠海市唐家湾镇一带，20 世纪 30 年代，在珠江三角洲地区传统广式糕饼工艺基础上融合西饼制作工艺改进而成。素五仁月饼、豆沙月饼、豆沙酥饼、酥角、油酥、酥蛋角、花生芝麻饼、酥皮鸡仔饼 8 个品种最具代表性，在海外有良好口碑。（黄明超）

小凤饼　又称鸡仔饼、成珠鸡仔饼。广东名点。以低筋面粉、冰肉、梅菜粒、榄仁、芝麻仁、瓜子仁、熟糯米粉为原料，用烤法烹制。冰肉由肥肉

小凤饼

于加入汾酒和白糖腌制而成。面粉加入糖浆、花生油、白糖和碱水和匀，揉至纯滑，静置15 分钟折叠成面团做皮料。其余原料加精盐、白糖、蒜蓉、南乳、五香粉和水拌匀，加熟糯米粉和花生油拌成馅料。按 1∶2 比例用皮料包裹馅料搓圆压扁，抹鸡蛋液，用中火烤熟即成。以饼色金黄带红、口感脆软相夹、口味咸甜兼备、南乳蒜香突出为特色。其名称说法颇多。其一，因形小而圆，故称鸡仔饼，粤菜将鸡雅称为凤，故也称为小凤饼。其二，相传由清末富豪伍子垣家厨小凤首创，故初名小凤饼。广东广州成珠楼师傅做了改进，定名成珠鸡仔饼，成为成珠楼招牌名点。其三，为梁氏祖传，因外形酷似小鸡，故取名小凤。1931 年在广州市国货展览会上获银奖。"小凤饼（鸡仔饼）制作技艺"2012 年入选广东省第四批省级非物质文化遗产名录。（黄明超）

鸡仔饼　见"小凤饼"。
成珠鸡仔饼　见"小凤饼"。

龙门年饼　又称龙门米饼、龙门炒米饼。广东小吃。以冬米（糯米）、花生为主料，糖冰肉、芝麻、糖、盐为辅料，用烤法烹制。冬米炒香放入石舂内舂碎成米粉。冰糖加姜块用水熬成糖胶，冷却后与花生碎、糖冰肉、芝麻、白糖、精盐拌匀作馅，与冬米粉混合填入饼模插实，敲出，用慢火烘烤至金黄色即成。以皮薄馅多、爽脆可口、咸甜适中、清香宜人为特色。广东省惠州市龙门县人有过年送米饼、吃米饼的习俗，被称为打年饼，已经传承几百年。（黄明超）

龙门米饼　见"龙门年饼"。
龙门炒米饼　见"龙门年饼"。

拖罗饼　又称铜锣饼、拖锣饼。广东

小吃。以油糖酥作皮，椰丝、瓜子仁、糖冬瓜、糖冰肉等作馅，捏成球形，压扁，扫上鸡蛋液烘烤而成。以色泽金黄、圆形成型、皮脆酥香、馅软甜香、肉香醇浓、爽口不腻为特色。"化州拖罗饼制作技艺"2012 年入选广东省省级非物质文化遗产名录扩展项目名录。（潘英俊、黄明超）

铜锣饼　见"拖罗饼"。
拖锣饼　见"拖罗饼"。

恩平烧饼　又称恩平烧。广东小吃。以糯米粉为主料，猪肉、冰肉、叉烧、豆沙、芝麻、莲蓉等为副料，用烤法烹制。糖水煮沸，放进糯米粉煮熟揉成粉团，揪成小块，搓压成圆饼形，中间酿上猪肉馅或豆沙馅或芝麻馅，置铁盆内放进特制炉具里煠熟。以入口软滑、滋味甘香为特色。广东省江门市恩平市在清明节用烧饼祭祖的风俗始于南宋末年，清代形成望山派饼风气，寄托守望相助、福有攸归之意。（潘英俊、黄明超）

恩平烧　见"恩平烧饼"。

百侯薄饼　广东小吃。相传清乾隆年间官至按察使的广东梅州大埔百侯人杨缵绪，将制作薄饼技艺从北方带回家乡，历经长期仿制、改进演变。以面粉制作饼皮，猪肉、鱿鱼、豆腐干、豆芽、蚝豉、冬菇、虾米为馅料，用煠法烹制。面粉加清水、精盐拌匀成软面团，搅动并掼打软面团呈现粘、柔、韧状。抓起软面团迅速在热锅上旋抹，面团薄而均匀地粘在饼锅上成薄圆面片，抽起余下面团。待圆面片在热锅上煠熟便成薄饼坯，取起晾凉。猪肉丝、豆腐干丝、豆芽、鱿鱼丝、冬菇粒、虾米等用油加调味料炒熟成馅料。馅料放在薄饼坯上折叠使成长条形，配辣椒酱即可食用。以包卷成

形、色泽淡黄、口感柔韧、浓香扑鼻为特色。（潘英俊、黄明超）

老婆饼 又称冬蓉饼、潮州老婆饼。广东名点。传说清末广东广州某茶楼一位潮州点心师傅将老婆所做冬瓜蓉

老婆饼

角改进制作而成，称为潮州老婆饼。以面粉、冬瓜为主料，用烤法烹制。用鲜冬瓜蓉或冬瓜糖蓉加入猪油、熟糯米粉擦匀，再加入熟瓜子仁、熟芝麻拌匀为馅。用低筋面粉加猪油揉制成油心，用低筋面粉、高筋面粉、泡打粉、鸡蛋、猪油及清水揉制成水油皮。用水油皮包住油心，按扁后擀成牛舌形，由外向内卷成圆筒，按扁，再叠成三层，擀成圆形片，包馅，压成扁圆形，轻划两道小口，刷上鸡蛋液，撒上芝麻，入烤箱烤约10分钟即成。以金黄酥松、皮薄如纸、层次丰富、馅心滋润软滑、甜而不腻为特色。（黄明超）

冬蓉饼 见"老婆饼"。
潮州老婆饼 见"老婆饼"。

伦教糕 又称白糖伦教糕、白糖糕。广东名点。因首创于今广东省佛山市顺德区伦教镇而得名。由籼米粉用酵母发酵，使淀粉质转变为淀粉和糊精混合体，再蒸制成形，透明程度较高。制作时把籼米细细地磨成浆，用布袋沥去水分。白糖加清水煮成糖浆，加入蛋清滤去杂质，回锅煮沸加入滤水米浆拌匀，冷却后加入糕种（发酵粉），盖好发酵10小时，中火蒸30

分钟，出笼冷却即可食用。糕体晶莹雪白，表层油润光洁；内层小眼横竖相连，均匀有序；质爽软而润滑，味甜冽而清香；软韧性近似糯米制品。（黄明超）

白糖伦教糕 见"伦教糕"。
白糖糕 见"伦教糕"。

疍家糕 又称千层糕、大船糕、撑粉。广东名点。分咸、甜两种，咸糕是将浸泡好的粘米磨成浆，加入切碎爆香的猪肉、虾米、花生、芝麻搅匀，逐层浇入盘中蒸熟晾凉即成。甜糕是将浸泡好的粘米磨成浆，加入煮溶的片糖水混合搅匀，逐层浇入盘中蒸熟晾凉即成。蒸好的糕切成菱形小块，三块在下，一块在上叠成一盘，取"步步高"之意。有煎香、炒制等多种食法。以层次多、口感爽滑、米香足为特色。"疍家糕制作技艺"2012年入选广东省第四批省级非物质文化遗产名录。（陈有毅、黄明超）

千层糕 见"疍家糕"。
大船糕 见"疍家糕"。
撑粉 见"疍家糕"。

玻璃鸡蛋糕 又称蛋糕。广东名点。以低筋面粉、鸡蛋、白糖、油脂为原料制作而成。根据原料、调混方法和面糊性质一般分为三大类。面糊类蛋糕，油脂用量高达面粉60%左右，用以润滑面糊，产生柔软组织，使面糊在搅混过程中融合大量空气以产生膨松效果。一般奶油蛋糕、布丁蛋糕属于此类。乳沫类蛋糕，主要原料为鸡蛋，利用蛋液黏稠和蛋白质的变性，在面糊搅拌和焙烤过程中令蛋糕膨松。根据所用蛋料又可分为单用蛋白和使用全蛋两类。戚风类蛋糕使用混合面糊和乳沫两类面糊，改变乳沫类蛋糕组织而成。在制作工艺上戚风蛋糕分

为戚风、海绵、法式海绵、天使、糖油拌合、粉油拌合、湿性发泡和干性发泡8种打法。以口感甜香软滑为特色。（陈有毅、黄明超）

蛋糕 见"玻璃鸡蛋糕"。

生磨马蹄糕 又称马蹄糕。广东名点。马蹄（荸荠）粉加清水搅拌均匀制成生粉浆。取部分白糖在锅内炒至金黄

生磨马蹄糕

色，加清水和白糖煮至白糖溶化，过滤后制成糖水。取约一半生粉浆放进糖水中煮成熟粉浆，加进余下的生粉浆里搅拌成半生熟粉浆，加入切碎马蹄肉拌匀，倒进扫过油的糕盘用猛火蒸20分钟至熟，晾凉后切件上盘。以色泽金黄、晶莹剔透、软滑爽韧、味道清甜为特色。可以演变出双色、三色、九层等多种款式。（黄明超）

马蹄糕 见"生磨马蹄糕"。

安铺年糕 广东名点。流传于今广东省湛江市廉江市安铺地区。将片糖放进清水中煮溶成糖水，热糖水倒入由糯米粉和粘米粉混合粉中搅匀成糕浆，糕浆倒入扫油糕盘中大火蒸熟即成。通常是切件煎香食用。以荔枝核色、软糯香滑、黏韧清甜为特色。有传统年糕、香粟年糕、姜汁年糕、云吞皮年糕、蛋黄皮年糕及各种风味年糕多个品种。（黄明超）

云片糕 广东小吃。据《宝安县志》称，清光绪二十七年（1901）广东福田人黄果等开始工厂化生产云片糕。

将熟糯米磨成粉状，过筛成糕粉，在阴凉处放置半年陈化。陈化后加入白糖、奶油、麻油、猪油等材料糅合、过筛，放入糕模中压实成糕坯，蒸约15分钟，脱模、冷却、切片即成。以色泽雪白、薄如书页、口感细腻、甜糯香酥为特色。"深圳云片糕制作技艺"2015年入选广东省第六批省级非物质文化遗产代表性项目名录。（黄明超）

客家月光糕　又称月糕。饼饵。以熟糯米粉、糖浆为原料，用压模法烹制。熟糯米粉与白糖浆搅拌成粗颗粒状，放进模具里压模成型，脱模即成。以洁白如雪、米香四溢、甜而不腻、花纹美观为特色。其形状决定于模具的形状，以圆形为多，也有心形、梅花形、琼花形、长条形等。制作材料可用熟糯米粉，也可用熟粘米粉，还可糯米粉与粘米粉合用，或在米粉中添加黑芝麻、炸花生、糖冬瓜。兔子月光糕是拜月的祭品，糕面插上纸旗，纸旗下摆放一只面塑的玉兔。（黄明超）

月糕　见"客家月光糕"。

茶园松糕　广东名点。产于今广东省东莞市茶山镇。糯米用井水浸泡三天三夜，捞起沥干水分舂成粉，重复过筛至细腻；在松糕架子中均匀撒入一定比例的干湿糯米粉至一半的分量，摊平；按照架子标尺逐格摁入以花生仁碎、草果叶、白砂糖等制成的馅料；再次将糯米粉撒至满格，先用刀片预切分，大火蒸约40分钟即熟。以绵密软糯、香甜爽口、不粘牙为特色。"松糕"与当地方言"承高"谐音，出锅时，还要给每块糕点上红色梅花点，以示吉利。当地人逢新婚志庆、孩童满月、老人做寿、建房犒功等喜事以蒸松糕以志喜。清顺治九年（1652）茶山画家张穆《茶园乱后记》及清咸丰元年

（1851）吴锡荣方言字典《字汇较正》等文献有记载。（潘英俊、黄明超）

牛筋糕　客家糕点。产于今广东省河源市龙川县老隆镇。因像牛筋又黄又韧而得名。采用糯米、麦芽糖浆、葡萄糖浆、花生油、白糖、陈皮等原料，经过打粉、落盘、铺平、蒸熟、冷却后切片等工序制作而成。有红枣、生姜、原味3种风味。香甜可口，韧而不硬，软而不烂，入口有嚼劲，好吃不粘牙。据《龙川县志》记载，清代陈顺升店生产牛筋糕，用大竹叶包起来，由小贩沿街叫卖。民国时期，已经远近闻名，海外华侨视为名贵礼品。（黄依群、郝志阔）

畲江菊花糕　客家糕点。产于今广东省梅州市梅县区畲江镇。据传由清光绪年间梅县畲坑文祠街张义兴店创制，因形似菊花而得名。以糯米粉为原料，加上麦芽、白糖、饴糖、生油等混合、揉搓，不断搅拌，形成糕坯，放入菊花模具中按压，脱模，放进蒸锅蒸制而成。以外形美观、黄润亮泽、晶莹剔透、口感软韧、清甜可口为特色。（黄依群、郝志阔）

波罗粽　广府小吃。广东省广州市黄埔区南海神庙周边农村在举办祭祀海神活动波罗诞期间的独特美食。与珠江三角洲地区粽子用料大同小异，不同的是粽叶和煮法。将绿豆去皮并加入姜汁、烧酒、白砂糖、花生油和猪油反复搅拌。肥肉用白糖、精盐和五香粉腌制。用烧煮杀青晾干的蕉叶依次包入泡好的糯米、绿豆和腌好的肥肉条，包成金字塔形，下锅用木柴明火蒸煮6—8小时即成。以味道香浓而不油腻为特色。（冯凤平、黄明超）

肇庆裹蒸粽　又称裹蒸粽。广东小吃。流传于今广东省肇庆市。清道光《肇

庆府志》有相关记载。基本工艺为浸泡冬叶、淘洗糯米、去绿豆衣、腌制猪肉、包扎裹蒸、烧煮等。五花肉切块用精盐、曲酒、花生油、芝麻蓉和五香粉等调料腌制。将冬叶铺放在漏斗形竹木器具处，按10：6：4比例先后放上糯米、绿豆和五花肉，盖上冬叶包裹好，用蒲草（水草）捆扎成重约0.5千克枕头状或四角山形，大甑或铁锅用柴火烧煮8—10小时即可。可直接食用，也可以蘸上蛋浆煎至金黄食用。甘香软滑、齿颊留香、肥而不腻。有的裹蒸还增加冬菇、腊肠、咸蛋黄作馅料。新开发的品种有黑糯米裹蒸、瑶柱裹蒸、菠萝裹蒸、豆沙裹蒸等。2012年列为国家地理标志保护产品。"肇庆裹蒸制作技艺"2009年入选广东省第三批省级非物质文化遗产名录。（冯凤平、黄明超）

裹蒸粽　见"肇庆裹蒸粽"。

庚家粽　广东小吃。广东省东莞市万江街道特产。有咸和甜两种，皆以糯米、绿豆为主料。咸粽是招牌产品，加咸鸭蛋、肥肉为馅。猪肉用五香粉和白糖等调料腌制一星期，咸蛋黄腌制至少23天。甜粽又称枧水粽，分有馅、无馅两种。选用当地笔架山每年三四月的竹叶，包扎为五角锥形，在特制铁锅中高温煮5小时，使竹叶香、糯米香、肉香和绿豆香及各种材料味道充分渗透。据载唐代长安已有"庚家粽"扬名，是"烧尾宴"的一道佳肴。段成式《酉阳杂俎》中有庚家粽子白莹如玉的记载。《广东庚氏志》称广东庚姓始祖于北宋元祐年间自南京来粤任广南路经略安抚使，将庚家粽带入岭南。"庚家粽制作技艺"2015年入选广东省省级非物质文化遗产代表性项目名录扩展项目名录。（李婷、郝志阔）

林旁粽 广东小吃。广东省东莞市虎门镇怀德村一带特产。因用林旁叶包粽而得名。林旁叶清净，编织出菜篮、鱼篓、虾迳、枕头等8种造型，将洗净的糯米、花生、红豆、眉豆、五花肉等馅料填入，挤压填实，煮五六个小时。有除虫、去湿功效。不同造型寓意不同："菜篮"寓意丰衣足食，"鱼篓"寓意风调雨顺，"虾迳"寓意钱财有进无出，"枕头"寓意高枕无忧，"神靴"和"凉鞋"寓意冬暖夏凉、四季如春，"笔架"寓意孩童读书聪明伶俐，"狗头"寓意家宅平安。（李婷、郝志阔）

潮汕粽球 广东小吃。即粽子。流传于广东潮汕地区。可分粽球、栀粽等类型。比较有特色的是"双烹粽"，有甜、咸两个口味。将糯米用水浸3小时，晾干，放炒锅中用"蒜头朥"（一种油炸的大蒜末）炒至七成熟，再调入鱼露，把竹叶折成三角斗形袋状，先放入炒好的糯米，再放入五花肉（南乳肉）、香菇、虾米、红豆沙、咸蛋仁等馅料，再放糯米，用咸水草扎紧，水煮3.5小时或蒸3.5小时。甜馅为绿豆沙或红豆沙等，用猪网朥包裹好再放入。（郑锦辉、肖文清）

潮汕粽球

蛤蒌粽 广东小吃。广东省湛江市特产。蛤蒌，又名荜茇、假蒟、马蹄蒌，胡椒科胡椒属植物。其叶有特殊野香味，用于粽子配料，因而得名。取蛤蒌叶第2—5截嫩叶，洗净煮过，剁碎并加油、蒜头煎炒至熟黑，加入糯米

中；分别配以瑶柱、虾米、花生、红豆、绿豆、核桃、咸肉、叉烧、蛋黄等，形成不同的系列品种。煮时先猛后缓，先大火煮1小时，再改中火煮1小时。以糯而不烂、肥而不腻、肉嫩味香、咸甜适中、有略轻的胡椒味为特色。对胃肠寒痛、风寒咳嗽有一定功效。明万历《雷州府志》已有荜蒌叶香多辛少，当地人常取以调食的记载；清嘉庆《海康县志》也有相关描述。"蛤蒌粽制作技艺"2015年入选广东省省级非物质文化遗产代表性项目名录扩展项目名录。（李婷、郝志阔）

大笼糍 又称粘板糍。广东小吃。广东省惠州市龙江镇及清远市连南瑶族自治县等地客家春节传统食物。龙江的做法是选用自产糯米，先浸泡两天两夜，沥干后捣压成幼滑糯米粉，加油加水制成米糊，倒入事先铺好蕉叶的竹笼中，淋上碱水上蒸笼蒸熟即成。连南的做法是先把黄板树枝烧成灰，放到锅里煮2小时，用纱布滤渣而得到的碱水泡糯米。3小时后将糯米放到石磨上磨成米浆，倒进垫着芭蕉叶的竹笼里，上锅蒸至熟透。切片蘸蜂蜜水或白糖水食用，也可加入花生、芝麻、白糖煎熟，佐酱油、辣椒油食用。寓意团团圆圆、美美满满，客家年节传统礼品，尤其是大年初二时，出嫁女须带着自己家开笼的大笼糍回娘家向父母拜年，娘家也会用自家开笼的大笼糍当交换回礼。在传统节日"天穿日"（正月二十日）时还作为祭品祭天以"补天穿"。（李婷、郝志阔）

粘板糍 见"大笼糍"。

英德艾糍 又称艾糍。客家小吃，清明节期间的常见食品。洗净鲜嫩的艾叶，焯水后用水煮软，挤干水分后剁碎。片糖煮成糖水倒在糯米粉里揉成

英德艾糍

粉团，加入艾碎揉匀成艾粉团。炒花生仁碎、芝麻、白糖混合成馅料。艾粉团捏成艾皮包馅料成扁圆形，用蕉叶垫着蒸15—20分钟至熟即成。还可以煮、炸、煎。以墨绿如玉、甘中带香、软糯柔韧、食而不腻为特色。（黄明超）

艾糍 见"英德艾糍"。

吉兆木薯粉粄 又称木薯饺子。广东小吃。流传于今广东省湛江市吴川市覃巴镇吉兆村。以木薯淀粉做皮料，萝卜（萝卜干）、韭菜、虾米、花生、木耳、猪肉等为馅料，用蒸法或炸法烹制。木薯淀粉加沸水烫熟，搓揉至有韧性的粉团，加入少量猪油揉匀，揪出小粉团压扁成粄皮。萝卜丝（或萝卜干幼粒）、韭菜、虾米、木耳丝、猪肉粒炒熟，加入炸花生仁碎拌匀成馅料。粄皮包上馅料对折并捏成半月形，排放在扫过油的蒸盘里猛火蒸15分钟至熟即可食用，也可油炸后食用。馅料荤素、咸甜皆宜。以粄皮柔韧、馅料甘香为特色。（潘英俊、黄明超）

木薯饺子 见"吉兆木薯粉粄"。

客家算盘子 客家小吃。以芋头和木薯淀粉为主料，香菇、猪肉、虾仁为副料，用炒法烹制。芋头煮熟去皮碾成泥，加入约2倍的木薯淀粉和沸水揉成粄团。揪下一小团，搓成圆球，捏成像算盘珠子形状的扁圆形，放进沸水中煮熟，晾凉，为算盘子坯。锅

里下油爆香蒜蓉、下肉粒、香菇粒和虾仁炒香，下算盘子坯，用鱼露、精盐、生抽和胡椒粉调味，快速炒匀，加入香菜碎和葱花即可出锅。以形似算盘珠子、质柔韧滑爽、味咸香带鲜为特色。副料可以按个人口味变化。客家人将其作为过年食品，象征团团圆圆，也寓意来年精打细算过好日子。（黄明超）

客家算盘子

黄粄　客家小吃。以广东省梅州市平远县梅畲村一带最为正宗。以粳米为原料，用蒸法烹制。砍伐野生黄栀子树枝烧成灰，放进清水中搅拌均匀，用布过滤后得黄粄水。将粳米浸一晚，滤水后倒入饭甑蒸约1小时成为饭团（又称饭干团）。饭团用黄粄水分层浇透（也可用黄粄水直接浸米），加盖蒸至冒气。将饭团放入石臼中舂打。古法舂打方式是先由两个成年男子用较重的丁字舂相对站立轮流捶打，然后换一个舂两人围着石臼绕圈捶，直至饭团柔韧起堆，再由年轻女子手工搓揉成大小不一的舌头状即成。食法多样化，可酿、蒸、煮、煎、炒，还可以切片晒干。以色泽金黄、香味清香、柔韧滑口为特色。（黄明超）

萝卜粄　又称菜头粄、菜包粿。客家小吃。以广东省河源市为正宗。以糯米粉、粘米粉为主料，萝卜、腊肉、香菇、虾米等为副料，用蒸法烹制。萝卜切成细丝，用沸水烫至断生，沥水。香菇、腊肉、瘦肉切成小粒，炒香，加生抽、蚝油调味。虾皮洗净炒干。萝卜丝、香菇、腊肉、瘦肉、虾皮混合炒成馅料。糯米粉、粘米粉连同洗净艾叶加清水搅拌均匀成稠面糊，猛火蒸20分钟，揪出小团，包上馅料，捏成饺子形状，蒸20分钟至熟即成。可以煎香吃。以口感柔韧、萝卜味浓、滋味甘美为特色。（江志伟、黄明超）

菜头粄　见"萝卜粄"。
菜包粿　见"萝卜粄"。

回龙禾粄　客家小吃。以广东省河源市龙川县回龙镇鲤鱼山的禾粄最为出名。据族谱，清初刁氏七世祖刁贵山由闽入粤迁入龙川回龙鲤鱼山，将打禾粄习俗带到当地，流传至今。以禾米为原料，用蒸法烹制。将黄粄莲树、布惊、油茶树、山黄果树枝叶烧成灰，放进清水中搅拌均匀，用布过滤后得灰水。新鲜箬竹叶放在灰水中煮沸，沥干待用。禾米浸8小时洗丁净，放在木桶蒸2.5小时，倒出晾凉，用灰水浸1小时，然后蒸半小时。蒸好的米饭放入石臼中，两人用粄槌一左一右反复挤压、捶打，直至饭团如烂泥且柔韧黏结为止，即成禾粄团。粄团放在垫了箬竹叶的箩筐内压平存放。食法多样化，可咸可甜。以色泽暗黄、味道清香、口感嫩滑为特色。（江志伟、黄明超）

老鼠粄　又称珍珠粄。客家小吃。以粘米为原料，用煮法烹制。粘米浸透，

老鼠粄

磨成米浆，用布袋沥干水分得粉团。取一半粉团掰小块放入沸水中煮熟，与余下的生粉团糅合，让其发酵成粉团。在锅上架放特制粄擦，锅内水烧开，擦出的两头尖、像老鼠尾巴的粄条掉在锅中，粄条浮起便熟，捞出放在冷水中浸泡，冷却后沥干水分。食用时把粄条放进沸水锅里滚至浮起，捞出，沥水，装碗，加入调料，撒胡椒粉和葱花，淋上自制肉酱即成。也可以加猪肝、肉片煮成的汤水佐食。以油香浓郁、劲道十足、两头尖尖、口感滑润为特色。（黄明超）

珍珠粄　见"老鼠粄"。

忆子粄　客家小吃。流传于今广东省梅州市。原产于今广东省梅州市大埔县百侯、枫朗、湖寮镇一带，已有300多年的历史。相传是明末清初大埔的松婶因思念投奔郑成功的儿子而做的粄，因而得名。以糯米、猪肉、豆腐干、鱿鱼、香菇、虾米、黑木耳为原料，用蒸法烹制。糯米浸透磨成粉浆，装入布袋内压干水分，加少许盐水，再加沸水揉搓至黏结，揪出小团，擀成粄皮。肉片、豆腐干、鱿鱼丝、香菇、虾米、蒜白、黑木耳加猪油和酱油焖至熟透作馅料。把馅料包进粄皮里，扎成四方立体形，用叶子包裹蒸30—40分钟至熟即成。以味香、口感滑、鲜美为特色。（黄明超）

味窖粄　又称味酵粄。客家小吃。旧时广东梅州六月初六是尝新节，农民将第一担新米磨浆制作成粄，蘸甜酱油（红味）吃，故名。以粳米为原料，用蒸法烹制。粳米浸透磨成米浆，用开水冲浆，配以适量土碱搅拌，盛在小碗中，用旺火蒸至碗面周围膨胀，中间成窝形即碗粄。吃法多样化，用红糖、白糖、蒜头、酱油和水熬成味汁成"红味"，或蒜头、辣椒、盐、

味窖粄

水调成"白味"，将碗粄分成小块蘸吃，前者香甜，后者香辣。也可将面粉加水调成面糊，碗粄切块拌面糊放进热油锅内炸熟捞起，配以"红味"或"白味"或蒜蓉辣酱佐食，外酥里嫩，各具风味。还可把碗粄切成小块，配以肉丝、鱿鱼丝、香菇、葱花等烹炒，撒上胡椒粉即可食用。（黄明超）

味酵粄　见"味窖粄"。

东陂水角　又称水饺、粉角。广东小吃。以油粘米为原料，用蒸法烹制。将瘦肉粒用淀粉、茶油、姜汁、酱油、白糖腌制，再与马蹄粒、葱白粒拌匀成馅料。油粘米洗净、浸透后磨成米浆，倒入用熟油煎过两次的特制斜底直身大铁锅内加热，用木榴杵捣拌成米糍浆。当米糍浆变黏稠粘木榴杵时，加入少许猪油搅拌至米糍浆半熟，全部粘在木榴杵上便可取出。加少许米粉，分成小团，擀成圆形片，放入馅料及白胡椒一粒，包成饺子状，蒸熟，装盘后涂熟油、麻油，撒炒香白芝麻。食用时配上由芥末、麻油、辣椒油、酱油调制的味碟。以皮软滑嫩、咸甘适度、味美香醇为特色。集岭南和中原饮食文化于一体。（黄明超）

水饺　见"东陂水角"。
粉角　见"东陂水角"。

红团　客家小吃。以广东惠州潼湖、东莞谢岗为代表，是广东惠州、东莞

等地祭祀、年节、婚嫁、酬谢及馈赠亲友的吉物。以糯米粉为主料，用蒸法烹制。惠州潼湖做法是在糯米粉里拌入红花粉，加入热水揉成糯米面团，再包入炒熟花生仁碎、芝麻、白糖等拌成的甜馅，做成扁圆形，垫上芭蕉叶蒸熟而成。东莞谢岗做法是把苏木浸七八个小时得粉红色苏木水，与食用油混合，放进糯米粉中揉成面团，包入捣碎核桃仁、杏仁、瓜子仁、砂糖和油搅拌成的馅料，放入木质红团模具内，印成上拱下平半球状，放在芭蕉叶上蒸熟即成。一盆6个，寓意大吉大利，万事顺利；在每个红团的一端捏一个小尖嘴，形状像发芽的种子，寓意万物生长、开枝散叶；其中一个红团的身上捏6个"鹅仔"，寓意人丁兴旺。以红艳艳、香喷喷、甜滋滋为特色。（江志伟、黄明超）

潮汕绿豆糕　潮汕糕点。流传于广东潮汕地区。选用优质绿豆为原料，浸漂清洗，脱去豆衣，蒸熟晒干，研磨成粉，添加白砂糖（或熬煮为浆）和猪油充分搅拌均匀，反复掺和揉制成糕泥状，可掺入花生仁碎、芝麻粉末、瓜丁微粒等拌匀，用专用印模印制出白兔、鲤鱼、松鹤、福禄寿、平安等吉祥图案。再放入蒸笼蒸5—10分钟即成。以糕体晶莹如碧玉、清香扑鼻、软滑清凉为特色。有清热解毒、消暑利水等功效。（郭苑玲、李婷）

潮州炖糕　又称龙湖炖糕、书册糕、云片糕。潮汕糕点。流传于广东潮汕各地。以糕粉和白糖为原料，糕粉是糯米炒熟碾成的粉。白糖选粒小、质松、洁白、速溶的。先把白糖加适量清水，用中小火熬成糖浆，加入适量麦芽糖和猪油，搅拌使糖浆不板结。按1:1.3比例将糖浆和糕粉混合碾平压块，下锅隔水炖约2分钟。因隔水炖，故曰炖糕；切片像书本，又得"书

册糕"之名，包装时用红纸盒或加贴红字"封面"。长方形造型整齐规则，糕片厚薄均匀，有步步高的美好寓意。糕片颜色洁白如雪，手感柔软有弹性，能曲成圆弧形而不断裂，口味香甜柔软，入口即化。（郭苑玲、陈育楷）

龙湖炖糕　见"潮州炖糕"。
书册糕　见"潮州炖糕"。
云片糕　见"潮州炖糕"。

海门糕仔　潮汕糕点。产于今广东省汕头市潮阳区海门镇。由糕粉、粮浆、橙浆糅合而成。选用江西糯米浸湿，鼎中将海沙（圆形浪淘沙）炒热，加入湿润糯米快速翻炒20秒，糯米熟透并略微膨胀，即可离火过筛，再用石磨研磨，再过筛，制成颗粒幼细糯米粞（碎米）。静置半个月退火性。将糖与水按一定比例混合后加热，搅拌熬制，待水分蒸发后成砂，碾成一种蓬松、可塑性强的糖粉；再加入凉开水调成糖浆。用潮汕蕉柑皮，下糖加酒发酵数日后，剁碎晾晒半个月到1个月，入瓮封存，1年后成为橙浆。现在用芝葱朥代替，即加珠葱（葱花）用猪油炸至金黄色，加入芝麻制成。将糕粉、糖浆、芝葱朥搅拌均匀，填进模具，抹平，压实，脱模即成。成品为浅黄色或乳白色花边圆形。一面印有一个凸起的吉祥字眼，一组可以连成一句吉祥语言，一组用白底红色图案纸包装，外表喜气，内涵吉祥。口感软中带韧，口味清甜，有浓郁葱香。与贵屿朥饼、达濠米润、山（沙）浦酥糖等并称为"潮汕八大传统名产饼食"。（郭苑玲、李婷）

潮汕酥饺　又称朥饺。潮汕小吃。可分荤、素两种。用面粉做皮，包进调配好的花生、瓜册、白糖、芝麻，封口后捏波浪形花边压紧，下油锅炸至双面金黄时捞起沥油即可。用植物油

炸为素食，用猪油炸或者馅中有猪肉的则为荤食。酥脆香甜，耐放。通常在春节期间制作，用于祭祀和待客。（林英婵、郑锦辉）

膀饺　见"潮汕酥饺"。

潮州鸭母捻　潮汕小吃。一种有馅的糯米粉制汤圆。流传于广东潮州及周边地区。因在外形和表皮"捻"个记号，煮熟后、扁圆、椭圆等不同形状以及翘着尖或角的汤圆漂漂浮浮，恍如一群胖乎乎的母鸭，因而得名。先将糯米浸透，用石磨磨成粉浆，把粉浆倒入质地较粗疏的布袋中沥水，仍有一定含水量时倒出，揉压，直至柔韧，即成汤圆皮，分别包裹进绿豆沙、红豆沙、芋泥、芝麻糖、瓜册等馅料，放入白糖水中煮至浮上水面即成。潮州百年老店胡荣泉卖鸭母捻通常每碗三颗，任客人选三种不同馅，一碗鸭母捻甜汤，还可以搭配鹌鹑蛋、银耳、莲子、百合、白果、薏米、绿豆、清心丸、桂圆等配料。（陈育楷、郑锦辉）

潮州鸭母捻

潮州糯米猪肠　又称猪肠胀糯米。潮汕小吃。取猪肠中段，洗净。糯米浸泡3小时，五花肉、花生仁、虾米、香菇、莲子等切丁拌匀调味，按一定比例填装入猪肠，在表面扎若干个气

孔，以免猪肠胀裂，用纱线扎紧两端，煮到浮起。食用时斜刀切片，撒上熟白芝麻，配金橘油或红豉油等蘸料即成。以肥而不腻、糯而不烂、鲜甜交融、浓香可口为特色。可作街边小吃，也可上酒楼宴席。（陈育楷、郑锦辉）

猪肠胀糯米　见"潮州糯米猪肠"。

潮州宵米　又称小米。潮汕小吃。主要馅料有猪肉、竹笋、香菇、虾仁、香芋、葱白、鸡蛋、面粉、调味料等。将面粉加入鸡蛋，搓揉成面团，略静置松筋，揉成细长条，再切成小块，用面棍擀压成直径6厘米的圆形面皮，中间稍厚，周围略薄。将猪肉、竹笋、香芋、虾肉、香菇、葱白切成小粒；先将香菇用油炸熟，放入盐、味精、白糖、胡椒粉等搅拌均匀。包成广口状圆柱形，蒸8分钟即成。配以陈醋酱碟食用。（郑锦辉、肖文清）

小米　见"潮州宵米"。

潮州柑饼　又称橘饼、金橘饼。潮汕小吃。将蕉柑削刮去表面的一层，用清水浸泡一天一夜或三天三夜，去酸涩；在柑的四边各割开一道口，挤压为扁平形。柑蒸熟，剪成梅花状，在太阳下晒一天。把柑放在锅里加糖（冰糖或蜂蜜）慢火熬制6小时以上，让柑饼包裹上糖衣即成。呈橙黄色菊花状，肉质胶韧润滑，辛香清甜。有助消化、消腻开胃、润肺止咳功效。可直接食用，可作工夫茶茶配，也可泡水饮用，还可为八宝饭等糯米类甜食入味。是广东潮汕地区传统订婚聘礼"四色糖"之一，招待或馈赠宾客，有送"黄金大吉"美意。（林英婵、郑锦辉）

橘饼　见"潮州柑饼"。
金橘饼　见"潮州柑饼"。

潮州落汤钱　又称胶罗钱、糯米钱、软粿、落汤糍。潮汕小吃。将开水冲入糯米粉揉成大团，中间留个洞，形

潮州落汤钱

似铜钱，因而得名。将粉团放进锅中煮至浮起，再捞到粿钵（盆）中，用木棍顺同一方向搅拌，使粉团润滑柔软，双手沾熟油捻成小团，用锅煎或油炸即可装盘，配上花生末、芝麻和糖粉混合成的蘸料食用。潮汕话"胶罗钱"有用甜的"钱"黏住嘴巴之意，有讨好所祭拜供奉的神明和所请客人之意。（陈育楷、郑锦辉）

胶罗钱　见"潮州落汤钱"。
糯米钱　见"潮州落汤钱"。
软粿　见"潮州落汤钱"。
落汤糍　见"潮州落汤钱"。

潮州蜜饯地瓜　又称蜜浸地瓜、糕烧番薯。潮汕甜品。地瓜去皮，切块，用白矾水浸过，晾干（用糖腌制）。用大锅盛一定量的清水，加入白砂糖和麦芽糖，用慢火熬煮。熬至糖全部溶化，熬至用筷子搅起有坠丝，糖浆熬至大泡，把切好的地瓜块放进糖浆内，用猛火熬4分钟，再用慢火蜜浸15分钟即成。以形态美观、甘甜粉香为特色。（肖文清）

蜜浸地瓜　见"潮州蜜饯地瓜"。
糕烧番薯　见"潮州蜜饯地瓜"。

潮州翻沙芋　潮菜甜菜。即返沙芋。

潮州翻沙芋

芋头去皮洗净，取中段切成大小均匀的寸段，用中小火炸熟待用。净锅内放进1∶2清水和白糖，用中火加热，搅拌至糖浆表面浮起大泡时放入葱珠、芝麻搅匀，随即将炸熟的芋段倒入糖浆中，熄火，翻炒使糖浆均匀地粘在芋段表面，直至其冷却凝固形成白霜即成。把银白色的返沙芋和金黄色的返沙番薯摆放一盘上桌，名为金玉满堂。菜品松软香甜，是潮菜粗料精做的典范之一。（陈育楷、肖文清）

潮州麦烙 又称麦烙。潮汕小吃。通常采用冬麦，将全面粉（粗面粉）、鸡蛋、红糖和白糖按一定比例兑入，

潮汕麦烙

加水搅拌成糊状，两面煎熟即成。可加馅料，做成麦粿，甜的有豆沙、芋泥、玉米等，咸的有韭菜、包菜、竹笋、南瓜、芋丝、玉米等。（林英婵、郑锦辉）

麦烙 见"潮州麦烙"。

潮州猪脚圈 潮汕小吃。各地叫法不一，广东饶平称为油盾，广东普宁称为落蹄粿，广东棉湖称为六角糕。按3∶7比例把粳米粉和木薯粉拌匀，加水调成粉浆。将芋粒（蒸熟）、红豆（煮熟）、五花肉丁等馅料拌以葱珠、五香粉、盐等调料。将模具在油锅中加热，取出，倒入粉浆，粉浆受热形成小碗形状，倒出剩余粉浆，再加入制好的馅料，淋盖上粉浆，放回油锅中浸炸至金黄色，倒出即成。（陈少俊、肖文清）

潮汕猪脚圈

潮州油粙 又称空心球。潮汕小吃。类似广府地区的煎堆和其他地区的麻球、麻团、芝麻球等。用开水把100克澄面烫熟，和成熟澄面，另取糯米粉500克，加入白砂糖水、1克小苏打、25克食用油和适量冷水，和匀，搓成15克的面团，包入豆沙等馅料搓成球状，表面滚上白芝麻。炸至膨胀浮起，改小火用笊篱按压浸炸均匀至金黄色，捞出沥油即成。以造型圆润、色泽金黄、外皮酥脆、内层柔糯、馅料香甜为特色。（黄霖、叶飞）

空心球 见"潮州油粙"。

潮式朥饼 又称潮州朥饼、潮式月饼。潮汕饼食。可追溯到宋代以前。朥即是猪油，故称朥饼。饼皮由酥和皮两部分组成，酥是面粉和猪朥混合而成，皮用精面粉、猪朥、麦芽糖、适量水

做成，再将酥和皮粿合而成。馅料有绿豆沙、乌豆沙、双烹和水晶等。绿豆（或乌豆）洗净，放清水煮沸，放入豆和适量食用纯碱，煮沸后，把豆放入竹笋内，加清水搓洗去豆衣，把豆沙倒进布袋压干水分，再把豆沙、白糖、猪朥一起煮沸，边煮边下猪朥，至豆沙不粘手时便成。分为荤素两种，除豆沙馅，还有芋泥（香芋）、淮山、香葱（葱油）等饼种，馅料还有猪肉丁、冬瓜丁、黑芝麻、葱白等和隔年缸藏地下已"退火"的储料（有清爽凉喉之效）。以金黄鲜艳、皮薄馅厚、酥脆清甜、肥而不腻、入口即化为特色。形状扁圆，正反面盖上红色的吉祥字符。据载1949年中秋，京剧大师梅兰芳在上海品尝潮汕朥饼，赞不绝口并特书"茶食泰斗"四字相赠。"潮式朥饼制作技艺"2013年入选广东省第五批省级非物质文化遗产代表性项目名录。（郑锦辉、肖文清）

潮州朥饼 见"潮式朥饼"。
潮式月饼 见"潮式朥饼"。

潮州腐乳饼 潮汕饼食。据说传自广东广州小凤饼。20世纪40年代，广东汕头至平路礼记饼家广州人伍师傅，把从广州带来的鸡仔饼改良创新而成。糯米焗熟，磨成幼粉（糕粉）；花生仁炒香碾碎，芝麻炒香，肥猪肉用白糖腌过后切成小颗粒。花生仁、芝麻、白肉丁放在大盆里，加入蒜头茸、整块南乳，调入适量大米酒、糖粉、糕

潮州腐乳饼

粉，再加入适量花生油（或猪油）搅拌均匀。饼皮用面粉，加入适量食用纯碱，用密筛筛过，加入油、糖油（白糖加水慢火溶成）搓揉而成。饼皮包上馅料，用饼印成形，饼面刷上蛋浆，入焗炉焗5分钟即成，中途往焗盘盘底稍淋花生油。以造形小巧精致、饼皮薄而不裂、饼馅饱而不露、干润而不焦燥为特色。饼香浓郁，甜而不腻，营养丰富，有南乳、蒜头和酒的香气。与潮州单丛工夫茶是绝配。（肖文清、黄明超）

潮州春饼　又称潮州春卷。潮汕小吃。将绿豆碾瓣，去壳蒸熟，再与蒜白、鱼露、味精搅拌调匀，虾米切碎、香

潮州春饼

菇切丝、猪肉切成细条，用薄饼皮包裹卷成长方形，油炸便成。以色泽金黄、外酥里嫩、香气浓郁为特色。中国自古有吃春盘（五辛盘）"咬春"的习俗，有的地方演变为油炸的春卷，甚至成为满汉全席点心之一。据许永强《潮州小食》记载，民国初潮州胡荣泉饮食店的胡荣顺、胡江泉兄弟将清代之前流行的薄饼卷炸浮虾改造成今天的潮州春卷。（肖伟贤、肖文清）

潮州春卷　见"潮州春饼"。

北海虾仔饼　又称虾仔粔、虾公粔。广西小吃。将糯米和大米按1:4比例混合，浸泡3—5小时；放少许盐，磨成米浆；在专用圆形铁制模具中倒入少许米浆，撒上葱花，再铺上较薄的一层米浆，最后在上面放本地出产的虾仔，

入油锅炸到粔自行脱落，翻动炸至金黄即可捞出沥油，晾凉即可食用，配椒盐等，风味更佳。（林英婵、李锐）

虾仔粔　见"北海虾仔饼"。
虾公粔　见"北海虾仔饼"。

隆江绿豆饼　广东小吃。产于今广东省揭阳市惠来县隆江镇。据称始创于清代。绿豆淘洗浸泡1小时后脱皮，筛选后沥干水分，蒸熟，自然冷却后，加入一定比例食用油和白砂糖搅拌，手工碾揉成豆沙。饼皮分两层，第一层是表皮，在面粉中按一定比例加入水、糖、油搅拌揉搓而成；第二层是酥皮，在面粉中加入食用油用手揉捏均匀直至成团。豆馅包入饼皮，粘上黑芝麻点缀，压成饼状，用柴火烙烤，期间翻面刷油再煎烙，直至两面金黄。用粉色纸包卷成一筒一筒，贴上印有"绿豆饼"的红纸。酥皮清晰多层，香醇诱人，入口即溶，馅心香软，冰甜细腻。具有清热解毒、止渴消暑、利尿润肤等功效。是日常茶配，也是婚嫁礼饼或喜庆节日祭品，被称为"神仙眷侣饼"。"隆江绿豆饼制作技艺"2015年入选广东省第六批省级非物质文化遗产代表性项目名录。（郭苑玲、郑锦辉）

潮式粿品　粿类食物。大多为祭祀祖先和神明的供品，被称为"走下神坛的美食"。种类繁多，用制作方法区分，有皮包馅的粿，包括红桃粿（白饭桃、红壳桃）、鼠曲粿（鼠壳粿）、金瓜粿、无米粿（韭菜粿）、乒乓粿（槟醅粿）、笋粿、粉粿、油粿等，其馅料丰富，变化多端，有荤有素，有甜有咸。荤的多以猪肉、虾米和香菇为主，也有搭配果蔬的，如马蹄粒、芋头丝等。素的也可分甜咸，原料多以绿豆沙、乌豆沙、红豆、各种果蔬为主。另一类是不用皮包馅的，如甜粿（年糕）、糕粿、酵粿、栀粿、菜头粿、土豆粿、

香芋粿、朴枳粿等。还有一类食品也有粿的别称，如麦粿（麦烙）、菜头粿（萝卜糕）、墨斗卵粿（烙）等。"潮式粿品制作技艺"2013年入选广东省第五批省级非物质文化遗产代表性项目名录。（陈非、郑锦辉）

潮州红桃粿　又称红曲桃、红粿桃、红壳桃、红粿。潮汕小吃。通常有糯米饭馅和绿豆馅两种，称为饭桃粿、馅桃

潮州红桃粿

粿。以糯米、粘米粉、生粉加腊味、香菇、五花肉、虾米、花生仁、豆腐条、食用油、鱼露、芹菜等辅料。用以传统工艺制好的粿皮包裹预制好的馅料，用传统粿印定型再蒸熟即成。凡时年八节，潮汕民间家家户户做红桃粿，并供于祖宗灵位前祭拜，寄托红红火火和福禄寿全的美好寓意。（李婷、郑锦辉）

红曲桃　见"潮州红桃粿"。
红粿桃　见"潮州红桃粿"。
红壳桃　见"潮州红桃粿"。
红粿　见"潮州红桃粿"。

鼠曲粿　又称乌粿、鼠壳粿、年粿。潮汕小吃。中国自古有用鼠曲草制饼食和祭祀祖先的传统，南北朝《荆楚岁时记》、五代《日华子诸家本草》和宋《政和本草》记载取鼠曲汁和蜜为粉，以压时气的习俗；《本草纲目》也有寒食采茸母草和粉食的记载。鼠曲草熬成浆汁，加入糯米粉和其他配料揉制成粿皮。馅料有甜、咸、双拼3种，甜的多用绿豆沙、红豆沙，加芝

鼠曲粿

麻、炒花生末、橙糕、陈皮、白砂糖调制成馅；咸香型有糯米饭加香菇、肉丁、虾米、花生仁、香料等；双拼就是一半甜一半咸。用"粿印"刻上花纹图案，以相应形状的蕉叶做粿垫，蒸熟后涂上一层薄油，软滑可口；冷却后变硬，吃时可再蒸或油煎加热。清明和各大节庆用来祭拜祖先或神明。参见第 1061 页中医药卷"乌粿"条。（叶飞、郑锦辉）

鼠壳粿 见"鼠曲粿""乌粿"。
年粿 见"鼠曲粿""乌粿"。

潮州笋粿 又称潮汕笋粿、笋饺。潮汕小吃。因馅料用本地盛产的春笋、夏笋为主而得名。馅的配料有香菇、虾米、猪肉、蒜头膀等。磨米浆，蒸笼蒸熟，加开水揉搓至柔软，搓推成圆条状，掐成小团，用擀面棍推压成圆形粿皮，装馅包成饺子形状（比通常的饺子大），蒸熟即可食用。也可油煎，以浙醋佐食。以粿皮金黄酥脆，馅料鲜嫩甘甜为特色。（陈育楷、郑锦辉）

潮汕笋粿 见"潮州笋粿"。
笋饺 见"潮州笋粿"。

潮汕酵粿 又称酒曲发粿、大酵发粿、发粿、笑粿。潮汕小吃。以粘米为主要原料。浸泡磨成米浆，加入酒曲，自然发酵 12 小时以上，加入白砂糖（或红糖），用碱水中和酸度，搅拌后蒸制而成。粘米需要新老搭配，并根据节气和发酵时间调整；发酵时间根据气温、湿度、发粿的酸度等控制；蒸制过程根据发粿大小、多少等控制火候和时间。根据配方和用途不同，传统发粿有红、白、黄 3 种颜色。酵粿有多种颜色可选，一般米白色酵粿形状如盛开的花朵，再盖上红色的"福""寿""答谢神恩""合家平安"等字样，充满吉祥喜庆气息。是广东潮汕地区春节或祭祀活动中重要祭品之一。"酒糟发粿制作技艺"2018 年入选广东省省级非物质文化遗产代表性项目名录扩展项目名录。（陈育楷、郑锦辉）

酒曲发粿 见"潮汕酵粿"。
大酵发粿 见"潮汕酵粿"。
发粿 见"潮汕酵粿"。
笑粿 见"潮汕酵粿"。

潮州糕粿 又称炒糕粿。潮汕小吃。大米磨成粉浆，粉浆中加入少许明矾。粉浆倒入蒸笼中，先蒸熟第一层，再倒入粉浆蒸熟，多次倒入蒸熟，直至 10 厘米左右厚度。蒸好的粿晾干变硬，切成长约 3 厘米、宽约 1.5 厘米的菱形小块。放入平底锅慢火煎至两面金黄，加入白糖、芥蓝菜、虾肉、瘦猪肉、鲜蚝、鸡蛋等多种配料炒匀，用小盘分装给客人食用。后来酒家吸取西餐铁板牛排的做法，将炒制好的糕粿放入加热后的铁板上桌。（陈育楷、郑锦辉）

炒糕粿 见"潮州糕粿"。

潮州沙茶粿 潮汕小吃。广东潮州惯称灌粿，广东汕头惯称干粿。粿条是用大米磨浆蒸熟再切成条状的日常食物，客家地区惯称粄条，广府地区惯称河粉，香港地区根据潮音惯称贵刁。粿条在汤中烫热捞起，加入焯熟的牛肉或猪肉、香菜等拌料，淋上沙茶酱、花生酱等酱料卤汁搅拌即成。完整的"一顿"沙茶粿，要配一碗牛肉丸汤或鱼丸汤或猪杂汤等。早先有将沙茶煮在汤锅里，再放粿条烫熟的做法，称为沙茶粿（汤）。（陈育楷、郑锦辉）

潮州粿汁 潮汕小吃。将米浆在平底锅煎成薄片，切成菱形小片，成为"粿角"，也有用粘米浸泡加水磨成米粉浆，加一定比例米粉浆蒸熟，晾干，切成三角形小块备用。食用时，在开水中加入米浆以增加黏稠度，把"粿角"放入煮软煮透即可。浇上潮式卤水，包括卤肉、卤猪杂、卤蛋、卤豆干、卤苦瓜和卤水烫的青菜。粿片柔中有韧，粿汁黏稠软滑，卤料香浓，卤水与粿汁交融，咸香可口。广东潮州、汕头、揭阳洪阳和炮台等地粿汁较有特色。（陈育楷、郑锦辉）

潮州无米粿 又称潮汕水晶球。潮汕小吃。其皮用薯粉制作，薄而透明，可见馅料。形圆，馅多为杂粮果蔬。

潮汕无米（韭菜）粿

通常以外形色泽区别口味，其馅有甜有咸，咸馅用马铃薯、白萝卜、胡萝卜、芋头、竹笋、绿豆、韭菜等切成颗粒，加入虾米、肉丁、沙茶或咖喱或胡椒粉、鱼露等调味炒熟而成。甜馅用芋泥、红豆沙、乌豆沙等制成。潮汕无米粿品种有数十种。食用时以温油浸热为主，也可蒸或煎。（肖伟贤、郑锦辉）

潮汕水晶球 见"潮州无米粿"。

潮州菜头粿 潮汕小吃。即萝卜糕，因萝卜俗称"菜头"而得名。萝卜刮皮刨

丝，拌入大米粉及其他配料，以水调匀再入蒸笼蒸熟。有的先将萝卜丝下锅炒软，加入腊肠粒、虾米粒、香菇粒、芹菜粒，加入味精、盐、胡椒粉等调味品，再与米浆和薯粉拌匀，用蒸笼蒸熟。食用时切块油煎，点蘸辣椒酱等。以外酥内嫩、清香可口为特色。潮汕地区传统粿品之一，是茶楼、餐厅流行菜品。（肖伟贤、郑锦辉）

菜头粿

潮州栀粿 又称栀粿、栀粽。潮汕小吃。糯米浸泡，磨成粉浆；黄栀子捣碎浸泡，滤渣，取其黄色汤液，与粿

潮汕栀粿

浆（糯米浆）搅拌均匀，用蒸笼蒸熟，放凉即成。成品金黄晶莹，绵软润滑。用纱线切割成片，蘸白砂糖食用。以栀香甘甜爽口为特色。有清热利湿、祛疫助消化等功效。是潮汕地区端午时节抵抗暑湿瘴热的保健食品。参见第1061页中医药卷"潮州栀粿"条。（郭苑玲、郑锦辉）

栀粿 见"潮州栀粿"。
栀粽 见"潮州栀粿"。

潮州朴枳粿 潮汕小吃。朴枳即朴枳树。采摘清明前后的朴枳树新叶，洗净后和粳米于碓臼中舂成粉末，加入白糖和发酵素，和水搅拌成浆，倒入盏中蒸

熟。像盛开的嫩绿莲花，喜气可人。以绵润可口、清香甘甜为特色。有朴枳树叶特殊芳香。据称有消痰下气、排解积热等功效。参见第1061页中医药卷"朴籽粿"条。（郭苑玲、郑锦辉）

朴枳粿

潮州咸水粿 又称咸水粿。潮汕小吃。广东澄海部分地区称为猪朥粿。主要原料是大米和萝卜干。大米用清水浸泡3—4小时，洗净后用清水和米磨成米浆（固体沉淀物与水比例约为1∶1）。取模子刷油，米浆搅拌均匀倒入模具内蒸，蒸熟后中间有浅浅的凹槽，水粿无味但柔韧有嚼劲。售卖者用蒸笼或木桶给水粿加热或保温，另一小炉上小铁鼎里文火煎着萝卜干粒。食用时用小勺将热油煎萝卜干粒放进水粿凹陷处，淋上甜酱即可。（陈育楷、郑锦辉）

咸水粿 见"潮州咸水粿"。

乒乓粿 又称槟醅粿。潮汕小吃。流传于今广东省揭阳市。以为糯米主料，葱油、白糖、橙糕、芝麻、陈皮为配料，用炊法烹制。用糯米浆蒸熟压制成粿皮，用豆腐膜（竹叶或芭蕉叶）垫底炊制成粿。以粿皮清、柔、软，粿馅甜、香、松，造型美观，色泽鲜艳为特色。槟醅起源于宋朝的爆米花，相传"潮州后七贤"之一的黄奇遇回到揭阳渔湖广美村老家后，闭门不出，自号绿园居士。品尝家人做的豆沙粿，觉得美中不足，便改用"槟醅麸"作馅，把揭阳豆沙粿改制成槟醅粿，广为流传。"乒乓粿制作技艺"2012年入选广东省第四批省级非物质文化遗

产名录。（陈文修）

槟醅粿 见"乒乓粿"。

文昌薏粿 又称文昌燕粿、文昌忆粿。海南小吃。流传于今海南文昌地区。以糯米为主料，花生馅或椰蓉馅为副料，用蒸法烹制。将泡软的糯米磨成浆，放入布袋内压去50%水分成干浆。取三分之一加适量清水煮成粉糊，与余下三分之二干浆搓揉成糯米粉团。以炒花生、糖冬瓜、糖冰肉、黑芝麻加入红糖或白糖配成花生馅；椰蓉、黑芝麻加入红糖或白糖配成椰蓉馅。糯米粉团揪出小粉团捏成圆片，包馅料，放在扫过油的芭蕉叶上，将芭蕉叶对折并用竹签固定，用猛火蒸熟，出笼时用芝麻油扫面即成。另外一种做法是，用椰树叶编成平底口的外壳，在壳底放进一层糯米浆在壳底，然后放入馅料，再放进米浆盖在上面，蒸熟，扫芝麻油即成。以柔滑带韧、馅料香甜为特色。文昌人在孩子满月时用薏粿飨客，以寄望孩子天资聪颖、健康成长。（潘英俊、黄明超）

文昌燕粿 见"文昌薏粿"。
文昌忆粿 见"文昌薏粿"。

麦芽糖 又称饴糖、饧糖。广东甜食。以广东东莞石龙、梅州松源为代表。东莞石龙麦芽糖据传由清道光二十八年（1848）李稳始创。糯米浸泡至膨胀，捞起沥干，放锅内用柴火煮至无硬心，取出铺于竹席上，凉至40—60℃；拌入切碎的小麦芽，发酵约8小时，压榨出汁液即成。以色泽金黄，透明黏韧，清甜可口，入口即化为特色。梅州市梅县区松源镇麦芽糖工艺是先祖从福建上杭习得并流传下来。麦子用冷水浸泡一夜，静置四天到一周，萌发出麦芽。大米煮成有一定硬度的饭，按大概30∶1比例混合切碎的麦芽，保持恒温

发酵七八个小时。发酵好的米饭装进糖笔，用糖架压榨出糖液，糖液倒进大锅大火煮，再小火熬成浓稠状和起泡。糖液冷却为胶状，取出挂在糖钩上拽拉，由黑褐色变成奶白色即成。石龙麦芽糖适合烹调，松源麦芽糖适合糖果生产。（潘英俊、江志伟）

饴糖　见"麦芽糖"。

饧糖　见"麦芽糖"。

糖柚皮　广东甜食。以广东东莞石龙、梅州松源为代表。东莞石龙的由李全和于清咸丰六年（1856）创制。选用广西沙田柚，取柚皮晒干，用清水长时间浸泡，去掉表面柚青，切成薄片，用自家生产的麦芽糖熬煮钱渍而成。以入口软滑、细腻无渣、甜而不腻为特色。有健胃消滞等功效。（潘英俊、江志伟）

客家擂糖糊　客家甜食。起源于广东江门赤溪。赤溪人是从粤东迁徙来的客家人，将客家传统擂茶与沿海地区饮食风俗相结合创造而成。黄糖融为糖浆，加入米粉和油在锅中用擂棍边搅拌边熬煮至可以拉丝，撒上芝麻、花生即可。以香甜、绵滑为特色。（黄明超）

海宴冬蓉　又称冬瓜蓉。广东甜食。广东台山海宴镇特产。选用本地灰皮冬瓜为原料。冬瓜去皮、去瓤，刨成薄片切成细丝，放入铜镬内加清水煮熟，清水漂凉，用布袋挤压去除水分。在铜镬里加入花生油及白糖炒至质地发硬、颜色金黄为度，滗出晾凉即成。以成品半蓉半丝呈透明状、晶莹剔透、甜而不腻、清甜软滑为特色。是月饼等多种饼类的馅料。"海宴冬蓉制作技艺"2018年入选广东省第七批省级非物质文化遗产代表性项目名录。（潘英俊、穆洪涛）

冬瓜蓉　见"海宴冬蓉"。

糖冬瓜　又称糖册、瓜册。广东甜食。元明之际，韩奕《易牙遗意》有制作"糖煎冬瓜"的记载。选青皮大冬瓜为原料。去皮、去瓤，切成手指般大小，用石灰水浸泡至发硬。捞起漂水，沥去水分，用白糖掩埋。白糖完全溶为糖浆，加热翻炒，至水分耗干，停止加热，继续炒至糖浆变成糖粉为止。以成品色泽洁白、晶莹透明、质地细嫩润脆为特色。有冬瓜独特清香，清凉甘甜，爽口宜人。（潘英俊、江志伟）

糖册　见"糖冬瓜"。

瓜册　见"糖冬瓜"。

客家米橙　又称米花糕。客家甜食。流传于今广东省东莞市客家地区。以籼米或糯米为主料，炒花生、炒黑芝麻、红糖为副料，用炒法或炸法烹制。选当年秋季新谷脱壳、蒸熟、晒干成扁米，炒或炸使扁米膨化。红糖与水按5∶1比例溶成糖浆，加入适量花生油搅匀，放进膨化扁米、炒花生仁、炒芝麻迅速拌匀，倒入木制格内，用木制滚槌压平碾实，用刀切成块即成。早期扁米膨化是将扁米与适中河沙同炒至膨化，用筛子筛去河沙得到膨化扁米；现在是用油炸方法使扁米膨化。以香甜脆口、入口即溶为特色。（黄明超）

米花糕　见"客家米橙"。

黄金姜糖　客家甜食。流传于今广东省梅州市丰顺县黄金镇。以纯天然姜汁、白糖、淀粉为原料，加入适量柠檬酸精制而成。以颜色橙黄透明、口味清甜爽口有韧性为特色，有驱寒除湿、健脾益胃的食效。（黄明超）

潮州酥糖　潮汕甜食。广东潮汕许崇记饼食在潮汕名点"豆方"基础上增加拉酥工艺而创制。白砂糖加水煮沸，加入葱油、麦芽糖等，火候适中时，

糖浆倒入盛器隔水降温，糖浆成胶状时，上架拉酥，最后将预制好的花生填压入糖中，碾压成片并分割成小块，经一星期以上冷却消热。以色泽金黄、清香松脆、爽口无粕（入口即化）为特色。著名产地有潮安龙湖、普宁洪阳、达濠沙浦、澄海苏南等。洪阳酥糖特点是松脆浓味、点火能燃、下水即浮。沙浦酥糖后由潮阳中式糖果食品厂生产，1965年以"珠江桥"牌为名生产花生酥、麻薄酥、蛋黄酥。1980年和1986年获"广东省优质产品"称号，1988年获"广东省食品行业名牌产品"称号。（郭苑玲、陈少俊）

潮州豆棒　又称豆方。广东甜食。即花生糖。因潮汕话称花生为地豆，花生糖为方形而得名。条状的叫豆条、豆枝、豆棒等。花生米炒熟后去皮，白砂糖加水熬成糖浆，加入麦芽糖，小火熬至糖浆黏稠，加花生米，搅拌均匀，糖料用圆棍铺平压扁，或用木槌捶打成泥，切成块或条状。是潮汕人中秋拜月必备祭品，婚嫁时供客人享用并带走的礼物，也是一种吉祥符号，俗称食甜、食知。（杨旭宏、郑锦辉）

豆方　见"潮州豆棒"。

靖海豆糝　潮汕甜品。流传于今广东省揭阳市惠来县靖海镇。花生仁用油炒至香脆适度。碾瓣、去膜，花生末放入用麦芽糖、白糖、猪油、葱膀、橙汁等配料熬成的糖浆中，搅拌均匀捶打至柔软，压平并碾成薄薄的"豆糝皮"；在豆糝皮中包上用面粉、麦芽糖、猪油丁、芝麻、葱珠膀等制成明糖，切成一寸见方。以气味香甜浓烈而不肥腻、质地柔软而不黏牙为特色。（杨旭宏、郑锦辉）

潮汕南糖　潮汕甜品。"南"为"淋"字潮语谐音而得名。花生仁用猪油炸

熟，铺平放在豆腐膜垫底的长方形铁盘里，将按比例配好的猪油、麦芽糖、白砂糖混合后下锅熬制，成胶状，浇灌在装炸花生仁的铁盘里，使均匀渗透包裹花生仁，冷凝后而成。（杨旭宏、郑锦辉）

达濠米润　潮汕甜食。流传于今广东省汕头市濠江区。以糯米、白砂糖、麦芽糖和猪油为原料。将糯米蒸熟、晒干、筛除杂质，用猪油泡炸，过筛，与麦芽糖、白砂糖、葱蓉和猪油熬制成的糖膏混合压制加工而成。呈板块状。以洁白晶莹、入口胶黏而不黏牙、甜而不腻、香醇清爽为特色。是祭祀待客、馈赠亲友的佳品。（杨旭宏、郑锦辉）

大八益智　又称益智子。广东凉果。产于今广东省阳江市阳东区大八镇。传统制作工艺用"二路潲水"（第二次洗米水），将益智子泡上"一轮圩"（约七天），用杉木做的盆子装，与醋化的米汤一起把益智子腌至变酸。随着食品加工业的进步，益智制作改为机器生产。品种由原来的酸醋益智，增加为九制益智、甜酸益智、蜜饯益智等。当地习俗，儿童出生或满月时，亲友用益智相赠表达祝福，寓意儿童聪明伶俐。2010 年列为国家地理标志保护产品。（洪一巧、郝志阔）

益智子　见"大八益智"。

老香橼　又称老香黄、佛手果（瓜）、潮州老香橼、潮州老香黄。潮汕凉果。潮州三宝（潮州老香黄、潮州老药橘、潮州黄皮豉）之一。制作工艺繁杂，需经"九蒸九制"，历时 3 年才可制成。瓜果清净用盐腌制 8—12 个月，日晒 30 天，堆放户外盖膜闷晒 3—6 个月。漂洗净，用云南黑糖浸润 6 个月，再晾晒蒸煮，用糖再浸泡 100 天，再次晾晒，再次蒸煮，加入五香与甘草再次

腌制 6—8 个月。以成色乌金、味道甘美为特色。具有理气化痰、增进食欲、解酒舒气等功效。可治腹胀、呕吐、嗝噎、痰多咳喘等。久藏不坏，愈久药效愈佳。揭阳"老香橼（佛手瓜）制作技艺"2009 年入选广东省第三批省级非物质文化遗产名录。"潮州佛手果老香黄制作技艺"2018 年入选广东省省级非物质文化遗产代表性项目名录扩展项目名录。参见第 1062 页中医药卷"潮州老香黄"条。（郑国岱、郑锦辉）

老香黄　见"老香橼"。
佛手果（瓜）　见"老香橼"。
潮州老香橼　见"老香橼"。
潮州老香黄　见"老香橼"。

潮州黄皮豉　潮汕凉果。潮州三宝（潮州老香黄、潮州老药橘、潮州黄皮豉）之一。相传明代黄皮豉与潮汕蜜饯、凉果一起作为"潮式贡品"。将黄皮果去核，盐渍、晒胚、蒸熟；掺入白砂糖、甘草末、香料，反复蒸晒而成。直接食用，或开水冲服。以甘酸浓郁为特色。具有祛风祛瘀、止咳消痰、健脾开胃、生津解渴等功效。参见第 1062 页中医药卷"潮州黄皮豉"条。（郑国岱、郑锦辉）

潮州老药橘　潮汕凉果。潮州三宝（潮州老香黄、潮州老药橘、潮州黄皮豉）之一。洗净金橘用水煮沸，除掉涩味，再高温熬煮，加入适量盐、糖、甘草和其他辅料腌制，直至金桔和汤浆呈褐色，金桔成为扁状。以咸中带甜、浓郁诱人为特色。具有调理肠胃、助益消化等功效。广东饶平、普宁、潮阳、揭西和惠来等地均有批量生产。参见第 1062 页中医药卷"潮州老药橘"条。（郑国岱、郑锦辉）

新兴话梅　广东凉果。产于今广东省云浮市新兴县。以该地自产青梅为原料，

继承该地民间传统腌制工艺加工而成。以粒大肉厚、酸中带甜、入口香郁、持久生津为特点。明代瑶人在新兴居住时已有种植，品种以火梅、大肉梅为主。1931 年，引进广东省广州市罗岗梅进行培植，后以罗岗梅为多。2014 年列为国家地理标志保护产品。（郭苑玲、郑锦辉）

潮州九制陈皮　潮汕凉果。"九制"是称其工艺复杂。以柑橘皮为原料，经过拣皮、浸漂、保鲜、切皮、腌制、沥干、调料、反复晒制、贮存、包装等工序制作而成。以甘甜咸酸兼容、化痰止咳、顺气解渴为特色。直接食用，或泡水、配茶、入药、入馔。（郭苑玲、郑锦辉）

潮州九制话梅　潮汕凉果。采用潮汕地区本土话梅为主要原料，经过盐腌、漂洗、晒制、浸渍、晒胚等工序制作而成，盐腌、晒制和挤压起脱水作用，用糖和香料腌制，再晒制而成。以肉厚干脆，有甘、酸、甜、香四味，生津止渴为特色。业界有"十蒸九晒，数月一梅"之说。（陈育楷、方树光）

潮州甘草水果　潮汕凉果。阳桃、青杜果等洗净切片。甘草放进沸水，至甘草出味捞出，加入白糖、精盐做成料液。料液放凉后与阳桃、鸟梨、油柑、青杜果、芭乐等水果，加入南姜拌匀食用。增加水果风味，又有解毒祛痰、清燥润肺的功效。（郭苑玲、郑锦辉）

英德红茶　简称英红。广东名茶。产于今广东省清远市英德市。属条形红茶。1959 年由云南大叶种茶试制而成。采摘一芽二三叶及同等嫩度对夹叶，经萎凋、揉捻、发酵、毛火、足火等传统工艺制成。外形匀称优美、紧结重实、乌黑油润、金毫显露，香气鲜纯浓郁，滋味浓厚甜润，汤色红艳纯正。加奶后

茶汤棕红瑰丽，味浓厚清爽，色香味俱佳。英德是古老茶区，被誉为"中国红茶之乡"。唐陆羽《茶经·八之出》记载韶州（英德是韶州主茶区之一）之茶"其味极佳"。明代英德土质茶已成朝廷贡品。主栽品种有：云南大叶、凤凰水仙、英红九号、英红一号、五岭红、秀红。"英红九号"是经国家和省级审定的适制英德红茶的大叶红茶品种。20世纪90年代初研究开发出"金毫茶"，成为红茶之最，被誉为"东方金美人"。获国际美食金牌奖、国际博览会金质奖、国家银质奖等奖项。2006年列为国家地理标志保护产品。"英德红茶制作技艺"2018年入选广东省第七批省级非物质文化遗产代表性项目名录。（陈非、刘少群）

英红 见"英德红茶"。

新岗红茶 广东名茶。产于今广东省肇庆市怀集县洽水镇。由种植于高山上本地中小叶茶树和台湾青心乌龙茶共制全发酵红茶。采摘时间为4月中下旬至5月初，9月中下旬至10月初。采摘一芽一叶至一芽二叶的嫩梢。条索紧结，色泽乌润油亮，带花果香。茶汤棕红明亮，滋味鲜爽嫩甜。入口柔顺，回甘持久，叶底红而软亮，可耐多次冲泡。洽水镇新岗林场素有广东"黄山"之美称，地势海拔高，昼夜温差大，终年云雾缭绕，是茶树生长的理想温床，被称为"广东十大茶乡"之一。2018年列为国家地理标志保护产品。（陈非、刘少群）

凤凰单丛茶 广东名茶。在凤凰水仙中选育，属乌龙茶。因产于今广东省潮州市凤凰山而得名。晴天下午采摘，轻采轻放；有阳光的下午晒4—5小时，鲜叶薄置不重叠，至茶叶晒贴筛为度；晒青的茶叶移置阴凉处晾青；碰青，又称做青，俗称浪茶，全过程

需5—6次，每次2—10分钟，依次增加，将青叶投入锅内，先扬炒，后闷炒，均匀炒，又称杀青。从轻揉到重揉，再轻揉，需2—3次；烘干茶叶，俗称焙茶。经两次以上炭炉悠火烘焙，至全干即成初制毛茶。经分级、归堆、拣剔、复焙（固香、提香）、醇化和拼配等过程，成为传统工夫单丛茶。汤色金黄明亮，茶韵醇厚。长年存放成为陈年工夫茶，汤色红亮澄澈，气清韵深。具有通络行气、消食安神、散风寒等功效。传说凤凰山畲族先民已经种茶，宋帝赵昺流亡途经潮汕时曾品尝，后世有"待昭山""待昭茶"等记载，故有"宋种""宋茶"之说。明嘉靖二十六年（1547），饶平县每年向朝廷进贡叶茶和芽茶。清同光年间，选育出优异单株分离培植，实行单株采摘，单株制茶，单株销售，"单丛茶"由此出现。20世纪70年代优选出岭头单丛国家级良种。集花香、果香、茶香于一体的高香型茶叶，有黄枝香、芝兰香、密兰香、玉兰香、桂花香、杏仁香、肉桂香、夜来香、柚

凤凰单丛茶

花香、姜花香等香型。2010年列为国家地理标志保护产品。"潮州单丛茶制作技艺"2013年入选广东省第五批省级非物质文化遗产代表性项目名录。2013年岭头单丛茶列为国家农产品地理标志保护产品。（陈非、刘少群）

西岩乌龙茶 广东名茶。产于今广东省梅州市大埔县西岩山。属半乔木型早熟中叶种乌龙茶。茶树品种原为小叶种，抗性强，芽叶多紫色，成茶香气高长。20世纪60年代从广东饶平、福建引进岭头单丛、梅占、大叶奇兰和凤凰水仙等茶树品种。条索肥壮紧结、饱满光滑匀整、色泽黄褐油润、汤色橙黄明亮、略显金黄、滋味醇厚甘润、浓醇鲜爽、回甘性好。具有花蜜香味。获"中国农业博览会金奖""中国名茶""中国名牌农产品"等荣誉。2013年列为国家地理标志保护产品。（李正旭、刘少群）

象窝茶 广东名茶。广东省云浮市新兴县特产。因产于新兴县象窝茶场而得名。当地居民移植山上野生茶树，经培育后制成小叶绿茶饮用，称作水源茶。象窝绿茶以汤色黄绿明亮、滋味鲜醇、香气香嫩高爽为特色；象窝红茶以汤色红艳明亮、茶香甜香浓郁、滋味浓爽鲜甜为特色。2010年列为国家地理标志保护产品。（李婷、刘少群）

沿溪山白毛尖 广东名茶。产于今广东省韶关市乐昌市九峰山。属烘青绿茶。20世纪40年代初期，为免与外地茶种混淆，定名乐昌白毛茶。茶叶新梢粗壮、叶色绿而叶质厚，芽叶开展慢，持嫩性强。外形肥壮、茸毫披露，汤色嫩绿，叶底明亮，茶香馥郁、馨香高雅，滋味鲜爽回甘。沿溪山白毛（尖）茶被称为"白毛之冠"。唐陆羽《茶经》有关于韶州茶的记载，屈大均《广东新语》称乐昌有白毛茶，

茶叶微有白毛，其味清凉。清嘉庆年间一直被列为茶中贡品。1965 年全国茶树品种工作会议上，乐昌白毛茶被推荐为全国 21 个优良茶树良种之一。2009 年列为国家地理标志保护产品。（陈非、刘少群）

仁化白毛茶　广东名茶。主产于广东仁化的红山、城口、丹霞、董塘、闻韶和黄坑等云雾山区。古称白茅茶，因茶芽粗壮，密披银色毫毛而得名。茶叶芽叶肥壮、白毫满披、汤色清澈明亮、香气清幽如兰、滋味香爽甘醇。有天然的兰花香味。具有生津解渴、醒脑提神、消食开胃、防治痾呕吐、预防龋齿、驱除口臭、降低血压等功效。居中国三大白毛茶之首。唐代陆羽《茶经》已有记载。仁化红山黄岭嶂的云雾白毫茶曾是清嘉庆年间的宫廷贡品。2014 年列为国家地理标志保护产品。（陈非、刘少群）

柏塘山茶　又称罗浮山特种山茶、客家山茶。广东名茶。产于今广东省惠州市博罗县。当地人把野生小叶茶树茶种直播种植，形成独特的柏塘小叶种茶。主要分为小叶种山茶和小叶种紫芽茶。茶嫩叶细，带白芽，汤色清绿，口感甘滑。以品种最为传统、种植分布最广、茶叶品质最佳，被公认为罗浮山茶代表。起于晋，兴于唐，盛于宋，距今已有 1000 多年的历史。2015 年列为国家地理标志保护产品。（陈非、刘少群）

罗浮山特种山茶　见"柏塘山茶"。
客家山茶　见"柏塘山茶"。

白沙绿茶　海南名茶。产于今海南省白沙黎族自治县境内距今约 70 万年的陨石坑上。外形条索紧结、匀整，色泽绿润有光，香气清高持久，汤色黄绿明亮，滋味浓厚甘醇，饮后回甘留芳，耐冲泡。白沙气候宜人，雨量充

沛，常年雾气缭绕。陨石坑直径 3.5 千米，土壤独特。气候与土壤造就白沙茶叶独有特色。2004 年列为国家地理标志保护产品。（谢祥项、刘少群）

马图绿茶　广东名茶。产于今广东省梅州市丰顺县龙岗镇马图村。清道光十一年（1831）开始种植小叶绿茶（今小叶种）。条形紧结，微弯似眉，颜色灰绿有光泽，叶底柔软幼嫩，汤色青绿略带微黄，呈板栗香味和特殊的山韵味。泡开的茶叶浓醇、鲜爽、甘润、回甘持久。1929 年，朱德率红四军进驻马图村建立红色政权，将带来的 20 多斤小叶绿茶种子，送给当地村民种植，并动员村民发展茶叶生产，又被当地村民称作红茶种、红军茶，至今当地还传唱着歌曲《敬你一杯马图茶》。马图村有"梅州高原"之称，被誉为"梅州最适宜种茶的地方之一"。2014 年列为国家地理标志保护产品。（陈非、刘少群）

新垌茶　广东名茶。产于今广东省茂名市高州市新垌镇一带。明成化年间，新垌邓氏始祖开泰公奉调入粤，在定居地开出良田 200 余亩，称为新垌，从福建汀州引入青心中叶、红心中叶和米碎茶等绿茶种子种植。距今有 500 多年历史。生长时青绿油润，密秀结实，馥郁芬芳；加工后紧结光滑，色泽绿润，香气馥郁；冲泡后茶色清亮，汤色绿明，茶味浓醇；饮后清心爽口，回甘力强，具有"清、甘、香、滑"之誉。富含微量元素，含有的茶多酚、氨基酸、维生素、叶绿素以及芳香物质，具有提神醒脑、消除疲劳、去郁消滞、行气镇痛、促进血液循环等功效。清光绪《高州府志》记载了新垌茶树高数尺，谷雨前摘取佳，秋末尤佳，以出水垌（出瑞龙村）者为极品。民国《茂名县志》也有相关记载，称庄黄垌、德石、坳头等地所产，统名

新垌茶。2014 年列为国家地理标志保护产品。（陈非、刘少群）

澄迈苦丁茶　海南名茶。产于海南澄迈。属大叶冬青苦丁茶，乔木类。主要生长在海南五指山、保亭、白沙、琼中地区。叶片肥厚柔软，条形紧索油亮，汤色绿中带黄、清澈明亮，滋味鲜爽、香气逼人，极耐冲泡。具有降血脂、降血压、抗氧化、清热降火、消炎解毒、去脂醒酒等功效。被誉为"长寿茶""绿色黄金"。古称皋卢茶。东汉典籍已有记载，为药、饮兼用之名贵保健珍品，明李时珍《本草纲目》称其有止渴明目除烦、令人不睡、消痰利水（利尿）、通小肠、治淋、止头痛、喉咽（去痰利喉）、清上膈（清肺）等疗效。2006 年列为国家地理标志保护产品。（谢祥项、刘少群）

昭平茶　广西名茶。产于今广西壮族自治区贺州市昭平县。宋淳熙年间，昭平境内先民已开始种植茶叶，以产自县内象棋山的象棋茶和藤宝山的藤宝茶为代表。象棋云雾茶条索紧细微曲，色泽翠绿油润，香高馥郁，伴有蜜糖花香，滋味鲜爽回甘，汤色嫩绿清澈，叶底嫩绿明亮。有高山云雾茶特色，当地人称为昭平银杉。藤宝山山顶云雾缭绕，山间林密藤茂，有"万宝山"之称。藤宝茶茶叶细长似竹针状，色红味醇，百姓称其为仙人茶。主栽品种为福云 6 号。有清、甘、香、甜四大特点，开水泡后六七天不变质。2013 年列为国家地理标志保护产品。（陈非、刘少群）

防城金花茶　广西名茶。1960—1969 年，在广西发现黄色山茶花，命名为金花茶。是山茶花中唯一具有黄色花的类群，属山茶科山茶属的亚热带常绿灌木或小乔木。11 月至翌年 2 月开花，花期 4 个月。具有金黄高贵、鲜爽回甘、味浓耐泡等特色，属无毒级，富含

锗（Ge）、硒（Se）、锌（Zn）、钴（Co）、钼（Mo）、钒（V）等微量元素，还含有氨基酸、茶多酚、皂苷类、黄酮类等多种人体所需的有益成分。具有调节血脂、血糖、胆固醇，增强机体免疫力的功效。在民间一直被用于提神醒脑、清肝火、解热毒、养元气。是国家二级重点保护野生植物，与银杉、桫椤、珙桐等珍贵"植物活化石"齐名，被誉为"茶族皇后"。2011年列为国家地理标志保护产品。（陈非、刘少群）

六堡茶　又称垌茶。广西名茶。属山茶科常绿灌木，品种属槠叶种，黑茶类。产于广西浔江、贺江、桂江、郁江、柳江以及红水河两岸的山区，以梧州苍梧县六堡乡所产最为著名而得名。其产制兴于唐宋，盛于明清，有近1500年历史。制作工序包括杀青、揉捻、沤堆、初蒸、发酵、复蒸、加压、干燥、晾置、陈化等。茶叶呈长椭圆披针形，叶色褐黑光润，间有黄花点，叶底红褐或铜褐色；汤色红浓明亮，香气醇厚，滋味甘醇可口，带有松烟和槟榔香味。具有和胃理气、消滞除胀、清热化湿、醒酒、降脂等多种保健功效。以"红、浓、陈、醇"四绝著称，其以独特的槟榔香味入选中国24个名茶之列。2011年列为国家地理标志保护产品。"六堡茶制作技艺"2014年入选国家级非物质文化遗产代表性项目名录扩展项目名录。（陈非、刘少群）

垌茶　见"六堡茶"。

兴隆咖啡　又称巴罗斯坦咖啡。海南饮品。产于今海南省万宁市兴隆华侨农场及其周边地区。学名罗伯斯塔咖啡。原产于非洲刚果，中粒种，为世界上3个主要咖啡原品种之一。颗粒大，果子成串，成熟呈深红色，有香味。脱皮咖啡豆圆滑光洁。咖啡粉呈深褐色，浓郁芳香，不沾杯。具有浓而不苦、香而不烈、平顺柔滑的风味特征。营养丰富，含有咖啡碱、蛋白质、粗脂肪、粗纤维、蔗糖等多种营养成分。其绿原酸含量仅次于牙买加蓝山咖啡，被誉为"中国第一咖啡"。2007年列为国家地理标志保护产品。（李婷、谢祥项）

巴罗斯坦咖啡　见"兴隆咖啡"。

福山咖啡　海南饮品。产于今海南省澄迈县福山镇。1933年，印尼爱国华侨陈显彰带回罗伯斯塔咖啡种子，成功引种到海南福山。树属茜草科，多年生常绿小乔木，中粒种，属罗布斯塔种咖啡在福山的变异和驯化。颗粒饱满均匀，圆滑光洁，色泽光亮，闻起来美味香醇。成熟时呈深红色。以福山咖啡豆为原料，合理配比，精工特制。呈深褐色，浓郁芳香，味道微苦，余香绵长，回味无穷。2009年列为国家地理标志保护产品。（李婷、谢祥项）

笔架茶　广东饮品。主产于今广东省清远市笔架后山坑口至坑尾的杨桃窿、坑口、企坑、毛坪等村。当地人称为土茶、野茶。传统制法用铁镬炒青，明火熏。杀青、初揉后用松柴明火烟熏，吸入烟味，在竹箩内用炭火焙干。制好的毛茶富含辛辣味，需在袋内放置1—2年，再进行复制，复制时将茶装入袋内，置于锅内隔水蒸几分钟后进行复揉，将外形条索理好，最后复焙。制好的茶谓之旧茶，外表条索紧结，色泽乌润带青，内质香气清长持久，汤色棕红透亮，滋味爽口而滑，带甜甘味。性温和，素以"七日不挂杯"著称。有解暑、化痰、生津之功效。唐朝时便畅销海外。宋苏东坡在广东清远吟过"愿为中宿客，漫品笔架茶"。《清远县志》记载清远茶以笔架山为最。坑口村前石碑有清末派兵保护茶农、茶叶的详细记载，民国时期广州大户人家的主要用茶。（陈非、刘少群）

揭阳炒茶　又称炒仔茶。广东名茶。产于广东省揭阳市。属不发酵炒青炒干绿茶。主要分布在新亨、玉湖、大溪、钱坑（金山茶场）、京溪园、五经富等地。每年春夏秋三季共可采摘四至五次，早上雾气未散前手工摘取，以谷雨前后采摘的"谷雨茶"为上品。制作过程包括摘取、杀青、炒青、筛选、复炒、储茶等工序。绿茶做法，乌龙茶的冲泡效果，复炒和烘干的温度和时间比普通绿茶高和长。色泽黄绿呈深灰，部分表面还带有一层因长时间高温干燥所产生的白粉。冲泡后茶汤黄褐明亮或翠绿鲜活，滋味芳烈，回甘力强。新炒茶具有性温偏热，味甘，养胃提神的特点，胃寒者也可饮用。经年储藏的陈茶醇厚柔滑，茶气充足，有提神通脉、消痰化瘀等功效。清代《揭阳县志》记载了流行于当地的茶味微苦的"炒子茶"。2012年"玉湖炒茶制作技艺"入选广东省第四批省级非物质文化遗产名录。（陈非、刘少群）

炒仔茶　见"揭阳炒茶"。

罗氏柑普茶　广东名茶。产于广东省江门市。始创于清道光年间，创始人为被誉为"粤东四大家"之一的罗天池。其曾在云南任职，辞官后将普洱茶带回乡，并发现用陈皮汤泡普洱茶对止咳化痰有奇效，为了方便冲泡和易于储存，便制作了柑普茶，口传身授教乡人制作，后传到广东鹤山、新会、开平等地。主要原材料是云南普洱茶和新会柑。新采的新会柑洗净，用圆管在柑的上部切开柑口，掏空果肉，晾干；将普洱茶塞实整个果囊，盖上割下的柑皮，将果子恢复原状晒干即成。茶叶吸收柑橘的清香，具有理气健脾、化痰镇咳、减肥消脂、降压、暖胃提神等功效。"罗氏柑普茶制作技艺"2015年入选广东省第六批省级非物质文化遗产代表性项目名录。（陈非、刘少群）

康禾贡茶 广东名茶。产于今广东省河源市东源县康禾镇。有东江"绿色饮料"之称。用当地小叶茶树细嫩、肉厚牙叶，以对夹二叶为主，少量对夹三叶，牙叶完整，鲜绿匀净。汤色深绿、明亮清澈、香气清和、味道清醇、香滑回甘、持久耐泡，具有清热提神、消胞滞等功效。据传在南宋已有名气，是清康熙、雍正、乾隆、嘉庆年间广东茶叶贡品之一。"康禾贡茶制作技艺"2012年入选广东省第四批省级非物质文化遗产名录。（陈非、刘少群）

桂山茶 广东名茶。产于今广东省河源市桂山。属红乌龙茶。采集于炎夏六七月，茶青须让小绿叶蝉（又称浮尘子）叮咬吸食，昆虫的唾液与茶叶酵素混合出特别的蜜香味。叶呈金黄色，状如火烫，精制后的茶叶白毫肥大，可见一层纤细的银毛，茶身白、青、红、黄、褐五色相间。茶汤比其他的乌龙茶更浓，呈明澈鲜丽的琥珀色，味道甘润香醇，具有天然蜜味与熟果香，口齿留香，徐徐生津。《惠州府志》《河源县志》等方志及文人诗文多有记述，称桂山有"仙茶"。（李婷、刘少群）

清凉山茶 广东名茶。产于今广东省梅州市梅江区。属绿茶，当地人称为雀舌茶、鸟舌茶。叶底黄绿柔软，条索紧结弯曲，灰绿起霜匀整，炒米香气浓郁；汤色黄绿清澈，滋味甘醇爽滑。据载已有四五百年历史，曾有"嘉应三月有春茶，只惜茶时不在家，但意今朝宫阁里，一瓯新水浸云花"的茶诗。清咸丰十年（1860），汕头开埠后，由此出口东南亚。2018年列为国家农产品地理标志保护产品。（李婷、刘少群）

蒲坑茶 广东名茶。产于今广东省清远市清新区石潭镇蒲坑村。1944年，《中农月刊》刊登中山大学农学院郑以明对广东省各县茶叶的调查，称清远石潭的蒲坑茶条色青黄，色泽油润，条形松卷，似水仙，水色青黄，味特具清滑，香气不高，叶底色泽青绿不匀。包括翻炒、揉捏、烘焙和复火等多道传统工艺，存放于阁楼，让茶叶自由汲取空气中的水分，形成自然发酵、自然陈化的步骤，存放时间越长，茶质越陈香，具有清热、提神等功效。（李婷、刘少群）

梧州龟苓膏 广西饮品。产于今广西壮族自治区梧州市。清乾隆二十八年（1763）由江南老字号致中和研制。以鹰嘴龟、土茯苓等为主料，配以生地、蒲公英、银花等熬制而成，冷却后凝结成冻，口感弹滑，微苦回甘，滋味绵长。具有清热解毒、滋阴养颜等功效。对嗓子痛、痔疮、痱子和便秘等有一定辅助作用。现代营养学认为龟苓膏含有多种活性多糖和氨基酸，有低热量、低脂肪、低胆固醇等特点。据《苍梧郡志》记载，明末清初，苍梧郡（今梧州市）民间已有食用习俗和店铺。2007年列为国家地理标志保护产品。（李婷、李锐）

潮州草粿 又称潮汕草粿。潮汕小吃。客家地区称为仙人粄、草粄，广府地区多称为凉粉。主要原料为凉粉草（别名仙草、仙人草、仙人冻等，潮汕地区称为草粿草），是一种药食两用的植物。洗净（也可晒干保存），加水大火熬煮数小时至汤汁挂勺，沥去草及渣，加热煮沸，加入适量薯粉（水）搅拌成糊状，倒入陶钵，冷却后凝结成黑褐色晶莹的膏体。其性甘、凉，有消暑利湿、清热凉血、解毒等功效。旧时多用扁担挑（或用人力车拉）两个笋筐，一头是草粿缸，另一头上面是草粿碗，下面是洗碗水沿街售卖。清《本草纲目拾遗》称"凉粉草，出广中，茎叶秀丽，香犹藿檀，以汁和米粉食之止饥，山人种之连亩，当暑售之"。潮汕民间还有"三四卖杨梅、五六食草粿"的谚语。现草粿已成为凉茶铺或甜品店里的"仙草蜜""烧仙草"等。（陈育楷、方树光）

潮汕草粿 见"潮州草粿"。

灵山凉粉 广西凉粉。产于今广西壮族自治区钦州市灵山县。主要原料是凉粉草。用凉粉草熬汁加适量生粉冷却后，加适量蜂蜜即可食用。色泽呈均匀的棕黄色至黑褐色，晶莹剔透，有弹性，味微芳香而甘醇，滑嫩爽口。具有凉粉草特有气味。是岭南普遍流传的一种消暑食物。2012年列为国家地理标志保护产品。（李婷、李锐）

火麻仁茶 凉茶。岭南夏季民间常见的自制饮品。将火麻仁的壳与仁一起炒香、磨碎，加水煮沸，滤渣取汁，加白糖调味即可。火麻仁性平，味甘，归脾、胃、大肠经，具有润燥清肠、排毒通便、滋阴补虚等功效。适用于津枯肠燥、大便秘结、习惯性便秘等症。（潘英俊、郝志阔）

浸冬瓜水 岭南饮品。用传统七夕水和新鲜冬瓜去瓤切块泡浸在一起存放于缸内，加红泥封实盖口缝隙，放于房里阴凉处，经过自然发酵、沉淀、分解，3年后，开坛饮用。据传对中暑、上火等有功效。民国时期《东莞县志》已有相关记载。（潘英俊、郝志阔）

萝岗端午午时茶 广东饮品。清代中叶起，广东广州萝岗人就有喝午时茶的习俗。在酷暑来临之前会借端午节进行。一般由淡竹叶、扭肚藤、地胆头、大罗伞、土防风、土荆芥、金银花、石菖蒲等几十种草药组成。午时茶有防病保健的功效与作用。（潘英俊、郝志阔）

海南清补凉 海南小吃。传统是以红豆（或绿豆）、薏米、花生、空心粉等做成，放置冷却或加入冰块。现大部分地区加入椰肉、红枣、西瓜粒、菠萝粒、鹌鹑蛋、凉粉等配料，增加椰汁、糖水和清水等可选项。据传，北宋文学家苏东坡流放海南期间，品尝当地的椰奶清补凉后盛赞"椰树之上采琼浆，捧来一碗白玉香"。参见第 1062 页中医药卷"清补凉"条。（潘英俊、谢祥项）

梧州冰泉豆浆 广西饮品。用广西梧州城东的"冰泉"井水制作而成。"冰井泉香"自唐朝已出名，清《梧州府志》有城东有井出冰泉的记载。水质清澈，略含氯化镁、硫酸钙等矿物质。选取非转基因黄豆，去皮研磨、柴火慢烹、去沫留浆，煮熟后过滤，豆浆移至铜锅，用尾火慢慢熬煮。煮滚晾凉后，表面凝成一层薄如丝纱的豆皮；如脂似乳，细腻软滑，香气浓郁，无豆腥味。因豆浆缓慢凝结，用汤勺舀起再滴下，犹如一串断线的珍珠，落在桌面聚而不散，令人称奇，美其名曰"滴珠豆浆"。"梧州冰泉豆浆制作技艺"2018 年入选广西壮族自治区第七批自治区级非物质文化遗产代表性项目名录。（潘英俊、李锐）

茅根竹蔗水 又称竹蔗茅根水。糖水。茅根又名茅草、白茅草、白茅根。味甘苦，性寒，无毒，有凉血止血、清热解毒的功效。竹蔗指禾本科的细秆甘蔗，性甘、寒，有生津、下气、润燥的功效。二者可以直接煲制，也可加入马蹄和胡萝卜。（潘英俊、郝志阔）

竹蔗茅根水 见"茅根竹蔗水"。

客家娘酒 又称糯米酒、老酒、扒酒、滗酒。客家名酒。以晚熟的糯米为佳，用饮用井水浸泡 1 天左右（夏季半天即可），蒸煮 4—6 小时至熟透，铲出

客家娘酒

均匀摊开在竹制大圆筛晾凉至微温，将酒曲碾成粉末，加入温水调拌后拌入熟糯米中，置入陶制酒坛发酵（冬季约 7 天，夏季三四天），得到黏稠的"酒酿"，在酒坛四周围上谷糠或稻草，以暗火炙烤进行"炙酒"，直至坛内沸腾，用余温继续煨烤 5—6 小时，待余火自然熄灭冷却后，搁置一周沉淀，将酒坛密封储存即成。"火炙"是客家娘酒独有关键工艺，酒在冷却后在陶坛中形成真空环境，有杀菌、驱寒作用，利于长时间存放。根据封坛存储时间长短分为老酒、水酒等。成酒色泽温赤，晶莹剔透，香芬甜美，余味绵长。富含多种营养物质和功能性成分。适合加热饮用，民间有"斤酒当九鸡"和"液体蛋糕"的美誉。客家妇女分娩前后和坐月子时必备。火炙过的娘酒可以活血养气、驱寒升阳，帮助产妇尽快恢复元气，有催乳作用。与鸡和鸡蛋分别组合出客家名菜"姜酒鸡"和"酒酿蛋"，是"月子专供"。旧时客家女子必要学会。娘酒由母亲制作，是"客家的母亲酒"。岭南多地有自己独特的客家娘酒酿造技艺。"连平客家娘酒酿制技艺"2009 年入选广东省第三批省级非物质文化遗产名录；"客家糯米酒传统酿造技艺""揭西客家红酒酿造技艺"2012 年入选广东省省级非物质文化遗产名录扩展项目名录；"梅县客家娘酒酿造技艺"2013 年入选广东省省级非物质文化遗产代表性项目

扩展名录。参见第 1061 页中医药卷"客家娘酒"条。（陈非、冯秀珍）

糯米酒 见"客家娘酒"。
老酒 见"客家娘酒"。
扒酒 见"客家娘酒"。
滗酒 见"客家娘酒"。

长乐烧酒 客家名酒。产于今广东省梅州市五华县（原长乐县）岐岭镇。最早可以追溯到晋代。宋代，因设置长乐县而得名长乐烧。选用稻米、自制饼曲和玳瑁山甘泉酿造。糙米用泉水浸泡约 20 小时，上木甑蒸煮，其间需转甑一次，将米饭打散，再蒸煮约 1 小时。倒入扬饭台摊凉。温度降到合乎要求时均匀撒上粉碎后的酒曲，混合后放入糖化缸内糖化，将醪液转入发酵大缸内，用竹托、麻袋等物盖住缸口，进行无氧发酵。发酵成熟的醪液进行蒸馏，所得即为原酒。是米香型白酒的典型代表。明代已普遍采用糙米焖饭、小曲发酵、小盆蒸馏的技术酿制烧酒，工艺逐渐成熟。民国《五华县志》有"县属出产烧酒甚多，长乐烧著称于时"的记载。20 世纪 40 年代，有"祥隆老号""祥隆正记""广益""裕春"等酒店和酿酒

长乐烧酒车间

作坊。有"南国佳酿"称誉。1979年被评为"国家优质酒",获巴拿马万国博览会100周年精品回顾展金奖等殊荣。"长乐烧酒制作工艺"2013年入选广东省省级非物质文化遗产代表性项目扩展名录。2016年列为国家地理标志保护产品。(卓乐平、冯秀珍)

黄姚黄精酒　广西药酒。产于今广西壮族自治区贺州市昭平县黄姚镇。据传宋代黄姚先辈南迁到此,带来中原技艺酿制延年益寿的黄精酒。采用本地产陈年米酒为基酒,本地生长3年以上的优质黄精,再经过九蒸十晒,浸泡4个月以上,澄清过滤后放置于陶坛,在通风阴凉环境窖藏半年以上而成。酒体金黄润泽,澄清透明。黄精与酒香兼备,诸香和谐,醇和顺滑。含黄精多糖(可降血糖)、氨基酸、生物碱、维生素、强心苷、甾体皂苷等人体所需营养成分,有滋补养生功效。清光绪年间成为贡品。2016年列为国家地理标志保护产品。(李锐、陈非)

堆花米酒　又称磊花酒、垒花酒。广东名酒。产于今广东省韶关市仁化县石塘镇古村。据考原产于江西吉安,传说因曾被文天祥称赞"香气扑鼻,层层堆花"而得名。又据称明代一位吉安酿酒师傅迁至石塘,利用当地原料和水酿出了堆花米酒。选用仁化当地产籼米(粘米),用石塘井水和自制酒饼酿制。经过蒸饭、捞饭、入大酒缸、入小酒坛、蒸酒、藏酒6道工序酿制而成。清正醇香,口感宜人。新酒米香浓烈不上头,陈酒厚重回甘,绕舌润喉。据称夏天饮淡酒,能生津止渴,提神醒脑,有祛暑功效;冬天饮浓酒,能避寒暖身,舒筋活血;以其浸泡中药,更有滋补作用。清光绪年间,石塘已有80多家堆花米酒酒坊,民国时期,销往广东韶关、广州,远至东南亚。"石塘堆花米酒酿造技艺"2012年入选广东省第四批省级

非物质文化遗产名录。(李锐、陈非)

磊花酒　见"堆花米酒"。

垒花酒　见"堆花米酒"。

苦爽酒　广东米酒。产于今广东省韶关市乳源瑶族自治县。味略苦而不涩,清香甘醇而得名。用瑶家高山梯田的糯谷砻(碾)成米,蒸(煮)熟后加入酒饼(酒曲),置入陶罐中发酵,约半个月变成酒酿,倒入布袋加水压榨,榨出来的汁倒入大铁锅煮沸而成。新酒呈乳白色,老酒呈淡绿色。因不经过蒸馏,含有淀粉等营养物质,放姜片加热后进食,是一大滋补品。是瑶族人交朋待客、节庆喜日、婚丧嫁娶、联坑(村寨结合)结同(年)和宗教活动的必备品。与熏猪肉和豆腐并称为"乳源瑶寨三宝"。"苦爽酒酿造技艺"2018年入选广东省省级非物质文化遗产代表性项目名录扩展项目名录。(李锐、陈非)

翁城地窖酒　广东米酒。产丁今广东省韶关市翁源县翁城镇。据传始于清代。选用本地大米与富含矿物质的山泉水及酒饼,用传统古法"双蒸"工艺生产。经过蒸米、凉饭、勾兑酒饼搅拌、入坛发酵、液体发酵、头道蒸馏、二次蒸馏等工艺后,将米酒分装入坛密封,窖藏于菜地或泥土下3—5年,经过在地下氧化陈化,进一步熟化,去掉其中的辛辣杂味,使酒的口感更醇更绵,时间越长酒越醇,故称地窖酒。酒体富有质感,润滑绵甜,米香突出,酒味醇正,浓而不烈,不辣喉不上头。民国时期,翁城酒饼、米酒已远销江西、湖南、广西、福建等地。(李锐、陈非)

普宁梅酒　又称泡梅酒。广东果酒。筛选新鲜完整结实的青竹梅,去掉果蒂,洗净淡盐水浸泡去涩,放在阴凉通风处

晾干。将青梅、冰糖、白酒按一定比例倒入玻璃瓶中,封住瓶口,存放于通风干燥处,3个月后可以饮用。酒体呈琥珀色,果香馥郁,酸甜淡雅,浸泡越久味道越浓厚。广东省普宁市是"中国青梅之乡",以果大、肉厚、核小、酸度高、果皮柔韧、不易破损、肉质柔软、晒干率高、色泽鲜艳、成品保色期长等著称。(陈胜鑫、陈非)

泡梅酒　见"普宁梅酒"。

陆丰海马酒　岭南药酒。产于今广东省汕尾市陆丰市东海街道新厝仔村。清光绪七年(1881),李宗德创制。采用海马和沙参、人参、熟地、枸杞、灵芝等26种中药材,米酒、蒸馏水酿制而成,保持焙制、浸泡、手工勾兑等技艺。酒味芳香,回味甘醇,色泽晶明,清爽可口。富含人体所需的多肽、多糖、牛磺酸、黄酮、甾醇,以及多种氨基酸、微量元素等,具有补肾壮阳、强筋活络、益气补血、健身养颜等功效。"陆丰海马酒酿造技艺"2012年入选广东省第四批省级非物质文化遗产名录。(陈少俊、李锐)

湛江井华酒　岭南药酒。产于今广东省湛江市坡头区龙头镇。古称神仙水酒,俗称壮阳酒。据传,清康熙年间叶天士行医粤西吴川龙头乡,发现龙头岭下有一口泉水,甘醇清香,称为龙泉井华水,取该井水配以各式药材酿制药酒代代相传至今。用海蛇、海马、海龙、海牛、海参、海胆、海雀、海星、海虾、鲍鱼、虫草、人参、鹿鞭、狗鞭、牛鞭、田七、牛膝、杜仲、千斤拔、淫羊藿、玉苁蓉、桂圆、枸杞、红枣、蜂蜜等酿制而成。品种有年限陈酒、壮阳酒、海蛇酒、砂仁酒等。清道光《吴川县志·风俗》有记载。"井华酒传统酿造技艺"2015年入选广东省省级非物质文化遗产代表性项目名

录扩展项目名录。（陈少俊、李锐）

惠来彬彬保健药酒　岭南药酒。民国初

年，广东惠来县惠城梅北村民林潮洲所创。采用当地产大米和泉水自家酿造米酒，加入各种中草药泡制，再放入陶制

大缸埋藏于地下，历经15—20年自然醇化而成。种类有100多种，既可口服又可外用。（陈少俊、李锐）

老字号

珍珠红　中华老字号。即广东明珠珍珠红酒业有限公司。集黄酒、白酒和配制酒酿造的综合性酿酒企业。相传始于明正德十一年（1516），才子祝枝山任兴宁知县时开设的珍珠红糟坊。其专门酿制客家黄酒，因酒色泽红艳有光故名珍珠红，又因在客家人分布区故另有"客家酒"之号。1956年，与当地数个小作坊合并建成兴宁县酒厂。1988年，易名为珍珠红酒厂。后成为广东明珠集团成员企业，更名为广东明珠珍珠红酒业有限公司。产品珍珠红选用珍珠糯米为原料，以小曲酒饼为糖化发酵剂，采用摊饭法酿造而成，属甜型黄酒。其酒液红褐明亮，酒香馥郁芬芳，酒味醇和甜蜜，酸甜协调适口，有陈酒风格。企业、品牌及产品曾获中华老字号、"广东省优质酒""国家优质酒""轻工部全国酒类质量大赛银杯奖""首届中国黄酒节特等奖""首届中国食品博览会金奖"等称号。（周智武）

致美斋　中华老字号。即广州致美斋食品有限公司。以生产调味品为主的现代化大型食品企业。相传明万历三十六年（1608），在广东广州城隍庙对面创办。以"用水致纯，选粮致精，工艺致正，酱品致香，待客致诚，味道致美"之意取名，经营酱油、甜醋、油、糖等调味品。清代已拥有三场一店。1915年，第九代传人刘养年经营得法，生意兴旺。1958年，广州市整合致美斋等数十个调味品生产工场，在广州市北郊三元里沙涌北建"越秀区酱料加工厂"，后改名为广州调味食品四厂。1983年重建致美斋调味

食品厂。1992年改为现名。与北京"六必居"、上海"冠生园"、长沙"九如斋"并称为"中国四大名酱园"。企业及产品获"广东省著名商标""广东省名牌产品""国家免检产品""中国调味品著名名牌企业20强""全国酱油10强企业""国家食品工业重点企业"等称号。（周智武）

海天调味　中华老字号。即佛山市海天调味食品股份有限公司。专业生产调味品的现代化大型食品公司。溯源于"佛山古酱园"，得名于"海天（古）酱园"，距今有300余年的历史。1955年，广东佛山25家古酱园合并重组为海天酱油厂。1994年底，改制为有限责任公司。2007年再次改制为员工持股的民营公司，2010年改为佛山市海天调味食品股份有限公司，"海天味业"于2014年2月在上海证券交易所主板成功上市。产品涵盖酱油、蚝油、酱、醋、料酒、调味汁、鸡精、鸡粉、腐乳等系列100多个品种、300多种规格。（周智武）

双钱实业　中华老字号。即广西梧州双钱实业有限公司。专业生产龟苓膏的食品企业。成立于1993年3月，前身为广西梧州制药（集团）股份有限公司保健食品罐头厂。20世纪80年代初，该公司成功研制出食用方便的龟苓膏粉。90年代后又开发出易拉罐即食龟苓膏。2004年研制出塑料碗装龟苓膏。2010年，建成当时中国最大的龟苓膏、龟苓宝生产基地，推出龟苓宝保健饮料、可吸型龟苓膏、果冻型龟苓膏、航空版龟

苓膏和"丰衣粥食"养生粥等新产品。获"广西新产品百花奖""广西名牌产品奖""广西著名商标"等称号或奖项。（周智武、陈非）

双狮厨具　中华老字号。即广州市南方厨具发展有限公司。其前身是"何正岐利成记"刀庄，始创于清嘉庆元年（1796），已有200余年历史。1987年12月成立广州市南方厨具发展有限公司，隶属广州钢铁企业集团有限公司。"双狮牌"菜刀以质优锋利、设计合理、美观大方等而畅销全国、东南亚及欧美等各国。获"中国刀剪知名品牌""广东省著名商标"等称号。（周智武）

合记饼业　中华老字号。即佛山市合记饼业有限公司。其主要产品盲公饼是具有独特地方风味的特色小吃。清嘉庆年间始创，初时以"合记肉心饼"为名。1952年参加华南物资交流大会，正式确定商标为"盲公饼"。1955年佛山制饼业（包括合记饼店）和其他行业私营店合并，成立和平饼干糖果厂和利群糖果饼干厂。1956年，以和平、利群两厂为骨干组成佛山市公私合营合记饼干糖果食品厂。1987年改名为佛山嘉华食品公司。1999年12月再改名为佛山市合记饼业有限公司。盲公饼曾获"佛山八大优秀传统食品第一名""中国焙烤行业十大手信文化品牌"等荣誉，2014年被授予"广东传统特色小吃"称号。（周智武、黄明超）

泮塘（双喜龙）　中华老字号。即广

州市泮塘食品有限公司。以生产加工"双喜龙"牌岭南特产"泮塘五秀"制品为主的食品企业。据记载，广东广州"郊西，自浮丘以至西场，自龙津桥以至蚬涌，周回廿余里，多是池塘，故其他名曰半塘。土基肥腴，多膏物，种莲者十家而九"。泮塘盛产优质莲藕、马蹄（荸荠）、菱角、慈姑、茭笋（茭白），被誉为"泮塘五秀"，"五秀"又称五仙果，粤语谐音"五瘦"，意指5种水生蔬食是致"瘦"食物。"泮塘食品"创建于清嘉庆年间，传承古代传统工艺，秉承唐代宫廷贡品文化传统，将"泮塘五秀"等岭南特产分别加工成莲藕粉、马蹄粉、马蹄饮品、马蹄糕、菱角粉、慈姑粉、葛根粉和茭笋汁等制品和特色手信。获"广东省名特优新农产品"称号。（李少华、陈非）

远航酒业 中华老字号。即广东远航酒业集团有限公司。以生产"九江双蒸酒"为主的造酒企业。旗下广东省九江酒厂有限公司前身是 1952 年由 12 家酿酒作坊合作成立的九江酿酒联营社。"双蒸"酿造技艺始于清道光初年，即由酵饭蒸出来的酒再倒入同量的酵饭中重蒸而成。"秘传曲种、两次蒸馏、陈肉酝浸、陶缸老熟"生产工艺以及独特水源和酿造环境等因素造就其具有"玉洁冰清、豉香独特、醇滑绵甜、余味爽净"独特风格。20 世纪初，被誉为"家乡水"的双蒸酒随着华工的足迹远销海内外。"九江双蒸酒酿制技艺"2009年入选广东省第三批省级非物质文化遗产名录。2014 年九江双蒸酒列为国家地理标志保护产品，获"中国驰名商标"称号。（周智武）

石湾酒厂（陈太吉） 中华老字号。即广东石湾酒厂集团有限公司。以生产玉冰烧酒为主的造酒企业。位于今广东省佛山市禅城区石湾镇街道。清道光十年（1830），莲塘村人陈屏贤（外号"大吉"）在石湾朱紫街（现太平街 106 号）创建"陈太吉酒庄"。其孙陈如岳弃官回乡继承家业，结合当地人喜欢用蛇等肉类浸酒的习惯，首创"肥肉酿浸、缸埕陈藏"工艺方法，贮酒于山洞，使酒体玉洁冰清、豉香独特、醇和细腻、余味甘爽，取名为肉冰烧。粤语"肉""玉"同音，又浸制猪肉如玉剔透，故更名为"玉冰烧"。1914 年第四代传人陈道富接管经营，将酒名"顶上名贵酒"改为"驰名醇旧太吉酒"，至 1920 年，在广东广州汉民路、洪德马路、第十甫路、海珠路开设分栈销售，在广州洪德路和南熬洲设 4 条蒸酒甑生产，日产酒量从 600 斤增加到 2400 斤，产品增加到 15 种，销往香港、澳门及全国各地。1938 年广州、佛山相继沦陷，各分栈被烧。1952 年，陈太吉、永联兴、品栈酱园等私营作坊组成"石湾酒联组"。1956 年 9 月，以陈太吉酒庄为基础组建公私合营陈太吉酒厂。1957 年恢复出口，至 1978 年，是广东省纯米酒出口主要厂家之一。1934 年注册"陈太吉"龙凤商标，1951 年在中央人民政府重新取得注册。"石湾玉冰烧酒酿制技艺"2009 年入选广东省第三批省级非物质文化遗产名录。2015 年石湾玉冰烧酒列为国家地理标志保护产品，获"国家质量奖""国家优质酒"等称号。（周智武、陈非）

东古调味 中华老字号。即鹤山市东古调味食品有限公司。以生产调味品为主的大型食品企业。前身为清道光三十年（1850）始创于广东江门鹤山古劳圩的调珍酱园。民国时期古劳生产面豉的作坊众多，调珍酱园是其代表。古劳面豉品质优良，远销各地，还被华侨带到美洲。1956 年公私合营时期，改名为高鹤县调珍酱油厂。1982 年改名为鹤山县酱油厂。1996 年转制为全员股份企业。2001 年改名为鹤山市东古调味食品有限公司。从单一品种发展到酿造酱油、南乳腐乳、食醋、酱料、调味料、果酱、酱腌菜 7 大类上百种产品。2016 年 3 月"自动化圆盘制曲设备技术改造"项目获"鹤山市科学技术奖励"证书，2017 年 12 月被认定为"高新技术企业"。获"广东省食品文化遗产""广东省名牌产品""广东省著名商标""中国驰名商标"等称号。（周智武、黄明超）

萧广丰泰 中华老字号。即广东大印象集团有限公司生产的药酒商标。相传清道光年间，萧香谷在广东潮阳和平乡用 20 多种中药配制成具有暖肾益精、祛除风湿、强壮筋骨、调和气血、消除疲劳等功效的保健药酒，取"长寿健康、永葆青春"之意命名为"长春药酒"，被列为"驰名海外的八大名酒"之一。民国初年，其传人萧煜初、萧慎斋迁至广东汕头，在德兴路和商平路（现商平路 65 号）开厂设店。1954 年，与其他 10 家酒坊、小酒厂合并组成公私合营汕头酒厂。1956 年，改组为地方国营汕头酿酒厂。2002 年被汕头大印象集团有限公司并购。2008 年，第五代传人萧翰创办广东萧氏香谷园慈记酒坊有限公司。（周智武、陈非）

生茂泰 中华老字号。即广州市宝生园股份有限公司生茂泰茶叶分公司。集茶叶生产、销售于一体的现代企业。创建于清同治元年（1862），原名生茂泰药茶行，取意"生财有道，茂德无疆，泰运亨通"。其茶叶在中国香港、澳门、东南亚地区享有盛誉。1956 年公私合营时期，改名为生茂泰茶庄，归属广州市土产公司，后又组建生茂泰药茶厂。20 世纪 70 年代中期扩大为广州市土产公司茶厂。改革生产工艺，将药茶磨碎筛选浓缩，开发生产方便饮用的袋泡装"甘和茶"。1986 年后，引进国外先进技术，加强

对茶叶中农药和重金属残留检测，供应红茶、绿茶、花茶、乌龙茶、普洱茶、菊普茶、甘和茶、午时茶、八珍茶等品种的袋泡茶。1999 年，重组为广州市宝生园有限公司生茂泰茶叶分公司。2002 年被认定为"中国食品安全优质放心品牌"。（周智武）

广德泰　中华老字号。即汕头市广德泰酒厂实业有限公司。以生产药酒为主的企业。始创于清光绪年间，范友龙在广东潮阳和平大街开药材行，取名广德泰。酿制出驱病健身药酒，取名长春药酒。经过钻研配制出大补酒、三蛇酒、跌打损伤药酒等新品种。1935 年，第二代传人范伯谦呈请政府注册"龙麟"牌商标，又在泰国注册。1941 年其门店被日军炸毁，被迫迁往澳门生产经营。1948 年迁回。1956 年公私合营时期自行停业。1983 年恢复生产。潮汕华侨称之为"思乡酒"。（周智武、李婷）

陶陶居　中华老字号。国家特级酒家。即广州市陶陶居有限公司。经营传统粤菜、茶点和食品制作与销售的餐饮服务企业。据传创建于清光绪六年（1880），一说是 1893 年，原名葡萄居，后获康有为所书"陶陶居"牌匾而改此名，原址在广东省广州市清风桥（现中山五路广大路右侧）。后由谭焕章、谭杰南、

陶陶居

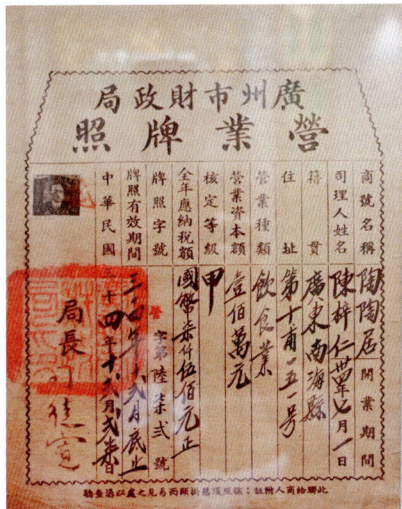
1945年颁发的陶陶居营业牌照

陈伯绮等 5 人接手，集资买下位于第十甫路的霜华书院，装修后于 1925 年重新开业，环境典雅，菜点精美，成为名人雅士聚会之地。1956 年转为公私合营，后成为国营企业。"文化大革命"期间改名为东风楼。1978 年恢复原名。1983 年与港商合作经营。1986 年恢复为国营企业。2000 年 5 月至 2018 年 9 月由广州幸运楼饮食有限公司以租赁物业和商标方式经营。2015 年，广州食尚国味集团在广州产权交易所竞标获得其"餐饮"项目经营许可权，并在广州、深圳、上海、厦门、北京等地开设"陶陶居"餐厅连锁店 30 余家。2019 年 8 月，广州酒家集团股份有限公司取得陶陶居公司 100% 股权，并启动混合所有制改革。点心多达百种，著名的有：陶陶虾饺皇、蟹黄干蒸烧卖、蜜汁叉烧包、鸳鸯鸡蛋挞、陶陶甘栗饼、五仁白绫酥、裱花蛋糕、迷你像生、榄莲香波、香麻鸳鸯卷、鸡粒千层盒等。20 世纪 30 年代曾用 20 多种原料制成直径 20 多厘米的塔形"陶陶居上月"饼，被坊间称为"月饼泰斗"。1997 年中秋，制作了直径 3 米、重 575 千克的"华夏团圆月"，被"吉尼斯世界纪录"认定为世界最大的月饼。获商业部"金鼎奖""中国名牌月饼"等荣誉称号或奖项。（周智武、陈非）

太平馆　最早西餐馆。即广州市太平馆饮食有限公司。清光绪十一年（1885），原在沙面旗昌洋行当厨师的广州西村人徐老高在南关（今北京南路）太平沙肉菜市场附近开设一家出售牛排的西餐铺，以太平沙之地名取名太平馆。徐恒、徐枝泉兄弟继承父业，1927 年承顶"国民餐馆"（太平馆现址）作为"老太平支店"。1935 年后由第三代徐汉初主理。广州沦陷前夕，徐汉初举家赴港，1936 年分别在香港湾仔和上环开设分店，1944 年在广州第十甫路增设分店，挂"省港太平馆"招牌。1945 年后，太平馆重新开业。后在美国旧金山开办"广东省广州市太平馆"，由第四代操持。1956 年，太平馆合并永汉路附近的多家西餐馆成为公私合营企业。两次扩建，把"美利权"冰室也纳入，座位从 70 多个拓展到 600 多个，员工增至 200 多人。2004 年被广州鸿星海鲜饮食集团收购，2005 年重新开业。1925 年，周恩来和邓颖超结婚，黄埔军校的同事也是在太平馆设宴庆祝，周恩来还于 1959 年和 1963 年再访太平馆。除经营西餐，太平馆坚持"中西合璧"和菜品创新，早年徐老高首创"烧乳鸽""精制葡国鸡"等。形成红烧乳鸽、焗葡国鸡、焗蟹盖、德国咸猪手、烟（鲍）鱼、烩咸牛脷（舌）六大名菜。（周智武、陈非）

老山合　中华老字号。即汕头市澄海区老山合腊味厂。专业加工生产潮汕猪头粽的食品加工厂。创始人为黄钦山，店址原设于广东澄海澄城城北，铺号为"山合"。清光绪十三年（1887），其子黄允坤赴广州拜师学艺，改进猪头粽、肉脯等各类腊味的生产技艺。猪头粽是潮汕独特的腊味食品。光绪十六年（1890），黄允坤把店名改为老山合。1930 年，黄允坤长子黄锡谦到广东汕头升平路开店，专营猪头粽、肉脯、

肉松等。1984年10月，第五代传人黄德然、黄德生兄弟重建老山合腊味厂，产品包括猪头粽、猪肉松、腊肉、腊肠、烤鸭、烧鸡、鸭脚和五香牛肉等，采用真空包装，保持原味，方便携带，远销海内外。（周智武、李婷）

李锦记　即李锦记酱料集团。以生产调味品为主的跨国民族企业。清光绪十四年（1888），李锦裳在广东珠海南水镇创立"李锦记"。1902年迁往澳门。1932年将总部迁往香港。1972年第三代传人李文达接管家业，通过改进工艺、开拓业务，在广东、山东、香港以及美国、马来西亚等地设立生产基地，拥有全球生产和销售网络。推出蚝油、酱油、酱料、XO酱、方便酱料包及调味粉等产品，由最早的蚝油和虾酱两款发展到200多款。2006年，获"中国驰名商标"称号。成为2008年北京奥运会、2010年上海世博会、2010年广州亚运会、2016年G20杭州峰会、2017年厦门金砖会晤等活动的供应商。2018年，李锦记新会生产基地获"国家绿色工厂"称号；2019年，入选"新华社民族品牌工程"。（周智武、陈非）

莲香楼　中华老字号。即广州市莲香楼有限公司。经营传统粤菜和食品制造的餐饮服务集团企业。前身是清光绪十五年（1889）创建于广东广州城西专营糕点茶果"糕酥馆"。宣统二年（1910）被广州"茶楼王"谭新义收购，改名为莲香楼，兼营茶市。20世纪20年代扩大经营，在香港九龙开设了3家分店。1955年，成为广州市饮食行业中首家出口月饼的企业。"文化大革命"期间，变成单纯的饼点加工场，店名改为东升楼。1973年恢复原名，1984年恢复酒楼业务。2005年改制为广州市莲香楼有限公司，成为包括传统饼食生产销售、餐饮等于一体的企业。2006年，广州市

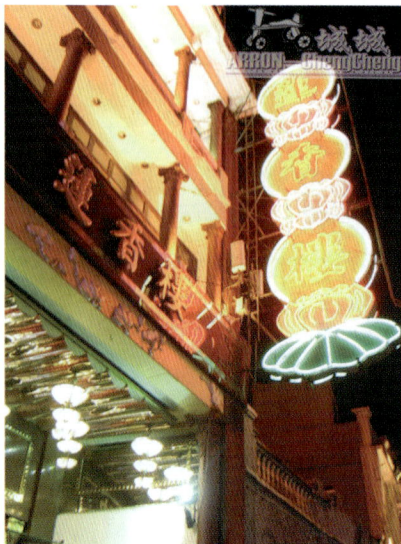

莲香楼

西关世家园林酒家有限公司以投标方式获得其99%的股权。创制的莲蓉月饼成为广式月饼最具代表性和影响力的品种，素有"莲蓉第一家"和"广式月饼鼻祖"的美誉。产品有中秋月饼、月饼馅料、传统名食、速冻食品、广式腊味、生日蛋糕、面包及中西糕点等系列，是"老广州手信"传统和创新系列产品的代表企业。获"2009中国烘焙最具竞争力十大品牌""2010全国优秀月饼代加工企业""2010中国十大手信文化品牌"等称号。（周智武）

鹰金钱　中华老字号。即广州鹰金钱食品集团有限公司。广州轻工集团属下的大型国有食品生产经营企业。广州广茂香罐头厂是国内最早的罐头厂，1893年生产出世界上第一罐"豆豉鲮鱼"罐头。1912年，广州广茂香罐头厂重组为广奇香罐头厂和广利和罐头厂，并在香港注册"鹰金钱"商标。1958年，广东罐头厂建成投产，是当时亚洲最大的罐头厂。1994年更名为广州鹰金钱企业集团有限公司。1998年，陆续吸收合并羊城食品公司、广州糖果厂、亚洲汽水厂、岭南饼干厂等十几家食品饮料企业。2008年4月再次重组。主要生产水产类、肉类及饮料类罐头产品，如鲮鱼系列、金枪鱼系列、午餐肉及冰

糖雪耳炖木瓜等几十个品种。其中"鹰金钱"金奖豆豉鲮鱼罐头是中国罐头产品中唯一两次获国家质量"金质奖"的产品。（周智武）

大有食品　中华老字号。即广东大有食品股份有限公司。生产南派风味凉果的大型食品企业。位于今广东省江门市新会区。清光绪年间，谭梓在会城知政路尚书坊开设大有酱园。光绪二十六年（1900），从檀香山回国的许鸿章、许沃章兄弟联合另外两家商号接手，改称大有合记。1956年与合生、逢益、厚记、同信隆、合利等酱园商贩组成公私合营大有凉果酱料厂，现已发展成为现代化生产企业，年可产蜜饯、凉果成品3000吨，果仁成品2500吨，产品包括大红柑饼、糖子姜、雪花梅、发财应子、亚佗霉姜、陈皮、陈皮茶以及酱油等。用柠檬汁、陈皮、子姜、红糖制成的"亚佗霉姜"是其独家生产的招牌珍品，柔软甜滑、甘香松化，具有祛风寒、健脾胃、化痰止咳等功效。糖姜用生姜退皮煮糖而成，有姜珠、摩登姜子、中姜子、上姜子、大姜、中姜、三姜、四姜等品种。1985年获"广东省优质产品"称号。其他产品也获"广东省著名商标""轻工部优质产品奖""北京国际博览会铜奖"等称号或奖项。（周智武、陈非）

咀香园　中华老字号。即中山市咀香园食品有限公司。专业生产杏仁饼、广式月饼等传统特色小吃的食品企业。咀香园杏仁饼于1918年由中山萧友柏家的自梳女佣工潘雁湘创制，饼形似杏仁且带有杏仁味，入口酥化，当时中山知县覃寿堃品尝后题字"齿颊留香"，便名为"嘴香杏仁饼"。萧友柏遂成立供产销一条龙的家庭作坊，取名咀香园。1930年，萧友柏之子继承父业继续经营。1935年，在美国檀香山国际食品展览会上，获"金鸡奖"。1956

年，与石岐 20 多家私营饼店合并，成立咀香园糖果饼店加工厂。1978 年起，经过技术改造，食品质量和产量大幅提升。2003 年，迁至中山火炬高新技术开发区，生产杏仁饼系列、月饼系列、中式饼系列、速食羹系列 4 大系列 60 多个品种的产品。获"广东省名牌产品""中国名点"等称号。（周智武）

广州酒家　中华老字号。国家二级企业。即广州酒家集团股份有限公司。经营传统粤菜和食品生产的餐饮企业集

广州酒家

团。是"食在广州"的代表性企业，拥有 10 多家粤式餐饮酒楼、1 家大型食品加工厂和 100 多家食品连锁店。前身是西南酒家，由光复南路英记茶庄主人陈星海于 1921 年集资筹建，1935 年建成开业。1938 年被侵华日军炮火焚毁。1939 年重建，并以"食在广州"之意改名为广州大酒家。1973 年改称广州酒家。重视菜品传承和研发，改良、创制广州文昌鸡、蟹黄大生翅、百花煎酿鸭掌、玻璃虾仁、蟹肉灌汤饺、瑶柱贵妃包、鸡球大包、沙湾原奶挞、鸳鸯挞等名菜点。改革开放后，坚持传统饮食文化挖掘和传承，打造满汉全宴、五朝宴、南越王宴等岭南名宴；保护和传承粤菜烹饪技艺，先后培育了六代粤菜烹饪技艺传承人及近千名餐饮人才。发展

现代食品生产，属下利口福食品公司是广东省重点农业龙头企业、国家食品工业重点企业，获高新技术企业认证，产品覆盖中秋月饼、速冻点心、广式腊味、莲蓉馅料、西饼面包、放心盒饭、休闲食品、端午粽子八大系列，是多项国家技术标准的制定者和参与者。获"中国驰名商标"称号，是广东餐饮第一家在 A 股上市的公司。（赵利平、周智武）

宝生园　中华老字号。即广州市宝生园股份有限公司。以经营蜂产品、茶叶、保健食品为主，集科研、生产、营销于一体的国家蜂业龙头企业。1924 年南海平洲教师梁少川创立养蜂场，取"宝贵生命之园"之意而命名为"宝生园"。20 世纪 30 年代，在广东广州永汉路（今北京路）开办广州第一家宝生园蜂蜜店。1935 年 11 月，在广州大南路举办的养蜂展览会上，梁少川"蜂胡子"照片让宝生园一举成名。1956 年，宝生园公私合营，归广州土产公司管理。20 世纪 80 年代，"宝生园"重办，是全国首批获得保健品批文的名优产品。1989 年恢复原老字号，更名为宝生园蜂产品总汇。1999 年 1 月，广州市土产茶叶公司属下宝生园蜂产品分公司和茶叶分公司重组为广州市宝生园有限公司。2014 年 1 月改制为广州市宝生园股份有限公司，生产及经营蜂产品、茶叶产品，拥有"宝生园""生茂泰"两个"中华老字号"品牌，以及蜂业合作社、全国蜂产品生产示范基地、蜂产品研究所、检测中心等机构。（周智武）

新亚大酒店　中华老字号。位于今广东省广州市越秀区人民南路。主营住宿和中、西餐饮服务的企业。1925 年由华侨投资的南华公司兴建的一座古典欧陆风格八层大楼，临街是岭南骑楼，正面为六根古希腊爱奥尼式立柱。原设

计为出租给商行、律师、医生办公用的写字楼，拟取名为"南华第一楼"。1927 年南华楼改为新亚酒店，由于右任题写招牌。有客房和中西餐厅，在广州率先推出花园套房，以设施先进、装修豪华而著称，是 20 世纪 20 年代"广州最豪华最高雅的酒店"，是"摩登广州"的标志。设于顶楼的"八重天"中餐厅，环境幽静，经营传统粤菜，每天一茶两饭，为时人所称颂。开创广州新式酒店经营管理和服务范式，率先引进西方旅业经营的服务精神，首创"一茶（端茶）""二巾（送巾）""三介绍（介绍收费、设备、服务情况）"的"三步接待法"；对住客则实施一对一的"贴身式"服务接待，大至码头接送、代买车船票，小至买香烟、报纸、水果。开业仅 2 年，就分别在香港、上海开设分店。1956 年 6 月，改名为东方红旅店。1971 年复名新亚酒店。1983 年与香港豪威工程有限公司合作，大楼从 8 层加建到 10 层，安装中央空调和闭路电视等先进设施，开设广州最早的音乐茶座，成为集住宿、餐饮、购物、娱乐于一体的多功能酒店。1986 年 5 月更名为新亚大酒店。2001 年 7 月，广州市文物管理委员会颁发"劳动学院旧址"牌匾，上书"人民南路 10—12 号新亚酒店 4 楼，1926 年 10 月

新亚大酒店

至 1927 年 4 月间，中共广东区委和中华全国总工会在此培养省港罢工干部"。（周智武、陈非）

北园酒家

中华老字号。国家特级酒家。广州三大园林酒家（北园酒家、南园酒家、泮溪酒家）之一。即广州市北

刘海粟为北园酒家题字

园酒家有限公司。经营粤菜为主的餐饮企业。因地处原广州北郊而得名。1928 年，广州市商会会长邹殿邦和一些官僚太太集资创办。1938 年广州沦陷后停业。1947 年原北园职工杨仁甫等人在原址附近集股重建。1956 年公私合营时，广州市市长朱光提出由国家投资改建。著名建筑设计师莫伯治等精心设计。1984 年在南面增建一座青墙绿瓦 5 层高"绮秀楼"，又称新北园。1986 年 8 月对旧楼进行装修改造，在古色古香的传统上再添典雅。广州十大名厨之一、特级厨师黎和等粤菜大师先后执掌，形成十大名菜：油泡虾仁、郊外鱼头、蚝油鸭掌、干煎鸡脯、香汁炒蟹、宝鼎满坛香、桂花香扎、松子鱼、片皮挂炉鹅、瓦罉花雕鸡。广州曾流行"食饭去北园，饮茶到泮溪"的俗语。1982 年，刘海粟 87 岁高龄时到此宴饮，即席题写"其味无穷"大字相赠。2007 年转为广州市东悦酒店有限公司经营。（周智武）

北园酒家

美味鲜（岐江桥）

中华老字号。即广东美味鲜调味食品有限公司。专业生产调味品的现代化大型高新技术企业。位于广东省中山市。起源于 1934 年胡邵创始的"调昌酱园"。1956 年，由 10 多家酱园组建成公私合营石岐酱料厂，后改名为地方国营石岐酱料厂。1989 年更名为中山市美味鲜食品总厂。2000 年转制成立广东美味鲜调味食品有限公司。现有"岐江桥""厨邦""美味鲜"等品牌系列，产品涵盖酱油、鸡粉（精）、蚝油、酱类、料酒、醋类、食用油、腐乳、味精、汁类等 10 大品类，生产规模及市场占有率位居全国前列。获"广东省著名商标""国家免检产品""中国驰名商标""中国名牌产品"等称号。（周智武）

龙山酒业

中华老字号。即梧州龙山酒业有限公司。以生产动植物药酒为主的酒业公司。1935 年，广西龙山人和广东顺德人合伙在当地开设龙山酒厂，酿制"三蛇一品酒"等药酒。抗战时期，一度迁往桂林。1945 年迁回原址经营。1956 年，龙山酒厂和其他酒厂合并。1993 年龙山酒厂和梧州市酿酒厂再次合并，成立梧州市龙山动植物酒总厂。2003 年 12 月改制成为中外合资梧州龙山酒业有限公司。主要产品有三蛇酒、蛤蚧酒、蛇胆酒、蛤蚧雄睾酒、马鬃蛇酒、五龙二补酒、毛鸡酒、补骨木瓜酒、田七补酒、蚁皇酒、玉液思酒、岭南神酒、罗汉果红米酒、野山菊蛇胆酒、姑嫂家酒、蛤蚧十全酒等。获"广西壮族自治区优质产品""商业部优质产品银奖"等称号或奖项。（周智武）

应记面家

中华老字号。即佛山市应记面家餐饮有限公司。1936 年，广东南海大沥镇人邝应始创。其父亲以走街串巷挑担卖云吞面为生，邝应到广

东佛山福贤路开店营业，改进面条制作工艺和云吞馅料配方。云吞皮薄肉厚，虾滑清甜，汤水香浓，赢得好评。面条选用上等面粉，加入鸡蛋，合理搭配，用人力杠杆方法压制，粗细适中，韧性均匀，爽滑可口，蛋香浓郁。云吞馅料用上肉、鲜虾、冬菇粒、香料、味料等组成。面汤用猪骨、大地鱼等原料按传统方法熬制，还适当添加日本"味之素"。品种还有全蛋面、虾子面、宽条面、银丝细面等。企业前身是由个体、小商贩自带资金入社组成的饮食合作联店，后转为集体企业佛山市第二饮食公司。1987 年划归佛山市城区政府，1988 年更名为佛山市城区饮食公司。2003 年 12 月转制，属于佛山市粤鸿餐饮食品有限公司。（周智武、黄明超）

爱群大酒店

中华老字号。位于今广东省广州市越秀区沿江西路 113 号。1934 年，同盟会会员、旅美华侨陈卓平集资兴建。陈荣枝、李炳垣设计，香港惠保公司承建。1937 年建成开业，李宗仁、孙科、于右任、余汉谋等国民党军政要人题词庆祝。原是香港爱群人寿保险有限公司的产业。1938 年被侵华日军占用，1945 年收回。1949

爱群大酒店

年后是接待外宾的宾馆。1952年改名为爱群大厦。1981年引进外资进行全面改造装修。1984年增建旋转餐厅。设计师李炳垣和陈荣枝把锐角三角形地块改成弧形扇面，外形采用美式摩天大楼风格，融合岭南建筑特色，开创高层大厦做骑楼的先例，从西向东望去，像珠江中的一艘轮船。酒店共15层，有客房300间，房间有电话、卫生间，配备电梯、中西餐厅和酒吧等当时最新式和最豪华设备设施，堪称"南中国之冠"，成为广州地标性建筑。"广州爱群大厦"2018年入选第三批中国20世纪建筑遗产名录。参见第913页建筑卷"爱群大酒店"条、第1223页华侨·侨乡卷"爱群大厦"条。（周智武）

趣香食品　中华老字号。即广州市趣香食品有限公司。以食品制造和销售为主的企业。1938年，原敬义信饼家的4位掌柜罗振球、钟信甫、何良民、罗松发自立门户，租下名为"佛有缘"的商店，取"又脆又香"之意，易名为趣香饼家。1943年，开设工场生产西饼以及龙凤礼饼、蚝油面筋、札蹄、酥炸合桃、南枣合桃糖、牛肉干等西关传统食品。1956年与显记、中国、适宜、四美斋4家饼家合并组建糕点加工厂。20世纪80年代，又与南源、西桥、海珠等几间糕点厂合并为趣香糕点厂，90年代复名为趣香饼家。1993年，装修原有的十甫路门市部、西饼苑，增设凉果屋、蛋糕屋、牛杂屋等，销售门市部9个。注重原料选用和生产工艺以及生产设备和技术更新，创新西关鸡仔饼、通心桂花酥、奶油曲奇饼和凤凰卷等产品，共有广式月饼、曲奇、速冻食品等9大系列300多个品种。1995年被国内贸易部评为"全国商业信誉企业"等。（周智武）

哝记饭店　中华老字号。即湛江市哝记鸡饭店。以"哝记鸡"为主打菜肴的老字号饭店。1938年，湛江人黄广才独创白切鸡烹制方法，因风味独具而广得垂顾。后推出"一盅肠红汤，半边哝记鸡，一碟炒油菜，一碗鸡油饭"的消费模式，经济实惠。第二代传人陈康贵，少年师从广州名厨学艺，后随姐夫黄广才学习白切鸡制作技艺，提升"哝记鸡"技艺水平和产品质量。第三代传人陈碧婵，继承父业。选用本地走地鸡，按照家传秘方制作，以澄黄油亮、皮爽肉嫩、清香软滑、鸡味浓郁闻名，当地有"名震雷州三千里，味压江南十二楼"的赞誉。是粤西饮食行业中唯一被认定为"中华老字号"的饭店。（周智武）

沿江饭店　中华老字号。即海口龙华沿江饭店。以祖传文昌鸡为主打产品的餐饮饭店。前身是1940年伍毓葵创办的"毓葵鸡饭店"，伍家早在清朝便在文昌县城经营文昌鸡。"毓葵鸡饭"以二度育肥后的母鸡肉为原料，加大米、鸡油、蒜蓉搅拌并添加鸡汤烹制而成。1982年春，毓葵孙媳韩兰英和表侄符国鑫在文昌县城重建文昌鸡饭店，命名为沿江鸡饭店。1992年春，迁到海口市，改名为海口沿江鸡饭店。1996年再次扩大经营范围，更名为沿江饭店，并注册"沿江"商标。后在广州市和北京市设立两家分店。以传承文昌鸡烹调技艺而闻名，开发出隔水蒸鸡、椰香熏鸡、炭烤鸡、咖喱鸡、盐焗鸡等近10个品种。王义元及其徒弟莫履瑞改良技艺并传播到新加坡，其创办的瑞记鸡饭店成为新加坡海南鸡饭的行业领头人。海南鸡饭被誉为新加坡"国菜"，成为享誉世界的华人美食。（周智武）

皇上皇　中华老字号。即广州皇上皇集团股份有限公司。以生产广式腊味品为主的多元化经营的肉类产业集团。

1940年，谢昌在海珠南路其兄谢柏的"八佰载太上皇"腊味店隔壁创办"东昌腊味店"。1943年改名为东昌皇上皇腊味店，实行"三阵并施，全年统筹"策略，即冬季全力以赴制造腊味，称为以火为主的"朱仙阵"；夏季开设冰室业务，称为以冷为主的"阴风阵"；春秋季则充分利用腊味的"下脚料"穿插制皂业务，称为不冷不热的"温和阵"。1956年公私合营时期，改造为国营企业。"文化大革命"期间改为"红上红"等。1980年恢复"皇上皇"商号。1987年发展为皇上皇肉食制品厂，成为全国最大的广式腊味生产基地、示范基地和实验基地。2015年"中式肉制品加工新技术研发及应用"获广东省科学技术奖二等奖。2009年岭南国际企业集团整合始创于1878年以"广州乳猪第一家"著称的孔旺记和创建于1938年的"趣香"等老字号品牌组建广州皇上皇集团有限公司。2016年7月完成股份制改造。被认定为国家首批"安全卫生食品"和"中国名牌产品"，获"国家优质产品银质奖"。（周智武、陈非）

泮溪酒家　中华老字号。广州三大园林酒家（北园酒家、南园酒家、泮溪酒

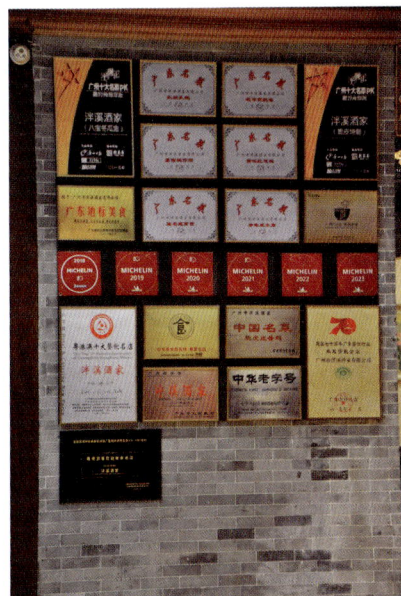

泮溪酒家所获奖牌

家）之一。位于今广东省广州市荔湾区龙津西路 151 号，荔湾湖畔。因地处泮塘，且附近旧有泮溪而得名。现为广州市泮溪酒家有限公司，国家特级酒家。以经营粤菜、点心为主。起初用竹木松皮搭盖。1947 年，李文伦、李声铿父子和陈正树等集股建成园林酒楼。1956 年，转为公私合营企业。1958 年转为国营企业。1959 年，由著名建筑设计师莫伯治设计，广州市政府将其扩建为占地面积 4300 平方米，楼台殿阁、酒舫曲廊、假山鱼池相连，景色如画的"全国最大的园林式酒家"。先后开发象形点心宴、花仙宴、八仙宴、名人宴、九如献瑞宴、西关风情宴、田园土风宴、羊城新八景宴、"随园食单"和"满汉全席"精选宴等。诞生了"科尔牛柳"以及泮溪"八大名菜"和"八大名点"，分别是：金牌烧乳猪、八宝冬瓜盅、像生大拼盘、泮溪茭笋皇、脆皮炸蟹钳、牡丹鲜虾仁、园林香液鸡、瓦罉焗水鱼和绿茵白兔饺、像生雪梨果、鹌鹑千层酥、蜂巢蛋黄角、生炸灌汤包、晶莹明虾脯、泮塘马蹄糕、清香苹（频）叶角。20 世纪 70 年代，为海内外培训粤菜粤点技师逾千人。享有"食海明珠""江南第一家""园林美食甲天下"等美誉。"广州泮溪酒家"2016 年入选首批中国 20 世纪建筑遗产名录。参见第 917 页建筑卷"泮溪酒家"条。（周智武、陈非）

顺德酒厂（红荔）　中华老字号。即广东顺德酒厂有限公司。以生产"红荔"牌系列酒为主的造酒企业。20 世纪 50 年代初，整合大良、容奇和桂洲三地 20 多家私营小酒坊成立顺德联合酒厂。1953 年，广东省专卖事业公司与佛山粤中分公司在顺德成立中国专卖事业公司广东省公司酒类加工厂，属省商管企业，厂址在桂洲二街。1956 年工商分家，加工厂改名为顺德县国营顺德酒厂。1957 年迁至大良沙头。1958 年，顺德联合酒厂被并入顺德县国营顺德酒厂。"红荔"牌系列产品以"名、优、新"著称，共有豉香型白酒、浓香型白酒、兼香型白酒、露酒、保健酒、黄酒、果酒类等 10 个品种 30 多种规格。获"广东名酒""广东省著名商标""中国驰名商标"等称号。（周智武）

梧州茶厂（三鹤）　中华老字号。即广西梧州茶厂。以生产"三鹤"牌六堡茶为主。创建于 1953 年，是中国六堡茶最大的精制加工企业和龙头企业，是中华全国供销合作总社重点龙头企业。主要产品有六堡茶、茉莉花茶、白兰花茶、香片茶、普洱茶、绿茶、保健茶 7 大系列产品。其六堡茶素以"红、浓、陈、醇"四绝的优异品质和提神醒脑、除油腻、养胃健身等保健功效闻名。获得"广西优质食品奖"。（周智武）

南园酒家　国家特级酒家。广州三大园林酒家（北园酒家、南园酒家、泮溪酒家）之一。原广州饮食服务公司所属企业。

南园酒家

所属企业。以潮州菜为特色的粤菜园林酒家。1963 年开业，位于今广东省广州市海珠区前进路（原云桂路）142 号，坐落在晓港公园侧畔。由著名建筑设计师莫伯治设计，有主楼、林中林和园中园三组建筑，主楼有两层，一楼为迎宾厅，二楼为宴会楼，各式厅房巧妙分布，三组建筑分布若干小厅房，共有 1200 个餐位。迎宾厅为金龟造型，龟头为大门旁的营业部，经过弯曲走廊到龟身大厅；大厅四个角分别外连青竹、妃竹、油丹、粉丹 4 个小厅，为龟足；龟尾是通往厨房的长廊。酒家内亭台楼阁、翘角飞檐、小桥流水、翠竹婆娑、锦鱼游乐，绿化面积达 45%，步移景换，景色宜人。各小厅房内均配以书画、条幅或古玩图案作壁挂装饰，林中林内的牡丹厅悬挂由黎雄才、杨之光等 8 位书画名家联手创绘的国画。"林中林""园中园"楼名分别由容庚、商承祚题写，"迎宾""宴会楼"楼名为麦华三题写。建店早期，中厨由广州十大名厨之一刘邦执掌，点心由名师邬权领衔。以广州菜为主，有竹园椰奶鸡、油泡鲜虾丸、香滑鲈鱼球、油泡鲥鱼腩、化皮乳猪、海南椰子盅等。以潮州菜为特色，有佛跳墙、豆酱鸡、冷脆烧雁鹅、竹筒鱼、红炖大群翅等。美点有椰酱焗蛋角、百花鱼皮角、杏仁冻豆腐等。晚上有夜宵，还有粤曲茶座。20 世纪 80 年代前是广交会重要宾客主要接待酒家之一。2004 年由广州幸运楼饮食集团经营。（周智武、黄明超）

南园酒家里的名家题字

十四　中医药卷

概　况

岭南医学　区域医学。中医学普遍原则与岭南地域医疗卫生保健实践相结合的地方性医学总称。秦汉以前已纳入中原的视野,《史记》"南至于交趾""隆虑离湿疫"。汉杨孚《异物志》记载药用植物、动物药18种。晋葛洪《肘后备急方》附岭南"葛氏常备药",唐孙思邈"治岭南山瘴",宋陈昭遇有"岭南瘴毒脚气诸方",元释继洪有"岭南卫生方",明王纶"治岭南诸病",清何克谏"草药多属粤东土产",民国萧步丹有《岭南采药录》,现代吴粤昌有《岭南医征略》等。1986年,邓铁涛、靳士英在广东医史分会成立大会上所作报告《略谈岭南医学之特点》正式提出。其研究范围,以"博古约今"为原则。"博古",古代岭南地域较今广阔,故明清以前岭南医学取材范围较为广博。"约今",是指明清以降,岭南医学取材范围相对约定。岭南的核心在广东,尤其是珠江三角洲(今粤港澳大湾区),以此辐射周边省市。由于"岭南"所具有的人文地理含义,因此无论是古代、近代还是现代,岭南医学研究主流内容是指这一地域传统的中医药学。其重视南方炎热多湿的气候环境,着眼于多发特有疾病的防治,吸取民间经验和外来医学新知,充分利用本地草药和海洋药物资源,创造性地回答各个不同历史时期岭南地区防治疾病、养生保健过程中遇到的新问题。经过漫长沉淀积累,形成了丰富的理论学说、特色的非遗文化、实用的诊疗技能,产生了别具一格的岭南医家学术流派及名医群体。已成为全国地域医学的杰出代表之一,列入国家医教研范畴。(刘小斌)

广药　地道药材分类名。产于广东、广西南部及海南岛的地道药材的总称。其产区的水、热资源丰富,土壤多呈酸性,植被覆盖良好,适宜热带、亚热带动植物生长。以鸡血藤、广豆根、广金钱草、石斛、高良姜、广防己、化州橘红、桂莪术、田七、肉桂等为代表。一些传统的进口中药材在广东、广西南部及海南岛引种成功后,经过长期种植和大量使用,逐渐成为远近闻名的广药,如广藿香、阳春砂仁等。现多指主产于广东的中药材。其中广藿香、广佛手、广陈皮、肇庆芡实、连州玉竹、广金钱草、化州橘红、阳春砂仁、德庆巴戟天、德庆何首乌被列为"十大广药"。此外,沉香、高良姜、金钱白花蛇、广地龙亦曾被列入"十大广药"。

(刘中秋)

南药　地道药材分类名。"南药"一词宋代出现,在近现代文献资料中,其定义不断演变。1969年《关于发展南药生产问题的意见》将其定义为原产或主产区在热带非洲、亚洲的传统进口药材,习称"进口南药",如羚羊角、西洋参、番泻叶、胡黄连、阿魏等。20世纪70年代开始,我国大力发展进口南药的引种生产,相继在广东湛江、海南、福建南部、广西南部、云南西双版纳、江西、贵州、四川、浙江等地区成功引种进口南药,此类药材成为南药的一部分,习称"国产南药"。1988年海南省成立,广药的产区范围缩小,逐渐被并入南药的定

义范畴，海南的槟榔、益智仁和广东阳春的砂仁、德庆的巴戟天，并称为"四大南药"。随着我国南药生产的发展，其定义范畴不断扩大，2012年被定义为生长于亚洲的南部（南亚）和东南部（东南亚）、南美洲和非洲的中药材，习称"大南药"。此外，南药在地道药材概念中尚有其他的定义：1989年《中国道地药材》提出"南药"之"南"取意于南五味、南山楂、南沙参等地道药材之"南"，并以长江为界，将"南药"定义为长江以南各省除四川、广东、云南、贵州、浙江产区以外的湖南、湖北、江苏、安徽、福建、江西、台湾等出产的药材。以秦岭为分界，秦岭以南地区生产的药材称为"南药"，秦岭以北地区生产的药材为"北药"。越南称中国为北，与此相对自身为南，其将中国的中药称为"北药"，越南当地产的药材称为"南药"。（刘中秋）

海药

地道药材分类名。唐五代时期经海上丝绸之路传入中国的海外药物。"海药"之名出自《海药本草》。中医药的交流是中外海上贸易的重要组成部分，唐代中医药的交流更加频繁、兴旺，中国药物传入各国的同时，各类海外药物也源源不断地传入中国。这些海外药物除了部分是通过朝贡、进奉等形式传入中国，如龙脑香、犀角等，其他多数是由各国舶商以贸易的形式输入中国，如安息香、阿魏、胡椒、没药、沉香、槟榔、檀香等。后来部分海药被发现在国内亦有资源或者可以在我国广东、广西及海南等亚热带地区引种，逐渐成为本土的"广药"或"南药"。海南省行政区域的设置，海南省出产的中药材也被简称为"海药"。（刘中秋）

瘴病

岭南多发病、常见病的总称。岭南山岚瘴湿侵袭人体所致的疾病。岭南地气卑湿，雾多风少，冬时常暖，阳气不固；夏时反凉，阴邪易伤，纵欲多劳者极易得病，多因阴阳二气或风湿二气相搏而为病，以致发热头痛，呕吐腹胀等，人体正气本虚是内因。疟疾是瘴病中的主要病种。后世医家逐步深化对岭南疾病的认识，开始脱离"岭南凡病皆谓之瘴"的笼统概念，瘴病内涵由疟疾向伤寒、温病等扩展，形成岭南疾病特色辨治体系，为岭南医学流派发展提供了理论基础。（郑洪）

凉茶

中草药植物性饮料的通称。岭南人民根据本地的气候和水土特征，在预防疾病、养生保健过程中总结出的、由药性偏寒凉的中草药制作而成的植物性饮料。具有清热解暑、去湿消滞、生津止渴等功效。以四季皆宜、安全有效、价格适中的特点，深受岭南民众喜爱。根据功效的不同可分为清热解表茶、解感茶、清热润燥茶、清热化湿茶4类。常见品种有感冒茶、五花茶、廿四味、夏桑菊、金银花茶、茅根竹蔗水等。品种众多，配方各不相同，一般按"君臣佐使"的原则，并结合"寒热虚实"的体质和症状配伍，以可供顾客自己煎煮或冲饮的药包或现成煮善好的凉茶等方式进行销售。20世纪80年代后，逐渐出现颗粒剂凉茶、袋泡包装凉茶、罐装凉茶等形式，成为许多家庭必备的日常饮料，远销海内外。固定配方和专用术语是凉茶的核心资源，一般由家族世袭传承，各品牌有其独特的秘方。2006年入选第一批国家级非物质文化遗产代表性项目名录。（蓝韶清）

广东凉茶

中草药植物性饮料的通称。旧时广东多瘴气，气候湿热，久居易患燥热风寒感冒诸症，广东人习惯称之为"热气"，通常以"凉茶"解之。即以中医养生理论为指导，以天然中草药为原料，用独特的煲制方法煎熬而成的汤剂，具有清热解毒、生津止渴、预防疾病等功效。其配方有100多年的历史，药材多用广东土产生药，易于采集，群众乐于接受。在凉茶的制作和饮用过程中形成独具特色的"凉茶文化"。随着在市场消费中不断发展和壮大，其从单一的中药汤剂变成多种多样的大众化饮料，从清热解毒的治病药茶演变为时尚的保健饮品。王老吉凉茶、黄振龙凉茶、邓老凉茶、沙溪凉茶、廿四味、源吉林甘和茶等凉茶已形成自有品牌。凉茶被加工成配方更合理、饮用更方便、口味更适中的颗粒剂、袋泡茶、罐装等多种形式的产品销往世界各地，成为一种世界范围内被广泛认可和喜爱的大众饮料。2006年入选第一批国家级非物质文化遗产名录。（蓝韶清）

广东药膳

养生膳食。中华民族药膳文化的重要组成部分。因受特殊地理环境、人文环境的影响而独具特色。它的应用由来已久，深入人心，多取材于广东地道或特色中药材。主要有粥食、米饭、菜肴、汤羹、茶饮、药酒等种类，其中最具代表性的是凉茶和老火汤。寓医于食，既将药物作为食物，又将食物赋以药用，药借食力，食助药威，二者相辅相成，相得益彰；既具有较高的营养价值，又可防病治病、强身健体、延年益寿。（蓝韶清）

流 派

岭南中医内科杂病学术流派 地域性中医专科学术派别。指岭南医学流派中以研究内科杂病为主的学术派别。清代，代表人物为何梦瑶、刘渊、谢完卿、黄岩、郭治。其中何梦瑶成就最为突出。何梦瑶《医碥》与郭治《脉如》，发扬刘完素、朱丹溪火热学说理论。刘渊《医学纂要》、谢完卿《会经阐义》、黄岩《医学精要》等继承自金以来的温补学派，强调补益脾胃肾命理论学说。民国时期，广东中医药专门学校陈汝来主编的《内科杂病学讲义》首次提出岭南中医"内科杂病"之名称。民国卢朋著《四圣心源提要》则遥承山东黄元御《四圣心源》，强调补益中土。当代内科名医人数众多，最具代表性的有邓铁涛、何炎燊、梁剑波等，重视对岭南内科重大疾病与疑难病症研究，著书立说。（罗倩、刘小斌）

岭南伤寒学术流派 又称伤寒学派岭南流派。地域性中医专科学术派别。指伤寒特色学科与岭南地域医学结合所形成的中医学术派别。以清代何梦瑶《伤寒论近言》、郭元峰《伤寒论》等专著的出现为开端。清代以降，以张仲景《伤寒论》为研究对象，发挥经方在岭南区域防病治病的作用，形成独具一格的学术特色。代表人物有"四大金刚"谭星缘、陈伯坛、易巨荪、黎庇留。岭南伤寒名家将明清伤寒研究领域形成的错简重订派、维护旧论派及辨证论治派三派思想融会贯通，使其互不冲突，是岭南伤寒学派的一大特色。立身于中医临证，敢于突破传统，使用辛温方，推广仲景方的临床运用，结合岭南特色，活用经方治瘟疫，发扬经典精华。（罗倩、刘小斌）

伤寒学派岭南流派 见"岭南伤寒学术流派"。

岭南温病学术流派 又称温病学派岭南流派、岭南医派温病流派。地域性中医专科学术派别。指温病特色学科与岭南地域医学结合所形成的中医学术派别。对传染病如天花、鼠疫流感的防治有系列专著及名医群体。发源于晋代，葛洪《肘后备急方》已描述了恙虫病等温病，对"瘴"的考察是元、明两代岭南温病的学术主流，元代释继洪《岭南卫生方》指出瘴疟与伤寒不同。到清代开始独立发展，清代何梦瑶有关"湿"与"火"的论述对岭南温病影响深远，清末潘兰坪《叶案括要》《评琴书屋医略》认为温病与一般外感证的不同点在于里热盛，阴津伤，强调清热保津法应贯穿温病治疗的始终。民国时期代表性的医家有陈任枚、刘赤选、梁子居、钟少桃、甘伊周。现代岭南温病名家有刘亦选、刘仕昌等。对经典温病学术的传承及岭南温病学术内涵的发掘是岭南温病学术的主要特点，岭南温病学家在继承中有所发展，完善了叶天士卫气营血理论体系，对岭南温病的证治特点亦多有阐发。倡"火"与"湿"之说，发展辨舌、察咽等诊法，临证善用清轻花类药物。（罗倩、刘小斌）

温病学派岭南流派 见"岭南温病学术流派"。

岭南医派温病流派 见"岭南温病学术流派"。

术流派"。

岭南中医妇科学术流派 地域性中医专科学术派别。以学说、医家、医著和传承关系构成的，具有岭南特色的中医妇科学术派别。其特色主要体现在中医妇科在岭南独特的地域环境、气候生态、人文习俗等氛围中逐渐形成的具有地方特色的辨证思维与论治方法以及流派传承方式。在传承中不断吸收其他文化影响下的医学知识，具有开放性、兼容性，最终形成有岭南特色的、系统的、多元性的岭南中医妇科学。主体是蔡氏妇科、罗氏妇科两支妇科派系，以及部分专治妇病的岭南医家、治杂病兼治妇科病的医家。（罗倩、刘小斌）

岭南中医肿瘤学术流派 地域性中医专科学术派别。指岭南具有中医药学特色与优势及岭南医学人文特点，以"带瘤生存"务实中和为治疗新理念的中医肿瘤学术派别。20世纪80年代国医大师周岱翰创立，广东省名中医林丽珠为流派学术传承人。经历了孕育萌芽、发展壮大、趋于成熟三个时期。其学术内涵颇具特色，包括吸收发扬黄河和长江流域优秀学术流派的学术成果，推崇《伤寒杂病论》，完善中医肿瘤学的辨证论治规范，在肿瘤领域发展温病学说，倡导"带瘤生存"，归纳本地区常见"温热伤阴""脾虚湿毒"的肿瘤病因病机，善用南药论治岭南常见肿瘤，开创中医肿瘤食疗学，倡导衷中参西。在全国率先开展中医肿瘤本科、研究生教育，构建和充实中医肿瘤学术体系。代表作有《肿瘤治验集要》《中医肿

瘤食疗学》《中医治肿瘤理论及验案》等。（刘小斌、罗倩）

岭南中医骨伤科学术流派　地域性中医专科学术派别。指岭南以精确的理伤手法、独特的固定方法、有效伤科药剂著称的中医骨伤专科学术派别。有中原进入、南海本地、少林僧人所传、行武兵家所传等源流说，成熟于清末民初，拥有蔡忠、管镇乾、李才干、梁财信、何竹林五大分支。此外，还有黄飞鸿、林荫堂、黄耀燊、谭洪辉、廖凌云、岑能、李佩弦、霍耀池等诸多骨伤名家。形成以广东广州、佛山两地为主的岭南骨伤学术流派。人才辈出，包括何竹林、蔡荣、李广海、陈渭良、钟广玲、黄耀燊、岑泽波、陈基长、管需民、元日成等广东省名（老）中医。主要特点有：医武结合，与南派武术渊源深厚；驳骨疗伤，取法自然；特色杉皮夹板固定；喜用健脾祛湿药物，善用岭南草药；创制多种骨伤名方成药；早期多以家族传承，后期多以院校教育模式培养；名家之间互相交流融合。（陈凯佳、刘小斌）

岭南中医儿科学术流派　地域性专科学术派别。指岭南以研究儿科病为中心的专科学术派别。学术上以清心健脾平肝、善用广东草药为主要特色。源于南宋刘昉，所著《幼幼新书》提出了小儿虎口三关指纹察验法。清代得到较快发展，出现陈复正、程康圃等儿科名医，出版了以《幼幼集成》《儿科秘要》为代表的儿科著作。陈复正《幼幼集成》对小儿指纹诊法有独到见解，突出了指纹的表里寒热虚实辨证。程康圃《儿科秘要》提出"儿科八证"（风热、急惊风、慢惊风、慢脾风、脾虚、疳积、燥火、咳嗽）和"治法六字"（平肝、补脾、泻心），民国时期杨鹤龄《儿科经验

述要》传承发扬之，后人称誉"程杨二氏"，著述美名"岭南儿科双璧"。广东中医药专门学校、广东光汉中医专门学校等学校编撰了儿科学和痘疹学讲义，内容系统全面，对岭南儿科做了有益总结。现代则有杜明昭学术流派传承工作室、黎炳南黎氏儿科学术流派、文子源岭南文氏儿科学术流派。（罗倩、刘小斌）

岭南针灸学术流派　地域性专科学术派别。指岭南以研究针灸诊治疾病为中心的学术派别。学术上将传承性、创新性、开放性与致用性融为一体，特色鲜明，尊崇经典的同时亦重视民间特色疗法，编撰众多针灸医籍，丰富和发展了针灸学术体系。近代以来，以曾天治、苏天佑为代表的澄江针灸学派岭南门人把"科学针灸"传向海外，以韩绍康及其门人弟子为代表的候气针灸法坚持传统针法，以靳瑞为代表的岭南针灸新学派"靳三针疗法"把握针灸前沿，通过临床、科研、教学进行传承。（罗倩、刘小斌）

岭南皮肤病学术流派　地域性中医专科学术派别。指岭南以研究皮肤病的中医诊治为中心的专科学术派别。奠基于古代，萌芽于近现代时期，代表人物有黄汉荣、黄耀燊父子及禤国维。黄汉荣是广州驰名医家，在皮肤病学方面有较深造诣。其子黄耀燊承其学，擅长医治皮肤疮疡、药疹等，认为疑难皮肤病多为血热炽盛、热毒蕴结所致，主张解毒活血凉血，奠定了岭南皮肤病学术流派的基础。国医大师禤国维继承黄氏之学，著有《中医皮肤病临证精粹》，提出从"肾"论治、从"毒"论治皮肤病的"和解法"思想，主要学术理论为"平调阴阳，治病之宗"，临床创解毒法、补肾法、祛湿法等治法，注重外治法在皮肤科的运用。（陈凯佳、刘小斌）

岭南邓氏内科学术流派　地域性中医内科学术流派。指岭南以邓铁涛为学术带头人，以"五脏相关学说"为主要学术观点的中医学术派别。起源于邓铁涛之父邓梦觉，在学术上于伤寒温病无所偏，善治温病和内科杂病。第二代传承人、国医大师邓铁涛，创立中医"五脏相关学说""痰瘀相关学说"，倡导"寒温统一学说"，发展"脾胃学说"，在中医诊断学方面有独到见解，临证尤以内科见长，擅长重症肌无力、冠心病、心衰、高血压、慢性胃炎、肝炎、肝硬化等疾病的诊治，著有《学说探讨与临证》《耕耘集》《邓铁涛医集》等。第三代传承人有邓中光、邓中炎、劳绍贤、刘小斌、邱仕君、吴焕林、邹旭、吴伟、刘凤斌、王清海、冯崇康等60余人。通过嫡系家传、院校教育、师徒传承等方式，培养了大批人才，其中广东省名中医10人，已传至第五代。（陈凯佳、刘小斌）

端州梁氏内科杂病学术流派　又称端州梁氏杂病世家。地域性中医内科学术流派。指广东肇庆以梁剑波为学术带头人，以调理脾胃为主要学术主张的岭南中医学术流派。创于清朝同治年间。创始人梁爵臣，行医于广东肇庆下瑶南安里，善正骨之术；第二代传承人梁凤鸣，设医馆"永福堂"，创立"永福堂凉茶"；第三代传承人梁剑波是核心人物，临床擅长伤寒、温病、杂病、妇儿等科，对慢病快治的研究独具心得，著有《医学津梁》《医述》《中医学讲义》《公众诊所》《内科临床实用治则荟萃》等。在学术上主张不墨守成规，谨守病机，证诸实践，推崇李东垣"脾胃学说"，临床各科但有脾胃见症，即从调理脾胃入手，处以"异病同治"，采用隔一隔二之治法；倡导"方亦不可执一，必要中病为度"。（罗倩、陈凯佳）

端州梁氏杂病世家　见"端州梁氏内科杂病学术流派"。

岭南罗氏妇科学术流派　地域性中医妇科学术流派。指岭南以罗元恺为学术带头人，以"肾气—天癸—冲任—子宫是女性生殖轴"为主要学术观点的中医妇科学术派别。发源于清末，创始人罗棣华，擅长温病与妇科病。第二代传承人罗元恺提出"肾气—天癸—冲任—子宫是女性生殖轴"的观点，创制滋肾育胎丸，并著有《罗元恺医著选》《罗元恺论医集》《罗元恺女科述要》等。第三代传承人罗颂平、张玉珍。罗颂平将岭南罗氏妇科诊法经验和特色灵活应用于生殖健康与生殖障碍的中医药研究，创制"岭南妇科四季膏方"；张玉珍提出以"补肾活血"调治女性生殖障碍性疾病的学术观点。在学术上主张学无偏执，行有定见，首倡中医生殖轴，调经、助孕、安胎一脉相承，脾肾并重，重视岭南温热病与妇科病的关系，反对过用辛燥，善用甘药顾护真阴；擅长以南药、海药治病。通过家族传承、院校教育、师徒传授等多种方式传承，已传至第四代。"岭南罗氏妇科诊法"2018年入选广东省省级非物质文化遗产代表性项目名录扩展项目名录。（罗倩、刘小斌）

岭南蔡氏妇科学术流派　又称粤东蔡氏女科学术流派、大娘巾妇科流派。地域性中医妇科学术流派。清康熙年间，蔡俊心创立卫生馆，开始专门从事妇产科研讨，结合其先祖蔡敏斋在明嘉靖年间所得宫廷妇科秘方及多年行医经验撰写《卫生馆医学秘笈》，并研制祖传药丸，在四百多年的传承中，形成以调和气血、疏肝健脾祛湿补肾为法，用药轻灵的诊疗特色，临证注重脉诊。清光绪年间蔡云衢编有《纂集脉诀全书》，现当代蔡仰高著有《带下病论治》《妊娠脉法和妊娠病疗法》等。祖传药丸主要有宁坤丸、止带丸、调经丸、育胎丸等，因疗效卓著，驰名海内外，经久不衰。以家族传承为主，至今十代。清代至今代表人物有蔡俊心、蔡德先、蔡云衢、蔡仰梅、蔡仰高、蔡焕庭、蔡士烈、蔡远涛、蔡妙珊等。（蓝韶清）

粤东蔡氏女科学术流派　见"岭南蔡氏妇科学术流派"。

大娘巾妇科流派　见"岭南蔡氏妇科学术流派"。

岭南何氏骨伤科学术流派　地域性中医骨伤科学术流派。指岭南以何竹林为学术带头人，以"无创治伤、活血通络"为主要学术观点的骨伤科学术派别。何氏世代业医，第一代何源，第二代何恭泰，第三代何良显。第四代何竹林为流派核心人物，是广东省名老中医，倡导"识其体相、辨清伤情""顺其生机、因势利导""把伤骨看活"的无创治伤理念，强调"以武助医"，手法"刚、柔、迫、直""稳、准、巧"，用药讲究"气通血活，诸患能除"，重视瘀血辨治，创立"何竹林跌打风湿霜"等名药，著有《何竹林正骨医粹》等。何竹林的六个儿子何应华等以及弟子黄宪章、岑泽波等为第五代，传承其学术，产生了诸多岭南骨伤的中坚人物。至今已传至第七代。李主江等绍承何氏骨伤科为主要构成的"西关正骨"2009年入选广东省第三批省级非物质文化遗产项目名录。（陈凯佳、刘小斌）

岭南李氏骨伤科学术流派　地域性中医骨伤科学术流派。指广东佛山以李广海为学术带头人，以"治伤从瘀"为主要学术观点的骨伤科学术派别。源自清代岭南骨科名家李才干。第二代传承人的核心人物李广海，是广东省名老中医，擅长医治骨折筋伤、枪炮弹伤、刀伤、烫火伤等，学术上主张手法从"柔"，注重摸法，确立"治伤从瘀"的原则，内治以"通"为大法，提倡温补，著有《骨折与脱位的治疗》等。第三代传承人有李家达、陈渭良、李家裕等，第四代传承人有钟广玲、元日成等。通过家族传承、院校教育及师徒传授等多种方式传承，已传至第六代。其中广东省名（老）中医达6人。开发了李广海跌打祛风膏、陈渭良伤科油等特色成药，形成了全国名牌专科——佛山市中医院骨科。"佛山伤科正骨"2018年入选广东省省级非物质文化遗产代表性项目名录扩展项目名录。（陈凯佳、刘小斌）

岭南梁氏骨伤科学术流派　地域性中医骨伤科学术流派。指清代以岭南骨伤名家梁财信为创始人，其曾孙梁以庄、玄孙梁匡华为学术传承人的骨伤专科学术派别。梁财信以自制的跌打丸、跌打酒和跌打膏药风行南粤。第二代传承人梁然光，第三代传承人梁秉枢、梁秉端均世其业，第四代传承人梁以庄、第五代传承人梁匡华撰有广东光汉中医专门学校教材《伤科学讲义》。学术上主张将伤科疾病的辨证结合整体观念，特别重视调理气血与经络辨证。不拘泥于经典著作，教导学生"以医学眼光诊断之"，鼓励结合临床经验进行创新。重视受伤局部的望诊，闻与问集中于患者对伤情的体会，注意时间对伤科疾病的影响，注重伤科手法或药物治疗后的护理饮食。以家族传承为主，已传至第六代。（陈凯佳、刘小斌）

岭南林氏正骨推拿学术流派　地域性中医骨伤科学术流派。指岭南以林应强为学术带头人，以筋骨并重、徒手正骨为特点的骨伤科学术派别。产生

于近代广东广州、佛山一带，创始人林应强。林应强崇尚医武同源，提倡将中医整体观融合于脊柱四肢整体观，融合于筋骨肉并重整体观，临证注重气血兼顾，以气为主，充分考虑岭南气候的湿邪特色，做到治病求其本，确立了"整体疗伤、筋骨并重、调和气血"的治疗筋伤原则，运用多种中药方剂如正气理筋液等治疗筋伤。创立多种手法，形成以爆发力为特点的徒手正骨推拿技术。第二代传承人吴山，确立"筋骨力学平衡，调控动态压迫"的治伤原则，创立侧卧定点踩跷法治疗极外侧型腰椎间盘突出症，下肢后伸定点踩跷法治疗骶髂关节错缝。已传至第三代。（罗倩、刘小斌）

岭南管氏骨伤科学术流派　地域性中医骨伤科学术派别。指岭南以管季耀为学术带头人，以内外并重、内治调肝为主要特点的骨伤科学术派别。起源于清代广东佛山，第一代管德裕，第二代管镇乾，第三代管季耀。管季耀著有《伤科学讲义》《救护学讲义》，主张骨伤手法复位轻巧、准确、动静结合，强调伤科内治调肝，重视从血论治、伤科杂治、伤科外治诸法，创制通关散、珠珀膏等多种伤科外治药物，用药轻灵，体现了岭南伤科外治特色。在药物炮制方面颇具特色，熟练运用酒、姜、童便，通过多种炒法等加强临床疗效。第四代传承人管霈民、管铭生为广东省名中医，管霈民撰有《外科学讲义》《花柳科讲义》。以家族传承为主，已传至第五代。（陈凯佳、刘小斌）

岭南蔡氏骨伤科学术流派　地域性中医骨伤科学术流派。指岭南以蔡荣为学术带头人，以重视伤科内治为主要特点的骨伤科学术派别。以清代岭南骨伤名家蔡忠为创始人，创名药"跌打万花油"。第二代传承人蔡景文、梁敦娴、蔡杏林。第三代传承人蔡荣是核心人物，他引入内科的病因病机辨证学说，总结出伤科内治十法与外治十三法，内治强调以"法"统"期"，重视脾胃、肾与命门，骨折整复，动静结合，分步进行，功重于形，所创经验方多数发展为广州中医药大学第一附属医院院内制剂，广泛运用于临床。第四、五代传承人中有多位中医骨伤科界的骨干人物，如第四代传承人陈基长、岑泽波，第五代传承人樊粤光、黄枫为广东省名中医。以院校教育和师徒传承为主，已传至第五代。（陈凯佳、刘小斌）

岭南黎氏儿科学术流派　地域性儿科学术流派。指岭南以黎炳南为学术带头人，以补泻温清并用为特色的儿科学术派别。源起于广东惠州黎德三。第二代传承人黎炳南是核心人物，他是广东省名老中医，著有《黎炳南儿科经验集》《岭南中医儿科名家黎炳南》。第三代传承人黎世明，擅长治疗小儿哮喘、咳嗽、反复呼吸道感染等。结合岭南地域特点和现代生活条件，形成"理重阴阳，治病必求于本；法贵灵活，补泻温清并进；及病则已，两面齐观"的学术特点。临床上善治哮喘、厌食等顽症杂病，组制哮喘二号基本方、厌食基本方等专方。以家族传承、院校教育、师徒传承为主，已传至第四代。（罗倩、陈凯佳）

岭南靳三针学术流派　又称靳三针疗法。地域性针灸科学术流派。指岭南以靳瑞为学术带头人，以靳三针组穴方法为特色的针灸科学术派别。创于20世纪70年代，系统形成于80年代中后期，90年代进入传播推广的鼎盛期，是在创始人靳瑞及其众多弟子共同努力下形成的岭南针灸新学派。结合现代国内外临床研究成果，创立以精选三穴为处方的针灸治疗新体系，在针刺补泻上继承韩氏候气针灸法的理念，以脑病为临床和科研主要方向。著有《三针疗法》《靳三针疗法》《靳瑞针灸传真》等。以院校教育和师徒传承相结合，第三代传承人有赖新生、庄礼兴等广东省名中医，已传至第四代。（罗倩、陈凯佳）

靳三针疗法　见"岭南靳三针学术流派"。

岭南候气针灸学术流派　地域性针灸科学术流派。指岭南以韩绍康为创始人，以重视人迎寸口脉法与"针下八纲"为特点的针灸科学术派别。由岭南针灸名家韩绍康所创，韩氏是广州中医学院针灸学科奠基人之一，重视将人迎寸口脉诊与十二经脉病候"是动所生病者""是动则病"结合一起判别经脉病变，以达分经辨证，指导选穴用药的目的。主张针下候气、针下辨气。"针下八纲"是其学术思想的重要部分，指医者进针后，细心体会针下感觉，辨别针下邪气之有无，正气之虚实，直接指导针下辨气和后面补泻手法的操作。以家族传承、师徒传承、院校教育为主，第二代传承人有韩兼善、黄建业、文介峰等，已传至第三代。（罗倩、陈凯佳）

岭南陈氏针法学术流派　地域性针灸科学术流派。指岭南以陈全新为学术带头人，以"陈氏飞针"和分级补泻为特色的针灸科学术流派。第一代传承人陈宝珊，在广州西关设馆行医。第二代传承人陈锦昌，继承父业，以经络学说循经选穴按摩治疗各科疾病。第三代传承人陈全新，是广东省名中医，创"岭南陈氏飞针法"。第四代传承人陈秀华，总结"飞针"练习四部曲，以"阴阳互济、通调和畅"为主导思想，将"岭南陈氏飞针法""岭南陈氏分级补泻手法""岭南陈氏导

气手法"融为一体形成特色针法体系，著有《临床针灸新编》《岭南陈氏飞针》等。以家族传承、师徒传承、院校教育、工作室传承为主，已传至第五代。"岭南陈氏针法" 2015 年入选广东省省级非物质文化遗产代表性项目名录扩展项目名录。（罗倩、陈凯佳）

澄江针灸学派岭南流派 地域性针灸科学术流派。指澄江针灸学派在岭南传承而形成的针灸科学术流派。澄江针灸学派是以承淡安为学术带头人，以邱茂良、杨甲三、邵经明、陈应龙、曾天治、苏天佑等一众杰出弟子为代表而组成的近代中医学术流派。在岭南的传人较多，有曾天治、卢觉非、卢觉愚、谢永光等，他们的弟子苏天佑、庞中彦等则为第三代传承人。学术特色为引入西说重新解释针灸，立足临床实践针灸"科学化"，以学术提高为导向的学术目标，以承古纳新为视野的学术方法。著有《科学针灸治疗学》《艾灸防痨》《香港针灸专科学院讲义》等。（罗倩、陈凯佳）

骆氏腹诊推拿学术流派 又称骆氏腹诊推拿世家。地域性推拿科学术流派。指骆化南创立、在骆氏家族代系传承的腹诊推拿术学术派别。发源于河北武邑。骆化南继承几近失传的古代腹诊法，并结合多种自创手法，创立了独特的腹诊推拿法。第二代传承人骆俊昌，在重庆行医，开设"骆氏推拿诊所"。第三代传承人骆竞洪，1989 年后在深圳开办"骆竞洪中医推拿专科诊所"。诊断突出腹诊辨证，治疗常用补、温、和、通、消、汗、吐、下"治疗八法"。手法有推、拿、按、摩、捏、揉、搓、摇、引（牵引）、重（包括肘压、膝压、踩法）10 类 62 法，并有全身各部计 300 余种治法。著有《中华推拿医学志——手法源流》《骆竞洪推拿治病百法》《三宝合璧——中药、针灸、推拿治疗常见病、疑难病》等。以家族传承为主，已传至第四代。（罗倩、陈凯佳）

骆氏腹诊推拿世家 见"骆氏腹诊推拿学术流派"。

本草方药

矮地茶 又称矮地菜、矮茶风、矮脚樟、平地木、地青杠、四叶茶、五托香、火炭酸、老勿大、千年不大、千年矮、不出林。中药材。为紫金牛科植物紫金牛 *Ardisia japonica*（Thunb.）Blume 的干燥全草。"紫金牛"之名始载于《本草图经》。主产于广东、广西、湖南、湖北、江西及华东等地。夏、秋季茎叶茂盛时采挖，除去泥沙，干燥。性味辛、微苦，平；归肺、肝经；功能化痰止咳、清利湿热、活血化瘀；主治新久咳嗽、喘满痰多、湿热黄疸、经闭瘀阻、风湿痹痛、跌打损伤等症。（刘中秋、张秋镇）

矮地菜 见"矮地茶"。
矮茶风 见"矮地茶"。
矮脚樟 见"矮地茶"。
平地木 见"矮地茶"。
地青杠 见"矮地茶"。
四叶茶 见"矮地茶"。
五托香 见"矮地茶"。

火炭酸 见"矮地茶"。
老勿大 见"矮地茶"。
千年不大 见"矮地茶"。
千年矮 见"矮地茶"。
不出林 见"矮地茶"。

艾纳香 又称大风艾、牛耳艾、大风叶、紫再枫、大艾、冰片艾、大骨风、打蚊艾、真荆。中药材。为菊科植物艾纳香 *Blumea balsamifera*（L.）DC. 的干燥叶及嫩枝。始载于《本草拾遗》。主产于广西、广东、海南、贵州、云南、台湾等地。夏、秋季采割，晒干。性味辛、微苦，温；归肺、胃、肝经；功能祛风除湿、温中止泻、活血解毒；主治风寒感冒、头风头痛、风湿痹痛、寒湿泻痢、月经不调、痛经、跌打伤痛、湿疹、癣疮、蛇虫咬伤等症。（刘中秋、张秋镇）

大风艾 见"艾纳香"。
牛耳艾 见"艾纳香"。

大风叶 见"艾纳香"。
紫再枫 见"艾纳香"。
大艾 见"艾纳香"。
冰片艾 见"艾纳香"。
大骨风 见"艾纳香"。
打蚊艾 见"艾纳香"。
真荆 见"艾纳香"。

巴戟天 又称巴戟、巴吉天、戟天、鸡肠风、猫肠筋、兔儿肠。中药材。十大广药（广藿香、广佛手、广陈皮、肇庆芡实、连州玉竹、广金钱草、化州橘红、阳春砂仁、德庆巴戟天、德庆何首乌）、四大南药（槟榔、益智仁、砂仁、巴戟天）之一。为茜草科植物巴戟天 *Morinda officinalis* How 的干燥根。始载于《神农本草经》，《中华人民共和国药典》从 1963 年版开始收载。地道产地的最早记载为巴郡（四川阆中），后南移至广东德庆；现主产于广东，以德庆为地道产地，习称德庆巴戟天，在德庆高良建有巴戟天

巴戟天 *Morinda officinalis* How

盐巴戟天

GAP（Good Agricultural Practices）种植基地；2016 年入选《广东省岭南中药材保护条例》首批保护品种名录，保护地为德庆、高要；广西东南部、福建西南部及海南等地亦有野生和栽培。一般在定植 5 年后采收，全年均可采挖，秋、冬季采挖者为佳；采后洗净，除去须根，晒至六七成干，轻轻捶扁，晒干；使用时除去木质根心。性味辛、甘，微温；归肾、肝经；功能补肾阳、强筋骨、祛风湿；主治阳痿遗精、宫冷不孕、月经不调、小腹冷痛、风湿痹痛、筋骨痿软等症。（刘中秋、张秋镇）

巴戟　见"巴戟天"。

巴吉天　见"巴戟天"。

戟天　见"巴戟天"。

鸡肠风　见"巴戟天"。

猫肠筋　见"巴戟天"。

兔儿肠　见"巴戟天"。

白花灯笼　又称苦灯笼、苦丁茶、岗灯笼、鬼灯笼、白花鬼灯笼、灯笼草、红灯笼、鬼点火。中药材。为马鞭草科植物白花灯笼 *Clerodendrum fortunatum* Linn. 的干燥根或全株。"鬼灯笼"之名出自《生草药性备要》，1987 年版《广东省药品标准》以"白花灯笼"之名收载。主产于广东、广西、福建等地。全年可采收，洗净，切段，晒干。性味苦、甘，微寒；归肺、胃、肝经；功能清热解毒、清肺止咳、凉血消肿；主治感冒发热、咽喉肿痛、肺热咳嗽、肺痨咳嗽、骨蒸潮热、衄血、赤痢、疮痈肿毒、瘰疬、跌打损伤等症。在广西作"苦丁茶"用；亦作兽医药用，可治猪瘟。（刘中秋、张秋镇）

苦灯笼　见"白花灯笼"。

苦丁茶　见"白花灯笼"。

岗灯笼　见"白花灯笼"。

鬼灯笼　见"白花灯笼"。

白花鬼灯笼　见"白花灯笼"。

灯笼草　见"白花灯笼"。

红灯笼　见"白花灯笼"。

鬼点火　见"白花灯笼"。

白花蛇舌草　又称蛇舌草、蛇脷草、鹤哥利、千打捶、羊须草。中药材。为茜草科植物白花蛇舌草 *Hedyotis diffusa* Willd. 的干燥全草。始载于《潮州志》。主产于广东、广西、福建等地。夏、秋季采挖，除去杂质，洗净，晒干或鲜用。性味微苦、微甘，微寒；归心、肝、脾经；功能清热解毒、消痈散结、利水消肿；主治咽喉肿痛、肺热喘咳、热淋涩痛、湿热黄疸、毒蛇咬伤、疮肿热痈等症，常用于肿瘤的中医防治。（刘中秋、张秋镇）

蛇舌草　见"白花蛇舌草"。

蛇脷草　见"白花蛇舌草"。

鹤哥利　见"白花蛇舌草"。

千打捶　见"白花蛇舌草"。

羊须草　见"白花蛇舌草"。

半边莲　又称半边菊、顺风旗、单片芽、蛇脷草、蛇利草等。中药材。为桔梗科植物半边莲 *Lobelia chinensis* Lour. 的干燥全草。始载于《滇南本草》。主产于安徽、江苏、浙江、广东、广西、江西、四川等地。夏季采收，除去泥沙，洗净，晒干。性味辛，平；归心、小肠、肺经；功能清热解毒、利尿消肿；主治痈肿疔疮、蛇虫咬伤、臌胀水肿、湿热黄疸、湿疹湿疮等症；善治毒蛇咬伤、蜂蝎刺螫，有"家有半边莲，可以伴蛇眠"之美誉。（刘中秋、张秋镇）

半边菊　见"半边莲"。

顺风旗　见"半边莲"。

单片芽　见"半边莲"。

蛇脷草　见"半边莲"。

蛇利草　见"半边莲"。

槟榔　又称槟榔子、大腹子、宾门、橄榄子、青仔。中药材。四大南药（槟榔、益智仁、砂仁、巴戟天）之一。为棕榈科植物槟榔 *Areca catechu* L. 的干燥成熟种子，被誉为"四大南药"之

槟榔 *Areca catechu* L.

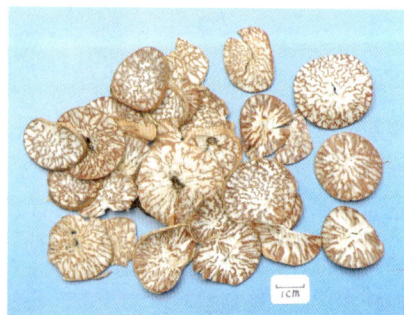

槟榔

首。始载于《药录》。原产于马来西亚，我国福建、台湾、广西、广东、海南、云南等地有栽培，以海南为地道产地，其出产的槟榔产量高、质量好。性味苦、辛，温；归胃、大肠经；功能杀虫消积、降气、行水、截疟；主治绦虫病、蛔虫病、姜片虫病、虫积腹痛、积滞泻痢、里急后重、水肿脚气、疟疾等症；气虚下陷者慎服。（刘中秋、张秋镇）

槟榔子　见"槟榔"。
大腹子　见"槟榔"。
宾门　见"槟榔"。
橄榄子　见"槟榔"。
青仔　见"槟榔"。

荜澄茄　又称山苍子、山胡椒、山苍树子、木姜子、澄茄子、山姜子、臭樟子、赛梓树、臭油果树。中药材。为樟科植物山鸡椒 Litsea cubeba（Lour.）Pers. 的干燥成熟果实。"山苍子""山胡椒"之名出自《滇南本草》，《中华人民共和国药典》从 2010 年版开始以"荜澄茄"之名收载。主产于广东、广西、福建、台湾等地，东南亚各国亦有分布。在果实青色且布有白色点、捻碎有强烈生姜气味时采收，连果枝摘下，晒干，拣去杂质，摘去果柄。性味辛，温；归脾、胃、肾、膀胱经；功能温中散寒、行气止痛；主治胃寒呕逆、脘腹冷痛、寒疝腹痛、寒湿瘀滞、小便浑浊等症；阴虚血分有热、发热咳嗽者禁用。广西习惯在夏季以之煎茶饮用，清暑益气。（刘中秋、张秋镇）

山苍子　见"荜澄茄"。
山胡椒　见"荜澄茄"。
山苍树子　见"荜澄茄"。
木姜子　见"荜澄茄"。
澄茄子　见"荜澄茄"。
山姜子　见"荜澄茄"。

臭樟子　见"荜澄茄"。
赛梓树　见"荜澄茄"。
臭油果树　见"荜澄茄"。

冰糖草　又称野甘草、节节珠、香仪、珠子草、假甘草、土甘草、假枸杞、四时茶、通花草、热雍草。中药材。为玄参科植物野甘草 Scoparia dulcis L. 的干燥全草。"野甘草"之名出自《福建民间草药》。主产于广东、广西、福建、江西、云南等地。全年可采收，洗净，鲜用或晒干。性味甘，凉；归肺、脾、大肠经；功能清热利湿、祛风止痒；主治感冒发热、肺热咳嗽、咽喉肿痛、湿热泄泻、痢疾、小便不利、水肿、脚气、湿疹、痱子等症。（刘中秋、张秋镇）

野甘草　见"冰糖草"。
节节珠　见"冰糖草"。
香仪　见"冰糖草"。
珠子草　见"冰糖草"。
假甘草　见"冰糖草"。
土甘草　见"冰糖草"。
假枸杞　见"冰糖草"。
四时茶　见"冰糖草"。
通花草　见"冰糖草"。
热雍草　见"冰糖草"。

布渣叶　又称破布叶、火布麻、崩补叶、山茶叶、烂布渣。中药材。为椴树科植物破布叶 Microcos paniculata L. 的干燥叶。"破布叶"之名出自《生草药性备要》，《中华人民共和国药典》从 1977 年版开始以"布渣叶"之名收载。主产于广东、海南、云南、广西等地。夏、秋季采收，除去枝梗和杂质，阴干或晒干。性味微酸，凉；归脾、胃经；功能消食化滞、清热利湿；主治饮食积滞、感冒发热、湿热黄疸等症；多用于凉茶配方中。"身无破布叶，莫上梦香船"，古代岭南不法船家常用迷烟和毒水迷昏船客劫

财劫货，以此煎汤服用可立刻解醒。（刘中秋、张秋镇）

破布叶　见"布渣叶"。
火布麻　见"布渣叶"。
崩补叶　见"布渣叶"。
山茶叶　见"布渣叶"。
烂布渣　见"布渣叶"。

草豆蔻　又称豆蔻、漏蔻、草蔻、大草蔻、偶子、草蔻仁、飞雷子、弯子。中药材。为姜科植物草豆蔻 Alpinia katsumadai Hayata 的干燥近成熟种子。"草豆蔻"之名出自《雷公炮炙论》，其植物来源混乱，1957 年被日本木村雄四郎定为 Alpinia katsumadai Hayata，以后一直沿用。主产于广西、广东、海南等地。夏、秋季采收，晒至九成干，或用水略烫，晒至半干，除去果皮，取出种子团，晒干，除去杂质，用时捣碎。性味辛，温；归脾、胃经；功能燥湿健脾、温胃止呕；主治寒湿内阻、脘腹胀满冷痛、嗳气呕逆、不思饮食等症；阴虚血少、津液不足、无寒湿者忌服；可用于 40 余种中成药配方。（刘中秋、张秋镇）

豆蔻　见"草豆蔻"。
漏蔻　见"草豆蔻"。
草蔻　见"草豆蔻"。
大草蔻　见"草豆蔻"。
偶子　见"草豆蔻"。
草蔻仁　见"草豆蔻"。
飞雷子　见"草豆蔻"。
弯子　见"草豆蔻"。

沉香　又称蜜香、沉水香、海南沉香、白木香、土沉香、女儿香、牙香、莞香。中药材。为瑞香科植物白木香 Aquilaria sinensis（Lour.）Gilg 含有树脂的木材。始载于《名医别录》；白木香在唐朝已传入广东，宋朝在广东普遍种植，主要集中在广东东莞，故名

白木香 *Aquilaria sinensis*（Lour.）Gilg

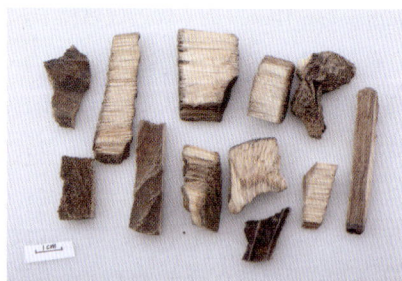

沉香

莞香；传统以海南出产的为地道药材，故又名海南沉香。主产于海南、广东、广西等地，广东主产于东莞、中山、茂名等地，茂名电白建有白木香（沉香）GAP 种植基地，东莞设有莞香非物质文化遗产保护园。2016 年入选《广东省岭南中药材保护条例》首批保护品种名录，保护地东莞、中山、茂名、惠州、揭阳等地。全年可采收，割取含树脂的木材，除去不含树脂的部分，阴干。性味辛、苦，温；归脾、胃、肾经；功能行气止痛、温中止呕、纳气平喘；主治胸腹胀闷疼痛、胃寒呕吐呃逆、肾虚气逆喘急等症；阴亏火旺、气虚下陷者慎服。曾被列入"十大广药"。参见第 1176 页对外贸易卷"沉香"条。（刘中秋、张秋镇）

蜜香　见"沉香"。

沉水香　见"沉香"。

海南沉香　见"沉香"。

白木香　见"沉香"。

土沉香　见"沉香"。

女儿香　见"沉香"。

牙香　见"沉香"。

莞香　见"沉香"。

穿心莲　又称春莲秋柳、一见喜、榄核莲、苦胆草、斩蛇剑、圆锥须药草、日行千里、四方莲、金香草、金耳钩、印度草、苦草。中药材。为爵床科植物穿心莲 *Andrographis paniculata*（Burm. F.）Nees 的干燥地上部分。原产于印度、斯里兰卡、泰国、印度尼西亚、马来西亚、菲律宾等热带国家，被广泛用来治疗肝炎、呼吸道和胃肠道感染等疾病；在 20 世纪中叶传入中国，最早记载于 1962 年出版的《泉州本草》。主产于我国广西、福建、广东、云南等地，广西是主要产地，产量约占全国总产量的一半；广东英德大湾镇建有穿心莲 GAP 种植基地。在播种当年 9—10 月茎叶茂盛时采割，晒干。性味苦，寒；归心、肺、大肠、膀胱经；功能清热解毒、凉血、消肿；主治感冒发热、咽喉肿痛、口舌生疮、顿咳劳嗽、泄泻痢疾、热淋涩痛、痈肿疮疡、毒蛇咬伤等症；阳虚证及脾胃弱者慎服。（刘中秋、张秋镇）

春莲秋柳　见"穿心莲"。

一见喜　见"穿心莲"

榄核莲　见"穿心莲"

苦胆草　见"穿心莲"

斩蛇剑　见"穿心莲"

圆锥须药草　见"穿心莲"

日行千里　见"穿心莲"

四方莲　见"穿心莲"

金香草　见"穿心莲"

金耳钩　见"穿心莲"

印度草　见"穿心莲"

苦草　见"穿心莲"

大风子　又称大枫子、麻风子、驱虫大风子。中药材。为大风子科植物大风子 *Hydnocarpus anthelmintica* Pierre 或海南大风子 *Hydnocarpus hainanensis*（Merr.）Sleum. 的干燥成熟种子。始载于《本草衍义补遗》。原产于东南亚地区和印度等国，我国台湾、海南及云南等地有栽培；海南大风子主产于海南、广西等地。夏季采收成熟果实，取出种子，洗净，晒干。性味辛、热，有毒；归肝、肾、脾经；功能祛风燥湿、攻毒杀虫；主治麻风、疥癣、恶疮、梅毒、风湿痛、牛皮癣及其他皮肤炎症等，为治麻风病专用药；以外用为主，内服宜慎，阴虚血热者忌服。（张秋镇）

大枫子　见"大风子"。

麻风子　见"大风子"。

驱虫大风子　见"大风子"。

地胆草　又称地胆头、苦地胆、磨地胆、草鞋底、地枇杷、铺地娘、铁扫帚、铁灯柱、地苦胆、土蒲公英。中药材。为菊科植物地胆草 *Elephantopus scaber* L. 的干燥全草。始载于《庚辛玉册》。主产于广东、广西和福建等地。夏、秋季花期前采挖，洗净，晒干。性味苦、辛，寒；归肺、肝、肾经；功能清热泻火、凉血解毒、清热利湿；主治感冒发热、咽喉肿痛、肺热咳嗽、顿咳、目赤肿痛、痢疾、湿热黄疸、内热消渴、水肿尿少、腹水臌胀、月经不调、带下、痈疮肿毒、湿疹、蛇虫咬伤等症。其根具有独特香味及功效，我国南方地区多用作煲汤食材。（张秋镇）

地胆头　见"地胆草"。

苦地胆　见"地胆草"。

磨地胆　见"地胆草"。

草鞋底　见"地胆草"。

地枇杷　见"地胆草"。

铺地娘　见"地胆草"。

铁扫帚　见"地胆草"。

铁灯柱 见"地胆草"。

地苦胆 见"地胆草"。

土蒲公英 见"地胆草"。

地稔 又称山地稔、铺地锦、地茶、地茄、地蒲。中药材。为野牡丹科植物地茶 *Melastoma dodecandrum* Lour. 的干燥全草。"山地稔"之名始载于《生草药性备要》。主产于广东、广西、福建、四川、湖南、湖北、江西、浙江等地。全年可采收，洗净，晒干。性味甘、酸、涩、凉；归肝、脾、胃、大肠经；功能清热化湿、祛瘀止痛；主治痛经、产后腹痛、崩漏带下、痢疾便血、痈肿疔疮等症；孕妇慎服。其果实可食用，亦可酿酒；根可解木薯中毒；全株鲜品捣碎外敷可治疮、痈、疽、疖。（张秋镇）

山地稔 见"地稔"。

铺地锦 见"地稔"。

地茶 见"地稔"。

地茄 见"地稔"。

地蒲 见"地稔"。

东风桔 又称东风橘、酒饼簕、狗骨簕、半天钓、假花椒、酒饼药。中药材。为芸香科植物酒饼簕 *Atalantia buxifolia* (Poir.) Oliv. 的干燥根及茎。"东风橘"之名出自《岭南采药录》，《广东省中药材质量标准》以"东风桔"之名收载。主产于广东、海南、广西、台湾。全年可采收，洗净，切片，干燥。性味辛、苦，微温；归肺、胃、脾经；功能祛风解表、化痰止咳、理气止痛；主治感冒头痛、痰湿气滞、脘腹胀痛、咳嗽、风湿痹痛、疟疾等症。（张秋镇）

东风橘 见"东风桔"。

酒饼簕 见"东风桔"。

狗骨簕 见"东风桔"。

半天钓 见"东风桔"。

假花椒 见"东风桔"。

酒饼药 见"东风桔"。

冬虫夏草繁育品 又称繁育虫草。中药材。为模拟原生态条件下麦角菌科真菌冬虫夏草菌 *Cordyceps sinensis* (Berk.) Sacc. 寄生在蝙蝠蛾科昆虫幼虫上的子座和幼虫尸体的新鲜或干燥的复合体。在《中药材保护和发展规划（2015—2020 年）》的重点建设项目"冬虫夏草濒危稀缺中药材繁育基地"中，被国家中医药管理局冬虫夏草繁育与产品研发重点研究室成功研发，逐渐成为广东习用的品种。主产于广东、西藏、湖北等地。全年可采收，子座出土、子囊鞘未形成时挖取，鲜用者除去泥土及似纤维状的附着物；干用者采收后，除去杂质，冷冻干燥。性味甘、平；归肺、肾经；功能补肾益肺、止血化痰。主治肾虚精亏、阳痿遗精、腰膝酸痛、久咳虚喘、劳嗽咯血等症。（张秋镇）

繁育虫草 见"冬虫夏草繁育品"。

豆蔻 又称白豆蔻、多骨、壳蔻、白蔻、圆豆蔻、扣米。中药材。为姜科植物白豆蔻 *Amomum kravanh* Pierre ex Gagnep. 或爪哇白豆蔻 *Amomum compactum* Solander ex Maton 的干燥成熟果实。按产地不同分为"原豆蔻"和"印尼白蔻"。"白豆蔻"之名始载于《开宝本草》，因花果白色、形似"草豆蔻"，故名白豆蔻。白豆蔻主产于泰国，爪哇白豆蔻主产于印度尼西亚，20 世纪 70 年代，我国在海南、云南西双版纳等地成功引种栽培白豆蔻和爪哇白豆蔻。7—8 月果实成熟时，剪下果穗，晒干或烤干。性味辛，温；归肺、脾、胃经；功能化湿行气、温中止呕、开胃消食；主治湿浊中阻、不思饮食、湿温初起、胸闷不饥、寒湿呕逆、胸腹胀痛、食

积不化等症；阴虚血燥者禁服。（张秋镇）

白豆蔻 见"豆蔻"。

多骨 见"豆蔻"。

壳蔻 见"豆蔻"。

白蔻 见"豆蔻"。

圆豆蔻 见"豆蔻"。

扣米 见"豆蔻"。

独脚金 又称独脚疳、独脚柑、细独脚马骝、地丁草、疳积草。中药材。为玄参科植物独脚金 *Striga asiatica* (L.) O.Kuntze 的干燥全草。"独脚柑"之名始载于《生草药性备要》，《广东省中药材质量标准》以"独脚金"之名收载。主产于广东、广西、贵州、福建、台湾等地。夏、秋季采收，洗净，晒干。性味甘、平；归肝、脾、肾经；功能健脾、平肝消积、清热利尿。主治小儿伤食、疳积、小便不利等症。在广东，常配猪横脷、猪胰炖汤，治疗小儿食滞疳积。（张秋镇）

独脚疳 见"独脚金"。

独脚柑 见"独脚金"。

细独脚马骝 见"独脚金"。

地丁草 见"独脚金"。

疳积草 见"独脚金"。

番泻叶 又称牒那叶、泻叶、泡竹叶。中药材。为豆科植物狭叶番泻 *Cassia angustifolia* Vahl 或尖叶番泻 *Cassia acutifolia* Delile 的干燥小叶。出自《饮片新参》。原产于印度、埃及等地，我国广东、海南、云南、台湾等地有引种栽培，市场主流商品为"印度番泻叶"。性味甘、苦，寒；归大肠经；功能泻热行滞，通便，利水；主治热结积滞、便秘腹痛、水肿胀满等症；体虚者及孕妇忌服，中寒泄泻者忌用。（张秋镇）

旃那叶　见"番泻叶"。

泻叶　见"番泻叶"。

泡竹叶　见"番泻叶"。

积雪草　又称老公根、葵蓬菜、崩口碗、崩大碗、雷公碗、铜钱草、跳破碗。中药材。为伞形科植物积雪草 Centella asiatica（L.）Urb. 的干燥全草。始载于《神农本草经》。主产于广东、广西、四川、江苏、浙江、江西、福建、湖南等地。夏、秋季采收，除去泥沙，晒干。性味苦、辛，寒；归肝、脾、肾经；功能清热利湿、解毒消肿；主治湿热黄疸、中暑腹泻、石淋血淋、痈肿疮毒、跌扑损伤等症；脾胃虚寒者慎服。（张秋镇）

老公根　见"积雪草"。

葵蓬菜　见"积雪草"。

崩口碗　见"积雪草"。

崩大碗　见"积雪草"。

雷公碗　见"积雪草"。

铜钱草　见"积雪草"。

跳破碗　见"积雪草"。

岗梅根　又称百解、土甘草、秤杆根、盆包银、点秤根、天星根、七星薳、山梅根。中药材。为冬青科植物梅叶冬青 Ilex asprella（Hook. et Arn.）Champ.ex Benth. 的干燥根。始载于《生草药性备要》。主产于广东、福建、江西、台湾、湖南、广西等地；广东平远、和平建有岗梅 GAP 种植基地。秋、冬季采挖，晒干，或切片晒干。性味苦、甘，寒；归肺、肝、大肠经；功能清热、生津、活血、解毒；主治感冒、头痛眩晕、热病燥渴、痧气、热泻、肺痈、咳血、喉痛、痔血、淋病、痈毒、跌打损伤等症；脾胃虚寒者、孕妇慎用。在岭南，常被用于煲制凉茶。（张秋镇）

百解　见"岗梅根"。

土甘草　见"岗梅根"。

秤杆根　见"岗梅根"。

盆包银　见"岗梅根"。

点秤根　见"岗梅根"。

天星根　见"岗梅根"。

七星薳　见"岗梅根"。

山梅根　见"岗梅根"。

高良姜　又称膏凉姜、良姜、蛮姜、佛手根、小良姜、海良姜。中药材。为姜科植物高良姜 Alpinia officinarum Hance 的干燥根茎。始载于《名医别录》。主产于广东，以徐闻为地道产地，在徐闻龙塘镇建有高良姜 GAP 种植基地。性味辛，热；归脾、胃经；功能温胃散寒、消食止痛；主治脘腹冷痛、胃寒呕吐、嗳气吞酸等症；阴虚血热者忌服。在广东，常被用作调味料、香料、药酒原料及驱虫剂等。曾被列入"十大广药"。（张秋镇）

高良姜 *Alpinia officinarum* Hance

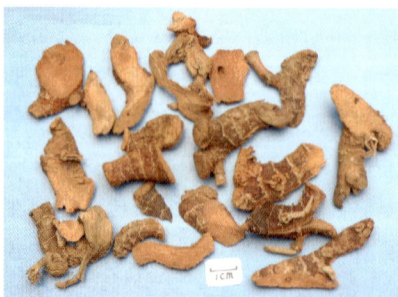

高良姜

膏凉姜　见"高良姜"。

良姜　见"高良姜"。

蛮姜　见"高良姜"。

佛手根　见"高良姜"。

小良姜　见"高良姜"。

海良姜　见"高良姜"。

钩吻　又称钩挽、大茶药、断肠草、野葛、冶葛、胡蔓藤、胡蔓草、黄藤、大炮叶。中药材。为马钱科植物钩吻 Gelsemium elegans（Gardn. et Champ.）Benth. 的干燥根和茎。始载于《神农本草经》。主产于浙江、福建、广东、广西、湖南、贵州、云南等地。全年可采收，除去泥沙及杂质，洗净，干燥，或切段后干燥。性味辛、苦，温，有大毒；归脾、胃、大肠、肝经；功能消肿拔毒、祛风止痛、杀虫止痒；主治痈肿、瘰疬、肿瘤、跌打损伤、疔疮疥癞、湿疹等症；因有剧毒，多外用。在华南地区，常被用作兽医草药，对猪、牛、羊有驱虫长膘功效；亦可被用作农药，防治水稻螟虫。（张秋镇）

钩挽　见"钩吻"。

大茶药　见"钩吻"。

断肠草　见"钩吻"。

野葛　见"钩吻"。

冶葛　见"钩吻"。

葫蔓藤　见"钩吻"。

胡蔓草　见"钩吻"。

黄藤　见"钩吻"。

大炮叶　见"钩吻"。

狗肝菜　又称路边青、青蛇仔、金龙棒、野辣椒、梨根青、青蛇、麦穗红、羊肝菜。中药材。为爵床科植物狗肝菜 Dicliptera chinensis（L.）Juss. 的干燥全草。始载于《岭南采药录》。主产于广东、广西、福建、台湾等地。夏、秋季采收，洗净，干燥。性味甘、苦，微寒；归肝、小肠经；功能清热解毒、凉血止血、生津、利尿；主治感冒发热、暑热烦渴、乳蛾、疔疮、便血、尿血、小便不利等症；有寒证者慎用。因散热力强，凡

热气盛、肝火旺，服之有效，有"本地羚羊"之美称。在岭南，常配猪肉煲汤服用。（张秋镇）

路边青　见"狗肝菜"。

青蛇仔　见"狗肝菜"。

金龙棒　见"狗肝菜"。

野辣椒　见"狗肝菜"。

梨根青　见"狗肝菜"。

青蛇　见"狗肝菜"。

麦穗红　见"狗肝菜"。

羊肝菜　见"狗肝菜"。

广陈皮　又称冈州红皮、新会柑皮、果皮、真橘皮、真陈皮、广皮、广橘皮、新会皮。中药材。十大广药（广藿香、广佛手、广陈皮、肇庆芡实、连州玉竹、广金钱草、化州橘红、阳春砂仁、德庆巴戟天、德庆何首乌）之一。为芸香科植物茶枝柑 Citrus reticulata 'Chachiensis' 的干燥成熟果皮，属于药食两用之品，享有"千年人参，百年陈皮""一两陈皮一两金，百年陈皮赛黄金"的美誉，被尊为"广东三宝"。"广陈皮"之名始载于《山居四要》；茶枝柑作为橘 Citrus reticulata Blanco 的栽培变种被《中华人民共和国药典》载入"陈皮"项下。

茶枝柑 Citrus reticulata 'Chachiensis'

广陈皮

主产于广东，以新会为地道产地。2016 年入选《广东省岭南中药材保护条例》首批保护品种名录，保护地新会。在 10—12 月采摘近成熟或成熟果实（一般在 10 月份采摘，剥出的皮叫"微红皮"；在 11 月份采摘，剥出的皮叫"二红皮"；在 11 月底到冬至采摘，剥出的皮叫"大红皮"），用两刀法或三刀法剥取果皮，晒干或低温干燥，在室温条件下至少陈化三年。性味苦、辛，温；归肺、脾经；功能理气健脾、燥湿化痰；主治胸脘胀满、食少吐泻、咳嗽痰多等症；气虚证、阴虚燥咳、吐血证及舌赤少津，内有实热者慎服。参见第 960 页饮食卷"新会陈皮"条、第 1227 页华侨·侨乡卷"新会陈皮"条。（张秋镇）

广地丁　又称华南地丁、龙胆地丁、紫花地丁、地丁、海地丁、小金瓜管、土地莲、一见莲、蓝花草、土地丁。中药材。为龙胆科植物华南龙胆 Gentiana loureirii（G. Don）Griseb. 的干燥全草。出自《广州空军〈常用中草药手册〉》。春、夏季花开时采收，除去杂质，晒干。主产于广西、广东、福建、台湾、江西、湖南、浙江等地。性味苦，寒；归肝、脾经；功能清热利湿、解毒消痈；主治肝炎、痢疾、小儿发热、咽喉肿痛、白带、血尿、阑尾炎、疮疡肿毒、瘰疬等症。（张秋镇）

华南地丁　见"广地丁"。

龙胆地丁　见"广地丁"。

紫花地丁　见"广地丁"。

地丁　见"广地丁"。

海地丁　见"广地丁"。

小金瓜管　见"广地丁"。

土地莲　见"广地丁"。

一见莲　见"广地丁"。

蓝花草　见"广地丁"。

土地丁　见"广地丁"。

广地龙　中药材。为巨蚓科动物参环毛蚓 Pheretima aspergillum（E. Perrier）的干燥体。作为"地龙"的一种，被《中华人民共和国药典》收载于"地龙"项下。"地龙"作为药物始载于《神农本草经》，名白颈蚯蚓。"地龙"之名称始载于《图经本草》。主产于广东、广西、福建等地，广东博罗建有广地龙 GAP 基地。春季至秋季捕捉，及时剖开腹部，除去内脏和泥沙，洗净，晒干或低温干燥。性味咸，寒；归肝、脾、膀胱经；功能清热定惊、通络、平喘、利尿；主治高热神昏、惊痫抽搐、关节痹痛、肢体麻木、半身不遂、肺热喘咳、尿少水肿、高血压等症；脾胃虚寒者不宜服，孕妇禁服。曾被列入"十大广药"。（张秋镇）

广东海风藤　又称大饭团、风藤、大风沙藤、大钻骨风、过山龙藤、冷饭团、地血香。中药材。为木兰科植物异形南五味子 Kadsura heteroclita（Roxb.）Craib 的干燥藤茎。因与中药材海风藤的功效相似，在广东作为"海风藤"入药，《广东省中药材质量标准》以"广东海风藤"之名收载。主产于广东、海南、广西、四川、云南、贵州等地，马来西亚、斯里兰卡亦有分布。全年可采收，砍取较老藤茎，刮去栓皮，洗净，切片，晒干。性味微苦、辛，温；归肝、脾经；功能祛风通络、行气止痛；主治风湿痹痛、关节不利、筋脉拘挛、腰膝疼痛、跌打损伤等症。（张秋镇）

大饭团　见"广东海风藤"。

风藤　见"广东海风藤"。

大风沙藤　见"广东海风藤"。

大钻骨风　见"广东海风藤"。

过山龙藤　见"广东海风藤"。

冷饭团　见"广东海风藤"。

地血香　见"广东海风藤"。

广东合欢花 又称合欢花、夜香木兰、夜合花。中药材。为木兰科植物夜香木兰 *Magnolia coco*（Lour.）DC. Syst. 的干燥花。"夜合花"之名始载于《植物名实图考》；因与中药材合欢花的功效相似，《广东中药》以"合欢花"之名收载，《广东省中药材质量标准》以"广东合欢花"之名收载。主产于广东、浙江、福建、台湾、广西、云南等地。5—6月采摘，晒干。性味甘、平；归心、肝经；功能解郁安神、行气祛瘀、活血止痛；主治愤怒忧郁之失眠、虚寒（烦）不安、肝郁胁痛、乳房胀痛、跌打损伤、症瘕、白带过多等症。（张秋镇）

合欢花 见"广东合欢花"。
夜香木兰 见"广东合欢花"。
夜合花 见"广东合欢花"。

广东络石藤 又称络石藤、穿根藤、拎壁龙、松筋藤、风不动藤、蜈蚣藤、上树龙。中药材。为茜草科植物蔓九节 *Psychotria serpens* L. 的干燥带叶藤茎。"蔓九节"之名始载于《中国高等植物图鉴》；因与中药材络石藤的功效相似，在广东作"络石藤"使用，《广东中药志》以"广东络石藤"之名收载。主产于广东、海南、广西、福建、台湾、浙江等地。全年可采收，割取带叶藤茎，除去泥沙，洗净，切段，干燥。性味涩、微甘、微温；归心、肝、肾经；功能祛风止痛、舒筋活络；主治风湿性关节炎、腰腿疼痛、四肢酸痛、跌打损伤、疖积等症。（张秋镇）

络石藤 见"广东络石藤"。
穿根藤 见"广东络石藤"。
拎壁龙 见"广东络石藤"。
松筋藤 见"广东络石藤"。
风不动藤 见"广东络石藤"。
蜈蚣藤 见"广东络石藤"。

上树龙 见"广东络石藤"。

广东商陆 又称樟柳头、闭鞘姜、广商陆、白石笋、观音姜。中药材。为姜科植物闭鞘姜 *Costus speciosus*（Koen.）Smith 的干燥根茎。"樟柳头"之名出自《生草药性备要》；因与中药材商陆的功效相似，在岭南作商陆用，《岭南草药志》以"广东商陆"之名收载。主产于广东、广西、台湾、云南等地。全年可采收，以秋季为佳；采挖根茎，去净须根、茎叶、泥沙，晒干或切片晒干。性味辛，寒，有毒；归肾经；功能利水消肿、清热解毒；主治水肿、淋症、白浊、痈肿恶疮等症；孕妇及脾胃虚弱者禁服。（张秋镇）

樟柳头 见"广东商陆"。
闭鞘姜 见"广东商陆"。
广商陆 见"广东商陆"。
白石笋 见"广东商陆"。
观音姜 见"广东商陆"。

广东土牛膝 又称鱼鳞菜、六月霜、六月雪、多须公、土牛膝、白头翁、斑骨相思、白花姜、秤杆草、野升麻、白须公、对叶蒿、飞机草。中药材。为菊科植物华泽兰 *Eupatorium chinense* L. 的干燥根。出自《广州空军〈常用中草药手册〉》。主产于广东、广西、海南、浙江、福建、安徽、湖北、湖南、云南、四川、贵州等地。秋季采挖，洗净，干燥。性味苦、甘、寒、有毒；归肺、肝经；功能清热解毒、凉血利咽；主治白喉、咽喉肿痛、感冒高热、麻疹热毒、肺热咳嗽、外伤肿痛、毒蛇咬伤等症；孕妇忌服。（张秋镇）

鱼鳞菜 见"广东土牛膝"。
六月霜 见"广东土牛膝"。
六月雪 见"广东土牛膝"。
多须公 见"广东土牛膝"。

土牛膝 见"广东土牛膝"。
白头翁 见"广东土牛膝"。
斑骨相思 见"广东土牛膝"。
白花姜 见"广东土牛膝"。
秤杆草 见"广东土牛膝"。
野升麻 见"广东土牛膝"。
白须公 见"广东土牛膝"。
对叶蒿 见"广东土牛膝"。
飞机草 见"广东土牛膝"。

广东王不留行 又称牡赞、薜荔果、木莲、鬼馒头、凉粉果、冰粉子、木馒头、膨泡子、乒抛子。中药材。为桑科植物薜荔 *Ficus pumila* L. 的干燥隐头花序托。"薜荔"之名始载于《本草纲目拾遗》；因与中药材王不留行的功效相似，在广东作王不留行使用，《广东省中药材质量标准》以"广东王不留行"之名收载。主产于广东、广西、福建、浙江、江苏、四川、湖南、江西等地，日本、越南、印度也有分布。秋季采收，摘取近成熟的隐头花序托，稍烫，纵切成2—4瓣，除去瘦果，晒干。性味甘、微涩，平；归胃、肝、大肠经；功能祛风利湿、活血解毒；主治风湿痹痛、泻痢、淋病、跌打损伤、痈肿疮疖等症。在岭南，常用于制作凉粉。（张秋镇）

牡赞 见"广东王不留行"。
薜荔果 见"广东王不留行"。
木莲 见"广东王不留行"。
鬼馒头 见"广东王不留行"。
凉粉果 见"广东王不留行"。
冰粉子 见"广东王不留行"。
木馒头 见"广东王不留行"。
膨泡子 见"广东王不留行"。
乒抛子 见"广东王不留行"。

广东紫荆皮 又称油甘木皮、油甘树皮、紫金皮。中药材。为大戟科植物余甘子 *Phyllanthus emblica* L. 的干燥树皮。余甘子以"庵摩勒"之名始载于

《南方草木状》；余甘子树皮在广东历来习惯作中药材紫荆皮使用，《广东省中药材质量标准》以"广东紫荆皮"之名收载。主产于广东、福建、海南、广西、四川、贵州、云南等地。全年可采收，剥取树皮，洗净，切片或段，干燥。性味甘、涩，微寒；归肺、大肠经；功能清热利湿，祛风止痒；主治水湿泄泻等症，外用治皮肤瘙痒、湿疹等症。（张秋镇）

油甘木皮 见"广东紫荆皮"。
油甘树皮 见"广东紫荆皮"。
紫金皮 见"广东紫荆皮"。

广豆根 又称山豆根、山大豆根、黄结、苦豆根、南豆根。中药材。为豆科植物越南槐（又称柔枝槐）*Sophora tonkinensis* Gagnep. 的干燥根和根茎。"山豆根"之名始载于《开宝本草》，历代本草记载的山豆根的植物来源包括越南槐和防己科植物蝙蝠葛 *Menispermum dauricum* DC.（1977 年版《中华人民共和国药典》收载为"北豆根"）等 20 余种，越南槐主产于广西且其药材作中药材山豆根使用，1959 年版《中药志》以"广豆根"之名收载，1963 年《中华人民共和国药典》以"广豆根"之名收载。主产于广西。秋季采挖，除去杂质，洗净，干燥。性味苦、寒，有毒；归肺、胃经；功能清热解毒，消肿利咽；主治火毒蕴结、乳蛾喉痹、咽喉肿痛、齿龈肿痛、口舌生疮等症，为治喉痛要药。（张秋镇）

山豆根 见"广豆根"。
山大豆根 见"广豆根"。
黄结 见"广豆根"。
苦豆根 见"广豆根"。
南豆根 见"广豆根"。

广防风 又称落马衣、马衣叶、防风草、土防风、假紫苏、秽草、排风草、土藿香。中药材。为唇形科植物广防风 *Anisomeles indica*（L.）Kuntze 的地上部分。"落马衣"之名出自《生草药性备要》，"广防风"之名出自《种子植物名称》。主产于广东、广西、福建等地。夏、秋季采割，除去杂质，洗净，干燥。性味辛、苦，平；归膀胱、肝、肾经；功能祛风湿、消疮毒；主治感冒发热、风湿痹痛、痈肿疮毒、皮肤湿疹、虫蛇咬伤等症。（张秋镇）

落马衣 见"广防风"。
马衣叶 见"广防风"。
防风草 见"广防风"。
土防风 见"广防风"。
假紫苏 见"广防风"。
秽草 见"广防风"。
排风草 见"广防风"。
土藿香 见"广防风"。

广防己 又称木防己、防己、水防己、百解头、藤防己、墨蛇胆。中药材。为马兜铃科植物广防己 *Aristolochia fangchi* Y. C. Wu ex L. D. Chow et S. M. Hwang 的干燥根。出自《药物出产辨》。主产于广东、广西等地。种植 4—5 年后可采挖，秋、冬季挖取根部，去细根，洗净，刮去栓皮层，截成 10—15 厘米的小段，粗大者可劈开两半，晒干或烘干。性味苦、辛，寒；归膀胱、肺经；功能祛风止痛、清热利水；主治湿热身痛、风湿痹痛、下肢水肿、小便不利等症。因其含有肾毒性较强的"马兜铃酸"，2004 年国家食品药品监督管理局发文取消其药用标准。（张秋镇）

木防己 见"广防己"。
防己 见"广防己"。
水防己 见"广防己"。
百解头 见"广防己"。
藤防己 见"广防己"。

墨蛇胆 见"广防己"。

佛手（广佛手） 又称佛手香橼、蜜筒柑、蜜萝柑、福寿柑、五指柑。中药材。十大广药（广藿香、广佛手、广陈皮、肇庆芡实、连州玉竹、广金钱草、化州橘红、阳春砂仁、德庆巴戟天、德庆何首乌）之一。为芸香科植物佛手 *Citrus medica* L. var. *sarcodactylis*（Noot.）Swingle 的干燥成熟果实。"佛手"之名出自《吴氏中馈录》，集药用和观赏于一体，有"果中之仙品，世上之奇卉"之称；原产于印度，后传入我国，主产于浙江、四川、云南、江西、福建、广东、广西等地，按产地分为浙佛手、川佛手、闽佛手和广佛手等。广佛手主产于广东肇庆、云浮及广西部分地区，以肇庆高要为地道产地，2002 年在德庆武垄建有广佛手 GAP 种植基地，2016 年入选《广东省岭南中药材保护条例》首批保护品种名录，保护地为肇庆。栽培 3 年后开始结果，每年开花 2 次：第一次花期在立春至清明期间，果实小，习称"果仔"；第二次花期在立夏前后。果期在 9—10 月，果实大而

佛手 *Citrus medica* L. var. *sarcodactylis*（Noot.）Swingle

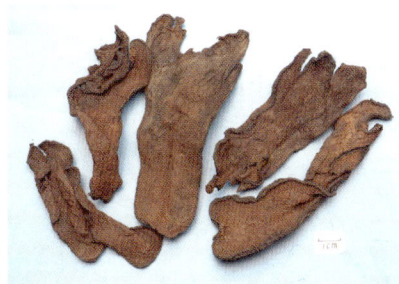

广佛手

多，中秋节前后当果皮转微黄色时采收，鲜果纵刨成掌状薄片，及时晒干或低温烘干。性味辛、苦、酸、温；归肝、脾、胃、肺经；功能疏肝理气、和胃止痛、燥湿化痰；主治肝胃气滞、胸胁胀痛、胃脘痞满、食少呕吐、咳嗽痰多等症；阴虚有火、无气滞症状者慎服。（张秋镇）

佛手香橼　见"佛手（广佛手）"。
蜜筒柑　见"佛手（广佛手）"。
蜜萝柑　见"佛手（广佛手）"。
福寿柑　见"佛手（广佛手）"。
五指柑　见"佛手（广佛手）"。

广藿香　又称石牌广藿香、石牌藿香、牌香、藿香、南藿香、海南广藿香、枝香。中药材。十大广药（广藿香、广佛手、广陈皮、肇庆芡实、连州玉竹、广金钱草、化州橘红、阳春砂仁、德庆巴戟天、德庆何首乌）之一。为唇形科植物广藿香 *Pogostemon cablin*（Blanco）Benth. 的干燥地上部分，按产地不同分石牌广藿香与海南广藿香。

广藿香 *Pogostemon cablin*（Blanco）Benth.

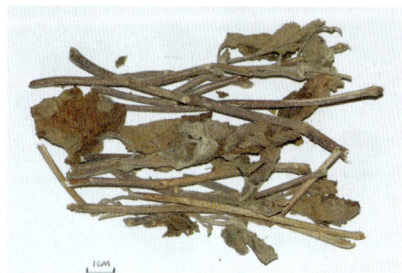

广藿香

"藿香"之名始载于《异物志》，最早药用记载见于《嘉祐本草》。原产于菲律宾、印度和马来西亚，我国广东、广西及海南有栽培，主产于广东广州、肇庆、湛江、茂名及海南琼海等地；2002 年在广州萝岗建有广藿香（石牌广藿香）GAP 种植基地；2016 年入选《广东省岭南中药材保护条例》首批保护品种名录，保护地为湛江、肇庆。水田栽培 6—8 月收割，坡地栽培 8—11 月收割，连根拔起或留宿根分期收割；采收后，日间暴晒、夜晚堆闷，如此反复直至全干。性味辛，微温；归脾、胃、肺经；功能芳香化浊、开胃止呕、发表解暑；主治湿浊中阻、脘痞呕吐、暑湿倦怠、胸闷不舒、寒湿闭暑、腹痛吐泻、鼻渊头痛等症；阴虚者忌服。可提取名贵香料"广藿香精油"，用作香水和化妆品用香精的定香剂，还可用作牙膏、香皂、杀虫剂等日常生活用品的生产配料。（张秋镇）

石牌广藿香　见"广藿香"。
石牌藿香　见"广藿香"。
牌香　见"广藿香"。
藿香　见"广藿香"。
南藿香　见"广藿香"。
海南广藿香　见"广藿香"。
枝香　见"广藿香"。

广金钱草　又称龙鳞草、广东金钱草、金钱草、假花生、马蹄香、银蹄草、落地金钱、铜钱草。中药材。十大广药（广藿香、广佛手、广陈皮、肇庆芡实、连州玉竹、广金钱草、化州橘红、阳春砂仁、德庆巴戟天、德庆何首乌）之一。为豆科植物广金钱草 *Desmodium styracifolium*（Osbeck.）Merr. 的干燥地上部分。"龙鳞草"之名始载于《岭南采药录》；因与中药材金钱草的功效相似，在广东作"金钱草"入药，《岭南草药志》最早以

"广东金钱草"之名将其收载，1977 年版《中华人民共和国药典》以"广金钱草"之名收载，为广东 20 世纪新形成的地道药材。主产于广东、广西、湖南、福建、四川、云南等地，广东主产于广州、东莞、深圳、惠州、梅州等地，梅州平远建有广金钱草 GAP 种植基地。夏、秋季采割，除去杂质，晒干。性味甘、淡，凉；归肝、肾、膀胱经；功能利湿退黄，利尿通淋；主治黄疸尿赤、热淋、石淋、小便涩痛、水肿尿少等症。在岭南，广泛使用于凉茶配方中。（张秋镇）

龙鳞草　见"广金钱草"。
广东金钱草　见"广金钱草"。
金钱草　见"广金钱草"。
假花生　见"广金钱草"。
马蹄香　见"广金钱草"。
银蹄草　见"广金钱草"。
落地金钱　见"广金钱草"。
铜钱草　见"广金钱草"。

广狼毒　又称天荷、独脚莲、广东狼毒、尖尾野芋头、狼毒头、野芋、木芋头、大虫芋、毒芋头、天蒙、老虎蒙、痕芋头。中药材。为天南星科植物海芋 *Alocasia macrorrhiza*（L.）Schott 的干燥根茎。因在广东习惯作中药材狼毒使用，故《广州部队〈常用中草药手册〉》以"广东狼毒"之名收载。主产于广东、广西、海南、福建、台湾、湖南等地。全年可采挖，除去鳞叶，洗净，切片，晒干。性味辛、寒，有毒；功能清热解毒、消肿散结；主治热病高热、流行性感冒、肠伤寒等症；外治疗疮肿毒等症。因有毒性，内服须煎 3—5 小时。（张秋镇）

天荷　见"广狼毒"。
独脚莲　见"广狼毒"。
广东狼毒　见"广狼毒"。
尖尾野芋头　见"广狼毒"。

狼毒头 见"广狼毒"。

野芋 见"广狼毒"。

木芋头 见"广狼毒"。

大虫芋 见"广狼毒"。

毒芋头 见"广狼毒"。

天蒙 见"广狼毒"。

老虎蒙 见"广狼毒"。

痕芋头 见"广狼毒"。

广山药 又称山薯、参薯、广淮山、广怀山。中药材。为薯蓣科植物山薯 *Dioscorea fordii* Prain et Burkill 或褐苞薯蓣 *Dioscorea persimilis* Prain et Burkill 的干燥根茎,为广东常见的药食两用食材。因与中药材山药的功效相似,在广东作山药用,《广东省中药材质量标准》以"广山药"之名收载。主产于广东、广西、福建等地,广东主产于茂名、梅州、揭阳、潮州、汕尾、珠海,以茂名产量最大。性味甘,平;归脾、肺、肾经;功能补脾养胃、生津益肺、补肾涩精;主治脾虚食少、久泻不止、肺虚喘咳、肾虚遗精、带下、尿频、虚热消渴等症。(张秋镇)

山薯 见"广山药"。

参薯 见"广山药"。

广淮山 见"广山药"。

广怀山 见"广山药"。

广升麻 又称麻花头、广东升麻、蓝肉升麻。中药材。为菊科植物华麻花头 *Serratula chinensis* S.Moore 的干燥块根。始载于《广东中药》;因与中药材升麻的功效相似,在广东作升麻用,并出口外销,《广东省中药材质量标准》以"广升麻"之名收载。主产于陕西、安徽、浙江、江西、河南、广东、福建、湖南等地。夏、秋季采挖,去净芦头及须根,焙干或晒干。性味辛、微甘,微寒;归肺、脾、胃、大肠经;功能散风透疹、清热解毒、升阳举陷;主治风热头痛、麻疹透发不

畅、斑疹、肺热咳喘、咽喉肿痛、胃火牙痛、久泻脱肛、子宫脱垂等症;孕妇慎用。(张秋镇)

麻花头 见"广升麻"。

广东升麻 见"广升麻"。

蓝肉升麻 见"广升麻"。

广郁金 又称桂郁金、桂莪术、毛莪术、羌七、广术、黑心姜。中药材。为姜科植物广西莪术 *Curcuma kwangsiensis* S. G. Lee et C. F. Liang 的干燥根块。"郁金"之名始载于《雷公炮炙论》;因来源于姜科植物广西莪术,且主产于广西,故称桂郁金、广郁金。冬季茎叶枯萎后采挖,除去泥沙和细根,蒸或煮至透心,干燥。性味辛、苦,寒;归肝、心、肺经;功能活血止痛、行气解郁、清心凉血、利胆退黄;主治胸胁刺痛、胸痹心痛、经闭痛经、乳房胀痛、热病神昏、癫痫发狂、血热吐衄、黄疸尿赤等症;不宜与丁香、母丁香同用。(张秋镇)

桂郁金 见"广郁金"。

桂莪术 见"广郁金"。

毛莪术 见"广郁金"。

羌七 见"广郁金"。

广术 见"广郁金"。

黑心姜 见"广郁金"。

鬼羽箭 又称黑草、幼克草、克草、黑骨草、羽箭。中药材。为玄参科植物鬼羽箭 *Buchnera cruciata* Hamilt. 的干燥全草。出自《生草药性备要》,《广东省中药材质量标准》以"鬼羽箭"之名收载。主产于广东、湖南、江西、福建、云南、广西、海南等地,广东主产于阳江、开平、电白等地。秋季采收,除去杂质,晒至半干,收回堆放,用麻布包盖覆,闷两天后,晒干。性味微苦、淡,凉;归肝经;功能清热祛风、凉血解毒;主治时疫感冒、

中暑腹痛、斑痧发热、夹色伤寒、癫痫、皮肤风毒肿痛等症。(张秋镇)

黑草 见"鬼羽箭"。

幼克草 见"鬼羽箭"。

克草 见"鬼羽箭"。

黑骨草 见"鬼羽箭"。

羽箭 见"鬼羽箭"。

过岗龙 又称榼藤、过江龙、过山枫、大血藤、过岗扁龙、眼镜豆、脊龙、扭龙、左右扭、扭骨风。中药材。为豆科植物榼藤 *Entada phaseoloides* (L.) Merr. 的干燥藤茎。"榼藤"之名始载于《南方草木状》,"过江龙"之名始见于《生草药性备要》,《广东省中药材质量标准》以"过岗龙"之名收载。主产于福建、台湾、广东、海南、广西、云南等地。全年可采收,洗净,切厚片,干燥。性味涩、微苦,凉,有小毒;归肝、脾经;功能祛风湿、活血行瘀;主治风湿痹痛、腰腿疼痛、跌打肿痛等症。(张秋镇)

榼藤 见"过岗龙"。

过江龙 见"过岗龙"。

过山枫 见"过岗龙"。

大血藤 见"过岗龙"。

过岗扁龙 见"过岗龙"。

眼镜豆 见"过岗龙"。

脊龙 见"过岗龙"。

扭龙 见"过岗龙"。

左右扭 见"过岗龙"。

扭骨风 见"过岗龙"。

海金沙 又称铁线蕨、左转藤、斑鸠窝、罗网藤、猛古藤、松劲草、须须药、竹芜荽。中药材。为海金沙科植物海金沙 *Lygodium japonicum* (Thunb.) Sw. 的干燥成熟孢子。入药始载于《嘉祐本草》。主产于广东、浙江、江苏、江西、湖南、湖北、四川、广

西、福建、陕西等地；日本、印度、尼泊尔、斯里兰卡、菲律宾皆有分布。秋季孢子未脱落时采割藤叶，晒干，搓揉或打下孢子，除去藤叶。性味甘、咸，寒；归膀胱、小肠经；功能清利湿热、通淋止痛；主治热淋、石淋、血淋、膏淋、尿道涩痛等症。（张秋镇）

铁线蕨 见"海金沙"。

左转藤 见"海金沙"。

斑鸠窝 见"海金沙"。

罗网藤 见"海金沙"。

猛古藤 见"海金沙"。

松劲草 见"海金沙"。

须须药 见"海金沙"。

竹芫荽 见"海金沙"。

海龙 又称水雁。中药材。为海龙科动物刁海龙 Solegnathus hardwickii（Gray）、拟海龙 Syngnathoides biaculeatus（Bloch）或尖海龙 Syngnathus acus Linnaeus 的干燥体。出自《本草纲目拾遗》。刁海龙，又称杨枝鱼、钱串子，主产于广东、海南沿海；拟海龙，又称海钻，主产于广东、福建沿海；尖海龙，又名鞋底索、小海龙，主产于山东沿海。夏、秋季捕捞，刁海龙、拟海龙除去皮膜，洗净，晒干；尖海龙直接洗净，晒干。性味甘、咸，温；归肝、肾经；功能温肾壮阳、散结消肿；主治肾阳不足、阳痿遗精、症瘕积聚、瘰疬痰核、跌打损伤等症；外治痈肿疔疮。（张秋镇）

水雁 见"海龙"。

海麻雀 又称海鹅、海雀、海燕、海蛾、海蛾鱼、飞雀、海天狗、海蜻蜓。中药材。为海蛾鱼科动物海蛾 Pegasus laternarius Cuvier 的干燥全体。"海蛾"之名始载于《中国海洋药用生物》。主产于我国南海、东海。全年可采捕，捕后用淡水洗净，晒干。性味甘，平；归肺、肝经；功能化痰止咳、消瘿散结、解毒消肿、止泻；主治小儿痰咳、瘿瘤痰核、麻疹、麻疹后腹泻等症。（张秋镇）

海鹅 见"海麻雀"。

海雀 见"海麻雀"。

海燕 见"海麻雀"。

海蛾 见"海麻雀"。

海蛾鱼 见"海麻雀"。

飞雀 见"海麻雀"。

海天狗 见"海麻雀"。

海蜻蜓 见"海麻雀"。

海马 又称水马、马头鱼、龙落子鱼。中药材。为海龙科动物线纹海马 Hippocampus kelloggi Jordan et Snyder、刺海马 Hippocampus histrix Kaup、大海马 Hippocampus kuda Bleeker、三斑海马 Hippocampus trimaculatus Leach 或小海马（海蛆）Hippocampus japonicus Kaup 的干燥体。"水马"之名始载于《本草经集注》，"海马"之名始载于《本草拾遗》，"海蛆"之名出自《本草纲目拾遗》。线纹海马、刺海马主产于我国东海、南海，三斑海马、小海马主产于广东及海南沿海。夏、秋季捕捞，洗净，晒干；或除去皮膜和内脏，晒干。性味甘、咸，温；归肝、肾经；功能温肾壮阳、散结消肿；主治阳痿、遗尿、肾虚作喘、症瘕积聚、跌打损伤等症；外治痈肿疔疮；孕妇及阴虚阳亢者禁服。（张秋镇）

水马 见"海马"。

马头鱼 见"海马"。

龙落子鱼 见"海马"。

海蛇 又称蛇婆、平颏蛇。中药材。为海蛇科动物平颏海蛇 Lapemis hardwickii（Gray）的去内脏干燥体。

"蛇婆"之名始载于《本草拾遗》。主产于广东、海南、广西、福建、台湾、浙江、山东、辽宁等地的沿岸近海，有毒。夏、秋季搜捕，剖开蛇腹，除去内脏，干燥。性味甘、咸，微温；归肝、肾经；功能补益肝肾、祛风除湿、通络止痛、解毒止痒；主治肝肾不足、筋骨痿软、小儿发育不良、风湿痹痛、肢体麻木、腰膝酸痛、疥癣、湿痒、恶疮等症。（张秋镇）

蛇婆 见"海蛇"。

平颏蛇 见"海蛇"。

何首乌 又称首乌、地精、红内消、山翁、山精、夜交藤根、铁秤砣、何相公。中药材。十大广药（广藿香、广佛手、广陈皮、肇庆芡实、连州玉竹、广金钱草、化州橘红、阳春砂仁、德庆巴戟天、德庆何首乌）之一。为蓼科植物何首乌 Polygonum multiflorum Thunb. 的干燥块根。出自《日华子》。主产于河南、湖北、贵州、四川、江

何首乌 *Polygonum multiflorum* Thunb.

何首乌

苏、广西、广东等地，以广东德庆出产的为地道，习称德庆首乌；2016年入选《广东省岭南中药材保护条例》首批保护品种名录，保护地为德庆。秋、冬季叶枯萎时采挖，削去两端，洗净，个大的切成块，干燥，习称生首乌；生首乌用黑豆汁炮制后，称为制首乌。生首乌性味苦、甘、涩、温；归肝、心、肾经；功能解毒、消痈、截疟、润肠通便；主治瘰疬疮痈、风疹瘙痒、久疟体虚、肠燥便秘等症；大便溏泄及有湿痰者不宜。制首乌性味苦、甘、涩、微温；归肝、心、肾经；功能补肝肾、益精血、乌须发、强筋骨、化浊降脂；主治血虚萎黄、眩晕耳鸣、须发早白、腰膝酸软、肢体麻木、崩漏带下、高脂血症等症。（张秋镇）

首乌　见"何首乌"。
地精　见"何首乌"。
红内消　见"何首乌"。
山翁　见"何首乌"。
山精　见"何首乌"。
夜交藤根　见"何首乌"。
铁秤砣　见"何首乌"。
何相公　见"何首乌"。

黑老虎　又称过山龙、大钻、臭饭团、冷饭团。中药材。为木兰科植物黑老虎 *Kadsura coccinea*（Lem.）A. C. Smith 的干燥根。始载于《岭南采药录》。主产于广东英德、清远等地，广西、海南亦有出产。全年可采挖，洗净，干燥。性味辛、温；归肝、脾经；功能行气活血、祛风止痛；主治风湿痹痛、痛经、脘腹疼痛、跌打损伤等症。（张秋镇）

过山龙　见"黑老虎"。
大钻　见"黑老虎"。
臭饭团　见"黑老虎"。
冷饭团　见"黑老虎"。

黑面神　又称狗刺脚、黑面叶、鬼画符、夜兰茶、蚊惊树、铁甲将军。中药材。为大戟科植物黑面神 *Breynia fruticosa*（L.）Hook. f. 的干燥茎或嫩枝。始载于《生草药性备要》。主产于广东、广西、海南、香港、浙江、福建、云南、贵州等地。夏、秋季采收，洗净，茎切片，嫩枝切段，干燥。性味微苦，凉，有毒；归心、肝、肺经；功能清热祛湿、活血解毒；主治腹痛吐泻、湿疹、缠腰火丹、皮炎、漆疮、风湿痹痛、产后乳汁不通、阴痒等症。（张秋镇）

狗刺脚　见"黑面神"。
黑面叶　见"黑面神"。
鬼画符　见"黑面神"。
夜兰茶　见"黑面神"。
蚊惊树　见"黑面神"。
铁甲将军　见"黑面神"。

红豆蔻　又称红豆、红蔻、良姜子、大高良姜子。中药材。为姜科植物红豆蔻 *Alpinia galanga*（L.）Willd. 的干燥成熟果实。始载于《药性论》。主产于广东、海南、广西、云南等地。性味辛，温；归脾、肺经；功能燥湿散寒、醒脾消食；主治脘腹冷痛、食积胀满、呕吐泄泻、饮酒过多等症；阴虚有热者忌服。（张秋镇）

红豆　见"红豆蔻"。
红蔻　见"红豆蔻"。
良姜子　见"红豆蔻"。
大高良姜子　见"红豆蔻"。

红丝线　又称野靛青、山蓝、红蓝草、青丝线。中药材。为爵床科植物观音草 *Peristrophe bivalvis*（Linnaeus）Merrill 的干燥全草。出自《岭南采药录》。主产于海南、广东、广西、湖南、湖北、福建、江西、江苏、上海、贵州、云南等地。夏、秋季枝叶茂盛时采收，除去杂质，洗净，干燥。性味甘、淡，微寒；归心、肺、肝经；功能清肺止咳、散瘀止血；主治肺热咳嗽、内伤咳血吐血、肺炎、咽喉肿痛等症，外用治跌打瘀肿；现代常用于治疗糖尿病和高血压。广东习惯在端午节用红丝线的鲜叶把粽子染成红色。（张秋镇）

野靛青　见"红丝线"。
山蓝　见"红丝线"。
红蓝草　见"红丝线"。
青丝线　见"红丝线"。

猴耳环　又称围涎树、蛟龙木、洗头木、落地金钱。中药材。为豆科植物猴耳环 *Archidendron clypearia*（Jack）I. C. Nielsen 的干燥叶。"蛟龙木"之名出自《全国中草药汇编》，《广东省中药材质量标准》以"猴耳环"之名收载。主产于广东、广西、海南、浙江、福建、台湾、四川、云南等地，缅甸至马来西亚一带均有分布。全年可采收，除去粗枝茎等杂质，晒干。性味微苦、涩、微寒；归脾、胃、肝经；功能清热解毒、凉血消肿、止泻；主治乳蛾、胃痛、湿热泄泻等症。（张秋镇）

围涎树　见"猴耳环"。
蛟龙木　见"猴耳环"。
洗头木　见"猴耳环"。
落地金钱　见"猴耳环"。

胡椒　又称昧履支、浮椒、玉椒。中药材。为胡椒科植物胡椒 *Piper nigrum* L. 的干燥近成熟或成熟果实。始载于《后汉书·西域传》。原产于印度，1951年从马来西亚引种于广东琼海（今海南琼海），1956年后，广东、云南、广西、福建等省区陆续引种成功，栽培地区扩大到北纬25度，以海南为地道产地。秋末至次春，果实呈暗绿色时采

收、晒干，称为黑胡椒；果实变红时采收，用水浸渍数日，擦去果肉，晒干，称为白胡椒；采摘即将成熟的绿色胡椒，将其放入盐水中腌制成青胡椒。性味辛、热；归胃、大肠经；功能温中散寒、下气、消痰；主治胃寒呕吐、腹痛泄泻、食欲不振、癫痫痰多等症；阴虚有火者忌服。常用于烹调，为广泛使用的调味料之一。（张秋镇）

昧履支　见"胡椒"。
浮椒　见"胡椒"。
玉椒　见"胡椒"。

葫芦茶　又称牛草虫、追颈草、金剑草、螳螂草、葫芦叶。中药材。为豆科植物葫芦茶 *Tadehagi triquetrum*（L.）Ohashi 的干燥全株。始载于《生草药性备要》。主产于广东、海南、广西、福建、贵州、云南等地。夏、秋季采挖，晒干或趁鲜切段晒干。性味微苦、凉；归胃、大肠经；功能清热利湿、消滞杀虫；主治感冒发热、湿热积滞之脘腹滞痛、膀胱湿热之小便赤涩、水肿腹胀、小儿疳积等症。在广东，常用于凉茶配方中。（张秋镇）

牛草虫　见"葫芦茶"。
追颈草　见"葫芦茶"。
金剑草　见"葫芦茶"。
螳螂草　见"葫芦茶"。
葫芦叶　见"葫芦茶"。

化橘红　又称化皮、化州橘红、化州陈皮。中药材。十大广药（广藿香、广佛手、广陈皮、肇庆芡实、连州玉竹、广金钱草、化州橘红、阳春砂仁、德庆巴戟天、德庆何首乌）之一。为芸香科植物化州柚 *Citrus grandis* 'Tomentosa' 或柚 *Citrus grandis*（L.）Osbeck 的未成熟或近成熟的干燥外层果皮，前者习称毛橘红，后者习称光七爪、光五爪，又称光橘红，两者统称柚类橘红。"化

化州柚 *Citrus grandis* 'Tomentosa'

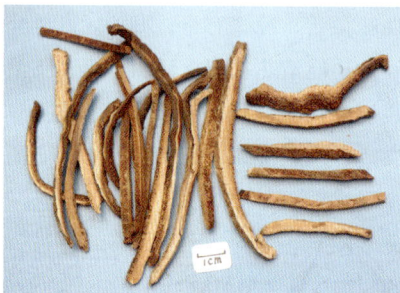

化橘红

州橘红"之名始载于明万历年间《高州府志》，"化橘红"之名始载于《本草纲目拾遗》；《中华人民共和国药典》从 1963 年版开始收载。主产于广东，以化州为地道产地，2006 年化州市平定镇天堂嶂建立化橘红 GAP 种植基地；2016 年被列入《广东省岭南中药材保护条例》首批保护品种名录，保护地为化州。夏季果实未成熟时采收，置沸水中略烫后，将果皮割成 5 或 7 瓣，除去果瓤和部分中果皮，压制成形，干燥。性味辛、苦、温；归肺、脾经；功能理气宽中、燥湿化痰；主治咳嗽痰多、食积伤酒、呕恶痞闷等症。（张秋镇）

化皮　见"化橘红"。
化州橘红　见"化橘红"。
化州陈皮　见"化橘红"。

黄花倒水莲　又称黄花大远志、吊黄、倒吊黄花、倒吊莲、倒吊黄、观音串、黄花参、鸡仔树、白马胎、假黄花远志。中药材。为远志科植物黄花倒水莲 *Polygala fallax* Hemsl. 的干燥根。出自《广西本草选编》。主产于广东、广西、云南、江西、福建等

地。全年可采挖，洗净，除去须根，干燥；或除去须根，洗净，趁鲜切块片或段，干燥。性味甘、微苦、平；归肾、肝、脾经；功能补益、强壮、祛湿、散瘀；主治产后或病后体虚、肝瘟、子宫脱垂、脱肛、月经不调、风湿骨痛、腰腿酸痛、跌打损伤等症。（张秋镇）

黄花大远志　见"黄花倒水莲"。
吊黄　见"黄花倒水莲"。
倒吊黄花　见"黄花倒水莲"。
倒吊莲　见"黄花倒水莲"。
倒吊黄　见"黄花倒水莲"。
观音串　见"黄花倒水莲"。
黄花参　见"黄花倒水莲"。
鸡仔树　见"黄花倒水莲"。
白马胎　见"黄花倒水莲"。
假黄花远志　见"黄花倒水莲"。

火炭母　又称火炭毛、乌炭子、乌白饭草、火炭星、乌饭藤。中药材。为蓼科植物火炭母 *Polygonum chinense* L. 的干燥全草。始载于《图经本草》，1977 年版《中华人民共和国药典》收载。主产于江苏、安徽、浙江、江西、福建、台湾、广东、广西、海南、四川、云南等地，日本、菲律宾、印度也有分布。夏、秋季采收，除去泥沙，晒干。性味酸、甘、寒；归肝、脾经；功能清热利湿、凉血解毒；主治湿热泄泻、痢疾、黄疸、咽喉肿痛、湿热疮疹等症。在广东，常被用于煲制凉茶。（张秋镇）

火炭毛　见"火炭母"。
乌炭子　见"火炭母"。
乌白饭草　见"火炭母"。
火炭星　见"火炭母"。
乌饭藤　见"火炭母"。

鸡蛋花　又称缅栀花、蛋黄花、擂捶花、番缅花、蕃花、印度素馨。中药

材。为夹竹桃科植物鸡蛋花 *Plumeria rubra* 'Acutifolia' 的干燥花。"缅栀"之名始载于《植物名实图考》。原产于墨西哥，现广泛种植于热带地区，我国福建、广东、广西和云南等地有栽培，其中云南南部山中有逸为野生的现象。花开时采花，晒干或鲜用。性味甘、微苦，凉；归肺、大肠经；功能清热、利湿、解暑；主治感冒发热、肺热咳嗽、湿热黄疸、泄泻痢疾、尿路结石、中暑等症；暑湿兼寒、寒湿泻泄、肺寒咳嗽者慎用。在广东，常被用于煲制凉茶。（张秋镇）

缅栀花 见"鸡蛋花"。

蛋黄花 见"鸡蛋花"。

擂捶花 见"鸡蛋花"。

番缅花 见"鸡蛋花"。

蕃花 见"鸡蛋花"。

印度素馨 见"鸡蛋花"。

鸡骨草 又称黄头草、黄仔薑、大黄草、假牛甘子、红母鸡草、猪腰草、黄食草、小叶龙鳞草。中药材。为豆科植物广州相思子 *Abrus pulchellus* subsp. *cantoniensis*（Hance）Verdcourt 的干燥不含豆荚的全株。始载于《岭南采药录》。主产于广东、广西等地；最早在广州白云山发现，为我国特有品种。全年可采收，一般在11—12月或清明后连根挖起，除去荚果（因种子有毒），去净根部泥土，将茎藤扎成束，晒至八成干，发汗再晒至足干。性味甘、微苦，凉；归肝、胃经；功能清热解毒、舒肝止痛；主治黄疸、胁肋不舒、胃脘胀痛、肝炎、乳腺炎等症。在岭南，常用于煲汤、配制夏季清凉饮料等。（张秋镇）

黄头草 见"鸡骨草"。

黄仔薑 见"鸡骨草"。

大黄草 见"鸡骨草"。

假牛甘子 见"鸡骨草"。

红母鸡草 见"鸡骨草"。

猪腰草 见"鸡骨草"。

黄食草 见"鸡骨草"。

小叶龙鳞草 见"鸡骨草"。

鸡矢藤 又称鸡屎藤、臭根藤、皆治藤、牛皮冻、解暑藤、狗屁藤、臭藤。中药材。为茜草科植物鸡矢藤 *Paederia foetida* L. 的干燥地上部分。"鸡屎藤"之名出自《生草药性备要》，1977年版《中华人民共和国药典》收载。主产于长江流域及以南地区。夏、秋季采割，趁鲜切段，阴干。性味甘、涩，平；归脾、胃、肝、肺经；功能除湿、消食、止痛、解毒；主治消化不良、胆绞痛、脘腹疼痛等症，外治湿疹、疮疡肿痛等症。（张秋镇）

鸡屎藤 见"鸡矢藤"。

臭根藤 见"鸡矢藤"。

皆治藤 见"鸡矢藤"。

牛皮冻 见"鸡矢藤"。

解暑藤 见"鸡矢藤"。

狗屁藤 见"鸡矢藤"。

臭藤 见"鸡矢藤"。

降香 又称降真香、降真、紫降香、花梨母、降香黄檀、花梨木、降香檀。中药材。为豆科植物降香檀 *Dalbergia odorifera* T. Chen 树干和根具树脂的干燥心材。出自《本草纲目》；入药始于唐代。主产于海南，广东、广西、云南、福建等地有栽培，以海南为地道产地，习称海南黄花梨。全年可采收，除去边材，阴干。性味辛，温；归肝、脾经；功能化瘀止血、理气止痛；主治吐血、衄血、外伤出血、肝郁胁痛、胸痹刺痛、跌扑伤痛、呕吐腹痛等症。（张秋镇）

降真香 见"降香"。

降真 见"降香"。

紫降香 见"降香"。

花梨母 见"降香"。

降香黄檀 见"降香"。

花梨木 见"降香"。

降香檀 见"降香"。

金边土鳖 又称土鳖虫、赤边水蟅、赤边水虱、山甲由、金边地鳖、东方后片蠊。中药材。为姬蠊科昆虫金边土鳖 *Opisthoplatia orientalis* Burm. 的干燥虫体。在广东作"土鳖虫"入药，土鳖虫原名䗪虫，始载于《神农本草经》；因其前胸背板边缘有黄色镶边，《广东省中药材质量标准》以"金边土鳖"之名收载。主产于福建、湖北、广东、广西等地。捕捉后，置沸水中烫死，晒干或烘干。性味咸，寒，有小毒；归肝经；功能破血逐瘀、续筋接骨；主治跌打损伤、筋伤骨折、血瘀经闭、产后瘀阻腹痛、症瘕痞块等症；孕妇忌服。（张秋镇）

土鳖虫 见"金边土鳖"。

赤边水蟅 见"金边土鳖"。

赤边水虱 见"金边土鳖"。

山甲由 见"金边土鳖"。

金边地鳖 见"金边土鳖"。

东方后片蠊 见"金边土鳖"。

金锦香 又称天香炉、大香炉、天吊香、仰天忠、葫芦草、金香炉、小金钟、金钟草、仰天钟。中药材。为野牡丹科植物金锦香 *Osbeckia chinensis* L. ex Walp. 的干燥全草。"天香炉"之名始载于《生草药性备要》，1977年版《中华人民共和国药典》收载。主产于广东、广西、福建、江西、四川等地。夏末秋初果期采挖，除去杂质，晒干。性味辛、淡，平；归肺、脾、肝、大肠经；功能祛风利湿、化痰止咳、祛瘀止血、解毒消肿；主治咳喘、泄泻、痢疾、小儿疳积、风湿痹痛、咯血、衄血、吐血、便血、崩漏、痛经、经闭、产后瘀阻腹痛、牙痛、跌

打损伤、疮痈肿毒、蛇虫咬伤等症。
（张秋镇）

天香炉 见"金锦香"。

大香炉 见"金锦香"。

天吊香 见"金锦香"。

仰天忠 见"金锦香"。

葫芦草 见"金锦香"。

金香炉 见"金锦香"。

小金钟 见"金锦香"。

金钟草 见"金锦香"。

仰天钟 见"金锦香"。

狗脊 又称金毛狗脊、金毛狗、金狗脊、金毛狮子、猴毛头、黄狗头。中药材。为蚌壳蕨科植物金毛狗 *Cibotium barometz*（L.）J. Sm. 的干燥根茎。始载于《神农本草经》。主产于福建、四川、广东、广西等地。秋、冬季采挖，除去泥沙、干燥；或去硬根、叶柄及金黄色绒毛，切厚片，干燥，称为生狗脊片；蒸后，晒至六七成干，切厚片，干燥，称为熟狗脊片。性味苦、甘、温；归肝、肾经；功能祛风湿、补肝肾、强腰膝；主治风湿痹痛、腰膝酸软、下肢无力等症。岭南民间常将其金色绒毛用于止血。（张秋镇）

金毛狗脊 见"狗脊"。

金毛狗 见"狗脊"。

金狗脊 见"狗脊"。

金毛狮子 见"狗脊"。

猴毛头 见"狗脊"。

黄狗头 见"狗脊"。

金盘银盏 又称鬼针草、白花鬼针草、三叶鬼针草、黄花雾、金杯银盏、豆渣菜、一包针、鬼钗草。中药材。为菊科植物鬼针草 *Bidens pilosa* L. 或金盏银盘 *Bidens biternata*（Lour.）Merr. et Sherff 的干燥全草。"鬼针草"之名始载于《本草拾遗》。主产于广东、广西、江苏、安徽、福建、台湾、海南、

湖北、陕西、河北等地，亚洲和美洲的热带地区也有分布。夏、秋季枝叶茂盛和花开时采收，晒干。性味甘、淡、微寒；归肺、心、胃经；功能疏散风热、清热解毒；主治风热感冒、乳蛾、肠痈、毒蛇咬伤、湿热泻痢、黄疸等症，外用治疖疮、痔疮。在广东常用于配制凉茶。（张秋镇）

鬼针草 见"金盘银盏"。

白花鬼针草 见"金盘银盏"。

三叶鬼针草 见"金盘银盏"。

黄花雾 见"金盘银盏"。

金杯银盏 见"金盘银盏"。

豆渣菜 见"金盘银盏"。

一包针 见"金盘银盏"。

鬼钗草 见"金盘银盏"。

金钱白花蛇 又称金钱蛇、小白花蛇、银蛇、寸白蛇。中药材。为眼镜蛇科动物银环蛇 *Bungarus multicinctus* Blyth 的幼蛇干燥体。出自《饮片新参》。主产于广东、广西、海南。夏、秋季捕捉，剖开腹部，除去内脏，擦净血迹，用乙醇浸泡处理后，盘成圆形，用竹签固定，干燥。性味甘、咸、温、有毒；归肝经；功能祛风、通络、止痉；主治风湿顽痹、麻木拘挛、中风口眼㖞斜、半身不遂、抽搐痉挛、破伤风、麻风、疥癣等症。曾被列入"十大广药"。（张秋镇）

金钱蛇 见"金钱白花蛇"。

小白花蛇 见"金钱白花蛇"。

银蛇 见"金钱白花蛇"。

寸白蛇 见"金钱白花蛇"。

金线风 又称金线兰、金丝线、金耳环、金线莲、金钱草、小叶金耳环、麻叶菜。中药材。为兰科植物花叶开唇兰 *Anoectochilus roxburghii*（Wall.）Lindl. 的全草。"金线兰"之名出自《全国中草药汇编》，《广东省中药

材质量标准》以"金线风"之名收载。主产于福建、广东、台湾等地。夏、秋季茎叶茂盛时采收，除去杂质，鲜用或晒干。性味甘、凉；归肺、肝、肾、膀胱经；功能凉血祛风、除湿解毒；主治肺热咳嗽、咯血、尿血、小儿惊风、破伤风、水肿、风湿痹痛等症。（张秋镇）

金线兰 见"金线风"。

金丝线 见"金线风"。

金耳环 见"金线风"。

金线莲 见"金线风"。

金钱草 见"金线风"。

小叶金耳环 见"金线风"。

麻叶菜 见"金线风"。

金樱子 又称刺榆子、刺梨子、金罂子、糖莺子、唐樱笋、棠球、黄茶瓶、藤勾子、糖刺果、刺橄榄。中药材。为蔷薇科植物金樱子 *Rosa laevigata* Michx. 的干燥成熟果实。始载于《雷公炮炙论》。主产于广东、海南、广西、江苏、浙江、湖北、安徽、江西、福建、湖南等地。10—11月果实成熟变红时采收，除去毛刺，晒干；或拣去杂质，切两瓣，用水稍洗泡，捞出，闷润后除去残留毛刺，挖净毛、核，干燥。性味酸、甘、涩、平；归肾、膀胱、大肠经；功能固精缩尿、固崩止带、涩肠止泻；主治遗精滑精、遗尿、尿频、崩漏带下、久泻久痢等症；有实火、邪热者忌服。（张秋镇）

刺榆子 见"金樱子"。

刺梨子 见"金樱子"。

金罂子 见"金樱子"。

糖莺子 见"金樱子"。

唐樱笋 见"金樱子"。

棠球 见"金樱子"。

黄茶瓶 见"金樱子"。

藤勾子 见"金樱子"。

糖刺果 见"金樱子"。

刺橄榄　见"金樱子"。

九层塔　又称罗勒、香草、零陵香、光明子、千层塔、香花子、鱼香、苏薄荷、金不换。中药材。为唇形科植物罗勒 Ocimum basilicum L. 的干燥地上部分。"罗勒"之名始载于《嘉祐本草》，《岭南采药录》以"九层塔""千层塔"之名收载。原产于印度，我国大部分地区有栽培。开花或结果时采割，除去杂质，阴干。性味辛，温；归肺、脾、胃、大肠经；功能消肿止痛、活血通经、解热消暑、调中和胃；主治月经不调、痛经、胃痛腹胀、瘾瘕瘙痒、跌打损伤等症。在广东潮汕，常用于烹制海鲜，习称金不换。（张秋镇）

罗勒　见"九层塔"。

香草　见"九层塔"。

零陵香　见"九层塔"。

光明子　见"九层塔"。

千层塔　见"九层塔"。

香花子　见"九层塔"。

鱼香　见"九层塔"。

苏薄荷　见"九层塔"。

金不换　见"九层塔"。

九里香　又称千里香、满山香、月橘、过山香、千只眼。中药材。为芸香科植物九里香 Murraya exotica L. 和千里香 Murraya paniculata（L.）Jack. 的干燥叶和带叶嫩枝。出自《岭南采药录》，"千里香"之名出自《生草药性备要》。主产于广东、广西、福建、云南等地。全年可采收，除去老枝，阴干。性味辛、微苦，温，有小毒；归肝、胃经；功能行气止痛、活血散瘀；主治胃痛、风湿痹痛等症，外治牙痛、跌扑肿痛、虫蛇咬伤等症。（张秋镇）

千里香　见"九里香"。

满山香　见"九里香"。

月橘　见"九里香"。

过山香　见"九里香"。

千只眼　见"九里香"。

救必应　又称龙胆仔、冬青仔、碎骨木、过山风、白皮冬青、狗屎木、白凡木、九层皮、红熊胆、山冬青。中药材。为冬青科植物铁冬青 Ilex rotunda Thunb. 的干燥树皮。出自《岭南采药录》。主产于我国长江流域以南地区。夏、秋季剥取，晒干。性味苦，寒；归肺、胃、大肠、肝经；功能清热解毒、利湿止痛；主治暑湿发热、咽喉肿痛、湿热泻痢、脘腹胀痛、风湿痹痛、湿疹、疮疖、跌打损伤等症，外用治烫伤。因其治疗跌打损伤、烫火伤的效果显著，故美名曰"救必应"。（张秋镇）

龙胆仔　见"救必应"。

冬青仔　见"救必应"。

碎骨木　见"救必应"。

过山风　见"救必应"。

白皮冬青　见"救必应"。

狗屎木　见"救必应"。

白凡木　见"救必应"。

九层皮　见"救必应"。

红熊胆　见"救必应"。

山冬青　见"救必应"。

苦丁茶　又称毛叶黄牛木、角刺茶、苦灯茶、功劳叶、枸骨叶、八角刺、大冬青叶、大叶茶。中药材。为冬青科植物扣树 Ilex kaushue S. Y. Hu 的干燥叶。"苦丁"之名出自《本草纲目拾遗》，《广东省中药材质量标准》以"苦丁茶"之名收载。主产于广东、广西、湖南、湖北等地。夏、秋季采收，除去杂质，晒干；或将干叶片叠齐，扎成小束。性味苦、甘，寒；归肝、肺、胃经；功能散风热、清头目、除烦渴；主治头痛、齿痛、目赤、耳鸣、耳中流脓、热病烦渴、痢疾等症；脾胃虚寒者慎服。在广东、广西等地，多用于煎制药茶。（张秋镇）

毛叶黄牛木　见"苦丁茶"。

角刺茶　见"苦丁茶"。

苦灯茶　见"苦丁茶"。

功劳叶　见"苦丁茶"。

枸骨叶　见"苦丁茶"。

八角刺　见"苦丁茶"。

大冬青叶　见"苦丁茶"。

大叶茶　见"苦丁茶"。

了哥王　又称九信菜、了哥麻、南岭荛花、消山药、地棉皮、山雁皮、狗信药、雀仔麻、熟薯、山豆了。中药材。为瑞香科植物了哥王 Wikstroemia indica（L.）C. A. Mey. 的干燥根或根皮。"九信菜"之名始载于《生草药性备要》，"了哥王"之名出自《岭南采药录》，1977 年版《中华人民共和国药典》收载。主产于广东、海南、广西、福建、四川、云南、台湾、浙江、江西、湖南、贵州等地。全年可采挖，洗净，晒干，或剥取根皮，晒干。性味苦，寒，有毒；归肺、胃经；功能清热解毒、散结逐水；主治肺热咳嗽、疳腮、瘰疬、风湿痹痛、疥疮肿毒、水肿腹胀等症。（张秋镇）

九信菜　见"了哥王"。

了哥麻　见"了哥王"。

南岭荛花　见"了哥王"。

消山药　见"了哥王"。

地棉皮　见"了哥王"。

山雁皮　见"了哥王"。

狗信药　见"了哥王"。

雀仔麻　见"了哥王"。

熟薯　见"了哥王"。

山豆了　见"了哥王"。

凉粉草　又称仙人草、仙人冻、仙草、薪草。中药材。为唇形科植物凉粉草 Mesona chinensis Benth. 的全草。始载于《本草纲目拾遗》。主产于广东、福建、广西、浙江、江西、台湾等地。夏、秋季采收，除去杂质，晒干。性味甘、淡，凉；归肺、脾、胃经；功能清热解暑、除热毒；主治中毒、消渴、高血压、关节疼痛等症；脾胃虚寒者慎用。在岭南，常用来制作凉粉食用，故称凉粉草；将凉粉草晒干后煎汁，与米浆混合煮熟，冷却后即成黑色胶状物，质韧而软，拌糖或蜜，制成夏季的解暑解渴佳品，广州称为凉粉，梅州称为仙人板、仙牛板。参见第948页饮食卷"派潭凉粉草"条。（张秋镇）

两面针　又称蔓椒、猪椒、彘椒、狗椒、入地金牛、两边针、山椒、上山虎、花椒刺、胡椒笏、马药、猫公刺、双面针。中药材。为芸香科植物两面

两面针 Zanthoxylum nitidum（Roxb.）DC.

两面针

针 Zanthoxylum nitidum（Roxb.）DC. 的干燥根。"蔓椒"之名始载于《神农本草经》，"入地金牛"之名出自《本草求原》，《中华人民共和国药典》从1977年版开始以"两面针"之名收载。主产于台湾、福建、广东、海南、广西、贵州、云南等地。全年可采挖，洗净，切片或段，晒干。性味苦、辛，平，有小毒；归肝、胃经；功能活血化瘀、行气止痛、祛风通络、解毒消肿；主治跌扑损伤、胃痛、牙痛、风湿痹痛、毒蛇咬伤等症，外治烧烫伤；忌与酸味食物同服；还可用作驱蛔虫药。（张秋镇）

蔓椒　见"两面针"。

猪椒　见"两面针"。

彘椒　见"两面针"。

狗椒　见"两面针"。

入地金牛　见"两面针"。

两边针　见"两面针"。

山椒　见"两面针"。

上山虎　见"两面针"。

花椒刺　见"两面针"。

胡椒笏　见"两面针"。

马药　见"两面针"。

猫公刺　见"两面针"。

双面针　见"两面针"。

灵芝　又称三秀、茵、芝、菌芝、灵芝草、木灵芝、菌灵芝。中药材。为多孔菌科真菌赤芝 Ganoderma lucidum（Leyss. ex Fr.）Karst. 或紫芝 Ganoderma sinense Zhao, Xu et Zhang 的干燥子实体。"芝"类药物始载于《神农本草经》。古代根据其颜色的不同，分成赤芝、黑芝、青芝、白芝、黄芝、紫芝6类，紫芝类以多孔菌科灵芝属真菌"紫芝"为代表，而赤芝类以多孔菌科灵芝属真菌"赤芝"为代表，这两种真菌在我国分布比较广。主产于我国大部分地区，长江以南为多，多为栽培。全年可采收，除

去杂质，剪除附有朽木、泥沙或培养基质的下端菌柄，阴干或在40℃—50℃烘干。性味甘，平；归心、肺、肝、肾经；功能补气安神、止咳平喘；主治心神不宁、失眠心悸、肺虚咳喘、虚劳短气、不思饮食等症。（张秋镇）

三秀　见"灵芝"。

茵　见"灵芝"。

芝　见"灵芝"。

菌芝　见"灵芝"。

灵芝草　见"灵芝"。

木灵芝　见"灵芝"。

菌灵芝　见"灵芝"。

龙脷叶　又称龙舌叶、龙利叶、龙味叶、龙疯叶。中药材。为大戟科植物龙脷叶 Sauropus spatulifolius Beille 的干燥叶。"龙利叶"之名出自《岭南采药录》，《中华人民共和国药典》从1977年版开始收载；《广西药用植物名录》以"龙脷叶"之名收载。原产于印度尼西亚苏门答腊岛，我国广东、广西、云南、福建、海南等地有栽培，多栽种于园圃、庭院内。夏季开始采收，每隔15—20天采摘青绿色的老叶一次，每株每次摘取3—5片，阴干，或阴干至七八成后，将叶片叠整齐捆成小扎，用蒲席遮盖，晒干。性味甘、淡，平；归肺、胃经；功能润肺止咳、通便；主治肺燥咳嗽、咽痛失音、便秘等症。（张秋镇）

龙舌叶　见"龙脷叶"。

龙利叶　见"龙脷叶"。

龙味叶　见"龙脷叶"。

龙疯叶　见"龙脷叶"。

芦荟　又称卢会、讷会、象胆、奴会、劳伟。中药材。为百合科植物库拉索芦荟 Aloe barbadensis Miller、好望角芦荟 Aloe ferox Miller 或其他同属近缘植

物叶的汁液浓缩干燥物。库拉索芦荟习称老芦荟，好望角芦荟习称新芦荟。"卢会"之名始载于《药性论》，"芦荟"之名出自《本草蒙筌》。原产于热带地区，从伊朗经广州传入我国，《经史证类备急本草》载有"广州卢会"，现我国广东、广西、云南、福建、台湾等地有栽培。全年可采收，将采收的鲜叶片切口向下直放于盛器中，取其流出的液汁干燥即成；或将叶片洗净，横切成片，加入与叶片同等量的水，煎煮2—3小时，过滤，将过滤液浓缩成黏稠状，倒入模型内烘干或曝晒干。性味苦，寒；归肝、胃、大肠经；功能泻下通便、清肝泻火、杀虫疗疳；主治热结便秘、惊痫抽搐、小儿疳积，外治癣疮；脾胃虚寒者及孕妇禁服。（张秋镇）

卢会　见"芦荟"。
讷会　见"芦荟"。
象胆　见"芦荟"。
奴会　见"芦荟"。
劳伟　见"芦荟"。

裸花紫珠　又称赶风柴、节节红、饭汤叶、亚寨凡、白花茶。中药材。为马鞭草科植物裸花紫珠 *Callicarpa nudiflora* Hook. et Arn. 的干燥叶。"赶风柴"之名始载于《岭南采药录》，《广州植物志》以"裸花紫珠"之名收载，《中华人民共和国药典》从1977年版开始收载。主产于广东、海南、广西等地。全年可采收，除去杂质，晒干。性味苦、微辛，平；归脾、胃、肝经；功能止血、祛瘀、止痛；主治肺咯血、胃肠出血、鼻衄、牙龈出血、外伤出血、跌打损伤、风湿肿痛等症；具有很好的止血作用，已开发成注射剂。（张秋镇）

赶风柴　见"裸花紫珠"。
节节红　见"裸花紫珠"。

饭汤叶　见"裸花紫珠"。
亚寨凡　见"裸花紫珠"。
白花茶　见"裸花紫珠"。

毛冬青　又称乌尾丁、细叶冬青、细叶青、水火药、水火丹、毛披树、茶叶冬青、喉毒药、毛楝子。中药材。为冬青科植物毛冬青 *Ilex pubescens* Hook. et Arn. 的干燥根及茎。出自《广西中草药》，1977年版《中华人民共和国药典》收载。主产于广东、广西、安徽、福建、浙江、江西、台湾等地。全年可采挖，洗净，砍成块或片，晒干。性味苦、涩，寒；归肺、心经；功能清热解毒、活血通络、止咳平喘；主治风热感冒、肺热咳喘、咽喉肿痛、乳蛾、牙龈肿痛、丹毒、胸痹心痛、中风偏瘫、炭疽、水火烫伤等症。1955年，广东省梅州市五华县曾用其治愈脉管炎，成为治疗心血管疾病的中药，已应用于临床，并载入《中药志》。（张秋镇）

乌尾丁　见"毛冬青"。
细叶冬青　见"毛冬青"。
细叶青　见"毛冬青"。
水火药　见"毛冬青"。
水火丹　见"毛冬青"。
毛披树　见"毛冬青"。
茶叶冬青　见"毛冬青"。
喉毒药　见"毛冬青"。
毛楝子　见"毛冬青"。

毛麝香　又称五凉草、饼草、凉草、毛麝香草、蓝花草、酒子草、毛老虎、香草。中药材。为玄参科植物毛麝香 *Adenosma glutinosum*（L.）Druce 的干燥全草。始载于《生草药性备要》。主产于广东、广西、江西、福建、台湾、海南、云南等地。秋季采收，除去泥沙，晒干。性味辛，温；归肝、脾经；功能祛风除湿、行气止痛、活血消肿；主治风湿骨痹、气滞腹痛、

疮疖肿毒、湿疹瘙痒、跌打伤痛、蛇虫咬伤等症。（张秋镇）

五凉草　见"毛麝香"。
饼草　见"毛麝香"。
凉草　见"毛麝香"。
毛麝香草　见"毛麝香"。
蓝花草　见"毛麝香"。
酒子草　见"毛麝香"。
毛老虎　见"毛麝香"。
香草　见"毛麝香"。

木鳖子　又称木蟹、土木鳖、壳木鳖、漏苓子、地桐子、藤桐子、鸭屎瓜子、木鳖瓜、番木鳖。中药材。为葫芦科植物木鳖子 *Momordica cochinchinensis*（Lour.）Spreng. 的干燥成熟种子。始载于《日华子》，《中华人民共和国药典》从1963年版开始收载。我国南方大部分地区有栽种，主产于湖北、广西、四川等地。冬季采收成熟果实，剖开，晒至半干，除去果肉，取出种子，干燥。性味苦、微甘，凉，有毒；归肝、脾、胃经；功能散结消肿、攻毒疗疮；主治疮疡肿毒、乳痈、瘰疬、痔瘘、干癣、秃疮等症。（张秋镇）

木蟹　见"木鳖子"。
土木鳖　见"木鳖子"。
壳木鳖　见"木鳖子"。
漏苓子　见"木鳖子"。
地桐子　见"木鳖子"。
藤桐子　见"木鳖子"。
鸭屎瓜子　见"木鳖子"。
木鳖瓜　见"木鳖子"。
番木鳖　见"木鳖子"。

木蝴蝶　又称千张纸、玉蝴蝶、云故纸、破布子、海船果心、白玉纸、纸肉、鸭船层纸、千纸肉。中药材。为紫葳科植物木蝴蝶 *Oroxylum indicum*（L.）Bentham ex Kurz 的干燥成熟种子。"千张纸"之名始载于《滇南本

草》，"木蝴蝶"之名出自《本草纲目拾遗》，《中华人民共和国药典》从 1963 年版开始收载。我国福建、广东、广西、海南、四川、贵州、云南、台湾等地有分布，主产于云南、广西、贵州等地。秋季采收成熟果实，暴晒至果实开裂，取出种子，晒干。性味苦、甘，凉；归肺、肝、胃经；功能清肺利咽、疏肝和胃；主治肺热咳嗽、喉痹、音哑、肝胃气痛等症。（张秋镇）

千张纸　见"木蝴蝶"。
玉蝴蝶　见"木蝴蝶"。
云故纸　见"木蝴蝶"。
破布子　见"木蝴蝶"。
海船果心　见"木蝴蝶"。
白玉纸　见"木蝴蝶"。
纸肉　见"木蝴蝶"。
鸭船层纸　见"木蝴蝶"。
千纸肉　见"木蝴蝶"。

广海桐皮　又称广东海桐皮、木棉皮、木棉树皮、英雄树皮。中药材。为木棉科植物木棉 Bombax ceiba Linnaeus 的干燥树皮。"木棉皮"之名出自《生草药性备要》，"木棉"之名始载于《本草纲目》；在广东习惯作中药材海桐皮使用，故名广东海桐皮，《广东省中药材质量标准》以"广海桐皮"之名收载。主产于广东、广西、海南、福建、台湾等地。全年可采集，剥取树皮，或除去钉刺，晒干。性味辛、微苦，微寒；归肝、肾经；功能清热利湿、解毒消肿、散瘀止血；主治风湿痹痛、腰膝疼痛、皮肤水肿、产后水肿、泄泻、痢疾、胃痛、吐血、便血、崩漏下血、疮痈肿毒、跌打损伤等症。（张秋镇）

广东海桐皮　见"广海桐皮"。
木棉皮　见"广海桐皮"。
木棉树皮　见"广海桐皮"。

英雄树皮　见"广海桐皮"。

南板蓝根　又称土板蓝根、蓝靛根、板蓝根。中药材。为爵床科植物板蓝 Strobilanthes cusia（Nees）Kuntze 的干燥根茎及根。出自《中药志》；入药始载于《本草图经》，名为"马蓝"，因其与中药材板蓝根的功效相似，在广东作板蓝根用，故名南板蓝根，《中华人民共和国药典》从 1999 年版开始收载。主产于福建、四川、广东、广西、云南、江西等地。夏、秋季采挖，除去地上茎，洗净，晒干。性味苦，寒；归心、胃经；功能清热解毒、凉血消斑。主治温疫时毒、发热咽痛、温毒发斑、丹毒等症；脾胃虚寒、无实火热毒者慎服。（张秋镇）

土板蓝根　见"南板蓝根"。
蓝靛根　见"南板蓝根"。
板蓝根　见"南板蓝根"。

牛白藤　又称白藤草、大叶龙胆草、土加藤、甜茶、脓见消、癍痧藤、土加皮、广花耳草、接骨丹。中药材。为茜草科植物牛白藤 Hedyotis hedyotidea（DC.）Merr. 的干燥藤茎。始载于《广西药用植物名录》。主产于广东、广西、云南等地，越南也有分布。全年可采收，洗净，切成片或段，晒干。性味微甘，凉；归脾、肝经；功能清热解暑、祛风活络、消肿止痛；主治感冒发热、肢体筋骨酸痛、风湿痹痛、跌打损伤等症。（张秋镇）

白藤草　见"牛白藤"。
大叶龙胆草　见"牛白藤"。
土加藤　见"牛白藤"。
甜茶　见"牛白藤"。
脓见消　见"牛白藤"。
癍痧藤　见"牛白藤"。
土加皮　见"牛白藤"。
广花耳草　见"牛白藤"。

接骨丹　见"牛白藤"。

牛大力　又称大力牛、爬山虎、血藤、猪脚笠、山莲藕、金钟根、倒吊金钟、大力薯、甜牛大力、牛牯大力。中药材。为豆科植物美丽鸡血藤 Callerya speciosa（Champion ex Bentham）Schot 的干燥根。出自《岭南采药录》。主产于广东、广西、福建、湖南、海南、云南、贵州等地。全年可采挖，洗净，除去芦头及须根，切厚片，晒干。性味甘，平；归肺、脾、肾经；功能补虚润肺、强筋活络；主治病后虚弱、阴虚咳嗽、腰肌劳损、风湿痹痛、遗精、白带等症。（张秋镇）

大力牛　见"牛大力"。
爬山虎　见"牛大力"。
血藤　见"牛大力"。
猪脚笠　见"牛大力"。
山莲藕　见"牛大力"。
金钟根　见"牛大力"。
倒吊金钟　见"牛大力"。
大力薯　见"牛大力"。
甜牛大力　见"牛大力"。
牛牯大力　见"牛大力"。

扭肚藤　又称白花菜、假素馨、猪肚勒、青藤仔、左扭藤。中药材。为木樨科植物扭肚藤 Jasminum elongatum（Bergius）Willdenow 的干燥嫩茎及叶。出自《岭南采药录》。主产于广东、广西、海南、云南等地。夏季采收，洗净切段，晒干。性味微苦，凉；归胃、大肠经；功能清热解毒、利湿消滞；主治湿热泻痢、食滞脘胀、风湿热痹、瘰疬、疮疥等症。在广东，常被用于煲制凉茶。（张秋镇）

白花菜　见"扭肚藤"。
假素馨　见"扭肚藤"。
猪肚勒　见"扭肚藤"。
青藤仔　见"扭肚藤"。

左扭藤 见"扭肚藤"。

胖大海 又称安南子、大洞果、胡大海、大发、通大海、大海子、大海榄。中药材。为梧桐科植物胖大海 *Sterculia lychnophora* Hance 的干燥成熟种子。始载于《本草纲目拾遗》。主产于越南、印度、马来西亚、泰国及印度尼西亚等国，我国广东湛江、海南、广西东兴、云南西双版纳等地亦有引种。性味甘，寒；归肺、大肠经；功能清热润肺、利咽开音、润肠通便；主治肺热声哑、干咳无痰、咽喉干痛、热结便秘、头痛目赤等症。（张秋镇）

安南子 见"胖大海"。
大洞果 见"胖大海"。
胡大海 见"胖大海"。
大发 见"胖大海"。
通大海 见"胖大海"。
大海子 见"胖大海"。
大海榄 见"胖大海"。

千斤拔 又称蔓千斤拔、土黄鸡、金鸡落地、老鼠尾、透地龙、牛大力、千里马、牛顿头、大力黄、牛尾荡。中药材。为豆科植物千斤拔 *Flemingia prostrata* C. Y. Wu（*Flemingia philippinensis* Merr. et Rolfe）的干燥根。"千斤拔"之名出自《植物名实图考》。主产于广东、湖北、湖南、福建、台湾、海南、广西、贵州、云南等地。全年可采挖，洗净，干燥；或趁鲜切片，干燥。性味甘、微涩，平；归脾、胃、肝、肾经；功能补脾胃、益肝肾、强腰膝、舒筋络；主治脾胃虚弱、气虚脚肿、肾虚腰痛、手足酸软、风湿骨痛、跌打损伤等症。（张秋镇）

蔓千斤拔 见"千斤拔"。
土黄鸡 见"千斤拔"。
金鸡落地 见"千斤拔"。
老鼠尾 见"千斤拔"。

透地龙 见"千斤拔"。
牛大力 见"千斤拔"。
千里马 见"千斤拔"。
牛顿头 见"千斤拔"。
大力黄 见"千斤拔"。
牛尾荡 见"千斤拔"。

千里光 又称千里及、千里急、黄花演、眼明草、九里光、九里明、一扫光、九龙光、千里明、黄花草、蔓黄菀。中药材。为菊科植物千里光 *Senecio scandens* Buch.-Ham. ex D. Don 的干燥地上部分。"千里及"之名始载于《本草拾遗》，"千里光"之名出自《本草图经》，《中华人民共和国药典》从 1977 年版开始收载。主产于广东、广西、江苏、浙江、四川等地。秋季枝叶茂盛、花将开放时采割，晒干。性味苦，寒，有小毒；归肝、肺经；功能清热解毒、清肝明目、杀虫止痒；主治风热感冒、泄泻痢疾、目赤肿痛、皮肤湿疹、疮疖；中寒泄泻者勿服。"有人识得千里光，全家一世不生疮"，被誉为"外科圣药"。（张秋镇）

千里及 见"千里光"。
千里急 见"千里光"。
黄花演 见"千里光"。
眼明草 见"千里光"。
九里光 见"千里光"。
九里明 见"千里光"。
一扫光 见"千里光"。
九龙光 见"千里光"。
千里明 见"千里光"。
黄花草 见"千里光"。
蔓黄菀 见"千里光"。

芡实 又称卵菱、鸡痈、鸡头实、芳子、鸿头、水流黄、水鸡头、肇实、鸡咀莲、鸡头苞、刺莲蓬实。中药材。肇庆芡实为十大广药（广藿香、广佛手、广陈皮、肇庆芡实、连州玉竹、广金钱草、化州橘红、阳春砂仁、德

庆巴戟天、德庆何首乌）之一。为睡莲科植物芡 *Euryale ferox* Salisb. ex DC 的干燥成熟种仁。"鸡头实"之名始载于《神农本草经》。主产于我国南北各省，从黑龙江至云南、广东均有栽种；广东肇庆栽培的芡实粒大质优，海外驰名，被誉为"肇实"。秋末冬初采收成熟果实，除去果皮，取出种子，洗净，再除去硬壳（外种皮），晒干。性味甘、涩，平；归脾、肾经；功能益肾固精、补脾止泻、除湿止带；主治遗精滑精、尿频遗尿、脾虚久泻、白浊、带下等症；大小便不利者禁服，食滞不化者慎服。在广东，被广泛用于煲汤。（张秋镇）

卵菱 见"芡实"。
鸡痈 见"芡实"。
鸡头实 见"芡实"。
芳子 见"芡实"。
鸿头 见"芡实"。
水流黄 见"芡实"。
水鸡头 见"芡实"。
肇实 见"芡实"。
鸡咀莲 见"芡实"。
鸡头苞 见"芡实"。
刺莲蓬实 见"芡实"。

青蒿 又称蒿、草蒿、方溃、臭蒿、香蒿、三庚草、草蒿子、黑蒿、白染艮、细叶蒿、苦蒿、臭青蒿、香丝草、酒饼草。中药材。为菊科植物黄花蒿 *Artemisia annua* L. 的干燥地上部分。"青蒿"之名出自《五十二病方》。主产于我国南北各省。花蕾期采收，切碎，晒干。性味苦、辛，寒；归肝、胆经；功能清热解暑、除骨蒸劳热、解暑热、截疟、退黄；主治温邪伤阴、夜热早凉、阴虚发热、骨蒸劳热、暑邪发热、疟疾寒热、湿热黄疸等症；产后血虚、内寒作泻及饮食停滞泄泻者勿用。为提取青蒿素的主要原料，广州中医药大学李国桥等利用"青蒿素"研制"青

黄花蒿 *Artemisia annua* L.

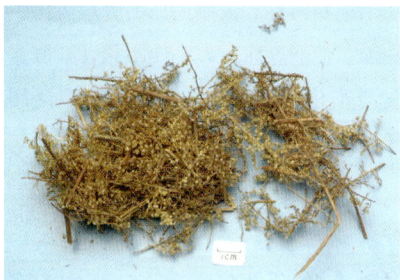

青蒿

蒿素复方"，为人类控制疟疾流行贡献了中医智慧；我国南方还取青蒿枝叶制作酒饼或酱料。（张秋镇）

蒿　见"青蒿"。
草蒿　见"青蒿"。
方溃　见"青蒿"。
臭蒿　见"青蒿"。
香蒿　见"青蒿"。
三庚草　见"青蒿"。
草蒿子　见"青蒿"。
黑蒿　见"青蒿"。
白染艮　见"青蒿"。
细叶蒿　见"青蒿"。
苦蒿　见"青蒿"。
臭青蒿　见"青蒿"。
香丝草　见"青蒿"。
酒饼草　见"青蒿"。

青天葵　又称独叶莲、珍珠草、独脚莲、珍珠叶、坠千斤、铁帽子、天葵、入地珍珠、假天麻。中药材。为兰科植物毛唇芋兰 *Nervilia fordii*（Hance）Schltr. 的干燥全草。"独叶莲"之名始

载于《陆川本草》，"青天葵"之名始载于《岭南采药录》。主产于广东、广西、四川、云南等地，广东平远建有青天葵 GAP 种植基地。夏、秋两季采挖，洗净，晒干；或洗净后，除去须根，晒至半干时，将叶片包裹球茎，搓成球状，反复搓晒至干。性味甘，凉；归心、肺、肝经；功能润肺止咳、清热凉血、散瘀止痛；主治肺痨咯血、痰火咳血、热病发热、血热斑疹、热毒疮疖等症；阳虚者慎服。在港澳地区，是食疗药膳的高级菜肴。（张秋镇）

独叶莲　见"青天葵"。
珍珠草　见"青天葵"。
独脚莲　见"青天葵"。
珍珠叶　见"青天葵"。
坠千斤　见"青天葵"。
铁帽子　见"青天葵"。
天葵　见"青天葵"。
入地珍珠　见"青天葵"。
假天麻　见"青天葵"。

千年健　又称一包针、千年见、千颗针、丝棱线。中药材。为天南星科植物千年健 *Homalomena occulta*（Lour.）Schott 的干燥根茎。出自《本草纲目拾遗》，《中华人民共和国药典》从1977 年版开始收载。主产于广东、海南、广西、云南等地。春、秋季采挖，洗净，除去外皮，晒干。性味苦、辛，温；归肝、肾经；功能祛风湿、壮筋骨；主治风寒湿痹、腰膝冷痛、拘挛麻木、筋骨痿软等症；阴虚内热者忌用，忌与莱菔子同用。（张秋镇、王一帆）

一包针　见"千年健"。
千年见　见"千年健"。
千颗针　见"千年健"。
丝棱线　见"千年健"。

肉豆蔻　又称迦拘勒、豆蔻、肉果、玉果、顶头肉。中药材。为肉豆蔻科

植物肉豆蔻 *Myristica fragrans* Houtt. 的干燥种仁。出自《药性论》。主产于马来西亚及印度尼西亚，我国广东、台湾、云南等地有栽种。每年 4—6 月和 11—12 月各采一次，摘取成熟果实，取出种子，剥去假种皮，45℃以下低温干燥。性味辛，温；归脾、胃、大肠经；功能温中行气、涩肠止泻；主治脾胃虚寒、久泻不止、脘腹胀痛、食少呕吐等症。（张秋镇、王一帆）

迦拘勒　见"肉豆蔻"。
豆蔻　见"肉豆蔻"。
肉果　见"肉豆蔻"。
玉果　见"肉豆蔻"。
顶头肉　见"肉豆蔻"。

肉桂　又称牡桂、箘桂、桂、木桂、辣桂、桂皮、玉桂。中药材。为樟科植物肉桂 *Cinnamomum cassia* Presl 的干

肉桂 *Cinnamomum cassia* Presl

肉桂

燥树皮。"牡桂""箇桂"之名出自《神农本草经》，"桂"之名出自《名医别录》，"肉桂"之名出自《新修本草》。主产于广西、广东、云南等地，广东罗定为"中国肉桂之乡"，其出产的肉桂习称"西江肉桂"。多于秋季剥取，阴干。性味辛、甘，大热；归肾、脾、心、肝经；功能补火助阳、引火归原、散寒止痛、温通经脉；主治阳痿宫冷、腰膝冷痛、肾虚作喘、虚阳上浮、眩晕目赤、心腹冷痛、虚寒吐泻、寒疝腹痛、痛经闭经等症；有出血倾向者及孕妇慎用，不宜与赤石脂同用。（张秋镇、王一帆）

牡桂　见"肉桂"。

箇桂　见"肉桂"。

桂　见"肉桂"。

木桂　见"肉桂"。

辣桂　见"肉桂"。

桂皮　见"肉桂"。

玉桂　见"肉桂"。

三叉苦　又称三桠苦、三丫苦、三叉虎、三枝枪、三部虎、斑鸠花、小黄散、鸡骨树。中药材。为芸香科植物三桠苦 *Euodia lepta* Merrill 的干燥茎及带叶嫩枝。"三丫苦"之名出自《岭南采药录》，1977 年版《中华人民共和国药典》收载。主产于广东、海南、广西、台湾、福建、江西、贵州及云南南部等地。全年可采收，洗净，趁鲜切段或切片，干燥。性味苦，寒；归肝、肺、胃经；功能清热解毒、行气止痛、燥湿止痒；主治热病高热不退、咽喉肿痛、热毒疮肿、风湿痹痛、湿火骨痛、胃脘痛、跌打肿痛等症，外用治皮肤湿热疮疹、皮肤瘙痒、痔疮等症。在广东、广西等地，常被用于煲制凉茶。（张秋镇、王一帆）

三桠苦　见"三叉苦"。

三丫苦　见"三叉苦"。

三叉虎　见"三叉苦"。

三枝枪　见"三叉苦"。

三部虎　见"三叉苦"。

斑鸠花　见"三叉苦"。

小黄散　见"三叉苦"。

鸡骨树　见"三叉苦"。

三加皮　又称白簕根、刺三甲、风党簕、苦粉簕、刺三加、苦刺头、三甲皮、鸡脚菜、刺五爪、三叶五加、香藤刺、三五加、鹅掌簕。中药材。为五加科植物白簕 *Eleutherococcus trifoliatus*（Linnaeus）S. Y. Hu 的干燥根或根皮。"白簕根"之名出自《生草药性备要》，"三加皮"之名出自《广西药用植物名录》。主产于广东、广西、云南、四川、贵州等地。秋末叶落时至次春发芽前采挖根部，干燥；或纵向剖开，剥取根皮，干燥。性味苦、涩，微寒；归脾、肝经；功能祛风除湿、清热解毒、散瘀止痛；主治风湿痹痛、湿热痢疾、黄疸等症，外用治疮痈肿毒、跌打损伤、皮肤湿疹等症；孕妇慎服。在广东，白簕的嫩叶常被加入食疗菜谱之中。（张秋镇、王一帆）

白簕根　见"三加皮"。

刺三甲　见"三加皮"。

风党簕　见"三加皮"。

苦粉簕　见"三加皮"。

刺三加　见"三加皮"。

苦刺头　见"三加皮"。

三甲皮　见"三加皮"。

鸡脚菜　见"三加皮"。

刺五爪　见"三加皮"。

三叶五加　见"三加皮"。

香藤刺　见"三加皮"。

三五加　见"三加皮"。

鹅掌簕　见"三加皮"。

山白芷　又称羊耳菊、土白芷、毛老虎、大力黄、小茅香、大力王、白叶菊、大刀药、白背风、白羊耳、过山香、大麻香、铁杆香、白牛胆根、羊耳风。中药材。为菊科植物羊耳菊 *Duhaldea cappa*（Buchanan–Hamilton ex D. Don）Pruski & Anderberg 的干燥根及根茎。出自《生草药性备要》，1977 年版《中华人民共和国药典》以"羊耳菊"之名收载。主产于广东、四川、云南、贵州、广西、江西、福建、浙江等地。全年可采挖，除净泥土，切成短段，晒干。性味辛、甘、微苦，温；归肺、肝、脾、胃经；功能祛风散寒、行气利湿、解毒消肿；主治感冒风寒、咳嗽、头痛胃痛、风湿痹痛、跌打肿痛等症，外用治疮疖疥癣。在广西，兽医将其用于治疗牛的痢疾。（张秋镇、王一帆）

羊耳菊　见"山白芷"。

土白芷　见"山白芷"。

毛老虎　见"山白芷"。

大力黄　见"山白芷"。

小茅香　见"山白芷"。

大力王　见"山白芷"。

白叶菊　见"山白芷"。

大刀药　见"山白芷"。

白背风　见"山白芷"。

白羊耳　见"山白芷"。

过山香　见"山白芷"。

大麻香　见"山白芷"。

铁杆香　见"山白芷"。

白牛胆根　见"山白芷"。

羊耳风　见"山白芷"。

山大颜　又称大舟叶、九节木、假木竹、血丝罗伞、大罗伞、火筒树、盆筒、山大刀、暗山公、刀枪木。中药材。为茜草科植物九节 *Psychotria asiatica* Wall. 的干燥叶及嫩枝。"大舟叶"之名始载于《生草药性备要》，"山大颜"之名出自《岭南采药录》。主产于广东、广西、浙江、福建、台湾、湖南等地。全年可采收，鲜用；

或洗净切片晒干。性味苦，凉；归肺、膀胱经；功能清热解毒、祛风除湿、接骨生肌；主治疮疡肿毒、风湿疼痛、跌打损伤等症。（张秋镇、王一帆）

大舟叶　见"山大颜"。
九节木　见"山大颜"。
假木竹　见"山大颜"。
血丝罗伞　见"山大颜"。
大罗伞　见"山大颜"。
火筒树　见"山大颜"。
盆筒　见"山大颜"。
山大刀　见"山大颜"。
暗山公　见"山大颜"。
刀枪木　见"山大颜"。

山奈　又称三奈子、三赖、三奈、山辣、沙姜。中药材。为姜科植物山奈 *Kaempferia galanga* L. 的干燥根茎。"三赖"之名出自《本草品汇精要》，"山奈"之名出自《本草纲目》，"沙姜"之名出自《岭南采药录》。主产于广东、福建、海南、广西、云南等地；广东省化州市南盛镇种植沙姜有 200 多年历史，被誉为"中国沙姜之乡"；广东省阳江市阳春市双滘镇亦大规模种植沙姜，成为"中国沙姜第一镇"。

山奈 *Kaempferia galanga* L.

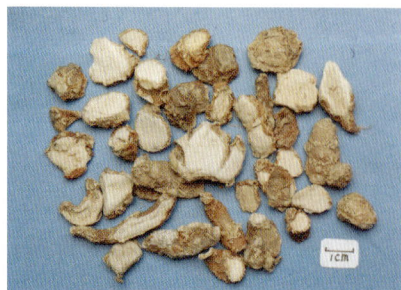

山奈

冬季采挖，洗净，除去须根，切片，晒干。性味辛，温；归胃经；功能行气温中、消食、止痛；主治胸膈胀满、脘腹冷痛、饮食不消等症；阴虚血亏及胃有郁火者禁服。在广东，常被用作调味品，作为传统名肴白切鸡等的伴食品。（张秋镇、王一帆）

三奈子　见"山奈"。
三赖　见"山奈"。
三奈　见"山奈"。
山辣　见"山奈"。
沙姜　见"山奈"。

山银花　又称大金银花、山金银花、土银花、左转藤、黄鳝花、土忍冬。中药材。为忍冬科植物华南忍冬 *Lonicera confusa*（Sweet）DC.、大花忍冬（灰毡毛忍冬）*Lonicera macrantha*（D. Don）Spreng.、菰腺忍冬 *Lonicera hypoglauca* Miq. 的干燥花蕾或初开的花。"山银花"之名出自《拉汉英种子植物名称》，《中华人民共和国药典》从 2005 年版开始把忍冬属植物灰毡毛忍冬、菰腺忍冬和华南忍冬定为"山银花"的植物来源。主产于广东、海南、广西、安徽、浙江、江西、福建、台湾、湖北、湖南、四川、贵州、云南等地。夏初花开放前采收，干燥。性味甘，寒；归肺、心、胃经；功能清热解毒、疏散风热；主治痈肿疔疮、喉痹、丹毒、热毒血痢、风热感冒、温热发病等症。在岭南，常被用于煲制凉茶。（张秋镇、王一帆）

大金银花　见"山银花"。
山金银花　见"山银花"。
土银花　见"山银花"。
左转藤　见"山银花"。
黄鳝花　见"山银花"。
土忍冬　见"山银花"。

山芝麻　又称岗油麻、岗脂麻、山油麻、田油麻、仙桃草、野芝麻、假芝麻、假油麻、芝麻头、牛釜尾、野麻甲、假麻甲。中药材。为梧桐科植物山芝麻 *Helictercs angustifolia* L. 的干燥根。"岗油麻"之名始载于《生草药性备要》，"山芝麻"之名出自《福建民间草药》。主产于广东、广西、江西、福建等地。全年可采挖，除去杂质，洗净切段，晒干。性味苦，寒，有小毒；归肺、大肠经；功能解表清热、解毒消肿；主治感冒发热、疖腮、乳蛾、麻疹、咳嗽、泄泻痢疾、痈肿等症；虚寒症、孕妇及体弱者忌服。在岭南，常被用于煲制凉茶。（张秋镇、王一帆）

岗油麻　见"山芝麻"。
岗脂麻　见"山芝麻"。
山油麻　见"山芝麻"。
田油麻　见"山芝麻"。
仙桃草　见"山芝麻"。
野芝麻　见"山芝麻"。
假芝麻　见"山芝麻"。
假油麻　见"山芝麻"。
芝麻头　见"山芝麻"。
牛釜尾　见"山芝麻"。
野麻甲　见"山芝麻"。
假麻甲　见"山芝麻"。

石见穿　又称华鼠尾草、乌沙草、黑面风、大发汗、石打穿、紫参、小丹参。中药材。为唇形科植物华鼠尾草 *Salvia chinensis* Benth. 的干燥地上部分。始载于《本草纲目》，1977 年版《中华人民共和国药典》收载。主产于江苏、安徽、江西、湖北、湖南、广东、广西、四川、云南等地。夏、秋季开花时采收，除去杂质，干燥。性味辛、苦、平；归肝、胃、肺经；功能解毒散结、消痰平喘、活血祛瘀；主治噎膈反胃、痰饮喘咳、痈肿瘰疬、赤白带下、风湿骨痛、乳痈等症；还可治疗肝炎、癌症及妇科疾病。（张秋镇、王一帆）

华鼠尾草　见"石见穿"。

乌沙草　见"石见穿"。

黑面风　见"石见穿"。

大发汗　见"石见穿"。

石打穿　见"石见穿"。

紫参　见"石见穿"。

小丹参　见"石见穿"。

石决明　又称真珠母、鳆鱼甲、九孔螺、千里光、鲍鱼皮、金蛤蜊皮。中药材。为鲍科动物杂色鲍 *Haliotis diversicolor* Reeve、皱纹盘鲍 *Haliotis discus hannai* Ino、羊鲍 *Haliotis ovina* Gmelin、澳洲鲍 *Haliotis ruber*（Leach）、耳鲍 *Haliotis asinina* Linnaeus、白鲍 *Haliotis laevigata*（Donovan）的贝壳。出自《名医别录》。主产于广东、福建等地。夏、秋季捕捉，去肉，洗净，干燥。性味咸，寒；归肝经；功能平肝潜阳、清肝明目；主治头痛眩晕、目赤翳障、视物昏花、青盲雀目等症；脾胃虚寒者慎服。（张秋镇、王一帆）

真珠母　见"石决明"。

鳆鱼甲　见"石决明"。

九孔螺　见"石决明"。

千里光　见"石决明"。

鲍鱼皮　见"石决明"。

金蛤蜊皮　见"石决明"。

石蒲藤　又称石柑子、藤橘、石气柑、巴岩香、青蒲芦茶、石葫芦、上树葫芦、石蜈蚣、爬山蜈蚣。中药材。为天南星科植物石柑子 *Pothos chinensis*（Raf.）Merr. 的干燥全草。出自《中国高等植物图鉴》。主产于广东、广西、台湾、湖北、四川、贵州、云南等地。全年可采收，晒干或鲜用。性味辛、苦，平，有小毒；归肠、肝、胃经；功能行气止痛、消积除胀、祛风除湿、散瘀解毒；主治心胃气痛、疝气、小儿疳积、食积腹胀、血吸虫病晚期肝脾肿大、风湿痹痛、脚气肿

痛、跌打损伤、骨折、聤耳流脓、鼻渊等症；孕妇忌服。（张秋镇、王一帆）

石柑子　见"石蒲藤"。

藤橘　见"石蒲藤"。

石气柑　见"石蒲藤"。

巴岩香　见"石蒲藤"。

青蒲芦茶　见"石蒲藤"。

石葫芦　见"石蒲藤"。

上树葫芦　见"石蒲藤"。

石蜈蚣　见"石蒲藤"。

爬山蜈蚣　见"石蒲藤"。

石仙桃　又称石橄榄、石上莲、石黄肉、石穿盘、细颈葫芦、石莲。中药材。为兰科植物石仙桃 *Pholidota chinensis* Lindl. 的干燥全草或假鳞茎。出自《生草药性备要》。主产于福建、广东、广西、云南等地。全年可采挖，除去沙泥杂质，洗净，置沸水中略烫，晒干。性味甘、淡，微寒；归肺、胃、肾经；功能养阴清热、润肺止咳；主治热病津伤口渴、阴虚燥咳、潮热盗汗、肺结核咯血、慢性气管炎、慢性胃炎、消化性溃疡而胃阴不足等症；外用治跌打损伤、慢性骨髓炎等症。（张秋镇、王一帆）

石橄榄　见"石仙桃"。

石上莲　见"石仙桃"。

石黄肉　见"石仙桃"。

石穿盘　见"石仙桃"。

细颈葫芦　见"石仙桃"。

石莲　见"石仙桃"。

水翁花　又称大蛇药、水香、水翁仔、水榕花、水雍花。中药材。为桃金娘科植物水翁蒲桃 *Syzygium nervosum* Candolle 的干燥花蕾。"水翁花"之名出自《岭南采药录》。主产于广东、海南、广西、云南、台湾等地。夏季开花前采收有花蕾的花枝，用水淋湿，

堆叠3—5天，使花蕾自然脱落，收集花蕾，晒干。性味苦，寒；归脾、胃经；功能清热解暑、祛湿消滞；主治感冒发热、头痛、腹胀、呕吐、泄泻等症。在广东，常被用于煲制凉茶。（张秋镇、王一帆）

大蛇药　见"水翁花"。

水香　见"水翁花"。

水翁仔　见"水翁花"。

水榕花　见"水翁花"。

水雍花　见"水翁花"。

四叶莲　又称田字草、小姬苗、多形姬苗。中药材。为马钱科植物水田白 *Mitrasacme pygmaea* R. Br. 的干燥全草。"水田白"之名出自《中国高等植物图鉴》，《广东省中药材质量标准》以"四叶莲"之名收载。主产于广东、福建、浙江、台湾、海南等地，广东潮汕多用，主产于揭阳普宁大南和潮州饶平上善。夏、秋季果实成熟时采收，除去杂质，干燥。性味辛、微苦，微寒；归肺、肝经；功能清肺止咳；主治肺热咳嗽、咽喉肿痛等症。（张秋镇、李婷婷）

田字草　见"四叶莲"。

小姬苗　见"四叶莲"。

多形姬苗　见"四叶莲"。

苏木　又称苏枋、苏方、苏方木、窊木、棕木、赤木、红柴。中药材。为豆科植物苏木 *Caesalpinia sappan* L. 的干燥心材。"苏枋"之名始载于《南方草木状》，"苏方木"之名出自《新修本草》，"苏木"之名出自《本草纲目》。主产于广东、广西、贵州、云南、台湾、福建、海南、四川等地。多于秋季采伐，除去白色边材，干燥。性味甘、咸，平；归心、肝、脾经；功能活血祛瘀、消肿止痛；主治跌打损伤、骨折筋伤、瘀滞肿痛、经闭痛

经、产后瘀阻、胸腹刺痛、痈疽肿痛等症；月经过多者及孕妇慎用；还可作天然染料，为我国古代著名的红色系染料。（张秋镇、李娉婷）

苏枋　见"苏木"。

苏方　见"苏木"。

苏方木　见"苏木"。

窊木　见"苏木"。

棕木　见"苏木"。

赤木　见"苏木"。

红柴　见"苏木"。

痰火草　又称围夹草、癌草、仙人对坐草、青竹壳菜、青鸭跖草。中药材。为鸭跖草科植物大苞水竹叶 Murdannia bracteata（C. B. Clarke）J. K. Morton ex Hong 的干燥全草。"大苞水竹叶"之名始载于《海南植物名录》，"痰火草"之名出自《广东省惠阳地区中草药》。主产于广东、海南、广西、云南等地。全年可采收，晒干。性味甘、淡，凉；归肺经；功能化痰散结、利尿通淋；主治瘰疬痰核、热淋等症。（张秋镇、李娉婷）

围夹草　见"痰火草"。

癌草　见"痰火草"。

仙人对坐草　见"痰火草"。

青竹壳菜　见"痰火草"。

青鸭跖草　见"痰火草"。

天文草　又称金纽扣、拟千日菊、雨伞草、散血草、红铜水草、大黄花、黄花苦草、苦草、过海龙、山有皮、黑节关。中药材。为菊科植物金纽扣 Acmella paniculata（Wallich ex Candolle）R.K.Jansen 的干燥全草。出自《广州部队〈常用中草药手册〉》。主产于广东、云南、海南、广西及台湾等地。全年可采收，洗净，晒干。性味辛、苦，微温，有小毒；归心、肝、肺经；功能解毒利湿、止咳定喘、

消肿止痛；主治疟疾、牙痛、肠炎、痢疾、咳嗽、哮喘、百日咳、肺结核等症，外用治毒蛇咬伤、狗咬伤、痈疖肿毒等症。（张秋镇、李娉婷）

金纽扣　见"天文草"。

拟千日菊　见"天文草"。

雨伞草　见"天文草"。

散血草　见"天文草"。

红铜水草　见"天文草"。

大黄花　见"天文草"。

黄花苦草　见"天文草"。

苦草　见"天文草"。

过海龙　见"天文草"。

山有皮　见"天文草"。

黑节关　见"天文草"。

田基黄　又称地耳草、斑鸠窝、雀舌草、降龙草、黄花仔、禾霞气、耳挖草、小田基黄、小还魂。中药材。为藤黄科植物地耳草 Hypericum japonicum Thunb. ex Murray 的干燥全草。出自《生草药性备要》，1977 年版《中华人民共和国药典》收载。主产于广东、广西、江苏、浙江、福建、湖南、江西、四川、云南、贵州等地。春、夏季开花时采挖，除去杂质，晒干或鲜用。性味甘、微苦，微寒；归经肺、胃经；功能清热利湿、散瘀解毒；主治湿热黄疸、泄泻痢疾、疮疖痈毒、毒蛇咬伤等症，外用主治积瘀肿痛、跌打损伤等症。（张秋镇、李娉婷）

地耳草　见"田基黄"。

斑鸠窝　见"田基黄"。

雀舌草　见"田基黄"。

降龙草　见"田基黄"。

黄花仔　见"田基黄"。

禾霞气　见"田基黄"。

耳挖草　见"田基黄"。

小田基黄　见"田基黄"。

小还魂　见"田基黄"。

铁包金　又称狗脚利、提云草、小桃花、老鼠草、老鼠耳、乌口仔、小叶铁包金、假榄仔、老鼠屎。中药材。为鼠李科植物铁包金 Berchemia lineata（L.）DC. 的干燥根。出自《岭南采药录》。主产于广东、广西、福建、台湾、湖南等地。全年可采挖，洗净，切段或切片，晒干。性味甘、淡、涩，平；归经肺、胃、肝经；功能理肺止咳、祛瘀止痛、舒肝退黄、健胃消食；主治劳伤咳血、跌打损伤、风湿痹痛、偏正头痛、胸胁疼痛、小儿疳积等症。（张秋镇、李娉婷）

狗脚利　见"铁包金"。

提云草　见"铁包金"。

小桃花　见"铁包金"。

老鼠草　见"铁包金"。

老鼠耳　见"铁包金"。

乌口仔　见"铁包金"。

小叶铁包金　见"铁包金"。

假榄仔　见"铁包金"。

老鼠屎　见"铁包金"。

铁皮石斛　又称黑节草、云南铁皮、铁皮兰。中药材。为兰科植物铁皮石斛 Dendrobium officinale Kimura et Migo 的干燥茎。出自《中药志》，为石斛之极品；"石斛"之名始载于《山海经》，自古作为保健养生的佳品，被誉为"仙草"；《中华人民共和国药典》从 2010 年版开始将其从"石斛"中单列并以"铁皮石斛"之名收载。主产于广东、广西、云南、贵州等地，均为栽培。每年 11 月至翌年 3 月采收，除去杂质，剪去部分须根，边加热边扭成螺旋形或弹簧状，低温烘干，习称铁皮枫斗（又称耳环石斛）；或切段，干燥或低温烘干，习称铁皮石斛。性味甘，微寒；归胃、肾经；功能益胃生津、滋阴清热；主治热病津伤、口干烦渴、胃阴不足、食少干呕、病后虚热不退、阴虚火旺、骨蒸劳热、目暗不明、筋骨

痿软等症。（张秋镇、李婷婷）

黑节草 见"铁皮石斛"。

云南铁皮 见"铁皮石斛"。

铁皮兰 见"铁皮石斛"。

望江南子 又称假决明、水抓豆、江南豆、野鸡子豆、金角子、金角儿。中药材。为豆科植物望江南 *Senna occidentalis*（Linnaeus）Link 的干燥种子。"望江南"之名始载于《救荒本草》。主产于广东、河北、江苏、浙江、安徽、山东、福建、台湾、海南、广西、云南等地。秋末冬初荚果成熟时，摘取荚果，除去果壳杂质，收集种子，干燥。性味甘、苦，微寒，有小毒；归肝、胃经；功能清肝明目、清热解毒、润肠通便；主治肝热目赤肿痛、湿热泻痢、肠燥便秘等症。（张秋镇、李婷婷）

假决明 见"望江南子"。

水抓豆 见"望江南子"。

江南豆 见"望江南子"。

野鸡子豆 见"望江南子"。

金角子 见"望江南子"。

金角儿 见"望江南子"。

五月艾 又称艾、野艾、艾蒿、大艾、医草、灸草、艾绒。中药材。为菊科植物五月艾 *Artemisia indica* Willd. 的干燥地上部分。出自《植物研究》，"艾"之名始载于《名医别录》，因与中药材艾的功效相似，在广东作艾叶使用。除新疆、西藏外，我国各省区都有出产。夏、秋之交枝叶茂盛时采收，因其常采收于5月，故名五月艾；割取地上部分，晒干或阴干。性味辛、苦，温，有小毒；归脾、肝、肾经；功能温经止血、散寒止痛，外用祛湿止痒；主治吐血、衄血、崩漏、月经过多、胎漏下血、小腹冷痛、经寒不调、宫冷不孕等症，外治皮肤瘙

痒。客家人常采五月艾的嫩苗制作艾粄食用。（张秋镇、李婷婷）

艾 见"五月艾"。

野艾 见"五月艾"。

艾蒿 见"五月艾"。

大艾 见"五月艾"。

医草 见"五月艾"。

灸草 见"五月艾"。

艾绒 见"五月艾"。

五指柑 又称黄荆条、布荆、荆条、五指风。中药材。为马鞭草科植物黄荆 *Vitex negundo* L. 的干燥全株。"黄荆"之名始载于《本草图经》，列入"牡荆"条下；《生草药性备要》以"五指柑"之名收载。主产于广东、广西、江苏、浙江、四川、湖南等地。全年可采收，除去泥沙，洗净，干燥。性味微苦、辛，平，归肺经；功能解表清热、利湿除痰、止咳平喘、理气止痛、截疟杀虫，主治感冒咳喘、脘满腹痛、泄泻痢疾、疟疾、蛲虫病等，外用治痈肿和疮癣；湿热燥渴无气滞者忌用。（张秋镇、李婷婷）

黄荆条 见"五指柑"。

布荆 见"五指柑"。

荆条 见"五指柑"。

五指风 见"五指柑"。

五指毛桃 又称五指牛奶、土黄芪、土五加皮、五爪龙、母猪奶、五指榕、五指香、五叉牛奶、三爪龙、五爪桃、山狗差。中药材。为桑科植物粗叶榕 *Ficus hirta* Vahl 的干燥根，有"南黄芪""广东人参"之美称。"五爪龙"之名始载于《生草药性备要》，"五指毛桃"出自《广州空军〈常用中草药手册〉》。全年可采挖，除去泥沙，洗净，趁鲜时切成短段或厚片，及时晒干或低温烘干，以防发霉、变色；忌高温烘，以防气味散失。主产

于广东、广西、云南、贵州、福建等地，广东河源建有五指毛桃 GAP 种植基地。性味甘，微温；归肺、脾、胃、大肠、肝经；功能益气健脾、祛痰化湿、舒筋活络；主治肺虚痰喘咳嗽、脾胃气虚之肢倦无力、食少腹胀、脾虚水肿、带下、风湿痹痛、腰腿痛、产后无乳等症；孕妇慎用。国医大师邓铁涛用其治疗重症肌无力，疗效显著。在广东，被广泛用于煲汤、泡药酒。（张秋镇、李婷婷）

五指牛奶 见"五指毛桃"。

土黄芪 见"五指毛桃"。

土五加皮 见"五指毛桃"。

五爪龙 见"五指毛桃"。

母猪奶 见"五指毛桃"。

五指榕 见"五指毛桃"。

五指香 见"五指毛桃"。

五叉牛奶 见"五指毛桃"。

三爪龙 见"五指毛桃"。

五爪桃 见"五指毛桃"。

山狗差 见"五指毛桃"。

溪黄草 又称苦味草、熊胆草、溪沟草、土黄连、台湾延胡索、大叶蛇总管、四方蒿、香茶菜、黄汁草、手擦黄、血风草。中药材。为唇形科植物线纹香茶菜 *Isodon lophanthoides*（Buchanan-Hamilton ex D. Don）H. Hara 及其变种细花线纹香茶菜 *Isodon lophanthoides* var. *graciliflorus*（Benth.）H. Hara 或 溪 黄 草 *Isodon serra*（Maximowicz）Kudo 的干燥全草；同属植物狭基线纹香茶菜 *Isodon lophanthoides* var. *gerardianus*（Benth.）H. Hara 在广东亦同等入药。药用始载于《揭阳县民间常用草药简编》。主产于广东、湖南、湖北、广西、云南、贵州、四川、江西、福建、浙江等地。广东以清远阳山、潮州饶平栽培较多，建有溪黄草（狭基线纹香茶菜）GAP基地。夏、秋季采收，除去杂质，晒

干。性味苦，寒；归肝、胆、大肠经；功能清热利湿、凉血散瘀；主治湿热黄疸、腹胀胁痛、湿热泄泻、热毒泻痢、跌打损伤；脾胃虚寒者慎服。在广东，常被用于制作清肝利胆的保健茶。（张秋镇、李娉婷）

苦味草　见"溪黄草"。

熊胆草　见"溪黄草"。

溪沟草　见"溪黄草"。

土黄连　见"溪黄草"。

台湾延胡索　见"溪黄草"。

大叶蛇总管　见"溪黄草"。

四方蒿　见"溪黄草"。

香茶菜　见"溪黄草"。

黄汁草　见"溪黄草"。

手擦黄　见"溪黄草"。

血风草　见"溪黄草"。

香茅　又称茅香、大风茅、柠檬茅、柠檬草、茅草茶、姜巴茅、姜草、香巴茅、风茅草、姜巴草。中药材。为禾本科植物柠檬草 Cymbopogon citratus（D.C.）Stapf 的干燥地上部分。"茅香"之名始载十《本草拾遗》，"香茅"之名出自《本草纲目》。主产于广东、广西、云南、四川、福建、台湾、浙江、上海等地。全年可采收，洗净，鲜用或晒干。性味辛、甘，温；归肺、胃、脾经；功能祛风通络、温中止痛、利湿止泻；主治外感风寒头痛、头风头痛、风湿痹痛、脘腹冷痛、泄泻、水肿、脚气、跌打损伤。为厨房常用调料，用于鱼虾蟹的烹制、咖喱的制作等；还可提取柠檬香精油，供驱蚊虫、制香水、制肥皂等。（张秋镇、李娉婷）

茅香　见"香茅"。

大风茅　见"香茅"。

柠檬茅　见"香茅"。

柠檬草　见"香茅"。

茅草茶　见"香茅"。

姜巴茅　见"香茅"。

姜草　见"香茅"。

香巴茅　见"香茅"。

风茅草　见"香茅"。

姜巴草　见"香茅"。

鸦胆子　又称老鸦胆、苦榛子、苦参子、鸦蛋子、鸭蛋子、鸭胆子。中药材。为苦木科植物鸦胆子 Brucea javanica（L.）Merr. 的干燥成熟果实。始载于《本草纲目拾遗》。主产于广东、广西、福建、台湾等地。秋季果实成熟时采收，除去杂质，晒干。性味苦，寒，有小毒；归大肠、肝经；功能清热解毒、截疟、止痢，外用能腐蚀赘疣；主治痢疾、疟疾等症，外治赘疣、鸡眼等症。（张秋镇、李娉婷）

老鸦胆　见"鸦胆子"。

苦榛子　见"鸦胆子"。

苦参子　见"鸦胆子"。

鸦蛋子　见"鸦胆子"。

鸭蛋子　见"鸦胆子"。

鸭胆子　见"鸦胆子"。

鸭脚艾　又称秦州庵蔺子、鸡鸭脚艾、甜菜子、肺痨草、四季菜、鸭脚菜、大力王、白花蒿、珍珠花菜、真珠菜、野芫荽、广东刘寄奴。中药材。为菊科植物白苞蒿 Artemisia lactiflora Wall. ex DC. 的干燥地上部分。"秦州庵蔺子"之名始载于《重修政和经史证类备急本草》，"鸡鸭脚艾"之名出自《本草纲目》，"鸭脚艾"之名出自《生草药性备要》。主产于广东、广西、海南等地。夏至秋末开花时采收，洗净，切段，晒干。性味辛、微苦，微温；归心、肝、脾经；功能活血散瘀、理气消肿；主治血瘀、痛经、经闭、产后瘀滞腹痛、食积腹胀、寒湿泄泻、疝气、脚气、阴疽肿痛、跌打损伤、水火烫伤等症。在广东潮汕，作野菜食用，习称珍珠花菜。（张秋镇、李娉婷）

秦州庵蔺子　见"鸭脚艾"。

鸡鸭脚艾　见"鸭脚艾"。

甜菜子　见"鸭脚艾"。

肺痨草　见"鸭脚艾"。

四季菜　见"鸭脚艾"。

鸭脚菜　见"鸭脚艾"。

大力王　见"鸭脚艾"。

白花蒿　见"鸭脚艾"。

珍珠花菜　见"鸭脚艾"。

真珠菜　见"鸭脚艾"。

野芫荽　见"鸭脚艾"。

广东刘寄奴　见"鸭脚艾"。

阳春砂仁　又称缩沙蜜、缩砂仁、缩砂密、阳春砂、春砂仁。中药材。十大广药（广藿香、广佛手、广陈皮、肇庆芡实、连州玉竹、广金钱草、化州橘红、阳春砂仁、德庆巴戟天、德庆何首乌）、四大南药（槟榔、益智仁、砂仁、巴戟天）之一。为姜科植物阳春砂 Amomum villosum Lour. 的干燥成熟果实。"缩沙蜜"之名始载于

阳春砂 Amomum villosum Lour.

阳春砂仁

《药性论》，"阳春砂"之名始载于《南越笔记》。原产于波斯国（今伊朗），我国广东、广西、云南等地区有栽培，云南西双版纳栽培规模较大；以广东阳春为地道产地，尤以蟠龙山金花坑为代表，建有阳春砂仁GAP种植基地；2016年入选《广东省岭南中药材保护条例》首批保护品种名录，保护地为阳春。一般于8月中下旬，果实呈红褐色，口尝有辛辣味时采收，剪下成串果穗，连果枝用低温烘焙干燥。性味辛，温；归脾、胃、肾经；功能化湿开胃、温脾止泻、理气安胎；主治湿浊中阻、脘痞不饥、脾胃虚寒、呕吐泄泻、妊娠恶阻、胎动不安等症；阴虚内热者禁服。（张秋镇、李娉婷）

缩沙蜜 见"阳春砂仁"。

缩砂仁 见"阳春砂仁"。

缩砂密 见"阳春砂仁"。

阳春砂 见"阳春砂仁"。

春砂仁 见"阳春砂仁"。

夜香牛 又称伤寒草、消山虎、寄色草、返魂香、假咸虾、枝香草。中药材。为菊科植物夜香牛 *Vernonia cinerea* （L.）Less. 的干燥全草。"伤寒草"之名始载于《岭南采药录》，广东习称夜香牛。主产于广东、广西等地。夏、秋季采收，除去泥沙，晒干。性味苦、辛，凉；归肺、胃、大肠经；功能疏风清热、除湿、解毒；主治感冒发热、肺热咳嗽、湿热泄泻、热毒泻痢、湿热黄疸、带下黄臭、疮痈肿毒、蛇虫咬伤等症。（张秋镇、李娉婷）

伤寒草 见"夜香牛"。

消山虎 见"夜香牛"。

寄色草 见"夜香牛"。

返魂香 见"夜香牛"。

假咸虾 见"夜香牛"。

枝香草 见"夜香牛"。

一点红 又称紫背草、爆仗草、羊蹄草、红背叶、小蒲公英、紫背犁头草、兔草。中药材。为菊科植物一点红 *Emilia sonchifolia*（L.）DC. 的干燥全草。"羊蹄草"之名出自《岭南采药录》，《亨利氏植物名录》以"一点红"之名收载。主产于广东、广西、福建、贵州、江西。夏、秋季采收，去除杂质，洗净，晒干。性味苦，凉；归肺、胃、大肠经；功能清热解毒、散瘀消肿；主治风热感冒、肺热咳喘、咽喉肿痛、口疮、湿热泄泻、热毒泻痢、热淋涩痛、睾丸肿痛、乳痈、疮疖痈肿、缠腰火丹、湿疹、跌打损伤等症。（张秋镇、李娉婷）

紫背草 见"一点红"。

爆仗草 见"一点红"。

羊蹄草 见"一点红"。

红背叶 见"一点红"。

小蒲公英 见"一点红"。

紫背犁头草 见"一点红"。

兔草 见"一点红"。

益智 又称益智子、益智仁、摘艼子。中药材。四大南药（槟榔、益智仁、砂仁、巴戟天）之一。为姜科益智 *Alpinia oxyphylla* Miq. 的干燥成熟果实。"益

益智 *Alpinia oxyphylla* Miq.

益智

智"之名出自《广志》。主产于海南、广东、广西等地，云南、福建等地亦有栽培，以海南为地道产地。夏、秋之交果实由绿变红时采收，晒干或低温干燥。性味辛，温；归脾、肾经；功能暖肾固精缩尿、温脾止泻摄唾；主治肾虚遗尿、小便频数、遗精白浊、脾寒泄泻、腹中冷痛、口多唾涎等症；阴虚火旺者忌服。（张秋镇、李娉婷）

益智子 见"益智"。

益智仁 见"益智"。

摘艼子 见"益智"。

阴香 又称广东桂皮、小桂皮、山玉桂、香胶叶、山肉桂、假桂枝、山桂皮。中药材。为樟科植物阴香 *Cinnamomum burmannii*（C. G. et Th. Nees）Bl. 的干燥树皮。出自《岭南采药录》，《广东省中药材质量标准》以"土肉桂"之名收载。主产于广东、广西、江西、浙江、福建等地，广东以乐昌、连南产量较大。春、夏季采收，剥取树干皮，阴干。性味辛、微甘，温；归脾经；功能温中止痛、祛风散寒、解毒消肿、止血；主治寒性胃痛、腹痛泄泻、食欲不振、风寒湿痹、腰腿疼痛、跌打损伤、创伤出血、疮疖肿毒等症。（张秋镇、李娉婷）

广东桂皮 见"阴香"。

小桂皮 见"阴香"。

山玉桂 见"阴香"。

香胶叶 见"阴香"。

山肉桂 见"阴香"。

假桂枝 见"阴香"。

山桂皮 见"阴香"。

有瓜石斛 又称带爪石斛、果上叶。中药材。为兰科植物流苏金石斛 *Flickingeria fimbriata*（Bl.）Hawkes 带假鳞茎的干燥茎。出自《广西药用植物名录》。主产于广东、海南、广西、

贵州、云南等地。全年可采收，除去泥沙、须根、叶和叶鞘，用沸水略烫，干燥。性味甘，微寒；归胃、肺、肾经；功能益胃生津、滋阴清热；主治阴伤津亏、口干烦渴、食少于呕、病后虚热、目暗等症。在广东、海南等地，作为中药材石斛的习用品，常用于煲汤。（张秋镇、李婷婷）

带爪石斛 见"有爪石斛"。

果上叶 见"有爪石斛"。

玉叶金花 又称凉茶藤、白头公、野白纸扇、山甘草、凉口茶、仙甘藤、蝴蝶藤、凉藤子。中药材。为茜草科植物玉叶金花 *Mussaenda pubescens* Ait.F. Hort. Kew. Ed. 的干燥叶。出自《广州植物志》，《广州部队〈常用中草药手册〉》以"凉茶藤"之名收载。主产于广东、香港、海南、广西、福建、湖南、江西、浙江、台湾等地。夏、秋季枝叶茂盛时采收，除去杂质，洗净，干燥。性味甘、微苦，凉；归肝、脾经；功能清热解暑、凉血解毒、利湿消肿；主治感冒、中暑、肠炎、肾炎水肿、咽喉肿痛、扁桃体炎、支气管炎等症。在广东，常用于夏季熬制解毒防暑凉茶。（张秋镇、李婷婷）

凉茶藤 见"玉叶金花"。

白头公 见"玉叶金花"。

野白纸扇 见"玉叶金花"。

山甘草 见"玉叶金花"。

凉口茶 见"玉叶金花"。

仙甘藤 见"玉叶金花"。

蝴蝶藤 见"玉叶金花"。

凉藤子 见"玉叶金花"。

玉竹 又称荧、委萎、女萎、葳蕤、王马、节地、虫蝉、乌萎、萎蕤、马熏、萎香、连竹、西竹。中药材。连州玉竹为十大广药（广藿香、广佛手、广陈皮、肇庆芡实、连州玉竹、广金

钱草、化州橘红、阳春砂仁、德庆巴戟天、德庆何首乌）之一。为百合科植物玉竹 *Polygonatum odoratum*（Mill.）Druce 的干燥根茎。"女萎"之名始载于《神农本草经》，《吴普本草》以"玉竹"之名收载。主产于河南、江苏、辽宁、湖南、浙江等地，安徽、江西、山东、陕西、广西、广东等地亦有出产；广东以清远连州为地道产地，习称连州玉竹，在加工时分为主根茎和支根茎，前者称为连州竹头，后者称为西竹。秋季采挖，除去须根，洗净，晒至柔软后，反复揉搓、晾晒至无硬心，晒干；或蒸透后，揉至半透明，晒干。性味甘，微寒；归肺、胃经；功能养阴润燥、生津止渴；主治肺胃阴伤、燥热咳嗽、咽干口渴、内热消渴等症；胃有痰湿气滞者忌服。（张秋镇、李婷婷）

荧 见"玉竹"。

委萎 见"玉竹"。

女萎 见"玉竹"。

葳蕤 见"玉竹"。

王马 见"玉竹"。

节地 见"玉竹"。

虫蝉 见"玉竹"。

乌萎 见"玉竹"。

萎蕤 见"玉竹"。

马熏 见"玉竹"。

萎香 见"玉竹"。

连竹 见"玉竹"。

西竹 见"玉竹"。

粤丝瓜络 又称丝瓜布、丝瓜壳、广东丝瓜。中药材。为葫芦科植物广东丝瓜 *Luffa acutangula*（L.）Roxb. 的干燥成熟果实。"丝瓜"之名始载于《中国高等植物图谱》；岭南栽培和食用的丝瓜多为棱角丝瓜，通称广东丝瓜；广东以粤丝瓜络作为中药材丝瓜络的习用品，《广东省中药材质量标准》以"粤丝瓜络"之名收载。主产于广

东、广西、海南等地。夏、秋季果实成熟时采摘，干燥，除去种子。性味甘，平；归肺、胃、肝经；功能除湿火、通脉络；主治湿热伤筋络之胸胁胀痛、筋络疼痛、关节不利、妇女血脉壅滞之乳汁不通、肛门酒痔等症。（张秋镇、李婷婷）

丝瓜布 见"粤丝瓜络"。

丝瓜壳 见"粤丝瓜络"。

广东丝瓜 见"粤丝瓜络"。

栀子 又称木丹、鲜支、卮子、支子、越桃、山栀子、枝子、黄鸡子、黄黄子、黄栀子。中药材。为茜草科植物栀子 *Gardenia jasminoides* Ellis 的干燥成熟果实。"栀子"之名出自《神农本草经》。9—11月果实成熟呈红黄色时采收，除去果梗和杂质，蒸至上气或置沸水中略烫，取出，干燥。性味苦，寒；归心、肺、三焦经；功能泻火除烦、清热利湿、凉血解毒，外用消肿止痛；主治热病心烦、湿热黄疸、淋证涩痛、血热吐衄、目赤肿痛、火毒疮疡等症，外治扭挫伤痛；脾虚便溏者忌服。（张秋镇、李婷婷）

木丹 见"栀子"。

鲜支 见"栀子"。

卮子 见"栀子"。

支子 见"栀子"。

越桃 见"栀子"。

山栀子 见"栀子"。

枝子 见"栀子"。

黄鸡子 见"栀子"。

黄黄子 见"栀子"。

黄栀子 见"栀子"。

肿节风 又称草珊瑚、接骨木、观音茶、九节风、九节茶、驳节茶、九节兰、骨风消、鸡骨香。中药材。为金粟兰科植物草珊瑚 *Sarcandra glabra*（Thunb.）Nakai 的干燥全株。"观音

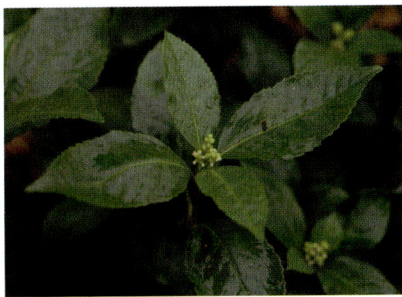

草珊瑚 *Sarcandra glabra* (Thunb.) Nakai

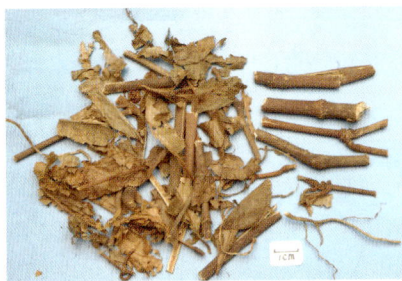

肿节风

茶"之名始载于《生草药性备要》，"草珊瑚"之名始载于《汝南圃史》，《中华人民共和国药典》从 1977 年版开始以"肿节风"之名收载。主产于安徽、浙江、江西、福建、台湾、湖南、广东、广西、四川、贵州、云南等地，广东和江西为主要栽培区，广东省乳源洛阳镇暖水湖建有肿节风 GAP 种植基地。夏、秋季采收，除去杂质，晒干。性味苦、辛，平；归心、肝经；功能清热凉血、活血消斑、祛风通络；主治血热发斑发疹、风湿痹痛、跌打损伤等症；阴虚火旺者及孕妇忌服。（张秋镇、李娉婷）

草珊瑚　见"肿节风"。
接骨木　见"肿节风"。
观音茶　见"肿节风"。
九节风　见"肿节风"。
九节茶　见"肿节风"。
驳节茶　见"肿节风"。
九节兰　见"肿节风"。
骨风消　见"肿节风"。
鸡骨香　见"肿节风"。

安胃疡胶囊　中成药胶囊剂。由甘草黄酮类化合物制成，具有补中益气，解毒生肌的功效。主治胃及十二指肠球部溃疡，对虚寒型和气滞型患者有较好的疗效，并可用于溃疡愈合后的维持治疗。曾获"国家级新产品""广东省优秀新产品""广东省科技进步奖三等奖"等称号或奖项。（李娉婷、叶清）

白花油　中成药外用搽剂。1927 年颜玉莹创制。因颜玉莹钟情于水仙花，故名。1935 年颜刘昆珠注册"和兴白花油"商标，寓意"家和万事兴"。由薄荷脑、桉油、樟脑、冰片、水杨酸甲酯、薰衣草油制成，用于治疗头晕头痛、伤风鼻塞、肌肉酸痛、蚊叮虫咬。1999 年获"香港十大名牌"称号，2005 年获"香港名牌"称号。（李娉婷、张秋镇）

百合固金片　中成药片剂。出自《医方集解》中的"百合固金汤"，为治疗肺肾阴亏咳嗽的常用方。"肺在五行属金，肺金不固则变生诸证"，"肺金宁而肺气固，诸证自能随之而愈"，故名百合固金汤。由百合、熟地黄、玄参、当归、桔梗、地黄、麦冬、川贝母、白芍、甘草制成，养阴润肺、化痰止咳的功效，用于治疗肺肾阴虚、燥咳少痰、痰中带血、咽干喉痛等症。（李娉婷）

板蓝根颗粒　中成药颗粒剂。中药成分为板蓝根，辅料为蔗糖、糊精。具有清热解毒、凉血利咽的功效，用于肺胃热盛所致的咽喉肿痛、口咽干燥、腮部肿胀以及急性扁桃体炎、腮腺炎见上述证候者。大量临床试验表明，可用于治疗流行性乙型脑炎、流行性感冒、传染性肝炎、红眼病、单纯疱疹病毒性角膜炎、慢性咽炎、水痘、病毒性皮肤病、狐惑病、肋软骨炎、白喉、秋季腹泻、口腔黏膜溃疡等疾病。2003 年在抗击"非典"过程中发挥了巨大作用，成为家家必备良药。（李娉婷、张秋镇）

保济丸　中成药丸剂。清光绪二十二年（1896）李兆基创制。治疗肠胃疾患类药物，属佛山始创的经典名药之一，被誉为广东省中成药"三大宝"之一，有"北有六神丸，南有保济丸"的美称。由钩藤、菊花、蒺藜、厚朴、木香、苍术、天花粉、广藿香、葛根、化橘红、白芷、薏苡仁、稻芽、薄荷、茯苓、广东神曲 16 味中药制成。香港保济丸在此基础上增加赤石脂，改用野菊花，剔除钩藤和蒺藜，共 15 味中药。具有解表、祛湿、和中的功效，用于治疗暑湿感冒，症见发热头痛、腹痛腹泻、恶心呕吐、肠胃不适；亦可治疗晕车晕船。（李娉婷、叶清）

保心安油　又称薄荷护表油。中成药外用搽剂。20 世纪初郭兆枢研制。在香港，因能舒缓风寒咳嗽、头晕肚痛等病症，取"一油傍身，可保全家心安"之意命名。在内地，注册名为"薄荷护表油"。将薄荷油、血竭、肉桂油、黄芪、茶油、甘草放在油内甑炼 3 天，使药材精华溶渗于油。具有祛风镇痛、通窍消肿、活血止痒的功效，用于治疗伤风鼻塞、头晕头痛、肌肉扭伤、蚊叮虫咬、舟车晕浪，对风寒肚痛、咳嗽引致之胸部不舒特别有效。临床报道使用该药进行穴位推拿治疗风寒束肺证，症见咽痒、咳嗽、鼻塞流涕等，腹部手术后胃肠蠕动减慢，效果明显。（李娉婷、刘中秋）

薄荷护表油　见"保心安油"。

保滋堂保婴丹　中成药散剂。中华老字号保滋堂创始人潘务庵根据民间验方创制的儿科类药。由牛黄、珍珠、冰片、琥珀等 26 味中药制成，虽命名为"丹"，实际是"以蜡壳包装"的散剂。针对风、寒、暑、湿、火、燥六淫之气变化无常，具有疏风清热、

化痰定惊的功效，对治疗小儿惊跳痰鸣、气促腹痛、夜啼身热、咳嗽气喘、牙关紧闭、呕吐泄泻等疗效显著。在海内外深受欢迎，广大华侨称之为"古方正药"。（李娉娉、叶清）

抱龙丸　中成药。明朝万历年间梁仲弘研制。针对卫生环境不好、医疗技术设备差，小儿患惊风病得不到治疗而时有夭折的情况，梁仲弘以胆南星、天竺黄为主，辅以琥珀、全蝎，加上麝香、雄黄、朱砂、茯苓等制成。具有祛风、健胃、止痛的功效，对治疗小儿风痰壅盛、高热神昏、惊风抽搐有较佳的效果，被誉为"婴孩圣药"。初期以蚬壳装药膏，外封以蜡，为"蚬壳膏"，后逐渐改革为外裹以蜡的大蜜丸，为"抱龙丸"。具有疗效显著、质量可靠的特点，广受欢迎。其配方中所用"琥珀之真"被《广东新语》誉为"广中抱龙丸为天下所贵"。因便于携带、服用方便、药效显著，在缺医少药的年代，被家有婴幼儿者当作"看门"的必备应急药。（李娉娉）

鼻炎康片　中西药复方制剂。20 世纪 80 年代初佛山德众药业有限公司自主研制。由广藿香、苍耳子、鹅不食草、麻黄、野菊花、当归、黄芩、猪胆粉、薄荷油，加上马来酸氯苯那敏制成，具有清热解毒、宣肺通窍、消肿止痛的功效，用于治疗风邪蕴肺所致的急、慢性鼻炎，过敏性鼻炎。1987 年获"广东省优质产品"称号，1990 年获"国家医药管理局优质产品"称号。（李娉娉、张秋镇）

补肺活血胶囊　中成药胶囊剂。由黄芪、赤芍、补骨脂制成，具有益气活血、补肺固肾的功效，用于治疗肺心病（缓解期）属气虚血瘀证，症见咳嗽气促或咳喘胸闷、心悸气短、肢冷

乏力、腰膝酸软、口唇发绀、舌淡苔白或舌紫暗。（李娉娉、张秋镇）

丹田降脂丸　中成药。由丹参、三七、何首乌、人参、川芎、泽泻、当归、黄精、肉桂、淫羊藿、五加皮等药物制成，具有活血化瘀、健脾补肾的功效，能降低血清脂质，改善微循环，用于治疗高脂血症。1985 年获广东省卫生系统重大科研成果奖。（李娉娉、张秋镇）

跌打万花油　中成药外用搽剂。清同治十三年（1874）蔡忠创制。蔡忠早年拜少林派嫡系洪熙官的四传弟子新锦为师，根据少林寺药局的跌打药方，结合实践创制"跌打万花油"。在当时有"家有万花油，跌打刀伤唔使（不用）愁"之说。抗战期间，为防止日本人抢夺药方，蔡忠暗中把处方献给当时享有盛誉且规模较大的敬修堂药房，"跌打万花油"这一名牌产品经敬修堂而得以流传于世。由野菊花、乌药、水翁花、徐长卿、大蒜等 86 种中草药制成，具有消肿散瘀、舒筋活络止痛的功效，用于治疗跌打损伤、扭伤、轻度水火烫伤。1989 年获国家银质奖，2009 年入选首批广东省岭南中药文化遗产保护名录。（李娉娉、叶清）

跌打镇痛膏　中成药外用片状橡胶膏。以土鳖虫、生草乌、马钱子、大黄、降香、两面针、黄芩、黄檗、虎杖、冰片、薄荷素油、樟脑、水杨酸甲酯、薄荷脑为主要成分，辅料为橡胶、脂松香、黄凡士林、石蜡、轻质液状石蜡，具有活血止痛、散瘀消肿、祛风除湿的功效，用于治疗急、慢性扭挫伤，慢性腰腿痛，风湿关节痛。1999 年获"广东省优质名牌产品"称号。（李娉娉）

儿科七厘散　中成药散剂。清道光年间马百良创制。原名百胜散，因用药

分量不宜过重，仅用司马秤称七厘，故改名为七厘散。主治小儿惊风，并能祛痰，有"儿科圣药"之称。由牛黄、麝香、全蝎、僵蚕、珍珠、朱砂、琥珀、钩藤、天麻、防风、白附子、蝉蜕、天竺黄、硝石、雄黄、薄荷、牛膝、甘草、冰片制成，具有清热镇惊、祛风化痰的功效。用于治疗小儿急热惊风、感冒发热、痰涎壅盛。（李娉娉、刘中秋）

二天油　中成药外用搽剂。清末韦少伯创制。韦少伯早年跟法国人学习制药技术，在越南西贡创办"二天堂药房"，设厂生产，20 世纪 30 年代在广州设二天堂药厂，产品风行华南数省，与上海雷允上六神丸、虎标万金油齐名。当时许多家庭都购买二天油在家中备用，或者随身携带，遇蚊虫叮咬或头晕身热即使用，为一时风尚。20 世纪 70 年代曾因出口外贸市场的需要改称四季油。由薄荷脑、薄荷油、冰片、茶油、黑油制成。黑油是用食用油与中药材采用独特工艺炼制而成，是二天堂药厂的独门技术。加入黑油可显著增强其药效，并且使其颜色气味等更加独特。主治头晕头痛、伤风鼻塞、肌肉倦痛、舟车眩晕、蚊叮虫咬、皮肤痕痒。在香港和广州有不同公司生产。"星群二天油" 2009 年入选首批广东省岭南中药文化遗产保护名录。（李娉娉、叶清）

冯了性风湿跌打药酒　中成药外用搽剂。明万历四十八年（1620）冯炳阳创制。原名发汗药酒、万应药酒，后其子冯了性到佛山销售药酒，改名为冯了性风湿跌打药酒。1977 年版《中华人民共和国药典》以"丁公藤风湿药酒"收载，1990 年恢复原名。以祛风湿药丁公藤为主，佐以桂枝、麻黄、羌活、当归、川芎、白芷、补骨脂、乳香、猪牙皂、陈皮、苍术、厚朴、香附、木香、

枳壳、白术、山药、黄精、菟丝子、小茴香、苦杏仁、泽泻、五灵脂、蚕沙、牡丹皮、没药，用纯正的白酒以冷浸渍方式制成。具有祛风除湿、活血化瘀、消肿止痛的功效，用于治疗风寒湿痹、手足麻木、腰腿酸痛、跌打损伤、瘀滞肿痛等。（李娉婷、叶清）

复方丹参片 中成药片剂。1975年上海中药制药二厂研制。1983年获上海市优质产品证书，今为白云山和记黄埔中药有限公司拳头产品。广州白云山制药股份有限公司广州白云山中药厂对复方丹参片进行二次研发工作，2003年获防治老年痴呆国家专利，白云山和记黄埔中药有限公司成立后，2006年初取得缓释技术的研究突破；同年又获防治糖尿病并发症专利。由丹参、三七、冰片制成，具有活血化瘀、理气止痛的功效，用于治疗气滞血瘀所致的胸痹，症见胸闷、心前区刺痛以及冠心病心绞痛见上述症候者。（李娉婷）

复方感冒灵片 中西药片剂。1972年广州中药制药总厂、荔湾区人民医院等11家单位合作研制。原名感冒灵冲服剂，后对处方进行修改，改为片剂，定名复方感冒灵。由金银花、五指柑、野菊花、三叉苦、南板蓝根、岗梅6味中草药，加上西药对乙酰氨基酚、马来酸氯苯那敏、咖啡因制成，具有辛凉解表、清热解毒的功效，用于风热感冒之发热、微恶风寒、头身痛、口干而渴、鼻塞涕浊、咽喉红肿疼痛、咳嗽、痰黄黏稠。（李娉婷、张秋镇）

复方血栓通胶囊 中成药胶囊剂。中山医科大学和广东石龙制药厂在血栓通注射液的临床应用基础上研制而成，1996年经卫生部批准生产。由三七、黄芪、丹参、玄参制成，具有活血化瘀、益气养阴的功效，用于治疗血瘀兼气阴两虚证的视网膜静脉阻塞，症见视力下降或视觉异常、眼底瘀血征象、神疲乏力、咽干、口干，以及血瘀兼气阴两虚的稳定性劳累型心绞痛，症见胸闷、胸痛、心悸、心慌、气短、乏力、心烦、口干。（李娉婷）

腹可安片 中成药片剂。药方源自广州市芳村人民医院的老中医在民间验方基础上自制的专治腹泻肚痛的"扭肚藤水剂"，后广州中药三厂（广州众胜药厂的前身）的科研人员在原药方基础上进行技术创新、增减药材，改良成"复方扭肚藤片"。20世纪80年代初改名为腹可安片。2001年，广州众胜药厂并入今广州白云山中一药业有限公司，"众胜"牌腹可安片随之成为"中一"牌腹可安片。由扭肚藤、火炭母、救必应、车前草、石榴皮制成，具有清热利湿、收敛止痛的功效，用于消化不良引起的腹痛、腹泻、呕吐，为治疗急性胃肠炎的有效中成药。（李娉婷、张秋镇）

馥感啉口服液 中成药液体制剂。由鬼针草、野菊花、西洋参、黄芪、板蓝根、香菇、浙贝母、麻黄、前胡、甘草制成，具有清热解毒、止咳平喘、益气疏表的功效，用于治疗小儿气虚感冒所引起的发烧、咳嗽、气喘、咽喉肿痛。临床上主要用于治疗儿童上呼吸道感染。2018年获"广东改革开放40周年医药创新产品"称号。（李娉婷）

宫炎平片 中成药片剂。运用寓扶正于祛邪之中的治疗原则，以地稔、两面针为主，辅以当归、五指毛桃、穿破石制成，具有清热利湿、祛瘀止痛、收敛止带兼补血健脾之功效，用于治疗湿热瘀阻所致带下病，症见小腹隐痛，经色紫暗、有块，带下色黄质稠；以及慢性盆腔炎见上述症候者。2017年获"中国专利优秀奖"。（李娉婷）

冠心丹参颗粒 中成药颗粒剂。由丹参、三七、降香油制成，具有活血化瘀、理气止痛的功效，用于治疗气滞血瘀所致的胸闷、胸痹、心悸气短以及冠心病见上述症候者。（李娉婷、刘中秋）

喉疾灵胶囊 中成药胶囊剂。广州陈李济药厂研制。由人工牛黄、板蓝根、诃子肉、桔梗、猪牙皂、连翘、天花粉、珍珠层粉、广东土牛膝、冰片、山豆根、了哥王制成，具有清热解毒、散肿止痛的功效，用于治疗热毒内蕴所致的两腮肿痛、咽部红肿、咽痛；以及腮腺炎、扁桃体炎、急性咽炎、慢性咽炎急性发作及一般喉痛见上述症候者。（李娉婷）

化痔栓 中成药外用栓剂。由敬修堂传统产品"化痔膏"剂型改革而来。化痔膏有多年的生产历史，1973年以"化痔灵膏"之名出口外销，但其存在携带和使用不便的缺陷。1981年敬修堂对处方做了修改，采用中西结合的原则，试制而成。由次没食子酸铋、苦参、黄檗、洋金花、冰片制成，具有清热燥湿、收涩止血的功效，用于治疗大肠湿热所致的内外痔、混合痔疮。（李娉婷、张秋镇）

黄道益活络油 中成药外用搽剂。1968年黄道益根据家传秘方研制。由樟脑、冬青油、橄榄油、薄荷脑、松节油、麝香草油制成，具有祛风通络、舒筋止痛的功效，用于风湿痹痛、肌肉扭伤、关节痛疼及蚊虫叮咬等。（李娉婷）

回春丹 中成药丸剂。出自《敬修堂药说》。治疗小儿急惊风疗效卓著，犹如妙手回春，故名。由牛黄、天麻、钩藤、全蝎、僵蚕、天竺黄、胆星、川贝、半夏、清宁、陈皮、木香、豆蔻、沉香、檀香、枳壳、麝香、朱砂、

甘草制成。使用大量的开窍、息风、止痉药物是其最大特点。具有开窍定惊、清热化痰的功效，用于治疗小儿急惊、痰热蒙蔽、发热烦躁、神昏惊厥，或反胃呕吐、夜啼吐乳、咳嗽哮喘、腹痛泄泻。（李娉婷、叶清）

活血止痛胶囊　中成药胶囊剂。由活血止痛散改变剂型后研制，属于原国家四类新药。源于清代道光年间"豫章彭竹楼民部家传秘方"，收载于《验方新编》。最早报道于 1975 年出版的《赵炳南临床经验集》，1977 年载入《中华人民共和国药典》。由当归、三七、醋乳香、冰片、土鳖虫、煅自然铜粉碎成细粉装胶囊制成，具有活血散瘀、消肿止痛的功效，用于治疗跌打损伤、瘀血肿痛。（李娉婷、张秋镇）

藿香清胃片　中成药片剂。由广藿香、栀子、防风、石膏、南山楂、六神曲、甘草制成，具有清热化湿、醒脾消滞的功效，用于治疗消化不良、脘腹胀满、不思饮食、口苦口臭。（李娉婷、刘中秋）

金汁水　中成药。广州最早生产的中成药。晋代番禺海辐禅院生产，将连翘、黄芩、生地、女贞子等药材，加男童尿液浸渍，用瓦坛盛载密封，埋入白云山的地下 10 多年，待其净化去臭后挖出，用七月初七的井水稀释，分装而成。对麻疹、热证有疗效，附近船民尤喜使用。后因工艺复杂，生产周期长，产量有限，且附近井水污染很大，经常沾染大肠杆菌，难以符合药品规定要求，1964 年停产。（李娉婷、刘中秋）

抗病毒口服液　中成药液体制剂。组方来源于"白虎汤"和"清瘟消毒饮"。由板蓝根、石膏、芦根、地黄、郁金、知母、石菖蒲、广藿香、连翘制成，具有清热祛湿、凉血解毒的功效，用于治疗风热感冒、流感。临床上还应用于治疗急性上呼吸道感染、手足口病、轮状病毒肠炎、病毒性感冒、流行性腮腺炎等病毒引起的疾病。以广州市香雪制药股份有限公司生产的销量较大，1998 年通过美国 FDA 认证；2000年被批准为"国家中药保护品种"；2009 年入选首批广东省岭南中药文化遗产保护名录。（李娉婷、叶清）

咳特灵胶囊　中西药复方胶囊剂。中药成分为小叶榕干浸膏，西药成分为马来酸氯苯那敏，辅料为滑石粉，具有镇咳平喘、消炎祛痰的功效，用于治疗咳喘及慢性支气管炎。（李娉婷、刘中秋）

口炎清颗粒　中成药颗粒剂。黄铭楷所创、白云山中药厂生产的口腔科药品。由天冬、麦冬、玄参、山银花、甘草制成，具有滋阴清热、解毒消肿的功效，用于治疗阴虚火旺所致的口腔炎症。1999 年通过美国 FDA 认证。（李娉婷、张秋镇）

昆仙胶囊　中成药胶囊剂。广州陈李济药厂与四川省中药研究所共同研制。采用大孔树脂分离纯化技术去除昆明山海棠、淫羊藿、菟丝子、枸杞子 4 种原料中 95% 以上的无效成分（鞣质、多糖等）和部分高毒成分，将主要成分控制在治疗窗范围内，达到了减毒增效的效果。在加强病患自身免疫效果的同时，有效拮抗对肝脏、肾脏、造血系统和生殖系统的影响。具有补肾通络、祛风除湿的功效，用于治疗类风湿关节炎属风湿痹阻兼肾虚证，症见关节肿胀疼痛、屈伸不利、晨僵、关节压痛、关节喜暖畏寒、腰膝酸软、舌质淡、苔白、脉沉细。（李娉婷）

梁财信跌打丸　中成药丸剂。清末民初梁财信医馆创制。以牡丹皮、三棱、莪术、防风、延胡索、五灵脂、乌药、桃仁、柴胡、当归尾、木香、黑老虎、韩信草、小驳骨、鹅不食草、鸡骨香、两面针、骨碎补、赤芍、郁金、续断、蒲黄、益母草、红花、大黄（黄酒炖）、枳壳、青皮、徐长卿、牛大力、大驳骨、朱砂根、毛麝香为配方，研磨成细末状，炼蜜成丸，具有活血散瘀、消肿止痛的功效，用于治疗轻微跌打损伤、积瘀肿痛、筋骨扭伤。（李娉婷、叶清）

罗浮山百草油　中成药搽剂。史书记载晋代医药学家葛洪采集罗浮山百种草药，熬炼出"百草药油"。明代罗浮山黄龙观道士陈伯辉在古方的基础上，炼制成具有祛风去湿、止血止痛、消肿去痛、散结消炎、提神镇惊之效的油剂药物，因处方近百味，以百草之意而命名为"百草油"。20 世纪五六十年代，叶国经等收集研制罗浮山百草油技艺并创办罗浮山制药厂，实现批量生产。罗浮山百草油色泽碧绿、气味芬芳、药性平和，具有祛风解毒、消肿止痛的功效，用于治疗感冒头痛、蚊虫咬伤、无名肿痛、舟车眩晕。可外用，涂搽相应穴位或患处。2009 年入选首批广东省岭南中药文化遗产保护名录。（李娉婷、叶清）

脑络通胶囊　中西药复方胶囊剂。广州光华药业股份有限公司研制。由中药丹参、川芎、黄芪及西药甲基橙皮苷、盐酸托哌酮、维生素 B6 配伍而成，具有扩张血管、增加脑血流量的功效，用于治疗脑血栓、脑动脉硬化、中风后遗症等各种脑血管疾病气虚血瘀证引起的头痛、眩晕、半身不遂、肢体发麻、神疲乏力等症。（李娉婷）

尿清舒颗粒　中成药颗粒剂。由山木通、野菊花、虎杖、地胆草、车前草、

重楼制成，具有清热利湿、利水通淋的功效，用于治疗湿热蕴结所致淋症、小便不利、淋沥涩痛以及慢性前列腺炎属上述证候者。（李娉婷）

麒麟丸 中成药丸剂。广州中医药大学第一附属医院罗振华创立，太安堂药业有限公司研发生产。主治肾脾两虚、充血不足为主证的疾病。以五子衍宗丸为底方，由制何首乌、墨旱莲、淫羊藿、菟丝子、锁阳、党参、郁金、枸杞子、覆盆子、山药、丹参、黄芪、白芍、青皮、桑葚制成，具有补肾填精、益气养血的功效，用于治疗肾虚精亏、血气不足所致的腰膝酸软、倦怠乏力、面色不华以及不育不孕症见有上述证候者。1993 年获卫生部"新药证书"。1999 年获中药保护品种证书。收载于卫生部部颁标准《新药转正标准》第 13 册。（李娉婷、叶清）

前列通片 中成药片剂。广州中药三厂创制。1983 年通过技术鉴定，填补了国内治疗前列腺疾病中成药的空白；1984 年获广东省卫生厅批准生产，出口商品名为"摄护腺片"。由广东王不留行、黄芪、车前子、关黄柏、两头尖、蒲公英、泽兰、琥珀、八角茴香油、肉桂油制成，具有清利湿浊、化瘀散结的功效，用于治疗热瘀蕴结下焦所致的轻、中度癃闭，症见排尿不畅、尿流变细、小便频数、可伴尿急、尿痛或腰痛，以及前列腺炎和前列腺增生见上述征候者。先后获广东省科委、广州市经委科技成果奖、新产品奖和技术进步立功奖。（李娉婷）

清开灵 中成药。20 世纪 70 年代北京中医药大学研制，有硬胶囊、软胶囊、颗粒剂、滴丸、片剂、泡腾片、口服液、注射液等剂型。根据清代吴鞠通《温病条辨》安宫牛黄丸方改制而成。由金银花、黄芩、栀子、板蓝根、胆酸、猪去氧胆酸、水牛角和珍珠母 8 味中药制成，具有抗病毒、细菌和退热消炎的功效，用于预防和治疗各种病毒（热毒、疫毒）性感冒和上呼吸道感染、手足口病毒感染。2003 年被卫生部列入《传染病非典型肺炎推荐治疗方案》之治疗药物；2004 年、2005 年被卫生部列入《人禽流感诊疗方案》之治疗药物；广州明兴清开灵在 2009 年被卫生部列入《人感染猪流感诊疗方案（2009 年版）》《中医药防治手足口病临床技术指南（2009 年版）》之治疗药物。（李娉婷）

驱风油 中成药外用搽剂。由薄荷脑、桉叶油、冬青油、樟脑、香雪精、液状石蜡制成，具有祛风止痛、芳香通窍的功效，用于治疗伤风喷嚏、鼻塞头痛、舟车眩晕、跌打扭伤、肌肉酸痛、蚊虫叮咬。知名品牌斧标驱风油由祖籍顺德的新加坡华人梁润之创立，后由其子梁庆经继承并使之驰名东南亚，风行全世界。（李娉婷、张秋镇）

三九胃泰 中成药。华润三九医药股份有限公司独有的消化类中成药，有颗粒剂、胶囊剂两种剂型。原为第一军医大学科研成果，曾获解放军医药科技成果奖，后由深圳南方制药厂（华润三九医药股份有限公司前身）生产。由三叉苦、九里香、两面针、木香、黄芩、茯苓、地黄、白芍制成。其配方中的主要成分是药用植物三叉苦和九里香，故取名三九胃泰。具有清热燥湿、行气活血、柔肝止痛的功效，用于治疗湿热内蕴、气滞血瘀所致的胃痛，症见脘腹隐痛、饱胀反酸、恶心呕吐、嘈杂纳减，以及浅表性胃炎见上述症候者。（李娉婷）

三七化痔丸 中成药丸剂。由盐肤木、岗稔子、勒苋菜、千里光、白茅根、三七制成，具有清热解毒、止血止痛的功效，用于治疗外痔清肠解毒；内痔出血脱肛，可消肿止痛、收缩脱肛。（李娉婷）

蛇胆川贝液 中成药口服液体制剂。20 世纪七八十年代广州潘高寿药厂研制的清热化痰类中成药。由蛇胆汁、川贝母等中药制成，具有祛风止咳、除痰散结的功效，用于治疗肺热咳嗽、痰多、气喘、胸闷、咳痰不爽或久咳不止。可辅助治疗急性支气管炎、慢性支气管炎急性发作、支气管扩张等见上述症候者。1984 年获"广东省优质产品"称号。（李娉婷）

麝香跌打风湿膏 中成药外用片状橡胶膏。由跌打风湿流浸膏、颠茄流浸膏、枫香脂、冰片、薄荷油、丁香罗勒油、樟脑、肉桂油、水杨酸甲酯、人工麝香制成，具有祛风除湿、化瘀止痛的功效，用于治疗风湿痛、跌打损伤、肿痛。2018 年获"广东省医药行业名牌产品"称号。（李娉婷）

湿润烧伤膏 中成药外用软膏。我国烧伤学科带头人徐荣祥根据烧伤发病和湿润暴露疗法作用原理研制，专用于烧伤治疗的中成药。1988 年获卫生部"新药证书"。在岭南生产。由黄连、黄檗、黄芩、地龙、罂粟壳制成，具有清热解毒、止痛、生肌的功效，用于治疗各种烧、烫、灼伤。（李娉婷、刘中秋）

双料喉风散 中成药散剂。源自广东梅县安济堂家传秘方，创始于清代中叶。由珍珠、人工牛黄、冰片、黄连、山豆根、甘草、青黛、人中白（煅）、寒水石制成，具有清热解毒、消肿利咽的功效，用于治疗肺胃热毒炽盛所致的咽喉肿痛、口腔糜烂、牙龈肿痛、鼻窦脓肿、皮肤溃烂等症。还用于外伤止血、阴道子宫发炎、皮肤溃烂等

症，对鼻咽癌放疗口咽部反应有显著的消炎止痛效果，为鼻咽癌放疗的良好辅助治疗药物。1980年获"广东省优质产品"称号，1981年获"国家医药管理局优质产品"称号，1982年获国家银质奖。（李婷婷）

乌金丸 中成药散剂。佛山黄恒庵蜡丸馆研制销售。根据《正体类要》的气血双补方剂的八珍汤，即以党参、白术、茯苓、甘草、熟地、当归、川芎、白芍为基础，加以龟板胶、鹿角胶为主药，以蜂蜜混合成丸，外加研成粉末的鹿角炭和艾炭而成，其外观乌黑发亮，故名。用于治疗肾中阴阳两虚、任督精血不足、全身瘦弱、遗精阳痿、两目昏花、腰膝酸软、神经衰弱等症。明清两代为广东各州府士子科场中的常用药。1954年，改名为龟鹿八珍丸。后来由于原材料供应不足、同类产品层出不穷等情况，产量逐年减少，1970年停止生产。现已失传。而今佛山冯了性药业生产的"乌金丸"处方来源于清代沈金鳌的《沈氏尊生书》，非黄氏方。（李婷婷、叶清）

夏桑菊 凉茶类中成药。广州星群药业股份有限公司创制。"夏"即夏枯草，"桑"即冬桑叶，"菊"即菊花，故名夏桑菊。源自清代吴鞠通《温病条辨》的经典名方"桑菊饮"。1980年在外商建议下多加一味夏枯草，取名夏桑菊。1984年初以保健品形式投放市场。1985年7月经审查同意，转为"准字号"，以药品的身份投放市场。具有清肝明目、疏风散热、清热解毒的功效，用于治疗风热感冒、目赤头痛、头晕耳鸣、咽喉肿痛、疔疮肿毒等症，并可用作清凉饮料。临床常用于中医热证的治疗。2008年入选"我最喜爱的广州十大手信"，2009年获独家防治流感、禽流感专利。（李婷婷）

消渴丸 中西药复方制剂。广州中药一厂研制的新一代口服降血糖类药。据古方"玉泉散""消渴方"化裁，由葛根、地黄、黄芪、天花粉、玉米须、南五味子、山药等中药，加入西药格列本脲研制而成，中西药比例为1000∶1。用中药滋肾养阴、益气生津以治本，配合格列本脲使血糖下降以治标，中西药结合，标本兼治，具有扶正祛邪、标本兼顾的功效，且可降低格列本脲对肝脏的毒副作用。用于治疗气阴两虚所致的消渴病，症见多饮、多尿、多食、消瘦、体倦乏力、眠差、腰痛以及2型糖尿病见上述证候者。（李婷婷）

小柴胡颗粒 中成药颗粒剂。出自东汉张仲景《伤寒杂病论》的"小柴胡汤"，该方为中医和解少阳的首选方，在清末由广州药师唐拾义以"去渣再煎法"制作为中成药汤剂。20世纪80年代，广州光华制药（前身是唐拾义药厂）将小柴胡汤剂革新为颗粒剂，由柴胡、黄芩、半夏（姜制）、人参、生姜、甘草、大枣7味中药制成。1990年，广州光华制药将张仲景方中的"人参"改为"党参"，适用人群更广。具有解表散热、疏肝和胃的功效，用于治疗外感病、邪犯少阳证，症见寒热往来、胸胁苦满、食欲不振、心烦喜呕、口苦咽干。（李婷婷、叶清）

小儿七星茶 凉茶类中成药。广东家喻户晓的婴幼儿保健凉茶，有颗粒剂、口服液、糖浆等剂型。由薏苡仁、稻芽、山楂、淡竹叶、钩藤、蝉蜕、甘草7味药材组成，故名七星茶。具有开胃消滞、清热定惊的功效，用于治疗小儿积滞化热、消化不良、不思饮食、烦躁易惊、夜寐不安、大便不畅、小便短赤。（李婷婷、刘中秋）

新血宝胶囊 中成药胶囊剂。在岭南生产。由鸡血藤、黄芪、大枣、当归、白术、陈皮、硫酸亚铁，辅以硬脂酸镁制成，具有补血益气、健脾和胃的功效，用于治疗缺铁性贫血所致的气血两虚证。（李婷婷）

盐蛇散 又称珠珀八宝盐蛇散。中成药。佛山迁善堂研制销售。由盐蛇（炭）、蛇胆汁、地龙（炭）、珍珠、人工牛黄、人工麝香、冰片、陈皮（蒸）、琥珀、朱砂制成，具有定惊解痉、清热除痰的功效，用于小儿惊风、痰涎壅盛。（李婷婷）

珠珀八宝盐蛇散 见"盐蛇散"。

众生丸 中成药丸剂。寓"普济众生"之意取名。源自古方"五味消毒饮""普济消毒饮""仙方活命饮"，在清热解毒痈疡剂的基础上，结合近代医药研究成果进行筛选，增加治疗上呼吸道感染的功能，有"中药抗生素"的美誉。由蒲公英、紫花地丁、黄芩、岗梅、赤芍、天花粉、玄参、当归、防风、柴胡、皂角刺、人工牛黄、白芷、胆南星、虎杖、夏枯草、板蓝根制成，具有清热解毒、活血凉血、消炎止痛的功效，用于治疗上呼吸道感染，急、慢性咽喉炎，急性扁桃体腺炎等症。先后获"广东省优质产品""广东省名牌产品""广东省自主创新产品"称号。由单一的糖衣丸发展为多种剂型系列产品，增加薄膜衣丸、片剂、胶囊剂等剂型。（李婷婷）

珠珀猴枣散 又称小儿珠珀散。中成药散剂。宋代新安陆氏医学世家保和堂专为初生婴儿、小孩及老人研制的清热镇惊类中成药，后在香港成立保和堂制药有限公司，并获商标注册专利。由猴枣、珍珠、琥珀、双花、茯苓、薄荷、钩藤、防风、神曲、麦芽、天竺黄、梅片、甘草制成，具有

清热化痰、安神消积的功效，用于治疗小儿风热引起的发热、咳嗽痰鸣、不思饮食、烦躁易惊、舌质红、苔黄、脉浮数等症。（李婷婷）

小儿珠珀散　见"珠珀猴枣散"。

壮腰健肾丸　中成药丸剂。1958 年至 1960 年广州陈李济药厂创制的扶正祛湿类中成药。"大跃进"时期，不少群众因缺乏维生素 B2 而患水肿病。为解决病情，广州陈李济药厂充分利用广东地道药材资源，发掘民间验方，经过名老中医和科技人员共同研制，首创"壮腰健肾丸"。由狗脊、黑老虎、千斤拔、桑寄生、女贞子、鸡血藤、金樱子、牛大力、菟丝子等药材制成。为了充分保留药材中具有镇痛效能的芳香油类，广州陈李济药厂参照附桂理中丸的生产工艺，创制出"骨肉分离"的提炼工序，并采用传统蜡

壳包装工艺使药性有效保持。具有壮腰健肾、养血、祛风湿的功效，用于治疗肾亏腰痛、膝软无力、小便频数、风湿骨痛、神经衰弱。1984 年获国家银质奖。（李婷婷）

追风透骨丸　中成药丸剂。广州敬修堂根据中医"治风先治血，血行风自灭"的理论，选用地道药材研制的散寒除湿类中成药。由制川乌、白芷、制草乌、香附（制）、甘草、白术（炒）、没药（制）、麻黄、川芎、乳香（制）、秦艽、地龙、当归、茯苓、赤小豆、羌活、天麻、赤芍、细辛、防风、天南星（制）、桂枝、甘松 20 余味药制成，具有祛风除湿、通经活络、散寒止痛的功效，用于治疗风寒湿痹、肢节疼痛、肢体麻木。临床试验表明，其对项背不舒、肢体麻木、剧痛、刺痛、冷痛、沉痛、关节肿胀或屈伸不利等症状疗效确切。广

州敬修堂"园田"牌追风透骨丸在联合国第 12 届可持续性发展国际首脑峰会暨绿色中医药论坛专家会上被评为"中华特色药"。（李婷婷）

滋肾育胎丸　中成药丸剂。20 世纪 60 年代广东省名老中医罗元恺在"寿胎丸"基础上创制的妇科类中成药。原名补肾固冲丸，以补肾固摄为主，佐以健脾养血，被载入《中医妇科学》各版教材。1982 年下半年，罗元恺调整了原方二味药物，改名为滋肾育胎丸。由菟丝子（盐水制）、砂仁、熟地黄、人参、桑寄生、阿胶珠、制何首乌、艾叶、盐巴戟天、白术、党参、鹿角霜、枸杞子、续断、杜仲制成，具有补肾健脾、益气培元、养血安胎、强壮身体的功效，用于治疗脾肾两虚、冲任不固所致的滑胎。曾获国家经委优秀产品"金龙奖"及省、市科技成果奖。（李婷婷）

养生防疾

瘴气　病因名。瘴气之说源自中国传统病因学的"邪气"理论，形成于汉晋时期，表象是指南方常见的潮湿雾气，实际是对南方自然地理和气候条件的概括。瘴气形成于炎热的天气与山溪毒气，岭南天气暑热，各种毒物由此而生，瘴气得以为害。明清以后瘴气概念逐渐泛化，成为一种文化概念，瘴区范围亦呈扩大趋势。随着近代医学知识普及和中国地域观念与族群观念的融合，瘴气与瘴病的概念渐趋消失。（郑洪、罗倩）

瘴疠　疾病名。因瘴气引起的各种流行病。岭南流行病高发，古代认为其病因是瘴气，故称。（郑洪、罗倩）

瘴疟　疾病名。出自《肘后备急

方》。常指发无固定时日，有神志昏迷或黄疸等病情的恶性疟疾。古代认为是在岭南气候环境下因瘴气而导致的疾病，其症状比普通疟疾重，分为热瘴、冷瘴和哑瘴三种。（郑洪、罗倩）

疟疾　疾病名。严重危害人类身体健康和影响社会经济发展的重要虫媒传染病。因被蚊叮咬或输入带疟原虫者的血液而感染疟原虫引发疾病，主要流行于热带和亚热带地区。寄生于人体的疟原虫有间日疟原虫、三日疟原虫、恶性疟原虫和卵形疟原虫，分别引起间日疟、三日疟、恶性疟及卵圆疟。得病后主要表现为周期性规律发作，全身发冷、发热、多汗，长期多次发作可引起贫血和脾肿大。（郑洪、罗倩）

脚气病　疾病名。"脚气"病名始载晋代葛洪《肘后备急方》。由于风、毒、湿（寒湿或暑湿）等淫邪引发的以下肢水肿、脚软顽痹、呼吸困难等为主要临床表现的疾病统称。因病从脚起，故名。脚肿为湿脚气，不肿为干脚气。若治疗不及时，有可能发展为脚气冲心的重症，预后差。现代医学认为病因是维生素 B1 缺乏。（郑洪、罗倩）

蛊毒　疾病名。出自《肘后备急方》。虫蛇毒气、水毒、蛊痢、蛊积、蛊胀、蛊吐血、蛊下血等疾病的统称。初起常因感受蛊毒之邪，侵犯肺卫，阻滞中焦，症见发热恶寒、咳嗽、胸闷、纳呆、便下脓血；进而湿热蕴结肝胆，阻遏气机，症见胁痛、黄疸；气滞又可导致瘀血留积胁下，出现胁下结块；

久病反复发作，最终肝脾肾俱伤，气滞、血瘀、水聚腹中，症见腹胀大如鼓。（郑洪、罗倩）

王老吉凉茶　凉茶饮料。清道光八年（1828）王泽邦（王阿吉）创立。为中草药植物性饮料，因清火疗效上佳而名声大振。被称为"凉茶始祖"。传统王老吉凉茶常用药物有岗梅根、布渣叶、崩大碗、水翁花、金钱草、救必应、淡竹叶、火炭母等，现代改良后以菊花、鸡蛋花、甘草、金银花、仙草等药材为原料，具有夏季清火、冬季润燥的养生功效，符合现代人的健康保健需求，已成为具有岭南特色的全国知名凉茶。（罗倩、王一帆）

黄振龙凉茶　凉茶饮料。20世纪初黄振龙创立。最初在广东三水销售，后相继在肇庆、广州等地开设凉茶铺，经营系列凉茶。经其子黄富强扩大经营，形成品牌。其拳头产品癍痧凉茶以20余种广东地道中草药为基本原料配制而成，具有清热解毒、祛湿除癍、消暑散热、化痰止咳、开胃消滞的疗效，被民间认为有刮痧排毒的功效，在预防和缓解因感冒上火引起的咽喉肿痛、口舌生疮、身热头痛、火毒牙痛、青春暗疮、湿热口臭等症状有良好疗效。（罗倩、王一帆）

邓老凉茶　凉茶饮料。国医大师邓铁涛首创配方，2003年授权广东邓老凉茶药业集团使用。广东邓老凉茶药业集团根据现代人体质对配方进行改良，由金银花、菊花、蒲公英、白茅根、桑叶、甘草6味中药制成，具有清身益体、温和通润、排毒养颜、解烟酒的功效。（罗倩、王一帆）

和其正凉茶　凉茶饮料。福建达利园集团生产销售。根据民间传统配方，精选草本植物材料，采用现代科学方法制成。由仙草、甘草、鸡蛋花、布渣叶、菊花、金银花、夏枯草等制成，具有清火气、养元气的功效。（罗倩、王一帆）

徐其修凉茶　凉茶饮料。徐其修在广东佛冈创立，清光绪二十一年（1895）确立"徐其修"字号。2006年获商务部首批"中华老字号"称号。对癍痧伤寒、痢疾秘结、胸闷骨痛、感冒咳嗽、脾虚惊风、大热症等病症有独特疗效，深受岭南民众欢迎，有"凉茶大王"之称。除生草药剂、袋泡、颗粒、浓缩液、甘甜茶外，还拥有龟苓膏、凉茶糖等系列产品。（罗倩、王一帆）

潘高寿凉茶　凉茶饮料。清光绪十六年（1890）潘百世、潘应世兄弟在广州高第街创立，今为广州潘高寿药业股份有限公司产品，由古方"桑菊饮"结合民间传统清热解暑方"五花茶"衍化而来，2006年获商务部首批"中华老字号"称号。由菊花、金银花、桑叶、槐花、荷叶、蒲公英、甘草、蜂蜜、胖大海、罗汉果等为主要原料制成的草本植物饮料。（罗倩、王一帆）

廿四味凉茶　凉茶饮料。味苦性寒凉，由冬桑叶、银花藤、鬼针草、鱼腥草、土牛膝、枇杷叶、五指甘、路边菊、白纸扇、金沙藤、鸭脚木、田基黄、布渣叶、三丫苦、金钱草、淡竹叶、余甘子、岗梅片、黄牛茶、木槵片、山芝麻、葫芦茶、蒲公英、火炭母24种药材制成，以清热毒为主要功效。如今的廿四味所用药材有十多味至廿八味不等，根据患者体质与病情、天气、地域等不同情况加减。（罗倩、王一帆）

金葫芦凉茶　凉茶饮料。源于清末民初，广东饶平名医刘岳创立。刘岳从小在父亲的"百寿春"药店经营打理，深入研究当地人民常患的湿热病症，利用当地清凉解毒中草药配制出微苦回甘，具有清热解毒、祛湿解暑功效的中草药汤剂。于1935年将其定名为"金葫芦凉茶"，并把大铜葫芦作为门店和品牌标志，在民间流传有"不知葫芦里卖的什么药"的俗语，以喻金葫芦凉茶与其他凉茶不同。（罗倩、王一帆）

上清饮凉茶　凉茶饮料。相传广州光孝寺内有诃子掉落的水井，被称为"诃子泉"，院内僧人取井水与新鲜诃子、甘草等煎制成诃子汤，对岭南常见的咽喉及燥热诸症有较好疗效。20世纪初，王占元对诃子汤进行改良，结合历代名医经验，创制含有诃子配方的上清饮凉茶。有气味甘甜可口、清火利咽的功效，在岭南广泛流行。（罗倩、王一帆）

外感平安茶　凉茶类中成药。由金丝草、连翘、藿香、香薷、土荆芥、山芝麻、土茯苓、水翁花、金刚头、厚朴、枳壳、甘草等为主要原料制成，具有清热解表、化湿消滞的功效，用于治疗四时感冒、恶寒发热、周身骨痛、头重乏力、感冒挟湿、胸闷食滞等症。（罗倩、王一帆）

沙溪凉茶　又称沙溪伤寒茶。凉茶类中成药。于清光绪十年（1884）黄汇在广东中山沙溪研制。由岗梅、金纽扣、蒲桃、臭屎茉莉、野颠茄等制成，用于治疗四时感冒、身倦骨痛、寒热交作、胸膈饱滞、痰凝气喘、夹色与梦泄伤寒。将清热防病与医治伤寒结合起来，对感冒伤寒特别有效。（罗倩、王一帆）

沙溪伤寒茶　见"沙溪凉茶"。

源吉林甘和茶　俗称盒仔茶。凉茶类中成药。清光绪十八年（1892）始创。由香薷饮、藿香正气散、茵陈蒿汤、平胃散诸方加减演变，由紫苏叶、青

蒿、香薷、薄荷、葛根、前胡、防风、黄芩、连翘、桑叶、淡竹叶、广藿香、苦丁茶、水翁花、荷叶、川木通、栀子、茵陈、粉草薢、槐花、威灵仙、苍术、厚朴、陈皮、乌药、布渣叶、山楂、槟榔、紫苏梗、龙胆、旋覆花、甘草、牡荆叶（嫩叶）、千里光（嫩叶）、玉叶金花35味药材制成。具有疏风清热、解暑消食、生津止渴的功效，用于治疗感冒发热、头痛、骨节疼痛、食滞饱胀、腹痛吐泻等症。（罗倩、王一帆）

盒仔茶 见"源吉林甘和茶"。

客家娘酒 又称糯米酒、老酒、扒酒、浞酒。养生膳食。据《嘉应州志》记载，早在宋代以前就有"老酒仍为频开瓮"的诗句。客家人用糯米放入蒸笼蒸成饭，加入酒饼和红菊发泡来酿酒，酒色暗黄。粤东客家地区广泛酿造，梅县是代表地区之一。"连平客家娘酒酿制技艺"2009年入选广东省第三批省级非物质文化遗产名录；"客家糯米酒传统酿造技艺、揭西客家红酒酿造技艺"2012年入选广东省省级非物质文化遗产名录扩展项目名录；"梅县客家娘酒酿造技艺"2013年入选广东省省级非物质文化遗产代表性项目扩展名录。参见第1007页饮食卷"客家娘酒"条。（罗倩、王一帆）

姜醋 养生膳食。一种是指放入姜的醋，因为通常是给产后妇女做调味料用，有"添丁姜醋"之称。另一种是指姜醋做食物的简称，如姜醋蛋、姜醋猪脚等。产妇饮用姜醋有助于产后恢复，有祛风散寒、活血化瘀、帮助子宫收缩的作用；鸡蛋含有8种人体必需的氨基酸，以及多种矿物质和维生素等；猪脚含有大量钙质，而姜醋可以将之软化，有助人体补充失去的钙质。（罗倩、王一帆）

老火汤 又称广式老火汤、广府汤、老火靓汤。广府人的食补养生秘方。广府人喝汤由来已久，据史书记载"岭南之地，暑湿所居"。粤人笃信汤有清热去火之效，故饮食中不可无汤"。岭南常见的汤一般有滚汤、炖汤和老火汤，其中滚汤、炖汤也见于各地。老火汤是特色粤菜，有两个特点。第一个特点是讲究火候。煲老火汤通常先以大火煮沸，后改用文火熬煨，直至汤料的味道融入汤水之中。广东有"煲三炖四"（煲汤三小时，炖汤四小时）的说法，故烹具一般要选用耐热性高、受热均匀的瓦煲或砂锅。第二个特点是讲究性味和节气。老火汤通常以肉类、骨头搭配蔬果、豆类或中药材同煲，在选料上要"五味相调，性味相合"；此外，四季气候不同，个人体质有异，老火汤谱也因此层出不穷，既有"四季老火汤"，也有"滋补老火汤""清热降燥老火汤"等，是谓"寒者热之，热者寒之，虚者补之，实者泻之"。随着传统养生观与现代营养学的碰撞，近些年对于老火汤多了质疑的声音，广府人逐渐开始调整煲老火汤的频率与方式，但依然坚持"出味"和"嗒饮"的"靓汤"标准。喝老火汤是广府人生活的重要内容。是广府饮食文化的标志和广府人的文化情结。参见第939页饮食卷"煲老火汤"条。（罗倩、王一帆）

广式老火汤 见"老火汤"。
广府汤 见"老火汤"。
老火靓汤 见"老火汤"。

潮州栀粿 又称栀粿、栀粽。养生膳食。广东潮汕地区民间传统的应节食物。古代的制作方法，是糯米浸渍后用手工石磨磨成粉浆，配入捣碎的栀子浸泡滤渣为黄色药液，再用铺姜碱液拌匀，加工工序烦琐。今常用碳酸氢钠（苏打粉）加入浓茶水与糯米浆搓匀盛放入专用粿帕装入蒸笼，用炉火蒸熟而成。潮汕地区潮湿闷热，端午时节蚊虫、病毒、细菌容易滋生，端阳节食栀粿，可以清热祛疫助消化。参见第1000页饮食卷"潮州栀粿"条。（罗倩、王一帆）

朴籽粿 养生膳食。广东潮汕地区清明节制作的传统糕点。据传当年元兵于清明前入侵潮州，杀戮掠夺，民不聊生，被迫避入山林之中。在这些饥荒年中，潮州人采摘朴籽叶、果籽充饥，后人在清明节加工蒸制朴籽粿的传统沿袭至今。朴籽树又叫朴丁树，属榆科落叶乔木，叶片椭圆形，果实像绿豆，味道甘甜。清明时节，气候转暖，雨水较多，阴湿的环境容易使食物变质，是肠道疾病的多发季节，而朴籽叶有消痰下气、排解积热的功效。参见第1000页饮食卷"潮州朴枳粿"条。（罗倩、王一帆）

乌粿 又称鼠曲粿、鼠壳粿、年粿。养生膳食。据传是宋代广东潮汕人逢年过节、祭拜先祖用到的食物。鼠壳又名鼠曲草，具有镇咳、祛痰的功效。粿皮由糯米粉加入田间野生的鼠壳草熬成的汤汁制成，用粿皮包上芋泥、豆沙等馅料，用圆形或桃形木制粿印印制，放上蒸笼蒸熟。参见第998页饮食卷"鼠壳粿"条。（罗倩、王一帆）

客家擂茶 又称三生汤、五味汤、七宝茶、咸茶、菜茶、粥茶。养生膳食。擂茶是客家人通用的名称，不同地域和不同风味有不同的俗名，如广东陆丰客家称咸茶、擂咸茶，海丰客家称油麻茶或炒米茶，福建客家称茶米，而湖南有些人称秦人擂茶。制作擂茶的用具有擂棍和擂钵。把茶和芝麻、花生等配料放进擂钵里擂成细末冲沸水而成。根据配料不同，分为擂茶粥、擂茶饭、纯擂茶3种。基本原料有茶叶、炒米、芝麻、

黄豆、花生、盐及橘皮，有时加入青草药。可荤可素，可粗可精；可解渴，可充饥。"擂茶粥制作技艺"2018年入选广东省第七批省级非物质文化遗产代表性项目名录。参见第940页饮食卷"擂茶"条。（罗倩、王一帆）

清补凉　养生膳食。流行于海南、广东、香港、澳门、广西等地。多以糖水及老火汤的形式出现，不同地区会采用不同食材和不同做法。广东、香港和澳门等地多用淮山、莲子、芡实、薏米、百合、红枣、南北杏和瘦肉，或放入沙参、玉竹、陈皮和龙眼等健脾去湿、润肺去燥的材料煮成汤，熬成粥。广西清补凉类似水果什锦冰，以西瓜块、菠萝块、绿豆等为材料，相对简单。海南清补凉融合广东与广西之所长，添入海南产的新鲜椰肉、椰汁等。参见第1007页饮食卷"海南清补凉"条。（罗倩、王一帆）

竹壳茶　又称葫芦茶。养生膳食。主产于广东客家地区的河源紫金蓝塘镇，以整片竹箨（竹壳）包扎成5个连珠葫芦状，内含鸭脚木叶、葫芦茶、鸡骨草、金银花、车前草、金不换、救必应等中草药，具有清热解毒、利尿除湿、疏肝止痛等功效。传统竹壳茶的制作工艺不同于一般茶叶类茶的炒制，而是通过备料、熬煮、发酵、包扎、烘干、捆扎、贴标、装袋等多道工序制作而成。（罗倩、王一帆）

葫芦茶　见"竹壳茶"。

潮州老香黄　又称老香黄、佛手果（瓜）、老香橼、潮州老香橼、潮州老香黄。养生膳食。潮州三宝（潮州老香黄、潮州老药橘、潮州黄皮豉）之一。明代潮州就以佛手柑（亦称香橼）为原料，加配多种中药材，经过盐腌、晒干、炊熟、浸糖液、浸中药粉液、晒干、九蒸九晒工序，腌制3年以上，制成色黑如漆、绵软的老香黄。经过炮制，佛手柑的药用价值得到了进一步的提升，老香黄具有去积祛风、开胃理气、化痰生津等功效，用于治疗胃痛、腹胀、呕吐和痰多咳喘等症，且久藏不坏，保存愈久药效愈佳。参见第1002页饮食卷"老香橼"条。（罗倩、王一帆）

潮州老药橘　养生膳食。潮州三宝（潮州老香黄、潮州老药橘、潮州黄皮豉）之一。以金橘的果实为原料，经水煮沸，除掉涩味，再高温熬煮，掺入适量盐、糖、甘草和其他辅料腌制而成。其味浓郁诱人，咸中带甜，食用时将数枚老药橘捣烂置杯中冲水饮下，有消食去胀、健胃益气、理气和中的功效。参见第1002页饮食卷"潮州老药橘"条。（罗倩、王一帆）

潮州黄皮豉　养生膳食。潮州三宝（潮州老香黄、潮州老药橘、潮州黄皮豉）之一。自宋代以来，广东潮汕乡民将黄皮去核、盐渍、晒胚、蒸熟，掺入白糖、甘草末、香料，经反复蒸晒而成。其味甘酸浓郁，具有祛风去瘀、止咳消痰、健脾开胃、生津解渴的功效。口含咀嚼或开水冲服均可。参见第1002页饮食卷

"潮州黄皮豉"条。（罗倩、王一帆）

珍珠美容养颜汉方　美容养颜方剂。北宋名医陈昭遇研制，被编入其参与修编的《太平圣惠方》中。以珍珠、黄芪、石斛、韭子、苁蓉、覆荣黄、朱砂为原料，经剪切、研磨、水飞、炼蜜、制丸等传统工艺制成，具有美容养颜的功效。2017年入选海南省第五批省级非物质文化遗产代表性项目名录。（罗倩、王一帆）

养气汤方　养生方剂。岭南唯一现存的宋代石刻药方，为民间记载的免于感染"岚瘴"的养生方。由香附子、姜黄、甘草3味药材制成，香附子行气解郁、调经止痛，姜黄活血行气、通经止痛，甘草补气益脾、和中缓急、调和诸药。该方在宋代两部方书《鸡峰普济方》《是斋百一选方》中均有记载。（罗倩、王一帆）

薏苡明珠　养生防疾典故。意指无端受人诽谤而蒙冤。据传，东汉伏波将军马援领兵到南疆打仗，军中士卒病者甚多。采用当地民间薏苡治瘴的办法疗效显著。马援凯旋时带回几车薏苡药种，死后，朝中有人诬告他带回的几车薏苡是搜刮来的明珠。这一事件朝野都认为是宗冤案，故把它称为"薏苡之谤"。白居易曾写有"薏苡谗忧马伏波"的诗句。薏苡仁为禾本科植物薏苡的种仁，性味甘、淡、凉，入脾、肺、肾经，具有健脾、补肺、清热、利湿等功效。（罗倩、王一帆）

机　构

太安堂　医药机构。明隆庆元年（1567）柯玉井在广东潮州创办。柯玉井精通医理，获太医院院使万邦宁惠赠《万氏医贯》及太医院定制的"太

安堂"牌匾，回乡创办太安堂。以"秉德济止，为而不争"为堂训，"等一至亲，务真务精"为堂规。柯氏后裔医才辈出，太安堂在广东潮汕地区声望日

隆。20世纪三四十年代，迁徙到南洋一带开堂行医以避战乱。1946年，柯氏第十一代传人柯如枝重开太安堂，公私合营时期改名为汕头市中药厂。1995

年，第十三代传人柯树泉创办汕头特区皮宝卫生制品有限公司，2000 年成立广东皮宝制药有限公司，2002 年成立广东皮宝药品有限公司。2004 年，柯树泉将所属企业组建为广东金皮宝集团有限公司，2007 年复名百年老字号，正式启用太安堂集团。2008 年，广东太安堂集团有限公司改名为太安堂集团有限公司，是一家集科研、生产、销售于一体的药业集团，销售皮肤内外用药、治疗不孕不育症用药、心血管药、妇儿科药等特殊疗效中成药，总部设于上海，以"铍宝"和"麒麟"两大品牌为主轴。"太安堂麒麟丸制作技艺"2014 年入选国家级非物质文化遗产代表性项目名录扩展项目名录。太安堂创建中医药博物馆，编纂并出版中医药文化系列丛书《太安大典》108 卷，打造中医药文化旅游村——广东省潮州市潮安区浮洋镇井里村，被中国中药协会授予"岐黄第一村"称号。2018 年被评为全国中医药文化宣传教育基地。（洪媛媛、陈凯佳）

梁仲弘蜡丸馆 医药机构。岭南最早的中成药号。明万历元年（1573）梁仲弘在广东佛山早市街（今福贤路 178 号）创办。全国中成药老字号之一，被称为岭南中成药的"鼻祖"。梁仲弘早年跟随名医习医，逐步研制出数种颇有疗效的成药蜡丸出售，发明了以蚬壳盛药，外封以蜡的蜡封装法，故称为蚬壳膏，后经不断研究试验，改成纯蜡壳包装。据《广州市志》记载，是广东最早使用蜡丸包装。在售的成药中以治疗小儿惊风病的"抱龙丸"最负盛名。清初，梁氏第十七代子孙梁肇煌书写了"梁仲弘祖铺"的金漆招牌。日军侵华时期，受到冲击。1957 年公私合营期间，与冯了性药铺等 57 家医馆、药铺联合组成佛山联合制药厂。1971 年改名为佛山市制药一厂，后资产重组为佛山冯了性药业有限公司。梁仲弘蜡丸馆原址一直保存至今，尚存"梁仲弘祖铺"木刻匾额。

（洪媛媛、陈凯佳）

陈李济药店 医药机构。明万历二十八年（1600）陈体全、李升佐在广东广州创办。陈体全投资李升佐的中草药店，取字号"陈李济"，寓意"陈李同心，和衷济世"，并商定将草药店改成售卖中成药的药坊，前店销售，后坊制药。清康熙年间创制蜡壳大蜜丸，到乾隆年间，生产有膏、丹、丸、散、茶、酒、曲、锭 8 个剂型的中成药，销路遍及南北，并在广州十三行开设批发所，远销南洋。民国初年政府颁布商标法时，陈李济药厂将"杏和堂"3 个字组绘成盾形商标，立案注册并沿用至今。1922 年和 1935 年，先后在香港和上海开设分店。1948 年香港分店迁往澳门，同年又在马来西亚筹办分厂，在我国台湾地区开设分店。1954 年公私合营时期，以陈李济药厂为主厂，先后并入神农、万春园、伟氏、冯致昌、何弘仁、蘩和堂、橘香斋 7 家药厂以及甘泉药社、大生合记蜡店，组成广州陈李济联合制药厂。1967 年，改名为广州中药二厂，"杏和堂"商标改为"广中"商标。1980 年恢复"广州陈李济药厂"厂名和"杏和堂"商标。其蜡丸生产工艺颇为独特，蜡壳是蜂蜡与木蜡混合铸成的，制作流程有煮蜡、串原子、蘸蜡、锊壳、入丸、封口、剪蒂、盖印 8 个工序。1981 年，联合国教科文组织委托北京中医学院和北京科教制片厂，选择陈李济的蜡壳丸生产工艺拍成电视录像片，成为弘扬中华文化的代表。1993 年获国内贸易部认定的"中华老字号"称号。1998 年，易地扩建，告别了前店后厂的作坊模式，跨入现代企业的行列。2004 年，陈李济中药博物馆落成。"陈李济中药文化"2007 年入选广东省第二批省级非物质文化遗产名录。"陈李济传统中药文化"2008 年入选第二批国家级非物质文化遗产名录。2010 年，完成公司制改革，同年获吉尼斯世界纪录成为"全球最长寿药厂"。2011 年，"陈李济"被评为"中国驰名商标"，同年获商务部第二批"中华老字号"称号。（洪媛媛、陈凯佳）

冯了性药铺 医药机构。明万历年间冯国琳在广东佛山创办药铺。冯国琳通晓医道和药理，凭多年的行医实践，创制了一种用于医治跌打劳损、腰酸腿痛的药酒，取名万应药酒。其子冯了性自幼协助父亲经营店务，受父亲言传身教，经多年的潜心研究和临床观察，药酒的配方及制作工艺日臻完善，药力明显提高，疗效更为确切，既可内服，又可外搽。清顺治十六年（1659），冯了性主持药铺后，将万应药酒改名为冯了性风湿跌打药酒（简称冯了性药酒），将药铺定名为冯了性药铺。至道光年间，冯了性药铺实行医、药一体，发展到鼎盛时期，产品销向全国，以华中、华北、华东、特别是湖南、江西、四川一带最为受用。光绪二十六年（1900），冯氏后人在广东广州归德门内小市街开设分店（后迁往解放中路）。随着家族的扩大，冯氏后人借祖铺老字号的品牌，先后到江西、湖南、河北、江苏、浙江、四川等地自立门户，设厂生产和销售。正宗老铺在广东佛山数百年，世代相传，抗战时期店铺被毁，新中国成立后，在其后代冯翰的经营下重获发展。1956 年公私合营时期，与集兰堂、保滋堂等 66 家厂店合营为"国药商店"。1957 年，源吉林制药厂、佛山中药厂、三联药厂合并成立佛山联合制药厂。同年，国药加工场改名为佛山制药厂，并于 1958 年并入佛山联合制药厂。1971 年改名为佛山市制药一厂。2000 年资产重组建立佛山冯

了性药业有限公司，注册"冯了性"商标。2006年获商务部首批"中华老字号"称号。（洪媛媛）

黄恒庵蜡丸馆　医药机构。明天启年间黄日庚在广东佛山走马路（今禅城区福宁路）创办。黄日庚精通医理，注重总结临床经验，研究方剂，先后研制出乌金丸、活络丸、牛黄丸等蜡丸品种，其中以乌金丸最为知名，清末分别在广东广州双门底及香港开设分店。1954年，乌金丸改名为龟鹿八珍丸，但于1970年失传。1956年公私合营时期，由黄日庚曾孙黄尧担任经理，1957年，与各医馆、药铺合并为佛山联合制药厂。（洪媛媛、陈凯佳）

宏兴药行　医药机构。19世纪中期，萧镜湖在广东潮州开设天和堂药铺，后改名为宏兴药行，经典药品有复方鹧鸪菜散。1956年公私合营时期，宏兴药行（天和堂）、大娘巾卫生馆、紫吉庵（长春堂）合并组成宏兴制药厂。其中大娘巾卫生馆于清康熙元年（1662）由蔡俊心在广东澄海程洋冈创设；紫吉庵药铺（前身为长春堂药铺）于1942年由陈振绪创办。1992年，宏兴制药厂改名为广东宏兴集团股份有限公司。2006年获商务部首批"中华老字号"称号。（洪媛媛）

黄中璜药店　医药机构。清康熙元年（1662）在广东广州创办。1956年公私合营时期，与保滋堂、崇佛氏、梁财信、刘贻斋、卢畅修堂、杨觉庵、杏春园7家私营厂合并成立公私合营保滋堂联合制药厂。是广州中一药业有限公司的始祖。（洪媛媛）

保滋堂　医药机构。清康熙八年（1669）潘务庵在广东广州双门底创办。研制出保婴丹（又名通关散）享誉广东。道光二十六年（1846），由广州

双门底迁至广州浆栏街，采用前店后坊的经营模式。咸丰七年（1857），在广东佛山豆豉巷（今佛山市升平路）开设分店。原为潘姓独资经营，传至第四代时，有一房子孙将份额股金转让给南海九江关姓亲戚，从此保滋堂遂为潘、关两姓合作，在广州、香港、梧州、潮州等地开设分店。抗战全面爆发后，广州分店被毁，1946年恢复经营并归总店。香港分店在新中国成立后与总店各自分立。1956年公私合营时期，与崇佛氏、梁财信、黄中璜、刘贻斋、卢畅修堂、杨觉庵、杏春园等7家私营厂合并成立公私合营保滋堂联合制药厂，7月并入子记、祥记、泰记、宝山、杏林堂5家小厂，1958年并入玉记丁香油厂及再生、甜记纸壳个体户。1961年，公私合营保滋堂联合制药厂与公私合营迁善堂联合制药厂、地方国营为群磨粉厂合并组成保滋堂联合制药厂。1965年，保滋堂联合制药厂改名为广州中药一厂。2002年，成立广州中一药业有限公司，2012年更名为广州白云山中一药业有限公司。"保滋堂保婴丹制作技艺"2011年入选国家级非物质文化遗产扩展项目名录。（洪媛媛）

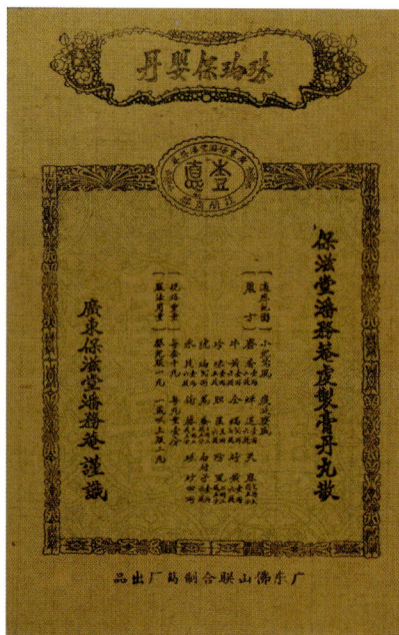

保滋堂保婴丹广告

敬修堂　医药机构。清乾隆五十五年（1790）钱澍田在广东广州城南门口创办。主营回春丹、如意膏及其他丸散，药铺取名敬修堂，取商标"园田"牌。经过钱家数代用心经营，于道光年间扩建厂房。1956年公私合营时期以敬修堂钱澍田中药厂为基础，先后将万灵堂中药厂、张安昌中药厂、邓可安佐寿堂药店、黄贞庵药局等8家私营企业和邓俊庭、岐芝堂等14家个体企业并入，组成公私合营敬修堂联合制药厂，后改为国营广州敬修堂药厂。1966年，纳入广州中药总厂，改名为广州中药六厂，取消"园田"牌商标。1981年恢复使用"广州敬修堂药厂"厂名和"园田"牌商标。1992年，转制为股份制企业，改组为广州敬修堂（药业）股份有限公司，是广州市首批转制的国有工业企业。2006年获商务部首批"中华老字号"称号。2012年改名为广州白云山敬修堂药业股份有限公司。（洪媛媛）

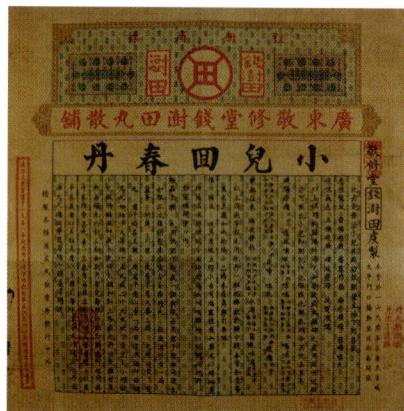

敬修堂小儿回春丹广告

梁财信医馆　医药机构。清嘉庆十年（1805）梁财信在广东佛山澜石圩创办。取堂号"保元堂"。梁财信青年时期兼任更练被盗贼打断双腿，求治于跌打名医潘日舒，痊愈后跟随学医，得其真传后挂牌行医，并兼售跌打丸、跌打酒和跌打膏药。清末民初，梁财信之孙梁贯之主诊时医馆医务最盛，医馆不断扩大，成药销量倍增，除正馆外，还建有西栈、东栈和南栈作为诊所和制药工厂。民国以后，梁氏家

族从集中管理经营转向分散经营，先后在广州设馆6间，佛山4间，香港3间，澳门、江门、韶关、顺德容奇、顺德大良、三水西南各1间，逐渐从行医转为售药为主，商标牌号多达十几种，有日牌、松鹤牌、太极牌、澜石牌、五象牌、三象牌、今牌、金轮牌等。药品除畅销国内各地外，还转销美洲、南洋等地。1938年，佛山沦陷，店铺工场全被日军霸占。1939年在佛山重新开业，恢复制售丸药。1956年公私合营时期组成公私合营保滋堂联合制药厂，后合并组建为广州中药一厂。（洪媛媛、陈凯佳）

采芝林药铺 医药机构。清嘉庆十一年（1806）广东南海河清堡黎氏同族4人在广东广州创办。位于广州市惠爱大街清风桥边。为前店后坊的中药铺，取字号"采芝林"。1955年，广州市药材公司成立。1956年，广州市药材公司下属的广州市药材公司中药饮片厂成立。同年公私合营时期，采芝林药铺改变了前店后坊的经营方式，将中药店与制作分离。1996年，广州市药材公司以其所属的96间国有零售药店为基础，成立以"采芝林"为商号的大型药业连锁企业——广州采芝林药业连锁店。2006年获商务部首批"中华老字号"称号。2008年，广州市药材公司改名为广州采芝林药业有限公司，同时，其下属的广州采芝林药业连锁店改名为广州采芝林药业连锁有限公司，广州市药材公司中药饮片厂改名为广州采芝林中药饮片有限公司。（洪媛媛）

马百良药厂 医药机构。清道光年间（一说乾隆年间）马百良在广东佛山创办药局。马百良行医并开设药材店，制造中成药丸（散）等制剂，成店时取名贵宁堂马百良，初设于广东佛山豆豉巷大街，光绪元年（1875）后在广东广州双门底下街开设分店，生产

"七厘散""惊风丸"等儿科成药。传至三四代子孙时，经营困难，将佛山祖铺招牌租给别人经营，而广州分店也受影响，后来其传人在广州杉木栏再设药厂经营，辗转佛山、广州等地后，最终于20世纪中期扎根香港。1923年，除佛山厂房外，药厂加设生产厂房于广州及澳门，更设分号于汕头、潮州、江门、海口、上海、香港。1930年将工厂迁往香港。1936年在广州芳村花地涌尾坊增设工厂，扩大生产。1956年公私合营期间，与江伯昭、梁济时、蛇王福、两仪轩、叶联合、杨桐竹林、黄体超、公生药厂、奇和成药社9家私营厂组成公私合营马百良联合制药厂。1964年改名为广州利群药厂，1966年改名为广州中药四厂。1979年并入广州中药一厂，后组建成广州中一药业有限公司。（洪媛媛、郑洪）

王老吉凉茶铺 医药机构。清道光八年（1828）王泽邦在广东广州十三行靖远街创办。王泽邦早年为草药医生，熟悉华南草药，常收集民间验方，并结合临床经验配成大碗药茶售卖。王泽邦乳名阿吉，故凉茶被命名为王老吉。为扩大经营，在广东广州开设分店，出现成记、祥记、远恒济3家分店。远恒济分店于1935年和1936年在广东省建设厅注册"王老吉榄线葫芦"和"王老吉公孙父子图"商标，并于1939年在国家商标局注册。1938年日军侵占广州，王老吉凉茶铺毁于战乱，王泽邦全家避乱至澳门大兴街开设分店继续经营。1946年在广州海珠中路恢复生产。1956年公私合营时期，王老吉与嘉宝栈、常炯堂等8家企业成立王老吉联合制药厂，"文化大革命"期间改名为广州中药九厂。1982年改名为广州羊城药厂。1992年改制为广州羊城药业股份有限公司。1996年，广药集团成立，"王老吉"

商标等无形资产归入广药集团。2004年，改名为广州王老吉药业股份有限公司，恢复"王老吉"字号。王老吉凉茶形态经历了多次革新，从水碗茶、药茶包（饮片）到纸包凉茶、凉茶粉、凉茶精、凉茶颗粒，1991年实现从药品到食品的转变，成为中国第一款植物凉茶饮料。2006年获商务部首批"中华老字号"称号。（洪媛媛、陈凯佳）

黄祥华药铺 医药机构。清咸丰年间黄兆祥在广东佛山祖庙大街文明里经营灯饰店。清咸丰十年（1860），其第四个儿子黄奕南创制出一种药油，命名为黄祥华万应如意油，店铺改名为黄祥华药铺，经营药油。1938年，佛山沦陷，黄家祖铺几经变故，内销中断，各地分店纷纷倒闭。1950年，黄奕南孙子黄凝鎏前往香港中兴祖业，凭着香港分店于屯门兴建药厂，供货给香港和澳门各药房销售，远销新加坡、马来西亚、印度尼西亚以及我国台湾地区。1987年，第五代传人黄启昌推动"黄祥华万应如意油"返回内地，由佛山药材公司负责向各地经销。（洪媛媛、陈凯佳）

集兰堂 医药机构。清同治年间潘集兰在广东广州桨栏路创办。后于广东佛山汾宁路设分店。采用前店后厂的经营模式，以经营熟药为主，兼营丸散类成药。清末在香港开设制药工厂，产品销往东南亚、南美等地，主要产品有蛇胆类药品和珍珠末等。1956年公私合营时期，与迁善堂、橘花仙馆、百昌堂、广芝馆、善德堂、瑞草堂6家私营厂合并组成公私合营迁善堂联合制药厂。1961年，公私合营迁善堂联合制药厂与保滋堂组成公私合营保滋堂联合制药厂，后整合为广州中一药业有限公司。（洪媛媛）

澳门镜湖医院 私立慈善医院。清

同治十年（1871）沈旺、曹有等人创办。位于澳门连胜街。初为庙宇式中医院，提供中医中药服务。光绪十八年（1892），孙中山来院担任义务西医，开创西医先河。1935 年柯麟来院担任义务西医，1945 年取得澳门华人医生手术权，并完善临床分科制。1946 年实施院长制，柯麟任院长，医院渐渐发展为初具规模、科室齐全的综合性医院。1942 年，随着慈善事业的发展，澳葡政府批准注册"镜湖医院慈善会"，将镜湖医院定为下设机构。镜湖医院慈善会逐步发展成为澳门规模最大的慈善组织，为澳门及内地的慈善公益事业发挥了积极作用。20 世纪 90 年代后，镜湖医院在赠医施药之外，还设立不同等级收费的病房与门诊，既满足不同经济水平的市民要求，亦缓和办院经费不足的状况。已发展为一所现代化的综合性教学医院，拥有数百张病床，门诊急诊诊治人次、住院人次持续增长。2002 年，获澳门特区政府授予仁爱功绩勋章，对澳门的医疗服务和医学发展起了重要作用。（陈凯佳）

岐生堂　医药机构。清光绪元年（1875）在广东广州创办，位于广州市天平街（今天成路）。1952 年迁至大新路 241 号，主要采购本地产药材制作各种丸、散等中成药出售。1956 年公私合营时期，与岐寿堂、何世昌、何家园等 13 家私人药店作坊先后合并为公私合营岐生堂联合制药厂。1965 年改名为广州中药五厂。（洪媛媛、陈凯佳）

迁善堂　医药机构。清光绪四年（1878）在广东佛山创办。光绪十四年（1888）在广州浆栏街设分店。1916 年在香港开设分店。1938 年日军占领广州时，佛山总店改为工场，广州分店改为总店。1946 年总店与香港分店分开经营，独立核算。1954 年佛山工场结束，迁

至广州总店继续生产。1956 年公私合营时期，与橘花仙馆、百昌堂、集兰堂、广芝馆、善德堂、瑞草堂 6 家私营厂合并组成公私合营迁善堂联合制药厂，同年并入高伯芗个体户。1958 年，公私合营迁善堂联合制药厂再并入红棉味粉合作社、自力更生合作社。1961 年，公私合营迁善堂联合制药厂与公私合营保滋堂联合制药厂、地方国营为群磨粉厂合并组成保滋堂联合制药厂。（洪媛媛）

黄潮善堂　医药机构。清光绪十一年（1885）黄汇总结整理出专医感冒及劳倦伤寒的验方，在广东中山挂牌行医，自行采药加工，用纸袋包装出售，写有"沙溪伤寒圣茶，黄汇制造"的字样，称为黄汇凉茶（后又称沙溪伤寒茶）。黄汇之子黄国屏继承父业，将药铺改名为黄潮善堂，将黄汇凉茶改为伤寒圣茶。后人为纪念黄汇，就将此茶以他的故乡命名，故称沙溪凉茶。新中国成立后，经广东省卫生厅批准成立中山县沙溪凉茶厂。1984 年改名为沙溪制药厂。1990 年改名为广东省中山市沙溪制药厂。2003 年沙溪制药厂改制，改名为广东益和堂制药有限公司。2018 年改名为广东沙溪制药有限公司。沙溪凉茶用现代科技提取有效成分，制成"沙溪凉茶颗粒"和"沙溪凉茶袋泡茶"，被卫生部收载为国家标准，经国家药品监督管理局批准为"国家中药保护品种"。2006 年获商务部首批"中华老字号"称号。（洪媛媛）

潘高寿药行　医药机构。清光绪十六年（1890）潘百世、潘应世兄弟在广东广州高第街开设药铺，药号"长春洞"，前店卖药，后场制丸，进行作坊式生产。20 世纪 20 年代初，潘氏兄弟先后去世，潘百世之子潘逸流和潘应世之子潘楚持共同经营，但是不

久相继离去，转营他业，遂由潘百世四子潘郁生出任司理。不久爆发辛亥"三二九"起义，长春洞被毁，潘郁生另选地址，以"长春洞潘高寿"为字号在广州十三行豆栏上街重新营业。辛亥革命后，面临"废除中医"的局面，潘郁生开创了"中药西制"的先河，将汤剂改为糖浆剂，独创"潘高寿川贝枇杷露"。1929 年，潘郁生将药铺作了分离处理，启用"潘高寿药行"品牌，专营川贝枇杷露，而原来的长春洞则继续经营蜡丸的生产和销售。1938 年广州沦陷，潘高寿药行遭受日机轰炸，毁为废墟。抗战胜利后，潘郁生以潘高寿药行专营川贝枇杷露，在广州杉木栏路开设新店。1948—1949 年，潘高寿药行发展到鼎盛时期，除在香港设厂外，还在台湾、澳门设点经营。1956 年公私合营时期，潘高寿药行与大同成药社、中华成药社合并，组成公私合营潘高寿联合制药厂。"文化大革命"期间改为广州中药七厂。1981 年恢复"广州潘高寿药厂"厂名。1992 年，潘高寿的治咳川贝枇杷露、蛇胆川贝枇杷膏、蛇胆川贝液、蜜炼川贝枇杷膏被评定为"国家名牌产品"。1993 年转制为广州潘高寿药业股份有限公司。2012 年，改名为广州白云山潘高寿药业股份有限公司。2006 年获商务部首批"中华老字号"称号。（洪媛媛）

源吉林药店　医药机构。清光绪十八年（1892）源吉荪在广东佛山汾水铺聚龙街创办。源吉荪早年经营三昌颜料店，其小儿子源文湛是中医师，创制出甘和茶、回春散等成药，在颜料店里以"流泽堂源吉林"名义发售。光绪二十四年（1898）后，源氏兄弟在佛山专营甘和茶及其他成药，并改店号为"源吉林号"。从清朝末年到抗战前夕，在佛山已成规模，在广东其他地区和省外设有销售点，并远销

海外。所制作的甘和茶以红、绿、黑三色纸盒包装，又称盒仔茶。抗战期间经营处于半停顿状态。1946年源氏家族将分布在中国的广州、香港地区和新加坡的3间联号重组佛山源吉林号，实施机械化包装。1956年公私合营时期，佛山、广州分店归国家所有，香港地区及海外的4家分店仍独立经营，香港分店源广和号变成境外总行，境外独立经营的源吉林，今只余香港一店。佛山祖铺被纳入佛山联合制药厂，1971年划归佛山市制药二厂。1998年转制为佛山德众药业有限公司。"源吉林甘和茶"2012年入选广东省第四批省级非物质文化遗产名录。（洪媛媛、陈凯佳）

徐其修凉茶铺　医药机构。清光绪二十一年（1895）徐其修在广东英德创办。徐其修自幼随父亲徐就昌在佛冈、广州等地经营凉茶铺，后搬迁英德继续经营。1997年，徐其修后代徐星权、徐星祥兄弟组建英德市权祥凉茶有限公司，是清远市首家以凉茶为主业的民营企业。2001年投资兴建徐其修凉茶保健厂，成功研制出了徐其修凉茶颗粒冲剂、袋泡系列产品。2003年开发生产徐其修凉茶易拉罐装饮料。同年，在广东佛山成立佛山市徐其修凉茶有限公司，继后又在广州、深圳、东莞等地设立分公司。2005年获"广东百年老字号"称号，2006年被评为"广东省著名商标"，并获商务部首批"中华老字号"称号。（洪媛媛）

宝芝林药店　医药机构。清光绪二十二年（1896）黄飞鸿在广东广州仁安街创办。黄飞鸿于其父黄麒英过世后结束武馆，在仁安街开设"宝芝林"，主治跌打损伤，结合临床经验钻研医药，自制丹丸散，诊病售药。1924年广州爆发商团叛乱，宝芝林毁于战火。（洪媛媛、陈凯佳）

李众胜堂　医药机构。清光绪二十二年（1896）李兆基在广东佛山祖庙大街创办。取号"李耕寿堂"，以卖凉茶为生，后改为制售药丸，并改号"李众胜堂"，以保济丸为支柱产品。1910年在广东广州桨栏路开设分店，1916年在香港设分行。1940年在上海设分销处。1953年，将佛山老铺和上海分销处归并到广州集中生产经营。香港分行在1952年与广州总店脱离经济关系，独立核算，由李兆基之子李赐豪管理。1956年公私合营期间，李众胜堂等9家私营药业组成私合营李众胜联合制药厂。1965年改名为广州中药三厂。1989年改名为广州众胜药厂，被并入广州中药一厂。（洪媛媛）

位元堂　医药机构。清光绪二十三年（1897）黎昌厚与数位官宦家族合伙人在广东广州桨栏街创办。经营中草药批发买卖。1920年，创始人之一潘厚存研制出主治肺痨之方，命名为"扶正养阴丸"，是其主要产品。1930年，在香港荔枝角道开设分店。1952年，广州总店迁往香港。1970年，生产线正式迁至香港。1980年，在香港注册商标，成立位元堂药厂有限公司。2000年12月被宏安集团有限公司收购注资。2002年，位元堂药业控股有限公司在香港联交所上市。2003年，宏安集团将卢森堡大药厂有限公司注入旗下位元堂药业控股有限公司，持有"位元堂"及"珮夫人"两个品牌。位元堂"扶正养生丸"2009年入选广东省岭南中药文化遗产。2010年获"香港卓越品牌"称号。（洪媛媛、陈凯佳）

西鸣堂　医药机构。清光绪末年梁西鸣在广东顺德容奇北潮坊创办。制售跌打成药。21世纪初，并入盈天医药集团下属的广东环球制药有限公司。（洪媛媛）

梁培基药厂　医药机构。清光绪二十八年（1902）梁培基在广东广州创办。梁培基以西药为原料，配以中药制成中成药丸剂，命名为梁培基发冷丸。1902年开设制药工厂并设门市部，一面行医，一面卖药，后发展为梁培基药厂。工厂设在凤安街，营业部设在大基头，后迁至西关长乐路，于广州、香港和佛山等地开设分店，10多年间发展为广东制药名家字号之一，发冷丸远销海外。1937年抗战全面爆发，长乐路营业部毁于大火中，工厂迁至大都乡。抗战胜利后，在长乐路原址重建。1953年与利济轩药厂组成新联股份有限公司。1956年新联股份有限公司与何家奄成药社合并组建新联药厂，后陆续合并重组为广州白云山明兴制药有限公司。（洪媛媛）

唐拾义药厂　医药机构。1912年唐拾义在广东广州下九路华林街创办。唐拾义自设医馆行医，以治疗咳嗽哮喘和制售咳丸、哮喘丸扬名。后因需求量增长，将诊所迁到下九路，与获医学博士学位的长子唐太平成立"唐拾义父子制药厂"。1919年，唐拾义赴上海设立诊所。1924年在上海爱多亚（今延安东路）设厂制药，后又在天津、汉口、香港等地开设分厂，在广州开设"增寿堂"经销产品。1931年率先采用机器制药，研制"疟疾丸""疳

"唐拾义"广告

积丸"，包装除了有"唐拾义"字号外，还有其本人椭圆形半身像。为了降低进口药成本，唐拾义试炼提取中药麻黄素及使君子的有效成分。1939年唐拾义去世后，由6个儿子以合伙形式继续经营。1956年公私合营时期，与健成药社、陈一鸣成药社、天喜堂药厂、崇叶成药社、泰安得记成药社、营孙氏药社、天寿堂药厂、广惠成药社8间厂（社）合并组成广州公私合营唐拾义联合制药厂。1964年改名为光华制药厂。（洪媛媛、陈凯佳）

李广海医馆 医药机构。1914年李广海在广东佛山栅下沙涌坊创办。李广海在父亲医馆旧址开设"李广海跌打医馆"，后迁至福庆里（今大福路）。1956年，佛山中医院成立，李广海担任副院长并创建骨伤科。同年，他将医馆合并至佛山联合制药厂，自创成药祖方及工艺划归到佛山制药一厂（冯了性药业有限公司），其中"李广海跌打丸"改名为伤科跌打丸。2012年，佛山市禅城区政府启动李广海医馆的修缮工作。2015年，医馆重建完成并免费对市民开放。重建后医馆占地面积400平方米左右，分3个展厅，内有李广海的塑像，以图片、史料和实物展示了李广海的生平、贡献及学术传承。（洪媛媛、陈凯佳）

黎铎医院 私立医院。其雏形是1928年黎铎在广东广州龙津东路204号、206号开设的病房。1933年，在广州泮塘（今中山八路与荔湾北路交界处）建成。占地面积1000平方米，是混凝土结构的两层楼房。以门诊为主，内、外、妇（产）、儿、眼、耳、鼻、喉、传染病等各科均有，仪器设备比较齐全，内设病床数十张，有设特别护士的高级病房，是一所全科医院。1938年10月，广州沦陷，黎铎举家迁往澳门。1947年返穗重修医院，增设检验室，购买大量检验器械，增聘检验人员，还在龙津东路旧址开设护士及产科学校。1949年11月先后收治200多人，并主动负担西区难民收容所的医疗工作，每天派员到收容所义诊。1950年3月3日国民党飞机轰炸广州时，免费救护和收容受伤市民。1952年11月，广州市房地产管理局与黎铎洽商，动员他租让医院作省商业厅员工医院（后转为荔湾区第一人民医院），黎铎签约租让，所有员工均由市人事局批准由市卫生局分配在市各医院工作。（陈凯佳）

何济公药行 医药机构。1938年何福庆在广东广州河南鹤州直街积善里创办。何福庆有意效法"济公"普济众生，将药行取名为"何济公"。后因广州沦陷，迁往上海市康定路。1942年在广州龙津东路洞神坊重设药行。1950年，改名为中国广州何济公制药厂。1953年将厂址迁至下九路。1956年公私合营期间，改名为公私合营何济公制药厂。同年与宇宙、惠民、荷兰、百灵、凤凰和三联等13间私营成药厂（社）合并，改名为公私合营何济公联合制药厂。1961年后，灵芝制药厂、普济联合制药厂、仁人联合制药厂和利农制药厂先后并入公私合营何济公联合制药厂。1964年公私合营何济公联合制药厂改名为公私合营向群制药厂。1969年改名为广州第六制药厂。1980年复名为广州何济公制药厂。1985年与广州第八制药厂合并。2002年改制为广州何济公制药有限公司。2005年改名为广州白云山何济公制药有限公司。2006年获商务部首批"中华老字号"称号。2007年，与白云山外用药厂合并成立广州白云山医药集团股份有限公司白云山何济公制药厂。（洪媛媛）

侨光制药 医药机构。始于1946年由郑赞独资经营的华侨药厂和1947年由刘文亮独资经营的新光药厂。"华侨"与"新光"是较早开发化学药物的制剂企业，于1954年合并为侨光制药厂。1956年公私合营时期，先后与华德制药厂、国民药厂合并，改名为广州公私合营侨光联合制药厂。1965年实行专业分工，广东制药厂的针剂车间并归侨光制药厂，成立广州永红制药厂，侨光制药厂的原料车间与片剂车间分别改名为广州第二制药厂和广州卫民制药厂。1969年，这三家厂合并为广州第二制药厂。1974年，原料车间分出，成为广州第八制药厂。1980年，恢复"广州侨光制药厂"厂名。2008年，广州白云山制药总厂吸收合并为广州白云山侨光制药有限公司。（洪媛媛）

天心药业 医药机构。1948年在广东广州创办。前身是广州天心制药厂，由宝隆药厂、天心药品工业制造厂、先进药厂等组建而成。是中南、华南地区首家粉针生产企业，也是广州市首家头孢菌素粉针生产企业。"文化大革命"期间改名为广州第五制药厂。1993年改组为广州天心药业股份有限公司，后改名为广州白云山天心制药股份有限公司。以"天心，天心，制药精心"为品牌经营主线，"心"字商标被评为"中国驰名商标""广东省著名品牌"。（洪媛媛）

星群药业 医药机构。1948年丘晨波在广东广州创办丘晨波中药提炼所，位于广州市德政北路禺西一路三号。1949年，丘晨波与广州中医师吴粤昌、张景述、胡济生、杜明昭、汪健民、罗润生、罗次梅、谢香浦、张公让、司徒铃、饶介人、刘月山、邓礼广、郑华尧、倪克显、杜蔚文、杨流仙、戴朝贤、阮硕庵、高健伯等数十人商议，将原所改组扩大，向全国中医药

界招股，成立一家相当规模的新式中药制药厂，改名为星群中药提炼厂。用"星群"作为企业名称，寓意企业"星罗棋布，群英涌现"，并迁厂址于广州市十八甫路89号。1950年星群中药提炼厂将生产车间搬迁至光塔仙邻巷。1953—1954年，国家对私营企业进行政策性结构调整，将部分商业企业转并到工业，广福行、永利药房和胜利药房并入星群中药提炼厂。1956年公私合营时期，星群中药提炼厂与新生药厂、雷天一药厂合并为星群联合制药厂。1969年，星群联合制药厂与建群制药厂合并为广州第四制药厂。1980年改名为广州星群制药厂。1971年，星群研制出中国第一粒治血管硬化症药品"脉通"。1985年首创夏桑菊颗粒。1986年获国家"质量管理奖"。1993年完成改制，注册成立广州星群（药业）股份有限公司，现名为广州白云山星群（药业）股份有限公司。2006年获商务部首批"中华老字号"称号，2009年获"高新技术企业"认证。（洪媛媛、陈凯佳）

健民医药 医药机构。1952年在广东广州创办。前身是中国医药公司广东分公司，1963年改名为国营健民医药商店。1984年成立健民医药商店批发部和粤华医药商店批发部，业务辐射珠江三角洲。1996年，广州医药集团有限公司将健民、友邦、利众整合成立广州市医药公司健民医药连锁店。2007年，改制更名为广州健民医药连锁有限公司。2008年被中国医药商业协会连锁药店分会授予"中国药品零售连锁百强企业"称号。2011年获商务部第二批"中华老字号"称号。（洪媛媛）

明兴制药 医药机构。1951年，原本经营进口西药和出口茶叶的明兴进出口贸易行在政府号召下由商业转向工业，创办明兴化学制药厂。1956年公私合营时期，明兴化学制药厂和1953年由"百威""美华""穗亨"3家药房合并转业创办的百威化学制药厂联合组成公私合营明兴联合制药厂。1956年由新联股份有限公司与何家奄成药社组建的新联药厂并入明兴联合制药厂。1966年转为全民所有制并改名为广州第三制药厂。1980年恢复"广州明兴制药厂"厂名和"明兴牌"商标。2002年，广州明兴制药厂改制为广州明兴制药有限公司，加入广州白云山制药股份有限公司，2005年改名为广州白云山明兴制药有限公司。2011年获商务部第二批"中华老字号"称号。（洪媛媛）

光华制药 医药机构。1964年，由广州公私合营唐拾义联合制药厂改名为光华制药厂。1993年转制为国有控股有限公司，改名为广州光华药业股份有限公司。2001年资产重组归入成为广州医药集团有限公司属下的广州白云山制药股份有限公司。2005年改名为广州白云山光华制药股份有限公司，同年托管广州市华南医疗器械有限公司。2011年获商务部第二批"中华老字号"称号，其品牌商标"禾穗"牌获"广东省著名商标"。"小柴胡制剂方法"2012年入选广东省省级非物质文化遗产名录扩展项目名录。2012年"小柴胡颗粒新制法"获国家发明专利。（洪媛媛）

中一药业 医药机构。1965年，保滋堂联合制药厂改名为广州中药一厂。1979年与广州中药四厂合并。1988年，与香港华顺公司合资成立广州中富药业股份有限公司。1997年，与广州市医药集团有限公司属下10家企业资产重组，建立广州药业股份有限公司。1999年至2003年，合并广州众胜药厂，成立广州中一药业有限公司。2011年获商务部第二批"中华老字号"称号。（洪媛媛）

奇星药业 医药机构。1981年，由1979年并入了广州中药八厂的广州中药五厂改名为广州奇星药厂。广州中药八厂源于东晋年间的海辐禅院。1964年，海辐禅院与潘人和等13家中药店铺先后合并，建立公私合营潘人和联合制药厂。同年，改名为广州健宁药厂，1965年改名为广州中药八厂，1979年并入广州中药五厂。1981年改名为广州奇星药厂。1993年重组产权，与香港广永财务有限公司合资组建广州奇星药业有限公司。2011年获商务部第二批"中华老字号"称号。"奇星"商标多次被评为"广东省著名商标""广州市著名商标"，并被评为"中国驰名商标"。（洪媛媛、陈凯佳）

一方制药 医药机构。前身为广东省中医研究所制药厂和广东中南制药厂。隶属于国药集团中国中药控股有限公司。位于广东省佛山市南海区里水镇旗峰工业开发区。1993年，广东省卫生厅同意广东省中医研究所和南海里水经济发展总公司合作，建立广东一方制药厂，从事中药配方颗粒的研发和生产。1993年和1994年被国家中医药管理局分别确定为中药饮片剂型改革生产基地、中药配方颗粒研究开发试点单位。1999年，广东省科技风险投资有限公司出资加盟，并注册成立广东一方药业有限公司。2000年，广东一方制药厂以增资扩股的方式吸收合并广东一方药业有限公司，合并后改名为广东一方制药有限公司。2015年，由中国医药集团中国中药控股有限公司控股。（洪媛媛）

德众药业 医药机构。1998年，佛山

制药二厂转制成立佛山德众药业有限公司，位于广东佛山。2009年并入中国医药集团盈天医药集团有限公司。其拥有百年历史的源吉林甘和茶、少林跌打止痛膏，以及腰肾膏、鼻炎康片、鼻炎滴剂（喷雾型）、胃痞消颗粒和乌鸡白凤颗粒5个国家发明专利产品。2009年，"德众"被评为"中国驰名商标"。2011年获商务部第二批"中华老字号"称号。2015年改名为国药集团德众（佛山）药业有限公司。（洪媛媛、陈凯佳）

和黄中药　医药机构。2005年在广东广州创办，前身为广州白云山中药厂。1988年，广州白云山中药厂挂牌成立。2005年，广州医药集团白云山制药股份有限公司与和记黄埔（中国）公司合资成立广州白云山和记黄埔中药有限公司（简称白云山和黄中药）。2006年建设神农草堂中医药博物馆。（洪媛媛）

广东省第二中医院　又称广东省中医药工程技术研究院。医疗机构。1993年在广东广州创办，是广东省卫生健康委员会和省中医药局直属的综合性中医医疗、科研机构，三级甲等中医医院、国家级中医住院医师规范化培训基地、广东省中医药适宜技术培训推广基地、广州中医药大学第五临床医学院及非直属附属医院、广州市急救医疗网络（120）单位、国家博士后科研工作站和广东省博士后创新实践基地。前身是成立于1956年的广东省中医研究所。2011年，由广东省中医研究所、广东省第二中医院、广东省中医研究所附属中药实验基地为基础组建而成。共有4个院区、3个院外门诊部，托管1个社区卫生服务中心、1家民营老年公寓。拥有国家级重点专科7个、国家级重点学科3个、省级重点专科19个。针灸康复科是业内影响较大的特色优势

科室，也是国家中医药管理局华南地区区域中医（专科）诊疗中心建设单位。作为广东省唯一的省属中医药综合科研机构，拥有3个"国家中医药科研三级实验室"和"国家中医药管理局中药配方颗粒生产关键技术重点研究室"。（洪媛媛、叶清）

广东省中医药工程技术研究院　见"广东省第二中医院"。

广州中医药大学第一附属医院　又称广州中医药大学第一临床医学院、广东省中医临床研究院；曾用名广州中医学院附属医院、广东中医学院附属医院、广州中医学院第一附属医院。医疗机构。1964年在广东广州创办。是综合性三级甲等中医医院、全国首批三级甲等中医医院、国家示范中医医院、国家重点中医医院、国家中医临床研究基地、国家重大疫情救治基地、广东省中医临床研究院和广东省高水平医院建设单位。拥有国家区域中医（专科）诊疗中心6个、国家卫健委临床重点专科7个、国家中医药管理局重点专科14个、国家二级重点学科8个和国家中医药管理局重点学科8个。获省部级以上科研奖励70多项，其中国家科技进步奖励5项，省部级科技进步一等奖9项，获专利授权近200项。拥有国家级、省级非物质文化遗产项目3个，是广东省非物质文化遗产保护单位。新中国第一位中医学教授罗元恺、首届国医大师邓铁涛教授均来自该院。（洪媛媛、叶清）

广州中医药大学第一临床医学院　见"广州中医药大学第一附属医院"。

广东省中医临床研究院　见"广州中医药大学第一附属医院"。

广州中医学院附属医院　见"广州中医药大学第一附属医院"。

广东中医学院附属医院　见"广州中

医药大学第一附属医院"。

广州中医学院第一附属医院　见"广州中医药大学第一附属医院"。

广东省中医院　又称广州中医药大学第二附属医院、广州中医药大学第二临床医学院、广东省中医药科学院、广东省中医药研修院。医疗机构。1933年在广东广州创办，前身为广东中医药专门学校附属广东中医院。是综合性三级甲等中医医院、广东省首批高水平医院建设单位、全国中医药文化宣传教育基地、广东省中医药文化国际传播建设单位。曾转做广东省妇幼保健院，后改名为广东省中医实验医院，1958年改名为广东省中医院。拥有国家区域中医诊疗中心6个、国家级临床重点专科28个、重点学科10个、省级临床重点专科49个，是全国中医适宜技术推广基地。拥有国家级、省级非物质文化遗产项目2个。组建中医经典病房，是全国首批中医诊疗模式创新试点；成立治未病中心、中医慢病管理中心。省部共建我国中医领域首家国家重点实验室——中医湿证国家重点实验室，建立首批国家中医临床研究基地、干细胞临床研究机构，中医系统首家生物资源中心，是国家示范性国际科技合作基地、国家中医药管理局中医临床评价中心、中医药转化医学中心、治未病研究基地，建有粤港澳中医药与免疫疾病研究联合实验室。涌现出如"抗非"烈士、最美奋斗者叶欣，全国中医药杰出贡献奖获得者邓铁涛、禤国维、吕玉波，全国卫生健康系统新冠疫情防控工作先进个人张忠德、黄东晖等先进人物。（洪媛媛、叶清）

广州中医药大学第二附属医院　见"广东省中医院"。

广州中医药大学第二临床医学院　见"广东省中医院"。

广东省中医药科学院　见"广东省中医院"。

广东省中医药研修院　见"广东省中医院"。

广州中医药大学附属骨伤科医院　医疗机构。1985年在广东广州创办。是三级甲等中医医院、国家中医住院医师规范化培训基地。2001年组建广州中医药大学第三附属医院，2005年成立广州中医药大学第三临床医学院。2018年改名为广州中医药大学第三附属医院（广州中医药大学第三临床医学院、广州中医药大学附属骨伤科医院、广州中医药大学骨伤科研究所）。2021年2月，广州中医药大学骨伤科研究所改名为广东省中医骨伤研究院。共有4个院区、2个门诊部。龙头学科中医骨伤科是国家级重点学科、国家中医药管理局重点专科、国家药物临床试验基地，拥有骨关节科等7个省级重点专科，骨质疏松（骨痿）科是国家中医药管理局重点专科优势病种全国协作组组长单位、广东省首批中医名科。血液病科拥有该学科华南地区唯一的国家中医区域诊疗中心培育项目。获国家、广东省科技进步奖等省部级以上科技奖7项。（洪媛媛、叶清）

南方医科大学中西医结合医院　又称南方医科大学中西医结合肿瘤中心。医疗机构。2006年在广东广州创办。由南方医科大学整合其下属中医药学院、南方医院和珠江医院的优势学科人才资源共同组建。是南方医科大学直属附属医院、综合性三级甲等中西医结合医院、国家重点中医医院建设单位、国家中医住院医师规范化培训基地、国家药物临床试验机构、广东省中医药创新研究中心。多学科协调发展，以西医为基础，中医为特色，中西医结合，以肿瘤学科为龙头学科。拥有国家重点学科1个、国家中医药管理局重点学科2个、国家中医药管理局重点专科4个、广东省高水平重点专科1个、广东省中医药局重点专科7个、广东省中医药局中医临床重点专科3个。（洪媛媛、叶清）

南方医科大学中西医结合肿瘤中心　见"南方医科大学中西医结合医院"。

广东省中西医结合医院　医疗机构。1993年在广东佛山创办，前身为佛山市南海区中医院。是综合性三级甲等中西医结合医院、广州中医药大学非直属附属医院、暨南大学教学医院。2007年在佛山市南海区中医院基础上挂牌成为广东省中西医结合医院，同年挂牌为广州中医药大学附属广东中西医结合医院。2009年获"广东省中医名院"称号。（洪媛媛、叶清）

广州市中医医院　又称广州医科大学附属中医医院。医疗机构。1929年在广东广州创办。是综合性三级甲等中医医院。广州市警察局因所属警员及家属得不到及时的救治，向市政府提出兴办警察医院，获批筹建，1949年更名为广州市公安医院。1956年改为综合性医院，更名为广州市第三人民医院，接收沙面、惠爱两诊所，合并沙面红十字会第一分诊所。1960年改名为广州市中医医院。2004年成为广州中医药大学非直属附属医院。2007年成为广东省中医名院建设单位。2018年成为广州医科大学中西医临床学院。2020年改名为广州医科大学附属中医医院。（洪媛媛、叶清）

广州医科大学附属中医医院　见"广州市中医医院"。

广州市番禺区中医院　医疗机构。1958年在广东佛山番禺（今广州番禺）创办。是综合性三级甲等中医医院、广东省中医院协作医院、广州市急救医疗网络（120）单位、广东省中医名院建设单位。1958年，番禺县政府将关帝庙改建为医院，命名为番禺县联合中医院门诊部。1978年，香港工商联谊会发起筹建番禺市桥中医院，并于1984年正式挂牌。1986年改名为番禺县中医院，转为全民所有制单位，2013年挂牌为三级甲等中医医院。（洪媛媛）

广州中医药大学祈福医院　又称祈福医院。医疗机构。2001年在广东广州创办。是祈福集团与广州中医药大学合作兴建的以中西医与自然疗法相结合的综合医院，也是三级甲等中西医结合医院。2003年通过国际JCI（国际联合委员会）认证。（洪媛媛）

祈福医院　见"广州中医药大学祈福医院"。

深圳市中医院　又称广州中医药大学深圳附属医院。医疗机构。1975年在广东宝安创办，前身是宝安县中医院。1979年改名为深圳市中医院，是综合性三级甲等中医医院。1993年成为广州中医学院教学医院，1995年获"国家示范中医院""广东省示范中医院"等称号。1997年成为广州中医药大学首家非直属附属医院，2002年成为广州中医药大学临床医学院。2009年被评为"广东省中医名院"。"贾氏点穴疗法"2012年入选广东省第四批省级非物质文化遗产名录，2014年入选国家级非物质文化遗产代表性项目名录扩展项目名录。（洪媛媛、陈凯佳）

广州中医药大学深圳附属医院　见"深圳市中医院"。

深圳平乐骨伤科医院　医疗机构。1986年在广东深圳创办。是三级甲等中医专科医院，以骨伤科闻名，为广

州中医药大学非直属附属医院。1988年经郑州市编办批复正式成立平乐骨伤科医院。2013年底建成坪山新院区，是郑州市卫生局与深圳市坪山新区政府在深圳合作共建的非营利性国有事业单位。2014年成为深圳首家三级甲等民办医院。2017年医院整体移交至坪山区政府，移交后医院保留原名，加挂"坪山区中医院"的牌子。"平乐郭氏正骨法"2008年入选第二批国家级非物质文化遗产扩展项目名录。（洪媛媛）

深圳市宝安区中医院 医疗机构。1988年在广东深圳创办，1990年正式开业。是三级甲等中医医院、广东省首家通过三级甲等中医医院评审的区县级中医医院。2012年挂牌为"广州中医药大学附属宝安中医院"，同年经深圳市卫生和人口计划生育委员会批准挂牌为深圳市第三中医院。（洪媛媛）

汕头市中医医院 又称广州中医药大学附属汕头医院、汕头市中医创伤骨科医院。医疗机构。1958年在广东汕头创办，是综合性三级甲等中医院，也是粤东地区首家三级甲等中医院。2003年经汕头市机构编制委员会批准加挂"汕头市中医创伤骨科医院"牌子。2008年经广东省高校临床教学基地管理小组评审并批准，成为广州中医药大学在粤东地区第一家非直属附属医院。（洪媛媛）

广州中医药大学附属汕头医院 见"汕头市中医医院"。
汕头市中医创伤骨科医院 见"汕头市中医医院"。

佛山市中医院 医疗机构。1956年在广东佛山创办，在原来的"健康""汾宁""同仁"3间联合诊所的基础上合并而成。是三级甲等中医医院，以中医骨伤科闻名。1959年，经广东省人民政府卫生厅和佛山市人民政府批准，转为全民所有制。1992年，正式挂牌被确认为广州中医学院教学医院。1993年底，确定为"全国示范中医医院"。1997年成为广州中医药大学教学医院。2007年获"广东省中医名院"称号。"佛山伤科正骨"2018年入选广东省省级非物质文化遗产代表性项目名录扩展项目名录。（洪媛媛、陈凯佳）

佛山市顺德区中医院 又称广州中医药大学顺德医院。医疗机构。1958年在广东佛山创办。是综合性三级甲等中医医院，具有中医特色和中西医结合优势。1980年，在港澳同胞和海外侨胞的捐资以及政府的投资下在顺峰山新建医院，1985年被确定为"广东省顺德中西医结合医院"。2009年，改名为佛山市顺德区中医院，并成为广州中医药大学非直属附属医院。2017年，佛山市顺德区人民政府与广州中医药大学正式签约，将佛山市顺德区中医院纳入广州中医药大学直属医院体系，改名为广州中医药大学顺德医院（佛山市顺德区中医院）。（洪媛媛、陈凯佳）

广州中医药大学顺德医院 见"佛山市顺德区中医院"。

韶关市中医院 医疗机构。1964年在广东韶关创办。是综合性三级甲等中医医院，具有中医药特色优势。是广州中医药大学的教学医院、广州中医药大学"非直属附属医院"创建单位，获"广东省中医名院"称号。（洪媛媛）

惠州市中医院 又称广州中医药大学惠州医院。医疗机构。1965年在广东惠州创办，前身为惠阳地区中医院。是综合性三级甲等中医医院，具有中医特色和中西医结合优势。2019年8月，广州中医药大学与惠州市人民政府合作共建为广州中医药大学惠州医院。（洪媛媛、陈凯佳）

广州中医药大学惠州医院 见"惠州市中医院"。

东莞市中医院 医疗机构。1965年在广东东莞创办。是综合性三级甲等中医医院，以中医为特色，中西医结合。初名东莞县中医院。1966年，东莞县人民医院中医科并入东莞县中医院。1968年并入东莞县人民医院，1969年复办。1985年东莞撤县建市（县级市），改名为东莞市中医院，附设东莞市中医药研究所、东莞市老年病防治研究所。1978年转为全民所有制医疗事业单位。1995年被评为"广东省示范中医医院"。2007年成为广州中医药大学非直属附属医院及教学医院。2020年广州中医药大学与东莞市人民政府合作共建为广州中医药大学东莞医院。（洪媛媛）

中山市中医院 又称广州中医药大学附属中山医院。医疗机构。1957年在广东中山创办。是综合性三级甲等中医医院。前身为石岐市中医院，1958年，随市改镇更名为石岐镇中医院。1969年与石岐保健院、工人疗养院合并，改称石岐人民卫生院。1970年石岐人民卫生院与人民医院合并为中山县人民卫生院。1971年中山县革命委员会决定重新分出中医院，复办后改名为中山县中医院。1984年随县改市改名为中山市中医院。（洪媛媛）

广州中医药大学附属中山医院 见"中山市中医院"。

江门市五邑中医院 医疗机构。1958年在广东江门创办，前身为江门市中医院。是综合性三级甲等中医医院。

1952年至1957年，江门个体中医先后联合起来，成立联合诊所11间，1958年合并为江门市中医院。1968年由街道接管的兴宁、浮石、堤西3个门诊和口腔病防治所与江门市中医院合并为江门市人民卫生所，1970年复名为江门市中医院。1996年改名为五邑中医院。2001年被确定为暨南大学医学院第六附属医院。（洪媛媛）

阳江市中医医院 医疗机构。1965年在广东阳江创办。是三级甲等中医医院、"广东省中医名院"创建单位、广东省普通高等医学院校教学医院、广州中医药大学教学医院及非直属附属医院。原名阳江县中医医院，1988年阳江设地级市，改名为阳江市中医医院。2000年眼科独立脱离并设立阳江市中医眼科医院。2009年，骨伤科被评为省"十一五"首批中医重点专科并获全省"中医名科"称号。（洪媛媛）

湛江市第二中医医院 医疗机构。1958年在广东湛江创办。是综合性三级甲等中医医院、广州中医药大学非直属附属医院、广东省普通高等医学院校教学医院。（洪媛媛）

湛江市第一中医医院 医疗机构。1968年在广东湛江创办。前身是湛江地区中医医院，1983年改为湛江市第一中医医院。是综合性三级甲等中医医院、广州中医药大学非直属附属医院、广东省普通高等医学院校教学医院。2008年被国家发改委和国家中医药管理局列为国家重点中医院建设单位。2009年获"广东省中医名院"称号。（洪媛媛）

茂名市中医院 医疗机构。1976年在广东茂名创办。是综合性三级甲等中医医院、广州中医药大学非直属附属医院。获"全国最佳百姓放心示范医

院""全国地市级中医院十强""全国百强中医院"等称号。（洪媛媛）

肇庆市中医院 又称南方医科大学附属肇庆中医院。医疗机构。1979年在广东肇庆创办。前身为肇庆地区中医院。是三级甲等中医医院、广东省普通高等医学院校教学医院、"广东省中医名院"创建单位。1988年随地改市后改名为肇庆市中医院。（洪媛媛）

南方医科大学附属肇庆中医院 见"肇庆市中医院"。

清远市中医院 又称广州中医药大学附属清远中医院。医疗机构。1958年在广东清远创办。是综合性三级甲等中医医院。1988年随县改市后改名为清远市中医院。2015年被评为"全国文明单位"。（洪媛媛）

广州中医药大学附属清远中医院 见"清远市中医院"。

云浮市中医院 又称广东药科大学附属第二医院。医疗机构。1984年在广东云浮创办，前身是由云城镇卫生院改建的云浮县中医院。是三级甲等中医医院、广东药科大学第二临床学院、国家重点中医院建设项目单位、"广东省中医名院"创建单位、广东省普通高等医学院校教学医院、广州中医药大学教学医院等。1994年云浮改为地级市，改名为云浮市中医院。（洪媛媛）

广东药科大学附属第二医院 见"云浮市中医院"。

罗定市中医院 医疗机构。1986年在广东罗定创办。是三级甲等中医医院、广东省首批"中医名院"、广东省普通高等院校教学医院、广州中医药大

学实习医院、广东省中医院和广州中医药大学第一附属医院"协作医院"。（洪媛媛）

海南省中医院 又称广州中医药大学附属海南中医院。医疗机构。1954年在广东海口（今海南海口）创办。是综合性三级甲等中医医院、广州中医药大学非直属附属医院。1954年，海南行政公署将海南人民药行改为海南中医门诊部，1959年改名为海南中医院。1963年确定为广州医学院临床教学实习点。1967年海南中草药研究所并入。1988年海南建省，改名为海南省中医院。1997年成为广州中医药大学教学医院，同年被卫生部命名为"爱婴医院"。1998年成为卫生部临床药理基地（国家药品监督管理局临床药理基地）。1999年成为海南医学院中医临床学院。2009年成为广东省中医院协作医院、广州中医药大学附属海南中医院。（洪媛媛）

广州中医药大学附属海南中医院 见"海南省中医院"。

海口市中医院 医疗机构。1958年在广东海口（今海南海口）创办。是综合性三级甲等中医医院、广州中医药大学附属医院、海南医学院教学医院。2017年，海口市委、市政府引入上海中医药大学附属岳阳中西医结合医院（简称岳阳医院）优质中医药医疗资源，全面托管海口市中医院，建立上海中医药大学附属岳阳医院海口分院。（洪媛媛）

琼海市中医院 医疗机构。1958年在广东琼海（今海南琼海）创办，前身为琼海县嘉积镇卫生院。是综合性三级甲等中医医院，广州中医药大学、海南医学院和海南省卫生学校的教学医院，全国中医重点示范医院。1986

年改为琼海县中医院。1992年撤县设市，改名为琼海市中医院。（洪媛媛）

广东中医药专门学校　教育机构。1924年在广东广州海珠中路麻行街创办。学制5年，首任校长卢乃潼。

广东中医药专门学校

1912年至1913年间，北洋政府教育部陆续颁布的教育新法令，都没有把中医药学科列入。1913年，广东中医药界人士决议建立中医药学校，其中香港和广州的药材行商出力最多。1924年9月，广东中医药专门学校正式开课。其校训为："上医医国，先觉觉民"。1928年经政府同意建立附属医院，1933年正式启用，定名广东中医院（现广东省中医院）。1938年广州沦陷，部分师生避难香港。1939年在香港复课，改名为广东中医药专科学校，至1941年香港沦陷再度停办。1945年8月，日本投降，校董们暨药业同仁立刻商讨复校，推举人员赴广州收复被占据的学校校舍和医院院舍，1946年下半年开学。1949年广州解放后，学校董事会委任罗元恺为代校长，继续办学。1953年7月由广东省人民政府卫生厅接办，合并改制并入广东省中医进修学校。（洪媛媛、陈凯佳）

广东光汉中医专门学校　简称光汉医校。教育机构。1924年在广东广州创办，前身为广州医学求益社、广州医学卫生社、广东中医教员养成所、广东医

学实习馆（广中医学校）等中医社团组织。位于广州文德南路厂后街。学制5年，首任校长伍铨萃。1924年，九大善堂筹办的中医中药学堂在陆海军大元帅大本营内政部备案，改称广东光汉中医专门学校。医院、校舍均由广州医学卫生社社员募捐建造，办学经费主要靠善堂地租赋税。抗战期间，校舍损坏严重。抗战胜利后复校修建校舍，1947年停办，部分学生转入广东中医药专门学校，部分学生由黎云卿带领，在广州大南路太邱书院办起"复兴中医学校"，但至1949年停办。主办刊物《广东光汉中医药月刊》，后改为《光芒月刊》。（洪媛媛）

光汉医校　见"广东光汉中医专门学校"。

广东梅县国医专科学校　教育机构。1927年在广东梅县创办，前身为梅县梅城医学专修实习所（梅县中医学校）。学制3年。首任校长黄公伟。因人数增加，校舍不足，创设星期讲习班。曾一段时间停办。1937年于广东梅县西开路设立梅县国医专科学校筹备处，经中央国医馆准予设立并备案正式开学，直至1941年。1937年秋出版《广东梅县国医专科学校校刊》。（洪媛媛）

梅县新中医学社（校）　教育机构。1930年在广东梅县创办。位于梅州五里亭梓才医院。主持人萧梓材。学制4年，并办有萧梓材函授医学社，出版《新中医学报》。广东省名老中医钟明远曾于该校学习。（洪媛媛）

伯坛中医专科学校　教育机构。1930年在广东广州创办。创办人为广东近代著名经方派医家陈伯坛。1924年，陈伯坛于广州惠福东路书坊街开设中医夜学馆。1930年，陈氏举家迁往香

港，开设伯坛中医专科学校于香港文咸东街文华里47号。陈伯坛著有《读过伤寒论》《读过金匮》，即当时中医夜学馆及伯坛中医专科学校的讲义。（洪媛媛）

潮安国医学校　又称潮安国医讲习所。教育机构。1933年在广东潮安（今潮州）创办。位于潮安城陈家祠。主持人李配石。由潮安国医工会主办，学制4年，1937年停办。广东著名老中医张长民毕业于该校。（洪媛媛）

潮安国医讲习所　见"潮安国医学校"。

广州汉兴国医学校　简称汉兴医校。教育机构。1934年在广东广州越华路新丰街创办。首任校长方德华。1934年，省城名医邓伯游、谢香浦、黎云卿等于广州维新路设立中兴中医学校，依照广东中医药专科学校及光汉中医学校成例及内容办理，改校名为广州汉兴国医学校。因学生日益增多，1935年迁址广州越华路新丰街广西会馆，又增设分校于西关逢源正街。1938年广州沦陷，正校迁至花县横潭圩，分校迁于澳门。抗战期间，新丰街广西会馆被夷为平地，1946年在广州龙津东路复校，新中国成立之初迁至广州大同路，1952年解散停办，在校生部分转入广东中医药专门学校，部分转至广州卫校。（洪媛媛）

汉兴医校　见"广州汉兴国医学校"。

台山中医学校（社）　教育机构。1935年在广东台山城西安路创办。校长李超甫，著有《汉医心典》。1941年停办。广东省名老中医李皓平曾学课于该校。（洪媛媛）

广东保元中医专科学校　教育机构。

1935年在广东广州越华路华宁里创办。校长王道、梁翰芬。学制4年。1938年广州沦陷后搬迁至香港湾仔，后太平洋战争爆发停办。广东省名老中医管铭生、广州市名老中医刘亦康毕业于该校。（洪媛媛）

广东省立国医学院 又称华南国医学院。教育机构。1935年在广东广州创办，由陈济棠主办。位于广州市一德路广济医院内。黄焯南任院长。以广济医院作校舍，内设广东军官学校中医训练班。1938年广州沦陷时迁至香港，后停办。1946年在广州原址复校，恢复原校名。1950年停办。参见第390页学术·教育卷"广东省立国医学院"条。（洪媛媛、郑洪）

惠阳开明中医学校 教育机构。1936年在广东惠州府城马王庙创办。校长夏稚威。学制3年。1938年日军侵占惠州城后停办。广州中医药大学教授刘仕昌曾为该校主讲老师。（洪媛媛）

香港中医药研究院 教育机构。始于1941年中华国医学会附设的医师研究所，后附设于香港中医师公会。香港中医师公会由中华国医学会与香港国医公会合并而成，于1946年奉香港华民政务司署批准立案，1947年奉侨务委员会批准为香港唯一中医合法团体，1949年奉准香港警务总署注册为合法中医执业团体。1941年，中华国医学会附设医师研究所。第一届，研究期为半年，所长卢觉愚，学员毕业后香港沦陷，所务停顿。1946年恢复办理第二届，研究期为1年，所长苏二天。1947年继续办理第三届，所长刘云帆。其后所务因故再次停顿，1953年恢复，改名为香港中医师公会附设中医药研究所，修业期为2年。（洪媛媛）

香港中国国医学院 教育机构。1947年在香港九龙尖沙咀山林道创办。院长谭宝钧。1949年改革课程体系，分为基础和应用两类，学制2年，第一年为基础班，习修基础课程，第二年为深造班，习修应用课程。附设多所赠医赠药站供学员进行临床实习。1948年增设函授班，学制1年。学院教师大多为20世纪40年代末50年代初从内地移居香港的知名中西医学者。（洪媛媛）

广东省中医进修学校 教育机构。1952年在广东广州创办。由广东省卫生厅成立，校长叶文秋。借用广东中医药专门学校的教室和办公室作为校舍，广东中医药专门学校部分教师参与授课。1953年，广东中医药专门学校改制并入广东省中医进修学校。1956年筹办广州中医学院，设在广东省中医进修学校内。1958年，广东省卫生厅发文取消广东省中医进修学校的独立建制，合并成为广州中医学院的进修部。（洪媛媛）

广州中医学院 教育机构。1956年在广东广州创办。1956年，卫生部和高等教育部决定在北京、上海、广州、成都筹备成立中医学院。广东省卫生厅以广东中医药专门学校为基础，在广州大德路建立广州中医学院，1958年，经广东省人民政府批准，搬迁至新建成的三元里校区，广东中医进修学校并入作为进修部。1970年改名为广东中医学院。1978年复名为广州中医学院，1995年改名为广州中医药大学。建校时直属卫生部，1978年改为卫生部和广东省领导，以卫生部管理为主，后为国家中医药管理局管理。2000年改为国家中医药管理局与广东省共建，以广东省管理为主。2017年入选国家"双一流"学科建设高校。2018年晋级广东省高水平大学重点建设高校。设有二级学院20个，本科专业29个，国家"双一流"建设学科1个，广东省高水平大学重点建设学科5个，国家中医药管理局中医药重点学科25个，临床医学、药理学与毒理学2个学科进入ESI全球排名前1%行列。拥有直属附属医院4所，政府共建医院3所，非直属附属医院28所。（洪媛媛）

陈李济中药博物馆 公共文化设施。岭南首家中药行业博物馆。2004年在广东广州创建。位于广州市海珠区广州大道南1688号。建筑面积2000多平方米。由广州陈李济药厂建立。以

广州中医学院学生合影

中药传统制作工艺为主要内容，以场景还原为主要表现形式，配合多种演示手段展现中药历史和工艺，以及南药深厚的文化底蕴。被评为广州市华裔青少年中华文化传承教育基地、广东省中医药文化宣传基地、全国中医药文化宣传教育基地等。（洪媛媛）

广东中医药博物馆 公共文化设施。2006 年在广东广州创建，前身为广州中医药大学中国传统医药文化博物馆，由始建于 20 世纪二三十年代的中药标本中心和始建于 1996 年的医史馆整合而成。位于广州中医药大学大学城校区内。是直属于广州中医药大学的综合性高校博物馆，属公益一类正处级事业单位。建筑面积 1.42 万平方米，馆藏中医药文物、文献、中药标本 2 万余件（套），5931 件藏品纳入国家文物局数据库。下设办公室、藏品部、学术部、科普宣教部。建有医史馆、中药馆、针灸馆、养生馆、岭南医学馆、岭南中药馆、广州中医药大学校史馆等主题展馆。为国家二级博物馆、全国中医药文化宣传教育基地、全国科普教育基地、全国中小学生研学实践教育基地、中国民族医药协会中医药（民族医药）博物馆专业委员会会

长单位、广东省中医药文化国际传播基地、广东省科普教育基地、广东省中小学生研学实践教育基地、广东省中华文化传承基地、广东省中医药文化养生旅游示范基地、广东省非物质文化遗产研究基地等。（蓝韶清、洪媛媛）

神农草堂中医药博物馆 公共文化设施。2006 年在广东广州创建。位于白云山和记黄埔中药有限公司厂区内。由和黄中药打造的一个展示中医药文化及中药材种植、加工及生产全过程，融天然与文化于一体的博物馆，是广东省提出"建设中医药强省"目标后首个落地的重要成果。2017 年被评为国家 AAAA 级旅游景区。被评为全国中医药文化宣传教育基地、全国科普教育基地、全国中小学生研学实践教育基地等。（洪媛媛）

太安堂中医药博物馆 公共文化设施。2009 年在广东汕头创建。位于汕头金园工业区太安堂制药厂区内。以潮州柯氏十三代中医药世家的历史渊源和太安堂发展轨迹作为整个陈列的情节线索，展示了太安堂历代传人从事医药业的珍贵遗物，包括古旧医书、明

清时期的诊疗器具、丹膏丸散炮制器具、老药方等。以大量史料、珍贵历史物品展示太安堂近 500 年传承的中医药文化底蕴，以规模最大的中医药家族展示馆获"大世界吉尼斯之最"证书。（洪媛媛）

广州医学求益社 社团组织。清光绪三十二年（1906），罗熙如、黎棣初发起组织医学求益社。会址初设在广州府下辖的南海县横江圩，后迁入广州，成立广州医学求益社。初借仙湖街罗明恕堂为社址，后租得西关十二甫大屋为总社所，又迁往西关宝华正中约闸口。宣统元年（1909）正式举行开幕礼。联络广东及香港、澳门医界同仁共商中医大事，扩充设立广东的中医学堂。社员分散在各地，采用论文进行学术交流，每月初一发出论题，十五日交卷，由上月评选为首者负责改阅，于二十五日定出论文名次。前五名为该社课卷，另外再取十名贴于社堂，由省内代理处广为发行。从 1906 年至 1912 年为止，前后共进行了 70 次论文评选。社内设有赠医席，由社友轮流义诊，病人持该社药单可在九大善堂免费取药，又设图书馆，并筹办制药局和留医所。1912 年改名为广州医学卫生社。（洪媛媛、郑洪）

广州医学卫生社 社团组织。1912 年在广东广州创办，前身为广州医学求益社。位于广州南关厂后街三界庙内，由潘茂林、鞠日华、陈月樵等人主持。学术活动沿用广州医学求益社的论文评选方式，但扩大参加范围，凡开业中医师均可参加，每会课榜取 100 名存案，但只刻印前 3 名。由于民国初年时局动荡，论文评选工作断断续续，从 1913 年至 1918 年共出月试课榜 40 次。后又衍生出"广东中医教员养成所"（1917 年）和"广东医学实习馆"

广东中医药博物馆

（1948 年）。（洪媛媛）

广东中医教员养成所 社团组织。1917年在广东广州创办。位于广州小东门清水濠。陈月樵主办。1920 年交由广州中医公余别墅（广州中医师公会前身）接理。1922 年停办。（洪媛媛）

广东医学实习馆 又称广州医药实学馆。社团组织。1918 年在广东广州创办。位于广州西关十八甫冼基南。主持人罗熙如、黎棣初，由广州医学求益社同人创办。学制 2 年，学员多为开业医生，毕业时上交医学论文 1篇，所选题材多以中说为主，旁参西学。1925 年，改名为广中医药专门学校（又名广中医学校），校址位于广州西关恩宁桥脚。1927 年停办，部分学生转入广东光汉中医专门学校。（洪媛媛）

广州医药实学馆 见"广东医学实习馆"。

粤省九大善堂 慈善机构。负责粤汉铁路招股工作的爱育善堂（1871 年）、方便医院（1899 年）、惠行善院（1900年）、广济医院（1892 年）、广仁善堂（1890 年）、崇正善堂（1896 年）、述善善堂（1897 年）、润身善社（1869年）和明善堂（1898 年）等 9 个慈善机构的合称。晚清时期，广州地区相继成立善堂，具有赠医、施药、赈灾的功能，聘请省城内外中医任职义诊，为中医临床教学的重要场所。九大善堂属于商绅自主办理的民间慈善机构，在近代广州社会和经济领域产生了重

要影响。广仁善堂、述善善堂、广济医院先后停办。爱育善堂、惠行善院、崇正善堂和润身善社于 1954 年和 1955年并入广州公益社团联合会统一管理。明善堂于 1929 年归入方便医院。方便医院于 1952 年扩建，后为广州市第一人民医院。（洪媛媛）

香港东华三院 慈善机构。清末民初香港东华医院、广华医院、东华东院等 3 个慈善机构的合称。是香港本地华人最初建立的慈善医疗及办学机构。清同治九年（1870），香港立法局制订《华人医院则例》（倡议东华医院总则），规定东华医院以中医中药免费治疗贫病华人，东华医院于同年 4 月举行奠基礼。东华医院多次参与香港、内地及海外赈灾活动，初期以中医中药疗法赠医施药，设有厨房煎中药，为华人解除疾苦。宣统三年（1911），广华医院建成。继东华医院、广华医院之后，1929 年，东华东院创立。三家医院院名均取"服务广东地区华人的医院"之意，以慈善为宗旨，免费为贫病华人提供中医药服务。今有 5 间医院，1991 年加入香港医管局。（洪媛媛）

广州药业八行 又称省城药业八行。行商组织。广东广州南北经纪行、西土行、参茸幼药行、丸散膏丹行、药片行、生药行（店）、熟药行（店）、生草药行 8 个药材行商组织的合称。广州是华南地区的南北药材集散地，东南亚的药材经香港进入广州，再运往各地，而内地的药材也通过广州销往港澳和海外。清末民初，广州药材

行业分成著名的"药业八行"，具有行头大、关系面广、经营品种多而复杂、从业人员多、季节性强、价格变化大的特点，每一行又按经营方式、规模和性质的不同，分为行、店、铺三类。（洪媛媛、郑洪）

省城药业八行 见"广州药业八行"。

香港药业三会 行商组织。香港义堂商会、香港中药联商会、参茸药材行宝寿堂商会 3 个药材行商组织的合称。南北药材行以义堂商会于清光绪二十一年（1895）成立，原名公志堂，1926 年改名为以义堂。1949 年在政府社团注册官署登记。1970 年注册为有限公司。原来主要为代客贮售或自办中国南北各省药材的商号，20世纪 70 年代中期成为中国药材、成药及药酒经销行业的商会。香港中药联商会于 1926 年成立，旨在维护香港中药材行业共同利益，组织零售药商直接向内地批发药材，打破当时山义堂的垄断，并与其形成"九八扣办"的优惠行规，1970 年注册为有限公司。20 世纪 60 年代以后香港中药行业形成"实银实码"的惯例，取消原有的九八折扣提成。参茸药材行宝寿堂商会前身为香港参茸业、幼药业、粗药业、生药业各药商组织，1912 年由参茸业主持人发起联合成立，并于 1926年定名。1947 年正式向港英政府登记。1948 年在香港华民政务司署呈准立案，1991 年改组注册"香港宝寿堂商会有限公司"，同年改名为香港参茸幼药行宝寿堂商会有限公司。（洪媛媛、郑洪）

文 物

玉戈 玉石类文物。通长 7.3 厘米，通宽 2.0 厘米，厚 0.15 厘米，重 5

克，玉制，商代。为切割工具，也可作为医疗用具，用于排脓、放血。广

东中医药博物馆藏。（张书河、周红黎）

玉针　玉石类文物。3 枚，长度分别为18.3 厘米、11.6 厘米、9.4 厘米，玉制，商代。为针刺用具，用于按压、叩击、点刺疼痛部位。广东中医药博物馆藏。（张书河、周红黎）

玉针

疾字甲骨片　甲骨类文物。通长 2.5 厘米，通宽 2 厘米，甲骨，商代。刻有𣏌（残缺），从床从人并附水形，寓意生病，即"疾"字。广东中医药博

疾字甲骨片

物馆藏。（张书河、周红黎）

铅绿釉陶唾壶　陶瓷类文物。通高12.3 厘米，底径 7.8 厘米，上口径 5.8厘米，壶身直径 11.1 厘米，鼓腹，细短颈、敞口、侈唇外翻，陶质，东汉时期。为卫生用品，用于盛装唾吐物。广东中医药博物馆藏。（张书河、周红黎）

铅绿釉陶唾壶

石雕船形带轮药碾　玉石类文物。碾直径 13 厘米，碾船通长 32 厘米，通宽 8 厘米，通高 5.5 厘米，重 1705 克，船形，石制，东汉时期。为炮制用具，用于碾碎药物。广东中医药博物馆藏。（张书河、周红黎）

石雕船形带轮药碾

青釉瓷唾壶　陶瓷类文物。通高 13.8厘米，腹深 9.9 厘米，外口径 9 厘米，底径 9 厘米，脖径 5.1 厘米，腹径11.9 厘米，重 635 克，壶束颈，盘口，口唇上卷，壶腹鼓，圈足，瓷

质，晋代。为卫生用品，用于盛装唾吐物。广东中医药博物馆藏。（张书河、周红黎）

青釉瓷唾壶

唐三彩陶药杯　陶瓷类文物。通高 2.3厘米，外口径 5.3 厘米，底径 2.1 厘米，腹深 1.65 厘米，重 31 克，圈足，平底，口沿圆润，陶质，唐代。为服药用具，用于盛药。广东中医药博物馆藏。（张书河、周红黎）

唐三彩陶药杯

青铜药勺　金属类文物。通长 25 厘米，通宽 3.5 厘米，通高 3 厘米，重35 克，铜制，唐代。为服药用具，用于取药、量药和喂药。广东中医药博物馆藏。（张书河、周红黎）

青铜药勺

酱釉瓷药罐　陶瓷类文物。通高 9 厘米，外口径 6.3 厘米，腹径 8 厘米，底径 4.2 厘米，重 165 克，瓷质，唐代。为储药用具，用于装药。广东中医药博物馆藏。（张书河、周红黎）

酱釉瓷药罐

酱釉瓷研钵 陶瓷类文物。通高 7.2 厘米，外口径 13.2 厘米，底径 7.5 厘米，重 424 克，瓷质钵，宋代。为制药用具，用于捣碎或研细药物。广东中医药博物馆藏。（张书河、周红黎）

酱釉瓷研钵

影青釉印花瓷把壶 陶瓷类文物。带盖通高 9.3 厘米，外口径 4.1 厘米，腹深 7.3 厘米，腹径 9.8 厘米，底径 8.7 厘米，重 242 克，平口、鼓腹，腹上削下丰，半圆形耳，弧形长流，腹部瓜菱形，并刻有花纹，瓷质，宋代。为饮水用具。广东中医药博物馆藏。（张书河、周红黎）

影青釉印花瓷把壶

玉兔捣药纹铜镜 金属类文物。直径 12.4 厘米，厚度 0.6 厘米，重 345 克，圆形，铜制，宋代。背面为月宫图，绘有嫦娥、玉兔捣药、桂树，为照面用具。广东中医药博物馆藏。（张书河、周红黎）

青釉荷叶形盖瓷药罐 陶瓷类文物。通高 6.1 厘米，外口径 6.68 厘米，腹深 4.6 厘米，底径 4 厘米，带盖高 8.2 厘米，重 202 克，盖似荷叶，鼓腹，腹面刻有竖向宽条纹，并有瓜裂纹路，小圈足，瓷质，元代。为储药用具，用于盛细药。广东中医药博物馆藏。（张书河、周红黎）

哥釉瓷脉枕 陶瓷类文物。通长 7.5 厘米，通宽 4.5 厘米，通高 3.8 厘米，重 110 克，瓷质，明代。为诊疗用具，用于脉诊。广东中医药博物馆藏。（张书河、周红黎）

哥釉瓷研钵 陶瓷类文物。通高 6 厘米，外口径 12.5 厘米，底径 9 厘米，重 465 克，瓷质，明代。为制药用具，用于加工研细药物。广东中医药博物馆藏。（张书河、周红黎）

王献之地黄汤帖拓片 又称新妇地黄汤帖拓片。纸品类文物。纵 24.2 厘米，横 42.3 厘米。地黄汤帖，行草书，唐人摹本藏于日本，此为明代拓本。拓片中提到新妇（王献之妻新安公主）想改善睡眠和饮食，服用地黄汤，但没有完全好转。地黄汤，疑为《外台秘要》中引《广济方》记载的用于治疗虚烦不得眠的地黄汤方。广东中医药博物馆藏。（张书河、周红黎）

新妇地黄汤帖拓片 见"王献之地黄汤帖拓片"。

北齐龙门治疾方拓片 又称龙门石刻药方拓片。纸品类文物。一套 2 幅，裱作甲乙二轴，刻于河南洛阳龙门石窟药方洞，明末清初时期。甲轴刻于药方洞北壁，纵 165 厘米，横 68 厘米，书有褚德彝题记，钤"宋大仁印""松窗"等 6 枚印章，拓片中介绍有疗上气（哮喘）咳嗽腹满体肿方。乙轴刻于药方洞南壁，纵 214 厘米，横 77 厘米，上方有宋大仁、范行准、丁福保题记各一段，钤"宋大仁""海煦楼""丁福保字仲祜""行准"等 11 枚印章，拓片中介绍有葱管导尿术，为现存文献记载的最早导尿方法。该套拓片本为清仪阁张叔未所藏，光绪年间由近代篆刻家、考古学家褚德彝珍藏，后归海煦楼宋大仁所有，1982 年赠予广州中医学院。广东中医药博物馆藏。（郑洪、张书河）

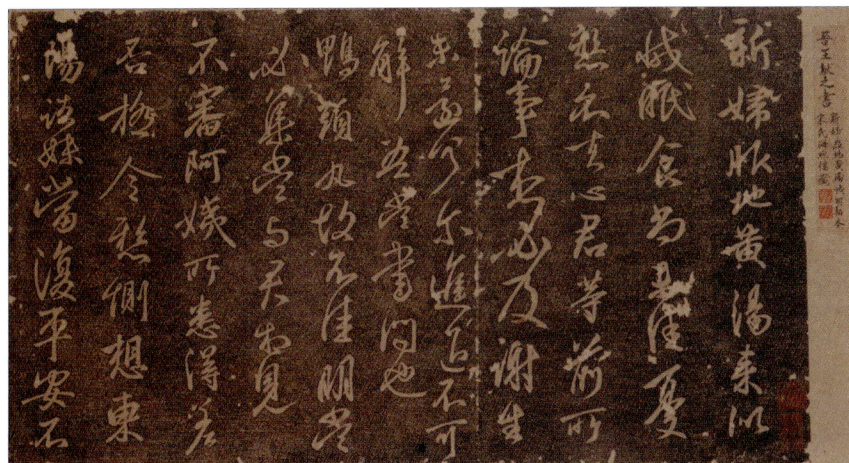

王献之地黄汤帖拓片

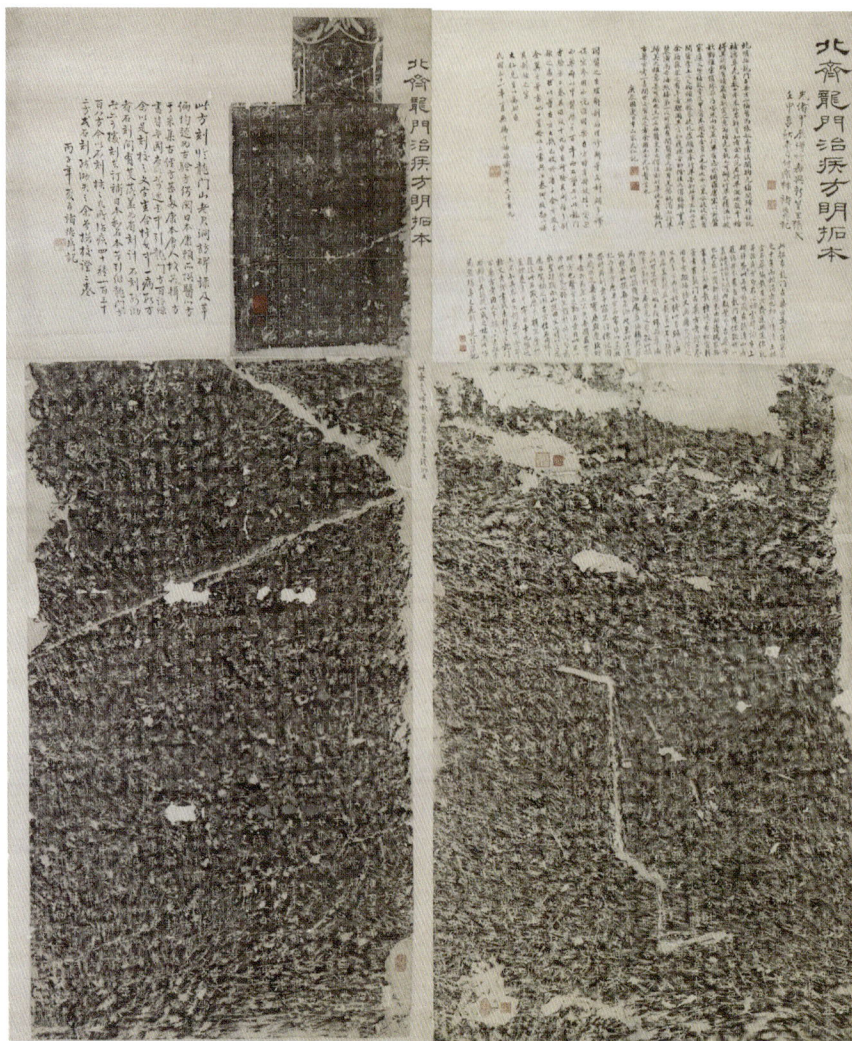

北齐龙门治疾方拓片

内经图拓片 又称内景图。纸品类文物。纵 155 厘米，横 53.5 厘米。版藏燕京西部白云观，此为木刻拓片，清代。画面整体形象如同一个孕育在母体中的胎儿，描绘的内容是道教对内功修炼时人体内景的理解与认识，所绘各部男女老幼人物隐喻生长变化代谢循环。广东中医药博物馆藏。（张书河、周红黎）

龙门石刻药方拓片 见"北齐龙门治疾方拓片"。

青花题诗瓷盖罐 又称大清光绪年制款青花天下第一泉题诗瓷盖罐。陶瓷类文物。通高 41 厘米，腹围 112 厘米，瓷质，清代。小口短颈，鼓腹，体形硕大，罐口处置有平顶盖，盖面绘有龙戏珠图案，肩部是篆书的"天下第一泉" 5 个大字，字的下面是一圈"寿"字锦地花纹，花纹下面的罐腹部位以小楷书写高宗纯皇帝（即清乾隆皇帝）的两篇诗文，分别为《御制试中泠泉作》《壬午仲春月中浣试中泠泉作》，前者为文，后者为诗。底青花书"大清光绪年制"楷书款。清代宫廷的贮水容器，水运自北京西郊玉泉山，体现了古人用水养生防疾的思想。广东中医药博物馆藏。（张书河、周红黎）

青花题诗瓷盖罐

大清光绪年制款青花天下第一泉题诗瓷盖罐 见"青花题诗瓷盖罐"。

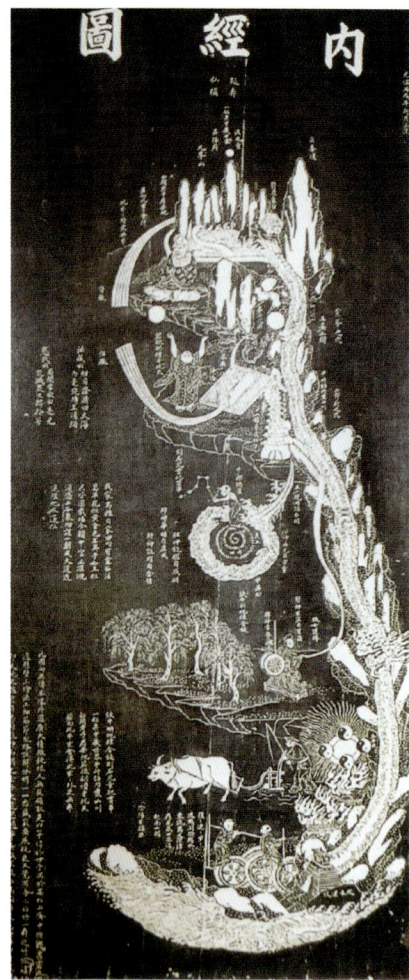

《内经图》拓片

内景图 见"内经图拓片"。

修真图 纸品类文物。纵 120 厘米，横 62 厘米，天津永盛斋刻本，清代。该图以养生修炼为基础，记录了从百日筑基开始，到修真的理想境地，内含的天人合一思想、人与自然应时养生原则都与中医学思想相吻合。广东中医药博物馆藏。（郑洪、张书河）

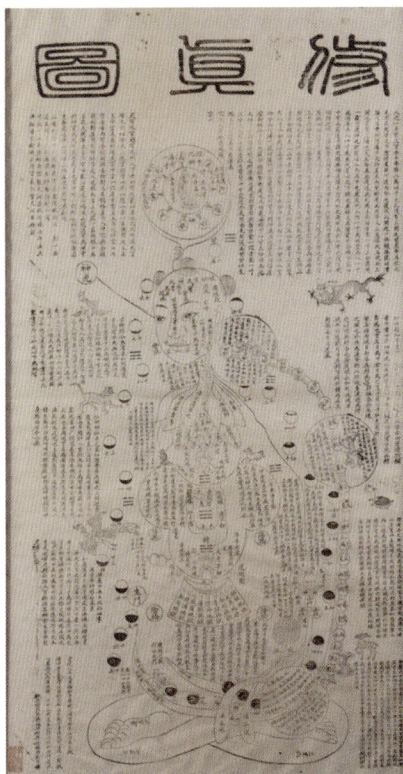

《修真图》

广彩描金十二生肖瓷药瓶 又称十二时辰铭广彩描金人物十二时辰图扁形瓷药瓶。陶瓷类文物。一套 12 件，每件通高约 7.2 厘米、通长约 4.3 厘米、通宽约 2 厘米，重约 60 克，瓷质，清代。扁形，平底，细颈，平口，正面分别绘子鼠、丑牛、寅虎、卯兔、辰龙、巳蛇、午马、未羊、申猴、酉鸡、戌狗、亥猪像，侧面分别书有子、丑、寅、卯、辰、巳、午、未、申、酉、戌、亥十二时辰，背面绘有与十二时辰相关的彩色人物故事图案。用于盛药，寓意人体生理活动、病理变化与天地相应，应根据疾病的特点按照时辰服药。广东中医药博物馆藏。（张书河、周红黎）

十二时辰铭广彩描金人物十二时辰图扁形瓷药瓶 见"广彩描金十二生肖瓷药瓶"。

青花花卉八宝纹瓷盖罐 陶瓷类文物。带盖高 14.65 厘米，外口径 5.4 厘米，底径 8.15 厘米，腹径 12.6 厘米，腹深

青花花卉八宝纹瓷盖罐

12 厘米，重 605 克，曼陀罗花纹，瓷质，清代。为储药用具，用于存储药物。广东中医药博物馆藏。（张书河、周红黎）

矾红彩云龙纹瓷研钵 陶瓷类文物。外口径 16.18 厘米，底径 9.07 厘米，深 6.4 厘米，杵长 12.06 厘米，钵体重 710 克，杵重 98 克，瓷质，清代。为制药用具，用于加工研细药物。广东中医药博物馆藏。（郑洪、张书河）

宋王惟一铜人腧穴针灸图经残石拓片 纸品类文物。纵 70 厘米，横 45 厘米，清代。钤"陆增祥印""蒙厂所得金石""宋氏大仁"3 枚印章，上有文字约 250 字，记载耳门、听会、和髎等 9 个腧穴相关知识，其中听会穴内容完整。《铜人腧穴针灸图经》为北宋天圣年间宋仁宗诏令翰林医官王惟一铸针灸铜人时所著，原书 3 卷，另辑《穴腧都数》1 卷，刻于 4 块石壁上，置于东京大相国寺，并以石刻为壁，建成针灸石壁堂（后改称仁济殿）。至明代，北宋石刻年久残坏，太医院于正统八年（1443）重刻，北宋石刻自此逐渐沦落。原石已不存在。清嘉庆至道光年间，状元陆增祥获 1 块残石（收录在《八琼室金石补正》），1965—1983 年又相继出土其

他北宋残石。收录在《八琼室金石补正》中的残石拓片经陆增祥、陈运彰和宋大仁收藏，后由海煦楼宋大仁赠予广州中医学院。广东中医药博物馆藏。（张书河、周红黎）

宋王惟一铜人腧穴针灸图经残石拓片

先哲何鸿舫处方轴 纸品类文物。整体为纵 92 厘米，横 39 厘米；局部为纵 22 厘米，横 13 厘米，清代。为清同治至光绪年间何鸿舫的处方。上有"重古何氏鸿舫手笺"外圆内方钱币形和"重古楳花庐"梅花形两种印章。处方轴上有海煦楼宋大仁隶书题名"先哲何鸿舫处方"，下有宋大仁楷书跋文。广东中医药博物馆藏。（郑洪、张书河）

名医叶天士遗像镜片 纸品类文物。纵 89 厘米，横 36.5 厘米，清代。画原题为"天士先生尊像"，落款为"己

未中秋王晋绘赠",下钤"昆山王晋"白文方印,四周裱有叶劲秋、刘海粟、吴徵、钱崖、马叙伦、范行准、沈恩孚、丁福保等15位画家、教育家、医药学家题跋。此镜片由清代著名画家王晋绘制,海煦楼宋大仁收藏,后赠予广州中医学院。广东中医药博物馆藏。(郑洪、张书河)

名医叶天士遗像镜片

标本虎骨　标本类文物。通长5.5厘米,通宽2.5厘米,通高2.5厘米,重260克,清代。虎骨,辛温,可壮筋骨、止惊悸,用于治疗脚膝痿弱、手足挛急等病症。老虎现为国家重点保护野生动物,禁止入药。广东中医药博物馆藏。(张书河、周红黎)

标本沉香木　标本类文物。通长21厘米,通宽6.5厘米,通高4.5厘米,重60克,清代。沉香,被誉为众香之首,属于名贵中药材。药用功效参见第1025页"沉香"条。广东中医药博物馆藏。(张书河、周红黎)

彩绘描金孙思邈木雕像　木质类文物。通长17.5厘米,通宽9厘米,通高34厘米,木质,民国时期。雕像上方盘旋之龙正张口等待施治,药王孙思邈坐于虎背之上,左手扶住龙头,右手做持针状。广东中医药博物馆藏。(张书河、周红黎)

彩绘描金孙思邈木雕像

红漆贴金韦慈藏铜像　金属类文物。通高27.8厘米,重2000克,铜制,民国时期。韦慈藏(644—741?),唐医学家,京兆(今陕西境内)人,腰系葫芦,手牵黑犬,时人称之为药圣,唐玄宗赐号药王。广东中医药博物馆藏。(张书河、周红黎)

铜熏香扇形炉　金属类文物。通高10厘米,通宽7厘米,通长12厘米,重240克,扇形,上面镂空,铜制,民国时期。用于熏香,可将沉香、艾草等作为熏香材料预防传染病。广东中医药博物馆藏。(张书河、周红黎)

铜熏香扇形炉

广仁号款药瓶　又称汕头广仁号参贝陈皮膏双耳葫芦形药瓶。陶瓷类文物。通高9.2厘米,外口径2.6厘米,大腹径6.2厘米,小腹径5.1厘米,底口径4.35厘米,重106克,瓷质,民国时期。瓶身呈葫芦形,白瓷绿字,有双耳,瓶塞为白瓷螺旋口。用于装贮健脾祛痰之常用中成药参贝陈皮膏。广东中医药博物馆藏。(张书河、周红黎)

广仁号款药瓶

汕头广仁号参贝陈皮膏双耳葫芦形药瓶　见"广仁号款药瓶"。

石湾窑王老吉铭绿釉陶凉茶缸　陶瓷类文物。通高29厘米,外口径23厘米,底径26.6厘米,重6192克,陶质,民国时期。石湾窑制,绿釉,乳

钉纹，书有"王老吉"，用于盛王老吉凉茶。广东中医药博物馆藏。（张书河、周红黎）

石湾窑王老吉铭绿釉陶凉茶缸

石湾窑陈李济蜡丸铭乳钉纹陶缸 陶瓷类文物。通高 27 厘米，外口径 21 厘米，底径 22 厘米，重 3846 克，陶

石湾窑陈李济蜡丸铭乳钉纹陶缸

质，民国时期。石湾窑制，绿釉，乳钉纹，书有"陈李济蜡丸"，用于盛陈李济蜡丸。广东中医药博物馆藏。（张书河、周红黎）

王羲之治头眩方帖拓片 纸品类文物。纵 27.5 厘米，横 71 厘米，民国时期。王羲之治头眩方帖，出自清代《筠清馆帖》，记载治疗头眩头痛的方剂。该方由蜱麻（蓖麻）、巴豆、薰陆（乳香）、石盐、芎藭（川芎）、松脂 6 物组成，捣碎如米粒大小，以帛帖涂

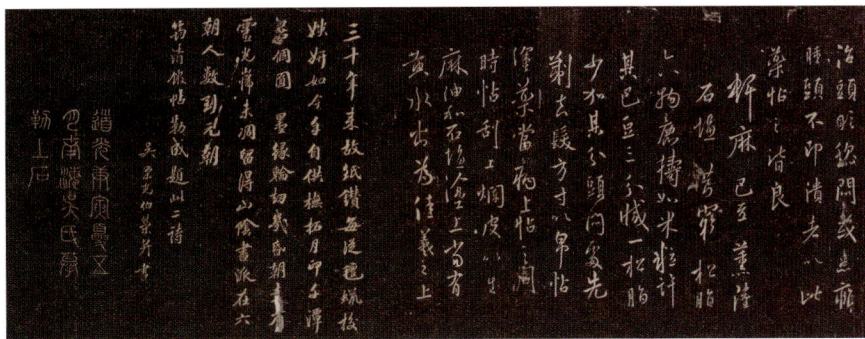

王羲之治头眩方帖拓片

药，贴敷于头痛或痈肿处。广东中医药博物馆藏。（张书河、周红黎）

葛稚川移居图轴 纸品类文物。纵 268 厘米，横 80 厘米，民国时期。海煦楼宋大仁临摹元朝画家王蒙《葛稚川移居图》所作。图上有宋大仁题、叶遐翁书的题诗"著书成抱朴，炼冶得玄丹。采药罗浮去，悠然自得还"，画心上裱有 1942 年马公愚篆书"葛稚川移居图"图名，落款"海煦楼主临元王扶明本，壬午暮冬马公愚题"，钤"公愚书画""冷翁"印章两方。画作描绘的是东晋医药学家葛洪移居罗浮山炼丹修道、制药行医的故事。王蒙绘制的《葛稚川移居图》藏于故宫博物院。广东中医药博物馆藏。（张书河、周红黎）

龟龄集广告 纸质类文物。纵 43 厘米，横 33 厘米，黑色单面印刷，民国

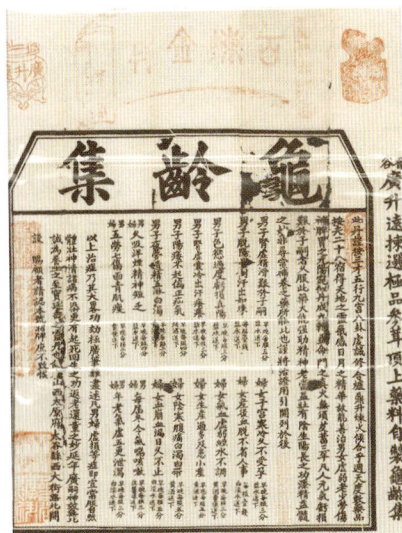

龟龄集广告

时期。龟龄集，国家保密品种，源于老君益寿散，出自葛洪《玉函方》，由人参、鹿茸、海马等 28 种药材组成，象征二十八星宿，其中天冬、地黄、人参象征三才，具有强身补脑、固肾补气、增进食欲的功效。此为推销晋谷广升远龟龄集的广告。广东中医药博物馆藏。（张书河、周红黎）

行军散铭扁形瓷药瓶 陶瓷类文物。通高 3.4 厘米，外口径 1.3 厘米，底径 0.9 厘米，瓷质，民国时期。行军散，又称诸葛行军散、武侯行军散，由姜粉、冰片等组成，具有辟瘟、解毒、开窍的作用。药瓶为雷允上药铺所制，

行军散铭扁形瓷药瓶

扁形, 青花, 用于装行军散。雷允上药铺始创于清雍正十二年（1734），原名雷允上诵芬堂, 获"中华老字号"称号。广东中医药博物馆藏。（张书河、周红黎）

发冷发热丸铭纸药盒 纸质类文物。通高 4.5 厘米, 底径 1.3 厘米, 纸质柱形, 民国时期。唐拾义药厂制, 盒身为橙色花纹, 由"父子药厂"及线条组成, 贴有蓝色标签, 药盒内有 6 粒白色小药丸。发冷发热丸, 亦称疟疾丸, 治疗疟疾、发热等病症。广东中医药博物馆藏。（张书河、周红黎）

广东中医药学校铭铜徽章 金属类文物。长 5.5 厘米, 宽 1.5 厘米, 民国时期。徽章背面书：NO.248, 广州昌兴街庆和造。广东中医药学校, 又称广东中医药专门学校, 为广州中医学院前身。广东中医药博物馆藏。（张书河、周红黎）

六神丸铭瓷药瓶 又称雷允上药铺虔制盛六神丸药瓶。陶瓷类文物。通高 2 厘米, 底径 1 厘米, 瓷质, 民国时期。

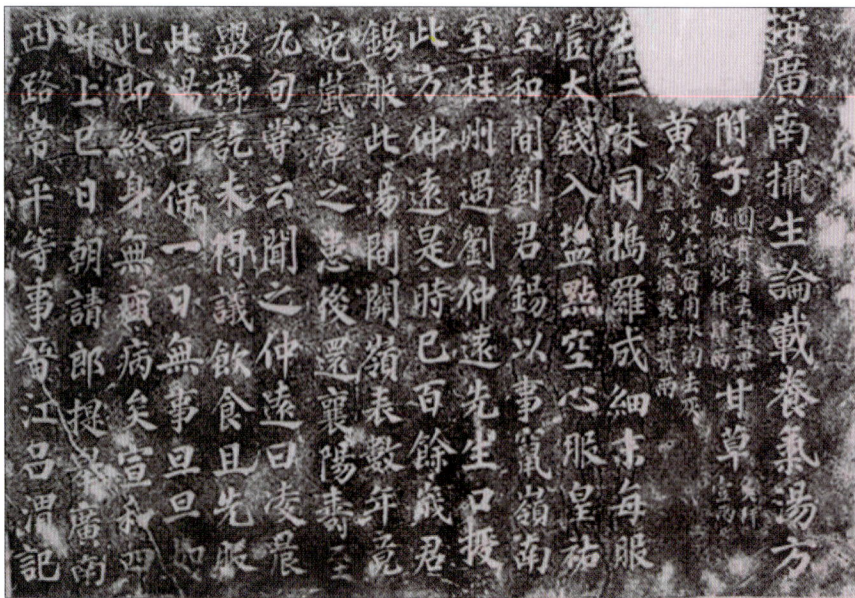

按广南摄生论载养气汤方拓片

六神丸, 国家保密品种, 创制于清同治三年（1864）, 由珍珠粉、麝香等组成, 具有清热解毒、消肿利咽、化腐止痛的功效。药瓶为雷允上药铺虔制, 用于装六神丸。广东中医药博物馆藏。（张书河、周红黎）

雷允上药铺虔制盛六神丸药瓶 见"六神丸铭瓷药瓶"。

按广南摄生论载养气汤方拓片 纸品类文物。纵 50 厘米, 横 69 厘米, 民国时期。养气汤方石刻是宋吕渭根据《广南摄生论》（已佚）所载刻制, 于宣和四年（1122）刻于广西桂林南溪山刘仙岩石洞, 共 195 个字。拓片详细记述了养气汤方的组成、炮制和服药方法, 以及北宋道士刘仲远施授方药给刘君锡的过程等。养气汤方为防治岭南瘴气、养生保健的经验方。广东中医药博物馆藏。（张书河、周红黎）

非 遗

陈李济传统中药文化 传统中医药文化。明万历二十八年（1600）陈体全、李升佐在广东广州创立陈李济药厂, 是清末全国三大中药品牌之一, 是我国中药行业的"中华老字号"之一。以"诚信为本, 同心济世"的核心文化观展现中医仁心, 凡遇店门四邻有急症危难者, 均出手相助, 施药相救；以"工艺虽繁必不减其工, 品味虽多必不减其物"及"火兼文武调元手, 药辨君臣济世心"的制药观, 坚守中药选择和制药工艺的严格标准；坚持守正创新、融古通今, 传承古方, 发明新工艺。2008

年入选第二批国家级非物质文化遗产名录。（邓晓欣、罗倩）

潘高寿传统中药文化 传统中医药文化。清光绪十六年（1890）潘百世、潘应世兄弟在广东广州创立"长春洞潘高寿"药铺, 是岭南中药文化的杰出代表。制药上, 坚守严格的制作工艺流程, 选用高品质原材料, 并立足传统、大胆革新。1928 年首创的"潘高寿川贝枇杷露"成为中国本土止咳药的突出代表。经营上, 坚守诚信为本的传统道德规范。面对洋品牌、西

医的挑战, 积极维护中医药的声誉和合法地位, 履行社会责任。2008 年入选第二批国家级非物质文化遗产名录。（邓晓欣、罗倩）

平乐郭氏正骨法 又称洛阳正骨、平乐正骨、白马寺正骨。中医正骨疗法。清嘉庆元年（1796）, 河南洛阳乐村郭祥泰潜心研习创立正骨法, 是治疗骨伤疾病的民间中医疗法, 与洛阳牡丹、洛阳水席、龙门石窟并称"洛阳四绝"。1985 年, 第五代传人郭春园创办深圳平乐骨伤科医院。平乐郭氏

正骨以"平乐正骨气血辨证理论""三原则"（整体辨证、筋骨并重、内外兼治）和"四方法"（治伤手法、固定方法、药物疗法、功能疗法）为正骨理论和方法，提出三期用药原则，即早期—破（祛瘀接骨）、中期—活（活血接骨）、后期—补（补肾壮骨）。在治疗手法上，综合运用摸、接、端、提、推、拿、按、摩正骨八法和祖传的辨证、定槎、压棉、缚理、牵置、砌砖、托拿、推按八法来诊断、整复骨折和脱位等各类型骨伤病症。其中，以触摸、按压、对挤、推顶、叩击、扭旋、伸屈、二辅为检查手法，以拔伸牵拉、推挤提按、折顶对位、嵌入缓解、回旋拨槎、摇摆推顶、倒程逆施、旋撬复位为复位手法，以揉药法、理筋法、活筋法、通筋活络法四法和揉摩、捏拿、推按、弹拨、伸屈、旋转、牵斜、收展、侧屈、拔伸、循经点穴、拍打叩击十二则为理筋按摩术。常用于治疗腰腿疼痛等常见病和陈旧性肩、髋关节脱位等疑难病，并以创伤小、痛苦少、疗程短、愈后好等特点深受民众信赖。2008 年入选第二批国家级非物质文化遗产扩展项目名录。（邓晓欣、罗倩）

洛阳正骨　见"平乐郭氏正骨法"。

平乐正骨　见"平乐郭氏正骨法"。

白马寺正骨　见"平乐郭氏正骨法"。

保滋堂保婴丹制作技艺　中医传统制剂方法。清代创办的保滋堂发明。坚持尊古、继承的中医制药理念，从组方、药效、剂型乃至包装，都一丝不苟，遵用古法。其特点是制丹处方的众多药材，依照"君、臣、佐、使"配伍原则，采用粉碎、研磨、混合等多道工序，针对不同药材采用不同操作方法，如对因纤维成分多、韧性足单独加工难以打磨成细末的丝瓜络等药材，通过配伍运用在复方中容易将

其粉碎。另一个特点是"以蜡壳包装散剂"。保滋堂保婴丹以"丹"命名，实为散剂，传统散剂用纸包装，改用蜡壳包装后，有效防止药品受潮，有利于长期保存，方便取用。2011 年入选国家级非物质文化遗产扩展项目名录。（邓晓欣、罗倩）

罗浮山百草油制作技艺　中医传统制剂方法。东晋医药学家葛洪所创，由罗浮山道士代代相传，明代罗浮山黄龙观道士陈伯辉加工定型。至 20 世纪初期，因战乱流落民间。1969 年第五代传承人叶国经根据百草油传统秘方和民间土方，实现规模化制作，其产品正式命名为"罗浮山百草油"。以中医药理论为基础，以罗浮山的道家医药为源头，以岭南医药学为支撑，是中医药学温病学说的典型代表。制作上，由 68 味中草药提取的百草精和 11 种植物精油进行配制，经过蒸馏、过滤、配制等 72 道传统制作工序制备，其药方繁而不杂、主次分明、君臣佐使配伍得宜。选用山茶经木制压榨法提取的茶油为提取溶剂，利用其渗透性强、亲肤性的特点，低温长时间浸泡提取中药材的有效成分。2011 年入选国家级非物质文化遗产扩展项目名录。（邓晓欣、罗倩）

太安堂麒麟丸制作技艺　中医传统制剂方法。明代创办的太安堂第七代传承人发明。以明代宫廷医药宝典《万氏医贯》为根基，在改良中医古方成药五子衍宗丸的基础上，结合明代太医院的医道用法和宫廷制药技艺，以"肾主生殖""肝主疏泄"和"脾主运化"的中医理论为依据，以补肾填精、益气养血为临床治疗法则，经长期试验和实践形成。2014 年入选国家级非物质文化遗产代表性项目名录扩展项目名录。（邓晓欣、罗倩）

一指禅推拿　中医诊疗法。源于达摩的按摩术，将古印度婆罗门按摩术与中国推拿流派融合创新形成。最早可追溯到清代河南洛阳人李鉴臣，经传人逐渐丰富流派体系，扩展到江苏、上海、广东等地。以阴阳五行、脏腑经络和营卫气血等中医理论为基础，以四诊八纲为诊察辨证方法，强调审证求因，辨证施治，因人、因证、因部位而治。临床操作遵循"循经络、推穴位"的原则，具有舒筋通络、行气活血、调和营卫、调整脏腑功能等功效，对内科疾病、胃肠疾病和关节疼痛等病症有较好的疗效。常用手法有推、拿、按、摩、滚、捻、搓、抄、缠、揉、抖、摇 12 种，具有手法柔和深透、取穴准确和注重练功等特点。主要手法为推法，以指代针点按穴位，有规律地快速摆动腕、指关节，以激发经气运行。动作要领可归纳为沉肩、垂肘、悬腕、指实、掌虚，因其动作细腻巧妙、接触面小但力感强而闻名。施行时讲究法度，要求意守丹田，气凝指尖，将一指禅功透入肌肤，沿着经络直达病所。2014 年入选国家级非物质文化遗产代表性项目名录扩展项目名录。（邓晓欣、罗倩）

贾氏点穴疗法　中医诊疗法。源自清代山东即墨（今山东青岛）崂山人李藏山，后由其弟子贾立惠传承发扬。1977 年，《点穴疗法》的出版标志该流派的确立。1987 年，在山东创立中国第一个点穴康复医院。后第二代传人陈荣钟携艺入广东，2003 年受聘于深圳市中医院，开班授徒，传播疗法。点穴疗法根据民间武功点穴原理发展而成，以中医基本理论为辨证诊治基础，强调整体辨证与局部治疗并举，运用弹击点穴术，采用点法、按压法、掐法、拍打法、叩打法等基本手法及滚法、揉法、捻法、扣压法、捏挣法、抓拿法、捶打法、理筋法、

矫形法等辅助手法，在患者体表相应穴位或特定的刺激线上进行刺激，让"气"和"力"通过经络，渗透到患者体内，以速率快、气感大、透筋达骨之效促进气血畅通，恢复已经发生障碍的功能活动，具有疏通经络、调和气血、调整脏腑功能、扶正祛邪、平衡阴阳等功效，常用于治疗中风偏瘫、小儿脑性瘫痪、面瘫、脑外伤后遗症、颈肩腰腿痛等病症。2014年入选国家级非物质文化遗产代表性项目名录扩展项目名录。（邓晓欣、罗倩）

岭南陈氏针法 针灸疗法。清代广东广州人陈宝珊经长期临床实践摸索出雏形，经历代传人的传承创新形成。是岭南中医针灸的代表性学术流派。针法体系包含飞针法、分级补泻法和导气法。飞针法，以"阴阳互济、通调和畅"为学术思想，以"远近取穴通经络、腧募配穴调脏腑、上下配伍和阴阳、左右思变畅六经"为取穴原则，结合"针入贵速，既入徐进"理论和西方医学无菌操作的要求，针刺时穿透力强、刺入准确、不接触针体，具有无痛、无菌、准确、快速旋转等特点。补泻法，在明代杨继洲"刺有大小"基础上，以辨证施治为基础，遵循中医补虚泻实原则，将补泻法进行量化，分为补法、泻法和平补平泻三类，以及轻、平、大三级，实现针刺手法量化和规范化发展史上质的飞跃。导气手法，飞经走气、通关过节、气至病所。常用于治疗失眠、颈椎病、面瘫、多囊卵巢综合征、特应性皮炎等疾病。2021年入选国家级非物质文化遗产代表性项目名录扩展项目名录。（邓晓欣、罗倩）

新会陈皮炮制技艺 中药炮制技艺。始于宋元时期。以"三时"（三个采收时段）"三式"（三种货式）"三色"（三种颜色）"三级"（三个等级）和"三瓣"（三瓣开皮）为分级标准，形成了种植、采收、洗选、开皮、翻皮、晒制、陈化等传统制作技艺流程。经世代传承，形成当地独具特色的陈皮文化，逐步发展成现代特色产业。"十年一届基、种果用机肥。拣果考眼力，二三刀开皮。反皮看门路，晒皮趁天气。贮皮需有道，伺理比心机"是其制作技艺的概括性阐释。2021年入选国家级非物质文化遗产代表性项目名录扩展项目名录。（邓晓欣、罗倩）

西关正骨 中医正骨疗法。形成于明末清初，盛行于清末民初，是具有广州特色的传统正骨疗法。岭南中医伤科流派的重要组成部分。根据岭南地区特点及各家所长，分为南海医家派、南少林伤科派、行伍兵家派等流派。医术上，善用岭南本草治疗伤科杂症，博采中西、讲求实效，对各类创伤骨折救治经验丰富，以"三绝"闻名，即整复理伤、杉皮夹板和百年名药。理伤正骨手法以李氏"旋、推、顶、压、扳、抖、牵、按"八法，何氏"肩关节脱位旋转复位法""颞颌关节脱位一抹嘴复位法"，彭氏"理伤手法"，张氏"药棒理伤法"等为代表。杉皮夹板选用盛产岭南、材质轻盈、富有弹性的杉树皮为固定夹板材料，在关节固定后仍可调整、活动，降低关节强直、肌肉萎缩、骨折愈合缓慢等症状的发生概率。伤科名药"田七跌打风湿霜""跌打酒""外用骨洗剂""生肌膏"等，以天然药材和独有秘方配制而成，具有消肿止痛、辛凉祛风的功效。传统医家多集医武于一身，以武自强，以医活人。2009年入选广东省第三批省级非物质文化遗产名录。（邓晓欣、罗倩）

采芝林传统中药文化 传统中医药文化。清嘉庆十一年（1806）广东南海（今佛山南海）河清堡黎氏同族4人合股在广州惠爱中路创办前店后坊式中药铺采芝林，主营中药配剂，兼营膏丹丸散成药，后获"中华老字号"称号。秉承"兴药济世"的宗旨，坚持诚信经营，传承传统制药技艺。辨药上，运用眼看、手摸、鼻闻、品尝、水试和火试等传统手段，依药工经验辨真伪优劣。加工炮制上，结合岭南"药食同源"的习俗，注重"饮片入药，生熟异治"，坚守岭南传统用药标准，保证药品质量。2009年入选广东省第三批省级非物质文化遗产名录。（邓晓欣、罗倩）

敬修堂传统中药文化 传统中医药文化。清乾隆五十五年（1790）浙江慈溪人钱树田在广东广州城南门口太平桥创立敬修堂，以内服、外敷和外贴相配合的"风湿三剑客"治疗体系闻名，是广州最早成立的药铺之一，后获"中华老字号"称号。自创立以来，以"敬业修明，广施妙药，普济众生"为宗旨。制药上，选择上品药材，遵循古法制作，严格把控工艺，使药效达到最佳。管理上，注重制度建设，工作严谨、井然有序、协调和谐，至今仍保留清光绪年间钱氏各房订立的店规及协议以规范行为。2009年入选广东省第三批省级非物质文化遗产名录。（邓晓欣、罗倩）

岭南传统天灸疗法 又称药物灸、发泡灸。针灸疗法。采用对皮肤有刺激性的天然中草药，以脏腑经络学说为基础，辨证选穴，将制好的中草药敷贴于穴位或患处，通过局部皮肤自然充血、潮红或起泡来治疗疾病，是中医外敷治病的传统疗法。在岭南广泛使用的三伏天灸和三九天灸，结合岭南气候和发病特点，根据"天人相应""春夏养阳""冬病夏治""内病外治"等中医理论，以经络腧穴理论及中医时间治疗学为基础，选用芳

香、辛温的天然中草药研末调制，在三伏天和三九天期间进行敷贴，使机体阴阳平衡，增强抗病能力和病后的自我康复能力。用于支气管哮喘、过敏性鼻炎、慢性胃肠炎、风湿性关节炎等疾病的治疗，具有简、便、验、廉的中医药特色。体现中医"天人合一""阴阳统一"的中国传统思想，在岭南拥有广泛的群众基础。2012年入选广东省第四批省级非物质文化遗产名录。（邓晓欣、罗倩）

药物灸 见"岭南传统天灸疗法"。
发泡灸 见"岭南传统天灸疗法"。

源吉林甘和茶 中成药。清光绪十八年（1892）源吉荪、源文瑞父子在广东佛山创制，是岭南中成药的经典名方。以红、绿、黑3色纸盒为包装，故又被称为盒仔茶。以3种药用茶叶为基础，配以32味中草药，药物经充分煎煮，茶叶反复蘸吸药汁制成。用开水冲泡几分钟即可服用，有效解决了传统中药煎煮时间长、服用不便等问题。入口微苦，饮后甘凉，具有疏风清热、解暑消食、生津止渴的功效，常用于治疗感冒发热、头痛、骨关节疼痛、食滞饱胀、腹痛吐泻等症状，也可用于治疗痰湿体质人群饮食积滞。因其集寒、热、温、凉的特性于一体，药性平和，脾胃虚寒、体质虚弱的小孩、老年人和女性等亦可饮用。为岭南百姓居家常备良药。2012年入选广东省第四批省级非物质文化遗产名录。（邓晓欣、罗倩）

化橘红中药文化 传统中医药文化。化橘红是广东化州特有地道中药材。十大广药之一，明清时期曾被列为宫廷贡品。具有止咳化痰、健胃理气的功效，常用于治疗风寒咳嗽、气管炎、哮喘、饮食积滞、痰多气逆等。化橘红中药文化以化橘红药用价值为载体，

秉承"药食同源、济世救民"的价值观，集化橘红种植、药材炮制、工艺品制作等于一体，遵古仿真，严格把控每个环节以避免"炮制不严而药性不准"。在化州当地流传有"罗仙植橘""范公识橘""州官治咳""鸟送橘种"等起源传说，以及众多化橘红的诗文、楹联、题咏等，丰富岭南中药文化。2012年入选广东省省级非物质文化遗产名录扩展项目名录。（邓晓欣、罗倩）

冯了性风湿跌打药酒传统组方及工艺 中医传统制剂方法。明万历四十八年（1620）广东新会人冯炳阳研制"万应药酒"，后其子冯了性在广东佛山开设药铺，不断研究、改进药酒配方，于清顺治十六年（1659）改名为冯了性风湿跌打药酒。药酒原方始于扁鹊的万应愈风酒方，经冯氏父子研制改良，采用丁公藤、黄精、补骨脂、云灵脂、菟丝子、山药、白术、麻黄、桂枝、杏仁、羌活、白芷、苍术、泽泻、蚕沙、没药、牡丹皮、猪仔皂、香附、厚朴、木香、陈皮、小茴香、枳壳等27味中药材。经以白酒为主的冷浸渍法浸泡制成。在浸渍过程中对时间、温度等条件进行严格把控，并定期进行人工抱罐摇动，以促进有效药物成分的充分析出，保证药效。具有祛风除湿、活血化瘀、消肿止痛的功效，适用于风寒湿痹、手足麻木、腰腿酸痛、跌打损伤、瘀滞肿痛等症状。选料正、炮制精、价格廉、疗效优，是岭南家庭常备良药。2012年入选广东省省级非物质文化遗产名录扩展项目名录。（邓晓欣、罗倩）

小柴胡制剂方法 中医传统制剂方法。小柴胡组方源于东汉张仲景《伤寒杂病论》，于汉晋时期传入岭南，对岭南伤寒疫症等具有良好疗效。小柴胡制剂基于传统古方研制，由柴胡、黄芩、半夏（姜制）、党参、生姜、甘

草、大枣7味中药组成，采用"去滓再煎法"，将药物混合、浓缩成分，制成汤剂服用，减少药物有效成分的流失，使药性更为醇和，提高药物利用效率。后经历煮散、饮片、咀片、免煎饮片等形式变化，于20世纪80年代，将药物提取物与适量辅料结合，制成具有高稳定性、体积小、方便携带服用的颗粒状制剂。2012年入选广东省省级非物质文化遗产名录扩展项目名录。（邓晓欣、罗倩）

骆氏腹诊推拿术 中医诊疗法。清同治年间，河北武邑人骆化南汲取古代各家腹诊法精髓并结合独创手法发展而成。是我国中医传统诊疗方法之一，也是我国推拿医学流派之一。1989年第三代传人骆竞洪在广东深圳开办中医推拿专科诊所，使骆氏腹诊推拿术得以传承弘扬。以阴阳五行、脏象经络理论为指导，运用中医辨证理论，以望诊和触诊为诊疗方法，通过观察患者腹部形态的变异，并触知腹壁的紧张度及是否有块状、索状、网状等异常，以判断疾病之阴阳、表里、寒热、虚实及其与全身的关系。操作部位以腹部和躯干部为主，兼及全身。治疗有8法，即补法、温法、和法、消法、通法、汗法、吐法、下法。手法有10类62法，包括推、拿、按、摩、捏、揉、搓、摇、引、重等，并有300余种对全身各部的治法。具有简、便、验、无毒副作用等传统中医诊疗优点，常用于内科、外科、妇科、儿科、五官科等病症，对颈椎病、肩周炎、腰椎间盘突出、慢性胃炎、非特异性肠炎、糖尿病、高血压、失眠、中风、盆腔淤血综合征、女性更年期综合征、亚健康等病症有较好疗效。2013年入选广东省省级非物质文化遗产代表性项目扩展名录。（邓晓欣、罗倩）

黄氏中医正骨 中医正骨疗法。清

道光年间广东揭阳人黄华盛结合传统正骨医治手法及自身实践总结经验创立。其子黄国荣在武昌起义后挟技从军，在临床实践中提升了黄氏正骨技术，1912 年在广东揭阳开设"黄胜记医馆"，收徒授艺。治疗着眼全身，兼顾整体与局部、内治与外治，手法有拔伸、旋转、提拉、屈伸、挤压、分骨、折顶、回旋、纵压、叩击、分筋、拨络、理筋、弹筋、按摩、矫形，讲究手法快准，力度恰当，以尽量减少患者痛苦，并鼓励患者适当锻炼，动静结合。采用塑形夹板固定，强调夹板材质塑形要与肢体吻合。可辅助使用壮筋续骨丸、驳骨丹、跌打七厘散、止痛散、拔毒生肌膏、久积丸、舒筋散、复元通气散、清肺散和跌打酒、活络酒、三蛇酒、接骨药膏、跌打一二号敷药、跌打膏药等成药。常用于治疗骨折、关节脱位及先天性小儿关节畸形等疾病。具有诊断准确、手法轻柔、塑形外固、敷贴不开刀、康复快等特点。2013 年入选广东省省级非物质文化遗产代表性项目扩展名录。（邓晓欣、罗倩）

康宁堂骨伤疗法　中医正骨疗法。民国时期广东揭阳人林福建创立。以治疗跌打损伤、骨折、脱位等骨伤科疾病闻名。采用祖传正骨术对骨骼易位、骨折进行矫正、驳接，以推、拿、续、整、接、捏、把、托为接骨手法，以提、端、正、屈、挺、扣、捏为脱臼复位手法，使用夹板固定骨折部位，并以祖传秘制凉血散瘀消肿止痛药、去旧生新接骨续损药、养气血益肝肾舒筋活络药及跌打药丸等内服药和正骨膏、正骨药水等外敷膏药进行辅助，加速消炎、化瘀、行气、通血、止痛、复位、愈合。2013 年入选广东省省级非物质文化遗产代表性项目扩展名录。（邓晓欣、罗倩）

蔡氏中医正骨　中医正骨疗法。清中期广东揭阳蔡炎灯家族祖传，是民间传统中医骨伤疗法。凭医师经验对患者骨骼脱位、骨折进行复位、驳接，以纯中草药研末调制的药膏对患处进行贴敷或涂擦药酒、药醋，并用竹片夹板固定，以加快受伤部位的愈合复原，达到消炎、化瘀、行气、通血、止痛、复位、愈合的效果，具有无创口、恢复快、效果好、费用低、痛苦少的特点，为当地百姓治疗骨伤的常用治疗方式。2015 年入选广东省省级非物质文化遗产代表性项目名录扩展项目名录。（邓晓欣、罗倩）

罗氏柑普茶制作技艺　中药炮制技艺。清道光年间广东江门人罗天池创立。罗天池因偶然发现用陈皮汤泡普洱茶对咳嗽痰有特殊效果而发明，将制作技艺传授给乡人。以云南普洱茶和新会柑为主要原料，鲜采、洗净新会柑，用圆管在柑的上部切开柑口，掏空果肉，待自然晒干后，把云南普洱茶填塞整个果囊，将割下的柑皮盖上，还原柑果形状，继续天然生晒，最后将柑茶串挂保存，整个过程需要 2 至 3 年。茶汤不火不燥，冲泡后的果皮表层仍保持采果时的色泽。具有理气健脾、化痰止咳、消滞提神、降压暖胃等功效。2015 年入选广东省第六批省级非物质文化遗产代表性项目名录。（邓晓欣、罗倩）

佛山伤科正骨　中医正骨疗法。清代广东佛山骨伤世家李才干创立。以"治伤从瘀"为原则，提出分期诊治观，创立"正骨十四法"，总结"首辨阴阳、治脾胃为本、内外兼治、筋骨并重、衷中参西"等学术思想，并创建佛山市中医院骨伤科和创立广州西关李氏骨科流派。"正骨十四法"结合现代医学解剖和生物力学的原理，对传统正骨手法进行总结改良，具有安全、简便、疗程短、痛苦小、并发症少、功能恢复好等特点，对青少年多见的关节内骨折、近关节骨折、陈旧性骨折等过去认为"不可复性骨折"具有良好疗效。研发自制李广海跌打酒、李广海跌打祛风膏、伤科散、白药膏、驳骨散、生肌玉红膏、佛山伤科红药膏、外用伤科黄水、陈渭良伤科油等伤科膏药。2018 年入选广东省级非物质文化遗产代表性项目名录扩展项目名录。（邓晓欣、罗倩）

"施一针"针法　又称运动系统疼痛针灸治疗法。针灸疗法。广东阳江施粤响在继承传统针灸的基础上发展而来的针灸治疗技术。以中国传统医学中的针灸疗法为基础，结合现代医学理论与研究，在实践中把握针、持针、进针、运针等手法以及取穴、诊断、治疗方法等针法进行改进而逐步形成完整体系。针法采用远端配穴治疗、运动患处、取"阿是对应穴"的三步治疗法，通过辨证个体化，施治模式化，把机体的自身能量充分调动，使患者从病理状态向生理状态转化，实现标本兼治。具有治疗时间短、疗效好、见效快的特点，常用于治疗颈椎病、肩周炎、腰椎间盘突出等急、慢性关节损伤及运动系统疾病。2018 年入选广东省省级非物质文化遗产代表性项目名录扩展项目名录。（邓晓欣、罗倩）

运动系统疼痛针灸治疗法　见"施一针针法"。

岭南火针疗法　针灸疗法。起源于《黄帝内经》"九针"中的"大针"，经周仲房、曾天治、司徒铃、张家维等岭南针灸名家发展形成的中医外治疗法。根据岭南高温多湿的地域特点、人体易阳浮而阴闭的体质特点，以"火郁发之""以热引热""借火助阳"为流派理论，以"红、准、快"为操

作要领，将锰合金制成的金属针具烧至通红，迅速、准确刺入机体特定部位或穴位。根据点刺速度、深度、范围及目的，操作手法分为点刺法、散刺法、密刺法、围刺法、烙熨法、割治法、刺络法、快针法和慢针法9种，其中，点刺法最常用。具有"温、通、补、清、消"作用，用于治疗内科、外科、妇科、儿科、骨科、五官科等疾病，对皮肤科的带状疱疹及其后遗神经痛、慢性湿疹，儿科的腮腺炎、小儿脑瘫，以及五官科的睑腺炎、耳鸣耳聋、慢性咽炎等具有特殊疗效。2018年入选广东省省级非物质文化遗产代表性项目名录扩展项目名录。（邓晓欣、罗倩）

潮州暑茶　中药茶。产生于清后期，至新中国成立初期达到鼎盛，是广东潮州人民在长期与暑病斗争实践中形成的养生保健经验，是夏天防暑降温、消暑除病的岭南保健药茶。问世之初以"甘露茶"为名，鼎盛时期曾出现"一药店一处方"现象，药材种类由十几味到几十味不等，具有疏风解暑、清热生津、利湿消滞、理气和胃、益气生津的功效。因其解暑效果佳、价格实惠，而深受岭南百姓喜爱。2018年入选广东省省级非物质文化遗产代表性项目名录扩展项目名录。（邓晓欣、罗倩）

李氏筋伤点穴推拿术　中医诊疗法。清嘉庆年间，陕西榆林药材经营世家李氏家族的李诚创立，是祖传传统中医诊疗手法，第六代传承人李寿亭于1989年引入广东深圳。以中医经络理论和传统诊治手法为基础，以点穴（触诊）辨证、点穴手法复位为构成要素，将中医推拿术和点穴术有机结合，并根据患者的点穴反应进行疾病诊断和辨证施治。诊治手段包括辨证、松弛、点穴、复位。具有不开刀、不住院、

无痛苦、随治随走、愈后不复发的特点，用于治疗颈椎病、肩周炎、椎管狭窄症、腰椎间盘突出症、类风湿性关节炎、强直性脊柱炎、腰椎滑脱、女士痛经等疾病。2018年入选广东省省级非物质文化遗产代表性项目名录扩展项目名录。（邓晓欣、罗倩）

岭南罗氏妇科诊法　中医诊疗法。清末广东南海罗棣华创立，是岭南中医妇科重要派系之一。以肾—天癸—冲任—子宫生殖轴为理论框架，结合岭南温病学派养阴保津的思想，围绕调经、助孕、安胎的基本思路，根据患者体质辨证施治、遣方用药，擅用南药、海药治病。诊法上，提出首重望诊，即望神、望形、望色、望舌、望经等，以判断患者寒热虚实表里；用药上，提出间接护阴、直接护阴和综合护阴的热病护阴三法，用药轻灵，不伤阴津。常用于防治自然流产、卵巢早衰、不孕症等。2018年入选广东省省级非物质文化遗产代表性项目名录扩展项目名录。（邓晓欣、罗倩）

蛇串疮特色疗法　中医诊疗法。广东广州越秀区中医杂病医院的中医传统特色疗法，主要治疗由水痘—带状疱疹病毒感染引起的皮肤病。根据湿热困阻型、湿毒火盛型和气滞血瘀型等临床表现进行分型治疗。有中药外洗、梅花针配合拔火罐治疗、外搽、物理治疗、针刺、艾灸、埋线等，可迅速止痛、缩短病程、明显降低后遗症发病率及并发症发病率。2018年入选广东省省级非物质文化遗产代表性项目名录扩展项目名录。（邓晓欣、罗倩）

孙氏踩跷理筋术　中医诊疗法。源于清宫廷上驷院绰班处开创的宫廷正骨理筋术，经御医文佩亭传承于民间。用双足踩踏大板筋和膀胱经，以"轻、柔、透、巧"为脚法特色，以"筋喜

柔不喜刚"为治疗原则，注重点穴开筋、强调大板筋、兼顾下肢、柔筋理顺、温经通络，具有受力面大、渗透力强、可持久操作、节省体力等特点。"九式十六法"技术基础，包括扶鞍上马、凌波微步、指点江山、马踏飞燕、云龙直下、点定乾坤、鹤抖双翅、推足助身、送故迎新的治腰九式；揉、压、切、蹬、点、推、抹、拨、摩、滑、搓散、分推、击打、小碎步、跷法、趾行法的16种基本脚法。具有疏通经络、调理气血功效，用于治疗腰背肌劳损。2018年入选广东省省级非物质文化遗产代表性项目名录扩展项目名录。（邓晓欣、罗倩）

潘公平跌打还魂丸　少数民族医药。属于瑶医瑶药。广西古永安州（今广西梧州蒙山）潘仕魁创制。其方得自明末清初落魄民间的宫廷御医赠给潘氏的"跌打还魂丸"秘方，此秘方由潘氏家族世代相传，潘茂安将药方传于儿子潘仕魁（字公平）。潘仕魁以精湛的医术和悬壶济世的仁爱之心赢得乡邻尊敬，方药取名为"潘公平跌打还魂丸"。以大戟、没药、元胡、茜草等中草药配制而成，具有活血化瘀、通经活络、消肿镇痛、弃腐生新等功效，对拳打脚踢、棍棒、铁器所伤等外部冲撞引起的内外损伤具有良好疗效，也应用于从高处跌落所致七孔流血、腹大如鼓、牙关紧闭昏迷不醒者等危症，并对肝硬化、肝腹水、胃溃疡、肠炎等病症有先导作用。制作手法上，包括冲药、碾药、筛药、熬药、拌药、出型、秤药、粗坯、包砂纸、上蜡等传统工艺。2014年入选广西壮族自治区第五批自治区级非物质文化遗产代表性项目名录。（邓晓欣、罗倩）

梧州蛇伤疗法　中医诊疗法。清末民初广西梧州人温生泉在长期救治蛇伤疾

患的实践中总结形成。第二代传承人余培南研制出"神农"系列中草药药品和"蛇酒""蛇伤胶囊"等独家蛇药制剂，奠定了梧州蛇伤疗法在全国蛇伤疗法中的技术主导地位。以传统中医药理论为基础，以汉、瑶、苗、土家等多个民族的中草药为原料，集合民族药学知识和用药经验，具有药源广、广谱性的特点。2018年入选广西壮族自治区第七批自治区级非物质文化遗产代表性项目名录。（邓晓欣、罗倩）

黎族医药（骨伤疗法，蛇伤疗法） 少数民族传统疗法。流传于环五指山黎族聚居地，是海南黎族人民利用草药治疗骨伤、蛇伤的传统疗法。骨伤疗法，主要运用志挺、志挖、番发、安南、杆麦、叔然、志雅万、崩赞扎、雅坡、杆尊、麦拖、寒志浆等草药，经捣药、炒药配制敷膏，使各种草药充分融合。运用望、闻、问、切传统诊法，患者用药期间忌食辣椒、生姜、蒜、南瓜、狗肉、牛肉、鸡肉、咸鱼和咸蛋等食物。黎族蛇伤疗法，主要运用田基黄、番石榴、叶下珠、两面针、黑面神、穿心莲、虎尾兰、望江南、蝙蝠草、三叉苦、白花蛇舌草、双目灵、半边莲等草药。被毒蛇咬伤后，迅速清洗伤口，用小刀或竹片将伤口扩大至1厘米，深至皮下，挤压伤口至血液流出5—10毫升，排出大部分蛇毒，把草药嚼烂敷于伤口。2009年入选海南省第三批省级非物质文化遗产名录。（邓晓欣、罗倩）

文 献

南方草木状 本草类医学著作。现存最早的地方植物志。晋嵇含撰。3卷。成书于西晋永兴元年（304）。主要记载当时出产在南海、番禺、高凉、交趾、合浦、桂林、九真、日南、林邑、扶南（即今广东、广西大部，及越南、老挝、柬埔寨广大地区）和大秦（当时统治地中海一带的罗马帝国）等地的植物及植物制品共80种，对它们的形态、性味和用途做了具体的介绍。卷上状草类29种，卷中状木类28种，卷下状果类17种、竹类6种。所记述的植物大多可以入药，其中50多种提及药用价值，后世本草著作多有摘引，历来被视为岭南中草药的重要著作。所记轶闻故事、风土人情，对于研究岭南史地及民俗极有参考价值。有明新安程荣刻本、清乾隆刻《汉魏丛书》本、清光绪刻本、1916年吴江沈氏怡园刻本。今有商务印书馆1955年排印本、云南民族出版社1991年《南方草木状考补》本。参见第817页科技卷"南方草木状"条。（薛暖珠、张永慧）

肘后备急方 又称《肘后救卒方》《补阙肘后百一方》《附广肘后方》；简称《肘后方》。方书类医学著作。现存最早的急症诊治专著。东晋葛洪撰。8卷。约成书于4世纪。由葛洪摘录其所撰《玉函方》中可供急救医疗、实用有效的单验方及简要灸法汇编而成。初名《肘后救卒方》，后经南朝梁陶弘景增补录方101首，改名为《补阙肘后百一方》。后又经金杨用道摘录《证类本草》中的单方作为附方，名《附广肘后方》，即今《肘后备急方》的定本。分73篇（缺3篇）。主要记述各种急性病症、某些慢性病急性发作的治疗方药、针灸、外治法，并略记个别病的病因、症状等。广泛运用灸法和热熨，重视症状鉴别与描述，重视金石类药物的应用。对天花、恙虫病、脚气病的描述是世界医学史上最早的记载；倡用狂犬脑组织治疗狂犬病，被认为是中国免疫思想的萌芽；关于青蒿治疗疟疾的记载启发了屠呦呦成功提取青蒿素。所

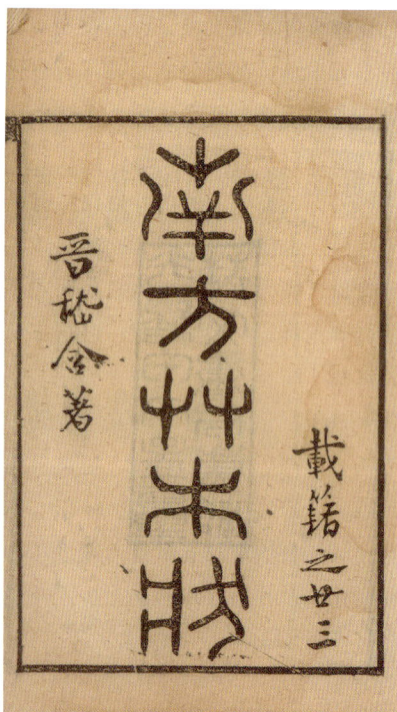

清光绪刻本《南方草木状》

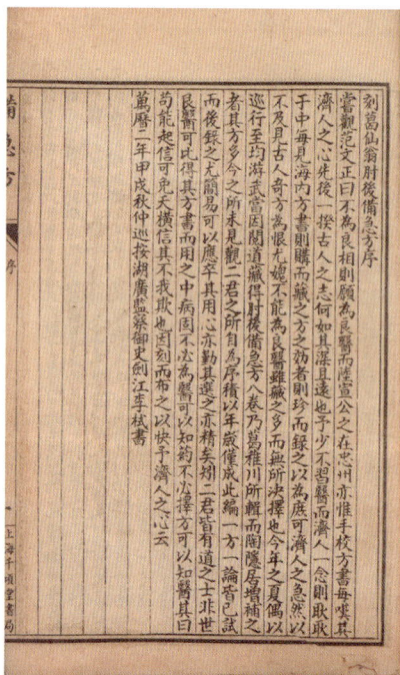

民国上海千顷堂书局石印本《肘后备急方》

载方药大多简便有效，反映了晋以前的医药成就和民间疗法，是两晋南北朝时期重要的医学典籍，被视为"岭南医学第一书"。有明嘉靖三十年（1551）襄阳吕氏刻本、万历二年（1574）剑江李栻刻本、日本宝历七年（1757）浪华兴文堂刻本、多种清刻本、民国排印本、1926年上海商务印书馆据明正统《道藏》影印本及上海千顷堂书局石印本等。（薛暖珠、张永慧）

肘后救卒方 见"肘后备急方"。

补阙肘后百一方 见"肘后备急方"。

附广肘后方 见"肘后备急方"。

肘后方 见"肘后备急方"。

海药本草 本草类医学著作。五代李珣撰。原书已佚，因宋傅肱《蟹谱》和唐慎微《证类本草》等书征引得以保存部分内容。今有尚志钧辑校本，6卷。辑录药物131种。卷1玉石部，载玉屑、波斯白矾、骐竭、胡桐泪等药13种；卷2草部，载人参、木香、艾香、宜草草等药38种；卷3木部，载沉香、安息香、芜荑、桄榔子、楸树皮等药48种；卷4兽部，载犀角、象牙、腽肭脐等药3种；卷5虫鱼部，载秦龟、海蚕沙、蛤蚧、青蚨等药17种；卷6果米部，载豆蔻、荔枝、都角子、君迁子等药12种。所载多为海外所出经南方进口的药物，故名海药。主要记述药物产地、形态、主治、用法、禁忌和真伪鉴别等。收录香药众多，有乳香、没药、沉香、安息香、龙脑香、茅香、甲香、返魂香、甘松、莳萝等。今有人民卫生出版社1997年尚志钧辑校"中医古籍整理丛书"本。参见第1188页对外贸易卷"海药本草"条。（薛暖珠、张永慧）

太平圣惠方 简称《圣惠方》。方书类医学著作。北宋王怀隐、陈昭遇等编。成书于北宋淳化三年（992）。

100卷。卷1叙为医、诊断、脉法；卷2至卷7论处方合和、用药反忌及脏腑证治诸方；卷8至卷18为伤寒、热病论治；卷19至卷93按临证各科分列病证治方，主要有中风、虚劳、骨蒸、诸痛、脚气、咳嗽、痰饮、霍乱、积聚、消渴、水病、黄病、诸虫、诸淋、痢疾、五痔、痈疽、瘰疬、伤折、金疮，以及妇人科、小儿科、五官科等病证；卷94至卷98专列神仙（养生）方、丹药、酒药、食治及补益方；卷99至卷100为针灸及人形经穴图。分1670门，载方16834首。每门之首总论病源、证候及治法，其内容大多录自隋巢元方《诸病源候论》，故理论观点比较统一。继则按证列方，内容丰富，条理清楚。每方有主治证候、药物组成、制剂用法等内容。强调医者治疗必须辨明阴阳、虚实、寒热、表里，务使方随证设，药随方施，并论述病因病机证候与方剂药物的关系，体现了理法方药较完整的辨证论治体系。所选用的药物品种繁多，有些是前代所罕用或不用的。是继唐代《千金方》《外台秘要》之后由政府刊行的大型综合类方书，代表了宋代前期医学理论、临床医学诸科和方剂学知识发展的最高成就。是北宋以前方书、医论及当时民间医方等的汇编，所载方药大多行之有效，并东传朝鲜、日本。有日本存南宋时期刻本残卷，及日本刻本、钞本、节选本和影印本等。（张永慧、李文静）

圣惠方 见"太平圣惠方"。

幼幼新书 儿科类医学著作。南宋刘昉撰。40卷。刊于南宋绍兴二十年（1150）。汇集宋以前儿科相关著作、学说编辑整理而成。分667门（一说547门）。对儿科学做了系统而全面的阐述。首先论述胎儿阶段之种子方药、养胎、胎教等；其次论述婴儿阶段之初生儿调理养护、各式育儿法、初生

儿疾患，重点论述儿科各种病症及其诊治，包括初生儿神志方面疾患如惊风、痫证等，小儿外感疾患如咳嗽、喘证、痰饮等，小儿内科杂病如麻痘、疳证等，小儿五官科疾患如睛生翳障、青盲、耳疮、口疮等，小儿外科疾患如丹毒、痈疽、癣等以及小儿中毒等；最后论药叙方，叙述儿科常用药物及该书所引书目，包括众多已佚古书如《华佗九候论》《四十八候》《玉诀》等。有医学理论阐述和临证实践剖析，分门别类，既全且详，汇宋以前儿科学之大成，有明万历十四年（1586）陈履端刻本、明抄本、日本据宋墨书真本抄本以及新中国成立后的铅印本、影印本。（林琦、张永慧）

岭南卫生方 方书类医学著作。元释继洪纂辑。3卷。约成书于南宋景定五年（1264）。原为宋代李璆、张致远所辑，后经释继洪纂辑。卷上辑录李璆、张致远《瘴疟论》、王棐《指迷方·瘴疟论》、释继洪《卫生补遗回头瘴说》《治瘴用药七说》和汪南容《治冷热瘴疟脉证方论》。卷中辑录章杰《岭表十说》、释继洪《治瘴续说》，附治疗蛇虺螫蠚、蛊毒、药毒及杨梅疮等病医方。卷下为明以后医家增附，收入娄安道《八证标类》《东垣药性赋》，末附日本人山田简之《募原偶记》。对岭南的气候特点、发病情况、治法用药等有精辟论述，对瘴疟、脚气、蛊毒等论治尤为详尽。其中提出瘴疟与伤寒不同，主张因地制宜予以治疗，此论点早于吴又可《温疫论》300余年。载方剂90余首，对临床具有一定的参考价值。在元、明两代曾4次刊印，日本也有多种刻本。有日本天保十二年（1841）平安学古馆刻本、日本抄本、1983年中医古籍出版社影印本。（张永慧、李文静）

澹寮集验秘方 方书类医学著作。元

僧人继洪（号澹寮）辑。15卷。成书于元至元二十年（1283）。分类汇集50多种医籍及笔记杂说中各科秘验方，凡1000余首。分中风、中气、中暑、中湿、伤寒等48门病证加以归纳和叙述。每证首为简要医论，于该证病因、病机、证候、治则等阐述己见。部分验方注明出处。卷末"医功报应门"，录医话7则。有日本蓝川慎抄本。（张永慧、李文静）

群书钞方　方书类医学著作。明丘濬编。1卷。成书于明成化十年（1474）。汇辑唐、宋至元的经、史、文集、笔记诸书中所载医方而成，采摭《周礼注疏》和《北史》《欧阳公文集》《程氏遗书》《酉阳杂俎》等36种文献，载医方106首，每方酌加按语。有日本天保九年（1838）多纪元坚（一作丹波元坚）抄本。有明何孟春辑刻本、日本天保九年（1838）多纪元坚抄本。（张永慧、李文静）

明医杂著　方书类医学著作。明王纶著，薛己注。6卷。成书于明弘治十五年（1502）。王纶所著原为8卷，后由薛己另加注按（或附医案），成现今通行6卷本。前3卷为医论部分，论述内科杂病以及妇科、儿科、五官科疾病医治，其中分析了李东垣、朱丹溪治法及方论，末附元代滑伯仁《诊家枢要》；卷4专论风症；卷5论小儿诸证及用药法；卷6为附方。王氏提出"外感法仲景，内伤法东垣，热病用河间，杂病用丹溪"的学术见解，对明清医家影响较广。有明嘉靖三十年（1551）宋阳山刻本、明嘉靖三十一年（1552）王朝刻本等其他刊刻本，清刻本、日本刻本。（张永慧、李文静）

程斋医抄　内科类医学著作。明盛端明撰。140卷。刊于明嘉靖十二年（1533）。以《内经》《素问》《脉经》诸书为经，集合历代名医论著及作者收集的奇方秘法而成。分列目录、妇儿科、痨瘵、内伤、外感、咳嗽、虚损等病症防治内容。有节录抄本《程斋医抄秘本》和《程斋医抄撮要》。（张永慧、李文静）

众妙仙方　方书类医学著作。明冯时可撰。4卷。刊于明万历二十三年（1595）。据作者临证经验并参《简便方》《救急易方》及其父冯恩所遗《众妙仙方》编成。分补养、子嗣、稀痘、咳嗽、疟疾、须发、齿牙、脾胃、痢疾、泄泻等60门，按证分类汇录内科、外科、妇科、儿科、五官科及急救、杂用方1600余首。每方详述药物、分量、炮制、用法及获方始末、效验情况。多数方为简便验方，亦收部分名方，如龟鹿二仙丹、五子衍宗丸、定喘汤、史国公药酒、普济消毒饮、仙方活命饮等。于痈疽、诸疮、痘疮、产门收方尤详。痈疮方多为外用药物，较早记述杨梅疮治方。产科所收回生丹、大黄膏，广泛用于产后诸证。有明万历二十三年（1595）刻本。（张永慧、李文静）

痘经会成　又称《痘经会成保婴慈幼录》。儿科类医学著作。明郑大忠撰。9卷，卷首1卷。成书于明万历二十七年（1599）。参考古今痘疹著作，取其精华，并结合临证所得编著而成，专述痘之诊治。卷首总论，包括《痘疹折衷总论》《痘疹宗旨要论》《痘赋》《疹赋》；卷1至卷4论述出痘之图说、各种痘形图、治法、不治之歌诀，包括《原痘篇》《五脏篇》《部位篇》《气血篇》《表里篇》《标本篇》《脾胃篇》《班疹丹篇》《出疹论》《女人出痘》《孕妇出痘》《水痘麻痘异痘篇》《原痘迎机篇》等；卷5至卷9论述痘疹之用药，包括《用药调养法》《汤药类》《散药类》《饮药类》《合用药性》（附君臣奇偶论）

等。有日本抄本。（林琦、张永慧）

痘经会成保婴慈幼录　见"痘经会成"。

痘疹秘要　儿科类医学著作。明陈楚瑜撰。1卷。成书于明天启五年（1625）。对痘疹做了系统讲述，包括其病源、诊断、证候、辨治、吉凶预后、调养以及五脏发痘疹之情形等。有抄本。（林琦、张永慧）

采艾编　针灸类医学著作。清叶广祚编。3卷。刊于清康熙七年（1668）。首卷为汇引、条例、经脉、采艾考及收录明代医家宁一玉的《析骨分经》等。卷1为十二经穴的释名、主治及诊法。卷2为中风、癫狂等86种病症的灸法。卷3为小儿科、妇科及外科病症的灸治法。有清康熙七年（1668）刻本（附《析骨分经》）。（张永慧、薛暧珠）

证治大还　综合类医学著作。清陈治撰。43卷。刊行于清康熙三十六年（1697）。包括《医学近编》20卷，《伤寒近编》前集、后集各5卷，《幼幼近编》4卷，《济阴近编》5卷，《诊视近纂》2卷，《药理近考》2卷。陈氏五世业医，该书系其汇辑先祖遗著精华及先贤诸家医论而成，内容涉及医理、药理、诊断及外感、儿科、妇科诸病辨证论治。有清康熙贞白堂刻本。（薛暧珠）

采艾编翼　针灸类医学著作。作者姓氏不详。3卷。校辑者署名"叶茶山"，疑为托名。清嘉庆十年（1805）刊行。以《采艾编》为参考，仿照其体例，节录其论述，在灸治法基础上辑录了大量单验方而成。卷1为十二经脉循行部位歌诀及图谱，十四经分经图谱、解说及综要，经脉主治要穴歌诀，以及灸法须知。卷2为治症综要，包括多种疾病的治疗，治疗以灸

法为主并配合药物，其中收录较多乡村医生的经验方。该卷收录108种疾病，分大人科（相当于现代医学的内科）73种、幼科13种、妇科7种、外科4种、救急11种。卷3为肿疡主治类方，是治疗外科病的药方，包括内服、外洗、外敷方等，计90方，大部分是传世的外科著作如《外科正宗》《外科心法》《医宗金鉴·外科心法要诀》等所收载的方剂。书中经络、腧穴部分多采用歌诀形式，精简短小，朗朗上口，易读易记，言简意赅。治疗配穴简明，方便操作，是散在民间的医学经验的总结，具有鲜明的岭南地域特色。有清嘉庆十年（1805）六艺堂刻本。（张永慧、薛暖珠）

生草药性备要 本草类医学著作。清何克谏撰。2卷。约刊于清康熙五十六年（1717）。收载岭南民间常用中草药311种，其中植物药308种。每种药物注明其性味、别名、形态、采集、功效、用法等。对于某些有毒的草药，详细说明其治疗范围。某些药物注有使用禁忌证。书中以岭南中草药为纲，记载了250多种疾病的民间疗法、专

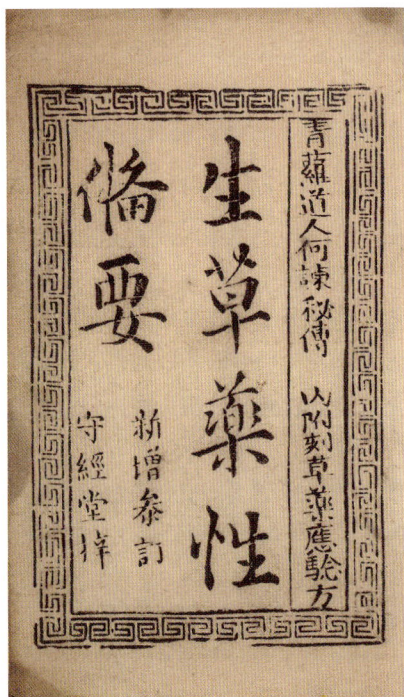

清光绪宣统间守经堂刻本《生草药性备要》

科用药及极具岭南特色的食疗，系统总结了明代以前岭南医家运用草药防治疾病的经验，奠定了清以后岭南草药学发展的基础，是现存最早的岭南草药学著作。有清光绪十四年（1888）璧经堂刻本和清光绪广州五桂堂刻本、清光绪宣统间广州守经堂刻本、民国石印本及铅印本等。（薛暖珠、张永慧）

增补食物本草备考 本草类医学著作。清何克谏、何省轩合撰。2卷。约刊于清雍正十年（1732）。在清代沈李龙《食物本草会纂》基础上增删、考订，并结合岭南食疗特点进一步编纂而成。共载食物本草383种，卷上载水类如井水、雨水、露水等30种，谷类如粳米、糯米、陈仓米等34种，菜类如白菜、芥菜等80种，果类如大枣、莲子等60种；卷下载禽类如鸡、鸭、鹅等42种，兽类如猪肉、牛肉等32种，鱼类如鲤鱼、鳊鱼等77种，味类如酒、醋、盐等28种。后附食治方，按风、寒、暑、湿、燥、火、脾胃、气（郁）、血、痰、热、阴虚、阳虚13类分列。是岭南食疗经验的总结，所载食治方在百姓中流传应用广泛。有清雍正十年（1732）金陵抱青阁刻本、清光绪十三年（1887）广州连元阁刻本、清广州澄天阁刻本、清佛山会元楼刻本等。（薛暖珠）

本草类方 方书类医学著作。清年希尧撰。10卷。成书于清雍正十三年（1735）。分诸风、痉风、项强等113类。将《本草纲目》所载之附方分类编辑，每类均详列病症及所用方药。有清雍正十三年（1735）刻本、清雍正黄晓峰槐荫草堂刻本及多种清刻本。（林琦、张永慧）

医学纂要 临证综合类医学著作。清刘渊编。6卷。成书于清乾隆四年（1739）。分乾、元、亨、利、贞、

吉6集。乾集心法灵机篇为《内经》撮要、辨证论治歌诀；元集风寒类似篇为中风伤寒、十种类伤寒；亨集、利集、贞集均为灵机条辨，亨集为痢症论治、杂症条辨，利集为血症杂症、妇科摘要，贞集为幼科症治、痘疹条辨；吉集为汤方活法。上溯《黄帝内经》之旨，下穷历代诸家之言，继承张景岳学说尤多，论述涉及基础理论、诊治法则、各科症治、经验方药，博而不繁，详而有要，通俗易懂，理论和经验交融。有清乾隆四年（1739）翰宝楼刻本等。（张永慧、薛暖珠）

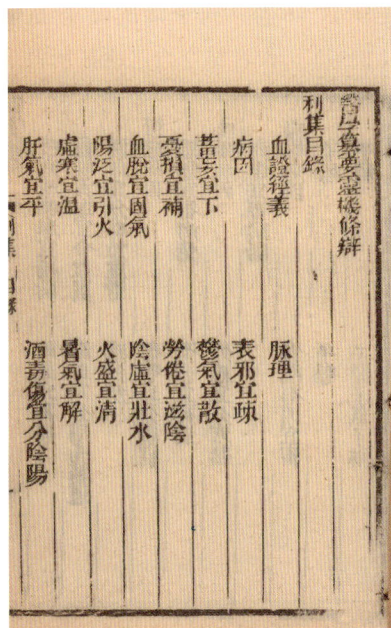

清乾隆四年（1739）刻本《医学纂要》

伤寒论 伤寒类医学著作。清郭治撰。1卷。刊于清乾隆十五年（1750）。从临床实际出发，结合岭南的具体情况，对张仲景《伤寒论》进行了大量的发挥，总结出68个专题，分为3部分：第一部分论述郭氏对伤寒的基本概念的看法，如伤寒论、脉论、基本辨治法等；第二部分论述六经本经证；第三部分论述临床常见病的辨证论治。提出以阴阳为治疗疾病总纲，主张"伤寒首分阴阳"，下设六经，再分各经论述常见病证和治法方药。辨证细致入微，理法方药条理清晰，行文言简意赅。与一般医家随仲景原文衍释注

解不同，该书较少张仲景原文，反而有不少暑病、温病、发斑、衄血、战汗、发颐、余热咳嗽等论述，反映出郭氏对岭南伤寒外感时病的认识。郭氏主张根据岭南多湿热的地理特征因地制宜遣方用药，不主张用麻黄汤、桂枝汤、小青龙汤等辛热猛剂。该书融作者临床经验而写成，用药临机应变，多以常见价廉成方加减，实用性强，为岭南医家所重视。有清道光七年（1827）刻本。（薛暖珠、张永慧）

幼幼集成　儿科类医学著作。清陈复正辑订。6卷。刊于清乾隆十五年（1750）。作者结合自己临证所得，去粗取精，纠谬绳违，编撰而成。内容丰富，从围产医学到常见小儿疾病、生理、病理、诊断、辨治、处方用药、护理调养，无所不包，堪称清以前儿科学之集大成者。有清乾隆十五年至十六年（1750—1751）刻本、清翰墨园刻本、清石印本、民国石印本、日本刻本。（林琦、张永慧）

清翰墨园刻本《幼幼集成》

医碥　临证综合类医学著作。清何梦瑶撰。7卷。刊于清乾隆十六年

1922年上海千顷堂石印本《医碥》

（1751）。碥，旧称登车时用来踏脚的石头，引申为石阶。医碥即学习医学阶梯之意。为基础临床结合的医学门径书，主要论述脏腑生理、病因、病机理论及杂病证治。卷1为基础理论部分，载论文33篇，主要包括：脏腑经络的生理病理；五运六气与六淫病因；阴阳表里寒热虚实的概念及病理机制、气血的生理病理及治疗方药；各种类型的发热和恶寒的机理与治则；诸中（如中风、中寒、中暑、中湿、中气、中食、中恶）的辨治。卷2至卷4分述时病和杂症的证治，其主论综合张仲景、刘河间、李东垣、朱丹溪诸家学说，对病证的分析，说理明白晓畅，颇多个人见解；其中卷2为温、疟、咳喘、伤食劳倦、虚损、痨瘵、痞满积聚、虫证等；卷3为肿胀、黄疸、呕吐、噎膈、泻痢、二便及头项腰腹背痛等杂证；卷4为五官、二阴及情志诸证。卷5阐发四诊，于议证的同时参论治法。卷6和卷7为成方辑录，所选方剂切合临床实用。卷后附录"七方""十剂"、服药法则及"煎药用水歌"。该书体例内容参考王肯堂《证治准绳》，而文约意

赅，深入浅出，重视基础理论阐发，望闻问切诊法入微，针砭时弊颇多创见。有清乾隆十六年（1751）刻本、清同文堂刻本、清光绪刻本、1918年两广图书局铅印本、1922年上海千顷堂书局石印本。（张永慧、薛暖珠）

神效脚气秘方　内科类医学著作。清何梦瑶撰。4卷。约成书于清乾隆十六年（1751）。脚气病专著。卷1为总论并分论中风毒脚气。卷2至卷4为其分论，主要论述脚气病的发病病因、机理及治疗（主要为方药），其中卷2、卷3主要介绍风湿毒邪影响下焦及循经上传所致影响胸腹的脚气疾病及治疗，卷4为脚气病循经上传头面及岭南地方性的脚气病及治疗。何氏考古证今，参以己见，较为详细地阐述了脚气病由风毒湿气侵袭于足，渐及四肢腹背之发病特征，并列举其阴阳干湿辨证之异，以及诸邪浸淫脏腑而有脚气冲心、水气肿等变证；然后分述脚气病凡二十症之辨证要点，并附以主治诸方，集辑历代脚气名方及何氏验方约300首。论证翔实，治法齐备，不尚空谈，切合临床，可资脚气病研究之参考。收录于何梦瑶《医方全书》，有1918年广东两广书局铅印本。（张永慧、李文静）

追痨仙方　又称《内科仙方》。内科类医学著作。清何梦瑶撰。2卷。约成书于清乾隆十六年（1751）。卷上为《仙传上清紫庭追痨仙方论法》，主要论述传尸劳的病因病机，并附有6代18幅（每代3幅）痨虫图；卷下为《仙传上清紫庭追痨仙方品》，载痨病专方32首。间有针灸和外治法。收录于何梦瑶《医方全书》，有1918年广东两广书局铅印本。（张永慧、李文静）

内科仙方　见"追痨仙方"。

三科辑要　临证综合类医学丛书。清何梦瑶撰。6卷。首刊于清乾隆二十二年（1757）。含《婴科辑要》《痘科辑要》《妇科辑要》3种子书。以《医宗金鉴》为蓝本，并参以作者自己的观点及他书内容汇编而成。内容包括婴科、痘科、妇科各科医论及医论中所言诸方。条理清晰、追本溯源，是妇幼专书。有清光绪二十一年（1895）广州拾芥园刻本。（林琦、张永慧）

痘疹良方　儿科类医学著作。清何梦瑶撰。不分卷。成书于清乾隆十六年（1751）。后辑入《医方全书》。专述痘疹，包括原痘、出痘、痘疹分期及各期之症候、证治等，后附出疹及其兼症治疗，痘疹诸方。有1918年广东两广图书局铅印《医方全书》本。（林琦、张永慧）

天花精言　儿科类医学著作。清郭铁崖撰。不分卷。成书于清乾隆十八年（1753）。内容翔实，为治天花的专书。从发病机理、证候症状、诊断、治法方药等方面对天花进行了系统阐述，并附插图加以说明。有清光绪二十九年（1903）广州翼化堂刻本。（林琦、张永慧）

脉如　曾名《辨脉指南》。诊法类医学著作。清郭治（字元峰）著，郭麐标编。2卷。约成书于清乾隆十八年（1753），后由郭麐标于道光七年（1827）重编刊行。以《内经》《难经》《脉经》等为基础，结合作者个人临证诊脉心得论述脉理及诊脉方法。内容丰富实用，条理清晰，旁征博引，备受推崇，后人认为可与李时珍《濒湖脉学》媲美。卷上论脉，简析28种不同脉象的形态、主病，并详析各种脉象鉴别要点。卷下列临床各病证所见脉候，对一些特殊的脉象如反关脉、无脉候、妊娠脉、七情脉、六淫脉等

清乾隆十八年（1753）刻本《脉如》

做分析说理。末附望、闻、问三诊要点，主张临证四诊合参。书中阐述中医脉象的原理与临证实践的重要性，阐述舍脉从症、舍症从脉的学术思想，提出"如脉"（真假疑似之脉）的概念；强调脉学是中医专门的诊疗技能，并根据临证"脉不单生"的现象提出以浮、沉、迟、数"四大纲脉"统领诸脉；主论脉诊，强调脉诊在四诊中的重要地位，兼论望、闻、问三诊要义。有清道光七年（1827）刻本（附《伤寒论》1卷）。（薛暖珠、张永慧）

辨脉指南　见"脉如"。

乐只堂医书汇函　综合类医学著作。清何梦瑶撰。20卷。成书于清乾隆二十二年（1757）。汇集何氏医学代表作《医碥》7卷、《伤寒论近言》7卷、《三科辑要》6卷。有清乾隆二十二年（1757）南海何氏刻本。（林琦、李文静）

伤寒论近言　伤寒类医学著作。清何梦瑶撰。7卷。成书于清乾隆二十二年（1757）。为专门研究《伤寒论》、

阐述其伤寒思想的专著，是岭南较早出现的、较有代表性的伤寒类医学著作。卷1为提纲、内经热病论、王叔和序例、伤寒论序，卷2为太阳篇，卷3为阳明篇，卷4为少阳篇、阳经合病并病篇，卷5为太阴篇、少阴篇和厥阴篇，卷6为汗吐下可不可篇、瘥后劳复、阴阳易病、痉湿暍篇、霍乱、温病、辨脉法、平脉法，卷7收录仲景原方。有清乾隆二十四年（1759）乐只堂刻本。（薛暖珠）

会经阐义　基础理论类医学著作。清谢国宝著。21卷。约成书于清乾隆二十五年（1760）。继承《景岳全书》衣钵，从阴阳学说到脉法诊断、病因病机到治法治则，基础到临床无不参照《景岳全书》编排。所载方剂，亦按张景岳之攻、补、积等八阵之法分类论述。收录方剂众多，达1514首，被称为岭南版方剂学著作之集大成者。有1928年潮安铅印本。（林琦、张永慧）

保赤新编　儿科类医学著作。清任赞撰。2卷。成书于清乾隆五十四年（1789），刊于光绪十年（1884）。卷上从望、闻、问三方面论述儿科学诊断方法、要领，并详述儿科常见七十六证之病机、诊治等；卷下从适应证、用药宜忌、煎服法等角度阐述儿科常用方224首。主次分明，切合临床，是儿科重要参考书。有清光绪十年（1884）新会伍氏安怀堂刻本、光绪十八年（1892）羊城璧经堂刻本、宝经阁刻本等。（林琦、张永慧）

医学精要　儿科类医学著作。清黄岩撰。8卷。约成书于清嘉庆五年（1800）。开篇首述儿科用药原则，既有各脏腑、经络等用药喜好之生理常识，又有生死、虚实等病理辨证用药论述，并讲到药物的配伍禁忌；次

为儿科诊法及多种杂病的治疗，尤其提到用于治疗小儿惊风的灯火燋法；最后专辟痘科、麻科章节，对痘疹之诊治、预防作详细阐述，并配图讲述穴位治痘疗法。在征引历代医家医著学说情况下载录了作者的部分独到见解、医案。有清嘉庆五年（1800）刊本、同治六年（1867）重镌本、民国石印本。（林琦、张永慧）

增补药性雷公炮制　本草类医学著作。清张光斗增补。8 卷。载药约 1000 种，分金石、草、木、人、兽、禽、虫鱼、果、米谷、菜部。每药首述性味、归经、有毒无毒、功效主治及佐使畏恶等，间附按语，归纳该药特点和治病机理；次为七言歌诀总括该药性味、功效、主治；其后 260 余种药物有"雷公云"，叙述药物炮制方法。为二层楼本，《增补药性雷公炮制》在下层。上层载《药性赋》（共 320 种）、用药发明、用药须知、主治指掌（共 90 种）、勿听子《歌括》（共 366 种）、捷要脉诀（113 首）等内容。有清康熙五十三年（1714）藉秀堂刻本、清嘉庆十四年（1809）素位堂刻本及春华堂刻本、同治四年（1865）广州连元阁刻本、同治十年（1871）金玉楼刻本、光绪二年（1876）天宝楼刻本、光绪十三年（1887）联墨堂刻本等。（薛暖珠、张永慧）

引痘略　又称《引种牛痘方书》《引痘方书》《引种牛痘法》《引痘新书》《引痘新法全书》。儿科类医学著作。清邱熺撰。1 卷。初刊于清嘉庆二十二年（1817）。作者结合自己丰富的种痘经验，对牛痘的接种进行了详细的阐述，包括种痘部位的选取、种痘方法的选择、接种后所见各种症状的处理、疫苗的培养等，并配插图说明。该书将中医传统理论与西方种痘技术相结合，为中国的天花预防事业作出了重要贡

献。有清嘉庆二十二年（1817）刻本及其他多种清刻本、日刻本、清石印本、民国石印本。（林琦、张永慧）

引种牛痘方书　见"引痘略"。
引痘方书　见"引痘略"。
引种牛痘法　见"引痘略"。
引痘新书　见"引痘略"。
引痘新法全书　见"引痘略"。

引痘秘书　儿科类医学著作。清邱熺撰，李汝霖编。不分卷。约成书于清嘉庆二十二年（1817）。以《引痘略》内容为基础，加入尺式三焦穴四图、原序六篇、新订章程 14 条编辑而成。有清光绪二年（1876）皖省痘局刻本等。（林琦、李文静）

痘法要录　又称《钞本痘法要录》《钞本邱浩川痘要》。儿科类医学著作。清邱熺撰。不分卷。对痘疹的诊断、治疗、预防护理、种痘引泄法等作了阐述，并附医案数例。书尾附有《白祥丸说》和《麻证论》。其所述痘疹之病位、脉象、形状、色泽等丰富多样的诊断方法对痘疹理论的发展、完善具有重要意义。有抄本。（林琦、李文静）

钞本痘法要录　见"痘法要录"。
钞本邱浩川痘要　见"痘法要录"。

眼科纂要　又称《秘传眼科纂要》。眼科类医学著作。清黄岩撰。8 卷。成书于清嘉庆二十四年（1819）。讲述了五轮八廓、治要等眼科基础知识，设"五脏补泻""论五脏六腑症病"等讲述眼科疾病之五脏辨证、八纲辨证，体现出眼疾辨证过程中的整体观；并对包括疳积上目、赤脉大眦侵睛外障等在内的 48 种内外障眼病做了详细论述，包括其病因病机、辨治用药、预后转归等，以对翳障类眼疾之论述既多且详。设"眼科药要"章节专述

眼科常用、专用药之功效主治，并按五脏归经、功能主治分类论述。载眼科方剂 126 首，既有内服又有外用，最后载有医案、先贤治验等。为便于诵读，多采用诗词歌赋的形式。该书既有理论阐述又有临证实践报道，既有对前辈学说的继承又有著者自己的心得体会。有清光绪五年（1879）九经堂刻本、民国三年（1914）居士魏翼斋铅印本、1921 年上海千顷堂书局石印本。（林琦、张永慧）

秘传眼科纂要　见"眼科纂要"。

医论　又称《医门棒喝初集》。医案类医学著作。清章楠撰。4 卷。成书于清道光五年（1825），初刊于道光九年（1829）。仿徐大椿《医学源流论》体例编撰而成，包括条例 10 则、论文 27 篇、时论 13 篇。所述内容包括：医学理论如六气阴阳论、太极五行发挥、人身阴阳体用论、方制要妙论、论易理等，诊法如望闻问切等，外感内伤杂病如伤寒传经论、痧胀论、温暑提纲、辨《贯珠集》温病伤寒搀混之误、姜仁辨（兼论痢疾证治）等，儿科疾病如原痘论、治痘论、疹瘄辨、治疹论等，并有书评若干，如评《温病条辨》《痘科正宗》《慈航集》及医案数则。从医学发展中比较重要而争议颇多的问题入手，以"棒喝"警醒学界。有清道光九年（1829）粤东正文堂刻本、清同治六年（1867）聚文堂刻本、清宣统元年（1909）蠹城三友益斋石印本等。（林琦、张永慧）

医门棒喝初集　见"医论"。

伤寒论本旨　又称《医门棒喝二集》。伤寒类医学著作。清章楠编注。9 卷。成书于清道光十五年（1835）。章氏鉴于《伤寒论》辞简意深，理法微妙，读者难以领会，注本虽多而简明切当

者少，遂重为编注。编次参考《伤寒论条辨》，以风伤卫、寒伤营、风寒两伤营卫三纲为提纲，阐述各经病症。书中多用温病名医叶天士的医理阐释《伤寒论》要旨。有清道光十五年（1835）偶山书屋刻本、清宣统元年（1909）蠡城三友益斋石印本等。（张永慧、李文静）

医门棒喝二集　见"伤寒论本旨"。

医门棒喝　综合类医学著作。清章楠撰。13 卷。包括《医论》（即《医门棒喝初集》）4 卷、《伤寒论本旨》（即《医门棒喝二集》）9 卷。以阐述《伤寒论》及温病学说为主，包括六气阴阳论、太极五行发挥、人身阴阳体用论、伤寒传经论、麻桂青龙汤解、辨《贯珠集》温病、评《温病条辨》、温暑提纲、痧胀论、原痘论、治痘论、治疹论等内容。融会贯通诸家之说，结合作者自己临证体会，阐述医学理论中向有争议而又比较重要的问题，并在温病的辨证施治方面有不少新的见解和发挥。有清道光九年（1829）刻本（初集）、道光十五年（1835）偶山书屋刻本、同治六年（1867）聚文堂刻本、宣统元年（1909）蠡城三友益斋石印本、1919 年裘吉生补刻本。（林琦、李文静）

痘疹心法歌诀　儿科类医学著作。清必良斋主人编。不分卷。约初刊于清道光十年（1830），光绪五年（1879）新镌。叙述痘疹初、中、后各个时期的诊治及处方用药，并加列各方歌诀及注释以方便学习。有清道光十年（1830）刻本、同治六年（1867）会文堂刻本、1917 年铅印本。（林琦、李文静）

保赤存真　又称《医林枕秘保赤存真》《幼科心法保赤存真》。儿科类

医学著作。清余含棻编。10 卷。成书于清道光十四年（1834），光绪二年（1876）由其侄介石等刊印，末附一册为余显廷校注的《脉理存真》3 卷。较为全面地论述了儿科疾病诊治的理论与方药。卷 1—3 以医论为主，包括小儿体质与儿科疾病治法治则、护胎保产之理与法、儿科脏腑辨证方法。卷 4—10 为分论，论述各种儿科疾病的辨治、方药，包括新生儿疾病、外感病及喘证、痘疹等其他常见疾病，"逐层分注，逐症详明"，条分缕析，简单明了，实用性强。有清光绪二年（1876）慎德堂刻本、光绪二十一年（1895）文元堂刻本。（林琦、张永慧）

医林枕秘保赤存真　见"保赤存真"。
幼科心法保赤存真　见"保赤存真"。

眼科约编　又称《眼科约篇》。眼科类医学著作。清颜筱园撰。不分卷。成书于清道光十四年（1834），初刊于道光十九年（1839）。乃作者多年眼科临证经验之总结，首论五轮虚实，指出虚者以肾虚为本，实者以肝实为重，并分证详列治法方药，随后论述眼科药物、验方，包括眼疾通用药、各经药物辨要及验方等，最后论述眼科杂症，书末附有药物配伍禁忌歌若干。以五轮定经分症论述眼疾，并按脏腑虚实辨治，处方用药有理有据，显示出其独特之处。有清光绪六年（1880）刻本、清道光十九年（1839）刻本、1929 年兴宁书店铅印本、1933 年广州东城同记铅印本。（林琦、张永慧）

眼科约篇　见"眼科约编"。

医谈传真　基础理论类医学著作。清陈定泰撰。2 卷。成书于清道光二十四年（1844）。卷 1 为《原始篇》《脏窍经络之生》《营卫阴阳之分》《外因感伤之病》《制方用药之宜》《望

闻问切之法》《本草气味之真》7 篇，并附西医解剖简图以及《陈定泰考真订定脏腑全图》。卷 2 对《周礼》医师、疾医、疡医诸篇衍义，将《周礼》与其真脏腑之说对照，还收诸方提纲、论症问答 14 则、治验医案 4 则等。从实证出发对传统的脏腑、经络学说提出了不同看法，自创"九脏九窍、二经二张"之说。系统引用西医解剖图谱 16 幅，在中医著作里属首次。专列"良方便用"卷，乃作者穷其一生之临证所得，方药简便，颇有实用价值。有清光绪元年（1875）绿云洞天刻本。（林琦、张永慧）

本草求原　又称《增补四家本草原义》。本草类医学著作。清赵其光纂辑增补。27 卷，附 1 卷。刊于清道光二十八年（1848）。记载中药、草药 962 种，分山草、芳草、隰草、蔓草、水草石草、毒草、香木、乔木、灌木、寓木、苞木、果、果之味、谷、菜、鳞、介、虫、禽、兽、水、火、土、金、石、卤石、人 27 部，各药下阐述性味、归经、功效、主治、用法、产地及附方等。中药部分系在《本草述》《神农本草经百种录》《本草经解要》

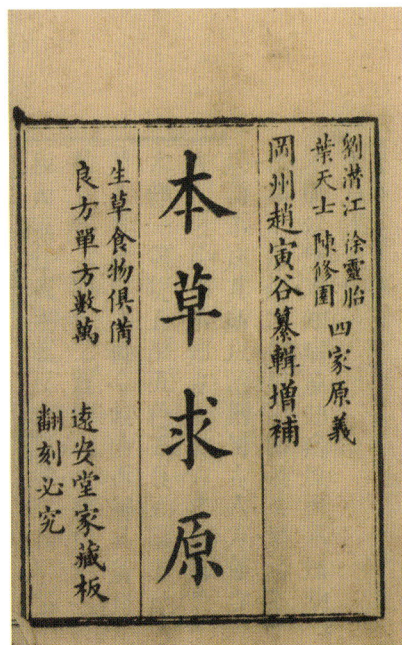

清道光二十八年（1848）刻本《本草求原》

《本草经读》4家本草基础上增加种类、补充注释辑编而成；草药部分则以何克谏《生草药性备要》为基础阐述发挥。杂采众说，取长弃短，申以己见，探求本原，较全面地反映了道光以前岭南中草药学的成就，是集"著、集、校、注"于一体的系统的本草著作。末附《奇病证治》1卷。有清道光二十八年（1848）远安堂刻本、清养和堂刻本。（薛暖珠）

增补四家本草原义 见"本草求原"。

伤寒论归真 又称《仲景归真》。伤寒类医学著作。清陈焕堂撰。7卷。刊于清道光二十九年（1849）。卷1—3为伤寒醒俗、伤寒觉误上、伤寒觉误下。卷4—7为伤寒引正上、伤寒引正下、伤寒问症知方歌诀、伤寒问方知症歌诀。是书对伤寒各家进行辨证、比较，倡导回归《伤寒论》，在破与立中就伤寒学术在南方的应用进行了专题讨论，为在伤寒理法岭南医学本土化方面作出了贡献。有清道光二十九年（1849）五云楼刻本及光华堂刻本、光绪三十三年（1907）四美堂刻本。（张永慧、李文静）

仲景归真 见"伤寒论归真"。

验方新编 方书类医学著作。清鲍相璈编，潘仕成重刻。16卷。成书于清道光年间，后又经多次增订、增辑或选录等刊行。前8卷大致按照身体部位划分门类，共53部，每一部之下罗列若干病证，每一病证之下罗列若干医方，并说明医方的药物构成、制作方法、用法用量、注意事项等。卷9为妇科，分为调经、种子、胎前、产后四门，分述其症治方药，并附简易杂治，以补其未备；卷10为儿科，分麻、痘、惊三症，述其治法方药，亦附简易杂治；卷11为外科痈疽治法

方药；卷12为急症救急法及解诸物、诸药毒法；卷13为虫蛇咬伤及跌打损伤的治法方药；卷14—16，为内科诸病及怪症奇病的治法方药。该书是以医方为主，医方与医论合参的著作，辑录大量民间习用的单验方，选录历代医家的医论与治验，涉及内、外、妇、儿、五官等各科，因具有"亦精亦博，既简既便，病者可按部稽症，按症投剂，犹如磁石取铁"的特点而得到名人学者的赞誉，一再重梓与增辑，流传颇广。除16卷本外，另有8卷本、18卷本、24卷本，均系于原方基础上调整卷数或增补内容。有清道光二十五年（1845）海山仙馆刻本、清咸丰四年（1854）善成堂刻本等多种清刻本，清石印本等。（张永慧、薛暖珠）

神农本草经赞 本草类医学著作。魏吴普等述，清叶志诜撰。3卷。刊于清道光三十年（1850）。以孙星衍所辑《神农本草经》诸药条文为主体，再加赞、注。将每种药物编成四言赞语，赞语古奥，又引诗赋、本草以释其出典。附《月令七十二候赞》。有清道光三十年（1850）粤东抚署刻汉阳叶氏丛刻本。（薛暖珠、张永慧）

医方易简新编 又称《家用良方》。方书类医学著作。清黄统、龚自璋合辑。6卷。刊于清咸丰元年（1851）。各医方按病症分门以类的验方汇编。卷1治身体各症；卷2治妇女各症、症瘕产证并方、胎前产后各症、临产要方、产后用方；卷3治小儿各症、痘症、妇女痘诊、妊妇产妇痘症、痘科要方、慢惊急惊；卷4治痧症、疫疬、中寒、中暑等症，附急救解毒；卷5治外科各症及跌打损伤；卷6补遗。书中列病症（或药方）子目2600余条，载方1800余首。选方以简易单方、验方为主，辅以成方，搜罗较广。

有清咸丰元年（1851）北京会文斋刻本、清咸丰六年（1856）顺德罗叶祥刻本、清咸丰七年（1857）湘潭谦和堂刻本、同治三年（1864）香山集善堂刻本、光绪十五年（1889）浙慈还读轩刻本、1914年上海扫叶山房石印本等。（张永慧、李文静）

家用良方 见"医方易简新编"。

医方易简外科续编 外科类医学著作。清唐家禄撰，唐世槐校辑。不分卷。清同治年间刊印。专述治疮疡诸方。有清刻本。（林琦、张永慧）

评琴书屋医略 内科类医学著作。清潘名熊撰。3卷。成书于清同治四年（1865）。以内科杂病为主，汇集各方论述择其治平实用者而成。记述33种常见内科病证如外感、春温、暑症、湿症、咳嗽、血证、痛证等的辨证要点及治法方药，部分附医案。内容简明，立论浅显，立法平稳，选方平淡不尚新奇，适合于疾病初起而病情轻浅者。尤详于血证、痰咳之证；至于

清同治七年（1868）刻本《评琴书屋医略》

外感热病，既有对叶天士学说的传承，又有结合临床实践的发挥。有清同治七年（1868）广州刻本。（林琦、张永慧）

乐只堂人子须知韵语 简称《人子须知》。综合类医学著作。清何梦瑶撰，释互禅增订。4卷。刊于清同治十一年（1872）。以歌赋韵语加注的形式阐述，通俗易记，为医学入门读物。卷1为望、闻、问、切韵语，首列十二经脉歌，次列四诊心法撮要、辨阴证阳证要诀，对四诊分别论述，并介绍八脉要诀、脉象、主病脉证、宜忌、胎产脉、死脉、小儿诸诊歌、奇经八脉图等；卷2为方剂汇辑；卷3、4为方剂临症运用及本草药性。有清同治十一年（1872）百爽轩刻本、光绪十一年（1885）佛山华文局刻本等。（张永慧、薛暖珠）

人子须知 见"乐只堂人子须知韵语"。

叶案括要 又称《叶氏医案括要》《评琴书屋叶案括要》。医案类医学著作。清潘名熊撰。8卷。刊于清同治十二年（1873）。选取叶天士《临证指南医案》和《叶案存真》之精要者，或经作者临床验证有效者编辑而成。共78门，涉及伤寒、温病、各种内伤杂病、五官科病、外科疾病与妇科疾病等。每一病案先以四字歌诀对症状、病机、治法、方药等钩玄提要，再列方药，部分医案加注解或附潘氏验案，书末附自制方、诗草、和作数首。内容丰富，提纲挈领，条理明晰，且语言通俗，易学易记。有清同治十二年（1873）评琴书屋刻本、同治十三年（1874）拾芥园刻本、民国铅印本及石印本。（林琦、张永慧）

叶氏医案括要 见"叶案括要"。

评琴书屋叶案括要 见"叶案括要"。

伤寒法眼 伤寒类医学著作。清麦乃求撰。2卷。刊于清光绪元年（1875）。依柯琴《伤寒来苏集》体例，旁参刘河间、李东垣、朱丹溪诸家，逐节注释《伤寒论》。卷上为名医粹语4则，列华佗、孙思邈等名医对伤寒之见解，并载伤寒总论、太阳病，附暑湿痉证。卷下为阳明、少阳、太阴、少阴、厥阴病篇，每篇均从部位、脏腑、经络等方面阐述，注重类证剖析，强调依法用方。继承张仲景以方类证、六经分证等学术特点，内容编排力求保持原文面貌，除把原文厥阴篇中的"热厥利证""阴阳易证""诸寒热证"三证独立成篇置于书末外，余基本按原文顺序编排。作者运用《素问》《灵枢》经文和理论注解《伤寒论》，注解严谨，对原文一字一句必求其所以然，据文法（文理）、脏腑经络（医理）阐明。有清光绪二年（1876）刻本、1936年广州登云阁刻本。（薛暖珠、张永慧）

增补珍珠囊药性赋 本草类医学著作。清张光斗增补。有清代广州连元阁刻本、清光绪二年（1876）天宝楼刻本。（薛暖珠、张永慧）

喉舌备要 又称《喉牙口舌各科秘旨》《喉舌备要秘旨》《喉科秘旨》。咽喉口齿科类医学著作。作者不详。不分卷。刊于清光绪五年（1879）。分为喉部、口部、牙部3部分，以喉部为主，对喉证论述较为系统，包括喉部疾病的证治通论、辨证、治法方药等，并讲述了43种常见喉、舌、牙病之病因病机、辨治及用药。通过对喉疾病变部位、形色变化来辨其所属之阴阳、经络及脏腑，对喉疾的治疗亦注重运用整体观。口部、牙部主要记载常见病的效方、验方。有清光绪五

年（1879）广东藩署刊本、光绪十二年（1886）粤东罗广同济藏版本。（林琦、张永慧）

喉牙口舌各科秘旨 见"喉舌备要"。
喉舌备要秘旨 见"喉舌备要"。
喉科秘旨 见"喉舌备要"。

医学易知 方书类医学著作。清黄瑶圃撰。2册。刊于清光绪七年（1881）。上册谈医学纲要，下册为西医普通韵语4种。有清光绪七年（1881）南海黄瑶圃刻本。（张永慧）

医学十书 又称《东垣十书》。综合类医学丛书。清陈璞辑。刊于清光绪七年（1881）。以收录宋、金、元医家之著作为主，包括宋崔嘉彦撰《脉诀》、金李杲撰《脾胃论三卷》《兰室秘藏三卷》《内外伤辨惑论三卷》、元朱震亨撰《局方发挥》《格致余论》、元王好古撰《此事难知二卷》《汤液本草三卷》、元王履撰《医经溯洄集》、元齐德之撰《外科精义二卷》，附元王好古撰《医垒元戎》《癍论萃英》。有清光绪七年（1881）羊城云林阁刻本、文盛书局石印本。（林琦、张永慧）

东垣十书 见"医学十书"。

奇方备检 方书类医学著作。清梁元辉编著，吕献堂评阅。不分卷。刊于清光绪十年（1884）。备选民间常用方剂32首，供他邦游客到粤染病时用。以人常犯之病、市面易购之药选方，涉及面广，兼顾内、外、妇、儿各科。有清光绪十二年（1886）佛山昌华堂刻本等。（张永慧、李文静）

眼科启明 眼科类医学著作。清邓雄勋撰，邓逢时参订。2卷。约成书于清光绪十一年（1885）。以《银海精微》

为蓝本，集古今眼科学说编成。卷1为五轮八廓、经脉、七情、内外障、选药用方、治法及大眦赤脉传睛等以外障为主的四十八证；卷2为小儿眼证、目暗生花等以内障为主的二十四证，以及诸方、丹药炼制、方歌、药性、医案等。有清光绪十一年（1885）稿本。（林琦、张永慧）

广嗣金丹　女科类医学著作。清何守愚辑。4卷（一作3卷）。初刊于清光绪十二年（1886），光绪二十二年（1896）重刻。以妇产科为主，兼及儿科的普及读物。分种子、安胎、保产、妇幼四编，以汇集前人文献为主，略加评述。卷1、2为广嗣金丹要言录，汇集种子、安胎、保产、福幼之文献117篇，教人广嗣育婴之法；卷3为广嗣金丹群方录，收集种子、安胎、保产、福幼之方剂，其中大部分为要言录中提到的；卷4为广嗣金丹征信录，汇集积德修福而得子之验案，为要言录之证验，并劝人行善。有清光绪二十二年（1896）佛山天禄阁重刊本。（林琦、张永慧）

保产金丹　女科类医学著作。清刘文华辑。4卷。刊于清光绪十二年（1886）。卷1怀孕部七门，阐述孕期保养、饮食宜忌以及12种妊娠病的病因证治；卷2临产部十门，首述临产注意事项、待产法、饮食宜忌，次述正产、难产的机理和处理方法，并附验案；卷3产后部，首论产后事宜、饮食宜忌、用药治则，次论20种产后病的病因病机治法方药；卷4半产部，引述用古前人论说，介绍半产的病因机理证治。末附"妇人不孕十因""保婴秘籍""保身要诀"等。有清光绪十二年（1886）仁寿堂重刻本、龙文斋重刻本。（林琦、张永慧）

脚气刍言　内科类医学著作。清曾超然撰。初刊于清光绪十三年（1887），清光绪三十四年（1908）两广督练公所重印。为脚气专著，利用21个篇章对脚气进行了系统、完整而详尽的论述，包括脚气的成因、脚气的诊断、脚气的八证分型及临床表现、相似证的鉴别诊断、脚气用药法及要方、脚气宜忌与预防等。巧妙地将三因制宜与四诊有机结合，在理论阐述的同时附以医案以求证。有清光绪刻本、铅印本及民国铅印本。（林琦、张永慧）

喉证指南　咽喉口齿科类医学著作。清余泽春撰，周兆璋合刻。4卷。刊行于清光绪十四年（1888）。在博采程钟龄、郑梅涧等众家学说的基础上，参以自己临证所得而编成。从辨证、证治、处方、用药4个方面论述喉科疾病，在辨证方面，强调寒热辨证、经络辨证，认为喉疾离不开肺胃；在辨证用药上，宜宣肺，以达到退热敛寒之效，喜用加味甘橘汤、紫地汤等。还论述了白喉的诊治，并提出时疫白喉、痨证白喉、蛾风白喉及虚寒白喉四证分别加以详述。有清光绪十三年（1887）严江蓉溪山馆刻本、光绪十八年（1892）顺德龙山乡桃盛京果店刻本、民国石印本及铅印本。（林琦、张永慧）

备急验方　方书类医学著作。清郑观应编。2卷。成书于清光绪十四年（1888）。选录古今医书及近代家藏治疗急症经验良方，分五绝、吞鸦片烟、缢死、溺死、割颈、跌打损伤、食砒霜等75门，验方简便易求。有清光绪十五年（1889）刻本。（张永慧、李文静）

中外卫生要旨　养生类医学著作。清郑观应编。4卷，后增订为5卷（续编，约成于1895年）。成书于清光绪十六年（1890）。卷1为养生要语，载《内经》《千金方》《东坡养生颂》等医籍中有关卫生学说，专论静功要略。卷2载青莱真人八段锦、希夷真人十二段锦、易筋图说等5种前人所传祛病延年之动功。卷3载王士雄《随息居饮食谱》，且增补西医有关饮食成分分析理论。卷4载泰西卫生要旨，辑录各国名医要语，作为补充，包括提出锻炼身体、洗冷水浴、温泉浴等，末附节录十条卫生学问答。卷5载续编，以辑西医有关人体器官组织的论述为主，兼论饮食、消化、呼吸、酒醇及人体各部位与卫生相关之理。该书内容全面，中西兼备，为较早的中西医并蓄养生学著作。该书是我国第一部引进西方保健内容的中医养生书籍，在继承发扬传统中医养生精华的同时，积极吸纳西方卫生保健知识以为我用，颇有研究价值。有清光绪十六年（1890）居易山房铅印本、光绪十九年（1893）刻本。（林琦、张永慧）

医纲总枢　临证综合类中医学著作。清陈珍阁撰。5卷。刊于清光绪十六年（1890）。卷1论人身脏腑器官之生理功能和病理表现，并参考西医人体解剖学修订中医对脏腑、五轮等的认识；卷2先载新订本草大略，次列四诊，后述外感、内伤等病症的证治要点；卷3、4为内伤杂证及脏腑、脑脊、血管、筋脉、肌肉、骨病等证治；卷5为妇人、小儿、眼科诸证证治。各论简述诊治要点，浅显明了。该书反映了陈氏辨证与辨病相结合的中西汇通学术思想，即脏腑之形态结构参考西医解剖学，而其生理功能则采中医之说。在对中医病证的阐述中以证为主，并掺入西医之生理病理见解；在对内脏疾病论述中参照西医内科学分系统以病为主排列，并纳入中医辨证分析。对了解晚清时期中国医学教育概况和中医学人体解剖学水平

提供了有益的帮助。有清光绪十六年（1890）、十八年（1892）醉经楼刻本。（林琦、张永慧）

牛痘新编 儿科类医学著作。清伍学乾辑，胡仕梁校。成书于清光绪十六年（1890）。讲述痘疹的病因病机、指纹、经络与脉象诊断、治法方药及预防，对种痘的方法、种痘所用各种器械及其使用方法都有论述。所载以耳筋的色泽、形态辨别痘毒的深浅，扩充了痘疹的诊断方法。书末附经穴图谱、手术器械图谱。有清光绪十六年（1890）新会伍氏安怀堂刻本。（林琦、张永慧）

经验医案 医案类医学著作。清蒋希曾撰。成书于清光绪十六年（1890）。收载医案多例，其中有鉴别意义的个人验案23则，注明为岭南的有8则，涉及伤寒、温病、妇产科病及其他内伤杂病等多种病症。蒋氏根据多年旅居岭南临证所得，提出岭南三急症（中寒、疔疮、春温）观点，具有一定的临床指导意义。有清末广州瑞元堂刻本。（林琦、张永慧）

历藏篇 原名医学引蒙新说。基础理论类医学著作。清罗浮山人撰。1卷。成书于清光绪十七年（1891）之前。为关于人体脏腑的专著。主要叙述人体脏腑形态特征和功能，不少内容实际是补充、修改王清任《医林改错》的观点而来。作者参阅国外人体图绘，并详研《参同契》"历藏"之说，力图沟通中西学说中关于脏腑认识的异同。分生生说、胞胎说、脑说、三焦说、心包络说、心说、肺说、肾说、肝胆说、脾胃说、膀胱小肠大肠直肠说、死说12篇。卷前有《题弁》《序言》，书末附《论鼠疫病情篇》《鼠疫验方》。有清光绪十七年（1891）抄本。（薛暖珠、张永慧）

医学引蒙新说 见"历藏篇"。

鼠疫汇编 温病类医学著作。我国现存最早的治鼠疫专书。清吴宣崇原辑，罗汝兰增订。不分卷。初刊于清光绪

清光绪二十七年（1901）活字排印本《鼠疫汇编》

十七年（1891），此后经四次增补修订重刊，前四刻已佚，第五刻本刊于光绪二十三年（1897）。罗汝兰在吴宣崇《治鼠疫法》手抄本基础上，附王清任《医林改错》中解毒活血汤的加减方之效验于书后，重加编撰而成。后经反复增补修订重刻，至光绪二十三年（1897）第五次刻印后定型。有《辨误弁言》《第五刻序》《再序治鼠疫方序》等序跋及凡例，正文包括辨脉论、症治论、原起论、避法第一、医法第二、补原起论及禁忌、各症列、治法列、复病治法、各治验方、释疑论、各治案等。提出鼠疫的病因病机、治疗方法和预防调摄等，主张按三焦分症辨治，并据病变不同阶段分列轻症、稍重症、重症、危症、至危症；治疗用药以清热解毒兼活血祛瘀为法，倡用王清任解毒活血汤，总结出日夜连追法、即时连追法、单剂

连追法、双剂连追法的独特服药方法，并提出"居要通风，卧勿粘地，药取清解，食戒热滞"预防16字诀。对近代瘟疫病鼠疫的防治影响深远，初刊后，用之效验，求者甚众，在高州、雷州、琼台等多地传刻。经番禺陈兆祥、福建郑肖岩、嘉定余伯陶等增订改编，形成晚清鼠疫防治的系列专著《鼠疫良方》《鼠疫约编》《鼠疫抉微》等。有清光绪二十三年（1897）翰元楼刻本、崇德堂刻本、翰文堂刻本，光绪二十四年（1898）翰宝楼刻本，光绪二十六年（1900）郁文堂刻本，光绪二十七年（1901）蓉园重雕刻本、香港中华印务公司活字排印本，清宣统三年（1911）天津大公报馆石印本等。（薛暖珠、张永慧）

华洋脏象约纂 又称中西脏腑图像合纂。基础理论类医学著作。清朱沛文编。3卷，附1卷。约刊于清光绪十八年（1892）。汇通中医藏象学说和西医解剖生理学说，并结合临床实践，阐发人体组织器官解剖部位和生理功能。卷首录《本在锐骨之端标在背俞

清刻本《华洋脏象约纂》

说》等论文 14 篇；卷上包括心脏、肝脏、脾脏、肺脏、肾脏、心包络、胆腑、胃腑、小肠、大肠、膀胱腑、三焦、脑髓体用说等；卷中为耳官、眼目、鼻、口舌官、齿牙、咽喉、喉咙、悬雍、会厌、皮肤、肌肉、筋膜、骨节体用说等；卷下包括血脉运行说、津液化用说、子宫体用说、月水功用说、诸气运行说、外肾体用说、胎孕原委说、乳汁动用说、音义、诸图等。对每一脏腑的解剖和功能的论述，先引中医传统观点，再引西洋医学之论，最后略加按语阐述己见。附刻西洋医学脏腑骨骼图式，另有针对中医初学者的"读书门径"一节，列出自《内经》以下至晚清医书近百种并逐一简要点评。在全面掌握中西医学关于脏腑认识的基础上，以理性、实证的精神对中、西医学进行对比研究，进而阐明中西医认知方法的异同，对中西医汇通进行了深层次的思考，对中西医汇通或结合的发展有重要的启迪意义。有清光绪十九年（1893）佛山刻本、光绪二十三年（1897）宏文阁石印本。（薛暖珠、张永慧）

中西脏腑图像合纂　见"华洋脏象约纂"。

儿科秘要　又称《程氏家传小儿科秘要》《小儿科家传秘录》。儿科类医学著作。清程康圃辑。1 卷。初刊于清光绪十九年（1893），据樵西福幼氏手抄本刊印。乃糅合作者祖传经验及临证所得对儿科常见病、多发病论述编撰而成。首创"症候赅以八门，治法约以六字"的儿科疾病辨治理论，因"其理明而确，其词简而赅，其论证、立方有条不紊"在业界备受推崇，多次刻印，广泛传播，对岭南儿科学发展贡献卓著。有清光绪十九年（1893）广州麟书阁永成堂刊本、1919 年广州九曜坊守经堂刊本、1927

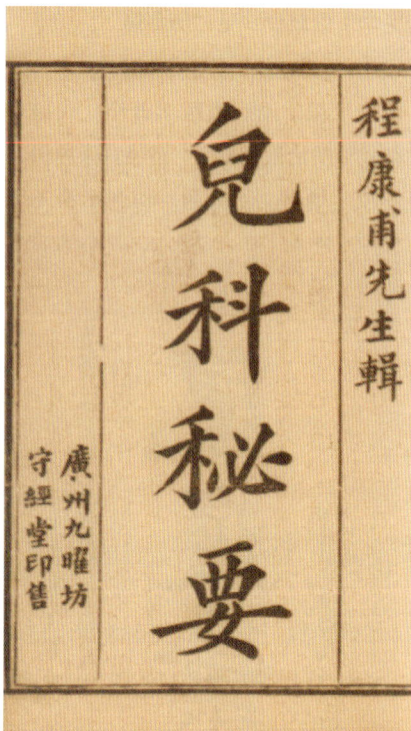

1919 年广州九曜坊守经堂刊本《儿科秘要》

年手抄本等。　（林琦、张永慧）

程氏家传小儿科秘要　见"儿科秘要"。
小儿科家传秘录　见"儿科秘要"。

瘟毒霍乱约辨　温病类医学著作。清钟贻庭撰。不分卷。刊行于清光绪二十年（1894）。论治瘟毒、霍乱（吐泻转筋肠绞痧）、瘢痧、火疗四大时疫。作者结合平日临证心得，参酌病源，分订良方，供随症选用，为防治清末民初流行于广东沿海各县与水乡的霍乱等时疫提供重要参考。有佛山金玉楼藏版。　（薛暖珠、张永慧）

舌鉴辨正　诊法类医学著作。岭南现存最早的舌诊专书。清梁玉瑜传，陶保廉录。2 卷。成书于清光绪二十年（1894）。以清王文选辑《活人心法·舌鉴》为原本，参合梁氏家学及临床经验，逐条辨谬止偏。卷首有全舌分经图，次白舌总论，次黄舌总论，次黑舌总论，次灰舌总论，次红舌总论，次紫舌总论，次酱舌总论，共择录舌象 149 种，分别列其主病及用药

治法，叙述各种病舌的证治。有清光绪二十三年（1897）兰州固本堂书局刻本、光绪三十一年（1905）云南高等学堂铅印本、光绪三十二年（1906）石印本、1917 年开封新民社石印本等。　（薛暖珠、张永慧）

寒温条辨治疫汇编　温病类医学著作。清杨玉衡撰，李朝栋删编。1 卷。成书于清光绪二十年（1894）。为李朝栋汇辑杨玉衡所著《寒温条辨》，经删繁辑要而成，保留了原著升降散等治温 15 方。有清光绪二十年（1894）粤东润身社刻本及广州经史阁刻本等。　（薛暖珠、张永慧）

鼠疫良方　又称《治鼠疫传染良方》《急救鼠疫传染良方》。温病类医学著作。清陈兆祥辑校。成书于清光绪二十年（1894）。由罗汝兰《鼠疫汇编》增订改编而成，为治鼠疫专书。有清光绪二十七年（1901）上海千顷堂书局石印本。　（薛暖珠、张永慧）

治鼠疫传染良方　见"鼠疫良方"。
急救鼠疫传染良方　见"鼠疫良方"。

集思医案　医案类医学著作。清末民初易巨荪撰。成书于清光绪二十年（1894）。载医案 62 则，分别是内儿科 46 则、妇产科 9 则、温病（鼠疫）7 则。所记病证，一为内儿妇科之危重病证，如产后出血、吐血等血证、昏迷、晕厥等，一为鼠疫类烈性传染病。所用方药，以仲景经方为主，偶见补中益气汤等。医案之记述，秉承中医病案传统体例，语言质朴精练，重点突出，夹叙夹议，其中掺杂粤语方言，具有鲜明的岭南特色。有民国初年苏任之橘香书楼藏版手抄本。　（林琦、张永慧）

名家医方歌诀　方书类医学著作。

清林树红撰。刊于清光绪二十一年（1895）。收集各名家医方中适用于岭南人的体质、病症者100首，并以歌诀形式阐发方药功用性能。将医方分门别类，分风症、寒症、暑症、湿症、燥症、火症、和解、杂病、泻实、补虚、妇科、幼科12门。每症附数方，每方包括歌诀、方解及按语。有清光绪二十一年（1895）广州守经堂刻本。（张永慧、薛暖珠）

慢惊条辨 儿科类医学著作。清黄仲贤撰。1卷。刊于清光绪二十一年（1895）。内容广泛，对小儿身热、惊风、自汗、盗汗等症及儿科用药如发汗药、苦寒药等都做了论述，尤其详细论述了小儿泄泻的证治。有清光绪三十三年（1907）广州麟书阁刻本。（林琦、张永慧）

医学答问 医案类医学著作。清梁玉瑜传，陶保廉录。4卷。刊于清光绪二十一年（1895）。该书在继承先贤学术基础上参以多年临证心得编撰而成，内容丰富，语言简洁质朴。书中以问答形式对医学之理、法、方、药等多方面内容进行了阐述，涉及证候诊断、疾病辨治、预防养生、方药选辑及医家医著学说评述等，尤以验舌切脉分析独到。有清光绪二十一年（1895）、光绪二十三年（1897）刻本、光绪二十一年（1895）铅印本、清抄本。（林琦、张永慧）

医粹精言 医案类医学著作。清徐延祚撰。4卷。成书于清光绪二十一年（1895），并于次年（1896）刊行。乃作者融贯《黄帝内经》《伤寒论》《医断》等中、日古医著编辑而成。载医论、医方、医药188篇，以医论为主，包括"脾胃与肾元并重""气上腾便是水说""肝无补法论""痰饮致病"等，其精辟之见解，独特之

方药，颇有临床指导意义。有清光绪二十二年（1896）铁如意轩刻本。（林琦、张永慧）

医意内景图说 又称《脏腑图说》《藏腑图说》。基础理论类医学著作。清徐延祚撰。2卷。刊于清光绪二十二年（1896）。合中西医解剖生理而厘定之，以图显示脏腑形态，如肺有正前位全状及横断面图，脾有全面图和纵断面图，心有全面图和横断面图，肾有全状正前位图和背面图，肝有前后位图等，其他则分部位描述。另以绘图表示命门、阳水、阴水、相火及真水等。对研究中医藏象学说有一定参考价值。有清光绪二十二年（1896）奉天铁如意轩刻本。（薛暖珠、张永慧）

脏腑图说 见"医意内景图说"。
藏腑图说 见"医意内景图说"。

医意 又称《医意初编》。临证综合类医学著作。清徐延祚撰。2卷。成书于清光绪二十二年（1896）。专论外治法，载外治法86种。卷1有针法、火针、熏、照、阳燧锭法、膏药等66种；卷2为望诊，诊候生死要法，以及20种外治法。所列治法，简明扼要，实用性强。有清光绪二十二年（1896）奉天铁如意轩刻本。（薛暖珠、张永慧）

医意初编 见"医意"。

医医琐言 医论类医学著作。清徐延祚撰。2卷，附《续医医琐言》1卷。成书于清光绪二十三年（1897）。汇集日本先贤学说，并参以作者多年读书心得与临证所得而编成。卷上35篇，含司命、死生、阴阳、用药、时尚阴虚说等条目，卷下仅杂论1篇，续卷28篇，含邪之所凑其气必虚解、

书慎疾刍言后、中风、时尚阴虚说等条目。条理清晰，观点鲜明，持论精审，其中不乏独到之见解，如对徐灵胎用药及诊治之论述、强调医学经典著作之重要性、反对不加辨证的滥用滋阴等。有清光绪二十三年（1897）奉天铁如意轩刻本。（林琦、张永慧）

铁如意轩医书四种 综合类医学著作。清徐延祚撰。11卷。成书于清光绪二十二年（1896）。汇集中日先贤50余部医籍编辑而成，包括《医粹精言》4卷、《医意内景图说》2卷、《医医琐言》2卷及续1卷、《医意》2卷。作者撷取各书之精华，对医学学术的传播起到一定作用。有清光绪二十二年（1896）奉天铁如意轩刻本。（林琦、张永慧）

拾慧集 综合类医学著作。清何德藻编。17卷。成书于清光绪二十二年（1896）。正续集12种。正集包括《长沙杂病》5卷、《长沙妇科》、《长沙外科》。续集包括《医学准绳》《寒温明辨》《杂病补阙》2卷、《眼科辑要》《喉症要旨》《保幼八则》《痘门六法》《麻疹重新》《伤损秘传》。条理清晰，内容丰富，包括临证各科如内科、外科、妇科、儿科、五官科及眼科等疾病之诊治药方，方便读者按症索方、验方施治。有清光绪二十二年（1896）吉林东兴印书馆铅印本、1920年何家鲲铅印本。（林琦、张永慧）

医验辨似 医案类医学著作。清蒋希曾撰。2卷。成书于清光绪二十二年（1896）。集古今医家医著之长，对临证易混淆之疑难病症如"产后受风似虚脱证""伏暑似虚劳证"等32条辨析详明，有理有据，颇有助于临床诊断。有清光绪二十二年（1896）杭州西湖瑞元堂刻本、1979年上海中医

学院抄本。（林琦、张永慧）

辩疫真机 温病类医学著作。清黄炜元撰，陈晴波记录，黄友兰校正。不分卷。成书于清光绪二十四年（1898）。分为3个部分，第1部分主要探讨疫病理论及诊断要点；第2部分为效验方，共16首；第3部分为黄炜元与其门人等问答部分。体例为论述体穿插问答体。论述部分为黄炜元所撰，问答部分系医生卢子杰及黄炜元之门人陈晴波与黄炜元的问答对话。有1914年天生馆家刻本。（林琦、张永慧）

医林猎要 综合类医学著作。清黄保康撰。不分卷。初刊于清光绪二十五年（1899）。汇集古今学说编撰而成，分为医原、医法、医药、医方4部分。医原部分，介绍《内经》《伤寒论》等中医经典著作，并列脏腑配合表、周身名位骨度、内伤外感致病十九字等以方便学记；医法部分，以对中医诊法、八纲辨证及内伤外感等疾病辨证论述为主；医药部分，阐述本草学知识，包括脏腑用药原则、引经报使、药物饮食禁忌、妊娠饮食禁忌、药物煎服法等；医方部分，论述包含四君子汤、小柴胡汤等在内的69个历代名方。书中之论大多采自《本草纲目》《医宗金鉴》《笔花医镜》《医学源流论》等书，其叙述全面，通俗易懂，为初学中医者之参考书。有清光绪刻本。（林琦、张永慧）

喉证图说 咽喉口齿科类医学著作。清末民初陈绍枚编。不分卷。刊于清光绪二十五年（1899），副书名为《喉方备要》。为实践性很强的著作，论述喉症的治法用药。将喉科用药按甲、乙、丙、丁等分为8类，各类药组成不同、剂型不一、用法有异，治疗上主张内服外用相结合。临证可以

甲药（散剂）吹喉，再以丙、丁药点喉，再用戊药（水剂），再服总丸（乙药），后再局部使用甲药、丙药、丁药等。书后半部分为各种喉症之解剖图谱，并配以文字讲述不同喉疾之症治，图文并茂，生动有趣。有清光绪二十五年（1899）知新报馆活字本。（林琦、张永慧）

时疫辨 温病类医学著作。清林庆铨述，区德森笺。4卷。初刊于清光绪二十六年（1900）。在学术上继承江浙温病名家理论学说，结合岭南地域烈性传染病进行辨治，为学术水平较高的温病学著述。卷1首引吴鞠通《温病条辨》之论，卷2论时疫特点，列治疫法八门，附录论治鼠疫方案。卷3宗吴又可说，论瘟疫有九种分而治之，各法下有诸条经验方，并收集了广东高州、茂名、广州等地的民间验方。卷4专论白喉瘟治法。卷末附论癍症。主张治时疫以解毒为主，倡用寒湿药治温病；提出治鼠疫八法，并分经络辨治，既病防变；立白喉瘟治法，纠时医之弊。还收录多首当时岭南防治鼠疫的方子，成为珍贵的临床文献资料。有清光绪二十六年（1900）羊城筱龙园刻本、光绪二十七年（1901）广州宏经阁刻本等。（薛暖珠、张永慧）

异授眼科 眼科类医学著作。著者佚名，清江灏勤、杨士楷校。1卷。重刻于清光绪二十六年（1900）。以五轮五脏辨证为基础，论述常见眼科疾患之诊断、辨治，介绍眼科药物及炮制方法，包括药性光明赋、点药药性、炮炼法、点药法、制药法、煎膏法、研药法、合药法、服药法，并列出眼科治疗方剂包括主药方、辅药方、加减方、神效点眼方、神效水眼药方等。书末以问答形式阐述眼科72证的病因、辨治及方药。有清光绪

二十七年（1901）刻本。（林琦、张永慧）

时症良方释疑 又称《鼠疫良方释疑》《鼠疫方释疑》《良方释疑》。温病类医学著作。清黎佩兰撰。1卷。成书于清光绪二十七年（1901）。系黎氏将罗汝兰《鼠疫汇编》一书撮其症要与施治诸法，分列层次，并附临证医案而编成。是继《鼠疫汇编》后地域相邻、学术传承最直接的岭南鼠疫专著，包括黄兴鄂序、良方释疑目录、鼠疫方释疑（实为黎佩兰自序）、辨证、治法、方药、加减法、论买药、服药法、居处衣服饮食、思患预防、医案等，书前附时症第一良方（化裁自《鼠疫汇编》的解毒活血汤），书后附捐金芳名。其中辨证篇分辨寒热、口舌、结核、渴呕、泄泻、见血等关键症状；方药方面详细介绍黎氏对症加减解毒活血汤的心得，是全书重点和亮点部分；书末列举30余则医案，按病情的轻重危急、施治的及时合理与否、用药有何失误来分类陈述，便于遇急病时查阅参考。虽未突破《鼠疫汇编》框架范畴，但全书条理清晰，层次分明，检阅方便，为鼠疫临证诊疗简易手册。有清光绪二十七年（1901）肇城景福局刻本、光绪三十二年（1906）桂平会文堂刻本。（薛暖珠、张永慧）

鼠疫良方释疑 见"时症良方释疑"。
鼠疫方释疑 见"时症良方释疑"。
良方释疑 见"时症良方释疑"。

验方备用 方书类医学著作。清黄德仁编。不分卷。初刊年代不详。系作者编采亲友家藏秘方屡多试验者而成，载方206首，按妇科方、儿科方、五官科方、内科方、外科方、急救门依次编排，在各科中方后皆有不同服法。有清光绪二十八年（1902）广州中和

堂刻本。（张永慧、李文静）

昼星楼医案 医案类医学著作。清末孙西台撰。不分卷。成书于清光绪二十八年（1902）。载内、外、妇、儿、五官等各科医案93则，包括血证、小儿惊风、目痛、伤寒等，每案均从病因病机、治法方药方面详加论述。审证详明，博采历代医家之长，不拘古方，立方遣药随症加减，颇具特色，有一定临床参考价值。有上海震东学社石印本。（林琦、张永慧）

医学刍言 医论类医学著作。清黄炽华撰。不分卷。成书于清光绪二十八年（1902），刊于清宣统元年（1909）。为关于中医医政改革的专论。列出10项改革措施，分别是严考成、立治案、聘通才、禁伪药、博学、专家、通方、因人、审时、酌地。前4项针对政府，是政府行为，为监督之政令，后6项针对医学从业者，为学医者之规程。以其中肯的建议在当时产生了一定的影响。有清宣统元年（1909）金鉴石印本。（林琦、张永慧）

小儿全科 儿科类医学著作。清叶桐撰。6卷。刊于清光绪二十九年（1903）。卷1至卷3分述小儿水痘诊断、病因病理、临床表现、吉凶变症和治则治法，录方65首。卷4至卷6为儿科诊断理论、小儿疾病临床表现、辨证治疗和治则方药，录方430首及民间治疗方法。末附《小儿幼科》。书中以问答形式对儿科各期常见病、疑难病进行了系统论述，兼具理论和临床价值。因其对儿科疾病翔实的诊治方法为后世医家提供了丰富的临床经验而受到重视。有清光绪粤东崇正善堂刻本。（林琦、张永慧）

新增经验良方 方书类医学著作。清符霁光撰，蔡忠善堂校勘。6卷，补遗1卷。由《经验良方》增补再版。卷1由序、勿药有喜说、用药真伪辩、家训、目录、诊脉歌、掌图、望闻问切论、辨舌色、表里虚实寒热辨、内伤外感杂治说、伤寒论治、虚劳论治、阴盛阳虚说、阳盛阴虚说、论病论药说以及一些方药组成。卷2为头面五官疾病的方药。卷3为内科疾病，其中有大部分关于食物中毒的内容。卷4为外科疮疡虫毒类方。卷5为妇科类方。卷6为儿科类方。收291类方，内容丰富，涉及内、外、妇、儿、五官各科。还详述了中医诊断学中的八纲辨证、舌诊、脉诊以及望闻问切。有清光绪三十年（1904）粤东善书局刻本、南海蔡忠善堂校刻本。（张永慧、李文静）

医验辨似续编 医案类医学著作。清蒋希曾撰。1卷。成书于清光绪三十年（1904）。为作者《医验辨似》的补充，详述"症之异同及用药之方针"。有1979年据瑞元堂刊本抄本影印本。（林琦、李文静）

辨证求真 温病类医学著作。清梁龙章撰。1卷。刊于光绪三十一年（1905）。在对作者之生平及著述简介后，详细论述时疫（鼠疫），包括其病因、临床表现、诊断、辨证、治法及用药处方、预防等，并谈及为医处世之法。既是一本医书，亦是一本为人处世之作。有清光绪三十一年（1905）广州维新印务局铅印本。（林琦、张永慧）

卫生至宝图说 女科类医学著作。清卓凤翔编。不分卷。成书于清光绪三十二年（1906）。采用西医解剖观点对男女的生殖生育功能作出阐述，并列举相关的本草药物、方剂以保障

生殖生育卫生。从卫生防病、养生调护和优生优育三个方面论述。蕴含了卫生科普、优生优育和强国保种思想。有清光绪三十二年（1906）广州铅印本。（林琦、张永慧）

初级急救要法 外科类医学著作。清何高峻撰。不分卷。成书于清光绪三十四年（1908）。以详述常见外科疾病如损伤、跌折的方剂为主，另以绘图形式描述外科裹扎压束方法。有清光绪刻本。（林琦、张永慧）

药性赋 本草类医学著作。清福寿堂主人编。1卷。成书于清光绪三十四年（1908）。录药350余味，每药各编药赋，以明功效主治。分药性寒类赋、药性温散赋、药性温补赋等。有清光绪三十四年（1908）粤东新宁城福寿堂铅印本。（薛暖珠、张永慧）

唐千金类方 方书类医学著作。清黄恩荣编。24卷（一作27卷）。编述于清光绪三十四年（1908）。据孙思邈《千金要方》重新分类汇编而成。收方5300首，涉及内科、外科、妇科、儿科、伤科及五官科等病证。各卷篇首均立有医论，论下立方，介绍该方的主治、组成、服用法及加减应用等。有1914年上海千顷堂书局石印本。（张永慧、李文静）

时疫核标蛇症治法 温病类医学著作。清李守中编。刊于清宣统元年（1909）。为岭南传染病外治法专著。篇首附高超愚序言，正文为《时疫核症治法》《标蛇症治法》两篇，其后附录经验良方29首、医案1则。主要介绍时疫核症、标蛇症的针刺、刺络、拔罐、敷药等外治法，颇具特色。时疫核症本名"鼠疫症"；标蛇症，又名"标痧"，病状和核症略相似。有清宣统元年（1909）羊城澄天

阁石印本。（薛暖珠、张永慧）

疬科全书 外科类医学著作。清梁希曾撰。刊于清宣统元年（1909）。为岭南治疬专书。对疬进行了系统论述，包括病源、证候、治法方药、饮食宜忌等。其对疬的治疗用药充分体现出作者善用点药及潜消法的学术特点。有清宣统元年（1909）、宣统三年（1911）铅印本，宣统二年（1910）刻本等。（林琦、张永慧）

豫医双璧 综合类医学著作。清吴重熹编。35卷。刊于清宣统元年（1909）。将宋郭雍撰《伤寒补亡论》20卷、金张从正撰《儒门事亲》15卷合璧而成。有清宣统元年（1909）海丰吴氏梁园节署铅印本。（林琦、张永慧）

吴鞠通方歌 方书类医学著作。清黄保康撰，黄任恒校注。1卷。刊于清宣统三年（1911）。卷首有温病名目解、治病法论、方目等内容，扼要阐述温病分型、病因病机及治法，并载有温病、温毒、斑疹、发黄、秋燥等26种病证，有银翘散、五苓散、白虎汤等21首方歌。辑录吴鞠通所用方歌同时，附加个人临床应用心得，不局限于吴鞠通之方，用药灵活。有清宣统三年（1911）黄氏家刻本。（张永慧、李文静）

陈修园方歌 方书类医学著作。清黄保康撰，黄任恒校注。1卷。刊于清宣统三年（1911）。分为3个部分，分别为方目、原歌、各证类方歌。其主治病症有头痛、眩晕、喘促、哮、痹证等37类，载二陈汤、二妙散、三痹汤等133首方剂歌诀，其中补入陈氏原歌25首。按照不同的病证，归纳方剂。每方首列方名，标次来源，后为主治，并以小字详解药物。附加个人临床应用心得，不局限于陈

修园之方，用药灵活。有清宣统三年（1911）黄氏家刻本。（张永慧、李文静）

贻令堂医学三书 综合类医学丛书。清黄保康撰，黄任恒校注。3卷。刊于清宣统三年（1911）。包括《医林猎要》1卷、《吴鞠通方歌》1卷、《陈修园方歌》1卷。《医林猎要》侧重于中医基础理论，分医原、医法、医方、医药4部分对中医进行整理研究；《吴鞠通方歌》以吴鞠通之《温病条辨》为底本，按"以症分类，因类括方"的原则总结了温毒、暑温等26种病证，包括其脉、症、方药与主治等；《陈修园方歌》以陈修园著作为主，兼采张仲景、江涵暾等各家之说，分头痛、眩晕等37症论述，列方133首。该书充分体现黄氏博通古今、崇尚吴陈、因地制宜、活学活用的学术思想。有清宣统三年（1911）贻令堂刻本、保萃堂刻本及南海黄发堂刻本。（林琦、张永慧）

中西医学全书 综合类医学丛书。羊城医学会辑。12种。约成书于清宣统三年（1911）。多为清罗定昌、唐宗海等所撰中西医论汇通之著，或外籍医师编译之作，包括罗定昌撰《脏腑图说症治合璧》《脏腑图说》《医案类录》，潘学祖编《东西医法汇录》，唐宗海撰《伤寒论浅注补正》7卷、《血证论》8卷、《本草奥义问答》2卷、《中西辨证医经精义》2卷，美国嘉约翰口译、林湘东笔述《皮肤新编》，英国傅兰雅撰、尹端模译《格致医理略述》，日本丹波元简撰《脉学精微辑要》3卷，英国舒高第译《论脉》。收录当时比较重要的两种中西医汇通丛书中的部分子目，分别是罗定昌《中西医粹》和唐宗海《中西汇通医书五种》。罗氏之说以西医各器官之具体形态与中医脏腑学说理论相

结合，试图在中、西医之间找到一个契合点使二者合而为一。唐氏则配以西医生理解剖学说来阐释中医理论，主张以中医为主、西医为辅的中西医汇通观点。有1916年羊城医学研究所石印本。（林琦、张永慧）

秋疟指南 温病类医学著作。清林天佑撰。2卷。成书于1912年。论秋疟专书。作者以临证所得对疟之寒热、单热等症进行了详细阐述，其立法有本，用药有据，亦是治暑热各证之专著。有1912年中华图书馆铅印本。（林琦、张永慧）

经验良方撮要 方书类医学著作。清符霁光撰。1卷。刊于1913年。收录275条方，涉及内、外、妇、儿、五官各科。还包括文昌君阴阳文、文昌帝君戒淫文、心田福地说、警醒梦中人、武帝宝浩、王初平先生警世文、孝顺父母、和睦兄弟、治家格言、吕祖延寿育子歌、赌仔回头金不换歌。该书也是为人处世之作，书中涉及立身、涉世、处世、谨言、用财、淑性、规范、教子等方面的内容。有1913年龙江明新刊本。（张永慧、李文静）

医学寻源 方书类医学著作。清黄炜元撰。5卷。刊于1914年。黄氏认为医学之源在于易，医、易密不可分，并利用易理来阐述医理，包括太极图、八卦阴阳图等易学知识的应用、药性八卦分类等。对经络、汤头歌括、疫症等进行了翔实的阐述。有1914年广东大埔天生馆刻本。（林琦、李文静）

瘰疬秘传 外科类医学著作。清末民初吴九言编。不分卷。刊于1918年。专论瘰疬的治法方药，尤以效验方为主。书末附经验单方20首。有1918

年香江咭庐铅印本、1920年吴承记印行铅印本。（林琦、张永慧）

医方全书　综合类医学丛书。清何梦瑶撰。12种。刊于1918年。为后人汇刻何梦瑶医著而成。收录何梦瑶著作6种，包括《神效脚气秘方》4卷、《追痨仙方》2卷、《妇科良方》《幼科良方》《痘疹良方》《何氏医碥》7卷。有1918年广东两广图书局铅印本。（林琦、张永慧）

素问选讲　医经类医学著作。陈月樵编。不分卷。刊于1921年。选取《素问》中有代表性的条文进行阐释。有1921年广州医学卫生社中医教员养成所铅印本。（林琦、张永慧）

中医改进刍论　医论类医学著作。清末民初张二仲撰。不分卷。刊于1924年。从当时中医发展状况出发，提出中医之前途当以自身改革为主，不可盲目进行中西医汇通，并阐述对中医改进的想法：宜务实用、在继承典籍学术时要革新发展典籍等，对五运六气的阐发不乏独到可取之处。有1924年铅印本。（林琦、张永慧）

伤寒论崇正编　伤寒类医学著作。清末民初黎庇留撰。8卷。刊于1925年。为岭南伤寒学派代表著作。卷1、卷2为太阳篇，卷3至卷7分别为阳明篇、少阳篇、太阴篇、少阴篇和厥阴篇。以上六经病篇，涉及条文313条、方90余首。卷8为删伪篇，涉及条文66条。另书前附《读法》1篇；后附《读仲景书有误五大险证治法》1篇。以"尊崇先圣、辨正前贤"为旨，汇集历代伤寒注家之论，取其精华、正其讹谬、发其微旨，对《伤寒论》原文逐条逐方详审细辨、去虚存实。对岭南近代伤寒研究影响较大，稍后不少岭南伤寒医著如台山

伍律宁《伤寒论之研究》、南海赵雄驹《伤寒论旁训》、番禺陈庆保《伤寒类编》等均仿其体例，对《伤寒论》原文进行注解发挥。还注重从实际临证中阐释张仲景心法，开岭南《伤寒论》实践研究之风。有1925年崇正草堂铅印本。（薛暖珠、张永慧）

读过伤寒论　伤寒类医学著作。清末民初陈伯坛撰。18卷。成书于1929年，初刊于1930年。卷首有张仲景原序，其后分列读原序并识、邓羲琴叙言、林清珊序、凡例、目录、门径、图形、读法等；卷1至卷6为太阳篇豁解；卷7至卷9为阳明篇豁解；卷10为少阳篇豁解；卷11为太阴篇豁解；卷12、13为少阴篇豁解；卷14、15为厥阴篇豁解；卷16为霍乱篇豁解；卷17为阴阳易差后劳复篇；卷18为痉湿暍篇豁解。为阐释发挥《伤寒论》的专著。陈氏研究仲景学说数十年，对《伤寒论》的原文注释能参合临床心得，阐幽探奥、融会贯通，大

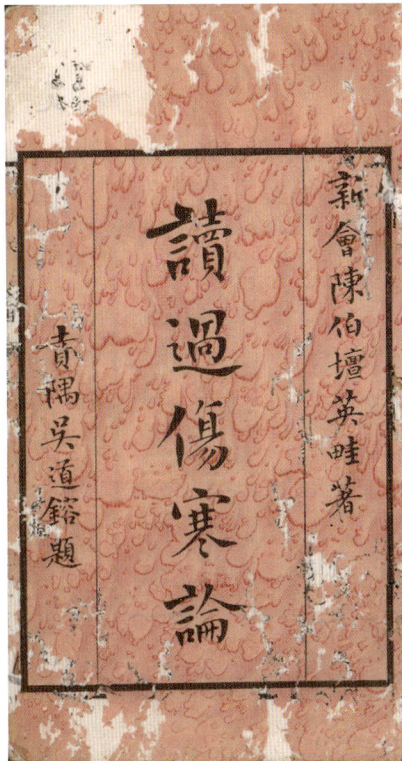

1930年上海陈养福堂刻本《读过伤寒论》

胆评述自晋以后诸家注疏之得失。该书卷帙浩繁，议论精辟，文理严谨，既能以经解经，又能以经验证经，体会独到，成一家之言，在当时广东伤寒派医著中无出其右，为近代岭南伤寒名著。有1930年上海陈养福堂刻本。（薛暖珠、张永慧）

药物出产辨　本草类医学著作。陈仁山编。刊于1930年。不分卷。分为3篇：《药物出产辨》载药603种，《生革类》载药75种，《万国药方》收录中西药物55种。载药733种，每药按产地、品种、质地特征、采收季节、性味功用、主治病证、历代医家评述等顺序介绍，尤以对广东所产药材记载最为详尽，乃作者几十年药学经验之总结，对药物鉴定和近代地道药材研究等具有较高参考价值。有1930年广州中医专门学校铅印本。（林琦、张永慧）

岭南采药录　本草类医学著作。清末民初萧步丹撰。不分卷。初刊于1932年，收录两粤出产的岭南草药480种；1936年再版，列中草药576味，除归并寄生及其重复外，实际增补中草药200余味。系统总结自清代以来岭南医家和民间运用草药的经验，为目前所存岭南本草典籍中内容最详细、描述最严谨、影响最深远的著作。其体例效仿五代萧炳《四声本草》，按药名第一字的"平、上、去、入"四声相从分类法，方便读者查阅。每药下简述性味、功效、用途，若有别名则在药名下列出，其别名亦按四声相从编排。萧氏深受何克谏的《生草药性备要》影响，在学术上与何氏一脉相承，批判吸收何氏学术思想。该书旁征博引，收载资料全面，为岭南药材研究提供了丰富翔实的参考资料。其关于药物品种的细致描述，对药材鉴别具有重要的参考价

值；关于药膳食疗、广东凉茶等记载为推动岭南中医药食疗养生文化的发展发挥了积极作用。有 1932 年广州萧灵兰室铅印本。（薛暖珠、张永慧）

洞溪医案唐人法　医案类医学著作。清末民初黄恩荣撰。不分卷。刊于 1933 年。收录包括中风、伤寒、瘟疫、水肿、痰饮等在内的《洞溪医案》一书所载医案 54 则，通过分析其处方用药等来阐明徐灵胎学术思想与唐《千金方》之间的渊源。每一案后均有黄氏按语，以述徐氏理法方药之所本，并附作者个人临证经验以补充，最后参以西医之理补未尽之处。有 1933 年广州黄干南药行刻本、1933 年上海千顷堂刻本。（林琦、张永慧）

改进中医刍言　医案医话类医学著作。林昨非编。不分卷。刊于 1933 年。首述中医的改革，认为观念的改变是中医改革及其科学化的关键；然后论述药物、蒸劳及 19 种传染病的证治；最后论述呼吸、循环、消化等系统，并列内、外、妇、儿等科 89 种病证，每证都从病因、诊断、治法、方药等方面详加论述。反映出当时中医学者探索中医、改革中医、发展中医的积极进取精神。有 1933 年新会捷元斋书局铅印本。（林琦、张永慧）

中西医学比观　医案医话类医学著作。张公让撰。刊于 1933 年。分为两部。第一部以阐述人体和生理、病理、诊断及治疗为主；第二部是《伤寒论》的研究心得，在对《伤寒论》条文、处方进行注解论述外，比较了中西医对外感热病的诊治及效果，并提出了自己的见解。有 1943、1944、1945、1946 年广东梅县张公让诊所铅印本。（林琦、张永慧）

麻痘蟊言　儿科类医学著作。清末民

1933 年石印本《麻痘蟊言》

初陈伯坛著。不分卷。刊于 1933 年。该书系伯坛中医学校之讲义，从营卫、气血、阴阳角度论述麻、痘之病因病机、诊断、辨证及治法用药，并对二者进行了鉴别。有 1933 年伯坛中医学校影印本、1933 年石印本。（林琦、李文静）

杏林医学　讲义类医学著作。张阶平、江塑合编。刊于 1935 年。有 1935 年广州杏林医学社铅印本。（张永慧）

伤寒评志　又称急性传染病通论。伤寒类医学著作。谭次仲撰。成书于 1935 年。专门针对《伤寒论》太阳篇主要条文进行解读，有"注"有"疏"，并结合西医之生理、病理以及解剖学等知识加以阐述。有 1947 年北平国医砥柱月刊社铅印本。（林琦、张永慧）

急性传染病通论　见"伤寒评志"。

麻疹全书　儿科类医学著作。清林介烈撰，林坤改编。3 卷。刊于 1936 年。

为林介烈裔孙林坤将传抄本改编而成。卷上论麻疹初起及用药治法；卷中论麻疹已出用药治法；卷下论收敛用药治法及麻疹时期内之杂症用药。一以歌诀出之，间有林坤增附者。首有林坤《序》二篇。有 1936 年汕头育新书局铅印本。（林琦、李文静）

中国医学概论　医案医话类医学著作。陈永梁撰。刊于 1936 年。对中医学术的起源、特点、方法等做了介绍，包括阴阳五行学说、生理病理观、诊断、本草与方剂学说等，并对中西医学进行了比较。有 1947 年广州铅印本。（林琦、张永慧）

伤寒门径　又称《陈大剂伤寒门径读法》。伤寒类医学著作。清末民初陈伯坛撰，鞠日华编述。不分卷。刊于 1937 年。首述"病"及病因，后论"邪""化""气""经""脉"，主要阐述其八纲变化及辨别等，然后论述汗、吐、下之宜忌，再论及烦躁、痞满等证候的辨证，最后论述三阴三阳经脉、六经病症的形成及传变等。有 1937 年广东光汉中医专门学校铅印本。（林琦、李文静）

陈大剂伤寒门径读法　见"伤寒门径"。

觉庐医案新解　医案类医学著作。卢觉愚撰。不分卷。刊于 1938 年。该书包括：兄卢觉非序、卢觉愚自序、凡例及目录、卢觉愚医案 40 则、卢觉非越南医案 4 则、附录《关系针灸学术之经穴神经表解》《格阳治法与药量问题》《痔病穷源》及《觉庐医话录存》。以载录卢觉愚医案为主，涉及阳明腑实证、阳明经病、发热、肺炎、肠炎、肠痈、脚气、痰喘、产后痢、神经衰弱、失眠等病症，其案名或取中说或取西说，每案病理阐释多用西说，诊法以脉诊尤为详尽，处方用药

多遵古法。有 1938 年卢觉愚医馆铅印本。（林琦、张永慧）

觉庐医话录存 医论医话类医学著作。卢觉愚撰。7 卷。刊于 1938 年。该书乃作者早年习医时研读医书之心得体会，取各书之精华，并参以己见点评而成，包括医论 3 卷、医话 2 卷、杂说 2 卷。（林琦、张永慧）

读过金匮 金匮类医学著作。清末民初陈伯坛撰。5 卷。成书于 1938 年，刊于 1940 年。为近代岭南治疗内科杂病名著，43 万余字，列证 22 门。注文多宗《内经》《难经》，药性每从《神农本草经》，又旁征博引，合参历代医著、儒家经典著作、文史著作等以发仲景奥旨。大量引用《金匮要略》《伤寒论》内容来串释仲景原文，阐幽发微，相互印证，融会贯通。陈氏在粤港行医 50 余年，临床经验丰富，熟谙岭南民俗民情，故而该书岭南特色明显，善于结合岭南民俗来阐述说明证候名称、病因病机和治法方药等。有 1940 年香港伯坛中医专校铅印本。（薛暖珠、张永慧）

中医起信论 医案医话类医学著作。伍律宁撰。不分卷。刊于 1939 年。该书论述中医药及中西医结合方法治疗多种中医病证如痰喘等，以及脑膜炎、肺炎、肾炎等西医病证。有 1939 年广州人境医庐铅印本。（林琦、张永慧）

山草药指南 本草类医学著作。胡真撰。不分卷。刊于 1942 年。该书载药 1000 余种，分成 65 类。先按身体部位分类（如头面部药、口舌部药、耳部药、鼻部药等），继按功效主治分类（如止血药、止痛药、通经药、疳积药、惊痫药、麻痘药等）。所载药物多为民间草药，尤多岭南习用草药。

对于草药的描写，不单有草药的性味、功效、主治等内容，也融入了一些现代科学技术知识。有 1942 年铅印本。（张永慧、薛暖珠）

中国医学史纲要 医史类医学著作。陈永梁撰。刊于 1947 年。该书分为 4 篇，分别是上古医学、中古医学、近世医学及现代医学，从医学的起源开始，沿着中国历史发展顺序对中医学的发展历史做了系统之论述。有稿本、1947 年广州光华图书印务公司铅印本。（林琦、张永慧）

中药性类概说 本草类医学著作。谭次仲编。刊于 1947 年。该书从药理、药效、应用、处方、用量、副作用、禁忌、处方例及分类、古籍考证等方面对包括解热、理肺、利尿、泻下等在内的 20 类药物进行了论述，末附毒药极量表、小儿毒药用量表。有 1947 年重庆中西医药图书社铅印本。（林琦、张永慧）

儿科经验述要 儿科类医学著作。杨鹤龄撰。成书于 1949 年，并于同年刊行。杨氏在继承程康圃儿科八证说基础上，结合自己临证所得，新增十证而将儿科病证分为十八证，并从病因病机、证候特点、治法方药等方面对此十八证作详细阐述，末附医案数则。有 1949 年广州杨吉祥堂刊本。（林琦、张永慧）

赞育月刊 医学刊物。现存广东最早的中医期刊。1922 年 3 月创刊于广东广州，赞育医社同人出版发行，出版 22 期，仅存 1 册。刊址位于广东省广州市河南岐兴中约。赞育医社是清光绪三十一年（1905）创办的以赠医施药、救济扶危为宗旨的慈善机构。该刊内容分为四方面，一是言论，如论说医界不宜多收诊金之类；二是谈

话，宣讲日常卫生知识；三是选录，转载施政当局有关医事法规；四是读者来稿、社会医界消息等。刊载医药卫生管理及卫生防疫知识的文章，并刊有日本卫生行政法和各国药名对照表。广东省立中山图书馆藏。（张永慧、李文静）

中医杂志 医学刊物。1926 年 4 月创刊于广东广州。广东中医药专门学校教务处编辑并出版发行。1928 年 11 月停刊，出版 6 期。该刊分为 8 个栏目：《专著》《学说》《课艺》《医案》《验方》《调查》《杂俎》《校务》。有中医理论的研究，各种病例的诊疗经过，各地的中医调查研究，还刊载广东中医药专门学校的校务情况。在报道中医药学校教育和中医学术理论及实践基础方面颇有特色，为后人研究岭南中医教育和学术研究保存了不少宝贵的资料。现存 6 期，广东省立中山图书馆、首都图书馆、广州中医药大学图书馆藏。（张永慧、薛暖珠）

广东医药杂志 医学刊物。1926 年 5 月创刊于广东广州。广东中医药专门学校出版发行，广东中医药专门学校学生会编辑。刊址位于广东省广州市大德路麻行街 84 号广东中医药专门学校内。刊载中西医学、药学及中国医学史方面的论文和广东中医药专门学校各科讲义，并报道该校消息。与广东中医药专门学校教务处出版的《中医杂志》一同问世，旨在奠医学之教育、集群贤以讨论、汇中西之南针。广东省立中山图书馆、广州中医药大学图书馆藏。（张永慧、薛暖珠）

杏林医学月报 医学刊物。1929 年 1 月创刊于广东广州。广州杏林医学月报社出版发行，广东中医药专门学校校长陈任枚支持创办，张阶平、江堃

编辑。刊址位于广东省广州市大德路麻行街 84 号广东中医药专门学校内。宗旨目标在于融贯古今，沟通中外，研究我国医药之实用，宣传我国医药文化。自 1929 年 1 月至 1937 年 7 月出版 101 期（1929 年 2 月、12 月因故停版），刊载中医文献 1402 篇，内容涉及医论、医话、医案和医事等，是民国时期广东刊出时间最长、现存期数最多、最完整的中医药期刊。注重学术，立论稳重，影响深广，与时俱进，在 20 世纪 20 至 30 年代国内中医受到压制和冲击、中西医论争爆发、中医奋起抗争自强的时期，成为广东中医药界学术交流平台，为推动广东乃至国内中医学术的交流和发展建言献策。广东省立中山图书馆藏。（张永慧、薛暖珠）

广东医药月报 医学刊物。1929 年 1 月创刊于广东广州。广州新中医学会创办，广州新中医学会编辑委员会编辑发行。刊址位于广东省广州市大德路麻行街 19 号 3 楼。以"发扬中国传统文化，促进中医学术发展，加强中西医学交流沟通，促进人类健康事业"为使命。出版 9 期，栏目有《社论》《专著》《论说》《医案》《药物》《问答》《常识》等，还刊载重要信函、布告、宣言和演讲词等。内容丰富，集专业性、科普性于一身，同时体现了地域特色，既有供医学专业人士学习借鉴的专业知识，又有供普通民众获取的医学常识，还专设《医潮特刊号》再现当时中医与废存亡的曲折抗争之路。该刊为研究民国时期岭南医药发展情况的重要期刊。广东省立中山图书馆藏。（张永慧、薛暖珠）

广东中医药学校校刊 医学刊物。1929 年创刊于广东广州。广东中医药专门学校教务处出版发行，张阶平、陈亦毅编辑。刊址位于广东省广州市

大德路麻行街 84 号广东中医药专门学校内。出版 9 期，1938 年广州沦陷时停办。专门反映广东中医药专门学校办学情况，内容包括校董会议、校务记事、课程安排、考核成绩、学籍管理等，是研究广东中医教育史的重要资料。广东省立中山图书馆藏。（张永慧、薛暖珠）

广州卫生旬报 医学刊物。创刊于广东广州，创刊时间不详。广州卫生旬报编辑部出版发行，卢跃民、陈若孔、陈晖成编辑，特约编辑陈亦毅等。刊址位于广东省广州市西关十三甫。每月 10 日出版，1929 年 11 月出至第 43 期。由广州中西医两界合编，旨在促进社会健康，谋求医药发展。刊载卫生常识、医事法规、药物研究、卫生图画、医林典故、艺文趣话等，题材较新颖丰富。谢炜南藏。（李文静、张永慧）

汕头国医旬刊 医学刊物。1930 年创刊于广东汕头。汕头药业分会出版发行，蔡百星等 5 人编辑。出至第 4 期改名为《汕头医药月报》。刊址位于广东省汕头市汕头公园内商民协会。刊载中医中药研讨的文章。第 5 期刊有汕头市药业同业公会会员一览表和汕头市药业公会委员一览表。广东省立中山图书馆藏。（张永慧）

医药学报 医学刊物。1930 年 1 月创刊于广东广州。中国医药学社出版发行，李仲守、陈亦毅、陈少明、杜明昭、陈曜宇编辑。刊址位于广东省广州市大德路麻行街 84 号广东中医药专门学校内。刊载医务评论文章，宣传中医理论和中医药知识及治疗病例，介绍中医学典籍，并报道国内外有关中医学的消息。该刊在全国医潮中创办，不畏强权，敢于抗争，成为中医药界舆论阵地。出版有《本市医潮》特辑。后受社会局新闻检查处干扰，

1930 年底停办，前后共出版 4 期。广东省立中山图书馆藏。（张永慧、薛暖珠）

医药月报 医学刊物。1930 年 5 月创刊于广东汕头。汕头医药月报出版发行，黄羲民编辑。刊址位于广东省汕头市均和街 13 号。前身为《汕头国药月刊》，后为扩大范围，改组编号医药月报，联合医界同仁，集思广益，阐扬国粹。广东省立中山图书馆藏。（张永慧、薛暖珠）

医林一谔 医学刊物。民国时期持续时间较长、影响力较大的中医药期刊。1931 年 1 月创刊于广东广州。岭南医林一谔社出版发行，李仲守、陈亦毅编辑。1935 年 6 月停刊，发行 5 卷 54 期。刊址位于广东省广州市大德路麻行街 84 号广东中医药专门学校内。广东中医药专门学校校长陈任枚支持创办，"医林一谔"是陈任枚取《史记》"众人之诺诺，不如一士之谔谔"之语命名。旨在"集中全国之精神，商榷古今之学说，共谋国医药之进化"。栏目有《论坛》《评论》《言论》《专著（论著）》《学说》《研究》《药物》《实验》《笔记》《医药消息》

第 2 卷第 11 号《医林一谔》

等。撰稿者多为知名医家和广东中医药专门学校教师。有李仲守主编《医药生机专号》特辑，收载了关于1931年中央国医馆成立前后的种种材料，以及广东代表陈任枚等11人在此次会议上所作之努力，搜罗殆尽，俱极详尽。该刊作为中医药界之喉舌，为振兴中医药发声，其文笔犀利，观点鲜明，风行一时，蜚声海外，是1929—1937年全国性中医风潮时期广东中医药界代表性刊物，也是近代广东中医药学发展的一个主要标志。该刊收藏了医药界时政消息动态，反映出国民政府执政下中医药业受到抑制情景，以及广东中医前辈为维护中华民族宝贵医药遗产所做的努力，是研究民国时期中医学发展不可或缺的重要资料。广州中医药大学图书馆、广东中医药博物馆藏。（张永慧、薛暖珠）

广东光汉医药月刊　医学刊物。1931年1月创刊于广东广州。广东光汉中医专门学校同学会出版发行，余超平、严孟贤、余照溥、雷建强、欧学英、刘蕚荣、陈博予、容廷光编辑。刊址位于广东省广州市文德路厂后街8号。原为旬刊，广州医药卫生社发行；后

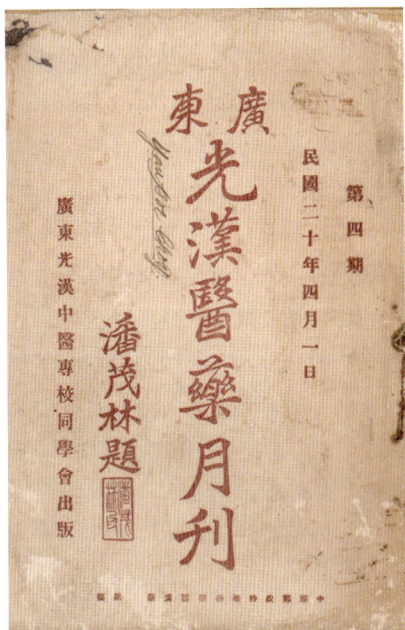

1931年第4期《广东光汉医药月刊》

改月刊，广东光汉中医专门学校同学会负责编刊事宜，教职员尽指导之责。以发扬国医学术为宗旨，刊载推广、发扬中医的文章，发表研究中医诊治、药理等方面的论文，介绍医生、医案、验方等，并附载校闻和会况。1931年11期发表《为抗日救国敬告全国同胞书》声讨日寇。该刊保存了广东近代中医教育的大量珍贵史料。广东省立中山图书馆、广东中医药博物馆藏。（张永慧、薛暖珠）

光汉医药　医学刊物。1933年创刊于广东广州。广东光汉中医专门学校学生自治会出版发行，蔡镜堂、区慕曹编辑。刊址位于广东省广州市文德路厂后街8号。前身为《广东光汉医药月刊》，出至第24期停办，改为《光汉医药》。1934年1月10日第12期有广东光汉中医专门学校在校同学录名册253人，详列通信地址、籍贯、性别等。广东省立中山图书馆藏。参见"广东光汉医药月刊"条。（张永慧、薛暖珠）

克明医刊　医学刊物。1933年1月创刊于广东广州。广东克明医学会出版发行，罗元恺、毛新甫编辑。刊址位于广东省广州市大德路麻行街84号广东中医药专门学校内。出版10期。刊名取自《尚书·尧典》中"克明俊德"句，意谓发扬中医药之大德，创办学术刊物义不容辞，年轻医师能够担当胜任。以宣传中医中药为宗旨，研究中医中药理论及临诊问题，发表反对汪精卫废除中医中药主张的论文，要求中西医平等，发展中医事业，以及介绍大众卫生常识，报道医药卫生界的新闻等。广东省立中山图书馆、广东中医药博物馆等藏。（张永慧、薛暖珠）

新中医学报　医学刊物。1934年广东

梅县新中医学社出版发行，萧梓材编辑。地址广东梅县五里亭梓材医院。旨在提倡中国医药，化为世界医药，沟通中外门户，革新中医理论，以养成科学化之国医专门人才。主要刊载中医学理论、中药治疗知识、卫生常识、病案分析、医药时事述评以及一些良医、良药、医书介绍和词赋作品。广东省立中山图书馆藏。（李文静、张永慧）

萃华医刊　医学刊物。1935年创刊于广东，出版时间和停刊时间不详。何汝湛主办。"萃华"即国粹之华。旨在保存国粹，发扬中华民族固有之医学药学。（张永慧、李文静）

方便月刊　医学刊物。1936年创刊于广东广州。广州城西方便医院编撰，主要编撰人为陈铁香。旨在"策进慈善事业，增进医学常识"，登载探讨社会慈善事业方面的文章及研讨医药等的论文，报道方便医院院务（包括文件、会议录、财务收支情况、医务工作统计资料等），还刊载部分小说，附录税法条例、案例等。仅存1936年第1至第5期，栏目有《慈善之声》《医学研讨》《小说》《院务》《慈善新闻》《商人宝》。广东省立中山图书馆藏。（张永慧、薛暖珠）

潮安国医公报　医学刊物。1936年8月创刊于广东潮安（今潮州）。潮安县国医支馆出版发行，主要编撰人为许小士、张长民。创刊不久，因经费不继而停刊，1946年8月复刊，出版4期。仅存1946年第1卷第1—2期。旨在"发扬中医药学，沟通中西医学，普及民众医卫智识"，登载上级指令，关于中医药的法规及该馆的呈文、信函、会议录等文件，刊载研究中医药的论文，介绍医学卫生常识，报道国内外医药界消息及该馆馆务等。该刊

为地方医药文化进步之表现，旨在促进潮安医药界的学术交流探讨。广东省立中山图书馆藏。（张永慧、薛暖珠）

广东梅县国医专科学校校刊　医学刊物。1938 年 6 月创刊于广东梅县。广东梅县国医专科学校编委会出版发行。刊址位于广东省梅县凌风西路。出版 8 期，1943 年 12 月改为旬刊。以"采集各家之学说、综合各人之经验、互相传授、互相发明、精益求精而维国医于不坠"为宗旨，集广东梅县国医专科学校教员研究所得和校中办理之情形等文章编辑出版。广东省立中山图书馆藏。（张永慧、薛暖珠）

香港广东中医药学校校刊　医学刊物。1941 年 1 月创刊于香港。香港广东中医药学校教务处发行，李仲守、罗元恺、陈亦槎、朱敬修等编写。刊址位于香港跑马地礼顿山道 37 号。抗战期间，日寇南侵，广东中医药专门学校由广州搬迁到香港。该刊反映广东中医药专门学校在香港办学情况。校长谭颖才作封面题词，刊物内附有学校招生章程、入学指导、校友通讯录、教职员工一览表等。李仲守藏。（张永慧、薛暖珠）

广东医药旬刊　医学刊物。1941 年 11 月创刊于广东韶关。广东医药旬刊社出版发行。刊址位于广东省韶关市北门大码头 18 号。至 1944 年 5 月第 2 卷第 12 期止，出版 36 期。最初第 1、2 期是单张，第 3 期起为 32 开双旬刊，仅存 1941—1944 年共 34 期（缺第 1 卷第 1—2 期）。吴粤昌、黄硕如、江济时先后担任社长和副社长。应国防科学运动之高潮而诞生，是抗战期间粤省剩存不多的中医刊物，是查阅抗战期间广东医药史料重要线索之一。广东省立中山图书馆藏。（张永慧、薛暖珠）

新中医　医学刊物。1947 年创刊于广东广州。广州新中医学社出版发行，梁乃津、杨轶超编辑。刊址位于广东省广州市珠江路 100 号。仅存 1946—1947 年共 6 期。"以革命方法改进中医中药"作为宗旨。讨论中医学现状、中医学改进和中医学教育等问题，介绍中医理论、中药方剂、病例治疗分析及卫生知识，还刊载名医评传、中医界组织情况、中医药界动态和有关中医师开业的规定章程等。多刊载苏浙沪等地名医如陈文虎、高德明、叶劲秋、姜春华、叶橘泉等的文章，是联系粤、沪中医界之枢纽。广东省立中山图书馆藏。（张永慧、薛暖珠）

现代医学季刊　医学刊物。1947 年 7 月创刊于广东潮安（今潮州）。现代医学季刊社出版发行，蔡太素编辑。刊址位于广东省潮安县北门望京楼前。旨在阐明医药乃左右人类生死之学科、介绍科学先进国家医药、客观报道中华民族数千年来之经验医药学、普及国药卫生知识，刊载中医理论、医药（主要是中药）知识和卫生常识，还介绍中医验方和医案、潮州中医药概况和当地名医传略等。第 1 卷第 1 期介绍了潮安中医师公会的详情。广东省立中山图书馆藏。（李文静、张永慧）

中国医药建设文库　医学刊物。1947 年 8 月创刊于广东潮安（今潮州）。中国医药建设文库编辑所出版，张长民、江静波、姜达歧等编辑。仅存 1947—1949 年共 7 期。刊址位于广东省潮安县旧西门街 23 号。旨在具体而有系统地介绍中国医药读物，促进中国医药建设之实现，刊载中医各科丛书，采用综合版式，分期刊行，循序渐进，参伍错综，短小且精。广东省立中山图书馆藏。（张永慧、薛暖珠）

广州中医师公会特刊　医学刊物。1947 年创刊于广东广州。广州市中医师公会出版发行，赖少魂等编辑。刊址位于广东省广州市第十甫崇正善堂。为抗战胜利后广州中医师公会复兴一周年纪念特刊。广东省立中山图书馆藏。（张永慧、李文静）

中国医药月刊　医学刊物。1949 年 4 月创刊于广东罗定。中国医药学社出版发行，黄支中等编辑。刊址位于广东省罗定市中山北路 21 号。旨在联合全国医药界分工合作、集思广益，交流学术思想，并报道国内医药动态和中外医药新知识，促进中国医药之复兴。广东省立中山图书馆藏。（张永慧、李文静）

汉兴校刊　医学刊物。1949 年 8 月创刊于广东广州，广州私立汉兴高级中医职业学校教务处出版发行，李兆典、徐国桢编辑。刊址位于广东省广州市龙津东路 96 号。旨在联络广东中医界、总结经验、指导教学、研讨中医学理论和实践，讨论有关中医学的地位和中国医学体制、政策等问题，并刊载广州私立汉兴高级中医职业学校的校闻和校务情况，及附属医院的院务介绍。广东省立中山图书馆藏。（张永慧、薛暖珠）

十五 武术卷

概 况

岭南武术 区域武术。中国传统武术诞生于原始社会人类生存需要的攻防格斗术。"粤地好斗"，岭南传统武术源远流长，至明代获得长足发展，设有官办学校，并出现了较完整的拳械套路。清代以后，岭南武术融汇外来的拳种，逐渐形成洪家拳、刘家拳、李家拳、莫家拳、蔡家拳等有岭南地域特色的五大名拳。随着广东南拳尤其是广东竞技南拳的发展，各地方南拳的拳技拳风渐与广东南拳趋同。20世纪60年代，李小龙系列功夫片以及后来香港等地的武侠电影风行一时，岭南武术更广为人知。今广义的武术包括中国传统武术以及游艺、竞技等民族传统体育类项目群。中国传统武术，以拳种为主要内容，岭南武术按内容和技法，分为岭南原生态武术、岭南再生态武术和流传于岭南的外来武术三大类。就技术而言，拳种包括拳术和器械两部分。拳术广东有洪家拳、刘家拳、蔡家拳、李家拳、莫家拳、侠家拳、蔡李佛拳、咏春拳、龙形拳、白眉拳及朱家教、李家教、刁家教等。香港、澳门、海南三地早期

以广东传入拳种为主。器械有棍、枪、大刀、大钯、木人桩以及蝴蝶双刀、飞陀、梢子棍等特殊武术器械。随手拿来、随身携带、方便搏斗器械较多，生产工具、生活用品（如板凳、船篙、锄头）等可用作临时搏杀的武术器械，木人桩、沙袋、沙衣、铁环、石鞋等练功辅助器械普遍使用。表演性、观赏性较少，以花法见长的剑在本土原生态器械中罕有。游艺竞技等民间体育运动丰富，体现了南北文化的交流以及岭南武术多元化的趋向。岭南武术有不少项目已列为省和国家民族体育运动会竞技比赛项目。珠江三角洲是岭南武术中心地区。（李朝旭、张贤明）

功夫 又称中国功夫、中国传统武术。英文名 Kung fu。中国传统体育项目。清末武术的别称。清乾隆四十四年（1779），法国传教士钱德明（Joseph Marie Amiot）首次将中国道家的医疗行气之功叫作功夫（译作法语"Cong-fou"），传到欧洲。20世纪60年代，李小龙系列功夫片流行，"功夫"传播开来。以武术套路、武术格斗、武

术功法为主要运动形式。始于原始社会人类生存需要，经历代发展，宋代套子武艺渐渐成为主流，元代传统武艺大受摧残，但戏剧中套子武艺仍有保留。明清时期武术流派林立，拳种纷呈。新中国成立后，得到挖掘、整理、保护、继承和提高，先后列为亚运会、青奥会比赛项目。（李朝旭、张贤明）

中国功夫 见"功夫"。
中国传统武术 见"功夫"。

南拳 武术流派。流传于中国南方。节短势烈拳术的统称。最早出现于明隆庆二年（1568）。主要有冲、劈、抛、挂、盖、鞭、撞等拳法，劈、标、切、插等掌法，撞、压、担等肘法，截、圈、劈、穿、架、滚、盘等桥法，蹬、踹、钉、铲、踩等腿法以及跳跃动作。运动特点是手法多变，腿法较少，动作紧削，刚健有力，伴有发声呼喝。其发展分为以拳种（拳法）为内容的传统南拳发展阶段和以运动项目为内容的现代南拳发展阶段。传统

南拳的独立虎爪

南拳指流传于广东、福建、广西、湖南、湖北、四川、浙江、江苏、江西等拳派。各派各有拳种，如广东有洪、刘、蔡、李、莫五大家，福建有五祖拳、永春白鹤拳等。以龙、虎、豹、蛇、鹤五拳为拳法。技法有稳马硬桥、脱肩团胛、挺沉平正、贯气扣梢、阔幅扎马、沿中纵击、未定不移、未稳不发、蓄势待发、力发于腰等，手法多腿法少，以发声吐气助长肌肉发力是特点。学练过程遵循由基本功到单招技法，再到"连击"组合技法与套路运动，再到"拆招"和散手一般规律。现代南拳，又称"竞技南拳"。以套路竞赛为表现形式，以竞赛南拳为主要内容。是最大限度地发挥运动员个人运动潜能和争取成绩而进行专门训练的竞赛活动。特点是专业化、职业化、高水平、超负荷，突出竞技性，依从《武术竞赛规则》不断变化而发展演化。1960年国家体委将南拳单列为全国武术竞赛项目。1990年北京亚运会上，南拳成为国际武术竞赛正式比赛项目。在新加坡、马来西亚、菲律宾、印度尼西亚等东南亚国家拥有爱好者。（李朝旭）

拳种·拳法

白眉拳　拳种。早期主要流传于四川、广东、香港、澳门等地，今世界多地均有流传。形成有两种说法：一说为四川峨眉山白眉道人传授。一说为清道光二十八年（1848），还俗和尚黄连娇（人称海丰和尚）从福建少林寺避难到广东省惠东县梁化圩，将少林武功传给林合。林合又拜黄连娇师兄广进禅师为师，再传技给秦程九、廖纬带、张礼泉等人。张礼泉，广东惠阳人，后在广州光孝寺再拜竺法云禅师学技，技成后开设大同会武馆（今广东广州人民公园前安槐里），将师承技称为"白眉拳派"。基本手法有穿、摸、锁、封、钩、抽、碎、钻、抛、鞭、溜、吸等，劲力有直、横、旋、索、掠、弹等。注重内劲，强调内外合一、意气合一、功法为一。劲随气发，一哼一哈，以功为主，以法见长，以巧取胜。基本技法有含胸拔背，沉睜落膊（即沉肩垂肘），肘不过肋外，两手护胸。身形有浮、沉、吞、吐四象变化。拳风特点是步高腰活，进退迅捷，脚起无影，手法严密摸黏，长短桥结合。击发时尽量吐长，劲力可发得透彻；防守时，回吞以短促为主。（李朝旭）

蔡家拳　拳种。广东传统南拳五大名拳（洪家拳、刘家拳、蔡家拳、李家拳、莫家拳）之一。主要流传于广东中山、湛江、广州等地。相传为少林寺僧人蔡福所创，后由福建传入广东。主要有十字拳、大运天、小运天、天边雁、柳碎梅、两仪四象拳等。手型以凤眼拳（中指屈曲突出）为主，手法以十字拳为代表，沉肘护胛，擅发短劲。步型步法有三角马、半马（左马右弓、右马左弓）、弓步（前脚尖内扣，后腿微屈）。拳谚讲"洪家讲桥马，蔡家讲快打"，其特点和风格是快速灵巧，机灵多变，消身借力，因势利导，闪化巧取，在攻防上暗中

蔡家拳

出手，突然袭击。（李朝旭）

蔡李佛拳　拳种。早期主要流传于广东、广西一带，随华侨传播到东南亚、美洲、大洋洲50多个国家和港澳地区。形成于清中叶。因广东新会人陈享学习蔡家拳、李家拳、佛家拳后，综合三家拳法的特长而得名（一说为陈享和佛山鸿胜馆创始人张炎共同创编）。特点是快速灵活，步法多变，动作舒展。佛家擅长掌法，攻击多用掌，长短桥结合，左右并用。李家偏重长桥大马和偏身侧马，直臂挥舞，步稳架大，势雄力猛，多以左掌为防，右拳为攻。蔡家（非五大名拳之蔡）技法较全面，长、中、短桥并用，左右手并用，攻防严谨，手法多变，招打连环。拳术套路49个。初级拳有四门桥、小梅花、截虎拳等；中级拳套有平拳、扣打、八卦心、大八卦、梅花八卦等；高级拳套有虎形、鹤形、狮形、达庭八卦、雄人八卦、佛掌、五形、十形、白模、醉八仙等。整体风格凌厉速疾，一发连环，手脚并用，步步为进。南派武术外传第一大拳种。2008年入选第二批国家级非物质文化

遗产名录。参见第1214页华侨·侨乡卷"蔡李佛拳"条。（李朝旭）

刁家教 拳种。早期主要流传于广东梅州兴宁、梅县一带，今广东、福建客家地区及中国南方其他地方均有流传。起源有两说：一说为江西临江罗姓拳师到广东兴宁，传给刁氏兄弟，刁氏兄弟演化成刁家教。一说为刁氏兄弟在江西学艺后，回到广东兴宁整理而成。晚清时期，由兴宁刁家兄弟刁火龙、刁龙康首传，刁龙康一派较为传统。技法有擒、拿、抓、捉、吞、吐、浮、沉，拳法多擒拿术，拳术、器械和对拆套路的要诀有口字、品字、金字、照镜、穿扬、工字、井字等组成。拳派风格以柔为主，以攻为辅，乘势借力，乘势反击。（李朝旭）

佛家拳 拳种。最初在岭南佛门弟子中流传，今民间亦有流传。相传为白玉峰禅师所创。清嘉庆时期广东新会人陈远护拜鼎湖山独杖禅师为师，技成后返乡设馆授徒，自成体系。今有广东新兴、封开两个支系。主要拳术套路12套、器械套路15套、对拆套路9套。特点是多掌法，少腿法。封开系以柔为主，以刚为辅。花旦手，软如棉。张臂时，如大鹏展翅；追迫时，似海鸥飞翔。挛身缩膊，吞吐浮沉，突然用劲，力达指尖。新兴系似长桥大马，直臂挥舞，运用阴劲，到位时再加钻力。（李朝旭）

洪家拳 又称洪拳。拳种。广东传统南拳五大名拳（洪家拳、刘家拳、蔡家拳、李家拳、莫家拳）之一。早期主要流传于广东、广西、福建、四川、重庆、浙江、湖南、香港、澳门等地，今多个国家和地区均有流传。形成有两种说法：一说为清中叶福建茶商洪熙官传入广东。一说为洪门假托少林寺传习的一种拳术，是反清复明掩人

洪家拳之虎鹤双形拳

耳目的手段。广东洪拳有广府洪拳和粤西洪拳两大拳派。基本手型有拳、掌、指、爪、勾、鹤顶；手法有沉桥、圈桥、插掌、截桥、封桥等；步法主要有四平大马，还有三角马、子午马、吊马和麒麟马等。腿法较少。身法要求灵活多变，身形要求含胸、塌腰、收腹、敛臀、沉肩、坠肘、坐胯。风格有前期、中期、后期之分。前期以广东花县（今广州花都区）为代表，沉实浑厚，发招刚健，讲究劲力；中期以湛江为代表，讲究行头功夫，鹅头静底；后期以广州为代表，稳健威猛，以刚为主，刚柔结合。重视桩功，特点是动作朴实，步法稳定，拳势猛烈，刚劲有力。手法丰富，多桥法，擅标手，含蓄发劲，先收后发，发力出拳时因势发声，以声助力。（李朝旭）

洪拳 见"洪家拳"。

黄啸侠拳法 拳法。主要流传于广东广州、江门、中山、佛山、肇庆及香港、澳门等地，今多个国家和地区均有流传。拳法简明、精练、实用。常用手法冲、弹、斫、劈、扫、撇、勾编成一体即常用练手拳。腿法要求灵活、轻快、稳固，无论是进退、闪躲还是扭摆，均敏捷自如。常用步法进

步、退步、闪步、迫步、摆步、扭步编成一体即练步拳。（李朝旭）

昆仑拳 拳种。主要流传于广东梅州、揭阳、汕头等地和省内其他客家地区。相传为民国中后期山东济南人黄辉龙广东行走梅州时传授。新中国成立后，梅州丰顺邱展华传技授徒较多。手型、手法有姜牙拳、插手、龙虎手等。练拳八字诀是刁滑、凶猛、吞吐、浮沉。拳风特点是动作自如、内外相合，上肢手技与下盘步法一气呵成。攻击时凶猛、刁滑，讲究吞吐、浮沉，每发招出手均向要害部位攻击。桩马较高，发招（进攻）呼气，收招（还原）吸气。活动范围广，吞吐量大。（李朝旭）

孔门拳 拳种。起源于湖北，后传到广东。形成有二说：一说为明末清初孔庭章员外自创。一说为明末清初湖北大冶道人严伏所创。手型手法有凤眼、龙爪、标手等，步型步法有马步、弓步、龙形步等，腿法有飞尖、扫堂、乌龙绞柱等，功力技法有小手、闭气、小擒拿等。拳术套路有云燕、龙狮、龙虎斗、八折、战山拳等，器械套路有杷棍铜刀、铙棍槊棒、鞭铜锤抓、拐子流星、大小链胛等。特点是拳法刚劲，步法沉稳，讲究头顶项直，松肩直臂，龟背溜臀，趾落膝跪。发劲要求柔而不软，柔中带刚，动作挺拔而有气势，主张攻防范围不出丈余。（李朝旭）

刘凤山派 拳种。主要流传于广东梅州、潮州、汕头等地，水上居民中较为普及。清中叶广东梅州大埔县坡头坑人刘凤山所创。刘凤山从小习武，青壮年武医为业，常往来于大埔、潮州、澄海、丰顺一带，后在本地开元寺开馆授徒，继承创新，自成体系。有拳术套路14套、器械套路12套、对拆套路9套。拳法特点是能开能合，

能屈能伸，变化性强；在地方窄小处则短桥短马，小冲小打；在地方宽阔处则长桥大马，横冲直撞。进攻时，跟进紧迫，左右开攻；防守时，内拨手，单鞭劈掌，连削带打。（李朝旭）

李家教 拳种。早期主要流传于广东梅州特别是五华一带、潮汕地区，今粤东地区、福建、香港、澳门、台湾地区及泰国、印度尼西亚、新加坡等地均有流传。相传创始人为广东省五华县水寨人李铁牛。清嘉庆十年（1805），李铁牛在浙闽一带经商，得少林僧相授习得此拳，后返回故里，潜心教拳，自成体系。套路有单练、对打和以增强学者的击打及手肘身体各部分的硬度和抗打能力的功力功法练习。必修套路为驰步拳和接步拳，有"吞吐练得起，驰步练到死"之说。特点是虎颈、石碑身、瓦楞腰，即要求抬头挺颈，目视前方如猛虎头，身板中正如石碑不偏不倚，腰如瓦楞，挺而内含；不丁不八，空胸，固中节，要求心静胸空，劲蓄丹田；沉肩落节坠肘，吞吐连环相随。以吞为蓄主柔，以吐为发主刚，吞吐结合。（李朝旭）

李家教

刘家拳 拳种。广东传统南拳五大名拳（洪家拳、刘家拳、蔡家拳、李家拳、莫家拳）之一。主要流传于广东中山、高州、廉江一带。拳派技法强调低马短桥，幅度较小，注重贴身短打。风格以快为主，活动范围较广。今流传主要套路以五形拳和刘家棍为主。刘家棍棍法密集，快速勇猛，节奏分明，风格泼辣。（李朝旭）

李家拳 拳种。广东传统南拳五大名拳（洪家拳、刘家拳、蔡家拳、李家拳、莫家拳）之一。早期主要流传于广东惠州、东莞、广州、河源、佛山、深圳、中山一带，今香港、台湾和马来西亚、新加坡等地均有流传。起源有三种说法：一说为少林寺和尚李色开所创。一说为广东惠州人李应祥所创，新会人李友山传授。一说为两拳派各表。始创和形成时间均在清乾隆十五年（1750）左右。主要内容和核心技法相通，风格各异。今广东李家拳有两个拳派，即新会李家拳和惠州李家拳。手法有沉桥、标指、破排手，并以长桥手、抛、钉、插为主；步法强调长桥大马、侧身进退，另有子午马、四平马、弓箭步、吊马、拐步、扭步等。练习时，多采用圈桥、盘桥、绕步、小步、跳跃等。新会李家拳，祖师李友山，广东江门新会大泽镇七堡乡人。拳派风格质朴刚劲，偏身逼马多用睁法，以功力见长，不以小巧取胜。练功方法主要有打沙包、扫木桩、扫石头、搓竹把、举石担、石锁、压撒鞭、打千层纸等。惠州李家拳，师祖李义（别名李存义），清乾隆十三年（1748）生，惠州市郊区火地村人。拳派风格掌法多变，重桥法，多跳跃，擅腿法，动作活泼矫健、灵活多变，活动范围较广。（李朝旭）

龙形拳 拳种。早期主要流传于广东省内东江、西江上下游一带的博罗、惠阳等地区，今世界多地均有流传。相传清道光二十八年（1848），祖籍广东海丰县的福建少林寺海丰和尚（俗名黄连矫）避难来到惠东县梁化圩，将少林武技传给林德轩的儿子林庆元及侄子林合。林合传技张礼泉（后成为白眉拳宗师），林庆元传技给其子林耀桂。林耀桂发展了龙形拳。拳套动作以川字步、双弓步和迫步、点步与跳跃步等步型步法为主，强调三尖相对，吞吐分明。拳派动作短小精悍，手法严密，讲究攻防实战。林耀桂22岁时拜广东惠州罗浮山住持大玉禅师为师。民国初年，林耀桂受李任潮将军聘任为护士兼国术营教官，被陈济棠聘为陈公馆国术教官，任广东、广西国术馆主任。抗战期间，与林荫棠、黄啸侠、赖成己、孙禄堂、张礼泉等共同创编"抗日大刀法"。（李朝旭）

龙形拳

莫家拳 拳种。广东传统南拳五大名拳（洪家拳、刘家拳、蔡家拳、李家拳、莫家拳）之一。早期主要流传于广东惠州、东莞、广州、新会等地，今佛山、香港、澳门等地开展广泛，其他国家也有流传。形成有三种说法：一说为清乾隆年间福建少林寺至善禅师（一说慧真禅师）所创，传给海丰人莫蔗蛟，后传给东莞县火岗村的莫达树、莫四季、莫定如、莫清骄等人。一说为莫达树从少林寺学成后，回到东莞传给莫定如，再传给莫清骄。再一说为莫大昌传授。拳法主要有牛角

拳、十字拳等，手法有连消手、玲珑手、三角手、扳柳手等。步型多用吊马、高马、三七马、拉马，腿法有虎尾脚、撑鸡脚、翻身腿、凌空双侧踹等。身型以侧身斜肩和左桥右单枝为主。拳术套路有莫家正宗拳、桩拳、三支笔、碎手、双龙出海、直势等。现存拳术套路39套、器械套路27套、对练4套、桩法5套。特点是侧身斜肩吊马，腿法较多，攻守紧密，拳法讲究长短配合，软硬兼施，刚中含柔。（李朝旭）

南枝拳 拳种。早期主要流传于广东揭阳、汕尾海丰、潮州潮安及汕头潮阳、澄海、南澳等潮汕地区，今香港、澳门、台湾地区和新加坡等地均有流传。起源有两种说法：一说为福建少林寺黄坤弟子林胜来广东潮汕地区授艺，有成就者3人，以陆丰县碣石人陈南枝（又名陈鉴山）最为出众。一说为福建泉州少林寺法号双禅僧人收海丰人林转为徒，林转传技郁纪，郁纪再传给杉先生，杉先生徒弟以陈南枝学艺成就最为突出。两种说法以陈南枝学艺最为突出，后博采众长，自成体系，广为流传。手法有冲拳、凤眼拳、顶腕、虎爪、劈手，腿法多采用侧踢（转身侧踢）、飞踢、踩腿、蹬地飞跳、弹踢、跳步等，步型有弓步、马步、吊马（虚步）、仆步等，主张腿深屈膝（低马）。拳风特点是动作简练、发招刚劲、能攻善守、灵活多变；凤眼拳点穴，近身擒拿，手足并用，步稳力沉，步走四面，拳打八方，进退快捷，连削带打，步法灵活。（李朝旭）

柔功门 拳法。源出少林，形成发展于广东。以套路为主。因手法丰富、刚柔并济、劲力兼施而得名。其南传广东较为普遍的说法是：广东新会白庙九源寺道生长老所传，后传给乘来

大师和杰来大师，乘来大师传给戒冰和尚，杰来大师传给铁隐禅师。铁隐禅师再传给广东高明人夏汉雄，夏汉雄拜戒冰和尚为师。1924年7月，夏汉雄在广州荔湾成立广州夏汉雄体育会，与其子夏国璋在香港同步授艺和传播。拳套内容主要有六合、五形、通节、扫堂等，技法要求外形卸膊沉肘，含胸藏肚，形如虎步，状若龙腰。练习时，善以短桥手自护自焦，采取禅宗练气敛神之理，气宜下行，劲从身发。"精神气"内三合，"手眼脚"外三合，统称"六合"。运用时需做到"眼与心合，脚与胯合"。（李朝旭）

儒家拳 又称儒拳。拳种。主要流传于广东湛江、韶关等地。源于福建，传于广东。有湛江儒家拳、韶关儒家拳两派。湛江儒家拳相传由余洪海于清乾隆年间带到湛江。韶关儒家拳相传由福建少林寺和尚（名不详）传到江西，1929年再由钟声扬传到韶关。在湛江和韶关传授儒家拳师承脉络已有三代。套路有两套，两地各1套。器械较多，有单头棍、单支棍、大钯、双头枪、双刀等。手法主要有截、插、挂、标等，肘法有撞、压等，腿法有扫、弹、蹬、铲等，身法

儒家拳

有懒虎伸腰、饿虎蹦栏、狮子腾山等，步型有马、弓、跪步等。拳派风格灵活多变，以快制胜。下肢动作稳固灵活，主张迅猛突然，击破四面围攻。（李朝旭）

儒拳 见"儒家拳"。

螳螂拳 拳种。象形拳。因模仿螳螂捕蝉戏纵擒打动作而得名。发自崂山，遍传山东，流传全国。相传由明末清初山东人王朗所创，世称北派始祖。特点为动作刁敏，弹突有力，短中寓长，长短并用，刚中含柔，柔里有刚。技法要求刚而不僵，柔而不软，快而不毛，脆而不断，重而不滞，散而不乱。练法讲究松肩、垂肘、活腕、抖臂、拧腰、坐髋、扣膝。技法上突出"五快"，即手快、眼快、步快、身快、式快。流派较多，按劲力特点分三大类，即硬螳螂（尚刚）、软螳螂（偏柔）、综合螳螂（刚柔并重）。硬螳螂以七星螳螂拳（又称罗汉螳螂）为代表，软螳螂以六合螳螂拳为代表，综合螳螂以梅花螳螂拳为代表。七星螳螂拳和梅花螳螂拳在广东流传较广。民国时期，七星螳螂拳经罗光玉"精武南传"后，以郭子硕为代表的精武一脉广为传承。梅花螳螂拳由山东烟台人鲍光英所传。1931年"九一八"事变后，受香港华侨商会邀请，南下香港教拳。广东顺德人霍耀池在香港师从鲍光英习拳练武8年。1941年香港沦陷后，霍耀池回到广州，在荔湾区长寿路开设"霍耀池中医师螳螂健身学院"，行医教拳授徒。周家螳螂拳又称东江螳螂拳。相传由晚于王朗的广东人周亚南所创，是与北派螳螂之理、法、势截然不同的流派，俗称南派螳螂，属客家武术。其拳派风格多短手，少长打，一步多手。仅留螳螂手型，实为南拳技法和劲力。（李朝旭）

太虚拳　全称太虚六晴迫打花拳。拳种。广州是中心传播地和传承基地。广泛流传到广东江门、珠海、东莞、

太虚拳

中山和辽宁大连、沈阳及山东济南等地，东南亚、欧洲等多国亦有流传。源于武当内家拳。相传由武当山道士张三丰所创，后传给张松溪、邱元靖。清雍正年间，传入皇室。咸丰年间，咸丰皇叔传给时在京师的伍荣羽。伍荣羽回乡后，广采南派武技，完善内容和技法体系。先传给伍文兆，后传给伍学卫，再传给伍德文。20世纪30年代初第四代传人伍德文将此拳公之于众。邹强为第五代代表性传承人。拳套动作以松柔为主，每一动作以圆圈转动，连环不断。发劲时有刚、柔劲之别。柔劲为单劲，刚劲为整劲。拳套手分8极，步分18种，身法姿势含五形八卦合十三势。器械有太虚棍、太虚双刀。　（李朝旭）

太虚六晴迫打花拳　见"太虚拳"。

武当拳　拳法。主要流传于广东、广西、福建、海南、香港、澳门等地，今多个国家和地区均有流传。以武当山而得名。相传由武当山道士张三丰

所创。广东武当拳派1929年由傅振嵩南下广东时传入。以修身养性、健养一体为目的，以技击防卫为假借，以内功外拳为本体特征，以动静结合、虚实相间、刚柔并济、圆转走化为表现形式。功法特点是强筋骨、运气功，不主进攻。以意运气，以气运身，偏于阴柔。　（李朝旭）

侠家拳　又称侠拳。拳种。早期主要流传于福建泉州、永春、漳州及广东汕头等粤东地区，今多个国家和地区均有流传。相传清代中叶少林寺僧人临济派和尚金钩禅师（又名大侠李胡子）从四川峨眉山来到广东，将其传给肇庆鼎湖山庆云寺僧人王隐林（又名王飞龙）。王隐林还俗后在广州黄沙金善街开馆授徒，广采他技精华，自成体系。拳术套路主要有十二支桥、小罗汉拳、虎鹤相斗拳、大罗汉拳。器械套路主要有单刀、左把枪、九点十三枪响棍。枪棍一体，以左手为前锋手，又称左把侠家枪。棍法多于枪法，枪法只在重点发力动作之后连接间使用，补棍法不足。基本手法有鞭缠、虎爪鹤独脚穿桥等，基本步法有三角马、摆步、铲马等。拳风特点是动作朴素，发劲快速，进退灵活，刚劲有力。手法动作多，幅度大，擅发长劲，多用扑翼手、鹤顶手、长桥大马，直臂挥舞动作较多。　（李朝旭）

侠拳　见"侠家拳"。

永春白鹤拳　拳种。按形态分为飞、鸣、宿、食四类或四个派别，统称为白鹤拳。始于清康熙年间福建泉州永春县。相传由福建省福宁州（今霞浦县）北门外少林拳师方种的独生女方七娘所创。七娘嫁给福建永春县人曾四，并在永春授徒。20世纪20年代由张华远传入漳州，30年代郑文龙拜张华远为师，40年代廖青海拜郑文龙为

师。1957年郑文龙往香港授拳、行医。1958年后，廖青海在汕头传授白鹤拳。套路特点是动静有法，虚实分明，快慢相间，起伏有序，似刚非刚，似柔非柔，弹抖劲足，手法丰富。拳套特点是以鹤为形，以形为拳，轻盈灵巧，潇洒飘逸。讲究内外合一，子午虚实，吞吐浮沉，刚柔缓急，后发先至。拳法风格结构严谨清晰，攻防意识鲜明，手法短桥多变，步法走闪灵活，劲力饱满刚脆。　（李朝旭）

咏春拳　拳种。早期主要流传于广东佛山、广州、江门、中山及福建、香港、澳门等地，今多国均有流传。起源不详。清末广东江门鹤山古劳人梁赞为现代咏春拳的重要传播者。梁赞师从黄华宝和梁二娣，清光绪四年（1878）在佛山授拳，自此代有传人。内容有基本功、套路、功法，即"一桩二械三拳"。一桩，木人桩；二械，八斩刀、六点半棍；三拳，小念头、寻桥、标指。一桩是咏春拳进入黐手（条件实践）阶段的桩法拳；二械练身械协调以及近身和中距离械斗方法；三拳主要练力角、力距及反攻手法。腿法有虎尾脚、撩阴脚、捺脚等。拳风特点讲究中线理论，正面进攻，主动争取接近对方，掌握其力的变化，

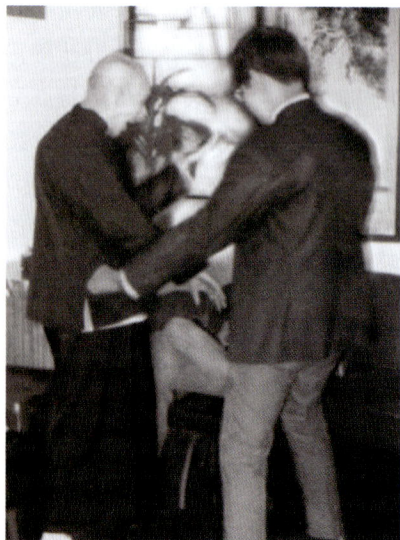

叶问与李小龙演练咏春拳

出奇制胜，主动攻防，稳重灵巧。强调左、中、右三面和上、中、下三路多点攻击，以高桩马（二字钳羊马）为主要步型，含胸拔背、发力含蓄等技法使其动作变化多。（李朝旭）

岳家教 拳种。在粤东、湘南地区流传较广。相传源自岳家拳，宋代岳飞所创。广东梅州岳家教由梅县槐岗乡人黄春楼首传。晚清时黄春楼从江西学得岳家拳后回到梅县槐岗乡传授给黄玉汀，因梅县拳术多以"教"相称，故把岳家拳改为岳家教。练功方法有三种，即圈圆揸手、进退步、百日劲。拳理拳法有三催、五合、八法、十要求。基本动作有开弓、拦手、单鞭、直掌、削手、翻身手等。拳风特点是以攻为主，注重实用。多用掌法、拳法，进攻时，以正面进攻为主，侧锋插入为辅。（李朝旭）

瑶拳 拳种。早期主要流传于广西贺县（今贺州）、金秀等瑶族地区9县及湖南资兴、江华、常宁等地区瑶族中，今云南、广东、贵州等瑶族聚居地均有流传。相传由瑶民所崇奉的盘王（即盘瓠）所创。在瑶族民众中流传，明清称蛮瑶拳。清道光二十七年（1847），瑶拳拳师雷在洁在广西全州组织棒棒会，瑶拳技艺得到发展。因聚居区多山且险，狩猎、练功、战斗等多群体进行，有集体演练特点。主张结合形象发声吐气，以达以气催

瑶民打瑶拳

力，动作须密切配合。练功多在山地进行，要求下盘稳固，拳打四顾。拳法以横抛为主，主要套路有盘王拳、打旗拳、上方拳、双桩拳、单桩拳等。拳风特点是套路短小紧凑，动作刚劲有力，手法多变，步法低矮，腿法少，旋转快。（李朝旭）

朱家教 拳种。早期主要流传于广东五华、梅县、紫金、兴宁、汕头等地，今广东、福建及东南亚乃至欧美等客家人居住地均有流传。形成有两种说法：一说始于太平天国运动失败之后，身怀武技的人士为躲避官府追捕，改姓埋名，传授武艺，为反清作准备，所授拳术定为朱家教。寓怀念朱元璋之意。一说晚清时广东五华县揸水区乌石头乡人朱黄二到佛山经商，得朱家师傅教传拳术并发扬光大。拳派风格属于硬桥、高中马类型，手法丰富，拳法敏捷，攻守兼备。特点是劲力以擒、挪、揸、招、吞、吐、浮、沉为学习法则，手法有滑、脱、虚、实、挑、扣、劈等，掌法有双掌、单掌、挑挂掌、穿扬掌、曲直摇手掌、并西抹手等。主要套路有拳术6套、器械1套。（李朝旭）

周家拳 拳种。早期主要流传于广东、广西、福建，今重庆、云南、贵州，新加坡、马来西亚等东南亚多国及部分欧美国家均有流传。相传始创于清末民初，周龙吸收洪家拳与蔡家拳核心元素，结合当时岭南自然和社会环境以及自身条件创编而成，人称"洪头蔡尾"。主要有小伏虎拳、小洪拳、万字拳、柴桩、大伏虎、虎豹拳。小伏虎拳以基本拳路、力量、身法直来直往，以强制敌。小洪拳源自蔡家拳，以灵活步法进退，斜步顺势攻击，走步如风，以弱制强。万字拳源自洪拳，以刚劲桥手马步，引全身之力进攻，主张遇强愈强，以刚制刚。柴桩以低马和地搪脚法

为主打。大伏虎源自少林洪拳，训练以气运劲，用掌法甚多。虎豹拳源自北少林，以拳法结合低马及地搪脚法，势如虎豹，主张出招快狠，巧妙取胜。拳风特点具有洪拳刚劲手法，兼备蔡拳之进退灵活。（李朝旭）

钟家教 拳种。早期主要流传于广东、广西、福建客家地区，今印度尼西亚、越南、泰国等东南亚多国亦有流传。相传由广东兴宁人钟佑古传授。清嘉庆十五年（1810），钟佑古师从福建上杭吴宗均，返乡后，把技艺首传给其子钟壮生，再传给陈伯乡。拳派内容有功力功法、拳术套路、对拆（拆招），没有器械套路。多用掌法，少用拳法，不用腿法。步法上，丁不丁，八不八，名为丁八步；掌法上，五指伸张（如八卦掌掌形）；身形上，要求蛇头、龟背；步法上，要求扎实稳健，变化多端。拳派风格时而温柔和顺，时而刚劲威猛。（李朝旭）

白虎拳 拳术套路。主要流传于福建、广东、香港及东南亚等地。属莫家拳。有28个动作，捶法多，腿法少。栽捶、反身捶较为凌厉。主要动作有滚手虎坐、通天炮、翻身脚、扫堂腿、二起奔、栽捶反面捶、反身捶等。（李湘远）

白鹤三战拳 又称七步三战。拳术套路。属少林白鹤拳，白鹤拳入门套路。练习方式是进退各三步，收势一步，共计七步。与十三步摇、十三太保合称为白鹤拳的拳母特点是以形为拳、以声助力，运手柔、着手刚。通过对基础的桩马功法、身法、步法、腿法、手法、呼吸调息法的系统训练，练习者明确动作规格，理解劲与力的产生和运用，领悟"吞吐浮沉，刚柔缓急"的意义。拳谚说"学拳三战起，三战练到死"。（李湘远）

七步三战 见"白鹤三战拳"。

白模拳 又称白毛拳、白模蛇形拳。拳术套路。主要流传于广东、广西、香港、澳门、台湾地区及澳大利亚、日本等地。属蔡李佛拳，是蔡李佛拳的高级套路。有动作83个，包括高难技术动作及主要手法和步法。特点是套路结构严谨，内容丰富。动作难度大，手法多变，步法稳健。纵跳多，腾空范围广，腿法多连环。主要动作有吊马上冲、弓步担桥、坐莲拜佛、偷马阴挖、盘桥横扫、辘桥撑掌等。（李湘远）

白毛拳 见"白模拳"。
白模蛇形拳 见"白模拳"。

标指 拳术套路。流传于广东佛山、广州、江门鹤山及香港、澳门和东南亚、德国等地。属咏春拳，是咏春拳的高级套路。利用小念头套路的架构和基本手法、寻桥套路的进退马与旋转力，动作组合中配以转马和左右两手不同招式交替组合，发挥马步、腰、肘的作用。动作有贴身近打，又有中距离、远距离攻击手法。步型是二字钳羊马，步法是左右转马，手法是标指手、跪肘、耕手等。（李湘远）

标指

鹅箭拳 拳术套路。流传于广东潮州、汕头、梅州、揭阳和香港及泰国等东南亚国家。属李家教。有37个动作。

特点是多短桥，少跳跃。主要动作有一切掌、双蛇出洞、猛虎开山等，主要用插、挂、扫、勾、切等掌法。（李湘远）

二十四手 又称二十四软硬手。拳术套路。流传于广东兴宁、五华、丰顺等地。属钟家教。最早由广东兴宁人钟佑古传授。特点是只有拳术套路、对拆，没有器械套路；拳法少，掌法多，不用腿法；步法上丁不丁，八不八，名为"丁八步"，要求马步稳健；身形上要求蛇头、龟背；手法上要求桥手刚劲，以推掌、劈掌、插掌为主。软拳二十四手特点以柔劲为主，变硬为软，软硬结合，套路有20个动作，主要动作有进步左虎拦防右手缠压。硬拳二十四手特点是桥手刚劲，发力迅猛，以推掌、劈掌、插掌为主，套路有34个动作，主要动作有左、右凤眼拳旋腕前冲等。（李湘远）

二十四软硬手 见"二十四手"。

工字伏虎拳 拳术套路。主要流传于广东、香港、澳门及美国、加拿大、东南亚等地。属洪家拳。是洪拳基础套路。以步进退成"工"字形，故名。由工字拳与伏虎拳两个套路组成，可以单练，也可以合练。以手法的运用与变化为主要内容。讲究落地生根，稳扎稳打，势雄力厚，刚劲有力。套路演练速度要先慢后快。手型有拳、掌、指、爪、勾、鹤顶手等。手法中有沉桥、圈桥、封桥、冲拳、插掌等。步型以四平马为主，还有三角马、子午马、吊马等。身型要求含胸、立腰、收腹、敛臀、沉肩、垂肘、沉桥坐步。发力时要求蹬腿、扣膝、合胯、转腰，先蓄后发，猛力出击。（李湘远）

虎鹤双形拳 拳术套路。流传于广东、香港、澳门及美国、加拿大、东南亚

等地。属洪家拳。以洪家拳和佛家拳为基础，吸取洪家拳严密守势，融入佛家拳凌厉攻势，模仿虎、鹤的形象创编而成，有"洪头佛尾"的说法。特点是虎形主刚，鹤形主柔，刚柔相济，相辅相成。结构严谨，拳式布局合理，内容丰富，由110个动作组成。基本手型有拳、掌、指、爪、勾、鹤嘴手。手法有沉桥、圈桥、插掌、截桥、封桥等；步法有四平马、弓箭马、吊马、独立步、麒麟步等。身型要求含胸、塌腰、收腹、敛臀、沉肩、垂肘、沉桥、坐胯。（李湘远）

九步推拳 拳术套路。主要流传于广东、四川、香港、澳门等地。属白眉拳。是白眉拳的高级套路。因有九次进步，且以双推掌为主要手法，故名。特点是着重双推掌，讲究雄厚的吐劲、快捷清楚的手法、稳健的步伐。有50个动作，练法为圆整、圆活、圆化。手法有单摩手、双摩手、化手、炭掌、抛手、摄手、软掌、锁喉扣等。推掌摩桥是该拳法的中心，也是其最主要手法。（李湘远）

接手拳 拳术套路。流传于广东潮州、汕头、梅州等地。属李家教。特点是虎颈，石碑身，瓦楞腰；不丁不八，空胸，固中节；沉肩坠肘，短桥；三盘四变，吞吐连环，刚柔相济。有43个动作，拳势威猛凌厉，主要动作是猛虎掏心，饿虎擒羊，猛虎推山等。拳法多，以撇拳、插拳为主。（李湘远）

口品园金拳 拳术套路。流传于广东梅州兴宁、丰顺、五华等地。属刁家教。最早由兴宁刁火龙和刁龙康兄弟传授。有15个动作，主要有双手抛楼、吞吐浮沉上盆、吞吐浮沉中盆、吞吐浮沉下盆。特点是手法用擒拿抓握，身法用吞吐浮沉，步法多变，以攻为主。（李湘远）

罗汉拳　又称大小罗汉拳。拳术套路。流传于广东广州、佛山、中山及香港、澳门等地。同名拳多拳种均有，此属侠家拳。小罗汉拳是侠家拳初级套路，有57个动作，动作较简单，活动范围广；拳法较多，拳锋猛烈，套路以抛拳、冲拳抛拳的连贯性为主，连守带攻，富于实战。大罗汉拳是侠家拳高级套路，有89个动作，主要练身法躲闪的过程中，连削带打，不招不架的实战功夫。步型有弓步、横弓步、马步、虚步、开立步、跪步、扭马步、仆步、女字步等，步法有三角马、摆步、铲马等，手型有拳、掌、指、爪、勾、凤眼拳等，手法有抛拳、冲拳、撞拳、扫拳、挂拳、盖拳，以冲拳、抛拳为主，腿法有前蹬腿、后蹬腿、正踩、侧踹、打腿、斜飞踢等。（李湘远）

大小罗汉拳　见"罗汉拳"。

连环五十路　拳术套路。流传于河北、北京、上海、黑龙江、江苏、广东、广西、湖南、湖北、四川、香港等地及东南亚和欧美各国。同属鹰爪拳和翻子拳。河北雄县人陈子正以前辈翻子拳上下翻转拳术为基础，吸收岳氏连拳（即岳氏散手）擒拿手法，融入少林鹰爪功法的鹰爪抓扣和鹰翼翻旋动作，根据自身的教学、修炼实践把岳氏连拳108手整理创编而成。特点是手形似鹰爪，出手拳掌打，回手鹰爪抓，刚劲有力，动作舒展，连环快速，形象逼真。连拳五十路，每路分三节，每节只数手动作，手法完全相同，左右手轮练。（李湘远）

六连拳　拳术套路。流传于广东广州、佛山、中山、江门、湛江、茂名、韶关等地。属蔡家拳。有80个动作，分6段。结构严谨，布局得体，动作舒展，重复较少，技击意识浓厚，方法

突出。演练时要求身法活、变招快、步法灵、招式清晰，势式连贯，体现蔡家拳"快、灵、变"风格特点。手法有以挂、插、哨拳、扫掌、顶掌、凤眼拳等，肘法有横肘、扛肘、盖肘等。步法有大小四平马、高四平马、拖步弓马、跪马、三角马、插步歇马；腿法有下盘连环标腿、中盘下踩腿、钉腿等。主要动作有虚步双劈掌、马步抬捶、双飞桥、马步横肘、转身凤眼手、上步撑哨捶、虚步左插手、丁步脱手、横拦下踩腿、锁喉爪、右虚步标掌、右铲腿、拖步迎面掌。（李湘远）

练手拳　拳术套路。流传于广东、香港、澳门及东南亚、美国、加拿大、澳大利亚等地。属黄啸侠拳法。黄啸侠创编并首传。有80个动作，分8段。以练习手法为主，强调快、准、力。特点是冲拳为主，组合应用；步形较高，注重移动；偏身侧击，避敌锋芒；顺步出招，放长击远；式无定势，快打快收；以腰为轴，移动发劲；腿不高踢，手法配合。手法有冲、弹、劈、斫、扫、撇、勾、圈等；腿法有正踢、勾踢、蹬踢、侧踢、前扫、后拨、侧勾、横撑等；步法有前进、后退、上步、落步、扭步、插步、闪步、摆步、跳步、绕环步等。（李湘远）

龙形摩桥　拳术套路。流传于广东惠州、东莞、佛山、广州、肇庆和香港、澳门及东南亚、澳大利亚、美国、加拿大、英国等地。属龙形拳。广东林耀桂创编而成。特点是动作姿势如游龙攀云，含胸拔背，沉肩坠肘，实腹，气沉丹田。三尖相对，以两肘护肋，两拳护心，两腿护裆。以腰为轴，由腿至腰发劲到四肢末梢，吞吐分明，劲力沉实迅猛。以"标、弹、沉、速、化"五劲为主，以暗劲、寸劲见优。主张刚柔并济，逢劲化劲。步型有川

字步、双弓步，步法有迫步、点步与跳跃步等，进退速捷沉稳。动作短小精悍，手法严密，讲究攻防实战，要求头、眼、身、腰、腿外五形与神、志、意、气、劲内五形的合一。主要动作有迫步三通、点步左扣劈、点步右背剑、底三通、右蹬腿、二起脚、浅撞等。（李湘远）

两仪拳　又称太极快拳。拳术套路。流传于广东广州、湛江、汕头及广西北海等地。属武当拳。河南傅振嵩创编。拳理有阴阳之分，动作有刚柔之别，故称两仪。其内容、手法、身法、步法与太极拳相似。特点是缠腰旋扭，鼓荡开合，俯仰侧屈，旋转发劲。要求左右均衡，气度雍容，动作纯以腰为主动轴，上达于肩臂，下达于胯腿，四肢为形，变势圆转，内外相合，上下相随，前后相连，左右相顾，连绵不断，身法（肩、腰、胯）、步法、手法浑然一体。手法包括太极十三势、左右缠腰掌、弹捶；步法有90度上步法、45度上步法、转向法，以及进、退、横扫步、摆扣步、回转步、川字步、前盖、后插步、旋扭步、跨步、跳步、垫步、震脚步等；步型有弓、坐、丁、虚、四六坐盘步等；脚法有蹬、踢、分、外摆、里合、摆莲、扫、蹲、弹、踩、侧踹等；身法有11个转腰法，即俯、仰、左右平转、左右侧屈、左右上斜转、左右下斜转、旋转。（李湘远）

太极快拳　见"两仪拳"。

猛虎出洞拳　拳术套路。流传于广东潮州、汕头、梅州等地。属南枝拳。有83个动作，其中2个跳跃动作分7段，属南枝拳中级套路。特点是拳法凶猛，腿法凌厉。手型有凤眼拳、拿钺手、单指、爪、拳、掌等；步型有四平马、弓步、吊步、仆步等；腿法

有弹腿、踩腿、勾踢、顶膝等。（李湘远）

抛级亩拳 拳术套路。流传于广东广州、韶关、江门新会、云浮罗定和新兴、肇庆封开等地。属佛家拳。有56个动作。特点是长桥大马，掌法较多，间有抛级亩动作，使用阴劲，到位后再加钻力。手法有反撞、横扫、擒爪；马步有拗马、奔马等。主要动作有上步盖步拜佛、左盆桥左盖步劈拳、虚步穿桥、亩手马步冲拳、跳三星步左弓步冲拳、左弓步抛级拳、二字马亩掌等。（李湘远）

曲摇拳 拳术套路。流传于广东梅州、汕头、河源等地。属朱家教。有36个动作，特点是动作中挑、劈、扫、插互相利用，一气呵成。手法有滑、脱、虚、挑、扣、劈等，掌法有双单掌、挑挂掌、穿扬掌、摇手掌等。主要动作有双手阴阳左右插、左曲摇手外丢转内、右曲摇手外丢转内、右抹内关、左抹内关、中叉手、左右双扣手、双滚抢托手等。（李湘远）

人字张拳 拳术套路。流传于广东广州、东莞、惠州、佛山等地。属莫家拳。有22个动作，套路短小紧凑，动作快速迅猛，刚劲有力。特点是腿法多，拳势猛烈。传统打法是开口拳（打一动，念一句），动作与声音配合，气势宏伟。手型有拳、掌、勾、爪等，手法有冲、撑、撩、压、夹、踭、桥等；腿法有连环脚、横钉脚、穿心腿、前标脚、前蹭腿等；步法多为虚步、卸步、跪步等。主要动作有起脚穿心腿、转横钉脚、进关双夹掌、左右双踭、过门二度连环脚、偷脚转挤、上桥叩脚、左右偷腩、摸桩试探、禽螃捉脚、冲肩、盘石不前、退步铁扫把、抛脚冲天等。（李湘远）

十八摩桥拳 拳术套路。流传于广东、福建、四川、香港、澳门等地。属白眉拳。有42个动作。手法使用寓六劲（腕、肘、肩、胯、腰、足）、六合（上、下、左、右、前、后）、六意（浮、沉、吞、吐、刚、柔）之中，因套路中有18次吞吐标指而得名。摩桥就是两手互相接触，连环不断地向前做吞吐动作。特点是着重于掌的吸放以及桥的穿、摸、锁、钩、封、粘挫，以步带腰，以腰使桥，一虚一实，一刚一柔，刚柔并济。主要动作有双塞掌、连环摩桥、摩桥标掌等。（李湘远）

四步拳 拳术套路。流传于广东揭阳、潮州、汕头、梅州和江西、海南、福建、香港、澳门、台湾及泰国、新加坡等地。属南枝拳。有35个动作，分3段。套路运动路线距离前后左右不过四步，故名。第一段和第二段动作相同，唯行拳时的运动方向相反，第三段较为简短。手法有冲拳、凤眼拳、顶腕、虎爪、劈手；腿法有埋脚、挑脚；步型有弓步、马步。主要动作有连环推打、擒手埋脚、大鹏展翅、背手、斫打、捵手挑脚、抱攞末、万字剪托、横马撞节、站脚捵手、冲马纺手、带马回朝、擒拿等。（李湘远）

十二支桥 拳术套路。流传于广东广州、佛山及香港、澳门等地。属侠家拳。是侠家拳初级套路。特点是前半部练静力、耐力、爆发力，后半部动作激烈快速，注重技击。有71个动作，分4段。套路由4种拳法组成，每种拳法分3个动作。练习要求以内劲慢速练拳，一方面练习拳法准确性，一方面以意行气，练习内劲。手型有拳、掌、指、爪、勾、凤眼拳等；手法有抛拳、冲拳、撞墙、扫拳、挂拳、盖拳，以冲拳、抛拳为主；步型有弓步、横弓步、马步、虚步、开立步、跪步、扭马步、仆步等；步法有三角马、摆步和铲马等；腿法有前蹭腿、后蹭腿、正踩、侧踹、打腿、斜飞踢等。（李湘远）

哨打拳 拳术套路。流传于广东江门、广州、佛山、中山、惠州、茂名高州、湛江廉江及广西合浦、钦州、防城港一带。属新会李家教。新会李友山传授。有62个动作。特点是桥马连环、节节相扣、肘拳并用、快速分明、发劲攻守、刚柔相济。在技击中讲求偏身逼马多用踭法，以功力见长，不以小巧取胜，出手迅猛、着点准确。手型有拳、掌、指、爪、勾等；手法以长桥手、抛、钉、插为主，多用平击法；步法有大小四平马、子午马、吊马、拐马等，多跳跃、擅腿法；身型要求含胸、塌腰、收腹、敛臀、沉肩、垂肘、沉桥、坐胯。（李湘远）

三门拳 拳术套路。流传于广东惠州、河源、广州、江门、深圳、东莞和香港及新加坡等地。属惠州李家拳。是李家拳必习套路。有64个动作。拳势结构严谨，动作古朴，舒展大方。特点是以单肩、侧身、虚步为主，强调劲从腰发，以腰带桥，长桥短手，快速有力，多跳跃、擅腿法、动作矫健，灵活多变。手法以长桥手、抛、钉、插、切、推、双蝶掌、蝶手护身掌等为主；步法有二字马、三角马、吊马、倒插马、双蝶马、座莲马等；腿法有虎尾脚、穿心脚、横钉脚、朝天脚、铲脚等；身法有起落、进退、反侧、收纵等。主要动作有云长拨须、腋下藏刀、魁星踢斗、拉弓射虎、美人照镜、雷公劈石、渔家撒网、螳螂标手、五爪擒龙、玉女献书、弯弓射月、削竹连枝、将军勒马、秋蝉挂柳、叶下偷桃、灵狮开口、落地火星、三星拱照、双蝶藏花、灵猫洗脸等。（李湘远）

四门拳　又称杀四门拳。拳术套路。流传于广东梅州、潮州、汕头等地。属刘凤山派。有46个动作。特点是拳势猛烈，手桥灵活，躲闪快速。双掌推出发内劲，出掌到位时加钻劲。主要动作有推踢四平坐马、反撩猛虎下山、进马双掌入门、迫进双掌入门等。（李湘远）

杀四门拳　见"四门拳"。

三十六踭拳　拳术套路。流传于广东广州、江门、佛山、中山、惠州等地。属新会李家拳。是李家拳代表性拳术套路之一。有56个动作。由36个踭法组成，故名。技击方法和技击特点为踭踭相连、变化无穷，以绝对优势压倒对方，借力与抢打相结合，乘虚钻空而入。主要桥手法有反踭、顿踭、切踭、文踭、尖踭、横踭、挫踭、沉踭、缠踭、捆踭、穿踭、腕踭、插踭、拦踭、割踭、串踭、剪踭、封踭、迎踭等36个踭法。（李湘远）

三通过桥拳　拳术套路。流传于广东惠州、东莞、佛山、广州、肇庆和香港、澳门及东南亚、澳大利亚、美国、加拿大、英国等地。属龙形拳。是龙形拳入门套路。林耀桂传授。"三通"就是龙形拳的腰力、马力、桥力三力相通。特点是腿不高踢，多桥法，动作紧凑，刚劲有力，步法稳固，手法多变，身居中央，八面进退。在极低的弓马步上出拳、偷桥、扣劈。有51个动作，步型有川字步、双弓步，步法有迫步、点步与跳跃步等，要求各种步法和手法做到三尖相对（拳尖对鼻尖，肘尖对膝尖，膝尖对脚尖）、吞吐分明（前进后退、一收一挺，节奏分明）、干净利落。主要动作有双插槌、挑手、督桩、勾撞、摩极、锁手、抢手、勾臂、微肩、三通、过桥、舔睏脚等。（李湘远）

十形拳　拳术套路。流传于广东、广西和香港、澳门及美国、加拿大、澳大利亚、东南亚等地。属洪家拳。根据蛇、虎、鹤、龙、猴、象、豹、狮、马、彪10种动物特点、形象、生存习气、属性本能，加以灵化，创编成各种拳势动作。有41个动作。套路短小、结构严谨，形象生动，息息相关，气势相连。步稳、势烈，以声助气，以气摧力。手型有拳、掌、指、爪等；手法有沉桥、圈桥、缠桥、截桥、封桥、劈桥、插掌等；步型有大小四平马、三角马、子午马、吊马步；步法有铲马、偷马、麒麟步等。主要动作有穿心蛇功、长蛇阵势、毒蛇拦路、猛虎下山、饿虎擒羊、仙鹤蹬足、金龙献爪、乌龙翻江、猿猴出洞、悠然归洞、日字箭拳、虎限豹拳、运手破排、跪马架打、扭马偷桃等。（李湘远）

四象拳　拳术套路。主要流传于广东湛江、韶关及广西北海等地。属武当拳。把太极、两仪、形意、八卦4种拳术精髓融会贯通，将不同类型拳术加以提炼编成。特点是由慢到快，从柔至刚后又转为刚柔相济。共108式，分4段，以太极、两仪、形意、八卦为顺序，每式均有左右势。第一段是太极部分，动作有杨式舒展柔和，孙式快慢相间、步活身灵，陈式柔化刚发、震脚发劲等特点。动作新颖，手法细腻而韵味独特。第二段是太极拳两仪部分，有太极拳特点，有缠腰旋扭、俯仰侧屈及鼓荡发劲等，动作比太极拳复杂多变、灵活自然，身腰运动幅度大。第三段是形意拳部分，步稳身正，力沉劲整，紧凑快速，简洁清晰。动作刚中寓柔、劲味独特。第四段是八卦掌部分，轻盈健步、变化多样、起落摆扣、连环纵横。动作身如游龙，气似云行，换招变式、滔滔不绝。（李湘远）

十字扣打拳　拳术套路。流传于广东、广西、香港、澳门、台湾地区及东南亚、北美、欧洲、澳大利亚、日本等地。属蔡李佛拳。是蔡李佛拳中级套路。有110个动作，以十字形走向组成套路结构。特点是内容较多，步法稳健，手法多变。动作多用长桥大马，力猛势雄，腿法较少。主要动作有吊马攻掌、跃步盘桥、偷马劈掌、抛三星捶、拐马截桥等。（李湘远）

螳螂铁臂手拳　拳术套路。国内外广大地区均有流传。属螳螂拳。是螳螂拳较高级套路。有68个动作，包含十二字诀和八刚十二柔、八打、八不打部分的手法和螳螂拳中的抖劲。以前臂攻防为主，突出手、肘、爪的使用和步法的灵活。身法的"闪、展、腾、挪"起伏分明，手法快速密集，达到不招不打、连招带打、招之即打、刚柔相济、刚毅勇猛、灵活迅速、斩钉截铁的风格特点。步法多用七星步、人环步。（李湘远）

螳螂偷桃拳　拳术套路。国内外广大地区均有流传。属螳螂拳。有54个动作，分为4段，每段往返折回。套路结构紧凑，攻防转接合理，实用性强。特点是刚猛朴实、灵巧敏捷、手法密集、连续进攻、攻守兼备、长短结合、变化多端、跳跃较少。手型有拳、掌、勾、鹰爪；步型有弓步、马步、半马步、玉环步、虚步、七星步、中步、吞塌步、并步、独立步；手法有冲拳、贯拳、采手、刁手等；腿法有闭门脚、采莲脚、蹬脚和轧脚等。（李湘远）

铁线拳　拳术套路。流传于广东、广西、香港、澳门及美国、加拿大、澳大利亚、东南亚等地。属洪家拳。有55个动作。练气练意的方法具备洪家拳绵、匀、顺、力的特点，套路短小精悍、结构严谨、布局合理、动作大

开大合、长桥大马。特点是动作朴实、拳势大方、稳扎稳打、刚劲有力。多用桥法、标手。闪穿封截，连环进击，以防为主，攻防交替，后发制人。手型有拳、掌、指、爪、勾；手法有沉桥、圈桥、封桥、冲拳、插掌等；步法有大小四平马、三角马、子午马、吊马等；身形要求含胸、立腰、收腹、敛臀、沉肩、垂肘、沉桥、坐胯；身法要求身正步稳，下盘沉实发力时要求蹬腿、扣膝、合胯、转腰，先蓄后发，猛力出击，有时还因势发声，以声助威。（李湘远）

铁线连环拳 拳术套路。流传于广东韶关、江门新会、肇庆封开、广州、云浮罗定、新兴等地。属佛家拳。特点是动作快速灵活，急似闪电，腾挪吞吐，突然出击，发劲时用气、胸、腹三种力量合力出击。攻时用迫步前进突然袭击，守时用滑步后退偏身躲闪。拳谱记载蝶扑残花、金星挂角、独龙吐珠、毒蛇吐雾、带马归栏、泰山压顶、象鼻卷水、双凤朝阳8个组合动作是铁线连环拳主要内容，俗称"大毒手"。（李湘远）

太虚拳四十式 拳术套路。流传于广东广州、佛山、江门和香港、澳门以及英国、美国、澳大利亚等地。属太虚拳。源自武当内家拳。广东新会人伍德文首传。与太极拳同源异流，原理相同。特点是以体松柔和为主，每一动作均以圆圈动转，连环不断；发动时分柔劲与刚劲。有40个动作。掌法有螺旋、撩、挑、俯；手法有穿、扒、喷、浑、反、押、抗、割；肘法有拨、挑、批、冚、括、横；腰法有弹腰、浑腰、摆腰；步法有座山马、吊马、前驰马、后驰马、冲锋步、斜步、短步、迫步、绞花步、踏步。主要动作有双飞蝴蝶、脱手横肘、魁星踢斗、猛虎出林、双龙出海。（李湘远）

卫士霸关拳 拳术套路。流传于广东梅州、揭阳、深圳、珠海等地。属昆仑拳。有34个动作。手型手法有姜牙拳、插手、龙虎手等；步型有马步、弓步、虚步、跪步；腿法有勾踢、扫腿、弹腿、蹬腿、铲腿。（李湘远）

五形拳 又称刘家五形拳。拳术套路。流传于广东中山、湛江、茂名高州及广西钦州等地。属刘家拳。是刘家拳主要组成之一。有188个动作。特点是短桥、短马，灵活多变，左防右攻、右防左进，能攻能守，步走四面、拳打八方。手型有拳、掌、指、爪、勾等；步型有四平马、弓步、虚步、跪步、歇步等；桥手法有冲、推、挂、撩、勾、采、抓等；步法多为大小四平马、拐马、子午马、吊马、跪马等。主要拳势动作有双抽拳、下盖掌、双挂拳、标手、狮形掌、撮手、通天竹、双狮形、金绞剪、双吊拳、右切掌、关平抱印、双虎爪、豹拳、凤眼拳、拨草寻蛇、上步穿喉、毒蛇出洞、金刚抱佛、白鹤晾翼、豹手出林、狮子回头、盖拳、撞拳、象鼻拳、偷漏攻肘、黑虎掏心、姑嫂同心、姐妹相争、勾弹腿下马金枪、将军拔剑、中拦手、金龙献角等。（李湘远）

刘家五形拳 见"五形拳"。

小梅花拳 拳术套路。主要流传于广东、广西、福建、香港、澳门、台湾地区及东南亚、北美、欧洲等地。属蔡李佛拳。是蔡李佛拳代表性入门套路。有57个动作，分6段，包括蔡李佛拳基本手法和基本步法。特点是少腿法，多单盘手动作。手形有凤眼拳、姜子拳、柳叶掌、虎爪等；桥法有圈桥、沉桥、缠桥、穿桥、截桥等；腿法有弹腿、旋风腿。主要动作有退马插掌、跪步拱手、拐马左穿、盘桥插捶等。（李湘远）

小念头 拳术套路。流传于广东、福建、广西、香港、澳门及美国、加拿大、澳大利亚、德国等地。属咏春拳。是咏春拳基础套路。动作简单、重复，集中咏春拳攻防最基本的招式和手法，各流派略有不同，理念相同。第一节练功力，第二节练发力，第三节练手法。特点是只有"二字钳羊马"一个步型，步法稳固，没有走动；上肢运动缓慢，要求肘归中，强调用专一的意念练功。手法有摊手、膀手、伏手、枕手、耕手、冲拳、推掌。主要动作为一摊三伏。（李湘远）

寻桥 又称沉桥。拳术套路。流传于广东佛山、广州、江门和福建、香港、澳门以及东南亚、德国等地。属咏春拳。是咏春拳中级套路。咏春拳各流派套路动作略有不同，拳理相似。是寻求与对手桥手接触的运用方法，练习如何运用体重的推动力及腰马的转动力和第一个套路小念头招式架构的结合来达到巧妙的用力技巧。主要利用人体脊柱为中轴生物力学原理，以鹤的身形步法来练习咏春拳腰马、步法、腿法、手法，最主要是强调腰、肘、膊和马步配合，注重马步运用。（李湘远）

沉桥 见"寻桥"。

小十字拳 拳术套路。流传于广东、四川、重庆、福建、香港等地。属白眉拳。是白眉拳最基本入门套路。以十字形走向组成套路结构。特点是立虎为形，浮沉吞吐，直出横收，矛盾传动，连环重挫，攻防合一。以贴身擒拿和粘打为主导，专练指抓、肘、腰、马步。打法有擒拿手、挫手、冚手、软掌、折肘、撞肘、绞肘、批肘等。（李湘远）

一盆珠 拳术套路。流传于广东梅州、

中山及印度尼西亚等地。属岳家教。有23个动作。特点是上下相连，一气呵成，运用奇妙，变化多端。手法有托、拦、撇、冲、削等。主要动作有狮子开口手、单鞭直掌、削手。（李湘远）

鹰爪罗汉拳 拳术套路。流传于江苏、湖北、广东、广西、四川、湖南、香港及东南亚、欧美等地。属鹰爪拳。起源于河北雄县。有50个动作。特点是出手必用拳掌打，回手须用鹰爪抓，双拳密如雨，脆快一挂鞭。风格浑朴雄健，要求在演练时手快眼明，步轻身灵。突出鹰爪拳的抓、打、擒、拿、翻、崩、滚、靠、高挑、低压、搂抱、勾挂、撑端等主要技法。手法有抓、打、拿、掐、翻、砸、锁、靠、崩、截、拦、挂等，注重抓拿；腿法有蹬、弹、撩、踹、缠、穿、连环腿及翻腾跳跃等；身法有俯、仰、拧、转、伸、缩、闪、展等，讲究收腰紧劲；眼法有环、瞰、注、随等。劲力讲究脆、锉、提、紧。（李湘远）

蔡家三矢大钯 长器械套路。早期主要流传于广东广州、佛山、东莞、湛江、肇庆等地，今多个国家和地区均有流传。属蔡家拳。三矢，三支箭；大钯，钢叉、三尖叉、粤语习称大钯、三齿钯、马叉。风格特点是简单实用，招势转换注重"灵"字，招式运用突出"快"字，势势相按，招招相连。左把枪持钯。基本钯法有压钯、撩钯、拍钯、锁钯、刺钯、挎钯、击把、抢压、舞花等。转钯、吐钯时，前锋手要松活，使钯尖旋转轻快。压钯时，钯把中段或上段贴于大腿上，臂伸直或微屈，身体稍向前倾，力达钯尖，前后手对向用力。是广东传统武术常用器械之一。（李朝旭）

蔡阳刀 短器械套路。属洪家拳。蔡阳，又名蔡扬，东汉曹操部下武将，汝南太守。蔡阳武艺高强，有刀祖宗、刀祖蔡阳之称。民间为纪念蔡阳，将其流传的刀术套路称为蔡阳刀。刀重80余斤，刀法有翻刀、落刀、劏刀、制刀、砍刀等。刀法朴实重攻，通过一盖一制实用技法达到杀敌制敌的效用。（晏骏）

穿俞棍 又称穿鱼棍。长器械套路。属太虚拳。以八卦手法为主要内容，以撩、捺、缠、割、杀、标、点（即六点半棍法）为基础棍法，依据内家拳的拳理，遵循南派武术技法规律。特点是握把灵活，全身进退，闪转轻捷，棍势连环，一动数应。（李朝旭）

穿鱼棍 见"穿俞棍"。

打单枝 长器械套路。属莫家拳练功法。是训练肢体特别是桥手硬度和力度的用手段。练习者采用莫家拳徒手技法特别是桥手法靠打或持器械击打单枝竹，称为打单枝。传统武术练习过程中，第一年练习打单枝竹和小沙包的抛接，训练上肢和下肢力量，以强筋健骨为主；第二年练习各种举法和抛接石锁，训练推力、支撑力、耐力和活力；第三年练习缠沙袋，训练各种步法和跳法，训练身体的灵活性，加强腰腿力量；第四年打大沙包（重208斤），训练各种腿法，以增强腿力为主；第五年打人字桩，练好各种手法和腿法的应用。（李朝旭）

大杆子 又称蟹木杆。长器械套路。属鹰爪拳。由长约3米、直径5厘米的白蜡圆木做成。可单人练，也可双人对练。与对手交锋时，主要技法有拦、翎、挑、打、扎。特点是攻守兼顾、攻防一体。（晏骏）

蟹木杆 见"大杆子"。

凳花 又称舞板凳。传统器械套路。多拳种均有，称法有别，如南枝拳称为凳技，刘凤山派称为凳花。是以板

凳花

凳作为武术器械使用而创编的套路运动。因板凳舞动时，一个动作似一朵花，故名。凳风骤起，雄浑有力，有较强攻击性和舞蹈性。表演时只有三招半，第一招众位莫怪，第二招半天隔月，第三招踏枪、进枪，最后半招天烂地扎（民间也常称三式半凳花）。（晏骏）

舞板凳 见"凳花"。

刁家大钯 长器械套路。主要流传于广东梅州、河源等地。属刁家教。主要技法有挑、压、撩、拍、刺、吐、锁、罩、躲、拨、舞花等。特点是挑钯、压钯主守，刺钯、吐钯主攻，钯法多变，多转身动作。（晏骏）

单头棍 又称洪拳长棍。因只用棍的一端作为攻击，另一端则双手紧握助主动发力而得名。棍长七尺二，由棍把、棍身和棍端三部分构成。以左把棍为主要持棍之法，其棍法枪法常常混用合用。主要棍法有四平马云棍大杀、吊马割挑棍、进马圈压棍、弓步抢中枪棍等。现已为南派武术拳种长棍的通用称呼。（李朝旭）

洪拳长棍 见"单头棍"。

大象棍 长器械套路。主要流传于广东广州、韶关、江门、肇庆等地。属佛家拳。有35个动作（起势和收势除外）。技法特点是威势猛烈，攻防兼备，棍法密集，其中下拨棍、圈插、挑揪、抽劈、横扫最猛烈。（李朝旭）

大阵棍 又称双夹单棍。长器械套路。属白眉拳。共68式。技法和棍风与单头棍相似，主要动作有偏身杀棍、美女撑舟、雪地盖顶等。（晏骏）

大阵棍

双夹单棍 见"大阵棍"。

飞凤单刀 短器械套路。主要流传于广东、四川、香港、澳门等地。属白眉拳。共55式。主要动作有霸王开弓、白猿献果、进马斩刀等。特点是刀法绵密、步法稳健。（晏骏）

伏虎棍 长器械套路。属南枝拳。棍术单、双头并用，以双头为主，并带有条子棍技法和特点。棍术套路结构路线似双头月牙铲。演练时刚柔并济，以柔为主，以刚为辅。带

有枪、鞭技法，以低棍为主，自下而上较多；棍不离身，身随棍走，轮轴共转；棍头运行以圆为主。套路风格宽大舒展，步法轻灵，结构严谨。（晏骏）

飞陀 软器械。属蔡李佛拳。洪拳亦用。其结构、功能和使用方法与北方流星锤近似。由远古狩猎工具流星索发展而来，其结构是系有绳索的石球，明代战场上出现（北方称飞锤）。鸦片战争时期，广东抗英女英雄飞佗凤就使用一副双流星。能缠住对方，能准确打击对方，是冷兵器时代杀伤力较大的兵器之一。（李朝旭）

方天画戟 长器械套路。洪家拳较早使用，且常见。原为古代兵器，商代已出现在战场上，战国至魏晋时使用最广。唐代以后，被皇家仪仗队采用作为排场工具，因在其戟杆上加彩绘装饰，又称方天戟。以劈、砍、钩、挂、刺、扫等为主要技法，技风与大刀、月牙铲等相似。现多以套路形式作为练功之法加以传承。（晏骏）

钩镰棍 长器械套路。主要流传于广东、福建客家地区。属岳家教。共18式（含起势和收势）。以左右和前后拨、插等基本技法为主，右脚钩棍作为起势第一动（如关公大刀的起势）。主要动作有左右马拨、退左步向右拨、向左转圆左拨等。特点是棍法简单多变，以拨、插动作较多，发力刚猛，步伐稳健，重实用。（晏骏）

钩镰枪 又称麻扎刀。长器械。蔡李佛拳较为典型。源于古代兵车战法中的兵器。枪长七尺二寸，其中枪头为八寸。枪头上部尖锐，其下部有侧向突出之倒钩，钩尖内曲。枪杆长六尺，粗圆径为四寸，以木制成，杆尾包铁，长四寸。出现于春秋战国时期，多用

于冷兵器时代。带钩长枪始祖是十八般兵器之一的戟。在宋代攻城战用的枪类兵器中，多是带钩的枪。清中叶以后，作为民间武术器械流传至今。是南派传统武术长器械有机组成部分。其用法是枪头以刺、挑为主杀伤敌人；倒向手柄的倒钩则用来钩住敌人。套路练习中，以拦、拿、扎、拖、钩、点为主要技法，技风与单头棍相似。（李朝旭）

麻扎刀 见"钩镰枪"。

虎尾三节棍 又称三节鞭。软器械套路。属螳螂拳。由3条等长短棍中间以铁环连接而成。一般三节棍全长等于练习者直立直臂上举至手指尖高度，民间武师三节棍有"伸开一丈"之说。放开使用如同长器械一般，可作远距离击打；折叠则是一短棍，约同臂长，常作自卫防身随身之物。三节相连，节节能用。且三节互换，攻守兼备，可长可短，远近兼顾。棍法有劈、扫、抢、击、戳、绞、格以及各种舞花等。常见动作有点棍、劈棍、云棍、拦腰棍。特点是伸缩自如、出入难防、软硬兼具、变化多端。（晏骏）

三节鞭 见"虎尾三节棍"。

虎桩棍 长器械套路。主要流行于广东、福建、广西等客家地区。属李家教。共52式，分4段。主要动作有左右拨棍、马步压刺棍、三角步挑棍等；步法有三角步、马步等；棍法有劈、

虎桩棍

刺、压、扫、挑等。枪棍一体，实用性强。（晏骏）

九点十三枪响棍 长器械套路。早期主要流传于广东广州、佛山和香港、澳门等地，今世界多个国家和地区均有流传。属侠家拳。有80个动作（含起势和收势）。枪棍一体，以左手为前锋手。棍法多于枪法，枪法只在重点发力动作之后的连接间使用，以补棍法不足。棍法密集，勇猛泼辣，注重实战。（李朝旭）

六点半棍 长器械套路。属咏春拳。最早见于洪拳，源自少林棍术，现为咏春拳必练之技。以四平、子午、吊

六点半棍对拆

马等为主，以走棍马为先，再以基本步法配合标、挑、点、摊、抽、弹、遮拦合等基本棍法，称为六点半棍法。棍法套路由六个半招式组成。练习时，要求力透棍尖，抒、意、气、功、糅合在棍法上。棍法简单，内容无花巧，攻防转换明显。短小精悍，实用性强。（晏骏）

芦花刀 短器械套路。属广东鹰爪拳。步稳刀随，刀法劲短势烈。以劈、砍、斩、扫等进攻性以及格、挡、架、截等防守性刀法为主。（李朝旭）

六合棍 长器械套路。属螳螂拳。源于山东烟台、莱阳、青岛及辽宁大连一带，具有棍换枪势枪换棍势特点。基本棍法有封、合、点、扎、劈杆、粘杆、滑杆、舞花挂劈等36种。强

调单打"四要"（步要轻巧、力要圆活、击要快妙、封要严密）。有103个动作，共28趟。练习套路时间长，一般除1趟和2趟一起练习外，其余分开练习。（晏骏）

连环剑 短器械套路。属鹰爪拳。在五行剑基础上，按五行连环拳规律组合创编而成。短小精悍。技法原理属五行剑，在精练形意单趟劈剑、钻剑、崩剑、炮剑、横剑的基础上学练。套路练习强调掌握形意器械性能和劲力，展现形意轻灵、刚实的身法特点。（晏骏）

刘家棍 长器械套路。属刘家拳。有44个动作（起势和收势除外）。特点是棍法密集，快速勇猛，节奏分明。风格泼辣，以锁喉枪和渔翁撒网等招法较为犀利。（李朝旭）

梅花枪 长器械套路。属五祖拳。以拦、拿、扎、劈、崩、点、穿、缠和拨为基本枪法，特点是力贯枪尖，走势开展，上下翻飞，变幻莫测，出势如游龙，气势浩荡磅礴。主要枪法有拦、拿、扎、挑、刺、崩、劈、穿、摆、抢、连环把、舞花枪等。演练要求枪出速如镖，枪扎一条线，抢枪不见面，收枪如按虎，枪摆龙蛇现，手眼身法步，气力达枪尖。（晏骏）

莫家大钯 长器械套路。属莫家拳。有34个动作（不含起势和收势）。特点是讲究贴身，钯要"三靠"（靠腹、靠腰、靠臂）。运钯时，要向上、向下转动。其他与左把枪相似。（李朝旭）

木人桩法 训练法。木人桩是广东传统南拳中多拳种用于功力功法练习的辅助训练器械。其训练方法随咏春拳国际影响力提升而广为人知。木人桩

是与人同高的木桩，一般结构是桩身上装有模拟人的手臂的桩手，中段突出一只暗手，下段装有一只脚肢。练习时，两手成"V"形向外横突，构成练习者防守范围外圈，与中段暗手成三角形。目的是通过击打木人桩，练习各种技击方法，锻炼实战意识。咏春拳从手法、腕力、拳力、硬度、反应等方面进行练习。其训练方法，咏春拳称为"盲人问路"或"黐手摸路"。（李朝旭）

青龙大刀 长器械套路。主要流传于福建、广东等地。属少林白鹤拳。共28式。主要动作有刀劈华山、大刀、小刀等。特点是刀法简练，动作威猛，布局合理，攻防转换自如快速。（晏骏）

七星剑 短器械套路。属螳螂拳。剑镶有七颗铜钉，有缓冲应力集中、防止剑断裂的作用。特点是用重剑来演练，有双手握剑和单手握剑两种。双手握的剑法有撩、挑、崩、劈等；单手握的剑法有刺、点、送等。剑风沉稳、刚猛，步法轻灵而稳健，刚柔相通，是实用价值较高的套路。（晏骏）

七星梅花双刀 双器械套路。属蔡李佛拳。基本架势以"七星步"为基础。技法注重刀手配合，劲力刚脆、横裹、直撞，重在其意，不在其形，刚柔参就。刀法左右兼顾，上下相随，有虚有实，有正有奇。（李朝旭）

十八排尖棍 长器械套路。早期主要流传于广东梅州五华、兴宁、梅县等地，今潮汕地区和其他客家地区也有流传。属朱家教。特点是快速敏捷，凶猛多变，刚柔并济，知进知退。主要棍法有点、打、绞、扫、劈、盖、架、转、铲等。有10个动作，多方引诱，两端（梢把）兼用，从正面进

攻，以击打头部和躯干为主。（李朝旭）

三脚虎棍 长器械套路。属南枝拳。有 31 个动作（含起势和收势）。主要棍法有劈挡、挂压、钻、扫、挑等，主要步法有弓步前退、转身、转体、虚步等。强调身体的协调性和灵活性，全面锻炼身体，简单实用，易于掌握领会，是初学者的入门套路。（李朝旭）

蛇矛枪 长器械套路。属蔡李佛拳。蛇矛，矛头如弯曲的蛇体，是中国古代武器的一种，通体铁制，由矛头、矛柄、矛鐏三部分组成。矛头长二尺余，扁平，弯曲如蛇形，两面有刃，故称。蛇矛用法与普通矛大致相同，该套路主要技法有刺、挑、戳、划等，注重直线向前的突击能力。（晏骏）

双头扁拐 长器械套路。属蔡李佛拳。以此命名的套路最早见于蔡李佛拳和黄啸侠拳法中。蔡李佛拳中本套路有 76 个动作。特点是动作舒展、线路宽广，攻防兼顾四面，活动范围较大。发棍刚劲有力，勇猛快速，打练起来，棍风嗖嗖，气势磅礴，威武雄壮。棍法与枪法并用，攻防快速有力，以攻为主，先发制人。在用法上，单棍主动攻击，往往加上枪法。如弓步杀棍，加上上步挟底枪，摆步叉棍后即加上追步中平枪。突出棍的威猛和枪的灵巧。（李朝旭）

双头棍 长器械套路。流传于中国南方和韩国、印度尼西亚、马来西亚、加拿大、德国等地。属洪家拳。双头棍是南派武术中最常见的传统器械，在洪家拳、蔡家拳、龙形拳等的器械中具代表性。集中南派长棍箭、刹、扫、封、拦、截等主要棍法，上、中、

下三路兼顾，变化多端。演练时注重基本功，一招一式务求准确到位，劲力顺达，力点透彻，体现"快准狠"南棍风格。常练，既可以保持身手灵活，强健体魄，又可习练南棍的多种技法，增强防身自卫能力。（李朝旭）

五尖棍 又称风吹镰。长器械套路。属惠州李家拳。源于少林棍法。双手抓握棍的中段，以棍的两端攻击或防守。套路以走四门为主，故名双头棍或四门双头棍。该棍比一般棍长，以习练者持棍直立，另一手举起，手指同棍头齐高为准。主要特点是突出技击，无舞花，棍打四方，连环击打，上打下封，远用一头，近用两端，远近相互结合运用，梢把兼并，枪棍兼容，虚实结合，突出近距离攻守。技法有劈、扫、撩、砸、戳、滑、点、崩、架、压、挂、拨、格、领、拦、拿、托、扣、报、勾、挂、云、绞、挑、带、圈、颠、推等。以上技法结合身法、步法、跳跃组成套路。可单练也可对练。（晏骏）

风吹镰 见"五尖棍"。

五郎八卦棍 长器械套路。属蔡李佛

五郎八卦棍

拳。其棍结构、材质及技法等与单头棍相同。攻防招式多使用棍的远端，间或用棍把，故名。相传由杨五郎根据杨家枪法编成，有 107 个动作（含起势和收势）。棍长 2.6 米，演练时，棍法与腰马功、臂力、腕力等协调用力，一气呵成。讲究力点和攻防方向与距离。动力充沛，力透棍尖，腰马稳健，身械协调，气势雄壮。（李朝旭）

乌龙棍 又称双头棍。长器械套路。属昆仑拳。有 33 个动作（含起势和收势）。左把棍（左手持棍把）开始。技法以扫、劈、拦、盖、挑、锁、戳等为主，步法以弓马步配合居多。（李朝旭）

双头棍 见"乌龙棍"。

雄鸡啄栗棍 长器械套路。主要流传于广东揭阳、汕头一带，尤以揭阳普宁、汕头潮阳最流行。属南枝拳。以长器械居多，尤以棍、枪、叉最具代表性。左把棍开始。常用技法是刺、拨、点、劈、弹、挑等，有如雄鸡啄栗一般。（李朝旭）

左把枪 长器械套路。属侠家拳。广东传统南拳多拳种传统器械套路中长器械的持械方法。枪棍一体，因以左手持枪把，右手为前锋手，称为"左把枪"。有 80 个动作（含起势和收势）。基本枪法主要有弹、抛、圈、挡、格、遮等。棍法多于枪法，枪法只在重点发力动作后衔接使用，补棍法不足。套路特点是工整、流畅、发力清楚，是兼表演和技击的经典套路。（李朝旭）

子午连环棍 长器械套路。主要流传于广东各地。属李家拳。共 30 式。主要动作有三脚虎捆、太公钓鱼、铁

锤沉江等。特点是以形为械，棍法朴素，主要练腰、肩、腿协调聚劲发力。（晏骏）

百把功　操功方法。常见于鹰爪翻子门指功练习中。两腿开立下蹲成马步，两手握拳于腰间。左拳从腰间向前冲出，拳心朝下；由拳变掌，前臂外旋，以腕关节为轴，向外转腕，掌指由上向右、向下划一小立圆，屈指抓握成鹰爪形，其势如鹰攫物，再回收腰间。南拳拳师为增强桥手及腕关节灵活性，参照其运动过程，形成其练功方法。方法是左拳冲出后，以腕关节为轴旋绕抓握成拳状回收至腰间，两手左右交替冲抓100次，故名。（晏骏）

扯拳　操功方法。主练拳臂硬度和上肢对抗性力量。训练手段和内容主要有单式（插、挂、抛等）、双式（挂劈、截撒等）、多式（挂闸哨、攻穿撑等）及打沙袋、打木人桩等功法。要求腰、腿、肩、臂协调配合，劲力顺达，拳法熟练，身法自然；以腰发力并配合呼吸吐纳（或发声）。（晏骏）

黐手　操功方法。咏春拳中较为常见。主练桥手劲力及其反应和灵敏性。由咏春拳基础套路中任意攻防动作组合而成，是检验练习者实战功力最有效和最直接的方法。按拳法性质，分为单黐手和双黐手；按运动形式，分为定步黐手和活步黐手。定步黐手即原定不动进行黐手，要求练习者必须扎好二字钳羊马，两人单手或双手以伏、摊、膀等手法互相攻防来训练上肢感觉，辅以腰马加以配合。训练过程中要求攻防自由转换。活步黐手即移动中进行的黐手，更接近于实战对抗形式。（晏骏）

穿闪木桩　操功方法。南派武术拳种常见功法。主练人体下盘的稳定性和身体的灵活性。木桩一般长7尺，一半埋入地下，一半留露地面。练习者利用下肢步法贴近木桩（不可接触）快速反应迅速移动，穿梭于桩阵之间，穿闪方式可让练习者站立在木桩上，运用站、换、窜、跳等方式进行训练，以提升下肢力量与稳定性。练习者须全神贯注。（晏骏）

搓竹把　操功方法。南派武术拳种常见功法。主练手掌抓握力和前臂拧转力。既可单人练习，也可两人配合练习。选取竹木棒的长度、重量因人而异。单人练习时，双手紧握两端，先以两手对向拧转来刺激肌肉组织弹性，接着来回滚搓全身主要肌肉筋脉。搓动时速度由慢而快，用力由轻而重，次数由少而多。两人练习时，双方各抓握竹棒一端，练习法与单人练习环节相同。可有效放松肌肉，消除疲劳，疏通经络，使肌肉坚实，提高攻防能力。（晏骏）

打沙包　又称打沙袋、打吊袋。操功方法。南派武术拳种常见功法。主练肢体打击力量和抗击打力度。沙包以白帆布（或软皮）编织成圆形或梨状袋，内装细沙，其重量随练习者水平提高而增加。初练时，每袋重20斤。练习方法是将数个沙袋分别悬置于方形框架四条横梁中间，框架高1丈2尺，长宽均为7尺。沙袋悬置高度有两种：一种与胸同高，另一种袋高不等。练习者站于沙袋中间，以头、肩、肘、手、胯、膝、足任意撞击沙袋。当沙袋被击，来回摆动时，练习者则边躲闪、拦截，边击打荡回的沙袋。以单个沙包击打练习形式为主。打多袋沙包可提高练习者的反应速度、距离感和准确度。（晏骏）

打沙袋　见"打沙包"。

打吊袋　见"打沙包"。

打三星　操功方法。南派武术拳种常见功法。主练桥手功力和硬度。分单练和两人对练。单练以树干或木桩作为击打对象，利用前臂的砸、挑、劈等方式进行训练；对练是两人臂对臂练。主要有三种练习方式：第一种是下扫法，以前臂桡骨侧为力点，拳心朝下扫击；第二种是上挑法，以前臂桡骨侧为力点，拳心斜朝上挑击；第三种是下劈法，以前臂尺骨为力点，拳朝下劈击。熟练后，可将扫、挑、劈三个动作进行连击练习。有助于提升练习者实战对抗能力。（晏骏）

打千层纸　操功方法。南派武术拳种常见功法。主练拳面硬度与出拳力度。"千层纸"即纸墩，取麻方纸或其他类软纸黏（缝）合成的三四寸厚纸墩。以拳面、拳背、掌沿、掌背及指、肘砸拍或插击纸墩，用来增加各关节部位功力及实战对抗中的攻击力度。练习时将千层纸（纸墩）放置于台面上，下肢呈马步或弓步（也可自然站立，两膝微微弯曲），两手交替击打，击打力量由轻而重，次数由少而多，逐步提高。主要练习拳、掌、指、肘功力。（晏骏）

打台包　操功方法。粤西洪拳较为常见。台包一般选用沙袋、狗皮袋等，内部填充细沙石或连壳粟核。将台包置于不同高度的操台上，练习者用头、肩、臀、肘、小臂、拳、掌等部位撞击，用来提升各部位硬度与抗击能力。主练上肢抗击打能力。（晏骏）

举石担　又称举石链。操功方法。南派武术拳种常见功法。取毛竹为竿，开石为盘。主要练法有单双手抓举、挺举、推举、双蹾举等，练习过程中可变换练习方式。具体方法是将石担

置于两臂上臂处，使其缓慢向下滚至腕部，向上做抛起动作，将石担落至上臂处，再沿前臂下滚，再抛起，周而复始进行练习。也可两人对抛练习（单练是基础）。基本动作有独枭凤凰、单臂举鼎、铁肘顶山、石虎出洞、罗汉拔葱、石链打头花、变花四开门。重量从40斤始，渐增至120余斤。主练全身力量，重点是两臂桥力与硬度。现多以杠铃代替石担。（晏骏）

举石链 见"举石担"。

举石锁 操功方法。南派武术拳种常见功法。石锁由石料制成，将石头凿成古铜锁形，中间有握手处。分单人练习和双人配合练习。单人练习有提法、举法，双人配合练习则以掷、接为主。提法有屈臂上提和直臂上提两种，举法有单手推举、抓举，掷法有飞掷、反掷、跨掷、背掷等，接法有手接、指接、肘接、肩接、头接等。还有花式练法。初练时一般从20斤起提举，后逐渐加重，练到能提举70斤者为优。主练手臂提举劲力。（晏骏）

举石锁

木人桩 又称木人桩靶、假想敌。训练器械。传统南拳多拳种训练常用器械。常见有立式木人桩、弹簧木人桩、悬挂式木人桩。传统一般用直径6寸、长9寸圆木（以枣木、榆木为佳），埋入地下3尺5寸（桩身长度170—175厘米）。在距圆木顶端1尺处，装一条长3尺2寸（桩手长约29厘米）、直径1尺6寸横木。上端1尺喻头颈，中段喻腰腹，下端喻腿脚，横木喻手臂。练习时，立于木人前，将木人假设为敌手，进行各种攻防方法练习。用手搂带木臂，以拳、掌、指击戳木头，以肩胯靠打木身，以膝足撞踢木人腿脚。木人桩法能有效提高人体中枢神经、呼吸和消化等系统功能，对心、肺、脾、胃等内脏器官和骨骼、肌肉、关节、韧带等起锻炼作用，增强练习者身手劲力。随咏春拳影响力不断扩大，成为咏春拳文化符号。（晏骏）

20世纪40年代叶问用过的木人桩

木人桩靶 见"木人桩"。

假想敌 见"木人桩"。

马术 骑术。在马上进行各种竞技运动的总称。源于北方游牧民族，包含速度赛马（如香港特别行政区赛马会日常赛马）、越野、障碍赛马、盛装舞步（奥运会、亚运会、全运会比赛项目）以及民族传统赛马（含表演赛、马球）等表现形式。商代在使用车战同时出现骑术与骑射；西周初有关于骑兵作战的记载；唐代武举制设有马射、马枪科目，作为军事战争必要工具手段达到鼎盛。工业革命以后，马丧失军事、劳动力和运输等各领域主导作用，其功能被娱乐休闲和竞技体育代替。现代马术运动是奥林匹克竞技项目。（晏骏）

拧腰摔肩 操功方法。南派武术拳种常见功法。拧腰时，左腿微屈站立，右腿提起经左膝前向左侧插伸，脚尖点地。两臂向右平摆，右臂侧平举，左臂平屈于胸，两掌心朝下，动作左右相反；摔肩时，两脚开立，两手于身后五指交叉，上体前倾两臂撑直，以肩关节为轴，两手向头颈部方向贴近靠拢。拧腰过程中，练习者需体会腰部力量传递过程，后期可配合步型转换完成。可操练肩关节柔韧性、灵活性。主练腰腹力量、速度及其柔韧。（晏骏）

拍上臂 操功方法。南派武术拳种常见功法。有单练和对练两种形式（两人对练形式较多）。练习方法是先用掌背由上向下拍击对方上臂肱二头肌，再用掌跟由下向上撞击对方上臂肱三头肌。基本要求是拍击臂时，须用软掌爆发力；拍击过程中，被拍击方身体自然站立，两脚微微弯曲，并伴有吐气发声助以沉肩实腹。两者交替练习，力度以适度为宜。随着练习者功力增加，上臂肌肉纤维组织增粗，可加大拍击力度与频率。主练肢体硬度和抗击打力。（晏骏）

桥手功 操功方法。以洪拳桥手功训练最成体系，素有"洪家十二桥手"之说。桥，指人的双臂；桥手指在敌方攻击我时，利用我和对方之间距离，以双臂作为"桥梁"，阻挡对方攻势，有效实施反击。传统方法有撞三星、铁环上臂等。主练上肢前臂硬度。（晏骏）

双人截桥 操功方法。两人互助体会的练习形式。一般是两人相对站立，约一臂距离，双方两手呈握拳式，两人右前臂均向左向上弧形上摆（或上抛），以前臂背侧相靠击，拳高约与眼相齐；向左向下弧形下摆，以前臂前侧相靠击，拳高约与小腹齐，左臂靠击法与右臂方式相同，两臂循环交替。双方截击相靠时，力度应控制在极限范围内。随着小臂硬度增加，后期也可使一方（双方）佩戴铁环进行两两相互截桥。双人截桥主练桥手功力和硬度，能有效增进基本功练习的趣味性。（晏骏）

藤箍手　操功方法。南派武术如洪拳、咏春拳均较常见。主要练法是用藤条编绕成一个圆圈，两手在藤条圈内进行圈绕练习。练习过程中，不断绕动藤箍培养双手敏感度和速度，以锻炼双手反向拉力与桥手的劲力。实训两人对抗中接手的灵敏反应及其抗阻和反击能力。主练桥手劲力及其灵活性。（晏骏）

踢勒介头　又称钉状木树头、踢木桩。操功方法。南派武术拳种常见功法。选用木桩长度约为 3 尺 3 寸，钉入地下 1 尺 5 寸，露出于地面部分用麻绳捆扎木桩数圈。可在地面上钉入 3 根成等边三角形，或钉入 4 根成方形，或钉入 5 根成梅花形。练习时，穿插于木桩之间，两腿交替采用踢、蹬、踹、勾、铲等技法踢桩。主练腿脚硬度。（晏骏）

钉状木树头　见"踢勒介头"。
踢木桩　见"踢勒介头"。

踏四星　操功方法。广东惠州李家拳较为常见。以两脚半长度为直径在地面画圈，大圈内再画 4 个直径约为一脚的等距圈。两脚分别踏在圈内，配合步法、身法、手法及其位置和方向的变化完成踏星动作。常用梅花桩步法，也可踏圆木盖、踩竹桩等。可循环练习。练习时要求身形中正，落地生根，进退转换有序且自然。主练人体下盘稳定性与身体灵活性。（李朝旭）

铁砂掌　操功方法。南派武术拳种常见功法。属于硬功类。练习方法是将绿豆、河沙乃至铁沙置于袋包中，用手掌研击、摔打，并附以药物浸洗，以化瘀消肿，舒筋活血，达到连续训练和不致受伤的目的。长期系统训练中，逐渐增加袋包重量，达到单掌可击破、拍碎硬度较大物体程度。主练桥手劲力和手掌功力。（晏骏）

腰功　基本功。南派武术拳种常见功法。武术进阶的基础保障。旨在发展腰部力量，提升协调、柔韧、速度、灵敏等素质和腰身法等技法运用能力。主要内容有涮腰、翻腰、下腰、吊腰、甩腰、俯腰、弹腰等。以涮、甩、俯最为常见。涮腰以髋关节为轴，两臂向左前下方伸出，挥动两臂，随上体向前、向右、向后、再向左翻转绕环，依次左右交替；下腰是腰向后弯，抬头、挺腰，双手撑地身体呈桥形；甩腰是以腰为轴，上体做前后屈动作，两臂也随之甩动；前俯腰是上体前俯，挺胸塌腰，两手尽力触地，再两手松开，用两手绕过双腿，抱住两脚跟部，使前额紧贴小腿。（晏骏）

压撒鞭　操功方法。李家拳基本功训练中常采用。传统撒鞭简易装置是在地上立 2 根高约 1.2 米木柱，两柱间相距 80 厘米，柱上每隔 1 厘米置 1 枚大铁钉（两柱所置铁钉须平行，每柱 5、6 枚即可），再把一根 1 丈多长搁竿（头大尾长）斜插于两柱背面，竹尾居中且正对两柱间上方，在竹尾端系一条 1 米长横杠。练习者站在两柱中间位，竹尾端系着的横杠固定于练习者胸前。练习者采用两个鹅颈手把横杠挽住，落马坐胯，沉肩坠肘。当力不支时（也可采用间隙训练法），可将横杠推入两柱钉下搁置调整，也可在两根立柱上架一横杆，杆上系两条橡筋，让其垂下与练习者肩平，橡皮筋上再系两个铜环。练功者将两鹅颈手套入铜圈内，落马沉肩坠肘，用力向下拉扯。主练桩马和桥手的速度、力量与灵活性。（李朝旭）

抓吊瓶口　又称抓坛罐、龙爪功。操功方法。南派武术拳种常见功法。吊瓶可选用酒瓶或酒坛。具体方法是瓶（坛）内装铁砂、石沙或水，以拇、食、中三指扣抓瓶（坛）口提悬于空中，直臂伸挺，与肩齐平，保持 1—5 分钟，直至力乏指酸，然后换另一只手做。提悬时间与重量随功力逐渐增加，两手依次进行练习，累计时间为 15—20 分钟，最后弃坛空手抓练。训练练习者拇指、食指、中指指力力度和速度。主练指爪功。（晏骏）

抓坛罐　见"抓吊瓶口"。
龙爪功　见"抓吊瓶口"。

弹腿　操功方法。主要流传于广东广州、中山、惠州等地。源于查拳。南派武术拳种常见功法。因主练下盘、发力疾速、劲道脆弹而得名。要求踢腿稳，以静力站桩增强腿部肌肉、爆发力。以套路练习为主，有单练和对练两种。该套路结构严谨，功架骨力遒劲。20 世纪 20 年代末，山东籍回族拳师王少周、杨英侠夫妇受聘南来，先后执教于广东、广西国术馆和广州国术社，并在光塔寺传授查拳基本套路十路弹腿，始有规模和体系传承。广州光塔寺内仍有相关武术活动。主练下盘。（李冬奎）

指功　又称二指禅。南派武术拳种常见功法。少林功法指力练习法。一般练法是，初以两掌撑地做倒立，后可用十指、八指、六指、四指倒立，最后，单臂二指支撑倒立。倒立超过半小时者为上乘。该功法进阶过程分撑

指功

功、指功、禅功。撑功要求双手直臂，中、食二指指尖顶撑于墙壁上，与肩同宽，身躯及双腿伸直并拢，不可凹腰，头与躯干成一直线，双手中、食二指撑在墙上随呼吸推动身体；指功要求身俯卧，双手直臂、中、食指撑地，与肩同宽，身躯及双腿伸直并拢，两脚脚尖挂地，全身成一直线，百会穴与会阴穴对直，轻闭双目，舌尖轻抵上腭，用鼻做长、匀、细深呼吸，双臂中、食二指撑地，随呼吸推动身体起伏（似体操中的俯卧撑）；禅功要求左手直臂，以中、食二指撑地，右手剑指背在身后，两脚交叉伸直靠在地上，全身挺直成一条直线，做长、匀、细深呼吸，左手中、食指随呼吸推动身体上起下伏，两手可交替练习。注重内外兼修，通过练意、练气、练力达成防身、强身、祛病延年的功效。（晏骏）

二指禅　见"指功"。

桩马功　操功方法。南派武术一般性

桩马桥手之马步单虎爪

训练。以四平马步桩、二字钳羊马最为典型。四平马步桩姿势低平，功架开展，强度较大。练功时，要求两腿并立，两脚平行（距离约为脚长的3倍）站好，然后两膝弯曲半蹲，两大腿微平，脚尖内扣，五趾抓地，重心落于两腿正中，膝部外展与脚尖垂直，裆部撑圆，同时保持头正、颈直、含胸、收腹、提肛、立腰、开胯、沉肩、收臀。二字钳羊马要求双腿膝关节略屈，上身直立，双腿膝关节内扣，重

心落在两脚脚跟连线中点上。练习桩马功时可通过意念引导体内气机流转，达到增强内劲效果。主练下肢力量及其稳定性。（晏骏）

走生马　操功方法。蔡李佛拳桩马功练习中较为常用。基本功系统训练之一。主要是以八种步型（子午马、四平马、拐马、偷马、缠丝马、跪马、骑龙马、吊马）为基础，通过连贯或穿插变换，以踢腿与坐马、拧腰、打膊以及发声呼气等配合，结合步型步法、身形身法等功法组合练习，以达到步稳而捷灵的目的。主练下盘力量和稳固。（李朝旭）

蔡李佛拳之走生马

游艺竞技

布马舞　民间体育。粤东地区流传较广。起源于宋末元初，由江西传入广东饶平。布马是用竹篾扎成马身，坐骑处留出孔洞坐人，孔洞处绑上可挂于肩上的系带，马身裹上绸布并彩绘成为装饰，布马腿部用布围住以遮挡表演者腿部。表演者身穿斗篷长袍遮挡住孔洞，使人如骑在马上。完整套路有摆阵势、闯四门、八卦开门、蝴蝶采花等，传统套路有六国封相、昭君出塞。相传宋代一位新科状元抗金有功，皇帝为表彰其功绩，赐其与探花、榜眼、进士一同携夫人骑马游街，以为奖励。民间根据这一故事编成布马舞。演出时以潮州大锣鼓为伴奏，是迁居南来的客家人对勇武彪悍北国

民风的一种怀念。（李冬奎）

板鞋竞速　民间体育。广西壮族地区流传较广。三人板鞋起源不详。竞赛场地为标准田径场地，跑道宽2.44—2.5米。三人板鞋由长100厘米、宽9厘米、厚3厘米木料制成。每只板鞋配有3块宽度为5厘米的护足面皮，分别固定在规定距离上。比赛的3名运动员一起将脚套在同一双板鞋上，在田径场上通过同等距离，以用时多少判定名次。相传明嘉靖年间，倭寇袭扰中国东南沿海，壮族女英雄瓦氏夫人率狼兵出征江浙抗击倭寇时，为严明军纪，提高战斗力，经常组织三人缚腿赛跑。清咸丰年间，罗氏第

十三世子孙罗腾皋接任地方土司后，为弘扬祖绩，把三人缚腿赛跑改为三人穿板鞋比赛，后被沿袭流行至今。2003年第七届少数民族传统体育运动会上列入表演项目。2007年第八届全国少数民族传统体育运动会上成为正式比赛项目。（李冬奎）

长兵　格斗项目。两手使用长柄兵器。唐代流传于世。宋代长兵比试活动日益完善，主要取于枪法，杂以棍法及其他长兵技法。传统长兵为装软质枪头的3.3米长白蜡杆，比赛场地为直径10米圆形场地。参赛者头戴护面，身着护具。比赛以命中积分和击倒相结合方式判定胜负。竞赛一般进行3局，

每局 3 分钟，局间休息 1 分钟。现代长兵是基于军事武艺长兵比试活动发展而来，两人各持一条缚着软质枪头长杆，按照一定规则相互格戳，以决胜负的一种对抗性武术格斗项目。（李冬奎）

短兵 格斗项目。单手使用短器械的总称。源自战国观赏娱乐斗剑，与军事格斗类同。比赛时双方各持长约 1 米的外层为软质材料包裹的短兵，在直径为 8 米的场地内进行比赛。比赛一般为 3 个回合，每回合为 3 分钟，局间休息 1 分钟，以总得分多者为胜。不同朝代均出现以无刃杆杖代替利剑进行格斗比试的活动。现指在刀、剑等短器械击法基础上发展起来的一种两人对抗性武术项目。（李冬奎）

打扁担 民间体育。广西壮族地区流传较广。唐代刘恂《岭表录异》记载的“打春堂”是原始形态。人数为双数，从 4 人到 10 人不等，站在一条或两条长凳两边，每人双手持握一根扁担的中部，两人面对面用扁担两头敲打凳子或互击扁担，用不同节奏与多种打法表现劳动过程。民族民俗差异，活动形式有变化。亦有用竹竿或木杆代替扁担，并对竹竿加装饰。（李冬奎）

打扁担

打尺 民间体育。广西壮族地区流传较广。需备长短棍。短棍约 10 厘米，直径 2 厘米；长棍约 30 厘米，直径 4 厘米。选择一长 10—30 米、宽 4 米左

右场地。在场地一端中间挖一个约 10 厘米深长形地坑。方法是将短棍放进坑内，露小半于地面，用长棍击打，小棍弹起，随即用长棍将其打向前方。打出落地后，对方队员用长棍为尺，丈量小坑到短棍落地距离。双方换位击打，根据击打距离远近评判胜负和局。双方决出胜负后还要由负方向胜方送筹。负方手持短棍站在距离胜方 3—5 尺位置，将短棍抛给胜方，胜方击出短棍后，负方接住则停止送筹（如未接住则继续送筹）并继续比赛。（李冬奎）

打长鼓 又称长鼓舞、大长鼓舞。民间体育。主要流传于广东、广西瑶族地区，广东地区主要流传于清远市连南瑶族自治县排瑶聚居地。源于祭祀祖先盘王，多在瑶族传统节日及庆祝丰收、乔迁或婚礼喜庆日子表演。长鼓通常用桐木制作，用牛皮或羊皮蒙鼓面。鼓长不一，约 1.2 米，中间小，两头大，其中一头又略大三分之一。木心挖空，两头蒙上精制过的牛皮或羊皮，用 6—8 条染色麻绳拉紧两头的牛皮或羊皮，涂上色彩，绘上龙凤图案，制成长鼓。根据表演人数，可分单人舞、双人舞、多人舞。表演动作丰富，有多达 72 套动作。2008 年入选国家级第二批非物质文化遗产目录名录。参见第 572 页艺术卷“长鼓舞”条。（李冬奎）

打拐 民间体育。广东、广西壮族、回族地区流传较广。传说是乞丐用拐杖击打来袭木棍而得名。发源于广西北部地区农村，是秋收后儿童少年在田野间进行的游戏。传统打拐场地一般选择长 15 米、宽 12 米左右的平坦地面，在一端挖一个中间大两头尖、中间深两头浅的小坑，坑深与宽约 4 厘米，称为鸡穴。器材有尺棒、鸡棒，分别长 50 厘米、20 厘米，直径分别为

2.5 厘米、1.5 厘米。比赛可双人或多人分队参与。攻防方法包括飞棒、过关、打拐、求吃、敲鸡头、守穴 6 个步骤。（李冬奎）

打花棍 民间体育。广东、广西苗族、黎族地区流传较广。原是姑娘挑选情郎的一种方式，后发展成为娱乐健身活动。花棍为木质，长约 1—1.5 米，直径 4 厘米。打法主要有点打棍、来回扫棍、旋转扫棍等。基本跳法有左跳、右跳、上跳、跨跳、跳起转体等。表演时，8 人分 4 组对打。棍与棍、棍与地做有节奏碰击。姑娘们身着镶边服饰，边歌边舞，手舞花棍，击打自己的头、肩、胸、臂、背、膝、腿、足等身体各部位，交换队形互相击打，花棍发出悦耳动听的碰击声和姑娘们的歌声。（李冬奎）

打花棍

打磨秋 民间体育。广东、广西壮、苗、彝等少数民族中流传较广。磨秋由立柱和一根横木组成。立柱高 1—3 米不等，竖立地上，顶端削尖作为轴心。另以一根长约 6 米木杆，中部凿一圆洞，横置于立柱尖顶上。活动时磨秋横杆两头人数相等，双方推动横杆助跑，跃伏杆头，随杆旋转起伏飞转。转动时状似推磨，又如秋千上下升降，故名。（李冬奎）

独竹漂 又称独竹舟；俗称划竹竿。民间体育。源自赤水河流域独特黔北民间绝技，有近百年历史。表演者赤足站立于一根直径约 20 厘米、长约 8

米笔直楠竹上，手持一根直径约 5 厘米、长约 4 米竹竿当桨划水，表演"乘风破浪"、倒退、转身、绕弯、换竿等绝技。是竞速项目，以相同距离耗时多少为胜负标准。2011 年第九届全国少数民族传统体育运动会上成为正式比赛项目。岭南多省市均组队参赛。（李冬奎）

独竹舟 见"独竹漂"。
划竹竿 见"独竹漂"。

单掌断砖 武术功法运动。南派武术常见练习功法。源于武术掌功功力演示方法。比赛场地为 8 平方米平台，金属支架可调 3 个高度（0.6 米、0.8 米、1 米），架面至两端设有横梁来支撑砖两端。运动员根据身高选择支架高度，支架与砖块高度之和不得低于本人直立时髋关节高度。砖块选普通建筑用红砖，规格为长 24 厘米、宽 12 厘米、厚 5 厘米。练习者通过运气发力，用手掌击断砖块。比赛中以运动员一掌打断砖块数量来评判胜负。全国武术功力大赛正式比赛项目。2004 年第一批列入。（李冬奎）

单掌断砖

高脚竞速 又称高脚马、骑竹马。民间体育。广东、广西、湖南、云南、贵州的壮族和土家族流传较广。高脚马是以两根齐肩长竹竿或木棒各安一踏板制成，早期作为交通工具使用。踏板离地面高度为 25—30 厘米，材料有竹马、木制马、金属或合金马三种。骑的方式有踏板双向内、踏板双向外、一只脚外一只脚内等 12 种。骑竹马比

赛分为竞速比赛、骑竹马角斗、竹马舞、骑竹马踢足球高脚球比赛。在标准田径场地上进行，跑道宽为 2.44—2.5 米；接力比赛接力区在接力区中线前后各 5 米实线内。比赛用高脚杆为竹或其他硬质材料制成，高度不限，踏镫高度从杆底到踏镫杆支点上沿距离为 30—35 厘米。竞赛分为个人赛和接力赛两大类。比赛方式是由运动员双手各持一杆，脚踩杆上踏镫，在田径场上进行比赛，以在同等距离内所用时间多少决定比赛名次。2003 年第七届全国少数民族传统体育运动会上成为正式比赛项目。（李冬奎）

高脚马 见"高脚竞速"。
骑竹马 见"高脚竞速"。

毽球运动 民间体育。毽球用 4 支白色或彩色鹅翎成十字形插在毛管内、与下部毽垫连接而成，高度为 13—15 厘米，重量为 13—15 克。场地为 12 米×6 米长方形。球网与羽毛球网通用。每队 3 人，运动员依次换位，换发球。运动员可用头、胸、腹、膝、脚各部触球，每人连续踢、触不能超过两次，全队不能超过 6 次。不得用手、臂触球。球不得明显停留在队员身体任何部位。比赛采用 3 局 2 胜制，得分方是发球方（第 3 局采取每球得分制），以先得 15 分者为胜 1 局，先胜 2 局者为胜方。始于 20 世纪 40 年代广州市三轮车工人闲暇时结绳代网进行的"隔网"对踢比赛。新中国成立后，广州市体委将其发展成为一种比赛活动并普及起来。1964 年广州市体委制订比赛规则并组织正规比赛，时称"网毽"。1984 年正式定名为"毽球"运动。1985 年第一届毽球锦标赛在苏州举行。1995 年第五届全国少数民族传统体育运动会上成为正式比赛项目。（李冬奎）

拉鼓 民间体育。源于苗族古代祭祀

祖先、消灾祈福庆丰收的一项活动。岭南苗族地区流传较广。传说每拉一次鼓会有 13 年丰年，苗家每隔 13 年拉一次鼓，久之遂成节目。一般在九、十月进行，分为 3 个阶段，包括请鼓和封鼓、转鼓和唱鼓、拉鼓和送鼓。在平缓山坡上设立场地。用绳子将鼓箍紧扎实。在场地中央画出两道"河界"，将鼓对准"河界"中央，以拉鼓过界为胜负标准。两队比赛人数要求相等，每队 10—30 人。（李冬奎）

龙舟竞渡 又称扒龙舟。民间体育。流行于广东地区。唐代广东已有龙舟竞渡记载。南汉后主刘𬬻每年端午节

龙舟竞渡

于广州城西"浚玉液池"举行妇女龙舟竞渡。南宋时广东已有大型龙舟竞渡。至明清广东龙舟竞渡已十分普遍。龙舟活动有表演技巧的"趁景"和竞渡的"斗标"之分。岭南龙舟建造材料各地不同，广州地区多采用结实耐腐昆甸木，其他地方多采用轻便杉木。龙舟建造也略有不同，鸡公头龙舟龙头长 1 米左右，小而上翘，船头与船尾有活动橹掌握方向。船不能在行进时调头，掉头时需要全船人转身，以尾插橹为头掌握方向前行。大头狗龙舟龙头龙颈短，龙头大。因水域情况不同，各地龙舟船体大小宽窄也有不同。全国少数民族体育运动会正式比赛项目。参见第 317 页民俗卷"趁景""斗标"条。（李冬奎）

扒龙舟 见"龙舟竞渡"。

母鸡孵窝　民间体育。源于广东清远壮族、广西仫佬族传统游戏。一般由6—8人参与。场地选平坦地面，中央画一个直径0.5—1米圆圈作为"鸡窝"，在"鸡窝"里放7—8块拳头大小石子作为"鸡蛋"。开始前，先抽签选出一人扮"母鸡"，其余人则扮演抢"蛋"者在"鸡窝"四周伺机抢"蛋"。开始时，"母鸡"在"鸡窝"里四肢撑地，形似"母鸡孵蛋"，以身体四肢守护"鸡蛋"。抢"蛋"者如被"母鸡"用脚碰到身体任何一个部位，则失去抢"蛋"资格。"母鸡"在伸脚踢人时，双手不能离地，也不准离开"鸡窝"。游戏最终以"母鸡"能否保住"鸡蛋"不被抢光判定胜负。（李冬奎）

母鸡孵窝

木球运动　民间体育。岭南回族地区流传较广。由回族打篮子、打毛球等游艺活动发展改进而来。木球为长圆柱体，球体长9厘米。击球板由竹、木或非金属合成材料制成，全长70厘米，由板柄和板头组成。球门宽120厘米，高80厘米，球门后装球网。比赛在长40米、宽25米场地上进行。每队上场队员5人，手握击球板，运用传、接、运、抢、击球射门等技术，避开对方防守，将球击入对方球门得分。全场比赛时间40分钟，每半场时间为20分钟，半场中间休息10分钟。比赛结束，输方要在不换气喊"嗟儿"声中将胜方打出去的球捡回来，以示受罚。（李冬奎）

民族式摔跤　民间体育。摔跤历史悠久，南朝任昉《述异记》已有记载。竞赛项目包括搏克（蒙古族式摔跤）、且里西（维吾尔族式摔跤）、格（彝族式摔跤）、北嘎（藏族式摔跤）、绊跤（回族式摔跤）、朝鲜族式摔跤6个跤种。运动员按体重分为5个级别。两人身着摔跤衣，在10米×10米比赛场地上互摔，以把对手摔倒为胜，并根据动作质量得1分、2分或3分。每场比赛3回合，每回合3分钟，中间休息1分钟。以3回合中得分多者为胜。未到比赛终止时间，一方超过对手10分为胜。绊跤在广州回民中流传广泛。著名回族武术家张登魁是"绊跤"在岭南得以广泛传播代表性人物。全国少数民族体育运动会正式比赛项目。（李冬奎）

爬坡杆　民间体育。流传于岭南苗族地区。相传为纪念反抗奴隶主而牺牲的苗族英雄孟子右而设。以一根长达10米的碗口粗圆滑长木为杆，杆顶挂一葫芦酒、熟肉、粽粑竖立场地上。传统爬坡杆方法有手攀法、顺爬法、抱杆爬、转爬法、倒爬法、爬蹬杆蹬多种。参加者爬至竿顶喝酒数口，用嘴咬住系着葫芦、肉、粽粑绳带，头朝下、脚在上滑下，以着地时东西不掉落即可获得带下酒肉做奖品，并受族人赞美与少女们倾慕。广东、广西、贵州等地每年举行苗族坡会。（李冬奎）

南派花毽　民间体育。宋代高承《事物纪原》记述毽球材质是以铅锡为钱，装鸡羽为毽子。花毽分南北两派。清初，花毽在广州地区普及，已有踢大毽的市井百姓和踢小毽的富豪贵族子弟之分。清代八旗子弟根据广州气候特点对花毽加以改良，提高毽子弹性，渐渐形成4—5人一围的踢法。多采用鸽毛，以十字形状黏合而成；底托用

牛、蛇、猪等动物皮革。毽子弹性好，踢起来爽脆，声音悦耳。在基本功上，脚法分为平脚、侧脚、尖脚、膝踢、秤钩踢、脚底。以围踢为主，人员位置相对固定，以过毽为主，踢法融入戏剧的功架、身段及武术中的招式和腰马功夫。表演起来如行云流水，不拘一格，观赏性强。尖脚踢法被视为该派花毽的精髓。（李冬奎）

抛绣球　又称投绣球。民间体育。流传于南方，广西壮族最具代表。2000多年前的花山壁画上已出现，甩投青铜铸制成的用以狩猎和作战的兵器飞砣。后人们用绣花布囊取代飞砣用以娱乐。宋代以后成为青年男女表达爱情的媒介。每逢春节、三月三、中秋等传统节日，壮族青年男女以抛绣球来表达爱慕之情。青年们汇集村头、河畔，男女分聚，先对唱民歌，姑娘向小伙子抛绣球，小伙子接球玩赏后抛还姑娘。几经往返，有情人便成双成对。（李冬奎）

投绣球　见"抛绣球"。

埔寨火龙　民间体育。在元宵夜举行。清乾隆六年（1741）始创于广东丰顺县埔寨。用竹篾扎成，用纸、布裱连接而成，长约30米。在龙头、龙身、龙尾上安装烟花、火箭、鞭炮。火龙表演队伍可达280人。舞龙开始时，在绣球引带下，40—50名赤膊壮汉高擎火龙，近百名勇士手擎小龙、金鲤、龙虾、鳖鱼随从，在锣鼓、鞭炮、铁铳声中奔舞，龙身上排放的烟花按顺序燃放，呈现万花齐放、高低错落、银花锦簇的景象。烟花火屑如掉落在人身上，皮肤烫出水泡，被视为将有好运气的吉兆。是粤东地区闹元宵的传统项目。（李冬奎）

抢花炮　民间体育。主要流传于南方

的壮、苗、瑶等少数民族之中，汉族地区也有开展。相传起源于广东，由商人传播，已有 500 多年历史。一般在三月初三举行。对抗性强。传统花炮为铁制圆环，直径约 5 厘米，用红布或红绸缠绕装饰，重 40—50 克。活动时将花炮置于内置火药的铁铳上，燃放后将花炮射入空中，落下时参与者奋力夺取。传统抢花炮不限人数与队伍数量。场地一般设置在山坡及河岸，无严格边界，山野田间也是活动范围。民间传统为燃放三炮，第一炮寓意人丁兴旺，第二炮寓意五谷丰登，第三炮寓意万事吉祥如意。全国民运会竞赛规则要求：花炮采用橡胶材料，为直径 14 厘米的彩色圆饼状，仿飞碟发射。场地长 60 米、宽 50 米，场地中间设置发炮点。每次 2 队各 10 名男选手上场比赛，全场比赛 40 分钟，分上、下两个半场，中间休息 10 分钟。可使用挤、钻、护、传、拦等动作，但不得有打、踢、咬等伤人动作。抢得铁环的队员突破对方堵截，将铁环送到指定地点即得一分，以得分多少计名次。全国少数民族体育运动会正式比赛项目。（李冬奎）

上刀梯 又称上刀杆、上刀山。民间体育。南方多省汉、壮、苗、瑶等族居住地均有流传，广东潮汕地区汉族民间流传较广。刀梯搭建需用长 3 丈余的直木两根，绑为梯状立牢，并将 100 多把利刀刀刃向上捆绑于梯上，次第层级而上，直至梯上端。表演时，巫师率童子念咒，表演者足踏刀梯而上，至顶以纸钱至刀锋，足踏纸断而不伤足，后垂绳下落取病者衣牵上，焚符念咒称"赎魂"，谓可去灾病。苗族则为巫师祭祀所用。用两根高 10 多米木柱为梯形架，以 36 把或 72 把刀刃向上的利刀，作为横档固定在两柱之间，形成刀梯并竖立于场地中央。其他民族的上刀梯亦大致相同。上刀

梯的人，赤脚踩在刀刃上逐级向上，直到顶端，逐级下来，以上下迅速、动作干净利落者为佳。（李冬奎）

上刀杆 见"上刀梯"。

上刀山 见"上刀梯"。

赛马 民间体育。流传于南方少数民族地区。在喜庆节日举行。以苗族赛马最具特色。传统赛马选用本地盛产的山地马，骑手为 11—12 岁少年。赛马不配备马鞍、马镫等马具，有马缰绳。比赛中使用最原始的驾驭方式，俯身紧贴马背，握紧缰绳，双腿紧夹马腹部。苗族赛马多为男子参加。对骑手服饰、赛马年龄以及比赛场地没有特殊要求与限制。比赛不计时间，同时出发最先到达终点者获胜。现代赛马以香港、广州较为普遍。（李冬奎）

赛马

射弩 民间体育。主要流传于南方苗、瑶、黎等少数民族地区。弩起源于战国时的楚国，是狩猎谋生的重要工具。由弩杷、弩床、弩弦组成。弩杷呈月牙形，一般长 50—100 厘米。弩床即弩身，中间有弩槽，为装箭处，下面镶口处有发牙，即扳机。弩杷与弩床均为竹制。弩弦用黄麻搓成或以竹筋编成。箭为竹制，长 30—40 厘米，

头部削尖，尾端两边各装一薄竹片，作平衡用。弩为横射。弩弦张力一般 100—200 斤不等，射程较远。方法有立射、跪射、卧射等。苗族男子一般 10 岁左右开始练习娃娃弩，射程 10 米。一般用重物挂在手腕上练习臂力，用射山上落下滚木练习射移动目标。瑶族弩除用于狩猎，可挂在墙上作为辟邪用，也可作为装饰和定情信物。1986 年第三届全国少数民族体育运动会列入正式比赛项目。2007 年第八届全国少数民族体育运动会上将手工制弩定为民族传统弩。历届比赛岭南多省市均参赛。（李冬奎）

投壶 民间体育。源于西周寓礼教于娱乐的游戏，后流传于春秋战国时代贵族阶级所举行的歌舞宴会。传统投壶方法是将矢投入壶口，以投中多少决胜负，负者饮酒。汉初儒学独尊地位确立，投壶活动得以传播。两晋南北朝时期投壶活动已摈弃礼教目的，更多追求游戏情趣。北宋司马光认为在休闲娱乐之中要培养中庸之道，据礼教要求做了全面总结。明清时期岭南盛行。（李冬奎）

同背 民间体育。广西、云南等毛南族聚居住地流传较广，广东清远、梅州的少数民族地区少年儿童游戏中较为常见。毛南语为"都劲""都麻"。场地一般选择 20 米左右跑道。都劲练习方法是两人一组，一人双直臂撑在队友两肩上，身体伸直贴紧队友，两脚离地，与队友同向。裁判员发令后，各组迅速前跑，以先到终点为胜。比赛规定，奔跑中若背上队友手伸得不直或从背上跌下来，视为犯规并退出比赛。都麻练习方法是两人一组，背对背两臂互相扣紧直立，一人背起另一人。裁判员发令后，各组前跑，以先到终点为胜。其比赛要求直线跑，不能阻挡对方，否则视为犯规。（李冬奎）

同顶 民间体育。广东、广西、云南、贵州瑶族人居住地流传较广。选取长约6米、宽约2米平坦场地，在场地中间划一中线。选用一根长约2米、直径5—8厘米木棍或竹竿，中间系一红色标志，垂于场地中线。比赛双方站在中线两边，将圆木置于肚脐处对顶，被顶倒地或出线外为输者。对顶时，严禁突然松力放下顶杠。违者将被判为输一局。此项运动为双方同时运气发力对顶竹竿或木棒，故名。粤北瑶族称为"肚腩"比赛，多在农闲时进行。将竹竿或木杆置于肚腩上对顶，以将对方顶倒地为胜。（李冬奎）

跳火绳 民间体育。主要流传于南方彝族和彝族聚集地，广东彝族地区较为普遍。源于传统游戏。常在节日晚间举行。火绳用藤条拧成，长短因人而异。藤条上扎易燃物，如浸透煤油和桐油的布块。比赛时，在场地两端标明起点线和终点线，参加者手执火绳站于起点线上，比赛令下，迅速点燃火绳，以单人跳绳形式跳跃前进，先到达终点者为胜。前进时不准带火绳奔跑，违者取消比赛资格。（李冬奎）

打陀螺 民间体育。主要流传于南方，特别是壮、瑶、黎族等少数民族聚集地。源于民间玩具和游戏。最早可追溯到约公元前5000年新石器时代。明代晚期陀螺游戏与今日鞭抽陀螺玩法相同。陀螺有陶制、木制、石制、竹制、砖瓦磨制等。传统竞技形式包括比旋转和击打类（击打包含旋转）。一般分为打陀螺、抽陀螺、抛陀螺。比赛在长20米（男子，女子19米）、宽15米的长方形场地上进行，场中间攻击区一侧端线6米处设置直径1.5米的旋放区。比赛选用非金属平头陀螺，高10—12厘米，重800—900克。岭南陀螺主要以打陀螺为主。全国少数民族体育运动会正式比赛项目，名称为"打陀螺"，历届广东均组队参赛。（李冬奎）

跳蚂拐 民间体育。主要流传于岭南壮族和壮族聚集地。节假喜庆日开展。"蚂拐"为广西方言"青蛙"之意。相传是广西壮族为纪念为民除害的蚂拐郎举行的活动。包括蚂拐舞、蚂拐拳、蚂拐棍、蚂拐刀等。技术由手型、身体姿势、腿部的各种跳跃组合构成。需选择长10米、宽6米的平整场地，制作长50厘米、宽20厘米、加高20厘米的半椭圆形面具。选择类似蚂拐身体颜色的以青、绿、黄为主色，胸腹为白色的服饰。表演有单人、双人、多人组合表演，一般不超12人。以动作编排、动作和音乐协调、服饰美感、进出场时间安排评判胜负。今已成为壮族人民表达怀念蚂拐郎及对风调雨顺、五谷丰登美好生活的向往的活动。（李冬奎）

跳竹杠 民间体育。广东壮、瑶、畲、满等少数民族及其聚集地均有开展。源于京族渔民庆丰收的民间舞蹈。将两条长木杠平行排放，长木杠间距9尺左右；上放8根竹竿，分为4对，每对间隔2尺左右。操竹竿者为8个男子，分为两边，每边4人，蹲下，双手拿竹竿，一手一根，对面相向。鼓手有节奏敲击鼓点。操竹竿者按鼓声节拍，敲一下或两下木杠合一下竹竿，有节奏发出响声。青年女子在竹竿之间跳跃，不能让竹竿碰脚。分单跳和双跳。单跳由个人在竹竿中间一个跟着一个沿着四个空格一步一跳，边舞边跳，向前向后，均按每一对竹竿的开与合间歇中巧妙跳动，跳完四个空格后又重复返回，从头开始，往来不停。（李冬奎）

舞龙 又称龙舞；俗称耍龙、耍龙灯、舞龙灯、玩龙灯。民间体育。源自古人对龙的崇拜。汉代已有舞龙祈雨之俗。因大多数祭祀与图腾崇拜都与舞蹈关联，早期属民俗舞蹈，后逐渐变成民间娱乐活动，常与传统节日密切结合，民俗体育元素显现。改革开放后，开始走向竞技化，成为体育竞赛的一种。由于地域文化和民族传统不同，形成各具特色的形态和种类，内容有别，但一般是龙跟着球做动作、穿插，展示扭、挥、仰、跪、跳摇等动作。岭南舞龙主要有舞火龙、舞人龙、舞纱龙。广东多地均有舞龙流传。粤东潮汕、揭阳舞火龙（又称草龙），粤西湛江和广东瑶族舞人龙，粤中江门舞纱龙。参见第564页艺术卷"龙舞"条。（李冬奎、孟田）

舞貔狱 民间体育。源于民间舞蹈。主要流传于广东茂名、湛江、东莞、肇庆、江门、汕尾等地。两人扮演貔狱，一人扮演武士执球逗引。舞法似狮舞。表演包括出场、扑食、翻滚、搔痒、戏水、登塔顶采青、高空耍舞。动作跟随锣鼓点进行，刚柔兼济，缓急有序，轻重有度。典型套路有舞貔狱、斗貔狱、貔狱战、貔狱上牌山等。表演时，30—50人用盾牌相托，搭成三层人塔，另有数人组成人梯，貔狱从人梯登塔。登上塔顶时，锣鼓声转趋激昂，貔狱在塔顶表演采青等，整个人塔转动不停。"增城舞貔狱"2007年入选广东省第二批非物质文化遗产代表性项目名录。"吴川梅菉貔狱舞"2012年入选广东省第四批非物质文化遗产扩展项目名录。参见第567页艺术卷"舞貔狱"条。（李冬奎）

麒麟舞 又称舞麒麟、武麒麟。民间体育。主要流传于广东广州、深圳、东莞、佛山等珠江三角洲地区以及汕尾海丰等地。源于明中叶民间娱乐活动。传统舞麒麟为游街串村活动，麒麟队由20—30人组成，每至一村，选一平坦空地，先以锣鼓聚人，后施表演。有出洞、下山、采青等套路技巧。明周希曜《宝安春色篇》描述：所舞

麒麟，内用竹篾、木条等扎成骨架，外糊多层纱、纸，施以彩绘，前额镶一面镜子，遍身用小片镜子缀之为鳞，身子和尾巴用花布或彩绸做成，口能开合，舌能伸动，活灵活现。舞动时一般伴以锣鼓乐器。"麒麟舞（东莞、海丰、黄阁）"2006 年入选广东省第一批非物质文化遗产目录名录。"麒麟舞（广东省海丰县）"2008 年入选国家级第二批非物质文化遗产目录名录。"麒麟舞（广东省深圳市、东莞市）"2011 年入选国家级非物质文化遗产新增项目名录。参见第 567 页艺术卷"麒麟舞"条。（李冬奎）

蜈蚣舞 民间体育。源于广东民间舞蹈。①广东汕头澄海蜈蚣舞。相传始创于清光绪年间的澄海西门。蜈蚣道具长 20 多米，分头、身、尾三部分。头部由额、鼻、嘴三个层次组成，外形似醒狮头，嘴两侧牙齿锐利，两眼装有透光的绿灯，躯干由 28 节布框衔接而成，脚爪有 13 对；尾部用两根藤扎成剪刀形，再套上红绸。头、身色彩斑斓。表演人员 18—23 人，分 3 组换班演出。伴奏为潮州大锣鼓乐队，总计 100 余人。澄海蜈蚣舞集民间工艺、舞技、武术、音乐、小调、演唱于一体。2006 年入选广东省第一批非物质文化遗产目录名录。2008 年入选国家级第二批非物质文化遗产目录名录。②广东雷州乌石蜈蚣舞。相传产生于明初，是广东雷州府海康县（今雷州市）乌石港区先民为祛邪消灾、祈福求安所创的民俗活动。表演时，100 位青壮年双手执香，腰系船缆，头戴斗笠，顶布香火，色显褐红。1 人挥舞草球引导蜈蚣旋转运行。1 人演"蜈蚣头"，火眼金睛长须顶，双手钳牙辟邪开。两人扮"蜈蚣尾"，身背猪笼，香把上插，分叉而开。其他为"蜈蚣身"，开张双手。"蜈蚣舞（雷州乌石蜈蚣舞）"2009 年入选广东省第三批省级

非物质文化遗产目录名录。参见第 568 页艺术卷"蜈蚣舞"条。（李冬奎）

醒狮 又称南狮、舞狮、狮舞。民间体育。流传于广东、广西、香港、澳门及东南亚侨乡和其他海外华人社区。源于明末舞蹈与武术的结合。因起舞过程中有食青、醉青、睡与醒等动作，故名。广东醒狮重"意"，北狮重"形"。由 3 人表演，1 人在前扮"睡佛"，手执葵扇带领引逗，2 人分别舞狮头、狮尾，配合"睡佛"舞动。表演时，有象征狮吼和风雷声的大鼓、厚锣、响钹配合。"狮子"在鼓乐声中，从酣睡到奋起，进而表演出洞、起势、高台饮水、欢天喜地、过天桥、跨三山、食青、醉青、采青等舞姿，神态细腻。"狮子临门"被视为驱除邪恶、光耀门庭、大吉大利之事。是海外同胞民族认同的文化桥梁。2006 年入选国家级第一批非物质文化遗产目录名录。参见第 566 页艺术卷"醒狮"条。（李冬奎）

英歌舞 又称因歌、秧歌、莺歌。民间体育。流传于广东潮汕地区及东南亚潮汕人聚集区，尤盛于普宁、潮阳，延及惠来、揭西、揭阳、潮安以及汕尾海丰、陆丰等县市。源于民间舞蹈，始于明代，传统佳节和喜庆节日时表演。舞蹈道具英歌槌一般长 1.2—1.8 尺。女子用长约 1.2 尺。主要技法有旋槌、北槌、单槌、双槌、单打、双打、三面打、四面打、背后打、胯下打等。单人以下身动作为多，先摆姿势后响棒，也有双人打法。舞者队形分两列，人数一致。队形有双龙出海、四虎并驱、粉蝶采花、孔雀开屏、针花春、大比目、大陈犁等。节奏板工有慢板、中板、快板。表演者人数 12 到 108 人不等。表演时表演者身着古代武士装，画着梁山泊好汉脸谱，手执尺余长的木棒或小鼓，随着节奏鲜明的锣鼓声起舞。内容多为梁山泊好汉聚义的故

事。融汇戏剧、舞蹈、武术等成分，象征吉祥欢乐，寄托人们驱除邪恶的愿望。"英歌（普宁英歌、潮阳英歌）"2006 年入选国家级第一批非物质文化遗产代表性项目名录。"英歌（甲子英歌）"2011 年入选广东省第三批非物质文化遗产目录名录。参见第 566 页艺术卷"英歌"条。（李冬奎）

越火堆 又称跳火堆。民间体育。主要流传于广东梅州丰顺一带。相传源于清中叶，是欢庆元宵、祈求来年五谷丰登、家顺人和的一种民间游戏。每年正月十二，在宽敞水泥坪上，每隔一段距离堆放一大堆干燥稻草。开始时点燃稻草，小伙子们抬着三山国王神像、高擎边灯笼，在鼓声、鞭炮声中先后腾空跳越大火。边跳边唱民谣，祈求新年发财、丰衣足食。活动结束，村民们把燃烧后的火堆灰装回家，祈望风调雨顺、五谷丰登、人畜平安。（李冬奎）

跳火堆 见"越火堆"。

阳江风筝 民间体育。相传已有约 1400 年历史。分为硬翅、软翅两大类。用细竹扎成骨架，糊上薄绵纸，系以

阳江风筝

长线而成。放飞时利用风力升空。取材于民间传说《白蛇传》扎制而成的硬翅"灵芝"风筝最有特色，1990 年在第七届国际风筝会上被评为"世界十绝风筝"之一。"花草鹞"风筝最为普及，品种全面，花草鱼虫、鸟兽动物、人物图像一应俱全，常见有双桃、双凤、石榴、百鸟归巢、孔雀开

屏等。1993 年，中国风筝协会命名阳江为"中国风筝之乡"。（李冬奎）

抓活鸭 民间体育。主要流传于广西防城港和粤西部分地区。源于京族群众夏秋雨季进行的捉活鸭活动。一般在河、海、湖中进行。裁判将一只活鸭子放进水里，鸭子游出一段距离后，裁判发令，参赛选手跃入水中追抓鸭子。鸭子被抓住，比赛结束。奖品就是抓住的鸭子。也有以抓活鸭数量多少判断胜负的比赛。比赛时将多只鸭子放入海中，抓得最多者获胜。该活动与摸鸭蛋比赛相继进行。（李冬奎）

桩上徒搏 功法运动。源于梅花桩、武术推手、揉手、咏春拳黐手等武术练习法。比赛时，选择长 12 米、宽 8 米的场地，室内场地高度不低于 3 米。在场地中间设置 3 根桩，间距为 65 厘米，桩高均为 60 厘米，两侧桩直径 30 厘米，中间桩直径 35 厘米。对抗运动员以同一侧脚站立于中间桩上，脚内侧相靠，另一只脚站于身后

桩上，运用推、按、捋、带、采、引、化等技法进行徒手搏斗。比赛以下桩及违例的次数判定胜负。全国武术功力大赛正式比赛项目。广东多所高校和多地民间社团均组队参赛。（李冬奎）

追天灯 又称孔明灯。民间体育。主要流传于广东连山、乳源、连南等少数民族地区。源于与民俗相关的民间传统娱乐活动。天灯用竹篾编成，呈底部直径 0.33—1 米、高 1—2 米圆筒或圆锥形框架，形似火箭，以丝绵纸粘贴严密，内置一只烧火篮或碗，供放可燃物。圆锥形天灯有"舵"，圆柱形天灯有"肩"，以能定向运动。天灯制作要求编织匀称，重量均衡，以轻为佳，便于稳定飞行。放飞天灯需要点燃灯内可燃物，加热空气，产生升力。当燃料耗尽，灯也慢慢下降，最终落于地面。由于放收的天灯犹如播种与收获，代表吉祥的好兆头，人们会不辞辛苦捡回，故名。（李冬奎）

孔明灯 见"追天灯"。

珍珠球 民间体育。源于满族先人采珍珠的比赛活动。清代，珍珠作为宫廷用品需求量多而产出少。采珠者为加快采珠速度，将采上来的蛤蚌直接由船上扔到岸上的筐里，抛接需准确。这是古代珍珠球运动的雏形。珍珠养殖南传，这项游戏传入广州。现代珍珠球参照篮球运动场地与规则，场地长 28 米、宽 15 米，分为水区、限制区、封锁区、隔离区、得分区 5 个区，分别用海蓝色、红色、黄色、红色、黄色标志区分。在水区内双方各有 4 名队员进攻与防守，进攻队员可运用传、拍、运、投、滚的方法将珍珠球传递给本方得分区队员。封锁区每方各有 2 名队员持球拍防守阻止对方得分。在得分区每方各有 1 名队员手持抄网接球。比赛用球周长 54—56 厘米，重 300—325 克，外壳由皮革或橡胶制成，内装球胆，表面珍珠（白）色。比赛分为上下两个时段，每个半时 15 分钟，以规定时间内得分多少判定胜负。全国少数民族传统体育运动会正式比赛项目，1990 年第 4 届列项。（李冬奎）

组织·团体

广东军事体育会 体育社团。1912 年何侠、黄庆鸿发起成立。何侠任会长。宗旨是团结民间力量，普及并提高军人素质，开展军事体育活动。后自动解散。（胡宏东）

广东精武体育会 又称广东精武会。体育组织。1919 年 4 月成立。1918 年 12 月，聘上海精武体育总会（简称上海精武会，前身为中国精武体操会）拳师任福军教练。1919 年 2 月，筹组广东精武会，李福林、魏邦平、熊长卿、简照南、杨梅宾为理事。会址初位于广州浆栏路宁波会馆，后迁至太

平南路（今人民南路）嘉南堂，再迁至丰宁路（今人民中路）中华医学会内，改名为广州精武体育会。开办费及建筑经费由发起人筹集，经常费由会员共同维持。1919 年 5 月 1 日正式接纳会员，至 1925 年底，学员 3000 余人。武术训练由国操部主持，从早上 6 时至晚上 9 时，按早、午、晚分班教授。门派众多，教学内容丰富，传统武术套路 98 套，其中单练拳 32 套，单练器械 35 套，拳械对练套路 31 套。1938 年广州沦陷，会务被迫中断。历时 19 年，培养了大批武术人才。是继 1918 年汉口精武会之后我国成立的第

二个精武分会。（胡宏东）

广东精武会 见"广东精武体育会"。

广州精武体育会 又称广州精武会。体育组织。约成立于 1972 年。上海精武会派杨新伦返穗建立广州精武会，并得到霍东阁的支持。1989 年 11 月 1 日，致公党省委又重新成立广州精武体育会，是以传授武术、气功为主的民间体育组织，其附设机构有精武少年儿童武术学校，精武气功研究会以及精武艺术团等。（胡宏东）

广州精武会 见"广州精武体育会"。

广州夏汉雄体育会 武术组织。1924年南拳名师夏汉雄创建。最初以"粤胜体育会"命名。会址位于广州六二三路5—7号。门人多为工商界及青年学生。宗旨是锻炼身体、培育英才、阐扬国术。后增设分馆于惠爱中路壬癸坊6—8号，改名为珠江国术社。1938年广州沦陷，夏汉雄前往香港，设馆于鸭巴甸街28号地下，沿用珠江国术社名。1941年底香港沦陷，国术社停办。1945年抗战胜利后，夏汉雄返广州恢复珠江国术社。1949年夏汉雄去香港行医，1962年夏汉雄在香港去世，其子主持该会，并先后易名为夏汉雄健身院和夏汉雄体育会。"文化大革命"期间自动解散。（胡宏东）

广州河南精武体育会 体育组织。1925年成立。会址位于广州河南洪德三巷。拳师王金梁任武术教师，崔鸣舟为名誉会长，鼎盛时会员300多人。项目类别有武术、排球、乒乓球、游泳、音乐、绘画、舞蹈、梵音等。1932年后专授武术。教学内容除拳术外，还增设武术器械及其对练。1938年广州沦陷自动解散。对推动精武精神和北拳南传颇有贡献。（胡宏东）

广东全省体育协进会 体育组织。1927年伍朝枢向广东省政府建议设立，10月8日，省政府第三届委员会第十八次会议核准该建议并同意设立。10月22日正式成立，归广东省教育厅管理，首届会址设在教育厅内。主要任务是：规划统筹广东省教育、体育及其他体育组织；加强与省外各体育团体联系；在广东省内普及体育运动；拟定体育发展计划并实施。同年，省教育厅拟订《广全省体育协进会各县市分会章程》，于1928年12月经省政府核准施行。1931年10月9日，省教育厅执行省政府第六届委员会第三十二次会议决议，省体协接收省公共运动场所建筑设施及办公文卷，办公地点由教育路迁至东较场内靠百子路（今中山三路）。（胡宏东）

广州南强国术体育会 武术组织。1928年邓焘创办，任常务理事。会址位于广州大德路华德里1号。宗旨是弘扬国术，增强国民体质。后因时局变化，自动解散，时间不详。（胡宏东）

广东、广西国术馆 管理机构。1928年10月广东省政府主席李济深倡导并筹办，1929年2月18日揭牌并正式开班训练。馆址位于广州大东门外前第二制弹厂。首任馆长万籁声，教务主任李先五，教练有顾汝章、傅振嵩、林耀桂等南北武术名家。宗旨是提倡武术，增进民族健康，普及广东、广西国术，办理广东、广西国术事务。招收广东、广西学生开设训练班。开馆时招收学员140多人，分早、午、晚班上课，学习各种内外家拳术、简易功夫及器械。1929年5月解散。对广东、广西特别是广东武术发展起到促进作用。（胡宏东）

广州粤秀体育会 体育组织。1929年3月成立。会址位于广州东山新河浦。主要开展网球、排球、篮球、游泳、龙舟等体育运动。全面抗战爆发后解散。1946年复会。1950年初解散。在广州大沙头（水上体育会泳池西面）建有粤秀游泳场，为木质建筑结构，备有跳台、看台。1931年组织体育队伍到香港访问，有篮球、排球、水球、垒球、网球等57个项目。对广州群众体育运动开展和促进穗港体育文化交流作出一定贡献。（胡宏东）

广州国术社 武术组织。1929年6月23日成立。社址位于广州惠福东路大佛寺西院国民体育会内。广东、广西国术馆解散后，广州热心武术人士为挽留北派名拳师而成立。首任社长顾汝章，副社长王少周，拳师有任生魁、刘景春、杨英侠（王少周夫人）等。入社学员300余名。主要传授六合拳、形意拳、八卦拳、少林拳、查拳、太极拳、螳螂拳等拳种和刀、剑、戟等器械。1936年，在广东省国民体育委员会举办的国术表演赛中获特别奖。后因时局变化，自动解散。（胡宏东）

广州市南华体育会 体育组织。1930年成立。1932年组织选派男女篮球、排球队代表广州远征菲律宾、新加坡等地。1936年，在广州大沙头东岸修建游泳场。1938年广州沦陷，自动解散。（胡宏东）

广州市国民体育会 体育组织。1930年5月黄啸侠、孙玉峰、王少周共同创立。会址位于广州惠福东路大佛寺前（今惠新东街一带）。主要活动有武术、象棋、足球。1932年1月淞沪会战时，举办大刀训练班，编写大刀术教材，培养抗敌救国人才。1938年广州沦陷后解体，1946年2月复会，1949年10月后自动解散。（胡宏东）

广东省国民体育委员会 体育组织。1941年底，教育部将"体育委员会"改组为"国民体育委员会"，并颁布《国民体育委员会组织通则》。广东省政府于1942年6月将"广东体育委员会"改组为"广东省国民体育委员会"，制定《广东省国民体育委员会组织章程》。首任省国民体育委员会由当然委员12人、聘任委员11人组成，时任省教育厅厅长黄麟书任主任委员，黄周昌、朱瑞元、郭颂棠为常务委员。1943年10月，为推动全省各县、市设立国民体育委员会，教育厅

制订《各县市国民体育委员会组织章程及办事细则》。抗战期间，沦陷区的体育活动停顿，体育行政机构解体。（胡宏东）

广州回民塔光国术社 武术组织。1946年2月马惠泉创办。社址位于广州怀圣光塔寺内。原名塔光社，后改名为广州回民塔光国术社。宗旨是锻炼身体，增强体质，发扬国术，坚强团结。以回民为对象，以传授回族传统武术特别是传统拳术查拳为主，兼教南北各拳术及刀、枪、剑、棍等器械套路和对练。不允许社员参与社会公开活动。1947年参与广东赈济水灾筹款义演等社会公益活动。1949年10月后自动解散。（胡宏东）

广东太极拳联谊社 又称广东太极联谊会。武术组织。1947年3月傅振嵩始创并兼社长。社址位于广州惠福西路温良里毕公巷29号。有研究组、出版组、交际组、总务组、福利组。主要传授八卦龙形掌和太极拳。早上操练，学者甚众。出版太极书刊。1949年10月后自动解散。（胡宏东）

广东太极联谊会 见"广东太极拳联谊社"。

南粤武术学校 武术组织。1979年邓镇江建立。是一所武术培训夜校，借广州吉祥路小学操场作训练场。主要教授各拳种和各流派的拳术及刀、枪、剑、棍等。全日开放，设专业训练班。至1991年培训学员超过1万人次。学员在省级武术比赛中获18项冠军。1991年后自动解散。（胡宏东）

广东省武术协会 体育组织。1982年3月成立。首任主席马志久，副主席张登魁、邓锦涛、傅永辉。1987年徐斌继任主席。会址迁至广州较场西路广

东省体委内。下设教练、裁判、科研3个委员会，负责指导全省城乡民间武术的开展。主要任务是团结全省武术家和武术工作者继承和发扬我国民族文化遗产，增强人们体质，提高武术水平，积极促进建立地、市、县武术协会，发动和指导各地武术协会开展工作，组织培训武术骨干，举办武术竞赛活动，开展学术、经验交流，组织武术挖掘整理工作。（胡宏东）

广东省武术馆 武术组织。1983年1月29日成立。馆址位于广州较场西路广东省体育场内。首任馆长刘松章，副馆长有姚若欣、罗俊生。主要任务是：组织办理武术训练、考核和检查工作；组织武术竞赛活动，指导工作开展；团结武术工作者，开展武术研究活动；负责武术宣传、出版和交流经验工作，加强对外联系和行政管理工作。设馆长1人，副馆长1—2人，下设业务组、行政组，另设工作人员和教练员若干人。1983—1987年，先后举办南拳、蔡李佛拳、龙形拳、武当拳、莫家拳等各拳种学习班，开展挖掘整理和运动竞赛等工作，为广东武术发展打下扎实基础。现为广东省体育局武术运动管理中心，隶属广东省体育局。（胡宏东）

广州市武术馆 武术组织。1983年12月成立，2011年撤并入广州市体育职业技术学院。馆址初位于广州解放北路广州体育馆内，后几经搬迁。首任馆长李卓儒，总教练马志斌。设有青少年组、成年组、其他类别项目组。主要授课班级有南拳班、长拳班、醒狮班、教师进修班等。主要任务是对青少年进行武术教学、训练、竞赛等活动，改变青少年的精神面貌，提高防身自卫能力，磨炼意志，树立自强自信的精神，助推武术教育和文化传承工作。隶属广州市体育局。（胡宏东）

羊城鸿胜馆 又称洪圣馆。武术社团。是佛山鸿胜馆在广州所开分馆。首任馆长陈官伯。教学内容以拳术和器械为主科，会员依次学习平拳、棍、扣、打、双刀、凳、钯、单头棍、枪、单刀、双鞭、单刀盾牌、双盾、对拆和蔡李佛拳法中的23种武艺。陈官伯故后由其子陈耀墀接任，后期改名为雄胜馆。2002年，陈耀墀之孙陈永发又改名为洪圣馆。（胡宏东）

洪圣馆 见"羊城鸿胜馆"。

佛山鸿胜馆 武术社团。清咸丰元年（1851）张炎创建。1949年结束馆务。鼎盛时期设有13间分馆，会员3000多人。招收会员严格，须由会员介绍，经主持人批准入会。成员投身中国革命运动，特别是辛亥革命、国内革命战争、抗日战争等。有传人在香港及新加坡、加拿大等地开馆授徒，颇具影响力。是近代广东较具规模和影响力的武术馆社。（胡宏东）

佛山精武体育会 又称佛山精武会。体育组织。上海精武体育总会分会之一。1920年成立。会址初位于佛山精武筹备会借址的汾水西街5号。第一任董事长钟妙真。会员有4种：一为名誉会员包括理事和会董，主要赞助本会及捐助经费；二为普通会员，既学武术，又参加附设科目培训；三为游艺会员，只参加娱乐游艺活动，不习武术；四为夏季会员，学生居多，以暑假40天时间为限，享受普通会员权利。办会宗旨是：德要其重，修身养性以求人格完善；智要其博，充实智力，以明辨是非；体要其健，强身健体，以承担重任的德、智、体三育，培养智、仁、勇兼具的精武新人。内设国操、文学、游艺、编述、交际、纠察、庶务、会计、医务9个部门。成立之初，以传承北派武术为主，南

拳辅之。1986年佛山精武会复会并成立洪拳活动中心。最早在会内传授洪拳的是彭南。（胡宏东）

佛山精武会　见"佛山精武体育会"。

佛山精武国术学院　社团组织。1935年梁敦远、李佩弦等人倡议成立。院址初位于佛山中山公园内。集社会力量筹资3万元建成中殿礼堂。后梁敦远再次捐资在会址礼堂西翼，设立"精武国术学院"。卢炜昌担任院长，梁敦远任董事。以国文、武术为主科，附设图画及音乐等科目。抗战时期停办。（李朝旭）

洪门天地会　社团组织。洪门为天地会异名（内称洪门，外称天地会）。相传清乾隆二十六年（1761），福建漳浦高溪（今云霄县东厦镇）人郑开即洪二和尚万提喜创立。与青帮、三合会、小刀会等会党同类。佛山天地会是分会组织。20世纪三四十年代，洪门中人为宣扬"洪门精神"和"联络同志"，壮大洪门力量，撰写洪门历史著作。其中附会居多，"西鲁传说"是典型事例之一。（李朝旭）

香港精武体育会　又称香港精武会。体育团体。上海精武体育总会分会之一。1910年3月3日，广东人陈公哲在上海发起成立。1919年，陈公哲来到香港，在干诺道中的弼志俱乐部筹建香港精武会事宜。因港英当局不准注册社团，遂以"精武体育学校"之名向教育司注册。1922年，正式成立精武体育会。刘秀焯任会长，阮文村任副会长，余笑常任总务，在香港九如坊戏院开成立大会。聘请上海、广州等地南北武师来港表演及任教。宗旨是提倡精武精神。1923年迁至香港坚道57号，后自动解散。曾派员参加1928年第十届广东省运动会和1933年

第十二届广东省运动会，是粤港武术携手发展的历史见证。（胡宏东）

香港精武会　见"香港精武体育会"。

香港咏春体育会　体育社团。前身是香港咏春联谊会。1967年叶问倡议，由邓生探长、彭锦发、蓝贤发等出资筹建。1968年在香港正式注册成立，是香港第一个正式注册的武术社团。叶问任永远会长。会址位于香港油麻地弥敦道438号二楼。宗旨是包容共济，促进和谐；同心同德，发展咏春为。1970年迁入自置新址旺角水渠道3号长宁大厦3楼C座。首个训练班由梁挺主持。后由叶问儿子改名为叶问体育会，再后改称为咏春体育会。（胡宏东）

香港中国国术总会　又称香港中国国术龙狮总会。体育社团。1969年8月8日成立。2006年9月1日正式改名为香港特别行政区中国国术龙狮总会。会址位于九龙及行政办事处香港大球场奥运大楼内。下设龙艺、狮艺、国术3个分会。由海内外个人会员和团体会员共同组成。宗旨是推广中国传统国术及龙狮运动，发挥领导、判断及组织能力，系统而完整开展教学、训练、竞赛、选拔及培训选手参与国际赛事，提高各界人士对传统国术和龙狮运动的认识及观赏水平，宣扬尊师、重道、谦恭的武德，培育强体魄、胜不骄、败不馁的良好体育精神。香港康乐及文化事务署资助的非营利性社会服务团体。国际奥林匹克委员会会员单位。（李朝旭）

香港中国国术龙狮总会　见"香港中国国术总会"。

香港咏春拳总会　又称国际咏春总会。体育社团。20世纪70年代初期始创。创办人梁挺。馆址最初位于香港九龙

红磡必嘉街某唐楼。1957年梁氏在香港浸会学院开设咏春拳术班，成为香港在高等学府中开设中国功夫第一人。20世纪90年代末，会员遍及68个国家，有超过5000多间武馆。（胡宏东）

国际咏春总会　见"香港咏春拳总会"。

香港国际武术联合会　又称香港武术联会。体育组织。国际武术联合会成员单位。1987年李汛萍创办。宗旨是团结全港武术界、弘扬中华武术、使武术走向世界。教学内容主要有拳术套路、器械套路、散打、各门各派传统武术。服务范围：负责甄选及训练香港武术代表队出席国际赛事；主办不同类型香港及国际武术比赛；筹办青少年及成人武术训练课程、教练及裁判进修课程；推介武术资料和国际武术讯息；在社团庆典及节日作武术表演；经营制服、武术器械、录影带、影像光碟；致力于增进亚洲武术界的合作与友谊。一方面推动香港武术运动，另一方面积极参与国际武术交流活动，为武术进入国际奥林匹克运动作出贡献。（胡宏东）

香港武术联会　见"香港国际武术联合会"。

澳门武术总会　又称澳门武联。体育组织。1988年6月28日正式成立。会址位于澳门得胜马路得胜体育中心。宗旨是在本地区权力范围内发起及制定规则，宣扬与领导澳门特别行政区武术运动，负责主办各属会进行比赛及推展武术运动；开展及保持与属会、国际联会、亚洲联会并与邻近国家地区之体育总会联系；每年须进行本地区之联赛及适当之赛事，并由政府最高体育机构所指定季节进行比赛；代表澳门在本地区或出外比赛；维护属

会之权益。属会有 77 个，约有会员 6000 人。最大规模的活动为 1999 年 12 月 21 日庆祝澳门特别行政区回归大型演出，4000 余人参演。1990 年 10 月加入国际武术联会。国际武术联合会成员单位。（胡宏东）

澳门武联 见"澳门武术总会"。

香港咏春拳学会 又称国际咏春拳学会（International Association of Ving Tsun, IAVT）。体育社团。由蔡银川提议，依据《中华人民共和国宪法》《中华人民共和国香港特别行政区基本法》等法律法规，于 2013 年 12 月 13 日成立。首批成员主要由中国内地和香港传统武术拳种代表人物、专家、学者组成。旨在传承和发扬中国传统武术。（胡宏东）

国际咏春拳学会 见"香港咏春拳学会"。

新会蔡李佛拳馆 武术组织。清道光二十九年（1849）蔡李佛拳始祖陈享创立。宗旨是继承和发扬中国传统武术，信仰"洪武至圣，英雄永胜"，即奉朱元璋为圣上，相信少林英雄拳棍会永远取得胜利。在反清复明宗旨上与洪门一脉相承。是晚清以来广东较早创办的武术馆社。（胡宏东）

湛江英武堂 武术组织。清末廉江人李英才创办。馆址位于今广东省湛江市廉江市青平镇。馆址在天后庙内。清末海盗肆虐，船工对习武强身、保卫商船有迫切要求，促进了英武堂的设立。习武者 300 余人，由外地武师执教。主要教学内容为散手。具体内容有拆招之术，从南派拳术中分解而出的实用性进攻与防御徒手武技，各种武术器械，从广西传入部分太平军战场搏杀惯用勾头扫腿等实用武功。抗战时期，其成员驾驶木船在附近海面袭击日本炮艇。解放海南岛战役中，其第三、四代传人中有 30 多人当船工、艄公，3 人被评为"渡海功臣"。后自动解散。（胡宏东）

湛江庆武堂 武术组织。1922 年广东化州人黄金龙创建并任馆长。馆址位于湛江市赤坎区大德路。时开设有大（小）同书会、培才武术馆等分馆。主要传授洪拳、蔡家拳、梅花棍等。后自动解散。（李朝旭）

广西梧州精武体育会 体育社团。1925 年 10 月 10 日成立。会址位于粤东会馆后座。会长梁杞侪，副会长王钰钰、梁华升。内设总务、文书、编述、会计、收支、交际、庶务、纠察、调查、建设 10 个股和国操、文学、游艺 3 个部门。得到社会各界响应，首批会员 300 余人。与佛山精武会关系密切，是上海精武体育总会分会之一。（胡宏东）

湛江市群英武术社 社团组织。始建于 1941 年。创馆人李侠雄。馆址位于今广东省湛江市赤坎区新江路 27 号。李侠雄，外号"哥大"，吴川人，1938 年加入中国共产党，受中共南路特派员温焯华、陈信才委派，1941 年在赤坎开办武馆作隐蔽，设立南路革命联络站。抗战时期中央南路地下党委所设的交通联络站，有"南路武魂"之称。1945 年 11 月，中共南路特委与 4 位商人共同出资，在赤坎购地建立新武馆，改名为群英社，李侠雄任馆主。后被取缔。1984 年馆主李侠雄重新恢复武馆，定名为湛江市群英武术社，继续授徒传艺。（胡宏东）

徐闻英武堂 体育社团。湛江英武堂分支。后自动解散。（胡宏东）

广东汕头精武体育会 体育社团。1923 年熊长卿、吴应彬、张快夫等共同创立。会址位于广东湛江市金汕街张公馆内。以传授武术为主，重视武德教育，并举行音乐、舞蹈、戏剧等活动。会员以工商界人士、商店职员、学生为主，成员上万人。教学内容以精武会 10 种规定套路为主。后由黄爵珊接任。1927 年停办。上海精武体育总会分会之一。（胡宏东）

故居·场馆

蔡李佛始祖馆 又称洪圣始祖馆、洪圣公祠。人物故居。位于今广东省江门市新会区崖门镇京梅村。建于清道光年间。以缘福陈公祠为馆址。一路两进，由头门、天井、两廊、后堂组成，砖木结构，硬山顶，灰塑龙船脊，筒板瓦屋，青砖墙身。头门石匾刻有"缘福陈公祠"，门口有对联："洪材定取文章事；圣算还推武略通"。馆内门厅两侧为耳室，祠堂正中供奉蔡李佛拳始祖陈享画像，两侧摆满习武兵器。（晏骏）

洪圣始祖馆 见"蔡李佛始祖馆"。

洪圣公祠 见"蔡李佛始祖馆"。

陈南枝故居 人物故居。位于今广东省揭阳市揭西县南山镇邓村。建于清代，2013 年重修。大门用大理石堆砌而成，门上刻"南泽居"三字。正厅悬挂陈南枝肖像，厅堂墙面悬挂拜谒

者及寻根者赠送的锦旗，房厅四周陈列南枝拳相关的练功器械和书籍。是海内外南枝拳爱好者"寻根访祖"重要文化场所。（晏骏）

陈享故居 人物故居。位于今广东省江门市新会区崖门镇京梅村。建于清代。是蔡李佛拳创始人陈享出生、少年及晚年生活的祖屋。坐西南向东北，南北长8.7米，东西宽10米，通高5米，占地面积87平方米。砖木结构，硬山顶，碌筒瓦面。门口挂"永胜堂"匾额，书于清代，外墙挂两块重修纪念石匾。屋内摆放陈享半身铜像，布置练武器械，陈列蔡李佛拳历史资料。（晏骏）

佛山鸿胜纪念馆 主题纪念馆。位于今广东省佛山市禅城区福宁路祥安街15号太上庙。以1998年修复的太上庙作为馆址。2001年10月20日对外开放。现有藏品786件（套），展品门类较多。常年举办展览和开展教育活动。（李朝旭）

佛山鸿胜纪念馆

黄飞鸿纪念馆 人物纪念馆。位于今广东省佛山市佛山祖庙北侧。2001年建成开放。占地5000平方米，是一座两层仿清代青砖镬耳式建筑。内设陈列馆、影视厅、演武厅、演武天井等。除介绍黄飞鸿的生平事迹，还展示近70年来围绕黄飞鸿产生的各种文艺作品以及上千件珍贵文物。海内外有关人士为纪念馆提供、捐赠1000余件有关黄飞鸿的历史图片和珍贵实物。（晏骏）

黄飞鸿狮艺武术馆 技艺展示馆。位

于今广东省佛山市西樵镇禄舟村，是黄氏祠堂所在地。西樵山国家森林旅游总公司主管。占地面积5.23亩，馆舍建筑平面成四方形，正门门厅，飞檐翘角，气势宏伟，朴实庄重，具有清末建筑风格。门厅中间设黄飞鸿铜像，右为百草堂，左为宝芝林。院内右侧为关德兴纪念堂，左侧为黄飞鸿史迹陈列室，正面为黄飞鸿拜师台，中间广场为狮艺、武术表演场。馆内另设黄飞鸿练功房、黄飞鸿史迹陈列影视室、宝芝林堂、针灸推拿、骨伤科堂、百草堂和关德兴纪念堂等铺面。功夫、舞龙、舞狮等传统项目由专人定时、定点表演。（晏骏）

李小龙故居 又称李小龙祖居。人物故居。①位于今广东省佛山市顺德区均安镇上村乡。清光绪年间李小龙祖父李振彪所建。李海泉和李小龙父子两代人在此居住。分一房一厅一厨一天井。属典型的珠江三角洲地区传统的砖木结构民居。家具陈设古朴，客饭厅墙上悬挂李小龙生平简介和李小龙主演电影剧照，厅内陈列一座木人桩和一座香案，天井可以练功和演练一些简单套路。②位于广州市荔湾区恩宁路永庆一巷13号。民国初期李小龙父亲购置，在此居住10余年。属李小龙旧居。占地面积约207平方米，一正一偏布局，深三进，砖木结构，内有雕花大梁，彩色纹花玻璃屏风。典型的西关大屋建筑。2019年3月更名为李小龙祖居特展场馆。作为文化景点，融合现代科技手段提升游客观感体验，可通过全息投影，与李小龙"隔空交流"。（晏骏、李朝旭）

李小龙祖居 见"李小龙故居"。

李小龙纪念馆 人物纪念馆。位于今广东省佛山市顺德区均安镇李小龙乐园内。2008年建成开馆。馆堂内资料

与物件按照李小龙生平与武学成长轨迹依次陈列。依托政企合作，借助旅游观光等项目，该馆已成为海内外"龙迷"及功夫爱好者喜欢的武文化宣传地，也成为研究李小龙武学思想文化的集散地。是目前继美国李小龙纪念馆、香港李小龙纪念馆后全球最大、馆藏图文音像最为丰富的纪念馆。（晏骏）

岭南武术展览馆 专题展览馆。位于今广东省广州市天河区广州体育学院图书馆二楼大厅。2016年10月开馆。占地面积310平方米。有馆藏实物510余件，包括南派武术各拳派富有代表性的器物和图文、拳谱等资料。其中1983—1986年"中国武术挖掘与整理系统工程"期间，由广东省武术挖掘整理组收集的编印本、手抄本和光碟、录像带等尤为珍贵。大厅中央摆放南派武术名家代表人物铜像雕塑，左右两侧展柜存放南派武术器械，墙壁四周是对岭南武术形成发展脉络梳理和广东武术主要拳种及其宗师与代表性传承人的介绍。较为系统地呈现岭南武术发展历史与文化价值。（晏骏）

梁赞故居 人物故居。位于今广东省江门市鹤山市古劳镇东便坊。建于清光绪年间。占地面积105平方米。砖木结构，青砖墙七顺一丁错缝垒砌。工艺有木雕、灰塑、彩绘等。整座建筑保存完好。（晏骏）

莫家拳史料馆 专题展览馆。位于今广东省东莞市桥头镇水口公园内。2017年建成。占地面积260平方米。展出武术器械的实物和道具213件，来自21个不同拳派。设立广东省第三批省级非物质文化遗产项目桥头莫家拳专题展区。中华武术文化长廊以图文形式展示中国非物质文化遗产项目（武术类）和南拳共21项不同拳派的武术文化。（晏骏）

文　献

中华新武术　图书。马良创编。商务印书馆1917年出版。1911年，马良邀集一些武术名流对他所传习的武技进行整理，编成《中华新武术·拳脚科》《中华新武术·率角科》《中华新武术·棍术科》《中华新武术·剑术科》4部教材，均分上、下两编。1914年再修订，插入图形并附以文字，直到1917年才出版上编，下编未见问世。是军警必学之术，是全国学界正式体操，也向社会推广。是以传统武术为素材，借鉴西方兵式体操的教练方式，分段分节地配以口令，遵循由易到难、由简到繁、由单练到对练的训练原则，旨在达到强种强国的目的。对中国武术产生了深远影响。（孟田）

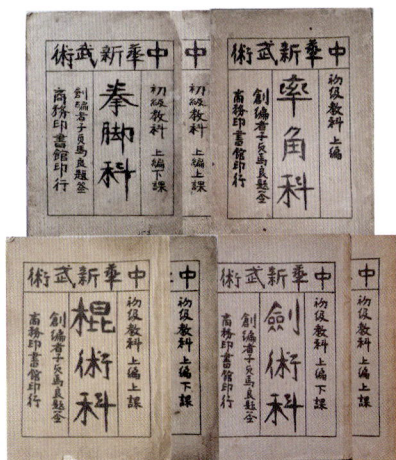

《中华新武术》

精武本纪　图书。陈铁生编著。上海精武体育会1919年出版。为纪念精武体育会成立10周年而编。主要介绍精武体育会成立以来的成就。含有霍元甲等大量插图，被认为是研究精武会珍贵资料。以"本纪"名书，寄寓其以精武体育精神"熔铸人群，支拄世界"。孙中山作序。分言论、事实、技击、兵操、文事、游艺、文苑等十大部分。收编介绍精武会概况及论述其武功文章百余篇。代表性文章有陈铁生《大精武精神》、陈公哲《精武之真精神》、霍东阁《沪城分会纪》等。（胡宏东）

国技大观　图书。向恺然、陈铁生、唐豪、卢炜昌著。国技学会1923年出版。民国武术丛书之一。分名论类、杂俎类、轶事类、专著类，搜集当时政要名人关于国技言论，编排表现国技及武侠精神的奇人轶事，以及各类武术、技法练习方法等，附有18位先生演武图像，以示国技之精深可用，有理有据为国技张目。该书介绍、宣传国技最为全面，时新材料较多，影响颇广。（胡宏东）

精武粤传　图书。罗啸璈编辑。广州华兴印务局1925年出版。为纪念精武会开创16周年而出版。收录罗啸璈《十六年来之精武略史》、卢炜昌《我之拳术意见百则》、陈铁笙《技击与新世界》、苏守洁《精武公坟记》等27位作者38篇文章，附有精武会职教员表及章程等。（胡宏东）

形意拳械教范　图书。黄柏年编著，姜容樵示范。香港麒麟图书公司1928年出版。分3篇，共4章，36节。主要内容有形意五行拳、五行连环拳、刺枪、劈剑技法（操剑法、劈刀法、钻刀法、绷刀法、炮刀法）等技术动作，配有练习路线图。为适合军旅和学校教学操练，逐式配口令和动作示范。作者所撰形意拳技得自李存义，所撰刺枪劈剑术则是作者以形意拳技法为基础创编而成，对形意拳技法传承起到一定作用。1973年重印。（胡宏东）

太极拳使用法　图书。杨澄甫编。1931年成稿，上海大东书局1931年出版。以单人单练图和双人对练图分别说明太极拳78式和37个不同技法的使用方法，着重阐释每个动作攻防运用方式，对太极拳有关歌诀进行注解。图文并茂，以白话文编写，深入浅出，浅显易懂，是初学太极拳必读专著。（孟田）

精武会五十年　图书。陈公哲著。香港中央精武会1957年出版。6卷。记述精武会自1910—1957年近50年发展历史。第1卷1910—1920年精武会创立及发展国内时期；第2卷1921—1923年海外联会及十周年纪念；第3卷1924—1927年精武财政、武术归宁、国立未成；第4卷1924—1938年组参事会、反对马戏、会誉低落；第5卷1940—1953年再赴马来、视察各会、重振风尚；第6卷1954—1957年定赛则、编国操、创刚柔一元论。具有武术史价值。（胡宏东）

古本少林拳图谱　图书。李英昂编著。香港艺美图书公司1957年出版。4章。主要讲述少林拳史略、少林拳精意、注解少林拳图谱，对觉远禅师、一贯禅师、痛禅上人、涵虚禅师遗言进行汇总。图谱为李英昂从旧书摊购得，共36幅彩色工笔画，封面残缺，李英昂从图谱中识别为南宗少林拳法，再略加注释形成此书。（孟田）

中国腿击法　图书。李英昂著。香港华联出版社1963年第2版。3章。主要讲述中国武术摔角与拳术简史、腿击法要诀和腿击五十法图解。在腿击五十法图解中，从简单到复杂腿击法，从被擒解脱到被两人擒住解脱的腿击法，通过图片与文字由易到难展开，

层层递进，逻辑清晰。（孟田）

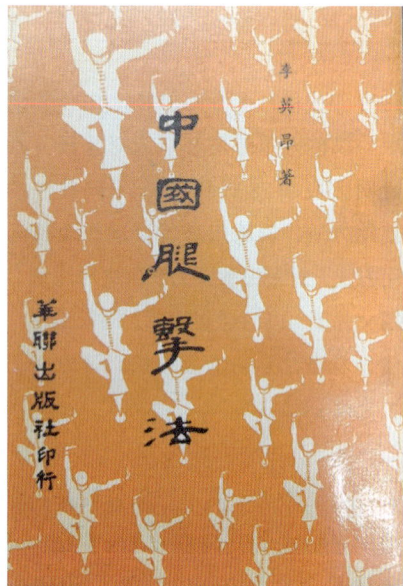

香港华联出版社1963年版《中国腿击法》

鹰爪一百零八擒拿术 图书。刘法孟著。台北五洲出版社 1966 年出版。10 章。分别是指部、腕部、肘部、喉部、头部、阴部、腰部、腿部、缴械法、捕绳术。主要内容是自卫防人拳术，共有 108 擒拿法（即鹰爪连拳的散手）。主要原理是专擒人脉穴，使其疼痛；拿其腕节，令其麻痹。达到以静制胜、以柔克刚的作用。每个动作附有教学图解，活学活用，可作教材。（胡宏东）

北拳精华 图书。杨云编著。香港艺美图书公司 1968 年出版。详细介绍北拳基本拳术训练法，循序渐进地说明动作、要领及应注意之处，配以图解，系统完整地记述科学训练法。有助于习练者提高技艺，少走弯路，是适合初学者的自学参考用书。（孟田）

王宗岳太极拳经研究 图书。唐豪编。香港麒麟图书公司 1969 年出版。是对王宗岳十三势论、太极拳论、太极拳解、十三势歌、打手歌、十三势行工心解、十三势名目等篇目进行注解的专著。唐豪尊重史实、治学严谨、方

法科学，改变太极拳研究长期存在的附会神秘谬说恶习，推动太极拳研究的科学化进展，是后世开展太极拳史研究必备的著作。（孟田）

工字伏虎拳 图书。林世荣著。台北华联出版社 1969 年出版。洪拳专著。有该拳法概述以及 93 式动作，每一式配有图片、动作名称与动作说明。语言精简，通俗易懂，便于学习，可使习练者达到稳健腰马、刚劲桥手、矫正步法身形的目的。打破武术界长期孤芳自赏、技不示人的陋习，开创了广东近代武术套路写作先河。（孟田）

据林世荣《工字伏虎拳》插图汇综图谱

咏春拳散手 图书。萧庆文编。台北华联出版社 1970 年出版。14 章。主要内容有：腕关节的擒拿、握喉、握手礼的研究、前后衣物被执的擒拿法、卧倒的防卫法、直线拳击的自卫法、横抽拳的投摔法、下抽的擒拿法、抛拳的擒拿法、撑掌的擒拿法、连双臂的后环抱、不连双臂的后环抱、正面连臂的环抱、正面不连臂的环抱、鲤鱼担架的研究、锁腿法、拔剑及反压剑的擒拿法。（胡宏东）

合气道之秘密 图书。半僧道人著。香港麒麟图书公司 1970 年出版。合气道是流传于日本的一种防御反击性武术，特点是以柔克刚、防守反击。作者在日本考察武术道场期间见到此术并产生研究兴趣，在向李英昂等学者请教之后写成此书。主要讲述合气道的源流、与柔道的异同与合气道基本技法，旨在使更

多读者了解合气道。（孟田）

西岳华拳图解 图书。杨云编著。香港艺美图书公司 1970 年出版。展示西岳华拳拳谱，将西岳华拳分为十段进行讲解，对每一式动作进行分解教学，有动作名称、分解动作图片与文字说明，是西岳华拳习练者自学参考书。（孟田）

铁线拳 图书。朱愚齐编著。香港华联出版社 1970 年出版。属洪拳。主要围绕铁线拳套路 70 个动作作技术说明和图解。因锻炼功效和演练方法要求坚硬如铁，其柔似线，故名铁线拳。是一套养生拳，以运动肢干、畅通血脉为主，具有壮魄健体、反弱为强的功能。铁线拳法是铁桥三的遗技之一。（胡宏东）

国术名人录 图书。金恩忠编纂。中华武术出版社 1970 年出版。收录大祥子、于五、尹德安、仇不同、孔瞎子、王教师、王瑞伯、王武师等 108 名晚清和民国前期全国各地著名武术家，附录国术丛谈和国术精神学。入录者均为各武术学派嫡系传人和主要代表人物，具有较高史料价值。（胡宏东）

国术的训练与运用 图书。韦基舜著。香港麒麟图书公司 1971 年出版。是作者训练选手的经验集成。分 12 篇章，分别是：自序、科学地研究国术、寻师难、寻徒更难、一胆二力三功夫、人人可练成绝招、人的反应有极限、练拳不练功、到老一场空、练功要诀、拳法要诀、腿法要诀、练功的时间及地点、比赛前的准备运动、结论。图文并茂。（胡宏东）

岭南武术丛谈 图书。朱愚仑著。台北华联出版社 1972 年出版。有至善技服童千斤、陆阿采试技释伯符、混迹

煲头谢亚福避祸、枯树百株死练拿龙爪、虎鹤双形拳史、鼠步梅花拳史、无影脚之创造者、八卦棍法传粤索隐，以及黄飞鸿轶事和林世荣轶事等。通过叙事性故事，反映岭南武术发展过程中拳种、人物、拳技和功法等内容。（胡宏东）

泰国拳之秘密　图书。李英昂著。大行出版社 1972 年出版。4 章。分别是泰国拳历史、泰国拳基本功夫、泰国拳秘密、泰国拳比赛，其中泰国拳秘密是主要部分，包含拳击、腿法、膝撞、肘击、摔法、连环绝招、绝招与要害。（胡宏东）

图解咏春拳　图书。李小龙编，李运执笔。美国加利福尼亚州奥哈拉出版社 1972 年出版。李小龙技术编辑和校正。李运即严镜海，李小龙亲自训练的三个助手之一。系统全面讲解示范咏春拳技术。有近千张严镜海与黄锦铭示范动作照片。多次再版，并被译成各种文本而行销全世界。美国首次出版的中国武术专著。（胡宏东）

邹家八卦棍图说　图书。谭汉著。香港麒麟图书公司 1972 年出版。汇编李英昂《八卦棍之精要我见》、许凯如《谭家武术源流考》、谭醒非《三辗拳与八卦棍》，着重介绍邹家八卦棍路线示意图与图解，每一式动作附有动作名称、图片与文字讲解，适合初学邹家八卦棍的自学习练者。（孟田）

蔡李佛家拳　图书。陈胜著。香港华联出版社 1973 年出版。蔡李佛拳规范教学、基本训练用书。（胡宏东）

五祖拳法图说　图书。徐金栋述义，叶清海示范。香港麒麟图书公司 1973 年出版。3 篇。初篇为五祖拳法根源与要诀；中篇为五祖三战拳概述与图

说；后篇为五祖练习拳概述与图说。图文并茂，图片清晰，动作描述贴切，适合五祖拳法自学者。（孟田）

西洋拳之秘密　图书。祖·路易士著，金泰译。香港麒麟图书公司 1973 年出版。讲述练习西洋拳基本技术，沙包与体能训练，诸如左刺击、右直拳等拳击训练以及下闪、阻挡、移步等招式训练。书中除动作插图外，还有部分西洋拳赛场插图。（孟田）

福建鹤拳秘要　图书。李载鸾著。香港麒麟图书公司 1975 年出版。由拳式、器械、白鹤拳法、鹤拳实用法 4 部分构成。以图谱形式呈现。（胡宏东）

洪拳散手　图书。雄师编。武丛出版社 1975 年出版。主要内容有洪拳散手、洪家伏虎拳拆解、何立天舞狮经验谈等。在动作教学中，一招一式有真人示范图片，并配以文字注解。适合初学者和自学习练者。（孟田）

截拳道之道　图书。李小龙著，琳达·埃莫瑞（Linda Emery）、吉尔伯特·约翰逊（Gilbert L. Johnson）据李小龙手稿整理，伊诺山度审订。大原出版社 1975 年出版。主要讲述李小龙生平武学与哲学理论精华，收录李小龙武学笔记手稿。详论截拳道技术体系、攻击防守原则与武术哲学终极目的。出版后被译成 9 种语言文字畅销世界各地。出版时由琳达定名，而将该书的开篇——哲学理论部分配发李小龙"武道释义"手迹与题图，以示缅怀。（胡宏东）

少林拳拆法　又称《六路擒拿对拆》。图书。赵连和、陈铁笙合著。台北华联出版社 1975 年出版。以潭腿和少林功力拳为主要内容，重点包括少林功力拳概述、特点、技法和学练方法等。

语言精简，图文并茂，是初学少林拳必读教材。（孟田）

六路擒拿对拆　见"少林拳拆法"。

李小龙技击法·自卫术（*Bruce Lee's Fighting Method：Self-defense Techniques*）　图书。李小龙、姆·乌耶哈拉（M. Uyehara）编著。1966 年成稿，美国加利福尼亚州奥哈拉出版社 1976 年出版。介绍始创于李小龙的现代技击术——截拳道的自卫方法，包含防御突然袭击、对徒手袭击者的防御、对抓拿的防御、对勒掐和搂抱的反击、对持凶器来犯者的防御、对几个袭击者的自卫、处于易受攻击位置的自卫等。配有大量图片。适合初学截拳道自卫方法的习练者。（孟田）

李小龙技击法·高级技术（*Bruce Lee's Fighting Method: Advanced Techniques*）　图书。李小龙、姆·乌耶哈拉（M.Uyehara）编著。1966 年成稿，美国加利福尼亚州奥哈拉出版社 1977 年出版。介绍截拳道的高级技术，如进攻手法的逐步提升、旋踢、扫踢等进攻腿法、防守与反击的技巧以及心理状态和战术等，使读者进一步体会李小龙的武术造诣与哲学思想。（孟田）

李小龙技击法·基础训练（*Bruce Lee's Fighting Method: Basic Training*）　图书。李小龙、姆·乌耶哈拉（M. Uyehara）编著。1966 年成稿，美国加利福尼亚州奥哈拉出版社 1977 年出版。介绍截拳道基础训练方法，包含警戒式、步法、力量和速度训练。内容翔实，是李小龙技击法基础训练系统介绍。（孟田）

李小龙技击法·技法训练（*Bruce Lee's Fighting Method：Skill in Techniques*）　图书。李小龙、姆·乌耶哈拉（M.Uyehara）编著。1966 年成稿，美国加利福尼亚

州奥哈拉出版社 1977 年出版。介绍截拳道技法训练内容，包含移步中的技法、手法中的技巧、踢击技巧、格挡技术、攻击目标、对抗训练等。每一个技法都从主要目标、要害部位、技法的使用顺序进行详述。配有图片进一步阐释，便于读者学习。（孟田）

虎鹤双形拳 图书。林世荣著。澳大利亚利大出版社 1978 年出版。作者在编写时不墨守成规，吸取洪（拳）、佛（拳）的精华，自成一体。结构新颖，路线宽广，动作轻快。该书为南派拳术打下良好理论和技术基础。当时风行全省，远传香港、澳门、南洋一带和美国、加拿大等地，流传至今。被列为全国高等体育学院武术教材内容之一。（胡宏东）

龙形拳 图书。朱绍基著，区少培演示。澳门新生出版社 1980 年出版。讲解龙形拳 124 式，每一式配有图片、动作名称与动作释义，动作释义使用中、英两种语言。不仅展示单人动作图，还展示双人对练图，对动作攻防用法准确说明，有利于读者自学理解。适合初学龙形拳的习练者使用。是目前较早的、较完整的武术双语版著作，为武术拳种的国际化推广作出贡献。（孟田）

武术传统套路选编 图书。人民体育出版社 1980 年出版。《武术（第三册）体育系通用教材》技术指导读物。共 8 节，内容以拳种为主。主要有查拳、华拳、形意拳、南拳、八卦掌、太极拳等传统拳种套路动作说明和图解，内容丰富。各套动作具备独特风格特点，有一定练习难度。练习者可根据自己的身体条件和锻炼要求，选择合适套路进行练习。（胡宏东）

南拳 图书。陈昌棉整理。邱建国示

范。人民体育出版社 1981 年出版。3 章。选取广东流传较广的洪家拳、李家拳、侠家拳、客家拳、蔡李佛拳部分动作组合而成，是南拳运动方法、基础训练的综合套路教材。第一章南拳概述，包括南拳流派、广东南拳各派特点和流传地区，南拳的特点、风格和作用，南拳的运动方法和基础练习，重点介绍南拳的主要流传地区和不同地区南拳拳种风格特点以及功能价值；第二章南拳综合套路（五形）的手型、手法、步型、步法及其他；第三章南拳综合套路。其中第三章是主要内容，共 4 段，介绍 72 个南拳套路动作的训练方法和技术要点，并附图解示范和说明。（胡宏东）

国术倒流的空手道之秘密 图书。半僧道人著。香港麒麟图书公司 1982 年出版。详细介绍空手道历史、练习方法（基本桩法、基本手法、基本腿法）、技术要诀（防技、攻技、手技、足技）、基本功（徒手锻炼法、器械锻炼法），以及空手道派别等。技术动作附有图片和相应文字解说，图文并茂，可读性强。（胡宏东）

黑虎出洞拳 图书。黄文豪著。香港华联出版社 1982 年出版。由基本功和拳谱两大部分构成。基本功有：自我揪腿，共 3 式；活步三星，共 6 式；活步揪腿，共 10 式。拳谱有：黑虎出洞拳，共 27 式；揪腿横瞪兼偷心，共 8 式。每个技术动作都配有动作路线、说明和图解，图文并茂，便于自学。（胡宏东）

南拳拳术 图书。曾昭胜、曾庆煌、黄鉴衡、曾广锷编著。广东人民出版社 1982 年出版。2 章：第一章讲述基本知识，包括南拳起源和发展、广东南拳流派和特点、怎样练好南拳；第二章讲述拳术，包括基本动作和基本

功、拳术套路、攻防练习。汇集洪拳、刘拳、蔡拳、李拳、莫拳、蔡李佛拳、虎鹤双形拳等 19 个拳种的拳派特点。前期资料由广东体育科学研究所发掘整理并提供。分拳术和器械套路两大类。主要内容是新编南拳拳术套路动作技术说明并附动作图解说明，便于参考和自学。（胡宏东）

太极拳术 图书。顾留馨著。1978 年完稿，上海教育出版社 1982 年出版。共 10 章，分 4 部分。第一、二章从生理学视角阐释太极拳对促进人体健康和防治疾病的积极意义，揭示太极拳医治某些慢性病的特殊疗效；第三、四、五章论述练习太极拳基本要领，使练习者能正确地、有效地进行锻炼；第六、七、八章详细展示杨式太极拳图解、拳势作用图解以及推手图解，旨在深入挖掘锻炼经验、用劲要点和技击方法；第九、十章梳理太极拳各流派的起源、演变和发展。附录的郝和藏本、李亦畬手抄王宗岳《太极拳论》珍本以及明万历版《三才图会》中的《拳法图》三十二势等，是非常宝贵的太极拳史料。参考了唐豪、徐哲东、许禹生、陈微明、沈家桢等学者的观点，拓展了太极拳理论研究。（孟田）

粤海武林春秋 图书。黄鉴衡编著。广东科技出版社 1982 年出版。以广东武术为题材，以史实为依据，叙述广东武术发展、南拳流派和特点，以及广东武坛风云人物，如少林十虎、广东十虎等，充实了近现代中国武术史的研究。（胡宏东）

南拳对练 图书。陈耀佳、邱建国著。广东科技出版社 1982 年出版。分两部分：第一部分简要介绍南拳对练基本知识，使读者了解对练的目的、意义和基本方法；第二部分是主要部分，

共4段、61个动作，用97幅插图表现南拳对练全套动作，并对每一动作加以简要的文字说明。着重用图解说明南拳对练套路要领，特别是攻守两方步型、步法、拳法、掌法、飞跃、跌扑等。作者根据南拳的对练特点，结合个人体会，吸收各家拳派精华，解读演练中攻守双方、技击手法的巧妙运用。（胡宏东）

黄啸侠拳法　图书。黄鉴衡、曾广锷整理。广东科技出版社1983年出版。以史话形式叙述，通俗易懂。3章。第一章练步拳，套路分5段，共59个动作。这套拳术包括各种不同手型、手法和步型、步法，因侧重于步法练习，故名；第二章练手拳，套路分8段，共80个动作；第三章基本功基本动作，分4段，每段8个动作。单数段是手法练习，双数段是腿法练习。每个动作可交替反复练习，也可单独练习或作连续性练习。（胡宏东）

南拳棍钯刀　图书。曾昭胜、曾庆煌、黄鉴衡、周文超、赵秋荣编著。广东人民出版社1983年出版。3章。第一章棍术，第二章大钯术，第三章大刀术。每章包括基础知识和套路。主要介绍新编南拳器械基本知识、套路动作技术说明、图解等内容。（胡宏东）

少林寺珍闻实录　图书。薛后著。广东科技出版社1983年出版。作者是电影《少林寺》编剧，将搜集到的第一手材料去伪存真进行整合，以口述形式编纂成书。介绍少林寺的历史、传奇和故事，并对少林寺一些事物作必要考证，既有珍贵见闻、少林寺高僧实录，也附有少林寺历史文物插图，文笔生动，语言幽默。（孟田）

武林拾趣　图书。郑树荣著。广东科技出版社1985年出版。介绍历史上著名武林人物故事，收入对武术史上有关问题考证性文章。收录刘备、关羽、张飞、曹操等武林故事41篇，题材广泛，内容多样。图文并茂，生动有趣。（胡宏东）

侠拳　图书。邓锦涛、邓镇江演述，赵秋荣执笔。广东人民出版社1985年出版。《广东南拳名家套路》丛书之一。分拳术和器械两大类，含4部分：一是侠拳概述；二是基本动作；三是拳术套路；四是攻防练习。着重介绍侠拳高级拳术套路和主要散手动作，采用照片记录拳师的连贯套路动作，附动作示意图和简略文字说明。是广东民间武术遗产挖掘和整理成果之一。（胡宏东）

弹腿　图书。张文广编著。广东科技出版社1985年出版。分4部分，包括3章和附录，主要内容是10路弹腿。第一章前述，讲述弹腿分类、特点、方法及要点和注意问题；第二章基本动作，按10路弹腿中每路套路手型、步型、腿法逐一阐述；第三章套路运动，从动作名称入手，详解弹腿10路动作方法、练习要点和攻防含义，并附分解图式；附录部分描绘弹腿的动作路线示意图，便于读者自学。（胡宏东）

虎形拳　图书。魏齐祺、胡金焕、孙崇雄编著。福建人民出版社1985年出版。《福建南拳丛书》之一。介绍广东洪拳典型套路。共2部分，第一部分虎形拳基本知识，包括虎形拳概述、六合归一、虎桩、虎形拳对身体各部要求、虎劲、虎形拳五行手法、鱼蟹虾鳖四法、虎形拳的运动速度、虎形拳的学习方法；第二部分套路部分，包括虎形三战拳、虎形四门拳、虎形五基拳、虎形八卦拳、虎形坎卦拳、虎形三十六手、虎形一百零八式、虎形三战锤对打、虎形五步头对练。（胡宏东）

洪拳——广东南拳名家套路　图书。庞康娣演述，曾广锷、张侃执笔。广东人民出版社1985年出版。《广东南拳名家套路》丛书之一。4章。第一章洪拳概述，介绍南拳历史、内容、特点；第二章基本功和基本动作，重点介绍6个基本动作，即弓步挑打、马步蝶掌、马步穿手顶肘、穿手回马顶肘、弓步过肘、翻身挑打，弓步、马步、挑打、蝶掌、顶肘是基本动作的关键；第三章拳术套路，分4段，由123个动作组成，包括多种不同拳法、掌法、爪法、肘法、桥法，还有多种不同步型、步法、脚法、腾空跳跃等动作；第四章攻防技术，攻防技术是待拳术套路熟悉后的又一个阶段，分脱手劈掌、弓步挑插指、标扫挑打、马步横肘、弓步攻桥、绊腿推掌、马步顶肘、标撞拳等动作。着重介绍洪拳高级拳术套路和主要散手动作。核心技法内容由洪拳著名拳师演述，采用照片记录拳师连贯套路动作，并附动作示意图和简略文字说明。（胡宏东）

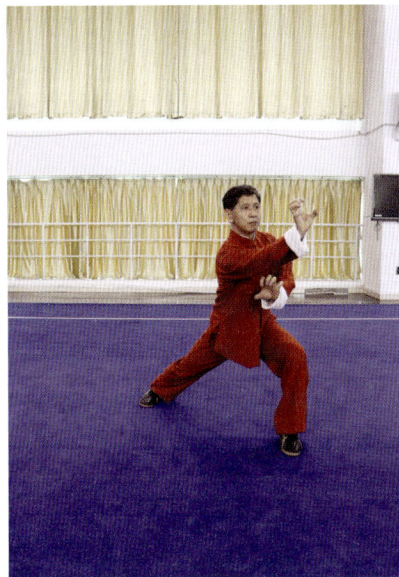

洪拳之弓步虎爪

基本中国拳法　图书。李小龙著。大原出版社1987年出版。前有严镜海、埃德·帕克序，李小龙自序。前三分之一介绍中国武术流派概况、阴阳哲

理与基本功训练；后三分之二着重演示振藩拳法的踢、打、摔、拿，动作照片由李小龙及其徒弟木村武之、严镜海、杰西·格鲁弗、詹姆斯·德迈尔等示范。插图为李小龙亲手绘制。是李小龙生前出版的唯一一本个人专著。（胡宏东）

武侠世界　期刊。1959 年 4 月 1 日创刊。香港人罗斌创刊并兼任社长。周刊。香港环球武林出版社出版。诸葛青云、梁羽生、柳残阳、古龙、倪匡、秦红、张梦还、司马翎、黄鹰、黄易、温瑞安、萧玉寒等作家在此刊发作品。2019 年 1 月 15 日停刊。是香港创刊最早、历史最悠久的武侠杂志。有中国武侠小说发家史之誉。（李朝旭）

武林　期刊。新中国成立后第一份武术普及刊物。1981 年 7 月创刊。科学普及出版社广州分社出版。季刊。首任主编张泽亮、黄鉴衡。1982 年改为

《武侠世界》

月刊。旨在挖掘、继承、整理中华民族优秀武术文化遗产，促进国内外不同流派武术团体团结和交流。主要栏目有《武术丛谈》《套路精选》《散打技击》《功法集锦》《刀枪剑棍》《武术医学》《武术艺林》。期发行量最多达 340 万份。2006 年停刊。参见第 734 页新闻出版卷"武林"条。（胡宏东）

气功与科学　期刊。1983 年创刊。

广东省气功科学研究协会主办。双月刊。首任主编黄小松。1984 年 1 月改为月刊。旨在普及气功科学知识，促进气功科学研究，面向广大气功爱好者、医务、体育和科研工作者。主要刊载各类气功科研论文、科普文章，介绍各种流派的气功功法和代表人物，提供气功活动信息。主要栏目有《研究报告》《文献综述》《简报》《专题研究》。1999 年 12 月停刊。（胡宏东）

十六　对外贸易卷

概　况

岭南外贸　区域对外贸易。先秦时期，岭南的外贸主要是民间海上贸易。秦汉时期是发展阶段，岭南形成番禺、徐闻、合浦与日南障塞等港口和两条航线。一条是海上航线，是沿北部湾、中南半岛近岸航线，通往东南亚、南亚、西亚、红海、地中海等地区；另一条是陆上通道，是中国西南与缅甸等地的西南丝绸之路。港口与航线的形成，为后来的海上航线和交通道路奠定基础。六朝时期是发展阶段。新设立的广州陆海交通发达，番禺成为经济中心城市，是中外海上丝绸之路的重要港口和南海丝绸之路的始发港之一。唐代是重要发展阶段。中国的丝绸、陶瓷、铁器和漆器等工艺品由广州运销世界，进口货物主要有象牙、香料、玳瑁、犀角、铜锭、珠宝以及各种奇珍异物。唐开元年间在广州设立掌管海外贸易、关税等的市舶使，对外贸易渐趋规范。宋元时期是繁荣阶段。沿海港口广州、潮州、琼州、钦州、宜州等成为中外商贸交流之地，在广州设立市舶司管理对外贸易。明初实行贡舶贸易，正统以后贡舶贸易衰微，商舶贸易公开化，"广中事例"确定对外贸易由"一元中心"变为澳门、广州"二元中心"，广州国际定期集市贸易建立，大帆船贸易较以往航行的地区和范围更广。岭南是东南亚诸国朝贡必经之地，民间禁止下海通番贸易，永乐、宣德年间海禁稍弛，民间贸易增多，市舶司设立。广州港成为全球商贸汇聚地，有"天子南库"之称。清康熙二十四年（1685）粤海关设立，乾隆二十二年（1757）限定粤海关"一口通商"，对西洋贸易由广州一口承担，广州十三行独揽对外贸易经营权。十三行行商承担缴纳进出口关税，对官府负有承保和缴纳外洋船货税饷和规礼、传达官府政令、代递外商公文、管理外洋商船人员等义务，在清政府与外商交涉中起中间人的作用。广州城西南码头是中外货物装卸地，附近十三行商馆区是贸易季节外商居住地，称"十三行夷馆"。广州城东黄埔港是外国商船停泊的主要港口。道光二十二年（1842）以前，广州是中国对外贸易的唯一口岸，广州作为中国茶叶对外贸易中心，在"一口通商"时期货源地遍及中国各大茶叶产区。"五口通商"以后，广州让位于香港、上海，对外贸易中心地位丧失。19世纪60年代中期以后，帝国主义对中国倾销工业品，加强对中国经济的掠夺，广州出口土货品种除茶叶、生丝外，新增猪鬃、桐油、草席等出口量较大的品种。咸丰九年（1859），广州洋关设立，李泰国、赫德等控制广州新关税务，中国海关自主权丧失，广州对外贸易畸形发展。1911年，辛亥革命推翻清政府，南京临时政府及广东省军政府推行一系列促进资本主义发展的举措，促进岭南对外贸易的发展。民国初期的10余年间，岭南对外贸易总体上呈现增长趋势，主要出口商品以生丝和纺织品为主，还有陶瓷、糖、纸类、玻璃、草席、烟草等。一战结束后，帝国主义列强垄断国际市场，压低各种进出口商品的价格，岭南对外贸易入超额明显增加。南京国民政府时期受世界经济危机影响，帝国主义列强为转嫁经济危机纷纷采取保护外贸的政策，如进口限额、进口特许、外汇管制和高

关税政策等，岭南对外贸易呈现明显减退趋势。全面抗战爆发后，长江中下游被日军封锁后，北方出口贸易严重受阻，广东因粤汉铁路全线通车，对外贸易呈现增长趋势。日本大举侵略华南后，通商口岸及沿江沿河被封锁，岭南对外贸易几乎停顿。但经过商民的艰苦努力，开辟了惠州—沙鱼涌—九龙水陆交通线，与韶关方面货运路线连接，经过老挝或河内，维护大后方的对外贸易活动。1941年该条线路被日军封锁，广州湾成为广东大后方对外贸易的重心，通过港澳路线进行对外贸易。香港沦陷后，广东沿海口岸基本被日军封锁，省政府将神泉、汕尾、广海、电白、阳江等内港开辟为新口岸，积极发展对外通商贸易。抗战胜利后，广东对外贸易主要控制在以美国为首的帝国主义手里，美国通过与国民政府签订的各种不平等条约控制了中国对外贸易主动权，美国的小麦、面粉、棉花、煤油、棉布等剩余农产品和工业品长驱直入广东，岭南及相邻地区的桐油、矿砂、生丝、猪鬃和鸡鸭毛等原材料流向美国，广东成为美国商品倾销的重要市场和原料掠夺基地。而且随着岭南对外贸易环境进一步恶化，走私贸易也日益猖獗。民国时期岭南对外贸易并未摆脱半殖民地半封建性质，受帝国主义列强侵袭和盘剥，再加上对外贸易的结构极其不合理，总体上呈现畸形发展趋势。新中国成立后，中央和广东着手接管对外贸易事务，1950年成立华南对外贸易管理局，负责两广的对外贸易工作，并分别在汕头、江门、石岐、海口、南宁、梧州、湛江、北海设立分局。1951年，华南对外贸易管理局改为广州对外贸易管理局，由中央人民政府贸易部直接领导。1953年，广州对外贸易管理局与海关合并，统一领导广州、汕尾、惠州、北海、梧州、海口等海关。1955年，由中南外贸局华南分局改为广东对外贸易局，负责广东对外贸易工作。1957年春，在广州设立中国出口商品交易会（简称广交会），这是新中国成立后对外贸易的一种新形式，既展览又交易出口商品，生动地体现中国政府一贯执行平等互利的政策，努力发展与世界各国和地区通商贸易关系的立场，成为中国历史最久、层次最高、规模最大的综合性国际贸易盛会，促进了对外贸易的蓬勃发展。1980年成立常设机构"中国（广州）对外贸易中心"，负责交易会的筹办和管理等业务。新中国成立后岭南对外贸易本质发生变化，由旧中国半殖民地半封建性质且依附帝国主义的对外贸易转变为新中国独立自主的对外贸易方式，对外贸易呈现蓬勃发展之势，大大加速了中国现代化进程。（王元林、夏巨富、蔡香玉）

岭南外贸物产 区域进出口物品。汉代外贸主要输出丝绸和黄金等奢侈品，进口东南亚土产香料、珠玑、翠羽、犀角、象牙、玳瑁、琉璃以及欧亚地区的手工艺品。当时东南亚一带黑人奴隶也被卖至岭南市场。魏晋南北朝时期，输入的外国商品主要有象牙、犀角、珠玑、玳瑁、琉璃器、吉贝（棉花）、郁金、苏合、沉檀、兜銮，输出商品以丝绸、陶瓷、漆器为大宗。隋唐时期由海外输入广州的商品达数十种，不少如各色香料、药品、黑白胡椒等具有实用价值，更多是奢侈品。广州输出商品除丝、瓷、茶外，还有纸张、金银器、铁器和雕刻品等。宋元时期与亚非各国相互交易的商品有数百种之多，进出口商品从一些体轻价贵的奢侈品扩大到与国计民生有密切关系的日用必需品，如木材、皮货、谷米等。明代对外贸易发展，促使各种中外特产在广州汇集，来自江、浙、皖的商人在此出售各省"通番之货"，采购洋货。广州丝织业、造船业，佛山陶瓷业、铁器业，东莞果木业，增城制糖业，新会制葵扇业由此得到较大发展。清初历经海禁、开海设关和"一口通商"，广州成为全国物产荟萃之地，来自全国各地的茶叶、生丝、绸缎、瓷器、布匹、药材、铁器、铜等经广州口岸运往海外。外国商品如南洋土产和西洋货物如毛织品、棉织品、钟表、香水、皮毛、金属等由广州进口，鸦片亦随西货偷带进来。鸦片战争以后，洋货大量输入，冲击岭南市场，进口商品除原有的棉、毛织制品外，又增加了火油、钢材、水泥、纸张、机器、染料等，甚至还有洋针、洋钉、洋米、洋面粉、洋碱等杂物。出口商品仍以丝、瓷、茶等为主，但所占比重日趋锐减。民国进口商品以西方资本主义各国输入的工业品为主，如机器工具、矿物油、纺织品、五金制品、化工产品等。农产品则以东南亚进口大米为大宗。由于竞争激烈，传统生丝出口呈下降之势，粤瓷、生猪和"三鸟"（鸡、鸭、鹅）仅销往港澳地区和华侨较多的南洋各国。第二次世界大战后生丝、绸缎、丝绣品、针织品出口日趋衰落，桐油及经华南输出的猪鬃则逐年增加，五金及矿砂出口也比战前增加。（王睿）

广州贸易体制 外贸管理机制。在特定历史时期，基于岭南经济、社会、政治特点和王朝国家政策需要形成的。始于唐代，成于两宋，盛于元明，衰于清代，分为市舶贸易和商舶贸易两个主体阶段，历时1200年之久。市舶体制的建立可追溯至唐开元二年（714）市舶使在广州的设立。市舶使专门管理贡舶贸易，制订一系列程序和规则，涵盖舶货的勘验和抽税、外商的款待以及市舶官员的人选派遣，奠定了以市舶制度为主体的广州贸易体制的基础。此时的市舶使为朝廷派遣官职，没有固定的办公衙署，人选

上经常由岭南地方官吏或朝廷宦官兼任。北宋基本沿袭唐代的制度框架，逐渐呈现定制化和常态化特征，走向成熟。北宋将"市舶使"改为"市舶司"，标志着市舶官员有了正式的常设办公机构；朝廷还制订相应的法律条文对市舶贸易进行系统化规范管理，最著名的是元丰《市舶条例》；对于贸易的管理也更加细化，朝廷对市舶贸易以抽税分成为主；地方官府

配合市舶贸易，安置外来商人于广州城中的蕃坊。元代继续沿袭宋代的做法，并强化其法制色彩，以至元《市舶则法》为代表。到了明代，随着海禁政策的强化以及西方资本主义殖民者的渗透，传统的市舶贸易开始受到挑战，在基本沿袭前代的基础上，产生了一些变化，最显著的在于中间商人被吸纳到该体系之中，市舶贸易的主体逐渐脱离朝廷，舶货贸易的收益

也逐渐落入中间商人之手，以市舶贸易为主体的贸易体制开始走向衰落。清代，粤海关成立，主导广州对外贸易，其职能逐渐取代市舶司，广州市舶贸易宣告终结。随着清乾隆二十二年（1757）广州"一口通商"地位的正式确立和广州十三行行商经营体制的兴起，广州贸易进入粤海关—广州十三行行商共同主导的商舶贸易阶段。（于笛）

贸易史

贡舶贸易　贸易体制。海外诸国向中国朝贡时随贡贸易形式。贡舶指入贡船舶。亦专指明代朝贡贸易。朝贡贸易可追溯至两汉时"贡献"体制。早期以陆路为主，兼及水路。隋唐时海上朝贡贸易发展，朝贡者由广州进入，除经核验允许入朝贡物和贡使外，随船货物就地交易。安史之乱后，市舶贸易兴起，海上朝贡贸易式微。两宋及元承袭唐中后期做法。明初恢复朝贡贸易，在太仓黄渡设置市舶司。后分别于宁波、泉州和广州三地设市舶司，宁波通日本，泉州通琉球，广州通占城、暹罗及西洋诸国。对诸国贡船数量、入贡人数、贡道及贡期有规定。琉球、占城诸国初任其时入贡，高丽、占城等国三年一贡，日本十年一贡。由市舶提举官管理，入贡船只到达后，经市舶提举官对贡物封识和勘合表文无误后，起运入京朝贡，附载货物可在入贡港口互市交易，初免课税，后以十税二为基准进行征税。清代前期仍然实行，暹罗等国一直进行朝贡贸易，持续到粤海关与公行设立。（杨恒平）

少府海丞　职官。汉代管理海上贸易税收的官职。汉元始元年（1），朝廷置少府海丞及果丞各1人，专门负责

海贸税务，归九卿少府统管。中国历史上首个专门处理海洋贸易的官职，其设立标志着中原王朝朝贡贸易体系初步建立。（王睿）

黄门译长　又称译长。职官。汉代专门管理海上贸易的官职。汉代设置译官令丞，隶属大鸿胪，负责传译与奉使。《汉书·地理志》记载，岭南有译长，隶属黄门官，携黄金、丝织等物品与应募者入海换取海外诸国的明珠、璧流离以及奇石异物。除岭南以外，西域诸国也置此官，或分左、右，三国魏置西域戎部译长，秩八品。（王睿）

译长　见"黄门译长"。

左右候官　职官。汉朝政府派驻广东徐闻管理对外贸易的官职。据《元和郡县图志》记载，汉置左右候官，在徐闻县南七里囤积货物，相互交易。故有谚语称"欲拔贫，诣徐闻"。（王睿）

汉代外贸路线　贸易路线。汉代通往东南亚、南亚、西亚外贸路线。汉元鼎六年（前111）平南越，置南海、合浦、珠崖、交趾、日南等9郡，开辟

南海航道。《汉书·地理志》记载，海船从日南、徐闻、合浦出发，利用季风，沿北部湾近岸航行，经中南半岛东海岸，西行穿过马来半岛进入孟加拉湾，在今印度半岛或斯里兰卡登岸。东汉时期，途经南海的航道交通繁忙，航路拓展。延熹九年（166），大秦王安敦（Marcus Aurelius Antonius，161—180年在位）派遣使节自日南徼外贡献象牙、犀角、玳瑁等。这是罗马使节首次经由海上来到中国的记载。此航路在沟通汉代东西方经济文化方面发挥重要作用。（王睿、刘畅）

六朝南海航路　贸易路线。三国吴、东晋以及南朝宋、齐、梁、陈时期对外贸易的海上交通线。除保持与西方大秦联系外，三国孙吴政权派遣重臣朱应、康泰出使扶南和南海诸国，设交、广二州。5世纪上半叶，中国商船往返于波斯湾。与中国往来密切者有大秦、波斯、天竺、狮子国以及扶南、林邑、婆利等国。中外僧侣，通过海路搭商船往来于中印之间。（王睿、刘畅）

昆仑舶　船舶。南北朝至唐宋时期，南海以昆仑为名的诸国到中国贸易的商船。主要来自扶南及其属国，也有

来自室利佛逝国或诃陵国者。慧琳《一切经音义》载有造法及形制。将椰子皮搓索连绑，用葛览（橄榄）糖浇灌，累木而成，前后分为三节。（王睿）

进奉　贸易规程。蕃商向皇帝进贡珍异物品的行为。除进呈贡物外，其他货物由蕃商自行买卖。监督蕃商向朝廷进奉舶来商品是岭南节度使的重要职责，也是市舶职能的重要环节。有唐一代，岭南节度使利用"进奉"之名，截留珍货，中饱私囊。宋、元、明、清各代，亦有类似情形。是古代中国贡舶贸易主要形式之一。（于笛）

潇贺古道　国内贸易路线。由湖南潇水连接广西贺江的水、陆路通道的总称。北接潇水，入洞庭，连长江，南接贺州，连珠江，通粤港，构成连接长江与珠江水陆联运通道。主体部分分为3条：一条起于今湖南道县，经谢沐关、朝东、城北或经江永进入富川境内的麦岭、青山口、黄龙，至古城接贺江水路。一条起于湖南江华大圩，经开山至桂岭，与桂岭河水路相接。一条自湖南江华大石桥南下，越临贺岭隘口，经里松、莲塘，在新村河下游一带进入临江水路主干道。至唐开元四年（716）张九龄开辟大庾岭道止，作为岭南沟通中原的主要交通路线之一持续近千年。这是古代中原沟通岭南的重要交通要道之一，也是古代海陆丝绸之路最早的对接通道之一。（于笛）

大庾岭通道　又称梅关古道、梅岭古驿道。国内贸易路线。唐宋以降沟通岭南与中原、珠江水系与长江水系的重要交通路线。唐开元年间，宰相张九龄主持开凿，因倚傍大庾岭而得名。广义大庾岭通道是一组水陆混合交通体系，南起北江—浈江水系，抵达大庾岭山脚，翻越陆路，过梅关，进入江西，连接赣水上游源头章水。较前期经西江—漓江—灵渠—湘江进入内地路程大为缩短，成为岭南沟通北方最具主导性地位的交通路线。近代粤汉铁路修通以后，大庾岭道交通功能降低。参见第36页地理卷"梅岭古驿道"条。（于笛）

广州通海夷道　贸易路线。唐贞元年间，宰相贾耽在《皇华四达记》中记录了7条对外贸易通道，"广州通海夷道"为其中之一。主要线路为：从广东广州出发，沿传统南海海路，穿越南海和马六甲海峡后进入印度洋、波斯湾，与中东地区阿拉伯帝国进行贸易。自波斯湾出霍尔木兹海峡，进入阿曼湾、亚丁湾和东非海岸进行贸易。沿途经历90余个国家和地区，全程1.4万千米。这是8—9世纪世界最长远洋航线，也是唐代重要的海上交通线。（刘畅）

收市　贸易规程。唐代广州市舶贸易当中政府垄断蕃舶珍贵商品交易权限的办法。始于唐显庆六年（661），朝廷规定岭南地方官府每年4月在中南半岛和南亚地区来华船舶抵达前，自行预估货物价钱，船舶抵达后10日内，依实际数目给出市场价格，投放民间市场，官府从中获利。官市物再送朝廷少府监，供皇室消费。贞元八年（792），广州蕃舶减少而安南增多，朝廷同时派遣官吏赴广州、安南两地。收市活动是在岭南节度使监督协调下进行的。（于笛）

碇税　又称舶脚、纳舶脚。贸易规程。唐代广州市舶事务中对舶来商品征收的商品税，性质等同近代关税。岭南道地方长官以及蕃长对抵达广州外海的船舶按照船体大小和舶货种类征收相应税目。这是唐代市舶管理的核心内容，也是重要的税收来源，是唐代

外贸收入的中重要组成部分。（于笛）

舶脚　见"碇税"。

纳舶脚　见"碇税"。

市舶使　职官。唐代主管海上贡舶贸易的差遣性官职。唐开元二年（714），在安南设立，后于开元十年（722）迁至广东广州长期驻扎。大员由朝廷派遣京官担任，代表朝廷管理对外贸易活动。从开元十年（722）起，常以宦官充任；到唐文宗时期，监军兼任市舶使常驻岭南。一般情况下，市舶使与广州刺史、岭南节度使等地方官员共同处理外国来华贡舶贸易事务，包括奏报、检阅、款待、舶脚、收市、进奉、作法7个环节。后期有专门的办事机构，到宋代演化成市舶司专门主管贡舶贸易的常设机构。参见第1232页海洋文化卷"市舶使"条。（于笛）

市舶中使　职官。唐代在安南设立分管海上来华贡舶贸易的派出性官职。唐德宗时期，安南地处偏远，商贸管理秩序混乱，外国人借贸易之名行骚扰之实，陆贽奏请朝廷在安南设立市舶中使，分担远在广东广州的岭南市舶使职能。多由宦官充任。市舶中使的设立体现了朝廷对岭南市舶事务干预力度的加强。（于笛）

监舶使　职官。唐代指派宦官前往岭南干预市舶事务的差遣性官职。唐开元十年（722）以宦官充任市舶使。开成年间，岭南节度使卢钧请以监军兼领市舶使，成为定制。负责监督市舶使日常工作，从市舶贸易中抽取利润，监领岭南地方武装。监舶使的设立是唐后期宦官专权强化和宦官监军制度发展在市舶制度上的重要体现，也是中央加强对地方财政控制的重要措施之一。（于笛）

结好使 职官。唐代在广东广州设立专门招待来华进行贡舶贸易的外国商人，并协助市舶官员审查物资，以及安抚岭南边境地区的辅佐性官职。设置时间大致与市舶使相同。在安抚边疆、交好东南亚邻国方面发挥重要作用。唐末安南局势恶化，唐太和年间正式废除。（于笛）

押蕃舶使 职官。唐代管理外贸事务的官职。唐代沿边及沿海重要贸易口岸均有设置，具体职能有所不同。岭南节度使例兼押蕃舶使职掌，内政外贸并重；在节度使下，设有押蕃舶副使、押蕃舶判官、押蕃舶巡官，有专司蕃舶的掌书记。由岭南东道节度使兼任，与市舶使共同承担经营海洋贸易。受朝廷鸿胪寺委托，职权比市舶使广，负责协助处理贡舶贸易，主持外交与外贸礼仪性活动。作为唐代市舶使重要补充性职能，体现唐代海洋贸易的繁盛以及朝廷对其重视，是中原王朝朝贡贸易体系成熟的象征。（于笛）

市舶判官 职官。唐宋时期广州市舶机构内部担任辅佐和监察职能的官职。唐贞元八年（792），岭南节度使李复向朝廷奏请派遣判官前往安南"收市"，为判官辅佐市舶长官处理贡舶事务开端。唐代市舶职能未实现府衙化。北宋时期，朝廷正式设立市舶司，与市舶相关官职定制化。以通判兼领市舶业务，一般由通判兼任，审官院差遣，后改由中书省选差。宋开宝四年（971），广州设立市舶司，以同知广州潘美、尹崇珂并任市舶使，通判广州谢处玭为市舶判官，朝廷通判担任市舶判官成为常态。宋太宗对市舶机构进行改革，正式将市舶司独立为处理海外贸易专职机构，朝廷官吏不再出任市舶官员。市舶判官职能结束。（于笛）

广州蕃坊 外侨居留地。蕃坊是唐宋时外商在中国的聚居地，是市舶制度与城坊制度结合的产物。始于唐代，盛于宋元，衰于明清，以广东广州为代表。唐代，广州与阿拉伯贸易兴盛，阿拉伯商人和穆斯林聚集广州。为管理外国侨民，朝廷在广州设立市舶使，赋予聚居区选出的蕃长某些管理事务权力。广州的蕃坊，位于今广州怀圣光塔一带。在广州城外，基本是蕃汉混居坊里。宋代，朝廷设立主管机构市舶司以及蕃坊的行政管理机构蕃长司，制定有关市舶和蕃客管理等相关律例。管理体制和法制完备。宋代蕃长被称为"统察蕃长司公事"或"都蕃长"，拥有明确管理权力，是蕃坊制度鼎盛阶段。明清时期，传统海上丝绸之路没落，来华侨民主体为西方传教士和资本主义商人所代替，出现十三行体制下西方商人商馆区，蕃坊成为历史遗迹。是唐宋元明时期市舶制度、朝贡贸易的产物，为岭南文化注入许多外来元素。参见第1232页海洋文化卷"广州蕃坊"条。（于笛）

纲首 商人群体首领。宋代从事海外贸易的商人首领。纲是唐代起转运大批货物的办法。主要职责是平时负责与市舶司官员对接工作，由政府发放海外经营贸易许可证（公引），组织商人出海贸易。归来后，负责向官府进奉物品。亦承担船长职能。（于笛）

望舶巡检司 管理机构。宋代为保障海上航行安全，在广东广州，福建泉州、漳州等沿海港口设立的机构。具体做法是在海岛驻扎寨兵，巡视海路，保障海上船只航行安全。广州的望舶巡检司，兵力驻防珠海万山群岛、台山广海和阳江海陵岛等地，负责派兵专门护送从珠江口进入广东内河航行的船只。望舶巡检司的设立体现宋政府对海洋贸易和海船航行重视和支持，

有利于东南沿海贸易繁荣。（于笛）

编栏 贸易规程。宋代为维护海上贸易、陆路边境互市和権场正常运行，在交易地以及附近地区设置的监督、护卫等相关措施。广州沿海设立望舶巡检司，护卫外国商船进出港安全。外国商船停泊广州市舶亭下，进行登记缴纳税务，五洲巡检司差兵检视。（杨恒平）

纲运 贸易规程。宋代广南市舶司向中央缴纳运送贡舶货物的粗细分类办法。宋政府规定闽、广两地市舶司，抽解而得的货物分粗、细二色运入京师。从北宋大观年间开始，珍珠、龙脑等货物为细纲，每一纲5000两；檀香、乳香、紫矿、犀象为粗纲，每纲1万斤。后犀象、紫矿等货物改为细色。同时规定，凡起一纲，由市舶机构派一人负责押运，并支付100余贯报酬用于生活开支。朝廷实施纲运，旨在甄别舶来商品的粗细和贵贱，以保证进贡之物达到皇室要求。一方面显示宋政府对贡舶物品管理的严格及专业化，另一方面凸显出宋代海外商品交易量的上升和海上贸易繁荣。（于笛）

禁榷 贸易规程。宋代市舶体制下朝廷严禁私自交易进口商品的办法。属于官市的一种，由官方垄断经营海外进口商品买卖。始于北宋太平兴国二年（977），分"全面禁榷"和"部分禁榷"两个层次。全面禁榷是指朝廷下令禁止民间私自买卖由交州、泉州以及宁波进口来自占城、三佛齐和大食等国香料和犀象等珍稀货物。全面禁榷制实行之后，对于官僚垄断经商有显著效果，遭到普通海商抵制；东南沿海民间走私活动猖獗，妨碍正常海洋贸易秩序，致使进口商品流通不畅、供需失调，助长沿海地方长官从贡舶贸易中贪腐、纵容走私的风气。

后宋政府改为部分禁榷，将贡舶商品分为两大类：一类仍是"禁榷物"，不允许私自贸易，比如玳瑁、玛瑙、犀象等；第二类则是"放通行物"，如槟榔、龙脑、沉香等物允许民间交易。"禁榷物"与"放通行物"名目变化无常，主要原则是利润高的商品由官府垄断交易，反之则准予民间买卖。其出现，反映宋代海上贸易发达及其商品种类繁多，体现中原王朝对商贸管理成熟。（于笛）

抽解 又称抽分、抽税。贸易规程。宋代市舶司对进口商品征收的一种实物税。外国商船进港后即向市舶司报告，由其派员上船检查，按舶货一定比例征缴入口税，构成宋代商品税的一环。从具体比例来看，北宋初期，无论货物精粗，是"十五取一"。北宋淳化二年（991）始立抽解二分，因获利少，市舶官员往往挑选贵重物品进行抽解。王丝出任广南东路转运按察使兼本路安抚提举市舶司时调整政策，改为"十取一"比例。到北宋晚期，其比例视物品粗细而定，细色物品和粗色物品区分对待，前者抽解比例为一分，后者为三分。在实际执行过程中时常发生变化，没有详细规定如何抽解。由于舶货种类不同价格相差很大，给予官吏舞弊徇私的机会。（于笛）

抽分 见"抽解"。
抽税 见"抽解"。

博买 贸易规程。宋代市舶司对进口货物以官方名义提前收买的行为。舶货到岸后，禁榷品全由市舶司收购，其他货物除按比例抽解外，由市舶司收购一部分。博买物品部分供皇室贵族享用，部分由官府加价出售。北宋初，除禁榷货外，其余货物由市舶司博买。从北宋淳化二年（991）起，对细色物施行50%博买率，作为博买定

额。南宋对犀象和珍珠等稀有物品博买率分别为40%和60%，与北宋"市其半"比例相近。博买制度的出现是宋政府与民争利的表现，是中原王朝朝贡贸易管理手段的写照。（于笛）

元丰广州市舶条 又称海舶法、互市舶法。贸易法则。中国古代第一部成文外贸法规。北宋元丰年间政府针对广东广州市舶事务管理专门制订的法则。北宋元丰三年（1080）朝廷制定《广州市舶条法》，计4条。主要内容是：只有广州、明州、杭州能放行外贸商船；所有前往东南亚及其以西地区（南蕃）的商船，均由广州市舶司放行，所有前往日本、高丽经商的船，由明州市舶司放行；外贸商船返航时，须到原放行市舶司纳税贸易；两广沿海前往海南岛的船，须到广州市舶司申领出海凭证。王安石变法期间，以编敕的形式对市舶制度进行改革。南宋高宗时期重视海外贸易的财政收入，对市舶条法进行修改和完善。内容包括对进口舶货实行禁榷或和买，加强对进口舶货抽解，强化对官方贸易舶货进行申奏或处理，对市舶官员的选拔和奖惩条例。这是中国历史上第一部市舶专门法令，标志市舶制度在宋代走向正规化、法治化，为后世中原王朝市舶法令制订及其制度的完善奠定基础。参见第1232页海洋文化卷"广州市舶条"条。（于笛）

海舶法 见"元丰广州市舶条"。
互市舶法 见"元丰广州市舶条"。

宋代外贸路线 贸易路线。随着造船工艺和航海技术发展，宋代外贸路线延展，体现两个特色，一是将唐代对外贸易航线延伸至东非和北非；二是变原来曲折迂回沿大陆航线为较为方便的直航航线。在继承唐代航海干线的基础上，支线航路增加，形成广东

广州前往阇婆、渤泥和菲律宾的重要支线航路。是宋代海上丝绸之路繁荣标志之一。（刘畅）

元代外贸路线 贸易路线。自广东广州出发，至真腊、罗斛后，向南延伸至三佛齐、爪哇，向西渡过马六甲海峡，经僧迦那山、波斯啰后沿亚丁湾和非洲海岸航行，最远到达马达加斯加岛地区。元代海外贸易和海上对外交流达到中国古代历史高峰，与东南亚、印度次大陆、印度洋周边国家乃至东非国家产生联系，形成一个海上交流网络。（刘畅）

广东市舶司 管理机构。宋元明时期在广东广州设立的掌管岭南贡舶贸易的专门机构。唐开元二年（714）在广州设立市舶使，为市舶司前身。北宋开宝四年（971），在广州设立市舶司。宋代先后设置广南东路、两浙路、福建路、京东东路4个市舶司，为专职管理对外贸易的常驻机构。广南东路市舶司最早出现，位于广州城内，除管辖本路贡舶贸易外，广南西路海外贸易事务也在其管辖范围内。福建路市舶司设立之前，泉州舶商需到两浙或广东市舶司请给公引，方可开展贸易活动。元世祖至元二十年（1283），在广州设立广东转运市舶提举司，管理对外贸易。元初市舶司多由地方军政长官兼任，职能与宋代大体相当，其中税收部分除"抽解"外，还增加一项舶税。明代广东市舶司设立于明永乐元年（1403），主管海外贸易，职能囊括阅货、抽解、禁榷、博买、向中央纲运交纳钱物，承担接待管理外商、处理贸易纠纷、维护地方统治秩序、执行国家禁令和监察地方官员等。明代市舶税收以勘合制度为主体，在提举市舶太监干预下进行。市舶司作为中原王朝管理海外贸易常设机构，是朝贡贸易秩序和理

念的体现。到了清代，广东市舶体系为粤海关取代，向近现代贸易管理体制迈进。参见第 1232 页海洋文化卷"市舶司"条。（于笛）

斡脱贸易　贸易体制。斡脱，为突厥语词汇 Ortaq 的音译，原意为同伙、伙伴或商业组合，后主要指元代以官本谋利的西域商人。斡脱商人是皇室和贵族的商业代理人，利用官本从事高利贷活动。入元以后，元政府先后设有斡脱总管府、泉府司等机构管理。在元政府支持下，斡脱商人利用官本经营市舶贸易，分享利润。其直接服务于官府及诸王、驸马等王公贵族，较一般商人享有更多特权。促进元代海外贸易发展。（褚宁）

官本船贸易　贸易体制。元代由官方出钱、出船委托商人经营的海外贸易活动。脱胎于早期的斡脱贸易。为垄断海外贸易，元世祖忽必烈于至元二十二年（1285）下令正式推行官本船制度，并于泉、杭二州设立市舶都转运司作为管理官本船机构。船为官造，本自官出，由官府选择海商作为其代理人具体操行，禁止私自泛海，所获利润按七三分成，官取其七，商人取其三。资本由元政府财政拨款，收入归入国库；经营者除色目商人外，包括东南沿海商人。从元世祖至元二十二年起实施，至英宗至治三年（1323）诏令准许海商贸易，征收其税为止，维持约 40 年。推动元代海外贸易发展。（褚宁）

使臣贸易　贸易体制。元政府派遣使臣赴海外诸国为皇室采办货物的贸易活动。下海使臣有正使、副使之分，使臣由皇帝赐予诏书，称为铺马圣旨或驿给玺书，上盖皇帝印鉴，专为征发驿马和领取分例之用。佩戴由皇帝颁发的用于表明身份和等级的牌符。

属于官本官办。（褚宁）

广东市舶提举司　管理机构。元明两朝在广东设立的市舶常驻机构。元延祐元年（1314）在广东广州设立，管理两广及海南岛贡舶贸易。明洪武七年（1374）曾罢废，永乐元年（1403）复置，隶属广东布政使司，管理海外贸易以及开展外交。嘉靖元年（1522），倭寇猖獗，明政府再次实行海禁，裁撤福建、浙江两地市舶提举司，独存广东市舶提举司。清代，粤海关设立与公行制度兴起，全面取代市舶机构职能，自唐建立的市舶体系终结。这一管理机构的设立是古代中国市舶制度发展产物。（于笛）

泉府司　管理机构。元代管理对外贸易的机构。在斡脱制度上产生。职能原为掌领皇家与诸王出纳金银事务。元世祖至元二十三年（1286），以市舶司隶泉府司，次年设立行泉府司，专掌海运，置万户府四府。行泉府所统领海船 15000 艘，以新附人驾驶。自泉州至杭州设立 15 个海站，诸站置船 5 艘、水军 200 人，专门负责运送番夷贡物及商贩奇货。世祖至元二十五年（1288），又设镇抚司、海船千户所和市舶提举司等机构，隶泉府司，开始涉及官方贡舶贸易。大德元年（1297）罢行泉府司，至大元年（1308）复立泉府院，整治市舶司事。至大二年（1309），罢行泉府院，以市舶归行省。至大四年（1311）五月，罢泉府司，泉府院廨宇遂拨作秘书监。前后 31 年。职能主要包括承袭斡脱体系的借贷职能，鼓励斡脱商人进行海外贸易，专运番夷贡舶贸易货物和商贩奇货，颁发海上贸易公凭，对进口货物抽分征税。（杨恒平）

至元《市舶法则》　贸易法则。元世祖至元三十年（1293）政府颁布的市

舶法律条文。元初在原南宋市舶官员参与下，制订《市舶法则》，共 22 条。延祐元年（1314）重新颁行，改为 19 条。包括市舶抽分抽税办法、船舶出海手续、禁运物资种类、市舶司职责范围和升迁奖惩以及外国商船的管理办法等。其中"整治市舶司勾当"，包括严格公凭制度、抽解和博税，以及对权贵官僚从事海外贸易的约束等。禁止行省官员、行泉府司官员以及市舶官员强迫舶商捎带银钱下番贸易，不许回舶时将贵重物品贱价折算，牟取暴利。因公出国的使臣或大小官员、军民人等，允许贩易番货回国，需向市舶司抽分纳税。对僧道、也里可温（基督教传教士）、答失蛮（伊斯兰教传教士）等宗教人士夹带俗人蓄货一律进行征税。各舶商领取公凭进行贸易，禁止随意越往他国。舶商需有牙人担保才能出海贸易。参加贸易的船舶在回航时，如有遭风被劫导致公凭丢失者，须经所在官司陈验，据相关市舶机构核实后，方许注销原给凭证字号。该法则统一抽解税率，合并市舶机构，是内容最详备、规程最烦琐的市舶法律，是元政府对市舶事务进行重新规范的体现，标志市舶管理制度达到鼎盛。（于笛）

延祐《市舶法则》　贸易法则。元延祐元年（1314）政府对至元《市舶法则》进行修改形成的新法则。共 19 条。比至元《市舶法则》明确和具体。增加违禁交易物品的名列，加大对船长、舶商负责人和市舶官员违例惩罚力度。提高舶税征收率；规定王公贵族和官员家族下番贸易需按规定缴税，附有相应惩罚措施。对不检举官员罪行的船主或事头等人员，依法追究。对明知故犯，纵容商船不往原发舶港抽解的市舶司官员和舶商、船主、纲首、事头、火长，进行严苛处罚。禁

止下番使臣巧立名目，采购宝货和珍贵物品，规定舶货拍卖估价时，除所委派的市舶官员按值估价外，要与市舶业务无关的官员监督和复核，方准发卖。注重加强对船舶的维护和管理，对蓄意毁坏船舶的行为或谎称遭风被劫而私藏船舶者予以严惩。该法则加大违例的惩罚，扩大法律适用范围，强化朝廷权威和法律执行力。该贸易法则的出现是中国古代市舶制度全面成熟的标志。（于笛）

提督市舶太监 职官。明政府向沿海派驻宦官监督市舶事务的官职。明永乐年间，朝廷开始重用宦官掌管地方军政要务，有出使、专征、分镇、监军等职务，提督市舶也在其中。永乐元年（1403）八月，朝廷派内臣齐嘉提督广东市舶，为市舶提督太监制度的开端。提督太监派驻常态化，以及镇守太监等宦官权力的加强，其经常利用职权从沿海各地贡舶贸易中牟取暴利，侵夺市舶提举司的职能。明中期以后，一度干涉广东布政使司的行政事务，加重广东百姓的赋税负担，扰乱广东官吏工作秩序。嘉靖年间，宦官干预地方事务的势头得到遏制。提督市舶太监官职的设置是明代宦官专的表现之一，体现朝廷对沿海商贸活动的强行干预。（于笛）

广东盐课提举司 管理机构。明朝官方垄断两广及海南岛全境食盐生产和贩运的盐政机构。洪武年间设立。在广东设有14个盐场，广州府境内有靖康、归德、东莞、黄田、香山、矬峒、双恩7个盐场，惠州府境内有咸水、淡水、石桥3个盐场，潮州府境内有隆井、水江、招收3个盐场以及海宁府有海晏盐场。海北盐课提举司，作为广东盐课提举分司，设在廉州府石康县（今广西壮族自治区合浦县石康镇），下辖15个盐场，管理

海南岛、雷州半岛和广西盐政。明正统七年（1442），朝廷下令其下属6个盐场，每一大引折合粮米一石，送往卫所支付军官将士军饷。正德五年（1510），奏准广东盐商凭借盐场引子，到地方取盐。不同地方根据方位远近定缴盐期限。盐课提举司延续王朝对食盐专卖政策。这表明当时华南沿海已成为全国产盐重要基地。（于笛）

怀远驿 贸易机构。古代中国对外贸易的重要场所。宋明时期朝廷专门招待外国贡使及其随行人员的驿馆。属鸿胪寺。宋景德三年（1006），在广东广州设立。招待南海诸国进贡贡使和随行人员。元代续设，改名为来远驿。明永乐年间，在广州城西的蚬子步（今西关十八铺蚬子步）复设怀远驿。设驿臣1人，有官司房120间，管理接待外国朝贡事宜，并发挥其开展朝贡贸易的职能。嘉靖二年（1523），取消福建、浙江两地的市舶司，仅保留广东市舶司。清康熙前期，清政府在怀远驿南面（今文化公园一带）修建十三行夷馆，形成以十三行馆舍为核心对外贸易商馆区。康熙中后期，怀远驿被裁撤。（于笛）

通事 翻译。明嘉靖三十二年（1553），葡萄牙攫取澳门居住权，出现充当西方商人与中国官商之间语言沟通的中间人。清代十三行贸易体制期间，活跃于广东广州与澳门两地，其后承担起外国商人委托的某些临时性业务。鸦片战争以后，活跃于"五口通商"的口岸，为官方所用。到洋务运动期间，发展成为经过正规培训、带有官方性质的翻译官。作为16—19世纪中国与西方进行语言文化交流的群体，扮演了促进中西之间文化观念互通的重要角色，为中国与西方世界加强联系和相互了解作出贡献。（于笛）

船引 又称引票。贸易规程。明代颁发给出海商人的航海贸易许可证书或执照。具体做法是海商出海贸易，先到督饷馆领取文引（在督饷馆设立前由海防馆发给），交纳引税，实际上就是许可证税。明代前期严禁国内私舶出海，后期开放海禁，实行船引制，给出海商船颁发船引，私贩获得官府允许，成为公贩。最早的船引没有规定的格式，盖上公章就可为凭据。后船引要填写船商姓名、年貌、户籍、住址、开向何处、回程日期、货物器械名称等具体信息。商船领取船引需

广州怀远驿

要缴纳一定银两的引税，最初东西洋每引税银3两，后来又增加税额，将原额提高一倍。发放的引数有定额，起初100引，后减为88引。因请引者多，又增加到110引。发放船引地点由商船呈报官府批准，具体船数则由官府平衡酌定。其变化主要在数量，包括总数与各地分配数。作为官方允许民间出海贸易的凭证，其产生标志着明朝海禁松弛的开始，也是政府控制海洋贸易商船重要手段。（于笛）

引票 见"船引"。

客纪 又称客纲。贸易规程。明代广东牙行经纪人制度。主要负责招揽并向本地牙商和官府举荐外国商人。其前身为宋代的"纲首"，明代专门由官府指派相应的人选充当牙行与外国商人的中介。明朝前中期实行海禁政策，不完全禁止出海贸易，通过明嘉靖三十五年（1556）所立"客纲""客纪"作为经纪人进行贸易活动的担保，人选主要由广东商人担任，加以少数安徽徽州和福建泉州商人。明后期海禁政策松弛，西方资本主义扩张和世界市场形成，沿海尤其是广东与西方的交往频繁，客纪与牙行合二为一，形成"三十六行"行商群体。这标志着全新外贸管理制度开始出现。（于笛）

客纲 见"客纪"。

水饷 贸易规程。明代课税之一。对外商船只征收的商船税。总体原则为根据船只大小征收，由船主承担。对东洋船和西洋船征收标准不一。明万历三年（1575），政府规定，西洋船，面宽1丈6尺，每尺抽征银5两，船面每增1尺，加征银5钱。超过2丈6尺者，每尺可抽银10两。东洋船小，照西洋船税则量抽十之七。又按照目

的地远近进行征收，往返西洋的船只宽1丈6尺以上者，征银5两；每多1尺，加征银5钱。目的地为东洋、吕宋等地的船只较小，因此比去西洋的船只减征3/10。（于笛）

陆饷 贸易规程。明代课税之一。对贡舶商品征收的进口税。商船回港后，按船上货物多寡计算税率。物品价格时有变化，征税具体办法也时有改变。征收实物税转为征收货币，进口物品交铺商出售，铺商在接买货物时就确定物品的价值。为防止用提前接货的方法逃避纳税，明政府禁止船商提前发货。铺商接买货物，在船上完税后才准许起货转运。实际上是由船商和铺商共同承担税费。作为进口税，其缴纳方式由实物转向货币，在海外贸易中是重大进步，有助于推动明代海洋贸易商品化。（于笛）

贡期 贸易规程。明清时期对不同国家制订的朝贡期限。考量朝贡国的文化程度、来华路程远近，以及中国自身的羁縻政策、财政情况等因素，明清时期对各国朝贡做了进行不同的区别。明代经岭南入贡的国家，三年一贡的有安南、占城、暹罗、爪哇，贡无定期的有真腊、三佛齐、苏门答腊、满剌加。清代经岭南入贡的国家仅有安南与暹罗，规定贡期均是三年一贡。实际贡期与规定的贡期经常不一致。（侯彦伯）

海禁 贸易规程。明清时期海外贸易政策。根据时局屡有改变。明太祖即位后，为防范倭寇与沿海民众勾结，禁止民间私自出海贸易，严格限制船只样式与大小，是中国历史上首次海禁。明成祖即位以后，对海禁稍有放松。明嘉靖元年（1522）起，再次执行海禁，仅留广东市舶司，岭南一度成为唯一合法进行海外贸易的地区。

明穆宗即位后，再次松弛海禁，促进岭南海外贸易发展。清入关（1644）后，为收复台湾，消除地方割据势力郑氏集团，重新严禁民间出海贸易，不准外国商船前来贸易。清顺治十八年（1661）发布迁海令，净空沿海近百里内所有的民居，成为史上最为极端的海禁政策。平定台湾后，康熙二十三年（1684），清朝宣布正式取消海禁，开放民间前往海外贸易。参见第104页历史卷"海禁"条。（侯彦伯）

南头贸易 贸易规程。明末民间外贸体制。南头，即广东屯门，唐代至明隆庆年间属东莞县。明万历元年（1573）以后，改属新安县，大致为今深圳南头及香港等陆地区域与附近海域。明正统年间，广东海外贸易在全国地位重要，南头、屯门位居全广门户的地理位置，成为西方商人在中国沿海的最主要贸易地之一。广东着眼南头贸易带来稳定增长的关税收入，默许特定中间商（牙行、牙商、牙人）前往南头与外商贸易，委托中间商征收关税。持有勘合的朝贡贸易在广州进行，未持有勘合的民间私有贸易在南头进行。南头与广州相配合的贸易形态，被称为南头体制。后澳门取代南头成为与广州相配合的中外贸易形态。明清粤澳贸易机制源自南头贸易。（侯彦伯）

安南贡道 贸易路线。明代中国与安南之间由广西凭祥入关进行朝贡贸易的交通要道。经历代开拓，形成分别经由云南、广东和广西进入安南的3条"入交道"。安南朝贡品多为金银器皿、犀角象牙、香料纸扇等。云南道多用于军事，广东道兵、商两用，桂越道则朝贡、通商、用兵兼而有之。明政府明确规定安南贡使须由广西凭祥入关，广东道与桂越道使用频繁，成为安南贡道。其间设有众多驿站、

铺、塘等，边境地区形成以广西凭祥、龙州、思明为节点的道路交通体系。中国境内的路线是：由凭祥入关，至龙州或思明州（今广西宁明），沿左江河谷抵南宁。后分两道：一为南雄道，即自广西南宁顺郁江、浔江、西江东进，与广东大庾岭驿路相接。一为桂林道，以水路为主，自广西南宁东行至苍梧后，取道桂江北上，在桂林与京师至广西驿路相接，经湘桂走廊沿漓江—湘江水路至岳阳，或顺长江东下，或走陆路经湖北、河南进入北京。安南境内贡道路线则是由广西镇南关（今友谊关）进入越南境内。明朝派往安南行使册封仪式的使臣也循此道。（于笛）

广东—厄加勒斯角远洋航线 贸易路线。明代至东非的航线。郑和下西洋采用的主要航线之一。从广东南海出发，沿传统航线绕过马来半岛西行，抵达霍尔木兹海峡附近，与当地进行商业贸易，商船队继续西行，最远沿非洲东海岸南下，到达坦桑尼亚附近。这一航线是当时世界上距离最长的远洋航线。（刘畅）

广东—欧洲航线 贸易路线。15世纪末新航路开辟后，海上贸易航线主导权由欧洲殖民国家控制。16世纪初，澳门成为与欧洲国家进行贸易的重要港口。葡萄牙人开辟自广东至欧洲的远洋航线。分为两段：第一段自广东广州起航，经澳门中转后，沿原有航线到达葡萄牙殖民地果阿。第二段从果阿出发，或经官屿留直接穿越印度洋，到达好望角；或沿传统航线，从阿拉伯半岛和东非绕行非洲到达好望角，再沿航线到达葡萄牙，转运至欧洲其他国家。全长1.1万海里，是当时最重要的远洋航线之一。清代贸易中心转移至广东广州，欧洲国家参与对华贸易，航线随之成为岭

南与欧洲进行贸易航线的首选。航线中转地不再局限果阿一地，加尔各答、孟买、新加坡等印度洋港口成为中转港口。鸦片战争后，香港、汕头等港口作为出发港丰富岭南对外贸易。1869年苏伊士运河通航后，航线缩短，至今仍是岭南至欧洲最主要的贸易航线。随着船舶技术的发展，出现夏季经北极航线前往欧洲航线，成为广东至欧洲贸易航线的组成部分。（刘畅）

广东—长崎航线 贸易路线。明代中断与日本贸易后，占领澳门的葡萄牙殖民者成为中日贸易的主要中间人。澳门成为广东广州与长崎之间的重要中转港口。明隆庆四年（1570）开始，葡萄牙商船每年乘西南季风东渡日本，以欧洲和中国商品换取日本白银。明末清初日本和中国的对外政策发生变化，航线衰落。清康熙二十二年（1683）开放海禁后，广东商船沿该航线前往日本贸易。日本明治维新后，航线延伸至横滨、神户、博多等日本主要货运港口。（刘畅）

广东—马尼拉—拉丁美洲航线 贸易路线。明隆庆五年（1571），西班牙殖民者占领菲律宾，开辟横跨太平洋远洋航线。从广东广州启航，最终到达墨西哥阿卡普尔科港和秘鲁利马港。分为两段：第一段冬季由广东广州起航，经澳门、南沙群岛，到达菲律宾马尼拉港。第二段由马尼拉起航，进入太平洋后借夏季西南季风北行，经关岛、硫磺列岛等岛屿到达美洲加利福尼亚沿岸，后随黑潮南行，到达西属美洲。航线的建立，标志着从广东出发的海洋航线最终完成全球化。20世纪以来，贸易船只不再经马尼拉，而以美国檀香山港和澳洲沿岸港口为中转，前往拉丁美洲进行贸易。（刘畅）

广东—东南亚、大洋洲航线 贸易路线。明清时期在历史航线的基础上，从广东通往东南亚、大洋洲各国航线的扩展。以万历年间葡萄牙商船定期往返航线为主，是这一时期与东南亚进行贸易的主要航线。以苏拉威西岛望加锡为中转，形成从广东广州出发，途经澳门、望加锡最终到达帝汶岛的贸易航线。清以后，该航线作为大陆与东南亚贸易网络之一发挥作用。清嘉庆二十四年（1819），航线向南延伸，将大洋洲纳入该条航线。至今仍是前往东南亚和澳洲主要的贸易航线。（刘畅）

大帆船贸易 贸易路线。明清时期以大帆船命名的远洋贸易。明隆庆五年（1571），从西班牙在美洲的殖民地墨西哥开往菲律宾第一批由3艘大帆船组成的商船队，穿过太平洋到达菲律宾，装载中国丝绸和瓷器，再航行至墨西哥，后又扩大到秘鲁。航运工具是欧洲式大帆船，该航线被称为"大帆船贸易"。以丝绸为主要货物，长时间为西班牙所独占。该航线中，马尼拉为中转站，中国商船从广东广州及福建漳州、泉州等港口出发，经南海到达马尼拉港，将来自中国的丝绸和瓷器运往墨西哥，从墨西哥运来中国需要的白银（又称白银贸易）。清康熙二十三年（1684）开海通商，西班牙人以马尼拉为据点与中国广东等地直接贸易。该航线对美洲历史发展有积极推动作用。产自墨西哥的白银流入中国，稳定了中国货币市场。（杨恒平）

市舶贸易 贸易体制。始于唐玄宗在广东广州设市舶使，是由其管理的当时中国与海外诸国的互市贸易。主要职能是征稽番货和征税。前来贸易的海外诸国主要包括东南亚诸国、波斯、大食及东非国家。经广州港进口商品

有香药、宝石、珠贝、玳瑁、象牙、犀角、紫檀木等，出口货物有瓷器、丝织品、铁器、铜钱、纸、茶叶、金银等。与海外诸国贸易发展，蕃商留居广州。自唐代始，政府便以富有蕃商为蕃长，管理蕃坊公事，形成蕃坊制度。宋代规范贸易管理。宋初于广州设市舶司，初由地方行政长官、转运使兼领其职，后专设提举市舶司，负责蕃货、海舶、征榷及贸易，以巨商为纲首、副纲首及杂事，颁给官文，招揽诸国商人，流通货物。宋元丰三年（1080）修订《广州市舶条例》，明确市舶司职能为查验进口船舶货物和征税、抽买货物、发放官给公凭及招邀蕃商前来贸易等。宋又在两浙、福建等地设市舶司。增加宋政府财政收入。元代在广州等地设置市舶司，元世祖至元三十年（1293）制定"整治市舶司勾当"22则，加强政府对市舶贸易的管理，增加税收。明初，于粤闽浙三省设市舶司，掌管海外诸国朝贡、互市贸易及征税。明嘉靖二年（1523）仅保留广东市舶司，后又复通福建和浙江二市舶司。（杨恒平）

藩王贸易 贸易体制。清初封藩广东平南王尚可喜、尚之信父子垄断监铁和商业，在广东设置"总行"和分支机构"公行"，主管朝贡贸易庇荫下的民间走私贸易。朝贡贸易因袭明制，以参将作为公行总头目，垄断朝贡贸易。海禁之前，与清政府进行朝贡贸易最多的国家是荷兰。清顺治十年（1653），荷兰国蕃舶经澳门求请进贡，盐课提兴司白万举和藩府参将沈上达，以互市之利说服尚王，规定以明市舶馆旧地，厚供廪饩，招纳贸易。海禁实行后，商人在藩府庇护下，开展民间走私贸易，利入私家。藩府不满足近海走私所得，又开始远洋走私，率船队到安南开展贸易，一次来回可得银四五十万两。广东藩王主导海上

贸易的局面，至清康熙十九年（1680）撤藩才得以改变。（杨恒平）

迁海令 贸易规程。清代在东南沿海实行的海禁政策。为阻断反清势力与台湾郑氏政权合作，以求最终平定台湾，清顺治十八年（1661）发布迁海令，强制将山东至广东沿海居民往内陆迁移，毁坏所有沿海船只，任何人均不准在沿海居住、耕种、捕鱼以及前往海外贸易。康熙二十二年（1683）平定台湾后，迁海令终止。（侯彦伯）

规礼 又称陋规、船规、规例。贸易规程。清代海关对外国商船征收的杂税之一。清康熙二十四年（1685）粤海关设立，海关官吏利用特权向外国商船及其商品进行额外征税。一度为粤海关独有，后各海关均有出现。起初系海关官吏私自征收，雍正四年（1726）起，清廷规定管关巡抚及监督等需将每年盈余奏报归公，规礼成为合法税收载入例册。粤海关规礼银名目繁多，如外洋番船进口，要给予白银作为回礼，船上书吏、家人、通事、头役不例外。离开广州口岸时，书吏和家人等验舱、放关、领牌、押船、贴写、小包等名色，有38条。自乾隆二十五年（1760）起，规礼各色名目统一改为进口规银和出口规银两项。至道光十年（1830），清代对外国商船进出口规礼银的进口规银部分减免二成，出口规银部分按九折征收。这一制度挫伤本国商人出海贸易积极性，客观上强化清廷闭关锁国的力度。（于笛）

陋规 见"规礼"。

船规 见"规礼"。

规例 见"规礼"。

走私贸易 民间贸易。明清时期相对于官方组织的互市、榷场贸易，以走

私形式进行的民间贸易。广东地区走私贸易早在宋代已经出现，将岭南货物海运至山东等地贩卖。至明初实施海禁政策，走私贸易更为突出，主要面向东南亚和日本。从事该贸易的沿江民众专驾多橹船只，前往广州接济番货，通过濠畔街外省富商搬运瓷器、丝绵、私钱、火药等违禁物品，夜晚装载来回。明嘉靖十九年（1540），海禁松弛后，潮州人驾双桅船，挟带私货，百十为群，往来东西洋。澳门被葡萄牙人侵占后，广东对外走私贸易更为活跃。后明政府再施海禁，该贸易北移闽浙地区。（杨恒平）

"一口通商"制度 贸易制度。清乾隆二十二年至道光二十二年（1757—1842），实行将广东广州作为沿海地区唯一对西洋通商口岸的垄断性外贸制度。乾隆二十年至二十二年（1755—1757），英国东印度公司商人洪仁辉率武装商船北上，自行到浙江宁波一带贸易。后外国商船不断到江浙一带私自贸易，引起清政府不安。乾隆二十二年正式宣布停止闽海关、江海关和浙海关与西方各国的外贸职能，至《南京条约》签订前夕，只保留粤海关与西方各国的对外贸易职能。粤海关与广州十三行垄断贸易体制确立，史称中西贸易"一口通商"时期。闽海关、江海关和浙海关保留与亚洲其他藩属和朝贡国家外贸职能，陆路保留恰克图为与俄国及欧洲国家贸易口岸。这一制度是清王朝闭关锁国产物，是中原王朝朝贡贸易走向衰落、腐朽、僵化的体现。《南京条约》签订后，沿海口岸被迫打开，"一口通商"制度结束。（于笛）

防范外夷规条 又称防夷五事。贸易法则。清乾隆二十四年（1759）颁布实施。共有5项。禁止外国商人在广州过冬，外国商人到广州一律寓居洋

行，由行商负责稽查管束。禁止外国商人同中国百姓和官吏随便接触，所有与本地人发生贸易行为，须由行商作为引荐和担保，外商纳税、向清政府呈递禀书由行商代办。禁止中国人借外商资本或受雇于外商，严防外商雇人传递情报等间谍行为。强化黄埔港口地位，规定外国商船须进泊黄埔，粤海关官员负责弹压稽查，外商必须配合。旨在对在粤活动外国商人进行规范。该法规是清政府第一个全面管理外商的正式法律章程，是清政府"以官制商、以商制夷"政策体现，是"一口通商"制度和闭关锁国政策的法治化措施。（于笛）

防夷五事　见"防范外夷规条"。

广州十三行　又称广东十三行。管理机构。清康熙二十四年（1685）至咸丰六年（1856）专营广州口岸对外贸易的垄断机构。因该机构形成相关的管理制度，被称为"广州十三行制度"，即行商制度。康熙二十四年清政府在东南沿海设置粤海关、闽海关、浙海关、江海关4个海关机构，管理对外贸易。清政府创设行商制，招揽殷实牙商充当行商，成立专营对外贸易洋货行。洋货行数量不固定，少时

仅存四五个，多时一二十个，一般习惯称作"十三行"。根据贸易对象，洋货行分为外洋行、本港行、海南行。乾隆十八年（1753）改专营外洋各国进口的为外洋行，专营出口的为海南行。自乾隆二十五年（1760）起，外洋行不再办理本港行事务。设专管暹罗贸易的本港行，海南行改称虔潮行，经营南安与潮州贸易事务。乾隆六十年（1795），废除本港行，其业务划归外洋行。汇聚大批国内商业精英，形成清代封建商业资本集团。行商在对外贸易活动中，依靠政府给予的特权，负责征收进出口关税，管理约束外商在华活动，管理外商涉外事务，垄断广州对外贸易，形成公行贸易制度。19世纪初，在西方商人冲击和清官府压制下，行商出现资金周转不灵、债台高筑困境。鸦片走私兴起、中英《南京条约》签订使五口通商制度确立，该制度名存实亡。1856年第二次鸦片战争中广州十三行商馆毁于战火，该制度宣告终结。广州十三行是在中华传统社会基础上产生，也是传统海上丝绸之路盛极而衰的见证。（于笛）

广东十三行　见"广州十三行"。

洋货行　管理机构。清康熙二十五年

（1686），广东巡抚李士桢发布《分别住行货税》文告，将当时参加贸易的商行分为金丝行和洋货行两大类，分别交纳住税和行税。来广内地商贩，一切落地货税，分为住税，报单由金丝行承接，赴税课司纳税；外洋贩来货物，及出海贸易货物，分为行税，报单由洋货行承接，洋商自赴关部纳税。广州以及佛山商民牙行人由家境殷实、愿充洋货行者，或呈明地方官承充，或改换招牌，各具呈认明给帖。即有一人愿充二行者，也必分别二店，各立招牌，不许混乱一处。将国内商业和对外贸易分别开来，为清代广州十三行外贸制度创立奠定基础。（于笛）

公行　管理机构。清代广州十三行行商自发组织维护自身利益的贸易垄断机构。清康熙四十二年（1703）确立。政府指定一人纳银4万两入官，垄断对外贸易大权。康熙五十九年（1720），广州十三行各行商组织成立行业团体即公行。行商共同盟誓，颁布行规条例13条，共同订定进出口货价。为外商所忌。英商收买个别行商，贿赂官吏，行规遭到破坏。19世纪初大部分行商破产，该机构名存实亡。作为广州十三行初始形态，承接前期市舶职能，平稳向行商全面负责外贸做法过渡。（于笛）

外洋行　管理机构。清乾隆二十五年（1760），同文行潘启官等9家行商呈请设立。在粤海关监督下专营欧美商品销售，不得兼办福建和潮州地区以及中南半岛国家商品买卖。其设立与专办欧美货物，反映自18世纪中叶起以英、法、荷等国为主的西方国家在对广州贸易中的地位，标志十三行制度以及粤商商会组织走向成熟。（于笛）

保商　行商。清代广州十三行中充当

清代画家所画广州十三行

外国商船保人的行商。清政府规定，凡外国来广州贸易商船，以广州总督特许的拥有对外贸易特权的殷实商行中的一人作保。清乾隆十年（1745），户部选出 5 个财力雄厚的人担任保商，确立保商制度。起初行商轮流作保，后改为外商自行选定。道光十五年（1835）规定，除外商自选保商外，设立派保一人，各行依次轮派，负责查察。外国商船常以各种借口反对保商制度。作为清代"一口通商"制度下广州口岸贸易产物，其负责与西方商人接洽，成为第一批接触西方贸易规则、掌握现代商贸商人群体，推动中西间的商贸互信。《南京条约》签订后，其职能不复存在。（于笛）

大班 代理人。明清时期用于称谓西方人来华贸易船只的商务代理人，后也用于称呼外国商馆主任。最早在广东广州、澳门和香港出现。"留粤大班"，特指英国东印度公司或其他国家贸易机构常设驻广州代理人，英文称 Supercargo。17 世纪，英国东印度公司派商船往中国贸易，一般一个贸易季度一个来回，船上配备公司大班随去随回。每一条船上有一个大班管理会，由三四名大班组成，分为管理会第一大班（也叫主任大班）、第二大班、第三大班等。大班管理会负责整个航程中贸易交涉、投资、管理工作。与中国官府、商人交涉、签订合约主要由第一大班负责。大班组成在不同时期有不同特点。在 1770 年东印度公司没有规定大班常驻广州之前，大班随贸易船往返。1762 年起常驻广州管理会成立，形成管理会主任大班离职，由第二大班接替主任大班职位，以后依此类推的制度。20 世纪以后，洋行制度衰微，其多转为外贸商人。（于笛）

"哥德堡"号（Ostindiefararen Götheborg）
船舶。瑞典东印度公司最大的船只之

一。18 世纪中叶，瑞典赴华贸易远洋商船。1744 年 9 月第三次抵达广东广州，次年 1 月，满载由广州十三行行商代购的约 700 吨货物驶离广州港。经 9 个月航行返回瑞典，在距离哥德堡港 900 米地方触礁沉没。该船曾被多次打捞。最近一次是在 1984 年至 1993 年。其间孕育打造仿古商船，沿前人航线，重抵广东广州的想法。2003 年 6 月，经过 10 年精心打造的"哥德堡"号顺利下水。2005 年 10 月 2 日正式远航中国。2006 年 7 月 18 日抵达广州南沙客运港。与瑞典国王卡尔十六世·古斯塔夫和西尔维亚王后一道受到中国人民欢迎。成为中瑞经济文化交流的历史见证。（王睿）

"中国皇后"号（Empress of China）
船舶。美国首艘来华贸易商船。1784 年 2 月 22 日，满载人参、棉花、毛皮、铅等货物，从美国纽约启程，渡过大西洋，绕过好望角，跨过印度洋，经过印度尼西亚巽他海峡，于 8 月 22 日到达中国珠江口海面。在澳门取得通行证后，28 日抵达广东广州黄埔古港码头。广州十三行行商承接并售出全部货物。在广州停泊 4 个月后，满载中国的茶叶、瓷器、南京土布、丝织品于 1785 年 5 月 11 日返抵纽约。获利 3 万多美元，约占投资总额的 1/4，在美国社会引发轰动效应。"中国皇后"号来华标志着中美直航通商和中美关系史开端。（王睿）

公班衙 贸易机构。鸦片战争前清官方文书对英国东印度公司驻广州委员会的称谓。英文 company 是略带粤语发音的中文音译。清道光十三年（1833）以前，英国东印度公司是英国官方特许垄断对华贸易机构。雍正九年（1731），英国东印度公司名下各商船的大班，在广州成立管理委员会，是公班衙第一阶段。18 世纪晚期，在大班之中再遴

选少数资历较高者另组成特选委员会，是公班衙第二阶段。清政府规定，中英商民之间争吵、纠纷引起司法案件，该机构须提供协助。该机构对英国商民不法行为承担连带责任。（侯彦伯）

十三行组织制度 贸易规程。广州十三行作为清政府指定、由广州本地商人组成的、与外国贸易接洽的中间机构，形成的完整组织制度。分为行商团体整合模式以及基金管理模式。前者包括总商、承商、揽商制度，后者包括公所与行佣。总商协助或者按照粤海关和朝廷谕旨对行商事务进行管理，通过"报部备查"赋予其官方管理身份。清政府通过承商制度将商人及其资本纳入政府管制，规定除遇广州十三行内有歇业者，朝廷可以保承充外，不得无故添设一商。关于退商，不准随便求退，有老病残废等，责令其亲信子侄接办。行商若将行务移交其子侄，需向官府交付巨款。十三行商人亦被称为"揽头"，直接与外商交易，跟随政府官员参与对外交涉，对外商行为负责。该体制背景下管理行佣的基金制度，也作"公所基金"，始于清乾隆四十年（1775），起着行商经营的保险基金作用，公所每个成员把其贸易额的 1/10 交作基金，必要时用来应付官吏勒索。"行佣"也作"行用"。行佣原为偿还商欠和欠饷，后主要用来应付官府勒索，以及河工、军需等费用。其建立，是粤商群体处理外贸的智慧体现，反映"一口通商"制度下广州口岸贸易管理吸收西方近代商业管理办法。由广州向内地传播，促使中国旧式钱庄和票号经营瓦解，进而向现代商业体系过渡。（于笛）

粤海关 管理机构。中国历史上首个以"海关"命名并专营广东海上贸易的管理机构。清康熙二十四年

（1685），清政府在广东广州设置。同年，开禁南洋，设粤海关监督，为粤海关主管，派遣内务府包衣充任。其职掌有时隶属广东巡抚，有时隶属两广总督。征纳洋船、夷船及沿海贸捕船通关税，并兼充内务府买办及人参、东珠、玉石等物的发卖。置笔帖式一员，形同副监督，裁撤后由地方佐杂官充任委员，分理关务，并设书吏、巡丁等吏役佐关。所辖总口7处，分口53处，挂号口22处。咸丰九年（1859）改隶总理衙门，设税务司管理税务。监督职责仅循例按期向户部奏报征课数。同年，聘用外籍税务司专责洋船贸易征税稽查。清咸丰十一年（1861），税务司独立关政，成立粤海关新关（俗称"洋关"）。其性质与职能发生变化，成为近代西方列强侵夺关税权力的工具。直至新中国成立，海关权力重新回归。其是中国与世界资本主义贸易体制初次接轨的见证，中国朝贡贸易向现代国际贸易体系转型重要环节，也是广东外贸事务管理走向近代化具有里程碑意义的事物。（于笛）

粤海关征税周期　贸易规程。粤海关征税的时间单位。以12个历月为一个基本单位，连同粤海关监督的任期年限也是12个历月，称为奏销年度。奏销年度的建立是执行征税和上缴时间的基础。征税周期长短一致，目的是从洋船数字和税收总数变化了解粤海关管理广东贸易的长期趋势和具体内容。奏销年度往往不能反映真实的贸易。外国商船利用季风来中国进行贸易，于西南季风期（5月至9月）中后期到达广州，在东北季风期（11月至次年3月）陆续离境，粤海关管理最繁忙时间在8月至12月间，称为"贸易季"。奏销年度比历年约少10天，有些奏销年度包括该年完整贸易季。一般来说，含贸易季日期多的奏销年

度，税收偏多，而含贸易季日期少的奏销年度则偏少。（于笛）

粤海关关税三册　贸易规程。粤海关指定的3种征税凭证。即亲填册、循环册与稽考册。以户部颁布格式为基准，在每个奏销年度到期（通称为"满关"）之前刊刷装订，在封面加盖粤海关监督关防，派遣"请领印簿"粤海关巡役送到户部加盖户部堂印，再送回本关，供下个奏销年度使用。亲填册是在商人到关后，将货物种类、船只大小及其数目，据实开单投报。关员就单查验，将税课数目算好，当堂设柜，商人亲自将所纳数目填写入册，将税银投入柜中。外商不懂中文，由保商（由行商担任）"按货算税，登入部颁亲填印簿"，保商具结认保，于洋船离港返航之后输纳进口税。商人缴纳关税后，海关人员填写两份"红单"，一张交给商人作为收据，另一张保留在粤海关作为存根。循环册即是这些存根，亦即"收税红单底簿"。循环册上书写着商人的姓名及纳税的数目。每半年一次将循环册送交户部审查。商人纳税亲填的数目与收据红单的数目不符，或者关员不给红单，商人均可首告。稽考册又称清册。以前两种税册尤其是循环册为底本，将商人的名字及所纳的税款整理成三份，按日记载，一份送交户部，一份存粤海关，一份交给粤海关监督收执。户部依清册与督抚每月所造送的另一种清册磨勘核对，借以确定粤海关监督的报告是否属实。这一规程是清政府对粤海关监督加强的表现。（于笛）

粤海关船钞　贸易规程。对来华贸易船只征收的税款。粤海关正税的重要组成部分。其征收，沿袭明隆庆以来对洋船的丈抽之例，按船只的大小分等征税。西洋船定为九等，东洋船定为四等。对本国出洋及沿海贸易的船只

也征收船钞，其标准是：宽2丈2尺，长7丈3尺以上为一等船；宽2丈，长7丈以上为二等船；宽1丈8尺，长6丈以上为三等船；宽1丈6尺，长5丈以上为四等船，其他小型船只全列入四等船范围。对中外船钞征收有区别，外国船钞比中国船钞高。清康熙二十四年（1685），粤海关监督在原来征收船税基础上减两分，东洋船亦照例。其他海关均照粤海关例征收。（于笛）

粤海关货税　贸易规程。对来华贸易船只征收的税款。粤海关正税的重要组成部分。将进出口货物分为衣物、食物、用物和杂货4大类，每大类分为数目，每目下又分小目。计税单位，衣物按照匹、身、卷、件、个、副、条、斤、十双、百双、十顶、百顶计算；食物、用物及杂货则以斤、篓、包、个、担、件、张、坛、埕、石、十套、百套、十把、百把计算；牲畜以口、价计算。有包装的货物，算上包装重量，每百斤按照90斤重量课税。单位税额，根据货物不同具体规定。起初以杂货算。清雍正十三年（1735）开始划定统一征税标准，难以计价的昂贵商品，实行估值例。有相应的免税货物清单，包括本地的水果制品、腌蒜苗、瓜菜等，朝贡船只所带货物也在免税之列。对于沿海地方采捕鱼虾船只、民间日用品、糊口贸易，全部免税。澳门葡商船只载货入口，只收船钞，不征货税。商船运载米石进口，有减免船货税银的规定。外商来粤贸易所带食物，如牛奶油、番蜜饯、洋酒、麦头干、番小菜、腌肉、腌鱼等免收货税。是官方从广州口岸贸易当中获利最大的部分，支撑粤海关运作，保证清廷府库充盈。（于笛）

粤海关平余　又称补平、余平、添平、平头。贸易规程。广州与北京库平差数。粤海关正杂税奏销之外收入之一。

正税和杂税是粤海关税收主体，粤海关监督每年关税奏销折中均奏明该年度正税和杂税收支情况。有几项不列入正杂税奏销中的收入，包括"平余"。即在收支银两时，轻出重入，使实收银超出应收之数的部分。清乾隆九年（1744），粤海关将平余、罚科、截旷三项请照闽海关之例，另款收贮全部充公，余银另列报解。乾隆十年（1745），每百两关砝实加5钱，又照向例再收3钱，共加收8钱，全部装入正税原封。乾隆十五年（1750）起，添平须备带足数，不准挂批，在大关税银内又加收平余5钱5分，作为带京添平之用，添平银已达1两6钱5分。这是清政府把粤海关税收纳入朝廷府库的重要举措，有助于朝廷对粤海关和广州口岸贸易的全面控制。（于笛）

补平 见"粤海关平余"。
余平 见"粤海关平余"。
添平 见"粤海关平余"。
平头 见"粤海关平余"。

粤海关罚料 贸易规程。对偷税漏税或非法贸易行为实施的惩罚措施。粤海关正杂税奏销之外收入之一。包括两部分，其一是对走私漏税的罚课，其二是将没收入官的走私物品卖出所得之银。根据相关规定，粤海关核计，走漏正税在5钱者，加罚1倍；1两以上者，加罚2倍；2两以上者，加罚3倍；3两以上者，加罚4倍；4两以上者，加罚5倍；5两以上者，将货物一半入官充公，一半补税。走漏免单担杂等货，核计银数在5钱以下者，只需完纳正税，5钱以上者，均加罚1倍。通过惩罚措施打击偷税漏税和走私行为，最初起到维护广州口岸贸易秩序作用。（于笛）

粤海关添平银两 又称添平（兑）银、补平银。贸易规程。粤海关在向户部报解税银时缴纳的附加额。清乾隆二十六年（1761）以前，粤海关银两额度是每千两关税加缴添平银20两，乾隆二十八年（1763），改为每千两加缴添兑银20两。乾隆三十三年（1768）开始，以15两作为补平银的定额，其添平率为1.5%。主要由进出广东各港口中外海商承担，不计入每年关税征收总额。从添平银加缴率看，本国海商在海关所交纳杂税负担远远重于来华贸易外国商人。嘉庆六年（1801），清廷正式宣布闽海关征收"二八添平"，即加缴20%。其征收是清政府对粤海关和广州口岸贸易额外盘剥，使"一口通商"制度下广州贸易税收管理畸形，压榨粤海关收入，后期粤海关腐败现象频出。（于笛）

添平（兑）银 见"粤海关添平银两"。
补平银 见"粤海关添平银两"。

太平关 管理机构。清代至民国时期广东内河税关组织。管理陆路商贸活动。清康熙九年（1670），太平桥税关从广东南雄移至韶州府城，隶属户部，辖太平关税厂（亦称东关，在韶州府城东北）、遇仙桥税厂（亦称西关，在韶州府城西）和浛洸税厂（在英德县河西尾）。经由太平关南下的商品主要有茶叶、生丝、绸缎、茶油、桐油、瓷器、苎麻、棉花、烟草等，其中丝绸和茶叶多由粤海关出口；经太平关北上商品主要有糖、果品、铁器以及各类洋货。五口通商以后，广州口岸和南岭商道丧失贸易主导地位。至1934年，太平关及所辖分厂被裁撤。（孙廷林、于笛）

黄埔海关 管理机构。清代粤海关的黄埔挂号口，以及近代粤海关新关办事处。粤海关所辖口岸之一。清康熙二十四年（1685）粤海关设立，在广东广州黄埔村酱园码头设立黄埔挂

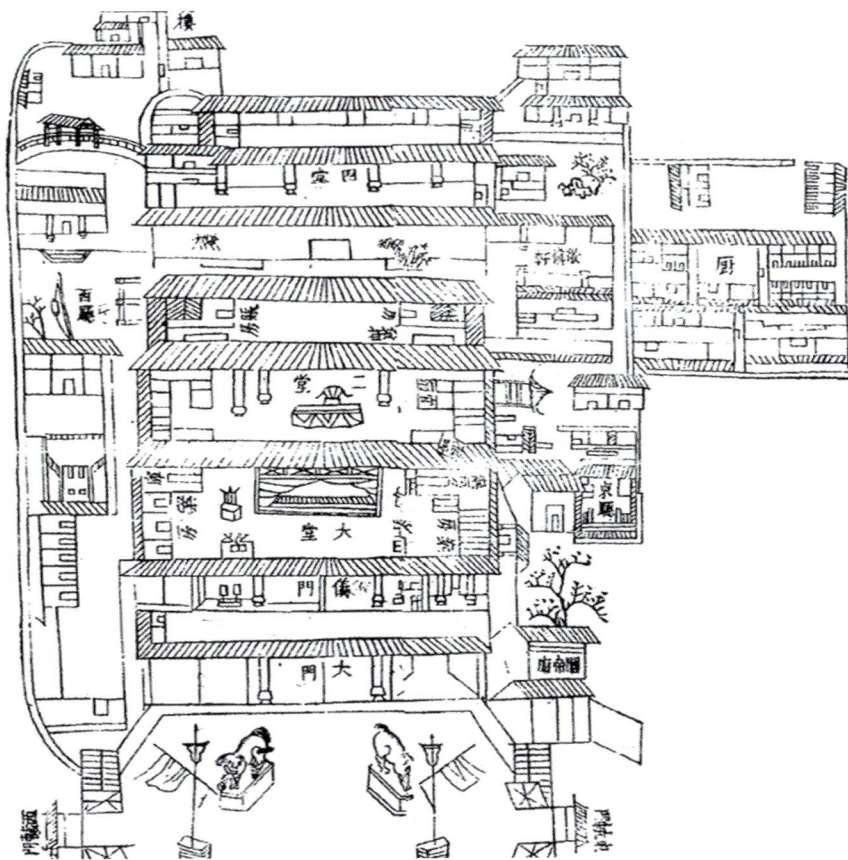

《粤海关志》中的黄埔口

号口，隶属省城大关，负责监管进入黄埔港船只、货物，防范走私，征收除关税以外税费等海关业务。乾隆二十四年（1759），清政府指定黄埔为外国商船唯一泊地，外国商船在此接受海关检查。道光二十九年（1849），澳门总口北迁黄埔，与黄埔挂号口合并成粤海关黄埔总口。咸丰十年（1860），两江总督兼通商大臣何桂清授权海关总税务司李泰国设立黄埔分关，隶属税务司制粤海新关。分关创设之初在长洲岛（黄埔岛）北河道的趸船上办公。同治十一年（1872），黄埔分关向香港黄埔船坞公司租用办公楼，从趸船搬上黄埔岛。光绪三年（1877）改租广东海防善后局洋楼（今广州黄埔军校旧址纪念馆内孙中山故居纪念馆）办公。1926年黄埔军校征用该楼，黄埔分关于长洲岛轮渡码头附近新建办公楼，至1931年新楼建成使用。1938年，日军进占黄埔，黄埔港被用作军港，分关业务停顿，办公楼遭日军拆毁。1947年黄埔恢复海关业务，由分关降为支所，隶属粤海关缉私课。1949年黄埔支所迁往"海澄"号巡缉舰办公，国民党海军败退时将其击沉，支所业务遂停。这是广东近现代海关机构重要办公机构，维持时间最长，见证不同历史时期对外贸易兴衰沉浮。（于笛）

广东—北美洲航线　贸易路线。美国建国后，开始与中国定期贸易。广东至北美洲的航线主要有两条：一条是经太平洋绕过合恩角进入大西洋。另一条是沿广东至欧洲航线，从好望角进入大西洋，最终到达美国东海岸。美国商船沿该航线前往广东广州进行贸易。19世纪末期美国西海岸港口建立和1914年巴拿马运河通航，贸易船只既能选择北太平洋航线经日本、夏威夷到达美国西海岸，也可以经巴拿马运河到达北美洲东海岸。至今仍是国际航运网络的重要

组成部分。（刘畅）

条约贸易　贸易体制。清道光二十三年（1843）中英《虎门条约》签订，开启根据条约所定税则进行中外贸易的时代。各条约口岸所有海关对中外商人用西式帆船、轮船所运洋货、土货，统一按照值百抽五的税率（5%）与丈量标准征收进出口关税与船钞。对将进出内地，即往来条约口岸与非条约口岸之间的洋货、土货，根据中外商人意愿，选择统一以进出口税率（5%）的一半（2.5%）征收子口税，或选择由沿途所经常关与厘金局逐一征收各税、各费、各捐。对已进口洋货再复运往国内其他条约口岸，以及土货运往国内其他条约口岸，统一以进出口税率的一半，对前者征收复出口税，对后者征收转口税。自咸丰十年（1860）起，其征税过程中的估税一项，一律改归只在条约口岸设立而由外籍税务司负责的新关（洋关）管理；税款的保管与支配（存留、起解），在宣统三年（1911）辛亥革命前，仍归海关监督负责的常关管理。（侯彦伯）

"五口通商"制度　贸易制度。鸦片战争以后，根据与各国签订条约进行贸易的制度。清道光二十二年（1842）中英《南京条约》签订，允许英籍商民在广州、厦门、福州、宁波、上海进行贸易。之后美国、法国及其他欧美国家相继与清朝签订条约，获得"五口通商"权利。基于制衡的考量，清朝对经海路来华贸易的欧美各国商民，即使未有条约关系，均允适用该制度。条约规定，来华欧美各国商民、西式帆船及轮船，只能在5个条约口岸贸易。条约口岸的海关，统一按照条约税则，对来华贸易欧美各国商民、西式帆船及轮船，征收进、出口关税及船钞。清朝若调整条约税则，需与欧

美各国共同议定。在条约口岸进口的欧美各国商品，缴纳进口关税后，须再缴一项适当税费，便可完全免除从条约口岸转运内地沿途所经税口的税费。欧美各国驻条约口岸领事须对所在口岸的本国商民与商船进出口的船牌、舱口单、报单进行稽查，与海关人员共同验货、估税、审查、发放牌照，核验完税红单。取消官方特许行商才能与欧美各国商民贸易的限制。允许在华欧美各国商民犯罪各按本国法律审判。导致清政府关税自主权与治外法权丧失。（侯彦伯）

进出口税　贸易规程。"五口通商"后的税则。粤海关设立后，所征货税包含进、出口的货物，作为主要征税依据的正税则例与比例两种税则，未分列进口货物与出口货物两种类别。清道光二十三年（1843）制订条约税则，首次区别进、出口货物。"五口通商"时期的条约税则，与咸丰八年（1858）修订的新条约税则，按货物价格确定从量税额。货物价格时有增涨或跌落，从量税额出现损益。受协定关税制约，从晚清到1929年南京国民政府正式实施关税自主税则之间，中国长期处于货价增涨导致实质进出口税亏损的局面。（侯彦伯）

省港澳航线　贸易路线。香港与广东、澳门间贸易航线。清道光二十三年（1843）中英签订《虎门条约》，第十七款对英籍小船在广东广州、香港、澳门之间往返的规定，开启省港澳航线。19世纪60年代后香港取代广州成为国际贸易转运港，大部分进、出口广州的货物改靠定期行驶省港澳航线的轮船载运。20世纪30年代，省港铁路修通后，该航线运输量明显减少。（侯彦伯）

片面协定关税　贸易制度。协定关税

又称协定税则，固定关税的对称。两个或两个以上的国家之间，通过缔结关税贸易协定制定的关税税则。分为两种，一种是自主协定关税，一种是片面协定关税，即一国在另一国胁迫下签订协议，片面给予优惠待遇的关税税率。清道光二十二年（1842）中英《南京条约》所称"秉公议定"税则，实则帝国主义列强片面规定"值百抽五"（即 5% 税率）的低税率，并未经外国同意不得自行修改。道光二十四年（1844）中美《望厦条约》，明确指出日后中国若要调整税则，须与美国领事共同议定。根据一体均沾片面最惠国待遇原则，欧美各国相继援引领事共同议定条约税则的特权。该关税确立，导致中国关税自主权丧失。新中国成立后，该制度被废除。（侯彦伯）

海关税务司　职官。鸦片战争以后，管理中国海关税务的官职。清咸丰八年（1858）中英《天津条约》签订，确立外籍税务监督转型为外籍税务司。晚清至 1949 年，税务司大部分是外籍人士担任，只接受、遵守外籍总税务司的任免与指令，而外籍总税务司则直接听命于中央政府，避免地方政府对洋关的干预，促进现代化海关行政的中央集权制。税务司与海关监督意见相左时，税务司在获得总税务司与中央政府讨论而确定的指令前，必须遵从海关监督的意见。外籍税务司制度作为半殖民地海关制度的核心，长期支配近代中国海关的半殖民地制度，导致关税自主权丧失，无以保护关税政策力抗帝国主义侵略。名为中国海关监督雇佣之人，实为中国海关主宰。新中国成立后，海关税务司制度结束。（侯彦伯）

复进口半税　又称沿岸贸易税。贸易规程。洋关对在条约口岸缴纳出口税

后再到另一条约口岸进口的土货，按 5% 洋货进口税率的一半（2.5%）所征的关税。清道光二十四年（1844）中美《望厦条约》第二十款的优惠规定：已在一条约口岸缴纳进口税、又欲利用西式帆船与轮船运往另一条约口岸再进口的洋货，无须再缴第二次进口税。咸丰十一年（1861）与英、法两国公使议定，洋商运土货从一条约口岸出口至另一条约口岸再进口时，分别缴纳一项的出口税与复进口半税。同治十二年（1873）起，华商也获得同样权利。鉴于国内存在各种税捐对贸易产生的阻碍作用，南京国民政府从 1931 年 1 月 1 日起停征复进口半税。（侯彦伯）

沿岸贸易税　见"复进口半税"。

领事代征制　贸易制度。清咸丰三年（1853）九月，上海小刀会起事，致使江海关行政暂时停止。英、美两国驻上海领事公布临时章程，宣布英、美两国领事代清政府征收关税。具体内容是两国商人必须向本国领事缴纳江海关根据条约税则所征的关税后，才能载运进、出口货物，奠定外国领事代征中国关税的基础。主管江海关税务的苏松太兵备道吴健彰奉命与英、美、法三国领事交涉，于咸丰四年（1854）同意在三国领事提名的前提下，由江海关任命外籍税务监督负责征收条约贸易的关税。咸丰八年（1858）中英《通商章程善后条约》规定不需指荐、干预，清朝有权雇佣外人帮办税务，宣告领事代征制终结。这是英国劫夺中国关税的一种侵略制度。（侯彦伯）

厘金　又称捐厘。贸易规程。针对国内贸易所征的商业税。最初是地方筹集饷需的方法。清咸丰三年（1853），为筹集平定太平天国军费，首于扬州

征收，后各省仿效。广东于咸丰八年（1858）开办厘金征收。咸丰十一年（1861）在广东广州设立省城厘务总局，统管广东全省厘金。征收对象是从内地运到条约口岸再出口国外的土货，以及从国外进口到条约口岸再运进内地的洋货。瑞麟任两广总督后，在省城厘务总局之内添设补抽货厘公所，又在各地补抽海口半厘。广东厘金的抽收机关，除广州的省城总局外，各地分设之大者名为厂，小者名为分厂或分局，厂、局之下又有卡及分卡。税率是一般货物所征各类厘金统算是值百抽七点五。鉴于国内存在各种税捐对贸易产生的阻碍作用，南京国民政府从 1931 年 1 月 1 日起停征所有厘金。（侯彦伯）

捐厘　见"厘金"。

常关　又称榷关。管理机构。设在内地陆路与水路要道征收税务的海关。在明代钞关基础上改革而成。对在国内流通的商品征收国内关税。设在东南沿海四省的榷关，也就是泛称江海关、浙海关、闽海关与粤海关，一方面对在国内沿海流通的商品征收国内关税，另一方面对进出口国内外的商品征收国际关税。第二次鸦片战争后，为了与条约口岸广设外籍税务司系统的海关作出区别，将榷关泛称常关、旧关，税务司系统的海关则泛称洋关、新关。晚清沿海常关，特别是广东的粤海常关，除对在国内沿海流通的商品征收国内关税外，也对民船载运的进出口商品征收国际关税。1901 年《辛丑和约》规定条约口岸的常关应改归洋关兼管。经清朝交涉后，仅限条约口岸五十里内常关改归洋关兼管。常关自此分为五十里内常关与五十里外常关。随着洋关的扩张，该机构所辖区域逐渐缩小，1931 年全部裁撤。（侯彦伯）

榷关 见"常关"。

子口税 又称子口半税、内地半税。贸易规程。外国货物缴纳进口税后运往中国内地所征收的关税。清道光二十二年（1842）中英《南京条约》规定英国货物在条约口岸缴纳进口税后，在运往中国各地所经税关时另征适量税费。咸丰八年（1858）中英签订《天津条约》与《通商章程善后条约》，明确子口税细节，规定对进出内地，即往来条约口岸与非条约口岸之间的洋货、土货，根据外商的意愿，选择统一以5%的进、出口税率的一半（2.5%）征收一项税收（入内地子口税与出内地子口税）。同治十二年（1873）起，中国商人获得选择缴纳子口税的权利。因为选择报经洋关、缴纳子口税可以免除沿途所经常关与厘金局逐一征收的各税、各费、各捐，各省限制子口税的适用范围，以两广当局最为有效。英国驻广州领事与两广当局于光绪二十二年（1896）交涉，同意消除子口税与常关税、厘金费的差异，中外商人选择缴纳子口税的情况从光绪二十三年（1897）起成为普遍。鉴于子口税不再具备保护洋货进入内地及从内地运出土货的初衷，南京国民政府宣布从1931年1月1日起停征该税。（侯彦伯）

子口半税 见"子口税"。
内地半税 见"子口税"。

洋关 又称新关。管理机构。鸦片战争后清政府在通商口岸设立的海关。清咸丰九年（1859）九月二十九日，粤海洋关开办，是岭南最早设立的洋关。同年底，潮海洋关设立。光绪年间至20世纪30年代，岭南又设有琼海、北海、九龙、拱北、龙州、三水、梧州、江门、南宁、雷州10个洋关。最初该关只管理利用西式帆船与轮船

进行的条约贸易，后来也包含民船贸易。主管官员税务司，由中央政府直辖总税务司直接任命。税率与税项，统一按照条约税则执行。自同治年间与光绪年间中期起，洋关定期面向社会公开出版英文版与汉文版年度统计表（包含商品与船只的种类、数量，以及各项征税数额）。（侯彦伯）

新关 见"洋关"。

新香六厂 管理机构。粤海常关管辖的税厂。清同治末期，为遏制鸦片走私、增加关税收入、改善地方财政，广东当局在新安县与香山县通往香港与澳门的水陆要道，分设6个由粤海常关管辖的税厂。前者有九龙寨、汲水门、长洲、佛头洲，后者有马骝洲、前山，通称为新香六厂。除征收常关税外，也另征厘金。光绪十三年（1887）起，改归增设的九龙洋关与拱北洋关管辖。（侯彦伯）

轮船 船舶。有广义和狭义两种用法。广义泛指所有大的、机动推进的船只。狭义是指用汽轮机推进的船只，一种是原始以人力踩踏木轮推进，一种是现代以机械化螺旋桨推进。鸦片战争以后，在广东沿海、珠江三角洲从事航运与贸易的船舶，主要指狭义轮船。根据航行区域，分为洋轮、沿海轮、江轮与河轮。洋轮专指航行远洋，沿海轮专指航行中国沿海，江轮与河轮均指航行珠江、西江。海关对三类轮船的管理规定也相应不同。19世纪60年代后，民船虽未完全消失，轮船已成为航运与贸易的主体。19世纪80年代末期，珠江三角洲出现轮船拖带民船的特殊形式，并于清光绪十五年（1889）获得官方许可。（侯彦伯）

民船 又称渡船、篷船、土船。船舶。中式木船（包含中式帆船）的泛称。

民船贸易范围广泛，不仅限于国内沿海、沿江、内河，而且航海跨国。中国四大船型之一的广船，指的是广东沿海修造的航海中式帆船。鸦片战争以后，航海中式帆船不敌轮船有力竞争，被淘汰，唯独能行驶河浅、湍急、狭窄的内河民船仍普遍使用。1933年《海关法规汇编》规定民船应向海关申报是否往来外洋贸易，应用白字黑底在船头两旁及船尾书明海关登记注册号。（侯彦伯）

渡船 见"民船"。
篷船 见"民船"。
土船 见"民船"。

海关两 又称关平两、关平银、关银。贸易规程。实施外籍税务司制度的洋关用来计税的一种虚拟货币单位。各条约口岸的洋关在征税时，由商人按当地通行的虚银两或纹银交纳，洋关再折算为海关两。与各地银两的兑换率不同，与同一种银两的兑换率也存在差异。最早出现在清同治二年（1863）。光绪元年（1875）起，洋关统一以海关两计算所有条约口岸的进、出口货物价值。近代中国史上对外债与赔款的偿付，大部分以海关两作为计算标准。20世纪20年代中期之后，国际银价跌落，以银本位为主的中国在支付外债与庚子赔款时，相对要支付更多白银，加重财政负担。南京国民政府为稳定财政收入，于1930年2月起改用海关金为纳税单位。1932年起，进、出货价计算单位统一改为海关金。（侯彦伯）

关平两 见"海关两"。
关平银 见"海关两"。
关银 见"海关两"。

龙州新关试办章程专条 贸易法则。龙州洋关对报关、验货、纳税、卸货、

清关的规定。制订时间不明。共9条。在延续咸丰九年（1859）《粤海新关章程》制订原则、内容的基础上，指明广西龙州口岸界限为东以三界庙为界，西以北帝庙为界。特别订明子口税的申报管理细则。（侯彦伯）

鸦片税厘并征　贸易规程。对外国鸦片从进口到条约口岸征收的税费。清咸丰八年（1858），清政府被迫签订《通商章程善后条约》，鸦片以"洋药"名义纳税，成为"合法"进口商品，每百斤征收进口税30银两。条约规定外国鸦片销运内地，在离开条约口岸后等同中国货物，任凭中国征税。外国鸦片不再适用子口税办法，而须逢关纳税、遇卡抽厘。洋关税、常关税与厘金税3项高税费，提高外国鸦片走私利润，外国鸦片走私贸易盛行。为禁绝鸦片走私，广东当局于同治末年，在新安县与香山县通往香港与澳门的水陆要道添设各税厂（日后统整为新香六厂），加强巡逻、查缉，遭到英属香港与葡治澳门的抗议。中、英、葡三方展开长达10余年的交涉。光绪元年（1875）马嘉理事件发生，次年英国趁机与清朝签订《烟台条约》，提出由洋关统一在外国鸦片进口到条约口岸时，征收一笔包含洋关税、常关税、厘金税在内的适当税费的解决方案，即该税种。光绪十一年（1885）中英《烟台条约续增专条》签订后，洋关负责该税种的方案开始执行，税率是每百斤110银两。（侯彦伯）

粤海新关章程　贸易法则。对报关、验货、纳税、卸货、清关的规定。清咸丰九年（1859）在综合各条约的基础上制订。共10条。实行领事报关原则，各国商船在抵达广东广州二日内，将船牌、进口舱口单呈交本国驻广州领事官；若本国无驻广州领事官，则自行到粤海洋关呈交文件；洋关负责估税，常关负责收税；商人先取得粤海洋关开立的验货估价单，再至海关监督指定的银号缴税。该章程是广东省内各分关制定章程的模本。（侯彦伯）

香澳轮船章程　贸易法则。粤海洋关对航行于广东广州、香港、澳门之间轮船的规定。最早于清咸丰九年（1859）制订。共6条。光绪十九年（1893）再次修订为《粤海关省港澳门轮船章程》，扩充为21条。主要内容：河轮进境无需先报关再开舱，无需向总关请领卸货准单，一俟向登轮关员递交舱单，即作为申报，运往海关验货厂验放，可卸货入驳艇。河轮装完出口货经驻船关员签单即可启航，出口舱单可于再次进出口时交总关，无需逐次按正常手续结关出口。对河轮的办公时间由一般船舶的10—16时延长为6—18时。对河轮所载货物，该章程未规定完税时限，实际做法是"进口货税可在启航后3天内完税，出口货税则仍须在装船前缴清"。后经多次修改、完善，便利定期往返省港澳贸易的轮船进行报关、纳税，减轻粤海洋关的业务负担，提升关务效率。该章程是粤海关税务司适应河轮快进快出的要求，予河轮以手续优惠。（侯彦伯）

引水章程专条　贸易法则。粤海洋关管理引水业务的规定。清咸丰九年（1859）制订。共10条。限定引水员人数为35名，约定轮船、帆船航行香港—黄埔、澳门—黄埔、珠江入海口—黄埔、黄埔—广州城4条引水航线的引水费用，列明引水员的培养、考选细则，明确规定引水员归粤海洋关理船厅管辖。（侯彦伯）

引水分章　贸易法则。粤海洋关管理引水员的规定。清咸丰九年（1859）政府与驻广州各国领事协商制订。共14条。指明组成引水委员会的人选来源、应考引水员资格以及引水员应遵职责、作业要点、应受罚则，明确规定引水执照费与保证金。（侯彦伯）

粤海理船厅章程　贸易法则。粤海洋关管理黄埔港务的规定。清同治八年（1869）政府与驻广州各国领事协商制订。共12条。对黄埔港东、西两边的界址做标识，对轮船、西式帆船、军舰的停泊区做划分，指明航道，规范锚链、帆桅的整理以及实行夜晚点亮警示灯、载运易燃易爆物品通报制度；禁止任意倾倒废弃物。（侯彦伯）

琼州洋税关暂定章程　贸易法则。对报关、验货、纳税、卸货、清关的规定。清光绪二年（1876）制订。共15条。在延续咸丰九年（1859）《粤海新关章程》制订原则、内容的基础上，指明琼州的口岸界限为白沙门西尖至天尾。（侯彦伯）

北海关通商试办章程　贸易法则。对报关、验货、纳税、卸货、清关的规定。清光绪二年（1876）制订。共12条。在延续咸丰九年（1859）《粤海新关章程》制订原则、内容的基础上，指明北海的口岸界限为东、西两面从硼沙口断沙井正北至地角村正北，南、北两面从北海南边海滨至聚沙水浅之处。（侯彦伯）

拱北关商船章程　贸易法则。对报关、验货、纳税、卸货、清关的规定。清光绪十三年（1887）制订。共12条。拱北洋关所在地并非条约口岸，《拱北关商船章程》制订原则、内容不同于其他条约口岸的洋关章程。拱北洋关征税税率是根据粤海常关与广东省城厘务总局制订的则例，商人前往汇

丰银行缴纳外国鸦片的进口关税与厘金。（侯彦伯）

三水关各国商船进出口起下货物完纳税钞试办章程　贸易法则。对报关、验货、纳税、卸货、清关的规定。清光绪二十三年（1897）制订。共13条。在延续咸丰九年（1859）《粤海新关章程》制订原则、内容的基础上，指明三水口岸界限为思贤滘与饭箩岗相对之线以内。（侯彦伯）

粤城理船厅章程　贸易法则。粤海洋关管理广州城区南面珠江河道港务的规定。制订时间不明。共2条。对广州城区南面珠江河道东、西、南三边的界址做标识，对远洋轮船、省港澳轮船、民船、军舰的停泊区做划分。（侯彦伯）

潮海关章程　贸易法则。对报关、验货、纳税、卸货、清关的规定。制订时间不明。共11条。制订原则、内容大致与清咸丰九年（1859）《粤海新关章程》相同。（侯彦伯）

汕头理船厅章程　贸易法则。潮海洋关管理汕头港务的规定。清政府与驻汕头各国领事协商制订。制订时间不明。共13条。指明各类轮船、军舰的停泊区域，规范锚链、帆桅的整理，实行夜晚点亮警示灯、载运易燃易爆物品通报制度，禁止任意倾倒废弃物和在港内点燃火炮；明确规定违反章程者由驻汕头本国领事罚办，未驻有本国领事者，归汕头理船厅罚办。（侯彦伯）

汕头引水章程专条　贸易法则。潮海洋关管理引水业务的规定。清政府与驻汕头各国领事协商制订。制订时间不明。共10条，每条之下细列分条。限定引水员人数为4名，约定各类船只的引水费用，列明对引水员的培养、

考选细则以及招聘引水员的考选局的人选来源，规定引水员归汕头理船厅管辖。（侯彦伯）

汕头引水本口分章　贸易法则。潮海洋关管理引水员的规定。清政府与驻汕头各国领事协商制订。制订时间不明。共20条。明确规定引水执照费与保证金，指明应考引水员资格以及引水员应遵职责、作业要点、应受罚则。（侯彦伯）

关务处　管理机构。粤海关改革设立的部门。清光绪三十年（1904）裁撤粤海关监督一职，两广总督岑春煊接管整顿粤海关税务，在广东广州设立，管理海关相关事务。（侯彦伯）

广东—香港—河内—蒙自贸易路线　贸易路线。从广东经香港、河内到云南蒙自的路线。清光绪十三年（1887）中法《续议商务专条》签订后，经越南进出口广西与云南的洋、土货，分别减免30%与40%的关税。光绪十五年（1889）蒙自正式开放条约贸易，广东—香港—河内—蒙自贸易路线出现。比广东—西江—百色—云南的贸易路线，运输省时、费用低廉。（侯彦伯）

西江航线　贸易路线。从香港、澳门经广州到广西的河运路线。清光绪二十三年（1897）开放西江对外通商，轮船从香港、澳门分经广东广州、江门、三水到广西梧州、南宁。利用能大量、迅速载运洋、土货的轮船，搭配吃水浅更能深入内地分运的民船，促进广东、广西、云南、贵州各省内陆地区发展。（侯彦伯）

管理具有保结享再特别利益之省河轮船往来香港澳门章程　贸易法则。粤海洋关对航行于广东广州、香港、澳

门之间轮船的规定。清光绪十九年（1893）制订。对定期行驶于珠江三角洲河流，在广州与香港、广州与澳门之间贸易，且保证能在结关后24小时内缴清所有税费的轮船，粤海洋关提供上下客货的便利措施。此后又于1915年、1922年、1928年、1931年、1947年进行修订。（侯彦伯）

梧州新关商人报关试办章程　贸易法则。对报关、验货、纳税、卸货、清关的规定。清光绪二十六年（1900）制订，共12条。在延续咸丰九年（1859）《粤海新关章程》制订原则、内容的基础上，特别规定从广东江门、甘竹、肇庆、德庆等5处至广西梧州的贸易，或从广西梧州至广东江门、甘竹、肇庆、德庆等5处的贸易，应遵守《西江章程》。特别订明子口税的申报管理细则。（侯彦伯）

五十里内常关　管理机构。清光绪二十七年（1901）《辛丑条约》签订后设立的税关。距通商口岸50里内，"常关"归总税务司兼管，税收归总税务司。岭南各洋关对条约口岸周遭50里内原属粤海常关、梧州常关管辖的税口，按各自的情况分不同时期展开接管。移交后的50里常关各税口，根据中央指令进行整顿、裁并。1931年6月1日起，各洋关兼管的50里内常关全部裁撤。（侯彦伯）

五十里外常关　管理机构。清光绪二十七年（1901）《辛丑条约》签订后设立的税关。所有条约口岸周围的常关划分为五十里内常关与五十里外常关。前者移交洋关管辖，后者仍归常关所辖。历经中央多次指示整并、裁撤，1931年1月1日起，所有五十里外常关归并各洋关管理。（侯彦伯）

高雷常关　管理机构。地方性税口。

清宣统三年（1911），粤海常关无力遏制广州湾走私现象，广东当局决定将高州与雷州两地常关税口，移交粤海洋关管辖，将雷州总口、大埠口、麻萝门（以上雷州境内）、黄坡口、石门口、大放鸡（以上高州境内）等常关税口定名统称高雷常关。后粤海洋关仍无法有效改善走私问题，1913年6月后，高雷常关又回归广东省政府管辖。（侯彦伯）

海关管理航海民船航运章程 贸易法则。粤海洋关对航行于沿海（包含珠江三角洲）民船的规定。自1931年裁并五十里内常关和五十里外常关后，粤海洋关专门制订章程管理原归常关负责的航海民船，于1931年11月30日生效。明确规定航海民船向粤海洋关辖下粤海分关与陈村分关缴纳民船钞的分类与缴交标准。1934年、1935年两次修订。（侯彦伯）

侨批 又称番批、银信。民间文献。清末至民国时期海外华侨与国内通信并且"银信合封"的递寄物品。连带家书或简单附言的汇款凭证，通过民间渠道及后来产生的金融邮政机构寄回国内。最早侨汇记载在16世纪，19

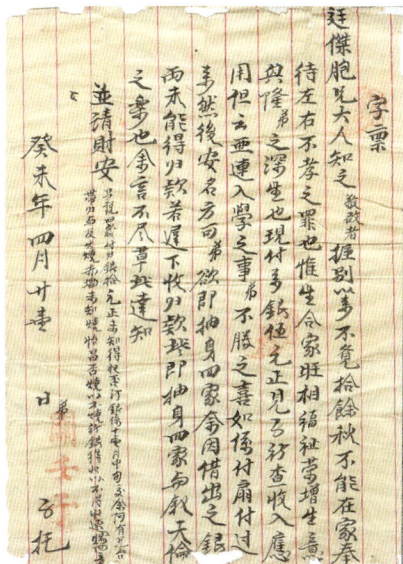

清光绪九年（1883）广东开平县华侨关壬子给兄长关廷杰的银信

世纪上半叶形成一个行业，20世纪进入鼎盛时期，通行地域有福建、广东、海南，以福建南部，广东潮汕地区、五邑地区居多。依据家族纽带维持侨批来往的社会性网络持续百年，具有地方性与本土性基层社会交往是侨批最基本特征。促进包括语言、传统等在内地方文化跨区域的来往，维系和改善数以百万计的侨眷的生活，对中国民主革命和经济建设作出巨大贡献。参见第1215页华侨·侨乡卷"侨批档案——海外华侨银信"条。（于笛）

番批 见"侨批"。
银信 见"侨批"。

关税自主政策 贸易规程。近代中国力争收回并实施关税自主权的政策。鸦片战争后中国丧失关税自主权，第一次世界大战后，作为战胜国，北洋政府多次向西方各国提出修正海关税则要求。1925年11月，北洋政府召集各国在北京召开的关税会议，通过《关税自主案》，原则上西方各国承认中国享有关税自主权，允许中国国定关税。该案于1929年1月1日正式生效，中国开始由"协定关税"转为"国定关税"。南京国民政府通过与美国、比利时、西班牙、丹麦、意大利、葡萄牙、英国、法国、荷兰等国的谈判并修订条约，逐步收回关税自主权。南京国民政府成立直接隶属财政部的国定税则委员会，负责编订关税政策、制定和修改进出口关税税则。自1928年至1934年，南京国民政府先后四次修订海关进口税则，将入口关税由原来协定关税下的"值百抽五"调整为国定关税下5%—80%的十四级税率区间。（徐霞辉）

专税 贸易规程。近代广东特设对进口商品征税的地方税种。1928—1936年宁粤对峙时期，以陈济棠为中心的

广东当局为保证地方财政收入，对洋布、柴油、洋糖、土敏土等商品征税，也对东北输入大豆、豆油、豆麸征税。由广东省财政厅征收，纳入省库。1933年广东省成立舶来农产品杂项专税局，对以洋米、洋谷为主的多项农产品实施征税。1936年陈济棠政府下台之前，"专税"体系先后对18种进口商品实施征税。1938年10月日本占领广州后，对广东实施外贸统制，将各种对进口商品开征的专税统一定名为"舶来物产专税"。（徐霞辉）

理船厅 管理机构。洋关所属机构。负责条约口岸内船只航行的管理。稽查、丈量、登记船只，确保航行安全，制定引水、行船、免撞、旗帜、标示等章程，以便引导船只出入港口、划定船只入港停泊地点、使船只有序航驶、保持航道畅通、界定灯塔与浮标的区位。负责卫生检疫工作。1926年，广东国民政府设立广州海港卫生检疫所，接管理船厅的卫生检疫业务。总部设在广州市卫生局，另设南石头检疫所负责广州内港检疫，黄埔检疫所负责广州外港检疫。1930年，鉴于理船厅与港务、航政密切相关，不宜由外籍税务司主导，广东省政府呈请南京国民政府行政院改设机构取代理船厅。1932年，广东省政府成立广东全省港务管理局，并另设潮汕港务分局、琼崖港务分局，接管上列理船厅第一、二类业务。（侯彦伯）

民船管理处 管理机构。1931年裁并洋关五十里内常关和五十里外常关后，粤海洋关设立，负责民船事务。1932年10月1日，改为粤海关辖下一个分关。1938年5月1日，粤海洋关实行《管理民船处出口船只暂行办法》。1949年粤海关《民船管理处工作概要》介绍，其位于广州海珠桥西，面对前航道，与验货支厂联合办公。（侯彦伯）

统制贸易　贸易体制。1931 年陈济棠主政广东，广东省政府改变对外贸的自由放任政策，以关税为手段，以政府控制进出口货物，采用以货易货、禁止现金出口的原则，达到避免超出，保护本土农产和省营工业的目的。1935 年，广东省政治研究会经济组拟定统制贸易办法，经省政府会议复议通过实行。由省政府与商人设立广东对外贸易所，官商共同负责统制外贸事宜。凡外贸商人，均需到所注册，接受统驭。凡进出口货物及其数额须由广东对外贸易所管理，对本省已有货品可拒绝再向国外订货。经营进出口货物的商人须运出粤货，方能进口同样价额洋货。实行外贸统制后，凡洋货与本省土产有竞销者，均被财政当局增收保护附加税或专税。征税的进口货品有糖、水泥、煤油、颜料、洋米、火柴、机制卷烟等。对广东出口大宗商品粤丝实施统制丝业三年对外贸易计划，将丝业纳入政府管理。实行外贸统制后，广东各口岸外贸入超指数大幅下滑。（徐霞辉）

办庄　贸易商号。为专门经营进出口业务的居间商号。各进出口商不直接与洋商交易，主要与专门经营某一线或某一国家、地区或某一类货品的进出口贸易的中间机构交易。经营者，或为本地商人，或为海外华商在采购地开设的分号或联号。以办货地域为区分，有输出到南洋群岛的"南洋庄"、输出到美国的"金山庄"、输出到东南亚的"实吻庄"等；以办货的种类分，又有"什货庄""山货庄""丝庄""茶庄"等。这是粤港地区对外贸易的一大特色。（徐霞辉）

中国进出口商品交易会　简称广交会。贸易展会。中国历史最长、层次最高、规模最大、商品种类最全、到会采购商最多、分布国别地区最广、成交效

中国进出口商品交易会会标

果最好的综合性国际贸易盛会，被誉为"中国第一展"。1957 年在广东广州创办，每年分春秋两季举行。由商务部和广东省人民政府联合主办，中国对外贸易中心承办。1956 年 11 月 10 日，以中国国际贸易促进委员会名义举办的中国出口商品展览会在中苏友好大厦开幕。1957 年 3 月，外贸部正式决定举办中国出口商品交易会。1957 年 4 月，首届中国出口商品交易会成功举办，正式名称为中国出口商品交易会。从第 101 届起，正式更名为中国进出口商品交易会，增加进口功能。1957—2007 年，按一届两期即每年春秋两季举办，2008 年第 104 届起实行一届三期，出口展区参照企业突破 2 万家。截至第 126 届，共设 15 大类商品、50 个专业展区，品类齐全，采购便利，累计成交额 14126 亿美元，累计到会境外采购商 899 万人。境内外参展企业近 2.5 万家，210 多个国家和地区约 20 万名境外采购商与会。自创办以来从未中断，为中国外贸第一促进平台，被视为中国外贸的晴雨表和风向标，是中国对外开放的窗口、缩影和标志。参见第 139 页历史卷"中国进出口商品交易会"条。（李婉珺）

广交会　见"中国进出口商品交易会"。

华南出口商品展览会　贸易展会。为促进华南地区开展对外贸易，1951 年 2 月，华南区财委和对外贸易管理局等 25 个公私机构和团体组织广州、珠江、北江、西江、海口、潮汕、东江、高雷、钦廉、粤中、兴梅等区和湖南、广西等公司业务经营单位在广东广州

举办第一届华南出口商品展览会。展览会汇集了 2000 多种农副产品、工业产品、手工业产品、畜产品和矿产品等，主要包括桐油、茴油、菜油、茶叶、五檬子、松香、椰子、果类、柴薪、生丝、蔗糖、罐头、草织品、象牙制品、竹器、瓷器、肠衣、蛋品、羽毛、钨、锑、锡、铜等。绝大多数产品直接由广州口岸出口。在 1951 年 3 月展期结束。1954 年 6 月至 7 月，广州第二次出口物资小型交流会举行，为部分背冷货和已中断出口品种例如广州产毛巾等开拓销路。1955 年 10 月至 12 月广州出口物资展览交流会举办，客商采购热烈，港澳商人包销和代理信心增强，为新旧商品打开了销路。1955 年以前，广州举办的中国出口商品交易会与华南或广东地区的物资交流会一并举行。这一展会的举办反映了新中国成立后广州对贸易展会的探索。（李婉珺）

华南土特产展览交流会　贸易展会。1951 年 10 月 14 日即广州解放两周年纪念日，由中共中央华南分局、广东省政府主办，在广州西堤灾区重建展览场地开幕。简称华南土展。大会交易期由 10 月 18 日至 12 月 4 日止，历时 41 天。该交流会参会代表团和参观团 641 个，人数 3 万余人，参观人数 153 万余人。成交总值达人民币 1831 亿多元（旧币），超额完成目标 18.31%。成交商品种类 480 多种，以华南土特产最多，占成交总值 60.87%；尤以食品、干鲜果蔬等为最大宗。交流会实现土特产销货方式的多样化，确立以内销为主原则，扭转长期依靠外销的局面，建立与友区长期供销关系。由于该交流会的成功，1952 年 11 月，广东省和广州市联合举办华南（粤穗）物资交流大会，由中央财委通知各大行政区和各省市财委组织公司贸易代表团参加。1955 年

至 1956 年，广州先后举办内贸外贸相结合的华南物资交流大会、广东省物资展览交流大会和广州出口物资展览交流会，为 1957 年举办首次中国出口商品交易会奠定了基础。为国民经济恢复时期华南地区重建城乡关系、恢复社会经济的一次重要社会经济活动，是继华东、中南地区后全国第三个大规模展览交流大会。（李婉珺）

中国（深圳）国际文化产业博览交易会 简称文博会。贸易展会。以博览和交易为核心，旨在打造中国文化产品与项目交易平台，促进和拉动中国文化产业发展，积极推动中国文化产品走向世界。中共中央宣传部（国家新闻出版署、国家电影局）、中华人民共和国文化和旅游部、中华人民共和国商务部、国家广播电视总局、中国国际贸易促进委员会、广东省人民政府和深圳市人民政府联合主办，深圳报业集团、深圳广播电影电视集团、深圳出版发行集团公司、深圳国际文化产业博览有限公司承办。2004 年 11 月 18 日至 22 日，首届文博会在广东深圳举行，参会企业 700 多家，其中 102 家来自海外 50 多个国家和地区，展览面积 43130 平方米，参观人数超过 47.7 万人次，被评为"2004 年中国文化十件大事"之一。每年 5 月在深圳会展中心举行。至 2019 年第十五届文博会，主会场展览面积 105000 平方米，设 66 个分会场，海外采购商共 22167 名，来自美、英、法等 103 个国家和地区，总参观人数 700 余万人次。2020 年 11 月 17 日，第十六届文博会首次以"线上文博会"在线上开幕，会期 5 天。中国唯一一个国家级、国际化、综合性文化产业博览交易会，被誉为"中国文化产业第一展"。（李婉珺）

文博会 见"中国（深圳）国际文化产业博览交易会"。

中华人民共和国广州海关 简称广州海关。管理机构。前身为粤海关。1950 年 1 月 31 日起改称至今。直属中华人民共和国海关总署。1949 年 10 月 25 日，广州解放，广州军事管制委员会接管粤海关。1953 年至 1979 年，广州海关下设黄埔、大铲两个分关，后体制机构历经多次变更。1962 年至 1973 年 4 月，经国务院批准，广州海关作为中心海关统管广东省内 7 个海关，至广东省对外贸易局成立海关处为止。1980 年后，海关建制收归中央。2018 年，根据党中央关于机构改革部署，将国家质量监督检验检疫总局的出入境检验检疫管理职责和队伍划入海关总署，同年 4 月 20 日完成转隶组建。目前管辖范围为广东广州、佛山、肇庆、韶关、清远、云浮、河源及深圳大铲岛的海关管理工作，覆盖广东省行政区域面积约 50%。关区内一、二类口岸（含视同口岸管理的车检场）59 个、监管作业场所 65 个、海关集中作业场地 75 个。现有内设机构 22 个，派出机构 22 个，事业单位 7 个，群众团体 1 个。（李婉珺）

广州海关 见"中华人民共和国广州海关"。

广州对外贸易局 管理机构。为适应迅速发展的商品进出口需求，1959 年初，广东省委决定成立广州对外贸易局，4 月宣告成立。筹建工作在中国人民银行广州分行内进行，成立后办公地点在长堤路 91 号，即原中国银行广州分行旧址。初期人员主要来自中国人民银行、保险公司和商业部门。成立后，原由广东省对外贸易局领导的杂品进出口公司交由广州对外贸易局领导，按口岸公司建制，负责直接对外成交、出口广州轻工、纺织产品，

并承担省内各地轻纺织品对外成交和出口任务。后又成立广州市对外贸易公司，经营食品、五金矿产、化工机械、土产、畜产等各类产品收购业务，收购后交由各省属出口公司出口。20 世纪 60 年代，广东外贸业务机构进一步改组，广州市杂品进出口公司分为轻工和纺织两个进出口公司。1964 年，广州市对外贸易公司分出广州市食品进出口公司。直至 1968 年，上述广州市对外贸易的轻工、纺织、食品 3 个进出口公司均被撤销，其管理和经营并入内贸部门和业务单位。（李婉珺）

南海一号 又称南海一号古船。船舶。1987 年在广东阳江沿海打捞出的宋古沉船，因位于中国南海海域，故名。该船从福建泉州港驶出，目的地是东南亚、南亚以及中东地区。载货量大，全舱货物由横向水密舱壁分成若干个载货区域，采用纵向隔板和水平隔板分隔货物，并按照一定的规律放置相应的物资。以铁器、瓷器和各类文物为主，以及各类漆木器、小件金属器、钱币和朱砂。经过 10 年的发掘，已发掘出土 20000 余套文物，其中有 19000 余套是瓷器，还有金器、银器、铜钱等贵重物品。瓷器主要产自江西景德镇，以青白瓷和青瓷为多，还有一定数量的绿釉、黑釉和酱褐釉陶瓷产品。该船是迄今为止世界上年代最久远、体积最大、结构最完好的远洋贸易古商船。这是中国古代海上丝绸之路繁盛见证。其考古发掘为 2019 年度中国十大考古发现之一。参见第 1259 页海洋文化卷"南海Ⅰ号沉船"条。（于笛）

南海一号古船 见"南海一号"。

南澳一号 又称南澳Ⅰ号古船。船舶。2007 年在广东南澳海域由当地渔民潜水捕捞时发现，最初命名为"南海二号"，2009 年 9 月 26 日在水下考古抢

救发掘启动仪式上被正式命名为"南澳一号"。位于广东南澳三点金海域水下27米的位置，古船长度不小于25.5米，宽度在7米开外。船身上层结构已遭破坏，隔离舱和船舷保存完好。可能是从我国东南沿海出发，前往东南亚一带进行贸易活动。出水文物近3万件，均为瓷器，包括各类盘、碗、罐、碟、瓶等生活器皿，年代最早可追溯至宋朝，其他则主要由明代粤东以及闽南、江西一带民间瓷窑所生产。迄今为止我国水下考古发现保存最为完好的海底古沉船，见证明代东南沿海对外贸易和当地瓷器生产繁盛。参见第1260页海洋文化卷"南澳Ⅰ号沉船"条。（于笛）

南澳Ⅰ号古船 见"南澳一号"。

贸易商品

犀牛 货品。古代对外贸易进口代表性货品。哺乳纲犀科动物，世界上最大奇蹄目动物。主要分布在南亚、东南亚和非洲撒哈拉以南地区。自东汉经西域和扶南传入。主要取其角入药，历代宫廷皆视为珍宝。明永乐三年（1405）苏门答腊有贡。（李婉珺）

犀角 又称牛角。货品。古代对外贸易进口代表性货品。珍贵药材。古籍又称生犀，取自犀牛。自东汉起由西域传入，作为药方广泛用于中医，正史及医典多有记载。汉唐时期为扶南香药贡品常项。宋元时期真腊吴哥王朝崛起，多见于香药与唐货物物交换贸易。明洪武元年（1368）至永乐三年（1405），安南、占城、暹罗、真腊、爪哇、满剌加、苏门答腊皆有贡。东南亚来华朝贡常见奇珍动物品项。明清时期在岭南为预防蛊毒药物之一。（李婉珺）

牛角 见"犀角"。

土檀 又称山苏木、干檀香、小青皮。货品。檀香科檀香属植物沙针或其变种豆瓣香树全株。古代对外贸易代表性货品。主要分布在广西、四川、云南等地。（李婉珺）

山苏木 见"土檀"。
干檀香 见"土檀"。

小青皮 见"土檀"。

檀香 又称旃檀。货品。古代对外贸易进口代表性货品。有黑、紫、黄、白之分。黑檀和紫檀自东汉起由印度和东南亚传入中国。黑檀，别名乌木，皮密色白，豆科紫檀属大乔木，生长缓慢，上千年方能成材，量稀价高。木材致密坚硬，匀腻耐磨，体重，入水则沉，味淡无香。树脂色白，芯材色黑，多用于建筑、车舆、乐器、高级家具及精巧器物制作。名称始见于晋代，历代多有记载，受王室及权贵追捧。紫檀，又名赤檀、紫真檀等，皮腐色紫，产于缅甸、印度、菲律宾以及中国的台湾、广东、云南等地区。气清香，燃后更浓，味淡微辛。药用，常性味咸平，主治祛瘀和营，止血镇痛，解毒消肿。最名贵者为印度南部产檀香紫檀，俗称小叶紫檀。黄檀，又名黄花梨、降香檀、红橡木等，豆科蝶形花亚科乔木，皮实色黄，海南岛特有种，华南地区有引种，材质坚硬、结构细致、纹理美观、气味芳香、耐磨耐蚀，主治风湿、腰疼、高血压等。白檀，山矾科山矾属灌木或小乔木，中国、日本、韩国、印度和北美皆有分布或栽培，皮洁色白，白花蓝果，多为药用，镇定安神、行气温中。黑檀、白檀及其各类制品为广州十三行"帝室财政"采买入口品项，19世纪后主要输入地为美国。（李婉珺）

旃檀 见"檀香"。

玳瑁 货品。古代对外贸易进口货品。爬行纲海龟科海洋动物，主要生活在亚洲东南亚和印度洋的热带和亚热带海洋的沿海珊瑚礁、海湾、河口等。唐宋以后中医古籍记载性寒、无毒。用法为入丸、散剂，主治清热解毒，镇心平肝。自东汉由西域传入，后逐渐普及。明洪武元年至永乐元年（1368—1403）海外七国安南、暹罗、爪哇、苏门答腊、满剌加、大坭、浡泥经广东广州港入华皆有贡。明清时期为岭南预防蛊毒用药之一。（李婉珺）

吉贝 又称织贝、美洲木棉、爪哇木棉。货品。古代对外贸易进口货品。锦葵科吉贝属罗耶大乔木，原产于热带美洲，印度尼西亚爪哇有大量栽培，我国云南、广西、海南有少量分布。黎族妇女以之纺线织花布。宋代吉贝布为占城常贡品项，后传到日本。（李婉珺）

织贝 见"吉贝"。
美洲木棉 见"吉贝"。
爪哇木棉 见"吉贝"。

海獭皮 又称海龙皮。货品。古代对外贸易进口货品。鼬科海獭属动物皮毛。海獭主要分布在北太平洋，尤以

阿留申群岛最多，其次是堪察加半岛、科曼多尔群岛、阿拉斯加及普利比洛夫群岛。18世纪80年代至19世纪上半叶北美太平洋海岸与广东广州之间动物皮毛跨域贸易典型品项之一。自清康熙年间起，俄罗斯享受藩国贸易待遇，经恰克图等地进口海獭皮、海豹皮等货物到中国。（李婉珺）

海龙皮　见"海獭皮"。

海豹皮　又称海虎皮。货品。古代对外贸易进口货品。鳍足亚目种海豹科动物皮毛。海豹主要分布在北极、南极、北冰洋、北大西洋、北太平洋等地。18世纪80年代至19世纪上半叶北美太平洋海岸与广州之间动物皮毛跨域贸易典型品项之一。（李婉珺）

海虎皮　见"海豹皮"。

象牙　货品。古代对外贸易进口货品。白色硬质物体，雄性亚洲象、非洲象、猛犸象獠牙，主要成分为牙本质。《诗经·鲁颂·泮水》已有象牙成为商品记载。唐五品以下官员持象牙笏。北宋时期交趾和占城分别有26次和9次入贡驯象。明洪武元年至永乐元年（1368—1403）海外七国安南、占城、暹罗、真腊、爪哇、满刺加、大坭经广东广州港入华皆有贡。（李婉珺）

琥珀　又称虎魄、育沛、顿牟。货品。古代对外贸易进口货品。古代松科植物树脂埋藏地下经久凝结而成的碳氢化合物。可作中药材。主治镇静安神，散瘀止血，利水通淋。《山海经》记载，被视为辟邪镇宅灵物。商周秦汉唐时期，与玉器并列。西汉已有西域来贡记录，后多用于制作名贵首饰、器皿、文房用品。明洪武三年（1370）起用于皇帝常服、庶人冠服装饰。清

康熙四年（1665）荷兰使团来朝，进贡大量玻璃镜、珊瑚珠、琥珀珠等。（李婉珺）

虎魄　见"琥珀"。
育沛　见"琥珀"。
顿牟　见"琥珀"。

翠毛　又称翠羽。货品。翠鸟羽毛。古代对外贸易进口货品。古代多用作饰物。汉代宫廷中已有岭南及东南亚地区所贡翠羽，后历代贡品多见。明代岭南与暹罗、爪哇常贡品项之一。（李婉珺）

翠羽　见"翠毛"。

珠玑　货品。即珠宝（玑指不圆者）。古代对外贸易代表性货品。上古就有南海出鱼革、珠玑、大贝的记载。《汉书·地理志下》称，岭南近海，故多出犀、象、玳瑁、珠玑、银、铜、葛布等货品。（王睿）

玻璃　又称颇黎、玻璨。货品。古代对外贸易代表性货品。质地硬脆透明。西汉武帝以降，外国使者和商人将埃及、拜占庭、伊朗等地所产玻璃器输入中国，魏晋南北朝时流入中国的玻璃器更多为玻璃制造中心埃及亚历山大里亚所制。南方主要海港广西交州与广东广州的匠人掌握了西方钠钙玻璃的配方与制作工艺技术，后失传。宋代赵汝适《诸蕃志》载有大食诸国玻璃配方。清乾隆六年（1741），宫廷造办处在法国传教士纪文、汤执中指导下，在玻璃厂建窑烧造玻璃，其法乃从欧洲传来。（王睿）

颇黎　见"玻璃"。
玻璨　见"玻璃"。

珊瑚　货品。古代对外贸易代表性货

品。暖海生无脊椎腔肠动物珊瑚虫的骨骼堆积。因彼此相连，形如树枝，故又名珊瑚树。古时南海、地中海、红海、波斯湾皆产。色彩鲜艳美观，可供玩赏。生于海中巨石上，色白如菌。一年变黄，二年变红。枝干交错，高三四尺。海民乘大船，将铁网坠入海底捞取。广东广州所产，明润如红玉，中有孔洞（也有没孔洞的），以枝柯多者为上品。五七珠成树。南越赵佗称之为火树。（王睿）

海药　货品。古代对外贸易进口药材。从海路输入中国的域外药物总称。其中一些同时用作香料，又称香药。唐宋时期经岭南进口的海药占全国进口量的大部分，一些海药品种如檀香、肉桂、白豆蔻等在岭南引种，又有"南药"之称。唐末五代李珣编撰的《海药本草》是我国现存最早的一部以记载海药为主的著作。是岭南对外贸易中进口大宗货物品类。（孙廷林）

郁金香　货品。古代对外贸易进口香药。从多年生草本植物郁金中萃取的香料。芳香浓郁，可入药。原产域外大秦、罽宾等国。汉代传入中国，南朝、唐代扶南、天竺等国贡舶贸易常见品项，唐代以后较少见。（孙廷林）

黄熟香　货品。古代对外贸易进口香药。产于热带的香料。质地轻而细致，置于水中不沉。香气醇厚绵长，可入药。汉晋时期传入中国，宋代安南、占城等东南亚国家贡舶贸易常见香药品项。用作香料或药品。（孙廷林）

龙脑香　货品。古代对外贸易进口香药。龙脑香树树干中的芳香树脂。纯粹者无色透明，俗称冰片。高八九丈，大六七围。叶圆背白，无花实。树分

肥、瘦，瘦树出婆律膏香（婆利国称固不婆律）。一说瘦树出龙脑香，肥树出婆律膏。收取办法是将树从木心部位劈断，膏从树端流出，以物承接。（王睿）

沉香　又称蜜香、沉水香、海南沉香、白木香、土沉香、女儿香、牙香、莞香。货品。古代对外贸易进口香药。投水即沉得名，广东、海南、广西等地也有分布。木质坚硬而重，黄色，有香味，心材为著名熏香料。唐宋时期交趾、占城、三佛齐等东南亚国家贡舶贸易常见香药品项。用作香料或药品。参见第1025页中医药卷"沉香"条。（孙廷林、李婉珺）

乳香　又称熏陆。货品。古代对外贸易进口香药。因茎皮渗出的树脂滴下凝成乳头状，故称乳香。橄榄科乳香树属植物，为熏香原料。上等的称滴乳，色淡黄，可做外科药剂。西出天竺，南出波斯等国。（王睿）

熏陆　见"乳香"。

丁香　又称鸡舌香、丁子香。货品。古代对外贸易进口香药。常绿乔木丁子香树的花蕾、果实，或从中萃取的香料。花蕾、果实可入药。出昆仑国、大食国及我国交、广以南。魏晋时即用作药品、香料。唐宋时期占城、阇婆、蒲端等东南亚国家贡舶贸易常见香药品项。用作香料或药品。（孙廷林）

鸡舌香　见"丁香"。
丁子香　见"丁香"。

龙涎香　货品。古代对外贸易进口香药。抹香鲸肠内分泌物的干燥品，为黄、灰乃至黑色的蜡状物质。出大食国，香气持久。名贵香料。唐宋时期

传入中国。用作香料或药品。（孙廷林）

蔷薇水　又称蔷薇露。货品。古代对外贸易进口香药。从蔷薇花中萃取的香水。名贵香料。以大食国所产著称，蜡封保存，香气持久。唐宋时期传入中国。（孙廷林）

蔷薇露　见"蔷薇水"。

茉莉花　又称耶悉茗花、末利、末丽。货品。古代对外贸易引进物种。佛书名为鬘华。花白色，芳香，夏季盛开。出拂林国，亦出波斯国。西晋嵇含《南方草木状》记载，胡人自西国移植于南海，南人怜其芳香，广泛种植。（王睿）

耶悉茗花　见"茉莉花"。
末利　见"茉莉花"。
末丽　见"茉莉花"。

胡椒　货品。古代对外贸易进口代表性货品。常绿灌木，茎蔓生。叶卵形或长椭圆形，开黄色小花。果实球形，黄红色。在尚未成熟时采收晒干为黑胡椒，果实变红后采收晒干则为白胡椒。原产印度、印度尼西亚、马来西亚、斯里兰卡等地，广东、广西、云南等地有栽培。果实磨成粉末后可做香辛调味品。可入药。东汉起传入中国，历代有用于酿酒、制药和烹饪的记载。唐代起入粤菜。自汉唐至明清，朝贡贸易皆为胡椒入华官方形式，民间私运贸易长期存在。（李婉珺）

苏合　货品。古代对外贸易进口香药。金缕梅科植物苏合香树分泌出的树脂，经加工精制而成。半流动性液体，棕黄色或暗棕色，半透明，质黏稠。气芳香，味略苦辣，质重。分布于非洲、

印度、土耳其至叙利亚北部。自东汉起由大秦传入，后历代书录不断。魏晋古籍记为大秦产11种香料之一。中唐后由波斯商人经海路输入广东广州、福建泉州两港。五代李珣《海药本草》称返魂香。明代古籍记有苏合油，应为同原料加工物。（李婉珺）

榄子香　货品。古代对外贸易进口香药。明朝与占城民间贸易入口的常见占城特产香药。明代周家胄《香乘》载，为香树被虫蛇蛀咬后分泌的树脂，结于木心形成，因状如橄榄核而得名。（李婉珺）

沉粟香　又称速香、沉速香。货品。古代对外贸易进口香药。为沉香与速香之合称。明代东南亚诸国来华贡舶贸易常见香药品项。（李婉珺）

速香　见"沉粟香"。
沉速香　见"沉粟香"。

降香　又称降真香、紫降香、紫藤、番降、土降香。货品。古代对外贸易进口香药。原材料为黄檀。豆科植物降香檀树干和根部心材，呈类圆柱形或不规则块状，表面紫红色或红褐色，切面有致密纹理。质硬，有油性，气微香，味微苦。其藤称花梨母，树干称花梨公。死后躯干内缩成深黑色，掩埋入地或水泽日久则成水沉香。产地主要分布在我国海南、广东、广西、云南以及越南、柬埔寨、印度尼西亚、马来西亚等国家。西晋嵇含《南方草木状》以降历代史籍及医书多有记载。唐宋时期以来，被用于道、佛宗教仪式用香和宫廷中医制药。明代，成为中国与琉球、爪哇、大坭、渤泥东南亚贡舶贸易代表性香药常项。清代海禁一度匮乏。（李婉珺）

降真香　见"降香"。

紫降香　见"降香"。

紫藤　见"降香"。

番降　见"降香"。

土降香　见"降香"。

鸦片　又称阿片；俗称大烟。货品。古代对外贸易进口代表性货品。初级毒品。可入药。由罂粟植物蒴果乳汁干燥而得，含20多种生物碱，因产地不同而呈黑色或褐色。原产于南欧及小亚细亚。西汉已用作麻醉剂。6世纪初阿拉伯人传到波斯。唐代进口的阿拉伯鸦片称为"阿芙蓉"，7至8世纪作为药材从印度等地传入中国。明代，鸦片出现在藩属国进贡的货品中，称为"乌香"。暹罗、爪哇、孟加拉等国贡品皆有列。18世纪末19世纪初，西方为扭转巨额贸易逆差实施鸦片走私，并发动侵略战争。（李婉珺）

阿片　见"鸦片"。

大烟　见"鸦片"。

西洋参　又称花旗参、人身、黄精、地精、神草。货品。古代对外贸易进口货品。五加科人参属多年生草本植物。性凉、味甘、微苦。原产于北美洲森林地区。根部发达，形若纺锤，外皮表面浅黄色，有分叉，全株形似人头、手、足。喜疏松、肥沃、富腐殖质土，多长于阴凉、湿润气候的海拔500至1000米的山地缓坡或斜坡的针阔混交林或杂木林。18世纪晚期，耶稣会会士在中国和魁北克发现当地人挖掘和食用人参。后法、英从加拿大魁北克和新英格兰地区印第安人手中收购西洋参，通过转运贸易对华输出。1784年2月"中国皇后"号（Empress of China）从美国纽约启程来华，8月抵达广东黄埔，12月返航。"中国皇后"号到华标志着美国取代英国成为对华西洋参主要出口国。（李婉珺）

花旗参　见"西洋参"。

人身　见"西洋参"。

黄精　见"西洋参"。

地精　见"西洋参"。

神草　见"西洋参"。

高丽参　学名朝鲜参、别直参。货品。古代对外贸易进口货品。五加科植物人参蒸制而成。产于朝鲜半岛。一般指6年或以上参。生长年限越长越珍贵。分天、地、良、切4个等级。其名始于明代医学家陈嘉谟《本草蒙筌》。（李婉珺）

朝鲜参　见"高丽参"。

别直参　见"高丽参"。

肉桂　货品。古代对外贸易出口货品。属樟科，樟属中等大乔木。树皮灰褐色。喜温暖气候，喜湿润，忌积水。树皮常被用作香料、烹饪材料及药材。原产广东、广西、福建、台湾、云南等省区的热带及亚热带地区。以广西肉桂皮厚、色泽光润、含油率高、味辛香偏辣著名。经西江运至广东广州、香港出口。19世纪60年代后盛销欧美各国。清光绪二十三年（1897）西江开放通商后，直接从广西梧州出口。（侯彦伯）

波斯枣　货品。古代对外贸易引进物种。原产于非洲及小亚细亚一带，即今之伊拉克蜜枣。因其种源自外国，又名波斯枣、海枣、鹘莽（阿拉伯语 Khurma 译音）。其树性耐久，又名千岁枣、万年枣、无漏子。西晋嵇含《南方草木状》有描述海枣的特性。广东广州所种波斯枣三五年结一次果。其果实与北方青枣类似，但较青枣为小，初生时为青色，熟后变为黄色，每开一朵花则结果二三十个。蒸熟后皮肉软烂，其果核为圆形。（王睿）

荷兰豆　又称蜜豆、回回豆。货品。古代对外贸易引进物种。豌豆属豌豆种荷兰豆亚种。原产于地中海沿岸及亚洲西部。荷兰人传播到我国台湾地区和南洋诸岛，故称荷兰豆。闽南人、潮汕人引种回家乡。（孙廷林）

蜜豆　见"荷兰豆"。

回回豆　见"荷兰豆"。

海参　货品。古代对外贸易进口货品。海洋无脊椎动物棘皮动物门海参纲。分布于印度洋、西太平洋。中国境内分布在渤海、南海、东海海域。主要经济品种为刺参，是指经过加工晒干后的海参干，位列古代山珍海味"八珍"之首。明朝郑和下西洋到清末期间，是朝鲜、日本、印度尼西亚等国出口到中国的商船贸易和朝贡贸易货物。被视为宫廷及贵族膳食珍馐材料。（李婉珺）

蔗糖　货品。古代对外贸易出口货品。鸦片战争以后，英商运销产地广东番禺的蔗糖从广州出口，成为广州的主要出口货物之一。古巴与巴西所产蔗糖的竞争，再加上改从香港出口的成本便宜，广州的蔗糖出口量有所下降。直到1880年粤海关洋关的报告仍指出，蔗糖的出口仅次于丝与茶。（侯彦伯）

洋米　货品。古代对外贸易进口货品。清代以降，缺粮严重，洋米相对价廉，质量稳定，品种丰富，广东大量从安南、暹罗、缅甸等地进口。广东洋米入口自光绪年间逐步上升，至20世纪30年代达到顶峰。年均输入额近800万担，约占全国洋米输入额的七成。成为补给广东民食主要来源。由于过于依赖国际米粮市场供应，广东米粮价格被国际米粮市场控制。1933年，广东省政府以"保护土米，遏制倾销"

为依据，实施"舶来农产品杂项专税"，对洋米、谷输入征税，洋米入口额有所下降，仍为广东洋货入口的主要品种。（徐霞辉）

火浣布 又称石绵布、火氄。货品。古代对外贸易进口货品。古人对石绵性质不明，或谓用某种木皮，或火鼠毛织就。可用火燃法除去布上污渍而得名。西域、大秦诸国特产。东汉桓帝时梁冀用其制作衣服。史载西域天竺、粟特、疏勒等国曾经入贡。南洋群岛斯调国亦出。北宋哲宗年间，广东广州入贡大食国有进奉。（王睿）

石绵布 见"火浣布"。
火氄 见"火浣布"。

南京布 又称紫花布。货品。古代对外贸易出口货品。明清时期外销欧美的棉布。18世纪50年代后，主要外销口岸在广东广州，与茶、丝并列为该口岸三大出口货品。18世纪末，美国商船开始航至广州，超越各国成为购买最多的国家。据估，清嘉庆三年（1798）广州出口量为212万匹，美国商船载运153万匹。19世纪后，不敌欧美工业织布，出口数量逐年减少。（侯彦伯）

紫花布 见"南京布"。

粤丝 货品。古代对外贸易出口货品。原产于广东的生丝的简称。桑蚕丝的一种，也是真丝的一种。常见有白色和黄色。一般先将蚕茧加入80度热水的煮茧器中，蚕茧软化膨胀后，将茧丝拉引出来缠绕在缫丝架上，即为生丝。生丝再加工，即为熟丝。晚清时期珠江三角洲地区是生丝的主要制造地。20世纪20年代全盛时期，全省桑基面积140余万亩。抗战前夕，广东缫丝厂和丝车数量均居全国首位，蚕丝业成为广东经济支柱。主要行销海外。（徐霞辉）

广缎 货品。古代对外贸易出口货品。原产于广东的岭南风格锦缎织物简称。以熟丝按缎纹组织织成的单层丝织物。经纬交织点不连贯，经纬线至少5根，浮线长、外表光亮、手感平滑、柔软，有"质密而匀，其色艳华，光辉华泽"的特点。织造工艺与南京云锦"织锦缎"工艺相通，多彩纹纬桩彩提花，属重经重纬的高级丝织物。纹样设计图案、花型一般较小、零碎，花纹轮廓、线条自然工整，繁而不乱。配色反差强烈，富于渲染欢乐热烈的气氛，具有浓郁岭南风格。唐代起已负盛名，至清代更臻精美，为皇家贡品且行销海外。其是清代粤丝产业质量和技术发展达到顶峰的产物。现有清代广缎贡品藏于故宫博物院。（李婉珺）

蓝色斗鸡纹广缎

绿色绣花蝶纹广缎

广彩瓷 又称广东彩瓷器、广州织金彩瓷、广州彩绘瓷。货品。古代对外贸易出口货品。清代雍正、乾隆时期根据外贸市场需要在广东广州发展起来的一种外销彩瓷。使用别处窑厂生产的白瓷胎，在广州经工匠添釉、彩绘，主要供应外销，习惯上称为"广彩"。因广彩行业集中在珠江南岸，又称"河南彩"。康熙年间广州工匠借西方"金胎烧珐琅"技法，用进口材料，创制出"铜胎烧珐琅"，把这种方法用在白瓷胎上，成为珐琅彩。以构图紧密、色彩浓艳、金碧辉煌为特色。传统花款有花篮、龙凤、彩蝶、金鱼、古装人物等。最常用的构图是用花边图案围出若干形状各异的空格，在空格内绘以花卉、物景和人物。（孙廷林）

广东彩瓷器 见"广彩瓷"。
广州织金彩瓷 见"广彩瓷"。
广州彩绘瓷 见"广彩瓷"。

石湾窑 民窑。位于今广东省佛山市禅城区石湾镇。以陶塑和瓷著称。始于宋代（一说始于唐）。明清两代是繁荣鼎盛时期，仿制当时中国各大名窑的釉色，并创制出独具特色的窑变釉。产品除畅销两广地区外，还行销海外。参见第1257页海洋文化卷"石湾窑"条。（孙廷林）

武夷茶 货品。对外贸易出口茶叶。产于福建崇安（今福建武夷山）。属低档红茶，价格低廉。叶片大多呈暗褐色，有些质量较好的略显黑色且尺寸较小，叶子边缘偶尔带绿色。呈黄色的质量较差，香味较弱。茶叶冲泡之后，水呈红色，味苦。欧洲人多加糖和牛奶进行调味。18世纪末之前，西方商人在广州大量采购武夷茶。（郭文安）

工夫茶 货品。对外贸易出口茶叶。产于福建武夷山区。为武夷乌龙茶的一个花色品名，因制工精细而得名，是品质优于武夷茶的红茶，价格一般略高于武夷茶。叶片颜色相比武夷茶

更黑，手感脆嫩易碎，茶汤多呈淡黄褐色。18世纪，工夫茶是西方商人订购的主要红茶品类之一。（郭文安）

小种茶 货品。对外贸易出口茶叶。产于福建崇安（今福建武夷山）。属于高品质红茶。外形条索肥厚，色泽乌黑油润，茶汤呈透明的红色或淡黄褐色，叶子呈红褐色。制作过程中用松烟熏制，具有浓烈的松烟香。有花椰菜和栀子花的香味。在西方消费者眼中，小种茶的品质好于工夫茶。（郭文安）

拣焙茶 货品。对外贸易出口茶叶。经过精挑细选后用火烘焙而成。包括红茶和绿茶。气味如紫罗兰，口味甘美，备受喜爱。近代西方商人经常将其名称与小种互换。属于品质较高的茶叶。（郭文安）

松萝茶 货品。对外贸易出口茶叶。产于安徽休宁城北松萝山区。为条形炒青绿茶。色重、香重、味重是其典型特征，有一定的药用价值。在清代，荷兰商人采购绿茶清单中其数量居于首位。（郭文安）

屯溪绿茶 货品。对外贸易出口茶叶。产于安徽休宁、歙县、祁门、黟县一带，又扩及江西婺源和浙江淳安、建德、开化等地。为长条形炒青绿茶。这些地方的绿茶多集中在安徽屯溪集散和输出，因而统称屯溪绿茶，简称屯绿。叶肥耐泡，香气清高，味醇浓厚，质量在松萝茶之上，价格亦高于后者。（郭文安）

熙春茶 货品。对外贸易出口茶叶。用初次绽放的新芽加工而成的高级绿茶。"熙春"形容冬去春来的早春鲜嫩茶。叶底嫩匀，卷曲嫩绿。泡水后茶叶慢慢舒展，口感淡雅青涩。味厚

汤清，汁浓耐泡。是外国诗人吟咏的对象。（郭文安）

贡绿茶 又称贡熙。货品。对外贸易出口茶叶。原是进贡皇室的贡品，后部分外销出口。长炒青绿茶的精品之一。主产于浙江、江西、安徽等地。采摘标准较为严格，为一芽一叶初绽。外形圆结呈颗粒状，色泽翠绿，圆叶底尚嫩匀。（郭文安）

贡熙 见"贡绿茶"。

珠茶 又称平水珠茶、平炒青。货品。对外贸易出口茶叶。绿茶中的极品。外形浑圆似珍珠的圆炒青，色泽绿润、身骨重实，散发幽幽清香。冲泡后香味醇和，汤色嫩绿明亮。（郭文安）

平水珠茶 见"珠茶"。
平炒青 见"珠茶"。

花熏茶 又称花香茶。货品。对外贸易出口茶叶。将茉莉、菊花、素馨等花置于花盒下熏成。是广东本省茶。上海、福州、九江、汉口开放为条约口岸后，各省茶叶不再运赴广东广州出口，广州茶商随即改以广东本省茶叶出口国外，以花熏茶为有名。19世纪80年代起，受到印度茶叶的竞争，花熏茶出口量逐年递减。（侯彦伯）

花香茶 见"花熏茶"。

白银 贵金属。货品。对外贸易时使用的货币。即银，因色白，故称白银。与黄金相对。多用其作货币及装饰品。古代做通货时称白银。在自然界中绝大部分以化合态的形式存在，也有单质存在。16世纪中期后，欧美各国载运美洲白银来华购买茶、丝、南京布等商品，促使中国银本位制度确立。19世纪后，为了扭转向中国输入白银购买茶

叶的贸易逆差，英属印度散商走私鸦片至中国沿海贸易，引发白银外流危机，导致鸦片战争爆发。拉丁美洲独立运动兴起，不利于白银稳定开采，减少了美洲对中国的白银供应量。白银的外流与供给不足，双重恶化了中国国内的社会安定与经济发展。（侯彦伯）

本洋 又称西班牙银圆、佛头银、双柱银、花边银、佛洋。货品。对外贸易时使用的货币。西班牙在美洲秘鲁与墨西哥殖民地铸造的银币。源自1732年以螺旋压力机统一铸成币面有双柱、边缘有花纹的圆形银币。1772年后铸造的本洋，另一面又加铸国王头像，相继有查理三世、查理四世与费迪南七世。重量与含银成分始终固定，被中国民间认为质地可靠而流通广泛。墨西哥建国后，1822年停止铸造本洋。1853年，广州市面极度缺乏本洋，不再作为中外贸易的结算货币。（侯彦伯）

西班牙银圆 见"本洋"。
佛头银 见"本洋"。
双柱银 见"本洋"。
花边银 见"本洋"。
佛洋 见"本洋"。

鹰洋 又称墨西哥银圆、墨银、蝠银、英洋。货品。对外贸易时使用的货币。墨西哥建国后所铸造的银币，币面铸有墨西哥国徽老鹰一只。鹰洋的大小、重量、银色与本洋无异。19世纪50年代后，逐渐取代本洋在中国各地流通。（侯彦伯）

墨西哥银圆 见"鹰洋"。
墨银 见"鹰洋"。
蝠银 见"鹰洋"。
英洋 见"鹰洋"。

地席 货品。对外贸易出口货品。用

蒲草或芦苇编织的质地较细的席子。功能有防潮保暖、保持地面清洁、作坐具或卧具。以广东西宁（今广东郁南）连滩地席最为出名。晚清广东生产的地席盛销欧美各国，19世纪90年代中期达到鼎盛，后因日本地席的竞争，美国对地席征收进口税，开始衰退。民国后，因广东动乱不停，地席出口衰退严重。（侯彦伯）

硝石 又称焰硝、钾硝石。货品。对外贸易进口矿产。无色、白色或灰色结晶状，有玻璃光泽。可用于制造火药、肥料、玻璃。清代便有外国商船进口硝石至广东广州、澳门。清政府鉴于硝石可制火药，严禁民间私自购买。民国初年，广东省农家喜用智利硝石作为肥料。1913年，广东省政府制定限制智利硝石进口条款8条，规定购买智利硝石须请领执照、登记买量、注明用途，以便追踪管理。（侯彦伯）

焰硝 见"硝石"。

钾硝石 见"硝石"。

贸易机构

资元行 商行。清乾隆十三年（1748），由黎光华创建。原籍福建晋江，商名黎开官，英文商名Khoiqua、Khiqua。长子黎兆魁、幼子黎捷参与行务。主要与英国东印度公司、法国东印度公司和瑞典东印度公司进行贸易往来。乾隆二十四年（1759）倒闭。（于笛）

同文行 商行。清乾隆二十五年（1760），由潘振承创建（担任行商，1714—1788）。西人称其为潘启官（Puankhequa Ⅰ），一度为广州十三行行商之"商总"。约乾隆九年（1744），潘振承请旨开办同文行，"同"字取其籍贯福建同安，"文"字取本山文圃之含义，地点设立在广州城外河南旧地（今海珠区），并建祠开基，经营茶叶贸易。主要与英国东印度公司等欧美国家商业机构及个体保持贸易伙伴关系，贸易区域遍及世界各地。乾隆五十二年（1787）潘振承去世，四子潘有度接任。（于笛）

同孚行 商行。前身为同文行。清乾隆五十二年（1787）潘振承去世，四子潘有度（担任行商，1755—1820）主持同文行。嘉庆十二年（1807），潘有度申请退休，结束同文行的经营。其将家族的"资财产业，按股平分"，与其他六房兄弟作财产分割，自此各自经营。清政府认为广州十三行缺乏有实力的行商，不便于政府管理。在两广总督蒋攸铦主导下，潘有度被召回充当行商。潘有度复出后，改行名为同孚行。与伍秉鉴同以商总资格执行职务。其后由四子潘正炜继承。后人把同文行和同孚行统称为"同文（孚）行"。主要与英国东印度公司、法国东印度公司和瑞典东印度公司进行贸易往来。（于笛）

义丰行 商行。清雍正七年（1729），由邱义丰（担任行商，1729—1784）创建。商名相官，英文商名Se-unqua。主要与英国东印度公司、法国东印度公司和瑞典东印度公司进行贸易往来。乾隆四十九年（1784）破产倒闭。（于笛）

聚丰行 商行。清乾隆六年（1741），由蔡国辉（担任行商，1741—1761）创建。商名蔡文官。蔡玺官（担任行商，1756—1758）、蔡玉官（担任行商，1761—1776）参与经营。主要与欧洲各国商人进行贸易往来。乾隆四十一年（1776）破产倒闭。（于笛）

泰和行 商行。清乾隆三十年（1765），由颜亮洲（担任行商，1734—1751）创建。原籍福建晋江，籍隶南海。西人称其为颜德舍（Yan Deshe）。其子颜时瑞（Yan Ruishe，担任行商，1751—1763）、颜时瑛（Yngshaw，担任行商，1763—1780）先后继承行务。主要与欧洲各国商人进行贸易往来。乾隆四十五年（1780）破产倒闭。（于笛）

裕源行 商行。清乾隆二十五年（1760），由张天球（担任行商，1760—1780）创建。商名球秀，英文商名Kewshaw。主要与欧洲各国商人进行贸易往来。乾隆四十五年（1780）破产倒闭。（于笛）

丰进行 商行。清雍正八年（1730），由倪宏文（担任行商，1730—1776）创建。商名永官，英文商名Wayqua。主要与欧洲各国商人进行贸易往来。乾隆四十一年（1776）破产倒闭。（于笛）

逢源行 商行。清乾隆二十五年（1760），由蔡世文（担任行商，1760—1796）创建。商名文官，英文商名Munqua。主要与欧洲各国商人进行贸易往来。嘉庆元年（1796）濒于破产，广利行卢观恒代偿债务，而占有其贸易份额，改名为万和行。（于笛）

万和行 商行。清嘉庆元年（1796），

由蔡世洪（担任行商，1796—1797）创建。嘉庆元年逢源行结束，由万和行接替。沿用逢源行的商名文官。主要与欧洲各国商人进行贸易往来。嘉庆二年（1797）破产倒闭。（于笛）

广顺行　商行。清乾隆二十五年（1760），由陈广顺（担任行商，1760—1771）创建。商名捷官，英文商名 Coqua。陈登官（担任行商，1771—1775）、陈科官（担任行商，1775—1778）先后执掌行务。主要与欧洲各国商人进行贸易往来。乾隆四十三年（1778）破产倒闭。（于笛）

源泉行　商行。清乾隆七年（1742），由陈文扩（担任行商，1742—1789）创建。英文商名 Chowqua。后陈钧华（担任行商，1789—1793）接替行务。主要与欧洲各国商人进行贸易往来。乾隆五十八年（1793）破产倒闭。（于笛）

而益行　商行。清乾隆四十三年（1778），由石梦鲸（担任行商，1778—1790）创建。商名鲸官，英文商名 Gonqua。后石中和（担任行商，1790—1795）接替。主要与欧洲各国商人进行贸易往来。乾隆六十年（1795）破产倒闭。（于笛）

怡和行　商行。清乾隆五十七年（1792），由伍秉钧（担任行商，1792—1801）创建。前身为源顺行。商名忠诚，西人称其为浩官（Howqua Ⅱ）或沛官（Puiqua Ⅰ）。嘉庆六年（1801），伍秉钧病逝，行务由其弟伍秉鉴（担任行商，1801—1826）接办，西人称其为浩官（Howqua）。主要与英国东印度公司进行贸易往来。鸦片战争以后，中英《南京条约》规定取消行商垄断中西贸易的特权，改为茶行，由伍崇曜继续经营，咸丰六

年（1856）毁于大火。（于笛）

源顺行　商行。清乾隆四十七年（1782），由伍国钊（担任行商，1782—1798）创建。商名钊官（Geowqua），英文商名 Geowqua。其后伍国琼、伍国莹先后承充源顺行行商。主要与欧洲各国商人进行贸易往来。嘉庆三年（1798）结束行务。（于笛）

广利行　商行。清乾隆五十七年（1792），由卢观恒（担任行商，1792—1812）创建。原名熙茂，西人称其为茂官（Mowqua Ⅰ）。嘉庆十七年（1812）卢观恒去世，其子卢文锦（担任行商，1812—1835）接办行务，西人称其为茂官（Mowqua Ⅱ）。其后行务日困，欠债欠饷之事时有所闻。后由其弟卢文蔚（担任行商，1835—1843）继办行务，西人称其为茂官（Mawqua Ⅲ）。主要与欧洲各国商人进行贸易往来。直至第二次鸦片战争，结束行务。（于笛）

达成行　商行。清乾隆五十七年（1792），由倪秉发（担任行商，1792—1810）创建。籍隶南海，商名榜官，英文商名 Ponqua。主要与欧洲各国商人进行贸易往来。嘉庆十五年（1810）破产倒闭。（于笛）

义成行　商行。清嘉庆元年（1796），由叶廷勋创建。商名上林，西人称其为仁官（Yanqua）。乾隆五十七年（1792）成为而益行行商石中和的合伙人。三年后而益行破产倒闭。嘉庆元年（1796）叶廷勋另开义成行。主要与欧洲各国商人进行贸易往来。嘉庆九年（1804）结束行务。（于笛）

东生行　商行。清嘉庆十六年（1811），由刘德章（担任行商，1794—1824）创建。商名章官（Chunqua），英文商

名 Tungsheng Hong。主要与欧洲各国商人进行贸易往来。道光十年（1830）破产倒闭。道光十二年（1832），为抵偿东生行所欠债务，由广州十三行商会出面担保，将物业义和馆租赁给英国商人渣甸（William Jardine）作为商馆，欠款由其余行商分年偿还。义和馆成为怡和洋行在广州活动的立足之地，为日后发展成为跨国洋行奠定基础。在这份租赁契约上，有广州十三行商会印章印迹，印文为"外洋会馆图记"。（于笛）

丽泉行　商行。清嘉庆元年（1796），由潘长耀（担任行商，1796—1823）创建。商名昆水官，英文商名 Conseequa。主要与欧洲各国商人进行贸易往来。道光三年（1823）破产倒闭。（于笛）

会隆行　商行。清乾隆五十八年（1793），由郑尚乾（担任行商，1793—1795）创建。英文商名 Gnewqua。后由郑崇谦（担任行商，1795—1810）继承，商名侣官。主要与欧洲各国商人进行贸易往来。嘉庆十五年（1810）破产倒闭。（于笛）

西成行　商行。清嘉庆九年（1804），由黎颜裕（担任行商，1802—1814）创建。商名黎六官（Loqua）。主要与欧洲各国商人进行贸易往来。道光六年（1826）破产倒闭。（于笛）

同泰行　商行。清嘉庆九年（1804），由麦邓廷（担任行商，1804—1827）创建。商名同泰，英文商名 Poonequa。主要与欧洲各国商人进行贸易往来。道光八年（1828）破产倒闭。（于笛）

福隆行　商行。清嘉庆七年（1802），由邓兆祥（担任行商，1802—1810）创建。商名英官（Inqua），英文商名

Manhop。主要与欧洲各国商人进行贸易往来。道光八年（1828）破产倒闭。（于笛）

万成行 商行。清嘉庆十一年（1806），由沐士方（担任行商，1807—1809）创建。原籍浙江慈溪。英文商名Lyqua。主要与欧洲各国商人进行贸易往来。嘉庆十四年（1809）破产倒闭，债务则由广州十三行商会代为赔偿。（于笛）

天宝行 商行。清嘉庆十三年（1808），由梁经国（担任行商，1807—1827）创建。广东番禺人。西人称其为经官（Kingqua Ⅰ）。道光七年（1827），由其子梁纶枢（担任行商，1827—1843）接办行务。主要与欧洲各国商人进行贸易往来。其行号由洋行而茶行，一直经营到十三行末期。第二次鸦片战争期间毁于大火，宣告破产。（于笛）

东裕行 商行。清嘉庆十四年（1809），由谢嘉梧（担任行商，1809—1826）创建。原籍福建漳州府诏安县。商名谢鳌官，粤人称其为髦官，英文商名Goqua。主要与欧洲各国商人进行贸易往来。道光六年（1826）谢嘉梧去世，东裕行结束，由东兴行代替。（于笛）

东兴行 商行。前身为东裕行。清道光六年（1826）谢嘉梧去世，东裕行结束，其子谢有仁（担任行商，1826—1843）将东裕行改组为东兴行。英文商名Goqua，谢有仁叔叔谢治安、谢伍爷辅佐行务。主要与欧洲各国商人进行贸易往来。道光二十三年（1843）结束行务。（于笛）

万源行 商行。清嘉庆十三年（1808），由李协发（担任行商，1808—1822）创建。商名发官（Fatqua），英文商名

Manyune。继任者李应桂（担任行商，1822—1835）。主要与欧洲各国商人进行贸易往来。道光十三年（1833）宣告歇业，积欠饷银30余万之多。（于笛）

茂生行 商行。清道光八年（1828），由林应奎（担任行商，1828—1839）创建。英文商名Linqua。主要与欧洲各国商人进行贸易往来。道光十年（1830）破产倒闭。（于笛）

兴泰行 商行。清道光十一年（1831），由严启昌（担任行商，1831—1838）创建。商名孙青，英文商名Sun shing或Hengtae。主要与欧洲各国商人进行贸易往来。道光十八年（1838）破产倒闭。（于笛）

中和行 商行。清道光十年（1830），由潘文涛（担任行商，1830—1843）创建。商名明官（Mingqua），英文商名Chungwo hong。主要与欧洲各国商人进行贸易往来。道光二十三年（1843）结束行务。（于笛）

顺泰行 商行。清道光十年（1830），由马佐良（担任行商，1830—1843）创建。商名秀官（Saoqua），英文商名Shuntae hong。主要与欧洲各国商人进行贸易往来。道光二十三年（1843）结束行务。（于笛）

仁和行 商行。清道光十年（1830），由潘文海（担任行商，1830—1843）创建。英文商名Yunwo hong。主要与欧洲各国商人进行贸易往来。道光二十三年（1843）结束行务。（于笛）

孚泰行 商行。清道光十五年（1835），由易元昌（担任行商，1835—1843）创建。英文商名Futai hong。主要与欧洲各国商人进行贸易往来。道光

二十三年（1843）破产倒闭。（于笛）

同顺行 商行。清道光十二年（1832），由吴天垣（担任行商，1832—1843）创建。西人称其为爽官（Samqua），英文商名Tungshun hong。主要与欧洲各国商人进行贸易往来。道光十三年（1833）吴天垣病逝，吴健彰接管行务。（于笛）

福顺行 商行。清道光十二年（1832），由王达通（担任行商，1832—1837）创建。商名同官（Tongqua），英文商名Fuk-tsune hong。主要与欧洲各国商人进行贸易往来。道光十七年（1837）破产倒闭。（于笛）

东昌行 商行。清道光十五年（1835），由罗福泰（担任行商，1835—1837）创建。英文商名Lamqua或Lo Fuhtae。主要与欧洲各国商人进行贸易往来。道光十七年（1837）结束行务。（于笛）

安昌行 商行。清道光十六年（1836），由罗福泰（担任行商，1836—1839）创建。英文商名Oancheong hong。主要与欧洲各国商人进行贸易往来。道光十九年（1839）结束行务。（于笛）

隆记行 商行。清道光十七年（1837），由张通守（担任行商，1837—1843）创建。主要与欧洲各国商人进行贸易往来。第二次鸦片战争期间自歇停业。（于笛）

隆和行 商行。清乾隆五十一年（1786），由杨岑龚（担任行商，1786—1793）创建。主要与欧洲各国商人进行贸易往来。乾隆五十八年（1793）破产倒闭。（于笛）

德源行 商行。清道光十年（1830），

由谭翰勋创建。籍贯广东顺德。不足一年倒闭。（于笛）

广东三十六行 商业组织。由36个组织手工业生产并将产品出口的手工业和对外贸易相结合的行业。所在地以广州为主，遍及广东省各属商业城市。明朝开放海禁以前，私营的对外贸易从法定意义上是被禁止的，内外私商常违禁私自泛海贩易。西人东来，澳门开埠，广州在中外贸易和国际贸易中的地位突显，形成承揽对外贸易的商人行帮"广东三十六行"。由官方指定专营进出口贸易的铺行36个，为避免发生所卖非所买、买卖双方互不相投的现象，采用领银订货的方式，市舶提举从中征收百分之十出口税。在中国传统海上丝绸之路中发挥重要作用，与清代广州十三行及广东七十二行的产生有一定联系。（于笛）

广州十三行商馆 商馆场所。清康熙五十四年（1715），英国东印度公司在广州设立商馆，处理中英间贸易往来事务。康熙五十八年（1719），法国东印度公司在广州设立商馆；雍正五年（1727），荷兰在广州设立商馆；雍正八年（1730），西班牙在广州设立商馆；雍正九年（1731），丹麦在广州设立商馆；雍正十年（1732），瑞典在广州设立商馆。商馆是清代外国商人来到广州从事贸易时存放货物、销售和居住的地方。各国相继建立商馆后，以商馆为中心，周围建立行商的行栈、商铺、作坊等，18世纪40—70年代是该商馆区的成型年代，19世纪40年代后走向衰落。商馆属于行商私产，租给外商使用，依照法律，不得携带枪械、火药和兵器进入商馆，妇女也不得进入商馆。商馆是经过长时间逐步积累而兴起的，华洋杂居，大多能和平友好相处。商馆区不仅是外国商人的侨居地，也成为该时期华洋贸易中心。（夏巨富）

五家头 行业组织。清代广州裕祥、大昌、德昌、宝源、阜生5家铸银并出售的铺子。其主要工作为开炉倾销，将上海元宝或生银代各府县铸成藩库银锭解交藩署缴纳钱粮地丁，藩库银锭每锭约重10两，倾销利益每百两约得报酬八九两，在承铸时将一切倾销费用及利润等项加入，以决定铸成银锭之数目。倾销之外还经营抵解业务，即借款与各州县官吏缴解钱粮田赋，以各州县征收机关收入为抵押，利息由1分至6分，州县收入寄存于五家头而不取利息，以求将来借款的通融。除经营民间放贷业务之外，兼营官府存款业务，该业务更加密切官商之间关系，稳固其财力和公信力。（夏巨富）

六家头 行业组织。清代广州永安、谦受、厚全、宝聚、泗隆、慎诚6家铸银并出售的铺子。在南关厂后街设会馆。主要工作为开炉倾销，铸成盐库银两，代各埠解缴盐饷，盐库银成色较藩库库银低（约1两至8钱），分银锭、银片二种，重量亦无标准。铸银之外，经营抵解及捐纳，与五家头所经营相同，实力稍逊。随后两个组织合并以会馆形式存在，以官府业务为主导，以民间业务为辅助。随着民间资金流向更有保证的忠信堂，民国后广东新式银行成立，其业务被侵夺。辛亥革命之后衰败。（夏巨富）

闽粤会馆 同乡会组织。清乾隆时期闽粤籍商人在天津设立。目的是为闽粤籍商人提供各种服务。早期出资筹建闽粤会馆的商人将传统的南糖、南纸和南杂货运到天津商业区售卖，从事土特产贸易。下辖商号众多，如源隆号、顺吉号、东泰号和恒昌号等，主要经营民生日用商品。其内部组织架构主要由闽帮、潮帮和广帮三大派系组成，会馆为三大派系集资兴建而成，三大派系轮流掌管领导权。后来三大派系闹矛盾，广帮陷入被排斥的境地。光绪二十九年（1903），唐绍仪倡议集资重新修建会馆。光绪三十三年（1907），新会馆落成，取名天津广东会馆。该会馆是清代闽粤籍商人在天津成立的同乡组织。（夏巨富）

广州外侨总商会 商业组织。清道光十四年（1834）三月，西方商人联合在广州成立。目的是维护外国商人在华利益。主要由英商掌控，由正副主席领导，下设秘书、管理和仲裁委员会，作为总委员会的附属部门。在维持交易秩序、订立实施交易规则、协助各方关系和维持外商利益等方面起到一定的作用。总商会存在两年多的时间，有着较为系统的组织、较大的权限和对中外贸易具有重要的管理约束能力，是半自治性质的团体。（夏巨富）

广肇公所 同乡会组织。清同治十一年（1872），广州和肇庆两府商旅来沪经商的同乡在上海英租界宁波路成立。民国以后，房产先后转让钱业公会和其他银行，仅保留宁波路10号的一部分作为办事所，下设有广肇山庄、广肇医院和广肇义学等。广肇籍商人是主体力量，实行董事负责制，由旅沪广肇同乡公推有实力和威望的同乡担任。其经费主要来自同乡捐助和房租收入。充当同乡移民自治机构和调解同乡之间纠纷，兼办各项公益事业，关注广州和肇庆两府的经济和公益建设。（夏巨富）

广州市潮州八邑会馆 同乡会组织。清光绪元年（1875），署潮州总兵方耀倡议在广东广州建立。位于广州

长堤大马路。邀广州、香港两地潮商襄助，除捐助的银两外，从香港、广州、佛山、汕头等地潮商进出口的货物中抽费作为会馆基金。建筑采用镂空雕刻，是典型清代粤式建筑风格，表现出浓郁的潮州风格。会馆致力于举行重大社会活动，帮扶旅穗潮商和同乡，参与公益活动。1949年，部分房产曾出租给私立新潮中学使用。1953年，新潮中学改为公立学校，其使用的房产由广州市第九中学接管。该会馆是近代潮州八邑商人为维护共同权益在广州成立的同乡组织。（夏巨富）

广州七十二行 行会组织。清末民初，广州七十二行行商在广州成立的商人行会联合体。以行业而聚集，享有一定的地方自治权。主要是维持广州商业秩序，未形成实质意义统一的行规，参与地方经济治理事务，包括辅助政府征收厘金和协助政府调解行商经济纠纷。参与广州总商会的筹建，资助成立善堂；参与粤商自治会的筹建，投资商办广东粤汉铁路有限公司等经济活动。在清末民初的地方政治经济活动中发挥重要作用。（夏巨富）

广州总商会 商业组织。清光绪三十一年（1905）六月成立。光绪二十九年（1903），粤督岑春煊倡导商务，大力促进商业发展，在广州七十二行和五大善堂的共同劝导下成立，时称广州商务总会。该商会是广州商人为维护商人利益而官商合力筹建的组织。总商会设总理、协理、理事、书记和翻译各1名，设文案、调查和司账各2名，设坐办7名，以会员和会友为主体，会员分为有名望会员（无定额）和普通会员（定额50名）。其经费主要来自各商认缴，以三成购置会产，七成存于会中，按季缴息，常年经费

分额支、活支二款。参与地方各项商业活动，如处理破产、调处商业纠纷、协助征收税务、维持地方金融等活动。1917年改组为广州总商会，设在宴公街，又称广东省广州总商会、广东总商会和广州总商会。参与工商税收征缴与协定、调处金融风潮、各种经济风潮的管控等地方经济事务，支持地方政府经济建设，协助政府筹备军饷和军库券，响应并劝导商民认购各种公债，参与地方公益慈善活动，协助地方政府履行社会公益救助的职能。1931年广州总商会和广州市商会改组合并成为新的广州市商会，该商会结束。（夏巨富）

广州九大善堂 慈善组织。广州在近代成立的9个善堂慈善组织的总称。晚清以降，广州善堂相继成立，规模最大、影响最深的是9个善堂，一说通常指爱育善堂、方便医院、惠行善堂、广济善堂、广仁善堂、崇正善堂、述善善堂、润身社善堂和明德善堂。另一说指爱育善堂、崇正善堂、四庙善堂、惠行善堂、广济善堂、赞育善堂、志德善堂、润身社善堂和方便医院。大多数善堂由广州商人捐资筹办。主要经费来自商人捐款、社会捐助和善产收入，最初管理权大多由广州七十二行行商所掌控，运行机制受行商约束。以参与社会慈善救济为要务，有时也参与地方政治经济活动。其成立和所做的慈善救济，体现出商资慈善的新特点，反映近代广州商人权势的转移。（夏巨富）

广州商团 商人组织。清末民初，广州商人为维护商人利益在广州成立的准武装组织。由正副团长领导。主要募集团员构成，维持地方经济社会秩序。民国时期，由岑伯著领导，岑伯著去世后，陈廉伯担任团长。1924年商团人数增至6000余名，商团会议决

定每分团增设1名队长，分队正队长改为大队长，副队长改为中队长，中队增设1名小队长。主要任务是维持地方商业经济社会秩序。商团实力增强，时常与军警发生对峙。商团要求扩大人员数量、组织规模，增加武装以及实行全省联团，遭到广州革命政府的拒绝，官商矛盾由此激化，导致历时长达两个多月的官商争械潮，引发了商团叛乱。1924年10月，随着广州商团叛乱平定，该商团基本上趋于解散。（夏巨富）

粤商自治会 自治组织。清光绪三十二、三年间（1906—1907），商人李薇皋、陈惠普和李戒期等在广州城西关华林寺创办。粤商组织和领导社会各阶层参加和维护公共事务在广州成立的非正式组织。以遵照自治章程为宗旨。得到粤督张人骏的肯许。其成员来自绅、商、学、医、善等社会各阶层重要人士，要旨为"内治起见"，集合众人之力辅助政府维持地方治安。内部组织主要是议事会，选举议员30人为议事，会内一切事宜由议事会决定。投身于争夺国计民权事务，在清末相当活跃，民国以后发展式微。1911年冬，清政府灭亡后，该自治会停顿。（夏巨富）

粤商维持公安会 商业组织。民国初期，布商刘仲平和潘业生、丝商岑伯著、丝斤庄商黎亮夫等与粤商自治会领袖陈惠普、李戒欺等洽商，得文澜书院士绅黎国廉、法政学堂教员杜之林等人帮助，在都督胡汉民的协助下成立。粤商为维持地方经济社会秩序在广东广州成立的商业组织。组织建设比较完善，设正副会长、评议、理财、文事、交通、稽察和庶务等职务，各职员由选举产生，任期1年。主要职责是联结商情，维持地方公安，筹拓饷源，消解官民隔阂，扶植商民权利。（夏巨富）

广东全省商会联合会　商业组织。1921 年，杨西岩等奉孙中山手谕，在广州拱日门设立，俗称旧商联会。是广东省商民和各属商会社团联合成立的组织。1928 年，广州总商会和汕头总商会提议成立广东全省商联合会事务所，效仿上海市商业联合会事务所建制，经过政府核准备案后成立，称为新商联会。前者以商人个人为单位入会，后者以商会为单位入会。新商联会为整顿全省商务，改善商会组织问题，将会长制改为委员制、降低入会费和不限性别等。新旧商联会均在广东经济社会和社团联络等方面作出重要贡献。（夏巨富）

广州银业同业公会　行业组织。民国时期，银商为维持银业秩序在广东广州共同筹建的同业组织。1923 年成立，最初设在忠信堂内，1925 年，购得西荣巷绸缎会馆作为固定会址，直到 1949 年解散。其组织成员包括银行（少数华人银行）、银号找换店和包纸客。主要职能为筹议银业改良事项，调查银业状况，设立汇划机关和统一汇兑行情，调处同业间之争执，代同业申诉冤屈事情，调处银业纠纷。作为广州银业龙头组织和广州市重要的金银贸易市场，协助政府维持金融市场，在打击伪币银毫，整顿挤兑风潮和调解金融秩序等方面起重要作用。（夏巨富）

广州市商会　商业组织。1924 年 12 月在广东广州正式成立。广州商人为维持中下阶层商人利益而成立的组织。选举会董及委员。入会门槛低，不到一两年，会员人数过万。会务活动相应增多，影响力逐渐增强。其主要职能是调处商业争执，维持治安，调解税收，辅助政府缴税与筹饷，参加公益事业等。1931 年，市商会和总商会改组合并成为新的广州市商会，该商

会结束。（夏巨富）

广州市商民协会　商业组织。1924 年底由国民党中央党部组织在广东广州成立。国民党联络中下层商人参加革命而成立的组织，代表中小商民意志的集团。中央北迁，中央商民协会尚未组织完成，改归广州市党部指导和继续接济补助。成员不限于行会，亦来自个别商行和工厂。入会费 1 元，年会费 5 角，后改名为广州商民协会。1926 年，拥有商号 1500 家，会员 1 万名。参与和支持国民政府各项政治经济活动，协助政府及保障商民权益等事务。1931 年，该协会应政府"统一商运"要求结束会务。（夏巨富）

省港澳轮船公司　轮船公司。清同治四年（1865）创建，即道格拉斯轮船公司，又名省港澳轮船公司。第一任董事道格拉斯·拉普赖克，总资本在初创时为 24 万港元，同治五年（1866）获得在川鼻洋靠岸装货载客的权利。购买美制轮船"金山"号、"白云"号、"火鸽"号和"玫瑰"号，属下第二大轮船"鲍威尔"号，注册吨位为 2339，编号 1H72。主要行驶于省港澳之间，专走香港、广东、澳门三处，专营省港澳地区航线。实行股份合作制运营，由各大股东负责公司发展、运营和决策，每年召开股东会议，讨论重要事宜及其决策，报告半年轮船航运的收益。同治九年（1870）经营效益增到 100 万港元。光绪二十九年（1903）与太古、怡和轮船公司合资开办西江轮船公司，垄断西江航线。（夏巨富）

继昌隆缫丝厂　机器缫丝厂。清同治十一年（1872），广东南海籍侨商陈启沅用白银 7000 两在广东南海西樵村创办。工厂有司理、买账、买卖手、焙茧、管工、纽丝、巡行、什工和管

理人员 30 余人，并在简村和附近的吉水村一带招收男女工数十人，最多时男女工人 300—400 人。采用新制缫丝机器，所制之丝色泽佳、粗细均匀，制造效率大为提高，质量好，售价高，利润优厚。陈启沅去世后，缫丝厂流转几次，直到 1928 年因国际市场而亏损，最终倒闭。其创立，起到行业引领示范作用，带动珠江三角洲机器缫丝业发展，增加土丝的出口量。该缫丝厂是近代中国第一个民族资本经营的机器缫丝厂。参见第 113 页历史卷"继昌隆缫丝厂"条、第 1215 页华侨·侨乡卷"继昌隆缫丝厂"条。（夏巨富）

广州电力公司　电力公司。清光绪三十一年（1905）成立。最初为英商旗昌洋行承办，随后清政府筹集官商股本 150 万两收回自办，由官商合力经营，民国初年改为商办，后改为官办。其运营过程中出现用户多和用电较少、损失率过高、欠费严重、煤价高和电费低等现象，公司日渐亏损。1932 年广州市政府将其收归市营。此后数年，商会、同业公会和广州电力公司与广州市政府展开维护商办权的博弈。满足近代广州居民用电和工业供电的需求，促进广州电力建设近代化进程。（夏巨富）

广州自来水公司　自来水公司。清光绪三十一年（1905），在广州成立。早期经营模式不明，类似官督商办，设立总办和坐办，供水能力为每小时 875 万加仑，用水户 7500 家。民国初改为完全商办，且给专利 30 年，实行股份合作制经营，成立董事局，推荐总经理和协理各 1 名，附设会计、报装、管料、庶务、文牍各部。民国中期，政府两次对公司进行整顿，并进行接管工作，制订规章制度，明晰公司责权利分配，以制度形式固定下来，

经营管理日益完善。该公司是近代中国建厂较早和规模较大的自来水企业。（夏巨富）

商办广东粤汉铁路有限总公司　铁路公司。清光绪三十二年（1906），在郑观应发起下，粤商团体筹募商款，推动商办广东粤汉铁路有限总公司成立。总公司在广州西关宝华内。经董事会推选，郑观应为首任总办，邝孙谋为总工程师。宣统元年（1909）至1913年，詹天佑继任总办兼总工程师。总公司设车务、工务、机房、庶务等课。在发展过程中商办与官办矛盾一直存在，导致在制度设计上存在缺陷，未能形成统一有序的经营模式。自成立后，修建粤汉铁路等铁路。1929年，南京国民政府将商办粤汉铁路完全收归国有。为近代广东铁路业现代化进程作出重要贡献。（夏巨富）

广东士敏土厂　企业。近代新式水泥厂。清光绪三十四年（1908），粤督岑春煊投资120万两，购买德国克虏伯鲁森工厂出品的日产500桶生产能力的设备，在广州河南草芳围开工筹建，宣统元年（1909）竣工。占地面积11.33万平方米。工厂专门生产水泥，商标为"威风祥麟"牌。历经国有制、股份制和官商合办等形式，由厂长主持发展事业，先后聘请礼和洋行的德国工程师赛仁、克里希和香港青州英坭厂的机械师做技术指导。最初工厂试产每天只生产3—6桶，经过与礼和洋行交涉，更换窑工，产量达到每天100桶。1911年更换厂长后，采纳绸裳的方案，产量增至400—500桶，基本达到设计水平。20世纪20年代末期，基本处于停产状态，1932年8月，与广州西村士敏土厂合营。（夏巨富）

真光公司　百货公司。清宣统二年（1910），中山籍旅澳商人黄在扬、黄在朝在广州十八甫创立。清末民初称为省港真光公司。其主要经营名贵日用华洋百货，地处繁华地段，经营效益好。除进行百货宣传策略外，还在天台设立游乐场，加聘歌舞明星等演出新派剧，推广真光百货。1915年，广州发生大水灾，公司受波及，全部商品被淹。20世纪20年代，受到各行业冲击，公司宣告破产，其后重组成广州新新公司。（夏巨富）

汕头南生公司　百货公司。1911年，印尼华侨李伯桓在广东汕头集资成立。位于汕头商业繁华的中心地区。高层建筑，装修豪华，集购物、住宿和游乐一体化的综合性侨资企业。经营货物种类齐全，经营范围包括百货、金银、首饰、餐饮、娱乐和住宿等。采用股份制和承包制经营，效益良好。抗战时期迁到梅州分店进行经营，抗战胜利后在汕头经营，每年均有盈余。1956年改组为汕头市百货大楼，为国营企业。（夏巨富）

广州大新百货公司　百货公司。1912年，中山籍旅澳华侨蔡兴、蔡昌等集资在香港成立。经营环球百货。1916年在广州惠爱路开设大新公司。1919年大新公司广州西堤支行开业。同年西堤公司内部装修先进的亚洲大酒店开业。惠爱路大新分店楼高5层，西堤公司楼高12层。主要经营百货，销售种类广泛。抗战初期西堤大百货被战火焚毁，直到1949年后才恢复营业。该公司是当时华南最宏伟、品种最齐全的百货企业。（夏巨富）

广州先施公司　百货公司。1912年6月，中山籍旅澳华侨马应彪、黄耀南集资在广州长堤成立。总部设在香港，各主要城市设立分行。采取股份合作形式经营。建东亚酒楼，附设旅行社和中西餐厅，后又续兴办机器、五金、皮革、玻璃、木器、肥皂、汽水及化妆品等附属工厂。主要经营百货，统办环球商品，推销华洋什货，还经营保险业务。以"不二价"为标榜，宣传货真价实和童叟无欺，实行产销结合和批发零售经营模式。由于世界经济危机，公司经济效益下降，资金周转不灵，以公司为抵押向汇丰银行贷款，账务和重大决策均受到汇丰银行的监督。广州沦陷时期，公司全面受损。1941年后，被驻穗日军强占改为"大东亚百货公司"。1948年逐渐恢复经营。（夏巨富）

广州协同和机器厂　企业。1912年，广东广州芳村大涌口的协同和碾米厂厂主陈沛霖、陈拔廷与何谓文合股成立。将协同和碾米厂扩大成协同和机器厂，为当时国内首创。1915年生产出国内第一台柴油机——4缸44.3千瓦两冲程热球式柴油机，1918年又生产出117.7千瓦、用压缩空气启动、可逆转的两冲程柴油机，安装在轮船上航行于珠江，引起航运业重视。20世纪二三十年代，该厂工程师薛则民研制出各种适合社会需要的新型机械和配件投放市场，有适合小型糖厂制造白糖的离心机，适合冶铸行业使用的猪腰式鼓风机，可媲美进口产品的柴油机油泵和柴油机喷嘴，单手操纵开、停、顺、倒兼能的船用车掣等。1930年，在香港开设分厂。1937年，累计生产各种规格柴油机383台，产品行销华南、东南亚和加拿大等地。广州沦陷后，厂房设备遭日军劫掠。抗战胜利后，恢复并主营机械维修业务。该机器厂是华南地区最大的柴油机厂。（徐霞辉）

广东兄弟树胶公司　企业。1919年，邓凤墀和海外经商归国的儿子邓兆鹏联合陈玉波在广东广州河南龙导尾创

建。以一台 80 匹马力蒸汽机、炼胶机和蒸汽硫化罐等开始生产。以"双飞箭"图案及"中国第一家"5 字为商标，生产男装胶鞋底，畅销华南各地。至 1922 年，广州已有胶厂 23 家，广州橡胶工业在国内处于领先地位。1923 年，邓凤墀率子邓兆枢、邓兆鹏在香港深水埗创建兄弟树胶公司分厂，推出仿效日本橡胶技术后研制的男女装帆布面胶鞋，受市场欢迎。1936 年，因时局动荡及公司经营不善而倒闭，香港分厂由英商德惠普洋行接管。该公司是中国第一家机器橡胶企业。（徐霞辉）

广州新新公司　百货公司。20 世纪 20 年代，广州真光公司受到各行业冲击宣告破产，停业清算后，向社会招股重组成立广州新新公司。其主要经营华洋百货商品，经营策略得当，经济效益较好。（夏巨富）

广东实业有限公司　实业公司。1941 年，在战时省会曲江成立。时名广东企业股份有限公司，以经济建设为宗旨。抗战结束后，迁至广州，1946 年改名为广东实业有限公司，先后建立水泥、制糖、纺织、麻织、机器、饮料等各分厂。采用委托—代理模式，即所有权和经营权分离，政府股东把资产的使用权以一定模式委托给代理人经营，由广东省参议会监督。其内部治理结构采取总经理负责制，实行分级管理模式。涉及农工矿业、贸易业、运输业以及其他有关实业，是当

时省内实力最强的企业，推动近代广东工业化的进程。它有力地支持了华南地区的抗战事业，一定程度上缓解战时乃至战后地方经济困难。它也构建广东近代各种工业基础。（夏巨富）

广东省纺织品进出口股份有限公司　企业。源于 1949 年中央人民政府贸易部广州对外贸易管理局成立的华南出口公司和华南进口公司。简称广东省纺。后相更为中国纺织品进出口总公司广东省分公司、中国纺织品进出口总公司广东省（集团）公司。1994 年进行股份制改造，成立广东省纺织品进出口集团股份有限公司，后改名为广东省纺织品进出口股份有限公司。主营纺织品服装进出口业务，是集设计、生产、贸易、服务为一体的现代化企业。在中国香港和美国纽约设有 3 家子 / 分公司，在柬埔寨、孟加拉国、越南、缅甸设有海外办事处。（李婉珺）

广东省食品进出口集团有限公司　企业。1954 年在广东广州创建。前身为中国食品出口公司广州分公司、中国粮油食品进出口公司广东省食品分公司、广东省食品进出口公司。简称广东食出。1993 年正式成立食出集团，2016 年改制为有限责任公司。集科工贸一体、内外销网络并存的新型专业化现代企业，四大主业为调味品加工产业链、畜牧鲜活冷冻产业链、不锈钢餐厨具产业链、进口内销食品供应链。目前拥有境内外有效注册商标 600 多件，旗下子公司及参控股企业 20

家。该公司是商务部重点联系的大型企业之一，广东省首批体制机制改革创新试点企业、广东省重点农业龙头企业、广东省 500 强企业。（李婉珺）

广州轻工集团　企业。1956 年在广东广州创建。全称广州轻工工贸集团有限公司。主营进出口贸易、国内贸易、仓储物流业务等。最早由多家公私合营商行合并而成，1966 年改名为中国轻工业品进出口总公司广东省分公司，负责中南八省轻工业品货源收购和出口任务，是新中国最早的专业国有外贸公司之一。2000 年 6 月，广州轻工集团和广州轻出集团合并成立广州轻工工贸集团有限公司。主要出口产品包括家电、建材、服装、车胎、乐器、体育用品、家居用品等；主要进口项目包括铜精矿、化工产品进口等。该集团是中国服务业 500 强、广东省企业 500 强、广东省服务业 100 强、广州市进出口贸易龙头企业。（李婉珺）

广州市对外贸易总公司　企业。1981 年 11 月 4 日在广东广州注册成立。前身为广州市对外贸易局下属广州对外贸易公司，股东为广州轻工工贸集团有限公司。经营范围包括商品批发贸易、商品零售贸易、货物进出口、技术进出口、场地租赁。出口商品主要有服装、纺织品、轻工、工艺、机电产品等，出口的国家和地区有美加、欧洲、澳洲、东南亚以及中国香港与澳门特别行政区。该公司是中国进出口额最大的 500 家企业之一。（李婉珺）

文　献

异物志　又称《南裔异物志》《交趾异物志》《交州异物志》。方志。岭南第一部物产专著；中国第一部地域性物产志；"异物志"类著作开山之

作；"粤人著述源流"之一。东汉杨孚撰。《隋书·经籍志》著录 1 卷。成书于 1 世纪后期至 2 世纪前期。原书已佚，清代广东学者曾钊从《齐民

要术》《艺文类聚》《初学记》《太平御览》《太平寰宇记》诸书中辑成 2 卷，其中明确为杨孚所撰者为 1 卷，称《异物志》。所记人、地、物、禽、

兽、谷、果、木、草、竹、虫、鱼诸项，为后人留下汉代岭南地区丰富的植物学、动物学、矿物学、手工业生产、民俗学和对外交流的第一手珍贵资料。有清道光南海曾钊辑本。今有广东人民出版社 2010 年吴永章辑佚校注"岭南文库"本。参见第 95 页地理卷"异物志"条、第 168 页历史卷"异物志"条、第 695 页艺术卷"异物志"条、第 817 页科技卷"异物志"条。（王睿）

南州异物志 方志。三国万震撰。《隋书·经籍志》著录 1 卷。成书于三国时期。原书已佚，散见于其他古籍中。记载岭南文化和中外关系的重要文献，每物以韵文为一赞语，别以散文详说其形状。所记如乌浒、扶南、斯调、林阳、典逊、无论、师汉、扈利、察牢、类人等国的地理风俗物产，多为前代史书所阙。所记不限于南海诸国，于西方大秦等国多有涉及。《隋书·经籍志》《旧唐书·经籍志》《新唐书·艺文志》地理类著录。清代陈运溶辑出佚文 60 余条。是最早的广东史料之一。（李强、王睿）

经行记 游记。唐杜环撰。成书于唐代宗时期。原书已佚。杜佑《通典》有节选。唐天宝十年（751），杜环随唐军在怛逻斯与大食激战，唐军大败，杜环和部分被俘唐军被编入大食雇佣军，随军转战中亚和地中海沿岸 10 余年，宝应初年（762）乘商船回到广州，回国后据所见所闻撰成此书。介绍中世纪欧洲、西亚、中亚、北非 12 个国家的地理环境、风物特产、民风民俗等方面状况。记录寻寻法（祆教）、大秦法（景教）、佛教在不同国家地区的情况，尤其记录伊斯兰教的教义、教法，以及宗教信仰在伦理道德、礼拜、饮食、服饰、禁忌等生活方面的行为规范。被后来的《太平御览》《太平寰宇记》《通志》《文献通考》等典籍征引。为研究中外关系史和世界宗教的演变和传播提供重要史料。白寿彝称它是"伊斯兰教法传播东方之第一声"。（李强）

往五天竺国传 游记。唐慧超撰。3 卷。成书于唐玄宗时期。后散佚。唐开元七年（719），慧超在广东广州受业于密教大师金刚智。开元十一年（723），慧超取道南海前往天竺国。记录 8 世纪上半叶大食侵略印度西北部的情况，以及印度诸国的物产和社会风俗。对所历之国的军事实力，各国所拥有的战象、兵卒的数字有记载。对此书的研究，始于伯希和与罗振玉。20 世纪 80 年代，张毅以敦煌残卷原件照片为基础，参以藤田丰八笺释本及德、英译本，对此书重新校释，1994 年由中华书局出版。（李强）

苏莱曼东游记（*Akhbar al-Sin wa al-Hind*） 游记。阿拉伯苏莱曼（Sulayman）著。2 卷。成书于 9 世纪末 10 世纪初。苏莱曼于唐大中五年（851）航行至印度、中国等地后，著航海游记 1 卷，叙述旅途中见闻。半个世纪后，阿拉伯哈桑对游记所到之处的风土人情、社会制度、物产交通等方面作补述 1 卷，最终修成《苏莱曼东游记》。描述唐代从巴格达经波斯湾、印度洋绕马来半岛到中国的广州的海上丝绸之路航线。作者用将近三分之一篇幅，记述中国唐代政治、经济、文化和风俗人情，提到中国尊重穆斯林的风俗习惯、社会安定、司法制度等。1937 年，刘半农、刘小蕙父女根据法文费朗译本译成中文本。穆根来、汶江、黄倬汉等学者根据法、日译本再次将其翻译成中文，更名为《中国印度见闻录》，1983 年由中华书局出版。（李强）

海药本草 中医典籍。五代李珣撰。流行于宋代，南宋末亡佚。宋代唐慎微《证类本草》及明代李时珍《本草纲目》等保留有大量佚文。阐述海药，实为香药。所论药物，多数是从海外输入或从海外移植南方，其中记载岭南药物 66 种，海外药物约 30 种，产地有印度、大食、高丽、百济、大秦、波斯及东南亚各国。援引前代的书名或人名有 58 次，引用《山海经》《汉书》《唐志》《岭南表》等多种文献。分玉石、草、木、兽、虫鱼和果六部，记述药物形态、真伪、优劣、性味、主治、附方、服法、制药法、禁忌、畏恶等，有些条文还记载药名解释。今有人民卫生出版社 1997 年尚志钧辑校"中医古籍整理丛书"本，共 131 条。参见第 1091 页中医药卷"海药本草"条。（李强）

投荒杂录 又称《投荒录》。笔记。唐房千里撰。1 卷。房千里，字鹄举，河南人。成书于唐太和年间。绝大部分内容已经散佚。介绍岭南自然环境、物产资源和文化信仰，尤以今粤西地区状况为最。该书是研究唐代岭南自然和人文的珍贵文献。有宛委山堂《说郛》本。参见第 168 页历史卷"投荒杂录"条。（于笛）

萍洲可谈 笔记。宋朱彧撰。3 卷。成书于北宋宣和元年（1119）。朱彧曾随父游宦至河南开封、山东莱州、江苏润州、广东广州等地，晚年定居湖北黄冈，以父及自己之见闻，著成此书。卷 1 所记多为北宋朝廷典制、故事及臣僚行为事迹，包括官员称谓、宗室管理、爵制、服制、典制、故事、著令、科举等；卷 2 记述在广州的见闻；卷 3 所记多为个人事迹，如王安石、司马光、苏轼、沈括等人言行，掺杂不少神仙鬼怪、命卦迷信。其中卷 2 所记最为精彩，对宋代对外贸易的情况作了比较详细的载录，不

少内容如市舶司的职能、舶船航海、指南针的使用、"住蕃"、"住唐"、蕃坊设置等为宋代史书所罕见。《宋史·艺文志》《直斋书录解题》《文献通考》有著录。原书已佚。今3卷本系清人据《百川学海》《宝颜堂秘笈》节录1卷本和《永乐大典》所引佚文重编而成。今有中华书局2007年李伟国点校"历代史料笔记丛刊"本。参见第1262页海洋文化卷"萍洲可谈"条。（李强）

真腊风土记　游记。元周达观撰。1卷。成书于元元贞三年（1297）至皇庆元年（1312）。元贞元年（1295），周达观奉命随使真腊，元贞三年（1297）回国后写成此书。分为总叙及正文40则，总叙介绍真腊名称由来，及前往真腊的原因、路线、结果，正文分为城郭、宫室、服饰、官属、三教、人物、产妇、室女、奴婢、语言、野人、文字、正朔时序、争讼、病癞、死亡、耕种、山川、出产、贸易、欲得唐货、草木、飞鸟、走兽、蔬菜、鱼龙、酝酿、盐醋酱、蚕桑、器用、车轿、舟楫、属郡、村落、取

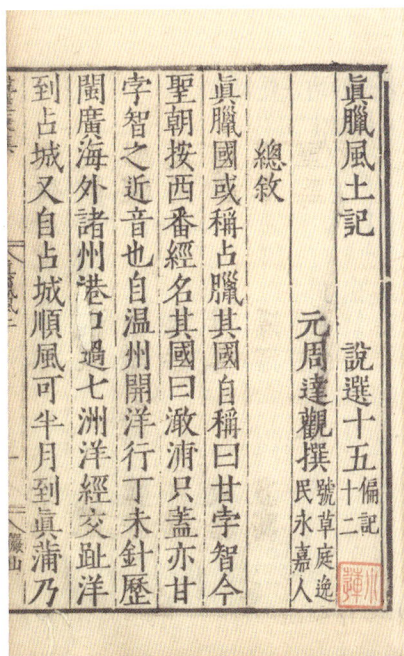

明嘉靖二十三年（1544）刻本《真腊风土记》

胆、异事、澡浴、流寓、军马、国主出入。记载吴哥文化全盛时代社会经济生活的方方面面，勾勒出13世纪末柬埔寨社会生活画面；对外关系方面，提到柬埔寨与暹罗、印度的关系，其中与中国的关系尤为详备。现存最早版本是明抄本和明刊本，有明涵芬楼百卷本《说郛》本、明嘉靖《古今说海》本、清乾隆《四库全书》本。今有中华书局1981年出版《真腊风土记》校注本。该书有法国学者伯希和（Paul Pelliot）校注本，经冯承钧翻译，收入《西域南海史地考证译丛》。（李强）

鄂多立克东游录（*The Travels of Friar Odoric*）　游记。意大利鄂多立克（Friar Odoric）著。鄂多立克于元延祐三年（1316）东游，经威尼斯、君士坦丁堡，渡黑海至特拉布松，再经大不里士、设拉子、巴格达行抵波斯湾；至治元年（1321）沿海路来华，经斯里兰卡、苏门答腊、爪哇、加里曼丹、越南，于至治二年（1322）抵达中国的广州。在中国，鄂多立克游历泉州、福州、杭州、南京、扬州、临清、汗八里（北京）等地。泰定五年（1328），从陆路经河套、陕西、甘肃、拉萨、中亚、波斯，返回意大利。该书描述沿途风土人情、制度设施和宗教礼仪，涉及范围广泛。对研究中外交通史、中亚史、元史、明史及新疆史地等有一定参考价值，与中国历史文献也可相互参照。有拉丁文、意大利文、法文、德文等76种抄本。清光绪十五年（1889），中国留学意大利的郭栋臣据英国学者亨利·耶尔（Herry Yule）英译本译成中文，并增加注释，刊于武昌崇正书院，后香港《公教报》重印。今有中华书局1981年出版何高济译本。（李强）

伊本·白图泰游记（*Voyages d'Ibn Batoutah*）

游记。阿拉伯伊本·白图泰著。成书于元至正十五年（1355）。泰定二年（1325），伊本·白图泰经突尼斯、埃及、叙利亚、巴勒斯坦，抵麦加后，又遍游波斯、阿拉伯半岛诸国和东非一带，后又访问小亚细亚、克里米亚、伏尔加河下游地区，东游至花剌子密、布哈拉、阿富汗、印度。至正六年（1346）四月来华，至正七年（1347）一月离开。访华期间，伊本·白图泰三过泉州、南下广州、北上大都。至正十五年（1355）十二月，根据伊本·白图泰的口述写成《异境奇观——伊本·白图泰游记》。记述中国各地山川河流、林木物产、陶瓷、丝绸等，还记述中国社会制度、交通设施、民居特色、风俗习惯、城市建筑、宗教信仰等，呈现一幅生动中国元朝画面。今有宁夏人民出版社2002年出版马金鹏中译本，以埃及教育部1904年出版《伊本·朱贝尔游记》（校订本）为蓝本，参考1809年出版巴黎法阿文对照本、张星烺《中西交通史资料汇编》汉文译本等多种版本翻译而成。（李强）

岛夷志略　方志。元汪大渊撰。1卷。成书于元至正九年（1349）。原附于吴鉴修《清源续志》之后。至正十年（1350），汪大渊又将其作为单行本刊刻。书首有张翥、吴鉴二序。共100个条目。记载国家和地区220余个，涉及山川、习俗、风景、物产、贸易等，绝大部分来自汪大渊两次出洋亲历亲闻。汪大渊著录的海外诸国及地区，绝大多数与广东广州有交通往来。该书上承宋周去非《岭外代答》、赵汝适《诸番志》，下接明马欢《瀛涯胜览》、费信《星槎胜览》等书，是研究元代海外交通史最翔实汉文资料。现存《四库全书》本（系据天一阁藏明抄本转录）、彭元瑞知圣道斋藏抄本（今藏中国国家图书

馆）、丁氏竹书堂藏抄本（今藏南京图书馆）和《知服斋丛书》刊本。近代沈曾植、柔克义、藤田丰八等学者对该书有研究。今有中华书局 1981 年出版苏继顾撰《岛夷志略校释》。（褚宁）

澳门记略 又称澳门纪略。方志。清印光任、张汝霖纂。2 卷 3 篇。清乾隆十六年（1751）成书。上卷《形势篇》着重记述澳门地理形势、山海胜迹及潮汐风候等，《官守篇》重点记述葡萄牙占据澳门的经过，以及明清两代中国政府在澳门有效行使军队驻扎权、财政权、行政权、司法权的概况；下卷《澳蕃篇》有对西人习俗风尚、船炮技艺、语言文字的简介，有对"引进"西方物产器具的介绍，如食货一类，达 100 多种，还有对来华通商之国家或地区的简介。有清乾隆十六年（1751）刻本、清嘉庆五年（1800）刻本、清道光《昭代丛书》本、清光绪六年（1880）江宁藩署重刊本、光绪十年（1884）广州萃经堂刻本。今有广东高等教育出版社 1988 年赵春晨点校"岭南丛书"本。参见第 181 页历史卷"澳门记略"条。（李强）

澳门纪略 见"澳门记略"。

中国 18 世纪广州对外贸易回忆录（*Les Mémoires de Charles de Constant sur le commerce à la Chine*） 回忆录。法国贡斯当（Charles de Constant）著。大致撰写于 1779—1793 年。1779—1793 年，贡斯当三次赴广州旅行居住。长期在广州任大班，作为法国东印度公司最后一位驻广州的商务代表，贡斯当接触许多第一手的宝贵档案。共 7 章，其中第 3 章记录中国进出口商品种类；第 5 章描述中国对广州外国侨民的态度，中国主管对欧贸易的体

制，驻华贸易公司的经济体制，比较英法东印度公司对华贸易优劣，讨论行商与中国政府、洋商之间多方关系。该书对研究 18 世纪中国与西方贸易关系有重要价值。1964 年，法国学者路易·德尔米尼（Louis Dermigny）在博士论文《中国与西方：18 世纪广州的对外贸易（1719—1833 年）》（*La Chine et l'Occident：Le Commerce à Canton au XVIIIe siècle，1719 — 1833*）原始资料附录中附有现收藏于日内瓦图书馆的贡斯当《中国 18 世纪广州对外贸易回忆录》。（李强）

粤海关志 方志。清梁廷枏总纂。30 卷。清道光十九年（1839）成书。道光十八年（1838），粤海关监督豫堃设局主修《粤海关志》，聘广东海防书局梁廷枏为总纂，历时一年半撰成。摒弃传统史学纪传体、编年体或纪事本末体，基于清代档案文献进行分类汇编，分 14 门。其中《皇朝训典》1 卷、《前代事实》3 卷、《口岸》2 卷、《设官》1 卷、《税则》6 卷、《奏课》2 卷、《经费》1 卷、《禁令》3 卷、《兵卫》1 卷、《贡舶》3 卷、《市舶》1 卷、《行商》1 卷、《夷商》4 卷、《杂识》1 卷。从历史、地理、政制、政令、关口、海防、商贸、税制以及海洋气象等多个层面对粤海关进行全方位、多角度考察。为研究鸦片战争前中外贸易提供详细可信、具有极高史料价值的统计数据。《续修四库全书总目提要》评其"援据广博，条理分明"。有清道光广州业文堂刻本。今有广东人民出版社 2002 年袁钟仁校注"广州史志丛书"本。参见第 182 页历史卷"粤海关志"条。（李强）

广州番鬼录（*The Fan Kwae at Canton before Treaty Days 1825-1844*） 回忆录。美国威廉·亨特（William C.Hunter）著。

1882 年出版。威廉·亨特是一位在广东广州住几十年的中国通。主要描述 1844 年中美《望厦条约》签订前 20 年外商在广州口岸兼及澳门和海外活动情形。对了解当时中外贸易、中外交往等情况有参考价值。今有广东人民出版社 2009 年冯树铁、沈正邦译"岭南文库"本。参见第 1271 页海洋文化卷"广州番鬼录"条。（孙廷林）

旧中国杂记（*Bits of Old China*） 回忆录。美国威廉·亨特（William C.Hunter）著。1886 年出版。书中记述 19 世纪 20—40 年代澳门和广州十三行商馆日常生活。对行商的记述，可以作为当时广州上层社会日常生活的写照。还触及商贩、手艺人、仆人、乞丐、穷人等广州下层社会的众生相。其与《广州"番鬼"录》虽编次散乱，不够系统，却各有侧重，互为补充。今有广东人民出版社 2009 年冯树铁、沈正邦译"岭南文库"本。参见第 1272 页海洋文化卷"旧中国杂记"条。（孙廷林）

粤道贡国说 史料汇编。清梁廷枏编。6 卷。成书于清道光二十六年（1846）。清代外国入贡贡道档案的汇编，收录清初至道光年间，由海道至广东贸易和向清廷入贡的暹罗、荷兰、英国、意大利、葡萄牙等国与清政府来往国书、藩属入贡条例，以及清朝有关入贡的谕旨和地方官奏章等。材料多录自粤海关档案，分国按年编次。收入《海国四说》。（孙廷林）

英国议会文书·商业报告（*British Parliamentary Papers: Commercial Report*） 史料汇编。1844—1899 年英国驻华领事撰写的年度贸易报告。根据中英《南京条约》与《虎门条约》，英国驻华领事获得与海关人员共同验

货、估税、核验完税红单的权利，拥有英商在华贸易完整数据，及撰写商业报告的条件。英国驻华领事将每年贸易数据与商业报告送回英国外交部，再转呈英国议会审视。自 1844 年起，由 T. R. Harrison、Harrison & Sons 等出版社定期出版。在 1860 年《中国海关出版品》编纂之前，《英国议会文书·商业报告》是唯一完整记录广东广州 1844—1859 年各年度中外贸易数据的资料。根据《英国议会文书·商业报告》，已重印 Irish University Press Area Studies Series，British Parliamentary Papers：China 的专辑，至今已出 42 辑。（侯彦伯）

中国海关出版品（*Chinese Customs Publications*） 史料汇编。1860 年后海关造册处负责出版各类贸易统计册、专题报告与法规汇编。共有八大系列：统计、特别、杂项、关务、官署、总署、邮政、他类。统计系列收录 1859—1949 年广州、汕头、琼州、北海、三水、江门、梧州、南宁等条约口岸的月度、季度、年度与十年度的贸易统计数据与分析报告。是国内唯一连续记录近百年中国社会、经济、贸易发展的史料。1995 年暨南大学出版社出版《近代广州口岸经济社会概况：粤海关报告汇集》《近代拱北海关报告汇编（1887—1946）》。（侯彦伯）

东印度公司对华贸易编年史（*The Chronicles of the East India Company Trading to China,1635-1834*） 专著。美国马士（Hosea Ballou Morse）著。5 卷。1874 年马士进入赫德（Robert Hart）把持的中国海关，任职于北京总税务司署和上海、天津、汉口、广州等口岸海关。1909 年退休，隐居英国剑桥附近的坎伯利撰成该书。第 1—4 卷将英国政府印度事务部有关英国东印度公司对华贸易档案摘要按年编纂；第 5 卷根据原存于北京英国使馆、后被运回伦敦英国东印度公司在广州的记录副本编纂而成。该书在以贸易史为主要内容的同时，记述中英（西）关系或广州口岸的重要交涉事件，每年一章，每章即以该年份最重要事件为标题。该书以档案材料丰富而论，在近代中英贸易研究史上至今无出其右者。今有中山大学出版社 1991 年区宗华译、林树惠校、章文钦校注中文版，广东人民出版社 2016 年章文钦增补注释本（增补 860 余条）。（李强）

中国与西方：18 世纪广州的对外贸易（1719—1833 年）（*La Chine et L'Occident: Le Commerce à Canton au XVIIIe Siècle, 1719-1833*） 专著。法国路易·德尔米尼（Louis Dermigny）著。4 卷。"港口—商路—交通"系列丛书的第十八部。巴黎高等研究实践学院历史研究所出版。受到费尔南·布罗代尔"长时段"理论的启发，路易·德尔米尼采用系统、整体的方法来研究清代中西贸易史，特别关注每一阶段的贸易结构与世界各区域局势的变化。文字部分为 3 卷，1625 页，另有图版 1 卷。绪论与正文的第一部分（1719—1760 年，"公司的时代"）合为第一卷，第二部分（1760—1784 年，"茶叶时代与中国的债务"）自成第二卷，第三部分（1784—1833 年，"棉花与鸦片的时代"）与参考文献、度量衡单位对照表和船名索引及人名索引合为第三卷。参考文献部分约 110 页。图版分为"路线"（13 幅地图与图表）、"运动"（人口的迁移、价格与消费、商品和贵金属，共 21 幅）、"地点与人物"（92 幅）3 个类目。这些图像资料是对文字的形象补充。该书体大思精，以极具洞察力的方式将广州贸易放在国际商业和 18 世纪欧洲经济发展的大背景下，涵盖了西方各国在中国沿海的活动，涉及英国、法国、荷兰、比利时、丹麦、瑞典、美国、葡萄牙、西班牙、普鲁士、瑞士、意大利、英属澳大利亚、法属魁北克、土耳其等地与广州的贸易联系，以及各国在印度的竞争、英国在印度优势地位的确立及其港脚贸易。对西方各国来华的航运、进出口中国的商品、广州的贸易条件，特别是对外国商人在广州的隔离情况作了说明。（蔡香玉）

广东十三行考 专著。梁嘉彬著。成

国立编译馆出版的《广东十三行考》中的插图

书于 1934 年。作者为广州十三行天宝行第六代梁经国传人。博征广引中外有关史料，旁及家谱、遗闻，对十三行起源、沿革、行名、人名进行详赡而扼要考证，在篇尾处对行商困境、破产、与鸦片战争等杂项进行考究。全书所考，立足证实，纲举目张。体例方面，把所有有关的史料和考证，放在注释中。至今保持着作为十三行研究奠基性著作的学术价值。1937 年国立编译馆出版。1999 年广东人民出版社再版，是目前最详尽的版本。该版本章文钦结合梁嘉彬订补的 30 万字手稿重新校订整理出版。2009 年广东人民出版社重版。（李强）

十七 华侨·侨乡卷

概 况

广东华侨文化 区域华侨文化。广东沿海地区在汉朝就开始向外移民，《汉书·地理志》记载汉使团从徐闻港出发。唐、宋、元、明、清各代，主要是沿着海上丝绸之路移民东南亚。到鸦片战争后形成大规模移民潮，美洲、大洋洲、非洲成为广东华侨移民地。祖籍广东的海外侨胞是世界华侨华人最大的群体，分布在160多个国家和地区。东南亚的印度尼西亚、泰国、马来西亚、新加坡、菲律宾、柬埔寨、越南为第一大分布地；北美洲的美国、加拿大，中南美洲的墨西哥、巴拿马、古巴、秘鲁、巴西、委内瑞拉等为第二大分布地；大洋洲的澳大利亚、新西兰为第三大分布地；欧洲的英国、法国、德国为第四大分布地；非洲的毛里求斯、马达加斯加、南非等国家和地区为第五大分布地。广东华侨史是世界华侨历史的缩影，代表世界华侨华人的分布格局。广东华侨是国际移民群体，起着在海外传播岭南文化，将海外文化传回家乡的文化使者作用，并推动中外文化交流、加强文明互鉴。遍布世界的唐人街，包含饮食、武术、中文教育、民俗、信仰等广东文化，社团、媒体发挥着凝聚侨胞、支持社区的功能，唐人街成为住在国文化多样性的重要组成部分。不论是落叶归根，还是落地生根、溯源寻根，华侨是家乡和国家经济发展、社会进步的重要参与者、推动和见证者，他们使广东成为近代中国革命的策源地、改革开放先行先试地。孙中山曾说："华侨是革命之母。"华侨文化是广东重大省情之一。（张国雄）

唐人街 又称中国城、中华街、华埠。华侨华人聚居区。最早在东南亚形成，15世纪初苏门答腊三佛齐出现以广东南海人梁道明为首长的华侨华人聚居区，聚集来自广东、福建的数千户人家。到19世纪初，越南、暹罗、真腊、缅甸以及印尼群岛、马来半岛、菲律宾群岛等地的重要港口城镇、锡矿矿区形成多个华侨华人生活区。近代以来，随着赊单华工、"猪仔"华工分布到美洲、大洋洲，在矿区、铁路沿线、农场陆续出现"中国营"和华侨华人聚居地。19世纪后期，美国、加拿大、澳大利亚、新西兰排华运动兴起，分散在各地的华侨华人聚集到城镇，集中在几条街区居住寻求自保，是唐人街大发展时期。20世纪60、70年代，尤其是中国改革开放以后，广东和香港的新移民迁移到世界各地，东非、南太平洋一些岛国出现中华街，在传统的迁入地美国、加拿大等国出现更多新的华人区。新加坡牛车水，菲律宾马尼拉，泰国曼谷，越南堤岸，印尼雅加达，美国旧金山、纽约、洛杉矶，加拿大温哥华、多伦多，澳大利亚墨尔本，巴西里约热内卢等地的唐人街是其中代表。唐人街的形态大致有两种，一种是形成规模较大的商业区，商业业态丰富完整，多数成为城市中心区，东南亚的唐人街大多是这种类型。一种是由几条街组成华人社区，以小商品批发零售和餐饮业为主，美国、加拿大、澳大利亚、巴西等国的唐人街属于这种类型。侨团、侨报、侨校和宗庙信仰是唐人街的四大支柱，中国式建筑、中华习俗、中华武术与中国餐饮等中华文化，丰富了所在国的多元文化内涵，有的唐人

街已成为所在国的历史文化遗产。（张国雄）

中国城 见"唐人街"。
中华街 见"唐人街"。
华埠 见"唐人街"。

侨团 华侨华人组织。以服务社区、联谊乡里为宗旨。最早出现在东南亚。其雏形是庙宇、善堂，1673年建造的马六甲青云亭被认为是海外最早的庙宇。明末以后，在华侨社会出现的会党，也是侨团的组织形式之一，罗芳伯的"十八兄弟会"、美洲的洪门均属该类组织。会党为新来移民提供临时住宿饮食服务并介绍工作，接济贫弱病老孤寡华侨，领导和组织反抗殖民当局或当地政府歧视迫害。海外华侨的地缘、血缘和业缘组织是侨团的主体。1801年在槟城成立的嘉应会馆是最早的地缘性侨团，1819年在新加坡成立的曹家馆是最早的血缘性侨团，1845年潮州华商余有进成立的义安公司是最早的业缘侨团。二战前，侨团不仅做公益慈善，还担负社区管理事务，化解矛盾纠纷。二战后，华侨从落叶归根向落地生根转变，华侨社团逐渐转变为华侨华人社团。20世纪70年代以来，海外侨团随着中国大陆和中国香港、台湾新移民移居海外而发展，一些跨国跨洲的新侨团组织诞生，如世界客属恳亲会、世界江门青年大会、国际潮团联谊会等，其职能转变为公益类社会组织。是海外华侨华人社会重要支柱之一。（张国雄）

广东侨乡 华侨家乡、华人祖籍地、侨眷聚集区。产生于19世纪60年代，是以岭南文化为母体、中外文化融合为特征的新型乡村文化形态。具有五大特征：第一，华侨、华人、归侨、侨眷多；第二，与海外侨胞的经济、文化、思想诸方面联系紧密；第三，侨汇、侨资多，商品经济比较发达；第四，交通运输、城镇建设等基础设施较完善；第五，文化、教育、卫生事业水平较高。有传统侨乡、新兴侨乡和华侨农场三种类型。广东的潮汕、五邑、梅州为近代形成的全国著名侨乡，分别代表广东的潮汕、广府、客家三大民系。（张国雄）

侨刊乡讯 华侨报刊。20世纪初侨乡民间创办，以海外侨胞为主要受众。以改良社会、开启民智、沟通海内外为宗旨，报道侨乡政治、经济、教育、文化、民生、历史掌故等信息，以慰藉海外侨胞思乡情愁，被誉为"集体家书"。《香山旬报》（1908）为粤语系侨乡最早刊物。20世纪20年代至40年代，县刊、村刊、族刊、校刊等侨刊乡讯出现，五邑侨刊数量最多，类型最丰富。1950年后，"侨刊乡讯"被确定为该类刊物的专门称谓。改革开放后，以海外中产阶级、中青年华侨华人、港澳台同胞为目标受众的新型侨刊乡讯出现。2023年广东省共有150种侨刊乡讯，以沟通侨情、宣传家乡建设成就、激发海外乡亲念祖爱乡情怀为宗旨。（姚婷）

广东侨乡遗产 侨乡物质财富与精神财富的总称。包括碉楼、骑楼、别墅、学校、宗祠等建筑遗产以及记忆遗产、非物质文化遗产、工业遗产，共同组成中外融合的侨乡文化形态，具有很高的历史价值、文化价值、艺术价值和科学价值。代表的遗产有被联合国教科文组织列入《世界遗产名录》的"开平碉楼与村落""侨批档案：海外华侨银信""粤剧"。具有世界普遍意义，受到全人类的保护。其保护传承具有留住记忆、慰藉乡愁、凝聚侨心的重要价值。（张国雄）

华侨史

自由华工 华工类型。东南亚华侨主要类型。广东沿海地区最迟在唐代出现前往东南亚谋生的移民，鸦片战争以后达到高潮，成为当地华侨的主体。他们自筹路费，自由前往，自由谋生，以青壮年男性为主，也有红头巾、自梳女等女性加入，在东南亚或经商，或开矿，或垦荒，或做女佣。是东南亚开发的重要参与者、贡献者。（张国雄）

潮语转音 语言融合现象。10世纪越南语发明之后，语言结构受汉语影响，语法结构与汉语相似，词汇主要源于汉语。后黎时代，越南华侨增多，汉字和汉文化在越南南部传播。移民主要来自广东、粤方言（尤其是潮州方言）成为影响越南语言的汉语文化的重要组成部分。越南历史学家郑怀德在《嘉定城通志》中指出，越南语常杂以唐人、高蛮之语，"大都是潮语之转音"。（张国雄）

暹罗洛真 族群名。暹罗华侨与土著通婚所生后代的专称。14世纪初，华侨开始与暹罗（今泰国）女子通婚。明末清初，广东、福建移民大量迁入暹罗，通婚者增多。广东移民主要来自潮州，其次是海南。移民迁入暹罗后逐渐暹罗化，华侨男性娶暹罗女子，也有暹罗男子娶华侨女子。中暹通婚成为暹罗的普遍现象，其子女慢慢就成了一个族群。（张国雄）

东南亚锡矿华工　华工类型。明清至近现代在东南亚开采锡矿的华侨。明初，广东华侨在马来半岛的马六甲、霹雳、雪兰莪、森美兰等地进行露天锡矿开采，带来水车、水泵和熔炼技术，解决马来半岛锡矿开采中的排水技术难题，创造洗琉琅法、水泵采矿法等采锡的工艺方法，提高了马来半岛的锡矿产量。（夏远鸣）

林凤事件　历史事件。明万历二年（1574），海盗林凤为避明军围剿，欲避居吕宋（今菲律宾），遂率战船62艘，步卒、水兵各2000人，及众多各业工匠、眷属，向马尼拉进发。11月30日攻马尼拉，因西班牙殖民者死守未克，退至卡维特（今甲米地）港。12月2日在菲律宾人帮助下再攻，未果。两天后，率余部北上，驻扎于蜂牙丝兰（今邦阿西南）河近出口处，作长久居留计。1575年3月底，遭西班牙殖民者攻击，船只全部损毁，人员财物损失惨重。4月起，复受殖民者军队长期包围，无法立足。8月初，林凤带少数精壮乘秘密制备的30艘小船突围，回到中国。所遗兵匠妇孺则辗转迁入吕宋北部山区，与当地伊戈洛人杂居，授之以耕稼、手工技艺，并与之通婚繁衍，形成后来的伊戈洛—华族。（黄晓坚）

林道乾开发北大年　历史事件。明万历六年（1578），海盗林道乾兵败，率众逃往南洋大泥国（今泰国北大年），被大泥女王招为驸马，皈依伊斯兰教。林道乾领导华人和当地居民垦荒植田，构筑房舍，修建海港，发展外贸。北大年成为商旅辐辏之地，为当地社会经济的繁荣作出巨大贡献。今北大年尚存林道乾铸炮遗址、无屋顶清真寺、林姑娘墓、林姑娘庙、林道乾港等相关古迹。（黄晓坚）

马六甲青云亭　华人团体、世界遗产。马来西亚最古老的华人神庙。是最早的华人社团雏形、东南亚地区历史最为悠久的大型华人庙宇之一。位于马六甲区的庙堂街（Temple Street）。由马六甲华人甲必丹郑芳扬和李为经发起建设。创建日期一说为1600年或更早，一说为1673年。建筑规模宏大，全部用楠木构建，运用雕、塑、彩、贴、砌、写、画7种手法进行装饰，具有中国传统建筑艺术风格。亭内的各种碑文、匾额、楹联和华人祖先牌位等是研究马来西亚华人社会的重要历史资料。主殿正座供奉观音大士，左右为关帝和天后圣母神座，故又称观音亭。不仅是当时马六甲地区华人的民俗信仰中心、华人会议中心，也是葡萄牙和荷兰统治马六甲时代华人甲必丹的办事所和解决纠纷的仲裁处。英国人在1824年接管马六甲后废除华人甲必丹制度，华社推举侨领出任亭主取代之，成为一种特殊的华人自治机构，一直延续到20世纪初。1949年9月28日，马来亚联合邦立法议会通过青云亭法令，其作为维护华社信仰者的权益和地位从此受到法律保护。1997年进行最近一次修复，2000年完成。被列入世界文化遗产名录，获得联合国教科文组织亚太区文物古迹保护奖。（杨锡铭）

越南明乡　又称明乡人。族群名。越南华侨与土著通婚所生后代的专称。明乡初名明香，是明末不愿剃发结辫臣服清代的明代遗民逃移到越南在聚居地设立的一种组织，寄托反清复明之志。后改为明乡，寄托不忘家乡之愿。与土著女子通婚，混血后裔人群扩大，明乡成为他们的称谓。明乡人有的祖籍广东。清时，迁移到越南的华侨被视为新华侨（清国人），明乡人被视为旧华侨。明乡人受到越南当地政府优待，有的成为越南阮朝的名臣。明乡人不得杂入清人户籍，不得返回中国。19世纪法国殖民越南后，对明乡人采取同化政策。1933年殖民政府规定，父母一方为当地人时，其子女为法国人或保护民。明乡人完成了越南化的过程。（张国雄）

明乡人　见"越南明乡"。

海外天地会　又称洪门、三点会、三合会。秘密会社组织。中国天地会的海外分支。明末清初一些明代遗民不愿事清而避居东南亚，高举反清复明旗帜，成为早期天地会成员。泰国的洪字会（大兄会）、婆罗洲的兰芳公司、新马的义兴公司（义兴会）和海山公司（海山会）等均属其派系。19世纪60年代，太平天国运动失败后，广东沿海一些参加起义的天地会成员赴南洋逃避清廷迫害，为南洋天地会增加了新血液。20世纪初，世界各地有华侨的地方，普遍有名称不一的天地会组织，多以洪门为名，尤以美洲洪门组织声势最大。海外天地会组织，不同程度参与了推翻清王朝的斗争；南洋天地会还带领会众开垦拓殖，为居留地的发展作出了重要贡献。（杨锡铭）

洪门　见"海外天地会"。
三点会　见"海外天地会"。
三合会　见"海外天地会"。

自梳女　又称妈姐、姑婆。对终身不嫁女性的俗称。明清时期，顺德、南海、番禺、中山和新会等地盛行"不落夫家"的传统，女性通过种桑养蚕、缫丝、织布、绣花、佣工等方式，摆脱对家庭与男性的经济依附。年轻女性自梳发髻、自主选择成为自梳女，在村外自建姑婆屋，供众姐妹平时聚会、年老或病危时养老送终之用。以顺德玉冰堂最著名。到20世纪30年

代，自梳女前往新加坡、马来亚等南洋各地以家佣谋生，生活节俭，汇款回家赡养父母，帮助兄弟子侄成家立业，为家乡社会公益事业作贡献。晚年返乡，能得到本宗族、本乡村的尊重。（石坚平）

妈祖 见"自梳女"。

姑婆 见"自梳女"。

过番 潮汕人、闽南人对移民海外行为的俗称。明清以来，潮汕人至东南亚谋生，这一移民过程和迁移行为称为"过番"。在近现代非常流行，文学作品或新闻报道也时常用"过番"来指称移民海外，成为潮汕华侨历史的语言遗产。（陈海忠）

缅甸桂家 族群名。缅甸华侨与土著通婚所生后代的专称。南明永历十三年（1659）桂王朱由榔逃入缅甸，在都阿瓦（今曼德勒）驻扎，称为"桂家"。后有广东、云南、福建的明代遗民迁移而至。桂家是政治逃亡的移民集团，以反清复明为共同心愿，他们与土著女子通婚，后演化为中缅混血后裔的通称。缅北很多乡村的村长由桂家担任，取得当地民众信任，成为缅甸民族的组成部分。（张国雄）

契约华工 华工类型。华侨移民东南亚与雇主签订契约的华侨。17世纪荷兰殖民统治者开始在广东等地招募华工前往东南亚开发。鸦片战争以后英国、法国仍然招募华工。契约华工有三种，一种是被掳掠出卖的奴隶，一种是被掳掠而来的契约工，一种是自愿前来以自己身体为抵押赊欠旅费的契约工，后两种是契约华工的主体。与雇主签订出卖服役年限的契约，在契约合同期内，没有选择职业的自由和人身自由，被雇主控制压榨。主要来自潮汕、梅州地区，其次为广府地区。（张国雄）

红头船 交通工具。潮汕渔民出海专用船。正式名称叫行船艚，由明代百艚船发展而来。清雍正元年（1723），为防范出海民船资盗，对所有出海民船进行统一编号，不同地方的船只在船头、桅杆用不同的颜色相区别，以便管理。潮汕渔民将船头油饰朱砂，故名。船多用暹罗等国楠木、麻栗木建造，能够抵抗6—7级强风，适合远洋航行。清以来，在澄海樟林港，潮汕海商用红头船将潮州蔗糖运往苏杭、天津等地贩卖，将天津的杂货、苏杭的丝绸布匹运往东南亚销售，再将暹罗大米运回潮州等地，形成潮州—台厦—苏杭（天津）—海南—东南亚的红头船贸易圈。是清代潮汕民众出洋谋生的见证，展示了潮商团结拼搏的时代精神。（陈雍）

红头船

红溪惨案 历史事件。荷兰殖民者屠杀巴达维亚华人事件。荷兰殖民当局推行排华政策，1727、1736年规定，逮捕失业和无居留证华侨。1740年7月，殖民当局下令捉拿被诬为窃贼的华侨，华侨被无辜虐杀，华人反抗不断出现。1740年10月9日晚，荷兰水手、士兵、自由市民冲向华人居住区，烧杀抢掠，600多间华人房屋被焚烧，财物被抢劫。城内华侨逃往城外，公推黄班为首领，准备进攻巴达维亚城。城外华侨在黄班指挥下奋力抵抗，由于武器装备落后，被迫撤退。城内华侨仅逃出150人，其余被屠杀。巴达维亚城西有河名红溪，故称红溪惨案。（张国雄）

毛里求斯唐人街 华侨华人聚居区。形成于18世纪中叶，由皇家大街（Royal Street）、约瑟夫·利威尔街（Joseph Riviere Street）等4个街区组成，以皇家大街为中心地带，建有中餐馆、杂货店、中药铺、中文书店、中文报馆、第一所华人学校和第一个篮球场。仁和会馆等宗亲侨团集中在此处理团务。20世纪90年代竖立起的"唐人街"牌坊，是社区重要文化标志。唐人街成为毛里求斯文化资产并受到保护。（夏远鸣）

兰芳公司 华侨企业。1777年，侨领罗芳伯以西加里曼丹东万律为中心成立。以嘉应州人为主，包括大埔县客家人。后辖区扩大至近2万平方千米，有华侨四五万、土著20余万。大力发展金矿、农业、交通、文教各业，使

印度尼西亚加里曼丹东万律罗芳伯墓

坤甸、东万律、沙拉满荒凉之地成为富庶的"金矿之乡""鱼米之乡"。实行大总制，在东万律设总厅，罗芳伯任总厅总长即"大哥"，副头人即"二哥"1人协助管理公务，各级官员辅政。在新港、南吧哇等地设副厅，推举副头人与尾哥、老大共同管理。在公司辖区内施行独立的法规，自行征收税金，寓兵于民，为具有较大自治权的华侨社区。1819年荷印政府开始插手兰芳公司内部事务，1884年第13任总长刘阿生去世，荷兰殖民军队进占公司总厅，公司被荷兰帝国吞并，西婆罗洲独立发展的华人公司结束。（肖文评）

越南堤岸 华侨华人聚居区。堤岸，越南文的意思是"大市场"，又称"中国城"。位于西贡河西岸。1778年旅居越南的广东、福建等华侨和明乡人士为逃避兵灾在该地形成聚居区。早期居住者为华商，主要经营大米贸易和大米加工。后各种工匠、厨师、中医师、教师、新闻记者及其他自由职业者汇聚，社区功能齐全。区内建有七府公庙、关圣帝、堤岸天后庙，还建有堤岸崇正医院（中华第四医院）和崇正学校、堤岸穗城中学、堤岸岭南中学、堤岸中正西医院（越南华侨医院）等，改善了华文教育和医疗基础设施。是东南亚著名唐人街和越南南部重要商业中心。（张国雄）

水客 职业名。民间侨批投递人。挑箩筐或背布囊，穿街过巷或下乡派送批信，如一匹巡城的马，故又被称为"巡城马"。至迟产生于清代乾嘉年间。鸦片战争后形成职业人群，民国时期发展到鼎盛。其本身是华侨，利用回家之便帮乡亲带信、钱、物。返回侨居地时，又将侨乡亲人嘱托和土特产捎带出去，俗称"走水"。通过带物带银带信收取一定的佣金。有些水客将托带的侨汇款项，作为资金，周转营利。1952年侨批局统一经营侨批，转变为侨批局侨批员，民间职业投递人的行业从此消失。是侨批文化的重要组成部分。（陈海忠）

"猪仔"华工 华工类型。特殊的契约华工。黑奴贸易被废除后，18世纪末到19世纪后期，英国、荷兰、西班牙、葡萄牙、法国等殖民地宗主国从中国掠取廉价劳动力。"猪仔头"在广府、潮汕、梅州等地用诱拐、绑架强拽等手段劫持华工，通过汕头港、澳门港贩运到中南美洲、大洋洲、美国夏威夷和东南亚的马六甲、马尼拉和巴达维亚，通过奴隶市场贩卖到种植园和鸟粪场，从事极其繁重的劳动，失去人身自由，存活下来的极少数也是一身残疾伤病。是近代广东华侨史和人类劳工史上最悲惨的群体。（张国雄）

槟城嘉应会馆 侨团。位于槟城乔治市大伯公街。创建于1801年。马来西亚乃至整个海外历史最为悠久的华人地缘性社团之一。初名仁和公司，后曾改名为客公司、嘉应馆、嘉应州公司、嘉应同乡会等，1923年正式定名为嘉应会馆。会馆完好保存了1801年地契原件。内部成立嘉德社和嘉宾俱乐部，嘉德社负责每年大伯公庙的祭祀，嘉宾俱乐部则以休闲娱乐、联络同乡感情为目的。在传承客家文化、服务同乡、回馈社会等方面作出了杰出贡献。（张国雄）

星洲谯国堂曹家馆 华侨华人血缘组织。简称曹家馆。"谯国堂"是广东台山、开平曹姓的堂号。由祖籍台山端芬的华商曹亚志于1819年创办。1822年曹亚志去世后，交由其弟曹符成管理。1853年，馆舍落成，1953年重修。以团结、服务族亲同乡为宗旨，原来只接受台山同宗乡亲入会，1971年后开始接纳其他籍贯人士。1974年因新加坡城市道路建设需要，放弃原址。1979年迁入新址，馆务延续至今。是世界第一个血缘侨团。（张国雄）

印尼惠潮嘉会馆 华侨华人地缘组织。位于泗水市 Jalan Slompretan 街58号。前身是创建于1820的清明众义冢公祠。1907年许浩、詹满、冼永采及彭炬隆等在其基础上发起成立广东公祠。后更名为惠潮嘉会馆。是泗水惠州、潮州、嘉应州（今梅州）3府共25县乡亲的侨团，以客家人为主要成员。以联络乡情、共谋互助合作、促进社会福利、发展本地工商业为宗旨。曾捐资援助国内抗战，创办侨南学校开展华文教育。改革开放以来，组织青少年溯源团到中国寻根，参与华社赈灾济困、义诊赠药等慈善活动。（冷剑波）

越南胡志明市义安会馆 华侨华人地缘组织。前身为1820年潮州华侨创办的堤岸潮州公所，1970年改为今名。为潮阳、潮安、普宁、揭阳、饶平、澄海、嘉应、大埔、丰顺各邑华侨华人的同乡组织。以联谊乡情、扶贫济困、促进族群和谐、传承中华文化为宗旨。会馆与庙宇合一，祭祀关帝、天后、文昌帝君、财神等神明。1913年成立义安学校（今义安中学），培养潮州籍华侨华人子女传承中华文化。开办医院，为华侨华人和当地民众服务。1866年、1901年、1969年三次重修。现为越南国家文物保护单位。（欧俊勇）

新加坡牛车水 又称新加坡唐人街。华侨华人聚居区。传说在没有自来水之前，这里每家每户的生活用水是用牛车到安祥山的史必灵街取水，故名。北以新加坡河为界，西至新桥路，南

至麦士威路和水车路，东到丝丝街，包括大坡、桥南路、新桥路、硕莪巷、史密斯街（俗称戏院街）、登婆街（俗称戏院后街）、宝塔街（俗称广合源街）及摩士街。1821年后成为华工聚居地，大多为广东人，故有"小广东"之称。街道以2层、3层的骑楼建筑为主，楼上住家，楼下是商店、批发店或工场。每家门口挂有一块黑底金字的横匾。中国农历中秋节、春节均张灯结彩，举行具有华人特色的庆祝活动。是现代购物中心、著名旅游景点。反映早期华人生活历程。街内汇集了著名宗教地标建筑，小巷里销售着中国书法、雕刻、木偶、佛像和香烛等传统手工文化产品。是新加坡重要的文化遗产地。（杨锡铭）

新加坡唐人街　见"新加坡牛车水"。

新加坡应和会馆　华侨华人地缘组织。新加坡第一个客属侨团。原名应和馆。位于直落亚逸街98号。1823年刘润德创立。为新加坡梅县、兴宁、五华、平远、蕉岭五属乡亲所共有。以团结乡人，联络感情，谋求共同福利为宗旨。1887年设立嘉应义冢，1905年创办应新学校，1920年设立嘉应五属医院。举办春秋二祭、清明祭祖、七月中元会等传统活动，在端午节、中秋节、春节等传统节日举办团拜会；组织会员及后代回乡寻根问祖，致力于与嘉应五属的紧密联系。保存大量碑刻、匾额、楹联等重要文物。1998年被新加坡古迹保存局批准为国家古迹。（冷剑波）

新加坡冈州会馆　华侨华人地缘组织。成立于1840年（一说1843年）。早期馆址位于大坡珍珠街上段（俗称豆腐街），1924年迁至大坡二马路（今新侨路）321号。以联谊新会乡亲、救济同胞、维护工商利益、促进社团和谐为宗旨。1928年倡办冈州义学，发展华文教育。1942年日本侵占新加坡，义学停办，1945年新加坡光复，复办华文学校，改名为冈州学校。二战期间全力支持陈嘉庚领导的南侨总会，资助中国抗战。1947年成立醒狮团、乐剧部、粤剧团，传承中华文化。20世纪70年代以来，吸收非新会籍华侨华人入会，扩大社团基础。改革开放以来，成立纱龙队、华语歌唱组，促进华商到新会投资办厂，开展慈善公益。（冉琰杰）

两头家　华侨家庭结构。华侨跨国家庭现象。近代以来，广东侨乡男性多出洋谋生，部分出洋前已经成家，部分经过奋斗有一定积蓄后也多回家乡成亲。他们单身在海外拼搏，久居异域，部分华侨便娶土著女子或侨生的华裔女子为妻，在当地成家生子，出现侨乡一个家、侨居地一个家的"两头家"的特殊社会现象。在东南亚的华侨社会最为普遍。侨乡的家，妻子为华侨父母养老送终，传宗接代；海外的家，让华侨生活起居有了稳定的环境。作为特定历史时期的产物，反映了近现代华侨的生存状态和侨乡特殊家庭结构。（陈雍）

澳大利亚五邑侨团　华侨华人地缘组织。最早的四邑侨团是1841年由新会籍华侨在墨尔本成立的冈州会馆，由新裕利、宽记、富源、新华隆4家店铺主人轮流主持，1960年改名为冈州同乡会，实行理事会、监事会新体制。另有1876年（一说1909年）台山籍华侨在墨尔本成立的宁阳会馆，清末开平籍乡亲创立的苍城公司，1979年开平华侨华人张绍信、张国桥、许天禄、潘贤等组建的维多利亚省开平同乡会，2002年恩平籍华侨华人在墨尔本成立的恩平同乡会。这些侨团集中分布在墨尔本唐人街。以联谊乡情、扶助乡亲、慈善社会、促进社群和谐为宗旨。（冉琰杰）

柔佛港主制　经营方式。东南亚柔佛华侨经营承包制。1844年，柔佛邦天猛公伊卜拉欣（Temenggong Ibrahim）为发展当地经济，划出河岸的一片土地交由华侨承包经营，开辟种植园，生产胡椒、甘蜜等经济作物。承包人称为港主，由天猛公发给港契为凭，推行港主制。每一种植园面积约100英亩，其收入按一定比例缴纳给天猛公，承包人须于承包后一年内开始种植作物。柔佛港主多为潮州人，在其承包区域内拥有行政管理权，可发行货币、开矿、伐木、兼营当铺、赌场、酒铺、鸦片馆等，有权对犯轻罪者予以拘禁和鞭挞不超过6下的处罚，不得干预辖区内马来人生活。港主可在河口修建关卡，称为港脚，用以征收捐税。1917年，英国殖民当局废除港主制，当时柔佛境内共有109条港，其土地由当局出资100万元叻币收回。（黄晓坚）

新加坡义安公司　华侨华人慈善组织。"义安"为潮州古称。1845年佘有进召集澄海及海阳（今潮安）2县12姓氏华侨代表捐资创设。成立之初由12姓氏代表组成董事会管理公司产业，佘氏家族袭任总理。1933年注册为慈善机构。拥有义冢、潮州殡仪馆、粤海清庙等慈善产业，公产收益主要用于族群公益慈善和奖助潮侨子弟积极向学。标志性建筑为义安城购物中心。是新加坡潮侨成立最早、最大的慈善团体、新加坡主要慈善机构之一。（杨锡铭）

新加坡醉花林　华侨华人业缘组织。1845年，潮州侨领陈成宝为潮籍商人更好地联络感情、交流信息而创办。1879年陈成宝去世，陈永锡等10人集

资向陈氏家属购得俱乐部所在地作为永久会址并成为俱乐部信托人。潮州八邑会馆成立之前，潮州侨社的教育、公益、慈善等事项多先在该地商议策划。20 世纪 20 年代几度修葺。1962 年黄诗通等人再度募资重修，增设图书室、网球场，订购书籍，添置各种运动器具。2007 年拆除旧建筑物，重建新楼，2011 年完工，转型成为新加坡潮州华侨华人社群的文化活动场所。是新加坡历史最悠久的俱乐部。（杨锡铭）

金山寻梦 历史事件。1848 年、1851 年、1858 年美国加利福尼亚州、澳大利亚墨尔本和加拿大维多利亚先后发现金矿，消息传到广东，以江门五邑为主的珠江三角洲移民从传统的迁入地东南亚转向去美国、加拿大、澳大利亚淘金，北美洲和大洋洲淘金地被称为金山。华侨到北美洲和大洋洲淘金也被称为金山寻梦。（张国雄）

美国旧金山冈州会馆 华侨华人地缘组织。1849 年旅居美国旧金山的台山、新会、开平、恩平华侨在萨克拉门托街创建，初名四邑会馆。1851 年筹款兴建新会所，定名冈州庙，上层为庙宇，下层为四邑会馆。后鹤山和四会的侨民加入。1854 年台山籍侨胞脱离另组建宁阳会馆，1862 年开平、恩平籍侨胞脱离另组建合和会馆，新会和鹤山籍华侨易名为冈州会馆。以维护侨胞利益、扶贫济困、推动华埠发展、促进中美友好为宗旨。是组成中华总会馆七大会馆之一。（刘进）

美国旧金山三邑会馆 华侨华人地缘组织。1850 年南海、番禺、顺德 3 县侨民创立，位于都板街 823—829 号。1862 年会馆大厦落成。后接受花县、三水、清远、高要、高明、四会等县侨民加入，成为九邑华侨会馆。1878

年会员达 1.2 万人。1901 年六邑侨民退出，另组建侨团，三邑会馆恢复原有会务。1906 年大地震后，会馆大厦在都板街旧址重建，1907 年秋竣工。以联谊邑侨、开展慈善、发展华埠、和谐族群为宗旨。是组成中华总会馆七大会馆之一。（刘进）

广东矿脉 华侨淘金地。1851 年澳大利亚墨尔本、新南威尔士发现金矿的消息传到珠江三角洲，台山、新会民众投入澳大利亚淘金潮。1857 年一支来自台山的 700 人淘金队伍，从广海港出发，于同年 3 月在香港登上美国"F. P. 圣人"号快速帆船，4 月抵达澳大利亚。因维多利亚州有禁止华人上岸的法令，他们一直航行至南澳罗希得才得以登岸，于 5 月底到达巴拉瑞特。淘金华工发现了长达 5000 米的浅冲积层金矿区，在最初的 12 周里，挖出的每筐金矿砂中黄金含量 64 至 80 英两，该地因此被誉为"广东矿脉"。一直开采至 1912 年，矿区逐渐发展成为巴拉瑞特市。被誉为澳大利亚由中国人建立的城市。（张国雄）

美国客属侨团 华侨华人地缘组织。1852 年由广东梅县、宝安、惠阳、赤

溪客家侨民在旧金山发起成立的新安会馆是美国最早的客属会馆，1856 年改名为人和会馆，馆址在都板街 945 号。1869 年来自嘉应州梅县、平远、镇平（蕉岭）、兴宁、长乐（五华）五属的客家同乡成立应福堂，主要活动是在义山安葬先友，组织清明、重阳拜祭，并每 10 年运送先友骸骨回乡。其他客属侨团还有 1972 年嘉应州（梅州）侨民成立的旧金山嘉应同乡会，1989 年成立的南加州梅县同乡会等。现旧金山、纽约、夏威夷等地共有 35 个客属侨团。以联络感情、交换知识、互相扶助、推进教育、保护同人生命财产、排难解纷、趋向和平为宗旨，服务侨民，回报社会，增进族裔和谐，促进美国与梅州经济文化交流。是组成中华总会馆七大会馆之一。（叶小利）

美国唐人街 华侨华人聚居区。早期美国华侨在各种生产场所分散居住，称为中国营地。1882 年排华运动兴起，向几个主要城镇汇集，形成唐人街。以旧金山、纽约、波士顿、洛杉矶的唐人街最为著名。旧金山唐人街是美国最早形成的唐人街，也是最大的唐人街，又称大埠。1851 年华工在萨克

美国洛杉矶唐人街

拉门托街搭建简易的房舍经商，接待新侨，成为最早聚居点。1853 年形成南起萨克拉门托街，北至晟臣街，东达坚尼街，西到市德顺街的华侨社区，当地报纸用"唐人街"来指称。区内建有地缘性会馆、宗亲团体、社团、学校、报馆、粤剧院等，经营中国商品的商店和餐馆。1906 年大地震摧毁了早期旧金山唐人街，现旧金山唐人街为震后重建，为美国西海岸重要华人文化旅游景区，中国传统建筑风格与美国建筑风格融合的楼群是唐人街界别标志。纽约唐人街于 19 世纪中期最早在曼哈顿莫特街形成，19 世纪后期形成以莫特街为主干，包括杜耶街、披露街、伊丽莎白街、摆也街、巴克街、摩比利街、包厘街等 26 条街道、600 多间商店的华侨社区，纽约唐人街规模扩展到 40 多条街道，面积超过 4 平方千米，是美国第二大唐人街。波士顿唐人街位于美国马萨诸塞州波士顿市中国城，是美国东北部著名华人聚居区。19 世纪 80 年代南太平洋铁路开始建设，华工在洛杉矶聚集，黑人巷是最早的聚居点。现洛杉矶唐人街以北百老汇街为中心，汇集餐馆、酒吧、咖啡、工艺品、古玩、杂货、药材、书店、银行、旅行社等店铺。孙中山的坐像和具有中国色彩的牌坊是洛杉矶唐人街最鲜明的标志。（刘进）

缅甸仰光广东大街 华侨华人聚居区。因最初粤侨主要聚居在以广东观音古庙（1852 年建成）为中心的大街，故名。华侨杂货店、餐馆多聚集于此，有广东华侨老商号宝元堂、同栈、中外春、广协盛，福建华侨老商号集发、林辉记、中兴公司、协德号、新荣春、永安堂等。100 多年来，广东大街是缅甸仰光最繁华的商业大街。（黄晓坚）

澳大利亚唐人街 华侨华人聚居区。以墨尔本和悉尼唐人街为代表。墨尔本唐人街因发现金矿吸引广东台山、开平华侨前来，至 1854 年在斯旺斯顿街形成。街长 900 米，宽 6 米，跨越 5 条与之垂直的大街，路面由鹅卵石铺成，街两旁的建筑物大多超过半世纪甚至上百年，有中餐馆、食品杂货店、中文书店、文具店、中药材店、工艺品店等，四邑会馆、潮州会馆、南番顺会馆等百年侨团也聚集在该地，是墨尔本市中心的商业繁华之地。区内澳华博物馆展陈 19 世纪 50 年代以来澳大利亚华侨历史遗物。东西街口中式牌坊是墨尔本唐人街鲜明标志。悉尼唐人街也叫雪梨华埠，坐落在市中心最繁华的地段，紧邻悉尼达令港，是澳大利亚最大中国城，街头牌坊刻着"四海一家""中澳亲善"。澳大利亚还有布里斯班唐人街、珀斯唐人街、堪培拉唐人街、阿德莱德唐人街和黄金海岸唐人街。（刘进）

美国旧金山宁阳总会馆 华侨华人地缘组织。1854 年 4 月由旅居旧金山的宁阳（台山旧称新宁，宁阳为其俗称）华侨创立。初创时，有会众 3400 多人，1876 年达到 4.6 万人，是旧金山华侨社区最大的侨团组织，也是当时美国最大的侨团。1928 年 9 月 15 日，全美台山侨民代表在旧金山举行全美宁阳会馆第一届恳亲大会，正式易名驻美台山宁阳总会馆，统筹全美台山华侨社团工作，下设 30 多个会馆。支持辛亥革命，援助祖国抗战，扶助慈善团体，支持华人参政，服务贫困侨胞，促进华埠发展。近 40 年来，加强乡亲联谊，传播中华文化，支持家乡发展。是组成中华总会馆七大会馆之一。（刘进）

美国中华总会馆 又称旧金山中华总会馆。华侨华人组织。成立于 1854 年，位于旧金山唐人街。初名六大公司，1862 年易名中华公所，1876 年改名为中华会馆，1901 年改为今名。由宁阳总会馆、肇庆总会馆、合和会馆、冈州会馆、阳和会馆、三邑会馆、人和会馆等七大会馆组成，采用商董制，由各会馆直接选派。通事一职每隔一年由宁阳总会馆选派，余由各大会馆轮派。以协调各侨团利益、保护和帮助侨民为宗旨。主办中文学校、华侨医院，开展公益慈善事业，传承中华文化。在团结侨团、援助祖国抗战、维护中华民族统一发挥积极领导作用。（刘进）

旧金山中华总会馆 见"美国中华总会馆"。

澳大利亚墨尔本四邑会馆 华侨华人地缘组织。1854 年由广东新会、台山、开平、恩平籍华侨创立。1966 年搬迁到墨尔本市中心唐人街。以团结四邑梓友、兴办慈善公益、维护华侨华人权益、关注华埠发展为宗旨。支持辛亥革命、抗日战争，为家乡灾害战祸积极捐款，救助难民。1980 年修订章程，明确会馆为宗教慈善机构。1856 年建造关帝庙，附设义祠，并增建观音阁，供奉四邑先侨神位，为华侨华人重要的宗教活动和祭祀先祖的场所。现为澳大利亚文物保护单位。（冉琰杰）

澳大利亚排华法案 法案。1855 年澳大利亚维多利亚议会通过，利用人头税限制华人入境。1857、1861、1876 年，南澳、新兰威尔士和昆士兰议会也通过排华法案。1880 年 12 月到 1881 年 1 月在墨尔本和悉尼召开的第一次大洋洲洲际会议，除西澳外，各地均限制华人入境。1888 年 6 月在悉尼召开的第二次大洋洲洲际会议要求英国政府向清政府交涉，禁止华人到澳大利亚定居。1974 年《澳大利亚公民法》通过，排华政策宣告结束。（张国雄）

新加坡茶阳（大埔）会馆 华侨华人地缘组织。1858年大埔籍侨领萧贤舞、钟曾康、曹顺兴、张族昌、王三云、张太星、卓文理等发起创建，以大埔县茶阳镇为名，馆址在新加坡北京街16号。以造福乡亲、培养后辈为宗旨，致力于推动乡亲团结协作，促进当地经济社会发展和家乡建设，弘扬传承中华文化。1890年创办的茶阳回春馆是新加坡第一间医社。1906年创办启发学堂，后发展为启发学校。2002年7月在芽笼22巷29号建成新会所茶阳大厦。（肖文评）

巴拿马唐人街 华侨华人聚居区。19世纪中叶，参与两洋铁路建设的华工来到巴拿马，在巴拿马城创建最初的唐人街，街道长近300米，两旁是西班牙式楼群建筑。1877年，客家侨社在唐人街联合组建人和会。区内关帝庙建于1898年，庙内钟、鼓和其他建筑构件均产自广州、香港。改革开放以来，新移民在老城北的埃尔多拉多区（El Dorado）形成新唐人街。（刘进）

泰国客家总会 华侨华人地缘组织。

泰国客家总会

前身为创建于19世纪中期的集贤馆。1909年杨礼卿、宋挺英、朱松山、伍佐南等发起成立暹罗客属会所，杨礼卿为首任会长、伍佐南为副会长。1939年改名为泰国华侨客居总会。1972年改为今名。以联络乡情、发展工商、共谋同乡福利为宗旨。下辖28个客家会馆，有会员数万名，拥有学校、庙宇、医院、义山等会产。成立以来，推动泰国客家社会福利事业发展，促进中泰友好交流。（冷剑波）

美国潮州侨团 华侨华人地缘组织。美国第一个潮州桥团。1960年3月23日成立。前身为1956年3月3日在纽约成立的潮州房。20世纪八九十年代，潮州侨团组织在美国各地成立。1993年各侨团在圣荷西市联合举办第七届国际潮团联谊年会。2016年美国潮商会、美国潮商总会先后成立，2019年1月9日两会合并为美国潮商总会。美国潮州侨团有北加州潮州会馆、南加州潮州会馆、加州圣荷西潮州会馆、华盛顿州西雅图潮州会馆、德州奥斯汀潮州同乡会、德州休斯敦潮州会馆、美京潮州会馆、伊州芝加哥潮州同乡会、费城潮州同乡会、纽约潮州同乡

会、夏威夷潮州同乡会、俄勒冈州潮州会馆、波士顿纽英伦潮州同乡会、圣地亚哥潮州同乡会、佐治亚州潮州同乡会等。以联络感情、养生送死、参与地方事务、开展慈善活动为宗旨。各组织之间互不隶属。（杨锡铭）

铁路华工 华工类型。参加美国、加拿大太平洋铁路建设华工的专称。1862年美国国会通过《太平洋铁路法

加拿大铁路华工

案》，修建横贯大陆铁路。1863年1月分别从东部的奥马哈、西部的莎克拉门托动工修建，相对而行。东部由联合太平洋铁路公司负责修建，西部由中央太平洋铁路公司负责修建，最初东、西两个公司都雇佣爱尔兰劳工。因西部劳动条件极其恶劣，爱尔兰劳工离开铁路工地，中央太平洋铁路公司被迫于1864年招收华工参与铁路建设，先后雇佣近2万名华工，占铁路劳工90%。主要来自台山、开平。华工先后突破奥本地堑、合恩角陡峭的山体和唐纳峰天堑，将西部铁路推向犹他州盐湖平原。1869年5月10日横线大陆铁路在犹他州的奥格登合拢全线贯通。华工的参与，使美国国会原计划14年建设工期缩为6年多，1000多人献出生命。美国西部南北太平洋铁路网和加拿大太平洋铁路西段建设，也主要由华工承担。（张国雄）

毛里求斯仁和会馆 华侨华人地缘组织。毛里求斯历史最悠久、影响最大的客属侨团。19世纪60年代初旅居毛

里求斯客家华侨创建。原名嘉应同乡会，1868 年改为今名。1874 年，购地建关帝庙作为固定馆址。1905 年，在路易斯港新约瑟夫利威尔街购置房屋建设仁和旅馆，作为抵达毛里求斯乡亲的下榻之处。以济贫救灾、排难解纷、团结客属侨众、促进文化教育发展为宗旨。1912 年，创办新华学校进行中文教育，一度成为非洲最有影响力的华人学校。1968 年毛里求斯独立后，为促进中毛两国交往作出有益贡献。（夏远鸣）

仁和会馆举办的健身舞

秘鲁古冈州会馆　华侨华人地缘组织。秘鲁历史最悠久的侨团。1867 年广东新会、台山、开平、恩平、鹤山籍华侨共同创办。馆址位于秘鲁首都利马市唐人街。以和衷共济、精诚团结、协调争端、扶贫济困为宗旨。争取华侨华人合法权益，推动华人参政议政，促进侨界团结，开展中秘民间友好交流，加强与家乡紧密联系。馆舍外观似中国庙宇，内堂供奉关帝。被利马市政府列为具有历史文化价值的建筑物。（冉琰杰）

留学幼童　留学生。中国最早官派留学生。晚清政府官派到美国的幼年留学生的简称。洋务运动期间，在容闳倡议，曾国藩、李鸿章等洋务派大臣支持下，清政府于清同治十一年（1872）至光绪元年（1875）期间，先后派遣 4 批共 120 名幼童赴美留学。在美国接受西方新式教育，学习自然

科学知识，接受资产阶级启蒙时期人文社会科学文化知识。因与传统教育理念相忤，清光绪七年（1881），清政府终止原定 15 年的幼童留美计划，将在美留学幼童分三批撤回。这批留学幼童或被洋务派兴办的福州船政局、上海机器局等新式企业留用，或被分发至天津水师、机器、电报、鱼雷局等处当差，或被选入新式学堂继续学习。成为晚清民国时期政界、军界、实业界、知识界等领域精英，在中国近代史发挥重要作用。铁路工程师詹天佑、民初国务总理唐绍仪、清末交通总长梁敦彦、北洋大学校长蔡绍基、清华大学校长唐国安均是早年赴美留学幼童。（石坚平）

美国旧金山宗亲侨团　华侨华人血缘组织。美国宗亲侨团大多肇始于旧金山，各地分支也多以旧金山为总机关所在地。今旧金山唐人街是美国华人宗亲侨团集中之地，有宗亲团体 30 余家。最早为朱沛国堂，创立于 1876 年。其他宗亲侨团多创建于同治年间或光绪初年。单姓制团体有陈颍川堂、李陇西堂、黄江夏堂、余风采堂、伍胥山堂、林西河堂、谢宝树堂、梅汝南堂等，多姓制团体有刘关张赵龙冈公所、陈胡袁至孝公所、蔡吴周至德堂、谈谭许谢昭伦公所、雷方邝溯源堂等。百年宗亲侨团众多成为唐人街一大特色。（刘进）

新西兰排华法案　法案。1881 年新西兰众议院通过《华人移民法案》，限制华人移民新西兰。1882 年英国女王批准生效实施。向入境华人征收 10 镑人头税。1896 年《华人移民法案修正案》提高到 100 镑。1908 年《移民限制法案》对华人在内的非英语移民增加英语测试，予以限制。1944 年，新西兰废除向华人征收人头税的限制，排华政策取消。（张国雄）

美国《排华法案》　法案。美国历史上唯一一针对单一民族进行排斥的法案。1882 年美国国会通过。规定停止华工入美 10 年，不允许华工加入美国国籍等。1884、1904、1911、1912、1919 年，美国国会又多次通过补充法案，对华工限制越来越苛刻。在美国排华时期，各地发生迫害华侨事件，石泉惨案最为惨烈。华侨通过侨团抗诉，走法律途径争取权益，退缩到唐人街进行自保。1943 年美国总统罗斯福宣布废除《排华法案》，每年给予华人 105 名移民配额，允许中国移民加入美国国籍。1965 年后废除配额限制。2012 年 6 月 18 日，美国众议院全票通过《排华法案道歉案》，以立法形式向遭受排斥歧视的华人道歉。（张国雄）

美国纽约宁阳会馆　华侨华人地缘组织。美国东海岸最早的侨团。成立于 1884 年。馆址位于纽约华埠勿街 33—37 号。每两年推荐一位侨领担任中华公所主席。为台山侨民排忧解难、谋取福利。积极服务侨胞，扶助慈善，促进华埠繁荣，鼓励华人参政，促进台山与美国纽约经济文化交流。20 多年来吸收台山籍青年侨胞入会。6 层高大楼为唐人街鲜明标志之一。与美东联成公所、纽约中华公所合称"三驾马车"。（刘进）

出世仔纸　华人身份证明。即婴儿出生证明。1882 年美国国会通过《排华法案》，华工移民在美国受到限制，引发华侨集体谋求反制。1906 年美国旧金山发生大地震，震后很多华侨重新登记身份成为土生华人。根据美国归化法案，土生华人子女进入美国不受《排华法案》限制。土生华人向美国移民局申请在中国子女出生证明文件，广东人称之为出世仔纸。江门五邑侨乡的华侨后代不少人凭借出世仔

纸移民美国。（张国雄）

加拿大排华法案　法案。1885 年 6 月加拿大联邦议会通过《限制华人移民法案》，对进入加拿大的华人每人征收 50 加元人头税。1900 年人头税提高到 100 加元，1903 年提高到 500 加元。1923 年 6 月 30 日联邦议会通过《中国移民法案》，共 43 条，史称"四三苛例"。规定中国或具有中国血统的人不许进入加拿大；所有华人必须在 1924 年 6 月 20 日前向移民局登记，否则递解出境。1947 年 5 月 4 日，加拿大政府废除《中国移民法案》。1962年新移民条例颁布，华人在法律上真正获得与其他民族平等的保护。2006年 1 月 26 日，加拿大总理正式向华人群体就排华法案道歉。（张国雄）

石泉惨案　历史事件。怀俄明州石泉镇是美国西部最大煤矿区，700 多名华工是矿区重要劳动力量。《排华法案》通过后，美国最大工会组织"劳工骑士团"组织排华活动。1885 年 9 月 2日早上 7 点，10 名白人矿工阻止华工进入矿洞挖煤，用镐头打伤一名华工。下午两点，100 多名暴徒持长枪短枪及棍棒冲进华工区，28 名华工被杀害，15 名华工受重伤，26 名华工逃进荒山

石泉惨案画

后失踪，75 处华工住宅遭焚毁，唐人街夷为平地。美国动用军队平息暴乱，清政府调查团向美国政府提出赔偿要求。美国政府向华工赔偿 14 万美元，16 名"劳工骑士团"凶手无罪释放。这一天被美国历史学家称为"怀俄明历史上最黑暗的时刻"。（张国雄）

秘鲁中华通惠总局　华侨华人组织。成立于 1886 年，馆址在秘鲁首都利马市唐人街。在利马有古冈州会馆、番禺会馆、中山会馆、同升会馆、鹤山会馆、南三顺会馆、龙冈亲义公所、观花埠秉正会八大属会，在秘鲁北部、南部、中部有华拉、华造、华冷架、加益地、毡乍、湾奴古、横佳玉中华会馆等 20 个属会。每三年召开一次秘鲁全体侨胞代表大会，选举新的理监事会。以总理秘鲁华侨华人慈善公益事业、维护侨胞权益、加强华侨华人互相扶持、传承弘扬中华文化为宗旨。开展慈善公益、筹款赈灾、济贫赠医等活动。1999 年与秘鲁政府合作改建利马唐人街。为中秘经贸往来和文化交流作出重大贡献。是秘鲁全国性华侨华人组织。（冉琰杰）

智利智京中华会馆　华侨华人组织。智利历史最悠久的侨团。由 1892 年、

1893 年智利华侨分别在瓦尔帕莱索成立和首都圣地亚哥成立的智京亚洲会馆改组而成。馆址位于圣地亚哥唐人街。以致力华侨华人慈善公益、扶助贫困侨胞、支持华商为宗旨。20 世纪40 年代创办《旅智侨声》发行至今，开设培英学校等中文学校，持续向华侨华人子弟进行中文教育，传播中华文化。（冉琰杰）

加拿大维多利亚宁阳总会馆　华侨华人地缘组织。加拿大首个侨团组织。1893 年由李英三（期灿）、李奕卫（瑞庭）、林赞乡、陈春初、黄宣琳、马谷如、麦乾初、骆仁镜等侨领在维多利亚唐人街发起创办新宁余庆堂，李英三为首任总理。1902 改称宁阳总会馆。以联谊乡亲、扶贫济困、关注华埠发展、促进族群和谐为宗旨。（刘进）

美国檀香山四邑会馆　华侨华人地缘组织。1897 年由美国檀香山台山、开平、新会、恩平侨胞共同发起成立，赵锦为首届主席。伍廷芳等知名人士是早期会员。以联谊侨胞、服务社群、发展慈善、奖励教育、造福桑梓为宗旨，积极推动檀香山华侨社区发展，促进邑侨与祖籍地、祖籍国交流。（刘进）

英伦四邑总会馆　华侨华人地缘组织。英国重要的华侨华人社团。1906 年由余进、黄球、梅显利等侨领在英国利物浦唐人街发起创建。会员为来自广东新会、台山、开平、恩平的华侨，黄球为首届主席。以联络旅英梓里感情、增进团结互助精神、共谋事业发展及社会福利、安置及照顾老弱梓里、维护会员正当权益、发扬中华文化道德及优良传统为宗旨。早期旅英的四邑华侨开办的洗衣馆遍布英伦各埠。二战期间，带领华侨积极捐款购买救

国公债，援助抗日救国。二战后期馆务停止，1955年重新恢复。（舟琰杰）

乐居镇　华工聚居地。位于美国加利福尼亚州三藩市东北120千米萨克拉门托河南岸。1912年来自中山的陈天信在该镇向乐氏兄弟租下一块地从事农业，成为乐居最早的农业耕种工人。1916年，沃尔纳特格罗夫镇中国人聚居区发生火灾，镇上农业华工迁移到乐居，乐居成为加利福尼亚州农垦区的中国人小镇。鼎盛时期常住华侨有600多人，常年流动人口千余人，主要来自广东香山（今中山、珠海、澳门特别行政区）。20世纪中期，农业人口减少而衰落。50多幢民居和包括中文学校、餐馆、戏院、杂货店、鱼市、旅店、赌馆在内的商业建筑，成为历史遗存保留至今。乐居镇作为唯一早期华人移民社区遗存，被誉为美国"乡间唐人街"，见证加利福尼亚州沼泽地变良田的历史。1990年被定为美国国家历史遗址。（张国雄）

金龙博物馆　机构。全世界唯一以舞龙为主题的博物馆。位于澳大利亚墨尔本西北128千米本迪戈。台山籍华人雷扬名创办。1985年4月21日正式对外开放，雷扬名为首任馆长。2019年底雷扬名卸任后由其女儿接任。收藏墨尔本地区淘金时代以来各种舞龙实物以及相关的其他文物，藏品超过8000件。其中一条100多米长巨龙是镇馆之宝，舞动需1000人，500人舞动，500人替换。每年本迪戈中华公所举办"中国龙节"，因此获得"龙城"美誉。（张国雄）

加拿大唐人街　华侨华人聚居区。以温哥华、多伦多唐人街历史最悠久。温哥华唐人街是加拿大西海岸最大华侨华人聚居区，19世纪80年代华侨商店在杜邦街出现，洗衣店、杂货店、理发店、食品店、茶叶店、咖啡店、面包店等形成规模。20世纪初以奇化街、卡拉尔街交叉的十字路口为中心，扩展到艾博特街、杰克逊街。现拥有12个街区，内有杂货店、药材店、茶餐厅、古玩店，并建有中文学校、中文报馆、社团等。1970年被加拿大确定为国家历史保留区。多伦多唐人街是东海岸最大华人聚居区，形成于1900至1910年间，最初在约克街、皇帝街和皇后街一带，后多伦多城市改造，1971年迁移到登打士街和伊丽莎白街一带，成为新华侨华人社区，并向西边的大学街、士巴丹拿街扩展。20世纪80年代后香港新移民增加，在士卡波洛区形成新华侨华人聚居区，有"小香港"之称。地标性建筑有1989年在士巴丹拿街市立公园入口竖立的一座铁路华工纪念碑。（刘进）

秘鲁利马唐人街　华侨华人聚居区。形成于19世纪80年代。位于秘鲁首都利马市加邦街、爱育街、巴鲁卢街。区内有中国商店、餐馆、药店、银行、超市、鞋店、理发店等。有秘鲁最大中餐馆国华酒家。加邦街入口处"中华坊"牌楼是利马城市著名建筑，背面镌刻着孙中山手书"天下为公"四个大字。秘鲁华侨全国性组织中华通惠总局坐落于该街。通惠总局和番禺、鹤山、中山、花邑、同升、龙岗、古岗、介休八大会馆构成利马唐人街互助慈善侨团组织架构。是南美最知名唐人街之一。（刘进）

美国芝加哥梅氏总公所　华侨华人血缘组织。19世纪后期梅氏宗亲在芝加哥设立，在其他城市建立公所。以集合美国梅氏族侨、固结团体、互助公益为宗旨。从1953年起，规定凡来美国谋生的宗亲（学生、年长者除外），须向所在公所缴纳会费，用于会务和侨社公益慈善活动。曾发动美国各地

族亲参与台山端芬经济文教建设，20世纪30年代捐建的端芬中学为台山著名侨校。（刘进）

赊单华工　华工类型。19世纪美国、澳大利亚、加拿大金矿开发，以及美国、加拿大横贯大陆铁路建设，形成世界性劳动力需求市场，吸引珠江三角洲有出洋传统的人们与招募劳工的公司签订合同，由公司垫付船资和路途伙食费，从每月工资中扣除本金和利息。也被称为"苦力"，到达目的地后按照自己的意愿和能力自由选择劳动场地和职业。主要来自江门五邑侨乡。为美国、加拿大、澳大利亚矿业开采、铁路建设、农业开发以及美国、加拿大工业化进程和国家统一，作出了重大贡献。（张国雄）

泰国华侨报德善堂　华侨华人慈善组织。1910年，泰国侨领郑智勇等12人在曼谷拍抛猜发起修建大峰祖师庙，初名报德堂。1936改名为暹罗华侨报德善堂。1951年更名为华侨报德善堂。习惯简称报德堂。善堂扶贫济困、殓尸义葬、施医赠药，广施善举。1937年创建华侨助产院，即今华侨医院前身，为泰国贫民提供免费医疗服务。1994年创办华侨崇圣大学，泰国九世皇普密蓬赐名并亲临主持开学典礼。1997年建新义山庄和万人墓，2000年成立华侨中医院。是泰国最具规模和影响力的民间慈善机构。（林瑜）

柬埔寨潮州会馆　华侨华人地缘组织。确切成立时间不可考，已有100多年历史。20世纪70年代停办。1993年杨启秋等发起重建，1994年4月18日正式复会。杨启秋为重建后首届理事会会长。以敦睦乡谊、互助福利、弘扬文化、拓展工商为宗旨，拓展公益事业，服务潮州乡亲；开展华文教育，传承中华文化，推动华社团结；促进

中東各族群和谐发展。拥有潮州传统建筑特色协天大帝庙、端华学校和多处义地。创办于1914年的端华学校是东南亚规模最大的华文学校，有学生1.6万人，占全柬华校学生的1/3。（杨锡铭）

英国唐人街　华侨华人聚居区。英国最早的唐人街是100多年前以台山人为主的华侨在利物浦兴建的。英国最大的唐人街位于伦敦，最初在莱姆豪斯船厂区。1934年因城市改造迁移到威斯敏斯特的苏豪区，北临牛津街，南至兰卡斯达车站，西起摄政街，东到查宁路，以爵禄街为中心。20世纪60年代因香港新移民的迁入而繁荣。区内有中餐馆、百货商店、文具店、中文书店、纪念品店和花店。是伦敦著名的商业区、文化旅游地。（刘进）

巴西圣保罗唐人街　华侨华人聚居区。巴西最大唐人街。兴建于20世纪初。位于圣保罗市中心的东方区，区内有宗亲会、同乡会等社团，1929年组建的巴西全国性华侨组织中华会馆馆址也坐落于该地。小规模经营的油漆店、餐馆、酒吧、咖啡店、杂货店、制衣业、制鞋业是早期唐人街传统产业。20世纪50年代香港、台湾新移民，尤其是八九十年代浙江新移民增加，唐人街快速发展，面积扩大到黑比尔达德街，小商品批发业务兴盛。中国式朱漆牌坊、圆形宫灯造型路灯、商店铺门厅廊柱上雕龙刻凤、商店入口关公神位、室内悬挂大红灯笼，是圣保罗唐人街鲜明标志。是拉美著名唐人街之一。（刘进）

墨西哥下加省中山总会　华侨华人地缘组织。前身为1915年广东香山籍华侨为联络乡谊、互助共进在墨西哥墨西卡利唐人街成立的同山会馆。1916年改名为香山会馆。1925年孙中山逝世后，改名为中山会馆。1963年墨西哥中山同乡召开代表大会，议决将墨西卡利中山会馆升级为墨西哥下加省中山总会，在蒂华纳市成立中山通讯处。1965年11月12日，总会举办庆祝孙中山先生百年诞辰暨中山纪念堂、会所落成典礼。坚持开办中山艺专，通过中国民族舞、芭蕾舞、醒狮及美术等课程，积极传承中华传统文化。（冉琰杰）

新西兰五邑侨团　华侨华人地缘组织。由1921年新会籍华侨在奥克兰成立的冈州会馆，1930年新会、台山、开平、恩平4县华侨在惠灵顿成立的四邑会馆，2002年台山籍华侨华人在奥克兰成立的新西兰台山同乡会，2004年在惠灵顿成立的江门（五邑）同乡会组成。以联谊乡亲、扶济贫困侨胞、促进族群和谐为宗旨。参与新西兰华侨联合总会各项抗日救国活动；开办四邑侨校，鼓励华侨子弟学习中文；出版《四邑青年》，宣传中华传统文化和伦理道德。1949年由四邑会馆倡办的新西兰华侨华人运动会每年举办一届，延续至今。是维护华侨华人社区发展，促进中新民间文化交流、经贸发展的重要力量。（冉琰杰）

新加坡南洋客属总会　华侨华人地缘组织。1923年5月汤湘霖等提议成立。1926年在新加坡牛车水柏城街20号修建会所，1929年8月23日总会大厦落成。初名新加坡客属总会，1948年8月24日改为今名。以联络同属感情，促进工商业发展，举办慈善、教育、文化、公益事业为宗旨。首任会长胡文虎，副会长汤湘霖、蓝禹甸。下属有茶阳（大埔）会馆、永定会馆、丰顺会馆、惠州会馆等28个分会。日本侵占新加坡期间停止活动，1945年秋复会。今总会由照顾乡亲利益，转变为大力维护与弘扬中华民族传统文化为主。是新加坡最大客家人社团，也是新加坡影响很大的侨团之一。新加坡前总理李光耀及现任总理李显龙为该会永远名誉会长。（肖文评）

加拿大禺山总公所　华侨华人地缘组织。前身为1894年成立的温哥华禺山昌后堂。1924年由邑侨捐款，在彭德街租赁楼宇为会所。命名番禺总信局。最初租用奇化街149号同乡陈日量的商店三记号土库为议事地点及通讯处，后改租片打东街110号为临时会址。1935年陈日进、曹仲雅、周幹芬、周赞金、杨伯安、刘焕尧、徐锦涛、杨杰兴、苏庚灶等侨领发起创建会馆新大厦，新馆址位于片打东街37号。1939年12月26日乔迁新址，禺山总信局易名为禺山总公所。以"团结之精神，谋同乡之团结，促桑梓之公益"为宗旨。晚清民国时期，与维多利亚中华会馆数次联合发起，执运邑侨先友遗骸回中国故乡安葬的善举，创办华侨中文学校传承中华文化。（冉琰杰）

红头巾　新加坡从事重体力劳动的华侨妇女的代称。20世纪20年代初期，一批来自三水（今佛山三水）农村的年轻妇女到新加坡谋生，多聚居在牛车水区的豆腐街。在建筑工地从事艰苦的工作，部分到胶厂当杂工。因头戴鲜红头巾而得名。自尊自强、团结协作，为新加坡建设事业作出巨大贡献，受到当地社会的尊重。新加坡对红头巾称颂有加，将其吃苦耐劳的精神称为"红头巾精神"。（黄晓坚）

捐款救国　募捐活动。海外侨胞捐款抗日最早起于1927年济南惨案。14年抗战期间，捐款救国是海外发动侨胞最广泛、参与人数最多的抗日救亡运动。捐款形式多种多样，有一日捐、常月捐、特别捐、献金捐，还有一碗

饭捐、卖花捐、劳军捐、棉衣捐、航空献机捐等形式，常月捐和特别捐是最主要形式。1941 年太平洋战争爆发，日军侵占东南亚和香港之前，捐款救国在全世界有华侨的地方广泛开展。后捐款活动主要在美洲、大洋洲展开。1937—1945 年间，海外侨胞的捐款总数达 1322592652 元国币，有力支援祖国抗日战争。（张国雄）

新加坡潮州八邑会馆 华侨华人地缘组织。1928 年 9 月 10 日由林义顺等 40 人发起，1929 年 8 月成立。林义顺为首届董事会正总理。初时办事处设于新加坡登路端蒙学校，1930 年 11 月迁入漆街义安公司，1963 年至今设在登路 97 号潮州大厦。侧重于争取和维护潮州帮的利益，救灾济贫，施医护老，排解纠纷，资助社群教育，加强与各地工商界联谊交流，大力弘扬潮人传统文化，促进族群和谐等，会务兴旺至今。是国际潮团联谊年会发起单位之一。（杨锡铭）

美国费城五邑侨团 华侨华人地缘组织。20 世纪 20 年代以来费城唐人街建立中华会馆、宁阳会馆、冈州会馆、鹤山公所等，其中鹤山公所馆务活动最为活跃。改革开放以来，五邑新移民加入老侨团，在费城成立华人会馆等新侨团。新老侨团以团结邑侨、扶济贫困、发展华埠、传承中华文化、促进族群和谐为宗旨。与江门五邑侨乡保持着密切联系。（刘进）

抵制日货 救国活动。1931 年"九一八"事变爆发后，海外侨胞奋起抵制日本在世界各地的战略物资运输和日本货售卖。东南亚华侨成立肃清劣货委员会等组织，号召华侨商店不卖日本货，华侨不买日本货。在美国，侨胞发起"不供给运动"，反对各种船只装运废旧钢铁、汽油、棉花、粮食等战略物资到日本。美洲各地的华侨在拒日后援会等抗日组织领导下，走进港口、码头举行游行示威等抗议活动，阻止为日本运送战争物资的船只进出港口，港口装卸华工拒绝为这些船只卸载货物。旧金山华侨阻止载有军械及废铁 2100 多吨的"广源号"轮船开赴日本，从 1937 年到 1941 年坚持了 4 年斗争，迫使"广源号"轮船始终无法启航。在欧洲，全欧华侨抗联第二次大会制订《抵制仇货运动大纲》，华侨商店坚持不售日货。全球侨胞抵制日货运动得到各国同情中国抗战码头工会、海员工会等团体和友好人士支持，发展成为国际性援华活动。（张国雄）

航空救国 救国运动。抗战期间，海外侨胞通过捐款购买飞机、回国参加空战和在飞机修造厂工作等形式发起航空救国运动。1931 年抗战爆发，中国空军和飞机制造修理急需飞行员、地勤人员和技术人员，美国华侨抗日救国组织在侨胞的支持下，先后在旧金山、波特兰、纽约、洛杉矶、芝加哥、底特律、匹兹堡、菲尼克斯、图森、檀香山等地开办航空学校，经过培训的飞行员和地勤人员回国参战。美国广东华侨华人青年参加"飞虎队"和驻华美国空军第 14 航空大队，涌现陈瑞钿、黄新瑞、陈文宽等一批"中国战鹰""空中虎将"。有华侨华人青年为国捐躯，美国华侨黄毓荃是中国抗战期间空战牺牲的第一位飞行员。海外侨胞航空救国为中国抗战胜利作出重大贡献。（张国雄）

马来西亚潮州公会联合会 简称马潮联会。华侨华人地缘组织。马来西亚潮州华侨华人社团最高领导机构。1934 年 8 月 17 日由槟榔屿、雪兰莪、吡叻、马六甲、柔佛和新加坡 6 个潮属会馆在槟城成立，初名马来亚韩江公会联合会。首任主席林连登。1935

年 3 月获当地政府批准注册，开展会务。1973 年改为今名。与各属会共同合作发展会务，设立助贷学基金，推动中文教育；推动潮语传承，弘扬中华传统文化。1980 年 8 月 18 日发起成立国际潮团联谊年会。经该会争取，马来西亚电台自 1995 年元旦起每天播送潮语新闻。（杨锡铭）

马潮联会 见"马来西亚潮州公会联合会"。

万象中华理事会 华侨华人地缘组织。前身为 1934 年潮州公所和客帮公所合并成立的永珍华侨公所。1959 年被老挝当局取缔，1988 年恢复会务。负责与老挝政府部门联系，办理有关华社事务，热心当地社会公益事业，资助对象包括万象市政厅、医院、学校、寺院等机构。拥有投资公司等经济实体，以政府投资或合资的形式开展经营活动，增进与当地政府和人民的友好关系。（黄晓坚）

新加坡广东会馆 华侨华人地缘组织。1935 年 10 月新加坡粤籍华商李伟南、杨缵文、林文田、曾纪宸、陈开国、符致建、李德初、魏森泰等侨领共同倡议成立，1937 年 9 月正式成立。目的是联谊广东华侨华人，为粤侨谋福利，凡广府、潮汕、梅州、琼属等广东籍人士均可申请加入。会员分为团体、商号及个人 3 种会籍。成立之初，组织粤侨开展募捐筹款活动，支持抗战，赈济广东难民。新加坡沦陷后，会务停顿 3 年，1946 年重新恢复。二战结束后，参与新加坡人民争取民族独立的斗争。1965 年新加坡独立建国，会员积极投入当地经济建设和社会发展之中。（张国雄）

泰国潮州会馆 华侨华人地缘组织。1936 年秋由蚁光炎、赖渠岱、郑子

彬、余子亮、陈景川、廖公圃等 55 人发起，1938 年 2 月 14 日正式成立，会址在曼谷市谷庄仁集路越卜一巷 1 号。以联络乡谊、团结图存、热爱故土、敬重桑梓、协助同乡排忧解难、发展乡亲福利事业、促进中泰亲善为宗旨。在首届主席陈景川领导下，组织潮州米业平粜公司，购运米粮回乡平卖，纾解潮汕粮荒。1941 年 8 月日军进驻泰国，陈景川等会馆领导人坚持爱国立场，拒绝与日军合作，先后被逮捕入狱。1946 年恢复会务。1978 年会馆新大厦在曼谷沙吞县谷庄仁集路十二巷 1/1 号落成，楼高 5 层，为中国宫殿建筑风格。是国际潮团联谊年会发起单位之一。（杨锡铭）

卖子救国　救国事迹。1937 年"七七"事变后，祖籍广东新会的北婆罗洲山打根（今马来西亚沙巴州）商贩郑潮炯夫妇响应南洋华侨筹赈祖国难民总会的号召，参加义卖募捐活动。郑潮炯义卖的足迹遍布北婆罗洲各地和马来半岛的星洲、吉隆坡、马六甲等地。1941 年底，郑潮炯夫妇义卖所得利润共 18 万元全部捐献给南洋华侨筹赈祖国难民总会。1940 年 7 月，郑潮炯为了筹集更多资金支援祖国抗战，与妻子钟彩合商议将刚出生的男婴卖给了祖籍广东肇庆的华侨商人，得款 80 元，悉数捐给南洋华侨筹赈祖国难民总会。郑潮炯夫妇因为"卖子救国"的壮举，被南洋华侨誉为"平民英雄"。1965 年，中国政府帮助郑潮炯夫妇找回当年卖掉的儿子郑社义。1969 年 4 月郑潮炯夫妇与儿子在新会重逢。（张国雄）

卖花捐　救国活动。全民族抗战爆发后，海外华侨掀起卖花义捐活动，义卖的是发起募捐的学校、社团统一制作的纸花及各种纪念品。售花没有花种之分和固定价格，除当众售卖外，

也可预先登记，再送花及证书。买了花或纪念品的商家及个人，即可将证书贴于门首，其他卖花队则不再重复上门劝捐。南侨筹赈总会成立后，专门就卖花捐做出具体规定，要求南洋各地筹赈会每逢纪念日均需组织卖花队向各商店及个人劝购。武汉合唱团南下新加坡宣传抗日活动期间，团长夏之秋创作的歌曲《先生，买一朵花吧》传唱一时，促进卖花活动的广泛开展。在美洲的美国、加拿大等地卖花助赈活动也很普遍。募集款项，或归集于当地筹赈会、救国会等抗日团体，汇往国民政府有关部门；或通过进步侨校等渠道，输送到八路军、新四军和中国共产党领导的抗日根据地。（黄晓坚）

新西兰华侨联合总会　华侨华人组织。1937 年 9 月 26 日由惠灵顿新西兰华侨联合会改组而成。在奥克兰、克赖斯特彻奇、达尼丁设有支会，在其他 12 个地区设立分会。统一领导新西兰各地华侨的抗日宣传筹款活动。1937 年至 1945 年间，动员 3700 多位华侨为祖国抗战捐款 24 万多英镑。1937 年 9 月至 1946 年 7 月，在惠灵顿连续出版抗日宣传刊物《中国大事周刊》，报道中国战况，其中广东战区战时情况成为报道重点。1949 年购置惠灵顿市马里恩街 11 号楼房为永久会址，会务活动延续至今。是新西兰重要的华侨华人社团之一。（冉琰杰）

马来亚新加坡华侨筹赈祖国伤兵难民大会委员会　简称新加坡筹赈会。救国组织。1937 年淞沪抗战爆发后，中华总商会组织新加坡 118 个侨团的代表于 8 月 15 日集会议决成立，陈嘉庚任主席。该会 32 名委员中，广东华侨 18 人、福建华侨 14 名。后在市区外设立分会 30 余处。在其影响下，马来亚各区成立筹赈会及其分会、支会机

构 207 个，以广东华侨为主体。（黄晓坚）

新加坡筹赈会　见"马来亚新加坡华侨筹赈祖国伤兵难民大会委员会"。

旅美华侨抗日统一义捐救国总会　简称义捐救国总会。救国组织。1937 年 8 月 21 日，在美国旧金山中华会馆召开 91 个侨团、侨校代表出席的全侨大会上议决成立。主席邝炳舜，副主席何少汉、李云煦。该组织有国民党右派参加，也容纳美国共产党华人部、万国工人保险互助会三藩市分会等左派团体代表。直接统属的分会有 47 个，遍及美国、墨西哥、中南美洲 300 余处大小市镇。影响范围仅限于芝加哥以西的美西地区。总会成立 8 年间共为祖国筹募捐款 500 余万美元。是抗战时期美洲地区规模最大的华侨抗日救国组织。（黄晓坚）

义捐救国总会　见"旅美华侨抗日统一义捐救国总会"。

纽约全体华侨抗日救国筹饷总会　简称纽约筹饷总会。救国组织。前身为 1937 年 9 月 24 日由纽约中华公所推动成立的纽约全体华侨抗日筹饷总局。1937 年 10 月 18 日扩大、更名为纽约全体华侨抗日救国筹饷总会，于 11 月 7 日在唐人街新中国戏院正式召开成立大会。由 54 个侨团组成，成立 8 年间共筹募抗日义捐 329 万美元。其影响力在美国仅次于旅美华侨抗日统一义捐救国总会。（黄晓坚）

纽约筹饷总会　见"纽约全体华侨抗日救国筹饷总会"。

暹罗华侨各界抗日救国联合会　简称抗联。救国组织。1937 年冬（一说 1938 年初），在旅暹华侨"反帝大同

到缅甸仰光接车的8名南侨机工

"盟"基础上成立。主席许一新。主要负责人先后有李华、黄耀寰、许侠、吴琳曼、邱及、许子奇、黄流、何孟基、林慕豪等。下设工人抗日救国会、学生抗日救国会、妇女抗日救国会、文化界抗日救国会和商界抗日救国会，组织遍布泰国各地，共有会员10余万人。广泛进行抗日宣传，征募救国捐、伤兵衣服、药物，举办义演、义卖，推销救国公债，组织回国服务团，发动和输送爱国华侨青年回国参加八路军、新四军、琼崖纵队、东江纵队等。仅救国捐一项，每月征募所得20万铢。1941年7月解散，各抗日团体分散独立开展活动。同年底日军占领泰国后，所有骨干及积极分子分别转到泰国抗日义勇队及其他地下抗日团体继续进行斗争。（黄晓坚）

抗联　见"暹罗华侨各界抗日救国联合会"。

东江华侨回乡服务团　简称东团。救国组织。1938年12月在南洋惠侨救乡总会推动下，香港惠阳青年会、海陆丰同乡会以及其他惠属爱国团体代表在香港召开会议议决成立。服务团在香港设立办事处，由南洋惠侨救乡总会在东南亚惠属华侨青年中开展回乡抗日宣传、赈济难民、战地服务等活动，得到惠属侨胞的拥护。1939年1月组成惠阳第一分团、海陆丰第二分团，3月首批团员从新加坡启程回乡。短短半年时间，组建博罗、紫金、河源、龙川、和平5个分团以及东宝、增龙、两才、文森、吉隆坡5个队和1个东江流动歌剧团、1个救护队，总人数超过千人。活跃在东江13个县的城镇和村镇，组织民众抗日民运工作，将南洋华侨募捐的棉衣、大米发放给难民，给病人分发药品，免费治疗疟疾等病患；在城乡发表抗日演讲，印发抗日宣传品，出壁报刷标语，举办农民夜校、识字班、战时小学等，讲解抗日救国道理；武装民众，组织农民抗敌同志会、抗日自卫队、护路队、抗日随军杀敌队、锄奸队等，在增城、博罗等抗日前线拼杀。支持中国共产党抗日主张，大部分团员参加广东人民抗日游击队曾生和王作尧部队的活动。1940年5月在东江地区的各种活动被迫停止，团员撤回南洋。（张国雄）

东团　见"东江华侨回乡服务团"。

南洋华侨机工回国服务团　简称南侨机工。救国组织。抗战期间回国服务的南洋华侨汽车司机及修理工。1939年2月7日，南侨总会应国民政府军委会西南运输处请求代募和组织。1939年2—9月，有3200余名南侨机工分15批到达中国西南地区，投入滇缅公路抢运工作。3年间有1000多人因战火、车祸或疾病为国捐躯，为中国抗战作出重大贡献。1942年5月，滇缅公路中断，大批南侨机工遭遣散。（黄晓坚）

南侨机工　见"南洋华侨机工回国服务团"。

南洋华侨筹赈祖国难民总会　简称南侨总会、南侨筹赈总会。救国组织。1938年10月10日在新加坡南洋华侨中学大礼堂召开的南洋华侨筹赈祖国难民代表大会上议决成立，是统一领导南洋华侨抗日救国运动的总机关。主席陈嘉庚，副主席庄西言、李清泉。总会会址设在新加坡怡和轩。南洋各埠筹赈会有87所，其下又设分会千百所；筹赈会内部，汇集各帮派、各行业、各团体组织，领导成员有侨领、社会名流、记者、教师和基层群众代表。在总会领导和组织下，南洋华侨在财力、人力和物力方面开展支援祖国抗日救国运动。1938年10月至1941年底，南洋华侨通过该会筹交给国民政府捐款达4亿元国币。南侨总会还受托招募华侨机工。1942年初至1945年8月，日本侵占新加坡，南侨总会被迫停止活动。（黄晓坚）

南侨总会　见"南洋华侨筹赈祖国难民总会"。

南侨筹赈总会　见"南洋华侨筹赈祖国难民总会"。

星洲华侨义勇军　简称星洲义勇军、

义军。抗日武装。1942年2月，以原星洲华侨抗敌动员总会下属民众武装部为基础成立，由英军上校达理以及华侨胡铁君、林江石等领导。办事处设在南侨师范学校并在各地开设招募战士登记站。最初参加者为3000多名华侨青年，后发展到2万人左右。在"保卫星洲"号召下，后被编入达尔部队（Dal forces），参加星洲攻防战、新山反击战、火烧敌船等战斗，给登陆日军以打击。1942年2月15日，驻守新加坡和马来亚的英军8万人投降，星洲华侨义勇军随即解散。部分队员赴马来亚继续抗日，部分队员留新加坡建立星洲人民抗日自卫团，转入地下斗争。（欧俊勇）

星洲义勇军　见"星洲华侨义勇军"。
义军　见"星洲华侨义勇军"。

新加坡大检证　又称新加坡大屠杀。历史事件。1942年2月15日，日军攻占马来亚首府新加坡后，启动肃清抗日华人计划。要求在2月21日至23日三天内，完成对华侨筹赈会中活跃分子、捐款给筹赈会的富人、陈嘉庚追随者、义勇军战士、亲英人士、拥有武器者等人士的检证。从2月19日起，日军下令几十万华侨自带干粮，分区集中到几百处接受检证。被检证出来的华侨，被卡车拉往郊外集中处决；侥幸过关的，则在身上盖一"检"字放回。日军屠杀手段极其残忍，或将人互相捆绑推入海中用机关枪扫射，或令其掘坑服毒自尽或用机枪射杀、军刀砍杀。集中屠杀华侨地点有几十处，被屠杀华侨人数难以统计，据历史学家考证超过2.5万人。新加坡大检证与南京大屠杀、马尼拉大屠杀，是日本军国主义对亚洲人民的三大暴行。（黄晓坚）

新加坡大屠杀　见"新加坡大检证"。

马来亚人民抗日军　简称民抗军。抗日武装。因其军旗上饰有3颗星（代表马来人、华人和印度人），故又称三星军。1942年4月由马来亚多支华侨抗日武装联合组成。设中央军事委员会，统一领导抗日武装斗争。初辖7个独立队，在雪兰莪、森美兰和马六甲、柔佛北部、柔佛南部、霹雳、彭亨河上下游一带对日游击作战，后将在吉打等地作战的华侨武装力量编入第八独立队，总兵力4000多人。1943年12月30日，盟军东南亚总司令部代表和马来亚共产党、马来亚人民抗日军、马来亚人民抗日联盟三方代表签订配合盟军反攻马来亚的军事协定。1944年，人数扩充到1万余人，另有民兵数万人。在3年多的斗争中，作战340次，击毙击伤日军5500多名，开辟根据地，建立人民政权，实行民主改革，解放马来亚全国半数以上乡村。（欧俊勇）

民抗军　见"马来亚人民抗日军"。

菲律宾华侨抗日游击支队　简称华支。抗日武装。参照八路军、新四军的纪律，制定"三大纪律""八项注意""八大要求"，故又称"四八支队"。1942年5月19日建立，黄杰任总队长，蔡建华任政治委员，王西雄任参谋长，李孝永任总联络官。初期队员52人，分为广东、福建两队。鼎盛时期扩充为5个大队，人数700多人。队员来自工人、店员、学生、新闻工作者和教师等界别。初期以阿拉特亚山麓为基地，后转战菲律宾14个省和马尼拉市，协助美军攻占马尼拉。前后作战260多次，击毙击伤日军2000余人。（欧俊勇）

华支　见"菲律宾华侨抗日游击支队"。

华侨回国观光团　华侨团体。新中国成立以后，为加强祖国与海外侨胞联系，1950年开始，中国政府组织各种形式的华侨回国观光团、考察团，通过参加国庆庆典或五一庆祝活动到全国各地参观访问，了解新中国建设成就。广东是参访的重要地区。改革开放后，海外侨胞归国观光团更加活跃，广东华侨旅行社在深圳、珠海拱北、汕头和广州设立华侨接待站，每年接待几十万人次，对促进国家与地方建设发挥重要推动作用，促进商贸文化交流，搭建起海外同胞参与改革开放的桥梁。（姜振逑）

万象永珍善堂　华侨华人慈善组织。1967年8月由中华会馆慈善组织设立。位于通刊堪路。以实施人道、济困济贫为宗旨。向社会提供施棺服务，帮助丧家收殓治丧送养等。20世纪70年代初，易地购买堂址，扩大善堂建筑。1988年万象中华理事会复建后，成为其辖下经济独立的福利机构。1994年兴建老人疗养院。辖下华侨山庄、凤凰山庄每年举办谢神祭祀活动，增强侨胞交往团结。2015年成立华助中心，为侨胞和当地民众提供救济服务，开展翻译和法律咨询工作，为新到老挝经商的华侨华人提供帮助。是万象华侨华人著名慈善机构。（黄晓坚）

世界客属恳亲大会　简称世客会。侨团。当代最具国际影响力的跨国性客属社团组织。1971年9月28日创办，在香港最大的客属社团之一崇正总会举行50周年成立庆典暨"崇正大厦"落成仪式时同时举行第一届会议，规定每两年轮流在世界各地有关城市举办。宗旨是"宣扬客家精神、加强客家人的了解和团结、凝聚客家人力量、推动全球客属人士的工商业和文化活动，从而在全世界形成一股受人尊重的组织力量"。世界各地客属社团积

极响应，参加的社团和代表逐届增加，规模不断扩大，内容也由原来侧重于联谊恳亲扩展到文化、经贸和学术等方面的交流，在海内外的社会影响力越来越大。（冷剑波）

世客会 见"世界客属恳亲大会"。

马来西亚客家公会联合会 简称客联会。华侨华人地缘组织。1976年马来西亚31个客家华侨华人社团在霹雳州怡保市召开首届马来西亚全国客家公会代表大会议决成立，胡万铎为首任会长。在第十一届会长吴德芳领导下，永久会址和秘书处定于吉隆坡。现下属有78个分会，遍布马来西亚全国。成立以来，通过设立贷学金、建立客家文物馆、举办客家文化节、出版客家文化丛书、成立客家学研究会等，大力弘扬客家文化。（冷剑波）

客联会 见"马来西亚客家公会联合会"。

国际潮团联谊年会 又称国际潮团总会。侨团。当代最具国际影响力的跨国性潮籍侨团组织之一。1980年东南亚潮州人社团联合倡议成立，1981年由香港潮州总会主办第一届年会。宗旨是敦睦乡谊、弘扬文化、促进工商、服务社会。是东西方文化交流融合及经济交流的桥梁和纽带。每两年轮流在世界各地举行，先后在泰国、马来西亚、新加坡、法国、美国、加拿大、澳大利亚、新西兰、印尼等国家的城市和中国的澳门、北京、广州、汕头、武汉、河南等地举办年会，影响深远，是世界潮人大团结、大发展的标志。2013年在武汉举行第17届年会时改名为国际潮团总会，会员单位逾百，直属单位有国际潮青联合会、国际潮学研究会、国际潮商经济合作组织及国际潮籍博士联合会等，涵盖青年、文化、商务及学术研究等多个范畴，制定章程，建设网站，创办会讯及会刊。秘书处常设于香港，负责处理日常事务，协调全球潮团活动，联系世界近5000万潮籍乡亲。（杨锡铭）

国际潮团总会 见"国际潮团联谊年会"。

加拿大潮州侨团 华侨华人地缘组织。最早侨团为1983年成立的安大略省潮州会馆。后卡城潮州同乡会、爱城潮州同乡会、温哥华潮州同乡会、魁省潮州同乡会、缅省潮州同乡会、卑诗省潮州会馆、不列颠哥伦比亚省潮州会馆、渥太华市加京潮州会、沙省潮州联谊会等侨团相继成立。2012年1月28日，以温哥华潮州同乡会为基础，加拿大各潮州华侨华人社团共同发起成立加拿大潮商会。参与社区赈灾济困、兴学施医等慈善公益活动，开办潮语培训班等传承潮州文化，帮助新移民积极融入当地社会，通过举办经贸、文化、旅游、教育活动，搭建敦睦乡谊、携手并进、族群和谐的平台。（杨锡铭）

法国潮州会馆 华侨华人地缘组织。1986年在巴黎成立。初名法国潮州同乡会，后改为今名。以维护族群权利荣誉、促进乡亲融入本地社会、密切与祖籍国的联系、宣扬潮州传统文化为宗旨。1995年创办法国潮州会馆中文学校，开展汉语教育。2009年被国务院侨务办公室授予首批"华文教育示范学校"称号。2003年在巴黎布洛涅森林塞纳河创办龙舟竞赛延续至今，成为巴黎重要文化赛事。（杨锡铭）

澳大利亚潮州同乡会 华侨华人地缘组织。澳大利亚潮州籍华侨华人最大社团。1988年8月8日由潮州籍华侨华人在悉尼成立。周光明任首届会长。

1990年在悉尼卡拉玛打公园路自购会址，1998年建成会馆大厦。以谋求侨胞福利、相济互助、精诚团结、促进会员融入主流社会、增进华埠和谐、支持中国和平统一大业、助力中澳经贸文化交流为宗旨。常年举办中英文补习班和中国书画、诗词、古乐、武术等学习班，创立国术醒狮团、声艺潮剧社、福德社等团体，传播潮州传统文化。（杨锡铭）

柬埔寨华侨华人理事总会 简称柬华理事总会。华侨华人组织。1990年12月26日在金边成立。实行会长总负责制，倪良信为首任会长。总会下辖金边五大方言会馆、68个各省市柬华理事分会、13个宗亲会及其他组织，计142个分支机构。负责华人社会与政府的沟通联系，协调侨团各项事务，维护华侨华人权益；开展慈善公益，扶贫济困；帮助恢复和建立金边市各华人会馆、寺庙、醒狮团；推动华文教育，促进中柬经济贸易文化交流。（杨锡铭）

柬华理事总会 见"柬埔寨华侨华人理事总会"。

巴西广东同乡总会 华侨华人地缘组织。巴西会员最多、最有影响力的侨团。1993年3月由广东各地华侨华人共同发起成立。会址位于圣保罗唐人街。2013年12月成立的巴西广东商会为其下属社团。以联络乡亲、服务侨胞为宗旨。创办华文学校，开展华文教育，开设葡文补习班，组织公益慈善，帮扶困难侨胞，促进中巴两国民间文化和经贸交流，推动中国和平统一大业。（冉琰杰）

印尼客属联谊总会 华侨华人地缘组织。2008年5月3日在雅加达成立。叶联礼为首任总主席，黄德新、熊德

龙、杨克林为资深荣誉主席。该会是印度尼西亚客属侨团最高领导机构，以积极联络乡情、弘扬客家文化、促进中国与印尼交流为宗旨。2014 年建成印尼客家博物馆，展示印度尼西亚客家华侨华人历史文化。2013 年在雅加达举办第二十六届世界客属恳亲大会。（冷剑波）

世界江门青年大会 简称世青会。侨团。2008 年在江门创办并召开首届年会。以全球江门籍华侨华人青年为主体，宗旨是联合世界各地华侨华人青年，促进相互沟通、合作共赢，推进青年大联合、大沟通、大发展。每两年举办一届，采取政府支持、民间主办、市场化运作的方式，由世界各国（地区）江门籍社团或联络分部轮流主办，已先后在中国澳门、香港和马来西亚沙巴州、印度尼西亚雅加达、美国洛杉矶聚会，吸引了全球 30 多个国家和地区数千名嘉宾参会，密切了江门市与世界各地青年的联系，促进了世界各地江门籍青年及社团的相互联谊与交往，拓展了青年精英多领域、多层次的互动合作交流。已在 21 个国家和地区成立 27 个世青会联络分部，逐步构建起全球联系的网络架构，成为有影响力的华侨华人青年交流合作的重要平台。（张国雄）

世青会 见"世界江门青年大会"。

印尼潮州总会 华侨华人地缘组织。

2011 年 3 月 13 日在雅加达举行的印尼潮州乡亲公会成立 10 周年庆典上宣布成立。曾国奎为总主席，下辖 19 个潮人社团分布在 17 个城市。以公益慈善为主要会务，赈济灾区，义诊敬老，扶助乡亲，奖学助学，促进各族群和睦相处。同年创办乒乓球公开赛，被印尼乒乓球总会列为年度赛季。（杨锡铭）

新西兰潮州总会 华侨华人地缘组织。2015 年由潮州联谊会、潮人同乡互助会和潮属商会、潮属青年联谊会、潮属南岛分会等社团共同发起成立。首任会长张乙坤。会员为来自中国大陆、中国香港特别行政区、中国澳门特别行政区、中国台湾地区以及越南、老挝、柬埔寨等国潮籍移民。以加强乡谊、传承潮州文化、促进潮州侨胞团结为宗旨。融入当地社会，开展慈善公益活动，增进族群和睦相处。加强新西兰与祖籍国交往合作，民间文化交流频繁。（杨锡铭）

南洋伯 东南亚男性华侨俗称。广东在海外最大的华侨群体。古代广东沿海地区商民沿海上丝绸之路西行，下南洋谋生；鸦片战争以后，潮汕、广府、梅州、海南岛地区有大量青壮年和女性过埠南洋。在东南亚开启山林，挖掘锡矿，种植橡胶，兴建城镇，推动东南亚经济社会发展。将岭南的农业生产技术、语言、音乐、戏剧、宗教等带入当地，促进文化交流、交融。有的与当地女子通婚，产生了明乡、

峇峇、桂家、伯拉奈干、密斯蒂佐等特殊血缘人群。（张国雄）

金山客 美洲、大洋洲华侨俗称。19 世纪北美洲、大洋洲发现金矿，以江门五邑为主体的珠江三角洲地区民众开始从传统东南亚迁移方向转向美国、加拿大、澳大利亚、新西兰，北美洲和大洋洲淘金地被华侨称为金山。最早登陆的美国加利福尼亚州三藩市被称为旧金山，第二个淘金地澳大利亚墨尔本被称为新金山。金山地理概念后扩大到整个美洲和大洋洲，凡迁移来此的华侨通称为金山客或金山伯。在家乡的媳妇被称为金山婆，儿子被称为金山仔或金山少，女儿被称为金山女。金山客返乡时携带的皮箱被称为金山箱。在近代为美洲和大洋洲一些国家和地区开发作出巨大贡献。（张国雄）

一碗饭运动 救国活动。原是美国医药援华会等团体于 1939 年首倡，每年举行一次募集捐款，支持中国抗战。1941 年 5 月，根据宋庆龄倡议，保卫中国同盟在香港成立以宋庆龄为名誉主席，香港立法局华人首席议员罗文锦为主席的"一碗饭运动"委员会。通过发售餐券筹集捐款支援中国抗战。认购者持券到指定餐馆吃炒饭一碗，故名。首发餐券 1 万张，每张港元 2 元。在美国、加拿大、古巴、巴西等美洲国家影响极大。成为美洲各地华侨参与性最为广泛的抗日筹款活动形式之一。（张国雄）

侨 乡

粤语系侨乡 传统侨乡。以广东江门五邑为主体，包括广东广州、佛山、中山地区。以广府话为主要交流语言。该区域自汉代就有移民出洋谋生，到

唐代始有明确的海外移民文献记载。明清时期仍有民众冒海禁之险出洋闯天下。鸦片战争后出现移民潮。美洲是第一大迁入地，第二大是东南亚，

其后为大洋洲、欧洲。海外移民分为三类：一是去东南亚的自由移民，包括自梳女、红头巾；二是去北美洲、大洋洲参加淘金和修铁路的赊单华

工；三是被殖民者拐卖的猪仔华工，澳门是珠江三角洲最大的猪仔华工出发港。香港为粤语系侨乡移民最大进出港，其次是澳门。广府文化与欧美文化结合，于19世纪60年代形成粤语系侨乡，20世纪20年代以广州、江门、台山为中心的侨乡城镇网络发育成熟。侨汇居全粤乃至全国之冠，侨批业发达，带动华侨新村、城镇工商业和文教卫公益事业发展。侨乡建筑中外融合特征明显，以江门五邑碉楼、别墅、学校、骑楼、祠堂、侨墟等为代表。新中国成立后，获得大量侨汇，投资工农商文教卫建设。改革开放以来，成为港澳台同胞、海外侨胞投资热土。1985年海外乡亲倡议捐资创建五邑大学。（张国雄）

潮语系侨乡 传统侨乡。包括广东潮州、汕头、揭阳、汕尾地区。以潮州方言为主要交流语言。该区域最迟宋元之际始有人下南洋，明清时期迁入新加坡、印度尼西亚、泰国、越南、柬埔寨、马来西亚、菲律宾、老挝等地。鸦片战争后出现移民潮。东南亚为主要移民方向。早期走樟林古港出洋，汕头开埠后成为主要进出港。以自由移民为主，其次是猪仔华工。汕头港为粤东猪仔华工出发港。潮州文化与东南亚文化结合，19世纪60年代形成潮语系侨乡。20世纪20年代以汕头为中心的侨乡城镇网络成型。侨汇是侨眷家庭生活的主要经济来源，侨批业发达。侨房建筑保留传统厝建筑风格。潮汕土特产远销东南亚各地，以捐资兴学为主要特征的公益事业发展迅速。新中国成立后，侨汇较多地投入生产性活动，教育卫生公益事业持续发展。改革开放以来，以文教卫和公共基础设施投资为主。1981年李嘉诚基金会创办汕头大学。（陈雍）

客语系侨乡 传统侨乡。以广东梅州、河源为主体，包括深圳、东莞、惠州部分地区。以客家话为主要交流语言。该区域地处山区，宋元时期开始有人到海外谋生，主要分布在马来西亚、印度尼西亚、新加坡、泰国、越南等南洋地区，以及美国、古巴等欧美国家。以自由移民为主，其次是猪仔华工。客家文化与东南亚文化结合，19世纪60年代形成客语系侨乡。侨汇多，侨批业发达。侨乡建筑多采用传统围龙屋式样，联辉楼等中西合璧建筑也有兴建。兴办新式教育，梅州成为著名的"文化之乡"。新中国成立后尤其是改革开放以来，继续获得侨汇支持，华侨华人投资工农业生产和公益事业，侨捐学校、医院、体育场兴建，侨资侨智成为发展的重要推动力。（肖文评）

海南语系侨乡 重点侨乡。由海南琼山、海口、文昌、定安、琼海、万宁、澄迈、临高、儋州、昌江、陵水、东方组成。以海南话、儋州话、临高话为主要交流语言。该区域宋代始有海外移民，鸦片战争后移民到东南亚、暹罗、新加坡、槟榔屿最为集中。以自由移民为主。19世纪末形成侨乡。侨汇是侨眷家庭主要收入，推动华侨新村和城镇华侨聚居区建设，商业贸易、文教卫体公益得到海外华侨的投资和赞助。是中国热带作物种植示范区，热带作物种植加工成为支柱产业。新中国成立后，华侨华人支持侨乡经济建设和文教卫事业发展。改革开放后公益慈善事业发展，主要体现在侨捐医院、图书馆、学校。（张国雄）

樟林古港 港口。位于今广东省汕头市澄海区东里镇江海交汇处。上与韩江中上游河道相连，直达平原腹地，下通大海。被誉为粤东通洋总汇之地、河海交互之墟，是明清时期潮州先侨乘坐红头船下南洋的起航地。樟林因

盐业鼎盛起于宋代，明万历年间成为古潮州有名的滨海渔港。康熙年间海禁初弛，各地商船从樟林驶出，北上沪、津，西至雷、琼，南下安南、暹罗、马来亚诸地贸易经商。延至道光、咸丰，从樟林古港乘坐红头船到海外谋生潮人150万。鸦片战争后，其地位逐渐被汕头港取代而转为内地埠市。2019年被公布为第九批广东省文物保护单位。（林瑜）

围龙屋 又称围龙。传统住宅。始建于宋元，盛于明清。兴盛于20世纪上半叶。梅州现存约2万座，以梅州梅县、兴宁数量最多。基本类型有半月式、横堂式、棋盘式、城堡式、四角式、杠式、并蒂莲式等，以半月形围龙屋最典型。基本设施有正堂、横屋、正房、南北厅、花厅间、围龙、龙厅、化胎、游廊、天井、禾坪、门楼、池塘等。以正堂与化胎为中轴线，两边对称，前低后高，整体为椭圆形；主次分明，错落有序，布局严谨；结构复杂，功能齐全；规模大，房间多，为建筑群结构。承载客家人族群观念、伦理观念、风水观念、审美情趣、建筑艺术。参见第839页建筑卷"围龙屋"条。（肖文评）

围龙 见"围龙屋"。

泮村灯会 又称泮村舞灯会。民俗活动。始于明天顺八年（1464）。每逢农历正月十三日在开平水口镇泮村举办。全过程包括扎灯、冲灯、送灯、捧灯、起灯、接灯、舞灯、打灯。村民抬着三牲祭品，以罗伞彩旗开路，3个大花灯沿不同方向、不同路线游遍泮村48个自然村；每到一条村，鞭炮齐鸣，村民舞着醒狮或金龙在村口迎送，一起游村。从早晨到黄昏，游遍全乡。泮村为侨乡，现有雷、方、邝三姓海外侨胞2.5万多人。泮村灯会得

到海外侨胞积极赞助，成为凝聚侨心的桥梁和纽带。2008 年入选第二批国家级非物质文化遗产名录。（冈虎）

泮村舞灯会 见"泮村灯会"。

东艺宫灯 传统手工艺品。相传南宋末年李姓宫灯匠人将宫灯制作技艺带到江门新会，其后代继承祖业制作宫灯。清光绪年间，后人李希焱在江门长堤开设宫灯瓷业行。20 世纪 40 年代，李希焱之子李发在香港设立东艺宫灯厂，并结合西方工艺制成现代宫灯。改革开放后，李氏后人将东艺宫灯制作技艺带回江门。主要产品有仿古宫灯、古典宫灯、灯笼、花灯、彩灯、走马灯、荷花灯、莲花灯、红木宫灯。行销北美、西欧、东南亚。曾获英国政府专利，是中国工业史上最早的灯具结构造型专利。2012 年江门东艺宫灯制作技艺入选广东省省级非物质文化遗产名录扩展项目名录。（冈虎）

开平碉楼与村落 世界文化遗产。开平碉楼是广东开平乡土建筑特殊类型，集防卫、居住和中西建筑艺术于一体的多层塔楼式建筑。建造历史可上溯至明代，鼎盛于 20 世纪二三十年代，至今保留有 1833 座。村落包括赤坎镇三门里村落、塘口镇自力村村落与方氏灯楼、蚬冈镇锦江里村落和百合镇马降龙村落群 4 处。建筑形式包括碉楼、洋楼（本地俗称"庐"）、传统三间两廊民居、庙宇社坛等建筑，糅合多种建筑风格，有中国传统硬山顶式、悬山顶式，也有罗马式、哥特式、拜占庭式、巴洛克式、洛可可式和新古典主义建筑。体现 19 世纪末 20 世纪初欧美文化与中国传统农耕文明的碰撞，是近代中国乡村全球化的缩影。2007 年 6 月 28 日，经联合国教科文组织世界遗产大会批准收入《世界遗产名录》，是广东省第一个世界文化遗

产。参见第 883 页建筑卷"开平碉楼与村落"条。（谭金花）

开平碉楼 侨乡建筑。分布在广东开平侨乡。历史上开平社会治安不靖，匪盗横行，民众纷纷建碉楼以自保，

开平瑞石楼

防御功能突出，无碉不成村。赤坎镇三门里创建于明朝嘉靖年间的迓龙楼为现存最早的碉楼遗存，大部分碉楼创建于 20 世纪二三十年代，全盛时期有 3000 多座，现存碉楼 1833 座，塘口镇、赤坎镇、百合镇、蚬冈镇数量最多。开平碉楼分为众人楼、居楼、灯楼 3 种类型，有石楼、砖楼、夯土楼和钢筋混凝土楼，楼高多 3—5 层，蚬冈镇锦江里的瑞石楼高 9 层，被誉为"开平碉楼第一楼"。华侨是助推开平碉楼兴筑的重要力量，侨汇为碉楼提供了建筑资金，海外采购的枪支、弹药和发电机、探照灯加强了碉楼的防御功能，外来建筑文化丰富了碉楼造型、装饰的艺术表达，古希腊立柱、罗马拱券与柱式、欧洲建筑的山花、新古典主义式样、巴洛克和洛可可建筑艺术与传统碉楼建筑融合，形成了侨乡独特的建筑艺术长廊，成为中国侨乡文化中外融合本质特征的经典表

达和标志性文化符号。开平因此被誉为"中国碉楼之乡"。2001 年被国务院公布为第五批全国重点文物保护单位。参见 882 页建筑卷"开平碉楼"条。（张国雄）

荷塘纱龙 传统民间舞蹈。明代荷塘篁湾举人李唐佐在四川任候补县官，回乡后以本地舞龙为基础，吸取四川游龙抢宝和彩龙滚、缠、盘等舞技，创造纱龙小跑步、大跨跳、古典错步、弓箭步等舞姿，花式更加多样。20 世纪 20 年代，留学日本乡民李玉颖把龙身轻纱裹布贴金绘彩，龙的形象更加威武、色彩瑰丽、玲珑透彻，发展至今。荷塘纱龙全长 46.75 米，分龙头、尾外和 24 节龙身，共 26 人舞；另有 1 人舞龙珠，2 人舞鲤鱼灯，4—5 人伴奏乐，1 人掌高身细鼓，1 人掌商边大铜锣，2 人敲文武两面小铜锣。舞动起来气势磅礴，表现龙穿云腾雾的多姿变化。2008 年入选第二批国家级非物质文化遗产名录。（冈虎）

小冈香 古称天台香。传统手工艺品。中国南派香的代表。明代新会小冈戴氏家族创制。其制作利用檀香、陈皮、

小冈香

香叶树等天然植物香料，经制骨、打粉、配粉、掘粉、搓香、刮香、晾晒、着色等多道工序而成。搓香技艺经母传女、婆传媳的方式在当地形成男耕田、女搓香的生产方式，是当地民众家庭经济主要收入来源之一。晚清时期小冈香品随华侨远销世界各地，成

为华人华侨思念故土、祈福未来、凝聚族群情感的纽带。今广东省江门市新会区小冈为中国香业产业基地。"小冈香制作技艺" 2013 年入选广东省第五批省级非物质文化遗产代表性项目名录。（冈虎）

天台香　见 "小冈香"。

开平灰塑　传统美术。出现于清代初年。以沿海地带浅海中的贝壳煅烧成蛎灰，加上禾秆草浸泡成粗糙的稿灰以及纸筋泡制成嫩滑的纸筋灰为主要原材料。用批刀直接雕贴于墙上或檐下，干结后形成各种吉祥图案，或山水、花鸟、人物画等，具有浮雕的艺术效果。常见于民居、祠庙和楼台建筑装饰中，是广东开平地区传统建筑装饰工艺。近代以来，工匠也使用水泥混入石灰，制作本土工匠称为 "洋花" 的西方古典装饰纹样，将西方元素融入传统灰塑艺术。2015 年入选广东省省级非物质文化遗产代表性项目名录扩展项目名录。（谭金花）

开平壁画　传统美术。清代初年广泛应用于广东开平民居、祠堂建筑。内容包括远古神话、历史掌故、山水花鸟、乡村风景，题材广泛，色彩鲜明，构图简练，配书法、诗文，反映乡村画匠或者屋主的审美情趣。民国期间华侨题材出现在开平壁画之中，海外高楼大厦、飞机、火车、轮船、汽车、探照灯、人物等现代工业文明景物成为创作内容，表现华侨出洋经历、海外世界景观，寄托对侨乡建设发展的期待。壁画制作以粗糙裹灰做底稿，再批以细腻纸筋灰，使用传统矿物质颜料，以湿画法为多。民国期间也有部分画匠尝试使用进口化学颜料制作壁画。（谭金花）

会同村　村名。位于广东省珠海市唐家湾镇西南、凤凰山脚。以纪念开村始祖黄会同而得名。始建于清雍正十年（1732）。坐北朝南，布局规整，三街八巷垂直纵横，清代民居青砖、灰瓦、飞檐等传统建筑特色鲜明。村口闸门、村首祠堂及村中碉楼具有中西合璧特征。核心区有历史建筑 7897 平方米。村人莫仕扬、莫藻泉、莫干生祖孙三代掌管英国太古洋行达 60 年之久。为促进香港的发展和繁荣作出重大贡献。（胡波）

十八瓮咸菜　民间传说。相传暹罗吞武里王朝郑信称王后，广东澄海家乡特地派人前往庆贺。郑信装了 18 瓮礼物回赠，特地叮嘱乡人抵乡之后将瓮中礼品分发给众乡亲。回程中，乡人十分好奇瓮内所装之物，便打开看，发现竟然是些咸菜。众人大骂郑信无情无义，把 17 瓮丢进海里，只留下 1 瓮带回家乡交差。回乡后，打开细看后才发现除上面是一些咸菜之外，里面全是贵重的金银财宝。郑信为防止他们遇到盗贼被劫，特意在金银珠宝上放了些咸菜。众人见此，后悔不已。传说喻示后人要珍惜情谊。（黄晓坚）

郑信衣冠冢　古墓。位于今广东省汕头市澄海区上华镇华富村。郑信，祖籍澄海上华镇，是泰国著名华裔英雄，统一暹罗，创建吞武里王朝，被尊称吞武里大帝。清乾隆四十七年（1782）秋，郑信亲属把其常穿的泰服、华服各 1 套，运回故乡安葬，建衣冠墓。

郑信衣冠冢

1985 年，澄海县人民政府重修。墓为圆形，围以混凝土圈。高 1.5 米，宽 0.7 米。墓碑上书 "暹罗郑皇达信大帝衣冠墓"。（陈雍）

浮石飘色　又称摆色。民俗活动。相传清乾隆年间台山浮石举人赵家璧上京会试，带回乡中推广，传承至今。每逢农历三月三和九月九，以八九岁的儿童装扮成戏剧故事、神话传说中的人物，由成年人用 "色柜" 抬着出游。飘色队伍从浮石一坊北帝庙出发，北帝菩萨在前，舞龙队、彩旗队、醒狮队、高跷队、八仙队、八音锣鼓队等随后，到浮石 10 个村坊巡游，祈求消灾降福，国泰民安。浮石村为侨乡，每届飘色巡游活动都得到海外侨胞和港澳同胞赞助、参与。1999 年浮石村被文化部命名为 "中国民间艺术之乡——飘色之乡"。2008 年入选第二批国家级非物质文化遗产名录。（冈虎）

摆色　见 "浮石飘色"。

蔡李佛拳　传统武术。早期主要流传于广东、广西一带，随华侨传播到东南亚、美洲、大洋洲 50 多个国家和港澳地区。清道光年间广东新会人陈享创立。因吸收蔡家拳、李家拳、佛家拳之长而得名。手法以拳、掌、桥为主，步法和腿法有弓、马、虚、拐、撒、扭步和踢腿、横踩、后钉、单飞脚和箭腿等，共 49 个套路。舒展大方，快速灵活，柔中带刚，气势磅礴，步法多变，勇猛机智，是中国南派传统拳术代表。2008 年入选第二批国家级非物质文化遗产名录。参见第 1114 页武术卷 "蔡李佛拳" 条。（冈虎）

鹤山狮艺　传统民间舞蹈。清咸丰二年（1852）鹤山沙坪越圹大朗村冯庚长所创。冯庚长自幼随父习武，后师

从同乡冯了性学武艺、狮艺。与师弟胡沛从猫的嬉戏、玩耍、捕捉等行为中悟出狮形猫步，创立轻盈、威猛、灵动的鹤山派醒狮技艺，成为与佛山醒狮齐名的南派醒狮代表，并流布于新加坡等东南亚国家。2007 年入选广东省第二批省级非物质文化遗产名录。（冈虎）

侨批档案——海外华侨银信　世界记忆遗产。"批"是广东潮汕和福建闽南方言对信的称呼。"侨批"为近代以来华侨华人通过民间渠道寄给国内眷属的家书（信）和汇款（银）凭证的统称。基本特征是银、信合体，在侨乡民间和海内外经营机构被称为银信。侨批文书还包括各种账册、货单、存折、华侨华人身份证明文件、财产契约以及政府管理文档等。盛行于 19 世纪中叶，20 世纪 70 年代末，侨批业务由中国银行接替。记录了 19 世纪后期到 20 世纪中期，中国移民在亚洲、美洲、大洋洲的迁移发展和侨居国政治、经济、历史、文化变化的历程，也记录外来文化传入中国乡村改变其文化面貌的历程。2013 年联合国教科文组织世界记忆工程国际咨询委员会会议批准收入《世界记忆遗产名录》（广东和福建联合申报，列入申报文本 16 万件，广东收藏 15 万件）。参见第 1171 页对外贸易卷"侨批"条。（刘进）

金山婆自叹　民间歌谣。流传于江门五邑侨乡及海外侨胞间。19 世纪中叶以后，五邑地区青壮年男性远赴美洲、大洋洲谋生，他们的妻子被称为金山婆。金山婆长期留守家乡，有的新婚离别，夫妻分隔数年数十年才得相见，诞生以金山婆自叹为主题的木鱼歌。歌谣的作者没有留名，或为金山婆自创，或为某男性华侨或侨乡男性知识分子以金山婆口吻创作，道出金山婆对丈夫的思念，对正常夫妻生活和父母儿女共享天伦的向往。是特殊时代特殊地域华侨婚姻的写照。（舟琰杰）

传统侨乡　侨乡类型。19 世纪 60 年代产生，延续至今。广东地区包括潮汕侨乡、五邑侨乡和梅州侨乡，分别代表了潮州话、广府话、客家话三大人群。近代以来持续向海外移民，华侨华人众多，分布广泛，是全球广东籍华侨华人最主要的迁出地、祖籍地和归侨、侨眷聚居区。侨汇数量巨大，交通及工商业发达，文教卫公共基础建设发展早，代表了近现代广东乡村的最高发展水平。潮汕侨乡、梅州侨乡主要受到东南亚文化影响，五邑侨乡主要接受了欧美文化，从而形成不同的侨乡文化景观。潮汕侨乡、五邑侨乡、梅州侨乡与福建泉（州）漳（州）厦（门）侨乡并称为中国四大著名传统侨乡。（张国雄）

从熙公祠　祠堂。位于今广东省潮州市潮安区彩塘镇金砂一村。马来西亚爱国侨领陈旭年家族祠堂。清同治九年（1870）马来亚柔佛州港主、侨领陈旭年兴建，光绪九年（1883）建成。因陈旭年字丛熙，故名。坐东朝西，面宽 31.22 米，进深 42.25 米，二进院落，前厅与后厅之间是天井，两侧有廊轩，后厅有抱厦，形成四厅相向格局。后厅面宽三间，进深三间，斗拱抬架式木结构。装饰富丽，首进门楼前分置石狮一对，门楼屋架为双面镂空石雕。镶嵌于门楼石壁上的"士农工商""渔耕樵读""百鸟朝凤""花鸟鱼虫"四幅石刻画雕工精湛。2006 年被国务院公布为第六批全国重点文物保护单位。参见 893 页建筑卷"从熙公祠"条。（黄晓坚）

继昌隆缫丝厂　机器缫丝厂。近代中国华商创办的第一家民族资本企业。清同治十二年（1873），东南亚南海籍实业家陈启沅在广东南海西樵简村创办。陈启沅亲自设计、改装蒸汽设备，仿西方人缫丝法，实现以蒸汽煮茧代替旧式炭火煮茧的缫丝技术革新，将联机丝车改为单机丝车。产丝精美光洁，远销欧美。光绪七年（1881）迁至澳门，先后改名为和昌、复和隆。光绪十一年（1885）又迁回简村，改名为世昌纶。为中国轻纺工业发展作出重要贡献。参见第 113 页历史卷"继昌隆缫丝厂"条、第 1185 页对外贸易卷"继昌隆缫丝厂"条。（石坚平）

新会华侨义冢　华侨墓地。近代以来，侨团、医院、义庄、义祠、善堂等海内外慈善组织开办运送海外华侨遗骸回原籍安葬的业务，无人认领的华侨遗骸由慈善组织集中安葬，名义冢。20 世纪 80 年代在新会先后发现多处由新会仁安医院、仁育堂、积德社修建的华侨义冢，黄坑木山安南华

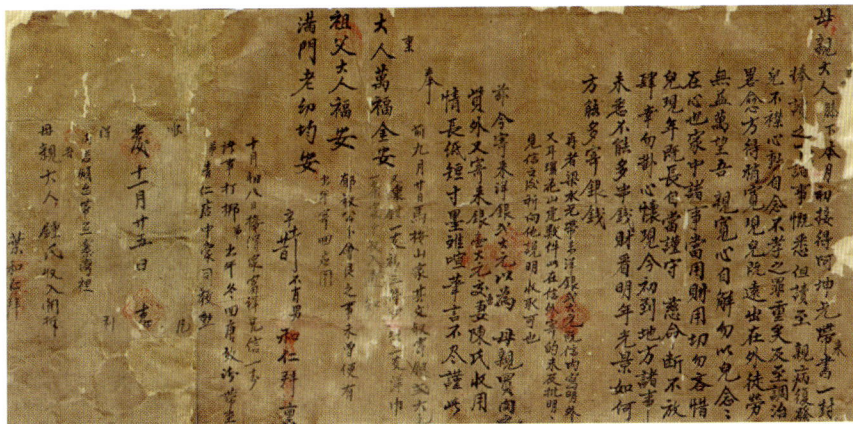

清光绪十七年（1891）南洋华侨叶和仁寄给母亲叶钟氏的银信

侨义冢葬于清光绪六年（1880），约200穴；黄坑海槐旅美华侨义冢葬于光绪十九年（1893），共386穴；横坑大槐华侨先友义冢葬于1936年，共441穴；黄冲坑鹤嘴华侨义冢，约1500穴。对研究华侨历史、近代慈善文化有重要文物价值。（谭金花）

新会华侨义冢

金声狮鼓 传统手工艺品。清光绪十四年（1888）胡厚镰在开平新昌创办。狮鼓是舞龙、舞狮、武术以及巡游等活动的主要搋奏乐器。其制作工艺属于南狮流派。制作工序复杂精细，工艺精巧讲究，款式新颖，造型美观，色彩艳丽，声音洪亮，具备运动、娱乐、美术等多方面的功能。形成品牌，代代相传。产品过半出口到美国、加拿大、新加坡、马来西亚和中国港澳台地区，美国销量最大。"金声狮鼓制作技艺" 2009年入选广东省第三批省级非物质文化遗产名录。（冈虎）

陈芳故居 又称陈芳家宅；原名陈氏庄园。人物故居。位于今广东省珠海市香洲区前山街道办梅溪村村口。夏威夷侨领陈芳于清光绪十七年至二十二年（1891—1896）建造。由故居、花园、墓园和牌坊群组成。花园包括祠堂、大屋、洋楼、花厅等，周围筑砖墙，东西设哨楼，屋巷铺设石板或青砖，植有百年白玉兰、九里香等珍贵花木。墓园现存"胜地佳城"碑刻、

陈芳故居牌坊群

八角亭、石板路以及陈芳亲手种植的桄榔树等。有梅溪石牌坊3座，为清光绪十二年（1886）、光绪十七年（1891）表彰陈芳及其亲属为家乡慈善贡献而赐建。牌坊用花岗岩建造，采用中西合璧的艺术造型。故居融合西方文化和中国建筑传统，雕梁画栋，极具岭南风格。"陈芳家宅" 2006年被国务院公布为第六批全国重点文物保护单位。参见第867页建筑卷"陈芳家宅"条。（谭金花）

广合腐乳 民间美食。清光绪十九年（1893），方守悦在开平水口镇东埠开设"广合号"专营腐乳，故名。由精选优质黄豆及广合独特菌种发酵而成，工序包括制坯、前期发酵、腌制、装瓶、后期发酵、成品整理等。香味纯正浓郁。随开平华侨走向世界，远销美洲、大洋洲和东南亚。侨胞称为"无骨烧鹅"，西方人赞为"中国奶酪"。"广合腐乳酿造技艺" 2012年入选广东省第四批省级非物质文化遗产名录。参见第961页饮食卷"广合腐乳"条。（冈虎）

广东音乐 民间音乐。流行于广东台山等广府文化地区。19世纪末及20世纪初，在珠江三角洲一带流传的民间八音班和粤剧伴奏曲牌基础上逐渐形成，20世纪20—30年代达到鼎盛。音乐作品活泼明快，结构精练，有徵调式、宫调式、商调式、羽调式，常用富有特色的五、六、八度音程的大跳和精巧的加花、变奏、装饰、滑音手法。其曲式结构融会中西，有单段体、二段体、多段体、变奏曲体、回文曲体、串曲体、组曲体和复合乐段曲体等。具有浓厚岭南特色。台山籍代表人物有丘鹤俦、刘天一、黄家齐、李凌、李鹰航、甄伯蔚、陈品豪、陈鸿燕等。代表作品有丘鹤俦的《娱乐升平》《狮子滚球》《相见欢》《双龙戏珠》《声声慢》《活泼精神》；刘天一的《放烟花》《鱼游春水》《纺织忙》；陈品豪的《春燕归堂》；黄日进的《百尺竿头》。"广东音乐" 2006年入选第一批国家级非物质文化遗产名录，由广州和台山两市共同拥有。2008年，文化部授予台山台城街道"中国民间文化艺术之乡——广东音乐"荣誉。参见第542页艺术卷"广东音乐"条。（冈虎）

潮汕铁路 历史遗产。近代中国第一

条商办铁路。第一条海外华侨华人投资建设的铁路。清光绪三十年（1904）由印度尼西亚梅州籍侨商张煜南、张鸿南兄弟在海内外集资 300 万银圆在潮汕兴建。以联结潮州府城与汕头口岸。初期由詹天佑勘察铁路路线，日本三五公司设计并承建，光绪三十二年（1906）11 月全线完工通车，全长 39 千米（1908 年扩建至 42 千米）。20 世纪 30 年代日均载客量 4000—5000 人，载货 100 吨以上。1939 年 6 月因抗战被迫拆毁。参见第 117 页历史卷"潮汕铁路"条。（陈海忠）

暹罗华侨通商轮船股份公司　简称华暹轮船股份公司。华侨企业。为打破外国轮船公司对汕头到东南亚航线的垄断，清光绪三十一年（1905）由暹罗侨领郑智勇集资 300 万铢倡议成立。购置 8 艘轮船，分别航行泰国至日本、马来亚、新加坡、印度尼西亚、越南、柬埔寨以及中国香港、厦门、上海等地，其中 4 艘轮船专行暹罗至汕头航线。在汕头设立华暹轮船股份公司驻汕头办事处。光绪三十四年（1908）停业。（姜振逵）

华暹轮船股份公司　见"暹罗华侨通商轮船股份公司"。

开明电灯股份有限公司　华侨企业。潮汕侨乡最早的电灯厂。位于广东省汕头市金直街。前身为清光绪三十一年（1905）创办的昌华电灯公司。宣统元年（1909）澄海籍泰国侨商高绳集资 20 万元买下昌华电灯公司全部资产。增购设备，易名为开明电灯股份有限公司，当年 10 月营业。初期，公司有蒸汽发电机 3 台，蒸汽锅炉 5 座，发电能力 340 千瓦，主要供应商业照明之用。为适应汕头工商业发展，1914 年新增 200 千瓦发电机 1 台，1939 年共有发电机 7 台，锅炉 8 座，

发电总容量 2000 多千瓦。1949 年总装机容量为 1820 千瓦，年发电量 267 万千瓦时，全市用户有 2800 多户。（陈海忠）

成务学堂　学校。江门五邑乡第一所侨捐私立小学。位于今广东省江门市台山市端芬镇上泽村。清光绪三十一年（1905）由海内外伍氏族亲 500 多人集资 10 多万银圆创办。1908 年竣工，1909 年 2 月 24 日启用。学校命名为成务高初两等学堂（简称成务学堂）。1924 年重修校舍，建碉楼防盗护校，改为今名。成务小学至今依然在开办。（冉琰杰）

新宁铁路　历史遗产。近代中国第二条民办铁路。清光绪三十二年（1906）5 月 1 日由旅美台山籍侨领陈宜禧海外集资在五邑动工兴建，宣统元年（1909）6 月第一期建成通车，1920 年 3 月第二期竣工通车。干线纵贯台山南北，通过新会，直达江门北街，支线从台城至白沙，全长 137 千米。1939 年 2 月因抗战被迫拆毁，运营近 30 年。陈宜禧建设原则是"不收洋股、不借洋款、不雇洋工，以免利权外溢"。中国近代铁路史上唯一一条中国人投资、中国人设计、中国人建设、中国人管理的商办铁路。参见第 117 页历史卷"新宁铁路"条。（戴永洁）

新宁铁路宁城车站

暹南大学　学校。位于今广东省广州市天河区黄埔大道西 601 号。前身为 1906 年清政府在南京创办的暨南学堂。

首批学生来自印尼爪哇，以广东籍华侨为主。1918 年更名为国立暨南学校。1923 年从南京迁往上海。1927 年改名为国立暨南大学。20 世纪 30 年代发展成为拥有商、文、理、教育、法 5 个学院 6 个系的综合性大学。成立南洋美洲文化事业部，专门研究海外华侨历史文化，主编《南洋研究》丛刊，出版《南洋丛书》，是中国高等院校最早设立海外华侨研究机构的单位。1937 年迁往福建建阳办学。1946 年 6 月迁回上海。1949 年并入复旦大学、交通大学。1957 年，在广州重建暨南大学。1970 年停办，1978 年复办。为中国第一所全日制华侨综合性大学。是国务院侨务办公室华文教育基地、国内规模最大的港澳台侨高素质人才培养基地。参见第 916 页建筑卷"暨南大学早期建筑"条。（张应龙）

汕头自来水股份有限公司　华侨企业。潮汕侨乡最早的自来水公司。清光绪三十三年（1907）由澄海籍泰国侨商高绳之集资 100 万元筹建。宣统三年（1911）在潮安庵埠大鉴乡动工兴建，1913 年竣工，向汕头供水。以韩江为水源，建有沉淀池 4 个、滤水池 4 个、蓄水池 1 个，进口美国净水炉机 2 座。敷设送水管线长 10940 米。至民国后期，汕头全市大小供水管总长 48.4 千米，自来水用户有 3500 多户。1949 年日最高供水量 5000 吨，用户 4000 余户。（陈海忠）

香山旬报　期刊。广东香山（今中山）郑岸父等人于清光绪三十四年（1908）八月二十二日创办。初期为旬刊，从宣统三年（1911）2 月第 84 期起改为周刊，易名为《香山循报》。宣统三年（1911）11 月 8 日停刊，共出版 123 期。以监督地方行政、改良社会风俗、提倡实业、网罗文献为宗旨，主要栏目有《论著》《时评》《新闻》

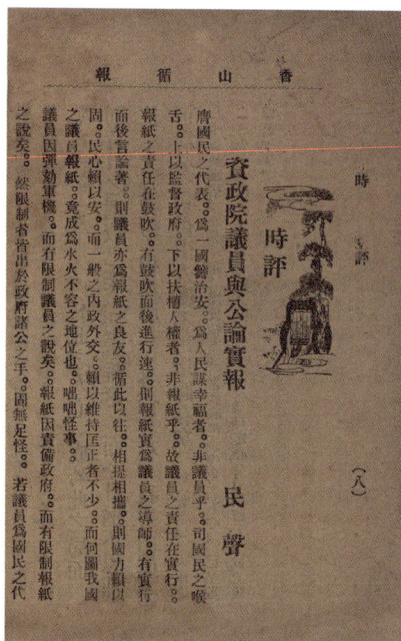

1911年第84号《香山循报》

《小说》《文苑》《告白》等。主要报道香山县政治、教育、社会新闻，重点宣传孙中山革命思想及其革命活动。发行到香山、广州、北京、天津、上海、汉口等城市，以及中国香港、菲律宾、澳大利亚、美国、加拿大等国家和地区的香山人聚居地。是中国最早的侨刊之一。　（姚婷）

台山女子师范学校　学校。原址位于今广东省台山市市区。前身为清光绪三十四年（1908）新宁知县覃寿堃倡办的淑慎女学堂。1928年改名为台山县立女子乡村师范学校（附设女子小学）。1930年岭南大学教育系毕业生陈婉华（台山斗山镇六村大平里人）出任校长，亲赴香港、新加坡、仰光、槟榔屿募捐，在县城南边垦基山上修建教学楼、图书馆、运动场等，扩招乡村师范班，师范生达316人，附小学生557人。1934年改名为台山县立女子简易师范学校，实行四年制女子初等师范教育。毕业生主要进入乡村学校担任教师，学校成为民国时期台山县女子教育的发达象征。1954年改办台山华侨中学，延续至今。（冉琰杰）

新宁杂志　期刊。岭南刊行时间最长的杂志；中国影响最大的侨刊。清宣统元年（1909）创刊。月刊。新宁为今广东台山的旧名。曾四次停刊，1978年12月复刊后持续办刊至今。以开启民智、改良社会、发展教育与实业为宗旨。"复刊号"主要栏目有《专论》《本邑要闻》《邻县新闻》《粤省要闻》《中外要闻》《特载》《华侨通讯》《杂俎》《文苑》。后增设《台山风光》《家乡特产》《人事调查》《卫生常识》等栏目。改革开放后以沟通海内外乡情侨情、联系乡心侨心、服务侨胞侨眷、促进侨乡建设为宗旨。注重报道侨乡政治、经济、社会、历史、文化、民俗、掌故等内容以及海外侨情。20世纪20年代设台山总社、香港分社，拥有美国、加拿大、秘鲁、墨西哥、菲律宾、缅甸、澳大利亚、新加坡、日本等国40—50个代理处的发行网络。目前一年出版4期，发行到90多个国家和地区。其办刊体例、服务侨胞意识、营销方式等，对中国侨刊乡讯发展的影响甚大。参见第713页新闻出版卷"新宁杂志"条。　（姚婷）

台山第一中学　学校。位于今广东省江门市台山市台城镇城纱帽山南麓。前身为清宣统元年（1909）成立的新宁公立中学堂，以文庙为校址。1914年因新宁县改名为台山县，改名为台山县立中学校。民国初年迁至县城东门外纱帽山麓。1920年以加拿大宁阳余庆总堂为首的华侨共捐款25万加元

台山第一中学

建设初中部，1926年落成使用，蔡元培题写校名。1933年美国华侨捐款24余万美元建设高中部，1936年落成使用。1952年改名为台山第一中学。1953年被评为广东省重点中学。改革开放以来，以伍舜德祖孙三代、李伯棠为代表的港澳乡亲成为捐资办学的主要力量。校友遍布世界，美国、加拿大、澳大利亚校友会在母校设立奖教奖学基金。学校排球运动发达，校排球队多次获全国中学生排球赛冠军。"台山县立中学"2008年被公布为第五批广东省文物保护单位。参见第381页学术·教育卷"台山县立中学"条。　（冉琰杰）

陈慈黉故居　名人故居。位于今广东省汕头市澄海区隆都镇前美村。东南亚实业家陈慈黉于清宣统二年（1910）开始兴建，1939年停建。占地面积2.5万平方米。由郎中第、寿康里、善居室和三庐书斋组成。保持潮汕传统村落格局和厝建筑式样，吸收外来建筑文化。建筑材料有本土砖瓦、进口水泥、钢筋、瓷砖、彩色玻璃等，进口瓷砖式样有几十种。是传统的"三落四从厝"（驷马拖车）糅合西式洋楼，通廊天桥萦回曲折。窗户以南洋瓷砖为外部装饰，或花岗岩为内框，或铜柱为窗棂，或泰国楠木为窗扇。见证潮汕侨乡从传统乡村向近代文明发展进程。被誉为"岭南第一侨宅"。2002年被公布为第四批广东省文物保护单位。参见第867页建筑卷"陈慈黉故居"条。　（陈雍）

江门造纸厂　华侨企业。江门资历最老、规模最大的侨资企业。江门第一间机械化造纸厂。1910年由日本台山籍留学生余觉之、余乾甫在江门文昌沙林动工兴建。1913年2月投产。初名江门制纸股份有限公司。使用日本、英国进口设备，生产本槽纸（仿

漂白纸）。1915 年 9 月注册商标"双飞船"。1932 年厂区总占地面积为 121.46 亩。1954 年改名为江门造纸厂，实行公私合营。1966 年改为全民所有制的国营企业。20 世纪 80 年代初期生产的"双荔牌"打字纸被轻工部评为优质产品。2006 年破产。参见第 816 页科技卷"江门制纸股份有限公司"条。（冈虎）

新光电灯局　华侨企业。1912 年新会籍美国华侨赵冠山和美籍妻子、电气工程师露丝集股组建。位于江门三角塘，装机容量 200 马力。1916 年，通过与旅港同胞及新会知名人士朱邑裘、冯伯娄、李简、朱藻庭、林寿而、黄仿周、朱润之等另招新股，在会城设立新光电灯局分局，名普照电灯公司。1917 年改称新光电灯公司。1924 年改称新光电力股份有限公司。1932 年易名新光电力股份有限公司会城分公司。1936 年在江门白沙新建厂房，基本满足江门的用电需要。1949 年 10 月 20 日，改为公私合营的江门白沙电厂。1958 年 5 月，在江门白沙电厂的基础上成立江门市供电所。（冈虎）

广州东山洋楼　历史建筑。多在今广东省广州市越秀区东山新河浦路、恤孤院路一带。融合西方或东南亚建筑特点，与传统的西关大屋迥异。最初是辛亥革命后海外归来的华侨在修建，后来高官显要、军政要人亦纷纷在东山营建住宅、别墅，到 20 世纪 30 年代已有较大规模。代表性洋楼有 1922

东山洋楼

年旅美华侨马灼文建造的逵园，20 世纪初兴建的陈济棠公馆，南洋烟草公司简氏兄弟建造的简园，国民革命海军造船总监伍景英的隅园，陈独秀、李大钊、毛泽东等中共三大代表居住过的春园等。军政界知名人士林翼中、孙科、林送民、陈庆云等 20 多位均建有洋楼。是广州特有的民居建筑。参见第 841 页建筑卷"华侨洋房"条。（谭金花）

广东梅县东山中学　学校。位于今广东省梅州市梅江区学海路。1913 年春叶则愚、叶菊年、邓少楼等创办。初

广东梅县东山中学

名私立东山中学。1916 年改名为梅县东山中学校，现名广东梅县东山中学。海外客家华侨给予资金资助。1951 年被列为广东省重点中学。1978 年被列为全国重点中学。改革开放以来，海外华侨持续捐资办学，先后获广东省国家级示范性普通高中、广东省一级学校等称号。参见第 383 页学术·教育卷"私立东山中学"条。（夏远鸣）

台山侨墟　古商埠。清末至 20 世纪 40 年代，台山侨乡工商业繁荣，一批商埠在新宁铁路沿线及河流沿岸兴起。兴盛时期有 120 多处，至今保留有 82 处，分布在台山各镇、村。建设资金主要来自海外，商铺业主多为海外华侨，故俗称侨墟。小的称"市"或"墟"，如西宁市、汀江墟；大的称"埠"，如海口埠、公益埠。建筑形制与其他侨乡沿江沿河线形展开不

同，如欧洲城市广场，中西合璧的骑楼沿四周分布，中间为开阔广场。建筑材料采用水泥、钢筋、彩色玻璃、坤甸木，为岭南檐廊式临街建筑与西方混凝土建造技术融合形成的特殊商业建筑群，柱式、拱券、山花以及装饰图案被运用于骑楼檐廊和立面，构图丰富多彩。是台山侨乡商业、金融、文化发展的历史见证。具有历史价值、文化价值、建筑价值和美学价值。（谭金花）

端芬镇中心学校　学校。位于今广东省江门市台山市端芬镇。前身为清末梅氏族亲在梅氏始祖大宗祠创办的蒙养学堂。1911 年改名为培根小学堂，1925 年改为端芬高等小学校。1931 年在美国芝加哥梅氏总公所主持下，海外梅氏侨胞捐款扩建。1932 年改为私立端芬初级中学，为台山侨乡第一所乡村中学（仍附设小学）。1933 年迁至今台山端芬镇莳田区。1936 年美国芝加哥梅氏总公所再次为学校建设募捐。1937 年前是台山规模最大、建筑最宏伟的乡村中学。1950 年改为公立学校，停办附属小学，增设高中部。1976 年改名为台山县端芬中学。2009 年改为今名。校友遍布美国、加拿大、澳大利亚等国家。（冉琰杰）

过番歌谣　简称过番谣。民间歌谣。流传于广东梅州、深圳等客家人居住地区（包括闽、港、澳、台客家人居住区）及东南亚各国客家华侨居住地。以梅州地区为盛。清代海禁大开，客家人下南洋谋生，称为"过番"，过番歌谣随之诞生。反映客家人漂洋过海、外出谋生的困境，包括过番时的艰难与过番后的苦况，影响深远。表达客侨浓厚乡土观念与思乡情怀，承载客侨文化记忆与身份认同。是客家民间口头文学的一种特殊表达形式。（周晓平）

过番谣　见"过番歌谣"。

文昌符家宅　又称符家大宅、松树大屋。民居。位于今海南省文昌市文城镇松树村。1915 年新加坡侨商符永质、符永潮、符永秩三兄弟兴建，1917 年建成。占地面积约 1430 平方米。由 3 栋 2 层楼房和 8 间横屋组成，是文昌传统三进单横屋式布局，共有 34 个房间。住房采用文昌传统瓦顶、上墙构造，在回廊、阳台的立柱、护栏、门拱、窗拱、窗裙等处融入西式建筑装饰素材，运用浮雕、砖雕、木雕、拱雕、窗雕等传统建筑装饰技艺进行装饰。大宅富丽锦绣，有文昌传统建筑韵味，又有南洋建筑风格，为文昌著名华侨大宅。1939 年 2 月，日本侵占海南岛，符氏三兄弟举家迁往新加坡。1950 年后，先后被用作小学校、食堂和粮仓。是文昌华侨历史、侨乡文化的重要见证，具有很高的历史价值与艺术价值。2019 年被国务院公布为第八批全国重点文物保护单位。参见第 904 页建筑卷"文昌符家宅"条。（张国雄）

符家大宅

漳汕轻便铁路　历史遗产。1915 年广东大埔商人杨俊如、萧亦秋等招股集资 22.5 万银圆筹建。连接樟林港、汕头港。1916 年在汕头开工，1923 年修至澄海。全长 18.5 千米。为特制小铁轨，列车用藤竹做的轿子车厢，下装 4 个小铁轮小型台车，每车厢容客 2—4 人。台车有特别和普通两种，货运、客运兼用，人力推行。最盛时全线有台车 200 架，推车工人 180 人。1939 年 6 月因抗战被迫拆毁。"汕樟路"街名和"轻便车头"地名保留至今。（肖文评）

台山九人排球　传统体育。20 世纪初，华侨将排球传入广东台山侨乡，1914 年成立排球队，台城谭氏学校（今台

台山九人排球

山育英中学）和四九下坪堡小学是台山最早开展排球运动的学校。1919 年台山浮石村成立中国第一个农民排球组织华利磨（排球英文 volleyball 的台山话译音）学会。20 世纪 30 年代台山每个村有一支排球队，村际友谊赛成为传统。1927—1934 年，台山排球队代表中国参加第八届、第九届、第十届远东运动会，为中国赢得第一项排球国际比赛冠军，并首次实现了"三连冠"。20 世纪 50 年代末台山参加排球运动群众超过 10 万人，各年龄段运动队在全国排球赛中均成绩显著。台山被誉为"排球之乡"。（冈虎）

茅冈月报　期刊。1919 年创刊。月刊。1943、1948 年两次停刊，1984 年复刊后办刊至今。现为开平百合镇镇刊。以传播乡音、沟通乡情、激发海外乡亲念祖爱乡情感、参与家乡建设为宗旨。主要发行到美国、加拿大、墨西哥、英国、委内瑞拉、巴西、巴拿马等国家和港澳地区的开平百合侨胞聚居地。是广东开平侨乡最早的侨刊之一。（戴永洁）

新民月报　期刊。1919 年创刊。月刊。曾三次停刊，1981 年复刊后办刊至今，现为开平蚬冈镇镇刊。以报道家乡消息、加强与海外乡亲联系、忠诚为侨胞服务为宗旨。发行到美国、加拿大、英国、墨西哥等国家和港澳地区的开平蚬冈侨胞聚居地。是广东开平侨乡最早的侨刊之一。（戴永洁）

开平第一中学　学校。位于今广东省江门市开平市赤坎镇。1919 年由开平县政府和旅港开平商会倡议，司徒氏家族和关氏家族筹款创建。初名开平中学。20 世纪 30 年代两大家族海外族亲再次捐资修建司徒教伦堂纪念堂（教学大楼）和关光裕堂纪念堂（学生宿舍大楼），两座建筑均由美国学成归国的赤坎镇建筑师关宇舟设计。1950 年后，改名为开平第一中学。改革开放以来，方创杰、周谦益等海外侨胞支持办学，办学规模不断扩大。1993 年成为广东省首批一级学校。2008 年成为广东省国家级示范性普通高中。校友遍及美国、加拿大、澳大利亚、新西兰和东南亚等国家和地区。（谭金花）

司徒氏通俗图书馆　图书馆。位于广东省开平市赤坎镇下埠堤东路。1920年司徒氏家族租借下埠联兴街福音堂设立阅览室。旅居美国和加拿大的司徒懿慈、司徒懿衍、司徒章谋、司徒继敏、司徒宣业和旅居菲律宾的司徒有桥倡议集资选址另辟新馆，于1923年由广州市永和建筑公司中标承担在赤坎镇下埠东头潭江边创建。1925年落成开业。主楼高3层，欧洲古典建筑风格。院落围墙、门房和牌坊为中式建筑。1926年增建钟楼，大钟从美国波士顿购置，至今依然准时敲响。三楼顶正面有谭延闿所书之"司徒氏图书馆"横额，楼下正门横眉用云石刻有书法家冯百砺所书"司徒氏通俗图书馆"馆名。馆藏逾万册图书和文物珍品。1941年因抗战馆务停办。1950年先后用作中共开平县委会、赤坎镇人民政府办公场地。1983年复办。司徒氏族刊《教伦月报》编辑部设置在图书馆内。（冈虎）

燧昌火柴厂　华侨企业。五邑最早的火柴厂。1921年美国台山籍侨商黄壮辉、黄惠伯兄弟等人合资在江门三角塘开办。主要原料靠进口，产品销往南洋等地。1927年因严重亏损，由黄润堂收购，改名为光明火柴厂。（冈虎）

开平明报　期刊。1922年秋加拿大侨胞谢奕斌、关雨田等发起创办。以宣达国情乡讯、慰藉海外侨胞思念、促进家乡建设和发展、兴办公益事业为宗旨。发行至美国、加拿大、英国、澳大利亚、新西兰、新加坡、马来西亚等国家和港澳地区开平侨胞聚居地。（戴永洁）

景堂图书馆　图书馆。位于今广东省江门市新会区仁寿路。1922年由暹罗新会籍华商冯平山创建，为纪念其父

冯景堂而命名。1925年建成开馆。建筑面积1250平方米，主楼为欧洲古典建筑风格。1938年底藏书达到65945册，收藏部分珍贵图书。抗战期间停办，部分图书疏散到新会乡村保存，一部分运港保存。1949年复办。1988年冯秉芬、冯秉芹捐建景堂图书馆新楼。现有建筑面积6510平方米，馆藏图书38万多册，被评为国家一级图书馆、全国文明图书馆、广东省文明图书馆。（冈虎）

景堂图书馆

暹罗华侨赈灾纪念亭　又称丰哉亭。历史建筑。位于今广东省汕头市韩堤路和月眉路交会处，汕头市地标建筑之一。1922年8月2日，汕头遭遇特大台风，造成重大损失，死亡7万余人。暹罗（今泰国）潮汕华侨踊跃捐输赈灾。1931年为纪念暹罗华侨的善举而兴建。为六角重檐攒尖顶，亭中树碑，镌刻捐款者芳名和纪念碑文。（林瑜）

丰哉亭　见"暹罗华侨赈灾纪念亭"。

白沙侨刊　期刊。1924年创刊。广东台山白沙镇侨联主办。两次停刊，1981年复刊后出刊至今。以传递乡情侨情、联系海内外乡亲、宣传侨务政策、促进侨乡建设为宗旨。发行到美国、加拿大等30多个国家和港澳地区开平白沙侨胞聚居地。（戴永洁）

光裕月报　期刊。1925年创刊。月刊。以广东开平赤坎镇关族堂号冠名，有

缅怀先祖、弘扬祖德、光裕后人之意。以报道家乡消息、族人状况，宣传侨务政策，联络侨胞感情，沟通侨心，增强念祖爱乡情感，繁荣侨乡经济为宗旨。主要栏目有《馆报动态》《乡间族闻》《赤子情深》《驼冈归燕》《好人好事》《家乡建设》等。发行到美国、加拿大、巴西、秘鲁、智利、巴拿马、澳大利亚、新西兰、新加坡、马来西亚等30多个国家和港澳地区关氏族亲聚居地。（戴永洁）

潭溪月报　期刊。1927在广州创刊。原刊名为《潭溪青年先锋月刊》，以广东开平塘口镇谢氏家族聚居地潭溪冠名。1928年改名为《潭溪先锋》，办刊地迁回开平塘口镇潭溪。1937年停刊，抗日战争后复刊，改名为《潭溪月报》。以刷新族务、劝善除恶、辅助民众、促进地方公益事业的发展为宗旨。发行到美国、加拿大、巴西、秘鲁、智利、巴拿马、澳大利亚、新西兰、新加坡、马来西亚等30多个国家和港澳地区的谢氏族亲聚居地。（戴永洁）

五堡月刊　期刊。1927年由旅居加拿大谭姓乡亲以及广东开平五堡地方热心人士共同创办。曾3次停刊，1981年复刊至今。以沟通侨情，联络乡亲，交往宗朋，为祖国、为家乡、为宗亲的物质文明和精神文明建设服务为宗旨。主要栏目有《乡闻》《侨情》《宗情》《校讯》《市镇信息》《港澳动态》《环球侨讯》等。发行到美国、加拿大、巴西、智利、新加坡、马来西亚等20多个国家和港澳地区五堡乡亲聚居地。（戴永洁）

胡文虎大楼　历史建筑。位于今广东省汕头市金平区民族路69号。1927年由东南亚华侨胡文虎创建。占地面积约480平方米。该楼外观呈扇形，主

体高3层，有广东骑楼风格，又融入欧式高楼特点。三楼顶天台中间有一座筒形3层望楼，汕头人称之为"楼叠楼"。胡文虎以大楼为生产基地，创办永安堂制药厂，生产虎标万金油等药品，畅销国内和东南亚等地。保存完整，见证汕头开埠以来的历史。（陈雍）

联芳楼 民居。位于今广东省梅州市梅江区西阳镇白宫新联村。取"五叶联芳华"之意命名，寓意"兴旺发达，世代联芳"。1931年，旅印尼华侨丘麟祥、丘星祥诸兄弟回国兴建，潮州人翁瑞社设计，1934年竣工。耗资24万银圆。占地面积2460平方米，建筑面积2930平方米。是一座中西合璧的2层砼砖混合结构客家民居建筑。坐西北朝东南，四周以建筑物环成围屋大院。平面布局为方形，沿中轴线分上、中、下三堂，大厅8个，小厅14个，天井8个，房128间。正面是3个凸起的钟楼式大门，其上下左右及所有窗户顶端均饰以动物、花草浮雕，楼顶钟楼上端有雄鹰展翅、天使临门等浓郁西方建筑风格的塑像，又有狮子滚球、双龙夺宝等典型中式建筑特色

联芳楼

的雕像。是客家人移民历史和侨乡文化的重要见证。2002年被公布为第四批广东省文物保护单位。参见第910页建筑卷"联芳楼"条。（房学嘉）

林家大宅 民居。位于今海南省文昌市会文镇欧村。1929年，澳大利亚侨商林尤蕃父子始建，历时3年建成。占地1008平方米。位于欧村中央，坐北朝南。由香港的英国设计师设计。由门楼、前堂、后寝三进建筑构成，平面呈"日"字形，将文昌传统民居与南洋建筑风格融为一体。门楼与回廊借鉴南洋建筑的款式，结合传统的灰塑、木雕、泥塑技艺，将鲜花、蟠桃、龙、鱼、蝙蝠和"如意花纹""一支笔纹""同心结纹"等吉祥语以及东南亚风格的图案用于屋脊、檐口、窗等处的装饰。林尤蕃家族从福建迁移来文昌，十六世祖林披的9个儿子均为唐朝进士出身，分别任多地刺史，有"唐九牧"之美誉；二十五世祖林杞是宋朝知州，9个儿子也先后官至知州，有"宋九牧"之称。林尤蕃以"双桂第"命名大宅，有继承家族历史渊源、书香传统之意。是文昌华侨历史、侨乡文化的重要见证，具有很高的历

史价值与艺术价值。（张国雄）

关族图书馆 图书馆。位于今广东省江门市开平市赤坎镇上埠堤西路。关族图书馆筹备委员会向海内外关族乡亲筹款兴建，1929年开工建设，1931年落成使用。主楼高3层，葡式建筑风格，七彩玻璃窗和西式院门。顶层钟楼正面"关族图书馆"馆名为清代新会名贤梁鸾玱所题，正门匾额馆名由近代书法家吴道镕题写。钟楼的大钟从德国进口，至今依然准时敲响。馆藏《万有文库》《四库全书》和《二十四史》等，订有中外报纸杂志。1941年因抗战馆务停办。1946年复馆，至今按时开放。关氏族刊《光裕月报》编辑部设置在图书馆内。是关氏海外侨胞返乡必去之处，也是家族历史文化展示馆。（冈虎）

广东华侨中学 学校。初中校区位于今广东省广州市越秀区广州起义路，高中校区位于今广东省广州市白云区金沙洲善贤路。前身为1930年创办的广州私立四邑华侨中学。1950年改名为广东华侨中学。1951年改为省立华侨中学。1959年隶属广州市。1965年8月迁至沙河瘦狗岭，更名为广州市第五十六中学。1973年7月停办。1984年广州市第十五中学并入第十四中学，在起义路十四中校址复办广东华侨中学。对华侨、归侨和侨眷子女给予照顾，同等条件，优先录取。现为广东省国家级示范性普通高中、广东省普通高中教学水平优秀学校。参见第389页学术·教育卷"广州私立四邑华侨中学"条。（张应龙）

太和医院 医院。位于广东省台山市斗山镇六村。1930年由旅美侨胞陈卓平、陈孔森等捐资13万港元兴建，1932年5月建成使用。是当时全国院舍最漂亮、设备最完善的乡村医院。

运营至今。（张国雄）

汝南之花 期刊。1931 年创刊。广东台山端芬镇梅氏宗亲会主办。半年刊。"汝南"为梅氏堂号，以堂号冠名含念祖爱乡、弘扬祖德之意。以沟通海内外联系、密切侨胞感情、促进族亲团结合作、参与侨乡建设、振兴中华服务为宗旨。主要栏目有《风岭通讯》《家乡之音》《文体短讯》《教育快讯》等。发行到美国、加拿大、巴西、委内瑞拉、新加坡、马来西亚、泰国、缅甸等 47 个国家和港澳等地区的梅氏族亲聚居地。（戴永洁）

梅江桥 桥梁。位于今广东省梅州市城区中心。1931 年饶芙裳、黄荣櫵、黄蘷南、曾汉南、刘启兰等倡议修建，

梅江桥

1931 年动工，1934 年建成。工程费用 11.23 万银圆，主要由印度尼西亚、马来西亚、新加坡、泰国、毛里求斯、南非等国家和地区华侨捐助，捐资人员 8000 余人。为连拱弧形钢筋水泥大桥，全长 278.5 米，宽 6.65 米，分 13 孔，为连接梅州市区南北要道。是梅州侨乡历史文化的标志和象征。（王濯巾）

马公纪念堂 又称马应彪故居。故居。位于今广东省中山市南区街道沙涌社区应彪路。1923 年由上海先施百货公司创办人、澳大利亚侨商马应彪为纪念其父马在明兴建，1933 年建成。占地面积 8100 平方米。由仿罗马穹顶式的 2 层建筑一元堂、仿英国钟楼式的 3

层建筑南源堂、仿西班牙式的 3 层建筑妇幼院（又名沙涌先施学校）以及中式重檐八角攒尖顶的在明亭组成。南源堂中座纪念堂为传统中式建筑风格，左右 2 座大宅为欧洲建筑风格。妇幼院是马应彪专门为村中妇女、儿童学习教育设计建造，是中山农村最早的妇女学校。2008 年被公布为第五批广东省文物保护单位。参见第 906 页建筑卷"中山马应彪故居南源堂"条。（胡波）

马应彪故居 见"马公纪念堂"。

开侨中学 学校。位于今广东省江门市开平市市区西郊。原为开平私立华侨中学。1933 年由吴在民联合海外华侨共同创办。何香凝题写校名。陈家骥提出"以开平一隅之地，开侨一旅孤军，转移国运"为办学目标。常设校董会于香港，成为联络海内外校友会的纽带。华侨集资建校的余款由校董会在香港购置两幢楼宇作为永久校产，收租办学，以楼养校。1950 年改为公立学校，易名开侨中学。改革开放以来，获得海外侨胞新一轮捐资办学资助。（谭金花）

爱群大厦 又称爱群大酒店。历史建筑。位于今广东省广州市越秀区沿江西路 113 号。1934 年，同盟会会员、旅美华侨陈卓平集资兴建。陈荣枝、李炳垣设计，香港惠保公司承建。1937 年建成开业，李宗仁、孙科、于右任、余汉谋等国民党军政要人题词庆祝。原是香港爱群人寿保险有限公司的产业。1938 年被侵华日军占用，1945 年收回。1949 年后是接待外宾的宾馆。1952 年改名为爱群大厦。1981 年引进外资进行全面改造装修。1984 年重新改造后，发展为综合型酒店。建筑师为寓意"爱群诸公"努力向上的创业精神，借鉴美国纽约伍尔沃斯大厦

爱群大厦

（Woolworth Building）设计手法，在建筑立面上强调挺拔艺术效果，将哥特式复兴建筑与岭南建筑风格融为一体，开广州高层建筑新纪元，作为"广州市第一高楼"一直保持到 1966 年。全楼拥有客房 300 间，双人房设有电话、卫生间，上下有电梯；夏有风扇，冬有暖气；还设有中西餐厅、酒吧。当时以设备新式、完善、豪华著称。"广州爱群大厦"2018 年入选第三批中国 20 世纪建筑遗产项目名录。参见第 913 页建筑卷"爱群大酒店"条、第 1014 页饮食卷"爱群大酒店"条。（谭金花）

梅县强民体育会 体育组织。成立于 1934 年 5 月，在 1929 年冬组建的强民足球队基础上扩建而成。最初会员 100 多人，有工人、商人、农民、教员、学生和归侨，印尼归侨温集祥任会长。组织各类足球比赛和训练活动。1935 年夏以该会会员为主力组成梅县足球队，获广东省第十三届运动会冠军。1936 年再获广东省第十四届运动会足球赛冠军。1946 年春印度尼西亚华侨刘宜应、刘家祺等人捐资 1 万元国币作为该会基金，丘陶荣、丘佐荣捐资 1 万美元作为建筑体育馆费用。1980 年以来，每年举办"强民杯"男女足球赛；并在北京、武汉、上海、广州等

地成立强民之友会。培养了大批优秀足球运动员。（房学嘉）

南侨中学 学校。位于今广东省揭阳市揭西县金和镇义亨公祠。前身为1938年夏中共潮汕中心县委成立的西山公学。办学初期，得到汕头暹罗归国华侨抗敌同志会和海外侨胞支持，部分暹罗华侨教师在该校任教职，吸收爱国进步青年入学。1938年9月改名为南侨中学，由汕头暹罗归国华侨抗敌同志会主办，隶属揭阳县工委领导，董事会主席为旅暹进步人士林德兴。以"团结、紧张、严肃、活泼"为校训，设文专部、中学、附小3部，附设20余所民众学校，各部开设政治、军事、文化课程，重开展抗战教育和马列主义基础知识教育，引导学生在农村开展抗日救亡运动。1939年春在揭阳水流埔和潮阳和平增设两处分校，学生总数1000余人。1940年7月被强令解散。1958年复办。（欧俊勇）

汕头小公园 历史街区。位于今广东省汕头市老城区中心。形成于20世纪30年代。初建时，有"万宝朝宗"石碑、假山和水池，1934年中山纪念亭建成。连同周围国平路、安平路及升平路，形成以纪念亭为中心多方向辐射的骑楼街道片区，街区格局最终定型。是汕头开埠发展的历史见证。（陈雍）

冰玉堂 又称鹤岭静安舍。民居。位于今广东省佛山市顺德区均安镇沙头

冰玉堂

社区鹤岭山麓。1948年由新加坡顺德均安沙头南洋自梳女同乡会筹建，1951年落成。建筑面积约500平方米。取名冰玉堂，取冰清玉洁之意。是自梳女华侨姐妹安老院。楼高2层，分左、中、右3座，一楼中座供奉观音菩萨，左座、右座安放已故自梳女灵位，二楼是自梳女休息之处。建成以后，凡本乡旅外姐妹回到家乡，没有依托者，均可免费入住。见证珠江三角洲自梳女历史。2008年被公布为第五批广东省文物保护单位。（谭金花）

鹤岭静安舍 见"冰玉堂"。

梅州体育馆 体育场馆。位于今广东省梅州市梅县体育场西北角。1948年印尼侨领李恩绅等捐款2000多万元筹建，后因故停建。1958年，广东省人民政府拨10万元专款，续建完成。1962年叶剑英元帅亲笔题写"梅县体育馆"馆名。有3500个座位。是梅州侨乡第一座体育馆和梅县足球基地，培养一批梅县足球人才。（魏明枢）

新兴侨乡 侨乡类型。鸦片战争以后产生了海外移民，大规模移民则是改革开放以后，主要以广东花都、三水、顺德等地为代表。海外移民主要分布在美洲和大洋洲地区，以家庭团聚移民、劳务移民、婚姻移民为主，为住在国输入了华侨新鲜血液，也为家乡经济建设、文化发展、中外交流作出重要贡献。（张国雄）

广州华侨补习学校 学校。位于今广东省广州市天河区瘦狗岭。创办于1954年。招生对象为海外华侨华人、港澳台学生。主要针对初中升高中文化课补习和高中升大学文化课补习。开设有汉语基础班、汉语专修班、短期专修班、夏令营中国语言班等。

1966年，招收1000多名归侨学生。1966年停办，1978年复办。1993年并入暨南大学，在瘦狗岭原址与暨南大学对外汉语教学系及预科部合并组建暨南大学华文学院。建校以来，培养来自20多个国家和地区学生2万多名。为推动华文教育和服务海外侨胞、港澳台同胞子女融入中国大陆教育作出突出贡献。（张应龙）

广东汕头华侨补习学校 学校。位于今广东省汕头市金砂路39号。1957年创办。原名汕头华侨学生文化补习分校，总校在广州。1959年更名为广东汕头华侨补习学校，主要接收泰国归国的潮汕籍侨生。1965年停办。为归国青年华侨适应国内教育环境和教育要求提供及时有效的帮助。（姜振逵）

新会华侨中学 学校。位于今广东省江门市新会区北郊。1958年由新会县归国华侨联合会发动全县归侨和侨眷捐款兴办。郭沫若题写校名。学校利用侨务资源，建设华侨寻根、文化交流基地，开办美国、加拿大、印尼等国华裔青年夏令营和港澳地区以及印尼、美国等地中学生文化交流活动。1994年被评为广东省首批一级学校，2008年被评为广东省普通高中教学水平优秀学校。（冉琰杰）

华侨新村 又称侨苑、侨宏大厦、侨兴苑。侨村。从20世纪50年代开始，为吸引港澳同胞、海外侨胞对祖国投资，增加外汇收入，改善侨眷居住条件，在广东、福建、广西等侨乡大省兴建。1954年，广州在环市东路建设全国首个华侨新村。江门、汕头、佛山、深圳、珠海、中山等重点侨乡也有建设。国家和地方政府在建筑材料供应、房地产税收及购房入户等方面给予优惠政策。是归侨、侨眷新的生活家园。（姜振逵）

侨苑　见"华侨新村"。

侨宏大厦　见"华侨新村"。

侨兴苑　见"华侨新村"。

华侨农场　侨乡类型。20 世纪五六十年代和 70 年代末，国家为安置归难侨而设置的特殊农场。广东共有 23 个，是全国华侨农场最多的省份，安置来自马来亚、印度尼西亚、越南、缅甸、印度等 24 个国家的归难侨近 9 万人。1951 年在番禺万顷沙兴建的珠江华侨农场为全国首个华侨农场。国家给予农场归难侨特殊政策，华侨享受城镇职工待遇，人均收入高于同时期当地农民。改革开放后逐渐划归地方管理，2015 年广东完成全部改制。华侨农场归侨侨眷聚集，他们来自不同的国家，经历了不同的社会制度、语言、饮食、居住、信仰、习俗等保留了原有的文化传统，祖籍地的语言和习俗也融合其间，与海外有着广泛而密切的联系，从而形成文化景观多样性的特殊社区。（张国雄）

汕头大学　学校。位于今广东省汕头市大学路 243 号。1981 年创办。是教育部、广东省政府、李嘉诚基金会三方共建综合性大学。占地面积 1990.2 亩，建筑面积 57.01 万平方米。设有 11 个学院、5 所附属医院、1 个口腔门诊部和 5 所托管医院。面向全国（含港澳台地区）招收博士、硕士和本科生。为广东省重点学科建设高校。现有国家重点学科 1 个，一级学科博士学位授权点 3 个，一级学科硕士学位授权点 14 个，教育部重点实验室 1 个，教育部国际合作联合实验室 1 个，广东省重点实验室 6 个，教育部（国家级）实验教学示范中心 1 个。全球唯一一所由私人基金会李嘉诚基金会资助的公立大学。（陈海忠）

五邑大学　学校。位于今广东省江门市蓬江区。1983 年 9 月海外乡亲倡议兴办，1985 年 10 月 7 日国家教育委员会和国家计划委员会批准，广东省人民政府正式设立。占地面积 1000 亩，总建筑面积 70 多万平方米。海外华侨、港澳同胞近 2000 人捐助 4 亿多港元。是一所以工科为主的综合性大学，涉及工、理、经、管、文、法、艺术 7 个学科门类。秉承"根植侨乡，服务社会，内外合力，特色发展"办学理念。1993 年获得接收港澳台侨学生、国际学生资格。现为广东省高水平理工科大学建设高校。（冈虎）

宴都侨情　期刊。1984 年创刊。初名《汶村侨情》。1986 年广东台山汶村镇并入海晏镇，改为今名。以传递乡音、报道侨情、介绍梓里风采、慰藉侨胞思念、沟通内外联系、服务家乡建设为宗旨。发行到美国、加拿大、巴西、墨西哥、古巴、西塞摩亚、英国、法国等 30 多个国家和港澳地区海外侨胞聚居地。（戴永洁）

潮州乡音　期刊。1985 年 8 月创刊。季刊。广东潮州市侨联主办。以面向海外、港澳，传递乡音，沟通乡情侨情，宣传侨务政策，传播潮州文化，弘扬爱国主义为宗旨。栏目设置凸显"潮""侨"特色。发行到东南亚、欧洲、美洲、大洋洲 80 多个国家和港澳地区潮侨聚居地。（杨锡铭）

广东华侨博物馆　博物馆。位于今广东省广州市越秀区二沙岛。1995 年 4 月奠基筹建，2002 年馆舍建成，2009 年正式对外开放。建筑面积 4185 平方米。泰国华人慈善家谢慧如、香港台山商会等捐资 1000 多万元，捐献一批华侨历史文物。展陈以"艰苦创业""情系桑梓"两大主题为线索，由垦荒辟地、建设城乡、农业、矿业、交通业、商业、工业、金融业、服务业和实业救国、侨批银信、公益慈善、集体家书、侨乡体育等单元组成，展示广东华侨华人和港澳台同胞对祖籍国、家乡和居住国地的历史贡献，传播念祖爱乡、重信明义、敢为人先、团结包容的粤侨精神。是中华文化传承基地、侨务资源培育基地。（张国雄）

广东华侨博物馆

侨声　期刊。1996 年 10 月创刊。季刊。广东揭阳市侨联主办。原名《揭阳侨声》，1999 年改为今名。以传播乡音、广结乡谊、让揭阳走向世界、让世界了解揭阳为宗旨。主要栏目有《今日侨乡》《友好往来》《潮汕味道》等。发行到东南亚、欧美、大洋洲 40 多个国家和港澳地区揭阳乡亲聚居地。（欧俊勇）

中国侨都华侨华人博物馆　博物馆。位于今广东省江门市华侨广场。2000 年筹建，2006 年举办馆藏文物展，2010 年 10 月 1 日全面建成使用，名为江门五邑华侨华人博物馆。2023 年 1 月，升级改造后的新馆改名为中国侨都华侨华人博物馆。建筑面积 1.7 万平方米，馆藏华侨华人文物 6 万余件（套），"根在侨乡"华侨华人历史展展出展品 1200 件（套），由"序厅""远赴重洋""拼搏海外""融通中外""推翻帝制""铸就丰碑""追求光明""中华儿女大团结""结束厅"九大部分组成，展示华侨华人在海外创业奋斗、回馈家乡、报效国家、贡献世界的历史。国家二

级博物馆。是国内馆藏华侨华人文物数量最多、展陈面积最大的华侨华人综合性博物馆。是江门城市文化地标、港澳青少年文化交流基地。（刘进）

梅州松口联合国移民纪念碑 历史建筑。2013 年 10 月 13 日落成。位于今广东省梅州市梅县区松口镇中国移民纪念广场。2004 年联合国教科文组织决定在梅县松口镇建立移民纪念碑，以纪念 19 至 20 世纪前往印度洋群岛的中国客家移民对当地历史文化发展作出的贡献。纪念碑是名为《家园》的主题雕塑，抽象造型榕树托起地球，7 个和平鸽代表散布 7 大洲的客家华侨华人，基座以浮雕形式浓缩客家人迁徙、分布的元素。纪念碑周围还布置 7 个石雕皮箱和船栓，象征客家人下南洋开拓进取精神，又代表马达加斯加多菲内、留尼旺圣保罗、莫桑比克、毛里求斯岛、科摩罗马约特、印度本地治里、中国梅州松口 7 个建设移民纪念项目的地方。是联合国教科文组织在中国大陆设立的唯一的移民纪念碑。（周云水）

梅州松口中国移民纪念广场

广东中国客家博物馆 博物馆。国家二级博物馆。国内首家全面展示客家历史文化民俗的综合性博物馆。位于今广东省梅州市梅江区东山大道 2 号。2005 年兴建，2008 年落成对外开放。占地面积 11.35 万平方米，建筑面积 3.7 万平方米。2009 年 2 月国务院批准冠名中国客家博物馆。展陈分"客家人""梅州史话"两个基本陈列，展

广东中国客家博物馆

示客家民系历史、现状和未来以及梅州历史文化。是海峡两岸文化交流基地。参见第 928 页建筑卷"广东中国客家博物馆"条。（钟晋兰）

汕头侨批文物馆 博物馆。国内首家侨批博物馆。位于今广东省汕头市外马路 18 号。2013 年汕头市潮汕历史文化研究中心侨批馆迁移至此兴建。馆藏侨批文物 3 万封（件），另有民间收藏 7 万封侨批数字资料和泰国华人珍藏的曼谷侨批局老照片。展陈 200 多件侨批珍贵文物展示侨批历史发展、文化内涵、文化价值和潮汕华侨历史、侨乡文化。（陈雍）

台山海口埠银信纪念广场 世界记忆遗产纪念广场。2019 年修复改造完成。位于今广东省江门市台山市端芬镇。由世界记忆遗产墙、银信柱、银信博物馆、九人制沙滩排球场、古码头、西洋亭、临水观景平台、六角亭、骑楼街等组成，20 根银信柱上贴有数百枚烧制的银信瓷片，直观地展示银信的历史文化内涵；银信博物馆以银信为主线，通过圆梦之旅、银信递送、

台山海口埠银信纪念广场

家庭最大、情系桑梓、复兴之梦、文明之魂六大板块，展示银信历史及其对华侨、侨乡历史发展的价值。（刘进）

潮汕厝 传统住宅。潮汕侨乡称房子为"厝"。院落格局有"四点金""下山虎""五间过""二落二从厝""三座落""三落四从厝"（驷马拖车）"百鸟朝凤"（百间厝）等多种形式。以厅堂为中心布局，左右对称主次分明，庭院空间横平竖直、均齐方整，形成厅中房偏、厅大房小、厅光房暗的基本建筑特点。外墙封闭或只开小窗，厅、房的门窗均开向天井。讲究装饰的精致与繁复，灵活运用石雕、木雕、灰雕、嵌瓷、彩绘等装饰技术和技法，与东南亚楠木、西洋瓷砖等建筑材料结合，形成华丽端庄的建筑风格。是潮汕历史文化重要象征。（陈雍）

潮汕厝

三间两廊 传统住宅。三间指排成一列的三间房，中为厅堂和拜祭祖先的神阁，两侧为居室。房前为天井。两廊指天井两侧的房屋，一般作门房或厨房，正门廊称为过廊，厨房廊称为坐廊。分家（分灶）时在过廊房间砌灶，亦称坐廊。廊檐相间的布局，靠着廊庑连接建筑的骨骼，有隔绝风雨、遮挡阳光的作用。正面不开门，门开两侧廊间，与天井形成通风采光系统，发挥空气流通、消暑散热的功能。建筑材料有卵石、蚝壳、三合土、砖瓦等，以杉木作梁、檩条、桷板等，为土木结构和砖木结构。清末民国时期，

富有家庭使用进口水泥，改为砖混结构，梁、檩条和桷板用进口坤甸木。反映五邑民众族群观念、环境观念和审美情趣。参见第837页建筑卷"三间两廊"条。（谭金花）

赤坎镇 又称赤坎古镇。历史文化名镇。位于今广东省江门市开平市中部的潭江之滨。因建于"赤土高地"而得名。上接恩平、阳江，下通江门、广州，北连鹤山、高明、新兴，南往台山。面积62.1平方千米，2020年常住人口2.77万人。2017年有海外侨胞、港澳台同胞9万多人。曾为开平县政府所在地。清顺治年间司徒氏家族进入赤坎镇东端江岸设立圩市，康熙年间关氏家族进入赤坎镇西端江岸发育出圩市，形成上下埠，逢三、八开市交易。道光年间成为开平中部、潭江边重要商镇。同治、光绪年间侨汇大量汇入，赤坎城镇建设快速发展，沿潭江形成东西向两条主干道。民国时期改造中华路、堤东堤西路沿街骑楼，关族图书馆、司徒氏通俗图书馆建成，金庄银号、酒店、餐馆、影院、剧院、电话公司、中西医所、报馆、学校林立，成为开平侨乡商贸中心、金融中心、文化中心。1945年抗战胜利前夕，司徒氏七壮士为阻击日军坚守赤坎南楼7日后牺牲。历史名人有美洲侨领司徒美堂、"中国战地摄影

第一人"沙飞、电影名家司徒慧敏、美术家司徒乔、粤剧大佬倌关德兴。城镇肌理、中西合璧建筑风貌及生态环境完好保存。2007年被公布为第三批中国历史文化名镇。2016年被公布为第一批中国特色小镇。参见第69页地理卷"赤坎镇"条。（谭金花）

松口镇 历史文化名镇。位于今广东省梅州市梅县区东北部。地处梅江下游，四周多山，沿河两岸为平原，水路交通方便，溯江而上可通梅城、兴宁、五华，顺流而下可达潮州、汕头。面积328.6平方千米，2020年常住人口3.76万人，海外侨胞和港澳同胞数万。明嘉靖年间逐渐形成圩市，清代至民国时期商业繁荣超过嘉应州城。为近代客家人下南洋首发港。明清时期产生4位翰林、9位进士、27位举人，以及近代岭南学者吴兰修、温仲和，侨领张榕轩、张耀轩、谢梦池、伍佐南等。古镇肌理和历史建筑保存完好。2014年被公布为第六批中国历史文化名镇。参见第71页地理卷"松口镇"条。（夏远鸣）

茶阳镇 历史文化名镇。位于今广东省梅州市大埔县。因处于茶山之南，故名。地处汀江下游，四面环山，面积287.60平方千米，2020年常住人口2.88万人。明嘉靖五年（1526）为

大埔县县治，近代以来是赣闽粤客家移民下南洋的首发地。明清时期的老街商铺众多，近代建设的骑楼街群散布在中山路、高福路、太平路、大华路、万川路、新马路、建设路。位于大华路的"旋庐"由马来西亚富商何阳生于1930年投资兴建，门额由茶阳名贤、中山大学首任校长邹鲁题写。古城墙、关帝庙、古牌坊等文物古迹散布。2000年被文化部命名为"中国民间艺术之乡（花环龙）"。2012年被公布为第三批广东省历史文化名镇。2014年被公布为第六批中国历史文化名镇。参见第71页地理卷"茶阳镇"条。（肖文评）

江门长堤华侨文化街 历史街区。位于今广东省江门市蓬江河畔。由长堤路、莲平路、圩顶街组成，包括古码头33级石板长阶、墟顶街百年名店和莲平路等沿街骑楼建筑群。骑楼多建于20世纪20—30年代。见证从元末渡口、明清墟集到近现代的航运与商业中心区的变化历程。是五邑侨乡中心城市发展"建筑史书"。（谭金花）

唐家湾镇 历史文化名镇。位于今广东省珠海市香洲区北部、珠江口西岸。总面积139平方千米，2020年常住人口20.72万人。清康熙年间唐家湾经济发展，文教兴盛。近代以来，出洋留学涌现如唐廷枢、唐廷植、莫仕扬、莫藻泉、莫干生、唐绍仪、梁如浩、蔡廷干、苏兆征、蔡昌、蔡兴、唐悦良等军政和工商界著名人物。有关乐园、望慈山房、白石街古迹和纪念地。有距今4000多年被称为珠江三角洲地区最典型最完整的新石器时代沙丘遗址淇澳—东澳湾遗址。2007年被公布为第三批中国历史文化名镇。参见第70页地理卷"唐家湾镇"条。（胡波）

新会陈皮 又称冈州红皮、新会柑皮、

赤坎镇

果皮、真橘皮、真陈皮、广皮、广橘皮、新会皮。传统药材。广东省江门市新会区特产贮藏三年以上的柑皮。具有很高药用价值而入药典。宋代新会陈皮已成为南北贸易的"广货"之一。20世纪初，随着华侨广泛分布，远销南洋美洲、大洋洲。2006年被列为国家地理标志保护产品。2009年"新会陈皮制作技艺"入选广东省第三批省级非物质文化遗产名录。2016年入选《广东省岭南中药材保护条例》首批保护品种名录，保护地为新会。"中药炮制技艺（新会陈皮炮制技艺）"2021年入选国家级非物质文化遗产代表性项目名录扩展项目名录。参见第960页饮食卷"新会陈皮"条、第1029页中医药卷"广陈皮"条。（冈虎）

新会陈皮

十八　海洋文化卷

概　况

岭南海洋文化　区域海洋文化。岭南位于中国大陆南部，濒临南海。海岸带与近海海域港湾多，有富庶的珠江三角洲、韩江三角洲、南海海岛，岛礁多。海洋资源丰富，有发展的资源、条件和空间。处在太平洋、印度洋海域航海区位要冲，是海上丝绸之路重要发祥地，中国大陆与东亚及全球海上交通孔道与经济文化交流枢纽。岭南海洋发展历史悠久，海外贸易、海洋渔猎、采珠、制盐是传统海洋经济部门，社会经济生活有明显海洋特色，海洋性是岭南文化突出属性和特征。秦汉时期，珠江口湾区番禺（今广州）是南越国都、中国南方都会和最大贸易港口，与北部湾的徐闻、合浦等港口成为早期南海丝绸之路始发港。三国至唐代，佛教、伊斯兰教由海路向中国传播，岭南是最重要孔道；唐在广州派遣市舶使，管理海路邦交与贸易，是中国古代海上贸易管理制度样板；"广州通海夷道"穿越南海、印度洋，抵达波斯湾和东非海岸，是当时世界上连接东西方最长、最重要海上航线。宋代广州市舶制度推广至国内其他港口，有"金山珠海，天子南

库"美誉。明代长期采取海禁政策，压制民间海洋活动与对外贸易，关闭除广东外的福建、浙江市舶司。16世纪中叶，澳门被葡萄牙人租作商埠，以广州、澳门为中心的珠三角港口城市群兴起，成为明代对接世界的海运枢纽与贸易中心，东西方海洋经济、科技文化在此交融互动，广东地区最先卷入近代世界贸易体系。清统一台湾后，康熙二十四年（1685）设江、浙、闽、粤四海关，粤海关进出口货物吞吐量与税款远高于其他三个海关，在领海制度、关税制度、行商制度等方面多有创举。广东十三行成为清政府特许半官方对外贸易垄断组织，行商被认为是清代最富有商人群体之一。"一口通商"时期，广东作为中西贸易商品集散地和生产中心，是中国与世界市场联系最密切地区。至今南海海域发现南海Ⅰ号沉船、华光礁Ⅰ号沉船、南澳Ⅰ号沉船等古代沉船，以及其他有形和无形海洋文化遗产，展示古代东西方海上交往与海洋生活历史场景。濒海地带特殊自然环境、生存空间、生活条件，造就水上人群与陆地居民不一样生活习性与生活方式。

1989年在广东珠海高栏岛宝镜湾发现距今5000—4000年岩画，海船、祭祀等画面展示与内陆地区以农耕为主体不同的海洋文明，成为环珠江口文化圈和中国早期海洋文明重要代表。文献记载："边海之民，皆以船为家，以海为田，以贩番为命。"明清时期，在海外贸易推动下，沿海城乡追逐什一之利，"人多务贾"，与传统重农抑商观念有明显转变，海洋商业文化气息浓郁，以广州、澳门为中心的珠江三角洲地区成为南中国海经济圈核心区。民众在开发海洋、利用海洋实践中，形成海洋社会特有的南海神崇拜、龙母崇拜、伏波将军崇拜、妈祖崇拜、兄弟公崇拜等民间海洋信仰，构成中华文化特殊版块。唐宋以降，岭南已有人移居东南亚，称为"住蕃"，以经商、谋生经济性移民为主。明清时期，人口压力、对外交往、民众下海通商，向东南亚迁移人口众多，东南亚重要贸易城市如安南庯宪、广南会安、暹罗大城、北大年、马六甲、巴达维亚、望加锡等地，出现华人聚居社区。近代以后，广东、广西、海南籍华侨遍布世界。华侨文化是中华

文化在海外传播的成果，也是岭南海洋文化在异国成长的奇葩。鸦片战争以后，广东等地人民谱写反抗帝国主义侵略新篇章，成为东西方交流、"西学东渐""中学西传"主要孔道，在现代化进程中得风气之先，亦开风气之先，产生中国近代最早留学生，最早西医，最早新闻报刊，最早资产阶级改革家和革命家。近代海外华侨的投资，以及毗邻港澳的影响，成为中国民主革命策源地。新中国成立后，广东继续成为中国面向海外、走向世界的南大门。1957年春季，广州首次举办中国出口商品交易会（即"广交会"），其后每年春秋两季各举行一次。2007年，改名为中国进出口商品交易会，成为中国历史最长、规格最高、规模最大的国家级综合性国际贸易盛会。1978年，中国启动改革开放，广东"先行一步"，成为改革开放先行者和排头兵。1984—1992年，贯彻中央部署，广东兴建深圳、珠海、汕头经济特区，海南成为全国最大经济特区。20世纪90年代，广东省提出在21世纪要大力发展海洋经济，"再造一个广东"。2008年，广东提出建设海洋强省战略。2011年，国务院批复原则同意《广东海洋经济综合试验区发展规划》，成为全国三大海洋经济发展试点省之一，启动"海洋经济强省"建设。党的十八大以来，国家推进"一带一路"倡议、粤港澳大湾区建设，成立广东自由贸易试验区。广东全面参与全球经济合作和竞争，努力打造"一带一路"重要枢纽和经贸合作中心，加快构建全面开放新格局。"十三五"时期，广东在海洋发展上基本建成"四区一地"。广东海洋产业生产总值连续26年居全国首位。（李庆新）

海上丝绸之路

海上丝绸之路　又称陶瓷之路、茶叶之路、香料之路。航线。古代东西方海上交通贸易和文化交往的重要通道。形成于秦汉时期，发展于三国至隋朝时期，繁荣于唐宋时期，转变于明清时期。据秦汉广州考古发现与《汉书·地理志》记载，航线从番禺港（今广东广州境）、徐闻港（今广东徐闻境）、合浦港（今广西合浦境）出发，经北部湾入暹罗湾、马来半岛，穿越马六甲海峡，入孟加拉湾、印度半岛南部海域，到达黄支国（今印度建志补罗）、已程不国（今斯里兰卡）。与从地中海、波斯湾港口出发的海上航线，在印度洋上对接，标志贯通东西方的海上航线打通，番禺、徐闻、合浦成为该航线始发地。东汉后期，印度、东罗马帝国遣使通过该航线进入中国。魏晋南北朝时期，广州为该航线主要港口和南海交通枢纽。唐宋时期广州是世界著名东方港市、中国第一大港。唐代，出现"广州通海夷道"，由广州经南海、印度洋，到达波斯湾各国，是当时世界上最长远洋航线。宋代，由广州出发商船能横跨印度洋，直航阿拉伯和东非，与广州有贸易、文化交流国家达50多个。元代，与广州有贸易往来国家和地区有140多个。明清时期，广州是中国最重要海外贸易中心，以广州为起点的海上航线通向全球，主要有三条：广州—菲律宾—拉丁美洲（墨西哥），广州—好望角—欧洲，广州—东海、黄海—日本长崎，融入全球海洋贸易体系。1789年，美国商人开辟美国至广州太平洋航线。在促进中国和海外各国经济文化交流中发挥重大作用。（徐素琴）

陶瓷之路　见"海上丝绸之路"。
茶叶之路　见"海上丝绸之路"。
香料之路　见"海上丝绸之路"。

汉使航向黄支　历史事件。汉朝与印度洋地区交通往来事件。黄支国是印度半岛古国，位于今印度东南海岸泰米尔纳德邦首府马德拉斯以南的建志补罗，是公元前1世纪后半叶至公元2世纪末印度与罗马海上贸易中心。《汉书·地理志》记载，汉武帝时，派黄门译长为使者，与应募者从北部湾徐闻、合浦出发，沿海岸航行，进入暹罗湾、马来半岛、孟加拉湾，抵达黄支国。使者以黄金、杂缯交换明珠、璧琉璃、奇石异物，进行官方贸易。是中国丝绸输往南海和印度洋最早记录，标志联结东西方世界的海洋航路正式对接。（徐素琴）

番禺都会　港口。秦汉时期商业都会。番禺为广州古名，处于南海之滨，居三江（今珠江东、西、北三江）总汇出海口。秦平岭南后，为南海郡郡治；南越建国，为国都。《史记》《汉书》记述该地地处海滨，富有犀、象、玳瑁、珠玑等珍异物，以及银、铜、果、布等物产，北方商人前往岭南经商，多能发家致富。南越王墓出土波斯风格圆形银盒、两河流域工艺制作金花泡饰、非洲原支象牙以及镂孔熏炉、乳香等，来自海外贸易。有自然天成优越地理位置与自然条件，是沟通河、海水上交通枢纽、海上丝绸之路主要港口、南海地区商业中心和海内外物品集散地。岭南政治、经济、文化中心。（徐素琴）

大秦使者来华　历史事件。汉晋时期中国与罗马帝国交往事件。《后汉

书·大秦传》记载，东汉延熹九年（166），大秦国（罗马帝国）派遣使者经海路来中国，在交趾郡（今越南北部）登陆。此次出使是大秦和汉朝直接通航贸易开端。西晋太康二年（281），大秦国遣使来华，经海路到达广州，安南将军、广州牧滕脩接待。是历史上外国使臣航海来华，先到达广州，再赴京城首次记载。（徐素琴）

常骏出使赤土国　历史事件。隋代中国与东南亚国家官方交往事件。隋大业三年（607），屯田主事常骏、虞部主事王君政应募出使赤土国（今马来西亚境内）。常骏、王君政从广州出发，沿南海航行，经今越南中部海域，通过真腊（今柬埔寨）海岸，至马来半岛东岸狼牙须国（即狼牙修，今泰国南部），南行过鸡笼岛，抵达赤土国。赤土国王派出30艘船舶迎接，送至都城，得到王子和国王接见。常骏返程时，国王遣王子那耶迦随同到中国。其出使加强隋代与南海诸国联系，南海地区10余国与隋代保持官方往来。（徐素琴）

佛教海路东传　历史事件。古代中国与印度佛教交流史事。广州是古代佛教从海路向中国传播重镇。三国吴五凤三年（256），大月氏僧人支彊梁接经海路到交州（治番禺，今广州）传法译经，译《法华三昧经》6卷。是佛教传入广东最早记载。西晋太康二年（281），西域僧人彊梁娄至泛海至广州，译出《十二游经》。东晋隆安年间，罽宾国（今克什米尔）僧人、佛教译经师昙摩耶舍附商舶航抵广州传教，住白沙寺，在制旨寺建大殿5间，名王苑朝延寺，俗称王园寺（今光孝寺），译出《差摩经》1卷，吸收信众85人。后北上至长安，与另一沙门昙摩掘多共译出佛经多卷。南朝梁天监

元年（502），天竺国僧人智药三藏自本国携菩提树航海至广州，植于王园寺。大通元年（527），印度僧人达摩乘船来广州传教，建西来庵，在光孝寺宣讲佛法，后北上中原，创中国禅宗。中大同元年（546），印度僧人、译经师真谛至广州，在光孝寺翻译佛经，共译出佛经64部278卷，开创摄论学派。唐神龙元年（705），印度僧人般剌蜜帝乘船抵达广州，在光孝寺翻译《楞严经》，"中国之有楞严，由岭南始"。（徐素琴）

义净西行求法　历史事件。唐代佛教海路传播史事。唐咸亨二年（671），高僧义净从广州搭乘波斯商船，渡海西行求法，经室利佛逝等南海国家，于咸亨四年（673）到达印度耽摩梨底国学习梵语。次年抵达印度佛教寺院那烂陀寺，钻研佛法。弘道元年（683），由海路回国，在南海室利佛逝、末罗瑜等国停留，搜集抄写佛经。因当地缺少墨和纸，永昌元年（689），搭乘商舶回到广州，购买纸张笔墨，邀请贞固、怀业、道宏、法郎等僧人作为译经助手，重返室利佛逝。长寿二年（693）夏，附舶航归广州，证圣元年（695）到洛阳。其西行周游30余国，历时25年，带回三藏典籍400多部，佛经50余万颂。对唐代中印间佛教文化交流产生重要影响。（徐素琴）

慧超西行求法　历史事件。古代朝鲜与中国、印度佛教交流史事。慧超，新罗国（今朝鲜半岛古国）人，幼年入华。唐开元十一年（723），从广州乘商舶渡海，前往印度求法，经南海诸国抵东天竺海口登陆，巡游中天竺、南天竺、西天竺、北天竺诸国，礼佛陀圣迹，印证佛法。开元十五年（727）取道陆上丝绸之路返回长安。著有《往五天竺国传》，记述西行沿

途见闻。（徐素琴）

不空出使师子国　历史事件。唐代中国与斯里兰卡交往史事。不空，具名不空金刚，又名智藏、不空智。出身于北印度婆罗门望族。唐开元七年（719），随师从海路抵广州，次年到洛阳襄助译经。开元二十九年（741），金刚智圆寂，遗训不空前往天竺求法。唐廷亦派不空赍国书出使师子国（今斯里兰卡）。天宝元年（742），不空到达南海郡（今广州），于法性寺（今光孝寺）边传法边候船舶。至师子国，于密教大师普贤阿阇梨前受五部灌顶，求密藏及诸经论500余部。又游五天竺国。天宝五年（746），循海路返国，进师子国国王表书、金宝、璎珞、杂珠等。奉敕在净影寺、兴善寺等从事翻译和开坛受戒。译经77部，凡120余卷，以密宗为主，是中国密宗创始人之一。促进中国佛教发展与中斯友好往来。（徐素琴）

鉴真东渡　历史事件。唐代中国与日本佛教交流史事。唐天宝元年（742），日本学问僧荣睿、普照邀请鉴真东渡弘扬佛法。鉴真率弟子东渡，前4次均告失败。第5次遭风飘至海南岛振州（今海南三亚），驻锡大云寺一年，传法授戒。后沿海路经万安州（今海南万宁）、崖州（今海南琼山），渡琼州海峡，于雷州半岛上岸，陆行经罗、辩、象、白、容、藤、梧、桂、端等州，抵达广州。在光孝寺驻锡3个月讲授律学，促进律宗在岭南传播。天宝十二年（753），第6次东渡日本成功，首创日本律宗。日本尊称其为"过海大师""唐大和尚"。其东渡携带的佛经、药物、艺术品等，对日本医学、雕塑、美术和建筑发展均有贡献。（徐素琴）

高岳亲王西行求法　历史事件。唐代

中国与日本文化交流史事。高岳亲王，日本平城天皇第三皇子，曾被立为皇太子，受"药子之乱"牵连被废，后削发为僧，拜在密宗高僧空海门下，法名真如，故世人又称其为真如法宗王。唐咸通三年（862），搭乘唐朝商船从明州（今浙江宁波）登陆入唐求法。在洛阳、长安等地学习，后西行印度求法。咸通六年（865），从广州出海赴印度。不知所终。（徐素琴）

杨良瑶出使大食 历史事件。唐代中国与阿拉伯外交史事。杨良瑶，今陕西泾阳人，唐至德年间入为宦官。唐大历七年（772）奉使宣慰安南都护府（治交州），大历十二年（777）晋升宫闱令，负责内廷事务。贞元元年（785），唐廷为联合黑衣大食（即阿拉伯帝国阿拔斯王朝）抗击吐蕃（唐代青藏高原古国），遣杨良瑶出使黑衣大食。时河西走廊被吐蕃占领，丝路梗塞，杨良瑶赍国信诏书，由长安南下广州。贞元二年（786）经海路到达黑衣大食首都缚达城（今伊拉克巴格达）。完成使命后循原路回广州，返抵长安。《新唐书·地理志》记"广州通海夷道"信息多取自杨良瑶航行记录。其出使促进唐代中国与阿拉伯、波斯地区海上贸易往来。（徐素琴）

市舶使 职官名。唐代管理海外贸易常设性职官。唐代首设。至迟在唐开元二年（714）已经出现，派驻广州，专管海路邦交贸易。初为临时差遣，后转为常置使职。其选任分三种情况：一是岭南节度使兼任，二是宦官或监军兼任，三是专官充任。主要职责是抚绥海外蕃国，接待外使，管理广州外侨，检查出入海港外商船舶、征收商税、收购政府专卖品等。官署称市舶使院。附属机构有海阳馆（又称岭南王馆），是接待外国贡使、商民的地方。其设置是唐代外贸管理体制创

举，奠定广州作为全国外贸中心的地位。参见第1154页对外贸易卷"市舶使"条。（徐素琴）

市舶司 机构名。宋至清初的海外贸易管理机构。北宋开宝四年（971）在广州正式设置，以广州知州兼市舶使，通判为判官。后或以知广州、广东经略安抚使兼领，或以知广州与广东转运使同兼。元丰三年（1080），改称提举市舶司，主管官衔名亦由市舶使改称提举市舶使，以主管财赋使臣转运使兼管，强化朝廷对市舶的控制。从大观元年（1107）起，提举市舶司由朝廷委派专职官员充任，地方官不再兼任，"专置提举"成为其基本制度，演变为中央派出机构，兼有"监司"功能。设有孔目、手分、贴司、都吏、专库、专秤等吏员，下辖市舶务、市舶库、来远驿。负责船舶进出港事宜，征收关税，接待外国使节，管理外商等。广州首设后，宋廷又于杭州、明州、泉州等地设置。元代承袭宋代，设立市舶司管理海上贸易。明代亦设，但成为专门管理朝贡贸易和维护海禁政策的机构。清初曾短暂设置，粤海关设立后，于康熙二十六年（1687）裁撤，市舶体制终结。参见第1156页对外贸易卷"广东市舶司"条。（徐素琴）

广州市舶条 又称《元丰市舶条》。法规名。中国历史上第一部管理海外贸易专门法规。宋元丰三年（1080）制订，推行于沿海广东、浙江、福建等省。全文没有流传下来。经日本学者藤田丰八从文献中钩沉辑佚，内容分为八类：（一）入口海舶运货检查与输入税征收；（二）禁榷即专买及其他舶货收买、出卖、保管与解送；（三）海舶出口许可证付给与回舶事项规定；（四）舶货贩卖许可公凭即贩卖许可证发给；（五）蕃国与蕃舶招徕及迎送；（六）禁止出口铜币；

（七）对于一般官吏及市舶官吏舞弊事项规定；（八）关于漂着船舶与居留蕃人规定。体现中国古代海外贸易立法从因时而制、临事制宜向法典化发展历程。元代《至元市舶则法》《延祐市舶则法》以该项法规为制度渊源。参见第1156页对外贸易卷"元丰广州市舶条"条。（徐素琴）

元丰市舶条 见"广州市舶条"。

广州蕃坊 外侨居留地。唐宋时为广州外国人设立的特别社区。首见于唐太和年间房千里《投荒杂录》记载。范围以今广州光塔路怀圣寺为中心，南抵惠福西路，东以米市路为界，西至人民路，北到中山六路。居民以大食人、波斯人为主。侨居外商可在其内建筑寺院，怀圣寺和光塔即为外国穆斯林修建。内设蕃市，供外侨自由贸易。宋代中国海外贸易发达，海外商人携带妻儿聚居一坊，景象繁荣。设蕃长一人，是官府任命的社区官吏，其职责有二：一是招徕海外蕃商前来中国贸易，二是负责管理坊区行政事务和宗教活动。为唐宋里坊制度特殊形态，是中国海外贸易管理创举。参见第1155页对外贸易卷"广州蕃坊"条。（徐素琴）

蕃学 机构名。为居住在广州的外国人子弟设立的学校。北宋熙宁年间，广州知州程师孟扩建官学，阿拉伯富商辛押陀罗除捐资增建官学学舍外，还变卖田产筹资置别舍于官学斋宇之侧，招蕃客子弟入学受教。大观二年（1108），贺州州学教授曾鼎旦为蕃学教授。办学经费一般由蕃客捐助。由地方相关官员主管，蕃长亦参与具体事务管理。延请地方官学教授讲学，学习有成之人，可参加科举考试，入朝为官。为外族立学，是宋代文教制度创举，对后世影响深远。参

见第358页学术·教育卷"蕃学"条。（徐素琴）

昆仑奴 族群名。唐宋时期对东南亚、非洲一些国家和地区肤色黝黑族群泛称。其特征是肤黑、卷发、善水，能驯象。唐宋时期有蓄养习尚。有家奴，也有官奴，随季候风乘昆仑舶到达广州，有的是被贩卖来粤。唐宋诗词、笔记、绘画多有记载。（徐素琴）

市舶宴 管理制度。宋代海外贸易管理的一种惯例。每年十月，蕃舶乘东北季风起航回国，广州市舶司官员按例在珠江北岸市舶亭海山楼设宴践行，费用官出，约钱300贯。参加宴会的有市舶司官员、蕃舶舶主、船长和舵师等。来华蕃商多信仰伊斯兰教，宴会菜馔富有阿拉伯特色，包括烧羊肉、玫瑰露、波斯枣、槟榔等。是对归国蕃商的祝福，也是对他们来年贸易的期盼，是中国与南海、印度洋诸国友好往来历史记忆。（徐素琴）

郑和下西洋 历史事件。中国古代规模最大的官方航海活动。明永乐三年至宣德八年（1405—1433），在太监郑和等率领下，先后7次下西洋，远航至南海、印度洋、波斯湾、东非诸国。船队规模最多时有200余艘，人数2.7万人，多次从苏州浏家港出发，泛海至福建，由福州五虎门扬帆，经广东海域航向东南亚、印度洋等地。另有2次从广东启航出海。万历《广东通志》记载，永乐五年（1407）九月，郑和第二次下西洋是从广东启航，经占城、暹罗、爪哇、苏门答剌、南巫里、古里、柯枝等国，到达印度洋锡兰。是世界航海史上壮举。永乐朝南海及西洋有46个国家和地区使团200多次由海路前来朝贡，主要经过广东。广州成为明代最重要对外交往门户。（阮戈）

广中事例 管理制度。明中叶以后广东海外贸易转型形成的管理体制。明正德、嘉靖年间，在朝贡体系中负责东南亚朝贡的广东，允许贡舶之外商舶纳税后进行合法贸易，允许葡萄牙人借居澳门，实现贸易转型，商舶贸易取代贡舶贸易居主导地位，形成以广州、澳门为中心贸易管理体制。核心内容包括：一是海外贸易管理机构变革。主管海防的广东按察司副使（巡视海道副使）被赋予监管贸易职能，成为商舶贸易主管官员，市舶司、广州府及下辖番禺、东莞、香山等县相关官员也参与商舶贸易管理。二是对贡舶私货和商舶征税。税制从正德时期抽分制，到隆庆时改为丈量制，改实物税为货币税，税项包括船税、进口税和出口税。三是建立广州—澳门"二元中心"贸易体制。明嘉靖三十二年（1553），葡萄牙人与广东官府达成协议，纳税后可在广东沿海诸港进行正常贸易。嘉靖三十六年（1557），葡萄牙人入居澳门。中国商人向广东官府申领许可证（"澳票"），可赴澳门贸易。万历六年（1578），葡萄牙人正式获准到广州贸易。广州—澳门"二元中心"贸易体制建立起中国和海外市场联结，广州主要面向国内，澳门面向海外。四是在广州进行贸易。广东官府放宽对中国商人出洋贸易限制，凡向海道领照挂号，遵守海禁法令，就可置货出洋。是广州继开放贸易后进行的又一制度调整。五是建立"客纲""客纪""牙行"等贸易中介组织。是明代海外贸易管理从朝贡贸易向商舶贸易转型中建构的新制度，对广东贸易影响较大，对隆庆以后开海贸易有促进和示范意义。（徐素琴）

明代广州"交易会" 历史事件。明中后期在广东举行的中外贸易活动。明嘉靖末年，澳门开埠后，广州开始举办半年一度贸易活动，展销来自中国和世界各地商品。澳门葡萄牙人是主要参与者，南海诸国和印度商人也有不可忽视地位。明万历八年（1580）以后，根据每年季候风规律，改为春、夏两季举办，每次交易时间为2—4个月。春季交易会在1月举办，主要展销从欧洲、印度洋以及南海诸岛运来商品，出售销往印度和其他地区中国商品；夏季交易会在6月举办，主要销售来自日本商品和运往日本中国商品。中国输出大宗物品是丝绸、兼及瓷器、麝香、珍珠、黄金、砂糖以及漆器、象牙雕塑等工艺品，进口大宗货物是白银和胡椒，还有来自欧洲毛织品以及印度和南海诸国琥珀、珊瑚、象牙、檀香、香料。（徐素琴）

番薯引种 历史事件。明代引进海外新作物史事。番薯原产于中南美洲，哥伦布发现新大陆后传到欧洲，后经欧洲人传到东南亚。越南对其严禁出境。明万历八年（1580），东莞人陈益从海路到安南（今越南），获得薯种，于万历十年（1582）携带回莞。《电白县志》记载，吴川人林怀兰颇善医术，游于交趾（今属越南），曾医好国王的女儿，万历初年将生番薯偷带回乡。清乾隆时，电白霞洞乡民建番薯林公庙，纪念林怀兰。番薯从越南引进东莞、电白后，在广东广为种植，后传进国内各地，成为主要粮食作物之一。（徐素琴）

葡萄牙皮雷斯使团来华 历史事件。葡萄牙与明代官方首次外交活动。明正德十年（1515），葡萄牙国王曼努埃尔一世派遣皮雷斯出使中国。正德十二年（1517）七月二十八日，该使团在葡萄牙舰队护送下抵达屯门，即到广州，以佛郎机国名义要求通商。佛郎机不在明代朝贡国之列，广东当

局一方面安排使团停驻怀远驿学习礼仪，另一方面奏报朝廷。礼部令拒绝葡使"入贡"，葡国使团并未回国，一年后明武宗下旨许其入京。正德十六年（1521），当时满剌加使臣状告葡萄牙侵占满剌加，葡人亦在沿海违法走私，剽劫行旅，明世宗下令遣返使臣，驱逐葡人，皮雷斯卒于广州监狱。中国与葡萄牙，也是与西方国家首次官方外交以失败告终。（徐素琴）

荷兰公司首次来粤　历史事件。荷兰与明代第一次官方接触。明万历二十九年（1601），荷兰老公司（Oude Compagnie）范·纳克（Jacob van Neck）率领船队航抵珠江口澳门海域。广东舟师提高防备，没有发生冲突。税使李凤邀荷人入广州，逗留一月。澳门葡萄牙人担心荷兰人竞争，抓捕荷兰水手，处死其中18人，在广东官员面前离间。荷兰人与中国通商希望落空。（徐素琴）

英国公司首次来粤　历史事件。英国与明代第一次官方接触。1636年，在英国国王查理一世支持下，科尔亭会社（Courteen Association）船长威德尔（John Weddell）率领4艘船舰前往中国，次年6月27日抵达横琴岛海面，受葡萄牙人阻挠，未能在澳门登陆贸易。8月，威德尔船队强行驶入虎门，攻陷亚娘鞋炮台，将35门大炮掳掠到船上，拦劫商船，并派3人到广州谋求通商。广东总兵陈谦受贿，答应英人通商，因澳门葡人举报，广州当局扣留英人及其财物，两广总督张镜心调兵迎击，英船退至澳门。经葡人调解，英国人完成贸易后离开中国。中英之间第一次官方接触未取得结果。（徐素琴）

大汕赴广南弘法　历史事件。清初中越佛教交流史事。大汕，字石濂，江

西九江（一说南昌）人，祖籍浙江嘉兴，皈依曹洞宗高僧觉浪道盛。清初得平南王尚之信赏识，住持广州城西长寿寺，一度为澳门普济禅寺方丈。清康熙三十四年（1695）年初，应广南国王阮福周之请，率僧徒50余人乘船从广州黄埔启程，赴广南顺化（今越南顺化）传法，受到广南国王接见，为国王以及上千子民授戒，被封为国师。在顺化停留4个月后前往会安，驻锡弥陀寺。次年返抵广州，以带回来的珍宝为资重建长寿寺。回广州后著《海外纪事》，叙广南弘法经历。（徐素琴）

"哥德堡"号来穗贸易　历史事件。清代与瑞典通商史事。"哥德堡"号是瑞典东印度公司商船，1738年由瑞典斯德哥尔摩特拉诺瓦造船厂制造，三次远航广州开展对华贸易。第一次为1739年1月21日至1740年6月15日，第二次为1741年2月16日至1742年7月28日，满载茶叶、丝绸、瓷器、香料等货物返回瑞典。第三次于1743年3月14日启航，1744年夏天抵达广州。1745年1月从广州启程回国，在航行至距离哥德堡港不到1000米海域触礁沉没。（徐素琴）

"中国皇后"号来穗贸易　历史事件。清代和美国通商史事。1784年2月22日，美国"中国皇后"号启程前往广州贸易。该船装载棉花、毛皮、胡椒、西洋参等价值12万美元货物，自纽约出发，绕道好望角，于当年8月28日抵达广州，装载茶叶、棉布、瓷器、丝绸等，于1785年5月11日回到纽约。该船前来广州贸易是中美关系起点，后中美贸易发展迅速。（徐素琴）

马戛尔尼使团来华　历史事件。中英关系史事件。18世纪初，英国是中国

最大贸易国，英国商品在中国市场狭小，需支付白银购买中国茶叶、丝绸等物品，贸易逆差大。英国工业革命发展，棉纺织生产能力提高，急需开拓海外市场。为打破清代对外贸易体制限制，英国政府决定派外交使团来华交涉。1792年9月，在英国东印度公司资助下，以马戛尔尼勋爵为首使团以向乾隆皇帝祝寿为名，携带天球仪、地球仪、望远镜、自来火枪等物来华。1793年6月20日，使团航经万山群岛海域，在广州短暂停留后，于6月23日北上。9月，乾隆帝在热河行宫接见英国使团，使团提出：在北京设立商馆、派人驻京照管商务；允许英商在宁波、天津、广东等地自由通商；在广州附近拨一地方让英商居住；准许英商在澳门自由出入；减免英商在广州、澳门运货税额；英国人在华自由传教等。遭到清廷拒绝。使团于12月19日返抵广州。两广总督在海幢寺招待使团，使团举行"谢恩"仪式。使团人员下榻行商伍氏家族园宅，到花地游览，购买玫瑰花籽，带回英国栽培，名贵的"马戛尔尼玫瑰"由此而来。（徐素琴）

阿美士德使团来华　历史事件。中英关系史事件。马戛尔尼使团来华未能实现对华自由通商、开拓中国市场的目的。1816年，英国政府派遣阿美士德使团出使中国。使团于7月抵达广东海面，长期在广州、澳门参与中英贸易等事务的斯当东、马礼逊、德庇时等6人加入其中。使团不接受清廷礼仪要求，未能得到嘉庆帝接见，被驱逐出京。1817年1月1日使团由陆路抵达广州，下榻海幢寺。1月7日，两广总督、广东巡抚和粤海关监督将嘉庆帝致英国国王信函交给阿美士德。1月20日，使团离开广州取道澳门回国。英国寻求通过外交改变中英贸易关系意图再次失败。（徐素琴）

俄罗斯商船来粤　历史事件。中俄贸易事件。1805 年 12 月，俄罗斯俄美公司"希望"号和"涅瓦"号装载毛皮和白银抵达广州，粤海关和广东当局同意俄商贸易。清廷规定，俄国属于陆路通商国家，法定贸易地点是恰克图（原属中国，在今俄罗斯布里亚特自治共和国南部），不能前往沿海任何口岸贸易。俄国商船没有获得皇帝准许来广州贸易，违反制度，嘉庆帝谕令严查。行商一边与俄商会谈，一边由总商潘有度等向粤海关监督求情。广东官府擅自发放出港执照，俄船返航回国。事后广东相关官员被追责查究。（徐素琴）

商欠　又称行欠、夷欠。清前期广州行商所欠外国商人债务。以英国商人居多，也有法国、美国、荷兰、西班牙、葡萄牙等国商人。清廷规定，行商负责代理外商销售进口货物，代购出口货物和代纳税饷。行商代外商缴纳税饷需用现银，付给内地商人货款、应付清官吏贡派、摊派、勒索和自身花销、购买田地产业也要用现银，资金短缺现象普遍，不得不向外商贷款。商欠案发生于康熙末年，乾隆时期增多，嘉庆、道光年间恶性发展。清廷处理商欠案，通常将欠债行商下狱或发配新疆伊犁充军，资产变卖抵债，不足部分由其余行商分期连带清偿。清乾隆四十五年（1780），清廷规定从行商贸易利润中征收行佣，以偿还商欠，后成为勒索行商名目，加重行商负担。道光二十二年（1842）《南京条约》规定中国对英国洋银 2100 万元赔款中，300 万元清偿商欠。（徐素琴）

行欠　见"商欠"。

夷欠　见"商欠"。

种牛痘　历史事件。西医传入中国史事。1796 年，英国医生琴纳接种牛痘预防天花试验成功。清嘉庆十年（1805），澳门葡萄牙商人啤道路滑从菲律宾把活苗牛痘引入澳门。因没有发明封闭贮苗法，为使痘苗不致中断，需沿途招雇儿童接种，被称为"活苗"。英国东印度公司医生皮尔逊，在澳门招收学生传授牛痘接种法，编写小册子介绍牛痘接种技术。会隆行郑崇谦派梁辉、张尧、谭国、邱熺等人前往澳门学习。不被时人接受。嘉庆十五年（1810），英国东印度公司大班剌佛从马尼拉带回 10 名种过牛痘儿童，将"活苗"传入广州，行商伍秉鉴、潘有度、卢观恒捐资在洋行会馆设立牛痘局，由邱熺、谭国等为儿童接种牛痘。邱熺据自己接种牛痘经验，撰成《引痘略》1 卷，于嘉庆二十二年（1817）自费刊行。邱熺、谭国等人成为中国第一批学习和传播西方牛痘术的中医师。（徐素琴）

新豆栏医局　机构名。广州中国第一间西式医院。清道光十五年（1835），美国传教士、医生伯驾在行商伍秉鉴帮助下，租赁丰泰行在广州新豆栏街房产开设。以治疗眼科疾病为主，又称眼科医院。因治疗免费，也被称为博爱医院。两广总督林则徐、耆英及广州知府、粤海关监督等都曾到医局看病。伯驾收留五六个中国学生帮做杂务，学习医疗知识，培养了中国最早一批西医人员，为广州人学习西方医术之始，其中关阿土成为一名出色眼科和外科医生。（徐素琴）

中外群英会　历史事件。清代中越文人雅集。清道光十三年（1833）七月，越南使臣李文馥、汝伯仕、黄健斋等护送漂流到越南的清朝官兵梁国栋等回广东。寓粤期间，粤籍文人刘墨池、浙江文人缪艮等与 5 位越南使者在广州海珠寺附近珠江泛舟雅集，诗歌唱酬。缪艮将此次雅集取名"中外群英会"。两国文人唱酬诗文被编辑为《中外群英会录》，流传至今，成为中越文化交流佳话。（徐素琴）

粤越书籍交流　历史事件。清代中越文化交流现象。清代广州、佛山两地书坊，经常为越南人代刻书籍，两地刊刻的书籍，常由华商先运往越南嘉定堤岸，再分销至越南南部等地区。"广东刊刻，嘉定发售"，中越间华商网络，一头在国内，一头在国外，形成跨国界书籍刊印、销售协作关系与销售网络，构成中越交流"海上书籍之路"。（徐素琴）

广东海防借款　历史事件。清末广东政府向香港外资筹措海防经费事件。1883 年中法战争爆发，广东防务紧迫，因财政困难，两广总督张树声获准两次向汇丰银行借款，以充军需，每次借库银 100 万两，由粤海关担保，月息 7.5‰，期限 3 年。继任两广总督张之洞于 1884 年 10 月第三次向汇丰银行借库银 100 万两，条件同前；1885 年 2 月，张之洞第四次向汇丰银行借款 50.5 万英镑（折合库银约 201 万两），年息 9‰，期限 10 年，亦由粤海关关税担保。广东当局用这些借款在珠江航道从虎门的大角、沙角、威远、上横档、下横档，到黄埔的长洲、沙路，再至牛山、鱼珠等，修建 80 多座新式炮台群，配置 0.38—0.61 米口径英、德产新式洋炮，购买 11 艘鱼雷艇及洋枪、洋炮、弹药，添募 4 万多名勇丁，派兵支援闽、台、桂、滇及入越抗法。（徐素琴）

"二辰丸"事件　历史事件。清末中国与日本、葡萄牙之间外交事件。1908 年 2 月，日本轮船"二辰丸"号为澳门广和店华商偷运枪支弹药，在

澳门附近九洲洋海面卸货,被中国水师巡船及海关查获,引起中日交涉。因"二辰丸"号停泊在路环岛以东2.5海里处,澳葡当局称该处海面是葡萄牙领海,又引起中葡海权之争。日本政府以战争相威胁,清政府屈服道歉,释放"二辰丸"号,以2.14万日元价格收购被扣军火,赔偿日方损失,处置有关官员。清政府在澳门界务问题上态度强硬,坚持"二辰丸"号停泊之处为中国领海,并把"二辰丸"案与澳门界务分开,捍卫中国领海主权。广东当局在该事件中起关键作用,使葡萄牙占据路环岛东部海域企图落空。该事件激起全国民众愤慨,粤商自治会发动抵制日货运动,要求清政府与葡萄牙划定澳门界址,激发和加强中国社会海权意识。(徐素琴)

黄埔水师学堂 机构名。清末培养海军军官新式学校。前身为清光绪八年(1882)建成开学的实学馆。光绪十三年(1887),两广总督张之洞改实学馆为广东水陆师学堂。光绪十九年(1893),两广总督李翰章分陆师班为陆军速成学堂,广东水陆师学堂亦改名为黄埔水师学堂,分管轮、驾驶两部。管轮学员学习机轮理法、制造、运用等课程。驾驶学员学习天文、海道、驾驶、攻占等课程。学制5年,重视堂课学习与实践的结合,学生每年9个月在堂,3个月在船。教师多为洋人。光绪三十年(1904),两广总督岑春煊将黄埔水雷局附属鱼雷班并入,改校名广东水师鱼雷学堂。学生均兼学驾驶、管轮和鱼雷。光绪三十三年(1907),增设海军工业学堂,校名改为广东水师工业学堂。培养大批人才,对晚清海军建设起积极作用。(徐素琴)

东沙岛交涉事件 历史事件。清末中国政府维护南海主权重要事件。

1901、1902年,日商西泽吉治(一作西泽吉次)闯入东沙岛,盗取鸟粪资源。1907年,西泽驱赶岛上中国渔民,将岛命名为"西泽岛",竖竿高悬日本旗。经日、中两国报纸披露,清廷外务部致电两广总督张人骏、两江总督兼南洋大臣端方核查。1909年2、3月间,清政府两次派"飞鹰"舰前往东沙岛调查,实地获取关键性命名和经营东沙岛证据。3月17日,张人骏正式照会日本驻广州领事赖川浅之进,要求日方饬令西泽吉治撤出东沙岛。张人骏根据实地调查资料,从地名、距离、方位上比勘《中国江海险要图志》《国朝柔远记》等中外文献,较全面掌握东沙岛主权属中国证据。3月29日,日本领事赖川浅之进第三次同张人骏会谈,承认东沙岛主权属中国,要求赔偿西泽损失。经洋务局道员魏瀚与日领事赖川多次谈判,9月29日,双方达成协议:日本承认东沙岛为中国领土,属广东省惠州府;日商在岛上所建工程由中国以广东银毫16万元购回;日商所雇工人一律离岛,另由广东省自派专员督率工程师、工人接办;日商应赔补拆毁岛上庙宇民房、毁坏渔船及运出磷质漏税各费,合计3万元,所存房舍照数归还。10月11日,新任两广总督袁树勋和日本领事赖川浅之进在该条款上签字盖印。袁树勋派补用知府蔡康等乘"宝璧"轮前往东沙岛接收物产。11月19日,清政府在东沙岛举行接收仪式,蔡康清点并接收物产,兵舰鸣炮庆贺。仪式结束后,留司事2人、护勇2人驻守东沙岛,完成对东沙岛主权收复。(刘璐璐)

李准巡视南海 历史事件。清末中国海军行使南海管辖权重要行动。李准,四川邻水人,清光绪三十一年(1905)出任广东水师提督。宣统元年(1909)二月海军实地调查东沙岛后,李准向

两广总督张人骏汇报西沙群岛事宜。四月一日,李准受命携带西沙群岛图籍,率补用道李哲濬、赤溪协副将吴敬荣等170余人,乘"伏波""琛航""广金"3舰和海关小火轮由广州出发,巡视西沙群岛。四月十八日,航抵永兴岛,升旗鸣炮,随即展开巡视,至二十六日返回广东。巡视期间,李准率舰队详细测绘、勘查所经诸岛礁地理位置、矿产资源,将所登伏波岛、琛航岛、广金岛等15座岛礁绘图入册,命名勒石。后李准等上报往勘巡视始末,将所绘海图呈报北京海军部、陆军部及军机处。确立中国对南海诸岛主权。(刘璐璐)

南海诸岛调查 历史事件。晚清至民国时期中国在南海诸岛开展的科学考察活动。1909年,清政府收回东沙岛、巡航西沙群岛后,采用近代西方勘测技术对2个群岛进行科学调查。1928年,广东省政府下令由民政厅负责对西沙群岛进行全面调查。在中山大学校长戴季陶、副校长朱家骅呈请下,政治会议广州分会批准将西沙群岛矿产管理权拨归中山大学。该校与广东省南区善后公署共同组织西沙群岛调查委员会。5月22日,民政厅和中山大学组成调查组,乘"海瑞"舰前往西沙群岛,全面调查西沙群岛地质、地貌、土壤、植物、矿产、水产和鸟粪等资源。1935年3月18日,东沙岛海产管理处主任梁权、粤海舰队参谋胡应球、广东省建设厅农林局水产系技工佘日森等乘"福游"舰前往东沙岛调查。1937年6月20日,广东第九区行政督察专员黄强、广东绥靖主任公署高级参谋云振中等乘"海周"号前往林岛、石岛等岛调查。1946年,中国政府全面接收南海诸岛,随即展开相关调查。至11月,接收人员测绘编制《西沙群岛图》《永兴岛及石岛地形图》。12月,重点考察太平岛。

1947 年 1 月，广东省地政局派梁宝森、古士宗、钟晋祥等前往南沙群岛重新测量，完成《太平岛一万分之一地形图》及对南沙群岛总图核对工作。4 月，来自水产、地质、测绘、土壤等领域的 20 余名工程师随"中基"舰、"中业"舰分赴西沙、南沙群岛进行科学考察，获取有关南海诸岛自然环境与资源资料。同年，在广州举办西沙、南沙群岛物产展览会，展出所搜集科考实物 1300 余件，参观人次 30 余万。有效宣示南海诸岛主权归属。（林旭鸣）

接收南海诸岛　历史事件。民国时期中国捍卫南海主权标志性事件。抗日战争胜利后，中国政府据《开罗宣言》及《波茨坦公告》有关规定，于 1946 年 5 月开始派遣海军协助广东省政府接收被日侵占南海诸岛。5 月 23 日，海军官兵 35 人抵达东沙群岛，设置气象台。后接收人员又于 8 月 15 日、9 月 12 日分两批登岛，完成接收驻守。11 月 24 日，西沙接收专员肖次尹和驻西沙、南沙群岛舰队副指挥姚汝钰率 76 名官兵乘"永兴""中建"2 艘军舰，抵达西沙群岛主岛永兴岛（时称武德岛）。29 日，舰队仪仗队随同肖次尹等中央及地方官员举行收复西沙群岛纪念碑揭幕仪式。12 月 12 日，南沙接收专员麦蕴瑜、指挥官林遵和内政部专员郑资约等率 76 名官兵，乘"太平""中业"2 艘军舰，成功登上南沙群岛主岛，以"太平"舰名命名为太平岛。15 日，驻岛士兵、"中业"舰官兵及各政府机关代表在岛上举行成功收复南沙群岛升旗典礼仪式，建碑纪念，测绘详图，留兵戍守；又分抵中业、西月、南威等岛建造主权碑。至 17 日，接收南沙诸岛任务完成。在完成接收后，又分别在永兴岛、太平岛设立西沙群岛管理处和南沙群岛管理处，皆隶属广东省政府，对西沙、南沙群岛开展行政管理。是国际反法西斯战争和中国抗日战争胜利暨建立战后国际秩序的胜利成果，更是近代中国政府捍卫南海主权最重要行动。郑重表明南海诸岛是中国领土，中国对南海诸岛享有神圣不可侵犯主权。（林旭鸣）

广州港　港口。位于广东珠江北、西、东三江汇合之处，兼有海、河港口功能。广州古港有内港和外港，内港在广州城西珠江北岸。外港有唐宋元时期扶胥港，明清时期黄埔港和澳门港。秦汉时期称番禺港，是南海舶来品集散中心。魏晋南北朝时期，从该港启航经海南岛东部海域航向南海诸国深海航线开始形成，至唐代发展为连接南海、印度洋、波斯湾和东非海岸 90 多个国家和地区的"广州通海夷道"，成为世界闻名东方大港。宋元时期，是外国船只重要进出港口，由该港出海贸易的国内商人大为增加。明代，是南海、印度洋各国来华朝贡贸易指定港口。15 世纪新航线开辟之后，该港成为全球贸易体系重要枢纽。清乾隆二十二年（1757），实行"一口通商"政策，将来华西洋船只限定在该港，确立以该港为中心"广州贸易体系"。自秦汉、唐宋至明清，该港是中外贸易重心，2000 余年从未间断，在中国历史上独一无二，在世界历史上也是罕见。现代广州港拥有南沙港区、新沙港区、黄埔港区和广州内港港区。国际海运通达 80 多个国家和地区 300 多个港口，与国内 100 多个港口通航，是华南地区对外贸易重要口岸和国家综合运输重要枢纽。（徐素琴）

扶胥港　港口。唐宋元时期广州港外港。位于今广东省广州市黄埔区庙头村西。珠江前后航道在此交会。隋以前海舶在此放洋起航。隋唐时期，广州港成为全国最重要外贸港口，该港成为广州外港。隋在此建南海神庙。中外商船由海上进入广州，或由广州扬帆出海，须在此停泊，接受检查，祭拜南海神，祈求海上平安。渔村发展为城镇，宋代居南海八大镇之首。明代衰落。（徐素琴）

澳门港　港口。明清时期世界著名港口。位于广东珠江出海口西侧。原属广州府香山县。内港即澳门半岛西侧濠江水道，兼具河、海港口功能。外港在澳门半岛东南部沿岸，可通外洋。半岛南面十字门水域是重要泊口和航道。明嘉靖三十六年（1557），葡萄牙人获准入居澳门，设提调、备倭、巡检等守澳官管理。"广中事例"后，成为各国商舶停靠泊口、广州外港，开通澳门—长崎航线、澳门—马六甲—果阿—好望角—里斯本航线、澳门—马尼拉—墨西哥航线，中国丝绸、瓷器、茶叶等大宗物品从广州通过澳门销往海外市场。明末清初因战争、海禁、迁海影响而衰落。清康熙二十四年（1685）粤海关设立后，于澳门置大关，下辖关闸、大码头、南湾（南环）和娘妈阁（娘妈角）四小口。乾隆二十二年（1757）广州"一口通商"，外商到澳门住冬制度化，该港成为西方各国商人共同居留地。清廷规定，外国商船须在该港南面凼仔岛东端鸡颈洋面停泊，向澳门同知申请引水引航前往广州港。鸦片战争后，"广州制度"被打破，香港开埠，加上该港区淤塞，丧失广州外港和贸易大港地位。（徐素琴）

黄埔港　港口。明清以来广州港外港。位于广东珠江口湾区狮子洋溺谷湾顶。唐代称黄木湾。明代广州外港由扶胥迁到黄埔洲至琵琶洲一带。清代粤海关设立后，置挂号口，靠近省城大关，是进出口广州商货卸装之地。粤海关

规定，来粤商船只能在该港停泊，办理进出口手续，缴纳船钞、规礼以及引水费、通事费、买办费等杂费，进出口货物则由驳艇在该港和广州之间往来运输。该港设有税馆、夷务馆、买办馆，为外国商船提供服务。广州"一口通商"时期，该港更加繁荣。该港淤积后，同治年间黄埔挂号口迁至长洲岛北岸，仍用"黄埔"之名，故长洲岛又称黄埔岛。1937 年，在珠江北岸鱼珠炮台、珠岗村横沙乡、乌冲口一带水域兴建深水码头，称为黄埔新埠。1973 年，在珠江口内狮子洋水道北端墩头基建设新港区，称为黄埔新港，原黄埔新埠称为黄埔老港。（徐素琴）

潭洲 港湾。宋代珠江口西部海上交通重要节点。位于今广东省台山市广海湾，崖门口西南侧，一面枕山，三面濒海。海舶往来广州，从潭洲海门溯西江而上，入内河前往广州，亦可通湘、贵、黔、滇。朝廷在此设望舶巡检司，检查进出船舶。出海商舶在此贮存淡水食物，祭祀神灵，放洋远航。今台山广海卫城城墙遗址最高点有潭洋台遗址。（徐素琴）

浪白澳 又称浪白滘。港口。明中叶珠江口西部私商贸易重要据点。位于广东广州府香山县南，今三灶岛西，连湾与文湾两岛之间海域，连接珠江入海口磨刀门、虎跳门和鸡啼门。中外商船多于此处湾泊交易。葡萄牙商船往来马六甲与日本，也常在此停泊，加水补料，或等候风信。明嘉靖三十六年（1557）澳门开埠后，浪白澳数百名葡萄牙人移居澳门。浪白澳自此衰落。（徐素琴）

浪白滘 见"浪白澳"。

潮州港 港口。中国东南沿海重要港口。唐宋时，广东韩江主要出海通道在古潮州溪和古彩塘溪，两溪汇入牛田洋。主要有 2 个港区：一在潮州府城东堤（今广东潮州东平路），一在城南池湖村。池湖村建于宋，海路通安南诸国，曾建有安南庙，至今有安南渡口名称。潮州北关窑等窑场生产陶瓷是重要出口货物，远销日本、菲律宾、印尼、巴基斯坦等地。南宋时韩江南西向航道湮废，该港衰落，至清代为澄海漳林港取代。现潮州港位于饶平柘林湾，分成金狮湾、西澳、三百门 3 个港区，是粤东地区国家一类对外开放口岸和深水海港。（徐素琴）

南澳港 港口。明中后期粤闽沿海民间贸易基地。位于广东省汕头市南澳县。地处粤闽两省交界海面，包括隆澳、深澳、青澳、云澳港，是粤闽海上交通必经之地。南宋已出现走私贸易及海盗劫掠。明清时期属潮州府。明初为倭寇活动和走私贸易基地。为防备倭寇，曾迁走岛上居民。葡萄牙人、荷兰人也曾经在南澳活动。清康熙二十三年（1684）开海贸易后，前往东南亚粤东商船主要从漳林港挂号出海。该港失去粤东重要商贸港地位。（徐素琴）

漳林港 港口。见"漳林港遗址"。（徐素琴）

庵埠港 港口。清代粤东地区重要港口。位于今广东省潮州市潮安区。地处韩江西溪下游梅溪河西侧，为海阳、揭阳、潮阳、澄海四县通衢。清代置粤海关，于潮州设庵埠总口，下辖 7 个正税口和 10 个挂号口。与本地各埠以及江浙、福建等外省商港往来密切。出口货物有瓷器、绢、棉布、棉毯等手工业产品，糖、烟丝、麻皮、薯粉等农副产品，内地转运出口有药材、松香等。进口货物有酒、象牙、犀角、香料、金玉器、丝织品、稻米、棉花、木材等。嘉庆以后因港口淤积而衰落。（徐素琴）

汕头港 港口。东南沿海重要港口。位于今广东韩江西溪分汊梅溪河出海口东侧。濒临牛田洋，北通榕江，西对练水。明中叶有渔船聚集。清康熙末有商船停泊。嘉庆以后超过东陇（樟林）港，成为潮州府最大商贸港。晚清轮船航运替代帆船，该港优越性显现。清咸丰四年（1854），广东地方政府在该港区妈屿岛上设立潮州粤海新关，庵埠总口下辖各税口转由新关管理。咸丰九年（1859），汕头被辟为通商口岸，潮海关建立，实行外籍税务司制度，专门管理该港进出口贸易，潮州粤海新关管理国内民船贸易。20 世纪以来，汕头与国内沿海各港及日本、新加坡、欧洲等国家或地区建立通航关系。进口货物主要有大米、海味、棉纱、上海面粉、洋布、煤油、煤炭，出口货物主要有蔬菜、干菜、咸菜、粮、兴宁土布、夏布、陶瓷、纸、铁。现汕头港是粤东第一大商贸港。（徐素琴）

乌坎港 港口。清代粤东商港。位于广东惠州府陆丰县（今汕尾市陆丰市）城南。濒临南海。粤海关建立后，设乌坎总口，下辖神泉、甲子、汕尾、平海、靖海 5 个正税口，碣石、墩头、湖东 3 个挂号口，长沙、鲘门、稔山 3 个稽查口。与广东沿海各地以及浙江、福建等地通航往来频繁。输出商品以糖、薯粉、水产品、食盐等农副产品为主，出口商品以丝绸、布料和日用品为主。第一次鸦片战争后衰落。（徐素琴）

徐闻港 港口。汉代海上丝绸之路启航港。位于今广东省湛江市徐闻县西

南端二桥村、仕尾村、南湾半岛形岬角一带。扼琼州海峡西出口。汉代在此设左右候官，管理海上交往与贸易，成为早期海上丝绸之路重要启航港。从该港出发，穿越南海，最远到达今印度洋斯里兰卡。进口货物以明珠、壁流离、奇石异物为主，出口货物有黄金、杂缯。唐以后该港衰落。今存港口遗址。参见第1249页海洋文化卷"徐闻港遗址"条。（徐素琴）

雷州港　港口。古代粤西重要商贸港。位于今广东省雷州市南渡河口。海路通粤东、闽、浙沿海各港，向南达南海及印度洋各国。唐宋元时期以南亭港为内港、南浦津为外港，是雷州半岛重要海上贸易港口。国内贸易主要经营谷、米、牛、酒、海产品、药材等货物。出口产品主要为雷州瓷及本地产肉桂、高良姜、沉香等。明中叶以后海禁稍弛，该港外港由南渡河口南浦津港迁移到双溪港旁通明港。清代粤海关建立后，在雷州内港南亭港设雷州正税口。明清时期该港主要经营与高州、海南、广州、福建以及东南亚贸易。近代广州湾（今湛江）兴起，取代该港成为粤西要港。（徐素琴）

三洲港　又称三洲澳。港口。珠江口西岸港口。位于今广东省江门市台山市上川岛西北部。明中叶走私繁盛，成为葡萄牙人经营印度果阿、东南亚至日本平户国际贸易一个节点。交易商品主要有马来群岛的胡椒、香料、中国生丝与丝绸、瓷器，日本生丝、白银。明嘉靖三十二年（1553），葡萄牙人与广东地方政府达成贸易协议，贸易地点转移到香山浪白澳、澳门港等官方指定港口，该港衰落。2002年，在三洲大洲湾（又称花碗坪）发现大量明代瓷片遗存。现该港是区域性旅游交通港。参见第1250页海洋文化卷"台山上川岛大洲湾遗址"条。（徐素琴）

三洲澳　见"三洲港"。

海安港　港口。粤西港口。位于今广东省湛江市徐闻县海安镇南。明清时期为雷州半岛重要商埠。清康熙二十四年（1685）粤海关建立后，设海安总口，是粤海关七大总口之一，辖雷州、廉州、钦州3个正税口和白沙、赤坎等9个稽查口，同雷州半岛其他港口，广东、广西、海南沿海各地，香港、澳门，海外安南等进行贸易。交易商品主要有糖、粮、盐、药材、木材、海产品等。民国初仍是粤西粮食重要交易港。今存港口遗址。参见第1251页海洋文化卷"徐闻海安港遗址"条。（徐素琴）

梅菉港　港口。明清时期粤西重要商港。位于广东高州府吴川、茂名之间。兼具河、海港口功能。明隆庆、万历年间兴起。输出商品以糖和药材为大宗，与粤东、福建粮食贸易占重要地位，是广东对日本私商贸易港口之一。清康熙二十四年（1685）粤海关设立后，置梅菉总口，辖正税口、挂号口、稽查口共7个。（徐素琴）

合浦港　港口。古代重要港口。位于今广西壮族自治区北海市。地处北部湾北岸中部、南流江入海口。汉代由此向南航行，沿中南半岛沿岸，穿过马六甲海峡，抵达今印度和斯里兰卡，是早期海上丝绸之路始发港之一。向东通闽、浙等沿海。溯南流江，经北流江、桂江，过灵渠，入湘江，可达中原，是汉代经略南越重要港口。马援征交趾，该港是楼船水师集结与出征地。汉晋南朝时期，该港贸易舶来品有珠玑、琉璃、象、犀等珍品，出口商品为丝绸及西南地区土特产。南海新航路开辟，北部湾贸易衰落。今存港口遗址。参见第1249页海洋文化卷"合浦港遗址"条。（徐素琴）

大观港　又称大风江港。港口。古代粤西重要港口。位于今广西壮族自治区北海市西北面大风江入海口，西与钦州交界，距龙门港25千米。港口水域风浪较小，条件优良。汉代为商、渔港口，占城、交趾船舶抵廉州，必经此港。明清时期属广东廉州府。清初设有炮台。今为一小渔港。（徐素琴）

大风江港　见"大观港"。

白龙港　港口。古代粤西地区港口。位于今广西壮族自治区北海市沿海中部、铁山港区营盘镇西端。汉代为合浦"珠池"。明清时期属广东廉州府。明在此设市舶太监和珠场大使。采珠业兴旺，珍珠、粮食是主要交易品。明末清初衰落。今港口岸边有古筑城遗址、宁海寺、太监碑等古迹。（徐素琴）

廉州港　港口。古代粤西地区港口。位于今广西壮族自治区北海市合浦县廉州镇南流江入海口。宋代有海舶在此靠泊，为广南西路海运中心和渔盐集散地。白石、石康盐场产海盐，销往广南西路和湖南南部。明清时期属广东廉州府。明代设海北盐课提举司，清代设粤海关廉州正税口，隶属海安总口。盐、粮是大宗贸易商品。明中叶以后，因南流江入海口泥沙淤积，清末成废港。（徐素琴）

乾体港　港口。古代粤西港口。位于今广西南流江支流州江入海口。扼船舶入廉州府城之口，有"廉州门户"之称。元代为经略安南军港，设廉州巡检司，管理进出口船舶。为廉州府海盐集散地。舶来品有香料、玳瑁、珍珠、象牙等。明清时期属广东廉州府，明末清初州江出海口泥沙淤积，大海船难以泊岸，民初成为废港。（徐素琴）

冠头岭港　港口。粤西港口。位于今广

西壮族自治区北海市西端。因冠头岭曲折回环而形成。明清时期属广东廉州府，向东可达雷、琼、广诸州。商舶由此出航可抵越南沿岸各港，安南、暹罗、满剌加诸国商船来此贸易，交易沉香、胡椒、象牙、盐、鱼干、牛皮、桐油、桂皮、陶瓷和纺织品等。清代成为军事要塞，康熙五十七年（1718）设置炮台。今为一大型渔港。（徐素琴）

北海港 港口。粤西商港。位于廉州湾。明清时期属广东廉州府，鸦片战争以后为滇、桂、黔和粤西进出口货物集散地，清同治二年（1863），允准外国轮船进入该港，须用民船上下货物。同治八年（1869）设北海常关，管理港口。光绪三年（1877）置北海海关，实行外籍税务司制度，管理中外贸易。英、法、德、日、美等国在此设领事和洋行。开辟至琼州、广州、澳门、香港、海防、新加坡、海参崴等11条国内外航线。民国初年，有39个国家和地区与其有贸易往来。进口货物以煤油、棉布、五金、面粉为大宗，出口货物以瓷器、铁锅、糖茶、桐油、牛皮、盐、海味、锡等大西南各地特产为主。今为广西海外交通最大门户，与近百个国家和地区有贸易往来。（徐素琴）

海口港 港口。海南岛重要港口。位于今海南省海口市北部海口湾。隔琼州海峡与雷州半岛相望。宋代名白沙津（又称神应港），在海口湾东北部，设有官渡，是海峡北岸粮食输入海南岛重要港口，也是海外蕃船聚集地，向外出口本地产沉香。宋末元初，位于海口湾中部的海口浦兴起，取代白沙津、海口港、海口市由此得名。元至元三十年（1293），设立海南海北博易提举司，对中外商船征税。明代海口港为广东琼州府航运中心。清康熙二十四年（1685），设置粤海关海口总口，辖铺前、清澜、沙荖、乐会、万州、儋州、北黎、陵水、崖州9个正税口，常年有船舶往来广州、高州、雷州、廉州、潮州、阳江、江门、闽、浙等地，以及日本、安南等国。光绪二年（1876）根据中英《烟台条约》规定由外籍税务司管理琼海关。受限于该港海岸平坦、水深不足，轮船只能停泊外海，贸易受掣肘，1935年开始在秀英湾建码头。1939年，日本占领海南岛，扩建秀英码头。抗战胜利后，国民政府扩建秀英港，成为海南岛对外贸易重要港口。1976年，位于南渡江支流海甸溪出海口的海口内港竣工，称为海口新港。今包括秀英、新海、马村3个港区，为国家一级开放口岸。（徐素琴）

清澜港 港口。海南岛东海岸商港。位于今海南省文昌市清澜镇东南方八门湾（又称后港湾）西岸。南临南海，水域宽阔，风浪小，回淤少，自然条件优越。古称"琼州之肘腋""文昌之咽喉"。明清时期属广东琼州府文昌县。明初为渔港，设青蓝千户所。清康熙元年（1662）设青蓝巡检司。康熙二十四年（1685）设粤海关清澜正税口，是琼州海峡区域货物集散地之一。今为海南东部水运集散地，也是沟通大陆与南海诸岛枢纽。（徐素琴）

八所港 港口。海南岛西部港口。位于今海南省东方市北黎湾，北部湾东南。汉代马援征海南，设10所兵马守护北部湾，此为第八所，故名。明清时期属广东琼州府感恩县。1941年为日军侵占，修筑防波堤、码头及一批库场，疏浚港湾，码头配置装矿机械。1956年重修。1978年，对码头进行全面改造，扩大港池。今为可泊万吨级轮船深水港。（徐素琴）

香港港 港口。近现代世界重要商贸港。位于今香港岛南部香港仔附近海湾。明清时期属广东广州府东莞县（后析置新安县）。清道光二十一年（1841）英国占领香港岛，宣布为自由港，准许商船自由出入。后开始拍卖岛北部维多利亚湾地段，主要港口由南部转移到北部，成为著名国际中转贸易港，主要进出口货物为盐、糖、粮、棉、茶、檀木、象牙、生丝、毛织品等。现该港有香港仔、青山、长洲、吉澳、沙头角、维多利亚等15个港区。维多利亚港区最大，位于香港岛和九龙半岛之间，海港面积5200公顷，宽度由1.6千米至9.6千米不等，靠近港岛水域水深在10—20米，大型远洋船舶可自由进出。有3个主要出入通道：东边鲤鱼门海峡，西边硫磺海峡，西北边汲水门海峡。港内有九龙湾、红磡湾和铜锣湾避风塘。港口设施先进，码头岸线长2378米，可同时停靠多艘集装箱船，通过20多条航线连接着120多个国家和地区近1000个港口，为世界最优良天然海港之一。（徐素琴）

海洋信仰

雷神崇拜 民间信仰。雷神又称雷公、雷师。源于原始人类对雷电自然威力的敬畏。雷神祭祀，是古代越人图腾崇拜遗存，祭祀的雷神多为半鸟半人塑像，雷州半岛、粤东沿海、海南、广西等地建有雷神庙。唐人传奇故事中雷神是鸟首兽形。南汉雷神封为雷震王。宋元时期屡次加封，庙号显震、灵震、威化。北宋雷神开始人格化。

明代，每年上元节祭祀雷神成为定制。每年二月，地方官员到雷神庙为雷神开印，八月封印。六月二十四日雷神诞日，以"换鼓"仪式酬雷，举行崇雷舞傩活动，主体是雷公与五雷公将（6个傩面具）。唐代雷州刺史陈文玉受雷州民众爱戴，死后被尊为雷神、雷祖，在雷州英榜山建雷祖祠祭祀。雷祖祠1996年被国务院公布为第四批全国重点文物保护单位。2009年入选广东省第三批省级非物质文化遗产名录。（罗燚英）

飓母崇拜 民间信仰。岭南沿海夏秋之间台风多发，渔民和航海者崇奉风神"飓母"，立庙祭祀，或与雷神、雨神等合祀。每年端午节，进行祭祀。（罗燚英）

雨神崇拜 民间信仰。雨神又称雨师、雨仙。民间传说雨师是古代神兽商羊，可以引水救枯。另一说认为雨师是仙人赤松子，化身为龙，兴云布雨。广东潮汕、珠三角、雷州半岛沿海地区雨神祠庙中，与雷公、电母、风神等合祀。揭西登岗雨仙庙是最有代表性雨神庙。（罗燚英）

蛇神崇拜 民间信仰。祀蛇是古越人族群普遍流行信仰，流行于沿海地区。疍民自称龙户，继承古越人蛇神崇拜，崇奉龙蛇。祭祀方式或供奉于庙宇，或摆放于船上，以供品祭拜。（罗燚英）

南海神 人物神。广东沿海普遍信奉的海神。一说是《山海经·大荒南经》不廷胡余，一说是兼管水火祝融。隋开皇十四年（594），于广州建南海祠祭祀。因卫国护城、保境安民、护佑海上交通"灵应"，历代朝廷屡次加封，或派遣使者、地方官员到南海神庙致祭。唐天宝十年（751），封其为广利王，"广利"即广招天下财利，

表明朝廷对广州口岸南海贸易的重视。南汉大宝九年（966），尊其为昭明帝。宋康定二年（1041），封为洪圣广利王。朝廷的加封与推崇，推动南海神信仰传播。行祠多以其封号"洪圣"为名，民间多将其称为"洪圣爷"或"洪圣大王"，也将南海神诞称为"洪圣诞"。明清时期其崇拜在岭南广泛传播，重心在广东中部地区，并随广东海上移民传播至海外。祠庙或称南海王庙、广利王庙、洪圣（大王）庙、昭明（龙王）庙等，以洪圣庙居多。清雍正二年（1724），加封其为"南海昭明龙王之神"。南海神信仰与龙王信仰合流。（罗燚英）

海龙王 自然神。中国沿海渔民普遍信奉的海神。龙崇拜是古越人图腾崇拜的一种。龙王信仰形成与佛教传入有关。佛教认为龙王可以兴云布雨，与本土龙信仰相合。唐以后佛教龙王信仰本土化发展出四海龙王，有水之处就有龙王，沿海地区形成龙王崇拜及祭祀习俗。岭南沿海多有龙王庙，每年二月二龙抬头，举行祭祀，祈求南海龙王保佑，风调雨顺，渔获丰收。（罗燚英）

妈祖 又称灵惠夫人、天妃、天上圣母、娘妈。人物神。中国古代重要海神。原为福建莆田湄洲岛林氏女，属人格化海神。宋初兴于莆田沿海，至宣和五年（1123），赐庙号顺济。开始成为国家重视的海上保护神。宋元时期海外贸易繁荣，该信仰进一步发展。元代漕粮海运推动该信仰由东南沿海向北方传播，元代封妈祖为天妃。明代该信仰在北方传播，传至东南亚各国及朝鲜、日本等地。清初封妈祖为"天上圣母""天后"。各地妈祖宫庙多以"天后宫"命名。自宋至清，朝廷对妈祖褒封36次（一说37次），神格越来越高，列入国家祀典。该信

仰南宋传入广东潮汕地区、珠江三角洲地区、雷州半岛和海南岛，成为官民共同信仰。明清时期妈祖庙遍布沿海及部分内陆州县，多建于临海港口或江河要津。妈祖神职不断扩展，航海渔获，婚配生育，祛病消灾，无所不能。广东妈祖祭仪以深圳赤湾天后宫辞沙祭祀最为出名。妈祖信俗2009年被联合国教科文组织列入人类非物质文化遗产代表作名录，成为中国首个信俗类世界遗产。（罗燚英）

灵惠夫人 见"妈祖"。
天妃 见"妈祖"。
天上圣母 见"妈祖"。
娘妈 见"妈祖"。

三山国王 又称三山、三山神。自然神。粤闽台地区及海外华侨崇拜重要神灵。三山是今广东揭西河婆镇西面3座高山：明山、巾山和独山。其信仰起源于古越人山神崇拜。祖庙位于巾山山麓，又称霖田祖庙、大庙，北宋宣和七年（1125）赐庙额"明贶"。元至顺三年（1332），刘希孟《潮州路明贶三山国王庙记》确立其正统性，成为粤东重要神灵。明清以降，粤人入垦台湾，移民东南亚，其信仰向外流播。粤东地区三山国王庙有500余座，揭西霖田祖庙、饶平鸿埕大庙、潮阳棉城蛇脐古庙、澄海银砂古庙有较大影响。台湾三山国王庙至少有170座，信众以粤籍客家人、潮汕人为主，包括部分闽南籍民众。马来西亚、泰国、新加坡等国客家聚落多建有三山国王宫。农历二月十五神诞，各地有游神活动。（罗燚英）

三山 见"三山国王"。
三山神 见"三山国王"。

长年公 又称长年、英阿六。人物神。广东潮汕沿海渔民崇奉的海神。相传

明崇祯年间，一位自称英阿六男人来到南澳，教导渔民插桁椿，渔民尊为"长年"。有一年汛期至，为固定桁椿，英阿六在农历四月十二纵身入海，无音讯。后渔民在南澳岛青山立庙祭祀，青山改名为长年山。每逢农历四月十二神诞，渔民摆粿烧香拜祭，以求出海平安，渔获丰收。（罗燚英）

长年　见"长年公"。

英阿六　见"长年公"。

北帝　又称真武、玄武、玄天上帝、黑帝。人物神。中国古代重要神灵。珠江三角洲民间习称北帝。起源于古代星宿信仰，属二十八宿中北方七宿总称，主司北方水源。后被道教纳入其神仙系统人格化。宋元屡次加封，民间庙祀普遍。明代真武信仰传遍全国。北宋年间广州地区供奉其为主神，道教宫观已多见，南宋以后其崇拜在珠江三角洲民间普及，至明清时期，成为珠江三角洲地区最主要民间信仰之一，北帝祠庙遍布乡村，村民家中也普遍供奉北帝神位。佛山北帝祭祀被列入官方祀典。农历三月初三北帝诞日，有游神、设醮、演戏、烧大炮，以佛山祖庙诞会最为出名。佛山祖庙1996年被国务院公布为第四批全国重点文物保护单位。现存较为重要北帝庙有广州仁威祖庙、三水芦苞祖庙等。（罗燚英）

真武　见"北帝"。

玄武　见"北帝"。

玄天上帝　见"北帝"。

黑帝　见"北帝"。

龙母　自然神。西江流域崇奉的水神。其传说大致形成于汉晋，起源于古越人龙图腾崇拜，为岭南水神信仰主要神祇之一。唐代德庆悦城龙母受到敕封。其信仰以德庆为中心，沿西江干流、支流（新兴江、罗定江、高州鉴江）流域传播。向西江上游经封开、西宁（今郁南），传入广西；向西江下游经肇庆、高要、三水，遍布珠江三角洲。粤东潮州府、嘉应州也有零星分布。信众以水上船户与水网地带居民为主。民众祭祀龙母，祈求平安、平复波涛、治理水患、普降甘霖、消除疾疫、保护母婴等。龙母庙选址多在江岸。德庆悦城龙母祖庙历史最悠久，规模最大，至今香火鼎盛。（罗燚英）

谭公　又称谭仙。自然神。中国港澳地区渔民供奉的神灵。据传源自广东惠州九龙峰。农历四月初八神诞日，渔民去谭公庙进香、舞醉龙、吃龙船饭。香港大埔平洲岛沙头村谭公庙、跑马地谭公庙、筲箕湾谭公庙、澳门路环谭公庙比较出名。（罗燚英）

谭仙　见"谭公"。

朱大仙　人物神。中国港澳地区渔民信奉的神灵。身份来历有三种普遍说法："大禹化身"说、广东新会"朱立仙"说、"朱元璋或是朱明王朝后裔"说。其来源地主要有两种猜想：一是来自福建龙岩，二是来自广东惠州平海"龙泉寺"。佛道合一供奉和祭祀是最大特点。其信仰具有特定信仰群体、信仰习俗和仪式，是非物质文化遗产。20世纪20年代在香港龙岩寺举办第一次朱大仙醮会，传至澳门后开始水面醮，以祈求佛祖、观音、朱大仙保佑。每年清明后至农历五月通过掷筊杯择定神诞吉日，打醮时间为三日四夜，包括开坛、洒净、拜忏、供天、开榜、过关、施幽、祝星和散坛。水面醮形式具有神秘性和排他性。（罗燚英）

伏波将军　人物神。环北部湾地区崇奉的海神。指汉代平定岭南、有功德于岭南的西汉伏波将军路博德、东汉伏波将军马援。通过国家册封、地方官员倡导、士人歌颂，演变成航海保护神和地方保护神。唐宋时期，含有"降伏波涛"神力伏波将军信仰在琼州海峡及北部湾周边地区形成，庙宇增多。南宋绍兴五年（1135），朝廷加封马援为忠显佑顺灵济王，路博德为忠烈明威广佑王。宋元时期，往来琼州海峡的官吏、商贾、渔民，渡海前会到徐闻伏波祠、琼州海口二伏波祠祭祀，占卜得吉后才敢渡海。其信仰还在越南传播。明清时期福建人迁至粤西沿海和海南，妈祖信仰随之传入；近代天主教传入，也冲击其信仰。但仍有广泛民众基础。每年元宵，广东雷州在雷城伏波庙举行伏波巡游活动。（罗燚英）

江起龙　又称江公。人物神。雷州半岛官民崇奉的区域性海神。江起龙，清代安徽歙县人，清顺治十三年（1656）任水师参将，驻广东雷州府通明港，立白鸽寨。康熙三年（1664），以副将移驻徐闻海安。康熙五年（1666）出洋捕盗，飓风大作，江起龙及24船将士全军覆没。为颂扬其功绩，广东布政使王士俊在海安所城南门外兴建江公祠祭祀。雍正八年（1730），被封为"英佑骁骑将军之神"。（罗燚英）

江公　见"江起龙"。

水尾圣娘　又称南天夫人。人物神。海南岛渔民信奉的海神。信众主要分布在海南文昌、海口、琼海及海外琼籍华人聚居区。源于海南岛文昌清澜港，清澜水尾主庙建于明正德年间。民间传说，在文昌市清澜港岸有座"白土尾塔"，对岸坡尾村水滨的"水尾圣父庙"是"圣娘"降坛，建庙于此，享受香火，后人以她命名，尊为"水尾圣娘"。传说元末明初出

生于海南定安县岭口镇水尾田村，原名莫氏丽娘，16岁时有一天外出干活再没回来，后神迹由人转神立庙祭祀。其化神传说有两个版本：一说一渔民出海捕鱼时，一直捞到同一块沉重木头，便向其许愿如捕鱼满载，便将此木头刻为神像供奉，结果丰收而归。渔民便将木头刻成常常出现在渔人身边的姑娘模样，因圣迹被渔民效仿，后建庙祀奉。另一说是嘉庆年间，进京赶考的学子张岳崧，梦见水尾圣娘，受其指点高中探花。张岳崧亲自到海南供奉的水尾圣娘庙写字赠匾，奏请嘉庆帝赐封圣娘为"南天闪电感应火雷水尾圣娘"。岛内各处有供奉她的庙宇及神像。在东南亚等国其信仰有一定规模。在国外被奉为海南人的乡土神，被渔民视为守护神。海外水尾圣娘庙为琼籍侨民活动中心。（罗燚英）

南天夫人 见"水尾圣娘"。

兄弟公 又称昭应公、108兄弟公。人物神。海南岛渔民信奉的海神。起源有多种说法。一说起源于明代，以《水浒传》梁山泊108位好汉故事为蓝本；一说是远航南海捕鱼遇难的108位渔民兄弟英灵；还有一说是前往越南做生意的108位琼商遭阮朝巡兵沉杀成为海上孤魂，平反昭雪后被敕封"义烈昭应"。海南渔民在渔船出航前会先祭祀兄弟公，俗称"做福"，归航后祭祀俗称"洗咸"，开捕前和节日祭祀俗称"做兄弟公"。庙宇称为兄弟公庙、昭应庙、昭应祠，或盂兰庙、孤魂庙。南海诸岛亦有兄弟公庙或孤魂庙。新加坡、泰国、马来西亚等琼籍华人社区均建有祀奉兄弟公庙宇，也将兄弟公附祀于天后宫（妈祖庙）、水尾圣娘庙或其他神庙。（罗燚英）

昭应公 见"兄弟公"。

108兄弟公 见"兄弟公"。

峻灵王 自然神。海南民间信奉的海神。源自海南昌江。海南岛西部昌江黎族自治县昌化镇昌化岭上一块石头，因民间传说和皇帝诏封，民间神化并受膜拜，发展成为一种民间信仰。南汉乾亨元年（917）被封为"镇海广德王"，北宋元丰五年（1082）被封为"峻灵王"，清光绪十二年（1886）加封为昭德明王。昌江县境内有两座峻灵王庙，临高县、琼州府城有其行祠。今海南西部儋州、临高、昌江、东方、乐东等地有崇祀其的庙宇。一年一度庆祝峻灵王诞辰，一般请道公主持祭祀仪式，念诵斋文，俗称"作斋"，全岛沿海各地渔民和商人聚集到昌江县峻灵王庙，祭拜、祈愿。唱民歌、唱琼剧、唱临高哩哩美，演唱儋州调声等西部各地民歌。古时逢天旱，村民在神庙前设坛，道公主持祭拜，率村民三步一拜，九步一跪叩首，祈求其布云行雨救苍生。庙会活动一直延续至今。是道教文化产物。（罗燚英）

观音 又称南无大慈大悲观世音、观世音。人物神。为佛、道均有人物。道家称慈航道人。梵文Avalokiteśvara，中文译为"光自在"。观世音，是"南无大慈大悲救苦救难广大灵感观世音菩萨摩诃萨"的简称。唐代时因避唐太宗李世民讳，略去"世"字，简称观音。因观世音菩萨发愿，任何人在遇到任何灾难时，只要一心虔诚念诵观世音菩萨圣号，即会得到观世音菩萨救度，"观其音声，皆得解脱"，得名观世音菩萨。佛教四菩萨之一。在印度佛教经典中，具有海上守护神神格。六朝时期海上僧侣以其为保护神。隋唐时期其信仰经历中国化发展，浙江普陀山为中土观音道场。因其慈航普济精神和解厄救

难神职，被海洋人群广为尊奉。宋代以后随佛教民间化、世俗化，其信仰在海内外广为流行，出现与妈祖信仰等合流现象。观世音菩萨在佛教诸菩萨中，位居各大菩萨之首，是中国百姓最崇奉的菩萨，拥有信众最多，影响最大。南宋以后，女性观音菩萨像深植中国百姓心中。是中国古代重要海神。（罗燚英）

南无大慈大悲观世音 见"观音"。

观世音 见"观音"。

关帝 人物神。民间称谓有"关圣帝君""关老爷""关公"等。即三国蜀国名将关羽，因其忠义，死后其形象被后人神化，尊为"关公"。汉传佛教中被尊为伽蓝菩萨，是佛教人物中两大护法菩萨之一。在道教中尊为武财神。民间祭祀对象，历代朝廷褒封。陈隋间，佛教信众假托其显灵，在当阳首建关庙。唐建中三年（782），被列为古今六十四名将之一，放进武庙。宋以后，被戴上"武圣"桂冠。宋徽宗时，先封"忠惠公"，再封"崇宁真君"，又封"昭烈武安王"和"义勇武安王"。元文宗封为"壮缪义勇武安显灵英济王"。明神宗封为"三界伏魔大帝神威远震天尊关圣帝君"，将关羽庙升格为"武庙"，崇为"武圣"，与"文圣"孔子齐名。清代封为"忠义神武仁勇威显护国保民精诚绥靖翊赞宣德关圣大帝"，成为战神，财神，文神，农神，是万能之神。广东民间尊为"武圣人""武财神"。海商渔民、海外华人社区、会馆公所多奉为保护神。其庙遍布广东及海外华人社区，各地关帝诞活动活跃，影响广。是中国古代重要神灵。（罗燚英）

"辞沙"祭祀 民俗。"辞沙"是指辞别沙滩，航向大海。明代开始，过

往深圳赤湾海域的渔民，或出使海外的官员到妈祖庙进香，于海边沙滩上备"太牢"（猪、牛、羊）祭拜，礼成后沉入海底。该习俗流行于广东珠江三角洲、港澳地区和东南亚诸国华人社会。20世纪中叶"辞沙"祭祀沉寂。1995年，赤湾天后宫重建开光，恢复"辞沙"习俗。一般在农历三月二十三和九月初九举行，持续三天。分别进行摆供品、点油灯、扎"鬼王"、竖"城隍"、集体拜祭妈祖、舞狮和武术表演、个体祭拜妈祖、烧"鬼王"、盛大祭拜仪式和烧"城隍"等程序。"辞沙"祭妈祖大典2007年入选广东省第二批省级非物质文化遗产名录。（罗燚英）

捕鱼祭　民俗。取材于台山渔民"拜龙王"习俗和广海"打龙船"仪式。每年秋季，台山广海"水上人"举行仪式，拜大海，祭龙王，以祈祷一年四季风平浪静，渔获丰收。广海"岸上人"在每年端午节有"打龙船"习俗。2007年，台山地方将两种习俗合为一种，创作"捕鱼祭"祭海舞，重现渔民风俗。（罗燚英）

南海开渔节　民俗。阳江有广东"渔仓"之称，休渔结束后开捕祭海。渔民前往北帝庙、天后宫进香，祈求出海平安，渔获丰收。第一次出海前，渔民有拜船头（旺船）习俗，祈求海神和海龙王保佑。2003年起，每年7月31日至8月1日，阳江海陵岛闸坡渔港举办南海开渔节，有祭海、放海生等活动。（罗燚英）

波罗诞　又称南海诞。神诞活动。流行于今广东省广州市。相传唐代天竺属国波罗国使者达奚回程时参拜南海神，在庙中种波罗树，误了时辰，船队开走。他每日在岸上眺望，盼船来接，后化为石人。人们在南海神庙立

像纪念，有"番鬼望波罗"之说。南海神庙俗称波罗庙，南海神诞也被称为波罗诞。诞期为二月十一至十三，十三为正诞，广东珠江三角洲、港澳地区乡民和善男信女来祈求南海神保佑，出入平安，俗语有"第一游波罗，第二娶老婆"。其活动包括祭祀海神、五子朝王、花朝盛会、包波罗粽等，人们会买一种用纸扎和鸡毛粘制的"波罗鸡"，希望能带来好运。2011年入选第三批国家级非物质文化遗产名录。参见第332页民俗卷"波罗诞"条。（罗燚英）

北帝诞　又称真武会。神诞活动。诞期为农历三月初三。广东佛山祖庙北帝诞历史最久、规模最大。明清以来佛山祖庙北帝诞包括设醮肃拜、北帝巡游、演戏酬神、烧大爆和乡饮酒礼。与其相关的活动，有正月初一至十五及每月初一、十五行祖庙，正月初六至三月三十北帝坐祠堂，二月十五、八月十五春秋谕祭，九月初九北帝崇升"飞升金阙"等。民间流传有"祖庙烧大炮，弹仔过蟠岗"说法。"佛山祖庙庙会"2008年入选第二批国家级非物质文化遗产名录。参见第333页民俗卷"北帝诞"条。（罗燚英）

龙母诞　神诞活动。分正诞（生辰诞，诞期为五月初一至初八）和润诞（得道诞，诞期为八月初一至初八）。广东悦城龙母祖庙是岭南最大的龙母庙，每至诞期举行祭祀仪式，有燃花炮、抢炮头、摸龙床、饮圣水、服香灰、吃"金猪"、盖龙母金印、请"龙母运程香"、戴"龙母符"、演戏娱神等习俗。正诞期间，均有西江沿岸及港澳信众前来参拜。润诞期间，有鲤鱼放生和烧幽活动。"悦城龙母诞"2011年入选第三批国家级非物质文化遗产名录。参见第334页民俗卷

"龙母诞"条。（罗燚英）

天后诞　又称妈祖诞、天妃诞。神诞活动。三月二十三举行。各地举行祭祀活动，打醮庆贺，迎神出游，演戏酬神，宴请亲友，一般连续庆贺三天。广东三水、汕头等地天后庙每隔三五年举行打醮、摆会。南澳岛渔民在天后诞日"做妈生"。香港西贡、广东广州珠江南岸沙园一带迎送神像或游神之时，各街坊出仪仗、八音、舞龙、舞狮助兴。摆出香花祭品，烧香燃烛礼拜，神像过时燃放爆竹。各村口、街口、祠堂门口备祭迎驾。广东多地天后诞信俗入选省级、市级非物质文化遗产代表性项目名录。参见第334页民俗卷"妈祖诞"条。（罗燚英）

游火帝　又称打火醮。游神活动。广东澄海樟林一带把火神称为火帝。始见于清乾隆年间。每年农历二月举行花灯盛会，以"游火帝"形式开始，为期半月，其间有灯橱、戏班、锣鼓及号炮等民间娱乐，尤以灯橱最具特色，内设玻璃灯，外糊故事纸画。有《樟林游火帝歌》流传。（罗燚英）

打火醮　见"游火帝"。

耍竹龙　又称拜竹龙、舞竹龙水神。民俗。传说从明代开始，广东揭阳新亨镇陈、倪、邢、柯、李五姓就有该习俗，与当地南海圣王信仰有关。竹龙分黄、白、红、紫四色，龙耳与龙鬣颜色互相搭配，不同颜色主不同年景，如黄龙紫鬣主风调雨顺，红龙黑鬣主干旱。每年正月初二举行卜龙仪式。由族长率众到南海圣王庙占卦求卜，决定当年竹龙颜色，继而卜取竹方位。正月十三日定向取竹。正月十四日耍龙。正月十五日送龙，路线与游龙路线一样。正月十六日，送龙人到南海圣王庙取回祭拜法肉，活动

全过程结束。（罗燚英）

拜竹龙　见"耍竹龙"。

舞竹龙水神　见"耍竹龙"。

祈风　风俗。古代帆船海上航行依赖风力，每年农历五月及十一月，地方长官、市舶司官员、海商等常为航船风向顺利祈祷。唐宋两代岭南较为著名者有唐代阿拉伯商人在广州怀圣寺的光塔祈风、宋代广州地方官的祭拜丰隆神祈风。每年春秋两季，南海神庙也有类似活动。（罗燚英）

南海神庙　又称波罗庙、东庙。庙宇。历代祭祀南海神的场所。位于今广东省广州市黄埔区庙头村旭日街22号。始建于隋开皇十四年（594）。因庙内有波罗树和"番鬼望波罗"塑像，民间称波罗庙。隋唐以来历代帝王敕封，岭南地方官吏在此举行祭海祀典，民间信众在此举办诞会（波罗诞），祀典与诞会并存，鲜活展示出别具特色的岭南海洋信仰文化。1986—1991年重修，占地3万余平方米。"海不扬波"石牌坊内，庙横阔22丈，纵深32丈，立体建筑五进，依次为头门、仪门、礼亭、大殿和后殿。仪门两侧有复廊，大殿前有东西两廊，为清代所

建。保存唐、宋、元、明、清历代碑刻47方，有"南方碑林"之称，包括唐韩愈撰《南海神广利王庙碑》。庙内有东汉铜鼓、南海神玉玺、铁钟等文物。有广州编号第一至第十木棉树、红豆树等古树名木。庙西章丘冈为宋元时羊城八景之一"扶胥浴日"所在。1953年重建浴日亭，内立苏轼《浴日亭》诗碑、陈白沙步东坡原韵题诗石刻。为中国现存历史最久、规制最完备、规模最大、保存最完整的海神庙。"波罗诞"2011年入选国家级非物质文化遗产扩展项目名录，是海上丝绸之路历史见证和重要史迹。2013年被国务院公布为第七批全国重点文物保护单位。2016年，南海神庙及码头遗址被选定为广州海上丝绸之路申遗6个重要史迹点之一。参见第877页建筑卷"南海神庙"条。（罗燚英）

广州南沙莲溪洪圣古庙　庙宇。广东民间祭祀南海神的场所。位于今广东省广州市南沙区莲溪村麒龙西路89号。洪圣是民间信奉的海神，起源于唐宋，相传他精通天气气象，专门保护渔民和商贾。建于清代，庙内神像无存，建筑格局保存完好。坐西向东，深二进，总面宽12米，总进深23.3米，建筑面积279.6平方米。保持硬山

顶、碌灰筒灰、青砖墙、花岗岩石脚等清代建筑风格。石门额上阴刻着"洪圣古庙"4个字，两边花岗岩刻着对联："灵钟风岭雄镇西坑；岁慑鲸波利通南海。"为广州现存规模最大一座洪圣古庙。（罗燚英）

广州南沙天后宫　庙宇。广东民间祭祀妈祖（天后）的场所。位于今广东省广州市南沙区鹿颈村。明代建，初为天妃庙，清乾隆年间修复为元君古庙，1940年被日军炸毁。1995年香港霍英东倡议并捐资重建，改名为南沙天后宫。全宫面积5994平方米，分为广场和宫殿两大部分。广场占地1.5万平方米，天后圣像高达14.5米，在广场正中。广场后方为清式建筑，对称布局，依山而建。先是正门牌坊，穿过牌坊到达山门，内部供奉千里眼和顺风耳。山门两侧有钟鼓楼、碑亭，山门上方为献殿，殿内供奉蹈海天后，四海龙王侍立两侧。再上方正殿是全宫主体建筑，木雕神龛中供奉3.8米高的梓木雕贴金天后像。正殿内有寝殿。后山耸立45米高的8层楼阁式南岭塔。全宫为红墙黄瓦。（罗燚英）

三水独树岗洪圣庙　庙宇。广东民间祭祀南海神的场所。位于今广东省佛山市三水区芦苞镇独树岗村庙前三巷口。芦苞重要宗庙之一。始建于明万历四十五年（1617），清嘉庆四年（1799）、同治三年（1864）、2009年重修。坐东北向西南，原广三路，现剩二路，均为三间二进院落式布局，左路为主体建筑，面阔11.5米，进深22.04米。硬山顶，陶塑脊，海棠式镬耳封火山墙，滴水剪边、青砖青水墙。头门石额刻"洪威永镇"，头门后间左侧有同治四年（1865）《重修洪圣古庙碑记》，记载该庙历史源流。对研究三水宗庙和珠三角南海神信仰有一定价值。（罗燚英）

南海神庙浴日亭明代古道

惠阳径西洪圣大王坛　庙宇。广东民间祭祀南海神的场所。位于今广东省惠州市大亚湾经济技术开发区霞涌街道晓联径西村。神坛坐西向东，高约80厘米，以石头、灰沙砌筑。外围呈圈状护栏，中间供奉石牌位，阴刻"洪圣大王爷神位"。坛中央种有九里香古树一棵，约种于明代末年。每年农历三月十二日洪圣诞及冬至，村民聚集祭祀。对研究大亚湾南海神信仰具有一定价值。（罗燚英）

东莞燕窝洪圣宫　庙宇。广东民间祭祀南海神的场所。位于今广东省东莞市石排镇燕窝村旧围。始建年代不详，清乾隆三年（1738）、乾隆五十五年（1790）、1985年、1998年数次重修。坐东向西，三开间三进合院落式布局。面阔10米，进深34.5米，面积约340平方米。硬山顶，抬梁穿斗混合式梁架。砖木石结构，首进有塾台，红石作基础、门框、柱子、柱础，青砖砌筑墙体。首进边廊有《重修造建碑记》等碑。每年农历二月十三日洪圣宫诞，有洪圣大王出位、吃贡、出巡等活动，是东江沿岸地区崇水民俗的"活化石"。对研究清代东莞南海神信仰具有一定价值。（罗燚英）

澳门妈阁庙　又称妈祖庙、妈阁庙；原称妈祖阁；俗称天后庙；旧称正觉禅林、海觉寺。庙宇。澳门历史最悠久的古刹。位于今澳门特别行政区风顺堂区澳门半岛西南部妈阁山西面山腰上。澳门供奉妈祖（天后）的场所。沿山崖修建，背山面海。内有正殿神山第一殿、正觉禅林、弘仁殿、观音阁4栋主建筑。正殿由官方与商户合资创建于明万历三十三年（1605），崇祯二年（1629）重修。正觉禅林规模最大，创建于清道光八年（1828）。弘仁殿规模最小，为3平方米石殿，相传建于明弘治元年（1488）。殿内四壁刻海魔神将。三殿均供奉妈祖。观音阁供奉观音菩萨。2005年作为澳门历史城区的一部分被列入《世界遗产名录》。参见第265页宗教卷"澳门妈阁庙"条、第882页建筑卷"澳门妈阁庙"条。（罗燚英）

澳门三婆庙　庙宇。澳门供奉妈祖的场所。位于今澳门特别行政区凼仔岛飞能便度街益隆爆竹厂对面。建于清道光二十五年（1845），咸丰九年（1859）、同治三年（1864）先后两次重修。庙门前刻有门联"灵昭海国，慈荫江乡"。据庙内碑刻记载，三婆来自惠州，是船民信仰的水上保护神，常为渔民显灵避难，也帮助剿匪击贼。据传三婆最初供奉在一个天然石室内，咸丰九年（1859）渔民在石室上加盖庙宇，香火鼎盛。其后衰落，三婆神像一度移至凼仔北帝庙供奉。1995年澳门文化司重修该庙，列为文物保护建筑。（罗燚英）

香港佛堂门天后庙　又称北堂天后庙；俗称大庙。庙宇。香港供奉妈祖（天后）与金花娘娘的场所。位于今香港特别行政区新界西贡区大庙湾地堂咀。始建于南宋咸淳二年（1266），清道光二十年（1840）、光绪三年（1877）两次扩建。1962年重修，保留清代规模。面阔三间，单进，硬山顶，中间为正殿，左右为便殿。右便殿又称圣母寝殿，内有龙床，信众有摸龙床的风俗。庙旁摩崖石刻记载，北宋大中祥符五年（1012）南堂岛山顶建有石塔，塔下有天后庙（今不存）。南宋咸淳二年（1266）在其对面建北堂天后庙，当时有歌谣"南堂敲钟北堂响，南堂焚宝北堂烟"。为香港最古老、规模最大的天后庙。（罗燚英）

北堂天后庙　见"香港佛堂门天后庙"。

大庙　见"香港佛堂门天后庙"。

台山乌猪岛都公庙　庙宇遗址。广东民间供奉海神都公的场所。位于今广东省台山市川岛镇高笋村乌猪岛上。建于明代永乐至宣德年间，可能与郑和下西洋有关。传说都公跟随郑和远航，回程中在南亭门死去，后为海神。明代张燮《东西洋考》和航海针路《顺风相送》提到乌猪岛上有都公庙，舟船航行到广东南亭门海域时要遥请并祭祀都公。该庙今不存，仅余清代至民国时期砖瓦碎片。对研究明清南海航行与贸易、海洋信仰有参考价值。（罗燚英）

江门潮连洪圣庙　俗称大王庙。庙宇。广东民间祭祀南海神的场所。位于今广东省江门市潮连镇富冈村北面。始建于明万历二十八年（1600），多次重修。总建筑面积250平方米。内供奉南海洪圣龙王及天后娘娘、王巡抚。洪圣殿坐西向东，呈二进四合院式布局，面阔11.2米，进深21.8米，前殿和主殿面宽进深均三间。现存清代碑刻8通。农历二月十三洪圣诞时，龙王出巡，文武班、銮舆、钟、鼓、锣列班出巡。（罗燚英）

大王庙　见"江门潮连洪圣庙"。

汕头樟林新围天后宫　庙宇。广东民间祭祀妈祖（天后）的场所。位于今广东省汕头市澄海区东里镇樟林村。建于清乾隆五十二年（1787）。占地近6700平方米。为中轴对称宫殿式建筑，特设五封门、中门并一连五进盖顶，有大拜亭三座。正厅筑石亭一座，两侧有小亭，厅上有大殿。正厅设左右厢房，右厢房设宝榻。后阁建朝天阁，配有戏台。从前门到后殿的两廊有房18间，供奉顺风公、注生娘等18位神像。东西两庑有22块碑刻，记载清代众多商

船户、舵工捐款建宫的情况。是当时粤东规模最大的一座妈祖庙，是樟林古港海运昌盛历史见证。（罗燚英）

汕头厦岭妈宫 庙宇。广东民间祭祀妈祖（天后）的场所。位于今广东省汕头市金平区厦岭路40号。始建于明洪武年间，1911年村民李德钦出资重建。1953年宫地改为光华小学，2006年再次重修。占地面积约700平方米。坐北朝南，面阔22.3米，进深24米，建筑面积535.2平方米。采用硬山顶四柱穿斗式梁架结构建筑，由火巷、天井、拜亭和正殿构成。宫内保存"厦岭古庙"石牌匾及明正德年间港埠合约碑记等文物，为汕头从厦岭渔村到沙汕再到汕头的历史见证。（罗燚英）

汕头妈屿天后古庙 庙宇。广东民间祭祀妈祖（天后）的场所。分老宫、新宫。老宫位于今广东省汕头市龙湖区妈屿岛西北面山麓，创于元代，明万历四十八年（1620）、清咸丰十一年（1861）、1928年数次修建，1992年重建。为石木结构，保留清代建筑风格，装饰具有潮汕雕刻特色。新宫位于老宫南面山坡下30米处，建于清咸丰八年（1858），1944年遭风灾摧毁，1992年重修。内有拜亭、正殿、天井、花巷和厢房。庙东侧有4通石碑，其中清碑2通。对研究潮汕妈祖信仰、传统建筑有一定价值。（罗燚英）

南澳金山天后宫 又称金山古庙。庙宇。广东民间祭祀妈祖（天后）的场所。位于今广东省汕头市南澳县后宅镇隆澳金山北麓。创建于清初，清道光九年（1829）、1949年重修。面阔约25米，进深30余米，勾连搭式硬山顶结构，一落二花巷格局。头门双步梁两端承托的浮雕石力士造型为外国人形象，南澳民间称为"番鬼担架"。对研究南澳中外交流历史有一

定价值。（罗燚英）

金山古庙 见"南澳金山天后宫"。

南澳宫前天后宫 庙宇。广东民间祭祀妈祖（天后）的场所。位于广东省汕头市南澳县后宅镇宫前村西侧。建于清乾隆年间，光绪十七年（1891）绅士黄中流等重修，2003年再次重修。面积88平方米，坐西北向东南，为勾连搭式硬山顶结构。面阔7.4米，进深11.2米，庙旁有小溪通市区番船桥，为近代华工出洋通道之一。（罗燚英）

陆丰甲子天后宫 庙宇。广东民间祭祀妈祖（天后）的场所。位于今广东省陆丰市甲子镇东宫澳仔港。始建于南宋乾道五年（1169）。初名顺济宫。明清两代多次修葺，清乾隆四十四年（1779）扩建并定名天后宫。1992年重修。占地面积599.2平方米。面阔14米，进深42.8米。有山门、前殿、中殿、拜亭、正殿及庑廊等建筑。宫内保存有清代碣石卫总兵黄如山题刻匾额及乾隆年间"奉宪示碑"。对研究宋代妈祖信仰初传广东、明清甲子所军事建制、陆丰地区渔业生产、商贸往来、民俗活动等具有一定参考价值。（罗燚英）

珠海淇澳岛天后宫 庙宇。广东民间祭祀妈祖（天后）的场所。位于今广东省珠海市香洲区唐家湾镇淇澳村背面。始建年代不详，重修于清道光十三年（1833）。建筑面积287.75平方米。坐西南向东北，呈中轴线对称布局。门刻石联"坤仪建极，母德垂型"。正殿供奉天后娘娘，左厢供奉金花夫人，右厢供奉蔡二将军。2010年淇澳天后宫、白石街和土炮台一起被公布为第六批广东省文物保护单位。（罗燚英）

深圳上沙天后宫 庙宇。广东民间祭

祀妈祖（天后）的场所。位于今广东省深圳市福田区沙头街道上沙村怀德黄公祠侧旁。始建于明代，后多次维修，现存建筑为清代风格。建筑面积142.14平方米。坐北朝南，三间二进一天井布局。面阔10.3米，进深13.8米。主体为砖木结构，四周墙体用青砖砌筑，室内为抬梁式木结构梁架。（罗燚英）

深圳赤湾天后宫 庙宇。广东祭祀妈祖（天后）的场所。位于今广东省深圳市南山区赤湾村小南山下。创建于宋代，明清以后多次修葺，1992年重修。鼎盛时有建筑数十处，房屋120余间，99道门，在沿海地区规模最大。明永乐初年郑和下西洋时，该宫是其重要一站。其后凡朝廷使臣出使东南亚，经过此处必停船进香，辞沙祀神。现为天后博物馆。占地面积约2500平方米，砖木石结构。对研究明清海上丝绸之路、妈祖信仰传播有历史价值。（罗燚英）

新会天等天后宫 庙宇。广东民间祭祀妈祖（天后）的场所。位于今广东省江门市新会区司前镇天等村瓦岗里。始建于明代，清道光十六年（1836）重建，2000年维修。占地面积193.9米。坐东北向西南，一路两进，面阔9.6米，进深20.2米。庙内存有石碑5通，记录当地租税等资料。门联为"圣德配天恩流海路，母仪称后泽仰莆田"。曾供奉明代"油画木美人"。有一定文物价值。（罗燚英）

湛江硇洲津前天后宫 又称天后圣母宫、婆母庙。庙宇。广东民间祭祀妈祖（天后）的场所。位于今广东省湛江市硇洲岛硇洲镇津前管区办事处隔壁。始建于明正德元年（1506），重建于清咸丰六年（1856）。为砖木结构，三进，中间拜亭改作天井，正殿祀奉神像。每年天后诞，硇洲岛渔民

斋戒后，用庙内仪仗轿抬天后坐像及行像进行游神、酬神仪式。对研究硇洲岛妈祖信仰有一定价值。（罗燚英）

天后圣母宫 见"湛江硇洲津前天后宫"。

婆母庙 见"湛江硇洲津前天后宫"。

雷州附城超海宫 庙宇。广东民间祭祀妈祖（天后）的场所。位于今广东省湛江市雷州市附城镇夏岚南村东海滩上。始建于明代，清代同治年间曾重修。占地面积654.9平方米。坐北向南，为砖、石、木结构，四进三道门四合院式布局。面阔23.09米，进深27.4米。设有山门、拜亭、正殿、后殿、东西庑、三天井庭院等宫舍20余间。该宫虽经多次修葺，山门、拜亭、正殿至今仍是同治年间建筑风格。宫前有三面青石栏杆和10多米高航海灯标旗杆。山门梁架斗拱上有一对"番鬼托梁"木雕。风火墙檐高大，突出雄伟壮观，装饰空间灵活，又能抵御咸水浸蚀，对梁架起防潮、防浸蚀的多重保护作用。宫中保存明清碑刻多通，明代大理石香炉1件，清代五祀5件，清代至民国楹联、木匾多块。对研究沿海人口迁徙、妈祖信仰有重要价值。2010年被公布为第六批广东省文物保护单位。（罗燚英）

雷州夏江天后宫 又称天妃庙、龙应宫。庙宇。广东民间祭祀妈祖（天后）的场所。位于今广东省湛江市雷州市雷城街道城南社区夏江巷。始建于宋代，历代多次重修，整体建筑基本保留明万历年间风格。面积2000多平方米。宫内存有明清碑刻15通，宋至明石狗3尊。石刻内容涉及该宫始建及重修、民间游神、田租香火收入等，有较高历史价值。其中"夏江天后宫石刻"2010年被公布为第六批广东省文物保护单位。（罗燚英）

天妃庙 见"雷州夏江天后宫"。

龙应宫 见"雷州夏江天后宫"。

雷州靖海宫 庙宇。广东民间祭祀妈祖（天后）的场所。位于今广东省湛江市雷州市附城镇夏岚北村。始建于明代，历经修葺，宫门石额"靖海宫"为清代摄理雷州知府事洪锡豫题书。庙内保存有清人楹联。2000年村人李建华创建靖海宫楹联艺术碑廊，占地5000平方米，镌刻石碑1000通，有一定艺术价值。（罗燚英）

茂名登楼天后宫 庙宇。广东民间祭祀妈祖（天后）的场所。位于今广东省茂名市电白区树仔镇登楼村。北宋宣和四年（1122），宋徽宗初年迁至电白登楼港定居的福建莆田林氏族人奉旨修建，初为慈顺宫。清道光二年（1822）改为天后宫。坐北向南，面阔16.7米，进深三进21米。2006年重修，保留原有艺术构件、彩绘壁画和木雕。为研究闽人入粤、妈祖信仰和粤西建筑提供实物依据。2012年被公布为第七批广东省文物保护单位。（罗燚英）

北海涠洲岛三婆庙 又称妈祖庙、天后庙。庙宇。广西民间祭祀三婆（妈祖）的场所。位于今广西壮族自治区北部湾涠洲岛南湾港西北峭壁下岩洞内。涠洲、斜阳两岛渔民认为"三婆"为三姐妹：林默为大姐，招宝二姐，青惠三妹。始建于清乾隆三年（1738），初时为天然石室，后由当地渔民商号集资加建。同治三年（1864）重修。碑文提及三婆显灵救助剿匪遇难清兵。20世纪80年代重修。占地500平方米，建筑面积250平方米。殿堂1座。后殿正中祀奉海神三婆，左右分别是千里眼和顺风耳，后殿左厢祀奉三婆哥哥三王爷爷，右厢祀奉"三婆创始人黄开广大人位"神主牌。庙门左侧立有清嘉庆

二十五年（1820）两广总督百龄所立示禁碑。每年年末涠洲岛举行一次三婆出游活动。（罗燚英）

妈祖庙 见"北海涠洲岛三婆庙"。

天后庙 见"北海涠洲岛三婆庙"。

雷州伏波祠 又称伏波庙。庙宇。广东民间祭祀伏波将军的场所。位于今广东省湛江市雷州市雷城街道南亭街。始建于东汉，历经多次重修，明末倾圮。清康熙二十年（1681）原址重建。占地面积1852平方米。坐北向南，三进院落式布局。铜门、中厅、正殿按中轴线布局。正殿硬山顶，面宽进深各三间，抬梁与穿斗混合梁架结构，石柱八角形。祠后有马跑泉，亦称伏波井。内有古碑廊和新碑廊，存有明清时期重修碑、诗碑及今人题词。对于研究雷州历史文化和伏波将军信仰有重要历史价值。其中"伏波祠碑刻"2012年被公布为第七批广东省文物保护单位。（罗燚英）

伏波庙 见"雷州伏波祠"。

钦州乌雷伏波庙 又称乌雷庙。庙宇。广西民间祭祀伏波将军的场所。位于今广西壮族自治区钦州市钦南区犀牛脚镇三娘湾渔村西面约3000米处，大乌雷岭之南。始建于东汉。起初建于岭上，香火旺盛，唐宋时碑记林立。后移建岭下。清康熙十四年（1675）、嘉庆年间、道光八年（1828）、光绪八年（1882）、1933年多次修建。凡过往商船渔船均遥望拜祭，或泊船登岸祭拜。2001年重建。占地面积1625平方米，建筑面积近600平方米。对于研究岭南沿海地区伏波信仰具有重要价值。（罗燚英）

乌雷庙 见"钦州乌雷伏波庙"。

海洋考古

澳门黑沙遗址 新石器时代遗址。位于今澳门特别行政区路环岛东面黑沙湾。1995 年香港中文大学中国考古艺术研究中心、澳门大学中文系进行发掘。发现新石器时代两个不同时期文化层，出土彩陶盘、辘轳承轴器。彩陶盘为距今 7000—6000 年环珠江口地区新石器时代中期"大湾文化"时期遗存，是现今已知澳门地区最古老人类文化遗迹。辘轳承轴器，证明辘轳玦饰体系存在，是中国新石器时代旋转机械重要发现。20 世纪二三十年代澳门填海工程对遗址造成破坏。七八十年代，香港考古爱好者对遗址进行多次调查和试掘。1996 年《澳门黑沙》出版，为澳门第一本田野考古报告。参见第 157 页历史卷"澳门黑沙遗址"条。（江伟涛）

高栏岛宝镜湾岩画 青铜时代人类海洋岩画遗存。位于今广东省珠海市西南部高栏岛风猛鹰山及其附近海滩上。共 5 处 7 幅。1989 年 10 月珠海博物馆在宝镜湾一带进行文物考古调查，发现其中 4 处 6 幅和面积达 2 万平方米遗址，后又在风猛鹰山山顶发现第 5 处摩崖石刻。7 幅岩画分别是宝镜石、天才石、藏宝洞（3 幅）、大坪石、太阳石岩画，年代为距今 4000 年前后。内容有人物（王、男觋女巫、人牲）、各式图腾（变形的动物形象）、龙与众兽（写实）、礼器、船与帆等等，多层次、多角度反映远古人类在经济、军事、宗教等方面实际情景。藏宝洞东、西壁岩画上关于船舟刻凿，是中国所知最早船舟形象，船已脱离独木舟原始面貌，呈现出头尖翘原始海船形状，说明当时人类已有航海经验与能力。是中国海洋岩画标志性代表。"宝镜湾遗址"2006 年被国务院公布为第六批全国重点文物保护单位。参见第 155 页历史卷"宝镜湾遗址"条。（江伟涛）

珠海连湾山岩画 又称葫芦石岩画。青铜时代人类海洋岩画遗存。位于今广东省珠海市平沙镇。因刻画于连湾山西北斜坡上的一块葫芦石上，故又称葫芦石岩画。1992 年发现。画面由 3 组图案构成：第一组为葫芦形状；第二组为几道波浪纹；第三组为一对连环形螺旋纹。每组图案旁边凿有 1 个小洞。第三组连环形螺旋纹与在附近发现的先秦时期遗址中陶器纹饰云纹、雷纹等有相似之处，雕刻技法粗中有细。是古越族先民出海之前祭海时所创作的印记岩画。（江伟涛）

葫芦石岩画 见"珠海连湾山岩画"。

潭蓬运河遗址 运河遗址。位于今广西壮族自治区防城港市防城区江山半岛月亮湾附近横嵩村和潭蓬村之间。唐代开凿。整体长约 2000 米，东西走向，处于遍布海石丘陵地带，地质结构比较特殊。连接防城港和珍珠港。是内陆地区与安南商品贸易和文化交流纽带。（江伟涛）

海南盐田遗址 盐田遗址。北宋初期已经出现。利用热带海岛日光充足、气温炎热、海风盛行气候和特有火山岩海岸地貌，耕泥为田，劈石为槽，制盐技术由煮制改为晒制，并流传后世。海南儋州洋浦开发区盐田村现存古盐田 700 多亩，盐槽数千槽。儋州峨蔓镇盐丁村、灵返村和细沙村现存古盐田近千亩，盐槽数千槽。是中国传统海盐生产采取晒制技术实物例证。（江伟涛）

汕头龙津港海堤遗址 港口遗址。位于今广东省汕头市潮阳区城南街道五仙赤产古庙前。龙津港濒临前溪，也称前溪港，清代就已存在。1968 年前后，因围海造田，原港址废，港口外移。龙津港岸长约 600 米，现仅存海堤墙一段，长 30 米，高 1 米，墙体由碎瓷及糯米灰浆筑成。原有新、老码头和龙井渡头。老码头位于港口西侧，明清时期红头船在此出入载客，通往香港、厦门、上海等地。新码头位于港口中间，西距老码头约 200 米，是棉城通往和平、铜盂、贵屿等地的水上交通口岸。龙井渡头位于港口东侧，西距新码头约 100 米。（江伟涛）

徐闻港遗址 港口遗址。位于今广东省湛江市徐闻县二桥、南湾、仕尾村范围内。1990 年发现，1993 年进行考古挖掘。占地面积约 10 万平方米，呈三级台状分布。遗迹有墓葬、灰坑、房屋、井等。出土文物以陶器为主，有少量铜器、铁器和石器。2003 年广东省文物考古研究所对二桥村高台进行发掘，出土遗物有官署性质建筑材料，初步认定为汉代徐闻县治和徐闻港所在地。其中"徐闻二桥遗址"2015 年被公布为第八批广东省文物保护单位。参见第 1238 页海洋文化卷"徐闻港"条。（江伟涛）

合浦港遗址 港口遗址。位于今广西壮族自治区北海市合浦县东北石湾镇大浪村委古城头村西汉合浦城遗址西门外。发现于 20 世纪 60 年代。2002—2012 年，广西考古工作者两次对合浦城址北城墙、城中央及西门外进行考古发掘，清理出居址、码头遗迹和汉代文物。码头遗址位于大浪城址发掘区域 Ⅱ 区，西侧为古河道，东

侧紧贴城墙。码头为土筑，上部距地表2.5米，东西残长7.4米，靠城墙东侧南北宽3.5米，往外伸入古河道中，最宽处6.35米。码头南侧有一平台，与西城门相通。平台略呈弧形，长约8.5米，最宽处1.75米，有6级台阶下到河边。正对西门处有明显4级台阶抵达河边，最下2级相对较缓，是城内到河边行人通道。是目前已发现唯一西汉时期港口设施遗址，也是迄今发现的中国最早江海相连码头遗迹。参见第1239页海洋文化卷"合浦港"条。（江伟涛）

南海神庙码头遗址 码头遗址。位于今广东省广州市黄埔区南海神庙浴日亭南面河涌东旁及正门"海不扬波"牌坊前。发现于2006年，包括明代码头遗址和清代码头遗址。明代码头遗址由埠头、道路和小桥构成，呈南北向，由南向北延伸至浴日亭所在章丘岗山脚下，全长115米。清代码头遗址埠头为9级台阶，码头底下有明代碎石、碎砖及瓦片垫层。码头平台到"海不扬波"牌坊道路，是五板花岗岩石铺面。目前已按原状保存。反映广州黄埔港历史地理变迁。（江伟涛）

南海神庙清代码头遗址

黄圃古码头遗址及古石径 码头遗址。位于今广东省中山市黄圃镇鳌山村。包括宋代码头和明代石径。宋代码头位于鳌山村兴东上街二十四巷17号旁，即鳌山村北极殿旁。始建于宋代。历代有维修，宋元时期海水退却，明代始建现存台阶石板。台阶为花岗岩石条铺设，部分台阶有打磨痕迹，呈榄形条纹。后形成兴东上街二十四巷。明代石径建于明后期。由鳌山村南阳里闸门口往西，经过社鹤庙、北极殿沿饭盖岗拾级而上至山腰，顺坡而下，与灵会坊、鼓楼坊连接而通黄圃墟。陡坡路段分成上坡、下坡各36级，故称三十六级。2012年被公布为第七批广东省文物保护单位。（江伟涛）

黄埔港遗址 港口遗址。位于广东省广州市海珠区琶洲街道石基社区码头路。地处黄埔涌河畔，河面宽阔，对岸马鞍岗是天然避风屏障，紧靠珠江主航道，于清康熙二十四年（1685）设置粤海关挂号口。今黄埔村石基河口一带水域，是粤海关黄埔税口。现遗址处保留有"海傍东约"建筑遗存及商业街，洪圣、天后（妈祖）等庙宇，外国海员、商人的花岗岩墓碑和花岗岩埠头碑石等。（江伟涛）

樟林港遗址 港口遗址。位于今广东省汕头市澄海区东里镇樟林村。东起新兴街，西至翅墩脚，南至叶厝园，北至天后宫，占地面积460万平方米。樟林于明天启三年（1623）创建商埠，至清乾隆、嘉庆年间达到全盛期，形成"八街六社"格局，至今仍保存着永定楼、天后宫、风伯庙、新兴街等遗迹，先后在南洲、和洲出土远洋红头船残骸。对研究明清时期潮汕经济贸易情况和移民史、华侨史有重要价值。参见第1238页海洋文化卷"樟林港"条。（江伟涛）

三百门港遗址 港口遗址。位于今广东省潮州市饶平县海山镇三百门港码头北侧。是粤东南、闽西南、赣东南地区海上通道之一。（江伟涛）

柘林港遗址 港口遗址。位于今广东省潮州市饶平县柘林镇西南。柘林港是粤东最早对外贸易和移民的港口之一。明代为海防重镇。清康熙二十三年（1684）解除海禁后，作为商贸港口，与樟林港并称于世。柘林港遗址主要有镇风塔、白雀寺、天后宫、风吹岭摩崖石刻群、蛇塔、龟塔、红塔、青屿岛摩崖石刻、风吹岭古道9处遗迹，至今保存较好。（江伟涛）

台山上川岛大洲湾遗址 交易场所遗址。位于今广东省江门市台山市上川岛西北部三洲港西北角、沙勿略墓园南侧。遗址南端到朱家村村口，北到方济各·沙勿略墓园教堂南侧山体坡脚下，南北长约600米。1965年发现。2014、2016年，广东考古工作者对遗址进行抢救性发掘，出土一批明代与葡萄牙人贸易外销瓷片。出土遗物主要有青花瓷器，有少量白瓷片、酱釉瓷片、青黄釉瓷片和硬陶片等。器形主要有碗和盘，少量瓶、杯和罐等。装饰风格包括青花、青花红绿彩和红

绿彩。瓷器外底主要款识有"大明年造""宣德年制""正德年制""嘉靖年制"等年款，或"长命富贵""天下太平""攸""寿""北""玉"和"福"等吉语，或"匕"字或"圣十字"等符样。以"圣十字"符和西方面特征人物纹等西方因素为显著特征。为研究明代大洲湾一带海洋活动及海上丝绸之路提供珍贵资料。2015年被公布为第八批广东省文物保护单位。2016年入选"海上丝绸之路：中国史迹"首批申遗遗产点名单。2017年"方济各·沙勿略墓园及大洲湾考古遗址公园"被列入第三批国家考古遗址公园立项名单。2018年被列入广东南粤古驿道重大发现。参见第1239页海洋文化卷"三洲港"条。（江伟涛）

凤岭港遗址　港口遗址。位于今广东省汕头市澄海区莲下镇程洋冈村。凤岭港扼韩江干流江海交汇处，有群山作为防御风浪屏障，是晚唐至北宋时期韩江主要外贸港口。后淤积被樟林港取代。港北管陇南峙山坳地是缆绳工场，生产远洋船所用缆绳。港北有程洋冈窑群，是宋代外销窑瓷。20世纪30年代以来多次出土瓷器。还曾发掘出铜钱1800斤，绝大部分是宋代钱币。（江伟涛）

汕头后溪水驿遗址　渡口遗址。位于今广东省汕头市潮阳区棉北街道后溪牛担湾。唐代至民国，后溪水驿渡口是潮阳对外水上交通主要通道。旧址于1984年重修。现存有唐元和年间所立花岗岩碑，高1.05米，宽0.27米，碑文为"后溪水驿渡口，唐元和年立"。还有韩愈渡江亭、怡乐亭、修建后溪文物古迹铭记碑、福德老爷宫和天后古庙等遗迹。（江伟涛）

二桥村遗址　港区遗址。位于今广东省湛江市徐闻县二桥、南湾、仕尾村范围内。为汉代徐闻港区域。1990—1993年，广东省文物考古研究所等单位发现汉代墓葬、灰坑、房屋、井等，出土文物以陶器为主，另有少量铜器、铁器和石器。（江伟涛）

梅州火船头码头　码头遗址。近代海外交通与华侨史遗址。位于今广东省梅州市梅县区松口镇社区繁荣西路的梅江河北岸。旅印尼华侨廖南屏、廖访珠父子于20世纪30年代所建。该码头用花岗岩条石和鹅卵石铺砌。原有台阶约50级，后因水位升高，现存36级，总长16米，每级台阶宽0.36米，高0.15米。右侧第14级和21级台阶各设有船栓。码头左侧设有一个约40平方米平台，供客商装卸货物。全盛时期码头附近拥有1000多家商铺，每天300多条船停泊于此，6000多名旅客在此登船下南洋。是韩江水运出海港口，粤东各县客家人出南洋第一站。（江伟涛）

佛山民乐窦码头　码头遗址。位于今广东省佛山市南海区西樵镇民乐圩下北街2号。始筑于明末，清光绪四年（1878）重修。坐西向东。花岗岩石券筑单孔窦闸，长25米，宽约8米，高约10米，内孔宽约3米。东侧有窦门、闸门与官山涌连接，西侧设闸门与内涌相连。基底为红砂岩，红砂岩上为花岗岩，券拱由3层花岗岩构筑而成。东侧拱上嵌有长石匾，竖书阴刻"民乐窦"，上下款竖书阴刻"光绪四年岁次戊寅百滘云津两堡绅民重修"。前后有石级路从基面通水岸。上通百滘、云津两堡，下经官山涌和北江水道可达广州和江门。（江伟涛）

江门潮连码头　码头遗址。位于今广东省江门市蓬江区潮连街道富岗村西

江西海水道西南岸。是连接潮连与岛外各地重要水路交通设施，规模较大。始建于清道光十六年（1836），用花岗岩条石修筑为步级状，东西长144米，南北宽148米，东侧有半圆形平台及小步级台阶。2000年前后，当地在维修西江堤坝时将部分码头掩埋。（江伟涛）

阳江大澳渔港遗址　港口遗址。位于今广东省阳江市阳东区东平镇大澳村中部。大澳渔港始建于明嘉靖年间，坐东南向西北，东北到西南面宽18853米，西北到东南深147.65米，总占地面积18029平方米。前为月形大澳港湾，水位较深，建有码头，月形港湾两边建有碉楼与炮台。港口中心建有两排72间商铺，旧称"十三行尾"。主街由石头铺就，中间建有商会大楼及银库，东北端建有"大澳"牌坊。大澳渔港居阳江六澳之首，也是商旅聚集商港。（江伟涛）

雷州墨亭村埠头遗址　港口遗址。位于今广东省雷州市附城镇墨亭村南渡河畔。为雷州港埠头、商贸货物集散之地。港水深20米，可泊巨轮。（江伟涛）

湛江赤坎埠码头遗址　港口遗址。位于今广东省湛江市赤坎区民主路与大通街之间。清康熙二十三年（1684）开海禁后，赤坎海边街、大通街、水仙街一线，砌起多处石条步级码头，成为粤西繁荣港埠，浙、闽、潮、广及附近琼、高、雷商民多来此。现存明清两代石砌踏跺式码头10处，自西向东，码头均用青石条叠砌成踏跺，宽度、长度、高程依坡坎而定。5号、10号码头旁有淡水井。6号闸门墙壁内有青石碑刻两通。（江伟涛）

徐闻海安港遗址　港口遗址。位于今

广东省湛江市徐闻县海安镇水井社区东南。海安港始建于明洪武年间，港址从海平寺东 25 米处沿海边延伸至城内东门下，南北总长 800 米，东西宽 160 米。原为堵御而筑，历代有修葺。现存 182 米石坝，堤段最高处 1.35 米，最低处 0.4 米，所用石块规格不一。保留有"制宪禁革陋规示""高州会""遂溪县各属海界碑"等碑刻，以及石柱础、石柱、石湖、上马凳、石招碑座等石刻。参见第 1239 页海洋文化卷"海安港"条。（江伟涛）

廉江安铺码头遗址 码头遗址。位于今广东省廉江市安铺镇西大社区西街。安铺码头始建于明正统九年（1444）。（江伟涛）

吴川芷寮港遗址 港口遗址。位于今广东省吴川市吴阳镇西南的鉴江出海口。明中后期芷寮港商业繁荣，交易货物以米谷、土产和洋货为主，有商业铺户数千间，建有福州、广州、潮州会馆。清初因海禁、海盗影响等有起落。清末法国强租广州湾，芷寮港没落。因长期沙泥淤塞而废弃。（江伟涛）

雷州南浦津古埠头遗址 港口遗址。位于今广东省雷州半岛南渡河下游。汉至清为雷州半岛海上交通枢纽和贸易港口。明清设有炮台。（江伟涛）

大埕所城遗址 又称大城所城。海防遗迹。位于今广东省潮州市饶平县所城镇，东濒南海，北靠大尖山。始建于明洪武二十七年（1394），是明代潮州卫下属 5 个守御千户所之一，有"边海要地"之称。所城为砖石结构，高 2 丈 7 尺，周长 700 余丈。城内四门有城楼，城四角有敌台。所城邻近东界盐场，百姓多以晒盐为业，清代在此设盐官。现存遗址部分古建筑保存明清时期风貌，东、西城垣保存完整，其余有破

损。2002 年被公布为第四批广东省文物保护单位。（阮戈）

大城所城 见"大埕所城遗址"。

柘林寨遗址 海防遗址。位于今广东省潮州市饶平县柘林镇柘北村东北面山上。柘林寨为明嘉靖四十五年（1566）由两广提督吴桂芳筑设，设柘林守备 1 名，统辖官兵 1700 余名，战船 40 余只，与南澳岛南北相峙，与大埕所、黄冈互为犄角，有"饶邑门户"之称。清初实行"迁海令"，柘林寨改筑小城，城高 1 丈 3 尺，周长 85 丈，属潮州镇黄冈协左营统辖，设有营房 28 间，驻兵 78 名，舢舨船 1 艘。现兵房、寨墙皆废，原址无存。（阮戈）

南澳总镇府遗址 又称南澳总兵府。海防遗址。全称"闽粤南澳总镇府"，是全国唯一的海岛总兵府。位于今广东省汕头市南澳县深澳镇。南澳岛控扼粤闽交界，为海防重地。明万历四年（1576），南澳副总兵晏继芳兴建。万历二十八年（1600）因地震倾塌，于原址复建。万历四十三年（1615）南澳副总兵徐一鸣重修，高 4 丈，周长 15 丈余。万历四十七年（1619）再次塌坏，南澳副总兵何斌臣组织修复。总镇府后有楼，明清之际，郑成功抗清，曾驻南澳总镇府。南明监国鲁王亦曾以总镇府为行宫。清康熙二十四年（1685）南澳总兵杨嘉瑞重建。乾隆二十二年（1757）南澳总兵倪鸿范重修。1912 年，南澳建县，县公署驻总镇府。1927 年县公署移驻他地。2001 年仿悬山式风格重修总镇府，水泥结构，右侧院墙上镶嵌南澳历代古碑 23 通，包括中国最早港务约法。现存 2 对明代石狮，遗址外埕东侧有 3 处原总镇府外墙墙体痕迹，多处被民居所占。（阮戈）

南澳总兵府 见"南澳总镇府遗址"。

南澳雄镇关遗址 海防遗址。位于今广东省汕头市南澳县深澳镇。明万历十三年（1585）南澳副总兵刘大勋始建。万历四十八年（1620）南澳副总兵何斌臣加筑，高 3 丈，周长百余丈。清代对关隘多次复修加筑。现存完整关隘遗址系 1985 年重修，存碑《捐缘雄镇关碑记》1 通，记载雄镇关历史沿革和清南澳总兵胡于鈗复修关隘经过。（阮戈）

惠来靖海所城遗址 海防遗址。位于今广东省揭阳市惠来县靖海镇。建于明嘉靖二十八年（1549），高 1 丈 4 尺，周长 501 丈。城内驻千户 2 名、副千户 5 名、百户 8 名、旗军 163 名、屯丁 509 名。清康熙三十八年（1699）、雍正年间重修。城内驻有神泉巡检司，海门、惠来二营水陆营兵。现存北城墙及部分东城墙约 1300 米。东门、北门瓮城保存良好，北门附近仍保存大量清代民居。2006 年加固。其中"靖海古城墙"2010 年被公布为第六批广东省文物保护单位。（阮戈）

碣石卫城遗址 海防遗址。位于今广东省汕尾市陆丰市碣石镇新西村。明洪武二十七年（1394）在海丰县设碣石卫，隶属广东都指挥使司，建立卫城，城周长 1150 丈，高 1 丈，厚 1 丈 8 尺，有敌楼 4 座，雉堞 2262 个，城外有 1 丈 2 尺宽、1 丈深城壕。碣石卫下辖中、左、右、前、后、甲子、捷胜、平海、海丰 9 个千户所。弘治年间设置惠潮守备，嘉靖年间加建水寨，设碣石水寨把总 1 员，统辖大小船只 38 艘、官兵 1154 名。万历七年（1579）为防惠、潮海寇，广东布政司岭东道辖下前营移此。清顺治年间，平南王尚可喜平定苏利叛乱，卫

城废弃。清康熙八年（1669）复建，设碣石镇及总兵1员，统摄左、中、右3营，下辖官兵3575名。雍正七年（1729）碣石从海丰县分出，划归新设陆丰县。现存东门、北门间一段城墙及东门花岗石基台遗迹，护城壕沟仍可辨。（阮戈）

平海所城遗址　海防遗址。位于今广东省惠州市惠东县平海镇。明洪武二十七年（1394）建，周长520丈，高1丈8尺，敌楼、角楼各4个，另有窝铺7个。因城墙形状极像梵钟，所城又有“钟城”之称。明天启年间由平海左营三哨驻守，设把总1名，下辖官兵360名。清雍正七年（1729）重修，由碣石镇水师平海营参将驻扎。清代于平海所附近加建大星山、盘沿港、墩头港、车绘头、吉头5座炮台，增强平海所区域防御实力。平海所城现保存完好。（阮戈）

大鹏所城遗址　海防遗址。位于今广东省深圳市大鹏新区大鹏街道。明洪武二十七年（1394）广州左卫千户张斌筑设，高1丈8尺，周长325丈6尺，门楼、敌楼各4个。清初所城驻官兵300余人，道光年间驻参将1名及兵员近1000名。明清时期所城东、西、南三面环水，多次重修，后泥沙淤积，现所城四周已为陆地，格局保存完好，尚存清水师提督赖恩爵“振威将军第”等10座清代府邸式建筑。2001年被国务院公布为第五批全国重点文物保护单位。（阮戈）

莲花城遗址　海防遗址。位于今广东省广州市番禺区石楼镇莲花山。莲花山是狮子洋西岸制高点，北望广州黄埔，南睥东莞虎门，有“府城捍山”之称。清康熙三年（1664）清廷实施海禁，于莲花山建设墩台、营房。道光二十一年（1841）两广总督琦善与英军指挥官义律于此会面，密商《善后事宜章程》（又称《穿鼻草约》）。第二次鸦片战争后荒废。1983年、2003年两次修复、加固。现城墙及墩台、兵房、马厩等保存完好。1989年被公布为第三批广东省文物保护单位。参见第167页历史卷“莲花城”条。（阮戈）

前山寨城遗址　城池遗址。位于今广东省珠海市香洲区前山镇前山中学内。明天启元年（1621）建前山寨，距县城120里，距澳门15里，以防备澳门葡萄牙殖民者，地理位置重要。清康熙五十六年（1717）在前山寨加建土城，周长475丈，高9尺，上厚2尺，下厚3尺。城墙每隔20丈增筑子城1丈。设3门，南为前丰门，东为物阜门，西为晏清门，城北靠山不设城门。西、南两门设炮台、兵房。城门外设2处炮台，各置炮10位，由香山知县经理。雍正八年（1730）设县丞驻扎前山寨城。乾隆八年（1743）将肇庆府同知改为广州府海防同知，驻守寨城内，处置澳门事务。乾隆十年（1745）寨内设海防营，增强前山寨海防力量。嘉庆十四年（1809）两广总督百龄奏请于前山寨设专门军队，管控在澳葡人，将平镇营游击、守备及属下官兵移至前山寨城，改称前山营。次年前山营划归广州协辖管。又命香山知县彭昭麟于前山寨城内加建军装局、兵房、火药局、演武亭等，在莲花茎关闸处加筑石垣及哨楼、营房、烽火台。嘉庆二十三年（1818）署理香山县令钟英重修兵房、火药局。光绪十三年（1887）开放拱北关口，清军撤出前山寨，寨城变为贸易墟市。现前山寨城仅存北城墙百余米，城墙呈西北—东北走向，以常见黄土夯筑，城墙顶部有砖构墙垛。（阮戈）

白鸽寨遗址　海防遗址。位于今广东省湛江市麻章区太平镇通明村。白鸽寨南面雷州湾，遥对东海岛，控扼海上入雷州府城航道，有“雷州入海门户”之称。明正统三年（1438）遂溪知县李就在通明港筑白鸽寨土城。天顺六年（1462）白鸽寨遭海寇剽掠，寨中百姓迁入海安所城。弘治十四年（1501）遂溪知县平钢复筑石城，周长600余丈。正德五年（1510）遂溪知县汪泽增筑寨城，疏浚壕沟。嘉靖、万历间屡有增筑修建。隆庆年间在该寨设把总1名，专管海防事务。清代设水师参将，驻扎该寨，下辖北品、北家、黎村、艼村、白鸽寨5座烟墩，负责巡防内海，联络、应援附近乐民、遂溪、锦囊等城寨。清康熙三年（1664）实施“迁海令”，该寨被废弃。康熙八年（1669）复设。康熙二十二年（1683）水师参将移镇硇洲，该寨水师改千总驻守，仅剩哨船3艘。乾隆三十七年（1772）遂溪知县胡盖凡重修寨外壕沟。道光年间该寨改由千总驻守，下辖汛兵35名，海防作用被削弱。光绪二十四年（1898）法国强占广州湾，该寨划入法国租界，拆除城垣，改筑新兵营。现该寨为一渔港，仅存残破城基及若干石雕。（阮戈）

广海卫城遗址　海防遗址。位于今广东省江门市台山市广海镇。明洪武三十年（1397）指挥夏必振于新会县始筑，属广东都指挥使司。卫城东、西、南三面环海，北面为乌崗各山，为海防要地。城周长932丈9尺，高2丈1尺，雉堞2400个，有4门，门上有敌楼，另有警铺43间。卫城下辖附近5个千户所，额设5600余名官兵。隆庆六年（1572）因倭寇肆虐，明廷在此增设广海守备1名，下辖官兵1400余名。万历二十八年（1600）广东布政司参议李同芳再增设敌楼15座。清康熙八年（1669）改设游击将军驻守卫城，下设官兵245名。卫城

内建有游击衙署、较场、兵房、庙宇等设施，与长沙炮台、烽火角炮台、横山炮台构成珠江口西岸的综合海防体系。乾隆二年（1737）及光绪八年（1882）卫城两次修葺。光绪年间，卫城为赤溪协镇右营都司驻所。现该卫城存残断城墙约450米，内有明成化三年（1467）"海永无波"摩崖石刻，系广东都指挥同知张通抗击海盗纪功之作。其中"广海卫城城墙"2015年被公布为第八批广东省文物保护单位。（阮戈）

双鱼所城遗址 海防遗址。位于今广东省阳江市阳西县上洋镇双鱼城村。明洪武年间广东指挥使花茂创建。周长480丈，厚1丈，高1丈8尺，建有4座门楼，隶属神电卫。嘉靖年间置双鱼水寨。崇祯二年（1629）建双鱼炮台。清康熙十年（1671）肇庆知府史树骏、守备王得胜等人重修。道光年间废弃。现存部分城墙遗迹。（阮戈）

乐民所城遗址 海防遗址。位于今广东省湛江市遂溪县乐民镇乐民城村。明洪武二十七年（1394）安陆侯吴杰创建，屯兵设防。隆庆三年（1569）设遂溪哨，复设乐民仓大使署。清康熙八年（1669）重修，改称乐民汛城。道光年间驻把总1员，汛兵63名。该所城呈直角梯形，周长近1800米。现存所城西、东、北门三门及文明书院、庙宇等设施，城墙不存。2012年被公布为第七批广东省文物保护单位。（阮戈）

猎屿铳城遗址 又称腊屿铳城。海防遗址。位于今广东省汕头市南澳县深澳镇猎屿岛。明天启三年（1623）荷兰人闯入南澳沿海，南澳副总兵黎国炳于猎屿岛建筑铳城防御。城上座高1丈2尺，周长18丈2尺，有铳门5

位；下座高8尺，周长16丈，有铳门10位。还建有兵房、敌楼、瞭望台等建筑。现铳城大部仍存，城下存有明《猎屿铳城碑记》1通，记载铳城建设经过。1989年被公布为第三批广东省文物保护单位。（阮戈）

腊屿铳城 见"猎屿铳城遗址"。

东澳岛铳城遗址 又称万山东澳炮台。海防遗址。位于今广东省珠海市香洲区万山镇东澳岛。建于清雍正七年（1729）。铳城靠山，三面临海，呈长方形，高2.9—4.8米，周长150余米，南侧设有炮台，内有铁炮3门，驻兵50名。现铳城保存完好，除外城墙外，铳城尚存立锥状烟墩1座。2010年被公布为第六批广东省文物保护单位。（阮戈）

万山东澳炮台 见"东澳岛铳城遗址"。

达濠城遗址 海防遗址。位于今广东省汕头市濠江区达濠街道。清康熙五十六年（1717）两广总督杨琳修建。城高1丈5尺，周长142丈，驻水师守备1名、千总1名、把总1名，另设招宁巡检司及招收盐场盐官。现存遗址系1983年复修，基本保持原有风貌。其中"达濠古城墙"2010年被公布为第六批广东省文物保护单位。（阮戈）

烟管岗烽火台遗址 海防遗址。位于今广东省广州市番禺区化龙镇莘汀村。尚存岗顶，坐北向南，南北长6.3米，东西宽6.1米，高2.3米。烽火台立面呈梯形，底部用红砂岩和花岗岩混合砌筑，台顶部用青砖砌筑。从岗顶向东可远眺珠江口船只进入黄埔港。（阮戈）

蕉门烽火台遗址 海防遗址。位于今广东省广州市番禺区黄阁镇蕉门村蕉

门山。蕉门山东面虎门水道，西靠蕉门水道，蕉门滘横贯东西，地处水路要冲。蕉门汛为清代虎门副将下辖41水汛之一，属海防要地。烽火台距蕉门炮台约100米，北距黄阁镇大山嶂烽火台约1000米，该烽火台报警后，大山嶂烽火台也举火报警，因其山势较高，远处可见烽烟。烽火台高4米，台底宽10米，台顶直径2.5米，成圆锥形，以黄泥、碎石砌成。因开采石矿被毁。（阮戈）

虎门炮台群遗址 海防遗址。位于今珠江入海口东、西岸及江中3个岛屿上。南面为伶仃洋，北面为狮子洋，现分属广东东莞及广州南沙。始建于清康熙年间，以石、砖、灰沙构筑，内有炮洞、兵房、城垛、火药局等设施。康熙至道光年间多次增修。鸦片战争前夕，林则徐、邓廷桢、怡良、关天培等人加强战备，对该炮台内各小炮台进行加固，增设火炮，构筑障碍，添补兵勇。将该炮台群11座炮台分作三重门户，捍卫广州：大角炮台、沙角2炮台为第一门户；威远、镇远、靖远、横档、巩固、永安6炮台为第二门户；大虎炮台为第三门户。新涌、蕉门炮台分列左右两翼，共架设各式火炮300余门。鸦片战争中该炮台群基本被毁。道光二十三年（1843）重修，第二次鸦片战争期间被英法联军捣毁。光绪年间再次重修。"林则徐销烟池与虎门炮台旧址"1982年被国务院公布为第二批全国重点文物保护单位。参见第166页历史卷"虎门炮台"条、第1255页海洋文化卷"沙角炮台遗址"条、第1255页海洋文化卷"靖远炮台遗址"条、第1255页海洋文化卷"威远炮台遗址"第、第1255页海洋文化卷"镇远炮台遗址"条、第1255页海洋文化卷"大虎山炮台遗址"条、第1255页海洋文化卷"上横档炮台遗址"条、第1255页海洋文

化卷"下横档炮台遗址"条、第1255页海洋文化卷"大角炮台遗址"条。（阮戈）

沙角炮台遗址 海防遗址。虎门炮台群炮台遗址之一。位于今广东省东莞市虎门镇沙角山。清嘉庆五年（1800）两广总督吉庆倡建。道光二十年（1840）鸦片战争中被英军摧毁，道光二十三年（1843）重建。咸丰七年（1857）第二次鸦片战争中再次被毁。光绪九年（1883）两广总督曾国荃复建。现存沙角炮台门楼、濒海台、临高台、捕鱼台、林公则徐纪念碑等建筑，炮台后方尚存"节兵义坟"，安葬沙角之战壮烈殉国75名清军将士。1982年作为虎门炮台组成部分被国务院公布为第二批全国重点文物保护单位。参见第166页历史卷"虎门炮台"条、第1254页海洋文化卷"虎门炮台群遗址"条。（阮戈）

靖远炮台遗址 海防遗址。虎门炮台群炮台遗址之一。位于今广东省东莞市虎门镇东虎门水道威远岛。清道光十八年（1838）两广总督邓廷桢奏议于镇远、威远炮台中间加建该炮台，安装各式火炮60位，与威远、镇远、横档、巩固、永安5炮台共同组成虎门炮台防御体系第二重门户。鸦片战争中，广东水师提督关天培在此炮台指挥虎门海战，壮烈殉国。道光二十三年（1843）及光绪七年（1881）两次对炮台进行复修。现存3个露天炮位及暗室、暗道、兵房等设施。1982年作为虎门炮台组成部分被国务院公布为第二批全国重点文物保护单位。参见第166页历史卷"虎门炮台"条、第1254页海洋文化卷"虎门炮台群遗址"条。（阮戈）

威远炮台遗址 海防遗址。虎门炮台群炮台遗址之一。位于今广东省东莞市虎门镇东虎门水道威远岛。清康熙五十六年（1717）初建，时名南山炮台。道光十五年（1835）两广总督卢坤、广东水师提督关天培倡议改建，改名为威远。道光二十一年（1841）鸦片战争中被英军所毁。道光二十三年（1843）复建。咸丰六年（1856）第二次鸦片战争中再次被毁。光绪八年（1882）两广总督张树声复建。1987年以来，陆续对炮台进行修复。现存26位暗炮位及兵房、炮巷、火药局等设施。1982年作为虎门炮台组成部分被国务院公布为第二批全国重点文物保护单位。参见第166页历史卷"虎门炮台"条、第1254页海洋文化卷"虎门炮台群遗址"条。（阮戈）

镇远炮台遗址 海防遗址。虎门炮台群炮台遗址之一。位于今广东省东莞市虎门镇东虎门水道威远岛。清嘉庆十九年（1814）两广总督蒋攸铦筑造。道光二十一年（1841）鸦片战争中被毁。道光二十三年（1843）复建。咸丰六年（1856）第二次鸦片战争中再次被毁。光绪七年（1881）改入威远炮台。1997年修复，大体恢复原貌。1982年作为虎门炮台组成部分被国务院公布为第二批全国重点文物保护单位。参见第166页历史卷"虎门炮台"条、第1254页海洋文化卷"虎门炮台群遗址"条。（阮戈）

大虎山炮台遗址 海防遗址。虎门炮台群炮台遗址之一。位于今广东省广州市南沙区黄阁镇小虎村以东珠江水道大虎山岛。清嘉庆二十一年（1816）两广总督阮元倡建。周长120丈，高1丈8尺，内有庙宇、兵房、药房等设施，各式大炮30位。道光十五年（1835）广东水师提督关天培对炮台进行加筑巩固。道光二十一年（1841）鸦片战争虎门海战时被毁。道光二十三年（1843）重建，第二次鸦片

战争中再次被毁，其后被废弃。现遗址仅存炮台基础及散落于炮台基台附近建筑构件。1982年作为虎门炮台组成部分被国务院公布为第二批全国重点文物保护单位。参见第166页历史卷"虎门炮台"条、第1254页海洋文化卷"虎门炮台群遗址"条。（阮戈）

上横档炮台遗址 海防遗址。虎门炮台群炮台遗址之一。位于今广东省广州市南沙区东虎门水道上横档岛。始建于清康熙五十六年（1717）。嘉庆十九年（1814）两广总督蒋攸铦加建月台1座。道光二十一年（1841）鸦片战争中被英军所毁。道光二十三年（1843）重修。咸丰六年（1856）再次被毁。光绪十年（1884）重修西式炮台，上有8门德制克虏伯炮。抗战时期中国军队于此抗击侵华日军。现仅存8位炮池、炮巷及门楼，原设8门大炮已不存。1982年作为虎门炮台组成部分被国务院公布为第二批全国重点文物保护单位。参见第166页历史卷"虎门炮台"条、第1254页海洋文化卷"虎门炮台群遗址"条。（阮戈）

下横档炮台遗址 海防遗址。虎门炮台群炮台遗址之一。位于今广东省广州市南沙区东虎门水道下横档岛。第二次鸦片战争中被毁。清光绪七年（1881）两广总督张树声重建并改为西式炮台。抗战时期中国军队利用此炮台抗击侵华日军，炮台亦为日军所炸损。现仅存光绪年间修筑西式炮台，官厅、库房、兵房、坑道等设施仍存。1982年作为虎门炮台组成部分被国务院公布为第二批全国重点文物保护单位。参见第166页历史卷"虎门炮台"条、第1254页海洋文化卷"虎门炮台群遗址"条。（阮戈）

大角炮台遗址 海防遗址。虎门炮台群炮台遗址之一。位于今广东省广州

市南沙区鹿颈村。建于清道光十年（1830）。周长 93 丈，炮洞 16 个，铁炮 16 门，驻官兵 50 余名。鸦片战争中被毁。道光二十三年（1843）重修，第二次鸦片战争中再次被毁。光绪十一年（1885）两广总督张之洞引入新式大炮及炮台，并将炮城增加至 9 处，增强炮台防御力量。抗战时期中国军队在此利用炮台抗击侵华日军。1997 年重修。1982 年作为虎门炮台组成部分被国务院公布为第二批全国重点文物保护单位。参见第 166 页历史卷"虎门炮台"条、第 1254 页海洋文化卷"虎门炮台群遗址"条。（阮戈）

崖门炮台 又称镇厓台。海防遗址。位于今广东省江门市新会区潭江及西江出海口东岸。清初设有炮台，设千总 1 名，下辖官兵 90 名。嘉庆十四年（1809）两广总督百龄为防御海盗张保仔，重建炮台。道光十八年（1838）新会知县林星章重修。咸丰六年（1856）新会知县陈应聘再次重修。现炮台保存完好，各式火炮存有 4 门。1989 年被公布为第三批广东省文物保护单位。（阮戈）

镇厓台 见"崖门炮台"。

梅县水车窑 又称梅县窑。窑址。主要分布在今广东省梅州市梅县区水车镇瓦坑口、罗屋坑及南口镇的崇芳山等梅江河边山岗。为唐晚期窑址。窑炉为阶级式馒头窑。生产瓷器以日用器为主，部分为墓葬明器。日用器主要器形有碗、碟、盘、罐、壶、器盖、灯、砚、枕等；明器有灶、甑、唾壶、塔式罐等。以莲子罐、执壶、长把壶、鱼形壶、莲子壶、鸭嘴壶等为典型。瓷器胎体厚重，胎土经过提炼，胎呈灰色或灰白色。器内外均施青黄色玻璃釉，色泽青翠晶莹润泽，玻化程度较高，一般开有冰裂

纹，代表广东同期青瓷最高水平。瓷器造型简朴，一般不饰花纹，继承广东早、中期瓷器纯朴作风。制瓷技术上，瓷器胎质坚硬，施满釉，釉层厚而均匀，比唐代早、中期瓷器简单施半釉、釉层不均、多带泪痕有明显进步。瓷器除有饼形足外，出现璧形足和宋代流行的圈足。产品外销至东南亚地区，更远到西亚、非洲地区。泰国曼谷出土过水车窑产品。1998 年印度尼西亚海域发现"黑石"号沉船打捞出水百余件水车窑产品。产品具海洋贸易性质。（肖达顺）

梅县窑 见"梅县水车窑"。

新会官冲窑 窑址。位于今广东省江门市新会区古井镇官冲村西南约 2000 米瓦片岩和碗山上。是唐代中晚期到宋初青瓷窑址。该窑废窑堆积丰富，分布范围广，规模大，烧造时间长。窑炉为馒头窑，有土坯壁和砖砌壁两种。器形以碗、盘、罐、盆为主，还有豆、杯、碟、壶、钵、盂、篝、器盖、砚台、炉、盒、釜、灯盏、网坠、纺轮、人物塑像、动物模型、砖瓦、窑具等，以饼足碗最为常见。器物肩部和足底多刻画符号、文字、花卉、曲线纹等。装烧方法为泥块衬垫，仰口、叠烧，未见有匣钵。器物造型古朴，瓷胎烧成温度较高，较坚实。模制和轮制成型并用。施釉多为蘸釉，器外多施半釉，厚薄均匀，釉色淡青带黄。出土器物普遍火候高、釉质好。该窑产品在南海及东南亚、西亚、非洲地区有发现。产品具海洋贸易性质。（肖达顺）

高明窑 窑址。主要分布在今广东省佛山市高明区大岗山东北和西北坡。为晚唐窑址。1986、1987 年发掘清理两座窑址，均为长条形龙窑，依山势构筑。窑壁为夯土和砖合构，或长方

形砖侧放叠砌。窑底一般铺有一层红褐色土层，经高温煅烧后形成一个个垫烧瓷器圆窝。主要产品器形有碗、碟、钵、盆、釜、壶、炉、砚、灯等，以青瓷为主，少量酱釉器，施釉均不到底。该窑产品海外多有发现，具海洋贸易性质。（肖达顺）

笔架山潮州窑遗址 又称潮州笔架山窑。窑址。位于今广东省潮州市湘桥区韩江东岸笔架山西麓。北宋窑址群。由东南山脚到西北涸溪塔山脚四五千米，古称百窑村，湘子桥边山坡一带最集中。主要产品以烧造青白瓷日用器为主，兼烧青釉、酱釉和白釉器。1953—1986 年，先后发掘 10 座窑址，其中 10 号窑最为巨型，分 18 段窑床，残长 79.5 米。窑炉为依山而建长条式龙窑，一般分多段。壁墙多为青灰色砖顺放平铺错缝叠砌，窑床多铺粗沙或夹杂匣钵和瓷器碎片。出土瓷器有碗、钵、盘、碟、壶、瓶、盏、盂、灯、罐、粉盒、杯、器盖、茶托、垫壶、军持等生活用品和人像、佛像及动物玩具等。瓜棱四耳罐、瓜棱执壶、鲤鱼壶、凤首壶、军持、盘口瓶、各式炉、粉盒、洋人像、西洋狗以及有铭文及年款佛像座等最有特色。花纹装饰采用雕刻、刻画花、镂孔等技法，采用轮制、模制以及手制等方法。装烧以匣钵叠烧为主，出土有垫座、垫圈、渣饼、泥垫、试片、陶轮、辘轳、播钵、杵锤、瓷丸和印模等窑具。该窑出土军持等生活用品、洋人造像、洋狗玩具等工艺品，在东亚、东南亚、西亚甚至非洲埃及等地多有发现。产品具海洋贸易性质。2001 年被国务院公布为第五批全国重点文物保护单位。参见第 161 页历史卷"笔架山潮州窑遗址"条。（肖达顺）

广州西村窑 窑址。主要分布于今广东省广州市西北皇帝岗。为北宋时期

烧造青瓷、青白瓷、黑瓷等外销瓷器的民窑。1957年广州文物考古单位对窑址进行清理发掘，采集一批遗物。窑炉利用堆积斜坡而建，残长32.8米。产品器类主要有碗、盏、碟、洗、盆、盅、杯、小瓶、大小执壶、凤头壶、军持、罐、合、唾盂、注子、净瓶、灯、熏炉、烛台、炉、枕等日用器，雀食罐、埙、狗、马、碾轮、漏斗等用具，以青釉凤首壶、刻花折沿大盘、青釉莲瓣纹炉、颈部带螺旋纹小口瓶、刻花彩绘大盘、青釉印花大盘、青釉褐彩彩绘纹盆、青釉印花碗和彩绘军持等最具特色。釉色主要有青釉、青白釉、酱釉和绿釉等，以青釉、青白釉最为丰富。装饰方法有刻画花、印花、彩绘、点彩和镂刻等多种，部分为该窑独有，亦受耀州窑、景德镇窑影响。产品分粗瓷和精瓷两大类。制法主要有轮制、模制和手制三种。出土有印花范模、擂钵、釉盆、调色碟、匣钵、垫饼和垫圈等窑具。常见于西沙、东南亚各国遗址，1998年印度尼西亚海域发现的"黑石"号沉船及西亚、非洲亦有发现。其陶瓷工艺和烧造技术对东南亚窑业生产有直接影响，柬埔寨荔枝山窑器带有西村窑特色。产品具海洋贸易性质。（肖达顺）

雷州窑　窑址。位于今广东省雷州半岛北部和中部遂溪、雷州和廉江境内九洲江、通明河和南渡河两岸。为唐代开始延续到明清时期窑址群总称。以龙窑为主，少数为馒头窑。主要产品有青釉、青釉褐彩和酱釉瓷器等。可分为雷州半岛西海岸窑区、南渡河窑区和东海岸窑区三大片。唐代窑址主要集中在通明河出海口一带及廉江西部北部湾畔，以遂溪茂胆窑等为代表，采用匣钵装烧，多生产碗、碟、豆、罐等青釉器，装饰较为简单。宋元时期窑址以青釉釉下褐彩彩绘瓷器最有特点，代表雷州窑工艺高峰，主

要集中在南渡河两岸，以海康公益窑为代表，有碗、盘、碟、盏、壶、钵、罐、枕和棺等，其中青釉褐彩书写吉祥语或绘画菊花纹等瓷罐，如意头形或船形、椭圆形青釉褐彩瓷枕，青釉褐彩绘画和书写文字瓷棺等最具特色。装饰风格与工艺特点简单古朴，充满地方乡土特色，亦受吉州窑和北方磁州窑影响。宋元时期雷州窑褐彩青瓷窑址分布广，产量大，销往海南岛及东南亚、西亚、非洲。明代中期褐彩瓷基本消失。清代窑址主要分布在南渡河支流客路镇一带，出现白釉和青白釉器等，个别白瓷窑还烧出青花彩绘器。一般为较粗糙廉价青瓷，多为本地使用。产品具海洋贸易性质。（肖达顺）

石湾窑　窑址。位于今广东省佛山市禅城区石湾镇。创烧于唐（一说始于宋），宋元有所发展而繁盛于明清，自成体系传承至今。唐代以大帽岗窑址、小望楼岗遗址为代表，与同期南海小塘奇石窑、三水窑、高明窑、新会官冲窑等相近，属晚唐广东外销瓷窑，主要烧造碗、盘、盆、罐等施半釉青釉日用器。北宋时以上几处窑址有发展，瓷器器形釉色增多，施釉到底，釉色均匀，未采用匣钵烧制。装饰方法出现戳印各式纪年或吉语字号方款、斧形款识、酱彩花卉纹以及印花和刻花纹饰等，以肩部戳印方款酱釉罐最具特色，远销东南亚、西亚及非洲等地。南宋窑业向石湾镇区转移，有所衰落。元代受北方窑技术影响，产品质量比北宋提高，器形釉色更加丰富，以黑釉器最多，酱黄釉、酱黑釉和青釉等次之。明代石湾窑步入繁荣期，生产分工细致，窑炉改革，除生产传统日用陶器外，还生产艺术陶塑、园林建筑陶等，受海内外市场欢迎。该窑仿中原各名窑，以仿均窑闻名，被誉为"广均"，产品进贡朝廷。创烧出翠毛釉、雨洒蓝、雨淋墙、均

红、紫变釉等特色窑变釉，成为石湾窑釉色基调。清代石湾窑艺术陶瓷、日用陶器相辉映，出现一批名家经典作品。产品具海洋贸易性质。参见第1178页对外贸易卷"石湾窑"条。（肖达顺）

惠州东平窑　窑场。位于今广东省惠州市东南面窑头山。为北宋时期烧造青瓷、青白瓷的窑场。产品器形有碗、杯、罐、碟、盏、炉、瓶、壶、瓷枕、小狗、弹丸、吹雀、小葫芦和雕塑类残件等，胎质较为坚硬更致密，胎色灰白。施釉较薄，采用荡釉、蘸釉兼用上釉技术，较为晶莹亮泽，釉色青白或青灰。装饰手法多为刻画花，也有印花雕塑和镂孔等，部分碗心或足底有数字印文。产品具海洋贸易性质。（肖达顺）

惠东白马窑　窑场。位于今广东省惠州市惠东县东部白马山低矮、平缓支脉山坡上。为明代仿龙泉青瓷窑场。曾属惠阳县，故又称惠阳窑。窑炉为砖砌龙窑，也有部分馒头窑。主要生产器形有碗、高足碗、盘、碟、杯等。一般胎质坚硬，釉质晶莹亮丽，釉色青翠，或青灰、青黄。碗类外壁多饰菊瓣纹，内心多刻有文字或花饰，如福、寿、宁、仰、青、卍等。产品具海洋贸易性质。（肖达顺）

大埔饶平窑　窑场。大埔、饶平相邻，位于韩江流域、粤东山区。明清早期窑场主要以生产仿龙泉青瓷或青白瓷产品为主。大埔余里窑生产仿龙泉青瓷质量最好。明中期开始窑场不再仿制龙泉青瓷和青白瓷，开始烧制青花瓷。大埔青花窑址主要分布在光德、桃源、平源区，饶平青花窑址主要分布在九村、麻寮等地。已知窑炉中，光德富岭窑为单室窑，规模较小，依山而建，光德九社窑为阶级窑，产品

器形主要有碗、碟、盘、杯、炉、壶、瓶、器盖等。青花纹饰大致可分为山水、花卉树木、动物、宗教图案和文字等类。代表性器物有青花诗文碗、"福"字碗、天官人物碗、双龙或双狮戏球碗、荷花鹭丝碗、青花凤鸟盘等。明清大埔、饶平与福建漳州属同一片窑业生产区域，器形与纹饰相当一致，同属"福建广东窑系"或"华南窑系"，亦即闻名海外的"汕头器"。是南方青花瓷重要产地。产品具海洋贸易性质。（肖达顺）

遂溪边湾村南朝窖藏　文物遗存。位于今广东省湛江市遂溪县遂城镇边湾村。1984 年雷州半岛北部遂溪县附城区边湾村村民在平整房屋地面时发现。时出土文物为一个带盖篦纹陶罐，内装一批波斯银币以及鎏金盏、金环、金戒指、银碗、银盒、银镯等金银器，时间为南朝。波斯萨珊王朝鱼草纹鎏金盏为铜质，内外鎏金，高 7.2 厘米，腹围 27.5 厘米，口径 8.4 厘米，重 146.3 克，器体呈圆形，深弧腹，敛口，尖底。表面通体錾刻花纹，从口沿至底尖分为忍冬纹、鱼、人首鸟身、飞凤、莲瓣纹等 5 组环绕花带，工艺精湛，线条流畅。波斯银碗为十二瓣莲花碗，习惯称为十二折银碗，通高 8 厘米，口径最大直径 18 厘米，圈足径 7 厘米，口沿外周刻有波斯文，属萨珊式银器中的"东伊朗组"。波斯银币为萨珊王朝卑路斯（Peroz）、耶斯提泽得二世（Yazdegerd II）、沙卜尔三世（Shapur III）时期所铸的银币。该窖藏出土器物对研究 5—6 世纪中国与中东地区贸易交往具有重要史料价值。（徐素琴）

长洲岛外国人公墓　墓葬遗址。位于今广东省广州市黄埔区长洲岛深井竹岗山（俗称马鞍山或番鬼山）。为清代官府指定安葬外国人墓地。有界碑。公墓坐西朝东，宽 30.3 米，深 20.05 米，占地面积 607.52 平方米，花岗岩石构筑。原有 237 座墓，后被破坏，1998 年经修复后仅存 26 座，有棺葬式、立碑式。分三排排列，上排 9 座、中排 10 座、下排 7 座；除下排有 2 座墓是横排外，其余墓为竖排。墓地周边还有 4 块墓碑。墓主来自英国、美国、西班牙、瑞典、阿拉伯、东印度、孟加拉等国家和地区。2002 年被公布为第四批广东省文物保护单位。（徐素琴）

澳门基督教旧坟场　墓葬遗址。位于今澳门特别行政区白鸽巢贾梅士博物院近旁。原名东印度公司坟场。坟场前为澳门最早基督教传道所马礼逊教堂。1821 年英国东印度公司购买此地，用以安葬最早来华基督教新教传教士马礼逊第一任夫人玛丽，其后马礼逊及其子马儒翰、不少英商及其家属以及其他国家一些人士也安葬于此。澳门城外麦森堡山（Mesenburg Hill）上英人坟墓后也迁到此处。坟场安葬多位近代国际名人，除马礼逊外，还有英国驻华商务总监督律劳卑、英国名画家钱纳利、美国外交家罗伯士等。为近代澳门外国人坟场。（徐素琴）

广东水下考古　水下考古学是考古学一门分支学科。萌芽于 20 世纪 70 年代西沙海战后西沙群岛文物调查，涉及海岛考古调查、海岛周边水域和礁盘等水下文化遗存发掘打捞，航海技术线索《水路簿》等多角度多层次调查研究工作。20 世纪 80 年代在深圳蛇口赤湾港发现清代沉船，在珠海沿海沙丘及周边海岛进行海洋考古调查。1987 年"南海Ⅰ号"意外发现，拉开中国水下考古序幕。1988 年中国历史博物馆水下考古学研究室会同广东省文物管理委员会办公室，在广东吴川吴阳镇沙角漩村进行国内第一次真正意义独立自主水下考古调查。2001 年"南海Ⅰ号"水下考古重启，从水下调查发掘到整体打捞，再到博物馆内试掘及 2019 年船内发掘完成，清理出保存体量最大、保存相对较好船体结构，出土陶瓷、金属器、有机物等文物总量超过 18 万件，先后获"国家文物局文物保护奖"一等奖、文化部"创新奖"、中国航海学会"科技进步奖"一等奖，以及田野考古奖、2019 年度"全国十大考古新发现"等，见证中国水下考古起步到辉煌发展历程。2007 年汕头"南澳Ⅰ号"发现，2009 年开始发掘，开创原址保护发掘成功模式，成功提取大批万历年间景德镇、漳州等地窑口青花瓷器等货物，成为研究明万历年间早期全球化贸易重要实证资料，发掘期间获田野考古奖、2010 年度"全国十大考古新发现"等。2015 年广东率先在广东海域推动广东省水下文物保护区划定，有计划有步骤开展广东省水下文物保护区内上、下川岛海域水下考古工作。发现"乌猪洲Ⅰ号"沉船，打捞 2 门铁炮，调查 1642 年荷兰东印度公司沉船铜炮及荷兰东印度公司沉船"莱茵堡"号等，在重要海洋地标上川岛上开展相关海洋考古工作。2018 年起广东开展西樵山石燕岩水下采石场新型山地水下考古调查测绘模式，探索水上光学测绘与水下声呐测绘数据技术整合，为西樵山历史时期对粗面岩开采利用和两宋以后珠三角经济发展背景研究增加新的考古学方向。推动从狭义水下考古领域扩展到海洋考古领域的实践。19 世纪 30 年代瑞士湖上居址的确认与水下考古遗迹的科学调查与发掘，标志水下考古学确立。中国水下考古始于 20 世纪 80 年代《我国陶瓷专家建议重视水下考古工作》的报告。（肖达顺）

银屿水下遗存　考古遗存。1998、

2010 年发现于西沙永乐群岛东部新月形礁盘上，共有 6 处，年代从宋元至明清。采集出水文物以瓷器残片为主，有少量残青砖和铜钱。出水瓷器有青瓷、青白瓷、白瓷、青花瓷，以青瓷居多，可辨器形有碗、盘、碟、洗、罐、粉盒、盏、杯、汤匙、炉、钵、盆。纹样以花卉纹为主，装饰手法以模印、刻画、压印为主。押款文字有"金玉满堂"等。对研究古代南海交通贸易有学术价值。（罗燚英）

勿里洞沉船　又称"黑石号"沉船。沉船遗址。1998 年在印度尼西亚勿里洞海域发现的 9 世纪阿拉伯沉船。出水文物包括陶瓷制品 6.7 万余件，金器 10 件，银器 24 件，银锭 18 块，铜镜 30 块以及成套铜、铁和铅器，玻璃瓶 2 件，漆盘 1 件，墨盒 1 个及墨和香料等。瓷器来自长沙窑、越窑、邢窑、巩县窑以及广东地方窑口。长沙窑瓷器 5.65 万件，器形以碗为主，也有执壶、杯盘、盂、盒、罐等。越窑青瓷 200 件，河北邢窑白瓷、河南巩县窑白瓷 350 件，广东地方窑口青瓷 700 余件。瓷器式样、造型及风格与国内同类物品风格迥异，是国外客商订制的外销瓷。该沉船是一艘阿拉伯督造的三桅船，从广州返回西亚途中沉没。对于研究唐代与中东地区海外贸易、唐朝外销商品生产与销售方式具有重要价值。（罗燚英）

"黑石号"沉船　见"勿里洞沉船"。

印坦沉船　沉船遗址。1997 年在印度尼西亚首都雅加达以北 150 千米印坦油田海域发现的 10—12 世纪东南亚沉船。船长约 30 米，宽 10 米，采用 V 形龙骨。出水文物 1.1 万件，包括金饰、青铜器（青铜镜、青铜佛像、青铜法器）、铜器（圆顶平底柱状铜块上百个，约 2000 千克，铜锅 32 个）、

锡块（小金字塔形，约 2000 千克，来自邦加岛或勿里洞岛）、铁器（铁锭、铁锅、铁制枪尖）、长方形柱状铅块（每块重约 20 千克）、南汉银锭（97 枚，每枚重约 2.5 千克，上刻铭文）、"乾亨通宝"铅钱（145 枚）、爪哇金币、玻璃珠（245 颗）、中国与东南亚陶瓷以及 44 具人类骨骸等。瓷器数量 7309 件，广东地方窑口烧制青黄釉小罐 4855 件，还有浙江越窑青瓷，少量安徽繁昌窑白瓷和青瓷、东南亚产细陶器和中东产陶器。该沉船是一艘南汉时期从广州贸易归航的东南亚商船。对于研究南汉王朝与东南亚海洋贸易及国际关系具有重要价值。（罗燚英）

井里汶沉船　沉船遗址。2003—2005 年在印度尼西亚爪哇北岸井里汶外海 100 海里处发现的 10 世纪东南亚沉船。船身或龙骨长度约 28 米。出水文物包括 15.5 万余件完整器物、7.8 万余件可修复器物、26 万余片残片。器物种类丰富，有近 20 万件五代末或宋初越窑秘色瓷和青瓷、4000 余件邢窑或定窑白瓷、7000 余枚南汉"乾亨重宝"铅钱、20 余件晚唐风格青铜镜、三佛齐国爪哇风格青铜镜和金首饰、600 余件泰国细陶器、200 多件中东琉璃香水瓶、几十枚阿拉伯风格水晶国际象棋棋子和 1 件水晶鱼、马来西亚锡锭和锡条，来源地不详的 4000 颗红宝石和 400 颗暗红蓝宝石、1 万多粒黑白珍珠、1000 千克青金石原料、树脂香料、水晶原料、玻璃原料和砖瓦建材等。从出水大量南汉铅钱以及 1 件越窑刻花莲瓣碗上的"戊辰"墨书纪年（当为南汉大宝十一年，即 968 年）看，该沉船应该是南汉末年一艘来中国贸易、从兴王府归航的东南亚商船。对研究南汉与东南亚贸易、中国外销瓷器生产、海上丝绸之路、宗教文化交流有重要价值。（罗燚英）

南海Ⅰ号沉船　沉船遗址。1987 年在广东台山上川岛海域发现，2007 年整体打捞成功，保存在阳江海陵岛广东海上丝绸之路博物馆，2019 年发掘完成。船体残长 22.1 米，宽 9.35 米，尖底，采用水密隔舱技术，残存船舱 15 个，属于福船类型。文物超过 18 万件（套），包括金器、瓷器、漆器、铁器、钱币、石砚、印章、铜镜、木梳、观音像、砝码、秤盘、试金石等。从瓷器、钱币上印记、墨书推测，可能是从福建港口始发，前往东南亚甚至印度洋地区，经停广州，在珠江口西部广海湾沉没。为研究宋代贸易史、陶瓷史、造船史、海上生活史等提供难得实物资料。被评为 2019 年度"全国十大考古新发现"。2021 年入选全国"百年百大考古发现"。参见第 1173 页对外贸易卷"南海一号"条。（罗燚英）

华光礁Ⅰ号沉船　沉船遗址。1996 年在西沙群岛永乐群岛南部华光礁环礁内侧发现。1998 年试掘，出水文物近 1800 件。2007 年正式发掘。船身横断面呈 V 形，残存船体长约 17 米，宽 7.54 米，舱深 3—4 米，采用水密隔舱技术，共发现 11 个隔舱，属于福船类型。出水船板 511 块，最长 14.4 米，宽 0.3 米。出水文物近万件，其中瓷器 8000 余件，主要是青白瓷，青瓷次之，一定数量酱褐釉瓷器。主要产于福建闽清义窑、德化窑、磁灶窑、南安窑、松溪窑和江西景德镇。器物种类主要为碗、盘、碟、盒、盏、壶、瓶、罐、瓮等。装饰手法和纹样丰富。该船满载中国瓷器等货物前往东南亚时沉没，是中国首次发现有 6 层船体构件古船，为水密隔舱船典型代表。为中国南宋时期海外贸易研究提供重要历史见证。（罗燚英）

北礁沉船遗址　沉船遗址。20 世纪 70

年代以来，在西沙永乐群岛北礁西北和东北礁盘上发现多处沉船遗迹和28处水下遗物点。1974年考古调查，打捞出水文物主要有两汉之交的"新莽古币"及东汉至明代铜钱七八十种，包括唐代"开元通宝"1395枚、宋代铜钱25236枚（其中"元丰通宝"4041枚），明代"永乐通宝"49684枚，铭文不清铜钱若干，计403.2千克。1975年第二次调查，共采集铜钱12千克、铜锭24块，陶器、瓷器约1200件。1996年西沙文物普查时，在北礁东北礁盘上发现5处遗物点，出水文物以瓷器和釉陶器为主。1999年水下考古发现7处文物遗存，出水文物包括宋代青白瓷、明代龙泉青瓷、青花瓷300余件，另有铜锭7块、铜镜2枚、铜剑鞘3件、铝块1475克、少量银器、一批石雕器物和建筑构件。在礁盘边缘沉船周围发现3块大型石锚碇，最大重1000千克左右，是迄今发现最大碇石。该沉船可能是明代郑和下西洋船队的一艘。2006年被国务院公布为第六批全国重点文物保护单位。（罗燚英）

石屿沉船遗址 沉船遗址。1999年、2010年分别在西沙群岛石屿与咸舍屿之间水深6—20米礁盘上、石屿礁盘内侧以及石屿东南部发现3处沉船遗址。出水有宋元时期青釉、青白釉瓷器和清代青花瓷器、卵白釉、白釉、青灰釉、酱釉、青花五彩瓷、白瓷等。其中青花数量较多，器物类型有碗、盘、盒等，有的底部有"万福攸同""大明弘治年制""大明年造"等字样。为研究宋至清中国外销瓷提供实物资料。（罗燚英）

南澳Ⅰ号沉船 沉船遗址。2007年在广东南澳东南三点金海域岛屿与半潮礁之间发现，距离南澳岛约2海里。2010—2012年进行抢救性发掘。沉船大致呈南北走向，艏北艉南，船体自

西向东倾斜，南北残长24.85米，共发现25个隔舱，隔舱最宽7.5米。文物遗存丰富。出水文物约3万件，包括瓷器、100余件金属器（包括铳炮）、石器、骨器、漆木器以及2.4万枚钱币、2.9万粒珠管串饰。出水文物以瓷器为多，同一种类大量雷同，分别来自漳州窑、景德镇窑以及闽南粤北周边窑址。器类有盘、碗、罐、杯、碟、盖盒、盖钵、瓶、壶；装饰以青花为主，部分五彩产品，也有小部分青釉、红釉、霁蓝釉产品；纹饰以花卉纹、动物纹、人物纹、文字纹为主。出水金属器以铜钱、铜板、铁锅为主，涉及外销商品、自用生活用品、防御武器等。有船上人员生活器物，如篦梳、骰子、围棋等。该沉船水下考古首次尝试使用"潜水钟"，创新水下考古方法和技术手段。为研究明代晚期海上贸易、外销陶瓷提供重要实物资料。参见第1173页对外贸易卷"南澳一号"条。（罗燚英）

海南文昌宝陵港沉船 沉船遗址。1987—1989年在海南文昌宝陵港近海海域发现。1990年对该沉船遗址进行首次调查。出水文物包括铜锣、铜手镯、青花瓷杯、铁锅、大量"永历通宝"铜钱。该沉船属于小型近海贸易商船，对研究明清之际大陆与海南岛之间的海上贸易有一定价值。（罗燚英）

越南金瓯沉船 沉船遗址。1998年在越南金瓯海域发现。1998年8月至1999年10月越南进行正式发掘。沉船长约24米，宽近8米。出水文物有瓷器、锌块（386块，每块重15—18千克）、"康熙通宝"钱币、衣物、船骨、金属制品（如发夹、铜锁、铜盘、铜盒）、石质印章、辟邪、砚台等。其中瓷器约13万件，大部分是青花瓷，还有青花釉里红瓷、五彩瓷、

白釉瓷、酱釉瓷，主要产于江西景德镇窑、福建窑和广东石湾窑、西村窑。青花瓷有17种造型，器物样式繁多，不少为成套器物，装饰纹样题材丰富，中国、欧洲风格皆有。出水广东瓷器与福建窑、景德镇窑瓷器完全不同，有多种尺寸不同茶杯、碟、带盖盆、罐、花瓬、猴形壶。多件瓷器底部有"雍正年制"或"大清雍正年制"楷书款。该沉船是一艘清雍正年间从广州开出，航行至越南金瓯海域时沉没的中国商船。根据沉船发现的四枚石质印章，该沉船或与清前期广州十三行潘氏行商有关，对研究清代广州行商与南海贸易有重要价值。（罗燚英）

珊瑚岛Ⅰ号沉船遗址 沉船遗址。1975年、1996年、2012年三次西沙群岛考古调查，在西沙群岛永乐环礁西北珊瑚岛东北礁盘6米深水下发现4处遗物点。1975年，该遗址采集出水文物85件清代青花瓷，其中青花盘78件，内有文字"祠堂瑞兴""祠堂德斋"等，青花碗7件，有两件底心分别印"良德""荣玉"二字。1996年考古调查，发现遗物100余件，主要是陶、瓷器残片，发现沉船遗迹，2012年复查确认，珊瑚岛东北方向500—1000米礁盘内外侧水下散落大批石雕器物，包括石像、石柱、石板、石条、石斗拱、石柱础、建筑用砖等。推测是东南亚华人从中国大陆订制、运往海外修建寺庙或祠堂用的石雕建筑构件，为研究清代外销瓷及东南亚华人提供实物资料。（罗燚英）

金银岛Ⅰ号沉船遗址 沉船遗址。1974年在西沙群岛永乐环礁外金银岛西南端发现。1975年调查打捞出水一批石雕器物，包括石狮、石柱、石板、石条、石飞檐、石供器座和石磨等。1996年水下考古调查从该遗址点采集60余件瓷器，以明清青花瓷片居多。

2010年西沙群岛文物普查发现石构件分布相对集中，主要位于礁盘内，包括石质房屋构件和石质生活器具，瓷片分布在石构件北部，主要是清代晚期德化窑、青花窑印花盘和白瓷碟等。为研究明清时期外销瓷及东南亚华人提供实物资料。（罗燚英）

珊瑚石古庙遗存 祭祀遗存。在西沙群岛的珊瑚岛、甘泉岛、琛航岛、广金岛、永兴岛、赵述岛、北岛、和五岛（东岛）、晋卿岛、南岛、中岛、金银岛等有分布，共20座，为南海渔民祭祀活动场所。庙宇建筑规模较小，形制较为简陋，多位于岛礁边缘地带，庙门向海，多数就地取材，用珊瑚石垒砌，小部分用从大陆运来的砖瓦、水泥筑砌。多为兄弟孤魂庙、娘娘庙、土地庙。庙内保存瓷器、香炉、陶烛台、碗、签筒等年代跨明清及近代，多来自福建德化窑、漳州窑、江西景德镇和浙江龙泉窑等地，并与西沙群岛附近岛礁水下沉船出水文物有同缘关系。是中国南海渔民发现和经营南海诸岛重要实物证据，体现南海诸岛在海上丝绸之路重要地位。（罗燚英）

北京路清代木船 木船遗存。2014年在广东广州北京路南段"古道遗址"中发现，共3艘。木料均以杉木为主，船舱壁板、隔板等少量构建为其他杂木。其中2艘保存比较完整，最大一艘残长19.2米、中部宽3米，与清代中晚期珠江口海域海盗常用"快蟹船"相似，属快船类型。制造和使用年代可能在清中期，嘉庆、道光年间废弃。是广州中心城区考古首次发现的古代船只，对于研究广船、广州历史地理和珠江岸线变迁具有重要意义。（罗燚英）

柯拜船坞旧址 船坞遗址。位于今广东省广州市黄埔区长洲岛北部黄埔造船厂内。清道光二十五年（1845），大英轮船公司驻黄埔代表约翰·柯拜（John Couper）在黄埔长洲岛租用几个泥船坞，雇佣中国工人修船。后将船坞扩建为石船坞，后人称之为"柯拜船坞"。第二次鸦片战争后，柯拜之子小柯拜成立柯拜船坞公司，拥有4座船坞，其中一座于同治元年（1862）建成，被称为当时"中国最大的石船坞"。同治二年（1863），小柯拜将船坞公司转卖给怡和洋行，转属香港黄埔船坞公司。是近代外国人在中国开设的第一个船厂，中国近代造船工业开端。对研究近代中国造船工业具有重要价值。（罗燚英）

文　献

马王堆汉墓地形图 地图。1973年在湖南长沙马王堆三号汉墓发现。绘在帛上，为西汉文帝十二年（前168）前作品，一般称为《地形图》。上南下北，长、宽各96厘米，主区部分比例尺依据推断，约在十五万分之一至二十万分之一之间。主区部分为当时长沙国南部，即今潇水流域、南岭一带，精度高。往南为南越国，直到南海。该部分比例尺变小，精度降低，绘有山脉、河流、居民点、道路等，已有统一图例。其中用水平山形线与陡崖符号相配合绘出九嶷山脉，30多条河流地理位置、流向和水系结构亦相当精准，80多个城镇分别用方框、圆圈两类符号分级表示，并在符号位置内注记名称，20多条道路用虚实两种线划区分。该图底色为赤褐色，河流及南海则用黑色标识。南海画得很小，且海岸线也不准确。中国最早描绘南海的古地图，是世界现存有关南海最早地图，证明早在2000多年前，中国已经对南海进行观测并绘入地图。（周鑫）

外国传 又称《扶南记》《南洲记》《天竺记》。杂史。三国吴康泰撰。已佚，散见《水经注》和唐宋诸书。记述三国东吴时期康泰和朱应出使扶南经历各国的情况和见闻。除记载扶南古代诸王执政时的法律、征战、物产、造船、风习和对外交通外，涉及今东南亚、南亚乃至西亚数十个古国和地区。为研究古代南海交通、柬埔寨古代史的珍贵史料。近人许云樵有《吴时外国传辑注》。（罗燚英）

扶南记 见"外国传"。

南洲记 见"外国传"。

天竺记 见"外国传"。

大唐西域求法高僧传 又称《大周西域行人传》。佛教史传。唐义净撰。写于武周天授二年（691）。以僧传形式记述唐贞观十五年（641）至武周天授二年（691）57位僧人赴西域、南海、印度等地求法事迹，兼及其本人从广州搭乘番舶赴印度西行求法及沿海路东归广州的情况。详细记载从南海到印度的多条交通路线，侧面反映唐初及其后中印海上交通发展新趋势。是研究当时中西交通重要资料。1894年法国汉学家沙畹出版法译本。今有中华书局1988年王邦维校注本。（罗燚英）

大周西域行人传 见"大唐西域求法高僧传"。

南海寄归内法传 佛教史传。唐义净撰。4卷。成书于武周天授二年

（691）。是义净由印度归国途中在室利佛逝停留时，依据说一切有部所传撰成。详细介绍义净在印度及其所历南亚诸国、南海一带亲身见闻，记录这些地区佛教宗教组织、戒律、寺院生活等状况，涉及社会历史、文化教育、地理交通、医药等方面情况。是研究唐代中外交通、南亚次大陆及南海地区历史、地理和佛教史重要文献。1896 年日本高楠顺次郎出版英译本。今有中华书局 1995 年王邦维校注"中外交通史籍丛刊"本。（罗燚英）

南海神广利王庙碑 碑刻。立于今广东省广州市黄埔区南海神庙头门东侧。唐元和十五年（820），韩愈应岭南节度使孔戣之邀撰写此碑。记述南海神庙起源、孔戣修葺扩建南海神庙和祭祀南海神具体情况。碑坐南向北，高 2.48 米，宽 1.13 米，下有石质基座。碑额篆书八字碑题，碑右下署撰文者韩愈、书者陈谏名字和官职，碑左下署刻碑者李叔齐名字。现有碑亭保护，亭盖为歇山顶。碑上部保存完好，下部文字略有泐失。碑文最早提到"海事"一词。是广州海洋文化遗产中保存最早碑刻，具有重要历史价值。（罗燚英）

道里邦国志（*Kitâb al-Masâlik wa'l- Mamâ- lik*） 史志。阿拉伯人所著关于中国最早地理学著作。黑衣大食地理学家伊本·胡尔达兹比赫（Ibn Khordâdhbeh）撰。16 篇。约 846 年完成。全书兼采官方档案和地理趣闻。第 6 篇《东方的情形》到第 14 篇《商人的陆路行程》对西起罗马，东至中国、新罗、倭国、麻逸，北及罗斯（古俄罗斯）、南达印度洋诸岛国民间风俗、宗教文化、历史遗迹、经济特产及各国之间海陆路程有详细描述，对唐代广州诸港口、河流、物产以及海上航程等亦有翔实记载。是研究唐代广州对外交

往重要史料。今有中华书局 1991 年宋岘译注、郅溥浩校订本。（周鑫）

中国印度见闻录（*Akhbār al-Sīn wa'l- Hind*） 游记。关于中国和印度见闻的阿拉伯著作。2 卷。卷 1 系根据唐代来华阿拉伯商人苏莱曼（Sulaymān）等人见闻于 851 年汇集而成，分为两部分，第一部分记载阿拉伯商人从波斯湾经印度洋、马六甲海峡到中国沿途航线上所见港湾、岛屿、居民、风物、货币、交易方式等概况；第二部分详述印度、中国君主和两国城市、官制、司法、税收、物产、交易、交通、军队、婚姻、宗教信仰等情况。卷 2 由艾布·载德·哈桑·西拉菲（Abū Zaid Hassan al-Sirā-fāī）于 880 年续成，主要记述黄巢攻占广州城事件，穆斯林伊本·瓦哈卜晋见唐朝皇帝、爪哇城故事、中国、印度见闻、印度诸王传说等。所记间有失实，仍不失为唐代广州贸易与海上丝绸之路重要历史文献。原著为阿拉伯文抄本，1673 年唯一手稿被叙利亚阿勒颇的柯尔柏（Colbert）图书馆购得，现藏法国国家图书馆。中译本有 20 世纪 30 年代刘半农父女合译的《苏莱曼东游记》，1983 年穆根来、汶江、黄倬汉据法、日两种译本翻译的译本。（周鑫）

重修天庆观记碑 碑刻。宋元丰二年（1079）广州天庆观主持何德顺立于观内。1962 年于天庆观原址出土，1963 年移至广州博物馆碑廊。碑高 1.78 米，宽 1.2 米。碑文撰书者不明，行书。记述北宋元丰年间三佛齐（今印度尼西亚苏门答腊）大首领地华迦罗捐资重修广州天庆观事迹。反映宋代与三佛齐国友好商贸往来，可补宋代与东南亚国家交往史实记载缺漏。（罗燚英）

南澳大潭摩崖石刻 摩崖石刻。位于今广东省汕头市南澳县黄花山管区大

潭村东侧海滩石上。高 1.5 米，宽 1.6 米，楷体阴刻。分别于北宋政和三年（1113）、政和五年（1115）两次镌刻而成。第一次镌刻分四行，内容为"女弟子欧 / 七媛舍井 / 一口乞平安 / 匠李一 / 癸巳十一月记"；第二次镌刻也分四行，内容为"弟子欧七媛同 / 夫黄远舍井二口 / 乙未政和五年"。是南澳最早摩崖石刻，其形成与宋代粤东地区海外贸易有关。2015 年被公布为第八批广东省文物保护单位。（罗燚英）

萍洲可谈 笔记。宋朱彧撰。3 卷。北宋宣和元年（1119）成书。多为作者随父宦游各地的见闻。第 2 卷记载宋代广州市舶司"阅货""抽解""禁榷"等制度，船舶航海取水、祈风等习俗及商船海上活动细节，宋商"住蕃"、外商"住唐"以及广州蕃坊情况。是研究宋代广州海外贸易及市舶管理情况、中西交通史重要文献。原书已佚，今 3 卷本系清人据《百川学海》《宝颜堂秘笈》节录 1 卷本和《永乐大典》所引佚文重编而成。今有中华书局 2007 年李伟国点校"历代史料笔记丛刊"本。参见第 1188 页对外贸易卷"萍洲可谈"条。（罗燚英）

诸蕃志 志书。南宋赵汝适撰。2 卷。成书于南宋宝庆元年（1225）。作者任泉州市舶提举时所撰。上卷《志国》记海外 57 个国家和地区的地理交通、风土人情等，下卷《志物》记海外诸国的物产资源及互市情况。所涉东自日本，南达印度尼西亚诸岛，西至东非索马里、北非摩洛哥及地中海东岸诸国，记有自中国沿海至海外各国航线里程及所需日程。是研究宋代海上交通和对外关系重要文献。原书已佚，今本从《永乐大典》辑出。1911 年德国夏德和美国柔克义英译本出版。中国冯承钧、韩振华、杨博文等先后以

英译本为基础，对《诸蕃志》进行注补。中华书局 2000 年《中外交通史籍丛刊》收录杨博文校释本。（罗燚英）

海道针经 航海图。中国古代航海指南。滥觞于北宋时期，元代随海漕兴起开始正式出现。《大元海运记》所载徐泰亨《漕运水程》可能是最早海道针经。《郑和航海图》为早期针路代表。明代嘉靖、万历年间，《针谱》、《渡海方程》（又名《海道经书》）、《四海指南》、《航海秘诀》、《航海全书》、《海道针经》、《海道路程》、《针簿》、《顺风相送》等涌现。清代海道针经在沿海各地流行，有"指南正法""水镜""洋更""黄中海程""海底簿"等名称。存世海道针经可分为三种形态：以更路簿为代表的原始形态、以《东西洋考》《四夷广记》为代表的半原始状态和以《顺风相送》《指南正法》为代表编纂成册海道针经。各种海道针经尽管名称、形态和内容不一，大体都包含罗盘针路、宗教仪轨、航海常识、山形水势等基本内容。是中国传统航海文献重要组成部分。（周鑫）

更路簿 又称水路簿、航海水路簿、南海更路簿、南海更路经。航海图。海南渔民使用的航海指南。主要流传在海南文昌市、琼海市沿海和海口市、陵水黎族自治县、万宁市、三亚市及临高县等港口海岸渔村。最早可追溯到明初，盛行于明清两代和民国时期。属于中国传统航海针路图，"更"为航行距离，"路"为针路航向，"簿"为札记手册。表现形态有行诸文字手抄本和口耳相传口述资料两类。主要内容用"更"和"针路"标识来往南海诸岛航海路线，记录航路所经岛礁名称、位置、地貌、海浪、潮汐、风向、风暴等气象气候和水文情况，渔船知识，渔场分布

等。目前发现手抄本 40 多种。在已知《更路簿》中，共收录南海诸岛由渔民命名地方 98 处，西沙群岛 22 处，南沙群岛 76 处。以海南方言命名，遵循地形、气候、水文、生物、海产、位置、数字、顺序、大小、颜色及传说 11 项原则，对岛礁形态作"圈""筐""门""孔""峙""线""塘"等区分。"南海航道更路经"2008 年入选第二批国家级非物质文化遗产名录。（周鑫）

水路簿 见"更路簿"。
航海水路簿 见"更路簿"。
南海更路簿 见"更路簿"。
南海更路经 见"更路簿"。

东方志（*Suma Oriental*） 史志。16 世纪欧洲人所著关于东方诸国历史地理著作。葡萄牙人多默·皮列士（Tomé Pires）撰。系其来华之前根据葡萄牙商人、航海家及相关人员提供信息，于 1512—1515 年在马六甲撰述而成。详细记述从非洲东海岸到中国、日本沿线地理、风俗、气候、经济、政治、历史等方面知识见闻，再现 16 世纪东方地理历史和人文风貌，为明中叶广东贸易和中葡接触提供珍贵史料。有多种中译本，通行本为江苏教育出版社 2005 年出版的译本。（周鑫）

海语 志书。明黄衷撰。3 卷。明嘉靖十五年（1536）成书。分"风俗""物产""畏途""物怪"4 类。所记为南海诸国风物，对暹罗、满剌加社会变迁叙事尤详，不因袭旧记，文词雅洁。其族子黄学准为原本加注，初刻于嘉靖年间。明陈继儒《宝颜堂秘笈》收入，清张海鹏收入《学津讨原》第 7 集。后收入粤雅堂《岭南遗书》。（周鑫）

却金亭碑 碑刻。立于今广东省东莞

市莞城街道北门外光明路、教场街街口。明嘉靖二十一年（1542）东莞知县蔡存微立，万历二十四年（1596）巡按广东监察御史刘会重修。记载明嘉靖年间番禺县尹李恺与暹罗（今泰国）商人交往不受酬金史实。对研究明代对外贸易、中泰往来有史料价值。保存完好。2006 年被国务院公布为第六批全国重点文物保护单位。（罗燚英）

十六世纪中国南部行纪（*South China in the Sixteenth Century*） 资料汇编。16 世纪西方关于中国的记录。英国汉学家 C.R. 博克舍（Charles Ralph Boxer，或译作博克塞、谟区查）编注。伦敦哈克鲁特学会 1953 年出版。内容为 1550—1575 年间最早来到中国的葡萄牙人、西班牙人在华经历和有关中国情况记录。系编者将葡萄牙多明我会士加斯帕尔·达·克路士（Gaspar da Cruz）《中国志》、西班牙人马丁·德·拉达（Martín de Rada）的《出使福建记》《记大明的中国事情》、葡萄牙人盖略特·伯来拉（Galeote Pereira）《中国报告》重新整理校注合成。今有中华书局 1990 年何高济中译本。（周鑫）

东南海夷图 地图。罗洪先编绘。收录于明嘉靖三十四年（1555）前后罗洪先所编全国地图集《广舆图》增刻本中。描绘中国台湾、福建、广东沿海及"东洋航路"海岛、东南亚国家。是明代中国绘制的亚非海域总图。对研究明中期广东和南海海域海岛和航线信息极有价值。（周鑫）

西南海夷图 地图。罗洪先编绘。收录于明嘉靖三十四年（1555）前后罗洪先所编全国地图集《广舆图》增刻本。描绘明中期广东、海南、中南半岛及"西洋航路"沿线东南亚、印度洋、阿拉伯半岛乃至东非海岸地

区，绘出大岛 3 个、小岛 34 个，标注地名约 67 个。是明代中国绘制的亚非海域总图。对研究明中期广东和南海海域海岛和航线信息极有价值。（周鑫）

筹海图编　海防文献。明郑若曾纂辑。13 卷。明嘉靖三十五年（1556）郑若曾受胡宗宪延聘，搜集各种海图和防倭事宜，嘉靖四十一年（1562）成书。卷 1 刻绘"舆地全图"和广东、福建、浙江、南直隶、山东、辽东 6 省沿海山沙图；卷 2 追述与"倭国"交往及其认识；卷 3 至卷 7，自南向北依次图绘 6 省沿海形势，梳理各省倭变事迹及相应军事对策；卷 8 运用年表和图谱形式勾稽嘉靖朝倭患；卷 9 考证永乐朝和嘉靖朝 16 场抗倭大捷；卷 10 表彰在抗倭中遇难殉节烈士贞妇；卷 11 至 13，辑录朝臣将帅御倭"经略"。为明代资料最丰富、海图最翔实海防文献。嘉靖四十一年（1562）初刻，后有隆庆本、万历本、天启本及清康熙等重刻本和《筹海重编》《海防纂要》等删节本。（周鑫）

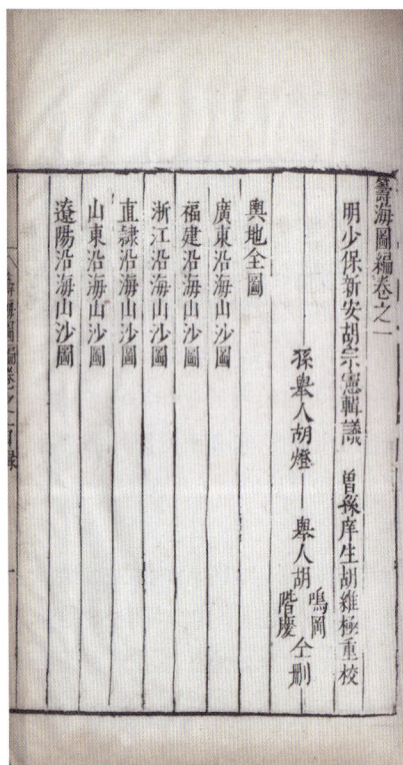

明天启四年（1624）胡维极刻本《筹海图编》

殊域周咨录　史志。明严从简撰。24 卷。万历初年严从简任官行人司，辑录各种边防和外交档案资料而成。按地域分为 4 部，详述明代前中期对外关系、四裔各族和各国政治军事动向，并附诗文、道里、山川、风俗、物产等。卷 2 及卷 3 "日本"记载抗倭防倭和海寇资料；明代航海方面资料，包括郑和航海、天妃起源、海神传说、海船建造和海上航路等。保存大量原始资料，对研究明代中叶东南沿海海防颇具价值；是研究明代中外关系史和少数民族史重要资料。今有中华书局 1993 年余思黎点校"中外交通史籍丛刊"本。（罗燚英）

四夷广记　史志。明慎懋赏辑录。成书于明万历年间。包括"东夷广记""北狄广记""西夷广记""海国广记"，所录史料比较稀见。涉及明代边疆民族地区和海外诸国疆里、国统、物产、景物、民族、制度和习俗等，有简短词汇汇编，包括日语、琉球语、蒙古语、波斯语等。记载有琉球至暹罗、广东至安南、福建至安南、安南至暹罗、福建往返占城、广东至占城、东莞至暹罗、广东往暹罗等多条航道针路，可与《郑和航海图》《东西洋考》《顺风相送》《指南正法》《指南广义》等海道针经及其他舟子船工更路簿相互比勘。是研究明代中国与海外诸国交往关系重要史料。抄本收入郑振铎编《玄览堂丛书续集》卷 1。（罗燚英）

广东沿海图　地图。明郭棐编撰地方志书《粤大记》附图。全图为一连续长图，分 32 幅，详细绘出自防城营至潮州府广东沿海各府州县、卫所、都司、营寨、驿站等行政单位，重要村落和山峰、河涌、水道、港澳、沙墩等地理形势，在各处港口注明可避台风、可容巨舟、可泊船只和针路航程等航海信息。是明中期广东绘制的沿海地图。（周鑫）

全广海图　地图。收录于明万历九年（1581）广东布政使司刻印的军事志书《苍梧总督军门志》。详细描绘两广总督驻苍梧时期两广沿海府州县村及卫所、都司、营寨、场驿、岗堡、桥船、山岭、洲池、浦港、湾澳、烽堠等。图中标有岛洲形势、沿海岭寨港湾至他处里程、沿海港湾形势、海中形势、陆海倭贼情状等。图后附有"沿海信地""六寨会哨法""春秋汛期"，载有六水寨设置沿革、名寨信地、分哨地方、会哨方法及每年春秋二汛期定例等。是明中叶两广地区军事志书及海防形势图。（周鑫）

广东省地图　地图。意大利耶稣会士罗明坚（Michele Ruggieri）绘制，收录于其于 1606 年编纂完成的《大明国图志：中国地图集》（Atlante della Cina）。所绘广东省地图包括 T4、T11、T13、T15 4 幅。4 幅地图中又以 T13 绘制最为精美详细。绘制广东行政单元、物产和沿海各海岛、港口，特别是海南岛，较诸《大明一统文武诸司衙门官制》更接近实际，表明罗明坚依据了最新航海资料进行补充。是欧洲人较早绘制的广东省地图。（周鑫）

亚马港全图（Amacao）　又称《澳门全图》《早期澳门全图》《澳门早期全景》《澳门平面图》。绘画。法兰德斯人特奥多雷·德·布里（Theodor de Bry）绘制。首次刊布于特奥多雷·德·布里编纂《小旅行记》（the Petit Voyages）1606 年法兰克福德语版中，次年推出《小旅行记》拉丁语版亦刊登该图。该图以罗俄洛夫斯

（Roelofsz）和范·布雷（Jan Harmensz van Bree）东南亚游记为素材绘制而成。为铜版图，采用俯瞰构图绘出澳门全景，画面偏西 90 度展现澳内港景象，左下角为水道，主体内容是澳门半岛东南端建筑和行人。其中不乏想象成分，但地理形势、城市建筑、人物穿着比较符合当时澳门历史图景。是西方人绘制的第一幅澳门地志画。（周鑫）

澳门全图　见"亚马港全图"。
早期澳门全图　见"亚马港全图"。
澳门早期全景　见"亚马港全图"。
澳门平面图　见"亚马港全图"。

职方外纪　史志。西方传教士介绍世界地理知识的第一部中文著作。意大利籍耶稣会传教士艾儒略（Giulio Aleni）撰。是明天启三年（1623）其在杭州以西班牙籍耶稣会传教士庞迪我（Diego de Pantoja）、意大利籍耶稣会传教士熊三拔（Sabbatino de Ursis）翻译的两幅欧绘世界地图说明为底本进行增补，经杨廷筠润色而成。杭州初刻本 5 卷，依次分述亚洲（"亚细亚"）、欧洲（"欧罗巴"）、非洲（"利米亚"）、美洲（"亚墨利加"）以及"墨瓦腊泥加洲"5 大洲总体概况和各洲主要国家。反映 15 世纪以来欧洲世界地理学最新成就。今有中华书局 1996 年谢方校释"中外交通史籍丛刊"本。（周鑫）

明清时期澳门问题档案文献汇编　图书。中国第一历史档案馆、澳门基金会、暨南大学古籍研究所合编。人民出版社 1999 年出版。6 册。全书分档案与文献两大部分。前 4 册为档案卷，收录明清历史档案 2197 件，起自明天启三年（1623），迄于清宣统三年（1911）。内容包括明清皇帝及中枢机构关于澳门事务谕旨政令，中央各部及广东地方大吏的题本奏疏和相互间咨呈、信函，澳门同知及香山县丞与广东官府间禀文、札谕，清中央及地方政府与葡、法、英、俄、日、美等国及澳葡地方官员照会、电文，粤澳绅商、海外华侨对维护澳门主权呼吁书。以清宫原始汉、满文档案为主，选录台湾影印版《澳门专档》中有关资料作为互补。后 2 册为文献卷，收录明清文献 397 种 124 万字，包括正史、杂史、方志、文集等。是澳门问题大型档案文献专辑。（徐素琴）

澳门问题明清珍档荟萃　图书。中国第一历史档案馆编。澳门基金会 2000 年出版。1 册。精选澳门问题档案 125 件，配彩色插图 35 幅，套色影印。所辑档案自明天启三年（1623），至清宣统三年（1911）。内容有明清中央政府对澳门实施管理诏令，地方政府呈报澳门情形奏疏，中葡两国为澳门之事往来照会，绘制精良、清晰直观的澳门地图。是一部反映澳门史实又具有收藏价值的档案珍品。（徐素琴）

中葡关系档案史料汇编　图书。中国第一历史档案馆编。中国档案出版社 2000 年出版。2 册。辑录清顺治八年（1651）至宣统三年（1911）档案史料 931 件。内容包括中葡两国互遣使臣、呈递国书、庆贺节日、进献方物、设使领馆、接待游历等友好往来有关文件、中葡通商、在澳门的各种工程建筑及设关征税等方面有关条款和往来文书，有关中葡之间在澳门诉讼案件、审办条款、逃犯遣返等文件，中葡两国关于澳门勘界问题有关文件。是清代关于中葡关系档案史料汇编。除极少量外，均为首次公开出版。（徐素琴）

明清香山档案辑录　图书。中山市档案局（馆）、中国第一历史档案馆编。

上海世纪股份有限公司、上海古籍出版社 2006 年出版。1 册。收录明代档案 4 件，清代档案 863 件，起于明天启三年（1623），止于清宣统三年（1911）。内容涵盖明清香山地区军务、财经、外交、治安、文教、科举考试、出国留学、辛亥革命等诸多方面。是明清时期有关香山历史档案汇编，研究中山历史、澳门史、中外交往史、中国近代史等方面珍贵史料。（徐素琴）

明清宫藏中西商贸档案　图书。中国第一历史档案馆编。中国档案出版社 2010 年出版。8 册。所辑近千件档案，始自明天启四年（1624），止于清宣统三年（1911）。档案类型包括皇帝谕令，中央部院大臣及沿海将军、督抚、海关监督等上呈奏折、题本，中外交涉事件照会，以及官府各衙门间往来文书、电报等，具有很高史料价值。是明清两朝有关中西商贸问题档案汇编。（徐素琴）

明清皇宫虎门秘档图录　图书。中国第一历史档案馆、鸦片战争博物馆合编。人民出版社 2011 年出版。1 册，大 16 开本精装彩印。选辑明天启至清宣统时期中央政府机要秘档 105 件、历史图片百余幅。内容包括虎门海防制度与建制、虎门挂号口对进出口外国商船管理、虎门与两次鸦片战争等，附录《粤东沿海图》《广州府舆图——东莞县图》《虎门各炮台图》《广东水师营官兵驻防图》及历史照片、古港遗迹、清代外销画等。是明清关于虎门问题档案汇编。（徐素琴）

郑和航海图　航海图。载于明茅元仪崇祯元年（1628）所编《武备志》，原名《自宝船厂开船从龙江关出水直抵外国诸番图》。该图为自右而左展开手卷式航海图，收入《武备志》后

改为书本式，由 20 页航海地图和 4 幅过洋牵星图组成。航线以南京太仓为起点，最远至非洲东岸慢八撒（今肯尼亚蒙巴萨），以苏门答腊岛为界，前半程为中国传统针路图系统，后半程除针路外，同时使用阿拉伯传统过洋牵星图系统。图中绘制航线、航道远近、停泊处所、岛礁沙浅等，标有地名 500 多个，是中国古代记载亚非两洲海洋地名最多的一幅地图。广东海域部分收地名 41 个，详细描绘东起南澳岛，中经珠江口，西到钦廉二州，南到海南岛和南海诸岛远近航线。是中国现存最早跨越印太海域远洋航海图，对研究明前期广东和南海海域海岛和航线信息极有价值。（周鑫）

明清澳门问题皇宫珍档　图书。中国第一历史档案馆编。浙江华宝斋书社 1999 年出版。线装 1 函 5 册。辑录档案 105 件，并附 3 张清代澳门形势地图。以汉文为主，兼有满文、葡文。内容包括明清两朝中央和地方政府对澳门治理情况，中葡两国为澳门之事往来文书，对有关澳门问题重大事件均有反映。是明清时期澳门问题档案选集。（徐素琴）

明清皇宫黄埔秘档图鉴　图书。中国第一历史档案馆、广州市黄埔区人民政府合编。暨南大学出版社 2006 年出版。2 册，大 16 开本彩色精装。精选明清皇宫档案 106 件，插图 80 幅。有明清皇帝对于黄埔港运作及部署批谕，地方大员有关黄埔中西贸易、外国商人管理等奏报，还有清代外销画、中外历史遗迹、名人肖像、文物珍品、御览地图等。各部分配有关历史背景及档案介绍文字。是清代关于黄埔问题档案汇编。（徐素琴）

乱离见闻录　笔记。清陈舜系撰。3 卷。其子陈景濂编辑加按语，晚清吴

宣崇作补证，与光绪《吴川县志》事略卷 10 引文互校。记载明末清初广东社会经济资料，如粤闽间海上贩运贸易、洋货销售、市镇兴衰、币值变动、物价升降等，对明末清初东南各省抗清斗争、东南沿海各地社会风俗及吴三桂之乱亦有记述。是研究明末清初东南沿海各地社会经济、政治斗争、风俗习惯重要史料。今有广东人民出版社 2010 年李龙潜等点校"岭南文库"本（收入《明清广东稀见笔记七种》）。（罗燚英）

清宫粤港澳商贸档案全集　图书。中国第一历史档案馆、中国古籍整理研究会编。中国书店 2002 年影印出版。10 册。收录有关清宫档案 1200 余件，始自清顺治八年（1651），止于宣统三年（1911）。档案种类有各朝皇帝颁发谕旨、诏令及记载帝王政务、旨令、言行的实录、圣训、起居注，中央各部院大臣及地方督抚、将军、海关监督等大员进呈奏折、题本，中外交涉事件照会，各衙门间来往咨文、电报，内容涉及清廷对外贸易重大决策内幕、粤港澳地区商贸历史。绝大部分档案是第一次公布，史料价值弥足珍贵。是清代有关粤港澳商贸问题档案总集。（徐素琴）

广东省图（*Qvangtvng Provincia*）　地图。意大利耶稣会会士卫匡国（Martino Martini）绘制。收录于其 1655 年刊行《中国新图志》（*Novus Atlas Sinensis*）。《广东省图》是其第 12 幅地图。彩印。精确描绘出广东沿海海岛、海岸线和水系。是 17 世纪欧洲人及来华传教士所绘制中国地图集中质量最好、影响最大一幅广东省图。（周鑫）

粤闽巡视记略　史志。清杜臻撰。6 卷。清康熙二十二年（1683）平定

台湾，派吏部侍郎杜臻与内阁学士石柱巡视粤闽沿海，杜臻巡视后写成此书。记载清初广东、福建地理环境和海疆布防，其中 3 卷载有广州府所辖各州、县沿海地区情况。卷 2 详细记述澳门地理、军事、经济、宗教及生活习俗等情况，反映清前期澳葡政权与清廷关系。是研究清代澳门史重要中文资料。还记载清初广东海防驻兵、巡视后对驻兵调整情况，是研究明清广东海防体制、海防地理重要资料。《四库全书》收入史部传记类。（罗燚英）

粤海关历史档案资料辑要（1685—1949）　图书。粤海关博物馆编。广东人民出版社 2018 年出版。1 册。起于清康熙二十四年（1685），下迄 1949 年。主要内容涵盖机构人员、运输工具监管、货物监管、非贸易性物品监管、征税、查私、统计、粤海关与主权斗争以及大事记 9 大类。许多档案首次面世，对粤海关史及广东对外经贸史研究有重要文献价值。（徐素琴）

海外纪事　史志。清释大汕撰。6 卷。清康熙三十四年（1695），大汕和尚应越南顺化阮福周邀请，渡海赴越，到顺化、会安讲经弘法，次年秋归国后撰成此书。记载大汕赴越经过及在越见闻，并附有其在越南所写诗文。首刊于康熙三十八年（1699）。对研究 17 世纪末越南阮氏政权历史和中越关系、越南华侨、广州到顺化海上交通、越南航海技术有重要价值。今有中华书局 1987 年余思黎点校"中外交通史籍丛刊"本。（罗燚英）

广东全图　地图。康熙《皇舆全览图》局部。《皇舆全览图》由来华传教士白晋（Joachim Bouvet）、雷孝思（Jean baptiste Regis）、杜德美

（Pierre Tartour）、潘如（Guillaume Bonjour）、汤尚贤（Pierre-Vincentde Tartre）、费隐（Xavier-Ehrenbert Fridelli）、麦大成（Jean-Francois Cardoso）与中国喇嘛楚儿沁藏布兰木占巴、胜住、何国栋、索住、那海、李英等精通算法人员和钦天监等测绘而成。测量工作始于清康熙四十七年（1708），康熙五十五年（1716）完成，由杜德美编绘，马国贤（Matteo Ripa）制成铜版，共47块。有图者41块，每块长39.8厘米，宽92.2厘米。采用梯形投影法绘制，比例尺约为1:140万，共15幅彩色分省图。各省以汉文注记地名，边疆各地则注满文。是中国最早用西方近代科学方法实测绘制的全国地图，为清中后期编制全国地图提供蓝本。《广东全图》为其中之一，详细绘制包括海南岛在内广东全省山脉河流及所属各府、州、卫、所、县、镇、关、堡等。是清康熙年间实地测绘的广东省图。（周鑫）

东洋南洋海道图　地图。清康熙五十七年（1718）左右由时任福建水师提督施世骠所绘进呈。彩绘纸本，图纵169厘米，横132厘米。背面有图签，上书图名，并有"福建水师提督施世骠进呈"字样。该图采用上北下南、左西右东方位，绘有两个方向盘，绘出当时中国沿海各口岸通往日本及东南亚各国航线、针路、时间和重要航海点，使用水波纹绘制海面，用黄色点状绘出沙滩；使用汉字说明当地物产资源，体现出中西合璧特色。是18世纪初中国与东南亚海上交通海道图。（周鑫）

西南洋各番针路方向图　地图。清康熙五十七年（1718）左右闽浙总督觉罗满保据《东洋南洋海道图》简绘而成。彩绘纸本，图纵81.5厘米，横72厘米。图背面图签上书图名，有"觉罗满保恭进"字样。该图与《东洋南洋海道图》相比，除没有绘出航线针路、仅在右侧绘制一个方向盘外，其他内容基本一致，绘出当时中国沿海各口岸通往日本及东南亚各国的航线、针路、时间和重要航海点。是世纪初中国与东南亚海上交通的海道图。（周鑫）

清代中国与东南亚各国关系档案史料汇编　图书。中国第一历史档案馆编。国际文化出版公司分别于1998年、2004年出版。2册。编者从馆存宫中各处档、军机处档、外务部档等精选相关档案近千件，内容包括皇帝诏令、臣工奏折、中外官员及官署之间照会、咨文、札文、呈文、电文等。第1册选辑清朝与新加坡官方档案521件，起于清光绪二年（1876），止于宣统三年（1911）。第2册选辑清朝与菲律宾关系档案史料420件，起于雍正二年（1724），止于宣统三年（1911）。清朝与新加坡、菲律宾关系档案专辑，是研究清朝与东南亚国家关系的原始资料。（徐素琴）

海国闻见录　史志。清陈伦炯撰。成书于清雍正八年（1730）。其少从父熟闻海道形势，后任沿海边防要职，以所见所闻著成该书。2卷。上卷8篇，包括天下沿海形势录、东洋记、东南洋记、南洋记、小西洋记、大西洋记、昆仑记、南澳气记，各篇所及海外各国，均记述地域山川、航路方位、种族物产、刑政习俗以及政治经济制度；下卷地图6幅，包括四海总图、沿海全图、台湾图、台湾后山图、澎湖图、琼州图。是清朝第一部全面记载沿海、南洋以至非洲、欧洲舆地形势著述。初刻于乾隆九年（1744），《四库全书》收入史部地理类。今有中州古籍出版社1985年李长傅校注、陈代光整理《〈海国闻见录〉校注》本。（罗燚英）

从海中进入广州海图（*A Chart of the Entrance into Kanton from the Sea*）　地图。收录于杜赫德（Jean Baptiste Du Halde）编《中华帝国及其所属鞑靼地区的地理、历史、编年纪、政治及博物》（*Description geographique, historique, chronologique, politique, et physique de l' Empire de la Chine et de la Tartarie Chinoise*）1738年英译本。详细绘出经广东上川（Shang Chwen Shan）、澳门、虎门直达广州航线船只抛锚点、水深、方位和详细的行程。是18世纪上半叶欧洲人沿海路进入广州最翔实的航海图。（周鑫）

葡萄牙东波塔档案馆藏清代澳门中文档案汇编　图书。刘芳辑，章文钦校。澳门基金会1999年出版。原件藏于葡萄牙东波塔国家档案馆，包括清代澳门中文档案连同原件葡文译本和发文底稿共3600多件。该书辑录其中中文部分，共1509件。形成于18世纪中叶至19世纪中叶，内容反映澳门地区中葡双方政务往来情况。是清代中葡公务往来中文文书汇编。是清代澳门社会状况、人民生活、城市建设、商业贸易、航运交通等方面真实记录，非常珍贵。（徐素琴）

中国和东印度群岛旅行记（*A Voyage to China and the East Indies*）　游记。18世纪瑞典有关中国的旅行记录。瑞典彼得·奥斯贝克（Pehr Osbeck）撰，1757年出版。1751年8月作者随瑞典东印度公司商船来到广州，1752年1月离开。该书系其根据在沿途和广州逗留期间观察记录写成，对广州商馆区和郊区记述尤富史料价值。今有广西师范大学出版社2006年倪文君中译本。（周鑫）

大清万年一统天下全图　地图。黄千人于清乾隆二十六年（1761）绘制。

该图摹刻改订自康熙五十三年（1714）阎咏所刊《大清一统天下全图》；海上部分知识在汪日昂雍正三年（1725）所刻《大清万年一统天下全图》基础上，将从厦门出发航道并入从铜山出发一路，又增加通往台湾鹿耳港和琉球国航路。该图在清代中后期流传广泛，并先后出现《舆地全图》《古今地舆全图》《大清万年一统地理全图》等多个版本和多个样式的地图。是18—19世纪中国民间最流行的全国地图。（周鑫）

珠江岛屿图（*Carte des Isles qui sont a l'Embouchure de la Rivière de Canton*）　地图。法国贝林（Jacques Nicolas Bellin）绘制。详细绘出自上川岛（Isle de Sancian）进入广州水路抛锚点、水深等行程信息，标明沿途所经广海寨（Quang Hai cei）、高栏岛（I.Caolan）、澳门（Ville de Macao）、湾仔（Priester Eiland）、南头及其外围（Latao Lan–Tan de Exters）等珠江口岛屿、城镇和海岸线。是18世纪欧洲人绘制的较大比例珠江口地图。（周鑫）

雷州关部康皇庙碑　碑刻。立于今广东省湛江市雷州市雷城街道关部前街康皇庙内。康皇庙始建于清乾隆三十年（1765）。庙内保存清碑10多通，涉及雷州海运与海关币税情况，康乾时期粤海关雷州口岸税馆租赁该庙屋舍、海关官员为该庙筹款、向各船征收灯油费等事宜。是研究清代雷州与粤海关雷州关重要资料。（罗燚英）

查询广东至暹罗水陆道里图　地图。清乾隆三十五年（1770）两广总督李侍尧命人绘制并进呈乾隆帝。彩绘纸本。纵64厘米，横70厘米。绘出自广州虎门出口放洋，经琼州府、占城外罗山、烟筒山、赤坎、真薯山、大积山、笔架山等海中诸山至暹罗曼谷

共148更海路里程。现藏台北故宫博物院。是18世纪下半叶中国与中南半岛诸国海上交通海道图。（周鑫）

然犀志　专志。清李调元撰。2卷。成书于清乾隆四十四年（1779）。记述作者任广东学政时在广东沿海所见鱼类、贝类、虾、蟹、海兽、龟、鳖等水产，共90余种。每种详记其得名、形体、性状、颜色、食味及各地称呼。对古代名物训诂及沿海鱼类研究颇有参考价值。有清乾隆绵州李氏万卷楼刻函海本、乾隆初刻本、清嘉庆十四年（1809）李鼎元重校本、清道光五年（1825）李朝夔补刊本、清光绪广汉钟登甲乐道斋刊本。参见第820页科技卷"然犀志"条。（罗燚英）

广东纪行诗　诗歌集。18世纪暹罗关于中泰交往诗歌名篇。暹罗吞武里王朝和曼谷王朝初期诗人披耶摩诃奴婆（Phraya Maha Nubhab）撰。1781年5月作者作为吞武里王郑信派出外交使团成员，随使团从暹罗出发，7月抵达广州。该诗创作于广州期间。全篇775句，每句七言，采用暹罗长歌行诗体，描写曼谷至广州航程见闻和广州城市繁荣情形。有姚楠、许钰中译本，1958年收入商务印书馆出版"古代南洋史地丛考"。（周鑫）

氹仔与澳门全图（*Sketch of the Typa and Macao*）　地图。英国威廉·布莱（William Bligh）绘制。系其在1784年根据相关航海测绘资料绘制而成。铜刻版图，非原色，纵31厘米、横24至25厘米。详细绘制澳门及其5个邻近小岛水文、水道、滩涂、水深、经纬度。图中"氹仔"非今天氹仔岛，实为十字门水道。现藏澳门旅游娱乐股份有限公司。是18世纪欧洲人绘制的澳门地图。（周鑫）

七省沿海图　地图。董诰于清乾隆五十二至六十年（1787—1795）间，据雍正八年（1730）成书陈伦炯《海国闻见录》中附图摹绘而成。彩绘纸本，全图为一长卷，长8.9米，宽0.28米，自右至左呈"一"字形展开。首幅为环海全图，即东半球图。其次为沿海全图，自北至南分别为盛京、直隶、山东、江苏、浙江、福建和广东7省沿海地图，并将琼州、澎湖、台湾、台湾后山单独成图。该图主要采用山水画法，上为陆地，下为海洋，无固定方位，只反映相对位置，无经纬线和比例尺。其中广东沿海地图除绘有府州县城、村镇、汛地外，还绘有沿海山川、岛屿、礁石、沙洲、港湾、墩台等。图中有文字注记，说明有关海防、水情、航道、锚地等情况。是清中后期沿海7省形势图。后有道光年间、嘉庆三年（1798）周北堂《七省沿海图》、光绪九年（1883）王沛光《沿海疆域图》等摹绘本。（周鑫）

美国驻广州领事馆领事报告（1790—1906）　图书。广西师范大学出版社组织整理。2007年出版。25册，纯英文档案。收录清乾隆五十五年（1790）至光绪三十二年（1906）美国驻中国广州领事馆领事报告原件，包括广州领事馆与美国政府、其他各个领事馆之间往来文件、往来书信；广州海关口岸贸易记录和相关文件；与当时广州相关各种资料和简报；广州领事馆日常工作记录。清中后期美国驻广州领事馆报告汇编，是研究这一时期中美关系重要史料。（徐素琴）

香港历史问题档案图录　图书。中国第一历史档案馆编，香港三联书店1996年出版。1册。精选清宫档案67件，插图33幅。起自清乾隆五十八年（1793），止于光绪三十二年（1906）。全书按历史进程特点分

四辑：英国对中国领土的野心、禁烟运动·第一次鸦片战争·英国割占香港、第二次鸦片战争·英国割占南九龙半岛、英国拓展香港界址及侵占九龙城寨。内容包括皇帝谕旨、地方大员奏疏、中英条约抄本等。图片包括乾隆帝接见英使马戛尔尼（George Macartney）、香港、澳门地图，香港古村落等。是香港问题档案汇编。（徐素琴）

19世纪俄国人笔下的广州　杂记。19世纪俄罗斯人关于广州、香港、澳门及周边地区的记述。该书收录19世纪俄国"希望"号、"涅瓦"号与广州十三行商人交往记录，俄国特使普提雅廷随行人员对英法联军攻占广州始末记述，有关黄埔船坞介绍，俄国皇储（即位后为尼古拉二世）访问广州情形等，是19世纪中俄早期海上交往和广州贸易体制转变珍贵资料。今有大象出版社2011年伍宇星中译本。（周鑫）

澳门图说　地图。清嘉庆十三年（1808），英军入侵澳门，占据炮台。十一月十三日，两广总督吴熊光将澳门防御形势具折以五百里加急驰奏。此图随折进呈。彩色纸本，图纵43.4厘米，横58.8厘米。采用上北下南、左东右西方位，运用传统形象画法绘出东起外青洲，西至大钩、小钩，南自马骝洲，北至磨刀汛澳门全境。岛屿、官府、庙宇、教堂、村庄等贴黄签注记，炮台、营汛加旗杆；清兵驻防处及英军占据处、西洋人占守炮台用大黄签标注。还绘出英军战船，标注前山寨及关闸、关闸至三巴门里程，标绘陆路、水路通往香山县城、江门、虎门走向等。是嘉庆年间澳门军事布防图。（周鑫）

广东通省水道图　地图。约绘于清嘉庆二十一年（1816）。美国恒慕义（Arthur W. Hummel）在中国购得，1930年捐赠给美国国会图书馆。彩绘本，图纵277厘米，横151厘米。以嘉庆初年陈銮编绘、徐骧作跋《广东通省水道图》刻本为底本摹画。采用上北下南、左东右西方位和传统立面与平面相结合形象画法，绘出广东境内山岭、河川、海岸、岛屿、城镇、塘汛、村落、道路和关隘，将各府、州、县管辖哨卡和村落特别是河流、海岸沿线巡检司、塘汛防地、炮台逐一标注。城镇和哨卡分布密集，基本以一栋屋舍标示，县以上则在画圈圆周上再以四栋屋舍标示。图上方以文字注记省境四至道路里程及相邻省境州县。绘图者用夸张比例把广州城画在地图中心位置，记录广州城内外街道、衙署、书院、军事设施和其他单位，表现出广州城作为广东省城在全省水路交通和海防御寇中重要作用。是19世纪初广东全省的水道地形、军事驻地和工事图。（周鑫）

海录　史志。清谢清高口述，杨炳南笔录。谢清高青壮年时为葡萄牙人商船海员，随商船贩游各地，到过英国、葡萄牙等国。清乾隆五十八年（1793）流寓澳门，以翻译为生。嘉庆二十五年（1820），同乡举人杨炳南游澳门，与之谈10多年海外见闻，经其记录而成此书。1卷，分为95节，分别记叙几十个国家和地区情况，以南海诸国和印度最为详尽，也描述英国、葡萄牙等欧洲国家工业文明。是中国最早环球航海记录。经多次刊刻、辑录、改写和注释。今有商务印书馆2002年安京校释本。（周鑫）

吴川黄坡埠头伏波历史碑　碑刻。立于今广东省吴川市黄坡镇城区黄坡埠头。立碑时间为清道光六年（1826）至民国期间。碑刻高3.2米，宽4.26米，厚0.6米。碑刻8通嵌"吴川黄坡埠头伏波历史碑文"。分别有初建伏波庙捐题碑、高州府正堂示、宪牌、钦命二品顶戴督理粤海关税务等。碑文内容涉及修庙、海关、税务、筑堤等。对研究晚清、民国时期吴川历史与民间信仰有一定价值。（罗燚英）

靖海氛记　笔记。清袁永纶撰。嘉庆年间华南海盗猖獗，清廷屡次剿杀无果。清嘉庆十四年（1809）百龄上任两广总督，海陆并重，剿抚兼施，剿灭华南海盗，命其幕客袁永纶撰书记录以成该书。2卷，前有卷首（序言、缘起），后有附录。记录乾嘉时期海盗盛败经过。是研究清代华南海盗珍贵史料。初刊于道光十年（1830），次年英国人查尔斯·纽曼（Charles Fried Neumann）将其译成英文，在伦敦出版。道光十七年（1837）增添内容重刊。此书初刊本在国内失传，仅藏于大英图书馆、法国国家图书馆。今有香港学者萧国健、卜永坚笺注本。（罗燚英）

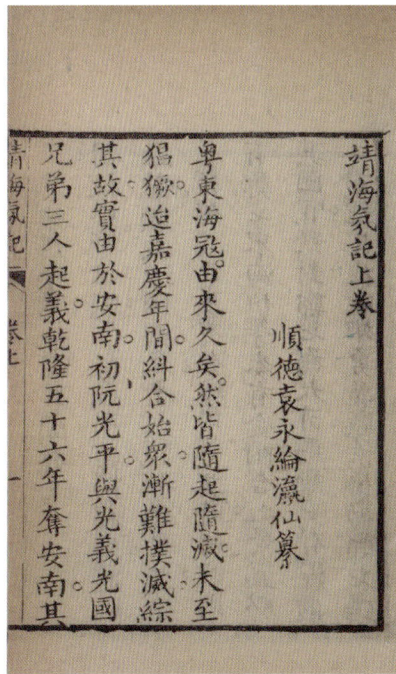

清道光十七年（1837）刻本《靖海氛记》

粤行吟草　诗文集。越南阮朝汉喃文作家和外交家李文馥（Lý Văn Phức）

撰。系其 1833 年第一次出使广东，护送清朝遭风漂至越南水师官兵返回广东时所作。为与缪艮、梁毅庵等广东文人在广州、澳门雅集出游唱和之作。诗文反映 19 世纪越南文人视野中广州文人生活与澳门社会风貌。今有复旦大学出版社 2010 年《越南汉文燕行文献集成》本。（周鑫）

粤行继吟　诗文集。越南阮朝汉喃文作家和外交家李文馥（Lý Văn Phức）撰。系其 1834 年第二次出使广东，护送清朝遭风漂至越南水师官兵返回广东时所作。诗文反映 19 世纪越南文人视野中广州文人生活与澳门社会风貌。今有复旦大学出版社 2010 年《越南汉文燕行文献集成》本。（周鑫）

三之粤吟草　诗文集。越南阮朝汉喃文作家和外交家李文馥（Lý Văn Phức）撰。系其 1835 年出使广东，解送在越南广南洋面捕获 3 名水匪到广东时所作。收录诗文 130 篇。诗文反映 19 世纪越南文人视野中广州文人生活与澳门社会风貌。今有复旦大学出版社 2010 年《越南汉文燕行文献集成》本。（周鑫）

镜海续吟草　诗文集。越南阮朝汉喃文作家和外交家李文馥（Lý Văn Phức）撰。系其 1836 年奉命到澳门，查访越南水师船只音讯时所作。收录诗歌 110 首，有作者自序及黎文德 1839 年跋。诗文反映 19 世纪越南文人视野中广州文人生活与澳门社会风貌。今有复旦大学出版社 2010 年《越南汉文燕行文献集成》本。（周鑫）

早期澳门史——在华葡萄牙居留地及罗马天主教布道团简史（*An Historical Sketch of the Portuguese Settlements in China; and of the Roman Catholic Church and Mission in China*）　学术著作。瑞典龙思泰（Anders Ljungstedt）撰。美国波士顿芒罗公司（James Munroe & Co.）1836 年出版。系作者将其 1832、1834 年出版的两部澳门史著作修订汇编而成。全书分为上下两篇。上篇"在华葡萄牙居留地简史"，分三卷"临时居留地""固定居留地""城外居留地"，论述葡萄牙人在中国东南沿海地区不同居留地情况。下篇"在华罗马天主教会及其布道团简史"，分"澳门的罗马天主教会""罗马天主教在华布道团"两章，简述葡萄牙人最早将天主教传入中国种种活动。欧洲学者最早用英文刊行的澳门史研究著作，是澳门史研究奠基之作。今有东方出版社 1997 年吴义雄、郭德焱、沈正邦中译本。（周鑫）

广东海防汇览　资料汇编。由两广总督卢坤、邓廷桢和广东巡抚祁㑺良任总裁，陈鸿墀、梁廷枏等纂修。42 卷。刻印于清道光十八年（1838）。分海图、舆地、道里、职司、营制、财用、方略、事记 8 门。海图门提供广东沿海东、中、西三路海防地理图，其余 7 门则从具体方面谈论广东海防所涉各类问题。是研究明清广东海防制度和政策、军事方略、军事技术重要史料。今有河北人民出版社王宏斌等校点本。（罗燚英）

澳门新闻纸　资料汇编。清道光十九年（1839），钦差大臣林则徐赴广东查禁鸦片，为了解外国情况，雇人翻译在广州出版的英文报刊《广州周报》（又译《广州新闻报》）、《广州纪事报》以及新加坡的《新加坡自由报》，整理后辑成。内容包括西方各国政治、经济、军事、文化、科技，及其对禁烟的反应和评论。抄送有关官员，并奏呈道光帝。部分内容被魏源编辑成《澳门月报》，作为《海国图志》附录。南京图书馆藏有抄校本，分装 6 册，收录新闻译稿 177 条（另有 150 多条、171 条说）。参见第 708 页新闻出版卷"澳门新闻纸"条。（徐素琴）

海防图　地图。鸦片战争爆发后，黄爵滋赴闽浙，与闽浙总督邓廷桢查禁鸦片，加强海防。在此期间，他依据地方官私档案绘制此图进呈给道光皇帝。3 册（表 1 册、图 2 册），彩色纸本，每册纵 168 厘米、横 28 厘米。图表历数沿海 7 省海防图绘法，将所绘地域范围、经纬度并图中标绘府、州、县的图式符号及沿海口岸、山隘、水道、驻兵额数等作说明。2 册海防图按照上南下北、左东右西方位，采用中国传统形象画法绘制，图中地名用红字标注。上册自左至右依次绘出盛京、直隶、山东、江苏、浙江、福建等省沿海防御情况。下册着重绘制广东沿海自然、人文、军事布防等情况。是清代沿海 7 省的海防形势总图。（周鑫）

平海心筹　兵书。清林福祥撰。2 卷，附图 14 幅。成书于清道光二十三年（1843）。为作者参与抗英记录和经验总结。上卷辑录水战火器 13 种，火药制作方法 28 方；绘制《广东省河水路指掌握要图》，标示出英军入侵路线、登陆地点，提出防守重点；记录广州珠江口涨潮退潮时间。下卷为防夷十八论、与英人作战日记、收复香港上书、训谕兵勇辞令以及书信。是研究鸦片战争及晚清军事史重要史料。有清咸丰四年（1854）刻本。今有广州古籍书店 1960 年油印本。参见第 822 页科技卷"平海心筹"条。（罗燚英）

美国驻澳门领事馆领事报告（1849—1869）　图书。郝雨凡、林广志、叶农整理。广东人民出版社 2016 年

出版。1 册。收录清道光二十九年（1849）6 月 18 日至同治八年（1869）12 月 6 日期间，美国驻澳门领事致美国函件及其附件，详细记录这一时期美国在澳门、中国内地、东南亚许多重大活动及事件。晚清美国驻澳门领事馆报告汇编，是研究澳门史、中美关系史、美国与东亚、东南亚关系基础史料。（徐素琴）

粤行杂草 又称《元立粤行杂草诗》《汝元立粤行杂草》等。诗文集。越南阮朝举人汝伯仕撰。1857 年由其子汝以烜重编《粤行杂草编辑》传世。系作者在出使广东期间所作诗文合集。诗作按照题咏风景、怀古、即事等内容分类。分上下两卷，卷上收出使途中诗作及与使团人员、广东友人唱和之作 97 首，卷下收馈赠诗 24 首、征诗启 1 篇、诗社 34 篇、联课 2 对、书目 1 份（1762 种）。诗文多为与两广总督卢坤、广东巡抚朱桂桢及文人缪艮、陈春山等人交往唱和，附录广州书店"筠清行"售书书目。对研究 19 世纪中越文化交流与"海上书籍之路"具有重要价值。现存 4 种抄本。今有复旦大学出版社 2010 年《越南汉文燕行文献集成》本。（周鑫）

元立粤行杂草诗 见"粤行杂草"。
汝元立粤行杂草 见"粤行杂草"。

澳门专档 图书。台北"中央研究院"近代史研究所 1992—1996 年编印出版。4 册。根据清末总理衙门、外务部，民国政府外交部有关澳门事务档案编纂而成。上起清咸丰十一年（1861），下迄 1928 年。包括奏疏、函札、照会、咨文、禀文、告示、电文、会议记录、新闻纸等类别，内容涵盖中葡历次修、废约谈判，中葡澳门界务交涉，澳门管治权，澳门港口缉私、疏浚，澳门勘界谈判，广东勘

界维持会言论等方面。是清末民初澳门问题档案汇编，研究近代澳门史、中葡关系史、粤澳关系史重要史料。（徐素琴）

叶名琛档案——清代两广总督衙门残牍 图书。刘志伟、陈玉环主编。广东人民出版社 2012 年出版。9 册。清咸丰八年（1858）1 月，英法联军进攻两广总督衙门，俘获两广总督叶名琛，运走总督衙门档案。几经辗转，这批档案存于英国国家档案馆，全宗号 FO931。档案共 1954 份，多为稿本或抄本，绝大部分为第二次鸦片战争前后叶名琛处理政事官方文件，分为六部分："鸦片贸易与鸦片战争""中央与地方政府的施政""中外关系与中外贸易""叛乱，秘密会社、军事组织与军事行动暨平乱""第二次中英战争""地图与有关说明"。是研究清朝中央政府与地方政府关系、中外关系以及 19 世纪中叶中国地方吏治、税收、盐业、商务、士风、民变珍贵原始文献。是少有的衙门档案。（徐素琴）

《叶名琛档案——清代两广总督衙门残牍》

广东水师营兵驻防图 地图。佚名绘制。清同治六年（1867）前绘制。彩

色纸本，纵 32 厘米，横 560 厘米。按照上北、下南、左西、右东方位，自右向左一字展开，东起悬钟港、南澳镇，西止江坪、东兴街，以传统形象画法绘出广东沿海海岸线及清军驻防情况。图中标绘府、州、县、村镇、山川、岛屿、庙宇、营寨、汛所及炮台地理位置。凡营寨绘有营盘，各营地间标注管界、里程、水深情况；各汛、司均绘有营房、旗帜；各炮台绘有堡垒和旗帜；各州、县、营寨还注记有官兵驻防情形。是 19 世纪中期广东海防工事图。（周鑫）

广州番鬼录（*The "Fan Kwae" at Canton Before Treaty Days, 1825–1844*） 杂记。19 世纪美国人在广州生活回忆录。美国威廉·亨特（William C. Hunter）著。1882 年出版。主要描述 1844 年中美《望厦条约》签订前 20 年外商在广州口岸兼及澳门和海外活动情形。对了解当时中外贸易、中外交往等情况有参考价值。今有广东人民出版社 1993 年冯树铁译"广州史志丛书"本；广东人民出版社 2009 年冯铁树、沈正邦译"岭南文库"本。参见第 1190 页对

外贸易卷"广州番鬼录"条。（周鑫）

清宫广州十三行档案精选 图书。中国第一历史档案馆、广州市荔湾区人民政府合编。广东经济出版社 2002 年出版。1 册，大 16 开本彩色精装。精选清康熙二十三年（1684）至光绪十三年（1887）清政府有关广州商贸问题机要秘档 100 余件。主要内容包括清政府海洋思想和海洋管理政策、十三行外贸情形及其为皇家输送西洋人才、进献贡品、向朝廷捐输银两奏折，洋人在十三行商馆活动记录，中外商人债务纠纷。该书配有彩色插图50 幅，包括皇帝御览广东沿海及广州古城地图、清宫档案原貌及十三行古港外销画。是清代有关广州十三行档案汇编。（徐素琴）

旧中国杂记（*Bits of Old China*） 杂记。19 世纪美国人在广州生活回忆录。美国威廉·亨特（William C. Hunter）著。1886 年出版。主要描述19 世纪 20—40 年代广州中英贸易、十三行商馆、社会各阶层日常生活。对了解当时中国历史、政治制度、经济社会、对外交往等情况有参考价值。其与《广州"番鬼"录》虽编次散乱，不够系统，却各有侧重，互为补充。今有广东人民出版社 1992 年沈正邦译、章文钦校"岭南文库"本。参见第 1190 页对外贸易卷"旧中国杂记"条。（周鑫）

澳门公牍录存 又称《澳门公牍偶存》。资料汇编。未著作者。1 卷。收录中葡有关澳门内港水域交涉文件33 篇，包括蔡国桢就葡萄牙人侵占澳门内港水界向广东督抚报告禀文，两广总督与澳门总督、葡萄牙驻广州领事往来照会，总理衙门与葡萄牙大使往来照会、信函等文件。是研究清光绪十三年（1887）《中葡和好通商条约》签订后澳门地位改变、中葡澳门界务争端交涉的重要史料。收入汪康年编《振绮堂丛书初集》。（徐素琴）

澳门公牍偶存 见"澳门公牍录存"。

广州至澳门水程 地图。绘者不详。纸本墨绘，绘在不同纸上，拼合后纵390 厘米，横 80 厘米。该图为一幅墨绘草图，用平立面形象画法描绘广州至澳门之间东路自广州城东炮台沿珠江至澳门 318 里，西路自广州城西十三行沿江至澳门 422 里两条水路。两条水路沿途标绘清军防守汛地、炮台和关隘。大英博物馆藏有《广州至澳门水道图》《广州至澳门水路里程及沿途炮台分布图》等这一时期同类地图。是 19 世纪欧洲人绘制的珠江口交通与海防地图。（周鑫）

葡萄牙驻广州总领事馆档案 档案。葡萄牙驻广州总领事馆是葡萄牙最早在中国大陆设立的领事馆，领粤闽二省辖内外事。20 世纪 40 年代末该总领事馆撤离中国，将档案资料悉数运回，藏于葡萄牙外交部档案馆。这批档案资料共 320 卷宗，其中可辨识者313 个，主要为葡、英、中文，间有少量法、日文，总计约 10 万页。主体文档多形成于 19 世纪末至 20 世纪40 年代末，涉及地域以广东、澳门为主，兼及香港、广西、福建及东南亚等地，涵盖中葡两国、粤港澳三地关系等诸多内容。有外交事务照会、公函或信件，也有处理民事纠纷以及涉及刑事案件档案；有通商、缉私、缉匪、渔业、狩猎、游历及催缴饷银、海事交涉、递解嫌犯公文，也有涉及军事方面情报文档。还有制度法规、章程文书、募股公告和证件护照、地契样本、户籍管理、洋行票据、名片便笺等杂件。反映清末至民国中葡两国关系、粤港澳关系和广东地区重大事件、社会民情。对研究澳门史、粤港澳关系、中葡关系乃至中国近代史均具重要价值。2009—2019 年，在澳门基金会资助下，广东教育出版社、广东人民出版社相继出版《葡萄牙外交部藏葡国驻广州总领事馆档案（清代部分·中文）》《清代葡萄牙驻广州总领馆档案》《民国葡萄牙驻广州总领事馆档案》《民国葡萄牙驻广州总领事馆档案（外文部分）》，共209 册。参见第 780 页新闻出版卷"葡萄牙驻广州总领事馆档案"条。（徐素琴）

近代粤海关档案 近代关于粤海关的档案。主体形成于 1861—1949 年间，共计 16115 卷，387 万张画幅。粤海关存于 1685—1949 年间。清咸丰九年（1859），两广总督和粤海关监督邀请英国人李泰国至广州设立新关，原粤海关机构称为常关。此后至 1931 年常关改为分卡，粤海关建构起常关与洋关并存"二元管理体制"，形成"二元化"海关档案。一类是海关监督管理下粤海常关运作过程中产生的档案，即海关监督系统档案。主要保存在九龙关税务司署和粤海关税务司署档案之中，清廷内阁档案亦散存有部分粤海常关档案。粤海关税务司署档案中保存的常关档案主要为规章制度、与税务司署往来文件、人事类档案、工作报告、税收类档案。另一类是外籍税务司制度管理下粤海洋关运作过程中产生的档案，即税务司系统档案，分别藏于中国第二历史档案馆和广东省档案馆。藏于中国第二历史档案馆的粤海关档案数目不确定，主要是不同时期粤海关税务司上呈总税务司各类文件。藏于广东省档案馆粤海关档案共计 5128 卷，是目前发现最为系统和完整的粤海关档案，直接从原粤海关税务司署接管过来，较好地保存原

有档案体系。全宗由三部分组成：第一部分计 2135 卷，主体内容为粤海关税务司署与总税务司署、九龙关、拱北关等平行机构，各国领事馆、各级政府机关等不同机构往来过程中产生的档案。第二部分计 1134 卷，是粤海关税务司署下辖总务课、验估课、缉私课、监察课、会计课、税款课、民船管理处等机构内部业务档案。第三部分计 1859 卷，是粤海关税务司署人事档案。是研究近代海关及广东历史综合性资料库，具有极高学术价值。（徐素琴）

凤城识小录　史料汇编。清龙葆诚纂辑。2 卷。记述清咸丰五年（1855）以后顺德团练总局、广东团练总局、丝墟联防局及顺邑团防局始末，新青云文社及东海护沙公约缘起，并附录 47 则顺德士绅组织相关事例。对研究鸦片战争、洪兵起事以后广东士绅权力机构与民间海防有重要史料价值。有清光绪三十一年（1905）顺德龙氏似园刻本。（罗燚英）

广东全省经纬度图　地图。收录于清宣统元年（1909）七月广东参谋处测绘科制图股石印线装《广东舆地全图》。全图择用切圆锥投影，经线以京师子午线为正度中线放射状直线，夹角相等，经度自西 12 度至东 4 度；纬线为同心圆弧，纬度自北纬 15 度至 27 度。图中结合文字、形象与符号采用经纬画法，标绘广东省、府、直隶州、直隶厅、散州、县治所与疆界（包括越南国界，广西、湖南、江西、福建等省省界，府界，县界），梅岭、罗浮山、白云山、鼎湖山、十万大山、大五指山等名山，武水、浈水、北江、西江、东江、韩江等大川与澳门、香港、广州湾等租借地；还绘出包括广东沿海海岸线，汕头口岸，榆林港口、虎门、急水门等水道，东至南澎岛、西至九头山、南至海南岛近岸岛屿及南海诸岛中东沙岛、西沙群岛在内的海域形势。是清末广东省地图。（周鑫）

澳门杂诗　诗歌集。汪兆镛著。1 册。收录作者避乱旅居澳门时诗作。全书分"杂咏""澳门寓公咏""竹枝词"三部分。共 74 首，内容涉及历史文化、历史人物、名胜古迹及风土人情。于诗末征引史实作注，对研究澳门历史有一定参考价值。有清宣统三年（1911）刻本、1918 年铅印本、澳门刻本等版本传世。（徐素琴）

调查西沙群岛报告书　调查报告。沈鹏飞编。1928 年 5 月 22 日—6 月 6 日，沈鹏飞作为调查西沙群岛委员会主席，同中山大学教授丁颖、两广地质调查所技正朱庭祜等 15 人，乘"海瑞"舰参加对西沙群岛实地调查。该书系沈鹏飞集合各调查报告，并撮取陈天锡所编《西沙岛成案汇编》"历史"一章编辑而成。1928 年 6 月由中山大学印行。全书共 7 章，依次是西沙地理概略（位置、地形、地质、土壤、交通）、历史、海流及气候、物产（植物、动物、矿产、水产、农作、渔牧）、磷酸矿（矿床、开探、用途）、日人经营林岛之过去情形、结论。书前有西沙群岛地图 4 幅、照片 38 帧、弁言、凡例。书后附录各岛东西名称对照表、调查西沙群岛日记、最后成案之变革等 6 篇。该书为民国时期有关西沙群岛的科学考察报告，是 20 世纪上半叶较早运用近代科学技术和海权观念全面调查西沙群岛的报告合集和中国维护南海主权的重要证据。今有台湾学生书局 1975 年《中国南海诸群岛文献汇编》本、海南出版社 2004 年《海南岛志》本（附录四）。参见第 832 页科技卷"调查西沙群岛报告书"条。（周鑫）

西沙岛东沙岛成案汇编　资料汇编。1928 年 6 月，陈天锡将所编《西沙岛成案汇编》《东沙岛成案汇编》合编而成。《西沙岛成案汇编》分为绪言、西沙岛之发现期、筹办处设立与裁撤及设立期内之进行情况、历次商人呈请承办西沙之经过、何瑞年呈报赴岛开办后各方反对之经过情形、何瑞年再度承办西沙之情形、最近官厅间之主张、结论 8 章。书前有地图 14 幅、西沙群岛名对勘表。《东沙岛成案汇编》分绪论、东沙群岛之发现期、日商之占据东沙群岛与磋商应付经过、派员接收之经过、商办、官办期之经过、岛上建设之经过、结论等 20 章，78 节，卷首摹绘相关地图 5 幅。是清末民初中国维护西沙群岛、东沙岛主权及开发南海档案资料汇编。（周鑫）

南海诸岛地理志略　史志。郑资约编。第二次世界大战结束后，中国政府根据《开罗宣言》和《波茨坦宣言》，派遣内政部方域司、广东省接收专员接收被日军侵占的南海诸岛。1946 年 10 月 2 日，接收人员自南京乘坐南沙舰队司令林遵率领的 4 艘军舰，前往南沙群岛和西沙群岛，1947 年 2 月 4 日接收完毕。作者时任内政部方域司接收南沙群岛专员，随队主持南海诸岛建碑、测图及调查等事宜。接收完成后，根据考察见闻和测量调查，参考有关书刊，撰成该书。共 7 章，内容包括南海诸岛地质构造、地形特征、气象气候、风向海流、岛屿滩险、经济产物、地位价值、历史回顾等。附录内政部首次公布的《南海诸岛新旧名称对照表》。1947 年，该书收入内政部方域司司长傅角今主编《内政部方域丛书》，由内政部方域司出版。是研究南海诸岛为中国固有领土基础史料。（周鑫）

民国广州要闻录　图书。广东省档案

馆编，广东人民出版社 2018 年出版。20 册。是"近代广东海关档案·粤海关情报卷"首期成果。彩色影印广东省档案馆藏粤海关英文情报档案，共 5000 多页，并附中文译文约 200 万字于后。英文情报档案案卷名为"广州各项事件传闻录"（Chinese Secretary's Journal, Canton; Rumors and Events），是粤海关外籍税务司为了解当时广东乃至全中国社会政治等情况，从各种渠道搜集逐日情报汇集，内容涉及面广。是研究近代广东不可或缺珍稀档案资料。（徐素琴）

荣睿纪念碑　碑铭。立于今广东省肇庆市鼎湖区鼎湖山景区莲花峰上庆云寺路末端。1963 年立。碑高 1.6 米，宽 0.95 米。正面刻"日本入唐留学僧荣睿大师纪念碑"，背面刻《荣睿大师赞》四言诗，为中国佛教协会会长赵朴初所题。1979 年加建碑亭，为仿唐建筑，正面檐下有赵朴初题"荣睿碑亭"匾，亭左侧有《荣睿大事记》碑记。为纪念日本入唐留学僧荣睿圆寂端州而建，是中日友好交往见证。1979 年被公布为第二批广东省文物保护单位。（罗燚英）

我国南海诸岛史料汇编　图书。韩振华主编，初稿于 1977 年由厦门大学南洋研究所内部印行，定稿于 1988 年由东方出版社出版。全书 60 余万字。收集记录南海诸岛中外历史文献，上起东汉，下至 1984 年，包括图书、地图、档案、抄件、影件、杂志、方志、报刊、民间调查资料及国外图表。全书分 6 篇：古代中国南海诸岛主权及其地理和航线记载；近代中国史籍有关南海诸岛记载；新中国成立后中国政府维护南海诸岛主权声明、严重警告和《人民日报》评论；国际条约、国际会议及外国政府承认南海诸岛属中国主权文件和资料；外国书刊、地图有关中国南海诸岛记载；附录，包括外国侵犯中国南海诸岛（或部分岛屿）主权纪要、中国南海诸岛中外地名对照表、中国南海诸岛资料目录索引。是中国南海诸岛相关史料专集。该书揭示南海诸岛历史发展真相，证明中国对南海诸岛拥有无可争辩的主权。（徐素琴）

十九　人物卷

任嚣（？—约前206）　将领。在秦统一岭南战争中继任统帅。秦始皇三十三年（前214），征服岭南百越部族，设桂林郡、南海郡、象郡三郡，其为南海郡尉，以番禺（今广州）为郡治，节制3郡，称"东南一尉"。始筑番禺城，史称"任嚣城"。和集百越，抚绥有道。秦末中原战乱，临终前嘱南海郡龙川令赵佗代行南海郡事，据岭南自立。卒后葬番禺。（杨芹）

陆贾（约前240—前170）　政论家、辞赋家。汉初楚国人。早年追随刘邦。汉高祖十一年（前196），受命出使南越，使赵佗接受汉的"南越王"称号。官至太中大夫。吕后五年（前183）赵佗称南越武帝。汉文帝即位，再次出使南越，宣示文帝诏书《赐南越王赵佗书》，使赵佗放弃帝号，永为藩臣。两次出使南越，加强了南越和中原的联系，促进了中原与岭南的经济文化交流。（许艳青）

赵佗（？—前137）　南越国创始人。恒山真定（今河北石家庄北）人。秦时为南海郡龙川令，后为南海郡尉。秦末乘中原动乱，据岭南建南越国，以番禺（今广州）为国都，自立为南越武王。汉高祖十一年（前196），刘邦派陆贾出使南越，封为南越王，劝

其归汉，称臣奉贡。吕后临朝，断绝供应南越铜铁田器，限制牲畜。其派使者上书谢罪，遭吕后扣留。吕后五年（前183），南越与汉朝断绝交往，自称南越武帝，发兵攻长沙边邑。汉文帝即位，陆贾入越安抚，南越国重新臣服，汉越通好如初，取消帝号。景帝时附于汉。在位67年。在位期间和集百越，尊重越俗，增进民族融合；推广中原先进文化技术，促进岭南经济开发与社会发展。（杨芹）

张买（生卒年不详）　文学家。字号不详。粤人。西汉初年人。其父为越骑将军，随汉高祖刘邦起兵，平定三秦有功。年少时善骑射，通晓诗书，汉惠帝时侍游苑池，鼓棹能作越讴，时切规讽。吕后专政时封南宫侯，后传其子，汉武帝初年获罪夺爵。一说因吕氏专权被诛。东汉灵帝时，广州人为其建秉正祠祭祀。史书确切记载创作粤地民歌第一人。其诗今不传。（李继明）

路博德（生卒年不详）　将领。西河平州（今黄河晋陕峡谷两岸）人。随霍去病征匈奴，有战功。汉元鼎四年（前113），汉使出使南越，其率军屯桂阳（今广东连州）。六年（前111），拜伏波将军，与楼船将军杨仆等率大军攻

南越，破番禺（今广州），追捕南越丞相吕嘉等，平定南越。（杨芹）

陈钦（约前34—15）　经学家。字了铁。苍梧广信（今广西梧州）人。自幼好学，成帝时举贤良方正，从古文学家贾护学习《左氏春秋》。治学不墨守成规，有创见而成一家。为王莽讲授《左氏春秋》。著有《陈氏春秋》。为岭南最早的经学家。（杨芹）

马援（前14—49）　字文渊。东汉初扶风茂陵（今陕西兴平东北）人。新莽末为新成大尹（汉中太守）。后投靠陇西隗嚣，后归顺光武帝刘秀，参加攻灭隗嚣的战争。汉建武十一年（35），任陇西太守，西破陇羌，安定西羌。十七年（41），交趾女子征侧、征贰造反，攻陷交趾郡，九真、日南、合浦等地响应，征侧趁机自立为王。光武帝以其为伏波将军，统大军，沿海边进攻交趾，大破叛军，乘胜追斩征侧、征贰，岭南悉平，封新息侯。曾以"男儿要当死于边野，以马革裹尸还"自誓，出征匈奴、乌桓。二十四年（48），南方武陵五溪蛮暴动，主动请征，率军讨伐蛮军，再定岭南。因身患暑疫，病逝军中。（杨芹）

陈元（生卒年不详）　经学家。字长

孙。苍梧广信（今广西梧州）人。少承父业，为《左传》训诂。汉建武初，与桓谭、杜林、郑兴为学者所宗。朝廷欲立左传博士，今文经学家范升反对，以《左传》浅薄。其上疏据理驳斥，与范升反复论辩，终立左传博士，陈元为第一。先后任职于司空李通府、司徒欧阳歙府，协理朝政，秉公直言。后告老还乡，卒于家。以才高著名，被誉为"岭海儒宗"。父陈钦，经学家，著《陈氏春秋》；子陈坚卿亦有才华。陈氏祖孙三代于经学皆有造诣，史称"三陈"。著有《左氏异同》（已佚）。（杨芹）

杨孚（生卒年不详） 学者。字孝元。南海番禺（今广州）人。早年攻读经史，治学勤奋，知识渊博。汉章帝时举贤良对策，为议郎，直言敢谏。著有《南裔异物志》。（杨芹）

郭苍（生卒年不详） 文学家。字伯起。曲江（今广东韶关曲江区）人。东汉桓帝、灵帝时期在世。博学能文，举茂才，任荆州从事。汉熹平三年（174），太守周憬开导昌乐六泷，流通商旅，郡民称颂，因而撰《神汉桂阳太守周府君碑铭》以纪其德。此碑文被郦道元《水经注》、欧阳修《集古录》等收录而传世。屈大均称其将六泷山水之胜形容殆尽，其才为扬雄之亚。（李继明）

安世高（生卒年不详） 又称安侯。东汉译经家。名安清，以字行。原安息国太子。以孝行见称于世。聪敏好学，精医药、占卜之术。自幼信奉佛教，精研阿毗昙学。父王卒，让国于叔，出家修习佛教，精于小乘经典，

安世高

并学禅经。汉桓帝建和二年（148）前后到达洛阳，通晓华语，从事佛经翻译。小乘佛经的首译者，译出《安般守意经》《阴持入经》等一批小乘佛教经典，阐释说一切有部的阿毗昙学及禅数理论。以直译为主，意义允当，条理清楚。其中以《安般守意经》影响最大，所述数、随、止、观、还、净六种法门为后来的天台宗吸纳。译经数量，文献记载不一，晋代道安《众经目录》记为34部40卷，今存22部26卷。汉灵帝末年，因关洛纷乱而避地江南，入粤，活动于广州。对后世禅学有一定影响，对汉末佛教在中国的传播起了重要作用。（张若琪）

安侯 见"安世高"。
安清 见"安世高"。

牟子（生卒年不详） 学者。名、字不详。僧祐《弘明集》作牟融，或谓苍梧太守牟子博。苍梧广信（今广西梧州）人。东汉末携母往依交趾太守士燮，从避乱南来的北方名士学习经史诸子。精通儒、道之学，常用经传与术士辩论。有感于世乱，不就州郡召辟，专心研探佛道。将释迦牟尼事迹及佛教戒律、经典等

牟子

介绍给世人，运用五经和《老子》的理论反驳时人对佛教的怀疑非难，认为儒、释、道的基本精神一致，试图调和三家，为佛教在中国的立足打下了基础。中国历史上著书说佛第一人。著有《牟子理惑论》37篇。（张若琪）

士燮（137—226） 字威彦。三国苍梧广信（今广西梧州）人。出身汉末三国时期交州大族士族。少游京师，师事学者刘陶。东汉建安八年（203），任交趾太守。贡献当地宝物，以示忠心。朝廷授绥南中郎将，封安远将军、龙度亭侯。后归顺东吴，加为左将军。因招降益州豪族雍闿有功，迁任卫将军，进封龙编侯。任交趾太守40年，礼贤下士，为政开明，威望极高，中原大量避难士人前往依附。饱读经书，治学精微，研习《尚书》《春秋左氏传》，无烦琐的注经陋习，受名儒袁徽称道。其弟士壹、士䵋、士武分别任合浦、九真、南海太守，皆学有所成，兄弟四人合称"四士"。著有《士燮集》《春秋经注》《公羊注》《穀梁注》等。多佚失。（杨芹、陈柳）

虞翻（164—233） 三国吴经学家。字仲翔。会稽余姚（今浙江余姚）人。孙策时为太守王朗功曹，出为富春长。孙权时为骑都尉。性疏直，不协俗，屡忤孙权意旨，被放逐交州。居番禺虞苑（今广州光孝寺）讲学，门徒数百人。家传西汉今文孟氏《易》，将八卦与天干、五行、方位相配合，推论象数。精通《易》学，兼通医术。著有《易注》。为《老子》《论语》《国语》训注，皆佚。唐李鼎祚《周易集解》曾采录，清黄奭《汉学堂丛书》、孙堂《二十一家易注》亦有辑录。（杨芹）

虞翻

步骘（？—247） 三国吴大臣。字子山。临淮淮阴（今江苏淮安淮阴区西南）人。东汉末避乱会稽，孙权召为主记。东汉建安十五年（210），由鄱阳太守出任交州刺史。十六年（211），为征南中郎将，率将士千

人南下，斩杀怀有异心的苍梧太守吴巨和都督区景，合兵两万取南海，威震南土。士燮兄弟率众臣服，岭南归属孙吴。加平戎将军，封广信侯。二十二年（217），迁交州治所至番禺（今广州），筑立城郭。绥和百越，社会稳定。延康元年（220）被召回，率交州义士万人进驻长沙。吴黄武二年（223）迁右将军左护军，改封临湘侯。孙权称帝时，任骠骑将军。吴赤乌九年（246）代陆逊为丞相。屡劝孙权明德慎罚，任贤使能。（杨芹）

康僧会（？—280）　三国吴僧人。祖籍西域康居，世居天竺，因随父经商，移居交趾。10余岁时双亲并亡，遂出家。三国时入华传教，在广州西庙码头登陆。其后族人定居广州，以康为姓。吴赤乌十年（247），

康僧会

到建业（今江苏南京）设像行道。孙权特为建建初寺，此为江南有佛寺之始。好学博览，通晓天文、谶纬之学，尤精经律。深悉华文，兼通佛、道、儒。撰述辞趣雅赡，义旨微密，对后世影响深远。译编有《吴品》（又作《小品般若》）、《六度集经》二部14卷；又传《泥洹呗声》，有《安般守意》《法镜》《道树》三经注。（李福标）

滕修（？—288）　将领。又名滕循，字显先。南阳西鄂（今河南南阳）人。初为三国吴广州刺史，郭马乱时讨平之。西晋伐吴，率众勤王，至巴丘，孙皓已经投降，吴亡。与广州刺史闾丰、苍梧太守王毅归顺晋朝。晋武帝任命为安南将军、广州牧，封武当侯，仍镇广州。为政有威信，免除苛政，社会保持稳定，受百姓爱戴。（杨芹）

滕循　见"滕修"。

支彊梁接（生卒年不详）　又称支彊梁娄、彊良娄至、正无畏。僧人。中文名真喜。三国吴五凤三年（256），在交州（州治番禺，今广州）译出《法华三昧经》6卷，由沙门道馨笔受。此书是印度大乘佛教的主要经典，天台宗兴起后被认为是诸经之王，影响巨大。西晋太康二年（281），在广州译出《十二游经》1卷。旋入洛阳，在魏译出经律论12部。后由中原辗转至江东，继续翻译经典，传播佛教。（李福标）

支彊梁娄　见"支彊梁接"。
彊良娄至　见"支彊梁接"。
正无畏　见"支彊梁接"。

陶侃（259—334）　字士行，一作士衡。东晋鄱阳枭阳（今江西都昌）人，后徙居庐江寻阳（今江西九江西南）。初任县吏，渐到郡守。西晋永嘉五年（311），任武昌太守，率军讨伐杜弢。建兴元年（313），任荆州刺史。三年（315），讨平杜弢，权臣忌之，调任广州刺史、平越中郎将。时王机叛乱，占广州，讨平之。杜弢余部杜弘与温劭等占据交州，设计击溃杜弘。东晋太兴元年（318），进号平南将军，加都督交州军事。镇守广州时，为官不扰民，百姓休养生息，境内平安。三年（325），加征西大将军。后官至侍中，太尉，荆、江二州刺史，都督八州诸军事。精勤吏职，常勉人惜分阴，为人所称。（杨芹）

鲍靓（生卒年不详）　道士。字太玄。晋东海（今江苏徐州邳州）人，一说陈留（今河南开封）人。葛洪妻鲍姑之父。修习经术纬候，兼通天文、河洛诸书。后为南海太守。师事左元放，修炼中部法、《三皇》《五岳》劾召

等道术，据说能役使鬼神、封山制魔。与许谧往来频密。弟子有葛洪、许迈。（夏志前）

王范（生卒年不详）　广东南海（今佛山南海区）人。为人卓荦不群，笃学至老不废，有鉴识。三国吴主孙皓骄奢，耻于仕进，隐居闭门读书。郭马乱广州时，随被驱逐的广州刺史徐旗逃难。晋太康年间，新任广州刺史熊睦举荐为广州中大夫。任上荐拔有才学人士，得士族好评。因嫌晋秘书丞司马彪撰《九州春秋》略于岭南，搜百粤典故撰成《交广春秋》上献朝廷，名动京师。（张贤明）

潘茂名（生卒年不详）　道士。高兴（今广东茂名高州）人。在粤西地区被称为"潘仙"。传说西晋永嘉年间参访修炼，得道成仙。民间因其灵异，多修庙立像奉祀。隋开皇十八年（598）设茂名县，唐贞观八年（634）改南宕州为潘州。明代以后，相关的传说及遗迹在粤西地区形成了独特的潘仙文化。参见第339页民俗卷"潘茂名传说"条。（夏志前）

葛洪（约281—341）　道教理论家、中医学家、炼丹术家。字稚川，号抱朴子。丹阳句容（今江苏镇江句容）人。从小喜好神仙导引之法，师从郑隐习炼丹秘术。任掾、咨议参军等职，赐爵关内侯。晋成帝咸和元年（326），

葛洪

司徒王导召补州主簿，后选为散骑常侍，以年老欲炼丹为由辞官。听闻交趾出丹砂，求为勾漏令。携子侄至广州，后住罗浮山炼丹。在山积年而卒。用道家术语附会到金丹、神仙的教理，形成了系统的神仙道教理论，并和儒

家伦理纲常相结合，以神仙养生为内，以儒术应世为外。提出以"玄"为"自然之始祖"。主张立言必须有助于教化。对化学、医学的发展有一定贡献，记载了当时流行的炼丹方法，保存了中国早期医学典籍和民间方剂。在瘟病（传染病）的认识和防治方面有大贡献，最早记录了恙虫病、天花的传播、治疗和预防等；最早提出放腹水治疗臌胀的方法。倡导针灸救治急症，重视养生。英国科技史专家李约瑟称他为"最伟大的博物学家和炼金术士"。著有《抱朴子内篇》《抱朴子外篇》《金匮药方》《肘后备急方》《神仙传》等。托名汉刘歆撰《西京杂记》。（夏志前、周红黎、张书河）

鲍姑（约309—363） 道士、针灸学家。名鲍潜光。东晋上党（今山西长治）人。南海太守鲍靓女，道士葛洪妻。从小学习医术，与葛洪共同研究医术和炼丹术。在越秀山麓建越岗院行医治病。擅长灸法，尤精艾灸，首创隔物灸，擅长治疗赘瘤与赘疣，为百姓解除病痛，被尊称为"鲍仙姑"。后随葛洪迁居罗浮山，修道炼丹。（夏志前、周红黎、张书河）

鲍潜光 见"鲍姑"。

孙处（359—411） 将领。字季高。会稽永兴（今浙江萧山）人。东晋末年，随刘裕在建康（今江苏南京）击败孙恩，授振武将军，封新夷县五等侯。东晋义熙六年（410），卢循在广州起兵，与始兴太守徐道覆会师长江，直逼建康。刘裕击退卢循，料其可能回广州，遣孙处率3000人，从海上袭取广州，并抵抗卢循攻城20余日，卢循战败逃向交州，率众追至郁林（今广西贵港），因病方罢。卒赠龙骧将军、南海太守。（杨芹）

卢循（？—411） 字于先，小名元龙。东晋范阳涿县（今河北涿州）人。东汉名儒卢植之后，孙恩妹夫。东晋末年，追随孙恩起义。东晋元兴元年（402）孙恩死后，被推为首领，在浙、闽沿海为晋将刘裕所败，转趋广州。三年（404）攻占广州，执广州刺史吴隐之，自称平南将军，摄广州事。晋廷无暇南顾，命为征虏将军、广州刺史、平越中郎将。其据岭南5年，和集土著，保境安民。义熙六年（410），趁刘裕北攻南燕（今属山东），建康（今江苏南京）空虚，与姊夫始兴太守徐道覆从广州起兵，出骑田岭攻长沙，击江陵，占领豫章（治今江西南昌），顺流而下直逼建康。屡被刘裕击败，广州又被刘裕袭取，被迫回师，辗转交、广。义熙七年（411），于龙编（今越南仙游东）为交州刺史杜慧度所败，投水自尽。（杨芹）

吴隐之（？—414） 字处默。濮阳鄄城（今山东菏泽鄄城）人。博涉文史，有清操。得吏部尚书韩康伯赏识，历任散骑常侍、著作郎。隆安年间，朝廷以广州刺史多贪黩，欲革其弊，命为龙骧将军、广州刺史，假节领平越中郎将。赴任行至广州城北石门，饮"贪泉"，赋诗以明志。在任惩治吏治，官场风气有所改变。东晋元兴三年（404），卢循攻广州时被俘，后释放还朝。义熙八年（412），告老还乡，授光禄大夫。（杨芹）

昙摩耶舍（生卒年不详） 僧人。中文名法明。罽宾国（今克什米尔一带）人。少年才干出众，悟性超凡，广览佛门经、律、论。后游方各地，传道授法。东晋隆安初年抵广州，是首位从海路来华的域外僧人。东晋隆安二年（398）在今佛山结庵讲经，其地被后人辟为塔坡寺。在广州住白沙寺，

开山王苑朝延寺（今广州光孝寺），译经传教。以精小乘戒律闻名。因善诵小乘律部"五论"之一《毗婆沙律》，人称"大毗婆沙"。给在家弟子张普明讲说佛生缘起，并译《差摩经》1卷。义熙中入长安，在京与天竺沙门昙摩掘多（Dharmagupta）合作，译出《舍利弗阿毗昙》22卷。东晋义熙十三年（417）南游江陵，止于辛寺，有僧300多人问学。南朝宋元嘉年间辞还西域，不知所终。（达亮）

杯渡（？—426） 僧人。又称杯度。姓氏不详。野史载其灵异事迹，有"神僧"之号。相传曾乘木杯渡孟津河。初在冀州（今河北衡水冀州区）活动，不修细行，饮酒啖肉与俗无异。后有人见其出没于京师（今江苏南京），性放浪不拘，或着履上山，或徒行入市，唯荷一蒲团。后从江南至岭南，驻锡香港屯门，建杯渡寺（今香港青山寺）、凌云寺。（达亮）

杯度 见"杯渡"。

求那跋摩（Gunavarman，367—431） 僧人。意译功德铠。刹帝利种姓。家族世代以王者身份统治罽宾国（今克什米尔一带）。20岁出家，小乘律师。父王逝世后众请还俗继位，不从。至狮子国（今斯里兰卡）弘法。又至阇婆国（今印尼爪哇岛）为王受戒。南朝宋时乘船渡洋来华。在广州居住数年，与道友倡建王园寺（今广州光孝寺），建戒坛并立碑。又在光孝寺附近建三藏寺。后至建康（今江苏南京），居祇园寺，讲《法华经》《华严十地品》，译出《菩萨戒经》《昙无德羯磨》《优婆塞五戒略论》等经论。禅、律兼通。（李福标）

求那跋陀罗（Gunabhadra，394—468） 僧人。意译功德贤。中竺（今印度）

求那跋陀罗

人。婆罗门种姓。因读《阿毗昙杂心论》有感而改信佛教。17岁出家，先学小乘，后研大乘。精通《大品般若经》《华严经》，时人尊称为摩诃衍，意为大乘人。南朝宋元嘉十二年（435）从狮子国（今斯里兰卡）泛洋来广州，先住云峰寺，后住王园寺（今广州光孝寺）。在广州译出四卷本《楞伽经》。后至建康（今江苏南京），住祇园寺、东安寺、道场寺，并到丹阳郡等处，声名显扬，被名士巨公尊为导师。一生以弘扬大乘教法为己任，着重于传播瑜伽系学说。共译经 12 部73 卷，主要有《杂阿含经》《大法鼓经》《胜鬘经》《过去现在因果经》等，流传至今。（李福标）

范云（451—503） 诗人。字彦龙。南朝齐梁南乡舞阴（今河南泌阳西北）人。仕宋、齐二代，后助梁武帝登位，为吏部尚书，封霄城县侯，后官至尚书右仆射。南朝齐建武三年（496），为广东始兴内史，清正廉明，平定盗贼，安抚百姓。永元元年（499）六月，为广州刺史、平越中郎将，上任即遣使祭拜孝子南海罗威、唐颂，苍梧丁密、顿琦等墓，对教化民风有助益。人品高洁，奖掖后学。是当时文坛领袖，永明体诗歌重要诗人。其诗清丽婉转，与沈约等并称"竟陵八友"。任始兴内史、广州刺史期间，将新体诗风带入岭南，其《三枫亭饮水赋诗》是岭南谪宦流传至今最早吟咏岭南风情的诗作。与何逊联句《别诗》被《艺文类聚》载录。《诗品》称其诗"清便宛转，如流风回雪"。存诗 42 首。（许艳青）

智药三藏（约 463— ？） 僧人。南朝梁天监元年（502）航海来华，将菩提树一株带至广州，植于法性寺（今广州光孝寺）戒坛旁，并预言 170 年后有肉身菩萨于此树下演上乘法，传佛心印。至唐仪凤元年（676）禅宗六祖慧能至此作风幡之辩，并剃发受戒。后由广州北上，途经曹溪，因觉其水甘美而倡建宝林梵刹。圆寂后肉身被供奉于韶州（今广东韶关）曲江月华寺。（李福标）

菩提达摩（Bodhidharma，？ —528 或536） 僧人。中国佛教禅宗始祖。简称达摩或达磨。意译觉法、道法。南天竺（今属印度）人。刹帝利种姓。原名菩提多罗，传为香至王第三子。出家后倾心于大乘佛法，师从般若多罗大师。

菩提达摩

南朝宋末从印度航海到广州，南朝梁大通元年（527）九月在广州珠江北岸绣衣坊登岸，其地后称"西来初地"。后受邀至江南，因与梁武帝对答不契而渡江至北魏，在嵩山少林寺面壁 9年，人称"壁观婆罗门"。来华后以求那跋陀罗所译《楞伽经》，在洛阳、嵩山等地传播禅教，主张"直指人心，见性成佛"，宣扬二入四行禅法，自称佛传禅宗第二十八祖、中国禅宗始祖。故禅宗亦称达摩宗。其思想对中华佛教文化影响很大。著有《少室六门》上、下卷，包括《心经颂》《破相论》《二种入》《安心法门》《悟性论》《血脉论》6 种。弟子有慧可、道育、僧副和昙林等。在洛滨圆寂。唐代宗谥圆觉禅师。（李福标）

达摩 见"菩提达摩"。

达磨 见"菩提达摩"。

菩提多罗 见"菩提达摩"。

昙裕（生卒年不详） 僧人。法名大智，俗姓诸葛。少年出家为僧，嗣法于志公和尚，后移锡金陵栖霞。萧梁立国初，因是武帝母舅而备受恩宠。南朝梁天监十六年（517）为内道场沙门，参与朝廷机要。大同三年（537）奉命至真腊（今柬埔寨）迎请佛舍利。返国时以病滞留广州，住宝庄严寺（今广州六榕寺），奉诏在寺中建塔，供奉舍利。唐王勃有《广州宝庄严寺舍利塔记》述其事。圆寂后塔于广州市柯子岭和顺岗。（达亮）

真谛（Paramārtha 或 Kulanātha，499—569） 僧人。中国佛教四大译经家（鸠摩罗什、真谛、玄奘、义净）之一。音译波罗末他，又译拘那罗陀（Kulanātha），中文名亲依。西天竺（今属印度）优禅尼国人。婆罗门种

真谛

姓。少博访众师，学通内外，精大乘学说。为弘传佛法而泛海南游，止于扶南国（今柬埔寨）。南朝梁中大通元年（529）八月携经论梵本 240 箧抵广州。后奉旨北上，于太清二年（548）到建业（今江苏南京）。适逢侯景之乱，漂游于浙、苏、赣、闽、粤等地。在始兴应广州刺史萧勃与僧智恺之请译出《十七地论》《中论》《金光明

经》。天嘉三年（562）从梁安郡（今福建南安一带）返国，因风向转变，船飘至广州，住于王园寺（今光孝寺）。应广州刺史欧阳頠之请，译讲《大乘唯识论》《摄大乘论》《俱舍论》。共译出经论48部232卷（一说64部278卷）。所译经论以有关大乘瑜伽行派为主，其中《摄大乘论》的翻译，对中国佛教思想有较大影响。（李福标）

廖冲（472—568） 道士。字清虚。连州（今广东连州）人。南朝梁时为郡主簿，后为西曹祭酒。擅长文学辞章，多得梁武帝嘉赏。梁大同三年（537）辞官隐居连州静福山，修炼道教法术，人称廖仙。后人以其居处为道观，称清虚观，静福山亦因此成为道教第四十九福地。（夏志前）

冯融（生卒年不详） 字号不详。出生于新会（今广东江门新会区）。南北朝时南梁人。北燕昭成帝冯弘后裔，北燕被灭后流居番禺，世为罗州（今广东化州）刺史。当政时吸引文士创作诗歌，蕉荔之墟，弦诵日闻，以中原文化教化当地少数民族，以礼义威信镇其俗。为其子高凉太守冯宝聘娶本郡大姓冼氏之女冼英，是为冼夫人。团结了当地少数民族部落，使其开始接受中原政权的约束，加快了民族融合，开创了岭南安定团结的局面。（李继明）

陈霸先（503—559） 又称陈武帝。南朝陈开国皇帝，557—559在位。字兴国，小字法生。吴兴长城（今浙江长兴）人。小吏出身，喜读兵书，善武艺。初随广州刺史萧映，为中直兵参军，立有战功。旋官西江督护、高要太守，督七郡军事。杜天合、杜僧明、周文育等攻番禺（今广州），率兵救援，屡战皆捷，解广州之围，收

降杜、周之众。南朝梁太清二年（548），侯景攻陷建康（今江苏南京），广州刺史元仲景与之勾结，南北呼应。三年（549），在始兴（今韶关西南）起兵讨伐元仲景，破广州。随后北伐侯景，任征南将军。承圣元年（552），光复建康，奉萧方智为梁王、太宰，晋司空。天成元年（555）立萧方智为帝（梁敬帝），改元绍泰。同年击败北齐的进攻，受封陈王。太平二年（557），代梁即帝位，改国号为陈，改元永定，是为陈武帝。（杨芹）

陈霸先

陈武帝 见"陈霸先"。

韦洸（？—591） 字世穆。京兆杜陵（今陕西西安）人。北周时以军功拜柱国，封襄阳郡公。入隋为总管。平陈之役，以行军总管经略岭南，拜广州总管。隋开皇十一年（591），番禺俚人王仲宣反隋，攻广州，率兵迎战，中箭而亡。（杨芹）

冼夫人（约512或525—约602或604） 又称冼夫人。俚族女首领。名冼阿莫。高凉（今广东高州）人。世为首领，有部属十余万家。能行军用兵，多谋略。抚慰亲族，制止掠夺旁郡，得远近拥护。南朝梁大同中，嫁高凉太守冯宝，协助处理政事，诚约俚人，遵从礼法，改造旧俗。南朝梁太清二年（548），侯景叛乱，广州刺史、宗室萧勃觊觎皇位，阻挠北伐。打败李迁仕，率军同西江督护、高要太守陈霸

冼夫人

先相会于赣石（今江西南康），支持北伐。冯宝卒后，其安抚俚人，怀集百越。陈永定二年（558），遣子冯仆率诸首领至丹阳朝见陈武帝，宣誓效忠。平定广州刺史欧阳纥之乱，被册封为中郎将、石龙太夫人。隋开皇九年（589），迎隋将韦洸入广州。被毗邻数郡奉为主，号"圣母"，保境安民。次年降隋，支持统一。十一年（591），番禺俚人王仲宣反隋，派孙冯盎讨伐。乱平，与裴矩巡抚岭南各州。隋朝追赠其夫冯宝为广州总管、谯国公，其被册封为谯国夫人。卒后谥诚敬夫人。为维护国家统一、民族融合和岭南社会安定作出重要贡献。（杨芹）

冼夫人 见"冼夫人"。
冼阿莫 见"冼夫人"。

裴矩（547—627） 字弘大。隋河东闻喜（今山西闻喜东北）人。北齐时，任司州兵曹从事。北周时，为定州总管，召补记室。参与灭陈之战，领元帅记室。隋开皇十年（590），奉诏巡抚岭南，任民部侍郎。未启程，高智慧、汪文进等在江南作乱，番禺俚人王仲宣举兵响应，攻广州。在南康（今江西赣州），与大将军鹿愿在大庾岭、原长岭击溃叛军进逼广州。王仲宣大败退散。入广州，安抚岭南20余州，承制任命各地豪帅为刺史、县令，统其部落。大业年间，经营西域，随征辽东等。入唐仍受重用，任民部尚书，晚年拜相。著有《西域图记》3卷，记西域44国事，今佚。（杨芹）

苏元朗（生卒年不详） 又称苏玄朗。道士。出生于晋太康时。《博罗县志》《罗浮山志》谓其学道于句曲，得司命真秘，遂成地仙。隋开皇中隐居罗浮山青霞谷，修炼太乙丹，自号青霞子。主张修炼外丹的同时修炼内丹，

提出内丹学说。认为功效主要不在服食外物，而在内思存神八景，以意念来内修内炼。相信体内也可以结成类似金丹的内丹，丹成即可成仙，被视为道教内丹学说的首倡者。著有《宝藏论》《旨道篇》《太清石壁记》《龙虎金液还丹通元论》等。（夏志前）

苏玄朗 见"苏元朗"。

冯盎（？—646） 字明达。唐初高州良德（今广东高州）人。高凉太守冯宝与冼夫人之孙。少有谋略，英勇善战。隋开皇中为宋康县令。开皇十一年（591）讨番禺俚人王仲宣，斩陈佛智，解广州城之围，拜高州刺史。仁寿初，平潮州等州僚人叛乱，授金紫光禄大夫、汉阳太守。大业八年（612），从隋炀帝征辽东，迁武卫大将军。隋末弃官还岭南，聚众数万，依附林士弘，击败广、新等州首领高法澄、冼宝彻等，据有番禺、苍梧、珠崖等地，自号"岭南总管"。治理有方，社会安宁。唐武德五年（622），归顺唐朝，授上柱国、高州总管，封越国公，仍管其故地，后封耿国公。贞观五年（631），入京朝觐。平定南方罗、窦诸洞僚起事。卒于任上。（杨芹）

邓文进（生卒年不详） 南海（今属广州）人。家财雄厚，门下宾客至千人。隋末中原大乱，群雄四起，广纳流亡人士，拥兵自重，据广、韶二州。唐武德四年（621），梁萧铣袭韶州（今广东韶关），率乐昌民众拒于泷口，每战必身先士卒。旋归顺唐朝，拜鹰扬将军、韶州刺史。卒于任上。子孙居韶，遂为曲江人。（杨芹）

宛葛思（Abu. Wakkas，生卒年不详） 又译斡葛思、斡歌士、旺各师、旺各斯、宛葛素、万尔斯、晚个士。伊斯兰教传教师。全名赛义德·艾比·宛葛素。阿拉伯人。其事迹源于在中国穆斯林中广为流传的"四贤"传说，明人何乔远《闽书》、清初刘三杰《西来宗谱》（又译《回回原来》）也记有其生平。相传在唐太宗时由阿拉伯来华传播伊斯兰教，在长安为太宗礼遇，后至江宁、广州传教。去世后葬于广州流花桥畔桂花岗。其墓即今位于广州市兰圃公园旁的先贤古墓（俗称响坟、回回坟）。（马建春、李蒙蒙、徐素琴）

斡葛思 见"宛葛思"。
斡歌士 见"宛葛思"。
旺各师 见"宛葛思"。
旺各斯 见"宛葛思"。
宛葛素 见"宛葛思"。
万尔斯 见"宛葛思"。
晚个士 见"宛葛思"。

雷万兴（？—677） 山越首领。广东潮州人。唐总章二年至开元三年（669—715），与同族人蓝奉高先后领导闽南、粤东山越人民反抗唐朝的统治，史称"蛮僚啸聚"。举事之后，转战潮、漳、汀各地，连克数城。景龙二年（708），其子与苗自成子及蓝奉高，率军集结潮州，经3年苦战，杀漳州刺史陈元光，起义持续40多年。畲族现在过三月三、吃乌米饭的习俗，据说与其有关系。（叶远飘）

房融（？—705） 河南洛阳人。房玄龄族孙。博闻多识，成进士业。武周时期，以正谏大夫同凤阁鸾台平章事。神龙革命，因亲附张易之兄弟而被流放岭南钦州。卒于高州。信奉佛教，在流放期间作为笔授者在广州法性寺（今光孝寺）与天竺沙门般剌蜜帝合作翻译《楞严经》（全称《大佛顶如来密因修证了义诸菩萨万行首楞严经》）。景龙元年（707）经书译成。

进呈武则天后流传于东土。今光孝寺有笔授轩和洗砚池遗迹。（李福标）

义净（635—713） 僧人、旅行家、佛教翻译家。中国佛教四大译经家（鸠摩罗什、真谛、玄奘、义净）之一。字文明，俗姓张。河北涿县（今涿州；一说齐州，治今山东济南）人。幼年出家，遍访大德，博览群籍。20岁受具足戒。因仰慕法显、玄奘，于唐咸亨二年（671）从广州出发，通过海路西游，经室利佛逝（巽他群岛的王国）至印度。巡礼灵鹫峰、鸡足山、鹿野苑、祇园精舍等佛教圣迹，在那烂陀寺苦学10余载，又至苏门答腊游学7年。游历30余国。返国时，携梵本经论约400部、舍利300粒至洛阳，武后亲迎于上东门外，敕住佛授记寺。其后参与《华严经》的新译与戒律、唯识、密教等方面书籍的汉译。自武周圣历二年至唐景云二年（699—711），译出佛典56部230卷，以律部居多，今所传有部毗奈耶律多出其手。翻译之余，常以律规范后学。所著《梵语千字文》是中国第一部梵文字书。圆寂后塔于洛阳龙门。译有《金光明最胜王经》《大孔雀咒王经》等。另著有《南海寄归内法传》4卷、《大唐西域求法高僧传》2卷，记载印度、南海诸国僧人生活风习，是了解与研究印度与南海诸国人文地理等的珍贵史料。（李福标、徐素琴）

慧能（638—713） 又称惠能。僧人。禅宗南宗创始人，被推为禅宗六祖。俗姓卢。祖籍范阳（郡治今北京城西南），其父卢行瑫于唐武德三年（620）被流放到新州夏卢村（今云浮新兴六祖镇），落籍岭南。游历和尚为其起名慧能，寓"慧济众生，能做佛事"之意。家贫不能读书识字，以伐樵谋生。闻人诵《金刚经》开悟，决意飯

依佛教。龙朔元年（661）辞母北上，在湖北黄梅东山寺礼禅宗五祖弘忍，以行者身份从事杂役。以佛偈"菩

慧能

提本无树，明镜亦非台。本来无一物，何处惹尘埃"获弘忍印可，得付衣钵，为禅宗第六代祖。旋遵弘忍"逢怀则止，遇会则藏"之嘱，南遁岭表，隐匿于怀集、四会一带。仪凤元年（676）至广州法性寺（今光孝寺）论辩风幡之义，并剃度受戒。后驻锡韶州宝林寺（今韶关南华寺）近40年，弘法育嗣，教化信众。武则天、唐中宗时诏请其入宫，均婉拒。先天二年（713）携弟子回新州故里，在国恩寺圆寂，真身被门人移至韶州宝林寺供奉至今。唐宋先后谥大鉴禅师、大鉴真空禅师、大鉴真空普觉禅师、大鉴真空普觉圆明禅师。唐代王维、柳宗元、刘禹锡各为撰碑文。致力于实现佛教中国化。其说以无念为宗、无相为体、无住为本，认为人人俱有佛性，明心见性，即顿悟成佛；主张发挥主观能动性，自性自度，在现实社会中寻求佛法，在生活中修禅，在修禅中生活。弟子千余，法嗣43人，其中南岳怀让一系发展出沩仰宗、临济宗，青原行思一系发展出曹洞宗、云门宗、法眼宗，世称"一花开五叶"；后临济宗又发展出黄龙派和杨岐派，统称"五家七宗"。禅宗南宗作为唐宋以降中国佛教的主流延续至今。其说由其弟子汇编成书，有《六祖坛经》《金刚经口诀》传世。（林有能）

惠能　见"慧能"。

法海（生卒年不详）　僧人。曹溪慧能下二世。字文允，俗姓张。广东曲江（今韶关曲江区）人。出家于润州

（今江苏镇江）鹤林寺。唐天宝中预扬州法慎律师讲席。初见六祖，即求开示。六祖告以"即心即佛"之旨，谓"前念不生即心，后念不灭即佛。成一切相即心，离一切相即佛"，又示偈"即心名慧，即佛乃定。定慧等持，意中清净。悟此法门，由汝习性"，由是大悟。后成为慧能座下四十三高弟之一。侍奉慧能在韶州（今韶关）大梵寺说法，并据听讲所记整理成《南宗顿教最上大乘摩诃般若波罗蜜经六祖慧能大师于韶州大梵寺施法坛经》，分11门，记述慧能的讲说语要及出世因缘等，此即《六祖坛经》最早传本，影响深远。（李福标）

王勃（649或650—676）　诗人。初唐四杰（王勃、杨炯、卢照邻、骆宾王）之一。字子安。绛州龙门（今山西河津）人。幼承家学，集学者与诗人于一身。高宗时补虢州（今河南灵宝）参军，因匿杀官奴入狱，被革除功名。其父受累贬为交趾（今越南境内，唐属岭南道交州）县令。两次前往交趾探望父亲，首次途经洪州（今江西南昌），适逢洪州都督阎公新修成滕王阁，赋诗并写下《滕王阁序》。后取道梅岭辗转来到广州，受人请托撰有《鬐鉴图铭序》，并为宝庄严寺（今广州六榕寺）舍利塔撰写碑文《广州宝庄严寺舍利塔碑》，勒石寺内。约在上元三年（676）八月在渡南海时溺水，受惊而亡。有《王子安集》传世。（许艳青）

宋璟（663—737）　字广平。邢州南和（今河北邢台）人。调露进士。少好学，工文辞。历仕武则天、唐中宗、唐少帝、唐睿宗、唐玄宗5朝，官至御史中丞、尚书右丞相，为武则天所重。睿宗时为宰相，革除前弊，选拔人才。后因奏请太平公主出居东都，被贬职。开元四年（716），继姚崇居

相位。励精图治，多有建树，与房玄龄、杜如晦、姚崇并称"唐朝四大贤

宋璟

相"。开元初转任广州都督、五府经略使。爱民恤物，教州民以陶瓦盖房，代茅草屋，减少火灾；改造店肆，不侵市舶。史称："开元后四十年，治广有清节者，宋璟、李朝隐、（卢）奂三人而已。"《新唐书·艺文志四》著录有文集10卷，已佚。《全唐诗》存诗6首。（杨芹）

张九龄（678—740）　官员、诗人。字子寿，一名博物。韶州曲江（今韶关曲江区）人。祖籍范阳，曾祖君政任韶州别驾，落籍粤北。武周长安二年（702）进士。次年授校书郎。先天元年（712），对

张九龄

策高第，任右拾遗，迁左补阙。上书唐玄宗，请重地方守令人选，纠正重内轻外之风。开元四年（716），与宰相姚崇意见不合，称病回乡。请凿大庾岭路，撰《开凿大庾岭路序》。六年（718），被召回京，得丞相张说器重，擢中书舍人。十四年（726），张说罢官，改太常少卿，出为洪州都督，转桂州都督兼岭南道按察选补使。寻召为秘书少监、集贤院学士、副知院事。二十一年（733），拜工部侍郎兼知制诰，旋以中书侍郎同中书门下平章事。二十二年（734），迁中书令，封始兴县伯。于时政多所规谏，主张用人不循资格，引用才学之士。请诛安禄山，因李林甫等谗构，唐玄宗渐见疏远。二十四年（736），罢知政事，充尚书右丞相，次年出为荆州大都督府长史。卒谥文献。善词章，尤

擅五言诗，格调以超逸、刚健著称。著有《张曲江集》《性源韵谱》《千秋金鉴录》等，主持编纂《大唐六典》《朝英集》等。（杨芹）

荣睿（？—749） 日本僧人。美侬（今日本岐阜县）人。本住奈良兴福寺。唐开元二十一年（733）入唐，在河南洛阳从大福先寺定宾和尚受戒。天宝元年（742），到扬州请鉴真和尚到日本传经。前四次东渡均告失败。七年（748）六月第五次东渡，出扬州后在长江口遇台风，船漂至海南岛。是年秋，与鉴真从海南岛取道广西梧州入广东端州（今肇庆市），住鼎湖山龙兴寺。次年春染病，卒于龙兴寺。（李福标）

高力士（684—762） 字元一。高州良德（今广东高州）人。本姓冯，幼年因族人株连，武周圣历元年（698）为岭南讨击使李千里所得，改名力士，献内宫，又为高延福收养，改姓高。受武则天赏识，侍奉皇子李隆基。唐景云元年（710），韦皇后毒死中宗李显，谋当女皇，从李隆基诛韦氏，升内给事。先天元年（712），玄宗李隆基即位。太平公主图谋政变，参与谋划铲除太平公主及其余党，授银青光禄大夫、知内侍省事。开元、天宝年间，累官至骠骑大将军，封渤海郡开国公、齐国公。天宝以后，玄宗重用李林甫、杨国忠，藩镇坐大，反对委政李林甫，提醒玄宗防备安禄山。开元二十五年（737）太子李瑛被废，李林甫等谋立武惠妃子寿王李瑁，劝玄宗推长而立，立忠王李亨（后即位为肃宗）为太子。安史之乱时，随玄宗入蜀。上元元年（760），为李辅国排斥，流放巫州（今湖南黔阳西南）。宝应元年（762）赦归，行至朗州（今湖南常德），闻玄宗、肃宗先后谢世，北望号恸，呕血而卒。代宗以其先朝

著宿，有大功，尽复官职，追赠扬州大都督，陪葬泰陵。（杨芹）

般剌蜜帝（Pramiti，生卒年不详） 僧人。中文名极量。中天竺（今属印度）人。为利益东土，用白绢将其国严禁流到国外的佛教经典《楞严经》抄下，藏于臂肉之中，创口愈合后航海来华。唐中宗神龙元年（705），与乌苌国沙门弥伽释迦、罗浮山南楼寺沙门怀迪及当时被贬在粤的宰相房融合作，在广州法性寺（今光孝寺）将《楞严经》译出。译事完成后，泛舶西归。（达亮）

鉴真（688—763） 僧人。日本佛教律宗创始人。俗姓淳于。广陵江阳（今江苏扬州）人。14岁随父在扬州大明寺出家，22岁受具足戒。唐景龙二年（708）到洛阳、长安，从名师受教，尤精律藏，成为律宗南山宗传人。开元元年（713）任扬

鉴真

州大明寺住持，此后30年在淮南弘教，专弘戒律。天宝元年至十二年（742—753）应日本留学僧荣叡、普照等之请，先后六次东渡，前四次均失败。第五次从扬州出发，出长江后遇大风，漂泊海上14日后到达振州（今海南三亚），留居年余，修寺造佛，登坛受戒。之后从振州出发，取道广西梧州经端州（今广东肇庆）而至广州，在法性寺（今光孝寺）讲经受戒。又至韶州（今韶关），在宝林寺（今南华寺）参拜六祖慧能真身。其弘化活动对岭南佛学的发展有积极作用。第六次东渡成功，于日本天平胜宝六年（754）到达日本九州萨摩秋妻屋浦（今日本九州南部）。在日本弘扬佛法、传授戒律，被日本天皇任为"大僧都"，日本律仪由此渐趋严

整。759年建唐招提寺，传布律宗，为日本"传戒律之始祖"，所开创的日本律宗，成为南都六宗之一，流传至今。对天台宗也有相当研究，推动了天台宗在日本的传播。讲授佛经之余，亦介绍中国的医药、建筑、雕塑、文学、书法、绘画，对中日文化交流作出杰出贡献。在日本圆寂。传有《鉴真上人秘方》（李福标）

希迁（700—790） 僧人。俗姓陈。端州高要（今广东肇庆）人。12岁到曹溪宝林寺（今韶关南华寺），在六祖慧能门下为沙弥，未受具而慧能圆寂。唐开元十六年（728）在博罗罗浮山受具足戒。往江西吉州青原山净居

希迁

寺，依止同门行思禅师，行思有"众角虽多，一麟已足"之叹。不久往南岳般若寺观音台，参曹溪门下的另一宗匠怀让。再返静居寺，接行思法。天宝初受请住湖南衡山南寺，在寺东的大石头上结庵而居，人称石头和尚或石头希迁。广德二年（764）应门人之请驻锡长沙招提寺，与同时异派的怀让弟子马祖道一并称"二大士"。创有"回互"禅法，禅风灵活细致，圆转无碍，如环无端，马祖戏评为"石头路滑"。自称其法门"不论禅定精进，达佛之知见，即心即佛；心佛众生，菩提烦恼，名异体一"。卒后僖宗谥无际大师。嗣法弟子有惟俨、道悟等21人。其禅法经弟子弘传阐扬，在后世衍化出曹洞、云门、法眼三家，影响深远。著有《参同契》《草庵歌》等。（李福标、杨芹）

慧超（704—781或783） 又称惠超。僧人。新罗国（朝鲜半岛古国）人。

幼年来中国。唐开元七年（719），在广州成为来华弘法的印度密宗大师金刚智受业弟子。十一年（723），乘商舶渡海前往印度求法，经南海诸国抵东天竺海口登陆，先后游历中天竺、南天竺、西天竺、北天竺诸国，遍礼佛陀圣迹，悉心印证佛法。十五年（727）取道陆上丝绸之路返回长安，在荐福寺继续受业于金刚智，兼任其助手。金刚智去世后，师从不空研究经论。著有《往五天竺国传》。（徐素琴）

惠超 见"慧超"。

不空（Amoghavajra，705—774） 僧人。密宗创始人。开元三大士（善无畏、金刚智、不空）之一。本名智藏，号大广智不空金刚。北天竺（今属印度）人，一说南天竺师子国（今斯里兰卡）人。婆罗门种姓。唐开元八年（720）师事唐密（真言宗）第五代传灯大阿阇黎金刚智三藏，20岁随师从

不空

海路来华，在广州停留数月后北上，在洛阳广福寺受具足戒，后协助其师翻译密教经典。受金刚界、胎藏界两部灌顶及阿阇黎法，绍继阿阇黎位，兼受善无畏大阿阇黎灌顶，得胎藏法密奥要旨。天宝二年（743，一说开元二十九年即741），奉金刚智遗命往天竺及师子国广求秘藏，途经广州时，应岭南采访使刘巨邻之请在法性寺（今光孝寺）开坛，受灌顶者众多，对密教在岭南传播产生重要影响。在师子国得遇唐密第四代大阿阇黎龙智菩萨，重受金、胎两部灌顶。遍访各地善知识，搜得显密经论500余部重返中国，

在广州登陆。历唐玄宗、肃宗、代宗3朝，皆为灌顶国师。十二年（753）奉朝廷之命往河西"请福疆场"，在武威开元寺设坛灌顶，推动密教在河西的传播。大历三年（768）在长安（今陕西西安）大兴善寺建灌顶坛场，代宗敕令近侍、大臣、诸禁军使同受灌顶。谥大辩正广智不空三藏和尚。译有显密教典共110部143卷（一说77部120余卷），主要有《仁王护国般若波罗蜜多经》《大乘密严经》等。汉传佛教重要翻译家。（吴晓蔓、李福标）

周庆立（生卒年不详） 生活于唐代。唐开元二年（714），以右威尉中郎将身份任市舶使，见《册府元龟》卷546，是见诸史籍记载最早的市舶使一级官员。唐朝市舶贸易制度化的首任市舶使。在任期间，与波斯商人进行金银器物与各式海外珍品贸易，进贡朝廷。（于笛）

李勉（717—788） 唐宗室。字云卿。陇西成纪（今甘肃秦安）人。为官清廉，正直不阿，屡遭权宦排斥。唐大历四年（769）十月，以京兆尹出任广州刺史、岭南节度使，派兵征讨番禺冯崇道、桂州朱济时等暴乱，地方靖安。对广州市舶不加干预，不施暴征，蕃商大至，外国商舶从每年四五艘，增至40余艘。大历七年（772）十一月，召为工部尚书。归之日，泊舟于城外石门山江边，将家人所贮存南货全部投入江中，广州官民立碑以颂其德。后官至宰相。为官20年无私藏，礼贤下士，史称"宗臣之表"。（杨芹）

达奚司空（生卒年不详） 传说为唐代来华印度贡使。广州南海神庙东侧竖有一座着唐人衣冠的外国人塑像，举左手遮眉，眺望远方，即是相传唐

贞观年间来华的印度摩揭陀国贡使达奚司空。据称其回程时，船舶停靠神庙码头，乃进神庙祭祀南海神，种下波罗树种。待其出庙，船舶远去，久站于海边立化。后人感其所种波罗树，于神庙为其塑像，以示纪念。神庙始别称波罗庙。又因其立化时闻有鸡叫，遂亦以其为神鸡。农历二月十三的南海神诞，又被称为波罗诞。（马建春）

大颠（732—824） 僧人。名宝通，俗姓陈（一说杨）。祖籍河南颍川，出生于广东潮阳（今汕头潮阳区）。幼年即潜心佛学，成年后博通经史。唐大历年间往海潮古刹（今潮阳西岩），拜惠照为师。与师弟惟俨同游南岳，参石头希迁。贞元初，往龙川罗浮瀑布岩禅居。贞元五年（789）返潮阳，创建白牛岩。七年（791）在塔口山麓创建灵山寺，开堂说法30余年，大扬曹溪禅风，得法弟子千余人。元和十四年（819）在潮州两晤韩愈，辩论儒释十数日。弟子义忠、本空、本生等有名于世。其墓塔大颠祖师塔2019年被国务院公布为第八批全国重点文物保护单位。据传著有《般若波罗蜜多心经释义》《金刚经释义》等。（李福标）

徐申（738—806） 字维降。京兆（今陕西西安）人。擢进士第，累升洪州长史。唐兴元元年（784）为韶州（今广东韶关）刺史，修州城，创驿馆，筑街市，募民营田，境内大治。韶州民户由7000户增至18000户。百姓请为做碑立生祠，不允。后迁合川（今重庆合川区）刺史。贞元十七年（801），迁邕管经略使。十八年（802）八月，迁广州刺史、岭南节度使。对市舶照常例收取贡物，不多索取，蕃国岁来互市，商贾众多。禁岭南偏远地区互相攻劫之俗。元和元年

（806），诏加金紫光禄大夫、检校礼部尚书。因病卒于官。追赠太子少保。（杨芹）

慧朗（738—820） 又称惠朗、大朗、招提和尚。僧人。俗姓欧阳。广东始兴曲江（今韶关曲江区）人。13岁在邓林寺披剃，17岁游南岩，20岁在南岳受具足戒。初参马祖，未契；复谒石头希迁于南岳，于言下悟入，获印可。为青原下二世。唐贞元十一年（795）至岭南，在潮州谒大颠。后住湖南潭州（今长沙）招隐寺，足不出户20余载。时谓粤东北有月华慧朗，南有灵山大颠。（达亮）

惠朗 见"慧朗"。
大朗 见"慧朗"。
招提和尚 见"慧朗"。

惟俨（751—834） 僧人。号药山，俗姓韩。绛州（今山西新绛）人。17岁两渡大庾岭，抵潮阳西山，礼惠照祝发。唐大历八年（773）受具足戒于南岳衡岳寺希操律师。博通经论，严持戒律。时石头希迁与马

惟俨

祖道一为南宗两大主脉，一倡回互参同，一倡大机大用，为兼通法要，先谒石头希迁于湖南，又参马祖于江西，专心习禅，契悟法要。后为石头希迁法嗣。禅法主要继承石头希迁，认为修行贵在自然，不执意于读经和禅观。贞元初往澧州药山（今湖南津市境内）创慈云寺（俗称药山寺），并在此广开法筵，传扬禅法，前后30年。其法脉经弟子云岩昙晟传至洞山良价，再传至曹山本寂，对曹洞宗形成有直接影响。无著述传世，接引学人常以一语道破。（达亮）

孔戣（752—824） 字君严。冀州信都（今河北衡水）人。建中进士。宪宗朝累官吏部侍郎、大理卿、国子祭酒。元和十二年（817），出为广州刺史、岭南节度使。免除属州拖欠租税18万缗钱、米8万斛和每年黄金税800两；定刺史俸粮，禁其贪暴；禁止买卖奴婢，安置流谪岭南中原人士128族。禁对外贸易中的阅货宴、下碇税；对去世海商资产，验明非假冒，即全部归还家人，不限时间。时岭西黄洞诸蛮屡叛，力主抚绥，广管晏然。元和十五年（820），召授吏部侍郎、吏部左丞。归之日，不载南物，不增一人。（杨芹）

无言通（759—830） 又称和安通、南华通。僧人。越南佛教无言通禅派创建者。俗姓郑。广东广州人。投婺州（今浙江金华）双林寺出家，唐大历十三年（778）受具足戒。后礼江西马祖道一，嗣法于百丈怀海。元和九年（814）至广州和安寺主法。次年移锡曹溪，示教仰山慧寂参话头禅。十五年（820）游方至越南北部，驻锡于北宁富东建初寺，正式创建无言通禅派，为越南禅宗主流，保持中国禅宗面壁禅观、现成公案和体验方法。主张佛性无所不在，心本清净圆成，受到越南丁朝和前黎朝重视。后来陈朝国王创立竹林禅派，即承其法统。宝历二年（826）传法于弟子感诚，是为南岳法系在越南的一世法嗣。其后南岳法系在越南共传15世，得法者74人。（达亮）

和安通 见"无言通"。
南华通 见"无言通"。

韩愈（768—824） 文学家、哲学家。唐宋八大家（韩愈、柳宗元、欧阳修、苏洵、曾巩、王安石、苏轼、苏辙）之一。字退之。河南河阳（今河南孟

州南）人。自认郡望昌黎，世称韩昌黎。幼孤，由长兄韩会抚养。唐大历十年（775），韩会受元载牵连，由起居舍人贬为韶州刺史，随兄南下，建中二年（781）北归。贞元八年（792），登进士第。十八年（802），任四门博士，迁监察御史。十九年（803），上章言宫市之弊，忤德宗，贬为连州阳山令。关心民瘼，有爱在民。顺宗即位，遇赦量移江陵府掾曹。

韩愈

元和中，累官至刑部侍郎。元和十二年（817），出任宰相裴度的行军司马，参与讨淮西之乱。十四年（819）正月，上表谏迎佛骨，被贬为潮州刺史。任上为民谋利，放免奴婢，崇学重教，复置乡校，培育人才。潮州人民为纪念韩愈，多以"韩"命名山水、路堤、亭台等。后改授袁州刺史，历官国子祭酒、兵部侍郎、吏部侍郎。卒后谥号文，称韩文公。政治上反对藩镇割据，思想上尊儒排佛。散文在继承先秦、两汉古文基础上，加以创新和发展。诗风奇崛雄伟，力求新警，对宋诗影响很大。著有《昌黎先生集》。（杨芹）

刘禹锡（772—842） 文学家、哲学家。字梦得。河南洛阳人。唐贞元九年（793）进士，入节度使杜佑幕府，深受器重。杜佑为相，迁监察御史。参加王叔文集团，反对宦官和藩镇割据势力。失败后屡遭贬谪。元和十年（815）三月，以朗州司马授连州刺史，居连州近5年，关心民间疾苦，重视文化建设，扶植后进。在连州时所作诗文记录了连州风土人情，如《连州刺史厅壁记》《海阳十咏》等。十四年（819），因母丧离开连州。其诗通俗清新，善用比兴寄

托手法。文长于说理。后期对佛教思想表现了妥协。有《刘梦得文集》。（杨芹）

刘轲（约 772—？）　文学家。字希仁。原籍徐州沛县（今江苏沛县），祖父刘效于安史之乱时携家南下，入籍韶州曲江（今广东韶关曲江区）。幼好学，仰慕孟轲，故名。少习经史，唐贞元中在韶州城南月华寺出家为僧，从惠朗禅师学习佛典。又到罗浮山从寿春杨生学《春秋》，游学四方。元和初，学黄老之术，居庐山，穷读古书，号"书癖"。元和十三年（818）进士。大和元年至开成五年（827—840）任弘文馆学士、史馆修撰，开成二年（837）居洛阳修行坊，作《大唐三藏大遍觉法师塔铭并序》。开成中，出为洺州刺史，卒于官。精于儒学、经学、史学，文学上尤有建树，反对六朝以来华而不实的文风，力倡古文，世人称其文可比肩于韩愈、柳宗元。著有《十三代名臣议》10卷、《黎龙子》10卷、《帝王历数歌》1篇、《唐年历》1卷、《帝王镜略》1卷、《牛羊日历》1卷等，另有杂文100余篇。今仅存《牛羊日历》1卷、《刘希仁文集》1卷。2012年广东人民出版社出版林梓宗校注《刘轲集》。（陈柳、杨芹）

卢钧（778—864）　字子和。范阳（今北京西南）人。元和进士。历仕文宗、武宗、宣宗3朝，政绩颇著。太和中迁左补阙，因辩宋申锡之枉而得名。唐开成元年（836）冬，由华州刺史移任广州刺史、御史大夫、岭南节度使。废除采金税，革岭南选官之弊，妥善安置流落岭表中原人士数百家，岭南风俗为之一变。广州商贾辐辏，有市舶之利，为官者多作法舞弊，满载而还。其清廉，不干预市舶，悉委监军管理。岭南多民族杂居，互通婚嫁，蛮人常私占耕地营建住宅，令分区而居，禁止通婚与占田置宅，秩序井然。广州百姓请为立生祠，力辞。五年（840）召为户部侍郎。累历山南、昭义、宣武、河东等藩镇，大中九年（855）入为尚书左仆射。卒赠太傅。（杨芹）

李绅（780—846）　诗人。字公垂。江苏无锡人。与李德裕、元稹并称"三俊"。唐元和元年（806）进士。十五年（820），任翰林学士，参与"朋党之争"，为李德裕党重要人物。长庆四年（824），李党失势，被贬为端州（今广东肇庆）司马，写有《移家来端州先行见寄以诗》。题名七星岩石室岩洞内东壁。在端州任职期间，除暴安良、兴修水利、减轻民众劳役赋税，鼓励农业生产。因触怒权贵下狱。武宗时拜相，出为淮南节度使。与白居易、元稹、张籍等人倡导写作新乐府，形成新乐府派。现存《追昔游诗》3卷，杂诗1卷，其中与岭南相关的诗歌有《趋翰苑遭诬构四十六韵》《朱瑾花》《端州江亭得家书二首》等，《悯农》诗二首较有名。另有《莺莺歌》，残段保存在《西厢记诸宫调》中。（许艳青）

李德裕（787—850）　文学家。字文饶。赵郡赞皇（今河北赞皇）人。李吉甫子。历任浙西观察使、剑南西川节度使等。武宗朝官至宰相，力主削弱藩镇。反对李宗闵、牛僧孺集团，是牛李党争中李党首领。随武宗限禁佛教。宣宗立，牛党得势，忌惮其位高权重，唐大中元年（847）贬为潮州司马。二年（848）冬至潮阳，又贬崖州（今海南三亚崖州区）司户参军。三年（849）正月至珠崖。时牛党当权，亲朋故旧不敢通音问，作《穷愁志》数十篇，以寄哀愁。十二月，卒于贬所。懿宗即位，追复官爵，加赠尚书左仆射。随其南迁的二子落籍崖州。海南人同情其遭遇，建"永日轩"以示纪念。好学善为文，长于著述。为文善于议论时政，分析利害，诗亦有佳作。仅存《次柳氏旧闻》《会昌一品集》。（杨芹）

刘瞻（？—874）　字几之。连州桂阳（今广东连州）人。唐大中元年（847）进士。四年（850）登博学鸿词科。历任方镇幕僚。咸通初，迁太常博士、翰林学士，拜中书舍人、户部侍郎，出为太原尹、河东节度使。咸通十年（869），迁同中书门下平章事。翌年，同昌公主病卒，懿宗归罪医官，下狱者300多人。冒死直谏，懿宗怒，罢相，出为江陵尹、荆南节度使，再贬为廉州刺史。僖宗立，徙为康、虢（今河南灵宝）二州刺史。旋召为刑部尚书。乾符元年（874）五月复相，旋去世。居官清正，行止高洁，当朝耿直，虽居高位，家无留储，寓旧居，不受四方馈赠。受百姓景仰爱戴。（杨芹）

郑愚（生卒年不详）　广东番禺（今广州）人。家世殷富。唐开成二年（837）进士，授秘书省校书郎。咸通初，授桂管观察使，廉察吏弊，阖境肃然。咸通三年（862）迁岭南西道节度使，兼统荆、湘、桂等官兵5000人，以御南诏。四年（863）三月，南蛮犯左、右江，进逼邕州（今广西南宁）。守御半年，邕州无虞。召为礼部侍郎，知贡举。八年（867），出为岭南东道节度使，政绩斐然。黄巢北上，被召回京，拜尚书左仆射。卒于任上。（杨芹）

卢眉娘（792—？）　女工艺家。广东南海（今属广州番禺区）人。据记载，因其生来奇异，眉绿细长如线，故称"眉娘"。幼时慧悟，随家人习

针绣。擅刺绣，工巧无比，14 岁能在尺绢上绣《法华经》，字小如粟米，字体工整，笔法流畅。更善作飞仙盖，以丝一绚分为三段，染成五色，结为金盖，色彩鲜艳，针法多变，布局严谨，高度浓缩，是广绣极品。唐永贞元年（805），因广州知府向朝廷进贡《飞仙盖》和《法华经》，被封为"神姑"。后唐宪宗赐以金凤环。因不愿在禁中，遂为女道士，封为"逍遥"。向宫人和王妃传授刺绣基本手法，广绣得以传入京师。被广绣界奉为始祖。（孙恩乐、朱广舟、彭圣芳）

慧寂（807—883）　又称小释迦。僧人。禅宗沩仰宗创始人。俗姓叶。韶州湞昌（今韶关南雄）人。9 岁投广州和安寺，依无言通出家。曾断二指以发誓定求正法。17 岁披剃，往韶州（今韶关）南华寺听《维摩诘经》，又往吉州（今江西吉安）孝义礼性空为师。未圆具即以沙弥身份游方参学。初礼吉州耽源山应真禅师，复参大沩山灵祐禅师，后往江陵受戒，深探律藏。不久返回沩山，执侍于灵祐 15 年，后嗣沩山之法，承灵祐而集大成，在袁州（今江西宜春）仰山道场宣扬宗风，世称"仰山慧寂"。唐乾符年间开法于江西袁州王莽山。咸通五年（864）赐号知宗大师。十二年（871）飞锡广州，入法性寺（今光孝寺）说法度众。乾符四年（877）赐号澄虚大师。在韶州东平山圆寂，谥号智通禅师。师资相承，别开一脉，即沩仰宗。平时常以手势启发学人，称"仰山门风"。（达亮、杨芹）

小释迦　见"慧寂"。

陈陶（约 812—约 885）　诗人。字嵩伯，自号三教布衣。岭南（一云鄱阳，一云剑浦）人。大中时游学长安，举进士不第，遂恣游名山。唐宣宗大中

年间，隐居洪州西山（今江西南昌新建区西），卖柑自给，后不知所终。善天文历象，尤工诗，《陇西行》写征戍之苦，为世传诵。原有集，已散佚。清人辑有《陈嵩伯诗集》。《全唐诗》存录其诗 2 卷。（唐瑶曦）

了拳（817—866）　僧人。俗姓潘。汀州府上杭场山羊寨（今福建永定下洋镇东洋村）人。传说出生时左手拳曲，有僧书"了"字于其掌，五指遂伸，因以名之。唐大（太）和二年（828）随母移居福建道潮州海阳县车上（今广东大埔西河镇黄砂村），母逝后皈依佛门。八年（834）离开车上赤蕨岭，经茶阳南下三河，寄旅阴那坑尾。后在阴那山修持 30 余年，潜心研究人天行果、声闻行果。常传人以"惭""愧"二心法，故人称"惭愧祖师"。在阴那山圆寂，徒众把其在阴那山所辟庵堂扩为灵光寺。（李福标）

莫宣卿（834—868）　广东 9 位状元（莫宣卿、简文会、张镇孙、伦文叙、林大钦、黄士俊、庄有恭、林召棠、梁耀枢）之一。字仲节，号片玉。广东封开人。7 岁能诗，后入乡校就读于名师梁明甫，12 岁举秀才。唐大中五年（851）廷试第一，钦点状元，授翰林院修撰，赐内阁中书大学士。后因念母请任南方地方官，被封台州别驾。卒于奉母携眷赴台州上任途中。谥孝肃。著有《到国学》等。（颜蕴琦）

邵谒（生卒年不详）　诗人。字、号史籍均无载。广东韶关翁源人。少为县厅吏，因违令不愿支床待客，为县令所逐。于距县 10 余里之滃江江心筑室读书。唐咸通七年（866）入国子监，诗才为温庭筠所赏，榜诗 30 余篇以示大众，遂有诗名。后释褐。莫知所终。诗好苦吟，工五言古体、绝句，

内容多讥讽时事，在士子中声望颇高。后世选录唐诗者，岭南诗人多取其与张九龄。《全唐诗》录诗 32 首，后人编为《邵谒诗》1 卷。另有散佚诗存世。（李矜君）

苏莱曼（Sulaymān al-Tājir，生卒年不详）　阿拉伯商人、旅行家。9 世纪中期从波斯湾经印度洋、马六甲海峡、南海到广州。回国后，于 851 年（唐大中五年）根据见闻撰成《苏莱曼东游记》（一译《中国印度见闻录》），为阿拉伯人关于中国与印度沿海的最早记载。对中国、印度、南洋诸国的地理水域、风土习俗、文化生活、商业贸易、政治宗教有详细叙述，反映了唐代广州于东西海上交通中的重要地位，因广州当时为阿拉伯商人聚居之地，记述尤详，为研究唐代中外关系史提供了颇具价值的珍贵资料。（马建春）

如敏（？—918）　僧人。百丈怀海门下长庆大安弟子，慧能四传法嗣。字知圣。福建人。在粤北韶州韶石（今韶关仁化丹霞山）创建灵树寺，盛化岭外 40 多年。道行孤峻，有先知之明。南汉高祖刘龑赐号"灵树禅师"。圆寂前留帖南汉国主，举荐首座文偃。后文偃在粤北云门山开辟大觉寺，创立云门宗。（杨权）

杨洞潜（？—935）　字昭元。广东始兴人。少通经史。唐末，任邕管巡官，后寓居南海。清海军节度使刘隐荐试大理评事，出任清海、建武节度判官。刘隐去世，刘岩继任清海军节度使。时中原贤才因北方战乱，南下避难，建议刘岩广开幕府，延揽人才，任用文人为刺史。策划攻取韶、容、高等州，劝刘岩与楚国通婚，息兵睦邻。以功授节度副使、御史中丞。南汉建国后，擢兵部侍郎、同平章事。请立

学校，开贡举，设铨选，国家制度初
具规模。刘岩晚年渐务奢华，政多酷
暴，屡谏不听，谢病归故里。（杨芹）

文偃（864—949） 僧人。云门宗创始
人。俗姓张。姑苏嘉兴（今浙江嘉兴）
人。15岁投嘉兴空王寺志澄律师门下，
受沙弥戒。21岁
在常州毗陵坛受
具足戒。发心参
学，谒道踪禅师
于睦州（今浙江
建德）。唐乾宁
元年（894）经道

文偃

踪推荐，在福州雪峰寺参拜义存禅师，
得密授心印。游历17年，研究各家佛
法学说。后梁乾化元年（911）入岭南
礼曹溪，旋至韶州（今韶关）韶石灵
树寺，向如敏禅师参学。如敏圆寂后，
承继如敏法席。屡应南汉两代国主之
召，入宫述说禅门宗旨。五载后移庵
韶州云门山，创构梵宫，南汉国主赐
额"光泰禅院"，后改"正真禅寺"，
再改"大觉禅寺"，世人习称"云门
寺"。大有十一年（938）奉诏入宫讲
法，被封为左右卫大僧录，固辞不受，
赐号"匡真大师"。乾和元年（943）
再次入宫，阐扬禅宗学说。在韶阳一
带弘教约30年，接引学人手法独树一
帜，世称云门宗。弟子上千，继承法
乳者有香林澄远、德山缘密等61人。
宋谥大慈云门匡真弘明禅师、觉化大
师。肉身长期供奉于云门寺祖堂，"文
化大革命"期间被毁。（达亮）

王定保（870—954） 南汉学者。字
翊圣。洪州南昌（今属江西）人。唐
光化三年（900）进士。任容管节度判
官。以中原动乱，南游湖湘，久客岭
表，为邕管（今广西南宁）巡官。清
海军节度使刘隐延入幕府。于军国大
事多所匡正，劝刘岩守藩节。南汉大
有元年（928），任宁远军节度使。入

为中书侍郎、同平章事。擅文词，博
闻强记，结交名士，于朝廷典故无不
咨询。著有《唐摭言》15卷，备载唐
朝科举制度、科场风气、文人风习及
遗闻轶事。（杨芹）

刘隐（874—911） 五代时上蔡（今属
河南）人，一说原籍彭城（今江苏徐
州）。其祖因经商南海，迁居福建泉
州。封州（今广东新兴）刺史刘知谦
（一作刘谦）长子，南汉高祖刘岩之
兄。唐乾宁元年（894）代父为封州刺
史。三年（896），平广州牙将卢琚、
谭宏玘之乱，拜清海行军司马。光化
三年（900）为节度副使。徐彦若荐举
为清海节度留后。天祐元年（904），
遣使至京，重赂梁王朱温，进清海军
节度使，旋加同平章事，成为唐末一
大强藩。三年（906），扩建广州新
南城。入后梁，以拥戴功加检校太尉
兼侍中，封大彭郡王。后梁开平二年
（908），兼静海节度使、安南都护，
寻加检校太师、中书令。三年（909），
改封南平王。四年（910），进封南海
王。颇有政治智慧和战略眼光，延揽
人才以为用，扩充军力，节费安民，
发展经济，充实财力，奠定南汉立国
的根基。临终，表其弟刘岩为节度留
后。贞明三年（917）刘岩在广州称
帝，国号大越，建元乾亨，追谥为襄
皇帝。旋改为大汉，建立南汉国。
（杨芹）

刘岩（889—942） 南汉国开国皇帝。
曾名刘陟，更名刘龑，终名刘䶮。唐
封州刺史刘知谦幼子，刘隐之弟。善
骑射。刘隐为清海行军司马时，为薛
王府咨议参军。及刘隐为清海、静海
两镇节度使，为副使。后梁乾化元年
（911）三月，刘隐卒，代为清海节度
使，扫平岭南割据诸寨，取韶、潮、
容、高数州，势力范围包括今广东、
海南两省及广西大部。二年（912），

后梁授为清海军节度使、检校太保、
同平章事，旋加检校太傅。三年
（913），又授清海、建武节度兼中书
令，袭封南海王。重用刘隐旧部，网
罗有才干的文臣武将，通好邻藩，保
境息民，击破各地割据势力，除桂管、
安南之外，大部纳入刘氏势力范围。
奉后梁正朔，后梁贞明元年（915）上
表请求加封都统、改封南越王，后梁
不许，遂与之绝交。三年（917），在
广州称帝，国号大越，建元乾亨，追
谥刘隐为襄皇帝。翌年，改国号大汉，
史称"南汉"，以别于中原后汉。依
唐制建立国家机构，设置百官，开科
取士，以文人为刺史；对外结好吴国，
鼓励通商，国势日强。但性残暴，滥
施酷刑，晚年渐务奢华，大兴土木。
卒于甘泉宫。谥天皇大帝，庙号高祖，
葬于康陵（今广州番禺区大学城）。
（杨芹）

刘陟 见"刘岩"。
刘龑 见"刘岩"。
刘䶮 见"刘岩"。

简文会（约907—958） 广东9位状
元（莫宣卿、简文会、张镇孙、伦文
叙、林大钦、黄士俊、庄有恭、林召
棠、梁耀枢）
之一。号魁
岗。五代十国
南汉南海黎水
村（今佛山禅
城区澜石镇黎
涌村）人。家

简文会

境贫寒，生性聪明，勤奋好学，精通
经典，擅长诗赋。南汉乾亨四年（920）
举进士第一，高中状元。以才学见用，
深得高祖刘岩赏识。由翰林院编修累
官至尚书右丞，管辖兵、刑、工三部。
中宗时，法峻刑严，杀宗室勋旧，耿
直切谏，忤旨出为祯州（今广东博罗、
河源一带）刺史。任上洁己爱民，兴

利除弊，循声大著。卒于任上，葬今广州白云区太和镇白山村金钗岭。（杨芹）

黄损（生卒年不详） 诗人。字益之。广东连州人。幼有大志，初隐居静福山，游洞庭、匡庐诸山，知交甚广，尤与桑维翰、宋齐邱等名士友善，论天下大事。后梁龙德二年（922）进士，授永州团练判官。北方战乱，南下广州。南汉建国，条上十策，切指权贵，为高祖刘岩赏识，国事多所咨询。官至尚书左仆射。刘岩晚年渐务奢华，工役繁兴，上书请息兵务农，忤旨而见疏远。旋以足疾辞官，居永州北沧塘湖上，诗酒自娱。捐资修筑高良邪陂，灌田百余顷，为民谋利。善诗歌，享有盛名。梁时与郑谷、僧齐己定"葫芦""辘轳""进退"等近体诗格，为时所宗。著有《桂香集》《射法》等。（杨芹）

潘美（925—991） 字仲询。大名府（今河北大名）人。后周时，以功迁西上阁门副使。宋初颇受重用，屡行平叛、镇抚之事。北宋开宝三年（970）九月，宋师征南汉，为潭州防御使、行营诸军都部署，与朗州团练使尹崇珂会攻贺州，大败南汉军，下昭州（今广西平乐）、桂州（今广西桂林）、连州，西江各州相继归降，宋军进驻韶州（今韶关）。十二月，宋军破南汉象阵。开宝四年（971）正月，尽取粤北，进逼兴王府（今广州）。南汉后主刘鋹派其弟刘保兴率军抵抗，宋军再破之，克广州，刘鋹投降，南汉灭亡。与尹崇珂同知广州兼市舶使。五月，转为山南东道节度使。五年（972），兼任岭南道转运使，讨平周、思、琼等边海土豪，岭南始安。雍熙三年（986）攻辽，指挥失当，致杨业战死。后加至同平章事。（杨芹）

胡宾王（生卒年不详） 学者。字时贤。韶州曲江（今韶关曲江区）人。读书勤奋。隐居清远中宿峡，研习经史。南汉大宝二年（959）进士甲科。累官至中书舍人，知制诰。见后主刘鋹荒淫无道，朝政败坏，弃官归故里，潜心史学，著《南汉国史》，全书12卷，自刘隐至刘鋹为《五主传》，杨洞潜至陆光图等33人为《纯臣传》，又有《具臣》《乱臣》《宦官》《女谒》诸传，为成书最早、私人修撰的南汉国史。南汉亡，将书易名《刘氏兴亡录》，献宋廷，授著作郎。北宋咸平三年（1000），再度科考，登进士第，官至翰林学士。晚年归故里，周济贫困，于县东20里球冈下筑堂讲书，招收子弟，教书育人。卒后葬大塘（今乳源乳城镇）桥冈。（杨芹）

陈昭遇（生卒年不详） 医生。字归明。南海（今佛山南海区）人。出身医生世家，精通医术。南汉灭亡后，被引荐到北宋都城汴京（今河南开封），任医官。潜心医术，所治疾多愈，世人以为神医。北宋开宝六年（973），宋太祖诏重订《唐本草》，称《开宝新详定本草》，共20卷。七年（974），奉旨再修订，新增133种药物，对新旧药物审其形性，详加解释，名《开宝重定本草》。太平兴国间，奉旨与王怀隐等将各种医方校正分类整理，历14年书成，共100卷，宋太宗钦定为《太平圣惠方》，颁行全国，诏各州设医博士掌管。（杨芹）

古成之（947—1007） 诗人。字亚奭。河源长吉都（今广东新丰）人。早年隐居罗浮山，力学不息。学识广博，时有诗名。北宋雍熙二年（985），会试第二，因人暗算，未被录取。端拱二年（989），再次会试，名列十九，中进士，被誉为宋代"岭南首第"。后为官，爱民为本，善于抚恤。卒于

任上。著有《册易注疏》《诗集》。（杨芹）

邵晔（948—1011） 字日华。连州桂阳（今广东连州）人。北宋太平兴国八年（983）进士。历任监察御史、太常寺丞、江南转运副使、淮南转运使、沿海安抚使、京东转运使等。大中祥符四年（1011）改右谏议大夫，任广州知州，治绩卓著。时珠江淤塞，外国商船无法进入广州，只能停泊于外海，易受台风袭击。到任后，开内濠，疏浚港口，改造航道，使商舶可直达广州，遇台风时能入内港避风。卒于任上。（杨芹）

寇准（961—1023） 字平仲。华州下邽（今陕西渭南北）人。北宋太平兴国五年（980）进士。为人刚直敢谏，受宋太宗重用，拜枢密副使。淳化五年（994）为参知政事，历任工部、刑部、兵部职事，又任三司使。景德元年（1004）拜相，时辽兵南犯，围澶州（今河南濮阳）等地，力主真宗亲征，又请真宗渡河巡视，往澶州督战，稳定军心。宋辽订立澶渊之盟。景德三年（1006）之后，被王钦若、丁谓等排挤，数遭贬谪。天禧四年（1020）又被丁谓排挤去位，封莱国公。后被贬至雷州（今广东雷州），为雷州司户参军。指导民众学中州音，解说天文地理；建真武堂，收徒习文学艺；兴修水利，开渠引水，灌溉良田。卒于贬所。有《寇莱公集》。（杨芹）

陈尧佐（963—1044） 诗人。字希元，号知余子。阆州阆中（今四川阆中）人。北宋端拱年间，与兄陈尧叟同科考中进士，历任县尉、知州、节度使，官至枢密副使、参知政事、集贤殿大学士。北宋咸平二年（999），因上书触怒皇帝，被贬为潮州通判，在潮州筹办学堂，修建孔庙及韩愈

祠，培养人才，扶掖名士，广兴教化，振兴文风。咸平三年（1000），因鳄鱼在韩江为害，效仿韩愈作《戮鳄鱼文》。在潮州历史上与韩愈并称"韩陈"。潮州人民为了纪念他，把他奉祀在韩文公祠里，立名"十相留声"牌坊中。后又知惠州，作《野吏亭》《寄题惠州野吏亭》等诗。后人奉祀于惠州丰湖书院十二先生祠中。工诗，善古隶、八分。著有文集30卷，另著有《潮阳编》《野庐编》《愚邱集》《遣兴集》等。　（许艳青）

冯元（975—1037）　岭南六先生（冯元、余靖、王大宝、崔与之、李昂英、郭闻）之一。字道宗。南海（今佛山南海区）人。师从崔颐正、孙奭，精研经学大义。读书广博，与孙质、陆参和夏侯圭等讲学，号称"四友"。北宋大中祥符元年（1008）进士，任国子监直讲。八年（1015），宋真宗召讲《易经》，讲授得体，获赐五品服，调任太子中允，直龙图阁，诏预内朝，自此有直龙图阁预内朝之制。后多次进讲《易经》，改赐三品服。天禧元年（1017），以谏议大夫衔出使契丹，回朝后迁太常丞，兼判礼院吏部南曹。宋仁宗即位，迁户部员外郎，直学士兼侍讲，为官严谨低调，以经术与孙奭并进。后兼会灵观副使，知通州银台司，兼门下驳事。天圣元年（1023）判登闻检院。三年（1025），改任礼部郎中。五年（1027）同知贡举，进龙图阁学士。参与编修《三朝正史》。卒后追赠礼部尚书，谥章靖。诗文风格清新，缜密、平和、清纯。　（杨芹）

许彦先（生卒年不详）　诗人。一名许光，字觉之。广东始兴人。宋仁宗天圣二年（1024）进士，累官殿中丞。神宗熙宁间历任广南东路转运判官、提点刑狱、转运副使等职，与王安石

交游，晚年知随州。精通易学，工书法，素有文名，尤擅碑岩题诗，其诗多想象奇丽，气格不俗。有《熙宁甲寅上巳再游药洲题九曜石》《熙宁丁巳孟夏再游阳春通真岩》等诗传世。　（李继明）

许光　见"许彦先"。

包拯（999—1062）　字希仁。庐州（今安徽合肥）人。北宋天圣五年（1027）进士。历任监察御史、三司户部副使、河北都转运使、开封府知府等。嘉祐六年（1061）官至枢密副使。授天章阁待制、龙图阁直学士等。德政突出，为人刚正廉洁，不畏权贵，执法无私，为古代清官的典范。康定年间任端州（今广东肇庆）知州。倡导改良耕作工具，推广精耕细作，发展农业生产。断讼明敏，屡破奇案。端砚为贡品，砚民常被迫多交数十倍，负担沉重。命砚民按贡数缴交，余尽归砚民所有。任满还朝，不持一砚归。庆历年间任知谏院，关注广南吏治，多次上疏条陈改良之策。卒于任上。谥孝肃。事迹长期流传民间，演为戏文。元杂剧有《陈州粜米》等剧目，后流传日广，形成丰富的传说。有《包孝肃奏议》传世。　（杨芹）

余靖（1000—1064）　岭南六先生（冯元、余靖、王大宝、崔与之、李昂英、郭闻）之一。本名余希古，字安道，号武溪。韶州曲江（今韶关曲江区）人。北宋天圣二年（1024）进士。朝廷新置书判拔萃科，又中第一。景祐三年（1036）任集贤院校理，范仲淹被贬，因上书言事，被贬为地方监税官。后知英州（今广东英德），入为京官。

余靖

庆历三年（1043）擢右正言，提出"清、公、勤、明、和、慎"的从政六箴，建议严赏罚，节开支，反对多给西夏岁币。与欧阳修、王素、蔡襄被誉为"四谏"。参与新政，于人事、治民、边政、刑法、租赋、御盗等多有建言。三次出使辽国，通晓契丹语。因作"蕃语诗"，被劾贬官。皇祐四年（1052），出知桂州（今广西桂林）、广南西路经略安抚使，又经制广南东、西路盗贼，协助狄青平定侬智高之乱。留桂州，经制广西，处置善后事宜。嘉祐五年（1060），任广西体量安抚使，制服交趾。旋以尚书左丞知广州、广南东路经略安抚使兼市舶使。修缮城垣，整顿秩序，减轻百姓负担，劝民归业，发展生产；主管市舶，立法禁止官吏私买进口香药；招徕外商，罢征"蓄舶"装货之税。英宗即位，召为工部尚书，卒于赴任途中，归葬曲江。谥号襄，世称余襄公。一生竭智尽忠，建策匡时，抚民治吏。博学强记，经史之外，兼及释道诸家，亦精天文、律历。今存《武溪集》，多涉广东政事、人物、交通、物产、宗教。另有《余襄公奏议》。　（杨芹）

余希古　见"余靖"。

契嵩（1007—1072）　僧人。号潜子，字仲灵，俗姓李。滕州镡津（今广西梧州藤县）人。7岁出家，13岁得度，19岁游方。得法于洞山晓聪禅师。宋仁宗明道年间，作《原教》《孝论》十余篇与当时辟佛者相抗，轰动京师学坛。

契嵩

成名后谢绝仁宗及士大夫挽留，南返南岳衡山，闭关禅修。出关后云游杭州灵隐寺，又再往京师，留居闵贤寺。

仁宗赏紫方袍，赐号"明教大师"。继而东游杭州，受蔡襄的邀请，居钱塘佛日禅院，故人称"佛日禅师"。著《辅教编》，对北宋儒家的排佛之论进行反驳，认为儒家重治世，佛教重治心，迹异而心一。又把佛教"五戒"与儒家"五常"相等同，提出"孝为戒先"的命题，故有"孝僧"之誉。撰有《传法正宗记》《传法正宗论》《传法定祖图》，确定禅宗在印度的世系为28祖，对后世讲禅宗史者影响极大。有《镡津文集》20卷传世。（江晖）

狄青（1008—1057） 字汉臣。汾州西河（今山西汾阳）人。出身贫门，自少入伍，面刺字，善骑射，人称"面涅将军"。勇而善谋，精通兵法。宝元初，任延州指使，宋西夏战争中屡建战功。为范仲淹等所擢用，由士兵升为大将。北宋皇祐四年（1052）为枢密副使。次年蛮族首领依智高叛乱，攻陷邕州（今广西南宁邕宁区），又攻破沿江9州，围广州城。宋军连折张忠、蔡偕二将，岭外骚然。朝廷命孙沔、余靖为安抚使，督军讨伐。主动请战，命为宣徽南院使、荆湖北路宣抚使、提举广南东西路经制盗贼事，负责处置广南之事。依智高回师邕州，率军夜袭昆仑关，出敌不意，依智高仓皇逃走。岭南乱平，升任枢密使，旋被排挤去职，出判陈州而死。治军严明，常与士卒同甘苦。（杨芹）

蔡抗（1008—1067） 字子直。应天宋城（今河南商丘南）人。北宋景祐进士，调太平州推官。历秦州通判、秘阁校理。出知苏州。嘉祐年间任广南东路转运使，其弟蔡挺时任提点江西刑狱，兄弟订约，分头负责修筑大庚岭在各自辖境内路段。上下岭30里，路皆砖砌。每隔数里置一亭，供旅客小憩。路两旁各开水渠，并夹种红白

梅树。继张九龄之后，大庚岭道路大为改观。韶州（今广东韶关）岑水场产铜，多为民采官收，下令及时给价收铜。番禺至韶州盐斤运销依赖北江水运，悉心谋划，保障水运与盐质，增加官府盐利收入。英宗即位，召为三司判官，以史馆修撰同知谏院。召试，除知制诰。出知定州，徙秦州卒。（杨芹）

程师孟（1009—1086） 字公辟，号正议。苏州吴县（今江苏苏州）人。北宋景祐元年（1034）进士甲科。历知南康军、楚州。嘉祐初年，累迁为提点夔州路刑狱。治平中知洪州，后为江西转运使。熙宁初知福州，三年（1070）调任广州知州，扩建西城，大修学校，引进人才，诸番子弟皆愿入学。在广州任知州6年，治行尤著。召为给事中，判都水监，复出知越州、青州。病逝于苏州家中。为政简而严。著有《奏录》《续会稽掇英录》《广平奏议》《诗集》《长乐集》等。（许艳青）

周敦颐（1017—1073） 哲学家。字茂叔，号濂溪。道州营道（今湖南道县）人。因筑室庐山莲花峰下的小溪上，取营道故居濂溪以名之，后人称为濂溪先生。历任郴州郴县令、大理寺丞、知洪州南昌、国子博士、通判虔州、提点广南东路刑狱、知南康军等职。北宋熙宁元年（1068）任广南东路运转判官。四年（1071）正月擢升为提点广南东路刑狱，以洗清冤狱、惠泽于物为己任。除广州外，到韶州、惠州、春州、端州、潮州等地，平雪冤案。同年八月离任。五年（1072）定居庐山，筑室讲学，卒葬江西九江。依据《易传》《中庸》和道教思想，依托道士陈抟的《无极图》，提出一个简单而系统的宇宙构成论及道德修养论，提出太极、性、命、诚等哲学

范畴，成为宋明理学的基本范畴，被后世尊为理学的开山始祖。南宋时期，广东广州、韶州、潮州等地始建濂溪书院或濂溪祠以示纪念。著有《太极图说》《通书》。后世编有《周元公集》《周子全书》《周濂溪先生全集》。（陈柳）

辛押陀罗（Sheikh Abdullah，生卒年不详） 蕃商。大食（阿拉伯帝国）勿巡国（今阿曼）人。生活于北宋。北宋天圣元年（1023）颁诏，大食使臣此后改取海路，由广州至京师开封入贡。熙宁五年（1072）六月，以勿巡国进奉使身份晋见神宗，获赐白马一匹、鞍辔一副，由苏轼草拟制敕授封"归德将军"，获任广州蕃坊蕃长，熙宁年间居留广州数十年，家资数百万缗，进助修广州城钱粮，招邀蕃商，协助广州地方郡守张田、程师孟、蒋之奇等捐资兴学，徙郡学，售田增建学舍，以招蕃俗子弟入学。北宋中阿经济、文化交流的重要人物之一。（杨恒平、马建春、李蒙蒙）

祖心（1025—1100） 僧人。号晦堂，俗姓邬。广东始兴人。19岁依龙山寺沙门惠全出家。继住受业寺。一日，阅《传灯录》而大悟，乃归黄蘗。又往谒翠岩可真，依止两载，归礼慧南。慧南迁黄龙，往就泐潭晓月讲学。慧南圆寂，继主法席。住黄龙山12年，四方归仰。应邀至长沙说法，学者重之。谥宝觉禅师。葬于慧南塔东，称"双塔"。门人黄庭坚为主后事，作《黄龙心禅师塔铭》。嗣法弟子有悟新、惟清、善清等47人。有《宝觉祖心禅师语录》1卷、《冥枢会要》3卷传世。（张若琪）

重辩（1030—1098） 僧人。字微心。广东始兴人。早年依天衣义怀出家，后云游至荆州一带（今属湖北当阳），

在玉泉山寺参礼谓芳禅师得法，为临济宗第九世。儒释兼通，道学纯备，禅法高深。北宋元祐五年（1090）应韶州官绅之请移锡曹溪，主南华法席，祖庭因以重兴。绍圣元年（1094）苏轼入曹溪，与其相晤，作《卓锡泉铭》《苏程庵铭》，并题"宝林""斋堂"殿额。后又应其请书柳宗元《大鉴禅师碑》。圆寂后，苏轼作《南华长老重辩师逸事》。塔于南华东数里，留肉身舍利示众。（达亮）

蒋之奇（1031—1104）　字颖叔，一作颖叔。常州宜兴（今江苏常州）人。北宋嘉祐二年（1057）进士，官太常博士，升监察御史，转殿中御史。因劾欧阳修，贬监道州酒税。熙宁年间为福建转运判官。长于理财，治漕运，以干练称。元祐年间，改任集贤殿修撰、知广州，平岑深之乱，恢复地方秩序。建"十贤堂"，祀历代名宦吴隐之、宋璟、李勉、卢奂等。元符末，坐事责守汝州。徽宗立，除知枢密院事。（杨芹）

慧元（1037—1091）　又称报本慧元。僧人。俗姓倪。广东潮州人。临济宗黄龙派。垂髫即喜趺坐，在城南一精舍诵《法华经》。19岁剃度受具，游方中原，在京师华严寺圆明法师处受法，为南岳下十三世。其后游洛、京、襄、汉。北宋治平三年（1066）至江西洪州（今南昌一带）黄龙山，遇慧南禅师，以参黄龙三关悟入。熙宁元年（1068）驻锡吴江寿圣寺，后迁昆山福岩。元祐四年（1089）住湖州报本禅院。胁不至席30年。升座说偈，言讫而化。谥证悟禅师。遗言葬岘山之阳，塔曰"定应"。法嗣门人有名者永安元正、凤凰德亨。（达亮）

报本慧元　见"慧元"。

石汝砺（生卒年不详）　字介夫，号碧落子。浈阳（今广东英德）人。北宋哲宗年间在世。少时聪颖，熟习五经。为增广见闻，翻越梅岭北游至江西，与名士结交，学识大增。在英州州学教授生徒。精通《易经》，所写文章大多涉及易理。晚年进《易图解》于朝，为王安石所抑，不得重用，后隐居南山圣寿寺讲解《易经》。苏轼被贬至惠州时，与之交游，称其为隐者。其诗恬淡自然，饶有野趣。通音律，著《碧落子斫琴法》1卷。有文《英州南山圣寿禅寺水车记》、诗《竹浦渔归》传世。（李继明）

陈希伋（生卒年不详）　字思仲，别号陈孝子。广东揭阳人。北宋哲宗年间在世。神宗元丰年间两次中乡试头名，后入太学修习10余年，其间上书陈列朝廷利弊，皆切中要害。又举荐贤才，皇帝称赞其白衣而能进人于天

陈希伋

子，自古未有，士人视为广南夫子。北宋元祐六年（1091）举经明行修第一，知梅州，卒于任上。为人直言敢谏，知人乐举，多有著述。其诗笔格老健，发人遐思。所著《揭阳集》已佚，现仅存诗《题凤栖寺》（或作《凤栖楼》）一首。（李继明）

苏轼（1037—1101）　文学家、书画家。唐宋八大家（韩愈、柳宗元、欧阳修、苏洵、曾巩、王安石、苏轼、苏辙）、三苏（苏洵、苏轼、苏辙）之一。字子瞻，号东坡居士。眉州眉山（今四川眉山）人。北宋嘉祐二年（1057）进士，神宗时任祠部员外郎，因反对王安石新法而求外职。元丰二年（1079）知湖州时因"乌台诗案"

下狱，贬为黄州团练副使。哲宗时任翰林学士、侍读学士、礼部尚书等职，并出知杭州、颍州、扬州、定州等地。元祐八年（1093）贬英州（今广东英德），因政敌攻击，被远贬惠州（今惠州惠阳）为宁远军节度副使。在惠州因"梦想平生消未尽，满林烟月到西湖"的赞叹，丰湖遂改西湖。为惠州筑堤桥，沟通西湖两岸。又疏浚西湖，西湖八景之一为"苏堤玩月"。绍圣四年（1097）再贬琼州（今海南海口）别驾、昌化（今海南儋州）安置。元符三年（1100）以琼州别驾移知廉州（今广西合浦）。流放岭南6年，为官廉政爱民，留下大量诗文墨迹。徽宗时获大赦北还，途中于常州因病去世。高宗时追赠太师，谥文忠。诗歌创作别开宋诗生面，词突破传统格局。书法擅行书、楷书，为宋四家之一。绘画擅长墨竹。著作编为《苏文忠公全集》。（陈梆）

苏辙（1039—1112）　散文家。唐宋八大家（韩愈、柳宗元、欧阳修、苏洵、曾巩、王安石、苏轼、苏辙）三苏（苏洵、苏轼、苏辙）之一。字子由、同叔，号颖滨遗老。眉州眉山（今四川眉山）人。宋嘉祐二年（1057）与兄苏轼同登进士科。官尚书右丞、门下侍郎。神宗朝，为制置三司条例司属官。后任陈州教授、齐州掌书记、南京签书判官等职。元丰二年（1079），苏轼因"乌台诗案"下狱，为救兄长始遭谪贬。绍圣四年（1097），被责授化州（今广东化州）别驾、雷州安置。教导百姓开荒耕种，移风易俗，推动雷州地区文化教育的发展。元符二年（1099）六月，再贬循州（今广东龙川），撰有《龙川略志》，内容涉及社会、政治、人物、风物掌故等。淳熙中宋孝宗追谥为"文定"。工古文，所作秀洁从容，流畅有韵致，《黄州快哉亭记》等篇颇有名。著有《栾

城集》《诗集传》《春秋集解》《古史》《道德经解》《栾城应诏集》《论语拾遗》《孟子解》等。（许艳青）

大峰（1039？—1127） 又称通叟。僧人。俗名林灵噩。浙江温州人，一说广西梧州人。传说出身豪门。北宋绍圣二年（1095）进士，任绍兴县令，因见朝纲废坏而弃官为僧。宣和二年（1120）从福建来岭南，在蚝坪（今汕头潮阳区和平镇）狮尾石（今大峰石）设坛驱疫以救民。南宋建炎元年（1127）在大川（今练江）建桥，以利大众通行。因操劳过度，卒于此，民间感怀之。"大峰禅师墓"2015年被公布为第八批广东省文物保护单位。（杨权）

通叟 见"大峰"。

刘允（约1078—1126） 字厚中。海阳（今广东潮州）人。唐宋潮州八贤（赵德、许申、张夔、刘允、林巽、王大宝、卢侗、吴复古）之一。北宋绍圣四年（1097）进士，初任循州户曹，革除官仓旧弊，平息兵卒哗变。升任程乡知县，正逢大旱歉收，上奏灾情为民请命，得免赋税，大解民困。后调任化州知州，取消低价购买玳瑁等珍贵物品的弊政，数日间解决旧日诉讼百余，替被污蔑为海盗的吴川盐户辩冤案。后除新、循二州，致仕不赴，卒于家中。一生博览群书，精通诗文、医卜，与子刘昉合编《刘氏家传方》。宋大观初开始收集韩愈文章各种版本，订正刊行，为宋代潮州木刻韩集之始。一生著文颇多，有《刘厚中文集》，不传。今存诗《纪梦八诗》《梦中作》《韩山》《又五言绝句》等数首。（李继明）

符确（生卒年不详） 海南人。少年勤读诗书，资质聪颖，沉静好学，博通经史，才识超群。拜苏东坡为师。北宋大观三年（1109）赴京城会试登己丑科进士，名列贾安宅榜，填补自隋朝科考以来海南无进士的空白，后官至承议郎，任广东韶州、化州知州。在任期间励精图治，为政清廉，秉公办事，为人民所拥戴。卸任后返海南，兴办教育。在昌化创建兴贤坊，敷扬文教。兴贤坊几经维修，后改称兴贤堂，至清乾隆年间儋州举人符凤纪提倡重建，将兴贤堂改为兴贤祠。其墓在今海南东方市三家镇居候村。儋州高麻都村（今海南洋浦经济开发区三都镇南源村）建有符确纪念堂与符氏大祠堂。（叶远飘）

林勋（生卒年不详） 广西贺县（今贺州）桂岭乡白石村人。生活在两宋之际。北宋政和五年（1115）进士，任广州教授。绍兴二十五年（1155）为工部侍郎兼直学士院，升任吏部尚书。南宋建炎三年（1129）向朝廷献《本政书》13篇，倡言以农为本，富国强兵，而被擢为桂州（今广西桂林）节度掌书记。又献《比较书》2篇，以桂州为例论证应仿古实行井田制。朱熹、陈亮爱其书，倍加赞誉。（陈柳）

蒲亚里（生卒年不详） 大食商人。《宋会要》记其为大食国"大商"。南宋绍兴七年（1137），与右武大夫曾讷之妹相婚姻，居留广州不归。（马建春）

李光（1078—1159） 词人。南宋四名臣（赵鼎、李光、李纲、胡铨）之一。字泰发，一作泰定，号转物居士。越州上虞（今浙江绍兴）人。南宋崇宁五年（1106）进士。宣和末，累迁至司封员外郎。靖康元年（1126）由右司谏为殿中侍御史，累官至参知政事。反对弃地事金。绍兴元年（1131）迁吏部尚书，主张守江淮以保江、浙。八年（1138），宋金和议成，论金不可信，和不可恃，为秦桧所恶。十一年（1141），遭御史中丞万俟卨劾，贬为建宁军节度副使，滕州（今广西藤县）安置。十四年（1144），移琼州（今海南海口）安置。绍兴二十年（1150），被诬与胡铨赋诗唱和，讥谤朝政，再移昌化军（今海南儋州）安置。居海南10余年，身处逆境，仍论文考史，笔力精健，著《儒学记》等。海南亭台楼阁多有其题咏。秦桧死，内迁郴州。有前后集，已佚。又有《椒亭小集》《庄简集》等。（杨芹）

折彦质（1080？—1160？） 宋麟府折家第七代名将。字仲古，别号介之。陕西河西府州（今陕西府谷）人。金军攻打开封时，与姚古、种师中率兵勤王，在南关、黄河等地与金兵血战，后任知枢密院事，与岳飞、韩世忠等协力抗敌。南宋建炎元年（1127）因战场失利被贬昌化军（今海南儋州）安置。赴琼路上写下《雷州苏公楼》《寇莱公庙》等诗文。在儋州礼贤下士，与寓儋士人组织真率会，制定乡约，兴行教化。在儋州写有《超然亭》。《全宋诗》录其诗18首，其中多首与贬谪海南有关。（许艳青）

梁观国（1088—1146） 字宾卿，广东番禺（今广州）人。早年两次乡荐不第，遂弃举业，退归熟诵经书，尽将先前所作科举之文烧毁，修身养性，一言一行，必求与古人相吻合。又痛感其时圣贤之道未得以阐明，认为祸根全在异端邪说的流行，因而极力排斥佛教、道教，得到理学家胡寅欣赏，评价其文豪劲该辨，视为奇士，与之交游。以正道自任，不为世俗所移，门人称他为"归正先生"。著有《归正集》20卷、《议苏文》5卷、《表

礼》5卷、《壶教》15卷，均已散佚。
（陈椰）

王大宝（1094—1171） 学者。岭南六先生（冯元、王大宝、余靖、崔与之、李昂英、郭阆）、唐宋潮州八贤（赵德、许申、张夔、刘允、林巽、王大宝、卢侗、吴复古）之一。字元龟。广东海阳（今潮州潮安区）人。南宋建炎二年（1128）廷试第二名，授南雄州（今广东南雄）教授，因病归家。绍兴十六年（1146）任连州知州。后又知袁州，撰《易》《书》《诗》解，高宗赞赏他能留意经术，著作甚可采用，起用为国子司业兼崇政殿说书，又历任敷文阁直学士、知温州、提点福建刑狱、提点广东刑狱。绍兴三十二年（1162）授礼部尚书侍郎、右谏议大夫等职。在地方行惠政，有治声，在朝则力主抗金，是主战派代表。精于易学，著有《周易证义》10卷、《书解》《诗解》多卷、《毛诗国风证义》6卷、《谏垣奏议》6卷、《经筵讲义》2卷、《遗文》15卷。均已亡佚。（陈椰）

刘昉（1108？—1150） 中医儿科学家。被誉为"岭南儿科鼻祖"。字方明，赐名旦。刘允长子。海阳（今属广东潮州）人。北宋宣和六年（1124）进士及第，先后任左宣教郎、太常寺少卿、潭州（今湖南长沙）知州等职。南宋绍兴十八年（1148）升任龙图阁学士，后复任潭州知州。精通诗礼、文史、岐黄方书。擅长儿科疾病的诊治，重视新生儿的保健和新生儿疾病的预防，提出从胎教、哺乳、断脐、浴儿到拭儿口等方法22门，奠定岭南儿科基础。最早提出3岁以内儿

刘昉

童的三关指纹诊法，该诊法一直沿用至今。手书的《诸家题唐范隋告身跋》被认为是岭南最早的传世墨迹。著有《幼幼新书》。（周红黎、张书河）

龚茂良（1121—1178） 字实之。兴化军（今福建莆田）人。南宋绍兴八年（1138）进士，授南安县主簿，转邵武军司法，调泉州观察推官。乾道二年（1166）起用为广东提刑，知广州。在广州任上广兴教化，建立州学，又建番禺南海县学，倡导尊师敬老谦让之风。在城东广惠庵新建海会塔，收藏无主遗骨，备受称颂。六年（1170），拜为参知政事。后奉命入朝进对，忠直敢言，锐意改革。淳熙三年（1176）以首席参政代行宰相职务，遭奸佞诬陷。翌年正月，责降宁远军（今广西北流）节度副使，英州（今广东英德）安置，卒于贬所。淳熙十四年（1187）平冤，复资政殿学士。谥庄敏。著有《静泰堂文集》《奏议》等。（许艳青）

杨万里（1127—1206） 诗人。南宋中兴四大家（尤袤、杨万里、范成大、陆游）之一。字廷秀，号诚斋，学者称诚斋先生。吉州吉水（今江西吉水）人。南宋绍兴二十四年（1154）进士，历仕高宗、孝宗、光宗、宁宗4朝，累官至宝谟阁学士。立朝刚正，遇事敢言，指摘时弊，无所顾忌，始终不得大用。淳熙六年（1179）正月，由常州知州调任广东提举常平盐茶公事，整顿官盐市场，杜绝官吏受贿。八年（1181）二月，改提点广东刑狱，率兵入梅州，平定福建盗寇沈师，赐直秘阁。后因母丧离任广东。诗文创作不断，一生作诗2万多首，自成一家。有《诚斋集》。（杨芹）

陈焕（生卒年不详） 诗人。字少微。广东博罗人。南宋绍兴三十年（1160）

进士，一说为二十一年（1151）特奏名，授高要主簿，秩满不仕。为人安贫守道，以礼教化乡里之横逆者，乡人称陈先生。诗清劲，有《陈少微诗集》，已佚。今存《咏梅花》《遗衣坛》《黄龙洞口道人送茶及筇竹杖》《茶庵观茶》等诗。（李继明）

陈楠（？—1213） 道士。金丹南宗第四祖。字南木，号翠虚。惠州博罗县（今惠州博罗）人。从毗陵禅师薛道光学习太乙刀圭金丹法诀，后又得景霄大雷琅书于黎姥山神人，遂入道。以雷法符箓驱鬼降魔、济人利物。又以符水捻土为人治病，时人称其为"陈泥丸"。北宋政和年间被擢为提举道录院事，后归隐罗浮山。数年后定居长沙，开创南宗清修派。卒于福建漳州梁山。为"南五祖"第四代宗师。以丹法授白玉蟾，道门高弟还有鞠九思、沙蛰虚等。著有《翠虚篇》。（夏志前）

李大性（约1143—1219） 学者。字伯和。广东端州四会（今肇庆四会）人。自少力学，以父任入官。南宋淳熙十三年（1186）进呈《典故辨疑》100篇，对宋代典故多有考订辨正。擢大理司直，迁大宗正丞。光宗时，官至户部尚书。嘉泰四年（1204），上疏劝阻朝廷对金轻举用兵，忤逆权臣韩侂胄，出知平江府。后移知知江陵府兼荆湖制置使，赈贷以助百姓复业，后历刑、兵部尚书。嘉定十二年（1219），以端明殿学士知平江府，乞休归养，卒于家。谥文惠。对法律及典章制度尤为精熟，《宋会要辑稿》中多有记载其论法及典故之言。著述不存。（陈椰）

崔与之（1158—1239） 学者。岭南六先生（冯元、余靖、王大宝、崔与之、李昂英、郭阆）之一。字正子，一字

正之，号菊坡。广东增城（今广州增城区）人。南宋绍熙四年（1193）进士，初授浔州司法参军，历任广西提点刑狱、金部员

崔与之

外郎、主管淮东安抚司公事、秘书少监等职，在淮东练兵抗金，政声卓著。嘉定十三年（1220）出为知成都府兼成都路安抚使，两年后升任四川制置使。任内安边积财，举贤抚士，使蜀中宁谧。十七年（1224）辞官归乡，讲学育人。端平元年（1234）为平定地方的摧锋军兵变任广东经略安抚使兼知广州。二年（1235）除参政知事，次年进除右丞相兼枢密使。嘉熙三年（1239），以观文殿大学士、提举洞霄宫致仕。累赠太师、南海郡公。谥清献。勤于军政，在学术上亦有建树，倡导经世致用的事功之学，被称为"岭南儒宗"，所开创"菊坡学派"被认为是岭南历史上的第一个学术流派。词章有造诣，有"粤词之始"之称。著作编为《崔清献公集》。（陈柳）

曾跃鳞（生卒年不详） 诗人。一作曾跃麟，字子龙。南恩州（今属广东阳江）人。南宋淳熙五年（1178）进士。初授博源主簿，后擢升汀州通判，历任皆有政声。后被学士李彦颖赏识，荐入秘书，又受少师陈俊卿器重，官拜监察御史。少警敏，善讲书，时人乐与之交往。博通经史，诗文俱可。其诗意境清幽远阔。著《曾子龙集》，不传。今存《阳江杂咏三首》。（李继明）

曾跃麟 见"曾跃鳞"。

方信孺（1168—1222） 诗人。字孚若，自号诗境，号好庵、紫帽山人。

兴化莆田（今属福建）人。以父荫补番禺（今广州）县尉，创立廨宇，盖造营房，置办军器，教阅弓手，境内肃然。开禧三年（1207）三度使金，力折强敌。后提点广西刑狱，除淮东转运判官，因建言开幕山东、归复中原而降秩奉祠。嘉定元年（1208），除通判肇庆府，知韶州（今韶关）。此后连续在广、湘、桂一带任职十余年，致力于平乱除恶、表彰先贤、助学兴教，关心民生，体恤僚属，政声广布。尝学诗于陆游。有宋人辑本《观我轩集》。作《南海百咏》七绝百首，所咏古迹涉及南海、番禺、新会、东莞、肇庆等地。每首均有解题、考证，明清以来有关广东名胜古迹之作多引证本书。（许艳青）

毛自知（1178— ？） 浙江衢县（今衢州衢江区）人，祖籍广西富川（今贺州富川）。南宋开禧元年（1205）乙丑科状元。嘉定元年（1208）以其首论用兵，夺状元恩例，后官至江东制置司干办公事。宋军北伐大败，史弥远策划倒韩政变，以清洗"韩党"为由，褫夺其状元头衔，降职为监当官，后再未被起用。（颜蕴琦）

白玉蟾（1194—1229） 道士。金丹南宗第五祖。字如晦，又字白叟，号紫清、海琼子、武夷散人、琼山道人、神霄散吏、海南翁，后改名葛长庚。琼州（今海南海口）人，一说福建闽清人。为白氏继子，故名白玉蟾。12岁举童子科，谙九经，能诗赋，长于书画。因侠义杀人，出家为道士，隐居武夷山。南宋

白玉蟾

嘉定五年（1212），在罗浮山得陈楠传授道法。十年（1217），收彭耜、留元长为弟子。十一年（1218），宋宁宗令主持国醮于洪州玉隆宫、九宫山瑞庆宫。其道法以宇宙生成论和精气神修炼理论为基础，糅合儒家易学、佛教禅宗之说。兼通大洞法箓、斋醮科仪，尤以雷法著称。卒后诏封"紫清明道真人"，世称"紫清先生"。致力于传播丹道，弘扬南宗内丹法门，是道教南宗教旨的实际创立者。弟子还有赵汝渠、叶古熙、陈守默、周希清等。著有《道德宝章》《海琼集》《海琼问道集》《海琼白真人语录》《上清集》《武夷集》《海琼玉蟾先生文集》等。（夏志前）

葛长庚 见"白玉蟾"。

李昂英（1201—1257） 文学家。岭南六先生（冯元、余靖、王大宝、崔与之、李昂英、郭阆）之一。字俊明，号文溪。广东番禺（今广州海珠区新滘）人。早年受业崔与之门下，主修《春秋》。南宋宝庆二年（1226）进士。绍定二年

李昂英

（1229）授福建汀州推官。端平三年（1236）后，任太学博士、直秘阁、知赣州等。淳祐元年（1241）被丞相杜范荐为吏部郎官。因指责史嵩之等人劣行被罢官。二年（1242），任宗正卿兼国史馆编修，后升为龙图阁待制、吏部侍郎，封以番禺开国男爵位。六年（1246）不见容于权臣史嵩之、贾似道，贬知赣州，改福建提刑，再改知漳州，皆不赴任。十二年（1252）召为直宝谟阁、江西提刑兼知赣州。宝祐二年（1254）召为大宗正卿兼国史编修、实录院检讨，又擢龙图阁待

制吏部侍郎，因弹劾宦官卢允升、董宋臣窃弄威福，遭贬去职，归隐家乡五羊文溪。卒谥忠简。个性孤介，文章风格质实简劲，骨力遒健。师从崔与之，光大菊坡学派。门人李春叟辑有《文溪存稿》20卷。（陈栁）

继 洪（1208？—1289？） 医僧。号澹寮。汝州（今河南汝州）人。自幼出家，精通五明。约金天兴二年（1233）离开河南，翻越五岭，游至柳州、广州等地。遇岭南瘴疟盛行，缺医少药严重，为济苍生而研岐黄。在岭南生活30余载，专注于岭南瘴疟研究。将瘴气分为广义和狭义之瘴。按临床表现和病情轻重将岭南的瘴病分为冷瘴、热瘴、哑瘴、回头瘴；强调岭南地理气候、生活饮食习惯与瘴疟发生的关系；重视岭南瘴疟病后调养和预防。纂修有《岭南卫生方》，编有《澹寮集验秘方》等。（周红黎、张书河）

刘 镇（生卒年不详） 诗人。字叔安，号随如。广东南海（今佛山南海区）人。南宋嘉泰二年（1202）进士。因讦误谪居福建三山20多年，后因真德秀为其祈请，得自便。因自号随如，学者多称随如先生。淳祐中上封事，反对史嵩之起复。和崔与之交游，与之卒，有诗吊唁。与二弟刘镕、刘铎俱有文名，相继而显。长于诗，其诗明白清润，造语典实，为时人推重。工词，其词格高气远，情致绵邈。所著《随如百咏》不传。词有赵万里辑本。（李继明）

陈应辰（生卒年不详） 字清沟。广东亭头（今属东莞）人。南宋嘉定三年（1210），以周礼举乡贡都魁，十二年（1219）特奏为进士，授南恩司法，转任龙川丞，改连州推官，兼权金判。连州积欠朝廷粮运，官吏多预先索取，其在任期间，以己俸抵偿而不扰民，嘉名闻于朝廷，擢升为通直郎。致仕家居，作清沟亭，延师教子弟。身后遗《清沟稿》。（薛超睿）

郑 玠（生卒年不详） 诗人。字太玉。浈阳（今广东英德）人，少而博学，通经史，工诗文，入太学。南宋嘉熙二年（1238）以上舍对策，极言天下事，特奏名，官潮阳尉。淳祐四年（1244）知博罗县事，每政暇，结庐读书赋诗，自称幽居野人。后擢太府寺丞。现存诗9首。（薛超睿）

郭 阊（生卒年不详） 岭南六先生（冯元、余靖、王大宝、崔与之、李昂英、郭阊）之一。字开先，号方泉。广东番禺（今广州）人。南宋淳祐四年（1244）进士。授正阳尉，调郁林学官，历任高要知县、梅州金判、平江知县，累官至监察御史。为官有政声，曾奏罢以盐科配及征榷盐的弊端。作谏官时知无不言，不避权要，深得公论称赞。谈话内容多为军国大事，不及私事。病死任上，卒年66岁。为官以廉洁著称，死后无以为葬，帝赠恤特厚。广州人以之配享崔与之。（张贤明）

区仕衡（1217—1277） 学者、诗文家。字邦铨。广东顺德（今佛山顺德区）人。北宋淳祐间举乡贡。淳祐末入太学为上舍生。慷慨任气，以天下为己任。景定初，上书皇帝直指权臣贾似道误国，不报。又陈救国方略，终不用。后归讲于九峰书院，学者称"九峰先生"。所为诗文沉郁婉雅而气格遒劲。著有《理学简言》，已佚。今存《九峰先生集》3卷，有清道光南海伍氏诗雪轩刊《粤十三家集》本。（蒋明恩）

张世杰（？—1279） 宋末三忠（张世杰、陆秀夫、文天祥）之一。范阳（今河北涿州）人。少从军，后从金国投奔宋。多次立功，升至黄州武定诸军都统制、知高邮军等。南宋德祐元年（1275），率部队捍卫临安（今浙江杭州），并取浙西各郡，军势颇振。与元将阿术大战于焦山（今江苏镇江），战败。次年，元军攻临安，与文天祥主张背城决战，被宰相陈宜中所阻，乃提兵入定海。临安陷落，拥护二帝及杨太后南下，与陆秀夫、陈宜中在福建立益王赵昰为帝，改元景炎。赵昰卒，又立卫王赵昺为帝，改元祥兴，驻守厓山（今广东江门新会区）。祥兴二年（1279）二月，元军进逼，统帅舟师与元军决战，因淡水断绝，战术失利，被元军击溃，陆秀夫背负少帝赵昺投海自尽，其率10余舰护杨太后突围，图后举，退至螺岛（今属广东阳江）。杨太后闻宋帝死讯亦赴海自杀，其亦溺卒，葬于岛上。后人将螺岛改名海陵岛。（杨芹）

陈璧娘（？—1279） 又称陈碧娘。云霄（今属福建）人。宋潮州都统张达之妻。南宋景炎二年（1277）正月，张达护卫宋帝赵昺从南澳撤退，在钱澳相送，后人称此地为"辞郎洲"。祥兴元年（1278）七月，作《平元曲》1首，托弟陈格、陈植带往厓山，鼓励张达抗元，自己亦亲率义军与元人力战。后张达阵亡，宋军兵败，宰相陆秀夫负少帝赵昺投海自尽，其赶到厓山听闻噩耗，闭门不食而死。温丹铭称其"勉夫大义，慷慨殉节，洵为巾帼完人"。事迹记载于福建漳州陈氏族谱中。因故事发生在潮州，在潮州广为人知，后改编为潮剧《辞郎洲》。（周湜缨）

陈碧娘 见"陈璧娘"。

李用（生卒年不详）　理学家。日本粤籍华人。字叔大，号竹隐。广东东莞人。初业科举，后潜心理学，广东地区最早宣扬和开设宋学讲席授徒的理学家。南宋德祐二年（1276）元军南侵时，动员女婿熊飞起兵勤王，同年只身东渡日本求援。后侨居日本，以教授诗书为生，是见诸史籍记载的首位旅日粤籍华人，也是除禅僧外的理学东传第一人。著有《论语解》《竹隐集》。（卢玉敏）

李春叟（1219—1298）　诗人。字子先，号梅外。广东东莞人。理学家李用长子。承家学，覃思经术，尝从学于李昴英。宋开庆元年（1259）以荐授惠州司户，景定间调肇庆府司理，擢德庆教授，秩满归。后朝廷征任军器大监，不就，朝廷特赐号"梅外处士"。家居著书授徒，岭海名士多出其门。参与文天祥的抗元斗争，宋亡不仕。为宋末元初东莞遗民诗社主要社员，对宋元之际的岭南文学作出一定贡献。著有《咏归集》，已佚。（李成秋）

胆巴（1230—1303）　僧人。喇嘛教萨迦派领袖。名功嘉葛剌思，意为"普喜名闻"；胆巴，意为"微妙"。吐蕃朵甘斯旦麻（今四川甘孜州德格县邓柯）人。12岁出家，拜萨迦派四祖萨斯迦巴智达为师，是元世祖忽必烈的帝师八思巴的师弟。24岁为四众开讲《大喜乐本续》等经论。奉师命赴西天竺（今属印度），参礼古达麻室利，修习梵典。回国后在家乡弘法，元中统年间到中原，经八思巴推荐，住持山西五台山寿宁寺。至元七年（1270）主持大护国仁王寺。次年封为国师。十八年（1281）奉世祖命赴长春宫论《老子化胡经》是非。二十六年（1289）再至京，驻锡圣安寺。因权相桑哥构陷，被谪往广东潮州，住开元寺，建寺行化，多有成就，萨迦派学说由此在粤东传播。二十七年（1290）在潮州城南静乐寺故址建密宗佛寺，亲手塑像，为当时广东唯一藏密寺庙，元世祖赐额"宝积寺"。元贞元年（1295）年，桑哥伏诛，受召居京师最大庙宇护国仁王寺。在上都（今内蒙古自治区多伦县西北）圆寂，荼毗后敕迎舍利归葬于仁王寺庆安塔。黄庆二年（1313）被追封为"大觉普惠广照无上帝师"。（张若琪）

苏良（1231—？）　诗人。字尧臣，小字景亮。番禺（今广州）人。南宋宝祐四年（1256）进士，官至知肇庆府。存诗4首，今七星岩景区有其题诗摩崖石刻。（薛超睿）

张镇孙（1235—1278）　学者。广东9位状元（莫宣卿、简文会、张镇孙、伦文叙、林大钦、黄士俊、庄有恭、林召棠、梁耀枢）之一。宋朝广东第一位状元。字鼎卿，号越溪。南海（今佛山南海区）人。博学强记，有神童之称。南宋咸淳七年（1271）殿试第一。后任秘书监正字、校书郎、婺州通判。德祐元年（1275）冬，元军逼近南宋都城临安（今浙江杭州），因牵念双亲，弃官回乡奉养，遭弹劾罢官。景炎元年（1276），宋端宗及朝臣辗转至广东，召任广东制置使兼经略安抚使。重整军队，誓图恢复。二年（1277），率军收复广州，兵威大振。半年后，元兵又大举南下，率战船2000余艘，与元兵激战于珠江。终因兵力悬殊告败，广州再陷，被俘，誓死不降，在解往大都（今北京）途经大庾岭时殉国。文天祥题诗悼念。擅诗文，著有《见面亭集》《四书析义》等。（杨芹）

陆秀夫（1236—1279）　宋末三忠（张世杰、陆秀夫、文天祥）之一。字君实。楚州盐城（今江苏盐城）人。南宋宝祐四年（1256）与文天祥同登进士，被名将李庭芝招入麾下，熟知军务。后被征召回朝，官宗正少卿兼权起居舍人。德祐二年（1276）正月，以礼部侍郎与元军议和，尚未到达，元军攻破临安（今浙江杭州）。与苏刘义等追随二王到温州，于福州拥立益王赵昰为帝。赵昰卒，又立卫王赵昺为帝，改元祥兴，驻守崖山（今广东江门新会区），建立行朝，签书枢密院事，主持行朝朝政。祥兴元年（1278）为左丞相。次年二月，元军大举攻崖山，宋师大败，驱妻、子入海，怀玉玺，负少帝赵昺投海，以死殉国。后人将其遗著汇编成《陆忠烈集》。（杨芹）

文天祥（1236—1283）　官员、文学家。宋末三忠（张世杰、陆秀夫、文天祥）之一。字履善，一字宋瑞，号文山。吉州庐陵（今江西吉安）人。南宋宝祐四年（1256）状元。历官军器监兼权直学士院，湖南提刑，知瑞赣等州。德祐元年（1275），元军沿长江东下，倾家财为军资，招兵入卫临安（今浙江杭州）。二年（1276）任右丞相兼枢密使，出使元军议和被拘，至镇江脱逃，由通州（今江苏南通）入海至温州。时端宗在福州即位，建立行朝，复任右丞相兼枢密使，督诸路军马转战福建、江西，败退入广东南岭（今广东紫金东南）。祥兴元年（1278）三月，收复惠州、潮阳。闰十一月，移驻海丰，于五坡岭（今广东海丰北）被元兵俘获。元军劝降，不为所动，写下《过零丁洋》。二年（1279）二月六日，元军破崖山，亲睹宋室覆亡惨景。旋被送至元大都（今北京）囚禁3年，始终不屈，大义凛然，在柴市（今北京东城府学胡同）被杀害。多忠愤慷慨之作，编《指南录》，作《正气歌》，气势豪迈，堪

称诗史。后人辑为《文山先生全集》。（杨芹）

马南宝（1244—1279） 官员、诗人。原籍河南开封，宋南迁时先祖迁居新会（今江门新会区），后其曾祖徙居香山（今属中山）。家饶于财，读书好义，尤工诗。南宋景炎二年（1277），端宗与陈宜中、张世杰等避难香山，献米犒军，竭力保全，授工部侍郎。端宗舟遇飓风，惊悸而崩，还殡其家，设疑冢以惑元人。宋亡后逃隐，闻帝昺犹在占城，遂与黎德、梁起莘聚众起兵，运粮往迎，兵败被执，不屈殉难。明清两朝均追表其忠，崇祀乡贤。（薛超睿）

赵必琭（1245—1295） 文学家。字玉渊，号秋晓。居家东莞。宋太宗十世孙。宋咸淳元年（1265）弱冠与父同登进士。初任高要尉，摄四会令，再任南康丞。参与文天祥的抗元斗争，经文天祥荐举，摄惠州军事判官，兼知录事。入元后不仕，隐居东莞温塘村以终。性颖悟，读书辄通解，工词赋。组织东莞吟社，为宋末元初东莞遗民诗人群体核心人物。其诗多为感慨兴亡、描写隐居生活之作。《四库全书总目提要》评其诗："体格清劲，不屑为靡靡之音，如'一雨鸣蛙乱深夜，数声啼鸟怨斜阳'诸句，固未尝不绰有情韵也。"著有《覆瓿集》（李成秋）

黄道婆（约1245— ？） 又称黄婆、黄母。棉纺织家。松江乌泥泾（今上海徐汇区东湾村）人。少年流落海南崖州（今海南三亚崖州区），从黎族学习棉纺织技艺，总结出"错纱、配色、综线、挈花"的织造技术。元元贞年间返回故土，改良棉纺织工具，传授捍（棉花去籽）、弹（弹棉花）、纺（纺线）、织（织布）技艺，推广棉纺织技术，促使松江一带棉纺织业繁荣发展，对当时植棉和纺织业起了推动作用。纺织出的"乌泥泾被"，成为松江府乌泥泾独具特色的商品。上海南弄河南南路口有先棉祠（原黄道婆祠），建黄道婆禅院。清咸丰时作为布业公所的跋织亭，供奉黄道婆为始祖。松江人民为她立祠，岁时享祀。被联合国教科文组织确认为"世界级古代女科学家"。（孙恩乐、朱广舟）

黄道婆

黄婆 见"黄道婆"。
黄母 见"黄道婆"。

蔡蒙吉（1246—1277） 字梅庵。程乡松源堡（今属广东梅州）人。出身书香门第，祖若霖、父定夫均为进士。生而颖悟，8岁能诵五经，从乡进士侯安国学《春秋》。12岁应童子试，赐进士出身，授迪功郎，再试铨衡，复第一，加三资，授从政郎、韶州司户兼司法。元军侵岭南，为梅州郡守汤执中檄权梅州金书事、义兵总督。州陷，被执，不屈被杀。次年三月文天祥复梅州，嘉其忠，为文祭之。现存诗4首。（薛超睿）

陈纪（1254—1315） 诗人。字景元，号淡交。广东东莞人。宋咸淳十年（1274）乡贡进士，官通直郎。宋亡不仕，与兄庚隐居于家，为东莞遗民诗人群体主要成员，一时隐逸与之酬唱。诗词工于炼字。清许昂霄《词综偶评》："《贺新郎》，陈纪。稼轩

从昔人说起，此作就本事说起，合二阕观之，可以识章法之变。"著有诗集《越斐吟稿》、词集《秋江欸乃》，均已佚。《全宋词》辑其词4首，《全宋诗》录其诗26首。（李成秋）

陈大震（生卒年不详） 字希声，号蓬觉。广东番禺（今广州）人。南宋宝祐元年（1253）进士。为惠州博罗主簿，擢循州长乐（今广东五华）知县、权知雷州。以文辞敏捷、政事宽厚著称。后调任知蕲州广济县，平寇盗有功，改奉议郎，参静江帅府。咸淳七年（1271），权知雷州。在任时筑雷州西湖堤岸，建平湖书院，祭祀寇准、二苏（苏轼、苏辙），在郡二年，判决公正，百姓称为"蓬翁山判"。转任朝奉大夫，擢守全州。后辞官回乡，多次拒绝元朝的聘请不肯为官。元大德八年（1304）修纂《大德南海志》20卷，今残存5卷。著有文集数十卷，已亡佚。（陈椰）

宗宝（1264—1294） 僧人。广东南海（今属广州）人。元至元二十八年（1291）任曲江曹溪南华寺住持，三十一年（1294）任广州风幡报恩光孝禅寺住持。校勘修订《坛经》，名《六祖大师法宝坛经》，分自序、般若、决疑、定慧、妙行、忏悔、机缘、顿渐、护法、付嘱十品，明代汉地佛教通行本。（达亮）

罗蒙正（生卒年不详） 诗人。字希吕。广东新会（今江门新会区）人。元至正十四年（1354）前后在世。资禀秀拔，博学强记，弱冠从肇庆罗斗明学诗，尽得其传，有名于时。县尹沈寿创建古冈书院，礼之，从游者甚众。檄为高州学正，后授南恩州教授、州判。吴元良阴谋割据，拟用为幕官，力辞不就。未几卒。所作诗以盛唐为宗，格调自然高远，与世俗浅薄艳丽

诗风迥异，尤以五言律句成就最高。《粤东诗海》称其诗开南园诸子一派诗风先河。有《希吕集》5卷，已佚。清顾嗣立编《元诗选》三集辛集本录其诗一卷，计22首。（蒋明恩）

阿卜杜拉·哈马德（Abdullah Hamad，？—1312）　生平不详。其墓碑2001年出土于广东省广州市清真先贤园内，高55厘米，宽35厘米，碑呈阿拉伯式样，是目前已知广州最早的阿拉伯文墓碑。碑文内有"死在异乡者，亦是殉道人"的圣训，其或为来广州的阿拉伯商旅。碑现存怀圣寺内。（马建春、李蒙蒙）

阿拉丁·本·嘎西木（Aladdin Ibn Qasim，？—1327）　生平不详。其墓碑2005年出土于广东省广州市先贤古墓园内，高53厘米，宽50厘米，碑呈阿拉伯式样，刻以阿拉伯文。碑文称其为"阿拉伯青年武官"，元泰定四年（1327）殁于战事。其或是服役于元朝军队中的阿拉伯军人。碑现存怀圣寺内。（马建春、李蒙蒙）

鄂多立克（Odorico da Pordenone，1286—1331）　又译和德理。罗马天主教圣方济各会会士。意大利人。出生于意大利小公国弗尤里的珀德农（Pordenone），少时即入圣方济各会，于乌迪内（Udine）教堂修道。约1316年从威尼斯起航开始东方之旅，从事传教活动。到过亚洲西部及印度、锡兰（今斯里兰卡）等地，由海道经苏门答腊诸地，至广州登陆，由中国东部北上汗八里（今北京），居留三年（1325—1328），取陆路西归，于1330年返回意大利帕多瓦。后口述东游经历，由他人笔录成书《鄂多立克东游录》，为研究当时东西交通的史料。卒于乌迪内修道院。1881年国际地理学会于威尼斯为其建立铜像。（马建春）

和德理　见"鄂多立克"。

黎伯元（1297—1364）　诗文家。名黎复叟，字景初，号渔唱。广东东莞人。官惠阳教授，所至学者尊之，文风以振。有《渔唱稿》，已佚。张其淦《东莞诗录》辑其诗。（唐瑶曦）

黎复叟　见"黎伯元"。

伊本·白图泰（Ibn Baṭūṭah，1304—1377）　又译伊本·拔图塔。阿拉伯旅行家、历史学家。与马可·波罗、鄂多立克、尼哥罗康梯并称为中世纪四大旅行家。出生于摩洛哥丹吉尔一个柏柏尔人教法官世家。1324年左右开始旅行，前往麦加朝圣，前后历时28年，长达12万千米，先后游历埃及、阿拉伯半岛、伊利汗国、金帐汗国、东非、德里苏丹国、南亚、东南亚和中国等。元至正六年至九年（1346—1349）以印度图格拉克王朝苏丹特使身份来中国，经海路到达泉州、广州、杭州以及元大都等地，对当时中国社会生活做了详细考察。1349年返回摩洛哥。后又行游西班牙和中西非，1354年回国，定居非斯。1356年，由其口述旅行见闻，他人笔录成书的《伊本·白图泰游记》，详细记述了非洲、南欧、西亚、中亚、南亚、东亚诸国风土人情，亦对各地伊斯兰教及穆斯林的社会状况有所记述。具有很高的史料和学术价值。（马建春）

伊本·拔图塔　见"伊本·白图泰"。

剌马丹（Lamadan，1311—1349）　事迹见1985年7月出土于广东省广州市清真先贤古墓园内的《剌马丹碑》。碑元至正九年（1349）刻立，高46厘米，宽42厘米，刻以汉文和阿拉伯文。左右两边各有一竖行汉文小楷，

两边中间横刻九行阿拉伯文。汉文碑文云其原籍"大都路宛平县青玄关"，"系高丽人氏"，赴任广西陆川县达鲁花赤时去世。是年葬于广州城北桂花岗。阿拉伯碑文反映，其曾前往叙利亚阿勒颇及库尔德地区旅行。生前被元廷任为边地官员，去世后葬于先贤宛葛思墓园，可能是一位具有一定政治地位的回回人。墓碑在中日韩学界影响甚大，极具历史研究价值。碑现存怀圣寺展厅。（马建春、李蒙蒙）

邓可贤（1316—1353）　义士。瑶族。广东乳源瑶族自治县乳城镇人。文武兼通，元至正十二年（1352），组织乡亲抵抗湖南郴州贼寇，为保全山寨，弃剑谈判，被贼首五马分尸。明嘉靖十二年（1533），朝廷敕封其为"忠贞义士"，并准立祠庙祭祀。十四年（1535），韶州府郑侯指令下，知县王镐在城内学宫东面（现乳城镇大群下街嘉乐花园地段）兴建"义士邓可贤祠"，准许民间每年春秋两祀。（叶远飘）

何真（1322—1388）　字邦佐。广东东莞人。元至正初任河源县务副使，转淡水盐场管勾，弃官归家。时值元末世，岭南多乱，组织乡兵护卫乡里，击破王成、陈仲玉、邵宗愚等，官至广东行省左丞。明洪武元年（1368），廖永忠取广东，归顺，升江西行省参政，转山东参政。洪武四年（1371），受命返回广东收集旧部，事毕仍返山东。九年（1376）致仕。明军征云南，复出，规划军饷，设置邮驿。历任山西、浙江、湖广三省布政使。二十年（1387）复致仕，封东莞伯。卒谥忠靖。（申斌）

廖永忠（1323—1375）　将领。庐州巢县（今安徽巢湖）人。元末追随朱元璋，在鄱阳湖大败陈友谅。随军征陈

理，取淮东，拜中书平章政事。元至正二十六年（1366）奉命至滁州迎小明王韩林儿，韩林儿在瓜步因翻船溺亡。明洪武元年（1368）兼同知詹事院事，统军征福建、两广，劝何真归降。三年（1370）封德庆侯。次年从汤和伐蜀。八年（1375）因僭用龙凤等罪伏诛。（申斌）

王佐（1334—1379）　诗人。南园五先生（孙蕡、王佐、李德、黄哲、赵介）之一。字彦举。祖籍河东（今山西永济），元末随其父仕宦广东南雄，占籍南海。元至正十一年（1351），在南园（今广东省立中山图书馆一带）抗风轩组织南园诗社。洪武九年（1376），征为黄门给事中，未几告归。其前期作品风格雄豪，节奏轻快，雄峻丰丽，后期作品转趋沉着，气骨由雄豪转向卑弱。生前编订有《听雨集》《瀛洲集》等，均已散佚。现存作品保存在《南园前五先生诗》中。（陈恩维）

黄哲（？—1379）　诗人。南园五先生（孙蕡、王佐、李德、黄哲、赵介）之一。字庸之，人称雪篷先生。广东番禺（今广州）人。元至正十一年（1351），在南园（今广东省立中山图书馆一带）抗风轩组织南园诗社。二十四年（1364），北游吴中、秦淮。入明后，历任翰林待制、山东东阿县史、东平通判等职。明洪武六年（1373）辞归。后朝廷召回山东，因在郡延误被杀。早期诗歌走清艳绮丽一路，出仕后则走向雄浑典雅，总体特点流利自然兼取雄浑深厚。有《雪篷集》12卷，已散佚。现存作品保存在《南园前五先生诗》中。（陈恩维）

孙蕡（1334—1390或1393）　诗人。南园五先生（孙蕡、王佐、李德、黄哲、赵介）之一。字仲衍，号西庵。广

东南海平步（今佛山顺德区平步乡）人。元至正十一年（1351），在广州南园（今广东省立中山图书馆一带）抗风轩组织南园诗社。洪武三年（1370）举于乡，被召入京，赐进士出身，历任工部织染局使、虹县主簿、翰林典籍、苏州经历等。二十二年（1389），因事谪戍辽东。二十六年（1393），大将军蓝玉恃功骄恣被诛，因曾为之题画，受株连处死。早期诗歌主要为抒写隐逸之情的山林之文。出仕初因一度担任侍从文人，写过一部分奉酬应制的台阁之文。仕宦中后期南北奔走，游历江湖，因而多闺合、游行、羁泊、贬谪的江湖之文。作品体式多样，自汉魏、六朝、初盛中唐，无所不学，而辞采流丽、意咏自足。其诗影响南园诸子的创作，融入了明初全国诗坛，是岭南诗派的开派者。胡应麟认为"岭南诗派昉于孙蕡（仲衍）"。究心经史，后世称为"岭表儒宗"。著有《西庵集》《通鉴前编纲目》《孝经集善》《理学训蒙》《和陶》《集古律诗》等。今存诗集《西庵集》。（陈恩维、陈梛）

孙蕡

赵介（1344—1389）　诗人。南园五先生（孙蕡、王佐、李德、黄哲、赵介）之一。字伯贞，号临清。广东番禺（今广州）人。元至正二十三年（1363），南园诗社重开，首度参与。何真降明以后，孙蕡、王佐、李德、黄哲先后援引出仕，其无意仕进。受道家和道教思想影响较大，其作品游仙题材较多，也有部分有关道教之作，大多词采华丽，富于哲理，融气充才赡与刻厉奇崛于一体。有《临清集》

1卷，已散佚。其诗作保存于后人所辑《南园前五先生诗》中。（陈恩维）

花茂（？—1397）　庐州巢县（今安徽巢湖）人。初追随陈埜先，不久归附朱元璋。累立战功，升任神策卫指挥金事。调任广州左卫，平定阳春、清远、英德、翁源、博罗、东莞、龙川的叛乱，升任指挥同知。平定电白、归善（今广东惠州惠阳东北），迁任都指挥同知，世袭指挥使。将广东沿海疍户登记为水军，以便约束。建立广海、碣石、神电等24个卫所。多次平定连州、广西、湖广等地瑶民起事。（申斌）

李德（生卒年不详）　诗人。南园五先生（孙蕡、王佐、李德、黄哲、赵介）之一。字仲修，人称易庵先生，自号采真子。广东番禺（今广州）人。元至正十一年（1351），在南园（今广东省立中山图书馆一带）抗风轩组织南园诗社。明洪武三年（1370）出仕，历任洛阳长史、湖广汉阳县、广西义宁县任教谕等职。早期作品多写景悟道，多模仿李贺的雕镂之风；后期作品则将人生体验和哲理思辨融合，风格效法陶、杜的古朴沉郁。有《易庵集》10卷，已散佚。现存作品保存在《南园前五先生诗》中。（陈恩维）

黎贞（1348—1407）　学者。字彦晦，晚年号秫坡，世称秫坡先生。广东新会（今江门新会区）人。少年随父外出求学，及长随孙蕡读书。元末乡居，入明补郡廪生。明洪武八年（1375），被举荐为明经，赴南京吏部应考，未应考即返乡，任新会县训导。无意仕途，辞职。十二年（1379），被诬陷，戍辽东。三十年（1397），遇赦返乡，乡居10年，造就人才甚众。著有《秫坡诗稿》。（申斌）

陈琏（1369—1454）　藏书家、方志家。字廷器，号琴轩。广东东莞厚街桥头人。明洪武二十三年（1390）举人，初授桂林府教授。建文三年（1401）升国子监助教。严条约，以身作则。永乐元年（1403），以治理才能擢为许州

陈琏

知州。三年（1405）改任滁州知州。任上验丁赋、省徭役、修学校、劝农桑，以是特升为扬州府知府掌滁州事。二十二年（1424）升四川按察使，严惩豪吏奸胥。宣德元年（1426）调任南京通政使掌国子监事，管理全国教育。正统元年（1436），调任南京礼部左侍郎。致仕，在乡逢黄萧养起义，建镇压制御之策。博通经史，以文学知名于时，文词典重。喜收藏图籍，家有万卷堂。尤好记述各地山川人物、风俗土产，重视编纂方志。著有《琴轩集》《归田稿》等。编纂有《颍川郡志》《永阳志》《桂林志》《罗浮志》等。（李成秋）

邓林（生卒年不详）　诗人。字士斋，号退斋、纯素子，原名邓彝，又名邓观善。广东新会（今江门新会区）人。明洪武二十九年（1396）举人，授贵县教谕。永乐年间，改南昌教授，擢吏部主事。宣德年间，坐法戍保安。后得赦，晚居杭州。参与修撰《永乐大典》。工诗文。著有《退庵遗稿》《湖山游咏录》等。《明诗纪事》录其诗2首。《列朝诗集》录其诗2首。《广东诗粹》录其诗2首。（曾欢玲）

邓彝　见"邓林"。

邓观善　见"邓林"。

翟溥福（1371—1441）　字本德，广

东东莞人。明永乐二年（1404）进士，历任刑部主事、员外郎。正统元年（1436）知南康府，见庐山白鹿洞书院久废，带头捐俸倡修，三年（1438）重建白鹿洞书院，奠定明清时期白鹿洞书院建设规模的基础。又延师聚徒，朔望之日讲学传道，时人誉为"江西第一贤守"。著有《慎庵集》《霞泉集》，均已亡佚。（陈椰）

黄萧养（？—1450）　农民军首领。广东南海冲鹤堡番村（今佛山顺德区）人。因事下狱，明正统十三年（1448）越狱，从海路逃亡，聚集船夫等数千人起义，控制珠江口一带。十四年（1449），自立为顺天王，建元东阳，从水陆两路围攻广州城达8个月。景泰元年（1450），与明将董兴大战于河南大洲头，中箭身亡。余部败退至南海、顺德，部分逃到钦州，为官军所灭。（申斌）

梁道明（生卒年不详）　华侨首领。广东南海（今属广州）人。14世纪60—70年代，携带家眷移居三佛齐国（今印尼苏门答腊），成为当地有影响的人士。明洪武十年（1377），爪哇满者伯夷国（今印尼爪哇岛和马来西亚部分地区）国王灭三佛齐，国中大乱，被当地数千家闽粤华侨推举为首领，控制旧港（今印尼巨港）城镇。永乐三年（1405），受明成祖招安，回国朝贡并就此回到家乡，留下副手施进卿接替他，成为旧港华人首领。南沙群岛今有"道明群礁"以示纪念。（王华）

罗亨信（1377—1457）　字用实，号乐素。广东东莞篁村人。明永乐二年（1404）进士，授工科给事中，后提为右给事中。因科内办事官校勘关防文书迟误，被贬为交趾镇夷卫（今越南）为吏。仁宗即位时，起为监察御

史，后升为右佥都御史，奉命到陕西监练八卫兵，守备边疆。正统二年（1437），北方的阿台王子自塞外入侵，自昌宁出兵，擒达鲁花赤朵尔忽等27名。五年（1440）三月，任巡抚宣府、大同总督。上疏坚固城墙，淘汰冗官，节省费用，禁止乱征徭役等，被采纳。十四年（1449）春，任通议大夫右副都御史。时北方也先入侵，土木堡之变时，镇守边关有功。景帝即位后，提升为左副都御史。卒于家。著有《觉非集》10卷。后人以《罗亨信集》列入《莞水丛书》出版。（曾欢玲、柏峰）

颜宗（约1393—1459）　画家。字学渊。广东南海（今佛山南海区）人。明永乐二十一年（1423）举人，任福建邵武县令，为政清廉，视救荒悯旱为己任。天顺元年（1457）升为兵部车驾司主事，天顺三年（1459）署兵部员外郎，因奔母丧，卒于途中。擅山水，初学黄公望，后师法李成、郭熙，融北方山水画风于南方画中，多写平远景色，苍浑健劲，层次分明，平淡中有挺拔雄奇之姿。亦工人物、虫鱼、翎毛、走兽。传世作品有《湖山平远图》，是广东存世最早的画作，现藏广东省博物馆。（梁达涛）

丘濬（1421—1495）　又称邱濬。思想家、戏曲作家、中医学家。海南四大才子（丘濬、海瑞、王佐、张岳崧）之一。字仲深，号琼台、深庵。广东琼山（今海南海口琼山区）人。明景泰五年（1454）进士，选为翰林院庶吉士，受命参加编修《寰宇通志》，书成授编修。成化、弘治时与

丘濬

修《英宗实录》《宪宗实录》，官至礼部尚书、文渊阁大学士，特命参与中枢政务，开尚书入阁的先例。谥文庄。熟悉当代掌故。治理学，明朝经世思想代表人物，尤以其经济、法律思想最为今人重视。著《大学衍义补》《朱子学的》，内容涉及政治、经济、文化、教育、司法、军事等各方面，采前人议论，加个人按语，其中有关政法的内容，开创中国古代比较法律制度研究先河。作传奇《伍伦全备》，宣扬恪守伦理纲常，开道学入戏曲的先河。习中医，撰有《本草格式》《重刻明堂经络前图》（已佚）《重刻明堂经络后图》（已佚），辑有《群书抄方》。所存诗文编为《丘文庄公集》。（申斌、周红黎、张书河）

邱濬 见"丘濬"。

林良（1426—1495） 画家。明代水墨写意画派开创者。字以善。广东南海（今佛山南海区）人。明天顺年间供奉内廷，授工部营缮所丞，后任锦衣卫指挥、镇抚，待诏仁智殿。早年山水师颜宗，人物师何寅，后攻花鸟。绘画取材多为雄健壮阔或天趣盎然的自然物象，笔法简练而准确，写意而形具。所绘花鸟早年尚工细精巧之风，作品以设色花果翎毛为主；后转而师法南宋院体中简纵一派，专注于水墨粗笔写意。其画在形似基础上进行形象塑造，一改当时宫廷花鸟画所崇尚的艳丽工巧画风，对明代中期花鸟画风影响巨大。传世作品有《山茶白羽图》《芦雁图》《凤凰图》《鹰击八哥图》《白头翁图》《灌木集禽图》等。（梁达涛）

陈献章（1428—1500） 学者、文学家。江门学派创始人。广东唯一一位从祀孔庙的大儒。字公甫，号石斋。居白沙里，世称"白沙先生"。广东新会

（今江门新会区）人。明正统十二年（1447）举人，十三年（1448）、景泰二年（1451）两次会试落第后归乡。五年（1454）拜江西大儒吴与弼为师，半载后

陈献章

归乡筑春阳台静坐大悟。成化二年（1466）入京游太学，以《和杨龟山此日不再得韵》诗而名震京师，吏部留任文选清吏司历事。五年（1469）再次会试落第，绝意科举，辞职回乡。十九年（1483），受举荐到京城应聘，被明宪宗授以翰林院检讨，以奉养老母为由乞归，自此朝廷屡荐不就，居乡讲学终老。谥文恭。开创江门学派，倡导"心学法门"，其学说"以自然为宗"，倡导通过静坐来涵养内心的善端，主张处世行事不为外物所移，为学求道不迷信经典，不盲从古人，应该自得于心，开启明代的心学思潮。继承"诗教"传统，诗风自然超妙，雅健平易，善用诗歌教育弟子、传播思想。又以山茅草心束缚作笔，称为茅君、茅龙，以挺拔沉雄、生峭涩厉的书风开岭南书法之先河。著作编为《白沙子全集》《陈献章集》《陈献章全集》等。（陈柳）

王佐（1428—1512） 文人。海南四大才子（丘濬、海瑞、王佐、张岳崧）之一。字汝学，号桐乡。广东临高（今海南临高）人。师从丘濬、唐舟。明正统十二年（1447）中举人。成化二年（1466），授高州府同知。十年（1475）改任福建邵武府同知，十六年（1480）调任福建乡试考官，扩增府、州、县学，注重教化，反对行贿封举。弘治二年（1489）后改江西临江府同知。为官清廉慈爱，始终如一。

其诗词后人评价很高。著有《鸡肋集》《经籍目略》《原教篇》《琼台外纪》《庚申录》《珠崖录》《金川玉屑集》《琼崖表录》等。（叶远飘、申斌）

陶鲁（1434—1498） 字自强。郁林（今广西玉林）人。明景泰五年（1454）授广东新会县丞。天顺六年（1462），广西起义军进攻新会，"敢勇兵"击退起义军。后提升为新会知县、广州府同知。从韩雍参与

陶鲁

平定大藤峡少数民族起义，累功进肇庆府同知。成化二年（1466）任佥事。不久升任湖广左布政使兼广东按察副使。弘治年间，先后身兼湖广、广东、广西三地要职，领岭东道事，政绩斐然，时人称"三广公"。卒后封典为通奉大夫。（申斌）

林光（1439—1519） 理学家、诗人。陈献章弟子。字缉熙，号南川，晚年更号南翁。广东东莞茶山人。明成化元年（1465）举人，五年（1469）入京会试落第，后随陈献章返江门，两人往来学问20年。二十年（1484）

林光

再赴京会试，中乙榜，授浙江平湖学谕。弘治八年（1495）三月升任兖州府儒学教授。十一年（1498）起补严州府儒学教授。十四年（1501）升国子博士。十七年（1504）调湖北襄阳，任襄府左长史，统管王府内外一切事务。正德四年（1509），擢升中顺大夫。其学承接白沙学脉，求学谨严，履道笃实，主张闻道在于自得，讲求

"静坐"，又注重"动应"。著有《晦翁学验》（已佚）、《南川冰蘖集》10卷。（陈榔）

李唐妹（1451—1475） 明宪宗之妃、明孝宗之母。瑶族。自幼父母双亡，寄宿桂岭，宪宗征讨南蛮时被俘入宫，封为纪淑妃。生皇三子朱祐樘。后遭万贵妃毒害。孝宗追认为孝穆慈慧恭恪庄僖崇天承圣纯皇后，迁葬茂陵，别祀奉慈殿。再遥尊封太后父亲为光禄大夫柱国、庆元伯，谥曰端僖，太后母为庆元伯夫人，立庙于桂林府。有司岁时祭祀。（叶远飘）

梁储（1451—1527） 字叔厚，号厚斋，又号郁洲。广东顺德（今佛山顺德区）人。明成化十四年（1478）会试第一，选庶吉士，授编修。弘治四年（1491）进侍讲，改洗马，侍武宗于东宫。擢翰林学士、同修《会典》，迁少詹事，拜吏部右侍郎。正德五年（1510），以吏部尚书兼文渊阁大学士，先后协助首辅李东阳、杨廷和辅政。十年（1515），任首辅，辅理朝政。武宗去世，赴安陆迎立世宗。被弹劾结交恶人，致仕，居家6年，卒谥文康。著有《郁洲遗稿》。（申斌）

张诩（1455—1541） 学者。陈献章弟子。字廷实，号东所。广东番禺（今广州）人。明成化二十年（1484）中进士，即乞养病归广州，弘治二年（1489）授户部主事，父丧回籍守制，之后累次举荐不就。正德九年（1514）召为南京通政司左参议，赴赴南京拜谒孝陵后买舟回粤，终老不仕。为学主张"以自然为宗，以忘己为大，以无欲为至"。认为世界的本体为理，理即心，强调认识世界不必外求，可通过"静坐"求之于内心，从而达到"理与心会"的至乐至妙境界。著有《厓山新志》《白沙遗言纂

要》《南海杂咏》《东所先生文集》。（陈榔）

吴廷举（1459—1525） 官员。字献臣，号东湖。先人是湖北嘉鱼（今武昌）人，祖成守梧州，遂系籍梧州。明成化十年（1474）举人，二十三年（1487）进士，授广东顺德知县。反对刘瑾修建宦官先祠，在辖境内拆毁淫祠，将材料用于修

吴廷举

造学宫、书院和筑堤防洪。弘治九年（1496）升四川成都府同知。十八年（1505）受命知松江府（今上海西南），后命为兵部佥事，协助总督潘蕃，管南海兵事，后兼屯田、盐法道职。正德四年（1509）升任广东右参议、琼州兵备副使。任上，反对海禁，倡导"不拘年份，至即抽货"的贸易形式。五年（1510），遭潘忠、刘瑾诬陷下狱，次年平反。先后任云南兵备副使、江西右参议、广东右布政使、右副都御史、工部及兵部侍郎。也曾镇压江西农民起义。回乡创梧州东湖书院，积书万卷。弘治三年（1490）刻印朱熹《文公家礼仪节》，九年（1496）刻印陈献章《白沙先生诗近稿》，正德间刻印李承箕《大崖李先生诗文集》。著有《东湖集》《春秋繁露节解》。（罗志欢）

符南蛇（1465—1502） 又称符蚺蛇。义军首领。黎族。海南儋州七坊峒（今海南儋州海头镇七坊村）人。喜弄棒，擅长箭法。明弘治间，琼州遭受水、旱灾，张桓、余浚两任知府不恤民艰，依然横征暴敛，大失民心，黎族灾民在其领导下起义。兵分三路，刻箭传约，接连围攻儋州、昌化等州县，占领感恩城。明朝调动镇守两广"征蛮将

军"毛锐统率10万大军征讨。明弘治十五年（1502）在战斗中中箭受伤，坠河身亡。海南儋州各地流传其是蚺蛇化身的传说，建有庙宇祭拜。（叶远飘）

符蚺蛇 见"符南蛇"。

伦文叙（1466—1513） 诗人。广东9位状元（莫宣卿、简文会、张镇孙、伦文叙、林大钦、黄士俊、庄有恭、林召棠、梁耀枢）之一。字伯畴，号迁冈。广东南海黎涌村（今属佛山禅城区石湾镇街道）人。明弘治二年

伦文叙

（1489）以儒士应试，入太学肄业。十二年（1499）以会试第一、殿试第一，连中两元夺魁，授翰林院修撰。正德元年（1506），任安南颁朔正使，后因父丧未成行。五年（1510）返京复原职，主管朝廷文书、奏章、诏谕、制造等，并任经筵讲学官，后升为右春坊、右谕德，兼翰林院侍讲。八年（1513）参与编修玉牒（皇室族谱），任应天府主考官，选取者多为名士，堪称得人。著有《迁冈集》《白沙集》。膝下三子均考中进士，被称为"一门四进士，父子魁三元"。（颜蕴琦）

湛若水（1466—1560） 学者、文学家。陈献章弟子。字元明，号甘泉。广东增城（今广州增城区）人。明弘治五年（1492）中举，十八年（1505）进士。正德七年（1512）奉使往安南国册封安南王。嘉靖元年（1522）补翰林院编修，同

湛若水

修《武宗实录》。次年转翰林院侍读。时王守仁讲学吏部，与之相应和。旋丁母忧，在西樵讲舍讲学。三年（1524），升为南京国子监祭酒，后又历任南京礼部尚书、吏部尚书、兵部尚书，追赠太子少保，谥文简。在南京、扬州、番禺、增城、南海等地开设书院，讲授理学，尤传播白沙学说。以"随处体认天理"为宗旨，提出"性者天地万物一体"的理念，以及"执事敬""勿忘勿助""无言默识"等修身功夫论。足迹所至，皆创办书院，弟子4000人。主要门生有吕怀、洪觉山、唐枢、何迁、蒋信等。创立甘泉学派，与阳明并举于时，推动明代心学的繁荣与发展。诗文坦易，风格与《击壤集》为近。著有《甘泉集》《春秋正传》《心性书》《圣学格物通》《白沙诗教解注》《樵语》《雍语》《新泉问辨录》等。2020年上海古籍出版社出版黄明同主编《湛若水全集》。（郭海鹰）

盛端明（1470—1550）　中医学家。字希道，号程斋，自号玉华山人，人称玉华子。广东海阳（今属潮州潮安区）人。明弘治十一年（1498）乡试解元，十五年（1502）中进士，任右副都御史，督办南京粮储事，后被弹劾而罢官回乡。世代好医，通晓药事，善于内科、妇科、儿科疾病的诊治。对历代名医著作进行了抄录，并将不同疾病分为不同的门类，主要涉及内科、妇科、儿科疾病，其中"十月胎形图"具有重要学术价值。著有《程斋医抄》《程斋医抄撮要》《程斋医抄密本》等。（周红黎、张书河）

王守仁（1472—1528）　理学家、教育家。幼名云，字伯安，自号阳明子。尝筑室故乡阳明洞中，世称"阳明先生"。祖籍山东琅琊（今临沂），世居浙江余姚。明弘治十二年（1499）

进士，历任刑部侍郎、兵部主事。正德年间，以右佥都御史任南赣巡抚，率军队平定赣、闽、湘、粤等地盗寇。其间奏设广

王守仁

东和平县。嘉靖六年（1527），以原官兼左都御史，率军平定广西思恩、田州之乱。又被命兼理巡抚两广，至广东肇庆、广西梧州，开府议事。后以镇压农民起义和平定宸濠之乱有功，拜南京兵部尚书，封新建伯，卒谥文成。学问上趋向儒家圣贤之学，授徒讲学，与广东湛若水等共同立志倡明儒学。发展陆九渊心学，用以对抗程朱理学，成为理学内部心一元论的最大代表。主张以心为本体，认为"心明便是天理"，提倡"致良知"学说。其"知行合一"和"知行并进"说，旨在反对宋儒如程颐等"知先行后"以及各种割裂知行关系的说法。发表《传习录》《训蒙大意示教读刘伯颂等》等，形成阳明学派。粤闽王门是阳明学派在粤闽地区的分支，主要人物有方献夫、杨骥、杨仕鸣、梁焯、郑一初、薛侃、周坦等，推动阳明心学在南方的传播。在明朝中后期以后影响很大，还流行到日本。门人薛侃刻《传习录》。著有《王文成公全书》。哲学上最重要的是《传习录》《大学问》。（史小军、罗志欢）

黄衷（1474—1553）　学者。字子和，号矩洲，自号铁桥病叟。广东南海（今广州）人。出身于书香世家。明弘治九年（1496）进士，授南京户部主事。历官补南京兵部员外郎，升礼部郎中，改调吏部。后任潮州知府，旋升迁福建都转运使。福建巡抚胡世宁荐以总管粮政重任，授广西参政，以督粮为

务。嘉靖二年（1523）擢右副御史，巡抚云南。五年（1526），因剿定湖北盗有功，调任工部右侍郎兼金都御史。官至兵

黄衷

部侍郎。善诗词、能理财、会用兵，懂营造。为官刚直，政绩显著。在湖广巡抚任上修筑了龙渊、沧浪等水利工程。后被诬告去官，回家乡创办矩州书院。对海外风物感兴趣，常与舟师、舵卒、蕃客谈海国之事。嘉靖年间笔录《海语》一书，记述明代广州与暹罗（今泰国）、满剌加（今马来西亚马六甲）等南海诸国的交通往来，以及诸国的历史、地理、风俗、物产等。著有《矩洲集》、《矩洲文集》10卷、《奏议》10卷、《诗集》10卷、《世载》、《海语》等。（徐素琴）

薛侃（1486—1545）　理学家、教育家。字尚谦，号中离。广东揭阳（今潮州潮安区）人。明正德十二年（1517）进士，授行人司行人，后升司正。上疏建议陆九渊、陈献章从祀孔庙，陆九渊得允。又上疏建议嘉靖帝早立储君，遭权奸构陷，被逮下狱廷鞫，一时为朝野

薛侃

所称重。后削职归田，游学江西、浙江，又寓居广东惠州、东莞，讲学终老。师从王阳明，后陆续接引岭南众士人拜入王门，创辟中离山为讲学据点，自此王学流播于岭南，对阳明心学的传播与发展作出重大贡献。首抄王阳明的《朱子晚年定论》，首刊《传习录》，编刻《阳明先生则言》，先

后筑杭州天真精舍、潮州宗山书院祭祀阳明，兴办讲会，接引来学，是粤闽王门的领军人物。以良知为宗，以"无欲"为功夫，以"万物一体"为终极境界。居乡期间行乡约、建家庙、兴修水利，造福桑梓。著有《云门录》《研几录》《图书质疑》《鲁论真诠》《经传正义》《易传性理》等。著作编为《薛中离先生全书》。（陈梆）

霍韬（1487—1540）　教育家、理学家。字渭先，号兀崖。广东南海（今佛山禅城区）人。明正德九年（1514）中举，嘉靖元年（1522）任职方主事，十五年（1536）官至礼部尚书、太子少保。在京病逝，追封为太师太保，谥文敏。在

霍韬

"大礼议"之争时，援引古礼，揆之事体，主张嘉靖帝应尊生父"兴献王"为皇考，力排众议，嘉靖帝最后同意他的主张。学博才高，著作甚多。著有《诗经解》《象山学辨》《渭涯家训》《程朱训释》等。著作编为《霍文敏公全集》。（郭海鹰）

方献夫（？—1544）　学者。初名献科，字叔贤，号西樵。广东南海（今佛山南海区丹灶镇良登村）人。明弘治十八年（1505）进士，改任庶吉士。正德中授礼部主事，调任吏部主事，升任吏部员外郎。嘉靖元年（1522）"大礼议"之争，赞成以世宗生父为"皇考"，为世宗宠信。擢侍讲学士，进少詹事，告病回乡。六年（1527），被召回纂修《明伦大典》，先后代桂萼为礼部、吏部尚书。九年（1530），被弹劾，致仕。十一年（1532），复以故官兼武英殿大学士，入阁辅政。十三年（1534），告病归养。著有《周

易传义约说》《西樵遗稿》。（申斌）

黄佐（1490—1566）　文学家。字才伯，号泰泉，谥文裕。广东香山（今中山）人。明正德五年（1510）广东乡试第一，十五年（1520）进士，嘉靖元年（1522）授翰林院庶吉士，历任江西金事、广西学

黄佐

政、南京国子祭酒等职。二十六年（1547），与大学士夏言政论不和，致仕归家，改白云山景泰寺为泰泉书院，每日与门生讲学论道，"南园后五子"中黎民表、李时行、梁有誉拜师门下。学宗程朱理学，对朱子"理先气后"之说有所修正，与王阳明论辩知行合一之说，反对王学不读书、空寂之流弊，以"博文约礼"为宗旨，精通典礼、乐律、词章，并以此为教。其诗雄奇伟丽、壮浪恣肆，引领后学复兴岭南诗坛。编纂的多部地方志为岭南保存了丰富的史料。著有《泰泉集》《乐典》《庸言》《泰泉乡礼》。编纂有《广东通志》《广西通志》《南雍志》《香山志》《广州人物传》《广州府志》《罗浮山志》等。（陈梆）

陈建（1497—1567）　学者。字廷肇，号清澜。广东东莞人。明嘉靖七年（1528）举人，之后两次会试，皆中副榜，出任福建侯官县教谕，后升江西临江府教授。两任期间受聘为江西、广西、湖广、云南乡试考官。升山东阳信令，以母老请辞归乡，构筑草堂读书著述，晚年隐居不出。博学强记，熟习典故，注意

陈建

朝政因革，探求国家治乱，著有《治安要义》《古今至鉴》，又采摘邸抄实录，仿《通鉴》编年体记洪武一朝事迹，称《启运录》。后又续作永乐至正德八朝124年之事合为一编，总名《皇明通纪》。又著有《学蔀通辨》12卷，提出"朱陆早同晚异"说，以程朱理学为基本立场，抨击陆王心学剽窃禅宗，惑世乱道，是中晚明反王学的代表人物。另著有《皇明从信录》《皇明典要》《皇明资治通纪》等。（陈梆）

翁万达（1498—1552）　潮汕三杰（林大钦、翁万达、陈北科）之一。字仁夫，号东涯。广东揭阳人。明嘉靖五年（1526）进士。授户部主事。历任广西梧州知府、广西副使。诛杀叛乱土官，招抚豪杰，升任广西参政。处

翁万达

理安南事务有功，升任四川按察使，转任陕西布政使。二十三年（1544）升右副都御史，巡抚陕西。旋进兵部右侍郎兼右金都御史，总督宣大、山西、保定军务。二十五年（1546），筑大同东路阳和口（今山西阳高）至宣府西阳河（今洋河）边墙。次年兴筑大同西路、宣府东路边墙。请求允许俺答汗贡市，不被采纳。二十八年（1549），官至兵部尚书，丁忧去职。三十一年（1552），复任，未闻命而卒。著有《东涯集》《稽愆集》《稽愆诗》。（申斌）

王渐逵（1498—1558）　理学家、诗人。字鸿伯，又字用仪，号青萝。广东番禺（今广州）人。明正德十二年（1517）进士，任刑部主事，不久告归，家居30余年，嘉靖年间起召

补刑部侍郎。受明清时期广东诗人结社风潮的影响，与伦以训组越山诗社。晚年究心理学，著有《求仁集》《日省录》《正学记》《四书迩言》《学庸辑略》《岭南耆旧传》《春秋传》《洛澄学志》《青萝文集》。（陈栩）

张琏（？—1562）　广东饶平乌石村人。明嘉靖三十七年（1558）因杀死族长，加入以郑八、萧晚（雪峰）为首的起义军，与大埔罗袍、萧晚、梅县林朝曦等联合，郑八死后被推为首领。三十九年（1560）在粤闽交界处柏嵩关建宫殿大寨称帝，自称飞龙人主，国号飞龙，年号造历。聚众10万，出击福建的汀、漳、延平、建瓯和江西的宁都、瑞金等地，闽、粤、赣三省震动。四十一年（1562）明将俞大猷击破山寨，率余部由云霄河引航出海（一说因叛徒出卖被俘），继续对抗官府。后航海抵今苏门答腊岛，据旧港、柔佛、马六甲等地，垦殖营商，称蕃舶长，流寓华人多附之。后人在饶平饶洋镇磐石楼建飞龙庙以祀。（徐素琴）

何迁（1501—1574）　学者。甘泉学派代表人物。字益之，号吉阳。湖广安陆（今湖北安陆）人。明嘉靖二十年（1541）进士。历任吏部从事、户部福建司主事、九江通判、吏部文选主事、考功郎中、南京太仆寺少卿、漕运总督、光禄卿、南京刑部右侍郎。调和湛若水和王守仁两家学说，另立新意，喜谈性命之学。在认同湛若水"随处体认天理""止于天理"理论基础上，倡导"知止"学说。以"止"为本体，"知"为功夫，强调心对外物的自然感应，对纠正阳明后学束书不观、空谈心性之流弊有一定作用。诗有中唐风格，力趋古奥。辟书院于吉阳山下，时人称"吉阳先生"。著

有《吉阳山房摘稿》《吉阳山房文集》。（黄明喜、闫雪映）

谭大初（1504—1578）　字宗元，号次川。广东始兴人。明嘉靖十七年（1538）进士，授工部主事。二十九年（1550）出任江西按察副使，独振风纪，不惧权势。三十二年（1553）迁广西右参政，救济水灾灾民。被弹劾卸官。四十五年（1566）复出，授河南布政使司左参政。隆庆元年（1567）以刚方之性，精练之才，召拜工部右侍郎。四年（1570），以总督仓场有功，升南京户部尚书。谥庄懿。著有《次川存稿》8卷。（申斌）

罗虞臣（1506—1541）　学者。字熙载，初号浯溪，又号华原，尝著书自称原子。广东顺德（今佛山顺德区）人。明嘉靖八年（1529）进士，补江西建昌县推官。3年后，征拜刑部主事，后改吏部司勋，有政声。与李开先、任翰等以文章气节相尚。后归隐庐山，读书著述。工于散文，冼桂奇序曰："人多比原子之才于司马子长。"清光绪《广州府志》引郭棐《广东通志》，谓其"为文上追两汉，下揽六朝，环观天下，方驾作者"，"经史传记靡不淹贯，其于礼学，援据古今，拟议尤确"。著有《原子集》（别称《罗司勋集》）8卷、外集1卷。（唐瑶曦）

方济各·沙勿略（Francisco Xavier，1506—1552）　天主教耶稣会传教士。西班牙人。出生于西班牙纳瓦拉。出身贵族。在巴黎大学读哲学时，经依纳爵·罗耀拉劝说而成为耶稣会第一批会士。1537年升神父。1540年受葡萄牙国王若奥三世派遣，以罗马教宗保罗三世使者的名义航海东来，于1542年抵印度果阿传教。后转至新加坡、马六甲等地。1549年乘中国商船

至日本山口和丰后水道沿岸等地传教。1551年从日本搭葡萄牙商船到达中国广东上川岛，次年再来上川岛。因明朝海禁尚严，无法进入内地。在该岛病逝。系最早来东方传教的耶稣会士，最先将天主教传播到亚洲的马六甲和日本。天主教会称之为"历史上最伟大的传教士"，是"传教士的主保"，被封为圣人。（韦羽、叶农）

陈绍儒（1506—1581）　学者。字师孔，号洛南。广东南海黄岐泌冲（今广州白云区石井沙凤村）人。明嘉靖十七年（1538）进士，授户部云南司主事。后历任员外郎、郎中、湖广按察司副使，谪福建泉州府同知，转江西南昌知府，升广西按察司副使，升广西右布政使，补云南左布政使、顺天府尹，调太常寺卿，官至南京工部尚书。晚年南归，杜门研究经典，至老不懈。穷理以濂洛为宗，文尚史汉，诗祖少陵。著有《洛南集》《留余遗稿》《大司空遗稿》10卷等。（唐瑶曦）

庞尚鹏（？—1582）　明代中期改革家。字少南，号惺庵。广东南海（今佛山南海区）桂城叠滘村头坊人。明嘉靖三十二年（1553）进士，授江西乐平知县。三十六年（1557）升福建道监察御史，先后巡按河南、浙江，弹劾胡宗宪不法事。四十四年（1565）于浙江推行一条鞭法，核算一年徭役之费，照亩分派，随秋粮带征，官自雇役。隆庆二年（1568）擢升都察院右佥都御史，总理两淮、山东、长芦盐政，兼理直隶、山东、河南、辽东等处屯田。改革九边屯盐事务。三年（1569），遭弹劾去职，复贬为平民。万历四年（1576），官复原职，巡抚福建，推行一条鞭法。六年（1578），升任左副都御史。得罪张居正被罢。著有《百可亭摘稿》《庞氏家训》。（申斌）

庞嵩（1507—1583） 教育家、理学家。字振卿，人称弼唐先生。广东南海张槎弼唐村（今佛山禅城区）人。明嘉靖十三年（1534）举人，讲学罗浮山。后任应天府通判，代理府尹8年，发票赈饥。后任南京刑部员外郎，升郎中。重视以法治理，撰有《原刑》《司刑》《祥刑》《明刑》4篇，名为《刑曹志》。后调任云南曲靖知府，刻印《同文编》以沟通3种少数民族文字，并推行乡约保甲，主持疏浚盘龙江。任职两年，为忌者排挤罢归。早年游学王阳明门下，精通"五经"。后师从湛若水，是其晚年弟子和衣钵传人。尝集诸生于新泉书院，相与讲习，晚年又讲学罗浮山，从游者云集。著有《太极解图书解》《弼唐遗言》《弼唐存稿》。（郭海鹰）

洪垣（1507—1593） 理学家、教育家。甘泉学派代表人物。字峻之，号觉山。南直隶婺源（今江西婺源）人。明嘉靖十一年（1532）进士。历任金华府永康知县、两淮巡盐、巡按广东御史、山东道监察御史、温州知府。十一年（1532），始师湛若水。在本体论上，认为"盈天地之间一气也"；在功夫论上，倡导从"根"，即"心"上体认天理，从"几"上用功；在知行观上，提出先有知而后产生行的"知行相因"理念。传播湛学，编辑、刊刻《泉翁大全集》85卷和《湛子约言》；建立广州天关书院，由湛若水主讲；在云谷书院宣讲甘泉心学。其与湛若水有关《尚书》等问题的讨论被编为《洪子问疑录》。著有《周易玩词》《易说》《理学要录》《闻言》《应迹言》《觉山史说》《觉山先生绪言》。（黄明喜、闫雪映）

何维柏（1510—1588） 理学家。字乔仲，号古林，谥端恪。广东南海（今广州）人。明嘉靖十四年（1535）进士，授翰林院庶吉士。后升监察御史，上疏建议停止征讨安南（今越南）战事、请罢沙河行宫、金山功德寺两大工程，省下百万费用。又论尚书毛伯温夺情非礼，引疾归乡。二十三年（1544）以御史名义，巡按福建，当年大灾，救荒分粮，数十万民众赖以存活。二十四年（1545）疏劾大学士严嵩，下诏狱廷杖，之后削籍，家居20余年。四方从游者众多，会于广州光孝寺，以"无欲"为宗旨，发扬白沙之学，又在广州晓港创建天山书院，讲学其中。隆庆元年（1567）复原官，擢大理少卿，历任左金都御史，左副御史，吏部左、右侍郎，以勋节声著海内。万历十五年（1587）调任南京礼部尚书，后罢官回乡，主持天山草堂讲学，以白沙学说为宗，倡导以纲常社稷为立学主体。著有《易义》《礼经说》《太极图解》《天山草堂存稿》《陈子言行录》。（陈椰）

林大钦（1512—1546） 广东9位状元（莫宣卿、简文会、张镇孙、伦文叙、林大钦、黄士俊、庄有恭、林召棠、梁耀枢）、潮汕三杰（林大钦、翁万达、陈北科）之一。原名林大茂，字敬夫，号东莆。广东潮安（今潮州潮安区）金石镇人。以《李纲十策论》夺得解元。明嘉靖十一年（1532）壬辰科状元，授翰林院修撰。任职3年后以母病为由请辞归养。设讲堂于华岩山，与名人雅士，切磋学问，著书立说，主讲以王阳明学说为基础理论的《华岩讲旨》。著有《东莆先生文集》。（颜蕴琦）

林大钦

林大茂 见"林大钦"。

李时行（1513—1569） 诗人。南园后五先生（欧大任、黎民表、梁有誉、李时行、吴旦）之一。字少偕，自号青霞子。广东番禺（今广州）人。明嘉靖十九年（1540）进士。二十一年（1542）任浙江嘉兴县令，有政绩，升南京兵部车驾司主事。因不满官场辞职。后归隐广州西郊，筑浮丘草堂闭门读书。师事文微明、湛若水、黄佐等名家，广纳众长。结诗社于广州南园。"栖踪霞外，神游物表"，为诗多得益山水灵气。有《李驾部集》《青霞漫稿》传世。（曾欢玲）

海瑞（1514—1587） 海南四大才子（丘濬、海瑞、王佐、张岳崧）之一。字汝贤，自号刚峰。回族。广东琼山（今海南海口琼山区）人。明嘉靖二十八年（1549）举人，次

海瑞

年会试，上治海南"黎乱"之策。三十三年（1554）初任福建南平教谕。三十七年（1558）升任浙江淳安知县，颁行《兴革条例》，清丈土地，改革均徭。因得罪上司，调任江西兴国知县。四十三年（1564）任户部主事。四十四年（1565），上疏批评世宗迷信道教，不理朝政，被逮入狱。世宗崩，获释，官复原职。隆庆三年（1569）任应天巡抚，疏浚吴淞江，推行一条鞭法。因张居正、高拱排挤，被革职闲居16年。万历十三年（1585）再次起用，任南京吏部右侍郎、南京右金都御史，力主严惩贪污。病卒于任上。著有《海忠介公文集》，1962年中华书局出版陈义钟校《海瑞集》。（申斌）

黎民表（1515—1581） 文学家。南园后五先生（欧大任、黎民表、梁有誉、李时行、吴旦）之一。字惟敬，号瑶石山人。广东从化（今广州从化区）人。御史黎贯长子。自幼好读典籍，博综古今，上至历朝经史，下及百家稗

黎民表

史，无不涉猎。明嘉靖十三年（1534）举人，授翰林院孔目，转吏部司务，以能文用为制敕房行走，供职内阁。四十四年（1565）任南京兵部职方员外郎，后又任户部浙江司员外郎，监通州仓，转饷云中，召还掌秘阁，预修《明世宗实录》，完成后晋任郎中加四品，俸修玉牒，又修《明穆宗实录》，加官至河南布政司参议。万历七年（1579）致仕，筑清泉精舍于广州越秀山麓。结诗社于广州南园。又与王道行、石星、朱多煃、赵用贤合称为"南园续五子"，又与欧大任、祁衍曾有"岭南三子"之称。师事黄佐，交游广泛，与文徵明父子、王世贞、王世懋、屠隆、李攀龙、吴国伦、徐中行等过从甚密。精诗词、书法、绘画。其古诗结体严谨，用笔沉着，近体则清劲深远，颇得其师黄佐精髓。著有《瑶石山人稿》《梅花社稿》《北游稿》《谕后语录》《养生杂录》，主编《从化县志》《罗浮志》《清泉志》等。（陈椰、曾欢玲）

蔡汝楠（1516—1565） 学者。甘泉学派代表人物。字子木，号白石。浙江德清人。明嘉靖二年（1523），随父蔡杞拜师湛若水。十一年（1532）进士，授职行人，不久升刑部员外郎。后改任德州知府。丁忧归。二十八年（1549）起为衡州知府。在衡5年，始终以礼教民；又兴学课士，简拔贤才。以治行卓异，升四川按察副使。

去任后，郡人立"衡湘书院"以礼之。后官至兵部侍郎，改南京工部右侍郎。继承湛若水"主敬"思想，认为"敬"是研习圣学的核心要义。把湛若水和王守仁学说分别称作岭学、越学，主张调和两家学说。著有《说经札记》《舆地略》《自知堂集》《白石山人诗选》《枢管集》《白石文集》。（黄明喜、闫雪映）

卡内罗（D. Belchior Carniero Leitão，1516—1583） 又译贾尼劳、贾劳尼和贾耐劳。天主教传教士。出生于葡萄牙科英布拉。1543年成为耶稣会会士。1551年担任耶稣会埃武拉学院（埃武拉大学前身）第一任校长。1555年任尼西亚主教及埃塞俄比亚助理宗主教。1565年，受教宗委派前往澳门管理教务，后创立仁慈堂。1569年在澳门大炮台山下建成澳门第一座西式医疗机构贫民医院，俗称白马行医院。同时创立麻风病院，该院最初设置在贫民医院内，后迁至澳门水坑尾门外望德堂。1576年，天主教澳门教区成立，委任为首任署理主教，负责领导远东教务。卒于澳门。《广东省志·卫生志》称其为"将西医药学传入中国的第一人"。（周红黎、张书河）

贾尼劳 见"卡内罗"。

贾劳尼 见"卡内罗"。

贾耐劳 见"卡内罗"。

欧大任（1516—1595） 诗人。南园后五先生（欧大任、黎民表、梁有誉、李时行、吴旦）之一。字桢伯，号仑山，别称欧虞部。广东顺德（今佛山顺德区）人。贡生。明嘉靖四十一年（1562）选授江都训导。迁广州学正，入为国子监博士，官至南京工部虞衡郎中。娴于古文辞，坦率诚实，人皆乐与之交。谈经闲暇时，与诸名士唱和为诗，号称"竹西社"。隆庆初，

奉御史命修纂《明世宗实录》。与李攀龙、王世贞等结交，被王世贞誉为"广五子"之一。结诗社于广州南园。才气纵横，学养甚深，因受到李、王等人习染，追求"词气温厚""一归雅驯"，以成所谓"治世之音"，故其作品"正大典丽"而缺乏创作个性。有不少直抒胸臆、不依傍古人的佳作。其诗全刊为《南园后五子诗集》。有《百粤先贤志》《虞部集》等。（曾欢玲）

陈益（？—1595） 番薯引种者。字德裕，号素纳。广东东莞人。明万历年间，美洲番薯由云南、广东、福建等3条路线进入中国，其中广东路线最早由其引进。万历八年（1580），随友人乘船至安南（今越南），得番薯种。十年（1582）回国。先将番薯种于花坞，后又在祖父右方土名小捷衙（小捷滘）前租地35亩雇工大面积种植。成功收获后，将其广为传播。清廷积极推广，番薯很快在全国广为传种，成为中国仅次于稻米、麦子和玉米的第四大粮食作物。为引进和种植番薯重要人物，对中国开辟粮源贡献重大。（陈志国）

黎民怀（约1517—1598） 书画家。字惟仁，别署白泉山人。广东从化（今广州从化区）人。少时师事黄佐，与兄民表、民衷有"三凤"之目。嘉靖四十四年（1565）贡生，至京师诸王公闻其才名，争求识面，廷试后归，绝意仕进，读书乡中，以书画自乐。擅诗、书、画，时称三绝。著有《清居集》。（梁达涛）

林怀兰（生卒年不详） 番薯引种者。广东吴川梅菉（今梅菉街道）人。善医。清道光《重修电白县志》"杂录"条载：明朝万历年间其在越南为关将治病有效，因而推荐给国王之女治病，

治好了国王之女。一日国王赐林食用熟番薯，林请求食用生番薯，并将生番薯带回国，在广东各地种植。为纪念他和私放他而自杀的越南关将，霞洞乡有副榜崔腾云率乡人建番薯林公庙。今吴川梅菉街道怀兰埇村，即以其名字命名，并誉称其为"番薯王"。是与广东东莞陈益、福建长乐陈振龙齐名的明代番薯引种者。（陈志国）

梁有誉（1519—1554） 文学家。后七子（李攀龙、王世贞、谢榛、宗臣、梁有誉、徐中行、吴国伦）、南园后五先生（欧大任、黎民表、梁有誉、李时行、吴旦）之一。字公实，号兰汀，人称兰汀先生。广东顺德（今佛山顺德区）人。明嘉靖二十九年（1550）进士，授刑部主事。以诗名于时。结诗社于广州南园。为濮州李先芳引荐得识李攀龙、谢榛、宗臣诸人，结诗社，成"后七子"之一。居3年，称病告归，筑拙清楼，杜门读书。诗作婉约多讽，辞丽旨远，风致超然，与王世贞、李攀龙过从甚密，而少受其习染，能自成一体。著有《兰汀存稿》8卷（又名《比部集》）。（蒋明恩）

吴旦（生卒年不详） 诗人。南园后五先生（欧大任、黎民表、梁有誉、李时行、吴旦）之一。字而待，号兰皋，别署云台山樵。广东南海（今佛山南海区）沙头镇人。明嘉靖十六年（1537）举人，初任湖北归州知州，后升山西按察司金事。师事黄佐。结诗社于广州南园。工诗善画，朱彝尊称其诗格调清新俊逸。著有《兰皋集》，原稿失传，仅存诗10余首。画所存不多，《岭南画征略》有载。（薛超睿）

努内斯·巴莱多（Padre Mestre Melchior Nunes Barreto, 1520—1571） 葡萄牙耶稣会神父。1543年加入耶稣会，1551年前往印度传教。1553年来到广东台山上川岛，在圣方济各墓前举行弥撒。1555年到达澳门，开创天主教在澳门传播的历史。1556年前往日本传教，1557年返回葡萄牙成为科钦耶稣会学院的校长。卒于印度果阿。撰写大量在中国和日本的传教报告，介绍中国特别是广州的社会与习俗等。对于研究明代社会史具有重要价值。（吴青）

郭棐（1529—1605） 方志史家。湛若水弟子。字笃周，号梦兰。广东南海（今佛山南海区）人。明嘉靖四十一年（1562）进士，初授户部主事，后改礼部主事。因忤当权，被外调做夔州知府，后任湖广道屯田副使。万历五年（1577），任四川提学。因得罪上司离职。十一年（1581）出任广西右江副使。旋升湖北参政，主持以工代赈。不久升任云南右布政使，累官至光禄寺正卿。为学以湛若水为宗，但反对门户之争。重视地方志纂修。修志重明是非，"不虚不隐"，发扬史笔直书传统。著有《粤大记》《岭海名胜记》《西阳正俎》《梦菊全集》《齐楚滇蜀诸稿》。编纂有《广东通志》《四川通志》等。（陈柳）

叶梦熊（1531—1597） 字男兆，号龙塘，改龙潭，又号华云。广东归善（今惠州惠阳）人。明嘉靖四十四年（1565）进士，授福建福清知县。隆庆四年（1570）进户部主事，旋改山西道监察御史。万历十年（1582）升云南副按使，旋改浙江巡抚副使，外海渔船悉编入部伍。十二年（1584）调永平兵备按察司副使，督制"轻车神炮"，称"叶公神铳"。先后巡抚贵州、陕西、甘肃，所到之处均造火器以制敌。二十年（1592）总督甘肃，平定哱拜之乱，进右都御史兼兵部左侍郎，勒石贺兰山。二十三年（1595）升兵部尚书，调

南京工部尚书，进太子太保。著有《华云集》《五镇奏疏》《战车录》《运筹决胜纲目》等。（申斌）

叶春及（1532—1595） 方志学家。客家心学代表人物。字化甫，号石洞。广东归善（今惠州惠阳）人。明嘉靖三十一年（1552）举人。历任福州府福清县教谕、泉州府惠安知县、郧阳府同知、户部员外郎、江西司郎中。为官清廉严明，善于听取民意，整顿吏政。主持扩建福清县学宫，教导百姓以孝悌、忠信为先。增设名宦乡贤祠、藏书楼、敬一亭、射圃等附属设施，改善教学环境与条件。惠安毁淫祠兴学校的有力推动者，销毁551座寺庙，建立219所社学，规定在籍男子应入学接受教育。"官方廉介，学行表表"，一生上疏甚多，《广东文征》收有奏疏四篇。著有《石洞集》《绸斋集》《惠安政书》。主编有《肇庆府志》《顺德县志》《永安县志》《惠安县志》。（黄明喜、闫雪映）

陈璘（1532—1607） 字朝爵。广东翁源人。明嘉靖末任指挥金事，因平英德民军升广东守备。参与镇压赖元爵起义。累官至都指挥金事。从总督凌云翼征罗旁瑶，升副总兵。明万历二十五年（1597）率广东兵援朝鲜。次年升御倭总兵官，统明军与朝鲜统制使李舜臣等在露梁海面追击日军，取得援朝抗倭战争的重大胜利。二十七年（1599）参与平定播州杨应龙之役，任湖广总兵官。晋升左都督，镇守贵州。三十四年（1606），改镇广东。参见第341页民俗卷"陈璘传说"条。（申斌）

唐伯元（1535—1592） 思想家。甘泉学派二传弟子代表。字仁卿，又字曙台。广东澄海（今汕头澄海区）人。明万历二年（1574）进士。授江西万

年县令，升南京户部主事，历任尚宝司丞、海州判官、保定府推官、礼部制司主事、吏部员外郎、考功文选郎中、文选清吏司郎中，后告老还乡。平生嗜学，清苦淡泊，《明史》称为"岭南士大夫仪表"。师从湛若水的弟子吕怀，上疏反对王阳明从祀孔庙，批判心学之说，指出"六经无心学之说，孔门无心学之教"，凡言心学者，都是后儒谬误。论学以"修身崇礼"为要，反对"无欲"之说，主张"以物为体"，道、天理、心性皆不能脱离事物而独立存在。著有《醉经楼集》《醉经楼续集》《礼编》《易注》《道德经注解》《阴符经注》《太乙堂稿》《诠曹仪注》《昌黎文编》《白沙文编》《二程年谱》《二程语类》等。（陈椰）

许孚远（1535—1604）　学者。甘泉学派二传弟子代表。字孟中，号敬庵。浙江德清人。明嘉靖四十一年（1562）进士。历任南京工部主事、吏部主事、广东金事、建昌知府、陕西提学副使、福建巡抚、南京大理卿、南京兵部右侍郎、兵部左侍郎。追赠南京工部尚书，谥恭简。师事唐枢。在人性论上，主张性、命无二，调和湛若水"合一"说与王守仁"良知"说，反对现成良知，强调下学功夫，经世致用倾向比较浓重。著有《敬和堂集》《论语述》《大学述》《中庸述》。（黄明喜、闫雪映）

林道乾（生卒年不详）　又称悟梁。广东潮州澄海（今汕头澄海区）人（一说广东惠来人）。青年时为县衙小史。因走私贸易，为官府所不容，率众入海为盗。明嘉靖四十五年（1566）造战舰50余艘，以南澳为基地，活跃于东南沿海以至南海海域。万历元年（1573）被官兵击溃，渡海至台湾基隆，后经菲律宾，辗转入越南、柬埔寨。六年（1578）率2000余众至暹罗（今泰国）北大年，任该港客长，垦荒采冶，发展渔业、航运、外贸，使北大年成为中南半岛一座重要的贸易城市。今北大年有道乾港遗迹。后自制大炮，在浇铸新炮时，因炮管爆炸身亡。（徐素琴、王华）

悟梁　见"林道乾"。

林凤（生卒年不详）　又称林阿凤。西人记载作 limahong（林阿凤），日本人译作李马奔。广东饶平人。19岁加入海上绿林"泰老翁"队伍。泰病故后，继之，以澎湖为基地，从事海上贸易。拥众4万余，有战舰300余艘，在粤、闽、台海域活动近10年。明万历元年（1573）屯南澳的钱澳（在今汕头南澳），北上到闽台沿海，为福建总兵胡守仁所败。次年率战舰62艘，战士、水手、妇女、儿童等5500人，搭载生产工具、种子从澎湖南航。当时菲律宾人和华侨苦于西班牙殖民者的虐政，欢迎其前往。两次攻打西班牙人控制的马尼拉，均遭失败。船队驶往吕宋北部傍佳施栏的仁牙因湾，建起城寨，自称国王。次年遭到西班牙军围攻，苦战4个月，突围回到潮州，活跃于柘林、靖海、碣石之间。因内部分歧，多名部下接受招抚，后下番，不知所终。（徐素琴）

林阿凤　见"林凤"。
李马奔　见"林凤"。

范礼安（Alexandre Valignani，1539—1606）　天主教耶稣会传教士。出生于那不勒斯王国（今属意大利）基耶蒂。1566年就读帕多瓦大学，其间加入耶稣会。1573年被任命为耶稣会远东观察员视察澳门教会。1578年9月由印度果阿到达澳门。要求传教士中国化，学习中国语言、采用中国风俗。次年赴日本，指示在澳门的罗明坚学习中国语言。1582年3月由日本回澳门，在澳门成立耶稣圣名团，8月离开澳门前往印度果阿。1588年7月从果阿回到澳门。1594年在澳门建立中国第一所西式大学圣保禄书院。卒于澳门。（韦羽）

罗明坚（Michele Ruggieri，1543—1607）　天主教耶稣会传教士。号复初。出生于那不勒斯王国（今属意大利）。1572年加入耶稣会。1579年奉派到中国澳门，学习汉语。1580年12月随葡萄牙商船首次进入广州，带领利玛窦、巴范济到达广东肇庆，在当地建立耶稣会巴洛克式教堂仙花寺。不久被驱回澳门。1581年同利玛窦至肇庆建堂传教。1583年应两广总督郭应聘之邀至浙江杭州传教。1584年从澳门经葡萄牙里斯本抵罗马，企图游说西方国家与中国通使节以便传教，未果。卒于罗马。著有《圣教实录》，1584年在广州刊刻，为西方人最早用中文撰写的天主教教义纲要，并首次使用"天主"一词。另编有《葡汉字典》等。（韦羽、吴青、叶农）

德清（1546—1623）　僧人。明季四大师（云栖袾宏、紫柏真可、憨山德清、蕅益智旭）之一。字澄印，号憨山，俗姓蔡。安徽全椒人。幼习儒业。12岁投金陵报恩西林出家。19岁谒栖霞云谷披剃，次年从无极受具足戒。

德清

明万历十一年（1583）在东海牢山（今山东崂山）那罗延窟修禅。后卷入朝廷矛盾，遣戍雷州（今广东雷州），寓居天宁寺，在此手注《楞伽经》，穿囚衣说法。先后在韶州曹溪礼祖，在光孝寺讲《四十二章经》，在曹溪

整肃纲纪，收复寺产，修缮殿堂，整理《六祖坛经》，撰刻《曹溪通志》。三十一年（1603）因遭僧达观妖书案连累，再被遣雷州。三十四年（1606）免戍，后居曹溪。四十二年（1614）获赦。天启二年（1622）十二月再返曹溪说戒讲经。在宝林寺（即韶关南华寺）圆寂。谥号弘觉禅师。塔全身于天子冈。崇祯十三年（1640）弟子将其遗骸漆布升座，安放于塔院，即今南华寺内肉身像。精通释、道、儒三家学说，主张三家思想的融合。倡导禅净双修，教人念自性佛。著有《观楞伽经记》《华严经纲要》《金刚经决疑》《老子道德经注》《庄子内篇注》《憨山老人自叙年谱实录》等。门人集为《憨山老人梦游集》行世。（达亮）

杨起元（1547—1599） 理学家、教育家。字贞复，号复所。广东归善（今惠州惠阳）人。明万历五年（1577）进士。授翰林院编修，升任翰林院修撰，历任国子监司业、司经局洗马、纂修玉牒、充经筵讲官、国子监祭酒、南京礼部尚书、吏

杨起元

部右侍郎兼侍读学士等职。卒谥文懿。志节高洁，为人宽和，《明史》誉为"清修姱节"。师从泰州学派罗汝芳，在广东惠州、广州和江苏南京讲学，调和白沙、阳明之学，高举明太祖"三教合一"政策，会通儒佛，标榜《大学》"明明德于天下"之旨，而归于躬行孝、慈、悌，善于当下指点人心。别具超悟风格，在南京被称为"岭南夫子"。文才丰赡，尤擅八股文，首援禅宗观念入八股制义，被清人列为"时文八大家"之一。刊印三教善书，推动明清之际劝善运动的开展。著有

《证学编》《证道书义》《南中论学存笥稿》《秣陵纪闻》《孝经注》等。编纂有《定氛外史》《惠州府志》等。著作编为《杨复所先生家藏文集》。（陈椰）

李凤（？—1614） 云南人。明万历二十七年（1599），神宗派遣往广东，开采雷州等地珠池及征榷市舶税课，不久又监管税务、盐法、开矿诸事务。在粤15年，利用市舶太监拥有的特权及兼任的职务，介入广东经济、政治、军事、宗教、文化、海外贸易与中西交往等诸多事务。与葡萄牙、荷兰等西洋海商颇有往来。二十九年（1601）与荷兰人的直接晤面及邀请荷兰首领范·纳克（Jacob van Neck）入游广州月余之事，是中荷首次直接交往，也是晚明中外关系史上的重要事件。1980年其石像发现于广州六榕寺。高0.56米，背部刻铭，铭文为"钦差镇守广东等处地方珠池市舶盐法内官监太监李凤"。石像现藏于广州博物馆。（徐素琴）

区大相（1549—1616） 诗人。字用孺，号海目。广东高明（今佛山高明区）荷城街道阮埇村人。出身书香世家。明万历元年（1573）举人，十七年（1589）进士，选翰林院庶吉士，先后授任检讨，参修国史、玉牒。累迁赞善，转左春坊左中允，掌制诰、起居注、经筵侍讲等。三十三年（1605），改南京太仆寺丞。居词垣15年。工诗文，尤擅五律。认为作诗应关注"民瘼国计"，并留下颇多反映社会民生现状的诗歌，改变了明代诗歌的写作风气，在岭南诗界有重要地位，为屈大均、陈恭尹先导。清初王士祯《渔洋诗话》云"粤东诗派皆宗区海目"。著有《太史诗集》《图南集》《濠上集》《制诰馆课杂文》。后人汇刻《区太史诗集》27卷、《区太史文集》12卷存世。（邓丹）

汤显祖（1550—1616） 戏曲作家、文学家。被联合国教科文组织列为世界100位文化名人之一，与莎士比亚一起被誉为16世纪东西方戏剧史上的"双子星"。字义仍，号海若、若士、清远道人。江西临川（今抚州）人。明万历十一年

汤显祖

（1583）进士，授南京太常博士，迁南京礼部主事。十九年（1591）因上疏《论辅臣科臣疏》弹劾首辅申时行等被贬至雷州府徐闻县为典史。在徐闻创建贵生书院，广兴教化。在粤期间足迹遍及粤东、粤西、粤北及珠江三角洲和澳门等地，探访山川名胜、拜会利玛窦等耶稣会传教士，其诗文多有记载，尺牍以及《牡丹亭》中也有不少关于岭南风土人情的描绘。于诗文主张抒发真性情，反对复古模拟。于戏曲倡导言情，重"意趣神色"，反对拘泥于格律，信奉其主张的戏曲家被称为"玉茗堂派"或"临川派"。作有传奇《紫箫记》、《紫钗记》、《牡丹亭》（一名《还魂记》）、《南柯记》、《邯郸记》等。另有《红泉逸草》《问棘邮草》《玉茗堂集》。1998年北京古籍出版社出版徐朔方笺《汤显祖全集》。（史小军、罗志欢）

利玛窦（Matteo Ricci，1552—1610） 天主教耶稣会传教士。字西泰，又字清泰、西江。出生于意大利马切拉塔。1568年至罗马研习法学。1571年入耶稣会。1580年在印度果阿升任神父。1582年奉派到澳门学习汉文。翌年与罗明坚

利玛窦

到广东肇庆传教,剃发易僧服,自称西僧。1589 年至韶州(今广东韶关),从瞿太素研读四书五经,做拉丁文释义和注解;又向瞿传授西方数学、几何、力学等。1594 年易僧服为儒服,称西儒。1596 年任在华耶稣会会长。1601 年到北京,向明神宗献自鸣钟、八音琴、三棱镜、天主像、圣母像和《坤舆万国全图》等,获准常驻北京传教。卒于北京。主张把孔孟之道及中国敬祖思想同天主教教义相融合。向中国介绍西方的自然科学知识。用汉语著述,传播天主教教义,广交中国官员和士大夫,传播西方天文、数学、地理等科学技术知识,对中西文化交流作出重要贡献。译著有《天学实义》(一名《天主实义》)、《几何原本》(与徐光启合译)、《辩学遗牍》、《交友论》、《畸人十篇》、《天主教传入中国史》、《二十五言》、《西国记法》、《几何原本》、《同文算指》等。(韦羽、叶农、吴青)

冯从吾(1557—1627) 学者。甘泉学派三传弟子代表。字仲好,号少墟。陕西西安人。明万历十七年(1589)进士。历任翰林院庶吉士、都察院御史、河南道监察御史、太仆少卿、左都御史、工部尚书。追赠太子少保,谥恭定。师事许孚远。讲求以心性为本,在日用处下功夫。认为人心本善,教育的作用在于保存心性中善的状态,改变后天所形成的恶性。三十七年(1609),把西安宝庆寺东的小悉园改为关中书院,以"做好人、存好心、行好事"为办学宗旨,培养生徒 5000 余人。有"关西夫子""关学集大成者"之誉。著有《冯少墟集》《元儒考略》《冯子节要》《古文辑选》。主编有《陕西通志》。(黄明喜、闫雪映)

龙华民(Niccolo Longobardi,1559—1654)天主教耶稣会传教士。号精华。意大利人。明万历二十五年(1597)到澳门,后至韶州传教,主持教务,在韶关及周围地区传教 10 多年。三十七年(1609)到北京。三十八年(1610)继利玛窦任在华耶稣会会长,在中国传教活动达 58 年。与利玛窦在对待中国礼仪问题上观点不同,引发天主教教廷与康熙皇帝的中国礼仪之争,最终导致天主教在中国被禁。卒于北京,葬于滕公栅栏。著有《圣教日课》《地震解》《论中国宗教的几个问题》《灵魂道体说》等。(吴青)

张萱(1563—1647) 藏书家、刻书家。字孟奇,号西园。广东博罗人。明万历十年(1582)举人,考授内阁中书,校理藏书,主持编纂《内阁藏书目录》。历任户部主事、郎中、贵州平越太守。精鉴藏,藏书各有专室,清真馆、汇史楼、函雅楼、癖古斋等,皆其藏书之所。见闻博洽,著作丰富,且好刻书,自刻本有《汇雅》《西园汇史》《疑曜》《西园存稿》。所著《西园闻见录》,记录洪武至万历年间见闻,节录大量奏疏等史料,对明代政治、经济、军事、文化、职官演变等均有较高研究价值。(林子雄)

黄士俊(1570—1655) 广东 9 位状元(莫宣卿、简文会、张镇孙、伦文叙、林大钦、黄士俊、庄有恭、林召棠、梁耀枢)之一。字亮恒(一作亮垣),号玉仑,又号振宇,自称碧滩钓叟。广东顺德(今佛山顺德区)人。明万历三十五年(1607)状元,授翰林院修撰。天启三年(1623)以太子洗马升为詹事侍读,后升礼部侍郎。为官耿介刚直,因得罪魏忠贤而引病辞归,有"清正黄尚书"之美誉。崇祯元年(1628),召回朝,授吏部右侍郎、尚书。三年(1630)辞官侍父,获赐"熙朝人瑞"称号。七年(1634)奉召回朝。九年(1636 年)召拜东阁大学士,入阁参与机务。十年(1637)为太子太傅、户部尚书,次年因复兴朝政的主张与当朝宰相有分歧,罢相。十七年(1644)被晋封为柱国、太子太师、武英殿大学士。崇祯帝吊死煤山后,参加反清斗争。卒于家。谥文裕。著述颇丰,多散佚,仅存《李方麓去思碑》《鼎建连州治碑记》《前顺德县倪公遗爱碑记》。(颜蕴琦)

庞迪我(Diego de Pantoja,1571—1618)天主教耶稣会传教士。字顺阳,西班牙人。1589 年加入耶稣会。1597 年到澳门,成为利玛窦助手。从澳门北上,1599 年潜入广州,次年到北京,一直协助利玛窦进行传教工作。1616 年因礼部侍郎沈㴶奏请禁教,被逐至澳门。卒于澳门。天主教在华传播的开拓者之一。撰写的中文著作影响很大,被中国士大夫称为"庞公""庞子"。方豪神父称之为"最伟大的西班牙汉学家"。著有《七克大全》《庞子遗诠》《天主实义续篇》《天主耶稣受难始末》《海外舆图全说》《日晷图法》等。(叶农)

费奇规(Gaspar Ferreira,1571—1649)天主教耶稣会传教士。字揆一。葡萄牙人。1588 年入耶稣会。1593 年奉派往印度教授文学。1597 年抵澳门攻读神学。1599 年升神父。1603 年到北京协助利玛窦传教,不久奉调韶州(今广东韶关)管理教务。1612 年往广东南雄开教。1616 年礼部侍郎沈㴶奏请禁教后,离南雄避居上海嘉定,依孙元化。后往江西建昌开教。卒于广州。著有《周年主保圣人单》《玫瑰经十五端》《振心总牍》等。(韦羽)

韩上桂(1572—1644) 戏曲家。字孟郁,号月峰,别署浮天游子。广东

番禺（今广州）人。明万历二十二年（1594）举人，两赴春官，不授。四十四年（1616），以亲老家贫出任定州学正。次年丁母忧。天启末，起南京国子监博士，历官至建宁府同知，卒于宁远任所。性豪放，怡情诗酒，好填南词，有"万历间岭南第一才子"之称。著有《朵云山房遗稿》，传奇《凌云记》《青莲记》（已佚），今仅《群音类选》卷14收录《御史调羹》《明皇赏花》《华阴骑驴》《捉月骑鲸》《明皇游月宫》5出佚曲，《月露音》收录《御史调羹》《泛湖》2出佚曲。（高美玲）

阳玛诺（Emmanuel Diaz，1574—1659）天主教耶稣会传教士。葡萄牙人。字演西。1610年抵澳门教授神学，翌年奉派往韶州（今广东韶关）传教。1614—1615年任中国、日本两教区巡阅教务。1616年礼部侍郎沈㴶奏请禁教后，与其他西方传教士被押解至澳门。1621年奉命赴北京，居徐光启府邸。1623年继罗如望任中国耶稣会会长。相继至南京、上海、杭州、南昌、福州等地传教，并至宁波开教。卒于杭州。著有《圣经直解》《天问略》《景教碑诠》《天主圣教十诫直诠》《轻世金书》《天学举要》《舆图汇集》等。（韦羽）

熊三拔（Sabbatino de Ursis，1575—1620）天主教耶稣会传教士。字有纲。意大利人。1606年搭船来中国，随利玛窦学习汉语，成为其重要助手。后随郭居静神父自澳门到南昌，不久去南京。次年至北京。1616年因礼部侍郎沈㴶奏请禁教，被遣返澳门。协助徐光启、

熊三拔

李之藻翻译行星说，并测量北京经度，制造取水、蓄水诸器。在华传教约15年，中西文著作颇丰。作为西方水利科学技术专家，所撰中文著作介绍了西方天文、历法、水利等技术，对中国水利科学发展产生深远影响，促进了中西文化交流。耶稣会早期入华史上一位重要人物。著有《泰西水法》《简平仪说》《表度说》《象数论》《耶稣会最早入华之利玛窦神父谢世及其生平逸事记实》等。（叶农）

邓玉函（Johann Schreck 或 Johann Terrenz，1576—1630）天主教耶稣会传教士。字涵璞。出生于康斯坦茨（今属德国）。1611年5月成为罗马灵采研究院第7位院士。11月加入耶稣会。1619年到澳门。在澳门期间曾行医并解剖日本 Ymexie 神父的尸体，是西方医学家在中国剖验尸体的最早记录。在嘉定、杭州一带传教。后被召至北京，1629年奉旨与徐光启、李之藻、李天经等修历法，未编成而死。其对西方医学传入中国的最大贡献是译著《人身说概》（又作《泰西人身说概》），为明末耶稣会士翻译的西方解剖学著作，为西方医学传入中国的开拓之作。1626年由其口授、王徵笔述，译成《远西奇器图说录最》（又译作《奇器图说》）3卷，次年刊行于北京。（周红黎、张书河、柏峰）

邓玉函

通炯（1578—？）僧人。字普光，一字若惺，号寄庵。俗姓陆。广东南海（今佛山南海区）西樵人。少萌出世之念。11岁入光孝寺，6年后剃发。明万历二十四年（1596）往参憨山德清于省城，受沙弥戒。闻讲《楞伽经》

而默有所悟。从赴曹溪，往云栖受具足戒，复往庐山依德清。德清圆寂后返粤，以重兴光孝寺为己任。天启六年（1626）春受请主法诃林。同年冬入曹溪，建憨山塔于象岭左。八年（1635）应仁化檀越之请，赴丹霞山锦石岩寺传法，未几归广州光孝寺。自入德清之室。著有《寄庵遗集》。（李福标）

毕方济（François Sambiasi，1582—1649）天主教耶稣会传教士。字今梁。意大利人。1610年到澳门，在澳门教授数学一年。1613年进入北京，后去淮安、南京、无锡、上海、嘉定、开封等地传教，又到扬州、苏州、宁波和江浙其他城市活动。在南京城内兴建护守山圣堂。为南明福王朱由崧、唐王朱聿键、桂王朱由榔赴澳门求救，被南明永历皇帝封为太师。1625年后在广州及附近乡村传教。卒于广东。著有《毕方济奏折》《灵言蠡勺》《睡答》《画答》《天学略义》等。（吴青、叶农）

罗宾王（生卒年不详）诗人。字季作。广东番禺（今广州）人。明万历四十三年（1615）举人，任南昌同知，后辞官归里，与同乡曾起莘、黎遂球、梁朝钟、陈学佺、博罗韩宗睐等俱以高才名世。好谈时务，明末国是日非，有出家之志，清兵攻入广州后不幸被捕。狱中意气不屈，出狱后遁入空门。据《静志居诗话》记载，曾在粤秀山筑"哭斯堂"，人皆以为荒诞，后改为清兵大营，始悟其先见。诗多悲愤语。著有《散木堂集》《狱中草》。（薛超睿）

袁崇焕（1584—1630）字元素。广东东莞人。少年随父居广西平南，借籍广西藤县应科举。明万历四十七年（1619）进士，授福建邵武知县。天启二年（1622）任兵部主事，时广宁

兵败，朝议扼守山海关，单骑出关考察，升任佥事。筑宁远（今辽宁兴城）等城，多次击败后金（清）军。六

袁崇焕

年（1626）获宁远大捷，升辽东巡抚。次年获宁锦大捷，大败皇太极。崇祯元年（1628）升授兵部尚书兼右副都御史，督师蓟辽。二年（1629），杀皮岛（今朝鲜椵岛）守将毛文龙，整顿军制，严明纪律。次年皇太极率后金军10万，避开其防守地区入关，围困北京。闻讯自辽东千里驰援，率军与后金军队在北京广渠门外鏖战。皇太极屡受重挫后设反间计，崇祯帝中计，将其逮捕冤杀。（申斌）

朱可贞（生卒年不详） 武术家。广东首位武状元。字占遇，号子庵。广东顺德（今佛山顺德区）人。生活在明崇祯年间。少时习文，考取秀才，后弃文习武。明天启四年（1624）成武进士，崇祯元年（1628）中武状元，授锦衣副千户。历升中都副留守，封昭将军。后因触忤上官，贬两广左营都司，一度谪戍柳州，不久回粤复职，大破阳江、电白一带海盗，缴获海船数10艘，继而奉调广西海防。海疆平静后，渴望北上杀敌立功，平边患。目睹当道昏聩，国是日非，大局不堪收拾，心灰意冷，辞官归里，作诗练字终老。著有《丹松斋诗草》。（孟田、颜蕴琦）

蔡九仪（生卒年不详） 武术家。中原武术南传第一人。广东高要（今肇庆高要区）人。崇祯时以武科登第，为洪承畴承宣官。明崇祯十五年（1642），洪承畴兵败降清，前往河南嵩山少林寺，师从一贯禅师学少林

武功。据《少林拳术秘诀》载："粤中之少林术，传之于蔡九仪。"8年后返回肇庆，设馆授徒。（李朝旭）

曾德昭（Álvaro Semedo，1585—1658） 天主教耶稣会传教士。出生于葡萄牙波塔莱格雷城（Portalegre）。1602年加入耶稣会。1613年来南京学习中文，取名谢务禄。1616年，礼部侍郎沈㴶奏请禁教时被押送澳门。1620年改此名，潜至浙江、江西、江苏、陕西等地活动。1625年至西安考察《大秦景教流行中国碑》。1637年自澳门启程赴罗马参加耶稣会代表会议。1644年再度来华，任在华耶稣会会长。卒于广州。著有《字考》、葡文本《中国通史》（又作《中华大帝国志》），上卷述中国政治和习俗等，下卷述天主教传入中国史，译有多种文字在欧洲出版。（韦羽、吴青）

道丘（1586—1658） 僧人。字离际，号栖壑，别号云顶和尚，俗姓柯。广东顺德（今佛山顺德区）人。17岁在广州永庆庵礼碧崖禅师出家。翌年至曹溪宝林寺（今韶关南华寺）侍憨山德清。21岁至金陵，闻教于雪浪、一雨。25岁至杭州参云栖袾宏，得授净土法门，并获衣钵。明天启三年（1623）在广州光孝寺从寄荪受具足戒。七年（1627）礼博山能仁寺元来无异，后嗣法，为曹洞宗第三十五世。崇祯四年（1631）南归广州，驻锡白云蒲涧。六年（1633）至香山讲经。八年（1635）访六祖故址。次年应肇庆鼎湖山弘赞在犙之请，开山庆云寺。后应邀至大云龙兴寺、宝安金绳寺、广州长寿寺说法。清顺治十二年（1655）重建庆云寺大雄宝殿。十四年（1657）应平南王尚可喜之请到广州超度战争中的死难者。主持鼎湖法席23载，使庆云寺成为岭表大刹，禅、净、律三学并行，得度弟子数百，

得戒弟子3000余。为岭南尤其西江流域佛教的发展作出贡献。著有《云顶剩语》。（达亮、李福标）

何钦吉（？—1658） 中医学家。广东澄海（今汕头澄海区）人。清顺治三年（1646）东渡日本，定居于宫崎县都城市唐人町。因医术精湛，被聘为萨摩领主北乡久直遗孀春岑的侍医。在当地推广中医疗法，编写医学著述，培养汉医学生。被誉为都城地区的"医学鼻祖"。采药时发现的竹节人参成为日本国产人参代表，被称为"和人参""日本人参"。（卢玉敏）

梁元柱（1587—1635） 书画家。字仲玉，又字森琅。广东顺德（今佛山顺德区）人。明天启二年（1622）进士，入翰林院授庶吉士，后迁陕西道御史。因不愿巴结魏忠贤，并上疏弹劾，后被削职，归隐广州。崇祯元年（1628），召还官复原职，迁陕西参议，未上任即病卒。工书擅画。其书清健圆浑，端重沉着，行书得鲁公之法，尤与《争座位帖》肖似，草书直追怀素，法度严谨，落笔如云烟，笔姿豪放，潇洒流落。所画山水、人物、神鬼，无不精妙，尤以竹石为最，笔墨中流露出文人画家的气韵意趣。传世作品有《出山首疏横卷》《行书七言诗扇面》《迎风竹图》《雏鸡图》《墨竹图》《森琅公少年自画小照》等。著有《疏要》《偶然堂集》。（梁达涛）

何南风（1588—1651） 僧人。字道见，号雷山，自称半僧先生、切堂老人、跛足道人。即知非牧原和尚。广东梅州兴宁石马人。明万历三十四年（1606）举人，后出家。历游齐、鲁、吴、越等地，住平远文殊、龙川石岭、兴宁曹源和祥云等寺，晚年住江西豫章普济寺。杂采释、道、儒学说，创

立横山堂学派，认为儒、释本无二致、僧俗可以通融。在粤东、赣南、闽西一带乃至东南亚均有影响。仿陶渊明《五柳先生传》作《半僧先生传》以自况。客家地区僧尼做佛事所唱小调多出其手。在诗歌创作方面亦有建树。病卒于普济寺。有《讱堂余稿》传世。（杨权）

陈子壮（1596—1647） 诗人。岭南三忠（陈子壮、陈邦彦、张家玉）之一。字集生，号秋涛。广东南海沙贝乡（今广州白云区石井沙贝村）人。明万历四十七年（1619）进士。授翰林院编修。其父陈熙昌时为吏科给事中，天启

陈子壮

四年（1624）抗疏弹劾魏忠贤，阉党摭拾子壮文学以为诽谤，父子同日夺职归里。其间在广州重振诗社，对促成岭南诗坛复苏有重大贡献，被时人誉为"南园二子"之一。崇祯初年复官，累迁至礼部右侍郎。后遭唐王朱聿键诋毁，罢归。南明弘光年间，起礼部尚书，未至而南京陷落。桂王朱由榔立于肇庆，授东阁大学士兼兵部尚书，督广东、福建、江西、湖广军务。清兵陷广州，散尽家财募军，于南海九江村起兵抗清。永历元年（1647），与陈邦彦、张家玉约攻广州，为清军所败，走高明，城破被俘，不屈而死。追赠南海忠烈侯，谥文忠。著有《南宫集》《云淙集》《练要堂稿》，后人汇刻为《陈文忠公遗集》11卷。（曾欢玲）

道忞（1596—1674） 又称木澄。僧人。字木陈，号山翁，晚号梦隐，俗姓林。广东潮州大埔（今梅州大埔）人。少习儒业，因读《金刚经》《法

华经》《大慧语录》等而向心佛教，投庐山开先寺智明禅师出家。后还俗。27岁再度剃发，受具足戒于憨山德

道忞

清。此后游历诸方，得法于浙江宁波天童寺密云圆悟，为临济宗三十一世。明崇祯十五年（1642）圆悟圆寂后继主天童法席。不久移住慈溪五磊山、台州广润、越州能仁、吴兴道场、扬州净慧、青州法度、兴化龙珠、越州云门、湖州万寿寺等，清顺治十四年（1657）返天童寺。十六年（1659）奉诏入宫为清世祖说法，获赐号"弘觉禅师"。立意报效新朝，在著作中多有取悦君王言论。翌年返天童寺，后建奎章阁，供奉钦赐"奎章"；又在会稽（今浙江绍兴）平阳寺建御书楼，供奉御书。晚年隐居平阳寺。圆寂后塔于平阳寺黄龙峰下。传法弟子有天拙本宗、雪栖真朴、宗符智华。著有《禅灯世谱》《布水台集》《北游集》《奏对录》《弘觉忞禅师语录》。（李福标、达亮）

木澄 见"道忞"。

何巩道（？—1675） 诗人。字皇图，号越巢。广东香山（今中山）人。明末诸生，荫锦衣卫指挥使。目睹明室覆亡，时怀复国之思。后因永历帝匡复无望，困顿琉璃厂10余载。屡欲逃禅以隐，以母在而未果，族人恐其株连，暗杀于道。墓在大榄飞驼岭。著有《越巢诗集》2卷。（薛超睿）

陈衍虞（1598—1687） 诗人。字伯宗，号园公。广东海阳（今属潮州）人。明崇祯十五年（1642）举人。入清后于顺治十四年（1657）授番禺教谕，迁广西平乐县知县。为诸生时即

有文名，附名复社，壮游各地，又与同志结京社、晋社、偶社，盟友众多，皆一时名流。著作等身，两次参修地方

陈衍虞

志乘，人称"岭海文献"。著有诗集14种，后由其子陈珏编成《莲山诗集》。（陈椰）

苏观生（1599—1647） 官员。本名苏时泽，字宇霖，一作汝临。广东东莞人。明崇祯间授真定府无极知县，累迁户部员外郎。在南明弘光政权中任户部郎中。清军攻陷南京后，与郑芝龙等在福建拥立唐王朱聿键，建元隆武，授户部侍郎，不久拜东阁大学士，参与机务。南明隆武二年（1646）加吏部、兵部尚书，武英殿大学士。八月，隆武帝在汀州遇害。十二月，至广州，与何吾驺等拥立朱聿鐭，封建明伯，掌兵部事。与肇庆的永历帝大战于三水、三山海口，永历水师大败。清军佟养甲、李成栋部攻占粤东潮州、惠州，乘虚突攻广州，率众抵抗，力量悬殊，城陷，自缢死。（申斌）

苏时泽 见"苏观生"。

道独（1600—1661） 僧人。字宗宝，号空隐，俗姓陆。世称空隐宗宝、宗宝道独禅师。广东南海（今属广州）人。幼闻《六祖坛经》而初悟禅旨。16岁自我剃发，结茅于归龙山10余载。29岁往博山谒无异元来，受具足戒并嗣法，为曹洞宗第三十三世。崇祯三年（1630）离博山往匡庐，掩关于金轮峰下，复徙黄岩寺。其后受请住博罗罗浮山，开派华首台。后历主福州怡山西禅长庆寺、东莞芥庵、广州海幢寺诸刹。主张以"孤峰独宿"

方式修行。在明清易代之际，常对门人宣传忠君爱国思想。在东莞芥庵圆寂。法嗣以天然函昰、剩人函可最著名。裔孙了观将其禅法传至越南。著有《华严宝镜》《长庆宗宝独禅师语录》。（达亮、李福标）

黎遂球（1602—1646） 诗人。岭南前三大家（黎遂球、陈邦彦、邝露）之一。字美周。广东番禺（今广州）人。明天启七年（1627）举于乡。于扬州郑氏影园赋黄牡丹近体诗10首，被推为第一，时称"牡丹状元"。性好游，足迹遍南北。明亡后，拥唐王朱聿键以抗清兵。南明隆武二年（1646）任兵部主事，提督水师与清军激战3日，困守赣州凡数月，与胞弟黎遂琪同死国难。何吾驺序其《莲须阁文集》称其人其文皆有"骨气"。其诗高华骏爽，气魄宏阔，表现出强烈的爱国热情。少作尚有西昆体习气，辞采华美，后经历国难，时多雄健豪迈之篇。著有《莲须阁集》。（曾欢玲）

梁朝钟（1603—1646） 诗人。字朱央，号车匿。广东番禺（今广州）人。明崇祯十五年（1642）举人，十六年（1643）中进士乙榜，官南明国子监司业。清兵攻广州，城破殉难，桂王赠资政大夫、礼部尚书，谥文贞，清廷赐谥节愍，乾隆间入祀忠义祠。博学多才，为人倜傥豪迈，好奇计，有大志。其诗如其人，风格高昂俊爽，多感时之语。著有《辅法录》《家礼补笺》《日纪录》《喻园集》。（薛超睿）

陈邦彦（1603—1647） 诗人。岭南前三大家（黎遂球、陈邦彦、邝露）、岭南三忠（陈子壮、陈邦彦、张家玉）之一。字令斌，号岩埜，人称岩埜先生。广东顺德（今佛山顺德区）人。性刚正果毅，慷慨喜任事，识见通敏。

南明弘光初年，上《中兴政要三十二策疏》，不为所用。隆武时，为大学士苏观生所荐，授监纪推官，未赴，旋中广东乡举，晋兵部职方主事，监广西狼兵，入赣抗敌。隆武政权倾覆后，谒桂王朱由榔，擢兵科给事中。旋闻桂王兵败，避居山中。隆武二年（1646），清兵破广州，与陈子壮、张家玉分别组织、领导义军攻广州。兵败入清远，与诸生朱学熙据城固守。城破被擒，不食5日，英勇就义。临刑，慷慨长吟《临命歌》。永历时追赠兵部尚书，谥忠愍。以一介书生，奋起草莱，统兵与强敌周旋，性格刚毅豪雄。其诗风格慷慨苍凉，气势遒劲。著有《雪声堂诗文集》。（曾欢玲）

邝露（1604—1650） 诗人。岭南前三大家（黎遂球、陈邦彦、邝露）之一。字湛若，号海雪。广东南海（今广州）人。工书法。南明永历二年（1648）被荐任中书舍人，四年（1650）奉使还广州。出处行藏迥异世俗，诗亦如其人，被称为"旷代仙才"。其诗继承楚辞优秀传统，以汪洋恣肆之笔写牢骚不平之志，充满积极浪漫主义精神。著有笔记《赤雅》、诗集《峤雅》。（周濯缨）

王鸣雷（生卒年不详） 文人。字震生，号东村。广东番禺（今广州）人。工诗文，通佛典，以孝事母。南明隆武元年（1645）以五经举乡试，考官惊其才，欲首举之，以格于例，置榜末。绍武时授中书舍人。清兵克广州，与罗宾王俱下狱，既得释，乃北游燕赵，往来吴楚，朱彝尊、王士禛俱重之，归而自题所居曰"穷室"。尝学于梁朝钟，为文有师法，古奥似战国诸子。康熙初年参与修纂《广东通志》，时称"典核"。著有《续易林上下经》《大雁堂集》《蒙子语录》

《王中秘文集》《空雪楼诗集》等。（薛超睿）

尚可喜（1604—1676） 字元吉，号震阳。祖籍山西洪洞，后迁辽东海州（今辽宁海城）。明崇祯年间为副总兵，崇祯七年（1634）投降后金，授总兵官。后金崇德元年（1636）封智顺王，

尚可喜

隶汉军镶蓝旗。从清军入关，镇压李自成农民军。清顺治六年（1649）改封平南王，与靖南王耿仲明南下，进攻福建、广东，围攻广州10个月，破之，随后攻打粤西及广西，屡败南明永历军。十七年（1660）受命镇守广州，为清初三藩之一。战火平息后崇信佛教，在广州重建大佛寺，大力布施檀度庵、海幢寺、海云寺等寺院，成为大檀越。康熙十二年（1673）第11次疏请归老辽东，其子尚之信袭平南王。吴三桂在云南自称"天下都招讨兵马大元帅"，提出"兴明讨虏"，发动叛乱，尚之信响应。卒于广州。（申斌、李福标）

吴六奇（1607—1665） 又名吴钩，字鉴伯，号葛如。广东海阳县丰政都汤田（今属梅州丰顺）人。幼读书，少嗜赌，家破，行乞他郡，结交江湖朋友，占据海阳、南澳一带，南明永历帝委为总兵。清顺治五年（1648），投降清军。十年（1653），配合靖南将军喀喀木攻打潮州总兵郝尚久，授协镇潮州总兵，驻饶平。反击郑成功有功，升为左都督，加太子太保。（申斌）

吴钩 见"吴六奇"。

张穆（1607—1683） 画家。字尔启，一字穆之，号铁桥，亦号铁桥道人。广东东莞人。读书于罗浮山石洞。明崇祯五年（1632），逾南岭向北游衡岳、湖湘、楚南、吴越、钱塘等地。清顺治二年（1645），南明王朱聿键即位福州，入闽附唐王，在御营兵部留用。唐王被清军所杀，辞官归里。与澹归论画，与陈子升、屈大均、陈恭尹、梁佩兰有过从。善画马，为岭表好手。朱彝尊有《赠张山人》诗。游湖湘吴越，所作纪游，诗奇杰事诵。泛湖湘为明清之际岭南遗民文人群体重要人物，其绘画影响深远。著有《铁桥山人稿》。（薛超睿）

函昰（1608—1685） 僧人。曹洞宗博山系华首台—海云派领袖。字丽中，号天然，斋名瞎堂。俗姓曾，名起莘，字宅师。广州府番禺慕德里司吉迳村（今广州花都区北兴镇）人。明崇祯六年（1633）举人。十三年（1640）在江西庐山归宗

函昰

寺礼道独和尚，祝发受具。两年后嗣法，为曹洞宗第三十四世。在宗教方面，不遗余力建设道场，整饬丛林，传衣法侣，传播教种，被誉为"法门砥柱"。驻锡罗浮山华首台寺，广州诃林（光孝寺），东莞芥庵、菜庵，庐山归宗寺、栖贤寺；创建番禺海云寺。遣弟子赴广州海幢寺、福州长庆寺、丹霞山别传寺住持，使曹洞宗开花散叶，出现中兴之局。一生着意于研探经典、阐释佛理。在政治方面，是清初"故国派"僧的代表人物之一，被众多遗民奉为精神领袖。在艺文方面，是岭南禅门诗人群体海云诗派的核心人物。书法修养深厚，在岭南方外书家中被认为首屈一指。在海云寺

丈室瞎堂圆寂。有《楞伽心印》《首楞严直指》《金刚正法眼》《般若心经论》《同住训略》《天然函昰禅师语录》及《瞎堂诗集》行世。（杨权）

穆尼阁（Nikolaus Smogulecki，1609—1656） 天主教耶稣会传教士。字如德。波兰人。1646年来华。在江南传教。1647—1650年在福建传教。后奉在华耶稣会长艾儒略派遣往南京。1653年奉召赴京，供职内廷。1655年至广东协助利玛窦、王若翰赴海南开教，后往肇庆传教至病逝。著有《天步真原》《天学会通》，被收入《四库全书》。（韦羽）

函可（1610—1659） 僧人。字祖心，别号千山剩人，又号撠。俗姓韩，名宗騋，字犹经。广东博罗人。少为诸生，弱冠即名闻海内。29岁在曹溪参礼六祖后弃家为僧，到庐山依宗宝道独参究，为第二法嗣。随

函可

道独回岭南弘法，首驻罗浮山华首台，充都寺，与法兄首座函昰并称"华首二驹"。筑室于广州城东黄花塘，创不是庵（又称黄华寺）。清顺治二年（1645）以请藏经为由至金陵（今江苏南京），适遇清兵渡江，遂把亲见记为私史，名《再变记》。出城南返被执，械送京师，判充戍辽阳千山（今辽宁鞍山千山区）。在东北弘扬法教12载，自普济历广慈、金塔、永宁、慈恩、文殊、龙泉等七座道场，大阐宗风，使南禅北传，被奉为关外佛教洞宗开山鼻祖。又与遗老流民创冰天诗社，推动了文学活动在东北的展开。迁化于沈阳金塔寺。著有《千山诗集》《剩人语录》。（达亮）

祁文友（1611—1669） 文人。字兰尚，号珊洲。广东东莞人。清顺治十五年（1658）进士，任庐江县令。康熙三年（1664）升工部主事。八年（1669），任江南乡试副主考。又被委派监督修张秋河。著有《出门草》《渡江集》《秋署吟》等。（唐瑶曦）

弘智（1611—1671） 思想家、学者、文学家。又名大智，字无可、墨历，别号弘智、药地。俗名方以智，字密之，号曼公。江南桐城（今属安徽）人。幼承家学，接受儒家教育。参加复社，讽议朝政，人称"四公子"。

弘智

明崇祯十三年（1640）进士，选庶吉士，授检讨。十七年（1644）在北京为李自成农民军所执，南投弘光帝，受阮大铖排挤流寓岭南，在两广卖药为生。参与拥立永历帝，官中允，任少詹事、翰林院侍讲学士，拜礼部尚书、东阁大学士。后遭太监诬劾，遁迹两粤山区。清顺治七年（1650），在昭平仙回山披缁，被清兵搜出。获释后住梧州云盖寺著述。十年（1653）谒金陵天界寺觉浪道盛受戒圆具，为曹洞弟子。历任新城寿昌寺、吉州青原净居寺、舒州浮山华严寺住持。晚年定居江西庐陵青原山净居寺，自称"极丸老人"。康熙十年（1671）因受粤事文案牵连而被捕，被解往岭南，至江西赣江万安惶恐滩自沉而卒。博涉多通，主张中西合璧，儒、释、道三教归一。自天文、舆地、礼乐、律数、声音、文字、书画、医药、物理、技勇之属，皆能考其源流、析其旨趣。特别强调"质测"（实验科学）的知识，主张"寓通几（哲学）于质测"。工诗文。著有《通雅》《话录》《东西均》

《医学会通》《通雅》《物理小识》《药地炮庄》《浮山集》等。（达亮）

方以智 见"弘智"。

卜弥格（Michel Piotr Boym，1612—1659）天主教耶稣会传教士。波兰人。1645年到越南，随即到海南岛传教。南明永历初年来中国，至桂王朝廷布教。其时王、马两太后和宦官庞天寿等均已入教。1651年5月，携

卜弥格

王太后及庞天寿致罗马教皇项诺森十世（Innocentius X，1574—1655，1644—1655在位）书信，作为南明永历皇帝的使者出使罗马教廷和西欧列国，争取西方天主教支持南明政权。1655年得教皇亚历山大七世（Alexander VII，1599—1667，1655—1667在位）回书，1658年从欧洲到澳门，转道安南。其时两广已入清军手中，无法复命。次年逝于安南与中国的边境。最早从事马可·波罗研究的欧洲人，第一个将中国古代科学与文化介绍给西方的欧洲人。著述涉及中国动植物学、医药学、地图学等。著有《中国地图册》《中国植物志》《中国医药概说》《中国诊脉秘法》等。（吴青）

弘赞（1612—1686） 僧人。字德旋，后易字在犙，号草堂，俗姓朱。广东新会（今江门新会区）人，出生于阳江。明崇祯六年（1633）道经鼎湖，与上迪村梁少川结茅为莲花庵。次年夏礼广州蒲涧寺栖壑道丘和尚剃染，为曹洞宗第三十三世。九年（1636）礼请道丘住持鼎湖。后矢志参方，嗣杭州妙行寺雪关道誾和尚法，住静于横山光明寺。十六年（1643）还粤，

谒曹溪，居英德西来山，开创白象林。又阐化于高明金龙庵、番禺双照庵。清顺治十五年（1658）继席鼎湖，为庆云寺二代祖。康熙三年（1664），在南海麻奢乡创宝象林瑞塔禅寺。二十年（1681）开大悲忏道场。在宝象林圆寂。传法弟子有慧弓、雯文、空石、觉天、文麟等。生平重实践笃履，深解禅理，精通律学，其学远绍唐南山道宣律师、近追明代云栖袾宏，被尊为戒律的厘定者。著述被编为《鼎湖法汇》。（李福标）

李充茂（1612— ？） 檀越。字鉴湖，号泛生。河南南阳邓州人。第十八补弟子员。从兄大学士李永茂抚虔，侍亲于广东南雄。清顺治元年（1644）冬与永茂在韶州仁化以百缗买山卜隐，定山名为丹霞。十八年（1661）与山中遗民北归，舍山佛门，供今释禅师创建别传寺。返乡后有出家之志，于康熙十一年（1672）再度入岭，礼函昰和尚剃染，法名今地（一作今池），字一超，后受菩萨戒。晚年归隐于丹霞山篆竹岩，建正气阁。在丹霞山圆寂。（李福标）

智华（1613—1671） 僧人。字宗符，号愚关。俗姓林。福建漳州人。15岁依本郡昭然禅师出家。20岁入粤，5年后在肇庆鼎湖山谒云顶老人栖壑道丘圆具，探研律部，梵行精严。其后出游诸方，广参海内名宿，如朝宗通忍、罗峰弘丽、天界道盛、三宜明盂、费隐通容、玉林通琇。谒弘觉国师木陈道忞于天童寺，机缘契合，密授心印。清顺治十二年（1655）在广州西来庵遗址创建华林寺，并主法17年，大扬西来宗旨。又在广州创建双桂庵、勇猛庵，在东莞创建东湖禅院。以中兴云门而有"偃祖再来"之誉。嗣法弟子元觉、元海、元印、元旻。言论载《云门语录》。（杨权）

卫匡国（Martino Martini，1614—1661）天主教耶稣会传教士。意大利人。号济泰。1643年到澳门传教，后主要在浙江、北京、山西、福建、江西、广东等地传教，熟悉中国山川地理、人物掌故。广交江南名士和达官贵人，致力学习中文，阅读中华典籍舆志。1650年觐见顺治皇帝。卒于杭州。被称为"西方研究中国地理之父"，欧洲早期汉学研究奠基人之一。著有《中国新地图志》《中国上古历史》《鞑靼战纪》《中国耶稣会教士纪略》《汉语语法》《述友篇》。（吴青）

行森（1614—1677） 又称森铁棒。僧人。字茚溪，一作笻溪，别号慈翁，俗姓黎。广东博罗人。27岁礼宗宝道独削染纳戒。初依龙池雪峤圆信，后参大觉普济能仁国师玉林通琇于崇福寺，获印可，为临济宗

行森

三十五世。后奉师命分座报恩、崇福二山。又开化于杭州龙溪庵。持律精严，导众规整，有百丈风。顺治十六（1659）因通琇之荐受诏入京，次年为清世祖净发。世祖崩，为举火。雍正时追封"明道正觉禅师"。有《明道正觉茚溪森禅师语录》传世。（达亮、李福标）

森铁棒 见"行森"。

今释（1614—1680） 僧人、文学家。海云十今（今无、今覿、今摩、今释、今壁、今辩、今龗、今遇、今但、今摄）之一。字澹归，后号蔗余道者、甘蔗生、冰还道人、借山野衲、舵石翁。俗名金堡，字道隐，号卫公。浙江仁和（今杭州余杭区）人。明崇祯

九年（1636）中举，十三年（1640）进士。隆武帝败后辗转来粤，在端州（今广东肇庆）谒见永历帝，受职兵科给事中。

今释

南明永历四年（1650）因上《时政八失疏》陈说时弊而遭陷害，下锦衣卫狱，判戍贵州。在被解送戍地时遇清兵南下得脱，留客桂林，在北廓茅坪庵落发为僧，法名性因。九年（1652）到穗，在番禺雷峰海云寺参天然函昰，受具足戒。后奉命度岭，托钵江南。在庐山栖贤寺、番禺雷峰海云寺充书记。居东莞栽庵五载。康熙元年（1662）到韶州丹霞山，开辟别传寺。又建曲江会龙庵、仁化准提阁、始兴新庵、南雄龙护园，合称四下院。七年（1668）受天然大法，为第四法嗣、曹洞宗第三十五世。十三年（1674）继主法席。在丹霞山弘法17年。精诗词、文章、书法，尤擅草书。十七年（1678）以请藏出岭。在吴门圆寂。后其骨灰被带回岭南，塔于丹霞山海螺岩。清内阁学士徐乾学为作《丹霞澹归今释禅师塔铭》。有《岭海焚余》3卷、《遍行堂集》49卷、《遍行堂续集》16卷及《日记》残本传世。（杨权、罗志欢）

陈子升（1614—1692）　诗人。字乔生，号中洲，又号甲东。广东南海沙贝村（今广州白云区金沙街沙贝社区）人。陈子壮之弟。年15应童子试擢冠，与黎遂球、陈邦彦等文章声气相求，南明弘光间以明经举第一，隆武间授中书舍人，永历间拜吏科给事中，又迁兵科给事中。清兵陷肇庆后归隐，晚入庐山归宗寺，未及而卒。工诗善琴。沈德潜评其诗"丽而有骨，原本义山，近代中可俪杨升庵"。著有《中

洲草堂遗集》。（薛超睿）

聂仲迁（Adrien Greslon，1614—1695）　天主教耶稣会传教士。字若瑞。法国人。1636年加入耶稣会。1647年升神父。1655年抵中国澳门。当时正值葡萄牙当局与广州地方官府发生冲突，受到牵连，被捕入狱，因汤若望援助而获释。后奉命往琼州（今海南海口）传教。1667年至南雄，谋立堂传教不果，赴江西主持赣州教务。康熙历狱，被押解至北京，后又被押至广东广州禁闭。1671年自广州返江西传教。卒于赣州。西文著述多，中文著作有《古圣行实》。（韦羽）

今壁（？—1695）　僧人。海云十今（今无、今覞、今摩、今释、今壁、今辩、今龕、今遇、今但、今摄）之一。字仞千，俗姓温。广东东莞人。出身官宦，幼通坟典，习毗尼于肇庆鼎湖。函昰知其为法器，许以入室，为雷峰西堂。屡呈所见而不契，寻于丹霞侍寮。清康熙七年（1668）与今释在别传寺同时受嘱，为第五法嗣，曹洞宗第三十五世。三十四年（1695）冬分座海云，未几圆寂。（杨权）

张家玉（1615—1647）　诗人。岭南三忠（陈子壮、陈邦彦、张家玉）之一。字玄子，号芷园。广东东莞人。明崇祯十六年（1643）进士，选翰林院庶吉士。1645年从唐王朱由键入福建，擢林侍讲，监郑彩军。又以右金都御史，巡抚广信。南明永历元年（1647）在乡中起兵，抗击清军，祖坟被掘、家庙被毁，十月战败，感叹矢尽炮裂，投水自杀。永历帝追赠太保、武英殿大学士、增城侯，谥文烈。诗歌质朴情真，忠义之气浓厚，王夫之称其"诗才亢爽"。著有《张文烈遗集》。（李成秋）

王兴（1616—1659）　字电辉。本名

萧嘉音。广东恩平人。明崇祯十六年（1643）在恩平那乾洞聚众起事，因身材短小精干，号"绣花针"。十七年（1644）接受恩平知县陈兆棠招抚。南明永历元年（1647），率部攻恩平县城，活捉广东巡按御史连城璧，劝其拥明抗清，改名王兴。其后多次与清军作战，占有恩平、开平、阳江、阳春4县，永历帝授广、肇、会、宁、恩、阳地方总兵官。七年（1653）五月，收复广海卫城，升为左军大都督、虎贲将军，继而转战电白、阳江、阳春、三水、顺德沿海，攻占新宁县西南部海边的汶村。恃险结寨固守，煮海制盐，垦荒种稻，成为永历政权反清的前沿据点。十年（1656）三月，清平南王尚可喜多次发兵汶村，苦守孤城1年多。十二年（1658）八月，城将破，妻妾15人自缢，其自焚殉国。1952年，王兴墓在广州海珠南箕村发现，迁葬于越秀山木壳冈绍武君臣冢旁。（申斌）

萧嘉音　见"王兴"。

薛始亨（1617—1686）　诗人。字刚生，号剑公，别署甘蔗生、二樵山人。广东顺德（今佛山顺德区）龙江人。明崇祯间诸生，与屈大均同学于陈邦彦，明亡后不复仕进，隐于羊城，年50出游于罗浮、西樵间。后入罗浮山为道士。工诗书画，兼精琴棋剑艺。著有《蒯缑馆十一草》《南枝堂稿》。（薛超睿）

王邦畿（1618—1668）　文人。岭南七子（陈恭尹、梁佩兰、王邦畿、程可则、方殿元、方还、方朝）之一。字诚篇。广东番禺（今广州）人。崇祯间副贡生，南明隆武元年（1645）举人，绍武时以荐官御史。与陈恭尹谋附永历帝，不及而南明亡。自着禅衣，出家为僧，法名今吼，字说作。

与程可则、梁佩兰等结兰湖社。诗多感伤时事，寄托遥深，诸体皆工，尤善其五七言律。著有《耳鸣集》。（薛超睿）

王来任（？—1668） 字宏宇。奉天（今辽宁沈阳）人。汉军正黄旗。后金天聪八年（1634）在后金第一次科举考试中获赐举人。清康熙四年（1665），以副都御史巡抚广东。时沿海实施迁界令，百姓流离失所，死伤枕藉，田庐荒废，与两广总督周有德上疏请求复界，疏未上，病逝。八年（1669），清廷终允复界。（申斌）

约翰·尼霍夫（Johan Nieuhof，1618—1672） 荷兰使臣、旅行家。早年做过水手，后在荷兰东印度公司工作。1655—1685 年，荷兰东印度公司 6 次派使团前往北京，作为荷兰使团成员参与从广州到北京的旅行，并被特别安排记录途中见到的城池、宫殿、寺庙、河流及其他建筑。1665 年出版《荷使初访中国记》，书中附有约 150 幅插图，以绘画形式记录了长达 2400 千米旅程中的所见所闻。西方首次采用绘画形式记载中国的文献记录。（吴青）

今摄（1618—1686） 僧人。海云十今（今无、今觊、今摩、今释、今壁、今辩、今董、今遇、今但、今摄）之一。字广慈，俗姓崔。广东番禺（今广州）人。初参函昰，即留心宗乘。披缁后依本师三十年如一日，居侍寮最久。充海云寺监院，丛林营建，多所经画。后出岭，入庐山栖贤寺，居于巢云庵，随侍函昰，人称巢云禅师。清康熙十九年（1680）受函昰大法，为第十法嗣（一说为第九法嗣）、曹洞宗三十五世。著有《巢云遗稿》。（杨权）

今再（1618—？） 尼师。字来机。俗姓曾，函昰胞妹。广州府番禺（今广州花都区）慕德里司吉迳村人。受其兄影响，于清顺治初年出家。得法后禅律兼修，行解相应。侍其母智母师太（法名函福）往参道独，道独问："日织几何？"答曰："一丝不挂。"康熙六年至十七年（1667—1678）在广州丽水坊创建比丘尼道场无着庵，尼众有数百之多，成为清初女性遗民的庇护所。至十八年（1679）仍在世。（杨权）

高俨（约 1620—1691） 书画家。字望公。广东新会（今江门新会区）人。未直接参加抵抗清兵入粤行动，对清政府亦采取不合作态度，明亡后与陈子升、王邦畿隐居不仕。博闻多学，工诗、书、画，时称"三绝"。尤精山水，取法沈周，又掺和董其昌笔致，笔墨苍劲浑厚，晚年益精。其胸次有画，技艺高超，自由挥洒即有意态天成之境。能于月下作画，昼视之尤工。行书出入褚遂良、米芾间，亦能草书，挥洒纵逸。朱彝尊对其评价甚高，画名在当时即已传布大江南北。传世作品有《秋林观瀑图》《山水图轴》《秋寺晚钟图》《新会十二景册》。著有《独善堂集》。（梁达涛）

传谳（1621—1691） 僧人。字湛慈，号石门，俗姓冯。广州人。7 岁礼龙津慈度庵仰素禅师剃染。23 岁在鼎湖山庆云寺礼云顶道丘圆具。亲近老和尚13 年，学律阅教，深得宗旨。36 岁发足参方，初在武林（今浙江杭州）报国寺副讲《楞严经》，次年在金陵（今江苏南京）天界寺嗣觉浪道盛法。清顺治十五年（1658）返鼎湖山，辅监庆云院事 6 载。康熙二年（1663）开山西宁（今广东郁南）石门梅硙寺，因以为号。二十五年至三十年（1686—1691）任庆云寺住持，为三代祖。设

教持律。（李福标）

永历帝（1623—1662） 名朱由榔，明神宗之孙。1646—1662 年在位，年号永历，庙号昭宗。明崇祯时封永明王，隆武时袭封桂王。隆武帝遇害，瞿式耜、吕大器等拥其为监国，旋于广东肇庆即帝位，改年号为永历，控制两广、云、贵、江西、湖南、四川等地。南明永历十年（1656），李定国迎至云南。十三年（1659），清军攻陷昆明，在沐国公沐天波带领下逃往缅甸。十五年（1661），清大将军吴三桂率兵入缅甸，追击永历帝。次年（1662）一月，缅人将永历帝执送给吴三桂。五月，在昆明遇害。（申斌）

朱由榔 见"永历帝"。

南怀仁（Ferdinand Verbiest，1623—1688） 天主教耶稣会传教士。字敦伯，又字勋卿。出生于比利时布鲁日。博学多才，精通天文历法，擅长铸炮。1641 年加入耶稣会。1658 年到澳门。1659 年在陕西传教。次年在北京参与汤若望修订历法工作。1664 年，因"历法之争"入狱，次年释放。1668 年起用，任钦天监监副、监正，制造天文仪器。后加任太常寺卿、通奉大夫。1676 年，沙俄派使臣期巴法里·米列斯库来华，任清政府译员。1682 年加工部右侍郎衔。在北京去世，赐谥"勤敏"。清初最有影响的来华传教士之一，为近代西方科学知识在中国的传播作出重要贡献。绘有《坤舆全图》，著有《康熙永年历法》《教要序论》《吸毒石原由用法》《坤舆图说》《新制灵台仪象志》等，参与编制《时宪书》。（周红黎、张书河、柏峰）

程可则（1624—1673） 诗人。岭南七子（陈恭尹、梁佩兰、王邦畿、程可则、方殿元、方还、方朝）、岭南

四家（姚子庄、程可则、梁佩兰、廖文英）、海内八家（宋琬、施闰章、沈荃、王士禄、程可则、王士禛、任婉、曹尔堪）之一。字周量，一字彦揆，又字湟溱，小字佛壮，号石濂。广东南海（今佛山南海区）大同堡人。清顺治九年（1652）会试第一。以磨勘不得参与殿试。遂致力于诗文、经史。十七年（1660）春，应阁试，诏授内阁撰文中书。十八年（1661），奉诏颁赐山东，六月改入内秘书院。康熙八年（1669），以户部主事任顺天乡试同考官。同年升为户部员外郎，督理仓务。十年（1671），转任兵部职方司郎中。十二年（1673）出知广西桂林府，以敏干著称。卒于官。以诗文播名文坛。崇尚汉魏和唐人，同时秉承岭南诗派"雄直"诗风，诗文风格遒上，沈德潜称其"俊伟腾踔，声光熊熊"。《粤东诗海》称之为"开国元音"。著有《海日堂诗文集》《遥集楼诗草》《萍花草》。（曾欢玲）

元觉（1624—1681） 僧人。字离幻，初名成安，字离患，俗姓简。广东顺德（今佛山顺德区）。甲申鼎革陷于兵，夜走鼎湖，礼愚关和尚智华得度。30岁从鼎湖栖壑老和尚道丘受具。嗣宗符智华法，为第一法嗣。发足参方，遍谒诸山。卜居罗浮山石洞禅院，故号石洞。清康熙十年（1671）继主广州华林寺法席，为二代方丈。法徒以成鹫最著名。（杨权）

陈上川（1626—1715） 越南侨领。字胜才，号义略。广东高州吴川（今湛江吴川）人。明亡后加入抗清队伍，为南明镇守高雷廉等处地方总兵官。清康熙二十年（1681）春，与副将陈安平及龙门总兵杨彦迪、副将黄进等，率战船、将士、眷属，南投广南阮氏。阮主遣往柬埔寨旧地东浦居住垦殖。驻盘辚（今越南边和），招集流民，

垦辟耕地，建造街市铺舍，发展贸易，把湄公河三角洲开发成为鱼米之乡和商贸中心。三十七年（1698），阮主封胜才侯，后人称其为"陈胜才"。逝后阮主追赠辅国将军，赐封上等神，立春秋两祭。为17世纪越南南部华侨领袖，后人在越南永清、藩安、边和等地建祠祭祀。（徐素琴）

岑徵（1627—1699） 诗人。字金纪，号霍山。广东南海（今广州）人。明崇祯间诸生。工诗好侠，明亡后弃诸生，隐西樵。入清后云游各地，所至多凭吊寄怀之作。性方介，为友者，唯高僧、野人及二三知己。其子索其旧什149篇，刻为《选选楼集》。（薛超睿）

何绛（1627—1712） 诗人。北田五子（陈恭尹、陶璜、梁梿、何衡、何绛）之一。字不偕，号孟门。广东顺德（今佛山顺德区）人。好读书，隐于罗浮、西樵山中，与屈大均、陈恭尹、梁佩兰尤善。清初偕陈恭尹奔走图谋抗清，事败隐迹北田。晚年居乡里。其诗淡逸幽远，无悲怨壮愤意；论诗极严，推重陈恭尹、梁佩兰，但不喜翁山诗。著有《不去庐集》14卷。（薛超睿）

今遇（1628—1701） 僧人。海云十今（今无、今覰、今摩、今释、今壁、今辩、今䓁、今遇、今但、今摄）之一。字泽萌。俗姓孙。松江华亭（今上海）人。清顺治三年（1646）出家。初礼洞下三宜和尚，受具足戒。又发足参方，往来于天童寺道忞之门。康熙十一年（1672）入匡庐谒天然函昰，一见契合，遂结庐寺边参修。数年后在番禺雷峰海云寺受函昰大法，为第八法嗣，曹洞宗第三十五世。先后主罗浮山华首台寺、丹霞山别传寺、庐山栖贤寺法席。礼请成鹫来山撰写《丹

霞山志》。在海云寺圆寂。（杨权）

梁佩兰（1629—1705） 诗人。岭南三大家（屈大均、陈恭尹、梁佩兰）、岭南七子（陈恭尹、梁佩兰、王邦畿、程可则、方殿元、方还、方朝）、岭南四家（姚子庄、程可则、梁佩兰、廖文英）之一。字芝五，号药亭、柴翁、二楞居士，晚号郁洲。广东南海芙蓉村（今广州荔湾区）人。清顺治十四年（1657）解元。康熙二十年（1681）冬，与朱彝尊等结诗社。二十七年（1688）进士，授翰林院庶吉士，告假归。后又召回，因不识满文革职。以诗著称，诗多酬赠和吟咏景物之作。其前期作品，风格雄健，气概恢宏；后期诗作静照敛彩，以神韵取胜。受王士禛、朱彝尊、潘耒等名家推重。清初广东诗坛有影响的诗人。著有《六莹堂集（初集）》《六莹堂二集》。（王富鹏）

梁佩兰

朱彝尊（1629—1709） 文学家、学者。字锡鬯，号竹垞，又号金风亭长、小长芦钓鱼师。浙江秀水（今嘉兴）人。早年参加抗清活动。清康熙十八年（1679）举博学鸿词科，除翰林院检讨，参加编修《明史》。顺治十三年（1656）时，受广东肇庆府高要知县之聘，前往高要授徒。途中作《度大庾岭》《元日阴》《首春端州述怀寄故乡诸子》等诗。交游广，与岭南文人屈大均、

朱彝尊

程周亮、梁佩兰等多有交往。通经史，工诗词古文。写有《岭外归舟杂诗》10余首，记述岭南采珠女、古榕、捞虾等自然风物与风俗。另有与岭南有关的多篇游记如《五羊观》《越王台怀古》《送王翊游粤》等。著有《经义考》《日下旧闻》《曝书亭集》；编有《明诗综》《词综》等。（史小军、许艳青）

屈士煌（1630—1685） 诗人。字泰士，一字铁井。广东番禺（今广州）人。贡生。南明隆武二年（1646）广州陷落，与兄士爆往来陈子壮等义军中，事败潜归奉母。及广州再陷，遁西樵。南明永历八年（1654）闻李定国率师复三府，与兄微服往从，不果乃入化州。李定国护驾入滇，乃赍表跋涉前往，上书陈三大计六要务，极陈孙可望之恶，授兵部司务，试职方司主事，至永历帝败亡后归里。其诗今存80余首。（薛超睿）

屈大均（1630—1696） 文学家。岭南三大家（屈大均、陈恭尹、梁佩兰）之一。初名屈邵龙，又名屈绍隆，号非池，复姓屈氏，字翁山，又字骚余、介子，号莱圃等。广东番禺（今广州）人。早年受

屈大均

业于陈邦彦门下，清顺治三年（1646）补南明南海县生员。同年清军破广州，次年随其师陈邦彦起兵抗清，独率一队与陈子壮等合攻广州。六年（1649）春，赴肇庆向南明永历帝上《中兴六大典书》。七年（1650）冬，清军再破广州，礼函昰禅师于番禺圆冈乡雷峰海云寺为僧，法名今种，字一灵。30岁后蓄发还俗，东出

榆关，西走雁门，往返吴越，从军湘桂，寻机抗清。多次谢绝举荐，以遗民终老。工诗，诗风雄肆豪宕，峭艳仙超，多抒家国兴亡之感愤。著作现知有40多种，其中《翁山诗外》《翁山文外》《翁山易外》《广东新语》和《皇明四朝成仁录》合称"屈沱五书"。其作品在清雍正、乾隆年间遭到禁毁。1996年人民文学出版社出版欧初、王贵忱主编《屈大均全集》。（王富鹏）

屈邵龙 见"屈大均"。
屈绍隆 见"屈大均"。

张家珍（1631—1660） 诗人。字璩子。广东东莞人。张家玉二弟。南明永历元年（1647）随兄张家玉参与乡中抗清活动，单独率千人为奇兵，军中号称"小飞将"。战败后，隐居东莞铁城，家居养父，读书学画。长于画兰竹，与屈大均、朱彝尊等人均有交往。著有《寒木居诗钞》。（李成秋）

陈恭尹（1631—1700） 诗人。岭南三大家（屈大均、陈恭尹、梁佩兰）、岭南七子（陈恭尹、梁佩兰、王邦畿、程可则、方殿元、方还、方朝）、北田五子（陈恭尹、陶璜、梁琏、何衡、何绛）之一。字元孝，号半峰，又号独

陈恭尹

漉。广东顺德（今佛山顺德区）人。明诸生。父陈邦彦于清顺治四年（1647）起兵抗清殉难，他以避匿得免。七年（1650）南明永历帝授世袭锦衣卫指挥佥事。八年（1651）起，寻机抗清。东走福建，往返吴越；出崖门，渡铜鼓洋，联络海上力量；过长江，抵汴梁，北渡黄河，徘徊太行

山下。康熙十七年（1678）秋，因是尚之信的座上宾而下狱。为免遭"无妄之灾"，移居广州城南，多与地方官员交游唱和，以遗民终老。诗风雄郁苍凉，其咏史诗举世罕匹，最受称道。著有《独漉堂集》。所著《九边图》今不存。其作品在清雍正、乾隆年间曾遭禁毁。2018年人民文学出版社出版郭培忠点校《陈恭尹集》。（王富鹏）

陆希言（1631—1704） 天主教耶稣会修士。一名希贤，字思默，号癣斋，教名多明我。江苏华亭（今上海松江）人。清康熙十九年（1680）同画家吴历一起，随西方传教士柏应理司铎往罗马，未成行，居留澳门。二十七年（1688）加入耶稣会，为辅理修士。在澳门期间，作《澳门记》，载于四十四年（1705）殷藩辑刻的《开天宝轮·性学醒述》（法国国家图书馆藏有抄本），记录当时澳门景观、教堂、修院及葡萄牙人入据澳门的起源、澳门的地理形势、天主教在澳门发展以及西洋技艺等情形，是有关澳门、中国天主教和中西文化交流史的重要资料。提出取西学所长，为我所用，以天主教合儒、补儒，是中国早期主张向西方学习的倡导者。卒后葬于上海墓地。辑来华西教士130余人事迹为《铎德姓氏录》。著有《圣年主保单》（再版名《新刻主保单》）、《亿说》《周年主日口铎》（又名《周年瞻礼口铎》《周主日铎音》）等。（罗志欢）

郑玛诺（1633—1673） 天主教耶稣会传教士。广东香山（今中山）人。清顺治二年（1645）随法籍天主教神父陆德赴罗马。六年（1649）加入耶稣会。八年（1651）入圣安德勒初学院。十年（1653）入罗马公学深造，攻读修辞学、哲学、物理学。自十四

年（1657）起担任教职，教授拉丁文、希腊文法、文学。十七年（1660）继续攻读神学。康熙五年（1666）奉派回国传教。途中经过印度果阿，被耶稣会当局留在当地传教。七年（1668）到澳门。逝于北京。（韦羽）

今无（1633—1681）　僧人。海云十今（今无、今覾、今摩、今释、今壁、今辩、今龓、今遇、今但、今摄）之一。字虫木，号阿字，俗姓万。番禺沙园（今广州番禺区新造镇）人。幼年出家。16岁礼天然函昰于番禺雷峰海

今无

云寺，次年受具足戒。又从师为文、为诗、为书。19岁入匡庐监栖贤院务。清顺治十三年（1656）奉师命徒步出塞，到辽阳北访法叔千山剩人函可。南归后渡海入琼，弘法于岛上。十八年（1661）归番禺雷峰海云寺，受函昰大法，为第一法嗣、曹洞宗第三十五世。自康熙元年（1662）起，以首座主理广州海幢寺事12年，其间在平南王捐助下扩院。与法弟今释交厚。十二年（1655）以请藏入北，十四年（1657）经金陵返羊城。在海幢寺圆寂。著有《光宣台集》传世。（杨权）

今覾（生卒年不详）　僧人。海云十今（今无、今覾、今摩、今释、今壁、今辩、今龓、今遇、今但、今摄）之一。字石鉴，俗姓杨，名大进，字无见。广东新会（今江门新会区）人。15岁补郡诸生。甲申闻京师陷，即访函昰，请讲儒佛异同。42岁落发受具。清顺治十七年（1660）入侍寮。康熙元年（1662）函昰付以大法，为第二法嗣，曹洞宗第三十五世。三

（1664）领海云西堂，复继栖贤法席。七年（1668）移住福州长庆寺，再返庐山栖贤。与众衲子栽田博饭，有古德风。作《栖贤三十咏》以志怀。对洞上缜密家风独有心得，学士大夫多请益。在庐山栖贤寺圆寂。著有《直林堂全集》。（杨权）

大汕（1633—1705）　又称石湖、石莲、石蓬。僧人。字石濂，号厂翁，别号石头陀，堂号离六，俗姓徐。江西九江（一说南昌）人，祖籍浙江嘉兴。自称16岁依江宁（今江苏南京）觉浪道盛披剃落发。以"行脚僧"作五岳游。清康熙初年以游方岭南而定居广州。后在屈大均帮助下，入住广州大佛寺。清康熙十二年（1673）北游京师，在嵩山校刻道盛遗著《传灯正宗》。十七年（1678）被迎请为广州长寿寺住持，在寺中设招隐堂收容流寓文人。驻锡广州白云山麓弥勒寺、清远峡山寺、澳门普济禅院。工诗善画，擅长琴箫，在园林建造、家具制作方面亦有天赋。与当时名流梁佩兰、屈大均、潘耒等先交好，后结怨。三十四年（1695）春应广南国王阮福周之请往广南顺化（今越南顺化）说法，被封为国师。将赴越经过撰为《海外纪事》，惹来是非。广东官府将其拘捕，于四十一年（1702）押至江西赣州山寺。两年后客死常山途中。著有《离六堂集》《离六堂二集》《离六堂近稿》《潮行近草》《海外纪事》传世。2007年中山大学出版社出版万毅、杜蔼华、仇江点校《大汕和尚集》。（达亮、杨权）

石湖　见"大汕"。
石莲　见"大汕"。
石蓬　见"大汕"。

何克谏（1633—？）　中医学家。名何其言，号青萝道人。广东番禺（今

广州）人。少时业儒，明亡，隐居于番禺沙湾青萝嶂，故别号青萝道人。隐居之际，采药、治病、著书。特别重视草药的应用，善于应用草药治疗疾病，并运用中医药理论对岭南中草药的性味和民间治疗经验进行详细总结。强调"经药品性"。重视食疗的运用。著有《生草药性备要》《增补食物本草备考》等。（周红黎、张书河）

何其言　见"何克谏"。

王士祯（1634—1711）　文学家。清诗坛领袖之一、神韵派代表人物。海内八家（宋琬、施闰章、沈荃、王士禄、程可则、王士祯、汪婉、曹尔堪）之一。原名王士禛，字子真，一字贻上，号阮亭，晚号渔洋山人。山东新城（今桓台西）人。清顺治十五年（1658）进士。康熙十七年（1678）官侍读，入值南书房，纂修《明史》。二十三

王士祯

年（1684）冬，奉诏入粤祭祀南海神庙。三十七年（1698），擢左都御史。后以"王五"一案失革出职。入粤途中作诗300余首，编为《南海集》。其中《南海神祠》《五羊观》《登粤秀山》《广州竹枝》《七星岩》《韶石》等数十篇对岭南山川古迹、地理人文、民俗文化有独特描写。在粤期间与岭南文人屈大均、陈恭尹、黎近祖等游历唱和。一生著述丰富，多达500余种。著有《广州游览小志》以及诗文集《带经堂集》。《渔洋诗话》《池北偶谈》等颇具盛名。（史小军、许艳青）

王士禛 见"王士祯"。

艾脑爵（Blasius García，1635—1699）天主教方济各会传教士。出生于西班牙托莱多省藤布雷克市。1669 年开始东方传教生涯。1671 年到马尼拉，在皇家医院行医。1672 年到澳门，在澳门方济各会修道院建立药房和诊所。1676 年到广州。1678 年复活节之后，在广州城外扬仁里东约小南门花塔街的教堂落脚，随后将澳门的药房迁到广州，在修道院内开设医护所，预留 3 间单人房作病房。后又在广州扬仁里修道院开设一个门诊部，由此形成由一间药房、一家医护所和一家门诊及外科诊所组成的医院，直至 1732 年传教士被驱离广州。1699 年经福建前往马尼拉行医后，不久病逝。（周红黎、张书河）

傅云峰（1635—1723）名希辉，字逸民。籍贯浙江金华。清康熙年间来广州经商，遭遇强盗，逢濠畔清真寺阿訇施救而得脱。因感念阿訇救命之恩，皈依伊斯兰教。出资重建濠畔寺，捐资重修广州其他清真寺。另在大新街购置房屋两间，收容孤寡无依的穆斯林妇女居住，为安老所的前身。（马建春、李蒙蒙）

傅希辉 见"傅云峰"。

吴文炜（1636—1696）诗文家。初字仪汉，后改名韦，字山带，又字虎泉，别号宪白先生。广东南海（今佛山南海区）大沥大圃人。清康熙三十二年（1693）举人。10 岁能诗，兼善书画。与梁佩兰同私塾，唱和日数十篇。家富藏书，晚以诗古文辞提倡后学。朱彝尊游粤将归，作墨竹卷子赠其行。为诗初效长吉体，务为险语取快，后期趋于自然灵妙。平日赋咏，多写于败叶残纸上，不重视存稿，

后人搜录成《金茅山堂诗集》。（黄丽君）

方殿元（1636—1697）学者。岭南七子（陈恭尹、梁佩兰、王邦畿、程可则、方殿元、方还、方朝）之一。字蒙章，号九谷。广东番禺（今广州）人。清康熙三年（1664）进士。任山东郯城、江苏江宁县知县。去官后携二子寓苏州，父子皆有诗名。其诗高华伉爽，沈德潜称"岭南三大家"之下。研经穷史，写成《升平二十策》，提出一套以"礼治"为核心的治国策略，能反映其反对以制艺取士、复古返礼思想。其《环书》自成一体，着力探讨天人奥秘，有子书风范。著有《九谷集》《环书》。（陈腾）

陶璜（1637—1689）诗人。北田五子（陈恭尹、陶璜、梁㮚、何衡、何绛）之一。字握山，改名窳，字苦子，又字黼子。广东番禺（今广州）人。明亡后隐居不仕。其诗感慨深沉，较屈大均、陈恭尹之作，尤多酸苦语。《岭表诗传》云："苦子诗别有寄托，语语入人心坎。"著有《慨独斋诗集》。（唐瑶曦）

杨彦迪（？—1689）又称杨二。明清之际，为南明镇守龙门水陆等处地方总兵官，长期在钦州龙门、海南海域与清军周旋。清康熙二十年（1681）春，与副将黄进及高雷廉三州总兵陈上川、副将陈安平等率战船、将士、眷属，航海至越南顺化。阮主命他们前往湄公河下游原属柬埔寨的东浦地区。其驻美湫（今越南定祥镇），开荒垦殖，兴修水利，修路造桥，建筑港口、城镇，发展商业，使美湫成为越南南圻的繁荣都市，为东浦地区著名开拓者之一。后被副将黄进刺杀于美湫海口。（徐素琴）

杨二 见"杨彦迪"。

成鹫（1637—1722）僧人。原名光鹫，字即山，后易成鹫，字迹删，号东樵山人。俗姓方，名颛恺，字趾麟。广东番禺（今广州）人。13 岁被南明录为博士弟子员（县学生）。早岁以"晚世真儒"自任，清康熙十六年（1677）弃儒归佛，自己削发为

成鹫

僧。后拜临济宗僧元觉为师，二十年（1681）再礼元觉于广州华林寺，禀受十戒。后从闲云和尚受具足戒。在博罗罗浮山石洞禅院、西宁（今广东郁南）翠林僧舍、琼州会同县（今海南琼海）多异山海潮岩灵泉寺、佛山仁寿寺禅修。二十九年（1690）在香山（今中山）创建东林庵，仿东林党结社。三十四年（1695）应今遇之邀到丹霞山为别传寺修志。四十年（1701）受请入主广州大通古寺。四十七年（1708）出任肇庆鼎湖山庆云寺七代方丈，其间修成《鼎湖山志》。学问博洽，才气纵横，艺文修养，备受推崇，有"本朝僧人鲜出其右者"之誉。著有《楞严直说》《金刚经直说》《老子直说》《注庄子内篇》等。有《咸陟堂集》及自传《纪梦编年》传世。（杨权）

光鹫 见"成鹫"。

今辩（1638—1697）僧人。海云十今（今无、今觑、今摩、今释、今壁、今辩、今葦、今遇、今但、今摄）之一。字乐说。俗姓麦，名贞父。广东番禺（今广州）人。幼有文名。清顺治十七年（1660）受具足戒。在庐山栖贤寺、丹霞山别传寺充直岁。康熙七年（1668）在丹霞山受函昰大法，

为第六法嗣、曹洞宗第三十五世。十六年（1677）继今释主别传寺法席。函昰与今无圆寂后，继主海云寺、海幢寺。为函昰撰《行状》，并将其在各刹的开示刻成《天然昰禅师语录》行世。三十年（1691）奉华首台一派三世高僧的经解语录至嘉兴楞严寺入藏。晚年应请主法福州长庆寺，终于寺中。著有《四会语录》《菩萨戒经注疏》。（杨权）

闵明我（Philippus Maria Grimaldi，1639—1712）　天主教耶稣会传教士。字德先。意大利人。1666 年到澳门。1671 年在广州等地传教，后奉召至北京供职于钦天监。1685 年为钦天监监正。1686 年受康熙皇帝派遣赴俄罗斯。1695 年任北京主教。1700 年任北京会团长。卒于北京。著有《方星图解》《威尔特·博特》，校订《康熙永年历法》等。（吴青、叶农）

王隼（1644—1700）　诗人。字辅昚，号蒲衣，僧名古翼。广东番禺（今广州）人。少年时尝弃家入丹霞山为僧，复游匡庐，居太乙峰，后还俗归广东。善书法，尤精小楷，格调高绝。性喜琵琶，贫窘则琵琶声愈急。常与屈大均、陈恭尹等同游，所为诗多故国之思。梁佩兰称之"神明造姿，孤隽表骨，学问酝酿变化以出之"。卒后友人私谥清逸先生。著有《大樗堂初集》《诗经正讹》《岭南诗纪》《梳山七书》等，编纂有《岭南三大家诗选》24 卷。（廖棋棋）

廖燕（1644—1705）　学者。原名廖燕生，后改单名燕，字梦醒，号柴舟。韶州曲江（今韶关曲江区）人。工诗善文，又能戏剧，擅草书，清初岭南著名文士。厌弃科举，终生未仕。文集远播日本。其思想异端，离经叛道，文章直斥科举制度弊端。论辩杂文言辞辛辣、

文风犀利，小品散文则随心所欲，饱蘸情感。诗歌多抒怀之作，山水诗恣肆纵横，竹枝词等绝句充满民歌风情。著有《醉画图》《镜花亭》《诉琵琶》杂剧 3 种。著作辑为《二十七松堂集》。2005 年上海古籍出版社出版林子雄点校《廖燕全集》。（周潚缨）

廖燕生　见"廖燕"。

羽凤麒（？—1650）　教门三忠（羽凤麒、马承祖、撒之浮）之一。初名腾龙，字冲汉。回族。明代广州卫武官，崇祯年间任指挥使，永历初加授都督同知。清顺治七年（1650）广州遭清军围困，总督杜永和与诸将力守。其守正南门，赤身奋战，身负重伤。城陷后诸将逃遁，毅然赴死报国。（马建春、李蒙蒙）

马承祖（？—1650）　又称马成祖。教门三忠（羽凤麒、马承祖、撒之浮）之一。回族。羽凤麒下属。明末授广州右卫达官指挥使。清顺治七年（1650）广州遭清军围困，奉命率兵守五羊门。城陷，与子宗保、宗仁同时战死。（马建春、李蒙蒙）

马成祖　见"马承祖"。

撒之浮（？—1650）　又称撒三浮。教门三忠（羽凤麒、马承祖、撒之浮）之一。回族。羽凤麒下属。明末授广州卫指挥使，加都督同知。清顺治七年（1650）广州遭清军围困，与羽凤麒等守卫正南门，城破自尽。（马建春、李蒙蒙）

撒三浮　见"撒之浮"。

姚子庄（生卒年不详）　诗人。岭南四家（姚子庄、程可则、梁佩兰、廖文英）之一。字瞻子，号六康。广东

归善（今惠州惠阳）人，世居惠州府城金带街。清顺治十五年（1658）中副榜，谒选石埭知县。修县志，除积弊，设义学以课贫士，捐俸钱以赈荒民。文章声气通海内，所入薪俸悉与客子僧庐共之。常与天然、澹归、屈大均、王士祯等往还酬唱。诗感慨悲凉，寓家国身世之感。著有《祖香厨荔》《西湖草》《鹤荫诗选》《金刚注解》10 数种行世。（唐瑶曦）

廖文英（生卒年不详）　诗人。岭南四家（姚子庄、程可则、梁佩兰、廖文英）之一。字百子，一字昆湖。广东连州人。贡生。明末任江西南康府推官。清顺治十五年（1658）任衡州府同知，康熙中官至江西南康府知府。著有《石林堂前后集》。（唐瑶曦）

彭睿壥（生卒年不详）　书画家。字闻自，又字公吹，号竹本。广东顺德（今佛山顺德区）人。父因劝止唐王朱聿鐭称帝被杀，其不足 20 岁。家国之痛、君父之难，终生隐居不仕，一生寄情书画。善画兰、竹、树、石。书法最工草书，筋骨劲健，脱胎于怀素而自成一家，尤擅用折笔，一波三折，盘旋屈曲，狂放中含清刚之气。作书下笔前对作品的疏密、缓急、轻重、笔势皆经过缜密静思，分间布白，如同山水画，浓淡粗细，恰到好处。传世作品有《菜根谭草书轴》《唐人小游仙词》《兰竹图》等。其草书以筋节皆劲著称，时誉"竹本派"，以书入画，又以画法入书，独具一格。（梁达涛）

陈王猷（生卒年不详）　诗人。字良可，号砚村、烈斋、息斋。广东海阳（今属潮州潮安区）人。清康熙二十年（1681）举人，官连州学正、肇庆府教授。生平笃行力学，文章淹雅，尤工诗。诗以杜甫、韩愈入，参以欧阳修、苏轼、黄庭坚、陆游等宋代名

家，为潮州地区文士所宗尚。陈氏一门为潮州诗学世家，祖陈衍虞有政声，所著诗文宏富；叔陈珏亦有诗名，叔侄之作为沈德潜选入《国朝诗别裁集》，二人合编《古瀛诗苑》乃潮州诗歌总集创例。有《蓬亭偶存诗草》15 卷，附《诗余草》存词 37 首。（陈腾）

杜阳栋（生卒年不详） 道士。字镇陵。山东潍阳（今山东潍坊）人。初在山东崂山习道，后南下广东，至罗浮山炼丹修道，住持冲虚。清康熙二十七年（1688），应惠阳（今惠州）知县王孙之请，任惠州元妙古观住持，以全真龙门派道规对古观进行整饬。三十七年（1698）得提督卢荣耀相助，重修古观。三十九年（1700），广州大旱，被请至广州祈雨，继而出任三元宫住持。任内募款重修三元宫，扩建殿堂，招揽道侣，使三元宫成为全真道的十方丛林，被尊为三元宫的开山祖师。后在冲虚观羽化。今广州纯阳观有其墓。（夏志前）

黄河澄（生卒年不详） 诗人。字葵之。广东南海（今广州）人。诸生，与屈大均、陈恭尹、梁佩兰唱酬甚多。黄登《岭南五朝诗选》、沈德潜《国朝诗别裁集》、温汝能《粤东诗海》，张维屏《国朝诗人征略》皆录其诗。著有《葵村诗集》。（唐瑶曦）

洪玉生（生卒年不详） 又称之瑾。回族。山东东昌府（今山东聊城）人。先辈为山东临清州掌教，清初以汉军正黄旗入镇广州。长子早逝，儿媳马氏守节完孝后继殁。因怜儿媳节孝，遂买广州大北门外大蛇山山地千余穴葬之，其余捐为回教义冢。事见立于广州清真先贤古墓园内的《洪氏义地碑记》。（马建春、李蒙蒙）

之瑾 见"洪玉生"。

曾一贯（生卒年不详） 道士。号山山。山东人。从全真道龙门派祖师李清秋修炼得道，为龙门派第十一代传人。清康熙年间，一人而为罗浮山冲虚古观、九天观、黄龙古观、酥醪观、白鹤观五观总住持，形成以其为中心的罗浮山全真道龙门派教团。其徒柯阳桂后住持酥醪观，弟子众多。对罗浮山全真道的发展影响较大。（夏志前）

张妙昇（生卒年不详） 道士。山东人。全真道龙门派支派金山派（崂山派）第八代传人。清康熙年间入粤，在罗浮山住冲虚观，被奉为中兴冲虚观的祖师之一。后于黄龙洞附近建黄龙古观为金山派道场，传金山派法脉。（夏志前）

安哆呢（António de la Concepción，1645—1749） 天主教方济各会传教士。1695 年到马尼拉传教。清康熙三十六年（1697）到广州，在艾脑爵指导下行医。主持艾脑爵在广州的修道院创办的医院，雍正十年（1732）被驱逐到澳门后，将广州城外的扬仁里修道院的医疗设备和药房迁到澳门。擅长外科。（周红黎、张书河）

元韶（1648—1728，一说 1614—1695） 又称超白。僧人。字焕碧，号寿宗，俗姓谢。广东潮州程乡（今属梅州）人。临济宗第三十三代传人。清康熙五年（1666）在广州报资寺依旷圆和尚剃度出家。十六年（1677），搭乘商船航抵广南中部归宁府（今越南平定归仁），创建十塔弥陀寺。二十二年（1683），应阮主之邀赴顺化弘扬佛法，于顺化镇福禄县建河中寺。次年，又在富春社创建国恩寺及普同塔。二十六至三十年（1687—1691），两

次奉阮主阮福溱之命，回国聘请名僧至广南弘法。回顺化后，于天姥寺设戒坛，广传临济禅系。三十一年（1692）任河中寺住持。三十三年（1694），再回国，次年与石濂大汕同赴广南。门徒在国恩寺为其造塔。雍正七年（1729），阮主阮福澍赐谥行端禅师，并御撰塔铭以资纪念。在越南弘法 50 年，创立越南临济宗元韶禅派，提倡禅净兼修，对越南禅宗产生深远影响。（徐素琴、达亮）

超白 见"元韶"。

易弘（1650—1722） 诗人、词人。字渭远，一作谓远，号坡亭、秋河，又号云华君。广东鹤山人。少工诗词，深得陈恭尹赏识。诗为总督吴兴祚所赏，招入幕。后北游塞外，游历名山大川，所至与文人学士游，诗益进。亦有词名，词作悲慨深沉，故国之哀满纸，咏物写情每出以硬笔，有贺东山之风神。后归粤，居肇庆法轮，著述以终。著有《道德经注》《金丹会辑》《青山外史》《云华阁诗略》《坡亭词钞》等。（蒋明恩）

胡方（1654—1727） 理学家。字大灵，自号信天翁，世称金竹先生。广东新会（今江门新会区）人。贡生。生平讲求程朱义理之学，敦从实行，清雍正四年（1726）惠士奇督学广东，上疏表彰其人品学行。道光十九年（1839）祀郡乡贤祠，粤人比之江门陈献章。著有《周易本义注》《四书讲义》《庄子注》《鸿桷堂诗文集》《唐诗注》等。（杨青华）

鄚玖（1655—1735） 柬埔寨、越南侨领。越南河仙地区的开发者。本姓莫，原名鄚绍原，又名鄚敬玖。广东海康（今湛江雷州）人。17 世纪 70 年代，率众赴柬埔寨，先在南荣府（今

柬埔寨金边），后移居芒坎（今越南河仙），被柬王委为屋牙（地方官），率众建立基业。清康熙十三年（1674）因战乱，被掳至暹罗（今泰国）14年。二十七年（1688）潜回陇奇（今柬埔寨白马），后又迁回芒坎，重振基业。四十七年（1708），投靠顺化阮氏王朝，被封为河仙镇大总兵。继任者鄚天赐在当地建学校、聘学者、倡诗文。兴建大明宝殿、关圣祠、海灵寺、妈祖庙、三宝寺等。病逝后，阮主追赠"开镇上柱国大将军武毅公"爵号。（王华）

鄚绍原 见"鄚玖"。

鄚敬玖 见"鄚玖"。

陈瑸（1656—1718） 字文焕，号眉川。广东海康（今湛江雷州）人。清康熙三十三年（1694）进士。三十九年（1700）任古田知县。四十一年（1702）调任台湾县知县。四十九年（1710），台湾民变，福建巡抚张伯行荐为台厦道。在台5年，革陋规，禁酷刑，恤番民，重教化，施政得体，民心向化。五十三年（1714）升任湖南巡抚。同年十二月调任福建巡抚。五十五年（1716），兼署闽浙总督。病逝，追授礼部尚书。著有《清端集》。（申斌）

陈遇夫（1657—1727） 理学家。字交甫，一字廷际。广东新宁（今台山）人。清康熙二十九年（1690）举人，次年进士不第，回乡从事白沙研究，弘扬白沙之学。雍正元年（1723）举孝廉方正。生平清操自持，洁身砥行，敦崇礼节，推崇白沙学说，是清初岭南白沙派重要传人。著有《白沙陈子年谱》《白沙门人录》《白沙先生语录》《正学续》《史见》《迂言百则》《涉需堂诗文集》等。（杨青华）

高竹（1659—1733） 天主教方济各会传教士。字嘉淇，号广瞻。广东新会（今江门新会区）人。清康熙元年（1662）随父母迁至会城（今新会区会城）。七年（1668），回乡复业，遭遇土匪，流落澳门，后遇葡萄牙人，在暹罗（今泰国）生活16年，其间潜心学习西洋文化和医术，成为一名医生和天主教徒。二十二年（1683），结识伊大任（中国的陆方济主教之辅理主教）等人，次年随其到广州，后前往浙江、湖广等地从事传教活动。二十六年（1687），回到新会，在会城设医馆。后又在澳门行医，并受聘于澳门议事会，成为澳门议事会最早聘任的医生之一。三十一年（1692），被授予养心殿御医。三十三年（1694）获得钦准回乡省亲。返回新会后，在金紫街开办"地利削"教会（属方济各会）。五十一年（1712），被御赐"天台硕彦"四字，诰钦天监博士。陈垣称其"为吾国人习西洋医术者之祖"，并撰《高嘉淇传》。（周红黎、张书河）

毕天祥（Ludovicus-Antonius Appiani，1663—1733） 天主教遣使会传教士。意大利人。1687年加入遣使会。1699年受教廷传信部派遣来华，初在广东学习中文。1705年教皇特使铎罗来华时任翻译。1706年被捕，押至北京下狱。1710年被押至广东监禁。在狱中教皇克雷芒十一世（Clemens XI，1649—1721，1700—1721在位）任命其为四川宗座代牧。雍正皇帝即位后，因教皇本笃十三世（Papa Benedictus XIII，1649—1730，1724—1730在位）的请求被释放，后寓居广州。1732年被驱逐至澳门，逝于澳门。（吴青）

钱以垲（1664—1732） 诗人。字阆行，号蔗山。浙江嘉善人。清康熙二十七年（1688）进士。三十六年（1697）选授广东茂名知县，三十九

年（1700）以才能卓著调东莞知县。任上兴利除弊，革陋规，平冤狱，于两县均有惠政。四十四年（1705）夏以"治行推两粤第一"晋升为山西隰州知州。四十八年（1709）迁刑部员外郎，官至礼部尚书。《岭海见闻》是任职广东时所作，记录岭南山川物产、名胜古迹、风土人情、遗闻逸事等。如记载东莞的甘蔗、花卉种植，榨糖方法，草席、荔枝、香、蚝等传统产品，以及教场、市圩等情形。著有《罗浮外史》《研云堂诗》。修纂《茂名县志》等。（罗志欢）

梁无技（生卒年不详） 诗人。字王顾，号南樵。广东番禺（今广州）人。贡生。11岁以咏风筝诗得名。陈恭尹、梁佩兰在乡诗试中拔诗为第一；又在广州诗社评诗中，在千百人中拔得头筹。以此颇负时名，入粤名流朱彝尊、王士祯、赵执信等皆推重之。其诗文精丽，可堪名家之称。晚年掌粤秀书院，为士望所归。著有《南樵初集》《南樵二集》，又选编《唐诗绝句英华》。（陈腾）

杨锡震（生卒年不详） 学者、文学家。字宝生，号勉庵。广东香山（今中山）人。清康熙三十二年（1693）举人。资质过人，才识高远。年16邑侯拔取冠军，补弟子员。拔贡入太学，后在大司成季试中授高等教习满洲镶黄旗。得到徐健庵、仇沧柱、孙子木诸先辈器重。德行高尚，事亲睦族、捐地建祠、抚育遗孤，其美德嘉行为人称道，有文行兼优之誉。著有《四声韵谱》《韵补》《露香阁摘稿》等。（蒋明恩）

林蒲封（生卒年不详） 诗人。字桓次。广东东莞人。清雍正八年（1730）进士，改翰林院庶吉士。公务之暇，闭户著述。精研经术，于天文、律吕

无不深究，兼工书法。屡和御制诗，皆称旨。纂修国史及《皇朝文颖》，校刊经、史、《三通》无不精当。著有《鳌洲诗文集》及《读史录》。（邓海涛）

马若瑟（Joseph Henri Marie de Prémare，1666—1736） 天主教耶稣会传教士。法国人。1698年以法国"国王数学家"身份到广州，后在江西传教。1723年禁教时遣回广州。1733年迁居澳门。卒于澳门。在华期间，将明版《元人百种曲》等多种汉籍寄回法国富尔蒙王家图书馆，后被译成法文。著有拉丁文汉语语法专著《中国语文札记》；译有法文本元曲《赵氏孤儿》，合编《拉丁文汉文字典》。（吴青）

铎罗（Carlo Tommaso Maillard de Tournon，1668—1710） 又译多罗。罗马教廷派遣来华使者。意大利人。1701年被教宗克雷芒十一世（Clemens XI，1649—1721，1700—1721在位）祝圣为主教，领宗主教衔。携教宗禁止中国教徒拜孔祭祖敕令，率使团来华。1705年冬抵北京，未交任命状，仍蒙康熙帝礼遇。次年因透露其来意，引起康熙帝对罗马教廷干涉中国习俗的恼怒，即离北京，由朝廷派员护送至南京。1707年在南京公然宣布教宗禁令后去广州，因拒交教廷任命状，被押送澳门。澳门总督禁其活动。1707年被教皇封为红衣主教，1710年初始得教皇诏书，未及祝圣，病死澳门。（韦羽）

多罗 见"铎罗"。

冯秉正（Joseph Marie Anne de Moyriac de Mailla，1669—1748） 天主教耶稣会传教士。字端友。法国人。1702年到澳门，后转赴广州学习中文，了解中国习俗，后又赴北京，供职内廷。

1710年起开始测绘地图，测绘地点遍及河南、浙江、福建、台湾及其附属各岛。1718年制成《皇舆全览图》和各省地图，刻印成册。通满、汉文字，将满文《通鉴纲目》译为法文，定名《中国通史》。（吴青）

阿知·墨克目德（Hajj Mahmud，？—1751） 土耳其穆斯林。父名哈吉·穆罕默德·阿凡提。1749年专程来粤拜谒先贤宛葛思墓，居达尔卡哈清真寺。在广州去世。其墓位于宛葛思墓东侧，碑文已模糊，除少许汉字外，左右刻以阿拉伯文。（马建春、李蒙蒙）

惠士奇（1671—1741） 学者、文学家。字仲孺、天牧，号半农居士，人称红豆先生。江苏吴县（今苏州）人。清康熙四十八年（1709）进士，选翰林院庶吉士，授编修。五十九年（1720）充湖广乡试正考官，后提督广东学政。督学广东6年中，清正廉明，力倡经史之教，发现和培养了以"惠门八子"为代表

惠士奇

的一批广东学子。实施增广学额之善政，旌表正化社会风气。著有《红豆斋诗文集》《易说》《礼说》《春秋说》。（莫俊）

杨宇昌（1672—1757） 又称文登。伊斯兰教学者。字殿元。能力超凡，履行正教义务。尊师爱生，敬重修道者，乐善好施，体恤接济贫苦之人。毕生从事伊斯兰文化事业。事见立于广州清真先贤古墓园内的《皇清待赠宇昌处士杨公之墓》。（马建春、李蒙蒙）

文登 见"杨宇昌"。

海富润（生卒年不详） 穆斯林学者。回族。海南三亚人。在内地游学，历经广西、湖南、湖北、安徽、陕西、江苏等省。广泛搜罗以各种文字刊刻的伊斯兰经典，在桂林遇官府搜查，以"非法"携带阿拉伯文经籍及伊斯兰汉文著述被捕。广西巡抚朱椿将其罪状上奏朝廷，并通报江南各省，查处为其传经供饭之人，焚毁书籍版本，法办著者、译者、制版者、散布者。乾隆知晓此事后严词训斥各地官员，下旨释放被捕人士、发还书籍。海富润事件一定程度上遏制了当时一些地方官员对穆斯林的迫害。（马建春、李蒙蒙）

林德镛（1675—1722） 字白庵。在城（今广东揭阳榕城）人。自幼好武，为船工，因臂力过人、行船快速，众称飞凤渡。清康熙五十六年（1717），中武举人第二名。六十年（1721），中会试第九名，殿试第一名，授二等侍卫、乾清门行走，并加哈哈珠子衔。得康熙皇帝赏识，随康熙出巡热河、承德。患风寒而逝。（孟田、颜蕴琦）

方朝（1675—1734） 诗人。岭南七子（陈恭尹、梁佩兰、王邦畿、程可则、方殿元、方还、方朝）、吴下二方（方还、方朝）之一。字东华，一字寄亭，号勺湖。广东番禺（今广州）人。幼失明，十三四岁复明。考九谷先生，不令习时艺，文读诸子，诗读汉、魏、盛唐，宋元以下书不寓目，故著述无时下习气。喜以诗结纳四方，赋诗饮酒无虚日。诗颇工写景，每得生新之致，尤长五古。诗深为沈德潜赏。著有《勺湖集》。（唐瑶曦）

严嘉乐（Karel Slavíček，1678—1735）

天主教耶稣会传教士。出生于 Jimramov（位于今捷克共和国）。1716 年与戴进贤（Ignatius Kögler）一同到澳门后开始学习中文。后得到广东巡抚杨琳推荐，1717 年 1 月进入北京。在京期间，通过书写大量信件介绍航行到中国的所见所闻、中国的文明与风俗以及在中国开展的重大地形测量和天文观测活动。撰写有关中国音乐的论文，按照测量学原理绘制北京地图。兼通历算和音律，受康熙皇帝欣赏。卒于北京。著有《中国来信》等。（吴青）

蓝鼎元（1680—1733） 字玉霖，别字任庵，号鹿洲。福建漳浦人。年幼丧父，家贫，尤"喜经济之学"，被誉为"经世良才"。清康熙六十年（1721）随蓝廷珍出师平台并留台。在台期间，出入军府，筹划军机，处理政务，提出治理台湾的策略。清政府在台湾增设绥化县、淡水厅，升澎湖通判为海防同知，添兵分戍，多出自其建议，被誉为"筹台之宗匠"。雍正三年（1725）到内廷校书，分修《大清一统志》。六年（1728）任广东普宁知县。十年（1732）任广州知府。卒于任上。主张"逐民生"，肯定庶民和百工在经济生活中的作用。首次从贸易经济角度建议开放南洋贸易，即以"海外之有余，补内地之不足"。著有《东征集》《平台纪略》《鹿洲公案》《女学》等。（叶远飘）

李惟扬（1683—1756） 字修光，号崧台。广东阳春岗美隆岗人。清康熙五十年（1711），参加广东武科乡试，登解元。次年参加会试，中进士，殿试武科一甲第二名，荣登榜眼，钦点御前四品带刀侍卫。雍正元年（1723），提为涿州参将。四年（1726），迁升浙闽总督中军副将，后又调任福建延平城守副将。七年（1729），累迁广东左右翼镇总兵，赏戴孔雀花翎，皇上召见，

再移镇南韶。八年（1730），受命挂帅征安南。乾隆元年（1736），又改任福建澎湖水师副将。四年（1739），告老还乡。（马晟）

罗天尺（1686—1766） 诗文家。惠门八子（何梦瑶、劳孝舆、吴世忠、罗天尺、苏珥、陈世和、陈海六、吴秋）之一。字履先，号石湖、百药居士。广东顺德（今佛山顺德区）人。惠士奇手录其《荔枝赋》《珠江竹枝词》，遂有诗名。清雍正六年（1728）参与纂修《大清一统志》。乾隆元年（1736）中举。以授书为业。与岭南文士劳孝舆、何梦瑶等交往密切，声誉甚高。其诗一改粤人学唐宗尚，以学宋入，特重骨力。著有《瘿晕山房文钞》《瘿晕山房诗钞》《瘿晕山房诗删》《五山志林》。（耿淑艳）

郎世宁（Giuseppe Castiglione，1688—1766） 天主教耶稣会修士、画家兼建筑师。意大利人。出生于米兰。1715 年到广州，随即入宫进入如意馆，任宫廷画家。历经康熙、雍正、乾隆三朝，在中国从事绘画 50 多年，参加圆明园西洋楼的设计。擅绘骏马、人物肖像、花卉走兽，将西方绘画手法与传统中国笔墨相融合，影响清代宫廷绘画风格。卒于北京。主要作品有《十骏犬图》《百骏图》《乾隆大阅图》《瑞谷图》《花鸟图》《百子图》《聚瑞图》《仙萼长春图册》《心写治平图》等。（吴青、叶农）

印光任（1691—1758） 诗人。字黻昌，号炳岩。江南宝山（今属上海）人。清雍正四年（1726）举孝廉方正，八年（1730）由廪生保举至广东为官，后历任石城、广宁、高要、东莞等地知县，颇有政声，尤长于经办中外交涉事件。乾隆九年（1744）出任第一任澳门同知，负责处理澳门事务，首

订和颁布严格管理番舶和澳夷的《管理澳夷章程》7 条，制定禁止中外商人在澳门贩卖人口的详细条例和禁止中国居民入天主教的禁令等。因地制宜制订规章制度，妥善处理涉葡、涉英等外交事件，加强清政府对澳门的管理和统治。十年（1745）在任内写成《澳门记略》草稿本，后在潮州与张汝霖共同完成。因其前任东莞知县税事造册迟延落职。十五年（1750）复任南澳同知，后升任广西庆远、太平二府知府，终以太平盐引不销去职。著有《炳岩诗文集》《翊蕲编》《补亭集话》《雨吟碎琴草》《铁城唱和》等，仅存《澳门记略》。（罗志欢）

马国贤（Matteo Ripa，1692—1746） 基督教传教士。意大利人。1710 年到澳门。1710—1723 年驻留皇宫。擅长绘画、雕刻。1713 年印制《御制避暑山庄图咏三十六景》铜版画。后以铜版印制《皇舆全览图》，是中国地理史上第一部有经纬线的全国地图。将雕刻铜版技术传授给中国人，铜凹版印刷术传入中国。1732 年在那不勒斯创办圣家书院，以招收中国留学生为主，故又名中国书院。1868 年该院改名为意大利国立东方语文研究所。（吴青、叶农）

何梦瑶（1692—1764） 中医学家、学者。惠门八子（何梦瑶、劳孝舆、吴世忠、罗天尺、苏珥、陈世和、陈海六、吴秋）之一。字报之，号西池，晚年自号研农。广东南海（今佛山南海区）西樵镇人。清康熙六十年（1721）入惠士

何梦瑶

奇门下。雍正八年（1730）进士，任过知县、知州。乾隆十五年（1750）辞官。先后掌粤秀书院、越华书院院

务。精医学，强调学无偏倚，主张取各家之长，学术思想宗于王肯堂，且精通刘河间、朱丹溪之学，提出"五脏配五行八卦说"和"五脏互相关涉"的观点。长于治疗内科杂症、妇科疾病、儿科疾病及温病，认为温病的治法重在"逐邪"，创制柴常汤治疗岭南瘴疟。被誉为"粤东医界古今第一国手"。辑有《医碥》《神效脚气秘方》，著有《医方全书》《绀山医案》《乐只堂人子须知韵语》《三科辑要》《伤寒论近言》。重视教育，创办书院，撰地方志，修撰有《岑溪县志》。长于诗词，其诗"节安以雅，辞丽以则。杂曼情之诙嘲，兼灵均之哀愁"。著有《菊芳园诗钞》《菊芳园文钞》《丁未纪事》《珠江竹枝词》。通天文、算数、音律等，著有《庄子故》《皇极经世易知录》《移橙余话》《算迪》《三角辑要》《庚和录》等。（郑洪、张书河）

柯阳桂（1693—1745） 道士。号善智。泉州晋江人。家世仕宦，自幼读书好学，慕老庄之学。后弃家入罗浮山，师从曾一贯学道。住山30余年，度弟子百余人。（夏志前）

杭世骏（1696—1772） 学者、诗人。字大宗，号堇浦，晚号秦亭老民，室名道古堂。浙江仁和（今杭州余杭区）人。清雍正二年（1724）举人。乾隆元年（1736）召试博学鸿词，授编修，官御史，因主张"朝廷用人，宜泯满汉之见"，罢归。乾隆十七年（1752）受邀主讲广州粤秀书院。二十六年

杭世骏

（1761）主讲扬州安定书院。深谙经史，博学广闻，工诗善画。主讲粤秀书院期间，与何梦瑶等粤中名士交游，遍览岭南名胜，留有大量诗作。十九年（1754）辞归，将粤中诗作汇刻为《岭南集》，何梦瑶为之作序。另有《岭南诗画册》传世，多描绘岭南的交游酬唱、风光景物、民风世情。著有《礼经质疑》《诸史然疑》《三国志补注》《续方言》《石经考证》《史记考证》《道古堂文集》《榕桂堂集》等。（史小军、莫俊）

劳孝舆（1697—1746） 诗人。惠门八子（何梦瑶、劳孝舆、吴世忠、罗天尺、苏珥、陈世和、陈海六、吴秋）之一。字巨峰，一字阮斋。广东南海魁岗堡番村劳地（今佛山禅城区）澜石人。好游览。清乾隆元年（1736），举博学鸿词，以拔贡廷试第五，出为黔中令，历锦屏、龙泉、镇远、清溪、毕节诸邑，皆有政绩。曾诏修《一统志》，主纂《粤乘》，发凡起例，多出其手。才气豪放，学问赡博。著有《阮斋文钞》《阮斋诗钞》《春秋诗话》《读杜识余》等。（邓海涛）

童复魁（1704—1801） 道士。号慵庵。浙江会稽（今属绍兴）人。清雍正九年（1731）入道罗浮山，居酥醪观。后云游天下名山20载始归酥醪观，道众推为住持，地方官亦任以道会司之职。（夏志前）

江本源（生卒年不详） 道士。字瀛涛，号松竹山人。广东番禺（今广州）人。入道罗浮山酥醪观，继童复魁为住持。有戒行，能诗文，通儒释之学，当世士大夫喜从之游。因酥醪观为罗浮山深处，乃辟佛子陁途径，筑玉液亭，设义浆以济行路者。又于广州白云山蒲涧建郑仙祠。（夏志前）

赖本华（生卒年不详） 道士。号介生。原名赖洪禧，字畴叶。广东东莞人。初习举子业，为东莞诸生，以能诗著称。后入罗浮山，师从酥醪观主童复魁为道士。卒于观。（夏志前）

赖洪禧 见"赖本华"。

李宗简（生卒年不详） 道士。号莘野。广东南海（今广州）人。入道广州应元宫，后至南海西樵山云泉仙馆任首任住持。擅长诗文、书画，写有《三教法帖》，为欧体楷书。主持仙馆教务，遵全真龙门派道规，以罗浮山冲虚古观和广州三元宫为龙门规范制定云泉仙馆《规条》。后人建高士祠祀之。（夏志前）

全祖望（1705—1755） 学者、文学家。浙东学派代表人物。字绍衣，号谢山。浙江鄞县（今宁波鄞州区）人。清乾隆元年（1736）荐举博学鸿词，同年中进士，选翰林院庶吉士。旋受权贵排斥，辞官归家。十七年（1752）受聘执教广东端溪书院，其间颁布《端溪讲堂条约》，从正趋向、励课程、习词章、戒习气四个方面进行教育改革。著有《鲒埼亭集》《汉书地理志稽疑》，辑补《宋元学案》，校勘《水经注》等。（莫俊）

全祖望

谢完卿（1706— ？） 中医学家。又名谢国宝。广东平远人。自幼习儒。清雍正四年（1726）就试潮州，受知于惠士奇。乾隆十二年（1747）科试榜首。学术上以张景岳为宗榜，重视阴阳学说；经脉脏腑，尤重命门。选

方用药强调以阵法统方，以用兵论药，八阵方略，有军事医学思想。精通妇科，重视调经与养胎。著有《会经阐义》。（周红黎、张书河）

谢国宝 见"谢完卿"。

张汝霖（1709—1769） 字芸墅，号柏园。安徽宣城人。清雍正十三年（1735）拔贡生。乾隆以后在广东历任河源、香山、阳春知县，权澳门同知事兼署广州海防同知，实授澳门同知。在任期间，关心民生，厘奸剔弊；兴修水利，筑堤修桥；兴学育才，置田为膏火资。曾报请封禁澳门"唐人庙"，又与香山知县暴煜制《澳夷善后事宜》12条，勒石刊布，重申清政府在澳门的行政司法主权。善诗文，尤工骈体文。著有《耳鸣集》《槎江政牍》《英州、潮阳、阳春、海防各政牍》等。与印光任合著《澳门记略》，与施念曾合辑《宛雅》三编。另有《张氏诗说》《澳门形势篇》等。（罗志欢）

庄有恭（1713—1767） 广东9位状元（莫宣卿、简文会、张镇孙、伦文叙、林大钦、黄士俊、庄有恭、林召棠、梁耀枢）之一。字容可，号滋圃。广东番禺（今广州黄埔区文冲）人。清乾隆三年（1738）举人，四年（1739）状元，任翰林院修撰。十一年（1746）特擢内阁学士，入都迁兵部右侍郎。十三年（1748）提

庄有恭

督江苏学政。十五年（1750）授户部侍郎。十六年（1751）仍督江苏学政，并授江苏巡抚。二十一年（1756）特擢江南河道总督。二十四年（1759）任浙江巡抚，关注浙江水利。二十九年（1764）擢为刑部尚书，次年为协办大学士。三十一年（1766）出任福建巡抚。卒于福建任上。文才敏捷、识度宏远，为官清正勤谨、赈恤灾民，尤以治水政绩彪炳于时。兴修浙江海塘、三江水利。为清代水利工程专家。著有《三江水利纪略》及诗文集。（颜蕴琦）

潘振承（1714—1788） 广州十三行行商。又名潘启，字逊贤，号文岩，西人通常称其为"潘启官"。福建泉州府同安县（今福建漳州角美镇）人。曾为船工，后在菲律宾马尼拉帮陈姓商人经理事务，

潘振承

掌握西班牙语，后回广州在达丰行做帮。雇主离开后，接管商行。清乾隆二十五年（1760）正式开设同文行，承充行商。同年，联合九家行商，呈请设立公行，专办欧西货税，是为外洋行创设之始。三十六年（1771），以10万两银贿赂两广总督李侍尧，使其下令解散公行，而从外国公司获得补偿。是四十九年（1784）美国第一艘来华贸易商船"中国皇后"号的保商。被推举为广州十三行行首，居于行首位28年，是广州"一口通商"期间出任总商时间最长的行商。晚年崇文兴学，捐助广州越华书院、泉州华圃书院。（郭文安）

潘启 见"潘振承"。

林明伦（1723—1757） 诗文家。字穆安，号穆庵。广东始兴人。清乾隆十四年（1749）进士，改翰林院庶吉士，散馆授编修。官衢州知府，洁己恤民。后因谒上台稍迟，疑其傲，为劾落职。善文，尝与同官朱仕琇以古文相切磋。殁后朱氏为刊其文集，谓其文为古文正体，篇篇可传。著有《诗集》1卷、《文集》2卷、《学庸通解》2卷、《读书迩言》1卷。今多不传。另编有《韩子文钞》10卷。（蒋明恩）

黄绍统（1726—1788） 诗文家。字燕勋，号冀堂，学者称仰山先生。广东香山（今中山）人。清乾隆二十四年（1759）举人，选授广东石城县（今湛江廉江）训导，善于视诸生之天资、性情施以不同教导，尤加意扶持指导贫寒儒士。后迁升琼州府教谕，正直恭俭，潜心治学。博学能文，尤长于诗。著有《石城县志》《仰山堂集》《三唐诗选》《历朝赋选》《列朝古文杂选》《古文五选》等。（黄丽君）

颜时瑛（1727—1792） 广州十三行行商。字谷修，号肇斋。广东南海（今广州）人。清乾隆二十八年（1763）从兄长颜时瑞手中接掌泰和行，行务稳步发展。三十三年至四十四年（1768—1779）在广州行商中排名第二位。将父亲颜亮洲所置磊园，扩辟为有十八景的园林。能诗会文，有儒雅之风。在磊园中建有静观楼，专门收藏古董字画，又有临沂书屋，收藏书籍。四十五年（1780），以诓骗罪（又有遭"怨家暗陷"一说）被革去职衔，充军伊犁。（郭文安）

颜希深（1729—1780） 字若愚，号静山，又号浚溪。广东连平人。贡生。清乾隆年间为山西太原府同知。乾隆十八年（1753）任山东泰安知府。次年主持创建泰安试院（考棚），作《创建试院碑记》。二十五年（1760），纂修《泰安府志》并作序。二十七年（1762）擢升为四川按察使。二十八

年（1763），擢升福建布政使。三十二年（1767），调任江西布政使。三十八年（1773），调四川西北高原藏区，参与攻打金川土司，协助鄂宝督治粮饷，催督拊循有功。四十二年（1777）擢升湖南巡抚，后回京专职兵部侍郎。四十五年（1780），出任贵州巡抚，后调云南巡抚，加节制通省兵马衔，兵部侍郎等职。卒于任。颇有德政。著有《静山奏议》。其之后，连平州颜氏科举人才辈出，成为"一门三代四督抚，五部十省八花翎"的官宦世家。（申斌）

李文藻（1730—1778） 诗人、藏书家。字素伯，一字蔺畹，晚号南涧，一作南磵。山东益都（今潍坊青州）人。清乾隆二十六年（1761）进士，历官广东恩平、新安、潮阳知县，后擢广西桂林府同知。晚年在岭南生活，与岭南士子成为良师益友，时常往来酬唱。所著《岭南诗集》记载了从江西入两广，游历岭南各地的见闻，描写岭南当时的风土人情、自然环境、社会现状和人民生活，也记录了其晚年的生活状态。著有《南涧文集》《琉璃厂书肆记》《山东元碑录》等。（莫俊）

李威光（1735—1795） 嘉应州唯一武状元。字作楫，号韬亭。广东梅州五华黄埔人。清乾隆三十七年（1772）殿试钦点状元，授头等侍卫。在武试中以"狮子滚球""捺地割葱"等武艺夺得冠军，在文试中以《武论》获乾隆嘉奖。后任御前侍卫、广西提标左营游击、浙江黄岩镇水师中军游击、福建烽火门参将、台湾安平协水师副将、闽安副将等重要职务。（马晟）

陈复正（1736—1795） 中医儿科学家。字飞霞。广东惠州人。因体弱多病而究心医道。拜罗浮山道士长际天师为师，除学习道家修炼之术外，尽得道士卓越医技。后云游海内，济世行医。晚年定居潖阳种杏草堂。擅长幼科，重视小儿元气和脾胃，提倡优生，首创"禀赋护胎"学说，创立"三搔"学说。在临证中尤重指纹诊，提出了小儿指纹辨证纲领。在用药方面，重视顾护脾胃，反对把婴儿视为"一团阳火"的观点，并创立了许多适宜小儿的外治法。辑有《幼幼集成》。（周红黎、张书河）

马嘎尔尼（George Macartney，1737—1806） 又译马戛尔尼。英国外交官。曾任英国驻俄公使，1780年被东印度公司委为马德拉斯总督。1793年受英国政府任命，以恭贺乾隆皇帝80大寿为名出使中国，是西欧国家首次向中国派出正式使节。8月到北京，与中国礼部官员发生礼仪争执。9月14日觐见乾隆皇帝，欲通过谈判打开中国市场，遭清政府拒绝，仅带回乾隆帝致英王书。回程时，带领使团游历中国东部，12月9日到广州。随后使团在澳门停留，1794年3月17日离开中国。后任南非好望角总督。著有《1793乾隆英使觐见记》《马戛尔尼回忆录》。（叶农）

马戛尔尼 见"马嘎尔尼"。

罗芳伯（1738—1795） 印尼侨领。原名罗芳。广东嘉应州（今梅州）人。清乾隆三十七年（1772），从虎门乘船前往西婆罗洲（今加里曼丹岛西部）。初以教书为生，后邀集百余人从事采矿业。四十一年（1776），在印尼坤甸创建兰芳公司。次年改称共和国，担任大唐总长，被当地人尊称为"坤甸王"。在位期间，大力发展生产，创办学校，消除鳄患，辖区内数万

罗芳伯

华侨安居乐业、秩序井然。协助坤甸的苏丹（土王）平息疆域纷争，赢得华侨与当地民众尊敬。著有《游金山赋》《遣怀》《鳄鱼文》等。（王华）

罗芳 见"罗芳伯"。

吕坚（1742—1813） 诗人。岭南四家（黎简、吕坚、张锦芳、黄丹书）之一。字介卿，号石帆。广东番禺（今广州）人。清乾隆年间岁贡生。工诗文，善用典故，讲究独创。梁九图《十二石山斋诗话》评其诗"沉丽博奥"。著有《迟删集》《虚字浅说》。（高美玲）

胡亦常（1743—1773） 诗人。岭南三子（张锦芳、胡亦常、冯敏昌）之一。字同谦，一字豸甫。广东顺德（今佛山顺德区）人。性至孝，好古学。清乾隆三十六年（1771）举人。所作诗敏妙高超，不囿于南园诸子而能自成一家，尤以五言为出色。钱大昕称其诗妙悟天成，自成一家；《粤东诗海》称其敏妙高超；龙廷槐谓其溯源魏晋、取法盛唐，虽镂心刻骨而出于天然，苍深雄浑，天姿超然。五言诗尤为出色。著有《赐书楼诗集》。（廖祺棋）

陈昌齐（1743—1821） 学者、诗文家。字宾臣，又字观楼，号嗷荔居士。广东海康（今雷州）人。清乾隆三十六年（1771）进士，选翰林院庶吉士，授编修，累迁中允。寻授河南、广西两道监察御史，兵部、刑部给事中，浙江温州兵备道等。早年参与《永乐大典》校勘与《四库全书》编纂，与乾嘉学派代表人物戴震、阮元、王念孙等有往来。晚年致力于地方文教，先后任教于粤秀书院、雷阳书院10余年。因学问精博，王念孙称之"平生于书无所不读""所见缀学之士，既精且博如先生者不数人也"。主持修

纂《雷州府志》《海康县志》《广东通志》等。著有《赐书堂集》《赐书堂诗钞》《〈吕氏春秋〉正误》《〈淮南子〉正误》等。（李矜君）

赵希璜（1746—1805）　学者、诗人。字珩父，又字渭川、子璞。广东惠州长宁（今韶关新丰）人。清乾隆四十四年（1779）举人。官至河南安阳县知县，有"仙史"之目。少时读书罗浮山，好经史、方志、金石之学，善为诗，与黎简友善，多有唱和。著有《五经文字通正》《安阳县志》《安阳金石录》《研枕斋文集》《四百三十二峰草堂诗钞》等。（杨青华）

卢观恒（1746—1812）　广州十三行行商。字熙茂，商名茂官。广东新会棠下（今江门蓬江区）人。家境贫寒，随同乡到广州谋生，先在码头做零工，后在西堤附近为人看管店铺和房屋，收取洋商储存货物租

卢观恒

金，又按洋商开列价目代为销售，获利颇丰。清乾隆五十二年（1787），其尚未承充行商，英商请万和行商蔡世文出面为其担保，与英商进行贸易。五十七年（1792）正式成为行商，创办广利行，业务发展迅速。嘉庆元年（1796）位居行商第三位，次年升至第二位，五年（1800）成为商总。（郭文安）

张锦芳（1747—1792）　诗人。岭南四家（黎简、吕坚、张锦芳、黄丹书）、岭南三子（张锦芳、胡亦常、冯敏昌）之一。字粲夫，号药房。广东顺德（今佛山顺德区）人。清乾隆五十四年（1789）进士，授翰林院编修。工诗，能书画，喜金石文字。其

诗取精用宏，魄力颇大。时人谓其"诗宗大苏，上溯韩、杜，卓然树骚雅之帜"。谭献谓"岭南文学，流派最正。诗家张、黎大宗，余韵相禅"。擅七古，近体诗亦气韵深醇。著有《逃虚阁诗钞》。（曾欢玲）

黎简（1747—1799）　诗人、书画家。岭南四家（黎简、吕坚、张锦芳、黄丹书）之一。字简民，一字未裁。广东顺德（今佛山顺德区）人。因爱东樵（罗浮）、西樵二山之胜，故自号二樵。工诗、书、画，擅篆刻及园林设计。其诗多关心民生、揭露社会黑暗，反映灾荒和民生疾苦的诗作言简意赅、深刻沉痛。山水诗清冽凛然，尤擅写难状之景，追求境新句奇，峻拔清峭，情真意切，独具面目，开清末"宋诗运动"先河。存诗约2000首。著有《五百四峰堂诗钞》《芙蓉亭乐府》，后番禺汪兆镛辑刻《五百四峰堂续集》。（周濯缨）

黎简

冯敏昌（1747—1806）　诗人。岭南三子（张锦芳、胡亦常、冯敏昌）之一。字伯求，世称鱼山先生。广东钦州（今广西钦州）人。清乾隆四十三年（1778）进士。改翰林院庶吉士，散馆授编修，历任会试同考官、刑部主事，因丁母忧，不复出。先后主讲肇庆端溪书院、广州越华书院、粤秀书院。从翁方纲、朱筠、钱大昕等学习诗词古文，交游广泛，又好游历名山大川，颇有诗名。著有《孟县志》《华山小志》《河阳金石录》《小罗浮草堂诗钞》《小罗浮草堂文钞》《师

友渊源集》等。（杨青华）

温汝能（1748—1811）　诗人、学者。字希禹，一字熙堂，晚号谦山。广东顺德（今佛山顺德区）龙山人。清乾隆五十三年（1788）举人，应荐入京任内阁中书，未几告归，专心治学。筑室隐居莲溪上，藏书数万卷，专心治学。有诗名，与洪亮吉、张问陶等人有唱酬。兼擅书画。于岭南文献汇辑、文学总集编辑文献均取材洽博，体例精当，贡献尤著。著有《谦山诗钞》《谦山文钞》《孝经约解》《陶诗汇评》《和陶合笺》，辑有《粤东诗海》《粤东文海》《陈氏五代集》《方舆类纂》，修有《龙山乡志》。（黎聪）

李存义（1748—？）　武术家。惠州李家拳创始人。原名李义。广东惠州人。9岁便随父闯荡江湖，父亲李玖是少林俗家弟子，从小教授其拳法。后在罗浮山跟随师叔王龙禅师学习武艺。又在江西拜拳师陈苟息为师。熔南北拳法于一炉，创出自成一格的惠州李家拳。（马晟）

李义　见"李存义"。

张锦麟（1749—1778）　诗人。字瑞夫，号玉洲。广东顺德（今佛山顺德区）人。10岁能诗，以"碧天如水雁初飞"句得名"张碧天"，又因"三面青山四围水，藕花香处笛船多"得名"张藕花"。清乾隆三十三年（1768）举人。务考据之学，与其兄并为翁方纲所赏，有双丁两到之目。杭辛楣称其诗标新，不拾唾余，而无不合于古。《岭南群雅》谓其诗骨骼清苍，情韵绵邈。著有《少游草》。（薛超睿）

陈祖章（生卒年不详）　雕刻艺人。广东广州人。清雍正七年（1729）入宫造办处为牙匠，乾隆二年（1737）

起成为支领最高工银的宫廷艺人，是已知最早进入造办处的广东牙匠。六年（1741），奉旨以画院处员外郎陈枚《百美图》为蓝本，领5名牙匠所刻12版牙雕《月曼清游册》（藏北京故宫博物院）为清代牙雕代表。七年（1742）因眼病被遣返。以牙雕、橄榄核雕闻名。（彭圣芳）

李爵禄（生卒年不详） 象牙雕刻艺人。广东广州人。清乾隆二十年（1755）入值清宫造办处牙作当差。二十八年（1763），奉旨设计制作象牙镂空小方盒，作品通高23厘米、长45—57厘米，盒中套放18个如同指甲大小的各式镂空小盒，壁薄如蛋壳，其上分别刻雷纹、环线纹、十字锦纹、缠枝莲纹、菊纹、如意纹、勾莲纹、蒲纹、双夔纹等，精细如篦丝。小盒内分别盛如米粒大小的果实、昆虫等小物件35件，刀工精致，属微雕珍品。在造办处20余年，制有《象牙玲珑套盒》《象牙仙工塔》《象牙花篮》等。以"仙工"闻名。其牙雕工艺在广东牙雕界影响深远。（彭圣芳）

罗学鹏（1752—1817） 刻书家。字秩宗，室名春晖堂。广东顺德（今佛山顺德区）人。国子监生。搜集粤人诗文集，编纂出版《广东文献》。自初集至四集，带领儿子搜辑衰订，昼夜寒暑无间。初集稿成，鬻产刊刻，二集未刻而逝，后人继承其志，最终完成此"岭南第一要书"。（林子雄）

叶上林（1753—1809） 广州十三行行商。名廷勋，字光常，号花溪，商名仁官、任官。广东南海（今广州）人。早年在同文行实习。清乾隆五十七年（1792）离开同文行，成立义成行独立经营茶叶、生丝、瓷器等，尤以茶叶为最。为保证茶叶的数量和质量，在安徽婺源租种大片茶园。与

英商贸易往来尤为密切。嘉庆初年成为仅次于潘振承、伍秉鉴、卢观恒之后的第四大行商。嘉庆九年（1804）放弃行商牌照，退休回乡。晚年爱好诗文。著有《梅花书屋诗钞》《友声集》。合校刊《王文简公五七言古诗钞》等。（郭文安）

山茂召（Samuel Shaw，1754—1794） 商人。美国驻中国广州第一、二任领事。1784年担任美国第一艘"中国皇后"号商船的大班来到中国，在广州经商。1785年返美。1786年以领事身份来广州，为美国最早派驻广州的商务官员。1790年第三次来华。1792年返美。1794年第四次来华，病死途中。其旅居中国的日记以及与当时政界人物的通信往来，由乔赛亚·昆西编辑成《山茂召日记》。中美贸易的重要咨询者，影响美国对华政策的制定，对早期美国的中国观有重要影响。著有《美国首任驻广州领事山茂召少校日记》。（平兆龙）

伊秉绶（1754—1815） 诗人。字组似，号墨卿。福建汀州（今长汀）人。清乾隆五十四年（1789）进士，授刑部额外主事，补浙江司员外郎。五十七年（1792）升刑部主事。嘉庆三年（1798）升刑部员外郎，奉命出任湖南乡试主考官。四年（1799）升任刑部郎中，出任惠州知府。十年（1805），出任扬州知府。十二年（1807）调两淮盐运使。主政惠州4年间，兴利除弊，勤政爱民，致力于文化建设。重建丰湖书院，延聘宋湘为首任山长。重修

伊秉绶

古迹，建无碍山房、招鹤庐、东坡祠。修王朝云墓，题刻碑文。重用人才，结交众多岭南名士。卸官后又二度游粤，并将诗集《留春草堂诗钞》带至广东刊刻。其诗多有与广东友人酬唱以及描绘歌咏岭南山水名胜之作。（莫俊）

潘有度（1755—1820） 广州十三行行商。又名潘致祥、潘绍光、潘容谷，字宪臣，号应尚。潘振承之子，西人因其子承父业，称之为"潘启官二世（Puankhequa Ⅱ）"。清嘉庆十二年（1807），结束同文行的经营，将家族资财产业，按股平分，与其他六房兄弟作了财产分割，各自营生。二十年（1815），广州十三行众多商行经营不善，因其讲求诚信，与外商建立互利互助的商贸关系，善于处理官、商、夷三角关系，行务蒸蒸日上。嘉庆元年至十二年（1796—1807）、二十年至二十五年（1815—1820）担任商总，成为粤商著名领袖。平生喜爱书画、古玩收藏鉴赏，收藏品颇丰。生平著述甚多，后人辑其作品续集为《义松堂遗稿》《漱石山房剩稿》等。（郭文安）

潘致祥 见"潘有度"。
潘绍光 见"潘有度"。
潘容谷 见"潘有度"。

颜检（1755—1833） 字惺甫，一字耘圃，号岱山，又号岱云，别号樬客。广东连平人。清乾隆四十二年（1777）拔贡，嘉庆七年（1802）官至直隶总督，十年（1805）降为浙江巡抚，二十年（1815）坐事夺职，发往乌鲁木齐。后召回，复官直隶总督。其诗峻爽有骨，不作平庸之语。著有《衍庆堂诗稿》。（唐瑶曦）

宋湘（1756—1826） 诗人。嘉应五

大诗人（李黼平、宋湘、黄香铁、黄遵宪、丘逢甲）、梅诗三家（黄香铁、宋湘、李黼平）、梅州八贤（宋湘、姚德胜、丁日昌、丘逢甲、张振勋、李惠堂、黄遵宪、罗香林）之一。字焕襄，号芷湾。广东嘉应州（今梅州）人。

宋湘

清嘉庆四年（1799）进士，改选翰林院庶吉士，散馆授编修。五年（1800）主讲惠州丰湖书院。八年（1803）以院长身份执掌粤秀书院教席。十二（1807）、十三年（1808）分任四川、贵州乡试正考官。后历任文渊阁校理、咸安宫总裁、国史馆总纂主编儒林、文苑两传、教习庶吉士等职。十八年（1813）起出任云南曲靖府知府，代理广南、永昌、大理、顺宁、楚雄等地知府及迤西、迤南道尹。道光五年（1825），迁湖北督粮道。为诗反对摹拟，主张"作诗不用法"。诗多俊爽豪健，寄兴无端，颇能代表岭南"雄直"诗风。七言诗气势雄厚，笔墨淋漓；五言诗多用白描，自然疏宕。题材除多描写山村水郭、田园野林之趣外，还有"骚屑之音"，能反映民生疾苦。《清史稿·列传》称粤诗人自黎简、冯敏昌而后，宋湘最为巨擘。陈衍《石遗室诗话》于清岭南诗人中推崇宋芷湾。著有《红杏山房诗钞》《不易居斋诗集》《丰湖漫草》等。著作编为《红杏山房集》。（蒋明恩）

黄丹书（1757—1808） 诗人。岭南四家（黎简、吕坚、张锦芳、黄丹书）之一。字廷授，号虚舟。广东顺德（今佛山顺德区）人。清乾隆六十年（1795）举人，以诗受知于李调元。通诗书画，被誉为"三绝"。翁方纲《玉壶山房诗话》称其诗清新妥帖，取法苏轼，能出入唐宋诸家之间。刘彬华选《岭南四家诗钞》谓其诗不矜才，不使气，清新俊逸，卓然可传。著有《鸿雪斋诗钞》《胡桃斋诗余》，已佚。（邓海涛）

龙思泰（Anders Ljungstedt，1759—1835） 瑞典商人、史学家。1797年受雇于瑞典东印度公司，1798年乘商船远航中国澳门。瑞典东印度公司在1813年撤出广州贸易后，其留下做生意，1815年在澳门永久定居。1820年成为瑞典驻中国首位总领事。后被瑞典王室授予瓦萨爵士勋位。卒于澳门。致力于研究澳门葡人移民史及天主教来华史。1832年出版《早期澳门史》，是最早的英文澳门史著作，被西方史学界公认为第一部科学地对澳门史进行研究的有影响的著作，由此成为首个驳斥葡萄牙人声称明朝政府已正式割让澳门说法的西方人。有1997年东方出版社出版吴义雄、郭德焱、沈正邦、章文钦中文译本。（平兆龙）

谢兰生（1760—1831） 学者、书画家。字佩士，号澧浦、里甫、理道人。广东南海（今佛山南海区）人。清嘉庆七年（1802）进士，选为翰林院庶吉士，未满3年，以双亲年老为由，告归乡里，不复出。先后主讲粤秀书院、越华书院、端溪书院、羊城书院。阮元重修《广东通志》时延为总纂。工诗、善画、精书。书法师颜真卿，又参褚遂良、李邕，晚年之笔，酷似米芾。画学尤深，得吴镇、董其昌之妙，山水画笔调清雅，设色明快，用笔雄俊

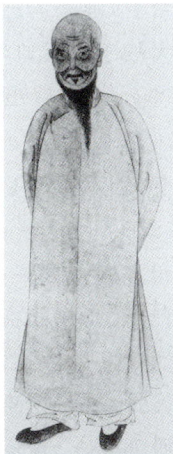
谢兰生

有奇气。一生讲学不辍，门生多，其纵论古人百家得失以成就自我的画学思想对广东画坛影响极大。传世作品有《东坡书艾宣画四首之二诗》《搽山飞瀑图》《水榭藤花图》等。著有《常惺惺斋日记》《常惺惺斋诗钞》《常惺惺斋文集》《常惺惺斋书画题跋》《游罗浮日记》等。弟观生，以绘事与兄齐名，世称"二谢"。2014年广东人民出版社出版李若晴等整理《常惺惺斋日记（外四种）》。（梁达涛）

梁经国（1761—1837） 广州十三行行商。字调礼，号左垣，商名经官。广东番禺茭塘司（今广州海珠区新滘）黄埔人。家境清贫，做小贩赚钱。清乾隆四十三年（1778）入冯氏洋行做伙计。工作实干且忠厚诚信，得冯氏行主信任，负责打理行务10余年。嘉庆十三年（1808），在冯氏帮助下，创立天宝行。其后，天宝行快速发展，取得英国东印度公司的贸易份额不断增加，承保东印度公司商船日益增多。授通奉大夫。热心地方公益事业的捐输。创办文澜书院，为澳门妈祖庙捐款。（郭文安）

黄仁勇（1762—1817） 又名黄良越，字智斋。广东海阳孚中（今潮州潮安区）人。从小勤于学文，又喜习武。清乾隆四十六年（1781）得中秀才。后弃文从武，跟随岳父练功10年，精通十八般武艺，尤擅马步弓箭、角力技勇等。五十七年（1792）中武举人，会试未登科甲，随后在京城一佛寺练武3年，学习各家武术之长，弥补自身不足。嘉庆元年（1796）中武状元。官拜福建金门镇中军游击。十六年（1811），因身体不适解甲归田。为家乡农桑和水利事业作出贡献，诰封四世武功将军。（马晟）

黄良越 见"黄仁勇"。

罗含章（1763—1832） 本姓程，因其先祖避报复，徙居改姓罗。字月川。云南景东人。清乾隆五十七年（1792）举人，嘉庆六年（1801）大挑获选，署理封川知县。十六年（1811）春，由从化州调任连州知州。十七年（1812）署任南雄州知州。后任惠州府知府、河南布政使、广东巡抚、山东巡抚、江西巡抚。尤重视水利。南雄任上，勘丈田地，倡导兴修水利，有证可查者47宗，其中新建陂12宗，修建陂14宗，新建山塘21口，总计灌溉面积21000余亩，为南雄水利建设作出贡献。著有《读鉴辨正明论述要》《江右集》《岭南集》《续岭南集》《中州集》《程月川集》等。（陈志国）

阮元（1764—1849） 学者、文学家。字伯元、良伯、梁伯，号芸台，一作云台，丁忧时号雷塘庵主，晚号怡性老人、颐性老人、愿性老人、擘经老人，谥号文达。江苏仪征人。清乾隆五十四年（1789）进士。嘉庆五年（1800）任浙抚时，督水师讨伐海盗，兴修海塘。二十二年（1817），调任两广总督，禁止鸦片，加强海防，抵御英军。二十四年（1819），奏请筑桑园基围石堤，减轻珠江三角洲水患。道光元年（1821），兼任粤海关监督，严办来往外国船只挟带鸦片入境者。六年（1826），调任云贵总督，治理西南盐政。十八年（1838）告老还乡。重视教育，在杭州创建诂经精舍，延请著名学者讲学。在广州创建学海堂，

阮元

提倡朴学，亲自讲学，开创学长制，后为不少书院所效法。学问广博、成果丰硕。主持编纂《广东通志》《学海堂经解》等，校刻《十三经注疏》等。由经籍训诂，求证于吉金、石刻，并扩大到天文、历算、地理。所著《畴人传》《积古斋钟鼎彝器款识》，是研究我国历代天文学家、数学家生平和古文字学的重要参考资料。论文重文笔之辨，以用韵对偶者为文，无韵散行者为笔，提倡骈偶，对桐城派有所不满。著有《琅嬛仙馆诗略》《擘经室集》《儒林传稿》《石渠宝笈二编》《皇清碑版录》《山左金石志》等。（王一娜、黄超）

乌石二（1765—1810） 原名麦有金，排行第二，故称乌石二。广东海康（今湛江雷州）乌石村人。被海盗所掳，加入海盗队伍，在阳江到北部湾一带海域活动，后成为首领。清嘉庆元年（1796），旗下拥有船舰数百艘。清军征剿，率众进入越南海面，越南西山政权授予宁海大将军、靖海大将军等官。六年（1801）西山政权失败，返回粤海。十年（1805），华南海域各股海盗势力签订联盟协议，成为蓝旗帮首领。十五年（1810），率蓝旗帮主力船队与已经投降清朝的张保仔大战于双溪口（今湛江雷州南渡河口），被俘后处以死刑。（徐素琴）

麦有金 见"乌石二"。

谢清高（1765—1821） 广东嘉应州程乡（今梅州梅县区）金盘堡人。自幼博闻强记，略识字，少年时即随商人到海南岛贸易谋生。18岁时，航海遇风覆舟，被葡萄牙商船救起，充当该船海员，随船泛游各地，远至英国、葡萄牙等国。学习外国语言，关注所到之地的地理、物产、风俗习惯、语言服饰、宗教礼仪等。清乾隆五十八

年（1793）移居澳门，双目失明，以翻译为生。嘉庆二十五年（1820），在澳门遇同乡、举人杨炳南，讲述海外经历和异域奇趣，由杨炳南整理成书，名为《海录》。（徐素琴）

邵咏（1765—1828） 诗人。字子言，号芝房。广东电白人。清乾隆五十七年（1792）优贡。道光四年（1824）选任韶州训导，次年参加《电白县志》纂修。工诗文，兼擅书画篆刻。古文义法精严，朴实明畅，在清中叶岭南占一席之地。著有《种芝山房文集》《芝房诗抄》《鱼山先生年谱》等。诗文大半散佚，其弟子收得17篇，编为《种芝山房集》。（高美玲）

李明彻（1765—1842） 道士。字大纲，又字飞云，号青来。广东番禺（今广州）人。12岁在罗浮山冲虚古观习道，广涉天文学、数学、测绘、丹青等。其间云游四方，访道问学，在京城拜石和阳为师，得授《道德经》《黄庭经》《阴符经》等秘要。清嘉庆年间，在钦天监学习天文推步，后往澳门随西人习天文学，购置西洋天文测绘仪器携回广州，居广州元妙观，撰《圜天图说》《圜天图说续编》。应两广总督阮元之请，分纂《广东通志》"舆地略"。道光九年（1829），在广州漱珠岗万松山创建纯阳观，阮元为之书观额，并题其观天象的礼斗台为"颐云坛"。（夏志前）

李遐龄（1768—1832） 诗人。字芳健、香海，号菊水。广东香山（今中山）石岐紫里人。致力于诗，各体兼备，尤擅歌行体。书画皆有造诣。诗风苍健真朴，黄培芳谓其"粤诗人中不可多得"。著有《勺园诗钞》《易蠡》《诗鹄》《胜国遗制录》《勺园词钞》《香山竹枝词》等。（高美玲）

钟启韶（1769—1824） 诗人。字琴德，一字凤石。广东新会（今江门新会区）人。清乾隆五十七年（1792）举人。性洒脱不羁，喜吹笛，自号笛航生。诗颇受袁枚"性灵"说影响，集中清新可喜之作，刘彬华称"饶风韵、蕴藉宜人"。谭莹批评其诗轻浅滑易之作"结响未纯，间沿俗调"。著有《听钟楼诗钞》《笛航游草》。（唐瑶曦）

伍秉鉴（1769—1843） 广州十三行行商。又名伍敦元、伍忠诚、伍庆昌等，字成之，号平湖，商名浩官。原籍福建泉州，清康熙年间先祖迁往广东广州，世居广州溪峡乡（今海珠区海幢街）。清乾隆四十八年（1783）父亲伍国荣创办怡和行，嘉庆六年（1801）从其兄伍秉钧手上接掌行务。善于经营，怡和行快速发展，数年后成为行商领袖。与外商关系密切，受到官府和外商的重视。道光元年（1821），因隐瞒外商夹带鸦片，被摘去三品顶戴。参与捐助地方公益和文化事业，设种痘局于洋行会馆，修桑园围石堤。（郭文安）

伍敦元 见"伍秉鉴"。
伍忠诚 见"伍秉鉴"。
伍庆昌 见"伍秉鉴"。

李文斯敦（John Livingstone，1770—？） 医生。约1808年来到中国。1812年任东印度公司助理医生，1815年升任外科医生。1820年，与马礼逊在澳门开设诊所，为基督教新教教会在华开办医疗机构的创举。1821年，被马歇尔医学院（Marischal College）授予医学博士学位。其在诊所里聘请中医医生讲解中医中药知识，以近代科学方法研究中国传统医学，被誉为"第一个谋求中医合作的西方医生"。对中国公共卫生学、流行病学进行科学研究，调查了广东地区疾病分布和分类状况，多方面多学科分析中国人尤其是广东人疾病与治疗状况。（周红黎、张书河）

李黼平（1771—1833） 诗人。嘉应五大诗人（李黼平、宋湘、黄香铁、黄遵宪、丘逢甲）、梅诗三家（黄香铁、宋湘、李黼平）之一。字绣子，一字贞甫，号著花庵居士。广东嘉应州（今梅州）人。清嘉庆十年（1805）进士，改翰林院庶吉士。散馆，授江苏昭文县知县。粤督阮元开学海堂，因聘阅课艺，后执掌东莞宝安书院8年。年14精通乐谱，作《桐花凤传奇》。治汉学，工考证。民间称为"李十五书生"。育才众多，为嘉道时期岭南文学文化教育作出贡献。著有《易刊误》《毛诗绅义》《文选异义》《读杜韩笔记》《著花庵集》《吴门集》《南归集》《南归续集》。（李成秋）

姚大宁（1772—1807） 字允盛，号熙亭。广东南海（今佛山南海区）里水镇白岗社区大文教村人。7岁时喜好读书，成年后困于童试，屡试不第。弃文从武，改学骑射，练马枪、翘关、负重等技勇功夫。清乾隆六十年（1795），参加广东武乡试，中第38名举人。嘉庆六年（1801），武殿试一甲第一名，武状元及第，其家乡至今还保存着"状元坊"三字的石匾和状元袍。（马晟）

卢坤（1772—1835） 学者。字厚山。顺天涿州（今河北涿州）人。清嘉庆四年（1799）进士。道光二年（1822）任广西巡抚。十年（1830）任湖广总督，率兵镇压湖南江华瑶民赵金龙起义。十二年（1831）接续阮元任两广总督兼广东巡抚。十四年（1833），英国侵略者律劳卑率舰侵入虎门，进泊黄埔，要挟多端，严加拒绝，并命其撤走。事后又加强海防，次年病死，卒赠太子太师、兵部尚书，谥敏肃。督粤期间奖励办学，特设学海堂专科肆业生制度，促进乾嘉经古考据学风在广东进一步传播发展。著有《秦疆治略》等。主持编纂《广东海防汇览》。（李辰）

方东树（1772—1851） 文学家、学者。原名方巩至，字植之，号歇庵、冷斋，晚号仪卫老人，世称仪卫先生。安徽桐城人。诸生。师从姚鼐，与梅曾亮、管同、刘开并称"姚门四杰"。清嘉庆二十四年（1819）至岭南，入阮元幕府，参与编纂《广东通志》。道光元年（1821）主讲粤东廉州海门书院。学程朱理学，批判清代汉学，是清代汉宋之争的代表人物，其著作受到曾国藩、李鸿章等推崇，促进晚清宋学复苏与经世致用学风的提倡。著有《汉学商兑》《书林扬觯》《大意尊闻录》《向果微言》《昭昧詹言》《仪卫轩文集》等。（李辰）

方巩至 见"方东树"。

张岳崧（1773—1842） 诗人。海南四大才子（丘濬、海瑞、王佐、张岳崧）之一。字子骏，又字翰山、瀚山，号觉庵、指山。广东定安（今海南定安）人。清嘉庆十四年（1809）进士，海南唯一探花。授翰林院编修。十八年（1813）丁忧，二十年（1815）赴京任国史馆协修。二十二年（1817）任文颖馆纂修，因编《明鉴》按语不合意革职，受两广总督阮元邀请主持粤秀书院。后任常镇通海兵备道、两浙盐运使等，累官湖北布政使、护理巡抚。任上革除各种陋规，倡导并协助林则徐禁烟。博学多才，通文章、书画、法律、经济、水利、军事、医学等。善书法，集晋唐诸家奥妙，临仿各造精妙，当时碑版多出其手。著

有《筹心堂文集》《筹心堂诗集》《筹心堂外集》《运河北行记》《训士录》《公牍偶存》。主持编纂道光《琼州府志》。（梁达涛）

吴荣光（1773—1843） 学者、文人。字伯荣，一字殿垣，号荷屋、可庵，晚号石云山人、拜经老人。广东南海（今佛山禅城区祖庙街道）人。清嘉庆三年（1798）举人，四年（1799）进士。选翰林

吴荣光

院庶吉士，散馆后授编修，历任监察御史、乡试副考官、员外郎、福建盐法道。道光间官至湖南巡抚，兼署湖广总督。后因事贬福建布政使，卒于桂林。师从阮元，长于金石、书画，兼善诗词。又精研碑帖拓本、吉金乐石。著有《历代名人年谱》《筹清馆金石录》《帖镜》《辛丑消夏录》《石云山人文稿》《吾学录初编》等。（杨青华）

谭敬昭（1774—1830） 诗人。粤东三子（张维屏、黄培芳、谭敬昭）之一。字子晋，一字康侯，号选楼。广东阳春人。清嘉庆二十二年（1817）进士，官户部主事。擅诗词，尤擅乐府，以乐府之清越卓立于粤中诗坛。古体诗超脱浏亮，独具面目。抒写岭南风土人情的小诗恬淡雅致，自然凑泊。黄培芳评其"天才超越，深于乐府六朝及三李"。著有《听云楼诗抄》《听云楼词抄》。（周濯缨）

林联桂（1774—1835） 诗人。粤东七子（林联桂、黄玉衡、黄培芳、张维屏、谭敬昭、吴梯、黄香铁）之一。初名家桂，字道子，又字辛生。广东

吴川人。清嘉庆六年（1801）拔贡，九年（1804）举人，道光八年（1828）进士。任湖南绥宁、新化、邵阳知县及晃州州判。日常吟诗自乐，诗文辞赋众体兼备，尤工诗，赵翼、张维屏对其诗均高度评价。著有《见星庐诗集》《见星庐古文》《骈体文》《见星庐赋话》《见星庐馆阁诗话》《作吏韵话》《讲学偶话》《续清秘述闻》《日下推星录》等。（高美玲）

邱熺（1774—1851） 中西医汇通医学家。字浩川。广东南海（今佛山南海区）人。早年在澳门从商，清嘉庆十年（1805），牛痘接种术从小吕宋（菲律宾）传至澳门，其以身试痘，验效，后专注于牛痘接种。认为种痘

邱熺

的关键在于引毒外出，探索出"留浆养苗"和"干苗法"两种传种方法。汇通中西，被誉为"中国牛痘接种术第一人"。著有《引痘略》《痘法要录》，汇编《引痘题咏》。（周红黎、张书河）

李友山（1774— ?） 武术家。新会李家拳始祖。广东新会（今江门新会区）七堡加宁人。青年时期嗜好技击武艺，从师练桥马。从福建九莲山少林寺至善禅师学艺。后回到七堡住进关帝庙，潜心习练师门所传，把在师门学到的龙、蛇、虎、豹、鹤、猴、狮、象、马、彪十式拳术加深和改进。将十二式猴拳增至三十六式，又将三十六式猴拳的身法融入舞狮中的架势。（马晟）

陈连升（1775—1841） 将领。土家族。湖北鹤峰人。清嘉庆年间任鹤峰州清军千总，后历任保康营守备、广西左

江镇都司、广东连阳营游击、广东增城营参将。道光十九年（1839）林则徐赴广东禁烟，将其调往虎门前线保卫海防，镇守九龙官涌。是年十一月英军先后6次攻打九龙官涌，均被击退。因抗击英舰进犯立功升为三江协副将，并调守"虎门第一隘"沙角炮台。二十一年（1841），英舰炮轰大角、沙角炮台，其亲自坐镇炮台抗敌，后因孤军无援，与全体将士战死沙场。近代第一个为国捐躯的少数民族将领，广东人民将其入祀昭忠祠以纪念。张维屏作《三将军歌》颂扬其事迹。（莫俊）

吴梯（1775—1857） 诗人。粤东七子（林联桂、黄玉衡、黄培芳、张维屏、谭敬昭、吴梯、黄香铁）之一。字秋航，一字云川，号岭云山人。广东顺德（今佛山顺德区）人。清嘉庆六年（1801）广东乡试解元，出仕山东蒙阴知县，调任潍县、禹城，擢任胶州、济宁。能文善诗，文宗昌黎，诗祖少陵。告病还乡后，倾力校注杜诗，于咸丰四年（1854）撰成《读杜诗姑妄》36卷。著有《岱云编》《归云编》《读杜诗姑妄》等。（高美玲）

徐庆超（1776—1834） 字星溪。广东镇平县（今蕉岭）兴福镇叟乐村人。清乾隆六十年（1795）中武进士，授蓝翎侍卫。嘉庆五年（1800），选授闽浙督标右营守备。随浙江提督李长庚剿捕船匪。十七年（1812），调任台湾北路左营都司。十八年（1813）升陆路提标右营游击。道光三年（1823）署兴化城守营副将，四年（1824）升浙江绍兴协将，九年（1829）升任闽浙路总兵。（马晟）

邓廷桢（1776—1846） 词人。字维周，号嶰筠，晚号刚木老人、妙吉祥室老人，又称妙吉祥老人。江苏江宁（今江苏南京）人。清嘉庆六年

（1801）进士，历任浙江、陕西、湖北、江西等地知府、按察使、布政使等。道光六年（1826）擢安徽巡抚。十五年（1835）升两广总督。十九年（1839）协助钦差大臣林则徐查禁鸦片，整顿海防。同年冬调任闽浙总督，购建炮台，招募练勇，出海巡缉，加强守备。次年夏，击退英舰进犯厦。后因投降派诬陷，与林则徐同时谪戍伊犁。二十三年（1843）释回。初授甘肃布政使，后擢陕西巡抚、陕甘总督。卒于西安。工词，忧生念乱，所托甚远。亦工诗，人以为可与林则徐相抗衡。著有《诗双声叠韵谱》《说文解字双声叠韵谱》《石观斋诗钞》《石观斋词钞》《双砚斋词话》《双砚斋笔记》。（王一娜）

林伯桐（1778—1847） 经学家。字桐君。广东番禺（今广州）人。清嘉庆六年（1801）举人。道光六年（1826）会试不第，绝意科举，以奉亲教徒为志。事亲至孝，授徒百余人，以实学相勉励。两广总督邓廷桢聘其课子，阮元聘其为学海堂学长。二十四年（1844）选授德州学正，二十七年（1847）卒于任。生平喜好考据之学，宗尚汉儒，躬行实践则以朱子为旨归，无汉宋门户之见。著有《毛诗通考》《毛诗传例》《毛诗识小》《易象释例》《易象雅训》《三礼注疏考异》《冠昏丧祭仪考》《左传风俗》《古音劝学》《史学蠡测》《修本堂诗文集》等。（杨青华）

黄培芳（1778—1859） 诗人、学者。粤东三子（张维屏、黄培芳、谭敬昭）、粤东七子（林联桂、黄玉衡、黄培芳、张维屏、谭敬昭、吴梯、黄香铁）之一。字子实，别字香石。广东香山（今中山）人。清嘉庆九年（1804）副贡生。道光二年（1822）补武英殿校录，十年（1830）选授乳

源教谕。历任陵水县教谕、肇庆府训导，得赏内阁中书衔。主讲世讲书塾、应元道院、羊石书

黄培芳

院。六上罗浮，自号"粤岳山人"。早承家学，著作超过60部，涉及经、史、艺、天文、舆地、兵略等。其诗笔秀健，五言律诗尤为超卓不凡，论者称其"诗格高浑，有山水清音"。主持编纂岭南史志等，有功岭南文献。著有《岭海楼诗钞》《香石诗说》《香石诗话》《粤岳草堂诗话》《李杜七古钞》《唐贤三昧集笺注》《广三百首诗选》《国风诗法隅举》等。主持编纂《香山县志》《新会县志》等。（曾欢玲）

张维屏（1780—1859） 诗人。粤东三子（张维屏、黄培芳、谭敬昭）之一。字子树，一字南山，号松心子，别署楚客、第七洞天樵客、珠海老渔等。广东番禺（今广州荔湾区）花地人。清嘉庆九年（1804）举人，道光二年（1822）进士。先后署湖北黄梅、广济知县，官至南康知府。九年（1829）补学海堂学长，十二年（1832）

张维屏

充江西壬辰科同考试官。十六年（1836）筑听松园。十八年（1838）复补学海堂学长。精书法，以诗文驰名。早期诗作多山水、闲情、赠答，多抒个人感慨。晚期作品反映鸦片战争时期人民抗英斗争，格调高昂，富于爱国精神。诗风清新朴实，不事雕饰。翁方纲称之"诗坛大敌"。

为嘉道间岭南诗坛领袖。与林伯桐、黄培芳、黄乔松、孔继勋等筑云泉山馆于白云山，被誉"七子诗坛"。与林则徐、黄爵滋、龚自珍、魏源等结"宣南诗社"。著有《松心诗集》《听松庐诗钞》《听松庐词钞》《松心文钞》《听松庐诗话》等，后辑为《张南山集》。辑有《国朝诗人征略》初编60卷、二编64卷。（唐瑶曦）

皮尔逊（Alexander Pearson，1780—1874） 医生。英国人。1805年在澳门获得牛痘苗并传播种牛痘的方法，取得成功。同年，到广州行医，在十三行商馆内设立牛痘局推广牛痘术。后在澳门、广州两地试种牛痘，将牛痘接种术传授给广东南海人邱熺，为牛痘术在中国的推广奠定基础。著有《英吉利国新出种痘奇书》。（周红黎、张书河）

关天培（1781—1841） 字仲因，号滋圃。江苏山阳（今淮安）人。清嘉庆八年（1803）武生，后任江苏太湖营水师副将，擢苏淞镇总兵、署江南提督。道光十四年（1834）授广东水师提督，加强广东沿海防务，增设虎门等炮台，操练军队。配合两广总督邓廷桢严缉鸦片走私，支持钦差大臣林则徐禁烟，击退英舰"窝拉疑"号。二十一年（1841）正月，英军攻陷虎门，与将士400余人殉国。谥忠节。鸦片战争中抗英名将。著有《金涵玉镜》《筹海初集》。（王一娜）

曹亚志（1782—1830） 新加坡早期开发者。又名曹芝、曹亚珠、曹符义。广东新宁（今台山）人。早年在家乡私塾受教育，后去澳门当学徒。参加反清复明秘密组织。清嘉庆七年（1802）移居马来亚（今马来西亚）槟榔屿当木匠，为华人秘密会社义兴领导人之一。二十四年（1819）一月二十八日，随英国殖民者莱佛

士（Thomas Stamford Raffles, 1781—1826）的舰队赴新加坡，受英王赐予新加坡土地。同年创立曹家馆，为东南亚乃至海外各地最早的华侨宗亲会馆。（王华）

曹芝 见"曹亚志"。

曹亚珠 见"曹亚志"。

曹符义 见"曹亚志"。

马礼逊（Robert Morrison，1782—1834）基督教新教英国伦敦会传教士。第一位来华的基督教传教士。苏格兰人。1804 年加入伦敦传教会。1807 年毕业于英国南部的高斯坡神学院，按立为牧师。受伦敦会（London Missionary Society）派遣，于当年 9 月 8 日到达广州传教。1809 年被澳门东印度公司聘为译员，得以合法地传教（当时清政府严厉禁教）。因传教需要，印刷出版各类宗教册子及有关中国语言、文字、文化等图书，并创办报刊。初时多雇中国刻工，用中国传统雕版印刷技术出版。1812 年著成《汉语语法》。1814 年译出《圣经》新约全书，为《圣经》最早中文译本；其后与米怜合作译出《圣经》旧约全书，1823 年在马六甲（今属马来西亚）出版全本《圣经》（共 21 卷）。1824 年被选为英国皇家学会会员。1833 年任英国驻华商务监督汉文正使兼翻译。1816、1834 先后任英国特使阿美士德及驻华商务监督律劳卑的中文秘书兼译员。在广州病逝，葬于澳门。先后创办澳门东印度公司印刷所（1814 年）和马家英式印刷所（1832 年），编辑出版数十种书刊。《中文原本翻译》（*Translations from the Original Chinese with Notes*）是第一本以西方读者为对象的系统翻译中国报刊《京报》的作品；《华英字典》是中国第一部汉英对照字典。撰著《广东省土话字汇》，是中国第一部粤语方言英文字典。创办中国最早

出版的中文报刊《杂闻篇》、中国第一份中英文合刊的报刊《传教者与中国杂报》。首次将西方近代活字印刷术应用到中文印刷中、将西方石印技术引进中国。按立首位华人牧师梁发，为首位华人基督新教徒蔡高施洗。遗嘱将个人图书捐赠英国的大学图书馆，及在大学开设汉学讲座，推动西方汉学发展。后人有"马礼逊教育会"和"马礼逊学堂"为之纪念。（全炳亮、吴青）

钱仪吉（1783—1850） 学者、诗人。字蔼人，一字新梧，号衎石，初名逵吉。浙江嘉兴人。清嘉庆十三年（1808）进士。授户部主事。官至工科给事中。师从阮元，道光十四年（1834）主讲学海堂，晚年主讲开封大梁

钱仪吉

书院。主讲学海堂期间帮助两广总督卢坤设立学海堂专科肄业生制度，促进经古考据学风在岭南的传播与发展。工诗，为嘉道间秀水诗派主要代表。著有《衎石斋记事》《衎石斋晚年诗稿》《衎石先生刻稿》《黄初朝日辨》《历考》《三国晋南北朝会要》《补晋书兵志》等。治经汉宋兼采，又精史学，编有《碑传集》《经苑》等。（李辰）

米怜（William Milne，1785—1822）基督教新教英国伦敦会传教士。1813 年由伦敦会派遣来中国，先到澳门，后至广州，学习语言。后离开广州前往爪哇向当地华人传教，派发书籍和劝世小册子。1815 年在马六甲创办传教机构，与马礼逊在马六甲创办英华书院和各类刊物。1817 年离开马六甲再次来到中国，1818 年返回马六甲。中译有《旧约圣经》中的《申命记》

和《约伯记》。著有《求世者言行真史记》《张远两友相论》等。（吴青）

林则徐（1785—1850） 政治家、诗人。字元抚，一字少穆，号石麟，晚号竢村老人、竢村退叟、七十二峰退叟。福建侯官（今福州）人。清嘉庆十六年（1811）进士。先后任湖广、陕甘、云贵总督。道光十八年（1838），受

林则徐

命钦差大臣，赴广东禁烟。为禁烟派代表人物。责令外国烟贩缴出鸦片，并将所缴鸦片在虎门集中销毁。鸦片战争爆发后，严密设防，屡败英军，取得九龙之役、川鼻官涌之役等反击战的胜利。主持翻译外文报刊、书籍，以加深对西方的了解。二十一年（1841）遭投降派攻击，遣戍新疆，后起用调任云贵总督。三十年（1850），再度受命钦差大臣，赴广西督理军务，经潮州途中病卒。谥号文忠，人称"林公车"。工诗，气势沉雄，音节高朗，卓识闳论，时复流露其间。亦工词。有《云左山房诗钞》《林文忠公政书》等。主持编译《华事夷言》《澳门新闻报》《四洲志》《国际法》。2002 年海峡文艺出版社出版《林则徐全集》。（王一娜）

张保仔（1786—1822） 原名张保。广东江门人（一说新安人）。15 岁随父出海捕鱼，被香港海盗红旗帮首领郑文显（郑一）所掳，收为义子，加入海盗集团。骁勇善战，有谋略，颇受郑一重用。清嘉庆十二年（1807），郑一遇难身亡，其与郑妻石氏结为夫妻，成为红旗帮首领，以香港大屿山为根据地，纵横珠江口和香港、澳门海域。十四年（1809），在大屿山击败清朝与葡萄牙联军。十五年

（1810），接受清朝招抚，改名张宝，任顺德守备。受降后随官兵捕海盗，擒获蓝旗帮首领乌石二，后多次剿匪，累官至福建闽安镇参将、澎湖镇副将。病卒于福建任上。（徐素琴）

张保　见"张保仔"。

叶瑞伯（1786—1830）　名廷瑞，字瑞伯，号连。原籍福建同安，其曾祖入粤经商，在广州上九甫开设永兴号，寄籍南海（今属广州）。所创作的南音名曲《客途秋恨》原分上、下卷，由失明艺人四处传唱。后由胞弟廷瑛之子纫兰出资付印。民国初年，广州西关的五桂堂等书坊印行南音唱本《客途秋恨》。20世纪20年代，编剧家黄少拔改编为同名粤剧，由白驹荣主演。后得粤曲艺传唱，书坊再将新版《客途秋恨》印成曲本流传。此曲因改编及流传等原因，著作者有异，经简又文、梁培炽、鲁金、陈勇新等学术梳理、考证。（郑小龙）

林召棠（1786—1873）　学者。广东9位状元（莫宣卿、简文会、张镇孙、伦文叙、林大钦、黄士俊、庄有恭、林召棠、梁耀枢）之一。字爱封，号芾南。吴川（今湛江吴川）人。清嘉庆二十一年（1816）举人，道光三年（1823）

林召棠

状元，授翰林院修撰。十一年（1831）任陕西、甘肃两省考官。十三年（1833）因不满官场腐败，托病辞归故里。主持广雅书院数年，主讲肇庆端溪书院15年。参与林则徐广东禁烟。卒谥文恭。著有《心亭亭居诗存》《心亭亭居文存》《心亭亭居笔记》等。（颜蕴琦）

黄香铁（1787—1853）　诗人、方志学家、教育家。粤东七子（林联桂、黄玉衡、黄培芳、张维屏、谭敬昭、吴梯、黄香铁）、嘉应五大诗人（李黼平、宋湘、黄香铁、黄遵宪、丘逢甲）、梅诗三家（黄香铁、宋湘、李黼平）之一。原名黄钊，字谷生，号香铁。广东蕉岭人。清嘉庆二十四年（1819）举人，任潮阳县教谕、翰林院待诏、内阁中书，晚年任韩山书院山长，隐居故乡铁耕楼。工诗。对客家方言研究有开创之功。著有《读白华草堂诗二集》《诗纫》《史响》《赋钞》《经馁》《铁庵随笔》等，其中《赋钞》《铁庵随笔》已佚。私修地方志书《石窟一征》。（谭赤子、周倩瑜）

黄钊　见"黄香铁"。

吴应逵（生卒年不详）　学者。字鸿来，别字雁山，晚号雁山居士。广东鹤山人。清乾隆六十年（1795）举人。淹通经史，尤精于文。阮元督粤时对其赏识，任《广东通志》分纂。道光年间参与学海堂建设，教授经史文笔，出任学海堂学长。擅古文，心淑魏禧。著有《雁山文集》《谱荔轩笔记》《岭南荔枝谱》《鹤山县志》等。（陈腾）

吴元盛（生卒年不详）　印尼侨领。广东嘉应州（今梅州）人。清代乾隆中后期，因谋划发动反清起义被官府通缉，率部渡海逃亡婆罗洲（今加里曼丹岛）。后跟随罗芳伯平定四方，成为兰芳共和国开国功臣之一。乾隆四十八年（1783），率部打败当地横征暴敛的戴燕国（Tayan）国王，被百姓拥戴为新国王。在位期间，开展各项生产事业，兴水利、开金矿、种橡胶，励精图治，体察民情，百姓生活好转。王位世袭四代，立国百余年，其地直至19世纪末为荷兰殖民者占领。（王华）

黄乔松（生卒年不详）　诗人。字鉴仙，号苍崖。广东番禺（今广州）人。贡生，官云南盐课提举。与同邑林伯桐、张维屏、梁佩兰、黄培芳、谭敬昭、孔继勋等，筑云泉仙馆于白云山麓，汀州伊秉绶题曰"七子诗坛"。有《鲸碧楼岳云堂诗钞》。（唐瑶曦）

何若瑶（生卒年不详）　诗人、学者。字石卿。广东大石（今广州番禺区大石）人。道光二十一年（1841）进士，授翰林院编修，升右赞善。主讲禺山书院。一生勤学好古，所着力者为史部之学。著有《公羊注疏质疑》《两汉考证》，另有《海陀华馆诗文集》。（陈腾）

黄岩（生卒年不详）　中医学家。字耐庵，一字峻寿，号花溪逸士。广东嘉应州（今梅州）人。生活在18至19世纪。清嘉庆甲子年（1804）设塾授徒。嗜好岐黄，精研《素问》《灵枢》，受张景岳学说影响，强调八纲辨证。精于望诊。重视幼（儿）科和内科，探讨了儿科与内科的关系。擅长治疗内科、妇科、眼科、儿科疾病。习儒好诗。著有《医学精要》《岭南荔支咏》《花溪文集诗集》《岭南逸史》，辑有《眼科纂要》（又名《秘传眼科纂要》）。（郑洪、张书河）

李应祥（生卒年不详）　回族。四川人。任广州协镇，任内矢公矢慎，整饬营伍，超拔英才，深得民心。解甲后，见教中贫死而无告者，捐送俸银，购屋铺一间，赠予清真寺四坊公箱，以资贫丧无力者。清道光九年（1829），番禺丁世广、羽来仪为其撰《李应祥捐银购屋碑》，碑立于广州清真先贤古墓园。（马建春、李蒙蒙）

约翰·顾盛（John Perkins Cushing，1787—1862）　美国商人、汉学家。1803

年到广州，加入其叔父托马斯·伯金斯经营的会计师事务所。3年后，将事务所改成伯金斯公司，转做生意，将公司办成美国对华贸易的龙头。与怡和行行主伍秉鉴（Howqua）关系深厚，被誉为广州所有外国人中最有影响力的人。卒于美国马萨诸塞州。（平兆龙）

蔡高（1788—1818） 基督教教徒。又名蔡轲。广东香山（今中山）人。清嘉庆十三年（1808）在马礼逊家中做杂役，初次接触基督教。十九年（1814）在澳门秘密受洗，成为中国第一位基督教徒。二十二年（1817）前往马六甲，在伦敦会布道站做写书手，半年后因身体原因返回广州。伦敦会为纪念他，于1916年在澳门建立"蔡高纪念堂"（今志道堂）。（吴宁）

蔡轲 见"蔡高"。

吴兰修（1789—1837？） 学者。原名吴诗捷，字石华，又字荔村，号古轮。广东嘉应州（今梅州）人。清嘉庆十三年（1808）举人。道光元年（1821）任番禺县训导，二年（1822）任信宜县训导。阮元任两广总

吴兰修

督时，将广州越秀山越王台故址改建为学海堂，并组织刊刻《学海堂集》，编校刊刻《学海堂初集》《学海堂二集》。六年（1826），阮元离开广东前往云南任职时，以课士首选其为学长，与曾钊、林伯桐等共同管理学海堂。又担任粤秀书院院监。学识渊博，长于治经、考史、文学、金石学、算学、藏书及校勘颇有建树。著作颇丰，现存《荔村吟草》《守经堂集》《桐

花阁词》《南汉纪》《南汉地理志》《南汉金石志》《方程考》《端溪砚史》《封川县志》。（翁筱曼）

吴诗捷 见"吴兰修"。

招子庸（1789—1846） 文学家、画家。原名招功，字铭山，号明珊居士。广东南海里水镇横沙（今佛山南海区）人。清嘉庆二十一年（1816）举人。道光九年（1829）被选拔为官，先后任山东峄县、朝城、临朐、潍县知县。与张维屏、冯询、徐荣、谢兰生等有交游。长于绘画，尤擅画竹、蟹，有《墨竹图》《蒹葭郭索图》传世。喜与珠娘歌妓交往，通音律，善琵琶，尝作粤讴《吊秋喜》，情深哀挚，传唱不息。辑《粤讴》1卷，开文人辑作粤讴先河。著有《九松山房诗钞》。（李继明）

招功 见"招子庸"。

梁发（1789—1855） 又称梁亚发、梁阿发。基督教牧师。小名阿发，英文名A-fa，字济南，号澄江，又号学善者，别署学善居士。广东高明（今佛山高明区）人。15岁辍学到广州，先做制笔，后学做雕版。清嘉庆十五年（1810）起被

梁发

英国传教士马礼逊雇用，刻印其撰著中文传教小册子。二十年（1815）随英国传教士米怜至马六甲（今属马来西亚），参与第一份中文期刊《察世俗每月统记传》（*Chinese Monthly Magazine*，1815—1822）的编辑出版工作，并为其撰稿；统管该刊雕版木刻事宜。二十一年（1816）由米怜施洗加入基督教（新教）。道光三年（1823），

在澳门被马礼逊派充为伦敦会的平信徒传道人（lay evangelist），成为第一位华人牧师。在美部会传教士特雷西（Ira Tracy）负责的印刷所工作。十四年（1834）赴广州向应考士子散发宣传物，在布道时被捕，半途逃脱，潜至澳门，再次出洋往新加坡、马六甲等地传教。十九年（1839）返回广州，协助美国传教士伯驾（Peter Parker）进行医疗传教。二十五年（1845），美国传教士罗孝全（Issachar Jacox Roberts）在广州南关天字码头东石角成立粤东施醮圣会，其为唯一华人长老。同年协助伦敦会传教士吉勒斯皮（William Gillespie）在广州南郊建立教堂。二十六年（1846）出资兴建教堂，主持教务。卒于广州。在中西文化交流史上具有深远影响。著有《救世录撮要略解》《希伯来书注释》《救世真诠》《熟学圣理略论》《真道问答浅解》《圣书日课初学便用》《劝世良言》《日记言行》等。（金炳亮、吴宁）

梁亚发 见"梁发"。
梁阿发 见"梁发"。

梁纶枢（1790—1877） 广州十三行行商。字拱辰，号星藩，商名承禧（一作丞禧）。广东番禺茭塘司（今广州海珠区新滘）黄埔人。天宝行创始人梁经国之子。清嘉庆十五年（1810）为县学生员，数次乡试不第，后协助父亲打理行务。道光七年（1827）接掌天宝行。其掌舵后行务发展较快，十年至十二年（1830—1832）间的对外贸易货值攀升至行商中的第五位。十九年（1839），因天宝行拖欠清廷饷银被革去职衔。二十二年（1842）捐输广东海疆经费，加盐运使衔。咸丰四年（1854）筹饷募勇，协同清军镇压天地会起义。七年（1857）广州被英法联军占领，受清廷指示，与伍

崇曜一起会见英法联军，劝其退出广州。同治元年（1862）由盐运使赏加二品衔。著有《式谷堂家谱》《记事珠便读》。（郭文安）

潘正炜（1791—1850） 广州十三行行商。字榆庭，号季彤，潘启官三世。广东番禺（今广州）人。自幼好学，喜读书，参加科举考试，成为副贡生。清嘉庆二十五年（1820）父亲潘有度去世后，接掌同孚行，聘请堂兄潘正威代理业务。秉承货重质的家族商业传统，尤其是茶叶的品质，受到外商认可。掌管同孚行近 20 年，常年稳定排在各商行的第二、三位。道光二十九年（1849），因抗英有功，受赐花翎道衔。精于鉴赏。爱好书法，收藏宏富，建有听帆楼。著有《听帆楼书画记》《听帆楼集贴》等。（郭文安）

苏六朋（约1791—1862） 画家。岭南画坛二苏（苏六朋、苏仁山）之一。字枕琴，号怎道人、罗浮道人、南水村老。广东顺德（今佛山顺德区）人。幼年从广州大佛寺住持学画，后在罗浮山读书，拜宝积寺德堃和尚学画，后至新会乡下当塾师，中年移居广州，以授徒卖画为业。作画有捷才，运笔流畅，颇具奇思，最擅人物画，取法宋、元，能粗能细，工放自如，上探上官周、蓝瑛、吴伟诸家堂奥，题材尤以道释、仙人及民间故事为多。山水花卉，受明人唐寅、仇英、吴镇等人影响较大，用笔爽健，墨色明丽。又善指画，时称一绝。书法工行、草、隶书，尤善作擘窠大字。存世作品有《太白醉酒图》《东山报捷图》《清平调图》等。（梁达涛）

冯亚星（Friedrich Wilhelm Asseng，1792—1889?） 最早到并居留德国的中国人。又名冯亚生。广东香山（今中山）人。清嘉庆二十一年（1816），随荷兰商船前往欧洲，在圣赫勒拿岛担任拿破仑厨师。道光元年（1821）到英国伦敦。三年（1823）与同乡冯亚学转赴德国。六年（1826）在波茨坦出任普鲁士国宫廷茶道师。八年（1828）、九年（1829）与冯亚学将 6 部宗教文献翻译成中文。十六年（1836）乘德国商船回国。后游历伦敦、爱丁堡、利物浦、非洲好望角、美洲新奥尔良等地。参与翻译的《圣经·新约》中文手稿保存在德国国家图书馆。（景海燕）

冯亚生 见"冯亚星"。

曾钊（1793—1854） 学者、藏书家。字敏修，号勉士，广东南海（今佛山南海区）九江上西谭边人。清道光五年（1825）拔贡生，任合浦教谕，调钦州学正。两广总督阮元办学海堂，任学海堂首届学长。二十一年（1841）召集南海、番禺二县团勇演练以防英军侵扰。与阮元交善，陈璞称其为"吾粤治汉学者最先"。年少时嗜蓄书，累藏数万卷，亲自选阅校勘。擅考据训诂，博览传注，为乾嘉汉学在岭南的传播和发展起到重要作用。著有《周礼注疏小笺》《二十部古韵》《面城楼集》《面城楼文存》《虞书命义和章解》《古榆廖山馆藏书目录》《异物志》《交州记》《始兴记》等。（李辰）

刘德章（1794—1824） 广州十三行行商。祖籍安徽，清乾隆五十九年（1794）来到广州创立东生行，从事将安徽出产茶叶运往海外贸易。东生行发展之后，得以雄厚资金在广东广州及外地广置产业，并为兄弟各人捐官。长子刘承澍（担任行商 1824—1827）、次子刘东（担任行商 1827—1830）继其业。（郭文安）

黄廷彪（1795— ？） 字炳禺，广东南海人。世袭云骑尉，清道光二年（1822）署佛山分防都司，历任广州协左营都司、福建建宁镇左营游击。道光十四年（1834），与穆斯林保得刚捐资在广州先贤墓园内建别室一所，供贫寒而无处投靠之教民居住。著有《惜阴轩吟草》（二卷）。（易建鹏、马建春、李蒙蒙）

仪克中（1796—1837） 词人。字协一，号墨农，别号姑射山樵。先世为山西平阳（今临汾）人，至其父担任广东盐运使司知事，寄籍广东番禺（今广州）。清道光十二年（1832）举人，参修《广东志》，为阮元幕宾、学海堂学长。其词师法姜夔、张炎，醇雅清空，具浙派风味。精研金石，工诗、善书画。

仪克中

丁绍仪谓"余所见粤词，近推吴石华、仪墨农为最"。吴兰修对其亦推崇有加。为嘉道之际岭南词风转变的先导。著诗文 10 余卷，散佚过半。后人搜辑得文 1 卷、诗 4 卷、词 2 卷，经学海堂校勘行于世。有《剑光楼词》《剑光楼诗钞》等。（高美玲）

梁廷枏（1796—1861） 文学家。字章冉，号藤花亭主人、弹红醉客。广东顺德（今佛山顺德区）伦教乡人。清道光十四年（1834）副榜贡生，旋选州判，改就教职。十五年（1835）入广东海防局。十九年（1839）任广州越华书院、粤秀书院监院和学海堂学长，主张取消"夷夏之大防"，支持林则徐禁烟。二十一年（1841）任澄海县训导。二十九年（1849）号召民众抵抗英

人入城，参与倡议议和、制订章程。太平天国事起，为两广总督聘入幕中，襄办团练。清咸丰元年（1851）赏

梁廷枏

内阁中书，加侍读衔。幼承家学，长于历史、图籍之学，兼善诗曲文词及音律。道光时，西方列强入侵，为政府筹划海防事宜，参修《广东海防汇览》。林则徐督粤，向其咨询海防事宜，进《海防图》。生平工诗善画，精史学，著述丰富。著有《论语古解》《书余》《南汉书》《南汉书考异》《南汉书文字》《南越五主传》《夷氛纪闻》《东行日记》《澄海训士录》《粤海关志》《金石称例》《碑文摘奇》《粤道贡国说》《兰仑偶说》《合省国说》《耶稣教难入中国说》《藤花亭书画跋》《镜谱》《东坡事类》《藤花亭文集》《藤花亭诗集》《藤花亭曲话》《江南春词补传》等。编纂有《顺德县志》《越秀书院志》等。（杨青华、王一娜）

郭雷枢（Thomas Richardson Colledge，1796—1879） 又译哥利支。西医师。英国北安普敦郡人。1819 年受聘于东印度公司派遣来华，1827 年在澳门设立眼科医局，后在当地创立中国第一所眼科医院。1828 年在广州十三行开设眼科诊所。1838 年正式在广州成立中国第一个医疗卫生组织中华医药传教会。1836 年在《中国丛报》撰写《任用医生在中国传教商榷书》。开近代基督教医药传教先河，推进近代西医经广东传入中国。（刘安壕）

哥利支 见"郭雷枢"。

麦世英（John Shying，1796—1880） 澳大利亚侨商。现存史料记载最早到达澳大利亚并创业成功的中国人。英文用名有 Mak Sai Ying、John Pong Shying、Mai Shi Ying、Mak O'Pong 等。广东广州人。清嘉庆二十三年（1818）以自由移民身份到澳大利亚杰克逊港（Port Jackson）。在英国移民布拉克斯兰（John Blaxland）的庄园担任木匠 3 年，后在伊丽莎白·麦克阿瑟（Elizabeth Macarthur）的牧场工作。道光十年（1830）起定居于帕拉玛塔，开设多家旅馆，兼营房地产。十一年（1831）回国，十六年（1836）重返悉尼。（景海燕）

侯康（1798—1837） 经学家、目录学家。原名侯廷楷，字君谟。广东番禺（今广州）人。清道光十五年（1835）举人。读书治学勤勉，受乾嘉考据学影响甚深，长于经史考证，兼善诗歌骈文。得两广总督阮元赏识，陈澧曾师事之。著有《春秋古经说》《穀梁礼证》，补撰《后汉三国晋宋齐梁陈魏北齐周艺文志》等。（杨青华）

侯廷楷 见"侯康"。

叶茶山（生卒年不详） 针灸学家。广东新兴人。生平不详。生活在 18 世纪。以灸刺闻名，重视经络腧穴和艾灸手法，提倡辨证施灸，善用民间疗法，常针药等多种疗法并用。在校注《采艾编》的基础上，辑成《采艾编翼》。（周红黎、张书河）

郭元峰（生卒年不详） 中医学家。岭南经方派重要代表之一。名郭治，以字行。广东南海（今佛山南海）人。生活在 18 世纪。幼承庭训，习儒学医。精于脉学，提出"如脉"（真假疑似之脉）概念和脉学以"四大纲脉"为统领的观点。推崇刘元素、朱丹溪学说，精于伤寒。治疗注重岭南地势与人群体质差异，提倡治疗宜从清解。注解《伤寒论》，著有《脉如》。（郑洪、张书河）

郭治 见"郭元峰"。

刘渊（生卒年不详） 中医学家。字圣泉，号伏龙山人。广东归善（今惠州惠阳）人。生活在 18 世纪。少时习武，后专攻医术，以医名岭南 30 年。清乾隆二年（1737）至广州，为广东布政使王恕的随行官员徐惠治病而得名。学术上受张景岳学说影响，提出"五脏异藏"的观点，提倡温补脾肾理论，认为杂病论治本于脾肾。治疗喜用温补峻厉之剂，并仿照《景岳全书》体例将方剂分为补、散、寒、热、和、攻六阵。擅长治疗内科、外科、妇科、儿科等疾病。辑有《医学纂要》，著有《医学纂要灵机条辨》《医学纂要汤方活法》《集验良方》（已佚）。（周红黎、张书河）

伍元华（1800—1833） 广州十三行行商。字良仪，号春岚，商名受昌。广东南海溪峡乡（今广州海珠区海幢街）人。伍秉鉴第四子。清道光六年（1826）接任怡和行行商，精明能干，善于经营。包庇鸦片贸易，参与走私。十年（1830）、十二年（1832）、十三年（1833）三次出资捐官，钦加盐运司衔。善画能诗，与地方文人墨客多有交集，多次在伍氏花园内主持文人游园雅集活动。著有《延晖楼吟稿》。（郭文安）

李太郭（George Tradescant Lay，1800—1845） 基督教新教大英圣书公会传教士。1836—1839 年间作为大英圣书公会（British and Foreign Bible Society）传教士来到中国，其间学习汉语以及中国文化。后进入英国领事馆，任英国全权代表璞鼎查翻译。1843 年

出任英国首任驻广州领事，1844 年任驻福州领事，1845 年任厦门领事。著有《中国人：他们的道德社会和文学品格》《与中国的贸易：致英国民众的信》等。（吴青）

谭莹（1800—1871） 诗文家。字兆仁，号玉生。广东南海（今广州）人。清道光二十四年（1844）举人。官化州训导、琼州府学教授。咸丰九年（1859）授内阁中书衔。得两广总督阮元荐为学海堂学长，又兼粤秀、越华、端溪、广雅等书院监院 30 余年。工骈文，沉博绝丽。亦工诗，与熊景星、

谭莹

徐荣、梁梅、邓泰、郑菜结西园吟社。一生博考粤中文献，藏书 30000 余卷，被聘纂修《南海县志》《广州府志》。后襄助同乡伍崇曜校雠刊刻古书善本，成《岭南遗书》《粤十三家集》《楚庭耆旧遗诗》《粤雅堂丛书》《舆地纪胜》共 2100 余卷。又应潘仕成之请，校勘《海山仙馆丛书》480 余卷。著有《乐志堂文集》《乐志堂诗集》《庚申修禊集》。（黎聪）

丁拱辰（1800—1875） 军火专家。又名丁君轸，字淑原，号星南。福建晋江人。早年出洋经商，自学机械工程。鸦片战争爆发后，通过对外国火炮的研究，提出采用火炮加表之法，提高火炮命中率，奔赴广东军营投效。清道光二十一年（1841）编著《演

丁拱辰

炮图说》，记载演放火炮方法，详述火炮铸造、炮台修筑、火药配方等。亲自指导铸炮和传授炮法。二十三年（1843）增订《演炮图说辑要》为 4 卷 50 篇，附有 110 多种炮弹船舰图样，对西式炮、火药、炮弹及轮船战舰的制法绘图说明。二十九年（1849）与丁守存等在广西桂林铸造大小各式火炮 106 门，兼造火药、火箭、火喷筒、鸟枪等武器。编写《演炮图说后编》1 册 2 卷，对制造大炮、炮弹及枪炮的测量、演练教习作阐述。同治二年（1863）编撰《西洋军火图编》6 卷，绘图 150 幅。魏源《海国图志》卷 55 收有《火炮必须用滑车绞架图说》《仿铸洋炮图说》《铸炮弹法》等。与丁守存、郑复光等设计一批轮船模型，与工匠设计一辆蒸汽机车模型，长一尺九寸，宽六寸，载重 30 余斤，因锅炉和机身为铜制，又称小火轮车。三十年（1850）与丁守存参照英国新式火箭，研制成由金属火箭筒构成的近代火箭，射程 200 余丈。中国研制近代火箭之始，为中国近代机械工程作出重要贡献。（李丹丹）

丁君轸 见"丁拱辰"。

苏廷魁（1800—1878） 诗人。名苏廷奎，字德辅，一字赓堂。广东高要长利村（今肇庆鼎湖区广利镇）人。清道光元年（1821）中举，十五年（1835）进士，选庶吉士，授翰林院编修。二十二年（1842）任御史。鸦片战争时期，力主修筑虎门炮台、燕塘大沙河、龟岗等要塞，以防英军。咸丰元年（1851）三月，任工科给事中。四年（1854），洪兵包围广州时，反对借英军镇压。八年（1858），与罗惇衍、龙元禧等成立广东团练总局，招募练勇数万人。九年（1859），清政府向列强求和，愤然回高要，任端溪书院山长。同治元年（1862），受

任河南布政使，后擢升东河河道总督。九年（1870），称疾告退回乡。著有《守柔斋行河集》《守柔斋诗钞》《诗钞续集》。（王一娜）

苏廷奎 见"苏廷魁"。

裨治文（Elijah Coleman Bridgman，1801—1861） 基督教新教美国公理会传教士。第一位来华的美国传教士。1829 年受美国公理会派遣，从波士顿出发，于次年来到广州，跟随马礼逊学习汉语。1832 年创办并主编《中国丛报》，向英、美等国提供有关中国社会、政治、经济、地理、文化、气象等方面的情报资料；鼓吹用武力迫订不平等条约，以打开中国门户；主张传教士应不顾中国法律，深入内地进行活动。在《传教士先驱》发表文章抨击鸦片贸易对中国的危害。1834 年与郭士立共同组织益智会，任中文秘书。1836 年参与创办马礼逊教育会，任通讯秘书。1838 年在新加坡用中文出版《美理哥合省国志略》，介绍美国情况（后修订为《大美联邦志略》）。开设博济医院。1839 年任林则徐的译员，到虎门参观焚毁鸦片。1843 年任美国专使顾盛的译员兼秘书，次年参加订立《望厦条约》。1847 年移居上海，参加《圣经》的翻译工作。1853—1854 年任美国驻华公使马沙利与麦莲的主要助手，随麦莲到太平天国刺探情报。1857—1859 年在订立《天津条约》过程中，为美国新任驻华公使维廉出谋划策，并代译重要文件。担任亚洲文会首任会长。创办上海第一所女校裨治文女塾。晚年从事《新旧约全书》新译工作。卒于上海。（吴青、柏峰）

郑献甫（1801—1872） 学者。名存纻，别字小谷，因避咸丰帝讳，以字行。自号识字耕田夫。广西象州人。

清道光十五年（1835）进士，官刑部主事，后以丁忧乞归，不复出。为人耿

郑献甫

介豪迈，言时政，能针砭时弊，为两广总督劳崇光、广东巡抚郭嵩焘等所赏识，屡荐不复出。好读书，学识博通，长于经史，兼善诗歌骈文，屡主广州、桂林、象州等地书院讲席。著有《愚一录》《四书翼注论文》《补学轩文集》《补学轩诗集》等。（杨青华）

郑存纪 见"郑献甫"。

罗孝全（Issachar Jacox Roberts，1802—1871） 又译罗孝铨、罗孝纯、罗孝。基督教新教美国南部浸信会传教士。1837年（一说1838年）到澳门。1840年迁居香港，开设宏艺书塾借以传教，与叔未士同为最早来香港传教的外国教士。1841加入美国浸信会。1844年5月到广州传教，创立浸信会，在广州十三行联兴街设立讲堂传播《圣经》，组织小教会粤东教会，翻译出版《家用良药》一书。是第一个搬到广州商馆区以外居住的新教传教士。1846在广州南关东石角建造一座礼拜堂。1847年向洪秀全与洪仁玕传授基督教教义，但未为其施洗礼。1849年自建粤东浸信会。1853年至上海，谋去天京（今南京）传教，未果。1860年回广州。1866返美。著有《洪秀全革命之真相》《真理之教》《小刀会首领刘丽川访问记》《问答俗话》《罗孝全在天京的自述》等。（平兆龙、吴青）

罗孝铨 见"罗孝全"。
罗孝纯 见"罗孝全"。

罗孝 见"罗孝全"。

郭士立（Karl Friedrich August Gützlaff，1803—1851） 又译郭实腊、郭实猎。基督教新教德国路德会传教士。德国人。受英国东印度公司派遣，1831年到澳门，在上海等处贩卖鸦片并进行侦探活动。次年乘"阿美士德"号船在中国沿海航行，搜集军事、政治、经济情报。1833年在广州创办《东西洋考每月统记传》（月刊），并任主编，除传教文字外，还刊载政治、科学和商业方面的文章，与裨治文组织益智会。1844年任英国驻华商务监督处翻译。同年在香港设立汉会，又名福汉会，是德国基督教路德会传入华南的开创者。鸦片战争期间，充英国侵略军在舟山的"行政长官"。1842年参与签订《南京条约》。后任香港英国殖民政府中文秘书。卒于香港。在华活动20年，来往于广州、澳门等地，传经布道、著书立说。参与《圣经》汉译工作；把西方知识和宗教传入中国，又将中国文化风俗介绍给西方，影响中国知识分子对西方的认识，对欧美社会也产生深远影响。著有《中国简史》《开放的中国》《中国沿海三次航行记》《大英国统志》《制国之用大略》《贸易通志》等。（吴青、平兆龙、陈椰）

郭实腊 见"郭士立"。
郭实猎 见"郭士立"。

雅裨理（David Abeel，1804—1846） 基督教新教美国美部会传教士。美国人。1826年按立为牧师。1829年与裨治文同船来华，次年到广州，学习汉语、马来语和暹罗语，同年成为公理会牧师。1831年到南洋一带传教，1839年奉美部会派遣再度来华，因鸦片战争爆发，到南洋一带传教。1842在厦门鼓浪屿创办布道所，成为首位进入

厦门的新教传教士。后被任命为福建巡抚徐继畬与英国首任驻厦门领事会晤的翻译，徐继畬获得不少有关世界各国地理、历史、文化和政治的知识，为编写《瀛寰志略》提供丰富材料，《瀛寰志略》有关西方各国的译名参照其闽南语发音，转译为汉字定名。1845年回国，在纽约去世。著有《旅居中国及其邻国记事（1830—1833）》《一个单身汉写给在印度的单身汉们的一封信》等。（平兆龙）

伯驾（Peter Parker，1804—1888） 又译巴驾。基督教新教美国美部会传教士、外交官。美国首位来华的医疗传教士、广州博济医院创始人。1831年耶鲁学院毕业。1834年到广州，在广州的外国人驻地开设药房，主治眼疾。后药房扩展成博济医院（中山大学中山眼科中心前身）。1838年在广州成立中国医药布道会，任副会长，在澳门开设眼科医院，免费为华人治疗。1844年担任美国专使顾盛助手，强迫清政府签订《望厦条约》。1855年任美国驻华全权公使，主张占领中国台湾，并与英、法两国联合提出"修约"要求，企图扩大侵华权益。1857年回美国。1879年在美担任中国医药布道会会长。将西方医疗技术带到中国。在中国近代医学史上首创多项纪录，如割除扁桃体（1836年）、割除膀胱结石（1844年）、使用乙醚麻醉（1847年）、采用氯仿麻醉方法（1848年）等。著有《有关中国医院的陈述》《广州眼科医院的十五份报告》等。（吴青）

巴驾 见"伯驾"。

陈享（1805—1875） 武术家。蔡李佛拳创始人之一。字典英，号达庭。广东新会（今江门新会区）人。幼年随叔父陈远护习练佛家拳，15岁练得

一身武艺。清道光三年（1823），经陈远护介绍先随李友山学武，后拜罗浮山蔡福禅师为师，又学于侠士白玉峰，尽得南拳北腿拳

陈享

技于一身。回乡后，融合所习蔡福、李友山、陈远护三家拳术，创编成守则静如死水、攻则似饿豹扑食的蔡李佛拳，并向海外传播。南北武术的集大成者、蔡李佛拳的创始者与传播者。（孟田）

佘有进（1805—1883） 新加坡侨领。广东澄海（今汕头澄海区）人。幼承家学，通晓诗文。清道光三年（1823），赴新加坡谋生，因通文理为各船舶理账。后广置地产，经营种植业，是新加坡大规模种植甘蜜和胡椒的第一人，被称为"甘蜜王"。开设有进公司（Eu Chin & Co.）与欧洲商人交易棉品及茶叶。十年（1830），创建义安公司，接管新加坡第一个潮州人庙宇粤海清庙，建造潮州殡仪馆、潮州公墓，捐建小学、中学、大学和中医药中心，修建一座在当时被称为"潮人四大厦"之一的大厦。同治十一年（1872）受封为太平局绅，同年获名誉推事头衔，助理司法行政。逝于新加坡。著有《新加坡华侨社会史》。（王华）

范萱淑（1805—1891） 诗人。近代岭东三大女诗人（范萱淑、黎玉贞、叶璧华）之一。字黄香，一字清修。广东大埔人。早寡无嗣，归家奉养父母，晚年供佛坐禅，择庵修行。以诗名闻，梅州松江等处官家通文墨妇女，争相迎请至家奉其为诗。足迹涉及岭东、广州等地，所到名山古刹皆有题咏，为人抄咏传诵。诗作颇丰，感怀

写恨真切动人，状物咏事精细入微，惜多散佚，少部分存于《化碧集》中。（邓丹）

朱次琦（1807—1882） 思想家、教育家。九江学派开创人。字子襄，号稚圭。广东南海（今佛山南海区）九江人，学者称为"九江先生"。青年时期随曾钊入阮元幕府学习，后师从陈继昌、谢兰生。清

朱次琦

咸丰二年（1852）任山西襄陵知县，太平天国战乱时献策不被采用，辞官归里讲学。治学兼采汉宋，宗法程朱，反对门户之见，提出"四行五学"的修身读书理论。著有《国朝名臣言行录》《国朝逸民传》《性学源流》《五史实徵录》《晋乘》等，去世前尽焚。弟子以简朝亮、康有为为代表。有《朱九江先生集》存世。（李辰）

九江先生 见"朱次琦"。

潘兰坪（1807—1886） 温病学家。名潘名熊，以字行。广东番禺（今广州）人。少时在广州读书，精研典籍，精医、工诗，尤善琴。学琴于琴师黄广文。精于医学，少时便读温病大家叶天士著作，对《临证指南医案》一书备极推崇，认为该书"诚学医者暗室明灯，患病者孽河宝筏"，并结合岭南的气候特点加以运用和发挥。擅长治疗温病，强调顾护津液。精于内伤疾病，善用食疗，善从奇经入手治妇科疾病。著有《评琴书屋医略》《叶案括要》。（郑洪、张书河）

潘名熊 见"潘兰坪"。

粦为仁（William Dean，1807—1895） 又译璘为仁、怜为仁。基督教新教美国浸信会传教士。美国纽约人。1834年赴暹罗（今泰国）向华人传教，次年到曼谷，建立华侨浸信会。1842年到澳门，后又前往厦门和舟山考察，后移居香港。1843年5月，组织成立华人浸礼会，为说潮州方言的中国人建立传教站。其间往返美国和香港。1854年返美。1864年再度到香港。在香港传教期间用潮州话编纂《英华语汇》。1884年返美，病逝于美国加州。著有《奉劝真假人物论》《使徒言行传》等；编有《潮州话初级教程》（*First Lessons in the Tie-chiw Dialect*），1841年在泰国曼谷出版。（平兆龙、梁施乐、邵慧君）

璘为仁 见"粦为仁"。
怜为仁 见"粦为仁"。

哈丽特·洛（Harriet Low Hillard，1809—1877）美国旅行家。第一位到访澳门的美国女性。1829年到澳门，假扮男性进入广州十三行。在澳门期间，撰写日记，结识在澳门的有影响力的西方人。日记反映了当时澳门多元文化生活及西方人居住澳门期间的社会生活。1833年返美。著有《澳门生活的光与影：哈丽特·洛日记》。（吴青）

龙元僖（1809—1884） 字兰簃。广东顺德（今佛山顺德区）人。清道光十二年（1832）中举，十五年（1835）进士。先后任翰林院编修、翰林院侍讲学士、国子监祭酒、太常寺卿，出任贵州、山西乡试正考官，山西学政，会试同考官，教习庶吉士，以及武会试总裁。咸丰三年（1853）丁忧回籍，奉旨督办团练，加二品衔，赏戴花翎。四年（1854），与在籍士绅罗惇衍、苏廷魁开办顺德团练总局，平定洪兵起义。八年（1858），与罗惇衍、苏

廷魁开设广东团练总局，招募练勇数万人，反抗英军。重整社会秩序，填仓谷、疏河道，筹护城防御经费，禁止乡民采蚝壳筑建堤围，后创办大良义仓。中法战争期间，奉旨办广州团防，因病未赴，旋卒。（王一娜）

咃凡（Thomas T. Devan, 1809—1890） 又译德万。基督教新教美国浸礼会传教士。美国纽约人。1844年经香港入境来华，次年在广州开设诊所。1847年由于身体原因，退休返美。著有《中国语启蒙》（*The Beginner's First Book in the Chinese Language（Canton Vernacular）*），收录中英双语的解剖术语、疾病名和医患对话，并首次尝试创建中医分类。1847年在香港出版，1858、1861年先后增补和修订。（谈泳琦、邵慧君）

德万 见"咃凡"。

伍崇曜（1810—1863） 广州十三行行商。原名伍元薇，字良辅，号紫垣，商名绍荣。广东南海溪峡乡（今广州海珠区海幢街）人。伍秉鉴第五子。清道光十三年（1833）接替兄长伍元华掌管怡和行，并担任十三行公行总商。与美国旗昌洋行关系密切，其对外贸易全由旗昌洋行一家代理。十九年（1839）一月，暗中向英国驻华商务监督义律和旗昌洋行透露钦差大臣林则徐即将来广东禁烟之事。二十一年（1841）撮合奕山在广州向英军乞和。后又为外商保全鸦片出谋划策并隐藏鸦片，被革去职衔，逮捕入狱，不久获释。咸丰四年（1854）协助两广总督叶名琛镇压三合会李文茂、甘先起义。七年（1857），秉承广东巡抚柏贵之命，向英军接洽投降。受钦赐举人、候选道加布政使、荣禄大夫等职、衔。好画喜诗，热衷于刻书。刻有《粤雅堂丛书》《粤十三家集》

《楚庭耆旧遗诗》等。（郭文安）

伍元薇 见"伍崇曜"。

陈定泰（生卒年不详） 中西医汇通医学家。生活在19世纪。被誉为"近代中西汇通医家第一人"。字弼臣。广东新会（今江门新会区）人。自少学医，清道光九年（1829），因母病访医羊城，遇王昭孚，得知王清任及其《医林改错》。

陈定泰

后经曾目睹过解剖的梁嶙山介绍，拜见西洋医生，接触到西医解剖著作及图谱，始知经络脏腑之真也。故其医学上融汇中西，敢于批驳古代医书，重视解剖研究，考订中西脏腑，提倡"真脏腑"（西医解剖），第一次在中医著作里系统引用西医解剖图谱，制定出"陈定泰考真订定脏腑全图"，从四因（内、外、感、伤）论病。善治情志病。著有《医谈传真》，撰有《医学总纲》《风月楼谈医》《症治辨源》《医一贯》《本草亲尝》。（周红黎、张书河）

陈焯之（生卒年不详） 刻书家。字伟南，室名菲古堂。广东新会外海乡（今江门新会郊区）人。监生。清道光年间入资为郎，任候补工部虞衡司阆中，候选守巡道，按察使司衔。道光三十年（1850），在罗浮山重建华首台寺。咸丰二年（1852）在北京粉坊琉璃街兴建新会邑馆。《二十四史》最早有乾隆武英殿刻本和同治年间金陵、淮南、江苏、浙江、湖北书局仿汲古阁本的合刻本，其拟仿殿本《二十四史》独力刻印《二十四史》。延聘顺德李文田、番禺史澄策划和总校，以武英殿版本为底本，咸丰初请曾

钊校勘。自咸丰元年（1851）开雕，六年（1856）竣工，后复加考订，于同治八年（1869）印行。菲古堂刻《二十四史》是清代私刻典范。（林子雄）

贝礼赐（生卒年不详） 乐师。字淑仪。广东陆丰人。擅长唢呐与大管弦。清同治七年（1868）牵头发起组织海陆丰老双喜、老荣喜等7个正字戏班，并联合海陆丰西秦戏、白字戏全部班社，建立梨园会馆。深谙正字戏各种声腔与各类表演，对正字戏剧目的丰富、声腔的发展作出重要贡献。（于琦）

陈珍阁（生卒年不详） 中西医汇通医学家。又名陈宝光、陈真觉。广东新会（今江门新会区）人。陈定泰之孙，中医界最早系统接受正规西医学习的人，清光绪十二年（1886）赴新加坡英国皇家大医院学习西医。最早进行系统解剖实践。临证以中医为主体，将西医生理病理知识和中医理论相结合，用西医知识佐证中医辨证，治疗兼采中西，融入灌肠、抽血等西医技术，其处方用药常结合南洋、岭南气候特点，采用岭南药物。著有《医纲总枢》。（周红黎、张书河）

陈宝光 见"陈珍阁"。
陈真觉 见"陈珍阁"。

翁五章（生卒年不详） 象牙雕刻艺人。广东象牙球雕刻创始人。牙球三翁（翁五章、翁彤、翁昭）之一。广东广州人。借鉴石狮口中含珠的镂空形式，用象牙材料改进"鬼工球"（镂空透雕的象牙球），制作出球内套球和直柱形支柱的象牙球。清乾隆年间，所雕制象牙球9—12层，同治光绪年间，达到20余层。对广州牙雕艺术的发展作出卓越贡献。（彭圣芳）

唐宁（Charles Toogood Downing，生卒年不详） 英国旅行家。1836年来华，在中国逗留6个月，写出回忆录3卷，讲述他在中国的见闻。涉及贸易、中外关系、广东民俗风情、外国人在广州的生活等方面，虽有偏见不实之处，仍是不可多得的史料文献。著有《番鬼在中国：1836—1837年中国见闻录》等。（平兆龙）

徐灏（1810—1879） 文字音韵学家。字子远，一字伯朱，号灵洲。广东番禺（今广州）人。贡生。历任广西南宁同知、柳州府通判、陆川知县、庆远府知府。治学受乾嘉考据学影响甚深，尤其精通文字音韵之学。著有《说文解字注笺》《通介堂经说》《乐律考》《名法指掌图》《灵洲山人诗录》《通介堂文集》《撎云阁词》。（杨青华）

陈澧（1810—1882） 学者、文学家。字兰甫，一字兰浦，号东塾，别号止斋，人称东塾先生，又自号江南倦客。广东番禺（今广州）人。先后肄业于广州越秀书院及学海堂，问经学于侯康，学诗学于张维屏。清道光十二年（1832）中举，二十九年（1849），选河源县训导。咸丰六年（1856），得国子监学录。光绪七年（1881）赏五品卿衔。六应会试不第，绝意仕进，以著述、教育为志业，道光二十年（1840）任学海堂学长，同治六年（1867）兼任菊坡精舍山长。受阮元影响较深，注重因材施教，提倡经史之学，门生弟子众多，其中较知名者有梁鼎芬、廖廷相、于式枚、文廷式、桂文灿、汪兆镛、

陈澧

陈伯陶、陶福祥、温仲和、黄绍昌、谭宗浚等。主张由考据入义理，汉宋兼采，摒除门户之见，是岭南继明代陈献章、湛若水之后又一学派宗主，开创东塾学派。对天文、地理、乐律、算术、古文、骈体、填词及篆籀真行书法与绘画均有研究。工诗及骈散文，尤精于词。著有《声律通考》《切韵考》《汉儒通义》《东塾读书记》《东塾杂俎》《汉水水道图说》《东塾集》《忆江南馆词》等。主持编印《菊坡精舍集》。（杨青华、王一娜）

符秋銮（约1810—1885） 琼剧乐师。用唢呐伴奏琼剧板式的首创者。广东文昌（今海南文昌）溪梅（一说蓬莱）人。出身于民间音乐世家，父亲及兄长是乡村乐手。少年得父亲教习，掌握唢呐、喉管、直笛、二胡、调弦等乐器。父亲去世，其兄符香銮随土戏班去南洋，其坚持在乡村参加八音队和厚皮班（农村业余戏班）活动，担任"首手"（掌调）。在发现观众接受唢呐伴奏唱腔后，便在演出中有意识地用唢呐来伴奏一些唱腔。凡【大字曲】【哭板】【苦板】【程途】【叹板】等，使用大小唢呐伴奏，兄弟被称为"双銮唢呐"。后琼剧用唢呐伴奏板式的做法沿袭下来，成为琼剧音乐独特风格。（董宸、郑静漫）

黄麒英（1810—1886） 武术家。广东十虎（黄麒英、苏黑虎、苏灿、谭济筠、陈铁志、黄澄可、黎仁超、周泰、王隐林、梁坤）之一。广东南海（今佛山南海区）西樵人。擅长脚法、虎鹤双形拳、洪拳，是少林派传人。武术精湛，医术高明。从小家境贫寒，靠在街头卖艺谋生。在镇粤将军府门前空地卖艺时，偶遇少林派武术名家陆阿采，后师从陆阿采学习武术，担任镇粤将军府的士兵技击教练。又在靖远街开设药铺。后开设武馆教授徒

弟，把平生所学传给儿子黄飞鸿。（马晟）

梁柱侯（生卒年不详） 厨艺师。广东佛山人。道光同治年间人。佛山三品楼厨师。做菜敢于创新，取法北方菜而去掉北菜的辛辣，调和酸甜，研制适合广东人胃口的菜式，以"柱侯鸡"最为有名。首创柱侯食品和柱侯酱。采用豆酱、酱油、食糖、蒜肉、食油等原料，在三品楼天井中用大石磨磨酱、炒制，制成酱色金黄、色鲜味美、香甜适中、有芬芳的豉味的"柱侯酱"。适用于烹调风味独特的鸡、鹅、鸭等肉类。（赵强忠、蔡勇建）

苏黑虎（生卒年不详） 武术家。广东十虎（黄麒英、苏黑虎、苏灿、谭济筠、陈铁志、黄澄可、黎仁超、周泰、王隐林、梁坤）之一。广东顺德（今佛山顺德区）人。清道光年间，少林寺兆德和尚来广东化缘，便随兆德和尚到嵩山少林寺学艺。学成后返回顺德老家传授黑虎十形拳（龙、蛇、虎、豹、鹤、狮、象、马、猴、貂），套路分作前桩、中桩、后桩3个部分。其技艺精湛、行侠仗义、传拳授业，推动少林武术在岭南的发展。（孟田）

苏灿（生卒年不详） 武术家。广东十虎（黄麒英、苏黑虎、苏灿、谭济筠、陈铁志、黄澄可、黎仁超、周泰、王隐林、梁坤）之一。又名苏乞儿、苏火山。湖南人。自幼随父习武，擅长双头棍、地趟、醉八仙拳。父亲去世后，来到广东肇庆。由于平日衣衫褴褛，一口湖南土话，被称为苏乞儿。师从王隐林学拳，得其资助。扫除街头恶霸荣寿禄。晚年，寄居在朋友黎义东店里，把平生所学传给黎义东及其子。清光绪年间去世。一生行侠仗义，放荡不羁，形象鲜明。（孟田）

苏乞儿 见"苏灿"。

苏火山 见"苏灿"。

谭济筠（生卒年不详） 武术家。广东十虎（黄麒英、苏黑虎、苏灿、谭济筠、陈铁志、黄澄可、黎仁超、周泰、王隐林、梁坤）之一。又名石窝。籍贯不详。早期性格率真，容易冲动，随咏春拳宗师梁赞习武。认为咏春拳过度柔弱，遂以咏春拳法为本，改良后自创鹤阳拳。此拳刚烈威猛，拳如猛虎，长桥大马，大开大合，不尚花巧，直截了当。套路以抛拳、冲拳为主，劲力以长劲、抛劲为主。枪法以弹、抛、圈、托为主，出枪如蛟龙，进攻快速勇猛。后来开设武馆授徒，以发扬鹤阳拳主旨。（马晟）

陈铁志（生卒年不详） 又称陈长泰。武术家。广东十虎（黄麒英、苏黑虎、苏灿、谭济筠、陈铁志、黄澄可、黎仁超、周泰、王隐林、梁坤）之一。籍贯不详。生活于清末。武功刚猛，出手迅疾，指劲雄浑，坚如铁石，人称"铁指陈"。还以鹰抓功为绝技，动则雄鹰展翅，静则机智稳健。本是一介莽夫，后洗心革面，抵御外侮，为国为民。（孟田）

陈长泰 见"陈铁志"。

黄澄可（生卒年不详） 武术家。广东十虎（黄麒英、苏黑虎、苏灿、谭济筠、陈铁志、黄澄可、黎仁超、周泰、王隐林、梁坤）之一。籍贯不详。先后得陆阿采、黄麒英、铁桥三等指点武学。融会所学的各家武艺，结合个人经历，自创出九龙拳。所创立的拳法集9种武功技法于一身，因行拳时拳势犹如"九龙冲天"得名"九龙拳"。九龙拳共有10招，分别是游龙势、旋龙势、擒龙势、摆龙势、沉龙势、盘龙势、分龙势、缠龙势、飞龙势，以及将这九招各取一部分合在一起形成的九龙势。（马晟）

方玉书（生卒年不详） 武术家。蔡李佛拳第三代传承人。广东省武术馆蔡李佛拳主教练。广东广州人。自12岁起在广州跟随阮骇学习蔡李佛拳和洪拳。对培养蔡李佛拳后备人才作出杰出贡献。徒弟中最著名的为区汉泉。（孟田）

黎仁超（生卒年不详） 武术家。广东十虎（黄麒英、苏黑虎、苏灿、谭济筠、陈铁志、黄澄可、黎仁超、周泰、王隐林、梁坤）之一。擅长七星拳，七星拳取象于"北斗七星"，招式凶毒狠辣，务求一招制敌。在广州黄沙大街信亨押店充任朝奉先生。（马晟）

周泰（生卒年不详） 武术家。广东十虎（黄麒英、苏黑虎、苏灿、谭济筠、陈铁志、黄澄可、黎仁超、周泰、王隐林、梁坤）之一。广东湛江人。初练家传周家拳，后得多位名师指点，博采众长，自成风格。练成一套软绵掌，讲究刚柔并济，快而不乱，慢而不断，柔而不弱。（马晟）

朱沛文（生卒年不详） 中西医汇通医学家。近代中西医汇通四大家（朱沛文、唐容川、恽铁樵、张锡纯）之一。字少廉，一字绍溪。广东南海（今佛山南海区）人。生活在19世纪。自幼随父学医，研读《黄帝内经》《难经》等医籍，后又阅读西医书籍，并到西医院观看人体解剖，对中西医汇通有见解。清光绪十三年

朱沛文

（1887），清政府设立"医学经古"一科取士，得中。入学后三次乡试均失败。绝意于官场，以医为业。认为中西医各有所长，不能偏生，中医精于穷理，西医长于格物，应以临床验证为标准求同存异。编撰《华洋脏象约纂》。（周红黎、张书河）

文惠廉（William Jones Boone，1811—1864） 基督教新教美国圣公会传教士。1837年到巴达维亚（今印尼雅加达）学习中国语言，了解中国文化与风土人情，尝试向当地华人传教。1840年来到中国，在澳门活动。任马礼逊学校代理校长。

文惠廉

鸦片战争后在厦门鼓浪屿设立传教据点。《南京条约》签订后，鼓吹传教士乘英国割据香港和打开五口通商之机扩大活动。1844年10月被祝圣为圣公会中国布道区主教，为圣公会在中国的第一位主教。1845年迁上海，先在老城厢研习上海方言、传教并主持洗礼仪式，继则扩大布道。1845年在虹口头坝一带租地造屋设堂。1848年胁迫上海道台吴健彰，将上海苏州河以北虹口地区辟为美租界（后与英租界等合并为公共租界）。病逝于上海。参加《新约》《旧约》的翻译代表委员会。著有《进教要理问答》《马太传福音书》《圣教幼学》等。（平兆龙）

居巢（1811—1865） 画家。字梅生，号梅巢。广东番禺（今广州）人。从小得父指导，善作诗词，兼及金石书画。清道光二十八年（1848），任广西按察吏张敬修幕僚，其间受画家宋光宝、孟觐乙等人影响，所作花鸟画注重写生。咸丰六年（1856），辞官

回粤后与弟居廉一起对景写生，创作甚丰。有诗、书、画"三绝"之誉。其行草书沉着雄厚，质朴自然。其画风格清秀，惟妙惟肖，自成一家。晚清广东画坛承上启下关键人物，其画着意半工带写，与居廉绘画的出现，标志着岭南画本土风格的成熟，其影响流脉更开岭南画派之先河。传世作品有《花果图》《五福图》《人物花鸟扇册》等。著有《昔耶室诗》《烟语词》《今夕盦读画绝句》等。（梁达涛）

雒魏林（William Lockhart，1811—1896） 又译雒颉。基督教新教英国伦敦会传教士、医生。1838年来中国传教。1839年到广州，加入中华医学传道会，在澳门开设诊所，在广州学习汉语。1840年5月回到澳门与合信、戴夫共同管理医院。8月到舟山开办一所西式医院。1842年前往香港，管理中华医学传道会设立的医院。

雒魏林

1844年开设上海第一家西式医院中国医馆（仁济医院前身）。1848年3月，和麦都思等到青浦传教，后因青浦教案爆发于1857年12月离开上海返回英国。1861年，又往北京开设医院，即协和医院前身。首次将新教传入北京。1864年离京返英。著有《上海华人医院十一年（1846—1857）年份报告》《在华行医传教二十年》《北京及其近郊纪事》等。（吴青、平兆龙）

雒颉 见"雒魏林"。

叔未士（John Lewis Shuck，1812—1863） 基督教新教美国浸信会传教士。来华前在新加坡学习汉语和马来语。1836年到澳门，设立教会，为第一个到中国传教的浸信会教士。1837年首次为华人信徒施洗。1842年举家迁居香港，传道之余兼任《中华友报》副编辑。1843年在香港建立首个教会，即皇后大道浸信会，此后相继在长洲等地建立三个布道所和一所教士住宅，并开办学校。1845年返美。1847年再来广州，创办浸信会广州第一支会，是中国内地首个浸信会教会，称为"第一浸信会"。同年移居上海。1851年回美后在加利福尼亚华侨中传教。先后在澳门、香港、广州和上海传教16年，为美国浸信会在华传教及建立教会的先行者。著有《卜卦之论》《独耶稣救魂灵》等。（平兆龙）

马步青（生卒年不详） 清道光二十一年（1841）为创造条件鼓励穆斯林民众学经问道，将所购置一间房屋赠送怀圣寺作学堂公产，以资讲经及历年圣忌之用。有《敬送光塔寺学堂民房碑》为记。（马建春、李蒙蒙）

海廷琛（生卒年不详） 回族。广东广州人。广东补用道，花翎西林巴图鲁加一级。清同治二年（1863）为鼓励回族后辈研读经学，将广州四牌楼两处个人产业赠送光塔寺以添补学堂经费。怀圣寺《敬送光塔寺学堂民房碑》载其事。（马建春、李蒙蒙）

卫三畏（Samuel Wells Williams，1812—1884） 又译卫廉士。基督教新教美国公理会传教士、外交官。1833年受美国公理会差会派遣来到广州，负责印刷业。1848—1851年主编《中国丛报》。1855年任美国驻华专员署（广州）秘书，次年完成英

卫三畏

粤字典《英华分韵撮要》。中美谈判签订《天津条约》时担任美方副代表。1856年后长期担任美国驻华使团秘书和翻译，9次代理美国驻华公使。1876年返回美国。1878任美国耶鲁大学汉学讲座教授，成为美国第一位汉学讲座教授和美国首位职业汉学家。1881年被选为美国东方学会会长。著有《中国总论》《汉英韵府》等。（吴青、平兆龙）

卫廉士 见"卫三畏"。

威廉·亨特（William C. Hunter，1812—1891） 美国商人。1825年以美国纽约斯密斯洋行学徒身份来到广州，旋即前往马六甲英华书院学习中文，1826年返回广州的洋行任职。1829年加入美国商人在广州创办的旗昌洋行，1837年成为该行合伙人。1842年从旗昌洋行退休，1844年返回美国，其后又返至香港居留达20年，卒于法国尼斯。作为当时为数不多的能够使用中文进行交流的外国人，对"老广州"有深入了解。著有《旧中国杂记》和《广州番鬼录》，分别描述19世纪初澳门和广州十三行商馆的日常生活。1992、1993年广东人民出版社分别出版由沈正邦译、章文钦校和冯树铁译本。（平兆龙）

李长荣（1813—1877） 诗人。字子虎，一作子黼、紫黼，少字文炳，号子虎居士，斋号柳堂、深柳堂。广东南海茅洲乡（今佛山南海区丹灶镇）人。少时师事苏鸿，后师事张维屏。清咸丰六年（1856）官儒学训导，加光禄寺典簿。同治四年（1865）于广州官儒学教授。工诗画。著有《茅洲诗话》《柳堂诗话》《海东诗话》（已佚）。辑有《柳堂师友诗录》《庚申修禊集》《苏寿集》《海东酬唱集》。（郭子凡）

铁桥三（1813—1886） 武术家。洪拳之铁线拳创始人。名梁坤。因排行第三，又有铁臂神力，江湖人称铁桥三。广东南海（今佛山南海区）人。自幼好武，十四五岁练得一身好功夫。后三上少林，拜师觉因大师。觉因大师将其引入广州白云山能仁寺带发修行，将毕生所学传授，从而成为洪拳代表人物。后在少林外家拳之内功手法的基础上，融各家拳法所长，创立洪拳"三宝"之铁线拳。（马晟）

仁智（1813—1902） 僧人。名隆，俗称隆师，俗姓蔡。广东潮州南澳岛（今汕头南澳）人。16岁赴雄镇关寺拜某闽僧为师，取名仁智，属黄檗法脉。后又礼开元寺现育应垣禅师，取名达开，依曹洞宗华首台派。潜心研读《宗镜录》《佛经摘录》。赴苏浙闽一带参学，在福建鼓山涌泉寺受戒，并在寺中任羯磨师。清道光二十五年（1845）归雄镇关，开山洞佛厅叠石岩，在其中修行传法。门下衍派弟子400余人，使叠石岩成为潮汕黄檗派祖庭。咸丰十年（1860）再赴江浙，为镇江金山江天禅寺首座，又为宜兴显亲寺住持。光绪中受虚云参学。为修行封叠石岩山门三年，面壁不出。在叠石岩圆寂。（张若琪）

马儒翰（John Robert Morrison，1814—1843） 又称小马礼逊。基督教新教英国伦敦会传教士。英国人。马礼逊长子。出生于澳门。1830年在广州作英商翻译。1833年在澳门创办《福音传道师》杂志。1834年继其父任英国驻华商馆监督处中文秘书兼翻译官。鸦片战争时期，担任英军情报和翻译工作。1842年7月随璞鼎查到南京，参加中英谈判，起草《南京条约》。英国割占香港后，任香港立法行政委员会委员兼香港殖民政府秘书。遵其父遗命修改《圣经》汉译本，后与传教士郭士立、裨治文等合作完成《圣经》新译本。病逝于香港。著有《英华行名录》《英华通书参考手册》《中国商务指南》等。（平兆龙）

小马礼逊 见"马儒翰"。

苏仁山（1814—1849） 画家。岭南画坛二苏（苏六朋、苏仁山）之一。原名苏长春，号静甫。广东顺德（今佛山顺德区）人。年轻时两次应考生员均落第，后绝意科场，专心钻研画艺，以卖文授课及卖书画为生。性格放纵不羁，愤世嫉俗，题跋画上亦有离经叛道之言，父担心其言论过激而导致家族受到牵连，以不孝之罪将其送至县狱，卒于狱中。绘画题材以人物为主，亦善画山水、花卉。早期画作，用笔繁复，墨色追求变化，后期以书入画，纯用焦墨，通过行草书笔法描绘江山人物，气势纵横。兼工诗赋书法篆刻，能汉隶，行草奇伟，略近北海，风貌独特。美术史家誉为"广东有史以来最伟大画家"。存世作品有《十二石斋图》《香积图》《五羊仙图》《白描山水图》等。（梁达涛）

苏长春 见"苏仁山"。

洪秀全（1814—1864） 太平天国领袖。族名仁坤，小名火秀，为避上帝名讳改为秀全。广东花县（今广州花都区）人。早年为乡塾师，屡试不中。清道光二十三年（1843）与冯云山创立拜上帝会。撰《原道救世歌》《原道醒世训》《原道觉世训》以布

洪秀全

道。号召人民信仰皇上帝，为实现"天下一家，共享太平"的理想奋斗。咸丰元年（1851）在广西桂平发动金田起义，建号太平天国，称天王。三年（1853），定都江宁（今江苏南京），改称天京，颁发《天朝田亩制度》。建都后，分兵占领长江各省，派兵北伐、西征，并摧毁清军江南、江北大营。六年（1856）杨韦事变后，石达开出走，太平天国事业受到严重损失。后提拔起用陈玉成、李秀成等新将领，以洪仁玕为军师，推行新政。同治三年（1864）清军反攻，6月病卒，7月天京陷落，太平天国失败。1976年中华书局出版《洪秀全选集》。（王一娜）

罗惇衍（1814—1874） 字星斋，又字兆蕃，号椒生。广东顺德（今佛山顺德区）大良人。清道光十四年（1834）中举，次年中进士。十年间先后任翰林院庶吉士、翰林院编修、翰林院侍讲、翰林院侍讲学士、通政使司副使、太仆寺卿、通政使、吏部右侍郎、刑部左侍郎兼吏部右侍郎。出任四川、安徽学政，四川、山东、福建、顺天乡试正副考官，主持会试。出任武英殿总裁。咸丰四年（1854）九月，因丁父忧在乡服阕，恰逢洪兵起事，在士绅中组织团练，开办顺德团练总局。五年（1855）四月，破格以二品官侍郎获朝廷颁赐"如意福字"。八年（1858），开办广东团练总局。十一年（1861）回京，升任都察院左都御史。同治元年（1862），任户部尚书。一生崇尚宋儒理学，与倭仁有北倭南罗之目。编著有《集义编》《百战百戒》《庸言》《孔子集语》《濂洛关闽六先生传》等。（王一娜）

杜凤治（1814—1883） 字平叔，号五楼，又号后山，又称厔山、厔三，榜名人凤。浙江山阴后山（今属绍兴）人。清道光二十四年（1844）举人。

同治五年（1866）至广东广宁县任知县，其后在广东四会、南海、罗定、佛冈等地任地方官，直至光绪六年（1880）辞官返乡。任职期间，一直保持写日记的习惯，留下近400万字日记，是迄今存世最详尽的晚清地方官日记，对研究晚清州县制度、司法、赋税、大城市治理等方面的实际运作以及广东地方史等具有重要参考价值。2021年广东人民出版社出版邱捷点注《杜凤治日记》。（张贤明）

明稽章（Philippe François Zéphyrin Guillemin，1814—1886） 天主教巴黎外方传教会传教士。法国人。1848年到广州传教。1858年，广东、广西从澳门教区划出，设粤桂监牧区，成为首任宗座监牧。1861年创办广州第一间天主教会学校丕丛书院。1863年依靠法国殖民主义侵略势力和不平等条约取得原两广总督府旧址的永租权，在此兴建石室大教堂。1875年，广东、广西各为监牧区，任广东监牧区宗座监牧。（韦羽）

马孝贤（1814—1899） 回族。甘肃河州（今临夏）人。少时读经掌教，远游麦加，朝觐天房。又游学羊城，传经教学，是一位有德望的哈吉。后殁于广州。葬广州清真先贤古墓旁。（马建春、李蒙蒙）

冯云山（1815—1852） 太平天国领导人。一名云珊，本名乙龙，号绍光。广东花县（今广州花都区）人。塾师出身。清道光二十三年（1843）与洪秀全创立拜上帝会。次年同赴广西传教。洪返广东后，其独自留在广西发展组织，吸收杨秀清、萧朝贵等贫苦农民入会。二十八年（1848）初，两次被捕入狱。返回花县后，与洪秀全共谋起义。三十年（1850）与洪秀全往平南花洲组织团营。咸丰元年

（1851）参与领导金田起义，任后军主将、前导副军师，在永安（今广西蒙山）受封为南王。协助洪秀全制订太平天国官制、军制、律令、营规、天历等。创制《太平天历》，主持订立《太平军目》《太平礼制》《太平官制》。二年（1852）在广西全州负伤身亡。（王一娜）

黄有庆（？—1858） 义军首领。黎族。海南陵水县军田乡红鞋村人。清咸丰八年（1858）夏，领导陵水红鞋十八村一带黎族人民举行起义，围攻陵水县城。黎丰、岭脚、大艾等峒黎族人民起来响应，崖州赞坡等村前来支援，起义遍及陵水全境和崖州的赞坡、三亚、羊栏等地。九年（1859）夏，琼崖镇总兵黄开广率官军8万人，由海道驶至陵水港口登陆扎营，令陵水知县庆瑞等人率官兵围攻起义军。是年夏末，中箭身亡，起义军被打散。（叶远飘）

李文茂（？—1858） 粤剧演员、反清艺人。又名李云茂。广东鹤山人。出身名优之家，继承父业，为广府戏班凤凰仪的知名"二花面"（武净），以演《芦花荡》张飞、《王彦章撑渡》王彦章著称。精武技，是戏班中打武家领袖，也是民间秘密反清会党天地会的有名拳师。清咸丰四年（1854），广东天地会领袖陈开在佛山起义，其率戏班艺人以演出明代戏的服装为军服，以小武、武生编为文虎军，二花面、六分编为猛虎军，五虎军等打武家编为飞虎军，于广州北郊以抗捐之名响应。其后，起义队伍均以戏班穿着征战，常以戏曲演出鼓舞士气，庆贺胜利，发挥了戏剧的宣传与鼓动作用。七年（1857）二月，攻占柳州，改柳州为龙城府，唱戏酬神。为广府戏在广西的传播奠定基础。（李静）

李云茂 见"李文茂"。

美魏茶（William Charles Milne，1815—1863） 基督教新教英国伦敦会传教士。米怜之子。1817年第一次随父母来中国。1822年返回英国，在阿伯丁郡马修神学院学习。1839年受伦敦会派遣到中国传教，同行的还有理雅各与合信。1841年赴香港考察建立传教中心。1843年在香港参加传教士会议，与麦都思、马儒翰组成《圣经》翻译委员会。1846年出任上海《圣经》翻译委员会宁波代表。1850年，《圣经》翻译委员会完成《新约》的翻译，继任为《旧约》翻译委员会会员。1856年出任福州领事馆翻译官。1861年担任英国大使馆翻译员的老师，因中风去世。著有《路加福音书使徒行传》《马太传福音书》（上海方言译本）、《真道入门》。（平兆龙）

理雅各（James Legge，1815—1897） 基督教新教英国伦敦会传教士。毕业于阿伯丁大学（University of Aberdeen），后进海贝利神学院（Highbury Theological College）学习。1840年到马六甲传教。1841年担任马六甲英华书院校长。1843年马六甲英华书院及其中文印刷所迁入香港。

理雅各

1848年在香港任神学院院长。1854—1858年洪仁玕在香港伦敦会工作时与其共事。1876—1897年在牛津大学汉学讲座任教，成为该讲座第一位教授。病逝于牛津。从事中国语言文化的研究，着手翻译中国经典，是第一个系统研究和翻译中国古代经典的外国人。1861—1886年间将"四书五经"等中国典籍译成英文，共计28卷。翻译的《易》《礼》等收入1895年米勒纂的《东方圣典》。对

欧美研究中国古典作品影响颇大，在西方汉学界占有重要地位，是法国汉学儒莲翻译奖的首位获得者。著作还有《孔子的生平和学说》《孟子的生平和学说》《中国的宗教》等。（吴青）

合信（Benjamin Hobson，1816—1873） 基督教新教英国伦敦会传教士。1839年到澳门，为驻澳门教会医院的传教医师，后在港澳行医传教。1843年前往香港，服务于医学传道会医院。1848年到广州定居后，开办诊所，创办惠爱医馆，是英国伦敦会在广州行医传教第一人。1855年在广州出版中文著作《博物新编》，介绍西方自然科学知识。又著《全体新论》，介绍人体生理学和人体解剖学，是传教士向中国介绍的第一本比较系统的西方医学著作。在上海与艾约瑟合作翻译英文科学技术书籍。1859年回英国。病逝于伦敦。著有《西医略论》《妇婴新说》《内科新说》等，并被翻译为日文。（吴青）

胡亚基（1816—1880） 新加坡华侨。又名胡璇泽，字南生，号琼轩。广东番禺黄埔乡（今广州海珠区黄埔村）人。清道光十年（1830）左右，随父往新加坡，在叔父胡宏宝开办的黄埔公司佐理业务。凭借其交际才能与熟悉外语的专长，黄埔公司成为当时新加坡著名的大公司，被当地人称为"黄埔（Whampoa）先生"。光绪三年（1877），被清政府委任为中国驻新加坡第一任领事。兼任俄国和日本驻新加坡领事。兴建面积70亩的南生花园（又称胡家花园）。咸丰十一年（1861）被推举为新加坡农事园艺协会副会长。同年7月，倡导举办新加坡第一届花展，一直延续至今。同治十三年（1874），获英国女王维多利亚颁赐圣迈尔与乔治三等勋章。新

加坡今有黄埔河、黄埔选区、黄埔中学、黄埔路、黄埔通道以示纪念。（沈毅泰）

胡璇泽 见"胡亚基"。

陈兰彬（1816—1895） 外交官。字荔秋、丽秋。广东吴川人。清咸丰元年（1851）中举，三年（1853）进士，选翰林院庶吉士，充国史馆纂修，后改任刑部候补主事。十年（1860），因母病告假还乡。在乡期间，主

陈兰彬

讲高州高文书院。同治二年（1863），镇压陈金缸起义，加四品衔，赏戴花翎。十一年（1872），以留学监督身份与容闳带领第一批留美幼童赴美。其间，又被任命为古巴专使，查办华工事务。光绪元年（1875），促使古巴宗主国日斯巴尼亚（西班牙）与清廷重订《古巴华工条款》，迫使古巴殖民当局释放被拘禁的华工，并承认华工人身自由和合法权益。同年十二月，被任命为首任出使美国、日斯巴尼亚、秘鲁三国公使。次年，返美赴任。任内，调查美国各邦华人情况，向清廷建议派设领事，保护华侨利益。光绪五年（1879）十二月二十日，与容闳照会美国国务卿，抗议同孚洋行代秘鲁拐运华工，揭露美国排华和凌虐华工的罪行。七年（1881），奉召回国，赏二品顶戴，擢都察院左副都御史，授资政大夫、总理各国事务衙门大臣兼兵部右侍郎等。十年（1884），引退归里。谥文毅。著有《使美纪略》《泛槎诗草》《使美白咏调》《重次千文》《毛诗札记》《治河刍言》等。编有《高州府志》《吴川县志》《石城县志》。2018年广东人民出版社出版王杰、宾睦新编《陈兰彬集》。（王一娜）

何进善（1817—1871） 基督教新教早期牧师。字福堂。广东南海（今佛山南海区）西樵山人。父为英华书院印刷工，幼年随父移居马六甲。清道光十七年（1837）进入英华书院学习。后随英华书院迁往香港，成为伦敦会传教士理雅各（James Legge）的得力助手。二十六年（1846）在香港愉宁堂被按立为牧师，是香港第一位华人牧师。同治三年（1864）在佛山成立自立教会，建造礼拜教堂，九年（1870）落成。著有《马可注释》《十诫注释》《圣经析义》等。（吴宁）

王元深（1817—1914） 基督教史学家。名常福，字开胜。广东东莞人。清道光二十五年（1845）在香港做工时接触基督教。二十七年（1847）受洗成为基督徒。后为巴陵会传教士叶纳清（Ferdinand Genähr）重要助手，在香港、新安（深圳宝安）多地传道。同治十一年（1872）后长居东莞虎门传教。光绪四年（1878）礼贤会拟按立其为牧师，婉辞不受。六年（1880）返乡休养。著有《圣道东来考》《历艰明证记》等。（吴宁）

关韬（Kuan A-To，1818—1874） 又称关亚杜。西医师。广东广州人。出身于广州十三行商业画家世家。在叔父关乔昌（啉呱）的指引下，清道光十七年（1837）开始在十三行的眼科医局跟随伯驾学习西医。能独立施行常见眼病手术、腹腔穿刺抽液、拔牙以及治疗骨折、脱臼等。咸丰六年（1856）第二次鸦片战争时，到福建为清军服务，获赏五品顶戴军衔。其后近20年在博济医院行医、博济医学校授课。中国近代本土培养的第一位西医生和第一位西式军医，中国传播近代西方医学早期实践者。（蓝韶清、薛暖珠）

关亚杜 见"关韬"。

哈巴安德（Andrew Patton Happer, 1818—1894） 基督教新教美国北长老会传教士。1844 年毕业于宾夕法尼亚大学，获医学博士学位，10 月到澳门。后在香港马礼逊教育协会学校工作。1845 年在澳门开办教会学校。1847 年将澳门的学校迁往广州故衣街，此为广州最早的新式学校（1856 年停办）。1851 年在广州开设诊所。1865 年在广州同文馆担任英文教习。1887 年在广州创办格致书院，1907 年发展成岭南学堂（岭南大学前身）。创办柔济女医院（柔济医院前身）、端拿护士学校、夏葛女医学校、疯人病院（广州市精神病院前身）、明心书院（专收失明儿童）、真光书院（真光女子中学前身）、培英学校（培英中学前身）等。1891 年因病返回美国。著有《天文问答》《北京访问记》等。（吴青）

冯子材（1818—1903） 抗法名将。字南干，号萃亭，一作翠亭，又号渊亭。广东钦州（今广西钦州）人。行伍出身。早年参加天地会，后跟随广西提督向荣镇压太平军。清同治元年（1862）

冯子材

擢广西提督。三次应越南政府约请出关抗法。光绪元年（1875）授贵州提督。八年（1882）退职。十年（1884）法国侵略军进犯滇桂边境时，以广东高雷钦廉四府团练督办参加中法战争。旋经张之洞奏准，起用为广西关外军务帮办，率军在镇南关大败法军，收复谅山。后奉旨督办钦廉一带防务，并会办广西一带防务，重点对付法国。二十年（1894），甲午战争时奉调北援，驻守镇江。《马关条约》后仍回广西。二十五年（1899）任云南提督。

二十七年（1901）任贵州提督，次年因病去职。谥勇毅。（王一娜）

娄礼华（Walter Macon Lowrie, 1819—1847） 基督教新教美国长老会传教士。美国派往中国的第一位传教士。1842 年到澳门，一面学习中文，一面阅读有关中国的书籍。1843 年参加在香港举行的新教传教士大会。1845 年离开澳门到香港，后又到上海、舟山、宁波等地传教。作为《新约》翻译委员会的宁波代表，于 1847 年 6 月到上海，8 月 19 日在杭州湾被海盗杀害。该事件成为近代中国最早期的教案之一。著有《礼拜日要论》《圣差言行传注释》等。（吴青）

韩山明（Theodore Hamberg, 1819—1854） 又译韩山文。基督教新教瑞士巴色会传教士。瑞典斯德哥尔摩人。1846 年与黎力基（Rudolph Lechler）一同被巴色会派往香港传教，建立第一个客家教会。传教期间，编写第一部客家方言英语字典，开创西方传教士研究客家方言和文化的先河。1852 年结识洪仁玕，据此写成《洪秀全之异梦及广西乱事之始原》（*The Visions of Hung-Siu-Tshuen and Origin of the Kwang-si Insurrection*）在香港出版，后改名《太平天国起义记》（*The Chinese Rebel Chief, Hung- Siu-Tshuen, and the Origin of the Insurrection in China*）在伦敦出版。这是第一部西方人描写太平天国运动及洪秀全早年生活的重要文献。病逝于香港。留下客家方言字典手稿，后并入传教士黎力基的《客英词典》（*Wörterbuch Hakka-English*）。（梁施乐、邵慧君）

韩山文 见"韩山明"。

邹伯奇（1819—1869） 数学家、物理学家。中国近代科学先驱。幼名汝

昌，字一鹗，又字特夫、征君。广东南海（今佛山南海区）大沥镇泌冲人。少时开始数学启蒙，

邹伯奇

从酷爱算术的梁序镛学习。清道光十五年（1835），读《梦溪笔谈》关于塔倒影与阳鐩倒影相同之理，开始研究光学。二十四年（1844），制成中国第一台相机，被誉为"中国照相机之父"，所著《摄影之器记》为世界最早的摄影文献之一，摄影一词即出自此。咸丰七年（1857）任学海堂长，陈澧常请其解决学术难题。同治三年（1864），进行摄影绘地图的实地绘制，次年受广东巡抚郭嵩焘聘请主持测绘《广东沿海地图》。率先用曲线表示地球经纬线，设计和运用摄影技术绘制地图，是现代地图绘制的先驱。在物理学的光学和力学、数学、天文学、地图测绘等均有贡献。制造有望远镜、显微镜、七政仪、浑圆水准仪、水银溢流式水准器、风雨针（气压计兼测高仪）等。著述颇多，但多数未成稿，有《邹征君遗书》。后陈澧自遗稿中选录部分辑成《邹征君存稿》并行。（张贤明）

苏光清（1819—1905） 头人。京族。广西北海防城港江平镇滩尾村人。从小勤读诗书，苦练武艺，年轻时在海宁府为官。鸦片战争期间，因染上毒瘾被捕入狱。出狱后抵制鸦片，组织村民购买大炮，建炮台，多次击溃洋船入侵。其间，向清政府上书划定北部湾海面西至竹山江口、东到白龙水口、南抵白苏公石礁海域为京族海上作业区。新中国成立后，此作业区得到了人民政府的认可。其在尾哈亭留有一副对联"古在南邦成原例山河之永固，今朝北国敬严村社稷之遗风"。

是岛上京族群众每年祭祖活动供奉对象。（叶远飘）

梁进德（1820—1862）　基督教教徒。又名梁来秩、梁阿德，英文名 Atih。梁发之子。清道光三年（1823）十月由马礼逊施洗成为基督教徒。10 岁起随美国传教士裨治文学习英文和希伯来文，接受《圣经》教育。道光十九年（1839）五月应两广总督林则徐之聘，为其英文译员。其间从广州出版的英文《广州周报》和澳门其他外文报刊中，选译与中国有关的重要新闻，编辑出版《澳门新闻纸》。参与林则徐主持的大型编译项目《四洲志》，为首部中文版的百科全书（1839 年 12 月 14 日《澳门新闻纸》最早出现了百科全书的音译名"燕西果罗啤呢阿"），后收入魏源所著《海国图志》。为林则徐"开眼看世界"贡献良多。二十四年（1844）后先后受雇于粤商买办潘仕成和钦差大臣、两广总督耆英。二十七年（1847）陪同裨治文前往上海，参与修订中文《圣经》工作。咸丰四年（1854）随裨治文及美国驻华公使麦莲到天京（今江苏南京）考察和交涉；又随英、美两国公使乘舰北上天津要求订约。后在潮州海关任职 5 年，官至副税务司。（金炳亮）

梁来秩　见"梁进德"。
梁阿德　见"梁进德"。

莫仕扬（1820—1879）　名维俊，号彦臣。广东香山金鼎会同村（今属珠海）人。早年随父亲到广州经商，常在十三行出入，会英语，与洋人交往密切。清咸丰十年（1860）赴香港经商，主营建筑业和杂货生意。同治九年（1870），被英商太古洋行聘为买办，三年后成为总办。凭借与港穗工商界的紧密联系，使得太古洋行在华业务不断扩展。（郭文安）

莫维俊　见"莫仕扬"。

高楚香（1820—1882）　泰国华侨企业家。别名高满华。广东澄海（今汕头澄海区）人。鸦片战争爆发前夕赴暹罗（今泰国）谋生，在侨商高元发经营的米砻当佣工。后独立经营米业，业务拓展到新加坡、香港等地。清同治九年（1870）前后创办元发盛火砻，为旅泰华侨中第一家机械碾米厂，在暹罗各地有铺号。协同潮籍乡亲在广州创建潮州八邑会馆，在香港发起创办东华医院，捐款赈济山西灾民。（沈毅泰）

方举赞（1820—1906）　实业家。广东香山左埗头（今中山南朗左步）人。清道光十五年（1835）到上海，在打铁铺当学徒，往返上海、广东间跑单贩卖杂货。结识在老船坞工作的同乡方帝，通过与老船坞买卖旧铜皮、铜钉获利。同治五年（1866），与同乡孙英德合资，在虹口外虹桥东塈创办"发昌号"铁铺，为洋商船厂做零件加工业务。八年（1869），以 200 银圆购置两台车床，增加工人数量，采用蒸汽动力设备。后将"发昌号"改名为"发昌号铜铁机器车房"。光绪三年（1877），制造出了中国第一台脚踏车床。光绪五年（1879）告老还乡，由其子方逸侣接管企业。（郭文安）

黄鹤廷（Appo Hocton 或 Wong Ahpoo Hock Ting，1820? —1920）　新西兰侨商。广东香山外界涌（今珠海香洲）人。幼年即离家，先后在多艘英国轮船上做杂役。清道光二十二年（1842）乘英国移民船到达新西兰，在尼尔森登岸。最初为一位白人医生担任管家，后转而经营运输业、牧场和地产业致富。咸丰二年（1852）入新西兰籍，使用英文名 Appo Hocton。光绪二年（1876）迁往多佛戴尔，从事垦荒耕种、放牧。被誉为新西兰早期开拓者之一。入选《新西兰人物传记词典》（*Dictionary of New Zealand Biography*）。（景海燕）

郑景贵（1821—1889）　马来西亚侨领。字嗣文，号慎兴。广东增城（今广州增城区）人。清道光二十一年（1841），赴马来亚（今马来西亚）随父经商。投资锡矿业，带动当地发展。后实业发展到香港以及英国、美国、加拿大等地。被推举为闽粤客家人社团霹雳海山会的首领。倡建马来亚增龙会馆、太平广东会馆，倡议在各州埠创办华侨学校。为表彰其在调解当地斗争、稳定治安中的功绩，英当局委其为拿律镇抚委员及华人甲必丹（受东南亚西方殖民政府委任的华人首领），协理华侨事务。同治年间直隶水灾，以母亲名义捐巨款赈灾。光绪十一年（1885）捐巨款支持清政府的抗法战争。捐建增江书院，设奖学金。出资建风雨亭、架桥铺路。今马来西亚槟城的亚贵街和景贵街是以他的名字来命名。（沈毅泰）

程康圃（1821—1908）　中医儿科学家。名德恒。广东高明（今佛山高明区）人。继承家学，20 岁开始行医。精通儿科，其学术思想主要源于《黄帝内经》，受钱乙、万全、王肯堂的影响，将小儿生理、病理特点概括为"肝常有余，脾常不足，心火常炎"，并据此提出儿科八证（一风热，二急惊风，三慢惊风，四慢脾风，五脾虚，六疳积，七燥火，八咳嗽）及"平肝、补脾、泻心"儿科六字治法。辑有《儿科秘要》，与杨鹤龄的《儿科经验述要》被后人并称为岭南儿科双璧。（郑洪、张书河）

洪仁玕（1822—1864） 太平天国领导人。字益谦，一作谦益，号吉甫。广东花县（今广州花都区）人。洪秀全族弟。累试不第。清道光二十三年（1843）为塾师，后随洪秀全参与创立拜上帝会。咸丰二年（1852）抵香港，结识瑞士巴色会教士韩山文，受洗入教，后担任伦敦布道会布道师，学习天文，留心西方文化，成为具有近代意识的知识分子。九年（1859）辗转到达天京（今江苏南京），获封为军师、干王，总理朝政。作《资政新篇》，主张革新政治，走西方强国富民之路。天京陷落后护送幼天王奔江西寻李世贤部，以图恢复。同治三年（1864）在江西石城被俘，在南昌遇害。撰有《颁新政宣谕》《克敌诱惑论》《兵要四则》等文，后合刊为《干王洪宝制》。还有《英杰归真》。（王一娜）

罗存德（Wilhelm Lobscheid，1822—1893） 基督教新教德国礼贤会传教士。德国古梅尔斯巴赫人。幼年进入神学院就读。1848年被派往香港传教。1853年携妻再次来华，成为香港的中国福音传道会主要负责人。工作重心转移到教育和文化出版工作。编有《英华字典》（English and Chinese Dictionary with the Punti and Mandarin Pronunciation）4卷，收录5.3万多个词条，使用美国卫三畏编写汉英词典的语音编排系统来标注粤方言读音和北方官话读音，不少词是鸦片战争以后在中西交流中出现的。另有《英华行箧便览》（The Tourist's Guide and Merchants' Manual, Being an English-Chinese Vocabulary of Articles of Commerce and Domestic Use）等汉语教材和《麦氏三字经》（Medhurst's Trimetrical Classic）等。（谈泳琦、邵慧君）

沈世良（1823—1860） 词人、诗人。粤东三家（叶衍兰、沈世良、汪瑔）之一。字伯眉。广东番禺（今广州）人，原籍浙江山阴（今绍兴）。贡生。从张维屏问学。清咸丰八年（1858）被举为学海堂学长。九年（1859）入资为教官，选授韶州府学训导。著有《小祇陀庵诗钞》《楞华室词钞》。辑有《倪高士年谱》《粤东词钞》（与许玉彬合辑）。（左岩）

丁日昌（1823—1882） 岭东四先生（丘逢甲、黄遵宪、丁日昌、何如璋）、梅州八贤（宋湘、姚德胜、丁日昌、丘逢甲、张振勋、李惠堂、黄遵宪、罗香林）之一。字禹生，一作雨生。广东潮州丰顺（今梅州丰顺）人。清道光二十二年（1842）生员，

丁日昌

次年补廪生。二十四年（1844）入惠潮嘉道李璋煜幕。咸丰四年（1854），在潮州组织团练镇压洪兵。事后授琼州学训导。九年（1859）迁江西万安知县，政绩突出，调回广东办理洋务。次年调任庐陵知县，后转投曾国藩幕。同治元年（1862）往广东督办厘金，发挥通晓火器制造专长，在燕塘亲自设计监制武器。二年（1863）在燕塘设炮局，赴上海创设炸炮局，督办军火。升补直隶州知州，赏戴花翎。四年（1865）授江苏苏松太道，江南制造局成立后继兼江南制造局总办。同年九月，被任命为两淮盐运使。六年（1867）迁江苏布政使，次年升江苏巡抚，整顿吏治，改革军队。光绪元年（1875）八月，出任福建船政大臣，主持福州船政局，次年初兼署福建巡抚，在台湾加强防务，经略台湾开办煤矿。主张自设电报，亲自与丹麦大北公司交涉，收买福州至罗星塔电线，成为中国自营的第一条电报专线。随后主持架设中国第一条自建电报线。

五年（1879），会办南洋海防兼总理各国事务大臣，以洋务能员著称。病逝于揭阳。著有《百兰山馆集》《抚吴公牍》《五洲政要通考》《藏书纪事诗》，重编《牧令书辑要》。2010年上海古籍出版社出版《丁日昌集》。（王一娜）

桂文灿（1823—1884） 经学家。字子白，号皓庭，又号昊庭。广东南海（今佛山南海区）人。清道光二十九年（1849）举人。光绪九年（1883），选任湖北郧县知县。求学于广州学海堂，师事陈澧。主张取消汉学和宋学间的门户藩篱，呼吁南北学界摒弃汉学、宋学派别纷争，兼顾两者所长。著有《易大义补》《禹贡川泽考》《毛诗释地》《诗笺礼注异义考》《周礼通释》《经学博采录》《重辑江氏论语集解》《四书集注笺》《周髀算经考》《潜心堂文集》等。撰修《广东图说》。（黄明喜、闫雪映）

叶衍兰（1823—1897） 词人。粤东三家（叶衍兰、沈世良、汪瑔）之一。字兰雪，又字南雪、曼伽，号兰台，又号秋梦主人。广东番禺（今广州）人，祖籍浙江余姚。清咸丰二年（1852）举人，六年（1856）进士，选翰林院庶吉士，散馆授户部主事。继考

叶衍兰

取军机章京，专事文字翰词20余年。主讲越华书院10年。钱仲联在《光宣词坛点将录》中，将其与冯煦点为"总探声息头领天速星神行太保戴宗"。精鉴赏、善书画。工诗，词尤著名。著有《海岳楼诗集》《海云阁诗钞》《秋梦庵词钞》及续钞、再续钞。与黄小泉、叶恭绰编绘《清代学者像

传》。与张景祁等人题咏词集《秦淮八艳图咏》，与汪瑔等人酬唱诗集《旧雨联吟》，光绪十四年（1888）刊刻。（左岩）

陈铭珪（1824—1881） 道士。字京瑜，又字友珊，道名教友。广东东莞人。龙门派第十七代弟子。16 岁入私塾读书，后肄业于广州粤秀书院。清咸丰二年（1852）乡试，两广总督叶名琛录取决科第。后与同人在罗浮山修筑梅花道院，又修复酥醪观。著有《长春道教源流》《浮山志》传世。（夏志前）

张炎（1824—1893） 武术家。蔡李佛拳创始人之一。又名张亚炎，号鸿胜。广东新会（今江门新会区）人。自幼跟随李友山学拳，12 岁拜陈享为师，5 年后投奔广西八排山闸建寺青草和尚研习佛门内外八卦拳等武技和医术。学成临行时，青草和尚赠他"鸿胜"二字，自此改名张鸿胜。回乡后，与陈享切磋武艺，一同创立蔡李佛拳。清咸丰元年（1851），创办鸿胜馆，由于"鸿"与朱元璋的年号中的"洪"同音，寓意反清复明大业会取得胜利。创馆不久，投身太平天国革命，在军中传授武艺。太平天国失败后，在佛山收徒授拳。鸿胜馆是广东近代较具规模的武术馆舍，对蔡李佛拳的国际推广作出巨大贡献。（孟田）

张亚炎 见"张炎"。

嘉约翰（John Glasgow Kerr，1824—1901） 基督教新教美国北长老会传教士。出生于美国俄亥俄州。1847 年毕业于费城杰弗逊医学院。1853 年受美国北长老会派遣来华，先在澳门、香港行医，1855 年到广州博济医院工作，推广牛痘术。1856 年返回美国，1859

年重返广州，接管博济医院。1865 年接管广州金利埠医院，1866 年开办博济医学堂，招收学生，亲自编译教材，培养中国西医人才。同年参与创建中国第一个医学社团中国医学传教士联合会（又称博医会），担任首任会长并主编会刊《博医传报》。1887 年被选为中华教会医学会第一任主任。1891—1892 年在广州修建疯人院，收治精神病人。1898 年在广州建立亚洲第一间精神病医院惠爱医癫院（Ophthalmic Hospital）。卒于广州。合译《化学初阶》《体用十章》《西药略释》《眼科撮要》《割症全书》等。（吴青）

黎力基（Rudolph Lechler，1824—1908） 基督教新教瑞士巴色会传教士。德国黑伯廷根人。1846 年与韩山明（Theodore Hamberg）一同被巴色会派往香港传教。后专向潮汕人传教，学习潮州话。1852 年被潮州府尹驱逐出境。后返港向当地客家人传教，并领导巴色会的工作。1860 年再次赴华传教，筹建巴色会新会所，组织粤东客家地区传教活动。著有第一部用客家方言翻译的《圣经》罗马字拼音本《马太福音》（Das Evangelium des Matthaeus im Volksdialekte der Hakka-Chinesen），1860 年在柏林出版。1883 年卓威廉（William Duffus）据其手稿编成《英汉汕头方言口语词汇》（English-Chinese Vocabulary of the Vernacular or Spoken Language of Swatow）。1905 年与戴文光合作整理传教士韩山明的遗稿，编成第一部客家方言词典《客英词典》（Wörterbuch Hakka-English）。（梁施乐、邵慧君）

耶士摩（William Ashmore，1824？—1909） 又译耶士谟。基督教新教美国浸信会传教士。美国俄亥俄州人。1850 年被派往香港，1858 年前往汕

头传教，主持当地传教事务。1863 年创建礐石堂，成为粤东基督教浸信会中心。著有《汕头话口语语法基础教程》（Primary Lessons in Swatow Grammar（Colloquial）），1884 年由英国长老会出版社在汕头出版。（梁施乐、邵慧君）

耶士谟 见"耶士摩"。

罗奇生（1824—？） 侨商。原名罗兆桂，字擢贤，又字月樵。广东新会棠下（今江门蓬江区）人。早年与父亲在广州主要经营鹤山黄烟和茶叶。后经营奇生、广生、茂生、芝生 4 家商号，在广东新会、佛山、广州以及新加坡、马来西亚等地有商铺。"奇生"本为其经营的商号名，后因为奇生烟丝而声名远播。热心公益，帮扶乡里，修桥铺路，吸收乡民就业，改善家乡百姓的生活。（郭文安）

罗兆桂 见"罗奇生"。

湛约翰（John Chalmers，1825—1899） 基督教新教英国伦敦会传教士。苏格兰人。就读于阿伯丁大学（University of Aberdeen）。1852 年到香港，主持教会工作并任教于英华书院。1859—1879 年到广州传教，著有《英粤袖珍字典》（An English and Cantonese Pocket-Dictionary）、《英粤字典》（English and Cantonese Dictionary）、《中国人的起源》（The Origin of the Chinese: An Attempt to Trace the Connection of the Chinese with the Western Nations in Their Religion, Superstitions, Arts, Languages, and Traditions），首次将《道德经》翻译为英文，编译《康熙字典撮要》（The Concise Kanghsi Dictionary）。1879 年返港工作。晚年主要修订《新约圣经》。在韩国仁川去世。（谈泳琦、邵慧君）

梁赞（1826—1901）　武术家。又名梁德荣。江门鹤山古劳人。精通咏春拳，外号西海老虎。少时喜武，父亲在世时广聘名师传授武功。先后礼聘咏春拳传人黄华宝及其师弟梁二娣于佛山传技多年。成名于佛山，在佛山筷子街经营赞生堂药店，专医跌打，被尊称为"佛山赞先生"，"梁赞"一名由此得来。清光绪元年至五年（1875—1879），在赞生堂内收徒授拳。后世流传着"咏春拳起于严咏春，衍于梁赞，盛于叶问"的说法。除长子梁璧，徒弟还有陈华顺、陈桂、梁奇、雷汝济等。（马晟）

梁德荣　见"梁赞"。

易巨荪（？—1913）　伤寒学家。岭南伤寒四大金刚（易巨荪、陈伯坛、黎庇留、谭星缘）之一。原名易庆棠，号巨荪，一作巨川。广东鹤山人。出身医学世家，自幼嗜读神农、黄帝、扁鹊、仲景之书，熟悉中医经典著述。执业于广州西关龙津桥脚，后迁往小半甫，兼任省城十全堂赠医局医席。学术上推崇张仲景之学，善用经方，灵活运用张仲景经方抢救危、急、重症，以升麻鳖甲散为主方，散剂、汤剂、外敷三法合用，在防治烈性瘟疫鼠疫中取得良好疗效。著有《集思医案》《集思医编》（已佚）。（郑洪、张书河）

易庆棠　见"易巨荪"。

冯活泉（？—1914）　基督教牧师。名冯泽源，号活泉。广东南海（今佛山南海区）人。初期在浸信会教会传教，筹办培正中学。后赴美在多间华人教会担任牧职。清光绪二十九年（1903）回国，任兴华自立浸信会牧师。主办《岭南女学新报》，设置《体育》《德育》《智育》《新闻》《什著》等栏目。宣统二年（1910）赴上海主理旅沪广东浸信会。筹办上海崇德女校，培养妇女人才，推动女学发展，促进女性进步。译有《福音圣诗》3卷。（吴宁）

冯泽源　见"冯活泉"。

雷亚梅（Louis Ah Mouy 或 Louey Amoy，1826—1918）　又译雷亚妹、雷亚枚、雷阿梅。澳大利亚侨商、侨领。广东新宁（今台山）人。早年移居新加坡学习木工。清咸丰元年（1851）以契约华工身份到澳大利亚谋生。此间引荐众多广东同乡到墨尔本淘金。合同期满后，通过淘金致富，在维多利亚州多地和马来西亚投资矿山。后转而经商，开办碾米厂、运输商行、商业银行和茶叶商店，兼营黄金及土地买卖。四年（1854）参与创办墨尔本四邑会馆，任四邑神庙建筑委员会主席。义兴会（澳洲致公堂前身）领袖之一。与刘光明、张卓鸿合著《澳大利亚华人问题 1878—1879》（The Chinese Question in Australia，1878–79）。（景海燕）

雷亚妹　见"雷亚梅"。
雷亚枚　见"雷亚梅"。
雷阿梅　见"雷亚梅"。

陈旭年（1827—1902）　马来西亚侨商。原名陈毓宜。广东海阳上莆都（今潮州潮安区彩塘镇）金砂乡人。幼年生活困苦，稍长在乡间当油贩。清道光二十四年（1844）往马来亚（今马来西亚）与新加坡，初为码头工人，略有积蓄后开始做布贩。与马来亚贵族在柔佛广招华人垦荒，种植甘蜜和胡椒，实行港主制。至同治五年（1866），在柔佛拥有 7 个港口。在新加坡的谐街、爱仁桥和禧街一带开办广丰、宜丰、宜隆和谦丰四店从事甘蜜、胡椒买卖，后又投资房地产。九年（1870）前后，受封为柔佛州华侨侨长，授资政衔。为纪念其开发柔佛的功绩，新山市辟陈旭年街。同年在家乡潮安金砂兴建从熙公祠。捐资救济陕西饥荒，获清廷颁赐"急公好义"匾额。光绪十一年（1885），在新加坡介于克里门梭律与槟榔路之间修建资政第。（沈毅秦）

陈毓宜　见"陈旭年"。

黄胜（1827—1902）　近代新闻出版事业早期参与者、第一批出国留学生之一。一名达权，号平甫，英文名Ashing。广东香山（今珠海南屏镇）南屏村人。清道光二十年（1840）到澳门入读马礼逊教育会学校。二十七年（1847）在马礼逊纪念学

黄胜

校校长布朗牧师带领下，与容闳、黄宽一起入美国麻省孟松学院（Monson Academy）。在美国受洗成为基督教徒。一年后因病回国。在香港入职《德臣西报》（China Mail），学习印刷并参与编辑工作。咸丰三年（1853）入香港英华书院（A6nglo-Chinese College）印字局任监督。协助伦敦会创办《遐迩贯珍》月刊，协助理雅各（James Legge）翻译中国典籍"四书"。八年（1858）与伍廷芳创办《香港中外新报》，租用《孖剌西报》中文铅字，以《孖剌西报》晚刊名义发行，为香港首份中文报纸。同治三年（1864）到上海同文馆教授英文。四年（1865）成为香港法院首位华人陪审员。先后在香港英华书院、东华医院工作。十二年（1873）与王韬等合作，在香港创办中华印务总局，为中国近代首家华人资本的民办出版机构。一度任

《循环日报》总司理。后协助驻美公使陈兰彬，带领第二批中国留美幼童赴美，管理留美幼童事务。同年创立西法印书局。光绪二年（1876）返港，获清廷保举升任知府，赏顶戴花翎。十年（1884）获委任港府定例局（即后来的立法会）非官守议员。十四年（1888）与何启同获委任港府洁净局首批华人非官守议员。在香港病逝。与王韬合作翻译《火器说略》，介绍西方兵器知识。（金炳亮）

黄宽（1828—1878） 医学家、第一批出国留学生之一。字绰卿，号杰臣。广东香山东岸乡（今珠海香洲区唐家湾镇东岸村）人。清道光二十一年（1841）入澳门马礼逊学校学习，二十七年（1847）入读美国麻省孟松学院（Monson Academy），获文学士学位。三十年（1850）赴英国爱丁堡大学专攻医科，咸丰七年（1857）获医学博士学位。八年（1858）先在广州府学东街开办医药局，后接办英国人合信在广州金利埠创设的惠爱医馆。十年（1860）自设诊所。同治元年（1862）被聘为首批医官，二年（1863）被聘为中国海关医务处首批医官。六年（1866）在博济医院附设南华医学堂，承担解剖学、生理学、化学和外科、内科的教学。对传播和推广西医，培养中国西医工作者作出突出贡献。咸丰十年（1860）施行胚胎截开术，为中国施行此种手术的第一例。容闳在《西学东渐记》中赞誉他为"好望角以东之良外科"。著有《真假霍乱的区别》。（刘安壕）

黄宽

汪瑔（1828—1891） 诗人。粤东三家（叶衍兰、沈世良、汪瑔）之一。字玉泉，号芙生，晚号越人，所居名穀庵，以穀庵先生行世。广东番禺（今广州）人，原籍浙江山阴（今绍兴）。监生。少随父游粤中，清同治十一至十三年（1872—1874）佐广东布政使俊达幕；光绪元年至十年（1875—1884）先后延为两广总督刘坤一、裕宽、张树声、曾国荃幕客，主持洋务。工诗，有忧世之心，又见高世之概。亦工骈体文、词，尤长于词。撰有《随山馆猥稿》《随山馆续稿》《随山馆词稿》《随山馆丛稿》《随山馆尺牍》《松烟小录》。十七年（1891）汪兆铨汇刻为《随山馆全集》。又编选林则徐、胡林翼、骆秉章、曾国藩四公奏议，辑为《四家奏议合钞》。（左岩）

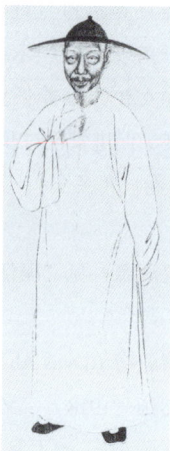

汪瑔

王韬（1828—1897） 报人、出版家。原名王利宾，字兰卿，又名王瀚，字懒今，后改名韬，字仲弢，一字子潜（紫诠），号天南遁叟、弢园老民等。江苏苏州甫里镇（今苏州角直镇）人。18岁中秀才，乡试屡不中后绝意科举。清道光二十九年（1849）至同治元年（1862）在上海墨海书馆从事编校工作。六年（1867）应理雅各之邀至英国，协助其翻译儒家经典。十一年（1872）任《香港华字日报》主笔，连载《普法战纪》一书，被《申报》转载。十三年（1874），在黄胜、伍廷芳、女婿钱征及洪士伟（干甫）、胡礼垣等资助下，创办《循环日报》，

王韬

以《变法》《变法自强》《重民》等为题在该报发表政论文章，鼓吹变法图强，是中国报刊史上第一份以政论为主的报纸。光绪九年（1883），将《循环日报》上部分文章和其他有关时事及洋务的文章汇为一书，取名《弢园文录外编》。次年，返回上海执掌上海格致书院。病逝于上海寓所。经历丰富，学贯中西，提倡西学，倡导改革，为近代中国变法图强开出一系列"药方"，李鸿章赞为"不世英才"。为文开近代报章先河。又善作小说，工诗。有《弢园文录外编》《弢园尺牍》《衡华馆诗录》，文言小说集《淞隐漫录》《淞滨琐话》，笔记《瓮牖余谈》等。（赵建国）

王利宾 见"王韬"。
王瀚 见"王韬"。

居廉（1828—1904） 画家。字士刚，号古泉、隔山樵子、罗湖散人。广东番禺（今广州番禺区）隔山乡人。早年从其兄居巢学画，注重写生，后又取法沈周，并向宋光宝、孟丽堂等人学画，吸取各家之长，自成一家。善花鸟、草虫、人物、山水，画风与居巢接近，笔法工整，设色妍丽，得恽寿平遗意，擅用没骨"撞水""撞彩"法，形成"居派"绘画特色。晚年筑十香园，作画授徒，与兄居巢并称"二居"。传世作品有《螳螂捕蝉图》《促织黄花图》《富贵白头图》《花卉草虫图》等。著有《题画诗卷》《今夕盦读画绝句卷》。广东画坛重要代表人物，在美术创作及美术教育上取得较大成就，对近代广东花鸟画影响显著。岭南画派先声和奠基人。（梁达涛）

居廉

陈芳（Chun Afong，1828—1906） 美国夏威夷檀香山侨领。字国芬。广东香山（今珠海前山镇）梅溪村人。第一次鸦片战争后离家到港澳等地学做生意，清道光二十九年（1849）随伯父到檀香山经商，从事甘蔗

陈芳

种植和制糖业。美国南北战争期间南方切断对北方蔗糖的供应，其向美国北部大量销售蔗糖，获得巨额利润，成为当地华人中第一位百万富翁。32 岁担任夏威夷王国枢密院顾问，咸丰七年（1857）取得夏威夷国籍，成为夏威夷王国枢密院议员，同年与皇室联姻。光绪五年（1879）被封为夏威夷王国贵族。六年（1880）被清政府委任为中国驻夏威夷首任商董，代行领事职务，促使夏威夷王国通过多项保障华人权益的法案。十六年（1890）携巨资回到梅溪老家定居，热心于家乡公益事业。为表彰其为家乡所行善举，光绪皇帝先后于十二年（1886）、十七年（1891）赐建四座牌坊，即梅溪牌坊。（易淑琼）

容闳（1828—1912） 外交活动家。原名容光照，字达萌，号纯甫、纯父、春浦等。广东香山（今珠海）南屏镇人。清道光十五年（1835）就读于澳门马礼逊纪念学校。二十七年（1847）留学美国，后考入耶鲁大学。咸丰二年（1852）入籍美国，四年（1854）

容闳

毕业获学士学位。九年（1859）入英商宝顺洋行，为洋行采购丝茶。次年赴南京，向太平天国提出实行新政 7 项建议。同治二年（1863）入曾国藩

幕，被委派赴美选购机器。五年（1866）奉命筹办江南制造局兵工学校。次年撰《条陈四则》，提议选派少年官费出洋留学，被称为"中国留学生之父"。九年（1870）赴美国，任中国留学生事务所副监督。十一年（1872）起，协助陈兰彬主持选派幼童赴美留学，任留美学生副监督、驻美副公使。二十四年（1898）参与维新变法活动。二十六年（1900）参加上海"中国国会"，被推为会长，受清政府通缉，出逃香港。二十八年（1902）再度赴美。宣统二年（1910）邀孙中山赴美商谈筹集革命款项的"中国红龙计划"。病逝于美国。著有《西学东渐记》等。（刘世红）

容光照 见"容闳"。

周祥（Chew Chong 或 Chau Tseung，1828—1920） 又称张朝。新西兰华人企业家。新西兰黄油产业规模化生产和冷藏贸易开拓者。广东开平人。在广州受过良好的中英文教育，后赴新加坡谋生。清咸丰五年（1855）移居澳大利亚，在卡索曼经营杂货店。同治五年（1866）转赴新西兰。九年（1870）在新普利茅斯开设专营商号，经营木耳生意致富。后从事乳制品生产和贸易。光绪十一年（1885）在英国开设商号，将新西兰黄油出口到英国。十三年（1887）创建 JUBILEE 乳品厂，次年引进新西兰第一台自动冷制机。制作的黄油获 1899 年达尼丁乳品展示会银奖。为新西兰乳制品业奠基人，其事迹被载入《新西兰乳品工业史》，《新西兰百科全书》列有传记的唯一华人。1996 年入选新西兰商业名人堂，为首位获此殊荣的华人。（景海燕）

张朝 见"周祥"。

方功惠（1829—1897） 藏书家。字庆龄，号柳桥。湖南巴陵人。以父荫任广东知事，官至潮州知府。在粤任职 30 余年，寓居广州城北聚龙里，建碧琳琅馆等，藏书甚丰，有"城北之方，城南之孔（孔广陶）"之称。有《碧琳琅馆书目》4 卷、《碧琳琅馆珍藏书目》4 卷著录其藏书。喜刻书，刊刻有《碧琳琅馆丛书》，多收海内孤本。所刊《全唐文纪事》《全上古三代秦汉魏晋六朝文》等，为碧琳琅馆藏清人稿本。（林子雄）

俾士（George Piercy，1829—1913） 基督教新教英国循道公会传教士。出生于英国约克郡。1851 年到香港，12 月到广州传道。1853 年在广州开设增沙福音堂并附设男校新沙书院，后发展为华英学校（今华英中学前身）。在中国传道 31 年，开办学校，开展医疗服务。翻译《天路历程》，以粤语翻译《圣经》，并建立中华循道公会华南教区，担任第一任教区长。《天津条约》签订后，在广州增沙创设圣道书院，培养中国牧师。1882 年回国后，继续向伦敦码头的中国水手传教直至离世。著有《初学问答》等。（吴青）

刘光明（Lowe Kong Meng，1831—1888） 澳大利亚侨领。祖籍广东新宁（今台山），出生于马来亚（今马来西亚）槟城。先后在槟城及毛里求斯接受教育，能熟练讲英语和法语。清咸丰三年（1853）到澳大利亚维多利亚州淘金。次年在墨尔本开办光明公司（Kong Meng & Co.），主营茶叶进口。在澳大利亚、新西兰多地有产业，涉足矿业、进出口贸易、种植园、制糖业、保险及银行业等。多次参与向清政府呈文，请求向澳大利亚当局交涉保护华人利益。同治二年（1863）清政府授予四品官

衔。光绪十四年（1888）参与澳大利亚华人抗议澳大利亚排华立法的活动。与雷亚梅、张卓鸿合著《澳大利亚华人问题：1878—1879》（*The Chinese Question in Australia, 1878-79*）。（景海燕）

安西满（Simeone Volonteri, 1831—1904） 又称和神父。天主教外方传教会传教士。意大利人。后任河南南阳教区第二任主教。先后在香港、新安（今广东深圳）、河南传教。1862年在横岗镇太和村一带传教。1863年绘制成新安县地图。1866年，香港政府《宪报》刊登此幅地图。图所附中文说明记载"新安县的面积包括由北至南约四十五里，以及由东到西约六十里的范围，南头是该县的县府。香港及其领域在割让之前，本属新安县。整条长达数里的海岸线及其邻近地方，由南头县长所管"。深圳地区迄今最早使用西方测绘方法绘制的地图。（韦羽）

和神父 见"安西满"。

梁耀枢（1832—1888） 广东9位状元（莫宣卿、简文会、张镇孙、伦文叙、林大钦、黄士俊、庄有恭、林召棠、梁耀枢）之一。字冠祺，一字斗南，号叔简。广东顺德（今佛山顺德区）人。清同治元年（1862）中举，十年（1871）状元，授翰林院修撰。光绪八年（1882）晋上书房行走，任日讲起居注官，旋授左右中允。九年（1883）任翰林院侍讲。十年（1884）转侍读，左右庶子。十一年（1885）升侍讲学士，转侍读学士。十三年（1887）擢少詹事，次年（1888）晋詹事后辞世。（颜蕴琦）

唐廷枢（1832—1892） 实业家。字建时，号景星。广东香山（今珠海）

唐家湾人。少年时在香港马礼逊学堂学习，任香港巡理厅翻译。清同治二年（1863），任英商怡和洋行总办，投资

唐廷枢

附股多家外国洋行在华企业。七年（1868），任上海茶业公所与上海丝业公所董事。洋务运动期间，应李鸿章之邀，主持多项官办及民办企业，为我国近代第一批近代化企业的创建者与奠基人。九年（1870），与徐润在上海建立第一家西医医院仁济医院。十二年（1873），受李鸿章委派任轮船招商局总办，以合股投资体制改组轮船招商局，航运业务从长江内河扩展至东南亚、欧洲和北美等地，打破原来由英美洋行垄断长江内河航运及海外航运的局面。光绪二年（1876），与徐润合办我国第一家中国人创办的保险公司仁和保险公司。同年，开始筹办我国第一家机器采矿企业开平煤矿，四年（1878）七月开平煤矿务成立，任总办。为解决煤的运输问题，七年（1881）修成我国第一条铁路唐胥铁路。又自行创办码头堆栈和轮船保险公司。十五年（1889），创办唐山细棉土厂，为我国第一个机械化生产的立窑水泥厂。编有《英语集全》等。（徐霞辉、刘世红）

纪好弼（Rosewell H. Graves, 1833—1912） 基督教新教美国浸信会传教士。出生于美国马里兰州波地磨城。1856年到香港，后到广东大沙、肇庆、连塘、新兴、河口、广宁、高明等地传教。1862年在肇庆设立浸信教会，任该堂牧师。1865年在梧州开办思达医院和福音堂。1890年后创办广州教会学校培正书院，教授英文、数学、物理、化学、地理和卫生常识等课，开广东

新式教育之先河。1899年，被推选为广州医学传道会主席，翻译西方医学书籍。创建广东岭南大学和岭南大学医学院。卒于广州。著有《醒世要言》《真理问答》《罗马人书注释》等。（吴青）

李文田（1834—1895） 金石学家、书法家、藏书家。字畲光、仲约，号若农、芍农，谥文诚。广东顺德（今佛山顺德区）人。清咸丰九年（1859）进士，授翰林院编修，主持江苏、浙江、四川乡试，提督江西、顺天学政，累官至礼部右侍郎、工部右侍郎。通晓经史、诸子、小学、金石、舆地、历算，精通金石碑帖之学，且

李文田

以蒙古史、西北史地和典章考索精详而著称，著有《元秘史注》《元史地名考》《耶律楚材西游录注》《塞北路程考》《朔方备乘札记》《和林金石考》等。又专注书法研究，尤擅长书写行楷体，创有《楷书轴》《楷书八言联》《行书七言联》《节录张猛龙碑楷书轴》等。筑有泰华楼，藏放珍本与秘本类书籍，存有《泰山石刻》宋拓本、汉《华岳庙碑断本》宋拓本（断本），以及诸多珍稀碑帖，以收藏辽、金、元三朝石刻最多。（黄明喜、王林）

陈启沅（1834—1903） 实业家。中国近代民族工业创始人之一。名陈如卿，字芷馨，号启沅，又号息心老人、息心居士。广东南海（今佛山南海区）西樵简村人。早年放弃科举，以农桑为业，后又弃农从商。清咸丰四年（1854）至安南西贡（今越南胡志明市），协助兄

长陈启枢经商，成为华侨富商。又见暹罗（今泰国）丝厂采用法国机器缲丝，产品精良，于同治十一年（1872）回南海简村创办

陈启沅

继昌隆机器缲丝厂，采用自行设计的蒸汽缲丝机，俗称"丝偈"，为中国第一家民族资本经营的机器缲丝厂。该厂雇工六七百，出丝精美，行销欧美。光绪七年（1881），该厂被南海知县视为异端，下令关闭。后迁往澳门，改名和昌（一作和隆）。3年后，得官府许可迁回，改名世昌纶，继续经营。著有《蚕桑谱》《陈启沅算学》《理气溯源》等。所著《蚕桑谱》对晚清蚕桑科技的传播发挥重要作用，是中国近代社会史、经济史、科技史重要参考资料。（王一娜、孙恩乐、陈茜微）

陈如卿 见"陈启沅"。

张得禄（1835—1886） 回族，直隶天津人。记名简放提督锐勇巴图鲁。先后为广东高州总兵、署潮州总兵、补贵州古州总兵，复任高州总兵，署琼州总兵。任内宽待下属，争先为善，出钱资助清真寺和学堂，关心贫困者，怜恤孤儿与老人，在高州享有声望。墓碑在广州清真先贤古墓园内。（马建春、李蒙蒙）

蔡金章（1835—1894） 号绶廷。回族。安徽寿州人。以军务起家，迁提督，授"铿僧额巴图鲁"封号。经两广总督张树声奏请，调广东任陆路提督。中法战争前负责广州防务，率军驻虎门牛山、沙路、长洲等要塞，督修炮台，训练士卒。清光绪九年（1883）法越大战，调兵遣将，严阵以待。中日甲午战争爆发，带病亲率所部添筑炮台，以

罹海瘴去世。葬于广州清真先贤古墓。（马建春、李蒙蒙）

赫德（Robert Hart，1835—1911） 字鹭宾。英国人。1853年毕业于贝尔法斯特女王大学。1854年5月来华，在香港英国驻华商务总监署担任见习翻译，后赴宁波英国领事馆任翻译官。1858年3月，被调到英法

赫德

联军占领下的广州担任大英法会理华洋政务总局（Allied Commission）书记官，又被充作香港督署书记官。1859年，辞去领事馆职务，加入中国海关，担任粤海关副税务司。1862年，在其与恭亲王的倡议下，中国第一所新式学校京师同文馆成立，并在广州设分部。从1863年11月30日起担任海关总税务司达半个世纪。制定并推行外人管理的海关制度，控制中国的财政收入，干涉中国内政、外交。创建税收、统计、浚港、检疫等一整套海关管理制度，所主持的海关创建了中国的现代邮政系统。卒于英国。著有《中国论集》《赫德日记》等。（平兆龙）

王观士（1835—192 ） 武术家。广东清远人。拜师习少林洪拳，后又到广州光孝寺学习武术。武德受佛家禅宗思想影响，平日约法三章，如以礼待人，严守武德，任何时候以忍为高，被迫自卫时不伤他人。继承名师治疗跌打损伤的秘方，利用草药配制成还魂跌打丸和救急红丸，在江湖上救死扶伤、治病救人，把医术传给后代，开展慈善行动。武术界在佛教禅宗方面造诣较高的人物。（孟田）

邝其照（1836—1891） 报人、辞典编纂家。字容（蓉）阶。广东新宁（今台

山）人。早年就读香港英文学校。清同治六年（1867）编纂出版《字典集成》（A Small English and Chinese Lexicon），为第一部由中国人编纂出版的英汉字典，在上海、香港、广州等地有版本翻印。十三年至光绪元年（1874—1875）两次随中国留美幼童赴美。参观费城世界博览会。七年（1881）在纽约出版《英语短语词典》。九年（1883）回国，任上海海关译员。次年应两广总督张之洞之邀返回广州，任译员。十二年（1886）七月二十四日，经两广总督批准获两广电报局总办王荣和支持，在广州创办《广报》，成为销量最大报纸。（金炳亮）

叶亚来（1837—1885） 又称叶德来、叶来。马来西亚侨领。广东惠阳人。清咸丰四年（1854）随乡亲到马来亚

叶亚来

（今马来西亚），在马六甲矿场当杂工。十年（1860）被推荐担任芙蓉华人甲必丹盛明利的副卫队长，后继任芙蓉华人甲必丹。同治元年（1862）应邀去吉隆坡，管理刘壬光锡矿场。七年（1868），被推荐为巴生、吉隆坡华人甲必丹。后被雪兰莪苏丹任命为华人甲必丹兼行政长官，赠以"巴生、吉隆坡光荣、英勇、胜利而忠诚的华人甲必丹"称号。三次率众重建毁于战火的吉隆坡，使其采矿业、商业、交通运输业和城市建设等得到较大发展。创办唐文义学，教育华侨子弟。建立难民收容所，兴建仙四爷庙，资助医疗事业等。（沈毅秦）

叶德来　见"叶亚来"。

叶来　见"叶亚来"。

张荫桓（1837—1900）　外交官。字樵野。广东南海（今佛山禅城区）人。年少应县试不第。清同治三年（1864），捐得山东知县。七年（1868），赴湖北总办营务。光绪二年（1876）起，赴山东任登、莱、青道员。七年（1881）

张荫桓

任安徽徽宁池太广道。次年擢按察使，在总理衙门任职。后领太常寺少卿衔。十年（1884），授三品衔，入总理衙门行走。次年任出使美国、日斯巴尼亚（今西班牙）、秘鲁3国大臣，办理华工被害各案交涉事宜。十三年（1887），奏设古巴学堂，主持筹建金山学堂、医院，推动海外侨民教育。十六年（1890）回国，任职于总理各国事务衙门，历任户、礼、兵、刑、工、吏六部侍郎。甲午海战后，被任命为全权大臣，赴广岛与日本政府和谈，无功而返。二十一年（1895）支持康有为创立北京强学会。戊戌变法期间，任户部尚书，受命参与管理矿务铁路总局，在粤、汉、宁、沪等地筹设铁路学堂，在晋、豫、直隶等地筹设矿务学堂。变法失败后被革职流放新疆，后处死。著有《三洲日记》《英轺日记》等。2012年中华书局出版孔繁文、任青整理《张荫桓集》。（刘世红）

张之洞（1837—1909）　政治家、诗人。字孝达，号香涛，又号壶公、抱冰。直隶南皮（今河北沧州）人，出生于贵州兴义府（今贵州安龙）。清咸丰三年（1853），北京乡试列榜首。同治二年（1863）殿试解元，赐进士及第，

授翰林院编修。六年（1867），任浙江乡试副考官，后外放湖北学政，创立经心书院。十二年（1873）任四川学政，建尊经书院

张之洞

和尊经阁，开印书局，使四川学风日新。光绪八年（1882），任山西巡抚，创令德书院，设洋务局、桑棉局。中法战争期间升调两广总督，起用冯子材，在广西边境击败法军，取得镇南关大捷，开展洋务运动。主粤期间（1884—1889），创办广雅书院，聘请学术造诣深厚的梁鼎芬、朱一新等为山长，提倡通经以致用，培养人才。创办广雅书局，设立藏书楼，对岭南文化发展有重要贡献。创办广东钱局，先后铸造铜钱和银圆，为中国第一个机器造币厂。设立枪弹厂、铁厂、枪炮厂、机器织布局、矿务局等，建立广东水陆师学堂，以新式装备和操法练兵，并著《沿海险要图说》上呈。筹建官办新式企业，推行洋务运动。十五年（1889），上奏清政府，建议修筑芦汉铁路，旋调任湖广总督，筹办此路。二十年（1894），调任两江总督、江宁将军。次年回任湖广总督，支持维新派办报，任北京强学会会长。刊行《劝学篇》，提出"旧学为体，新学为用"，查禁上海强学会和《强学报》，与维新派决裂。主持修建芦汉铁路。二十六年（1900），主张镇压义和团运动，与两江总督刘坤一等筹划东南互保。二十八年（1902），署两江总督，次年任经济特科阅卷大臣。三十一年（1905），与袁世凯等请清廷实行预备立宪。三十三年（1907），授协办大学士、军机大臣，入京主持改革兼管学部。次年兼任督办铁路大臣。受守旧派掣肘，郁郁而终。卒谥文襄。辑录有《张文襄公全集》。1998年河北人民出版社出版《张

之洞全集》。（刘世红）

刘永福（1837—1917）　抗法、抗日名将，黑旗军首领。本名刘建业，一名刘义，字渊亭。广西博白人，出生于广东钦州（今广西钦州）。清咸丰七年（1857）参加天地会起义，率众加入吴亚忠部，任旗头，以七星黑旗为大纛，号黑旗军。入驻归顺，抗击清军。同治五年（1866）

刘永福

任广东南澳总兵。六年（1867），率部转移至越南，接受越南阮朝招安。法国侵犯河内时，应越南政府约请，领兵打败法军，收复河内。中法战争时，与清军共同阻击法军，屡立战功，受清政府收编。战后任南澳镇总兵。光绪二十年（1894）中日战起，被调往台湾驻防。次年被推举为军民抗日首领，反对割让台湾。九月初四，台湾全境被日军占领。二十八年（1902），署广东碣石镇总兵。辛亥广东独立后，被推选为广东民团总长，旋辞归。1915年反对袁世凯签订《二十一条》，倡议组织义勇队抗日。在钦州去世。（王一娜）

刘建业　见"刘永福"。

刘义　见"刘永福"。

何如璋（1838—1891）　岭东四先生（丘逢甲、黄遵宪、丁日昌、何如璋）之一。字子峨。广东大埔人。清同治七年（1868）进士。选为庶吉士，散馆后授翰林院编修，后晋升为翰林院侍读。光绪三年（1877）首任驻日公使，依照《中日修好

何如璋

条约》收回领事裁判权，奏请清廷妥善处理琉球问题以及中外通商贸易问题，并考察日本国情。八年（1882）任满归国，授少詹事。次年，出任福建船政大臣。中法战争期间，秉承李鸿章主和旨意，对法军军舰侵入马尾港不加戒备，致福建海军被击溃，马尾船厂被毁。被革职遣戍。期满回粤后，主讲潮州韩山书院。著有《使东述略》《使东杂咏》《使日函牍》《管子析疑》《塞上秋怀》《袖海楼诗钞》等。（黄明喜、王林）

徐肇开（Choie Sew Hoy 或 Charles Sew Hoy，1838—1901）　新西兰侨领、华侨企业家。新西兰机械淘金先驱。祖籍广东番禺（今广州番禺区）市桥沙岗。早年在美国、澳大利亚等地淘金。清同治八年（1869）转赴新西兰，光

徐肇开

绪元年（1875）在达尼丁市华人矿区开设杂货店，从事进出口贸易。八年（1882）以最高捐款（40英镑）倡议成立昌善堂，负责将番禺、花县、从化的华人骸骨运回中国安葬。入股11个矿山，十四年（1888）成立 Shotover Big Beach 淘金公司，首创用斗斗式挖泥机淘金，后又改用水压力冲洗方式，收获颇丰。其事迹被收入新西兰档案馆。2017年入选新西兰商业名人堂。（景海燕）

徐润（1838—1911）　实业家。又名徐以璋，字润立，号雨之，别号愚斋。广东香山（今中山）人。14岁时为上海英商宝顺洋行买办，后成该行总买办，兼营宝源丝茶土号等。清同治七年（1868）捐资得道员衔。十年（1871），受曾国藩委派，参与办理幼童赴美国留学事务。十二年（1873）为轮船招商局

会办。光绪元年（1875）开办仁和水险公司，四年（1878）创办济和水火险公司，十二年（1886）合并为仁济和保险有限

徐润

公司，开创中国保险业先河。后被派往热河办理承平银矿，兼任开平矿务局会办。二十八年（1902）起，在上海开办景纶针织厂、虹口伦章造纸公司、粤东自来水公司、香港第一家华商糖厂远糖榨公司、烟台缫丝局以及玻璃公司、电车公司、牛奶公司等。三十二年（1906），由袁世凯委为招商局代理总办，次年解职。在上海创办同文书局石印《二十四史》《古今图书集成》等。著有《徐愚斋自叙年谱》《上海杂记》。（刘世红）

徐以璋　见"徐润"。

花之安（Ernst Faber，1839—1899）基督教新教德国礼贤会传教士、汉学家。出生于德国科堡。清同治三年（1864）加入礼贤会，被派往中国。四年（1865）到香港，学习中国语言文字。次年赴虎门，开始在广东传教，开办学校和医院，因在眼科手术上颇有成就，被当地人称为"圣手"。光绪四至九年（1878—1883）对广州罗浮山进行科学考察，收集到4000种植物标本，发现约120个新植物物种。九至十二年（1883—1886），在香港继续从事传教活动，完成中文著作《自西徂东》。十二至二十四年（1886—1898），在上海参加广学会筹办工作，成为《万国公报》主要撰稿人。二十四年（1898）到青岛传教，后在青岛病故。著有《儒教汇纂》《中国宗教导论》《中国妇女的地位》《从历史角度看中国》等。（吴青）

菲尔德（Adele Marion Fielde，1839—1916）　基督教传教士。美国新罕布什尔州人。1876年到汕头，创办第一所圣经女学校礐石明道妇女学校。同年创立礐石小学，1905年改为中学。在华期间主要对当地妇女做福音传道工作。对汕头话及潮汕民俗有研究，著有《汕头方言初阶》（*First Lessons in the Swatow Dialect*）、《汕头方言注音释义字典》（*A Pronouncing And Defining Dictionary of The Swatow Dialect, Arranged According to Syllables and Tones*）、《塔影：中国生活研究》（*Pagoda Shadows: Studies from Life in China*）、《中国夜谭：用汕头方言记录的40则潮汕民间故事集》（*Chinese Nights' Entertainment: Forty Stories Told by Almond-eyed Folk Actors in the Romance of the Strayed Arrow*）、《中国一隅：在中国人之间生活的考察》（*A Corner of Cathay: Studies from Life Among the Chinese*）。（梁施乐、邵慧君）

陈梦南（1840—1882）　原名陈觉民，字梦南。广东新会（今江门新会区）人。清同治九年（1870）在广州初次接触基督教。次年受洗成为基督徒。被聘为教会的义学教师，协助传教士翻译灵修著作。十一年（1872）在珠江南岸租屋建堂。次年在长堤潮音街购地建立华人宣道堂，成立粤东广肇华人宣道会，为广东最早成立的华人自办教会，开华人自立教会先河。著有《表彰真道》《答女史论道》等。（吴宁）

陈觉民　见"陈梦南"。

张世珍（1840—1915）　方言学家。广东饶平隆都（今汕头澄海区）人。足迹遍及南洋和沿海各地，会说闽南话、山东话、粤方言。受清代秀才谢秀岚《增注雅俗通十五音》等影响，

清光绪二十一年（1895）开始将商场上的常用字逐一收录，把读音相同的字排列在一起，编写字表式《潮声十五音》。三十年（1904）完成初稿，三十三年（1907）定稿。潮汕方言"十五音"的开山之作。（丘学强）

虚云（1840—1959）　僧人。佛门三虚（虚云、倓虚、太虚）之一。字德清，别号幻游，名演初、古岩、性彻，俗姓萧。祖籍湖南湘乡，出生于福建泉州。清咸丰九年（1859）至福州鼓山涌泉寺常开法师披剃，翌年依妙莲和尚

虚云

受具足戒。24岁回涌泉寺。27岁离鼓山在江浙名山大刹参访耆宿，研习经教。后又访陕西终南山、四川峨眉山、拉萨三大寺，由西藏到印度、锡兰（今斯里兰卡）、缅甸等国观瞻佛迹。由缅甸回国，朝拜云南鸡足山，经贵州、湖南、湖北等地，至安徽九华山，再至扬州高旻寺。光绪十八年（1892）受妙莲和尚衣钵，为临济宗四十三世。后又受曹洞宗衣钵于成耀和尚。二十三年（1897）在宁波阿育王寺礼舍利。二十九年（1903）住持云南鸡足山迎祥寺，将该寺建成十方丛林。时云南推行新政，侵占寺产，于三十二年（1906）赴京，请求朝廷保护。皇帝赐号"佛慈弘法大师"。宣统元年（1909）在北京为鸡足山请得《龙藏》，改钵盂庵为护国祝圣寺。民国初年参加中华佛教总会的筹备。1918年自南洋为祝圣寺请得玉佛，并重建庙宇。1919年回鼓山涌泉寺主法。1929年住持福建故山寺，恢复禅堂规制，创办戒律学院。1934年莅粤主持曹溪南华寺法席，将六祖道场修葺一新。1940年募捐重修韶关大鉴寺。1942年在寺东建无尽庵，为比丘尼道

场。1943年任广东省佛教会会长。由南华寺移锡云门山。1948年组织"重兴光孝寺委员会"。1952年作为首席发起人参与组织中国佛教协会，次年被选举为名誉会长。1953年9月从广东云门山大觉寺迁锡江西云居山真如寺，重建祖师道场。在云居山圆寂。历座15道场，中兴云南祝圣、昆明云栖、鼓山涌泉、韶关南华、云门大觉、云居真如六大刹，重建寺院庵堂80余处。创办滇西宏誓佛学院、福州鼓山佛学院、曹溪南华戒律学院、云居山佛学研究苑等。代表中国佛教界出席在北京召开的亚洲太平洋区域和平会议。第二届全国政协委员。有《曹溪宝林禅堂十方常住清规》《云居仪规》。后人辑为《虚云和尚法汇·续集》。2009年中州古籍出版社出版《虚云和尚全集》。（达亮）

张振勋（1840—1916）　客属侨领、企业家。梅州八贤（宋湘、姚德胜、丁日昌、丘逢甲、张振勋、李惠堂、黄遵宪、罗香林）之一。字弼士，号肇燮。广东大埔人。清咸丰六年（1856），赴荷属巴达维亚（今印尼雅加达）谋生，从杂工做起，后来开

张振勋

设代销各国酒类的商行，垦殖橡胶，开采锡矿，投资事业扩展到银行、建筑、药材、房地产以及航海运输等方面，开办裕和、亚齐、笠旺、裕兴垦殖公司，东兴矿务公司，广福、裕昌、万裕兴轮船公司等。光绪十六年（1890）任清政府驻槟榔屿首任领事。二十一年（1895）升任驻新加坡总领事。同年在烟台创办张裕酿酒公司。二十九年（1903），以三品京堂候补，获赏侍郎衔。三十一年（1905）补授太仆寺卿，并充任商部考察外埠商务

大臣。三十三年（1907）接办广西华兴三岔银矿公司（后更名为宝兴公司）。宣统元年（1909）后，在广州、佛山、海丰、惠州、雷州等地创办企业。捐资支持孙中山的革命活动。民国后，历任南洋宣慰使、参政院参政、全国商会联合会会长、华侨联合会名誉会长等职。热心社会福利事业。光绪二十六年（1900）募集资金赈济华北灾荒及黄河决口灾民。三十年（1904）在马来亚（今马来西亚）槟城捐资倡办中华学堂。晚年在汕头创办育善堂，举办各项慈善事业。病逝于巴达维亚。遵其遗嘱，张氏子女在岭南大学（今中山大学）内捐建张振勋堂。（沈毅秦）

张弼士　见"张振勋"。

叶璧华（1841—1915）　诗人。字婉仙，别号润生。广东嘉应州（今梅州）人。出身于书香之家，自幼好学，随父学习诗文，少年即能题诗填词。清光绪十二年（1886）被两广总督张之洞聘为家庭教师。二十四年（1898）回乡创办嘉应州第一所女子学校懿德女校，宣传新学思想，开梅县女子教育先河。著有《古香阁集》。（曾欢玲）

亚方·唐文（Affan Tank Wen，1842—1900）　又译阿衡·邓云、阿方·邓云。毛里求斯侨领。祖籍广东广州。1861年到毛里求斯。初在阿西姆公司（Achim & Co.）当雇员，后升任经理。清同治十二年（1873）入英籍。

亚方·唐文

次年担任路易港关帝庙临时主事。光绪八年（1882）被总督约翰·波普·亨尼西（John Pope Hennessy）任命为改革委员会委员。十二年（1886）其华

侨领袖身份获政府承认。十二至十六年（1886—1890）年间任立法咨询委员。二十年（1894）成立南顺会馆，成为首任会长。二十二年（1896）推动建成当地首座供奉关帝与财神的庙宇。二十五年（1899）出资修建传染病医院。被誉为华人社区的保护者。毛里求斯路易港建有亚方·唐文街（Affan Tank Wen Street）。（卢玉敏）

阿衡·邓云 见"亚方·唐文"。
阿方·邓云 见"亚方·唐文"。

伍廷芳（1842—1922） 外交官。原名伍叙，字文爵，号秩庸。广东新会（今江门新会区）人，出生于新加坡。清咸丰八年（1858）在香港参与创办《中外新报》。十一年（1861）毕业于香港圣保罗书院，在香港高等审判厅任翻译。同治十三年

伍廷芳

（1874）赴伦敦学习法学。光绪三年（1877）毕业，后在香港获大律师资格。六年（1880），任香港立法局议员，为香港立法局第一位中国人议员。八年（1882）入李鸿章幕，随办洋务、涉外交。十二年（1886）任唐山铁路公司总办，总理中国铁路事务多年。出任驻美国、日斯巴尼亚（今西班牙）、秘鲁等国公使。后任清政府修订法律大臣、会办商务大臣等职。与沈家本修订《大清律例》，制定新刑律，主张废除酷刑。1912年1月任南京临时政府司法总长。1916年任北京政府外交总长。1917年5月代国务总理，9月赴广州任护法军政府外交总长。1918年5月国会非常会议通过改组军政府案，被选为七总裁之一，兼外交部长、财政部部长。1920年11月与孙中山、唐绍仪等通电宣布恢复

军政府，任中华民国外交总长兼财政总长。1921年10月，孙中山赴桂林筹备北伐，伍代行总统职务。1922年4月兼任广东省省长。在广州病逝。1993年中华书局出版丁贤俊、喻作凤编《伍廷芳集》。（刘世红）

伍叙 见"伍廷芳"。

郑观应（1842—1922） 实业家、思想家。原名郑官应，字正翔，号陶斋，别号杞忧生、慕雍山人、罗浮待（或作待）鹤山人等。广东香山（今中山）人。清咸丰十年（1860）入宝顺洋行做买办。同治七年（1868），入和生祥茶栈任译

郑观应

员，后与人接办茶栈，投资公正长江轮船公司、荣泰驳船公司。十二年（1873）起，任太古洋行轮船公司总理，在牛庄、汕头、上海等地开设商号、钱庄。光绪四年（1878），受命经办直隶、山西、河南赈捐。受李鸿章赏识，被委为上海机器织布局会办，参与该局的集股筹建工作，后升为该局总办。六年（1880）起，历任上海机器织布局、轮船招商局、上海电报局、汉阳铁厂、粤汉铁路公司等总办或会办。中法战争期间，往暹罗西贡、新加坡等国家与地区调查了解敌情。十九年（1893）出版《盛世危言》，主张从政治、经济、教育等层面变革中国。辛亥革命后，任招商局公学住校董事，寓居上海。关心时政，有较为全面的近代维新思想，倡导宪政。以富强救国为核心，首倡"商战"，以商战思想倡导中国近代工商业的创建和发展，主张允许商人自由投资，海关不用洋人等。其变革思想对后人影响深远。晚年重点发展教育。著有

《易言》《盛世危言》等。1982年上海人民出版社出版夏东元编《郑观应集》。（刘世红、徐霞辉）

郑官应 见"郑观应"。

尔卜道拉喜（'Abd Allāh，1843—1889） 伊斯兰教传教师。全名为尔卜道拉喜·舍尔巴勒，现通译"阿卜杜拉·本·舍阿班"（Abdullah Ibn Shaaban）。西域满克（今沙特阿拉伯麦加城）人。清光绪十二年（1886）沿海路到广州，后往江南、河南、山西、甘肃等省传教。十四年（1888）返回岭南，在广州经学堂传授经学，并教授阿拉伯文化等。所传之学属伊斯兰教苏菲沙兹里派教义，在广东颇有影响。（马建春、李蒙蒙）

王煜初（1843—1902） 基督教牧师。语言学家。名王沾辉，字炳耀。广东东莞人。王元深长子。自幼在礼贤会所办学校读书，后读神学。清同治五年（1866）成为礼贤会传道人，在虎门、新安两地传教。十三年（1874）为香港巴陵会育婴堂教师。光绪十年（1884）被按立为牧师，派往华人自理的道济会堂担任牧职。发起组织劝诫鸦片社，促成心光瞽目学院，倡导汉语拼音。著有《要政条陈十则》《中日战辑选录》《孝道折衷》《教士上书记》《拼音字谱》《释疑汇编》等。（吴宁）

王沾辉 见"王煜初"。

陈慈黉（1843—1921） 侨商。黉利企业集团创始人。又名陈步銮。广东澄海（今汕头澄海区）人。父亲陈焕荣，人称"船主佛"。以香港为中转地将华南货物行销华北及海外，即南北行贸易，在香港开设乾泰隆行。清同治四年（1865）到香港协助父亲打理生意。十年（1871）在泰国吞武里火船廊设立陈黉利行（黉利公司），

开始独立处理"香叻暹汕"贸易业务，以经营大米出口为主。十三年（1874），在曼谷开设第一家火砻(碾米厂）。后在曼谷开设火砻两家，在

陈慈黉

越南西贡堤岸创设乾利行及火砻1家，在汕头设立黉利栈。19世纪80年代，与族人合资在新加坡创设陈生利行。90年代独资经营，改为陈元利行，业务重点是泰国大米运销。其业务种类和业务范围较广，在中国、香港和东南亚之间建立起一个商业、金融、交通运输网络，涉及航运、火砻、进出口、码头、金融、报馆、机器、烟草、房地产等。热心家乡公益，乐善好施。61岁时回乡，捐资修桥筑路，倡建新村。光绪三十三年（1907）独资创办成德学校。（沈毅秦、徐霞辉）

陈步銮　见"陈慈黉"。

胡曦（1844—1907）　学者、书法家。名胡晓岑，字明曜，号壶园。广东兴宁人。清同治十二年（1873）拔贡，后科场屡次失意，绝意仕进，专以著述、教书为务。一生勤于治学著述，擅诗文，精考据，工书法。与黄遵宪、丘逢甲并称"晚清嘉应三大诗人"，又与宋湘、伊秉绶共列清代客家三位书法名家。著有《湛此心斋诗集》《湛此心斋文集》《兴宁图志》《兴宁图志考》《壶园外集十种》《广东民族考》《读经札记》《读史札记》等，多散佚。编有《梅水汇灵集》。（左鹏军）

胡晓岑　见"胡曦"。

陆佑（1844—1917）　马来西亚侨领、实业家。本姓黄，名佑，字弼臣，号衍良。广东鹤山人。因卖身到新会县

一陆姓地主家做长工，改姓陆。19世纪60年代以"猪仔"身份到新加坡为采锡工，期满后在该场当矿工。后购得一

陆佑

处废旧矿场，经营得法，发展到拥有锡矿场10多处，雇工数千人。后向种植业、工业、商业和金融业等方面拓展，承办新加坡及马来亚（今马来西亚）各埠的烟、酒、赌、典当业税捐。捐款赞助革命党人在新加坡开办《星洲晨报》，中华民国临时大总统孙中山授予六等嘉禾勋章。在新加坡参与创办养正学校，资助新加坡莱佛士学院和中央学校。在吉隆坡创办维多利亚英文图书馆、尊孔中学和坤成女校。捐款100万叻币为香港大学建造大楼，被命名为"陆佑堂"。对新加坡防疫所、吉隆坡同善医院和安老院等医疗慈善事业也多有赞助。（沈毅秦）

黄佑　见"陆佑"。

杨枢（1844—1917）　外交官。回族。字星垣。祖籍盛京（今辽宁沈阳），出生于广州。清驻防广州汉军正黄旗人。清同治六年（1867）入广州同文馆学习英、法语言及西洋各国历史、政治、经济等，翻译西

杨枢

方自然科学和社会科学著作。九年（1870）毕业，任两广总督衙门西文通事，协助张之洞操办洋务。官至鸿胪寺卿、外务部右侍郎。光绪二十九年（1903）以四品京堂出任驻日公使。其间主张实行君主立宪，在日本法政大学开设法政速成科，接受清廷派遣

留学生，6个月为一学期，三学期毕业，并设实业基地，培养宪政人才。三十二年（1906）资助留日回族学生创办留东清真教育会和《醒回篇》学刊。同情民主革命，支持同盟会。三十三年（1907）回国，改左参议，次年被免职。宣统元年（1909）出任驻比利时公使，途中赴麦加朝觐。二年（1910）因病回国，居留广州。（马建春、李蒙蒙）

陈宜禧（Chin Gee Hee，1844—1929）　美国侨领、企业家。字畅庭。广东新宁（今台山）斗山朗美村人。清咸丰十年（1860）赴美，做淘金、洗衣等工作。后在铁路工程师家当勤杂工，利用工余时间向工程

陈宜禧

师学习铁路工程技术，并进教会学校学习英文。后被提为工程师的助手。同治十二年（1873）到西雅图，先与人合股创设华昌号公司（Wa Chong Co.），后独立创设广德号公司（Quong Tuck Co.），兼营铁路劳工经纪业务，参与西雅图商业区和架设电缆车的承建。致力于维护华侨合法权益，成为当地侨领之一。光绪三十一年（1905）返乡，以"不收洋股，不借洋款，不雇洋工"为号召招股筹资，倡建新宁铁路。三十二年（1906）五月新宁铁路动工，任总工程师。1920年3月铁路全线通车，任铁路公司总经理。因公司董事局内部出现纷争，1926年被迫离职。（易淑琼）

赵奉颖（1845—1914）　美国侨领。广东新会人。22岁赴美，先到旧金山，两年后转赴纽约，是首批移民美国东部的华侨。居纽约42年，经营商业。热心侨社慈善公益。清光绪九年

（1883）捐资发起成立纽约中华公所。三十一年（1905）组织戒烟会，任会长，筹款建立戒烟医院，劝戒鸦片。1914年中华公所一致推选其为公所仲裁主席（President of Arbitration）。因在侨社工作的劳绩，驻美大臣梁诚与伍廷芳先后奏请以新会候补县丞归部选用。（易淑琼）

叶春田（Yip Sang，1845—1927）　加拿大侨领。又名叶连生，字来饶。广东新宁（今台山）人。清同治三年（1864）前往美国加利福尼亚州。光绪七年（1881）前往加拿大，成为太平洋铁路承建商美国人安德东克的助手。十四年（1888）在温哥华成立永生公司，负责招募华工。二十一年（1895），与侨领陈道之、黄玉珊、李佑澄、林德绍、叶庭三等人草创中华会馆，二十八年（1902）创立爱国学堂，任校长。三十二年（1906）成立温哥华中华会馆，次年经卑诗省政府核准注册为慈善团体。三十四年（1909），与10余名温哥华宪政会领袖在与康有为发生冲突后分道扬镳。1916年旅加全侨代表会议决议改温哥华中华会馆为全加中华总会馆，出任总理。与其侄叶恩在保皇会发起过程中起重要作用。在国内广行慈善，资助台山中学、岭南学校、广东公立医院等教育、医疗机构。（黎景光）

叶连生　见"叶春田"。

翟理斯（Herbert Allen Giles，1845—1935）　汉学家。英国牛津人。1867年赴华，在天津、宁波、广州、汕头、上海等地任英国驻华使馆领事、翻译等。1892年返回英国。1897年任剑桥大学第二任汉学教授。著有《汉言无师自明》（*Chinese Without a Teacher: Being a Collection of East and Use Sentences in the Mandarin Dialect,*

with a Vocabulary）、《汕头方言手册》（*Handbook of the Swatow Dialect with a Vocabulary*）、《华英字典》（*A Chinese-English Dictionary*）。（梁施乐、邵慧君）

谭宗浚（1846—1888）　诗人。谭家菜创始人。原名谭懋安，字叔裕。广东南海（今广州白云区江高镇神山管理处沙龙村）人。清咸丰十一年（1861）中举。同治十三年（1874）进士，后被授予翰林院编修。光绪二年（1876），任四川学政。八年（1882），任江南乡试副主考官。十一年（1885），出任云南粮储道。在云南两年，兴修水利，平反冤狱，抚恤孤儿，教育士子。十四年（1888），辞官归里，因病卒于广西隆安。擅长诗及骈体文创作。主张骈体文创作应独辟新径，不应媚俗与仿古。其文事核言辩，根底盘深，文风由绚烂转向平淡，时醇而后肆，不限一种文体。其诗风格多样，怀古诗以幽而远取胜，叙事诗以微而显著称，抒情诗则婉而挚，写景诗则清而奇。少时诗风以华赡取胜，中年以后诗风以苍秀取胜。融粤菜、淮扬菜及京菜各派名厨所长，成就了谭家菜，用料精贵，精工细作，擅长烹饪燕、鲍、翅、参、肚等名贵食材，突出原汁原味，甜咸适度，鲜滑软稔，不用胡椒、花椒和味精等调味，回避剧烈，有"榜眼菜"之誉。著有《希古堂集甲集》《希古堂集乙集》《荔村草堂诗钞》《荔村草堂诗续钞》《芸洁斋赋草》《芸洁斋试贴》《止庵笔语》《荔村随笔》《辽史纪事本末诸论》《于滇日记》《旋粤日记》《皇朝艺文志》等。（徐世中、钟洁玲）

谭懋安　见"谭宗浚"。

朱一新（1846—1894）　学者。字蓉生，一字鼎甫，号质盒，又号拙盒、

别署绿芸吟馆、佩弦斋。浙江义乌人。清同治九年（1870）举人，捐官为内阁中书舍人。光绪二年（1876）进士，选翰林院庶吉士，散馆后授编修。历任湖北乡试副考官、

朱一新

陕西道监察御史。十二年（1886）因上书言海军用人不当及参劾宦官李莲英事，忤旨降职，不久即告归。十四年（1888）应两广总督张之洞之请，先后任肇庆端溪书院主讲、广州广雅书院山长。学出浙江诂经精舍，师从俞樾，治学主张汉宋兼采，以程朱理学为宗。又讲求躬行实践，提倡经史之学，以求有益于身，有用于世。著有《无邪堂问答》《汉书管见》《京师坊巷志稿》等。（杨青华）

叶观盛（1846—1901）　马来西亚侨领。广东新宁（今台山）赤溪人。清同治三年（1864）移居马来亚（今马来西亚），先在芙蓉一锡矿场当矿工，后改行做小生意。九年（1870）随华人甲必丹叶致英迁居雪兰莪，协助叶亚来开发吉隆坡。热心社会福利事业，光绪七年（1881）捐建培善堂，免费为穷苦病人提供医疗服务。十五年（1889）成为大锡矿主，矿场雇佣劳工7000名，产量居雪兰莪之首。十六年（1890）被委任为华人甲必丹，是雪兰莪最后一任华人甲必丹，以此身份承包烟酒饷码。后兼营商业，在吉隆坡创立新就记商行，在新加坡开设新兴泰行商行。二十年（1894）改称同善医院，捐赠一所房屋为医院不动产。同年捐款参与创立吉隆坡维多利亚书院，与友人合作创建大华楼，收容穷人，出任大华楼基金委员会主席。独资创办赤溪会馆，修建赤溪义冢。（沈毅奏）

梁廷栋（1846—1916） 名宝熙，字彤云。原籍广东高明（今佛山高明区），寄籍广西苍梧。清同治十二年（1873）举人。翌年，与父梁嵘椿同中进士。入选翰林院庶吉士。散馆后到工部都水司任黄河督办。因治黄河有功，任工部都水司主事，升任道员，授中宪大夫。主张实业救国，推广农业生产。光绪二十五年（1899），兴办务农社。三十一年（1905），奏请开办农林公司。三十二年（1906），与联合同仁在梧州长洲创办广西蚕业学堂，在梧州市郊创办宝丰园山庄，传授先进栽培技术和新品种。三十三年（1907）集股10多万两白银，计划筹建广西铁路。参与梧州辛亥革命的独立活动。撰有《畿谈水利议》《农学句议》《种木番薯法》《种岩桂法》《种红瓜子法》《梧州风鹤记略》等书。其中《种木番薯法》《种岩桂法》分别为中国第一本研究木薯和肉桂的专书。（郭健英、倪根全）

梁宝熙 见"梁廷栋"。

陈天申（1846—1923） 美国华侨慈善家。又名陈锡鸿。字树芬，别号庚堂。因其排行第五，后人称"好人五公"。广东新宁（今台山）人。清光绪六年（1880）倡议兴建广海乐善堂，于广海、香港置铺业为堂费基金，是已知的华侨在家乡从事的第一宗公益事业。八年（1882）与缅甸邑侨黄景獲在广海兴建育婴堂，收养被弃女婴。九年（1883）到美国，在旧金山华埠开设赌馆，是当时旧金山华人最著名的赌商。支持慈善和公共事业，在美期间投巨额资金支持陈宜禧筹建新宁铁路。晚年回港寓居，致力慈善事业，捐款修桥筑路，建筑庙宇，每年捐款资助广州城西方便医院、香港东华医院。（易淑琼）

陈锡鸿 见"陈天申"。

邓荫南（1846—1923） 名松盛，又字有相，以字行。行三，故又称邓三。广东开平人。早年赴檀香山，经营农场，后又开办糖厂，成为当地富商。清光绪二十年（1894）加入兴中会，以其全部资产赞助孙中山革命活动。次年回香港，参与策动广州起

邓荫南

义，失败后匿居港澳。二十五年（1899）在香港协助陈少白等筹办《中国日报》，宣传革命。次年，兴中会发动惠州起义，被委为后方接济，与史坚如等谋刺两广总督德寿，事泄，隐居香港，以经营农场作掩护，继续与孙中山保持密切联络。1911年武昌起义胜利，组织民军投入光复广东的斗争。民国成立后，出任新安（今深圳宝安）民军监督、开平县民团总长。后参加讨袁、护法运动。1917年任中华民国军政府大元帅府参议。1921年孙中山当选中华民国非常大总统，历任石龙厘厂总办、总统府谘议、内政部农务局局长、东莞县县长、开平县县长等职。1922年资助孙中山讨伐陈炯明，孙中山脱险到上海后，奉命回澳门，相机讨逆。病逝于澳门。孙中山亲笔题词："爱国以命，爱党以诚。"（易淑琼）

邓松盛 见"邓荫南"。

黎庇留（1846—1925） 伤寒学家。岭南伤寒四大金刚（易巨荪、陈伯坛、黎庇留、谭星缘）之一。名天佑。广东顺德（今佛山顺德区）人。以儒通医，"博览四部，最癖医书，抗志希文，尊师仲景，读逾万遍，背诵如流，旁览百家"。清光绪二十年（1894）任省城十全堂赠医局医席，民初在广州流水井设医寓"崇正草堂"。精通

伤寒，推崇六经治法，诊病讲究脉证相参，用方遵循方证对应的伤寒经方用药思路，善用经方治疗疑难杂症，尤善用大剂量的温热药。编有《伤寒论崇正编》。（周红黎、张书河）

黎天佑 见"黎庇留"。

勾鼻章（1846— ？） 粤剧演员。原名何章，艺名新章。广东番禺（今广州番禺区）沙湾人。因鼻梁生得较高，人称勾鼻章。擅唱"金线吊芙蓉"腔，成为名花旦。与仙花发、美人昌、大家广、白蛇森、蛇王苏、扎脚文并称清代七大花旦。常与武生新华、小生师爷伦等合作。演出剧目包括开台例戏、《太白和番》《苏武牧羊》《刘备过江招亲》等。在《昭君出塞》中饰演王昭君，演技出色，能在舞台上以琵琶自弹自唱。与新华一道在广州创立八和会。（李静）

何章 见"勾鼻章"。

冶基善（Carl C. Jeremiassen，1847—1901） 基督教传教士。丹麦人。清光绪七年（1881）从广州进入海南传教。最初在海口、琼山及西线的海南人、临高人和客家人中传教，二十年（1894）后扩展到海南岛南部地区。为便于传教，学习掌握海南话，把《圣经·新约》大部分和《旧约》小部分翻译成海南话。出于传教目的，调查过临高话、儋州话和黎语。十九年（1893）在香港出版《中国评论》（*The China Review or Notes and Queries on the Far East*，副名《远东释疑报》）杂志上发表《海南土著的黎人和他们的语言》（"Loi Aborigines of Hainan and Their Speech"）一文，成为研究海南语言的宝贵史料。（经典）

陈善言（1847—1905） 报人。又名

陈贤、陈言、陈善贤，号蔼亭。广东新会（今江门新会区）潮莲乡人。清咸丰元年（1851）随父陈洪茂移居香港。圣保罗书院毕业后在港英政府巡理处做书吏。同治六年（1867）王韬赴英后，接手《近事汇录》编务。十年（1871）任英文《德臣西报》副主笔，司理翻译事宜；后创办该报中文版《中外新闻七日报》，以"知无不言，言无不尽"为办报宗旨。主张华人自主办报，以维护华人利益。十一年（1872）4月17日，改名《香港华字日报》，"译撰、遴选、命意、措辞，皆唐人为之主持，为之布置，而与西人无涉"。十三年（1874）中华印务总局创办《循环日报》，以其报业资历，聘为总司理，而以王韬为总主笔。（金炳亮）

陈贤 见"陈善言"。
陈言 见"陈善言"。
陈善贤 见"陈善言"。

胡礼垣（1847—1916） 思想家。字荣懋，号翼南，晚号逍遥游客。广东三水（今佛山三水区）人。清同治元年（1862）入香港皇仁学院读书，毕业后留校任教习。光绪五年（1879）任《循环日报》翻译，后赴南洋参加开发商埠。二十年（1894）赴日本游历，代理中国驻神户领事，维护侨民利益。甲午战争后返香港任译员，与何启合著《新政真诠》，主张"天下之权，唯民是主"，宣扬民权思想。著《新政始基》《新政安行》《新政变通》三书，主张中国图强，必先变法，主张开设议院，民选议员。辛亥革命时致信孙中山拥护革命。在香港因病去世。后人编有《胡翼南先生全集》。（陈梅）

波乃耶（James Dyer Ball, 1847—1919） 基督教传教士。出生于广东广州。

28岁考入港英政府任职，历任中文翻译、通译、保安官员等。清宣统元年（1909）退休后定居伦敦。在香港期间，任《中国评论》（The China Review）主编，发表文章，涉及中国文化诸多方面。著有《中国风土人民事物记》（Things Chinese : Being Notes on Various Subjects Connected with China）、《圣城澳门：东方的明珠》（Macao, the Holy City : The Gem of the Orient Earth）、《本土的中国人》（The Chinese at Home, or The Man of Tong and His Land）等介绍中国风物的书籍；编有《易学粤语》（Cantonese Made Easy）、《粤音指南》（How to Speak Cantonese）等粤方言学习手册。（谈泳琦、邵慧君）

陈南枝（1847—1925） 武术家。南枝拳创始人。字鉴山。广东海丰人，后移居揭阳。自幼习武，成年后拜师于福建泉州南少林寺双禅法师何岩师父第三代传人杉先生，习得南少林绝技。融会贯通，形成自成体系的南枝拳，在揭阳、潮阳等地设馆授徒。清光绪四年（1878），被丁日昌聘为府上

陈南枝

武术教师。先后到揭东县新亭、曲溪、玉湖，揭西县的河婆、棉湖以及潮安县的归湖等地传拳授业。择徒授艺，教武传德。（孟田）

黄飞鸿（1847—1925） 武术家。字达云，原名黄锡祥。广东南海西樵岭禄舟村（今属佛山南海区）人。自幼随父黄麒英习武，清同治八年（1869）起师从林福成（梁坤徒弟）学习铁线拳，掌握飞砣绝技，并在宋辉镗处学得无影脚。十一年（1872）受同乡邀请，到广州十七甫水脚开设武馆。

十三年（1874）被广州三栏行（果、菜、鱼栏）聘为行中武术教练。光绪八年（1882）受聘广州水师武术教练，考取广州将军衙门"靖汛大旗头手"一职。十一年（1885），被记名提督吴全美聘为军中技击教练。十二年（1886）辞去该职，在广州仁安街开设宝芝林医馆。曾为黑旗军将领刘永福医治腿伤。宣统三年（1911）任广东民团总教练。1924年广州商团之乱中，其医馆和住宅全部被焚毁，黄飞鸿大受打击，次年在广州城西方便医院去世。时有"南有黄飞鸿，北有霍元甲"之说。因其精于虎形诸势，故有"虎痴"雅号。为岭南武术一代宗师。善跌打之术，形成自身一套防治跌打的医术体系。弟子有梁宽、林世荣、莫桂兰、邓秀琼等。以黄飞鸿为主人公的电影超过100部。（马晟）

黄锡祥 见"黄飞鸿"。

黄遵宪（1848—1905） 思想家、诗人。岭东四先生（丘逢甲、黄遵宪、丁日昌、何如璋）、嘉应五大诗人（李黼平、宋湘、黄香铁、黄遵宪、丘逢甲）、梅州八贤（宋湘、姚德胜、丁日昌、丘逢甲、张振勋、李惠堂、黄遵宪、罗香林）之一。字公度，号人境庐主人。广东嘉应州（今梅州）人。出身于由经商致富的官僚家庭，

黄遵宪

少年颖异早慧，颇得乡里推重。清光绪二年（1876）中举，翌年随清朝首任驻日本公使何如璋出使日本，任参赞，政治文化思想发生显著变化，开始关注日本及世界局势。八年（1882）调任驻美国旧金山总领事，保护在美

华侨权益。十六年（1890）随薛福成赴英国和法国，任驻英使馆二等参赞，政治思想渐趋成熟。次年任驻新加坡总领事，保护当地华人华侨。二十年（1894），任江南洋务局总办，妥当处理积年教案。二十二年（1896），参加上海强学会，创办《时务报》，与梁启超、汪康年等合作，鼓吹变法。二十三年（1897），任湖南长宝盐法道，署按察使，协助巡抚陈宝箴推行新政，宣传维新。二十四年（1898）八月，戊戌政变后，幸免于难，终被"放归"。还乡后，除修订诗作、编定诗集外，还聚徒讲学、兴办学校，培养经世致用人才。卒于家。在政治思想上，批判封建专制制度和选人用人政策，主张学习日本、英国的近代化国家制度与思想文化，主张走稳健渐进、自上而下的政治改革道路，参与维新变法运动，反对极端彻底、剧烈激进的暴力革命。在外交上，尽最大可能维护国家利益、民族尊严，保护海外华侨。在文学上，主张反映时代与表现自我相统一、继承传统与变革创新相协调、古典雅正与通俗晓畅相兼顾；强调独创与变化，提倡文学语言通俗化，在近代最早明确提出言文合一主张。是近代诗歌变革历程中"新派诗"的代表人物，其诗被誉为"诗史"，其文学主张和诗歌创作直接启发和影响五四新文化与新文学运动。著有《人境庐诗草》《日本杂事诗》《日本国志》。2005年中华书局出版陈铮编《黄遵宪全集》等。（左鹏军）

卢九（1848—1907）　侨商。原名卢华绍，字育诺，号焯之，小名卢苟。广东新会潮连乡（今江门市蓬江区）人。少年时赴澳门谋生，以赌业和鸦片生意发家。清光绪七年（1881）与陈盘石等人合力创办宝行钱号。九至十六年（1883—1890）垄断澳门、氹仔、过路湾猪肉生意，成为"猪肉大王"。将赌博生意扩展到仁慈堂彩票、闱姓、白鸽票等，成为澳门"一代赌王"。又涉足房地产、缫丝、茶叶加工等诸多行业。捐得"盐运使衔赏戴花翎二品顶戴"官衔。热心慈善事业，领头创建同善堂，两次担任镜湖医院的总理，捐办义学多处。十六年（1890）获授基督骑士勋章，二十年（1894）获授圣母勋章。（郭文安）

卢华绍　见"卢九"。

梅宗周（Moy Dong Chow, 1848—1927）美国侨领。广东新宁（今台山）人。清光绪二年（1876）从旧金山到芝加哥，成为当地第一位记录在册的华裔。后将其兄弟梅宗凯、梅宗瑀从家乡台山接来，梅氏三兄弟经营的兴隆

梅宗周

记（Hip Lung Yee Kee），零售批发南北干货、日用杂货、唐山绸缎、茶叶药材、家具古玩，其启动资金与人员雇用，均依赖跨国族裔网络，成为芝加哥早期华社商业与社交活动的中心。清政府为表彰其在异乡创业之功，赐顶戴花翎。二十至三十二年（1894—1906）间，芝加哥致公堂、安良工商会、中华会馆、梅氏总公所的成立，其是重要组织者。宣统二年（1910）三月，中华会馆成立大清朝海外居民学校（The Qing Dynasty Overseas Residents' School），任首任校长。（易淑琼）

梅伯显（Moy Back Hin, 1848—1935）美国侨领。字宗英。广东新宁（今台山）人。清同治七年（1868）移民美国俄勒冈州波特兰（Portland），先为普通劳工，后为一名法官雇用，采纳法官商业建议，从事中美间进出口贸易和劳务经纪业务，成为美国西北部华侨巨富之一。

梅伯显

光绪三十二年（1906）被清驻美大臣梁诚派充担任波特兰代办领事，三十四年（1908）被驻美大使伍廷芳委任为中国驻波特兰名誉领事。在波特兰当地以英文名Charley Twin Wo为人所知。为人忠厚，热心侨务，与商人颜显炎、张敦培和谭成在波特兰建立模仿中国的传统学校，租用教室授课。1930年经济危机时破产。1933年被国民政府委任为中国驻波特兰代理领事。（易淑琼）

邓世昌（1849—1894）　海军爱国将领。原名邓永昌，字正卿。广东番禺龙导尾乡龙珠里（今广州海珠区龙珠直街龙延里2号）人。清同治六年（1867）考入福州船政学堂，为第一届毕业生。擅长测量驾驶。先后担任"海东云""振威""镇南""扬威"各舰管带。光绪六年（1880）调至北洋水师，随丁汝昌赴英购铁甲舰。八年（1882）奉命率舰泊朝鲜仁川，旋升参将。十三年（1887）赴英、德接收订购的"致远"等4舰，回国后升北洋海军中军中营副将兼"致远"舰管带。次年擢总兵加提督衔。十五年（1889）补北洋舰队中军中营副将。二十年（1894）中日甲午战争爆发，八月十八日黄海海战中率"致远"舰全舰将士英勇抗敌。军舰受重创，弹药耗尽，下令撞击日舰"吉野"号，被鱼雷击中，与全舰200余官兵壮烈殉国。谥壮节，追赠太子少保，入祀昭忠祠。（刘世红）

邓世昌

邓永昌　见"邓世昌"。

黄士陵（1849—1908）　篆刻家。黟山派创始人。字牧甫、穆甫，号倦叟、黟山人。安徽黟县人。清光绪八年（1882）到广州，为名流刻印。十一年（1885）在广州将军长善及其儿子志锐推荐下，赴北京国子监学习，研习金石。十三年（1887）广东巡抚吴大澂邀其至广雅书局担任校刻，为两广总督端方辑刻金石图籍。校书之暇，亦为张之洞、梁鼎芬、潘兰史、黄遵宪、康有为等粤中名流刻印。大部分篆刻作品在岭南创作，所开创的篆刻流派黟山派，亦称"岭南派"。（莫俊）

黄士陵

陈华顺（1849—1913）　武术家。广东顺德（今佛山顺德区）人。清同治元年（1862）到佛山镇米铺打工。初由李华教授咏春拳的小念头、寻桥与标指，后随佛山梁赞学习四门拳，传授小练、大练、寻桥、标指、红沙手、伏虎拳、花拳、佛掌、行者棍、拦门寨刀、六点半棍法等多种拳械功夫。跟随梁赞学习医术，常为梁赞代诊。光绪三十年（1904），自设跌打医馆。后收陈孔大、何汉侣、吴小鲁等为徒。后与吴仲素合作开缸瓦铺，收吴仲素为徒。61岁，收叶问为徒。（马晟）

庄延龄（Edward Harper Parker，1849—1926）　又译爱德华·哈珀·帕克。汉学家。英国利物浦人。1869年来华，在天津、汉口、广州、福州、温州等地任英国驻华使馆领事、翻译等。1894年返回英国。1901年兼任维多利亚曼彻斯特大学首席汉文教授。在华期间学习并研究汉语及方言，1880年出版《新粤语词汇》（*New Cantonese Words*），1892年与翟理斯合作出版《华英字典》（*A Chinese-English Dictionary*）。（梁施乐、邵慧君）

爱德华·哈珀·帕克　见"庄延龄"。

卢乃潼（1849—1927）　中医学家、教育家。字清辉，号梓川。广东顺德（今佛山顺德区）人。拜入陈澧门下。清光绪七年（1881）补博士弟子员（一说举人）。历任广东谘议局议长、广东省教育会会长、广雅书院（广雅中学）院长、广州中学（羊城、越华两书院合设）校长、广东中医药专门学校（广州中医药大学前身）首任校长。其最大成就是推动广东的中医药教育，作为中医药学校省港筹办处主席，推动创办广东中医药专门学校，凝聚人才，组织编撰广东中医药专门学校教学大纲、教材和讲义，推动筹建广东中医院。工骈文，擅长欧体。（周红黎、张书河）

卢乃潼

新华（1849—1927）　粤剧演员。原名邝殿卿，一作邝达卿，字敬偕。广东开平人。演武生，兼擅编剧，作有粤剧《苏武牧羊》《李密陈情》等。清廷因粤剧艺人李文茂参加广东天地会起义，禁止粤剧演出，并毁其同业组织琼花会馆。光绪年间经过其力争，重建同业组织，更名八和会馆，推为会首。首本戏有《苏武牧羊》《太白和番》《李太白醉倒骑驴》《李密陈情》《刘备过江招亲》《六郎罪子》等。擅演白袍戏，尤以靴底功见长，在《六国封相》中扮演公孙衍，表演坐车时能够将拗腰、抛须、晒靴底等功夫运用得出神入化，被誉为"通行第一"。演出《苏武牧羊》"猩猩追舟"一场，首创"恋檀"腔；在《杀子报》中设计的念白既多又好，开了粤剧念白之风。（李静）

邝殿卿　见"新华"。
邝达卿　见"新华"。

梅光达（Mei Quong Tart，1850—1903）　澳大利亚侨领、企业家。广东新宁（今台山）人。清咸丰九年（1859）赴澳大利亚新南威尔士州谋生。先在杂货店当杂工，后被金矿场主辛普森夫妇收为养子，成为金矿股东。同治十年（1871）入英籍。光绪八年（1882）在悉尼开设商行，专营中国丝绸、茶叶，并开设多家中国茶楼及餐馆。九年（1883）先后被聘为贝尔司城公立学校校董、新威尔士州调查会委员。吁请清政府与英国交涉，督其严守中英条约、设立领事馆，为赴澳华人提供方便，保护在澳华侨权益。先后三次回国探亲、考察商务、拜见清朝官员，反映澳洲华人诉求。十三年（1887）、二十三年（1897）清政府先后授予军功五品衔（赏戴蓝翎）及四品军功牌。二十八年（1902）被清政府任命为首任驻澳大利亚总领事。同年获市长奖，是获此荣誉的首位华人。热心公益慈善，多次向学校、教会、慈善机构等捐款。其事迹被载入《澳大利亚名人大辞典》《澳大利亚百科全书》。（景海燕）

梅光达

马云亭（1850—1929）　伊斯兰教教长。原名马金龙，以字行。云南玉溪人。清光绪二十七年（1901）来粤办学，任怀圣寺伊玛目及经学堂教师，亦执教于南胜寺。以革新思想、宽容

态度传承云南经学，符合当时广州新旧思想交替的状况，得到广东都督龙济光及云南穆斯林统领纳顺鸿、马存发等扶持。（马建春、李蒙蒙）

马金龙　见"马云亭"。

王隐林（1850—？）　武术家。侠家拳宗师。又名王飞龙。广东十虎（陈铁志、黎仁超、王隐林、黄澄可、苏黑虎、黄麒英、周泰、谭济筠、苏灿、梁坤）之一。广东肇庆人。年少时拜星龙长老练习正宗少林拳法近10年，并归纳总结创立侠家拳，取"行侠仗义"之意。离开少林寺后在北方开设镖局，因是非惹了官员逃回广东，改名王隐林，意为武林中的隐者。晚年，在广州黄沙存善大街开设武馆传授侠家拳谋生，有徒7人，徒弟在侠家拳基础上发展出白鹤派、喇嘛派。促进侠家拳在广东的传播与发展。（孟田）

王飞龙　见"王隐林"。

张煜南（1851—1911）　印尼侨领、实业家。号榕轩。广东嘉应州（今梅州）松口人。少年时，因家贫中途辍学经商，在松口镇做米谷生意，因经营亏损，只身到巴达维亚（今印尼雅加达）谋生。初投奔张振勋门下，后自立门户，转到苏门答腊棉兰地区发展。清光绪四年（1878），与张振勋合资开办笠旺公司，垦荒种植橡胶、咖啡、椰子和茶叶，后又合伙开设日里银行、万永昌商号。经过10余年的经营，成为棉兰地区华侨首富。荷兰殖民者先后委其为华人雷珍兰和甲必丹职衔。二十一年（1895）出任清政府驻槟榔屿副领事。二十九年（1903）向清廷提出并投资修建潮汕铁路。三十二年（1906）铁路正式通车，为中国历史上第一条民营铁路。清廷授予其三品京堂候补，提升为考察南洋

商务大臣。（沈毅秦）

郑智勇（1851—1935）　泰国侨领。乳名郑义丰，族名郑礼裕，别号海涛。祖籍广东海阳（今属潮州潮安区），出生于泰国。幼年回籍，清同治二年（1863）返暹罗（今泰国）谋生。后加入洪门会党，当上第二把手，人称"二哥丰"。20世纪初，适逢暹罗政府开放赌博，取得开办"花会长"的经营特权。将业务拓展至出入口贸易、航运、银行、碾米、印刷和报馆领域，在香港、厦门、汕头以及日本、新加坡等地分设商业机构。光绪三十一年（1905）倡建华暹轮船公司。乐善好施，支持中国民主革命，三十四年（1908）孙中山到暹罗，竭诚相迎并捐资相助。在潮州，捐资修建潮州韩江堤岸，兴办潮州福音医院和智勇高等小学，修筑石灰路。在泰国，1910年参与创建报德堂，捐资兴办红十字会、天华医院以及新民、培英、华英等华校。20世纪初，捐资在曼谷市区各条沟渠间架设桥梁和街道路灯。暹王赐封他坤伯头衔，并以郑氏命名一条马路为郑差哇呢路。民国成立后，捐5万元支持国民政府，捐100万元支持广东都督府。病逝于曼谷。（沈毅秦）

叶绣华（Yett Soo War Way Lee，1852—1909）　澳大利亚侨领。广东东莞人。清同治十三年（1874）赴澳大利亚，先后在悉尼、布里斯班求学。光绪四年（1878）在阿德莱德成立维利公司（Way Lee & Co.），主营茶叶、烟花、瓷器、中药等进口业务。八年（1882）入英籍。十三年（1887）清政府授予四品官衔。参与争取华人权益运动，十四年（1888）向新南威尔士州和维多利亚州政府提出上诉，要求免除对中国移民征收的人头税。热心公益慈善，多次为阿德莱德的医院及慈善活

动捐款，参与创建华人慈善组织东义堂及东莞义家。十五年（1889）倡导成立中国饥荒救济委员会，为中国的水灾和饥荒受害者筹款。三十二年（1906）当选为保皇会阿德莱德分会会长。宣统元年（1909）被清政府任命为驻南澳大利亚副领事。（景海燕）

纪多纳（Donald MacIver，1852—1910）　又译麦爱华、马西伟。基督教传教士。英国普利茅斯人。1879年前往潮汕地区传教。最初居住在揭西县五云镇上洞村，后迁至五经富区（今揭西县五经富镇），以此作为传教中心。热心公益事业，相继建立福音医院、观丰书院（神学院）、道济学校（男校）等，为当地文化、教育、卫生医疗事业作出贡献。传教时到访粤东和闽西的客家人聚居地，收集客家方言材料。1905年在当地人彭景高帮助下出版《客英词典》（*A Chinese-English Dictionary: Hakka-dialect, as Spoken in Kwang-tung Province*），1926年与玛坚绣（M. C. Mackenzie）、彭景高、黄少岳一起增补修订出版第二版。（梁施乐、邵慧君）

麦爱华　见"纪多纳"。
马西伟　见"纪多纳"。

张德容（1852—1922）　西秦戏演员。广东惠阳（今惠东）人。14岁从艺，习花旦，顺太平科班后期出身。清光绪二十一年（1895）前后执教于新顺太平科班，培养文生何玉，武生张彬、亚戌，正旦张汉标、刘松、赵南，花旦陈益、刘青、覃灶，红面黄砍、曾永祝，公末苏石连等一批名伶。被西秦戏艺人尊称为德容公。（刘红娟）

简朝亮（1852—1933）　经学家。字季纪，号竹居。世称简岸先生。广东顺德（今佛山顺德区）人。20岁中秀

才，后屡不得中举。师从朱次琦潜心治学，讲学顺德读书山堂，践行九江四行五学、兼采汉宋、经史互证学旨。是晚清民初重要的经学家，九江学派传承者之一，门人邓实、黄节承其学。著有《尚书集注述疏》《论语集注补正述疏》《孝经集注述疏》《礼记子思子言郑注补正》《毛诗说习传》《酌加毕氏续资治通鉴论》《朱子〈大学〉章句释疑》《读书堂集》《读书堂集续》《读书草堂明诗》等；编有《所托山房诗集》《朱九江先生集》《顺德简岸简氏家谱》《粤东简氏大同谱》等。（李辰）

简岸先生　见"简朝亮"。

戴鸿慈（1853—1910）　字光孺，号少怀，又号毅庵。广东南海大同绿涌村（今佛山南海区西樵镇大同社区二村）人。清光绪二年（1876）进士。以编修督学山东、云南。后复充云南乡试正考官。中日甲午

戴鸿慈

战争时，连疏劾李鸿章误国，要求严惩。《马关条约》签订后，又奏审敌情以固邦交、设军屯以实边储、开煤铁以收利权等，迁侍讲学士，继擢刑部侍郎。二十八年（1902）改户部侍郎。三十一年（1905），作为五大臣之一出使欧美考察政治，擢礼部侍郎。归国后倡言和参与筹划预备立宪，得采纳。主持司法改革，改刑部为法部，首任尚书，终结中国数千年司法与行政不分的状况，奠定实行司法独立的制度架构。提倡中国要富强，必须"固边疆""振兴实业"及开矿、兴学、修铁路等。后由厘定官制大臣升任法部尚书、军机大臣。清末具有开放思想和政治眼光的重臣。著有《出使九

国日记》《列国政要》《欧美政治要义》等。（陈柳）

谭杰生（1853—1929）　朝鲜侨领。名谭以时，以字行。广东高要（今肇庆高要区）人。早年赴上海谋生，清同治十三年（1874）到朝鲜，在汉城（今首尔）水标桥附近开办同顺泰商号，经营进出口贸易与批发零售业务。后陆续在仁川、釜山、元山、镇南浦、群山乃至上海、广州、香港、长崎等地开设分店联号。光绪二十年（1894）后，经营范围扩展至金融业、船运业、房地产租赁业。长期领导朝鲜华侨社团，历任汉城广帮董事、汉城中华商务总会会长、汉城中华商务总会特别会董、旅韩广东同乡会会长。1925年任汉城华侨小学校长。2019年广东人民出版社出版周湘、柏峰主编《韩国首尔国立大学藏同顺泰号文书》。（卢玉敏）

谭以时　见"谭杰生"。

吴道镕（1853—1936）　学者。原名吴国镇，字玉臣，号用晦、澹庵。广东番禺（今广州番禺区）人。早年就读于广州应元书院，清同治十三年（1874）主讲应元书院。光绪元年（1875）举人。六年（1880）进士，授翰林院庶吉士。十二年（1886）授编修。以讲学终身。历任潮州韩山书院、金山书院、惠州丰湖书院、三水肆江书院等主讲，任学海堂学长。三十年（1905）废科举，改广雅书院为两广大学堂，旋改广东高等学堂，任监督（校长），后又任学部谘议、广东学务公所议长。辛亥革命后杜门著述，与汪兆镛、张学华等寄居港澳，在澳门设莲峰陶社，定期雅集。工诗文、书法，擅编修。广搜粤地文章，所编文献考证翔实；其文风淡远，取史汉诸子精华发为文章；其书法承柳楷、隋碑，结体稳健。历20年编定

《广东文征》《广东文征作者考》。主修《番禺县续志》《海阳县志》。著有《澹庵诗存》《澹庵文存》《明史乐府》，书法作品以《屈翁山先生墓碑》著名。（翁筱曼）

吴国镇　见"吴道镕"。

法明道（1854—1911）　伊斯兰教学者。号桂庭。回族。甘肃河州（今临夏）人。读经传道，游学四方，前往麦加朝觐，是一位"可敬的教法学家，正宗的传道士"。卒于广州。葬广州清真先贤古墓旁。（马建春、李蒙蒙）

孙眉（1854—1915）　字德彰，号寿屏。广东香山（今中山）人。孙中山长兄。清同治十年（1871）赴檀香山做工，后在茂宜岛租地发展畜牧业，兼营商业，雇有大批工人，被称为"茂宜王"。光绪四年（1878）接孙中山赴檀并助其入学读

孙眉

书。二十年（1894）孙中山在檀香山创立兴中会，其是最早会员之一，被推为茄荷雷埠（Kahului）分会主席。二十一年（1895），孙中山筹划广州起义，其贱卖农场牲畜，以捐充军饷。广州起义失败后，鼓励孙中山继续革命。三十三年（1907）结束其在檀香山的全部经营，举家迁居香港九龙。以经商为掩护，筹集经费，发展同盟会组织。宣统元年（1909）参加筹备广东新军起义，在九龙一带联络会党。宣统三年（1911）潜行至广州湾。武昌起义后，组织民军响应，光复雷州半岛。民国成立后，广东部分士绅力举其出任广东都督，听从孙中山建议，婉拒从政。在家乡开办中山合胜公司，提倡实业，以裕民生。1913年讨袁失败后移居澳门。病逝于澳门。（易淑琼）

潘立斋（1854—1926） 印尼侨领。广东嘉应州（今梅州）南口镇侨乡村人。19岁辍学赴海南、广州和梧州等地以刻印为生。两年后，乘木船南渡荷属爪哇巴城（今印尼雅加达）。初受聘为店佣，后独自经营小商店。其间与同乡合资开设增兴公司，与堂侄潘祥初在香港合资开办一间兼营出口、汇兑和旅店的商号万通安记，在巴城创办纮昌号。在巴城、孟加锡、日本以及中国澳门等地开设数十间商号，被公推为巴城中华总商会会长。清光绪二十六年（1900），与丘燮亭、梁映堂等人在巴城八帝贯成立中华会馆。二十七年（1901），与中华会馆同人捐资开设中华学堂，出任学堂董事。二十八年（1902），与潘祥初在家乡寺前村共建毅成家塾（今南口镇安仁学校），是梅县最先建立的新式小学之一。同年，因乐助国家海防经费，被奖叙知县，晋京引见，被派到福建六府办理赈济捐务。三十三年（1907），率中华学堂部分毕业生归国，在南京暨南学堂接受教育，开创华侨子弟回国求学的先河，保升同知。在家乡建有德馨堂围龙屋。（沈毅泰）

富马利（Mary Hannah Fulton，1854—1927） 基督教新教美国长老会传教士、医生。出生于美国俄亥俄州阿什兰。1880年进宾夕法尼亚女子医学院学习，获医学博士学位。1884年，受基督教美国长老会差遣，来到广州博济医院工作，后到广西桂平行医传教。中法战争爆发后，回到广州，先后在广州四牌楼、同德街、花地开办诊所。1897年接管博济医院女病区工作，并在博济医校任教。1899年，在广州西关创办广东女医学校（堂），为广东最早的女医学校。1900年，长老会一支会礼拜堂在西关多宝大街尾落成，借用该堂首层作校舍，广东女医学校（堂）正式挂牌。1901年建成广东女医学堂附属医院柔济妇孺医院。1902年，学校得到美国人夏葛的捐款，在广州西关逢源西街尾重建校舍，命名为夏葛女子医学校。1904年，建成护士学校。1915年，离开广州到上海，全职翻译医学书籍。1917年离开中国。（周红黎、张书河）

赖马西（Mary West Niles，1854—1933） 基督教新教美国长老会传教士、医生。出生于美国威斯康星州。1882年从妇女医学院毕业后，被长老会海外传教会任命为派往广州的传教医师。同年10月到广州，在博济医院工作，分管医院的女病区。1885年，在广州十三行由长老会创办的诊所出诊，诊治妇科疾病。在博济医校主讲妇科学和产科学，推广新法接生，培养中国女性医疗护理人才，推动中国妇产科学的发展。1891年创办广州市最早的盲人学校明心书院，也是中国最早的盲人学校之一。1928年，返回美国。（周红黎、张书河）

黄焕南（1856—1936） 实业家。又名黄珠，字绰辉。广东香山（今中山）人。16岁在米铺当学徒，17岁到澳大利亚悉尼苏兴隆杂货店当杂工。清光绪九年（1883）年后与人合开广生和杂货店，后扩展为百货商店。1913年回国创业，受马应彪之邀，投资先施公司，被聘为广州先施公司司理。1917年10月20日，与马应彪等人合办的上海先施公司开业，为上海第一家大型民族资本百货企业，出任董事兼首任正司理。1923年与澳大利亚侨商李敏周合作，创办新新公司，与先施、永安、大新合称上海"四大百货公司"。（郭文安）

黄珠 见"黄焕南"。

俾士（George Piercy，1856—1941） 教育家。因与父亲俾士同名，早年又称小俾士。出生于广州，童年在广州接受教育。1864年回英国，后就读于伦敦大学。1874年，担任广州同文馆英文教习。1876年赴日本短期进修。1877年任香港中央书院（今皇仁书院）助理校长。1878年任曰字楼男女馆（即拔萃男书院前身）校长。1917年秋辞职。次年携眷定居加拿大。（吴青）

小俾士 见"俾士"。

娘青（1857—1897） 白字戏演员。艺名荔枝旦。广东海丰人。12岁开始在陆丰新双喜班学戏，习花旦。出师后在海丰东笏喜福顺班担正印花旦。长相甚好，肤色洁白，形似女性。在《秦雪梅》中扮演大娘一角，唱做俱佳。时人有云："拼生拼死，要看娘青咬指记。"（詹双晖）

陈娏（1857—1907） 白字戏演员。外号塌鼻娏。广东海丰人。武生出身，后在沙港白字老荣顺班做教戏先生，兼任武生，培养名花旦朱佛妹、净角陈扇等。（詹双晖）

莫辉熊（1857—1933） 壮族。广东连南三江墟人。排行第五，习称莫老五。光绪末年毕业于广东陆军速成学校，后加入同盟会，回乡进行秘密革命活动。清宣统三年（1911）九月二十六日集合革命党人李干山、何冀洲、何次权、陈讯、丁祐叟、杨芝泉及其师兄弟等数10人举行三江光复起义，成立连山都督府，自任连山县都督。1912年初改任连阳三县民团总长、绥瑶军统领，兼任连县游击管带。1921年出任连县县长，历任钦县县长、海疆军团长、粤军统领、广东警卫军第一独立旅旅长。1924—1926年间推行孙中山"三民主义"，于1926年3月15日召集三江附近瑶胞集会，亲自在会上演讲三民主义。1925年主持拆除三江老城东门内的武庙（关帝庙），将材料移用建筑中山公园、中山纪念堂及

三江圩亭。1928 年出任连阳化瑶局局长。1929—1933 先后奉委筹建中国国民党连县、连山县党部，为三江地区实力派首领。1933 年 11 月被国民政府捕杀。主编有《化瑶杂志》。（叶远飘）

谢宝山（Aurelio Pow San Chia，1857—1939）　秘鲁侨领。广东香山（今中山）人。清光绪十年（1884）赴秘鲁经商，十五年（1889）在利马创办宝隆公司，任总经理，经营本国土产批发生意，进口中国丝绸和欧美各国货品。与秘鲁女子结婚，融入秘

谢宝山

鲁社会，对秘鲁慈善事业多所支持。获秘鲁总统奥古斯托·莱基亚·萨尔塞多（Augusto Leguía Salcedo）授予的荣誉勋章，是获此勋章的第一位华侨。争取和保护侨胞的利益，历任侨报《公言报》董事局局长及中山会馆、利马同升会馆、华商协会、秘鲁中华通惠总局等侨团领导人。在侨界德高望重，被誉为"无头衔的领事"。（易淑琼）

刘锦浓（1858—1925）　园艺专家。又名刘金缵。广东新宁（今台山）人。自幼随母亲学习果树嫁接、人工授粉等技术。清同治九年（1870）赴美国旧金山做童工，后在佛罗里达州德兰镇从事培植新品种的试验，将地中海甜橙与晚熟的哈特橙两次杂交，于光绪十四

刘锦浓

年（1888）培育出适合当地气候、品质优良的橙子"刘橙"（Lue Orange）。以及大粒无核的葡萄、感恩节后才成熟的桃子、奇香大个的柚子、橙红色杨梅、良种番茄等，被称为"植物魔术师"。

1911 年被美国果树栽培学会授予怀尔德银质勋章，成为该学会成立以来在果树栽培学上首次获此殊荣的华人。德兰镇商会及佛罗里达州的果农集资为他刻像、立碑留念。1933 年芝加哥世界博览会和 1939 年纽约世界博览会上安放了他的半身塑像。被美国民众称为"中国的伯班克"。（倪根金、刘安壕）

刘金缵　见"刘锦浓"。

康有为（1858—1927）　思想家、维新派领袖，后为保皇会首领。原名康祖诒，字广厦，号长素，又号明夷、更生、西樵山人、游存叟、天游化人。广东南海（今佛山南海区）丹灶苏村人。清光绪五年（1879）开始接触西方文化。十四年（1888），第一

康有为

次上书清帝，建议变成法、通下情、慎左右，以图中国富强。十七年（1891）在广州长兴里设立万木草堂，收徒讲学。二十一年（1895）进士。会试前，闻《马关条约》签订，联合各地应试举人上万言书，即公车上书。要求拒签和约，变法图强。中进士后，授工部主事，未就职。在京创办《万国公报》（后改为《中外纪闻》），组织强学会，创办《强学报》《时务报》等，倡导维新变法。二十四年（1898）在北京成立保国会，在翁同龢、徐致靖等人支持下，被光绪帝召见，被任命为总理衙门章京。戊戌变法失败后亡命海外，周游欧美列国，组织保皇会，鼓吹君主立宪和开明专制，反对民主革命。辛亥革命后反对共和，任孔教会会长。1917 年与张勋拥立废帝溥仪复辟，旋在北洋政府讨伐下失败。晚年居青岛，始终宣称忠于清朝。早期思想强调"变"为主，

提出"能变则变，不变则亡；全变则强，小变则亡"。著有《新学伪经考》《孔子改制考》《大同书》等。2007 年中国人民大学出版社出版姜义华等主编《康有为全集》。（刘世红）

康祖诒　见"康有为"。

朱淇（1858—1931）　报人。字季箴，原字篆孙、篆生、篆苏。广东南海（今佛山南海区）九江下西太平村人。清光绪三年（1877）秀才，后弃举业，专习经史。结识孙中山和康有为，加入兴中会。二十一年（1895）孙中山策划广州起义，受命起草讨满檄文，被怀疑泄密。后经营报馆，宣传革命。次年在广州创办《岭学旬报》《岭海日报》。又在青岛创办《胶州日报》。二十四年（1898）任广州《岭学报》撰述，二十六年（1900）在香港创办《通报》，三十年（1904）在北京创办《北京报》，三十三年（1907）改名《北京日报》。武昌起义后，敦促张绍曾、吴禄贞两军发难，迫使清廷颁布"十九信条"。1915 年拒绝袁世凯收买《北京日报》。晚年潜心儒释道经典研究。（柏峰）

刘兴（Lew Hing，1858—1934）　美国罐头业和华资银行开创者。字儒玲。广东新宁（今台山）人。清同治十年（1871）赴美国旧金山谋生。入教会学校肄业。与美国人贝林戈尔（Belingol）合资开设一小型罐头厂。光绪三十年（1904）在奥克兰开设太平洋岸罐头公司（Pacific Coast Canning Co.），生产各种水果蔬菜罐头。第一次世界大战期间，配合美国救济欧洲人计划，罐头食品远销欧洲各地。三十二年（1906）为湾区地震灾民提供临时庇护所，向无家可归的人开放罐头厂，雇用厨师提供饭菜。三十三年（1907）创立加州广东银行。同年拓展酒店业务。宣统二年（1910）从

事进出口业务。1915年与陆蓬山、陆润卿等组织中国邮轮有限公司（China Mail Steamship Co. Ltd.），经营中美间横渡太平洋的航运。1916—1921年在墨西哥的墨西卡利（Mexicali）开办棉花种植园。1917年又在加州蒙特利尔市开设罐头厂，生产罐装沙丁鱼。1928年，在加州安提阿的圣巴勃罗湾沿岸（San Pablo Bay in Antioch）建立第四个罐头厂，即西海岸罐头公司。在奥克兰创办龙冈新义公所，协助流离失所的宗亲重建生活。（易淑琼）

潘飞声（1858—1934） 诗人、书画家。南社社员。南社四剑（潘飞声、傅君剑、高钝剑、俞剑华）之一。字公欢，一字赞思，号兰史、一号剑士，40岁后改字老剑，号独立山人、别署老兰。广东番禺（今属广州海珠区）人，祖籍福建龙溪。

潘飞声

早年从叶衍兰学诗词，以诗文词知名。其诗清响可听、空灵有致。光绪十三年（1887）赴德国东语学堂讲学。十七年（1891）回国，住在广州龙溪的花语楼。二十年（1894）冬，应聘为《香港华字日报》《实报》主笔。三十二年（1906）夏返回广州。三十三年（1907）在上海加入南社。擅临池泼墨，长于书法，善行书，苍秀遒劲，善画折枝花卉。著有《在山泉诗话》《说剑堂著书十四种》（含《老剑文稿》《西海纪行卷》《天外归槎录》《游萨克孙日记》《论粤东词绝句》《罗浮记游》《饮琼浆室骈文钞》《粤词雅》等），辑有《粤东词钞三编》。（李艳平）

尹士嘉（Oscar F. Wisner, 1858—1947） 基督教传教士。美国爱荷华州人。1895年被推举为广州格致书院（今中山大学前身）监督，1899年来华赴任。1900年因义和团运动影响，主持将书院迁至澳门，改名岭南学堂，1904年迁回广州康乐村。任职期间，采用全英文授课，提倡体育，培养出一批优秀人才，如钱树芬、陈廷甲、丁立显、杨愿公、高剑父等。1907年辞职回国。辛亥革命后，岭南学堂改名岭南大学。1924—1928年再次来华，任岭南大学文理学院院长。编有《教话指南》（Beginning Cantonese）。（谈泳琦、邵慧君）

姚德胜（1859—1915） 马来西亚华侨企业家。梅州八贤（宋湘、姚德胜、丁日昌、丘逢甲、张振勋、李惠堂、黄遵宪、罗香林）之一。又名姚克明，字峻修。广东平远人。童年在家乡私塾接受教育。19岁随水客到马来亚（今马来西亚），初在锡矿场当工人，后转往怡保矿场，不久改当小贩、开杂货铺。与陆佑、郑景贵等合作经营锡矿场，兼营酒税和典当税。资助霹雳、雪兰莪、森美兰等地创建嘉应会馆，任霹雳嘉应会馆会长10年，倡建霹雳中华总商会和矿务农商总会。支持怡保市政建设，清光绪三十二年（1906），捐资新建公路、店铺，分别被命名为姚德胜街和姚德胜市场，英皇颁赐"和平爵士"称号。先后在怡保出资创办育才学校和明德小学，在新加坡开办应新小学。在家乡平远设太平义仓，赈济饥荒灾民，创办芝兰小学，为平远中学修建新校舍。捐款赈济山东水灾灾民。清廷诰授资政大夫，赐建乐善好施石坊，门额书"资政第"。武昌起义后，汇款充作北伐军饷，孙中山颁予其一等嘉禾勋章。（王华）

姚克明 见"姚德胜"。

梁鼎芬（1859—1920） 诗人、学者。岭南近代四家（梁鼎芬、曾习经、罗惇曧、黄节）之一。字星海，字心悔，又字伯烈，号节庵，别号不回山民等。广东番禺（今广州番禺区）人。清光绪六年（1880）进士，入翰林院，

梁鼎芬

散馆授编修。中法战争时疏劾李鸿章，以妄劾罪降级调用。后入张之洞幕，十一至二十三年（1885—1897）先后受聘惠州丰湖书院院长、肇庆端溪书院山长，后调广雅书院、岳州书院、钟山书院、两湖书院。后在湖北协助张之洞推行新政，受倚重。参与议定上海强学会章程，担任《昌言报》主笔，攻击康有为、梁启超变法主张。二十七年（1901）为武昌知府，历署盐法道，授安襄郧荆道。三十二年（1906）授湖北按察使，兼署鄂藩（湖北布政使）。宣统三年（1911），委为广东宣慰使。任末代皇帝爱新觉罗·溥仪的老师，被授予"毓庆宫行走"。诗颇负时名，多慷慨愤世之作。陈衍《石遗室诗话》评曰："肆力为诗，时窥中晚唐及南北宋诸名家堂奥，佳处多在悲慨、超逸两种。"后人先后辑《节庵先生遗诗》《节庵遗诗续编》《节庵先生遗稿》《节庵先生剩稿》等。（唐瑶曦）

张康仁（Hong Yen Chang, 1859—1926） 律师。广东香山（今中山）人。清同治十一年（1872）被选为清政府首批留美幼童，入读康涅狄格州哈特福德公立中学（Hartford Public High School），光绪五年（1879）进入耶鲁学院（Yale College），七年（1881）随留美幼童一起被召回国。后又回到美国，进入哥伦比亚法学院学习，十二年（1886）毕业后受聘于清驻纽约领事馆。十四年（1888）获准参

加美国纽约州律师协会，成为首位在纽约州执业的华人律师。十五年（1889）获准成为夏威夷王国执业律师。十六年（1890）加州高等法院援引联邦和州政府法律不承认其美国公民身份，否决其加州律师执照申请。十七年（1891）任清驻三藩市领事馆法律顾问。二十一至三十三年（1895—1907），任职日本横滨正金银行（Yokohama Specie Bank of Japan）旧金山分行。1910—1914年间，先后在中国驻华盛顿使馆、中国驻温哥华领事馆任职。1913年，耶鲁大学授予他1883届学士学位。1916—1917年间，先后任中国留学英美海军学生经理员、伯克利中国海军学生教习。1920年退休。旅美华侨中开展反对种族歧视、争取华人在美公民权斗争的先驱者。2015年3月16日，被加州高等法院追认为加州律师。2021年1月1日起，哥伦比亚法学院中国法律研究中心更名为张康仁中国法律研究中心。（易淑琼）

丘燮亭（1859—1930） 印尼侨领、企业家。又名丘亚凡。广东嘉应州（今梅州）人。17岁随亲戚去巴达维亚（今印尼雅加达），初当勤杂，后与友人合资创办联兴公司经营米业，后转为独资经营，创办粮食加工厂、巴达维亚银行等企业。荷印殖民政府委任其为华人甲必丹。清光绪二十六年（1900），巴达维亚中华会馆成立时，被推举为副总理，对馆办的中华、义成两所华文学校多有赞助。发起成立巴城中华商会，担任首任会长。出资支持孙中山领导的民主革命，获国民政府颁发四等和三等嘉禾勋章。热心文教事业，早年在家乡建立时习轩，供青少年读书识字。20世纪初，捐资创办三堡学堂（今丙村中学）、永捷高等小学。1913年与叶子彬等乡贤在梅城创办私立东山中学。20世纪20年代，捐资支持暨南大学

兴建校舍及充实图书、教学仪器设备。（王华）

丘亚凡 见"丘燮亭"。

显奇（1859—1932） 僧人。名春亭，字吉祥，俗姓陈。福建漳浦人。年轻时到香港经商，定居香港。设置斋堂，劝人去恶从善。初信道教先天道，主持青山道教纯阳宫。民国初年，受香港观音山凌云寺妙参法师及高鹤年居士化导，改信佛教。1922年赴浙江宁波观宗寺，受戒于天台宗谛闲禅师，正式饭依佛门，法名得真，字显奇。回香港后，改纯阳宫为青山寺，为该寺开山住持。1925年在青山寺山脚下创立青山佛教义学，收容附近农村清贫学生上百人，是香港佛教乡村教育的首倡者。1926年开第一次戒坛，后来多次邀名山大德讲经说法，推广佛学。与张纯白居士募化兴建大雄宝殿，扩建青山禅院，修建地藏殿、方丈室、居士林、藏经阁等，使青山寺成为香港佛教圣地。示寂于香港青山寺。（罗志欢）

张其淦（1859—1946） 学者、诗人。本字汝襄，改字豫泉（亦作豫荃、寓荃），晚号罗浮豫道人、岭南迁叟。广东东莞人。清光绪五年（1879）中举，后入广州学海堂、菊坡精舍，为陈澧弟子。二十年（1894）恩科进士，选翰林院庶吉士。散馆后授山西黎城知县，曾任山西巡抚府文案、安徽候补道员。宣统二年（1910）授荣禄大夫，赏戴花翎，后改安徽提学使。辛亥革命后隐居上海。民国时期直隶督军朱家宝、袁世凯曾请出仕，均不就。晚年创办和投资实业。治学严谨，经、史、子、集均有

张其淦

涉猎。对乡邦文献整理亦有贡献。著有《邵村学易》《洪范微》《左传礼说》《春秋教旨》《春秋持平》《老子约》《庄子旨归》《孟子学说》《读列随笔》《两汉史论》《松柏山房骈体文钞》《梦痕仙馆诗钞》《五代咏史诗钞》《元代八百遗民诗咏》《明代千遗民诗咏》《吟芷居诗话》等。辑有《东莞诗录》。（张贤明）

关约翰（John Myers Swan，1860—1919） 基督教传教士。出生于美国俄亥俄州格拉斯哥。1885年到广州，在博济医院工作。1887年，为嘉约翰医生助手。1899年，正式主管博济医院和博济医院所办西医校。在其领导下，博济医院所办西医校建成为现代化正规高等医科院校，1902年建成新校舍，1904年9月，改称为南华医学堂，为中国近代最早开办的一所西医高等院校。1914年离任博济医院院长后，在广州开设私人医院。1919年离开中国。（周红黎、张书河）

张鸿南（1860—1921） 侨商。号耀轩。广东嘉应州（今梅州）松口人。清光绪五年（1879）追随兄长张煜南到印尼棉兰，被兄长委任为其企业的总管，负责管理账目。后被委以棉兰雷珍兰（即华人首领），维护华侨权益，保持与殖民当局交涉。二十三年（1897），受张振勋委托代管其在东南亚的全部企业。二十四年（1898）与张振勋合资创办裕昌和广福两家远洋航运公司。为清政府筹募海军经费、筹办京师医局和赈济陕西、顺天、直隶一带的灾荒。二十九年（1903）发起筹建潮汕铁路，次年开始施工，三十二年（1906）正式通车，成为中国第一条由华侨投资兴建的商办铁路。宣统二年（1910）参与筹办中华银行。武昌起义后，捐款资助孙中山的革命事业。（郭文安）

杨海峰（1860—1927）　基督教牧师。字汝鳌。广东高要（今肇庆高要区）人。清光绪八年（1882）初次接触基督教。十三年（1887）受曹法选施浸，成为基督徒。十四年（1888）在广州学习神学兼任华人宣道堂传教。十五年（1889）参与筹建培正书院，任国文、史地教师，兼任行政。三十年（1904）在惠爱八约浸信会被按立为牧师。宣统三年（1911）任广州东山两广浸信会神道学校教职，培育传教人才。著译有《教会学》《基督宗教历史》《浸会体制》《喻道指南》等。（吴宁）

钟德（1860—1929）　清代广州富商孔继勋家中的家班瞽僮。俗呼为盲德，誉称为德师，同辈又称之为德叔。广东东莞人，世居广州。天资聪颖，随名师研习音律，格调出尘，嗓音清越，能通天际。孔家的座上文人以《红楼梦》故事为其填词度曲，如《黛玉焚稿》《宝黛谈禅》《潇湘听雨》《潇湘琴怨》《晴雯别园》《尤二姐辞世》《芦亭赏雪》《黛玉葬花》《夜访怡红》等，歌喉清亮，一唱三叹，满堂皆为销魂。报人劳纬孟将这些"红楼梦南音"汇集成刊，白莲选资助印成《今梦曲》。广州以文堂出版的南音《红楼梦》册子共有24曲。粤曲、南音成为市井百姓熟悉红楼梦故事的重要途径。璧架公司为其灌录有《祭潇湘》《晴雯别园》《潇湘琴怨》等南音唱片行世。（郑小龙）

盲德　见"钟德"。

陈也（约1860—1930）　正字戏演员。原籍广东海丰，入赘陆丰碣石杨家。工乌面，兼善丑行。演技高超，被誉为"戏状元"，正字戏历史上净行获此荣誉的唯一一艺人。（于琦）

冯平山（1860—1931）　泰国华侨企业家。又名冯朝安、冯康，字昆炎。广东新会（今江门新会区）人。15岁随叔父往泰国学习经商。清光绪八年（1882）回新会投资失败，后入川经商。20世纪初，将商业发展重点转移到香港，开办兆丰行，

冯平山

又在广州、香港以及越南等地开设银铺。1920年香港东亚银行成立，为该行大股东，成为香港第一代华人企业家、银行家。先后任香港保良局总理、团防局总理、新会同乡会顾问、新会商会副主席及董事、香港大学永远值理、香港圣保罗女书院建筑委员会委员、香港东华医药总理、香港华商总会值理等职。在新会、广州、香港等地热心文教公益事业，捐资兴学，修建图书馆。1925年，为纪念其父冯景堂，在新会兴建冯景堂图书馆。1932年落成的香港大学图书馆，因其出资出力筹建，命名为冯平山图书馆。清末被封为中宪大夫光禄寺署正，1925年被港英政府授予太平绅士衔。（王华）

冯朝安　见"冯平山"。
冯康　见"冯平山"。

王绍经（1860—1939）　新加坡侨商。广东琼海（今海南琼海）人。清光绪十年（1884）乘船前往马来亚（今马来西亚），最初靠贩卖篓叶为生，后经营布伞生意，开设土杂货店，代理煤油业务。第一次世界大战前夕，在新加坡、马来亚一带购置橡胶园、房屋、店铺，经营汇兑、房产、银行、保险等业务，当时新加坡12位名商之一。在新加坡捐资创办新加坡琼崖王氏祠堂，任首任总理，出任新加坡琼

州会馆主席和新加坡中华总商会董事，发起创办新加坡育英中学，捐建王绍经礼堂。在家乡经营侨批业，为华侨赡家侨汇办理汇兑服务，被清政府封为资政大夫。捐建乐会（今海南琼海）县立中学王绍经图书馆、王绍经水泥桥、海南医院。抗战时期，号召广大华侨捐资抗日，带头购买抗日公债票。（王华）

马应彪（1860—1944）　实业家。广东香山沙涌（今中山南区）人。清光绪六年（1880）到澳大利亚与父亲相会，在当地淘金，后经营菜园，又在英商店铺打工。十六年（1890）在悉尼创办永生公司，成为当地著名

马应彪

侨商。十八年（1892）赴香港经商。二十年（1894）在香港创立永昌泰金山庄，经销进出口货物。二十六年（1900），与蔡兴、马永灿、郭标等人集资在香港创办先施公司，担任司理。开办银行，开拓保险业务。投身教育和慈善事业，1915年开办香山第一所女子学校世光女子高等学校，同年西江水灾，派员往灾区赈济。1918年出任岭南大学首任华人校董，1921年出任岭南农科大学董事。（郭文安）

查尔斯·斯道顿（Charles W. Stoughton，1860—1945）　又译司徒敦。建筑师。美国纽约人。1889年毕业于哥伦比亚大学建筑系，1894年与兄弟 Arthur A. Stoughton 成立 Stoughton & Stoughton Architects 公司，设计战士及水手纪念碑（Soldiers and Sailors Monument，1902）、曼哈顿公理会教堂（The Manhattan Congregational Church，1901）等纽约地标性建筑。美国建筑师学会

（AIA）会员，纽约市政艺术协会（The Municipal Art Society of New York）理事及主席。广州岭南大学设计师，设计马丁堂（The Martin Hall），岭南大学附中第一、三寄宿舍，女生临时第一宿舍，格兰堂，高礼士屋等建筑。采用中西合璧式设计手法，为适应广州的炎热气候调整校园规划，为岭南城市与岭南教育留下宝贵的空间遗产。（彭长歆、顾雪萍）

司徒敦 见"查尔斯·斯道顿"。

叶春林（1860—1946） 花朝戏演员。广东紫金人。少年时读过私塾，青年时是有名神朝巫师，清光绪三十年（1904）前后，在神朝班的基础上，创建第一个花朝戏班定长春班。善演丑行，演出的《秋丽采花》《过渡》等剧目一直为后来的花朝艺人搬演。从艺40余年，收徒甚众。被认为是花朝戏的创始人。（刘红娟）

詹天佑（1861—1919） 中国铁路事业奠基人。字达朝，号眷诚。安徽婺源（今江西婺源）人，出生于广东南海（今广州荔湾区恩宁路十二甫西街芽菜巷42号）。清同治十一年（1872）首批官费留美幼童。光绪四年（1878）入耶鲁

詹天佑

大学，学习土木及铁路工程。香港大学法学博士。七年（1881）毕业，奉召回国，在福州船政局和广东博学馆任职。十三年（1887）年任唐胥铁路工程师。英国土木工程师学会和美国土木工程师学会会员。参与和主持修建京奉、京张、张绥、津沽、川汉、粤汉、滦河、津芦、萍醴等铁路，历任工程师、总工程师、督办。二十九

年（1903）受命修筑为慈禧太后祭陵的长约45千米的西陵支线，是中国工程师自建铁路的创举。三十年（1904）任京张铁路会办兼总工程师，所设计的"人"字形线路，为铁路修筑技术创新之作。次年兼任清廷归国学生考试副考官。宣统元年（1909）授工科进士。次年起，任粤汉铁路公司总理兼总工程师。1912年在广州创立广东中华工程师会，任首任会长。1914年以交通部技监任汉粤川铁路督办。辛亥革命后，任粤汉铁路公司会办。1917年任北洋政府交通部铁路技术委员会会长等。主持制定铁路建设技术标准，对全国铁路网的规划、勘测设计、施工，有开创之功。著有《京张铁路工程纪略》，编有《华英工学字汇》等。（刘世红）

徐华清（1861—1924） 医学家。号静澜。广东五华人。清光绪十年（1884）公费赴德国留学，获医学博士学位。回国后任教于香港皇仁书院，后在京津一带行医。北洋陆军军医学堂、陆军马医学堂创始人，培养了大批军医人才，被誉为"中国军医之父"。民国初年，任陆军军医总监（上将衔）和天津红十字会首任会长、中国红十字会总会首任理事长。（蓝韶清、薛暖珠）

罗传瑞（生卒年不详） 学者。字西林。广东南海（今佛山禅城区）南庄人。师从岭南大儒朱次琦，清光绪十一年（1885）举人，十五年（1889）进士。历任兵部主事、韶关相江书院山长。重视洋务及西学。甲午中日战争后上疏兴学改革，晚清中西政治制度比较研究先驱。著有《中外大略》《小湖山堂诗文集》等；编有《时务精粹六种》《范文正公政府奏议》《李忠定公奏议》《江陵书牍》等。（李辰）

李恩富（Yan Phou Lee，1861—1938）

美国华人社会活动家。广东香山（今中山）人。12岁被选为第二批官派留美幼童，进入霍普金斯学校，后被耶鲁大学录取。清光绪

李恩富

七年（1881）应召回国。十年（1884）重返耶鲁大学，十三年（1887）毕业，进入新闻界工作。针对当时的排华浪潮，发表演说，捍卫华人的权益，其在《中国人必须留下》中指出所有针对华人的不平等、压迫、种族歧视和美国的立国精神相左。为将声音传递到反华最为激烈的美国西部，十六年（1890）年底到美国西部争取华人权益。1927年回到中国，靠写作维生。在美国出版图书的华裔第一人。著有《我的中国童年》（When I Was a Boy in China，1887）。（易淑琼）

汪兆镛（1861—1939） 学者。字伯序，号憬吾，又号微尚居士、清溪渔隐。原籍浙江山阴（今绍兴），出生于广东番禺（今广州番禺区）。少随叔父汪瑔学于随山馆。清光绪十年（1884）

汪兆镛

选学海堂专课肄业。次年举优贡生，以知县用。十五年（1889）举人。两次会试皆落第，后在广东各州县为幕僚。延为两广总督岑春煊督府掌司奏章。岑春煊荐他任湖南知县，不就。民国后，迁居澳门，致力编修史志、教育事业。与陈三立、张元济等因诗成友。著有《孔门弟子学行考》《补三国食货志》《补三国刑法志》《元广东移民录》《老子道德经撮要》《澳门杂诗》《椶窗杂记》等。2015年广东人民出版社出版邓俊捷、刘心明编校《汪兆镛文

集》。（黄明喜、王林）

黄伯耀（1861—1939）　报人、文学家。字伯耀，号耀公，笔名有病国青年、公、伯、光、翟、耀、光翟、耀光、耀光翟等。广东番禺大桥乡（今广州荔湾区）人。清光绪二十七年（1901）在新加坡加入兴中会外围组织中和堂，任革命报刊《图南日报》编辑，后回香港参与《世界公益报》《广东日报》编辑工作，协助乃弟黄世仲创办《香港少年报》《中外小说林》等报刊，独自创办《社会公报》任总编辑兼督印。对近代报刊文学颇有贡献，在粤语方言写作理论和实践上有大胆探索。著有短篇小说《女侠》《恶姻缘》以及谐文《学界与学戒》《政界与正戒》等，有政论《社会公报出版之原因》《文明战》以及戏曲班本、南音《宦海悲秋》、粤讴《诬私德》、龙舟歌《和尚思妻》《涂巡官狱中闻喜信》等说唱文学。（邓海涛）

林世荣（1861—1943）　武术家。广东南海（今佛山南海区）平洲人。出身于武术世家，从小在祖父的督促下习练拳术，继承家传拳技。后拜全美、黄飞鸿等名师学习拳术20年。拜洪拳高手胡金星为师，学习六点半棍及箭掌、算盘拳等诸拳法。后来模仿"虎爪则如猛虫扑兽，鹤翅则为凌空击水"等虎、鹤形象，以洪拳和佛拳的技法为基础，创编洪拳"三宝"之虎鹤双形拳。在广州设务本堂，授徒传武。晚年迁居香港，以授武为业。（马晟）

吴潘强（约1862—1910）　泥塑艺人。广东潮州人。先祖擅泥塑，带动潮州浮洋镇农闲时从事泥塑。清光绪年间，浮洋泥塑发展到鼎盛阶段，其为代表。擅长捏塑肖像和戏剧人物，能准确、生动地模塑，所塑造戏曲人物，能刻画出剧中人物形貌个性，显示出扮演者的艺术风格。存世作品有《钟馗》《弥勒佛》。（彭圣芳）

陈荣衮（1862—1922）　出版人、教育家。粤语白话文童蒙教材编撰先驱。字子褒，号耐庵，别号妇孺之仆。广东新会外海乡（今江门江海区）人。清光绪四年（1878）秀才，在广州六榕寺附近设馆教学。后拜康有为为师，入万木草堂读书。二十一年（1895）参与京师公车上书，又入强

陈荣衮

学会，倡导维新。编撰并刊行《妇孺须知》《妇孺浅解》《幼稚》等童蒙读物，提倡讲俗语，用俗字。戊戌变法失败后东渡日本，考察教育方法。在日本福泽谕吉创办庆应义塾启发下，决心教育救国。二十五年（1899）在澳门荷兰园正街83号创办蒙学书塾，使用自创自编的粤语白话文教材《妇孺新读本》《妇孺论说入门》《妇孺学约》《妇孺中国舆地略》《幼学文法教科书》《小学国文教科书》《七级字课》等，为中国最早的白话文童蒙教材。其后编撰数十种白话文教科书。内容贴近日常生活，在港澳地区广为流行，对晚清白话文运动有一定推动作用。二十九年（1903），蒙学书塾改名灌根学塾，兼收女生，为中国较早实行男女同校的学校之一。1918年，灌根学塾迁香港，后改名子褒学校。冼玉清、陈德芸、利铭泽等在其门下就读。在港期间，编辑出版白话文《妇孺报》《妇孺杂志》和《灌根年报》。晚年任全国孔教协会总干事。教育著述由后人辑为《陈子褒先生教育遗议》刊行。（金炳亮）

阮洽（Goon Dip，1862—1933）　美国华侨企业家。美国西北地区历史上有影响力的中国人之一。族名阮仁洽。广东新宁（今台山）人。清光绪二年（1876）到美国俄勒冈州波特兰族人处做工，因排华严重，几年后回国。在《排华法案》正式颁布前返回波特兰，在一医生家当仆役，跟随其家人学习英语。后为侨商梅伯显工作。先后开设两家干货店及缝纫店，充当西北太平洋沿岸及阿拉斯加的罐头厂和其他公司劳务经纪。后任北太平洋铁路公司发饷监督。三十四年（1908）十二月被清政府委任为西雅图名誉领事。三十五年（1909）初创办侨民学堂，兼总理。1911年在西雅图唐人街中心建成密尔沃基酒店（Milwaukee Hotel）。投资阿拉斯加鲑鱼罐头公司及在波特兰的实业。1918年在阿拉斯加开采金矿。20世纪20年代后期开设生产汽车电池的公司（Marconi Company）。1931年任中华民国驻西雅图副领事。（易淑琼）

何麟书（1862—1934）　橡胶种植家。谱名世阁，字麟书，号文行。广东乐会（今海南琼海）人。清光绪五年（1879）赴马来亚（今马来西亚）谋生，当过杂工、橡胶园管工，后做小生意。与人合作开锡矿、火柴厂，成为当地拥有一定资产的

何麟书

实业家。其间，掌握了橡胶栽培、管理和割胶、制胶等技术。三十年（1904）回故乡考察，试植橡胶。三十二年（1906）筹资5000银圆，创办中国第一家橡胶股份公司乐会琼安垦务有限公司。在琼海合口湾山地开辟数百亩橡胶园，种下4000余粒橡胶种子，因种子未发芽失败。再回马来亚集资152股15200银圆，将5000株

巴西三叶品种橡胶苗运回海南培植成功（成活 3200 多株）。打破巴西三叶橡胶仅能生长在北纬 10 度以内热带地区的传统。1915 年胶园成功开割，生产干胶 250 千克，1922 年达到 1500 千克，引发华侨回琼投资潮，海南橡胶垦殖事业渐成规模。抗战前，全岛有大小胶园 94 家，垦荒植胶面积 10574 亩，种植 216500 株。民国橡胶种植业鼎盛时期。（陈世清、王华）

赵宗坛（1862—1938）　外交家。字思宣，号峄山。广东新宁（今台山）人。18 岁考入广州广雅书院，清光绪十七年（1891）中举人。先后掌教于台山宁阳书院和广海书院，后受聘为美国旧金山宁阳会馆和中华会馆西席。伍廷芳出任驻美公使期间，邀其出任华盛顿中国公使馆三等书记官。宣统元年（1909）以后，任驻美国、墨西哥、秘鲁、古巴公使，力争华侨合法权益。在任中国驻英属加拿大总领事署副总领事期间，支持温哥华邑侨发起的募捐筹建台山县立中学事宜。1920 年驻加拿大副总领事任满回国，被推荐为建校督办，创建台山县立中学。1925 年出任台山一中校长，后任台山县政府教育局局长，任内获得国民政府五等嘉禾勋章。晚年在香港太平山街创设峄山学校，自任校长。1936 年病重归故里。（易淑琼）

唐绍仪（1862—1938）　字少川，为避清帝溥仪讳，改名绍怡，辛亥革命后恢复本名。广东香山唐家村（今珠海唐家湾镇）人。清同治十三年（1874）第三批官费留美幼童，入读哥伦比亚大学。光绪七年（1881）回国后往天津。十一年（1885）随袁世

唐绍仪

凯出使朝鲜，二十年（1894）代理袁世凯驻朝鲜职务。次年到天津小站练兵，负责营务处。三十年（1904）作为全权大臣与英国交涉西藏问题，签订《续订藏印条约》，确保西藏主权。历任外务部左侍郎，邮传部右侍郎、尚书、沪宁、京汉铁路总办，奉天巡抚。辛亥革命后受袁世凯之命，任南北和议北方总代表，与南方总代表伍廷芳议和于上海。1912 年 3 月出任中华民国首届内阁总理，加入同盟会。与袁世凯意见不合，6 月辞职至上海，投身实业，与人集资创办金星人寿保险有限公司，自任董事长。1915 年反对复辟帝制，通电劝袁世凯退位。1917 年参加护法军政府，任财政部部长，次年军政府改组后为七总裁之一。1919 年任南方总代表，与北洋政府代表在上海议和。1923 年，在沪通电，召议员南下。1929 年，国民政府以中山县为模范县，任中山县训政实施委员会主席。1931 年宁粤对立，任国民政府委员、西南政务委员会常委兼中山县县长等职。国民党第四次全国代表大会上被选为中央监察委员，国民党四届一中全会上当选国民政府委员。1935 年被选为国民党五届候补监委。次年赴京出席国民党五届二中全会。抗战时期与日伪有接触，1938 年受诬"涉嫌降日"，遇刺于上海。（李兰萍）

李祝三（1862—1947）　广东汉剧教师。俗名大头仔。11 岁入外江班学艺，19 岁因倒嗓转而教戏，先后在彩华香、新舞台、大罗天、新春盛、双福顺、老三多、老福顺、荣天彩、福顺细仔班等多个班社教戏 66 年。执教严格，通晓各行当表演，尤擅老生。艺徒众多，如小生许清亮、陈良；旦行詹剑秋、李兴隆、萧雪梅；老生沈克昌、巫玉基、黄舜传；丑角蔡荣生、陈星照、罗恒报；婆行老妈日、刘

千万、杜祥兴；红净红面提、江仲铭、红面歪；乌净戴章、李义添、林琼沾等。（陈燕芳）

伍于念（Ing Hay，1862—1952）　美国华人中医师。广东新宁（今台山）人。清光绪八九年随父到美国华盛顿州淘金。十三年（1887）转到俄勒冈州东部的约翰迪（John Day）金矿谋生。与来自新会的商人梁安（Lung On）合资购买约翰迪镇上的一个交易站（Trading Post），将其改成中药杂货店，取名金华昌（Kam Wah Chung & Co.）。十四年（1888）始，利用中医诊脉、针灸和民间草药知识行医。1919—1920 年，流行性感冒席卷俄州东部，以中医药成功地救治包括非华裔在内的不少病人，"喜医生"（Doc Hay）由此广为人知。1948 年退休后居于波特兰。1975 年，住宅兼诊所的金华昌作为博物馆对外开放，2005 年被指定为美国国家历史地标（National Historic Landmark）。（易淑琼）

伍于念

李石朋（1863—1916）　越南华侨实业家。又名李沛才，号兴玮。广东鹤山人。15 岁时进入其父持有股份的香港瑞成船运公司当学徒，后到圣若瑟书院求学。毕业后，回到瑞成船运公司从事经营工作。清光绪十四年（1888），与人合伙开办南和船运租赁公司，出任经理。19 世纪末，将生意拓展至越南，在西贡开设和兴、南盛等公司，经营碾米、驳船运输等业务，垄断越南至香港大半生意。在广州、香港建立多个进出口公司。热心家乡教育事业，与其后人捐建鹤山一中石朋堂、子方楼、兰生楼，纪元中

学李冠春教学楼，李少彭文化艺术楼，侨乡中学忆汶楼等。（王华）

李沛才　见"李石朋"。

宋嘉树（Charles Jones Soong，1863—1918）　原名韩教准，教名查理·琼斯。字耀如。广东文昌（今海南文昌）人。随养父到美国波士顿丝茶店当学徒。在学英语的同时，接受民主革命思想启蒙。清光绪六年（1880）受洗礼加入基督教（新教），次年受资助进入神学院，十一年（1885）获得神学学位。十二年（1886）一月回国，在上海、苏州等地传教。十三年（1887）在上海创办华美印书馆，印行英文版《圣经》和中文版《新约全书》。十八年（1892）辞去传教士工作，成为上海第一家进口机械代理商。二十年（1894）结识孙中山，成为孙中山的挚友及其资产阶级民主革命的支持者，华美印书馆亦暗中替孙中山印行大量革命刊物和小册子。三十一年（1905）七月，赴日本东京出席同盟会筹备会议，旋转去美国为同盟会筹集经费。1913年随孙中山去日本考察铁路事业。"二次革命"失败后赴日本，协助孙工作。（易淑琼）

韩教准　见"宋嘉树"。

杜光辉（1863—1930）　京族。广西北海防城港江平镇滿尾村人。打鱼为生。中法战争期间组织京、壮、汉族群众100多人参加刘永福领导的黑旗军转战中越边境，领导马头山、冲锋隘、鱼囊岭战斗，取得胜利。获授八品顶戴。在滿尾岛病逝，葬于本村。（叶远飘）

陈伯坛（1863—1938）　伤寒学家。岭南伤寒四大金刚（易巨荪、陈伯坛、黎庇留、谭星缘）之一。原名陈文炜，字英畦。广东新会（今江门新会区）人。少时随陈维泰学医。21岁中秀才。清光绪二十年（1894）中举人，二十五年（1899）在广州广府学院前（大马路）设馆行医，

陈伯坛

三十一年（1905）受聘于广州陆军军医学堂。1924年在广州教育南路书坊街创办中医夜学馆。1930年迁往香港行医，创办伯坛中医学校。精通伤寒，主张以经解经研究《伤寒论》，强调阴阳理论，善于运用标本中气学说对六经气化规律进行阐释。治疗多用经方，用药突破传统中医的用药定律，认为药量应重则重，应轻则轻，以用药大剂著称，人多称之为"陈大剂"。著有《读过伤寒论》《读过金匮卷十九》《麻痘蠡言》《伤寒门径》。（郑洪、张书河）

陈文炜　见"陈伯坛"。

杨瑞生（1863—1939）　伊斯兰教教长。字国祥。回族。祖籍河北正定，世居广州。早年赴香港、澳门、海南岛及南洋各地经商求学。通晓伊斯兰经典、教义、教法，精通阿拉伯文。清末在新加坡向华侨募捐，支持孙中山的革命活动。辛亥革命后回广州定居，历任小东营和大东门清真寺教长，兼任濠畔寺回文大学经师。讲经论道，善于辞章和论辩，阿訇常登门请教。思想开朗，平易近人。门生遍布穗港澳各地，不少人成为伊斯兰教知名学者。1938年10月广州沦陷前，离广州赴澳门任阿訇，去世后葬于澳门回教坟场。（马建春、李蒙蒙）

黄三德（Wong Sam Ark，1863—1946）　美洲致公堂领袖。字传镒。广东新宁（今台山）人。少年时加入三点会（天地会的一支）。清光绪四年（1878）赴美谋生，工余习武，九年（1883）加入洪门致公堂。二十三年

黄三德

年（1897）被推举为旧金山致公堂盟长，兼任亚利桑那州普雷斯科特（Prescott，华侨俗译巴士杰埠）致公堂盟主。二十九年（1903）经孙眉引荐结识孙中山。次年四月，与伍盘照等营救被美国移民局扣押在天使岛的孙中山。同年，改组致公堂，陪同孙中山在全美宣传革命。三十三年（1907）被举为旧金山致公堂总理。宣统三年（1911）五月，美洲致公堂和同盟会合并，成立筹饷局，任总监督。武昌起义后，以美国致公堂及各侨团名义，通电拥戴孙中山为临时大总统。受聘为北京农工商部顾问、粤军总司令部顾问、涉英美调查委员会委员、中国铁路总公司顾问等职。"二次革命"失败后，回美国任欧美筹饷专员，为讨袁筹款。1915年8月，任游埠专员，肩负"统一党政、扩张党务"重任。因在洪门立案及改党等问题上与孙中山意见分歧，关系疏远至决裂。1926年以后隐居洛杉矶。1936年，口述整理出版《洪门革命史》。（易淑琼）

丘逢甲（1864—1912）　诗人。岭东四大先生（丘逢甲、黄遵宪、丁日昌、何如璋）、嘉应五大诗人（李黼平、宋湘、黄香铁、黄遵宪、丘逢甲）、梅州八贤（宋湘、姚德胜、丁日昌、丘逢甲、张振勋、李惠堂、黄遵宪、罗香林）之一。字仙根，号蛰仙、仲阏，别署南武山人、仓海君、海东遗民。祖籍广东镇平（今蕉岭），先世迁福建彰化（今台湾彰化），出生于

苗栗县。清光绪十五年（1889）进士，授工部主事。以国事多艰，无意仕进，不久回台湾从事教育活动，讲学台中、台南各书

丘逢甲

院。二十年（1894）甲午中日战争起，在乡督办团练，组织义军任统领。《马关条约》签订后，上书朝廷，要求废约抗战。日军大举入侵台湾后，率领义军抗击侵台日军。兵败内渡，居广东镇平。关心国事、系念台湾，尝奔走潮汕、广州等地，创办学堂，推行新学。任广东教育总会会长、广东谘议局议长。民国成立后被推举为广东军政府教育部部长。赴南京，出席组建中央临时政府会议，当选为参议院议员。旋因病返粤，卒于镇平。其诗多感慨时事、主张坚决抗日、抨击投降卖国，直抒抗敌卫国、收复台湾之情，风格刚健豪迈、悲壮苍凉。著有《岭南云海日楼诗钞》《柏庄诗草》等。1994年花城出版社出版丘晨波主编《丘逢甲文集》，2001年岳麓书社出版黄志平、丘晨波编《丘逢甲集》等。（左鹏军）

陈盛（1864—1926） 武术家。蔡李佛拳传承人。又名陈国材。广东清远人。师从张炎。在佛山、广州和香港等地设馆授徒，在佛山白金街、万安街和大桥头开设13间武馆，收徒3000多人。推动蔡李佛拳在岭南的传播。（孟田）

陈国材 见"陈盛"。

崔通约（1864—1937） 华侨报人。原名崔成达，因信仰基督教而改名通约。字贯之，号洞若，笔名沧海。广东高明（今佛山高明区）人。早

年入万木草堂学习。清光绪二十三年（1897）前往马来亚（今马来西亚）吉隆坡，创办《南洋时务报》。二十五年（1899）年初加入基督教，成为格致书院第一任中文教师。二十六年（1900）在香港加入兴中会。二十九年（1903）与郑贯公等创办《世界公益报》。三十一年（1905）加入同盟会，后赴日留学并任《世界公益报》《羊城日报》驻日本东京记者。三十二至宣统元年（1906—1909）、三年（1911）至1915年间两度出任《大汉公报》主笔。1909—1911年，赴美国旧金山任《中西日报》主笔，兼任新成立的《少年中国晨报》编辑。1915—1928年在中国国内从事宗教、教育、办刊活动。1928年再次赴美，主持《中西日报》笔政。1929年任致公堂《公论晨报》主笔。1932年回到上海。1935年出版自传《沧海生平》。（黎景光）

崔成达 见"崔通约"。

陈康大（Chin Lung，1864—1939） 美国华侨农场主。又名陈龙。广东香山（今珠海斗门区）人。18岁时随父兄经澳门到美国加利福尼亚谋生，在米店边做工边在华人区教堂学习英语。两年后，在加州首府萨克拉门托地区租种2000英亩土地种植芦笋（龙须菜）。清光绪九至二十六年（1884—1900），在阿拉斯加包装协会的大马哈鱼罐头厂当包工头，先后在旧金山开设出口公司与包装公司，投资上海永安公司。三十二年（1906）在北加州三角洲中南部斯托克顿租1125英亩土地种植马铃薯。辛亥革命前夕，捐款支持孙中山开展革命活动。第一次世界大战前后，以优厚薪酬安排旅美失业华侨在自己的企业工作，1914年在俄勒冈州购地2000英亩，种植马铃薯，被誉为"薯仔大王"。1919

年，成立美国华人农场总公司。20世纪30年代，将业务扩展到其他领域。对家乡多有捐助。1933年回国。（易淑琼）

陈龙 见"陈康大"。

江孔殷（1864—1950） 美食家、太史菜创始人。字少荃，号霞公、南海绅士，别名江虾。广东南海望边乡（今佛山禅城区张槎街道塱边村）人。少年入万木草堂，师从康有为，清光绪二十一年（1895）参与公车上书。以文才称。三十年

江孔殷

（1904）进士，因曾入翰林院，授职庶吉士，故称江太史。钦放广东道台。三十三年（1907），岭南盗匪成风，经广东总督张鸣岐奏请，钦放广东清乡总办。累任广东候补水师提督。1915年任英美烟草公司南中国总代理。20世纪30年代返居广州，在萝岗洞租荒地1000余亩创办江兰斋农场和蜂场，改良水果品种、引进国外良种蜜蜂，得萝岗橙、黑荔枝及黄金蜂蜜等良种。日军侵华期间，移居香港，拒绝回粤出任伪广东维持会长。抗战胜利后返居广州，以卖字为生。精研饮食，自创太史菜。每年秋天举办蛇宴，一天一桌，从秋风起一直办到农历年底。各大酒家竞相仿效烹制太史第的新菜式或其尝过的新菜。任广东清乡总办时，清乡剿匪前召集土匪头子到家中饮宴，乡匪不剿而自清。太史菜今存太史蛇羹、太史豆腐、太史田鸡、虾子炆柚皮、玻璃大虾球、冬瓜蟹钳、炒肚尖、生炒牛肉饭等。（钟洁玲）

江虾 见"江孔殷"。

廖恩焘（1864—1954） 文学家。字凤舒、凤书，号忏庵、半舫翁，笔名珠海梦余生、忏绮庵主人。广东归善（今惠州惠阳）陈江人。9岁赴美，15岁回国，后留学日本，毕业于日本东京帝国大学（今东京大学）政治系。清光绪十三

廖恩焘

年（1887）在叔父廖维杰帮助下开始参加清朝外交工作。十七年（1891）被清政府任命为驻古巴马丹萨领事。三十四年（1908）任清朝外交官。1912年，任北京政府驻古巴领事。1922年出任东京代表团临时代办。1926年，再任驻古巴领事，兼驻巴拿马领事。1934年任驻马尼拉总领事。1935年改任江苏金陵海关监督。文学创作甚丰，尤擅古典诗词。酷爱倚声，朱孝臧赞其词胎息梦窗，惊采奇艳，被誉为"词坛祭酒"。倡导白话启蒙和粤语方言写作，其粤讴作品散见于《新民丛报》和《新小说》，后结集为《新粤讴解心》出版。有词集《忏庵词》《忏庵词续集》《半舫斋诗余》《扪虱谈室词》《影树亭集》。另有粤语白话诗《嬉笑集》传世。（左鹏军）

余池（约1865—1936） 正字戏演员。字日派。广东海丰人。童年卖身白字戏班，后转正字戏班，先后在荣喜、联福、老永丰搭班。以丑角名世，尤擅演女丑。演技、艺术自成一格。（于琦）

钟荣光（1865—1942） 教育家。字惺可。广东香山（今中山）人。清光绪八年（1882）中秀才，十五年（1889）中恩科副贡，二十年（1894）中举人。在广州、澳门等地办《可报》《博闻报》《安雅报》等，主张

开民智，办学堂。二十三年（1897）加入兴中会，次年任广州格致书院（岭南大学前身）汉文教习。二十五年（1899），受洗为基督教徒。格致

钟荣光

书院迁澳门改名岭南学堂，任汉文总教习，主持校务。三十四年（1908）任岭南学堂教务长。宣统二年（1910）出国为岭南大学筹款，从事革命联络工作。1912年任广东军政府教育司司长。1914年任国民党纽约支部长，赴美国哥伦比亚大学师范学院，研修教育学，获法学博士学位。在纽约创办《民气报》。1916年回国，任岭南学堂副监督。1918年促成岭南学堂改制为岭南大学。1921年创办岭南农科大学，任校长。1924年初，与美国人香雅各同任岭南大学监督。1926年兼任广州国民政府教育行政委员会委员。1928年岭南大学收归国人自办，任第一任校长，至1937年，任岭南大学校董会主席兼校长。其间，主持将岭南农科大学并入；创办岭南工学院、孙逸仙博士纪念医学院、商学院等；在上海、香港等地设立分校。1929年任南京国民政府侨务局局长。同年，被上海圣约翰大学授予名誉法学博士学位。1931年后，任侨务委员会委员、考试院高等考试第二典试委员会委员长，当选为国民参政员。1938年任国民参政会参政，6月改任岭南大学荣誉校长。被誉为"岭南之父"，与张伯苓并称"北张南钟"。撰有《广东人之广东》等。（吴世勇、吴宁）

薛广森（1865—1943） 实业家。字湛禧，号公奋。广东顺德（今佛山顺德区）龙江人。幼时读过私塾。17岁赴香港谋生，先后在铎也船厂和红磡船厂做工，学习机械技术。清光绪

二十一年（1895）到顺德桂洲忠信恒丝厂当大偈（机械设备总管）。后受到丝商曾秋樵赏识，以胞姐资助的250两白银入股曾氏创办的大良顺成隆机器厂，出任经理。宣统二年（1910）至1927年间，先后在广东顺德、南海、中山、广州等地合资创办协昌成、协同成等12家机器碾米厂，其中以"成"字号命名的10家碾米厂名气最大，被誉为"十大成"。1912年与陈沛霖、陈拔廷在广州合办协同和碾米厂，次年改为机器厂。借为英国油轮"青龙"号检修的机会，全面拆卸船上的柴油机，经多次试验，1915年研制成功第一台国产柴油机。1918年，与陈沛霖合办粤海航运公司，推动华南航运业的革新和发展。抗战期间，因拒绝日伪商会的笼络，遭到打击，所创实业先后被抢劫、强占。（郭文安）

吴沃尧（1866—1910） 小说家。原名吴宝震，字小允，又字茧人，后改趼人，号我佛山人。广东南海（今佛山南海区）人。少就学佛山书院。清光绪十年（1884）至上海，任江南制造局书记员、绘图员。二十三年（1897）主编《消闲报》《字

吴沃尧

林沪报》《采风报》《奇新报》《寓言报》等小报。二十九年（1903）从上海转至《汉口日报》社任职。在梁启超主编的《新小说》杂志上先后发表小说《电术奇谈》《九命奇冤》《二十年目睹之怪现状》《恨海》《劫余灰》《情变》数种，其中《二十年目睹之怪现状》为"晚清四大谴责小说"之一。三十一年（1905）在上海《南方报》上连载新长篇科幻小说《新石头记》。三十二年（1906）担任上海《月

月小说》杂志总撰述，发表嬉笑怒骂之文。创办沪粤人广志小学。主持开办两广同乡会。创作发表各类长篇、中篇、短篇小说，有笔记、寓言、笑话、戏曲、杂著多种，为近代创作数量众多、种类丰富的小说家。著有《二十年目睹之怪现状》《痛史》《九命奇冤》等。（李艳平）

吴宝震 见"吴沃尧"。

罗芝瑞（1866—1924） 广东汉剧演员。广东大埔人。自小进入外江戏科班学艺，嗓音浑厚有力，吐字清晰，做功细腻。代表剧目有《鬼断家资》《清官册》《南阳关》《打破驴》等。与同时期老生演员盖宏元齐名，合称"生死罗盖"。（陈燕芳）

孙中山（1866—1925） 近代伟大的民主革命家。幼名帝象，稍长名孙文，字德明，号日新，后改逸仙，在海外还有中山樵、高野长雄、陈文、陈载之、吴仲、高达生、杜嘉诺等化名。广东香山（今中山）翠亨村人。少时在故乡读私塾、务农。12岁随母赴檀香山投奔长兄孙眉，就读于意奥兰尼学校和奥阿厚书院，接触西方自然科学与民主革命思想。后赴香港，先后入拔萃书屋、皇仁书院、南华医学堂、雅丽氏医院附设西医书院，与陈少白、尢列、杨鹤龄被人称为"四大寇"。清光绪十八年（1892）后在澳门、广州行医。二十年（1894）北上上书李鸿章，提出革新政治主张，未果，遂立志革命，在檀香山创建兴中会，提出"驱除鞑虏，恢复中华，创立合众政府"，次年发动广州起义。三十一年（1905）在东

孙中山

京与同志创办中国同盟会，提出"驱除鞑虏，恢复中华，创立民国，平均地权"纲领，被推举为总理。同年十一月创办《民报》，提出"民族、民权、民生"三民主义学说，并以其为主要阵地，率领同志与改良派展开大论战。联络华侨、会党、新军，先后发动潮州黄冈起义、惠州七女湖起义、钦州防城起义、镇南关起义、钦廉上思起义、云南河口起义、"三二九"广州起义等。宣统三年（1911）武昌起义后，被推举为中华民国临时大总统。1912年1月1日在南京就职，宣布中华民国成立。卸任后任全国铁路督办，准备从事实业建设。1913年发动"二次革命"，失败后赴日本。1914年组建中华革命党，任总理。1915年夏组织中华革命军。袁世凯死后，段祺瑞政府拒绝恢复临时约法与国会，于1917年从上海率海军南下广州护法，成立中华民国军政府，任海陆军大元帅。1918年夏受桂系军阀与政学系政客排挤，被迫辞职，赴上海着手整理党务，撰写《建国方略》。1919年10月改组中华革命党为中国国民党，仍任总理。1920年11月重回广州改组军政府。1921年4月成立中华民国政府（广州），任非常大总统。于桂林设立大本营准备北伐，次年4月移大本营于韶关，指挥北伐军入赣作战。6月回广州，因陈炯明部叛乱，避走赴沪。1923年1月发表《中国国民党宣言》与《孙文越飞宣言》，改组国民党。2月返回广州，成立陆海军大元帅大本营。1924年1月在广州主持召开中国国民党第一次全国代表大会，提出"联俄、联共、扶助农工"三大政策，重新阐述三民主义，实现第一次国共合作。5月创建黄埔军校，建立广东革命根据地，准备北伐。10月领导平定广州商团事件。10月，冯玉祥邀其北上，11月发表《北上宣言》，重申反帝反军阀立场，提议废除不平等条约、召

开国民会议。赴京途中肝病发作，在京逝世。临终遗言："和平、奋斗、救中国。"其"天下为公"思想为后人敬仰。哲学上，提出"知难行易"说，批判"知之非艰，行之维艰"的保守思想。著有《建国方略》《三民主义》等。后人编有《孙中山全集》《孙文全集》《国父全集》等。（李兰萍）

孙文 见"孙中山"。

黄明堂（1866—1938） 字德新。广东钦州（今广西钦州）大寺镇人。壮族。早年加入反清会党，被举为首领。后接受孙中山领导，加入同盟会。清光绪三十三年（1907）孙中山钦州防城起义失败后，派为大都督，率革命军攻下镇南关（今友谊关）。次年任元帅，发动云南河口起义。不久，孙中山派其从香港的同盟会支部回粤桂边组织革命武装。辛亥革命后率部东进，被委任为镇统。后驻防海南岛，历任琼崖安抚使、粤军帮统。1913年因反对袁世凯而辞职，闲居广州。1914年参加护国反袁运动，任混成旅旅长。1918年冬任琼崖道尹。1920年回廉江，参加讨伐桂系军阀。1922年陈炯明背叛孙中山，被孙中山任命为南路讨贼军总司令。1923年被孙中山任命为中央直辖第二军军长。孙中山逝世后不满蒋介石专权而辞职。在钦州大寺镇寓所病逝。（柏峰）

赖嘉禄（Charles Rey，1866—1943） 又译雷却利。基督教传教士。法国里昂人。1889年5月来华传教，7月到达梅州。1898年调往平远，1904年赴汕头任副主教，1906年赴陆丰。因海陆丰农民起义，1925年赴香港。1929年赴揭阳五经富，为当地建造混凝土桥，1932年建成，同年被洪水

冲毁。于五经富病故。1901 年编成《客法词典》（*Dictionnaire chinois-français , dialecte hac-ka: précédé de quelques notions et exercices sur les tons* ，又译《客法大辞典》），1926 年增订，于香港出版。1937 年出版客家方言教材《客家方言会话》（*Conversations chinoises , prises sur le vif : Avec notes grammaticales , Langage Hac-Ka*）。（梁施乐、邵慧君）

雷却利 见"赖嘉禄"。

姚显达（1867—1924） 广东汉剧演员。艺名乌面达。福建诏安人。清光绪末年随外江四大名班之一荣天彩赴上海演出，表演娴熟、程式多。《五台会兄》一剧罗汉功架颇见称赏。被推为广东汉剧乌净宗师。所演《法门寺》宦官刘瑾一角入木三分。代表剧目还有《三打王英》《牛皋扯旨》《高旺过关》《战宛城》《大香山》《三家店》等。（陈燕芳）

曾习经（1867—1926） 诗人。岭南近代四家（梁鼎芬、曾习经、罗惇曧、黄节）之一。字刚甫，一作刚父，号蛰庵居士。广东揭阳人。广雅书院肄业，师从梁鼎芬。清光绪十六年（1890）进士，十八年（1892）授户部主事。后迁员外郎。会改官制，

曾习经

擢度支部左参议，晋右丞。历兼税务处提调、清理财政处提调、印刷局总办、宪政编查馆学部咨议官。颇有政绩。辛亥革命前一日辞官，在直隶置田躬耕，以遗民终其身。以诗名于时，取法唐宋及以前诸大家，精于炼字，生平不苟作，艺术成就颇高。亦擅词，学《花间词》、北宋，以小令见称。

著有《蛰庵诗存》《蛰庵词》等。（陆健枫）

杨晟（1867—1936） 字少川。回族。出生于东莞石龙镇，驻防广州汉军正红旗人。清光绪三年（1877）留学日本，5 年后回国，考入广州同文馆。十二年（1886）考取生员，十六年（1890）入京师同文馆德文馆。二十二年（1896）九月留学德国，在柏林大学和莱比锡大学学习法律和军事。归国后任京师大学堂德文部正教习、官书局英文翻译官。二十六年（1900）入山东巡抚袁世凯幕。二十七年（1901），因义和团毁坏德国使馆，随专使荫昌赴德国"赔罪"。回国任候补道帮办山东军务兼山东洋务委员、铁路矿物处提调等职，成为袁世凯助手。二十九年（1903）被派任驻奥地利、荷兰公使，三十一年（1905）改任驻德国公使。三十三年（1907）回国，任两江总督张人骏的军事、外交、商务顾问。1913 年任沪海道尹兼外交部特派江苏交涉员、上海交涉员。1923 年出为调查南洋华侨情况的政府代表。1924 年任中国红十字会副会长。1926 年任侨务局总裁。1928 年退休后在上海经商，组织中华国货维持会、工商业研究会。热心慈善事业，任上海广东同乡会会长。（马建春、李蒙蒙）

陆皓东（1868—1895） 中国民主革命者。原名陆中桂，字献香，号皓东。广东香山（今中山）人，出生于上海。自幼与孙中山交好，两人将村中北极殿神像砸毁，为乡人所不容，远走上海。清光绪十六年（1890）回乡，常与孙中山、陈少白、尤

陆皓东

列、杨鹤龄等互抒救国抱负，酝酿革命斗争。十九年（1893），与尤列等在顺德创办兴利蚕子公司，改良蚕种，倡导实业救国。是年冬，与孙中山、尤列、郑士良、程奎光、程璧光等在广州广雅书局南园抗风轩筹划创设革命组织。二十年（1894）随孙中山赴天津，上书李鸿章呼吁变革，未果。次年参与孙中山组织的香港兴中会，谋划广州起义，绘制青天白日旗为起义军旗，事败被捕，与邱四、朱贵全等同遭杀害。孙中山称其"为共和革命牺牲之第一人"。（李兰萍）

陆中桂 见"陆皓东"。

盖宏元（1868—1923） 广东汉剧演员。艺名老生盖。广东潮安人。12 岁入外江科班学艺，出科后先后加入万福春、祝三多、老三多、新春盛等班。唱腔有力，嗓音浑厚，擅以特技演出人物临终前的死戏，如《南天门》"走雪"一场的曹福和《李陵碑》中的杨令公。因表演技艺精湛，人物形象鲜明，在广东汉剧老生行当流派中有盖派之说。与罗芝瑶合称"生死罗盖"。代表剧目有《孔明拜斗》《南天门》《李陵碑》《四进士》《清风亭》等。（陈燕芳）

伍盘照（Ng Poon Chew, 1868—1931） 美国华人报人、侨领。字于辛。广东新宁（今台山）人。清光绪七年

伍盘照

（1881）赴美国旧金山谋生，初为美国人家中童工，入教会学校学习英语。十五年（1889）考入长老会神道大学，

毕业后成为加州第一位华人牧师。二十五年（1899）创办《华美新报》，二十六年（1900）迁旧金山改名《中西日报》，自任总经理。该报以"为国民之喉舌、作侨胞之警钟"为办报宗旨，关注中国时局，为华人争取平等权利，为清末民初海外销量最大的华文报纸。三十年（1904）四月，与黄三德等全力营救孙中山，免费出版邹容的《革命军》，扩大同盟会的影响力，带头购买革命军需券，支援辛亥革命。1913年被委为中国驻旧金山领事馆副领事、中国邮船公司董事。两次晋见西奥多·罗斯福总统，在美国大陆发表演说，反对《排华法案》，驳斥排华言行和对中国人的刻板成见，抗议迫迁旧金山华埠，受到美国人的尊重，有"华人马克·吐温"之誉。1913年匹兹堡大学授予其荣誉文学博士学位。（易淑琼）

郭标（George Kwok Bew，1868—1932）澳大利亚侨领、实业家。又名郭彪。广东香山（今中山）人。清光绪八年（1882）赴澳大利亚谋生，十六年（1890）在悉尼开办永生果栏。三十年（1904）参与创办新南威尔士州华人保商会，任副主席。1907年，参与创办香港永安百货。1914年创办《民国报》，参与创办悉尼中华学校。1916年协助建立中国国民党澳大利亚总支部，任主席。1917年参与创建中澳轮船公司。同年移居上海，协助开办上海永安百货公司，任经理。支持孙中山革命，介绍澳大利亚侨领刘光福与孙中山结识。任中央造币厂负责人。（景海燕）

郭彪 见"郭标"。

罗翔云（1868—1938） 语言学家。字蔼其，号退闇。广东兴宁人。清光绪二十九年（1903）举人，任内阁中书。三十一年（1905）县设立学务公所，任首任总董。翌年，因学制初更，师资缺乏，与王蔚奇、萧惠长等创办兴宁简易师范科（后改办为县立中学）。后入京，授内阁中书。在京期间，与邑人饶宝书协同取得地方资助，在北京和平门外骡马市大街潘家河沿，购置房屋四栋，辟为兴宁邑馆。1915年回乡开办遁夫山房，授徒讲学。后受命主持修志局，续修兴宁县志。1927年受聘为中山大学文学教授，讲授语言文字、声韵训诂等课程。早期较全面进行客家方言研究的学者。著有《客方言》《尔雅注》《遁夫山房诗文集》等。（谭赤子）

明一（1868—1945） 僧人。俗名张寿波，字玉涛。法名明一，号观本。广东香山（今中山）人。早岁专注于儒学，清光绪十七年（1891）中举人。追随康有为、梁启超，参加维新变法运动。两次东渡日本，先后入横滨大学与东京帝国大学（今东京大学）就读，攻读商科与政治经济学。中年笃志探研佛典，1914年在上海玉佛寺饭依冶开长老。1918年在澳门创设佛声社。1919年赴南京宝华山依浩净和尚受菩萨戒。1928年在香港创设念佛社。1930年由澳门无量寿功德林朝林和尚操刀剃度。1933年赴福州鼓山涌泉寺依虚云和尚受戒，为监院。1934年随虚云至曹溪南华，后主澳门功德林法席。次年以首座代南华寺监院。1937年广东省佛教会迁至韶关，受虚云之派到香港募集经费。1941年返回南华寺，1943年随虚云至云门。抗战胜利，到广州接收六榕寺。在菩提精舍圆寂。著作被辑为《香光阁集》20卷行世。（达亮）

司徒美堂（Seto Mee Tong，1868—1955）旅美侨领。中国致公党创始人。原名司徒羡意，字基赞。广东开平人。清光绪六年（1880）到美国谋生，在美

国军舰当过厨夫，随军舰到过南北美及欧洲各地。十年（1884）加入洪门致公堂，参加反对清政府的斗争。二十年（1894）在波士

司徒美堂

顿组织安良工商会，以"锄强扶弱，除暴安良"为号召，被拥为"大佬"（即洪门大哥）。三十年（1904），随孙中山进行革命活动。三十一年（1905）在美国主持致公堂，在纽约成立安良总堂，任总理。支持辛亥革命和1924年孙中山北伐。九一八事变后，发动美洲华侨捐款支援祖国抗战。1937年，与旅美进步人士共组纽约华侨抗日救国筹饷总局。1941年冬，途经香港，回内地出席国民参政会，适值太平洋战争爆发，香港沦陷，拒绝日军拉拢其组织香港帮会，辗转到达重庆。1942年，被聘为国民参政会华侨参政员，到南美洲各国向华侨宣传祖国抗战。1945年3月，洪门致公堂改称为中国洪门致公党，当选为该党全美总部主席，4月被聘为联合国筹备会中国代表团的华侨顾问。1948年，公开声明拥护中国共产党召开新政治协商会议、组建人民民主政府的主张。1949年9月，作为美洲华侨代表出席北平中国人民政治协商会议第一届全体会议。后任中央人民政府委员、华侨事务委员会委员。第一届全国人大常务委员会委员、第一届全国政协委员。参加开国大典。（易淑琼）

司徒羡意 见"司徒美堂"。

巫理唐（约1868— ？） 美国侨领。字昌清。广东新宁（今台山）海晏人。早年赴美谋生，为波特兰进和号总理。九一八事变后，波特兰华侨商议成立美洲华侨航空救国会，随后筹

建航空学校委员会，任理事会成员。同年，组织筹建美洲华侨航空学校。又任科罗拉多（俗译柯省）华侨救国统一会主席，输财出力。1932—1948年任国民政府侨务委员会委员。热心公益，任波特兰中华会馆主席数十年，任波特兰中华学校校长、海宴公所主席等职务。（易淑琼）

潘博（1869—1916）　词人。又名潘之博，字若海、弱海，号弱庵。广东南海（今属广州）人。不喜科举，尝从军广西，后受学于康有为万木草堂。关心国事，以整顿乾坤为己任，从事变法救国活动。宣统二年（1910）在北京参加辛亥诗社。后官于民政部，旋客上海。1914年，冯国璋慕其名，延入江苏都督幕府。词取法苏轼、辛弃疾，多慷慨激昂之音，长调尤为悲凉慷慨。梁令娴编《艺蘅馆词选》收其词10首。叶恭绰赞其词思深力沉，龙榆生谓不愧为抑塞磊落之奇才。与麦孟华齐名，时人称为"粤两生"，朱祖谋合刻二人词作为《粤两生集》。著有《弱庵词》。（高美玲）

潘之博　见"潘博"。

唐琼昌（Tong King Chong, 1869—1916）　美国华侨律师。广东恩平人。清光绪七年（1881）赴美读书，毕业于旧金山肯特法律学院（Kent Law School），是当地首位法律学院毕业的中国留学生，考取律师执照。洪门致公堂重要职员，二十八年（1902）与朱三进等人创办洪门机关报《大同日报》，任经理，宣传革命。三十年（1904）孙中山到三藩市，遭美国移民局扣留于天使岛，时任三藩市洪门致公堂英文书记，参与营救，商请律师上诉，孙中山胜诉，顺利入境。1912年召集旅居美国的工商两界华侨，成立美洲中华民国总公会。1913年当选为第一

届国会参议院议员。国会解散后，于1915年返回美国，任美洲致公总堂会长。袁世凯称帝后，上书美国总统威尔逊，要求美国不承认袁世凯的洪宪帝国。（易淑琼）

尹端模（1869？—1927）　医生。字文楷。广东东莞人。最早翻译西医著作的华人学者。毕业于北洋医学堂。清光绪十二年（1886）任广州博济医院院长嘉约翰助手。支持孙中山领导的民主革命，主持东西药局。避难香港，赴英国考试并取得执业医师资格证，成功在香港注册行医，成为中国医校毕业获香港行医注册的第一人。一生行医办报，行医以"文楷"闻名，办报及编译则以"端模"署名。创办《医学报》和《广州新报》。译有《医理略述》二卷、《病理撮要》二卷、《儿科撮要》二卷、《胎产举要》二卷等。（周红黎、张书河）

梁士诒（1869—1933）　字翼夫，号燕孙。广东三水（今佛山三水区）人。清光绪二十年（1894）进士，选翰林院庶吉士，后改官道员。任翰林院编修、国史馆协修。二十九年（1903）入袁世凯幕，聘任为北洋书局总办。次年任铁路总公司总文案。三十三年（1907）任京汉、

梁士诒

沪宁等5条铁路提调处提调，该处改称铁路总局后继任局长，兼任交通银行帮办。宣统三年（1911）任袁世凯内阁邮传部大臣。策动电逼清帝退位。1912年3月任袁世凯总统府秘书长、交通银行总经理、董事长、总理。为旧交通系首领。1913年任财政部次长，次年任税务处督办。组织公民党，为袁世凯复辟筹措经费。1916年袁死后

被通缉，逃亡香港。1918年返京，历任国内公债局总理、安福国会参议院议长、内阁总理、财政善后委员会委员长、政治讨论会会长、税务处督办等职。1921年12月依靠奉系，出任国务总理。次年因奉系战败，逃往日本。1925年参加段祺瑞政府的"善后会议"，再任交通银行总理。1927年，任安国军总司令部政治讨论会会长。次年，被国民政府通缉，逃亡香港。1932年初，应国民政府之请参与国难会议，由港至沪，因会议延期未果。在沪期间支持淞沪抗战，以私人名义致电英国首相麦唐纳，请其联合各国制止日本侵略行动。（李兰萍）

陈少白（1869—1934）　中国民主革命者。原名陈闻韶，后名白，号夔石。广东新会（今江门新会区）人。清光绪十四年（1888）入格致书院，结识孙中山。常与孙中山、尤列、杨鹤龄愤清廷腐败，蓄志革命。二十一年（1895）与孙中山等在香港成立兴中

陈少白

会总部，组织乙未广州起义，与邓荫南、杨衢云、陆皓东、郑士良等，以农学会为掩护，运筹袭广州，事败逃亡日本。二十三年（1897）赴台湾设兴中会分会。二十五年（1899）返港，创办香港兴中会机关报《中国日报》，任社长兼总编辑、主笔，与保皇派论战。联合哥老会和三合会首领在香港成立兴汉会，推孙中山为会长。三十一年（1905）任香港同盟分会会长。宣统三年（1911）任广东都督府外交司司长。同年曾改组振天声剧团为振天声白话剧社，为近代第一个粤语话剧团，社员有黄咏台等15人，演出剧目《父之过》《自由花》《赌世界》《愚也直》等，内容针对时局，

演出均用粤语。辛亥革命后专注实业，归隐家园。1915年组建上海保险公司，任主席。1921年5月任中华民国政府（广州）顾问，协助孙中山北伐。次年4月辞职回乡，致力于家乡建设。著有《兴中会革命史要》等。（李兰萍）

陈闻韶　见"陈少白"。

陈白　见"陈少白"。

李铁夫（1869—1952）　画家。中国第一位赴西方学油画者。原名李玉田。广东鹤山人。自幼在家乡私塾学习古文、诗词、书画。清光绪十三年（1887），赴英国阿灵顿美术学校学习，师从蔡斯、萨金特。追随孙中山参加兴中会活动，宣

李铁夫

统元年（1909）于美国建同盟会纽约支部，任支部常务书记。1916年，入美国绘画研究院。1930年回国。新中国成立后，历任华南文学艺术联合会副主席、华南文艺学院教授。擅长油画、水彩、雕塑。其油画作品具有很强表现力，造型坚实浑厚，强调色彩冷暖对比效果，笔触效果尤为出色。早期画风细腻，晚期则狂放。亦善书法。作品入选美国国际画院。其油画造诣尤深，被孙中山誉为"东亚巨擘"。传世作品有《音乐家》《斗牛士》《金发姑娘》《老医生》等。有《李铁夫画集》（梁达涛）

李玉田　见"李铁夫"。

杜心武（1869—1953）　武术家。自然门第二代掌门。字慎媿。湖南慈利人。人称"南北大侠"。与黄元秀、孙存周、郑佐平等合称为"虎林七贤"。自幼好武，十三四岁时，已从名师10

余人。为求深造，在川、滇、湘三省交界处张贴榜文，能以武功胜过杜心武者，即重金聘为武术教师。后得贵州友人举荐，拜自然门始祖徐矮师为师。艺成后，走镖于川、滇及两广间。清光绪二十六年（1900）赴日本留学，考入东京帝国大学（今东京大学），后由宋教仁介绍加入同盟会。三十一至三十三年（1905—1907），受同盟会委派担任孙中山的保镖，主要负责重要会议的会场保卫工作，以及在车站、码头接送孙中山。晚年潜心道学，深居简出。（马晟）

林德忍（约1869—1965）　正字戏演员。字肇波。广东陆丰人。工花旦。擅演《貂蝉舞旗》中的貂蝉"舞七丈旗"，1952年前双喜正字戏班最后一任班主。（于琦）

邹晋侯（？—1965）　雷剧编导、鼓师。广东海康（今湛江雷州）人。12岁拜师学艺，初时专工司鼓。在雷州歌班工作60多年，熟谙众多传统剧目的表演程式，编写和移植剧本《复天伦》《反洛阳》《忠孝节义》《攻打天津》等百余个。司鼓时一边提词，一边执导，得艺人信赖。1962年湛江专区艺术学校开设雷剧实验班，被聘为该班教师，传授雷剧锣鼓技艺。（于琦）

简照南（1870—1923）　日本侨领、实业家。名简耀登，字肇章，以号行。广东南海（今佛山禅城区澜石黎涌乡）人。18岁随叔父至香港谋生，后被派往日本，在神户创办东泰盛商号经营海货与布匹批发。与二弟简玉阶在香港经营百货业。独自创设顺泰轮船公司，经营航运业。清光绪三十一年

简照南

（1905）兄弟两人与越南华侨曾星湖等在香港合资创办广东南洋烟草公司。宣统元年（1909）更名为南洋兄弟烟草公司，打出"中国人自办的企业""中国人请抽中国烟"的宣传口号，产品受国人及海外华侨欢迎，畅销华南各省及南洋。1918年总公司由香港迁至上海，在国内10余个大城市及新加坡、印尼、泰国等地有分公司，在美国开办中美烟业公司，先后开发白金龙、红金龙、大喜等10多种品牌，成为当时国内规模最大的烟草公司。1922年创办上海东亚银行。任上海总商会会董、上海华侨联合会董事等职。热心公益事业，救济华北旱灾灾民。辑有《南园丛书》。（王华）

简耀登　见"简照南"。

刘峻周（1870—1939）　俄国华侨、种茶专家。本名刘兆彭，以字行。广东高要（今肇庆高要区）人。清光绪十一年（1885）赴宁波学习种茶。十九年（1893）受邀赴俄国巴统（今属格鲁吉亚）地区发展茶业，培育出优质茶树品，被尊称为"高加索的中国茶王"。该茶获1900年巴黎世界展览会金奖，被当地人称为"刘茶"。二十七年（1901）受沙皇政府邀请到卡柯夫建茶厂，宣统元年（1909）获沙皇政府三级奖章。十月革命后，受聘担任苏联政府国营茶厂经理，多次获列宁接见。1924年被苏联政府授予劳动红旗勋章。1925年回国，定居哈尔滨。（景海燕）

刘兆彭　见"刘峻周"。

黄隆生（1870—1939）　越南华侨民主革命者。字世育。广东新宁（今台山）人。幼时随叔伯到越南谋生，学做鞋和裁缝，后在河内开办隆生洋服店。清光绪二十八年（1902）结识孙中山，

参加兴中会，介绍杨寿彭、曾克齐等加入。在河内筹建兴中会安南分会，以其洋服店为活动地点。该分会是越南华侨

黄隆生

成立革命团体之始。三十二年（1906）孙中山在河内设指挥机关策划粤桂滇三省军事行动，其是得力助手。河口之役时，因运米粮供应前线，被法国殖民政府驱逐出越境，应召跟随孙中山在新加坡、泰国等地活动。三十三年（1907）加入同盟会，为两会骨干。辛亥革命后回广州，负责广东都督府辛亥两役借款偿还所的工作。1921年发起成立中央筹饷会支持北伐。1923年孙中山重建大元帅府，被委为会计司司长。1924年任中央银行第一副行长。1931—1935年，任中国国民党第四届中央党部革命债务调查委员会委员。1935年出任广东省侨务委员会委员。抗战期间，募集救国及国防公债。民初为孙中山设计一款服装草图，中山装样式即由此而来。（王华）

陈任枚（1870—1945） 温病学家、教育家。广东南海（今佛山南海区）狮山镇人。因科举不就，在乡设塾授课，其时适遇一归隐先辈精于医，执弟子礼以求教。清末民初，任南海小学校长、南海中学教师兼学监。1921年迁居广州设医寓于龙津西路，曰"陈敬慎堂"。1927年任广东中医药专门学

陈任枚

校校长。1931年出席中央国医馆成立大会，任理事。1933年促进建成广东中医院。病逝于广州。擅长温病诊治，精研叶天士、薛雪、吴鞠通、王孟英温病四大家著作，主张"伏气"温病，认为温病辨证尤其要重视辨别舌象和兼夹证。根据岭南气候及人群体质特点，认为岭南温病有9种兼夹证，其中兼湿，四季皆有。编著有《广东中医药专门学校温病学讲义》。（周红黎、张书河）

谢德斋（1870—1953） 乐师。广东琼海（今海南琼海）人。自小喜爱音乐，常跟乡村的八音队做红白喜事。10多岁便进"发"字科班馆习管弦乐，3年期满后出任多棚八音队、土戏班首席乐手。土戏班社、八音队同行称其为"近百年来海南罕见的音乐多面手"。最擅长调弦，高音圆亮、低音浑厚、花指灵活、颤音华丽、意境分明，表现喜怒哀乐十分逼真。新中国成立后，受聘奔波于琼东、文昌、定安等县传授技艺，培养出许多乐师、鼓师。在音乐创作方面，挖掘整理明清时期流传下来的曲牌、锣鼓谱数百首，改革《灶娘》《上香》《新过街》《尾犯序》等几十条小曲，创作40多首小曲。代表性曲目有《普天乐》《泣颜回》《白门柳》《尾犯序》等。（郑静漫）

林连登（1870—1963） 马来西亚侨领、企业家。广东惠来人。清光绪十九年（1893），赴马来亚（今马来西亚）槟城谋生，初期替富商赶牛车，人称"牛连凳"。初当勤杂工，后开始经商，涉及橡胶种植业、酒业、碾米业、

林连登

航运业等。在双溪牙兰建设新市场，在槟城等地置屋业，建戏院、游乐场等。历任槟榔屿中华大会堂会长、槟榔屿潮州会馆主席，倡建马来亚潮州公会联合会，当选首届主席，担任槟

城中华总商会会长、广东暨汀州会馆会长，任华人参事局参事、保良局委员等职。多次受封太平局绅，获马来亚建国有功之士勋衔。在马来亚捐资倡办韩江学校，任董事长，捐资赞助马来亚大学、钟灵中学和各地华侨学校，创办新世界戏院。在祖籍地，捐助惠来中学、隆江小学、汕头孤儿院和潮阳县立医院，捐款赈济灾民、支援抗日，号召华侨输财救国。1946年，回国投资兴建市场、承建公路，在汕头创办连通行车有限公司。（王华）

郑耀龙（1871—1928） 广东汉剧演员。人称耀龙婆。广东潮阳（今汕头潮阳区）人。14岁进入外江戏科班学艺，出科后在老三多、新华香、老福顺、荣天彩、新天彩搭班。唱腔有力，擅演老态龙钟的老年妇女形象。代表剧目有《药茶记》《双钉记》《清风亭》《杨令婆辩本》。（陈燕芳）

耀龙婆 见"郑耀龙"。

关冕钧（1871—1933） 实业家。字耀芹，号伯珩。广西梧州长洲人。清光绪十九年（1893）举人，次年进士，入翰林院庶吉士，散馆授编修。三十年（1904），出任礼部进士试同考官。三十一年（1905）作为参赞，随清末五大臣出使欧美各

关冕钧

国考察政治。回国后，以原官调任邮传部总务，参与推动立宪，在报刊上撰文介绍欧美思想文化和科学技术，成为清廷《钦定宪法大纲》主要编写人之一。任铁路大臣，总办京张、张绥、京包等铁路，创办中国的铁路。辛亥革命时，倡赞共和，参加反清运动。民国初期，历任南北议和代表、

约法会议议员、参政院参政、参议院议员、晋北榷运局局长等职，参与起草《临时约法》，陪同孙中山考察各地铁路概况，参与筹划全国铁路建设方案。喜收藏书画及古代器物，擅长品评，精于书画文物鉴赏。著有《三秋阁书画录》《书画书录解题》等。（陈柳）

詹宪慈（1871—1942） 语言学家。字菊人，号菊隐。广东番禺（今广州）人。清光绪二十九年（1903）举人，受粤督陶模派赴日本宏文师范学校留学。回国后任番禺县立师范学堂校长。1918—1927 年任交通部秘书。晚年返粤，任教于广东高等师范学校、省立女子师范学校等。抗战时避居粤北，逝于乐昌坪石。对广州话本字的考证心得，可见于为杨铁夫《铁城土语语原考》所作的序言。著有《广州语本字》《小学修身教授法》《文字学修辞学文选》等。（谭赤子）

陈洵（1871—1942） 词人。字述叔，一作术叔，别号海绡。广东新会（今江门新会区）人。清光绪年间补南海县学生员，诸生。少有才思，尤好填词。游江西幕中 10 余年，返穗后设馆授徒。1929 年荐为中山大学国学系教授，主讲词学。早年力学吴文英，字面绮丽秾密，意境冷涩。

陈洵

中年后则转向周邦彦的浑厚和雅，词作亦趋成熟。朱孝臧尤为推许，称其与况周颐为"并世两雄，无与抗手"。又与张尔田齐名，有"南有海绡，北有遁庵"之誉。晚年之作浑厚深沉，抗战爆发后书写时局动乱的词作，语言质朴，达圆融之境。近世广东词人中，造诣精妙，功力深湛，颇具代表

性。著有《海绡词》2 卷、《海绡说词》1 册。（周濯缨）

周瑜林（1871—1956） 粤剧演员。原名陈华庭。广东东莞人。因擅演周瑜戏而成名。功架扎实平正，武打寸度准确，做功干净利落而姿势优美，刀枪把子功尤为深厚。饰演《醉打韩通》的赵匡胤，在叠起的 4 张桌子上以"小翻"翻下，身轻如燕，落地时双脚恰好卡在韩通身体两侧，叹为观止。能跨行当演出，与白驹荣合演《空城计》，以小武挂须演武生戏，亦得观众赞赏。唱腔洪亮刚劲，圆润甜畅，被誉为玉喉霸腔。20 世纪 50 年代初，任广东省和广州市戏曲改革委员会委员。（李静）

陈华庭 见"周瑜林"。

张永福（1871—1957） 新加坡侨领。字祝华。祖籍广东饶平，出生于新加坡。经营橡胶业，创办胶鞋制造厂。20 世纪初与陈嘉庚垄断新加坡胶鞋制造业。清末，加入维新运动，组织好学会，后追随孙中山宣传革命。清光绪三十年（1904），与陈楚楠办《图

张永福

南日报》，出任编辑，宣扬革命思想，在星洲书报社演讲宣传。三十二年（1906）二月，出任同盟会新加坡分会副会长，改组后当选为会长。三十三年（1907），与陈楚楠、林义顺创办《中兴日报》，任报社主席。同年，组织同德书报社，担任社长。民国成立后，中国国民党在新加坡成立支部，取代同盟会，被推举为名誉会长。1932 年回国，出任汕头市市长、中央银行汕头分行行长等。因其于抗战期间支持并投靠汪伪政权，1945 年

被国民政府司法惩处。死于香港。著有《南洋与创建民国》，为研究早期南洋华侨革命活动的重要文献。（王华）

黄世仲（1872—1912） 小说家、报人。字小配，又字配工，别署黄帝嫡裔、禺山世次郎。广东番禺大桥乡（今广州荔湾区）人。清光绪二十六年（1900）加入兴中会外围组织中和堂。二十九年（1903）在香港参与《中国日报》《世界公益

黄世仲

报》《广东日报》等报纸的编辑和撰述，与保皇党论战。创办《香港少年报》《粤东小说林》。三十一年（1905）加入同盟会。宣统三年（1911）春参与广州黄花岗起义。辛亥革命中对广东光复有所贡献，任广东民团总局局长、广州军政府枢密处参议。后因与都督陈炯明不和，以"侵吞军饷"罪被杀害。在 10 多种革命报刊担任主编或参与编辑。工小说，认为小说应具有社会功能、政治功能和革命功能。作品充满批判和鲜明政治色彩，暴露官场黑暗，谴责清王朝，歌颂造反的民族英雄，呼吁民族独立，鼓动民主革命，对清末民初的种族革命和小说创作产生重要影响，是近代资产阶级革命派小说的旗手。著有《洪秀全演义》《陈开演义》《吴三桂演义》《南汉演义》《新汉建国志》《十日建国志》《廿载繁华梦》《宦海潮》《宦海升沉录》《党人碑》《朝鲜血》《黄粱梦》《镜中影》《大马扁》《五日风声》《岑春煊》等 20 多部中长篇小说。（耿淑艳、金炳亮）

谢缵泰（1872—1938） 中国第一个飞艇设计者。字重安、日昌，号康如。广东开平人，出生于澳大利亚悉尼。

清光绪十三年（1887）随父到香港，毕业于皇仁书院。十八年（1892）与杨衢云创办辅仁文社。二十年（1894）开始研

谢缵泰

制飞艇，因得不到资助，未能制成。次年，加入兴中会，参与策划广州起义。孙中山、杨衢云先后出亡海外后，独自留港办理善后。二十四年（1898）绘制发表《东亚时局形势图》，警示国人制止列强瓜分中国。次年设计出采用铝制艇身用电动机驱动螺旋桨的"中国号"飞艇，达到国际先进水平。因得不到清政府资助，将设计寄往英国，得到英国飞艇研究者赞赏。二十八年（1902）参与洪全福起义，事败。次年参与创办《南华早报》，鼓吹改革。晚年经营农业、矿业。著有《中华民国革命秘史》。（李兰萍）

刘文波（Maurice Akwon Lawson, 1872—1945） 留尼汪侨领。广东顺德（今佛山顺德区）人。清光绪十三年（1887）赴毛里求斯，被当地侨领亚方·唐文收为谊子。二十七年（1901）移居留尼汪，在圣丹尼创设广刘信号贸易行。宣统元年（1909）回国，在顺德腾冲集资创立龙园学校。1916年创立留尼汪中华商会并任会长。1920年入法籍。1922年当选圣但尼市参议员，为该地首位参政华人。1925年在圣但尼开设印第安那卷烟厂。1927年创办留尼汪第一所华文学校。1933年回国，后迁居越南西贡。（卢玉敏）

魏畅茂（Antoine Pierre Jean Fourquet, 1872—1952） 天主教巴黎外方会传教士。法国人。清光绪二十五年（1899）被派往中国广州教区传教。1923祝圣为广州教区第五任主教。1946年广州教

区成为总主教区后任总主教，管辖当时广东九大教区的教务。1947年离职回国。在广州任主教期间，修缮石室教堂，创办圣心中学、明德女子中学及附小、日新小学。1938年10月广州沦陷后，代管广州城西方便医院，施医赠药；扩充院务，创办附属护士学校；代管普济三院，解决孤寡老人生活困难，赈济饥民。为表彰其在抗战期间作出的公益贡献，1947年广州市政府授予"荣誉市民"称号。（韦羽）

梅乔林（1872—1970） 美国侨领。字伟僧。广东新宁（今台山）人。稍长到广州求学。清光绪二十三年（1897）赴美国芝加哥谋生。宣统二年（1910）与萧雨滋、程天斗、梅光培、曹汤三等创立同盟会芝加哥分会，被推为会长。后兼任三藩市《少年周刊》及《少年中国晨报》驻芝加哥通讯员。宣传孙中山的革命主张，发动侨胞筹饷支持革命。中华民国成立后，获孙中山邀请出任总统府秘书，兼任陆军部委及华侨飞机队助理，荣膺大总统旌义状。为呼应"二次革命"，1913年到香港组织铁血团反对袁世凯，后加入中华革命党，与朱执信等在澳门进行革命运动。1917年参与反对段祺瑞的护法运动。1921年，随孙中山参加北伐。翌年，奉命留守桂林，代理桂林军路局局长。1925年孙中山逝世后，退出政坛，潜心于辛亥革命史研究。1933年起任国民党中央党史史料编纂委员会编修，凡30余年。与李绮庵合著《开国前美洲华侨革命史略》。（易淑琼）

林受之（1873—1925） 新加坡侨商。原名林喜尊，字梦生，号谦光。祖籍广东潮安（今潮州潮安区），出生于新加坡。少承父业，从事树胶买卖。后创办同永顺洋杂货店，设立锦淞商店，从事甘蜜、黄梨、树胶种植及开

炭生意。清光绪三十年（1904），与革命志士在新加坡成立支持中国革命的秘密团体中华公司，任总理。三十二年（1906），在同盟会新加坡分

林受之

会任要职，兼任中华公司总经理。三十三年（1907），孙中山策划潮州黄冈起义，和陈楚楠、张永福、林义顺等人捐助军费。同年，与张永福、林义顺等人创办《中兴日报》，捐资印刷《图存篇》（邹容的《革命军》），分发给华侨阅读。为资助革命，耗尽家财。孙中山为其颁"为国宣劳，不遗余力"旌义奖。（王华）

林喜尊 见"林受之"。

梁启超（1873—1929） 学者、文学家。字卓如，号任公，又号饮冰室主人。广东新会（今江门新会区）人。清光绪十五年（1889）举人。早年求学于广州学海堂，师从康有为。二十一年（1895）在京协助

梁启超

康有为发动公车上书。次年在上海创办《时务报》，任总撰述。在长沙主讲时务学堂，倡导维新变法。二十三年（1897），在北京参与成立保国会，推动维新变法。次年参加百日维新，以六品衔办京师大学堂、译书局。戊戌政变后逃亡日本，创办《清议报》，与孙中山为首的革命派有接触，支持自立军起义。二十五年（1899），在日本创办神户同文学校和东京大同高等学校，培植人才，推进维新事业。创办《新民丛报》《新小说报》《政论》《国风报》等，鼓吹改良，宣扬君主立宪，反对

革命。民国建立后回国，1913年创建进步党，出任袁世凯政府司法总长。1915年初创办《大中华》杂志。同年，反对袁世凯称帝，策动蔡锷在云南反袁，成为护国运动的主帅。反对张勋复辟，后出任段祺瑞政府财政总长。第一次世界大战后，以中国代表团顾问身份参加巴黎和会，得知美、英、法等国将德国在山东的侵略权益秘密转让给日本，设法在国内公布消息。鼓吹国民运动，呼吁"联省自治"。晚年致力于学术，调和科学与玄学的论战，成立共同社和讲学社，选派留学生，编译出版新书，邀请国外名哲来访中国。著述宏富，涉及政治、经济、哲学、历史、语言、宗教及文化艺术、文字音韵等。文学上倡导文体改良的"诗界革命""小说界革命"，创作大量戏曲、小说、诗歌、散文。所作政论文，流利畅达，感情奔放。著有《饮冰室合集》等。1999年北京出版社出版张品兴主编《梁启超全集》。（刘世红）

古应芬（1873—1931）　字勷勤，又字湘勤、湘芹、襄勤，又称高维。广东番禺（今广州）人。清光绪三十年（1904）入日本东京法政大学，次年加入同盟会。1906年在日本法政大学速成科毕业，升入专门部。三十三年（1907）毕业归国，任广

古应芬

东法政学堂编纂、广东谘议局书记长。宣统三年（1911）参与策划广州起义。民国初年历任广东都督府核计院院长、琼崖绥靖处总办等职。后参与"二次革命"讨袁，失败后流亡日本，加入中华革命党，到南洋扩充党务，筹募经费。1917年参加护法运动，任中华民国军政府秘书、代理秘书长。1923

年任陆海军大元帅大本营法制局局长、八邑筹饷督办、大本营驻江门办事处全权主任、广东政务厅厅长、西江善后委员、大本营秘书长等，随孙中山东征陈炯明。1924—1925年历任广东经界局督办、大本营财政部部长、广东省财政厅厅长、军需总监等职，支持孙中山改组国民党。1926年1月当选为国民党中央监察委员，支持蒋介石整理党务案。后任南京国民政府常务委员兼财政部部长。1928年赴日本、欧美考察，归国后历任中央政治会议委员、国民政府文官长、中央监察委员等职。1931年参加反蒋，被推为广州国民政府委员。著有《孙大元帅东征日记》《双梧馆诗文集》等。（李兰萍）

黄节（1873—1935）　诗人。岭南近代四家（梁鼎芬、曾习经、罗惇曧、黄节）之一。初名黄晦闻，字玉昆，号纯熙，别署晦翁、蒹葭楼主等。鄙夷同宗黄士俊的变节行为，易名"节"，取号"甘竹滩洗石人"，以明立德蹈义之志。广东顺德（今佛山顺德区）人。顺天乡试落第，绝迹科场，立志从事文化救国事业。清光绪二十八年（1902）与邓实在上海创办

黄节

《政艺通讯》。三十一年（1905）与章太炎等在上海创办国学保存会，主办《国粹学报》，主张发扬国粹，发起筹建国学藏书楼。宣统元年（1909）加入同盟会。次年参加南社，以诗文宣传革命。后回广州从事教育工作，发起创办南武学会及南武学堂。1912年任广东高等学堂（后改名广东高等师范学堂）监督校长。1919年任北京大学教授。赴广州与夏重民创办《天民日报》，力倡发扬民主，伸张民权，罢斥贪官污吏。1928年6月任广东省

政府委员兼教育厅厅长，任广东通志馆馆长。次年秋重回北平，任教于清华大学和北京师范大学，卒于北平。工诗，内蕴耿介，外造隽淡，人称"唐面宋骨"。著有《蒹葭楼诗》《汉魏乐府风笺》《诗学》《诗旨纂辞》《魏文帝魏武帝诗注》《曹子建诗注》《谢康乐诗注》《鲍参军诗注集说》《顾亭林诗说》等。后人编有《蒹葭楼集外佚诗》等。（李兰萍、李艳平）

黄晦闻　见"黄节"。

冒广生（1873—1959）　诗人、词学家。字鹤亭，一字钝宦，号疚斋、小三吾亭长。祖籍江苏如皋，出生于广东潮州。清光绪二十年（1894）举人，历官刑部郎中、农工商部郎中，赏加四品京衔。民国成立后，历任民国财政部顾问、农商

冒广生

部全国经济调查会会长、镇江关监督及镇江交涉员、《广东通志》总纂。抗战胜利后任中山大学教授、南京国史馆纂修。新中国成立后任上海文物保管会特约顾问。少从外祖周星诒治经史、目录、校勘之学，从吴汝纶学古文，从叶衍兰学词。博学广闻，熟知掌故，于经学、史学、诸子都有研究，治《管子》尤有所得，亦擅版本、考据之学。诗、词、曲均有杰出成就。20世纪30年代主持《青鹤》杂志。抗战时期在上海从事《易经》、诸子等研究。著有《京氏易三种》《大戴礼义证》《管子校注长编》《蒙古源流年表》《吐蕃世系表》《四声钩沉》《南戏琐谈》《冠柳集》《小三吾亭诗集》《小三吾亭词集》《小三吾亭文集》《疚斋杂剧》等。编有《冒氏丛书》《楚州丛书》

《永嘉诗人祠堂丛刻》《永嘉高僧碑传集》等。1992 年上海古籍出版社出版冒怀辛整理《冒鹤亭词曲论文集》。（左鹏军）

黄金德（Wong Kim Ark，1873— ？） 祖籍广东新宁（今台山），出身于美国旧金山华侨杂货商之家。父母均非美国公民。清光绪十六年（1890）在家乡完婚。二十年（1894）回乡探亲，次年八月入境美国时，移民局依据 1882 年《排华法案》拒绝其入境并将其拘留。以"拒绝其公民身份"控告政府，获中华总会馆支持。加州地方法院判其立即递解出境。上诉至美最高法院，最高法院依据宪法第 14 条修正案，指出美国出生的人均是美国公民，即使父母是外国人也不例外，于 1898 年 3 月 28 日裁定黄金德在案件中胜诉。美国诉黄金德案（United States v. Wong Kim Ark，169 U.S. 649，1898）是一起美国联邦最高法院判决所有美国境内出生者是美国公民的里程碑式案例，被载入移民史册。（易淑琼）

黄兴（1874—1916） 民主革命家。原名黄轸，字廑午，又字克强，号杞园。湖南善化（今长沙）人。清光绪二十八年（1902）留学日本，与杨笃生等创办《游学译编》。次年参加拒俄运动和军国民教育会。三十年（1904）

黄兴

与刘揆一、宋教仁等在长沙组织华兴会，策动长沙起义。三十一年（1905）协助孙中山建立同盟会，任执行部庶务。三十三年（1907）起，先后组织或指挥钦州防城起义、镇南关起义、云南河口起义、广州新军起义。1911 年领导广州黄花

岗起义。1912 年 1 月，南京临时政府成立，任陆军总长。1913 年任讨袁军总司令，失败后流亡日本。病逝于上海。1981 年中华书局出版湖南省社科院编《黄兴集》。（莫俊）

黄轸 见"黄兴"。

黄春元（1874—1926） 广东汉剧演员。广东大埔人。12 岁进入彩华香班学艺，出科后在彩华春、新天彩、老福顺、老三多等搭班。唱腔高亢圆润，吐字清晰，擅以唱功表现人物的愤懑心情和慷慨情态。代表剧目有《过昭关》《辕门斩子》《上天台》《击鼓骂曹》《左慈进柑》《骂阎罗》。观众中流传"若要看，罗芝瑞；若要听，黄春元"之说。潮州外江梨园公所顶梁柱刻其姓名，为清光绪年间重修公所时捐献留名。（陈燕芳）

查尔斯·苏德斯·伯捷（Charles Souders Paget，1874—1933） 建筑师。出生于美国新泽西州布里奇顿。师从得哈伊大学顾问工程师梅里蒙（Mansfield Merrimon）。参与亚特兰大博览会的设计建造。1902 年来华，从事粤汉铁路主干线及三水支应线

查尔斯·苏德斯·伯捷

的初步勘测。1904 年到广州与帕内（Arthur William Purnell）合伙开办治平洋行（Purnell & Paget），成为 20 世纪初岭南最重要的西方建筑师事务所。代表作品广东士敏土厂、安鲁嘉博大厦、岭南学堂东堂和广州市中央消防总所等。美国土木工程师学会准会员。关注结构新技术，将相关技术运用至岭南建筑设计实践，为岭南近代建筑技术尤其是钢筋混凝土结构技术的发展奠定基础。（彭长歆、顾雪萍）

何柳堂（1874—1933） 广东音乐作曲家、演奏家、粤曲唱家。原名何森，字与香，号柳堂。广东番禺（今广州番禺区）沙湾人。

出身音乐世家沙湾何氏，自幼随祖父何博众学习民族乐器，尤善琵琶，全面继承"十指琵琶"技法。青少年时期

何柳堂

钻研音乐，习武艺，20 岁中广州府武秀才。随公脚薛保耀学习粤剧，擅演《三娘教子》。20 世纪 20 年代，在香港琳琅幻境音乐部当音乐员，后与钱广仁、陈绍崇等组织钟声慈善社，担任社内广东音乐及粤剧教师。常到广州、上海等地演出、教学、录制唱片。1931 年出版《琵琶曲集》。抗战时期，写过宣传抵制日货、劝人不要吸鸦片烟等内容的粤讴、南音作品。1920 年起从事广东音乐和南音曲词的编作，所作《赛龙夺锦》《回文锦》《七星伴月》《雨打芭蕉》等曲，广东音乐典雅派的开创者，并灌录唱片，为瞽师陈鉴撰写南音。常用突破传统的创作手法，采用跳跃节奏、顿音及唢呐乐器等，形成新的乐语，推动广东音乐的创新。音乐上对何与年、何少霞影响很大。代表作品有《赛龙夺锦》《七星伴月》《回文锦》《垂杨三复》《醉翁捞月》《玉女思春》《晓梦啼莺》等。（李继明）

何森 见"何柳堂"。

庄士敦（Reginald Fleming Johnston，1874—1938） 基督教传教士、汉学家。字志道。苏格兰人。毕业于英国爱丁堡大学和牛津大学。1898 年赴中国，先后在香港、威海卫的英殖民政府任职，先后出任辅政司助理、港督私人秘书。1904 年经骆克哈特力荐，

被殖民部派往租借地威海卫（今山东威海），先后任政府秘书、正华务司和南区行政长官等职，获英国政府授予"高级英帝国勋爵士"勋章。是一位"中国通"。1919 年应邀至紫禁城担任溥仪的英语老师，备受溥仪尊重。1930 年返回英国。1931 年在伦敦大学亚非学院担任教授，主要研究汉学。卒于爱丁堡。著有《紫禁城的黄昏》《佛教中国》《儒家与近代中国》等。（吴青）

达保罗（Paul J. Todd，1874—1939） 传教士、医生。1902 年来到广州，在博济医院工作。1905 年，任广州博济医院代理院长。1909 年与潘佩如、钟宰荃、赵秀石、江孔殷及广州西医名医，创建广东公医专门学校（今中山大学医学院前身），简称"公医"，即"公众医学"的意思。1910 年春，公医购置长堤天海楼，兴建医院。1912 年离开博济医院，任公医附属医院院长。1915 年，任公医校长。1928 年，在惠福西路开办达保罗医院（今广州市儿童医院前身），后医院迁至官禄路。1929—1930 年，重回博济医院工作并任院长。抗战期间，率医护人员赴上海前线救治伤兵。1938 年，日军占领广州，仍继续经营医院。在战乱中因病去世。（周红黎、张书河）

易孺（1874—1941） 词人、篆刻家。南社社员。初名廷熹，字季馥；后改名为熹，字季复，又更字孺，号大厂、依柳词人等。因信奉净土宗，亦号大厂居士。广东鹤山人。早年肄业广雅书院，为黄牧甫入室弟子。求学于上海震旦书院，后东渡日本习师范，回

易孺

国后任南京方言学堂监学。民国时任北京高等师范、暨南大学、国立音乐院教授，印铸局技师等。日陷上海，绝食抗议。工诗、词、书、画，尤精篆刻。篆刻别创新体，自成风格，与吴昌硕、赵叔孺、黄牧甫并称为近代印坛四家。晚年作《和玉田词》1 卷，未刊。著有《双清池馆集》《大厂词稿》《大厂集宋词帖》《韦斋曲谱》等。参编《全清词钞》，并编校韩纯玉《蓬庐词》《北宋三家词》。叶恭绰评其词审音琢句，取径艰涩。龙榆生谓其诗中之山、后山也。（高美玲）

黄戴（1874—1943） 西秦戏演员。人称乌面戴。出生于广东惠东平海，后入赘海丰赤坑镇客寮村。先习打锣，后拜蔡扶六为师，习净行，尤工乌面。以扮演三王（纣王、赵王、李晋王）著称。出道以演《封神榜》纣王出名。《封神榜》一连 42 出，对各个情节中的纣王，从表演到脸谱，均有研究。在饰演纣王时会根据不同时期，所画脸谱也有所不同，早期较为红润，中期较白，后期呈青白色，人物性格更加鲜明，符合人物发展特点。因演出纣王出色，有"戴净纣王——昏了"的歇后语。戴净戏路广，反串丑角也很出色。其表演时的一些道白成为海丰广为流传的熟语。演技高超，语言生动，富有创造，观众说他"做鬼都好""睇个形就够"，公认是西秦戏第一好乌面。（刘红娟）

乌面戴 见"黄戴"。

郭乐（1874—1956） 华侨实业家。原名郭官乐，字鸾辉。广东香山（今中山）人。清光绪十八年（1892）赴澳大利亚悉尼谋生。初当菜园及水果店工人，后与人合资开设永安果栏（即水果批发行），任司理，兼营当

地华侨的存款和汇兑业务。三十三年（1907）与其弟郭泉、郭顺、郭葵及堂兄郭标等集资，在香港创设现代化大型百货公司永安公司，引进、吸收英国商业经营管理制度和方法，发展出融合中西方文化的经营管理体制，开拓酒店、织造、水火和人寿保险公司等多元业务。宣统二年（1910）在中山开设广东银号，办理储蓄和侨汇业务。1918 年 9 月，招股筹办的上海永安百货公司正式开业，以经营环球百货为主。1921 年开办永安纺织印染公司。1931 年创设永安银行。1939 年，代表中国赴美国参加金门博览会。因第二次世界大战爆发，留居美国主持旧金山及纽约的永安公司业务，直至病逝。（易淑琼）

郭官乐 见"郭乐"。

林耀桂（1874—1965） 武术家。广东博罗汝湖（今惠州惠城区东北）人。"南方五虎将"（林耀桂、林荫堂、黄啸侠、赖成己、张礼泉）之。自幼习武，10 余岁随父习练家传武艺。后师从罗浮山大玉禅

林耀桂

师学龙形拳，有"东江老虎"之誉。1924 年移居广州，受广州国术界公推，在广州长堤青年迦南堂迎战前来挑战的俄籍拳手。后在广东省政府传授武艺，在燕塘军校任武术教官。1926 年 3 月主理广州市保安队、警卫旅的技击训练，9 月续聘为广州国术协会主任教官。全面抗战期间，编有抗日杀敌大刀术，教授十九路军官兵。1956 年，移居香港，开办龙形拳总会。（马晟）

张来明（1875—1938） 广东汉剧教

师。广东潮安（今潮州潮安区）人。12岁进入顺天乐班学艺，主工红净，出科后在新天彩、老三多、老福顺等搭班。后长期在荣天彩、新华汉剧社教戏。执教严格，艺徒包括小生赖宣、青衣黄桂珠、红净红面歪、老生黄荣才等。（陈燕芳）

梁培基（1875—1947）　制药商。原名梁斌（一说梁缄），字慎余。广东顺德（今佛山顺德区）。清光绪二十三年（1897）

梁培基

毕业于博济医院华南医学校，后留校任教，兼任广东夏葛女医学校教师，自设诊所。发起创办光华医社、私立广东光华医学院。二十八年（1902）创办梁培基药厂，创"梁培基发冷丸"。主编《医学卫生报》。其所办药厂是中国人自办的第一家西药厂，开创广州制药业中西药结合先河。（蓝韶清、薛暖珠）

梁斌　见"梁培基"。

杨鹤龄（1875—1954）　中医儿科学家。广东大埔人。出身医学世家，17岁考取清代医官，32岁任育婴堂医生。1912年在广州旧仓巷（今中山四路一内街）设"杨吉祥堂"。

杨鹤龄

精通儿科，认为岭南儿科，以湿温为害；儿科察病，望诊最为重要，提出"脉纹相应"以及纹色、形态、部位、浮沉、淡滞合参的综合分析方法；临床辨证继承程康圃儿科八证说；用药独特，注重分经用药，善

用外治法、诸花、岭南草药。著有《儿科经验述要》，该著作与程康圃的《儿科秘要》被后人并称为岭南儿科双璧。

（郑洪、张书河）

倓虚（1875—1963）　僧人。佛门三虚（虚云、倓虚、太虚）之一。名福庭，法名隆衔，字倓虚，号湛山老人。俗姓王。河北宁河（今天津宁河）人。1917年赴天津，礼涞水高明寺印魁和尚得度。1925年获谛闲法师授天台教

倓虚

法，为天台宗第四十四代。在西安大兴善寺、青岛湛山寺、营口楞严寺、长春般若寺、沈阳般若寺、天津大悲禅院等传道。1949年至广州主持光孝寺修复。嗣后移锡香港。1949年当选香港佛教联合会首任会长。在香港先后创办华南佛学院、天台弘法精舍、谛闲大师纪念堂、中华佛教图书馆、青山极乐寺、佛教印经处等多处佛教寺院和弘法机构。致力于振兴佛教，以建设道场、培养僧才、讲经说法为三大精要。主张学院丛林化、丛林学院化，开创僧伽教育的新模式，培养的佛教人才遍布海内外。在香港圆寂。著有《阴阳妙常说》《金刚经讲义》《般若波罗蜜心经多讲义》《天台传佛心印记注释要》《始终心要义记》《普门品讲录》《念佛论》《读书随笔》《影尘回忆录》《湛山文钞》《僧璨大师信心铭略解》等。弟子辑有《湛山大师法汇》，收入《中华续藏经》。

（李杰）

陈顺和（1875—1965）　柬埔寨侨商。广东普宁人。年轻时赴柬埔寨金边，跟随父亲经营酒业与粮杂生意，后从事运输、房地产和纺织业，成为当地

知名侨商。参加同盟会成为柬埔寨分会主持人之一。历任金边潮州帮帮长，是金边端华中学创办人之一。1942年日军侵占柬埔寨时拒绝出任维持会会长。1946年，多方筹措经费、协助申请执照，支持华侨进步人士在金边创办《现实日报》。1958年，应邀组团回国观光。周恩来总理称其为"爱国硬骨头"。同年，独资捐助家乡桥柱华侨中学建校舍。1964年向金边中华医院捐资用作慈善基金。（沈毅秦）

黄翠凝（1875—？）　小说家。广东番禺（今广州）人。就读于教会学校，能用英文读译。擅写家庭小说，心理描写尤其细腻。以文学创作与翻译参与社会、文化和文学的大变革，尤关注女性，对男性困境进行反向观察，对于探究20世纪初第一代知识女性启蒙思想的多样性具有独特意义。著有中短篇小说《猴刺客》《奋回头》《离雏记》和长篇小说《姊妹花》，译作有小说《地狱村》（与陈信芳女士合译）、《牧羊少年》等。（邓丹）

王弘愿（1876—1937）　佛教居士。号圆五居士。广东潮州潮安（今潮安区）人。晚清秀才、廪生。因爱韩愈文章，取名师愈，字慕韩。在潮州省立金山中学任教30余年，并任校长。1919年主汕头《汉潮日报》笔政。因读《华严经》而信佛，

王弘愿

向潮州开元寺怡光禅师学习教义。后将日本真言宗权田雷斧大阿阇黎的《密教纲要》译成中文流通。1924年在潮州开元寺受权田雷斧大阿阇黎金胎两部灌顶及四度加行法。同年创办震旦密教重兴会。次年创办《佛化》季刊。1926年东渡日本，受权田雷斧大阿阇

黎传法灌顶，绍真言宗第四十九世传灯大阿阇黎之位，为近现代居士受唐密传灯大阿阇黎位第一人。回国后致力于密教复兴，编辑出版《密教讲习录》，以函授方式接引化度学者，在潮安、广州、佛山、香港、汕头等地开坛灌顶。1928、1932、1933 年三次在广州六榕解行精舍弘传密教。1934 年任汕头密教重兴会导师，往来潮汕与广州，弘扬密宗。受聘为中山大学文学院讲师，主修《两广通志·宗教志》。1936 年传法于冯达庵等四居士。在潮安去世，葬于砚田山。著作有《密教讲习录》《圆五居文集·诗集》《金刚顶经义诀》等，译著有《密教纲要》《十八道私勘》《重制两部曼荼罗通解》《〈大日经疏〉会本》等。（达亮、吴晓蔓）

卢朋著（1876—1939）　中医学家。名卢雄飞。广东新会（今江门新会区）人。出身书香门第，少读经史，入学为贡生。清光绪三十一年（1905）起，先后在两广师范、广州中学、南海中学、番禺中学等 8 所学校任教。1912 年在

卢朋著

广州市惠爱路（今中山五路）流水井开设卢仁术堂。后在广东中医药专门学校工作。其传承了山东名医黄元御的学术思想，重视脾胃的作用和阳气的养护，处方用药善用温热之品。擅长治疗内伤杂病，精于医治哮喘。编有《广东中医药专门学校医学通论讲义》《广东中医药专门学校医学史讲义》等 8 种教材，编撰《四圣心源提要》等。（郑洪、张书河）

卢雄飞　见"卢朋著"。

萨维纳（François Marie Savina，1876—1941）　传教士、语言学家。法国马阿隆人。1901 年以传教士身份来到越南北部，对苗瑶、侗台语族民族和语言进行调查研究，获欧洲汉学最高奖儒莲奖。1925 年到海南岛担任翻译，实地调查海南话、临高话和黎语，编写《海南话（福佬语）—法语词典》（Dictionnaire Hoklo-Français）、《临高语—法语》（Dictionnaire Bê-Français）和《黎语—法语》（Dictionnaire Dai-Français）三部词典。海南话词典收入"萨维纳八种语言集"（Octaples Savina = Guide Linguistique de l'Indochine），临高语词典经后人整理出版，题为《萨维纳的临高语词汇》（Le Vocabulaire Bê de F.M. Savina, Présenté par André G. Haudricourt），黎语词典以《黎法词汇》（Lexique Đày-français）为题发表。另出版《海南岛志》（Monographie de Hainan），包括 20 世纪 20 年代海南岛的人文地理概况及萨维纳的黎区考察日志，附有 298 条黎语词汇。（经典、辛世彪）

利寅（1876—1954）　农业化学家。字寿峰。广东花县（今广州花都区）人。清光绪三十年（1904）公费留学英国伦敦大学学习化学，参与发起成立中国化学会欧洲支会。三十四年（1908）毕业返国，任广东农事试验场化学师和农林讲习

利寅

所教员。宣统二年（1910）创办广东化学会和《广东化学会实业报》。1912 年任试验场场长与讲习所所长。先后任教于广东省立专门学校、广东大学农科、中山大学农学院和华南农学院。主要从事高等农业教育工作。在卫生酱油、肉品制造等领域取得 10 余项成果。早期订译的一系列有机化学中文名词为中国科学界习用。广东农业化学学科主要开拓者和广东高等农业教育先驱。著有《利寅文录》《农艺化学实验的一得》《农产制造须知》；发表《化学通理择要》《定量分析化学》《土麦制酱之特别良效》《配合卫生餐品之便法》《磷酸在铁铝中之消费便法》《考求钾与钠多少之便法》等论文 20 余篇。（倪根金）

梁翰芬（1876—1960）　中医学家、教育家。广东番禺禺北兔岗村（今广州白云区人和镇明星村）人。清末监生（一说贡生），初以教学为生，后亦教亦医。清末民初，受聘于广州城西方便医院，后于广州市龙津路开设诊所。1931 年，出

梁翰芬

席中央国医馆成立大会并任理事。1938 年，移居香港，创办香港保元国医学院，兼任香港中医药专科学校教师。先后在广东省中医药专门学校、广东光汉中医学校、广东保元国医学校、广州汉兴中医职业学校、华南医学院、广州中医学院等单位任职。熟读中医经典著作，对金元四大家和清代叶天士、王孟英等医家的著作钻研尤深。擅长诊断，尤其重视脉诊、舌诊；以治疗妇科疾病为长，认为妇科之要，莫重于调经，多运用调气血、滋肾阴、疏肝郁等治法。辑注《光汉中医专科学校诊断学讲义》，编辑《广东中医药专门学校诊断学讲义》，编注《广东中医药专门学校眼科讲义》等。（郑洪、张书河）

廖仲恺（1877—1925）　资产阶级民主革命活动家。黄埔军校创始人之一。原名廖恩煦，又名廖夷白，字仲恺，笔名屠富、渊实等。广东归善（今惠

州惠阳区）人，出生于美国旧金山。清光绪十九年（1893）回原籍，二十二年（1896）赴香港学英语，二十八年（1902）留学日本。先后入

廖仲恺

读早稻田大学、中央大学。次年结识孙中山，跟随从事革命活动。三十一年（1905）参加中国同盟会，任外务部干事。宣统元年（1909）回国后奉命赴吉林，任巡抚幕僚。1912年回广东任军政府总参议，兼理财政，参加南北议和。"二次革命"失败后出走日本，任中华革命党财政部副部长。1916年回国，先后在广州、上海等地从事反袁护法运动。1919年任国民党财政主任，在上海与朱执信等创办《星期评论》《建设》等。1921年任中华民国政府（广州）财政部次长兼广东财政厅厅长。次年6月被陈炯明囚禁，脱险后赴上海，协助孙中山改组国民党。1923年回广州任陆海军大元帅大本营财政部部长、秘书长兼广东省省长。协助孙中山制定"联俄、联共、扶助农工"三大政策。次年在国民党一大上当选为中央执委，先后兼任工人部部长、农民部部长、黄埔军校党代表、军需总监等职。参与组织平定商团事件、东征陈炯明、讨伐杨刘诸役。在广州遭国民党右派刺杀身亡。译有《进步与贫困》《全民政治》。2011年中华书局出版《廖仲恺集》，1985年人民出版社出版尚明轩、余炎光编《双清文集》（上卷）。（李兰萍）

廖恩煦 见"廖仲恺"。

廖夷白 见"廖仲恺"。

嘉惠霖（William Warder Cadbury，1877—1959） 医生、教育家。民国时期西医内科学知名教授和在华著名外国医生。

出生于美国宾夕法尼亚州费城。1898年毕业于哈弗福德学院，获学士学位，次年获该学院硕士学位。1902年获宾夕法尼亚大学医学博士学位。1909年来到广州，在博济医院工作。1930年，被岭南大学董事会指派主持博济医院工作。1938年10月广州沦陷，任广州康乐村难民营主席，负责收容难民。太平洋战争爆发后，被关进外国人集中营，后美国与日本交换战俘，其以"美国战俘"身份被遣回美国。抗战胜利后，返回中国继续担任博济医院院长。对博济医院的发展起到重要作用。1949年离开中国。在中国的40年，还担任博济医院南华医学堂和岭南大学医学院教授。与琼斯合作撰写 *At the Point of a Lancet One Hundred Years of Canton Hospital*，1835—1935（《柳叶刀尖——博济医院百年，1835—1935》），译名《博济医院百年史》，为研究中国西医发展史的重要文献。（周红黎、张书河）

马廷亮（？—1925） 回族。驻广州汉军旗人。中日甲午战争后，日本在朝鲜设立韩国统监府，清廷废钦差大臣，设驻朝总领事。因杨枢推荐，为首任总领事。驻朝期间，与首相李完用签订《清国享受居留民地即领事裁判权议定书》，确定清政府在朝鲜的外交特权。引导广东商人到朝鲜从事贸易，在朝形成"广帮华侨"。宣统元年（1909）"日韩合并"后离任，转为驻日本代办公使。二年（1910）与朝鲜签订《仁川、釜山、元山中国租界章程》，认定朝鲜华商租界地使用规则，在一定程度上解决了华商居留朝鲜的问题。辛亥革命后调往朝鲜，复任总领事。3年后改任外交部驻奉天特派交涉员，旋调外交部参事。（马建春、李蒙蒙）

许之衡（1877—1934） 戏曲史研究家、戏曲作家。字守白，号饮流斋主

人，别署曲隐道人。广东番禺（今广州）人。在广雅书院求学，拜康有为为师。清光绪二十九年（1903）中副榜贡生，后赴日留学，毕业于日本明治大学。历任北京大学国文系教授兼研究所国学门导师，北平师范大学、北平女子文理学院教授。工吟咏，精词曲，善治印。在戏曲史、音乐史等学术领域多有建树，词曲创作方面也有突出成就。其学术成就和戏曲创作在近现代学术史和戏曲史上占有重要地位。著有《守白词》（一名《步周词》）、《词余》《中国音乐小史》《曲律易知》《声律学讲义》《曲史讲义》《中国戏曲研究讲义》《饮流斋说瓷》等。作有传奇《玉虎坠》《锦瑟记》《霓裳艳》等。所见仅1922年刻本《霓裳艳》一种。（左鹏军）

余觉之（1877—1935） 实业家。江门造纸厂创办人。又名余文铎，字德中，号觉之。广东新宁（今台山）人。清光绪三十年（1904）赴日留学，就读于东京同文书院。毕业后入东京王子制纸会社实习。宣统元年（1909）回国兴办江门制纸股份有限公司（即江门造纸厂），在台山荻海（今属开平）成立事务所（后迁往香港），在海内外多地设代招股处招揽侨资。1913年公司造纸厂建成投产，成为江门首家机械化造纸厂。1919年起历任广东省第二届议会议员、广东省经济调查委员会委员兼省长公署顾问等职。1932年集资组建冈州植牧股份有限公司。重视教育，在家乡捐资兴办敬业初等小学，被推举为校长。受颁国民政府三等宝光嘉禾勋章。（卢玉敏）

余文铎 见"余觉之"。

宋铭黄（1877—1940） 广绣艺人，广州早期革命家。广东番禺（今广州番禺区）人。幼年略通文理，善刺绣。

嫁广州某富家子，婚后数年丈夫病逝。后在广州洁芳女校任刺绣科教员。受高剑父等影响，加入同盟会，参加黄花岗起义，革命军北伐时任女子敢死队队长。1913年，与高剑父结婚，在上海从事美术教育工作，开办上海女子刺绣院。所绣的花鸟鱼虫，形神兼备。常以高剑父作的花鸟画制成刺绣画，并在高剑父的指导下，改进刺绣工艺及刺绣针法。被誉为"改革刺绣工艺的范本"。所绣《野寺临江》《淡月梨花》是广绣代表。（孙恩乐）

詹陈坤（1877—1948） 潮剧演员。广东潮阳（今汕头潮阳区）人。7岁卖身入老三正顺香班为童伶，满师后成为该班主要演员。17岁担任主角，演青衣兼小生，扮相俊美，气质潇洒，唱腔动人。后任戏班教戏先生，整理编演《叠叠风波》《三合剑》《芦林会》《担溪水》等剧。多才多艺，兼编剧、作曲、教习、演员于一身。代表剧目有《收浪子尸》《斩龙》。（孙冰娜、吴国钦）

邓实（1877—1951） 学者。字秋枚，别署枚子、野残、鸡鸣风雨楼主等。广东顺德（今佛山顺德区）人，出生于上海。青年时崇拜顾炎武，喜爱阅读有关经世致用的书籍。与黄节同师简朝亮治经学。清光绪二十八年（1902）创办《政艺通报》，传播爱国思想，介绍西方文明，试图弘扬民权，排斥专制，革新政治。三十一年（1905）与黄节、章太炎、马叙伦、刘师培等创立国粹保存会，先后编辑《国粹丛书》《国学讲义》；创办《国粹学报》，以发明国学、保存国粹为宗旨，发表《国学保存论》《国学真论》《国学无用辨》等文章。于上海创设神州国光社，出版《风雨楼丛书》和《古学会刊》，与黄宾虹编印《美术丛书》。（黄明喜、王林）

宋森（1877—1952） 教育家。广东鹤山人。6岁时入昆东学堂，16岁考入两广师范及理科研究所。清光绪二十三年（1897）起，先后在南雄中学、南雄师范讲习所、恩平县立师范传习所等学校任教员。二十六年（1900），赴南洋兴办华侨教育，先后任新加坡养正学校校长、南洋英属华侨学务总会治事部部长、雪兰莪华侨教育会会长等职。三十三年（1907），率第一批华侨子弟回国赴南京暨南学堂就读。1916年，出任吉隆坡尊孔学校、坤成女校校长，兼任广东省公署特派南洋视学员等职。1917年，在吉隆坡创办南洋第一间中等职业学校乙种商科学校及夜间商业讲习所。五四运动爆发时，在南洋领导华侨抵制日货，被英国殖民当局逮捕并判递解出境。1921年创办鹤山第一份报纸《新平冈报》。1922年，募资创办平冈平民学校、淑德女校等学校。1922年，担任鹤山县教育局局长兼实业局局长、县立高小校长，进行教育改革，废除私塾，兴办新式学校，鹤山近代教育奠基人。主政期间，鹤山成为广东教育事业发展最快县之一。抗战期间，任鹤山邑侨筹赈兵灾难民会驻邑主任、县粮食征购监察员。1935年，负责编辑《鹤山县志》。1950年，担任鹤山县第一中学校长。（王华）

蔡昌（1877—1953） 实业家。字均泰，又字子辉。广东香山上恭都外茔乡（今珠海金鼎）人。清光绪十七年（1891）随二哥蔡兴至澳大利亚悉尼谋生，主营果蔬生意。二十五年（1899）回到香港，在蔡兴和马应彪等人合资开办的先施百货工

蔡昌

作。1912年，得蔡兴支持，在香港开设大新百货公司，出任经理。1918年在广州西堤创办大新广州分公司（现南方大厦），成为当时广州最受欢迎的购物中心。1934年在上海南京路建造上海大新公司大厦，1936年1月正式开张营业。全面抗战爆发后，大新百货公司广州分公司停业，上海大新公司正常营业。（郭文安）

亨利·墨菲（Henry Killam Murphy，1877—1954） 又译茂飞。建筑师。出生于美国纽黑文（New Haven）。1894年毕业于耶鲁大学建筑系，1906年前后在纽约独立开展建筑设计业务，1908年与戴拿（Richard Henry Dana, Jr.）在纽约合组建筑师事务所（Murphy & Dana）。1914年，受教会委托来到中国，对北京紫禁城等中国古典建筑进行考察；在随后20年致力于教会大学的"中国古典复兴"式设计，在长沙雅礼大学、北平燕京大学、南京金陵女子大学等多个教会大学的规划和设计之后，确立其"中国古典复兴"旗手地位。1921年受孙科邀请到广州就市政中枢进行设计，提出中国近代历史上第一个"中国古典复兴"风格的政府公共建筑广州市政中枢的设计；提出的广州城市规划设想影响民国广州城市的规划与建设。为岭南大学设计惺亭（1928）、哲生堂（1930）和陆佑堂，使岭南大学中西合璧式风格得以延续和发展。为广州沙面设计万国宝通银行广州分行，为近代广州城市建设与岭南建筑的发展作出重要贡献。（彭长歆、顾雪萍）

亨利·墨菲

茂飞 见"亨利·墨菲"。

彭泽民（1877—1956） 又称彭泽文。民主革命者。字锦泉，号镛希。广东四会人。清光绪二十八年（1902）赴马来亚（今马来西亚）吉隆坡，三十二年（1906）加入同盟会吉隆坡分会，任书记。1919 年，参与创立中国国民

彭泽民

党芙蓉总支部，兼任《益群日报》总经理，报道国内革命运动，动员华侨捐款、回国参加起义。1925 年返回广州，任国民政府参事、国民党中央执行委员、海外部部长等职。1926 年，筹建华侨协会，北伐誓师之后，领导爱国华侨支持北伐战争，发起华侨恳亲大会，在广州创办华侨运动讲习所并任所长。1927 年，与宋庆龄、何香凝等联名讨伐蒋介石，反对国民党反动派。同年参加南昌起义，任革命委员会委员。1930 年参与创建中国国民党临时行动委员会（中国农工民主党前身），任中央干部会干事。抗战期间，主张联共抗日，在海外致力于华侨抗日救国运动。1947 年当选中国农工民主党中央监察委员会书记。1949 年 9 月，出席北平中国人民政治协商会议第一届全体会议，当选为常委。新中国成立后，历任全国侨联副主席、中国红十字会副会长、中国农工民主党副主席等职。1954 年，当选首届全国人大常务委员会委员。1955 年，参与倡建卫生部中医研究院，任名誉会长。（沈毅秦）

彭泽文 见"彭泽民"。

陈隆吉（1877—1961） 印尼侨领、医务工作者。又名陈汝栋。广东梅州人。14 岁随父习中医，23 岁赴婆罗洲（今加里曼丹岛）谋生，后任巴城（今印尼雅加达）中华会馆学监、井

里汶中华学校校长。清光绪三十三年（1907）赴日本千叶医专（今千叶医科大学）攻读医科，其间参加中国同盟会。辛亥革命期间，作为队长组织170 余名留日医科学生，组成红十字救护队回国服务。毕业后重返巴城，悬壶行医，生产"宝刀"牌风热散、疳积散等成药。长期担任义成学校（华侨公学）董事兼学务委员长。参加国民党第五次全国代表大会会议，提议恢复三民主义革命精神，负责起草改革党务案。1942 年，陈氏夫妇被荷印当局逮捕，拘押于澳大利亚集中营，后被营救保释。1947 年重返印尼。著有《美溪草堂诗钞》。（王华）

陈汝栋 见"陈隆吉"。

曾长锦（1878—1924） 广东汉剧演员。人称拼命长锦。广东揭西人。清光绪十六年（1890）于乐天彩出科，先后在老三多、老连福、彩华香、顺天乐、万寿春搭班。特技精湛，脑后翎子功、单袖封剑、反眼僵尸人称"三绝"。代表剧目有《群英会》《三气周瑜》《打侄上坟》《珍珠衫》。（陈燕芳）

卢廉若（1878—1927） 华商。名卢鸿翔，又名卢光灿，字圣管，以号行。广东新会潮连乡（今江门蓬江区）人。17 岁入县学为生员。科举屡受挫折，遂援例纳粟，以道员分发浙江，赏花翎二品顶戴。后调至广西桂林。因厌倦吏事，告假而归。至澳门

卢廉若

继承父亲卢九事业，经营银号、烟赌，成为南洋烟草公司大股东、宝行银号业主、澳门赛马场大股东。热心公益和社会事务，捐助灾民。扶持镜湖医院，常年施医赠药。捐办义学，创办

多所学校，收留贫苦子弟。获国民政府三等嘉禾勋章。1925 年获得葡萄牙基督一等勋章。（郭文安）

卢鸿翔 见"卢廉若"。
卢光灿 见"卢廉若"。

陈炯明（1878—1933） 粤系将领。名陈捷，字竞存。广东海丰人。清光绪三十四年（1908）毕业于广东法政学堂。宣统元年（1909）任广东谘议局议员，参加同盟会，参加支那暗杀团。二年（1910）参加广州新军起义。参加辛亥"三二九"广州

陈炯明

起义，奉命与邓铿在东江组织民军。三年（1911）广东光复后任广东军政府副都督、代都督、广东总绥靖处经略使、广东都督等职。"二次革命"时宣布广东独立，失败后赴南洋，另组中华水利促成社。1915 年参加护国运动，任粤军总司令。1916 年回粤组织讨逆共和军，自任总司令。1917 年参加护法运动，任援闽粤军总司令、广东省省长兼粤军总司令，建立"闽南护法区"。1920 年 8 月率粤军回粤，击败桂系军阀。1921 年 5 月，任中华民国政府陆军部总长兼内务部总长，参与"联省自治"运动。1922 年 6 月16 日，所部叶举、洪兆麟等发动武装叛乱，炮轰总统府。1923 年 1 月被滇桂粤联军击败，率部退守东江。1925 年，所部被广东革命政府组织的以黄埔军校学生为骨干的革命军消灭。避居香港。自任致公党总理。著有《中国统一刍议》。2007 年中山大学出版社出版段云章、沈晓敏编《陈炯明集》。（李兰萍）

陈捷 见"陈炯明"。

郑豪（1878—1942）　医生、教育工作者。广东香山（今中山）人。清光绪二十六年（1900），赴旧金山学医。二十九年（1903），结识孙中山，加入中华革命军。三十年（1904）从美国三藩市内外科医学院毕业，是该校首位华人毕业生，在加州考取行医执照，成为旧金山第一位华人西医。回国后，任南京中西医院院长，代表中国政府出席菲律宾万国医学会，后在广东陆军军医学堂任总教习职务。三十四年（1908）清政府授予为医科举人内阁中书。"佛山轮命案"发生后，与医学界和工商界人士，为争医权与维护民族尊严的共同宗旨，在广州天平街刘子威牙医馆集会成立光华医社，开办广东光华医学堂，任首任校长。1912年更名为私立广东光华医学专门学校，后更名为私立广东光华医学院（中山医科大学前身），为中国第一所民办医学院。创办了《医药卫生报》《光华医业卫生杂志》。（周红黎、张书河）

陈友仁（Eugene Chen，1878—1944）广东香山（今中山）人，出生于中美洲英属西印度群岛的特立尼达岛。毕业于西班牙港的圣玛丽学院。是特立尼达第一位华人律师，也是可可园园主。1912年回国。1913年任交通部法律顾问，嗣任

陈友仁

英文《京报》（Peking Gazette）主笔。1915年，反对袁世凯图谋帝制。1917年撰文揭露段祺瑞卖国密谋遭逮捕。1918年始追随孙中山。1919年作为南方政府代表团成员出席巴黎和会。1922年起任孙中山外事顾问及英文秘书。孙中山逝世后，与冯玉祥在北京创办《民报》，任主编。1926年当选为中国国民党第二届中央委员，任武汉国民政府外交部部长。省港大罢工期间，代表国民政府主持收回汉口、九江英租界。1927年七一五反革命政变后，不满蒋介石"清党"反共赴苏联，1928年与宋庆龄、邓演达等发表联合声明谴责蒋介石，倡导组织中国国民党临时行动委员会。失败后赴欧游历。九一八事变后选为中国国民党第四届中央委员，国民政府外交部部长，因主张抗日，被迫去职。1933年参加李济深等在福州成立的中华共和国革命政府，任外交部部长，遭国民党开除党籍，流亡巴黎。1938年回香港参加抗日活动，香港沦陷时被日军胁迫迁居上海，遭到长期软禁，多次拒绝参加汪伪政府。（易淑琼）

亚瑟·帕内（Arthur William Purnell，1878—1964）　建筑师。早年在澳大利亚接受建筑教育，1902年在香港短

亚瑟·帕内

暂任职政府工务局后加入丹备洋行（Danby，Architect & Engineer）。1903年被派驻广州主持沙面分行事务。1904年与伯捷（Charles Souders Paget）创立治平洋行（Purnell & Paget），设计包括广九铁路站房、广东士敏土厂、新广州俱乐部、沙面安利洋行新楼、广州俱乐部、沙面亚细亚洋行、广州五仙门电厂、太古行、沙面葛理福孚公司大厦、沙面美孚石油公司大厦和沙面的近公司大厦等在内的建筑。作品涉及商业、住宅、医疗、教育、交通和产业等，有较高艺术和技术水平，在特定时期内对广州城市产生深刻影响。（彭长歆、顾雪萍）

何香凝（1878—1972）　民主革命家、画家。原名何谏，又名何瑞谏，别号双清楼主。广东南海县棉村（今广州荔湾区海南村）人，出生于香港。廖仲恺夫人。清光绪二十八年（1902）随廖仲恺赴日本留学，毕业于本乡美术学校高等科。三十一年（1905）

何香凝

加入同盟会，为同盟会最早女会员。宣统三年（1911）回国参加辛亥革命。"二次革命"失败后再度赴日，加入中华革命党，后参加讨袁运动和护法斗争。国民党改组后，支持孙中山"联俄、联共、扶助农工"三大政策，任国民党中央妇女部部长兼管广东妇女工作，编辑出版《妇女之声》。1926年，当选国民党中央执行委员会常务委员会候补委员。四一二反革命政变后与国民党右派决裂，离沪赴穗，在广州创办仲恺农工学校。1929年前往英、法等国，以作画为生。1935年与沈钧儒等组织全国各界救国联合会，先后在上海、香港、韶关、桂林等地从事抗战活动，反对国民党制造分裂。1946年在广州组织建立中国国民党民主促进会。1948年1月与李济深等组织中国国民党革命委员会，任民革中央副主席。新中国成立后，历任中央人民政府委员、全国人大常委会副委员长、全国政协副主席、华侨事务委员会主任、中国美术家协会主席、中国国民党革命委员会中央主席、全国妇联名誉主席等。擅长山水、花卉，常写松、梅、菊。尤工狮、虎等动物。早期作品有浓厚日本画风格。其绘画和题诗，鲜明反映了不同时期对革命的态度。有《何香凝诗画集》。与廖仲恺著作合编为《双清文集》。（李兰萍）

何谏 见"何香凝"。

何瑞谏 见"何香凝"。

陈隆玉（1879—1933） 又称灯笼玉。广东汉剧演员。艺名红面玉。广东丰顺人。17岁加入新天彩班。结合个人嗓音特点，将红净发音改为真假嗓结合，唱腔古朴庄重，昂扬高亢，慷慨豪爽，开创近代广东汉剧红净唱法。代表剧目有《华容道》《访赵普》《探楼》《送京娘》《夜审郭槐》《弑齐君》。（陈燕芳）

灯笼玉 见"陈隆玉"。

林义顺（1879—1936） 新加坡侨领。祖籍广东澄海（今汕头澄海区），出生于新加坡。20岁自立家业，种植番梨（菠萝）获成功，有"番梨大王"美誉，在新加坡和柔佛拥有橡胶园。担任新加坡华侨银行、新加坡银行、华侨保险有限公司

林义顺

等机构的董事或主席，任新加坡中华总商会会长、潮州八邑会馆总理。有功于新加坡三巴旺一带的开发。参与倡办南洋华侨中学，任莱佛士大学董事，受封太平局绅。清光绪三十二年（1906）加入同盟会，任交际股主任。三十三年（1907）参与创办《中兴日报》，任司理，发表文章与保皇党论战。筹资支持黄冈起义，参与成立中兴石山公司用以安置流亡志士。武昌起义后，募款支持广州、福州等地光复，被孙中山授予旌义状，财政部发给四等徽章。1915年，为讨袁筹饷，国民政府授予拥护共和一等奖章。1917年被聘为大元帅府参议，协助组织护法军。1927年被聘为南京国民政府华侨事务委员会委员。（王华）

胡汉民（1879—1936） 原名胡衍鸿，字展堂。江西人，出生于广东番禺（今广州）。早年两度赴日本留学。清光绪三十一年（1905）参与筹建同盟会，任评议部评议员、执行部书记长，主编《民报》，为与改良派论战的重要撰稿人。1907年赴新加坡创办《新闻报》，向华侨宣传革命。在新加坡《中兴日报》上撰文批驳保皇派，任同盟会南洋支部部长、南方支部部长。参加云南河口起义、广州新军起义及黄花岗起义。宣统三年（1911）广东光复，被推为广东都督，12月随孙中山至南京，任中华民国临时大总统府秘书长。1912年任国民党广东支部长。次年被袁世凯调为西藏宣抚使。"二次革命"失败后随孙中山在日本组织中华革命党，任政治部部长，主编《民国》。护法期间任交通部部长、中华民国军政府总参议兼文官长、政务处处长等。1919年与廖仲恺等创办《建设》，担任主要撰稿人。1921年任广州中华民国政府总参议兼文官长、政治部长。1923年6月任陆海军大元帅大本营总参议。参与《中国国民党第一次全国代表大会宣言》的起草与审查。1924年1月国民党改组后，当选为中国国民党中央执行委员，成为右派首领。孙中山北上时留守广州，以广东省省长代行大元帅职。1925年任广州国民政府外交部长，因涉嫌廖仲恺被刺杀案而赴苏联考察。1927年支持蒋介石发动四一二反革命政变，起草《国民政府组织法》。历任国民党中央政治会议主席、南京国民政府主席、立法院院长等职。1930年主编《总理全集》。次年被蒋介石拘禁，获释后联合两广地方势力，与蒋介石对抗。九一八事变后，反对日本侵略，支持

胡汉民

上海抗战。1933年在香港创办《三民主义月刊》，宣扬抗日、反蒋、反共。1935年当选国民党中常会主席。病死于广州。著有《三民主义之连环性》《不匮室诗钞》。后人编有《胡汉民先生遗著辑录》《胡汉民先生演讲集》等。辑有《胡汉民先生文集》。（李兰萍）

胡衍鸿 见"胡汉民"。

蚁光炎（1879—1939） 泰国侨领。广东澄海（今汕头澄海区）人。17岁到越南谋生，23岁到泰国，后开始经营驳船航运业，从驳船运货开始，扩展业务，成为湄南河上的大航运业主。后向火砻（碾米）业、酿酒业、商业、垦殖业等发展。1936年当选泰国中华总商会主席，领导华侨报德善堂改组工作，使之成为正式慈善机构。1938年筹建泰国潮州会馆，建成泰国中华中学，资助新民学校、崇实小学、易三仓商业学校。全面抗战爆发后，组织领导泰国华侨进行抗日救亡运动，出任暹罗华侨慈善筹赈会主席，开展抵制日货、抗日募捐和出售爱国抗日公债等活动，创办《中国日报》宣传抗日。任国民政府侨务委员、国民外交协会分会筹备主任、广东省参议会参议员等职。1939年11月21日惨遭日伪势力暗杀。（王华）

蔡守（1879—1941） 诗人。原名蔡有守，又名蔡珣，字成诚，号哲夫、寒琼，别署成诚子、寒翁等。广东顺德（今佛山顺德区）人。清光绪二十二年（1896）入上海震旦大学（今复旦大学）读书。宣统元年（1909）由柳亚子介绍加入南社，是唯一的广东人。早年参加国学保存会，担任会刊《政艺通报》编辑、《国粹学报》主笔。1912年发起组建南社广东分社。旋加入国学商兑会。1936年受聘于南京博

物院，并任职于南京中央党史编辑委员会。柳亚子称其为磊落奇才，称赞其诗如狂飙骤雨一样猛烈。他发起的粤社对岭南文学发展具有重要贡献。著有《说文古籀补》《宋纸考补》《缪篆分韵》《画玺录》《印雅》《印林闲话》《寒琼遗稿》《寒瓵碑目》《寒瓵金石跋绩》《蠹楼词》《漆人传》《瓷人传》等。（刘赫）

蔡有守　见"蔡守"。

蔡珣　见"蔡守"。

徐信符（1879—1948）　藏书家。名徐绍棨，以字行。广东番禺（今广州番禺区）人，出生于英德。师从陶福祥，清光绪二十六年（1900）年肄业学海堂、菊坡精舍。三十年（1904）与汪精卫、胡汉民、古应芬、朱执信、史坚如等组织群志社。同年开始

徐信符

教书生涯。至抗战胜利，先后执教香山隆都学堂、广府中学堂、广东高等学堂、岭南大学、广东法科学院、中山大学、勷勤大学、教忠学校，以及香港培英、仿林中学、执信中学和澳门教忠中学等 10 多间学校，主讲课程涉及文学、历史、古籍书目诸科。1913 年任《广东平报》总编。1917 年创办广雅板片印行所，主持印行《广雅丛书》。1921 年任广东省立图书馆董事会董事。1928 年，在广州小北路建南州书楼，特别留意广东各藏书家旧族散出的典籍，保存乡邦文献。1934 年以原广雅版片印行所为基础，改组成立广东省立编印局，任该局委员兼发行主任，修订整理学海堂、菊坡精舍、海山仙馆、粤雅堂等所遗书版，分别印行各种丛书。1940 年，李汉魂、叶恭绰、简又文等拟编印《广东丛书》，受聘为《广东丛书》编印委员会委员。1945 年任中山图书馆特藏部首任主任。1946 年任广东文献馆理事会理事。次年 1 月，该理事会扩充为广东省文献委员会，受聘为委员，并出任征集组长。毕生致力于广东地方文献的搜集和整理工作，对岭南文化事业的发展作出积极贡献。（林子雄）

徐绍棨　见"徐信符"。

高剑父（1879—1951）　画家。岭南画派主要创始人。名高仑，以号行。广东番禺（今广州番禺区）人。14 岁从居廉学画，后赴日本，加入同盟会，归国后任广东同盟会会长。后又渡日本，入东京美术学校学习。回国后在沪创办《真相画报》及审美书馆，在穗创办春睡画院、

高剑父

南中美术专科学校、广州市立美术专科学校。倡导美育，培养美术人才，推动岭南画派的形成。擅画山水、人物、花鸟、走兽。重写生，工写兼备。擅用色彩与水墨渲染。主张"折衷中西、古今相融"。笔墨奔放，饱含激情。中国近代最早尝试融合中西和东洋画法的先驱。又擅书法，博采众长，如枯藤挂树，饶有画意，自成面目。能治印，多自用。与高奇峰、陈树人并称"岭南三杰"。传世作品有《枫鹰图》《雨景图》《红叶苍鹰图》《紫藤图》《鸿雁横飞图》《鹭鸟图》等。著有《中国现代绘画》《艺术新路向》《印度艺术》等。（梁达涛）

高仑　见"高剑父"。

金曾澄（1879—1957）　教育家。浑名金山橙，斋名澄宇斋，字湘帆。祖籍浙江绍兴，出生于广东番禺（今广州番禺区）。广雅书院肄业。清光绪二十七年（1901）留学日本广岛高等师范学校。宣统二年

金曾澄

（1910）回国，任学部主事。1912 年任广东都督府参事，同年任广东高等师范学校校长，兼黄埔海军学校教官。1915 年任番禺县师范学校校长。1917—1923 年，再任广东高等师范学校校长。1921 年当选广东教育会会长。1927 年参与创办私立广州大学。同年至 1931 年，任广州大学校长，兼国民大学董事长、国立法官学校教授。1929 年任广东省政府委员，次年兼任广东省教育厅厅长。1932—1936 年代理广州大学校长。1942—1945 年，任中山大学代理校长。抗战胜利后，任仲恺农业学校、执信女子中学、教忠中学校长，兼任国民大学、广州大学特约教授，广州大学董事长。1953 年，受聘为广东省文史研究馆馆员。1955 年当选为广州市政协委员，次年为政协常委。1957 年 1 月，任广州市文史馆副馆长。著有《视察报告书》《澄宇斋诗存》《三民主义问答》《广东教育史略》等。（吴世勇）

金山橙　见"金曾澄"。

王宠佑（1879—1958）　冶金学家。字佐臣。广东东莞人。清光绪二十五年（1899）毕业于天津北洋大学采矿系。二十七至三十年（1901—1904）先后就读于美国加利福尼亚大学矿务科、哥伦比亚大学应用科学系，获采矿和地质硕士学

王宠佑

位。三十一至三十四年（1904—1908）先后留学英国、法国和德国，获博士学位。三十四年（1908）在长沙建立中国第一个采用近代方法炼锑的华昌公司，任总工程师。同年任工商部委员。1918年任山东煤矿接收委员会主任委员。1933年任南京国民政府军事委员会委员。1941年去美。主要从事有色金属冶金研究，世界上最早研究粉末冶金的专家之一、中国现代炼锑技术开拓者、"中国矿藏之父"。为中国近代钢铁及有色金属工业发展作出重要贡献。美国哥伦比亚大学授予大学奖章，美国矿冶工程师学会授予其荣誉勋章。著有《锑》《钨》《煤业概论》等。（李丹丹）

伍连德（Wu Lien Teh，1879—1960）公共卫生学家、医史学家。字星联。原籍广东新宁（今台山），出生于马来西亚槟榔屿。清光绪二十二至二十五年（1896—1899）留学英国剑桥大学意曼纽学院，二十五至二十九（1899—1903）先后在英

伍连德

国伦敦圣玛丽医学院、利物浦热带病研究所、德国哈勒大学卫生学院及法国巴斯德研究所实习、研究。三十一年（1905）、1924、1926年先后获得剑桥大学医学博士学位、约翰·霍普金斯大学公共卫生硕士学位、日本东京帝国大学（今东京大学）医学博士学位。三十四年（1908）担任天津陆军军医学堂副监督（副校长职）。宣统二年（1910）东北鼠疫流行，被清政府任命为东三省防鼠疫全权总医官。三年（1911）世界鼠疫会议在沈阳举行时任中国首席代表和大会主席，1919、1920、1926、1932年在东北、上海等地指挥扑灭肺鼠疫和霍乱，实

施中国医学史上第一例病理解剖，最早提出"肺鼠疫"概念。1927年，被国际联盟卫生组织（今WHO前身）授予"鼠疫专家"称号。抗战爆发后，重返马来亚，创建吉隆坡医学研究中心。主要从事公共卫生防疫、检疫、病理解剖等领域研究与实践工作。力主收回中国港口卫生检疫权，主持兴办检疫所、医院、研究所20多家，包括哈尔滨医科大学和北京大学人民医院，参与协和医院的建设。设计"伍氏口罩"，在中国首次倡导用口罩预防传染病；提倡分餐制；设计旋转餐台，避免交叉感染。发起建立中华医学会，创办《中华医学杂志》。中国卫生防疫、检疫事业创始人，中国现代医学、微生物学、流行病学、医学教育和医学史等领域先驱。著有《肺鼠疫专论》《中国医史》（英文版，与王吉民合著）、《霍乱概述》等。2019年《柳叶刀》设立威克利—伍连德奖（Wakley-Wu Lien Teh Prize）。（蓝韶清、薛暖珠、王华）

邓鹤芝（1879—1964）伤寒学家。广东番禺（今广州花都区）雅瑶村人。1913年在广州医学卫生社学习，后在广州大市街设致和堂医馆（一名养元草庐）。先后在广州普仁善堂、广东光汉中医专门学校、广州汉兴国医学校、广州中医学院任职。1962年被授予"广东省名老中医"称号。学术上重视《伤寒论》经方的应用研究，主张严格按照张仲景原方分量，不擅作加减，药味数少而精，常用吴茱萸汤、桂枝汤、大小建中汤等经方治疗内科杂病。编纂《方剂学讲义》。（郑洪、张书河）

林荫堂（1879—1966）武术家。南方五虎将（林耀桂、林荫堂、黄啸侠、赖成己、张礼泉）之一。广东东莞人。10岁开始习武，先后随莫亮、莫英龙

学习莫家拳械（刀、棍、大钯）。拜罗浮山冲虚观太虚道人为师，学习静坐功与医术。1919年广东精武会成立，参加该会第一期国术训练班，历时6年，直到高级毕业。其间先后跟随孙玉峰、沈季修、罗光玉、吴鉴泉等名师学习长拳、螳螂拳、八卦拳、太极拳等北派拳种。跟姚达琛学习姚家拳。1925年，被广东精武会派往新会县城精武分会当主任兼国术教员。1927年，回广州自设医务所行医，邀其师兄莫英龙来穗设立武馆。民国时期，先后在广东宪兵教导队、广东宪兵司令部、黄埔军校、国民革命军警卫旅旅部、国民革命军第一教导师师部等处任国术教官。1929—1936年，在两广国术馆、中山大学、广州市立第二师范学校、广州市立一小等处任国术教员。全面抗战期间，在广州市内组织大部队培训班，教授杀敌大刀术。（马晟）

黄遵庚（1879—1967）农业教育家。字由甫、友圃。广东嘉应州（今梅州）人。清光绪三十年（1904）赴日本留学，在日本弘文学校学速成师范。毕业于东京青山农业大学。1914—1920年，先后任广东省农林试验场场长兼农林讲习所所

黄遵庚

长、广东公立农业专门学校校长。1932—1943年在梅县创办广东省立农业学校（即梅州农业职业学校），并任校长，设置农、林、牧三科及实习农场，举办暑期农事讲习班和农展会。同时兼任广东省立梅州师范学校（男校）校长。新中国成立后，任广东省文史馆馆员。主要从事农业与师范教育事业。为客家地区培养农业与师范人才。著有《土壤论》《石灰肥料之

研究》《六十年之我》。（陈志国）

肖丽章（1879—1968） 粤剧演员。原名古锦文，又名肖京章。广东鹤山人。年幼爱好粤曲，后被红船老倌赏识，收为徒弟。初学小武，后拜男花旦扎脚胜为师，学演花旦。先入祝华年班与靓元亨合作，以《蝴蝶杯》一剧成名，后入新中华班，与白玉堂合作。1931年开始，自组锦凤屏班，往来省港、东南亚及美国演出。任广州八和会馆主席。20世纪50年代后移居美国。嗓音清亮持久，唱功讲究，有"铁喉花旦"之称。擅演袍甲戏，传承师父扎脚开打的功夫。出台时，先在内场唱一两句，再以飞枪打在舞台口龙凤柱上，起到先声夺人效果。代表剧目有《十三妹大闹能仁寺》《刘金定斩四门》《蟾光惹恨》《十二寡妇征西》等。（李继明）

古锦文 见"肖丽章"。
肖京章 见"肖丽章"。

郭梅峰（1879—1970） 中医学家。别名郭芬。江西新城人。清同治七年（1868）来粤，随父学医，拜名中医张惠农为师。19岁任崇实善堂医席，兼在两粤西医学校学习西医。1913年，在广州越华路自办诊所，被中医公会推选为广东省

郭梅峰

卫生局考医委员。新中国成立后，先后在北区中医院、广州市中医院越秀区门诊部、越秀区妇幼保健院工作。1956年参加筹备广州中医学院，后被聘为该校顾问。1962年被授予"广东省名老中医"称号。主张脾胃学说。治病主导思想是"顾本"，不滥用辛散、苦寒药物，强调"调以甘药"。

将治病大纲归纳为"养阴津（温热病）、益心脾（内儿科疾病）、补冲任（妇产科疾病）"9字大法门，用药多以轻剂著称，善用花类药。（郑洪、张书河）

郭芬 见"郭梅峰"。

陈焕章（1880—1933） 思想家、社会活动家。字重远，广东高要（今肇庆高要区）人。早年投康有为门下，在广州万木草堂读书，与梁启超、麦孟华、徐勤等成为同学。清光绪二十三年（1897）往广州时敏学堂，先任

陈焕章

教习，后任监督。三十年（1904）进士。三十三年（1907）赴美留学，获哥伦比亚大学哲学博士学位，创办昌教会，进行保皇立宪活动。1912年回国，受康有为指示，模仿基督教建制在上海海宁路创立孔教会，任主任干事，总揽会务，出版《孔教会杂志》，以讲习学问为体，以救济社会为用，宗礼孔子，诵读经传，创始于国内，推广于外洋。1913年，召开孔教会第一次全国大会。是年冬任袁世凯总统府顾问。张勋复辟失败后，投靠段祺瑞，充当安福国会议员。1917年在北京创办《经世报》。1923年，任北京孔教大学校长，又被聘为曹锟总统顾问。1927年，接纽约世界和平联合会函邀，赴瑞士日内瓦参加世界宗教和平大会。1928年北洋军阀覆灭后退居香港。著有《孔门理财学》。首次按照西方经济学原理总结我国古代经济思想。阐述了孔子及其儒家学派的一般经济学说及其在消费、生产、公共财政方面的思想。中国人在西方正式出版的第一本经济学著作。另著有《孔教论》。（柏峰）

麦锡祥（William Ah Ket，1880—1936） 澳大利亚侨领。祖籍广东香山（今中山），出生于澳大利亚墨尔本。精通中英文，青年时期在高级法院当翻译。清光绪十九年（1893）进入墨尔本大学攻读法律。二十八年（1902）获澳大利亚最高法庭审判奖。二十九年（1903）获律师资格。三十年（1904）通过维多利亚州大律师公会考核，成为澳大利亚首位注册执业华裔出庭律师。三十二年（1906）参与创立中澳联合会，任首届会长。1912年应孙中山之邀，赴北京参加中华民国第一届国民大会。1913—1917年三度出任中国驻澳大利亚总领事。（景海燕）

丘鹤俦（1880—1942） 演奏家、作曲家、音乐教育家。广东新宁（今江门台山）人。自幼酷爱音乐，被乡人誉为"神童"。清光绪十五年（1889），师从"八音"师傅胡德高学习音乐，成为少年唢呐吹奏手。二十年（1894）为谋生远涉南洋，20岁时回香港定

丘鹤俦

居，收徒授艺，创办音乐私塾。1934年赴美国纽约等地巡回演奏、交流。病逝于香港。对扬琴技法作系统的探索研究和整理，为发展广东音乐的扬琴基础演奏技法奠定理论基础，也为研究广东扬琴流派的渊源和特点提供重要资料。在音乐创作方面，深入民间访问、搜集20世纪20年代前后在广东流行的古调、民间乐曲，包括粤曲、粤剧的"过场曲""谱子"等。编辑出版《弦歌必读》《琴学精华》《国乐新声》《琴学新编》等书刊多种。（郑静漫）

冯柏燎（1880—1943） 实业家。字耀卿。广东鹤山人。清光绪二十一年

（1895）在香港皇仁书院接受英语教育，了解西方社会商业运作模式。20世纪初取得学校奖学金赴美留学，回港后在皇仁书院任教。后放弃教职，赴广州发展，在宝兴行工作。三十二年（1906），与李道明合作创办利丰公司，主理中国货品的采购和外销。利丰公司早期主要做瓷器生意，兼营古董与工艺品，后扩展到烟花、爆竹、竹器等。1915年参加巴拿马国际博览会，结识美国伊拿士公司的约瑟夫·聂沙。伊拿士公司自此成为利丰公司最大买家之一。1937年派儿子冯汉柱到香港创建利丰分公司，将广州利丰公司业务向香港转移。（郭文安）

刘松（1880—1943） 西秦戏演员。号兴隆。广东海丰人。学艺于新顺太平科班，师从张德容习正旦，人称"松旦"。扮演的主要人物有《女搜宫》皇姑、《姜后挖目》姜后、《斩郑恩》陶三春、《大破少林寺》伍枚等。刘家祖传南拳，饰伍枚时与方世玉对打，出拳利索，套路娴熟，行内又称松师。20世纪30年代，田墘成立新荣华班，是创始人之一。培养了正旦翟当、武生罗振标、乌面刘雪，丑生刘万祥等一批名伶。（刘红娟）

何与年（1880—1962） 广东音乐作曲家、演奏家。名何树人，字与年。广东番禺（今广州番禺区）沙湾人。出身音乐世家沙湾何氏，自幼随堂兄何柳堂学琵琶，后又习三弦、扬琴等民族乐器，学习广东音乐创作。1931年应唱片公司之约，赴上海灌录《赛龙夺锦》等曲，后转往香港，以教习音乐为生，培养出陈厚、廖汉杰等。香港沦陷后，避居澳门。1941年创作《骇浪》，鼓舞抗日斗志。1949年再赴香港，教习音乐为生。在香港去世。音乐创作上锐意创新，接受西方音乐影响，与何柳堂的古朴严谨风格

不同。对粤剧唱腔和表演极有研究，指导戏班的唱腔设计，为粤剧设计过场音乐，解决粤剧的静场问题。传世曲目有《忆王孙》《小苑春回》《月影寒梅》《华胄英雄》等40余首。（李继明）

何树人 见"何与年"。

陈垣（1880—1971） 历史学家、佛教学者。字援庵，又字圆庵，笔名谦益、钱婴等。广东新会石头乡（今江门蓬江区棠下镇石头村）人。清光绪三十一年（1905），与几位青年志士在广州创办《时事画报》，宣传反帝爱国思想。三十二年（1906），在新会

陈垣

担任篁村小学教师。三十三年（1907），先后在振德中学和义育学堂教国文和历史课程。其间与友人创办广州光华医学专门学校。宣统二年（1910）毕业于广东光华医学院并在此任教3年。1912年被选为中华民国众议院议员。1921年创办平民中学，教授学生修身、国文、历史以及中国文史等课程。1923年开始在燕京大学任讲师。1925年故宫博物院成立，任理事会理事兼图书馆馆长。1926年受聘为公教大学副校长，并在辅仁大学任教。1926—1952年出任辅仁大学校长。1927年升为教授，同时在北京大学、北平师范大学任教。抗战期间，在北平著《通览胡注表微》，坚持民族气节。1949年任中国科学院历史研究所第二所所长。1952—1971年任北京师范大学校长。自幼好学，无师承，靠自学闯出一条治学途径。治学精勤刻苦，对火祆、摩尼、佛、道、天主等宗教史，元史、年代学、考据学、校勘学、辑佚、史讳等，有开创

性学术成就。著有《二十四史朔闰表》《中西回史日历》《中国佛教史籍概论》《元西域人华化考》《元也里可温教考》《校勘学释例》《通鉴胡注表微》《明季滇黔佛教考》等。（李彬）

侯过（1880—1974） 林学家。字子约，原名侯楠。广东嘉应州城北（今梅州梅江区城北镇）人。清光绪三十二年（1906）起两度赴日本留学，1916年毕业于日本东京帝国大学（今东京大学）林科。回国后历任江西公立

侯过

农业专门学校教师兼九江庐山白鹿洞林场主任、广东省森林局局长、中山大学农学院教授兼白云山林场主任等职。长期从事林业、森林工学、森林经理等教学与科研工作。创办九江庐山白鹿洞演习林场、北京南口苗圃、北京昌平县南口演习林场、广州白云山林场、广东乐昌演学林场、广东乐昌油脂原料林场等。中国近代林业先驱之一。新中国成立后，任广东省文史研究馆馆长等职。著有《森林经理》《森林工学》《测树学》《森林法规》《约庐诗草》及《侯过诗选》等。（陈世清）

侯楠 见"侯过"。

李敏周（1881—1935） 实业家。广东香山（今中山）石岐人。清光绪二十五年（1899）得同乡梁坤和帮助，前往澳大利亚谋生，在梁坤和的农场务工。在传教士密勒神父帮助下学习英语、现代科学知识、基督教教义和西方礼仪等。三十一年（1905）加入基督教。后经营食品杂货生意，与人联手投资房地产。回国后，得黄焕南

和刘锡基助力，在上海南京路开办新新百货公司，集百货、餐饮、旅游于一身，成为上海四大百货公司之一，也是四大百货公司中唯一一家在中国政府注册登记的民族企业。1935 年 2 月 1 日被杀害。（郭文安）

鲁迅（1881—1936） 文学家、思想家、革命家。原名周树人，字豫才。浙江绍兴人。青年时代受进化论思想影响。清光绪二十八年（1902）赴日本留学，三十年（1904）进入仙台医学专门学校学医。三十二年（1906）到东京，开始从

鲁迅

事文学活动。宣统元年（1909）回国，先后在杭州浙江两级师范学堂和绍兴府中学堂任教。辛亥革命后，任南京临时政府教育部部员和北洋政府教育部佥事，任教于北京大学、北京女子师范大学等校。1918 年发表白话小说《狂人日记》，后参加《新青年》编辑工作。1927 年赴广州中山大学任教，任中山大学文学系主任兼教务主任，开设"文艺论""中国文学史""中国小说史"等课程。应邀到广州多所学校进行演讲，阐说其文学思想和革命思想。支持青年学生的革命活动，与广州中共党组织建立联系，同国民党右派展开斗争。先后租住在广州文明路大钟楼和白云路白云楼，写下大量文章。1927 年 10 月赴上海，先后参加中国自由运动大同盟、中国左翼作家联盟和中国民权保障同盟。著有小说集《呐喊》《彷徨》《故事新编》，杂文集《坟》《华盖集》《三闲集》等，著有《中国小说史略》《汉文学史纲要》。另有译作多种。（莫俊）

周树人 见"鲁迅"。

钱热储（1881—1938） 汉乐研究家、演奏家。广东大埔人。晚清秀才。任汕头日报副刊编辑多年。20 世纪 20 年代起，常在《汕头日报》发表汉调音乐评论，笔名半声。广东汉乐别称"客家音乐""汉调音乐""清乐""清调"等，最早见于钱氏 1927 年的文章。汕头公益社骨干，能操多种乐器。1933 年创办、主编汕头公益社《乐剧月刊》，共出版 12 期。1933—1934 年，在《乐剧月刊》发表研究客家音乐的文章，开创粤东民间音乐对比研究。在该刊发表的《清乐调谱选录》记述了"清乐"调谱的题解，为后人考察广东汉乐形态的历史演变提供依据。（郑静漫）

生鬼容（1881—1940） 粤剧演员。原名刘知方。广东番禺（今属广州白云区）人。少年时入周丰年戏班学艺，拜旦且豆皮梅为师。数年后擢升正印丑生，先后在人寿年、环球乐、大罗天、天上天、永天乐等戏班演出。一目失明，有"独眼龙"之称。表演风趣诙谐，唱做俱佳，擅唱中板、慢板，主演的首本戏有《祭泸水》《陈宫骂曹》等。悉心培养刘洁贞学艺，并引导她博采众长，后取艺名何丽芳，成为有"三喉歌后"美誉的粤曲名伶。（李静）

刘知方 见"生鬼容"。

林云陔（1881—1948） 广州近代城市建设和工业发展重要推动者。原名林公竞，号毅为。广东信宜人。早年就读于高州府海山书院、两广方言高等学堂。清宣统元年（1909）加入同盟会，参加广州新军起义、黄花岗起义。武昌起义后赴高州组织南路革命，成立高州军政分府，任分都督。

林云陔

旋返回省城任广东都督府秘书。1912 年赴美国纽约州立圣理乔斯大学习政法。1918 年回国，任上海《建设》杂志编辑。1920 年任广州大元帅府秘书兼土地登记局局长。次年任陆海军大元帅大本营金库长兼广西银行总理。1923 年 2 月任广州市市长。1927 年任广州市市政委员会委员长。为解决市区人口过多的问题，提出"模范住宅区计划"，推动东山住宅区发展；主持建造中山图书馆（旧址），促成广州海珠桥兴建，对市内 6000 条街道实行整理，拓宽内街；主持通过市政府大楼的选址和设计方案，落成中山纪念堂。后历任陆海军大元帅大本营财政部第三局局长、中央银行行长、广东高等检察厅审判厅代理厅长、广东高等检察厅检察长、陆海军大元帅大本营财政部次长兼盐务署署长等职。1931 年任广东省政府主席兼财政厅厅长、建设厅厅长，任用一批留学欧美的工程技术人员担任政府部门和厂矿负责人，致力广东地方工业建设，在广州市郊建立了以西村工业区为主的一批工厂企业。1936 年调任国民党中央监察委员、国民政府审计部部长等职。（张金超、彭长歆、顾雪萍）

林公竞 见"林云陔"。

傅振嵩（1881—1953） 武术家。广东五虎下江南的五虎（万籁声、傅振嵩、李先五、顾汝章、王少周）之一。字乾坤，号剑南。河南沁阳（今怀庆沁阳）马坡村人。自幼喜爱武术，师从八卦掌宗师董海川的嫡传弟子贾岐山和陈式太极高手陈延熙。1920 年，在奉军李景林部下当兵。1926 年，在李景林推荐下，到北京给张作霖担任卫队长。1928 年，任南京中央国术馆八卦掌教师，参加国术馆在南京举办的全国国术比赛。1929 年，任广州两广国术馆教师。擅长八卦掌与太极拳，

创编傅氏太极拳和傅氏八卦掌。新中国成立前，任广东省国术馆副馆长、广州市武术学会教务长等职，兼任广州国民体育学会、中山大学等十几个团体、学校的武术教师。新中国成立后，被推选为广州市第一届体育运动会表演委员。（马晟）

赵超常（Chu Chew-Shang, 1881—1956）美国华侨公益慈善家。原名赵不凡，字锦韶，别号超常。广东新会（今江门新会区）人。少年时在家乡读书、执教。后到香港学医，兼当家庭教师。武昌起义后，任北伐军医官。1913年赴美国旧金山，与新会同乡合开奇生行药材店，自创"五之药房"，自制各种膏、丹、丸、散、药酒等，行销南北美洲，兼营写字润格之业。1915年皈依天主教。1916年在上海创办新会旅沪同乡会，从事施药、义运等事项。1921年旧金山华埠天主教会创办圣玛利华文学校，任校长35年。任华人天主教会会长等职。1930年受委为国民政府侨务委员会委员、香港广东银行董事。抗战期间，与谭道兴、黄璧传、黄圣传、李镜时、陈华权等发起成立旧金山旅美华侨拒日救国后援总会，出任旅美华侨统一义捐救国总会执行委员，因筹款有功获金质徽章。历任冈州总会商董、中华总会馆商董、中华总商会董事。致力于侨社公益慈善事业。1950年6月被天主教大学授予法律文学博士学位。（易淑琼）

赵不凡 见"赵超常"。

王宠惠（1881—1958） 外交家。字亮畴。广东东莞人，出生于香港。清光绪二十六年（1900）天津北洋大学堂法科毕业，后赴日本留学，次年与冯自由等共组广东独立协会。三十年（1904）协助孙中山撰《中国问题之真解决》。

三十一年（1905）以官费留学美国，获耶鲁大学法学博士学位。1911年加入同盟会。武昌起义后以广东代表身份参与南京临时政府组织工作，被推

王宠惠

为各省代表会议副议长。1912年任南京中华民国临时政府外交总长。临时政府北迁后，改任司法总长、大理院院长。因不满袁世凯独裁而辞职。袁世凯死后赴京，历任法律编纂会会长、大理院院长兼北京法官刑法委员会、法理讨论会会长。1921年以中国全权代表身份出席华盛顿会议。次年任北京政府国务总理。1923年被国际联盟选为海牙常设国际法庭正法官。次年任北京政府司法总长，修订法律馆总裁。1926年任国民党第二届中央监察委员。1927年7月后历任国民政府司法部部长、国民政府委员、司法院院长、外交部部长、国防最高委员会秘书长、代理行政院院长、国民党第三、四届中央监察委员等职。1931年赴荷兰任海牙常设国际法庭正法官，是海牙常设国际法庭第一任中国大法官。1936年回国后任国民政府外交部部长。全面抗战爆发后，任国防最高委员会秘书长、中央银行理事会理事长等职。1943年出席开罗会议。1945年代表中国出席联合国创立大会，参与制定联合国宪章。1948年任国民政府司法院院长。1949年去香港，后任台湾"司法院"院长。著有《宪法评议》《宪法危言》《中华民国宪法刍议》。后人编有《困学斋文存》《王宠惠先生文集》等。（李兰萍）

伍宪子（1881—1959） 报人。又名伍文琛，笔名梦蝶。字宪子，号宪庵。广东顺德（今佛山顺德区）人。康有为万木草堂弟子。鼓吹君主立宪。清

光绪三十年（1904）到香港协助徐勤主持《香港商报》笔政，与在香港的兴中会机关报《中国日报》就立宪还是革命展开论战。宣统元年（1909）赴新加坡任《南洋总汇报》主笔，又与当地革命派报纸《中兴日报》笔战。民国成立后，短暂任职广东军政府内务司长、湖北军政府内务司长。1913年在北京办《国民公报》，又被袁世凯聘为总统府顾问，反对其复辟帝制。1919年回香港接办《共和日报》，创办《平民周刊》和《丙寅》杂志。1920年回广州办《国事报》。1927年与梁启超、徐勤创建民宪党。1928年赴美国旧金山为民宪党主持《世界日报》笔政。1935年赴纽约为致公堂创办《纽约公报》。1945年任民宪党主席。后民宪党与国社党合并为民社党，先后任副主席、主席。1946年创办《人道周刊》。晚年居香港。著有《辛亥革命信史》《中国民主政治》《梦蝶文存》等。（金炳亮）

伍文琛 见"伍宪子"。

杨缵文（1881—1967） 新加坡侨领。又名杨诗籍。广东潮安（今潮州潮安区）人。清光绪二十五年（1899）赴新加坡继承祖业。三十一年（1905）参与创办潮州公立端蒙学堂，连任14届总理及董事。三十二年（1906），参与筹组新加坡中华商务总会（1915年改称中华总商会），历任副会长、特别董事及名誉会长。三十四年（1908）创设永元成商号，经营土产生意，创设成美金庄，经营黄金首饰，投资金融业，新加坡四海通银行和华联银行股东。新加坡广东会馆发起人之一，历任副会长等职。历任新加坡华人参事局议员、马来亚潮州公会联合会主席、义安女校董事长、新加坡董教联合会主席、新加坡孔教总会会长、同济医院董事及总理等职。参与

倡办南洋华侨中学、南洋大学。在汕头创建孔庙及附设学校，多次筹巨款赈济天津等地灾民，整修潮安韩江南堤等。民国初年，被大总统黎元洪授予六等嘉禾章。1964年被新加坡元首颁赐公共服务星章。（沈毅秦）

杨诗籍 见"杨缵文"。

叶恭绰（1881—1968） 社会活动家、收藏鉴赏家。字誉虎，又字裕甫，号遐庵。广东番禺县（今广州番禺区）人，出生于北京。清末举人。毕业于京师大学堂。任清廷邮传部、铁道督办等职。1912年任北洋政府交通部路政司司长兼铁

叶恭绰

路总局局长。1918年赴法国、朝鲜、日本、美国、英国考察，介绍中国文化。1920—1922年任北京政府交通总长，被视为旧交通系骨干。任内促建交通大学，任校长。1923年任孙中山设立的陆海军大元帅大本营财政部部长。翌年又任北京政府交通总长，1925年辞。同年任关税特别委员会委员。同年组织西北科学考察团，出任国学馆馆长。1929年参与组织中国营造学社，创办《词学季刊》。1930年兼任故宫博物院理事。1931年任国际笔会中国分会理事、国学馆馆长，筹建中山陵藏经楼。同年出任国民政府铁道部部长，主持收回京汉铁路主权，创办交通银行，旋去职。1933年任中山文化教育馆常务理事兼总干事，同年创建上海博物馆。后被聘为伦敦中国艺术国际展览会委员。全面抗战爆发后，拒受伪职，迁居香港，组织中国文化协进会，以卖字画为生。1950年回北京定居。1951年后先后任中央人民政府政务院文化教育委员会委员、

中央文史研究馆副馆长、北京画院院长、民族事务委员会委员、文字改革委员会委员等职。1953年参与发起组织中国佛教协会，任理事。1956年，任中央普通话普及工作委员会委员，参与制定《汉语拼音方案》。第二届全国政协常委，第三、四届全国政协委员。晚年将所藏书、画、典籍、文物、重器尽数捐给国家。著有《遐庵汇稿》《历代藏经考略》等。有《叶遐庵先生书画选集》。（张金超）

李尹桑（1882—1945） 书法篆刻家。字茗柯，号鈢斋，别署槾柯、桑、壶父、秦斋等，以字行。原籍江苏吴县（今苏州），幼年随父迁居广州。工书法，擅篆刻。行楷取经赵之谦，上溯六朝，临摹秦、汉诸碑，饶有金石气。画以花卉见长。印学师从黄士陵，后以古玺为宗，白文印朴厚典雅，尤精治小印，用刀生辣犀利，线条挺拔，劲健俏丽，布局严谨，稳重中亦富变化。晚年为小吏，后以鬻印为生。著有《大同石佛龛印稿》《李玺斋先生印存》《异钩堂玺印集存》《戊寅印稿》，与易大厂合辑《秦斋、魏斋玺印合稿》。在近代印坛以专精古玺饮誉一时，又与邓尔雅等在广州同组濠上印学社，为岭南篆刻的发展作出较大贡献。（梁达涛）

冯自由（1882—1958） 报人。原名冯懋龙，字建华。广东南海（今佛山南海区）盐步高村人，出生于日本横滨华侨家庭。父冯镜如，任兴中会横滨分会会长。清光绪二十一年（1895）在日本横滨结识孙中山，加入兴中会。入读华侨办的大同学校和日本早稻田大学。二十六年（1900），为对抗保皇派而改名自由，与郑贯公在日

冯自由

本创办《开智录》半月刊，宣传自由平等思想。又与秦力山等留日学生合办《国民报》，宣传革命思想。二十七年（1901）参与组织广东独立协会。二十八年（1902）参与发起支那亡国二百四十二周年纪念会。二十九年（1903）任香港《中国日报》（同盟会机关报）、《大同日报》（美国致公堂机关报）驻东京记者。三十一年（1905）参加同盟会，次年奉派赴香港任同盟会香港分会会长兼《中国日报》社长、总编辑。发表长篇社论《民生主义与中国政治革命的前途》，阐述孙中山提出的"平均地权"思想。与保皇派报纸《商报》展开论战，产生很大影响。宣统二年（1910）赴加拿大域多利埠（今译维多利亚）任《大汉日报》主笔、同盟会加拿大支部长，与保皇派报纸《日新报》展开笔战，联络华侨，为革命筹款。三年（1911）赴美国旧金山任《大同日报》主编。武昌起义后被推为旅美华侨革命党总代表。民国初年任南京临时政府大总统机要秘书，后任稽勋局局长，征集革命史料。1914年在日本加入中华革命党，任党务部副部长。后赴美洲，任中国国民党美洲支部长。反对孙中山三大政策，成为国民党右派。1927年后，先后任立法委员、国民政府委员、总统府国策顾问。1948年移居香港。1951年定居台湾。著有《中华民国开国前革命史》《革命逸史》《华侨革命组织史话》等。（金炳亮、卢玉敏）

冯懋龙 见"冯自由"。

岑学吕（1882—1963） 佛教居士。字伯桀。广东顺德（今佛山顺德区）人。少时就读三水凤岗书院，后弃文从武，入广东武备学堂习军事。毕业后任小学教员，后转任穗、港报社记者。清光绪三十二年（1906）在香港加

入同盟会。清末出任《天游报》《南越报》主笔，鼓吹革命。民国初期出任广东都督府秘书长，东莞、番禺、丰顺县县长，国务院秘书、科员、科

岑学吕

长及南洋各属视学员，国民政府蒙藏委员会委员，在张学良幕中治军书。黄慕松主政广东时任省政府秘书长，一度代理粤政。谢政后离穗赴港，隐居新界荃湾。1933年在福州鼓山涌泉寺礼虚云皈依，法名宽贤。长期为虚云整理文稿。著有《虚云和尚年谱》《虚云和尚年谱法汇合刊》《云门山志》，校订康熙版《云居山志》。（达亮）

黄意（1882—1964） 柬埔寨侨领。广东普宁人。与父母外出乞讨，辗转至汕头渡口乘船到泰国，后移居柬埔寨谋生。因生存艰难，到乌那隆寺剃度为沙弥，被寺庙住持收留抚养，在金边法文和柬文学校接受教育。清光绪二十七年（1901），在砥清杨省专员公署任翻译秘书，历任八省省长，在柬埔寨内政部、宗教部、宫廷部与财政部等多个部门任职。1945年任柬埔寨王国首相，1955年改任王国最高顾问。主政时期，倾力辅助西哈努克国王，领导柬埔寨人民摆脱法国殖民统治。推行对华友好政策，为中柬友好关系的建立和发展打下良好基础。被柬埔寨国王授予大十字架勋章，被誉为大元帅黄意勋爵，被封为亲王。（沈毅秦）

张礼泉（1882—1964） 武术家。南方五虎将（林耀桂、林荫堂、黄啸侠、赖成己、张礼泉）之一。广东惠阳（今惠州桥东街）人。7岁习武，学艺于林石、李蒙及林合等。22岁拜光孝寺竺法云为师，学习九步推、十八摩桥、猛虎出林、五行摩等拳术。参加黄花岗

起义。民国时期，在广州安怀里设立励存国术社授徒，将曾惠博纳入门下。门下弟子遍布广东、香港及东南亚。又在广州警察教练所燕塘军校、黄埔军校、两广国术馆传授武术。1940年定居香港。依照竺法云所传内功心法，创编石师、三门、地煞、四门等套路，将该拳术命名为"白眉拳"。（马晟）

黄省三（1882—1965） 中西医结合医学家。名思省。广东番禺（今广州番禺区）化龙镇人。自幼随父习医。清宣统元年（1909），迁居广州，在南关西横街开设黄崇本堂医寓，成为羊城名医。1924年赴港，在香港跑马地礼顿山道设馆行医，开始钻研外国医学。

黄省三

1955年返回广州，将带回的医书70部，全部赠予广东省医科院图书馆和广东省中医研究所。参与筹办广州中医学院，任该校筹备委员会副主任委员，兼任中华全国医学会广东分会副会长等职。1962年被授予"广东省名老中医"称号。第二、三、四届全国政协委员。提倡中西医结合，善于运用中医中药治疗疑难杂症、重病，注意吸收西医之长，强调专方专药治病。以西医难治之病作为研究重点，针对风湿性心脏病合并心力衰竭、慢性肾病合并尿毒症、急性高热休克等，研制了黄氏强心有效汤方、黄氏肾脏炎肾变性有效汤方等。著有《流行性感冒实验新疗法》《肾脏炎肾变性实验新疗法》《急性阑尾炎药物新疗法》等。（周红黎、张书河）

黄思省 见"黄省三"。

何竹林（1882—1972） 中医骨科学家。原名何锦燊。广东南海（今佛山

南海区）九江镇河清社区人。近代对骨伤科有贡献十大医家之一。被誉为粤海跌打王、西关华佗。8岁随广州光孝寺一少林骨派和尚习武学医。18

何竹林

岁起，访江西、武汉、河南嵩山、洛阳、北京、哈尔滨、山东、南京、上海、九江等地，博采众方。21岁在广州长寿路开设医馆。新中国成立后，任广东省中医院骨伤科主任，参与筹办广州中医学院。1962年被授予"广东省名老中医"称号。擅长治疗骨伤科疾病，总结出触摸、牵引、端提、揉捏、旋转、屈伸、按摩、推拿8种理伤手法。研制出伤科专药，其中竹林伤科通脉散作为广东精武体育会常备急救药品，跌打风湿药酒处于1986年改进成霜剂成为"准"字号中药。著有《中医骨伤科学》。（周红黎、张书河）

何锦燊 见"何竹林"。

姚雨平（1882—1974） 原名姚士云，名宇龙，号立人，法名妙云。广东平远人。秀才出身。在乡设馆授徒。清光绪三十二年（1906）入陆军速成学堂。次年退学，加入同盟会，结识胡汉民、朱执信。宣统三年（1911）

姚雨平

为"三二九"广州起义调度课长。广东光复，任广东北伐军总司令，率军北伐。被袁世凯聘为总统府顾问。"二次革命"爆发，在上海协助孙中山讨袁。1917年随孙中山南下护法。1922年任中央直辖警备军司令。陈炯明叛变，随孙中山到上海。1924年后，历

任广东治河督办、国民政府参议、监察院监察委员。孙中山逝世后护送灵柩至南京，适逢微军和尚讲经于毗卢寺，有皈依之心，寄居灵谷寺。返岭南后敬佛素食，朝晚习禅。1933年与邹鲁、余汉谋等捐资重建大埔万福寺福余精舍。1936年签名赞成宏明和尚组织世界红卍字会。抗战爆发后回乡，1939年至重庆。1944年任国民党政府顾问。1949年去香港。新中国成立后返回广州。任民革中央委员、广东省人民政府参事室主任、省人大代表、省政协常委等。1953年与觉澄、纯信等作为广东省代表参加中国佛教协会成立大会，被选为理事。归粤后发起筹建广州市佛教协会。1958年广州市佛教协会正式成立，任会长。病逝于广州。（张若琪）

姚士云 见"姚雨平"。
姚宇龙 见"姚雨平"。

张汉标（1882—1979） 西秦戏演员。原名张九，人称九旦。出生于广东惠东平海，后迁往海丰后门。少年随父张德容学艺于新顺太平科班，习正旦。擅演武戏，如《斩郑恩》中饰陶三春，《无盐女采桑》中饰演钟离春等。1949年以后，作为海陆丰几个剧种中年龄最大的艺人，一边演戏一边教戏，为西秦戏培养了第一个女演员罗惜娇，为西秦戏的发展作出贡献。（刘红娟）

张九 见"张汉标"。

冯如（1883—1912） 中国最早的飞机设计师、飞行家。原名冯九如，字鼎三，号九如、树恒。广东恩平人。8岁进乡村书馆读书。12岁赴美国，先后在旧金山、纽约等地学习和掌握制造机器的原理和技术。清光绪二十九年（1903）受美国莱特兄弟试制飞机成功的启示，决心研制飞机，三十二年（1906）以"壮国体、挽权利"为主旨在旧金山向亲友集资制造飞机。翌年九月，在奥克兰建立广东制造机器厂。宣统元年（1909）

冯如

九月二十一日，驾驶自行制造的飞机在奥克兰试飞成功，取得飞行高度4.6米、航程805米的成绩，成为第一位驾驶自制飞机的中国飞行家。同年十月，将机器厂改组为广东制造飞机公司，任总机器师。二年（1910）七月制成一架新型飞机，于次年创造时速105千米、飞行高度106米、航程35千米的成绩。三年（1911）二月，宣布飞机试制成功，把公司更名为广东飞行器公司。应两广总督张鸣岐之邀，于二月下旬回国。回国后目睹清政府腐败，拒绝为其服务。十月，武昌起义成功，参加革命，被任命为中华民国军政府广东革命军飞机长。1912年8月25日在广州燕塘举行飞行表演，因飞机失事罹难，葬于黄花岗。中华民国政府为表彰其贡献，按少将阵亡例抚恤其家属，将其事迹宣付国史馆。2009年，在中国航空百年和人民空军成立60周年纪念大会上被授予"中国航空之父"称号。（黎景光、李兰萍）

冯九如 见"冯如"。

孙禄（约1883—1943） 正字戏演员。字绵寿。广东海丰人。童年卖身白字戏班，后转正字戏班，师从正生阿金。工正生。擅演袍带戏，善于运用抖动功夫并结合眼神的运用来表达人物内心世界。亦擅演刘备。因其蓄有胡须，人称"胡须禄"。（于琦）

许贺（约1883—1943） 正字戏演员。艺名番仔贺。出生于印尼，幼年回故乡广东海丰。童年卖身白字戏班，后转正字戏班，师从乌面陈也，先后为荣喜、正永丰戏班台柱。工乌面。善演张飞，人称"活张飞"。亦擅演丑行，滑稽风趣，受观众喜爱。（于琦）

汪精卫（1883—1944） 汉奸。原名汪兆铭，字季新。浙江山阴（今绍兴）人，出生于广东番禺（今广州）。清光绪二十八年（1902）秀才，次年赴日本法国法律学校法政大学（今法政大学）学习。三十一年（1905）参与组建同盟会，任《民报》主编。宣统二年（1910）谋刺清摄政王载沣未遂。辛亥革命后投靠袁世凯。袁死后投奔孙中山。1919年在孙中山领导下，驻上海创办《建设》杂志。1921年孙中山在广州就任非常大总统时，任广东省教育会长、广东政府顾问。1924年国民党改组后任中央执行委员，随孙中山北上。1925年代拟孙中山遗嘱。7月任国民政府常务委员会主席兼军事委员会主席、黄埔军校政治部主任、党代表。1926年1月在国民党"二大"上当选为中央执行委员会主席。中山舰事件后被迫辞职，出走法国。1927年4月归国，任武汉国民政府主席。7月15日在武汉发动反革命政变，后任南京国民政府行政院院长兼外交部部长。因对蒋介石独裁不满，于9月13日通电下野，前往法国。1929年回国后，以"中国国民党第二届中央执监委员联席会议"的名义发布命令。1930年联合冯玉祥、阎锡山、李宗仁共同反蒋。九一八事变后，主张对日妥协。1932年汪蒋合作，任行政院院长，支持蒋介石对工农红军的"围剿"。5月在蒋、汪同意下，国民政府跟日本签订丧权辱国的

汪精卫

《淞沪停战协定》。1935 年 5、6 月间，批准"何梅协定"、《秦土协定》。全面抗战爆发后，任国民党最高国防会议副主席，是国民党内亲日派首领。1938 年 3 月任国民党副总裁。同年 12 月离开重庆逃到越南河内，29 日发表"艳电"，响应近卫第三次声明，公开投降日本。1939 年 12 月，与日本签订《日华新关系调整要纲》和《秘密谅解事项》，出卖国家领土和主权，1940 年 3 月在南京成立伪国民政府，任主席兼行政院院长，提出与日亲善的"和平、反共、建国"的方针，换取日本对其成立伪政权的支持。建立伪军和特务组织，残酷统治沦陷区人民，配合日军对敌后抗日根据地进行封锁、清乡。又先后与日本签订《中日满共同宣言》《日本国与中华民国同盟条约》等卖国条约。死于日本。（柏峰）

汪兆铭　见"汪精卫"。

伍周才（1883—1953）　雷剧演员。艺名石鼓。广东遂溪人。出身于戏曲世家。民国初年，应海康（今湛江雷州）县雷歌班艺人邀请，离开自家粤剧班社，加入雷歌班。后掌握雷语、雷歌，既当师傅又当演员，成为雷剧名角。嗓音洪亮，唱功得法，演技全面，能文能武，擅演开脸角色，如《下宛城》的曹操、《博望坡》的张飞、《崔子弑齐王》的齐王等。吸收粤曲首板的唱法，创制昂扬激越的雷剧唱腔高腔调；将粤剧十八罗汉架和雷州南拳五形（龙、蛇、虎、豹、鹤）武功结合起来，创制雷剧十八罗汉架身段表演功架，提升雷剧表演水平。（于琦）

黎达英（1883—1968）　中医儿科学家。原名黎思俊。广东清远人。自幼在祖父的指导下学习中医。17 岁，在广州河南春英堂当店员。1914 年在家乡边教学边行医。1934 年通过考试获得中医证书，后在广州、曲江、香港等地行医。1953 年，参加中医进修班学习。1956 年进入广东省人民医院工作。1962 年被授予"广东省名老中医"称号。精于儿科常见病、多发病，尤对麻疹、风疹合并症的治疗有较丰富经验。认为应严格掌握麻疹各期的辨证论治，麻疹未出透之前不可过早使用凉血药，麻疹未收不可过早使用养阴药。临床诊断尤重脉诊，认为脉象与季节、节气、时令密切相关，据此提出小儿常见病、多发病的四季脉象诊断方法。撰有《麻疹斑四季辨证》等论文，著作有《儿科指南》。（周红黎、张书河）

黎思俊　见"黎达英"。

刘思复（1884—1915）　无政府主义思想家、活动家。原名刘绍彬，学名刘绍元。广东香山（今中山）人。15 岁中秀才。翌年到广州乡试，目睹考场中的黑暗，遂倾心新思想，立志"反满"，改名刘师复，以示光复祖国的决心。清光绪二十七年（1901）在香山创设演说社，提倡革命。三十年（1904）赴日本留学，三十一年（1905）加入同盟会，学会制造炸弹的技术。在日期间，受幸德秋水影响，接受无政府主义。同年赴香港协助经办《东方报》，为郑彼岸创办的《香山旬报》撰写发刊词。三十三年（1907）策动暗杀广东水师提督李准，事败入狱两年。宣统二年（1910）出狱后到香港，研究无政府主义的同时，与谢英伯等人组织"支那暗杀团"，幻想以个人恐怖行动警醒社会。武昌起义时策动香山驻防清军起义。1911

刘思复

年北上谋刺袁世凯，被汪精卫劝止。后到杭州暂住，认定只有无政府主义才能救中国。1912 年在广州创建中国第一个无政府主义组织晦鸣学舍。7 月，与黄涓生、华林、袁振英、区声白、黄凌霜一起成立晦鸣学舍外围组织心社，废姓改名师复。发起研究世界语，任广州世界语学会会长。1913 年 8 月在广州创办《晦鸣录》周刊，以"倡导社会革命，促进世界大同"为办刊宗旨，成为无政府主义组织的机关刊物。仅出两期即被查禁。后在澳门复刊，改名为《民声》，出两期，遭查禁。1914 年 1 月，《民声》在上海复刊，作为"无政府共产主义同志社"机关刊物。1916 年停刊，1921 年在广州复刊，出至 38 期停刊。其无政府主义思想，在民国初年和五四时期产生一定影响。著有《师复文存》《伏虎集》等。（金炳亮、黄明喜、王林）

刘绍彬　见"刘思复"。
刘师复　见"刘思复"。

苏曼殊（1884—1918）　文学家。原名苏戬，字子谷，学名元瑛，一作玄瑛。后为僧，法名博经，法号曼殊，笔名印禅、苏湜。广东香山（今珠海沥溪村）人，出生于日本横滨。父为茶商，母是日本人。清光绪十六年（1890）随父回国，在上海随西班牙人庄湘习英文。二十九年（1903）至日本横滨大同学校读书，继而入上野学校修西方美术，又入早稻田振武学校习陆军。在日本参加兴中会活动。次年归国，投身推翻清朝的革命。不久在惠州削发为僧，又在广州六榕寺受沙弥戒。因犯戒，在番禺海云寺被逐，居于广州白云山

苏曼殊

蒲涧。后常往来上海、杭州。在暹罗（今泰国）向乔悉摩学梵文。后游锡兰（今斯里兰卡）、印度、爪哇、吉隆坡、越南等地。在安庆高等学堂等校任教。三十三年（1907）再去日本，回国后在南京金陵刻经处祇洹精舍教授英文、梵文。在上海病逝。经历复杂，性格独特，时僧时俗。与章太炎、刘师培、陈独秀、廖仲恺、柳亚子、蔡元培、宋教仁、李叔同、蒋介石等名流有来往，是革新派文学团体南社重要成员。工诗文、善绘画，在诗歌、小说、绘画、翻译等领域皆有成就。诗风清艳明秀，别具一格。有小说《断鸿零雁记》《天涯红泪记》（未完）、《绛纱记》《焚剑记》《碎簪记》《非梦记》传世，以言情小说《断鸿零雁记》最有名。绘画有《岳鄂王游池州翠微亭图》《徐中山王莫愁湖泛舟图》《孤山图》《清秋弦月图》等。通晓日、英、法、梵文诸文字。译有《惨世界》《拜伦诗选》《娑罗海滨遁迹记》；编有《梵文典》《埃及古教考》《粤英辞典》等。1927年，柳亚子将其作品录编为《曼殊全集》，1928—1929年由上海北新书局出版。1981年花城出版社出版马以君编《苏曼殊文集》。（达亮、江晖、李艳平）

苏戬　见"苏曼殊"。
苏湜　见"苏曼殊"。

李是男（1884—1937）　美国华侨活动家。小名李吉棠，又名李公侠。字奕豪。祖籍广东新宁（今台山），出生于美国旧金山。少年时回家乡上中小学。清光绪三十一年（1905）在台城组织励志社，以反清和反美虐待华工为职志。

李是男

三十二年（1906）在香港加入同盟会。三十四年（1908）再赴美国，经冯自由介绍，与致公堂首领黄三德等商议组党救国事宜。三十五年（1909）与黄伯耀等在旧金山组织少年中国学社，创办《美洲少年周刊》（后改为《少年中国晨报》），建立金门两等学堂，培养革命青年。少年中国学社改组为美洲同盟会时，任会长。宣统三年（1911）与黄三德等设立洪门筹饷局，为国内各省起义筹集资金。1922年回国任广州临时总统府秘书，向孙中山提议华侨借款要归还并由其组织实施。1925年春，孙中山病重时，随侍在侧。孙中山逝世后专心从事中山纪念堂的筹建工作。1931年任广州中山纪念堂管理委员会常务委员。1934年任国民党中央革命债务调查委员会会员兼秘书。（黎景光）

李公侠　见"李是男"。

萧友梅（1884—1940）　音乐教育家、作曲家、音乐理论家。原名萧乃学，字思鹤，号雪朋。广东香山（今中山）人。清光绪二十七年（1901），赴日本留学，毕业于东京帝国大学（今东京大学）文科，并在东京音乐学校学习音乐。后加入同盟会。民国初任南京临时政府总统府秘书。1912年赴德国莱比锡音乐学院和莱比锡大学学习音乐，获博士学位。1920年回国，与杨仲子等人创立北京女子高等师范学校音乐体育专修科任科主任，担任北京大学音乐传习所教务主任、北京国立艺术专门学校音乐系主任。1927年与蔡元培等人在上海创办中国第一所专业音乐学院上海国立音乐院（1929年改建为上海国立音

萧友梅

乐专科学校），1928年任院长，1929年任校长。在专业音乐教育的学科建设、教材、教法、音乐创作等方面作出巨大贡献，为中国培养了大量本土专业音乐人才，改变中国历史上音乐"集体创作"和"依曲填词"的创作传统。创作近百首歌曲、两部大型合唱曲、两首弦乐四重奏、两首钢琴曲等。代表作品有《别校辞》《春江花月夜》《问》《南飞之雁语》等。著有《中西音乐的比较研究》《中国历代音乐沿革概略》等；编有《和声学》《普通乐学》等多部教材。（庄蔚）

萧乃学　见"萧友梅"。

陈廉伯（1884—1944）　商人、买办。字朴庵。广东南海（今佛山南海区）西樵简村人。自小在香港皇仁书院接受教育，加入英籍。16岁进入汇丰银行广州分行工作，后升任买办。清光绪三十一年（1905）加入广州商会。三十四年（1908）继承父

陈廉伯

亲陈蒲轩创办的昌栈丝庄，同年参与创办广东保险公司。1916年，任广州总商会会长。1919年当选广州商团团长。同年，与简照南共同筹救广东荒情。在1921年广东兵燹和1924年广东水灾期间，捐资赈灾。1924年成立广东省商团军联防总部，自任总长，10月策划商团军叛乱，与广东革命政权为敌，失败后逃匿香港。1928年底，由简玉阶推荐出任南洋兄弟烟草公司监理。1931年改任督理。1934年因舞弊被南洋兄弟烟草公司控告。太平洋战争爆发后，投靠日军，成为日军在港设立的华民代表会主要成员之一。1944年12月，乘"白银丸"号去澳门，途中船被美机炸沉身死。（郭文安）

陈树人（1884—1948） 画家。岭南画派创始人之一。原名陈政，名陈韵，又名陈哲、陈澍人、陈树仁，号葭外渔子、二山山樵、得安老人，别署猛进、切生。广东番禺（今广州番禺区）化龙镇人。早年从居廉学画，清光绪三十三年（1907）

陈树人

赴日本，次年进京都市立美术工艺学校学习美术。1917年，受孙中山之命任中华革命党（后更名中国国民党）美洲加拿大总支部部长，1923年任广东省政务厅长、民政厅长，1932年任国民政府侨务委员会委员长。1947年任总统府顾问。工诗善画，摒弃仿古，注重写生，将色彩与光影的对比与传统国画技法相结合，画风清新秀丽，独树一帜，后期画风多侧重于线条的表现。亦善书，博取诸家，朴拙质厚，奇险多姿。毕生作画达千幅以上，在国际上享有盛誉。与高剑父、高奇峰并称"岭南三杰"。传世作品有《秋风图》《家园秋趣图》《岭南春色》《木棉图》。著有《寒绿吟草》《专爱集》《战尘集》《自然美讴歌集》等。（梁达涛）

陈政 见"陈树人"。
陈韵 见"陈树人"。
陈哲 见"陈树人"。
陈澍人 见"陈树人"。
陈树仁 见"陈树人"。

高鲁甫（George Weidman Groff，1884—1954） 园艺学家。岭南大学农科主要创立者。出生于美国宾夕法尼亚州安维尔。1907年毕业于宾夕法尼亚州立大学园艺系。1908年作为来华美国农业传教士任教于广州岭南学堂（后更名岭南大学），1916年组建岭南学校农学

部，1921年建立岭南农科大学，1927年在岭南大学设立农学院。在华期间，对盛产于华南的荔枝和龙眼作详尽调查，亦调查、研究其他特色华南植物，引进木瓜、脐橙等国外良种，推动中美农业科技和教育的交流。1940年因在岭南大学连续服务20年，被国民政府教育部授予"服务一等奖"。著有《荔枝与龙眼》等。（赵飞）

邓尔雅（1884—1954） 书法家、篆刻家。原名邓溥霖，又名邓万岁，字季雨，号尔雅，又号尔足、尒足、宠恩，别署绿绮台主、风丁老人。斋堂为绿绮园、邓斋。广东东莞人。幼承家学，治小学，早年攻篆刻、书法和

邓尔雅

文字训诂，并师从何邹崖学印。清光绪二十五年（1899）入广雅书院就读。三十一年（1905）赴日学医，后改学美术。宣统二年（1910）回国任小学教员。次年与潘达微、陈垣等同办《时事画报》《赏奇画报》。1912年与黄节等创办贞社广州分社。1914年加入南社。1919年游韶关，参滇军李根源部为军幕。1921年进东莞中学任教。1922年到香港，在新界大埔筑绿绮园居住。1926年在香港与潘达微、黄般若组建国画研究会香港分会、艺观学会和南社书画社。1928年任《非非画报》编辑。1932年任中山大学顾问教授。后任第二军军长香翰屏的幕僚及中区绥靖公署委员。1936年与黄节组建南社广东分社。1937年移居香港。1940年香港举办广东文物展览会，任征集组组长。日军侵占香港后，匿名隐居。在香港去世。主要研究书法、篆刻。长于篆书，多有邓石如笔意，圆畅清挺，以劲健见长；楷书初学邓承修，后学黄道

周，兼具碑帖之长，自成一家；治印初学邓石如，后私淑黄牧甫，晚年常作六朝碑字印、佛像印、四灵印；亦长于绘画和诗文。著有《文字源流》《篆刻卮言》《邓斋印雅》《绿绮园诗集》等。（秦晓华、林颖、柏峰）

邓溥霖 见"邓尔雅"。
邓万岁 见"邓尔雅"。

唐有恒（1884—1958） 农业教育家。字少珊。广东香山唐家镇（今珠海香洲区唐家湾镇）人。清光绪二十五年（1899）到香港皇仁书院学习英文。三十年（1904）公费留学美国康奈尔大学农科。三十四年（1908）回国筹办广东全省农事试验场和农业讲习所

唐有恒

（今华南农业大学前身）。宣统二年（1910），参加清廷学部召集的归国留学生考试，获农科进士，授翰林院检讨。历任广东农事试验场场长和农业讲习所所长、农政专门学校校长兼中央农事试验场场长、农商部农林传习所所长，负责发展全国农林生产科技工作，推广良种玉蜀黍早熟种、长绒美棉种、玉蜀黍脱粒机。1923年任教于北京农科大学农艺系。1928年任教于安徽大学农学院。同年回乡担任中山训政实施委员会秘书兼县立中学校长。1934年任暨南大学秘书长。1935年任广西大学农学系主任兼教授。全面抗战爆发后，历任第四战区战时粮食管理处少将秘书，广东省政府赈济会查核处副组长，建设厅技正。期间在广东兴办六合农场和推广水稻优良品种马坝油粘。抗战胜利后任广州大学教授。新中国成立后被聘为广州市文史馆馆员。主要从事农业科教、农史整理工作。是近代广东全省农事试

验场创办人。著有《农业上的重要问题》《甘薯品种比较试验》《中山模范县农林建设计划纲要》等。（陈志国）

陈鸿璧（1884—1966） 教育工作者。原名陈碧珍。广东新会（今江门新会区）人。少年时就读于上海中西女塾和圣若瑟学校。清光绪三十三年（1907）任教于上海女子中学和育贤女学。教学之余担任广州《七十二行商报》通讯员。辛亥革命时期任《神州日报》主编，后任《大汉报》（苏州）编辑。1912年，在上海海宁路5号租房四间，创办旅沪广东幼稚园（后改小学），自任校长兼授英语课。1919年，在宝源路（姚家宅）购地兴建学校。1922年，另筹款开设女校1所，1929年，改名为私立广东中小学，附设幼儿园。1923年，创办平民学校1所。日军入侵上海，校舍被毁，后在租界北京西路租房继续办学，直至上海解放。1949年后，任广东中小学校长。坚持注意从实际出发进行教学改革；对小学教育，提出以兴趣教学为中心，使儿童乐于就学的原则。业余从事翻译工作，在晚清四大小说期刊之一的《小说林》杂志发表译作多篇，是小说林社中翻译作品最多的女译员。译文通俗易懂，忠实于原著，体现出较高的翻译水平与可接受意识，多部翻译小说由小说林社、上海广智书局、群益书局出版。译有《苏格兰独立记》《电冠》《第一百十三案》等。（邓丹、柏峰）

陈碧珍 见"陈鸿璧"。

郑天锡（1884—1970） 法学家。字云程，号茀庭。广东香山（今中山）人。早年肄业于香港皇仁书院，后毕业于上海圣约翰大学。清光绪三十三年（1907）赴英国留学，1916年获伦敦大学法学博士学位。1917年返港任执业律师。1918年任北洋政府司法部法律翻译监督。1919年任大理院大法官。1921年任中国出席华盛顿会议代

郑天锡

表团专门委员。翌年返国，任中国出席关税特别会议专门委员，法权调查委员会准备处处长，国际法权委员会代表，国务院商标局法律顾问。在北京期间，先后兼任北京大学、朝阳大学、法政大学等校教授。1928年在上海重操律师业，兼上海东吴大学法学院教授。1932年，任国民政府司法行政部常任次长，7月改任司法行政部政务次长。1935年任外交部顾问。1936年10月，当选为国际联盟国际常设法院法官，调节国际争讼，力促万邦协和。二战期间，为保护重要国际文档免遭法西斯焚毁立下功劳。1946年8月，任中国驻英国大使。担任《美国律师辞典》有关《中国法》部分主编，将中国法律翻译为英文。著有《大理院判例》《大理院判例讨论》《中国文化与艺术》《东方与西方》等。（陈榔、柏峰）

伍德文（1884—1974） 武术家。太虚拳传承人。别字柏，号雪波。广东新会（今江门新会区）人。清末秀才。家传太虚拳，由曾祖父伍荣羽传子伍文兆，伍文兆传子伍学卫，再由伍学卫传其子。于香港、澳门、广州等地教授文史、武术、中医等科目，推动太虚拳的传播。（孟田）

谢大目（1884—1978） 潮剧演员。广东潮安（今潮州潮安区）人。童年入戏班当童伶，后习丑行。师承名丑方溜，以项衫丑、长衫丑、官袍丑、踢鞋丑见长，扇功、腰腿功、念白有绝招，善于总结丑行表演经验。晚年

任教于汕头戏曲学校，为丑行培养人才。代表剧目有《闹钗》《失印》《藏媚寺·偷油》《周不错》《双青盲》等。（孙冰娜、吴国钦）

朱执信（1885—1920） 民主革命家。原名朱大符，字执信。原籍浙江萧山（今杭州萧山区）人，出生于广东番禺（今广州越秀区）。清光绪二十八年（1902）入广州教忠学堂。三十年（1904）赴日本官费留学，次年加入同盟会，任评议部议员兼书

朱执信

记。以蛰伸、县解等笔名为《民报》撰文，鼓吹革命，与改良派论战，节译《共产党宣言》和《资本论》。三十二年（1906）回粤，在广东高等学堂、广东法政学堂、两广方言学堂任教，秘密从事革命活动。宣统二年（1910）与赵声、倪映典等发动广州新军起义。次年参加"三二九"广州起义（黄花岗起义）。武昌起义后致力于广东光复，历任广东军政府总参议、广阳军务处督办、广东审计院院长、军法处处长。"二次革命"失败后流亡日本，1914年回广东策划反袁。1915年加入中华革命党，任中华革命军广东军事长官，讨伐龙济光，发动护国军起义。1917年护法运动中，任孙中山大元帅府军事联络兼管机要文书。五四运动后随孙中山到上海，助撰《建国方略》，担任《民国日报》、《建设》杂志编辑撰述工作，宣传三民主义，探索中国发展道路。1920年南下促陈炯明收复广东，组织民军，策动桂系反正，在虎门被桂系军阀杀害。1979年中华书局出版《朱执信集》。（李兰萍）

朱大符 见"朱执信"。

苏兆征（1885—1929） 无产阶级革命家、中国早期工人运动领导人。广东香山（今珠海）淇澳岛淇澳村人。早年到香港当海员，清光绪三十四年（1908）加入同盟会。1919年参与抵制和烧毁日货等活动。1921年同林伟民等在香港组织中华海员工业联合总会。次年1月参与领导香港海员大罢工，任海员罢工总办事处总务部主任、中华海员工业联合总会代理会长。1925年加入中国共产党。在第二次全国劳动大会上，当选为中华全国总工会执行委员。同年领导省港大罢工，任罢工委员会委员长兼财政委员会委员长，组织香港工人10多万人到广州，参加反帝和巩固广东革命根据地的斗争。1926年任全国海员总工会执委会委员长、中华全国总工会执委会委员长。1927年春任武汉国民政府劳工部长。中国共产党第五次全国代表大会上被选为中央委员、中央政治局候补委员。在八七会议上当选为临时中央政治局委员和中央政治局常务委员。大革命失败后，参加筹划广州起义，被选为广州苏维埃政府主席。1928年赴莫斯科出席赤色职工国际第四次代表大会，任执行委员。出席共产国际第六次代表大会，任执行委员、农村工会国际副委员长。在莫斯科出席中国共产党第六次全国代表大会，被选为中央委员、中央政治局常委。同年任中共中央工委书记。病逝于上海。（李兰萍）

苏兆征

黄玖莲（1885—1930） 广东汉剧演员。广东澄海（今汕头澄海区）人，首位外江戏女艺人。人称九嫂。师从张来明，先后在顺天乐、彩华香、老三多、新天彩、老福顺搭班。表演主工老生，唱腔高亢洪亮，慷慨激越，亦能串演老旦。代表剧目有《辕门斩子》《骂阎罗》《郭巨埋儿》《兰继子》。（陈燕芳）

刘云卿（1885—1940） 伊斯兰教学者。怀圣寺阿訇。《重修先贤古墓清真寺碑记》（1934年刻）言其与张学鹏、杨汉光等为怀圣寺"师长"。（马建春、李蒙蒙）

黄际遇（1885—1945） 现代高等数学教育元老。字任初，号畴。广东澄海（今汕头澄海区）人。清末秀才，初就读于汕头岭东同文学堂，毕业后赴日本就读于东京高等师范学校（今筑波大学）数理科，兼从章太炎

黄际遇

治文字声韵之学。清光绪三十二年（1906）回国任天津工学堂教授。宣统二年（1910）参加京试，中"格致科"（数学）举人。1914年以后转任武昌师范大学教授。1920年由教育部派赴欧美考察，入美国芝加哥大学研究数学，获硕士学位，回国后仍回武昌师范大学任教。1924年任河南中州大学教授。1926年应聘为广州中山大学教授。1928年任河南中山大学校长，一度出任河南省教育厅厅长。1930—1936年，历任青岛大学教授兼理学院长、山东大学教授兼文理学院院长。1936年回中山大学任教。为民国数学教育先驱，主编《数理杂志》及全国通用的中等学校数学、物理学教科书。精通经史文学和书法棋艺，在中山大学文学院开"历代骈文"等课程。著有《班书字说》《潮州八声误读表》《论一》《定积分一定理》《Guderian函数之研究》等以及40多册日记。译有《续初等代数学》《高等微积分》《群底下之微分方程式》《近世代数》等。（陈椰）

邹鲁（1885—1954） 原名邹澄生，号海滨。广东大埔人。清光绪二十九年（1903）入读潮州韩山书院，三十一年（1905）回乡教书，加入中和堂、同盟会。三十三年（1907）进广东法政学堂。1908、1911年两次参加广州起义。南京临时

邹鲁

政府成立后，任广东银钱局总办。1913年当选为众议院议员，国会解散后，逃往日本，进入早稻田大学。次年加入中华革命党，任《民国》杂志编辑。不久回香港策划反袁。1916年袁死后，复任国会议员。1917年任孙中山护法军政府财政次长。1920年任两广盐运使。1922年策动桂军讨伐陈炯明，旋任广东省财政厅厅长。1924年国民党一大召开，当选为中央执行委员、常务委员兼青年部部长。同年夏任广东大学校长。1925年，因"廖案"离开广州，纠集谢持等于11月间在北京西山碧云寺召开所谓国民党"一届四中全会"，分裂国民党，形成"西山会议派"，在北京等地设立地方党部，在上海另组"中央党部"。1927年后，任国民党特别委员会委员。1930年参加北平"中央扩大委员会"，与冯玉祥、阎锡山等联合反蒋。次年任在广州另立的"国民政府"委员。九一八事变后任西南执行部委员和西南政务委员会委员。1932年任中山大学校长。1935年在国民党五届一中全会上当选为中央常委及国府委员。全面抗战爆发后，任国防最高委员会常委、国民政府委员。1949年退往台湾，任"总统府"资政。工书法，熔铸碑帖，上承"二王"，参以六朝北派书风，得隋碑神韵。其书雅逸俊秀，超脱时俗，淡雅清新。用笔流畅，结字端庄，平和静谧，刚柔相济，注重点画形质及运笔节奏，下笔从容，

以高古闲逸的书卷气为旨趣。兼画墨兰。著有《中国国民党史稿》《回顾录》等。（张金超、梁达涛）

邹澄生 见"邹鲁"。

杨树达（1885—1956）语言文字学家、历史学家。字遇夫，号积微，晚年又号耐林翁。湖南长沙人。13岁入时务学堂，习《孟子》《春秋公羊传》。15岁习《说文解字》《四库总目提要》。16岁入求实书院，仿阮元《读书古训》例，辑成《周易古义》。清光绪三十年（1904）入校经堂肄业。三十一年（1905）派赴日本留学。1911年回国入湖南教育司任职。1913年任教湖南第四师范学校。1916年任教湖南第一女子师范学校，辑《老子古义》。1919年撰《马氏文通刊误》。1920年任职教育部国语会。1921年任教于北京高等师范。1923年7月任北京师范大学国文系代理主任、主任。1926年任清华大学中文系教授。1937年7月任湖南大学教授。1938年随校避战迁辰溪，1945年8月随校回迁长沙。1948年获聘中央研究院院士，同年赴中山大学讲学，并应聘该校中文系教授，承担古汉语等课。1950年受聘中国科学院语言研究所学术委员、社会科学学部委员。平生以古汉语语法、修辞、训诂、古书辑校为最。著有《古书疑义举例续补》《汉书补注补正》《古书疑义举例续补》《词诠》《论语疏证》《汉书窥管》《积微居小学金石论丛》《积微居小学述林》《汉文文言修辞学》《盐铁论校注》，编、辑有《高等国文法》《说苑疏证》《新序疏证》（今佚）。（钟东）

杨树达

古直（1885—1959） 文史学者。字公愚，号层冰，广东嘉应州（今梅州）人。早年参加同盟会。清宣统元年（1909）参与创办梅州高等小学，1912年创办滦溪小学，1914年回乡创办龙文公学。1925年受聘于广东大学，1926年起为中山大学教授，兼任中文系主任，负责编写《广东通志》。1939年辞去中山大学教授职务，回乡就任梅南中学校长。后出任梅县修志馆馆长兼总编纂。1950年短暂任教于南华大学。后历任广东省政府参事室参事、广东省文史研究馆馆员等职。专精于魏晋南北朝文学，以及客家历史和客家文献的整理研究。著有《转蓬草》《客人对》《陶靖节诗笺》《文心雕龙笺》等。（陈栁）

古直

李济深（1885—1959） 爱国将领、中国国民党革命委员会创建人和领导人之一。字任潮。广西苍梧人。毕业于保定陆军军官学校。1920年起历任粤军第一师代理师长，国民革命军第四军军长、总司令部参谋长，黄埔军校副校长，追随孙中山。1926年当选为国民党第二届中央执行委员，任国民革命军总参谋长。次年在广州发动"四一五"事变，参与镇压广州起义。1928年任国民党中央政治会议广州分会主席等职。次年春，被囚于南京，至九一八事变后获释。1933年11月，联合陈铭枢、蒋光鼐等发动"福建事变"，成立中华共和国人民革命政府，任主席兼军委主

李济深

席。1935年在香港组织中华民主革命同盟，任中央主席。全面抗战时期，主张国共合作，反对国民党政府的反共政策。战后发起成立中国国民党民主促进会，反对内战，被国民党开除党籍。1948年1月在香港发起成立中国国民党革命委员会，任主席，12月响应中共召开新政协会议，由香港到达东北解放区。1949年9月，出席北平中国人民政治协商会议第一届全体会议。新中国成立后，历任中央人民政府副主席，第一至第三届全国政协副主席，民革中央主席，第一、二届全国人大常委会副委员长等职。（张金超）

蛇仔利（1885—1963） 粤剧演员。原名吴岳鹏，又名吴鹤亭。广东恩平人。12岁丧母，入木鱼班学唱木鱼，后该班改为粤剧班，转而拜小生阿沾为师，在阳江一带演出。1912年入祝华年班与金山炳、靓元亨合作，得名丑姜魂侠扶掖，渐成为著名丑生。1919年，参加黎凤缘、王心帆等组织的剧学研究社，演出之余研究编剧。20世纪30年代初，随马师曾等到美国旧金山等地演出，抗战期间回家乡隐居。1953年，任戏曲改革委员会委员，1956年起，出任广州市文史研究馆馆员。擅长"做"和"道白"，功底扎实，动作灵活，"跳扎"功夫全行闻名。吸收了话剧台词念法，道白吐字清晰，流利爽快。经常以出人意料的动作逗笑观众，被称为"笑料大王"。代表剧目有《怕老婆》《林则徐禁烟》《沙三少》《梁天来》等。（李继明）

吴岳鹏 见"蛇仔利"。
吴鹤亭 见"蛇仔利"。

马达仕（1885—1964） 白字戏演员。又名马文玖。广东海丰人。14岁入新桂兴班（科班）学戏，习正旦。20岁

出合同,在陆丰的彩福班当正旦。23岁开始在可塘兰头班当了3年鼓头师傅。37岁在正字戏泰华班打鼓。长期在白字戏班当教戏先生,在农村的白字曲班教曲,足迹遍及海陆丰、潮汕、惠阳一带。20世纪50年代后,先后受聘广东省潮剧院、海丰县白字戏剧团教戏,挖掘整理白字戏传统剧目、曲牌及表演艺术等。在抢救白字戏艺术遗产及培养白字戏艺人上贡献良多。

（詹双晖）

马文玖 见"马达仕"。

张汉斋（1885—1969） 演奏家、传艺师。广东潮州湘桥区人。14岁起学习音乐,擅长月琴弹奏,人称"月弦张"。25岁跟随洪沛臣学习三弦、琵琶、筝等演奏技艺,后又向外江班头手荣精师傅学习汉乐。1926年与王泽如应香港潮州同乡会和南舞乐社邀请,在港合奏琵琶、筝。1928年应新加坡清咏乐社特邀与魏松庵等合作,执奏汉乐头弦,在星洲共录制60张唱片。1935—1939年,为百代公司录制潮乐、汉乐、汉剧唱片近100张。20世纪30年代开始,在汕头开办岭东国乐传授所,招收学生传艺。在公益社主办的刊物《乐剧月刊》上发表汉调、筝谱、弦谱、琵琶谱数十首。新中国成立后,筹建汕头潮乐改进社,担任潮乐改进会主任。1953年重新整理出古谱《胡笳十八拍》等。1958年参加中国唱片公司录制细乐《月儿高》等传统名曲,与新音乐工作者张伯杰等合作。与名乐师林玉波等一起整理出版《新潮乐》《潮州民间乐曲选》等专刊。（郑静漫）

邓仲元（1886—1922） 民主革命者。原名邓士元,别名邓铿。广东嘉应州（今梅州）人。清光绪三十一年（1905）考入广州将弁学堂步兵科,毕业后留校。宣统元年（1909）任黄埔陆军小学堂学长,秘密加入同盟会。参与1910年广州新军起义、1911年黄花岗起义,失败后出走香港。武昌起义后,率东江民军攻占淡水,光复惠州。任改编后民军参谋长。1912年任广东都督府陆军司司长兼稽勋局局长、都督府参谋长。次年3月,为琼崖镇守使兼办琼崖民政事宜。"二次革命"爆发后回粤督战,失败后避往香港。1914年协助孙中山组建中华革命党,任军务部副部长。1916年,任中华革命军东江总司令。次年春,赴日考察军事、政治。7月,广州成立护法军政府并建立粤军,任援闽粤军参谋长。1920年11月,任粤军总司令部参谋长兼第一军参谋长及第一师师长。1922年3月21日在广州大沙头广九车站被暗杀。孙中山追赠为陆军上将,葬于黄花岗七十二烈士墓侧。为表纪念,广州建有仲元图书馆、仲元中学等。（李兰萍）

邓仲元

邓士元 见"邓仲元"。
邓铿 见"邓仲元"。

李勉辰（1886—1940） 实业家。名李进,号崇銮。祖籍广东新宁（今台山）,出生于广东斗门镇（今珠海斗门区）。15岁随父赴加拿大,协助管理商务,热心乡谊联谊工作。参加维多利亚洪门致公堂,关心祖国和民族安危,发动侨胞捐款资助孙中山革命活动。关心家乡教育事业,1910年,首先倡议筹款为台山县立中学兴建新校舍。1915年5月,台山县立中学校长黄明超致函加拿大台山籍侨胞商议捐款建校,被旅加华侨一致推举为台山县立中学建校督办。1925年将加拿大大部分产业收盘回国,在上海创办中国信托公司,支持国内爱国运动。

（黎景光）

李进 见"李勉辰"。

何育斋（1886—1943） 筝演奏家。原名何载生。广东大埔人。先后在汉口、南洋群岛、潮州、广州、上海等地进行音乐活动。早年攻习二胡和三弦,成年后专攻古筝。1930年左右在广州组织潮梅音乐社,1932年在上海组织逸响社。为普及客家筝乐,还首创声字并用的"工尺谐声字谱",强调学筝必先读谱,读谱尤须懂得韵味平仄。在其抄本谱中,经常出现一些非工尺谱字的声音字如"唤""环""番""戊""柳"等,这些是以中原音韵的"客语"古音为根据的工尺变音读法,体现客家音乐的风格特点。除对工尺谱进行声字化的补充外,对演奏方法的革新也作出重要贡献。先后整理粤东客家音乐调谱《中州古调》《汉皋旧谱》以及《词曲拾遗》《小曲汇存》等,编著《弹筝八法》,开创客家筝演奏法先河。

（郑静漫）

何载生 见"何育斋"。

徐统雄（1886—1947） 新加坡侨商、民主主义者。又名徐港宜,字洞云,统雄为孙中山所取之名。广东大埔人。幼读私塾,16岁赴新加坡随父经商,独立经营富华、强华、国华等7间商店。清光绪三十二年（1906）结识孙中山,加入旅星（新加坡）同盟会,参与革命工作。任星洲同德书社社长、茶阳会馆客属总会董事及中华革命党、中国国民党新加坡支部长等职。为支持国民革命,典卖全部资产,被孙中山视为海外知己。1925年回国任广东东路公路处兼韩江治河处

处长、潮梅财政视察员，后任广东省侨务委员会委员。1929 年，集资兴建中山纪念堂。1935 年任四川禁烟督察处处长，1937 年调任上海分处处长。参与倡设新加坡华侨中学，筹办南华女校。在家乡参与倡办三河联校（今三河镇中心小学）及三河中学。（沈毅秦）

徐港宜 见"徐统雄"。

谭平山（1886—1956） 爱国民主人士。又名谭聘三、谭诚齐，字诚斋，号鸣谦。广东高明（今佛山高明区）人。清宣统元年（1909）加入同盟会。辛亥革命后任广东省参议会议员。1917 年考入北京大学哲学系。1918 年参与组织新潮社，

谭平山

出版《新潮》杂志，宣传新文化新思想。参加五四运动，加入马克思主义研究会。1920 年 2 月参与创办政衡杂志社。8 月发起组织广州社会主义青年团，参与创办《广东群报》。1921 年春参与发起广州的中国共产党早期组织。中国共产党一大召开后，正式成立中共广东支部，任中国共产党广东区执行委员会书记、中国劳动组合部广州分部主任。1923 年当选为中共中央委员、中央局委员，后任中央驻粤委员。同年为陆海军大元帅大本营宣传委员会委员、国民党临时中央执行委员会委员。以中共广东区委书记身份协助孙中山改组国民党，任国民党中央执行委员会常委兼组织部部长。1924 年 12 月至 1925 年 1 月，任中共中央北方局副书记。大革命时期，历任武汉国民党中央执行委员会委员、中央组织部部长、农政部部长、中共中央委员、驻国民党党团书记、中央

政治局委员。1927 年 8 月参与领导八一南昌起义，被推选为革命委员会主席团成员，被国民党中央开除党籍。又因南昌起义失败被开除中共党籍。1928 年春，主持成立中华革命党，该党后来改组。1930 年成立的中国国民党临时行动委员会（中国农工党前身）。抗战时期被恢复国民党党籍。1945 年起，参与酝酿成立三民主义同志联合会，后任主要负责人。1948 年 1 月在香港参与组织中国国民党革命委员会，后任常委。1949 年 9 月，出席北平中国人民政治协商会议第一届全体会议。后历任中央人民政府委员、政务院政务委员兼人民监察委员会主任、民革中央副主席。第一届全国人大常委会委员，第一、二届全国政协委员。1986 年人民出版社出版《谭平山文集》。（李兰萍）

谭聘三 见"谭平山"。
谭诚齐 见"谭平山"。

官文森（1886—1957） 马来西亚侨商、民主主义者。又名官清贵。祖籍广东惠阳（今深圳龙岗区），出生于马来亚（今马来西亚）雪兰莪州。幼年读私塾，后入英文学校。毕业后，任雪兰莪州政府矿务巡

官文森

员 12 年，创办福利、利成、隆利三大锡矿公司。历任马来亚惠州会馆联合会总务、雪兰莪惠州会馆总理、雪兰莪中华大会堂常委、循人学校总理、培英学校总理及坤成女子中学常委等职。捐建加影华侨中学教室，命名为文森室。加入洪门致公堂、中国同盟会，任部复书报社社长，主持雪兰莪分会工作，组织华侨回国参加广州黄花岗起义。1914 年孙中山组织中华革

命党，任中华革命党雪兰莪分部部长。抗战期间，担任南洋英荷两属惠侨救乡委员会常委、马来亚抗日总动员会主席，出资组织东江华侨回乡服务团"文森队"。抗战胜利后，加入中国民主同盟，任马来亚民盟总支部执行委员兼雪兰莪分部主任委员。1947 年加入中国致公党，任中央委员及驻马来亚总会主任委员。1949 年回国，9 月出席北平中国人民政治协商会议第一届全体会议。任中国致公党中央副主席、华侨事务委员会委员、全国侨联常委、广东省侨联副主席等职。第一届全国人大代表，第二届全国政协委员。（沈毅秦）

官清贵 见"官文森"。

林友平（1886—1957） 正字戏演员。字金安。广东海丰人。童年卖身白字戏班，后转正字戏班，在荣喜、联安、老永丰、老双喜等戏班搭班。工白面，亦演丑。擅演曹操、秦桧、严嵩、梁骥等权奸，面部肌肉抖动功夫最为突出，嗓音威严而阴冷，动作洗练，有"活曹操"之美誉。（于琦）

岑仲勉（1886—1961） 史学家。名岑铭恕，又名岑汝懋，以字行。广东顺德（今佛山顺德区）人。先后就读于两广大学堂、两广游学预备科。清光绪三十四年（1908）至 1912 年就读于北京高等专门税务学校。毕业后在上海江海关及两广

岑仲勉

都司令部财政科等处任职。业余致力于中国植物名实考订和植物分类学研究。40 岁时转入历史学研究。1930 年转任广州圣心中学教务主任，1934 年入上海暨南大学任秘书兼文书主任。

1937 年 7 月入中央研究院历史语言研究所历史组专任研究员。1948 年任中山大学历史系教授，在广州去世。善于以文献与考古材料结合考证史实，在先秦史、隋唐史、突厥史、民族史、边疆史、文献学、中外交通史和史地学等领域颇有建树。著有《佛游天竺记考释》《元和姓纂四校记》《西周社会制度问题》《黄河变迁史》《隋唐史》等。在《科学》《圣心》《金陵学报》《辅仁学志》《中山大学史学专刊》《历史研究》《中山大学学报》等发表学术论文近 200 篇。（陈长琦）

岑铭恕 见"岑仲勉"。

岑汝懋 见"岑仲勉"。

谢枢泗（1886—1972） 泰国实业家。合艾市开埠功臣。广东梅州人。清光绪三十一年（1905）赴泰国当店员。宣统二年（1910）投身修筑泰南铁路。1915 年在合艾村购买荒原，规划开辟合艾镇，捐赠土地和巨款兴建商店、市场、火车站、学校、医院等，1917 年开辟首条街道谢枢泗街，1924 年建成合艾市场和合艾火车站，1949 年合艾镇升格为合艾市。获封男爵。一生获 30 余种银质和别针式勋章。1939 年入籍泰国。1941 年被泰国国王御赐爵名"宜发"。1985 年 9 月 1 日，合艾市政府在芝兰纳宽体育场竖立其全身铜像，将该日定为合艾市开埠纪念日。（沈毅秦）

刘元（1886—1972） 金银饰制作师。广东潮州人。自幼跟随父亲学习金錾银手艺。15 岁，拜师改学彩扎工艺。18 岁时，以明石、花木为材料，用金银铜等不同颜色的材料錾刻山石花木，拼组成盆景。擅长平錾、浮雕的立体摆件，手环、吊牌、烟盒等小品，大型摆件，塑造得十分精美，在图案组织及技法运用上有独到见解。所创作的一件圆形松鹤装饰盒，盒形别致，四面开窗，窗面浮雕群鹤；底地用密点表现纹饰，画面主题突出，沉浮凹凸鲜明，有精致而明快的艺术效果。与辜锡奎合作，用铜锻制作《潮州湘子桥全景》。晚年创作的《屈原像》，表现屈原凛然风骨，是潮州金银饰品中的佳作。（彭圣芳）

陈治平（1886—1978） 中医学家。别名陈颖文。广东吴川人。13 岁随祖父学医。1929 年参加中国共产党领导的工农红军，后回湛江市行医。1931 年，到广州行医。1936 年，在湖北孝感参军抗日，任襄郧管区军需主任。1938 年，赴越南海防开设治平诊

陈治平

所。1940 年起，先后在广西南宁、百色开设治平医所行医。1945 年，在广州开设治平医社。1947 年任中央国医馆广东分馆名誉董事兼国医学整理委员会委员。1955 年任广东省政府参事室参事，同时被聘为中华人民共和国海军医院中医顾问。1956 年进入广东省人民医院工作。1962 年被授予"广东省名老中医"称号。擅长治疗麻风、白癜风、荨麻疹、湿疹、泌尿系统结石、慢性肾炎、脉管炎、白血病、鼻咽癌、子宫癌等危重病和疑难杂症，善于通过中药剂型改革提高临床疗效，成功研制治疗瘤型麻风病的敌厉平 T 素静脉注射液、敌瘤平注射液等。撰写临床经验汇编 1 册和《如何提炼中药注射液方法》书稿。（周红黎、张书河）

陈颖文 见"陈治平"。

海仁（1886—1978） 僧人。名法慈，字海仁。俗姓陈。广东香山（今中山）人。清光绪三十一年（1905）到罗浮山华首台寺依述莲和尚出家，3 年后受具足戒。宣统元年（1909）出外参方，初挂褡于厦门南普陀寺，获住持喜参老和尚开示。次年行脚江南，朝礼名山大刹。在宁波阿育王寺、天童寺、观宗寺、奉化雪窦寺、扬州高旻寺、福缘寺、虞山兴福寺、常州天宁寺、安庆迎江寺等道场参禅听经数年。1920 年在扬州随性莲和尚到香港，在大屿山昂平结茅清修。次年开始往返于香港、内地，应各道场之请开坛说法，演讲经论。1941 年底日寇占领香港后回粤，驻锡雷州真如精舍。1947 年返香港，住大屿山数十年。培养大批僧才，影响及于海外。一生研究、弘传《楞严经》。撰有《大佛顶首楞严经讲记》。（杨权）

伍朝枢（1887—1934） 字梯云，广东新会（今江门新会区）人。幼年随父亲伍廷芳赴美，接受完整的西式中小学教育。清光绪三十四年（1908）赴英国伦敦大学研习法律，1912 年毕业于英国林肯法律研究院，获英国大律师资格。同年回国，

伍朝枢

任湖北省军政府外交司司长。1913 年当选为国会议员。1917 年参加护法运动，次年任护法军政府外交部次长。1919 年代表广州军政府参加巴黎和会，拒绝在和约上签字。推动中国收回关税自主权、废除"治外法权"和不平等条约。1921 年，孙中山就任非常大总统时，被任为外交部次长。1923 年任孙中山大元帅府外交部长。1924 年国民党改组后，任国民党中央党部商务部部长、中央政治委员会委员兼秘书长、广州国民政府委员兼广州市政委员长等职。1927 年，任南京国民政府

外交部部长兼中央政治会议委员。1929 年 1 月，任驻美公使。1931 年任反蒋派组成的广州国民政府委员。1932 年 3 月，任琼崖特区长官，5 月任国民政府委员。作为国民党粤方代表参加宁粤"上海和平统一会议"。被推为司法院院长。在香港病逝。热心乡村建设，研究县镇规划与边区开发。其乡村建设研究与实践为后人积累了宝贵经验。著有《民族主义在中国的进程》《中国建国大纲》等英文著作。（陈椰）

郑乃二（约 1887—1944） 正字戏演员。字达文。广东海丰人。童年卖身白字戏班，后转正字戏班。工正生。文武戏兼擅，唱做俱佳。（于琦）

许崇智（1887—1965） 字汝为。祖籍广东澄海（今汕头澄海区），出生于广东番禺（今广州）。清光绪二十五年（1899）入福州船政学堂，后保送日本陆军士官学校步兵科学习。1905 年在东京加入中国同盟会。回国后历任福建武备学堂

许崇智

教习、讲武堂总教习、福州新军第十镇第二十协协统。宣统三年（1911）在福建响应武昌起义，参加福建光复，被推为闽军总司令。南京临时政府成立，任师长、福建北伐军总司令。1912 年任陆军第十四师师长。"二次革命"时任福建讨袁军总司令，失败后赴日本。1914 年加入中华革命党，任军务部长。1915 年任中华革命军东北军参谋长兼中华革命军福建司令长官。次年任中华革命军东北军副总司令、参谋长兼前敌总指挥。1917 年参加护法运动，任孙中山大元帅府参军长、署理陆军总长。次年任粤军第二支队司令。1921 年任粤军第二军军长。

次年任北伐军第二军司令东路讨贼军总司令。1923 年任东路讨贼军总司令兼第二军军长，被委派为"全权代行大总统职权"五人委员之一。参加驱逐桂系军阀、讨伐陈炯明诸役，擢建国粤军总司令。国民党改组后被选为第一届中央候补监察委员，任建国粤军总司令、陆海军大元帅大本营军政部长、军事部部长、国民党中央军事委员会委员、筹划广州防务委员会委员长、革命委员会全权委员。1925 年，广州国民政府成立，任国府委员、军事部部长兼广东军政厅厅长。1927 年宁汉合作，被推为国民党中央特别委员会委员、军事委员会委员。1929 年，电劝蒋下野，被通缉。1931 年被选为广州国民政府委员兼军事委员会常务委员。1935 年任南京国民政府监察院副院长。1941 年底香港沦陷，拒绝出任伪职。1946 年以后寓居香港。后被蒋介石聘为"总统府"资政。（李兰萍）

张鉴初（1887—1965） 又称张贤金。字碧良。广东梅州丰顺人。20 岁到泰国谋生，后加入同盟会。清光绪三十三年（1907）回国，先后参加黄冈起义、广西镇南关起义、广州黄花岗起义。参加革命军粤军第四军，参与进军粤东，光复潮州与汕头。1912 年获广东军政府勋章和奖状，被保送同盟模范军校学习，毕业后被委以孙中山随从侍卫。孙中山书赠其"大道之行，天下为公"予以嘉勉。讨袁失败后，重赴泰国彭世洛府，开设金铺和杂货店，参与创办醒民学校、华侨义山，被泰国皇室授予男爵封号和勋章。筹资救济丰顺难民重建家园，倡办广育中学，捐建中山纪念亭、丰顺一中校舍。1939 年，因从事抗日救亡运动被泰政府驱逐出境，辗转来到重庆，被聘为侨务委员会顾问。后返梅州，任丰顺县战时动员委员会和民众

抗日救国委员会主任。抗战胜利后，返回泰国经商。（沈毅泰）

张贤金 见"张鉴初"。

徐坤全（1887—1967） 潮剧演员。广东潮州人。11 岁卖身于顺丰班为童伶，后加入老一枝香、赛桃源、老赛宝班等戏班。1955 年授艺于三正顺潮剧团，担任汕头专区潮剧演员训练班和演员进修班授课教师，1959 年转为汕头戏曲学校教师。基本功扎实，程式精细严谨，善扮踢鞋丑。在《刺梁冀》中演相士万家春，技艺出彩，扇功、短须功以及腿脚功夫细腻精湛。晚年悉心传艺，潮剧名丑李有存师出其门。（孙冰娜、吴国钦）

黄玉兰（1887—1968） 广东汉剧演员。广东大埔人。11 岁进入新梅花班学艺，学青衣，后主工小生。先后在荣天彩、新春盛、老福顺、同艺社搭班。做功娴熟，身段潇洒，唱功稍逊。新中国成立后加入民声汉剧团，后到群艺汉剧团担任教师，1959 年调入广东汕头戏曲学校任教。艺徒有小生罗纯生、罗兴荣、黄作生、黎职环、徐景清等。（陈燕芳）

冯达庵（1887—1978） 佛教居士。名冯宝瑛，字玉衡，以字行。广东惠州人。毕业于广东高等学堂数学系，历任惠州中学、合浦廉州中学教师，广东甲种工业学院教授，漳州煤炭局局长等职。因读《六祖坛经》而学佛。

冯达庵

初修净土法门，后由净入禅，由禅入密，历经修证。显密交融，宗教兼通。1927 年受黎乙真阿阇黎胎藏界灌顶。1929 年受王弘愿大阿阇黎金刚界灌顶。

1936年受王弘愿传法灌顶，为唐密（真言宗）第五十代传灯大阿阇黎。1946年应广东佛教会邀请在解行精舍演讲"佛教源流"。与虚云、宽筏创办刊物《圆音》。晚年付法杨佛兴居士。著有《佛法要论》《佛教源流》《佛教真面目》《禅宗明心见性与密宗即身成佛》《学密须知》《新时代的佛法》《〈八识规矩颂〉释》《〈般若波罗蜜多心经〉广义》《〈金刚般若波罗蜜经〉大义》《法华特论》等。（吴晓蔓）

冯宝瑛 见"冯达庵"。

钟玉池（1887—1983） 中医学家。别字水荣。广东花县（今广州花都区）人。出身中医世家。1918年在广州考取中医执照，在上西关万善里74号设馆行医，后在西华路267号开设钟玉池中医诊所。先后受聘为广州柚榫家私业工会常年医事

钟玉池

顾问、广州人力车工会医师、苏声小学校医。1958年参加荔湾区医疗机构大联合，在金花卫生所、金花卫生院任中医师。1962、1978年被授予"广东省名老中医"称号。推崇脾胃学说，对温热病及广东中草药的临床应用研究颇有心得，特别擅用草药，独创"小青武方"，专攻高热、久热不退。善于发掘价廉效高的中草药，取代贵重药，广开药源。擅治儿科麻、痘、疳、惊等病证，在内科、妇科、外科疾病治疗上有独特的经验。因刻意留长指甲，剪下锻灰作药用，治疗咽喉疾病，而被民间称为"长指甲"。撰写《肺痈》《黄疸积聚》《热痹》《痿证》等论文，被编入《广州市老中医经验选》。（周红黎、张书河）

千里驹（1888—1936） 粤剧演员。原名区家驹。广东顺德（今佛山顺德区）人。12岁起先后拜刀马旦扎脚胜、生架庆为师。16岁搭班演出，艺名大牛驹。后被宝昌公司安排在凤凰仪班任三花旦，改艺名为千里驹。21岁任国中兴班正印花旦，与小生聪合

千里驹

作演出，奠定大班正印花旦地位。1927年离开人寿年班，先后同薛觉先、白玉堂、新珠、马师曾、靓少凤、新周瑜林等组织新景象、永寿、义擎天等戏班，除在省港澳演出外，还到上海和越南等地演出。能生能旦，文武兼备，通过面部表情和形体动作把人物内心感情表现出来，被同行誉为"悲剧圣手"。唱腔抑扬有致，跌宕分明，以声传情，被誉为驹腔。尤擅【滚花】与【中板】，有"滚花王""中板王"的雅号。《燕子楼》一剧中与乐师黄不灭共同创造了新腔【燕子楼中板】【燕子楼慢板】，成为粤剧著名的专腔。在粤剧伴奏中引进喉管、短箫等乐器，丰富了粤剧音乐的表现力。乐于扶掖后学，被同行尊为"伶圣"。演出剧目120多个，影响较大的有《荡舟》《金叶菊》《再生缘》《顺母桥》《舍子奉姑》《夜送寒衣》《蔡文姬归汉》《崔子弑齐君》《裙边蝶》《昭君出塞》《玉楼春怨》等。（李静）

区家驹 见"千里驹"。

罗文干（1888—1941） 法学家。字钧任。广东番禺（今广州海珠区沥滘）人。清宣统元年（1909）毕业于英国牛津大学，获法学博士学位。回国后参加清廷留学生考试，授法科进士。辛亥革命后，任中华民国广东都督府司法司司长。1913年出任北京政府总

检察厅厅长。1915年参加反对袁世凯的斗争。1918年后任修订法律馆副总裁、北京大学教授。1921年出任中国出席华盛顿会议

罗文干

代表团顾问。同年12月，任北洋政府盐务署署长兼币制局总裁、财政总长等职。1924年，任俄国退还庚子赔款委员会中方委员。1927年，出任顾维钧内阁司法总长。1928年被聘为东北边防司令长官公署顾问，次年，任调查中东路事件专员。1931年任北平政务委员会委员、国民政府司法行政部部长。1932年任国民政府外交部部长兼司法行政部部长。1938年后任最高国防会议参议，第一、二届国民参政会参政员，西南联合大学教授。主讲罗马法与中国法制史。著有《中国法制史》《罗马法》。（陈椰、柏峰）

卫梓松（1888—1945） 建筑教育家。广东新宁（今台山）人。清宣统元年（1909）毕业于两广大学堂甲班，1916年毕业于北京大学土木工学系。先后在北平大学、清华大学、东北大学和中山大学任教。1941年任中山大学建筑工程系系主任，主讲有关建筑结构和材料的课程。1945年中山大学抗战时期的办学基地坪石沦陷，因病未能及时走避，被日军俘虏。因拒绝为日伪部队服务，服药自杀。著有《实用测量法》。（彭长歆、顾雪萍）

马小进（1888—1951） 诗人。名马骏声，号退之，别署不进、梦寄、台山少年。广东新宁（今台山）人。毕业于美国哥伦比亚大学、纽约大学。清宣统元年（1909）加入同盟会，宣统二年（1910）参加南社。1912年在上海参加南社第六次雅集。1913年在

北京大学任教。后转入军政界服务，历任众议院议员、总统府秘书、广东大元帅府参事、广东督军署参议、广州大学文学院院长兼教授、香港华侨

马小进

学院中文系。诗歌创作主张不加雕琢，强调情感纯任自然地流露。诗作表现出强烈的民族精神。对岭南文学及教育有突出贡献。著有《知神随笔》《金陵访古记》《华泾夜话录》等10余种。有诗集《鸦声集》行世。（刘赫）

马骏声　见"马小进"。

赖成己（1888—1955）　武术家。南方五虎将（林耀桂、林荫堂、黄啸侠、赖成己、张礼泉）之一。原名赖祖仁，号成己。广东合浦（今广西合浦）人。自幼习家传南拳，后师从张茂廷学习李家拳、双刀、棍、钯，兼攻骨伤科。20余岁赴广州仓边路开办医务所。后又在李济深国民革命军第八路军总指挥部担任国术教师与医官。时广州汇聚了不少南北武术名师，因而博采众家之所长，创编"南蛇过洞"象形拳。1938年10月广州沦陷前返归故里。（孟田）

赖祖仁　见"赖成己"。

邓植仪（1888—1957）　农学家、土壤学家。中国土壤科学奠基人之一。字槐庭。广东东莞人。清宣统元年（1909）自费赴美留学，先后在加利福尼亚大学、威斯康星大学攻读土壤学，1914年获硕士学位。同年回国，

邓植仪

任中央农事试验场技师等职。1920年

任广东农林实验场场长，同年任广东省立农业专门学校校长。1924年任广东大学农科学院院长，1927年10月担任广西实业院院长。20世纪30年代任中山大学教务长、农学院院长等，兼任广东土壤调查所所长。1940年前往重庆担任农林部技监。率先在广东开展分县土壤调查。新中国成立后，历任农业部顾问，华北农业科学研究所、中国农业科学院、华南农业科学研究所研究员。毕生从事农业教育和土壤研究事业，组织领导完成广东全省94个县的农业概况调查，主张农业教育与农业建设"教建合一"，是广东现代高等农业教育开创者之一。著有《土壤学》《广东土壤提要初集》《广东农业概况调查报告书》《论吾粤实业与实业教育》《改进我国农业教育刍议》等。（陈椰、曲静）

宽筹（1888—1959）　僧人。字融熙，别号九指头陀。俗名汤瑛。原籍浙江，落籍广东番禺（今广州）。幼习儒典，清光绪末年毕业于广东高等师范学堂。后任小学校长及政府官职。早年撰文抨击佛教，后因研读佛典而产生信仰，1924年病后信仰益坚。与赵士觐、王弘愿、冯达庵等居士交厚，在广州发起成立大佛寺"佛教阅经社""六一佛学研究会"、佛教居士林。抗战期间在粤北南华寺皈依于虚云座下。1947年初移居香港。1953年依荃湾竹林禅院融秋禅师披剃，正式出家。翌年礼大屿山灵隐寺灵溪禅师，受具足戒。1954年应香港新亚书院之请，在大学部讲授"佛教与禅宗"。往返于新加坡与吉隆坡弘法，创立马来西亚佛学社。在吉隆坡圆寂。著有《无相颂讲话》《葛藤集》行世。（达亮）

邱猴尚（1888—1961）　潮州大锣鼓师。又名邱宜生。广东潮州人。先后跟随东门城楼儒家锣鼓乐社师傅欧细

奴和潮州观音堂锣鼓馆学艺。26岁起开始传授技艺，教练出30多个锣鼓班。在潮州锣鼓队时，主鼓的《抛鱼》受到好评。1953年加入潮州民间音乐研究组并任副组长。1956年在潮州民间音乐研究组基础上成立潮州民间音乐团。艺徒有丁生弟、丁钦才、李迪青、林捷鹏等。对潮州大锣鼓的传播起到积极作用。（郑静浸）

邱宜生　见"邱猴尚"。

丁颖（1888—1964）　农学家。中国现代稻作科学主要奠基人。字君颖，号竹铭。广东高州人。1912年毕业于广东高等师范学校植物科。1921年留学日本东京帝国大学（今东京大学）农学部，攻读农艺和稻

丁颖

作学。1924年毕业归国，先后任教于广东大学农科、中山大学农学院、华南农学院。1952年任华南农学院院长，1955年当选中国科学院生物学部委员，1957年任中国农业科学院首任院长。主要从事水稻栽培与育种教学研究工作。运用生态学观点对稻种的起源、演变、分类、稻作区域划分、农家品种系统选育以及栽培技术等进行系统研究。1926年在广州东郊犀牛尾的沼泽地发现野生稻并开展研究，提出并论证中国稻种是起源于中国的野生稻，是世界稻种传播中心之一。1927年在茂名县公馆圩创建中国第一个稻作试验基地中山大学南路稻作育种场，其后又建立了石牌稻作试验总场和沙田、东江、韩江三个试验分场。在国际上首次将野生稻抗御恶劣环境的种质转育到栽培稻种中，育成"中山一号"和其他水稻优良品种60多个，创立水稻品种多样性理论，为品种选育、良

种繁育和品种提纯复壮工作奠定理论基础。重视农家品种的利用，提出区制选种法，开创野生稻与栽培稻远缘杂交育种先河。为中国粮食增产增收以及现代水稻学发展作出杰出贡献。主编有《中国水稻栽培学》。著有《中国水稻品种的生态类型及其与生产发展的关系》《中国栽培稻种的起源及其演变》《中国稻作区域的划分》《中国水稻品种对光温反应特性的研究》和《水稻分蘖、幼穗发育的研究》。发表论文 200 多余篇。（陈志国）

蒋光鼐（1888—1967）　爱国民主人士。字憬然。广东东莞人。清光绪三十二年（1906）入广州陆军小学，后加入同盟会，宣统三年（1911）参加武昌起义，1912年入保定军校骑兵科。1913 参加讨伐袁世凯的"二次革命"，流亡日本，入黄兴创办的

蒋光鼐

"浩然庐"军校学习。参加护国运动，至广东参加粤军。1921 年任非常大总统府警卫团团副。1925 年建国粤军第十师副师长，后任第十一军副军长兼第十师师长、第二十二师师长等职。1930 年任国民革命军第十九路军总指挥。1932 年 1 月 28 日日军进攻上海时，率部参加淞沪抗战。后调任福建任省主席兼绥靖公署主任。次年 11 月与李济深、陈铭枢等发动"福建事变"，任中华共和国人民革命政府财政部部长，力主抗日，失败后去香港。后在香港参与组织中华民族革命同盟。1935 年联合十九路军将领通电反蒋，主张联共抗日。全面抗战期间，任国民党第七战区副司令长官。1946 年参与发起组织中国国民党民主促进会。1949 年 9 月，出席北平中国人民政治协商会议第一届全体会议。新中国成

立后，任纺织工业部部长、民革中央常委。第一届全国政协常委。（张全超）

卢根（1888—1968）　电影实业家。祖籍广东香山（今中山）。1919 年，在香港开办新比照电影院，后创办香港皇后、新世界、平安、广州南关、明珠、模范等电影院，被称为"华南电影院大王"。天津平安、光明、上海大光明、国泰等当时设备一流、装潢豪华的电影院也归其所有。担任中国电影业托拉斯组织联合公司的董事长。1922 年，创办明达公司，代理美国各大电影公司影片在中国的发行，并代理明星电影公司等国内影片公司在海外的发行，对中国早期电影业的发展与繁荣起推动作用。（温明锐）

颜任光（1888—1968）　中国现代试验物理奠基人之一。又名颜嘉禄，字耀秋。广东崖县（今海南乐东乐罗）人。少时在基督教堂附设小学工读，被送往海南圣经学校读书，后被保送广州的岭南中学，接着升入岭南大学。旋考取公费留学美国。1915 年，获美国康奈尔大学硕士学位，接着考入芝加哥大学攻读物理，1918 年获博士学位。1921 年任北京大学物理系主任、教授。1926 年和丁佐成（又名佐臣）共同创办中国第一个现代科学仪器工厂上海大华科学仪器公司。1948 年，出任私立海南大学首任校长，还曾任上海光华大学物理系主任、理学院院长和副校长。早期从事气体离子运动的研究，主要研究仪器仪表，特别是多种电表的设计制造。对发展我国的仪器仪表作出重大贡献。（柏峰）

颜嘉禄　见"颜任光"。

许崇清（1888—1969）　教育家。字志澄。祖籍广东澄海（今汕头澄海

区），出生于广东番禺（今广州）。清光绪三十一年（1905），获清政府官费赴日本留学，获东京帝国大学（今东京大学）文学士。加入同盟

许崇清

会。1920 年在东京帝国大学（今东京大学）研究院毕业，主修教育和教育哲学。1921 年，担任广州市教育局首任局长，以广州市为起点进行教育实践工作，力图在广州市普及义务教育。1923 年，组建广东省教育厅并任首任厅长。参与起草《中国国民党第一次全国代表大会宣言》的"教育"部分。1926 年，组建广州国民政府教育行政委员会，任常务委员。其间，发表《教育方针草案》《革命教育论》等文，作为对国民政府教育方针和实施原则的建议。1929、1931、1936 年三次出任广东省教育厅厅长。1940 年，担任中山大学校长，完成将中山大学从云南澄江迁回粤北乐昌的任务。1941 年，在韶关第七战区编纂委员会工作，主持出版《新建设》《教育新时代》《学园》《阵中文汇》等刊物。抗战胜利后，返回中山大学任教。新中国成立后，参加广州大学的接管工作。1951 年开始担任中山大学校长直至去世。1963 年任广东省副省长。民盟中央常委兼广东省委会主任委员、民进中央常委。第一至三届全国人大代表、第二至三届全国政协常委。第一、二届广东省政协副主席。提出人的全面发展等教育主张。对教育本质、教育方针、人的全面发展与个性发展、中国的教育制度和教育学，有独到论述。其教育论著和译著大部分收录于《许崇清教育论文集》。（刘娟）

林乐笙（1888—1969）　花灯名师。广东潮州人。12 岁进绣庄、寿衣店当

学徒，学习彩扎技艺。善于博采众家之长，常向当地花灯扎作名师杜松和民间画师刘祥、蔡友楠等人请教。制作的彩灯人物性格鲜明。26 岁时，与潮州 8 家工艺店开展花灯竞赛。1926 年英王子出巡新加坡，应邀创作的《凤仪亭》10 层花灯备受欢迎。1935 年英王加冕，香港八邑会馆组织花灯游行，制作的《三气周瑜》《九曲黄河阵》两屏花灯，人物达 35 人，坐兽 10 多只，由汽车装载游行，气势雄伟，画面多彩。所制陈三五娘等 5 屏花灯，送加拿大展出。被誉为潮州花灯艺术的一代名师。（彭圣芳）

张竞生（1888—1970）　性学家、美学家。广东饶平人。清光绪二十九年（1903）考入由县琴峰书院改名的县立第一小学。次年考入汕头同文学校。三十三年（1907）考入广州黄埔陆军小学。1910 年赴京参加京津同盟会。1911 年 10 月参加南北

张竞生

议和团南方代表团。1912 年就读巴黎大学。1919 年获法国里昂大学博士学位，其间先后到英、德、荷、比、瑞士等国游历考察。1920 年学成归国，从巴黎到广州期间，上书陈炯明，提倡避孕节育。1921 年，受蔡元培聘请任北京大学哲学教授，开设性心理和爱情问题讲座。1923 年，北京大学国学门成立"风俗调查会"，被推举为主席。在拟定风俗调查表时，"性史"成为其中一项。1925 年，在《京报副刊》发征稿启事，公开向社会征集"性史"。先后收稿 300 余篇，择其 7 篇编为《性史》第一集，1926 年 4 月由"性育社"印行。1927 年下半年去上海，先担任上海开明书店总编辑，后开办美的书店。1928 年再度赴法。

1933 年，受陈济棠之邀任广东省实业督办，兼《广东经济建设》主编、广州《群声报》编辑。新中国成立后，任饶平县生产救灾委员会主任。1950 年进入南方大学学习，分配于广东省农林厅任技正。广东省文史研究馆馆员。著有《美的人生观》《美的社会组织法》《十年情场》《浮生漫谈》等。（郭海鹰、柏峰）

伍时畅（1888—1974）　秘鲁侨领、慈善家。原名伍社光，以字行。广东新宁（今台山）人。1912 年移民秘鲁。与同乡伍于赞合股开设于赞公司，从事烟草加工业和橡胶业。任利马中华会馆、古冈州公所正副主席和执委。1927 年回国，在香港开设万信荣贸易行，经营南美贸易。后扩张万国茶行、隆记实业、万国实业、呔素（香港）等公司，为九龙巴士公司创始董事之一。资助香港大学柏立基爵士堂、南朗医院防癌会、香港伍氏宗亲会会所等，当选为五邑商工总会名誉会长、中邑商工总会和台山商会顾问、香港伍氏宗亲会永远会长。热心家乡建设事业，在秘鲁募集款项筹建公益埠福宁医院，在渡头墟开办康宁医院，捐助村中兴办和维修观贤学校。太平洋战争爆发后，离开香港回乡避乱。台山沦陷期间，连续数月施粥赈灾。（黎景光）

伍社光　见"伍时畅"。

王云五（1888—1979）　出版家、编辑家。原名日祥，又名王之瑞，笔名岫庐、山岫、龙倦飞。广东香山（今中山）人，出生于上海。清光绪三十一年（1905）起，先后在上海益智书室、同文馆、中国公学等教授英文。宣统元年（1909）兼任上海留美预备学堂教务长。二年（1910）任上海《天铎报》主笔。民国初年任南京临时大

统府接待处秘书、北洋政府教育部专门教育司职员、第一科科长。兼任国民大学法科教职。1913 年加入中国国民党，兼任其机关报《民主报》撰

王云五

述。1914 年任筹办中的全国煤油矿事宜处编译股主任。1916 年 7 月任苏粤赣三省禁烟特派员（驻上海）。1917 年起在上海从事编译工作。1920 年，为公民书局主编《公民丛书》《公民杂志》。1921 年任上海商务印书馆编译所所长。实施整顿和编辑计划。1925 年兼任东方图书馆（原商务印书馆涵芬楼）馆长。其间，发明四角号码检字法，创立中外图书统一分类法，当选上海图书馆协会主席。主编《万有文库》《丛书集成》等。1926 年，当选上海图书馆协会主席。1927 年被商务印书馆股东会推举为董事。1929 年转任中央研究院社会科学研究所研究员，兼法制组主任。1930 年被商务印书馆董事会聘任为总经理，旋出国考察。回国后在馆内推行科学管理法。抗战期间，3 次挽救商务印书馆。1938 年代表出版界，以社会贤达身份被选为第一届国民参政会参政员。1945 年，当选为参政会主席团成员。1946 年，当选政治协商会议代表。同年赴南京出任国民政府经济部部长、国民政府委员、行政院副院长。1948 年转任财政部部长，主持币制改革，发行金圆券。1950 年在香港创办华国出版社，主要出版时政类书籍。1951 年定居台北。历任"总统府"国策顾问、"考试院"副院长、"行政院"副院长、台湾商务印书馆董事长，著有《四角号码检字法》《中外图书统一分类法》《中国政治思想史》《商务印书馆与新教育年谱》等。2013 年九州出版社出版《王云五全集》。（金炳亮）

王日祥 见"王云五"。

王之瑞 见"王云五"。

凌道扬（1888—1993） 林学家。中国现代林业的开创者之一。广东宝安（今深圳）人。清光绪二十六年（1900）入上海圣约翰书院，宣统二年（1910）入美国麻省农学院习农科，结业后考入耶鲁大学研究生院，1914年获林学硕士学位。1915年

凌道扬

与裴义理创办金陵大学林科，与韩安、斐义理等林学家上书北洋政府，倡议以清明节为中国植树节。1917年联合陈嵘等林学家在南京发起成立中国第一个林业学术团体中华森林会（后改名为中华林学会）。1923年任胶澳商埠农林事务所所长。1928年后先后任教于北平大学农学院、南京中央大学农学院。1933年出席在加拿大召开的第五次泛太平洋科学会议，当选林业组主任。1946年被聘为联合国粮食农业委员会林业委员。1955年任香港崇基学院院长，1960年任联合书院院长，积极推动香港中文大学的创建。著有《森林学大意》《森林要览》等；发表有《振兴林业为中国今日之急务》等论文；创办《森林》《青岛日报》《青岛泰晤士报》等。（陈世清）

郑校之（1888—?） 建筑师。广东香山（今中山）人。清光绪三十四年（1908）毕业于朝鲜国家专门学校土木工程科。在香港公和洋行（Palmer & Turner）见习，任广东都督府测绘员。1912年成立郑校之建筑工程事务所。先后任大元帅府参军处技师、广州市政厅工务局取缔科科长、广州大本营兼任技士、广州黄埔陆军军官学校营缮科上校科长、南京总理陵墓监工委

员会委员、中山大学工程办事处技师以及中山大学石牌新校建筑委员会管理兼监工委员等职。设计作品包括中山大学石牌新校文学院、天文台等。参与近代岭南的重要工程，为岭南建筑发展作出突出贡献。（彭长歆、顾雪萍）

高奇峰（1889—1933） 画家。岭南画派创始人之一。名高嵡，以字行。广东番禺（今广州）人。少从兄高剑父学画，清光绪三十一年（1905）留学日本，后加入同盟会。宣统三年（1911）回国，参与创办《真相画报》《时事画报》。

高奇峰

1918年任教于广东甲种工业学校美术制版科，同时自设美学馆开馆课徒。1925年任岭南大学美术教授。1933年赴德国参加美展。创作以翎毛、走兽、花卉、山水为主，尤喜画鹰、狮、虎。作品融合传统国画笔墨形式和日本画法，注重写生，又擅于用色和水墨渲染，用笔雄健、敷色湿润、形象生动，笔法细腻，质感强烈，晚年作品多粗犷豪迈。亦善书法，奇逸跌宕，苍莽高古。传世作品有《怒狮》《虎啸》《孤猿啼雪》《山高水长》等。著有《美感与教化》《新画学美术学》。辑有《奇峰画集》。（梁达涛）

高嵡 见"高奇峰"。

张彬（1889—1934） 西秦戏演员。广东惠阳（今惠州惠东）人。出身新顺太平科班，在顺太平、顺太源班担纲主演。擅演武戏，早年在玄武山偏棚演吕布，与正字戏妈章生齐名，观众中有"正字妈章，西秦张彬"之说。在《秦琼倒铜旗》中扮演的罗成，创

造了倒背枪技法。在《青草记》中饰李隆，起花步上楼追杀朱高，用跳铁门闩步法，双手执真刀两头，有如跳绳一样，两脚齐上齐下，走圆场20余圈；在"杀嫂"一段，口咬真刀，连翻几个跟斗站起，举双刀对朱高拨子左右连刺50刀，没有触及对手肌肤。故当地有"逢武戏都好"的赞誉。（刘红娟）

郑正秋（1889—1935） 编剧、导演、戏剧评论家。原名郑芳泽，号伯常，别署药风。广东潮阳（今汕头市潮南区成田镇上盐汀村）人。幼年随家人迁居上海。先后于私塾、洋学堂、育才公学接受教育。14岁肄业于上海育才公学。清宣统二年（1910）起，从事新剧活动，以"丽丽所戏言"为名，以正秋为笔名，在《民立报》等报刊发表评论戏剧的文章，主张以艺术教化社会，改革戏剧。后被聘为《民立画报》《民权画报》记者（撰稿兼编辑），并组织新民、民鸣等剧社，对"新剧"进行职业化演出。所演剧本内容，具有民主主义性质的新思想、新观点，对启迪群众反抗封建制度和宗法思想，起过一定的启蒙作用。1913年，与张石川共同编导拍摄中国第一部故事影片《难夫难妻》，成为中国电影的拓荒者。五四运动时，主编《药风月刊》和《解放画报》。1922年，与张石川共同创建明星影片公司。九一八事变后，除摄制鼓励同胞起来抗日的影片外，还在各种场所以"新剧"形式对群众进行抗日宣传鼓动，以隐喻、影射的方法，给投降者以辛辣讽刺。为明星创作了《孤儿救祖记》《玉梨魂》《姊妹花》等50多部影片，建构以电影教化社会的艺术观念，对电影企业化运作方式进行开创性和示范性探索，为中国电影培养了不少人才。中国早期不少编导和演员受到他的教益，如蔡楚生、胡蝶。

被誉为"中国电影之父"。（甘敏诗、周文萍、柏峰）

郑芳泽 见"郑正秋"。

太虚（1889—1947） 佛教学者、僧人。佛门三虚（虚云、俵虚、太虚）之一。法名唯心，号昧庵，俗姓吕，乳名淦森，学名沛林。浙江崇德（今桐乡西南）人。16岁在苏州小九华寺出家，同年至宁波天童寺受寄禅戒法。清宣统二年（1910）到广州，

太虚

在白云山双溪寺组织僧伽教育会。三年（1911）在广州狮子林佛学精舍讲学，被推为白云山双溪寺住持。1912年在南京创设中国佛教协进会。1913年任《佛教月刊》总编辑。1920年在广州东堤、华林寺、六榕寺与岭南大学讲经。先后到湖南大沩山寺、山西五台山、南普陀寺、浙江奉化雪窦寺、北京、厦门、南京等地任主持或讲学。1933年应请在潮州开元寺创办岭东佛学院，创办《人海灯》杂志。1935年任佛教日报社社长。是年12月应虚云之邀至曹溪瞻礼六祖真身。历任闽南佛院、武昌佛学院、岭东佛学院、汉藏教理学院院长。在上海玉佛寺圆寂。主张革新佛教制度，提倡"人生佛教"；倡导"三佛（佛僧、佛化、佛国）主义"；提出"教理革命、教制革命、教产革命"口号。被视为佛教新派代表人物。有《中国佛学》《整理僧伽制度论》等著作。后人辑为《太虚大师全书》行世。著名弟子有法尊、法舫、印顺、正果、石鸣珂等。（达亮）

黄阿漾（1889—1953） 潮剧演员。原名黄惠枝。广东揭阳人。11岁入正天香戏班，14岁为该班乌衫，20岁转入中一枝香戏班，随中一枝香在泰国、越南、新加坡演出，全面抗战爆发前回国，入老一枝香剧团，支援抗日前线募捐演出。新中国成立后，任老玉梨班艺术指导。在潮汕及东南亚有广泛影响，对潮剧女丑行当艺术的发展有重大贡献。代表剧目有《摘梅》《杨家将》《群芳楼》等。（孙冰娜、吴国钦）

黄惠枝 见"黄阿漾"。

黎北海（1889—1955） 香港电影先驱之一。祖籍广东新会（今江门新会区）。1913年，执导和出演香港电影史上第一部电影《庄子试妻》。1921年，与黎民伟共同创办香港首个华人电影公司民新制造影画片公司。1923年，又在此基础上组

黎北海

建香港民新影片公司。1925年，与黎民伟共同执导香港第一部故事长片《胭脂》。1931年，与香港影片公司合作出品《左慈戏曹》，是香港电影史上第一部大型制作的电影。1933年，与唐醒图创办香港第一家有声电影制片公司中华制造默片有限公司，摄制《良心》《傻仔洞房》等有声电影，开启香港电影有声片时代。1924年起，先后主持广州民新演员养成所、香港影片公司演员养成所、联华影业公司演员养成所，培养出以吴楚帆、李铁为代表的电影专门人才，为香港和内地电影业发展奠定基础。（温明锐）

杜国庠（1889—1961） 哲学家、历史学家。曾用杜守素、林伯修等笔名。广东澄海（今汕头澄海区）人。清光绪三十三年（1907）留学日本。先入东京第一高等学校预科，后入早稻田大学留学生部普通科、京都帝国大学（今京都大学）政治经济科。1919年获经济学学士学位。同年回国，任

杜国庠

北京大学讲师、教授，讲授工业政策、社会政策、马克思主义政治经济学说等课程。并兼教于中国大学、朝阳大学、平民大学、北京政法专学校等。1925年参加革命，到广东潮汕，任澄海中学、金山中学校长。1928年在上海加入中国共产党，参与发起中国社会科学家联盟，主编《中国文化》《正路》《我们》杂志。1935年被国民党逮捕，1937年获释。1938年在党领导下任国民政府军事委员会政治部第三厅对外宣传第一科科长。抗战后期，撰文批判"新理学"。1946年任中华工商专科学校教授，讲授经济发展史等课程。1948年任教于香港达德学院，主编《文汇报》副刊《新思潮》、《大公报》副刊《哲学》。1949年9月，出席北平中国人民政治协商会议第一届全体会议。新中国成立后历任广东省文教厅厅长、广东省科委副主任、中共中央华南分局宣传部副部长、广东省文教委员会主任、中国科学院广州分院首任院长、中国科学院中南分院副院长。1952年任华南师范学院院长。1955年当选中国科学院哲学社会科学学部委员。第一、二届全国人大代表，第一届广东省政协副主席。研究中国哲学史，对公孙龙、荀子思想和《墨经》的认识论和逻辑思想有独到诠解和评价。对马克思主义哲学和社会科学研究作出贡献。著有《先秦诸子批判》《先秦诸子概要》《便桥集》；译有《辩证唯物论入门》《史的一元论》《艺术论》《无产阶级文学论》。1962年人民出版社出版《杜国庠文集》。（陈桦）

陈铭枢（1889—1965） 字真如，别署证如。广东合浦（今广西合浦）人。清光绪三十二年（1906）入广东陆军小学堂，加入同盟会，后升入南京陆军第四中学堂，参加辛亥革命。1912 年入保定陆军军官学校读书。北伐

陈铭枢

战争时，任国民革命军第十一军军长兼武汉卫戍司令。1927 年后任国民革命军总政治部副主任、广东省政府主席。曾至南京金陵刻经处、南京支那内学院从欧阳渐学佛。其间，礼迎虚云来粤弘法，参禅问学。1930 年所部改编为国民革命军第十九路军。九一八事变后任京沪卫戍司令兼淞沪警备司令，行政院代理院长、副院长兼交通部部长。因命令所部参加淞沪抗战，受到蒋介石、汪精卫排挤，辞职赴法国。1932 年，围绕熊十力所著《新唯识论》与其展开辩论。发起世界和平祈祷法会。1933 年回国，与李济深、蒋光鼐、蔡廷锴等发动"福建事变"，在福州成立中华共和国人民革命政府，任文化委员会主席，反蒋抗日，失败后退居香港。1935 年参加组织中华民族革命同盟，赞同中国共产党的团结抗日主张。1945 年参与组织三民主义同志联合会。1948 年在香港与李济深等建立中国国民党革命委员会，任中国国民党革命委员会中央常委，团结民主人士。1949 年 9 月，出席北平中国人民政治协商会议第一届全体会议。后历任中央人民政府委员、农业部长、中南行政委员会副主席、民革中央常委。第一届全国人大常委会委员，第二届全国政协常委，第三、四届全国政协委员。1953 年与吕澂、赵朴初、周叔迦等发起成立中国佛教协会，任

常务理事。又发起组织现代佛学社，任社长。1957 年被错划为"右派分子"，1979 年平反。著有《佛学总论》等。（张若琪、柏峰）

卢宗强（1889—1966） 中医学家、教育家。别名卢月波。1909 年，在广西平乐跟师学习中医。1913 年起，先后在广州仁济路、五仙门、登科里、秦康路开业行医。1919 年在广州卫生社进修学习。1924 年参与创办广东光汉中医专门学校。1929 年

卢宗强

参加第二次教材编辑委员会会议。1938 年迁香港行医，兼在香港中医专门学校教学。新中国成立后，参与筹办广州中医学院。1956 年，先进入广州市第一人民医院工作，后调入广东省人民医院工作。1962 年被授予"广东省名老中医"称号。医术精湛，擅长治疗疑难杂症，善于类比借鉴，用中医理论分析、解释、解决现代医学难题，如将瘰疬病的筋脉弛张，肌肉瞤动抽搐，类比舞蹈病；从血证紫斑分析治疗再生障碍性贫血；从中风先兆分析高血压等。（周红黎、张书河）

梁小初（1889—1967） 名梁长树，字小初。广东佛山人。清光绪二十六年（1900）在伦敦会通志学堂学习，接触基督教。二十九年（1903）受洗入教。三十二年（1906）在美华浸会书局任职。三十三年（1907）广州基督教青年会成立，为发起人之一。次年任广州青年会第一位华人干事。1918 年任广州青年会副总干事。1920 年升任总干事。1930 年任中华基督教青年会全国协会副总干事。1935—1947 年间任中华基督教青年会全国协会总干事。1950 年移居香港，1960 年任崇

基学院校董会副主席。（吴宁）

梁长树 见"梁小初"。

谭大春（1889—1971） 乐师。广东琼山县（今海南海口琼山区）遵谭镇咸凉村人。出身于民间八音乐手家，早年学操琴、调弦、唢呐，成为八音乐队的多面手。进名师举办的"八音教练馆"学艺，随民间八音队到迎神庙会、婚丧庆典、建屋乔迁、祝寿节庆等活动场合演奏。16 岁被推荐到土戏班雅泰班作"首手"掌调。1920 年雅泰班解散后，先后在各文武大班当"首手"掌调，1927 年被十四公司聘为首席乐手，领衔赴东南亚各国献艺，被誉为"唢呐王"。善操调弦，以手指关节按弦，指音爽朗干净，清脆坚实。与琼剧演员郑长和、陈成桂等合作，在南洋制过唱片。1945 年离开南洋回琼，组织升平乐班环岛演出。新中国成立后，被聘为新群星剧团、海口市琼剧团掌调。1959 年为新成立的广东琼剧团培训乐队。热心于继承和挖掘民间传统音乐，改革创新沙帽架、程途、苦叹、叠板、高腔等曲目，为后人所遵循。唢呐代表曲目有《宽吹》《勒马》《排歌》《钰锭金》等，调弦代表曲目有《斗宝》《老彩帐》《老曲子》《西皮小曲》等。（郑静漫）

王吉民（1889—1972） 医史学家。又名王嘉祥，号芸心。广东东莞人。15岁入香港西医大学堂学医。辛亥革命时任中国红十字会第一救护队队长。1915 年受聘担任沪杭甬铁路管理局主任总医师，担任上海中国防疫医院院长。1935 年，与伍连德、李涛等商议

王吉民

发起成立医史委员会，被推举为主席。

1937年，医史委员会改组为中华医史学会，被推举为会长，同年当选中华医学会副会长。1941年被接收为国际医史学会会员。1949、1966年，先后当选为国际科学史研究院通讯院士和院士。学贯中西，精通多种语言，致力于中国医学史研究，收集和整理了中医药学的文物、书籍和资料。与伍连德合著英文版《中国医史》，被许多国家医史界列为参考书。创建中华医学会医史博物馆（后划入上海中医学院），为中国历史上第一个医学史专业博物馆。著有《中国历代医学之发明》，主编有《中华医学杂志》（医史专号）《中文医史论文索引》《中国医学外文著述书目》《中国医史外文文献索引》等。（周红黎、张书河）

王嘉祥 见"王吉民"。

马湘（1889—1973） 原名马天相，又名马吉堂，号修钿。广东新宁（今台山）人。早年旅居加拿大，为温哥华洪门致公堂主持人之一。清宣统元年（1909）加入中国同盟会，追随孙中山从事革命活动。1915年参加讨袁运动，加入以加拿大洪门为骨干的华

马湘

侨讨袁敢死先锋队。先后担任孙中山卫士、卫士队长、少将副官等职。1914、1924年，两次粉碎袁世凯及北洋势力组织的暗杀孙中山行动。陈炯明叛变时奉命坚守粤秀楼，护卫宋庆龄脱险。南京中山陵园落成后，任中山陵拱卫处少将副处长、孙总理陵园警卫处处长。1940年4月，任国民政府侨务委员会常委。1945年9月授陆军中将。1947年8月，任国民政府国父陵园管理委员会拱卫处处长、军事

参议院中将参议。1949年底，应宋庆龄电邀由香港回广州定居，任广东省政协委员。（黎景光）

马天相 见"马湘"。
马吉堂 见"马湘"。

张细抱（1889—1973） 正字戏演员。字尚辉。广东海丰人。入赘陆丰碣石石猴洞村。童年卖身白字戏班，后转正字戏班，拜大抱为师，先后为荣喜、联福、老永丰戏班的台柱。工武生，兼擅文生。戏路宽广，以擅演吕布获盛名，抖靠旗、跑布马、抖公子巾飘带为其绝技。（于琦）

程天固（1889—1974） 城市规划推行者。广东香山（今中山）人。早年在爪哇、新加坡等地机械厂当学徒。清光绪三十二年（1906）加入同盟会，次年赴美。宣统三年（1911）回国参加黄花岗之役，失败后

程天固

再度赴美，就读于加州大学政治经济学院。1915年返国投身实业界。1921年受孙科邀请出任广州市政厅第一届工务局局长。任内拆卸旧城墙，兴筑太平路（今人民路）、沙基路（六二三路），为广州开辟马路之始。1924年任广东大学法科教授、法学院院长。1929年二度出任工务局局长，任内颁布《广州工务之实施计划（1929.6—1932.6）》《广州城市设计概要草案》，推动广州城市的道路建设、港口建设、公共建筑物建设和公园建设等。关注平民住宅问题，拟定第一平民住宅区（西村）和第二平民住宅区（河南芳草街外田地）的建设计划。为广州近代城市发展作出重大贡献。1935年11月当选国民党第五届中央执行委员会候

补委员。1937年任国民政府实业部政务次长、代理部长。1941年2月起先后任驻墨西哥公使、大使，1944年7月任驻巴西大使。1945年5月当选为国民党第六届中央执行委员会候补委员，1947年12月离任巴西大使。1948年1月回国，离开政坛。1949年10月定居香港。（彭长歆、顾雪萍）

程祖培（1889—1976） 中西医结合医学家。字康章，号颂南。广东香山（今中山）人。清宣统二年（1910）考入两广陆军军医学堂学习，后转考入广州惠华医学专门学校攻读西医。在香江医科大学选学解剖、广州中医夜学馆学中医。毕业后回香山行医。1920

程祖培

年开设中山崇正医院讲习所。避难香港时开设医馆。新中国成立后，进入广州中医学院工作。1962年被授予"广东省名老中医"称号。擅长治疗痰饮、水肿、风寒湿痹等病证，其治疗急性热性病、内科杂病继承了陈伯坛善运用经方的经验并加以发挥。兼通中西医，喜用苓桂术甘汤、真武汤、小柴胡汤、大小青龙汤等经方。因临床善用重剂，有"医林阔斧"之称。（周红黎、张书河）

林砺儒（1889—1977） 教育家。原名林绳直。广东信宜北界镇上村人。1911年广东高州高郡中学堂毕业。同年留学日本，毕业于东京高等师范学校（今筑波大学）。1918年回国。1919年4月，任北京高等师范学校（北京师范大学前身）教授。1922年9月，

林砺儒

兼任高师附中主任（即校长）。1926年被聘为国立女子学院师范大学部教授。1928年任北京第一师范学院临时院务委员会主席，主持院务工作。1931年应中山大学校长许崇清之聘，出任该校教授兼教务长，讲授师范教育、教学法等课程。1933年应邀参加广东省立勤勤大学筹办工作并任教务长兼教育学院院长。1937年，勤勤大学教育学院独立为广东省立教育学院，仍任院长。1938年该院更名为广东省立文理学院（1952年改编为华南师范学院），继续担任院长。1942年任广西桂林师范学院教授兼教务长。1947年任厦门大学教授，讲授国民教育、西洋教育史等课程。与人合办《教育新时代》，任副社长兼主编。1949年9月出席北平中国人民政治协商会议第一届全体会议。1950年2月，重返北京师范大学兼任校长。1952年起，专任教育部副部长。第一至三届全国人大代表。致力于中小学学制的改革，倡导中小学六六制，主张中学教育是全人格教育；主张培养进步人格以适应进步社会；提出师范院校学生必须通过教育实习取得充任教师的资格；师资培养要采取多种方式。著有《教育危言》《伦理学纲要》《文化教育学》《林砺儒教育文选》。（谢锦霞）

林绳直 见"林砺儒"。

李钰琳（1889—1981） 中西医结合医学家。广东开平人。8岁起在乡大祖祠读书，17岁师从开平县李龙明学医，后就读于广州医学卫生社，1915年毕业。1929年起在台山中医学社任教。1932年兼台山县立中学校医。1935—1956年，先后在广州市南关海味街5号、珠光路22号行医。1958年进入广东省人民医院中医科工作。1962年被授予"广东省名老中医"称号。主张中西医结合，常与西医合作，共同解决许多疑难问题，特别在先兆流产、妊娠中毒症等疾病治疗上取得较好疗效。擅长治疗妇科、儿科、内科疾病，注重专药在疾病治疗中的特殊作用。编有《血证指南》等。（周红黎、张书河）

谭沃心（1889—1986） 广东新宁（今台山）人。清宣统二年（1910）赴美留学，先后获社会学硕士、神学学士学位。1921年受聘于广州协和神学院，兼任中华纲纪慎传道会总干事。1924年担任广州光孝堂总教堂牧师。1934年任中华基督教会全国总会会长，1946担任中华基督教会广东协会总干事，1947年任广州协和神学院院长，兼岭南大学教授。热心教育，任培英中学校长，历任培英、真光、协和女中、华美中学的校董和董事会主席。主张改良教会，提倡教堂"社会化""现实化"，筹款建设光孝堂。新中国成立后，任广东省和广州市基督教三自爱国运动委员会副主席及中国基督教三自爱国运动委员。第一至五届广东省人大代表。（吴宁）

杨锡宗（1889—？） 建筑师。广东香山（今中山）人，出生于香港。早年于广州岭南中学、清华学堂（今清华大学）读书。1918年毕业于美国康奈尔大学建筑系。1921年受孙科之邀任广州市政厅工务局取缔课长兼技士、工务局代理局长。后任

杨锡宗

福建漳州市政总工程师及石码工务局局长。参加南京中山陵和广州中山纪念堂设计竞赛。受政府推崇的中国固有建筑样式的引导，设计风格开始从纯西式向中西结合转变。前期作品包括广州人民公园、黄花岗七十二烈士墓、十九路军坟场、嘉南堂东西楼、南华楼和商务艺术馆广州分馆等。为中山大学石牌校区进行校园规划，设计电机馆、土木系馆、教职工宿舍和学生宿舍等。岭南近代建筑师的代表。（彭长歆、顾雪萍）

刘佐朝（1890—1933） 陶塑大师。广东顺德（今佛山顺德区）人。自小受家庭熏陶，善塑小件人物。后受画家任伯年影响，重视传统，融汇诸家，通过眼神、手势和细节，表现人物神情。题材，喜选取木匠、农夫、盲人、樵夫、杂工、医、卜、道、释，塑造社会百态和下层人民的生活形象。人物姿态上自创新意，极富典型性。作品传神于须发眉眼、口齿鼻舌之中，身体裸露部分，筋脉清晰可见。作品有《读书老人》《太白醉酒》《米芾拜石》等，作品《打蚊公》为石湾公仔行一绝，形象极为生动，对石湾陶艺发展影响巨大。（彭圣芳）

陈公博（1890—1946） 汉奸。广东乳源人，出生于南海县大北门（今广州解放北路一带）。1920年从北京大学哲学系毕业回广州，任广东教育会评议、法政专门学校教授，参与创办《广东群报》，任总编辑。1921年初参加广州中国共

陈公博

产党早期组织，同年参加中国共产党第一次全国代表大会，任中共广东支部组织部部长。次年退出中国共产党。1923年赴美国哥伦比亚大学留学。1925年回粤任广东大学教授，加入中国国民党，历任国民党中央党部书记长、广东省农工厅厅长、农民部部长、广东大学校长。1926年被选为国民党第二届中央执行委员。北伐战争期间任国民革命军总司令部政务局长、江

西政务委员会主任、国民党中央执委会常委兼工人部部长等职。1927 年支持汪精卫发动七一五反革命政变，10 月任广东省政府主席，12 月策划镇压广州起义，后被免职查办。1928 年在上海主办《革命评论》，跟随汪精卫组织"中国国民党改组同志会"，拥汪反蒋，被开除党籍，九一八事变后恢复国民党党籍。1932 年任南京国民政府实业部部长。全面抗战爆发后，跟随汪精卫叛国投日，历任汪伪国民政府立法院院长、伪上海特别市政府市长、代理主席兼行政院院长、军委会委员长等职。汪死后，任伪国民政府主席兼行政院院长。1946 年在苏州伏法。著有《寒风集》《苦笑录》《四年从政录》等。（李兰萍）

郑振秀（1890—1948） 万年日历发明者。广东恩平人。童年读私塾，在香港学英文，后赴加拿大温哥华谋生。初任教于广智学校，兼华侨社团文书。1916 年开始钻研中英文天文学和历法著作。1936 年发明万年历法，可查询公元前 1—9999 年的月、日、星期。此发明在加拿大、美国获专利权。1926 年返回恩平任教，推广其自创的恩平字母、恩平话四声注音法。在加拿大期间，任温哥华洪门致公堂领袖、中华会馆主席、《大汉公报》总理。（黎景光）

李德意（1890—1949） 潮剧演员。广东潮阳（今汕头潮阳区）人。12 岁入戏班学唱小生。1916 年改老生行。1926 年改扮净角。学演净角期间，用冬菜罐（小陶罐）堵住嘴巴运气练嗓，增加肺活量。演出时唱声洪亮，气满音足，人誉为"开喉如响雷"。大袍乌面（文净）和草鞋乌面（武净）皆擅长。代表剧目有《搜楼》《康王走国》《薛刚哭坟》《严兰贞》等。（孙冰娜、吴国钦）

陈济棠（1890—1954） 字伯南。广东防城（今广西防城港）人。清光绪三十三年（1907）考入广东陆军小学，次年加入同盟会。后入广东陆军速成学校学习，1915 年参加倒龙（济光）军事行动。1920 年粤桂战争期间，任粤军第一师第四团第一营营长。参加

陈济棠

第二次东征和南征。1922 年 3 月参加北伐。1925 年 6 月，参加平定杨刘叛乱。广州国民政府成立后任国民革命军第四军第十一师师长。北伐战争时奉命留守广东，兼任钦廉警备司令，负责南路绥靖。1928 年 1 月任国民革命军第四军军长兼广东西区绥靖委员，后任国民党中央执委、国民党广东编遣区特派员、第八路军总指挥、第八集团军总司令，掌握广东军政大权。1931 年组成两广联合反蒋阵线，联衔通电弹劾蒋介石。广州国民政府成立后，任军事委员会三常委之一。1932 年秋颁行《广东三年施政计划》，在城市建设、工业发展、交通文教、整顿经济、繁荣市场、清剿匪患等方面，取得良好成效。宁粤合作后任国民党中央执委、军事委员会西南分会委员长、广州绥靖公署主任、赣粤闽湘边区"剿匪"副总司令、南路军总司令等职，被称为"南天王"。1936 年夏与桂系联合发动"两广事变"，任抗日救国军西南联军总司令，失败后出国。全面抗战爆发后回国，历任国民政府委员、国民党中央执委会常委、最高国防委员会委员、国民政府农林部部长等职。抗战胜利后，任两广及台湾宣慰使、国民政府战略顾问委员会委员、海南特区行政长官兼警备总司令。1950 年 4 月到台湾，为"总统府"资政。（李兰萍）

徐乌辫（1890—1959） 潮剧演员。原名陈拱。广东潮安（今潮州潮安区）人。9 岁卖身为童伶，习青衣、老旦，后兼教戏，因脑常拖一条长辫而得名。唱腔极具大喉、粗犷特色。在教戏上善于引导培训童伶，在圈内声望甚高。作曲优美大气，对传统唱声敢于革新，对演员的发声和唱功深有研究，提倡"四孔弦"（1=F 调），对潮剧音乐发展有一定贡献。林如烈、杨其国、卢吟词等拜其为师。1945 年随老梅正班赴越南任教，后在越南定居。所教剧目有《绛玉掼粿》《群芳楼》《武松歇店》等。（孙冰娜、吴国钦）

陈拱 见"徐乌辫"。

李木林（1890—1960） 剪纸艺术家。广东潮州人。自幼习民间剪纸，形成刀法粗壮有力，线条豪放，充满稚拙感的剪纸艺术风格。采用夸张变形手法，变革艺术形式，创作"双面一样花"的新形式。剪纸作品《双凤花》，一身两头，可合可张，构思巧妙，令人耳目一新，改变过去剪纸作品只供一面观看的旧形式。擅长纯色剪纸，专于多色剪纸，运用剪纸宜折叠、可拆拼的特性，使画面分成若干图案纹样，剪后拼贴，构图既平衡又参差错落，体现节奏感和韵律感，统一和谐又突出主题。（彭圣芳）

陈寅恪（1890—1969） 历史学家、古典文学学者。祖籍江西义宁（今修水），出生于湖南长沙。早年留学德国柏林大学、瑞士苏黎世大学、美国哈佛大学等高等院校，学习各国历史文化，精通英、法、德、巴利文、梵文、突厥文、波斯文、西夏文等

陈寅恪

20 余种文字。1925 年在梁启超的推荐下，被清华学校特聘为国学研究院导师，与王国维、赵元任、梁启超并称为"四大导师"。1930 年后转任清华大学中文、历史、哲学三大系教授，兼任中央研究院理事、历史语言研究所组长，故宫博物院理事等职务。全面抗战爆发后，举家前往西南联合大学，后在香港大学、广西大学、燕京大学等学校任教，始终坚决拒绝日本侵略者的威逼利诱。抗战胜利后，定居岭南大学。新中国成立后，随院系调整，转入中山大学。1955 年选聘为中国科学院哲学社会科学部委员。任中央文史馆副馆长等职。第三届全国政协常委。对魏晋南北朝史、隋唐史、蒙古史以及梵文、突厥文、西夏文等古文字和佛教经典，均有精湛研究。开创"以诗证史"和多重比较研究等方法。提出"独立之精神，自由之思想"，树立近现代学术方法和品格典范。著有《隋唐政治渊源略论稿》《唐代政治史述论稿》《元白诗笺证稿》《柳如是别传》等。另有《陈寅恪诗集》。2009 年生活·读书·新知三联书店出版《陈寅恪集》（李彬）

陈焕镛（1890—1971）　植物学家。中国近代植物分类学开拓者和奠基者。字文农，号韶钟。广东新会（今江门新会区）人，出生于香港。1919 年获美国哈佛大学森林系林学硕士学位。1920 年后先后任教于金陵大学农学院林学系、东南大学、中山大学理学院。1928 年创建中山大学农林植物研究所。1930 年创办英文版植物分类刊物《中山专刊》。1933 年创立中国植物学会，并担任学术评议员兼《中国植物学杂志》编

陈焕镛

辑。1935 年创建广西大学经济植物研究所。1935 任中国代表团团长，出席在荷兰召开的第六届国际植物学会，被选为分类学执行组执行委员和命名法规小组副主席。1954 年任中国科学院华南植物研究所所长兼广西分所所长。1955 年当选为中国科学院生物学部委员。主要从事植物分类学研究与教学工作。在收集中国南方植物标本方面贡献卓著，采集海南岛植物标本数万个，采集湖北西部植物标本数千个以及南方其他省份植物标本若干，发现植物新种 100 多种、新属 10 多个，其中木兰科子遗植物观光木属和裸子植物银杉属的发现在植物学分类上有重大意义，建成南方第一个植物标本馆。在中国樟科、壳斗科、绣球花科、苦苣苔科、桦木科和胡桃科的分类研究上贡献卓著。与匡可任发现了银杉，被列为国家一级保护珍稀树种。任职华南植物园期间，将其从植物分类一个单学科的所发展成为集植物生理、植物生态、植物资源以及植物园、树木园、热带引种站于一体的多学科综合性植物研究所。著有《中国植物分类拉丁语基础》《中国经济树木学》《中国植物图谱》《广州植物志》《海南植物志》《中国种子植物科属辞典》《银杉——我国特产的松柏类植物》等 50 余篇（册）。（陈世清）

黄忏华（1890—1977）　佛教学者。字璨华，号凤分。广东顺德（今佛山顺德区）人。早年在南京城内鸡鸣寺北极阁的南京私立千仓师范学校就读。1909 年，由黄宾虹介绍加入柳亚子等组织的南社，成为南社会员。1914 年东渡日本，在东京帝国大学（今东京大学）学习。1915 年回国，从欧阳竟无研习唯一识学，习梵藏文。1919 年，加入少年中国学会。同年去日本，1920 年回国。后在上海《新时报》与

《学术周刊》担任编辑。20 世纪 30 年代初期，经柳亚子介绍，开始在国民政府立法院任职。抗战胜利后去职。20 世纪 50 年代参与《中国佛教百科全书》及《辞海》佛教部分的编辑工作。1961 年，被聘为浙江省文史研究馆馆员。任中国佛教学会理事，复旦大学、厦门大学教授。对印度哲学和西洋哲学有研究。著有《佛学概论》《唯一识学轮廓》《印度哲学史纲》《西洋哲学史纲》。（柏峰）

姜立夫（1890—1978）　数学家。原名姜蒋佐，谱名姜培瑚。浙江平阳（今温州平阳）人。清宣统二年（1910）公费赴美国加州伯克利大学学习数学，1915 年获理学学士学位，1919 年获哈佛大学哲学博士学位。1920 年在南开大学创办数学系。

姜立夫

抗战期间，任教于西南联合大学，参与组建中国数学会。中央研究院数学研究所筹备主任、研究员、所长。1948 年当选为中央研究院院士。新中国成立后，在岭南大学创办数学系。1952 年任教于中山大学。毕生致力于数学教育事业，培养不少人才。主要从事圆素和球素几何学研究；数学名词的整理、审定与编译工作。中国现代高等数学教育事业重要开拓者。著有《圆素和球素几何的矩阵理论》；编有《现代初中教科书：三角术》；译有《解析几何教程》《罗巴切夫斯基几何初步》《黎曼几何学·正交标架法》。（曲静）

姜蒋佐　见"姜立夫"。

李翼农（1890—1984）　中医学家。广东东莞人。15 岁随东莞名医袁仰山学

医。清宣统二年（1910）出师行医。1959年受邀参加广东省中医验方验案审阅工作。兼任惠阳地区中医学会名誉理事长、东莞县

李翼农

中医学会名誉会长等职。1962、1978年被授予"广东省名老中医"称号。学术思想受袁仰山影响较深，潜心钻研名家专著，推崇张仲景、吴又可、叶天士、吴鞠通等，内科造诣颇深，精时疫病、温热病、内儿科杂病，尤擅治温病，屡用重剂，被东莞人称为"李大剂"。著有《外感温热篇浅释》《麻疹条辨》《鼠疫临床札记》；在《广东中医》《中医杂志》等刊物发表论文50余篇。（周红黎、张书河）

杨仙逸（1891—1923）　航空事业先驱。字兴华，号铁庵。广东香山（今中山）人，出生于美国夏威夷。茄米斯大学航空系毕业后，取得万国飞行协会水陆飞行执照。1918年在当地华侨创建的图强飞机公司任董事，应孙中

杨仙逸

山之邀回国筹建飞行队。次年，援闽粤军飞机队成立，任总队长。1920年秋在广州率飞机队参加讨伐莫荣新。赴海外向华侨募捐，购回飞机12架。1922年12月，任广东航空局局长兼修理厂厂长。次年春，在广州主持制造一架双翼机，孙中山命名为"乐士文"号。7月，举行命名试飞典礼，孙中山和夫人宋庆龄参加并赠"志在冲天"4字。9月20日，在讨伐陈炯明的惠州博罗前线进行水雷改装时，因爆炸事故殉难，追授陆军中将。（张金超）

郑三提（1891—1934）　广东汉剧演员。广东澄海（今汕头澄海区）人。与红净名角蓝耀、萧娘传等早年均师从名角红面歪。擅演关羽戏，身段娴熟、表演生动。代表剧目有《古城会》《单刀赴会》《走麦城》《取长沙》等。（陈燕芳）

吴奇伟（1891—1953）　字晴云，号梧生。广东大埔人。武昌陆军第二预备学校、保定陆军军官学校第六期步科、陆军大学将官班第一期毕业。后在陈炯明部任职。参加国民革命军统一广东诸役。北伐战争中，历任国民革命军第四军第三十六团参谋长、第三十四团团长、第十二师师长、第四军军长。参加中原大战。率部追击长征中的红军，被击溃。1937年率部参加八一三淞沪会战，在上海嘉定、罗店一带前线，在大场与日军奋战，其部队第四军获得"铁军"称号，本人获得"抗日铁军之母"称号。后任国民革命军第九集团军总司令、第九战区前敌总指挥、第四战区副司令长官、第六战区副司令长官兼长江上游江防军总司令等职。先后在粤赣、湘鄂等地对日作战。抗战胜利后，任国民党湖南省政府主席、湖北"剿总"副总司令、广东绥靖公署副主任。1949年策划粤东起义，通电与蒋介石决裂。后任中南军政委员会委员、广东省人民政府委员。（柏峰）

罗原觉（1891—1965）　收藏家。原名罗泽堂，字韬元、韬庵、恽卢等，号道在瓦斋、菜园病叟、平宁瓷佛庵等。广东南海（今佛山禅城区）人。10多岁时在广东公学堂读书，后在广东高等师范学堂（中山大学前身）攻读文史专业，师从韩文举研习国学，并拜康有为、梁启超为师。毕业后开始专门从事研究鉴别碑、帖、字画等文物和古铜器、古陶瓷、古文字。

1928年成为广州博物院主要筹委之一。两次东渡日本与日本汉学家、考古学家、收藏家等交流学术。富收藏，精鉴定，尤以藏古籍、拓本、碑帖闻名，被称为"岭南碑帖第一人"。20世纪五六十年代，把广东四大隋碑之一的《隋故太原王夫人墓志》石刻、《宋傅二娘造石水笕记》石刻、《唐张九龄书撰徐孺墓碣》拓本、明版孤本《李卓吾评水浒传图像四十六册》、宋潮州窑瓷佛像三尊分别送交中国历史博物馆、中国国家图书馆和广东省、广州市博物馆收藏。著有《道在瓦斋谈瓷别录》《敦复书室金石记》《澄观堂书画录》《南村绛帖考补》等。（梁达涛）

罗泽堂　见"罗原觉"。

杨邦杰（1891—1971）　农学家。华南地区蚕桑高等教育创始人。湖南洞口人。1921年留学日本东京帝国大学（今东京大学）农学部实科学习。1928年获日本九州帝国大学（今九州大学）农学部农学学士学位，后在该校遗传实验室从事研究工作。1928年后任教于仲恺农工学校蚕桑科、中山大学农学院，将中山大学原有的一门蚕桑课程扩展为蚕桑门、蚕桑系。1941年任湖南蚕丝改良场场长、湖南省立农业专科学校校长。1949年后任教于华南农学院蚕桑系。主要从事蚕桑品种培育，育成广东优良白茧蚕品种，在整理地方品种、蚕的遗传研究和改进温汤浸种等方面取得开创性成果。著有《蚕学讲义》《广东蚕之二三特殊系统》《广东特异蚕卵之形态与遗传学的研究》《关于广东蚕种之改良——应用遗传的法则而得之二三结果》等。（陈志国）

觉澄（1891—1971）　僧人。俗姓蔡，名道登。浙江温州人。1916年在上海清凉寺出家，赴江苏宝华山隆昌寺

受具足戒。在宁波学习天台宗教义两年，赴杭州净慈寺、扬州高旻寺、镇江金山寺修习禅定。九一八事变后重回上海清凉寺。1935年到韶关南华寺依止虚云和尚，任首座，在寺刊《菩提林谈佛录》发表《佛法与人生之关要》等文弘扬佛学。翌年应宽定尼师之请至广州太平莲社讲《阿弥陀经》。1938年应瑞光（宽纯）、戒理两尼师之请赴香港大屿山法华院讲《妙法莲华经》。1951年8月在广州六榕寺任首座。在寺内组织星期念佛会，开讲《法华经》《阿弥陀经》《金刚经》等。1953年5月作为广东省代表赴京参加中国佛教协会成立大会，当选理事。归粤后发起筹建广州市佛教协会。1955年5月主持编纂《六榕史料》。1958年9月广州市佛教协会成立，当选副会长。1962年3月，六榕寺恢复住持制，任住持。第六届广州市人大代表，第一、二届广州市政协委员。著有《六榕史料》《六榕寺历代变迁》等。（张若琪）

孙科（1891—1973） 字哲生。广东香山（今中山）人。孙中山之子。1907年加入同盟会。1916年毕业于美国加利福尼亚大学伯克利分校，获文学学士学位。1917年在哥伦比亚大学攻读经济学硕士学位。

孙科

同年回国，历任广州大元帅府、非常国会及外交部秘书，英文《广州时报》副主编，广州市市长，代理广东省省长、交通部部长，武汉国民政府常委兼青年部部长。1923年参加筹备国民党改组事宜，任国民党临时中央执行委员会委员，负责起草党纲章程。次年主持国民党广州特别党部。1925年任广州

国民政府委员。次年当选为国民党二大中央执行委员。1927年3月任武汉国民政府常务委员，8月任南京国民政府财政部部长、建设部部长。次年任考试院副院长兼铁道部部长。1931年任行政院院长。次年任立法院院长。1936年任中苏文化协会首任会长。1937年，以蒋介石特使身份赴莫斯科谈判，同苏联签订《中苏互不侵犯条约》《中苏商务条约》。1945年任国民政府副主席兼立法院院长、国民党中央常务委员。1947年任国民政府副主席兼立法院院长。1948年竞选副总统失败，同年11月再度任行政院院长。次年3月辞职，旅居海外。1964年返台湾定居，任"总统府"高级谘议、"考试院"院长。著有《中国的前途》《宪政要议》等。（张金超）

翁昭（1891—1974） 牙雕匠。牙球三翁（翁五章、翁彤、翁昭）之一。原名翁梓超。广东顺德（今佛山顺德区）人。家族世代操牙雕业，祖父翁五章尤善镂刻多层象牙花球。所雕牙球层层镂空，转动自如，互相套合又不粘连，层数有的多达十数层，被誉为广东牙雕一绝。1914年能镂刻25层通花象牙球，每层薄如指甲，对日照时通明如点灯。1915年，与梁雄共同创作的25层象牙球被选送参加在美国旧金山为庆祝巴拿马运河开通举办的太平洋万国巴拿马博览会。民国年间，与白满等合作雕刻各种艺术品如《夜战马超》《水浸金山》《仕林祭塔》及25层象牙花球等。1955年，率子加入广州市第一象牙雕刻生产合作社。1957年，被聘为广州市工艺美术研究所研究员。（彭圣芳）

翁梓超 见"翁昭"。

蔡仰高（1891—1984） 中医妇科学

家。广东澄海（今汕头澄海区）人。

蔡仰高

澄海程洋岗蔡氏妇科宁静斋传人。秉承家学，随兄坐堂侍诊，后赴汕头行医。新中国成立后，将祖传妇科秘方献给国家。1958年任汕头市中医院副院长。兼中华全国中医学会广东分会理事等职。1962、1978年被授予"广东省名老中医"称号。精于妇科，善疗多种疑难病，对广东潮汕野生药钻研较深，总结出运用地方草药治疗咳嗽、肾炎水肿、月经过多等病症的经验，留下许多自拟验方，其中自拟的治崩漏之"补中固经汤"临床疗效颇佳，被选辑入《中华人民共和国药典》。编有《中医脉诊经验》，编著《脉学辑要》等。（周红黎、张书河）

朱次伯（1892—1922） 粤剧演员。广东广州人。早年入移风社志士班学艺，后加入祝康年、乐其乐等戏班，20岁在环球乐班担任正印小武。1920年与周瑜林等合作全套《三气周瑜》，为失业艺人募捐，受全行称颂。1922年在广州遭人枪杀。文武戏兼擅，努力将小武与小生表演融合起来，是文武生的开路人之一。唱功讲究，1921年在演出《宝玉哭灵》时，以真嗓唱平喉，改用广州话演唱，受欢迎。在《夜吊白芙蓉》中创造了忆美、吊美等新排场，常为戏班所用。在粤剧发展和本土化过程中有突出贡献。代表剧目有《三气周瑜》《宝玉哭灵》《西厢待月》《崔子弑齐君》《曹操下宛城》等。（李继明）

杨殷（1892—1929） 无产阶级革命家。又名杨典乐、杨梦礼，字孟揆。

广东香山（今中山）人。清宣统三年（1911）加入同盟会。参加辛亥革命和反对袁世凯复辟帝制的斗争。1917年任广州护法军

杨殷

政府参军处参谋兼孙中山卫队副官。1922年秋加入中国共产党，年底赴苏联学习。1923年回国后任国民党广州市第四区分部委员兼秘书，开展工人运动。1924年任中华全国铁路总工会广东办事处顾问，中共两广区委委员兼监委书记，广州工代会顾问。同年秋以国民党中央工人部特派员身份赴香港从事工人运动。刘杨叛乱时组织广三、广九、粤汉铁路工人举行大罢工，切断叛军供应。1925年任中共香港党团成员，为省港大罢工重要领导人之一。1927年八七会议后参与组织中共中央南方局，在临时南方局军事委员会和肃反委员会工作，任中共广东省委委员、常委，中共南方局委员、军事委员会委员。12月参与领导广州起义，先后任广州苏维埃政府肃反委员、广州苏维埃政府代理主席。1928年在中共第六次全国代表大会上被选为中央委员，随后当选为中央政治局候补委员、候补常委，任中央军事部部长兼江苏省委军事部部长。到山东、安徽、江苏、上海等地指导军事斗争，协助周恩来开展军事活动，从事肃反、情报工作。1929年8月24日，在上海因叛徒出卖被捕，30日与彭湃、颜昌颐、邢士贞等一起遇害。1933年10月，中革军委决定将中国工农红军第一步兵学校命名为彭（湃）杨（殷）步兵学校，以志纪念。（李兰萍）

杨典乐 见"杨殷"。

杨夑礼 见"杨殷"。

萧冠英（1892—1945） 城市建设的推行者。广东大埔人。清光绪三十四年（1908），考入黄埔陆军学校。受孙中山反清革命思想影响，加入同盟会，秘密参加反清革命活动。武昌起义后考入广东陆军速成学校，毕业后被选送以官费留学日本，毕业于九州

萧冠英

帝国大学（今九州大学）电工学系。1920年回国，从事电力科学技术研究工作。1921年任水东盐场知事，主管电白、茂名两县盐场业务。1922年调任广东工业专科学校校长。1924年起任广东兵工厂电部主任、汕头市政厅厅长。1926年任广东高等工业专门学校校长、汕头盐务处长。1927年任汕头市市长，擘画市政建设。后任顺德县长。1928年任黄埔中央军事政治学校工程筹备部少将主任、潮梅行署财政处长、潮汕戒严司令。1930年任广东省电力整理委员会总经理。1931年任中山大学教务长兼工学院院长。1937年任代理中山大学校长。去职中山大学后，抵曲江，被广东省政府主席李汉魂任命为广东农田水利处处长。1943年成立韶关市，被调任为韶关市市长。任职汕头市政厅厅长时提交汕头市政改造计划，推行市政改良措施：扩张城市区域、划定功能分区、规划道路系统、拓宽街道等，使汕头完成了从传统口岸城市向现代城市的转型，为汕头城市发展奠定基础。任职中山大学期间，协助邹鲁建设中山大学石牌新校舍、筹集建校经费、拟定建校规划；在代理中山大学校长期间，带领中山大学师生西迁云南澄江，在抗日战争中保存了中山大学教育火种。为岭南城市发展与岭南高等教育事业作出重要贡献。（彭长歆、顾雪萍）

威廉·克勒脱纳（Wilhelm Credner，1892—1948） 德国地理学者。1922年获海德堡大学博士学位。1929年，中山大学副校长朱家骅通过国际联盟聘请其来穗开办中山大学地理系。1929年担任中山大学地理系第一任主任，讲授地形学、气候学两门基础课。提倡课堂教学与野外实践相结合，组织学生进行野外工作。1930年带领林超、张道琛等学生到云南边疆考察，在点苍山主峰发现第四纪古冰川地貌，这是中国首次发现确切的古冰川遗迹。1931年发表《民国十九年云南地理考察报告》，记载了点苍山的冰川地貌和冰川湖。在中山大学任职期间，地理系第一、二届共招收23名学生，其中有后来成为著名学者和领航者的林超、叶汇、周廷儒、周立三、吕逸卿、孙宕越、楼同茂、黄秉维、梁溥等。著有《云南地质及地形》等。（刘洪杰、张争胜）

张巨伯（1892—1951） 昆虫学家。广东鹤山人。1916年毕业于美国俄亥俄州立大学农学院，先后获农学学士和昆虫学硕士学位。1918年应聘岭南大学研究杀虫农药，11月任教于南京高等师范学堂农科病虫害系。1928年任江苏省昆虫局局长兼中

张巨伯

央大学、金陵大学农学院教授。1932年主持浙江昆虫局工作。1936年任教于中山大学。主要从事昆虫研究与教育事业。在中国大学最早讲授昆虫学，组建中国早期害虫防治专业行政机构，建立当时中国最大的昆虫标本室，创办中国第一份植保期刊《昆虫与植病》，创立中国最早昆虫学术团体六足学会。著有《棉尺蠖研究》《棉虫讲义》《昆虫通论》《医用昆虫学》

《植物通论》等。（陈志国）

李应林（1892—1954） 教育家。又名李琼礼，号笑庵。广东南海石湾镇（今佛山禅城区）人。1914 年毕业于广州岭南学堂。1917 年留学美国奥柏林学院（Oberlin College），1921 年获文学士学位。1924 年任广州基督教青年会学生部干事兼岭南大学附中校长。

李应林

校长。1925 年任广州基督教青年会总干事，推动民众识字运动。1927 年任岭南大学副校长，代行校长之职。1929 年受聘为中央政治会议广州分会顾问。1930 年夏到美国哥伦比亚大学专攻教育，次年回国任职于基督教青年会、上海平民福利会。1937 年任广州基督教青年会总干事，兼岭南大学代理校长。1938—1948 年，任岭南大学校长。率师生先后迁校于香港、粤北。抗战胜利后，主持学校复员广州。1939 年 9 月，任中国文化协进会第一届理事。1946 年兼任行政院善后救济总署广州分署署长。1948 年 8 月辞去校长职务。1949 年兼广州基督教青年会会长和粤港水灾救济会主席。广州解放后赴香港，仍任广州基督教青年会全国协会华南区干事。1951 年筹建崇基学院（香港中文大学前身）。著有《日本与中国》《第一次世界大战战利品》《广州劳工状况》《游俄观感》《琪兰博士名著》《劳工论》等。（吴世勇、吴宁）

李琼礼 见"李应林"。

陈福畴（1892—1957） 餐饮经营家。广东番禺（今广州）人。善经营酒家，被业界誉为"乾坤袋"。先在广州东堤襟江酒家任楼面部长，清宣统元年（1909）筹集资金接手经营位于太平沙南面今八旗二马路附近的南园酒家。管理上，改进粤菜厨房岗位划分，改革厨房运作机制，完善岗位责任制，改变厨房"各司各法，各镬各刮"的现象，创设"打荷"岗位，启用"料头"向候镬师傅传递菜式烹制方法信息的做法，提高出品率及质量，业界广为模仿。经营上，将三天三轮的"满汉全席"压缩为一天一轮；增设乐队奏乐、唱曲和麻将等娱乐项目；在三层楼的大三元酒家安装电梯。宣传上，注重"名店、名师、名菜"三位一体。成功打造了南园（八旗二马路）、文园（文昌路）、大三元（长堤大马路）和西园（惠爱西路）等广州四大酒家，成就粤菜黄金时代。（梁谋、潘英俊）

余子修（1892—1963） 中医学家。广东香山（今珠海斗门区）人。1905、1917 年先后在新会县惠生堂国药店、斗门县中和堂学习。1918 年在中山石岐行医，后又在台山行医，1926 年返回石岐开设诊所。1956 年在干部公费医疗门诊部工

余子修

作。1957 年任中山市中医院第一任副院长。1962 年被授予"广东省名老中医"称号。推崇张仲景之学，认为治病求本，关键在于调平阴阳，推崇六经辨证。擅用小柴胡汤、桂枝汤等经方，常大剂量配剂桂枝、附子、石膏、细辛等。自制"精神丸""妇科至宝丹"。（周红黎、张书河）

蔡廷锴（1892—1968） 爱国将领。字贤初。广东罗定人。清宣统二年（1910）加入新军。1918 年到李耀汉肇军的陈铭枢营当排长。1920 年入读广州陆军讲武堂。1924 年加入中国国民党，任陆海军大元帅大本营警卫团营长。1925 年，参加第一次东征及平定刘震寰、杨希闵叛军的战斗。

蔡廷锴

1926 年出征北伐，升任第四军第十师第二十八团上校团长，年底任第十一军第二十四师少将副师长。1927 年参加南昌起义，南进途中率部转入福建，接受蒋介石的改编。1930 年升任国民革命军第十九路军军长、副总指挥。奉命赴江西参加对中央革命根据地的军事"围剿"。1932 年 1 月，率部在上海抗击日军，后被蒋介石调往福建"剿共"，任福建绥靖公署主任。次年 10 月与红军达成抗日反蒋初步协定，11 月联合李济深等在福州成立中华共和国人民革命政府，任人民革命军第一方面军司令，旋遭失败。1935 年在香港参加中华民族革命大同盟。1938 年 10 月广州沦陷后，被推举为广东民众抗日自卫团统率委员、常务委员，负责指挥西江南路团队。1939 年，任国民党第二十六集团军总司令，在两广指挥作战。1940 年，率部参加昆仑关战役，任东路总指挥。战后，第二十六集团军奉命改编为粤桂边区总司令部，任总司令。1946 年 4 月，与李济深等在广州组织中国国民党民主促进会，后并入中国国民党革命委员会。1949 年 9 月，出席北平中国人民政治协商会议第一届全体会议。后历任中央人民政府委员、国防委员会副主席、国家体委副主任、中国国民党革命委员会中央副主席等职。第四届全国政协副主席。（张金超）

钱广仁（1892—1970） 广东音乐家。别号钱大叔。有"大喉领袖"之称。

广东三水（今佛山三水区）人。广东音乐四大天王（何大傻、尹自重、吕文成、钱广仁）之一。新月唱片公司创办人。早年在香港圣保罗书院就读，课余到琳琅幻境社音乐部研习奏乐唱曲，得到丘鹤俦、宋三等名家指导。后与蔡子锐、陈绍棠一同创办香港钟声慈善社，成为研习推介粤曲、广东音乐的活动中心。1922 年，加入上海精武体育会和中华音乐会。1925 年，受吕文成之邀，参观大中华唱片公司，随后创立新月唱片公司。前四批唱片在上海录音、制作，1930 年移师香港。新月唱片公司的产品以广东音乐和粤曲为大宗。先后出版《新月集》《新月曲集》《新月十周年纪念特刊》。1934 年出版《琵琶乐谱》，让何氏珍藏的家传"十指琵琶"谱公之于世。灌录的自己唱片有大喉独唱《薛刚打烂太庙》、平喉独唱《钟警同群》《出关山》《哭祭潇湘》、平子喉对唱《三娘教子》《锦上添花》。（郑小龙）

钱大叔 见"钱广仁"。

刘泽荣（1892—1970） 又称刘绍周。旅俄侨领、社会活动家。广东高要（今肇庆高要区）人，出生于广州。刘峻周之子。清光绪二十三年（1897）随父母前往俄国高加索的巴统地方（今属格鲁吉亚）定居。宣统元年（1909）于巴统中学毕业后考入彼得堡综合大学物理系。1916 年入彼得堡工业大学建筑工程系深造。1917 年发起成立中华旅俄联合会（后改称旅俄华工联合会），任会长。十月革命后任彼得格勒市苏维埃委员，1918 年底，中华驻俄联合会改名为驻俄华工联合会，任会长。创办《旅俄华工大同

刘泽荣

报》。参加共产国际第一、二次代表大会，当选民族及殖民地问题委员会委员，是共产国际里第一位中国人。三次获列宁接见。1920 年回国，定居哈尔滨。在中东铁路公司监事会任监事。九一八事变后，辞去中东铁路公司监事会监事职务，去北平居住，开始教学生涯。先后在东北大学、北平大学法商学院以及西南联合大学任教。1940 年 6 月，随同国民党政府驻苏大使邵力子前往苏联担任参赞。1945 年初从苏联回国后，改派新疆工作，任国民党政府外交部驻新疆特派员。1949 年 9 月，支持和动员国民党将领陶峙岳举行起义，为新疆和平解放作出贡献。新中国成立后，历任新疆临时外交办事处处长、外交部条约委员会委员、外交部顾问、商务印书馆副总编辑。第二至四届全国政协委员。主编《俄汉大辞典》，著有《俄文文法》，发表《十月革命前后我在苏联的一段经历》《回忆同伟大列宁的会晤》等文章。（景海燕）

刘绍周 见"刘泽荣"。

叶问（1892—1972） 武术家。又名叶继问。广东佛山人。7 岁拜陈华顺为师，成为其关门弟子。清光绪三十四年（1908），前往香港学习中文，就读于圣士提反学校，跟随咏春拳梁赞的儿子梁壁学习武术。徒弟众多，以李小龙最为著名。以一己之力，简化推广理念，将咏春拳的传统传承方式，拆解成通俗易懂的动作传授他人，以香港为平台，将咏春拳推广至世界各地。（孟田）

叶问

叶继问 见"叶问"。

白驹荣（1892—1974） 粤剧演员。原名陈荣，字少波。广东顺德（今佛山顺德区）人。幼年丧父，19 岁到倡导粤剧改良的天演台戏班学戏，先后师从郑君可、吴有山、公脚贤等，在民寿年、国丰年等戏班担任小生，后经小武周瑜林指点，技艺大进。

白驹荣

1917 年，转入周丰年班任正印小生，后与千里驹合作主演《金生挑盒》《泣荆花》等剧，被誉为"小生王"。20 世纪二三十年代，赴美国、越南、新加坡、马来亚、菲律宾等地演出，受当地观众好评。1938 年，加入香港觉先声剧团，与薛觉先合作《十三妹》《女儿香》等剧，当选香港八和会馆理事。1941 年日军占领香港期间，冒险组班演出爱国古装戏，拒绝灌录"日中亲善"唱片。抗战胜利后回到广州，因早年视神经萎缩而失明，依旧活跃于舞台。20 世纪 50 年代，先后担任广州市曲艺大队队长、广州市粤剧工作团团长、广东粤剧院艺术总指导、中国戏剧家协会广州分会主席等职务。在演出《红楼二尤》时，因演出逼真，被田汉盛赞"中国文艺界的保尔·柯察金"。1962 年任广东粤剧学校校长，培养大批粤剧人才。唱腔自成一派，号称白派。自创【八字二黄慢板】，丰富了粤剧唱腔板式。演唱的南音《客途秋恨》吸收了飏舟腔唱法，形成独特的白腔平喉。代表剧目有《泣荆花》《再生缘》《金生挑盒》《二堂放子》《风流天子》《落霞孤鹜》《海角寻香》等。（李继明）

陈荣 见"白驹荣"。

温文光（1892—1977） 园艺学家。字瀚周。广东新宁（今台山）人。

1920年获金陵大学农科学士学位。同年留学美国加利福尼亚大学学习果树园艺及果物冷藏法，获硕士学位，后在康奈尔大学获博士学位。1924年先后任北平大学农科教授兼园艺系主任、北京大学博物学讲师、国立编译馆特约编译员、中山大学农科教授兼农场主任、岭南大学农学院副院长、华南农学院园艺系主任。主要从事果树研究。建立3个果树改良繁殖场和农林部化州柑橘试验场。著有《柑橘芽条变异育种法》《葡萄之栽培法》《果子冷藏之研究》《实验改良果品学》《果树园艺学》《柑橘类改良栽培法》《广东省柑橘类调查》《柑橘果树记载之重要及其方法》《柑橘增产的几个主要环节》《云南呈贡之梨》等。（曲静）

温文光

郭沫若（1892—1978） 作家、诗人、历史学家、考古学家、古文字学家、社会活动家。原名郭开贞，笔名郭鼎堂。四川乐山人。1914年留学日本，研习医学，后从事文艺运动。1918年开始创作新诗。1921年与郁达夫、成仿吾、张资平等组织创造社，

郭沫若

倡导革命文学，出版第一本诗集《女神》。1926年任中山大学文学院学长。与陈启修等在广州组织和领导四川革命同志会，主编会刊《鹃血》。其间起草《四川革命同志会成立大会宣言》，撰写《革命势力的普及与集中》《革命与文学》《五卅的反响》《〈毋忘台湾〉序》等文章。1926年随军北伐，推荐鲁迅到中山大学任教。1937

年赴广州，从事抗日宣传活动。1949年当选为全国文联主席。新中国成立后，继续从事文艺创作。对发展新中国科学文化教育事业作出重大贡献。1982年人民文学出版社出版《郭沫若全集》（莫俊）

郭开贞 见"郭沫若"。
郭鼎堂 见"郭沫若"。

赵元任（1892—1982） 语言学家、音乐家。祖籍江苏常州，出生于天津。清光绪二十六年（1900）回常州上学。三十三年（1907）入南京江南高等学堂预科，从美籍英语教师DJ.Carve学习西方音乐。宣统二年（1910）八月赴美康奈尔大学主修数学，选修物理、音乐，从E.Johnstone学作曲，从

赵元任

J.T.Quarles学钢琴与和声，1914年获数学学士学位。1915年入哈佛大学主修哲学并继续选修音乐。1918年获哲学博士学位。1919年被聘为康奈尔大学物理讲师。1920年被聘为清华学校讲师。1921年受聘哈佛大学哲学系讲师。1925年任清华学校国学研究院导师及哲学系教授，教授方音学、普通语言学等课。1928年为中山大学中文系客座教授，致力于两广少数民族语言、汉语方言的调查与研究。与傅斯年、罗常培、李方桂筹备中央研究院历史语言研究所。1929年被聘为历史语言研究所研究员兼语言组主任。1931—1933年任留美监督之职。1938年定居美国。自1939年起，历任耶鲁大学访问教授（1939—1941）、哈佛燕京社《汉英大辞典》编辑（1941—1946）、海外语言特训班中文主任（1943—1944）、密执安大学语言研究所教授（1946—1947）。1947年起

任加州大学伯克利分校教授。美国语言学会会长。1981年北京大学授予名誉教授称号。致力于国语运动和汉字改革，是国语罗马字的主要制订者之一。语言学造诣深厚。运用现代语言理论和科学技术研究语言文字、汉语音韵、汉语方言和汉语语法，颇多建树。对音乐、哲学、数学、物理学等也有研究。著有《现代吴语的研究》《国语新诗韵》《中国话的文法》《语言与符号系统》《中国语文法》《白话读物》等。2022年商务印书馆出版《赵元任日记》。（钟东）

徐淑希（1892—1982） 法学家。广东饶平人。清宣统二年（1910）汕头华英中学堂毕业，1912年赴香港大学求学，后赴美国留学，于耶鲁大学获硕士学位、哥伦比亚大学获博士学位。1923年任教于燕京大学，历任政治系主任、教务委员会主席、社会科学院院长、法学院院长等职。九一八

徐淑希

事变后任东北外交研究委员会委员。1940年任国际联盟理事会中国副代表。1944年任外交部亚西司司长。1946年任出席联合国第一届大会中国代表团顾问。后在美国定居。著有《中国领土主权保全论》《满洲问题论文集》等。（陈椰）

王少周（1892—1984） 武术家。河南沁阳（今怀庆沁阳）人。自幼学习家传狮豹拳，后师从山东石德胜学习弹腿、查拳。1914年，至太原教拳。1918年，入冯玉祥部训练士兵操习大刀，1928年，参加中央国术馆第一次国术国考，入选中等优胜者之列。1931年，被聘为两广国术馆教头，次年国术馆停业，又与顾汝章组织国术

社，任副社长。后一直在广西从事武术教学。推动查拳南传，促使查拳在岭南武林开花结果。（孟田）

鲍少游（1892—1985） 画家。名鲍绍显，字丕文、尧常，号少游。广东香山白石（今珠海香洲区）人。出生于日本横滨。中日甲午战争时，随母返香山。1903 年回日本。1911 年入读西京艺术工艺专校，1915 年继入西京美术大学研究院。

鲍少游

1921 年任日本明石大学讲师。1927 年回国任佛山市美专、广州市立美术学校中国画主任教授。1928 年去香港，创办丽精美术学院，自任院长兼主任教授，以"研习国画精华，锻炼六法技术，养成学员美术的基础以备为丹青创作的资材"为宗旨，开香港绘画艺术教育之先河。1939 年任中国文化协进会理事、香港艺术研究社西人汉画班主任。香港沦陷后，出任香港中国美术会名誉顾问、中国书院教授、中国文化协会理事等。擅长花鸟、走兽、人物、山水，以诗、书、画享誉艺坛。主张绘画应由写生入手，尤重意境内涵的修养，首倡六法与不即不离说。代表作有《长恨歌诗意图》《锦绣河山百景》《水浒传人物画》《中山胜迹图》。著有《故宫博物院名画之欣赏》《鲍少游画论集》《鲍少游诗词集》。（梁达涛）

鲍绍显 见"鲍少游"。

胡根天（1892—1985） 书画家。原名胡毓桂，别名胡持秋，号抒秋、志抒，别署天山一叟。广东开平人。1913 年毕业于广东省高等师范学校，到广东台山县广海镇当小学教员。

1914 年赴日本东京美术学校西洋画科留学，毕业后回国从事艺术教育事业。1921 年，在广州创立赤社美术研究会，同年创办广

胡根天

州市立美术学校。1922 年，任广州市市立美术学校教务主任，主持日常校务工作。1926 年，任广州市美术学校校长。1949 年，任广州人民博物馆馆长。新中国成立后，历任广州市文史馆副馆长、馆长，广州市文联副主席，中国美协广东分会副主席。广州市政协副主席等。终身从事美术教育、艺术文化传播等事业。对西洋美术史、艺术理论及艺术心理学皆有较深造诣。油画长于肖像，国画长于山水和墨竹。又工书法，擅楷、行、草，将西画的结构及国画的点画融入书法创作中。广东现代美术先驱，为中国现代美术发展作出较大贡献。传世作品有《裸体少女》《一个守卫兵》《迎客松》《漓江风景》《仙人洞》《书鲁迅诗句联》《书张志和渔父词》等。主要艺术论文有《俄罗斯的美术——绘画怎样发达》《西洋绘画在中国的发展》《新国画的建立问题》等。（梁达涛）

胡毓桂 见"胡根天"。

萧楚女（1893—1927） 中国共产党早期青年运动领导人之一。原名萧树烈，字秋。湖北汉阳（今武汉汉阳区）人。1911 年加入新军，参加武昌起义。后考入武昌实业学校，毕业后做报刊编辑，用"楚女"笔名撰写文章，针砭时政。1920 年参加利群书社。与恽

萧楚女

代英等发起组织共存社。1922 年加入中国共产党。后去四川办学任教，并任《新蜀报》主笔。1924 年担任社会主义青年团中央特派员，赴四川主持筹建党组织，领导重庆青年团工作。1925 年起先后赴上海、南京、河南开展革命活动，与恽代英等主编《中国青年》《人权日报》《中州评论》等刊物，支持五卅反帝运动，撰文同戴季陶主义和国家主义派作斗争。1926 年 1 月前往广州，担任国民党中央宣传部干事，协助毛泽东编辑《政治周报》，同时担任农民运动讲习所教员。同年底任黄埔军校政治教官，参与全校政治工作。1927 年在广州四一五反革命政变中被杀害。（莫俊）

萧树烈 见"萧楚女"。

许地山（1893—1941） 作家、宗教学家。名许赞堃，笔名落华生。原籍台湾台南，寄籍福建龙溪（今漳州）。1921 年与沈雁冰、叶圣陶、郑振铎等 12 人发起成立文学研究会，创办《小说月报》。1922 年毕业于燕京大学，获神学学士学位，留校任教。

许地山

与瞿秋白、郑振铎等人联合主办《新社会》旬刊，宣传革命，从事文学活动。后入牛津大学研究宗教学、印度哲学、梵文。回国后任燕京大学教授，并在北京大学、清华大学等校兼课。抗战前后在香港大学任教，从事进步文化活动。小说创作风格瑰丽，带有宗教意识和浪漫色彩。20 世纪中国在大学开设梵文课的华人第一人、当代华人研究印度学的先驱者，五四新文学运动先驱者之一。所著《印度文学》为中国人撰写的第一部印度文学史专著。著有小说集《空山灵雨》《缀网劳蛛》《危巢坠

简》以及《中国道教史》等；译有《吉檀迦利》《在加尔各答途中》《主人，我的琵琶拿去吧》《孟加拉民间故事》《太阳底下降》《二十夜问》等。（李艳平）

许赞堃 见"许地山"。

陈锡钧（1893—1951） 艺术家。广东新宁（今台山）人。早期现代雕塑家和艺术教育家。清光绪三十三年（1907）赴加拿大蒙特利尔留学。1917年就读于美国波士顿博物院美术专门学院，其间学校奖励游学欧洲，到过英国、荷兰、比利时、法国。1928年就读于法国巴黎大学庐舍学院。1929年游学意大利佛罗伦萨学院。1931年任教于广州市立美术专科学校雕塑系教授。1937年任广东省立勤勤大学建筑工程系教授。1937年因战乱避居香港，创作雕塑及油画作品。1942年避居广州湾。1945年定居香港。有《陈锡钧雕刻作品选集》（彭长歆、顾雪萍）

黎民伟（1893—1953） 电影事业家、导演、摄影师。祖籍广东新会都会村（今属江门新会区会城街道），出生于日本。在香港接受教育。1911年参加同盟会，1913年与其兄黎北海合作，制作香港电影史上第一部电影以及最早在外国放映的中国电影《庄子

黎民伟

试妻》。1921年，在香港参与组建香港民新制造影画片公司，是香港首个华人电影公司。1923年，在香港成立民新影片公司。1930年加入联华影业公司，先后执导《胭脂》《西厢记》《复活的玫瑰》《蔡公时》《祖国山河泪》等质量上乘、有艺术追求的电影。坚持

"复兴国片""改造国片""电影救国"的理想。先后拍摄《孙中山先生北上》《孙大元帅誓师北伐》《国民革命军海陆空大战记》《淞沪抗战纪实》《十九路抗日战史》《勋业千秋》等纪录片。中国早期电影史上的重要作品《闲花野草》《故都春梦》《天涯歌女》《恋爱与义务》《玉洁冰清》等的实际制片人。1994年，第13届香港电影金像奖追授其最高荣誉奖。被誉为"香港电影之父"。（温明锐）

青主（1893—1959） 音乐理论家、作曲家。原名廖尚果，又名黎青、黎青主。广东归善（今惠州惠阳区）人。辛亥革命前为广东黄埔陆军小学堂学生。武昌起义时参加进攻潮州府的武装行动。1912年留学德国柏林大学法学系，同时学习钢琴和作曲理论。

青主

1920年获柏林大学法学博士学位。1922年回国参加国民革命，先后任广东大元帅府大理院（即最高法院）推事、黄埔军校校长办公厅秘书、国民革命军总政治部秘书、广东法官学校校务委员会副主席。北伐战争期间任国民革命军第四军政治部主任等职务。1927年12月广州起义失败后避居香港，改名青主。1928年，在上海经营一间以出版乐谱为主的书店。1929年应萧友梅之邀，担任上海国立音专科学校教授，并任校刊和《乐艺》季刊主编，先后为《乐艺》《音》等刊物撰写音乐理论文章。1932年离开上海音乐专科学校，先后任欧亚航空公司秘书、营运组主任及秘书长。1946年任同济大学教授。新中国成立后任复旦大学、南京大学艺术系教授，从事德文教学，并翻译音乐和美学著作。介绍和阐发欧洲浪漫主义和表现主义美学思想，其"为艺术

而艺术"的理论对后世产生深远影响。著有《乐话》《音乐通论》《诗琴响了》《歌德》《诗歌集》《音境》，声乐作品有《大江东去》《我住长江头》《赤日炎炎似火烧》等。译有海涅《抒情插曲》、安娜·西格斯《一个人和他的名字》、豪福童话、丽莎《音乐美学问题》、迈耶尔《德国民歌的音调》。（夏煜卓）

廖尚果 见"青主"。
黎青 见"青主"。
黎青主 见"青主"。

张资平（1893—1959） 小说家。原名张秉声，曾用名张伟民，化名张声。广东嘉应州（今梅州）人。1911年留学日本，毕业于日本东京帝国大学（今东京大学）理学部地质科，获理学学士学位。1919年开始写作。1920年创作第一篇短篇小说《约檀河之水》。1921年完成长篇小说《冲积期化石》，成为中国新文学史上第一部长篇小说。同年与郭沫若、郁达夫、成仿吾等留日学生在东京发起成立创造社。1922年回国，先后任武昌师范大学、上海暨南大学教授。抗战时期，任汪伪政府农矿部技正。后因汉奸罪入安徽农场劳动改造。早期作品带有自然主义倾向，在中国现代文学史上占有重要地位。著有长篇小说《飞絮》《苔莉》《最后的幸福》《爱力圈外》《爱之涡流》《点帝的儿女们》等，短篇小说《爱之焦点》《梅岭之春》《不平衡的偶力》等，地质学著作《地图学及地图绘制法》；译有《化石人类学》《海洋》《矿物与矿石》等。（李艳平）

张秉声 见"张资平"。

刘粤声（1893—1960） 基督教史学家。广东东莞人。自幼在礼贤会所办学校读书。1914年接受浸礼。1917年

就读于两广浸信会神道学校。后在广州、台山和上海传道。1921年按立为牧师，为当时浸信会最年轻的中国籍牧师。1929年受聘旧金山华人自理浸信前往美国任牧职。1932年任广州东山堂牧师。1936年任两广神道学院院长，兼任中华浸信会百周年纪念会主席、全国浸信会联合会会长、两广浸信会联合会会长、广州基督教联会会长、广州浸信会联合会会长、广州宣教师联谊会会长以及华南圣言会会长。1938年后任香港坚道浸信教会会牧，直至退休。1951年任香港浸信会神学院院长。1954年被选为香港基督教联会主席。著有《金港天声》《天国达道》《粤声讲道集》《美洲华侨教会》《广州基督教概况》《两广浸信会史略》《香港基督教会史》等。（吴宁）

梁思顺（1893—1966） 诗词研究专家。字令娴，别署艺蘅。广东新会（今江门新会区）人。梁启超长女。毕业于日本女子师范学校。师从广东诗人麦孟华习词。长期担任梁启超助手。早年所著散见于《国风报》《妇女杂志》《现代妇女》等报刊。1956年被聘任为中央文史研究馆馆员。选词思想倾向于常州词派，体现了常州词派论词强调意格、注重比兴寄托的词学观点；将词选与词论融合，为后世词学研究提供重要文献文本资料。编选有《艺蘅馆词选》，是研究梁启超学术思想的重要参考资料。（邓丹）

梁思顺

桂应祥（1893—1967） 农学家。出生于朝鲜平安北道定州市一山村。1917年留学日本上野养蚕专门学校，1925年毕业于日本九州帝国大学（今九州大学）蚕学系。1945年获日本九

桂应祥

州帝国大学农学博士学位。1930年至1938年任教于仲恺农工学校、中山大学农学院。1955年任朝鲜农科院院长。在穗期间主要从事蚕桑育种研究，成功进行温汤浸蚕种实验，培育出"仲258""仲1041"等家蚕优良新品种，在蚕的解剖生理、遗传学方面发表系列世界水平的研究成果。著有《仲恺农工学校研究报告》（第1—5卷）以及《关于蚕的背脉管运动》《广东特异蚕卵之形态与遗传学的研究》《广东蚕之遗传学的研究》《广东蚕之二三特殊系统》《广东特异蚕卵之形态与遗传学的研究》等。（曲静）

筏可（1893—1972） 僧人。法名昌其，字印载，号筏可。俗名李宝生。南海（今佛山南海区）西樵人。20岁至鼎湖山庆云寺披剃出家，依毅琳禅师受具足戒。1916年参学于镇江江天寺、南海普陀寺、四明天台寺、上海留云寺等道场。1924年至香港。自1930年起任大屿山宝莲寺住持42载。后兼青山寺住持。1936年在广州六榕开讲《金刚经》。日寇据港期间，组建香港佛教会以卫护道场。光复后连续担任四届香港佛教联合会会长。1955年至美国夏威夷檀华寺讲经。创办屿山佛学院、青山佛教义学、大澳义学、启华学校，筹建佛教医院、佛教坟场。有《心经讲要》《十善业道经讲义》中英文本行世。（达亮）

夏学谦（1893—1976） 天主教主教。

广东韶关人。清光绪三十一年（1905）到广州圣心学校读书，17岁入方济各小修院。1916年被送到马来亚槟榔屿神学院读神哲学。1922年毕业后回南韶连堂区工作。1942年晋铎，先后在南雄、曲江、乐昌、英德、仁化等地传教。抗战期间日军侵粤，向教区主教提出辞职从戎，未能如愿。新中国成立后，拥护中国共产党和中央人民政府的领导，带领神职人员和信徒投入反帝爱国运动。1951年11月8日，韶关市天主教三自革新运动筹备委员会成立，任筹委会主席。1957、1962年分别参加中国天主教第一、二届代表会议，当选为中国天主教爱国会常委。1957年筹建广东省天主教友爱国会，任筹委会主任。1958年当选为韶关教区主教。1962年1月21日在北京由皮漱石总主教祝圣为韶关教区主教。同年连任广东省天主教爱国会第二届主席。第二、三届广东省人大代表，第一届广东省政协委员。（韦羽）

范文照（1893—1979） 建筑师。广东顺德（今佛山顺德区）人，出生于上海。1917年毕业于上海私立圣约翰大学土木工程系，获学士学位。1919年赴美国宾夕法尼亚大学建筑系学习，获建筑学学士学位。1922年回国，在上海允元公司建筑部任工程师。1927年在上海开设范文照建筑师事务所，与

范文照

张光圻、吕彦直、庄俊、巫振英等发起组织上海建筑师学会（后改名中国建筑师学会），并任首届会长。1930年，与赵深合作设计上海南京大戏院（今上海音乐厅），是西方古典主义风格建筑的代表。1931年，与李锦沛、赵深共同完成上海八仙桥基督教青年

会大楼的设计，是将中国传统元素运用到现代高层中，属典型中华古典主义风格。1941 年设计的（上海）美琪大戏院，是"全然推新"后推出的现代风格建筑。1949 年在香港设立事务所。长期执业于上海、广州、汉口、北平、南京等地。注重柱式、比例、尺度、韵律、对称等设计语言，以折中主义的思路在西式建筑中融入中国传统建筑的局部，后转向提倡现代主义建筑思想，赞成"首先科学化而后美化"。代表作有南京铁道部、励志社、华侨招待所、上海八仙桥青年会、上海中央银行银库等。对上海近代建筑中现代主义思想的产生起重要作用。著有《参观美展建筑部之感想》《中国建筑师学会缘起》《中国的建筑》《建筑师应有之认识》等。（彭长歆、顾雪萍）

吴耀宗（1893—1979） 基督教教会领袖。字叔海。广东顺德（今佛山顺德区）人。少年就读于广州育才书社，1913 年考入北京税务专科学堂。毕业后入职粤海关，后调至北京海关总税务司署任帮办。1918 年受洗加入公理会。1920 年任北

吴耀宗

京基督教青年会学校部主任干事。1924 年先后在美国纽约协和神学院和哥伦比亚大学攻读神学和哲学，获神学硕士学位。1927 年回国，长期在上海担任中华基督教青年会全国协会校会组干事，后又兼任基督教唯爱社中国分社主任。1937 年辞去唯爱社职务，致力抗日救亡运动。1938 年任中华基督教青年会全国协会出版部主任，后任基督教联合出版社主席。1949 年 9 月，代表宗教界出席北平中国人民政治协商会议第一届全体会议，拥护《共

同纲领》。1950 年带头发起中国基督教三自爱国运动，起草《中国基督教在新中国建设中努力的途径》的宣言，即"三自革新宣言"，要求实现自治、自养、自传，断绝与海外教会的一切联系，建设"新中国下的基督教"。1954 年中国基督教三自爱国运动委员会成立，出任主席。后任中华基督教会全国总会会长。第一至五届全国人大常委会委员，第一至四届全国政协常委。（吴宁）

顾颉刚（1893—1980） 历史学家、民俗学家、历史地理学家、"古史辨"学派创始人。原名顾诵坤，字铭坚，江苏苏州人。清光绪二十三年（1897），入私塾。三十二年（1906），考长元吴公立高等小学堂。三十四年（1908），转苏

顾颉刚

州公立第一中学堂。1912 年秋，入上海神州大学。1913 年入北京大学预科。1916 年入北京大学文科中国哲学门。1920 年毕业留校任助教兼图书馆编目员。1922 年为商务印书馆编纂中学语文和历史教科书。1923 年回北京大学研究所工作。1926 年秋赴厦门大学任国学研究院研究教授。1927 年 4 月任中山大学史学系教授兼主任、图书馆中文部主任、代理语言历史研究所主任。其间被派往江浙一带为学校采购图书。11 月在语言历史研究所内发起成立民俗学会，主编《国立中山大学语言历史学研究所周刊》和创办《民间文艺》（后改名为《民俗周刊》），编辑"民俗学会丛书"，以民俗资料印证古史传说。1928 年 1 月任中山大学语史所事务委员会常务委员，3 月主持创办《中山大学图书馆周刊》，担任中山大学《语言历史学丛

书》总编辑，负责历史学和民俗学两类丛书的编纂。12 月任中山大学语言历史研究所主任。1929 年，任中央研究院史语所特约研究员，9 月又任燕京大学国学研究所导师研究员及学术会议委员及历史学系教授。1934 年创办《禹贡》半月刊，次年建立禹贡学会，推动历史地理学研究。1936 年创立边疆研究会，同时组织通俗读物编刊社，宣传抗日。全国抗战爆发后创办中国边疆学会，出版《边疆周刊》，并先后主编《责善》半月刊、《文史杂志》等刊物。1938 年任云南大学文史教授。1939 年至成都，任齐鲁大学国学研究所主任。1941 年，任中央大学中文系和历史系教授兼出版部主任。同年冬，任复旦大学教授。1946 年任教于兰州大学。1948 年当选中央研究院人文组院士。新中国成立后，1951 年任教于复旦大学。1952 年任中国科学院历史研究所研究员。中国社会科学院学术委员、中国文联全国委员、中国民间文艺研究会副主席。第四、五届全国人大代表，第二、三届全国政协委员。早年从事民俗学研究，后开始考辨古史传说，1923 年提出"层累地造成的中国古史观"，打破把古代视为"黄金时代"的观念，将当时研讨争辩的文章，编为《古史辨》8 册。主持标点《资治通鉴》、"二十四史"的工作。研究方法采取中国传统考证方法与西方实证方法相结合，领域涵盖中国古代史、民俗学、历史地理学等学科领域，均具有开创性贡献。对中山大学历史学、语言学、人类学、民俗学学科建设作出巨大贡献。著有《古史辨》《清代著述考》《中国上古史研究讲义》《尚书研究讲义》《汉代学术史略》《浪口村随笔》等。编有《崔东壁遗书》《吴歌甲集》《孟姜女故事研究集》《尚书通检》《古籍考辨丛刊》《史林杂识初编》等，与人合著有《三皇考》《中国疆域沿

革史》《中国历史地图集》（古代史部分）等。2010 年中华书局出版《顾颉刚全集》（62 册），2021 年中华书局出版《顾颉刚全集补遗》。（尹玉琪、汤瑾）

顾诵坤 见"顾颉刚"。

余清江（1893—1980） 建筑师。广东新宁（今台山）人。早年以实习工程出身自学建筑设计。20 世纪 20 年代末在台山县工务局任职。1932 年在广州工务局登记执业，与关以舟合作开业。熟谙传统建筑形式与设计，设计新会风采堂、中山大学石牌新校体育馆等建筑。新中国成立后在广州市设计院任职，受聘担任广州华南土特产建筑工程委员会委员、广州市农民运动讲习所纪念馆修建工程设计委员、广州业余大学建筑系建筑专业教师、广东省文物管理委员会委员等职。作品包括肇庆星湖水月宫、广州光孝寺修复等。著有《革新透视学》。（彭长歆、顾雪萍）

管霈民（1893—1980） 中医骨科学家。广东佛山人，祖籍江苏武进。自幼在父亲管季耀的教导下，熟读中医经典，学成与父在西关应诊。先后任职于广东中医药专门学校、广州医学院第一附属医院。1962、1978 年被授予"广东省名老中医"称号。精通

管霈民

针灸，深谙脉诊，擅长疮科和骨科。独创正骨手法，对于骨折患者，提倡分时段辨证治疗，早期活血化瘀为主，中期养血生肌为主，后期补益肝肾为主，独创骨科贴膏促进骨折愈合，并灵活运用点、按、揉、磙、推、擦、拍、滚及扳等手法。编有《广东中医

药专门学校花柳学讲义》，重订《广东中医药专门学校外科讲义》等。（周红黎、张书河）

宋庆龄（1893—1981） 中华人民共和国领导人，爱国主义、民主主义、国际主义、共产主义战士。又名宋庆琳。广东文昌（今海南文昌）人，出生于上海。早年在上海中西女中读书，后赴美，在新泽西州

宋庆龄

斯密特城私立学校和佐治亚州梅肯市卫斯理女子学院文学系学习。1912 年 4 月发表《二十世纪最伟大的事件》。次年毕业，获文学学士学位。1914 年任孙中山秘书，次年与孙中山结为夫妇。后支持孙中山护法以及改组国民党。1924 年 11 月，跟随孙中山北上。孙中山逝世后，坚持"联俄、联共、扶助农工"三大政策，同国民党右派进行斗争，投身北伐战争的准备工作。为国民党第二至六届中央执行委员、武汉国民政府委员。大革命失败后，发表通电、声明和宣言，揭露蒋介石、汪精卫的叛变行为。1927—1931 年在苏联和欧洲访问期间，两次被选为国际反帝同盟大会名誉主席，后又成为世界反法西斯委员会主要领导人。1932 年参与组织中国民权保障同盟，保护和营救大批共产党人和爱国民主人士。1935 年与何香凝等率先响应中共中央发表的《八一宣言》。1936 年任全国各界救国联合会执行委员。全面抗战期间，先后在广州、香港组织保卫中国大同盟，致力于战时医药工作和儿童保育工作，支持共产党领导的抗日斗争，揭露国民党反动派对日妥协投降、对内反共反人民的政策。抗战胜利后，在上海创建中国福利基

金会。1948 年 1 月当选为中国国民党革命委员会名誉主席。1949 年 9 月，出席北平中国人民政治协商会第一届全体会议，当选为中央人民政府副主席。后任全国人大常委会副委员长、国家副主席。长期担任全国妇联名誉主席、中国人民保卫儿童全国委员会主席、中国福利会执委会主席。1981 年 5 月 15 日加入中国共产党。同年，被授予中华人民共和国名誉主席。著有《中国不亡论》《为新中国奋斗》等。1966 年中华书局出版《宋庆龄选集》等。（李兰萍）

宋庆琳 见"宋庆龄"。

林树模（1893—1982） 生理学家、教育家。号竹筠。湖北鄂城人。1910 年就读于武昌文华书院。1917 年考入湘雅医学院，1920 年转入上海圣约翰大学医学院就读。1922 年毕业获医学博士学位。先后到美国宾夕法尼亚大学、康奈尔大学医学院学习，获理学博士学位。1925 年回国，在协和医学院工作。1931 年任英国爱丁堡大学生理学系研究员。1932 年回国继续在协和医学院生理科执教。1937 年，在岭南大学医学院任职，次年兼任医学院院长。全面抗战期间，辗转于广州、香港、韶关等地从事医学教育工作。1946 年，回岭南大学医学院继续任教。新中国成立后，在中山医学院（后并入中山大学）工作，任基础部主任、生理教研室主任。主要从事血液化学、代谢、内分泌和消化生理方面的研究。撰有《身体脂肪之来源》《脑脊液蛋白之测定》《康健之中国人血中化学成分之研究》等论文。著有《人体的新陈代谢机能》；编有《生理学实验》《生物化学实验》等。（周红黎、张书河）

刘光福（William Joseph Lumb Liu, 1893—1983） 澳大利亚侨领、社会活动家。

祖籍广东新宁（今台山），出生于澳大利亚悉尼。幼时返乡入读私塾。清光绪三十四年（1908）返澳，任职于当地中文报馆。宣统三年（1911）任中国驻墨尔本总领事馆秘书。1914年入股悉尼永生公司，任秘书。1917年任中澳轮船公司执行董事。1920年加入中国国民党，任悉尼中国国民党分部英文秘书。1921年回国，受孙中山接见，返澳后任华人商会副会长。1934年任上海大新公司英文秘书。1936年返澳经商，任职于悉尼永生公司。1947年与侨青社发起组织保卫华人正当权益委员会、保卫被解出境华人妻子联合会。新中国成立后，参与发起组建澳中友好协会。1973年被任命为澳大利亚中国委员会成员，组建澳华公会。1976年任新南威尔士州澳中工商会首任会长。1981年英女王授予OBE勋章。被尊称为澳大利亚"华人社会之父"。编有《中国与满洲的麻烦》（*China and the Trouble in Manchuria*）。（景海燕）

李敦化（1893—1985）　化学家。中国硫酸工业奠基人之一。字意吾。广东兴宁人。1920年毕业于东京帝国大学（今东京大学）工学部应用化学专业。1921年任教于广东省立工业专门学校、广州市民大学。1926年任教于中山大学理学院。1928年任梧州硫酸

李敦化

厂厂长兼总工程师，解决了德国专家未能解决的技术关键问题，用国产硫铁矿首次生产出硫酸。1933年任教于中山大学，与萧冠英创办工学院。1952年筹备华南工学院（现华南理工大学）。著有《硝酸制造法》《硫酸制造法》《碱工业》《硫酸工艺学》等；译有《最新化学工业大全》（第

二册）、《硫酸工业》等；发表有《钨冶金法研究》《关于废钒触媒后活利用问题的一些探讨》《关于接触硫酸工业用钒触媒的一些探讨》《关于非钒触媒在接触硫酸工业上的应用问题》《钼代钒制造硫酸工业用触媒》等论文。（曲静）

郭华秀（1894—1924）　园艺学家。近代中国农业调查者。又名郭励之，字干鸿。广东香山（今中山）良都竹秀园乡人。1913年入读香山师范。1914年入读广东农林讲习所农业班。1917年任岭南学堂园艺助理员。1922年任岭南农科大学园艺科教员。主要从事果树研究。首倡柑橘从低田移植山坡，以克服低田水患和与粮争田的矛盾。注重园艺调查，足迹遍及广东大地。著有《荔枝传》《黄皮栽培法》《荔枝和龙眼》《对于柑橘类砧木之研究》等；仅在《农事月刊》第一、二卷上就发表文章37篇。（陈志国）

郭励之　见"郭华秀"。

吕彦直（1894—1929）　建筑师。字仲宜，又字古愚。安徽滁县（今滁州）人。1913年毕业于北京清华学校（今清华大学）。1914年赴美国康奈尔大学留学，获建筑学学士学位。其后任职于墨菲事务所，协助设计南京金陵

吕彦直

女子大学。1921年回国，与过养默、黄锡霖合办（上海）东南建筑公司，1925年开办（上海）彦记建筑事务所。1927年与张光圻、庄俊、巫振英、范文照等发起组织中国建筑师学会，任副会长。其作品南京中山陵、广州中山纪念堂和纪念碑是近代中山纪念建

筑的重要代表，展现了现代建筑技术与中国风格结合的可能，奠定了"中国固有式"建筑风格发展与推广的基础。为广州设计的中山纪念堂，营造了一个兼具纪念性与开放性的城市空间，对广州近代城市中轴线以及城市空间的塑造意义重大。（彭长歆、顾雪萍）

何少霞（1894—1942）　广东音乐作曲家、演奏家。名何振渠，字乾调。广东番禺（今广州番禺区）沙湾北村人。出身音乐世家沙湾何氏，受远房叔父何柳堂、何与年影响，精通十指琵琶，善奏二弦、二胡等乐器。中学毕业后就在女子小学德明小学、象贤中学任教。早期沙湾青年剧团成员不少是他的学生。常与何柳堂、何与年研究、创作音乐，20世纪30年代初，随二人到上海灌录唱片。创作众多广东音乐，为张月儿、徐柳仙等唱家撰写粤曲。代表作品有《陌头柳色》《将军试马》《白头吟》《夜深沉》，粤曲《一代艺人》《游子悲秋》等。（李继明）

何振渠　见"何少霞"。

顾汝章（1894—1952）　武术家。广东五虎下江南的五虎（万籁声、傅振嵩、李先五、顾汝章、王少周）之一。江苏阜宁人。秉承家学，后到山东随严蕴齐学习北少林拳和铁砂掌10年。所传少林功法有十路少林拳、十路弹腿、梅花双刀、提拦枪、廿四枪、龙形剑、达摩剑、五虎擒羊棍、内功小金钟十六段以及拳、械对练套路等。1928年，在第一届国术国考中脱颖而出，被聘为中央国术馆教练。1929年，南下广州创立广州国术社，将北少林拳传入岭南武林，其弟子马剑风、严尚武、龙子祥均在香港设馆授徒。1932年，任湖南国术馆总教练。1934

年应陈济棠电邀回粤，任总部军校国术总教官。1936年，陈济棠通电下野后，即赴香港。1937年辞广州国术社职前往鹤山任教，后至广西桂平、桂林、贵州贵阳，任贵州省国术馆教官。病逝于贵阳。（马晟）

马仁峰（1894—1954） 伊斯兰教教长。字长安，经名阿卜杜·拉哈曼。回族。祖籍甘肃，后落籍广州。自幼随王志周教长习学经文。1912年起任怀圣寺阿訇。1928年获聘为伊玛目，兼任阿拉伯文教师。1938年10月广州沦陷，日方引诱其出任广州回教维持会会长，坚辞不就，避居香港。主持教务42年。任掌教以来，以圣训教导严格要求，在回族穆斯林中颇具威望。新中国成立后，宣传党和政府的民族宗教政策。于《南方日报》发表文章，在广州广播电台录音讲话，拥护中央人民政府民族宗教四项决定。参与筹建中国伊斯兰教协会，当选为第一届中国伊斯兰教协会委员。（马建春、李蒙蒙）

何大傻（1894—1957） 广东音乐演奏家、作曲家。广东音乐四大天王（何大傻、尹自重、吕文成、钱广仁）之一。原名何福机，又名何泽民，以诨名行世。广东三水县（今佛山三水区）人。清光绪三十四年（1908）随其姊离乡赴港。宣统三年（1911）进香港圣保罗书院读书。被广东音乐曲艺名家何柳堂收为徒弟，传授琵琶。20岁时随团赴上海等地演出，灌制第一批广东音乐唱片，后又和张月儿等搭档灌制粤曲唱片。吹、拉、打、弹、演、唱均佳，"何腔"在粤曲唱腔中独树一帜。因在《大傻出城》《七十二行》

何大傻

等粤语谐剧性影片中的表现，获粤语"电影谐星"之称。20世纪20年代末撰创《孔雀开屏》、《花间蝶》（又名《柳底莺》），具有浓厚传统特色和地方风格。20世纪30年代初，大胆改造吉他，使吉他"广东化"并成为便于演奏的广东音乐常用乐器之一。自作自唱代表作有《大傻出城》《多多福》《口花花》等。（郑静漫）

何福机 见"何大傻"。
何泽民 见"何大傻"。

关崇润（1894—1963） 印尼侨领。广东开平人。1912年到印尼谋生。1948年在万隆开椰城酒家。1955年4月，亚非会议期间担任周恩来总理等领导人的安保工作。历任万隆广肇会馆理事、副主席，广华学校董事会董事长，华侨中学校董，万隆中华总会副主席等职。1957年回国定居。历任开平县侨联会主席、开平县人民委员会委员、开平县政协副主席、广东省侨联委员。第三届广东省政协委员。出资筹建开平侨联大厦、赤坎侨联中学、村文娱室等，捐赠拖拉机支援农业生产。（沈毅泰）

冯公侠（1894—1963） 微雕艺人。原名冯季芳。原籍广东佛山。幼年右眼盲，由亲戚介绍到香港当银器学徒，对象牙微雕感兴趣，1921年创作第一批象牙微雕作品。1925年，在米粒大小的象牙上刻出50余字。半年后，又在象牙米上刻唐诗七律两首，共120余字。1928—1938年，以超脱的刀法，将人物、花鸟、鱼虫、走兽等图案镌刻在象牙上，创作一批微雕作品。历时8年将四书6万余字刻在一特制的象牙扇面上。1952年，创在一粒芝麻大小的象牙上刻岳飞《满江红》词全文的纪录。20世纪50年代，在参与国家馈送国宾们的礼品创作过程中，把微雕推到

新阶段。1955年，用时半年左右，独立完成立体牙雕《木兰从军》《苏武牧羊》等作品。1960年，微刻《共产党宣言》全文两万余字。（彭圣芳）

冯季芳 见"冯公侠"。

何友逖（1894—1965） 新加坡侨领。广东惠阳平山镇（今惠州惠东平山街道）人。16岁中学毕业后加入同盟会。19岁入广东陆军学校学习，毕业后任北伐军副营长，复员回乡后创办平山两等小学，任校长。1924年加入中国共产党，任国民政府广州大本营东江安抚使、国民党中央农民部干事、广东省农会执委等职。1926年任中共惠州地委委员、惠州农民协会主任。1927年领导平山武装起义，失败后流亡新加坡，任新加坡惠州会馆委员、广惠肇公所总理。全面抗战爆发后，从事抗日救亡运动，任新加坡广帮筹赈祖国伤兵难民总会秘书，参与组织成立南洋惠侨救乡会、东江华侨回乡服务团。抗战胜利后，出任霹雳州人民委员会副主任。1946年加入中国民主同盟，任新加坡办事处主委。1949年赴北京参加筹办侨联工作，任全国政协联络秘书。1950年南下广州，历任广州市人民政府委员、广东省华侨事务委员会委员、广东省侨联副主席等职。（沈毅泰）

冯德瑜（1894—1965） 中医学家、教育家。广东佛山人。自幼熟读医籍，随父学医。民国初年就读于广州医学卫生社。1921年在佛山开业行医。1922年获得中医开业执照，加入中医师公会。1926年被聘任为广东中医药专门学校董事。1953年组

冯德瑜

建佛山纷宁中医联合诊所,后又倡议建成佛山市中医院并被推举为院长。1956年被任命为广州中医学院筹备委员会委员。1958年参加全国科技协会第一次全国代表大会。曾任广东省医学科学院副院长,兼中华医学会广东分会副会长等职。第三届全国人大代表。1962年被授予"广东省名老中医"称号。学术上重视李东垣脾胃学说,重视正气,培补脾胃。擅长内科杂病的诊治。用药精练,精通药材炮制,每方不超过8味药,明辨补泻寒温诸法。(周红黎、张书河)

戴辛皆(1894—1970) 生物学家、营养学家。原名戴平舆,字笠。湖北云梦人。清宣统元年(1909)小学毕业后,从云梦到武汉,入武昌第一中学。1913年,考入武昌高等师范学校。1917—1928年,先后在贵州遵义及湖北宜昌、武昌、江陵等县中学任教师。1928年留学法国,研究生物学。1933年获里昂大学博士学位,同年回国,在北平研究院任研究员,到青岛海洋生物研究所从事海洋船舶底附着生物研究。1936年受聘中山大学生物系教授,进行生物学和营养学的教学和科研。全面抗战期间,随中山大学迁移到云南澄江、广东坪石等地。1951年任中国动物学会理事兼广州分会理事长。1952年任中山大学生物系主任。第二届广东省人大代表。在营养学方面,研究以大豆为主要原料制成的纯植物蛋白食品。从木瓜中提取出木瓜酵素,用以分解豆乳,制造出"中国豆酪",为华南食品业发展作出重大贡献。提出南方地区的"米饭革命",指出主食稻米中应配入一定比例的大豆和甘薯,以提高营养价值。(莫俊)

戴平舆 见"戴辛皆"。

宋子文(1894—1971) 广东文昌(今海南文昌)人,出生于上海。毕业于上海圣约翰大学。1912年赴美进哈佛大学,获哥伦比亚大学经济学博士学位。1917年回国任汉冶萍公司秘书。1923年任广州孙中山大元帅府英文秘书兼两广盐务稽核经理。次年任广州

宋子文

中央银行行长,1925年兼任广东国民政府财政部部长。1927年3月,任武汉国民政府常委等职。四一二政变后,力促宁汉合流。次年2月投入蒋介石阵营,任南京国民政府财政部部长兼中央银行总裁。1930年任行政院副院长,1932年任行政院院长。1933年初,日军进犯热河,主张联合欧美,武装抗日。10月,因不满当局对日妥协及财政方针而辞职。1936年12月,与各方共同促成西安事变和平解决。1938年任全国航空委员会代理主席。1940年,先后以蒋介石私人代表、外交部部长身份长驻美国。1941年任外交部部长。1944年起任行政院代院长、院长。1945年5月当选为国民党第六届中央执行委员会常务委员,任行政院院长兼外交部部长。联合国大会成立时为中国首席代表。同年赴苏联签订《中苏友好同盟条约》。1946年任最高经济委员会委员长。再次赴美为蒋争取财政、军事支持。1947年3月,辞去行政院院长,9月改任广东省政府主席、广州行辕主任、广州绥靖公署主任。1949年去香港,后赴美定居。(张金超)

谢瀛洲(1894—1972) 政治学家、法学家、教育家。字仙庭。广东从化(今广州从化区)人。早年就读于广东存古学堂及上海法律专门学校。1919年赴法国巴黎大学,获法学博士

学位。1924年在中山大学任教授。1925年任课史馆馆长。1927年,担任陆军军官学校政治部总教官。1929年在南京任司法行政

谢瀛洲

部次长兼司法行政部法官训练所所长,兼任北平法科学院院长。1932年,转任广东省府委员、教育厅厅长,兼任法科学院院长。1934年,任广东省高等法院院长,辞去法科学院院长职。1936年,任广东省审计处处长,组建广东审计处。1947年,当选为国大代表。是年任台湾省政府秘书长,1948年,任最高法院院长。先后在中山大学、南京大学、北京大学、台湾大学、政治大学、台湾东吴大学任教。任职广东省教育厅厅长期间,实施中学会考制度,以提高全省中学的教育质量。提倡职业教育,创办广东省高级工农业职业学校,参加勷勤大学组建工作,开办省民众教育馆等。在家乡木棉村兴建蔚南小学,不收学费,教员薪金由其负责。著有《论五权宪法》《共产与民主》《中华民国宪法论》等。(陈橱)

陶葆荪(1894—1974) 金匮学家。字葆生。广东南海(今佛山南海区)人。自幼学医,22岁入广东医学实习馆(又名广州医药实学馆,广州医学求益社前身)学医。先后在广州洪安里和长寿西路等设立诊所。1947年,兼任中央国医馆广东分馆副馆长。1956年

陶葆荪

任教于广州中医学院。1962年被授予"广东省名老中医"称号。学术上重视阴阳五行理论,深研《金匮要略》。善治肺病、肾病,研制出治疗肺痨(肺

结核）的"疗肺膏"和治疗慢性肾炎的"韭菜糕"。善用岭南草药，创制的治疗慢性支气管炎咳嗽的"杜核汤"，主药果核、千层纸均为地方药材。编著《金匮要略易解》等。（周红黎、张书河）

王国兴（1894—1975） 广东白沙红毛峒（今海南琼中红毛镇）番响村人。黎族。原为世袭峒长，因不忍国民党对黎族的残暴统治，1943 年任白沙起义总指挥，率领 3 万黎族同胞起义，攻打感恩、昌江、乐东、崖县等县府，史称"白沙起义"。后率领义军寻找红军，1943 年冬找到琼崖纵队，随后成立以黎族起义军为核心的白保乐（白沙、保亭、乐东）人民解放团，任团长，配合琼崖纵队开辟白沙革命根据地，直到解放战争结束，发展为拥有30 余万人口的五指山区中心根据地。1949 年 9 月，出席北平中国人民政治协商会第一届全体会议，当选为全国政协第一届委员以及中央人民政府民族事务委员会委员。1952 年当选首任海南岛黎族苗族自治区主席。第一届全国人大代表。1955 年自治区改称自治州，任第一任州长。（叶远飘）

周子容（1894—1978） 中医学家。广东南海（今属广州）人。出身医学世家。1921 年参加广州卫生局举行的第一期中医师注册检考，被录取。1924 年，入读广东光汉中医专门学校，学习期间得省港名医吕楚白指点，毕业后留任该校。新中国成立后，在广州中医学院执教。1962 年被授予"广东省名老中医"称号。学术上赞成"阳常有余，阴常不足"的理论，认为养阴慎用滋腻，须

周子容

防助湿以碍脾胃，祛湿慎用辛燥，以免耗气伤阴。擅长内科、妇科疾病与疑难杂症的诊治。善用龟板、鹿角霜，认为"龟善补任脉、鹿善补督脉"。用药以轻清、平淡、稳健取胜，深谙中药炮制。主编有《中药方剂学》《方剂学》；撰有《慢性结肠炎治疗经验》《崩漏与带下治疗体会》等论文。（周红黎、张书河）

容庚（1894—1983） 古文字学家、书法家。原名容肇庚，字希白，斋名颂斋。广东东莞人。自幼读经书、习小学。早年就读于东莞中学，毕业后留校任教。1919 年撰《雕虫小言》，论述学篆与治印之关系。1922 年，入北京大学研究所国学门读研究生。1926 年任北京大学讲师，翌年转入燕京大学任副教授、教授，并任《燕京学报》的主编。1927 年兼任北平古物陈列所鉴定委员。1929 年，任清华大学中文系讲师。抗日战争胜利后，在岭南大学任教授兼中文系主任，主编《岭南学报》。1952 年院校调整后任中山大学中文系教授。发起成立考古学社，主持出版《考古社刊》。1980 年将收藏的大批字画、古董、青铜器，包括唯一存世的金书《栾书缶》等献给国家。向中山大学图书馆捐书 1 万多册。与商承祚共同开创"容商之学"。为国家培养几代文字学、历史学和考古学专门人才。毕生致力于金文研究。代表作《金文编》《商周彝器通考》《宝蕴楼彝器图录》《秦汉金文录》《海外吉金录》。《颂斋书画小记》《丛帖目》是书画考证研究的经典著作。2016 年广东人民出版社将其所收藏丛帖汇编为《容庚藏帖》出版。（刘世红、秦晓华、林颖）

容庚

容肇庚 见"容庚"。

关文清（1894—1995） 电影事业家、导演。出生于广东开平。清宣统三年（1911），到美国加州大学学习英语和电影。1915 年，参与电影《残花泪》的摄制。1920 年，学成归国，为南京师范学堂拍摄纪录片《全国师范培训班》。1923 年起，先后在香港民新演员养成所、联华港厂演员养成所任教，培养了李铁、黄岱、唐醒图等香港早期电影的中坚力量。同时，执导香港第一部侦探片《夜半枪声》以及《铁骨兰心》《暗室明珠》等影片。1926年，担任美国东方影业公司和美国米高梅公司影剧编导和顾问。1935 年，在香港创办大观声片有限公司，拍摄《生命线》《抵抗》《边防血泪》《公敌》等影片。拍摄了《摩登新娘》等讽刺旧式婚姻制度的喜剧。追求较前卫的思想观念、较新的电影语言和较新潮的电影美术。1937 年，代表香港电影工作者向南京国民党中央电影检查会就不合理的粤语片禁拍、禁发行法令提出请愿。20 世纪三四十年代，携带《十九路军抗敌光荣史》《台儿庄大会战》等纪录片赴北美公演放映，在当地华侨界引起轰动。1945 年，在香港组建山月影片公司，拍摄以《复员泪》为代表的 30 多部影片。1976年，出版《中国银坛外史》，对香港电影历史进行搜集整理。（温明锐）

邓演达（1895—1931） 字择生。广东归善（今惠州惠阳区）人。早年加入同盟会，保定军校第六期毕业。1920 年赴福建漳州统率粤军宪兵队，成为孙中山的追随者。1924 年任黄埔军校教练部副主任兼学生总队队长，遭排挤，

邓演达

被迫辞职，赴欧洲。1926 年当选为国民党第二届候补中央委员，历任黄埔军校教育长、国民革命军总司令部政治部主任。武汉国民政府时期，历任行营主任，湖北省政务委员会主席，国民党中央执行委员、中央政治委员会委员兼中央农民部部长、中央军事委员会总政治部主任等职，支持农民运动，坚持与共产党人合作，要求提高党权，实行民主。四一二反革命政变后，主张东征讨蒋。后流亡欧洲，前往苏联，与宋庆龄等在莫斯科发表宣言，谴责蒋、汪，主张实行孙中山的革命主义。1930 年春回国，在上海成立中国国民党临时行动委员会，任总干事，号召推翻南京国民政府，建立农工平民政权。1931 年 8 月 17 日被捕，11 月在南京被秘密杀害。1981 年人民出版社出版《邓演达文集》。（张金超）

黄振士（1895—1931）　革命烈士。原名黄福生。黎族。海南陵水县（今陵水黎族自治县）黎亭峒坡村人。父亲黄宗贵是黎族峒长，从小受到较好教育，1915 年 5 月被选送到两广师范学校读书，后转入广东大学文学院学习，其间接触到马克思主义思想。1925 年春加入中国共产党，成为黎族第一批具有共产主义觉悟的革命知识分子，同时受党指派以个人身份加入国民党。四一二反革命政变后，在海南筹建陵水县农民自卫军开展武装斗争。1928 年被选为琼崖特委委员。1930 年 3 月调任中共琼崖特别委员会经济委员会任副主任。1931 年夏遭反动派杀害。新中国成立后被追认为革命烈士。（叶远飘）

黄福生　见"黄振士"。

虞炳烈（1895—1945）　建筑师、建筑教育家。江苏无锡人。1915 年毕业于江苏省立第二工业学校机织科高等班。

1921 年入法国里昂中法大学建筑专门学校。1929 年入法国国立巴黎高等美术学院建筑系。1930 年获法国国授建筑师文凭。1931 年

虞炳烈

入巴黎大学市政学院，任都市计划与市政研究员。1933 年回国，任国立编译馆建筑师。中央大学建筑工程系教授。1934 年任中央大学建筑工程系教授兼主任。全面抗战爆发后，任（重庆）复旦大夏联合大学土木工程系教授。1938 年任云南省建设厅技正兼省政府建筑委员会工程师。1939 年在越南海防、河内任中华商会规划师、建筑师。1940 年任中山大学建筑工程系主任、教授。1941 年在桂林创办国际建筑师事务所，在桂林、衡阳、赣州等地执行建筑师业务。代表作品有巴黎大学城中国学舍、南京国民政府办公楼、国民大会堂、国立中央图书馆等。在中山大学工学院任建筑工程系系主任期间，广延教师，加强教学力量；规划了韶关坪石的中山大学校区，设计了工学院、师范学院、医学院、车田坝新生部、文学院、理学院和法学院的办公、教学及住宿用房，对中山大学的在战时的正常办学起了重要作用。（彭长歆、顾雪萍）

李珠娘（Lee Choo Neo，1895—1947）新加坡首位华族女医生。李光耀姑母。祖籍广东梅州大埔，出生于新加坡。幼年就读于新加坡华人女子学校，后转入莱佛士女校。清宣统三年（1911）考取英国剑桥九号文凭。1912 年考入英王爱德华七世医科学校。1913 年参与义演，为上海中国红十字会筹募基金。同年 9 月，在英国伦敦《女王》杂志发表个人传记《新加坡华族女郎的一生》（The Life of the Chinese Girl

in Singapore），被公认为早期峇峇英文文学的代表作品。1915 年参与创办华人妇女协会。1919 年毕业于英王爱德华七世医学院，在竹脚妇幼医院任助理女外科医生。20 世纪 30 年代开设诊所，在抗战中救死扶伤。（沈毅秦）

黄雯（1895—1963）　医生。字兴文。广东新安（今深圳宝安）人。早年留学英国，先后在剑桥大学、英国御医学院就读。1931 年回国，任香港东华医院院长。1933 年，任上海女子医学院教授、上海粤民医院院长。后返粤创办岭南大学孙逸仙博士纪念医学院（即岭南大学医学院），担任院长。抗日战争爆发后，与粤港人士共同发起组织广州万国红十字会，担任会长，同时率领师生投入抗战救国前线。广州、香港沦陷时，组织岭南大学医学院顺利撤退。1938 年任广东省卫生处处长。1940 年，在仁化县设立军医院，在粤北各县设立 13 家荣军招待所。1945 年，组织随军医疗队配合前线突击队作战。1947 年，在基督教华南教区中华圣公会、华南万国医药救济会的支持下，在广州先烈南路创办华英医院（今广州市传染病院前身），任院长。1949 年回到香港开设医疗诊所。在香港病逝。译有《中西医生书刊》，发表《推行城市公医家医制度刍议》，创办英文杂志《世界论坛》《中国报》等。（周红黎、张书河）

冼玉清（1895—1965）　学者、文献学家、文献鉴藏家。别署琅玕馆主、西樵女士、西樵山人。原籍广东南海（今佛山南海区）西樵镇，出生于澳门。幼年在澳门受业于陈子褒主办的灌根学

冼玉清

塾。后入香港圣士提反女校进修英文，1918 年转学岭南大学附中。1920 年考入岭南大学，1924 年留任助教，继升讲师、副教授。新中国成立后继续任教于岭南大学，1952 年任中山大学教授兼中山纪念室（后称馆）主任。1956 年任广东省文史研究馆副馆长。1964 年病重时将巨额现金和股票捐给人民政府。陈三立赞其诗词"淡雅疏朗，秀骨亭亭，不假雕饰，自饶机趣"。毕生扎根岭南，献身教育事业和学术研究。有"不栉进士""岭南才女"之誉。著有诗文集《碧琅玕馆诗钞》《碧琅玕馆文钞》，学术著作《广东女子艺文考》《广东释道著作考》《粤东印谱考》《广东文献丛谈》，随笔《更生记》等。（邓丹、李彬）

何桐生（1895—1967） 中医学家。原名何凤照。广东新兴人。自幼随父学医。1915 年在肇庆市仁生堂药材店工作，后成为仁生堂的执业中医师。1944 年，在肇庆名中医云集的"医馆街"麒麟街自设医馆。新中国成立后，在高要县人民医院工作，并成为中医科的带头人。1962 年被授予"广东省名老中医"称号。擅长治疗内科、妇科、儿科疾病，尤精于治疗伤寒、哮喘、麻疹、习惯性流产、痢疾、月经不调等病证，创制专治哮喘的猴枣方。（周红黎、张书河）

何桐生

何凤照 见"何桐生"。

张坤仪（1895—1969） 书画家。岭南画派天风七子（周一峰、张坤仪、叶少秉、何漆园、黄少强、容漱石、赵少昂）之一。字幼华，号曲江女郎。

祖籍浙江山阴（今绍兴），居广州。13 岁肄业于女子师范学校。景仰高奇峰人品与画品，拜为师。又得覃孝方、池仲哲、高冠天诸家指点。所绘花鸟虫鱼，受高奇峰影响，笔力沉着，风骨嶙峋，作品有丈夫气而无柔媚之习。诗文词章，亦不让须眉。工书，跟随叶恭绰研习书法，笔墨雄强，跌宕生姿。岭南画派后续传承人中杰出的女性画家。传世作品有《吊兰》《荷花》《延年益寿图》《出尘图》等。（梁达涛）

何明华（Ronald Owen Hall，1895—1975） 中华圣公会华南教区主教、港澳教区主教。英国人。1922 年作为英国基督教学生运动代表，到北京参加世界基督教学生同盟大会。1932 年成为香港圣公会第七任会督，

何明华

改变以往英籍会督的做法，在任期间大力培育中国牧师，祝圣两位华人副会督。全面抗战时期，在广东从事社会救济工作，担任中国工业合作运动国际委员会主席。1944 年在广东肇庆破格按立李添嫒为全球圣公会第一位女牧师。1956 年受邀访问中国，列席第一届全国人大会议开幕式。新中国成立后首批受邀访华的西方教会领袖，被称为"红色会督"。著有《传教士的艺术》《中国与英国》《中国为自由而战》等。（吴青）

吴康（1895—1976） 哲学家、教育家。字敬轩，号任韦，别号锡园主人，广东平远人。1917 年考入北京大学哲学门，1920 年毕业。先后任职北京大学图书馆、江苏无锡国文专科学校、集美学校图书馆主任兼厦门大学预科教席。1922 年 8 月，改任广东高等师

范学校文史部专任教授，后任广东大学中国文学系专任教授，兼中国文学系主任、文科学长、图书馆主任。1925 年，以教授名义由校

吴康

派赴法国留学，获巴黎大学文科博士学位，旋至英、德研究欧西古代哲学两年。1932 年回国，任中山大学哲学系专任教授，兼哲学系主任、文学院院长。1935 年兼文科研究所主任。同年夏，任巴黎大学中国学院文学讲座，为期一年，并赴比利时、捷克演讲，被选为捷克国立东方学院通讯会员。1937 年回国，恢复原职，兼代中山大学研究院院长。1940 年秋，筹备中华文化学院，次年辞去中山大学全部职务。1942 年教育部令先设国文专科学校于粤北坪石。同年秋复任中山大学教授，兼文学院院长，1943 年兼哲学系主任。1945 年秋休假进修。后辞去中山大学兼职，专任哲学系教授，办理中华文化学院。1947 年，中华文化学院改为中华文法学院，次年经教育部核准立案，1949 年增设理工学院，成立文化大学，并在香港设分校。1949 年往港，1951 年赴台，任台湾"教育部"特约编纂。1954 年任台湾大学文学院哲学系教授。其间兼任台湾政治大学文学院院长，香港新亚书院客座教授，香港中文大学研究所导师。精通法文、英文、德文、拉丁文，主要从事中西文学、哲学、教育研究。力倡新人文主义，以探讨旧文明、输入新学艺、创造新文化为宗旨。持道中庸，为学覃思研精，作文沈博绝丽。著述有《人文教育哲学概论》《哲学大纲》《周易大纲》《尚书大纲》《宋明理学》《孔孟荀哲学》等二十余种及法文著作《春秋政治学说》（*Les Trois Theories Politiques du Tch'ouen Ts'ieou*）、

《汉籍考原》（*Histoire de la bibliographie Chinoise*），译有《近代教育史》《中世教育史》。主要论著收录于《吴康先生全集》（共 8 册）、《吴康先生全集续编》《吴康先生全集补编》。（谢明杏）

谭华牧（1895—1976） 画家。广东新宁（台山）人。1919 年自费考入日本东京美术学校西洋画科，1924 年毕业回国，与留日同学何三峰、陈士洁在广州创办主潮美术学校。民国年间，任上海艺术大学西洋画科主任，1928 年任中华艺术大学、广州市立美术学校教授。1929 年任上海美术专门学校教授。1946 年任广东省立艺术专科学校教授兼总务主任。20 世纪 40 年代末期，返澳门从事美术活动。新中国成立后定居广州。1956 年与关万里、谭智生、吴喜雨等组成澳门美术研究会，推为名誉副会长，加入中国美术家协会广东分会。1959 年开始成为在编广东画院画家。画风天真稚拙，介于后期"印象派"与"野兽派"之间，吸收文人画意新风尚，在美术界独树一帜。20 世纪最早尝试中西画风融合的现代艺术家之一，早在 20 世纪 20 年代即被视为新派洋画代表人物。存世作品有《春耕》《虎门风景》等。（梁达涛）

庄泽宣（1895—1976） 教育理论家。中国早期三大比较教育学者之一。原名庄泽岗。祖籍江苏常州，出生于湖北武汉。1916 年入清华学校（今清华大学），随后赴美国俄亥俄州立大学、哥伦比亚大学等校留学，先后获学士学位、文学硕士学位和哲学博士学位。1921 年到普林斯顿大学、英国牛津大学访学。1922 年回国，任教于清华学校兼职业指导部主任、专科筹备部主任。1925 年任厦门大学心理学教授。1926 年任中山大学教授，筹建

教育学系、教育研究所，讲授"教育原理""教育行政""民众教育"等课程。从事民众教育研究，编写民众教育课本《人人读》。1933 年当选为中国教育学会理事。1934 年任浙江大学教育系教授兼主任。1937 年任岭南大学文学院院长、教授。1941 年任国立社会教育学院教授兼研究所主任。1948 年赴巴黎，任联合国教科文组织复兴部研究组主任，主持联合国教科文组织战后文教损失调查。1950 年在马来西亚槟榔屿创韩江中学，推进华侨子弟中文教育。1952 年任新加坡联营出版公司总编辑，编辑印刷华侨学校教科书。为壬戌学制的起草者。毕生倡行新教育中国化。认为应该让教育伸展到社会各阶层去，强调大学扩充教育、部分时间教育和巡回教育。在比较教育、高等教育、职业教育、师范教育和民众教育等领域有深入研究。著有《教育概论》《各国教育比较论》《各国学制概要》《西洋教育制度演进及其背景》《各国教育的新趋势》《各国中等教育之扩张》和《如何使新教育中国化》等。（吴世勇）

庄泽岗 见"庄泽宣"。

王兴明（1895—1981） 艺术家。原名王显金，又名王景伦。海南临高县波莲镇美珠村人。被龙波墟琼剧武生孙发茂收为弟子，教以琼剧、粤剧唱腔以及台步、摔架、蹬马等武生基本功。1912 年被孙发茂介绍给琼剧名伶吴长生为弟子。1915 年又被吴长生介绍给鸡蛋班为南派武生。1918 年被文焕班聘为小武。1921 年参加十四班公司班，到南洋演出。1927 年被十五仔班聘为武生。1928 年在南洋被花旦陈雪燕看中，聘为武生。1930 年在南洋加入建悦班演出。1934 年回国参加成贵班。1936 年秋参加郑长和的琼雪梅

班，先后到新加坡、曼谷、金边、西贡、海防等地演出。因技艺出众，扮相英俊，华侨称之为"靓兴明"。致力于推动琼剧发展，向县委和文化部门请求重建临高县琼剧团。1977 年到海南各地物色演员，带徒授艺。被海南文化局聘为琼剧传统艺术研究班顾问。（叶远飘）

王显金 见"王兴明"。
王景伦 见"王兴明"。

李汉魂（1895—1987） 字伯豪，号南华居士。广东吴川人。1912 年入读广东黄埔陆军小学堂，后升入武昌陆军预备学校。19 岁考入广东法政专门学校，在学期间接受孙中山倡导的三民主义思想，加入同盟会。1919 年保定陆军军官学校毕业。1925 年 9 月

李汉魂

起，历任国民革命军第四军团长、师参谋长，率部参加北伐。1929 年随张发奎反蒋，失败后侨居香港。后任陈济棠部师长、副军长。1932 年驻防韶州，倡议成立"重修南华禅寺筹备委员会"，并带头捐资。1934 年派员到福建鼓山迎请虚云来任住持。1936 年指示曲江县勘定南华寺地界，支持住持虚云将南华寺由四合院式布局改造为阶梯式中轴线对称布局。全面抗战开始时，任第六十四军军长兼第一五五师师长，率部北上抗战。5 月在豫东克复日军占领之罗王寨，6 月参加武汉会战，在九江阻击日军。后升任第八集团军副总司令兼第二十九军团军团长。武汉失守后回粤，任广东省主席兼保安司令。1939 年兼第三十五集团军总司令，指挥所部在粤北抗敌。主政广东期间，鼓励华侨投资、垦荒

植林。抗战胜利前夕调任第三战区副司令长官。抗战胜利后赴欧美20余国游历。1949年初回国，被委任为海南特别行政区长官，未赴任，改任李宗仁"总统府"参军长。10月中旬辞职去香港，后到美国侨居。1982年应邀回北京、广东等地探亲、访问。病逝于美国，骨灰送归南华寺海会塔安葬。著有《梦回集》《李汉魂将军日记》《我是沙场一过客——北伐战争回忆》《欧游散记》《岳武穆年谱》等。（张金超、李福标）

周善之（1895—1984） 伊斯兰教教长。原名周嘉恩。回族。江苏镇江人。青年时期在苏州学习阿拉伯文和《古兰经》，1920年任广州怀圣寺阿訇，并在濠畔寺经文大学深造。1924年大振公司侵占桂花岗回族坟场，促使政府发布《保护回教坟场布告》。1926年任广州南胜寺伊玛目。1929年任广州清真小学校长。1930年中国回教俱进会粤支部成立，被选为主席。1934年主持重修怀圣寺。1935年正德学校侵占天平架回族坟场，联合教胞向法院成功起诉。1938年10月广州沦陷，拒绝日伪利诱，避居香港，与马仁峰等教胞建立回教难民营。抗战胜利后任复办清真小学董事长。1946年中国回教协会广州分会成立，为首任理事长，同年在南胜寺创办慈幼院。与马瑞图、陈焕文等发起创办《天方学理月刊》《怀圣》等伊斯兰教刊物，又在电台开设伊斯兰教知识讲座，亲自主讲回教修养法及伊斯兰教知识。1953年5月代表广州穆斯林出席中国伊斯兰教第一次全国代表大会。1956年与沙梦弼、马季显、杨汉光、杨栋材等阿訇发起成立广州市伊斯兰教协会倡议，协会成立后当选副主任。（马建春、李蒙蒙）

周嘉恩 见"周善之"。

朱庭祜（1895—1984） 地质学家。字仲翔。上海川沙人。1916年毕业于北京农商部地质研究所，毕业后在农商部地质调查所工作。1922年获美国威斯康星大学地质系硕士学位。1923年在美国明尼苏达大学地质系攻读博士学位。1925年创

朱庭祜

办云南省地质调查所，任技师。1927年，任两广地质调查所技正、副所长、所长，兼中山大学地质系教授。1928年以地质专家身份参与西沙群岛科学考察，撰写《西沙群岛鸟粪》调查报告，填补中国在这一地区的地质学空白。1931年任安徽省教育厅厅长。1932年任中央大学地质系教授兼行政院农村复兴委员会地下水研究组主任。1935年任贵州省地质调查所所长。1936年任浙江大学教授。1939年任重庆盐务总局盐业研究所研究员、技术处处长兼重庆中央大学地质系教授。1946年任台湾省盐务管理局局长。同年任浙江大学史地系教授，兼总务长和浙江省地质调查所所长。1953年任地质部水文地质工程地质局总工程师。第四、五届浙江省政协委员。最早发现井陉铁矿及云南昆阳磷灰岩矿。培养了陈国达、黄秉维、徐克勤、朱夏等著名地质地理学者。中国早期地质事业开拓者之一。著有《调查直隶井陉县地质矿产报告》《广东花县赤坭河附近地质报告》《广西贵县横县永淳邕宁宾阳五属地质矿产》等；创办有《两广地质调查所所刊》和《浙江地质》等专业刊物。（倪根金）

彭湃（1896—1929） 无产阶级革命家，中共早期农民运动领导人之一，广东海陆丰起义组织者。又名彭天泉、彭汉育。广东海丰人。1917年赴日本

入读早稻田大学，组织进步团体赤心社。1921年回国，加入中国社会主义青年团，任海丰教育局局长。1922年因领导五一游行被撤职，同年开始组

彭湃

织农会。1923年创建中国第一个县农会海丰县总农会，任会长，后任广东省农会执行委员会委员长。1924年转中国共产党党员，7月，创办广东农民运动讲习所，任第一届主任，创立广东农民自卫军，任总指挥。1925年任中共广东区委委员、农委负责人、国民党广东省党部执行委员兼农民部部长，参与领导陆海军大元帅府铁甲车队和广宁农民自卫军，反击地主武装，任中共海陆丰地委书记、广东省第一届农民协会副委员长。1926年任中共汕头地委常委、中共中央农民运动委员会委员。1927年至武汉中央农民运动讲习所工作，被选为中共第五届中央委员。南昌起义时任中共前敌委员会委员，随起义部队南下广东，任东江农民自卫军总指挥。八七会议上被选为临时中央政治局委员。同年10月，参与组织海陆丰起义，领导建立海陆丰苏维埃政府，后任中共东江特委书记。广州起义时任广州工农民主政府人民土地委员（未到职）。1928年1月，指挥工农革命军第二师、第四师和农民武装打游击战。6月被选为中共第六届中央委员、中央政治局候补委员（后补选为政治局委员）。11月到上海工作，任中共中央农委书记、中央军委委员兼江苏省委军委书记。1929年8月因叛徒出卖被捕，遇害于上海龙华。著有《海丰农民运动》等。（张金超）

彭天泉 见"彭湃"。
彭汉育 见"彭湃"。

杨匏安（1896—1931） 无产阶级革命家。原名杨锦焘，笔名匏庵。广东香山南屏乡（今珠海香洲区南屏镇）人。早年留学日本。五四运动期间在广东《中华新报》发表宣传马克思主义的文章，在华南地区传播马克思主义。1921年加入中国共产党。

杨匏安

同年10月，任社会主义青年团广东区委代理书记，从事学生工作。在石井兵工厂组织工人团体"十人团"，任粤汉铁路局广州分局编辑主任。1923年参加改组国民党。国共第一次合作后，任国民党中央组织部代理部长、国民党中央执行委员会常委。1925年参加省港大罢工。1927年参加中共五大，当选为中共中央监察委员，后参加八七会议。次年到南洋各地开展革命活动。1929年回上海，在中共中央宣传部从事编译工作，宣传马克思主义。次年任中共中央农民部副部长。1931年7月在上海被国民党当局逮捕，次月英勇就义。1996年中央文献出版社出版《杨匏安文集》。（张金超）

杨锦焘 见"杨匏安"。

芬茨尔（1896—1936） 林业专家。出生于德国巴伐利亚州纽伦堡。1922年毕业于明星大学（今慕尼黑大学）林学院。1932年获林学博士学位。1927年应中山大学委员会委员长戴季陶之聘，任农学院森林系教授兼附设第一模范林场（现广州白云山风景名胜区）主任。1929年与沈鹏飞等进行中国最早的森林经理调查，编制的《白云山模范林场森林施业案》，是中国最早的森林施业案之一。相继开辟广东东江、西江、北江、南路各处林场和生产苗圃。1933年任西北农林专科学校森林组教授兼实验林场主任、陕西省林务局高等顾问兼副局长，主持西北林业调查与造林工作。对人工育苗、造林、保护天然林、林业行政组织、林业法规、水土保持等均有精到论述。享有"林业白求恩"和"教坛洋后稷"盛誉。在华期间著有《中国森林问题》《自然环境与林业之关系足以影响广东农业经济论》《广东省造林工作及苗圃设施之实际方法》《广东省暂行森林法规案》《西北造林论》等。（陈世清）

马瑞图（1896—1945） 伊斯兰教教长。原名马玉龙，字瑞图，经名奥斯曼，道号乐真子。回族。云南玉溪人。

马瑞图

出身于伊斯兰教经师世家，云南省著名经师马联元之孙。自幼随父在大营、沙甸学习伊斯兰经典，长期自修汉文。1918年起任蒙自县鸡街清真寺（今属个旧市）教长，后与其父同获聘昆明振学社高等经书并授学校教员。1927年先后任广州濠畔寺和南胜寺教长，在濠畔寺创办回文大学。1936年受广州五坊清真寺公请将回文大学迁至南胜寺。与陈焕文、周善之等创办《天方学理月刊》宣传伊斯兰文化。全面抗战时期返回云南，任蒙化小围埂寺（今云南巍山永建乡小围埂村）教长。译著、专著有《回教认一论》《穆罕默德的默示》《清真礼法问答》《伊斯兰教经典问答》《清真信仰问答》等。（马建春、李蒙蒙）

马玉龙 见"马瑞图"。

叶挺（1896—1946） 中国人民解放军创建人和新四军领导人、军事家。原名叶为询，字希夷。广东归善（今惠州惠阳区）人。1912年考入广东陆军小学堂。1914年升入武昌陆军第二预备学校。1917年以优等生资格进入保定陆军军官学校工兵科深造。1919年初投

叶挺

身民主革命，加入中国国民党。1921年任孙中山的建国陆海军大元帅府警卫团第二营营长。次年6月陈炯明叛变时奉命守卫总统府，掩护宋庆龄脱险。1924年赴苏联，入莫斯科东方劳动者共产主义大学和红军学校中国班学习，同年10月加入中国社会主义青年团，12月转入中国共产党。次年回到广州，任国民革命军第四军参谋处处长，参加第二次东征。不久参与组建以共产党员为骨干的第四军独立团，任团长。1926年在北伐中率独立团为先遣队，在湖北汀泗桥和贺胜桥等战役中屡建战功，被誉为"北伐名将"，第四军赢得"铁军"称号。北伐军占领武汉后，升任第四军第二十五师副师长、第十一军第二十四师师长。1927年8月参加领导南昌起义，后任前敌总指挥兼第十一军军长。12月参与领导广州起义，任起义军工农红军总司令。起义失败后，流亡欧洲，后到澳门隐居，与党失去联系。全面抗战爆发后，参与组建新四军，任军长，开展游击战争。1939年5月，在皖中成立新四军江北指挥部，在皖东敌后建立抗日根据地。1940年冬任华中新四军八路军总指挥部总指挥。1941年1月皖南事变中被国民党扣押，作《囚歌》明志。1946年3月4日获释，致电中共中央要求重新加入中国共产党，获准。4月8日自重庆赴延安，因飞机失事在山西兴县黑茶山遇难。（张金超）

叶为询 见"叶挺"。

邝炳舜（1896—1947） 美国华侨企业家、侨领。字修词。广东新宁（今台山）人。就读于岭南大学附中。1918年毕业后，赴美国斯坦福大学留学，后辍学参加工作，参与侨界各项活动。1924年出任中华总商会常务委员长。任旧金山商会会长。参与旅美

邝炳舜

侨胞的抗日救亡活动，1936年担任旧金山中华民国抗日救国会主席。全面抗战爆发后，出任旅美华侨统一义捐救国总会主席，以多种形式开展抗日"一碗饭运动"。1941年美国政府实施只限于援助英国的租借法案，得悉后发动侨胞开展国民外交，要求对中国给予同等待遇，获成功。1942年当选国民参政会参议员。1943年在美国创办中国飞机制造厂，任总经理。该厂1944—1945年间共生产1000架轰炸机的后段机身，装备空军机队。1946年当选国民大会代表，回国参加制宪会议。（黎景光）

傅斯年（1896—1950） 历史学家、古典文学研究家。初字孟簪，后字孟真。山东聊城人。清宣统元年（1909）就读于天津府立中学堂。1913年考入北京大学预科。1916年升入北京大学文科国文门。1918年夏与罗家伦等创办《新潮》月刊。

傅斯年

1919年参加五四运动，任游行队伍总指挥。同年底前往英国爱丁堡大学留学，先后在伦敦大学、柏林大学学习，研究实验心理学、物理、化学和高等

数学。1926年冬回国。1927年被中山大学聘为教授、代理文学院院长，兼中国文学和史学系主任。同年创立中山大学语言历史学研究所，任所长。1928年应蔡元培之邀于广州筹办中央研究院历史语言研究所，同年10月成立后担任所长，前后领导史语所23年。九一八事变后力主对日抗战。全面抗战爆发后，投身抗战救国的文化工作。1936年后，先后任中央研究院总干事、国民参政会参政员、北京大学代理校长。1945年7月与黄炎培、章伯钧等5位参政员访问延安，受到毛泽东主席接见。1948年当选国民政府立法委员，同年当选为中央研究院院士。1949年前往台湾，后任台湾大学校长。在历史学、考古学、中国古代哲学、中国古代文学、文献学等方面均有研究与贡献，尤以上古史研究与中国哲学研究方面见长，为中国古代史学科的发展成熟作出卓越贡献。其创办的中山大学语言历史学研究所奠定了该校历史学科的基础。在主持中央研究院历史语言研究所期间，领导并推动安阳殷墟的发掘工作，为中国的考古学、历史学研究作出了奠基性贡献。在明清史研究、东北史研究、《史记》研究、中国古代文学史研究等方向也作出了突出成绩。著有《夷夏东西说》、《东北史纲初稿》（第一卷）等。1980年台湾联经出版事业公司出版《傅斯年全集》《傅斯年遗札》等。（尹玉琪）

严珊珊（1896—1952） 电影演员。原名严淑姬。出生于广东南海（今佛山南海区）。毕业于香港懿德师范学校。辛亥革命时参加过广东北伐军女子炸弹队。1913年，在《庄子试妻》中饰演婢女，成为中国电影史上第一位女演员。1924年后出演了《胭脂》《和平之神》《复活的玫瑰》《五女复仇》《再世姻缘》等。1928年息影。（温明锐）

严淑姬 见"严珊珊"。

何思敬（1896—1968） 法学家、马克思主义经典著作翻译家。原名何浏生，别名何畏。浙江余杭（今杭州余杭区）人。1916年留学日本读预科。1920年考入东京帝国大学（今东京大学）攻读法学和哲学。1926年获学士学位。1927年

何思敬

回国后，任中山大学教授、法科主任，与鲁迅、成仿吾、郑伯奇和熊雄等进步人士接触。四一二反革命政变时，在校内掩护中共地下党员和革命青年。1931年到上海准备赴德国学习。其间，参加反帝大同盟和中国社会科学家联盟、创造社等进步组织。九一八事变后，放弃德国留学机会，参加上海文化界反日大同盟等组织的革命活动。1932年加入中国共产党，重回中山大学担任社会学系教授，讲授"资本论""唯物辩证法"等课程，宣传党的抗日救国主张，指导进步学生建立中共外围组织突进社、中国青年同盟等。1936年，在香港主持全国各界救国联合会华南总部工作。1938年赴延安，历任中国人民抗日军事政治大学教员、延安大学法学院法律系主任、中央党校研究员、政策研究室负责人等。1945年，以中共代表团法律顾问身份，随同毛泽东、周恩来赴重庆参加国共谈判。解放战争时期，任中共中央办公厅法律组副组长、中央法律委员会委员等职。新中国成立后，历任北京大学法律系教授，中国人民大学教授、法律系和哲学系主任，中央法律委员会委员，外交部条约委员会委员。对马克思主义及其法学有精深研究，精通日、德、英等国文字，是新中国第一部宪法主要起草人之一，

为传播马克思列宁主义和培养政法干部和理论干部作出突出贡献。著有《马克思的国家与法权学说》《〈资本论〉自修》《宪法谜语分析》《论言论自由问题》《介绍恩格斯〈家庭、私有制和国家底起源〉一书》《历史唯物主义的科学性》《读〈家庭、私有制和国家的起源〉》《黑格尔的逻辑学》《哲学研究》等。译有马克思《哥达纲领批判》《哲学底贫困》《国民经济批判大纲》《价值形态》《资本论》《经济学——哲学手稿》。（李敏玲）

何浏生 见"何思敬"。

叶木养（1896—1968） 花朝戏演员。广东紫金人。少年时就读紫金县初级师范学校，酷爱音乐，喜吹唢呐。21岁入定长春班，师从叶春林，专工丑行，亦习生行。以演《卖杂货》《三官进房》等剧出名。1936年，与五华县旦行邹四一起创建紫华春班，一丑一旦是同行中的佼佼者。吹、打、拉均擅长，丑行、生行亦专长。1949年以后热心参加花朝戏改革工作，悉心传艺，继承叶春林开创的事业，对花朝戏艺术的传承起承先启后的作用。1956年，应聘担任紫金县花朝戏艺术研究小组副组长。1960年起担任紫金县花朝戏戏剧团艺术指导，先后培养钟甲先、黄桂亮、叶锦星、温金池等花朝戏的第三代艺人。对花朝戏的改革发展卓有贡献。（刘红娟）

陈星照（1896—1972） 广东汉剧演员。人称细丑。福建诏安人。12岁进入外江戏科班，师从李祝三。出科后先后于新舞台、荣天彩、老三多、新天彩搭班。1953年加入艺光汉剧团，1956年担任广东汉剧团二团团长。中国剧协广州分会理事。擅演官袍丑，兼演小袍、短打与女丑。代表剧目有《洛阳失印》《偷油》《活捉》《审六曲》《青草记》等。（陈燕芳）

细丑 见"陈星照"。

陆丹林（1896—1972） 编辑出版家、作家、书画鉴藏家。号非素、长老，别署红树室、枫园。广东三水（今佛山三水区）人，出生于广州。早年肄业于广州达立学堂，后入培英学校。辛亥前接受革命思想，清宣统三年（1911）加入同盟会。民国初年客居上海，加入南社。1917年，入广州军政府任职。1918年，参与朱执信领导的顺德民军起义，讨伐军阀莫荣新。后供职于广州博济医院，主编《博济月报》，兼编《警魂报》及《自理报》。1922年起寓居上海，任中华道路建设协会编译部主任，连续16年主编《道路月刊》，编辑出版有关道路、市政的图书。短暂出任《中国晚报》总编辑。1935年后致力于文艺、美术，任上海中国艺术专科学校、重庆国立艺术专科学校教授。1937年初，任《逸经》半月刊（从22期起至1937年8月20日第36期停刊）主编。《逸经》停刊后，参与编辑出版《〈逸经〉〈宇宙风〉〈西风〉非常时期联合旬刊》。上海沦陷后转赴香港，与简又文一起创办并主编《大风》旬刊，宣传抗战，出至第101期香港沦陷而停刊。其间参与叶恭绰主持的广东文物展览会的筹备工作，重点负责展览图录的编辑工作。抗战胜利后返沪，任职于上海工务局。《逸经》《大风》为民国时期著名文史掌故刊物，发表近现代历史文化名人的史迹资料，是研究中国近现代史的重要历史文献。与美术界关系密切，参与编辑出版《蜜蜂画刊》

陆丹林

《国画月刊》《美术年鉴》等重要美术书刊。喜集文物书籍。富藏张大千、吴湖帆、黄宾虹等名家字画。著有《革命史谭》《革命史话》《当代人物志》《市政全书》《道路全书》及诗词集等。（金炳亮、左鹏军）

黄妹（1896—1975） 广绣艺人。别字荷影。原籍广东新会（今江门新会区）。少随师父周云生学绣绸巾"洋庄货"，后转学绣画，对广绣针法深入钻研，成为绣画片名师，人称"绣花状元"。1938年绣《耶稣像》。1943年作《金鱼戏水图》，没有水波纹却生动表现出金鱼半浮半沉、游泳自得的神态。1960年被广州市人民委员会授予"老艺人"称号。作品有《白鸽图》《鹰松图》《老虎下山图》《猴子揽月图》《八仙闹东海》《颐和园万寿山图》等。（彭圣芳）

韦悫（1896—1976） 现代语言文字学家、教育家。原名韦乃坤，别号捧丹，笔名普天。广东香山（今中山）人。早年参加辛亥革命。1915年入美国俄亥俄州奥柏林学院，获文学士学位。继入芝加哥大学研究院，获哲学博士学位。1921年回国，任岭南大学、广州高等师范大学教授，代表中国出席美国太平洋教育会议。孙中山就任中华民国非常大总统，任其为秘书兼革命政府外交部秘书。1923年任广东省教育委员会委员兼任岭南大学、广州高等师范教授。1925年，任武汉国民政府外交部秘书、司长和教育行政委员会委员。1928年后，任上海市教育局局长，提倡"行验教学法"，主张以行动为学习的方法，学习为行动的试验。1929年到南京任中央大学

韦悫

教育学院院长、南京中央实验小学校长，兼任复旦大学、大夏大学、光华大学、暨南大学教授。1930 年任上海青年会教育干事兼该会中学校长。全面抗战爆发后，在上海租界接办《上海译报》，任总经理；创办《上海周报》，任总编辑。参与接济八路军和新四军的工作。1942 年任江淮大学校长。1945 年任苏皖边区政府副主席。1948 年筹办华东大学，任校长。新中国成立后，历任上海市副市长、教育部副部长兼任中国文字改革委员会常务委员、副主任。1952 年任中华全国体育总会副主席。1956 年任中央扫盲工作委员会委员及中央推广普通话工作委员会委员。《中国语文》杂志社社长。1959 年任华侨大学代理校长。第一、二、三届全国人大代表，第一届全国政协委员。致力于汉字改革和语文建设，中国文字改革运动倡导者之一。著有《文字改革和汉字简化》《关于汉字简化的几个原则性问题》《关于修改汉语拼音方案（草案）的几个问题》《德国教育思想概论》《中国教育的改造》《韦悫言论集》。（吴世勇）

韦乃坤　见"韦悫"。

张发奎（1896—1980）　字向华。广东始兴人。1912 年考入广东陆军小学堂，加入同盟会。1916 年于武昌陆军第二军官预备学校毕业，回粤军任副官、营长等职。1923 年任粤军第一师独立团团长。1925 年率部参加两次东征陈炯明和南征等战

张发奎

役，年底任国民革命军第四军第十二师师长。北伐战争时相继升第四军副军长、代兼第十一军军长、第四军军

长。宁汉分裂后，拥汪反蒋。6 月被武汉国民政府任命为第四集团军第二方面军总指挥。7 月宁汉合流，追随蒋汪反共。11 月 17 日在广州发动反对李济深的军事政变。次月同李福林等部镇压广州起义。同月被粤军李济深、桂军黄绍竑部联合击败，后赴日。1929 年蒋桂战争中任蒋军第一路军司令，后又联合桂系反蒋。次年参加蒋冯阎战争。1931 年 6 月任广州国民政府军事委员会委员。次年 10 月游历欧美，返国后任皖浙赣闽 4 省边区总指挥。1937 年 8 月参加淞沪会战，任第八集团军总司令、右翼军总司令。1938 年参加武汉保卫战，任第九战区第二兵团总司令。次年任第四战区司令长官。1945 年 3 月，改任第二方面军司令长官，10 月晋升陆军二级上将。指挥所部参加淞沪、武汉、昆仑关、桂柳等战役。1946 年春任广州行营主任兼广东绥靖公署主任。次年 11 月调任战略顾问委员会委员。1949 年 3 月任陆军总司令，7 月被免职，寓居香港。（张金超）

谢易初（Ekcho Chiawaranont，1896 —1983）　泰国华侨企业家、农艺家。原名谢进强。广东澄海（今汕头澄海区）人。1922 年移居泰国，在曼谷嵩越路创办正大庄，后经营菜籽，成立正大庄菜籽

谢易初

行。1936 年创办正大庄蔬菜培植试验农场，1937 年在合艾、1941 年在吉隆坡分别创办正大栈。二战期间被迫停业，战后改事鸭毛出口业。1948 年返回澄海，创办种子农场。1949 年在汕头创办光大庄，从事菜籽外销业。1952 年任澄海县冠山实验农场（后改名国营白沙农场）技术员、副场长。培育出"澄

南水稻""白沙狮头鹅""白沙早百玉米""白沙早花椰菜 11 号""白沙杂交早萝卜""白沙中花椰菜""白沙早椰菜""鸡心早大菜"等优良品种。历任澄海县首届人大代表、澄海县侨联主席、中国侨联委员、广东省侨联委员、全国政协委员等职。1953 年在泰国成立卜蜂集团。1974 年任香港正大国际投资有限公司董事会主席。1979 年捐资建造澄海华侨医院。其子遵其遗嘱捐资兴建澄海华侨中学易初科技馆。（沈毅秦、杨月歆）

谢进强　见"谢易初"。

林逸民（1896—1995）　城市规划推行者。广东新会（今江门新会区）人。早年毕业于广东岭南大学、唐山交通专门学校。后赴美留学，1923 年获美国普渡大学（Purdue University）学士学位。1921 年归国后任职广州工务局，并在岭南大学任教。1923 年，赴欧美游学并于哈佛大学学习城市规划。1928 年回国，任国民政府首都建设委员会国都设计专员办事处处长，参与南京都市设计计划、南京中山陵工作。1929 年担任葫芦岛筑港工程指挥。1936 年任广州工务局局长。后居美国。岭南大学医学院（中山医科大学前身）创始人之一。（彭长歆、顾雪萍）

薛岳（1896—1998）　原名薛仰岳，字伯陵。广东乐昌人。1909 年参加同盟会。早年就读于广东黄埔陆军小学堂、武昌陆军第二预备学校。1916 年考入保定陆军军官学校第六期。1918 年任粤军连、营长。1921 年任广州孙中山警卫团第一营营长。1923 年调回粤军，先后任第一师团长、师参谋长，

薛岳

参加东征。北伐战争期间，任国民革命军第一军第一师代理师长。1927年12月，率部镇压广州起义，任第四军副军长。1930年随张发奎支持冯、阎反蒋，失败后避居香港。1933年5月，任庐山军官训练团总队长，旋任第五军军长、第六路军总指挥，参与对红一方面军的第五次"围剿"。次年1月，率部进犯中央革命根据地。后任第二路军前敌总指挥。1935年2月，任贵阳绥靖主任，5月任贵州省代主席。全面抗战时期，任第一兵团总司令、第九战区司令长官等职。1938年10月，率部在江西德安万家岭重创日军。1939—1944年，在长沙地区抗击日军4次进攻。1946年5月，任徐州绥靖公署主任，进攻苏北、安徽、山东各解放区。次年5月，调任国民政府参军长。1949年1月任广东省政府主席，年底兼海南防卫总司令。次年4月，在海南岛与解放军作战，失败后逃往台湾。任"总统府"战略顾问、"行政院"政务委员、"光复大陆设计委员会"主任委员。（张金超）

薛仰岳 见"薛岳"。

麦锡舟（Emest Chewan Mark，1896— ？） 加拿大侨领。出生于广东。清光绪三十四年（1908）移居加拿大多伦多。宣统二年（1910）参加创办多伦多中华基督教青年会。1923年参加反对中国移民法案（四三苛例）的斗争，任全加华侨抗争移民苛例总局英文秘书。1925年，任加拿大太平洋铁路公司的加拿大东部华人客运代理商，兼任《醒华日报》编辑，后升任主编。1938年，与刘维炽、黄卫青、林雨亭、黄云友、江景濂、郑建国等共同发起安大略省驻多伦多华侨统一抗日救国总会。总会运作至1946年2月，其间为支援抗战募捐近70万美元。1930—1958年，担任麦氏宗亲组织麦始兴堂主席。（黎景光）

李春涛（1897—1927） 报人。曾用名景山、赤鳞。广东潮州人。1918年入日本早稻田大学，开始接触和学习马克思主义。1920年10月，与彭湃等创立研习马克思主义的赤心社，创办《赤心》杂志，任主编。1921年9月回国后任潮州金山中学教务长、代校长。创办《金中月刊·进化》，任主编，公开宣传社会主义。1922年与彭湃共创《赤心周刊》，任主编，与陈炯明的《陆安日刊》展开论战。参与彭湃领导的海陆丰农民运动。1924年与杜国庠等在北京参加列宁追悼大会，会后编辑出版《列宁逝世纪念册》《社会问题》。1925年参加第二次东征，撰写《东征纪略》；12月，兼任毛泽东主编的《政治周报》编辑。1926年1月，在接收汕头反动报纸《平报》基础上，创办《岭东民国日报》，任社长。因宣传工农运动，受到国民党右派忌恨。1927年2月，被免去《岭东民国日报》社长职务；3月，任中共创办的《岭东日日新闻》主编。四一二反革命政变后被国民党反动派杀害。（金炳亮）

罗益才（1897—1935） 西秦戏演员。广东海丰人。顺太平科班出身，能文善武，有"第一好老生"之称。民国初年参加顺泰源班，在陆丰甲子镇与徒弟黄发（旦）合演《活捉三郎》和正字戏老永丰班斗戏，演技精湛。清末至民初，执教于西秦戏的最后一个科班和天乐班，培养了老生曾月初、文武生罗宗满、武生林咏、黄杰、老旦曾炮、红面陈夸等，并成为各个行当的行柱。西秦戏艺人尊称为"益才公"。（刘红娟）

阮啸仙（1897—1935） 无产阶级革命家。名阮熙朝，字瑞宗，别字晃曦。广东河源人。1918年秋考入广东省立甲等工业学校。1920年加入中国社会主义青年团。次年任中国社会主义青年团两广区委书记，加入中国共产党。1923年任中共广东区党委农民运动工作委员会书记，广州农民运动讲习所政治教员、第三届所长。大革命失败

阮啸仙

后，任中共广东省委组织部部长、上海市委宣传部部长、中共中央北方局组织部部长、中华苏维埃共和国临时中央政府中央执行委员兼审计委员会主任等职。1928年，当选为中共第五届中央委员、第六届中央审查委员会委员。首任中共中央审计处处长。中央红军主力长征后，留在赣南坚持斗争。1934年，任中共赣南省委书记兼赣南军区政委。1935年3月6日，在会昌对敌作战中牺牲。著有《中国农民运动》等。（张金超）

阮熙朝 见"阮啸仙"。

杜其章（1897—1942） 字焕文，别号小浣草堂主人。福建泉州人。早年参加反清革命，民国建立后，赴香港经商。1927年在香港发起书画文学社，创办《非非画报》，任社长兼督印，以保存国粹为宗旨，被推为永远会长。抗战时期，在香港、澳门、广州等地开办书画展览会，宣传抗敌救国；开展出版、教育和慈善赈灾等事务，以书画融入社会，推动香港艺术发展。1937年成立香港中华艺术协进会，被推为主席。1938年11月厦门青年战时服务团儿童救亡剧团抵港，莅临现场检阅并讲话。长于文学艺术，尤以书画为最，被推为香港书画文艺界领袖。任香港东华医院总理、保良局总理、香港中华艺术协进会主席、香港文化事业社董事长、中华学术会顾问。（罗志欢）

甘乃光（1897—1956） 经济学家、档案学家。字自明。广西岑溪人。1922年岭南大学经济系毕业。1924年任黄埔军校英文秘书兼政治教官、国民党实业部代理部长。1926年在国民党第二次全国代表大会被选为中央执行委员、中央常务委员、青年部部长。5月任国民党中央党部农民部部长。1927年任广州市市长。1928年赴美国芝加哥大学研究院学习。1932年任内政部政务次长。全面抗战爆发，任国防参议会秘书长。1938年任国民党中央党部副秘书长。1945年任国民党外交部政务次长。1947年任国民党行政院秘书长。1948年当选为国民大会主席团主席。同年5月出任驻澳大利亚大使。20世纪30年代任国民政府内政部次长期间，倡导"文书档案改革运动"，推行"文书档案连锁法"。撰有《文书档案改革运动的回顾与展望》《文书档案连锁法之试验》；著有《先秦经济思想史》《中国国民党几个根本问题》等；译有《美国政党史》。（柏峰）

张云（1897—1958） 天文学家。中国变量研究开创者。字子春。广东开平人。1920年公费留学法国，先后在中法大学、里昂大学获得理科硕士、天文学博士学位。1927年回国后一直任教于中山大学理学院，后任天文系主任。

张云

1929年创建中国高校最早自办的天文台——中山大学天文台，创办《国立中山大学天文台两月刊》。1937年在石牌再建天文台。1941年任中国日全食东南观测队队长，次年在粤北坪石建起简易观测室。1947年在美国哈佛大学讲学期间，协助张钰哲发现了一颗新的食双星，年底又发现一颗北冕座R型新变星。主要从事食变星、物理变星的测光，造父变星的统计和脉动理论等研究。对中国天文教育事业有所贡献。著有《高等天文学》《普通天文学》《20世纪之科学》《天文学讲话》《地球、月球》等；译有《天河系统和螺旋星云》《星的光学分类》《星球和原子》《冥王星》等科普作品。（曲静）

彭家元（1897—1966） 土壤学家。四川金堂人。1914年入北京农业专门学校。1920年留学美国伊里诺斯大学攻读土壤肥料学，获农学学士学位。1923年获艾奥瓦州立大学农学硕士学位。1924年任教于北京农业大学。1926年任教福建厦门集美农林学校。1928年聘为中山大学农学院教授兼农林化学系主任。1929年与邓植仪创建广东土壤调查所，兼任技正。1934年，与邓植仪、陈方济等倡议成立中华土壤肥料学会，并与邓植仪共同主编《土壤与肥料》（季刊）。1935年出版的《肥料学》是中国最早大学肥料学教科书。1937年与邓植仪合编出版的《土壤学》是中国早期大学土壤学教科书之一。同年任武汉大学农学院教授。1938年任四川省稻麦改进所（后并入四川省农业改进所）技正兼农林化学系主任、农事试验总场场长。1939年后一直任职于四川大学农学院、四川农学院。主要从事土壤调查工作。在广东中山、南海、三水等20多个县进行土壤调查，出版土壤报告10余册，基本查清了土壤类型、利用改良方式、生产问题及培肥途径等。还著有《土壤细菌对于矿物成分之变化》《广东土壤中氮素固氮菌之分离研究》《直接利用西沙群岛海鸟粪之研究》等。（陈志国）

古大存（1897—1966） 原名古永鑫，字斛咸。广东五华人。1921年考入广东法政专门学校。1924年加入中国共产党。在广州组织成立五华青年同志会，创办并主编

古大存

《春雷》宣传革命思想。1925年任广东革命政府东征军第二师政治宣传队负责人，参加第一次东征。同年入中共广东区委训练班学习，被派回五华，组织发动农民运动，配合第二次东征。1927年9月任五华县革命委员会主席，参加海陆丰武装起义。1929年任中共东江特委军委书记。1930年5月当选红军第十一军军长及东江苏维埃政府副主席。11月被推选为中华苏维埃共和国临时中央政府委员。1933年任东江红军游击总队东江游击队总政治委员。1938年任中共广东省委统战部部长。次年底，率南方各省出席党的七大代表团赴延安，参加整风运动，在中央党校先后担任党支部书记、一部主任。解放战争时期历任中共中央东北局西满分局秘书长、东北局组织部副部长、东北行政委员会交通部部长。新中国成立后，历任广东省副主席、中共中央华南分局常委、中共广东省委副书记兼广东省副省长等。中共第七、第八届候补中央委员。第一、三届全国人大常委会委员。1957年被诬为"地方主义反党集团"成员受到错误处分，下放增城县任县委书记。著有《古大存回忆录》。（吴婉惠）

古永鑫 见"古大存"。

屈向邦（约1897—约1967） 学者、收藏家。字沛霖，号荫堂。广东番禺（今广州）人。从汪光铺游，好搜集金石书画，与叶恭绰、易孺交甚笃。著有《粤东诗话》《荫堂诗集》《荫

堂笔记》《诵清芬室印集》等；辑有《诵清芬室藏印》等；与邬庆时合编有《广东诗汇》。（薛超睿）

莫古礼（Floyd Alonzo McClure，1897—1970） 竹类分类学家。美国人。1919 年在俄亥俄州立大学获得硕士学位后，即前往中国。长期在岭南大学教授经济植物学，多次在广东、福建及越南等地采集标本，发表众多新类群。抗战期间返回美国，担任美国农业部有关竹类植物的顾问。20 世纪 40 年代，被任命为美国国立自然历史博物馆名誉研究员。所著《竹子：一种新的视角》至今仍是竹类分类的必备书目。（平兆龙）

廖崇真（1897—1970） 农学家。祖籍广东蕉岭，出生于广州。1923 年留学美国康奈尔大学农学院，获农学硕士学位。1929 年任教于中山大学农学院。1933 年任广东蚕丝改良局局长。主要从事种桑、制种、育蚕、缲丝、纺织技术的改良及推广，设立广东省蚕丝改良实施区、蚕种场、示范丝织厂，组办纪念嫘祖蚕丝展览会，为恢复和发展广东蚕丝业作出较大贡献。著有《农业推广之理论与实施》《广东蚕丝业复兴之途》《广东蚕业改良实施区之使命及其设施计划》等。（陈志国）

符罗飞（1897—1971） 艺术家、建筑教育家。广东文昌（今海南文昌）人。清光绪三十四年（1908）赴南洋谋生。1918 年在马来亚一所华侨学校半工半读。1922 年在上海美术专科学校半工半读，兼任暨南商科女子部美术教师（1923）、上海同济大学预科美术教师（1925）。1926 年从上海美术专科学校毕业，同年加入中国共产党。1927 年参加上海工人武装起义。1929 年赴意大利游学，兼任意大利

东方学院中文讲师、参加威尼斯国际艺术赛会、出版《符罗飞油画集》。1938 年归国参加抗日救亡运动。1942 年任中山大学建筑系教授，兼任湖南工业专科学校建筑系主任。1951 年任华南土特产展览交流会筹备委员会美术工作委员会副主任、征集布置处处长、美术科科长，主持展览馆美术设计工作，参与雕塑大型毛泽东全身雕塑。1954 年任华南工学院（今华南理工大学）建筑工程系教授。是岭南享有盛誉画家、中国近代重要的红色艺术家。（彭长歆、顾雪萍）

易剑泉（1897—1971） 作曲家、教育家。广东鹤山人。少年时酷爱民间音乐、曲艺及唐宋诗词。1924 年旅居北京期间，结识京剧大师梅兰芳和戏剧家欧阳予倩。能操京胡、唱京戏。1926 年创作二胡名曲《鸟投林》。20 世纪 20 年代末，与粤乐名家梁以忠等创立庆云音乐社，尝试改革粤乐演奏组合形式。20 世纪 20 年代末至 30 年代初，在广州荔枝湾畔创建素社音乐社，逢星期六晚免费公演，培养了粤剧演员紫罗兰、张琼仙等。1931 年创造了以"健全乐"为代表的大型广东音乐合奏形式，试验推广。对诸多乐器进行改良并创作一批乐曲。20 世纪 30 年代任广东民众教育馆康乐部主任，整理修复当年存世仅为一部的《韶乐》，置于孔庙内供春秋二祭之用。1933 年在广东省国乐研究会工作。新中国成立后，担任广东民间音乐团艺术顾问。1958 年底调任广州音乐专科学校任民乐系主任，兼任中国音乐家协会广东分会副主席、广东省曲艺家协会理事。致力于民间音乐、曲艺的整理和研究。广东音乐作品有《大军启行》《万紫千红》等；民族舞蹈有《双扇舞》《茶盘舞》等。（郑静漫）

张鉴轩（1897—1972） 木雕艺术家。广东潮州人。12 岁拜乡名师林愚学艺，到澄海学习木雕，后长期从事木雕制作。能在一块木坯上表现复杂历史故事的人物、马匹、亭台楼阁，条理清晰、层次丰富、路径分明，人物形象生动传神。作品继承和发扬了潮州金漆木雕的传统工艺，构思新颖。新中国成立后，在广东省美术创作室、广州人民美术社工作，挖掘和恢复传统民间木雕艺术，创作《蟹篓》《五果》《鱼虾》等几十件圆雕艺术欣赏品。1961 年参加北京人民大会堂广东厅陈饰，负责创作《雏鸡五福梅》等 4 幅木雕悬挂于人民大会堂广东厅。（彭圣芳）

饶从举（1897—1974） 广东汉乐家。广东大埔人。早年参加饶氏家族八音班。1923 年前后常来往汕头和广州参加民间国乐社的活动，学会表演广东汉剧，在《闻太师回朝》等剧中担任主角。20 世纪 30 年代，上海百代唱片公司将其演唱的广东汉剧唱段录制成唱片，远销东南亚各国。抗战期间常以义演的形式声援抗战。20 世纪 50 年代初，在大埔民声汉剧团从事演奏活动。1956 年与饶淑枢、罗九香赴京参加第一届全国音乐周，后应中国唱片社之邀，录制《昭君怨》《玉连环》等数十首广东汉乐曲。首次通过中央人民广播电台向全国介绍广东汉乐。后在广东省文史研究馆工作，常与岭南派古琴名家杨新伦、黄展干等人交流琴艺、合奏古曲。20 世纪 60 年代初应邀在广州文史夜学院和广州音乐专科学校（今星海音乐学院）广东汉乐班讲授汉乐，为广东汉乐进入高等音乐学府和培养新一代广东汉乐演奏人才作出重大贡献。擅长用二胡和扬琴演奏广东汉乐。（郑静漫）

刘赤选（1897—1979） 温病学家。广东顺德（今佛山顺德区）人。早年

在顺德永善医院学医。1922年成为注册中医师，在广州西关十八甫冼基西开设诊所。1930年起，先后执教于华南国医学院、广东中医药专门学校、广州汉兴国医学校、广东省中医进修学校、广州中医学院等。1962年被授予"广东省名老中医"称号。学术上博采各家，擅长治疗伤寒、温病、内科疾病，尤擅温病。主张将温病分为风温、湿温、温热、燥热4类，提倡"四夹"之说（夹痰水、夹食滞、夹气郁、夹血瘀）。诊断上首重辨舌，对"验舌决生死"经验独到。用药上认为应掌握各个阶段用药指征，羚羊犀角（犀牛角现禁止使用），当用即用，清营凉血时切勿忘记渗利痰水湿浊。编著有《教学临症实用伤寒论》《广东中医药专门学校温病学讲义》（与陈任枚合编），整理有《刘赤选医案医话选》等。（周红黎、张书河）

刘赤选

叶剑英（1897—1986） 中国人民解放军创建人和领导人、军事家。原名叶宜伟，字沧白。广东嘉应州（今梅州）人。1917年入读云南陆军讲武堂，毕业后追随孙中山。1920年参加粤军驱逐桂系之役。1922年陈炯明部兵变时，率部反击。

叶剑英

1924年任建国粤军第二师参谋长。参与筹办黄埔军校，任教授部副主任。参加平定商团叛乱。次年参加两次东征。1926年参加北伐，克南昌后任新编第二师师长。1927年通电反蒋，任国民革命军第二方面军第四军参谋长。

7月，加入中国共产党。8月，参加领导南昌起义，后兼任第四军教导团团长，率部南下广州。12月11日，参与领导广州起义。1928年，赴莫斯科入读中国劳动者共产主义大学。1930年回国。1931年初进入中央苏区，历任中华苏维埃共和国中央革命军事委员会委员兼总参谋部部长、中国工农红军第一方面军参谋长、中国工农红军学校校长、瑞金卫戍司令员、闽赣军区及福建军区司令员，参与反"围剿"作战指挥。1934年，当选为中华苏维埃共和国中央执行委员。红军长征中任军委第一纵队司令员兼政治委员、中央纵队副司令员兼中革军第一局局长，红三军团参谋长。第一、四方面军会合后，任红军前敌总指挥部参谋长。途中向中央及时报告张国焘的异动，保证了第一方面军主力北上。到达陕北后，任西北革命军事委员会参谋长兼第一方面军参谋长。1936年2月，协助毛泽东、彭德怀指挥东征战役。12月，任中央革命军事委员会副总参谋长。西安事变后，协助周恩来推动事变和解。全面抗战爆发后，任八路军参谋长，年底任中共中央长江局委员。1939年任中共中央南方局常务委员，在南京、武汉、长沙、重庆等地参与领导党的统战工作。1941年回延安，任中共中央革命军事委员会参谋长，后兼任军事教育委员会委员和军事学院副院长。抗战胜利后，参加中共代表团，赴重庆出席政治协商会议。次年赴北平任军调处执行部中共代表。1947年任中国人民解放军参谋长、中共中央后方委员会书记。次年，任华北军政大学校长兼政治委员。北平和平解放，任首任市长。新中国成立后，历任中央人民政府委员、中南军政委员会副主席、华南军区司令员、广东省人民政府主席兼广州市市长、广东军区司令员兼政治委员，参与组织指挥海南岛登陆战役，领导华

南军民剿灭国民党残余武装和土匪，实行土地改革，建立人民政权，恢复和发展工农业生产。1952年后，历任中南军区代司令员、中共中央中南局代理书记、人民革命军事委员会副主席、国防委员会副主席、人民解放军武装力量监察部部长等职。1955年9月23日，被授予中华人民共和国元帅军衔。1958年起，任军事科学院院长兼政治委员。1966年，任中共中央军委副主席兼秘书长、中共中央书记处书记。"文化大革命"期间，同林彪、江青反革命集团进行坚决斗争。1971年，林彪叛逃事件后，重新以中央军委副主席身份主持军委日常工作。1975年，任国防部部长。次年，在粉碎"四人帮"反革命集团的斗争中起了决定性作用。1978年，当选为全国人大常委会委员长。1983年，任中华人民共和国中央军事委员会副主席。中共第八至第十二届中央委员，第八（十一中全会增选）、九届中央政治局委员，第十、十一届中央政治局常务委员和中央副主席，第十二届中央政治局常务委员。著有《叶剑英抗战言论集》《叶剑英诗词选集》等。（张金超）

叶宜伟 见"叶剑英"。

黄海章（1897—1989） 文学评论家。字挽波，号黄叶。广东嘉应州（今梅州）人。1919年考入广东高等师范学校文史部，1923年毕业后先后任教于梅州中学、潮州金山中学等学校。1936年应中山大学之聘赴任，后一直任教于此。任中国古代文学理论学会理事，后为顾问。兼任广东语言文学学会理事等职。长期从事中国古典诗词、古代文学理论与文学批评的教学与研究，尤精于《文心雕龙》的研究。著有《中国文学批评简史》《中国文化批评论文集》等。（陈椰）

吴三立（1897—1989）　语言学家。曾用名山立，字辛旨。广东平远人。1927年毕业于北京师范大学研究院国文研究科，留校任教。1933年夏受聘南返，先后在广东勤勤大学教育学院、中山大学文学院任教授和中文系主任。1951年秋起，任华南师范学院中文系副主任、教授。中国语言学会会员、广东省语文学会副会长、广东省文字改革委员会委员、中国书法家协会广东分会副主席。第三届广东省人大代表，第四届广东省政协委员。从事文字学、音韵学、诗词、经学等教学和研究，在书法方面也有很高造诣。著有《中国文字学》《甲骨铜器文字之研究》《声韵学纲要》《经学通论》《中国文字学史绪论》《语言文字学的分类》《古汉语复词中的偏义》《读郝懿行〈尔雅义疏〉略论》及诗集《麈骋集》《辛旨近诗》。后人编有《吴三立诗集》等。（魏达纯）

吴三立

容肇祖（1897—1994）　民间文艺学家、哲学史家。字元胎。广东东莞人。在广州读小学，辛亥革命后，回家自修。1921年毕业于广东高等师范学校，后任教于东莞中学。1924年，与顾颉刚等对北京妙峰山的进香活动进行田野调查。1926年毕业于北京大学，任教于厦门大学国文系。1927年回广州，任中山大学国文教员兼哲学系讲师。1930年受聘岭南大学国文系，任副教授。1932年再次回到中山大学历史系任教。1934年受聘北京辅仁大学，

容肇祖

兼任北京大学哲学系讲师。其间修改出版《中国文学史大纲》《魏晋的自然主义》《韩非子考证》《李卓吾评传》等多种专著。全面抗战爆发后，入西南联合大学任教。1940年暑假，修改完成《明代思想史》。1946年秋，受聘任北京大学哲学系教授，出版《先秦法家》。1952年调北京市文教委员会文物组，从事文物古迹的考查、整管和鉴定工作。1956年7月起，在中国科学院哲学研究所工作，先后任中国社会科学院哲学研究所学术委员会委员、中国民俗学会副理事长、中国民间文艺研究会顾问、国务院古籍整理出版规划小组顾问等职。长期从事历史和训诂学研究。早年从事民间文学和民俗学研究。任北京大学《歌谣》周刊和中山大学《民俗》周刊编辑。著有《迷信与传说》《神话论》《二郎神考》《占卜的源流》《天后》《德庆龙母传说的演变》《与魏应麟论临水奶》等。（郭海鹰）

麦蕴瑜（1897—1995）　水利专家。广东香山（今中山）小榄大涌边人。清宣统元年（1909）广州沙石三界庙丛桂小学毕业，后入读德国人开办的广州中德中学。1920年毕业于上海同济德文医工学堂土木系。1922年赴德国留学，1925年毕业于德国汉诺威工科大学土木系。1927年归国任广东省建设厅公路处工程员。1928年任广州市工务局建筑课课长、广东省建设厅南路公路处处长。1929年任广东省立工业专门学校土木科教授、广东省立勤勤大学建筑系土木科教授。1933年任广东省建设厅技正、广州市工务局设计科科长等职。1945年受命为广东省政府接收专员，负责接收南沙群岛。1946年11月24日，收复日军侵占的中国南海诸岛，随后对东沙、西沙、南沙、中沙等群岛进行测量，中国地图对该4个群岛的标示，得到世界公认，并被广泛引用于各

国地图中。1949年任广州市工务局局长。1953年任广东省水利厅总工程师。1960年任广东省水利水电科学研究所所长，兼任广东省水电学院院长。1962年任广东工学院院长。广东省科学技术协会副主席、水利电力部珠江水利委员会顾问、广东省水利学会名誉理事长。广东省人大常委会委员、广东省政协委员、著有《平板测量仪》《城乡实用平板测量》。（彭长歆、顾雪萍）

张太雷（1898—1927）　广州起义领导人。原名张曾让，又名张椿年、张春木，字泰来，学名张复。江苏武进人。1915年考入北京大学，同年转入天津北洋大学学习。1919年在天津参加五四运动。次年毕业于天津北洋大学，加入北京共产党的早期组织。

张太雷

1921年春赴俄国伊尔库茨克任共产国际远东局中国科书记，6月出席共产国际第三次代表大会。1922年后历任中共两广区委常委兼宣传部部长、中国社会主义青年团中央书记、中共湖北省委书记等职。多次陪同共产国际派到中国的代表会见李大钊、陈独秀、孙中山等人，参与建立国共合作统一战线的活动。在中共四大、五大上分别当选为候补中央委员、中央委员。1927年八七会议上，当选为中共中央临时中央政治局候补委员，会后任中共中央南方局书记兼广东省委书记。12月参加领导广州起义，任总指挥，任广州苏维埃政府代理主席兼人民陆海军委员。在战斗中牺牲。1981年人民出版社出版《张太雷文集》。（张金超）

张曾让　见"张太雷"。
张椿年　见"张太雷"。
张春木　见"张太雷"。

高恬波（1898—1929） 早期妇女运动参与者。广东归善（今惠州惠阳区）人。1915年入读广州市妇产科学校，参加广东五四运动。1924年加入中国共产党，任国民党中央妇女部干事。同年7月，被选送入广州第一届农民运动讲习所学习，结业后以国民党中央农民部特派员的身份，赴花县、顺德、中山、曲江、潮梅等地指导农民运动。1925年6月，省港大罢工期间负责女工工作。北伐战争开始后，任妇女救护队队长，随军进抵武汉。大革命失败后，返回广东农村坚持斗争，参加广州起义，不久调往中共江西省委工作。1929年被捕遇害。（张金超）

高恬波

李廷安（1898—1948） 近代卫生行政重要领导人、公共卫生学者。广东香山（今中山）小榄人。1926年，在北平协和医学院获博士学位。1927年前往美国留学，1929年获美国哈佛大学公共卫生博士学位。同年回国，任北平第一卫生事务所所长。1932年接任上海市卫生局局长。全面抗战爆发后，担任华南地区防疫专员和卫生署防疫大队队长。1939年，在成都担任中央大学医学院公共卫生学系教授和主任。1941年，受命前往重庆筹建中央卫生实验院（中国医学科学院前身），并担任院长。1942年秋，返回中央大学医学院任教。抗战胜利后，创建广州中央医院（广东省人民医院前身），同时担任岭南大学孙逸仙博士纪念医学院（今并入中山大学）院

李廷安

长、广州中央医院院长和博济医院（今中山大学附属孙逸仙纪念医院）院长三个职务。去世后，被誉为"公共卫生领域先驱者中的真正一人"。著有《学校卫生概要》《中国乡村卫生问题》《中外医学史概论》以及中英文论文100余篇。（李永宸）

俞鸿钧（1898—1960） 广东新会（今江门新会区）人。1919年上海圣约翰大学毕业，任上海英文报纸《大陆晚报》记者。1927年任武汉国民政府外交部长陈友仁的英文秘书。南京国民政府成立后，历任上海市政府英文秘书兼宣传科长，《市政周刊》主编，市财政局代理局长、市政府秘书长。1937年任上海市市长。1941年任国民政府财政部次长兼中央信托局常务理事，后任中央信托局局长。1944年任国民政府财政部部长，翌年兼任中央银行总裁，当选国民党中央执行委员。1948年辞财政部部长职务，专任中央银行总裁。出台实行金圆券等办法，为蒋介石收兑大量金银外币。1949年去台湾，历任台湾"中央银行"总裁、国民党中央财务委员会主任委员、台湾省政府主席。1954年任"行政院"院长，1958年专任"中央银行"总裁。（柏峰）

郑城界（1898—1963） 正字戏演员。字雍顶。广东海丰人。童年卖身白字戏班，后转正字戏班，师从红面郑乃钗，先后在荣喜、老永丰搭班。工红面。善唱念，唱曲字正腔圆，发音洪亮，深厚苍劲，被誉为"翁仔声"。武打颇具特色，各种姿势功架扎实，美感十足。（于琦）

王怀乐（1898—1966） 外科学家。曾用名悦斋、廷维。广东新宁（今台山）人。1919年在加拿大安大略省京士顿市（Kingston）的皇后大学学习，

后到美国密歇根大学学习外科。1924年回国，在上海同仁医院当实习医生。1925年，到夏葛女子医校和柔济妇孺医院工作。任夏葛医学院院长、柔济医院院长、柔济医院附属端拿护士学校校长。1954年改名广州市第二人民医院，仍被任命为院长。擅长外科，对腹部外科、甲状腺及胆道手术有丰富的临床经验。20世纪40年代，在华南地区率先开展甲状腺次全切除术治疗甲状腺功能亢进症。同时精通五官科、眼科、妇科。撰有《甲亢手术并发症》等论文。（周红黎、张书河）

杜定友（1898—1967） 图书馆学家。原名杜定有，字础云，笔名丁右。原籍广东南海（今佛山南海区），出生于上海。1918年毕业于上海工业专门学校。旋赴菲律宾大学攻读图书馆学。1921年毕业，获图书馆学专业理学学士学

杜定友

位、教育学专业理学学士学位、文学学士学位和中学教师资格证书。同年9月回广州，任广州市民大学教授、广州市立师范学校校长。1922年任广东图书馆馆长兼高等师范学校教授、广东图书馆管理人员养成所所长。1923年赴沪，任复旦大学教授兼图书馆主任、代理教育系主任兼庶务主任。1924年任上海图书馆协会委员长。1925年3月任南洋大学（上海交通大学前身）图书馆主任；4月筹组中华图书馆协会，任执行副部长；9月参与创办国民大学（上海），并设图书馆学系。1927年回广州，任中山大学教授、广州市立中山图书馆筹办主任。旋赴沪，任上海交通大学图书馆主任。1935年任中华图书馆协会执行委员、上海市图书馆筹备处副主任。1936年再回广

州，任中山大学图书馆馆长。全面抗战时期，为避免战火，设法转移保护图书。1941年在粤北负责复建广东省立图书馆，并兼任馆长。抗战胜利后，兼任广州市立中山图书馆、广东省立图书馆馆长，广东文献馆主任。1947年广东省图书馆协会成立，被选为理事长。新中国成立后，任广东省人民图书馆馆长、广东图书馆学会会长等。著有《世界图书馆法》《图书馆学概论》《校雠新义》等。2012年广东教育出版社出版《杜定友文集》。（倪俊明）

杜定有　见"杜定友"。

许广平（1898—1968）　字激园，幼名许崇嫡，入校后改名广平，笔名景宋。广东番禺（今广州番禺区）人。鲁迅夫人。1917年，就读于天津直隶第一女子师范学校预科，后主编《醒世周刊》，参加五四运动。1926年毕业于北京女子师范大学。1927年，鲁迅到中山大学任教，其任助教。后长期协助鲁迅工作。在上海参加抗日救亡和爱国民主运动，任《民主》周刊编辑。1948年赴东北解放区。1949年出席全国政协第一届全体会议。历任中央人民政府政务院副秘书长、全国妇联副主席、全国文联主席团成员、民主促进会中央副主席。第一至三届全国人大常委会委员，第二、三届全国政协常委。1960年加入中国共产党。著有《欣慰的纪念》。（张全超）

许崇嫡　见"许广平"。

谭天宋（1898—1970）　建筑师、建筑教育家。广东新宁（今台山）人。1924年于美国北卡罗来纳州立大学土木机械纺织厂构造及建筑工程科毕业，后赴哈佛大学建筑学专修。1925、1926、1931年在美国纽约McKim,

Mead & White建筑师事务所任设计师。1927年在纽约Gehron & Ross建筑师事务所任设计师。1930年在纽约Trowbridge & Livingston建筑师事务所任设计师。1932年在广州开办谭天宋建筑师事务所。1935年任广东省立勤勤大学讲师、西南政务委员会技师、广州市工务局技师。1950年任中山大学建筑系教授。1952年任华南工学院（今华南理工大学）建筑系教授，兼任广州市城建委员会、广州市建设局顾问。长期执教于华南建筑教育学界。代表作有粤沪无线电话台、广东全省各无线电台、华南土特产展览交流大会林产馆等。（彭长歆、顾雪萍）

罗宗满（1898—1972）　西秦戏演员。广东海丰。14岁入西秦戏华天乐科班，跟其叔父老生罗益才学戏，攻文生兼习武生。20岁出师，即在西秦戏名班担纲演戏而有名气，人称"宗满生"。演戏文武兼备，以文戏见长。在《三进盘官》中饰假柳絮、《王云救主》中饰王云、《赵庞写状》中饰赵庞、《重台别》中饰梅良玉等人物，均以做工细致、唱功优异著称。工正线腔，嗓音音色清亮，咬字清晰，功底深厚。1950年后，既演戏又授徒，在西秦戏演员训练班上担任专业教师，培养了一批青年演员。（刘红娟）

褟东凌（1898—1975）　点心厨艺师。广东清远人。少年时即从事点心工作，先后在广州的六国、金轮、七妙斋、新陶芳、南屏以及香港、澳门多间酒家饭店任职，20岁左右成为点心师，与李应、欧标、余大苏被誉为省港澳点心界"四大天王"。1956年重返广州酒家主理点心部，兼任广州市饮食服务公司名菜美点教研组组长，参与《广州点心》编写。借鉴北方灌汤包制作技术，制作出皮薄、馅嫩、汁多的"灌汤饺"；借鉴西点酥食、面

包、蛋糕的长处，研制出"擘酥椰王角""沙湾原奶挞"等点心。完善、发展"星期美点"，丰富了广州早茶内容，提升岭南饮食文化的美誉。（黎永泰、钟洁玲）

黄树芬（Wong Shee Fun，1898—1979）　马来西亚侨领、企业家。字礼昌，号淡如。祖籍广东新宁（今台山），出生于马来亚（今马来西亚）柔佛州。在马来亚接受初级教育，后回国赴上海、广州深造，毕业于岭南大学。学成南归继承父业，经营橡胶种植、典当、食油、土产进出口等业，后拓展至房地产和金融业。被柔佛苏丹封为拿督。参与创办南洋大学，历任南洋大学理事、广东会馆主席、新山宽柔中学董事长、柔佛新山中华公会主席、志声书报社社长、柔佛州华人参事局委员等职。二战期间，任华侨励志会会长、柔佛州华侨筹赈祖国难民委员会主席、南洋华侨筹赈祖国难民总会常务委员。日军南侵时，经印度转赴重庆，与人合办华侨联合银行，出任总理，被国民政府委为侨务委员。二战后重返马来亚，参与发起成立马华公会，当选为副会长。1966年与人合资创办兴业银行，总行设在吉隆坡。任丰隆金融公司和大众保险公司董事。（王华）

刘家祺（1898—1981）　印尼侨领、社会活动家。广东梅州人。童年在家乡求学，就读于东山中学。后当过矿工，在部队任排长、连长、中校军需处长等职，在电影厂做过剪辑工作。1927年，先到越南，后赴印尼在巴达维亚（今印尼雅加达）合办源源皮革厂，自办维多利皮革厂，任总经理。抗战期间任巴城华侨筹赈委员会委员。捐资创办华侨巴城中学，任董事。任雅加达华侨公会、中华商会、华侨团结促进会、皮革工会等社团理事或董

事长。中国、印尼建交时，为中国驻总领事提供临时办公室。1955 年回国定居。与刘宜应捐款创建广州华侨小学、梅县东山中学松山堂、梅县华侨中学纪念堂等。捐资兴建暨南大学、侨光中学、广东省侨联大厦、梅县水电站、海南岛华侨农场等。历任广州市侨务局副局长、全国侨联委员、广东省侨联副主席、广东省政协常委、广东省华侨投资公司副董事长、侨光中学董事长及致公党广东省副主委等职。（王华）

吕文成（1898—1981）　民族音乐家。广东音乐四大天王（何大傻、尹自重、吕文成、钱广仁）之一。广东香山（今中山）人。自幼学艺。1919 年在上海中华音乐会和上海精武体育会粤乐组传艺，常在广东大戏院等地排练演出。

吕文成

1926 年在北京、天津等地巡回演出。1932 年移居香港。谙熟多种乐器的演奏技艺。将二胡引进到广东音乐并改制成高胡，使高胡成为广东音乐和粤剧伴奏中的主奏乐器，在高胡上首用钢丝弦，创造出粤胡（高音二胡）及双膝夹琴演奏法，形成以发音高亢明亮、音色绮丽华美为特点的"粤胡"演奏。改革扬琴。擅长演唱粤曲"子喉"（旦角假声唱法），嗓音清脆动听，婉转自如，吐字坚实清晰。广东音乐传统艺术的继承者，又是创新道路的开拓者，为传播广东音乐和粤曲作出重要贡献。音乐创作丰富，创作乐曲达 200 多首，反映爱国主义的创作思想，为民间音乐与时政结合开创了道路。代表曲目有《平湖秋月》《下山虎》《醒狮》《步步高》《恨东皇》等。（夏煜卓、邓海涛）

陈君葆（1898—1982）　学者、教育家、政治活动家、文学家。字厚基，斋名水云楼。广东香山（今中山）人。幼年在云台私塾、桂山学堂就读。清光绪三十四年（1908）随父移居香港，次年入读育才书社，1914 年考入香港皇仁书院，后考入香港大学。

陈君葆

1921 年毕业后应聘至新加坡华侨中学任教，1923 年任马来亚七州府视学官。1931 年辞职后赴上海、南京、无锡、杭州、厦门等地考察中国国情和教育。1934 年 8 月，受聘于香港大学，任中文文学院教席和冯平山图书馆馆长。1939 年，参与创办中英文化协会香港分会、新文字学会等。1941 年参加宋庆龄组织的保卫中国同盟。抗战期间，参与保存包括南京中央图书馆所藏的一批珍贵古籍善本，日本投降后，力促这批被盗运至日本的古籍善本归国，由此获英国皇室颁发 O.B.E. 勋衔。20 世纪三四十年代，与到香港的政要及文化界知名人士如黄炎培、李济深、何香凝、郭沫若、沈钧儒、茅盾、夏衍等，有广泛的接触和密切的交往。新中国成立后，积极在香港宣传新中国的伟大成就，曾多次回大陆参观访问。是 1955 年香港大学英籍教授赴京访问团领队之一。1953 年起，先后任香港华人组织革新协会顾问、副主席、主席，创办马可波罗会，向世界宣传新中国。曾任广东省政协委员。著有《水云楼诗草》《水云楼词》以及写有大量日记等，译有《伊斯兰教哲学》。后人编有《陈君葆日记》《陈君葆全集·诗歌集》《陈君葆全集·文集》《陈君葆全集·书信集》。（张贤明）

蒋英（1898—1982）　植物学家。中国现代植物分类学奠基人之一。原名蒋积英，号菊川。江苏昆山人。1925 年毕业于南京金陵大学农学院森林系。1928 年任教于中山大学理学院生物系，与陈焕镛创立中山大学农学院植物实验室（现中国科学院华南植物园）。1930 年调任中央研究院自然历史博物馆植物标本室主任兼江苏、江西、云南、贵州等地植物调查队队长。1946 年兼任中央博物馆、台湾林业实验所技师、技正，台湾植物园园长职务。新中国成立后，兼任中国科学院华南植物研究所研究员，《中国植物志》编辑委员会顾问，中国植物学会名誉理事长。先后任教于中山大学、广西大学、华南农学院（今华南农业大学）、广东林学院、中南林学院、广东农林学院和华南植物研究所。毕生从事植物学的研究与教学工作。解决了中国夹竹桃科、萝摩科、番荔枝科等科植物分类上的许多疑难问题。发现新种 230 个、新属 10 个，为农、林、牧、副、医药、工业、环境保护和植物资源开发利用提供基本资料。基本摸清华南地区橡胶植物资源和中国萝芙木属植物资源，发现花皮胶藤、酸叶胶藤、红杜仲藤、毛杜仲藤和鹿角藤等多种含胶量高的野生橡胶植物。在广西十万大山等地发现野生黄梁木，使之成为中国速生丰产树种之一。著有《中国植物志》第 63 卷和第 30 卷第 2 分册、《亚洲夹竹桃目植物之研究》《广东番荔枝科植物》等。（陈世清）

蒋积英　见"蒋英"。

黄天石（1898—1983）　小说家、报人。香港早期新文学推动者之一。笔名杰克。广东番禺（今广州番禺区）人。祖籍安徽，早年旅居上海，后由广州移居香港。18 岁开始写作。任香港《大光报》《循环日报》《香港华字日报》编辑及主笔，珠江日报社董事，南洋大霹雳埠中华晨报社社长，

香港《大光报》总编辑，香港新闻记者联合会第一届常务理事等。短篇白话言情小说《碎蕊》被誉为香港第一篇白话小说。著有长篇小说《痴儿女》《名女人别传》《大亨小传》《红衣女》《改造太太》《红巾误》《合欢草》等50余部，其中《改造太太》由孙玉珊与大家恒雄译成日文，在东京出版。（李艳平）

罗倬汉（1898—1985） 原名罗伟勤，字孟韦（玮）。广东兴宁人。1919年就读于北京大学哲学系。1928年任教于兴民中学、兴宁高级中学、广东广雅中学。1933年东渡日本，就读于东京帝国大学（今东京大学）研究院，研究历史和哲学。1940年秋由云南经贵阳抵成都，任教成都金陵女子文理学院。后回广州，任职广东文理学院，住石榴岗。1949年后执教广东省立文理学院、华南师范学院（今华南师范大学），任历史系主任。去世后，依其遗嘱，将藏书捐赠华南师范大学图书馆，将存款捐赠华南师范大学作奖学金。著有《史记十二诸侯年表考证》《诗乐论》等。（戴伟华）

罗伟勤 见"罗倬汉"。

黄光锐（1898—1986） 航空事业开拓者、爱国空军将领。广东新宁（今台山）人。幼年前往美国定居。1916年进入蔡司度在旧金山创办的美洲飞行学校，考取美国飞行执照，次年加入国民党。1922年

黄光锐

随杨仙逸回广州，在杨仙逸任局长的航空局出任第一飞机队队长。1922年陈炯明叛乱后，奉命驾机轰炸叛军，

受孙中山嘉奖。1923年试飞中国自行设计的第一架军用飞机"乐士文号"。同年出任广东航空学校飞行教练。历任航空局局长、广东航空学校校长、广东空军第一大队大队长、广东航空处处长等职。1928年，同陈庆云等一同驾驶"珠江号"水上飞机环飞全国。1931年陈济棠将广东航空处扩编组建空军总司令部，任参谋长、空军第一大队司令。次年任广东空军总司令。1936年"两广事变"爆发，率领广东空军投效南京中央政府，任中央航空学校校长、国民政府航空委员会委员。全面抗战爆发后，任航空委员会副主任委员、成都空军司令、空军军士学校校长、航空研究所所长等职，参与指挥中国空军与日本空军作战。抗战结束后授空军中将，当选制宪国民大会代表，被拟任为空军总司令部副总司令，坚辞不就。退役后先居广州，1949年迁居香港，后移居美国洛杉矶。（黎景光）

陈达夫（1898—1988） 生物学家。中国鱼类学奠基人之一。原名陈兼善，字达夫，号得一轩主人。浙江诸暨人。1921年毕业于北京高等师范学校博物部。1925年任教于中山大学动物学系。1928年参加西沙群岛科学调查，发

陈达夫

表《广东无腹鳍鱼类考察》。1931年赴法国巴黎自然博物馆鱼类研究所深造。1934年秋任教于广东勤勤大学动物学。1945年后任教于台湾大学动物系、东海大学动物系。1981年任中国科学院南海海洋生物研究所名誉研究教授。主要从事鱼类分类学研究。先后命名许多中国鱼类的新属、种。著有《鱼类学》《鱼类的演化和分类》

《台湾脊椎动物志》《广东鳗鱼研究》等；发表有《中国鲨鱼概论》《台湾鱼类大纲》等学术论文。（杨月歆）

陈兼善 见"陈达夫"。

谢申（1898—1990） 土壤学家。中国土壤科学奠基人之一、土壤调查和红壤利用改良的先驱。字崧生。广东电白人。1920年入广东公立农业专门学校农业化学系学习。1927年毕业于中山大学农业化学系。1930年任职于中山大学广东土壤调查所。1935年公费留学美国威斯康星大学攻读土壤学硕士学位。1937年后任教于中山大学土壤调查所、农学院。新中国成立后，先后任教于中山大学农学院、华南农学院（今华南农业大学）土壤农化系。主要从事华南红壤肥力演变、土壤肥力的培育、低产土壤特性和改良利用等研究。在广东省土壤调查研究工作期间，主持完成广东省东莞、高要、大埔、蕉岭、增城、宝安等县土壤调查，撰写并发表相应的土壤调查报告。1951年完成湛江地区、海南行政区的土壤性质、植被、气候条件等调查，提出《宜种橡胶与热带经济作物的实施意见》。1958年指导广东省土壤普查工作。（赵飞）

黄君璧（1898—1991） 画家。原名黄允瑄，号君翁。出生于广东广州。早年毕业于广东公学。初从李瑶屏习画，与粤东藏家有交往。1922年进楚庭美术院习西画。1923年与卢振寰、黄般若等成立癸亥合作画社。1929年任广州市立美术专科学校教务主任。1937年任国立中央大学艺术系教授。1941年兼任艺术专科学院教授及国画组主任，受聘为教育部美术教育委员会委员。创立白云堂，坐帐收徒，尊为"多士师表"。1949年迁居台湾，任台湾师范大学艺术系教授、主任。

与徐悲鸿、张大千同辈齐名，与溥心畬、张大千合称"渡海三家"。传统功底深厚，经历了现代中国画的继承、演变、革新的过程。擅人物、花卉、翎毛。致力于山水画，尤以画云水瀑布为长。重笔墨，融合南北，参用西法，自成一体。著有《黄君璧画集》《黄君璧书画集》等。（柏峰）

黄允瑄 见"黄君璧"。

李雪芳（1898— ？） 粤剧演员。广东南海（今佛山南海区）人，世居广州西关。诸兄多倡导革命，其受感召而演剧奔走，与吴一新、黄爱群、苏醒中等组女同志班演出，暗中负责运输军械，同时为北伐募资，后在香港组织维风社。随诸兄避祸海外，以演剧唤醒华侨。回国后，组全女班群芳艳影。1919年随群芳艳影赴上海演出，与梅兰芳并称"北梅南雪"，被康有为赞为"雪艳亲王"，扩大了粤剧在全国的影响。1927年3月起，在美国演出3年，与牡丹苏等合作演出一批传统剧目，也演出时事粤剧《沙基惨案》等。扮相娇俏艳丽，光彩照人，嗓音清脆明亮，气量充沛，有"金嗓子"之誉。独创祭塔腔，成为粤剧专腔之一。对舞台美术也有诸多创新，率先使用上下收展的画景，又在《夕阳红泪》一剧中化装成外国美女表演魔术。代表剧目有《仕林祭塔》《黛玉葬花》《曹大家》《夕阳红泪》等。（李继明）

钟鲁斋（1899—1956） 教育学家。广东嘉应州（今梅州）人。15岁就读于丙村三堡学堂，毕业后考入梅州中学，后转入广益中学。1923年毕业于上海沪江大学，次年任梅县广益中学教务主任，协助创办嘉应大学。1926年考入沪江大学研究院，次年获文学硕士学位。1928年，以"赴万国主日学校

大会中国代表"资格赴美国，进入斯坦福大学专攻教育学。1930年获博士学位。随后到美国、英国、法国、瑞士、意大利等国考察各国教育概况。回国后，历任沪江大学国文系主任兼教授、清华大学文学院院长、厦门大学教授。1936年任广州勷勤大学和中山大学教授。1938年与曾友豪在香港创办南华学院，任院长；次年在梅县设立正校。1940年为发展梅县战时教育，撰写《改进梅县教育的几个重要问题》。1941年主持将南华学院香港校区迁址梅县合并办学。抗战胜利后，迁址崎碌绥靖公署旧址办学。1949年再次由汕头迁回梅县办学。新中国成立后移居香港，任九龙南华中学校长，后任崇基学院中文系主任、教授。著有《小学各科新教学法之研究》《教育之科学研究法》《比较教育》《世界各国教育改进之趋势》《德国教育》等。（吴世勇）

罗常培（1899—1958） 语言学家。字莘田，号恬庵，笔名贾尹耕，斋名未济斋。北京人。满姓萨克达氏，名仁禄。清光绪三十一年（1905）至1915年完成小学、中学学业，曾学速记。1916年秋，考入北京大学文学系，师从刘师培受中古文学，速记成《汉魏六朝专家文研究》；从钱玄同受小学，从刘通受骈文。1919年本科毕业，入哲学系深造。1921年随梁漱溟到济南讲学。短暂任教京师第一中学，旋受聘西北大学国文专修科主任。1924年回京，在政府任速记员，兼任教私立四存中学。1926年受聘任厦门大学中文系教授，教授中国音韵学沿革课，课外考查方言。1927年应聘中山大学文学系教授，1928年任系主任。中山

罗常培

大学筹备中央研究院历史语言研究所，兼任秘书。次年，研究所北迁，辞职随所而往任专职研究员。1934年受聘北京大学。1937年11月离京南下，为西南联大中文系主任。1944年秋应美国朴茂纳学院邀请出国讲学。1948年夏归国出任北京大学教授，兼文科研究所所长。新中国成立后，筹建并出任中国科学院语言研究所所长。中国文字改革委员会委员、常务理事，中央民族事务委员会委员，《中国语文》总编辑，中央推广普通话工作委员会委员，《语言研究通讯》常务编辑委员。中国科学院哲学社会科学部委员。一生从事语言教学和研究，对古汉语音韵学、汉语方言、语言学的研究卓有成就，对中国少数民族语言的调查研究做了不少开创性工作，被誉为"中国语言学界继往开来的一代宗师"。著有《中国音韵学研究》《汉语音韵学导论》《汉魏晋南北朝韵部演变研究（第一分册）》《十韵汇编》《厦门音系》《临川音系》《唐五代西北方言》《八思巴字与元代汉语》《莲山摆彝语文初探》《贡山俅语初探》《国内少数民族语言文字的概况》《普通语音学纲要》《国音字母演进史》《语言与文化》《北京俗曲百种摘韵》。（钟东）

谢志光（1899—1967） 临床放射学家。中国放射学科创始人之一。广东东莞人。1917年，就读于长沙湘雅医学院。1923年，在北京协和医学院放射科跟随放射学专家霍奇斯（Paul C. Hodges）教授工作。1925年，往美国密歇根大学跟随希基（Hickey）教授进修放射学，一年后获医学硕士学位，后取得美国放射学会会员资格。1928年在协和医学院放射科工作。1930、1937年两次到美、英、德、法、澳、瑞典和丹麦等欧美国家参观、学习。1948年，回到广州，就职于岭南大学。

新中国成立后，在中山医学院工作。1964年，在其倡议下，华南肿瘤医院成立，任首任院长。中华放射学会名誉会长，全国肿瘤学会副主任委员。第三届全国人大代表。从事放射学研究，第一个对中国人肠结核、长骨结核的X线表现提出全面系统的论述；首创髋关节后脱位的特殊照片位置，被国际上命名为"谢氏位"；首创在对白内障及角膜混浊病患者进行手术前，把X线用于测定视网膜有无萎缩的检查，以及对中心盲点检查的先进技术等等。著有《X光学》；撰有《恶性肿瘤的早期治疗问题》《我国放射学的发展方向和当前任务》《鼻咽癌500例的临床分析和临床分型》《原发性肺癌的临床X线研究》等论文。（周红黎、张书河）

曾炮（1899—1967） 西秦戏演员。出生于广东海丰田墘，后入赘赤坑镇沙港乡下埔村曾家。少从艺于和天乐科班，师承罗益才，攻老旦。在《辕门罪子》中饰杨令婆，雍容大方。饰丑婆亦见功夫，如《船头别》中饰船婆，表演夸张；能反串丑角，演《斩郑恩》太监，其扮相造型别具一格。其老旦腔能真假嗓结合，行腔自如。因其婆脚演得惟妙惟肖，人称炮婆、炮妈。（刘红娟）

朱石麟（1899—1967） 电影导演、编剧。原籍江苏太仓。1923年任华北电影公司编译部主任，担任《故都春梦》《恋爱与义务》等电影编剧，获得好评，初露头角。1932年，加入联华影业公司，编导《慈母曲》等电影，率先以富于实验性的电影语言探索老人和家庭伦理等社会问题。1946年，南下香港，编导《同病不相怜》《故园春梦》《玉人何处》等影片，被认为艺术手法细腻、灵巧而别具一格，穿梭于传统与现代之间。一生编导电影94部，培养编导白沉、岑范等，被评价为"中国古典电影的代表""中国举足轻重的艺术家"。（温明锐）

梁伯强（1899—1968） 病理学家。中国病理学奠基人之一、鼻咽癌研究开拓者。广东嘉应州（今梅州）人。1922年毕业于上海同济大学医学院，后留校任教。1924年获慕尼黑大学医学博士学位。1925年任教于同济大学病理学系。1932年任教于中山大学医学院兼病理学研究所主任。

梁伯强

新中国成立后，1950年7月，被任命为中央卫生部全国卫生科学研究委员会委员。1952年华南医学院病理学教授、第一副院长。1957年华南医学院更名为中山医学院，仍任病理学教授、病理学教研室主任、第一副院长等职，主管全院科研工作。1955年当选为中国科学院生物部学部委员。第一至三届全国人大代表。毕生从事病理学研究和教学工作。确立严谨的尸体解剖制度，建成完备的病理学教研机构，对当时尚不清楚致病机理的肝硬化、鼻咽癌等病症提出了准确的论断，首次提出"肝炎—肝硬化—肝癌"的病理学模式和"间质反应"的新概念。首创完整切出鼻咽部的尸体解剖方法。对我国鼻咽癌的研究作出贡献。发表《中国人的血型和地理关系的研究》《广东血型的研究》《病理尸体解剖手册》《病理解剖学总论》《有关坏死后性肝硬化的问题》《鼻咽癌的组织学类型生物学特性和组织发生学的研究》等论文。（刘安壕）

尤其伟（1899—1968） 农业昆虫学家、农业教育家。中国昆虫学奠基人之一。字逸农，号秋槎客。江苏南通人。1919年毕业于南通通州师范。1920年考入南京高等师范学校，专修农业科。1923年考入东南大学，学习昆虫学。1925年毕业后留校任教。1928年任中央大学讲师，兼任江苏省昆虫局技师，前往日本考察。1929年参与组建江西省昆虫局，任该局技正。1930年任中山大学农学院教授，兼任广东省农林局昆虫研究所研究员，主编刊物《虫》。1933年任江苏南通学院教授、农科科长、临时院务委员会主任委员。1935年出版我国第一部昆虫学理论著作《虫学大纲》。1951年当选中华昆虫学会理事，出版国内较早的一部系统应用昆虫学专著《害虫防除学》。1952年调往广州，参加筹建华南亚热带作物科学研究所，担任热带作物病虫害研究室主任。1953年参加考察队，对广西、粤西垦区和海南老胶园进行调查采样研究，开辟了热带作物虫害研究的新领域。1954年当选为中国昆虫学会广州分会理事长。1958年随所迁往海南儋县，任华南热带作物学院教授、院学术委员会委员。1963年后，重点开展中国等翅目区系的划分和分类研究。在棉花害虫、热带作物害虫以及等翅目分类的研究方面作出了开创性的工作。著有《中国昆虫分类检查表》《昆虫的研究》《昆虫学概论》《白蚁及其防治概说》等。（莫俊）

朱谦之（1899—1972） 哲学家。字情牵。福建福州人。1916年入读北京大学哲学系。1921年在杭州兜率寺修习佛学。1923年任厦门大学讲师。1924年至1928年客居杭州西湖，潜心著述。1929年东赴日本，研究哲学。1932

朱谦之

年回国。1932 年后，历任暨南大学教授，中山大学教授及哲学系主任、文学院院长等。1952 年任北京大学哲学系教授。1964 年任中国科学院世界宗教研究所研究员。早年主张"英雄崇拜论"，后又探讨宇宙主体、怀疑现实走向虚无主义、无政府主义，主张"无元哲学"，宣称"毁弃宇宙，断灭人生"。后提倡具有泛神论色彩的"真情哲学"。著有《周易哲学》《历史哲学大纲》《无元哲学》《孔德的历史哲学》《黑格尔的历史哲学》《中国思想对于欧洲文化之影响》《日本的朱子学》《太平天国革命文化史》等。（郭海鹰、柏峰）

熊润桐（1899—1974） 诗人。南园今五子（李履庵、余心一、曾希颖、熊润桐、佟绍弼）之一。字鲁柯，又字濯柯，号则庵。广东东莞人。广东高等师范学校毕业。1949 年移居香港，先后掌教联合书院、珠海书院 10 余年。终身从事教育工作。妙于词翰，有诗名。得陈洵、冒广生、李宣龚、夏敬观、章士钊、杨树达、熊十力、黄节等激赏。晚年自定其诗为《劝影斋诗》12 卷、《入海集》1 卷，存诗 790 余首。后人编有《东莞熊鲁柯先生诗文集》。（高美玲）

黄宗霑（James Wong Howe，1899—1976） 电影摄影师。原籍广东新宁（台山）。5 岁随父母侨居美国华盛顿。少年时当过拳击手、旅馆侍者等。1916 年迁居美国加州南部。1917 年进电影公司当摄影棚清扫工，不久担任电影导演塞西尔·德米尔（Cecil Blount DeMille）的摄影助理。1922 年起在好莱坞各大制片公司任总摄影师，相继在米高梅、华纳兄弟、哥伦比亚和雷电华电影公司任职。从事电影摄影 57 年，拍摄 120 多部故事片。一生锐意探索，在摄影用光方面有独特创新。1955 年拍摄的《玫瑰梦》（The Rose Tattoo）和 1963 年拍摄的《赫德》（Hud）获奥斯卡最佳摄影奖。（黎景光）

吴子复（1899—1979） 书画家。原名吴琬，字子复。广东四会人。1922 年就学于广州市美术学校西画系，1932 年任该校西画系教授。1940 年任广东省立艺术专门学校美术系主任、教授。1953 年任广州市文史研究馆馆员，兼任广东省书法篆刻研究会副主任。早年从事油画创作，受野兽主义影响。后主要从事书法创作，对《汉祀三公山碑》《好大王碑》、褚遂良楷书、怀素草书等用功颇深。尤擅隶书，古雅遒劲，稚拙天真。旁及篆刻，从书法出，肖形印颇具神采。晚年偶写水墨山水。长期从事美术教育工作，培养和影响了一大批人才，其书法作品和理论研究对广东乃至全国书坛影响甚大。传世作品有《总理遗嘱刻石》《镇海楼长联》《吴子复隶书册》《吴子复书好大王碑字》等。著有《汉魏碑刻的书法研究》。（梁达涛）

吴琬 见"吴子复"。

汤泽光（1899—1985） 病理生理学家。广东新会（今江门新会区）人。1924 年毕业于岭南大学，后获美国纽约州立大学文学学士学位。1929 年北京协和医学院毕业并留任，后获美国纽约州立大学医学博士学位。1931 年回到广州，在光华医学院任教。抗日战争初期参加中国红十字总队医疗队。1944 年受聘西北医学院，任内科学教授、院长。1948 年后历任岭南大学医学院院长兼博济医院院长、华南医学院和中山医科大学教授兼病理生理教研室主任等。中国病理生理学会名誉理事长、中华医学会广东分会会长。第三、四届广东省政协委员。1932 年与同事首次报告一例频繁阵发性心停

跳性癫痫。1934 年，在我国首次诊断出罕见的脊髓肿瘤。1937 年，报告国内首次发现的钩端螺旋体病及其主要传染途径，揭开了黄疸病之谜。首次发现中药黄精具有明显抗真菌作用。其《在输血输液条件未备时延长失血性休克动物生存时间一些办法的研究》等研究成果，在抗美援朝战争中为抢救伤员发挥重要作用，也为我国急救医学研究提供了可靠的经验。撰有《黄精治疗癣菌病初次试用的效果》《黄精抑制细菌及真菌有效成分的初步研究及其分离法》等论文。（周红黎、张书河、柏峰）

陈耀真（1899—1986） 眼科学家。中国现代眼科学奠基人之一。广东新宁（今台山）人。出身于华侨教工家庭。1917 年毕业于香港皇仁书院。1921 年考入美国波士顿大学，先后获得理学学士和医学博士学位。1934 年任齐鲁大学医学院眼科教授。全面抗战爆发

陈耀真

后，在成都任华西医科大学、齐鲁大学、中央大学等校联合大学眼科教授。新中国成立后，先后任岭南大学医学院、中山医学院、中山医科大学眼科教授。1977 年调任中国医学科学院首都医院眼科教授兼中山医学院眼科医院名誉院长。主要从事眼科教学和研究。扩建中国第一所眼耳鼻喉科医院存仁医院。主持创办中国第一个眼科教育、研究、医疗和预防工作综合体中山医科大学中山眼科中心。对中国眼科史、古代生理光学、眼电生理和视觉生理等有很高造诣。著有《眼科学》《结膜、脉络膜和虹膜的化学结构》《我国古代有关眼科预防医学思想简述》《中国眼科学发展史》等；译有美国第四版《梅氏眼科学》。（刘安壕）

陈典周（1899—1986） 中医学家。原名陈瑞昭，号清华。广东南海（今佛山南海区）人。1918年随父陈泽民往广西柳州经商。先随外祖父周季鸿学医，后在上海叶劲秋主办的少年中医社及秦伯未主办的上海中医指导社学习。1930年参加南海县政府中医考试合格，在佛山盘古街开业行医。1931年参加广州市卫生局中医考试及格，被选为南海县中医公会常务理事。1939—1945年在佛山行医。抗战胜利后，被选为南海县中医公会理事长。参加国民党考试院中医师考试，获及格证书。1947年，与吴满福、李广海、黄伟堂、吴采南等人合组灵兰医学研究社，任董事。在南堤办灵兰藏书馆，免费供群众阅览。1949年，任南海县国医支馆馆长。新中国成立后，先后在佛山善门街、朝观里开诊所。1951年佛山市中西两医公会组合为佛山市医药联合会，被选为筹备委员及中医进修委员会委员，后被选为佛山市卫生工作者协会第一届执行员。1956年，加入佛山地区人民医院中医科。1957年，调入佛山市中医院工作。1962、1978年被授予"广东省名老中医"称号。对内科、妇科、儿科疾患的诊治均有心得，尤其对温热病、中风、水肿、臌胀（腹水）等有独特的研究。外感温病，主张四法分治；中风，主张分阶段治疗；杂病，重扶正与祛邪，清而和缓；水肿，主张攻补兼施；臌胀，主张从脾论治，兼化瘀逐水。后人据其医案编成《陈典周老中医医案选》。（周红黎、张书河、柏峰）

陈瑞昭 见"陈典周"。

陈丕扬（1899—1987） 造纸工程师。广西岑溪人。1919年五四运动爆发，在广州参与抵制日货运动，有感于市面多进口纸的弊病，立志于振兴我国造纸业。同年考入美国麻省理工学院化学工程系，学习造纸技术。其间提出用马尾松作造纸原料的理论，轰动学界。1921年进入美国梅省省立大学攻读造纸专业，1924年获

陈丕扬

硕士学位。毕业后取道欧洲到英、法、德、意及瑞士多国考察造纸工业。1925年回国，先后在广西省建设厅、广东省建设厅、富贺钟矿务处及广州西村士敏土厂任职。1932年，奉命筹建广东省营制纸厂，担任技术负责人，后被任命为总工程师。将马尾松造纸理论应用于生产，获得成功。1938年10月广州沦陷，纸厂设备被日军劫走。1947年受委派赴日本交涉设备归国事宜，将设备运回广州。广州解放后，投入纸厂的重建工作，担任总工程师。1954年广东省营制纸厂改名为国营广州造纸厂，直属轻工部。1957年受命筹建珠江造纸厂，担任总工程师，提倡利用甘蔗渣制造胶版印刷纸，并成功投产。被誉为现代蔡伦。广东省造纸学会理事长。第三、四、五届全国政协委员。（莫俊、李丹丹）

丁鸿业（1899—2001） 潮乐师。广东揭阳榕城人。自幼拜潮州音乐大师洪沛臣为师，又得昆曲乐师李三老精传三弦，兼善汉调音乐头弦、掌板等乐艺，有"潮州琵琶王"之称。乐理造诣深，演奏技法精巧。琵琶演奏具有独特的艺术风格。旋律骨架音和加花之间处理，发音强而不噪、涩而不滞，指法错落有致、斜倚不一等。继承和发展了琵琶、三弦的演奏技法，如三弦的"乱披风""鸡啄粟""蜻蜓点水"等，强调各件乐器在合奏中的协同，达到器乐个性的高度统一，音乐进行稳中求险，平中寓奇，富有变化，共同创造乐曲意旨的最高境界。1988

年领衔录制潮乐卡式带《百兰山馆儒家乐》，执小三弦合奏《小扬州》《迎仙客》等乐曲。培养的知名学生有陈瑞凯、陈成杰、陈树明等，促进潮州音乐大发展。（夏煜卓）

杨恭桓（生卒年不详） 清末秀才。字穆吾。广东嘉应州（今广东梅州）人。清光绪十八年（1892）庠生。在韵学上有较深研究。著有《韵学汇要》《客话本字》《毛诗古韵谐读》等，今仅见《客话本字》。（谭赤子）

周瑜利（生卒年不详） 粤剧演员。活跃于清末民初。籍贯不详。擅演三国戏中的周瑜，有"第一小武"之称。能文能武，唱、做、念、打俱佳。唱功特佳，法口严谨、咬字清晰、音色明亮。首创平霸腔，突破当时小武行当只用假嗓的传统唱法，融平喉与假嗓为一体，唱腔刚柔相济、阴阳起伏、抑扬顿挫，以《周瑜归天》吐血前的一段变徵腔为最。同行称之"玉带左"。首本戏除三国戏外，还有《平贵别窑》《平贵回窑》《好逑传》《山东响马》等。（李静）

马贞榆（生卒年不详） 学者。字季立。广东顺德（今佛山顺德区）人。清同治八年（1869）广州学海堂专科肄业。师从陈澧学习《尚书》《左氏春秋》，擅长地理学。张之洞创办广雅书院和两湖书院，均聘为经学教师。光绪三十一年（1905），两湖书院改为两湖师范学堂及存古学堂，又分任教习。辛亥革命之后在北京为小学教员，卒于北京。著有《尚书课程》《周易要旨》等。（杨青华）

谭星缘（生卒年不详） 伤寒学家。岭南伤寒四大金刚（易巨荪、陈伯坛、黎庇留、谭星缘）之一。原名谭彤晖，号星缘，一作星沅。广东南海

（今佛山南海区）人。举人出身。推崇张仲景之学，精通《伤寒论》《金匮要略》，善于鉴别伤寒与温病，与易巨荪一起参与鼠疫的中医经方治疗。有医学论文《辨吴鞠通温病条辨全书》《辨温病条辨第一节》《辨温病条辨第三节》存世。（郑洪、张书河）

谭彤晖 见"谭星缘"。

小生聪（生卒年不详） 粤剧演员。少年时学艺于报丰年童子班，出道后到美洲演出数年。清光绪二十年（1894），与肖丽湘合作义演，筹款建设广州方便医院。二十四年（1898），与其妻晴雯金在澳门清平戏院合演《水浸金山》，因在舞台上喷射真水，轰动一时。三十年（1904），入宝昌公司人寿年班，再与肖丽湘合作。嗓音极佳，善于用气。擅演倜傥不羁的文人。演出时不拘陈规，人称戆聪、癫聪。代表剧目有《游湖得美》《牡丹亭》《桂枝告状》《误判孝妇》等。乐于扶掖后辈，悉心指导千里驹，两人合演的《舍子奉姑》《游湖得美》《夜送寒衣》《拉车被辱》均脍炙人口。（李静）

肖丽康（生卒年不详） 粤剧演员、编剧。原名雷殛异。清末民初人，籍贯不详。少年时在香港英文书院读书，文化水平较高。早年在乐同春班任二帮花旦，与扎脚胜合作。后入周康年、颂太平班任正印花旦。身为男花旦，其扮相俊美，唱腔圆润，技艺上乘，有青春艳旦之称。编过《万古佳人》《夺嫡奇冤》等戏。代表剧目有《刘金定斩四门》《六郎罪子》《穆桂英》等。（李继明）

雷殛异 见"肖丽康"。

严老烈（生卒年不详） 广东音乐演奏家、作曲家。籍贯不详，广东人。生活年代在1850—1930年间。原名严兴堂，又名严公尚，外号老烈。粤乐形成期的奠基人之一，粤乐最早有创作乐曲问世的成员之一。精弦索，能诗文，擅昆曲，能演花旦，尤擅长扬琴，精通扬琴右竹演奏法，创作和改编的乐曲大多为扬琴谱。20世纪20年代，随录音技术的推广，由其改编、弟子罗绮云的扬琴独奏《倒垂帘》唱片流传至今。参与编纂出版《琴弦曲谱初集》，普及和提高了扬琴演奏技艺。其改编曲以旧曲为蓝本，通过加花变奏、声韵变化、集曲犯调，充分发挥中国传统音乐的线性思维和速度渐变元素，形成新的音乐气质和形象，继承了曲牌音乐的特点。其改编曲多为重曲牌来源，既有中原古曲、江南小曲，又直接受昆弋牌子、粤剧的影响。主要作品有《旱天雷》《倒垂帘》《连环扣》《到春雷》《寄生草》等。（郑小龙）

严兴堂 见"严老烈"。
严公尚 见"严老烈"。

梁贤（生卒年不详） 粤菜厨艺师。广东东莞人。民国初年已是广州名厨。20世纪30年代初参加巴拿马国际烹饪大赛获金质奖章，被誉为"世界厨王""金牌师傅"。1938年10月广州沦陷后，到澳门某酒店主厨。抗战胜利后回广州，在广州酒家主厨政，烹制的"梁贤厨主鸭""红烧大群翅""摩登炒饭"等菜式风靡一时。民国政要李济深在品尝梁贤的名菜后称其"生性和蔼，手敏心灵，烹饪适口，其味无穷"。乐于扶掖后辈，出名弟子有龚腾。（龚伯洪）

柏尔诺阿（生卒年不详） 医生、教育家。德国人。1927年被聘任为中山大学附属一院内科学教授兼医生。

1928年担任院长，开始制订医学院及医院的发展规划，得到时任校长戴传贤的支持。在其指导下，建立德式教学医院及医疗规章制度，引入德国医学科学教育方法，购置先进设备，为中山大学医学院增添了德国医学学派风格。（周红黎、张书河）

冯锐（1900—1936） 农学家。字梯霞。广东番禺黄埔乡石坊村（今广州黄埔区）人。1920年毕业于金陵大学农科，后入清华大学留美预备班，取得公费留学资格，就读于美国康奈尔大学，攻读农业经济，获博士学位。1925年先后任教于岭南大学、东南大学。1926年任平教会定县生计教育部主任，在定县进行乡村建设工作，是"洋博士下乡第一人"。1931年，任广东建设厅农林局局长兼岭南大学农学院教授、院长，提出广东适宜发展现代化甘蔗糖业与蚕桑业，建议开办机制白砂糖厂，获得陈济棠支持。受陈济棠委托编制复兴广东制糖业规划，主持创办糖厂。3年间，创办市头、新造、顺德、惠阳、揭阳、东莞6间糖厂，日榨蔗能力7000吨。1933年，陈济棠接受其建议，成立"舶来农产品什项专税局"，开征舶来米专税，还征收烟、石油、化肥等商品专税。以贪污罪名被处决。著有《乡村社会调查大纲》《解释本省复兴糖业计划之要旨》《我国农业推广制度的产生》《我国应用农业科学之状况及其困难问题》等。（张全超、曲静）

张似旭（1900—1940） 报人。广东饶平人。早年毕业于汕头市华英学校，后赴美留学，获宾夕法尼亚州哈佛福德大学历史学学士学位及哥伦比亚大学新闻学硕士学位。1925年回国，先后任天津英文《华北星报》（*The North China Star*）、上海英文《大陆报》（*China Press*）记者、编辑。在国民革

命军东征时赴广东东江地区采访，在《大陆报》发表广东革命形势相关报道。1927 年后，先后任国民政府外交部驻沪办事处特派员、情报司司长。1932 年因不满国民党"攘外必先安内"政策，辞去外交部职务，重返上海，任《大陆报》编辑主任。旋任美商《大美晚报》（*Shanghai Evening Post and Mercury*）常务董事、中文部经理（主持中文版工作），大美出版公司经理。上海沦陷后，上海中文报纸或相继迁往内地或被迫停刊，《大美晚报》利用其美商背景报道抗日信息，发表抗战言论。1938 年创办《大美画报》，邀请原《良友》画报创办人伍联德和良友出版公司编辑赵家璧担任主编。参与宋庆龄发起组织的保卫中国同盟上海分会，负责宣传工作。1939 年 5 月 19 日，《大美晚报》被日伪上海市政府勒令停刊。1940 年 7 月 19 日，被日伪特务暗杀，葬上海虹桥公墓。（全炳亮）

罗庸（1900—1950） 中国古典文学专家和国学家。字膺中，号习坎，笔名耘人、修梅、佗陵等。蒙古族。原籍江苏江都（今扬州江都区），出生于北京。清

罗庸

光绪三十一年（1905）入家塾。1913 年考入京师第二中学。1917 年入北京大学文科国文门学习。1922 年入北京大学研究所国学门学习。1924 年毕业后进教育部任职兼北京大学讲师。1926 年加入三时学会，参与创办华北大学。1927 年应邀赴日本东京帝国大学（今东京大学）讲学。同年秋任中山大学国文系教授兼系主任，主要讲授先秦诸子等课程。1931 年任浙江大学教授。1932 年回北京大学任教，担任文学史

和诗词课程。全面抗战爆发后，任教于由北京大学、清华大学和南开大学合并的长沙临时大学。1938 年西迁昆明后，任教于西南联大中文系教授、文科研究所所长，讲授《中国文学史》《楚辞》《杜诗》《诗经》等课程。1944 年云南大学文史学系设文史研究室，被聘为特约导师。1946 年秋西南联大结束，为《国立西南联合大学纪念碑》书写碑文，并留滇组建昆明师范学院，担任国文系教授兼系主任。1949 年应梁漱溟之邀往重庆北碚担任勉仁书院教授。一生潜心佛学，造诣精深。思想受梁漱溟《东西文化及其哲学》一书影响。在中国古典文学研究领域多有建树。著有《宛平方音考》《尹文子校译》《佛学概论》《太平天国玉玺考略》《魏晋思想史稿》《史籍校读法》《陈子昂年谱》《汉魏六朝诗选》《中国文学史导论》《陶诗编年》《习坎庸言》《鸭池十讲》。（曹天忠）

谭卓垣（1900—1956） 图书馆学家。广东新会（今江门新会区）人。早年入读岭南大学，1919 年获文学学士学位。1920 年任岭南大学图书馆副馆长，1922 年任馆长。1930 年赴美留学，次年获哥伦比亚大学图书馆学学士学位，1933 年获芝加哥大学图书馆学博士学位。旋回国，继任岭南大学图书馆馆长，1936 年兼任教务长。1937 年 8 月受聘北平协和医院图书馆主任。全面抗战爆发后辗转赴美。1938 年任夏威夷大学东方学院图书馆馆长，兼中国历史副教授。其间协助岭南大学在海外搜购中文图书。病逝于夏威夷。著有《清代藏书楼发展史》。（倪俊明）

陈夸（1900—1957） 西秦戏红净。人称红面夸。字铭诩。广东海丰人。13 岁入和天乐科班，师承罗益才，习红

面兼学丑。能演能导，尤其演纣王、董卓一类人物受好评。1950 年开始整理《斩郑恩》《救宋王》《连环计》《剪月蓉》《审冯旭》《崔子弑齐君》等传统剧目，在拯救剧种、挖掘遗产和培养后人等方面均有显著成绩。（刘红娟）

马师曾（1900—1964） 又称吴始昌。粤剧演员。字伯鲁，号景参，曾用艺名风华子。广东顺德（今佛山顺德区）人。1917 年在广州太平春教戏馆学艺，演丑生，亦演过小生、花脸、老生等。后被带往新加坡，在普长春班拜

马师曾

靓元亨为师。1923 年回到香港，担任人寿年班正印丑生，出演《苦凤莺怜》中余侠魂一角。1931 年后长期在广州、美洲和东南亚等地演出。1933 年组太平剧团，与薛觉先领导的觉先声剧团，人称"薛马争雄"。抗战期间，组织抗战剧团、胜利剧团等，辗转两广演出抗日救国剧目。新中国成立后，1950 年带领红星剧团演出揭露国民党罪行的现代粤剧《珠江泪》。1955 年任广东粤剧团团长，1958 年任广东粤剧院院长。兼中国文联委员、广东省文联副主席、中国戏剧家协会常务理事及广东分会副主席。全国政协委员、广东省人大代表、广东省政协常委等。对粤剧的音乐和表演有所革新，形成自己独特风格，独创旋律跳跃、行腔活泼的"乞儿喉"，世称"马腔"。在活用戏曲程式的基础上，创造出富有生活气息的"马派"表演艺术，塑造出众多个性鲜明的艺术形象，对后世影响极大。推动粤剧改革，改官话演唱为白话演唱，推动戏班从全男班、全女班改为男女

合班、借鉴话剧和电影手法，改革粤剧的化妆、服装、布景和音乐，丰富了粤剧艺术。参与编剧，出演粤剧电影。擅演《搜书院》等剧。代表剧目还有《苦凤莺怜》《斗气姑爷》《审死官》《刁蛮公主戆驸马》《关汉卿》等。（李继明）

吴始昌　见"马师曾"。

罗明佑（1900—1967）　电影事业家。祖籍广东番禺（今广州番禺区），出生于香港。广东高等师范学校毕业，后就读于北京大学法学院。1919年起经营电影放映业。1927年，成立华北电影公司，经营20多家影戏院，控制了华北地区的电影放映和发行事业。1930年，分别以华北电影公司和联华影业公司名义与民新影片合拍《故都春梦》《野草闲花》。同年合并大中华百合影片公司等组建联华影业制片印刷有限公司，任总经理，建立了完整的电影制作、发行、放映产业链，招募优秀电影人才加盟，提出"提倡艺术，宣扬文化，启发民智，挽救影业"的口号，注重电影制作的价值取向和艺术质量。监制了《神女》《大路》《都会的早晨》《小玩意》《城市之夜》《渔光曲》等作品，受到知识分子和青年学生的欢迎。1933年，又提出"挽救国片，宣扬国粹，提倡国业，服务国家"的制片方式，参与电影"新生活运动"，摄制《天伦》《国风》等影片。1937年，于香港主持中国教育电影协会香港分会和《真光》电影刊物，宣传抗日救亡，制作《重生》《人道》等影片，影响了后来香港基督教电影的制作。晚年皈依基督教，成为牧师。（温明锐）

曹聚仁（1900—1972）　报人、记者、作家。字挺岫，号听涛，笔名袁大郎、陈思、彭观清等。浙江兰溪人。杭州师范毕业，1922年到上海从事文化教育工作。任教于爱国女中、上海艺术专科学校、暨南大学、复旦大学等校。主编《涛声》《芒种》等杂志。抗战期间，任《前线日报》编辑及前方战地记者，报道淞沪抗战、台儿庄战役。1950年到香港专事写作，任《学生时代》主编，与友人合办《热风》半月刊，创办创垦出版社。20世纪50年代中期以新加坡《南洋商报》驻香港特派记者身份，多次北行采访，为两岸和平统一呼号。1959年后与林霭民合办《循环日报》《循环午报》《循环晚报》《正午报》等报纸。研究领域涉及戏曲、史地、人文、抗战史、文学等方面。著有《中国学术思想史随笔》《万里行记》《现代中国通鉴》。在香港出版著作40多部，主要有《听涛室剧话》《中国抗战画史》《国学概论》等，散文集有《我与我的世界》《今日北京》《文坛五十年》等，报告文学集有《采访外记》《采访新记》《鲁迅评传》等，编辑《中国散文选》《现代中国报告文学选》《现代中国戏曲影艺集成》等。（罗志欢）

曹聚仁

伍联德（1900—1972）　编辑出版家。广东新宁（今台山）人。毕业于岭南大学。1922年入上海商务印书馆任美术编辑。创办《少年良友》画报。1925年创办良友印刷所。1926年创办中国第一本综合性大型画刊《良友》画报。1926年，去新加坡、槟城、吉隆坡、美国考察出版业。回国后将良友印刷所和《良友》画报改组为良友图书印刷公司。先后聘周瘦鹃、梁得所、马国亮为主编。编辑出版《孙中山先生纪念特刊》《北伐画史》《远东运动会特刊》《中国大观》《中华景象》等画册，出版画册100多种，成为中国出版画册最多的出版机构。首创出版中外电影明星图片，有100多种，还出版中外著名歌曲专辑600多种。郑伯奇、赵家璧等为良友公司注入新文学元素，赵家璧主编的《中国新文学大系》成为现代文学经典丛书。八一三事变后，良友公司宣布破产。后用化名主编由爱国报人张似旭创办的《大美画报》。1954年在香港复办《良友》画报。病逝于香港。（金炳亮）

曾月初（1900—1973）　西秦戏演员。原名曾戆，人称"戆生"。广东惠东平海人。15岁入和天乐科班习老生，拜罗益才为师。演戏能文能武，懂音乐，唱做俱佳，戏路亦广。扮演的代表性角色有《薛仁贵回窑》的薛仁贵、《宋江杀戒》的宋江、《刘锡训子》的刘锡、《柴房会》的李老三等。跨丑行演《十五贯》娄阿鼠，狡黠滑稽，形象鲜明。能司鼓，其文鼓打法尤受行家称道。行腔圆润，真假嗓结合自然，西皮腔独树一帜，充分掌握西皮腔的板式特点，不墨守成规，而采取多变的手法进行演唱。（刘红娟）

曾戆　见"曾月初"。

余子亮（Phaichit Uwat Fanakul, 1900—1974）　泰国侨领、企业家。广东饶平人。1918年赴泰国，初任职员，后与人合资创办颜料行，继而经营碾米业与锯木业。日军侵泰期间，避居马来亚（今马来西亚）槟榔屿，创设工厂。战后返泰国，经营出口业，后拓展至堆栈、保险、棉艺织造、卫生褥制造、化妆品及房地产等业，与人合办民营京华银行，任董事长。主持的工商金融企业，成为当时泰国华人的大财团之一。任泰国中华总商会执委、华侨报德善堂董事，潮州会馆创始人之一。

抗战期间，任曼谷中国劝募救国公债暹罗分会副会长，参与创办《中国报》和《中原报》，宣传抗日。在泰国，捐资赞助中华中学和新民中学，设立余子亮慈善基金，资助贫困生，奖励优秀生，捐地皮给国立大学预科作为校址。创设协和肺痨医院、寿苑疗养院、余子亮康乐中心，资助红十字会和华侨医院兴建大楼。多次获泰国国王颁赐荣誉大绶和各类勋衔。在马来亚，参与创办槟城韩江中学，资助槟城钟灵中学和新加坡南洋大学。在饶平，捐资创办黄岗中山女子初级小学、南侨小学和华侨中学，将祖屋改建为幼儿园，创办华侨农场，安置侨眷。（王华）

李金发（1900—1976） 诗人。原名李淑良，又名李权兴，别名李遥安。广东嘉应州（今梅州）人。中国第一位象征主义诗人。1915年，在梅州市区高等小学读书，1919年就读香港圣约瑟中学，后至上海入南洋中学留法预备班。1919年赴法勤工俭学。1921年就读于第戎美术专门学校和巴黎美术学院。1924年回国，在上海美术专门学校任教，后又受聘于中央大学、杭州国立艺术学院任教授并创办《美育》杂志。后被广东美术学院聘为院长。20世纪40年代后出任外交官员，1945年出任中国驻伊朗大使馆一等秘书，两年后转为驻伊拉克大使馆代办。业余爱好雕刻和诗文。在法国象征派诗歌特别是波特莱尔《恶之花》的影响下，开始创作格调怪异的诗歌，人称"诗怪""中国诗界的晨星""东方之鲍特莱"，被视为中国现代象征派诗歌的开山鼻祖。1925年出版诗集《微雨》，为中国早期象征诗派的代表作，为中国新诗艺术的发展进行了有益的探索与尝试。同年加入文学研究会，并为《小说月报》《新女性》撰稿。著有诗集《微雨》《为幸福而歌》《食客与凶年》，传记《雕刻家米西

盎则罗》，艺术史《意大利及其艺术概要》，文学史《德国文学ABC》，诗文集《异国情调》《飘零阔笔》，小说《鬼屋人踪》（与他人合集）等。（李艳平）

李淑良 见"李金发"。
李权兴 见"李金发"。

司徒赞（Soeto Tjan，1900—1978） 印尼侨领、教育家。字子襄。广东开平人。11岁到马来亚（今马来西亚）吉隆坡投靠叔父，在中华学校及英华书院学习。1915年回国在上海公学、浦东中学求学。1919年毕业于南京暨南学堂师范科。毕业后移居印尼，受聘为中爪哇文池兰中华学校校长。历任雅加达八帝贯中华学校、巨港华侨学校、爱群学校、雅加达广仁学校校长，荷印华侨学务总会视学，雅加达华校教师公会主席，雅加达《工商日报》、新加坡《新侨周报》、雅加达《时报》主编，并任广肇会馆文书主任、董事及副主席，中华总会文书主任，广肇青年会顾问等职。全面抗战爆发后，担任雅加达华侨捐助祖国慈善事业委员会文书主任。日军占领期间，被拘禁于集中营。抗战胜利后，筹办雅加达联合中学（今华侨公立巴城中学），任校务委员会常务委员、校长。中华教师公会主席，促进中印（尼）邦交工作委员会副主席，雅加达华侨团结促进会副主席、主席等职。1959年印尼排华期间，被迫离境。1960年回国定居，任暨南大学董事会董事、东南亚研究所副所长。历任全国政协委员、全国侨联委员、广东省人大代表、广东省政协委员、广东省侨联常委、广东省华侨投资公司董事等职。著有《南洋荷领东印度地理》《中日游记》《爪哇故事童话集》《纪南堂诗词存稿》等。（王华）

卢子枢（1900—1978） 书画家。原名卢沛森，别号顾楼。广东东莞人。1920年毕业于广东省立高等师范学堂。1922年与卢振寰等于广州组织癸亥合作画社及国画研究会。先后执教于广东省立勤勤大学、广东省女子师范学校图画教员、

卢子枢

广州市立美术学校国画系教授、广东大学国画系讲师。新中国成立后，为中国美术家协会广东分会会员、广东省文史馆馆员。历任广东省博物馆筹备委员会委员、广州市文物鉴定委员等。工书善画，山水初宗"四王"，历元四家而上溯董源、巨然，颇得古人法度。其画艺熔旧铸新，博观约取。又广游山川，得自然之趣。书法根自董其昌，兼取米芾之峻快、王羲之之妍美，形成严隽柔美风格。在山水画和书法上取得突出成就，作品不同凡俗，被誉为"岭南当代书画兼通的第一人""百年中国书画名人"。传世作品有《苏州沧浪亭》《松溪高隐图》《山水图》《水阁空明》《茅亭清话》等。有《卢子枢书画集》《不蠹斋友人书札》《中国一代书画名家卢子枢》出版存世。（梁达涛）

卢沛森 见"卢子枢"。

刘妈倩（1900—1980） 正字戏演员。字世明。广东海丰人。童年卖身白字戏班，后转正字戏班，师从许贺。工乌面，能跨丑行。善于揣摩戏剧人物性格特征，演醉酒杨五郎能模拟醉目、醉步、醉态，演张飞能表现其鲁莽、粗率，亦擅演诙谐、风趣、愚笨的丑角。（于琦）

黄啸侠（1900—1981） 武术家。南方五虎将（林耀桂、林荫堂、黄啸侠、赖成己、张礼泉）之一。又名黄钜添。广东番禺（今广州番禺区）石碁莲塘人。擅长南派罗汉门拳、刀术。初师从赵连成，学习蔡李佛拳，后又从孙玉峰学习罗汉拳。学习过拳击、击剑、射箭、摔跤等。吸收各家之长，总结所学，创编练手拳、练步拳、罗汉十八手、擒拿术等。1919年，在广州、香港、上海等地习武。1929年在广州两广国术馆任教。1932年，参与创办广州国民体育会，开设武术班。全面抗战爆发后，参与创编抗日大刀法，以国民体育会的名义组织抗日大刀队，发动群众练武抗日。抗战胜利后在大佛寺设馆收徒。1952年在广州青年会教武术。1958年在广东省武术集训队任教练。1959年起在广州体育学院任讲师。1973年退休回乡。门徒遍布国内和东南亚、欧美等地。著有《练手拳》《练步拳》。（马晟）

黄钜添 见"黄啸侠"。

林炳贤（1900—1986） 建筑师。广东惠州人，出生于香港。1922年毕业于美国北俄亥俄大学土木工程系。1923年任（天津）林泰工程公司工程师。1929—1948年一直在交通大学唐山工学院（今西南交通大学）任教并任建筑工程系主任。1946年创办唐院建筑系，1948年赴香港创办林炳贤佘俊南建筑师事务所。1949年香港建筑师学会登记会员。唐山工学院建筑系与刘福泰创办的北洋大学建筑系等，在1952年全国院系调整中合并为天津大学土木建筑系。（彭长歆、顾雪萍）

关良（1900—1986） 画家、美术教育家。号良公。广东番禺（今广州番禺区）人。1917年赴日本留学，入东京川端绘画学校、太平洋美术学校学习西画。1923年回国后任教于上海神州女学。1924年任上海师范学校、上海美术专科学校教授。次年任教于上海艺术大学。1926年任教于广州市立美术专科学校、中山大学附中。同年参加北伐，任国民革命政治部艺术股长。1937年任教于国立艺术专科学校。新中国成立后，任中央美术学院华东分院西画教授，兼任中国美术家协会上海分会副主席、上海中国画院画师。中西画兼长。中国画专擅水墨戏剧人物，入古出新，追求钝、滞、涩、重的用笔美感，质朴自然，富有情趣。油画则主要学习后期印象派、野兽派，以中国画技法元素融入油画创作，探索民族化表现方式。将西方现代派绘画理念引入中国传统水墨画中，开创彩墨中国画戏曲人物新画风，在国内外享有很高声誉。传世作品有《石门》《五醉图》《乌龙院》《空城计》《孙悟空三打白骨精》等。著有《关良艺事随谈》《关良回忆录》等。（梁达涛）

关良

王力（1900—1986） 语言学家、辞书编纂家。字了一。广西博白人。1916年，在博白高等小学任国文教员。1924年，入上海南方大学学习，次年转入上海国民大学。1926年考入清华大学国学研究院，师事梁启超、王国维、赵元任。1927年留学法国，以学位论文《博白方音实验录》获巴黎大学博士学位。回国后，先后任职于清华大学、燕京大学、广西大学、西南联合大学教授。岭南大

王力

学教授、文学院院长，中山大学教授、文学院院长。1945年在中山大学创建语言学系，任主任。1954年调北京大学任教授。毕生从事语言学教学和研究工作。为中国文字改革委员会副主任、中国科学院哲学社会科学部委员。中国语言学会及中国音韵学会研究会名誉会长，第四届全国政协委员，第五、六届全国政协常委。对现代汉语、古汉语、汉语史、汉语方言、语言理论、语言应用研究精深，为发展中国语言科学、培养语言学专门人才作出了重要的贡献。认为汉语辞书应该重视"史"，字典条目释文的首项应说明文字的孳乳，辞书应为语言的规范化服务。出版专著40多种，发表论文200多篇。主要著述有《两粤音说》《东莞方音》《台山方音》《珠江三角洲方音总论》《中国语文讲话》（后改名《汉语讲话》重版）《汉语音韵学》《中国现代语法》《中国语法理论》《广东人怎样学习普通话》（原名《广东人学习国语法》）《广州话浅说》《汉语史稿》《龙虫并雕斋文集》《中国语言学史》《同源词典》《康熙字典音读订误》等，主编有《古代汉语》。（詹伯慧）

林风眠（1900—1991） 画家、美术教育家。原名林凤鸣。广东嘉应州（今梅州）人。1919年赴法国勤工俭学，先后就读于第戎美术学院、巴黎国立高等美术学院。1925年回国，任国立北京艺术专门学校教授兼校长。1928年创办国立艺术院（后改名国立杭州艺术专科学校），任教授、校长。新中国成立后，历任浙江美术学院教授，上海中国画院画师，中国美术家协会常务理事及上海分会副主席、主席。晚年定

林风眠

居香港。擅油画、水粉画、中国画，中西比较美术研究的先驱者。其画作具有强烈现代风格及装饰趣味，是以中西融合方式创作中国画的成功范例。工山水、花鸟、人物和静物，作品重意象表现。擅长描写仕女人物、京剧人物、渔村风情、女性人体及各种静物画等，水墨人体画肌肤光洁、躯体圆润、艳丽明快，风景花卉追求平和美感。是第一代中国画革新的开拓者与中国现代绘画宗师，注重中西审美融合，拓展和丰富了中国绘画的审美天地。传世作品有《琵琶女》《收割》《独步人生》等。著有《东西艺术的前途》《原始人类的艺术》《中国绘画新论》《林风眠画集》等。（梁达涛）

林凤鸣 见"林风眠"。

陈封怀（1900—1993） 植物分类学家。号时雅。祖籍江西修水，出生于江苏南京。1922年入东南大学农科。1927年毕业，先后在吴淞中国公学、沈阳文化中学、清华大学和北平静生生物调查所工作。1934年赴英国皇家爱丁堡植物园留学，

陈封怀

获硕士学位。1936年任庐山森林植物园技师，参与当时中国第一座植物园的建设。1938年任静生生物调查所研究员，1943年任中正大学生物系教授，1946年任庐山森林植物园主任兼中正大学教授。1949年任江西省农科所副所长，1954年任南京中山植物园副主任，1958年任武汉植物园主任。1962年任中国科学院华南植物研究所副所长兼华南植物园主任，1979年任所长兼园主任。主要从事中国植物园建设和中国报春花科植物的研究。首次全

面清理了中国报春花科植物的种类，把研究扩大到整个东南亚地区。是中国现代植物园的主要创始人，被誉为"中国植物园之父"。编著有《庐山植物园栽培手册》《农村公园》《广东植物志（第1卷）》等；发表有《中国报春花研究补遗》《中国菊科香青属的研究》《中国珍珠菜属植物的分类与分布》等20余篇论文。（杨月歆）

韦植生（1900—1997） 中医学家。广东郁南人。随父学医，熟读中医经典。1920年开始行医。1925年，随父到香港行医。1945年，返回家乡，在桂圩康寿堂药材店开业。1956年任职于桂圩卫生院。1958年调入罗旁公社卫生院工作。1959年又调入肇庆专区第

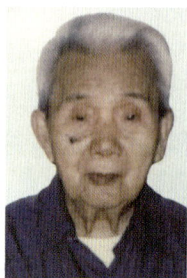
韦植生

一人民医院。1978年被授予"广东省名老中医"称号。重视脏腑辨证，治疗上认为调理脾胃最为重要，常用健脾化湿、行气消滞祛痰之品。临床专于治疗妇科、儿科疾病，对温病亦有研究，认为粤西地区发病多从热化火，火热最易灼阴液，以清热养阴为治疗大法。（周红黎、张书河）

叶鹿鸣（1900—1997） 解剖学家。河南信阳人。1931年毕业于山东济南私立齐鲁大学医学院，留校任教兼附属医院医师。后在华西医学院、贵阳医学院任教。1940年赴美国芝加哥大学进修。回国后，先后在成都、山东、湖北、海南等地的医学院工作。1950年到广州光华医学院工作。1953年起在华南医学院、中山医科大学工作。主要从事解剖学的教学和科研研究。著有《人体解剖学》《自学解剖学》。编译《应用解剖学》《神经解剖学》，其

中《神经解剖学》为我国第一部神经解剖学编译本。撰有《国人冠状动脉解剖学观察》等论文。（周红黎、张书河）

区少章（1900—1998） 中医儿科学家。广东南海（今佛山南海区）人。出身于中医家庭。1920年考入广州医药实学馆学习。1925年同时在广州方便医院、崇正善堂行医。新中国成立后，先后在广州市传染病医院、广州市中医医院工作。

区少章

1962、1978年被授予"广东省名老中医"称号。精于温病、儿科，善用脉象辨证、指纹察病，擅长治疗脑膜炎、小儿麻痹症、麻疹、小儿肠炎等病，尤精于麻疹。认为麻疹有三怕（怕喘、怕泄泻过多、怕四肢厥冷）、三不怕（不怕咳、不怕高热、不怕汗多），用药有三宜（宜清、宜透、宜凉血）、三不宜（不宜温散、不宜苦寒、不宜滋腻）。（周红黎、张书河）

林克明（1900—1999） 建筑教育家。中国现代建筑启蒙教育先师、华南建筑界现代建筑设计元老。广东东莞人。1918年入读广东高等师范学院。1920年赴法国勤工俭学，就读于法国里昂中法大学建筑工程学院，获学士学位。1926年回国，在汕头

林克明

市工务科负责道路工程及城市规划方案。1928年到广州，任市工务局设计课技士。1929年任教于广东省立工业专科学校。1932年创办勤勤大学建筑工程系任教授兼系主任。1945年任中山大学建筑工程系教授。1949年后，

先后在黄埔建筑管理局、广州市市政建设计划委员会、市建筑工程局、市城市规划委员会、市设计院等部门任领导。1979年起兼任华南工学院建筑系教授及该校设计研究院院长。创办广州市建筑学会和广州市设计院，为城市建设作出重大贡献。初步确立了华南建筑教育体系，传播现代主义建筑思想。中国建筑学会常务理事、副理事长。第一、二、三届全国人大代表，第五届全国政协委员，广东省政协常委。发表《什么是摩登建筑》等文，培养了郑祖良、黎抡杰、杜汝俭等华南建筑家。规划了从海珠桥到中山纪念碑长12千米的广州中轴线，代表设计作品有广州市府合署、广东省立中山图书馆、广东科学馆、中苏友好大厦、广州体育馆等。（唐孝祥、李孟）

徐松石（1900—1999）　民族史学家。广西容县人。1916年考入沪江大学预科，1918年升入沪江大学本科，就读于社会教育系，1922年毕业于沪江大学社会教育学系，历任沪江大学、之江大学、华东大学教授，上海崇德女子中学校长。1926年起，即对东南亚民族史开始研究，深入我国西南各省、深入苗瑶壮寨进行考察。长期致力于边疆民族历史和文化演变的研究，尤其是岭南和东南亚民族史地考察与研究，被誉为中国壮学、民族学的先驱和奠基人。著有《粤江流域人民史》《泰族僮族粤族考》《东南亚民族的中国血缘》《日本民族的渊源》《百越雄风岭南铜鼓》《华人发现美洲考》。2005年广西师范大学出版社出版《徐松石民族学文集》。（方小燕）

洪灵菲（约1901—1933）　作家。原名洪伦修，笔名林曼青、林阴南、李铁郎等。广东潮安（今潮州潮安区）人。少时求学于广东高等师范学校英语部。学生时代投身革命，1924年加

入中国共产党。大革命失败后，遭到国民党通缉，被迫流亡新加坡。与戴平万、杜国庠等组织革命文艺团体"我们社"，出版《我们》月刊，宣传革命思想。1930年作为发起人之一参与左联筹备工作，为左联成立初期七常务委员之一。1933年在北平（今北京）被国民党政府逮捕秘密杀害。革命之余笔耕不辍，被称为"彗星式的高产作家"。成名作长篇小说《流亡》反映了革命年代青年渴望冲破旧中国牢笼、寻找新路、接受新思想洗礼的过程，展现了革命时期青年感伤和乐观相交织的复杂心理。小说人物由劳苦大众取代知识分子变成了主角，体现出文艺大众化的文学主张。著有短篇小说《在木筏上》《在洪流中》《归家》，中篇小说《大海》。代表作《流亡》三部曲（《流亡》《转变》《前线》）。译有高尔基《我的童年》等。（李艳平）

洪伦修　见"洪灵菲"。

邱代明（1901—1939）　美术家。1921年赴法留学。先入岭南中法大学，后毕业于巴黎美术学院。1927年任上海美专西画教授，上海暨南大学教授。1930年与吴梅鹤、黄般若、罗海空共同创办（香港）中华美术学院。1936年任广东省立勤勤大学讲师。1938年迁往川东，后移居重庆。1939年罹难。多次参加全国美术展览会、开展美术活动。代表作品有《少女》《读报》等。（彭长歆、顾雪萍）

黄少强（1901—1942）　画家。岭南三子（陈荆鸿、赵少昂、黄少强）、岭南画派天风七子（周一峰、张坤仪、叶少秉、何漆园、黄少强、容漱石、赵少昂）之一。名宜仕，号止庐。广东南海（今佛山南海区）人。1920年到高奇峰美学馆学画，次年又随高剑

父学画，后又到上海美术专科学校随刘海粟学画。从1926年开始，专意从事美术教育和画艺活动，先后在家乡敦睦小学任名誉校长，在佛山秀德小学、佛山市高等美术学校、南海师范学校、广州培桂中学、广州第一中学、岭南艺苑、广州市立美术学校等学校任教。1932年，在广州举办"国难画展览会"。1934年在广州举办了"黄少强个人民间绘画展览会"。1935年在广州纸行街通灵道10号创办民间画馆，设课授徒。次年，组织"民间画会"，提出"到民间去"，"谱家国之哀愁，写民间之疾苦"。1938年在香港创办香港美术学院。病逝于南海。早年兼修中西画学，师从高剑父、高奇峰，以西洋画技法从事国画创作，尤擅人物画，多以民间疾苦为题材，创立淡雅写实风格，在岭南画派中独树一帜。作品多是当时社会民情困苦深刻写照，以"平民画家"的特点在中国美术史上留下一页。岭南画派主要代表之一。出版有《止庐纪游画集》《止庐民间疾苦图册》《止庐题画诗钞》《黄少强画集》等。（梁达涛）

丁山（1901—1952）　古文字学家、史学家。原名丁增熙，又字山父、山甫，以字行。安徽和县城南乡人。1911年在戚桥小学上学。1917年在南京私立钟美小中学上学。1921年8月至1924年8月，在北京大学文科旁听。1924年因沈兼士赏识，考取北京大学研究所国学门研究。1926年随沈兼士赴任厦门大学助教。1927年8月至1929年8月任中山大学文科教授。1929年8月至1932年7月在中央研究院历史语言研究所专任研究员。1932年8月至1933年7月任中央大学

丁山

历史系教授。1933 年 8 月至 1935 年 7 月任山东大学中文系教授。1936 年 1 月至 1937 年 1 月任四川大学历史系教授。1937 年 1 月至 1937 年 8 月任浙江省政府秘书。1937 年 8 月至 1938 年 8 月任山东大学中文系教授。1938 年 10 月至 1941 年 7 月任东北大学史学系教授兼主任。1941 年 8 月至 1942 年 7 月任西北大学史学系教授兼主任。1942 年 8 月至 1944 年 1 月任中央大学史学系教授。1944 年 1 月至 1944 年 12 月任东北大学史学系教授。1945 年 1 月至 1945 年 12 月任四川大学史地系兼齐鲁大学历史系教授。1945 年 12 月至 1946 年 6 月任南京大学补习班历史系教授兼主任。1946 年 8 月至 1947 年 7 月任暨南大学史地系教授兼主任。1947 年 8 月至 1952 年 1 月任山东大学中文系教授。主要从事古文字学、经学、历史地理学、古代宗教与神话学研究。治学从小学而入于古史、经学、子学甚至神话。著有《殷契亡尤考》《数名古谊》《敦跋》《夷考》《五行考原兼论明堂五帝》《刑赭与中庸》《尚书学》《尚书学参考资料》《清代经学》《清代经学参考资料叙目》《清代易学参考资料叙目》《宗法考源》《中国古代宗教与神话考》《甲骨文所见氏族及其制度》《古代神话与民族》等。（钟东）

丁增熙 见"丁山"。

邓军凯（1901—1954） 毛里求斯侨领。广东嘉应州（今梅州）人。早年就读于梅县师范讲习所，毕业后任教员。1926 年赴毛里求斯，在《华侨商报》报馆、仁和会馆任职。1933 年参与成立毛里求斯护商会（又称侨商自救合作会）。1942 年起任《华侨商报》总编辑，撰文号召侨胞支援祖国抗战。新中国成立后，宣传祖国各项政策，动员侨胞回国参加建设。敢于笔伐异端邪说，被侨胞誉为"五敢先生"和"文化斗士"。1946—1952 年两度出任毛里求斯新华学校校长。1954 年 9 月作为非洲地区华侨代表回国出席第一届全国人民代表大会。毛里求斯市议会授予其友谊勋章，梅州市设亭立碑纪念。（卢玉敏）

蔡玩清（1901—1964） 潮绣艺人。广东潮州人。出身于刺绣世家，自幼学习刺绣，13 岁时已掌握刺绣的各种针法技艺。擅长绒工，且精于金工、飞禽走兽、花卉博古、人物故事均能表现得活灵活现。为潮州太平路林顺发绸缎纱庄绣制《安济圣王袍》，悬挂于店前当广告。新中国成立后，参加潮州刺绣合作社。后被聘为潮州市工艺美术研究所艺人，整理潮绣传统刺绣针法，总结刺绣经验，绣出传统纹样数十种。其作品讲究色彩对比，在色彩之间的过渡或图案的边缘转接中，运针严谨有致，画面清晰明朗、潇洒大方。善于根据图案形象需要，改革创新针法，丰富表现技巧。潜心观察、分析绒线的色与光的科学原理，掌握规律要领，绣出的作品有着晶莹的光泽。（彭圣芳）

林玉波（1901—1965） 潮州音乐演奏家、传艺师。汕头潮州音乐奠基人之一。原名林亚龙。广东澄海（今汕头澄海区）鸥汀乡人。自幼受父亲影响爱好音乐，7 岁得潮乐名师黄聪俊启蒙，初学椰胡、扬琴，后以二弦为主。1926 年与蔡锦如创办南方乐社，又在此基础上成立南薰丝竹社。1949 年在文化主管部门支持下成立潮乐改进会。致力于对传统乐曲的收集整理、保护录制等工作，灌录的《昭君怨》等唱片在国内外广为传播。1953 年与郑诗敏合作编印出版《新潮乐》《潮乐曲选》等，与张汉斋等合编《潮州民间音乐选》。1954 年整理的传统乐曲《将军令》参加会演获得好评。1956 年起在汕头举办周末潮州音乐晚会。1958 年成立汕头市民间音乐曲艺团。1959 年在汕头成立"潮乐研究组"。1961 年为中央人民广播电台和中国唱片公司录音，灌录了整理和改编的潮州音乐 83 首，执二弦领奏的乐曲有《西江月》《轻三重六》等，二弦演奏艺术情深意切、抑扬适度、运弓稳健、指法流畅。20 世纪 30 年代起，从事教乐传艺工作，培养蔡文亮、林吉衡等知名学生。（夏煜卓）

林亚龙 见"林玉波"。

黄般若（1901—1968） 画家、美术史论家。名鉴波，字般若，号万千，别号四无恙斋主、黄石山房。广东东莞人。幼从叔父黄少梅学画，受到书画、金石、考古学家邓尔雅影响。早年师法古人，善摹古，后师自然造化，水墨运用大胆创

黄般若

新。1923 年加入赵浩公、潘至中等组织的癸亥合作画社、广东国画研究会，20 世纪二三十年代与岭南画派的方人定展开关于中国画改革的争论，称"方黄之争"，对近代中国画如何发展有深远影响。叶浅予称其为"海外中国水墨画的传播者"和"先驱"。亦精书法鉴赏。著有《实用广告法》《广告学杂谈》，是中国美术广告理论研究的先驱之作。（王碧凤）

黄鉴波 见"黄般若"。

吴灼燊（1901—1971） 中医学家。广东佛山人。出身于中医世家，年少常习岐黄名著。1921 年起先后在顺德、香港、广州行医。1957 年，任职于广

州市传染病院，1959年调入广州市第三人民医院（今广州市中医院）。1962年被授予"广东省名老中医"称号。

吴灼燊

潜心研究伤寒、温病，善用古方化裁治疗内科、儿科、妇科疑难病，主张治疗妇科病以理肝肾、调冲任为治则，治疗儿科病从调理肺、脾、肾入手。擅长中医治疗职业病，在矽肺、锰和二硫化碳中毒方面有独到的学术见解和治疗经验。创制了治疗男女不育不孕症及肝肾亏损型内科疾病的"温肾丸"。撰有《锰中毒的中医辨证施治》《矽肺的中医辨证施治初探》《慢性二硫化碳中毒的中医辨证施治》等论文。（周红黎、张书河）

梁思成（1901—1972） 建筑学家、建筑教育家。中国近代建筑事业奠基人之一、古建筑研究先驱者。广东新会（今江门新会区）人，出生于日本东京。梁启超长子。1924年毕业于北京清华学校（今清华大学）。1927年毕业于美国宾夕法尼亚大学建筑系，获硕士学位。1927年于哈佛大学研究院研究建筑及美术史。

梁思成

1928年归国，先后于东北大学、北京大学、清华大学任教，创办东北大学建筑系、清华大学建筑系，培养大批建筑方面人才。1930年加入中国营造学社，任法式部主任，从事中国古建筑科学研究工作。同年，与东北大学建筑系的童寯、陈植、蔡方荫等合作成立梁陈童蔡营造事务所，任吉林大学建筑总设计师。在北平合办梁思成、林徽因建筑师事务所。1937年起，与

林徽因等人先后赴中国十几个省200多个县测绘、调查古建筑，于《中国营造学社汇刊》上发表多篇成果，完成《清式营造则例》《中国建筑史》《图像中国建筑史》《营造法式注释》（上）等著作。中央研究院院士。1946年赴美国耶鲁大学讲学，同时任联合国总部大厦设计顾问团中国代表。新中国成立后，历任清华大学建筑系主任、建筑工程部建筑科学研究院建筑理论与历史研究室主任、北京市都市计划委员会和北京市建设委员会副主任等，为首都未来发展献计献策，主张发展新区、保护旧城。1950年主持设计中华人民共和国国徽。任中国建筑学会第一至三届理事会副理事长、北京土木建筑学会理事长。1953年创办《建筑学报》。建筑作品包括王国维纪念碑，梁启超墓，吉林大学礼堂、图书馆，北平仁立地毯公司铺面，北京大学地质馆、女生宿舍，曲阜孔庙修葺计划，中南海怀仁堂改建，天安门广场人民英雄纪念碑设计，扬州鉴真纪念堂等。为近代中国建筑学术发展作出重大贡献。有1982年中国建筑工业出版社出版《梁思成文集》4卷，2001年中国建筑工业出版社出版《梁思成全集》9卷。（彭长歆、顾雪萍）

陈郁（1901—1974） 无产阶级革命家。原名陈旭贵，广东宝安（今深圳）人。1922年1月，参加中华海员工业联合总会发动的香港海员大罢工，得到工人的拥护和信任。罢工胜利后当选为香港海员工会"亚洲皇后号"轮船支部负责人，成为海员工会骨干。1924年，任中华海员工业联合总会干事、海员工会太平洋航线分会负责人。1925年当选中华海员工业联合总会副主席兼任太平洋分部主席。同年8月，加入中国共产党。1927年初，任中华全国海员工会主席、党团书记。

"四一二"反革命政变后，参与组建广州工人赤卫队，5月，任中共广东省委常委、职工运动委员会书记。12月，参与发动和领导广州起义，任广州苏维埃政府人民司法委员。起义失败后转至香港。次年担任中共香港市委书记。1931年6月到苏联学习。1934年3月，遭到王明、康生的迫害，被送往斯大林拖拉机厂"劳改"。1940年2月返国。新中国成立后，历任燃料工业部部长、煤炭工业部部长、广东省委书记、省长等职。中共第七届中央候补委员、第八至十届中央委员。（张金超）

陈旭贵 见"陈郁"。

方人定（1901—1975） 画家。原名方士钦。广东香山（今中山）人。1926年毕业于广东法官学校高等研究部，同时入春睡画院，跟随高剑父学画，专攻山水花鸟画。1929、1935年两赴日本专门学习素描和油画，专攻人物画。1935年毕

方人定

业于日本东京美术学校研究部。同年回国，先后在广州、上海、南京等地举办个展。1941年在香港组织再造社，提倡国画改革。1949年前任广州市立艺专教授、国画系主任。新中国成立后，历任华南人民文学艺术学院美术部教授、南中美术院教授、广州市艺术专科学校国画系主任、广东画院副院长。擅画人物，取材现实生活，富时代气息，笔墨粗犷中见妩媚。擅于将中国画笔墨功夫、西洋画明暗用色及日本画装饰趣味糅合在一起，自具风貌。长于著述，有诸多绘画理论文章在国内外刊物发表，亦工诗词、书法。20世纪20年代始，作品多次在国内外展出并为中国美术馆及国外博物馆收藏。著有《人定画话》。出版有

《方人定画集》。（梁达涛）

方士钦　见"方人定"。

苏卧农（1901—1975）　画家。岭南画派创始人高剑父入室弟子之一。原名苏文，以字行。祖籍广东番禺县石井乡鸦岗古料村（今广州白云区石井镇），后迁居今广州荔湾区花地街花地村。1928年入高剑父创办的春睡画院求学，1932年赴日本东京美术学校研究部留学，1935年毕业归国。任广州市立艺专、南中美术院教授、国画系主任、中国美术家协会会员、广州市文史研究馆馆员、广东省盆景协会、兰花协会顾问等职。画风清逸、雅淡，格调不凡，被誉为独标一格的新院体花鸟画家。《环宇和平图》《椰苗益鸟》分别入展全国第一、二届美术作品展。著有《苏卧农画集》《画室随悟录》《书道》《改字说》等。（王碧凤）

苏文　见"苏卧农"。

刘节（1901—1977）　历史学家。字子植。浙江温州人。1928年毕业于清华大学国学研究院。同年到南开大学任教。1930年任河南大学中文系教授兼系主任。次年任北平图书馆编纂委员兼金石部代主任。1935年任教于燕京大学文学院。全面

刘节

抗战爆发后，任教于上海大夏大学、浙江大学、金陵大学、中央大学。1946年任中山大学历史系教授。新中国成立后一直任教于中山大学历史系，20世纪50年代初任系主任。从事古代史教学与研究，在先秦古史、先秦诸子思想、史学史研究上成就卓著。著有《中国古代宗族移植史论》《古史考存》

《中国史学史稿》等。（李彬）

杜进茂（1901—1978）　潮绣艺人。广东潮州人。出身于针工世家，自幼随长辈学绣花。擅长刺绣人物，能用不同纹样、不同色彩绣出如关公、武松、鲁智深等众多净脸形象。其作品以绣净脸人物（乌面）为高，在潮州刺绣行业中享有盛名，有"茂乌面"之誉。对人物脸部结构理解透彻，善于捕捉人物的表情特征，以针代笔。尤其擅长人面"三块瓦"（即额头、脸颊、下巴）分开绣，然后剪下，恰当而巧妙地将双额和下巴连接，缀上鬓须饰物，产生"阔嘴龇牙"的艺术效果，表现人物剽悍凶猛的性格特征。新中国成立后，担任潮州市西湖潮绣社主任，负责培养人才。20世纪60年代前后绣制的《霸王别姬》《张飞战马超》《三英战吕布》等人物挂屏获得好评。（彭圣芳）

冯康侯（1901—1983）　书法家、篆刻家。原名冯强，以字行，别署志康、老冯、老康、康翁、可叵居主人，因喜甜食，又号糖斋，晚年有目疾，遂号眇叟。祖籍广东番禺（今广州番禺区）。1919年赴日本入美术学校学习实用美术。回国后任黄埔军校校长办公厅秘书，中华书局编辑。善绘事，常以钟鼎博古缀以古梅、剑兰，雅致宜人。1949年迁居香港，先后在联合书院等大专院校讲授文字学、训诂学。创办广雅书学社，设帐授徒，后又设南天印社，从学者多，带动香港书法篆刻之风。著有《冯康侯书画印集》。（王碧凤）

冯强　见"冯康侯"。

冯乃超（1901—1983）　作家。笔名子韬、超、公越、韬、公滔、冯仲堪、李易水、洞冥、成窍等。广东南海（今

佛山南海区）人。出身于日本横滨华侨家庭。1908年入横滨侨办大同小学读书。1918年入横滨志成中学，后转成城中学，受国文老师影响，开始接

冯乃超

触中国新文化运动。日本第八高等学校理科毕业，1924年就读于京都帝国大学（今东京大学）文学部哲学科、社会学科，后改学美学与美术史。1927年回国，成为后期创造社主要成员。1928年加入中国共产党。任《创造月刊》《文化批判》编辑，后在上海艺术大学、中华艺术大学等校任教，与郑伯奇等人组织上海艺术剧社。1930年与冯雪峰、钱杏邨等筹组"中国左翼作家联盟"，确定以鲁迅为首的12位筹委会成员，起草左联《理论纲领》，并任左联第一任党团书记兼宣传部部长，《红旗报》编辑。抗战时期，参与筹组"中华全国文艺界抗敌协会"，任筹备委员，负责起草《中华全国文艺界抗敌协会简章》，被推为理事兼组织部副部长。全面抗战爆发后，任国民政府军事委员会政治部第三厅内的中共特支书记以及中共中央南方局文委委员、重庆国共谈判中共代表团顾问等职。1947年初，任香港华南分局"工委"领导的"文委"委员，后接任书记，主管香港的文化工作。新中国成立后，任政务院文化教育委员会副秘书长、人事部副部长、中山大学副校长、党委第一书记等职。著有诗集《红纱灯》，短篇小说、散文集《傀儡美人》《抚恤》等，译著有《芥川龙之介集》《某傻子的一生》等。著作编为《冯乃超选集》《冯乃超全集》。（李艳平）

陈同白（1901—1984）　水产学家。上海人。1916年参加清华学校入学考试，

1920 年毕业后获官费留学美国华盛顿大学水产学院及麻省理工学院水产工程学系，专攻水产品加工，获学士和硕士学位。1925

陈同白

年任江苏省水产学校制造科主任。1929 年 8 月主持广东省水产试验场，创办水产讲习所并任所长，培养出一批水产技术人才。1935 年 2 月担任浙江省水产试验场场长，编印出有价值的研究报告 15 册。1946 年后任台湾水产总公司总经理，主持台湾渔业部门的领导工作。1951 年任台湾"中国农村复兴联合委员会"委员。主要从事水产养殖研究，与费鸿年等人分别对珠江口的浮游生物、香洲的养蚝业及其水质、海丰的海水养殖和渔捞业、西江的鱼花装捞和运输等情况进行调查，编写出报告。被誉为"当代中国渔业之父"。著有《食品微生物学》《台湾水产养殖》《从事渔业工作五十年》等。（杨月歆）

王河清（1901—1986） 中医学家。字汉业。广东琼海（今属海南）人。青年时期在私塾授业时，攻读中医经典著作，并为人诊病。1946 年被选为琼东县中医师公会主席。1958 年调入琼海县嘉积镇卫生院工作。1978 年被授予"广东省名老中医"称号，1980 被授予"海南区名老中医"称号。擅长治疗内科、妇科、儿科疾病，尤擅治疗糖尿病。临床治疗重古法而不拘古方，灵活变通。编有《王河清验方医案汇集》（已佚）。撰有《谈谈糖尿病的中医辨证论治》等文章。（周红黎、张书河）

钟世藩（1901—1987） 儿科专家、病毒学家。福建厦门人。1930 年毕业

于北京协和医学院，获美国纽约州立大学医学博士学位。1946 年任广州中央医院院长、儿科主任，兼任岭南大学医学院教授。1949 年被世界卫生组织聘为医学顾问。新中国成立后，任中山医学院儿科教授兼主任，负责临床教学工作，在华南地区建立起正规系统的儿科临床和教研体系，培养出大批儿科人才。在中山医学院创办病毒实验室，开展脑炎病毒研究及研究生培养工作，成为华南最早创办的临床病毒实验室之一。著有《儿科疾病鉴别诊断》。（莫俊）

罗明（1901—1987） 字亦平，原名罗善培。广东大埔人。20 世纪 20 年代初，在集美师范求学时，受社会主义新思潮及五四运动影响，接受无产阶级革命新思想。1925 年加入中国共产党。任中共汕头地委书记、闽南特委书记、福建省委代理书记。1928 年去莫斯科出席中国共产党第六次全国代表大会。1931 年后任中共闽粤赣特委组织部部长、福建省委代理书记。拥护和贯彻毛泽东关于开展游击战争，集中优势兵力，各个击破敌人的战略方针，1933 年因所谓的"罗明路线"遭到党内"左"倾领导的错误批判。后调到瑞金中央党校工作。抗战时期，在广东、香港、南洋等地从事抗日活动。1936 年冬，回到大埔，任百侯中学考核股长（相当于训育主任）、代理校长。新中国成立后，历任南方大学副校长，广东民族学院（今广东技术师范大学）院长，广东省民族事务委员会主任、广东省政协副主席、广东省人大常委会副主任、全国政协常委。（柏峰）

罗善培 见"罗明"。

柯麟（1901—1991） 医学教育家。原名柯辉荸。广东海丰人。1920 年考入广东公立医科专门学校，1926 年毕业

后留在附属医院工作。1935 年赴澳门行医，1936 年到澳门加入镜湖医院，后任院长。在澳门期间从事中共地下情报工作。1951 年

柯麟

回广州任中山大学医学院（1957 年改称中山医学院）院长兼党委书记，兼澳门镜湖医院院长（1984 年改任名誉院长和镜湖医院慈善会名誉主席）。1978 年参与筹组暨南大学医学院。历任中华医学会广东分会会长，广东省科协主席，卫生部顾问等职。长期致力于医院和医学教育事业的建设与发展，在澳门镜湖医院期间，主理院务工作，将镜湖医院由一所慈善机构开设的简陋医院办成门类齐全的大型现代医院。在中山医学院期间，使医院成为华南地区最高医学学府，被誉为中山医学院的"一代宗师"。（陈椰、刘安壕）

柯辉荸 见"柯麟"。

白玉堂（1901—1994） 粤剧演员。原名毕焜生，又名毕钊南。广东花县（今广州花都区）人。12 岁到广州戏班学戏，拜小生靓全为师。19 岁任正印小生，改艺名靓南。22 岁演《五鼠闹东京》中的白玉堂而闻名，遂改为艺名。参与多个大班演出，先后与

白玉堂

马师曾、薛觉先、千里驹、靓元亨等合作过。20 世纪三四十年代，与卫少芳领衔兴中华剧团。赴美国、东南亚等地演出，抗战时期与曾三多到旧金山等地演出，为抗战募捐。1950 年移居香港后息演。擅演大审戏，唱功老

到，善唱【南音】【中板】。武打戏功底深厚，发展了南派排场武功，功架扎实，动作利落，有"小武状元"之称。代表剧目有《黄飞虎反五关》《三司会审杀姑案》《蟾光惹恨》《舍子奉姑》等。（李继明）

毕焜生 见"白玉堂"。

毕钊南 见"白玉堂"。

陈荣捷（1901—1994） 哲学史家、朱子学专家。广东开平人。毕业于岭南大学，1929年获哈佛大学博士学位，同年回国。1930年任岭南大学教务长。1936年赴美国夏威夷。1942年起任新罕布

陈荣捷

什尔州达特默尔学院中国哲学和文化教授。1951年起，任夏威夷大学《东西方哲学》编辑、《中国哲学研究》顾问。1980年被选为美国亚洲研究与比较哲学学会会长。1986年任北美华裔学人协会副会长。对儒学，特别是宋明理学有深入研究，被誉为"北美大陆的儒家拓荒者"。著有《朱学论集》《中国和西方对仁的解说》《西方对儒学的研究》《现代中国的宗教趋势》《王阳明〈传习录〉详注集评》等；译有《道德经》《近思录》《传习录》《北溪字义》《六祖坛经》等。（郭海鹰）

黄华节（1901—？） 民俗学家、翻译家。笔名黄石、养初。广东人。1923年前后到暹罗（今泰国）。1924年就读于广州协和神科大学。后在香港《华侨日报》做短期编辑。1930年在燕京大学从吴文藻做研究工作，专攻宗教及民俗。1949年后隐居香港元朗东头村，以卖文为生。长期从事宗教学、人类学、民俗学等的学术研究。翻译、

编译出版了家族制度和神话的著作，发表大量民俗学方面的论文，尤其在妇女民俗研究方面取得了较大成就。其研究特点在于既注重利用文献资料做历史考察，也注意尽量利用田野调查的材料；既注意吸收国外相关学科理论，又专注于中国本土的民俗事像的研究，擅长用心理学、比较研究法、考证法探讨种种民俗的历史线索，追寻其动因。是当时民俗学运动中代表人物之一。著有《神话研究》《妇女风俗史话》《中国古今民间百戏》《黄石民俗学论集》等。（柏峰）

方尼姑（1902—1941） 潮剧演员。广东普宁人。少时卖入老宝顺兴班为童伶，后加入正兴班，随班赴越南、暹罗（今泰国）、新加坡演出，在海外名噪一时。代表剧目有《箍桶》《滴水记》《二度梅》《双夺妻》《金贵舍》等。（孙冰娜、吴国钦）

黄玉瑜（1902—1942） 建筑师、建筑教育家。广东开平人。1925年于美国麻省理工学院获建筑学学士学位。毕业后参与包括华盛顿大厦、哈佛大学哈佛医学院万德比特宿舍和费边大厦，以及纽约康奈尔医院等重要地标性、公共建筑的设计。1929年归国，参与南京《首都计划》，绘制大量中国固有式风格的建筑物或建筑群，为南京城市规划和现代中国建筑的发展作出重要贡献。回到广东后参与了一系列建筑设计实践。代表建筑作品有岭南大学女生宿舍、广州长堤孙逸仙纪念医院等。同时投身华南建筑教育事业，1933年任岭南大学工学院讲师，1938年任广东省立勷勤大学建筑工程系教授，讲授建筑图案设计、建筑施工法、建筑设计、室内装饰、建筑估价和中国建筑等课程。抗战时期跟随中山大学工学院迁往云南澄江，1940年离开中山大学加入云南中央雷

允飞机制造厂，负责瑞丽厂区的建筑设计工作。1942在日军的大轰炸中弹殉国。（彭长歆、顾雪萍）

李履庵（1902—1944） 诗人。南园今五子（李履庵、余心一、曾希颖、熊润桐、佟绍弼）之一。原名李洸，字履庵，号吹万。广东香山（今中山）人。广东高等师范学校法科毕业后任中学校长。少时受知于陈融。诗作以五古、七律见长。家有荆园，组荆园诗社与朋辈唱和，多为忧愤时事之诗。自称有积稿3000余首。后自辑300余篇，为《吹万楼诗》刊行。（高美玲）

李洸 见"李履庵"。

司徒乔（1902—1958） 画家。原名司徒乔兴。广东开平赤坎镇塘边村人。1924年就读于燕京大学神学院。1928年留学法国，师从写实主义大师比鲁。1931年回国，任教于岭南大学。1934年任《大公报》艺术周刊编辑。全面抗战爆发，先后流亡到缅甸、槟榔屿和新加坡等。1946年去美国治病。新中国成立后，返回国内。1950年出席全国政协第一届全体会议，受聘为中央美术学院教授。擅长油画、水彩、粉画、自创竹笔画。足迹从岭南到京、沪、宁、汉到新疆、西南各省区，乃至美国、法国、南洋，创作一批作品。代表作品有1926年所作的素描人物画《五个警察一个O》及用竹笔画的《鲁迅先生遗容》《三个老华工》等。出版有《司徒乔画集》。（王碧凤）

司徒乔兴 见"司徒乔"。

吴印禅（1902—1959） 植物学家。字韬甫。江苏沭阳人。1925年就读于武昌高等师范学校，学习生物学。1928年受聘为中山大学生物系助教。1934年被派往德国学习，在柏林植物

博物馆从事植物区系研究工作。1941年任同济大学生物系教授、系主任。1946年重回中山大学任教,在中山大学生物系开辟植物区系学、群落学、生态学和地理学等新学科的教学科研。1952年开始率领科研团队到广东、海南、广西多地进行田野勘查。1954年主持筹建华南植物研究所植物学研究室。1958年任中山大学副教务长。1962年出版国内首部综合性植物学教科书《植物分类学》。广东省植物学会理事长。广东省政协委员、中国民主同盟广东省负责人、九三学社广东省主任委员。译有《植物生物学》。(莫俊)

汤洪(1902—1965) 秋色工艺大师。广东花县(今广州花都区)人。擅长秋色纸扑艺术,被称为"台面之王"。能利用日常生活尤其是佛山手工业生产中的废次材料,制作出筵席佳肴美点。如用石蜡制作白切鸡、猪肉、猪脚等,利用香胶粉、陶泥、纸浆等材料,采取扑制、雕塑、削批等手法,制作各种名菜美点。尤对秋色纸扑釉料的研究改革为深,创作的仿陶瓷均釉、变釉真假莫辨,以仿制石湾黄炳陶胎鸭著称。为佛山秋色艺术的保护、传承和发展作出重要贡献。(彭圣芳)

詹安泰(1902—1967) 文学家、词学家、书法家。民国四大词人(詹安泰、夏承焘、唐圭璋、龙榆生)之一。字祝南,号无庵。广东饶平新丰镇人。1916年入广东省立潮州中学校(今金山中学)读书。1921年就学于广东高等师范学校文史部,1924年转至广东大学(1925年改为中山大学)国文系,1926年毕业后任教于广东省立第二师

詹安泰

范学校(今韩山师范学院)。1938年任中山大学中文系教授,后兼系主任、古典文学研究室主任。1939年随中山大学内迁云南澄江。新中国成立后,一直任教于中山大学中文系古典文学教研室。加入中国民主同盟。广东省政协委员。毕生从事古典诗词研究与创作,被誉为"岭南词宗"。提出令词以"情意"为重,以"立意"为本,作词须以"境界"为上,在词的创作上取法南宋词人姜夔、吴文英、周密、王沂孙等而有所创新。其书法以碑法入行草。著有《无庵词》《词学研究十二论》《李璟李煜词》《屈原》《宋词散论》《离骚笺疏》《花外集笺注》《碧山词笺注》《姜词笺解》《宋人题词集录》《温词管窥》《鹪鹩巢诗》《滇南挂瓢集》《古典文学论集》《詹安泰词学论稿》等;与容庚、吴重瀚编有《中国文学史》(先秦两汉部分)。2011年上海古籍出版社出版《詹安泰全集》。(陈栁)

何永佶(1902—1967) 字尹及。广东番禺(今广州番禺区)人。1916年在清华留美预备学校学习。1924年前往美国留学,后在哈佛大学攻读政治学,获博士学位。回国后担任北京大学政治学系教授,兼任北平政治学会秘书长、太平洋国际会议中国代表。1937年前往中山大学社会学系任教,兼任广东省立勷勤大学教授。1946年任中央政治学校教授。1949年后先后任教于云南大学、对外经贸大学、北京外国语大学。参与主持《战国策》杂志和《大公报·战国副刊》并撰文。主张中国人要摒弃内争的"小鱼缸政治",应有直面世界风云的"大海洋政治",强调国人对内对外的态度,注重国家利益而非意识形态。发表大量针砭现实政治和构建民主宪政的政论,对民主宪政的见解精准独到。主要著作有《为中国谋国际和平》《为中国谋政治改进》

《政治协商会议逐日批判》《中国在战盘上》《宪法评议》等。(陈栁)

秦光煜(1902—1969) 病理学家。江苏无锡人。1930年毕业于北平协和医学院,获医学博士学位,后留校任教。1940年赴美留学,先后进入哈佛大学医学院、耶鲁大学医学院学习,研修肿瘤病理学。1942年任北京大学医学院病理科教授、科主任。1948年任岭南大学医学病理科主任。1953年任华南医学院病理学教授兼教研室主任。担任卫生部科学委员会病理形态学专题委员会委员、中华病理学会广东分会副理事长。民盟广东省委常委、全国人大代表。毕生从事病理学教学和科研工作,在脑肿瘤、麻风病和造血组织肿瘤等研究上有较高造诣,培养了大批病理学人才。参与编写《病理解剖学各论》。(莫俊)

李镜池(1902—1975) 易学家。字圣东。广东开平人。1923年就读于广州协和神学院。1927年毕业后入燕京大学,师从顾颉刚。1929年毕业后任国学研究所助理员,先后任教于广州协和神学院、燕京大学、岭南大学。1952年院系调整后,任华南师范学院中文系教授。著有《周易通义》《周易探源》《〈周易〉类释》《〈周易〉今证》《〈周易〉筮辞》等。2019年中华书局出版《李镜池周易著作全集》。(陈栁)

黄咏雩(1902—1975) 商人、诗人。字肇沂,号芋园。广东南海(今佛山南海区)盐步横江村人。民初担任广州粮食商会会长,1928年任广州米糠发行同业公会主席,1929年为广州总商会委员。1932年起,担任广东商会联合会首任主席。1933年主持创建广州商科学校。1947年,被任命为广州爱育善堂管理委员会主任委员。1938

年 10 月广州沦陷前夕，举家迁往香港。20 世纪二三十年代以诗词著称于岭南文坛，人称"南海诗人"。与黄祝蕖、黄慈博、黄任恒并称"四黄"。以"商业救国、教育兴邦"为理想。致力慈善，兴办平民学校，参与创办南海石门中学、南海横江小学和横江图书馆，赞助广东国民大学，主持广州爱育善堂。诗词创作风格刚健高古、厚重深沉，内容多以兴亡感慨与家国情怀为中心，反映时代的风云变幻和个人的思想历程。藏有广东历史上四大名琴之一的天蠁琴，新中国成立后归广州博物馆和广州美术馆（今广州艺术博物院）收藏。著有《广州部曲将印考》等书画、金石考证文章。编刻有《芋园丛书》，收集自唐至民国的著述 130 余种。著有《芋园诗稿》《天蠁词》《燕歌集》《怀古集》等。编为《天蠁楼诗文集》《天蠁楼诗词文集》出版。　（李艳平）

丁衍庸（1902—1978）　画家。中国现代美术的重要倡导者之一。字叔旦，号肖虎、丁虎，后改名丁鸿。广东茂名县（今茂名高州）谢鸡镇茂坡村人。1918、1919 年求学于日本川端画学校、东京美术学校。从事西洋画创作，师从野兽派大师马蒂斯，

丁衍庸

人体素描基础浑厚、色彩绚艳、线条简练，有"东方马蒂斯"之称。1925 年回国，任立达学园美术科、神州女子学校艺术科西画教授。与蔡元培、陈抱一创办中华艺术大学，任教务长、教育系主任。1928 年返广州，任市立美术博物馆艺术部主任、美术学校教授。抗战期间任教于国立艺术专科学校。1946 年任广东省立艺术专科学校校长。1949 年移居香港，改名丁鸿。

先后任教于德明书院、诸圣堂等校。擅花鸟、山水、人物。花鸟画撷取朱耷、徐渭、金农特点，题材广泛，自成一格；山水画笔触胆大豪放，布局革新，善运空间，留白巧妙，意境深远。其画用色协调，在笔墨里适当加入明亮单纯的色彩，以突出主题，色墨交融中蕴含着丰富的韵味，突破前人用墨用色的局限，丰富了中国画的表现手法。其绘画影响了中国画坛新一代。出版有《丁衍庸画集》《丁衍庸的书画印章》（法文）《丁衍庸诗书画篆刻集》等。　（王碧凤）

罗九香（1902—1978）　广东汉乐古筝演奏家、教育家。广东大埔人。1925 年起从广东汉乐宗师何育斋学习古筝和民间音乐，成为何育斋广东汉乐古筝的传人。擅长演奏三弦、椰胡等多种民间乐器。1954 年进入大埔县民声汉剧团任筝、三弦演奏员。1956 年随广东代表团赴京参加第一届音乐周的演出。1959 年进入天津音乐学院执教广东汉乐古筝，次年 9 月转入广州音乐专科学校（现广州星海音乐学院）任古筝专业教师。使用的乐谱多源自《中州古调》《汉皋旧谱》，被誉为"大古元音"遗韵。演奏上强调音乐主要来自左手，把"太极""八卦"的运气规律运用于演奏，使用长而厚的玳瑁"义甲"，用小关节弹弦；以按颤功夫、滑音技巧、发音功底、细腻的音质、演奏气度和乐感为特点，自称"儒家乐派"，在广东潮梅及东南亚一带享有声望。培养的学生多为国内高等艺术院校教师。演奏的广东汉乐古筝录音带、唱片流传海内外，演奏乐谱经由学生整理出版。代表作有《出水莲》《五连环》等。　（夏煜卓）

陈荣枝（1902—1979）　建筑师。广东新宁（今台山）人。早年留学美国，1926 年毕业于密歇根大学建筑科，在

美国建筑师事务所实习。1929 年回国后加入广州市工务局，任第一课课长兼技正、黄埔开埠督办工署设计专员等职。与林克明一道担负了 20 世纪 30 年代前期大部分公有建筑的设计。1933 年完成广东省立勷勤大学早期巴洛克式总体规划，设计了师范学院、体育馆、金木土工实验室等建筑。20 世纪 30 年代担任勷勤大学建筑工程系教授，为《新建筑》杂志撰写了《防空棚与燃烧弹的危险》等文章。为岭南城市与建筑，以及华南建筑教育的发展作出突出贡献。代表建筑作品包括朱执信纪念碑、广东省府、广州市府宾馆、爱群大酒店。　（彭长歆、顾雪萍）

李萍倩（1902—1984）　电影艺术家。学名李椿寿。安徽桐城人，出生于浙江杭州。肄业于上海沪江大学社会系。1924 年考入明星影戏学校学习。1925 年主演首部影片《不堪回首》。后导演《难为了妹妹》《红宝石》《时代的儿女》《茶花女》等多部影片。1936 年与欧阳予倩、蔡楚生等联合发起成立上海电影界救国会。1947 年到香港，先后为永华、长城影业公司导演《春雷》《说谎世界》《禁婚记》《方帽子》《寸草心》《都会交响曲》《绝代佳人》《笑笑笑》《望夫山下》等影片。南下香港后，18 年间执导 28 部影片。在 20 世纪 50—60 年代为香港的"左派电影"开出新路。任长城影业公司艺术顾问，香港华南电影工作者联合会会长，第五、六届全国政协委员，广东省政协委员，第四届中国文联委员。　（罗志欢）

邓锦涛（1902—1987）　侠家拳重要传承人。广东南海（今佛山南海区）人。自幼随父习武，后拜王隐林的徒弟王伦（又名王敬初）为师。尽承父业师技，擅长侠家拳、侠家单剑刀、八卦棍、梅花枪等。1922—1935 年，在广东南海、

三水一带教授武术。1937年，加入广州武术协会，任常务理事、教师。1945年，任广州精武体育会侠家拳教师。1957—1966年，在广州文化公园、中山纪念堂广场授拳。1980年，任中国武术协会委员。1982年，任广东省武术协会副主席。著有《侠拳》。（李朝旭）

陈乐素（1902—1990）　历史学家。原名陈博，以号行。陈垣长子。广东新会（今江门新会区）人。少时在广州圣心书院、岭南小学读书，后随家迁居北京。1918年中学毕业后赴日留学，在明

陈乐素

治大学读政治经济科。1923年归国，在广州南武中学等学校任教。1926年参加北伐军，任宣传员。1928年返上海，开始研究历史。九一八事变后，改为研究宋史。1935年被教育部派往日本考察。全面抗战爆发后，到香港九龙英华女子中学任教。新中国成立后，参与接管浙江大学。1952年改革学制，任浙江师范学院（杭州大学前身）历史系教授兼图书馆馆长。1954年任人民教育出版社编审。1956年聘为中国社会科学院历史研究所兼职研究员，参与郭沫若主编《中国史稿》宋史部分编写工作。"文化大革命"后，回杭州大学（1998年并入浙江大学），后调任暨南大学教授兼宋史研究室主任、古籍研究所名誉所长。1980年被选为中国宋史研究会副会长。1982年任国务院古籍整理出版规划小组顾问。广东省地方志编纂委员会成立后，任委员。宋史研究开拓者之一。著有《三朝北盟会编考》《求是集》《宋史艺文志考证》等。（李彬）

陈博　见"陈乐素"。

商承祚（1902—1991）　古文字学家、书法家。字锡永，号契斋。广东番禺（今广州番禺区）人。1921年师从罗振玉研习甲骨、金文，1923年被录取为北京大学研究所国学门研究生。1925年后任东南大学讲师、中山大学教授。20世纪30年代

商承祚

后任北平女子师范大学、金陵大学、齐鲁大学、东吴大学、沪江大学、重庆大学、重庆女子师范大学、中山大学等校教授。新中国成立后，长期兼任故宫博物院铜器专门委员会委员、广东省文物管理委员会副主任，兼任广东省语文学会会长、中国古文字研究会理事、中国考古学会名誉理事、中国语言学会理事、广东省哲学社会科学界联合会顾问、广东省书法篆刻家协会主席、中国书法家协会理事等。与容庚共同开创的"容商之学"影响深远。毕生致力于甲骨文、金文、碑刻文的搜集、整理和考释，中国古文字研究开拓者之一。考古学主要研究湘粤两地战国和西汉古物，对我国楚文化的研究有开创之功。在书法创作和研究方面，少习铁线篆、峄山碑，中年以甲骨文、金文等古文字创作书法作品，晚年擅秦隶。著有《殷墟文字类编》《殷契佚存》《福氏所藏甲骨文字》《古代彝器伪字研究》《长沙古物闻见记》《长沙出土楚漆器图录》《说文中之古文考》《浑源彝器图》《十二家吉金图录》《石刻篆文编》《先秦货币文编》《战国楚竹简汇编》等。（秦晓华、林颖）

杨成志（1902—1991）　民族学家、民俗学家。中国文化人类学研究领域开创者。广东海丰人。1923—1927年

在岭南大学半工半读。毕业后任中山大学助教。1930年被派往法国留学，1935年获巴黎大学民族学博士学位。同年回国任教于中

杨成志

山大学，历任文科研究所所长、人类学部主任、人类学系主任等职。1944年，选派赴美国，考察印第安人保留区。1945年加入中国致公党。后任中山大学教授及研究院秘书长、人类学系主任。新中国成立后，参加中央民族事务委员会工作，后赴中央民族学院任教，兼任文物室主任以及中国人类学会、中国民族学会、中国社会学会等组织理事或顾问。20世纪20—40年代在中山大学期间，对云南、四川少数民族聚居区进行调查研究。长期从事民族学和人类学的教学与研究，将民俗学、民族学和人类学三者相结合，强调田野调查。主编《民俗季刊》《民族学刊》（《广东日报》副刊）等刊物，参与《中国少数民族分布简图》《中国少数民族文字简表》《中国少数民族地区旧有政制概况》《瑶族简史简志》编写工作。著有《云南民族调查报告》《罗罗族巫师及其经典》《人类学与现代生活》《罗罗太上消灾经对译》《广东北江瑶人调查报告》《海南岛苗黎调查》等。译有《民俗学问题格》。2003年民族出版社出版《杨成志人类学民族学文集》。（陈柳、李双）

关以舟（1902— ？）　建筑师。广东开平人。1928年毕业于美国加利福尼亚大学，获土木工程科学士。回国后服务于汕头市工务局，1929年担任汕头市工务局建筑课长。1932年被委任为广州市工务局取缔课技士。1934年与余清江合组建筑师事务所，在广州、台山等地执行建筑师业务。抗战

胜利后，担任第一集团军司令部技正，并在广州市工务局登记成为甲等建筑师。代表建筑作品有开平赤坎关族图书馆、司徒琪医务所、中山大学体育馆等。（彭长歆、顾雪萍）

戴平万（1903—1945） 小说家。原名戴均，笔名庄错、君博、戴万叶、岳昭等。广东潮安（今潮州潮安区）人。1922年入读广东高等师范学校西语系。1926年到上海，开始从事写作。1927年在上海参加太阳社，和蒋光慈、钱杏邨等编辑《太阳》月刊和《我们》月刊。全面抗战爆发后，是中共在孤岛文学界主要负责人之一，任《新中国文艺丛刊》《文艺新闻》《每日译报》编辑。1940年赴苏北，任鲁艺华中分院文学系教师，又任苏中区《抗战报》主编。有短篇小说集《出路》《都市之夜》《陆阿六》《苦菜》，中篇小说《前夜》《荔清》。译有《求真者》《俄罗斯文学》。（陈芝国）

戴均 见"戴平万"。

廖侠怀（1903—1952） 粤剧演员。祖籍广东新会（今江门新会区），迁居南海（今佛山南海区）。12岁到广州濠畔街鞋店当学徒，后转卖报纸。后到新加坡工厂当车工，业余参加当地工人剧社，20岁被来新加坡演出的小武靓元亨发现，收为徒

廖侠怀

弟，改艺名为新蛇仔。20世纪20年代后期回到广州，先后在梨园乐、大罗天、新景象等戏班演出，与马师曾、薛觉先等合作，后与桂名扬、曾三多等组日月星班。与人合作编演过一系列针砭时弊的讽刺喜剧，如《发疯仔》

《罪》《罪上加罪》《贼仔戏状元》等。抗战期间在赤坎、西营以及广西一带演出。表演艺术独特，人称"廖派"，为粤剧五大流派之一。创造出用鼻音行腔的廖腔，尤善唱【中板】【滚花】【木鱼】【板眼】等曲调。完善了丑行表演，面部表情丰富，特别擅演社会底层人物，是20世纪30年代粤剧"四大名丑"之首，有"千面笑匠"之称。潜心艺术，洁身自好，德、艺均为时人敬重，被称为"伶圣"。代表剧目有《火烧阿房宫》《甘地会西施》《大闹广昌隆》《花王之女》《本地状元》等。（李继明）

沈毅（1903—1966） 眼科专家。字立明。福建南靖人。1925年考入国立北平大学医学院，毕业后在漳州协和医院工作。同年赴日本东京帝国大学（今东京大学）医学部研修眼科，1933年获博士学位。1934年回国，与友人在厦门合办医院。1934年被聘为广西医学院眼科教授。1946年任福建医学院眼科教授。1948年任广州中山大学医学院眼科教授、广州市立医院眼科主任。1953年任广州市人民医院眼科主任。1956年先后任广州市沙眼防治所所长和广州市第一人民医院副院长。中华医学会眼科学会理事、中华医学会广东分会常务理事、《中华眼科杂志》编委等。在国内首先研制成"远近距用立明式国际视力表""立明色盲检查图"。研发出实用性较高的眼科医疗器械，如"立明式眼科电疗机""立明式眼科槌状灯"等。为国家培养了大批眼科人才。著有《眼科临症要领》《立明眼科学》《沙眼电击新疗法》等。（莫俊）

陈序经（1903—1967） 字怀民。广东文昌（今海南文昌）人。1913年随父侨居新加坡，就读于致远小学、育英学

校，1919年回到广州，1922年就读于沪江大学生物系，1924年转学复旦大学社会学系，次年获学士学位。1926年获美国伊利诺伊

陈序经

大学硕士学位。1928年获博士学位。1929年留学德国，研究政治学、主权论和社会学。1931年回国，从事教育事业。先后在岭南大学、南开大学、西南联大任教授，担任过西南联大法商学院院长、南开大学教务长、岭南大学校长等职。新中国成立后，历任岭南大学校长、中山大学副校长、暨南大学校长、南开大学副校长。为第二、三届全国政协委员。毕生从事社会学的教学和研究，尤其重视文化研究，提倡在中国创立"文化学"。从文化上寻求近代中国的出路。"注重自由讨论的精神"，提倡尊重个人思想、信仰、言论与学术的自由。1934年11月15日发表《中国文化之出路》，引发文化大论战。主张教育现代化，主张"全盘西化"论。著有《中国文化的出路》《东西方文化观》《全盘西化言论集》《文化学概观》《陈序经东南亚古史研究合集》《中国文化史略》《疍民的研究》《南洋与中国》《社会学的起源》等。（李彬）

沙梦弼（1903—1972） 伊斯兰教教长。字德月，经名优素福。回族。河北大名人。出身于宗教世家，幼承家学，习读经文。1917年先后赴临清、天津、北京等地清真寺习学经文。1930年4月挂帐于北京牛街礼拜寺。在山东、河北、广东等地的10余座清真寺任教长。精通教义，善阿拉伯文书法，在穆斯林中享有盛誉。抗战时期参加回民抗日救国会，任河北邱县

"回民抗日救国会"宣传股股长、山东莘县"回民抗日建国会"主任。新中国成立后，历任保定市卫街清真寺、广州怀圣寺教长。是新中国首批穆斯林朝觐团成员。1953年参加赴朝慰问团慰问中国人民志愿军。随郭沫若团长赴芬兰赫尔辛基参加世界和平大会。先后任中国人民对外文化协进会理事、中国人民保卫世界和平委员会广州市分会副会长、广州市伊斯兰教协会主任、中国伊斯兰教经学院副院长、中国伊斯兰教协会副主任、中国阿富汗友好协会副会长等。第三届全国人大代表。编著有《中阿词典》。（马建春、李蒙蒙）

钟少卿（1903？—1972） 中西医结合医学家。曾用名钟泽南，抗日战争和解放战争时期化名钟昭成，号宏首。广东汕头人。幼承家学，精研岐黄医书。1922—1926年教书。1927年开始在两英圩设诊所行医。1938年加入中国共产党在两英圩成立的"南山青年抗敌同志会"，后加入大南山红军，在红军医院任军医。1945年，在两英镇永济生药店从事党的秘密工作。1956年先后任潮阳县人民医院及中医院副院长等职。1962年被授予"广东省名老中医"称号。学术上坚持中西医结合。以治疗内科、妇科疾病著称，擅长治疗胃穿孔、阑尾炎、肠梗阻、脑炎等危重疾病，常用咸草头、苦刺根治疗膀胱结石和闭塞性脉管炎，用生地银花汤治疗急性肾炎，导黄汤治疗急性黄疸型肝炎等。（周红黎、张书河）

钟少卿

陈伯齐（1903—1973） 建筑师、建筑教育家。中国亚热带建筑研究和创作的开创者、岭南建筑学派奠基人。

广东新宁（今台山）人。1930年留学日本东京工业大学建筑系，1934年转赴德国柏林工业大学建筑系学习，1940年回国，到1953年间，担任重庆大学、中山大学、华南工学院等多所大学建筑土木工程系教授。1953年与林克明等创办广州市设计院。1958年创办亚热带建筑研究室。致力于推行有特色的建筑高等教育，倡导以亚热带地区建筑理论与建筑设计为中心的办学宗旨，强调在理论基础上着重培养学生解决实际问题的能力，在建筑设计中形成了适应地方气候、注重技术理性与形式理性相结合的设计方法，为岭南地域主义建筑的产生和发展作出极大贡献。（唐孝祥、冯惠城）

冯白驹（1903—1973） 琼崖革命武装和根据地创建人。原名冯裕球，又名冯继周、冯布文。广东琼山（今海口琼山区）人。1925年考入上海大夏大学。1926年春回海南从事革命斗争。9月加入中国共产党。大革命失败后，任中共琼山县委书记

冯白驹

兼琼崖讨逆革命军第六路党代表，组织农民武装，参加琼崖起义。1928年任中共澄迈县委书记。次年秋中共琼崖特委机关遭破坏，发起重建琼崖特委。1930年任中共琼崖特委书记，组织"五月攻势"，领导建立琼崖工农红军第一独立师（后改称第二独立师），发展琼崖革命根据地。1932年冬，在反"围剿"中所部损失严重，领导余部在母瑞山区坚持斗争。次年突围，恢复党的组织，重建琼崖工农红军游击队。1936年5月重建中共琼崖特委，任书记。1938年12月，琼崖工农红军改编为琼崖民众抗日自卫团第十四区独立队，任队长。次年在

琼山县潭口指挥阻击日军，部队扩编为广东省琼崖抗日游击队独立总队，任总队长。开辟琼文、美合、白沙等根据地，挫败日伪军的多次"扫荡"和蚕食。1940年任中共琼崖特委书记兼独立总队队长、政治委员，后任琼崖东北区人民政府主席。1944年任琼崖人民抗日游击队独立纵队司令员兼政治委员。抗战胜利后，任中共琼崖区委书记、琼崖临时人民政府主席，领导军民反国民党"清剿"，建立以五指山为中心的根据地。1947年11月所部编为中国人民解放军琼崖纵队，任司令员兼政治委员。次年秋，对国民党军发动三次攻势，解放海南岛大部地区。1949年秋，率部保卫根据地，配合第四野战军主力解放全岛。1950年起，历任中共海南区委第一书记，海南军区司令员兼政治委员，海南军政委员会副主席，海南行署主任，中共广东省委书记处书记，广东省、浙江省副省长等职。1956年被选为中共第八届中央候补委员。第一、二届国防委员会委员。（张金超）

冯裕球 见"冯白驹"。
冯继周 见"冯白驹"。
冯布文 见"冯白驹"。

白施恩（1903—1983） 微生物学家。福建厦门人。"白氏培养基"的创造者。1929年北京协和医学院毕业并留任。1930年转到上海海港检疫处工作。1932年转回家乡行医。1934年聘任到湖南湘雅医学院工作，后在成都中央大学医学院任教。1945年到美国约翰·霍布金斯大学微生物学系进修。1947年回国，次年应聘到岭南大学医学院工作。1953年被聘为华南医学院微生物学科（后更名为微生物学教研室）主任。广东省微生物学会理事长、中华医学会微生物免疫学会全

国理事和广东分会主任委员。主要从事医学微生物学的教学与科研工作。20世纪30年代，运用"鸡蛋斜管"培养白喉杆菌获得成功，相关研究成果发表在1932年的中华医学杂志英文版上（*Chinese Medical Journal* 46；1203，1932），得到了当时世界研究白喉菌的权威细菌学家美国约翰·霍普金斯大学傅壁森（Frobisher）教授的肯定，并命名为"白氏培养基"。撰有《回归热病者血清的华氏及坎氏反应分析》《大蒜汁气杀菌试验》《广东地区流行性乙型脑炎病病原学初步探讨》等论文。译有《秦氏细菌学》1934年第二版的免疫学部分。（周红黎、张书河）

梁宗岱（1903—1983） 诗人、学者、翻译家。中国法语教育奠基人、比较文学开拓者。广东新会（今江门新会区）人。1918—1923年就读于广州培正中学，发表新诗、译诗等，有"南国诗人"之誉。1922年加入文学研究会。1923年保送岭南大学，翌年新诗集《晚祷》收入"文学研究会丛书"出版。1924—1931年留学欧洲，先后就读于日内瓦大学、巴黎大学、柏林大学、海德堡大学等，通晓法、英、德、意多国语言文学。其间在《欧罗巴》《欧洲评论》等名刊发表法文诗、英文诗及法汉诗歌互译，与瓦莱里、罗曼·罗兰等世界文豪交谊深厚。1931年底回国，先后担任北京大学法语系主任，南开大学、复旦大学外文系教授，在象征主义诗学、中西比较文学、文学翻译等领域成就卓著。抗战后期至新中国成立初期在广西百色从事实业，兴办教育。1956—1983年先后任中山大学、广州外国语学院教授，致力于文学名著翻

梁宗岱

译、中草药研制、法汉词典编纂等。著有诗集《晚祷》，论著《诗与真》《诗与真二集》《屈原》《试论直觉与表现》，译有《水仙辞》《法译陶潜诗选》《一切的峰顶》《罗丹论》《浮士德》《莎士比亚十四行诗》《蒙田试笔》等。著作收入《宗岱的世界》（五卷本，2003）、《梁宗岱著译精华》（六卷本，2006）、《梁宗岱译集》（八卷本，2016）等。（伍方斐）

陈焕文（1903—1985） 伊斯兰教学者。原名陈应章，字焕文。回族。广东广州人。出身于穆斯林家庭，自幼学习阿拉伯文和《古兰经》，精通英语、德语，粗通阿拉伯语。1925年与何敏衡、何德雄等回族青年共同发起筹备广州回教青年会。1928年10月与濠畔寺教长马瑞图、周善之等创办《天方学理月刊》，任主笔。1931年在小东营寺创办《穆民》刊物，任主编。1938年10月广州沦陷后避居广西桂林，与当地穆斯林在南宁清真寺创办《广西回教》，在广西穆斯林新文化运动中具有标志性意义。在桂林期间，组建回民文化夜校，担任主讲。（马建春、李蒙蒙）

陈应章 见"陈焕文"。

曾希颖（1903—1985） 诗人、词学家。南园今五子（李履庵、余心一、曾希颖、熊润桐、佟绍弼）之一。原名曾广隽，号了庵，又号思堂。广东番禺（今广州番禺区）人。早年游学苏联。1945年弃官后以诗酒自娱。20世纪40年代末移居香港，任教于大专院校。与廖凤舒、刘伯端结成坚社，提倡词学。为诗不囿于唐宋门户，风格雄健遒劲。论诗主清真刻露，创作必以事、景、情三者融而为一始为佳品。晚年专意词学。门人洪肇平整理其遗稿，得诗162首、词48首，成《潮青阁诗

词》印行。（高美玲）

曾广隽 见"曾希颖"。

胡德元（1903—1986） 建筑师、建筑教育家。华南建筑教育奠基人之一。四川垫江（今重庆垫江）人。1929年毕业于日本东京高等工业学校建筑科。1931—1938年历任广东省立工业专门学校教授、广东省立勤勤大学教授，讲授房屋建筑、工厂建筑、建筑图案设计、外国建筑史、建筑构造学等课程。1935年任中山大学土木工程系讲师，1938年任中山大学建筑系教授兼系主任。1940年参加重庆市建筑师事务所，1947年自营（南京）胡德元建筑师事务所。后任西康省水利局局长。广东省立工业专门学校及后来的勤勤大学建筑工程系最早教授之一。长期服务于华南建筑教育，培养及影响华南建筑教育最早的一批人才。代表建筑作品有中山大学电话所、中山大学工学院强电流实验室和日晷台、成都航站大楼等。（彭长歆、顾雪萍）

黄药眠（1903—1987） 作家、文艺理论家。字吉，原名黄访苏、黄访、黄恍，笔名达史、黄吉、番茄等。广东嘉应州（今梅州）人。1925年毕业于广东高等师范学校，1927年在上海任创造社出版部助理编辑。1929年后在莫斯科共产国际工作。

黄药眠

1933年回国，任共青团中央局宣传部部长。1946年在香港参与创办达德学院。新中国成立后，任北京师范大学教授。中国文联常务理事兼副秘书长、中国作协顾问、中国文艺理论学会副会长。第一届全国人大代表，第三至五届全国政协委员，第六届全国政协

常委，民盟第一至五届中央委员，第一、二、四、五届中央常委，民盟参议委员会副主任。青年时期追求民主与科学，参加爱国民主运动，是浪漫主义诗派代表、抗战文艺战士。抗战期间，创作饱含悲愤之情的抗战诗歌，鼓舞民众的抗战热情。发表诗歌批评理论文章《诗歌的民族形式之我见》《论诗歌的创作方向》《论诗歌的手法及其它》《论诗底美、诗底形象》等。举办各种诗歌创作研讨会和文学讲习班，培养大批文学青年。著有诗集《黄花岗上》、长诗《桂林的撤退》、小说集《暗影》《再见》、论文集《论走私主义者的哲学》等，文艺理论集《沉思集》《批判集》《初学集》等。译有《辩证唯物主义与历史唯物主义》。（李艳平）

黄访荪 见"黄药眠"。
黄访 见"黄药眠"。
黄恍 见"黄药眠"。

岑麒祥（1903—1989） 语言学家。笔名时甫。广东合浦（今广西合浦）人。1928年从中山大学文学院毕业后，由中法协会资助留学法国巴黎大学，获法国国家文科硕士学位和语音学高等研究文凭。1933年回国，1934年起任教于中山大学，1941年任中山大学中文系主任，1946年任语言学系主任，后历任文学院副院长、院长等职。1954年随中山大学语言学系并入北京大学，任汉语专业教授，兼任语言学教研室主任。毕生致力于理论语言学研究，对历史比较语言学、中国少数民族语言和汉语方言的研究亦有造诣，为我国语言科学的发展作出重要贡献，对语言学有开创性之功。著有《粤语发音实验录》（法文）、《语音学概论》《普通语言学》《历史比较语言学讲话》《广东方言概说》《方言调查方法》《语言学史概要》《汉语外来语词典》。译有《历史语言学中的比较方法》和《语言论》（合译）。（詹伯慧）

梁若尘（1903—1990） 报人。名梁公溥，又名梁工甫。广东丰顺人。1922年任汕头《群声日报》特约通讯员。1923年任《潮商公报》外勤记者。1925年任潮梅通讯社记者。

梁若尘

次年加入中国共产党，创办汕头国民通讯社，任社长。1927年初，创办《岭东日日新闻》，仍兼汕头国民通讯社社长。1927年参加广州起义，失败后逃亡南洋。1938年以《南洋商报》记者身份回国，赴华东、华南等地采写抗战新闻。1941年后，在韶关创办《时报》《新报》《明星报》，任总编辑、社长。1945年，在广州创办《晨报》，并任社长，不久被查封。翌年赴香港，加入中国民主同盟，被选为广九支部主任委员。先后任香港《愿望周刊》编辑、中国（香港）新闻学院教务长、达德学院副教授、中国新闻通讯社社长等职。1949年参加中共华南分局教导团。新中国成立后，历任广州军管会文教接管处新闻组长、广州人民印刷厂总厂厂长、《联合报》管委会副主委兼经理、《广州日报》经理、广州市文化局副局长、广州市文史馆副馆长、民盟广东省委副主委、民盟广州市委主委等职。（金炳亮）

梁公溥 见"梁若尘"。
梁工甫 见"梁若尘"。

叶荫芸（1903—1990） 天主教主教。教名若瑟。出生于香港。1919年进入意大利米兰外方传教会办的香港圣母无染原罪小修院，攻读拉丁文、哲学。1929年入香港华南大修院攻读神学4年。1934年晋铎。1935年被派往广东宝安县（今深圳宝安区）传教。1958年当选为惠阳教区主教。1962年在中国天主教爱国会召开第二届代表会议期间，在北京由皮漱石总主教祝圣为惠阳教区正权主教。1963年被选为广东省天主教爱国会副主席，兼任爱国会办公室主任。广东省政协民族宗教委员会副主任。1981年在广东省天主教爱国会第二届会议上，被选为广东省天主教爱国会主席、省教务委员会主任，同时就任广州教区正权主教。任中国天主教务委员会第一、二届常委，中国天主教爱国会第三届委员、第四届常委。第三至五届广东省政协委员，第五、六届广东省政协常委。（韦羽）

梁毅文（1903—1991） 妇产科学家。祖籍广东番禺（今广州番禺区），出生于香港。1911年起，就读于香港庇里罗氏学校及广州西关绅维女子学校。1924年毕业于广东夏葛女子医学校，入职附属柔济医院。1929年赴美国费城便士伊拿女子

梁毅文

医学院留学，专修妇产科，获医学博士学位。1931年在奥地利维也纳医学中心妇产科、解剖学及病理学。1949年赴美国纽约医学研究中心马氏产科医院、波士顿马利兰妇产科医院进修解剖学和病理学。1950年任柔济医院妇产科主任，兼任岭南大学孙逸仙纪念医院教授。1980年任广州市第二人民医院院长。主要从事妇产科研究。在广州第一个使用自体输血的方法治疗宫外孕破裂大出血；在广州首创妇科阴式手术，研究出一套治疗不孕症的方法。与协和医院林巧稚并称"南梁北林"。著有《月经异常概论》《子

宫肌瘤与卵巢肿瘤的诊断鉴别与治疗》《子宫外孕的诊断和鉴别诊断》《不孕症的处理》等。（刘安壕）

万籁声（1903—1992） 武术家、武术教育家。广东五虎下江南的五虎（万籁声、傅振嵩、李先五、顾汝章、王少周）之一。又名万常青。湖北武汉人。是"南北大侠"自然门宗师杜心武弟子。任两广国术馆馆长。1929年，参加上海举行的全国武术擂台赛。

万籁声

1931年，创办湖南国术训练所，任所长。1934年，任广西大学体育部主任。1940年，在福建创办永安体育师范专科学校，任校长。1944年，任福建农学院体育教授。1951年，退休后做骨科医师，并著书立言。是一位集文、武、医、道于一身武术家。著有《武术汇宗》《原式太极拳图解》《国术教本》《药功秘》《自然拳法汇宗》《国际武术体育教范》《国际技击武术教范》《国际武术体操教范》《国际气功武术教范》《武术言论集》《中国伤科》《治平之道》等。（孟田）

万常青 见"万籁声"。

罗雄才（1903—1993） 化学家。广东兴宁人。1920年赴日留学，1929年毕业于日本东京帝国大学（今东京大学）理学部化学科，后进入东京理化研究所久保田研究室读研究生和工作。1931年任中山大学理工学院教授。1932年

罗雄才

参与创立广东化学会，任中国化学化工学会常务理事。同年被聘为中山大学石牌校区的建校委员会委员，负责建设石牌校区。1938年10月广州沦陷后，随校西迁云南澄江、粤北坪石。1942年，在广东兴宁创办广东省立兴宁高等工业学校。1945年任中山大学工学院院长。新中国成立后，先后任华南工学院（现华南理工大学）副院长、华南化工学院院长、中山大学副校长等职。1962—1966年，主持建立4个高等实验室。1965年，发起创建中日高分子化学双边学术讨论。1978年组建中国第一个材料科学研究所华南工学院材料研究所。广东省科协副主席、中国化学会常务理事、广东省化学会理事长等。长期从事有机化学、物理化学、高分子化学的教学和科研。在中国化学术语标准化方面以及对中国化学学科发展作出创造性和奠基性贡献。译有《最新化学工业大全》第二册《无机化学》和第三册《电化学》（合译）、《增订化学工业大全》第五册《化学工业药品》。（曲静、陈椰）

陈荆鸿（1903—1993） 诗人、书法家。岭南三子（陈荆鸿、赵少昂、黄少强）之一。名陈文路，以字行，号蕴庐，别号庚同。广东顺德（今佛山顺德区）人。早年受业于温肃、温幼菊。16岁赴上海，与黄宾虹、吴昌硕等相交，与康有为亦师亦友，有"岭南才子"之称。抗战时期，在香港任回圈报社社长兼总编辑。1947年后开始在香港大专院校任教授、系主任。历任《越华》《循环日报》社长、总编辑。擅多种书体，以行草见长，取法"二王"，糅以章草笔意，劲健古拙，风神洒脱。对于传统文化在岭南的保护与传承等颇有贡献，在香港等地影响尤大。著有《蕴庐诗草》《蕴庐文稿》《独漉堂诗笺释》等。（邓海涛）

陈文路 见"陈荆鸿"。

龙庆忠（1903—1996） 建筑学家、建筑教育家。中国建筑教育早期探索者、建筑史学先驱者、岭南地域建筑史学奠基人、建筑防灾学开创者。江西永新县人。1925年留学日本，1927年进入东京工业大学建筑科。回

龙庆忠

国后任职于南满铁路局。1932年始，任河南开封建设厅技士、省政府技术室技正。其间设计河南省府合署办公大楼、主席官邸。1941年起先后任教于重庆大学、中央大学、同济大学、中山大学、华南工学院（现华南理工大学），1949年任中山大学工学院院长。新中国成立后任华南工学院教授、广州市文物管理委员会古建筑组组长、中国建筑学会建筑历史与理论学术委员会副主任委员，创建中国第一个建筑防灾研究室并任主任。在古建筑学研究方面成绩卓著，与梁思成享有"北梁南龙"之誉。编著有《建筑图解力学》《建筑论》《园林学》《营舍法》《中国古建筑防灾措施》《中国古代建筑结构设计论》等。（唐孝祥、冯楠）

夏昌世（1903—1996） 建筑师、建筑教育家。广东新会（今江门新会区）人。1928年毕业于德国卡尔斯鲁厄工业大学建筑系，考入蒂宾根大学艺术史研究院，1932年获博士学位。归国后任职于铁道部、交通部等，1935年加入中国营造学社。1940—1945年先后在国立北平艺术专科学校、同济大学、中央大学、重庆大学任职。1945年担任中山大学建筑工程系教授，后兼任系主任。1952年后任教于华南工学院（现华南理工大学）建筑系，

1973 年移居德国弗赖堡市。开创岭南庭园研究，岭南建筑学派代表人物之一。代表建筑作品有广州文化公园华南土特产展览交流大会水产馆，肇庆鼎湖山职工休养所，华南工学院图书馆、行政办公楼及校园规划，中山大学医学院医院大楼、教学楼及实验楼等。著有《漫谈岭南园林》《粤中庭院水石景及其构图艺术》《园林述要》和《岭南庭园》等。（彭长歆、顾雪萍）

黄适（1903—1999）　建筑师、建筑教育家。广东新宁（今台山）人。1931 年获美国俄亥俄州立大学建筑科学士，后于美国企城扶兰掉鲁画则建筑公司实习。归国后任广州市工务局技士、广东省立勤勤大学筹备委员会建校设计技士、广州市市立第二职业学校教员等职。1935 年任中山大学土木工程系讲师，教授建筑美术。1938 年任广东省立勤勤大学建筑工程系教授。1938—1941 年任中山大学建筑系副教授，讲授建筑原理、阴影几何、阴影学、建筑设计等课程。1953—1959 年任华南工学院（现华南理工大学）建筑教授、系主任。（彭长歆、顾雪萍）

钟敬文（1903—2002）　作家、民间文艺学家、民俗学家。原名钟谭宗，笔名静闻、静君、金粟等。广东海丰人。1922 年陆安师范毕业后，回乡教小学。1926 年在岭南大学半工半读，开始整理、研究民间文学与文化。1927 年任中山大学中文系

钟敬文

助教，其间创立中国民俗学会，编印《民间文艺》《民俗》周刊及民俗学丛书。1928 年在浙江大学文理学院任教，编印《民间月刊》《民俗》周刊、《民俗学集镌》等。1934 年入日本早稻田大学文学部研究院学习，编辑《艺风》杂志的《民俗园地》。1936 年回国，在《民众教育》月刊编辑《民间艺术专号》和《民间文化专号》。1937 年，到广州任第四战区政治部视察专员，后辗转粤北，与陈原编辑《新军》杂志，创立全国文协曲江分会。1941 年重返中山大学任教。1947 年赴港，任教于香港达德学院。1949 年回北京参加第一届文代会。1952 年任教于北京师范大学，历任副教务长、科研室主任，先后主持创办《民间文艺集刊》《民间文学》等刊物。中国民间文艺研究会主席、中国民俗学会理事长。致力于民间文艺学、民俗学的研究和教学工作，中国提倡用人类学、民俗学、民族学的观点来研究民间文学的首批学者之一。第一次提出中国文字"三大干流"的概念，较早把民俗学现象看成一个由物质文化、社会组织和意识形态组成的整体。中国民俗学奠基人之一。著有民间文艺论著《钟敬文民间文学论集》《新的驿程》《民俗文化学：梗概与兴起》《民间文艺学及其历史》《钟敬文学述》《建立中国民俗学派》。诗集《三朵花》《海滨的二月》《东南草》《未来的春》《天风海涛诗词抄》。散文小品《西湖漫拾》《湖上散记》《荔枝小品》。诗论集《兰窗诗论集》，组织编写有《民间文学概论》《民俗学概论》。（陈芝国、陈柳）

钟谭宗　见"钟敬文"。

刘英智（1903—？）　建筑教育家。广东廉江人。1936 年毕业于日本东京工业大学建筑科。1937 年任广东省立勤勤大学建筑系讲师、教授。1938 年后任中山大学建筑系副教授、教授。1952 年任华南工学院（现华南理工大学）建筑系教授。主讲外国建筑史。长期从事华南建筑教育研究。（彭长歆、顾雪萍）

陈铁军（1904—1928）　原名陈燮君。广东南海（今佛山南海区）人。1924 年考入广东大学文学院预科。次年参加五卅运动和省港工人大罢工的宣传工作。1926 年加入中国共产党，被选为第三届广东妇女协会执行委员、常委

陈铁军

和副主任，中共中山大学文学院支部委员，中共广东区委妇女委员会委员。1927 年，奉调到广州协助周文雍工作，12 月参加广州起义。1928 年在广州组织春季暴动期间，由于叛徒出卖，与周文雍一起被捕牺牲。（张金超）

陈燮君　见"陈铁军"。

李源（1904—1928）　广东东莞人。15 岁到香港，在昌兴公司"亚洲皇后"号轮船当海员。1921 年，由苏兆征介绍加入中华海员全国工业联合总会。1922 年，在苏兆征、林伟民等领导下，参加香港海员大罢工。1925 年，参加省港大罢工，同年加入中国共产党。1926 年遵照党组织指示，任广州国民政府财政部缉私检查队指导员、中共广东省委委员。1928 年 2 月，被派往海南岛工作，当选为中共琼崖特委书记。5 月，回香港任中共广东省委代理书记。6 月，在中共第六次全国代表大会上被选为中共中央委员。9 月，任中共广东省委书记。大革命失败后参加广州起义。1928 年任中共广东省委常委、省委代书记。后去广东东江指导工作，在三河坝渡口遭敌逮捕杀害。（柏峰）

郑志声（1904—1941）　作曲家、指挥家。原名郑厚湖。广东香山（今中山）人。19 岁进入广州沙面圣心中学学习，在校管乐队里吹奏中音萨克斯管。1927 年赴法国学习音乐，次年进入法

国国立里昂音乐戏剧学院学习，1932年毕业。1933年进入法国国立巴黎音乐戏剧学院学习。1937年毕业，并指挥巴黎音乐院乐队公演，第一位指挥法国乐队演出交响乐的中国指挥家。留法期间与冼星海等组成中国留法音乐学会。1938年回国，受聘于迁往云南澄江的中山大学。1940年至重庆国立实验剧院（后改名国立歌剧学校）任训练部主任兼实验乐团指挥，将固定唱名法引入中国音乐课堂。1941年指挥实验剧院管弦乐团音乐会，后接任中华交响乐团的指挥。创作手法精练、结构严谨、和声新颖丰富，配器大胆、简约，有鲜明的民族音乐风格，特别表现在对中国打击乐器的运用上。代表作有歌剧《郑成功》五个片段（《早晨》《朝拜》等）、《满江红》等。（夏煜卓）

郑厚湖 见"郑志声"。

余心一（1904—1942） 诗人。南园今五子（李履庵、余心一、曾希颖、熊润桐、佟绍弼）之一。字印可。广东潮安（今潮州潮安区）人。广东高等师范学校毕业。21岁任澄海县县长。后转徙上海、广州、香港、南京等地。与熊润桐年少相知，情谊最笃。熊氏《劝影斋诗》中有多首唱酬之作。熊润桐整理其遗作《阙思斋诗集》。（高美玲）

吴尚时（1904—1947） 地理学家、地理教育家。字一龙。广东开平人。1928年毕业于中山大学英文系，赴法国进入里昂大学就读地理专业，后转入格朗劳布大学，1934年获波尔多大学硕士学位。同年回国，担任中山大学地理系教授、系主

吴尚时

任。抗战期间受聘于岭南大学历史政治系。1937年发现广州七星岗海蚀平台地形。1947年与曾昭璇发表论文《珠江三角洲》，提出珠江三角洲溺谷生成学说。同年发表《中国之山脉概论》，提出"一带三弧"的中国山脉分布论。是将西方近代地理学介绍到中国的早期学者之一。罗开富、罗来兴、曾昭璇、何大章等知名地理学者均为其学生。在地貌、水文、气候等自然地理研究方面颇有建树。编著有《浈武二河水文之研究》。译有《江河之水文》《自然地理学气候编》。合著《粤北之水力》《曲江之潦患与预防》《广东省之气候》等。（刘洪杰）

薛觉先（1904—1956） 粤剧演员。名薛作梅，学名銮梅，字平恺。广东顺德（今佛山顺德区）人，出生于香港。早年在香港圣保罗英文书院读书，业余参加话剧演出。1922年入环球乐班，拜新少华为师，取艺名薛觉先。后入人寿年班，

薛觉先

以《三伯爵》一剧成名。1929年起，自组觉先声剧团，于省港澳及东南亚各地演出。抗战爆发后，以粤剧为武器，演出宣传抗敌救国的剧目。1952年，参加马师曾、红线女的真善美剧团，演出《蝴蝶夫人》《清宫恨史》等剧，1954年举家回到广州，参加广州粤剧工作团，任艺术委员会主任。1956年被选为中国戏剧家协会广东分会副主席。表演技艺全面，戏路宽广，早年学丑，后以文武生成名，能反串旦角，但以小生最享盛誉，被尊为"粤剧伶王""万能老倌"。其艺术自成一家，人称薛派，唱腔称为薛腔。勇于创新，善于吸收京剧、电影等艺术长处，对粤剧的服装、化妆、

布景和音乐伴奏均有改进，对丰富粤剧艺术、净化舞台及改革剧场陋习方面有突出贡献。同时致力于电影事业，开办过多家电影公司，主演电影36部，其中21部为其首本戏改编。一生主演粤剧500多部，代表剧目有《三伯爵》《白金龙》《姑缘嫂劫》《王昭君》《西施》《梅知府》《胡不归》等。（李继明）

薛作梅 见"薛觉先"。

张资珙（1904—1968） 化学史家。广东嘉应州（今梅州）人。1919年入上海沪江大学化学系，1927年公费留学美国约翰·霍普金斯大学研究生院攻读硕士学位，1930年获哲学博士学位。回国后先后任教于厦门大学、华中大学（今华中师范大学）、香港岭南大学、武汉大学。1944年8月至1946年12月于英国剑桥大学、牛津大学、伦敦大学、法国巴黎大学和比利时布鲁塞尔大学讲授中国科学史，扩大了中国古代科学文化在西方世界的影响力。译有《化学之创造》《化学元素发现史》等。编有《英汉化学专业常用词汇》。（李丹丹）

方方（1904—1971） 原名方思琼。广东普宁人。1922年入第二届广州农民运动讲习所学习，1924年回普宁从事农运和学运工作。次年5月加入中国共产主义青年团。1926年转为中国共产党党员。1929年后，历任中共普宁县委书记、汕头市

方方

委书记、福建省委代理书记等职。1934年10月，中央红军主力长征后，坚持闽西南三年游击战争。1937年4月，赴延安向中共中央汇报闽西斗争情况。

10月，中共闽粤赣边区省委成立，任组织部部长。1938年2月，任中共闽西南潮梅特委书记。1940年任中共南方工委书记。1943年8月赴延安中共中央党校学习，参加整风运动。1946年1月任北平军调处执行部中共代表叶剑英的政治顾问。6月任中共中央香港分局书记、中共中央华南分局书记。新中国成立后，历任中共中央华南分局第三书记，广东省人民政府副主席兼广东省土改委员会主任，中共中央统战部副部长，国家华侨事务委员会党组书记、副主任，全国侨胞联合会副主席。1990年广东人民出版社出版《方方文集》。（张金超）

方思琼　见"方方"。

陈心陶（1904—1977）　寄生虫学家。中国吸虫区系分类学奠基人。福建古田人。1925年毕业于福建协和大学生

陈心陶

物系，后到岭南大学任教。1928年赴美留学，1931年获病理学博士学位。同年回国，任岭南大学医学院寄生虫学、细菌学教授，并担任生物系主任和理科研究所所长。1938年10月广州沦陷后随岭南大学几度辗转。1946年岭南大学复校，任医学院寄生虫学科主任、教授。1953年调任中山医学院（现中山大学中山医学院）寄生虫教研室主任、教授。兼任广东省血吸虫病研究所所长、广东省热带病研究所所长、广东生物学会理事长、广东省寄生虫学会理事长、《中国动物志》副主编、《中国吸虫志》主编。亲自带领科研人

员深入三水、四会等疫区进行调查研究，对血吸虫及宿主钉螺进行生态学实验观察，提出针对华南地区血吸虫病的一整套有效防治措施。在血吸虫病、恙虫病研究等方面作出重要贡献，培养了大批优秀医学人才。（莫俊）

潘醒农（1904—1977）　新加坡侨领。原名潘镜澄，字子淳。广东潮安（今潮州潮安区）人。1921年赴新加坡经商，1925年与其三兄创立南声留声机店，任经理。接办振智夜校，供工商界青年补习华文与英文。1930年开始从事社团活动，任义安公司秘书、董事，兼任新加坡潮州八邑会馆秘书、董事，青年励志社义务秘书及执行委员、智育股主任。1932年创南洋出版社（后改名为南岛出版社），任社长。1936年兼任马来亚（今马来西亚）潮州公会联合会义务秘书。1939年新加坡广东会馆创立，为发起人之一，推为董事兼文书主任。1943年任中华善堂救济总会常务兼秘书长。1944年任南安善堂顾问及南安学校监学。1956年任南洋潘氏总会委员、文书、顾问。1964年潮安会馆董事兼文书主任。曾任南洋孔教会理事、琼崖潘氏社名誉顾问等职。著有《马来亚潮侨通鉴》《新加坡指南》《东南亚名胜》等。主编有《青年周刊》《青年月刊》《南岛旬刊》《南岛画报》《马潮联合会纪念特刊》《新加坡潮州八邑会馆特刊》《国际潮讯》等刊物。（王华）

潘镜澄　见"潘醒农"。

杨雪友（1904—1978）　香包剪纸艺术家。广东潮州人。幼失双亲，被祖师庵一位老尼姑收养，诵经念佛之余学刺绣、剪纸工艺。1954年，参加潮州市文化馆举办的潮州民间剪纸艺术展览会。随后到广州、北京、日本展出，以独特的表现形式和浓郁的地方

风格受到赞赏。曾任潮州民间工艺社副主任。其剪纸作品构思清新，图案明晰，线条纤细，变化多样，既有传统剪纸的饱满、匀称、工整的特点，又有纤秀、清丽的风格。擅长刺绣、制作香包、彩扎等民间工艺，与剪纸艺术相辅相成。代表作品有《公鸡》《百鸟朝凤》。（彭圣芳）

谢吟（1904—1983）　潮剧编剧。广东潮州人。1927年编写第一个剧本《可怜一渔翁》。20世纪20—30年代先后在老正顺、中正顺、三正顺班任专职编剧，来往于潮汕与泰国之间。抗战胜利后，同时兼任三正顺、老源正和老正顺等3个戏班的专职编剧。1950年以后任粤东戏曲改革委员会（后改为戏曲研究会）副主任等职，继续从事潮剧改革。中国戏剧家协会广东分会副主席。一生编写约160个潮剧本子，以《荔镜记》《岳银瓶》《换偶记》《桃花过渡》《梅亭雪》等最负盛名。《荔镜记》（即《陈三五娘》），综合取舍明清多种《荔镜记》《荔枝记》刻本，削去枝蔓，自出机杼，在情节结构、人物形象、场面处置、唱词道白方面，为潮剧一部杰作。其作品贴近生活，贴近群众，语言生动但不媚俗，通俗而杜绝粗鄙。20世纪50年代以编剧老行尊身份试水现代戏，改编《妇女代表》《海上渔歌》。（孙冰娜、吴国钦、柏峰）

刘思慕（1904—1985）　国际问题专家、报人。原名刘燧元，笔名刘穆、刘君木、思慕、君山、小默等。广东新会（今江门新会区）人。1923年岭南大学肄业后，创办《文学旬刊》。1926年赴莫斯科中山大学学习，任该校东方研究室编辑。1927年回国，先后在北平北新书局、上海远东图书公司任编辑。1932年赴德国、奥地利留学深造，次年秋回国。1936年被国民

党政府通缉，流亡日本。全面抗战爆发后回国，先后任职香港国际新闻社、印尼《天声日报》、衡阳《力报》、《广西日报》和昆明美国新闻处等。1946 年加入中国民主同盟，任复刊后的香港《华商报》总编辑、《文汇报》总编辑，并任中国（香港）新闻学院院长。新中国成立后任上海《新闻日报》总编辑，上海国际问题研究所副所长，北京国际关系研究所副所长，世界知识出版社社长、总编辑。1957 年任《新闻日报》社长、《解放日报》副总编辑。1979 年任中国社会科学院世界历史研究所所长。参加全国政协第一届全体会议，第一、五、六届全国政协委员，第一至三届全国人大代表。著有《欧游漫忆》《日内瓦会议散记》《国际通讯集》等；译有《歌德自传》。（金炳亮）

刘燧元 见"刘思慕"。

洪妙（1904—1986） 潮剧演员。广东澄海（今汕头澄海区）人。8 岁入纸影班，除演唱外，兼司鼓与领奏。1939 年潮汕沦陷，纸影班星散，靠卖唱为生。抗战胜利后回归潮剧班。1956 年从源正潮剧团调到广东潮剧团，以演《杨令婆辩本》的杨令婆、《苏六娘》的乳娘、《包公会李后》的李后、《换偶记》的张幼花、《香罗帕》的赵夫人、《刘明珠》的皇太后等人物形象著称。所演杨令婆有"活令婆"之称。擅长演现代戏中的老妇。日常观察农村老妇的表情动作，在舞台上融入角色，眼神、手势、步法、动作惟妙惟肖。在演唱上，感情真切，富于个性，醇厚柔和，真假嗓糅合，高低音贯通，气息控制深沉有力。有"活令婆"之誉。（孙冰娜、吴国钦）

熊真沛（1904—1990） 基督教教会领袖。广东英德人。1916 年在英循道差会举办的英光小学就读。1921 年，被推荐到佛山华英中学。1929 年广州协和神学院毕业，先后在韶安堂、佛山布道堂、佛冈烟岭堂任教职。1941 年按立为牧师，任北江联区长兼韶关堂主任。1942 年任中华全国基督教协进会广东分会主席。抗战时期支持广州基督教青年会社会救济工作，帮助逃难入韶同胞。抗战胜利后任循道会广州高第堂主任兼广州青年会董事部书记，并任善后救济总署广东分署赈务组副主任。1950 年任循道会华南教区主席、广州基督教青年会会长。历任广东省和广州市基督教三自爱国运动委员会主席、广东省基督教协会会长、中国基督教三自爱国运动委员会副主席。第六、七届全国政协委员，第一、二届广东省人大代表，第一、二届广东省政协委员，第三、四届广东省政协常委。（吴宁）

张采庵（1904—1991） 诗人。名张建白，自号春树人家。广东番禺（今广州番禺区）人。广东大学毕业，在广州庚戌中学、仲元中学及香港等地任教。1938 年 10 月广州沦陷，避地香港，与柳亚子、陈荆鸿等名流雅集唱酬，以《白燕赋》著称，有"张白燕"之誉。《秋燕六章》寄寓忧国忧民哀思，柳亚子为之和诗 4 首。抗战胜利后，回乡开办紫坭小学，任校长。20世纪 50 年代初期，移居广州，在印刷厂任校对。先后任广州荔苑诗社社长、荔湾区政协诗书画室副主任和荔湾区文联委员、中华诗词学会广东分会常务理事、广东楹联学会副会长、广州诗社副社长及翁山诗社顾问等。长期从事诗词研究和诗词创作活动，其诗清丽绝俗，汲唐追宋，朗朗上口，讲究用字，人称之"采律"。施蛰存称其诗"大气磅礴，吐属高华"。著有《待焚集》刊行。自编有《春树人家诗简》，又有《春树人家诗词钞》《春树人家诗文钞》等。亦精戏曲，有粤曲《清照秋情》《司马题桥》等。（高美玲）

张建白 见"张采庵"。

卢吟词（1904—1993） 潮剧演员、教戏先生。广东揭阳人。12 岁在圆身纸影班学唱潮曲，15 岁卖身潮剧老玉堂班为童伶，唱老生。多才多艺，能担当剧目主角，能反串多种角色，被称为"戏老虎"。谦虚好学，童伶期间曾私攒茶叶包装纸抄写演唱过的剧目，后拜潮剧名教戏福禧为师，向林如烈学习板腔体唱腔编曲技法。24 岁起受聘于中正顺香、老玉梨春、新正顺香、老源正兴、中一枝香等班任教戏先生。1936 年至 1947 年在泰国戏班执教。1949 年回国，供职三正顺潮剧团。中国戏剧家协会会员，广东省戏剧家协会副主席。对旦行青年演员培训卓有成效，是一位旧时教戏先生，又是潮剧导演制确立之后的新导演。其编剧、作曲和导演成绩斐然。执导代表作有《柴房会》《扫窗会》《苏六娘》《辞郎洲》《飞龙女乱国》《革命母亲李梨英》《海上渔歌》等。著有《漫谈四功五法》《谈潮剧的唱功》《潮剧唱功 60 句》《〈扫窗会〉的导演艺术》等。（孙冰娜、吴国钦）

司徒奇（1904—1997） 画家、美术教育家。又名司徒仕煌，字苍城。广东开平人。17 岁入广州市立美术学校学西洋画，后到上海中华艺术大学深造，毕业后回广州办烈风美术学校。后入春睡画院，师从高剑父。潜心国画，以花卉见长，兼擅人物、山水。花卉题材广泛，玫瑰、牵牛、红棉、牡丹、水仙花等，以西洋画功底和色调，表现花卉的情状。绘画风格以沉稳奔放的笔墨技法、多变和谐的色彩语言形成了大气而精致、古雅而时尚

的面貌。在澳门、香港、广东及加拿大等地弟子众多，影响大。（王碧凤）

司徒仕煌 见"司徒奇"。

马采（1904—1999） 美学家、哲学家、翻译家。字君白，别号采真子。广东海丰人。1921年被公费派往日本留学。先后就读于日本第六高等学校，日本京都帝国大学（今京都大学）文学部、大学院。1933年学成回国，在中山大学任教。1952年全国院系调整，调任北京大学。1960年中山大学复办哲学系，重回中山大学任教。早年致力于黑格尔美学研究，对古希腊哲学、近代德国哲学有深入研究，对中国哲学与美学亦有精湛见解。著有《论美》《顾恺之研究》《原哲》等。译有《告德意志国民》《社会主义神髓》《基督抹杀论》《近代日本思想史》（上卷）等。编撰、整理有《哲学与美学文集》《艺术学与艺术史论文集》《哲学哲学史年表》《美学美术史年表》《马采译文集》等。（郭海鹰）

吕少怀（1904— ？） 建筑教育家。四川重庆（今重庆）人。毕业于日本东京工业大学建筑科。归国后历任中央军校土木班专任教官、四川工务局工程师、重庆市政府建筑师、重庆大学工程主任等。1939年任中山大学建筑系教授，讲授建筑计划、施工及估价、图案设计等课程。1941年任西康技艺专科学校土木科教授。1953年后任重庆建筑工程学院教授。讲授中国建筑师等课程。为华南建筑教育的延续与发展发挥积极作用。（彭长歆、顾雪萍）

周文雍（1905—1928） 无产阶级革命家。广东开平人。1925年加入中国共产党，从事青年运动与工人运动，参加省港大罢工和广州起义。历任广州

工人赤卫总队总指挥、广州苏维埃政府人民劳动委员、中共广东省委常委兼广州市委常委。大革命失败后，与陈铁军在广州建立党的秘密联络机

周文雍

关，对外假称夫妻。1928年1月由于叛徒出卖，与陈铁军一起被捕牺牲。（张金超）

罗登贤（1905—1933） 无产阶级革命家。原名罗光，广东南海南庄（今佛山禅城区）人。早年在香港英商太古船厂做工。1925年加入中国共产党。参与组织省港大罢工。1927年参与组织广州起义。1928年7月，在中共第六次全国代表大会上当选为中央委员、中央政治局候补委员。1929年任中共江苏省委书记。1930年先后任中华全国总工会党团书记、中共广东省委书记、中共中央南方局书记、中华全国总工会代理委员长兼党团书记。1931年3月任中共中央军事部委员、书记。九一八事变前后，任中共中央驻东北代表，11月当选中华苏维埃共和国临时中央政府中央执行委员，12月任中央满洲省委书记兼组织部部长，领导东北人民创建抗日武装。1932年任中华全国总工会上海执行局党团书记。1933年3月28日，因叛徒出卖，在上海被捕。8月29日就义于南京雨花台。（柏峰）

罗光 见"罗登贤"。

梁得所（1905—1938） 出版人。广东连县（今连州）人。早年就读于山东齐鲁大学医科。1926年应伍联德之邀出任《良友》画报第三任主编（13—79期）。长于美术、音乐。1932年率《良友》摄影团遍访各地，返沪后编

辑《中华景象》《中国建筑美》《中国雕刻美》《中国风景美》等画册，由良友图书公司出版。1933年创办大众出版社，刊行《大众画报》，至1935年5月停刊，共出19期。还以大众出版社名义刊行《小说》半月刊、《文化》月刊。编、著、译有《西洋美术大纲》《音乐辞典》以及各种流行歌曲和外国歌曲集等。（金炳亮）

谢晋元（1905—1941） 中国国民党爱国将领。字中民。广东镇平（今蕉岭）人。少时考入广东大学预科。1925年入黄埔军校第4期政治科。毕业后随国民革命军出师北伐。1937年任国民党第八八师二六二旅参谋主任，驻防上海。八一三淞沪

谢晋元

抗战后，补任为第八八师第五二四团团副，率一个营坚守闸北四行仓库，孤军奋战，击退日军6次围攻，完成掩护任务，所部被誉为"八百壮士"。31日奉命退入租界，被当局缴械羁留。1938年，因抗议租界当局阻止所部悬挂国旗，被移禁于外滩白俄军司令部两个多月。1940年汪伪国民政府成立后，多次诱降，均严词拒绝。1941年被叛兵杀害。国民政府追赠为陆军少将。（张金超）

张荫麟（1905—1942） 史学家。号素痴。广东东莞人。1922年毕业于广东省立第二中学。次年考入清华学堂中等科，后升入大学部。1929年毕业后，获公费留学美国斯坦福大学，攻读西洋哲学史和社会学。1933年获哲学博

张荫麟

士学位。次年执教于清华大学历史系、哲学系。1935年应国民政府教育部聘，主编高中历史教科书《中国史纲》。1937年到浙江大学短期讲学。全面抗战爆发后，随校南迁，任西南联合大学教授。1940年赴遵义，任浙江大学教授，参与发起《时代与思想》月刊，创立"时代与思想社"。著有《中国史纲（上古篇）》《老子生后孔子百余年之说质疑》《明清之际西学输入中国考略》等。1993年教育科学出版社出版《张荫麟文集》。（吴婉惠）

冼星海（1905—1945）　作曲家。曾用名黄训、孔宇。广东番禺（今广州南沙区榄核镇）人，出生于澳门船工

冼星海

家庭，后移居新加坡。自幼喜爱音乐。1918年回国，就读于岭南大学预科。1926年考入北京艺术专门学校音乐系，师从萧友梅。1928年考入上海国立音乐院，主修小提琴和钢琴。1929年赴法国勤工俭学并进修音乐，考入巴黎音乐学院高级作曲班，兼学指挥。1935年回国参加抗日救亡运动。1938年赴延安，翌年任鲁迅艺术文学院音乐系主任。次年加入中国共产党。1940年5月赴苏联，为纪录片《延安与八路军》进行后期制作与配乐。病逝于莫斯科。在近代音乐创作、音乐教育、音乐活动等方面有着突出成绩，被誉为"人民音乐家"。创作有歌曲数百首（现存250余首），大合唱4部、歌剧1部、交响曲4部、管弦乐曲4部、狂想曲1部以及小提琴、钢琴等

乐器独奏、重奏曲多首。继聂耳后，以更广泛的题材、体裁和更丰富的艺术手法表现中国人民的解放斗争。代表作有《黄河大合唱》《救国军歌》《到敌人后方去》《在太行山上》等。有《冼星海全集》。（夏煜卓、吴婉惠）

易秀湘（1905—1954）　江西赣县（今赣州赣县区）人。1926年受革命影响，参加农民协会工作，担任龙头乡农民自卫军中队长。1929年加入中国共产党。1932年入中国工农红军大学上干班第三期学习。1934年10月参加长征。历任中国工农红军政治指导员、党总支书记、后方医院政委、中央军委后勤政治部主任、供给部部长、中共中央管理局局长、冀、热、辽边区政府贸易局局长、东北西满军区副参谋长、东北人民政府商业部副部长。1949年南下后，历任华南财委副主任、广东省财政厅厅长、华南垦殖总局局长、中共中央华南分局常委、中南军政委员会委员、广东省人民政府副主席兼省计委主任、南方大学委员会委员等职。参与领导广东和中南地区的国民经济恢复和发展工作。（罗志欢）

陈凌千（1905—1957）　又名陈梁奎，字岳先。广东澄海（今汕头澄海区）人。1932年与亲友合资在汕头创办育新书社，自编、自印、加工、销售书籍。1931年参考《康熙字典》《辞源》，编著《潮汕字典》，遍销潮汕本土和南洋。此后经反复修订、再版，累计印数70万册。（丘学强）

陈梁奎　见"陈凌千"。

黄柳霜（Anna May Wong，1905—1961）电影演员。20世纪初好莱坞美国华裔女演员。出生于洛杉矶，第二代华人。因参演1919年的电影《红灯笼》而进入好莱坞，第二次世界大战期间淡出

影视圈，专注于支援中国的抗战，战后恢复演艺事业。参演电影60多部。经典作品有《唐人街繁华梦》《巴格达窃贼》《彼得·潘》《上海快车》等。（黎景光）

宋中铨（1905—1962）　印尼报人。广东嘉应州（今梅州）人。梅县广益中学毕业后，被保送到苏州东吴大学化学系深造。一年后辍学，到广东潮州、黄冈等地教书。不久赴印尼巴城（今雅加达）受聘老巴刹平民学校代校长，后到中爪哇三马望（库托阿焦）荷印华侨学务总会任职。1928年夏，考入南京中央大学教育系学习，兼任《吧城新报》驻南京特约通讯员，毕业后在浙江大学任助教。1932年，重赴南洋任《新报》编辑，至1942年日本侵占印尼，报纸停刊。任期协助该报发展成为荷印华侨社会中的进步华文大报。抗战胜利后《新报》复刊，主编国际版及祖国通讯版。1959年印尼排华期间，身为印尼中华侨团总会主席，配合祖国远洋轮船赴印尼接侨工作。任华侨团结促进会委员、客属华侨公会主席、印尼华侨回国观光团团长、雅加达中华侨团总会主席、中华会馆学校（八华）校长等职。（沈毅秦）

姚碧澄（1905—1966）　内科学家。广东平远人。1925年毕业于广东大学农业专门部农艺系畜物门。1926年公费留学法国里昂大学医学院专攻医学，获博士学位。1934年任中山大学医学院内科教授兼附属第一医院院长。1938年任云南大学教授

姚碧澄

兼医学院院长。1941年开办碧澄医院。1947年在广州太平北路开设碧澄医院。1951年将碧澄医院整体捐赠市立医院，

参加创办广州市人民医院并任院长。1954 年任广州市卫生局副局长兼市第一人民医院院长。主持研究治疗胆绞痛、脑血管疾病，在国内具有领先水平。著有《内科学》。（刘安壕）

黄玉斗（1905—1972）潮剧演员、导演、作曲家。广东揭阳人。9 岁入纸影班，15 岁卖身为童伶，为名重一时的乌衫（青衣）。抗战时期，参加义演，所得票款全部支援抗战。后在戏班任导演。1956 年担任演员学习班教师，1958 年汕头戏曲学校成立任教师兼唱声教研组组长。导演与作曲的剧目多。擅编曲，所作之曲优美动听，潮剧界誉为"玉斗曲"。代表剧目有《鹦哥对唱》《彩楼记》《井边会》《芦林会》《仙姬送子》《猫儿换太子》等。（孙冰娜、吴国钦）

梁以忠（1905—1974）粤曲唱家、粤乐名家。广东广州人。自小酷爱粤乐、粤曲，精通粤胡（高胡）、二弦、二胡、小提琴等弓弦乐器的演奏。对粤曲创作与演唱、撰唱腔设计等方面贡献良多。创立骨子腔（粤语"骨子"有细腻精致、玲珑别透之意），在音乐唱腔方面帮助夫人张琼仙，使之成为当时的粤曲子喉领袖，指点、帮助平喉唱家小明星邓曼薇创作星腔。改造说唱曲艺的粤讴，使之融入粤曲中，命名为解心腔。先后出任和声、百代、丽歌等唱片公司的音乐领导并灌录粤曲粤乐唱片。粤乐代表作有《春风得意》《落花时节》《凤笙怨》等，粤曲代表作有《明日又天涯》等。（邓海涛）

叶灵凤（1905—1975）作家。原名叶蕴璞，笔名叶林丰、佐木华等。江苏南京人。毕业于上海美术专科学校。1925 年参与编辑《洪水》半月刊。后与潘汉年合作，主编《幻洲》《现代小说》等刊物，先后发表《肺病初期患者》

《浴》《明天》《鸠绿媚》等小说，奠定其在现代文坛的地位。全面抗战爆发后，参加《救亡日报》工作，后随《救亡日报》到广州。1938 年 10 月

叶灵凤

广州沦陷后定居香港。先后主编《立报》副刊《言林》、《星岛日报》副刊《星座》，参加抗日宣传活动。长期为《大公报》《新晚报》《文艺世纪》《海洋文艺》等报刊写稿，从事香港掌故、方物研究。藏书甚丰，嘱将所藏善本清嘉庆《新安县志》捐给广州中山图书馆（今广东省立中山图书馆），其余藏书为香港大学冯平山图书馆收藏。著作以随笔小品及翻译为主，有《香港风物志》《香岛沧桑录》《香港的失落》等。散文集有《白叶杂记》《香港旧事》《晚晴杂记》等。译著有《新俄罗斯小说集》《故事的花束》《红翼东飞》等。（罗志欢）

叶蕴璞　见"叶灵凤"。

林楚楚（1905—1979）电影演员。原名林美意。广东新会（今江门新会区）人，出生于加拿大温哥华。1916 年，在香港英华女校就读。1925 年起先后在民新、联华等公司及香港演出《胭脂》《木兰从军》《故都春梦》等。1940 年，与吴楚帆共同主演古装电影《岳飞》。一生参与拍摄影片 20 余部。中国早期有影响的女电影演员。（柏峰）

林美意　见"林楚楚"。

李惠堂（1905—1979）足球运动员。梅州八贤（宋湘、姚德胜、丁日昌、丘逢甲、张振勋、李惠堂、黄遵宪、罗香林）之一。又名万年青，字光梁，

别号鲁卫。广东长乐（今五华西北）人，出生于香港。1921 年毕业于皇仁书院。早年从事建筑业。自幼酷爱足球，1922 年被香港南华足球队聘为甲级队员。1925 年加入上海乐群足球队（后改名乐华足球队）。1927 年受聘为复旦大学体育系主任。1930 年加盟上海队，获全运会足球冠军。抗战期间，在各地举行抗日义赛，收入全部赈济难民。抗战胜利后，返回南华足球队效力。随队多次获远东运动会冠军。1948 年任中国足球队教练，率队参加第 14 届奥运会。1954 年，以教练身份率香港队夺得第二届亚运会冠军。同年当选亚洲足球联合会首任秘书长。1960 年，率港队打进第 17 届奥运会决赛。1965 年当选国际足联副主席。以控球能力强和擅长射门著称，被评为"亚洲球王"。著有《球圃菜根录》《足球经》《足球登龙术》《足球读本》《足球诠释》等。（吴婉惠）

万年青　见"李惠堂"。

饶淑枢（1905—1981）汉乐提胡演奏家。广东大埔人。受其父影响自幼酷爱汉乐，童年得饶碧初、李伯群等名师指点，少年时熟练古筝、琵琶、扬琴、横箫、二胡等乐器，尤擅横箫、二胡。1927 年创制汉乐提胡。演奏唱片发行至国内各地及东南亚地区。采撷小提琴的按指法用于提胡演奏，使其他四指游移自如，发音浑厚，气势磅礴且娇柔婉转，被誉为"提胡王"。潜心研究学习京剧，常为京剧团义务伴奏。新中国成立后，在潮汕公路运输公司汕头站任副站长，1951 年赴广东汉剧团（广东汉剧院前身）负责音乐工作。1956 年秋赴北京参加全国第一届音乐周演出。在广东汉剧院工作期间，参加汉乐改革，先后为电影《齐王求将》《霸王别姬》以及《一袋麦种》等现代汉剧设计音乐唱腔并参与

演奏。广东汉剧院院务委员、音乐组组长。中国音乐家协会会员、广东省音乐家协会理事。第三届广东省人大代表。（夏煜卓）

利铭泽（1905—1983） 广东新会（今江门新会区）人，出生于香港。幼年在香港陈子褒学塾读书，后入皇仁书院学习。12岁到英国读书。中学毕业后考入英国牛津大学工程系，获硕士学位。留学期间担任英格兰、苏格兰、爱尔兰中国留英学生总会会长。返港后任中国工程师学会香港分会副会长。抗战前任广州市政府秘书、自来水管理委员会委员、城市设计委员会委员、广东省建设厅技正等职。抗战期间，赴内地从事抗日活动。抗战胜利后任香港希慎地产有限公司总经理，希慎兴业有限公司、九龙巴士有限公司、中华煤气有限公司董事长。香港市政局、立法局、行政局议员，香港反贪污委员会主席、香港业主联合会主席。支持家乡兴办文化教育和社会福利事业，捐款建设华侨中学校舍、双水区侨联大厦、加寮桥梁以及新会人民医院等。（柏峰）

罗明燏（1905—1987） 土木工程家、建筑教育家。广东番禺（今广州番禺区）人。1926年毕业于唐山交通大学（今西南交通大学）土木工程系。1926年任职于广州市工务局。1928年担任广州最早的别墅式建筑区梅花村工程监理，负责设计主要工

罗明燏

程。1931年任广东省立工业专门学校土木科讲师。1932年赴美留学，于麻省理工学院航空、土木两专业攻读硕士。1934年赴英国伦敦大学攻读博士学位。1935年任第一集团军司令部少

将技正，参加东莞糖厂、广州造纸厂、梅篆麻包厂、防毒面具厂、琶江兵工厂以及飞机制造厂等建设项目。任国民革命第四军总司令设计专员，负责修筑公路、建设桥梁、工厂和住宅工作。同时任广东省立勤勤大学建筑系教授兼土木工程专修科主任。1937年在西安任北洋大学、西北工学院航空工程系教授兼主任。1944年任职于重庆交通大学、航空协会。1947年任职于中山大学，兼机械系系主任、工学院院长，其间参与中山纪念堂建造。1950年作为技术专家重建海珠桥。1952年主张采取先进的方法修补和加固梁柱，协助制订修建南方大厦工程计划。同年任华南工学院（今华南理工大学）院长。20世纪50—70年代，参与设计完成两百多项工程项目，与邝正文联合主持设计广东顺德人民礼堂，开国内大跨度钢筋混凝土双曲薄壳拱顶设计的先河。精通英文、德文和法文。建筑、结构、力学、造船和飞机设计等多位一体的复合型专家，被誉为"海陆空专家"。著有《高等结构学》《飞机结构》等。（李丹丹、彭长歆、顾雪萍）

姚克（1905—1991） 剧作家。原名姚莘农，安徽歙县人，出生于厦门。青年时代曾师从著名戏曲家吴梅，后留学美国，在耶鲁大学专攻西洋戏剧。20世纪40年代投身于上海进步戏剧活动，新中国成立前期定居香港，任香港中文大学教授。20世纪50至60年代，对开展和推动香港剧运作出重要贡献。居港期间创作《西施》《秦始皇帝》《陋巷》三个长剧，充分体现作者结合中西以创作"'中国的'新戏剧"的戏剧观，对后来者产生深刻影响。（邓丹）

姚莘农 见"姚克"。

袁仰安（1905—1994） 导演、影视制片人。浙江定海（今舟山）人。1929年毕业于上海东吴大学法学院，任暨南大学法律学系讲师。后在上海开设律师事务所，成为上海三大名律师之一。20世纪30年代初任上海良友图书出版公司董事长，聘请赵家璧等主持编辑《良友文库》，出版鲁迅、茅盾、叶圣陶等人的著作，成为当时著名的图书出版公司。其间出版的《中国风貌》（英文版），是我国出版界第一部向国外介绍中国风貌的画册。定期出版的《良友画报》，成为我国第一份综合性画报。1947年定居香港，创办凤凰电影制片厂，接办长城电影制片厂，成立长城电影制片有限公司并兼任总经理和导演。致力于废除旧电影界不良习俗，在本地发掘和提拔新进编剧、导演，培养新一代演员。创办东南亚最早的电影月刊《长城画报》，推广国语电影。导演的第一部作品《孽海花》获选参加英国爱丁堡电影节，后又导演《阿Q正传》《迷人的假期》《渔光恋》等多部电影。《阿Q正传》获瑞士罗加诺国际电影节银帆奖，男主角获最佳演员奖，其获特别提名奖。（罗志欢）

赵少昂（1905—1998） 画家。岭南三子（陈荆鸿、赵少昂、黄少强）、岭南画派天风七子（周一峰、张坤仪、叶少秉、何漆园、黄少强、容漱石、赵少昂）之一。字叔仪，原名赵恒。广东番禺（今广州番禺区）人。16岁

赵少昂

进高奇峰私人美术馆，后任教于佛山市美术学校。1930年在广州创办岭南艺苑。1937年任广州市立美术专科学校中国画系主任。1948年为广州大学

美术科教授，同年移居香港。20世纪60年代赴美国哈佛大学及加州大学讲学。擅花鸟、走兽，继承岭南画派传统，以"融汇古今，折衷中外"的理念探索和实践花鸟画。题材以岭南风物与风俗人情为主，注重写生观察，以书法用笔的表现力刻画对象。笔墨奇肆，造型生动，色彩饱满，形神兼备。在欧亚美及大洋洲等地举办画展数十次。对推动近代中国画的创新和转变，尤对花鸟画，影响深远。当代岭南画派杰出代表。著有《实用绘画学》。（王碧凤）

赵恒 见"赵少昂"。

周连宽（1905—1998） 图书馆学家、目录学家、档案学家。原名周梓贤，曾用名周钊，笔名苦竹斋主、蠹公、宽予。广东开平人。1924年入读广东大学工科，1928年中山大学毕业。旋考入武昌文华大学图书科，1930年毕业后任岭南大学图书馆中文部主任。次年考入华中大学（今华中师范大学）社会学系。1932年毕业后赴南京任国民政府内政部图书馆主任。1935年到国民党军事委员会武昌行营第五处负责档案整理工作。1938年赴成都任国民政府航空委员会秘书、文书。1941年随国民政府内迁重庆，任国民党中央设计局秘书兼第二科科长；1943年任航空委员会军政厅秘书、主任秘书、印刷所监理。抗战胜利后，任上海市立图书馆馆长、《上海市立图书馆馆刊》主编、苏州国立教育学院教授。1949年初返广州，任广东文献馆编藏部主任、岭南大学图书馆采编部主任。1952年大学院系调整，调入中山大学图书馆工作。1954年后担任陈寅恪助手，1956年调任历史系资料室主任，1978年任中山大学图书馆顾问。1980年参与创办中山大学图书情报学系，任教授。1985年任中山大学学术

委员会委员，广东图书馆学会名誉理事、学术委员会主任、顾问。早年从事文书档案管理，潜心档案学研究。著有《县政府档案处理法》《县政府文书处理法》《公文处理法》《档案管理法》《大唐西域记史地研究丛稿》等。编有《中山大学图书馆古书目录》（甲、乙编）。（倪俊明）

周梓贤 见"周连宽"。

雷洁琼（1905—2011） 广东新宁（今台山）人，出生于广州。1924年赴美留学，1931年获南加利福尼亚州大学社会学硕士学位。同年回国，任燕京大学、江西泰和中正大学、上海东吴大学、沪江大学等校教授。1945年参与发起创建中国民主促进会。1946年重返燕京大学。1949年出席全国政协第一届全体会议。1953年任北京政法学院副教务长，后任国务院专家局副局长。1973年任教于北京大学，北京市副市长。国务院学位委员会第一届学科评议组成员，中国社会学学会副会长、名誉会长，北京市社会学学会会长。中国民主促进会的创始人之一，第七至九届中国民主促进会中央委员会主席。第一至第三届全国人大代表，第六届全国人大常委会委员，第七、八届全国人大常委会副委员长，第五届全国政协常委。学术研究注重社会调查，在婚姻与家庭问题上有独到的研究成果。关心教育，先后参与《义务教育法》《教师法》《教育法》等法律的制定。著有《中国家庭问题研究讨论》《中国婚姻家庭问题》《农村妇女地位研究》等。（陈梛）

雷洁琼

过元熙（1905— ？） 建筑师。江苏

无锡人。1926年毕业于清华学校后赴美。1939年毕业于美国宾夕法尼亚大学建筑系，获学士学位。1929年毕业于麻省理工学院建筑系，获硕士学位。1933年在美监造当年中国参加芝加哥博览会之热河金亭。归国后任天津北洋工学院教授。1935年任广东省立勤勤大学建筑工程系教授，自营过元熙建筑事务所。1937年任职于广州市园林管理处。1939年赴港，在香港主要从事住宅建筑设计，如Staton House、Modern Private Residence等。发表《新中国建筑之商榷》《新中国建筑及工作》《广州市今后之园林建设》等文章。（彭长歆、顾雪萍）

陆更夫（1906—1932） 原名陆承楠，一作陆承丹，字梗夫，化名张清泉、陈平。四川叙永人。成都高等师范学校附属中学毕业。1925年加入中国共产党，同年8月考入广州黄埔军校第四期政治科学习。1926年随叶挺独立团参加北伐战争。同年10月调往中央政治学校武汉分校任政治部宣传科科长兼《革命生活日刊》编辑。1927年7月任第四军军官教导团第三连连长。随教导团南下广州。12月参加广州起义，任教导团第一营第一连连长，率部攻打广州市公安局和保卫长堤。广州起义失败后，撤出广州的起义部队在花县整编为工农革命军第四师，任第十二团党代表，率部奔赴海陆丰，与红二师及彭湃领导的工农革命武装会合，坚持武装斗争。1928年任红四师政治部主任。1931年10月任中共中央巡视员，赴两广检查军事和兵运工作。12月任中共两广工作委员会书记，负责领导两广地区的革命斗争。1932年5月被国民党政府逮捕，英勇就义。主要文章有《伴侣》《故乡》《在讨蒋大会里枪毙杨引云！》等。（罗志欢）

陆承楠 见"陆更夫"。

陆承丹 见"陆更夫"。

邓发（1906—1946） 无产阶级革命家、早期工人运动领导人。原名邓元钊。广东云浮人。1922年参加香港海员大罢工，1925年加入中国共产党，同年参加省港大罢工。1927年参加广州起义。1928年后任中共香港市委书记、广州市委书记、广东省委组织部部长、中共闽粤赣边区特委书记兼军委主席、中华苏维埃共和国中央执行委员兼国家政治保卫局局长。1930年在中共六届三中全会上当选为中央委员，后在第六届五中、六中全会上当选为中央政治局候补委员。长征时任中央纵队第一梯队司令员、政委。1936年去苏联，参加中共驻共产国际代表团工作。1937年任八路军驻新疆办事处主任。1940年后，历任中共中央党校校长、中共中央工委书记等职。1945年赴巴黎参加世界职工大会。次年参加国共谈判，4月8日由重庆返回延安途中，因飞机失事在山西兴县黑茶山遇难。（张金超）

邓发

邓元钊 见"邓发"。

蔡楚生（1906—1968） 电影导演。广东潮阳（今汕头潮阳区）人。出生于上海，幼年回潮阳定居。在汕头参加业余戏剧活动。20世纪20年代在广东汕头开始接触电影工作。1929年在上海进入明星影片公司，担任郑正秋的助理导演。1931年转入联华影业。1932年，独立执导个人首部电影《南国之春》。1933年编导揭露贫富对立的影片《都会的早晨》。1935年，自编自导的《渔光曲》获莫斯科电影展览会（即莫斯科国际电影节前身）荣誉奖，为中国第一部在国际获奖的影片。后又编导《迷途的羔羊》《王老五》，导演《新女性》（1935）、《孤岛天堂》（1939）、《前程万里》（1941）、《一江春水向东流》（1947，与郑君里合作执导）等片。抗战时期编写了《血溅宝山城》（1938，与司徒慧敏合作）、《游击队进行曲》等电影剧本。新中国成立后，先后担任中央人民政府文化部电影局艺术委员会主任、文化部电影局副局长、中国电影工作者联谊会和中国电影工作者协会主席、中国文联副主席等职。1962年，与王为一共同执导《南海潮》（1963年上映上集）。其影片关注社会现实，应和时代，具有鲜明的民族风格和深切的人文关怀。（周文萍）

朱光（1906—1969） 诗人。原名朱光琛。广西博白人。1927年考入广州国民大学，担任共青团广州市委委员，参加广州起义。1935年4月随部队长征。新中国成立后，历任广州市军管会副主任、广州市市长、书记处书记，中共广东省委常委、副省长，国务院对外文委副主任、中共安徽省委委员、常委、副省长等职。担任广州市市长期间，主持兴建广州造纸厂、重型机器厂、水泥厂、造船厂、自行车厂等，重建南方大厦百货商店，组建广州市第一人民医院，新建广州医学院等。提出"绿化广州，美化羊城"的城建思想，挖建人工湖，组织爱国卫生运动。新建广州起义烈士陵园、越秀山体育场、广州博物馆等。写有《广州好》《珠江之歌》等歌咏广州的诗篇。（莫俊）

朱光

朱光琛 见"朱光"。

何干之（1906—1969） 史学家。原名谭郁居，一作谭毓均，又名谭秀峰。广东新宁（今台山）人。1926年入中山大学教育系，因参加进步活动，被开除学籍。集资创办秋明书店，任经理。1928年任《台山日报》编辑、记者。1929年入日本早稻田

何干之

大学和明治大学经济科学习，自学马克思主义，研究中国经济和中国社会。1931年因抗议日本侵华回国。1932年任广州国民大学经济系主任、教授。发起成立中国左翼文化总同盟广州分部，任书记，编辑出版《文化阵线》《社会科学》等杂志。1934年在上海加入中国共产党。同年参加中国左翼文化总同盟社会科学家联盟编辑部工作，编印《时代论坛》（油印）。1936年开始以"何干之"笔名发表论著。全面抗战爆发后至延安，在陕北公学、华北联合大学、抗日军政大学、中央党校等讲授中国革命运动史、中国革命问题、唯物辩证法等课程。1943年任延安大学社会科学院院长。1950年任中国人民大学研究部副主任、历史系主任。1960年调中国科学院中国近代史研究所工作。致力于中国近现代史的研究和教育工作。著作有《中国民主革命时期的资产阶级》《中国现代革命史》《中国的过去、现在与未来》《中国社会性质问题论战》《近代中国启蒙运动史》《鲁迅思想研究》等30多种。1954年编撰出版的《中国现代革命史》，累计印行160余万册，译成英文、俄文、越南文等在国外发行。（金炳亮）

谭郁居 见"何干之"。
谭毓均 见"何干之"。
谭秀峰 见"何干之"。

周寿恺（1906—1970） 内分泌学专家。福建厦门人。1925年考入福州协和大学，次年转学燕京大学医科，1928年毕业，进入北京协和医学院，1933年获医学博士学位，后留校任教。1950年任教于岭南大学，历任医学院教授、副院长、院长兼附属博济医院院长。1953年任华南医学院内科教授。后任中山医学院（现为中山大学中山医学院）副院长兼第二附属医院院长、内科教研室主任、内科教授。20世纪50年代创建国内最早的内分泌实验室，开展对糖尿病糖代谢、植物神经功能状态对糖代谢的影响的研究。60年代开展胰岛放射免疫分析研究。为华南地区内分泌临床试验和基础理论研究作出贡献。（莫俊）

罗香林（1906—1978） 历史学家、民族学家。客家学的开创者。梅州八贤（宋湘、姚德胜、丁日昌、丘逢甲、张振勋、李惠堂、黄遵宪、罗香林）之一。字元一，号乙堂。广东兴宁人。1924年毕业于兴民中学和上海承天英文学校。1926年从上海政治大学考入清华大学史学系，兼修社会人类学。1930年毕业后，留校入研究院。次年春兼读燕京大学研究院。其间获哈佛燕京学社奖学金，赴华南考察民间问题及客家源流，受聘于中山大学。1936年任广州市立中山图书馆馆长，兼任中山大学副教授，讲授史学，创办《广州学报》与《书林》杂志。1945年任广东省立文理学院院长。1949年后移居香港，先后在新亚书院、香港大学、珠海学院等校任教。早年开客家研究先河，首次建构了"客家民系"。晚年开辟中国族谱学史学新学科，对中国民族迁徙、社会

罗香林

演进等课题具有重要意义。著有《客家民系的形成》《客家人的迁徙》《中国民族史》《客家研究导论》《客家源流考》《中国族谱研究》《国父家世源流考》等。（李彬）

梁天照（1906—1981） 中西医结合医学家。广东顺德（今佛山顺德区）人。少时在佛山和广州私塾读书，后考入广东中医药专门学校。1936年在佛山太平沙行医。1946年在广州市龙津路开设诊所。1956年调入广州市第二人民医院。中华全国中医学会广州分会副理事长。1978年被授予"广东省名老中医"称号。提倡中西医结合，重视临床与理论相结合，善治疑难杂症，遗有治疗外感风热和感染性热病早期的梁氏青银汤、治疗白血病和再生障碍性贫血的生血益髓汤等经验方。著有《开天医话》《梁天照食物疗法》。（周红黎、张书河）

林如烈（1906—1981） 潮剧演员、教戏先生、作曲家。广东潮安（今潮州潮安区）人。12岁入剧团学艺，成台柱小生。又习司鼓、执板、编剧，19岁后成为集编剧、教戏（导演）、作曲、司鼓等于一身的教戏先生，人称"潮剧泰斗"。民国大部分名伶，皆得益于其教习。所作潮曲，在继承传统基础上博采众长，发展徐乌辫大喉粗犷的特色，在潮剧的创腔、过门和拖腔的运用上有创造性发挥。《玉堂春》的唱腔传唱不衰，《雪泪情天》"风打松声依心焦"唱段成为今潮剧学校招收演员的固定考题。编写的剧本及长连戏在潮汕及东南亚有影响。代表作有《红鬃烈马》《扫纱窗》《三门街》《翠花楼》《玉堂春》等。（孙冰娜、吴国钦）

李沛文（1906—1985） 果树学家。中国果品贮藏保鲜学奠基人。广西苍梧

李沛文

人。1925年入广东大学农科学院预科。1927年赴美国先后在普度大学、艾奥瓦大学、加利福尼亚大学、康奈尔大学农学院园艺系学习，专攻果树学，1932年获硕士学位。1933年任教于浙江大学。1935年任岭南大学农学院教授兼农学院院长。1937年在潮州柑产区进行柑橘育种母本调查和防止病虫害试验。1941年起先后任岭南大学农学院院长、广西省农业厅厅长。新中国成立后，历任华南农学院（现华南农业大学）副院长、副校长，华南农业科学研究所所长、广东省农业科学院柑橘研究所所长、中国农学会副理事长。第二至六届全国政协委员、中国民主同盟中央委员。参与筹建华南农业科学研究所、华南植物园、广东省柑橘试验场。长期从事果树病虫害防治、贮藏、保鲜研究。创建高等院校农产品贮藏加工专业。指导并参与热带、亚热带水果产销工作。主编有《果品贮藏加工学》，撰有《柑橘贮藏试验》《荔枝的气体贮藏》《柑橘果实在冷藏中出现"水肿病"的一些规律》等。（陈志国）

张阶平（1906—1985） 中医学家。广东顺德（今佛山顺德区）人。1924年考入广东中医药专门学校，毕业后留校工作。1929年主持《杏林医学月报》编辑工作。1956年起任教于广州中医学院。1962、1978年被授予"广东省名老中医"称号。擅长治疗脾胃疾病和肝炎，主张采用清肝、疏肝、平肝、养肝四大法治疗肝炎。也擅长治疗儿科的麻疹、水痘、惊风、痘厥，对内科杂病有丰富的经验。主编《广东中医药学校校刊》《杏林丛录》。其学术思想和临床经验大部分发表在《杏

林医学月报》上。撰有《黄疸肝炎证治》《珠母补益方运用的经验》等论文。（周红黎、张书河）

黄幻吾（1906—1985） 画家。名黄罕，号罕僧，又号欣梦居士，晚年称罕翁。以字行。广东新会（今江门新会区）人。1927年毕业于香港美术院，次年在粤创办幻吾美术学校，任广州中国新闻专科学校教师。1929年在广州开办幻真美术所。1947年赴美国旅行考察，在旧金山、西雅图、斯托克等地讲学并举办个人画展。1949年从菲律宾回国后执教于苏州美术专科学校和上海轻工业学校。新中国成立后，1961年任上海轻工业学校美术专业主任。广州市博物馆委员、上海烟雨画院院长、中国美术家协会会员，中国美术家协会上海分会理事，上海文史研究馆馆员、上海中国画院画师、上海市美术教育研究会顾问。画宗岭南派，注重光影色彩，又取海派之长，笔墨刚健。工山水，尤精花鸟。出版有《幻吾画集》《幻吾小品画集》。著有《怎样画走兽》《中国画技法》（柏峰）

黄罕 见"黄幻吾"。

郑可（1906—1987） 美术家。广东番禺（今广州番禺区）人，出生于广东新会（今江门新会区）。1925年考入广东省立工业专门学校。1927年赴法国留学，就读于哥伦卢布市初等美术学校。1930年于法国国立高等美术学院雕塑系、巴黎工艺美术学院学习工艺与设计。1934年任教于广州市立美术学校，并于广东省立勷勤大学建筑系教授室内设计。1950年后任教于中央美术学院、中央工艺美术学院等。为当代中国培养了众多美术人才。代表建筑作品有广州爱群大厦高浮雕、桂林光复纪念碑等。（彭长歆、顾雪萍）

许涤新（1906—1988） 经济学家。曾用名许声闻、方治平、方潮声。广东揭西人。1926年考入中山大学。1928年先后就读于厦门大学和上海劳动大学。1931年在上海加入中国社会科学家联盟，任研究部副部长。1933年毕业于国力上海商学院（今上海财经大学）。后从事革命活动。

许涤新

1946年任中共上海工委财经委书记，同年任中共香港工委财经委书记。1948年任中共香港工委统战委员会书记。1949年加入中国民主建国会，5月，任上海市军管会财经委员会常务副主任、上海市工商局局长、华东财经委员会副主任，10月任复旦大学经济研究所所长。1950年，任中共上海市委统战部副部长、部长。1951年任上海市政府秘书长。1952年后，历任中共中央统战部副部长，国务院第八办公室副主任，中央工商行政管理局局长、党组书记。1955年被中国科学院聘为哲学社会科学学部委员（院士）。1977年任中国社会科学院经济研究所所长，次年任中国社会科学院副院长。1981年被任命为汕头大学首任校长。中国人口学会会长、中国生态经济学会理事长。第五、六届全国人大常委会委员。主要对中国经济从资本主义到社会主义过渡的全过程作出系统研究，倡导进行生态经济学的研究。组织全国高等院校等部门的相关学者编写中国第一部《政治经济学辞典》和《中国大百科全书·经济学卷》，总结了中国经济理论发展的阶段性成果。著有《广义政治经济学》《论社会主义的生产、流通与分配》《现代中国经济教程》《中国社会主义经济》《中国过渡时期国民经济的分析（1949—1957）》等。（陈柳）

陈金声（1906—1989） 中西医结合医学家。号石谷，自称退思老人。广东揭阳人。1931年拜汕头秦炳辉学医。1932年考取汕头市第三届优等中医士并开始行医。1959年调入揭阳县中医院工作。1963年调入揭阳县人民医院。中华全国中医学会汕头分会、揭

陈金声

阳分会理事长。1978年被授予"广东省名老中医"称号。学术上推崇张仲景，对"金元四大家"刘完素、张从正、李杲、朱震亨以及叶天士、王孟英等名家著作颇有研究，提倡中西医结合。擅长治疗内科杂病，临证治疗重视阴阳学说和脾胃学说，主张治胃病建中养血，治痿建中养阴。在治疗崩漏上推崇叶桂学说，主张久崩宜通不宜止，勿用收敛止涩药，主张养血中加入红花类活血化瘀之品，临证常分肝郁气滞血瘀与脾络瘀滞二型辨治。著有《退思楼随笔》。（周红黎、张书河）

许天禄（1906—1990） 神经解剖学家、教育家。中国神经解剖学奠基人之一。福建闽侯人。1928年福州协和大学毕业后留任。1930年考入协和医学院，毕业后留任解剖系助教。1941年，任职于江西南昌国立中正医学院，创办该校的解剖科。1947年，就职于岭南大学医学院。1949年到美国华盛顿大学进修。1950年回国。1955年后在中山医学院工作。中国解剖学会理事，广东省解剖学会理事长。主要从事组织胚胎学和神经解剖学的教学和科学研究。治学严谨，教学方法独树一帜。对"血—脑屏障""脊髓损伤后神经再生的问题""松果体与视网膜的关系"等前沿神经科学课题颇有研究，推动了国内神经科学的发展。（周红黎、张书河）

左洪涛（1906—1990）　原名左仲勋，曾用名微波，化名彭国定、郑文、海燕等。湖南邵东人。1926年考入黄埔军校第六期。1927年加入中国共产党，12月参加广州起义。1937年奉派到国民革命军第八集团军张发奎司令部从事隐蔽战线工作，任中共特支书记，从事公开的抗日战地服务、民众动员及秘密统战工作等。1944年夏秋，配合营救滞留在桂林的文化名人和民主人士转移到大后方。1946年9月在香港任中共港粤工委委员兼党派组组长，从事统战和联络工作。1947年7月到广东南路地区开展游击战争，任粤桂边中国人民解放军司令部参谋长、代司令员。1948年夏调任粤赣湘边区党委委员兼宣传部部长。1949年1月任中国人民解放军粤赣湘边纵队政治部主任。新中国成立后，历任广州市军管会房屋分配委员会主任，广东省人民政府副秘书长兼办公厅主任，华南垦殖局基建处处长、办公厅主任，广东省林业厅副厅长、党组成员，广东省委统战部副部长，广东省政协副主席、党组书记。广州地区和广东省黄埔军校同学会会长、中国国际文化交流中心广东分会副理事长。著有《左洪涛文选》。（罗志欢）

左仲勋　见"左洪涛"。

李坚真（1906—1992）　原名李见珍。广东丰顺人。1927年加入中国共产党。参加海陆丰农民运动，任丰顺县革命委员会副委员长。1930年到中央苏区，历任中共汀东、长汀县委书记，中共闽西特委、福建省委以及苏区中央局妇女部部长，福建省政府、中华苏维埃政府执行委员。长征时期任中央直属机关司令部民运科长、中央纵队干部休养连指导员。到达陕北后，历任陕北省妇女部部长、组织部副部长，陕甘宁边区妇女部部长。1938年后任江西省委委员、东南局妇女部部长。解放战争时期，历任华中、山东分局委员，华中分局民运部副部长，山东妇联主任，山东分局妇委书记。新中国成立后，先后担任广东省委常委、省委书记，省纪律检查委员会书记，省人大常委会主任、党组书记。中共第八、十一至十三次全国代表大会代表，中共第八、十一届中央委员会候补委员、中央顾问委员会委员，第一至七届全国人大代表。著有《李坚真回忆录》。（张全超）

李见珍　见"李坚真"。

吴晓邦（1906—1995）　舞蹈艺术家、理论家、教育家。中国新舞蹈艺术开拓者，"新中国舞蹈之父"。学名祖培，字启明。江苏太仓沙溪人。1929年至1936年，三次赴日本留学，先后在日本高田雅夫舞蹈研究所、江口隆哉和宫操子现代舞蹈研究所学习芭蕾和现代舞，接受西方舞蹈家邓肯、魏格曼等人的现代舞理论及创作手法。

吴晓邦

1932、1935年两次回国，在上海创办晓邦舞蹈学校、晓邦舞蹈研究所，举办舞蹈作品发表会。抗战期间，先后到广西、重庆、广东、延安等地，传播新舞蹈艺术。1940年由欧阳予倩介绍、应赵如琳之邀，到广东曲江的广东省立战时艺术馆（1942年改为广东省立艺术专科学校）开办戏剧舞蹈训练班，先后培养出梁伦、陈蕴仪、何敏士、何国光等舞蹈人才。新中国成立后，1951年主持中央戏剧学院舞蹈运动干部训练班。1954年考察研究中国孔庙及道教中的舞蹈。1957年创办天马舞蹈工作室。1979年后到各地举办舞蹈讲习会，撰写舞蹈论文，培养舞蹈专业人才。早期创作的舞蹈有《义勇军进行曲》《游击队员之歌》《大刀进行曲》《流亡三部曲》等，以讽刺、象征等手法，揭露和控诉社会的黑暗、敌人的残暴，讴歌抗日英雄，反映现实生活，具有深刻的社会意义和进步作用。以现代舞的自然法则为基础，结合中国民间舞蹈、中国武术的特点，形成系统、科学的中国化舞蹈教材和独特的教学体系。在教学中，采用"阅读、思考、习作"的教学方法，启迪舞蹈工作者的想象与创作才能。主张舞蹈应当表现社会生活。培养了第一批舞蹈理论专业研究者。对中国当代舞蹈发展有重大影响和贡献。中国艺术研究院舞蹈研究所所长、中国舞蹈家协会主席。著有《新舞蹈艺术概论》《舞蹈新论》《谈艺录》《舞蹈续集》《舞蹈学研究》等，主编有《中国大百科全书·音乐舞蹈卷》《中国民族民间舞蹈集成》等。2007年中国文联出版社出版《吴晓邦舞蹈文集》5卷。（仝妍、柏峰）

关德兴（1906—1996）　粤剧演员。祖籍广东开平，出生于广州。13岁在新加坡牛车水入戏行，拜小武新北为师，取艺名新靓就。抗战期间，在香港、广西以及菲律宾、美国等地和国家组织义演，为抗日宣传筹款，演出《戚继光》《岳飞》等爱国粤剧。抗战胜利后，与余丽珍组大凤凰剧团赴新加坡、马来亚（今马来西亚）演出。1967年后连任三届香港八和会馆主席。1995年，在香港成立永久性"伤健儿童基金"。艺术上坚持发扬粤剧南派传统，反对照搬京剧武打。擅演抛绳拉弓等武功。唱功上，能唱全仄韵曲词。一生主演77部黄飞鸿系列电影。（李继明）

潘允中（1906—1996）　语言学家。

字尹如，号叟庵。广东兴宁人。幼年就读私塾，后读于兴民师范班、梅县东山中学高中班，后考入厦门大学国文系。1926年入黄埔军校第六期。大革命失败后赴马来亚（今马来西亚）。抗战期间回国，先后任韶关《北江日报》副社长、浙江丽水《民生日报》经理兼代总编辑等，从事新闻工作。抗战胜利后加入中国民主同盟，创建民盟广东省支部。先后任教于广州文化大学、广东南华大学、南华财经专科学校。1950年，任兴宁县第一中学副校长。次年，调任梅县南华学院副院长。1952年任中山大学中文系教授。中国训诂学会理事、广东省中国语言学会顾问、中国书法家协会会员。第五届广东省政协委员。在汉语语言学领域颇有建树，研究汉语史重视古文字材料、出土文献和古白话语料。著有《古汉语基础知识》《学点修辞》《汉语语法史概要》，撰有《汉语词汇史概要》《汉语基本词汇的形成和发展》《论汉语词序的发展》等。（秦晓华、林颖）

王季思（1906—1996）　戏曲史家。名王起，笔名小米、之操、梦甘、在陈、齐人，室名玉轮轩，以字行。浙江永嘉（今温州）人。从小受私塾教育，酷爱戏曲。1923年毕业于浙江瑞安县中学，在

王季思

永嘉县梧埏小学教书。1925年考入东南大学文学系，受业于吴梅，从事戏曲研究。1929年毕业后，在浙江温州瓯海中学任教。抗战期间投身抗日救亡工作。1941年在浙江大学龙泉分校任教。1946年转三江文理学院任教。潜心于元杂剧和中国文学史的研究。1948年受聘为中山大学中文系教授。

新中国成立后，历任中山大学中文系主任兼戏曲研究室主任、中山大学中国古文献研究所所长。广东省文联主席、国务院学位委员会第一届学科评议组成员、中国古代戏曲学会会长、中国韵文学会副会长。中山大学戏曲文学研究及戏曲史学科建设的奠基者。在戏曲研究和评论上成就卓著。注重文本考证与校勘，对《西厢记》研究尤深。在古典文学史研究方面亦有创见。著有《西厢记校注》、《桃花扇校注》（合作）、《元杂剧选注》、《元散曲选注》、《评注聊斋志异选》（合作）、《从莺莺传到西厢记》及《王季思诗词录》、《玉轮轩古典文学论集》、《越风》等。主编有《中国十大古典喜剧集》、《中国十大古典悲剧集》、《全元戏曲》、《中国文学史》（合作）等。2005年河北教育出版社出版《王季思全集》。（陈柳）

王起　见"王季思"。

杨济平（1906—1997）　中医学家。字史垣。广东大埔人。就读于上海大夏大学文学系，后移志医学。在上海中医专门学校学习期间，得到当时兼任该校温病教师的上海中医大学校长谢利恒赏识，转入上海中医大学深造，协助其编著《中国医学大辞典》。1933年，创办百侯中医研究社。1937年在汕头行医。1978年被授予"广东省名老中医"称号。严于辨证，精于用药，擅治温病，深研张仲景《伤寒论》及叶天士、吴鞠通、薛雪、王孟英诸家温热学说。对温毒主张施用重剂，特别是神昏谵语、狂乱躁烦者，更嘱大剂量用药。善用石膏，谓石膏为治温热病之妙药，能清解外感热病的气分实热、降泄阳明胃火偏盛。创辟"小儿肺炎汤""膏葛退热饮""托麻透发汤""新加葛根芩连汤""复阴煎"等治温热病新方。（周红黎、张书河）

李先五（1906—？）　武术家。广东五虎下江南的五虎（万籁声、傅振嵩、李先五、顾汝章、王少周）之一。广东南海（今佛山南海区）人。北京大学毕业后，任北平体育研究社及体育学校国术教员，擅长太极、形意、八卦。1928年，参加南京中央国术馆举办的第一届国术考试，获优等奖。同年底与万籁声随广东省主席李济深到广州筹组两广国术馆，任该馆教务长。两广国术馆解散后，又以品术兼优，被广东精武会聘为教员。后去香港授拳，此后下落不明。著有《太极拳》。（马晟）

吴毅（1907—1928）　原名吴心仁，字季良。四川忠县（今重庆忠县）人。1923年加入社会主义青年团。1924年考入广东大学。1925年夏加入中国共产党。历任中共广东区委秘书、中共广州市委书记、中共广东省委常委兼广州市委书记。与周文雍、陈郁等人在广州开展工人运动，发动省港大罢工，反对军阀统治。1927年12月参加广州起义领导工作，率工人赤卫队，配合教导团攻占公安局。1928年7月，中共广州市委机关遭到破坏，在组织第二次起义时被捕，英勇就义。（罗志欢）

吴心仁　见"吴毅"。

吴事勤（1907—1930）　伊斯兰教学者。字海萍。祖籍广东新会（今江门新会区），出生于佛山。幼丧双亲，由祖母抚养成人。协助外籍穆斯林医生易斯马仪在佛山开设眼科医馆。1927年皈依伊斯兰教。后为《天方学理月刊》干事与主笔之一，亦为《月华》《清真铎报》《穆民》撰稿人。撰有《现代伊斯兰妇女的四种问题》《风俗是什么》等文。葬于广州清真先贤古墓旁。（马建春、李蒙蒙）

冯铿（1907—1931）　作家。左联五

烈士之一。原名冯梅岭，又名冯占春、冯岭梅。原籍浙江杭州，后迁海阳县城南云步村（今潮州枫溪云步）。少时寄宿碣石女校，后就读于汕头友联中学高中部。1925年开始发表文学作品。1929年在上海加入中国共产党，1930年加入中国左翼作家联盟。1931年2月7日被国民党政府杀害于上海龙华。民国时期潮汕著名女作家。著有短篇小说《乐园的幻灭》《突变》《月下》《一个可怜的女子》《遇合》《小阿强》《红的日记》，中篇小说《重新起来》《最后的出路》，诗集《春宵》，散文《开学日》《夏夜的玫瑰》等。撰有《破坏和建设》《妇女运动的我见》等政论文。（李艳平）

冯梅岭 见"冯铿"。
冯占春 见"冯铿"。
冯岭梅 见"冯铿"。

熊飞影（1907—1968） 粤曲唱家。原名熊梓卿。江西大庾（今大余）人。7岁随粤剧演员扁鼻玉学花旦，后随粤乐名师陈坤臣学唱大喉。14岁在香港以"飞影"为艺名登台，以《三气周瑜》一曲成名。1923年前后，与潘贤达、钱广仁等合作，声誉日增。1925年参加慰劳前线革命军人义演大赛，被誉为西南乐府总领袖。1951年参加支援抗美援朝的义演，同年加入广州曲艺大队。1958年调入广东音乐曲艺团工作。中国民主同盟会会员、中国曲艺家协会会员、中国音乐协会广东分会理事。嗓音洪亮粗犷，行腔高亢刚劲，以真嗓高音的"大喉"唱法著名。演唱以情带声，念白功夫老到，善于表现威武的英雄人物。演唱过100多个曲目，灌录过唱片。代表作品有《水淹七军》《武松大闹狮子楼》《夜战马超》《单刀赴会》等。（李继明）

熊梓卿 见"熊飞影"。

胡翼云（1907—1972） 广东南雄人。1929年广州协和神学院毕业，旋在中华基督教会连阳区会传教。1937年组织"负伤将士服务协会"，多次带领粤港基督教慰劳团慰问粤北伤兵。1940年在连县创办基联中学（基督教联合中学，由抗战时期迁往连州的广州岭南大学附中、华英、培英、真光、美华、协和、真中，香港岭英、协思、澳门广中等10所基督教会主办的中学组成）。1942年与汪彼得在曲江设立中华基督教会广东协会临时会所。1933年担任中华基督教广东协会干事、执行干事。1948年任中华基督教会全国总会执行干事。1950年，参与"三自革新宣言"签名运动，为首批签名支持者。锡安堂主任、中华基督教会广东协会总干事、第一至四届广州市基督教三自爱国运动委员会副主席。广东省人大代表、省政协委员、（吴宁）

胡翼云

李曼瑰（1907—1975） 戏剧家。笔名雨初。广东新宁（今台山）人。1926年被保送入燕京大学，受到冰心的写作指导和熊佛西的戏剧训练。1930年毕业后回广州，执教于培道中学。1934年赴美国密歇根大学研究院，用英文创作戏剧 Water Ghost（《水鬼》）、The Tragedy of a Woman（《女人的悲哀》）、The Grand Garden（《大观园》）等。1936年获密歇根大学硕士学位后赴纽约学习编剧。1940年任教于成都金陵女子文理学院。1949年赴台湾，任教于台湾师范大学、政治大学、辅仁大学。创办戏剧教育，成立"三一剧艺社"，发起小剧场运动，筹划中国话剧欣赏会及中国艺术中心，推展儿童戏剧教育运动和实际策划各

种戏剧的演出。被台湾戏剧界奉为"中国戏剧导师"。去台前侧重以戏剧描写妇女，尤其是知识女性的生活状态、理想追求和情感心态，赴台后从古代典籍中寻找剧情，从传统文化中摄取养分，侧重以历史剧隐写故国之思和怀乡之情。代表作有文艺剧《天问》《戏中戏》，社会剧《冤家路窄》《时代插曲》《淡水河畔》，教育剧《尽瘁流芳》，历史剧《汉宫春秋》《楚汉风云》《瑶池仙梦》等。（邓丹）

高美士（Luís Gonzaga Gomes，1907—1976） 汉学家、翻译家。澳门土生葡人。从澳门利宵中学毕业后，历任中小学教师、校长、图书馆馆长、博物馆馆长、市政厅副主席。对中国文化特别是澳门历史文化有深入研究。1985年，澳门创办以高美士命名的中葡中学。编写有《粤葡词典》（Vocabulário Cantonense–Português）、《葡粤词典》（Vocabulário Português–Cantonense）、《葡英粤词典》（Vocabulário Português–Inglês–Cantonense）等词典，翻译"四书"、《澳门记略》等汉语著作以及《葡国魂释义》（Os Lusíadas Contados às Crianças）等葡语著作。（谈泳琦、邵慧君）

李藻云（1907—1976） 中医眼科学家。广东番禺（今广州番禺区）人。出身医学世家。1937年毕业于广东中医药专门学校。先后在香港东华医院、广州广济医院、广东中医药专门学校、广州中医学院等单位工作。1962年被授予"广东省名老中医"称号。精于中医眼科，临床诊断以望诊和问诊为主，治疗灵活，内外治法结合使用，治疗睑废以内治为主，胬肉

李藻云

攀睛以外治为主，椒疮（沙眼）内外治法合用。主编《中医眼科学讲义》。（周红黎、张书河）

杨荣国（1907—1978） 哲学家。湖南长沙人。1929年毕业于上海群治大学。抗战期间参加抗日民主活动，1937年任长沙文化抗日协会理事。1938年加入中国共产党。1944年后历任重庆东北大学、桂林师范学院教授。1946年7月被国民政

杨荣国

府逮捕，狱中从事《中国古代思想史》的资料摘录。1949年后任湖南大学文学院院长、历史系主任。1953年，全国高校院系调整后，在中山大学任中国古代史教研室主任、系主任，兼中国科学院历史研究所研究员。湖南省人民政府委员、民盟中央委员。第四届全国人大代表。善于运用马克思主义辩证唯物论研究古代哲学和思想史，对中国古代思想史、哲学史的研究有较深造诣。1954年修订的《简明中国哲学史》，把"儒法斗争"作为中国哲学史两军对垒的主要内容。著有《孔墨的思想》《中国十七世纪思想史》《中国古代思想史》《谭嗣同思想研究》《简明中国哲学史》等。（郭海鹰）

唐马太（1907—1981） 广东广州人。1924年在广州培正师范班毕业后到鹤山、台山等地小学任教师。1928年在广州东山两广浸信会神学院就读，毕业后在新会和广州浸信会堂传道。1937年被按立为牧师，后任广州东石浸信会堂主任。1939年

唐马太

先后在两广浸信会神学院、西南浸信会圣经学院当教员。1946年任广州东山浸信会堂主任。1947年被选为两广浸信会联会主席。新中国成立后，历任第一至三届广东省基督教三自爱国会副主席，第一、二届广州市基督教三自爱国会副主席，广东省基督教协会副会长，中国基督教协会副会长。广东省政协委员。编著有《东山讲道集》《主日讲坛》《宣道训练》。（吴宁）

张月儿（1907—1981） 粤曲平喉唱家。粤曲四大平喉（小明星、张月儿、徐柳仙、张惠芳）之一。原名张帼雄。广东番禺（今广州番禺区）钟村人。声、色、艺俱佳，能唱能奏，可唱"三喉"（子喉、平喉、大喉），后来演唱风格向诙谐的方向发展，多唱谐曲，被誉为鬼马歌王。录制《蝶迷》《狗肉父母》《花街慈母泪》等数十张唱片，以《游子悲秋》《一代艺人》等曲闻名。拍摄的电影代表作有《老婆皇帝》《七星伴月》《神秘之夜》《七十二行》《一代艺人》等。（邓海涛）

张帼雄 见"张月儿"。

靓少佳（1907—1982） 粤剧演员。原名谭少佳，字春田。广东南海（今佛山南海区）平洲人。6岁随父谭杰南（声架南）赴新加坡读书学艺，12岁入普长春班，受英雄水、靓元亨的熏陶。1923年回国后，先后入乐荣华、梨园乐班，后在人寿年任正印小武。1933年人寿年散班后，主持组建胜寿年班，在省港澳及新加坡、马来亚、美国演出，发动华侨捐款支援抗战。1952—1958年，主持新世界剧团，后并入广东粤剧团。1960年起任广州粤剧团总团长，1976年后任艺术顾问。广东省文联副主席、中国戏剧家协会广东分会副主席、广州市文联副主席。

全国政协委员，第四届广东省政协常委。表演艺术融合南北，擅长武戏文做，身段动作刚健利索，步法洒脱洗练，被尊为"小武泰斗"。唱功上，充分发挥"霸腔"特点，声势高昂，善唱难度极高的"牌子"，念白吸收京剧念白节奏，一气呵成。代表作品有《西河会》《拦江截斗》《三帅困崤山》《十奏严嵩》等。（李继明）

谭少佳 见"靓少佳"。

宋大仁（1907—1985） 医史学家、书画家。名宋泽，别署海煦楼主、医林怪杰，以字行。广东中山人。1919年进入澳门求是中学、电明书院学习。1922年起分别跟随名中医郑昭然、画家吴松涛学习中医和国画。1925年在上海中医专门学校学习。1928年，在上海东南医学院转学西医，毕业后被留任为东南医院胃肠科医生，受聘为上海中医学院教授。1933年，东渡日本学习消化专科。1935年回沪后创办中西医药研究社，主编《中西医药期刊》。1937年创办上海胃肠病医院及上海消化疾病研究所。擅长治疗消化病，对中医学中的脾胃病理论及现代胃肠病进行全面研究。重视医史研究，擅长绘画，长于考证医家事迹，绘制医史人物画。热衷文博，收藏大量医史文物并捐赠予广州中医学院，为广东中医药博物馆建设奠定基础。著有《胃肠病饮食指南》《世界医学变迁史》，编有《国父与医学及其肝病经过》《艺林医人录》，撰有《中国本草学发展史略》等。编辑《中国伟大医药学家画像》，绘有《中国医史四杰图》《中国药史四杰图》等。（周红黎、张书河）

宋泽 见"宋大仁"。

祝秀侠（1907—1986） 原名祝庚明，

笔名首甲、佛朗、残月等。广东番禺（今广州番禺区）人。早年开始在《小说月报》上发表小说，同时发表新文学评论。上海复旦大学毕业后，任广西大学中文系教授。1930年加入"左联"。1937年底赴香港任国民党海外部机要秘书。香港沦陷后来到重庆。抗战胜利后，任广州市政府秘书长、教育局局长兼广州文化大学教授。1949年到澳门，创办越海学院。1951年去台湾，先后任"行政院侨委会"主任秘书、顾问，"教育部"中华丛书编审委员会主任委员、教育委员会专任委员，华侨协会总会秘书长。著有短篇小说集《祝老夫子》《珊瑚集》《紫洞庭》，长篇小说《八月间》，散文集《秀侠散文》，论著《三国人物论》，译有《巴比塞短篇佳作》。（陈芝国）

祝庚明　见"祝秀侠"。

曹廷藩（1907—1990）　经济地理学家。河南舞阳人。1931年进入武汉大学学习。1937年9月公费赴英国伦敦大学地理系深造。1939年转入牛津大学地理学院。1940年回国，进入湖南大学，获聘教授兼任教务长、系主任。

曹廷藩

1954年赴中山大学担任地理系主任，任教授，兼任副教务长等职务。1956年参与筹建广州地理研究所。1958年参加华南热带生物资源综合考察队，对广西十万大山进行综合考察。1962年担任中国地理学会经济地理专业委员会主任。提出"生产配置是生产发展的一个方面"的观点，认为把经济地理学的研究对象理解为生产力和生产关系统一的"生产"的配置，绝不意味着经济地理学既是研究生产关系的科学，又是研究生产力的科学；经济地理学是利用经济科学、自然科学和技术科学的有关知识，研究生产配置问题的学科。撰有《经济地理学主要理论问题研究》《农业区划工作中的几个主要问题》，著有《经济地理学原理》（合著）等。（刘洪杰）

吴荻舟（1907—1992）　原名吴彩书，化名吴昆华，笔名秋枫、浩然、狄周、田青。福建龙岩人。上海中华艺术大学毕业。1927年投身革命，1930年在上海加入中国共产党。后因参加上海五一劳动节纪念筹备会在英租界被捕。1937年出狱后在上海、华南、西南等地投入抗日救亡宣传运动。抗战胜利后，赴香港任中国歌舞剧艺社社长。1946年11月受组织派遣到新加坡开展华侨教育事业。1948年调回香港，任香港《华商报》编辑，并负责接待各地革命青年回内地工作。1950—1962年任香港招商局顾问，同时负责党内文化、艺术、新闻、交通等战线检查、落实政策的工作。1957年秋至1962年1月担任香港《文汇报》首任社长、中共港澳工委常委。1962年离开香港，调任国务院外事办公室，先后任港澳组副组长、组长。1978年任中国戏剧家协会书记处书记兼研究室主任。著有《坎坷多难的战斗历程》《世界文艺思潮史话》，组织编写《中共香港工作组1949—1957年工作史料》。（罗志欢）

吴彩书　见"吴荻舟"。

何安东（1907—1994）　作曲家。广东顺德（今佛山顺德区）人，出生于江门。自幼学习小提琴，加入岭南大学附中乐队。1926年随菲律宾籍教授Gonzalez学习小提琴。1928年任岭南大学乐队指挥。次年与陈洪、马思聪一起创办管弦乐队。1930年随立陶宛籍教授Ore学习钢琴及和声理论。1931年创作抗战歌曲《奋起救国》。1932年任私立广州音乐院教师。1931—1937年间创作《保卫大广东》《七七进行曲》等抗战歌曲，参与组织抗日救亡歌咏运动。1938年迁至香港，从事音乐教育工作，同时参加组织抗日演出活动。1950年以抗美援朝为背景创作《痛恨美帝》等歌曲。1951年应聘到哈尔滨为第十九兵团训练军乐团。1952—1956年，先后在广州初级职工学校、第四中学、广东教师进修学院任教。中国音乐家协会广东分会副主席，广东省文联委员。创作有歌曲《祖国颂》《饮酒歌》《培正中学创校60周年纪念歌》等，小提琴独奏曲《解放组曲》《婚礼日》，钢琴独奏曲《醒狮》，小歌剧《蝴蝶鞋》，将《东方红》改编成变奏曲。（夏煜卓）

李桦（1907—1994）　版画家、美术教育家。曾用名浪沙、小泉。广东番禺（今广州番禺区）人。1927年毕业于广州市立美术学校，1930年留学日本，九一八事变后回国。1934年，响应鲁迅新兴木刻运动号召，在广州组织现代版画会。抗战时期随军流转于湘、赣一带，举办抗战木刻展，推动木刻运动，发起和组织"全国木刻界抗敌协会"。1949年后任中央美术学院教授、版画系主任。中国美术家协会常务理事、顾问，中国版画家协会主席。代表作有《怒吼吧，中国》和组画《怒潮》《团结就是力量》《征服黄河》等。著有《西屋闲话》《美术创作规律二十讲》《李桦木刻选集》《美术新论》《木刻的理论与实践》《木刻版画技法研究》等。（王碧凤）

孙宕越（1907—2001）　地理学家。原名孙馥曾。广东梅州人。1929年

毕业于中山大学经济系，同年赴法国留学，于里昂大学获地质学硕士、地理学博士学位。1934—1938年担任中山大学地理系主任，任教授。主要讲授自然地理学、土壤地理学等课程。1949年赴台湾，先后担任台湾师范学院史地系教授、中国文化学院地理研究所所长。1954年调任台湾省教育行政部门官员。撰有《军事地理学》（与徐俊鸣合著）、《地理学辞典》等，译有《人文地理学原理》等。（刘洪杰、宋晓岚）

孙馥曾 见"孙宕越"。

陈洪（1907—2002） 音乐教育家、理论家、翻译家、作曲家。20世纪中国高等音乐教育开拓者之一。广东海丰人。初中阶段与马思聪一同就读于广州培正中学，后受其堂兄影响学习音乐。1923年就读于上海美术专科学校学习美术和音乐。1926年前往法国，就读于法国南锡音乐学院，学习作曲与小提琴。1929年学成归国。1932年与马思聪合作成立广州音乐学院，兼《广州音乐》主编。1937年任上海国立音乐专科学校教务长，任《音乐月刊》《林钟》主编。1946年起，先后担任南京国立音乐院管弦系主任、南京大学音乐组（系）主任。1952年起任南京师范学院（今南京师范大学）音乐系主任。中国音乐家协会理事、中国音协江苏省分会副主席、江苏省文联副主席。撰写的《视唱教程》被原高教部确定为全国统一的试用教材。将法国学到的"固定唱名法"首先引入中国，在上海国立音专大力提倡推广。创作有《冲锋号》《共青团员之歌》《把敌人赶出领土》《教师颂》《三门峡大合唱》等，著有《怎样写歌曲的钢琴伴奏》《小提琴教学》《英雄交响曲第一乐章研究》《忆马思聪》等，译有《基本乐学》

（1933）、《曲式与乐曲》（1938）、《对位化和声学》（1951）、《小提琴教学》、《巴托克论文书信选》、《贝多芬的九首交响曲》（柏辽兹）、《西贝柳斯》（林波姆）、《肖邦对浪漫主义音乐的贡献》（丽莎）等。（夏煜卓）

廖辅叔（1907—2002） 音乐理论家。原名廖尚橚，笔名居甫，曾用名黎棐。广东惠州人。自幼跟父亲读古文，跟随兄嫂学习德文和钢琴，后又师从舍甫磋夫学大提琴。1922年就读于广州英文专科学校，1926年入读广东法官学校，次年参加广州起义，与廖尚果（青主）到上海，协助其开办《乐艺》杂志。1930年任职于上海国立音乐专科学校图书馆，兼外国语学校德文教员。1934年任上海国立音乐专科学校校长室秘书。1935年为北洋大学校歌作词，为儿童歌曲《西风的话》作词。1937年投入抗日救亡运动。1946年，任教于南京国立音乐院，主要讲授中国文学、中国古代音乐史、中国历代乐论选读等。新中国成立后，历任中央音乐学院研究部研究员、图书馆馆长、文学教研室主任、音乐研究所教授。为中国古代音乐史研究和音乐教育工作作出重要贡献。第四届中国音协理事、全国政协文史资料研究委员会文化组成员。著有《中国文学欣赏初步》《中国古代音乐史》《谈词随录》《萧友梅传》《乐苑谈往》等，译有《阴谋与爱情》《瓦格纳论音乐》《西洋音乐发展史论纲》等。（夏煜卓）

廖尚橚 见"廖辅叔"。

梁披云（1907—2010） 书法家、社会活动家。学名梁龙光，别号雪予。福建永春人。16岁入武昌师范大学，翌年转上海大学学习。五卅运动初起

南下宣传，其间就读于广东大学，旋复返上海大学，20岁获文学士学位。后赴日本东京早稻田大学攻读研究生。20世纪30年代移居东南亚，60年代定居澳门。历任泉州黎明高级中学、荷兰棉兰苏东中学、马来西亚吉隆坡中华中学、国立福建音乐专科学校、国立海疆学校校长及吉隆坡《益群报》、印尼雅加达《火炬报》总编辑、福建省政府委员兼教育厅厅长、福建华侨大学副董事长、澳门归侨联合会总会主席、澳门特别行政区筹委会委员、澳门特别行政区第一届政府推委会委员。澳门笔会会长、澳门中华诗词学会会长、澳门书法家协会名誉主席、香港书谱出版社社长兼督印。第六至八届全国政协委员，全国侨联常委。长期从事教育工作，办学主张"兼容并蓄"和"学术自由"，使学校成为提供自由探索真理的环境。是探索平民教育、华侨教育、海疆教育和职业教育理论与实践的先行者，形成独特的教育思想。书法以行草见长，精于书法篆刻理论，与人合作创办香港《书谱》杂志。工旧体诗词。主编有《中国书法大辞典》《中国篆刻大辞典》，著有《雪庐诗稿》《雪庐诗稿集外钞》。（罗志欢）

梁龙光 见"梁披云"。

本焕（1907—2012） 僧人。又名本幻。俗姓张，谱名凤珊，学名志山。湖北武汉新洲人。10余岁辍学在仓埠当学徒。1930年在新洲报恩寺传圣禅师门下披剃出家，同年在武昌宝通寺持松禅师座下受具足戒。1937年朝礼五台山，援入广济茅蓬（今碧山寺）任

本焕

监院。1939年任碧山寺第三代方丈。1947年朝拜北京弥勒院、天津居士林、上海普济寺、广东南华寺。1949年嗣虚云法脉，为大鉴下四十八世、临济宗四十四代。主曹溪南华寺法席。1958年被错划为"右派"，1980年平反，先后重光韶州别传寺、广州光孝寺、黄梅四祖寺、武汉报恩寺、南雄大雄寺，创建深圳弘法寺，主诸刹法席。在深圳弘法寺圆寂。（达亮）

本幻　见"本焕"。

余仲嘉（1908—1942）　篆刻家。原名余衍猷，号默尊者，以字行。先天失聪，从父及家藏书画习字义、书画。文字、书法、治印得邓尔雅、吴昌硕指导，又从嘉兴刻竹名手张氏昆仲，所作竹刻有明清大家意韵。治印由黄牧甫上追秦汉，用刀爽快，光洁妍美。时人评其"专学黄穆父，得其神似，坚卓老成，不尚修饰"。（王碧凤）

余衍猷　见"余仲嘉"。

黄锡凌（1908—1959）　语言学家。籍贯不详。就读于广州岭南大学，毕业后留校任教。1941年出版中国第一部用国际音标记录、研究广州方言的著作《粤音韵汇》。1949年到英国留学，学习语言学研究方法。1951年在香港大学出任语言学校首任校长，教授外国人粤方言。为该校撰写两部教材 Cantonese Conversation Grammar（《粤语会话语法》）、Intermediate Cantonese Conversation（《中级粤语会话》），分别于1963、1967年由香港政府印务局出版。（彭小川）

梁方仲（1908—1970）　历史学家。中国社会经济史学奠基者之一。原名梁嘉官，别名梁方中。广东番禺（今广州海珠区）黄埔村人。幼居北京，1926年考入清华学校农学系，次年转读西洋文学系，1928年秋转读经济系。1930年考入清华大学研究院攻读硕士学位。1934年，任职于中央研究院社会研究所经济史组，任研究员、代理所长。1934年与吴晗首创《中国社会经济史研究集刊》。1936年发表对明代田赋史带有总结性的论文《一条鞭法》。1937年赴日本考察。1944年先后访问美国哈佛大学、英国伦敦大学，被哈佛大学聘为专职经济史研究员。1947年任中央研究院社会研究所研究员、中央大学教授。新中国成立后，任岭南大学经济系教授兼主任、中山大学历史系教授。长于明史和中国经济史研究，被史学界誉为研究"明代赋役制度的世界权威"。著有《一条鞭法》《明代粮长制度》《中国历代户口、田地、田赋统计》《梁方仲经济史论集》等。2018年广东人民出版社出版《梁方仲遗稿》。（李彬）

梁方仲

梁嘉官　见"梁方仲"。

翟甘棠（1908—1971）　中医学家。字鹏年。广东肇庆人。在肇庆海星学校学习，因战争而停学。后因疾病流行，转而拜本地和广州的名医为师学医，到中国针灸医学专门学校学习。1934年在中山考取中医师执照，开始行医。1942年迁往香港、澳门等地行医。1956年在广东省血吸虫防治研究所工作。1957年任肇庆市第一人民医院中医门诊部主任。1965年任职于端州区人民医院。1962年被授予"广东省名老中医"称号。擅长治疗内科、儿科、妇科疾病和毒蛇咬伤等，精于治疗小儿脑炎，尤擅长用针灸治疗奇难顽症。著有《狂犬病的治疗》。（周红黎、张书河）

翟甘棠

邝宁法（1908—1975）　广东新宁（今台山）人。1926—1930年，先后就读于广州协和神学院和山东齐鲁大学神学院。1930—1938年担任中华基督教会广东协会干事、广州协和神学院助教、英国圣经会翻译。1938年赴美攻读神学硕士和博士学位。毕业后任美国华人教会牧师及美国加州大学中文讲师。1946年回国，任广州协和神学院院长、教授。1951年后历任中华基督教会广东协会副会长、广州市基督教三自爱国运动委员会主席、广东省基督教三自爱国运动委员会常委、中国基督教三自爱国运动委员会委员等。（吴宁）

魏逸侬（1908—1975）　潮绣画师。广东潮州人。12岁在潮州赞记绣庄当学徒，从艺于潮州民间画师鹅陈。出师后受雇于泰生绣庄，擅长画绣稿，熟悉绣件配套和生产销售规律。绣稿气势酣畅，饱满而不壅塞，严谨中见洒脱。新中国成立后，经营的泰生绣庄并入国营潮绣厂，继续从事创作。东南亚一带祠堂庙宇的绣品挂饰不少出自其手。在潮绣厂带徒传艺，培养出一批潮绣技艺骨干。创作的《井冈山会师》绣品被广东民间工艺博物馆收藏。（彭圣芳）

黄谷柳（1908—1977）　作家。祖籍广东防城（今广西防城），出生于越南海防市。1927年加入中国共产主义青年团，到广州参军。抗战期间参加淞沪会战与南京会战。1949年参加

解放军，加入中国共产党。后在重庆参加文协，从事小说、戏剧创作，任《南方日报》记者。新中国成立后，在中国作协广东分会专门从事创作。成名作长篇小说《虾球传》，以独特的题材和风格引起读者兴趣和文坛反响。1946—1948年在香港《华商报》副刊连载，分《春风秋雨》《白云珠海》《山长水远》三部出版单行本，在当时国统区特别是华南地区广泛流传，先后被译成英文、日文出版发行。1981年，广东电视台将其改编为8集电视连续剧。著有中篇小说《杨梅山下》《和平哨兵》《渔港新事》等，话剧剧本《墙》，电影文学剧本《七十二家房客》《此恨绵绵无绝期》，散文集《战友的爱》等。（李艳平）

董每戡（1908—1980） 戏剧家。原名董华，化名杨每戡、杨大元。浙江永嘉（今温州）人。1926年毕业于上海大学中文系，1928年从事革命工作被通缉，赴日留学，在日本大学修文学与戏剧。1929年回国，任教于上海戏剧专科学校。后加入中国左翼文化大

董每戡

同盟、左翼作家联盟等。抗战期间，率抗战戏剧团到各地演出，创作《保卫领空》《天罗地网》等剧。1943年起先后任四川三台东北大学、金陵女子文理学院、大夏大学教授，商务印书馆编审等。1949年任教于湖南大学。1953年调任中山大学。长期从事中外戏剧史和戏剧理论的研究和教学，强调不能把戏剧史当作词曲史看待，应当抓住戏剧本身的行动性和表演性特质。著有《中国戏剧简史》《西洋戏剧简史》《西洋诗歌简史》《说剧》《五大名剧论》等。2004年中山大学出版社出版《董每戡文集》。（陈椰）

董华 见"董每戡"。

林夏泉（1908—1980） 中医学家。广东新宁（今台山）人。1931年毕业于广东中医药专门学校，后从事临床教学工作。任广东省中医院院长。1962、1978年被授予"广东省名老中医"称号。诊治中风、血证、癥瘕、哮喘、风湿痛等内科杂病

林夏泉

经验丰富，尤精于脾胃病的诊治，治疗溃疡病和慢性结肠炎常用运化法、养阴和胃法。创制许多验方，被制成成药，如"青柴灵口服液""益脑安"等。（周红黎、张书河）

陈宝寿（1908—1983） 正字戏演员。字钦尧。广东陆丰人。童年卖身白字戏班，后转正字戏班，师从郑娘分，入老双喜戏班。工武生。戏路宽广，演技全面，文戏、武戏表演俱佳，尤善刻画人物内心世界。1949年后为正字戏培养了一批人才。代表作《武松杀嫂》《翠屏山》《陈世美休妻》《张春郎削发》等。（于琦）

何贤（1908—1983） 广东番禺（今广州番禺区）人。早年在顺德县陈村经营粮油店。1929年与好友赴广州开设"汇隆"银号，任司理。1938年赴香港经商。1941年赴澳门，先后任镜湖医院慈善会副主席、主席，大丰银行董事长兼总经理。从20世纪40年代中期起，开办印染厂、纸厂、火柴厂、石粉厂、酒店、地产公司、公共汽车公司、自来水公司、石油公司等，形成一定规模的企业集团。1947年后任澳门中华总商会副主席、副理事长、理事长、会长。1950年后任澳门政府政务委员会、立法委员会华人代表，澳

门大学校董会主席。第四、五届全国人大代表，第六届全国人大常委会委员，第二至四届全国政协委员，第五届全国政协常委，全国工商联常委。热心公益事业，支援家乡建设，兴建番禺宾馆、大石大桥、洛溪大桥等。（柏峰）

廖承志（1908—1983） 无产阶级革命家。曾化名何柳华。广东归善（今惠州惠阳区）人，出生于日本东京。廖仲恺、何香凝之子。就读于岭南附中及岭南大学。1924年8月加入中国国民党。1927年大革命失败后脱离国民党。次年到日

廖承志

本早稻田大学留学，8月在上海加入中国共产党。11月被派往德国柏林，任国际海员俱乐部支委、书记。1930年夏赴莫斯科参加赤色职工国际第五次代表大会，入莫斯科劳动大学学习。1931年春到荷兰鹿特丹，建立中华全国海员总工会西欧分会。1932年回国，任中华全国总工会宣传部部长、全国海员总工会党团书记。1933年参加中国工农红军，次年任中共川陕苏区省委常委、红四方面军政治部秘书长。因反对张国焘的错误，被关押并开除党籍，被押解参加长征。1936年红军一、二、四方面军会合后获释，恢复党籍。1938年冬到香港组织八路军办事处，主持抗日民族统一战线工作。1941年创办和领导香港《华商报》。香港沦陷后，回粤北参加中共南方工作委员会领导工作。1942年被国民党逮捕，后被营救出狱。1946年5月，参加南京中共代表团，协助周恩来工作。后历任中共南方局委员、晋冀鲁豫中央局宣传部部长、中共中央宣传部副部长、新华社社长等。新中国成立后，历任中共中央对外联络部副部长、中共中央统战部副

部长、共青团中央副书记及书记处书记、国务院华侨事务委员会主任、国务院外事办副主任、外交部顾问、外交部党组副书记、国务院侨办办公室主任、港澳办公室主任、华侨大学校长。全国青年联合会主席、中国人民保卫儿童全国委员会和保卫世界和平委员会副主席、中日友好协会会长、全国侨联名誉主席。"文化大革命"中受迫害。中共第七、八、十、十一届中央委员和第十二届中央政治局委员。第一、四届全国人大常委会委员，第五届全国人大常委会副委员长。（吴婉惠）

杨铁如（1908—1983） 出版人。广东海丰人。第一次国内革命战争时期参加彭湃领导的海陆丰农民运动，加入中国共产党，任中共海丰县第七区委员会书记。后奉命转移到香港、南洋，继续从事民主革命活动，先后任中华反帝大同盟书记和新加坡海员总工会秘书。1934年参加国民革命军第十九路军的反蒋"福建事变"，失败后转而从事革命书刊发行工作。1935年，在香港九龙弥敦道创办半岛书店。1936年初，在广西梧州创办苍梧书店。1940年，在桂林创办白虹书店。以开办书店掩护中共地下组织及从事革命活动。20世纪40年代先后加入抗日中华民族革命大同盟、中国民主建国会。新中国成立后，回到广东工作。1950年9月出席第一届全国出版会议。同年，广州数十家私营出版机构联合成立南方通俗读物联合出版社，任副社长。1956年南方通俗读物联合出版社并入广东人民出版社，任副社长。1958年广州文化出版社成立，任社长。1959年广州文化出版社并入广东人民出版社，仍任副社长。（金炳亮）

尹林平（1908—1984） 原名尹先嵩，曾用名尹利东。江西兴国人。1930年参加工农红军，1931年加入中国共产党。1937年后，历任中共南方工作委员会委员兼军事部长、中共广东省委常委兼军委书记，推动在东莞、增城、中山、从化、惠阳、南海、顺德等建立抗日武装队伍。1940年任东江前线特委书记兼东江纵队政委，出版宣传抗日报刊。1941年12月赴香港建立港九抗日游击基地。1942年任广东军政委员会主任、广东人民抗日游击总队政委。1943年任中共广东省临时工作委员会书记，12月任广东人民抗日游击队东江纵队政委。1945年7月任中共广东区委员会书记。解放战争时期，任中共中央香港分局（后改为华南局）副书记。1948年后，历任中共粤赣湘边区委员会书记、中国人民解放军粤赣湘边纵队司令员兼政委。新中国成立后，历任广东军区副政委兼广东省支前司令部司令员，中南军区公安部队兼广东军区第二政委，中共中央华南分局常委兼广东省副省长、中共广东省委组织部部长、书记处书记、书记。1977年后，历任广东省政协主席、中共广东省委书记、中共中央顾问委员会委员。中共第八届代表，第一、五届全国人大代表，第五届全国政协常委。著有《尹林平文选》。（罗志欢）

尹先嵩 见"尹林平"。

尹自重（1908—1985） 音乐演奏家、教育家、作曲家。广东音乐四大天王（何大傻、尹自重、吕文成、钱广仁）之一。广东东莞人，祖籍广东顺德（今佛山顺德区）龙江镇。20世纪20年代初，首次应邀到新西兰表演。20世纪20年代末在新景象粤剧班担任武打演员，开始与名伶薛觉先合作，后在孔雀屏粤剧班为名伶陈非龙担任头架。1942年与吕文成、何大傻、何浪萍等合作。1952年退出粤剧舞台，移居美国。首次将小提琴引入广东的地方音乐和粤剧音乐，将广东的拉弦乐器演奏的基本规律，尤其是走指和揉弦的指法特点融入小提琴的演奏技法中，表现了广东音乐的韵味，增强音乐表现力，创造了自成一家的"广东小提琴"演奏技法。将色士风、吉他等西洋乐器引入粤剧的伴奏音乐，打开了广东音乐乐队建制的新局面。（庄蔚）

卓炯（1908—1987） 经济学家。原名卓有光。湖南慈利人。1935年毕业于中山大学社会系，入广东学海书院攻读研究生。1939年加入中国共产党。1941—1946年在中山大学（韶关）社会学系任教。1949年后历任南方大学第一部主任、中共华

卓炯

南分局宣传部讲师团讲师、中共广州市委宣传部理论处处长、广东省委党校政治经济学教研室主任。1974年，调入广东省哲学社会科学研究所。1980年广东省社会科学院成立，任副院长。提出计划经济的基础是商品经济和商品价值规律，主张"商品经济不等于资本主义，计划经济不等于社会主义"，突破传统的政治经济学理论框架，提出"社会主义经济是计划商品经济"，形成社会主义商品经济理论体系，对广东改革开放、坚持市场取向改革起了导向作用。著有《论社会主义商品经济》《再论社会主义商品经济》《三论社会主义商品经济》《资本论体系与社会主义经济》等。（刘世红）

卓有光 见"卓炯"。

费彝民（1908—1988） 笔名执中、夷明。祖籍江苏吴县（今苏州），出生于上海。1925年毕业于北京高等法文学校。20世纪30年代初到天津《大公报》工作。抗战胜利后，先后供职

于重庆、上海的《大公报》。1948 年赴香港参加香港《大公报》复刊工作，任社长。1950 年后任中华全国新闻工作者协会副主席、中南行政区文化教育委员会委员、暨南大学校董会副董事长、广州岭南大学董事、第七届全国人大法律委员会副主任委员。1985 年任香港特别行政区基本法起草委员会副主任委员。第四至七届全国人大代表，第五、六届全国人大常委会委员，第二至四届全国政协委员，第五届全国政协常委。（罗志欢）

戴裔煊（1908—1988） 历史学家。广东阳江人。1929 年由中山大学预科升本科史学系，在朱希祖和朱谦之指导下完成《南蛮之史的研究》。1934 年毕业后执教于中学。1938 年考取中山大学研究院文科研究所历史学部。因战争休学，1940 年复学，师从朱谦

戴裔煊

之。硕士学位论文《宋代钞盐制度研究》，在中国古代社会经济史方面具有开拓性意义。1942 年毕业，先后任重庆中山文化教育馆研究员、广东省立法商学院教授兼秘书、粤侨事务辅导会秘书。1948 年任中山大学人类学系副教授。其间梳理、介绍西方民族学的理论方法，并运用于中国民族研究，在民族文化史方面取得一系列开创性成果。1952 年起任中山大学历史系教授。中山大学学术委员会委员，广东省历史学会副会长。第三至五届广州市政协委员。1954 年加入中国民主同盟。一生致力于中外关系史与海外交通史研究，是中葡关系尤其是澳门史研究先驱。在民族学与历史学研究中注重学术研究的时代性与本土性，从实际出发，实事求是，学以致用，为国家民族利益服务，受到国内外学者一致

推崇。著有《宋代钞盐制度研究》《西方民族学史》《干兰——西南中国原始住宅的研究》《明代嘉隆间的倭寇海盗与中国资本主义的萌芽》《〈明史·佛朗机传〉笺正》《澳门历史纲要》（与钟国豪合著）。（洪雨）

陈一鸣（1908—1989） 中医学家。广东嘉应州（今梅州）人。第二批全国老中医药专家学术经验继承工作指导老师。1923 年石扇小学毕业后，随陈映垣习医，并就读于国医专修实验所。毕业后，初在梅县三角圩开设陈一鸣诊所，随后在梅城私立医学专修

陈一鸣

实验学校任教，不久又迁梅城开业。新中国成立后，参加梅县中医进修班进修，结业后在梅县珠条街联合诊所工作。1959 年，梅县中医药研究委员会成立，被聘为研究员。1978 年被授予"广东省名老中医"称号。精研《医学精要》《医学心悟》，推崇《脾胃论》。善调脾胃升降。治疗脾疾常用温补脾阳、燥湿行气之法；治疗胃疾常用消导润燥之法；治疗疑难杂症，常从湿论治；治急性黄疸型肝炎，强调排毒务尽，以解毒利湿为主。精于内科、儿科疾病的诊治，临证用药强调少而精。（周红黎、张书河）

胡蝶（1908—1989） 电影演员。原名胡瑞华。广东鹤山人，出生于上海。1916 年返回广东。1925 年考入中华电影学校演员训练班。相继在友联、天一和明星影片公司任演员。凭借电影《秋扇怨》成名。1931 年主演中国第一部

胡蝶

蜡盘发音有声影片《歌女红牡丹》。1933 年主演《姊妹花》。1935 年以唯一一名电影演员身份随团参加苏联举办的莫斯科电影节。抗战时期移居香港，先后为新华、大中华、邵氏以及台湾国联等影业公司主演《胭脂泪》《绝代佳人》《某夫人》等。1959 年主演《后门》。1966 年息影，晚年定居加拿大。主演电影百余部。口述有《胡蝶回忆录》。（吴婉惠）

胡瑞华 见"胡蝶"。

李天马（1908—1990） 书法家。室号希逸斋。广州番禺石溪乡（今广州海珠区新滘）人。幼承家学，初以六朝碑志及唐碑为范本，后从"二王"入手，遍习怀素、欧阳询、吴大澂、黄牧甫等名家碑帖。广州美术学院国画系书法教师，1960 年受聘为广州市文史研究馆馆员。20 世纪 60 年代初移居上海，受聘为上海市文史研究馆馆员、中国书法家协会上海分会名誉理事等。书法工楷、行、章草、大草、金文、甲骨文等诸种书体。早年对治印亦有深究，于秦汉古玺、明清流派多所涉猎，古雅浑朴、熔古铸今。著有《楷书行书的技法》《张氏法帖辨伪》《余氏书录辨伪》《沈尹默论书诗墨迹》《李天马小楷选》等。（王碧凤）

梁家勉（1908—1992） 农史学家。中国农史学科开拓者之一。广东南海（今广州白云区石井）人。1929 年入读中山大学农学院。1941 年任中山大学农学院图书馆主管，着意搜集和保存农业历史文献。1952 年任华南农学院图书馆主任（馆长）。

梁家勉

1955 年创立华南农学院农业历史文献

特藏室，1978年发展为农史研究室。在国内创办"文化大革命"后首份农史学术刊物、率先招收农史研究生和举办首个农史国际学术会议。主要从事农业历史遗产的发掘、整理和研究。主编《中国农业科学技术史稿》，著有《徐光启年谱》。发表有《中国梯田考》《〈齐民要术〉的撰者、注者和撰期》《逐步丰富的祖国农业学术遗产》等论文约百篇。（倪根金）

郑定良（1908—1992）　中西医结合医学家。字梧轩。广东潮阳（今汕头潮阳区）人。出身医学世家。1932年就读于上海中医学院，得到丁济万、黄文东、程门雪诸名医的教诲。毕业后，先后执业于汕头、泰国曼谷、潮阳人民医院、潮阳县中医院。潮阳县

郑定良

中医院副院长、名誉院长。1978年被授予"广东省名老中医"称号。擅长治疗内科、儿科、妇科疾病，对疑难病例、危重病人主张中西医结合治疗，优势互补，扬长避短。治疗方面强调以法统方，遣药精当，认为儿科用药贵在轻灵，妇科用药重在调理脾胃。撰有《舌诊辨证分析》《肺结核病的中医论治》《肝风、肝气、肝火辨治》等论文。（周红黎、张书河）

汪宗衍（1908—1993）　文史学家。字孝博。广东番禺人。原籍浙江。著名学者汪兆镛第六子。1936年随父迁居澳门，晚年移居香港。自幼受家学熏陶，喜好史学，精鉴赏，曾经营过书店。一生笔耕不辍，治学不尚虚饰，

汪宗衍

慎于判断。曾对《清史稿》用功，订正其中的不少错误。熟谙岭南掌故，受梁启超"谓初学历史写作，宜先编辑一二家年谱，以为练习驾驭史料之方法"影响，对谱录之学用力尤多，为天然和尚函昰、剩人和尚函可、屈大均、陈澧、顾千里等作年谱。晚年协助推动《屈大均全集》的出版。著有《广东画征献录》《艺文丛谈》《艺术丛谈续编》《广东文物丛谈》《艺苑掇存》《读〈清史稿〉札记》《清史稿考异》《陈东塾先生年谱》《屈翁山先生年谱》《天然和尚年谱》《清顾千里先生广圻年谱》《明末剩人和尚年谱》《疑年偶录》等。编辑有《陈援庵先生论学手简》《节庵先生遗诗补辑》等。（张贤明）

智诚（1908—1994）　僧人。又称少培。法名仁慈，字智诚。俗姓周，名文龙、文华。江苏泰县（今泰州姜堰区）人。7岁在泰县西方庵能定禅师座下出家，祖派临济。1923年在江苏天台佛学院就读，1927年在南京宝华山隆昌寺受具足戒。嗣后在南京宝华佛学院、宁波观宗弘法社、厦门闽南佛学院参学。1933年被太虚派至广东潮州开元寺，协助创办岭东佛学院，任监学。1936年应请任潮州庵埠灵和寺住持。次年在寺内闭般若关，闭关期间刺舌血为墨，缮写80余万字《华严经》，今藏潮州开元寺。1946年主开元寺法席，为曹洞宗四十八世、华首台第十六世。1949年移居汕头圆觉精舍。新中国成立后，历任中国佛教协会理事、广东省佛教协会副会长、名誉会长，省政协委员，汕头市佛教协会会长，岭东佛学院名誉院长，潮州开元寺、庵埠灵和寺，苏州承天寺住持。工诗能文，通学天台、华严、唯识、三论诸宗。在汕头圆觉精舍圆寂。著有《潮州佛教史》《汕头市佛教史》。（达亮）

少培　见"智诚"。

钟耀奎（1908—1996）　中医学家。广东新会（今江门新会区）人。第一批全国老中医药专家学术经验继承工作指导老师。出身中医世家。先后在香港伯坛中医学校、广东中医药专门学校学习。1954年起在广州、五邑、香港等地行医。1957

钟耀奎

年起在广州中医学院任教。1978年被授予"广东省名老中医"称号。研读《伤寒论》，临证常将经方、温病方和时方有机结合，善用四逆散治疗泄泻、痢疾、胃脘痛、胁痛、腹痛、疝气等病症。擅长治疗病毒性肝炎、肺心病、冠心病、痰饮和痹证等疾病。研制有"肝友"胶囊和"咳喘顺"片剂等。撰有《谈谈四逆散》《病毒性肝炎辨证施治规律的初步探讨》《伤寒论六经与脏腑的关系》《治肝第四方治疗慢性迁延性肝炎临床观察》等论文。（周红黎、张书河）

辜锡奎（1908—1996）　漆画艺人。14岁随父学漆画，17岁拜沈建初为师学习漆画，后往高陂学彩瓷画。1986年在广东潮州开元寺修建中，创作《释迦牟尼诞生》等作品装饰在大雄宝殿前。多件作品先后多次被选送国内外各地展出。作品淳朴多彩，构图独特，不失传统又富于创新。作品有描金漆画《郭子仪拜寿》《潮州八景》《潮州湘子桥》《闯王进京》《八仙赴会》《瑶池赴会》《大闹天宫》等。整理、编写《潮汕金漆画技法及传统题材图案》。（彭圣芳）

陈国桢（1908—1998）　内科学家。广东顺德（今佛山顺德区）人。1933年北京协和医学院毕业后，留校任职。

1939年赴美进修。1940年回国。首次将硬式胃镜技术带入国内，为我国消化道内镜的开展奠定基础。1948年，回到广州，在岭南大学医学院工作。博济医院副院长、中山医学院副院长。第二届中国科学技术协会全国委员、广东省科学技术协会副主席、国务院学位委员会医学科学评议组成员。对消化系统疾病和代谢疾病有深入研究，培养出我国自己培养的第一位消化内科博士研究生。主编《中国医学百科全书消化疾病分卷》《内科学》《内科理论与实践（症状学）》等，撰有《实验性贫血的代谢研究》《阿米巴肠炎的诊断研究》《基础胃液分泌的研究》《胃癌的研究》等论文。（周红黎、张书河）

欧阳山（1908—2000） 作家。原名杨凤岐，笔名凡鸟、罗西等。湖北荆州人。早年就读于广东高等师范附属师范初中班。16岁发表第一篇短篇小说《那一夜》，开始文学创作。1927年在广州组织南中国文学会，主编《广州文学》周刊，发表第一

欧阳山

部长篇小说《玫瑰花残了》。1932年在广州组织普罗作家同盟，次年在上海参加左联。1941年到延安，任中共中央文委常委、中央研究院文艺研究室主任、《华北文艺》主编等职。新中国成立后，历任广东省文教厅副厅长、中南军政委员会文教委员会委员，广东省人大常委会副主任。中国作协广东分会主席、广东省文联主席、中国作家协会副主席。第三、五届全国人大代表，中共中央顾问委员会委员。加入左联后，创作风格转向现实主义，控诉统治者暴行，揭露社会黑暗。著有系列长篇小说《一代风流》5卷（《三家巷》《苦斗》《柳暗花明》《圣地》

《万年春》），中长篇小说《桃君的情人》《莲蓉月》《爱之奔流》《崩决》，短篇小说集《鬼巢》《生底烦忧》《青年男女》。长篇小说《高干大》，遵循工农兵文艺发展的新方向，反映边区经济建设和农村新貌。著作编为《欧阳山文集》。（李艳平）

杨凤岐 见"欧阳山"。

马国亮（1908—2001） 编辑家、作家。广东顺德（今佛山顺德区）人。青年时代赴上海。1929年经梁得所介绍，入良友图书印刷公司工作。任《今代妇女》主编。1933年8月（总第80期）起任《良友》画报主编，直至1937年上海沦陷。与梁得所、赵家璧并称《良友》三大名编。后辗转任香港《大地画报》总编辑、《广西日报》副刊编辑、新大地出版社总编辑、上海《前线日报》副刊编辑、香港《新生晚报》编辑等。1984年，伍联德之子伍福强在香港复刊《良友》画报，聘为顾问。加入中国民主同盟。晚年移居美国。著有散文集《昨夜之歌》、小说《露露》及回忆录《良友忆旧——一家画报与一个时代》等。（金炳亮）

上海妹（1909—1954） 粤剧演员。原名颜思庄。广东香山（今中山）人，出生于新加坡。1937年应薛觉先邀请加盟觉先声男女剧团，与其合演《胡不归》《前程万里》《燕归来》《嫣然一笑》《玉梨魂》等剧，时人誉为"花旦王"。抗战初期，将自撰自唱的粤曲《焦土抗战》灌成唱片，宣传抗日救亡。1941年日本侵占香港，与半日安、吕玉郎组建大中华剧团回内地演出，支持抗战。抗战胜利后返港，先后在新声、锦添花、丽春花等剧团演出。擅演温柔贤淑的古代妇女，台风典雅大方，人物刻画细致。戏路宽广，适应性强，能反串生角。继承、

吸收传统的唱功艺术，结合自己的嗓音条件创造了妹腔。演唱【滚花】【反线中板】最为出色。（李静）

颜思庄 见"上海妹"。

桂名扬（1909—1958） 粤剧演员。原名桂铭扬。祖籍浙江宁波，出生于广东南海（今佛山南海区）。11岁拜潘汉地为师学演花旦，后改演小武。先后加入真相社、国风剧社等。后入大罗天班，向马师曾、曾三多、薛觉先、靓少华等学习，融会贯通，人称马形薛腔。大罗天散班后，赴美国旧金山演出，被誉为金牌小武。回国后组织日月星剧团，与陈锦棠、廖侠怀、王中王等合作，演出首本戏《火烧阿房宫》《皇姑嫁何人》等。抗战后，加入大三元剧团、宝丰粤剧团、红星粤剧团等。后因失聪离开舞台。1957年入广东粤剧团担任艺术指导。其表演艺术被称为桂派。功架独到，能文能武，尤以袍甲戏见长，唱腔上自创【锣边花】和【包滚花】。代表作品有《火烧阿房宫》《冰山火线》《皇姑嫁何人》《赵子龙》等。（李继明）

桂铭扬 见"桂名扬"。

何多源（1909—1969） 图书馆学家。又名何观泽。广东番禺（今广州番禺区）人。1926年广州宏英英文专门学校毕业。早年任中山大学图书馆中文编目主任、广州大学图书馆馆长兼教育系副教授、勷勤大学教育学院图书馆学教员。后被岭南大学聘为图书馆总务主任兼参考部主任。1937年8月任岭南大学图书馆代理馆长。抗战胜利后，任职北平图书馆。新中国成立后，历任华南联合大学副教授、图书馆主任、中山大学副教授、图书馆副馆长、广东省中心图书馆委员会副主任。广东省图书馆学会第一届副会长。著有《中

文参考书指南》《图书编目法》《馆藏善本图书题识》《战时经济参考书目》《广东藏书家考》等。（倪俊明）

何观泽 见"何多源"。

唐君毅（1909—1978） 哲学家。现代新儒学代表人物。四川宜宾人，祖籍广东五华。1925 年先后入学北平中俄大学、北京大学，1927 年转入中央大学哲学系。1932 年毕业后返回成都，在中学任教，不久回中央大学任助教。全面抗战爆发后转华西

唐君毅

大学。1940 年任重庆中央大学教授，兼任哲学系主任。1949 年赴香港，与钱穆等创办新亚书院，兼任教务长、哲学系主任。1958 年与牟宗三、徐复观、张君劢联名发表现代新儒家的纲领性文章《为中国文化敬告世界人士宣言》。1963 年任香港中文大学首任文学院院长和哲学讲座教授，1967 年起任新亚研究所所长。1975 年任台湾大学哲学系客座教授。受业于熊十力。为学注重对中西哲学、文学、道德伦理作比较研究，主张发扬以儒学为核心的中国传统文化的价值系统，以实现现代新儒家关于中国文化精神"重建"的愿望。著有《中国哲学原论》《中国文化之精神价值》《生命存在与心灵境界》《心物与人生》《人文精神之重建》《人生之体验》《道德自我之建立》等。（陈椰、柏峰）

黄天鹏（1909—1982） 报人、新闻教育家。中国现代新闻学的拓荒人。名黄鹏，以字行。广东普宁人。1925 年考入北京平民大学报学系。1926 年发起成立北京新闻学会，主编中国最早的新闻学刊物《新闻学刊》。1928 年主编北京《全民日报》专刊《新闻周刊》。后赴上海任《申报》主笔，同时将《新闻学刊》改组为《报学杂志》在上海出版。1929 年留学日本，

黄天鹏

入早稻田大学新闻系，中国第一位学习新闻学的留日学者。1930 年回沪，入《时事新报》工作，并任教于复旦大学、沪江大学，创办中国第一个大学新闻研究室。全面抗战爆发后，任重庆《时事新报》经理、《重庆各报联合版》经理、中央政治学校教授。1945 年任中央印务局总管理处长。1949 年去台湾，主编《宪政时代》杂志等，兼任台湾"中央大学"、政治大学等学校教授，从事新闻教育工作。致力于新闻学理论研究和人才培养。20 世纪二三十年代先后编著出版 29 种新闻学著作、6 种新闻学文集。著有《中国新闻事业》《现代新闻学》《新闻学导论》《新闻学概要》等。（陈椰）

黄鹏 见"黄天鹏"。

李仲守（1909—1984） 中医学家。广东顺德（今佛山顺德区）人。出身于中医世家。自幼随父学医。1931 年毕业于广东中医药专门学校并留校任教。抗战期间，在香港广东中医药专科学校任教。新中国成立初期，创办恩宁联合诊所并任所长。1958 年受聘于广

李仲守

州中医学院。1978 年被授予"广东省名老中医"称号。学术上善于汇百家之长，创自家学说，重视阴精在人体生理病理变化中的作用和地位，认为在阴阳协调中，阴精乃阳气的物质基础；在脏腑活动中，阴精是盛衰的本质所在。治疗重视养阴和调理中焦脾胃。主编《医药学报》。著有《简明中医内科学》《重订医余偶录》等，撰有《阴虚阳亢型高血压病的治疗体会》等论文。（周红黎、张书河）

邓苏（1909—1986） 粤菜烹饪大师。国家特一级厨师。广东南海（今佛山南海区）人。1925 年入行，先后在澳门大三元酒家、香港大三元酒家、广州文园酒家、广州陆羽居酒家、澳门华人酒家、澳门中央酒家工作。1939 年后在广州长堤金龙酒家、银龙酒家、金城酒家、得心酒家、洞天酒家、香港林园酒家当厨师。1947 年起为广州华南酒家、南国酒家、北国酒家主厨。1961 年调羊城宾馆（今东方宾馆）当厨师长。有较系统的烹调知识，编过粤菜烹调讲义，兼任广州市服务旅游中等专业学校烹调教师，所带徒弟大多成为烹调技术骨干。精通粤菜烹调制作，擅长炒锅功夫，熟悉烩鱼翅、煎鱼腩、焗水鱼、烩五蛇等传统菜式的制作。创新的岐山凤展翅、蒜子瑶柱甫、浓汁东方鱼、锦绣碧螺春、锦绣虾仁、桃红醉香鸡等菜式成为广东名菜。（黄明超）

杨志仁（1909—1986） 中西医结合喉科学家。原名杨衍政。广东南海（今佛山南海区）人。自幼随父学医。10 岁进入香港拔萃英文书院读书。1932 年进入广东中医药专门学校学习，后师从广州名医谭次仲。1935 年在上海恽铁樵、陆渊雷开办的函授学校继续

杨志仁

深造。1938 年在香港行医，并在香港保元中医学校任教。1951 年在广东中医药专门学校任教。1952 年进入广东中医院工作。1959 年兼任广州中医学

院教师。1962 年被授予"广东省名老中医"称号。提倡中西医结合，精于喉科，认为南方人的喉科病以热证与阴虚者较多。凡咽喉病日久不愈者，多有正气不足之内因，并常兼见痰湿和血瘀，应该根据患者年龄、体质、证候等细加辨别。临证重视脾肾学说的运用，注重心理治疗，强调体育锻炼，重视中国传统体育方法在防治疾病方面的作用。著有《中医喉科学讲义》《中医喉科学中级讲义》等，撰有《失音证治略谈》等论文。（周红黎、张书河）

杨衍政 见"杨志仁"。

梁朗生（1909—1986） 民间剪纸艺人。广东三水（今佛山三水区）人。出身祖传剪纸之家，少年时跟随叔公学习剪纸，擅长剪花鸟、纹样图案、民间故事等。1955 年，受聘于佛山秋色工艺社（佛山民间艺术研究社的前身）。对佛山剪纸的发展历史、技术方法及特色、纸料和颜色的运用，以及作品的使用与功能等有深刻了解并熟练掌握。代表作品初期有《宝鸭穿莲》《兰竹》等，风格写实，以纯色表现为主。中期作品注重线条的疏密、虚实的变化和图案纹饰的运用，有《百花齐放》《瓜果庆丰收》等。后期作品有《寿带鸟》、挂轴剪纸和《花鸟四屏》等，色彩浓丽，结构浑穆，展现佛山民间剪纸的优良传统和风格特色。从事民间剪纸的挖掘、研究和继承工作，进行剪纸艺术创作，培训剪纸艺术青年人才。佛山剪纸艺术承先启后的关键人物。（彭圣芳）

江应樑（1909—1988） 民族学家。祖籍广西贺州，出生于云南昆明。1925年考入上海暨南大学，毕业后任教暨南大学附中。1935 年考入中山大学研究院人类学组，接受专业民族学理论和实践训练，毕业后任教于中山大学。深入两广瑶族、海南岛黎族和苗族聚居区从事田野调查工作。1948 年前往云南大学任教，专攻西南边疆民族研究。主要从事民族学田野调查、中国西南民族与东南亚民族研究。著有《西南边疆民族论丛》《凉山彝族的奴隶制度》《摆夷的生活文化》《傣族史》，撰有《广东北江瑶人的生活》《瑶人之房屋及工具》《广东瑶人之今昔观》《历代治黎与开化海南黎苗之研究》等。其著述成为研究彝族、傣族历史文化经典之作，被列为人类学、民族学和民族史专业研究生必读教材。（李双）

汤秉达（1909—1988） 侨领。广东饶平人。1925 年移居香港。1936、1947年先后创办南泰行有限公司和同福行有限公司，任董事长。20 世纪 40 年代后期，参加群众性进步组织工商俱乐部的活动。新中国成立后，以香港中华总商会的名义，开展各种活动，促进祖国内地与香港以及马来西亚、新加坡、泰国、意大利、奥地利、美国、德国、瑞士、法国、英国等地同胞、侨胞的联系和经济、文化等方面的交流。热心家乡教育，资助、兴建县华侨中学、县幼儿园、柘林中学、紫云学校、紫云村幼儿园、海山达南荣发学校、大澳小学、黄隆小学、北山小学、黄冈上林小学、钱东施厝小学等等，为饶平兴学育才作出重大贡献。1960 年起任香港中华总商会副会长、会长，香港潮州商会、香港汕头商会永远名誉会长，广东省华侨投资公司副董事长，暨南大学校董会副董事长。第四至六届全国人大代表，广东省政协常委。（柏峰）

李昌夫（1909—1989） 原名唐邦号一。瑶族。广东连南瑶族自治县三排寨人。11 岁被卖给连县九陂上水乡李佳龙做养子，随改汉名李昌富。1949 年 9月加入中国共产党领导的九陂武工队，协助中国人民解放军在瑶山抓捕李楚瀛，后参加瑶山建政工作。1951 年 7月被送往中南民族学院学习，改名李昌夫。1952 年就任连南一区（南岗、油岭）区长。1954—1986 年先后出任连南瑶族自治县副县长、县革委会副主任、县人大常委会副主席、县政协副主席等。第二、三届广东省人大代表。在任期间，处理瑶汉民族关系，调解山林纠纷，兴修水利和开辟瑶山公路。被群众称为"瑶山的老公爹"。（李双）

唐邦号一 见"李昌夫"。

甄梦初（1909—1990） 中医学家。又名甄兆熊，号翰达。广东开平人。出身医学世家。1926 年起，先后在广州培正学校、香港圣约翰学校接受教育。1929 年进入广东中医药专门学校学习。1934 年开始在广州、香港、澳门行医。1940 年参与创办《广东医药》旬刊。1956 年进入广东省中医实验医院（后改名为广东省中医院）工作。1978 年被授予"广东省名老中医"称号。尊崇叶天士，对岭南温病一派研究颇深。临证时，重视四诊八纲，尤重舌脉二诊变化；遣方灵活，用药配伍严谨，药味少，剂量轻。擅长治疗内科杂病，精于温热时病、肝胃病证，尤精于痹证及其类证、痨证（肺结核病）的诊治，创立"痹病必瘀，瘀去证消"之论。撰有《穿海汤治疗痹症》《痹症治验》等论文。（周红黎、张书河）

甄兆熊 见"甄梦初"。

林超（1909—1991） 地理学家。字伯超。广东揭阳人。1930 年毕业于中山大学，担任威廉·克勒脱纳（Wilhelm. Credner）的助教，随其考察云南。1934 年，留学英国利物浦大学地理系，师从地理学家罗士培（P.M. Roxby）。1938 年获得博士学位，回中山大学担任教授和地理系主任。次年应聘至西南

联合大学担任教授。1950 年起，先后担任清华大学和北京大学教授。中国地理学会自然地理专业委员会主任、《地理学报》编委、中国地名委员会学术顾问。从事中国自然地理及综合自然地理、自然区划、土地利用类型等研究工作。中国人文地理学、综合自然地理学和景观生态学的开拓者。编有《中国土地问题概述》，译有《云南地质及地形》《英国土地及其利用》，合著有《嘉陵江流域地理考察报告》，发表有《河北省及其附近地区自然区划工作的一些经验》《北京山区土地类型研究的初步总结》等论文。（刘洪杰）

林超

张华云（1909—1993）　潮剧编剧、诗人、教育家。广东普宁人。1934 年毕业于中山大学历史系。历任普宁简易师范、韩山师范学校教务主任，西山公学、汕头市第一中学校长，汕头市副市长。汕头市文联副主席、广东省中华诗词学会副会长。长期从事文化教育工作，创作、移植、改编多部潮剧剧本。代表作有《苏六娘》《程咬金宿店》《剪辫记》《南荆钗记》等。

（孙冰娜、吴国钦）

牟宗三（1909—1995）　哲学家。现代新儒学代表人物。字离中。山东栖霞人。1924 年栖霞县立中学毕业。1933 年毕业于北京大学哲学系，任教于山东寿张乡村师范。从熊十力学唯识论。1935 年赴广州，任教于私立学海书

牟宗三

院。1937 年编辑《再生》杂志。1938 年任广西田间中学教师。1940 年入大理民族文化书院、勉仁书院。1942 年起先后任教于华西大学、中央大学、金陵大学、浙江大学。1949 年赴台湾，先后在台湾省立师范学院（台湾师范大学）、东海大学任教。1958 年与唐君毅、徐复观、张君劢联名发表现代新儒家的纲领性文章《为中国文化敬告世界人士宣言》。1960 年赴香港，任教于香港大学。1968 年转任香港中文大学新亚书院哲学系主任，讲授逻辑学、哲学概论、中国学。1974 年专任新亚研究所教授。认为中国文化的精神生命是儒家的心性之学，构成了中国的道统，"护住由孔孟所开辟之人生宇宙之本源"。著有《政道与治道》《才性与玄理》《心性与性体》《现象与物自身》《智的直觉与中国哲学》《逻辑典范》《理性的理想主义》《道德的理想主义》《历史哲学》《佛性与般若》《圆善论》等。译有《康德的道德哲学》《康德纯粹理性之批判》《康德判断力之批判》。（陈椰、柏峰）

廖潭锐（1909—1997）　正字戏演员。字光耀。广东海丰人。童年入白字戏班，后转正字戏班，师从吴大嗫。1950 年入永丰正字剧团，1960 年转入汕尾专区正字剧团。工正旦。唱腔甜美醇厚，传统韵味浓郁，扮相酷似女性，擅演《琵琶记》的赵五娘、《荆钗记》的钱玉莲、《三元记》的秦雪梅、《狄青见姑》的狄太后等。晚年录制《琵琶记·画容》《玉簪记·秋江》《荆钗记·投江》等，为正字戏留下宝贵的戏曲资料。（于琦）

卜少夫（1909—2000）　报人。原名卜宝源，号润生，笔名邵芙、小夫等。江苏江都（今扬州）人，出生于镇江。1929 年考入上海中国公学，后转入中

华艺术大学。1936 年留学日本明治大学新闻科。1938 年到香港，任《吧城新报》香港特派员、香港《立报》编辑。1939—1940 年担任《广州民国日报》、《武汉日报》、香港《立报》、《大公报》战地记者、战地特派员。1941 年后辗转贵阳、重庆、南京、上海等地，兼任上海私立中国新闻专科学校教授、复旦大学新闻学副教授。1949 年再赴香港，主编《新闻天地》。1954 年任香港联合书院新闻系教授。1965 年在香港创办《旅行杂志》，任社长。香港出版人发行人协会理事长。晚年力反"台独"，力主"一个中国""和平统一"。代表作有《战地记者讲话》《我见我思》《日本军阀专政史》等。（罗志欢）

卜宝源　见"卜少夫"。

任钧（1909—2003）　诗人。原名卢嘉文，笔名卢森堡、森堡、孙博等。广东嘉应州（今梅州）隆文人，出生于印尼。1926 年开始创作。1928 年考入复旦大学，参加太阳社。1929 年入读日本早稻田大学，与蒋光慈、冯宪章等成立太阳社东京分社。与杨骚、蒲风等成立中国诗歌会，为《新诗歌》编委。1932 年回上海，1933 年任左联组织部部长。1936 年参加中国文艺家协会。1938 年参加中华全国文艺界抗敌协会，出版机关刊物《笔阵》。新中国成立初期，任教于上海音乐学院，1957 年调上海师范学院中文系工作。提倡"国防诗歌"。著有中篇小说集《爱与仇》，诗集《冷热集》《战歌》《后方小唱》《为胜利而歌》《战争颂》《任钧诗选》《发光的年代》《新中国万岁》《十人桥》，剧作《出发之前》《新女性》，诗论《新诗话》，译有《乡下姑娘》《俄罗斯文学思想》《托尔斯泰最后日记》《爱的奴隶》。（陈芝国）

卢嘉文 见"任钧"。

黄培芬（1909—？） 建筑师。广东新宁（今台山）人。1934年毕业于菲律宾马保亚工程大学（Mapua Institute of Technology）建筑系，获学士学位。后于英国建筑师学会毕业。1937年加入香港建新营造公司，任建筑及测绘技师。1942年加入中山大学建筑工程系，任副教授，讲授建筑图案设计、建筑计划、施工及估价、建筑图案论等课程。1948年任Hongkong Engineering & Construction Co., Ltd. 高级建筑师。1969年创办Wong & W. Chiu & Associates。香港工程学会（Engineering Society of Hong Kong）、香港建筑师工会（香港建筑师学会）创始人之一。（彭长歆、顾雪萍）

阮玲玉（1910—1935） 电影演员。乳名凤根，学名玉英。广东香山（今中山）人，出生于上海。1926年考入明星影片公司当演员，改名阮玲玉，先后主演《挂名的夫妻》《血泪碑》《白云塔》等。1928年主演武侠片《劫后孤鸿》等。其后主演《故都春梦》《野草闲花》《城市之夜》《三个摩登女性》《小玩意》《神女》《人生》《新女性》等。（张金超）

阮玲玉

阮玉英 见"阮玲玉"。

丘东平（1910—1941） 小说家。原名丘谭月，曾用名丘谭业，字席珍、硕珍。广东海丰人。读初中时加入共产主义青年团。1928年参加彭湃领导的海陆丰起义。1932年参加上海淞沪抗战，同年开始发表小说。1934年赴日本，参加左联东京分盟。1936年回到上海，参加革命文艺创作和政治活动。全面抗战爆发前加入中国共产党，奔赴抗战前线，1938年加入新四军。1940年在苏北解放区任鲁艺华中分院教导主任，后主持全国文协华中分会工作。著有小说集《沉郁的梅冷城》《将军的故事》《给予者》《长夏城之战》《一个连长的战斗遭遇》《茅山下》，报告文学集《第七连》等。（陈芝国）

丘谭月 见"丘东平"。

陈波儿（1910—1951） 戏剧、电影演员。原名陈舜华。广东潮安（今潮州潮安区）人。1929年在上海艺术大学读书，其间加入上海艺术剧社，从事左翼戏剧活动。翌年与鲁迅、田汉等人共同发起中国自由运动大同盟。主演舞台剧《梁上君子》《街头人》。1934年主演电影处女作《青春线》，同年因主演《桃李劫》而蜚声影坛。1936年主演《生死同心》。1937年加入中国共产党，并组织上海妇女儿童慰问团赴绥远抗日前线，演出街头剧《放下你的鞭子》等。1938年组织华北妇女儿童考察团，参演抗战影片《八百壮士》。1940年返延安。1946年前往东北参与创建东北电影制片厂，任党总支书记和艺术处处长，主持拍摄17辑新闻纪录片《民主东北》。1947年，编导了我国第一部木偶片《皇帝梦》，成为我国人民电影的第一位女导演。1949年调北京任中央电影局艺术委员会副主任委员兼艺术处处长。1950年倡导成立中国第一所电影艺术干部学校表演艺术研究所（北京电影学院前身）任所长。提出"提倡从纪录片基础上来发展我们的故事片"的新中国电影艺术发展的战略主张。（周文萍、巫妙平）

陈舜华 见"陈波儿"。

叶溜（1910—1953） 正字戏演员。字承旺。广东海丰人。童年卖身白字戏班，后转正字戏班，师从阿清，又学习前辈名旦云锦、言章等所长，先后成为老永丰、正永丰等戏班台柱。工花旦。扮相好，身段美，嗓音清亮幽雅，做功朴实、细腻，武功冠于同行。（于琦）

罗溥鎏（1910—1975） 园艺学家。广东南海（今佛山南海区）人。1926年在广州高等师范学校读书。1928年任广州执信中学教师。1930年在日本国神户华侨中学任国文教员。1932年入中山大学农学院攻读农艺门茶作专业。1937年任

罗溥鎏

广东建设厅鹤山茶叶改良场场长，开展当地茶树品种改良、旧茶园改造和机器加工红茶的研究与示范工作，同时在中山大学石牌第二农场选育和收集国内外茶树良种122份。全面抗战爆发后，任中山大学农学院讲师，兼任云南茶叶改进所所长，兴办红茶场。1940年任中山大学农学院茶蔗部主任。1943年在乐昌九峰山发现野生大茶树，将其命名为"乐昌白毛茶"。新中国成立后，任广东省农业厅副总农技师兼华南农学院（今华南农业大学）茶学教授。1955年提出改良广东茶区茶树品种的主张，建议引种云南大叶种并组织试种，制成"凤凰单丛茶"在全省茶区推广。1956年赴印度考察，带回阿萨姆原种种子和分级红茶加工机具技术资料。1957年首创中国茶叶亩产千斤纪录。20世纪70年代培育出"英红一号"，研制茶叶转子机。主持编有《茶树栽培学》《制茶法》《茶树选育种》《茶叶化学》等高等院校教材，撰有《宜良茶叶调查报告》《茶

树种子播种时期萌芽规律的研究》《广东从化野生茶树资源的调查研究》等论文。（杨月歆）

杜焕（1910—1979） 南音瞽师。出生于广东肇庆。幼年失明，跟随名师孙生学唱南音，16 岁之后一直在香港以卖唱为生。1955 年应香港电台之邀演唱南音。1975 年受哈佛大学音乐系博士荣鸿曾之邀录制南音，并录制根据自身经历所编的系列南音《失明艺人杜焕忆旧》。能唱南音，也能唱龙舟和板眼，曲目题材广泛，擅长故事较长的系列南音。演唱不完全遵循底本，能通过添加语句和助词、调整语序、运用叠词、插入说白等方式进行即兴发挥，能将自身经历改编成南音演唱，增强南音的听赏趣味。龙舟演唱方面，能一人分饰多角，增强表现力。代表作有《大闹广昌隆》《梁天来》《男烧衣》《霸王别姬》《飘泊红尘话香江——失明艺人杜焕忆往》等。（李继明）

冯秉铨（1910—1980） 电子学家。中国无线电电子学科奠基者之一。河北安新人。1930 年毕业于清华大学物理系，任教于岭南大学。1932 年就读于北京燕京大学研究院，获硕士学位。毕业后重回岭南大学任教。1940 年留学哈佛大学克拉弗

冯秉铨

特研究实验室，1943 年获博士学位并留校任教。1946 年任教于岭南大学物理系和电机系。1952 年任教于华南工学院（今华南理工大学）。主持研制华南地区首台模拟式电阻网络计算机，中国首台俄汉文自动翻译电子计算机，制造出中国首部 10 千瓦脉宽调制式调幅广播发射机。中国无线电电子学会副理事长、中国声学会副理事长、广

东省电子学会和广东省物理学会理事长、广东省科学技术协会主席。主要从事无线电技术、电声学、水声工程研究，尤专长于振荡理论。在相角补偿理论、脉宽调制式调幅广播发射机的理论与设计研究、射频削波加工器与设计方面的研究有较大贡献。提出的强力振荡器相角补偿法、抑制脉宽调幅发射机残波辐射法，以及用射频削波法解决边远地区广播覆盖面积有限和抗干扰能力差问题的方案，得到肯定与应用。主持的"射频削波"技术研究和"脉宽调制式调幅发射机"研究获全国科学大会奖。编写教材《高频传输线及其应用》，合译有《声学基础》《电声学基础》《振动与波》《声纳原理》，发表《强力振荡器之相角补偿》《测定强力管静态特性的一个新方法》《析线法的修正公式》等论文。（曲静、莫俊）

熊大仁（1910—1981） 水产学家。中国人工养殖珍珠的先驱。江西南昌人。1935 年毕业于复旦大学生物系，后自费赴日本留学，进入东京帝国大学（今东京大学）理学部动物系攻读研究生。1937 年回国，被聘为复旦大学生物系讲师。1941 年起

熊大仁

先后任广东文理学院生物系教授、中山大学师范学院博物系教授。1946 年起先后任广州光华医学院教授，教务长、总务长。1952 年任中山医学院生物学教授，教研组主任。1958 年任暨南大学教授，水产系主任。1960 年参与筹建广东省水产专科学校，后任副校长。1981 年任湛江水产学院（今广东海洋大学）院长。中国水产学会副理事长、广东省水产学会理事长、国家科委水产组成员、中国科学技术协

会委员。毕生从事水产科学研究和教学工作，对人工养殖珍珠有较深研究。在北海珍珠养殖场成功培养出中国第一批海水人工有核珍珠；提出"异体移植法"，培育出高质量的淡水无核珍珠；培育出彩色珍珠和不同形状的珍珠；创造了"早春育苗法"，成功缩短贝母养成期 1 年以上；在湛江水产学院建立国内高校第一个珍珠研究室；提出"工厂化育珠"。著有《珍珠的养殖》《浮游生物通论》《寄生虫学》，发表有《牡蛎养殖法》《河蚌无核珍珠形成的初步研究》《马氏珠母贝的死贝问题及其对策》《珍珠的质量和影响质量的因素》《环境条件和马氏贝的活动与管理》等论文。（杨月歆、莫俊）

林孔湘（1910—1985） 植物病理学家。福建闽侯人。1934 年毕业于福建协和大学生物系。1936 年赴美，先后在亚力根尼学院、康奈尔大学研修植物病理学和生理学。1941 年获康奈尔大学哲学博士学位，随后任美国加州州立大学副研究员，同年 9 月回国。1945 年起先后任岭南大学农学院教授、广东省农业厅农林设计委员会委员、广东省农林厅病虫害研究站副站长，兼任福建省研究院动植物研究所植物病理学特约研究员和广东省文理学院教授。1952 年起任华南农学院（今华南农业大学）植保系主任、教授。长期从事柑橘黄龙病调查研究。1956 年在中国首先开展嫁接传染试验，证明黄龙病原是传染性病毒，提出用热处理脱毒为主的"柑橘无病虫栽培"技术进行有效防治，培育出世界上第一批无病虫苗木。（莫俊）

毛文书（1910—1988） 眼科专家、医学教育家。四川乐山人。1937 年毕业于四川华西大学医学院，获医学博士学位，并留校任教。1947 年起，先

后赴加拿大多伦多大学及美国芝加哥大学深造。1950年任岭南大学医学院眼科教授，教研室副主任。1965年创办中山医学院眼科

毛文书

医院，先后担任副院长、院长。1977年任中国医学科学院首都医院眼科教授。1983年返回广州，创办中国第一个从事眼科学研究的中山医科大学眼科中心，担任主任。卫生部医学科学委员会委员、卫生部教材编审委员会委员、中华眼科学会副主任委员、美国眼科学会国际会员、国际防盲组织委员会候补委员。主要从事常见致盲眼病的流行病学、发病机理和临床防治研究。首次发现血半乳糖缺乏症患者的母乳与形成先天性白内障的关系。编有《眼科学》。（莫俊、刘安壕）

朱志淞（1910—1989） 林业家。广东新会（今江门新会区）人。1935年毕业于中山大学农学院森林系。1941年任香港农殖训练所农场主任。1945年任中山大学农学院森林系副教授。1959年任广东省林业科学研究所副所长、副总工程师。主持

朱志淞

建立中国第一个湿地松无性系种子园。在指导德庆县水土流失地区植树造林、湛江沿海沙地营造木麻黄防护林带以及广东省直播马尾松和湿地松大面积造林技术等方面作出贡献。主持木麻黄海防林带的营造技术、湿地松种子园营造技术的研究，并引种驯化和推广15种优良速生用材树种。编著有《海南主要经济树木》《加勒比松》《国外松》《桉树》等。（陈世清）

黄文宽（1910—1989） 篆刻家、书法家、律师。别名黄岩、黄玄、黄言，号陨石道人、陨道人、山石老人、乞巧生，书斋号萍庐、刚斋、瓦存室、书藏楼、反拙楼。广东新宁（今台山）人。早年就读于广州政法专门学校，1932年毕业后

黄文宽

为执业律师，广州律师公会三常务理事之一。1933—1943年任职于国民党军队。1934年与陈大年、谢英伯、李泽甫等共同创办天南金石社。后在广州大学、广州法学院、华南联合大学、中山大学任教授，兼任律师。1953年起任广东省文物保管委员会委员。历任广州大学法律系主任、中山大学教授、广州美术学院客座教授。1988年创建岭南篆刻学会，为首任会长。广东省人大常委会法制委员会委员、广东省律师协会常务理事、广东省文史研究馆副馆长、中国书法家协会理事、广东分会常务理事。广东省政协委员。印风行刀线条刚健爽劲、雄浑，体现了强健有力、神完气足的艺术风格。热心培育后学，普及篆刻艺术，被称为岭南印坛开拓者。著有《岭南小雅集》《鬼谷子本义》《澳门史钩沉》《兰亭断讼》《篆刻艺术构成之要素》等，辑有《瓦存室印存》《萍庐印剩》《据梧寻梦室印存》等。（王碧凤）

徐俊鸣（1910—1989） 历史地理学家。广东梅州人。1935年毕业于中山大学地理系，毕业后在中山大学附中任教。1937年受时任地理系主任孙宕越之聘，回中山大学任助教。全面抗战爆发，回梅州中学任教。中山大学迁回粤北时，受地理系主任吴尚时之聘，出任地理系讲师。粤北沦陷后，

返回梅州，兼任多所中学地理课。新中国成立后，一直在中山大学任教，先后担任助教、讲师、副教授、教授。兼任《历史地理》杂志编委。广东省地理学会秘书长，广东省地理学会名誉理事，广东省文物管理委员会委员，广东省地方志学会、广东省和广州市地名委员会、梅县地方志编委会顾问。早期因应抗日战争的形势需要，致力于军事地理、国防地理的研究，抗战后的研究重点侧重于边疆地理。编著有《军事地理学》（与孙宕越合著）、《中国历代统一之地理观》、《两广地理》、《广东自然地理特征》、《海南岛地理》、《岭南历史地理论集》，发表《国防地理导论》《西沙、南沙等群岛历史地理纪要》《西沙、南沙等群岛自然地理概要》等论文。（刘洪杰）

梁端侪（1910—1990） 中医学家。广东南海（今佛山南海区）人。自幼随父学医。1928年毕业于广东中医药专门学校。1928—1930年在韶关广生善堂工作，后转到广州行医。1954年到广东省中医学校任教。1958年调入广州市第二人民医院工作。1978年被授予

梁端侪

"广东省名老中医"称号。精研《黄帝内经》《伤寒论》《金匮要略》等经典著作，擅长治疗水肿病、慢性肾炎、肝硬化、脑血管意外后遗症、前列腺肥大以及儿科的麻、痘、惊、疳等疾病，特别善用以人参为主的参类药治疗慢性肾炎，认为应根据不同证型的肾炎选择参类药，且用量宜重。撰有《谈霍乱病的认识和预防方法》《慢性肾炎水肿之研究》《中医治疗肝硬化腹水的疗效观察》等。（周红黎、张书河）

刘天一（1910—1990） 高胡演奏家。广东新宁（今台山）人。早年学习椰胡、二弦，后受吕文成影响改学高胡，通过艺术实践，把各高胡名家的演奏长处吸收融汇至自己的演奏中。1931年参加广州音乐团体素社，成为该社高胡演员。1940年

刘天一

移居澳门，1949年初转赴香港，演奏的筝曲在两地颇受欢迎。1949—1953年，为演奏的筝曲《蕉窗夜雨》《塞上吟》和筝与洞箫的合奏曲《汉宫秋月》《流水行云》等灌制唱片。1954年回到广州，在广东音乐研究组（后发展为广东民间音乐团）工作。敢于改革、创新，高胡演奏艺术高超，对广东音乐的发展影响深远。代表作有高胡独奏曲《鱼游春水》《花市迎春》，古筝独奏曲《纺织忙》《塞上吟》，唢呐领奏曲《放烟花》等。（庄蔚）

许衡（1910—1992） 厨艺师。广东广州人。不到10岁便到饮食店当杂工，先后随骆怀、区恩、毕桂等名厨学艺。21岁先后在陆羽居、八景、新奇亭、南国、矿泉宾馆等主理厨政。20世纪50年代开始编写行业内部交流资料。1963年编印的《粤菜存真》《食谱丛谈》《肴馔全书》《杂谈饮食》，为粤菜烹调技术教材的蓝本。1973年到广州市服务行业中等专业学校任教。注意继承传统烹饪技艺，善于发掘各地各家烹饪技法专长，对烹饪理论有一定研究。为粤菜理论、厨师培训和行业发展作出重大贡献，被誉为"粤菜之师"。著有《粤菜精华》《粤菜精华（续一：食林随笔）》等。（黎永泰、钟洁玲）

梁应（1910—1993） 粤菜烹饪大师。国家特一级厨师。广东南海（今佛山南海区）人。人称应叔。20世纪70年代到广州大三元酒家主厨。20世纪70—80年代担任广州市服务行业中等专业学校技术顾问。退休后任广州市饮食服务公司技术顾问之职。擅长砧板功夫，运刀利索快捷，善于利用原料，开发出炖品"凤吞翅"、清汤"清汤蟹底翅"、烩羹"鱼翅烩三蛇"等系列鱼翅高级菜肴。开发出生炒水鱼丝、百花鱼翅盏、玉液云英鸡、炖禾虫等风味菜肴。（黄明超）

黄昌贤（1910—1994） 果树专家、园艺教育家。被誉为"无籽西瓜之父"。广东汕头人。1933年毕业于中山大学农学院。1934年留学美国。1936年获美国俄勒冈州立大学园艺学理学硕士学位。后在美国洛杉矶加州大学、佛罗里达大学、密执安州立大学的研究院深造，1940年获园艺系哲学博士学位。1938年应用植物激素首次成功培育出无籽西瓜而轰动美欧生物学界，获美国金钥匙奖。1940年受聘岭南大学，任农学院副教授兼柑橘试验场主任。1942年任中山大学教授。1946年，兼任台湾凤山热带园艺试验支所所长等职。1952年起先后执教于华南农学院和华南农业大学，任教授、园艺系主任，兼任广东农业科学院果树研究所所长。主要从事热带、亚热带果树开发利用，优良珍稀果树品种引种栽培和植物激素应用等研究。主张建立"教学、科研、推广三结合"体系，重视结合生产实际和科学研究进行教学。为广东果树事业发展作出突出贡献。撰有《植物激素使一些园艺作物产生刺激性单性结实续编》《番荔枝属果树的植物学及其栽培》《植物激素在热带、亚热带果树繁殖上的应用》《植物激素·结实》等。（赵飞）

曾生（1910—1995） 原名曾振生。广东归善（今惠州惠阳区）人。出身于华侨家庭。1928年，从澳大利亚回国。1935年，在中山大学读书时被推举为校员生工友抗日救国会主席团主席、广州学生抗日联合会主席，参与发动和组织广州地区"一二·九"抗

曾生

日救亡运动。1936年10月加入中国共产党。1938年10月广州沦陷后，回东江建立抗日武装，任中共惠宝工委书记，开展敌后游击战争。1941年12月，参与建立港九人民抗日游击队。香港沦陷后，参与组织营救滞留在香港的民主人士、文化界人士、盟军以及国际友人。1943年12月，广东人民抗日游击队东江纵队成立，任司令员。1945年，遵照上级命令，率部开展收复失地、解除日伪武装的战斗。解放战争时期，任两广纵队司令员、党委书记。参加鲁南、莱芜、豫东、济南及淮海等重要战役。1949年秋南下，参与指挥广东战役。新中国成立后，历任广东军区副司令员、华南军区第一副参谋长等。1952年在南京军事学院海军系学习。后任中国人民志愿军第十二军副军长、南海舰队第一副司令员、中共广东省委常委、广东省副省长兼广州市市长等。1955年被授予少将军衔。1975年起，任交通部副部长、部长，兼任香港招商局董事长。国务院顾问、中共中央顾问委员会委员。第一至五届全国人大代表，第四、五届全国人大常委会委员。著有《曾生回忆录》。（吴婉惠）

曾振生 见"曾生"。

唐明照（1910—1998） 外交家。曾用名锡朝。广东恩平人。少年时随家

人侨居美国，1927 年回国，先后就读于天津南开中学、清华大学政治系。1931 年加入中国共产党。1933 年赴美国留学，入加州大学历史系攻读西方近代史，任美国共产党加州大学支部书记兼组织部部长、宣传部部长。1937 年任纽约华侨洗衣馆联合会英文干事。1940 年参与筹办纽约《美洲华侨日报》，并任社长，次年兼总编辑。太平洋战争爆发后应征入伍，任美国政府战时新闻处翻译。战后重回报社工作。1950 年回国，历任外交部专员、抗美援朝总会联络部副部长、中国人民保卫世界和平委员会联络部副部长、中联部局长、中联部副秘书长。1958 年兼任《中国建设》副总编辑。1971 年作为中国代表团副代表参加第二十六届联合国大会。1972 年 4 月由中国政府举荐出任负责政治事务、非殖民化、托管地工作的联合国副秘书长。1979 年回国后，任中共中央对外联络部顾问、中国国际交流协会副会长。第一至三届全国人大代表，第六、七届全国政协委员。（黎景光）

黎雄才（1910—2001） 国画家、美术教育家。广东肇庆人。17 岁入春睡画院从高剑父学画。1932 年赴日本东京美术学校日本画科学画。毕业回国任教于广州市美术专科学校。新中国成立后任广州美

黎雄才

术学院副院长兼国画系主任，教授。岭南画派纪念馆馆长、中国美术家协会广东分会副主席、中国美术家协会理事。第五至七届全国政协委员。擅长山水画，精于花鸟草虫，画作气势浑厚，自具风貌，被评论界称为"黎家山水"。岭南画派卓有成就的代表人物。（王碧凤）

陈永龄（1910—2004） 大地测量专家。中国大地测量学的开拓者和奠基人。北京人。1927 年考入清华学校工程学系，1931 年毕业于交通大学土木工程系。1934—1939 年在英国、德国学习，获柏林高等工业学院（今柏林工业大学）博士学位。

陈永龄

回国后任教于西南联合大学，讲授测量平差法、地图投影等课程。1948 年起先后在中山大学、岭南大学任教，1951 年出任岭南大学理工学院院长。1952 年全国院系调整后任华南工学院（今华南理工大学）副院长。1980 年当选中国科学院院士。第三届全国人大代表，第五至七届全国政协委员。主持制定中国大地测量法式，1965 年制定测量珠穆朗玛峰海拔高程的技术方案，测定其高程 8848.13 米为世界公认。长期从事测绘学领域的教学和研究工作。在广东工作期间编写完成中国第一套《大地测量学》教材，与已出版的《测量平差法》《实用天文学》等大地测量用书，形成中国第一套内容充实、文字深入浅出的大学教材。（陈柳）

胡秀英（1910—2012） 植物学家。江苏徐州人。1937 年获岭南大学生物系硕士学位。1938—1946 年任教于成都华西协和大学生物系。1946 年获美国哈佛大学博士学位。1949—1968 年受聘为哈佛大学安诺树木园高级研究员，

胡秀英

进行植物学研究。1968 年任香港中文大学崇基学院生物系高级讲师，创办

香港中文大学生物系植物标本室，进行本地植物研究。改革开放后，先后被聘为南京中山植物园顾问、华南农业大学荣誉教授、南京师范大学荣誉教授、深圳仙湖植物园顾问。2002 年获颁香港中文大学第一届院士。主要从事植物分类学研究。采集植物标本超过 30000 份，是冬青、萱草、泡桐、菊、兰等植物研究的权威。有"百草婆婆""冬青之母""会走路的植物学百科全书"美誉。著有《中华食用植物》。（陈世清）

汤晓丹（1910—2012） 电影导演。福建华安人。1931 年在天一影片公司担任布景师，翌年执导电影《白金龙》，开启导演生涯。1934 年起，先后在香港南洋影片公司、大观声片公司担任导演，并拍摄《上海火线后》《小广东》《民族的怒吼》等抗日题材电影。抗战胜利后，返回上海拍摄《天堂春梦》等剧情片。新中国成立后，任上海电影制片厂导演，执导《南征北战》《渡江侦察记》《红日》《傲蕾·一兰》《南昌起义》《廖仲恺》等影片。擅长拍摄战争、军事类型电影。（温明锐）

小明星（1911—1942） 粤曲平喉唱家。粤曲星腔创始人。粤曲四大平喉（小明星、张月儿、徐柳仙、张惠芳）之一。本名邓小莲，艺名邓曼薇。广东三水（今佛山三水区）人。15 岁时随母亲迁居广州并问师学艺，得到梁以忠指点，并与撰曲家王心帆合作，根据王所撰曲词自度新腔，创造出星腔艺术，特点是抑扬婉转、哀飒感人，凸显文人以诗词入曲的韵味，获"平喉领袖"称誉。代表作有《痴云》《乞借春阴护海棠》《痴泪浣秋犪》《故国梦重归》《孔雀东南飞》《抗战胜利》《秋坟》等。（邓海涛）

邓小莲 见"小明星"。

蒲风（1911—1942） 诗人。原名黄日华，曾用名黄浦芳、黄飘霞。广东嘉应州（今梅州）人。中国诗歌会主要发起人之一。青年时加入中国共产主义青年团，1938年加入中国共产党。1940年到皖南参加新四军工作，任皖南文联（当时称"总文抗"）副主任。其诗歌创作朴素简洁、想象丰富、意象独特、讲究哲理。语言通俗易懂，体现出刚健、质朴、明朗、现实的诗风。诗歌理论上，阐述新现实主义的诗歌文学、诗歌大众化、国防诗歌运动、创建中国新诗的基本问题，提出了中国诗歌面向大众、为大众服务的发展方向，对现代诗坛影响极大。著有诗集《茫茫夜》《生活》《钢铁的歌唱》《抗战三部曲》《在我们的旗帜下》《黑陋的角落里》等，论文集《现代中国诗坛》《抗战诗歌讲话》等。今有诗集《蒲风诗选》，诗文合集《蒲风选集》等。（李艳平）

黄日华 见"蒲风"。

郑君里（1911—1969） 导演、演员、电影理论家、翻译家。曾用名郑重、郑千里。广东香山（今中山）人，出生于上海。早期以戏剧为重，在南国艺术学院开始进行戏剧演出和创办杂志等活动。1931年加入左翼戏剧家联盟，参演《乱钟》等社会问题剧。1932年，以演员身份加

郑君里

入联华影业公司，主演《大路》《新女性》《迷途的羔羊》等。全面抗战爆发后，加入上海救亡演剧队（后改编为抗敌演剧队），任上海救亡演剧三队队长，到各地演出。后在重庆加入中国电影制片厂，任新闻影片部主任，拍摄抗战纪录片《民族万岁》，同时推广抗战戏剧运动。抗战胜利后回到上海，任昆仑影业公司编导委员会委员、导演，开始导演剧情片，执导《一江春水向东流》（与蔡楚生合作）、《乌鸦与麻雀》。新中国成立后，导演了《聂耳》《林则徐》《枯木逢春》等。中国剧协、中国影协理事、上海影协常务理事。第三、四届全国政协委员，第一至三届上海市人大代表。著有《现代中国电影史略》《角色的诞生》《画外音》等，译有《演技六讲》《演员的自我修养》等。（吴多多、周文萍）

佟绍弼（1911—1969） 诗人、古文家、书法家。南园今五子（李履庵、余心一、曾希颖、熊润桐、佟绍弼）之一。原名佟立勋，号腊斋，以字行。广东广州人。自幼攻读经史，博览群书。广东大学法学院毕业。先后任教于广东省立勷勤大学、广东大学、国民大学、广州大学。1949年后任广州知用中学语文教师。能古文，工诗词、书法。诗作达2000余首。论诗首重唐音，强调以杜、韩为宗。诗作亦出唐入宋，遍参晚清诸家，自成一体。书法从唐碑入手，中年出碑入帖，晚年喜狂草。所作文言文，高古沉厚，直接汉魏。2004年，陈永正辑其遗诗400余首，成《腊斋诗集》1册印行。（高美玲）

佟立勋 见"佟绍弼"。

陈烟桥（1911—1970） 版画家。原名陈炳奎，学名希荣，笔名李雾城、米启郎。广东深圳人。1928年，入广州市立美术学校西画科学习。1931年转入上海新华艺术专科学校西洋画系，毕业后投入新木刻运动，为野穗社成员，并加入左翼美术家联盟。得鲁迅指导，《拉》等作品入选鲁迅所编的《木刻纪程》。1939年赴重庆，任育才学校绘画组组长、《新华日报》美术科主任。抗战胜利后在上海从事美术活动，为《群众》《文萃》等刊物作木刻和漫画。新中国成立后，历任华东军政委员会文化部美术科科长、中国美术家协会上海分会副秘书长。1958年后任广西艺术学院副院长。中国美术家协会广西分会主席、中国美术家协会理事、广西文联副主席。版画以黑白木刻为主，多表现普通劳动者的生活和劳动，手法写实，画风质朴。鲁迅倡导新兴版画运动下的第一代版画家。著作有《烟桥木刻集》《新中国木刻》《上海美术运动》《鲁迅与木刻》等。（王碧凤）

陈炳奎 见"陈烟桥"。

胡景南（Gilbert Gang Nam Woo，1911—1979） 美国华人报业家。广东新宁（今台山）人。1926年入台山小学教员养成所受训，结业后返回原乡育英小学任教，兼任《育英季刊》副刊编辑。1931年赴香港学习英文。翌年移居美国。1935年，与弟胡景传以新华侨学会名义，在《美洲国民日报》副刊创办《文学周刊》，改用白话文写作。1939年，加盟《金山时报》，1943、1944年先后开辟《启者》每日专栏和《中国问题评议》专栏。1944年就职于《美洲国民日报》，负责《启者》每日专栏和《民风》副刊。1946年，与弟胡景传、区宠赐、黄培正、何振雄等人集资创办《太平洋周报》，担任主笔。除投身报业外，还参与华人社区活动，1940年被推举为华侨文化建设研究会第一届常务委员，1943年负责金声广播电台每周一次的时事评论节目。1955年参与创办"茗谈会"。推动华人参政，参加争取平等权益的活动。1969年起任旧金山华人就业协进会（华人权益促进会）成员，

1971年任该会主办的《汉声广播》节目时事评论员。1991年香江出版有限公司出版《胡景南文集》。（黎景光）

吴壮达（1911—1985） 人文地理学家。广东东莞人，出生于澳门。1936年毕业于中山大学社会学系和地理学系。毕业后任湖南省立农业专科学校讲师，广东省立文理学院史地系、中山大学法学院副教授，吉林长白师范学院史地系、台湾省立农学院、广西南宁师范学院史地系教授。1950年后，任广东文理学院（后改为华南师范学院）地理系教授，系主任。1959年《台湾地理》被译成俄文在苏联外国文献出版社出版。长期致力区域政治经济地理的研究和教学，对台湾地理研究着力最多，为台湾自然环境、经济状况等方面提供了系统的研究资料。其作品《日月潭》被选为小学语文课文。参加《辞海》、《中国大百科全书·地理卷》、《中国农业百科全书·林业卷》、《中华人民共和国地名词典·台湾省》（任该卷主编）、《中国名胜词典》等大型辞书编纂。著有《琉球与中国》《台湾》《台湾地理》《台湾的开发》《台湾省农业地理》等。（刘洪杰）

张登魁（1911—1987） 武术家。回族。山东济南人。从小得到山东省摔跤家法仙洲的栽培。1930年，参加济南举行的国术考试。1933年，获山东省武术省考摔跤最优等。先后获华北运动会摔跤亚军、民国第五届全国运动会摔跤冠军。参加中央国术馆举行的第二届国术国考。国考结束即考入南京中央国术馆，为第五期公费生，学习摔跤、武术、拳击等。毕业后留校任教，历任湖南第四师范学校、中央国术体育专科学校、汉口新制军校、湖南南岳师范学校、湖南大学等校教师。20世纪40年代末南下广州，分别在中山大学体育系、广东省立文理学

院体育系任教，后任广州体育学院武术和举重教研室主任、体育系主任，教授。新中国成立后，历任广州市武术协会主席、广东省武术协会副主席、中国摔跤协会副主席等。是摔跤、武术、举重国家级裁判，在第一、二、四届全国体育运动会上担任这三个项目的总裁判长、副总裁判长。（马晟）

侣伦（1911—1988） 作家。原名李霖，又名林风。广东惠阳（今惠州惠阳区）人。香港第一代本土作家，香港本土文学拓荒者之一。1927年在广东参加国民革命军。后到《南华日侨》任文艺副刊编辑。创办香港采风通讯社。1930年发表短篇小说《伏

侣伦

尔加船夫曲》。香港沦陷后在广东紫金任小学教员。1948年受夏衍、黄谷柳鼓励，创作长篇小说《穷巷》（后改名《月儿弯弯照人间》）。1955年后一直在香港新闻界工作。初期作品倾向于感伤主义，如短篇小说《黑丽拉》《无尽的爱》《永久之歌》。后期转向现实主义，继承五四左翼文学的优良传统，以长篇小说《穷巷》、中篇小说《残渣》为代表，书写香港底层民众的生活和命运，为底层群体呐喊，揭示了香港深刻的社会问题。（耿淑艳）

李霖 见"侣伦"。
林风 见"侣伦"。

吴勤文（1911—1989） 中医学家。广东文昌（今海南文昌）人。出身医学世家。1938年后以行医为业。1957年在文昌县医院工作。1959年调入海南中医院工作。曾在广州中医学院师资班、北京中医学院《黄帝内经》教学班修读。1978年被授予"广东省名

老中医"称号。精于治疗肾炎、肝炎、脾胃病、心血管疾病、情志疾病等，尤善治疗肾炎、肝炎。认为肾炎水肿，应考虑"暑、寒、湿合而为之"的因素，自拟"芪防四苓汤"为基本方；认为黄疸型肝炎，病机关键在"壅"字，"开塞"为基本治则；无黄疸型肝炎，病机关键在于"肝郁"，应疏肝解郁。（周红黎、张书河）

李辉英（1911—1991） 作家。原名李连萃，曾用名李冬礼。笔名梁晋、叶知秋、东篱、林莽、林山、西村、南烽、北陵、夏商周等。满族。出生于吉林永吉。1927年考入上海私立立达学园高中部。1929年入上海中国公学大学部中文系。编辑《生生》《创作》《漫画漫话》。1932年加入"左联"，1936年参加北平作家协会，为第一届执行委员，主编《北平新报》副刊《文艺周刊》。全面抗战爆发后，参加中华全国文艺界抗敌协会，随"作家战地访问团"到抗日前线巡回演出和访问。1932年只身潜回故乡，调查日寇犯下的罪行。抗战胜利后，任长春大学、东北大学（今东北师范大学）教授。1950年定居香港，先后执教于香港大学东方语言学院、香港中文大学联合书院。中国作家协会会员。处女作是以抗日为题材的短篇小说《最后一课》，发表于丁玲主编的《北斗》（第2卷1期）。著有长篇小说《松花江上》《万宝山》《雾都》《前方》《人间》，散文集《乡土集》《再生集》《李辉英散文选集》，短篇小说集《黑色的星期天》《名流》，著有《中国现代文学史》《中国小说史》等。（李艳平）

李连萃 见"李辉英"。

吴楚帆（1911—1993） 电影演员。原名吴钜璋。祖籍福建，落籍广东番禺（今广州番禺区），出生于天津。

就读于香港圣保罗书院。毕业于香港培正中学。上海交通大学肄业。15岁进入社会，早年当过商店售货员、工厂管理员，业余爱好习艺。1932年因演剧受联华影片公司罗明佑赏识，应联华港厂之邀成为电影演员，加入上海联华影业公司，演出《夜半枪声》《生命线》《战地归来》《郎归晚》等电影。1937年，凭借《人生曲》票选为当年"华南影帝"，香港粤语片"四大小生"之一。20世纪40年代，联合发起"粤语片清洁运动"，促成华南电影工作者联合会的成立。1952年，参与组建中联影业公司，提倡反映社会现实、维护艺术尊严、提高粤语片水准的进步电影制作方针，主演《家》《春》《秋》《危楼春晓》《香港屋檐下》等。后又创办华联电影公司、新潮影片公司等，出品《寒夜》《人海孤鸿》《大富之家》等影片。从影30多年演出电影250多部。（温明锐）

吴钜璋　见"吴楚帆"。

关汝耀（1911—1996）　中医学家。广东南海（今佛山南海区）人。第一批全国老中医药专家学术经验继承工作指导老师。1937年毕业于广东中医药专门学校。先后在广东省中医进修学校、广州中医学院任教。1978年被授予"广东省名老中医"称号。熟悉

关汝耀

经典著作，精通诊断，善于辨证，特别重视肝气在发病、病机及治疗方面的意义探讨，巧妙运用理肝疗法（清肝、平肝、疏肝、养肝）治病，并拟定了"理肝汤"基本方。在传统养生理论的基础上，制定了"三足"（睡眠足、营养足、运动足）、三护（预防感冒，保持精神愉快，注意饮食、劳

倦、房事）"的养生方法。著有《中医诊断学讲义》《中医学简明教程》等。（周红黎、张书河）

雷石榆（1911—1996）　诗人。原名雷社稳，笔名纱雨、杜拉、雷破空。广东新宁（今台山）人。1932年开始发表作品。1933年留学日本，参加左联东京分盟，主编盟刊《东流》《诗歌》。1936年回国，应蒲风之邀，任福建学院附属中学国文教师，主编《福建民报·艺术座》。1937年创办《广州诗坛》（后改名《中国诗坛》）。1939年出任第三届中华全国文艺界抗敌协会理事，在昆明主编《西南文艺》《文学评论》。1944—1949年，先后任江西《民治日报》副刊主编、台湾《国声报》副刊主编、台湾大学副教授、香港南方学院副教授。1952年起，先后在津沽大学（河北大学前身）、南开大学、天津师范大学、河北大学任教。中国作家协会会员。著有文艺评论集《在文化斗争的旗帜下》《文艺一般论》，《日本文学简史》《潮流诗派》，日文诗集《沙漠之歌》，诗集《国际纵队》《1937/7/7—1938/1/1》《新生的中国》《小蛮牛》《八年诗选集》，小说集《惨别》，小说散文集《婚变》，中篇小说集《夫妇们》，剧本《抗婚》《囤积》。（陈芝国）

雷社稳　见"雷石榆"。

邹仪新（1911—1997）　天文学家。广东广州人。1928年入中山大学数学天文系，毕业后留校任教。后留学日本，在东京帝国大学（今东京大学）天文台、东京天文台测时部及国际播时所学习。1937年任教于中山大学。1951年参与南京紫金山天文台复

邹仪新

建工作并任实用天文组组长。1958年任中国科学院天津纬度站站长。1970年调北京天文台工作，任《太阳地球物理资料》月刊主编。主要从事天文学研究。创立用天顶星测定天顶仪螺旋同值的新方法。主持天顶仪的测纬工作，使天津纬度站成为全国极移中心，所测纬度变化和推算极移值进入世界先进行列。向全国使用部门提供地极坐标，填补了中国测量地球极点移动变化的空白。发表有《北冕座R型新变星之发见》《从我的太阳黑子观测看太阳二千多年的活动》《赤纬和平纬、极纬的关系》《古代太阳有没有11年周期》等论文。（曲静）

黄绍芬（1911—1997）　电影摄影家。笔名黄克。广东香山（今中山）沙溪人。早年毕业于中山师范学校。1925年进入上海民新影片公司做童星，并学习摄影、洗印、照明技术。1929年后为上海联华影业公司摄影组组长，新华、文华影业公司摄影师。1929年起，与孙瑜、阮玲玉合作拍摄《故都春梦》《野草闲花》。20世纪30年代，参与左翼电影运动，先后与田汉、聂耳、孙瑜等人合作拍摄《三个摩登女性》《母性之光》《如此繁华》等影片。上海沦陷后，因不愿和日伪合作而退出摄影圈。抗战胜利后，重返影坛，被聘为文华影片公司摄影师和技术总负责人，拍摄《太太万岁》《假凤虚凰》《夜店》《艳阳天》《哀乐中年》等影片。新中国成立后，历任上海市电影局摄影总技师、上海电影制片厂总工程师兼技术办公室主任。中国摄影家协会上海分会主席，中国电影、电视摄影师学会第一届名誉会长。从影60多年，坚持精益求精、求变创新，为民族化电影语言的探索和中国电影风格的构建作出卓越贡献。主要作品还有《女篮5号》《林则徐》《聂耳》《霓虹灯下的哨兵》及戏曲片《梁山伯

与祝英台》《十五贯》等。1953年拍摄新中国第一部彩色片《梁山伯与祝英台》。（周文萍、彭亚敏）

冯顺楼（1911—2000） 海洋捕捞专家。中国水产科研事业开拓者。江苏宜兴人。1931年毕业于吴淞水产学校（上海水产大学前身）。先后担任中华水产公司、上海水产公司船长、总船长。20世纪50年代初调任新成

冯顺楼

立的南海水产公司总船长。1958年调南海水产研究所，任教授、高级工程师。1955年设计成功双拖渔轮扩口拖网。1965年主持设计成功灯光围网。1980年研制成功国内外首创的"四片式扩口网"。1993年提出了"海力论"学说，第一次把渔业生产与海洋的再生能力结合为一体，为海洋渔业资源保护和可持续发展提供了系统理论。被誉为"中国人工鱼礁之父"。编著有《广东省海洋捕捞技术研究》《中国海洋渔具图集》等。（倪根金）

林焕平（1911—2000） 学者。笔名木亘、方东旭。广东新宁（今台山）人。暨南大学肄业。1930年参加左联。1933年赴日留学，任左联东京分盟书记。回国后，任民族革命通讯社香港分社社长、香港南方学院院长、大夏大学教授。新中国成立后，历任广西大学、大夏大学、广西师范大学教授、中文系主任。广西文联副主席，中国作协广西分会名誉主席，第三、四届中国文艺理论学会副会长，中国国际文化交流中心广西分会副理事长。中国民主同盟盟员。著有《社会主义现实主义论》《文学概论新编》，译有《马恩论文学与艺术》《高尔基论文

学》等。后编为《林焕平作品选》《林焕平文集》《林焕平译文集》《林焕平编选著作集》等。（李艳平）

老志诚（1911—2006） 钢琴家、作曲家。广东顺德（今佛山顺德区）人。自幼受民间音乐熏陶，8岁半开始学习钢琴，1925年考入北京师范学校，先后师从吴伯超、王常青、李树华（留法钢琴家）等。1931年在北平师范学校举行个人毕业音乐会，我国最早在北京举行个人钢琴独奏音乐会的钢琴家。毕业后留校任教，兼任音乐系主任，与王洛宾、曹试甘被誉为北平师范学校"音乐三杰"。以创作钢琴曲、艺术歌曲、合唱曲及儿童歌舞剧为主。钢琴曲是创作的重要领域，作品《牧童之乐》与贺绿汀的《牧童短笛》齐名，被称为南北"牧童"。中国近现代音乐史上"北平钢琴界的核心人物"。作品还有《秋兴》《草原上的春天》《新疆狂想曲》等。（庄蔚）

庄世平（1911—2007） 泰国侨领、金融家。广东普宁果陇村人。在汕头真光小学、礐石中学读书。1933年毕业于北平中国大学经济系。1934—1941年旅居泰国，历任新民学校副校长，中华中学训育部主任，

庄世平

《中原日报》记者、编辑等职。全面抗战爆发后，任泰国各界华侨抗日联合会负责人之一，发动社会捐款，动员学生和青年回国参加抗战。1942—1945年在西南地区从事经济工作，建立沟通后方和东南亚交通网点。战后筹办安达公司，任曼谷安达公司经理，总代理苏联影片在东南亚地区和香港的发行和放映。1949年在香港创

办南洋商业银行，次年创办澳门南通银行。率先在深圳特区设立分行，使南洋商业银行成为第一个在中国经济特区设立分行的港资银行。历任中国银行港澳管理处副主任、华侨商业银行常务董事、集友银行副董事长、侨光置业有限公司董事长等职。第二至六届全国人大代表，第七至九届全国政协常委，第三至七届全国侨联副主席，全国人大华侨委员会委员。中华海外联谊会副会长，香港各界文化促进会会长。1996年12月被选为香港特别行政区第一届政府推委会委员，1997年12月担任香港特别行政区第九届全国人大代表选举会议主席团成员。（王华）

李磐石（1911—2007） 天主教主教。教名保禄。广东高要（今肇庆高要区）大湾村人。1922年就读于澳门教区圣若瑟大修院，从小学至高中并修习神哲学。1944年7月26日由澳门主教罗若瑟主礼晋铎。1944年8月在中山县传教，担任黄圃镇天主堂本堂。1958年江门教区副主教兼在草织厂工作。1960年任中山县石岐天主堂本堂，兼在中山县五金交电公司工作。1970年在原籍务农。1979年返回石岐主持天主教教务，仍兼在中山县五金交电公司工作。1981年9月18日当选为广东江门教区主教，9月27日由宗怀德主教在广州石室天主堂祝圣为主教。中国天主教爱国会委员、教务委员会委员，中国天主教爱国会第四届常委，中国天主教教务委员会第二届常委，广东省天主教爱国会常委，广东省天主教爱国会、教务委员会副主席。广东省政协委员。（韦羽）

李育中（1911—2013） 作家。笔名李航、韦驮、白庐、马葵斯等。原籍广东新会县（今江门新会区），出生于澳门。青少年时代主要在报馆、杂志社从

事校对、记者、编辑、翻译等工作。1929 年开始发表作品。先后主编诗杂志《诗页》和文艺杂志《南风》，并参与《今日诗歌》《文艺风景》《红星》等杂志编务。全面抗战爆发后，赴广州投入抗战运动，担任《救亡日报》社论委员。主编《抗战大学》杂志，任《中国诗坛》编委。1939 年在广东韶关组织粤北青年记者学会和中华全国文艺界抗敌协会粤北分会，与何家槐共同主编《文艺新地》杂志。新中国成立后，历任广东省立艺术专科学校、广州市立艺术专科学校、华南人民文学艺术学院教师，华南师范大学教授。中国作家协会会员、广东鲁迅研究学会顾问。著有新诗集《凯旋的拱门》，报告文学集《缅甸远征记》，译有海明威的长篇小说《诀别武器》，苏联中篇小说《拿破仑之死》，剧本《伴父生涯》等。主要著作编为《南天走笔》。（蒋明恩）

李育中

李月英（Hazel Ying Lee，1912—1944）美国华人飞行员。祖籍广东新宁（今台山），出生于美国俄勒冈州波特兰市。1932 年考入美洲华侨航空学校。次年学成返回国，在航空署做图书管理员、打字员等工作。1938 年返美。二战爆发后加入美国女子航空勤务飞行队（Women Airforce Service Pilots，略称 WASP），成为该组织两名华人女飞行员之一。1944 年，被送到得克萨斯州布朗斯维尔的飞行学校学习驾驶 P-63、P-51、P-39 等军用战斗机。同年 11 月，在执行从纽约州尼加拉瀑布城转运 P-63 战斗机到蒙大拿州大瀑布城的任务时牺牲。1974 年，美国女子航空勤务飞行队的全体成员获美军承认军

事人员身份，成为美军历史上首批女性飞行员。（黎景光）

沙 飞（1912—1950）　摄影家、报人。原名司徒传。以"沙飞"为笔名，形容自己是一粒沙子，在天空中自由地飞舞。广东开平人。1926 年从广东省无线电学校毕业后从军，在北伐军中任电台报务员。1935 年加入黑白影社。1936 年，入读上海美术专科学校，结识木刻家黄新波。同年拍摄并发表鲁迅生前最后留影、鲁迅遗容及葬礼照片。1936 年 12 月和 1937 年 6 月，分别在广州和桂林举办个人摄影展。在《广西日报》发表《摄影与救亡》。1937 年底前往华北晋察冀边区，参加八路军，为第一位敌后抗日战争摄影记者。参与筹办《抗敌报》，任副主任。1942 年 7 月，创办《晋察冀画报》并任主任（社长）。其间，拍摄了系列反映军队生活、基层建设和战场交战的照片，在《晋察冀画报》发表，经典作品包括创刊号封面的《八路军挺进长城》、封底的《铁骑兵》，以及《八路军战斗在古长城》《聂荣臻与日本小女孩》《白求恩》等。1948 年 5 月，《晋察冀画报》与《人民画报》合并，组建华北画报社（华北军区政治部主办），仍任主任（社长），培养大批摄影干部。与其战友一起拍摄和保存中国革命战争时期最完整的照片档案。中国革命摄影事业先驱者、领导者、组织者，被称为中国的"罗伯特·卡帕"。其提出"摄影武器论"，奠定中国新闻摄影的理论基础。存世摄影作品 1000 余幅。（杨小彦）

司徒传　见"沙飞"。

刘耀光（1912—1962）　白字戏演员。艺名忍旦。广东海丰人。9 岁开始学艺，后拜马达仕为师，习花旦、工刀

马，以武功为最。出合同后在荣顺班（沙港白字）和新荣正顺班担主角。在《女搜宫》中饰皇姑，以高台下后腰（倒腰）及双股剑舞表演为出色。中年反串老生，在《剪月容》中饰冯元标的表演也见功力。新中国成立后，从海丰县白字戏剧团组班开始，即在该班当教戏先生。1960 年在潮剧院传授技艺。（詹双晖）

岑家梧（1912—1966）　民族学家。广东澄迈（今海南澄迈）人。初中就读于广东广雅中学。1929 年在北平辅仁中学读高中。1931 年考入中山大学社会学系。1934 年前往日本留学，先后在东京立教大学和帝国大学（今东京大学）攻读考古

岑家梧

学和人类学。全面抗战爆发后回国参加抗日救亡运动，先后在中山大学、西南联合大学、南开大学经济研究所、四川艺术专科学校、贵阳大夏大学文学院社会学系、贵州大学社会学系、璧山国立社会教育学院社会学系任教。抗战胜利后，任教于中山大学社会学系，并在岭南大学兼课。1947 年与同仁创办珠海大学。广州解放后，参加接管岭南大学工作，出任岭南大学副教务长。筹备并任广东民族学院副院长。1954 年调任中南民族学院副院长。参加中央民族访问团，任第二团副团长，到广东粤北和海南岛访问瑶、黎、苗等少数民族。主要从事史前艺术史学、艺术学、民俗学、社会学、民族学等研究，对南方少数民族史、志和艺术、戏剧、宗教、民俗有深入研究。与费孝通有"北费南岑"之称，"中国人类学、民族学的一代宗师"。著有《图腾艺术史》《中国原始社会史稿》《史前史概论》《史前艺术史》

《盘瓠传说与瑶畲的图腾崇拜》《海南岛黎族"合亩"制的调查研究》等。2017年海南出版社出版《岑家梧文集》。（李双）

陈唔（1912—1966） 西秦戏演员。字伯斯。人称唔旦。广东海丰人。少从其父学戏，习花旦。后入西秦戏班担任花旦。在《桂枝写状》中饰桂枝，在《杀惜》中饰阎婆惜，均系花旦应工戏，当行出色，能根据唱词刻画人物个性。能执笔修改剧本，参与现代剧创作。也是音乐行家，司鼓及弦索。20世纪三四十年代与曾月初（憨生）为老搭档，影响颇深，有"憨生不离唔旦"之称。1950年随庆寿年班到香港演出时，与憨生一起为香港玫瑰唱片公司录制唱片。（刘红娟）

杨其国（1912—1970） 潮剧演员、导演、作曲家。广东揭阳人。少时卖身戏班，演生行。后拜徐乌辉门下，为入室弟子。作曲方面，对重六调、活五调造诣高。又向名师林如烈、黄玉斗学习。20世纪50年代，姚璇秋等旦角演员从其学习。与黄钦赐、陈华为《陈三五娘》作曲。代表剧目有《罗衫记》《急子回国》等。（孙冰娜、吴国钦）

欧钊（1912—1975） 玉雕师。原籍广东顺德（今佛山顺德区），世居广州西关。13岁学习玉雕，师从擅雕花鸟、狮子的广州玉雕大师林鸿光。擅雕红高头、龙眼睛、珠麟身、芙蓉尾的金鱼，人称"金鱼钊"。1951年创作《孙中山玉像》立体玉雕摆件。1956年在莹光玉器生产合作社工作，创作出一件有拉弓、弦钮能摆动、可拉出声音的玉雕小提琴。1958年，以广东工艺美术代表团团员身份，出席在北京召开的全国工艺美术艺人代表大会。1959年，玉雕《金鱼戏水》《群鱼共乐》参加在北京举办的全国工艺美术

作品展。1964年出席全国工艺美术创新会。（彭圣芳）

梁锡鸿（1912—1982） 画家。广东香山（今中山）人。先后就读于广州市立美术学校、上海美术专科学校、上海中华艺术大学。1933年入东京日本大学艺术科学习。在华南文学艺术学院、中南美术专科学校、广州美术学院任职近30年。创作风格前卫，画风多变，推广超现实主义及野兽主义艺术，被称为野兽派画家在中国的代表人，对20世纪中国美术史发展有重要贡献。著有《中国的洋画运动》。（王碧凤）

吴桓兴（George Wu，1912—1986） 肿瘤学家。中国现代肿瘤学奠基人。祖籍广东梅州，出生于毛里求斯。1928年毕业于毛里求斯皇家医学学院高中部，旋赴英国，进入剑桥大学预科。1931年回国，入读震旦大学（今复旦大学）医学院。1936年获医学博士学位。翌年赴比利时、英国进修。1946年回国，任上海中比镭锭治疗院院长。新中国成立后，参加抗美援朝。1958年主持建立中国医学科学院肿瘤研究所和肿瘤医院，分别担任所长、院长。创建中国首个放射生物学、肿瘤内科专业。1978年获英国皇家放射学院荣誉院士称号，1985年获法国国家贡献勋章。中华医学会肿瘤学会主任委员、中国抗癌学会主席、中国癌症基金会主席。全国侨联副主席、北京市侨联主席。著有《肿瘤学进展：化学治疗》《中国医学百科全书·肿瘤学》《实用肿瘤学》等。（卢玉敏）

马思聪（1912—1987） 作曲家、小提琴家、音乐教育家。广东海丰人。1923年赴法国南锡音乐学院和巴黎音乐学院学习小提琴。1929年归国，在上海、

南京、广州等地举行小提琴独奏音乐会。1930年再度留法，专攻作曲理论。1932年创办私立广州音乐学院，任

马思聪

院长。全面抗战爆发后，任云南中山大学教授、重庆中华交响乐团指挥。1946年应邀任台湾交响乐团客席指挥。1950年任中央音乐学院首任院长。中国音乐家协会副主席、《音乐创作》主编等职。1967年侨居美国费城。音乐创作以小提琴曲最具代表性，借鉴民族民间音乐曲调，自由变奏是最常用的手法，作品具有浓郁的中国风格。将小提琴作品与钢琴伴奏音乐一起构思创作，独奏与伴奏一体的器乐创作方式，推动近代音乐创作的发展，对中国小提琴音乐创作有重要启示意义。前期作品有《第一小提琴与钢琴奏鸣曲》《内蒙组曲》《西藏音诗》《弦乐四重奏》以及大合唱《抛锚》《民主》《祖国》《春天》等。新中国成立后作品有《第二交响曲》、管弦乐《山林之歌》等。侨居美国后有舞剧《晚霞》、歌剧《热碧亚》、管弦乐《阿美组曲》等。（庄蔚）

黄瑞（1912—1989） 粤菜厨艺师。国家特一级厨师。广东南海（今佛山南海区）人。15岁入厨，先后在广州市太白、享记、西园、六国、七妙斋、洞天、香环等酒家、茶楼任职。20世纪50年代"广州十大名厨"之一，被称为"师傅王"。1956年，担任广州首届名菜美点展览会负责人，后在广州酒家任厨房部部长。20世纪70—80年代担任广州市服务行业中等专业学校技术顾问。以候镬（掌勺）功夫蜚声粤港澳三地同行。代表作有银湖百花脯、香滑鲈鱼球、红棉嘉积鸭、茅

台鸡等。培养了特级厨师王光，广州酒家"五虎上将"黄振华、林志忠、梁梓程、蔡福、卢耀新、庄伟佳等。参与编写《粤菜烹饪》《中国菜谱（广东卷）》。第三届广东省人大代表。

（黎永泰、钟洁玲）

简锡禧（1912—1989） 中医学家。广东南海（今佛山顺德区）人。1932年毕业于广东中医药专门学校，后在江门、新会等地行医。1942年在江门明善堂行医。1954年在江门市新中医联合诊所工作。1958年起在江门市中医院工作，先后任江门市中医院院长、名誉院长等职。1978年被授予"广东省名老中医"称号。精通儿科，以温病派著称。推崇叶天士，详参吴鞠通、王孟英的温病学术思想，摒弃以往温病派与伤寒派相对立的成见，集各家所长，以温病派为主，佐以伤寒有效方剂为病患治疗。撰有《对伤寒论六经次序的商榷》《论眩晕》《风温病与湿温病的初期治则》等论文。

（周红黎、张书河）

李知非（1912—1989） 剪纸艺术家。广东澄海（今汕头澄海区）人。7岁随母学剪纸，14能剪出农村过节和办喜事所需的全套装饰剪纸。新中国成立后，其剪纸被美术家黄新波、黄笃维等发现，被吸收为中国美术家协会广东分会会员。其剪纸作品构图饱满，作风细腻。善于运用黑白对比、粗线与细线对比、曲线与直线对比、阴纹与阳纹对比，使图案形象虚实相生，鲜明生动，具有韵律美。作品被收入"中国妇女画展"，送到芬兰和瑞典展出。代表作品有《博古花》《瓶花》《三羊开泰》等。20世纪80年代

末，中国美术家协会广东分会与广州文化公园联合举办"李知非剪纸艺术展览"，展出60年来所作剪纸近200幅。展品由广东民间工艺博物馆收藏。

（彭圣芳）

梁次（1912—1991） 秋色工艺大师。广东顺德（今佛山顺德区）陈村弼教人。少年时在其父开设的木雕民俗工艺店从事木雕工作。20世纪20年代中期到50年代从事木器家具制作和木雕。1955年佛山秋色工艺社成立，作为主要筹办艺人之一，参与佛山民间艺术的抢救、研究与生产工作。在佛山举办的秋色活动中，其创作的秋色作品艺术特色鲜明。以纸扑、布、粘贴刻刺、纸蜡仿制以及墨鱼骨雕刻等艺术品最为著名。佛山秋色技艺较为全面的艺人，尤擅批雕，水果、蔬菜雕造惟妙惟肖。主要传世作品有仿陶瓷《绿釉大龙樽》《红釉龙瓶》《红釉龙挂碟》和仿古铜《大狮子》等。仿陶瓷《龙樽》被广东民间工艺博物馆收藏。（彭圣芳）

刘邦（1912—1992） 粤菜烹饪大师。国家特一级厨师。广东东莞人。13岁开始拜师学厨，出师后分别在香港的万国、兄弟，广州的陆羽居、不夜天、新中华、岭南、大三元等多家酒家、饭店事厨。1955年担任广州市石牌饭店经理。后到广州南园酒家主厨。20世纪60年代末，调广州市第二商业局技术学校任教，1973年调广州市服务行业中等专业学校任烹饪专职教师。广州市饮食服务公司烹调技术顾问组组长、《中国名菜谱》编委。担任1983年全国烹饪名师技术表演鉴定会和1988年第二届全国烹饪技术比赛评委。精通粤菜烹饪技艺，以候锅功夫、热荤小炒见长。烹制操作利索，成菜一气呵成。擅长烹制山珍海味、野味飞禽等烹饪原料。所制菜品注重时令季节及

客人口味要求，风味独特。因技术高超，姓名特别，被大家戏称"皇帝"。

（黄明超）

芦荻（1912—1994） 诗人。原名陈培迪。广东南海（今佛山南海区）人。1935年开始发表新诗和诗评。1936年参加广州艺术家协会诗歌组并与人合编《今日诗歌》。1937年参与组织诗场社，合编诗刊《诗场》。1938年，在广州与黄宁婴等合编《中国诗坛》。1939年，主编《广西日报》副刊《漓水》，其间任中华全国文艺界联合抗敌协会桂林分会理事。1946年，在香港任"文协"港粤分会候补理事。新中国成立后，先后担任华南文学艺术联合会委员、广州市文联委员、作协广东分会理事、《作品》编辑部主任、暨南大学教授等。诗歌创作注重抒情性，将心声与时代紧密结合，新诗与旧体诗兼长，诗风质朴纯美。著有《桑野》《驰驱集》《远讯》《旗下高歌》《田园新歌》《海南颂》《芦荻诗选》《鸥缘》等。另有诗歌评论、诗歌赏析等发表。编著有《中国历代诗歌名篇选》《刘禹锡及其作品》等。出版有《荻花集》。（左鹏军）

陈培迪 见"芦荻"。

欧外鸥（1912—1995） 诗人。原名李宗大。广东东莞人。1929年开始发表作品，1936年在广州、香港任中学教师。全面抗战爆发后回到香港，转向左翼，编辑《诗群众》，加入《中国诗坛》，发表《狭窄的研究》《和平的础石》。1940年后历任香港国际印刷厂经理，桂林新大地出版社编辑，广州国民大学、华南联合大学、华南师范学院副教授，中华书局广州编辑室主任、总编辑，中国作家协会广东分会顾问。晚年移居美国。其诗整体上属于左翼文学，自成一体，作品多

写香港都市意象，善用现代主义手法，被称为"未来派"和"反抒情诗派"，亦被称为"文学史上的失踪者"。著有诗集《欧外鸥诗集》《欧外鸥之诗》，儿童诗集《再见吧，好朋友》《书包说的话》等。（张衡）

李宗大 见"欧外鸥"。

章枚（1912—1995） 作曲家、音乐理论家。原名苏寿彰。广东新会（今江门新会区）人。早年就读于上海海关学校。1940年参加新四军。1941年加入中国共产党。任新四军第三鲁艺工作团教授，新安旅行团音乐教员，华东军区文工团第三团团长、军区政治部文艺科科长。新中国成立后，历任中国音协上海分会主席，音乐出版社（今人民音乐出版社）副总编辑，中国艺术研究院编译室主任、外国文艺研究所顾问。作品有歌曲《黄桥烧饼歌》《怒吼吧，长江》《大江东去》等，创作配乐淮剧《渔滨河边》的音乐，译配《雪绒花》等外国歌曲，译有《美国音乐概况》《名歌唱家歌唱艺术》等。（柏峰）

苏寿彰 见"章枚"。

马育华（1912—1996） 大豆育种家、植物数量遗传学家。广东海丰人。1936年南京金陵大学农学院毕业。1935年后历任南京金陵大学农艺系助教、讲师、副教授。1946年获美国伊利诺伊大学研究院科学硕士学位。同年任北京大学农学院农艺系副教授兼代系主任。1947年任加拿大萨斯卡切温大学农学院农艺系遗传育种研究员。1950年美国伊利诺伊大学研究院获博士学位。回国后历任金陵大学农学院教授兼农艺系主任、南京农学院（今南京农业大学）教授、大豆遗传育种研究所所长。中国作物学会理事、大豆研究会副理事长、遗

传学会理事。长期从事田间试验设计与统计、大豆遗传育种、植物数量遗传学教学与研究工作。主持育成"南农493—1""南农133—3""南农133—6"等一批大豆新品种。植物数量遗传学开拓者。主编有《田间设计与统计方法》，著有《试验统计》《数量遗传学及其应用》《植物育种的数量遗传学基础》等。（柏峰）

蒲蛰龙（1912—1997） 昆虫学家。中国害虫生物防治奠基人。祖籍广东钦县（今广西钦州），出生于云南昆明。1935年毕业于中山大学农学院。同年入燕京大学研究院生物学部攻读研究生。1937年任教于中山大学。1946年留学美国。1949年获美国明尼苏达大

蒲蛰龙

学哲学博士学位，先后任职于中山大学农学院、华南农学院（今华南农业大学）、中山大学生物系、中南昆虫学研究所。1980年当选为中国科学院生物学部委员。曾任广东省科协主席，中国昆虫学会副理事长，国际有害动物、植物、生物防治组织东南亚分部理事等职。第二至八届全国人大代表。主要从事昆虫研究。首次发现蓖麻蚕卵是繁殖赤眼蜂的优良寄主，利用该蜂防治甘蔗螟，推广到桂、闽、湘、川等省区，被誉为"中国独创"，为世界各国应用赤眼蜂治虫提供有益参考。肯定利用苏云金杆菌防治蚊子幼虫高效、经济、安全、不污染环境，可以代替化学杀虫剂；利用平腹小蜂防治荔枝病害。解决湘西黔阳（今洪江）地区柞蚕放养问题。开展水稻害虫综合防治试验，对危害粮、棉、蔬菜的斜纹夜蛾的核多角体病毒开展系统研究，成效明显。为中国生物防治研究与应用作出重要贡献。主编有《昆虫病理学》《害虫生物防治的

原理与方法》，发表论文近200篇。（赵飞）

楼栖（1912—1997） 作家。原名邹冠群，后改名为邹灌芹，笔名寒光、柳明等。广东梅州人。1937年毕业于中山大学，从事革命文艺创作出版活动。历任香港华南中学教员、《广西日报》编辑、香港达德学院文哲系教授等职。1950年，调入中山大学中文系从事文艺理论教学，历任教授、中文系副主任、中山大学学报主编等。1957年被派往德国柏林洪堡大学东方学院讲授中国现代文学。著有散文集《窗》，杂文集《反刍集》《柏林啊，柏林》《楼栖自选集》《楼栖作品选萃》，中篇小说集《枫树林村第一朵花》，文学专论《论郭沫若的诗》，长诗《鸳鸯子》等。（高美玲）

邹冠群 见"楼栖"。
邹灌芹 见"楼栖"。

关山月（1912—2000） 国画家。原名关泽霈。广东阳江人。广州市立师范学校毕业，后入春睡画院师从高剑父学画。1948年任广州市艺术专科学校教授。历任中国美术家协会副主席、中国美术家协会广东分会主席、广东画院院长、广州美术

关山月

学院教授兼院长、广东艺术学校校长等职。工山水，亦能人物、花鸟。作品秉承岭南画派"折衷中西，融汇古今"的精神，以山水画和画梅见长，用笔劲道利落，如疾风厉雨，在构图上求险求新，具有鲜明时代感和写实性。代表作有为人民大会堂而作的《江山如此多娇》（与傅抱石合作）。出版有《关山月画集》《傅抱石、关山月

东北写生集》《关山月作品选集》等。（王碧凤）

关泽霈 见"关山月"。

林玩英（1912—2001） 潮绣艺人。广东潮州人。清末潮州"绣花状元"林新泉女儿。9岁学绣花，十七八岁担任绣花工场的技术指导。在父亲培养下，掌握潮绣钉金绣近百种针法和绒线绣60种针法，继承潮绣垫绣人物脸谱及龙头狮面等高难技艺，学会绣十八罗汉脸谱的正、侧、仰、伏各面，以及喜、怒、哀、乐等神态。20世纪40年代初，开始独立接受绣庄的绣件，完成整座戏台台彩、寺庙陈设以及厅堂挂饰的主件和配件的绣制。新中国成立后，担任潮州抽纱刺绣联社指导教师，和徒弟承担国内外展品、礼品的绣制。代表作有钉金绣《九龙屏》。（彭圣芳）

陈国达（1912—2004） 地质学家、大地构造学家。广东新会（今江门新会区）人。1934年毕业于中山大学理学院地质系，获理学学士学位，后至国立北平研究院地质研究所攻读研究生。1936年，任两广地质调查所和江西地质调查所技士、技正。1946年

陈国达

任教于中山大学地质系。1952年任中南矿冶学院（现中南大学）教授、地质系主任、副院长，中国科学院长沙大地构造研究所所长，兼国际地科联矿床大地构造委员会副主席。1980年当选为中国科学院学部委员。中国地质学会副理事长、中国地洼学说研究会理事长、国际地洼构造与成矿学研究中心主席。主要从事区域地质、构造地质等领域研究工作。1939年第一次提出"丹霞地貌"的概念，阐明了

"丹霞地貌"形成的大地构造背景、发生发展的历程和动力机制等地貌成因问题。1956年创立地洼学说（活化构造与成矿理论），发现和阐明了大陆地壳的第三构造单元活化区（又名地洼区），突破了美国学者提出的槽—台学说。1991年提出协同体（历史—因果论）大地构造学，即把岩石圈的演化与运动统一研究的学术思想。地洼学说的诞生被列入世界科学技术史年表。活化构造学说和递进成矿理论的创立者，国际地质界称其为"地洼学说之父"。著有《地台活化说及其找矿意义》《中国大地构造概要》《成矿构造研究法》《地洼学说文选》《怎样进行科学研究》《地洼学说——活化构造及成矿理论体系概论》《亚洲陆海壳体大地构造》《云南铜多金属壳体大地构造成矿学》等。（李丹丹）

陈锡祺（1912—2008） 历史学家。江苏盐城人。1936年毕业于武汉大学历史系。1940—1942年先后任教于武汉大学、金陵大学和四川大学。1946年调入中山大学，1953年任历史系教授。20世纪70年代，参与筹建中山大学孙中山纪念馆。1979年参与组

陈锡祺

建中山大学历史系孙中山研究室（1986年升格为研究所），并任主任。同年，主持举办"文化大革命"后第一次"孙中山与辛亥革命"学术讨论会。广东孙中山研究会会长、辛亥革命研究会名誉理事长。中国民主同盟盟员。为新中国的孙中山研究作出开创性贡献，是中山大学中国近代史学科奠基人。著有《广东三元里人民的抗英斗争》《同盟会成立前的孙中山》《孙中山与辛亥革命论集》等，主编有《孙中山年谱长编》、《孙中山全集》（第5—8卷）等，合

编有《林则徐集》等。（柏峰）

徐燕千（1912—2010） 林学家。广东蕉岭人。1936年毕业于中山大学农学院森林系。1940年任中山大学乐昌演习林场技士兼森林系讲师。1946年后先后任教于中山大学农学院、华南农学院、广东林学院、中南林学院。1978年后历任华南农学

徐燕千

院、华南农业大学教授兼林学系主任。主要从事森林生态和营林技术等研究，在橡胶垦殖、自然保护区建设等方面作出重要贡献。编著有《广东森林》《橡胶栽培》《我国竹类栽培利用起源及其发展》《论森林生态系统发展的动态平衡规律》等。（陈世清）

王为一（1912—2013） 导演、编剧。江苏吴县（今苏州）人，出生于上海。1931年就读于上海艺术专科学校，后进入并毕业于上海美术专科学校。1932年参加左翼戏剧家联盟，从事抗日文艺活动，在上海、镇江、武汉、新疆等多地演出。抗战胜

王为一

利后回到上海，加入联华影艺社（后改为昆仑影业公司），联合执导《八千里路云和月》《关不住的春光》。1949年2月，往香港担任南国影业公司导演，执导南国影业公司的第一部粤语片《珠江泪》，同年当选为中华全国电影艺术工作者协会第一次全国代表大会委员。1951年8月，到广州筹建珠江电影制片厂，担任厂长。后到北京电影制片厂、上海电影制片厂任导演。1958年8月，重回珠江电影

制片厂担任导演至退休。第一届中国电影工作者协会理事会理事，第一届广东省电影家协会主席团副主席。第五届广东省人大代表，第六届广东省政协委员。为珠江电影制片厂发展作出重要贡献。作品生活现实感强，带有浓郁的地方色彩。代表作有《珠江泪》、《铁窗烈火》、《山间铃响马帮来》、《椰林曲》、《南海潮》（与蔡楚生联合执导）、《七十二家房客》、《打铜锣、补锅：打铜锣》、《三家巷》、《阿混新传》、《异想天开》、《男人的世界》、《五福临门》等。著有《我的电影艺术观》《难忘的岁月：王为一自传》等。（周文萍、罗志欢）

杜岚（1912—2013）　教育家。原名杜芳铭，曾用名杜晓霞，笔名怀晓、微之。陕西米脂人。中国大学教育哲学系毕业。20世纪30年代在陕北瓦窑堡任女子高等小学教务主任。1936年后到香港，进入新闻学院。后定居澳门，一直从事教

杜岚

育工作，推行爱国主义教育。出资接办濠江小学，增设濠江中学，1947年起任校长。抗战期间，团结社会各界人士，投入教学；发动民众支援抗战，组织募捐，输送青年学子参加抗日，救济难民，慰问伤员等。新中国成立后，在濠江中学升起澳门第一面五星红旗。组织澳门同胞捐资、捐物，送至广东中山。澳门教育委员会委员、澳门中华教育会理事长和名誉顾问、澳门妇女联合会名誉顾问、澳门中山同乡联谊会副监事长、中山华侨中学校董。第六届广东省人大代表，第五届广东省政协委员。（罗志欢）

杜芳铭　见"杜岚"。

唐宪才（Thomas Tong，1912—？）　新闻工作者。又名唐才。原籍广东恩平，出生于上海。1914年随母到美国旧金山与父亲团聚。1939年4月，在旧金山创办美国大陆第一个华语广播电台金星广播电台（Golden Star Radio Hour），任总经理和总编辑。该台每天以粤语报道新闻，利用广播向广大侨胞传送抗战消息，参与抗日宣传和"一碗饭"募捐赈济运动。1977年退休，电台停办。（黎景光）

唐才　见"唐宪才"。

黄家权（G.C. Wong，1913—1948）　澳大利亚侨领。祖籍广东斗门（今珠海斗门区），出生于澳大利亚悉尼。幼时回国求学。1939年参与创办澳大利亚侨青社，1939—1948年任主席。历任悉尼抗日慰劳会委员、援助抗日游击战士委员会主席及赈灾筹款大会主席等职。澳大利亚最早倡导抗日的侨领之一。1948年7月在墨尔本保加湖检阅水上飞机时坠湖身亡。侨青社特刻碑铭"人类幸福未臻，我公精神不死"以志纪念。（景海燕）

范志恒（1913—1961）　建筑师。广东鹤山人。1937年毕业于中央大学建筑工程系，后于（南京）基泰工程司任职。全面抗战爆发后加入美国陆军，负责管理广西省由南宁百色至旧州一线公路及营房工程。抗战胜利后获广东省党部忠烈祠征求图案首奖，被聘为助理工程师。1946年自营范志恒建筑师事务所。1950年后为中南建筑设计院总工程师。中国建筑师学会登记会员、中国建筑学会第二届理事会候补理事。（彭长歆、顾雪萍）

饶彰风（1913—1970）　原名饶高平，曾用名蒲特。广东大埔人。1930年就读于中山大学农科。1933年在上海加

入中国左翼作家联盟。1936年加入中国共产党，任中共南方临时工作委员会委员。全面抗战爆发后，先后任中

饶彰风

共广东省委宣传部部长、东江特委宣传部部长、粤北省委统战部部长、东江纵队司令部秘书长。解放战争时期，任中共广东区党委宣传部部长，赴香港负责筹办《正报》、新民主出版社和复刊《华商报》等工作，先后任新华南通讯社社长、东江纵队驻香港办事处主任、中共港粤工委（后改称香港工委）委员、新华社新加坡分社社长、中共中央香港分局秘书长、香港工委书记等职。新中国成立后，历任广州市军事接管委员会新闻出版处处长、《南方日报》社长（首任）、中共中央华南分局统战部副部长、中共广东省委统战部部长、第一届广东省政协秘书长、副主席、省科委副主任、省文教办公室主任、广州外国语学院（今广东外语外贸大学）院长、党委书记（首任）。（金炳亮）

饶高平　见"饶彰风"。

陈唯实（1913—1974）　哲学家、教育家。原名陈英光。广东潮安（今潮州潮安区）人。1927年就读于广东省立第二师范学校（今韩山师院）。1934年赴北平，在北平图书馆自修哲学。1935年到上海，参加艾思奇等发起的新哲学大众化、通俗化运动，参与上海社科联和上海文化界的抗日救亡活动。1938年初到山西民族革命大学任政治系副主任，同年11月到延安，先后于陕北公学、抗日军政大学任教。1945年任北方大学教务处长，后任工学院院长。1949年随叶剑英南下，参与在广州创办南方大学，任第一副校

长兼教育处长。1952年，调任华南师范学院（今华南师范大学）院长。著有《通俗辩证法讲话》《通俗唯物论讲话》《新哲学体系讲话》《新人生观》《革命哲学》《陈唯实文集》等。

（郭海鹰）

陈英光　见"陈唯实"。

朱杰勤（1913—1990）　史学家。广东顺德（今佛山顺德区）人。10岁入罗隙甫私塾接受传统教育。14岁入私立英文学校读书。1933年考入中山大学文科研究所研究生。1936年毕业，先后在广州美术学校和中山大学任教。全面抗战爆发后，

朱杰勤

先后在迁至云南的中山大学、昆明巫家坝空军军官学校、重庆南洋研究所、云南东方语文专科学校、云南大学、云南军区司令部等处任教。1952年调回中山大学历史系任教授。1958年转调暨南大学历史系教授兼系主任。"文化大革命"期间转入华南师范学院（今华南师范大学）历史系和中山大学历史系任教。"文化大革命"结束后暨南大学复办，重返暨南大学历史系并担任系主任，1981年创办暨南大学华侨研究所并任所长。中国史学会常务理事、中国社会科学院南亚研究所研究员、中国东南亚研究会理事长、中国海外交通史研究会会长。在中西交通、中外友好往来、经济文化交流以及华侨华人和东南亚史等方面有深入研究。著有《东南亚华侨史》《中外关系史》等。（李彬）

罗开富（1913—1992）　地理学家。湖南长沙人。1940年毕业于中山大学地理系，后赴加拿大多伦多大学攻读硕士学位。1942年转入美国克拉克大学，获博士学位。1946年回国进入南京中国地理研究所，先后任副研究员、研究员，担任代所长。

罗开富

1949年10月入中山大学担任地理系教授。1951年任中国科学院地理研究所研究员。1962年调任广州地理研究所。1980年担任广东省科学院广州地理研究所所长，1984年后任名誉所长。主要从事地理教学和综合自然地理研究。撰写我国第一部《中国自然地理区划草案》，提出中国的自然区划既要重视地带性规律、又要兼顾地区特点等观点，为我国自然区划研究提供重要理论依据。著有《罗开富地理研究论文集》，论文有《中国水文区划草案》等。（刘洪杰）

郑祖良（1913—1994）　建筑理论家。广东香山（今中山）人。1937年毕业于广东省立勤勤大学建筑工程系。在校期间投身于现代主义的探索与研究，1935年撰写《新兴建筑在中国》，提出将现代主义与科学精神联系在一起用于指导中国新建筑的发展。1936年与黎抡杰等人合作创办《新建筑》杂志，是中国近代现代主义研究的重要刊物。在《新建筑》发表《论新建筑与实业计划的住居工业》《现代建筑的特性与建筑工学》（与黎抡杰合著）等文章。在推广现代主义建筑的同时也参与设计实践活动，担任胡德元建筑事务所助理建筑师、华美建筑公司设计师以及陪都（重庆）建设计划委员会技士等职。新中国成立后在广州园林局工作。1953年与林克明、陈伯齐、金泽光、梁启杰等创办广州市建筑设计院。1979年创办《广东园林》。1981年与林克明、莫伯治等发起创办

《南方建筑》。代表作品有广州流花湖、荔湾湖、东山湖三大公园规划整治、广州二沙头训练运动场、广州烈士陵园规划设计、广州农讲所旧址修建等。为近当代岭南现代主义的推广、建筑学术期刊的创办与发展作出重要贡献。（彭长歆、顾雪萍）

吴有恒（1913—1994）　广东恩平人。1931年投身抗日救亡运动。1936年在香港参加全国各界救国联合会，任华南区总部干事，9月加入中国共产党。先后担任中共香港地下党支部书记、香港市工委书记、广州市委学生工委书记、香港市委书记、广东省委委员、粤东南特委组织部部长、广东省委港澳地区特派员等职。香港《大众日报》副刊主编。1939年赴延安，任中央党务研究室研究员。1945年出席中共七大。1946年历任广东南路地区副特派员、特派员（驻湛江市），粤桂边人民解放军司令部司令员、中国人民解放军粤桂边纵队司令员、中共粤中区临时委员会常务委员等职。新中国成立后，历任中共粤中地委书记，广东军区台山军分区政治委员，中共粤西区委委员、秘书长，中共广州市委秘书长、副书记，《羊城晚报》党委书记兼总编辑。中国作协广东分会副主席、广东省文联副主席、广东省民间文艺研究会主席、广东省新闻学会会长等职。中共第八、十二大代表，第一届全国人大代表，第五届广东省人大常委会委员，第六届广东省人大常委会副主任。为宣传动员全国人民奋起抗战而创作章回小说《赵尚志抗日演义》，在《大众日报》副刊连载。著有长篇小说《山乡风云录》《北山记》《滨海传》，历史小说集《香港地生死恩仇》《当代杂文选粹·吴有恒卷》，粤剧《山乡风云》以及大量诗词、散文。作品编为《吴有恒文集》出版。（邓海涛）

文觉非（1913—1997） 粤剧演员。原名文七根。广东番禺（今广州番禺区）人，出生于香港。9岁随父母到新加坡，1933年拜声架悦为师，初学丑生，后学文武生，随剧团在东南亚一带演出，与梁醒波等人并称当地粤剧"四大天王"。20世纪40年代初回到省港等地演出，得到薛觉先的指导。1950年定居广州，与罗品超组珠江粤剧团，专攻丑生。1958年入广东粤剧院担任主要演员，任三团团长。表演不矫揉造作，从塑造人物出发，独具谐趣、精灵、幽默、嘲讽的风格，谐而不俗，严谨有致，被誉为"丑生王"。代表剧目有《拉郎配》《山东响马》《选女婿》《卖油郎独占花魁》等。（李继明）

文七根 见"文觉非"。

戴镏龄（1913—1998） 外国语言文学家、翻译家。广东外语教育体系开创者。江苏镇江人。1933年考入武昌文华图书馆学专科学校，1935年获文学学士学位。后考取赴英公费留学，转攻英语文学，1939年获爱丁堡大学文学硕士学位。同年起先后任武汉大学、安徽大学外文系主任、教授。1953年秋调入中山大学，任外语系首任系主任。1970—1973年转任广州外国语学院教授。后返回中山大学，历任系主任、校务委员、学术委员、党委委员等职。中国英语教学研究会副会长、中国翻译工作者协会副会长、广东外国文学学会首任会长。为广东乃至全国外语学科教育和高级人才培养作出了突出贡献。专于英国语言文学，尤其长于古典文艺批评。译有《浮士德博士的悲剧》《英国文学史纲》《乌托邦》。1998年广东

戴镏龄

人民出版社出版《戴镏龄文集》等。（伍方斐）

黄独峰（1913—1998） 国画家。名黄山，号榕园，又号五岭老人。广东揭阳人。1929年师从揭阳画师邝碧波学海派花鸟画。1931年入春睡画院，拜高剑父为师，1950年转投张大千，成大风堂入室弟子。广西艺术学院副院长。中国美术家协会理事、广西美协主席、石涛艺术学会会长。其采三派之所长，探究中国画，避其所短，特立独行，善山水、人物、花鸟、书法，尤其是山水和花鸟有着很深厚的造诣，设色雅丽、明快，追求文人写意绘画的笔墨，最终开创"漓江画派"。著有《明清写梅画人传略》《中国之花鸟画》《山水花鸟画技法》《中国绘画与西洋画的倾向》《岭南画派艺术之研究》《黄独峰画语录》等。（王碧凤）

黄山 见"黄独峰"。

黄秉维（1913—2000） 地理学家。广东惠阳（今惠州惠阳区）人。1934年毕业于中山大学地理系，同年至北平地质调查所从事山东海岸研究。1938年先后在浙江大学史地系任讲师、副教授。1943年进入资源委员会经济研究室，先后担任专员、研究委员、专门委员等职务。1950年担任华东工业部工业经济研究所副所长，同时筹备中国科学院地理研究所。先后任中国科学院地理研究所研究员、所长、名誉所长。中国地理学会理事长。1955年当选为中国科学院学部委员（院士）。长期从事地貌学与自然区划相关研究。主持《中国综合自然区划（初稿）》

黄秉维

《国家自然地图集》《中国自然地理》编撰工作，组织水土保持、热量与水分平衡等方面的研究，倡议开展陆地地球系统科学与区域可持续发展战略研究新方向。著有《中国煤田之地理分布》《自然地理综合工作六十年——黄秉维文集》《关注人类家园》等，合著《我国地理科学的成就》《现代自然地理》等。（刘洪杰）

丁纪凌（1913—2001） 广东东莞人。1938年毕业于德国柏林联合美术大学建筑雕刻系，任德国柏林世界运动场助理雕刻师。1939年归国，在昆明做自由雕刻师。1940年加入中山大学建筑系，任讲师。1952年任华南工学院（今华南理工大学）建筑系教授。1958年在广东建筑专科学校任教。1980年后任华南工学院建筑系教授。（彭长歆、顾雪萍）

林秉良（1913—2001） 天主教主教。教名雅各伯。广东惠阳人（今惠州惠阳区）。1923年广州方济各小修院读书。1930年入香港华南总修院读书。1938年任广州教区主教秘书。1941年在香港华南总修院任教。1941年9月14日晋铎。1942年任广州沙面露德圣母堂神父兼芳村精神病院天主堂本堂神父。1943年下半年任石龙郭屋洲约瑟洲麻风病院本堂神父，兼管11间小堂。1950年任河源天主堂本堂神父。1979年任广州石室耶稣圣心堂神父。1988年任广州市天主教爱国会主席。1990年当选为广州教区助理主教。同年由宗怀德主教在广州石室耶稣圣心堂祝圣晋牧。第八届广东省政协常委，中国天主教爱国会第五、六届常委。（韦羽）

草明（1913—2002） 作家。原名吴绚文。广东顺德（今佛山顺德区）人。在广州读中学时受十月社会主义革命影响，1931年开始文学创作。参与编辑

欧阳山创办的进步刊物《广州文艺》。1932年在上海加入左联。全面抗战爆发后回到广州，参与创立广东文学界救亡协会。到重

草明

庆参加中华全国文艺界抗敌协会的抗日宣传工作。1940年加入中国共产党。1941年到延安，任中共中央文艺研究院文艺研究室特别研究员。1945年赴东北，参与接收工作。1951年任东北文协副主席，主持东北作协工作。1954年落户鞍山，在鞍山炼钢厂党委工作。1964年调北京市作协。1980年调中国作协，从事专业创作。全国妇联执委，第二至七届全国政协委员，中国文联第一至四届委员，中国作协理事。作品多写工人题材。著有中篇小说《原动力》（译为10多种外国文字），长篇小说《火车头》《乘风破浪》《倾跌》《没有了牙齿的》《小玲妹》《大冲围的农妇》等。（李艳平）

吴绚文 见"草明"。

李凌（1913—2003） 音乐评论家、音乐活动家。曾用名李绿永、陆泳等。广东新宁（今台山）人。1937年组织台山抗日宣传演出。1938年赴延安鲁迅艺术学院音乐系学习，同年任音乐系高级研究班研究员。1939年赴重庆组建新音乐社，任《新音乐》月刊主编。1941年在缅甸与光未然组织抗日演剧队。1943年在重庆任中华交响乐团编辑，主编《音乐导报》，任育才学校音乐组主任。1946年在上海创办中华星期音乐学校，次年至香港与赵沨等人创办中华音乐院。新中国成立后，任中央音乐学院副教务主任，1952年任中央歌舞团副团长，1956年参与筹建中央乐团并任团长。1982年任中国音乐学

院院长兼《中国音乐》主编。中国文联第四届全国委员，中国音乐家协会第三、四届副主席。自20世纪40年代开始，发表的评论文章，不少是中国音乐史上的经典之作。擅长演奏小提琴、二胡。代表作品有器乐曲《南国组曲》、民族管弦乐组曲《乡音》、舞剧音乐《铸剑》等。著有《新音乐论集》、《广东音乐》、《音乐漫谈》（4集）、《乐话》、《艺术随笔》、《音乐浅谈》、《中国音乐传说故事集》、《新音乐论文集》（主编）、《世界音乐教育集萃》（主编）等。（庄蔚）

杨善深（1913—2004） 国画家。早年名森青、子江，字柳斋。广东新宁（今台山）人。自幼喜画，与高剑父亦师亦友。1930年移居香港，后赴日本留学，师从堂本印象。擅山水、花鸟、人物。一生专注于绘事，注重写生，在继承岭南画派传统的基础上，从古今中外绘画中汲取精华，作品构思新颖，笔墨凝练，枯润并用，巧拙互用，雄放而不失秀雅，形成鲜明的个人风格。当代岭南画派主要代表画家。在岭南画派第二代传承人中被誉为"岭南画派四大家"之一。艺术风格影响香港、台湾、东南亚甚至美加地区。出版有《杨善深写生集》《杨善深作品集》等。（王碧凤）

钱乃仁（1913—2010） 建筑师。广东广州人。1937年毕业于美国密歇根大学建筑系，获学士学位。1942年任中山大学建筑工程系教授，讲授建筑图案设计、建筑计划、室内装饰、建筑师业务及法令、都市计划等课程。1944年在广西桂林执业，设计华南旅社、广西省府大楼等建筑。1948年赴港，为香港注册建筑师。1963年赴美，定居于俄亥俄州西尔维尼亚。（彭长歆、顾雪萍）

张广义（1913—2013） 伊斯兰教教长。经名艾哈迈德。出生于香港。7岁

在广州濠畔寺学习生活，就读于广州清真小学。随马瑞图学习伊斯兰教经典、教义，通晓乌尔都语。18岁即任濠畔寺阿訇。1939年在香港博爱社任阿訇。抗战期间留守香港为穆斯林教胞服务。1949年香港回教信托基金会聘请任些利街回教总堂阿訇，历时52年。在主持教务的同时，开设伊斯兰教课程，编写伊斯兰文化课本，著有《回教真理》《斋戒》等。1986年率香港穆斯林访问团回广州交流，对加强穗港穆斯林联系发挥积极作用。香港回归后拥护"一国两制"方针，坚持爱国爱教爱港，弘扬伊斯兰教优良传统。（马建春、李蒙蒙）

吴仲（生卒年不详） 1942年在桂林加入生活书店。1944年在广西贺县八步镇参与创办兄弟图书公司，发行革命书刊。后随公司迁到广东连县、广州，任副经理。1946年撤至香港。1946年参与创建《华商报》所属新民主出版社，任经理。1949年5月，根据中共中央文委指示，带领新民主出版社14名员工北上广东解放区参与教导营培训。1949年任广州市军事接管委员会出版组长，11月7日，广州新华书店成立并开业，为首任经理。1950年7月，广州新华书店改称新华书店华南总分店，管辖广东、广西各地新华书店，任经理。9月，作为广东三名代表之一，出席第一届全国出版会议。1952年4月调广东省委统战部工作，其后调任广东省政协文史工作委员会主任、省政协副秘书长。（金炳亮）

倪康华（生卒年不详） 20世纪40年代中期参加革命，在山东临沂创建中共领导的秘密书刊印刷厂，任厂长。参与筹建中共山东滨海区党委机关报《滨海农村》，任报社秘书长。1948年6月任中原支队四中队指导员，赴河南郑州参与筹建《中原日报》。

1949 年 5 月南下武汉负责接管国民党出版机构。新中国成立后，先后在华中新华书店总店、新华书店华南总分店工作。1951 年 4 月参与筹建华南人民出版社（广东人民出版社前身），任副社长。1954 年调中共中央华南分局宣传部工作。1956 年调中国文字改革委员会工作，参与筹建文字改革出版社，任副社长。1963 年参与筹建中国印刷公司，任总经理。（金炳亮）

熊振宗（1914—1962）　伊斯兰教教长。经名易卜拉欣。广东广州人。少年时往陕甘地区为海里凡，挂帐后返广州任阿訇。1936 年任新创《清真教刊》编辑。1938 年前往埃及爱兹哈尔大学留学，获硕士学位，回国后获聘怀圣寺阿訇。1946 年任广州清真小学校长。1946 年《怀圣》月报创刊，任总主编。1948 年获聘为中山大学阿拉伯文教授。1955 年前往台湾，先后担任丽水街清真寺、新生南路清真寺、台北清真寺教长，开设阿拉伯文学习班，讲解《古兰经》。受聘为台湾外事管理部门专门委员，兼任中国广播公司对中东地区阿拉伯语节目主播。1956 年任台湾朝觐团团长，带队往麦加朝觐。1957 年担任《中国回教》总编辑。同年应聘为政治大学教授，讲授阿拉伯语文及阿拉伯文学史。译有《回教继承法与其他继承法之比较》《回教财产继承法》《阿布伯客传》，与时子周、常子萱、定中明共同主编《古兰经国语译解》，著有《穆罕默德传》《中东回教诸国简史》等。（马建春、李蒙蒙）

张为纲（1914—1964）　语言学家。字冠三，笔名任马、岭坡、康坡、吕平生等。江西南丰人，出生于日本东京。1931 年考入中山大学，1936 年入北京大学师从罗常培攻读研究生。执教于广东廉江中学、贵州贵阳榕江师范学校。1941 年任江西省通志馆编纂

兼方言调查专员。次年到中山大学，历任讲师、副教授，文学院委员兼文科研究所研究员。1944 年重回江西任省通志馆协纂兼方言调查专员。1946 年任中山大学文学院语言学系副教授。1951 年，任中山大学文学院委员、中文系副教授。广东省方言调查小组副组长。从事汉语古音韵、词汇学、方言学、少数民族语言和民歌整理工作。著有《透定晓匣古今音变迁考》《明纽古音变转例证》《南昌音系》《贵州榕江歌调记音》《汉语同族词谱》《方音辨正》等。（方小燕）

伍锦霞（1914—1970）　电影导演。祖籍广东新宁（今台山），出生于美国旧金山。1935 年，在美国好莱坞监制电影《心恨》。1936 年，在香港拍摄国防电影《民族女英雄》，在华语电影界崭露头角。1939 年，起用 36 名女性演员拍摄电影《女人世界》，是香港电影史上第一部采用全女性角色的影片。1941 年，在美国开办金门银光公司，主要经营粤语片在北美、中南美地区的发行业务。同年，摄制影片《金门女》，引起美国评论界注意。共制作 11 部电影。是早期将女性主义色彩和海外华人民族意识带入作品中的华裔导演。（温明锐）

孙孺（1914—1987）　原名孙文林，又名孙流冰。广东兴宁人。1929 年毕业于广东梅县县立中学，后参加抗日救亡运动。1945 年调往香港，任《华商报》经济版和《经济导报》主编。1949 年调回广州，历任广东省对外贸易局计划处处长、办公室主任、副局长等职。1958 年任中国科学院广州哲学社会科学研究所副所长，广东省社科联副主席、《学术研究》杂志主编。1980 年任广东省社会科学院副院长兼经济研究所所长。广东省经济学会会长、全国华侨历史学会副会长、广东

省华侨历史学会会长。主编的《前进中的中国特区》，肯定经济特区的作用。著有《孙孺经济论文选》《商品和货币》等。（陈椰）

孙文林　见"孙孺"。
孙流冰　见"孙孺"。

管铭生（1914—1990）　中医学家。广东南海（今佛山南海区）人。1938 年毕业于广东保元中医专科学校。先后在广东南海石湾医院、佛山市私立馨德学校、南海县粮食加工厂、湛江粤西人民医院（今湛江中心人民医院）工作。1978 年被授予"广东省名老中医"称号。熟读中医《黄帝内经》《伤寒论》《金匮要略》等经典著作。擅长治疗内科杂病和骨伤科疾病。擅用温补之法，如用大建中汤治寒痹等。被誉为"佛山四大名医"之一。著有《医余随笔集》。（周红黎、张书河）

管铭生

惟因（1914—1990）　僧人。字知果。俗名黎志成。广东番禺（今广州番禺区）人。早年从业于教育、税政。1939 年赴韶关南华寺礼灵妙禅师出家。翌年在虚云座下受具足。1942 年侍虚云赴重庆主持"护国息灾法会"，整理成《虚云和尚法汇》及各种开示录。次年回粤，在南华寺任知客。1944 年韶关沦陷，身兼知客、当家两职。抗战胜利后随虚云至广州、香港、潮州等地弘法。1949 年秋召集寺僧迎接解放军。新中国成立后配合政府，恢复正常宗教活动。1953 年往江西云居山拜见虚云，得赐洞云宗法卷，为洞云宗第五十世。1956 年入中国佛学院读书。20 世纪 60 年代到广东省社会主义

学院学习。"文化大革命"结束后任南华寺首座，1982 年为住持。居曹溪 50 年，在修葺殿宇、开坛传戒、培养僧才方面有贡献。中国佛协理事、常务理事，广东省佛教协会副会长兼秘书长，韶关市佛教协会会长。第五届广东省政协委员。著有《南华小志》《惟因和尚法语》。（达亮）

杜埃（1914—1993） 报人、作家。原名曹传美、曹家裕，学名曹芥茹。广东大埔人。1930 年入中山大学学习。1932 年参加广州左联，投身抗日救亡运动，开始用笔名杜埃发表作品。1936 年加入中国共产党。1937 年任中共香港工委代理宣传

杜埃

部部长，兼任港九文化支部书记，后调八路军驻香港办事处负责高层文化人士的宣传工作。1940 年 3 月，赴菲律宾组织抗日宣传活动，任《建国周报》主编、菲律宾华侨宣传部部长。1945 年，任《华侨导报》《现代文化》主编。1947 年回到香港，参与筹办《华商报》，后任中共党刊《群众》周刊总编辑。新中国成立后，先后任新华书店华南总分店编审出版部主任、《南方日报》副总编辑、华南人民出版社（今广东人民出版社）副社长。1954 年后任广东省文教委副主任、广东省文化局局长。"文化大革命"期间，遭受不公正待遇。1977 年，任广东省文联党组副书记。晚年致力党的新闻事业史料征集和研究工作，任《新华日报》史学会会长、《华商报》史学会会长。作品以现实主义精神为创作原则，深切关注国家和民族命运，具有朴实厚重的历史感。著有短篇小说《菜市》《动荡》《光的追逐者》《婴儿》《在吕宋平原》，长篇小说《风雨太平

洋》，散文集《乡情曲》，著有《人民文艺浅说》《论生活与创作》《风雨太平洋》等。（金炳亮、耿淑艳）

曹传美 见"杜埃"。
曹家裕 见"杜埃"。

司徒铃（1914—1993） 针灸学家。广东开平人。1936 年毕业于广东中医药专门学校，并在广东中医院工作。1956 年在广州中医学院从事针灸教学工作。国家中医管理局重大中医药科技成果 1986 年度评审委员会委员、卫生部医学科学委员会针灸专题

司徒铃

委员、广东省针灸学会主任委员。1962、1978 年被授予"广东省名老中医"称号。精于针灸，重视中医理论对针灸临床的指导作用，深研《黄帝内经》《难经》《针灸甲乙经》等经典著作，发掘出循经取穴治疗的实用意义。深研子午流注针法，并在临床实践中加以验证。临床取穴少而精，操作手法讲究补虚泻实，刺、灸、挑、拔多种手段综合运用，擅长运用针灸治疗心、脑血管疾病。创制了电光针灸经穴模型、艾绒流浸膏进行电热艾灸方法和针挑疗法仪。编有《现代针灸资料选集》，主编《针法灸法学》，撰有《对本经取穴、他经取穴和多经取穴治疗的初步研究》《经络在临床应用规律上的初步研究》等论文。（周红黎、张书河）

罗元恺（1914—1995） 近现代中医妇科学家。字世弘。广东南海（今佛山南海区）人。第一批全国老中医药专家学术经验继承工作指导老师。幼承庭训，随父侍诊。1935 年毕业于广东中医药专门学校并留任该校附属医院

（广东中医院）。1939 年随校迁往香港。1956 年进入广州中医学院工作。历任广东中医药专门学校校长、广东省中医院院长、广东省中医进修学校副校长、广州中医学

罗元恺

院副院长。1962、1978 年被授予"广东省名老中医"称号。第五至七届全国人大代表。精通内科、妇科、儿科，尤精于妇科。学术上受陈自明《妇人良方》、张景岳《妇人规》和傅山《傅青主女科》等名家医著的影响，注重调理脾肾、气血和冲任，还融合岭南温病学派养阴保津学术观点。对月经不调、闭经、崩漏、痛经、滑胎、不孕、更年期综合征、子宫肌瘤、子宫内膜异位症等有丰富治疗经验，创制了补肾安胎的滋肾育胎丸和活血止痛的田七痛经胶囊。编著有《罗元恺论医集》《常见妇科病的中药疗法》，主编有《实用中医妇科学》《中医妇科学》等，校注《妇人规》。（郑洪、张书河）

傅静庵（1914—1997） 诗人。原名傅敦，又名傅泽，字子余，以号行。祖籍浙江会稽（今属绍兴），落籍广东番禺（今广州番禺区）。酷爱诗词，与粤中文学、文化名家多所交游。历任《中央日报·岭雅》周刊主编、广州大学语文系及香港广侨学院讲席。先后创办鸿社及《岭雅》季刊。主要聚集广州的一批老派文人，以粤籍人士为主，也有不少流寓于此的外省文人学者，对岭南传统文化的保护传承多有贡献。著有《静庵诗稿》《静庵诗词》《抱一堂集》，校点有《翁山易外》。（邓海涛）

傅敦 见"傅静庵"。
傅泽 见"傅静庵"。

柳木下（1914—1998）　诗人。原名刘慕霞，又名柳孟，笔名木下、马御风、马临风、娄木。广东梅州人。1936年毕业于上海复旦大学，并开始文学创作。1938年初在广州，与欧外鸥等创办《诗群众》月刊。1948年定居香港，任中学英文教师。其诗多涉故土追忆、抗战历史及港城生活，善用嘲讽和对比。致力于追求"反抒情"的知性诗风，成为战时左翼思潮中的代表。诗作善于在现代诗风中呈现出香港新诗独异的都市性，体现出香港乃至岭南独特的地方性意识和对现实的深入思考。早期作品见《红豆》。著有诗集《海天集》。（张衡）

刘慕霞　见"柳木下"。
柳孟　见"柳木下"。

高兆兰（1914—1999）　光谱物理学家。中国光学、光谱学的开拓者之一。云南昆明人。1930年就读于岭南大学，先后获物理学学士、硕士学位，后在岭南大学任教。1940年获东方妇女奖学金（巴伯奖学金）赴美国密歇根大学研究生院

高兆兰

物理系深造，1944年获博士学位。1946年回国后任教于岭南大学。1952年任教于中山大学物理系。创建全国第一批光谱学专门化教研室、第一批红外光谱学实验室。中国物理学会广东分会副会长、广东省科协副主席、第一届中国光学学会副理事长。第三届全国人大代表，第五、六届全国政协委员。主要从事发射光谱及喇曼散射光谱分析以及光电技术的研制；开展氨基化合物等复杂分子红外光谱与结构、有机分子电子吸收光谱研究；指导研制各种气体激光器及可调谐染料激光器。编有《原子光谱与原子结构》《分子光谱与分子结构》，被多个高校作为参考教材。（曲静、陈柳）

赵善欢（1914—1999）　昆虫学家。广东高要（今肇庆高要区）人。1933年毕业于中山大学农学院并留校任教。

赵善欢

1935年赴美国，在俄勒冈农业大学获学士学位，康奈尔大学研究院获硕士、博士学位。1939年起先后任教于中山大学农学院、台湾大学农学院、北京大学农学院、华南农学院和华南农业大学。1980年当选为中国科学院生物学部委员。主要从事水稻、蔬菜、果树和林木主要害虫发生规律及防治研究。在水稻主要害虫综合防治、有机合成杀虫剂、植物性杀虫剂、昆虫毒理学、作物根区施药、害虫不育技术与昆虫激素研究上，提出了以人工合成及天然产品的昆虫生长发育抑制剂作为第三代杀虫剂的新概念，对水稻三化螟提出了三化螟集团分布的理论观点；提出早春浸田治螟措施并大面积应用；率先提出"杀虫剂田间毒理学"观点，发展了昆虫毒理学理论。著有《广州三化螟之研究》《昆虫毒理学发展方向》《农业昆虫学》《昆虫生长发育抑制的研究及应用进展》《昆虫毒理学原理》《昆虫学研究论文集》等。（陈志国）

蔡荫庭（1914—1999）　中医学家。别名蔡应怀。广东潮州人。1934年从潮州金山中学毕业后，立志从医。翌年就读于上海新中国医学院。毕业后开始行医，开设中医诊所。1959年成立潮安县中医院（今潮州市第一中医医院），担任该院副院长直至1968年。"文化大革命"后，安排至潮安县人民医院

蔡荫庭

工作，任该院副院长。1979年再次担任潮安县中医院副院长，后任潮州市第一中医医院名誉院长。1962、1978年被授予"广东省名老中医"称号。擅长治疗内科、妇科、儿科疾病，尤精于内科。对中风后遗症、胃病、胆囊炎、胆石症等病的诊治，有独到的见解。提倡外感病慎用补药，内伤重病宜用轻药。撰有《中风（内风）》《高血压病》等论文。（周红黎、张书河）

赵思兢（1914—2000）　中医药学家。广东新会（今江门新会区）人。第一批全国老中医药专家学术经验继承工作指导老师。师从邑城名医梁兆荣，师满后考入广东中医药专门学校。1949年任职于广东中医药专门学校。1955年转入广东省中医药研究

赵思兢

所。1978年调进广州中医学院工作。1978年被授予"广东省名老中医"称号。精通草药，诊病处方提倡掌握和发挥剧毒中药治病的优点，克服或防止其缺点，以取得更好的疗效。尤其擅长治疗恶性肿瘤，制订抗癌基本方，并按辨证与辨病方法进行加味治疗。主编《广东省药材炮制手册》，编审《岭南中草药撮要》等。（周红黎、张书河）

阮章竞（1914—2000）　诗人、剧作家。笔名洪荒。广东香山（今中山）人。1935年参加抗日救亡歌咏活动。

1937年到太行山抗日根据地，任八路军太行山剧团艺术指导、团长，开始从事戏剧和诗歌创作。1939—1947年，主要在太行山根

阮章竞

据地从事文艺指导和创作，并在民族革命战争艺术学校和鲁迅艺术学校任教。新中国成立后，先后任华北局宣传部副秘书长、中国作协党组成员、青年作家工委会主任、《诗刊》副主编等。中国文联第一届候补理事、第四届委员。第五届全国政协委员，第七至九届北京市人大代表，第七届北京市人大常委会委员。著有诗集《圈套》《漳河水》《新塞上行》《迎春橘颂》，童话集《金色的海螺》，独幕剧《糠菜夫妻》，歌剧《赤叶河》等。（陈芝国）

李门（1914—2000） 话剧家、戏剧活动家。原名李家梁、李瑛。广东三水（今佛山三水区）人。1935年参加广州锋社话剧团，1936年参加革命工作，1938年加入中国共产党。新中国成立后，历任广东省文化局副局长，广东省戏曲改革委员会副主任。广东省戏剧家协会副主席、主席，中国戏剧家协会理事，广东省粤剧研究中心理事长。对广东戏曲尤其是粤剧的改革与发展贡献良多。著有剧本、戏剧评论文章及《粉墨集》《剧坛风雨》《舞台内外》等。（邓海涛）

李家梁 见"李门"。
李瑛 见"李门"。

黎抡杰（1914—2001） 建筑师。广东番禺（今广州番禺区）人。1937年毕业于广东省立勷勤大学建筑工程系。求学期间参与创建建筑工程学社，创办宣传现代主义运动的《新建筑》杂志。毕业后留校任教。1939年任中山大学建筑工程系助教。1940年赴重庆开办中国新建筑社事务所。1942年先后任重庆大学建筑系讲师、副教授。在重庆与郑祖良复刊渝版《新建筑》。抗战胜利后返回广州，与郑祖良合组新建筑工程公司开展设计业务。1949年前后移居香港。关注防空建筑的理论与应用，岭南早期现代主义传播和研究先锋人物，为现代主义在岭南的传播和发展作出突出贡献。代表作品为重庆抗战胜利纪念碑（后更名解放碑）。（彭长歆、顾雪萍）

陈残云（1914—2002） 诗人、小说家、剧作家。原名陈福才。广东广州人。1935年进入广州大学读书，担任《中国诗坛》编辑工作，与黄宁婴等编辑《今日诗歌》。1940年到广西桂林逸仙中学任教，参加抗日救亡运动。1941年11月，经夏衍同意，

陈残云

到新加坡在南侨师范任教。1944年回国，担任桂林文化界抗敌工作队队长。1947年到香港香岛中学任教。1949年2月，进入南国影业公司编导室任主任，参加中共香港工委领导下的文化工作委员会的领导工作。1950年调回广州，任华南文学艺术学院秘书长。1954年任广州公安局办公室副主任。1958年秋任东莞县委副书记。"文化大革命"期间受冲击。1971年冬任广东省革委会文化组创作室副主任。中共十三大代表。中国作家协会常务委员、主席团委员，中国作家协会广东分会副主席、广东省文联副主席、对外友好协会广东分会副会长。擅长多种文学体裁。早年以诗歌入文坛，1938年出版诗集《铁蹄下的歌手》，呼唤人民抗战，诗风朴厚凝重，具有强烈的抒情性。战后以小说著称，中篇小说《南洋伯还乡》、短篇小说集《小团圆》揭露国民党政府的黑暗统治，风格冷峻朴素。长篇小说《香飘四季》《山谷风烟》描绘珠江三角洲人民的新生活和建设国家的热忱，风格清新明媚。电影剧本有《珠江泪》《羊城暗哨》《南海潮》。（耿淑艳）

陈福才 见"陈残云"。

梅益（1914—2003） 翻译家、编辑出版家。原名梅少卿，笔名梅雨。广东潮州人。大革命时期杜国庠任金山中学校长时接受革命思想。1929年到上海入读中国公学。1932年在潮州会馆资助下到北平入读中国大学。1934年开始发表翻译作品并加入左联。1936年到上海教书，参与编辑左联机关刊物《每周文学》。又与周扬、徐懋庸、周立波等联合创办《文学界》月刊。与洪灵菲、冯铿、戴平万、陈波儿、柯柏年（李春蕃）并称"左联潮州六杰"。1937年加入中国共产党。上海沦陷后，与夏衍在法租界创办《译报》，率先报道南京大屠杀消息。后改名《每日译报》，任总编辑。1938年8月23日起连载毛泽东《论持久战》。同期还创办《华美周刊》，转载毛泽东《抗日游击战争的战略问题》，发起"上海一日"征文活动，精选100万字编辑出版。1938年与人合作翻译斯诺《西行漫记》和斯诺夫人的《续西行漫记》，为斯诺英文著作《红星照耀中国》最早中译本。1942年翻译《钢铁是怎样炼成的》，由上海新知书店出版。1942年在中共华东分局宣传部工作，其间参与创建新四军江淮大学。抗战胜利后任中共上海文委书记，筹办《新华日报》。1946年赴南京任中共代表团新闻处处长、新华社南京分社社长。1947年在延安任新华社编委、

副总编辑。担任开国大典实况广播负责人。新中国成立后，先后任广播事业局副局长、中央人民广播电台总编辑。1957年当选中国新闻工作者协会副主席。1959年任广播电影电视总局局长。领导创建中国第一座电视台和国际广播电台，创办北京广播专科学校（今中国传媒大学）。"文化大革命"中受到迫害。1977年后历任中国社会科学院秘书长、副院长、党组副书记、党组第一书记。1986年任《中国大百科全书》总编辑委员会副主任兼中国大百科全书出版社社长、总编辑。2009年被评为"新中国60年22名杰出出版家"之一。中共十二大代表，中共中央顾问委员会委员，第一至三、六届全国人大代表，第六届全国人大常委会委员，第一、五届全国政协委员。著有《梅益论广播电视》《梅益论百科全书》等。（全炳亮）

梅少卿 见"梅益"。

李莲珠（1914—2005） 姑娘歌演员。广东海康（今湛江雷州）人。13岁被林芝忠收为姑娘歌班学徒，并得蒋必盛指教。15岁登台表演，对歌时连连击败"闹台"者，在麻扶台夺魁。1953年参加广东省第一届民间艺术会演，被誉为"口头文学家"。1954年组建和平雷州歌剧团，任团长。后担任粤西雷州歌剧团团长、湛江地区雷剧团团长。熟背歌母册，掌握姑娘歌的格律和演唱技法，出口成歌。嗓音清亮，所唱姑娘歌通俗有趣，不少为自编自演，被观众辑成歌本《莲珠对唱》。（于琦）

李仕梅（1914—2005） 内科学家。广东梅州人。中国肾脏病专业创始人之一。1936年中山大学医学院毕业并留校工作。后任中山医学院附属第一医院院长。1959年在中山医学院筹建国内首家肾脏病专业。《中华肾脏病杂志》总主编。中华医学会肾脏病学会第一副主席、中华医学会内科学会理事。主要从事内科肾脏疾病防治研究。开展国内首例肠道透析治疗慢性肾功能不全和首例腹膜透析；与泌尿外科合作，开展首例肾脏活体组织检查和首例肾移植；对尿路感染诊疗作系统的调查研究，其中用玻片法培养细菌、抗体包裹细菌检查对尿路感染的定位诊断成果明显。主编我国第一部肾脏病学专著《临床肾脏病学》。另外编有《简明内科学》《实用肾脏病手册》。（周红黎、张书河）

刘仕昌（1914—2007） 温病学家。广东惠州人。第一批全国老中医药专家学术经验继承工作指导老师。出身医学世家。1938年毕业于广东中医药专门学校，后返惠州开设诊所。1957年在广东省中医进修学校任教，后调入广州中医学院工作。1978年被授予"广

刘仕昌

东省名老中医"称号，1993年被授予"广东省名中医"称号。推崇叶天士、吴鞠通，倡导岭南温病学说，独创温病辨咽喉之法。长于治疗温病、内科、儿科疾病，尤其精于高热、昏谵、厥脱等危重症及疑难症的治疗，其运用中医温病学理论治疗传染性非典型肺炎（SARS）取得很好疗效。其医学思想被编入《刘仕昌学术经验集》《中国百年百名中医临床家丛书·刘仕昌》等。（周红黎、张书河）

陈越平（1914—2012） 原名陈成昌，又名陈志立。广东东莞人，出生于香港。北平大学法商学院经济系肄业，在校期间参加抗日救亡学生运动。1937年春参加革命。1939年10月加入中国共产党。1941年，先后任陕甘

宁边区关中分区统战部干事、科长，延安中央党校校刊编辑、文化教员、科长，其间

陈越平

参加延安整风运动。解放战争时期任冀鲁豫区党委宣传部宣传科长、编审科长，中共平原省委宣传部宣传处长、秘书主任。新中国成立后，任中共华南分局宣传部办公室主任、广州市委宣传部副部长。1953年春兼任华南人民出版社（今广东人民出版社）社长。1955年起任中共广东省委办公厅主任、副秘书长，中共广东省委宣传部副部长。1962—1978年任中共广东省委宣传部部长，其中1969—1972年兼任南方日报社革委会副主任、党委书记、社长、总编辑。1978年任中共广东省委常委、宣传部部长，兼任广东省社会科学院院长、党组书记和广东省社科联主席。1983年起任中共广东省顾问委员会副主任。（全炳亮）

陈成昌 见"陈越平"。
陈志立 见"陈越平"。

黎炳南（1914—2012） 中医儿科学家。广东惠州人。第一批全国老中医药专家学术经验继承工作指导老师。20世纪40年代，任惠阳国医馆副馆长。1958年起在广州中医学院任教。中华全国中医学会广东儿科学会副主任、中华医学会广东儿科学会名誉顾问。

黎炳南

1978年被授予"广东省名老中医"称号。擅长中医儿科，尤擅长治疗小儿哮喘等肺系病证及脾胃病证，擅用补泻兼施、温清并进诸法。将传统中医

理论与岭南的气候特点、小儿的生理病理特点相结合，形成独特的学术特点。总结出当归治咳喘、火炭母治小儿泄泻、毛冬青治咳嗽等多种经验。其医学思想被编入《黎炳南儿科经验集》。著有《中医儿科学讲义》等。（周红黎、张书河）

张宏达（1914—2016） 植物学家。广东揭西人。1935 年考入中山大学生物学系，毕业后留校任教。1947 年参加西沙群岛科学考察，采集 60 多份高等植物标本和几十份海藻标本并发表《西沙群岛的植被》，第一次对西沙群岛植被全面系统

张宏达

的报告。主要从事植物分类学、山茶属植物的系统研究。发现 7 个植物新属和近 400 个植物新种。发现并命名具有茶功效而又不含咖啡因的可可茶，后又发现苦茶、芳香茶等。华夏植物区系理论创始人。著有（含合作）《中国植物志》《中国树木志》《海南植物志》《广东植物志》和《植物学》等专著、教材 10 多部，发表有《广东植物区系起源的特点》《华夏植物区系的起源与发展》《大陆漂移与有花植物区系的发展》等论文。（杨月歆）

雷霆超（Louis Chu，1915—1970） 美国华裔第一位小说家。广东新宁（今台山）人。1922 年随家人移居美国新泽西。本科就读于厄普萨拉学院（Upsala College），1940 年获纽约大学硕士学位。1943 年作为美国陆军通讯兵驻扎昆明，战后回纽约，在纽约市福利部门工作，为社会中心主管，担任溯源总堂（Soo Yuen Benevolent Association）执行秘书，在唐人街主持电台节目《中国节日》（Chinese Festival）。1961 年

出版小说《吃一碗茶》（Eat a Bowl of Tea），1979 年重版后，被认为对亚裔美国人文学具有开创性贡献，亚裔美国文学经典之作。（易淑琼）

黄宁婴（1915—1979） 诗人。原名黄炳辉，笔名伊仲、萧衣、萧雯。广东新宁（今台山）人。1932 年开始写诗。1934 年入读中山大学。1935 年参加广州艺协诗歌组，与陈残云等编辑《今日诗歌》。1937 年主办《广州诗坛》和《诗场》。全面抗战爆发后，主编《中国诗坛》月刊。1938 年赴香港，复刊《中国诗坛》。1945 年，在广州复刊《中国诗坛》，加入中国民主同盟。1946 年再次赴港，复刊《中国诗坛》，任文协香港分会理事、《华商报》影剧双周刊编辑。1949 年进入东江地区。新中国成立后，历任华南文学艺术联合会常委、中南文联候补委员、广东省戏曲改革委员会副主任委员、中国作协广东分会执委、中国剧协广东分会副主席、《作品》副主编。著有诗集《九月的太阳》《荔枝红》《民主短简》《溃退》《远天的木棉》。（陈芝国）

黄炳辉 见"黄宁婴"。

李树龙（1915—1980） 潮菜厨艺师。国家特级厨师。广东潮安（今潮州潮安区）人。1930 年入汕头市和昌太菜行当杂工，1933 年后在中央酒楼、明芳酒楼、乾芳酒楼、新永平酒楼、和茂酒楼学艺和当厨师。1950 年后到红棉酒楼、汕头军分区、大华饭店、汕头大厦当厨

李树龙

师。1964 年派往广州南园酒家负责制作潮州菜。培养了一批青年骨干厨师。精通潮州菜烹饪技术，具有刀工快速利落、小巧别致、花样新奇、美观大方的

技术特长，系统掌握燕、翅、鲍等高级菜肴的制作，尤以烹制清汤、炆、炖菜肴著称，被同行誉称为"炖钵"。擅长烹制佛跳墙、豆酱焗鸡、北菇鸭掌、素珠蟹丸、油泡鲜鱿、虎皮鸭蛋、清汤肚尖把和五果西瓜盅等传统潮菜。（钟成泉）

何志雄（1915—1983） 伤寒学家。原名何炳皓。广东大埔人。1932 年就读于广东中医药专门学校，后转入上海国医学院就读，师从恽铁樵。1937 年赴新加坡、印尼从事中医医疗教学工作，创办新加坡函授中医学校。1956 年就职于广州中医学院。1978 年被授予"广东省名老中医"称号。勤于张仲景之学，深研《伤寒论》六经实质、胃气学说等理论。结合岭南外感热病易劫伤人体阴液的特点，提出顾护胃气是伤寒立法施治之本。编著有《伤寒论概要》《伤寒论选释和题答》等。（周红黎、张书河）

何志雄

何炳皓 见"何志雄"。

汪彼得（1915—1984） 广东新会（今江门新会区）人。出身于基督教背景家庭。中学毕业后，入广州协和神学院读书。1937 年入美国奥柏林神学院学习。1940 年回国，先后任中华基督教会广东协会总干事、中华基督教会广东协会仁济堂主任牧师。1950 年，参与"三自革新宣言"签名运动，为首批签名支持者。1956 年赴香港。先任第六区会代区干

汪彼得

牧，1957年任中华基督教会香港区会总干事。1964年开始推行十年自养计划。1980年宣布中华基督教会香港区会为"自治、自养、自传"的"三自"教会。（卫绮婷）

陈达光（1915—1992）　中医学家。原名陈（秉）源，别名陈焕祯。广东四会人。1935年师从四会名医吴佰明。1942年在家乡行商。1947年在广生堂行医。1956年起在地豆镇中心卫生院工作至退休。1978年被授予"广东省名老中医"称号。擅长治疗麻、痘、惊、疳四大证和四时急性热病、尿路结石等病。临床善用活血祛瘀法，认为许多疾病离不开"瘀"，无瘀不痛、无瘀不结，治疗要活血祛瘀、软坚散结。（周红黎、张书河）

陈（秉）源　见"陈达光"。

黄耀燊（1915—1993）　中西医结合外科学家。又名黄醒中。广东顺德（今佛山顺德区）人。第一批全国继承老中医药专家学术经验指导老师。出身中医世家。15岁时在广东中医药专门学校学习。1934年毕业后在顺德县乐从圩同仁医院工作。抗战时期，在越南西贡、香港、广州等地开业行医。1951年起，先后担任广东中医院副院长、广州市维新联合诊所所长。1956年调入广州中医学院工作，任该校附属医院院长等职。1962、1978年被授予"广东省名老中医"称号。中华全国中医学会广东分会外科学会主任委员。第六至八届全国政协委员。精于治疗外科、内科、儿科疾病，尤其擅长治疗外科、危急疑难病症。在中西医结合治疗破伤风、急腹症、毒蛇咬伤的临床实践

黄耀燊

与研究方面，颇有建树。研发"骨仙片""舒胆胶囊""双柏散"等成药。主编有《中国医学百科全书·中医外科学》等。（周红黎、张书河）

黄醒中　见"黄耀燊"。

黄桂珠（1915—1994）　广东汉剧演员。广东饶平人。12岁登台演出，17岁成粤东名角。演出《点犯》轰动潮梅，被称为"桂珠点犯"。主要演出剧目有《孟姜女》《宇宙锋》《梁山伯与祝英台》《貂蝉拜月》《打洞结拜》《昭君出塞》《秦香莲》《百里奚认妻》《齐王求将》《红书宝剑》等。塑造了貂蝉、王昭君、秦香莲、杜氏、京娘、王金爱、钟离春等经典舞台形象。（陈燕芳）

周法高（1915—1994）　音韵学家、语法学家、古文字学家。字子范，号汉堂。江苏东台人。1935年考入中央大学中文系。1939年毕业后考入西南联合大学，师从罗常培、丁声树，1941年获硕士学位。历任中央研究院历史语言研究所研究员、中央大学副教授、台湾大学中文系教授、哈佛大学哈佛燕京学社、华盛顿州立大学、耶鲁大学客座教授、香港中文大学中国语文系讲座教授、系主任、研究员、中国语言学研究中心主任、台湾东海大学讲座教授。台湾"中央研究院"院士、美国语言学会荣誉会员。在古汉语语法、汉语音韵和金文研究方面有成就。主张分期研究古代汉语语法，注意吸收西方语言学理论。著有《中国古代语法》《金文诂林》《金文诂林补》《中国语言学论文集》《中国音韵学论文集》《新编上古

周法高

音韵表》《汉学论集》《周秦名字解诂汇释》《周秦名字解诂汇释补编》《广雅索引》《广雅疏证引书索引》《中国语文研究》《牧斋诗注校笺》等。（秦晓华、林颖）

何大章（1915—1996）　地理学家、气候学家。广东香山（今中山）人。1938年毕业于中山大学地理系。1941年后返回母校担任助教、讲师等职务。1945年至广东省文理学院担任副教授，1952年任华南师范学院（今华南师范大学）地理系教授，1962年调入中国科学院广州地理研究所。广东省地理学会副理事长、广东省气象学会副理事长。在地理教育、地形研究、物候研究、气候观测、气候区划、农业气候资源开发与利用等方面均有建树。倡议并完成广州北回归线的定点工作，牵头修建的北回归线定点塔成为中国第一个自然地理科学景观。合著有《广东省之气候》《中国风光旅游》《澳门地理》《广东天气气候观察五十年》等。（刘洪杰）

许锡奎（1915—1996）　金属工艺美术师。广东潮州人。出身于世代打银为生的家庭，后在香港湘帆首饰厂出师。不久能单独设计浮雕金银屏、立体金银摆件、金银首饰剧冠等华贵工艺品。后又拜潮州"金银工艺状元"刘元为师。善刻各种花鸟虫鱼、珍禽瑞兽、山水人物，神态生动传神。新中国成立后，任广东潮州市金银饰品厂设计室主任。作品多次被选送出国展览。与刘元共同创作的《古代潮州湘子桥全景》被列为广东省博物馆馆藏珍品。代表作22K金特大《寿星翁》立体摆件，整件作品连座高92厘米，重7.24千克，运用传统平錾、浮雕、阳花、镶嵌、花丝等技艺，风格独特，突破过去人物造型的静止状态。（彭圣芳）

定然（1915—1997）　僧人。法名心清，字定然。俗名方海潮。广东潮安（今潮州潮安区）人。15岁在潮州白云古寺礼纯林和尚披剃出家，翌年依白云寺方丈德宽和尚受沙弥戒。1936年往江南参学，在苏州灵岩山寺修学净土法门。次年在南京宝华山隆昌寺受具足戒。后到镇江金山江天寺、扬州高旻寺参修。1946年返广东，在潮州开元寺挂褡自修。1949年初到肇庆鼎湖山庆云寺任香灯。新中国成立后被安排到工厂做工，"文化大革命"期间回乡改造。1980年复僧装，负责修缮广州六榕寺。1986年任广州光孝寺首座。1989年任新兴国恩寺住持。1991年接潮州开元寺丈席，进寺后整肃纲纪，订规立约，寺院面貌一新。同年复办岭东佛学院，出任院长。两次赴泰国弘法传戒。广东省佛教协会副会长。（杨权）

梁乃津（1915—1998）　中西医结合医学家。广东南海（今佛山南海区）人。第一批全国老中医药专家学术经验继承工作指导老师。1933年考入上海国医学院学习。1937年毕业，在上海行医。全面抗战爆发后，在韶关、广州等地行医。1947年，受聘于广东中医药专门学校。新中国成立后，历任惠行善院内科医席、广州医协副主席、中医学会理事长。1953年任广东省中医实验医院（后改名为广东省中医院）院长。1956年广州中医学院成立，任副教务长兼医经教研组主任。1963年任广东省中医药研究所所长。1962、1978年被授予"广东省名老中医"称号。中华全国中医学会广东分会理事长。第六、七届全国政协委员。谙熟《黄帝内经》《伤寒论》等中医经典文献和后世各家学说，重视现代科学，主张中医为主、中西医结合。学术上推崇张锡纯《医学衷中参西录》，擅长治疗内科、妇科儿科疾病，尤其善于治疗脾胃病，并确定了舒肝和胃健脾、行气活血止痛治则。创制治疗胃脘痛的金佛止痛丸和胃乃安胶囊。编辑有《伤寒论概要》等。（周红黎、张书河）

赖少其（1915—2000）　画家。笔名少麒，斋号木石斋。广东普宁人。1934年为现代版画研究会主要成员。1936年毕业于广州美术专科学校西洋画系。1938年，在武汉被选为中华全国木刻界抗敌协会理事，任桂林《工作与学习》《漫画与木刻》刊物编辑兼发行人。1939年，在皖南参加新四军。1940年加入中国共产党，参加鲁迅倡导的新兴木刻运动。1943年任新四军第一师政治部科长、第三野战军纵队宣传部部长。1949年入华东大学。新中国成立后，担任南京、上海等市宣传部门领导，主持筹建上海中国画院。中国书法家协会名誉理事、中国美术家协会常务理事、中国版画协会副主席、安徽省美术家协会主席、广东省美术家协会名誉主席、上海美术家协会副主席。第三届全国人大代表，第六、七届全国政协委员。在版画、书法、篆刻、国画方面有独到探索。创立黄山画派，独创的"以白压黑"技法，成为新徽派版画的主要创始人。中国当代画坛领袖之一，有"艺坛圣哲"之称。代表作有《淮海战歌》《金色的秋天》。著有《赖少其诗文集》《赖少其自书诗》《赖少其画集》《创作版画雕刻法》等。（梁达涛）

赖少其

杨汉光（1915—2002）　伊斯兰教教长。别名杨万里，经名易卜拉欣。回族。广东广州人。自小在清真寺学习经文教义。1934年起任怀圣寺阿訇、教长。广州市伊斯兰教协会会长、怀圣寺伊玛目、中国伊斯兰教协会委员。

杨汉光

改革开放后主持广州伊斯兰教日常事务，恢复怀圣寺宗教活动，支持广州"回族老人之家"建设。任广州市伊斯兰教协会会长期间，宣传民族宗教政策。以人大代表、政协委员身份参政议政，反映穆斯林意见和建议，维护伊斯兰教合法权益，为广州伊斯兰教文化事业发展作出贡献。（马建春、李蒙蒙）

莫伯治（1915—2003）　建筑设计专家。广东东莞人。1936年毕业于中山大学工学院，留校当助教，后担任滇缅铁路和四川公路局工程师。1952年起历任广州市建设局工程师，广州市城市规划局工程师、总工程师、总建筑师、技术总顾问，华南理工大学教授，珠江设计院名誉院长。1995年当选为中国工程院院士。善于把岭南庭园融于岭南建筑之中，在实践和理论上推进两者同步发展，形成独特的岭南建筑园林设计风格。代表作包括广州北园酒店、南园酒家、泮溪酒家、矿泉别墅、白云宾馆、白天鹅宾馆、西汉南越王博物馆、岭南画派纪念馆等。著有《广州建筑与庭园》《广州新建筑的地方风格》等。（彭长歆、顾雪萍）

莫伯治

周定状（1915—2004）　姑娘歌演员。广东海康（今湛江雷州）人。只读过半年私塾便退学，以制鞋为生。22岁弃鞋业到民间艺人符妃五开设的歌馆学习。23岁登台对歌，被林芝忠吸收到姑娘歌班担任主角。常与李莲珠同

台演唱。1953 年同李莲珠等人参加广东省第一届民间艺术会演。后任海康县第二雷州歌剧团副团长。演唱声音洪亮，吐字清楚，行腔顺畅而富有韵味。注意生活积累和民间传说的收集，擅长口头创作，即兴对唱内容切题、风格诙谐，所作大多针砭时弊，颂扬正义。从艺 60 多年，为姑娘歌和雷剧发展奉献一生。（于琦）

何芷（1915—2005） 剧作家、小说家。原名何澄超，笔名荷子、王迈、向碧、张远等，艺名何澈。广东番禺（今广州番禺区）人。早年毕业于广州市第二职业学校高中土木工程科。1936 年与张雪峰、李门等筹建广州锋社话剧团，从事抗日救亡话剧和歌咏运动。1950年后历任广州市委宣传部处长，《广州日报》编委、副秘书长，广州钢铁厂党委宣传部部长，暨南大学中文系副教授。中国剧协广东分会专业创作员、副主席等。创作多幕话剧《北粤丰碑》、方言话剧《打醒十二个精神》、独幕话剧《一网打尽》《千人钟》等，歌词《全国总动员》《大众的歌手》《民族解放的战歌》，中篇小说《小山鹰》《铁匠的儿子》等，与程羽、陈晃宫合作改编粤剧《宝玉与黛玉》，与他人合编《草莽》文艺杂志，短篇小说集《一夜之间》，杂文集《艺术与心术》等。（高美玲）

何澄超 见"何芷"。

廖冰兄（1915—2006） 漫画家。原名廖东生。祖籍广西象州县妙皇乡大窝村，出生于广州。1932 年开始在报刊上发表漫画作品。1935 年毕业于广州师范学校（现广州市协和中学），任小学教师和报刊美术编辑。

廖冰兄

1938 年在武汉参加军委会政治部第三厅领导的漫画宣传，后到皖南地区开展抗日宣传工作。1939 年任广西地方建设干部学校宣传画教师，并任《漫画与木刻》月刊编辑，创作出版《抗战必胜连环图》。1945 年开始创作连环漫画《猫国春秋》，翌年在重庆首次展出。1947 年在香港加入人间画会，在《星期报》（后改《周末报》），在《华侨晚报》连载连环漫画《梦里乾坤》。1949 年到北京参加第一次全国文代会，当选中国美协委员。1950年任香港《文汇报》美术编辑，后回广州，任《快活报》周刊总编辑。1951 年任广州市文联编辑出版部部长兼《广州工人文艺》主编。中国美术家协会理事、华南文艺学院教授、广州漫画学会名誉会长。作品线刻朴拙，造型夸张有力，具有自己独特的、富有南方民间艺术装饰情调的漫画语言。晚年转画风景画，多以广东水乡为题材，融中国画、西洋画、儿童画、版画、水彩、水粉画于一体的重彩风景画，形成独特的艺术风格。代表作有《自嘲》《禁鸣》《猫国春秋》《抗战必胜连环画》《噩梦录》《残梦纪奇篇》等。（王碧凤）

廖东生 见"廖冰兄"。

莫仲予（1915—2006） 书法家、诗人。广东新会（今江门新会区）人。擅长章草书法，师从胡兆麟、李怀霜、王秋湄等。风格简古清雅、秀逸洒脱。著有《留花庵诗稿》《莫仲予章草集》等。又与其兄点校《陈澧集》中的《乐律通考》《琴谱》。作品辑为《莫仲予集》。（高美玲）

于逢（1915—2008） 小说家。原名李兆麟，笔名梦采、李四、李亚红、李冰之等。原籍广东新宁（今台山），出生于越南海防。1934 年回国，在广

州开始发表文学作品，在上海参加文学活动。全面抗战爆发后，与欧阳山、草明回广州，创办《光荣》半月刊，任《救亡日报》记者。后任《柳州日报》副刊编辑、广西宾阳开智中学教师。1948 年赴香港，任《大公报》文艺副刊编辑。1950 年回广州，历任华南文学艺术联合会常委、编辑出版部部长、《华南文艺》执行编辑、中国作协广东分会副主席。著有文艺评论集《论〈虾球传〉及其他》，小说《伙伴们》《金水长流》《乡下姑娘》《红河的黑夜》《何纯斋的悲哀》《冶炼》《深秋》《金沙洲》《无产者》。（陈芝国）

李兆麟 见"于逢"。

特伟（1915—2010） 动画电影导演、漫画家。原名盛松。中国水墨动画创始人之一。祖籍广东香山（今中山）人，出生于上海。1928 年从上海尚贤中学辍学。1935 年起在报刊上发表时事漫画。全面抗战爆发后，在重庆、桂林、香港等地进行抗日漫画的创作和出版活动。1947 年发表长篇漫画《大独裁者》。1949 年起先后在东北电影制片厂、上海电影制片厂任动画部门负责人。执导个人首部动画短片《小铁柱》。1954 年执导动画短片《好朋友》。1957 年上海美术电影制片厂正式成立后任厂长。同年执导中国第一部水墨动画片《小蝌蚪找妈妈》，探索中国动画片的民族化。导演的作品主要有《骄傲的将军》《牧笛》《山水情》。著有《特伟讽刺画集》《风云集》。（柏峰、周文萍、蔡嘉琪）

盛松 见"特伟"。

朱敬修（1916—1966） 中医学家、教育家。名朱琛，字仲仁。广东东莞人。出身中医世家。1937 年毕业于广东中

医药专门学校。全面抗战爆发后，避难香港，考入香港东华医院任医师。1941 年返莞，于石排设馆行医。1956 年执教于广州中医学院。1962

朱敬修

年被授予"广东省名老中医"称号。倡导各家学说，善于化裁运用经方时方，特别是《千金要方》《外台秘要》诸方。治疗上强调和养之法。著有《赞生堂存稿》等。（周红黎、张书河）

朱琛 见"朱敬修"。

黄新波（1916—1980） 版画家。原名黄裕祥。广东新宁（今台山）人。1933 年参加上海反帝大同盟，开始木刻创作。1934 年参加中国左翼美术家联盟。1935 年赴日本，参加美联东京分盟活动。1936 年回国，刻有《鲁迅遗容》。同年参与发起组织上海木刻工作者协会。1938 年为中华全国木刻界抗敌协会主持人之一。1946 年在香港发起组织人间画会。新中国成立后，历任华南人民文学艺术学院教授兼美术部主任、中国美术家协会副主席、中国美术家协会广东分会主席、广东画院院长、广东省文联副主席。受美国版画家肯特的影响，善用寓意与象征的手法，作品线条优美，黑白对比强烈，风格严谨独特，富有装饰味、文学性和理想色彩，既有思想深度，又有强烈抒情意味。中国新兴木刻运动先行者，我国第一代具有艺术成就和国际影响的版画家。代表作有《他并没有死去》《横断南海》《年轻人》《春华长艳》《创世纪》。著有《路碑》《心曲》《新波画册》《新波版画集》等。（梁达涛、柏峰）

黄裕祥 见"黄新波"。

陈湛铨（1916—1986） 诗人、学者。字青萍，号修竹园主人。广东新会松园里（今江门江海区）人。早年就读于广州禺山高中，毕业后考入中山大学中文系，受业于李笠、詹安泰、古直、陈洵、黄际遇等。毕业后获聘任校长室秘书兼讲师。全面抗战爆发后，随校辗转迁徙广东坪石、云南澄江等地。历任中山大学、贵阳大夏大学、广州珠海大学教授。1949 年去香港，讲学于学海书楼，任香港联合书院、经纬书院、浸会书院、岭南书院等书院中文系主任。参与创办经纬书院，并任监督和校长。著有《周易讲疏》《苏东坡编年诗选讲疏》《元遗山论诗绝句讲疏》《香港学海书楼陈湛铨先生讲学集》《修竹园诗前集》《修竹园近稿》《修竹园诗二集》《修竹园诗三集》《修竹园丛稿》等。其子陈达生将其诗编选为《修竹园诗选》印行，收录作者 24 岁至 61 岁所作诗歌 327。（左鹏军）

梁钊韬（1916—1987） 人类学家、民族学家。字勉之。广东顺德（今佛山顺德区）杏坛人。1922 年，入广州培英小学，1926 年转南武小学，后就读于南武中学初中，1931 年，考入广东法科学院附中高中。1935 年考入厦门大学历史社会学系，

梁钊韬

1937 年转入中山大学历史系，1939 年考入中山大学研究生院文科研究所历史学部，攻读人类学和民族学，获硕士学位。毕业后留校任教于社会学系。1942 年，由校长许崇清介绍任广东省政府边政指导委员会（少数民族教育工作的指导机构）研究员，并担任广东省地方行政干部训练团边政班的业务教官。1944 年经成都华西大学博物

馆馆长郑德坤推荐，任该馆助理研究员，后升任副研究员兼民族学部主任。1946 年任中山大学社会学系讲师，1948 年任人类学系副教授。新中国成立后，历任中山大学历史系副教授、教授及考古教研室主任，中山大学校务委员会副主任。1958 年对马坝人进行鉴定并正确分期。1981 年倡议复办中山大学人类学系。先后在瑶、黎、畲、拉祜、怒、傣、独龙、景颇等少数民族地区进行社会历史调查。中国人类学研究学会、中国社会学研究会、中国民族研究学会、中国考古学会理事，中国民族研究学会副会长。第四、五届广东省政协委员。主张跨学科研究，提出"民族考古学"新课题，以民族学方法和资料、考古学方法和资料及历史学文献，互相印证，互相补充，互相综合。著有《中国考古学通论》《中国民族学概论》《文化人类学》《中国古代巫术：宗教的起源和发展》《海南岛黎族社会史的初步研究》《广东省南海县西樵山石器时代遗址的发现和对遗址性质的一些看法》等。2004 年中山大学出版社出版《梁钊韬文集》。（陈椰、谷宇）

彭玉林（1916—1988） 中医学家。广东三水（今佛山三水区）人。1938 年毕业于广东中医药专门学校，后在广州、佛山及港澳行医。新中国成立后，任佛山市中医院副院长。中华全国中医学会广东分会理事。1978 年被授予"广东省名老中医"称号。擅长

彭玉林

治疗内科、儿科疾病，对外科、妇科疾病的诊治有较深造诣。临证强调四诊合参，辨证施治，强调因人、因时、因地制宜。治疗外感温病重视顾护津液，治疗内伤杂病重视顾护胃气、肾气，

治疗慢性病、老年病强调补脾补肾，创立治疗低热十法。在用药治疗的同时，重视饮食疗法。其医学思想被编入《彭玉林临床经验选辑》等。（周红黎、张书河）

黎觉奔（1916—1992） 作家、编剧。字国斌。广东东莞人。上海中华艺术大学文学系毕业。香港大学、香港中文大学戏剧社导演。历任华侨书院教授兼戏剧学系主任、香港音乐专科学校教授、香港戏剧艺术学会主席、市政局香港话剧团导演。在 1950—1966 年香港本地话剧创作的起步阶段，创作和演出了一批经典剧目，如《红楼梦》《赵氏孤儿》《木兰从军》等。或改编自文学作品，或取材于历史故事，文学色彩浓郁，剧场艺术和剧本艺术相得益彰。（邓丹）

林西（1916—1993） 广州城市和岭南园林建设的领导者。安徽黟县人。早期就读于私塾，后进入黟县由华侨创办的新式学堂敬业学校。1936 年参加抗日救亡活动，1938 年到延安中国人民抗日军事政治大学学习，同年加入中国共产党。1949 年南下广东，1955 年开始主管广州城市建设。历任广州市政府副秘书长、秘书长、副市长。在主管广州城市建设期间，制定适应实际与发展的广州城市规划，主持修建一批标志性建筑，如新爱群大厦、广州宾馆、东方宾馆、流花宾馆、矿泉客舍、白云宾馆、白天鹅宾馆以及花园酒店等。组织建立一批公园和园林酒家，如烈士陵园、越秀公园、北园酒家、南园酒家和泮溪酒家等。在推动岭南现代建筑发展的过程中发挥重要作用。（彭长歆、顾雪萍）

林仁超（1916—1993） 诗人。字伟立。祖籍福建林森（今闽侯），出生于广州。高中毕业后入广东省政府工作，后就职广东盐务局、广州海关，并在工余就读广州文化大学法律科。曾求学于北京大学中文系，后从台湾私立文化大学研究院毕业，获英联邦普斯敦大学荣誉博士学位。广州林氏书屋总经理兼总编辑、私立广州文化大学讲师。1949 年定居香港，后一直在香港从事文化教育工作。历任香港《汉山杂志》总编辑、香港《华侨日报》特约撰稿人、香港远东书院教务主任兼教授、香港金陵工商业务学校副校长、香港孔圣堂中学校长、新雷诗坛出版社社长、香港中国笔会理事和会长、香港宗教文化学会会长、国际桂冠诗人协会评审会主席、世界诗人联会理事、亚洲诗人联会执行委员等职。著有《琼崖黎洞奇观》《天后事迹》《登月集》等 30 余种。（罗志欢）

罗振标（1916—1993） 西秦戏演员。广东海丰人。师承文生何玉和其叔父罗宗满。15 岁到田墘新华轩曲班学艺，师从花旦刘松。16 岁随曲班并入新荣华西秦戏班，未几转顺泰源大班，再拜名生何玉为师，习老生兼文生。出师后，相继在顺太平、顺太源、庆寿年、福寿年等名牌大班当台柱，演文生、武生、老生。1949 年参与组建海丰县西秦剧团的前身工人剧团，担任副团长兼导演。工作中坚持传帮带，培养了一批骨干演员。在香港演出时灌制《赵宠写状》唱片，接受中国艺术研究院拍摄《斩郑恩》录像带。代表作有《斩郑恩》的高怀德、《赵宠写状》的赵宠、《辕门罪子》的杨延昭、《罗成夺元》的罗成、《徐棠打李凤》的徐棠、《胡惠乾打擂》的胡惠乾、《重台别》的梅良玉、《崔梓弑齐君》的崔梓等。（刘红娟）

新马师曾（1916—1997） 粤剧演员、电影演员。原名邓永祥。广东顺德（今佛山顺德区）人，出生于香港。9岁拜小生细杞为师，10 岁登台，因戏路与马师曾相似，取艺名新马师曾。1939 年入薛觉先的觉先声剧团，演《西施》中越王勾践成名。1945 年

新马师曾

到上海演出，结识京剧名伶周信芳、马连良，开始借鉴京剧表演艺术。1946 年起，先后参加大光明、新马、大荣华等剧团，20 世纪 60 年代自组五王、玉马、新马剧团。唱腔上吸收京腔长处，中气雄浑，共鸣强烈，自成一格，人称新马腔。表演上文武皆能，还善于自编自演。参演电影 300 多部，创办了电影公司。热心慈善事业，被称为慈善伶王。代表剧目有《胡不归》《光绪皇夜祭珍妃》《万恶淫为首》等。（李继明）

邓永祥 见"新马师曾"。

佘畯南（1916—1998） 建筑学家。广东潮阳（今汕头潮阳区）人，出生于越南。1941 年毕业于交通大学唐山工学院。1952 年进入广州市设计院，历任高级建筑师、总建筑师、顾问总工程师、副院长、名誉院长。担任华南理工大学、西南交通大学兼职教授。1997 年当选为中国工程院院士。将岭南传统庭园空间组织与现代建筑功能融合起来，形成既有中国南方特色又具有现代色彩的建筑设计风格。代表作品有广州友谊剧院、东方宾馆新楼、白天鹅宾馆、中国驻联邦德国大使馆等。（彭长歆、顾雪萍）

刘传（1916—2000） 陶塑工艺美术师。又名刘永传。祖籍广州番禺（今广州番禺区），后迁居佛山石湾。祖、父辈以制陶维持生计。10 岁时进私塾读书，1928 年，入古玩行当学徒，后入

陈奇记当长工。1979 年被轻工业部授予"中国工艺美术大师"称号。在劳作中学习练泥、配土、烧釉等整套石湾陶瓷工艺技术，以窥师习艺的方式学习前辈名家潘玉书技艺。塑造《张飞》等成名作。勤于钻研各名家作品，继承石湾历代陶塑名家之长，自成风格。提出"宜起不宜止，宜藏不露"、"十浊一清，十清一浊"、"奇而不怪，丑而不陋"等美学原则。作品造型古朴典雅，人物面目奇异，栩栩如生。内容多为历史人物、文人仕女、渔樵耕读等。代表作有《张飞》《渔舟唱晚》《芭蕉罗汉》《铁拐李》《屈原》《李白》《杜甫》《鲁迅》《武松醉打蒋门神》《陆羽品茶》等。（彭圣芳）

刘永传　见"刘传"。

杜汝俭（1916—2001）　建筑师、建筑教育家。广东顺德（今佛山顺德区）人。1939 年毕业于中山大学建筑工程系。1939 年任中山大学建筑工程系助教。1940 年在昆明西南运输处和昆明金城营造厂任职。1944 年在韶关省政府任技士。1944 年任教于中山大学建筑工程系。抗战胜利后在广州自营正平建筑工程师事务所。1952 年后历任华南工学院（今华南理工大学）建筑系副教授、教授。长期从事建筑设计及城市规划的教学与学术研究。主持和参加广州市、江门市公共及居住建筑设计，深圳市城市规划设计等。著有《园林建筑设计》。（彭长歆、顾雪萍）

罗工柳（1916—2004）　画家。广东开平人。1936 年就读于国立杭州艺术专科学校。1938 年到延安入鲁迅艺术学院美术系学习。1946 年起先后任教于北方大学文艺学院、华北大学文艺学院（即第三部）美术系。1955 年赴苏联留学，入列宁格勒列宾美术学院油画专业攻读研究生。回国后历任中央美术学院绘画系主任、副院长，教授。中国美术家协会书记处书记、中国美术家协会常务理事。擅长以写意的笔调使油画技法与中国水墨画的写意结合，具有时代特点和个人色彩的油画艺术语言。代表作有《毛主席在井冈山》《地道战》《前仆后继》《井冈山》等。出版有《罗工柳画集》《巨匠周刊·罗工柳·专集》《罗工柳艺术对话录》等。（王碧凤、柏峰）

戴爱莲（1916—2006）　舞蹈艺术家、教育家。中国新舞蹈艺术开拓者，"新中国舞蹈之母"。祖籍广东新会（今江门新会区）。出生于西印度群岛的特立尼达岛。12 岁考入当地的舞蹈学校。14 岁在英国伦敦先后师从舞蹈家安东·道林、玛丽·兰伯特、玛格

戴爱莲

丽特·克拉斯克等接受古典芭蕾系统训练。并创作了舞蹈《波斯广场的卖花女》《伞》《杨贵妃》。20 世纪 30 年代对现代舞产生兴趣，入魏格曼剧团舞蹈工作室工作。1939 年入尤斯现代舞蹈团，学习拉班的情感表现方法、舞台技术理论和舞谱等。1940 年回国，在宋庆龄影响下，在香港参加支援抗战的义演。创作改编《游击队的故事》《卖》《空袭》《东江》《思乡曲》等以抗日救国为题材的舞蹈作品，形式新颖、表演真挚细腻、风格独特，对宣传抗日起到积极作用。1941 年在广西搜集瑶族舞蹈及桂剧舞蹈，加工改编为瑶族舞蹈《瑶人之鼓》《哑子背疯》等。1944 年，应陶行知之邀到重庆育才学校开办舞蹈组。1945 年深入川边西康地区采风学习民间舞。同年受延安秧歌启发，创作《朱大嫂送鸡蛋》。1946 年在重庆举办"边疆音乐舞蹈大会"，出演瑶族舞蹈《瑶人之鼓》、彝族舞蹈《倮倮情歌》、维吾尔族舞蹈《青春舞曲》、藏族舞蹈《春游》《巴安弦子》等，首次将传统民族民间舞蹈加工为现代舞台表演艺术，被赞誉为"边疆舞蹈家"。1947 年在上海创办中国乐舞学院，1948 年在北平国立师范大学和国立艺术学校任教。新中国成立后，历任中央歌舞团团长、北京舞蹈学校校长、中国舞蹈家协会主席、中央戏剧学院舞蹈团团长、国际拉班舞谱学会副主席、联合国教科文组织国际舞蹈理事会副主席。创建中央芭蕾舞团。1980 年起致力于促进中外舞蹈交流。从事舞蹈教育数十年，坚持教授拉班舞谱，培养了一批舞蹈人才，为中国当代舞蹈事业建设与发展作出卓越贡献。创作《荷花舞》《飞天》和舞剧《和平鸽》。（仝妍、柏峰）

金帆（1916—2006）　诗人、学者。原名罗国仁，笔名克池、克锋、罗光田、海风等。广东兴宁人。1935 年考入广州军医学校。1936 年发表诗作。1937 年加入中国诗坛社。1940 年毕业后开始从医。1945 年参加东江纵队。1951 年调中央乐团从事歌词创作。历任《词刊》编委、中国音乐家协会理论创作委员会委员、中国音乐学院音乐文学专业兼职教授。著有诗集《赴战壮歌》《战士的歌》《解放集》《新绿的土地》《野火集》《神奇的小磨》等。（陈芝国）

罗国仁　见"金帆"。

蒋相泽（1916—2006）　历史学家。贵州安龙人。1935 年 9 月起，先后在杭州之江大学、南京金陵大学、成都金陵大学学习。1940 年 10 月，入昆明清华研究院学习，师从邵循正、吴晗，学习和研究中国近代史。

蒋相泽

1946 年 4 月毕业，随后在天津南开大学任教员。1947 年 10 月赴美留学。1951 年 3 月获美国华盛顿大学历史学博士学位。4 月回国，应聘为广州岭南大学历史政治系副教授。1952 年院系调整后，任中山大学历史系副教授，教授世界史。1953 年加入中国民主同盟。1978 年升为教授。1979 年担任中山大学历史系国际关系史研究室主任。中国国际关系史研究会第一届理事会副理事长、中美关系史专业研究委员会第一届副会长、中国人民外交学会广东分会理事、广东历史学会理事。教学领域涉及世界史多个方向。教学以资料丰富、思维缜密、语言生动为特征。在研究方面，强调立论严谨、言必有据。早年受到中国传统治学方法以及西方治史理论和方法的熏陶，后来又以马克思主义的基本理论与方法指导历史教学和研究。为中国国际关系史、中美关系史、西方史学史等学科的发展作出重要贡献。在美国发表的 The United States and China，是第一本以中国学者的观点全面审视中美关系史的著作，受到中美学界同仁重视。著述还有 The Lian Rebellion、《国际关系与西方史学论集》《蒋相泽自选集》；主编有《世界通史资料选辑·近代部分》《简明国际关系史》《简明中美关系史》和《国际关系史》第五卷，译有《使日十年》以及苏联大百科全书西班牙、英国等条目的历史部分。（朱卫斌）

碧野（1916—2008） 作家。原名黄潮洋。广东潮安县（今潮州湘桥区）人。1934 年于广东省立金山中学肄业。1935 年在北平《泡沫》文艺月刊发表处女作《窑工》，参加文艺团体泡沫社、浪花社。1936 年加入左联领导下的北平作家协会，正式从事写作。1938 年在武汉参加中华全国文学界抗敌协会。1942 年，当选为中华全国文学界抗敌协会成都分会理事，任莽原出版社总编辑、文协成都分会理事，次年去重庆等地中学任教。1946 年去上海等地中学任教。1948 年进入解放区，先后在晋冀鲁豫北方大学、华北解放区华北大学任教。1952 年调中央文学研究所创作组。1954 年转为中国作家协会驻会作家。后任新疆维吾尔自治区文联委员、湖北省丹江口水利工程生产办公室副主任、湖北省文联委员、中国作家协会湖北分会副主席。作品情节曲折、形象生动、语言文字流光溢彩，有极强的生命力。散文创作在中国现当代文坛独树一帜。著有长篇小说《肥沃的土地》《阳光灿烂照天山》《丹凤朝阳》，中篇小说《奴隶的花果》《乌兰不浪夜祭》等，短篇小说集《流落》《山野的故事》，小说、散文集《幸福的人》《在哈萨克牧场》《遥远的问候》《边疆的风貌》《月亮湖》，游记《天山景物记》《天山南北好地方》。作品编为《碧野文集》。《天山景物记》《情满青山》等多篇作品，被翻译成英、日、俄、匈牙利、朝鲜语等文字。（李艳平、柏峰）

黄潮洋 见"碧野"。

高华年（1916—2011） 语言学家。中山大学对外汉语教学创始人之一。福建南平人。1941 年毕业于北京师范大学，1943 年毕业于北京大学文科研究所语学部，获硕士学位。1943 年任西南联合大学中文系讲师。1946 年起先后任南开大学中文系讲师、副教授。1950 年任岭南大学研究员。1951 年起任中山大学语言学系、中文系教授、汉语培训中心主任。广东省中国语言学会会长、中国民族语言学会常务理事、中国语言学会理事。岭南语言学学术带头人，被誉为"辨音记音近代第一人"。著有《彝语语法研究》《广州方言研究》《语言学概论》《普通语音学》《少数民族语言调查研究教程》《汉藏系语言概要》等。（林伦伦）

黄德鸿（1916—2015） 经济学家。广东阳江人。1942 年毕业于中山大学社会学系。先后任教于中山大学、中南财经学院、湖北大学、暨南大学。历任暨南大学经济系副主任、工业经济教研室主任。

黄德鸿

主任。广东省经济学会常务理事，广东省及广州市企业管理协会副会长，中国工业经济管理研究会、中国工业经济研究与开发促进会、广东省经济学会、广东省及广州市劳动学会、广州工业经济联合会等学术团体顾问。民盟中央经济委员会委员。毕生从事社会保险制度和工业经济、企业管理的教学和研究，对国有企业体制改革、珠江三角洲产业结构、南中国区域经济产业等问题作了深入研究，对广东省乃至全国的经济体制改革发展起了重要作用。合著有《社会主义工业企业管理》《管理员学纲要》等。2007 年广东人民出版社出版《黄德鸿自选集》（陈柳）

林仲伟（1916—2015） 武术家。莫家拳第五代传承人。广东东莞人。8 岁随父林荫堂学习莫家拳，还向武术名师林耀桂、姚达深、罗光玉、陈铁笙学习，擅长龙形拳、姚家拳、螳螂拳、功力拳等。1935 年起，多次参加广东省运动会武术表演赛。1938 年，在广东省立勷勤大学师范学院（今华南师范大学）任教，教授体操、武术等项目。从事体育教育事业数十年。1979 年，参加第一届全国武术观摩交流大

会。1984年，被聘为全国高等师范院校体育专业教材编审委员会委员。学贯南北，一生治学，为莫家拳乃至武术教育事业作出贡献。著有《莫拳》《武术教材的探讨》等。（孟田）

唐托（1916—2016） 西秦戏演员。10岁进戏班，在顺泰源跑龙套10年，成为旗军头。后师从正旦刘松，工武生。1952年正式参加海丰县西秦剧团。1969年剧团解散。1979年重回剧团参加工作。精通西秦戏提纲戏各排场套路的艺术表演。擅长南派拳术的表演。演出代表人物有《徐棠打李凤》的徐棠、《大破少林寺》的方世玉、《胡惠乾打擂》的胡惠乾。后跨行转攻老生，扮演《刘锡训子》的刘锡和《宝珠串》的杨衍。因多演挂须的老生角色，人称"长须托"。从艺70多年，培养了一批西秦戏演员。（刘红娟）

邓铁涛（1916—2019） 中医学家、教育家和社会活动家。名邓锡才。广东开平人。第一、三批全国继承老中医药专家学术经验指导老师，第一批国家级非物质文化遗产项目中医诊法代表性传承人。出身于中医家庭。1937年毕业于广东中医

邓铁涛

药专门学校。先后在广东中医药专门学校、广东省中医进修学校、广州中医学院工作，任广州中医学院副院长。中华全国中医学会常务理事、中国中西医结合研究会名誉理事、中国中医药学会终身理事。1962、1978年被授予"广东省名老中医"称号。2009年被授予"国医大师"称号。倡导"痰瘀相关学说"，提出"五脏相关学说"。擅长内科杂病的诊治，尤其擅长运用五脏相关理论辨治多系统疑难杂症，如重症肌无力、侧索硬化症、冠状动脉粥样硬化性心脏病等，并将中医药运用到传染性非典型肺炎（SARS）的防治。编著有《邓铁涛医学文集》，主编有《中国医学通史（近代卷）》《中医五脏相关学说研究——从五行到五脏相关》《实用中医诊断学》《中医近代史》《中国防疫史》等，点校有《医碥》《岭南儿科双璧》，编校《子和医集》等。（郑洪、张书河）

邓锡才 见"邓铁涛"。

马景廉（1917—1980） 回族。广东广州人。怀圣寺阿訇马仁峰之长子。1938年起在广州、香港从事教育工作。1947年起先后任广州清真小学教导主任、校长。1952年代表广州回族同胞参加中南民族访问团，到中南、华中、华北等地参观访问。1953年以广州市少数民族代表身份参加中国人民第三届赴朝鲜慰问团。1956年任越秀区副区长。先后担任广州市伊斯兰教协会副主任、主任，广州市民族事务委员会副主任（兼职）。广东省民族事务委员会委员，中国伊斯兰教协会第三届常务委员。（马建春、李蒙蒙）

徐柳仙（1917—1985） 粤曲平喉唱家。粤曲四大平喉（小明星、张月儿、徐柳仙、张惠芳）之一。原名徐振坤。广东南海（今佛山南海区）人，出生于香港。3岁随温森学唱粤曲。1929年以唱《再折长亭柳》闻名。1932年，演唱《梦觉红楼》并灌录唱片。自组锦绣剧团、徐柳仙剧团，在香港、南洋各地演出。1963年成立香港粤曲歌剧学院，任院长。唱腔刚劲、爽朗，糅合大喉与平喉唱法，吐字清晰洒脱，被誉为"柳仙腔"。其代表曲目有《再折长亭柳》《断肠碑》《西厢记》《梦觉红楼》《热血忠魂》等。（邓海涛）

林建德（1917—1986） 中医学家。广东潮安（今潮州潮安区）人。出身医学世家。中学毕业后就读于上海国医学院，师从谢利恒、陆渊雷等。1937年毕业后回乡行医。1959年调广州中医学院任教。1978年被授予"广东省名老中医"称号。

林建德

学术上远攻《黄帝内经》《难经》经典著作，近研后世各家学说，重视理法，强调医要精术，必先明于理。治疗内科杂病，既善利用气机升降出入之理调整脏腑功能，又妙用阴阳互根、五行生克法则处方用药。擅长治疗胃十二指肠溃疡、肺结核等病。著有《中医名词术语选释》《简明中医辞典》《中医学新编》等。（周红黎、张书河）

陈则光（1917—1992） 原名陈朗秋，笔名陈虹、朗秋、郎曲、鲜明。湖南南县人。1939年肄业于中山大学师范学院，后毕业于中山大学国文系。历任中学教师、湖南大学中文系讲师。1951年调入中山大学中文系，任讲师、副教授、教授。鲁迅研究学会、中国现代文学研究会理事。长期从事文学理论、现代文学、近代文学的教学与研究。著有《中国近代文学史》，撰有《论典型的社会性》《再论典型的社会性》《论历史讽喻剧〈赛金花〉》《一曲感人肺腑的哀歌——读巴金的中篇小说〈寒夜〉》《鲁迅先生在广州》等。（高美玲）

陈朗秋 见"陈则光"。

黄文俞（1917—1996） 出版家。曾用名黄承煊。广东番禺（今广州番禺区）

人。1935 年入中山大学工学院机械工程系读书，后肄业。1938 年任香港《大公报》助理编

黄文俞

辑。1940 年加入中国共产党。1941 年参加东江纵队，先后任政治部宣教科副科长、科长，第一期青年训练班主任。参与广东人民抗日游击总队机关报《前进报》编辑出版工作。1946 年 6 月，任香港《正报》社长。《正报》改为杂志后，任主编。1948 年 2 月，任中共粤赣湘边区（临时）委员会委员。1949 年 1 月，任中国人民解放军粤赣湘边纵队党委秘书长。新中国成立后，先后任新华社华南总分社副社长、广东分社社长、广州市文化教育委员会委员。1954 年起先后任南方日报社社长、总编辑，广东省委宣传部副部长，筹办《南方日报》农民版、《广东画报》等。1957 年主持创办《羊城晚报》，任总编辑。1971 年任广东省委宣传部副部长，兼广东人民出版社革命委员会党的核心小组组长、革委会主任。1978 年任广东省出版事业管理局党组书记、局长。1981 年主持创办岭南美术出版社，兼任社长、总编辑。广东省新闻工作者协会主席、广东省顾问委员会委员。1980 年前后，主持制定"立足广东，面向全国，兼顾海外"的出版方针，广东出版在丛刊（杂志）出版、对外合作出版、出版进出口业务等方面居全国领先地位。主张"讲真话，做实事"，为改革开放后广东出版作出重要贡献。作品收入《黄文俞选集》。（金炳亮）

慧原（1917—1996） 僧人。法名果因。俗姓余，名美添，又名觉原。广东潮州人。17 岁投潮州凤凰台镇洪寺礼临济宗得玄禅师祝发。后入岭东

佛学院学习，从学于寄尘法师。两年后在苏州狮子林寺受具足戒。旋到苏州灵岩山寺修习净土法门，依止印光法师。淞沪抗战后返回广东潮州，历任开元寺维那、知客、监院，佛学院教师，揭阳双峰寺住持。抗战胜利后再度北上，到江、浙、冀、察、晋等地参学。1950 年在潮州开元寺宣讲佛经。1958 年被错划为"右派"。"文化大革命"期间被遣返农村劳动改造。1981 年复僧装，主持重修还远寺工程，修殿宇、塑佛像，使开元寺渐复理观。1982 年任开元寺方丈，接曹洞宗法派，为曹洞宗第四十八世、华首台第十六世。以一身兼祧临济、曹洞两宗。多次出国弘法。中国佛教协会理事及谘议委员，广东省佛教协会理事、常务理事、副会长、名誉会长，潮州市佛教协会会长，岭东佛学院名誉院长。圆寂后塔于澄海樟林莲花东侧。著有《潮州市佛教志·潮州开元寺志》。（达亮）

陈德仁（1917—1998） 学者、日本侨领。祖籍广东南海（今佛山南海区），出生于日本神户。幼时在神阪中华公学求学，1941 年考入大阪外国语学校（今大阪外国语大学），毕业后留校任教。1944 年任大阪《每日新闻》记者。二战后，在重振神户华侨社会、再建神户中华同文学校中表现突出。历任神户华侨劳资合作社社长、神户华侨总会理事、神户中华总商会会长、神户华侨历史博物馆馆长、神户孙中山纪念馆副馆长。著有《辛亥革命与神户》，与安井三吉合著有《孙中山与神户》《孙文讲演"大亚洲主义"资料集》。（卢玉敏）

刘逸生（1917—2001） 报人、作家、学者。原名刘锡源，又名刘日波。笔名流波、柳淇、玉宇、万尊巖、孙奉、

史之余等。广东香山（今中山）人。

刘逸生

早年任香港《大同日报》杂役、《中兴报》见习校对。1939 年入香港中国新闻学院学习。后任《星岛日报》校对室主任、编辑，《广州晨报》编辑主任等。1943 年赴梧州任《言报》编辑部主任。解放战争时期先后任香港《正报》副总编辑，《华商报》编辑。新中国成立后，任中共中央华南分局宣传部干事，《南方日报》副刊部副主任，《羊城晚报》副刊部副主任、第二副刊部主任、编委，兼任暨南大学新闻系教授、中华诗词学会理事。1984 年，被中山大学中国古文献研究所聘为特约研究人员。长期致力于古典诗词研究及赏析工作。《唐诗小札》被称为"鉴赏学的前驱"。著有《唐诗小札》《宋词小札》等书，以及《龚自珍编年诗注》《学海苦航》等著作 10 余种。（金炳亮、高美玲）

刘锡源 见"刘逸生"。
刘日波 见"刘逸生"。

王匡（1917—2003） 出版家。原名王卓培，笔名尚吟。广东东莞人。早年投身爱国进步活动，1937 年底奔赴延安，1938 年 3 月加入中国共产党。

王匡

在延安抗大、马列学院、中央党校学习和工作。历任中共中央研究院哲学研究室研究员，中原解放区江汉军区政治部宣传科长、部长，中共南京办事处秘书兼新华社南京分社采访部主任。1946 年到太行山参与筹备新华社临时总社，任国内部副主任。其后参

加刘邓大军前线记者团，两次随军挺进中原，进军江汉，其间发表《南征散记》《跃进大别山》《蒋管区农村见闻》等新闻特稿。新中国成立后，历任广州市军事接管委员会新闻出版处副处长、广州市人民政府新闻出版处处长、新华通讯社华南总分社社长、南方日报社社长、中共中央华南分局委员、宣传部部长、中共广东省委常委、候补书记、中共中央中南局委员、宣传部部长。长期主管华南地区的思想文化工作。1957 年领导创办《羊城晚报》。1977 年复出后任国家出版局局长。主持出版 35 种中外文学名著，恢复因"文化大革命"而中断的稿酬制度，直接领导和策划新版《鲁迅全集》注释出版工作。1978 年 7 月，任中共港澳工委书记、新华通讯社香港分社第一社长。1983 年任国务院港澳办公室顾问。中共十一、十二大代表，第五至七届全国政协常委。2009 年被评为"新中国 60 年 22 名杰出出版家"之一。著有杂文、散文集《过门集》，诗文集《长明斋》。（王晓吟）

王卓培 见"王匡"。

知定（1917—2003） 僧人。法名惟妙，字知定。俗名冯世炉。广东曲江（今韶关曲江区）人。1937 年在韶关南华寺礼虚云得度，同年受戒，为临济宗第四十四代。1941 年入江苏镇江焦山佛学院研读，毕业后返南华寺，历任知客、监院、代理住持。解放战争期间由云门寺赴香港传法，先后住香港佛教会、荃湾鹿野苑。1956 年初抵夏威夷主持檀香山华侨佛教总会，后创建美国第一所汉传佛教风格的寺院夏威夷虚云禅寺。中国佛教会广东分会理事、曲江佛教支会理事长、南华戒律学院副院长之职。（李杰）

吴球（1917—2005） 灯彩艺术师。广东佛山人。出身于灯色制作世家，受祖父辈熏陶。后拜名师，学习彩扎灯色。1955 年加入佛山民间艺术社灯色研究和创作队伍。1959 年，创作《四方走马灯》获好评，作品分别参加 1973、1978、1987 年三次中国工艺美术展览会。1988 年被轻工部授予"中国工艺美术大师"称号。致力于挖掘濒临消失的灯彩艺术传统，创制新型莲花灯。常用日常生活的废次下料制成作品。代表作《十二面球型针口灯》，全灯不用一根竹笏支架，只以厚纸片（对称六边形）粘贴而成。每一纸面，用绣花针按已设计的花鸟、龙凤或人物、山水及诗词图案，一针一针地刺"画"出来，1960 年命名为"万针灯"。参与香港太古城商业中心特大龙凤彩灯制作，被香港人称为"世界灯色之最"。作品先后在英、美、日等数十个国家和地区展览销售。代表作有《瓜子十二面球形灯》《灯芯灯》《通草宫灯》《剪（刻）纸龙凤灯》《芝麻灯》《稻秆灯》以及《罗伞·玩具灯》等。（彭圣芳）

林品生（1917—2006） 中医学家。别名林子生。广东三水（今佛山三水区）人。第一批全国继承老中医药专家学术经验指导老师。出身中医世家。19 岁就读于广东中医药专门学校，毕业后返乡行医。先后任三水县人民医院副院长、三水县中医院副院长、名誉院长。广东省佛山地区中医学会副会长。1978 年被授予"广东省名老中医"称号。重辨证，注意疾病的常与变。选方用药，力主精专，疗顽疾以扶元为先。认为用药如用兵，贵精不贵多，应按一定的法度、疾病的轻重而施用，暴病用药宜峻猛，久病用药宜轻缓。擅长治疗内科杂病、温热病，尤其治疗肝肾疾病颇具特色。撰有《益母草治疗急慢性肾炎水肿 13 例初步疗

效观察》《中医扶正法在慢性肝炎、早期肝硬变治疗中的应用》等。（周红黎、张书河）

蔡秀峰（1917—2007） 天主教主教。教名本笃。广西平南人。1932 年就读于广东江门北街备修院，1935 年回广西平南圣家修院。1942 年在贵州贵阳大修院寄读。1946 年在香港华南总修院（现圣神修院）就读。1948 年 12 月 3 日晋铎。1993 年 12 月 3 日祝圣晋牧为梧州教区正权主教，任梧州教区（现广西教区）正权主教。（韦羽）

邹爱瑜（1917—2014） 建筑教育家。江西丰城人。1943 年毕业于中山大学建筑工程系，留校任教。1952 年起历任华南工学院（今华南理工大学）建筑工程系讲师、副教授、教授。兼任建筑设计学术委员会副主任委员。主要从事住宅建筑设计标准化及使用灵活性建筑技术预制装配化研究。著有《阴影法》《透视学》《房屋建筑基本知识》等。（彭长歆、顾雪萍）

曾敏之（1917—2015） 作家、诗人、报人。原籍广东梅县（今梅州梅县区），出生于广西罗城。抗战期间参加中华文艺界抗敌协会。1939 年开始发表作品，1941 年出版第一部散文集《拾荒集》。历任《大公报》记者、采访主任，暨南大学教授。新中国成立后，在广州从事鲁迅研究和古典文学研究。1978 年后任香港《文汇报》副总编辑，香港作家联合会会长，香港文学促进会高级顾问，华夏民族杂志社总顾问。致力于向内地推介台港及海外华文文学，推进海峡两岸文化交流。创作重写实、重细节，以小见大，反映出特定的地方特色与时代气息。介绍香港文学创作、编选香港文学作品、推动香港文学等相关研究，促进香港文学以及粤港澳区域内部文学的创作、发展及交流活

动。2003 年获香港特别行政区政府颁发的荣誉奖章。著有杂文集《曾敏之杂文集》，散文集《望云海》《文苑春秋》，专著《诗的艺术》《古典文学欣赏举隅》等。（张衡）

钟功甫（1917—2016） 地理学家。广东新会（今江门新会区）人。1941年毕业于中山大学地理系，后进入四川北碚中国地理研究所（今中国科学院地理研究所）。1950 年调入广东文理学院。1952 年任华南师范学院地理

钟功甫

系副教授。1962 年任广东省农业区划办公室主任兼业务指导。1979 年担任广州地理研究所副所长、研究员及学术委员会主任。1999 年当选为国际欧亚科学院院士。长于农业区划与农业地理、热带地理研究。1958 年率先开展基塘农业生态系统的研究。合著或合编有《海南岛农业地理》《珠江三角洲》《中国特区地理研究》等。（刘洪杰）

饶宗颐（1917—2018） 汉学家、史学家、教育家。字固庵、伯濂、伯子，号选堂。广东潮州人。早年以续编其

饶宗颐

父饶锷《潮州艺文志》成名。任中山大学广东通志馆纂修、中山大学研究员。先后在韩山师范专科学校、无锡

国学专科学校、广东文理学院、香港大学、新加坡大学、美国耶鲁大学、法国高等研究院、香港中文大学等任教授和访问学者。2009 年获聘为中央文史研究馆馆员，2011 年被推选为西泠印社第七任社长。获法国汉学儒莲奖，法兰西学院外籍院士，巴黎亚洲学会荣誉会员，法国索邦高等研究院首位华人荣誉人文科学博士，敦煌文物保护、研究特别贡献奖。早年以治地方史志为主，中年以后兼治四裔交通及出土文献，壮年由中国史扩大到印度、西亚以至人类文明史的研究，晚年致力于中国精神史的探求。在甲骨文、敦煌学、古文字、上古史、近东古史、词学、方志学等研究领域均有开创性贡献，精通梵文，在学术上首倡"潮州学""华学"。擅山水画写生和人物白描，书法植根于古文字，自成一格。师从岭南古琴名家容心言习琴，对琴谱、琴史及音乐史的研究颇多建树。2009 年中国人民大学出版社出版《饶宗颐二十世纪学术文集》（14 卷）。（陈椰、张衡）

郑广昌（1918—1942） 潮剧演员。广东揭阳人。13 岁卖身为老怡梨春班童伶，得名师林如烈教习指导，在首本戏《玉堂春》中饰演袁金龙。扮相俊美，动作潇洒，音域宽，音质清扬圆润，受观众喜爱。录音唱片多，影响广。1940 年至泰国演出，在班中演小生兼教习。代表剧目有《玉堂春》的袁金龙、《褒姒乱周》的周幽王、《群芳楼》的刘俊、《姊妹花》的桃哥等。（孙冰娜、吴国钦）

吴松声（1918—1946） 潮剧演员。广东揭阳人。在纸影班学艺，后卖为老怡梨春班童伶，得林如烈培养，以演《玉堂春》苏三成名旦，又请外江戏教师李毛传授《贵妃醉酒》，饰杨贵妃。扮相身段美艳，声色甜润，与

郑广昌长期合作，一生一旦相得益彰。全面抗战爆发前随班到泰国演出。代表剧目有《玉堂春》《收浪子尸》《收蜈蚣精》《姐妹花》等。（孙冰娜、吴国钦）

曾浦生（1918—1984） 演奏家、作曲家。广东番禺（今广州黄埔区）长洲下庄人。19 岁加入邵铁鸿组织的香港青年音乐组，为电影配乐撰曲，后应粤剧泰斗薛觉先邀请，加入觉先声乐队。多次与吕文成、何大傻等人合作，随吕文成组织的演出队到上海大世界等戏院演出，班卓琴独奏《醒狮》《旱天雷》《雄鸡》等曲目。演奏具个人风格，姿势以左腿架在右腿之上，侧板紧贴左腿，更像吉他演奏；拨弦以右手持拨子，多用弹、挑、滚、扫等拨法，弹奏二、三弦时近乎横划，弹奏单音多用挑法，挑弦时手腕作幅度较大的顺时针方向的内圈运动，常用这种方法奏出衬音；左手手形近似演奏琵琶，倚音、复倚音的应用像三弦、琵琶，把位的应用更像二胡。在演奏和创作上勇于创新、务实求真，为粤乐艺术的发扬光大作出重要贡献。代表曲目有《古禅月影》《岭南香荔》等。另辑成《南国弦声》一书，填补民间音乐界无曲可依、无腔可度的空白。（庄蔚）

宣化（1918—1995） 僧人。又名安慈，字度轮，俗姓白。黑龙江双城（今哈尔滨双城区）人。幼习佛典。19 岁在吉林三缘寺披剃出家。1947 年在普陀山受具足戒。次年在曹溪南华寺参礼虚云，任南华戒律学院监学、教务主任。1949 年初退居曹溪藏经阁。是年大戒，任尊证阿阇黎。随虚云至韶关大鉴、乳源云门两寺。入夏移锡香港，在香港建西乐园、佛教讲堂、大屿山慈兴寺，创办《心法》杂志，平等宣扬五宗，打破门派界域。1956 年嗣虚云所授沩仰宗法，为沩仰宗第九

世。1962 年到美国弘法。1970 年前后在中美佛教总会的基础上成立法界佛教总会，在旧金山建金山禅寺，又拓建地藏女众道场。1973 年创立国际译经学院，用英、法、西班牙等语言译出大量佛经。1976 年在旧金山建万佛城，在其中创立法界佛教大学。1978 年赴马来西亚及台湾、香港地区弘法。创立道场近 30 所。（达亮）

黄传克（1918—1998） 中医学家。广东潮州人。早年进入广东中医药专门学校学习，师从周仲房。1938 年毕业后随其师在香港行医。先后任汕头市中医医院副院长、名誉院长。中华全国中医学会汕头市分会副理事长。1978 年被授予"广东省名老中医"称号。擅长针灸，精于治疗内科、妇科、儿科疾病，尤精于治疗内科杂病。临证用药取先贤经验，不拘泥其方，有所创新，如用桃仁四物汤加味治疗风湿性舞蹈病。撰写《中医对麻痹症的认识和治疗》《四物四藤合剂治疗风湿性关节炎疗效分析》《疏风牵正汤治疗颜面神经麻痹经验介绍》等论文。（周红黎、张书河）

孙俊德（1918—2000） 西秦戏演员。广东陆丰人。师承黄戴，攻乌面。11 岁被父母送到白字戏双喜班做童伶。20 岁在永丰正字戏班当旗军，师从禅公。22 岁又到陆丰福寿年西秦戏班，23 岁在陆丰悍田庆丰年西秦戏班，24 岁在海丰东洲坑庆寿年西秦戏团，33 岁参加海丰工人剧团（现县西秦剧团前身）。师承黄戴的表演特点，强于南派武功的拳术戏。代表作有《斩郑恩》的高怀德、《徐棠打李凤》的李凤、《方世玉打擂》的雷老虎、《大破少林寺》的高晋忠等。晚年绘制 100 多幅西秦戏脸谱，存入广东省艺术研究所，留下宝贵文化遗产。（刘红娟）

钟紫（1918—2000） 报人、学者。广东梅县（今梅州梅县区）人。抗战时期加入东江纵队，任《前进报》记者。抗战胜利后转战山东等地，在淮海战役中任前线记者。后回广州参与《正报》编辑出版。新中国成立后，参与创办《南方日报》，后任该报农村组组长。晚年致力于收集、整理和出版革命报刊史料，主编《香港报业春秋》，参与编撰《中国新闻事业通史》。（金炳亮）

黄秋耘（1918—2001） 作家、编辑出版家。原名黄超显，笔名昭彦、彦白等。籍贯广东顺德（今佛山顺德区），在香港出生和度过青少年时代。先后就读于清华大学和中山大学。1935 年在北平参加"一二·九"运动。1936 年加入中国共产党。

黄秋耘

1938 年起，先后在八路军驻香港办事处、国民党第七战区长官部编纂部工作，编辑《青年知识》等。解放战争时期任粤赣湘边纵队第一支队参谋，香港《大公报》《新建设》编辑。新中国成立后先后任华南文艺学院教员、《南方日报》编委、中共中央联络部研究员、新华通讯社组长、新华社福建分社代社长。1954 年任中国作家协会《文艺学习》杂志常务编委。1959 年任中央宣传部《文艺报》编委。1966 年调《羊城晚报》社，任编委。"文化大革命"期间下放英德"五七"干校劳动。1970 年调广东省革命委员会宣传办工作。1971 年调广东人民出版社工作，后任社革命委员会副主任。1976 年兼任广东省《辞源》修订编审小组组长，为新编《辞源》三位总纂之一。1978 年任广东省出版事业管理局副局长。晚年参与编撰《一二·九

运动史要》，著回忆录《风雨年华》。中国作家协会理事、中国作家协会广东分会副主席、国际笔会中国广州中心会长。作品译成英文、日文、朝鲜文等。著有文艺评论集《古今集》《锈损了灵魂的悲剧》《黄秋耘文学评论选》、散文集《往事并不如烟》《人到黄昏》《丁香花下》《风雨年华》《雾失楼台》等，译有罗曼·罗兰《搏斗》。1999 年花城出版社出版《黄秋耘文集》。（金炳亮、陈芝国）

黄超显 见"黄秋耘"。

陈原（1918—2004） 出版家、语言学家。原名陈洪泰。广东新会（今江门新会区）人。1938 年毕业于中山大学工学院。同年从事编辑工作。编写出版《广州话新文字课本》《广州话拉丁化新文字理论·课本·检字》（三册）等。抗战时

陈原

期在国际反侵略会广东分会、第四战区民众动员委员会从事宣传工作，主编宣传抗战的世界语刊物《新阶段》《正义》《反侵略通讯周刊》等。1939 年在桂林加入新知书店，从事进步出版工作。后在广州、重庆、上海等地参加《国际英文选》《新军》《新华南》《民主世界》《读书与出版》等的编辑工作。20 世纪 40 年代从事写作与翻译，出版《中国地理基础教程》《世界新形势》《苏联民歌集》《列宁在一九一八》《巴尔扎克讽刺小说集》等地理学、国际问题、外国文学、散文随笔等著译 40 余种。新中国成立后，先后担任三联书店编审室主任、世界知识出版社副总编辑、国际书店副经理、人民出版社副总编辑兼三联书店编辑部主任、文化部出版局副局

长、商务印书馆总编辑兼总经理。1979 年领导和创办《读书》杂志，兼任主编。提倡"读书无禁区"，有力推动思想解放。1980 年策划编辑《中国出版年鉴》，参与筹备中国出版工作者协会。主持《辞源》修订出版，任《汉语大词典》和《汉语大字典》学术顾问。主持出版《汉译世界学术名著丛书》。1984 年任中国社会科学院语言文字应用研究所首任所长，全国术语标准化委员会副主任，1987 年起任国家语言文字工作委员会主任。长期致力于语言文字规范化工作。著有《陈原出版文集》《语言与社会生活》《社会语言学》《辞书和信息》《陈原社会语言学论著》《陈原文存》《陈原书话》等，散文随笔集《书林漫步》《人和书》《记胡愈之》《黄昏人语》《界外人语》《隧道的尽头是光明抑或光明的尽头是隧道》等。（于淑敏）

陈洪泰 见"陈原"。

罗戈东（1918—2004） 广东南海（今佛山南海区）人。1938 年毕业于广州知用中学，同年秋参加新华日报广州分馆读者会，参加中华民族解放先锋队和从上海流亡到广州的"八一三"歌咏队，宣传抗日救国。1939 年到重庆《新华日报》工作，历任营业员、

罗戈东

出纳、发行员、发行课主任、图书课主任。1943 年加入中国共产党。1945 年赴延安中央党校学习。1949 年，奉调到中共中原局机关报《中原日报》任党委办公室主任，党委宣传部副部长。1949 年秋奉调到豫西解放区党报《豫西日报》工作，任编辑、社委、经理。1949 年先后任广州市军事管制

委员会新闻出版处副处长，广州市人民政府新闻出版处副处长，广州广播电台第二台台长，广东省文教委文化处副处长、处长，广东省文化局新闻出版处处长。兼任公私合营的南方通俗读物联合出版社社长、华南人民出版社社长。1956 年任广东省文化局副局长。1957 年任珠江电影制片厂副厂长、代理党委书记。1964 年任中共暨南大学党委会副书记、政治部主任、监委书记。"文化大革命"期间被审查。1973 年任广东矿冶学院革委会副主任、党委常委。1978 年任中共暨南大学核心组（三人）成员。1979 年任暨南大学副校长、党委委员。1986 年被广东省文联聘任为华南文艺业余大学常务副校长。著有《璜玑词文集》。（赵建国）

吴宏聪（1918—2011） 广东蕉岭人。1932—1938 年在蕉岭县立一中、汕头市立一中学习。1938 年在西南联合大学文学院中文系学习，毕业后留校任教。1946 年起先后任中山大学中文系讲师、广西大学中文系副教授。1949

吴宏聪

年任广州军事接管委员会中山大学接管小组联络员，在中山大学任教至退休。中国现代文学研究会理事、鲁迅研究会名誉理事、中国新文学学会副会长、广东新文学学会会长、丘逢甲研究会会长。著有《闻一多文化观及其他》等。2007 年广东人民出版社出版《吴宏聪自选集》。（高美玲）

吴紫风（1918—2011） 作家。原名吴月娟，笔名紫丁。广东新宁（今台山）人。毕业于中山大学哲学系。早年参加抗日救亡运动和民主革命斗争。历任桂林《广西日报》记者、编辑，《中

国工人》周刊编辑，《广州联合报》《广州日报》副刊编辑，《作品》杂志编辑，广东省作家协会专业作家。作品情感真挚，语言清丽活泼，善于在细微之处展现广东民间文化的气息，将社会现实寓于书写之中，反映出岭南文化的清新自然特质。出版有《樱桃和茉莉》《渔歌飘荡的时候》《这里有一条爱河》《花神与雷神》《船家姑娘》等散文集。（张衡）

吴月娟 见"吴紫风"。

刘以鬯（1918—2018） 作家、编辑家。原名刘同绎，字昌年。祖籍浙江镇海（今宁波镇海区），出生于上海。1941 年毕业于上海圣约翰大学。同年主编《国民公报》和《扫荡报》副刊。1945 年回上海，任《和平日报》总编辑。1948 年到香港，先后任《香港时报》《星岛周报》《西点》等主编。1952 年到新加坡任《益世报》主笔兼副刊编辑，后到吉隆坡任《联邦日报》总编辑。1957 年回港，继续从事报纸副刊编辑工作，主编《香港时报·浅水湾》《星岛日报·大会堂》等。1986 年，创办和主编《香港文学》月刊。香港作家联会会长。2014 年获香港艺术发展终身成就奖。为香港市政局"作家留驻计划"首任作家。1936 年开始创作，发表第一部短篇小说《流亡的安娜·芙洛斯基》。一生致力于文学创作，主张文学创作要有试验和实践。代表作有小说《酒徒》《对倒》《寺内》《打错了》《岛与半岛》《他有一把锋利的小刀》《模型·邮票·陶瓷》等，评论文章有《端木蕻良论》《看树看林》等。《酒徒》被誉为香港第一部意识流小说。1995 年香港作家出版社出版《刘以鬯中篇小说选》等。（李艳平）

刘同绎 见"刘以鬯"。

张惠芳（1918— ？） 粤曲唱家。粤曲四大平喉（小明星、张月儿、徐柳仙、张惠芳）之一。原名麦明玉。广东南海（今佛山南海区）人。幼年丧父，被送至张姓人家收养。自幼喜爱歌唱，养母送去跟妓院一"校书"（即歌妓）学艺。15岁唱平喉登台，常在广州各大曲艺茶座演唱。20世纪30年代初，受邀至香港添男茶座演唱。其平喉唱功深邃甜润，流畅潇洒，别具一格，尤以【二黄】和【河调慢板】更显功底。代表曲目有《一代名花》《樱花泪》《香魂何处》《杀敌慰芳魂》等。（李继明）

麦明玉 见"张惠芳"。

陈华（1919—1975） 潮剧乐师、作曲家。福建东山人。较全面掌握潮剧吹、拉、弹、打的乐器，尤擅吹唢呐，任戏班头手（领奏）、司鼓与导演。20世纪50年代任广东潮剧团音乐组长，先后参加《潮剧音乐》（三册）和《扫窗会》总谱的记录、校勘和出版工作，整理并演奏的唢呐曲《粉蝶采花》《公婆闹》、二弦乐曲《狮子戏球》等被灌录成唱片。参加唱腔音乐设计的剧目有《荔镜记》《辞郎洲》《江姐》等。经其引进改革的乐器有中胡、大三弦、低音洞箫、高音笛、云锣等十几种，完善了潮剧乐队建制，对潮剧音乐发展作出重要贡献。（孙冰娜、吴国钦）

吕玉郎（1919—1975） 粤剧演员。原名吕庭镜。广东鹤山人。从小爱好粤曲，14岁随丑生王中王学艺，18岁入觉先声剧团，拜薛觉先为师。1941年，加入半日安、上海妹组织的大中华剧团任文武生，在广东西江以及广西一带演出。1949年，自组永光明剧团。1952年主演《平贵别窑》。1956年任太阳升剧团团长，广东粤剧院成立时为该院主要演员。1959年随马师曾、

红线女等赴朝鲜演出。师承薛觉先的唱腔流派，运腔流畅自如，跌宕有致，如珠落玉盘，有玉喉之称，其唱腔被称为"镜腔"。代表作品有《牡丹亭》《拜月记》《玉簪记》《红色的种子》等。（李继明）

吕庭镜 见"吕玉郎"。

严庆澍（1919—1981） 作家。笔名唐人、阮朗、颜开、江杏雨、高山客、洛风、陶奔、张璧、草山上人、今屋奎一等。江苏吴县（今苏州）人。抗战初期，在各地参加抗日宣传工作，1943年入成都燕京大学新闻系半工半读。1946年去上海，进入徐铸成主持的《大公报》当记者，后改任副刊编辑。1947年，被派往台北，任《大公报》分馆主任。1949年开始在香港《大公报》工作，1950年改任《新晚报》编辑，并开始写作。中国作家协会会员、中国作家协会广东分会理事。第五届全国政协委员。成名作长篇章回小说《金陵春梦》。另有续篇《草山残梦》《蒋后主秘录》，外篇《宋美龄的大半生》，章回小说《北洋军阀演义》，电影剧本《诗人郁达夫》等。其《华灯初上》《香喷喷小姐》《姊妹曲》《阖第光临》等12部作品被拍成电影。（高美玲、柏峰）

张瑛（1919—1984） 电影演员。原名张溢生。祖籍福建。20世纪三四十年代，演出《夜明珠》《上海火线后》《夜上海》等电影。1940年，凭借《人海泪珠》被票选为当年的"华南影帝"，香港粤语片"四大小生"之一。抗战胜利后代表作有《此恨绵绵无绝期》《珠江泪》《羊城恨史》《败家仔》《慈母泪》等严肃、进步电影。20世纪50年代，在香港先后联合创办组建中联电影公司、华侨电影公司、豪华影片公司等，演出《家》《雷雨》

《千方百计抢财神》等电影，执导《回魂夜》《倚天屠龙记》等电影。20世纪70年代，加入香港无线、丽的电视等，担任《天蚕变》《大地恩情》等演员。参与300多部电影的演出制作，戏路较广，被誉为"电影皇帝""千面小生"。（温明锐）

张溢生 见"张瑛"。

田蔚（1919—1989） 原名陈秋吟，笔名唐荫乔、黛涅等。江苏吴县（今苏州）人。早年考取苏州女子师范学校。1931年加入阿波罗艺术社、艺社。1935年在上海参加中国左翼戏剧家联盟。1936年7月加入中国共产党。1938年赴延安，先后在鲁迅艺术学

田蔚

院、马列学院和中央研究院学习和工作。1946年起，先后在晋冀鲁豫、晋察冀《人民日报》（太行版）、新华社临时总社、邯郸中央分局新闻广播电台、鄂豫皖军区《江汉日报》等任职。1949年随军进入广州，是接管国民党广州广播电台的军代表之一。参与广东省人民广播电台、广州电视台创建工作，历任编辑部主任、副台长、台长，广东省广播事业管理局局长、党组书记等职。1959年主持开播广州电视台（广东电视台前身）。"文化大革命"中受迫害。1972年恢复工作，先后任广州外语学院党委副书记、中共广东省委文教办公室副主任。1978年赴香港任新华社香港分社副秘书长。1980年起，先后任中共广东省委宣传部副部长、中共广东省纪律检查委员会委员。广东省政协委员。著有《一个老兵的杂忆》等。（王晓吟）

陈秋吟 见"田蔚"。

金应熙（1919—1991） 史学家。笔名晨风、芳晨、百石、时雨等。广东广州人。高中毕业于香港英皇书院。1938年入读香港大学文史学系。1941年辗转至澳门，在《华侨报》从事译电等工作。1945年返回广州，先后在岭南大学附中、岭南大学历史政治系任教。1949年后，先后在广东省、广州市理论宣传部门工作，在中山大学执教，兼历史系主任。1978年暨南大学复办，任历史系主任。次年任广州哲学社会科学研究所副所长。1980年任广东省社会科学院副院长。广东历史学会会长。主攻中古史，尤精通全唐文与全唐诗及隋唐史，被誉为"文史知识通古博今"之人。著有《简明中国古代史》（英文本），主编及参与撰写《菲律宾民族独立运动史》《菲律宾史》《香港史话》《香港概论》《香港研究资料索引》，译有《澳大利亚简史》《东南亚史》等。广东人民出版社出版《金应熙史学论文集》。
（刘世红）

秦牧（1919—1992） 作家。原名林觉夫。广东澄海（今汕头澄海区）人，出生于香港。少年时侨居海外。1932年回国，在澄海、汕头、香港等地求学。1938年起从事抗日救国活动和民主运动。抗战期间在韶关、桂林、重庆等地做过教师和编辑，参加中华全国文艺界抗敌协会。1945年，加入中国民主同盟，担任过民盟中央机关刊物《再生》的编委。1946年赴香港从事写作。1949年8月，参加中国人民解放军粤赣湘边区纵队。新中国成立后，先后任暨南大学中国

文学系主任、《羊城晚报》副总编辑、《作品》杂志副主编。参加新版《鲁迅全集》注释审订工作，是定稿负责人之一。中国作家协会广东分会副主席、广东省文联副主席。20世纪40年代初开始写作小品文和散文，亦创作中长篇小说，尤以散文创作著称。其散文题材广泛，与时代变迁关系密切，融思想、知识、议论、趣味为一体，文笔亲切流畅、细腻传神。主要有散文集《秦牧杂文》《花城》《潮汐与船》《长河浪花集》《长街灯语》等，中篇小说《黄金海岸》，长篇小说《愤怒的海》，文艺散论集《艺海拾贝》《语林采英》，童话故事集《巨手》等。2007年广东教育出版社出版《秦牧全集》。（左鹏军）

林觉夫 见"秦牧"。

邓炬云（1919—1996） 广东新会（今江门新会区）人，出生于马来亚。1936年在吉隆坡加入共产主义青年团，1938年加入共产党组织。1940年底回国，先后在苏北新四军军部、鲁迅艺术学院华中分院教务科工作。1941年任苏中四分区《江海报》负责人。1945年任山东《鲁中报》总编辑。1949年任中共中央统战部研究员。1954年后，任中央侨委华侨图书编纂委员会秘书长、国内侨务司专员。1963年调任广东省文化局党组成员、出版处处长，兼任广东人民出版社社长。1978年任广东省出版事业管理局副局长。业余从事文学创作。广东作家协会会员。
（金炳亮）

古元（1919—1996） 版画家、美术教育家。字帝源。广东香山那洲乡（今珠海唐家湾镇）人。1932年入广东省立第一中学（广雅中学）学习。1938年赴延安，先后在陕北公学、鲁迅艺术学院学习。长期深入农村，在基层

工作，创作了一批反映陕北农村新貌的版画作品。延安木刻最具代表性画家之一。新中国成立后，任中央美术学院教授、副院长、院长。中国美术家协会副主席，中国版画家协会副主席、名誉主席。擅水粉、水彩、版画。版画作品以朴素、简练、自然、优美、清新为特色。作品以现实性、民族性和抒情性成为新兴版画的经典。为新中国现代版画和美术事业发展作出贡献。出版有《古元木刻选集》《古元水彩画选集》等。（王碧凤）

宋淇（1919—1996） 文学批评家、翻译家、电影编剧。原名宋奇，别名宋悌芬，笔名欧阳竟、林以亮、余怀、杨晋等。浙江吴兴（今湖州吴兴区）人。先后就读于上海光华大学、北平燕京大学西语系。参与编辑《文哲》《燕京文学》。抗战时期编舞台剧《皆大欢喜》。1948年移居香港，先后担任美国新闻处编译部主任、电懋影业公司制片部主任、邵氏影业公司编审委员会主任。主编《美国诗选》《美国七大小说家》《美国文学批评选》等。1968年执教于香港中文大学，筹组翻译研究中心并任主任，主持出版《译丛》中译英半年刊。1972年创办《文林》杂志。有电影剧本《南北和》，论著有《前言与后语》《林以亮论翻译》《林以亮诗话》《〈红楼梦〉西游记——细评〈红楼梦〉新英译》《昨日今日》《文学与翻译》《更上一层楼》等。（陈芝国）

宋奇 见"宋淇"。

吴冷西（1919—2002） 原名吴仕占，笔名左健之。广东新会（今江门新会区）人。1932年入读广东省立第一中学（广雅中学），参加抗日爱国学生运动。1937年赴延安，入抗日军政大学第三期学习，同年加入中华民族解

放先锋队。1938 年加入中国共产党。1938 年入延安马列学院学习。1939 年调中共中央宣传部，任编审科科员和党中央机关刊物《解放》编辑。1940 年

吴冷西

参与编辑《时事丛书》。1941 年调中共中央机关报《解放日报》，先后任国际版编辑、主编、国际部主任，主持《国际述评》专栏。1946 年《解放日报》与新华社合并后，任新华社国际部主任。1947 年任新华社总社编委会秘书并主持总编定工作。1948 年任新华社总社编辑部主任、编委会委员。1949 年 2 月任新华社总社副总编辑，10 月任总编辑。1951 年 12 月任新华社社长。1957 年 6 月任《人民日报》总编辑兼新华社社长，1962 年任中央重要文稿组副组长。1964 年兼任中共中央宣部副部长。"文化大革命"期间受迫害。1972 年恢复在《人民日报》的工作。1975 年任《毛泽东选集》材料组领导成员、国务院政治研究室领导成员。1977 年任中共中央毛泽东著作编辑出版委员会办公室副主任，参与《毛泽东选集》编辑工作。1980 年参与《建国以来党的若干历史问题的决议》起草工作。1980 年调任中共广东省委书记，兼中央文献研究室副主任。1982 年任广播电视部部长、党组书记。1991 年主持制定中国新闻史上第一个《新闻工作者职业道德准则》，同年主持创设中国新闻奖、范长江新闻奖。1993 年主持创设韬奋新闻奖。中华全国新闻工作者协会主席团主席、名誉主席，广播电视学会会长、名誉会长。中共第十一、十二届中央委员会候补委员，第三、四、五届全国人大常委会委员，第七届全国政协常委。为宣传和维护党的优良新闻传统、加强新闻宣传理论建

设和新闻队伍思想道德建设做了大量开创性工作。著有《忆毛主席——我亲身经历的若干重大历史事件片段》《十年论战》《吴冷西新闻文选》《吴冷西论新闻报道》等。（吴丽元）

吴仕占 见"吴冷西"。

杨重华（1919—2002） 广东顺德（今佛山顺德区）人。1938 年 8 月参加革命，加入中国共产党。任中共连县、连山、阳江县委宣传部部长、粤桂湘边纵队连江支队政治部宣传科长、《北江日报》总编辑等职。新中国成

杨重华

立后，从事出版工作。1951 年 7 月从华南分局宣传部调华南人民出版社（广东人民出版社前身）工作。1957 年任广东人民出版社副社长（社长空缺，主持工作）。"文化大革命"期间下放顺德黄陂"五七"干校劳动。1971 年调回广东人民出版社，先后任编辑部主任、副社长、副总编辑。1981 年任总编辑、副社长。1982 年 1 月兼任广东省出版事业管理局党组成员。1984 年 5 月任广东省出版总社审读研究委员会主任。在词学研究方面有一定造诣，1984 年被推选为《中国韵文学刊》副主编。发表有《〈白雨斋词话〉小论》《弹指词与纳兰词》《梦窗词与定盦诗》等文章。（张贤明、金炳亮）

许实（1919—2004） 报人、评论家。原名许伊，又名许希天，笔名微音。广东佛山人，祖籍广东开平。广东省文理学院肄业。1944 年参加东江纵队《前进报》助理编辑、北江支队《抗战报》主编。1946 年，被派往越南，

在堤岸参加创办《中华报》，撰写社论。奉命回国后，到中共中央联络部任研究员，不久被送到马列学院学习。

许实

新中国成立后，历任新华通讯社广东分社副社长、《南方日报》副总编辑、广东人民出版社副社长、广东科技出版社社长、广东省出版事业管理局副局长。1980 年《羊城晚报》复刊后相继任副总编辑、总编辑，对复刊后的快速发展有突出贡献。时评文章短小精悍，针砭时弊。长期在《羊城晚报》头版开设专栏《街谈巷议》。（罗映纯）

许伊 见"许实"。

释觉光（1919—2014） 香港佛教领袖。法名安童，法号觉光法师。辽宁营口人，出生于辽宁海城。1928 年赴上海海会禅寺出家。1930 年赴浙江宁波天童寺受戒，后赴宁波观宗寺弘法学院深造。1938 年到香港从宝静大师受天台宗教义，传为天台宗第四十六代。抗战胜利后，重组香港佛教联合会，创办香海正觉莲社、《香港佛教月刊》。先后担任香港佛教弘法部主任、香港佛教联合会总务主任、世界僧伽大会副会长、世界佛教友谊会香港分会会长等。领导香港佛联数十载，致力于弘法，为社会提供医疗、教育、慈善、幼儿及安老服务。1985 年被邀为香港特别行政区基本法起草委员会委员。1992 年被聘为香港事务顾问及香港特别行政区筹备委员会委员。2013 年获颁香港特别行政区大紫荆勋章。第七届全国政协委员。（罗志欢）

曾彦修（1919—2015） 作家。笔名严秀。四川宜宾人。1937年赴延安，1938年到延安陕北公学学习并加入中国共产党。1941年起，先后在马列学院、中共中央政治政策研究室和中共中央宣传部、新华通讯社工作。1949年参与创办《南方日报》。

曾彦修

1950年任中共中央华南分局宣传部副部长、《南方日报》社社长。1951年4月兼任华南人民出版社（广东人民出版社前身）社长。1954年3月任人民出版社副社长兼副总编辑。1957年在反右斗争中受到不公正对待。1960年在上海编辑《辞海》。1978年夏参与筹建中国大百科全书出版社。1979年秋任人民出版社社长、总编辑。创办《新华文摘》杂志。参与制订哲学社会科学著作12年出版规划。在杂文理论和创作上卓有成就。著有《严秀杂文选》《审干杂谈》《牵牛花蔓》等杂文集及回忆录《微觉此生未整人》等。（金炳亮）

新成（1919—2021） 僧人。字觉就。俗姓林，名成。广东揭西人。1945年在饶平隆福寺礼又哲法师披剃。次年参学于潮州开元寺。1946年至韶关南华寺任副寺。1947年在虚云座下受具足戒，嗣后任韶关大鉴寺监院。嗣法于本焕，法名常满，为临济宗第四十五世。1949年驻锡广州六榕，翌年任住持。新中国成立后在南方大学就读。后返六榕任监院。"文化大革命"期间持守六榕，在六榕纸类厂劳动。参与光孝寺的收复工作。1993年先后主龙山、海幢、光孝寺法席。2001年至海南三亚南山寺任住持，建立海南省佛教协会。访问美、加、日、韩、尼、斯、泰等国。中国佛教协会谐议委员会主席、广东省佛教协会会长、海南省佛教协会会长。广东省政协常委。在建寺弘法、培养人才、赈灾助学、扶贫济困方面均有显著成就。主编有《海幢寺春秋》。后人辑有《新成和尚法汇》。（达亮）

黄赛云（1920—1942） 白字戏演员。艺名赛云旦。广东海丰人。其父黄侯为泰顺班主。自幼随父学戏，16岁出师。台风严肃，唱做俱佳，时称"赛云演戏，出出都好"，所饰演的秦雪梅、王金真、王月容，尤为观众赞誉。（詹双晖）

林文虎（1920—1950） 爱国华侨。原名林作兴。祖籍广东普宁，出生于泰国曼谷。全面抗战爆发后，加入暹罗华侨各界抗日救国联合会。1940年回到香港，加入进步团体余闲乐社，改名林文虎。9月到广东参加东江抗日游击队，参加黄潭、桥头和白花洞战斗，被称为"老虎仔"。1941年加入中国共产党。1947年东江纵队北撤时，奉命留在广东参加革命武装斗争。历任惠（阳）东（莞）宝（安）人民护乡团第三大队副大队长、粤赣湘边纵队独立第一团副团长、第三团副团长兼第一营营长。带队参加东山坳、沙鱼涌、山子下、红花岭等战斗。1950年2月，调任广东军区江防司令部海防队副队长。5月，被任命为海军火力船队副大队长。同年在万山群岛战役中，率炮舰参与联合攻击作战时牺牲。经中央军委批准，中南军区海军追授为"海军战斗英雄"。（吴婉惠）

林作兴 见"林文虎"。

周璇（1920—1957） 电影演员、歌唱家。原名苏璞，又名王小红、周小红。江苏常熟人。1930年辍学从艺。

周璇

一·二八事变前夕因演唱爱国歌曲《民族之光》受好评。1935年起从事电影表演，出演电影《风云儿女》。1937年起，主演《马路天使》，饰演的卖唱歌女小红成名，演唱的《天涯歌女》《四季歌》广为传唱，有上海歌坛"金嗓子"之称。又主演《孟姜女》《渔家女》等电影。八一三事变后参加话剧《保卫卢沟桥》的演出。抗战胜利后，在香港出演《长相思》《各有千秋》《清宫秘史》等影片。1950年从香港回到上海，参加《和平鸽》拍摄。代表歌曲有《五月的花》《夜上海》《何日君再来》《天涯歌女》《四季歌》《花样的年华》等。（温明锐）

苏璞 见"周璇"。
王小红 见"周璇"。
周小红 见"周璇"。

钟甲先（1920—1962） 花朝戏演员。广东紫金人。出身农民家庭，青年时开始进紫华春班，专习旦行，后成为该班台柱。嗓音圆润，扮相俊美，做功细腻，扮演村姑、少妇惟妙惟肖。1956年参加紫金县花朝戏艺术研究小组，1960年进紫金县花朝戏剧团，授徒传艺，为花朝戏作出贡献。主要扮演有《卖杂货》的贤英、《英娥杀嫂》的英娥、《过外洋》的莲妹。（刘红娟）

司马长风（1920—1980） 作家。原名胡欣平，别名胡若谷、胡灵雨。笔名严静文、司马长风。原籍辽宁沈阳，出生于哈尔滨。1945年毕业于西北大学历史系和文学系。1949年定居香港。与友人创办香港友联出版社，主编《祖

国周刊》《东西风》《大学生活》《中国学生周刊》《儿童乐园》等刊物。任《明报月刊》编辑。执教于香港树仁学院和浸会学院，教授文学和历史。著有长篇小说《鹏歌》《海茫茫》，散文集《乡愁集》，学术著作《中国新文学史》《新文学丛谈》，传记《毛泽东评传》《周恩来评传》等。（李艳平）

胡欣平　见"司马长风"。

朱庸斋（1920—1983）　词学家、书法家。原名朱奂，字涣之，号庸斋。广东新会（今江门新会区）人。幼承家学，酷爱词章，随陈洵学词，13岁能吟诗。历任广东大学、广州大学、文化大学等校词学讲师。创立分春馆，设帐授徒，教授诗词、吟诵、书画等国学国艺。新中国成立后，任广东省文史馆馆员、中国书法家协会广东分会理事。以工词名于时，提出填词以"重、拙、大"作标准，后又加"深"字。词风婉约。亦工诗。书法习钟繇，雍容雅秀，尤工于小札和题跋。著有《分春馆词》《分春馆词话》。2018年广东人民出版社出版《朱庸斋集》。（高美玲、王碧凤）

朱奂　见"朱庸斋"。

魏启光（1920—1984）　潮剧编剧。广东揭阳人。1938年中学毕业后，先后在潮汕地区澄海县、潮安县、潮阳县、汕头市从事教育工作。1950年受汕头地区行署文教部门委派到玉梨潮剧团任文化教员，开始编剧生涯。在玉梨潮剧团、源正潮剧团、广东省潮剧团任编剧。1958年广东潮剧院成立后任编剧组组长。参加"改制、改戏、改人"工作，在发掘、整理传统剧目上作出重要贡献。熟悉下层百姓生活，剧作中多用俚语韵语、土谈乡谈、谣

谚俗谚。代表作有《柴房会》《王茂生进酒》《思凡》《杨乃武与小白菜》《秦德避雨》等，与他人合作有《续荔镜记》《辞郎洲》等。所编《柴房会》成为潮剧喜剧经典剧目。（孙冰娜、吴国钦）

白燕（1920—1987）　电影演员。原名陈玉屏。广东惠州人，出生于广州。1936年出演广州国联影片公司电影《并蒂莲》。1937年起在香港出演《锦绣河山》《上海火线后》《气壮山河》《蝴蝶夫人》等30多部电影，成为战前香港著名女演员。抗战结束后，主演《朗归晚》《春》《寒夜》《春残梦断》《人海孤鸿》《可怜天下父母心》《沧海遗珠》等代表作。1952年，参与发起创建中联电影公司，反对"七日鲜""伶星不分家"的粤语电影粗制滥造现象。1954年组建山联影片公司，监制《芸娘》等影片。主要活跃于20世纪30年代至60年代，共演出300多部电影。（温明锐）

陈玉屏　见"白燕"。

沈炎南（1920—1992）　中医学家。浙江慈溪人。第一批全国老中医药专家学术经验继承工作指导老师。1940年毕业于中央国医馆，后在重庆行医。1945年兼任中央国医馆编审委员，创办《新中华医药月刊》，并任社长。1948年受聘为香港中国国医学院教授。1956

沈炎南

年调入广州中医学院任教。1978年被授予"广东省名老中医"称号。对经典著作研究颇深，尤其精通《黄帝内经》《难经》《伤寒论》《金匮要略》《温病学》等经典著作，强调要将经典理论运用到临床实践中去，活用经

典；崇尚阴阳五行学说和脾胃学说；创立包括清金保肺、培土生金、补肾固精、平肝养阴、养心安神、滋阴降火、宁络止血的治肺结核七法。擅治疑难杂病、呼吸系统疾病。著有《肺病临床实验录》，主编《温病名著精华选析》《脉经校注》等。（周红黎、张书河）

岑鹤龄（1920—1995）　中医学家。广东南海（今佛山南海区）人。20世纪30年代就读于广东中医药专科学校。1952年作为全国首届中医药专门研究人员班学员选派至北京大学医学院攻读西医，毕业后就职于广东省中医院。1978年被授予"广东省名老中医"称号。

岑鹤龄

提倡学术争鸣，敢于对传统的理论观点提出异议。深研温病，将温病分为犯卫、在气、入血、伤阴、亡阳5个基本病证。擅长诊治内科肝胆病，治肝病推崇张景岳调补阴阳的学术思想，重视调补肝阴，以酸补肝为常用之法，自拟以养肝阴为主的三子养肝汤临床疗效佳。主编《中医内科》《中医临床新编》等。（周红黎、张书河）

李少芳（1920—1998）　粤曲平喉唱家。广东南海（今佛山南海区）人。自幼受粤剧粤曲熏陶，父亲为戏班乐师，母亲为失明艺人。15岁从艺，后师从小明星，钻研星腔艺术，继承并发展星腔唱腔技巧，培养星腔传人。中国曲艺家协会会员，广东省曲艺家协会第一、二届副主席。其唱腔行腔自然，深沉委婉，以情带声，抑扬有致。演唱粤曲近百首，代表曲目有《孔雀东南飞》《河清有日》《愁红》《一曲魂销》《桃花处处开》《长恨歌》《杏花春雨江南

《飘零芳草》《星韵长存》《宝玉怨婚》《罗岗香雪》等。（邓海涛）

吴松龄（1920—1998） 瓶画工艺师。广东汕头人。自幼喜爱美术，24岁拜黄史庭为师，打下国画基础。1950年开始从事象牙微雕创作。1956年进汕头市古玩珠宝店工作，其间利用业余时间攻克瓶内画艺术难关。1972年调到汕头市工艺美术研究所，专业从事瓶内画创作，带徒传艺。创制出汕头瓶内画，从作画工具、绘画技法、构图形式，到瓶体造型、瓶外装饰、艺术效果等都自出机杼，与北方瓶内画有很大差异。汕头瓶内画的创始人。作品多次参加全国、省级各类展览会，被选送至20多个国家展览，被海内外收藏家及国家、省级博物馆收藏。1986年被广东省政府授予"广东省工艺美术大师"称号，1993年获"中国工艺美术大师"称号。（彭圣芳）

罗坤（1920—1999） 点心厨艺师。国家特一级面点师。广东花县（今广州花都区）人。14岁入行，跟随舅父在省港澳茶楼酒家工作。师从符焕庭、李业等制作点心。20世纪50年代初从香港返回广州，负责大同酒家点心部，1960年起执掌泮溪酒家点心部。

罗坤

1980年，应邀在美国多个城市巡回表演点心制作。先后担任泮溪酒家副总经理、广州饮食服务公司点心教研组组长、广州市服务行业中等专业学校技术顾问。中共十二大代表，广东省政协委员。能以四季动、植、飞、潜为原料做点心，又把点心外形重塑成动、植、飞、潜等造型。创制点心、点心筵席300多款，制作过的点心两三千种。代表作有32

层擘酥、绿茵白兔饺、油炸灌汤包、蜂巢蛋黄角、翠竹鹊巢蛋等，被誉为"点心状元""点心泰斗"。提出"点心自成宴"，创制"象形点心""拼边点心"和"点心宴"。著有《罗坤点心选》。（钟洁玲）

陈观烈（1920—2000） 经济学家。字阳生。广东潮阳（今汕头潮阳区）人。1942年毕业于重庆中央大学经济系，1947年获美国哈佛大学经济学硕士学位。1948年起受聘复旦大学。历任复旦大学世界经济系主任、经济学院院长。中国美国经

陈观烈

济学会、中国国际经济合作学会副会长。美国芝加哥大学客座研究员、俄亥俄大学客座教授。长期从事世界经济、货币理论、银行金融等领域的教学和科研工作，提出多项独到见解。合编有《战后帝国主义经济》《世界经济》《世界经济概论》《当代西方经济思潮》，著有《工业经济学讲义》《资本主义国家货币与银行概论》，译有《经济发展的理论与策略》。（陈椰）

高由禧（1920—2001） 气象学家。又名高逸。福建福清人。1939年入重庆中央大学地理系学习气象专业。1945年在南京中央研究院气象研究所负责天气图分析工作。1950年任

高由禧

职于中国科学院物理所。1958年参加中国科学院祁连山人工化雪实验，建立祁连山野马山地区的冰雪站。1972

年任兰州地震大队业务处主任，开展青藏高原气象研究，同时筹建兰州高原大气物理研究所。1987年任教于中山大学大气科学系。1980年当选为中国科学院地学部学部委员。主要从事气象科学研究。在东亚环流的季节变化、东亚季风的成因和影响、台风路径的统计和预报、海南岛气候、黄河流域的降水和旱涝以及青藏高原气象学等方面有突出成果。创办学术刊物《高原气象》并任主编。著有《东亚台风研究》《东亚台风路径及其某些统计》《海南岛气候及其种植橡胶可能前途》等，发表《海南岛气候与种植橡胶的可能性和前途》《黄河流域降水图集》等论文百余篇。（曲静）

高逸 见"高由禧"。

刘嵘（1920—2001） 马克思主义哲学家。浙江玉环人。1947年毕业于中山大学哲学系。1952年中国人民大学马列主义基础研究生毕业，任中山大学哲学系副教授、教授。后历任中山大学哲学系副主任、主任，马克思主义哲学史研究所所

刘嵘

长、副校长。广东省社会科学大学校长，广东省哲学学会第二、三届常务副会长，中国辩证唯物主义研究会第一、二届常务理事、顾问，中国马克思主义哲学史学会首届理事、顾问，广东省社会科学联合会顾问。第四、五届广东省政协委员。专于辩证唯物主义、历史唯物主义、毛泽东思想的研究。提出要区分毛泽东思想的科学体系和毛泽东思想个人思想的界限；毛泽东思想是一个完整的科学体系，不包括为实践所检验了是错误的成分；毛泽东同志晚年的错误恰恰违背了毛泽

东思想的科学轨道。著有《毛泽东哲学思想概述》《反思和开拓的十年——毛泽东哲学思想史的新篇章》《毛泽东哲学思想的新篇——从毛泽东到邓小平》《两代伟人哲学思想研究》，主编有《现实问题的思考》《中国现代化建设的哲学基础》。（谭群玉）

梁剑波（1920—2003） 中医学家。广东肇庆人，祖籍广东新会（今江门新会区）。第一批全国老中医药专家学术经验继承工作指导老师。秉承家学，随父行医。20世纪50年代初在中山医学院进修西医。历任肇庆市中医院院长、肇庆市副市长、肇庆市政

梁剑波

协副主席。广州中医药大学兼职教授。广东作家协会会员、中华诗词学会广东分会常务理事、中国书法家协会会员。1978年被授予"广东省名老中医"称号。精通字画、文学。擅长治疗内科、妇科、儿科疾病，善于慢病快治，以治疗中风、癫痫、红斑性狼疮、肾病综合征、乙型肝炎、肝硬化等病见长。著有《医学津梁》，编著《儿科百例》《妇科菁萃》等，另有《梁剑波书画金石选集》《梁剑波诗词选》《梁剑波散文集》。（周红黎、张书河）

端木正（1920—2006） 法学家、历史学家。字昭定，号翼天，回族教名易卜拉欣。安徽安庆人。1937年考入燕京大学新闻系，借读于武汉大学后转读政治系。1943年，入清华大学研究院法科研究所国际法组学习，师从邵循恪、张奚若、陈

端木正

序经等教授。1947年6月毕业后留校任教。1948年6月赴法留学。1950年6月获法国巴黎大学法学博士学位，1951年获巴黎大学高级国际研究所毕业文凭。5月回国，应聘为广州岭南大学历史政治系副教授，后任代理系主任。1952年院系调整后，任中山大学政法学系副教授。1953年4月中山大学政法学系撤销后，转任中山大学历史学系副教授，教授法国史、世界史等课程。同年加入中国民主同盟。1980年中山大学复办法律学系，任教授兼系主任，负责筹备工作。1982年起讲授国际法、条约法等课程。1987年创办中山大学法学研究所并任首任所长。1990年10月，任最高人民法院副院长和审判委员会委员。1993年，任国际常设仲裁法院（海牙）仲裁员。中国国际法学会副会长、中国法国史研究会副会长兼秘书长、中国政治学会理事、中国法学会理事、香港基本法起草委员会委员。民盟广东省委会名誉主委、广东省人大常委会副主任。为发展法国革命史、国际法学等学科作出重要贡献；推动交通法制等多个司法领域的建设。教学上以治学所得启发学子，强调育才先育德，兼重专才与历史文化方面的精神培育。在研究上，注重追本溯源，总览史迹，把握国际学术发展趋向特点。著有《法国史研究文选》《端木正文萃》《端木正自选集》，译有《法国革命（1789—1799）》《拿破仑时代》等，主编有《法国大革命史词典》《国际法》。（汤瑾）

马冰山（1920—2009） 报人、诗人。原名马元科。广东潮阳（今汕头潮阳区）人。出生于柬埔寨，6岁时随外祖父回国。全面抗战爆发后，在汕头青年抗敌同志会搞宣传工作，主编《岭东诗歌》报。1938年4月赴延安抗日军政大学第四期学习，7月加入中国共

马冰山

产党。1939年任八路军战地记者团第二组组长，随第一一五师东进山西抗日前线。任《冀鲁豫日报》《火线周报》等编辑工作。解放战争时期，随刘邓大军挺进大别山，任中共濮阳市委宣传部部长、白雀县委宣传部部长等职。新中国成立后，任广州市人民政府秘书厅第一副主任、广州市教育局局长兼广州市教师业余进修学院院长等职。1980年调任广东省出版事业管理局副局长兼广东人民出版社社长。参与创办《华夏诗报》《现代人报》，并任社长。出版诗词集《冰山草》《花季风》。（金炳亮）

马元科 见"马冰山"。

龚腾（1920—2010） 粤菜烹饪大师。国家特一级厨师。广东花县（今广州花都区）人。20世纪30年代末在澳门师从"世界厨王"梁贤，抗战胜利后回广州在总统酒店当厨师。20世纪60年代在广州泮溪酒家主厨。开发了园林香液鸡、鸡粒海南椰子盅、芙蓉鸡片等名品。其间受广州市政府之托，培训越南、缅甸、泰国、塞舌尔等国家政府、皇室厨师学习粤菜，担任培训组组长。主持粤菜顶汤、上汤研发，其方法获行业教研组认同。1976年调到白云宾馆担任厨师长，将泮溪的治厨心得传承到白云宾馆。1985年受聘担任广东省旅游局举办的广东粤菜培训中心顾问。中国烹饪协会理事、广东烹饪协会技术顾问、广东省旅游局技术顾问、广州市服务局烹调教研组组长、广州市服务行业中等专业学校技术顾问。培养一批粤菜人才，被称为"粤菜教授"。精于炒锅功夫、勾芡、调味快而准。参与《中国菜谱（广东卷）》

《粤菜烹饪》等编写，编著有《粤菜精选六十款》。（张江、黄明超）

胡肇基（1920—2010） 中医学家。广东南海（今佛山南海区）人。中学毕业后，考入广东中医药专门学校，1940年毕业。1958年在光杨卫生院工作。1980年调任广州市荔湾区中医院院长。1978年被授予"广东省名老中医"称号。治学严谨，崇尚医德，摘取有关修身立品、治病救人、谦虚谨慎、精研医术、言行庄重、保密病情6个方面的内容，制定了10条医德规范。临床经验丰富，擅长治疗内科、儿科疾病，长于治热性病，对于温病，重视养阴、泄热、保津，强调"三早"（即护阴保液，用之宜早；清心"三宝"，用不嫌早；咸寒养阴，用不妨早）。其医学思想被编入《岭南名家胡肇基医学精华》。（周红黎、张书河）

胡肇基

余也鲁（1920—2012） 中国传播学、广告学、编辑学研究和教育先驱。香港"传理学之父"。江西奉新人。1964年获美国斯坦福大学传播学硕士学位。1967年在香港浸会大学创设传理学系，任系主任，并任社会科学院院长。1974年出任香港中文大学讲座教授兼传播研究中心主任。晚年创办香港海天书楼，任总编辑，海天资讯企业董事会主席。国际传播学会和亚洲大众传播研究中心创始会员，亚洲传播教育及专业设计专门顾问。澳门东亚大学、香港理工学院、香港基督教岭南大学及厦门大学学术顾问，中国人民大学、浙江大学、江西师范大学客座教授。1983年协助厦门大学创办中国第一个新闻传播系广告专业，在中国内地率先以"传播"冠名，开

启中国广告教育先河。著有《杂志编辑学》《门内门外》《传播、教育、现代化》（与宣伟伯合著）等，译有《传媒信息与人》《美国史纲》《传播与社会》等。（罗志欢）

钟期荣（1920—2014） 教育家、法官。祖籍湖南平江，出生于湖南长沙。1944年毕业于武汉大学法律系。通过高等司法官考试，被派任四川实验地方法院代理推事。1951年获法国巴黎大学法学博士学位。1955年赴香港。先后任联合、浸会、崇基、珠海等院校教授，崇基学院名誉校董兼文史系主任。1967年任浸会学院社会学及社会工作学系主任兼文学院院长。1971年与丈夫共创树仁学院，1976年树仁学院依香港法例注册为私立学院。香港事务顾问、中华人民共和国香港特别行政区基本法咨询委员会委员、释囚委员会委员。主要从事法学、社会学的教学与研究工作。开拓了香港社会工作教育事业，培养了香港第一批从事社会福利工作的青年。著有《香港青少年问题》《树仁法学文集》《香港的婚姻与继承法》《人权与国籍》等。（罗志欢）

黄庆云（1920—2018） 作家。笔名云姊姊。广东澄海（今汕头澄海区）人。1939年毕业于中山大学中文系，发表第一篇童话作品《跟着我的月亮》。1948年获美国哥伦比亚大学师范学院硕士学位。1941年任香港《新儿童》总编辑。新中国成立后，历任《少先队员》杂志总编辑，广东文理学院、广西大学兼职教授，中国作协广东分会副主席、专业创作员，国际笔会中国广州分会副会长，《少男少女》主编。晚年致力于幼儿教育，其儿童文学作品讲究语言美，文中穿插的儿歌通常清新可诵，童话幻想轻盈。作品秉承批判现实主义的精神，以唯美、

轻盈的笔调展现出浪漫主义的特色，影响当代以来粤港澳文学的创作，尤其是对区域内儿童文学的发展产生极大促进作用。著有长篇小说《刑场上的婚礼》，以省港大罢工时期劳动童子团为题材的《红苗》（又名《香港归来的孩子》）。童话作品有《月亮的女儿》《金色的童年》《恐龙蛋的梦》《聪明狗和百变猫》等。（张衡）

潘汉典（1920—2019） 法学家、翻译家。中国比较法学奠基人。广东汕头人。1927年入汕头市广州旅汕小学。1931年迁回广州并考入广州培正中学附属小学，1933年入广州培正中学。全面抗战爆发，全家迁居香港。1940年澳门培正中学毕业，考入上海东吴

潘汉典

大学法学院法律系。1948年毕业于东吴大学，获法学硕士学位，精通英、法、日、德、俄等语言。1948年任上海光华大学法律系兼职教授、副教授。1950年应邀回东吴大学兼职"马列主义国家与法律理论"和"新法学"课程。1951年调入北京大学法律系任讲师。1953年2月中央政法干部学校司法班学习期满，分配至北京政法学院政法业务教研室司法建设组。4月，调入新成立的中国政治法律学会，任研究员。1954年调入中国政治法律学会国际联络部工作。1973年调入中国社会科学院法学研究所。1979年开始担任《法学译丛》主编。1980年任中国社会科学院法学研究所情报业务研究员。1982年任中国社会科学院法学所编译室主任。1988年任中国政法大学比较法研究所第一任所长，《比较法研究》主编。开创中国比较法学的源流，为中国1954年宪法和1982年新宪法的制定提供宝贵的借鉴和参考。

为新中国法学的创建作出巨大贡献。译有《比较法总论》《英吉利宪法》《英格兰状况》《博登海默法理学》《君主论》《有限公司法论》《元照英美法词典》《权利斗争论》等。（陈柳、柏峰）

张祥凝（1921—1958）　书画家、篆刻家。号作斋居士。广东番禺（今广州番禺区）人。就读于广州市立美术学校习国画，未毕业转广州大学中文系。善山水，摹黄公望、董其昌之法，后加入广州国画研究会，得卢子枢教诲，笔苍意淡，空灵超脱。擅以山水构图手法摄影，时誉为影坛高手。篆刻经黄牧甫上溯至秦汉，下探明清诸家，兼收并蓄，印貌朴拙、古意盎然。（王碧凤）

龙三公（?—1958）　瑶族。广东连南瑶族自治县三排寨人。1935年被推举为三排寨瑶长。1949年冬连南解放前夕，拥护中国人民解放军进入瑶区。新中国成立后，拥护中国共产党的民族政策。1951年5月被聘为县参事室参事，1952年被任命为中南区民族事务委员会委员，1953年1月连南瑶族自治县成立时被推选为副县长。1955年被推选为县长。第一届全国人大代表。自担任县行政领导职务后，经常徒步深入汉村瑶寨了解民情，宣传党的方针、政策，为民族团结及家乡建设事业勤奋工作。被群众尊称为"公爹"。（叶远飘）

蔡荣（1921—1980）　中医骨科学家。别名蔡其生。广东海康（今湛江雷州）人。幼承家学，祖父蔡忠为清末广东五大伤科名家之一。1947年毕业于江西中正大学中文系。其先同母亲、弟弟在西关开跌打正骨医馆，后在岭南诊所、南华中医联合诊所行医。1958年受聘于广州中医学院。1978年被授

予"广东省名老中医"称号。擅长治疗骨伤科疾病，认为中医骨伤科疾病外治手法与内治调节脏腑气血相辅相成，总结出了伤科内治十法和外治十三法。主张骨伤科病早期用药宜行气活血、祛瘀散积、舒筋活络，以缓解症状；后期应侧重肾、肝、脾三脏调治，促进骨伤部位的功能恢复。祖传"跌打万花油"为伤科要药。主编《中国医学百科全书·中医骨伤科学》等。（周红黎、张书河）

蔡荣

周芝圃（1921—1984）　潮剧演员。广东潮阳（今潮州潮阳区）人。20多岁参加潮音纸影班，唱丑角。后以卖鱼为生，叫卖声震棚屋，被称为"卖鱼丑"。1952年被聘为潮阳元华潮剧团演员。具表演天赋，嗓子宽亮，以唱腔著称，用双拗痰火声，音域宽广，发声通畅，实声与痰火声交融相兼，形成个人风格，至今某些唱段仍在民间传唱。代表剧目有《周不错》《十五贯》《双玉鱼》《包公铡侄》等。（孙冰娜、吴国钦）

蔡体远（1921—1997）　天主教主教。教名若望。广东揭西人。1935—1944年在揭西县圣伯多禄小修院读初、高中，学习哲学。1944年在梅县黄桥若瑟中学攻读神学。1945年在香港华南总修院攻读神学。1949年2月13日晋铎。1949年开始在潮阳古溪及揭西洛田坝传教。1981年当选为汕头教区主教。同年由宗怀德主教在广州石室圣心堂祝圣。中国天主教主教团副主席、广东省天主教两会主席。第七届全国人大代表。（韦羽）

杨茂粼（1921—1997）　正字戏演员。

师从林火用。工乌面，善于揣摩戏曲人物性格，表演别具特色。扮演《方世玉打擂》中的雷老虎，刻画其剽悍、好斗、凶狠的个性。尤擅扮演三国戏中的张飞，唱念使用炸声，表现张飞的鲁莽、直率，颇具艺术个性。（于琦）

苏文擢（1921—1997）　学者。名苏佐，以字行。广东顺德（今佛山顺德区）人。幼承家学，以经学词章名世。早年肄业于无锡国学专科学院，通经史词章之学。后到香港端正、德明、圣心、华仁等校任教。20世纪60年代在香港中文大学任高级讲师。重视语文教育，以古文诗赋名世。提倡诗教，组织诗学团体鸣社。论诗重理境，标举圣贤之道。改良传统吟诵技巧，弘扬推广国学。对传统文化在岭南的保护与传承多有贡献，在香港影响尤大。著有《邃加室诗文集》《邃加室诗文续稿》《邃加室丛稿》《邃加室遗稿》《黎简先生年谱》《韩文四论》《说诗晬语论评》《经诂拾存》《浅语集》等。（邓海涛）

苏佐　见"苏文擢"。

方兰（1921—1998）　妇女工作者。原名孔秀芳，又名方姑。广东顺德（今佛山顺德区）人，出生于香港。1938年参加香港学生赈济会，同年加入中国共产党，参加地下工作。1941年参加广东人民抗日游击队东江纵队，任女子中队指导员。1942年任东江纵队港九大队市区中队长兼指导员。抗战胜利后，历任中共香港大屿山区委书记、九龙职工小组长、女工工作组组长等。1948年调至粤桂边游击区工作，后任中共雷州地委副书记。1950年到广东省妇联工作，历任部长、秘书长、副主任等职。后历任中共佛山市委副书记、地委工业办副书记、副主任，广东省

妇联主任、党组书记。1979 年 9 月以广东省妇女代表团团长身份出席全国第四次妇女代表大会。1980 年创办广东省儿童福利会,为全国首创。1981、1982 年,分别促成广东省妇女运动编纂委员会以及广东省家庭教育研究会成立。1983 年提议将《广东妇女》杂志更名为《家庭》,成为中国内地第一个以恋爱、婚姻、家庭为报道和研究对象的综合性月刊。广东省人大代表、全国妇联常委、广东省顾问委员会委员、广东省儿童福利会会长等。(吴婉惠)

孔秀芳　见"方兰"。

方姑　见"方兰"。

黄家教(1921—1998)　语言学家。广东澄海(今汕头澄海区)人,出生于湖北武昌。1943 年考入中山大学文学院中文系,师从王力、岑麒祥等。1946 年转入语言学系,1947 年毕业,同年考入中山大学文科研究所深造,1949 年获硕士学位。其

黄家教

后一直执教于中山大学中文系。全国汉语方言学学会理事、中国音韵学研究会学术委员会委员、广东省中国语言学会学术委员会委员。在汉语方言调查、理论与应用研究,汉语音韵学等方面颇有成就。20 世纪 50—90 年代汉语方言学界重要奠基人之一。著有《语言论集》《广州方言研究》(合著)、《汉语方言与方言调查》(合著)、《汉语方言论集》(合著)等。在《中国语文》等刊物发表各类语言学论文 50 余篇。(陈小枫)

舒巷城(1921—1999)　作家。20 世纪六七十年代香港知名作家。原名王深泉,笔名王烙。原籍广东惠阳(今惠州惠阳区),出生于香港。小学期间在上海《儿童世界》发表文章。抗战时期在《立报》副刊《言林》和《申报》副刊《自由谈》

舒巷城

上发表短篇小说和诗歌。抗战胜利后,辗转于上海、南京、东北、天津、北平等地。1948 年底返港,先后在商行、建筑公司、教育机构任职。代表作长篇小说《太阳下山了》(内地版更名为《港岛大街的背后》),1961 年连载于《南洋文艺》,以简洁、抒情的笔触描写鲤鱼门筲箕湾一带穷苦人家的生活,透露出鲜明的香港地方色彩、美丽的自然环境、浓郁的生活气息、深挚感人的人情。另有长篇小说《再来的时候》《巴黎两岸》《白兰花》,短篇小说集《山上山下》《雾香港》《曲巷恩仇》,诗集《我的抒情诗》《回声集》《都市诗钞》等。1978 年香港文学研究社出版《舒巷城选集》。(李艳平)

王深泉　见"舒巷城"。

钟全璋(1921—2000)　天主教主教。教名安多尼。出生于印尼雅加达,1928 年随父母回国。1930 年在家乡梅县读小学。1935—1937 年在梅县松口天主堂预备修院读初中、高中,并攻读神哲学。1945 年在香港华南总修院攻读神学。1948 年 7 月回梅县天主堂领受铎品。1948 年在梅县上黄塘圣若瑟修院任教。1951 年开始在梅县传教。1962 年出席北京第二届中国天主教爱国会会议。1988 年 12 月 15 日在梅州市天主教首届代表会议上被选为梅州教区主教、梅州市天主教教务委员会主任、梅州市天主教爱国会副主席。1989 年 5 月 7 日由宗怀德主礼,在广东省兴宁县新天主堂祝圣为主教。中国天主教代表会议第五、六届委员。首届梅州市人大代表,首届梅州市政协委员。(韦羽)

郑一标(1921—2002)　潮剧导演。原名郑翊标。广东澄海(今汕头澄海区)人。1946 年毕业于西南联大中文系。1949 年任潮汕文工团导演。1958 年广东潮剧院成立后任导演,将斯坦尼斯拉夫斯基戏剧理论引入潮剧界。执导过 30 多部潮剧,对潮剧导演制度的建立有重大贡献。主要作品有《陈三五娘》《辞郎洲》《芦林会》《松柏长青》等。著有《导演怎样分析剧本》《谈主题、人物、情节三者关系》《〈扫窗会〉导演阐述》等。(孙冰娜、吴国钦)

郑翊标　见"郑一标"。

云峰(1921—2003)　僧人。法名法奇,字云峰。俗名朱富。广东海康(今湛江雷州)人。10 岁投湛江南山上林寺,礼宗和禅师出家。1936 年入香港大屿山宝莲寺屿山佛学院就读。1940 年在宝莲寺筏可禅师座下受具足戒。后随海仁法师在粤、港等地弘法。1953 年任湛江佛教协会会长。1959 年入中国佛学院进修。同年任广州市佛教协会副会长兼六榕寺当家。1964 年受邀到北京参加中华人民共和国成立十五周年庆典。"文化大革命"期间参加六榕纸类加工厂劳动。1982 年任六榕寺住持,主持修复花塔等六大建筑,配合政府落实宗教政策,收回全市的寺庵房产,重修重建光孝寺、六榕寺、华林寺、大佛寺、海幢寺、无着庵和陶轮学社。多次至曹溪讲学。中国佛教协会理事、常务理事、咨询委员会副主席,第六、七、八、九届广东省人大常委委员。广州市佛教协会第三、四、五、六届会长。广东省佛教协会第二、三、四届会长。后人辑有《云峰长老诗文选》《云峰长老日记选》。(达亮)

曾昭璇（1921—2007） 地理学家、地理教育家。字坚白。广东南海（今佛山南海区）人。1943 年毕业于中山大学地理系。

曾昭璇

1947 年获中山大学研究院文科硕士学位。先后在中山大学、国立海疆专科学校、广东省立文理学院、华南师范大学任教。广东省地理学会常务理事、副理事长。第六届全国政协委员。长期从事热带地貌学、第四纪和华南自然地理研究，涉及人类学、民俗学、历史地理学等多个领域，是华南地理学界研究领域较广的学者。主编《热带地貌》。编著有《南海诸岛》《中国的地形》《中国地貌》《广州历史地理》《岭南史地与民俗》等中文专著 20 多部，英文专著 4 部。（刘洪杰）

张江明（1921—2010） 广东东莞人。1935 年在广州文德路教忠中学（今广州市第十三中学）参加抗日救亡运动。

1936 年参加中国共产党。1940 年任中共北江特委青年部部长、中共连（县）连（山）阳（山）中心县委书记。1941

张江明

年任中共粤北省委青年部副部长。1943 年任东江纵队政治部总书记。抗战后期和解放战争初期，任东江纵队武工队政委、粤北指挥部中共小北江特派员。1950 年任华南人民文学艺术学院教授。20 世纪 50 年代，任中共中央华南分局宣传部理论处副处长。1962 年任中共广东省委党校副校长、副书记。1971 年任中共广东省委宣传部常务副部长。1983 年起，先后担任广东省社会科学学会联合会主席、党组书记，广东社会科学大学校长。中国辩证唯物主义

研究会顾问、中国社会主义社会辩证法研究会会长、广东社会主义社会辩证法研究会创会会长、广东叶剑英研究会创会会长、广东哲学学会会长。发起创办全国第一所社科联主办的大学广东社会科学大学以及全国省级第一份哲学专业类刊物《现代哲学》。长期从事马克思主义研究，开创了社会主义社会辩证法研究。撰写和主编 70 多部著作，发表论文 300 多篇。代表作有《谁养活谁》《什么是过渡时期总路线》《社会主义社会辩证法问题研究》《社会主义辩证法的理论与应用》《社会主义辩证法与马克思主义认识论》等。（罗苹）

徐续（1921—2012） 诗人、书法家、文史专家。号对庐。广东惠州人。诗书双绝，风格工稳整饬、典雅清正。任澳门《大众报》副总编辑。广东省中华诗词学会常务理事、中国书法家协会会员、广东省楹联学会副会长、广州诗社及荔苑诗社顾问。主要著作有《广东名胜记》《岭南古今录》《对庐诗词集》《苏轼诗选》《黄花岗》《广州棋坛六十年史》《弈林野史》《徐续书法集》等。又有《对庐文词钞》《对庐诗文集》等。（高美玲）

罗孚（1921—2014） 作家、报人。原名罗承勋，笔名柳苏、丝韦、辛文芷、吴令湄、文丝等。出生于广西桂林。毕业于中山大学。1941 年，在桂林加入《大公报》，先后在桂林、重庆、香港三地《大公报》工作。1947 年成为中共重庆地下党的外围骨干，参与中共重庆地下党理论刊物《反攻》的创办和编辑工作，曾任香港《大公报》副总编辑和香港《新晚报》总编辑。1948 年在香港加入中国共产党。新中国成立后，继续在香港《大公报》工作。1982 年居北京 10 年，1992 年回香港。早期文章有"左翼文学"特质，

晚年文风平实，文笔晓畅，富有趣味。在香港文学界和新闻界有盛名，香港文坛拓荒者，催生了香港新派武侠小说，为香港现当代文学、内地与香港的文化交流作出重要贡献。著有《风雷集》《繁花集》《香港，香港》《南斗文星高：香港作家剪影》《燕山诗话》《西窗小品》等；编有《聂绀弩诗全编》《香港的人和事》等。作品编为《罗孚文集》。（高美玲）

罗承勋 见"罗孚"。

欧初（1921—2017） 乳名帝尧，学名舜初，字德正，号桂山。祖籍广东香山（今中山）南朗，出生于广州。1937 年入广东省立广雅中学。1938 年参加广东青年抗日先锋队，次年加入中国共产党。1940 年 5 月奉命组建中山抗日游击队，历任

欧初

小队党代表、中队政训员、大队政训室主任、政治委员、五桂山抗日游击大队大队长、中山人民抗日义勇大队大队长、珠江纵队第一支队支队长。解放战争期间，先后任中共江北地区东江副特派员、中共中央香港分局农村工作委员会武装小组负责人、粤桂边人民解放军司令部政治部主任兼参谋长、中共粤桂边委员会常务委员兼宣传部长。1948 年 4 月任粤桂边人民武装东征支队司令员兼政委、中共粤中临时区党委常委、中共粤中军分委第二副主席、中国人民解放军粤中纵队副司令兼参谋长。解放战争时期江门五邑、粤中党组织主要领导人之一。新中国成立后，首任江会区（江门、新会）军管会主任、中共粤中地委常委、粤中专署副专员、开平县委书记，中共粤西区党委委员兼统战部长、中

共华南分局办公厅副主任、广东省委副秘书长兼办公厅主任、省政府秘书长、党组副书记。"文化大革命"后期在省轻工厅、省计委、省经委等单位任职。后任中共广州市委书记、广州市常务副市长、市人大常委会主任、中共广东省委顾问委员会常务委员等职。中共第十二次全国代表大会代表，第三、七届全国人大代表。中华炎黄文化研究会常务副会长、广东炎黄文化研究会会长、孙中山基金会会长、广州岭海颐老会名誉会长。晚年创建欧初文化教育基金会，致力于慈善助学。著有《五桂山房诗文集》《欧初书画集》。合作主编有《屈大均全集》。（张金超）

野曼（1921—2018） 作家。原名赖观兰，后改赖澜，笔名赖也曼、野蔓、林子、林紫君、耶曼等。广东蕉岭人。初中时即在上海《少年文艺》发表作品。1938 年，主持《中国诗坛》岭东分社，与蒲风主编《中国诗坛岭东刊》，同时主编《孩子纵队》。1940 年参加全国文协桂林分会。次年考入湖南北平民国学院中文系。1942 年转入中山大学哲学系，编辑《诗站》和《萌芽文丛》。1944 年大学毕业。同年秋到江西，任收获出版社编辑，同时编辑《大地》。1946 年初到广州，主编《新世纪》，与张铁生主编《自由世界》，与司马文森主编《文艺新闻》。后与黄宁婴等编《中国诗坛》，与于逢等编《文艺世纪》。1956 年后，任《广州日报》副刊《珠江》、《羊城晚报》副刊《花地》编辑。1985 年创办《华夏诗报》，任总编辑。中国作家协会会员。著有诗集《短笛》《爱的潜流》《迷你情思》《花的诱惑》《女性的光环》《浪漫的风》《风流的云》，散文集《妻爱》《缪斯的约会》，诗论集《诗，美的使者》《中国诗坛的喧哗与骚动》。（陈芝国）

赖观兰 见"野曼"。
赖澜 见"野曼"。

李建安（1922—1993） 别名李艇，后改名李健安，字有新。河南遂平人。1939 年 2 月参加革命，同年 7 月加入中国共产党。新中国成立后，历任中南军政委员会商业部华中运输公司科长、分公司经理，广东省商业厅办公室主任、第二副厅长，中共中央华南分局工业部办公室处长、副秘书长，茂名页岩油厂筹建处副主任，石油工业部广州石油设计院院长，中共广东省委工业部副部长，广东省建委第一副主任，省经济委员会主任，省工业战线革命委员会主任，省计划委员会主任，省工交办主任。1975—1993 年，历任广东省革命委员会副主任、省委常委、副省长、常务副省长，中共广东省顾问委员会副主任。第六届全国人大代表。改革开放初期，明确提出"要想致富，先修桥路"的指导思想，多渠道筹集资金，组织全省在交通、能源、通信三大基础设施领域开展大规模建设，为以后经济建设全面发展奠定坚实基础。（罗志欢）

李健安 见"李建安"。

夏易（1922—1999） 作家。原名陈绚文，常用笔名章如意、林未雪。原籍广东新会（今江门新会区），出生于香港。1945 年就读于清华大学社会系，受朱自清等指教开始发表作品。1949 年回香港做中学教师。20 世纪 50 年代开始专事写作。1954 年在《新晚报》连载长篇小说《香港小姐日记》。1978 年参加美国艾奥瓦大学国际写作计划。小说风格贴近 20 世纪 30 年代中国现代文学传统，平易朴实、摹绘现实，善于抓住心理行为揭示"香港人"性格，折射出 20 世纪中期香港及岭南社会的生活变迁。散文在香港文坛独树一帜，被称为"能使冰化为水的风格"。主要长篇小说有《少女的心声》（即《香港小姐日记》）《变》《紫色的泡沫》《青春三部曲》，中篇小说《都市的陷阱》，短篇小说《决不演悲剧》《橙色的诱惑》《希望之歌》等，散文集《港岛随笔》《花边、姆指爱情》等。（张衡）

陈绚文 见"夏易"。

罗荣元（1922—2002） 潮菜厨艺师。广东普宁人。年轻时入职汕头市老南和菜馆。1956 年加入标准餐室，受刘添影响，形成"刀快如飞，鼎轻如扇，雕花神似"的独特风格。1960 年调入新建成的汕头市大华饭店任主厨，一年后全面负责大华饭店

罗荣元

的出品。1972 年完成了汕头市饮食服务公司厨师班的教学任务，后又承担汕头地区饮食服务总公司 1974 年、1977 年、1979 年厨师进修班的培训。1979 年被汕头市商业学校聘请承担烹饪技能培训工作，1982—1984 年被汕头市劳动局技工学校聘请承担烹饪技能培训，1987 年起，在汕头特区劳动局举办的 50 多期培训班担任教员。（钟成泉）

陈除（1922—2003） 天主教主教。曾用名陈药石，教名若瑟。广东海康（今湛江雷州）人。1932 年在雷城镇天主堂读启蒙班学习。1935 年到广西北海市婴德小修院（北海教区小修院）。1942 年就读于梧州教区圣家小修院附设哲学班。1943 年赴贵阳市，寄读于该教区的伯多禄大修院。1947 年到香港，1949 年在香港华南总修院完成神学课程。1949 年 6 月 11 日在广州石室

堂晋铎。后回北海婴德小修院继续教学。1952年代理北海教堂。1970年回原籍务农。1978年受聘到海康第一中学代英语课。1984年回湛江霞山教堂代理教务。1994年11月16日广东第五届天主教代表会议决定成立湛江教区，被选为首任主教。1995年3月19日晋牧。在湛江病逝。（韦羽）

陈培勋（1922—2006） 钢琴家。广东合浦（今属广西）人。自幼随叔父学习钢琴，后赴香港、上海学习钢琴、管风琴和作曲。1939年考入上海国立音乐专科学校，师从谭小麟学习作曲技法，随苏联专家亚拉波夫和古诺夫学习配器。1949起担任中央音乐学院作曲系教授兼配器教研室主任。20世纪80年代受聘于香港浸会学院艺术教育系，后定居香港。作品充分表达对祖国的深情，在钢琴小品、交响诗和交响乐中显露出深厚的民族底蕴。代表作有小交响曲《迎春》、高胡协奏曲《广东音乐主题》、乐队与合唱《儿童节序曲》、交响诗《心潮逐浪高》、钢琴小品《思春》、交响乐《我的祖国》《清明祭》等。（庄蔚）

佛源（1922—2009） 僧人。字妙心。俗名莫仁辉。湖南桃江人。19岁投益阳会龙山栖霞寺智晖法师剃度。1946年至南岳福严寺镇清禅师座下受具足戒，嗣后就读于焦山佛学院、宁波观宗学社。1951年在乳源云门寺任知客。嗣虚云所授云门宗

佛源

法，为云门宗第十三世。1952年随虚云历京、汉、苏、沪、杭等地，协助筹备中国佛教协会。1953年继虚云主云门法席，农禅并举。1961年至1979年在南华寺监管劳动。"文化大革命"

中保护曹溪祖师真身灵骨。1979年赴中国佛学院任教，主讲律学。1982年重返岭南，主持云门大觉禅寺法席，筹划殿宇重建。1992年主席曹溪南华，兼云门丈席。同年创建云门佛学院。1994年首次于曹溪启坛传授二部僧戒。次年应韩国华溪寺之请主持戒坛。1996年在云门山建立小西天尼众部。中国佛教协会常务理事暨咨议委员会副主席、广东省佛教协会常务副会长、韶关市佛教协会会长、云门佛学院院长。广东省人大代表，广东省政协委员。在乳源云门山圆寂。主修有《新编曹溪通志》，撰有《佛源和尚年谱》《云门佛源》。后人辑有《佛源老和尚法汇》《佛源妙心禅师广录》。（达亮）

蔡锦坤（1922—2011） 潮剧演员。广东揭阳人。8岁卖身戏班当童伶，初学老生、花脸，后习丑。1954年拜名丑谢大目为师，学项衫丑、长衫丑，尤其擅长折扇功与水袖功。1956年调广东潮剧团，在《苏六娘》《闹钗》中刻画杨子良与胡琏两个角色，受观众赞赏。代表剧目有《苏六娘》《闹钗》《周不错》《八宝追夫》《游龟山》《杨乃武与小白菜》等。（孙冰娜、吴国钦）

黄伯荣（1922—2013） 语言学家。笔名苗木、莫木。广东阳江人。1951年中山大学语言学系研究生毕业后留校任教。1954年调北京大学中文系任讲师。1958年响应支援西北号召，先后任西北师范大学中文系、兰州大学

黄伯荣

中文系讲师、副教授、教授。1987年后任青岛大学中文系教授。中国语言学学会理事。主要从事现代汉语和汉

语方言研究。在现代汉语的语音、文字、词汇、语法及汉语方言等方面成就卓著。西北地区现代汉语学科建设奠基人。主编有《现代汉语》（与廖序东），著有《汉语方言语法类编》《汉语方言语法调查手册》（合著）、《广东阳江方言研究》等。其主编的《现代汉语》被教育部誉为"最受欢迎的现代汉语教材"，全国文科重点推荐教材。（方小燕）

林智成（1922—2017） 刺绣艺术家。广东潮州人。12岁起在潮州市泰生绣庄当学徒，后转入许炳丰绣庄任潮绣设计师，公私合营后进入潮州潮绣厂，任设计室主任、技术厂长。1974—1978年，创作设计潮绣挂屏绣稿50多幅，送往英国、埃及、日本和叙利亚等国展出。运用垫、拼、贴、折等技艺，配合对比强烈的色彩，融入金绒绣制作出金碧辉煌又极具立体感的绣品。吸取苏绣艺术技法，结合潮绣特点，独创潮绣双面立体艺术品，如《玉堂富贵》等。配合潮剧出国演出，创作15个剧目的剧装细图190件。（彭圣芳）

吴南生（1922—2018） 笔名左慈。广东潮阳（今汕头潮阳区）人。1936年参加华南抗日义勇军，次年加入中国共产党，8月参与组建汕头青年救亡同志会，任党支部书记。1938年11月任中共汕（头）庵（埠）

吴南生

区委副书记。1940年4月任中共潮（安）澄（海）饶（平）中心县委宣传部部长。1941年9月任中共澄饶边县特派员。1942年4月任中共普宁县特派员。1944年赴中共中央南方局，同年赴延安中央党校学习。抗日战争

胜利后赴东北，历任吉林省委政策研究室副主任，吉南地委委员兼民运部部长、宣传部部长，吉林市委委员、宣传部部长。1949 年，随中国人民解放军南下，任江西省南昌市副市长。1949 年 10 月至 1955 年 4 月先后担任汕头市委副书记兼解放军汕头市军事管制委员会副主任，潮汕地委常委、宣传部部长兼土改委员会主任，海南区党委常委、副书记兼秘书长。1955 年 4 月后任中共中央华南分局宣传部副部长、部长，中共中央中南局副秘书长、农办主任。"文化大革命"期间受冲击。1971 年 6 月重新工作，任广东省毛泽东思想学习班干事。1971 年 10 月后任广东省封开县革委会干事、副主任。1973 年 10 月任河南省委调查研究室主任。1975 年 10 月任广东省委调查研究室主任。1977 年 1 月后任广东省委常委、副书记。1978 年 3 月任广东省委书记。1980 年 5 月至 1983 年 7 月兼任广东省经济特区管理委员会主任。1980 年 6 月至 1981 年 2 月兼任深圳市委第一书记、市革命委员会主任（任至 1981 年 10 月）。中共第十一、十二届全国代表大会代表。第五、六届广东省政协主席。为广东改革开放先行一步和创办经济特区作出贡献。（张金超）

容观夐（1922—2018） 民族学家、考古学家。广东香山（今中山）人。1942 年就读于中山大学。1949 年赴美国得克萨斯州立大学人类学研究所留学。1950 年回国，先后在中山大学社会学系、

容观夐

广东省法商学院社会学系、中南民族学院和中央民族大学工作。1981 年调任中山大学人类学系副主任。中国民族史学会顾问、中国人类学会理事、广东省民族研究学会名誉会长、广东省民俗学会副会长等职。长期从事南方民族考古和民族史研究，在少数民族的来源、迁徙、民族文化的发展演变等问题上有不少创见。把人类学引入南方古俗研究，用人类学的方法研究南方棉纺织史，以人类学理论指导畲族研究。为中国人类学的恢复重建和发展壮大作出重要贡献。著有《人类学方法论》《文化人类学与南方少数民族》《黎族社会调查》《广东北江瑶族情况调查》《广东海南黎、苗、回族情况调查》《民族考古学初论》（与乔晓勤合著）等。（陈椰、谷宇）

李我（1922—2021） 原名李晚景，又名李耀景、李国祥。香港电台播音员、作家。广东广州人。毕业于香港华仁书院。1946—1949 年在广州风行电台演播系列广播剧《文艺小说》，把说书场"讲古"旧形式开创为电台广播故事新形态，原创故事中的所有角色由单人讲述，内容包括男女爱情、现代生活、社会问题，一经开播即风行省港澳。1949 年加盟香港丽的呼声电台，演播系列广播剧《天空小说》，剧集包括《黑天堂》《萧月白》等，一年间电台订户增加 6 倍。1959 年加入香港商业电台担任广播剧制作监制，推出系列广播剧，开创了省港广播剧的辉煌时代。（刘茉琳）

李晚景 见"李我"。
李耀景 见"李我"。
李国祥 见"李我"。

马飞（1923—1989） 潮剧演员、教戏先生、作曲家。原名余辉。广东潮阳（今汕头潮阳区）人。1935 年在老一枝香班当童伶，习青衣。有文化音乐基础，入班 3 年便任教戏。1950 年后，先后任潮汕文联潮剧改进会编导组副组长、汕头地区文化局戏改组组长、

潮剧院艺术室音乐组长等职。1965 年被邀请到中央歌舞剧院协助歌剧《南海长城》作曲。集演员、编剧、导演、作曲兼司鼓于一身，以作曲成就最高，谱曲旋律流畅，兼具音乐性和舞台性，个人艺术风格明显，有"马飞曲"之誉。代表剧目有《井边会》《磨房会》《回书》《刘明珠》《香罗帕》《六月雪》《杜鹃山》《沙家浜》《龙江颂》等。（孙冰娜、吴国钦）

余辉 见"马飞"。

徐秉锟（1923—1991） 寄生虫学家。福建古田人。1941 年进入福建协和大学学习，后进入岭南大学读研究生。1948 年毕业，留岭南大学医学院任教。先后任中山医学院副院长、寄生虫学研究所所长、广东省热带病研究所副所长。广东省科学技术协会副主席、广东省寄生虫学会理事长。1979 年创办《广东寄生虫学会年报》。从事医学寄生虫学教学和科学研究工作。深入研究蠓虫、医学昆虫的形态学、分类学、生态学以及蠓虫病、恙虫病流行病学与防治问题。主要成果有"恙虫病媒介恙螨形态分类学与实验生态学、恙虫病流行病学与防治研究""日本血吸虫病流行病学、防治和广东地区钉螺生态研究"。主编《人体寄生虫学》《英汉医学冠名词词典》《人体寄生虫电镜图谱》等。（周红黎、张书河）

江萍（1923—1993） 散文家。本名郑江萍，曾用名郑云鹰。广东佛冈人。1944 年毕业于广东韶师高中。中学时加入闹钟剧社。1938 年参加革命工作，历任广东东江纵队、广东粤桂湘纵队西江部连指导员，香港西营盘劳工子弟学校校务主任，中共广东连县中心县委宣传部部长，中共中央华南分局宣传部文艺处副处长，广东省委理论处干事、秘书，广东省作协文学院专业作家，

清远县委副书记，中国作协广东分会党组书记、副主席。第四、五、六届广东省政协委员。1948年始发表作品。作品强调时代和地方特色，题材大都源自个人生活体验，反映对某些人物和事件的反思。著有长篇小说《港九枪声》《何直教授》《长路》，中篇小说《马骝精》《刘黑仔》，短篇小说《佛仔》《取枪记》《何老憬》，话剧剧本《短枪队长》。1996年百花文艺出版社出版《郑江萍文集》。（高美玲）

郑江萍　见"江萍"。

朱彪初（1923—2000）　潮菜厨艺师。国家特一级厨师。广东潮安（今潮州潮安区）人。1938年随兄朱光耀到汕头海云天菜馆打杂，被周木青收为徒弟，得其烹饪和刀章真传。后在潮安、汕头、兴宁等地酒家从业。1947年到广州惠福路大佛寺街口

朱彪初

开设朱明记食档，常为一德路、十三行、天成路一带的潮汕行口及潮籍侨领代办潮州筵席。1957年，被广州华侨大厦聘为厨房部长。主厨期间，华侨大厦的潮州菜享誉东南亚及港澳，时有"吃潮州菜在广州而不在潮州"之说。退休后在广东中旅社培训中心任教。20世纪70年代至80年代担任广州市服务行业中等专业学校技术顾问。精通潮菜各种烹饪方法，擅长烹制护国菜、烧雁鹅、红烧大白菜、红烧大裙翅、潮州大鱼丸、糕烧白果、芋泥等上千种传统潮菜。代表作"全鸡宴"，包括金牌豆酱鸡、龙凤鸳鸯鸡、水仙菊花鸡等十多款以鸡为原料的潮菜。"烟香鸡"，先将鸡用茶叶、甘草、桂皮、花椒等香料熏制，再蒸熟，待冷冻后食用，广受喜爱。还制

作"水晶包"等潮式筵席糕点。雕塑刀工技艺高超，可在冬瓜盅瓜青上雕花刻字，用竹笋雕出20多种笋花，鱿鱼花的款式繁多。著有《潮州菜谱》。（黎永泰、许永强）

霍英东（1923—2006）　实业家。原名霍官泰。祖籍广东番禺（今广州番禺区），出生于香港。早年就读于香港皇仁书院，因抗战爆发辍学。当过徒工、苦力，后帮助母亲经营杂货店。20世纪40年代末从事海上驳运业务，50年

霍英东

代参与房地产业经营。1955年起，先后创办霍兴业堂置业有限公司及有荣有限公司，任董事长。1965年任香港地产建设商会会长。1984年后任香港中华总商会会长、永远名誉会长。香港特别行政区基本法起草委员会委员，香港特别行政区筹备委员会副主任委员，香港事务顾问。第八至十届全国政协副主席，第七届全国人民代表大会常务委员会委员，第五、六届全国政协常委。与他人共同创办澳门旅游娱乐有限公司，成为澳门的主要经济支柱。改革开放后重视同内地合资合作，独资兴建项目，捐款修建学校和体育场馆。先后投资或捐赠番禺大石大桥、洛溪大桥、沙湾大桥等多个重大项目及开发建设广州南沙海滨新城。1984年成立霍英东基金会，支持建设家乡，发展教育、文化、卫生事业等40多个项目，在内地医院捐建大楼、增添设备、设立研究基金等。1986年，从霍英东基金会中拨款成立霍英东教育基金会。为广东韶关、江西赣州和湖南郴州三个革命老区交流活动捐助经费。热心发展体育运动，任香港足球总会会长、国际足球联合会执委、

世界羽毛球联合会名誉主席。1979年促成"省港杯"足球赛。（罗志欢）

霍官泰　见"霍英东"。

许力以（1923—2010）　广东遂溪迈豪村（今湛江雷州）人。1938年参加遂溪青年抗敌同志会。1941年加入中国共产党。1943年考入贵阳大夏大学中文系。1945年奔赴大别山区的新四军根据地，先后在中共中央中原局机关报《七七日报》

许力以

和晋冀鲁豫边区机关报《晋鲁豫日报》工作，任随军记者，同时担任新华社第二野战军总分社记者。1948年11月，入西柏坡马列学院（第一期）学习。1951年到中共中央宣传部出版处工作，后任出版处副处长、机关党委副书记。"文化大革命"被下放宁夏贺兰山干校。1973年5月到国务院出版部门（后改为国家出版局）工作，先后任出版部主任、副局长。1974年参与制定《中外语文词典十年（1975—1985）规划》，领导《汉语大字典》编纂工作。1978年，组织实施35种古今中外名著重印。1979年起主持对外合作出版工作。1982年任中央宣传部出版局局长，主持起草中共中央、国务院《关于加强出版工作的决定》，是新时期指导出版工作的纲领性文件；主持起草《关于我国加入国际版权公约的报告》；主持起草《中华人民共和国版权法》。组织实施《邓小平文集》（英文版），大型画册《中国之旅》、《中国美术全集》（60卷）、《中国美术分类全集》（共304卷）、《中国大百科全书·新闻出版》、《汉语大字典》等重大项目。创办书评杂志《博览群书》《中国图书评论》。离休

后推动海峡两岸出版交流。1988 年组织实施上海"海峡两岸图书展览",开启两岸出版交流与合作大门。中国出版工作者协会第一、二届副主席,中国国际出版合作促进会会长。获韬奋出版荣誉奖。2009 年被评为"新中国 60 年百名优秀出版人物"。著有《许力以出版文集》《人类文明和出版》《出版和出版学》《论国际合作出版》《东方求索》等。(全炳亮)

杨奇(1923—2021) 报人。广东中山人。1933 年赴香港半工半读。1940 年入香港中国新闻学院学习。1941 年 3 月加入中国共产党。其间发起创办《文艺青年》半月刊,因刊发揭露"皖南事变"文章开罪港英政府,赴东江游击区

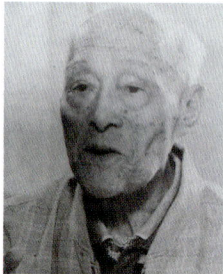

杨奇

办报,先后任《新百姓报》编辑、《东江民报》主编、《前进报》社长。香港沦陷后,参与营救滞留香港的文化名人。抗战胜利后,赴香港筹办《正报》,1945 年 11 月 13 日正式创刊,任社长兼总编辑(化名杨子清)。1946 年 6 月,中国出版社在香港复业,任负责人。1947 年协助乔冠华创办新华社香港分社。任《华商报》董事、经理、代总编辑。新中国成立前夕,协助护送在港民主人士北上参加新政协的行动。后调回广州,先后任广东省新闻出版处处长,《南方日报》副社长、总编辑。1957 年参与创办《羊城晚报》,先后任副总编辑、总编辑。其办报方针"寓共产主义教育于谈天说地之中"和"移风易俗,指导生活",奠定晚报风格。"文化大革命"期间下放劳动,任中共肇庆地区行署宣传部长。1972 年创办《肇庆日报》。1974 年 10 月任广东人民出版社革命委员会主任,

主持修订《辞源》。1978 年 5 月任广东省出版事业管理局党组书记、局长(首任)。不久调任新华社香港分社副秘书长兼宣传部长,后任秘书长。1988 年兼任香港《大公报》社长。著有《惊天壮举——虎穴抢救文化精英与秘密护送民主名流》《粤港飞鸿踏雪泥——杨奇办报文选》等。主编《香港概论》。(全炳亮)

黄远强(1923— ?) 建筑师。广东香山(今中山)人。1946 年毕业于重庆大学工学院建筑系,后留校任教。1952 年任城市建筑设计院副总建筑师。1980 年后历任广州城市建筑设计院总建筑师,广东省建筑工程局副局长、总工程师。中国建筑学会第六届至第九届常务理事、名誉理事等职。主要设计作品有广州华南土特产展览交流大会水果蔬菜馆,主持广西桂林城市总体规划及桂林市阳朔风景区的规划设计。参与设计湖南韶山毛泽东同志旧居陈列馆、广州宾馆、北京图书馆等。广东省建筑设计研究院第一代优秀岭南建筑师代表。(彭长歆、顾雪萍)

郑鹏(1923— ?) 建筑师。浙江温州人。1948 年毕业于中山大学建筑工程系。后任职于香港新建筑工程公司。1951 年回中山大学建筑工程系工作。1979 年担任华南工学院高等学校建筑设计研究院常务副院长、总建筑师、校学术委员会委员。参与编写《中国著名建筑师林克明》等著作。代表作品包括解放军医院设计竞赛方案、广州华侨医院门诊部设计、东莞市体育中心体育场等。(彭长歆、顾雪萍)

黄粦传(1924—1966) 广东汉剧演员。曾用艺名黄仪。广东大埔人。12 岁从李祝三学艺,习老生。曾在大埔同艺国乐社、福建汀龙剧社演出。15 岁以演《上天台》刘秀一角蜚声潮梅地区。

1956 年起历任广东汉剧团副团长、广东汉剧院副院长。精通汉剧文武场面,在继承传统基础上勇于探索创新,善于根据剧中人物设计不同的唱腔及表演艺术。在《齐王求将》中以老生跨丑行当塑造诙谐滑稽的齐宣王形象。主要演出剧目有《百里奚认妻》《击鼓骂曹》《失空斩》《齐王求将》《秦香莲》《红书宝剑》和现代戏《转唐山》《一袋麦种》等。《齐王求将》和《一袋麦种》分别于 1962 年、1965 年由珠江电影制片厂拍成戏曲艺术片。(陈燕芳)

区焰(1924—1972) 粤菜烹饪大师。国家特一级厨师。广东广州人。1936 年到广州银龙酒家学厨,出师后在广州、香港、澳门三地酒家事厨,先后在广州陆羽居酒家、香港银龙酒家、先施公司中国大酒店、大新酒家、澳门中央酒店、金城酒家等事厨。1953 年由澳门返回广州,先后在广州愉园酒家、泮溪酒家主厨。1959 年出席全国群英会。1961 年到羊城宾馆(今东方宾馆)担任厨师长。精通粤菜制作,烹制的龙炖鸡包翅、蚝油鸭脚、麒麟鲈鱼等菜肴以选料精、口味好获好评。改进油泡虾仁的工艺方法,将虾仁腌制后直接烹制改为腌制后经略冰冻处理再烹制。利用塘鱼创制出仿虾仁、仿鲍甫、鸳鸯鱼夹、双喜鱼丸等菜式。担任市、区烹饪技术学校教师,徒弟与学生多成为烹调技术骨干。(黄明超)

徐速(1924—1981) 作家。原名徐斌,又名徐直平。出生于江苏宿县(今安徽宿州)。1950 年到香港,在自由出版社任编辑,兴办高原出版社。1955 年刊行《海澜》和《少年》。1966 年创办《当代文艺》月刊。1969 年在香港珠海学院文学系任教授。作品风格具有较多中国传统文学色彩,注重抒情及意象和心绪的关联,文字轻灵活泼,富

有感染力。致力于评介香港文学、扶掖青年作者，同时报道大陆、台湾文坛信息，对香港文学发展起积极作用。著有长篇小说《星星·月亮·太阳》《樱子姑娘》《苦恋》，中篇小说《杀妻记》，短篇小说《十戒》等，散文集有《一得集》《心窗集》《衔杯集》《百感集》等。（张衡）

徐斌 见"徐速"。

徐直平 见"徐速"。

李昭（1924—1996） 广东三水（今佛山三水区）人。香港丽泽女子小学毕业后回广州读初中，初二时参加中国共产党领导的青年抗日先锋队，投身抗日救亡运动。1944年参加东江纵队并加入中国共产党。1946年随东纵北撤山东烟台，参加解放战争。1949年随第四野战军南下广州。新中国成立后转入编辑出版工作。1950年任华南军区《士兵文艺》编辑。1953年转业至华南人民出版社，任文艺编辑室编辑。1956年后转任广东人民出版社文艺编辑室主任，编辑出版《三家巷》《高山大岭》《羊城暗哨》等图书。1976年任广东人民出版社编辑部副主任，负责少儿读物和美术读物编辑工作。1978年任广东人民出版社副社长兼党总支书记，为社编委会7位成员之一。1979年参与创办《周末画报》《画廊》，组织出版《关山月画集》等大型画册。1981年参与创办岭南美术出版社，任（第一）副社长，组织出版《黎雄才画集》等。（全炳亮）

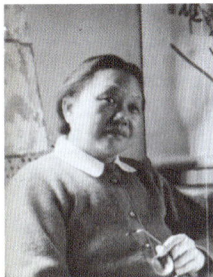
李昭

庄育智（1924—1996） 冶金学家。中国难熔金属合金研究领域开拓者。广东潮安（今潮州潮安区）人。1946年毕业于唐山工学院（今西南交通大学），后获英国利物浦大学硕士和博士学位。1952年回国，先后任职于中国科学院金属研究所、劳动人事部科学技术委员会、中国劳动科学研究院。1994年任华南理工大学教授。1980年当选中国科学院学部委员。主要从事钢中非金属夹杂物、鞍钢中板钢夹层来源、耐热不锈钢相变与变脆等方面的研究。开创研究难熔金属宇航材料新领域，设计和加工制造难熔金属真空熔炼、性能测试等设备，建立相图实验室、真空高温力学性能实验室。完成钼-30钨耐锌液腐蚀合金研制，填补了国内空白。创建中国第一个难熔金属研究室，成功研制无缝钢管生产上穿管用的钼顶头，比原用苏联牌号的低合金钢顶头的寿命长200倍。承担"705-1"工程任务，研制钼合金蒙皮，主持研究"遥测铌合金天线"，为中国第一颗返回式人造卫星的成功发射和按计划安全返回作出重大贡献。编著有《安全科学技术词典》《工程事故的系统分析》《科学技术研究报告：KJ型非自耗电极电弧炉》，发表论文40余篇。（李丹丹）

黄钦赐（1924—1997） 潮剧演员、作曲家。广东揭阳人。1935年卖身戏班为童伶，习旦行，后成戏班台柱，20世纪30年代潮剧名伶，灌录多种唱片。后任广东潮剧院作曲，为40多个剧目设计唱腔与谱曲。1952年为《海上渔歌》谱曲。参与谱写《苏六娘》《陈三五娘》唱腔。《苏六娘》中"春风践约到园林"、《陈三五娘》中"潮州八景好景致"等唱段，至今在坊间传唱。谱写的唱腔曲调优美动听，善于创造新的旋律和板式，为潮剧音乐唱腔的传承与发展作出贡献。代表剧目有《梅亭雪》《益春藏书》《陈三五娘》《苏六娘》《袁崇焕》《美人泪》等。（孙冰娜、吴国钦）

任志伟（1924—2002） 广东鹤山人。1949年4月参加革命，先后在香港三联书店、香港新民主出版社从事出版工作。广州解放后，随吴仲北上，参与创建广州新华书店。1950年任新华书店华南总分店出版组组长。1951年参与创建华南人民出版社，任出版组组长。1956年任广东人民出版社出版科科长。1975年任广东新华印刷厂革命委员会副主任。1978年任广东人民出版社副社长。1980年任广东省出版事业管理局出版发行处副处长。（全炳亮）

林尚安（1924—2009） 化学家。福建永定人。1946年毕业于厦门大学化学系，1950年获岭南大学化学系硕士学位。毕业后先后任教于岭南大学、中山大学化学系。1993年当选为中国科学院院士。主要从事有机硅高分子缩聚理论的研究。研制出新型低温固

林尚安

化硅漆和硅树脂，并成功应用于国防装置和尖端电子设备。后期主要对烯烃高效催化聚合、共聚合与聚合理论及各种聚烯烃的合成进行系统研究，丰富了配位聚合理论，达到国际先进水平。编著有《高分子化学》（主编）《高分子化学与物理专论》《配位聚合》等；发表有《二甲基二羟基矽烷的缩合动力学》《二甲基二羟基硅烷及对称四甲基二羟基二硅氧烷的制备》《可调节分子量丙烯聚合高效催化剂的研制》等论文。（曲静）

梁羽生（1924—2009） 作家。原名陈文统，笔名梁羽生、陈鲁、冯瑜宁、梁慧如、李夫人、冯显华、幻萍、佟硕之、凤雏生。壮族。广西蒙山人。1948年担任《岭南周报》总编辑，开

始以幻萍、冯显华为笔名发表文章。1949年毕业于岭南大学，任香港《大公报》英

梁羽生

语翻译、《新晚报》副刊编辑等职。1954年以"梁羽生"为笔名连载第一部武侠小说《龙虎斗京华》。1987年移居澳大利亚。2004年获香港岭南大学荣誉博士。有散文、评论、随笔、棋话、武侠小说等，以武侠小说最著，新派武侠小说开山祖师、代表作家。其作品反映某一时代的历史真实，着力塑造人物性格，善于用虚构人物强调历史氛围，力求加强作品的艺术感染力。其作品表现出对广东、香港地区的岭南文化以及中国传统文化的思考，其创作具有一定的标识度和读者群体，提高了岭南文学的影响力，推进了岭南文化的发展。共写作30余部武侠小说，代表作有《龙虎斗京华》《云海玉弓缘》《侠骨丹心》《白发魔女传》《萍踪侠影录》《七剑下天山》《江湖三女侠》《还剑奇情录》《联剑风云录》等。多部作品被改编为电影、电视连续剧。除武侠小说外，还有历史小品集《中国历史新话》《古今漫话》，著有《三剑楼随笔》《名联观止》《梁羽生散文》《梁羽生闲说金瓶梅》《文艺新谈等》。（张衡、罗志欢）

陈文统　见"梁羽生"。

林若（1924—2012）　广东潮安人。1945年5月加入中国共产党，同年7月考入中山大学文学院。1947年到东江游击区工作，任粤赣湘边纵队二支队政治指导员、教导员、团政治处主任。1950年3月后，历任中共广东省珠江地委政研室城市组组长、中山县土改工作队队长、东莞县五区土改工

作队队长、区工委书记、县委宣传部部长，县委副书记、书记，湛江地委第一副书记。"文化大革命"中受到迫害。1971年2月后，历任湛江地委常委，南方日报社党委副书记、革委会副主任，省委运动办副主任，广州市委书记（当时设有第一书记），湛江地委书记。1982年12月后，历任广东省委书记（当时设有第一书记），广东省委书记、省军区党委第一书记，兼任广东省人大常委会主任、党组书记。1991年1月至1996年12月，任广东省人大常委会主任、党组书记。中共第十二、十三届中央委员，第七、八届全国人大代表。（张金超）

红线女（1924—2013）　粤剧女演员。原名邝健廉。广东开平人，出生于广州。出身于粤剧世家，1938年拜舅母何芙莲为师，取艺名小燕红。1940年，随师到靓少凤的金星剧团搭班演出，改艺名为红线女。香港沦陷后，随马师曾太平剧团、抗

红线女

战剧团在广东、广西一带演出，胜利后回到香港，在穗港澳及东南亚各地献艺。20世纪50年代初，与马师曾合演《珠江泪》《蝴蝶夫人》等剧。1955年回到广州，先后在广东粤剧团、广东粤剧院、广州粤剧团工作，任广东粤剧院副院长、广州粤剧团艺术总指导。1998年在广州成立红线女艺术中心。2009年荣获首届中国戏剧终身成就奖。广东省戏剧家协会主席。第三、四、七、八、九届全国人大代表，第二届全国政协委员。一生拍摄电影90多部，在继承粤剧传统旦角唱腔基础上，吸收、借鉴京剧、昆剧、歌剧以及西洋歌唱技巧，融合创造，形成自成一派的"甜、脆、圆、润、娇、水"唱腔"红

腔"，把粤剧旦角唱腔推上新阶段，为粤剧红派艺术创始人。代表剧目有《荔枝颂》《搜书院》《关汉卿》《苦凤莺怜》《山乡风云》《昭君出塞》《李香君》《白燕迎春》等。（李继明）

邝健廉　见"红线女"。

李丽华（1924—2017）　电影演员。原籍河北，出生于上海。1940年进入艺华影片公司，主演《三笑》《千里送京娘》等17部电影。1942年起，在中联影业公司、中华电影联合股份有限公司等公司担任演员。1946年起，在文华影业公司主演《假凤虚凰》《艳阳天》等影片。1948年起，在香港为长城电影制片有限公司、龙马影业公司、金龙影片公司、丽华影业公司、永华影业公司、邵氏电影公司等公司演出《误佳期》《小凤仙》《雪里红》《说谎世界》《武则天》《杨贵妃》等国语片。1958年，在好莱坞主演电影《飞虎娇娃》，被学者认为是首位在好莱坞大制作电影中担纲女主角的华人演员。2016年，被授予香港电影金像奖终身成就奖。（温明锐）

金庸（1924—2018）　作家。原名查良镛，笔名林欢、查理、姚馥兰等。浙江海宁人。1944年进入重庆中央政治大学外交系学习。1946年进入东吴大学法学院学习，同年任上海《大公报》国际电讯翻译。1948年毕业后调任

金庸

《大公报》香港分社，自此移居香港。1952年任《新晚报》编辑。后入长城、凤凰电影公司当编导，从事电影剧本和评论创作。先后参加编写《绝代佳人》《兰花花》《王老虎抢亲》等影

片剧本。1955 年以"金庸"为笔名发表首部武侠小说《书剑恩仇录》，之后发表《碧血剑》《雪山飞狐》《射雕英雄传》《神雕侠侣》《飞狐外传》《笑傲江湖》《天龙八部》《鹿鼎记》等，其作品首字"飞雪连天射白鹿，笑书神侠倚碧鸳"是除《越女剑》外 14 部小说的首字合称。1959 年参与创办《明报》《明报月刊》《明报周刊》《明报晚报》《华人夜报》《新明日报》《新明晚报》等。1984 年出版《香港的前途——明报社评选之一》。1991 年任明报集团有限公司董事长。退休后任明报企事业有限公司名誉主席。香港大学名誉博士、香港大学中文系名誉教授、英国牛津大学现代中国研究中心院士。1999 年受聘成为浙江大学人文学院首任院长。担任香港法律改革委员会小组委员、国际新闻协会会员、香港特别行政区基本法起草委员会委员、基本法咨询委员会执行委员会委员、香港特别行政区筹备委员会委员。新派武侠小说代表作家。作品雅俗共赏，塑造的侠客形象具有民族正义感，以"侠之大者，为国为民"为最高追求，提升了传统武侠小说的境界。以"讲史演义"的叙述手法，表现历史演进观念中的革除暴政、反侵略思想和宗教、民族融合思想，具有政治洞察力与小说家的想象力，使传统武侠小说渗透现代精神。其武侠小说在海内外产生广泛影响，为香港文学以及岭南文学树立起新的"品牌标识"，岭南通俗化、大众化文学创作的合理性得到认同，在一定程度上带动了岭南通俗文学创作的积极性。其作品除多种中文版本外，尚有英、法、日、韩、泰、越、印尼等多种译本。主要作品集有《金庸散文集》《明窗小札 1963》《明窗小札 1964》《金庸：中国历史大势》。1999 年生活·读书·新知三联书店出版有《金庸作品集》（罗志欢、张衡）

查良镛 见"金庸"。

戊戟（1924—2018） 武侠小说家。祖父取名刘祖汉，自取名王影。祖籍江西吉安，幼年迁居广西柳州。抗战时期参加广东粤中纵队，胜利后在粤赣等地文化部门工作。"文化大革命"后任职于《佛山文艺》。1983 年开始以戊戟为笔名在《佛山文艺》连载武侠小说《武林传奇》等，《佛山文艺》发行量大增。其后凡刊登其小说的报刊发行量均节节攀升，期刊界称为"戊戟现象"。其武侠小说有模仿金庸痕迹，曾出现改写金庸、柳残阳、卧龙生、萧逸、司马紫烟等港台武侠小说名家作品以冒充戊戟作品的现象。著有《武林传奇》《江湖传奇》《神州传奇》《奇侠传奇》《黑鹰传奇》《黑豹传奇》《隐侠传奇》《神女传奇》《杜鹃传奇》《刀客传奇》《岭南一剑》《青凤传奇》（未完稿）。（张贤明）

周耀文（1924—2018） 语言学家。广东普宁人。1951 年毕业于中山大学文学院语言学系。同年进入中国科学院语言研究所，从事少数民族语言调查研究工作。1956 年调新成立的中国科学院少数民族语言研究所，任助理研究员、傣语研究组组长。1962 年少数民族语言研究所与民族研究所合并，继续进行民族语言调研工作。1975 年调云南民族学院（现云南民族大学）民族语言文学系任教。1979 年调回中国社会科学院民族研究所任副研究员，壮侗语族研究组副组长。1984 年任新成立的社会语言学研究组组长。20 世纪 50 年代起从事少数民族语言文字的调查研究，多次参加少数民族文字的创制、改进工作，协助制定《德宏傣文改进方案》，成功推行使用。在民族语言的使用以及语言研究方面均取得丰富成果，为发展少数民族文化教育事业作出突出贡献。著有《中国少数民族语文使用研究》

《傣语方言研究》，编有《潮汕话同音字汇》等。（经典、柏峰）

叶选平（1924—2019） 无产阶级革命家、我国经济建设战线的杰出领导人。广东梅县（今梅州市梅县区）人，叶剑英之子。1941 年至 1945 年在延安自然科学院机械专业学习。1945 年 9 月加入中国共产党。1945 年至 1947 年为延安兵工厂工人、军委工业局干部。1947 年至 1948 年为晋绥边区第一机械厂干部。1949 年至 1950 年先后在哈尔滨工业大学、清华大学短期学习。1950 年至 1951 年任沈阳第一机床厂车间副主任。1952 年至 1953 年赴苏联机床厂实习。1954 年至 1960 年任沈阳第一机床厂副厂长兼总工程师。1960 年至 1961 年任辽宁省沈阳市机械局副总工程师。1962 年至 1973 年任北京第一机床厂生产技术副厂长兼总工程师。1973 年至 1977 年任北京市机械局领导小组副组长、党委常委。1977 年冬在中共中央党校学习。1978 年至 1980 年任国家科委三局局长。1980 年至 1985 年任广东省副省长兼省科委主任，中共广州市委副书记、广州市市长，兼任广州大学首任校长。1985 年至 1991 年任中共广东省委副书记、广东省省长。1991 年 4 月增选为全国政协副主席。1993 年后任全国政协副主席、全国政协党组副书记。主政广州期间，重视经济建设，推动经济管理体制改革。主政广东期间，确定"顾全大局、立足现实、紧中求活"的方针，改善企业生产经营条件。中共第十二届中央候补委员、委员，十三、十四届中央委员，第五、六届全国人大代表，第七、八、九届全国政协副主席。（张金超）

康辉（1924—2020） 粤菜烹饪大师。国家特一级厨师。广东顺德（今佛山顺德区）人。1938 年从广东逃难到上海，在大东酒楼开始职业生涯。后在

金门饭店等饭店工作，1955年选调到北京饭店工作，成为中餐厨房的"五虎上将"之一。1982—1984年3次去法国参加烹饪美食博览会。2012年选入《国家名厨》。致力于传承粤菜烹饪技艺，将川菜、淮扬菜的烹调技艺融合到粤菜中。精通粤菜，烧烤为强项。擅长热菜烹调，冷菜拼盘、面点技术也很精湛。为粤菜在北京的推广作出重要贡献。代表菜品有烤乳猪、挂炉烤鸭、蜜汁叉烧、蟹黄鱼翅、酒烤比目鱼、脆皮鸡、烩八珍、蚝油鲍片、八宝莲黄鸡、百花酥鸭等。培养了一大批优秀厨师，嘱咐他们"先立品，再学艺"。著有《北京饭店的广东菜》，参编《北京饭店名菜谱》。（黄明超）

陈勋（1924—2021）　点心厨艺师。国家特一级点心师。广东南海（今佛山南海区）人。14岁起从事点心制作，先后在六国、大三元、北园等饭店酒家任首席点心师。先后受聘于广州市第二商业技术学校、市服务行业中等专业学校、广东省烹饪技术学校。1981年应邀到美国和香港等地进行技术交流。1983年被聘任为全国烹饪名师技术表演鉴定会评委。1985年随广州市烹饪技术代表团到新加坡献技。第五届全国人大代表，第五届广东省人大代表。功底深厚，技术全面。尤擅制花式点心。（龚伯洪）

彭加木（1925—1980）　生物化学家。原名彭家睦。广东番禺（今广州番禺区）人。1947年，南京中央大学农学院毕业。1949年后入中国科学院上海生物化学研究所工作。1956年起，3次进入罗布泊地区，采集水和矿物标本，调查自然资源。15次进新疆考察，帮助建设中国科学院新疆分院，任副院长。1980年5月担任罗布泊科学考察队队长，6月12日只身寻找水源，殉职。此次科学考察活动，为近代以来第一次纵穿新疆罗布泊干涸湖盆的考察，填补中国地学研究空白。（刘世红）

彭家睦　见"彭加木"。

蔡十二（1925—1990）　正字戏演员。少年即加入正字戏班，先拜老曾传鹅为师，后又学习叶溜的表演。先在梅盛班走红，后在老双喜班演出，成为当时著名的花旦。扮相雅致，唱腔委婉清丽，表演优美细腻。1954年参加广东省戏曲汇报演出，演出《槐荫别》《七仙姬上天》。（于琦）

赵国垣（1925—1990）　广彩工艺美术师。广东顺德（今佛山顺德区）人。自幼随父学艺，掌握全套广彩技能，10多岁独立设计花式画面。1956年，应政府相关部门邀请，与60余名港澳及内地广彩艺人在花村大道97号（今芳村大道东）创办广彩加工场。1960年成功改造烧制广彩产品的旧式窑炉，设计出井式电烤整炉，并沿用20多年，提高了产品烧制质量。第一届中国工艺美术学会理事。1988年被轻工部授予"中国工艺美术大师"称号。将广彩创作中的折色人物、长行人物两种技法运用自如，线条深厚耐看，人物神态生动，画工精细、色彩典雅，共设计了400多种画面。著有《我国彩瓷与广彩溯源》《广彩史话》等。（彭圣芳）

刘明（1925—2001）　中药学家。广东南海（今佛山南海区）人。第一批全国老中医药专家学术经验继承工作指导老师。1940年开始从事中药工作。1957年被聘为第一商业局业务委员会成员。1978年被授予"广东省特级药工"称号。精于中药，有丰富的辨药经验，坚持实践观点，以形、色、气、味"四字经"鉴别中药材的伪劣，制止了欧当归、假大黄、伪田鸡油、伪天麻等多宗假伪药进入市场。为《中华人民共和国药典》补充了"粤枳实""龟下甲"等新的药物品种。著有《常用中药材真伪鉴别》，参与编写《广东中药志》等。（周红黎、张书河）

曾良（1925—2003）　陶艺美术师。广东顺德（今佛山顺德区）人。抗战期间辍学，从事商业广告设计，1949年参加四野两纵文工团，从事舞台美术工作。1952年转业到广州人民美术社，参与筹建石湾雕塑工场。被指派师从动物陶塑名家区乾，专攻陶塑动物创作。后任美陶厂副厂长兼创作室主任。广东省工艺美术协会副秘书长。作品以写实见长，题材丰富，个性突出，善于运用泥釉火的变化，细腻生动，意境深远。20世纪60年代以后，以鹰隼作为主攻创作题材，通过鹰寄托"搏击长空""展翅九万里"的情怀。吸收石湾近代黄炳、霍津、区乾等动物陶瓷名师的精髓及胎毛技法等表现形式，力求捕态、抓神、赋格，使作品形神俱备，开创石湾陶艺新领域，被誉为"南国鹰王"。早期作品温驯稚趣，后期雄浑苍劲，意态淋漓。代表作是镶嵌在广东省人大常委会大堂内的子母鹰《护雏》。出版有《曾良陶艺作品集》。（彭圣芳）

林其标（1925—2006）　建筑教育家。福建闽侯人。1952年毕业于中山大学建筑工程系，后留校任教。1956年先后任华南工学院（今华南理工大学）建筑系讲师、副教授、教授、副主任、亚热带建筑物理实验分室主任、亚热带建筑研究室主任。1990—1995年兼任深圳大学、华南城建学院教师。长期从事建筑物理环境的研究。著有《亚热带建筑》《住宅人居环境设计》《建筑防热》《人与物理环境》等，参与编订《建筑气候区划标准》《民用建

筑热工设计规范》等。（彭长歆、顾雪萍）

方宽烈（1925—2013）　诗人。原名方业光，笔名东君。祖籍广东潮安（今潮州潮安区），出生于香港。毕业于岭南大学经济系。抗战爆发后，因其父主办《天演日报》，迷上新文学，得到曹聚仁、彭成慧等新文学家指导。任香港中国邮学会理事长，主编《邮光》。任澳门国际新闻社编辑，主编《澳门工业旅游年鉴》。香港文史研究会会长、香港诗人协会理事、香港艺术发展局文学组审批员遴选委员会委员。关注港澳文坛，对新旧文学一视同仁。著有《郁达夫诗词系年笺释》《涟漪诗词》《香港文坛往事》《濠江荒谬岁月》《澳门当代词诗记事》《香港词诗记事》等。整理香港文坛人物、掌故，编有《二十世纪香港词钞》《叶灵凤作品评论集》等。（张衡）

方业光　见"方宽烈"。

邱世友（1925—2014）　学者、词人。广东连县（今连州）人。1944年考入中山大学国文系，毕业后留校任教。潜心研究传统文史之学，通晓中国古代文论，尤精诗词理论与批评，兼擅诗词创作，词风在梦窗与白石之间，被誉为20世纪"第四代词学家"领军人物。中国《文心雕龙》学会、中国古代文学理论学会常务理事、顾问，广东省古代文论研究会会长。其学承詹安泰、黄海章等，岭南现代词学标志性人物。其学术贡献主要在词学与"龙学"两个领域，分别以《词论史论稿》和《文心雕龙探原》为代表。著有《水明楼小集》《水明楼续集》《文心雕龙探源及散文诗词》《邱世友词学论集》等。（彭玉平）

马临（1925—2017）　教育家。浙江鄞县（今宁波鄞州区）人，出生于北京。1936年赴港就读于香港英皇书院。1947年从成都华西协和大学毕业。1955年获英国利兹大学化学博士学位，随后在伦敦大学医学院、利兹圣詹姆斯医学院从事资深博士研究工作。1957年在香港大学病理学系执教。1964年任教于香港中文大学，开设生物化学系，成为首位讲座教授兼系主任。1973年选为香港中文大学理学院院长。1978年出任香港中文大学第二任校长。任上兴办医学院，强化双语双文化政策，推行暂取新生计划，设立哲学博士学位，改革提升本科课程，合力推行通识教育。被委任为非官守太平绅士，获授日本旭日勋章、德国十字勋章、CBE（荣誉）勋衔。香港特别行政区基本法起草委员会委员、第八、九届全国政协委员，第六届浙江省政协常委。编著《亚洲地区华人社会教育事业的发展》。（罗志欢）

秦剑（1926—1969）　电影导演。原名陈健，又名陈子仪，笔名陈情女士、司马才华。有"影坛神童"之称。广东新会（今江门新会区）人，出生于广州。早年参与业余文艺戏剧活动，1948年编成首个剧本《二龙争珠》。同年首次执导电影《红颜未老恩先断》（与吴回合导），翌年首次独立执导影片《满江红》。1949年任旨在团结粤语影人的华南电影工作者联谊会理事。1952年，与粤语影人成立股东合作制机构中联影业公司，推动香港粤语片发展。先后执导《秋》《父母心》等多部作品。1953年，为红棉公司制作影片《慈母泪》。在新加坡电影院商何启湘、何启荣昆仲支持下，于1955年组织成立粤语电影制作公司光艺制片公司，先后执导创作《胭脂虎》《遗腹子》《血染相思谷》《椰林月》及被视为粤语片经典之作的《难兄难弟》《追妻记》。还创办过新艺、国艺等公司。1965年，

加入邵氏电影公司，改拍国语片。邵氏时期共导演《痴情泪》《玫瑰我爱你》《春蚕》等9部电影。被公认为"50年代最有才华的粤语电影导演"。尤擅长包括亲情伦理片和浪漫爱情片在内的文艺电影创作，为香港粤语电影业作出重要贡献。（张燕、钟瀚声）

陈健　见"秦剑"。

陈子仪　见"秦剑"。

李家达（1926—1990）　中医骨科学家。广东佛山人。出身骨科世家。14岁随父临床。20岁继承父业，设医馆于平正桥沙涌坊。1956年入职佛山市中医院，后担任院长。1979年被授予"佛山地区名老中医"称号。擅长治疗骨伤科疾病。学术上重视整体观念，主张内外兼施，手法与药物并用。认为跌打初期瘀血内蓄，急宜逐瘀，后期则主张温补以和血，强调因人而异，辨证施治。复位手法强调轻巧，反对粗暴，与师弟陈渭良总结出摸触辨认、擒拿扶正等正骨十四法。创制"佛山伤科红药膏"。（周红黎、张书河）

吴世宦（1926—1994）　法学家。广东文昌（今属海南）人。法治系统工程的开拓者、社会实践法学的推动者。1947年就读于复旦大学，后转入中央大学、中山大学学习法律。1952—1966先后在华南农学院、广东林学院、中南林学院（现中南林业科技大学）任团委宣传部长、院刊总编辑、教员、讲师。1980年调中山大学法律系，历任讲师、副教授、教授。北京实现者社会系统工程研究院首席法治系统工程专家。中国系统工程学会社会经济系统工程学会理事，广东省系统工程学会常务理事，中国法学会法理研究会干事，广东省法学会理事兼法理研究会副总干事。广东省人民政府参事室参事。从事物理学、自然辩证法、

法学教育和法治系统工程等领域的研究、教学，提出法治系统工程的基本框架和中国社会实践法学理论体系。1979年响应钱学森关于建立"法治系统工程"号召，率先从事法治系统工程探索。20世纪90年代初针对广东民主法制建设的现状，提出"率先实行以法治省试验"的建议和系统化构想，90年代中期作为社会系统工程专家组创始成员指导在海南文昌进行中国首起全方位社会系统工程实践。著有《论法治系统工程》《法治系统工程学》《法理学教程》等。（陈柳、柏峰）

李翰祥（1926—1996）　电影导演、编剧。出生于辽宁锦西。肄业于北平艺术专科学校和上海市立实验戏剧学校。1948年辗转大中华、长城、大观、永华等电影公司从事演员、配音、美术设计等工作。1955年，加入邵氏兄弟（香港）有限公司任编导，

李翰祥

拍摄《貂蝉》《江山美人》《梁山伯与祝英台》《杨贵妃》等黄梅调电影。1963年，前往台湾创办国联影业公司，翌年执导电影《西施》。20世纪70年代返回香港，先后完成《大军阀》《骗术奇谭》《风月奇谭》《倾国倾城》等骗术片、风月片。1983年，在内地拍摄"清宫三部曲"《火烧圆明园》《垂帘听政》《火龙》。作品以古装片为主要类型，兼及文艺言情片，主要题材既有严谨考究的历史戏剧，也涉及宫闱风月。一生拍片70余部。著有回忆录《三十年细说从头》。（温明锐）

杨栋材（1926—1997）　伊斯兰教教长。字殿镶，经名穆萨。广东广州人。自小在清真寺经堂学习，先后在广州怀圣寺、濠畔寺及北京大学东方语言系学习阿拉伯语。1948年回广东，先后任肇庆城西清真寺和广州濠畔寺、怀圣寺阿訇。1982年起兼任广州市清真寺民主管理委员会主任。主持维修东营寺、怀圣寺和重建濠畔寺工作。广州市伊斯兰教协会第一、二、三届委员，第四、五、六、七届副会长，第八届顾问。对保护和整饬回族坟场、清真先贤古墓贡献良多。（马建春、李蒙蒙）

王菲（1926—2000）　潮剧编剧。广东潮州人。编有101个潮剧。其现代剧《江姐》是潮剧现代剧作经典，为汕头戏曲学校教材。代表作还有《春香传》《烟花女与状元郎》等。（孙冰娜、吴国钦）

王德鉴（1926—2006）　中医耳鼻喉科学家。中医耳鼻喉科学的创始人之一。广东新宁（今台山）人。第一批全国老中医药专家学术经验继承工作指导老师。1951年毕业于广东中医药专门学校。毕业后先后在广东省卫生厅、广州中医学院工作。中华中医药学会耳鼻喉科分会副主任委员。1993年被授予"广东省名中医"称号。临证主张辨证与辨病相结合，辨全身证候与辨局部证候相结合；治疗主张扶正与祛邪相结合，强调局部用药在五官科疾病上的重要性。擅长治疗耳鼻喉科、口腔科疾病和头颈部肿瘤，特别是感音性耳聋耳鸣、慢性鼻炎、鼻窦炎、慢性咽炎等疾病，开创中医药防治鼻咽癌研究先河。系统整理中医耳鼻喉科学理论，创制"润喉丸"。主编有《中医耳鼻喉科学》《中医耳鼻咽喉口腔科学》等。（周红黎、张书河）

梁信（1926—2017）　作家、电影编剧。原名郭良信，笔名金城、文也凡。祖籍山东，出生于吉林扶余。肄业于中国文学讲习所。1945年参加中国人民解放军。1950年出版个人首部话剧剧本《颍河儿女》。1953年调中南军区任专业创作员。1956年进入电影界，担任影片《西游记》服装指导。1958年去海南岛琼崖体验生活，创作电影文学剧本《红色娘子军》。1960年根据所作长篇小说改编电影剧本《碧海丹心》。1962年调广州军区政治部创作组。1964年创作小小说《铁腿阿陈》。1975年，与人合作将话剧《南海长城》改编为电影剧本，创作电影剧本《特殊任务》。"文化大革命"后创作《从奴隶到将军》《战斗年华》《红姑寨恩仇记》《风雨下钟山》等电影剧本和长篇小说《龙虎风云记》。中国影协理事、中国作家协会广东分会理事、广东影协副主席。认为中国电影剧作家应扎根于传统文学泥土之中，发挥中华民族的优良传统。前期创作以表现人民革命战争的题材居多，后期内容广泛，尤善"寓史于人"，以人物行动及心理活动变迁反映时代精神，实现文学与电影之间的跨媒介互动，对当代以来的广东文坛创作具有一定的启示意义。作品中的现实精神和人性关怀，与岭南文化中的务实精神互相契合，推动当代岭南文学的发展。作品还有短篇小说《姐儿俩》《对抗》《风险》等，作品集《梁信文选》《梁信电影剧作选》《梁信作品选萃》。（张衡、罗志欢）

郭良信　见"梁信"。

岑桑（1926—2022）　作家。广东顺德（今佛山顺德区）人。1949年毕业于中山大学社会学系，历任广州市影剧场公司副总经理、广州文化出版社编辑部副主任。1959年后先后任广东人民出版社文艺编辑室副

岑桑

主任、主任、副总编辑。1981年短暂调任花城出版社副总编辑，后仍回广东人民出版社任副总编辑。1984年任广东人民出版社社长兼总编辑。其间参加了广东教育出版社和新世纪出版社组建工作，创办《香港风情》杂志。1991年由广东省委宣传部聘为《岭南文库》执行副主编（主编由省委常委、宣传部长兼任），2002年起任执行主编。晚年致力于岭南文化建设，组织出版"岭南文库""岭南文化知识书系""广府文库"等数百种图书。1998年获中国出版工作者协会颁发"伯乐奖"。2006年获韬奋出版新人奖（即第九届韬奋出版奖）。业余从事文学创作。中国作家协会会员、广东省作家协会副主席。发表各类文学作品数百万字，《失败是个未知数》《画杨桃》入选义务教育语文教材，《当你还是一朵花》累计印数60多万册。（金炳亮）

熊展模（1926— ？） 花朝戏编曲。笔名诗木。广东兴宁人。青年时期从事中学音乐教育工作，1958年调紫金县文工团（紫金县花朝戏剧团前身）任音乐指导。记录大量花朝戏传统曲调和民间歌舞、说唱的音乐资料。率先改革男女同腔的唱法，确立花朝戏编曲制度。花朝戏音乐改革倡导者和实践者，发现和培养了多名编曲新人。编创的《卖杂货》《三看亲》《双双配》《刘三姐》《冰娘惨史》《巧姻缘》等剧目的唱腔，朴实明快，字腔结合紧密，易上口，易传唱，保留了传统特点，又使曲调富有诗意。代表作《卖杂货》《苏丹》是剧团保留剧目。其所编剧目在花朝戏音乐发展过程中起到承前启后的作用。（刘红娟）

梁猷刚（1927—1985） 语言学家。广东海口（今属海南）人。青少年时代随母在越南生活。1947年回海口。

1948年考入海南大学选修班，后入文理学院。因病休学，后自学语言学，得到张志公、岑麒祥等名师指点。1956年在张为纲推荐下，调入华南师范学院（今华南师范大学）任教。1957年进入教育部、中国科学院主办的普通话语言研究班学习。从事现代汉语教学与研究，对汉语言尤其是华南方言的研究，得到语言界的肯定。以调查研究海南方言为基点，旁及少数民族语言，探究广西钦州语。考察语言、方言，从点到面，逐步扩展、深化。在国内外学术刊物上发表论文上百篇。著有《琼州方言的训读示》《广东省海南岛汉语方言的分类》《海南岛琼文语与闽语的关系》《语言复杂的海南岛儋县那大镇》《海南岛文昌方言音系》《广西钦州地区的语言分布》《广东省北部汉语方言的分布》《海南音字典》等。（刘新中）

力匡（1927—1992） 诗人、小说家。原名郑健柏，笔名百木等。原籍广东文昌（今属海南），出生于广州。1952年从中山大学历史系毕业后移居香港。在中学任教时，参与创办《人人文学》和《海澜》，任主编。有诗集《燕语》《高原的牧铃》，短篇小说集《长夜》，中篇小说《阿弘的童年》，长篇小说《圣城》，神话集《诸神的复活》，诗论集《谈诗创作》。（陈芝国）

郑健柏 见"力匡"。

陈垂民（1927—1999） 语言学家。福建安溪人。1955年毕业于厦门大学中文系，分配到中山大学中文系任教。1958年调暨南大学，1971年随暨南大学中文系合并入华南师范学院（今华南师范大学）中文系，1978年回暨南大学，任中文系语言学教研室副主任、主任。中国语言学会会员，广东中国

语言学会理事。从事现代汉语教学和方言语法研究。著有《闽南话和普通话常用量词的比较》《闽南话的"去"字句》《闽南话和普通话"有"字用法的比较》《闽南话的动词重叠》《闽南话和普通话述补结构的比较》《陈垂民汉语方言论集》。（方小燕）

肖玉（1927—2000） 作家。原名于忠福。山东文登人。1940年参加八路军，历任勤务兵、宣传员、秘书、宣传队长，东北人民解放军第四纵队连队指导员、宣传干事、纵队《战斗报》编辑，中南军区直政部文化科科长，广州军区政治部创作组组长，广东省作协第一、二届副主席。1947年开始发表作品。中国作家协会会员。早年作品反映历史革命与社会现实，具有较强的现实主义精神。著有长篇小说《当乌云密布的时候》《战鼓催春》《紧锁关山》《龙山寨》，中篇小说《光荣的标志》，长篇报告文学《彩路饰金》《惊回首》等，秧歌剧《赵兰贵》。长篇小说《高粱红了》被改编成32集电视连续剧。（张衡）

于忠福 见"肖玉"。

蔡俊明（1927—2011） 语言学家。广东揭阳人。1951年毕业于中山大学土木工程系，侨居越南任中学教员，后任职于香港中文大学。自学方言学知识，工作之余调查和研究潮汕话。编著有《潮语词典》《潮州方言词汇》。（丘学强）

张均如（1927—2011） 语言学家。北京人。1950年毕业于国立师大女子附中，考入北京大学文科研究所语音乐律实验室，任练习生，师从罗常培和袁家骅，学习语言学。1952年到广西参加壮语调查研究。1954年调中国科学院语言研究所，任研究实习员。

1962 年并入民族研究所，任助理研究员、副研究员。1988 年任中国社会科学院民族研究所研究员。早年参加壮文创制工作，后主要研究侗台语族诸语言，兼及有关汉语方言，如广西的粤方言、西南官话、平话方言和海南岛军话。20 世纪 50 年代起，在广西、广东、海南等地从事侗台语族语言和有关汉语方言的调查研究工作。在语言研究中有不少新的观点和新的发现。对侗台语族诸语言的语音系统进行比较研究，在侗台语历史演变和汉语接触问题上提出一系列重要观点，推动了汉语平话的调查研究。与人合著有《壮汉词汇》《壮语音条汇编》《壮语方言研究》《标话研究》《临高语研究》等。（经典、柏峰）

劳思光（1927—2012） 哲学家、教育家。本名劳荣玮，字仲琼，号韦斋，笔名思光。湖南长沙人，出生于陕西西安。1946 年高中毕业后入读北京大学哲学系，1949 年移居台湾。1952 年从台湾大学哲学系毕业。因反对国民党独裁，主张民主自由，引起当局注意，1964 年被迫离开台湾，寓居香港，先后于珠海书院、崇基学院及香港中文大学教授哲学。其间在美国哈佛大学及普林斯顿大学从事研究工作。任香港中文大学中国文化研究所高级研究员及逸夫书院高级导师。1989 年应台湾"清华大学"之邀任哲学研究所客座教授，1994 年起出任台湾华梵大学哲学系教授、东吴大学端木恺讲座教授。专注于教育和中国哲学研究。在文学、史学、哲学、金石考证等方面有论述。著有《新编中国哲学史》《历史之惩罚》《中国文化路向问题的新检讨》等 30 余种。（罗志欢）

劳荣玮 见"劳思光"。

金振声（1927—2014） 教育学家。

浙江杭州人。1948 年毕业于中山大学建筑工程系。毕业后任湖北武昌市政府建筑科技士、江西永新四维中学数学教员等职。1950 年回中山大学建筑工程系任教。1958 年任华南工学院（今华南理工大学）建筑学系亚热带建筑研究室副主任、副教授、教授，担任建筑系系主任。主讲住宅建筑原理与设计课程，主张教学与科研、实践相结合，在南方住宅建筑领域取得了许多重要的研究成果。主持设计项目为住宅建筑工程。（彭长歆、顾雪萍）

钟伟华（1927—2019） 林学家。广东梅县（今梅州梅县区）人。1954 年毕业于华南农学院林学系。先后任教于华南农学院、广东林学院、中南林学院、广东农林学院、华南农业大学。主要从事林木多世代遗传改良策略、种子园技术教学

钟伟华

与研究工作。运用早期选择，解决建园遗传资源狭窄问题；创建大树选优法估测遗传增益的理论体系，制定优树选择标准；选出一批优良家系和优良无性系；在中国火炬松上建立了核心育种群体系统，为火炬松多世代轮回选择、后续世代改良奠定基础；解决种子园营建中春季干旱导致多年嫁接不成功、多树种布局的花粉隔离以及加勒比松嫁接等一系列理论与技术问题。主持湿地松、火炬松种源试验，火炬松系统遗传改良等研究，其成果填补火炬松引入中国后遗传改良的空白。编有《树木遗传育种学》《林木育种学》《林木育种学概论》等讲义，翻译有《害虫遗传防治》《林木种子园》。（陈世清）

李钦裕（1927—2020） 潮剧演员。

广东潮阳（今汕头潮阳区）人。喜爱潮剧，14 岁自愿卖身为童伶，师从黄巧仁、杨其国、黄钦赐。1948 年任纸影班教戏先生。1954 年调入汕头市正顺潮剧团。1988 年为汕头戏曲学校传承《蔡伯喈认像》，1993 年被正式聘请为汕头戏曲学校教师。工小生，功底扎实，程式规范，唱腔古朴，扮相优雅。20 世纪 50 年代，与姚璇秋排演《扫窗会》《陈三五娘》，为第一代陈三扮演者。也从事潮剧教学工作。潮剧从童伶小生改革到大小生的代表性演员。代表剧目有《蔡伯喈认像》《罗衫记》《十五贯》《急子回国》《扫窗会》《三击掌》《回寒窑》《李子长活画》等。（孙冰娜、吴国钦）

吴紫函（1928—1993） 福建晋江人。1949 年毕业于香港沙田华侨工商学院文史系，参加港九电车工人罢工斗争。参加广东土改，任土改工作队副队长、调研员。历任广东人民广播电台新闻部政法文教记者组组长、要闻编辑组组长。"文化大革命"期间下放英德"五七"干校劳动。1970 年借调省委宣传办工作。1971 年调广东人民出版社工作，先后任政文、文史编辑室主任。1981 年任副总编辑，1987 年任总编辑。退休后，任广东省粤版报刊审读委员会审读员。组织编辑和出版《马列主义经典著作浅说丛书》《哲学社会科学基础知识丛书》《语文丛书》《广东地理丛书》《宋词散论》《詹安泰词学论稿》《广州音字典》等。（金炳亮）

吴紫函

吴峰（1928—2003） 潮剧导演。广东揭阳人。1950 年参加潮汕文工团。1953 年调粤东地区戏曲改革委员会工

作。潮剧第一代导演，为潮剧导演制度的建立作出重要贡献。代表剧目有《秦香莲》《海上渔歌》《陈三五娘》《苏六娘》《告亲夫》《活捉孙富》《八宝追夫》《刘明珠》《蝶恋花》《张春郎削发》《陈太爷选婚》等。
（孙冰娜、吴国钦）

杨佛兴（1928—2007）　佛教居士。广东惠州人。唐密（真言宗）第五十一代传灯大阿阇黎。18 岁师从唐密第五十代祖师冯达庵大阿阇黎学佛，专心修持，于禅、净、密三宗均有成就。1989 年至 2005 年多次应邀至国内外高校及寺院、佛学院、居士林讲学弘法，内容涵盖禅、净、密三宗法要，涉及佛学与哲学、佛学与教育、佛学与法学、佛学与中医、佛学与心理学、佛学与经济管理、佛学与传统文化等问题。秉承一乘顿教"制止妄念，断绝私利，清净居心，慈悲救世"宗旨，提倡"学佛与学习、工作互相促进，修持境界与学习、工作质量双丰收"，培养一批爱国护教人才，推动唐密在当世的发展。2005 年，付嘱慧圣居士为唐密第五十二代传灯大阿阇黎。其佛学论文、演讲稿、开示录、书信问答等收入文集《一乘法要》。（吴晓蔓）

王贵忱（1928—2022）　古文献家、古钱币学家、金石学家、书法家、收藏家。号可居。辽宁铁岭人。幼家贫，1945 年 8 月参加八路军，1949 年随军南下，1952 年转业地方，任粤东交通银行经理、汕头建设银行行长。1979 年

王贵忱

后，先后任广东省立中山图书馆副馆长、广东省博物馆副馆长、广州市地方志编委会副主任兼广州市地方志办公室

负责人。中国钱币学会理事、广东省钱币学会副会长、广东省书法家协会顾问、《广州大典》顾问、广东省古籍保护工作专家委员会顾问。自学成才，师事周叔弢、于省吾、容庚、商承祚、潘景郑等学者，与周作人、李可染、谢稚柳、黎雄才、启功等名家多有交往。涉猎颇广，治学有乾嘉学派重实证的传统和严谨的学风，重视原始资料的搜集和应用，尤精钱币文献、龚自珍著作版本、广东地方文献研究。将收藏的钱币文献、名人手札，大部分捐献公藏机构。著有《可居丛稿》等，编有《先秦货币文编》《中国钱币文献丛书》《中国钱币大辞典·泉人著述编》《可居室藏钱币文献图录》《曾国藩未刊书札》《张荫桓戊戌日记手稿》《可居室藏书翰·罗振玉》《南越国残瓦墨景》等，合作主编有《明本潮州戏文五种》《屈大均全集》。（张贤明）

何名科（1929—1998）　唢呐演奏家。海南海口琼山区玉屋村人。自幼酷爱音乐，8 岁入八音教练馆学习乐器演奏，重点习吹唢呐、拉调弦。后加盟琼剧班社，拜谭大春为师，掌握琼剧板腔。18 岁先后任靓仔班、和香班、琼和班等土戏班社的掌调。熟悉海南诸多乐曲且善操各种乐器，尤以小唢呐见长，吹小唢呐气口足、垫头靓、托腔圆、音清丽。1956 年起被选入广东琼剧团（海南省琼剧院前身）任掌调，从事唱腔音乐设计和研究工作。多次前往新加坡、泰国等进行文化艺术交流。从事对海南传统音乐的挖掘、整理和保护工作。演奏的代表作有《春风浩荡》《望郎归》等，整理的海南传统乐曲有《万花灯》《仙姬送子》等 50 多首。编著有《海南音乐曲集》。（庄蔚）

陈春淮（1929—2007）　正字戏鼓师、编剧。广东陆丰人。1947 年入正字戏

班，师从鼓师刘彩，擅长演奏提纲戏大鼓。后整理改编正字戏传统剧目，对正字戏的历史和艺术有较为深入的研究。整理改编代表作有《金叶菊》《张飞归家》《换乌纱》等。参与编写《中国戏曲志·广东卷》。著有《正字戏大观》。（于琦）

林穗芳（1929—2009）　编辑家、翻译家。广东信宜人。1947 年入中山大学文学院语言学系学习。1950 年至广州《南方日报》工作，后参加志愿军赴朝鲜前线担任英文翻译和文化教员。1956 年 8 月至 1995 年 7 月在人民出版社工作，先后任外国历史编辑、国际政治编辑室主任、编辑部质量检查组长。自学俄、德、法、西班牙、阿尔巴尼亚、日、朝鲜、越南等 16 种外文。负责重要翻译书稿的出版工作，在《毛泽东选集》的对外翻译和传播、兄弟党和国家重要著作出版方面作出突出贡献。中国翻译工作者协会理事。获第二届"韬奋出版奖"。2009 年被评为"新中国 60 年百名优秀出版人物"。著有《列宁和编辑出版工作》、国家教委"八五"规划教材《书籍编辑学概论》《中外编辑出版历史》《标点符号学习与应用》《汉语拼音标准化》等。（周畅）

罗宝钿（1929—2010）　建筑教育家、建筑师。广东花县（今广州花都区）人。1952 年毕业于中山大学建筑系。同年到哈尔滨工业大学建筑系攻读研究生，1955 年于清华大学建筑系城市规划专业研究生毕业。先后任华南工学院（今华南理工大学）建筑系助教、讲师、副教授。长期从事城市规划和住宅区规划的教学与研究，注重把教学、科研和实践有机结合起来。1958 年带领师生参加番禺人民公社建设工作。改革开放后主持深圳园岭住宅区规划及建筑设计、中山市孙文纪念公

园规划，设计广州黄埔开发区首期开发、广州天河中心住宅区、广州中宝广场等。（彭长歆、顾雪萍）

沈开木（1929—2015）　福建诏安人。1954年毕业于华南师范学院中文系（华南师范大学文学院前身），留校任教。从事现代汉语、语言学、话语语言学、语用学的教学与研究。著有《句段分析》《现代汉语话语语言学》《语法·理论·话语》，发表《表示"异中有同"的"也"字独用的探索》《"不"字的否定范围和否定中心的探索》《表示强调的"连"字所涉及的形式同内容的矛盾》等论文逾百篇。（方小燕）

麦英豪（1929—2016）　考古学家。广东番禺（今广州番禺区）人。广州大学肄业。1952年考入广州市文物管理委员会，1953年全国第二届考古工作人员训练班毕业，接受郭沫若、梁思永等面授指导。历任广州市文物管理委员会考古队负责

麦英豪

人、副主任，广州博物馆馆长，西汉南越王墓博物馆顾问。中国考古学会、古陶瓷研究会、玉器研究会理事，广东省文物学会副会长，广州博物馆名誉馆长。长期从事田野考古发掘与研究工作，先后主持或参与广州秦代造船遗址、南越国宫署遗址、西汉南越王墓等大型发掘工程。推动西汉南越王博物馆、东莞海战博物馆、孙中山大元帅府纪念馆的建设。为广州文物考古事业的发展作出突出贡献。著有《广州汉墓》《广州西村窑》《西汉南越王墓》等。（陈柳）

李允鉌（1930—1989）　建筑师、建筑

学家。广东新会（今江门新会区）人。1953年毕业于中山大学工学院建筑工程系。先后在沈阳、北京、香港、曼谷、新加坡、广州等地从事建筑设计、城市设计及室内设计工作。潜心研究中国建筑设计传统，长期实地考察东西方建筑，总结中国古典建筑设计原理，用现代建筑的观点和理论分析中国古典建筑设计问题。验证中国古代存在具有中国民族与地理环境特色的建筑与规划理论，许多设计思想与技法属中国独有或首创，在世界居于领先地位，为当代中国传统建筑的理论研究作出重要贡献。著有《华夏意匠》。（彭长歆、顾雪萍）

易征（1930—1997）　出版家、报人、作家。笔名楚天舒。湖南汉寿人。1949年参加中国人民解放军，后随军南下广州。1955年转业后任广东省委党校校刊编辑、广东人民出版社文艺编辑。1979年参与创办大型文学丛刊《花城》。1981年参与创办花城出版社，先后任编辑室主任、《旅伴》杂志编辑部主任、副总编辑。1985年参与创办《现代人报》，为首任总编辑。办报风格开放新锐。广东省文联委员、中国作协广东分会理事。1950年开始发表作品，结集为《南海渔家》《文艺茶话》《一个编辑眼里的艺术是非》等10余部。（刘晖）

王光（1930—2003）　粤菜厨艺师。国家特一级厨师。广东南海（今佛山南海区）人。17岁随父入行，先在大三元酒家司厨，20世纪50年代到大同酒家，师从名厨庞溢。20世纪70年代中美开展"乒乓外交"，为美国客人设计制作"乒乓球结友谊"冷菜拼盘。中日建交时，为日本客人创作"熊猫戏竹"拼盘。1978年调广州市服务行业中等专业学校（现广州市旅游商务职业学校）任副校长，创办实习餐

厅，兼餐厅经理。1984年，被评为广东省首位"烹饪高级讲师"。广东烹饪协会常务理事、全国第二届烹饪技术大赛评委。善于直接用粤菜烧卤食品等为拼盘原材料，擅长根据时代和宴席主题创造。制作的像生冷拼盘形态各异，层次分明，色彩艳丽。南派像生冷拼盘代表人物。编撰有《粤菜厨师中级技术培训教材》《粤菜烹调问答》《烹调技法集》《菜拼盘》《菜谱：鸡280味》等教材。（黎永泰、钟洁玲）

庞雄飞（1930—2004）　昆虫学家。广东佛山人。1953年毕业于华南农学院植物保护系，留校任教并攻读研究生。1955年选派到苏联莫斯科季米里亚捷夫农学院攻读研究生，1959年获农学副博士学

庞雄飞

位。先后任职于中国农业科学院原子能农业应用研究室、华南农学院和华南农业大学。1997年当选中国科学院院士。主要从事昆虫学、生态学和害虫防治理论与实践的教学和科研工作。在害虫生态控制和天敌物种多样性及其利用方面作出开拓性贡献；在害虫生态控制的理论和方法领域中，改进和发展生命表方法，提出种群控制指数作为定量研究各类因子作用的"算子"。在天敌生物多样性的研究中，系统整理中国的瓢虫科，描述瓢虫、赤眼蜂和缨小蜂100多个新种。著有《害虫种群系统控制》《中国经济昆虫（二）瓢虫科》等。（赵飞）

李士非（1930—2008）　出版家、作家。江苏丰县人。1949年初参加革命。毕业于中原大学。新中国成立之初，先后在新华书店中南总分店和华南总分

店工作。1951年参与创建华南人民出版社（广东人民出版社前身），为最早一批骨干编辑之一。先后任编辑组组长，文艺编辑室副主任、主任等职。

李士非

1979年参与创办大型文学期刊《花城》。1981年参与创建花城出版社，先后任副总编辑、总编辑，《花城》杂志主编。业余从事文学创作。1951年开始发表作品。中国作家协会会员，中国作家协会广东分会副主席（第三届）。著有散文集《银河纪事》（合作），诗集《北大荒之恋》《俄罗斯行吟》《南中国之恋》《金海岸之歌》，诗文集《东京纪事》《红尘琐记》《李士非短诗选》（中英文对照），报告文学、散文、小说集《当今奇女子》，报告文学集《转型期报告》，长诗《向秀丽》《逍遥游》《正气歌》等。（金炳亮、张衡）

卓孝智（1930—2010） 白字戏演员。艺名妈柏生。广东海丰人。13岁卖身老荣顺班做童伶，先师从郑文习学小生，与叶本南演对手戏，后又师陈宝寿工武生。童伶时以妈柏生扬名。新中国成立后，一直在海丰县白字戏剧团从事生行的表演及剧目导演工作。1985年在《白罗衣》中饰演男一号小生徐继祖，成为剧团的保留剧目。演出代表作有《珍珠记》高文举、《陈三五娘》陈三、《怒沉百宝箱》李甲、《红梅记》杨天梅、《崔鸣凤》崔鸣凤、《秦雪梅教子》商路等。（詹双晖）

陈国锐（1930—2012） 广东新会人。1954年毕业于广州华南医学院。曾任中山医科大学教务长、外科教授和中山大学附属第一医院血管甲状腺外科主任

医师，《中华器官移植杂志》副总编，《中华显微外科杂志》《广东医学》《新医学》编委。主要从事外科和血管外科临床、教学

陈国锐

科研工作。1978年，成功实施中国首例带血管甲状旁腺移植手术。1992年被收录入《中国当代医界精英辞典》，1995年被收录入英国剑桥大学出版的 *Dictionary of International Biography*。主编有《甲状腺外科》《实习医生手册》（副主编），参编有《显微外科进展》《实用显微外科学》《现代显微外科学》《外科学辞典》《外科学——前沿与争论》等。（彭福祥）

段云章（1930—2016） 历史学家。湖南安仁人。高中毕业后参加中共领导的地下工作，加入粤、赣、湘边区湘南游击队，转入中国人民解放军第四十六军第一三六师。1956年由部队考入中山大学历史系。1960年初提前毕业并留系，在中

段云章

国近现代史研究室（今孙中山研究所、近代中国研究中心前身）工作。旋转为研究生，师从陈锡祺，1964年研究生毕业后留校工作。历任助教、讲师、副教授、教授。在广东炎黄文化研究会、孙中山基金会、广东孙中山研究会担任学术职务。参加了新中国成立后由国家级学会举办的所有标志性的孙中山与辛亥革命国际学术研讨会。主要从事孙中山与辛亥革命史研究，在孙中山与世界（主要是日本）的关系、孙中山与陈炯明的关系研究领域尤有代表性。著有《孙中山》《放眼

世界的孙中山》《孙文与日本史事编年》《孙中山对国内情势的审视》等，合编有《陈炯明集》、《孙文与陈炯明史事编年》、《孙中山年谱》、《孙中山年谱长编》（第2卷主编）、《孙中山辞典》（副主编）、《宋庆龄辞典》（副主编）等。（沈晓敏）

罗家宝（1930—2016） 粤剧演员。广东顺德（今佛山顺德区）人。出身粤剧世家，从小随父亲罗家树和叔父罗家权学艺。12岁登台演出，后与桂名扬合作，受其指导。1949年起随剧团到东南亚各地献艺。1954年回广州，先后加入太阳升、永光明等剧团，得到

罗家宝

薛觉先的指导。1958年入广东粤剧院担任主要演员。20世纪70年代末重回剧坛，担任广东粤剧院艺术指导。1991年移居澳大利亚，1995年在广州和顺德举办个人粤剧艺术欣赏会。唱腔自成一家，音色甜润，叮板稳实，低音尤其醇厚，人称"虾腔"。表演精湛洗练，温文儒雅，被誉为小生王。代表作品有《柳毅传书》《玉河浸女》《血染乌纱》《袁崇焕》《山乡风云》等。（李继明）

容柏生（1930—2019） 建筑结构专家。广东珠海人。1949年毕业于龙川县第一中学，同年考入广州岭南大学土木工程系。1953年毕业于华南工学院（今华南理工大学），进入广东省建筑设计公司。1956年任职于广东省建筑工程专科学校，历任工程师、讲师、科主任。1972年回广东省建筑设计研究院。1989年被建设部授予"中国工程设计大师"称号。1995年当选为中国工程院院士。广东省科协副主席、中国土木工程学会理事、中国建

筑学会结构学术委员会副主任委员、广东省土木建筑学会副理事长及结构分会主任委员、中英结构工程师互换补充测试中方考官。第七、八届全国人大代表，广东省政协委员。从事高层建筑结构设计方法的研究及实践，研制出一套完整的实用型设计方法及计算机程序。在中国超高层建筑结构领域创造多项重大设计及研究成果。1985年成功在花岗岩残积土层上用天然地基建成18层高建筑。1989年采用多项新技术及措施设计并建成63层高大厦，为当时国内最高的钢筋混凝土高层房屋，其中无黏结部分预应力楼盖的应用属国际先进水平。（彭长歆、顾雪萍）

卢永根（1930—2019）　作物遗传学家。祖籍广东花县（今广州花都区），出生于香港。1953年毕业于华南农学院农学系。1962年调北京中国农业科学院工作。1979年后任教于华南农学院农学系。1983—1995年担任华南农业大学校长。1993年当选为中国科学院院士。主要从事水稻遗传研究。协助丁颖开展中国水稻品种光温生态研究，划分中国水稻品种的光温生态型和气候生态型，主持总结该项工作并参加撰写《中国水稻品种的光温生态》专著。根据矮生性遗传方式和等位关系，把中国主要籼稻矮源分为2类4群。对水稻的质核互作雄性不育性进行基因分析，认为栽培稻的杂种不育性和亲和性最少由6个基因座的花粉不育基因控制，与助手张桂权提出"特异亲和基因"新学术观点以及应用"特异亲和基因"克服籼粳亚种间不育性的设想。首次建立原产中国三个野生稻种的粗线期

卢永根

核型。带领研究团队共选育出作物新品种30多个。发表论文130多篇。（赵飞）

金敬迈（1930—2020）　作家。江苏南京人。历任中南军区军械学校文工团团员，广州军区战士话剧团演员、创作员，军区政治部创作组创作员。1958年开始发表作品。作品以现实主义为基础、从小处着眼，扎根生活、向纵深处开拓，在反映时代精神的过程中彰显艺术特色。晚年以"非典"题材、广东"治水"题材等现实书写作品见长，展现岭南当代的发展现状，扶持新人，推动岭南当代文学与文化的建设发展。著有长篇小说《欧阳海之歌》，话剧剧本《双桥会》（合作）、《神州风雷》（合作），自传体小说《好大的月亮好大的天啊》，历史剧《南越王》（合作），电影文学剧本《铁甲008》等，报告文学《那沉甸甸的三百元》《南庄一老农》《虎门啊虎门》《南庄啊南庄》《朴朴实实云浮人》《拓荒者》《不沉的大海》等。（张衡）

陈超桂（1931—1988）　中医学家。广东蕉岭人。自幼学习《伤寒论》等中医经典著作。28岁开始行医。1960年参加广州中医学院师训班学习。1978年被授予"广东省名老中医"称号。对《伤寒论》研究尤深。崇尚张仲景之学，重视辨证论治，善古方新用，如用桂枝茯苓丸治疗腹部手术后粘连性腹痛。擅长治疗内科、儿科、妇科疾病。著有《伤寒论》讲稿、《古方新用》等。（周红黎、张书河）

陈超桂

马国权（1931—2002）　古文字学家、书法篆刻家。字达堂。祖籍广东南海

（今佛山南海区），出生于广州。少承家学，问艺于冯康侯、秦咢生。中山大学古文字学副博士研究生毕业，师事容庚。任教于中山大学、暨南大学。1979年任香港《大公报》撰述员，兼香港中文大学考古艺术研究中心研究员。后被香港康乐及文化事务处委任为艺术顾问。中国古文字研究会理事、中国书法家协会学术委员会委员。以目录学入手，精研文字学、书学、印学重要典籍，参与《金文编》考订出版工作。遍览周秦汉魏六朝遗址及各地博物馆金石铭刻，拜会沈尹默、叶恭绰、王福庵、沙孟海、王蘧常、启功、罗福颐、韩登安等名家。书法艺术创作根源于出土文物、石碑与法帖，擅甲骨文、金文、石鼓文、楚简蝌蚪文、秦小篆、汉隶之变、行书、草书等各类书体，作品具有文人气息。著有《广东印人传》《吴昌硕印集》《书谱译著》《元刻草诀百韵歌笺注》《沈尹默论书丛稿》《近代印人传》《隶书千字文隶法解说》等。（王碧凤）

李志浦（1931—2010）　潮剧编剧。广东潮安（今潮州潮安区）人。自学成才。在传统剧目的改编与整理上成绩斐然。中国戏剧家协会会员、汕头市剧协副主席、汕头市政协岭南诗社副社长、汕头市中华书画研究会副会长。代表作有《张春郎削发》《陈太爷选婿》《孟丽君》《龙凤店》《穆桂英》等。（孙冰娜、吴国钦）

陈慧英（1931—2013）　方言学家。广东番禺（今广州番禺区）人。1955年毕业于北京大学中文系，先后任职于中国科学院语言研究所（中国社会科学院语言研究所前身）、安徽大学中文系，1980年调至暨南大学。从事现代汉语和粤方言的教学与研究工作。发表有《广州方言的几组词汇》《谈谈广州话的形容词》《广州方言熟语

举例》《广州方言的一些动词》《实用广州话词典》等论文。（方小燕）

程贤章（1931—2013）　作家。广东梅县（今广东梅州梅县区）人，出生于印尼雅加达。1953 年毕业于广西大学中文专修科。1958 年开始从事报业工作。1960 年开始发表作品。历任土改队员、中学教员、粤东区党委广东第三干部文化学校教师，《汕头日报》记者、编辑，《梅州日报》记者组、编辑组组长，《风流人物报》主编。广东文学院副院长、院长。广西师范大学、嘉应大学客座教授。中国作家协会、广东省作家协会会员。其文学创作的突出成就是时代气息与地方特色，善于从现实生活中汲取营养，以平凡人物的故事展现改革开放以来的时代变化和崭新气息，较自觉地传达出对岭南文化精神的传承，具有强烈的客家文化色彩。著有长篇小说《樟田河》《彩色的大地》《青春无悔》《神仙·老虎·狗》《云彩国》《围龙》《大迁徙》《仙人洞》《长舌巷》《胭脂河》等，小说集《程贤章中短篇小说》，报告文学《我看广东》《从神庙到自由神》。（张衡）

苏锵（1931—2017）　化学家。中国稀土研究开拓者之一。广东广州人。1948 年就读于中山大学化工系，1950 年就读于北京大学化工系、清华大学化工系，毕业后到中国科学院长春应用化学研究所工作。1999 年转入中山大学化学系。1995 年当选为中国科学院院士。主要从事稀土化学和物理研究，对稀土的分离和性质变化规律的探寻、稀土材料的研制与应用有较大贡献。20 世纪 50 年代建立了可以从独居石和

苏锵

包头矿中提取钍和分离单一纯稀土的中间工厂，提出利用钇的位置变化来分离钇的原理以及铈的湿法空气氧化法等分离工艺，并运用到工业生产；1958 年在国内首次分离出除钪和钷以外的其他 15 种纯稀土。20 世纪 70 年代合成一系列稀土化合物，开展稀土固体化学和光谱性质的研究。20 世纪 90 年代后集中于新型稀土光电材料的研究，在环境友好半导体光源（白光 LED 和激光 LD）、平板显示（PDP、FED 和激光 LD）及高能射线探测和上转换等领域的稀土发光材料方面取得进展。著有《稀土化学》《稀土元素——您身边的大家族》等，发表有《稀土元素某些性质的规律性及其在分离上的运用》《稀土化学的发展》《稀土有机化合物的发光与能量传递》等论文。（曲静）

卢权（1931—2020）　党史研究者。曾用名卢方山。广东东莞人。1949 年 8 月加入中国人民解放军粤赣湘边纵队。1957 年从中山大学历史系毕业后，入广东省哲学社会科学研究所（今广东省社会科学院）工

卢权

作。"文化大革命"期间下放顺德黄陂"五七"干校劳动。1971 年调广东人民出版社工作。1982 年参与创办《广东党史资料》丛刊。1984 年 5 月任副总编辑。1986 年 6 月任社长。策划和组织出版《中华文化辞典》《中国工人运动史》等。业余从事中共党史研究，在党史人物研究方面卓有成就。全国中共党史人物研究会理事兼编委，广东中共党史学会副会长、常务理事，广东中共党史人物研究会副会长。著有（部分与禤倩红合著）《省港大罢工史》《苏兆征传》《叶挺传》等 10

多种。（金炳亮）

杨棠（1931—2020）　伊斯兰教教长。经名穆罕默德·拉希德。广东广州人。1957 年中国伊斯兰教经学院首届毕业生。毕业后留中国伊斯兰教协会工作。1981 年回广州，在广州市伊斯兰教协会从事教职工作。怀圣寺教长。中国伊斯兰教协会委员，广州市伊斯兰教协会第五、六、七、八届副会长，第九、十届会长，第十一届名誉会长。第八、九届广东省人大代表，第九届广东省政协委员。一生爱国爱教，本着"安于从教，忠于职守，乐于奉献"的精神，投身伊斯兰教文化和民族团结事业中。经文学识丰厚，操守规范，支持慈善公益和民族教育事业，引导穆斯林走与社会主义相适应的道路。任职期间为广州伊斯兰教发展作出积极贡献。（马建春、李蒙蒙）

孙大中（1932—1997）　地质学家。山东威海人。1951 年入清华大学地质系。1955 年任教于合肥工业大学地质系。1964 年调地质部华北地质科学研究所（今中国地质调查局天津地质调查中心）工作，先后担任地层构造研究室副主任、早前寒武

孙大中

纪地质研究室主任、同位素地质研究室主任。1992 年调中国科学院地球化学研究所广州分部主持工作。1991 年当选为中国科学院学部委员。主要从事前寒武纪地质、地球化学和有关的研究。在对中条山前寒武纪地和深部地质研究中，用综合年代学方法建立新型年代构造格架。提出火成岩年代地球化学作为岩石圈"探针"的新方法，并建立年代壳结构模式，重新解剖中条山前寒武纪重大地质事件和铜矿

成矿历史，建立较完整的冀东早前寒武纪地壳演化模式，对部分麻粒岩成因提出新观点。提出将地质学、地球物理、地球化学相结合进行深部地质和大陆地壳动力学研究的新思路。对珠江流域开展可持续发展研究具有前瞻性。编著有《中条山铜矿地质》《冀东早前寒武地质》《大陆地球化学动力学，21 世纪初科学发展趋势》等，发表中英文论文约 120 篇。（李丹丹）

胡金铨（1932—1997） 电影编剧、导演。祖籍河北，出生于北京。中学毕业后考入北平艺术专科学校。1949 年到香港，开始电影艺术生涯。1951 年进入香港龙马电影公司、长城电影公司任美工，1952 年加入永华公司当助理导演。1954—1957 年在

胡金铨

亚东、永华、邵氏、新天、东方、清华等多家影业公司拍戏。1958 年，在李翰祥的引荐下，签约邵氏电影公司，成为合约演员。1959 年凭借《江山美人》中"大牛"一角，获第六届亚洲影展最佳男配角奖。1963 年执导第一部影片《玉堂春》。1964 年执导并演出抗日电影《大地儿女》。1965 年编导《大醉侠》，开创新派武侠片的潮流。至 1965 年，在邵氏兄弟（香港）有限公司出演 20 余部影片，其间编写《花田错》《春天不是读书天》及《红胡子》等剧本。1966 年加入台湾联邦影业公司，导演系列武侠片，代表作《龙门客栈》。1993 年，拍摄由大陆、香港、台湾合拍的《画皮之阴阳法王》，开创了新派武侠类型，丰富了大众电影的传统。共导演 11 部长片，编导数十部影片，其中《大地儿女》《龙门客栈》获金马奖最佳编剧奖，《侠女》获金马奖最佳美术设计奖、最佳导演奖、最佳摄影奖等多个奖

项。著有《胡金铨谈电影》《胡金铨随笔》等。（罗志欢、康宁）

谢非（1932—1999） 广东陆丰人。1947—1955 年，任广东省陆丰县河田镇民运组组长、镇政府指导员、区委委员、土改工作队队长、区委书记，县委宣传部副部长、部长。1955 年任陆丰县委常委兼宣传部部长、副县长、县委书记。1960—1973 年，任广东

谢非

《上游》杂志社编辑，中共中央中南局政策研究室研究员、广东省革委会政工组政工办公室副主任。1973—1979 年，任广东省科教政治部副主任、省文教办公室副主任。粉碎"四人帮"后，调任为《红旗》杂志社三人领导小组成员。1979 年任广东省委副秘书长兼办公厅主任。1983 年任广东省委书记兼省委秘书长、广东省委党校校长。1986 年任广东省委副书记兼广州市委书记、广州军分区党委第一书记。1988 年任广东省委副书记。1991 年任广东省委书记、广东省军区党委第一书记。1998 年任全国人大澳门特别行政区筹委会副主任委员。中共第十二届中央候补委员、第十三届中央委员，第十四、十五届中央政治局委员，第九届全国人大常委会副委员长。（张金超）

李绍珍（1932—2001） 眼科专家。广东新宁（今台山）人。1954 年大学毕业于华南医学院，1962 年中山医学院研究生毕业。1980 年赴美国加州大学旧金山分校 Proctor 眼科研究所及贝勒医学院担任眼科研究员。1979 年先后

李绍珍

任教于中山医学院中山眼科中心、中山医科大学中山眼科中心。1997 年主持第一届亚洲白内障研讨会。1999 年当选为中国工程院院士。主要从事眼科常见病、多发病的防治，尤擅长白内障发病机理的研究及对白内障的手术治疗。主编有《眼科手术学》《眼科全书》等。（刘安壕）

陈湘（1932—2005） 雷剧音乐家。广东海康（今湛江雷州）人。自小喜欢音乐、民间艺术。1951 年毕业于雷州师范学校，业余研究雷剧音乐，为当地专业剧团试写新唱腔。1962 年湛江地区艺术学校开办雷剧班，入校从事雷剧唱腔改革和唱功教学工作。1979 年调湛江地区雷剧团，任唱腔音乐研究组组长。退休后继续从事戏曲普及工作。长期从事雷剧唱腔音乐改革和创作工作，一生谱创 50 多种雷剧新唱腔，创作《升堂》《点兵》《迎客》《对枪》《游园》《虔拜》《痛忆》等雷剧常用器乐曲，为《红灯照》《春草闯堂》《红梅记》等雷剧剧目谱曲、设计唱腔。将雷剧音乐改革实践的经验，融入雷剧理论研究，在著述中梳理、论证雷州歌发展成为雷剧的历史，建立完整的雷剧音乐体系，对雷剧音乐理论建设具有奠基意义。著有《雷剧志》（与宋锐、詹南生合著）、《中国戏曲音乐集成·广东卷》《雷剧音乐》《雷剧唱腔选集》《雷韵》《舞台寄情》等。（于琦）

靳瑞（1932—2010） 针灸学家。广东广州人。岭南针灸新学派"靳三针"疗法创始人，第一、三批全国老中医药专家学术经验继承工作指导老师。秉承庭训，从小嗜好岐黄。17 岁担任太和洞制药厂制药负责人。新中国成

靳瑞

立后，考入汉兴中医学校。1950年，考入广东中医药专门学校。毕业后到广东省中医进修学校任教。兼任中山医学院第二附属医院针灸科医师。后到中山医学院进修神经解剖学和神经生理学。1956年调入广州中医学院工作。国务院第二、三届学位委员会学科评议组成员，中国针灸学会第二届常务理事。1993年被授予"广东省名中医"称号。崇尚《黄帝内经》《难经》，擅长针灸，将分部取穴与循经取穴相结合，创立"三针疗法"。首创颞三针治疗中风偏瘫、眼三针治疗视神经萎缩、智三针治疗儿童智障等针灸治疗方法。擅治脑病、视神经萎缩、儿童智障等疑难杂症。主编有《针灸医籍选》《弱智儿童的治疗及家庭教育护理》，编著有《经络穴位解说》《常见老年病针灸治疗》《针灸按摩补泻解说》《针灸学基础》。（周红黎、张书河）

叶本南（1932—2010） 白字戏演员。艺名粒仔旦。广东海丰人。10岁卖身老荣正顺白字班做童伶，师从郑文习学旦角。20世纪50年代初与刘耀光、卓孝智、张初定等艺人组建民艺白字戏剧团（今海丰县白字戏剧团前身），在该剧团从事旦、生行当的表演及剧目导演工作。退休后创办春蕾白字戏剧团。童伶时以粒仔旦扬名，饰演的角色主要有《珍珠记》王金真、《三元记》秦雪梅、《红梅记》吴美香、《同窗记》祝英台等。（詹双晖）

颜文希（1932—2012） 林学经营学家。广东合浦（今广西合浦）人，出生于香港。1955年毕业于华南农学院（今华南农业大学）林学系林学专业。1978年任教于华南农学院，辅助沈鹏飞建立中国第一个森林经营研究室。主要从事国营林场经理体系和山区开发战略研究，重视实践推广工作。指导建立惠阳地区下石、罗浮山两个林场的森林经理体系，

作为全国推广项目。编制广东省第一份国营林场森林经营方案。首创"年度目标管理体制和森林资源、经济活动双分析会"制度，

颜文希

提出系列指标评价体系。主持召开"南方森林经理理论与实践座谈会"，在森林经理学界影响深远。（陈世清）

黎子流（1932—2022） 广东顺德（今佛山顺德区）陈涌村人。1951年至1953年任顺德县大洲乡土改队员、小组长，龙山乡副乡长、乡长。1953年至1969年任顺德县七区土改队员、副区长、区长、区委书记，勒流公社党委副书记、书记、社长。1969年

黎子流

至1974年任顺德县农村战线革委会副主任、县围垦中心沟副指挥。1974至1983年任顺德县委副书记、书记，佛山地委委员。1983年任江门市委书记。1989年任广东省特区办办公室主任、党组书记。1990年先后任中共广州市委副书记、广州市副市长、代理市长、市政府党组书记。1991年任广州市市长。第七、八届全国人大代表，中共广东省第五、六届委员会委员，第六、八届广东省人大代表。退休后任顺德新世纪农业园有限公司和广州力智农业有限公司董事长。广州市粤剧振兴基金会会长、广府人珠玑巷后裔海外联谊会创会会长。晚年着力探索科技农业发展之路，重视社会扶贫教育、振兴广东粤剧，为推动广府文化的宣传和研究作出杰出贡献。（张金超）

向秀丽（1933—1959） 革命烈士。广

东清远人。12岁进火柴厂当童工。1949年起，先后在广州市和平制药厂、何济公制药厂当包装工人。1952年，被选为和平制药厂的工会组织委员和基层工会女工委员。1953年第一个申请参加厂工会，后成为何济公药厂工会委员。1958年底，所在车间因酒精瓶破裂起火，危及烈性易爆的金属钠。为截住燃烧的酒精，侧身卧地，避免了严重爆炸事故的发生。因伤势过重去世。被广州市政府追认为革命烈士。（刘世红）

潘树荣（1933—1993） 地理教育家。广东平远人。1952年考入中山大学自然地理学专业，毕业后留校任教。国家教委地理教学指导委员会委员、中国地理学会自然地理专业委员会委员。主要从事自然地理学教学及自然区划、土壤环境等方面的研究工作。公开发表论（译）著近20篇（部），合译有《自然地理学原理》，合编有全国高等学校教材《自然地理学》。（刘洪杰、张争胜）

余松岩（1933—2003） 作家。原名余泳泉。江西南昌人。在江西南丰县读小、中学，1948年进厂当工人，1951年考入武汉中央税校中南分校，翌年结业分配到广东中山县，先后在税务、商业、农业、文化等部门工作，其间就读湖北大学贸易经济系。1959年10月6日在《羊城晚报》副刊《花地》发表处女作《竹》。1980年调到广东省作家协会文学院从事专业创作。中国作家协会会员、广东省作家协会理事。作品重视人生命价值的实现、人生位置的确立，反映与珠江三角洲现代商品社会相适应的开放的文学观念，展现出岭南文化兼收并蓄的开放特色。发表短篇小说、散文、诗歌、报告文学等100多篇，中长篇小说共7部，创作或参与创作独幕剧3部、多幕剧5部。著有短篇小说集《追月》，中篇小

说集《海花》和《漂流的爱》，剧本《靠山》，长篇报告文学《阔步走向世界》，中篇小说《生活的漩流》《生活的激流》《生活的潜流》。（张衡）

余泳泉 见"余松岩"。

高齐云（1933—2005） 马克思主义哲学家、教育家。江西吉安人。1951年入读中山大学中文系。1955年毕业后师从王季思攻读研究生。1956年研究生提前毕业，先后在哲学系担任助教、讲师，专修美

高齐云

学。1961—1962年到中国人民大学哲学系教师进修班进修哲学。20世纪70年代中期起，担任中山大学马克思主义哲学史教研室主任。80年代任中山大学哲学系教授。90年代担任中山大学马克思主义哲学史研究所副所长。中国马克思主义哲学史学会常务理事，广东省哲学学会常务理事、副会长，广东省社会主义社会辩证法研究会副会长，广东省马克思主义哲学史研究会总干事、学会会长，广东省企业文化研究会执行会长。为中国马克思主义哲学史学科发起人之一。著有《马克思主义哲学原生形态探微》，主编有《社会主义社会矛盾概论》《社会主义辩证法概述》《社会主义改革十论》《社会主义道德新论》《深圳经济特区建设的辩证法》《马克思主义哲学体系的原生、次生、再生形态》，参与编写《马克思主义哲学史》第3卷。（谭群玉）

傅家谟（1933—2015） 化学家。中国有机地球化学学科奠基人之一。籍贯湖南沅江，出生于上海。1956年毕业于北京地质学院（今中国地质大学）地质矿

产系。1961年中国科学院地质研究所研究生毕业。1966年在地球化学研究所负责创建中国第一个先进的有机地

傅家谟

球化学实验室。1988—2008年任职于中国科学院地球化学研究所广州分部、中国科学院广州地球化学研究所，其间于1993年组建广东省环境资源利用与保护重点实验室。1991年当选为中国科学院院士。主要从事环境中毒害有机化合物，如持久性有机污染物（POPs）和内分泌干扰化合物（EDCs）的生物地球化学与调控研究。系统总结海相碳酸岩油气生成演化理论与评价指标方法。20世纪70年代提出"我国南方找气为主，找油为辅"的勘探方针。著有《有机地球化学》《碳酸岩有机地球化学》《煤成烃地球化学》等，发表《鄂西宁乡式铁矿的相与成因》《地质体中新生物标志化合物研究》等论文。（曲静）

夏梦（1933—2016） 电影演员。香港左翼电影代表人物之一。原名杨濛，祖籍江苏苏州，出生于上海。1950年起，先后加入香港长城电影制片有限公司、香港凤凰影业公司，主演《禁婚记》《娘惹》《都会交响曲》《姊妹曲》等电影，出

夏梦

演《孽海花》《绝代佳人》《新寡》《同命鸳鸯》等。1979年创办青鸟电影制片有限公司并担任总监制，出品的影片《投奔怒海》《似水流年》等，获香港电影金像奖最佳影片奖。1993年，获第4届中国电影表演艺术学会

金凤凰奖特别贡献大奖。2015年，获第18届上海国际电影节华语电影终身成就奖。（温明锐）

杨濛 见"夏梦"。

萧灼基（1933—2017） 经济学家。广东汕头人。1953年考入中国人民大学，1959年研究生毕业，分配到北京大学经济系任助教、教授。北京市市场经济研究所所长、《经济界》杂志社社长及主编。1981年在国内学术界最早提

萧灼基

出国营企业所有权和使用权两权分离的理论，其后提出物价弹性理论、股份经济与社会主义相适应理论，获首届孙冶方经济学奖、全国改革与发展金三角奖、首届陈岱孙经济学著作奖等奖项。长期坚持对马克思恩格斯的研究。著有《恩格斯传》《马克思传》等。（陈椰）

高锟（1933—2018） 光导通信专家。江苏金山人，出生于上海。20世纪50年代初到香港，从圣约瑟书院毕业后赴英国伦敦大学读电子工程系，1957年获电机工程学士学位。1965年获伦敦大学电子工程学博士学位。先后任香港中文大学电机工程系主任、美国国际电话及电报公司电子显微生产部门副总裁兼总工程师。1987年出任香港中文大学第三任校长。1989年创立讯息工程学系。1993年被聘为港事顾问。1997年返港成立高科桥公司。1985年获马可尼国际奖（通讯科学界的诺贝尔奖）。2009年获诺贝尔物理学奖。获20多项发明专利，世界著名光纤专家，被誉为"光纤之父"。著有《光纤系统——工艺、设计与应用》《潮平岸阔：高锟自

述》《高锟自传》。（罗志欢）

张长城（1933—2020）　潮剧演员。广东省第一批省级非物质文化遗产项目（潮剧）代表性传承人。广东潮阳（今汕头潮阳区）人。1944—1948年，先后卖身到当时的老宝顺香、中一枝香和老三正顺等戏班当童伶。1958年底，随老三正顺戏班归属广东潮剧院四团。1960年，调青年潮剧团当演员。中国戏剧家协会会员。第五、六届广东省政协委员。擅演性格鲜明的正面官吏，有"潮剧老相爷"美誉。唱声洪亮，浑厚有力，中气充沛，咬字行腔深沉老到，极富表现力；工架优美大方、帽翅、翎子、水袖、髯口、靠旗、鸾带、扇子、甩发等功夫娴熟。潮剧废除童伶制后老生行当的代表性人物，对潮剧老生行当的表演艺术贡献良多。代表剧目有《闹开封》《刘明珠》《告亲夫》《陈太爷选婿》等。（孙冰娜、吴国钦）

蔡鸿生（1933—2021）　历史学家。广东澄海下蓬区大衙村（今汕头龙湖区外砂街道）人。1953年考入中山大学历史系，1957年毕业留校任教。曾任历史系教授，兼任宗教文化研究所所长、教授。主编《历史大观园》月刊。第五届广东省政协常委，第六、七届广东省政协委员。长期从事中外关系史的教学和研究。研究领域有唐代粟特、突厥文化，俄罗斯馆与中俄关系，岭南佛门僧尼史事，广州与海洋文明，历史研究的学理和方法。以"两道二西"概括中外关系史的主要内容和基本架构。为中山大学中外关系史学科建设作出重要贡献。著有《广州海事录——从市舶时代到洋舶时代》《蔡鸿生史学文编》《读史求识录》《学境》《中外交流史事考述》

蔡鸿生

《俄罗斯馆纪事》《仰望陈寅恪》《唐代九姓胡与突厥文化》《清初岭南佛门事略》《尼姑谭》等。（江滢河）

林黛（1934—1964）　演员。原名程月如，英文名Linda。祖籍广西宾阳，出生于广西南宁。就读于广西省立艺术专门学校音乐系。1949年随家迁居香港。1950年入香港新亚书院学习。1951年进长城电影公司，后转入香港永华公司，因主演《翠翠》成名。1953年后在邵氏兄弟（香港）有限公司拍电影。1955年主演的《金凤》《春天原是读书天》等在台北成为国语片十大卖座影片。主演的《红娃》，打破当时香港国语片的票房纪录。主演影片40余部，包括喜剧、悲剧、武侠、时装、古装片，所演角色多不相同。因主演《貂蝉》《江山美人》《千娇百媚》《不了情》等影片，蝉联第五至九届亚洲影展最佳女主角奖，主演的《花团锦簇》获第十届亚洲影展最佳喜剧特别奖。《蓝与黑》获第十三届亚洲影展特别纪念奖。（罗志欢、温明锐）

程月如　见"林黛"。

刘亦选（1934—2008）　中西医结合医学家。广东顺德（今佛山顺德区）人。第二批全国老中医药专家学术经验继承工作指导老师。自幼随父广东名医刘赤选学医。高中毕业后考入广东中医药专门学校。1955年毕业后就职于广东省广宁县人民医院。1973年调入广州中医学院工作。1993年被授予"广东省名中医"称号。学术上师古而不泥古，敢于创新，强调八纲辨证、脏腑辨证。擅用中西医结合诊断，擅长治疗内科疾病，尤其是冠心病等心血管系统疾病，认为冠心病"其位在心，其本在肾"，治宜补肾通心，有"四通""四补"之法。主编有《中医内科学》《内科急症学》等。（周红黎、张书河）

刘叔新（1934—2016）　语言学家。笔名舒辛，号韵缕斋士。广东惠州人，出生于广州。1953年考入南开大学中文系，1957年毕业后留校任教。1959年到北京大学进修。南开大学学术委员会委员、天津市语言学会名誉会长、中国诗词学会名誉副主席暨名誉理事长、中国书画协会名誉主席、中国艺术家交流协会终身名誉主席、英国皇家艺术基金会终身学术顾问。研究语言理论、词汇学、语法学、语义学、词典学、方言学和少数民族语言。著有《词汇学与词典学问题研究》《汉语描写词汇学》《粤语壮傣语问题》《东江中上游土语群研究：粤语惠河系探考》《汉语语法范畴论纲》等30余种，发表论文80多篇。（方小燕）

曾宪梓（1934—2019）　香港爱国企业家。广东梅州人。1961年毕业于中山大学生物系，香港金利来集团有限公司创办人、董事局原主席。1986年开始到内地投资设厂，1989年合资成立中国银利来有限公司。热

曾宪梓

心公益事业，1992年与教育部合作，设立曾宪梓教育基金会。捐建广东梅州嘉应学院教学大楼、东山中学、学艺中学图书馆，梅州中学人行天桥，乐育中学办公楼，梅州市曾宪梓中学。2004年成立曾宪梓载人航天基金会，设立特别贡献奖和突出贡献奖。2008年设立曾宪梓体育基金会，奖励在奥运会上获得金牌的内地运动员。历任金利来集团有限公司董事局主席，广州金利来城市房产有限公司董事长。香港特别行政区第九至十三届全国人大代表选举会议成员，香港特别行政区第一至三届政府推选委员会成员，香港特别行政区筹委会预备工作委员会委

员，香港基本法咨询委员会委员。中华全国工商业联合会名誉副主席、中华海外联谊会名誉副会长、香港中华总商会永远荣誉会长、香港客属总会荣誉主席、香港梅州总商会永远荣誉会长、教育部曾宪梓教育基金会名誉理事长、广州暨南大学副董事长、广州中山大学生命科学学院荣誉院长。第七至第十届全国人大代表，第八至十届全国人大常委会委员，第七届全国工商联副主席，第五届广东省政协委员，第六届广东省政协常委。编号第3388号小行星被命名为"曾宪梓星"。（罗志欢）

李新魁（1935—1997）　语言学家。字星桥。广东澄海（今汕头澄海区）人。1955年考入中山大学中文系，师从方孝岳习语言学。1959年毕业，先后任教于广东师范学院、暨南大学、华南师范学院、中山大学。中国语言学会常务理事、中国音

李新魁

韵学研究会副会长、广东省中国语言学会副会长、广东省哲学社会科学界联合会委员。在汉语历史音韵学和汉语语音史方面，以等韵学和近代音研究成就最高，中古音和上古音研究多有创见。在汉语方言学方面，以研究潮汕话和粤方言为主，把方言与语音史结合起来研究。对古代汉语语法词汇及古西夏文等也有深入研究。著有《古音概说》《〈中原音韵〉音系研究》《汉语等韵学》《广东的方言》《广州方言研究》（合著）等20多部，发表语言学论文80余篇。（麦耘）

左方（1935—2021）　报人。原名黄克骧。广东广州人。1950年参加中国人民解放军。1957年从部队复员后考入北京大学中文系。毕业后分配到《南

方日报》社，任文艺编辑。1984年受命创办《南方周末》，任《南方周末》主持编务的副主编（主编由《南方日报》领导兼任）。后任主编。其间，将"启蒙"作为办报灵魂，以"有可以不说的真话，但是绝不说假话"为报训，倡导"新闻主攻，副刊主守"，奠定了《南方周末》人文关怀的基调。2014年出版口述自传《钢铁是怎样炼不成的》。（罗映纯）

黄克骧　见"左方"。

陈建民（1935—2004）　语言学家。广东海丰人。1958年中山大学中文系毕业后到中国社会科学院语言研究所工作。1984年调国家语言文字工作委员会语言文字应用研究所，任社会语言学研究室主任、研究员。北京市语言学会副会长、北京市语言与文化研究会会长、全国汉语口语研究会副会长、英国《宏观语言学》杂志副主编。主要研究现代汉语语法、汉语口语、文化语言学。著有《现代汉语句型论》《汉语口语》《说话的艺术》《语言文化社会新探》《中国语言和中国社会》等。（方小燕）

侯毓霖（1935—2011）　图书校对。广东梅县（今梅州梅县区）人。1954年参加工作，1958年调广州文化出版社工作。1959年广州文化出版社并入广东人民出版社，先后任广东人民出版社校对科主任、总编室主任。全国校对研究委员会理

侯毓霖

事、广东省出版工作者协会校对工作委员会主任。从事出版编务、校对工作40多年，乐业敬业，提携后进，校对书稿2亿多字，所校图书多次获国家、省级奖项，在广东出版界享有"校对王"称誉，对广东的校对工作产生较大影响。2008年广东省新闻出版局、广东省出版业协会授予"南粤校对名家"称号。（张贤明）

罗宗海（1935—2020）　画家。广东潮州人。1958年中南美专油画系毕业，入广东人民出版社任美术编辑。20世纪60年代开始从事美术创作，擅长书籍插图、宣传画、年画和水彩画。1961年调中国美术家协会广东分会美术编辑部，参与大型画册《广东美术选集》《中国现代美术家丛书》的编辑出版工作。"文化大革命"期间下放黄陂"五七"干校劳动。1972年调入《广东文艺》编辑部，任美术编辑、出版组长。1979年调广东人民出版社，先后任美术编辑室主任、副总编辑。参与创办《周末》连环画报（后来改为《周末画报》）、《画廊》丛刊、《剑花》漫画丛刊。参与创建岭南美术出版社。1981年7月任岭南美术出版社副总编辑，兼《画廊》主编。组织编辑出版《关山月画集》《黎雄才画集》《岭南名画家画丛》等大型画册。1983年6月任广东省出版总社社长、党组书记。1986年1月任广东省出版事业管理局局长、党组书记。1987年3月任广东省新闻出版局局长、党组书记。1991年5月任广东省美术家协会党组书记。1996年任广东省政协文史资料委员会副主任。广东省美术家协会学术委员、水彩画艺术委员会主任，第四、五届广东省美术家协会副主席，广东省水彩画研究会会长。在美术理论和美术创作上卓有成就。作品多次参加全国美展，在广州、深圳、香港及海外举办个展，出版水彩画集《感受乡

左方

土》《罗宗海水彩画》。（金炳亮）

姚璇秋（1935—2022） 潮剧演员。广东澄海（今汕头澄海区）人。新中国废除童伶制后第一代潮剧演员，第二批国家级非物质文化遗产项目（潮剧）代表性传承人。18岁时，因唱声清亮、身材匀称和扮相端庄被选入正顺潮剧团学戏，师从卢

姚璇秋

吟词、杨其国等潮剧名家，受郑一标等新文艺工作者指导，工青衣、闺门旦。1953年在广东戏曲改革工作汇报演出中成名。1956年转入广东潮剧团，1958年任广东潮剧院第一团副团长。中国戏曲学院荣誉教授，广东潮剧院名誉院长。基本功扎实，表演细腻流畅，唱腔清丽圆润，艺术风格兼新旧之长，成就潮剧许多不朽经典剧目。对潮剧的传承和弘扬不遗余力，为潮剧作出巨大贡献。潮剧剧种标志性人物。代表剧目有《扫窗会》《荔镜记》《苏六娘》《辞郎洲》《江姐》等。（孙冰娜、吴国钦）

叶清发（1935—2022） 潮剧演员、导演。广东潮阳（今汕头潮阳区）人。13岁被卖入老源正兴班当童伶，废除童伶制后入汕头专区源正潮剧团，工小生。1952年与林玉瑛、陈楚钿等代表潮剧参加中南区第一届戏曲观摩会演。1953年与吴丽君、陈楚钿代表源正潮剧团参加广东戏曲改革工作汇报演出。1965年由广东潮剧院保送到中央戏剧学院戏曲导演进修班，后兼职导演。潮剧从童伶小生改革到大小生的代表性演员。功底扎实，扮相俊美。代表作有《大难陈三》《赵宠写状》《告亲夫》《换偶记》《龙凤店》《春草闯堂》《续荔镜记》《闹开封》等。（孙冰娜、吴国钦）

郭怡昌（1936—1996） 建筑师。广东海丰人。1959年毕业于广东省建筑专科学校，留校任教。1964年进入广东省建筑设计研究院，历任建筑师、高级建筑师、主任建筑师、院总建筑师等职。广东省建筑学会理事，华南理工大学顾问、教授。1994年被建设部评为"中国工程设计大师"。在岭南建筑创作的过程中，形成对环境空间和细部处理技巧的独到见解，为弘扬地方特点、推进岭南建筑风格作出重大贡献。主持设计钓鱼台国宾馆12号楼、深圳图书馆、广州南湖宾馆、深圳东湖宾馆等重大项目。（彭长歆、顾雪萍）

叶汝贤（1936—2009） 马克思主义哲学家、教育家。广东合浦（今广西合浦）人。1961年毕业于武汉大学哲学系，分配到中山大学哲学系任教。先后担任讲师、副教授、教授。1984年起任中山大学哲学系副主任、主任。

叶汝贤

1988年起任《现代哲学》杂志主编、社长。1994年起任中山大学哲学研究所所长。1999年任中山大学马克思主义哲学与中国现代化研究所首任所长。中山大学校务委员会委员、学术委员会委员、学位委员会委员和哲学系分委员会主席，国家社会科学基金哲学学科评委、全国马克思恩格斯早期著作研究会理事、中国马克思主义哲学史学会常务委员、中国辩证唯物主义学会常务委员，广东哲学学会常务理事、副秘书长、会长，广东马克思主义哲学史研究会理事、广东省马克思主义学会会长、广东省社科联常务委员、广东省社会科学优秀成果出版基金评委。在马克思主义唯物史观的基本问题、人道主义历史观以及马克思主义哲学与中国现代化等研究领域颇有建树。中国马克思主义哲学史

学科的奠基人之一。参与编写中国第一本马克思主义哲学史统编教材《马克思主义哲学史稿》。著有《唯物史观发展史》《唯物史观与人道主义异化问题》《马克思的唯物史观》《马克思主义的当代价值》，合著有教材《马克思主义哲学发展史》（与何梓焜合著）等共7部。主编有《哲学入门》。（谭群玉）

庄广伦（1936—2021） 生殖学家。广东深圳人。被誉为"中国试管婴儿之父"，中山大学附属第一医院生殖医学中心创始人。1960年毕业于中山医科大学临床医学专业并留校任教。后在悉尼大学进修。中国计划生育学会第三届常委、欧洲人类生殖与胚胎学会会员、全球华人生殖医学协会首任主席。主要从事生殖医学特征的体外受精技术及内分泌的系统研究。1990年，其实验室成功诞生第一代试管婴儿。在其指导下，1996年全国第一例采用单精子卵胞浆内显微注射受精的试管婴儿成功分娩；1999年国内首次为血友病人选择健康胚胎并获得足月分娩正常新生儿；2000年诞生全球首例α地中海贫血携带者的健康婴儿；2002年诞生国内首例β地中海贫血携带者的正常子代。主编有《现代辅助生育技术》《不孕症的诊断与治疗》等；发表有《体外受精与胚胎移植研究进展》等论文。（周红黎、张书河）

容国团（1937—1968） 乒乓球运动员。中国第一位乒乓球世界冠军。广东中山人，出生于香港。自幼喜爱乒乓球运动。1956年被选送入香港工联康乐馆接受系统训练。次年进入广州体育学院运动系学习。1958年入选广东省乒乓球队，同年入

容国团

选国家队。1959 年，获第 25 届世界乒乓球锦标赛男子单打世界冠军，1961 年参加第 26 届世界乒乓球锦标赛，获得男子团体冠军，为主力队员之一。1964 年任中国乒乓球女队教练，1965 年率队在第 28 届世界乒乓球锦标赛中首次获女子团体冠军。1958 年获"运动健将"称号。1959、1961 年两次获国家体委颁发的体育运动荣誉奖章。第二届广东省政协委员。（吴婉惠）

陈胜粦（1937—2003） 历史学家。笔名山茅、丹舸。广东梅县（今梅州梅县区）人。1958 年毕业于中山大学历史系并留校任教。1960 年任中国近代史研究室秘书兼党支部书记。1978 年协助陈锡祺筹建中山大学历史系孙中山研究室。1979 年支持陈锡祺举办

陈胜粦

"文化大革命"后第一次"孙中山与辛亥革命"学术讨论会。1985 年晋升为教授。1986 年孙中山研究室升格为孙中山研究所，兼任孙中山研究所所长。1983 年至 1995 年任中山大学历史系主任。1990 年参与创办中山大学近代中国研究中心并任主任（1990—2003）。中国史学会理事、教育部历史学科教学指导委员会副主任、广东省社会科学界联合会常务委员、广东省历史学会副会长。长期从事中国近代史的教学与研究，在林则徐与鸦片战争史、孙中山历史研究、近代中国社会思潮研究等领域作出重大贡献。主持和参与主办多次国际性或全国性学术研讨会，推动中国大陆历史学界与海外及港澳台地区的学术交流与合作，为中山大学中国近代史学科建设和发展作出奠基性贡献。推动香港南源永芳集团公司兴建中山大学历史系和近代中国研究中心办公大楼永芳堂，并资助出版《孙中山年谱长编》等。著有《林则徐与鸦片战争论稿》等，合编有《林则徐集》《林则徐奏稿·公牍·日记补编》《孙中山在港澳与海外活动史迹》《对西方挑战的首次回应——鸦片战争》《近代中国社会思潮论集》《孙中山与辛亥革命史研究》等。（马庚颅）

叶荣贵（1937—2008） 建筑学家。广东东莞人。1960 年毕业于华南工学院（今华南理工大学）建筑系并留校任教。1969 年下放至韶关凤湾"五七"干校劳动学习。1974 年被派往曲江山子背空军后勤部水泥厂支援基建。1980 年返回华南工学院建筑系任教，后任系主任、教授。长期从事建筑设计及其理论、现代建筑环境创作与理论领域的教学与研究，涉及城市空间、风景园林、建筑室内外环境、庭园设计以及住区环境等诸多方向。主持完成广州番禺莲花山景区修建工程、海南华侨宾馆、新会口岸联检楼等多项工程。（彭长歆、顾雪萍）

王杏元（1937—2019） 作家。原名王实力。广东饶平人。1948 年毕业于渔村小学。1953 年后历任乡政府民政委员，村初级社、高级社副社长。1954 年发表处女作潮州民歌《马岭山之歌》。1956 年发表潮州歌册《春红姐》。1959 年创作长篇潮州方言说唱《绿竹村的斗争》。1965 年发表长篇小说《绿竹村风云》。1966 年出席亚非作家紧急会议，同年 12 月赴越南抗美前线访问。"文化大革命"期间回乡劳动。1976 年调珠江电影制片厂编辑室从事专业创作。1964 年加入中国作家协会。广东省作协副主席。作品贴近现实生活，反映粤地乡村生活图景。善于从民间汲取创作素材和灵感，富有丰富的潮汕地区特色，展现出岭南地方文化的独特魅力。作品还有长篇小说《胭脂河》（合作）、《无皇

帝的子民》、《神武今鉴》等，短篇小说《土地》《铁笔御史》《牛角号又吹响了》《天板蓝蓝》等，报告文学《钢铁运输线》，电视连续剧《乱世三美人》《妈姐》等。（张衡）

王实力 见"王杏元"。

严木田（1937—2020） 西秦戏乐师、演员。广东海丰人。第一批国家级非遗项目（西秦戏）代表性传承人。童年时代跟父亲西秦戏乐师严克忠学艺，11 岁在田墘芬园社登场打正线曲大鼓。12 岁转学潮剧，17 岁入海丰县西秦戏庆寿年班，后参加海丰县西秦戏剧团，拜罗宗满为师，工小生。1961 年赴陕西省戏曲剧院进修，后担任西秦戏剧团的导演、编曲、副团长。1980 年调文化局工作。演出代表作有《赵宠写状》的赵宠、《重台别》的梅良玉、《三盘进宫》的假柳絮。在音乐上有较高的造诣，能拉弦、打鼓，熟悉传统吹打牌子和各类唱腔板式。为秦腔移植《赵氏孤儿》《铡美案》《游西湖》剧目编曲，结合剧目人物形象和西秦戏唱腔特点进行探索和创新。在张德的帮助下，把正线"流水"的节奏和"紧板"的旋律糅合成新的板式"中流"，成为广为采用的新板式。参加《中国戏曲志·广东卷》《中国戏曲音乐集成·广东卷》西秦戏音乐唱腔部分撰写。著有《西秦戏传统音乐唱腔探微》。为西秦戏新编历史剧《留取丹心照汗青》作曲。（刘红娟）

林家有（1937—2023） 历史学家。广东廉江人。1963 年毕业于中山大学历史学系，分配至中国科学院民族研究所，任实习研究员。先后在山东黄县、贵州晴隆、内蒙古土默特左旗等地锻炼，调查或参加"四清"运动。其间参与编纂《中国历史地图集》，任西北地图组组长。1976 年以杨荣国

主编《简明中国通史》助手名义调回中山大学历史系工作。1984 年任孙中山研究室秘书，先后任讲师、副教授

林家有

和教授。1991 年任中山大学孙中山研究所所长。2000 年到日本创价大学作学术访问。兼任中山大学近代中国研究中心副主任、校务委员会委员。广东孙中山研究会副会长、孙中山基金会副理事长、中国辛亥革命研究会常务理事、中国宋庆龄基金会特聘教授。长期从事中国近代史的教学和研究，为推进孙中山与近代中国研究作出重要贡献。参加并组织"孙中山与世界国际学术研讨会"等多个大型学术会议。著有《辛亥革命与少数民族问题》《辛亥革命与民族问题》《孙中山与中国近代化道路研究》《辛亥革命与中华民族的觉醒》《孙中山振兴中华思想研究》等，合编有《孙中山全集》（第 5—6 卷）、《孙中山全集续编》（5 卷），主编有《辛亥革命运动史》、《孙中山年谱长编》（第 3 卷）、《孙中山研究论丛》（辑刊）等。（曹天忠）

张伟尧（1937— ？） 花朝戏乐师。广东紫金人。从小接触花朝戏，常参与春牛、纸马等民间艺术表演。1958 年进紫金县文工团（紫金县花朝戏剧团前身），先当演员、演奏员，后专职司鼓兼编曲。对本地民间音乐兴趣浓厚，担任司鼓以后，搜集整理民间艺术及民间吹打乐的锣鼓曲牌。善于吸收粤剧、广东汉剧的打击乐器和锣鼓点，使花朝戏武场锣鼓丰富多彩。对表演、作曲、操琴内行，戏路谙熟，设计的锣鼓点干净，表演性强，在着眼于配合演员的形体动作同时，注重表现角色心理上的节奏变化，轻、重、

缓、急错落有致，疏、密、静、闹布局合理，讲究整体效果。授徒多人。从事音乐创作，为《沙家浜》《牛郎织女》《隔河看亲》《母与子》《双女告》等剧目编创唱腔。（刘红娟）

黄继持（1938—2002） 文学评论家。原籍广东中山，出生于香港。香港大学中文系硕士。在英国伦敦大学和日本京都大学深造。1965 年开始在香港中文大学中文系任教。先后任香港中华文化促进中心理事、香港文学艺术协会执行委员、《八方》文艺丛刊总编辑等。编辑有双月刊《文学与美术》、月刊《文美》。评论研究多发表于《抖擞》《香港文学》《文艺季刊》《读者良友》等刊物。其文学批评于广博之中开辟理论深度，善于把史料钩沉与文学理论相结合，互为参证，在很大程度上推进了香港文学的史料整理，提高了香港文学批评的深度与高度。著有《文学的传统与现代》《寄生草》等。（张衡）

陈国凯（1938—2014） 作家。广东五华人。1958 年中学毕业后进入广州氮肥厂当工人、宣传干事等，工余写作。1980 年从事专业创作。深圳《特区文学》主编。中国作协广东省分会副主席、中国作家协会第四届理事、中国作家协会第七届全委会委员。广东省作家协会主席。第六届全国人大代表。作品以情动人，吸收西方荒诞派表现手法，以悲剧性、戏剧性作品为主。"伤痕文学"代表作家。在不同时期都创作了有标志性意义的作品。作品立足现实生活，创作的深圳特区发展系列小说、纪实文学等反映改革现实，富含时代精神，对推动广东文学创作走向全国具有重要作用。著有长篇小说《好人阿通》《荒唐世事》《都市的黄昏》，中短篇小说集《我应该怎么办》《羊城一夜》《平凡的一天》《奇才》《摩登阿Q》《文坛志异》《荒诞的梦》，选集《陈

国凯》《陈国凯选集》等。（张衡）

郑南（1938—2018） 诗人、歌词作家。河北衡水人。1957 年毕业于锦州市第一中学。1958 年参军，从事文职工作。1971 年进入广州歌舞团，先后任创作员、副团长、艺术指导。中国音乐家协会理事、中国音乐家协会广东分会副主席、中国音乐文学学会理事、广州市文联副主席、中国作家协会会员。共创作歌词 4000 多首，代表作有《我和班长》《我爱五指山我爱万泉河》《请到天涯海角来》等。出版诗集《锤之歌》。（莫俊）

温国群（1938— ？） 花朝戏乐师、编曲。广东紫金人。青少年时常参加粤剧伴奏，1958 年进紫金县文工团（紫金县花朝戏剧团前身）从事乐队伴奏和编曲工作，参与花朝戏传统音乐的挖掘整理，记录民间音乐资料。先后为《鸳鸯谱》《滨海风潮》《艳阳天》《大午夜》《竹林正茂》《梁山伯与祝英台》等 20 多个剧目创腔。编剧的唱腔旋律优美、感情色彩浓厚。把传统丝竹曲牌的素材应用到唱腔中，增强唱腔的新鲜感，并改革传统的帮腔形式。在《艳阳天》等剧目唱腔设计中，吸收幕后伴唱、重唱、合唱等形式，丰富了花朝戏音乐的表现手段。代表作《梁山伯与祝英台》由香港海燕唱片公司录制成盒式录音带发行。（刘红娟）

陈英飞（1939—2010） 潮剧编剧。广东潮安（今潮州潮安区）人。1960 年毕业于华南师范学院（今华南师范大学）中文系。其戏曲作品诗意盎然。所作《袁崇焕》被誉为潮剧"剧诗"代表，为全国袁崇焕剧本中用力最深、最为精彩的一部。代表作还有《德政碑》《赵氏孤儿》等。（孙冰娜、吴国钦）

谢栋元（1939—2012） 语言学家。广

东梅县（今梅州梅县区）人。1961年毕业于北京师范大学中文系，后攻读文字音韵训诂学硕士研究生学位。先后在辽宁师范学院、辽宁教育学院、广东外语外贸大学从事古代汉语、现代汉语的教学研究。中国训诂学会常务理事、辽宁省语言学会会长、辽宁省客家研究会副理事长。著有《客家话北方话对照辞典》《〈说文解字〉与中国古代文化》（合著）等。（谭赤子）

李小龙（1940—1973）　武术家、电影演员。截拳道创始人，国际影视武打巨星。原名李振藩，族名李源鑫，英文名Bruce Lee。祖籍广东顺德（今佛山顺德区），出生于美国加州旧金山。童年在香港生活。7岁随父亲练习太极拳。后练过螳螂拳、洪拳、少林拳、白鹤拳等。1953年，拜师叶问并系统学习咏春拳。1959年到美国，1961年就读于华盛顿大学，主修心理学与戏剧，一边学习一边练拳。1962年，在西雅图成立振藩国术馆。其间，接触拳击、柔道、空手道、跆拳道、击剑、菲律宾武术等武技。1967年，在咏春拳基础上，融合吸收中外武术优长，创立截拳道。1972年，以截拳道宗师身份入选国际权威武术杂志《黑带》名人堂，截拳道获国外武术界公认。1971年回香港后拍摄《唐山大兄》《猛龙过江》《精武门》等片，成为知名的功夫明星。后主演好莱坞影片《龙争虎斗》。在欧美等许多国家兴起"中国功夫"热，具有世界影响。（周文萍、张青香、马晟）

李小龙

伍乐园（1940—2006）　建筑师。1962年考入华南工学院（今华南理工大学）建筑工程系建筑硕士研究生，师从龙

庆忠。1965年留校任教，后调至广东省煤矿机械厂、广东省石油化工设计院工作。1984年进入广州市设计院，历任建筑师、高级建筑师、副总工程师、总建筑师。主持和参与的项目包括珠江新城东区、中区的规划与设计，广东美术馆、健力宝大厦、广州东山广场、广州大厦等广州新地标建筑项目以及中国驻塞浦路斯大使馆的设计。（彭长歆、顾雪萍）

杨干华（1942—2001）　小说家。广东信宜人。中学开始创作。历任广东省作家协会专职副主席、党组成员、广东文学讲习所副所长，《作品》文学月刊社社长、主编，中国作家协会全委会委员。作品多以农村生活为题材，语言生动、幽默，具有浓郁乡土气息。还创作过粤曲、歌词、表演唱、大型粤剧、散文。著有短篇小说集《惊蛰雷》，中短篇小说集《社会名流》，长篇小说天堂三部曲《天堂众生录》《天堂挣扎录》《天堂蹒跚录》（未完稿）。（高美玲）

王绍增（1942—2017）　风景园林专家。河北吴桥人。1960年就读于北京林学院园林专业。1964年先后在成都园林局、成都市青白江区工作。1979年在北京林学院攻读园林专业硕士学位。1983年先后在四川省城乡规划设计研究院、四川省建委工作。1989年任华南农业大学林学院高级工程师、教授、风景园林系主任。《中国园林》主编、《广东园林》编委。致力于风景园林的学科建设、行业发展、教学科研及设计实践，研究涉及风景园林学科内涵、规划原理和理论、设计方法、中外园林历史的交流、比较与发展，风景园林教育教学及人才培养等，提出了前瞻、深刻、系统、完善的风景园林学术思想。对广东园林学会、《广东园林》杂志的建设和发展提出指导性意见。（彭长歆、顾雪萍）

林木燕（1943—2009）　正字戏演员、导演。广东陆丰人。1959年考入双喜正字戏剧团，师从陈宝寿学习文武生，后从事导演工作。陆丰市正字戏剧团团长。表演功底扎实，朴实细腻。参与整理并执导一批正字戏传统剧目，为抢救保护正字戏贡献良多。导演作品有《百花赠剑》《换乌纱》《方世玉打擂》《金山战鼓》等。（于琦）

陈楚蕙（1943—2012）　潮剧演员。广东普宁人，出生于香港。1958年参加香港新天彩潮剧团，师承香港名教戏张木津，后向周文伟学习京剧小生表演程式，向关正良、李少华学习北派武功，成为该团担纲小生。1990年成立香港楚蕙潮剧团。声线有磁性，音域宽亮，吐字清晰，刚中带柔，扮相雅致温和，表演大方潇洒，文武兼备。多次携团赴海外演出，有"潮剧小生王"之称，对潮剧在中国香港和东南亚的传播作出重要贡献。其演出剧目和录音录像多，拍摄潮剧电影百余部。代表剧目有《后母心》《女状元》《碧海丹心》《天仙配》等。（孙冰娜、吴国钦）

林燕妮（1943—2018）　作家。原籍广东惠州，出生于香港。美国加州伯克莱大学理学士。为香港《明报》《新报》《壹周刊》写专栏。1987年参与发起组织香港艺术家联盟。创作以小说、散文见长，内容涉及芭蕾舞、电影、戏剧、钢琴等艺术评论。文字明晰易懂，追求有节制的情感抒发，讲究文字的情调及品位。作品以细致深刻的社会观察见长，见解独到，能够反映出20世纪下半叶香港都会的社会现状。（张衡）

李启忠（1943—2019）　白字戏作曲。从事作曲工作40多年，共创作50余出白字戏剧目的唱腔音乐。代表作品有《金叶菊》《白罗衣》《崔君瑞休妻》《龙宫奇缘》等，《崔》剧荣获

第六届广东省国际艺术节唱腔音乐设计二等奖，为白字戏唱腔音乐在历史上首夺奖项。（詹双晖）

陶然（1943—2019） 作家。原名涂乃贤，笔名梅傲霜、余点水、晓峻、萧进、甄乐山等。祖籍广东蕉岭，出生于印尼万隆。毕业于北京师范大学中国语言文学系，在诗人蔡其矫影响下开启文学创作道路。1973 年迁居香港，历任香港《体育周刊》执行编辑、香港时代图书公司编辑、中国新闻社香港分社编辑、香港《中国旅游》画报副总编辑。香港作家联会执行会长。1974 年开始发表作品，1984 年参与创办《香港文学》，任执行编辑。1986 年加入中国作家协会。2000 年任总编辑。作品以写实为主，关注香港贫富差距与新移民的生存状态，体认香港市民阶层的悲喜，描摹大时代下的小人物剪影，折射出 20 世纪下半叶至 21 世纪以来香港社会现实以及岭南文化中兼容并包的发展特色。著有长篇小说《追寻》《与你同行》《一样的天空》，中短篇小说集《蜜月》《平安夜》《岁月如歌》《陶然中短篇小说选》，短篇小说集《窥》《连环套》，微型小说集《表错情》《美人关》《一笔勾销》，散文集《此情可待》《回音壁》《侧影》《绿丝带》《没有帆的船》《菜街，今夜歌舞沉寂》，散文诗集《夜曲》《黄昏电车》《生命流程》等。（张衡）

涂乃贤 见"陶然"。

肖文清（1943—2021） 高级烹调技师、烹饪教育专家。中国烹饪协会首批元老级注册中国烹饪大师。广东汕头人。1960 年毕业于汕头市服务学校厨师班，在汕头大厦从事厨艺工作。1979 年，兼任汕头地区商业技工学校教师。1984 年任汕头市饮食服务总公司副总经理。1988 年起参与组织创办汕头市

"潮汕美食节"，共举办 30 多届，成为广东举办历史最长的美食盛事和旅游活动之一。1993 年，创办汕头市饮食服务行业技术培训

肖文清

中心。1999 年，创建汕头市餐饮业协会和广东烹饪协会潮菜研究中心（后更名为广东烹饪协会潮菜专业委员会）。2007 年，创办汕头市南粤潮菜职业技能培训学校。2010、2012 年分别受聘为上海世博会中国馆潮府馆（广东菜代表）、韩国丽水世博会中国国家饮食馆潮府馆高级顾问等。2018 年创办《中国潮菜》杂志，创建国家职业技能鉴定中式烹调师（粤菜）题库潮菜专库，主持编写广东省"粤菜师傅"工程培训教材《潮式风味菜烹饪工艺》《潮式风味点心制作工艺》《潮式卤味制作工艺》，组织开发专项职业能力项目《潮汕卤鹅制作》。多次带队到港澳台地区和新加坡、泰国、马来西亚等国家举办美食交流活动，传播潮菜文化。广东烹饪协会副会长、广东烹饪协会潮菜专业委员会理事长。致力于潮菜的行业发展、文化交流和品牌推广以及烹饪教育和潮菜人才培养，为潮菜技艺传承、文化推广和人才培养作出重要贡献。编撰有《中国潮菜》《中国潮州名菜肴》《中国烹饪大师精粹——肖文清专辑》《潮汕菜精选》等。（肖伟贤、陈非）

温健骝（1944—1976） 诗人。笔名徐醒吾、马清如、石衣等。广东鹤山人。1949 年移居香港。1964 年毕业于台湾政治大学外交系，以作家身份赴美参加"国际写作计划"。1968 年获美国艾奥瓦大学文学硕士学位。1974 年先后任香港今日世界出版社、时代生活出版社编辑。1975 年与雕刻家文

楼等创办《文学与美术》双月刊，同年在香港大学中文系任教。1974 年出版不分行诗集《帝乡》。著有英文诗集《苦绿集》《象牙街》。（陈芝国）

刘扳盛（1944—2021） 作家。又名刘板盛。广东广州人。1968 年毕业于中山大学外国语言文学系。1970 年参加中国人民解放军，先后担任报道干事、法文教员、翻译组组长。1982 年从部队转业至广东人民出版社，先后任社务委员会委员、副总编辑。1990 年任代总编辑。1991 年起，先后任广东省新闻出版局版权法规处副处长、处长和报刊管理处处长。2001 年任广东省新闻出版局助理巡视员。广东省版权保护联合会会长、广东省科普作家协会副理事长、中国作家协会会员。著有《法国文学名家》《凡尔纳评传》等，译有《漫漫长夜》《孤岛历险记》《风月笺》《孤独女郎》《一个罗马皇帝的临终遗言》《人类艺术史》等。（金炳亮）

刘板盛 见"刘扳盛"。

梁丽珍（1945—2017） 乒乓球运动员。我国女乒第一位世界冠军。广东广州人。幼年就读广州市第一工农子弟学校（今荔湾区宝源小学），1957 年经王远征推荐进入广州市第一青少年业余体育学校，专攻乒乓球。1958 年，入选广东省集训队。1960 年初，入选中南五省集训队。同年，被选入国家乒乓球集训队。1961 年，与韩玉珍搭档，夺得第 26 届世乒赛女子双打季军。1962 年获"运动健将"称号。1963 年在新兴力量运动会（Games of the New Emerging Forces，简称 GANEFO）上，获女子单打冠军和双打冠军（与韩玉珍合作）。1965 年在第 28 届世界乒乓球锦标赛中获女子团体冠军（中国队主力队员之一），与李赫男合作获女子双打季军，与庄则栋合作获混合双打季军。

1965 年获国家体委（今国家体育总局）颁发的"体育荣誉奖章"。1980 年出任广东省体委副主任。（李朝旭）

黄振华（1945—2022） 高级烹调技师、粤菜厨艺师。国家特一级厨师。广东从化（今广州从化区）人。出身于粤厨世家。1962 年，进入鹅潭酒舫，师从黄三。1970 年，进入广州酒家，师从黄瑞，广州酒家总厨师长、行政总厨。1988 年，参加全国烹饪大赛，作品"三色龙虾"获金牌。1990 年 11 月，担任中国烹饪代表队队长，参加世界厨师联合会在卢森堡举办的"90 烹饪世界杯大赛"。创制名菜一掌定山河、一品天香等，领衔研发满汉全席、满汉精选、五朝宴、南越王宴、圆桌中国菜、黄金宴、花城美宴等菜品。1994 年卢森堡烹饪世界杯大赛、1995 年美国传统杯国际烹饪大赛、第一届马来西亚金厨大赛、斯里兰卡国际（烹饪）大赛等赛事评委，世界厨师联合会两位中国评委之一。中国烹饪协会第一、二届副会长、中国烹饪协会名厨专业委员会荣誉主席、《中国烹饪百科全书》编委。第七届广东省人大代表。编著有《黄振华粤菜精选作品集》《黄振华经典粤菜技法》《中国大菜系（粤菜）》等。（钟洁玲）

黄振华

吕雷（1947—2015） 作家。笔名李海新、小思。籍贯广东惠东，出生于重庆。1968 年参加广州生产建设兵团，当割胶工人。1972 年开始发表作品。1975 年调茂名石油工业公司工会干事。1980 年调广东省作家协会文学院任专业作家。1988 年毕业于北京大学中文系作家班。广东省作协副主席、中国作家协会第七届全国委员会主席团委员、中国作家协会会员。作品展现岭南文化的气韵及特色，反映出 20 世纪 80 年代以来岭南改革开放的时代风貌。著有小说集《云霞》《浪尖上的信笺》《望海椰之恋》《阴晴圆缺》，散文报告文学集《白云魂》，小说《血染的早晨》，长篇小说《大江沉重》《澳门雨》，电视剧剧本《炫目的海区》，小说剧本集《海响》，电影文学剧本《加州来客》（合作）等；电视连续剧《澳门雨》《天地良心》《血莲花》等（合作）。（张衡）

林自然（1947—2017） 潮菜厨艺师。原名林道安。广东揭阳人。早年从事过多种职业，50 岁时领悟美食真谛，自创"大林苑"系列潮菜餐厅，潮菜私房菜模式的先行者。汕头市美食学会主席、中国烹饪协会中国烹饪大师。被誉为"现代潮菜之父"。发扬传统潮菜优势，注重国际流行的健康养生理念和食物材质及本味，强调烹饪技法的精细化和科学化。创制普宁豆酱焗蟹、脆皮婆参等经典菜品。在报纸开辟专栏撰写、发表菜谱 200 多种。（黄进贤、陈非）

林自然

林道安 见"林自然"。

也斯（1948—2013） 诗人。原名梁秉钧。出生于广东新会（今江门新会区），1949 年到香港。香港浸会大学外文系毕业，在报社和中学任职。1978 年赴美国攻读研究生，1984 年获加州大学圣地亚哥分校比较文学博士学位。香港岭南大学中文系主任，教授比较文学、文学与电影、文学理论及创意写作等。自 20 世纪 70 年代开始，参与编辑《中国学生周报》《四季》《文林》《大拇指》等期刊。在诗歌、散文、文学评论、文化研究等方面均有成就，其创作特点呈现出鲜明的"跨界性"，打通东与西、艺与文、饮食与地理、记忆与想象。著有诗集《雷声与蝉鸣》《游离的诗》《东西》《蔬菜的政治》《普罗旺斯的汉诗》《半途——梁秉钧诗选》等，散文集《也斯看香港》《人间滋味》，小说集《岛与大陆》《剪纸》《记忆的城市》《虚构的城市》《烦恼娃娃的旅程》，摄影作品集《也斯的香港》。其传记由香港导演黄劲辉拍摄成纪录片《他们在岛屿写作：东西》。（张衡）

梁秉钧 见"也斯"。

陈伯煇（1949—2012） 语言学家、文学家。字健燊，号省堂。广东中山人。澳门东亚大学（澳门大学前身）文学硕士，研究中国古代文学。暨南大学文学博士，师从詹伯慧研究粤方言本字。执教澳门多所中学、东亚大学和澳葡政府华务司，后为澳门理工学院语言暨翻译学校教授、副校长。澳门特别行政区政府成立后，出任高等教育辅助办公室主任。著有《〈三国演义〉悲剧探源》《论粤方言词本字考释》《生活粤语本字趣谈》（合著）。另有文学诗词作品《省堂随笔》《省堂诗词》《省堂诗词二集》《省堂诗词三集》。（汤翠兰）

曹淳亮（1949—2008） 广东南海人。1968 年参加工作。1981 年起，先后任《黄金时代》杂志社记者、编辑、编辑部主任。1984 年，参与创办《南风窗》杂志，历任编辑部主任、副总编辑、社长。主持《南风窗》期间，确立杂志

曹淳亮

"四新四桥"办刊宗旨：在政治与经济、理论与实践、领导与群众、几代人之间架设桥梁，宣传新观念、扶持新事物、解释新趋势、促进新潮流。发挥刊物作为桥梁与窗口的作用。1994年后，任《羊城晚报》总编辑、社长，创办《新快报》。2000年2月，任广东省文化厅党组书记、厅长。其间，启动"流动图书馆"项目，兼任大型地方文献丛书《广州大典》主编（与陈建华共同主编），系统搜集整理和保护广州文献典籍。第十一届广东省人大常委会委员、广东省人大常委会教科文卫委员会副主任委员，第八届广东省政协委员。著有《历史的密码：智者的选择》《走近大海》等。（刘晖）

邹月照（1950—2017）　作家。广东肇庆人。20世纪70年代有乡村插队、船舶厂制造工人的生活经历，1979年开始发表作品，1980年调入广东省作协文学院，从事专业文学创作。广东省作协文学院副院长、中国作家协会会员。善于运用现代主义手法反映岭南人的历史、现实与精神思考，对于本土的关怀渗透出人文思考与精神乡愁。担任电视连续剧《情满珠江》编剧。著有长篇小说《沼泽》《告别残冬》，中短篇小说集《生活往往是这样》《第三十三个乘客》等。（张衡）

黄坚（1953—2022）　西餐厨艺师。祖籍广东梅州，出生于越南。1975年以难民身份移居法国，学习厨艺，在法国、美国、加拿大等国餐厅工作，因创制菜品"印第安帐篷"获加拿大卡尔加里市荣誉市民称号。先后于1990年和2005年两次获得法国蓝带骑士协会（Commanderie des Cordons Bleus de France）授予"法国蓝带勋章"。擅长将中国面塑、冰雕等技艺运用于法餐菜品、宴席装饰，其食雕作品被印成明信片发行。2003年回国，与兄、弟一起创办"广州三人行法国西餐厅"，致力于法式西餐的大众化普及，成为广州"时尚符号"之一。热衷餐饮文化交流和教育，法国雷诺特厨艺学院（Ecole de Lenotre）唯一华人教师，在广东第二师范学院烹饪科学学院担任西餐工艺课程的教学，在媒体和大中专院校传播西餐烹饪技巧、文化及礼仪等。在《中国烹饪》杂志发表专栏文章，为中国餐饮同行和学习者留下上千道菜品的手绘菜谱设计稿。（陈莉、陈非）

黄坚

陶郅（1955—2018）　建筑师。湖南长沙人。1978年考入华南工学院（今华南理工大学）建筑学专业，1982年师从龙庆授攻读硕士学位。1985年毕业后一直在华南理工大学建筑设计研究院工作，历任副院长和副总建筑师。致力于建筑创作实践和建筑教育事业。获梁思成建筑奖提名、亚洲建筑推动奖、当代中国百名建筑师等荣誉。代表作品有乐山大佛博物馆、珠海机场航站楼、长沙三馆一厅、福州大学图书馆、武汉理工大学图书馆等。（彭长歆、顾雪萍）

金泽光（生卒年不详）　建筑师。广东番禺（今广州番禺区）人。1932年毕业于法国巴黎土木工程大学，获法国国授建筑师学位。1937年任广东省立勤勤大学建筑系教授。1938年任中山大学建筑系教授。1953年与林克明、陈伯齐、郑祖良、梁启杰等创办广州市设计院、广州市建筑学会。1961年任广东园林学会秘书长。广州市设计院副总工程师、广州市建设局总工程师。（彭长歆、顾雪萍）

杜清池（生卒年不详）　作家。又名杜清持、杜青持、清池女史等。广东番禺（今广州番禺区）人。幼年求学于粤西，青年时代接触报纸杂志及西方翻译文章，为女子所受的禁锢感到不满。辛亥革命前与张竹君、马励芸等在广州创办公益女学，为广东开办女学的先锋。擅长写政论，鼓励女性接受教育，反对缠足，提倡女性经济独立。文章刊载于《女子世界》《女报》《女学报》等。文章思想新颖，逻辑严密，大胆泼辣，充满活力，有转折期特有的昂奋精神，促进了广东女权运动的发展。（邓丹）

杜清持　见"杜清池"。
杜青持　见"杜清池"。
清池女史　见"杜清池"。

桂妹（生卒年不详）　女伶师娘。全名、身世不详。擅长演唱粤曲班本、说唱曲艺，能演奏多种乐器。独创喃呒腔，掀起唱祭亡魂一类曲目的热潮。灌录有《情天血泪》《玉梨魂》等曲目。（邓海涛）

曾永坤（生卒年不详）　白字戏演员。广东海丰人。习净行乌面。其父曾乃妹，原与海城名园人合办老荣顺白字班，父病故后继承父业成为老荣顺班主。重视戏班建设，聘请名角为师傅，带出一批高徒。（詹双晖）

附 录

附录一　广东省省级及以上文物保护单位名录

			广东省全国重点文物保护单位			
序 号	类 别	名 称	时 代	所在地级市	所在县(市、区)	公布批次
1	古遗址	秦代造船遗址、南越国宫署遗址及南越文王墓	秦、西汉	广州市	越秀区	第四批
2	古遗址	石峡遗址	新石器时代	韶关市	曲江区	第五批
3	古遗址	莲花山古采石场	西汉至清	广州市	番禺区	第五批
4	古遗址	笔架山潮州窑遗址	宋	潮州市	湘桥区	第五批
5	古遗址	宝镜湾遗址	新石器至青铜时代	珠海市	金湾区	第六批
6	古遗址	独石仔洞穴遗址	旧石器时代至新石器时代	阳江市	阳春市	第七批
7	古遗址	古椰贝丘遗址	新石器时代	佛山市	高明区	第七批
8	古遗址	蚝岗贝丘遗址	新石器时代	东莞市		第七批
9	古遗址	磨刀山遗址	旧石器时代	云浮市	郁南县	第八批
10	古遗址	青塘遗址	旧石器时代	清远市	英德市	第八批
11	古遗址	东莞村头遗址	夏商	东莞市		第八批
12	古遗址	狮雄山遗址	秦汉	梅州市	五华县	第八批
13	古遗址	石望铸钱遗址	五代南汉	阳江市	阳春市	第八批
14	古遗址	乳源西京古道	唐至清	韶关市	乳源瑶族自治县	第八批
15	古遗址	西樵山采石场遗址	明清	佛山市	南海区	第八批
16	古墓葬	南汉二陵	五代	广州市	番禺区	第六批
17	古墓葬	隋谯国夫人冼氏墓	隋	茂名市	电白县	第七批
18	古墓葬	清真先贤古墓	唐	广州市	越秀区	第七批
19	古墓葬	唐氏墓群	宋至清	湛江市	雷州市	第七批

（续表）

序 号	类 别	名 称	时 代	所在地级市	所在县（市、区）	公布批次
20	古建筑	光孝寺	五代至明	广州市	越秀区	第一批
21	古建筑	广济桥	宋至明	潮州市	湘桥区	第三批
22	古建筑	陈家祠堂	清	广州市	荔湾区	第三批
23	古建筑	云龙寺塔	唐	韶关市	仁化县	第三批
24	古建筑	三影塔	北宋	韶关市	南雄市	第三批
25	古建筑	怀圣寺光塔	唐	广州市	越秀区	第四批
26	古建筑	梅庵	北宋	肇庆市	端州区	第四批
27	古建筑	德庆学宫	元	肇庆市	德庆县	第四批
28	古建筑	许驸马府	明	潮州市	湘桥区	第四批
29	古建筑	佛山祖庙	明清	佛山市	禅城区	第四批
30	古建筑	满堂围	清	韶关市	始兴县	第四批
31	古建筑	雷祖祠	明清	湛江市	雷州市	第四批
32	古建筑	东莞可园	清	东莞市		第五批
33	古建筑	南华寺	明清	韶关市	曲江区	第五批
34	古建筑	东华里古建筑群	清、民国	佛山市	禅城区	第五批
35	古建筑	元山寺	明清	汕尾市	陆丰市	第五批
36	古建筑	大鹏所城	明清	深圳市	大鹏新区	第五批
37	古建筑	悦城龙母祖庙	清	肇庆市	德庆县	第五批
38	古建筑	肇庆古城墙	宋至清	肇庆市	端州区	第五批
39	古建筑	潮州开元寺	唐至清	潮州市	湘桥区	第五批
40	古建筑	己略黄公祠	清	潮州市	湘桥区	第五批
41	古建筑	慧光塔	宋	清远市	连州市	第六批
42	古建筑	龟峰塔	宋	河源市	源城区	第六批
43	古建筑	六榕寺塔	宋	广州市	越秀区	第六批
44	古建筑	广裕祠	明至清	广州市	从化区	第六批
45	古建筑	南社村和塘尾村古建筑群	明至清	东莞市		第六批
46	古建筑	韩文公祠	明至清	潮州市	湘桥区	第六批
47	古建筑	道韵楼	明	潮州市	饶平县	第六批
48	古建筑	从熙公祠	清	潮州市	潮安县	第六批
49	古建筑	陈芳家宅	清	珠海市	香洲区	第六批
50	古建筑	南粤雄关与古道	唐至明	韶关市	南雄市	第七批
51	古建筑	文光塔	宋至清	汕头市	潮阳区	第七批
52	古建筑	父子进士牌坊	明	梅州市	大埔县	第七批
53	古建筑	五仙观及岭南第一楼	明至清	广州市	越秀区	第七批
54	古建筑	潮州老城古民居建筑群	明至清	潮州市	湘桥区	第七批
55	古建筑	镇海楼与广州明城墙	明至民国	广州市	越秀区	第七批
56	古建筑	南海神庙	清	广州市	黄埔区	第七批
57	古建筑	古榕武庙	明	揭阳市	榕城区	第七批

（续表）

序　号	类　别	名　称	时　代	所在地级市	所在县（市、区）	公布批次
58	古建筑	揭阳学宫	清	揭阳市	榕城区	第七批
59	古建筑	清晖园	清	佛山市	顺德区	第七批
60	古建筑	长围村围屋	清	韶关市	始兴县	第七批
61	古建筑	茶东陈氏宗祠群	清	中山市		第七批
62	古建筑	大湾古建筑群	清、民国	云浮市	郁南县	第七批
63	古建筑	大颠祖师塔	唐	汕头市	潮阳区	第八批
64	古建筑	高州宝光塔	明	茂名市	高州市	第八批
65	古建筑	联丰花萼楼	明	梅州市	大埔县	第八批
66	古建筑	揭阳城隍庙	明清	揭阳市	榕城区	第八批
67	古建筑	陈白沙祠	明清	江门市	蓬江区	第八批
68	古建筑	国恩寺	明至民国	云浮市	新兴县	第八批
69	古建筑	沙湾留耕堂	清	广州市	番禺区	第八批
70	古建筑	大埔泰安楼	清	梅州市	大埔县	第八批
71	古建筑	冲虚古观	清	惠州市	博罗县	第八批
72	古建筑	龙门鹤湖围	清	惠州市	龙门县	第八批
73	古建筑	大埔光禄第	清	梅州市	大埔县	第八批
74	石窟寺及石刻	七星岩摩崖石刻	唐至近代	肇庆市	端州区	第五批
75	石窟寺及石刻	却金亭碑	明	东莞市		第六批
76	石窟寺及石刻	龙龛岩摩崖石刻	唐、清、民国	云浮市	罗定市	第七批
77	石窟寺及石刻	丹霞山摩崖石刻	宋至民国	韶关市	仁化县	第七批
78	近现代重要史迹及代表性建筑	三元里平英团遗址	1841 年	广州市	白云区	第一批
79	近现代重要史迹及代表性建筑	黄花岗七十二烈士墓	1911 年	广州市	越秀区	第一批
80	近现代重要史迹及代表性建筑	广州农民运动讲习所旧址	1926 年	广州市	越秀区	第一批
81	近现代重要史迹及代表性建筑	海丰红宫红场旧址	1927—1928 年	汕尾市	海丰县	第一批
82	近现代重要史迹及代表性建筑	广州公社旧址	1927 年	广州市	越秀区	第一批
83	近现代重要史迹及代表性建筑	林则徐销烟池与虎门炮台旧址	1839 年	东莞市 广州市		第二批
84	近现代重要史迹及代表性建筑	洪秀全故居	1814 年	广州市	花都区	第三批
85	近现代重要史迹及代表性建筑	孙中山故居	1892 年	中山市		第三批
86	近现代重要史迹及代表性建筑	国民党一大旧址	1924 年	广州市	越秀区	第三批

（续表）

序　号	类　别	名　称	时　代	所在地级市	所在县（市、区）	公布批次
87	近现代重要史迹及代表性建筑	黄埔军校旧址（包括东征烈士墓）	1924—1927年	广州市	黄埔区	第三批
88	近现代重要史迹及代表性建筑	中华全国总工会旧址	1925—1927年	广州市	越秀区	第三批
89	近现代重要史迹及代表性建筑	广州沙面建筑群	清	广州市	荔湾区	第四批
90	近现代重要史迹及代表性建筑	康有为故居	清	佛山市	南海区	第四批
91	近现代重要史迹及代表性建筑	梁启超故居	清	江门市	新会区	第四批
92	近现代重要史迹及代表性建筑	广州圣心大教堂	1888年	广州市	越秀区	第四批
93	近现代重要史迹及代表性建筑	硇洲灯塔	1899年	湛江市	开发区	第四批
94	近现代重要史迹及代表性建筑	广州大元帅府旧址	民国	广州市	海珠区	第四批
95	近现代重要史迹及代表性建筑	中山纪念堂	1931年	广州市	越秀区	第五批
96	近现代重要史迹及代表性建筑	余荫山房	近代	广州市	番禺区	第五批
97	近现代重要史迹及代表性建筑	开平碉楼	近代	江门市	开平市	第五批
98	近现代重要史迹及代表性建筑	叶剑英故居	近代	梅州市	梅县	第五批
99	近现代重要史迹及代表性建筑	粤海关旧址	清	广州市	荔湾区	第六批
100	近现代重要史迹及代表性建筑	叶挺故居	清	惠州市	惠阳区	第六批
101	近现代重要史迹及代表性建筑	丘逢甲故居	清	梅州市	蕉岭县	第六批
102	近现代重要史迹及代表性建筑	双峰寨	清	韶关市	仁化县	第六批
103	近现代重要史迹及代表性建筑	广东谘议局旧址	清至民国	广州市	越秀区	第六批
104	近现代重要史迹及代表性建筑	大岭山抗日根据地旧址	1940—1943年	东莞市		第六批
105	近现代重要史迹及代表性建筑	丁氏光禄公祠	1878年	揭阳市	榕城区	第七批
106	近现代重要史迹及代表性建筑	崎碌炮台	1879年	汕头市	金平区	第七批

（续表）

序 号	类 别	名 称	时 代	所在地级市	所在县（市、区）	公布批次
107	近现代重要史迹及代表性建筑	人境庐和荣禄第	1881 年、1884 年	梅州市	梅江区	第七批
108	近现代重要史迹及代表性建筑	广州湾法国公使署旧址和法军指挥部旧址	1903 年、1905 年	湛江市	霞山区	第七批
109	近现代重要史迹及代表性建筑	谢晋元故居	1905 年	梅州市	蕉岭县	第七批
110	近现代重要史迹及代表性建筑	三灶岛侵华日军罪行遗迹	民国	珠海市	金湾区	第七批
111	近现代重要史迹及代表性建筑	广九铁路石龙南桥	1911 年	东莞市		第七批
112	近现代重要史迹及代表性建筑	中共第三次全国代表大会会址	1923 年	广州市	越秀区	第七批
113	近现代重要史迹及代表性建筑	国民革命军东征军总指挥部、政治部旧址	1925 年	汕头市	金平区	第七批
114	近现代重要史迹及代表性建筑	顺德糖厂早期建筑	1934 年	佛山市	顺德区	第七批
115	近现代重要史迹及代表性建筑	中山纪念中学旧址	1936 年	中山市		第七批
116	近现代重要史迹及代表性建筑	中央红色交通线旧址	1930—1934 年	汕头市	金平区	第八批
117	近现代重要史迹及代表性建筑	司徒美堂故居	1868 年	江门市	开平市	第八批
118	近现代重要史迹及代表性建筑	万木草堂	1891 年	广州市	越秀区	第八批
119	近现代重要史迹及代表性建筑	潮海关旧址	1898—1922 年	汕头市	金平区、濠江区	第八批
120	近现代重要史迹及代表性建筑	中英街界碑	1905 年	深圳市	盐田区	第八批
121	近现代重要史迹及代表性建筑	开平风采堂	1914 年	江门市	开平市	第八批
122	近现代重要史迹及代表性建筑	大埔肇庆堂	1917 年	梅州市	大埔县	第八批
123	近现代重要史迹及代表性建筑	中国共产党广东区执行委员会旧址	1922—1927 年	广州市	越秀区	第八批
124	近现代重要史迹及代表性建筑	叶挺独立团团部旧址	1925 年	肇庆市	端州区	第八批
125	近现代重要史迹及代表性建筑	广东省农民协会旧址	1925—1927 年	广州市	越秀区	第八批
126	近现代重要史迹及代表性建筑	三河中山纪念堂	1929 年	梅州市	大埔县	第八批

（续表）

序　号	类　别	名　称	时　代	所在地级市	所在县（市、区）	公布批次
127	近现代重要史迹及代表性建筑	蒋光鼐故居	1930 年	东莞市		第八批
128	近现代重要史迹及代表性建筑	香港文化名人大营救指挥部旧址	1942 年	河源市	龙川县	第八批
129	近现代重要史迹及代表性建筑	土洋村东江纵队司令部旧址	1943—1945 年	深圳市	龙岗区	第八批
130	近现代重要史迹及代表性建筑	长岗坡渡槽	1981 年	云浮市	罗定市	第八批
131	其他	南风古灶、高灶陶窑	明	佛山市	禅城区	第五批

广东省文物保护单位

序　号	类　别	名　称	时　代	所在地级市	所在县（市、区）	公布批次
1	古文化遗址	西樵山遗址	新石器时代	佛山市	南海区	第一批
2	古文化遗址	走马岗遗址	新石器时代	韶关市	浈江区	第一批
3	古文化遗址	鲶鱼转遗址	新石器时代	韶关市	仁化县	第一批
4	古文化遗址	坑仔里遗址	新石器时代	河源市	龙川县	第一批
5	古文化遗址	罗州故城遗址	唐	湛江市	廉江市	第一批
6	古文化遗址	黄岩洞洞穴遗址	旧石器至新石器时代	肇庆市	封开县	第二批
7	古文化遗址	鱿鱼岗遗址	新石器时代	佛山市	南海区	第三批
8	古文化遗址	河宕遗址	新石器时代	佛山市	禅城区	第三批
9	古文化遗址	蚬壳洲遗址	新石器时代	肇庆市	鼎湖区	第三批
10	古文化遗址	塘角嘴遗址	新石器时代晚期	肇庆市	封开县	第三批
11	古文化遗址	茅岗建筑遗址	新石器时代晚期	肇庆市	高要区	第三批
12	古文化遗址	黄潭寺遗址	新石器时代晚期	河源市	连平县	第三批
13	古文化遗址	龟山建筑遗址	汉	汕头市	澄海区	第三批
14	古文化遗址	罗围城堡建筑遗址	汉	韶关市	始兴县	第三批
15	古文化遗址	电白郡、县城旧址	南朝	茂名市	高州市	第三批
16	古文化遗址	大岗山窑址	唐	佛山市	高明区	第三批
17	古文化遗址	药洲遗址	南汉	广州市	越秀区	第三批
18	古文化遗址	石峡恐龙蛋化石埋藏地	白垩纪晚期	河源市	源城区	第四批
19	古文化遗址	牛栏洞遗址	旧石器时代晚期至新石器时代早期	清远市	英德市	第四批
20	古文化遗址	史老墩遗址	新石器时代	清远市	英德市	第四批
21	古文化遗址	银洲贝丘遗址	新石器时代晚期	佛山市	三水区	第四批
22	古文化遗址	银岗古窑场遗址	先秦	惠州市	博罗县	第四批
23	古文化遗址	端石老坑洞遗址	唐至现代	肇庆市	高要区	第四批
24	古文化遗址	燕岭古采石场遗址	明至清	东莞市		第四批
25	古文化遗址	垌中岩遗址	旧石器时代	肇庆市	封开县	第五批
26	古文化遗址	罗沙岩遗址	旧石器时代	肇庆市	封开县	第五批

（续表）

序　号	类　别	名　称	时　代	所在地级市	所在县(市、区)	公布批次
27	古文化遗址	后沙湾沙丘遗址	新石器时代	珠海市	香洲区	第六批
28	古文化遗址	东澳湾沙丘遗址	新石器时代	珠海市	香洲区	第六批
29	古文化遗址	虎头埔古窑址	新石器时代	揭阳市	普宁市	第六批
30	古文化遗址	拱桥岭遗址	新石器时代晚期	韶关市	曲江区	第七批
31	古文化遗址	草堂湾遗址	新石器时代晚期、夏商	珠海市	金湾区	第七批
32	古文化遗址	云石矿场遗址	明	云浮市	云城区	第七批
33	古文化遗址	黄圃古码头遗址及古石径	明	中山市		第七批
34	古文化遗址	松岗碗窑遗址	明至民国	东莞市		第七批
35	古文化遗址	赤沙湾沙丘遗址	新石器时代	珠海市	香洲区	第八批
36	古文化遗址	鲤鱼墩贝丘遗址	新石器时代	湛江市	遂溪县	第八批
37	古文化遗址	徐闻二桥遗址	汉	湛江市	徐闻县	第八批
38	古文化遗址	官冲窑址	唐	江门市	新会区	第八批
39	古文化遗址	雷州窑址群	唐至元	湛江市	雷州市	第八批
40	古文化遗址	西华寺遗址	五代至清	佛山市	南海区	第八批
41	古文化遗址	东平窑址	宋	惠州市	惠城区	第八批
42	古文化遗址	遂溪雷州窑窑址群	宋元	湛江市	遂溪县	第八批
43	古文化遗址	南澳古城墙	明	汕头市	南澳县	第八批
44	古文化遗址	白马窑址	明	惠州市	惠东区	第八批
45	古文化遗址	北门窑址	明	江门市	新会区	第八批
46	古文化遗址	广海卫城城墙	明	江门市	台山市	第八批
47	古文化遗址	大洲湾遗址	明	江门市	台山市	第八批
48	古文化遗址	北京路古道遗址	唐至民国	广州市	越秀区	第九批
49	古文化遗址	四峰书院遗址	明	佛山市	南海区	第九批
50	古文化遗址	锦囊所城遗址	明	湛江市	徐闻县	第九批
51	古文化遗址	平瑶岭遗址	明	清远市	连南瑶族自治县	第九批
52	古文化遗址	书堂石遗址	明清	韶关市	翁源县	第九批
53	古文化遗址	白鸽寨遗址	明清	湛江市	麻章区	第九批
54	古文化遗址	三寨谷造纸遗址	明至民国	惠州市	龙门县	第九批
55	古文化遗址	新地村天主堂遗址	清	江门市	台山市	第九批
56	古文化遗址	屋背岭遗址	商周	深圳市	南山区	第十批
57	古文化遗址	咸头岭遗址	新石器时代	深圳市	大鹏新区	第十批
58	古文化遗址	狮子岩庙遗址	明	韶关市	仁化县	第十批
59	古墓葬	张九龄家族墓地	唐	韶关市	武江区	第一批
60	古墓葬	王大宝墓	宋	潮州市	潮安区	第三批
61	古墓葬	屈大均墓	清	广州市	番禺区	第三批
62	古墓葬	余靖墓	北宋	韶关市	武江区	第四批
63	古墓葬	黄默堂墓	宋	深圳市	福田区	第四批

（续表）

序 号	类 别	名 称	时 代	所在地级市	所在县(市、区)	公布批次
64	古墓葬	湛若水墓	明	广州市	增城区	第四批
65	古墓葬	云从龙墓	元	广州市	天河区	第五批
66	古墓葬	铁仔山古墓群	战国至民国	深圳市	宝安区	第五批
67	古墓葬	廖金凤墓	元	惠州市	龙门县	第五批
68	古墓葬	卫佐邦墓	清	东莞市		第五批
69	古墓葬	何峻岗墓	明	中山市		第五批
70	古墓葬	庐陵周公墓	元	湛江市	遂溪县	第六批
71	古墓葬	彭清斋夫妇墓	宋	湛江市	麻章区	第七批
72	古墓葬	孙默斋墓	明	潮州市	潮安区	第七批
73	古墓葬	林大钦墓	明	潮州市	潮安区	第七批
74	古墓葬	赖寿官夫妇墓	明	梅州市	蕉岭县	第七批
75	古墓葬	邓邦鉴夫妇墓	清	湛江市	徐闻县	第七批
76	古墓葬	道滘大坟	清	东莞市		第七批
77	古墓葬	横岭山墓地	商周	惠州市	博罗县	第八批
78	古墓葬	华丰岭汉墓群	汉	湛江市	徐闻县	第八批
79	古墓葬	刘嵩家族墓	唐宋	潮州市	湘桥区	第八批
80	古墓葬	大峰禅师墓	宋	汕头市	潮阳区	第八批
81	古墓葬	王朝云墓	宋	惠州市	惠城区	第八批
82	古墓葬	卢侗墓	宋	潮州市	潮安区	第八批
83	古墓葬	彭延年墓	宋	揭阳市	榕城区	第八批
84	古墓葬	丁允元墓	南宋	潮州市	湘桥区	第八批
85	古墓葬	方献夫墓	明	佛山市	南海区	第八批
86	古墓葬	方济各·沙勿略墓园	明清	江门市	台山市	第八批
87	古墓葬	郑大进墓	清	揭阳市	普宁市	第八批
88	古墓葬	徐诚斋墓	清	珠海市	香洲区	第八批
89	古墓葬	邓氏墓群	宋至明	湛江市	雷州市	第九批
90	古墓葬	陈益家族墓	明	东莞市		第九批
91	古墓葬	陈白沙墓	明	江门市	蓬江区	第九批
92	古墓葬	林古风墓	清	湛江市	雷州市	第九批
93	古墓葬	赖长墓	清	揭阳市	普宁市	第九批
94	古墓葬	叶正简墓	南宋	佛山市	南海区	第十批
95	古墓葬	孙石碏墓	明	潮州市	潮安区	第十批
96	古建筑	龙兴寺石塔	隋至唐	江门市	新会区	第一批
97	古建筑	正相塔（老塔）	唐宋	河源市	龙川县	第一批
98	古建筑	北涌亭	明	佛山市	南海区	第一批
99	古建筑	灵光寺	明清	梅州市	梅县区	第一批
100	古建筑	镇山宝塔	明清	江门市	新会区	第一批
101	古建筑	凤凰塔	明	潮州市	湘桥区	第一批

（续表）

序　号	类　别	名　称	时　代	所在地级市	所在县(市、区)	公布批次
102	古建筑	崇禧塔	明	肇庆市	端州区	第一批
103	古建筑	贤令山摩崖石刻	唐至清	清远市	阳山县	第一批
104	古建筑	葫芦山摩崖石刻	南汉至清	潮州市	湘桥区	第一批
105	古建筑	南山摩崖石刻	唐至清	清远市	英德市	第一批
106	古建筑	澌溪寺塔	唐至宋	韶关市	仁化县	第二批
107	古建筑	北山石塔	南宋	阳江市	江城区	第二批
108	古建筑	蓬莱寺塔	宋	清远市	英德市	第二批
109	古建筑	仙人塔	宋	韶关市	曲江区	第二批
110	古建筑	珠玑石塔	元	韶关市	南雄市	第二批
111	古建筑	三元启秀塔	明	湛江市	雷州市	第二批
112	古建筑	高要学宫	明	肇庆市	端州区	第二批
113	古建筑	荣睿纪念碑	1963 年	肇庆市	鼎湖区	第二批
114	古建筑	千佛铁塔	南汉	梅州市	梅江区	第三批
115	古建筑	华林寺塔	宋	韶关市	仁化县	第三批
116	古建筑	胥江祖庙	南宋至清	佛山市	三水区	第三批
117	古建筑	下塔	北宋	河源市	龙川县	第三批
118	古建筑	镇风塔	元	潮州市	饶平县	第三批
119	古建筑	莲花塔	明	广州市	番禺区	第三批
120	古建筑	琶洲塔	明	广州市	海珠区	第三批
121	古建筑	万寿寺	明	广州市	增城区	第三批
122	古建筑	三元塔	明	肇庆市	德庆县	第三批
123	古建筑	龙山宫	明	肇庆市	德庆县	第三批
124	古建筑	长乐学宫	明	梅州市	五华县	第三批
125	古建筑	新会学宫	明清	江门市	新会区	第三批
126	古建筑	灵龟塔	明	佛山市	高明区	第三批
127	古建筑	元魁塔	明	梅州市	梅县区	第三批
128	古建筑	兴宁学宫	明	梅州市	兴宁市	第三批
129	古建筑	猎屿铳城	明	汕头市	南澳县	第三批
130	古建筑	贵生书院与门前古道	明	湛江市	徐闻县	第三批
131	古建筑	海阳县儒学宫	明	潮州市	湘桥区	第三批
132	古建筑	广济门城楼	明	潮州市	湘桥区	第三批
133	古建筑	泰新桥	明清	肇庆市	封开县	第三批
134	古建筑	文塔	明	云浮市	罗定市	第三批
135	古建筑	狮雄山塔	明	梅州市	五华县	第三批
136	古建筑	金鳌洲塔	明清	东莞市		第三批
137	古建筑	文明塔	明	肇庆市	高要区	第三批
138	古建筑	英烈庙	明	梅州市	五华县	第三批
139	古建筑	莲花城	清	广州市	番禺区	第三批

（续表）

序　号	类　别	名　称	时　代	所在地级市	所在县（市、区）	公布批次
140	古建筑	梁园	清	佛山市	禅城区	第三批
141	古建筑	崖门炮台	清	江门市	新会区	第三批
142	古建筑	节烈坊	清	梅州市	大埔县	第三批
143	古建筑	大莱芜炮台	清	汕头市	澄海区	第三批
144	古建筑	培风塔	清	揭阳市	普宁市	第三批
145	古建筑	包公井	宋	肇庆市	端州区	第四批
146	古建筑	贞女桥	南宋至明	佛山市	顺德区	第四批
147	古建筑	五岳殿	明清	广州市	从化区	第四批
148	古建筑	元勋旧址	明清	深圳市	罗湖区	第四批
149	古建筑	南头古城垣	明清	深圳市	南山区	第四批
150	古建筑	南雄府城正南门	明清	韶关市	南雄市	第四批
151	古建筑	大埕所城	明清	潮州市	饶平县	第四批
152	古建筑	广州会馆	明	韶关市	南雄市	第四批
153	古建筑	石寨土楼	明清	梅州市	蕉岭县	第四批
154	古建筑	饶平土楼	明清	潮州市	饶平县	第四批
155	古建筑	司谏进士坊	明	江门市	蓬江区	第四批
156	古建筑	何氏大宗祠	明清	佛山市	顺德区	第四批
157	古建筑	归善学宫	明清	惠州市	惠城区	第四批
158	古建筑	曹氏大宗祠	明清	佛山市	南海区	第四批
159	古建筑	石洞古庙	明清	肇庆市	端州区	第四批
160	古建筑	黎氏大宗祠及古建筑群	明至民国	东莞市		第四批
161	古建筑	青云塔	明	佛山市	顺德区	第四批
162	古建筑	明远桥	明	佛山市	顺德区	第四批
163	古建筑	崔氏大宗祠	明	佛山市	南海区	第四批
164	古建筑	双峰塔	明	湛江市	吴川市	第四批
165	古建筑	高州冼太庙	明	茂名市	高州市	第四批
166	古建筑	大梁宫大殿	明	肇庆市	封开县	第四批
167	古建筑	南华又庐	清	梅州市	梅县区	第四批
168	古建筑	两海会馆	清	梅州市	兴宁市	第四批
169	古建筑	张将军家庙	清	江门市	新会区	第四批
170	古建筑	大旗头村古建筑群	清	佛山市	三水区	第四批
171	古建筑	绮亭陈公祠	清	佛山市	南海区	第四批
172	古建筑	刘氏家塾	清	阳江市	阳春市	第四批
173	古建筑	陈氏家庙	清	揭阳市	榕城区	第四批
174	古建筑	罗定学宫	清	云浮市	罗定市	第四批
175	古建筑	陈氏大宗祠	清	佛山市	顺德区	第四批
176	古建筑	纶生白公祠	清	广州市	海珠区	第四批
177	古建筑	大万世居	清	深圳市	坪山区	第四批

（续表）

序 号	类 别	名 称	时 代	所在地级市	所在县（市、区）	公布批次
178	古建筑	鹤湖新居	清	深圳市	龙岗区	第四批
179	古建筑	茂盛世居	清	深圳市	龙岗区	第四批
180	古建筑	龙田世居	清	深圳市	坪山区	第四批
181	古建筑	曾氏大宗祠	清	深圳市	宝安区	第四批
182	古建筑	杨氏大宗祠	清	珠海市	香洲区	第四批
183	古建筑	应山石桥	清	韶关市	乐昌市	第四批
184	古建筑	雁塔	清	韶关市	新丰县	第四批
185	古建筑	石井桥	清	广州市	白云区	第四批
186	古建筑	新坡村广济桥	清	湛江市	赤坎区	第四批
187	古建筑	西山庙	清	佛山市	顺德区	第四批
188	古建筑	黄氏大宗祠	清至民国	佛山市	顺德区	第四批
189	古建筑	化州学宫	清	茂名市	化州市	第四批
190	古建筑	康王庙	清	东莞市		第四批
191	古建筑	桥溪村古民居建筑群	明至民国	梅州市	梅县区	第四批
192	古建筑	大湾古民居建筑群	清至民国	云浮市	郁南县	第四批
193	古建筑	菁莪书院	清	云浮市	罗定市	第四批
194	古建筑	功武村古建筑群	清	惠州市	龙门县	第四批
195	古建筑	资政大夫祠建筑群	清	广州市	花都区	第四批
196	古建筑	林家厅及古民居群	清	佛山市	禅城区	第四批
197	古建筑	金楼及古建筑群	清	佛山市	顺德区	第四批
198	古建筑	打铁街作坊群	清	揭阳市	揭西县	第四批
199	古建筑	周源李公祠	清	江门市	蓬江区	第四批
200	古建筑	通福桥	明	广州市	荔湾区	第五批
201	古建筑	锦纶会馆	清	广州市	荔湾区	第五批
202	古建筑	大佛寺大殿	清	广州市	越秀区	第五批
203	古建筑	玉喦书院与萝峰寺	清	广州市	黄埔区	第五批
204	古建筑	菉猗堂及建筑群	明至民国	珠海市	斗门区	第五批
205	古建筑	文峰塔	明	韶关市	仁化县	第五批
206	古建筑	韶州府学宫大成殿	明	韶关市	浈江区	第五批
207	古建筑	双水塔	明	韶关市	仁化县	第五批
208	古建筑	镇溪祠古戏台	明清	韶关市	乳源瑶族自治县	第五批
209	古建筑	里东戏台	清	韶关市	南雄市	第五批
210	古建筑	龙川学宫	清	河源市	龙川县	第五批
211	古建筑	东山书院	清	梅州市	梅江区	第五批
212	古建筑	邹坊文祠	清	梅州市	平远县	第五批
213	古建筑	凌风塔	清	梅州市	平远县	第五批
214	古建筑	见龙围与炮楼	清	惠州市	龙门县	第五批

（续表）

序　号	类　别	名　称	时　代	所在地级市	所在县（市、区）	公布批次
215	古建筑	田坑村古建筑群	清	惠州市	惠东县	第五批
216	古建筑	坎下城城墙	明	汕尾市	城区	第五批
217	古建筑	广德禅院	清	汕尾市	陆丰市	第五批
218	古建筑	苏氏宗祠	明	东莞市		第五批
219	古建筑	方氏宗祠	明	东莞市		第五批
220	古建筑	烟墩山塔	明	中山市		第五批
221	古建筑	长洲黄氏大宗祠	明至民国	中山市		第五批
222	古建筑	烟洲书院	清	中山市		第五批
223	古建筑	探花及第牌坊	清	中山市		第五批
224	古建筑	霍氏古祠建筑群	明	佛山市	禅城区	第五批
225	古建筑	慈悲宫牌坊	明	佛山市	南海区	第五批
226	古建筑	尊明苏公祠	明	佛山市	顺德区	第五批
227	古建筑	良二千石牌坊	明	佛山市	南海区	第五批
228	古建筑	真武庙	明	佛山市	顺德区	第五批
229	古建筑	刘氏大宗祠	明	佛山市	顺德区	第五批
230	古建筑	报功祠	明清	佛山市	顺德区	第五批
231	古建筑	梅庄欧阳公祠	清	佛山市	顺德区	第五批
232	古建筑	云泉仙馆	清	佛山市	南海区	第五批
233	古建筑	冯氏贞节牌坊	清	佛山市	顺德区	第五批
234	古建筑	平地黄氏大宗祠	清	佛山市	南海区	第五批
235	古建筑	象林塔	清	佛山市	南海区	第五批
236	古建筑	察院陈公祠	清	佛山市	顺德区	第五批
237	古建筑	聚奎阁	清	佛山市	顺德区	第五批
238	古建筑	七乡蟠龙水闸	清	佛山市	顺德区	第五批
239	古建筑	七贤书院	清	阳江市	阳西县	第五批
240	古建筑	阳江学宫	清	阳江市	江城区	第五批
241	古建筑	莫氏宗祠	明清	湛江市	雷州市	第五批
242	古建筑	真武堂	明至民国	湛江市	雷州市	第五批
243	古建筑	广府会馆	清	湛江市	徐闻县	第五批
244	古建筑	电城钟鼓楼	明至民国	茂名市	电白县	第五批
245	古建筑	文武帝庙	清至民国	茂名市	茂南区	第五批
246	古建筑	封川县古城墙	明清	肇庆市	封开县	第五批
247	古建筑	怀城文阁	清	肇庆市	怀集县	第五批
248	古建筑	南岗古排	明清	清远市	连南瑶族自治县	第五批
249	古建筑	东坑黄氏宗祠	明至民国	清远市	佛冈县	第五批
250	古建筑	功垂捍御牌坊	清	清远市	英德市	第五批
251	古建筑	藏霞古洞	清	清远市	清城区	第五批

（续表）

序　号	类　别	名　称	时　代	所在地级市	所在县(市、区)	公布批次
252	古建筑	紫来楼	明清	潮州市	饶平县	第五批
253	古建筑	德安里民居群	清	揭阳市	普宁市	第五批
254	古建筑	光二大屋	清	云浮市	郁南县	第五批
255	古建筑	超海宫	明	湛江市	雷州市	第六批
256	古建筑	靖海古城墙	明	揭阳市	惠来县	第六批
257	古建筑	鳌头塔	明	清远市	清新区	第六批
258	古建筑	湖心坝民居群	明清	韶关市	翁源县	第六批
259	古建筑	唐家三庙	清	珠海市	香洲区	第六批
260	古建筑	东澳岛铳城	清	珠海市	香洲区	第六批
261	古建筑	达濠古城墙	清	汕头市	濠江区	第六批
262	古建筑	德先楼	清	河源市	紫金县	第六批
263	古建筑	李威光故居	清	梅州市	五华县	第六批
264	古建筑	通议大夫第	清	梅州市	大埔县	第六批
265	古建筑	井下吴屋	清	梅州市	平远县	第六批
266	古建筑	荣槐楼	清	梅州市	五华县	第六批
267	古建筑	磐安围	清	梅州市	兴宁市	第六批
268	古建筑	通议第	清	梅州市	大埔县	第六批
269	古建筑	陈百万家族建筑群	清	惠州市	博罗县	第六批
270	古建筑	会龙楼	清	惠州市	惠阳区	第六批
271	古建筑	碧滟楼	清	惠州市	惠阳区	第六批
272	古建筑	浦江世泽坊	清	中山市		第六批
273	古建筑	良溪罗氏大宗祠	清	江门市	蓬江区	第六批
274	古建筑	医灵堂	清	湛江市	雷州市	第六批
275	古建筑	香山古庙	清	湛江市	吴川市	第六批
276	古建筑	水潭吴氏大宗	清	湛江市	吴川市	第六批
277	古建筑	新坡许氏宗祠	清	茂名市	茂南区	第六批
278	古建筑	郭氏大夫第	清	揭阳市	揭西县	第六批
279	古建筑	甲东里	清	揭阳市	榕城区	第六批
280	古建筑	福禄岌民居群	清至民国	梅州市	梅江区	第六批
281	古建筑	乾塘陈氏大宗祠	清至民国	湛江市	坡头区	第六批
282	古建筑	罗福星故居	清	梅州市	蕉岭县	第六批增补
283	古建筑	陈瑸故居	清	湛江市	雷州市	第六批增补
284	古建筑	回龙寺塔	宋	韶关市	南雄市	第七批
285	古建筑	溪头塔	宋	韶关市	南雄市	第七批
286	古建筑	揭阳县署围墙	元明	揭阳市	榕城区	第七批
287	古建筑	丽谯楼基座	明	肇庆市	端州区	第七批
288	古建筑	沥滘卫氏大宗祠	明	广州市	海珠区	第七批
289	古建筑	瑚琳杨氏宗祠群	明	茂名市	化州市	第七批

（续表）

序　号	类　别	名　称	时　代	所在地级市	所在县(市、区)	公布批次
290	古建筑	太史第建筑群	明	揭阳市	榕城区	第七批
291	古建筑	杏坛苏氏大宗祠	明	佛山市	顺德区	第七批
292	古建筑	乐民所城	明	湛江市	遂溪县	第七批
293	古建筑	登云塔	明	湛江市	徐闻县	第七批
294	古建筑	榴花塔	明	东莞市		第七批
295	古建筑	仙溪王氏大宗祠	明清	潮州市	潮安区	第七批
296	古建筑	群丰大夫第	明清	梅州市	梅县区	第七批
297	古建筑	驾虹桥	明清	梅州市	平远县	第七批
298	古建筑	兴宁古城墙	明清	梅州市	兴宁市	第七批
299	古建筑	余屋进士牌坊	明清	东莞市		第七批
300	古建筑	云岗古寺	明清	东莞市		第七批
301	古建筑	方饭亭	明至民国	汕尾市	海丰县	第七批
302	古建筑	南雄府学宫大成殿	明至民国	韶关市	南雄市	第七批
303	古建筑	登楼村天后宫	清	茂名市	电白县	第七批
304	古建筑	仙坑村八角楼	清	河源市	东源县	第七批
305	古建筑	上岳村建筑群	清	清远市	佛冈县	第七批
306	古建筑	黄沙塘高桥	清	惠州市	惠东县	第七批
307	古建筑	介寿诒谋牌坊	清	惠州市	惠东县	第七批
308	古建筑	大星山炮台旧址	清	惠州市	惠东县	第七批
309	古建筑	澳角炮台	清	揭阳市	惠来县	第七批
310	古建筑	林修明故居	清	梅州市	蕉岭县	第七批
311	古建筑	南礤观察第	清	梅州市	蕉岭县	第七批
312	古建筑	锡场林氏宗祠	清	揭阳市	揭东县	第七批
313	古建筑	五汪谭氏宗祠	清	韶关市	乐昌市	第七批
314	古建筑	南山石桥、水闸及天妃庙碑刻	清	湛江市	雷州市	第七批
315	古建筑	仁威庙	清	广州市	荔湾区	第七批
316	古建筑	蓬沙书院	清	汕头市	龙湖区	第七批
317	古建筑	腾辉塔	清	汕头市	龙湖区	第七批
318	古建筑	三洞社稷坛	清	惠州市	龙门县	第七批
319	古建筑	宋湘故居	清	梅州市	梅县区	第七批
320	古建筑	二善潮源楼	清	潮州市	饶平县	第七批
321	古建筑	泰华楼	清	潮州市	饶平县	第七批
322	古建筑	石咀林氏家庙	清	江门市	新会区	第七批
323	古建筑	文峰塔	清	梅州市	兴宁市	第七批
324	古建筑	善述围	清	梅州市	兴宁市	第七批
325	古建筑	造罗寨蓝氏宗祠	清	阳江市	阳春市	第七批
326	古建筑	犁市当铺	清	韶关市	浈江区	第七批

（续表）

序　号	类　别	名　称	时　代	所在地级市	所在县(市、区)	公布批次
327	古建筑	龙湖寨建筑群	清至民国	潮州市	潮安区	第七批
328	古建筑	旧圩汪氏宗祠	清至民国	茂名市	电白县	第七批
329	古建筑	观澜书院	清至民国	韶关市	乳源瑶族自治县	第七批
330	古建筑	龙津石塔	宋	深圳市	宝安区	第八批
331	古建筑	小竹塔	宋	韶关市	南雄市	第八批
332	古建筑	新龙塔	宋	韶关市	南雄市	第八批
333	古建筑	东坡井	宋	惠州市	惠城区	第八批
334	古建筑	平林村惜字塔	明	韶关市	南雄市	第八批
335	古建筑	水西桥	明	韶关市	南雄市	第八批
336	古建筑	胜利村塔	明	河源市	龙川县	第八批
337	古建筑	合水塔	明	河源市	连平县	第八批
338	古建筑	泗洲塔	明	惠州市	惠城区	第八批
339	古建筑	魁岗文塔	明	佛山市	三水区	第八批
340	古建筑	栋护晴岚围楼和李氏宗祠	明清	韶关市	始兴县	第八批
341	古建筑	越王井与南越王庙	明清	河源市	龙川县	第八批
342	古建筑	世德堂	明清	梅州市	梅县区	第八批
343	古建筑	一斗堂	明清	梅州市	大埔县	第八批
344	古建筑	文祐王公祠	明清	惠州市	龙门县	第八批
345	古建筑	钟边村钟氏大宗祠	明清	佛山市	南海区	第八批
346	古建筑	古蓬村古建筑群	明清	肇庆市	德庆县	第八批
347	古建筑	油岭村瑶族民居群	明清	清远市	连南瑶族自治县	第八批
348	古建筑	三饶城隍庙	明清	潮州市	饶平县	第八批
349	古建筑	象埔寨	明清	潮州市	潮安区	第八批
350	古建筑	榕城进贤门	明清	揭阳市	榕城区	第八批
351	古建筑	水东村古建筑群	明至民国	云浮市	云城区	第八批
352	古建筑	藏书院村谭氏宗祠	清	广州市	花都区	第八批
353	古建筑	茶塘村古建筑群	清	广州市	花都区	第八批
354	古建筑	塱头村古建筑群	清	广州市	花都区	第八批
355	古建筑	绮云书室	清	深圳市	宝安区	第八批
356	古建筑	荔山村黄氏宗祠建筑群	清	珠海市	斗门区	第八批
357	古建筑	深澳康氏宗祠	清	汕头市	南澳县	第八批
358	古建筑	东里寨	清	汕头市	潮南区	第八批
359	古建筑	东湖坪古建筑群	清	韶关市	始兴县	第八批
360	古建筑	沈所塔	清	韶关市	始兴县	第八批
361	古建筑	龙川考棚	清	河源市	龙川县	第八批

（续表）

序　号	类　别	名　称	时　代	所在地级市	所在县(市、区)	公布批次
362	古建筑	林寨建筑群	清	河源市	和平县	第八批
363	古建筑	小水村风雨桥	清	河源市	连平县	第八批
364	古建筑	李和美屋	清	梅州市	兴宁市	第八批
365	古建筑	双龙村大夫第	清	梅州市	梅县区	第八批
366	古建筑	松溪桥与古道	清	梅州市	平远县	第八批
367	古建筑	种玊上围	清	梅州市	丰顺县	第八批
368	古建筑	兰芳楼	清	梅州市	五华县	第八批
369	古建筑	辅德堂	清	梅州市	大埔县	第八批
370	古建筑	莲瑞流馨民居	清	梅州市	大埔县	第八批
371	古建筑	侯南村中议大夫第	清	梅州市	大埔县	第八批
372	古建筑	桂岭书院	清	梅州市	蕉岭县	第八批
373	古建筑	拱辰楼	清	梅州市	大埔县	第八批
374	古建筑	宾兴馆	清	惠州市	惠城区	第八批
375	古建筑	谭公村大夫第	清	惠州市	惠东县	第八批
376	古建筑	黄氏书室	清	惠州市	惠城区	第八批
377	古建筑	壶园	清	惠州市	惠阳区	第八批
378	古建筑	马路顶林氏宗祠	清	汕尾市	陆丰市	第八批
379	古建筑	五星祠	清	汕尾市	陆河县	第八批
380	古建筑	郑氏大宗祠	清	东莞市		第八批
381	古建筑	文会里嫁娶屋	清	佛山市	禅城区	第八批
382	古建筑	椰子陈氏宗祠	清	茂名市	茂南区	第八批
383	古建筑	鳌头泰升饷当	清	茂名市	茂南区	第八批
384	古建筑	起凤书院	清	茂名市	信宜市	第八批
385	古建筑	大岗村李氏宗祠	清	肇庆市	封开县	第八批
386	古建筑	政江塔	清	清远市	清新区	第八批
387	古建筑	五全楼	清	潮州市	饶平县	第八批
388	古建筑	晋荣楼	清	潮州市	饶平县	第八批
389	古建筑	郑大进府	清	揭阳市	揭东区	第八批
390	古建筑	堡内古寨	清	揭阳市	惠来县	第八批
391	古建筑	下尾王村节孝坊	清	揭阳市	普宁市	第八批
392	古建筑	乐善处	清	揭阳市	揭西县	第八批
393	古建筑	王氏辅祖祠	清	揭阳市	榕城区	第八批
394	古建筑	赤山古院	清	揭阳市	惠来县	第八批
395	古建筑	直正公祠	清	揭阳市	榕城区	第八批
396	古建筑	平南村古建筑群	清	云浮市	罗定市	第八批
397	古建筑	龙崖陈公祠	清	云浮市	云安区	第八批
398	古建筑	飞霞洞	清至民国	清远市	清城区	第八批
399	古建筑	普宁学宫	清至民国	揭阳市	普宁市	第八批

（续表）

序　号	类　别	名　称	时　代	所在地级市	所在县(市、区)	公布批次
400	古建筑	武略第	清至民国	揭阳市	普宁市	第八批
401	古建筑	兰寨古建筑群	清至民国	云浮市	郁南县	第八批
402	古建筑	宜乐古道老坪石段	秦至清	韶关市	乐昌市	第九批
403	古建筑	丰阳古道	秦至清	清远市	连州市	第九批
404	古建筑	骑田岭古道	秦至清	清远市	连州市	第九批
405	古建筑	许村塔	宋	韶关市	南雄市	第九批
406	古建筑	涵元塔	明	汕头市	潮阳区	第九批
407	古建筑	迎恩门	明	东莞市		第九批
408	古建筑	余屋余氏宗祠	明	东莞市		第九批
409	古建筑	新基莫氏祠堂	明	东莞市		第九批
410	古建筑	彭屋彭氏大宗祠	明	东莞市		第九批
411	古建筑	中坑王氏大宗祠	明	东莞市		第九批
412	古建筑	双美桥	明	中山市		第九批
413	古建筑	潮连洪圣殿	明	江门市	蓬江区	第九批
414	古建筑	卢边卢氏宗祠	明	江门市	蓬江区	第九批
415	古建筑	凌东石戏台	明	江门市	新会区	第九批
416	古建筑	西厅渡	明	湛江市	雷州市	第九批
417	古建筑	雷州三元宫	明	湛江市	雷州市	第九批
418	古建筑	兴文石桥	明	茂名市	高州市	第九批
419	古建筑	旧城冼太庙	明	茂名市	高州市	第九批
420	古建筑	巽峰塔	明	肇庆市	高要区	第九批
421	古建筑	渡头元魁塔	明	肇庆市	端州区	第九批
422	古建筑	英德文峰塔	明	清远市	英德市	第九批
423	古建筑	石咀头围场门楼	明	清远市	佛冈县	第九批
424	古建筑	宗山书院牌坊与石刻	明	潮州市	潮安区	第九批
425	古建筑	庵埠文祠	明	潮州市	潮安区	第九批
426	古建筑	西门许氏宗祠	明	揭阳市	榕城区	第九批
427	古建筑	旧寨陈氏家庙	明	揭阳市	榕城区	第九批
428	古建筑	百兰山馆	明	揭阳市	榕城区	第九批
429	古建筑	顶联大夫祖祠	明	揭阳市	揭西县	第九批
430	古建筑	冠山书院	明清	汕头市	澄海区	第九批
431	古建筑	柳岗王氏祠堂	明清	汕头市	潮阳区	第九批
432	古建筑	仙迹丹泉	明清	佛山市	南海区	第九批
433	古建筑	茶山绍德堂	明清	梅州市	梅县区	第九批
434	古建筑	下桥钱氏宗祠	明清	东莞市		第九批
435	古建筑	安堂林氏宗祠	明清	中山市		第九批
436	古建筑	宋厝围宋氏宗祠	明清	揭阳市	榕城区	第九批

（续表）

序 号	类 别	名 称	时 代	所在地级市	所在县(市、区)	公布批次
437	古建筑	邹堂郑氏宗祠与牌坊	明清	揭阳市	空港经济区	第九批
438	古建筑	连滩张公庙	明清	云浮市	郁南县	第九批
439	古建筑	善世堂	清	广州市	番禺区	第九批
440	古建筑	瑞芝祠	清	珠海市	高新区	第九批
441	古建筑	长山尾炮台旧址	清	汕头市	南澳县	第九批
442	古建筑	名贤余氏家庙	清	汕头市	澄海区	第九批
443	古建筑	西塘	清	汕头市	澄海区	第九批
444	古建筑	西园	清	汕头市	潮阳区	第九批
445	古建筑	锡庆堂	清	汕头市	澄海区	第九批
446	古建筑	峡山柯氏家庙	清	汕头市	潮南区	第九批
447	古建筑	泰崇公祠	清	汕头市	潮阳区	第九批
448	古建筑	樟林古港	清	汕头市	澄海区	第九批
449	古建筑	鸥下许氏宗祠	清	汕头市	龙湖区	第九批
450	古建筑	烟桥何氏大宗祠	清	佛山市	南海区	第九批
451	古建筑	灵溪大石围	清	韶关市	仁化县	第九批
452	古建筑	万古观光围楼	清	韶关市	始兴县	第九批
453	古建筑	竹苞松茂围楼	清	韶关市	始兴县	第九批
454	古建筑	上朔塔	清	韶关市	南雄市	第九批
455	古建筑	背坑张氏三公祠	清	韶关市	乐昌市	第九批
456	古建筑	曹角湾村古建筑群	清	韶关市	曲江区	第九批
457	古建筑	细美寨	清	韶关市	仁化县	第九批
458	古建筑	茶壶耳屋	清	河源市	连平县	第九批
459	古建筑	福谦楼	清	河源市	和平县	第九批
460	古建筑	高安楼	清	河源市	和平县	第九批
461	古建筑	江广桥	清	河源市	和平县	第九批
462	古建筑	荣封第	清	河源市	东源县	第九批
463	古建筑	长沙大夫第	清	河源市	连平县	第九批
464	古建筑	槐岗继善楼	清	梅州市	梅县区	第九批
465	古建筑	铁耕楼	清	梅州市	蕉岭县	第九批
466	古建筑	新联大夫第	清	梅州市	梅江区	第九批
467	古建筑	跃鲤桥	清	惠州市	惠阳区	第九批
468	古建筑	会水楼	清	惠州市	惠阳区	第九批
469	古建筑	榴兆楼	清	惠州市	惠阳区	第九批
470	古建筑	陈元公祠	清	惠州市	惠东县	第九批
471	古建筑	通奉第	清	惠州市	博罗县	第九批
472	古建筑	德辉楼	清	汕尾市	陆河县	第九批
473	古建筑	俊德楼	清	汕尾市	陆河县	第九批

（续表）

序　号	类　别	名　称	时　代	所在地级市	所在县(市、区)	公布批次
474	古建筑	大汾何氏大宗祠	清	东莞市		第九批
475	古建筑	古鹤乐善好施坊	清	中山市		第九批
476	古建筑	昆东宋氏大宗祠	清	江门市	鹤山市	第九批
477	古建筑	开平学宫	清	江门市	开平市	第九批
478	古建筑	轮水谢氏宗祠	清	阳江市	阳春市	第九批
479	古建筑	崧台李公祠与擎柱李公祠	清	阳江市	阳春市	第九批
480	古建筑	河背范氏宗祠	清	阳江市	阳春市	第九批
481	古建筑	双溪口炮台旧址	清	湛江市	雷州市	第九批
482	古建筑	陈清端公家庙	清	湛江市	雷州市	第九批
483	古建筑	诚斋公祠	清	湛江市	雷州市	第九批
484	古建筑	灵冈庙	清	湛江市	雷州市	第九批
485	古建筑	刚栗公祠与吴简公祠	清	湛江市	雷州市	第九批
486	古建筑	洪周氏节孝坊	清	湛江市	遂溪县	第九批
487	古建筑	徐闻潮州会馆	清	湛江市	徐闻县	第九批
488	古建筑	林召棠故居与苔南图书馆	清	湛江市	吴川市	第九批
489	古建筑	封诰楼	清	茂名市	化州市	第九批
490	古建筑	南茂坡宫皇庙	清	茂名市	高州市	第九批
491	古建筑	良艺冼公祠	清	茂名市	高州市	第九批
492	古建筑	罗洪莫氏大宗祠	清	肇庆市	德庆县	第九批
493	古建筑	清任书室	清	肇庆市	德庆县	第九批
494	古建筑	丽先谈公祠	清	肇庆市	德庆县	第九批
495	古建筑	欧村刘氏宗祠	清	肇庆市	封开县	第九批
496	古建筑	宝林古寺	清	肇庆市	四会市	第九批
497	古建筑	宝胜古寺	清	肇庆市	四会市	第九批
498	古建筑	寨山彭家祠	清	清远市	英德市	第九批
499	古建筑	文英书院	清	清远市	英德市	第九批
500	古建筑	海角甘泉	清	揭阳市	惠来县	第九批
501	古建筑	雍亭梁公祠	清	云浮市	云城区	第九批
502	古建筑	马塘神庙	清	云浮市	云安区	第九批
503	古建筑	附台翁氏牌坊	清	云浮市	罗定市	第九批
504	古建筑	国宝黄公祠	清	云浮市	罗定市	第九批
505	古建筑	牛肚湾赖氏宗祠与书房	清至民国	云浮市	云安区	第九批
506	古建筑	赤岗塔	明	广州市	海珠区	第十批
507	古建筑	河渡炮台旧址	清	汕头市	濠江区	第十批
508	古建筑	七甫陈氏宗祠	明清	佛山市	南海区	第十批
509	古建筑	桑园围水利设施	明至民国	佛山市	南海区	第十批
510	古建筑	大墩梁氏家庙	清	佛山市	顺德区	第十批
511	古建筑	文昌塔	清	佛山市	高明区	第十批

（续表）

序　号	类　别	名　称	时　代	所在地级市	所在县（市、区）	公布批次
512	古建筑	葛坪塔	宋	韶关市	南雄市	第十批
513	古建筑	西京古道乌桐岭段	明清	韶关市	乳源瑶族自治县	第十批
514	古建筑	丹霞山塔墓群	清	韶关市	仁化县	第十批
515	古建筑	刚健中正围楼	清	韶关市	始兴县	第十批
516	古建筑	虎踞桥	清	韶关市	南雄市	第十批
517	古建筑	雪梅祖祠	清	韶关市	南雄市	第十批
518	古建筑	龙虎隘古道	清	韶关市	乐昌市	第十批
519	古建筑	麻埔石桥	清	韶关市	新丰县	第十批
520	古建筑	福兴桥	清	河源市	连平县	第十批
521	古建筑	东山塔	清	河源市	连平县	第十批
522	古建筑	山下村八角楼	清	河源市	东源县	第十批
523	古建筑	乐村石楼	清	河源市	东源县	第十批
524	古建筑	子轩范公祠	清	惠州市	龙门县	第十批
525	古建筑	长沙炮台旧址	清	汕尾市	城区	第十批
526	古建筑	节度陈公祠	明清	东莞市		第十批
527	古建筑	大凹关帝庙	清	江门市	鹤山市	第十批
528	古建筑	泰安堡	清	阳江市	阳西县	第十批
529	古建筑	南村天后宫	清	湛江市	雷州市	第十批
530	古建筑	忠良第一泉	宋	肇庆市	德庆县	第十批
531	古建筑	旧村北帝庙	明	肇庆市	封开县	第十批
532	古建筑	五显宫	明	肇庆市	封开县	第十批
533	古建筑	陶母桥	明	清远市	连州市	第十批
534	古建筑	东和苏氏宗祠	宋至清	潮州市	潮安区	第十批
535	古建筑	丁宦大宗祠	明清	潮州市	湘桥区	第十批
536	古建筑	外江梨园公所	清	潮州市	湘桥区	第十批
537	古建筑	天褒节孝牌坊	清	潮州市	潮安区	第十批
538	古建筑	新风林氏家庙	清	揭阳市	榕城区	第十批
539	古建筑	名贤公祠	清	揭阳市	榕城区	第十批
540	古建筑	介公宫巷李氏宗祠	清	揭阳市	榕城区	第十批
541	古建筑	资深炮台旧址	清	揭阳市	惠来县	第十批
542	古建筑	谭御史祠	清	云浮市	罗定市	第十批
543	石窟寺石刻	碧落洞摩崖石刻	唐至民国	清远市	英德市	第三批
544	石窟寺石刻	云门寺南汉碑	南汉	韶关市	乳源瑶族自治县	第三批
545	石窟寺石刻	钟鼓岩摩崖石刻	唐至清	韶关市	南雄市	第三批
546	石窟寺石刻	罗浮山摩崖石刻	宋至民国	惠州市	博罗县	第三批
547	石窟寺石刻	大云洞摩崖石刻	宋至民国	清远市	连州市	第三批

（续表）

序 号	类 别	名 称	时 代	所在地级市	所在县(市、区)	公布批次
548	石窟寺石刻	莲花峰摩崖石刻	宋至清	汕头市	潮阳区	第三批
549	石窟寺石刻	崆峒岩摩崖石刻 及洞内古建筑	明至民国	阳江市	阳春市	第三批
550	石窟寺石刻	通真岩摩崖石刻	宋、明至民国	阳江市	阳春市	第三批
551	石窟寺石刻	《大田洞摩崖石刻 平瑶记》石刻	元	江门市	恩平市	第三批
552	石窟寺石刻	鼎湖山摩崖石刻	唐至近代	肇庆市	鼎湖区	第四批
553	石窟寺石刻	巾峰山摩崖石刻	宋至近代	清远市	连州市	第四批
554	石窟寺石刻	观音岩摩崖石刻	宋至近代	清远市	英德市	第四批
555	石窟寺石刻	三洲岩摩崖石刻	宋至清	肇庆市	德庆县	第四批
556	石窟寺石刻	华表石摩崖石刻	明	肇庆市	德庆县	第四批
557	石窟寺石刻	石溪摩崖石刻	明	珠海市	香洲区	第四批
558	石窟寺石刻	紫花岗摩崖石刻	明	江门市	台山市	第四批
559	石窟寺石刻	峡山石刻	宋至民国	清远市	清城区	第五批
560	石窟寺石刻	夏江天后宫石刻（民国 以前石碑石雕石构件）	宋至明	湛江市	雷州市	第六批
561	石窟寺石刻	圣迹苍岩摩崖石刻	宋	河源市	连平县	第七批
562	石窟寺石刻	东岩摩崖石刻	宋至清	汕头市	潮阳区	第七批
563	石窟寺石刻	燕喜山摩崖石刻	宋	清远市	连州市	第七批
564	石窟寺石刻	雷祖古庙碑刻	明清	湛江市	雷州市	第七批
565	石窟寺石刻	伏波祠碑刻	明至民国	湛江市	雷州市	第七批
566	石窟寺石刻	四序堂石刻	清	汕头市	潮阳区	第七批
567	石窟寺石刻	大王宫工丈摩崖石刻	清	珠海市	斗门区	第七批
568	石窟寺石刻	天宁寺石刻	清	湛江市	雷州市	第七批
569	石窟寺石刻	大潭摩崖石刻	宋	汕头市	南澳县	第八批
570	石窟寺石刻	石尾山摩崖佛造像	元	潮州市	潮安区	第八批
571	石窟寺石刻	雪岩寺与石乳泉	明	韶关市	仁化县	第九批
572	石窟寺石刻	叠石山摩崖石刻	清	汕头市	濠江区	第九批
573	石窟寺石刻	雷祖公馆碑刻	清至民国	湛江市	雷州市	第九批
574	石窟寺石刻	飞泉洞摩崖石刻	北宋至清	广州市	增城区	第十批
575	石窟寺石刻	水西摩崖石刻	明	河源市	连平县	第十批
576	近现代重要史迹 及代表性建筑	省港罢工委员会旧址	1925 年	广州市	越秀区	第一批
577	近现代重要史迹 及代表性建筑	冯云山故居	清	广州市	花都区	第一批
578	近现代重要史迹 及代表性建筑	升平社学旧址	1841 年	广州市	白云区	第一批
579	近现代重要史迹 及代表性建筑	湛江人民抗法斗争旧址	1898—1899 年	湛江市	霞山区、 麻章区、 遂溪县	第一批

（续表）

序 号	类 别	名 称	时 代	所在地级市	所在县(市、区)	公布批次
580	近现代重要史迹及代表性建筑	"三·二九"起义指挥部旧址	1911 年	广州市	越秀区	第一批
581	近现代重要史迹及代表性建筑	彭湃烈士故居	1896 年	汕尾市	海丰县	第一批
582	近现代重要史迹及代表性建筑	广州起义烈士陵园	1957 年	广州市	越秀区	第一批
583	近现代重要史迹及代表性建筑	广东贡院明远楼与中山大学天文台旧址	1927 年	广州市	越秀区	第一批
584	近现代重要史迹及代表性建筑	北江农军学校旧址	1925—1927 年	韶关市	浈江区	第一批
585	近现代重要史迹及代表性建筑	周恩来同志主持的中共两广区委军委旧址	1926 年	广州市	越秀区	第二批
586	近现代重要史迹及代表性建筑	广东东江各属行政委员公署旧址	1926 年	汕头市	金平区	第二批
587	近现代重要史迹及代表性建筑	苏兆征故居	1885 年	珠海市	香洲区	第二批
588	近现代重要史迹及代表性建筑	邓发故居	1906 年	云浮市	云城区	第二批
589	近现代重要史迹及代表性建筑	白云楼鲁迅故居	1927 年	广州市	越秀区	第二批
590	近现代重要史迹及代表性建筑	"八一"南昌起义南下部队指挥部军事决策会议旧址	1927 年	揭阳市	普宁市	第二批
591	近现代重要史迹及代表性建筑	大南山石刻革命标语红宫红场	1931—1932 年	汕头市、揭阳市	潮南区、普宁市、惠来县	第二批
592	近现代重要史迹及代表性建筑	"八一"起义军三河坝战役烈士纪念碑	1964 年	梅州市	大埔县	第二批
593	近现代重要史迹及代表性建筑	恩元第	清	梅州市	梅江区	第三批
594	近现代重要史迹及代表性建筑	大洪国王宫旧址	清	茂名市	信宜市	第三批
595	近现代重要史迹及代表性建筑	陆皓东故居	清	中山市		第三批
596	近现代重要史迹及代表性建筑	阮啸仙故居	清	河源市	东源县	第三批
597	近现代重要史迹及代表性建筑	杨殷故居	清	中山市		第三批
598	近现代重要史迹及代表性建筑	陆丰县总农会旧址	1923 年	汕尾市	陆丰市	第三批
599	近现代重要史迹及代表性建筑	周其鉴故居	清	肇庆市	广宁县	第三批

（续表）

序号	类别	名称	时代	所在地级市	所在县（市、区）	公布批次
600	近现代重要史迹及代表性建筑	蔡廷锴故居	1892年	云浮市	罗定市	第三批
601	近现代重要史迹及代表性建筑	东江第一次工农兵代表大会遗址	1930年	梅州市	丰顺县	第三批
602	近现代重要史迹及代表性建筑	张炎故居	1902年	湛江市	吴川市	第三批
603	近现代重要史迹及代表性建筑	仲恺农校旧址	1927年	广州市	海珠区	1982年单独公布
604	近现代重要史迹及代表性建筑	海门"万人冢"遗址	民国	汕头市	潮阳区	1987年单独公布
605	近现代重要史迹及代表性建筑	陈慈黉故居	民国	汕头市	澄海区	第四批
606	近现代重要史迹及代表性建筑	陈少白故居	清	江门市	江海区	第四批
607	近现代重要史迹及代表性建筑	陈垣故居	清	江门市	蓬江区	第四批
608	近现代重要史迹及代表性建筑	陈兰彬故居	清	湛江市	吴川市	第四批
609	近现代重要史迹及代表性建筑	冯达飞故居	清	清远市	连州市	第四批
610	近现代重要史迹及代表性建筑	凌十八故居	清	茂名市	信宜市	第四批
611	近现代重要史迹及代表性建筑	九列故居	清	佛山市	顺德区	第四批
612	近现代重要史迹及代表性建筑	赤坎旧镇近代建筑群	近代	江门市	开平市	第四批
613	近现代重要史迹及代表性建筑	汀江圩华侨近代建筑群	民国	江门市	台山市	第四批
614	近现代重要史迹及代表性建筑	外国人公墓	近代	广州市	黄埔区	第四批
615	近现代重要史迹及代表性建筑	广雅书院旧址	1889年	广州市	荔湾区	第四批
616	近现代重要史迹及代表性建筑	涵碧楼	民国	潮州市	湘桥区	第四批
617	近现代重要史迹及代表性建筑	简氏别墅	民国	佛山市	禅城区	第四批
618	近现代重要史迹及代表性建筑	邓演达故居	1895年	惠州市	惠城区	第四批
619	近现代重要史迹及代表性建筑	广东邮务管理局旧址	1913年	广州市	荔湾区	第四批

（续表）

序 号	类 别	名 称	时 代	所在地级市	所在县（市、区）	公布批次
620	近现代重要史迹及代表性建筑	广东财政厅旧址	1915 年	广州市	越秀区	第四批
621	近现代重要史迹及代表性建筑	棣华居	1918 年	梅州市	梅县区	第四批
622	近现代重要史迹及代表性建筑	兆祥黄公祠	1920 年	佛山市	禅城区	第四批
623	近现代重要史迹及代表性建筑	陈宜禧故居	1922 年	江门市	台山市	第四批
624	近现代重要史迹及代表性建筑	中央银行旧址	1924 年	广州市	越秀区	第四批
625	近现代重要史迹及代表性建筑	康乐园早期建筑群	1924 年	广州市	海珠区	第四批
626	近现代重要史迹及代表性建筑	广宁县农民协会旧址	1927 年	肇庆市	广宁县	第四批
627	近现代重要史迹及代表性建筑	广东省农民协会南路办事处旧址	1926—1927 年	茂名市	高州市	第四批
628	近现代重要史迹及代表性建筑	联芳楼	1931 年	梅州市	梅县区	第四批
629	近现代重要史迹及代表性建筑	台山县政府大楼	1933 年	江门市	台山市	第四批
630	近现代重要史迹及代表性建筑	十九路军淞沪抗日将士坟园	1933 年	广州市	天河区	第四批
631	近现代重要史迹及代表性建筑	陈可钰故居	1944 年	清远市	清新区	第四批
632	近现代重要史迹及代表性建筑	中国人民解放军粤桂湘边纵队司令部旧址	1949 年	肇庆市	广宁县	第四批
633	近现代重要史迹及代表性建筑	国殇冢	1949 年	东莞市		第四批
634	近现代重要史迹及代表性建筑	邓氏宗祠	1895 年	广州市	海珠区	第五批
635	近现代重要史迹及代表性建筑	刘氏家庙	1900 年	广州市	天河区	第五批
636	近现代重要史迹及代表性建筑	越南青年政治训练班旧址、越南青年革命同志会旧址	1925 年	广州市	越秀区	第五批
637	近现代重要史迹及代表性建筑	卢廉若墓	1927 年	广州市	白云区	第五批
638	近现代重要史迹及代表性建筑	苏曼殊故居	近代	珠海市	香洲区	第五批
639	近现代重要史迹及代表性建筑	唐绍仪故居	民国	珠海市	香洲区	第五批

（续表）

序　号	类　别	名　称	时　代	所在地级市	所在县（市、区）	公布批次
640	近现代重要史迹及代表性建筑	甄贤社学旧址	1871 年	珠海市	香洲区	第五批
641	近现代重要史迹及代表性建筑	香洲烈士墓	1925 年	珠海市	香洲区	第五批
642	近现代重要史迹及代表性建筑	李惠堂旧居	清至民国	梅州市	五华县	第五批
643	近现代重要史迹及代表性建筑	森堂公祠	民国	梅州市	大埔县	第五批
644	近现代重要史迹及代表性建筑	小树庐	民国	梅州市	平远县	第五批
645	近现代重要史迹及代表性建筑	容庚故居	清至民国	东莞市		第五批
646	近现代重要史迹及代表性建筑	牛眠埔洪仁玕避难遗迹	清至民国	东莞市		第五批
647	近现代重要史迹及代表性建筑	朱执信纪念碑	民国	东莞市		第五批
648	近现代重要史迹及代表性建筑	程君海故居	清至民国	中山市		第五批
649	近现代重要史迹及代表性建筑	郑观应故居	近代	中山市		第五批
650	近现代重要史迹及代表性建筑	中山县殉国烈士纪念碑	1927 年	中山市		第五批
651	近现代重要史迹及代表性建筑	马公纪念堂	1933 年	中山市		第五批
652	近现代重要史迹及代表性建筑	陆皓东坟场	1937 年	中山市		第五批
653	近现代重要史迹及代表性建筑	珠江纵队司令部旧址	1945 年	中山市		第五批
654	近现代重要史迹及代表性建筑	台山县立中学	民国	江门市	台山市	第五批
655	近现代重要史迹及代表性建筑	浮月洋楼	民国	江门市	台山市	第五批
656	近现代重要史迹及代表性建筑	翁家楼	民国	江门市	台山市	第五批
657	近现代重要史迹及代表性建筑	江门海关旧址	1905—1924 年	江门市	蓬江区	第五批
658	近现代重要史迹及代表性建筑	新宁铁路北街站旧址	1927 年	江门市	蓬江区	第五批
659	近现代重要史迹及代表性建筑	梁士诒墓	1933 年	佛山市	三水区	第五批

（续表）

序　号	类　别	名　称	时　代	所在地级市	所在县（市、区）	公布批次
660	近现代重要史迹及代表性建筑	冰玉堂	1951 年	佛山市	顺德区	第五批
661	近现代重要史迹及代表性建筑	广东省农民协会南路办事处梅菉旧址	1925 年	湛江市	吴川市	第五批
662	近现代重要史迹及代表性建筑	李汉魂故居	1933 年	湛江市	吴川市	第五批
663	近现代重要史迹及代表性建筑	高州中山纪念堂	1934 年	茂名市	高州市	第五批
664	近现代重要史迹及代表性建筑	广南医院旧址	1942 年	茂名市	高州市	第五批
665	近现代重要史迹及代表性建筑	江头乡农会旧址	1924—1927 年	肇庆市	四会市	第五批
666	近现代重要史迹及代表性建筑	惠爱医院旧址	1896 年	清远市	连州市	第五批
667	近现代重要史迹及代表性建筑	黄冈丁未革命纪念亭	1934 年	潮州市	饶平县	第五批
668	近现代重要史迹及代表性建筑	淇澳岛抗英遗址	清	珠海市	香洲区	第六批
669	近现代重要史迹及代表性建筑	容闳故居遗址	清	珠海市	香洲区	第六批
670	近现代重要史迹及代表性建筑	邹鲁故居	清	梅州市	大埔县	第六批
671	近现代重要史迹及代表性建筑	孙达成墓	清	中山市		第六批
672	近现代重要史迹及代表性建筑	南昌起义南下部队指挥部旧址	民国	汕头市	金平区	第六批
673	近现代重要史迹及代表性建筑	孙寿屏墓	民国	中山市		第六批
674	近现代重要史迹及代表性建筑	孙昌墓	民国	中山市		第六批
675	近现代重要史迹及代表性建筑	高潭区苏维埃政府旧址	1927 年	惠州市	惠东县	第六批
676	近现代重要史迹及代表性建筑	中共东江特别委员会、东江革命委员会、红二师师部旧址	1927 年	惠州市	惠东县	第六批
677	近现代重要史迹及代表性建筑	江门中山纪念堂	1929 年	江门市	蓬江区	第六批
678	近现代重要史迹及代表性建筑	中共广东省委、中共粤北省委机关旧址	1938—1942 年	韶关市	浈江区	第六批
679	近现代重要史迹及代表性建筑	广东省四大银行金库旧址	1944 年	梅州市	平远县	第六批

（续表）

序　号	类　别	名　称	时　代	所在地级市	所在县(市、区)	公布批次
680	近现代重要史迹及代表性建筑	万山海战遗址	1950 年	珠海市	香洲区	第六批
681	近现代重要史迹及代表性建筑	薛岳故居	民国	韶关市	乐昌市	第六批增补
682	近现代重要史迹及代表性建筑	冯如故居	清	江门市	恩平市	第七批
683	近现代重要史迹及代表性建筑	彭泽民故居	清	肇庆市	四会市	第七批
684	近现代重要史迹及代表性建筑	水洲山炮台遗址	清	中山市		第七批
685	近现代重要史迹及代表性建筑	三仙娘山炮台遗址	清	中山市		第七批
686	近现代重要史迹及代表性建筑	蚊尾洲灯塔	清	珠海市	香洲区	第七批
687	近现代重要史迹及代表性建筑	时雍楼	清	汕尾市	陆河县	第七批
688	近现代重要史迹及代表性建筑	李坚真故居	民国	梅州市	丰顺县	第七批
689	近现代重要史迹及代表性建筑	延庆堂	民国	梅州市	大埔县	第七批
690	近现代重要史迹及代表性建筑	定昌公祠	民国	梅州市	丰顺县	第七批
691	近现代重要史迹及代表性建筑	万人冢	民国	汕头市	濠江区	第七批
692	近现代重要史迹及代表性建筑	浰东小筑	民国	河源市	和平县	第七批
693	近现代重要史迹及代表性建筑	植丰园	民国	揭阳市	揭西县	第七批
694	近现代重要史迹及代表性建筑	光明陈氏宗祠	民国	韶关市	翁源县	第七批
695	近现代重要史迹及代表性建筑	石龙公园史迹	民国	东莞市		第七批
696	近现代重要史迹及代表性建筑	雁田抗英指挥部旧址	1899 年	东莞市		第七批
697	近现代重要史迹及代表性建筑	李金发故居	1900 年	梅州市	梅县区	第七批
698	近现代重要史迹及代表性建筑	林风眠故居	1900 年	梅州市	梅县区	第七批
699	近现代重要史迹及代表性建筑	古元故居	1912 年	珠海市	香洲区	第七批

（续表）

序　号	类　别	名　称	时　代	所在地级市	所在县（市、区）	公布批次
700	近现代重要史迹及代表性建筑	棣华围	1914 年	梅州市	兴宁市	第七批
701	近现代重要史迹及代表性建筑	马图红四军军部旧址	1929 年	梅州市	丰顺县	第七批
702	近现代重要史迹及代表性建筑	恩平县公立图书馆旧址	1930 年	江门市	恩平市	第七批
703	近现代重要史迹及代表性建筑	崇益堂	1931 年	韶关市	始兴县	第七批
704	近现代重要史迹及代表性建筑	仁居红四军第一纵队革命旧址	1935 年	梅州市	平远县	第七批
705	近现代重要史迹及代表性建筑	贵庐	1937 年	韶关市	始兴县	第七批
706	近现代重要史迹及代表性建筑	朱家紫阳书院	1940 年	韶关市	乐昌市	第七批
707	近现代重要史迹及代表性建筑	三罗民众抗日指挥部旧址	1944 年	云浮市	罗定市	第七批
708	近现代重要史迹及代表性建筑	红梨渡槽	1981 年	韶关市	始兴县	第七批
709	近现代重要史迹及代表性建筑	邓缵先故居	清至民国	河源市	紫金县	第八批
710	近现代重要史迹及代表性建筑	九江吴家大院	清至民国	佛山市	南海区	第八批
711	近现代重要史迹及代表性建筑	拉塔石炮台	清至民国	珠海市	香洲区	第八批
712	近现代重要史迹及代表性建筑	梁家庄园	清至民国	云浮市	罗定市	第八批
713	近现代重要史迹及代表性建筑	中共中央至中央苏区秘密交通线汕头交通中站旧址	民国	汕头市	金平区	第八批
714	近现代重要史迹及代表性建筑	秦牧故居	民国	汕头市	澄海区	第八批
715	近现代重要史迹及代表性建筑	汇川别墅	民国	韶关市	始兴县	第八批
716	近现代重要史迹及代表性建筑	抗日战争第七战区指挥部旧址	民国	韶关市	浈江区	第八批
717	近现代重要史迹及代表性建筑	闽粤赣边五兴龙县苏维埃政府旧址	民国	河源市	龙川县	第八批
718	近现代重要史迹及代表性建筑	国民革命军六十二军七十五师上岩、岩下军事仓库旧址	民国	河源市	连平县	第八批
719	近现代重要史迹及代表性建筑	梅花馆	民国	惠州市	惠城区	第八批

（续表）

序 号	类 别	名 称	时 代	所在地级市	所在县(市、区)	公布批次
720	近现代重要史迹及代表性建筑	中华全国总工会惠州办事处旧址	民国	惠州市	惠城区	第八批
721	近现代重要史迹及代表性建筑	惠阳邓仲元旧居	民国	惠州市	惠阳区	第八批
722	近现代重要史迹及代表性建筑	会新楼	民国	惠州市	惠阳区	第八批
723	近现代重要史迹及代表性建筑	世德学校旧址	民国	湛江市	吴川市	第八批
724	近现代重要史迹及代表性建筑	金锁排灯塔	1906 年	广州市	南沙区	第八批
725	近现代重要史迹及代表性建筑	株式会社台湾银行汕头支行旧址	1907 年	汕头市	金平区	第八批
726	近现代重要史迹及代表性建筑	宝善居	1913 年	梅州市	平远县	第八批
727	近现代重要史迹及代表性建筑	舢舨洲灯塔	1915 年	广州市	南沙区	第八批
728	近现代重要史迹及代表性建筑	梅县邓仲元旧居和仲元小学旧址	1918 年	梅州市	梅县区	第八批
729	近现代重要史迹及代表性建筑	莲塘村古氏洋楼	1919 年	梅州市	梅县区	第八批
730	近现代重要史迹及代表性建筑	李务本堂	1920 年	云浮市	新兴县	第八批
731	近现代重要史迹及代表性建筑	玉成围	1922 年	梅州市	兴宁市	第八批
732	近现代重要史迹及代表性建筑	桂园	1923 年	汕头市	金平区	第八批
733	近现代重要史迹及代表性建筑	学发公祠	1923 年	清远市	阳山县	第八批
734	近现代重要史迹及代表性建筑	喆庐	1925 年	梅州市	梅县区	第八批
735	近现代重要史迹及代表性建筑	张民达旧居	1925 年	梅州市	梅县区	第八批
736	近现代重要史迹及代表性建筑	庙边学校旧址	1926 年	江门市	台山市	第八批
737	近现代重要史迹及代表性建筑	虎门医院旧址	1933 年	东莞市		第八批
738	近现代重要史迹及代表性建筑	淞沪抗日和籍烈士纪念碑	1933 年	河源市	和平县	第八批
739	近现代重要史迹及代表性建筑	陈炯明墓	1934 年	惠州市	惠城区	第八批

（续表）

序 号	类 别	名 称	时 代	所在地级市	所在县(市、区)	公布批次
740	近现代重要史迹及代表性建筑	惠宝人民抗日游击总队成立旧址	1938 年	惠州市	惠阳区	第八批
741	近现代重要史迹及代表性建筑	新一军印缅阵亡将士公墓	1947 年	广州市	天河区	第八批
742	近现代重要史迹及代表性建筑	仪园	1949 年	梅州市	梅县区	第八批
743	近现代重要史迹及代表性建筑	高州人民会堂	1959 年	茂名市	高州市	第八批
744	近现代重要史迹及代表性建筑	洋东瓦窑	20 世纪 60—80 年代	潮州市	饶平县	第八批
745	近现代重要史迹及代表性建筑	平和大押旧址	民国	广州市	白云区	第九批
746	近现代重要史迹及代表性建筑	日本驻汕头领事馆旧址	民国	汕头市	金平区	第九批
747	近现代重要史迹及代表性建筑	礐石基督教堂	民国	汕头市	濠江区	第九批
748	近现代重要史迹及代表性建筑	千里驹故居	民国	佛山市	顺德区	第九批
749	近现代重要史迹及代表性建筑	工农革命独立第四团团部旧址	民国	韶关市	仁化县	第九批
750	近现代重要史迹及代表性建筑	蕙楼	民国	梅州市	平远县	第九批
751	近现代重要史迹及代表性建筑	中共中央至中央苏区秘密交通线棣萼楼中转站旧址	民国	梅州市	大埔县	第九批
752	近现代重要史迹及代表性建筑	中共中央至中央苏区秘密交通线缵诒堂中转站旧址	民国	梅州市	大埔县	第九批
753	近现代重要史迹及代表性建筑	东莞中学旧址	民国	东莞市		第九批
754	近现代重要史迹及代表性建筑	陈少白墓	民国	江门市	江海区	第九批
755	近现代重要史迹及代表性建筑	博健学校旧址	民国	江门市	开平市	第九批
756	近现代重要史迹及代表性建筑	周文雍故居	民国	江门市	开平市	第九批
757	近现代重要史迹及代表性建筑	金牛山华侨义冢	民国	江门市	新会区	第九批
758	近现代重要史迹及代表性建筑	茂山书院	民国	湛江市	吴川市	第九批
759	近现代重要史迹及代表性建筑	文明门	民国	茂名市	信宜市	第九批

（续表）

序 号	类 别	名 称	时 代	所在地级市	所在县（市、区）	公布批次
760	近现代重要史迹及代表性建筑	安良堡梁氏大宅	民国	茂名市	高州市	第九批
761	近现代重要史迹及代表性建筑	狮岗炮台旧址	民国	肇庆市	端州区	第九批
762	近现代重要史迹及代表性建筑	怀集县立图书馆旧址	民国	肇庆市	怀集县	第九批
763	近现代重要史迹及代表性建筑	宋隆基闸	民国	肇庆市	高要区	第九批
764	近现代重要史迹及代表性建筑	崇学堂	民国	云浮市	云城区	第九批
765	近现代重要史迹及代表性建筑	英国领事署旧址	1862 年	汕头市	濠江区	第九批
766	近现代重要史迹及代表性建筑	沙路炮台旧址	1884 年	广州市	番禺区	第九批
767	近现代重要史迹及代表性建筑	谭平山故居	1886 年	佛山市	高明区	第九批
768	近现代重要史迹及代表性建筑	邓尔雅故居	1893 年	东莞市		第九批
769	近现代重要史迹及代表性建筑	黄梅兴故居	1896 年	梅州市	平远县	第九批
770	近现代重要史迹及代表性建筑	新乡仁美里	1900—1911 年	潮州市	潮安区	第九批
771	近现代重要史迹及代表性建筑	广州湾法国公使署总公署坡头旧址	1902 年	湛江市	坡头区	第九批
772	近现代重要史迹及代表性建筑	姚子青故居	1909 年	梅州市	平远县	第九批
773	近现代重要史迹及代表性建筑	丘逢甲墓	1913 年	梅州市	蕉岭县	第九批
774	近现代重要史迹及代表性建筑	赤坎南楼	1913 年	江门市	开平市	第九批
775	近现代重要史迹及代表性建筑	德馨堂	1917 年	梅州市	梅县区	第九批
776	近现代重要史迹及代表性建筑	杨匏安旧居	1918 年	广州市	越秀区	第九批
777	近现代重要史迹及代表性建筑	陈宜禧纪念亭	1920 年	江门市	台山市	第九批
778	近现代重要史迹及代表性建筑	汕头邮政总局旧址	1922 年	汕头市	金平区	第九批
779	近现代重要史迹及代表性建筑	联辉楼	1925 年	梅州市	梅江区	第九批

（续表）

序　号	类　别	名　称	时　代	所在地级市	所在县(市、区)	公布批次
780	近现代重要史迹及代表性建筑	棉湖战役东征军指挥部旧址	1925 年	揭阳市	揭西县	第九批
781	近现代重要史迹及代表性建筑	紫金县苏维埃政府旧址	1927 年	河源市	紫金县	第九批
782	近现代重要史迹及代表性建筑	茂芝会议旧址	1927 年	潮州市	饶平县	第九批
783	近现代重要史迹及代表性建筑	大坪南昌起义军和红七军革命活动旧址	1928 年、1931 年	韶关市	乐昌市	第九批
784	近现代重要史迹及代表性建筑	大澳商会旧址	1931 年	阳江市	阳东区	第九批
785	近现代重要史迹及代表性建筑	鹰扬关红七军战斗遗址	1931 年	清远市	连山壮族瑶族自治县	第九批
786	近现代重要史迹及代表性建筑	松江大酒店旧址	1932 年	梅州市	梅县区	第九批
787	近现代重要史迹及代表性建筑	松口图书馆旧址	1934 年	梅州市	梅县区	第九批
788	近现代重要史迹及代表性建筑	云门祠	1935 年	茂名市	茂南区	第九批
789	近现代重要史迹及代表性建筑	干庐	1936 年	梅州市	梅县区	第九批
790	近现代重要史迹及代表性建筑	立园	1936 年	江门市	开平市	第九批
791	近现代重要史迹及代表性建筑	海山义勇军抗日指挥部旧址	1938 年	潮州市	饶平县	第九批
792	近现代重要史迹及代表性建筑	中共南方局工作委员会机关旧址	1941 年	梅州市	大埔县	第九批
793	近现代重要史迹及代表性建筑	广东人民抗日解放军司令部旧址	1945 年	江门市	鹤山市	第九批
794	近现代重要史迹及代表性建筑	海珊堂	1945 年	茂名市	高州市	第九批
795	近现代重要史迹及代表性建筑	闽粤赣边区党委和边纵活动旧址	1948 年	梅州市	大埔县	第九批
796	近现代重要史迹及代表性建筑	东江纵队粤东游击队交通站旧址	1949 年	梅州市	梅江区	第九批
797	近现代重要史迹及代表性建筑	中国人民解放军解放海南岛前线四十军指挥部旧址	1949 年	湛江市	雷州市	第九批
798	近现代重要史迹及代表性建筑	黄学增烈士纪念亭	1962 年	湛江市	遂溪县	第九批
799	近现代重要史迹及代表性建筑	柯拜船坞旧址	1845 年	广州市	黄埔区	第十批

（续表）

序　号	类　别	名　称	时　代	所在地级市	所在县（市、区）	公布批次
800	近现代重要史迹及代表性建筑	四烈士墓	1911—1918 年	广州市	越秀区	第十批
801	近现代重要史迹及代表性建筑	史坚如墓	1913 年	广州市	越秀区	第十批
802	近现代重要史迹及代表性建筑	第一次全国劳动大会旧址	1922 年	广州市	海珠区	第十批
803	近现代重要史迹及代表性建筑	南石头监狱遗址	1927 年	广州市	海珠区	第十批
804	近现代重要史迹及代表性建筑	仲元图书馆旧址	1930 年	广州市	越秀区	第十批
805	近现代重要史迹及代表性建筑	广州市立中山图书馆旧址	1933 年	广州市	越秀区	第十批
806	近现代重要史迹及代表性建筑	粤军第一师诸先烈纪念碑	1937 年	广州市	天河区	第十批
807	近现代重要史迹及代表性建筑	中国致公党中央党部旧址	1951 年	广州市	荔湾区	第十批
808	近现代重要史迹及代表性建筑	五羊石雕	1960 年	广州市	越秀区	第十批
809	近现代重要史迹及代表性建筑	柏园	民国	广州市	越秀区	第十批
810	近现代重要史迹及代表性建筑	永安堂	民国	广州市	越秀区	第十批
811	近现代重要史迹及代表性建筑	孺子牛雕塑	1984 年	深圳市	福田区	第十批
812	近现代重要史迹及代表性建筑	莲花山邓小平铜像	2000 年	深圳市	福田区	第十批
813	近现代重要史迹及代表性建筑	会同祠与云飞楼	清至民国	珠海市	高新区	第十批
814	近现代重要史迹及代表性建筑	财星阁	1922 年	珠海市	斗门区	第十批
815	近现代重要史迹及代表性建筑	蔡楚生故居	1906 年	汕头市	潮阳区	第十批
816	近现代重要史迹及代表性建筑	红场镇红军医院遗址	1931 年	汕头市	潮南区	第十批
817	近现代重要史迹及代表性建筑	邓培故居	1883 年	佛山市	三水区	第十批
818	近现代重要史迹及代表性建筑	陈汝棠故居	1893 年	佛山市	高明区	第十批
819	近现代重要史迹及代表性建筑	陈铁军故居	1904 年	佛山市	禅城区	第十批

（续表）

（续表）

序 号	类 别	名 称	时 代	所在地级市	所在县（市、区）	公布批次
820	近现代重要史迹及代表性建筑	佛山精武体育会会址	1935 年	佛山市	禅城区	第十批
821	近现代重要史迹及代表性建筑	安岗思诒堂	1925—1928 年	韶关市	仁化县	第十批
822	近现代重要史迹及代表性建筑	西水暴动旧址	1927 年	韶关市	武江区	第十批
823	近现代重要史迹及代表性建筑	上朔村《当红军歌》题壁	1929—1934 年	韶关市	南雄市	第十批
824	近现代重要史迹及代表性建筑	赣粤边红军独立师第三团团部旧址	1933 年	韶关市	南雄市	第十批
825	近现代重要史迹及代表性建筑	五山红军长征临时指挥所旧址	1934 年	韶关市	乐昌市	第十批
826	近现代重要史迹及代表性建筑	大岭下会议旧址	1935 年	韶关市	南雄市	第十批
827	近现代重要史迹及代表性建筑	国立中山大学乐昌办学旧址	1940—1945 年	韶关市	乐昌市	第十批
828	近现代重要史迹及代表性建筑	741 矿核工业建筑旧址	20 世纪 60 年代	韶关市	翁源县	第十批
829	近现代重要史迹及代表性建筑	叶卓故居	1891 年	河源市	龙川县	第十批
830	近现代重要史迹及代表性建筑	黄居仁故居	1902 年	河源市	龙川县	第十批
831	近现代重要史迹及代表性建筑	咸水塘谈判旧址	1949 年	河源市	东源县	第十批
832	近现代重要史迹及代表性建筑	爱春楼	清	梅州市	梅县区	第十批
833	近现代重要史迹及代表性建筑	古大存故居遗址	1897 年	梅州市	五华县	第十批
834	近现代重要史迹及代表性建筑	罗明故居	1901 年	梅州市	大埔县	第十批
835	近现代重要史迹及代表性建筑	萧向荣故居	1910 年	梅州市	梅县区	第十批
836	近现代重要史迹及代表性建筑	曾国华故居	1910 年	梅州市	五华县	第十批
837	近现代重要史迹及代表性建筑	刘复之故居	1917 年	梅州市	梅江区	第十批
838	近现代重要史迹及代表性建筑	何天炯旧居	1919 年	梅州市	兴宁市	第十批
839	近现代重要史迹及代表性建筑	华萼楼	1920 年	梅州市	大埔县	第十批

（续表）

序　号	类　别	名　称	时　代	所在地级市	所在县(市、区)	公布批次
840	近现代重要史迹及代表性建筑	大埔县工农革命政府公安局旧址	1927 年	梅州市	大埔县	第十批
841	近现代重要史迹及代表性建筑	恒云楼	1928 年	梅州市	兴宁市	第十批
842	近现代重要史迹及代表性建筑	松源红四军军部旧址	1929 年	梅州市	梅县区	第十批
843	近现代重要史迹及代表性建筑	平远石北乡苏维埃政府旧址	1929 年	梅州市	平远县	第十批
844	近现代重要史迹及代表性建筑	中央红色交通线大埔段	1930—1934 年	梅州市	大埔县	第十批
845	近现代重要史迹及代表性建筑	江东小筑	1941 年	梅州市	大埔县	第十批
846	近现代重要史迹及代表性建筑	作庐	1942 年	梅州市	梅县区	第十批
847	近现代重要史迹及代表性建筑	国立中山大学梅县办学旧址	1945 年	梅州市	梅江区	第十批
848	近现代重要史迹及代表性建筑	腾云学堂旧址	清	惠州市	惠阳区	第十批
849	近现代重要史迹及代表性建筑	崇雅书院旧址	1890 年	惠州市	惠阳区	第十批
850	近现代重要史迹及代表性建筑	廖仲恺先生之碑	1925 年	惠州市	仲恺高新区	第十批
851	近现代重要史迹及代表性建筑	东湖旅店	1942 年	惠州市	惠城区	第十批
852	近现代重要史迹及代表性建筑	海丰总农会旧址	1923 年	汕尾市	海丰县	第十批
853	近现代重要史迹及代表性建筑	周恩来渡海处	1927 年	汕尾市	陆丰市	第十批
854	近现代重要史迹及代表性建筑	张威纪念亭	1928 年	汕尾市	陆丰市	第十批
855	近现代重要史迹及代表性建筑	田墘红楼	民国	汕尾市	红海湾经济开发区	第十批
856	近现代重要史迹及代表性建筑	礼屏公祠	清	东莞市		第十批
857	近现代重要史迹及代表性建筑	东莞县博物图书馆旧址	1929 年	东莞市		第十批
858	近现代重要史迹及代表性建筑	大片尾游击队税站旧址	1943—1945 年	东莞市		第十批
859	近现代重要史迹及代表性建筑	杨心如故居	1868 年	中山市		第十批

（续表）

序　号	类　别	名　称	时　代	所在地级市	所在县（市、区）	公布批次
860	近现代重要史迹及代表性建筑	谭国标故居	1910 年	江门市	开平市	第十批
861	近现代重要史迹及代表性建筑	开侨中学旧址	1933 年	江门市	开平市	第十批
862	近现代重要史迹及代表性建筑	炯成楼	1934 年	江门市	恩平市	第十批
863	近现代重要史迹及代表性建筑	调风革命活动联络站遗址	1926—1949 年	湛江市	雷州市	第十批
864	近现代重要史迹及代表性建筑	庄艮林氏宗祠	1931 年	湛江市	吴川市	第十批
865	近现代重要史迹及代表性建筑	解放海南启渡点	1950 年	湛江市	徐闻县	第十批
866	近现代重要史迹及代表性建筑	中共电白县支部旧址	1925 年	茂名市	滨海新区	第十批
867	近现代重要史迹及代表性建筑	怀乡起义指挥部旧址	1927 年	茂名市	信宜市	第十批
868	近现代重要史迹及代表性建筑	谢氏抗战纪念楼	1945 年	茂名市	信宜市	第十批
869	近现代重要史迹及代表性建筑	分界粮仓旧址	1950 年	茂名市	高州市	第十批
870	近现代重要史迹及代表性建筑	邓拔奇故居	1903 年	肇庆市	怀集县	第十批
871	近现代重要史迹及代表性建筑	钱兴故居	1909 年	肇庆市	怀集县	第十批
872	近现代重要史迹及代表性建筑	翕庐	1934 年	肇庆市	端州区	第十批
873	近现代重要史迹及代表性建筑	杨愈将故居	清	清远市	连山壮族瑶族自治县	第十批
874	近现代重要史迹及代表性建筑	广东省立文理学院连县办学旧址	1939—1942 年	清远市	连州市	第十批
875	近现代重要史迹及代表性建筑	洪灵菲故居	1902 年	潮州市	潮安区	第十批
876	近现代重要史迹及代表性建筑	戴平万故居	1903 年	潮州市	潮安区	第十批
877	近现代重要史迹及代表性建筑	余登仁故居	1903 年	潮州市	饶平县	第十批
878	近现代重要史迹及代表性建筑	柯柏年故居	1904 年	潮州市	湘桥区	第十批
879	近现代重要史迹及代表性建筑	黄埔军校潮州分校旧址	1925 年	潮州市	湘桥区	第十批

（续表）

序　号	类　别	名　称	时　代	所在地级市	所在县（市、区）	公布批次
880	近现代重要史迹及代表性建筑	中共潮安县委驻地遗址	1927 年	潮州市	潮安区	第十批
881	近现代重要史迹及代表性建筑	乔东大夫第与兰香楼	1918 年	揭阳市	揭东区	第十批
882	近现代重要史迹及代表性建筑	洪氏爱祖祠	1922 年	揭阳市	揭西县	第十批
883	近现代重要史迹及代表性建筑	陈剑夫故居	1891 年	云浮市	云城区	第十批
884	近现代重要史迹及代表性建筑	梁桂华故居	1893 年	云浮市	云城区	第十批
885	近现代重要史迹及代表性建筑	叶季壮故居	1898 年	云浮市	新兴县	第十批
886	近现代重要史迹及代表性建筑	广东省立庚戌中学郁南办学旧址	1939 年	云浮市	郁南县	第十批
887	其他	三山祖庙遗址	清	揭阳市	揭西县	第六批

说明：据广东省文化和旅游厅提供的资料整理。

附录二　广东省省级及以上历史文化名城、名镇、名村、街区名录

一、历史文化名城

广东省国家级历史文化名城

序　号	名　　称	所在地级市	公布批次	公布时间
1	广州	广州市	第一批	1982 年
2	潮州	潮州市	第二批	1986 年
3	佛山	佛山市	第三批	1994 年
4	梅州	梅州市	第三批	1994 年
5	雷州（县级）	湛江市	第三批	1994 年
6	肇庆	肇庆市	第三批	1994 年
7	中山	中山市		2011 年
8	惠州	惠州市		2015 年

广东省历史文化名城

序　号	名　　称	所在地级市	公布批次	公布时间
1	韶关	韶关市	第一批	1991 年
2	佗城	河源市	第一批	1991 年
3	平海	惠州市	第一批	1991 年
4	海丰	汕尾市	第一批	1991 年
5	东莞	东莞市	第一批	1991 年
6	揭阳	揭阳市	第一批	1991 年
7	南雄	韶关市	第二批	1996 年
8	碣石	汕尾市	第二批	1996 年
9	新会	江门市	第二批	1996 年
10	高州	茂名市	第二批	1996 年
11	德庆	肇庆市	第二批	1996 年
12	英德	清远市	第二批	1996 年
13	连州	清远市	第二批	1996 年
14	揭西（棉湖）	揭阳市	第二批	1996 年
15	罗定	云浮市	第二批	1996 年

二、历史文化名镇

广东省中国历史文化名镇

序 号	名 称	所在地级市	公布批次	公布时间
1	番禺区沙湾镇	广州市	第二批	2005 年
2	吴川市吴阳镇	湛江市	第二批	2005 年
3	唐家湾镇	珠海市	第三批	2007 年
4	陆丰市碣石镇	汕尾市	第三批	2007 年
5	开平市赤坎镇	江门市	第三批	2007 年
6	惠阳区秋长镇	惠州市	第四批	2008 年
7	石龙镇	东莞市	第四批	2008 年
8	普宁市洪阳镇	揭阳市	第四批	2008 年
9	大埔县百侯镇	梅州市	第五批	2010 年
10	黄圃镇	中山市	第五批	2010 年
11	斗门区斗门镇	珠海市	第六批	2014 年
12	南海区西樵镇	佛山市	第六批	2014 年
13	梅县松口镇	梅州市	第六批	2014 年
14	大埔县茶阳镇	梅州市	第六批	2014 年
15	大埔县三河镇	梅州市	第六批	2014 年

广东省历史文化名镇

序 号	名 称	所在地级市	公布批次	公布时间
1	大埔县三河镇	梅州市	第一批	2008 年
2	惠阳区秋长镇	惠州市	第一批	2008 年
3	普宁市洪阳镇	揭阳市	第一批	2008 年
4	顺德区龙江镇	佛山市	第二批	2009 年
5	南雄市珠玑镇	韶关市	第二批	2009 年
6	大埔县百侯镇	梅州市	第二批	2009 年
7	石龙镇	东莞市	第二批	2009 年
8	虎门镇	东莞市	第二批	2009 年
9	南朗镇	中山市	第二批	2009 年
10	黄圃镇	中山市	第二批	2009 年
11	斗门区斗门镇	珠海市	第三批	2012 年
12	南海区西樵镇	佛山市	第三批	2012 年
13	梅县松口镇	梅州市	第三批	2012 年
14	大埔县茶阳镇	梅州市	第三批	2012 年
15	茂南区鳌头镇	茂名市	第三批	2012 年
16	信宜市镇隆镇	茂名市	第三批	2012 年
17	英德市浛洸镇	清远市	第三批	2012 年

（续表）

序　号	名　称	所在地级市	公布批次	公布时间
18	潮安县龙湖镇	潮州市	第三批	2012 年
19	罗定市罗镜镇	云浮市	第三批	2012 年

三、历史文化名村

广东省中国历史文化名村

序　号	名　称	所在地级市	公布批次	公布时间
1	龙岗区大鹏镇鹏城村	深圳市	第一批	2003 年
2	三水区乐平镇大旗头村	佛山市	第一批	2003 年
3	顺德区北滘镇碧江村	佛山市	第二批	2005 年
4	茶山镇南社村	东莞市	第二批	2005 年
5	开平市塘口镇自力村	江门市	第二批	2005 年
6	番禺区石楼镇大岭村	广州市	第三批	2007 年
7	石排镇塘尾村	东莞市	第三批	2007 年
8	南朗镇翠亨村	中山市	第三批	2007 年
9	澄海区隆都镇前美村	汕头市	第四批	2008 年
10	恩平市圣堂镇歇马村	江门市	第四批	2008 年
11	连南瑶族自治县三排镇南岗古排村	清远市	第四批	2008 年
12	南海区西樵镇松塘村	佛山市	第五批	2010 年
13	仁化县石塘镇石塘村	韶关市	第五批	2010 年
14	梅县水车镇茶山村	梅州市	第五批	2010 年
15	佛冈县龙山镇上岳古围村	清远市	第五批	2010 年
16	花都区炭步镇塱头村	广州市	第六批	2014 年
17	和平县林寨镇林寨村	河源市	第六批	2014 年
18	蕉岭县南礤镇石寨村	梅州市	第六批	2014 年
19	陆丰市大安镇石寨村	汕尾市	第六批	2014 年
20	蓬江区棠下镇良溪村	江门市	第六批	2014 年
21	台山市斗山镇浮石村	江门市	第六批	2014 年
22	遂溪县建新镇苏二村	湛江市	第六批	2014 年
23	澄海区莲下镇程洋冈村	汕头市	第七批	2019 年
24	云城区腰古镇水东村	云浮市	第七批	2019 年
25	郁南县大湾镇五星村	云浮市	第七批	2019 年

广东省历史文化名村

序　号	名　称	所在地级市	公布批次	公布时间
1	澄海区隆都镇前美村	汕头市	第一批	2008 年
2	寮步镇西溪村	东莞市	第一批	2008 年
3	恩平市圣堂镇歇马村	江门市	第一批	2008 年

（续表）

序　号	名　　称	所在地级市	公布批次	公布时间
4	连南瑶族自治县三排镇南岗古排	清远市	第一批	2008 年
5	郁南县大湾镇五星村	云浮市	第一批	2008 年
6	天河区珠吉街珠村	广州市	第二批	2009 年
7	香洲区南屏镇北山村	珠海市	第二批	2009 年
8	澄海区莲下镇程洋冈村	汕头市	第二批	2009 年
9	南海区西樵镇上金瓯松塘村	佛山市	第二批	2009 年
10	南雄市乌迳镇新田村	韶关市	第二批	2009 年
11	仁化县石塘镇石塘村	韶关市	第二批	2009 年
12	梅县水车镇茶山村	梅州市	第二批	2009 年
13	兴宁市石马镇刁田村	梅州市	第二批	2009 年
14	蓬江区棠下镇良溪村	江门市	第二批	2009 年
15	台山市斗山镇浮石村	江门市	第二批	2009 年
16	雷州市龙门镇潮溪村	湛江市	第二批	2009 年
17	广宁县北市镇大屋村	肇庆市	第二批	2009 年
18	德庆县官圩镇金林村	肇庆市	第二批	2009 年
19	怀集县大岗镇扶溪村	肇庆市	第二批	2009 年
20	佛冈县龙山镇上岳古围村	清远市	第二批	2009 年
21	萝岗区九龙镇莲塘村	广州市	第三批	2012 年
22	花都区炭步镇塱头村	广州市	第三批	2012 年
23	花都区花东镇高溪村	广州市	第三批	2012 年
24	番禺区化龙镇潭山村	广州市	第三批	2012 年
25	南海区九江镇烟桥村	佛山市	第三批	2012 年
26	南海区丹灶镇仙岗村	佛山市	第三批	2012 年
27	南海区丹灶镇南沙棋盘村	佛山市	第三批	2012 年
28	南海区西樵镇简村	佛山市	第三批	2012 年
29	南海区西樵镇百西村头村	佛山市	第三批	2012 年
30	南海区大沥镇璜溪村	佛山市	第三批	2012 年
31	曲江区曹角湾村	韶关市	第三批	2012 年
32	乐昌市户昌山村	韶关市	第三批	2012 年
33	翁源县湖心坝村	韶关市	第三批	2012 年
34	梅县南口镇侨乡村	梅州市	第三批	2012 年
35	蕉岭县三圳镇芳心村	梅州市	第三批	2012 年
36	蕉岭县南礤镇石寨村	梅州市	第三批	2012 年
37	大埔县西河镇车龙村	梅州市	第三批	2012 年
38	博罗县龙华镇旭日村	惠州市	第三批	2012 年
39	龙门县龙华镇功武村	惠州市	第三批	2012 年
40	龙门县永汉镇鹤湖围村	惠州市	第三批	2012 年
41	万江区下坝村	东莞市	第三批	2012 年

（续表）

序　号	名　称	所在地级市	公布批次	公布时间
42	茶山镇超朗村	东莞市	第三批	2012 年
43	企石镇江边村	东莞市	第三批	2012 年
44	凤岗镇黄洞村	东莞市	第三批	2012 年
45	麻涌镇新基村	东莞市	第三批	2012 年
46	中堂镇潢涌村	东莞市	第三批	2012 年
47	雷州市南兴镇东林村	湛江市	第三批	2012 年
48	高要市回龙镇槎塘村	肇庆市	第三批	2012 年
49	清新县龙颈镇凤塱村	清远市	第三批	2012 年
50	潮安县古巷镇古巷一村	潮州市	第三批	2012 年
51	榕城区仙桥街道西岐村	揭阳市	第三批	2012 年
52	榕城区仙桥街道槎桥村	揭阳市	第三批	2012 年
53	揭西县东园镇月湄村	揭阳市	第三批	2012 年
54	揭西县大溪镇井美村	揭阳市	第三批	2012 年
55	经济开发试验区渔湖镇长美村	揭阳市	第三批	2012 年
56	云城区腰古镇水东村	云浮市	第三批	2012 年

四、历史文化街区

广东省中国历史文化街区				
序　号	名　称	所在地级市	公布批次	公布时间
1	孙文西历史文化街区	中山市	第一批	2015 年
广东省历史文化街区				
序　号	名　称	所在地级市	公布批次	公布时间
1	新河浦历史文化街区	广州市	第一批	2020 年
2	华侨新村历史文化街区	广州市	第一批	2020 年
3	传统中轴线（近代）历史文化街区	广州市	第一批	2020 年
4	北京路历史文化街区	广州市	第一批	2020 年
5	文德南历史文化街区	广州市	第一批	2020 年
6	海珠南—长堤历史文化街区	广州市	第一批	2020 年
7	五仙观—怀圣寺—六榕寺历史文化街区	广州市	第一批	2020 年
8	华林寺历史文化街区	广州市	第一批	2020 年
9	沙面历史文化街区	广州市	第一批	2020 年
10	恩宁路历史文化街区	广州市	第一批	2020 年
11	耀华大街历史文化街区	广州市	第一批	2020 年
12	南华西街历史文化街区	广州市	第一批	2020 年
13	昌华大街历史文化街区	广州市	第一批	2020 年
14	宝源路历史文化街区	广州市	第一批	2020 年

（续表）

序　号	名　称	所在地级市	公布批次	公布时间
15	多宝路历史文化街区	广州市	第一批	2020 年
16	宝华路历史文化街区	广州市	第一批	2020 年
17	和平中历史文化街区	广州市	第一批	2020 年
18	光复南历史文化街区	广州市	第一批	2020 年
19	光复中历史文化街区	广州市	第一批	2020 年
20	海珠中历史文化街区	广州市	第一批	2020 年
21	洪德巷历史文化街区	广州市	第一批	2020 年
22	长洲岛历史文化街区	广州市	第一批	2020 年
23	人民南历史文化街区	广州市	第一批	2020 年
24	逢源大街—荔湾湖历史文化街区	广州市	第一批	2020 年
25	上下九—第十甫历史文化街区	广州市	第一批	2020 年
26	龙骧大街历史文化街区	广州市	第一批	2020 年
27	品字街历史文化街区	佛山市	第一批	2020 年
28	梁园历史文化街区	佛山市	第一批	2020 年
29	莲花南历史文化街区	佛山市	第一批	2020 年
30	任围历史文化街区	佛山市	第一批	2020 年
31	祖庙—东华里历史文化街区	佛山市	第一批	2020 年
32	新安街历史文化街区	佛山市	第一批	2020 年
33	南风古灶历史文化街区	佛山市	第一批	2020 年
34	霍氏大宗祠历史文化街区	佛山市	第一批	2020 年
35	小塘黎边历史文化街区	佛山市	第一批	2020 年
36	烟桥历史文化街区	佛山市	第一批	2020 年
37	西樵白云洞历史文化街区	佛山市	第一批	2020 年
38	顺德区大良旧城街区	佛山市	第一批	2020 年
39	沙滘西村低地历史文化街区	佛山市	第一批	2020 年
40	沙滘牧伯里历史文化街区	佛山市	第一批	2020 年
41	碧江村心街历史文化街区	佛山市	第一批	2020 年
42	碧江泰兴街历史文化街区	佛山市	第一批	2020 年
43	石龙里历史文化街区	佛山市	第一批	2020 年
44	逢简塘头街历史文化街区	佛山市	第一批	2020 年
45	逢简村根大街历史文化街区	佛山市	第一批	2020 年
46	昌教黎氏家庙历史文化街区	佛山市	第一批	2020 年
47	北门直街历史文化街区	惠州市	第一批	2020 年
48	金带街历史文化街区	惠州市	第一批	2020 年
49	水东街历史文化街区	惠州市	第一批	2020 年
50	铁炉湖历史文化街区	惠州市	第一批	2020 年
51	淡水老城历史文化街区	惠州市	第一批	2020 年
52	中兴路—大西路历史文化街区	东莞市	第一批	2020 年

（续表）

序 号	名 称	所在地级市	公布批次	公布时间
53	兴贤里历史文化街区	东莞市	第一批	2020 年
54	象塔街历史文化街区	东莞市	第一批	2020 年
55	大雁塘历史文化街区	东莞市	第一批	2020 年
56	竹园历史文化街区	东莞市	第一批	2020 年
57	中山路历史文化街区	东莞市	第一批	2020 年
58	孙文西历史文化街区	中山市	第一批	2020 年
59	从善坊历史文化街区	中山市	第一批	2020 年
60	西山寺历史文化街区	中山市	第一批	2020 年
61	南区沙涌历史文化街区	中山市	第一批	2020 年
62	台山市台城老城中心区历史文化街区	江门市	第一批	2020 年
63	台山市台城西宁市历史文化街区	江门市	第一批	2020 年
64	高州市中山路历史文化街区	茂名市	第一批	2020 年
65	高州市南华路历史文化街区	茂名市	第一批	2020 年
66	唐家历史文化街区	珠海市	第二批	2021 年
67	会同历史文化街区	珠海市	第二批	2021 年
68	淇澳历史文化街区	珠海市	第二批	2021 年
69	香洲埠历史文化街区	珠海市	第二批	2021 年
70	南屏历史文化街区	珠海市	第二批	2021 年
71	斗门旧街历史文化街区	珠海市	第二批	2021 年
72	广富新街—升平路历史文化街区	韶关市	第二批	2021 年
73	曲江区白土镇历史文化街区	韶关市	第二批	2021 年
74	南雄市珠玑镇珠玑古巷历史文化街区	韶关市	第二批	2021 年
75	龙川县佗城镇百岁街—中山街历史文化街区	河源市	第二批	2021 年
76	梅江区凌风东、西路历史文化街区	梅州市	第二批	2021 年
77	惠东县平海镇平海十字街历史文化街区	惠州市	第二批	2021 年
78	海丰县红宫红场历史文化街区	汕尾市	第二批	2021 年
79	陆丰市碣石镇玄武山—中所历史文化街区	汕尾市	第二批	2021 年
80	新会区新会学宫历史文化街区	江门市	第二批	2021 年
81	新会区大新路—仁寿路历史文化街区	江门市	第二批	2021 年
82	雷州市方城十字街历史文化街区	湛江市	第二批	2021 年
83	雷州市曲街历史文化街区	湛江市	第二批	2021 年
84	雷州市二桥街历史文化街区	湛江市	第二批	2021 年
85	高州市北关历史文化街区	茂名市	第二批	2021 年
86	端州区阅江楼历史文化街区	肇庆市	第二批	2021 年
87	端州区府前路历史文化街区	肇庆市	第二批	2021 年
88	端州区豪居路历史文化街区	肇庆市	第二批	2021 年
89	德庆县惠积街—横街历史文化街区	肇庆市	第二批	2021 年
90	连州市中山南路历史文化街区	清远市	第二批	2021 年

（续表）

序　号	名　称	所在地级市	公布批次	公布时间
91	英德市浛洸镇和平路历史文化街区	清远市	第二批	2021年
92	湘桥区旧西门街历史文化街区	潮州市	第二批	2021年
93	湘桥区南门义兴甲历史文化街区	潮州市	第二批	2021年
94	湘桥区许驸马府历史文化街区	潮州市	第二批	2021年
95	湘桥区太平路历史文化街区	潮州市	第二批	2021年
96	榕城区西马路历史文化街区	揭阳市	第二批	2021年
97	榕城区中山路历史文化街区	揭阳市	第二批	2021年
98	榕城区石鼓里历史文化街区	揭阳市	第二批	2021年
99	榕城区东门直街东段历史文化街区	揭阳市	第二批	2021年
100	揭西县棉湖镇南门里历史文化街区	揭阳市	第二批	2021年
101	云城区解放路历史文化街区	云浮市	第二批	2021年
102	罗定市人民北路历史文化街区	云浮市	第二批	2021年
103	小公园开埠区中山纪念亭历史文化街区	汕头市	第三批	2021年
104	小公园开埠区西堤历史文化街区	汕头市	第三批	2021年
105	大埔县百侯镇侯南历史文化街区	梅州市	第四批	2023年
106	大埔县茶阳镇茶阳老街历史文化街区	梅州市	第四批	2023年
107	梅江区中山路历史文化街区	梅州市	第四批	2023年
108	蓬江区长堤历史文化街区	江门市	第四批	2023年
109	江城区南恩路历史文化街区	阳江市	第四批	2023年
110	连州市丰阳铺头街历史文化街区	清远市	第四批	2023年

说明：据广东省住房和城乡建设厅提供的资料整理。

附录三　广东省省级及以上非物质文化遗产代表性项目名录

序　号	类　别	名　称	市别/单位	入选省级批次	入选国家级批次	备　注
1	民间文学	谜语（澄海灯谜）	汕头市	第一批	第二批	
2	民间文学	珠玑巷人南迁传说	韶关市	第五批	第五批	
3	民间文学	雷州歌	湛江市	第二批	第二批	
4	民间文学	禅宗祖师传说（六祖传说）	云浮市	第四批	第五批	
5	民间文学	五羊传说	广州市	第二批	—	
6	民间文学	何仙姑与挂绿的传说	广州市	第三批	—	
7	民间文学	萝岗香雪	广州市	第三批	—	
8	民间文学	金花娘娘的传说	广州市	第七批	—	
9	民间文学	望烟楼的传说	深圳市	第三批	—	
10	民间文学	应人石的传说	深圳市	第五批	—	
11	民间文学	陈璘传说	韶关市	第八批	—	
12	民间文学	张九龄传说	韶关市	第八批	—	
13	民间文学	童谣（客家童谣）	河源市	第八批	—	
14	民间文学	葛洪传说	惠州市	第八批	—	
15	民间文学	苏东坡传说	惠州市	第八批	—	
16	民间文学	海丰歌谣	汕尾市	第七批	—	
17	民间文学	节马传说	东莞市	第七批	—	
18	民间文学	崖门海战流传故事	江门市	第三批	—	
19	民间文学	陈梦吉故事	江门市	第四批	—	
20	民间文学	珠玑巷人南迁传说（珠玑巷移民落籍良溪传说）	江门市	第八批	—	
21	民间文学	劏狗六爹的故事	湛江市	第七批	—	
22	民间文学	潘茂名传说	茂名市	第八批	—	
23	民间文学	包公传说	肇庆市	第六批	—	
24	民间文学	凤城的传说	清远市	第五批	—	
25	民间文学	水淹天	清远市	第八批	—	
26	民间文学	陈三五娘传说	潮州市	第三批	—	
27	民间文学	潮州歌谣	潮州市	第六批	—	
28	民间文学	苏六娘传说	揭阳市	第四批	—	
29	民间文学	谜语（揭西方言灯谜）	揭阳市	第五批	—	

（续表）

序号	类别	名称	市别/单位	入选省级批次	入选国家级批次	备注
30	民间文学	泷州歌	云浮市	第二批	—	
31	民间文学	陈璘传说	云浮市	第四批	—	
32	传统音乐	广东音乐	广州市	第一批	第一批	
33	传统音乐	古琴艺术（岭南派）★	广州市	第二批	第二批	
34	传统音乐	潮州音乐	汕头市	第一批	第一批	
35	传统音乐	十番音乐（佛山十番）	佛山市	第二批	第二批	
36	传统音乐	锣鼓艺术（八音锣鼓）	佛山市	第二批	第四批	
37	传统音乐	瑶族民歌	韶关市	第三批	第四批	
38	传统音乐	广东汉乐	梅州市	第一批	第一批	
39	传统音乐	梅州客家山歌	梅州市	第一批	第一批	
40	传统音乐	惠东渔歌	惠州市	第一批	第二批	
41	传统音乐	渔歌（汕尾渔歌）	汕尾市	第一批	第四批	
42	传统音乐	中山咸水歌	中山市	第一批	第一批	
43	传统音乐	广东音乐	江门市	第一批	第一批	
44	传统音乐	潮州音乐	潮州市	第一批	第一批	
45	传统音乐	咸水歌	广州市	第二批	—	
46	传统音乐	广东音乐（沙湾何氏广东音乐）	广州市	第五批	—	
47	传统音乐	客家山歌（广州客家山歌）	广州市	第八批	—	
48	传统音乐	客家山歌（石岩客家山歌）	深圳市	第二批	—	
49	传统音乐	大鹏山歌	深圳市	第四批	—	
50	传统音乐	沙田民歌	珠海市	第一批	—	
51	传统音乐	三灶民歌	珠海市	第六批	—	
52	传统音乐	潮州音乐	汕头市	第二批	—	
53	传统音乐	潮州音乐	汕头市	第七批	—	
54	传统音乐	高明花鼓调	佛山市	第四批	—	
55	传统音乐	九峰山歌	韶关市	第二批	—	
56	传统音乐	石塘月姐歌	韶关市	第三批	—	
57	传统音乐	龙船歌	韶关市	第四批	—	
58	传统音乐	客家山歌（翁源客家山歌）	韶关市	第七批	—	
59	传统音乐	客家山歌（河源客家山歌）	河源市	第七批	—	
60	传统音乐	客家山歌（松口客家山歌）	梅州市	第二批	—	
61	传统音乐	客家山歌（惠阳皆歌）	惠州市	第五批	—	
62	传统音乐	龙华大鼓	惠州市	第六批	—	
63	传统音乐	南塘吹打乐	汕尾市	第二批	—	
64	传统音乐	紫竹观道教音乐	汕尾市	第三批	—	
65	传统音乐	咸水歌	东莞市	第二批	—	

（续表）

序 号	类 别	名 称	市别/单位	入选省级批次	入选国家级批次	备 注
66	传统音乐	客家山歌（凤岗客家山歌）	东莞市	第五批	—	
67	传统音乐	客家山歌（清溪客家山歌）	东莞市	第五批	—	
68	传统音乐	古琴艺术（岭南派）	东莞市	第八批	—	
69	传统音乐	白口莲山歌	中山市	第二批	—	
70	传统音乐	恩平民歌	江门市	第四批	—	
71	传统音乐	开平民歌	江门市	第五批	—	
72	传统音乐	阳江山歌	阳江市	第四批	—	
73	传统音乐	咸水歌（阳江咸水歌）	阳江市	第五批	—	
74	传统音乐	雷州音乐	湛江市	第三批	—	
75	传统音乐	廉江歌	湛江市	第七批	—	
76	传统音乐	八音锣鼓	茂名市	第五批	—	
77	传统音乐	四会民歌	肇庆市	第六批	—	
78	传统音乐	封开山歌	肇庆市	第七批	—	
79	传统音乐	瑶族八音	清远市	第三批	—	
80	传统音乐	排瑶民歌	清远市	第四批	—	
81	传统音乐	壮歌	清远市	第七批	—	
82	传统音乐	佛教音乐（潮州禅和板）	潮州市	第七批	—	
83	传统音乐	潮州音乐（潮州大锣鼓）	潮州市	第八批	—	
84	传统音乐	畲族民歌	潮州市	第八批	—	
85	传统音乐	潮州音乐	揭阳市	第三批	—	
86	传统音乐	广东汉乐	揭阳市	第三批	—	
87	传统音乐	连滩山歌	云浮市	第二批	—	
88	传统音乐	锣鼓艺术（云安八音）	云浮市	第六批	—	
89	传统舞蹈	狮舞（广东醒狮）	广州市	第一批	第一批	
90	传统舞蹈	灯舞（沙头角鱼灯舞）	深圳市	第一批	第二批	
91	传统舞蹈	麒麟舞（坂田永胜堂舞麒麟）	深圳市	第三批	第三批	
92	传统舞蹈	麒麟舞（大船坑舞麒麟）	深圳市	第三批	第三批	
93	传统舞蹈	狮舞（松岗七星狮舞）	深圳市	第三批	第三批	
94	传统舞蹈	狮舞（上川黄连胜醒狮舞）	深圳市	第四批	第五批	
95	传统舞蹈	鹤舞（三灶鹤舞）	珠海市	第二批	第三批	
96	传统舞蹈	英歌（潮阳英歌）	汕头市	第一批	第一批	
97	传统舞蹈	蜈蚣舞	汕头市	第一批	第二批	
98	传统舞蹈	狮舞（广东醒狮）	佛山市	第一批	第一批	
99	传统舞蹈	龙舞（人龙舞）	佛山市	第二批	第二批	
100	传统舞蹈	龙舞（香火龙）	韶关市	第三批	第三批	
101	传统舞蹈	龙舞（埔寨火龙）	梅州市	第一批	第二批	
102	传统舞蹈	狮舞（席狮舞）	梅州市	第二批	第二批	

（续表）

序　号	类　别	名　称	市别/单位	入选省级批次	入选国家级批次	备　注
103	传统舞蹈	龙舞（汕尾滚地金龙）	汕尾市	第一批	第一批	
104	传统舞蹈	麒麟舞	汕尾市	第一批	第二批	
105	传统舞蹈	英歌（甲子英歌）	汕尾市	第二批	第三批	
106	传统舞蹈	麒麟舞（樟木头舞麒麟）	东莞市	第一批	第三批	
107	传统舞蹈	龙舞（醉龙）	中山市	第一批	第二批	
108	传统舞蹈	龙舞（六坊云龙舞）	中山市	第三批	第三批	
109	传统舞蹈	龙舞（荷塘纱龙）	江门市	第二批	第二批	
110	传统舞蹈	龙舞（湛江人龙舞）	湛江市	第一批	第一批	
111	传统舞蹈	狮舞（广东醒狮）	湛江市	第一批	第一批	
112	传统舞蹈	傩舞（湛江傩舞）	湛江市	第二批	第二批	
113	传统舞蹈	跳花棚	茂名市	第一批	第三批	
114	传统舞蹈	瑶族长鼓舞	清远市	第二批	第二批	
115	传统舞蹈	瑶族长鼓舞（小长鼓舞）	清远市	第二批	第三批	
116	传统舞蹈	狮舞（瑶族布袋木狮舞）	清远市	第三批	第五批	
117	传统舞蹈	英歌（普宁英歌）	揭阳市	第一批	第一批	
118	传统舞蹈	龙舞（乔林烟花火龙）	揭阳市	第二批	第二批	
119	传统舞蹈	狮舞（青狮）	揭阳市	第三批	第三批	
120	传统舞蹈	禾楼舞	云浮市	第二批	第二批	
121	传统舞蹈	黄阁麒麟舞	广州市	第一批	—	
122	传统舞蹈	鳌鱼舞	广州市	第二批	—	
123	传统舞蹈	舞貔貅	广州市	第二批	—	
124	传统舞蹈	狮舞（从化猫头狮）	广州市	第六批	—	
125	传统舞蹈	鲤鱼舞（从化水族舞）	广州市	第八批	—	
126	传统舞蹈	狮舞（广州醒狮）	广州市	第八批	—	
127	传统舞蹈	龙舞（龙岗舞龙）	深圳市	第二批	—	
128	传统舞蹈	麒麟舞	深圳市	第二批	—	
129	传统舞蹈	狮舞（福永醒狮）	深圳市	第二批	—	
130	传统舞蹈	麒麟舞（坪山麒麟舞）	深圳市	第五批	—	
131	传统舞蹈	龙舞（平湖纸龙舞）	深圳市	第六批	—	
132	传统舞蹈	前山凤鸡舞	珠海市	第五批	—	
133	传统舞蹈	鳌鱼舞	汕头市	第三批	—	
134	传统舞蹈	英歌（潮南英歌）	汕头市	第四批	—	
135	传统舞蹈	龙舞（上元舞火龙）	佛山市	第八批	—	
136	传统舞蹈	舞春牛	韶关市	第一批	—	
137	传统舞蹈	狮舞（青蛙狮）	韶关市	第三批	—	
138	传统舞蹈	灯舞（茶花灯）	韶关市	第七批	—	
139	传统舞蹈	狮舞（翁城猫头狮）	韶关市	第七批	—	

（续表）

序 号	类 别	名 称	市别 / 单位	入选省级批次	入选国家级批次	备 注
140	传统舞蹈	灯舞（迴龙李埔马灯舞）	河源市	第七批	—	
141	传统舞蹈	龙舞（凳板龙）	河源市	第七批	—	
142	传统舞蹈	平远船灯	梅州市	第一批	—	
143	传统舞蹈	杯花舞	梅州市	第二批	—	
144	传统舞蹈	鲤鱼舞（鲤鱼灯）	梅州市	第二批	—	
145	传统舞蹈	龙舞（花环龙）	梅州市	第二批	—	
146	传统舞蹈	竹马舞	梅州市	第二批	—	
147	传统舞蹈	打莲池（蕉岭莲池舞）	梅州市	第三批	—	
148	传统舞蹈	铙钹花	梅州市	第三批	—	
149	传统舞蹈	狮舞（青溪仔狮灯）	梅州市	第三批	—	
150	传统舞蹈	锣花舞	梅州市	第四批	—	
151	传统舞蹈	龙舞（青溪黑蛟龙灯舞）	梅州市	第五批	—	
152	传统舞蹈	船灯（广福船灯）	梅州市	第八批	—	
153	传统舞蹈	舞火狗	惠州市	第一批	—	
154	传统舞蹈	麒麟舞（小金口麒麟舞）	惠州市	第三批	—	
155	传统舞蹈	凤舞	惠州市	第四批	—	
156	传统舞蹈	狮舞（惠东盖子狮）	惠州市	第八批	—	
157	传统舞蹈	钱鼓舞	汕尾市	第一批	—	
158	传统舞蹈	狮舞（碣石五色狮）	汕尾市	第三批	—	
159	传统舞蹈	狮舞（五福狮舞）	汕尾市	第四批	—	
160	传统舞蹈	龙舞（东莞龙舞）	东莞市	第二批	—	
161	传统舞蹈	狮舞（醒狮）	东莞市	第二批	—	
162	传统舞蹈	龙舞（草龙舞）	东莞市	第三批	—	
163	传统舞蹈	麒麟舞（麒麟引凤）	东莞市	第四批	—	
164	传统舞蹈	麒麟舞（清溪麒麟舞）	东莞市	第四批	—	
165	传统舞蹈	麒麟舞（塘厦舞麒麟）	东莞市	第五批	—	
166	传统舞蹈	麒麟舞（竹塘麒麟舞）	东莞市	第八批	—	
167	传统舞蹈	鹤舞	中山市	第二批	—	
168	传统舞蹈	麒麟舞	中山市	第二批	—	
169	传统舞蹈	麒麟舞（三角麒麟舞）	中山市	第三批	—	
170	传统舞蹈	狮舞（狮艺）	江门市	第二批	—	
171	传统舞蹈	舞鹰雄	湛江市	第一批	—	
172	传统舞蹈	龙舞（沈塘人龙舞）	湛江市	第三批	—	
173	传统舞蹈	龙舞（文章湾村簕古龙）	湛江市	第三批	—	
174	传统舞蹈	蜈蚣舞（雷州乌石蜈蚣舞）	湛江市	第三批	—	
175	传统舞蹈	调顺网龙	湛江市	第四批	—	
176	传统舞蹈	貔貅舞（吴川梅菉貔貅舞）	湛江市	第四批	—	

（续表）

序　号	类　别	名　称	市别/单位	入选省级批次	入选国家级批次	备　注
177	传统舞蹈	藤牌功班舞	湛江市	第四批	—	
178	传统舞蹈	徐闻屯兵舞	湛江市	第五批	—	
179	传统舞蹈	龙舞（雷州南门高跷龙舞）	湛江市	第六批	—	
180	传统舞蹈	禾楼舞	茂名市	第二批	—	
181	传统舞蹈	狮舞（高脚狮）	茂名市	第二批	—	
182	传统舞蹈	龙鱼舞	肇庆市	第二批	—	
183	传统舞蹈	五马巡城	肇庆市	第二批	—	
184	传统舞蹈	雄鸡舞	肇庆市	第二批	—	
185	传统舞蹈	春牛舞	肇庆市	第三批	—	
186	传统舞蹈	麒麟白马舞	肇庆市	第三批	—	
187	传统舞蹈	凤舞	清远市	第二批	—	
188	传统舞蹈	闹花灯	清远市	第二批	—	
189	传统舞蹈	舞马鹿	清远市	第二批	—	
190	传统舞蹈	瑶族长鼓舞（瑶族小长鼓舞）	清远市	第四批	—	
191	传统舞蹈	狮舞（木呷狮舞）	清远市	第八批	—	
192	传统舞蹈	潮州饶平布马舞	潮州市	第一批	—	
193	传统舞蹈	鲤鱼舞（潮州鲤鱼舞）	潮州市	第二批	—	
194	传统舞蹈	英歌（潮安文里英歌舞）	潮州市	第六批	—	
195	传统舞蹈	麒麟舞（潮州麒麟舞）	潮州市	第七批	—	
196	传统舞蹈	鹤舞	揭阳市	第二批	—	
197	传统舞蹈	惠来九鳄舞	揭阳市	第二批	—	
198	传统舞蹈	狮舞（高跷虎狮）	揭阳市	第三批	—	
199	传统舞蹈	英歌（神泉英歌）	揭阳市	第四批	—	
200	传统舞蹈	狮舞（揭阳狮舞）	揭阳市	第五批	—	
201	传统舞蹈	龙舞（横溪龙）	揭阳市	第七批	—	
202	传统舞蹈	狮舞（刘厝寨金狮）	揭阳市	第八批	—	
203	传统戏剧	粤剧★	广州市	第一批	第一批	
204	传统戏剧	木偶戏（广东木偶戏）	广州市	第三批	第三批	
205	传统戏剧	潮剧	汕头市	第一批	第一批	
206	传统戏剧	粤剧	佛山市	第一批	第一批	
207	传统戏剧	采茶戏（粤北采茶戏）	韶关市	第二批	第三批	
208	传统戏剧	花朝戏	河源市	第一批	第一批	
209	传统戏剧	广东汉剧	梅州市	第一批	第二批	
210	传统戏剧	木偶戏（五华提线木偶）	梅州市	第一批	第二批	
211	传统戏剧	皮影戏（陆丰皮影戏）★	汕尾市	第一批	第一批	
212	传统戏剧	白字戏	汕尾市	第一批	第一批	
213	传统戏剧	西秦戏	汕尾市	第一批	第一批	

（续表）

序 号	类 别	名 称	市别/单位	入选省级批次	入选国家级批次	备 注
214	传统戏剧	正字戏	汕尾市	第一批	第一批	
215	传统戏剧	雷剧	湛江市	第三批	第三批	
216	传统戏剧	粤剧	湛江市	第四批	第四批	
217	传统戏剧	木偶戏（湛江木偶戏）	湛江市	第四批	第五批	
218	传统戏剧	木偶戏（高州木偶戏）	茂名市	第一批	第一批	
219	传统戏剧	潮剧	潮州市	第一批	第一批	
220	传统戏剧	木偶戏（潮州铁枝木偶戏）	潮州市	第一批	第一批	
221	传统戏剧	潮剧	揭阳市	第二批	第二批	
222	传统戏剧	木偶戏（揭阳铁枝木偶戏）	揭阳市	第三批	第三批	
223	传统戏剧	粤剧★	广东粤剧院	—	第一批	
224	传统戏剧	乐昌花鼓戏	韶关市	第四批	—	
225	传统戏剧	木偶戏（龙川手擎木偶戏）	河源市	第三批	—	
226	传统戏剧	木偶戏（紫金提线木偶戏）	河源市	第六批	—	
227	传统戏剧	采茶戏（连平采茶戏）	河源市	第七批	—	
228	传统戏剧	采茶戏（和平采茶戏）	河源市	第八批	—	
229	传统戏剧	采茶戏	梅州市	第三批	—	
230	传统戏剧	广东汉剧	梅州市	第三批	—	
231	传统戏剧	木偶戏（梅县提线木偶戏）	梅州市	第三批	—	
232	传统戏剧	客家山歌剧	梅州市	第七批	—	
233	传统戏剧	木偶戏（罗洞木偶戏）	汕尾市	第六批	—	
234	传统戏剧	木偶戏（大朗杖头木偶戏）	东莞市	第八批	—	
235	传统戏剧	姑娘歌	湛江市	第一批	—	
236	传统戏剧	廉江石角傩戏	湛江市	第四批	—	
237	传统戏剧	木偶戏（粤西白戏）	湛江市	第五批	—	
238	传统戏剧	雷剧	湛江市	第六批	—	
239	传统戏剧	木偶戏（单人木偶）	茂名市	第二批	—	
240	传统戏剧	木偶戏（茂南单人木偶戏）	茂名市	第七批	—	
241	传统戏剧	贵儿戏	肇庆市	第二批	—	
242	传统戏剧	采茶戏（封开采茶戏）	肇庆市	第六批	—	
243	传统戏剧	木偶戏（揭西提线木偶戏）	揭阳市	第四批	—	
244	曲艺	粤曲	广州市	第三批	第三批	
245	曲艺	龙舟说唱	佛山市	第一批	第一批	
246	曲艺	竹板歌	梅州市	第三批	第五批	
247	曲艺	木鱼歌	东莞市	第三批	第三批	
248	曲艺	歌册（潮州歌册）	潮州市	第二批	第二批	
249	曲艺	粤语讲古	广州市	第三批	—	
250	曲艺	歌册（潮州歌册）	汕头市	第四批	—	

（续表）

序 号	类 别	名 称	市别/单位	入选省级批次	入选国家级批次	备 注
251	曲艺	粤曲星腔	佛山市	第二批	—	
252	曲艺	粤曲	佛山市	第五批	—	
253	曲艺	粤曲	佛山市	第六批	—	
254	曲艺	粤曲	佛山市	第六批	—	
255	曲艺	乐昌渔鼓	韶关市	第五批	—	
256	曲艺	竹板歌	梅州市	第三批	—	
257	曲艺	竹板歌（梅县竹板歌）	梅州市	第四批	—	
258	曲艺	竹板歌（梅江五句板）	梅州市	第七批	—	
259	曲艺	粤曲	东莞市	第八批	—	
260	曲艺	潮汕讲古	揭阳市	第七批	—	
261	传统体育、游艺与杂技	蔡李佛拳（广州北胜蔡李佛拳）	广州市	第四批	第五批	
262	传统体育、游艺与杂技	咏春拳（佛山咏春拳）	佛山市	第四批	第五批	
263	传统体育、游艺与杂技	莫家拳	惠州市	第六批	第五批	与东莞联合申报入选第五批国家级
264	传统体育、游艺与杂技	赛龙舟	东莞市	第三批	第三批	
265	传统体育、游艺与杂技	莫家拳	东莞市	第三批	第五批	与惠州联合申报入选第五批国家级
266	传统体育、游艺与杂技	蔡李佛拳	江门市	第二批	第二批	
267	传统体育、游艺与杂技	南派花键	广州市	第六批	—	
268	传统体育、游艺与杂技	太虚拳	广州市	第六批	—	
269	传统体育、游艺与杂技	咏春拳（广州天河）	广州市	第六批	—	
270	传统体育、游艺与杂技	洪拳（黄飞鸿派）	广州市	第七批	—	
271	传统体育、游艺与杂技	螳螂拳（广州螳螂拳）	广州市	第七批	—	
272	传统体育、游艺与杂技	螳螂拳（深圳沙井螳螂拳）	深圳市	第八批	—	
273	传统体育、游艺与杂技	李家教拳	汕头市	第六批	—	
274	传统体育、游艺与杂技	非拳技法	汕头市	第八批	—	
275	传统体育、游艺与杂技	蔡李佛拳（佛山）	佛山市	第四批	—	
276	传统体育、游艺与杂技	赛龙舟（九江传统龙舟）	佛山市	第四批	—	
277	传统体育、游艺与杂技	咏春拳（叶问宗支）	佛山市	第四批	—	
278	传统体育、游艺与杂技	洪拳（顺德洪拳）	佛山市	第七批	—	
279	传统体育、游艺与杂技	鹰爪拳（佛山鹰爪拳）	佛山市	第七批	—	
280	传统体育、游艺与杂技	洪拳（南海洪拳）	佛山市	第八批	—	
281	传统体育、游艺与杂技	龙川杂技	河源市	第七批	—	
282	传统体育、游艺与杂技	李家教拳（兴宁李家教拳）	梅州市	第八批	—	
283	传统体育、游艺与杂技	龙形拳	惠州市	第三批	—	

（续表）

序　号	类　别	名　称	市别/单位	入选省级批次	入选国家级批次	备　注
284	传统体育、游艺与杂技	李家拳（惠州李家拳）	惠州市	第五批	—	
285	传统体育、游艺与杂技	龙形拳（东莞龙形拳）	东莞市	第八批	—	
286	传统体育、游艺与杂技	赛龙舟（东凤五人飞艇赛）	中山市	第四批	—	
287	传统体育、游艺与杂技	赛龙舟（南头五人飞艇赛）	中山市	第四批	—	
288	传统体育、游艺与杂技	赛龙舟（石岐赛龙舟）	中山市	第四批	—	
289	传统体育、游艺与杂技	赛龙舟（小榄赛龙艇）	中山市	第四批	—	
290	传统体育、游艺与杂技	咏春拳	江门市	第二批	—	
291	传统体育、游艺与杂技	台山九人排球	江门市	第八批	—	
292	传统体育、游艺与杂技	洪拳（湛江洪拳）	湛江市	第五批	—	
293	传统体育、游艺与杂技	洪拳（茂南洪拳）	茂名市	第八批	—	
294	传统体育、游艺与杂技	王家拳（化州王家拳）	茂名市	第八批	—	
295	传统体育、游艺与杂技	赛龙舟（三人燕尾龙舟竞技）	清远市	第四批	—	
296	传统体育、游艺与杂技	南枝拳	揭阳市	第三批	—	
297	传统体育、游艺与杂技	抛锣	揭阳市	第四批	—	
298	传统体育、游艺与杂技	李家教拳（普宁李家教拳）	揭阳市	第七批	—	
299	传统体育、游艺与杂技	朱家教拳（揭西鸿江朱家教拳）	揭阳市	第八批	—	
300	传统美术	象牙雕刻	广州市	第一批	第一批	
301	传统美术	粤绣（广绣）	广州市	第一批	第一批	
302	传统美术	核雕（广州榄雕）	广州市	第二批	第二批	
303	传统美术	灰塑	广州市	第二批	第二批	
304	传统美术	玉雕（广州玉雕）	广州市	第二批	第二批	
305	传统美术	剪纸（广东剪纸）	汕头市	第一批	第一批	
306	传统美术	潮州木雕	汕头市	第二批	第二批	
307	传统美术	内画（广东内画）	汕头市	第二批	第二批	
308	传统美术	镶嵌（嵌瓷）	汕头市	第二批	第二批	
309	传统美术	抽纱（汕头抽纱）	汕头市	第二批	第四批	
310	传统美术	剪纸（广东剪纸）★	佛山市	第一批	第一批	
311	传统美术	佛山木版年画	佛山市	第一批	第一批	
312	传统美术	彩扎（佛山狮头）	佛山市	第二批	第二批	
313	传统美术	灯彩（佛山彩灯）	佛山市	第二批	第二批	
314	传统美术	瑶族刺绣	韶关市	第二批	第三批	
315	传统美术	灯彩（忠信花灯）	河源市	第一批	第三批	
316	传统美术	灯彩（东莞千角灯）	东莞市	第一批	第一批	
317	传统美术	彩扎（麒麟制作）	东莞市	第二批	第四批	
318	传统美术	新会葵艺	江门市	第一批	第二批	
319	传统美术	石雕（雷州石狗）	湛江市	第一批	第二批	
320	传统美术	盆景技艺（英石假山盆景技艺）	清远市	第一批	第二批	

（续表）

序　号	类　别	名　称	市别／单位	入选省级批次	入选国家级批次	备　注
321	传统美术	潮州木雕	潮州市	第一批	第一批	
322	传统美术	剪纸（广东剪纸）	潮州市	第一批	第一批	
323	传统美术	粤绣（潮绣）	潮州市	第一批	第一批	
324	传统美术	泥塑（大吴泥塑）	潮州市	第一批	第二批	
325	传统美术	灯彩（潮州花灯）	潮州市	第二批	第二批	
326	传统美术	镶嵌（潮州嵌瓷）	潮州市	第三批	第三批	
327	传统美术	抽纱（潮州抽纱）	潮州市	第三批	第四批	
328	传统美术	粤绣（珠绣）	潮州市	第六批	第五批	
329	传统美术	潮州木雕	揭阳市	第二批	第二批	
330	传统美术	镶嵌（嵌瓷）	揭阳市	第二批	第二批	
331	传统美术	玉雕（阳美翡翠玉雕）	揭阳市	第二批	第二批	
332	传统美术	砖雕	广州市	第二批	—	
333	传统美术	彩扎（广州狮头）	广州市	第三批	—	
334	传统美术	木雕	广州市	第三批	—	
335	传统美术	盆景技艺（岭南盆景艺术）	广州市	第三批	—	
336	传统美术	核雕（广州榄雕）	广州市	第四批	—	
337	传统美术	盆景技艺（岭南盆景技艺）	广州市	第四批	—	
338	传统美术	象牙雕刻	广州市	第四批	—	
339	传统美术	粤绣（广绣）	广州市	第四批	—	
340	传统美术	象牙雕刻	广州市	第五批	—	
341	传统美术	象牙雕刻（象牙微雕）	广州市	第六批	—	
342	传统美术	粤绣（广绣）	广州市	第八批	—	
343	传统美术	剪纸（田氏剪纸）	深圳市	第六批	—	
344	传统美术	灯彩（张氏传统灯笼制作技艺）	深圳市	第七批	—	
345	传统美术	剪纸（剪影）	深圳市	第七批	—	
346	传统美术	棉塑	深圳市	第七批	—	
347	传统美术	泸溪壁画	汕头市	第六批	—	
348	传统美术	金漆画（陇美金漆画）	汕头市	第七批	—	
349	传统美术	剪纸（汕头剪纸）	汕头市	第八批	—	
350	传统美术	石雕（浦石雕）	汕头市	第八批	—	
351	传统美术	木雕	佛山市	第二批	—	
352	传统美术	藤编（大沥）	佛山市	第四批	—	
353	传统美术	藤编（里水）	佛山市	第四批	—	
354	传统美术	粤绣（广绣）	佛山市	第四批	—	
355	传统美术	张田饼印	韶关市	第二批	—	
356	传统美术	猫头狮	河源市	第三批	—	
357	传统美术	猫头狮（龙川猫头狮）	河源市	第八批	—	

（续表）

序　号	类　别	名　称	市别/单位	入选省级批次	入选国家级批次	备　注
358	传统美术	五华石雕	梅州市	第二批	—	
359	传统美术	木刻版画（兴宁版画）	梅州市	第八批	—	
360	传统美术	灯彩（虎头花灯）	惠州市	第六批	—	
361	传统美术	麦秆剪贴（碣石麦秆画）	汕尾市	第四批	—	
362	传统美术	泥塑（捷胜泥塑）	汕尾市	第四批	—	
363	传统美术	甲子贝雕	汕尾市	第五批	—	
364	传统美术	木雕（碣石木雕）	汕尾市	第五批	—	
365	传统美术	脸谱绘制	汕尾市	第八批	—	
366	传统美术	彩扎（石龙醒狮头制作技艺）	东莞市	第三批	—	
367	传统美术	茶山公仔	东莞市	第四批	—	
368	传统美术	茶山绸衣灯公	东莞市	第七批	—	
369	传统美术	粤绣（小榄刺绣）	中山市	第五批	—	
370	传统美术	彩扎（中山起湾金龙）	中山市	第八批	—	
371	传统美术	灰塑（开平灰塑）	江门市	第六批	—	
372	传统美术	阳春根雕	阳江市	第二批	—	
373	传统美术	吴川泥塑	湛江市	第二批	—	
374	传统美术	彩扎（遂溪狮头）	湛江市	第六批	—	
375	传统美术	灰塑（雷州灰塑）	湛江市	第六批	—	
376	传统美术	高州木刻画	茂名市	第四批	—	
377	传统美术	核雕（缅茄雕刻）	茂名市	第四批	—	
378	传统美术	玉雕（信宜玉雕）	茂名市	第四批	—	
379	传统美术	竹编（信宜竹编）	茂名市	第五批	—	
380	传统美术	玉雕（肇庆市广宁玉雕）	肇庆市	第二批	—	
381	传统美术	玉雕（肇庆市四会玉雕）	肇庆市	第二批	—	
382	传统美术	瑶族刺绣（连南瑶族服饰刺绣）	清远市	第三批	—	
383	传统美术	潮州麦秆剪贴画	潮州市	第三批	—	
384	传统美术	潮州推光金漆画	潮州市	第六批	—	
385	传统美术	玉雕（潮州玉雕）	潮州市	第八批	—	
386	传统美术	彩画	揭阳市	第五批	—	
387	传统美术	盆景技艺（榕城盆景技艺）	揭阳市	第五批	—	
388	传统美术	竹编（揭东竹丝编织画）	揭阳市	第五批	—	
389	传统美术	剪纸（揭阳剪纸）	揭阳市	第六批	—	
390	传统美术	灯彩（西陇灯笼）	揭阳市	第八批	—	
391	传统美术	金漆画（普宁铁笔金漆画）	揭阳市	第八批	—	
392	传统美术	普宁金身妆彩	揭阳市	第八批	—	
393	传统美术	云浮石艺	云浮市	第二批	—	
394	传统美术	灯彩（云安玲珑子母灯）	云浮市	第四批	—	

（续表）

序　号	类　别	名　称	市别/单位	入选省级批次	入选国家级批次	备　注
395	传统美术	面塑艺术	云浮市	第六批	—	
396	传统技艺	广彩瓷烧制技艺	广州市	第一批	第二批	
397	传统技艺	家具制作技艺（广式硬木家具制作技艺）	广州市	第二批	第二批	
398	传统技艺	米粉制作技艺（沙河粉传统制作技艺）	广州市	第四批	第五批	
399	传统技艺	陶瓷微书	汕头市	第四批	第四批	
400	传统技艺	潮汕古建筑营造技艺	汕头市	第七批	第五批	
401	传统技艺	石湾陶塑技艺	佛山市	第一批	第一批	
402	传统技艺	香云纱染整技艺	佛山市	第二批	第二批	
403	传统技艺	龙舟制作技艺	东莞市	第二批	第二批	
404	传统技艺	传统香制作技艺（莞香制作技艺）	东莞市	第四批	第四批	
405	传统技艺	白沙茅龙笔制作技艺	江门市	第二批	第二批	
406	传统技艺	漆器髹饰技艺（阳江漆器髹饰技艺）	阳江市	第一批	第三批	
407	传统技艺	端砚制作技艺	肇庆市	第一批	第一批	
408	传统技艺	枫溪瓷烧制技艺	潮州市	第二批	第二批	
409	传统技艺	潮州彩瓷烧制技艺	潮州市	第三批	第四批	
410	传统技艺	陶器烧制技艺（枫溪手拉朱泥壶制作技艺）	潮州市	第三批	第四批	
411	传统技艺	潮州菜烹饪技艺	潮州市	第三批	第五批	
412	传统技艺	凉茶	省食协	第一批	第一批	
413	传统技艺	月饼传统制作技艺（安琪广式月饼制作技艺）	省食协	第二批	第二批	
414	传统技艺	广式红木宫灯制作技艺	广州市	第三批	—	
415	传统技艺	广州珐琅制作技艺	广州市	第三批	—	
416	传统技艺	广州戏服制作技艺	广州市	第三批	—	
417	传统技艺	广州箫笛制作技艺	广州市	第三批	—	
418	传统技艺	小凤饼（鸡仔饼）制作技艺	广州市	第四批	—	
419	传统技艺	月饼传统制作技艺（莲香楼广式月饼传统制作技艺）	广州市	第四批	—	
420	传统技艺	致美斋广式调味品制作技艺	广州市	第四批	—	
421	传统技艺	广彩瓷烧制技艺	广州市	第五批	—	
422	传统技艺	家具制作技艺（广式硬木家具制作技艺）	广州市	第五批	—	
423	传统技艺	西关打铜工艺	广州市	第五批	—	
424	传统技艺	打金制作技艺	广州市	第六批	—	
425	传统技艺	广彩瓷烧制技艺	广州市	第六批	—	
426	传统技艺	粤菜烹饪技艺	广州市	第六批	—	

（续表）

序 号	类 别	名 称	市别/单位	入选省级批次	入选国家级批次	备 注
427	传统技艺	饼印制作技艺（广州饼印制作技艺）	广州市	第七批	—	
428	传统技艺	古琴斫制技艺	广州市	第七批	—	
429	传统技艺	家具制作技艺（广式硬木家具制作技艺）	广州市	第七批	—	
430	传统技艺	龙舟制作技艺（上漖龙舟制作技艺）	广州市	第七批	—	
431	传统技艺	奶制品制作技艺（沙湾水牛奶传统小食制作技艺）	广州市	第七批	—	
432	传统技艺	广式腊味制作技艺	广州市	第八批	—	
433	传统技艺	凉果制作技艺（广式凉果制作技艺）	广州市	第八批	—	
434	传统技艺	中式服装制作技艺（钉金绣裙褂制作技艺）	广州市	第八批	—	
435	传统技艺	红釉彩瓷"满堂红"烧制技艺	深圳市	第三批	—	
436	传统技艺	客家凉帽制作技艺（甘坑客家凉帽制作技艺）	深圳市	第五批	—	
437	传统技艺	糕点制作技艺（深圳云片糕制作技艺）	深圳市	第六批	—	
438	传统技艺	横山鸭扎包	珠海市	第五批	—	
439	传统技艺	草竹编织技艺（三灶竹草编织技艺）	珠海市	第六批	—	
440	传统技艺	古琴斫制技艺（大休丝弦古琴斫造工艺）	珠海市	第八批	—	
441	传统技艺	配制酒传统酿造技艺（广德泰药酒酿造技艺）	汕头市	第四批	—	
442	传统技艺	月饼传统制作技艺（潮式月饼制作技艺）	汕头市	第四批	—	
443	传统技艺	潮式糕饼制作技艺（潮式粿品制作技艺）	汕头市	第五批	—	
444	传统技艺	潮式糕饼制作技艺（潮式朥饼制作技艺）	汕头市	第五批	—	
445	传统技艺	草竹编织技艺（外砂织席技艺）	汕头市	第六批	—	
446	传统技艺	潮汕橄榄菜制作技艺	汕头市	第六批	—	
447	传统技艺	糕点制作技艺（贵屿朥饼制作技艺）	汕头市	第六批	—	
448	传统技艺	糕点制作技艺（酒粬发粿制作技艺）	汕头市	第七批	—	
449	传统技艺	老菜脯制作技艺（澄海老菜脯制作技艺）	汕头市	第七批	—	
450	传统技艺	卤鹅制作技艺（汕头卤鹅制作技艺）	汕头市	第七批	—	
451	传统技艺	鱼饭制作技艺（达濠鱼饭制作技艺）	汕头市	第七批	—	
452	传统技艺	鱼丸制作技艺	汕头市	第七批	—	
453	传统技艺	潮州菜烹饪技艺	汕头市	第八批	—	

（续表）

序　号	类　别	名　称	市别／单位	入选省级批次	入选国家级批次	备　注
454	传统技艺	蚝烙煎制技艺	汕头市	第八批	—	
455	传统技艺	老熟地制作技艺	汕头市	第八批	—	
456	传统技艺	凉果制作技艺（汕头佛手果制作技艺）	汕头市	第八批	—	
457	传统技艺	乌龙茶制作技艺（乌龙茶精制技艺）	汕头市	第八批	—	
458	传统技艺	印章镌刻技艺	汕头市	第八批	—	
459	传统技艺	九江双蒸酒酿制技艺	佛山市	第三批	—	
460	传统技艺	石湾玉冰烧酒酿制技艺	佛山市	第三批	—	
461	传统技艺	金箔锻造技艺	佛山市	第四批	—	
462	传统技艺	石湾龙窑营造与烧制技艺	佛山市	第四批	—	
463	传统技艺	糕点制作技艺（九江煎堆制作技艺）	佛山市	第六批	—	
464	传统技艺	奶制品制作技艺（双皮奶制作技艺）	佛山市	第七批	—	
465	传统技艺	家具制作技艺（广式家具制作技艺）	佛山市	第八批	—	
466	传统技艺	扎蹄制作技艺	佛山市	第八批	—	
467	传统技艺	仁化土法造纸技艺	韶关市	第三批	—	
468	传统技艺	蒸馏酒传统酿造技艺（石塘堆花米酒酿造技艺）	韶关市	第四批	—	
469	传统技艺	宰相粉制作技艺	韶关市	第六批	—	
470	传统技艺	酿造酒传统酿造技艺（苦爽酒酿造技艺）	韶关市	第七批	—	
471	传统技艺	酱油酿造技艺（韶关酱油酿造技艺）	韶关市	第八批	—	
472	传统技艺	腊味制作技艺（南雄板鸭制作技艺）	韶关市	第八批	—	
473	传统技艺	连平客家娘酒酿制技艺	河源市	第三批	—	
474	传统技艺	绿茶制作技艺（康禾贡茶制作技艺）	河源市	第四批	—	
475	传统技艺	酿造酒传统酿造技艺（客家糯米酒传统酿造技艺）	河源市	第四批	—	
476	传统技艺	酿造酒传统酿造技艺（客家黄酒传统酿造技艺）	河源市	第五批	—	
477	传统技艺	墩头蓝纺织技艺	河源市	第六批	—	
478	传统技艺	蒲米制作技艺	河源市	第七批	—	
479	传统技艺	酱料制作技艺（椒酱制作技艺）	河源市	第八批	—	
480	传统技艺	客家菜烹饪技艺	河源市	第八批	—	
481	传统技艺	竹纸制作技艺（阳明纸制作技艺）	河源市	第八批	—	
482	传统技艺	铸铁技艺（紫金铁锅制作技艺）	河源市	第八批	—	
483	传统技艺	丰顺埔寨纸花技艺	梅州市	第三批	—	
484	传统技艺	光德陶瓷烧制技艺	梅州市	第四批	—	
485	传统技艺	客家盐焗鸡制作技艺（梅江区客家盐焗鸡制作技艺）	梅州市	第五批	—	

（续表）

序　号	类　别	名　称	市别/单位	入选省级批次	入选国家级批次	备　注
486	传统技艺	酿造酒传统酿造技艺（梅县客家娘酒酿造技艺）	梅州市	第五批	—	
487	传统技艺	蒸馏酒传统酿造技艺（长乐烧酒制作工艺）	梅州市	第五批	—	
488	传统技艺	糕点制作技艺（镏隍云片糕制作技艺）	梅州市	第六批	—	
489	传统技艺	三及第制作技艺（蕉岭三及第）	梅州市	第六批	—	
490	传统技艺	豆腐传统制作技艺（兴宁大坪布骆包子豆腐制作技艺）	梅州市	第七批	—	
491	传统技艺	酿造酒传统酿造技艺（兴宁珍珠红酒酿造技艺）	梅州市	第八批	—	
492	传统技艺	中式服装制作技艺（客家服饰制作技艺）	梅州市	第八批	—	
493	传统技艺	客家凉帽制作技艺（淡水客家凉帽制作技艺）	惠州市	第五批	—	
494	传统技艺	黄金酥丸制作工艺	惠州市	第六批	—	
495	传统技艺	客家酿豆腐烹饪技艺	惠州市	第六批	—	
496	传统技艺	草竹编织技艺（林村盒箩制作技艺）	惠州市	第七批	—	
497	传统技艺	酿造酒传统酿造技艺（惠州糯米酒酿造技艺）	惠州市	第八批	—	
498	传统技艺	陆河擂茶制作技艺	汕尾市	第四批	—	
499	传统技艺	配制酒传统酿造技艺（陆丰海马酒酿造技艺）	汕尾市	第四批	—	
500	传统技艺	陆丰金属雕	汕尾市	第五批	—	
501	传统技艺	莞草编织	东莞市	第二批	—	
502	传统技艺	广式腊味制作技艺（白沙油鸭制作技艺）	东莞市	第四批	—	
503	传统技艺	广式腊味制作技艺（厚街腊肠制作技艺）	东莞市	第四批	—	
504	传统技艺	粽子制作技艺（道滘裹蒸粽制作技艺）	东莞市	第四批	—	
505	传统技艺	鼓制作技艺（石龙新昌鼓制作技艺）	东莞市	第六批	—	
506	传统技艺	莞草编织技艺	东莞市	第六批	—	
507	传统技艺	广式腊味制作技艺（高埗矮仔肠制作技艺）	东莞市	第六批	—	
508	传统技艺	厚街濑粉制作技艺	东莞市	第六批	—	
509	传统技艺	粽子制作技艺（庾家粽制作技艺）	东莞市	第六批	—	
510	传统技艺	传统香制作技艺（莞香制作技艺）	东莞市	第七批	—	
511	传统技艺	东莞荔枝蜜酿造技艺	东莞市	第七批	—	

（续表）

序　号	类　别	名　称	市别/单位	入选省级批次	入选国家级批次	备　注
512	传统技艺	糕点制作技艺（东莞茶点制作技艺）	东莞市	第八批	—	
513	传统技艺	月饼传统制作技艺（广式月饼制作技艺）	东莞市	第八批	—	
514	传统技艺	黄圃腊味传统制作工艺	中山市	第三批	—	
515	传统技艺	咀香园杏仁饼传统制作工艺	中山市	第三批	—	
516	传统技艺	家具制作技艺（大涌红木家具传统雕刻技艺）	中山市	第四批	—	
517	传统技艺	古建筑陶塑瓦脊制作技艺	中山市	第八批	—	
518	传统技艺	蒸馏酒传统酿造技艺（石岐米酒酿造技艺）	中山市	第八批	—	
519	传统技艺	广式硬木家具制作技艺（台山大江传统家具制作技艺）	江门市	第三批	—	
520	传统技艺	广式硬木家具制作技艺（新会古典家具制作技艺）	江门市	第三批	—	
521	传统技艺	金声狮鼓制作技艺	江门市	第三批	—	
522	传统技艺	东古牌系列酱料制作技艺	江门市	第四批	—	
523	传统技艺	腐乳酿造技艺（广合腐乳酿造技艺）	江门市	第四批	—	
524	传统技艺	宫灯制作技艺（江门东艺宫灯制作技艺）	江门市	第四批	—	
525	传统技艺	茶坑石雕刻技艺	江门市	第五批	—	
526	传统技艺	小冈香制作技艺	江门市	第五批	—	
527	传统技艺	罗氏柑普茶制作技艺	江门市	第六批	—	
528	传统技艺	海宴冬蓉制作技艺	江门市	第七批	—	
529	传统技艺	蚝油制作技艺	江门市	第八批	—	
530	传统技艺	烧腊制作技艺（新会古井烧鹅制作技艺）	江门市	第八批	—	
531	传统技艺	阳江风筝	阳江市	第一批	—	
532	传统技艺	豆豉酿制技艺（阳江豆豉酿制技艺）	阳江市	第四批	—	
533	传统技艺	阳江小刀制作技艺	阳江市	第四批	—	
534	传统技艺	阳江剪刀锻制技艺	阳江市	第五批	—	
535	传统技艺	雷州蒲织技艺	湛江市	第四批	—	
536	传统技艺	遂溪制糖技艺	湛江市	第五批	—	
537	传统技艺	吴川瓦窑陶鼓制作技艺	湛江市	第五批	—	
538	传统技艺	月饼传统制作技艺（吴川月饼制作技艺）	湛江市	第五批	—	
539	传统技艺	湛江田艾米乙制作技艺	湛江市	第五批	—	
540	传统技艺	广式腊味制作技艺（湛江坡头腊味制作技艺）	湛江市	第六批	—	

（续表）

序 号	类 别	名 称	市别/单位	入选省级批次	入选国家级批次	备 注
541	传统技艺	配制酒传统酿造技艺（并华酒传统酿造技艺）	湛江市	第六批	—	
542	传统技艺	粽子制作技艺（蛤蒌粽制作技艺）	湛江市	第六批	—	
543	传统技艺	湛江干鱼制作技艺	湛江市	第七批	—	
544	传统技艺	月饼传统制作技艺（湛江海味月饼制作技艺）	湛江市	第八批	—	
545	传统技艺	月饼传统制作技艺（化州拖罗饼制作技艺）	茂名市	第四批	—	
546	传统技艺	传统香制作技艺（电白沉香制作技艺）	茂名市	第八批	—	
547	传统技艺	糕点制作技艺（电城炒米饼制作技艺）	茂名市	第六批	—	
548	传统技艺	古法造纸	肇庆市	第二批	—	
549	传统技艺	金渡花席编织技艺	肇庆市	第三批	—	
550	传统技艺	肇庆裹蒸制作技艺	肇庆市	第三批	—	
551	传统技艺	疍家糕制作技艺	肇庆市	第四批	—	
552	传统技艺	传拓技艺	肇庆市	第八批	—	
553	传统技艺	酱油酿造技艺（肇庆酱油酿造技艺）	肇庆市	第八批	—	
554	传统技艺	米粉制作技艺（德庆竹篙粉制作技艺）	肇庆市	第八批	—	
555	传统技艺	瑶族银饰制作技艺	清远市	第五批	—	
556	传统技艺	瑶族长鼓制作技艺	清远市	第五批	—	
557	传统技艺	排瑶牛皮酥制作技艺	清远市	第六批	—	
558	传统技艺	瑶族扎染	清远市	第六批	—	
559	传统技艺	草竹编织技艺（沙河鸟笼工艺）	清远市	第七批	—	
560	传统技艺	红茶制作技艺（英德红茶制作技艺）	清远市	第七批	—	
561	传统技艺	擂茶粥制作技艺	清远市	第七批	—	
562	传统技艺	沙坊切粉制作技艺	清远市	第七批	—	
563	传统技艺	乌龙茶制作技艺（笔架茶制作工艺）	清远市	第七批	—	
564	传统技艺	白切鸡烹饪技艺（清远白切鸡烹饪技艺）	清远市	第八批	—	
565	传统技艺	陶器烧制技艺（龙塘陶缸烧制技艺）	清远市	第八批	—	
566	传统技艺	浮洋方潮盛铜锣制作技艺	潮州市	第三批	—	
567	传统技艺	铜铸胎掐丝珐琅器制作技艺	潮州市	第四批	—	
568	传统技艺	潮州金银錾刻技艺	潮州市	第五批	—	
569	传统技艺	乌龙茶制作技艺（潮州单丛茶制作技艺）	潮州市	第五批	—	

（续表）

序　号	类　别	名　称	市别/单位	入选省级批次	入选国家级批次	备　注
570	传统技艺	建筑木结构营造技艺（潮州传统建筑木结构技艺）	潮州市	第六批	—	
571	传统技艺	凉果制作技艺（潮州佛手果老香黄制作技艺）	潮州市	第七批	—	
572	传统技艺	凉果制作技艺（潮州九制陈皮制作技艺）	潮州市	第八批	—	
573	传统技艺	凉果制作技艺（潮州九制金榄制作技艺）	潮州市	第八批	—	
574	传统技艺	漆器髤饰技艺（潮州漆器髤饰技艺）	潮州市	第八批	—	
575	传统技艺	陶器烧制技艺（潮州炭炉制作技艺）	潮州市	第八批	—	
576	传统技艺	盐焗鸡制作技艺（饶平盐焗鸡制作技艺）	潮州市	第八批	—	
577	传统技艺	糕点制作技艺（潮州腐乳饼制作技艺）	潮州市	第八批	—	
578	传统技艺	贵政山茶叶陶罐制作技艺	揭阳市	第三批	—	
579	传统技艺	酱油酿造技艺（揭阳酱油酿造技艺）	揭阳市	第三批	—	
580	传统技艺	老香橼（佛手瓜）制作技艺	揭阳市	第三批	—	
581	传统技艺	普宁豆酱制作技艺	揭阳市	第三批	—	
582	传统技艺	绿茶制作技艺（玉湖炒茶制作技艺）	揭阳市	第四批	—	
583	传统技艺	酿造酒传统酿造技艺（揭西客家红酒酿造技艺）	揭阳市	第四批	—	
584	传统技艺	乒乓粿制作技艺	揭阳市	第四批	—	
585	传统技艺	浦东牛皮鼓制作技艺	揭阳市	第四批	—	
586	传统技艺	风筝制作技艺（揭阳风筝制作技艺）	揭阳市	第五批	—	
587	传统技艺	揭阳陶塑制作技艺	揭阳市	第五批	—	
588	传统技艺	糕点制作技艺（隆江绿豆饼制作技艺）	揭阳市	第六批	—	
589	传统技艺	传统香制作技艺（大龙香制作技艺）	揭阳市	第七批	—	
590	传统技艺	漆器髤饰技艺（榕城漆艺）	揭阳市	第七批	—	
591	传统技艺	束砂制作技艺	揭阳市	第八批	—	
592	传统技艺	横经席制作技艺	云浮市	第三批	—	
593	传统技艺	豆豉酿制技艺（罗定豆豉酿制技艺）	云浮市	第五批	—	
594	传统技艺	凉果制作技艺（新兴凉果制作技艺）	云浮市	第六批	—	
595	传统技艺	罗定皱纱鱼腐制作技艺	云浮市	第七批	—	
596	传统技艺	擂茶粥制作技艺	云浮市	第八批	—	
597	传统技艺	潮汕手打牛肉丸制作技艺	省食协	第七批	—	
598	传统医药	传统中医药文化（陈李济传统中药文化）	广州市	第二批	第二批	

（续表）

序　号	类　别	名　称	市别/单位	入选省级批次	入选国家级批次	备　注
599	传统医药	传统中医药文化（潘高寿传统中药文化）	广州市	第二批	第二批	
600	传统医药	针灸（岭南陈氏针法）	广州市	第六批	第五批	
601	传统医药	中医正骨疗法（平乐郭氏正骨法）	深圳市	第二批	第二批	
602	传统医药	中医诊疗法（贾氏点穴疗法）	深圳市	第四批	第四批	
603	传统医药	中医诊疗法（一指禅推拿）	珠海市	第四批	第四批	
604	传统医药	中医传统制剂方法（太安堂麒麟丸制作技艺）	汕头市	第三批	第四批	
605	传统医药	中医传统制剂方法（罗浮山百草油制作技艺）	惠州市	第三批	第三批	
606	传统医药	中药炮制技艺（新会陈皮炮制技艺）	江门市	第三批	第五批	
607	传统医药	中医传统制剂方法（保滋堂保婴丹制作技艺）	省医协	第三批	第三批	
608	传统医药	传统中医药文化（采芝林传统中药文化）	广州市	第三批	—	
609	传统医药	传统中医药文化（敬修堂传统中药文化）	广州市	第三批	—	
610	传统医药	西关正骨	广州市	第三批	—	
611	传统医药	针灸（岭南传统天灸疗法）	广州市	第四批	—	
612	传统医药	中医传统制剂方法（小柴胡制剂方法）	广州市	第四批	—	
613	传统医药	针灸（岭南火针疗法）	广州市	第七批	—	
614	传统医药	中医诊疗法（岭南罗氏妇科诊法）	广州市	第七批	—	
615	传统医药	中医诊疗法（蛇串疮特色疗法）	广州市	第七批	—	
616	传统医药	针灸（岭南飞针疗法）	广州市	第八批	—	
617	传统医药	中医传统制剂方法（二天油制作技艺）	广州市	第八批	—	
618	传统医药	中医诊疗法（肌骨同治疗法）	广州市	第八批	—	
619	传统医药	中医诊疗法（骆氏腹诊推拿术）	深圳市	第五批	—	
620	传统医药	中医诊疗法（李氏筋伤点穴推拿术）	深圳市	第七批	—	
621	传统医药	中医诊疗法（朱氏点穴牵顿脊椎整复术）	深圳市	第八批	—	
622	传统医药	中医诊疗法（孙氏踩跷理筋术）	珠海市	第七批	—	
623	传统医药	中医正骨疗法（姚氏中医正骨疗法）	汕头市	第八批	—	
624	传统医药	中医传统制剂方法（冯了性风湿跌打药酒传统组方及工艺）	佛山市	第四批	—	
625	传统医药	中医养生（源吉林甘和茶）	佛山市	第四批	—	
626	传统医药	中医正骨疗法（佛山伤科正骨）	佛山市	第七批	—	

（续表）

序　号	类　别	名　称	市别/单位	入选省级批次	入选国家级批次	备　注
627	传统医药	中医传统制剂方法（罗浮山风湿膏药制作技艺）	惠州市	第八批	—	
628	传统医药	针灸（刘氏毫火针疗法）	东莞市	第八批	—	
629	传统医药	中医正骨疗法（中医清官正骨）	东莞市	第八批	—	
630	传统医药	针灸（"施一针"针法）	阳江市	第七批	—	
631	传统医药	传统中医药文化（化橘红中药文化）	茂名市	第四批	—	
632	传统医药	中医养生（潮州暑茶）	潮州市	第七批	—	
633	传统医药	中医正骨疗法（黄氏中医正骨）	揭阳市	第五批	—	
634	传统医药	中医正骨疗法（康宁堂骨伤疗法）	揭阳市	第五批	—	
635	传统医药	中医正骨疗法（蔡氏中医正骨）	揭阳市	第六批	—	
636	传统医药	中医诊疗法（恒芝堂胎病中医疗法）	揭阳市	第八批	—	
637	民俗	民间信俗（波罗诞）	广州市	第二批	第三批	
638	民俗	七夕节（天河乞巧习俗）	广州市	第二批	第三批	
639	民俗	春节（行花街）	广州市	第二批	第五批	
640	民俗	祭祖习俗（下沙祭祖）	深圳市	第二批	第三批	
641	民俗	汉族传统婚俗（斗门水上婚嫁习俗）	珠海市	第二批	第二批	
642	民俗	装泥鱼习俗	珠海市	第三批	第三批	
643	民俗	民间信俗（贵屿双忠信俗）	汕头市	第三批	第四批	
644	民俗	庙会（佛山祖庙庙会）	佛山市	第一批	第二批	
645	民俗	中秋节（佛山秋色）	佛山市	第一批	第二批	
646	民俗	瑶族盘王节	韶关市	第一批	第一批	
647	民俗	抬阁［芯子、铁枝、飘色］（河田高景）	汕尾市	第一批	第二批	
648	民俗	寮步香市	东莞市	第二批	第四批	
649	民俗	庙会（茶园游会）	东莞市	第六批	第五批	
650	民俗	小榄菊花会	中山市	第一批	第一批	
651	民俗	抬阁［芯子、铁枝、飘色］（南朗崖口飘色）	中山市	第二批	第二批	
652	民俗	抬阁［芯子、铁枝、飘色］（台山浮石飘色）	江门市	第一批	第二批	
653	民俗	灯会（泮村灯会）	江门市	第二批	第二批	
654	民俗	抬阁［芯子、铁枝、飘色］（吴川飘色）	湛江市	第一批	第二批	
655	民俗	民间信俗（冼夫人信俗）	茂名市	第四批	第四批	
656	民俗	民间信俗（悦城龙母诞）	肇庆市	第一批	第三批	
657	民俗	民间社火（高要春社）	肇庆市	第五批	第五批	
658	民俗	瑶族耍歌堂	清远市	第一批	第一批	

（续表）

序　号	类　别	名　称	市别/单位	入选省级批次	入选国家级批次	备　注
659	民俗	婚俗（瑶族婚俗）	清远市	第三批	第四批	
660	民俗	茶艺（潮州工夫茶艺）★	潮州市	第二批	第二批	
661	民俗	祭祖习俗（灯杆彩凤习俗）	揭阳市	第三批	第三批	
662	民俗	沙湾飘色	广州市	第一批	—	
663	民俗	赛龙舟（扒龙舟）	广州市	第二批	—	
664	民俗	飘色（番禺水色）	广州市	第三批	—	
665	民俗	畲族拜祖公图	广州市	第三批	—	
666	民俗	春节习俗（掷彩门）	广州市	第五批	—	
667	民俗	民间信俗（南沙妈祖信俗）	广州市	第五批	—	
668	民俗	民间信俗（盘古王诞）	广州市	第六批	—	
669	民俗	民间信俗（粤剧八和祖师诞）	广州市	第六批	—	
670	民俗	端午节（扒龙舟）	广州市	第七批	—	
671	民俗	中秋节（舞火龙）	广州市	第七批	—	
672	民俗	端午节（车陂龙舟景）	广州市	第八批	—	
673	民俗	广府饮茶习俗	广州市	第八批	—	
674	民俗	“辞沙”祭妈祖大典	深圳市	第二批	—	
675	民俗	大鹏追念英烈习俗	深圳市	第二批	—	
676	民俗	疍家婚俗（疍家人婚俗）	深圳市	第二批	—	
677	民俗	疍民过年习俗	深圳市	第二批	—	
678	民俗	赛龙舟（赛龙舟）	深圳市	第二批	—	
679	民俗	大盆菜（下沙大盆菜）	深圳市	第三批	—	
680	民俗	庙会（西乡北帝三月三庙会）	深圳市	第八批	—	
681	民俗	沙井蚝生产习俗	深圳市	第八批	—	
682	民俗	飘色	珠海市	第二批	—	
683	民俗	七月三十装路香	珠海市	第四批	—	
684	民俗	中秋节（中秋对歌会）	珠海市	第四批	—	
685	民俗	端午节（淇澳端午祈福巡游）	珠海市	第六批	—	
686	民俗	祭祖习俗（斗门赵氏家族祭礼）	珠海市	第六批	—	
687	民俗	庙会（大万山岛天后诞）	珠海市	第七批	—	
688	民俗	装禾虫习俗	珠海市	第八批	—	
689	民俗	茶艺（汕头工夫茶艺）	汕头市	第三批	—	
690	民俗	后宅元宵渔灯赛会	汕头市	第三批	—	
691	民俗	民间信俗（华阳珠珍娘娘信俗）	汕头市	第六批	—	
692	民俗	汕头“出花园”	汕头市	第七批	—	
693	民俗	楹联习俗	汕头市	第七批	—	
694	民俗	潮州“打冷”食俗	汕头市	第八批	—	
695	民俗	民间信俗（大峰信俗）	汕头市	第八批	—	

（续表）

序　号	类　别	名　称	市别/单位	入选省级批次	入选国家级批次	备　注
696	民俗	春节习俗（佛山春节习俗）	佛山市	第二批	—	
697	民俗	灯会（乐安花灯会）	佛山市	第二批	—	
698	民俗	行通济	佛山市	第二批	—	
699	民俗	陈村花会	佛山市	第三批	—	
700	民俗	官窑生菜会	佛山市	第三批	—	
701	民俗	端午节（盐步老龙礼俗）	佛山市	第四批	—	
702	民俗	庙会（大仙诞庙会）	佛山市	第五批	—	
703	民俗	民间信俗（观音信俗）	佛山市	第五批	—	
704	民俗	真步堂天文历算	佛山市	第五批	—	
705	民俗	端午节（龙眼点睛习俗）	佛山市	第六批	—	
706	民俗	民间信俗（关帝侯王出游）	佛山市	第六批	—	
707	民俗	庙会（胥江祖庙庙会）	佛山市	第七批	—	
708	民俗	九江鱼花生产习俗	佛山市	第八批	—	
709	民俗	民间信俗（黄连仓颉字祖信俗）	佛山市	第八批	—	
710	民俗	南华诞庙会	韶关市	第一批	—	
711	民俗	乳源瑶族服饰	韶关市	第五批	—	
712	民俗	双朝节	韶关市	第七批	—	
713	民俗	忠信吊灯习俗	河源市	第二批	—	
714	民俗	席床生日节	河源市	第五批	—	
715	民俗	畲族蓝大将军出巡节	河源市	第七批	—	
716	民俗	上莞镇新轮村追龙	河源市	第八批	—	
717	民俗	汶水塘捕鱼节	河源市	第八批	—	
718	民俗	作鱼梁习俗	河源市	第八批	—	
719	民俗	兴宁罗家通书推算法	梅州市	第四批	—	
720	民俗	下坝迎灯	梅州市	第六批	—	
721	民俗	元宵节（西河漳溪墟扫街灯）	梅州市	第七批	—	
722	民俗	元宵节（兴宁上灯习俗）	梅州市	第七批	—	
723	民俗	香花祭仪	梅州市	第八批	—	
724	民俗	庙会（九龙峰谭公庙醮会）	惠州市	第三批	—	
725	民俗	端午节（端午龙舟习俗）	惠州市	第五批	—	
726	民俗	舞火狗	惠州市	第五批	—	
727	民俗	舞鲤鱼	惠州市	第五批	—	
728	民俗	婚俗（大亚湾渔家婚嫁）	惠州市	第六批	—	
729	民俗	民间信俗（西来古刹祈福）	惠州市	第六批	—	
730	民俗	元宵节（元宵舞龙）	惠州市	第六批	—	
731	民俗	东坑地景	汕尾市	第二批	—	
732	民俗	玄武山庙会	汕尾市	第二批	—	

（续表）

序　号	类　别	名　称	市别 / 单位	入选省级批次	入选国家级批次	备　注
733	民俗	庙会（凤山妈祖庙会）	汕尾市	第三批	—	
734	民俗	飘色（博美飘色）	汕尾市	第三批	—	
735	民俗	民间信俗（博美妈祖信俗）	汕尾市	第四批	—	
736	民俗	元宵节（拂秋千）	汕尾市	第六批	—	
737	民俗	东坑卖身节	东莞市	第二批	—	
738	民俗	康王宝诞	东莞市	第二批	—	
739	民俗	乞巧节	东莞市	第二批	—	
740	民俗	大盆菜（长安大盆菜）	东莞市	第三批	—	
741	民俗	赛龙舟（中堂龙舟景）	东莞市	第三批	—	
742	民俗	舞木龙习俗（端午游木龙）	东莞市	第三批	—	
743	民俗	舞木龙习俗（舞木龙）	东莞市	第三批	—	
744	民俗	横沥牛墟	东莞市	第四批	—	
745	民俗	七夕节（七夕贡案）	东莞市	第四批	—	
746	民俗	庙会（大步巡游）	东莞市	第七批	—	
747	民俗	南社九大簋	东莞市	第八批	—	
748	民俗	飘色	中山市	第二批	—	
749	民俗	沙溪四月八	中山市	第三批	—	
750	民俗	端午节（黄圃赛龙舟习俗）	中山市	第五批	—	
751	民俗	民间信俗（沙溪三月三）	中山市	第六批	—	
752	民俗	南头灯酒习俗	中山市	第七批	—	
753	民俗	赛龙舟（礼乐龙舟）	江门市	第二批	—	
754	民俗	陈山香火龙习俗	江门市	第五批	—	
755	民俗	端午节（古劳三夹腾龙）	江门市	第六批	—	
756	民俗	庙会（洪圣庙会）	江门市	第七批	—	
757	民俗	鹤城客家花炮会	江门市	第八批	—	
758	民俗	疍家婚俗（疍家渔民婚俗）	阳江市	第二批	—	
759	民俗	高流河墟	阳江市	第三批	—	
760	民俗	端午节（端午逆水赛龙舟）	阳江市	第五批	—	
761	民俗	庙会（梁镇南将军府炮会）	阳江市	第七批	—	
762	民俗	麒麟村爬刀梯	湛江市	第二批	—	
763	民俗	雷祖崇拜	湛江市	第三批	—	
764	民俗	关公磨刀节	湛江市	第四批	—	
765	民俗	雷州风筝节	湛江市	第四批	—	
766	民俗	庙会（坡头罗侯王庙庙会）	湛江市	第四批	—	
767	民俗	年例（吴川年例）	湛江市	第五批	—	
768	民俗	元宵节（遂溪北坡游鱼）	湛江市	第七批	—	
769	民俗	飘色（吉水偶色）	湛江市	第八批	—	

（续表）

序 号	类 别	名 称	市别/单位	入选省级批次	入选国家级批次	备 注
770	民俗	糖祖习俗	湛江市	第八批	—	
771	民俗	飘色（信宜镇隆飘色）	茂名市	第三批	—	
772	民俗	年例（茂名年例）	茂名市	第四批	—	
773	民俗	元宵节（六双花灯节）	茂名市	第八批	—	
774	民俗	贞仙诞	肇庆市	第二批	—	
775	民俗	德庆学宫祭孔活动	肇庆市	第三批	—	
776	民俗	端午节（金利龙舟习俗）	肇庆市	第七批	—	
777	民俗	加冠命字	肇庆市	第七批	—	
778	民俗	中秋节（烧番塔）	肇庆市	第七批	—	
779	民俗	高要酒堂例规	肇庆市	第八批	—	
780	民俗	伍丁诞	肇庆市	第八批	—	
781	民俗	豆腐节	清远市	第二批	—	
782	民俗	舞被狮	清远市	第二批	—	
783	民俗	婚俗（过山瑶婚礼）	清远市	第四批	—	
784	民俗	洗佛节	清远市	第五批	—	
785	民俗	重阳节"大神会"	清远市	第五批	—	
786	民俗	民间信俗（曹主娘娘信俗）	清远市	第六批	—	
787	民俗	民间信俗（牛王诞）	清远市	第六批	—	
788	民俗	清远旺龙	清远市	第七批	—	
789	民俗	玩坡节	清远市	第七批	—	
790	民俗	端午节（白庙疍家游龙）	清远市	第八批	—	
791	民俗	饶平彩青习俗	潮州市	第二批	—	
792	民俗	畲族招兵节	潮州市	第二批	—	
793	民俗	潮州"出花园"	潮州市	第三批	—	
794	民俗	庙会（潮州青龙庙会）	潮州市	第四批	—	
795	民俗	端午节（大城所端午节游旱龙）	潮州市	第六批	—	
796	民俗	春节习俗（揭阳春节习俗）	揭阳市	第二批	—	
797	民俗	大溪宗祠祭典	揭阳市	第二批	—	
798	民俗	锣鼓标旗巡游	揭阳市	第二批	—	
799	民俗	三山国王祭典	揭阳市	第二批	—	
800	民俗	行彩桥	揭阳市	第二批	—	
801	民俗	摆猪羊习俗	揭阳市	第三批	—	
802	民俗	茶艺（揭阳工夫茶艺）	揭阳市	第三批	—	
803	民俗	锣鼓标旗巡游	揭阳市	第三批	—	
804	民俗	飘色（靖海景屏）	揭阳市	第三批	—	
805	民俗	赛龙舟（揭阳赛龙舟）	揭阳市	第三批	—	
806	民俗	竹溪楼日历	揭阳市	第五批	—	

（续表）

序　号	类　别	名　称	市别/单位	入选省级批次	入选国家级批次	备　注
807	民俗	榕城破门楼郑翁仔灯习俗	揭阳市	第六批	—	
808	民俗	祭祖习俗（南潮吴氏宗祠祭典）	揭阳市	第七批	—	
809	民俗	民间信俗（打火醮）	揭阳市	第七批	—	
810	民俗	六祖诞庙会	云浮市	第二批	—	
811	民俗	张公庙会	云浮市	第二批	—	
812	民俗	庙会（东山祖庙庙会）	云浮市	第三批	—	
813	民俗	庙会（马塘庙会）	云浮市	第三批	—	
814	民俗	庙会（禾谷醮）	云浮市	第四批	—	
815	民俗	飘色（连滩飘色）	云浮市	第四批	—	
816	民俗	元宵节（舞火篮）	云浮市	第四批	—	
817	民俗	祭祖习俗（凤阳宗祠祭典）	云浮市	第六批	—	

说明：①据广东省文化和旅游厅提供的资料整理；

　　　②带★者为联合国教科文组织人类非物质文化遗产代表名录项目，共5项。

附录四　广东省省级及以上古籍重点保护单位

广东省全国古籍重点保护单位				
序　号	单　位	所在地级市	公布批次	公布时间
1	广东省立中山图书馆	广州市	第一批	2008 年 3 月
2	中山大学图书馆	广州市	第一批	2008 年 3 月
3	华南师范大学图书馆	广州市	第二批	2009 年 6 月
4	暨南大学图书馆	广州市	第二批	2009 年 6 月
5	广东省社会科学院	广州市	第六批	2020 年 10 月
广东省古籍重点保护单位				
序　号	单　位	所在地级市	公布批次	公布时间
1	广东省立中山图书馆	广州市	第一批	2011 年 10 月
2	中山大学图书馆	广州市	第一批	2011 年 10 月
3	华南师范大学图书馆	广州市	第一批	2011 年 10 月
4	暨南大学图书馆	广州市	第一批	2011 年 10 月
5	佛山市图书馆	佛山市	第一批	2011 年 10 月
6	广州中医药大学图书馆	广州市	第一批	2011 年 10 月
7	梅州市剑英图书馆	梅州市	第一批	2011 年 10 月
8	汕头市图书馆	汕头市	第一批	2011 年 10 月
9	江门市新会区景堂图书馆	江门市	第一批	2011 年 10 月
10	广州大学图书馆	广州市	第一批	2011 年 10 月
11	广东省社会科学院	广州市	第一批	2011 年 10 月
12	惠州慈云图书馆	惠州市	第一批	2011 年 10 月
13	阳江市图书馆	阳江市	第一批	2011 年 10 月
14	广东省博物馆	广州市	第一批	2011 年 10 月
15	高要市图书馆	肇庆市	第一批	2011 年 10 月
16	华南农业大学中国农业历史遗产研究室	广州市	第二批	2016 年 5 月
17	湛江市图书馆	湛江市	第二批	2016 年 5 月
18	广州图书馆	广州市	第二批	2016 年 5 月
19	韩山师范学院图书馆	潮州市	第二批	2016 年 5 月
20	汕头市金山中学	汕头市	第二批	2016 年 5 月
21	广东中国客家博物馆	梅州市	第二批	2016 年 5 月
22	中山市图书馆	中山市	第二批	2016 年 5 月
23	潮州市博物馆	潮州市	第二批	2016 年 5 月

附录五 广东省珍贵古籍名录

第一批广东省珍贵古籍名录

0001 周易十卷 （宋）程颐传 （宋）朱熹本义 明正统十二年（1447）司礼监刻五经本 暨南大学图书馆

0002 周易九卷 （魏）王弼 （晋）韩康伯注 （唐）陆德明释文 略例一卷 （魏）王弼撰 （唐）邢璹注 明赵府味经堂刻本 广东省立中山图书馆

0003 周易九卷 （魏）王弼 （晋）韩康伯注 （唐）陆德明释文 略例一卷 （魏）王弼撰 （唐）邢璹注 明崇祯十二年（1639）永怀堂刻十三经古注本 中山大学图书馆

0004 周易八卷 （宋）苏轼传 王辅嗣论易一卷 （魏）王弼撰 明闵齐伋刻朱墨套印本 中山大学图书馆

0005 周易本义四卷 （宋）朱熹撰 明刻本 徐臣批注 中山大学图书馆

0006 周易程朱传义二十四卷 （宋）程颐 朱熹撰 明嘉靖四十三年（1564）黄希宪、徐节刻五经集注本 广东省立中山图书馆

0007 周易程朱传义二十四卷 （宋）程颐 朱熹撰 明嘉靖四十三年（1564）黄希宪、徐节刻五经集注本 广东省立中山图书馆

0008 周易传义二十四卷 （宋）程颐 朱熹撰 上下篇义一卷 （宋）程颐撰 图说一卷五赞一卷筮仪一卷 （宋）朱熹撰 明崇祯四年（1631）汪应魁贻经堂刻本 中山大学图书馆

0009 诚斋先生易传二十卷 （宋）杨万里撰 明嘉靖二十一年（1542）尹耕疗鹤亭刻本 华南师范大学图书馆

0010 周易旁注七卷前图二卷 （明）朱升撰 明刻本 中山大学图书馆

0011 周会魁校正易经大全二十卷首一卷 （明）胡广等辑 （明）周士显校正 明万历三十三年（1605）书林余氏刻本 中山大学图书馆

0012 重订蔡虚斋先生易经蒙引十二卷 （明）蔡清撰 （明）宋兆禴重订 明末刻本 仪清室

0013 读易余言五卷 （明）崔铣撰 明崔氏家塾刻本 中山大学图书馆

0014 图书质疑一卷 （明）薛侃撰 明万历四十五年（1617）薛茂杞刻本 广东省立中山图书馆

0015 易意参疑首编二卷外编十卷 （明）孙从龙撰 明万历五年（1577）书林翁时化刻本 中山大学图书馆

0016 像象管见九卷 （明）钱一本撰 明万历刻本 中山大学图书馆

0017 像抄六卷 （明）钱一本撰 明万历四十一年（1613）毗陵钱氏刻本 中山大学图书馆

0018 周易象通八卷意象图说一卷 （明）朱谋㙔撰 明万历刻本 中山大学图书馆

0019 周易爻物当名二卷 （明）黎遂球撰 明末刻本 中山大学图书馆

0020 易解十六卷 （明）来知德撰 明刻本 中山大学图书馆

0021 雪园易义四卷首一卷 （明）李奇玉撰 清顺治刻本 中山大学图书馆

0022 燕市读易解三卷 （明）余鸿鼎撰 明万历刻本 广州图书馆

0023 易注十二卷洪范传一卷 （清）崔致远撰 清乾隆八年（1743）绛云楼刻本 广州图书馆 存八卷（易注一至三、六至十）

0024 尚书注疏二十卷 （汉）孔安国传 （唐）孔颖达疏 （唐）陆德明释文 明万历十五年（1587）北京国子监刻清康熙二十五年（1686）重修十三经注疏

本　中山大学图书馆

0025 东坡先生书传二十卷　（宋）苏轼撰　明万历二十五年（1597）毕氏刻两苏经解本　广东省立中山图书馆

0026 书集传六卷图一卷　（宋）蔡沈撰　（元）邹季友音释　朱子说书纲领一卷　（宋）朱熹撰　明正统十二年（1447）司礼监刻本　广东省立中山图书馆

0027 书经集传六卷　（宋）蔡沈撰　明嘉靖吉澄刻本　中山大学图书馆

0028 书传大全十卷纲领一卷图一卷　（明）胡广等辑　明刻本　华南师范大学图书馆

0029 书经注疏大全合纂五十九卷首一卷　（明）张溥撰　明崇祯九年（1636）刻本　广州图书馆　存三十七卷（二、六、十三至十九、二十七至五十四）

0030 尚书删补五卷　（明）汪康谣撰　明崇祯六年（1633）自刻本　中山大学图书馆

0031 日讲书经解义十三卷　（清）库勒纳等撰　清康熙十九年（1680）内府刻本　深圳图书馆

0032 禹贡锥指二十卷图一卷　（清）胡渭撰　清康熙漱六轩刻本　广州大学图书馆

0033 晚书订疑三卷　（清）程廷祚撰　清幹年堂刻朱印本　复庐题跋　中山大学图书馆

0034 毛诗注疏二十卷　（汉）毛亨传　（汉）郑玄笺　（唐）孔颖达疏　（唐）陆德明音义　明崇祯三年（1630）毛氏汲古阁刻十三经注疏本　劳格批校　中山大学图书馆

0035 诗集传二十卷诗序辨说一卷诗传纲领一卷诗图一卷　（宋）朱熹撰　明正统十二年（1447）司礼监刻本　广东省立中山图书馆

0036 诗经集传八卷　（宋）朱熹撰　清乾隆五十五年（1790）金陵芥子园刻本　陈澧批校　中山大学图书馆

0037 诗缉三十六卷　（宋）严粲撰　明赵府味经堂刻本　广东省立中山图书馆

0038 诗经大全二十卷纲领一卷图一卷　（明）胡广等辑　诗序辨说一卷　（宋）朱熹撰　明刻本　广东省立中山图书馆

0039 诗传大全二十卷纲领一卷图一卷　（明）胡广等辑　明刻本　广东省立中山图书馆

0040 诗传大全二十卷纲领一卷图一卷　（明）胡广等辑　诗序辨说一卷　（宋）朱熹撰　诗经考异一卷　（宋）王应麟撰　明末刻本　中山大学图书馆

0041 诗经四卷小序一卷　（明）钟惺评点　明凌杜若刻三色套印本　华南师范大学图书馆

0042 读风臆评一卷　（明）戴君恩撰　明万历四十八年（1620）闵齐伋刻朱墨套印本　华南师范大学图书馆

0043 刻陈眉公先生六经选注诗经二卷　（明）陈继儒注　明万历书林余象斗刻本　佛山市图书馆

0044 诗辑一卷　（清）李应鸿撰　稿本　卢子枢跋　广州图书馆

0045 诗外传十卷　（汉）韩婴撰　明嘉靖沈辨之野竹斋刻本　广东省立中山图书馆

0046 诗外传十卷　（汉）韩婴撰　明末毛氏汲古阁刻本　中山大学图书馆

0047 韩诗外传十卷　（汉）韩婴撰　明天启唐琳刻快阁藏书本　中山大学图书馆

0048 檀弓二卷　（宋）谢枋得批点　（明）杨慎附注　明万历四十四年（1616）闵齐伋刻朱墨套印本　华南师范大学图书馆

0049 檀弓二卷　（宋）谢枋得批点　（明）杨慎附注　明万历四十四年（1616）闵齐伋刻朱墨套印本　广东省立中山图书馆

0050 檀弓考工二通四卷　（明）徐昭庆辑　明万历刻本　中山大学图书馆

0051 周礼注疏四十二卷　（汉）郑玄注　（唐）贾公彦等疏　（唐）陆德明释文　明嘉靖应槚刻本　中山大学图书馆

0052 周礼注疏四十二卷　（汉）郑玄注　（唐）贾公彦等疏　（唐）陆德明音义　明嘉靖李元阳刻十三经注疏本（有抄配）　中山大学图书馆

0053 周礼注疏十八卷　（汉）郑玄注　（唐）贾公彦等疏　明末张采刻本　中山大学图书馆

0054 礼经会元四卷　（宋）叶时撰　明嘉靖五年（1526）萧梅林刻本　华南师范大学图书馆

0055 周礼全经释原十二卷周礼通论一卷周礼传叙论一卷　（明）柯尚迁撰　明隆庆四年（1570）张大忠刻本　华南师范大学图书馆

0056 注释古周礼五卷考工记一卷　（明）郎兆玉撰　明天启郎氏堂策槛刻本　中山大学图书馆

0057 周礼注疏删翼三十卷　（明）王志长撰　明崇祯十二年（1639）天德堂刻本　中山大学图书馆

0058 考工记二卷　（明）郭正域批点　明刻朱墨套印本　广东省立中山图书馆

0059 考工记二卷　（明）郭正域批点　明万历四十四年（1616）闵齐伋刻朱墨套印本　华南师范大学图书馆

0060 仪礼注疏十七卷　（汉）郑玄注　（唐）贾公彦等疏　明万历二十一年（1593）北京国子监刻十三经注疏本　广东省立中山图书馆

0061 仪礼注疏十七卷　（汉）郑玄注　（唐）贾公彦等疏　明万历二十一年（1593）北京国子监刻十三经注疏本　中山大学图书馆

0062 礼记集说十六卷　（元）陈澔撰　明正统十二年（1447）司礼监刻本　暨南大学图书馆

0063 礼记集说十六卷　（元）陈澔撰　明正统十二年（1447）司礼监刻本　广东省社会科学院

0064 礼记集说三十卷　（元）陈澔撰　明刻本　中山大学图书馆

0065 礼记集说十卷　（元）陈澔撰　明崇祯六年（1633）闵齐伋刻本　中山大学图书馆

0066 礼记集说大全三十卷　（明）胡广等辑　明嘉靖三十九年（1560）安正堂刻本　中山大学图书馆

0067 大戴礼记十三卷　（汉）戴德撰　（明）钟惺评　明刻本　中山大学图书馆

0068 三礼考注六十四卷序录一卷纲领一卷　（元）吴澄撰　明成化九年（1473）谢士元刻本　广东省立中山图书馆

0069 三礼考注十卷序录一卷纲领一卷　（元）吴澄撰　明万历三十八年（1610）董应举刻本　中山大学图书馆　存四卷（四至七）

0070 礼书一百五十卷　（宋）陈祥道撰　明末张溥刻本　中山大学图书馆

0071 四礼疑五卷丧礼余言一卷　（明）吕坤撰　明万历吕知思刻本　中山大学图书馆

0072 文公家礼仪节八卷　（明）丘濬撰　明万历三十六年（1608）钱时刻本　中山大学图书馆

0073 雅乐发微八卷　（明）张敔撰　明嘉靖刻本　广东省立中山图书馆

0074 乐典三十六卷　（明）黄佐撰　明嘉靖三十六年（1557）卢宁刻本　广东省立中山图书馆

0075 乐学新说一卷附乐经古文一卷　（明）朱载堉撰　明万历刻本　中山大学图书馆

0076 乐律全书三十九卷　（明）朱载堉撰　明万历郑藩刻本　中山大学图书馆　存三十一卷（小舞乡乐谱一、二佾缀兆图一、旋公合乐谱一、操缦古乐谱一、律吕精义内篇一至七、九至十、律吕精义外篇一至十、乡饮诗乐谱一至六、六代小舞谱一、灵星小舞谱一）

0077 乐经以俟录不分卷　（明）瞿九思撰　明万历三十五年（1607）史学迁刻本　中山大学图书馆

0078 春秋经传集解三十卷　（晋）杜预撰　（唐）陆德明释文　明刻本　中山大学图书馆

0079 春秋经传集解三十卷　（晋）杜预撰　（唐）陆德明释文　明刻本　中山大学图书馆

0080 春秋经传集解三十卷　（晋）杜预撰　（唐）陆德明释文　明刻本　申涵盼批点　中山大学图书馆

0081 读春秋左氏赘言十二卷　（明）王升撰　明万历十六年（1588）贺邦泰刻本　中山大学图书馆

0082 左氏详节八卷　（明）许孚远辑　明万历刻本　中山大学图书馆

0083 春秋左传十五卷　（明）孙鑛批点　明万历四十四年（1616）闵齐伋刻朱墨套印本　中山大学图书馆

0084 春秋左传十五卷　（明）孙鑛批点　明万历四十四年（1616）闵齐伋刻朱墨套印本　中山大学图书馆　存十二卷（一、二、六至十五）

0085 春秋左传十五卷　（明）孙鑛批点　明刻朱墨套印本　中山大学图书馆

0086 春秋左传注评测义七十卷　（明）凌稚隆撰　明万历十六年（1588）刻本　中山大学图书馆

0087 左氏春秋内外传类选八卷　（明）樊王家选注　明万历三十六年（1608）刻本　中山大学图书馆

0088 春秋左传杜注三十卷首一卷　（清）姚培谦撰　清乾隆十一年（1746）陆氏小郁林刻本　梅州市剑英图书馆

0089 列国左传要诠八卷　（清）饶谦撰　清乾隆四十三年（1778）枕松堂刻本　梅州市剑英图书馆

0090 春秋公羊传注疏二十八卷　（汉）何休注　（唐）徐彦疏　（唐）陆德明音义　明崇祯七年（1634）毛氏汲古阁刻十三经注疏本　中山大学图书馆

0091 春秋穀梁传注疏二十卷　（晋）范宁集解　（唐）杨士

勋疏　（唐）陆德明音义　明崇祯八年（1635）毛氏汲古阁刻十三经注疏本　中山大学图书馆

0092 春秋穀梁传十二卷　（明）闵齐伋裁注　考一卷　（明）闵齐伋撰　明天启元年（1621）闵氏刻本　中山大学图书馆

0093 春秋传三十卷　（宋）胡安国撰　明内府刻本　广东省立中山图书馆

0094 春秋胡传三十卷　（宋）胡安国撰　（宋）林尧叟音注　纲领一卷提要一卷列国图说一卷诸国兴废说一卷　明崇祯六年（1633）闵齐伋刻本　中山大学图书馆

0095 春秋胡氏传附录纂疏三十卷　（元）汪克宽撰　元至正八年（1348）建安刘叔简日新堂刻本　莫友芝跋　广东省博物馆　存一卷（一）

0096 春秋四传三十八卷纲领一卷提要一卷列国东坡图说一卷春秋二十国年表一卷诸国兴废说一卷　明嘉靖吉澄刻樊献科重修本　广东省社会科学院

0097 春秋四传三十八卷纲领一卷提要一卷列国东坡图说一卷春秋二十国年表一卷诸国兴废说一卷　明陈允升刻本　中山大学图书馆

0098 春秋四传三十八卷纲领一卷提要一卷列国东坡图说一卷春秋二十国年表一卷诸国兴废说一卷　明湖广官书处刻本　中山大学图书馆

0099 春秋国华十七卷　（明）严讷辑　明万历三年（1575）活字印本　中山大学图书馆

0100 春秋贯玉四卷附春秋贯玉世系一卷　（明）颜鲸撰　明万历三十三年（1605）刻本　中山大学图书馆

0101 春秋孔义十二卷　（明）高攀龙撰　明崇祯十三年（1640）秦堈刻清华氏剑光阁印本　中山大学图书馆

0102 春秋提要便考十卷　（明）贺仲轼撰　明崇祯刻本　中山大学图书馆

0103 权书止观十二卷　（明）潘曾绮撰　明万历刻本　中山大学图书馆

0104 春秋衡库三十卷附录三卷备录一卷　（明）冯梦龙撰　明天启五年（1625）刻本　中山大学图书馆

0105 春秋四家十二卷董刘春秋杂论一卷　（明）宋存标辑评明末宋氏君子堂刻本　中山大学图书馆　存十二卷（春秋四家全）

0106 孝经大全十二集三十二卷　（明）江元祚辑　明崇祯刻本　中山大学图书馆　存十五卷（朱文公定古文孝经

一、朱文公刊误古文孝经一、吴文正公较定今文孝经考一、吴文正公较定今文孝经一附吴文正公刊误一、五经孝语一、曾子孝实一、孝经汇目一、孝经集灵一至二附集一、孝经质疑一、朱文公刊误孝经旨意一、从今文孝经说一、孝经集文一）

0107 论语集解义疏十卷　（魏）何晏集解　（梁）皇侃义疏　清王𫘦望刻本　陈澧批校　中山大学图书馆

0108 论语注疏解经二十卷　（魏）何晏集解　（宋）邢昺疏　明万历十四年（1586）北京国子监刻十三经注疏本　中山大学图书馆

0109 乡党考不分卷　（清）黄守儳纂辑　清乾隆四十九年（1784）刻本　东莞图书馆

0110 孟子二卷　（宋）苏洵批点　明万历闵齐伋刻三色套印三经评注本　华南师范大学图书馆

0111 孟子二卷　（宋）苏洵批点　明万历闵齐伋刻三色套印三经评注本　暨南大学图书馆

0112 绘孟七卷　（明）戴君恩撰　明天启刻本　中山大学图书馆

0113 大学或问一卷中庸或问一卷　（宋）朱熹撰　明刻本　中山大学图书馆

0114 四书集注大全三十六卷　（明）胡广等辑　明刻本　中山大学图书馆

0115 四书七十二朝人物考四十卷　（明）薛应旂辑　明嘉靖三十七年（1558）刻本　广东省立中山图书馆

0116 四书汇考二十八卷引用书目一卷目录一卷考异一卷　（明）陈仁锡撰　明崇祯七年（1634）自刻本　广州图书馆　存十八卷（一至三、六至十四、十七至二十、二十七至二十八）

0117 三太史汇纂四书人物类函十六卷　（明）项煜等辑　明末刻本　中山大学图书馆

0118 檀孟批点四卷　（宋）谢枋得批点　明刻本　中山大学图书馆

0119 学思稿不分卷　（清）陈澧撰　稿本　广东省立中山图书馆

0120 群经补证六卷　（清）桂文灿撰　稿本　广东省社会科学院　存五卷（一、三至六）

0121 五雅四十一卷　（明）郎奎金编　明天启六年（1626）郎氏堂策槛刻本　中山大学图书馆

0122 新刊尔雅三卷　（晋）郭璞注　音释三卷　明刻本　中

山大学图书馆

0123 尔雅翼三十二卷 （宋）罗愿撰 明正德十四年（1519）罗文殊刻本 周贞亮跋 广东省立中山图书馆

0124 尔雅翼三十二卷 （宋）罗愿撰 明正德十四年（1519）罗文殊刻本 佛山市图书馆 存十四卷（一至十四）

0125 新刊尔雅翼三十二卷 （宋）罗愿撰 明刻本 中山大学图书馆

0126 辑轩使者绝代语释别国方言十三卷 （汉）扬雄撰 （晋）郭璞注 （清）卢文弨校正 校正补遗一卷 （清）卢文弨撰 清乾隆卢文弨刻抱经堂丛书本 莫棠校补并跋 中山大学图书馆

0127 新刻释名八卷 （汉）刘熙撰 明刻本 中山大学图书馆

0128 广雅十卷 （魏）张揖撰 （隋）曹宪音解 明刻本 中山大学图书馆

0129 埤雅二十卷 （宋）陆佃撰 明成化十五年（1479）刘延吉刻本 广东省立中山图书馆

0130 埤雅二十卷 （宋）陆佃撰 明成化十五年（1479）刘延吉刻嘉靖二年（1523）王俸重修本 广东省立中山图书馆

0131 重刊埤雅二十卷 （宋）陆佃撰 明嘉靖隆庆间毕孝钦刻五雅本 中山大学图书馆 存十八卷（一至十八）

0132 新刊埤雅二十卷 （宋）陆佃撰 明刻本 中山大学图书馆

0133 增修埤雅广要四十二卷 （明）牛衷撰 明万历三十八年（1610）孙弘范刻本 中山大学图书馆

0134 骈雅七卷 （明）朱谋㙔撰 明万历十七年（1589）朱统鎙玄湛堂刻本 中山大学图书馆

0135 说文解字十五卷 （汉）许慎撰 清初毛氏汲古阁刻本 中山大学图书馆

0136 说文解字十五卷 （汉）许慎撰 清初毛氏汲古阁刻本 中山大学图书馆

0137 说文解字十五卷 （汉）许慎撰 清初毛氏汲古阁刻本 广州中医药大学图书馆

0138 说文解字十二卷 （汉）许慎撰 （明）陈大科订 明万历二十六年（1598）陈大科刻本 广州中医药大学图书馆

0139 说文韵谱校五卷 （清）王筠撰 稿本 广东省立中山图书馆 存四卷（一、三至五）

0140 大广益会玉篇三十卷 （梁）顾野王撰 （唐）孙强增字 （宋）陈彭年等重修 玉篇广韵指南一卷 明刘氏明德书堂刻本 中山大学图书馆

0141 大广益会玉篇三十卷 （梁）顾野王撰 （唐）孙强增字 （宋）陈彭年等重修 玉篇广韵指南一卷 明刻本 中山大学图书馆

0142 新集古文四声韵五卷附录一卷 （宋）夏竦撰 清乾隆四十四（1779）年汪启淑刻本 佛山市图书馆

0143 汉隶字源五卷纲目一卷碑目一卷 （宋）娄机撰 明末毛氏汲古阁刻清受恒堂印本 容庚过录翁方纲批校并跋 中山大学图书馆

0144 六书故三十三卷六书通释一卷 （元）戴侗撰 明万历三十六年（1608）清真馆刻本 广东省立中山图书馆

0145 六书统二十卷 （元）杨桓撰 元至大元年（1308）江浙行省儒学刻元明递修本 中山大学图书馆

0146 同文备考八卷声韵会通一卷韵要粗释四卷 （明）王应电撰 明抄本 中山大学图书馆 存十一卷（三至八、声韵会通全、韵要粗释全）

0147 摭古遗文二卷 （明）李登撰 再增摭古遗文一卷 （明）姚履旋增补 明万历二十二年（1594）姚履旋等刻本 广东省立中山图书馆

0148 摭古遗文二卷 （明）李登撰 再增摭古遗文一卷 （明）姚履旋增补 明万历三十一年（1603）李思谦刻本 中山大学图书馆

0149 重刊详校篇海五卷 （明）李登撰 明刻清重修本 中山大学图书馆

0150 新校经史海篇直音五卷 明刻蓝印本 中山大学图书馆

0151 隶书十法一卷 （明）王世茂撰 唐音十首一卷 （明）王世茂选 篆诀歌一卷 （明）朱之蕃考 明末蒋时机刻本 中山大学图书馆

0152 崇文字汇十二卷首一卷 （明）梅膺祚撰 明万历四十三年刻（1615）清康熙十八年（1679）重修本 广东外语外贸大学图书馆

0153 隶辨八卷 （清）顾蔼吉撰 清康熙五十七年（1718）项氏玉渊堂刻本 佛山市图书馆

0154 六书分类十二卷首一卷 （清）傅世垚撰 清康熙

三十八年（1699）周天健听松阁刻本　广州大学图书馆

0155　六书分类十二卷首一卷　（清）傅世垚撰　清康熙三十八年（1699）周天健听松阁刻本　广州图书馆　存六卷（一至六）

0156　六书分类十二卷首一卷　（清）傅世垚撰　清康熙三十八年（1699）周天健听松阁刻宝仁堂印本　广州大学图书馆　存七卷（一至六、首）

0157　象形文释一卷　（清）徐灏撰　稿本　陈澧批校　广东省立中山图书馆

0158　御制增订清文鉴三十二卷补编四卷总纲八卷补总纲二卷　（清）傅恒等撰　清乾隆四十四年（1779）武英殿刻本　华南师范大学图书馆

0159　广韵五卷　明刻本　中山大学图书馆

0160　大明成化丁亥重刊改并五音类聚四声篇十五卷　（金）韩道昭撰　明成化七年（1471）金台大隆福寺释文儒募刻本　中山大学图书馆

0161　大明成化庚寅重刊改并五音集韵十五卷　（金）韩道昭撰　明成化六至七年（1470—1471）刻本　中山大学图书馆

0162　大明成化庚寅重刊改并五音集韵十五卷　（金）韩道昭撰　明成化六至七年（1470—1471）刻本　中山大学图书馆

0163　新编篇韵贯珠集八卷直指玉钥匙门法一卷　（明）释真空撰　明正德十一年（1516）金台衍法寺释觉恒刻万历十七年（1589）重修本　中山大学图书馆

0164　古今韵会举要三十卷礼部韵略七音三十六母通考一卷　（元）熊忠撰　明嘉靖十五年（1536）秦钺、李舜臣刻十七年（1538）刘储秀重修本　中山大学图书馆

0165　古今韵会举要小补三十卷　（明）方日升撰　明万历三十四年（1606）周士显刻本　广东省立中山图书馆

0166　古今韵会举要小补三十卷　（明）方日升撰　明万历三十四年（1606）周士显刻本　中山大学图书馆

0167　古今韵会举要小补三十卷　（明）方日升撰　明万历三十四年（1606）周士显刻本　中山大学图书馆　存十八卷（一至十八）

0168　新编经史正音切韵指南一卷新增篇韵拾遗并藏经字义一卷　（元）刘鉴撰　明弘治九年（1496）释思宜刻本　中山大学图书馆

0169　洪武正韵十六卷　（明）乐韶凤　宋濂等撰　明刘以节刻本　中山大学图书馆

0170　洪武正韵十六卷　（明）乐韶凤　宋濂等撰　明刘以节刻本　广东省社会科学院

0171　洪武正韵十六卷　（明）乐韶凤　宋濂等撰　明刻本　中山大学图书馆

0172　洪武正韵十六卷　（明）乐韶凤　宋濂等撰　明肃府刻本　汕头市图书馆

0173　重刊并音连声韵学集成十三卷直音篇七卷　（明）章黼撰　明万历六年（1578）维扬资政左室刻本　中山大学图书馆　存十三卷（韵学集成全）

0174　重订直音篇七卷　（明）章黼撰　明刻本　中山大学图书馆

0175　韵谱二卷　（明）朱睦㮮撰　明嘉靖二十四年（1545）刻本　广东省立中山图书馆

0176　并音连声字学集要四卷　（明）陶承学撰　明天启五年（1625）刻本　中山大学图书馆

0177　韵谱本义十卷说文未收之字一卷　（明）茅溱辑　明万历三十二年（1604）自刻本　中山大学图书馆

0178　音韵日月灯六十四卷　（明）吕维祺撰　明崇祯六年（1633）志清堂刻石渠阁重修本　中山大学图书馆　存二十五卷（韵钥一至二十五）

0179　古今韵略五卷　（清）邵长蘅撰　清康熙三十五年（1696）宋荦刻本　汕头市图书馆

0180　古篆韵谱正传二卷　（明）吕胤基辑　明万历十六年（1588）江篪馆刻本　中山大学图书馆

0181　东塾初学编一卷　（清）陈澧撰　稿本　广东省立中山图书馆

0182　史记一百三十卷　（汉）司马迁撰　（汉）褚少孙　（唐）司马贞补　明万历吴勉学刻本　中山大学图书馆

0183　史记一百三十卷　（汉）司马迁撰　（刘宋）裴骃集解　（唐）司马贞索隐　（唐）张守节正义　明嘉靖八年至九年（1529—1530）南京国子监刻本　华南师范大学图书馆

0184　史记一百三十卷　（汉）司马迁撰　（刘宋）裴骃集解　（唐）司马贞索隐　（唐）张守节正义　明万历六年（1578）山西布政司刻本　中山大学图书馆

0185　史记一百三十卷　（汉）司马迁撰　（刘宋）裴骃集

解 （唐）司马贞索隐 （唐）张守节正义 明万历
二十四年（1596）南京国子监刻本 中山大学图书馆

0186 史记一百三十卷 （汉）司马迁撰 （刘宋）裴骃集
解 （唐）司马贞索隐 （唐）张守节正义 明万历
二十四年（1596）南京国子监刻清顺治康熙递修本 中
山大学图书馆 存一百二十五卷（一至七十三、七十九
至一百三十）

0187 史记一百三十卷 （汉）司马迁撰 （唐）司马贞补撰
并注 明万历二十六年（1598）北京国子监刻二十一
史本 广东省立中山图书馆

0188 史记一百三十卷 （汉）司马迁撰 （刘宋）裴骃
集解 （唐）司马贞索隐 （唐）张守节正义 明万
历二十六年（1598）北京国子监刻清康熙二十五年
（1686）国子监重修二十一史本 中山大学图书馆

0189 史记一百三十卷 （汉）司马迁撰 （刘宋）裴骃集
解 明崇祯十四年（1641）毛氏汲古阁刻十七史本 中
山大学图书馆 存一百二十四卷（七至一百三十）

0190 史记一百三十卷 （汉）司马迁撰 （刘宋）裴骃集
解 （唐）司马贞索隐 （唐）张守节正义 （明）黄嘉
惠辑评 明黄嘉惠刻本 中山大学图书馆

0191 史记一百三十卷 （汉）司马迁撰 （刘宋）裴骃集
解 （唐）司马贞索隐 （唐）张守节正义 （明）徐孚
远 陈子龙测议 明崇祯刻本 中山大学图书馆

0192 史记七十卷 （汉）司马迁撰 明末刻本（有抄
补） 东莞市莞城图书馆

0193 史记索隐三十卷 （唐）司马贞撰 明崇祯毛氏汲古
阁刻本 梅州市剑英图书馆

0194 史记集解一百三十卷 （汉）司马迁撰 （刘宋）裴
骃集解 明崇祯十四年（1641）毛氏汲古阁影宋刻
本 暨南大学图书馆

0195 史记题评一百三十卷 （明）杨慎 李元阳辑 明嘉
靖十六年（1537）胡有恒、胡瑞敦刻本 在宥批校并
跋 中山大学图书馆

0196 史记评林一百三十卷 （明）凌稚隆辑 明万历二年至
四年（1574—1576）凌稚隆刻本 中山大学图书馆

0197 古史六十卷 （宋）苏辙撰 明万历三十九年（1611）
南京国子监刻本 广东省立中山图书馆

0198 古史六十卷 （宋）苏辙撰 明万历三十九年（1611）
卫承芳刻本 中山大学图书馆

0199 古史六十卷 （宋）苏辙撰 明万历刻本 胡承珙批校
并跋 莫伯骥跋 广州图书馆 存六卷（一至六）

0200 通志二百卷 （宋）郑樵撰 元大德三山郡庠刻元明
递修本（卷九、十上、十五上、二十一至二十四、
三十八至四十三、八十一、九十一至九十二抄配，卷
一百七十五至一百七十七配补） 广东省社会科学院

0201 南史八十卷 （唐）李延寿撰 明万历十六至十九年
（1588—1591）南京国子监刻本 广东省立中山图书馆

0202 南史八十卷 （唐）李延寿撰 明万历十六年至十九年
（1588—1591）南京国子监刻清递修本 中山大学图
书馆 存五十五卷（二十六至八十）

0203 南史八十卷 （唐）李延寿撰 明万历南京国子监刻清
递修本 中山大学图书馆

0204 南史八十卷 （唐）李延寿撰 明万历三十一年
（1603）北京国子监刻二十一史本（卷六十九至七十二
源伊信补抄） 中山大学图书馆

0205 南史八十卷 （唐）李延寿撰 明崇祯十三年（1640）
毛氏汲古阁刻十七史本 中山大学图书馆

0206 北史一百卷 （唐）李延寿撰 明万历十九年至二十一
年（1591—1593）南京国子监刻本 中山大学图书馆

0207 五代史记七十四卷 （宋）欧阳修撰 （宋）徐无党
注 明万历四至五年（1576—1577）南京国子监刻清
顺治递修本 中山大学图书馆

0208 五代史记七十四卷 （宋）欧阳修撰 （宋）徐无党
注 明万历四至五年（1576—1577）南京国子监刻清
顺治乾隆递修本 中山大学图书馆

0209 五代史七十四卷 （宋）欧阳修撰 （宋）徐无党
注 明崇祯三年（1630）毛氏汲古阁刻十七史本 中
山大学图书馆

0210 五代史七十四卷 （宋）欧阳修撰 （宋）徐无党
注 明崇祯三年（1630）毛氏汲古阁刻十七史本 梅
州市剑英图书馆

0211 弘简录二百五十四卷 （明）邵经邦撰 清康熙二十七
年（1688）刻本 广州大学图书馆

0212 函史上编八十二卷下编二十一卷 （明）邓元锡撰 明
万历徐智刻本 中山大学图书馆 存八十五卷（上编
九至三十四、四十二至八十二，下编一至九、十三至
二十一）

0213 藏书六十八卷 （明）李贽撰 明万历二十七年

（1599）焦竑刻本　广东省立中山图书馆

0214 藏书六十八卷　（明）李贽撰　明万历二十七年
（1599）焦竑刻本　广东省立中山图书馆　存六十二卷
（藏书世纪一至八、名臣传四至十三、十七至六十）

0215 藏书六十八卷　（明）李贽撰　明万历二十七年
（1599）焦竑刻本　中山大学图书馆

0216 藏书六十八卷　（明）李贽撰　（明）陈仁锡评　明天
启元年（1621）刻本（有抄配）　广东省立中山图书馆

0217 藏书六十八卷　（明）李贽撰　（明）沈汝楫　金嘉谟
重订　明末刻本　佛山市图书馆　存六十卷（一至
二十九、三十三至六十四）

0218 续藏书二十七卷　（明）李贽撰　明万历三十九年
（1611）王若屏刻本　中山大学图书馆

0219 续藏书二十七卷　（明）李贽撰　明末汪修能刻本　中
山大学图书馆

0220 续藏书二十七卷　（明）李贽撰　明末刻本　佛山市图
书馆　存十七卷（四至十七、二十一至二十三）

0221 前汉书一百卷　（汉）班固撰　明崇祯刻本　中山大学
图书馆

0222 前汉书一百卷　（汉）班固撰　（唐）颜师古注　明
万历二十五年（1597）北京国子监刻二十一史本　中
山大学图书馆

0223 前汉书一百卷　（汉）班固撰　（唐）颜师古注　明
万历二十五年（1597）北京国子监刻清康熙二十五年
（1686）国子监重修二十一史本　中山大学图书馆　存
七十二卷（一至七十二）

0224 汉书一百卷　（汉）班固撰　（唐）颜师古注　（明）钟
人杰辑评　明万历四十七年（1619）钟人杰刻本　中
山大学图书馆

0225 汉书一百卷　（汉）班固撰　（唐）颜师古注　明崇祯
十五年（1642）毛氏汲古阁刻十七史本　中山大学图
书馆

0226 汉书一百卷　（汉）班固撰　（唐）颜师古注　明崇祯
十五年（1642）毛氏汲古阁刻十七史本　中山大学图
书馆

0227 后汉书九十卷　（刘宋）范晔撰　（唐）李贤注　志
三十卷　（晋）司马彪撰　（梁）刘昭注　明崇祯十六
年（1643）毛氏汲古阁刻十七史本　中山大学图书馆

0228 后汉书九十卷　（刘宋）范晔撰　（唐）李贤注　志

三十卷　（晋）司马彪撰　（梁）刘昭注　明崇祯十六
年（1643）毛氏汲古阁刻十七史本　中山大学图书馆

0229 后汉书九十卷　（刘宋）范晔撰　（唐）李贤注　（明）
陈仁锡评　志三十卷　（晋）司马彪撰　（梁）刘昭
注　（明）陈仁锡评　明天启七年（1627）刻本　中山
大学图书馆

0230 后汉书九十卷　（刘宋）范晔撰　（唐）李贤注　（明）
陈仁锡评　志三十卷　（晋）司马彪撰　（梁）刘昭
注　（明）陈仁锡评　明天启七年（1627）刻本　中山
大学图书馆

0231 范氏后汉书批评一百卷　（明）顾起元撰　明万历刻
本　中山大学图书馆　存四十八卷（九至二十六、
六十三至九十二）

0232 三国志六十五卷　（晋）陈寿撰　（刘宋）裴松之
注　明刻本　中山大学图书馆　存二十六卷（魏书四至
九、十二至十四，蜀书一至十四，吴书十八至二十）

0233 三国志六十五卷　（晋）陈寿撰　（刘宋）裴松之注
（明）陈仁锡评　明天启云林积秀堂刻本　梅州市剑
英图书馆

0234 季汉书六十卷正论一卷答问一卷　（明）谢陛撰　（明）
臧懋循订明万历刻本　广东省立中山图书馆

0235 晋书一百三十卷　（唐）房玄龄等撰　音义三卷　（唐）
何超撰　元刻明正德十年（1515）司礼监嘉靖万历南京
国子监递修本　暨南大学图书馆

0236 晋书一百三十卷　（唐）房玄龄等撰　（唐）何超音
义　明吴氏西爽堂刻本　中山大学图书馆

0237 晋书一百三十卷　（唐）房玄龄等撰　（唐）何超音
义　（明）钟人杰辑评　明钟人杰刻本　中山大学图
书馆

0238 宋书一百卷　（梁）沈约撰　明万历二十二年（1594）
南京国子监刻本　中山大学图书馆

0239 宋书一百卷　（梁）沈约撰　明万历二十二年（1594）
南京国子监刻本　暨南大学图书馆

0240 宋书一百卷　（梁）沈约撰　明万历二十二年（1594）
南京国子监刻清顺治康熙递修本　中山大学图书

0241 宋书一百卷　（梁）沈约撰　明万历二十六年（1598）
北京国子监刻二十一史本　中山大学图书馆　存
七十一卷（一至十、四十至一百）

0242 南齐书五十九卷　（梁）萧子显撰　明万历三十三年

（1605）北京国子监刻二十一史本　暨南大学图书馆存五十四卷（四至五十七）

0243 梁书五十六卷　（唐）姚思廉撰　明万历三年（1575）南京国子监刻清顺治康熙递修本　中山大学图书馆

0244 梁书五十六卷　（唐）姚思廉撰　明万历三年（1574）南京国子监刻清康熙递修本　中山大学图书馆

0245 梁书五十六卷　（唐）姚思廉撰　明崇祯六年（1633）毛氏汲古阁刻十七史本　中山大学图书馆

0246 陈书三十六卷　（唐）姚思廉撰　明万历十六年（1588）南京国子监刻本　中山大学图书馆

0247 陈书三十六卷　（唐）姚思廉撰　明万历十六年（1588）南京国子监刻清顺治重修本　中山大学图书馆

0248 北齐书五十卷　（唐）李百药撰　明万历十六年至十七年（1588—1589）南京国子监刻清顺治康熙重修本　中山大学图书馆

0249 周书五十卷　（唐）令狐德棻等撰　明万历十六年（1588）南京国子监刻本　广东省立中山图书馆

0250 周书五十卷　（唐）令狐德棻等撰　明万历十六年（1588）南京国子监刻本　中山大学图书馆

0251 周书五十卷　（唐）令狐德棻等撰　明万历三十一年至三十三年（1603—1605）北京国子监刻二十一史本　中山大学图书馆

0252 周书五十卷　（唐）令狐德棻等撰　明崇祯五年（1632）毛氏汲古阁刻十七史本　中山大学图书馆

0253 隋书八十五卷　（唐）魏征等撰　明万历二十二年至二十三年（1594—1595）南京国子监刻清顺治康熙递修本　中山大学图书馆

0254 隋书八十五卷　（唐）魏征等撰　明崇祯八年（1635）毛氏汲古阁刻十七史本　陈澧批校　中山大学图书馆　存六十五卷（一至二十四、四十五至八十五）

0255 唐书二百二十五卷　（宋）欧阳修　宋祁等撰　释音二十五卷　（宋）董冲撰　元大德九年（1305）建康路儒学刻明清递修本　中山大学图书馆

0256 辽史一百十六卷　（元）脱脱等撰　明嘉靖八年（1529）南京国子监刻明清递修本　陈澧批点　中山大学图书馆

0257 金史一百三十五卷　（元）脱脱等撰　明万历三十四年（1606）北京国子监刻二十一史本　中山大学图书馆

0258 元史二百十卷目录二卷　（明）宋濂等撰　明洪武三年（1370）内府刻嘉靖九年至十年（1530—1531）南京

国子监递修本　广东省立中山图书馆

0259 明史三百三十六卷　（明）张廷玉撰　清乾隆内府写文源阁四库全书本　广东省立中山图书馆　存五卷（九至十三）

0260 资治通鉴二百九十四卷　（宋）司马光撰　（元）胡三省音注　（明）陈仁锡评阅　资治通鉴目录三十卷　（宋）司马光撰　明天启五年（1625）陈仁锡刻本　中山大学图书馆　存三百一十卷（通鉴一、二、九至二百九十四、目录全）

0261 资治通鉴二百九十四卷　（宋）司马光撰　（元）胡三省音注　（明）陈仁锡评阅　资治通鉴目录三十卷　（宋）司马光撰　通鉴释文辩误十二卷　（元）胡三省撰　甲子会记五卷　（明）薛应旂撰　明天启五年（1625）陈仁锡刻本　中山大学图书馆

0262 资治通鉴二百九十四卷　（宋）司马光撰　（元）胡三省音注　（明）陈仁锡评阅　资治通鉴目录三十卷　（宋）司马光撰　通鉴释文辩误十二卷　（元）胡三省撰　明天启五年（1625）陈仁锡刻本　中山大学图书馆　存二百八十六卷（通鉴一至二十四、三十三至二百九十四、辩误全、目录全）

0263 少微通鉴节要五十卷外纪四卷　（宋）江贽撰　明正德九年（1514）司礼监刻本　广东省立中山图书馆

0264 资治通鉴纲目发明五十九卷　（宋）尹起莘撰　明内府刻本　广东省立中山图书馆

0265 资治通鉴纲目发明五十九卷　（宋）尹起莘撰　明内府刻本　广东省立中山图书馆

0266 资治通鉴纲目发明五十九卷　（宋）尹起莘撰　明内府刻本　广东省立中山图书馆

0267 资治通鉴纲目集览五十九卷　（元）王幼学撰　（明）陈济正误　明内府刻本　广东省立中山图书馆

0268 资治通鉴纲目五十九卷　（宋）朱熹撰　明刻本　中山大学图书馆　存二十五卷（十至三十四）

0269 资治通鉴纲目五十九卷　（宋）朱熹撰　明成化九年（1473）内府刻本（卷二、十七至十八配清刻本）　深圳图书馆

0270 续资治通鉴纲目二十七卷　（明）商辂等撰　明成化十二年（1476）内府刻本（卷二、十七至十八配清刻本）　深圳图书馆

0271 资治通鉴纲目集说五十九卷前编二卷　（明）扶安

辑　（明）晏宏校补　明嘉靖晏宏刻本　广东省立中山图书馆

0272 资治通鉴节要续编三十卷　（明）张光启撰　明正德九年（1514）司礼监刻本　中山大学图书馆

0273 四明先生续资治通鉴节要二十卷　（明）张光启撰　（明）刘剡编辑　明嘉靖二十八年（1549）刘氏安正堂刻本　广东省立中山图书馆

0274 四明先生续资治通鉴节要二十卷　（明）张光启撰　（明）刘剡编辑　明嘉靖二十八年（1549）刘氏安正堂刻本　中山大学图书馆

0275 宋元通鉴一百五十七卷　（明）薛应旂撰　明嘉靖四十五年（1566）自刻本　广东省立中山图书馆

0276 世史正纲三十二卷　（明）丘濬撰　明嘉靖四十二年（1563）孙应鳌刻本　广东省立中山图书馆

0277 中兴纲目十卷　（明）徐树丕撰　清抄本　广东省社会科学院

0278 甲子会纪五卷　（明）薛应旂撰　（明）陈仁锡评　明陈仁锡刻本　梅州市剑英图书馆

0279 两汉纪六十卷　明嘉靖二十七年（1548）黄姬水刻本　中山大学图书馆

0280 两汉纪六十卷　明嘉靖二十七年（1548）黄姬水刻本　华南师范大学图书馆　存三十卷（前汉纪一至三十）

0281 两汉纪六十卷　清康熙三十五年（1696）刻本　佛山市图书馆

0282 两朝从信录三十五卷　（明）沈国元撰　明崇祯刻本　中山大学图书馆

0283 绎史一百六十卷　（清）马骕撰　清康熙刻本　梅州市剑英图书馆

0284 左传分国纪事本末二十卷　（明）孙范撰　明崇祯十一年（1638）刻本　佛山市图书馆

0285 左氏春秋纪事本末十四卷首一卷　（清）熊为霖撰　清乾隆心松书屋刻本　梅州市剑英图书馆

0286 鸿猷录十六卷　（明）高岱辑　明万历四十五年（1617）陈于廷纪录汇编本　广东省立中山图书馆　存十四卷（一、四至十六）

0287 逸周书十卷校正补遗一卷附录一卷　（晋）孔晁注　清乾隆五十一年（1786）卢文弨刻抱经堂丛书本　丁嘉葆批校并跋　中山大学图书馆

0288 国语二十一卷　（吴）韦昭注　（宋）宋庠补音　明万历张一鲲刻本　华南师范大学图书馆

0289 战国策谭棷十卷　（宋）鲍彪校注　（元）吴师道补正　（明）张文爟集评　附录一卷　（明）张文爟辑　明万历十七年（1589）书林詹易斋刻本　广东省立中山图书馆

0290 战国策十二卷　（明）闵齐伋裁注　元本目录一卷　明万历四十八年（1620）闵齐伋刻三色套印本　华南师范大学图书馆

0291 战国策十七卷　（清）张星徽评点　清雍正五年至十三年（1723—1735）塞翁亭刻本　佛山市图书馆

0292 越绝书十五卷　（汉）袁康撰　明嘉靖三十三年（1554）张佳胤双柏堂刻本　广东省立中山图书馆

0293 越绝书十五卷　（汉）袁康撰　明嘉靖三十三年（1554）张佳胤双柏堂刻本　中山大学图书馆

0294 贞观政要十卷　（唐）吴兢撰　（元）戈直集论　明成化元年（1465）内府刻本　华南师范大学图书馆

0295 贞观政要十卷　（唐）吴兢撰　（元）戈直集论　明成化十二年（1476）崇府刻本　广东省立中山图书馆

0296 贞观政要十卷　（唐）吴兢撰　（元）戈直集论　明成化十二年（1476）崇府刻本　广东省立中山图书馆

0297 今言四卷　（明）郑晓撰　明万历四十二年（1614）彭宗孟刻本　广东省立中山图书馆

0298 今言四卷　（明）郑晓撰　明万历四十二年（1614）彭宗孟刻本　广东省立中山图书馆　存二卷（一、四）

0299 弇山堂别集一百卷　（明）王世贞撰　明万历十八年（1590）翁良瑜雨金堂刻本　广东省立中山图书馆

0300 弇山堂别集一百卷　（明）王世贞撰　明万历十八年（1590）金陵刻本　广东省立中山图书馆

0301 崇祯十年塘报一卷　（明）杨世恩等撰　明崇祯十年（1637）兵部抄本　中山大学图书馆

0302 海甸野史六卷　（清）顾炎武辑　清抄本　中山大学图书馆

0303 唐大诏令集一百三十卷　（宋）宋敏求辑　明抄本　莫棠批校　中山大学图书馆　存十一卷（十三、二十五至三十二、五十九至六十）

0304 皇明诰敕不分卷　明抄本　中山大学图书馆

0305 历代名臣奏议三百五十卷　（明）黄淮　杨士奇等辑　明永乐内府刻本　广东省社会科学院　存三百三十九卷（一至一百一、一百八至一百二十五、一百二十九至

三百十六、三百十九至三百五十）

0306 历代名臣奏议三百二十卷 （明）黄淮 杨士奇等辑 （明）张溥删正 明崇祯刻清聚英堂印本 中山大学图书馆

0307 皇明疏议辑略三十七卷 （明）张瀚辑 明嘉靖三十年（1559）大名府刻本 广东省立中山图书馆

0308 朱批谕旨不分卷 （清）鄂尔泰 张廷玉编 清乾隆三年（1738）武英殿刻朱墨套印本 高要市图书馆

0309 尽言集十三卷 （宋）刘安世撰 明隆庆五年（1571）张佳胤、王阿杲刻本 广东省立中山图书馆

0310 宋丞相李忠定公奏议六十九卷附录九卷 （宋）李纲撰 明正德十一年（1516）胡文静、萧洋刻本 广东省立中山图书馆

0311 余肃敏公奏议三卷 （明）余子俊撰 明刻本 中山大学图书馆

0312 历朝奏疏不分卷 明抄本 中山大学图书馆

0313 恤刑题稿十四卷 （明）查绛撰 明嘉靖刻本 中山大学图书馆

0314 丁禹生政书三十五卷 （清）丁日昌撰 清抄本 广东省社会科学院

0315 邓和简公奏议不分卷 （清）邓华熙撰 稿本 广东省社会科学院

0316 尚史七十二卷 （清）李锴撰 清乾隆三十八年（1773）刻本 佛山市图书馆

0317 春秋列传五卷 （明）刘节撰 明刻本 暨南大学图书馆

0318 阙里文献考一百卷首一卷 （清）孔继汾辑 清乾隆二十七年（1762）刻本 佛山市图书馆 存八十一卷（一至八十、首）

0319 刻生民未有编四卷续刻一卷 （明）李珏辑 明万历二十六年（1598）刻本 广东省立中山图书馆

0320 寿者传三卷 （明）陈懋仁撰 清乾隆五十年（1785）刻本 梅州市剑英图书馆

0321 圣学宗传十八卷 （明）周汝登撰 （明）陶望龄订正 清顺治十七年（1660）九江刘邦胤宁都刻本 佛山市图书馆

0322 疑年录四卷 （清）钱大昕撰 续四卷 （清）吴修撰 清嘉庆十八年（1813）刻本 吴修校补并跋 中山大学图书馆

0323 孙内翰北里志一卷 （唐）孙棨撰 明嘉靖二十三年（1544）陆氏刻古今说海本 广东省立中山图书馆

0324 五朝名臣言行录前集十卷后集十四卷 （宋）朱熹辑 续集八卷别集二十六卷外集十七卷 （宋）李幼武辑 元刻本（别集目录抄配） 中山大学图书馆

0325 伊洛渊源录十四卷 （宋）朱熹撰 元刻本 广东省立中山图书馆

0326 考亭渊源录二十四卷 （明）宋端仪撰 （明）薛应旂重辑 明隆庆三年（1569）刻本 华南师范大学图书馆

0327 考亭渊源录二十四卷 （明）宋端仪撰 （明）薛应旂重辑 明隆庆三年（1569）刻本 广东省社会科学院

0328 皇明名臣言行录新编三十四卷 （明）沈应魁辑 明嘉靖三十二年（1553）自刻本 中山大学图书馆

0329 焦太史编辑国朝献征录一百二十卷 （明）焦竑辑 明万历四十四年（1616）徐象枟曼山馆刻本（有抄配） 广东省立中山图书馆 存七十九卷（一至十三、十五至五十一、五十四至五十九、六十一、八十八至九十一、九十三至一百、一百十至一百十二、一百十四至一百二十）

0330 东林列传二十四卷末二卷 （清）陈鼎辑 清康熙五十年（1711）铁肩书屋刻本 广州大学图书馆

0331 晏子春秋六卷 明凌澄初刻朱墨套印本 广东省立中山图书馆

0332 米襄阳志林十三卷 （明）范明泰辑 米襄阳遗集一卷海岳名言一卷宝章待访录一卷研史一卷 （宋）米芾撰 （明）范明泰辑 明万历三十二年（1604）范氏清宛堂刻舞蛟轩重修本 广东省立中山图书馆

0333 朱子实纪十二卷 （明）戴铣辑 明正德八年（1513）鲍雄刻本 广东省立中山图书馆

0334 宋丞相崔清献公全录十卷 （宋）崔与之撰 （明）崔子璲辑 （明）崔晓增辑 明嘉靖十三年（1534）唐胄、邵炼刻本 叶恭绰跋 中山大学图书馆

0335 宋丞相崔清献公全录十卷 （宋）崔与之撰 （明）崔子璲辑 （明）崔晓增辑 明嘉靖三十二年（1553）刻本 广东省立中山图书馆

0336 陈澧遗稿不分卷 （清）陈澧撰 稿本 中山大学图书馆

0337 南海李应鸿先生行述一卷 （清）李宗颢撰 稿本 广州图书馆

0338 紫阳文公先生年谱五卷 （明）李默 朱河重订 明嘉靖三十六年（1557）建宁董燧刻本 华南师范大学图书馆

0339 还京日记二卷南归记二卷澄怀园日记不分卷 （清）吴锡麒撰 稿本 广东省立中山图书馆

0340 北行日记不分卷 （清）黄培芳撰 稿本 广东省立中山图书馆

0341 朱次琦日记 （清）朱次琦撰 稿本 广东省社会科学院

0342 涑水司马氏源流集略八卷 （明）司马晰辑 明万历十五年（1587）司马祉刻三十五年（1607）司马露增修本 广东省立中山图书馆

0343 十七史详节二百七十四卷 （宋）吕祖谦辑 明正德十一年（1516）刘弘毅慎独斋刻本 华南师范大学图书馆

0344 东莱先生史记详节二十卷首一卷 （汉）司马迁撰 （刘宋）裴骃集解 （唐）张守节正义 （唐）司马贞索隐 （宋）苏辙古史 （宋）刘恕外纪 （宋）吕祖谦节录 明正德十一年（1516）刘弘毅慎独斋刻十七史详节本 广东省立中山图书馆

0345 东莱先生史记详节二十卷首一卷 （汉）司马迁撰 （刘宋）裴骃集解 （唐）张守节正义 （唐）司马贞索隐 （宋）苏辙古史 （宋）刘恕外纪 （宋）吕祖谦节录 明正德十一年（1516）刘弘毅慎独斋刻十七史详节本 华南师范大学图书馆

0346 通鉴总类二十卷 （宋）沈枢辑 明万历二十三年（1595）孙隆刻本 广东省立中山图书馆

0347 通鉴总类二十卷 （宋）沈枢辑 明万历二十三年（1595）孙隆刻本 广东省社会科学院

0348 史记纂二十四卷 （明）凌稚隆辑 明万历凌稚隆刻朱墨套印本 暨南大学图书馆

0349 参附群书三刘互注西汉详节三十卷 （宋）吕祖谦辑 元刻十七史详节明修本 广东省立中山图书馆

0350 欧阳文忠公新唐书抄二卷五代史抄二十卷 （明）茅坤辑并评 明万历七年（1579）茅一桂刻本 广东省立中山图书馆

0351 欧阳文忠公五代史抄二十卷 （明）茅坤辑 明闵氏刻朱墨套印本 中山大学图书馆

0352 圣朝混一方舆胜览三卷 明初刻事文类聚翰墨全书后乙集本 广东省立中山图书馆 存一卷（卷中）

0353 大明一统志九十卷 （明）李贤 万安等纂修 明天顺五年（1461）内府刻本 广东省立中山图书馆

0354 大明一统志九十卷 （明）李贤 万安等纂修 明天顺五年（1461）内府刻本（卷四至五抄配） 广东省立中山图书馆

0355 大明一统志九十卷 （明）李贤、万安等纂修 明天顺五年（1461）内府刻本（有抄配） 广东省立中山图书馆

0356 大明一统志九十卷图一卷 （明）李贤、万安等纂修 明天顺五年（1461）内府刻本 中山大学图书馆

0357 大明一统志九十卷 （明）李贤、万安等纂修 明万寿堂刻本 广东省立中山图书馆

0358 大明一统志九十卷 （明）李贤、万安等纂修 明万寿堂刻本 广东省立中山图书馆

0359 大明一统志九十卷 （明）李贤、万安等纂修 明万寿堂刻本 广东省立中山图书馆 存八十七卷（一至八十二、八十六至九十）

0360 天下一统志九十卷 （明）李贤等撰 明万寿堂刻本 广东省立中山图书馆

0361 天下一统志九十卷 （明）李贤等撰 明万寿堂刻本 广东省立中山图书馆

0362 天下一统志九十卷 （明）李贤等撰 明万寿堂刻本 华南师范大学图书馆

0363 天下一统志九十卷 （明）李贤等撰 明万寿堂刻本 广东省立中山图书馆 存八十八卷（一至八十一、八十四至九十）

0364 广舆记二十四卷 （明）陆应阳撰 （清）蔡方炳增辑 清康熙二十五年（1686）刻本 广州大学图书馆

0365 郡国利病书一百二十卷 （清）顾炎武撰 清抄本 中山大学图书馆

0366 读史方舆纪要十五卷 （清）顾祖禹撰 清抄本 中山大学图书馆

0367 云南舆地全图 清彩绘本 中山大学图书馆

0368 （万历）华阴县志九卷 （明）王九畴、张毓翰纂修 明万历四十二年（1614）刻清康熙增修本 广东省立中山图书馆

0369 咸淳临安志一百卷 （宋）潜说友纂修 清吴氏古欢堂抄本 中山大学图书馆

0370 （正德）四川志三十七卷首一卷 （明）熊相纂修 明
正德刻嘉靖增刻本 中山大学图书馆

0371 （嘉靖）广东通志七十卷 （明）黄佐纂修 明嘉靖刻
本 广东省立中山图书馆

0372 （嘉靖）广东通志七十卷 （明）黄佐纂修 明嘉靖刻
本（有抄配） 广东省立中山图书馆

0373 日下旧闻四十二卷 （清）朱彝尊辑 （清）朱昆田补
遗 清康熙二十七年（1688）刻本 广州大学图书馆

0374 续板桥杂记三卷雪鸿小记不分卷 （清）珠泉居士撰
清乾隆五十七年（1792）刻本 东莞图书馆

0375 筹海图编十三卷 （明）胡宗宪撰 明天启四年
（1624）胡维极刻本 广东省立中山图书馆

0376 筹海图编十三卷 （明）胡宗宪撰 明天启四年
（1624）胡维极刻本 广东省立中山图书馆

0377 筹海图编十三卷 （明）胡宗宪撰 明天启四年
（1624）胡维极刻本 广州大学图书馆

0378 新镌海内奇观十卷 （明）杨尔曾撰 明万历三十七年
（1609）夷白堂刻本 广东省立中山图书馆

0379 说山一卷 （清）陈澧撰 稿本 广东省立中山图书馆

0380 广雁荡山志二十八卷首一卷末一卷 （清）曾唯编 清
乾隆五十四年（1789）刻本 广东外语外贸大学图
书馆

0381 庐山纪事十二卷 （明）桑乔撰 明嘉靖刻本 中山大
学图书馆

0382 罗浮山志会编二十二卷首一卷 （清）宋广业纂修 清
康熙刻本 佛山市图书馆

0383 水经注四十卷 （北魏）郦道元撰 明崇祯二年
（1629）严忍公等刻本 广东省立中山图书馆

0384 西湖志摘粹补遗奚囊便览十二卷 （明）高应科撰 明
万历二十九年（1601）刻本 广东省立中山图书馆

0385 金陵梵刹志五十三卷 （明）葛寅亮撰 明万历刻本
广东省立中山图书馆 存三十五卷（一至九、二十一
至四十六）

0386 鼎湖山庆云寺志八卷首一卷 （清）丁易修 （清）释
成鹫纂 清康熙刻本 佛山市图书馆

0387 鼎湖山庆云寺志八卷首一卷 （清）丁易修 （清）释
成鹫纂 清康熙刻本 江门市新会区景堂图书馆

0388 西使记一卷 （元）刘郁撰 （清）李宗颢注 稿
本 广东省立中山图书馆

0389 入秦纪程一卷榆林赴北京路程一卷赴云南由西河海
道路程一卷丙申由粤赴苏州复游闽中入都纪程一卷
（清）李宗颢撰 稿本 广州图书馆

0390 西洋朝贡典录三卷 （明）黄省曾辑 清道光抄本 曾
钊跋 暨南大学图书馆

0391 安南志略十九卷 （元）黎崱撰 清抄本 华南师范大
学图书馆

0392 实政录十卷 （明）吕坤撰 明万历四十六年（1618）
傅淑训刻本 中山大学图书馆

0393 杜氏通典二百卷 （唐）杜佑撰 明嘉靖十八年
（1539）王德溢、吴鹏刻本 徐汤殷跋 广东省立中
山图书馆

0394 杜氏通典二百卷 （唐）杜佑撰 明嘉靖十八年
（1539）王德溢、吴鹏刻本 广东省博物馆

0395 增入诸儒议论杜氏通典详节四十二卷图谱一卷 明刻
本 广东省立中山图书馆

0396 文献通考三百四十八卷 （元）马端临撰 明正德
十一至十四年（1516—1519）刘洪慎独斋刻十六年
（1521）重修本（有抄配） 广东省立中山图书馆

0397 文献通考三百四十八卷 （元）马端临撰 明正德
十一至十四年（1516—1519）刘洪慎独斋刻十六年
（1521）重修本 中山大学图书馆

0398 文献通考三百四十八卷首一卷 （元）马端临撰 明末
刻本 中山大学图书馆

0399 文献通考纂二十四卷 （元）马端临撰 （明）胡震亨
辑 明万历骆骎曾刻崇祯十六年（1643）朱彝叙重修
本 中山大学图书馆

0400 续文献通考二百五十四卷 （明）王圻撰 明万历
三十一年（1603）曹时聘、许维新等刻本 中山大学
图书馆

0401 宪章类编四十二卷 （明）劳堪撰 明万历六年
（1578）自刻本 广东省立中山图书馆

0402 六部事例不分卷 明抄本 中山大学图书馆

0403 六部事例不分卷 明抄本 中山大学图书馆

0404 皇明世法录九十二卷 （明）陈仁锡撰 明崇祯刻
本 中山大学图书馆

0405 明伦大典二十四卷 （明）杨一清 熊浃等纂修 明嘉
靖七年（1528）内府刻本 广东省立中山图书馆

0406 孔庙礼乐考六卷 （明）瞿九思撰 明万历刻本 中山

大学图书馆

0407 类宫礼乐疏十卷 （明）李之藻撰 明万历四十六年（1618）冯时来刻本 中山大学图书馆

0408 湖广德安府条议不分卷 明抄本 中山大学图书馆

0409 荒政汇编二卷 （明）何淳之辑 明万历二十三（1595）年谭廷臣刻本 中山大学图书馆

0410 大明律三十卷 （明）刘惟谦等撰 附录一卷 明万历三十七年（1609）董汉儒等刻本 中山大学图书馆

0411 大明律例添释旁注□□卷 （明）徐昌祚辑 明万历宝善堂刻本 广东省立中山图书馆 存二十卷（一至十四、二十二至二十七）

0412 工部档册一卷 明抄本 中山大学图书馆

0413 抚吴公牍五十卷 （清）丁日昌撰 清丁氏百兰山馆抄本 汕头市图书馆

0414 广东提学使办理留洋学生公牍（光绪三十四年至宣统元年） 抄本 中山大学图书馆

0415 读书敏求记四卷 （清）钱曾撰 清乾隆十年（1745）沈尚杰双桂草堂刻六十年（1795）沈炎耆英堂重修本 黄丕烈批校 中山大学图书馆

0416 金石录二十卷目录十卷 （宋）赵明诚撰 清顺治七年（1650）谢世箕刻本 佛山市图书馆

0417 两汉金石记二十二卷 （清）翁方纲撰 清乾隆五十四年（1789）南昌使院南昌刻本 佛山市图书馆 存十八卷（一至十七、十九）

0418 汉碑异文考一卷 （清）李宗颢撰 稿本 广东省立中山图书馆

0419 金石摘藻二卷 （清）李宗颢撰 稿本 广东省立中山图书馆

0420 宝古堂重修考古图十卷 （宋）吕大临撰 （元）罗更翁考订 宝古堂重考古玉图二卷 （元）朱德润撰 明万历三十一年（1603）刻本 中山大学图书馆

0421 泊如斋重修宣和博古图录三十卷 （宋）王黼等撰 明万历十六年（1588）泊如斋刻本 广东省立中山图书馆

0422 泊如斋重修宣和博古图录三十卷 （宋）王黼等撰 明万历十六年（1588）泊如斋刻本 广东省立中山图书馆 存二十三卷（一至八、十三至二十七）

0423 泊如斋重修宣和博古图录三十卷 （宋）王黼等撰 明万历十六年（1588）泊如斋刻本 广东省立中山图书馆 存十一卷（四至七、九至十五）

0424 泊如斋重修宣和博古图录三十卷 （宋）王黼等撰 明万历十六年（1588）泊如斋刻本 容庚题跋 中山大学图书馆

0425 泊如斋重修宣和博古图录三十卷 （宋）王黼等撰 明万历十六年（1588）泊如斋刻本 中山大学图书馆

0426 亦政堂重修宣和博古图录三十卷 （宋）王黼等撰 清乾隆十七年（1752）亦政堂刻本 江门市新会区景堂图书馆

0427 石墨镌华八卷 （明）赵崡撰 明万历四十六年（1618）自刻本 中山大学图书馆

0428 石鼓文正误四卷 （明）陶滋撰 明嘉靖十二年（1533）钱贡刻本 中山大学图书馆

0429 萧斋读碑校勘记二卷 （清）李宗颢撰 稿本 广东省立中山图书馆

0430 粤东金石略九卷首一卷附录二卷 （清）翁方纲撰 清乾隆三十六年（1771）刻本 佛山市图书馆

0431 泉志十五卷 （宋）洪遵撰 （明）徐象梅配图 明万历胡震亨、沈士龙刻秘册汇函本 中山大学图书馆

0432 宣和集古印史八卷 （明）来行学辑 明万历二十四年（1596）来氏宝印斋刻钤印本 广东省立中山图书馆

0433 汉铜印丛八卷 （清）汪启淑辑 清乾隆十七年（1752）刻钤印本 广州图书馆

0434 㧑叔考藏秦汉印存不分卷 （清）赵之谦辑 清钤印本 广州图书馆

0435 新镌全补标题音注历朝捷录四卷 （明）顾充撰 （明）顾宪成音释 新刻全补标题音注元朝捷录四卷 （明）汤宾尹辑 新镌增补评林音注国朝捷录四卷 （明）郑以伟撰 明刻本 中山大学图书馆

0436 读史漫录十四卷 （明）于慎行撰 明万历四十二年（1614）于纬刻本 中山大学图书馆 存十二卷（一至十二）

0437 历代史论一编四卷二编十卷 （明）张溥撰 明崇祯刻本 中山大学图书馆 存四卷（一编全）

0438 钦定古今储贰金鉴六卷首一卷 （清）高宗弘历撰 清乾隆五十一年（1786）武英殿刻本 暨南大学图书馆

0439 孔子家语十卷 题（魏）王肃注 明万历新安吴勉学刻二十子全书本 中山大学图书馆

0440 孔子家语十卷 题（魏）王肃注 明崇祯毛氏汲古阁刻本 中山大学图书馆

0441 孔子家语十卷 题（魏）王肃注 明刻本 中山大学图书馆

0442 孔子家语十卷 题（魏）王肃注 明末刻本 中山大学图书馆

0443 荀子二十卷 （唐）杨倞注 明嘉靖十二年（1533）顾春世德堂刻六子书本 中山大学图书馆

0444 荀子二十卷 （唐）杨倞注 明桐阴书屋刻六子书本 广东省立中山图书馆

0445 荀子二十卷 （唐）杨倞注 明刻本 中山大学图书馆

0446 纂图互注荀子二十卷 （唐）杨倞注 明刻本 中山大学图书馆

0447 新语二卷 （汉）陆贾撰 明刻本 广东省立中山图书馆

0448 盐铁论十二卷 （汉）桓宽撰 （明）张之象注 明万历八年（1580）赵南星等刻本 中山大学图书馆

0449 盐铁论十二卷 （汉）桓宽撰 （明）张之象注 明刻本 中山大学图书馆

0450 重刻说苑新序三十卷 （汉）刘向撰 明嘉靖二十六年（1547）何良俊刻本 广东省立中山图书馆

0451 重刻说苑新序三十卷 （汉）刘向撰 明嘉靖二十六年（1547）何良俊刻本 华南师范大学图书馆 存二十卷（说苑全）

0452 刘向说苑二十卷 （汉）刘向撰 明刻本 广东省立中山图书馆

0453 新纂门目五臣音注扬子法言十卷 （汉）扬雄撰 （晋）李轨 （唐）柳宗元 （宋）宋咸 吴祕 司马光注 明嘉靖十二年（1533）顾春世德堂刻六子书本 广东省社会科学院

0454 新纂门目五臣音注扬子法言十卷 （汉）扬雄撰 （晋）李轨 （唐）柳宗元 （宋）宋咸 吴祕 司马光注 明桐阴书屋刻六子书本 华南师范大学图书馆

0455 纂图互注扬子法言十卷 （汉）扬雄撰 （晋）李轨 （唐）柳宗元 （宋）宋咸 吴祕 司马光注 元刻明递修本 广东省立中山图书馆

0456 纂图互注扬子法言十卷 （汉）扬雄撰 （晋）李轨 （唐）柳宗元 （宋）宋咸 吴祕 司马光注 明刻本（有抄配） 中山大学图书馆

0457 申鉴五卷 （汉）荀悦撰 （明）黄省曾注 明嘉靖文始堂刻本 广东省立中山图书馆

0458 中说十卷 题（隋）王通撰 （宋）阮逸注 明初刻本 广东省立中山图书馆

0459 中说十卷 题（隋）王通撰 （宋）阮逸注 明嘉靖十二年（1533）顾春世德堂刻六子书本 广东省社会科学院

0460 中说十卷 题（隋）王通撰 （宋）阮逸注 明桐阴书屋刻六子书本 华南师范大学图书馆

0461 二程子抄释十卷 （明）吕柟撰 明嘉靖二十七年（1548）周璞刻蓝印本 广东省立中山图书馆

0462 小学句读十卷 （宋）朱熹撰 （明）吴讷集解 （明）陈选增注 （明）王云凤辑 明刻本 中山大学图书馆

0463 类编标注文公先生经济文衡前集二十五卷后集二十五卷续集二十二卷 （宋）滕珙辑 明万历三十四年（1606）朱崇沐刻本 广东省立中山图书馆 存二十五卷（后集全）

0464 真西山读书记乙集上大学衍义四十三卷 （宋）真德秀撰 明刻本 广东省立中山图书馆

0465 大学衍义补纂要六卷 （明）徐栻辑 明嘉靖三十七年（1558）刻本 广东省社会科学院

0466 大学衍义通略三十卷 （明）王净辑 明嘉靖四十三年（1564）刻本 江门市新会区景堂图书馆

0467 慈溪黄氏日抄分类九十七卷古今纪要十九卷 （宋）黄震撰 明正德十四年（1519）书林龚氏明实堂刻本 广东省立中山图书馆

0468 性理大全书七十卷 （明）胡广等撰 明永乐十三年（1415）内府刻本 广东省立中山图书馆

0469 曹月川先生家规辑略一卷 （明）曹端撰 明石允珍刻本 广东省立中山图书馆

0470 月川曹先生录粹一卷 （明）孟化鲤辑 明万历曹继儒刻本 广东省立中山图书馆

0471 薛文清公读书全录类编二十卷 （明）薛瑄撰 （明）侯鹤龄辑 明万历二十七年（1599）刻本 广东省立中山图书馆

0472 薛文清公读书全录类编二十卷 （明）薛瑄撰 （明）侯鹤龄辑 明万历二十七年（1599）刻本 广东省立中山图书馆

0473 薛文清公读书全录类编二十卷 （明）薛瑄撰 （明）侯鹤龄辑 明万历二十七年（1599）刻本 广东省立

中山图书馆

0474 白沙先生至言十卷 （明）陈献章撰 明嘉靖二十六年（1547）刻本 广东省立中山图书馆

0475 性理诸家解三十四卷 （明）杨维聪辑 明嘉靖十五年（1536）杨维聪、高叔嗣刻本 广东省社会科学院

0476 三先生类要五卷 （明）徐用检辑 明万历七年（1579）李充实刻本 广东省立中山图书馆

0477 一书四卷 （明）俞邦时撰 明万历刻本 中山大学图书馆 存二卷（一至二）

0478 密庵寤言二卷 （明）樊良枢撰 明末刻本 中山大学图书馆

0479 见闻日录不分卷 （明）郑文兆辑 明崇祯刻本 中山大学图书馆

0480 御纂性理精义十二卷 （清）李光地纂修 清康熙五十六年（1717）武英殿刻本 暨南大学图书馆

0481 乙丑学规一卷 （清）黄培芳撰 稿本 广东省立中山图书馆

0482 新镌武经标题正义七卷 （明）赵光裕注释 明末刻本 广州图书馆 存五卷（卷一至五）

0483 武经摘要六卷 （明）吴相辑 明嘉靖二十七年（1548）张玭刻蓝印本 广东省立中山图书馆

0484 孙子集注十三卷 （汉）曹操 （唐）杜牧等撰 明万历十七年（1589）黄邦彦刻本 广东省立中山图书馆

0485 登坛必究四十卷 （明）王鸣鹤撰 明万历二十七年（1599）刻本（有抄配） 广东省立中山图书馆 存三十九卷（一、三至四十）

0486 登坛必究四十卷 （明）王鸣鹤撰 明万历二十七年（1599）刻本 广东省立中山图书馆 存三十三卷（一、三至十、十二至二十、二十五至三十一、三十三至四十）

0487 武备志二百四十卷 （明）茅元仪撰 明天启元年（1621）刻本 广州大学图书馆

0488 管子二十四卷 （唐）房玄龄注 明万历十年（1582）赵用贤刻管韩合刻本 广东省立中山图书馆

0489 管子二十四卷 （明）赵用贤 朱长春等评 明万历四十八年（1620）凌汝亨刻朱墨套印本 广东省立中山图书馆

0490 管子二十四卷 （明）赵用贤 朱长春等评 明万历四十八年（1620）凌汝亨刻朱墨套印本 中山大学图书馆

0491 管子二十四卷 （明）赵用贤 朱长春等评 明万历四十八年（1620）凌汝亨刻朱墨套印本 暨南大学图书馆

0492 管子二十四卷 （明）赵用贤 朱长春等评 明万历四十八年（1620）凌汝亨刻朱墨套印本 广东省社会科学院

0493 商子五卷 明万历程荣刻汉魏丛书本 广东省立中山图书馆

0494 韩非子二十卷 明万历新安吴勉学刻二十子全书本 唐岳校并跋 中山大学图书馆

0495 汪石山医书八种三十卷 （明）汪机撰 明嘉靖刻崇祯祁门朴墅增刻本 广州中医药大学图书馆 存二十九卷（第一种卷下至第八种）

0496 喻氏医书三种十五卷 （清）喻昌撰 清乾隆三十年（1765）陈守诚刻本 广州中医药大学图书馆

0497 重广补注黄帝内经素问二十四卷 （唐）王冰注 （宋）林亿等校正 （宋）孙兆改误 明嘉靖二十九年（1550）顾从德影宋刻本 中山大学图书馆

0498 黄帝内经素问二十四卷 （明）吴昆注 明万历三十七年（1609）刻本 广东省立中山图书馆

0499 黄帝内经素问二十四卷 （明）吴昆注 明万历三十七年（1609）刻本 广州中医药大学图书馆

0500 黄帝内经素问九卷 （清）高世栻批注 清康熙三十四年（1695）刻本 广州中医药大学图书馆

0501 新刻素问心得二卷 （明）胡文焕撰 明万历二十四年（1596）胡文焕刻本 广州中医药大学图书馆

0502 类经三十二卷 （明）张介宾类注 图翼十一卷附翼四卷 （明）张介宾撰 明刻本 广州中医药大学图书馆

0503 重订骆龙吉内经拾遗方论四卷 （宋）骆龙吉撰 （明）刘浴德 朱练增订 清乾隆四十一年（1776）刻本 广州中医药大学图书馆

0504 医经原旨六卷 （清）薛雪集注 清乾隆十九年（1754）薛氏扫叶庄刻本 广州中医药大学图书馆

0505 越人难经真本说约四卷 （清）沈德祖编 清乾隆亦政堂刻本 广州中医药大学图书馆

0506 重刊经史证类大全本草三十一卷 （宋）唐慎微撰 明万历十九年（1591）朱朝望刻本 广州中医药大学图书馆 存十一卷（一至十一）

0507 神农本草经疏三十卷 （明）缪希雍撰 明天启五年（1625）毛晋绿君亭刻本 广州中医药大学图书馆

0508 重修政和经史证类备用本草三十卷 （宋）唐慎微撰 （宋）寇宗奭衍义 明隆庆三年（1569）刻本 中山大学图书馆

0509 本草发挥四卷 （元）徐彦纯撰 明万历刻薛氏医按二十四种本 广州中医药大学图书馆

0510 食物本草四卷 （明）卢和撰 明隆庆五年（1571）一乐堂后泉书舍刻本 广东省立中山图书馆

0511 食物本草会纂十卷日用家钞一卷脉诀秘传一卷 （清）沈李龙辑 清乾隆四十八年（1783）金闾书业堂刻本 广州中医药大学图书馆

0512 东皋握灵本草十卷首一卷补遗一卷 （清）王翃辑 清康熙刻乾隆递修本 广州中医药大学图书馆

0513 本草汇十八卷 （清）郭佩兰撰 清康熙五年（1666）梅花屿刻本 广州中医药大学图书馆

0514 本经逢原四卷 （清）张璐撰 清康熙三十四年（1695）刻本 广州中医药大学图书馆

0515 本草崇原三卷 （清）张志聪撰 （清）高世栻辑 清乾隆三十二年（1767）王琦刻医林指月本 广州中医药大学图书馆

0516 本草求真九卷本草求真主治二卷脉理求真三卷 （清）黄宫绣撰 清乾隆三十九年（1774）文奎堂刻本 广州中医药大学图书馆

0517 丹溪朱氏脉因证治二卷 （元）朱震亨撰 清乾隆四十年（1775）刻本 广州中医药大学图书馆

0518 证因脉治四卷 （明）秦昌遇撰 （清）秦皇士补辑 清康熙五十四年（1715）攸宁堂刻乾隆十八年（1753）博古堂印本 广州中医药大学图书馆

0519 理虚元鉴二卷 （明）汪绮石撰 清乾隆三十六年（1771）柯怀祖刻本 广州中医药大学图书馆

0520 伤寒瘟疫条辩眉批六卷 （清）杨璇撰 （清）李盛卿批 清乾隆周兆庆刻本 广州中医药大学图书馆

0521 伤寒论三注十六卷 （清）周扬俊辑注 清康熙二十二年（1683）刻本 广州中医药大学图书馆

0522 伤寒证治准绳八卷 （明）王肯堂辑 明万历三十二年（1604）刻本 广州中医药大学图书馆

0523 伤寒论后条辨十五卷 （清）程应旄撰 清乾隆九年（1744）文明阁刻本 广州中医药大学图书馆 存八卷（一至八）

0524 刘河间伤寒三书二十卷 （金）刘完素撰 明万历十三年（1585）吴谏金陵刻清步月楼印本 广州中医药大学图书馆

0525 温疫论二卷 （明）吴有性撰 清康熙五十四年（1715）令德堂刻本 广州中医药大学图书馆

0526 伤寒大成七卷 （清）张璐等撰 清康熙六年（1667）金闾书业堂刻本 广州中医药大学图书馆

0527 张仲景金匮要略二十四卷 （清）沈明宗编注 清康熙三十一年（1692）刻本 广州中医药大学图书馆

0528 圣济总录纂要二十六卷 （清）程林删订 清乾隆五年（1740）刻本 广州中医药大学图书馆

0529 重校圣济总录二百卷 （宋）赵佶敕撰 清乾隆五十一年（1786）平川燕远堂刻本 广州中医药大学图书馆

0530 学古诊则四卷 （明）卢之颐辑 清乾隆三十五年（1770）刻本 广州中医药大学图书馆

0531 医垒元戎十二卷 （元）王好古撰 明万历二十一年（1593）屠本畯刻本 广东省立中山图书馆

0532 丹溪先生心法五卷附录一卷 （元）朱震亨撰 明万历二十九年（1601）吴勉学刻古今医统正脉全书本 广州中医药大学图书馆

0533 秘方集验二卷 （清）王梦兰纂辑 清康熙四年（1665）刻本 广州中医药大学图书馆 存一卷（一）

0534 医学纲目四十卷 （明）楼英撰 运气占候补遗一卷 明嘉靖四十四年（1565）曹灼刻本（有抄配） 中山大学图书馆

0535 医学纲目四十卷附录一卷目录四卷 （明）楼英撰 明刻本 广州中医药大学图书馆 存四十四卷（纲目全、目录全）

0536 医方选要十卷 （明）周文采辑 明嘉靖刻本 广东省社会科学院

0537 原病集六卷 （明）唐椿撰 明崇祯六年（1633）唐敏学刻本 广州中医药大学图书馆

0538 摄生众妙方十一卷 （明）张时彻辑 明隆庆三年（1569）衡府刻本 广州中医药大学图书馆

0539 经验单方汇编一卷 （清）钱峻辑 清康熙五十六年（1717）沈元瑞裕麟堂刻本 广州中医药大学图书馆

0540 绛雪园古方选注一卷 （清）王子接注 清乾隆二年（1737）刻本 广州中医药大学图书馆

0541 成方切用二十六卷　（清）吴仪洛辑　清乾隆二十六年（1761）碛川利济堂刻吴氏医学述本　广州中医药大学图书馆

0542 古今医统大全一百卷　（明）徐春甫编　明刻本　广州中医药大学图书馆　存七十五卷（七至四十二、六十二至一百）

0543 辅孝两书五卷宝命真诠四卷前贤医案一卷　（清）吴楚辑　清乾隆六十年（1795）刻本　广州中医药大学图书馆

0544 新刊精选医方摘要十二卷　（明）杨拱撰　明隆庆六年（1572）陈燕野刻本　广东省立中山图书馆

0545 重刻古今医鉴八卷　（明）龚信撰　明万历五年（1577）金陵书林周四达刻本　广州中医药大学图书馆

0546 新刊增补万病回春原本八卷　（明）龚廷贤编　清乾隆十九年（1754）素位堂刻本　广州中医药大学图书馆

0547 新刊医林状元寿世保元十卷　（明）龚廷贤撰　清乾隆四十年（1775）文会堂刻本　广州中医药大学图书馆

0548 识病捷法十卷　（明）缪存济撰　明万历十一年（1583）刻本　广东省立中山图书馆

0549 诸病论一卷　明刻本　广东省立中山图书馆

0550 罗氏会约医镜二十卷　（清）罗国纲撰　清乾隆五十四年（1789）大成堂刻本　广州中医药大学图书馆

0551 编注医学入门内集二卷外集五卷首一卷　（明）李梴撰　明万历书林本立堂刻本　广州图书馆

0552 辩惑论三卷　（金）李杲撰　明刻本　广东省立中山图书馆

0553 赤水玄珠三十卷医案四卷医旨绪余二卷　（明）孙一奎撰　明万历二十四年（1596）孙泰来、孙朋来刻清康熙印本　广东省立中山图书馆

0554 赤水玄珠三十卷医案四卷医旨绪余二卷　（明）孙一奎撰　明万历二十四年（1596）孙泰来、孙朋来刻清康熙印本　广东省立中山图书馆　存三十卷（赤水玄珠一至三十）

0555 赤水玄珠三十卷医案四卷医旨绪余二卷　（明）孙一奎撰　明万历二十四年（1596）孙泰来、孙朋来刻清康熙印本　广东省立中山图书馆　存二十七卷（赤水玄珠二至二十六、二十九、三十）

0556 赤水玄珠三十卷医案五卷医旨绪余二卷　（明）孙一奎撰　明万历二十四年（1596）孙泰来、孙朋来刻清康熙印本　广州中医药大学图书馆　存三十二卷（一至三十、绪余全）

0557 石室秘箓六卷　（清）陈士铎撰　清康熙刻本　广州中医药大学图书馆

0558 刻医无闾子医贯六卷　（明）赵献可撰　医贯奇方一卷　（明）阴有澜撰　穷乡便方一卷　明末书林张起鹏刻本　广州中医药大学图书馆

0559 新刊十八大家参并名医方考医家赤帜益辨全书十二卷　（明）吴文炳辑　明万历十九年（1591）熊冲宇种德堂刻本　广州中医药大学图书馆　存六卷（一至三、十至十二）

0560 治法汇八卷　（明）张三锡撰　明万历刻崇祯十七年（1644）张维藩等重修医学六要本　广州中医药大学图书馆

0561 证治汇补八卷　（清）李用粹撰　清康熙书林刘公生刻本　广州中医药大学图书馆

0562 证治百问四卷　（清）刘默撰　清康熙十二年（1673）刻本　广州中医药大学图书馆

0563 痧胀玉衡书三卷后一卷　（清）郭志邃撰　清康熙十七年（1678）扬州有义堂刻本　广州中医药大学图书馆

0564 删补颐生微论四卷　（明）李中梓撰　明崇祯十五年（1642）金阊传万堂刻本　广州中医药大学图书馆

0565 丹台玉案六卷　（明）孙文胤撰　清顺治十七年（1660）刻本　广州中医药大学图书馆

0566 易氏医按一卷　（明）易大艮撰　芷园臆草存案一卷　（明）卢复撰　清乾隆三十年（1765）王琦宝笏楼刻医林指月本　广州中医药大学图书馆

0567 外科理例七卷附方一卷　（明）汪机撰　明嘉靖刻汪石山医书七种本　广东省立中山图书馆

0568 瘟疫传症汇编二十卷　（清）熊立品辑　清乾隆四十二年（1777）熊氏家塾刻本　广州中医药大学图书馆

0569 新刊外科正宗四卷　（明）陈实功撰　明崇祯四年（1631）刻本　广州中医药大学图书馆

0570 疡科选粹八卷　（明）陈文治撰　明崇祯元年（1628）刻本　广州中医药大学图书馆

0571 女科撮要二卷　（明）薛己撰　明万历刻薛氏医按二十四种本　广州中医药大学图书馆

0572 妇人科三卷　（明）万全撰　清康熙五十三年（1714）裘琅世德堂刻本　广州中医药大学图书馆

0573 胤产全书四卷 （明）王肯堂撰 明张受孔乔山堂刻本 广州中医药大学图书馆

0574 钱氏小儿直诀三卷 （宋）钱乙撰 （宋）阎孝忠辑 （明）薛铠注 明万历刻薛氏医按二十四种本 广州中医药大学图书馆

0575 钱氏小儿直诀三卷 （宋）钱乙撰 （宋）阎孝忠辑 （明）薛铠注 明末刻本 广州中医药大学图书馆

0576 幼科证治准绳九卷 （明）王肯堂辑 明万历三十年至三十六年（1602—1608）刻六科证治准绳本 广州图书馆

0577 万氏幼科源流十一卷 （明）万全撰 清乾隆五十一年（1786）张坦议视履堂刻万密斋医学全书本 广州中医药大学图书馆

0578 鼎锲幼幼集成六卷 （清）陈复正辑订 清乾隆十六年（1751）广州登云阁刻本 广州中医药大学图书馆

0579 救偏琐言十卷 （清）费启泰撰 清康熙二十七年（1688）文盛堂刻本 广州中医药大学图书馆

0580 冯氏锦囊秘录痘疹全集十五卷 （清）冯兆张撰 清康熙四十一年（1702）刻本 广州中医药大学图书馆

0581 痘疹会通五卷 （清）曾鼎撰 清乾隆五十一年（1786）刻本 广州中医药大学图书馆

0582 新刊铜人针灸经七卷新编西方子明堂灸经八卷 明山西平阳府刻本 广东省立中山图书馆 存七卷（针灸经全）

0583 新刊铜人针灸经七卷新编西方子明堂灸经八卷 明山西平阳府刻本 广州中医药大学图书馆 存八卷（明堂灸经全）

0584 针灸大成十卷 （明）杨继洲撰 清康熙五十七年（1718）德邻堂刻本 广州中医药大学图书馆

0585 大明崇祯十二年岁次己卯大统历一卷 明崇祯十二年（1639）刻蓝印本 广东省立中山图书馆

0586 天原发微五卷图一卷篇目名义一卷 （宋）鲍云龙撰 （明）鲍宁辨正 问答节要一卷 （明）鲍宁辑 明天顺五年（1461）鲍氏耕读书堂刻本（有抄配） 中山大学图书馆

0587 易镜二卷 （清）陆曾禹撰 稿本 华南师范大学图书馆

0588 观象玩占五十卷 题（唐）李淳风撰 明抄本 中山大学图书馆

0589 观象玩占四十九卷 题（唐）李淳风撰 明抄本 中山大学图书馆

0590 观象玩占十卷 题（唐）李淳风撰 明抄本 中山大学图书馆

0591 重刊人子须知资孝地理心学统宗八卷首一卷 （明）徐善继、徐善述撰 明万历十一年（1583）曾璠刻本 广州图书馆

0592 地理参赞玄机仙婆集十三卷 （明）张鸣凤辑 （明）张希尧参补 明万历书林熊体忠刻本 广州图书馆 存十一卷（一至八、十一至十三）

0593 新编秘传堪舆类纂人天共宝十二卷 （明）黄慎辑 明崇祯六年刻本 惠州慈云图书馆

0594 易林补遗十二卷 （明）张世宝撰 明万历三十四年（1606）刻本 广东省立中山图书馆

0595 人象大成不分卷 （明）袁忠彻等撰 明抄本 中山大学图书馆

0596 墨池编六卷 （宋）朱长文辑 明万历八年（1580）虞德烨等刻本 广东省立中山图书馆

0597 王氏书苑十卷 （明）王世贞编 补益十卷 （明）詹景凤编 明万历十九年（1591）王元贞刻本 广东省立中山图书馆

0598 汉溪书法通解八卷 （清）戈守智撰 清乾隆刻本 广州图书馆

0599 王氏画苑十卷 （明）王世贞编 补益四卷 （明）詹景凤编 明万历十八年（1590）王氏淮南书院刻本 广东省立中山图书馆 存九卷（二至十）

0600 王氏画苑十卷 （明）王世贞编 明末刻本 广东省立中山图书馆

0601 图绘宗彝八卷 （明）杨尔曾辑 明万历三十五年（1607）刻本 广东省立中山图书馆

0602 历代名公画谱四卷 （明）顾炳辑 明万历三十一年（1603）顾三聘、顾三锡刻本 广东外语外贸大学图书馆

0603 芥子园画传五卷 （清）王概等辑 清康熙十八年（1679）刻套印本 暨南大学图书馆

0604 芥子园画传二集不分卷 （清）王概等辑 清乾隆四十七年（1782）金阊书业堂刻套印本 暨南大学图书馆

0605 学山堂印谱八卷附学山记一卷学山纪游一卷学山题咏一卷 （明）张灏辑 明崇祯刻钤印本 佛山市图书馆

0606 松雪堂印萃不分卷 （清）郭启翼篆刻 清乾隆钤印本 东莞市莞城图书馆

0607 蓼怀堂琴谱不分卷 （清）云志高辑 清康熙刻本 仪清室

0608 古琴谱不分卷 （清）莫韵石等辑 清咸丰四年（1854）抄本 江门市新会区景堂图书馆

0609 奕妙一卷二编一卷 （清）吴峻撰 清乾隆二十九年（1764）崇雅堂刻本 广州图书馆

0610 投壶仪节不分卷 （明）汪禔撰 明万历刻夷门广牍本 广东省立中山图书馆

0611 方氏墨谱六卷 （明）方于鲁撰 明万历方氏美荫堂刻本 广东省立中山图书馆

0612 方氏墨谱六卷 （明）方于鲁撰 明万历方氏美荫堂刻本 广东省立中山图书馆

0613 云林石谱三卷附咏石诗一卷 （宋）杜绾撰 （清）李宗颢辑 稿本 广州图书馆

0614 华夷花木鸟兽珍玩考十二卷 （明）慎懋官撰 明万历九年（1581）刻本 中山大学图书馆

0615 二如亭群芳谱二十八卷 （明）王象晋撰 明末刻本 广州中医药大学图书馆

0616 二如亭群芳谱二十九卷首一卷 （明）王象晋撰 明末刻沙村草堂印本 广东省立中山图书馆

0617 吕氏春秋二十六卷 （汉）高诱注 明嘉靖七年（1528）许宗鲁刻本 中山大学图书馆

0618 吕氏春秋二十六卷 （汉）高诱注 明万历七年（1579）张登云刻本 中山大学图书馆

0619 吕氏春秋二十六卷 题（宋）陆游评 （明）凌稚隆批 明万历四十八年（1620）凌毓枏刻朱墨套印本 广东省立中山图书馆

0620 淮南鸿烈解二十一卷 （汉）刘安撰 （明）茅坤等评 明刻朱墨套印本 广东省立中山图书馆

0621 淮南鸿烈解二十一卷 （汉）刘安撰 （明）茅坤等评 明刻朱墨套印本 中山大学图书馆

0622 淮南鸿烈解二十一卷 （汉）刘安撰 （明）茅坤等评 明刻朱墨套印本 广东省社会科学院

0623 淮南鸿烈解二十一卷 （汉）刘安撰 （汉）高诱注 明刻本 广东省立中山图书馆

0624 风俗通义十卷 （汉）应劭撰 明刻本 广东省立中山图书馆

0625 人物志三卷 （魏）刘劭撰 （西凉）刘昞注 明刻本 中山大学图书馆

0626 刘子新论十卷 （北齐）刘昼撰 （唐）袁孝政注 明万历程荣刻汉魏丛书本 广东省立中山图书馆

0627 颜氏家训二卷 （北齐）颜之推撰 明万历程荣刻汉魏丛书本 林芳校 中山大学图书馆

0628 颜氏家训二卷 （北齐）颜之推撰 明万历程荣刻汉魏丛书本 唐仲实跋 中山大学图书馆

0629 颜氏家训二卷 （北齐）颜之推撰 明万历程荣刻汉魏丛书本 中山大学图书馆

0630 刊误二卷 （唐）李涪撰 古今注三卷 （晋）崔豹撰 明末吴琯刻古今逸史本 佛山市图书馆

0631 石林燕语十卷 （宋）叶梦得撰 明正德元年（1506）杨武刻本 华南师范大学图书馆

0632 避暑录话二卷 （宋）叶梦得撰 明刻本 广东省立中山图书馆

0633 元城语录解三卷附行录解一卷 （明）王崇庆撰 明刻本 广东省立中山图书馆

0634 却扫编三卷 （宋）徐度撰 明崇祯毛氏汲古阁刻津逮秘书本 江门市新会区景堂图书馆

0635 容斋随笔十六卷续笔十六卷三笔十六卷四笔十六卷五笔十卷 （宋）洪迈撰 清乾隆五十九年（1794）扫叶山房刻本 江门市新会区景堂图书馆

0636 西溪丛语二卷 （宋）姚宽辑 明崇祯毛氏汲古阁刻津逮秘书本 江门市新会区景堂图书馆

0637 南村辍耕录三十卷 （明）陶宗仪撰 明玉兰草堂刻本 广东省立中山图书馆

0638 南村辍耕录三十卷 （明）陶宗仪撰 明初刻本 广东省立中山图书馆 存二卷（卷二十九、三十）

0639 余冬序录六十五卷 （明）何孟春撰 明嘉靖七年（1528）郴州家塾自刻本 暨南大学图书馆

0640 燕泉何先生余冬序录六十五卷 （明）何孟春撰 明万历十二年（1584）黄齐贤、张汝贤等刻本 广东省立中山图书馆

0641 逌旃璅言二卷 （明）苏祐撰 明嘉靖刻本 广东省立中山图书馆

0642 刘子威杂俎十卷燕语一卷吴郡考二卷 （明）刘凤撰 明刻本 中山大学图书馆 存六卷（一至六）

0643 说颐八卷 （明）余懋学撰 明万历三十六年（1608）

直方堂刻本 广东省立中山图书馆

0644 鸿苞集四十八卷 （明）屠隆撰 明万历三十八年（1610）茅元仪刻本 广东省立中山图书馆

0645 密庵卮言六卷 （明）樊良枢撰 明崇祯刻本 中山大学图书馆

0646 池北偶谈二十六卷 （清）王士禛撰 清康熙刻王渔洋遗书本 广州大学图书馆

0647 香祖笔记十二卷 （清）王士禛撰 清康熙四十四年（1705）刻本 广州大学图书馆

0648 邵斋漫录一卷 （清）李宗颢辑 稿本 广州图书馆

0649 丹铅总录二十七卷 （明）杨慎撰 明嘉靖三十三年（1554）梁佐刻本 广东省立中山图书馆

0650 诗律武库十五卷后集十五卷 （宋）吕祖谦编 清康熙五十四年（1715）郑尚忠桃园山庄刻本 叶德辉跋 暨南大学图书馆

0651 读书后八卷 （明）王世贞撰 清乾隆二十一年（1756）木活字本 暨南大学图书馆

0652 东塾读书记不分卷 （清）陈澧撰 稿本 广东省立中山图书馆

0653 世说新语三卷 （刘宋）刘义庆撰 （梁）刘孝标注 明嘉靖十四年（1535）袁褧嘉趣堂刻万历四年（1576）王氏湘云堂印本 中山大学图书馆

0654 世说新语八卷 （刘宋）刘义庆撰 （梁）刘孝标注 （宋）刘辰翁 刘应登 （明）王世懋评 明凌瀛初刻四色套印本 中山大学图书馆

0655 世说新语补二十卷 （刘宋）刘庆义撰 （梁）刘孝标注 （明）何良俊增补 （明）王世贞删定 （明）王世懋批释 （明）张文柱校正 附释名一卷 明万历十三年（1585）张文柱刻本 广东省立中山图书馆

0656 桯史十五卷 （宋）岳珂撰 附录一卷 明嘉靖四年（1525）钱如京刻本 广东省立中山图书馆

0657 双槐岁抄十卷 （明）黄瑜撰 明嘉靖二十八年（1549）广东宝书楼刻本 暨南大学图书馆

0658 涌幢小品三十二卷 （明）朱国祯撰 明天启二年（1622）清美堂刻本 广东省立中山图书馆

0659 涌幢小品三十二卷 （明）朱国祯撰 明天启二年（1622）清美堂刻本 广东省立中山图书馆

0660 涌幢小品三十二卷 （明）朱国祯撰 明天启二年（1622）清美堂刻本 江门市新会区景堂图书馆

0661 焦氏说楛七卷 （明）焦周撰 明万历四十一年（1613）刻本 广东省立中山图书馆 存六卷（一至六）

0662 意林五卷 （唐）马总辑 清乾隆武英殿活字印聚珍版丛书本 逸文一卷 （清）周广业辑 补二卷 （清）李遇孙辑 清李遇孙抄本 汪远孙校跋 中山大学图书馆

0663 绀珠集十三卷 明天顺刻本 广东省立中山图书馆

0664 琅邪代醉编四十卷 （明）张鼎思辑 明万历二十五年（1597）陈性学刻本 广东省立中山图书馆

0665 焦氏类林八卷 （明）焦竑辑 明万历十五年（1587）王元贞刻本 广东省立中山图书馆

0666 山海经十八卷 （晋）郭璞传 明成化四年（1468）北京国子监刻本 广东省立中山图书馆

0667 小窗自纪四卷别纪四卷清纪不分卷艳纪不分卷 （明）吴从先撰 明万历刻本 江门市新会区景堂图书馆 存八卷（自纪全、别纪全、清纪全）

0668 艺文类聚一百卷 （唐）欧阳询辑 明嘉靖六年至七年（1527—1528）胡缵宗、陆采刻本 广东省社会科学院存九十四卷（一至五、十二至一百）

0669 艺文类聚一百卷 （唐）欧阳询辑 明嘉靖二十八年（1549）平阳府刻本 广东省立中山图书馆

0670 艺文类聚一百卷 （唐）欧阳询辑 明嘉靖二十八年（1549）平阳府刻本 华南师范大学图书馆

0671 初学记三十卷 （唐）徐坚等辑 明嘉靖十三年（1534）晋府虚益堂刻本 广东省立中山图书馆

0672 唐宋白孔六帖一百卷目录二卷 （唐）白居易撰 （宋）孔传辑 明刻本 广东省立中山图书馆

0673 唐宋白孔六帖一百卷目录二卷 （唐）白居易撰 （宋）孔传辑 明刻本 华南师范大学图书馆

0674 事类赋三十卷 （宋）吴淑撰并注 明嘉靖十三年（1534）白坪刻本 广东省立中山图书馆

0675 锦绣万花谷前集四十卷后集四十卷续集四十卷 明嘉靖十五年（1536）秦汴绣石书堂刻本 广东省社会科学院

0676 锦绣万花谷前集四十卷后集四十卷续集四十卷 明嘉靖刻本 暨南大学图书馆 存八十卷（前集全、后集全）

0677 新编古今事文类聚前集六十卷后集五十卷续集二十八卷别集三十二卷 （宋）祝穆辑 新集三十六卷外集

十五卷　（元）富大用辑　明嘉靖四十年（1561）书林杨归仁刻　暨南大学图书馆

0678 新编古今事文类聚前集六十卷后集五十卷续集二十八卷别集三十二卷　（宋）祝穆辑　新集三十六卷外集十五卷　（元）富大用辑　遗集十五卷　（元）祝渊辑　明万历三十二年（1604）书林唐富春德寿堂刻本　广东省立中山图书馆

0679 新编古今事文类聚前集六十卷后集五十卷续集二十八卷别集三十二卷　（宋）祝穆辑　新集三十六卷外集十五卷　（元）富大用辑　明刻本　广东省立中山图书馆　存一百六十二卷（前集全、后集一至三十六、四十一至五十、续集全、别集二十八至三十二、新集十四至三十六）

0680 玉海二百卷辞学指南四卷诗考一卷诗地理考六卷汉艺文志考证十卷通鉴地理通释十四卷汉制考四卷践阼篇集解一卷周易郑康成注一卷姓氏急就篇二卷急就篇补注四卷周书王会补注一卷小学绀珠十卷六经天文编二卷通鉴答问五卷　（宋）王应麟撰　明刻明清递修本　广东省立中山图书馆　存二百六十二卷（玉海全、辞学指南全、诗考全、诗地理考全、通鉴地理通释全、汉制考全、践阼篇集解全、周易郑康成注全、姓氏急就篇全、急就篇补注全、周书王会补注全、小学绀珠全、六经天文编全、通鉴答问全）

0681 新锲簪缨必用增补秘笈新书十三卷别集三卷　（宋）谢枋得辑　（明）吴道南补　明万历三十六年（1608）刻本　广东省立中山图书馆

0682 韵府群玉二十卷　（元）阴时夫辑　（元）阴中夫注　明嘉靖三十一年（1552）荆聚刻本　中山大学图书馆

0683 新增直音说文韵府群玉二十卷　（元）阴时夫辑　（元）阴中夫注　明刻本　华南师范大学图书馆

0684 对类二十卷　明刻本　中山大学图书馆

0685 新刊唐荆川先生稗编一百二十卷目录三卷　（明）唐顺之撰　明万历九年（1581）茅一相文霞阁刻本　广东省立中山图书馆

0686 修辞指南二十卷　（明）浦南金辑　明嘉靖三十六年（1557）浦氏五乐堂刻本　广东省社会科学院

0687 修辞指南二十卷　（明）浦南金辑　明嘉靖三十六年（1557）浦氏五乐堂刻本　华南师范大学图书馆

0688 古今万姓统谱一百四十卷历代帝王姓系统谱六卷氏族博考十四卷　（明）凌迪知辑　明万历七年（1579）刻本　广东省立中山图书馆　存一百四十八卷（一至四十五、五十至九十、九十八至一百三十九、附一至二十）

0689 三才图会一百六卷　（明）王圻撰　明万历三十七年（1609）刻王尔宾重修本　广东省立中山图书馆

0690 山堂肆考二百四十卷　（明）彭大翼辑　明万历二十三年（1595）刻万历四十七年（1619）张幼学重修本　广东省立中山图书馆

0691 山堂肆考二百四十卷　（明）彭大翼辑　明万历二十三年（1595）刻万历四十七年（1619）张幼学重修本　江门市新会区景堂图书馆

0692 文苑汇隽二十四卷　（明）孙丕显辑　明万历三十六年（1608）刻本　广东省立中山图书馆

0693 文苑汇隽二十四卷　（明）孙丕显辑　明万历三十六年（1608）刻本　广东省立中山图书馆

0694 广博物志五十卷　（明）董斯张辑　明万历高晖堂刻本　广东省立中山图书馆

0695 广博物志五十卷　（明）董斯张辑　明万历高晖堂刻本　广东省立中山图书馆

0696 四六霞肆十六卷　（明）何伟然辑　明末胡正言十竹斋刻本　中山大学图书馆

0697 五车韵瑞一百六十卷　（明）凌稚隆辑　明文茂堂刻本　广东省立中山图书馆

0698 古学汇纂十卷　（明）周时雍辑　明崇祯十五年（1642）周氏爱日斋刻本　佛山市图书馆

0699 渊鉴类函四百五十卷目录四卷　（清）张英　王士禛等辑　清康熙四十九年（1710）刻本　广州图书馆

0700 金刚般若波罗蜜经一卷　（后秦）释鸠摩罗什译　金元间刻本　广东省立中山图书馆

0701 大方广佛华严经随疏演义钞六十三卷　（唐）释澄观撰　明嘉靖杭州刻本　广东省立中山图书馆

0702 大佛顶如来密因修证了义诸菩萨万行首楞严经十卷　（唐）释般剌密帝　弥伽释迦译　明刻本　广东省社会科学院

0703 大阿罗汉难提密多罗所说法住记一卷　（唐）玄奘译　明万历三十六年（1608）释如鉴刻本　广东省立中山图书馆

0704 禅宗永嘉集一卷 （唐）释玄觉撰 **永嘉真觉大师证道歌一卷** （宋）释彦琪注 明万历二十一年（1593）陆基志刻本 广东省立中山图书馆

0705 永嘉真觉大师证道歌一卷 （唐）释玄觉撰 元至正元年（1341）无相禅庵刻本 中山大学图书馆

0706 佛果圆悟禅师碧岩集十卷 （宋）释克勤撰 明刻本 广东省立中山图书馆

0707 空谷集三卷 （明）释景隆撰 明弘治十年（1497）刻本 广东省立中山图书馆

0708 五灯会元十卷首一卷 （宋）释普济撰 明刻本 广东省社会科学院

0709 法喜志四卷续四卷 （明）夏树芳辑 明万历夏氏清远楼刻本 陈之鼎批校 广东省立中山图书馆

0710 一切经音义二十五卷 （唐）释玄应撰 清乾隆五十一年（1786）武进庄炘刻本 庄炘 钱坫 孙星衍校正 中山大学图书馆

0711 续原教论二卷 （明）沈士荣撰 （明）管志道评 明万历刻本 盛景璿跋 中山大学图书馆

0712 御制拣魔辨异录八卷 （清）世宗胤禛撰 清雍正十一年（1733）内府刻本 暨南大学图书馆

0713 御选语录十九卷 （清）世宗胤禛辑 清雍正十一年（1733）内府刻本 暨南大学图书馆

0714 牧牛图一卷 （明）释普明撰 明万历三十七年（1609）祩宏刻本 广东省立中山图书馆

0715 玉堂校传如岗陈先生二经精解全编九卷 （明）陈懿典撰 明刻本 广州图书馆 存七卷（三至九）

0716 庄子南华真经四卷 （唐）陆明德音义 明闵齐伋刻三子合刊朱墨套印本 华南师范大学图书馆

0717 南华真经十卷 （晋）郭象注 （唐）陆德明音义 明嘉靖十二年（1533）顾春世德堂刻六子全书本 暨南大学图书馆

0718 南华经十六卷 （晋）郭象注 （宋）林希逸口义 （宋）刘辰翁点校 （明）王世贞评点 （明）陈仁锡批注 明刻四色套印本 广东省立中山图书馆 存十五卷（一至十五）

0719 南华经十六卷 （晋）郭象注 （宋）林希逸口义 （宋）刘辰翁点校 （明）王世贞评点 （明）陈仁锡批注 明刻四色套印本 中山大学图书馆

0720 南华经十六卷 （晋）郭象注 （宋）林希逸口义

（宋）刘辰翁点校 （明）王世贞评点 （明）陈仁锡批注 明刻四色套印本 广东省社会科学院

0721 孙月峰先生批点南华真经八卷 （明）孙鑛批点 明万历妮古斋刻本 广东省立中山图书馆 存三卷（一、四、五）

0722 冲虚至德真经八卷 （晋）张湛注 （唐）殷敬顺释文 明刻本 广东省立中山图书馆

0723 冲虚至德真经解八卷 （宋）江遹撰 明刻本 广东省立中山图书馆

0724 冲虚至德真经八卷 （晋）张湛注 （唐）殷敬顺释文 明刻六子书本 华南师范大学图书馆

0725 古注参同契分释三卷 明刻本 广东省立中山图书馆

0726 高上玉皇本行集经三卷 明嘉靖八年（1529）信士罗贵等刻本 广州图书馆

0727 清庵先生中和集前集三卷后集三卷 （元）李道纯撰 （元）蔡志颐辑 明刻本 广东省立中山图书馆

0728 楚辞二卷 （楚）屈原 宋玉 （汉）贾谊等撰 明万历四十八年（1620）闵齐伋刻三色套印本 暨南大学图书馆

0729 楚辞章句十七卷 （汉）王逸撰 （宋）洪兴祖补注 明刻本 广东省立中山图书馆

0730 楚辞十七卷 （宋）洪兴祖 （明）刘凤等注 （明）陈深批点 **附录一卷** 明万历二十八年（1600）凌毓枬刻朱墨套印本 佛山市图书馆

0731 楚辞集注八卷辩证二卷后语六卷 （宋）朱熹撰 明成化十一年（1475）吴原明刻本 广东省立中山图书馆

0732 楚辞灯四卷楚怀襄二王在位事迹考一卷 （清）林云铭撰 **屈原列传一卷** （汉）司马迁撰 清康熙三十六年（1697）挹奎楼刻本 广州大学图书馆

0733 蔡中郎集六卷 （汉）蔡邕撰 明嘉靖二十七年（1548）杨贤刻本 中山大学图书馆

0734 蔡中郎集六卷 （汉）蔡邕撰 明嘉靖二十七年（1548）杨贤刻本 华南师范大学图书馆

0735 陶靖节先生集八卷 （晋）陶潜撰 **附录一卷** 明万历三十一年（1603）吴汝纪刻本 广东省立中山图书馆

0736 陶靖节集八卷 （晋）陶潜撰 **总论一卷** 明万历凌濛初刻朱墨套印本 广东省立中山图书馆

0737 陶靖节集十卷 （晋）陶潜撰 （宋）汤汉等笺注 **总论一卷附录一卷** 明刻本 中山大学图书馆

0738 陶靖节集十卷 （晋）陶潜撰 （明）何孟春笺注 明正德刻本 华南师范大学图书馆

0739 徐孝穆全集六卷 （陈）徐陵撰 （清）吴兆宜笺注 清艺古堂刻本 广州大学图书馆

0740 庾子山全集十卷 （北周）庾信撰 （清）吴兆宜注 清康熙宝翰楼刻本 广州大学图书馆

0741 王勃集二卷 （唐）王勃撰 明嘉靖江都黄埠东壁图书府刻本 中山大学图书馆

0742 唐骆先生集八卷 （唐）骆宾王撰 （明）王衡等评释 附录一卷 明凌毓枬刻朱墨套印本 中山大学图书馆

0743 宋之问集二卷 （唐）宋之问撰 明刻唐十二家诗本 广东省立中山图书馆

0744 李峤集三卷 （唐）李峤撰 明抄本 中山大学图书馆

0745 唐丞相曲江张先生文集十二卷 （唐）张九龄撰 附录一卷 明万历十二年（1584）王民顺刻四十一年（1613）李延大重修本 广东省立中山图书馆

0746 唐丞相曲江张先生文集十二卷 （唐）张九龄撰 附录一卷 明刻本 广东省立中山图书馆

0747 唐丞相曲江张先生文集十二卷 （唐）张九龄撰 附录一卷 明刻本 广东省立中山图书馆

0748 曲江张文献先生文集十二卷 （唐）张九龄撰 附录一卷 明万历四十四年（1616）谢正蒙刻本（有抄配）广东省立中山图书馆

0749 类笺唐王右丞诗集十卷 （唐）王维撰 （明）顾起经注 文集四卷集外编一卷 （唐）王维撰 （明）顾起经辑 年谱一卷 （明）顾起经撰 唐诸家同咏集一卷 赠题集一卷历朝诸家评王右丞诗画抄一卷 （明）顾起经辑 明嘉靖三十五年（1556）顾氏奇字斋刻本 广东省立中山图书馆

0750 类笺唐王右丞诗集十卷 （唐）王维撰 （明）顾起经注 文集四卷集外编一卷 （唐）王维撰 （明）顾起经辑 年谱一卷 （明）顾起经撰 唐诸家同咏集一卷 赠题集一卷历朝诸家评王右丞诗画抄一卷 （明）顾起经辑 明嘉靖三十五年（1556）顾氏奇字斋刻本 中山大学图书馆

0751 王右丞集二十八卷 （唐）王维撰 （清）赵殿成笺注 首一卷末一卷 清乾隆赵氏刻本 江门市新会区景堂图书馆 存十九卷（一至七、十八至二十八、首）

0752 李颀集三卷 （唐）李颀撰 明铜活字印本 广东省立中山图书馆

0753 分类补注李太白诗二十五卷 （唐）李白撰 （宋）杨齐贤集注 （元）萧士赟补注 明正德十五年（1520）安正书堂刻本 中山大学图书馆

0754 分类补注李太白诗二十五卷 （唐）李白撰 （宋）杨齐贤集注 （元）萧士赟补注 明万历三十年（1602）许自昌刻本 广东省立中山图书馆

0755 李诗选注十三卷 （唐）李白撰 （明）朱谏辑并注 明嘉靖二十四年（1545）朱守宣刻本 华南师范大学图书馆

0756 李诗选五卷 （唐）李白撰 （明）张含辑 （明）杨慎批点 明刻朱墨套印本 广东省立中山图书馆

0757 韦苏州集十卷拾遗一卷 （唐）韦应物撰 明刻朱墨套印本 广东省立中山图书馆

0758 韦苏州集十卷拾遗一卷 （唐）韦应物撰 明凌氏刻朱墨套印本 广东省立中山图书馆

0759 韦苏州集十卷拾遗一卷 （唐）韦应物撰 明凌氏刻朱墨套印本 中山大学图书馆

0760 杜诗选六卷 （唐）杜甫撰 （明）闵暎璧集评 明乌程闵氏刻朱墨套印本 广东省立中山图书馆

0761 杜诗详注二十五卷 （唐）杜甫撰 （清）仇兆鳌辑注 首一卷附编二卷 清康熙刻本 广州大学图书馆

0762 杜诗详注二十五卷 （唐）杜甫撰 （清）仇兆鳌辑注 首一卷附编二卷 清康熙刻本 汕头市图书馆 存二十六卷（一至二十五、首）

0763 杜诗论文五十六卷 （清）吴见思撰 （清）潘眉评 清康熙十一年（1672）常州岱渊堂刻本 广州大学图书馆

0764 读杜心解六卷首二卷 （清）浦起龙撰 清雍正二年至三年（1724—1725）浦氏宁我斋刻本 广州图书馆 存六卷（一至六）

0765 读杜心解六卷首二卷 （清）浦起龙撰 清雍正二年至三年（1724—1725）浦氏宁我斋刻本 汕头市图书馆

0766 杜诗集说二十卷末一卷 （清）江浩然辑 清乾隆四十八年（1783）本立堂刻本 惠州慈云图书馆

0767 唐陆宣公集二十二卷 （唐）陆贽撰 明万历三十四年（1606）吴继武光裕堂刻本 广东省立中山图书馆

0768 唐欧阳先生文集八卷 （唐）欧阳詹撰 （明）徐𤊻

辑 附录一卷 明万历三十四年（1606）叶向高等金陵刻本 广东省立中山图书馆

0769 韩文四十卷外集十卷遗集一卷 （唐）韩愈撰 集传一卷 明嘉靖四十一年（1562）何镗刻本 唐岳录诸家批 中山大学图书馆

0770 朱文公校昌黎先生文集四十卷外集十卷遗文一卷 （唐）韩愈撰 （宋）朱熹考异 （宋）王伯大音释 传一卷 明刻本 广东省立中山图书馆

0771 朱文公校昌黎先生文集四十卷外集十卷 （唐）韩愈撰 （宋）朱熹考异 （宋）王伯大音释 传一卷 明刻本 中山大学图书馆

0772 朱文公校昌黎先生文集四十卷外集十卷遗文一卷 （唐）韩愈撰 （宋）朱熹考异 （宋）王伯大音释 传一卷 明万历朱崇沐刻本 中山大学图书馆

0773 朱文公校昌黎先生文集四十卷外集十卷 （唐）韩愈撰 （宋）朱熹考异 （宋）王伯大音释 传一卷 明弘治十五年（1502）王氏善敬书堂刻本 华南师范大学图书馆

0774 韩文公文抄十六卷 （唐）韩愈撰 （明）茅坤评 明刻朱墨套印本 广东省社会科学院

0775 河东先生集四十五卷外集二卷龙城录二卷 （唐）柳宗元撰 （宋）廖莹中校正 附录二卷传一卷 （明）郭云鹏济美堂刻本 广东省立中山图书馆

0776 重校添注音辩唐柳先生文集四十五卷 （唐）柳宗元撰 （宋）童宗说 韩醇等注释 宋刻本 广东省博物馆 存三卷（二十至二十二）

0777 增广注释音辩唐柳先生集四十三卷别集二卷外集二卷 （唐）柳宗元撰 （宋）童宗说注释 （宋）张敦颐音辩 （宋）潘维音义 附录一卷 明刻本 中山大学图书馆

0778 增广注释音辩唐柳先生集二十卷别集一卷外集一卷 （唐）柳宗元撰 （宋）童宗说注释 （宋）张敦颐音辩 （宋）潘纬音义 附录一卷 明刻本 华南师范大学图书馆

0779 刘宾客集三十卷外集十卷 （唐）刘禹锡撰 清味书室抄本 郑江校 中山大学图书馆

0780 孟东野集十卷 （唐）孟郊撰 明杨鹤刻本 广东省立中山图书馆

0781 孟东野诗集十卷 （唐）孟郊撰 明凌濛初刻朱墨套印本 广东省立中山图书馆

0782 重刻丁卯集二卷 （唐）许浑撰 （明）雷起剑评 清顺治十三年（1656）刻本 广州大学图书馆

0783 唐李义山诗集六卷 （唐）李商隐撰 明刻本 广东省立中山图书馆

0784 浣花集十卷 （唐）韦庄撰 明末毛氏绿君亭刻本 补遗一卷 （明）毛晋辑 明末毛氏汲古阁刻本 中山大学图书馆

0785 莆阳黄御史集二卷 （唐）黄滔撰 明正德八年（1513）刻本 广东省立中山图书馆

0786 杨大年先生武夷新集二十卷 （宋）杨亿撰 清康熙四十四年（1705）陈璋刻本 广东省立中山图书馆

0787 武溪集二十一卷 （宋）余靖撰 明嘉靖四十五年（1566）刘稳刻本 华南师范大学图书馆

0788 安阳集五十卷 （宋）韩琦撰 别录三卷 （宋）王岩叟撰 遗事一卷 （宋）强至撰 忠献韩魏王家传十卷 明正德九年（1514）张士隆刻本 广东省立中山图书馆

0789 镡津文集二十二卷 （宋）释契嵩撰 明弘治十二年（1499）释如巹刻本 广东省立中山图书馆

0790 司马文正公集略三十一卷诗集七卷 （宋）司马光撰 明嘉靖四年（1525）吕柟刻本 广东省立中山图书馆

0791 司马文正公集略三十一卷诗集七卷 （宋）司马光撰 明嘉靖十八年（1539）俞文峰刻本 中山大学图书馆

0792 南丰曾先生文粹十卷 （宋）曾巩撰 明嘉靖二十八年（1549）安如石刻本 广东省立中山图书馆

0793 欧阳文集五十卷 （宋）欧阳修撰 年谱一卷 （宋）胡柯撰 明嘉靖二十二年（1543）李冕刻本 广东省立中山图书馆

0794 欧阳文集五十卷 （宋）欧阳修撰 年谱一卷 （宋）胡柯撰 明嘉靖二十二年（1543）李冕刻本 华南师范大学图书馆

0795 欧阳文忠公集一百五十三卷 （宋）欧阳修撰 年谱一卷 （宋）胡柯撰 附录六卷 明正德七年（1512）刘乔刻嘉靖十六年（1537）季本、嘉靖三十九年（1560）何迁递修本 广东省立中山图书馆

0796 欧阳文忠公集一百五十三卷 （宋）欧阳修撰 年谱一卷 （宋）胡柯撰 附录五卷 明正德七年（1512）刘

乔刻嘉靖十六年（1537）季本、嘉靖三十九年（1560）何迁递修本　华南师范大学图书馆

0797 欧阳文忠公全集一百五卷 （宋）欧阳修撰　清康熙焉文堂刻本　广州大学图书馆

0798 欧阳先生文粹二十卷 （宋）欧阳修撰　（宋）陈亮辑　遗粹十卷 （宋）欧阳修撰　（明）郭云鹏辑　明嘉靖二十六年（1547）吴郡郭云鹏宝善堂刻本　华南师范大学图书馆　存二十卷（文粹全）

0799 范忠宣公奏议三卷 （宋）范纯仁撰　范文正公书牍一卷 （宋）范仲淹撰　明嘉靖刻本　广东省立中山图书馆

0800 临川先生文集一百卷目录二卷 （宋）王安石撰　宋绍兴二十一年（1151）两浙西路转运司王珏刻元明递修本　广东省立中山图书馆

0801 临川先生文集一百卷目录二卷 （宋）王安石撰　明刻本　广东省立中山图书馆

0802 苏文忠公全集一百十一卷 （宋）苏轼撰　年谱一卷 （宋）王宗稷撰　明嘉靖十三年（1534）江西布政司刻本　中山大学图书馆　存一百九卷（东坡集全，后集全，奏议一至五、八至十五，内制集全，乐语一，外制集全，应诏集全，续集全）

0803 苏文忠公全集一百十一卷 （宋）苏轼撰　年谱一卷 （宋）王宗稷撰　明嘉靖十三年（1534）江西布政司刻本　中山大学图书馆　存一百八卷（缺奏议卷六至七）

0804 苏文忠公全集一百十一卷 （宋）苏轼撰　年谱一卷 （宋）王宗稷撰　明嘉靖十三年（1534）江西布政司刻本　华南师范大学图书馆　存八十六卷（一至八十六）

0805 东坡诗选十二卷 （宋）苏轼撰　（明）谭元春辑　年谱一卷 （宋）王宗稷撰　明天启文盛堂刻本　广东省立中山图书馆

0806 施注苏诗四十二卷总目二卷 （宋）苏轼撰　（宋）施元之　顾禧注　（清）邵长蘅　顾嗣立　宋至删补　苏诗续补遗二卷 （宋）苏轼撰　（清）冯景补注　王注正讹一卷 （清）邵长蘅撰　东坡先生年谱一卷 （宋）王宗稷撰　清康熙三十八年（1699）宋荦刻本　深圳图书馆

0807 施注苏诗四十二卷总目二卷 （宋）苏轼撰　（宋）施元之　顾禧注　（清）邵长蘅　顾嗣立　宋至删

补　苏诗续补遗二卷 （宋）苏轼撰　（清）冯景补注　王注正讹一卷 （清）邵长蘅撰　东坡先生年谱一卷 （宋）王宗稷撰　清康熙三十八年（1699）宋荦刻本　广州大学图书馆

0808 施注苏诗四十二卷总目二卷 （宋）苏轼撰　（宋）施元之　顾禧注　（清）邵长蘅　顾嗣立　宋至删补　苏诗续补遗二卷 （宋）苏轼撰　（清）冯景补注　王注正讹一卷 （清）邵长蘅撰　东坡先生年谱一卷 （宋）王宗稷撰　清康熙三十八年（1699）宋荦刻本　佛山市图书馆

0809 苏文忠诗合注五十卷首一卷 （宋）苏轼撰　（清）冯应榴辑注　清乾隆五十八年（1793）踵息斋刻本　黄绍昌批校　中山大学图书馆

0810 苏长公表启五卷 （宋）苏轼撰　（明）李贽等评　（明）钱棣辑　明凌濛初刻朱墨套印本　深圳图书馆

0811 重校宋苏文忠公寓惠录四卷 （宋）苏轼撰　明嘉靖二十三年（1544）惠州府学余世忠刻蓝印本　中山大学图书馆

0812 寓惠录四卷 （宋）苏轼撰　传一卷附录一卷 明万历惠州府刻本　佛山市图书馆　存二卷（三至四）

0813 东坡禅喜集十四卷 （宋）苏轼撰　（明）冯梦祯批点　（明）凌濛初辑　明天启元年（1621）凌濛初刻朱墨套印本　中山大学图书馆

0814 苏文六卷 （宋）苏轼撰　（明）茅坤等评　明乌程闵尔容刻三色套印本　中山大学图书馆

0815 苏文忠公策论选十二卷 （宋）苏轼撰　（明）茅坤　钟惺批评　明天启凌濛初刻三色套印本　深圳图书馆

0816 苏长公密语十六卷 （宋）苏轼撰　（明）吴京辑　首一卷 明天启四年（1624）刻朱墨套印本　广东省立中山图书馆

0817 黄诗全集五十八卷 （宋）黄庭坚撰　清乾隆五十三年（1788）树经堂刻本　深圳图书馆

0818 淮海集四十卷后集六卷长短句三卷 （宋）秦观撰　明嘉靖二十四年（1545）胡民表刻本　中山大学图书馆　存四十卷（淮海集全）

0819 道乡先生邹忠公文集四十卷 （宋）邹浩撰　外纪一卷 明万历四十六年（1618）邹忠胤刻本　广东省立中山图书馆　存十四卷（一至十四）

0820 屏山集二十卷 （宋）刘子翚撰 明正德七年（1512）
刘泽刻本 中山大学图书馆

0821 豫章罗先生文集十七卷 （宋）罗从彦撰 年谱一卷
（元）曹道振撰 明元季恭刻本 广东省立中山图
书馆

0822 岳集五卷 （宋）岳飞撰 （明）徐阶辑 明嘉靖十五
年（1536）焦煜刻本 广东省立中山图书馆

0823 汪文定公集十三卷 （宋）汪应辰撰 附录一卷 明
嘉靖二十五年（1546）夏浚刻本 广东省立中山图书
馆 存十三卷（汪文定公集全）

0824 竹洲文集二十卷 （宋）吴儆撰 附录一卷 明弘治六
年（1493）吴雷亨刻本 广东省立中山图书馆

0825 晦庵先生朱文公诗集十二卷 （宋）朱熹撰 （明）程
璒辑 明正德十六年（1521）程璒刻本 华南师范大
学图书馆

0826 会稽三赋一卷 （宋）王十朋撰 （明）南逢吉校
注 （明）尹坛补注 明彭富刻本 中山大学图书馆

0827 象山先生文集二十八卷外集四卷 （宋）陆九渊撰 语
录四卷 （宋）傅子云 严松等辑 附录二卷 明正德
十六年（1521）李茂元刻本 中山大学图书馆

0828 象山先生全集三十六卷 （宋）陆九渊撰 附录少湖
徐先生学则辩一卷 （明）徐阶撰 明嘉靖四十年
（1561）何迁刻本 广东省立中山图书馆

0829 象山先生全集三十六卷 （宋）陆九渊撰 附录少湖
徐先生学则辩一卷 （明）徐阶撰 明嘉靖四十年
（1561）何迁刻本 华南师范大学图书馆

0830 慈湖先生遗书抄六卷 （宋）杨简撰 （明）杨世思
辑 明万历潘汝桢刻本 章炳麟批校 暨南大学图
书馆

0831 南轩文集节要八卷 （宋）张栻撰 （明）聂豹辑 明
嘉靖十年（1531）聂豹刻本 广东省立中山图书馆

0832 校注橘山四六二十卷 （宋）李廷忠撰 （明）孙云翼
注 明万历三十五年（1607）刻本 广东省立中山图
书馆

0833 西山先生真文忠公文集五十五卷目录二卷 （宋）真德
秀撰 明正德十五年（1520）张文麟、黄巩刻本 中
山大学图书馆 存五十六卷（一至五十、五十二至
五十五、目录全）

0834 海琼玉蟾先生文集六卷续集二卷 （宋）葛长庚撰

（明）朱权编 明刻本 中山大学图书馆

0835 海琼玉蟾先生文集六卷续集二卷 （宋）葛长庚撰
（明）朱权编 明刻本 广东省立中山图书馆

0836 海琼玉蟾先生文集六卷续集二卷 （宋）葛长庚撰
（明）朱权编 明刻本 佛山市图书馆 存六卷（文
集三至六、续集全）

0837 秋崖先生小稿四十五卷又三十八卷 （宋）方岳撰 明
嘉靖五年（1526）方谦刻本 广东省立中山图书馆

0838 文山先生全集二十卷 （宋）文天祥撰 明嘉靖三十九
年（1560）张元谕刻本 广东省立中山图书馆

0839 文山先生集杜诗二卷 （宋）文天祥撰 附录一卷 明
成化二十年（1484）刘逊刻本 广东省立中山图书馆

0840 松雪斋集十卷外集一卷 （元）赵孟頫撰 清清德堂刻
本 张绍仁批校 暨南大学图书馆

0841 松雪斋集十卷外集一卷 （元）赵孟頫撰 清清德堂刻
本 广州大学图书馆

0842 渊颖吴先生集十二卷 （元）吴莱撰 附录一卷 明嘉
靖元年（1522）祝銮刻本 广东省立中山图书馆

0843 存心堂遗集十二卷 （元）吴莱撰 （明）宋濂编 附
录一卷 明万历三十九年（1611）吴邦彦刻本 广
省立中山图书馆

0844 五峰集六卷文集一卷雁山十记一卷 （元）李孝光撰
补遗三卷 （清）鲍廷博辑 清鲍廷博手抄本 鲍廷
博 劳格校 中山大学图书馆

0845 宋学士文集七十五卷 （明）宋濂撰 明正德九年
（1514）张缙刻本 广东省立中山图书馆 存五卷（朝
京稿一至五）

0846 新刊宋学士全集三十三卷 （明）宋濂撰 明嘉靖三十
年（1551）韩叔阳刻本 广东省社会科学院

0847 新刊宋学士全集三十三卷 （明）宋濂撰 明嘉靖三十
年（1551）韩叔阳刻本（卷三、卷九配抄本） 华南
师范大学图书馆

0848 太师诚意伯刘文成公集十八卷 （明）刘基撰 明嘉靖
三十五年（1556）樊献科、于德昌刻本 暨南大学图
书馆

0849 高季迪先生大全集十八卷 （明）高启撰 清康熙竹素
园刻本 广州图书馆

0850 鸣盛集四卷 （明）林鸿撰 明成化三年（1467）邵铜
刻本 中山大学图书馆

0851　鸣盛集四卷　（明）林鸿撰　清抄本　中山大学图书馆

0852　全室外集九卷续集一卷　（明）释宗泐撰　明刻本　广东省立中山图书馆

0853　逊志斋集二十四卷　（明）方孝孺撰　附录一卷　明正德十五年（1520）顾璘刻本　广东省立中山图书馆

0854　东里文集二十五卷　（明）杨士奇撰　明刻本（卷二、七、二十三有抄配）　广东省立中山图书馆

0855　琼台诗文会稿重编二十四卷　（明）丘濬撰　明天启元年（1621）丘尔穀刻本　广东省立中山图书馆

0856　琼台诗文会稿重编二十四卷　（明）丘濬撰　明天启元年（1621）丘尔穀刻本　广东省立中山图书馆　存六卷（一至六）

0857　白沙子八卷　（明）陈献章撰　明嘉靖十二年（1533）卜莱刻本　广东省立中山图书馆

0858　白沙子全集六卷卷首一卷附录一卷　（明）陈献章撰　清康熙四十九年（1710）何九畴刻本　章炳麟题记　暨南大学图书馆

0859　白沙先生诗教解十卷　（明）陈献章撰　（明）湛若水辑解　明隆庆元年（1567）李茝刻本（卷九至十补配）　中山大学图书馆

0860　祝枝山集一卷　（明）祝允明撰　明嘉靖隆庆间刻盛明百家诗本　中山大学图书馆

0861　方洲张先生文集四十卷　（明）张宁撰　明弘治五年（1492）许清刻本　广东省立中山图书馆

0862　林文安公文集□□卷　（明）林瀚撰　明嘉靖刻本　广东省立中山图书馆　存九卷（一至四、十五至十九）

0863　思玄集十六卷　（明）桑悦撰　附录一卷　明万历二年（1574）桑大协活字印本　中山大学图书馆

0864　桂轩稿十卷　（明）江源撰　明弘治四年（1491）刻本　广东省立中山图书馆

0865　匏翁家藏集七十七卷补遗一卷　（明）吴宽撰　明正德三年（1508）吴奭刻本　广东省立中山图书馆　存六十五卷（一至六、十九至七十七、补遗）

0866　王文恪公集三十六卷　（明）王鏊撰　鹪音一卷白社诗草一卷　（明）王禹声撰　名公笔记一卷　明万历王氏三槐堂刻本　广东省立中山图书馆　存二十九卷（一、六至三十、三十四至三十五、名公笔记）

0867　王文恪公集三十六卷　（明）王鏊撰　鹪音一卷白社诗草一卷　（明）王禹声撰　名公笔记一卷　明万历王氏

三槐堂刻本　广东省立中山图书馆　存三十六卷（王文恪公集全）

0868　王文恪公集三十六卷　（明）王鏊撰　鹪音一卷白社诗草一卷　（明）王禹声撰　名公笔记一卷　明万历王氏三槐堂刻本　华南师范大学图书馆

0869　郁州遗稿十卷　（明）梁储撰　明嘉靖四十五年（1566）刻本　华南师范大学图书馆

0870　南海杂咏十卷　（明）张诩撰　明弘治十八年（1505）袁宾刻本　广东省立中山图书馆

0871　竹庐诗集不分卷　（明）吴珫撰　明嘉靖刻本　中山大学图书馆

0872　空同集六十三卷　（明）李梦阳撰　明嘉靖十一年（1532）曹嘉刻三十一年（1552）朱睦㮮增修本　广东省立中山图书馆

0873　空同先生集六十三卷　（明）李梦阳撰　明嘉靖刻本　广东省立中山图书馆

0874　空同先生集六十三卷　（明）李梦阳撰　明万历七年（1579）思山堂徐应瑞刻本　广东省立中山图书馆

0875　空同子集六十六卷目录三卷　（明）李梦阳撰　附录二卷　明万历三十年（1602）邓云霄刻本　广东省立中山图书馆

0876　空同子集六十六卷目录三卷　（明）李梦阳撰　附录二卷　明万历三十年（1602）邓云霄刻本　广东省立中山图书馆

0877　空同子集六十六卷目录三卷　（明）李梦阳撰　附录二卷　明万历三十年（1602）邓云霄刻本　广东省立中山图书馆　存六十九卷（空同子集全、目录全）

0878　祝氏集略三十卷　（明）祝允明撰　明嘉靖三十六年（1557）张景贤刻本　中山大学图书馆

0879　边华泉集八卷　（明）边贡撰　（明）刘天民辑　明嘉靖十七年（1538）司马鲁瞻刻本　广东省立中山图书馆

0880　阳明先生文录五卷外集九卷别录十卷　（明）王守仁撰　明嘉靖十四年（1535）闻人诠刻本　叶德辉题跋　广东省社会科学院　存十四卷（文录全、外集全）

0881　阳明先生文录五卷外集九卷别录十四卷　（明）王守仁撰　明嘉靖二十九年（1550）闾东刻本　广东省立中山图书馆

0882　阳明先生文录五卷外集九卷别录十卷　（明）王守仁

撰 明嘉靖三十六年（1557）胡宗宪刻本 暨南大学图书馆

0883 凌溪先生集十八卷 （明）朱应登撰 明嘉靖刻本（叙第二叶补配） 中山大学图书馆

0884 唐伯虎集四卷 （明）唐寅撰 （明）沈思辑 外集一卷纪事一卷 明万历四十年（1612）曹元亮翠竺山房刻本 广东省立中山图书馆

0885 何柏斋文集八卷 （明）何瑭撰 明嘉靖三十三年（1554）周镐刻本 广东省立中山图书馆 存六卷（一至五、卷六前十二叶）

0886 何文定公文集十一卷 （明）何瑭撰 明万历四年（1576）贾待问等刻本 广东省立中山图书馆

0887 周恭肃公集十六卷 （明）周用撰 附录一卷 明嘉靖二十八年（1549）周国南川上草堂刻天启重修本 中山大学图书馆

0888 大复集三十七卷 （明）何景明撰 附录一卷 明嘉靖三十四年（1555）袁璨刻本 华南师范大学图书馆

0889 何大复先生集三十八卷 （明）何景明撰 附录一卷 明万历五年（1577）陈堂、胡秉性刻本 广东省立中山图书馆

0890 何大复先生集三十八卷 （明）何景明撰 附录一卷 明万历五年（1577）陈堂、胡秉性刻本 广东省立中山图书馆

0891 何大复先生集三十八卷 （明）何景明撰 附录一卷 明刻本 广东省社会科学院

0892 中峰文选六卷应制稿一卷 （明）董玘撰 （明）唐顺之辑 明刻本 广东省立中山图书馆

0893 洹词十二卷 （明）崔铣撰 明赵府味经堂刻本 广东省立中山图书馆

0894 钤山堂集四十卷 （明）严嵩撰 附录一卷 明嘉靖刻本 广东省立中山图书馆

0895 甘泉先生两都风咏四卷 （明）湛若水撰 明嘉靖十四年（1535）朱敬之刻本 广东省立中山图书馆

0896 徐文敏公集五卷 （明）徐缙撰 明隆庆二年（1568）刻本 广东省立中山图书馆

0897 乡贤区西屏集十卷 （明）区越撰 区奉政遗稿十卷 （明）区元晋撰 明万历刻本 仪清室

0898 鸟鼠山人小集十六卷 （明）胡缵宗撰 明嘉靖刻本 广东省立中山图书馆

0899 欧阳恭简公文集二十二卷 （明）欧阳铎撰 明嘉靖刻本 中山大学图书馆

0900 太史升庵文集八十一卷 （明）杨慎撰 明万历十年（1582）张士佩等刻本 广东省立中山图书馆

0901 东郭先生文集九卷 （明）邹守益撰 明嘉靖十七年（1538）洪垣刻本 广东省立中山图书馆

0902 薛考功集十卷 （明）薛蕙撰 附集一卷 明嘉靖刻本 广东省立中山图书馆

0903 梓溪文钞内集八卷外集十卷 （明）舒芬撰 明万历四十八年（1620）舒琭刻本 广东省立中山图书馆

0904 崔东洲集二十卷续集十一卷 （明）崔桐撰 明嘉靖二十九年（1550）曹金刻续集嘉靖三十四年（1555）周希哲刻本 广东省立中山图书馆

0905 崔东洲集二十卷续集十一卷 （明）崔桐撰 明嘉靖二十九年（1550）曹金刻续集嘉靖三十四年（1555）周希哲刻本 中山大学图书馆

0906 崔东洲集二十卷续集十一卷 （明）崔桐撰 明嘉靖二十九年（1550）曹金刻续集嘉靖三十四年（1555）周希哲刻本 中山大学图书馆

0907 梦泽集十七卷 （明）王廷陈撰 明嘉靖四十一年（1562）王廷瞻刻本 广东省立中山图书馆

0908 泰泉集六十卷 （明）黄佐撰 清康熙二十一年（1682）黄遬卿等刻本 广东省立中山图书馆

0909 泰泉集六十卷 （明）黄佐撰 清康熙二十一年（1682）黄遬卿等刻本 广东省立中山图书馆

0910 愚谷集十卷 （明）李舜臣撰 明隆庆刻本 广东省立中山图书馆

0911 衡藩重刻胥台先生集二十卷 （明）袁裘撰 明万历十二年（1584）衡藩刻本 广东省立中山图书馆

0912 翁东涯集十七卷 （明）翁万达撰 明嘉靖三十四年（1555）朱睦㮷刻本 广东省立中山图书馆

0913 念庵罗先生集十三卷 （明）罗洪先撰 明嘉靖四十二年（1563）刘玠刻本 中山大学图书馆

0914 念庵罗先生集十三卷 （明）罗洪先撰 明嘉靖四十三年（1564）甄津刻本 广东省立中山图书馆

0915 陈后冈诗集一卷文集一卷 （明）陈束撰 明嘉靖二十五年（1546）张时彻刻本 中山大学图书馆 存一卷（诗集全）

0916 洞庭集五十三卷 （明）孙宜撰 明嘉靖三十二年

（1553）孙宗刻本　广东省立中山图书馆

0917　奚囊蠹余二十卷　（明）张瀚撰　明隆庆六年（1572）李敏德刻本（卷十八至二十抄补）　中山大学图书馆

0918　王氏存笥稿二十卷　（明）王维桢撰　明嘉靖三十七年（1558）赵忻刻本　广东省立中山图书馆

0919　瑶石山人诗稿十六卷　（明）黎民表撰　明万历十六年（1588）黎君华刻本　广东省立中山图书馆

0920　沧溟先生集三十卷　（明）李攀龙撰　附录一卷　明万历三年（1575）胡来贡刻本　广东省立中山图书馆

0921　沧溟先生集三十卷　（明）李攀龙撰　附录一卷补遗一卷　明万历二十六年（1598）刻本　广东省立中山图书馆

0922　林居集四卷　（明）恽绍芳撰　（明）恽厥初辑　明万历刻本　广东省立中山图书馆

0923　弇州山人四部稿一百七十四卷目录十二卷　（明）王世贞撰　明万历五年（1577）王氏世经堂刻本　广东省立中山图书馆　存一百四十三卷（一至五十四、六十六至一百零六、一百二十一至一百二十三、一百三十九至一百七十四、目录一至九）

0924　弇州山人四部稿选十六卷　（明）王世贞撰　（明）沈一贯辑　明刻本　广东省立中山图书馆　存六卷（一至六）

0925　弇州山人续稿二百七卷目录十卷　（明）王世贞撰　明刻本　佛山市图书馆　存一百一十五卷（二十七至八十一、九十五、一百四十九至二百七）

0926　太函集一百二十卷目录六卷　（明）汪道昆撰　明万历刻本　广东省立中山图书馆

0927　青萝馆诗前集四卷续集二卷　（明）徐中行撰　明万历刻本　广东省立中山图书馆

0928　天目先生集二十一卷　（明）徐中行撰　附录一卷　（明）郭造卿撰　明万历十二年（1584）张佳胤刻本　广东省立中山图书馆

0929　甔甀洞稿五十四卷目录二卷　（明）吴国伦撰　明万历刻本　广东省立中山图书馆

0930　井丹先生集十八卷首一卷　（明）林大春撰　附录一卷　明万历十九年（1591）林克鸣刻四十一年（1613）增修本　广东省立中山图书馆

0931　海忠介公文集十卷　（明）海瑞撰　明刻本　广东省立中山图书馆　存九卷（一至九）

0932　李氏焚书六卷　（明）李贽撰　明刻本　广东省立中山图书馆

0933　四溟山人全集二十四卷　（明）谢榛撰　明万历二十四年（1596）赵府冰玉堂刻重修本　广东省立中山图书馆　存十六卷（三至十二、十七至十九、二十一、二十二、二十四）

0934　贡西园集三卷遗训六卷　（明）贡锦撰　（明）贡汝成辑　明隆庆六年（1572）刻本　广东省立中山图书馆

0935　黄淳父先生全集二十四卷　（明）黄姬水撰　明万历十三年（1585）顾九思刻本　广东省立中山图书馆

0936　奚囊琐言四卷艺苑钩玄一卷　（明）陈表撰　明隆庆元年（1567）自刻本　中山大学图书馆

0937　徐文长文集三十卷四声猿一卷　（明）徐渭撰　（明）袁宏道评点　明万历四十二年（1614）钟人杰刻本　广东省立中山图书馆

0938　徐文长文集三十卷四声猿一卷　（明）徐渭撰　（明）袁宏道评点　明万历四十二年（1614）钟人杰刻本　广东省立中山图书馆　存二十八卷（一至二十八）

0939　徐文长文集三十卷四声猿一卷　（明）徐渭撰　（明）袁宏道评点　明万历四十二年（1614）钟人杰刻本　广东省立中山图书馆　存三十卷（文集全）

0940　徐文长文集三十卷四声猿一卷　（明）徐渭撰　（明）袁宏道点评　明万历四十二年（1614）钟人杰刻本　广州大学图书馆

0941　十岳山人诗集四卷　（明）王寅撰　明万历程开泰、项仲连刻本　广东省立中山图书馆　存三卷（一至三）

0942　青雀集二卷　（明）王稚登撰　明隆庆四年（1570）朱宅快阁刻本　中山大学图书馆

0943　屠先生评释谋野集四卷　（明）王稚登撰　（明）屠隆评释　明程德符刻本　广东省立中山图书馆　存三卷（一至三）

0944　醉经楼集六卷奏疏附刻一卷　（明）唐伯元撰　清乾隆刻本　汕头市图书馆

0945　宗伯集六卷　（明）冯琦撰　明万历三十九年（1611）书林余泗泉萃庆堂刻本　广东省立中山图书馆

0946　冯用韫先生北海集四十六卷　（明）冯琦撰　明万历林有麟刻本　广东省立中山图书馆

0947　梅谷庄先生文集十六卷　（明）庄履丰撰　明万历二十四年（1596）张宁刻本　广东省立中山图书馆

0948 由拳集二十三卷　（明）屠隆撰　明万历八年（1580）冯梦祯刻本　广东省立中山图书馆

0949 镌苍霞草十二卷　（明）叶向高撰　明万历三十四年（1606）刻本　广东省立中山图书馆

0950 焦氏澹园集四十九卷　（明）焦竑撰　明万历三十四年（1606）黄云蛟刻本　广东省立中山图书馆

0951 歇庵集二十卷　（明）陶望龄撰　附录三卷　明万历乔时敏、王应遴刻本　广东省立中山图书馆

0952 容台文集十卷诗集四卷别集六卷　（明）董其昌撰　明崇祯八年（1635）刻本　佛山市图书馆

0953 冯少墟集二十二卷　（明）冯从吾撰　明万历四十年（1612）毕懋康刻本天启元年（1621）冯嘉年增修本　广东省立中山图书馆

0954 居东集六卷　（明）谢肇淛撰　明刻本　广东省立中山图书馆　存四卷（一至四）

0955 解脱集四卷　（明）袁宏道撰　明万历三十八年（1610）袁氏书种堂刻本　广东省立中山图书馆

0956 岷山集十二卷　（明）赵秉忠撰　明刻本　中山大学图书馆

0957 缑山先生集二十七卷　（明）王衡撰　明万历刻本　广东省立中山图书馆

0958 自娱集十卷诗余一卷　（明）俞琬纶撰　明万历四十六年（1618）刻本　广东省立中山图书馆

0959 瞻六堂集二卷　（明）罗万杰撰　清乾隆三十年（1765）余轩刻本　汕头市图书馆

0960 峤雅二卷　（明）邝露撰　清海雪堂刻本　江门市新会区景堂图书馆

0961 牧斋初学集诗注二十卷有学集诗注十四卷　（清）钱谦益撰　（清）钱曾注　清康熙玉诏堂刻本　广州大学图书馆　存二十卷（初学集诗注全）

0962 布水台集二十卷　（明）释道忞撰　清初刻本　汕头市图书馆

0963 曹倦圃未刻编年佚诗不分卷　（清）曹溶撰　清抄本　广东省立中山图书馆

0964 渔洋山人精华录十卷　（清）王士禛撰　清康熙三十九年（1700）林佶写刻本　江门市新会区景堂图书馆

0965 渔洋山人精华录笺注十二卷　（清）王士禛撰　（清）金荣笺注　年谱一卷　清金氏风翔堂刻本　东莞图书馆

0966 道援堂诗集十三卷　（清）屈大均撰　清康熙刻本　广州大学图书馆

0967 九谷集六卷　（清）方殿元撰　清康熙刻本　中山大学图书馆

0968 瓦注草一卷课士论文一卷　（清）林世榕撰　清康熙刻本　汕头市图书馆　存一卷（瓦注草全）

0969 聊斋诗文集不分卷　（清）蒲松龄撰　清抄本　王士禛题识　中山大学图书馆

0970 湖海集十三卷　（清）孔尚任撰　清康熙孔氏介安堂刻本　汕头市图书馆　存五卷（四、六至九）

0971 道荣堂文集六卷　（清）陈鹏年撰　首一卷　清乾隆二十七年（1762）刻本　汕头市图书馆

0972 碃云台诗钞一卷粤秀诗钞一卷鼍江吟一卷　（清）佘锡纯撰　清雍正五年（1727）刻本　华南农业大学农史研究室

0973 思绮堂文集十卷　（清）章藻功撰　清康熙六十一年（1722）刻本　广州图书馆

0974 三华文集二卷　（清）梁机撰　清抄本　暨南大学图书馆

0975 御制避暑山庄诗二卷　（清）高宗弘历撰　清乾隆六年（1741）内府刻朱墨套印本　中山大学图书馆

0976 御制古稀说一卷　（清）高宗弘历撰　古稀颂一卷　（清）彭元瑞撰　清乾隆内府刻本　广州图书馆

0977 虚白斋存稿十二卷　（清）吴寿昌撰　清乾隆五十五年（1790）吴氏刻本　广州图书馆

0978 南雪巢诗钞二卷　（清）潘有为撰　稿本　陈昙校并跋　广东省立中山图书馆

0979 石云山人诗稿不分卷　（清）吴荣光撰　稿本　佛山市图书馆

0980 仙屏书屋初集诗录十六卷后录二卷　（清）黄爵滋撰　清道光二十七年（1847）泾县翟金生泥活字本　广东省立中山图书馆

0981 泥版试印初编十一卷　（清）翟金生撰　清道光二十四年（1844）翟金生泥活字印本　广东省立中山图书馆

0982 巴里客余生诗草六卷　（清）延清撰　稿本　广东省立中山图书馆

0983 汉魏六朝百三名家集一百八十卷　（明）张溥编　明娄东张氏刻本　深圳图书馆

0984 晋二俊文集二十卷　明正德十四年（1519）陆元大刻本　中山大学图书馆

0985　包何集一卷包佶集一卷　（唐）包何　包佶撰　明铜活字印本　广东省立中山图书馆

0986　李杜诗选十一卷　（明）张含辑　（明）杨慎等评　明刻朱墨套印本　中山大学图书馆

0987　韩柳文一百卷　（明）游居敬编　明嘉靖三十五年（1556）莫如士刻本　广东省立中山图书馆

0988　韩文杜律二卷　（明）郭正域编　明万历闵齐伋刻三色套印本　中山大学图书馆

0989　文选十二卷　（梁）萧统辑　（明）张凤翼纂注　明万历刻本　广东省立中山图书馆

0990　文选六十卷　（梁）萧统辑　（唐）李善注　明成化二十三年（1487）唐藩朱芝址刻本　广东省立中山图书馆

0991　文选六十卷　（梁）萧统辑　（唐）李善注　明成化二十三年（1487）唐藩朱芝址刻本　广东省立中山图书馆

0992　文选六十卷　（梁）萧统辑　（唐）李善注　明嘉靖元年（1522）汪谅刻本　广东省立中山图书馆

0993　文选六十卷　（梁）萧统辑　（唐）李善注　明末汲古阁刻本　广州图书馆

0994　文选六十卷　（梁）萧统辑　（唐）李善注　（清）何焯评　清乾隆三十七年（1772）叶氏海录轩刻朱墨套印本　广州图书馆

0995　文选六十卷　（梁）萧统辑　（唐）李善注　（清）何焯评　清乾隆三十七年（1772）叶氏海录轩刻朱墨套印本　深圳图书馆

0996　六家文选六十卷　（梁）萧统辑　（唐）李善　吕延济　刘良　张铣　吕向　李周翰注　明嘉靖十三年至二十八年（1534—1549）袁褧嘉趣堂刻本　广东省社会科学院

0997　六家文选六十卷　（梁）萧统辑　（唐）李善　吕延济　刘良　张铣　吕向　李周翰注　明嘉靖十三年至二十八年（1534—1549）袁褧嘉趣堂刻本（序，目录，卷一、二抄配）　广东省社会科学院

0998　六家文选六十卷　（梁）萧统辑　（唐）李善　吕延济　刘良　张铣　吕向　李周翰注　明嘉靖十三年至二十八年（1534—1549）袁褧嘉趣堂刻本　暨南大学图书馆

0999　文选纂注十二卷　（梁）萧统辑　（明）张凤翼纂注　明刻本　广东省立中山图书馆

1000　文选纂注评苑二十六卷　（梁）萧统辑　（明）张凤翼纂注　（明）陆弘祚订　明万历四十六年（1618）蔡钟有刻本　广东省立中山图书馆　存二十五卷（一至二十五）

1001　选诗补注八卷　（元）刘履撰　补遗二卷续编四卷　（元）刘履辑　明刻本　华南师范大学图书馆

1002　选诗七卷　（梁）萧统辑　（明）郭正域评点　（明）凌濛初辑评　诗人世次爵里一卷　明凌濛初刻朱墨套印本　中山大学图书馆

1003　选赋六卷　（梁）萧统辑　（明）郭正域评点　名人世次爵里一卷　明凌氏凤笙阁刻朱墨套印本　中山大学图书馆

1004　选赋六卷　（梁）萧统辑　（明）郭正域评点　名人世次爵里一卷　明凌氏凤笙阁刻朱墨套印本　华南师范大学图书馆

1005　古文苑二十一卷　（宋）章樵注　明成化十八年（1482）张世用刻本　广东省立中山图书馆

1006　古文苑二十一卷　（宋）章樵注　明万历刻本　广东省立中山图书馆

1007　玉台新咏十卷　（陈）徐陵辑　续五卷　（明）郑玄抚辑　明嘉靖二十二年（1543）杨士开刻本　中山大学图书馆

1008　乐府诗集一百卷目录二卷　（宋）郭茂倩辑　元至正元年（1341）集庆路儒学刻明修本　中山大学图书馆　存五十一卷（一至五十、目录一）

1009　汉魏诗乘二十卷吴诗一卷总录一卷　（明）梅鼎祚辑　明万历刻本　广东省立中山图书馆

1010　诗所五十六卷历代名氏爵里一卷　（明）臧懋循辑　明万历三十一年（1603）雕虫馆刻本　广东省立中山图书馆

1011　诗归五十一卷　（明）钟惺　谭元春辑　明闵振业、闵振声刻三色套印本　中山大学图书馆

1012　唐诗归三十六卷　（明）钟惺　谭元春辑　明刻三色套印本　广东省立中山图书馆

1013　御定历代赋汇一百四十卷外集二十卷逸句二卷补遗二十二卷目录三卷　（清）陈元龙辑　清康熙四十五年（1706）内府刻本　佛山市图书馆

1014　骈体文钞三十一卷　（清）李兆洛辑　清合河康氏家塾

刻本　陈澧批校　中山大学图书馆

1015 迂斋先生标注崇古文诀三十五卷　（宋）楼昉辑　明嘉
靖十二年（1533）王鸿渐刻本　中山大学图书馆

1016 西山先生真文忠公文章正宗二十四卷　（宋）真德秀辑
明嘉靖十五年（1536）朱鸿渐刻本　叶梦龙跋　广东
省立中山图书馆

1017 西山先生真文忠公文章正宗二十四卷　（宋）真德秀
辑　明嘉靖四十三年（1564）李芬、李磐刻本　中山
大学图书馆

1018 西山先生真文忠公文章正宗二十四卷　（宋）真德秀
辑　明嘉靖四十三年（1564）杜陵蒋氏家塾刻本　江
门市新会区景堂图书馆　存十九卷（二至三、六至
十七、二十至二十四）

1019 妙绝古今不分卷　（宋）汤汉辑　明顾氏英贤堂刻
本　广东省立中山图书馆

1020 学约古文三卷　（明）岳伦辑　明嘉靖十年（1531）杨
抚刻本　中山大学图书馆

1021 新刊批点古文类抄十二卷　（明）林希元辑　明嘉靖
三十年（1551）陈堂刻本　中山大学图书馆

1022 六艺流别二十卷　（明）黄佐辑　明嘉靖四十一年
（1562）欧大任刻本　广东省立中山图书馆

1023 六艺流别二十卷　（明）黄佐辑　明嘉靖四十一年
（1562）欧大任刻本（目录及卷一末补配）　中山大
学图书馆

1024 唐会元精选批点唐宋名贤策论文粹八卷　题（明）唐
顺之辑并批点　明书林桐源胡氏刻本　中山大学图书
馆　存七卷（一至二、四至八）

1025 新刊名世文宗三十卷　（明）胡时化辑　明万历八年
（1580）常存仁刻本　广东省立中山图书馆

1026 文略二卷　（明）刘广生辑　明万历四十六年（1618）
自刻本　佛山市图书馆

1027 秦汉文钞六卷　（明）闵迈德等辑　（明）杨融博批
点　明万历四十八年（1620）闵氏刻朱墨套印本　广
东省立中山图书馆

1028 文致不分卷　（明）刘士鏻辑　明天启元年（1621）闵
氏刻朱墨套印本　广东省立中山图书馆

1029 文致不分卷　（明）刘士鏻辑　明天启元年（1621）闵
氏刻朱墨套印本　中山大学图书馆

1030 古文渊鉴六十四卷　（清）徐乾学等辑并注　清康熙
二十四年（1685）内府刻四色套印本　广东省立中山
图书馆

1031 古文渊鉴六十四卷　（清）徐乾学等辑并注　清康熙
二十四年（1685）内府刻四色套印本　暨南大学图
书馆

1032 古文渊鉴六十四卷　（清）徐乾学等辑并注　清康熙
二十四年（1685）内府刻四色套印本　华南师范大学
图书馆

1033 古文渊鉴六十四卷　（清）徐乾学等辑并注　清康熙
二十四年（1685）内府刻四色套印本　广州中医药大
学图书馆

1034 古文渊鉴六十四卷　（清）徐乾学等辑并注　清康熙
二十四年（1685）内府刻四色套印本　阳江市图书馆

1035 古文渊鉴六十四卷　（清）徐乾学等辑并注　清康熙
二十四年（1685）内府刻四色套印本　佛山市图书馆

1036 御选唐宋文醇五十八卷　（清）高宗弘历辑　清乾隆三
年（1738）内府刻四色套印本　华南师范大学图书馆

1037 御选唐宋文醇五十八卷　（清）高宗弘历辑　清乾隆三
年（1738）内府刻四色套印本　深圳图书馆

1038 春秋词命三卷　（明）王鏊辑　明刻本　华南师范大学
图书馆

1039 唐文粹一百卷　（宋）姚铉辑　明嘉靖八年（1529）晋
府养德书院刻本　广东省立中山图书馆

1040 万首唐人绝句一百一卷　（宋）洪迈辑　明嘉靖十九年
（1540）陈敬学德星堂刻本　广东省立中山图书馆

1041 宋洪魏公进万首唐人绝句四十卷目录四卷　（宋）洪
迈辑　（明）赵宧光　黄习远补　明万历三十四年
（1606）赵氏小宛堂刻本　广东省立中山图书馆

1042 唐诗集注五卷　（宋）赵蕃　韩淲辑　（宋）谢枋得、
胡次焱注　明正德十三年（1518）潘选刻本　中山大
学图书馆

1043 批点唐音十五卷　（元）杨士弘辑　（明）顾璘批点
明嘉靖四十年（1561）顾履祥刻四十四年（1565）李
蓘重修本　中山大学图书馆

1044 批点唐音十五卷　（元）杨士弘辑　（明）顾璘批点
明嘉靖四十年（1561）顾履祥刻四十四年（1565）李
蓘重修本　华南师范大学图书馆

1045 唐诗品汇九十卷拾遗十卷诗人爵里详节一卷　（明）高
棅辑　（明）张恂重订　明张恂刻本　江门市新会区景

堂图书馆

1046 唐诗类钞八卷 （明）顾应祥辑 明嘉靖三十一年
（1552）自刻本 广东省立中山图书馆

1047 李于鳞唐诗广选七卷 （明）李攀龙辑 （明）凌瑞
森 凌南荣辑评 明万历三年（1575）凌氏盟鸥馆刻
朱墨套印本 广东省立中山图书馆

1048 唐音癸签三十三卷 （明）胡震亨辑 清初刻本 佛山
市图书馆

1049 全唐诗九百卷目录十二卷 （清）曹寅 彭定球等
辑 清康熙四十四年至四十六年（1705—1707）扬州
诗局刻本 深圳图书馆

1050 全唐诗九百卷目录十二卷 （清）曹寅 彭定球等
辑 清康熙四十四年至四十六年（1705—1707）扬州
诗局刻本 广州大学图书馆

1051 校正重刊官板宋朝文鉴一百五十卷目录三卷 （宋）吕
祖谦辑 明刻本 深圳图书馆

1052 中州集十卷首一卷乐府一卷 （金）元好问辑 明末毛
氏汲古阁刻本 广州大学图书馆

1053 中州集十卷首一卷乐府一卷 （金）元好问辑 明末毛
氏汲古阁刻本 华南师范大学图书馆

1054 明音类选十二卷 （明）黄佐 黎民表辑 明嘉靖
三十七年（1558）潘光统刻本 广东省立中山图书馆

1055 恕铭朱先生汇选当代名公四六新函十二卷 （明）朱锦
辑 （明）徐榛等注 明万历四十二年（1614）王氏车
书楼刻本 广东省立中山图书馆

1056 云岩诗集六卷 （明）朱素和辑 明正德九年（1514）
刻本 广东省立中山图书馆

1057 南滁会景编十卷 （明）赵廷瑞辑 明嘉靖三十四年
（1555）濮阳赵廷瑞刻本 中山大学图书馆

1058 晋诗选雅九卷附录一卷 （明）吕阳辑 明万历八年
（1580）刻本 广东省立中山图书馆

1059 清风祠录六卷 （明）王琥辑 明正德九年（1514）刻
本 广东省社会科学院

1060 陶氏世吟集五卷 （明）陶登辑 明万历二十七年
（1599）自刻蓝印本 中山大学图书馆

1061 杨升庵先生批点文心雕龙十卷 （梁）刘勰撰 （明）
杨慎批点 （明）梅庆生音注 明万历三十七年
（1609）梅庆生刻天启二年（1622）重修本 广东省
立中山图书馆

1062 刘子文心雕龙二卷 （梁）刘勰撰 （明）杨慎 曹学
佺等批点 注二卷 （明）梅庆生撰 明闵绳初刻五色
套印本 华南师范大学图书馆

1063 增修诗话总龟前集四十八卷后集五十卷 （宋）阮阅辑
明嘉靖二十四年（1545）月窗道人刻本（有抄配） 广
东省立中山图书馆

1064 全唐诗话六卷 题（宋）尤袤撰 明嘉靖二十二年
（1543）王教、王政刻本 中山大学图书馆

1065 精选古今名贤丛话诗林广记前集十卷后集十卷 （宋）
蔡正孙辑 明正德十三年（1518）刻本 广东省社会
科学院

1066 文式二卷 （明）曾鼎撰 明嘉靖八年（1529）高仲芳
刻本 广东省社会科学院

1067 冰川诗式十卷 （明）梁桥撰 明万历刻本 广东省立
中山图书馆

1068 诗法举要不分卷 （清）黄培芳撰 稿本 广东省立中
山图书馆

1069 席月山房词一卷 （清）桂文耀撰 清抄本 陈澧批
校 中山大学图书馆

1070 花间集四卷 （后蜀）赵崇祚辑 （明）汤显祖评 明
万历四十八年（1620）朱墨套印本 广东省立中山图
书馆

1071 草堂诗余五卷 （宋）何士信编选 （明）杨慎批点
明闵暎璧刻朱墨套印本 广东省立中山图书馆

1072 草堂诗余十六卷杂说一卷 题（明）陈继儒评选 （明）
卓人月辑 （明）徐士俊评 徐卓晤歌一卷 （明）徐士
俊 卓人月撰 明崇祯刻本 江门市新会区景堂图书
馆

1073 精选古今诗余醉十五卷 （明）潘游龙辑 明崇祯胡氏
十竹斋刻本 中山大学图书馆

1074 词谱四十卷 （清）王奕清等撰 清康熙五十四年
（1715）内府刻朱墨套印本 华南师范大学图书馆

1075 唐明皇秋夜梧桐雨杂剧一卷 （元）白仁甫撰 （明）
臧晋叔校 明万历刻元曲选本 广东省立中山图书馆

1076 散家财天赐老生儿杂剧一卷 （元）武汉臣撰 （明）
臧晋叔校 明万历刻元曲选本 广东省立中山图书馆

1077 罗李郎大闹相国寺杂剧一卷 （元）张国宝撰 （明）
臧晋叔校 明万历刻元曲选本 广东省立中山图书馆

1078 神奴儿大闹开封府杂剧一卷 （元）佚名撰 （明）臧

懋循编　明万历刻元曲选本　广东省立中山图书馆

1079 谢金吾诈拆清风府杂剧一卷　（元）佚名撰　（明）臧
懋循编　明万历刻元曲选本　广东省立中山图书馆

1080 河南府张鼎勘头巾杂剧一卷　（元）孙仲章撰　（明）
臧晋叔校　明万历刻元曲选本　广东省立中山图书馆

1081 迷青琐倩女离魂杂剧一卷　（元）郑德辉撰　（明）
臧懋循校　西华山陈抟高卧杂剧一卷　（元）马致远
撰　（明）臧懋循校　明万历刻元曲选本　广东省立中
山图书馆

1082 救孝子贤母不认尸杂剧一卷　（元）王仲文撰　（明）
臧晋叔校　明万历刻元曲选本　广东省立中山图书馆

1083 廿一史弹词注十卷　（明）杨慎撰　（清）张三异增
定　（清）张仲璜注　明纪弹词注一卷　（清）张三异
撰　（清）张仲璜注　清雍正五年（1727）张坦麟刻
本　东莞市莞城图书馆

1084 廿一史弹词注十一卷　（明）杨慎撰　（清）张三异增
定　（清）张仲璜注　清乾隆五十一年（1786）张任佐
刻本　佛山市图书馆

1085 石岳诗寄一卷文寄一卷　（清）林凤冈撰　清抄本　仪
清室

1086 梦樵轩诗集不分卷　（清）郑纯礼撰　稿本　仪清室

1087 怀古田舍诗钞不分卷　（清）徐荣撰　稿本　广东省立
中山图书馆

1088 越贤赤椟存真不分卷　（清）鲁燮光辑　稿本　陶浚宣
跋　中山大学图书馆

1089 荔庄书屋诗钞不分卷　（清）陈铭珪撰　稿本　广东省
立中山图书馆

1090 百川学海一百种一百七十九卷　（宋）左圭编　明弘治
十四年（1501）华珵刻本　广东省立中山图书馆　存
一百种一百七十五卷

1091 古今说海一百三十五种一百四十二卷　（明）陆楫等
编　明嘉靖二十三年（1544）陆楫俨山书院云山书院
刻本　广东省立中山图书馆

1092 稗海四十六种二百八十五卷续二十二种一百六十一
卷　（明）商浚编　明万历商浚刻清康熙振鹭堂重编补
刻本　广东省立中山图书馆

1093 增订汉魏丛书四百四十八卷　（清）王谟辑　清乾隆
五十六年（1791）金溪王氏刻本　广州中医药大学图书馆

1094 增定古今逸史五十五种二百二十三卷　（明）吴琯
编　明吴琯刻本　广东省立中山图书馆　存三十六种
一百四十卷

1095 尚白斋镌陈眉公订正秘笈二十一种四十九卷　（明）陈
继儒编　明万历三十四年（1606）沈氏尚白斋刻本　中
山大学图书馆

1096 津逮秘书十五集一百四十一种四十八卷　（明）毛晋
辑　明崇祯毛氏汲古阁刻本　佛山市图书馆　存六种
三十一卷

1097 昭代丛书甲集五十种五十卷乙集五十种五十卷丙集
五十种五十卷　（清）张潮撰　清康熙三十六年至
四十二年（1697—1703）诒清堂刻本　广州大学图书
馆　存一百种一百卷（甲集全、乙集全）

1098 大雅堂订正枕中十书十卷　（明）李贽辑　明刻本　广
东省立中山图书馆

第二批广东省珍贵古籍名录

001　九经五十一卷附录四卷　明崇祯十三年（1640）锡山秦镆求古斋刻本　暨南大学图书馆

002　东坡先生易传九卷　（宋）苏轼撰　明万历三十九年（1611）焦竑刻两苏经解本　广东省立中山图书馆

003　东坡先生易传九卷　（宋）苏轼撰　明万历三十九年（1611）焦竑刻两苏经解本　广东省立中山图书馆

004　周易传义十卷图一卷筮仪一卷五赞一卷上下篇义一卷易说纲领一卷　（宋）程颐　朱熹撰　明刻本　广东省立中山图书馆

005　翁山易外七十一卷　（清）屈大均撰　清康熙刻本　广东省立中山图书馆

006　翁山易外七十一卷　（清）屈大均撰　清康熙刻本　广东省立中山图书馆

007　御纂周易折中二十二卷首一卷　（清）李光地等撰　清康熙五十四年（1715）武英殿刻本　暨南大学图书馆

008　易义阐四卷朱子易学启蒙一卷附录一卷　（清）韩松撰　清乾隆五十四年（1789）刻本　暨南大学图书馆

009　书经集传六卷　（宋）蔡沈撰　清康熙十二年（1673）崇道堂刻本　存五卷（缺一）　佛山市图书馆

010　书疑九卷　（宋）王柏撰　清康熙通志堂刻通志堂经解本　梅州市剑英图书馆

011　刘季子书经讲意不分卷　（明）刘尔硕撰　明万历二十一年（1593）刻本　广东省立中山图书馆

012　尚书集注音疏十二卷末一卷外编一卷　（清）江声撰　清乾隆五十八年（1793）江氏近市居刻本　清赵烈文题跋　暨南大学图书馆

013　尚书后案三十卷尚书后辨一卷　（清）王鸣盛撰　清乾隆四十五年（1780）东吴王氏礼堂刻本　暨南大学图书馆

014　古文尚书撰异三十二卷　（清）段玉裁撰　清乾隆金坛段氏刻本　暨南大学图书馆

015　禹贡锥指十二卷略例一卷图一卷　（清）胡渭撰　清康熙四十年（1701）漱六轩刻本　暨南大学图书馆

016　禹贡锥指二十卷略例一卷图一卷　（清）胡渭撰　清康熙四十年（1701）漱六轩刻本　暨南大学图书馆

017　诗集传二十卷诗序辨说一卷诗传纲领一卷诗图一卷　（宋）朱熹撰　明正统十二年（1447）司礼监刻本　中山大学图书馆

018　诗经集传八卷　（宋）朱熹撰　清康熙刻本　暨南大学图书馆

019　诗经集注二十卷　（宋）朱熹撰　明嘉靖三十五年（1556）崇正堂刻本　广东省立中山图书馆

020　诗传大全二十卷纲领一卷图一卷　（明）胡广等辑　诗传序一卷　（宋）朱熹撰　明刻本　暨南大学图书馆

021　诗经注疏大全合纂三十四卷图二卷纲领一卷　（明）张溥撰　明崇祯刻本　暨南大学图书馆

022　诗所八卷　（清）李光地撰　清雍正刻本　暨南大学图书馆

023　钦定诗经传说汇纂二十一卷首二卷诗序二卷　（清）王鸿绪等撰　清雍正五年（1727）内府刻本　暨南大学图书馆

024　诗沈二十卷　（清）范家相撰　清乾隆三十九年（1774）古趣亭刻本　暨南大学图书馆

025　毛诗名物图说九卷　（清）徐鼎撰　清乾隆三十六年（1771）刻本　梅州市剑英图书馆

026　诗经叶音辨讹八卷　（清）刘维谦辑　清乾隆三年（1738）寿峰书屋刻本　暨南大学图书馆

027　诗外传十卷　（汉）韩婴撰　明嘉靖十四年（1535）苏献可通津草堂刻十七年（1538）林应麒重修本　广东省立中山图书馆

028　重校古周礼六卷　（明）陈仁锡注释　明末刻本　广东省立中山图书馆

029　周礼注疏删翼三十卷　（明）王志长撰　清康熙十二年（1673）金阊书业堂刻本　广东省立中山图书馆

030　钦定周官义疏四十八卷首一卷　（清）鄂尔泰等撰　清乾隆十七年（1752）刻本　梅州市剑英图书馆

031　考工记二卷　（明）郭正域批点　明万历四十四年（1616）吴兴闵齐伋刻朱墨套印本　华南农业大学中国农业历史遗产研究室

032　考工记纂注二卷　（明）程明哲撰　明万历刻本　华南农业大学中国农业历史遗产研究室

033　仪礼章句十七卷　（清）吴廷华撰　清乾隆五十九年

（1794）刻本　暨南大学图书馆

034　**仪礼易读十七卷**　（清）马驌辑　清乾隆二十年（1755）悦六斋刻本　暨南大学图书馆

035　**读礼通考一百二十卷**　（清）徐乾学撰　清康熙三十五年（1696）昆山徐树谷刻本　汕头市金山中学

036　**读礼通考一百二十卷**　（清）徐乾学撰　清康熙三十五年（1696）昆山徐树谷刻本　暨南大学图书馆

037　**五礼通考二百六十二卷目录二卷首四卷**　（清）秦蕙田撰　清乾隆秦氏味经窝刻本　汕头市金山中学

038　**五礼通考二百六十二卷目录二卷首四卷**　（清）秦蕙田撰　清乾隆秦氏味经窝刻本　存二百六十六卷（缺二百六十一至二百六十二）　湛江市图书馆

039　**五礼通考二百六十二卷目录二卷首四卷**　（清）秦蕙田撰　清乾隆秦氏味经窝刻本　暨南大学图书馆

040　**述乐一卷**　（清）陈澧撰　稿本　广东省立中山图书馆

041　**律吕正声六十卷**　（明）王邦直撰　明万历三十六（1608）年黄作孚刻本　广东省社会科学院

042　**春秋经传集解三十卷年表一卷考证十四卷春秋名号归一图二卷**　（晋）杜预注　（唐）陆德明释文　（后蜀）冯继先撰　清乾隆四十八年（1783）武英殿刻御定仿宋相台岳氏五经本　暨南大学图书馆

043　**春秋左传补注六卷**　（清）惠栋撰　清乾隆三十九年（1774）益都李文藻广州刻本　暨南大学图书馆

044　**左传事纬十二卷左传字释一卷**　（清）马骕撰　清乾隆四十九年（1784）仁和黄暹刻本　暨南大学图书馆

045　**春秋穀梁注疏二十卷**　（晋）范宁集解　（唐）杨士勋疏　明万历二十一年（1593）刻十三经注疏本　广东省立中山图书馆

046　**穀梁传钞一卷**　（清）高塘集评　清乾隆五十三年（1788）杨氏培元堂刻高梅亭读书丛钞本　暨南大学图书馆

047　**春秋三传辨疑二十卷**　（元）程端学撰　清沈氏鸣野山房钞本　广东省社会科学院

048　**春秋钞十卷首一卷**　（清）朱轼辑　清乾隆元年（1736）刻本　暨南大学图书馆

049　**春秋笔削大义微言考十一卷**　康有为撰　稿本　存六卷（缺七至十一）　广东省立中山图书馆

050　**春秋大事表五十卷春秋舆图一卷附录一卷**　（清）顾栋高辑　清乾隆锡山顾氏万卷楼刻本　暨南大学图书馆

051　**孝经集义一卷**　（明）余时英撰　**孝经刊误一卷**　（宋）朱熹撰　明天启四年（1624）余绍禄等刻本　暨南大学图书馆

052　**论语集注十卷序说一卷**　（宋）朱熹集注　明刻本　存七卷（缺八至十）　广东省立中山图书馆

053　**孟子二卷**　题（宋）苏洵批点　明万历四十五年（1617）闵齐伋刻三经评注三色套印本　广东省立中山图书馆

054　**大学章句解三卷中庸章句解三卷**　（清）郭学淮撰　清康熙五十四年（1715）九行堂刻本　暨南大学图书馆

055　**宋金仁山先生大学疏义一卷**　（宋）金履祥撰　清雍正五年（1727）刻率祖堂丛书本　暨南大学图书馆

056　**四书集注大全四十二卷**　（明）胡广等辑　明刻本　暨南大学图书馆

057　**新刊举业精义四书蒙引十五卷**　（明）蔡清撰　**王孚斋先生翻阅四书蒙引别录一卷**　（明）庄煦辑　明刻本　广东省社会科学院

058　**四书左国汇纂四卷**　（清）高其名　郑师成辑　清乾隆三十九年（1774）百尺楼刻本　暨南大学图书馆

059　**章子留书六卷**　（明）章世纯撰　明末富西斋刻本　广东省立中山图书馆

060　**重订四书疑问十一卷**　（明）姚舜牧撰　明万历四十五年（1617）六经堂刻本　存八卷（缺九至十一）　汕头市金山中学

061　**经典释文三十卷序录考证三十卷**　（唐）陆德明撰　（清）卢文弨辑　清乾隆五十六年（1791）常州龙城书院刻本　暨南大学图书馆

062　**六经图二十四卷**　（清）郑之侨辑　清乾隆九年（1744）述堂刻本　汕头市图书馆

063　**六经图二十四卷**　（清）郑之侨辑　清乾隆九年（1744）述堂刻本　梅州市剑英图书馆

064　**六经图二十四卷**　（清）郑之侨辑　清乾隆九年（1744）述堂刻本　暨南大学图书馆

065　**稽古日钞八卷**　（清）张方湛等辑　清乾隆二十九年（1764）秋晓山房刻本　暨南大学图书馆

066　**尔雅二卷音释二卷**　（晋）郭璞注　明刻本　广东省立中山图书馆

067　**尔雅翼三十二卷**　（宋）罗愿撰　（元）洪焱祖音释　明万历三十三年（1605）罗文瑞刻天启至崇祯

（1621—1644）罗朗递修本　暨南大学图书馆

068　汇雅前集二十卷后编二十八卷　（明）张萱撰　明万历三十三年（1605）清真馆刻本　广东省立中山图书馆

069　通俗编三十八卷　（清）翟灏撰　清乾隆十六年（1751）仁和翟氏无不宜斋刻本　汕头市金山中学

070　通俗编三十八卷　（清）翟灏撰　清乾隆十六年（1751）仁和翟氏无不宜斋刻本　暨南大学图书馆

071　通俗编三十八卷　（清）翟灏撰　清乾隆十六年（1751）仁和翟氏无不宜斋刻本　暨南大学图书馆

072　说文解字十五卷　（汉）许慎撰　（宋）徐铉等校　清初毛氏汲古阁刻本　广东省立中山图书馆

073　说文解字十五卷　（汉）许慎撰　（宋）徐铉等校　清初毛氏汲古阁刻本　广东省立中山图书馆

074　说文解字十五卷　（汉）许慎撰　（宋）徐铉等校　清初毛氏汲古阁刻本　广东省立中山图书馆

075　重刊许氏说文解字五音韵谱十二卷　（宋）李焘撰　明刻本　广东省立中山图书馆

076　说文声类谱十七卷　（清）陈澧撰　稿本　广东省立中山图书馆

077　六书通十卷　（明）闵齐伋撰　（清）毕弘述篆订　清康熙五十九年（1720）基闻堂刻本　暨南大学图书馆

078　六书通十卷　（明）闵齐伋撰　（清）毕弘述篆订　清康熙五十九年（1720）基闻堂刻乾隆重修本　暨南大学图书馆

079　六书分类十二卷首一卷　（清）傅世垚辑　清乾隆五十四年（1789）傅应奎听松阁刻本　暨南大学图书馆

080　汗简七卷　（宋）郭忠恕撰　清康熙四十二年（1703）汪立名一隅草堂刻本　广东省社会科学院

081　汉隶字源五卷碑目一卷附字一卷　（宋）娄机撰　明末毛氏汲古阁刻本　暨南大学图书馆

082　汉隶字源五卷碑目一卷附字一卷　（宋）娄机撰　明末毛氏汲古阁刻本　广东省立中山图书馆

083　六书正讹五卷　（元）周伯琦撰　明崇祯七年（1634）胡正言十竹斋刻本　广东省立中山图书馆

084　六书精蕴六卷　（明）魏校撰　音释举要一卷　（明）徐官撰　明嘉靖十九年（1540）魏希明刻本　广东省立中山图书馆

085　字汇十二卷首一卷末一卷附韵法直图一卷韵法横图一

卷　（明）梅膺祚音释　明万历鹿角山房刻本　汕头市金山中学

086　隶辨八卷　（清）顾蔼吉撰　清乾隆八年（1743）黄晟刻本　汕头市图书馆

087　广韵五卷　（宋）陈彭年等撰　明刻本　暨南大学图书馆

088　广韵五卷　（宋）陈彭年等撰　清康熙四十三年（1704）张士俊刻泽存堂五种本　广东省立中山图书馆

089　切韵考一卷　（清）陈澧撰　稿本　广东省立中山图书馆

090　切韵考外篇三卷　（清）陈澧撰　稿本　广东省立中山图书馆

091　大明万历乙亥重刊改并五音类聚四声篇十五卷己丑重刊改并五音集韵十五卷　（金）韩道昭撰　新编经史正音切韵指南一卷　（元）刘鉴撰　新编篇韵贯珠集一卷　（明）释真空撰　明万历三至十七年（1575—1589）崇德圆通庵释如彩刻重修本　广东省社会科学院

092　古今韵会举要小补三十卷　（明）方日升撰　明万历三十四年（1606）周士显刻重修本　暨南大学图书馆

093　洪武正韵十六卷　（明）乐韶凤　宋濂等撰　明隆庆元年（1567）衡藩刻本　广东省立中山图书馆

094　洪武正韵十六卷　（明）乐韶凤　宋濂等撰　明崇祯三年（1630）广益堂刻本　广东省立中山图书馆

095　洪武正韵十卷　（明）乐韶凤　宋濂等撰　（明）杨时伟补笺　明崇祯四年（1631）申用楙刻本　暨南大学图书馆

096　重刊并音连声韵学集成十三卷直音篇七卷　（明）章黼撰　明万历六年（1578）维扬资政左室刻本　广东省立中山图书馆

097　类音八卷　（清）潘耒撰　清康熙潘氏遂初堂刻本　广东省立中山图书馆

098　古今韵略五卷　（清）邵长蘅撰　清康熙三十五年（1696）商丘宋荦刻本　暨南大学图书馆

099　古今韵略五卷　（清）邵长蘅撰　清康熙三十五年（1696）商丘宋荦刻本　暨南大学图书馆

100　康熙甲子史馆新刊古今通韵十二卷　（清）毛奇龄撰　清康熙二十三年（1684）史馆刻本　暨南大学图书馆

编二十卷　（清）张廷玉等撰　清乾隆十一年（1746）刻本　阳江市图书馆

132　皇王大纪八十卷　（宋）胡宏撰　明万历三十九年（1611）陈邦瞻刻本　存五十三卷（缺四十一至五十三、六十七至八十）　中山大学图书馆

133　宋元通鉴一百五十七卷　（明）薛应旂撰　（明）陈仁锡评　明天启六年（1626）陈仁锡刻本　广东省立中山图书馆

134　宋元通鉴一百五十七卷　（明）薛应旂撰　（明）陈仁锡评　明天启六年（1626）陈仁锡刻本　广东省立中山图书馆

135　宋元通鉴一百五十七卷　（明）薛应旂撰　（明）陈仁锡评　明天启六年（1626）陈仁锡刻本　中山大学图书馆

136　宋元通鉴一百五十七卷　（明）薛应旂撰　（明）陈仁锡评　明天启六年（1626）陈仁锡刻本　中山大学图书馆

137　宋元通鉴一百五十七卷　（明）薛应旂撰　（明）陈仁锡评　明天启六年（1626）陈仁锡刻本　中山大学图书馆

138　宋元通鉴一百五十七卷　（明）薛应旂撰　（明）陈仁锡评　明天启六年（1626）陈仁锡刻本　中山大学图书馆

139　宋元资治通鉴六十四卷　（明）王宗沐撰　明刻本　中山大学图书馆

140　通鉴直解二十八卷　（明）张居正撰　明末刻本　中山大学图书馆

141　通鉴笺注七十二卷　（明）王世贞辑　（明）汪明际评　（明）钟人杰注　明崇祯刻本　中山大学图书馆

142　新刻世史类编四十五卷　（明）李纯卿编　（明）谢迁补遗　明万历三十四年（1606）余彰德刻本　中山大学图书馆

143　纲鉴会纂三十九卷首一卷　（明）王世贞编　清乾隆五十六年(1791)书业德刻本　存三十九卷（缺二十八）　佛山市图书馆

144　编辑名家评林史学指南纲鉴新抄二十卷总论一卷　（明）翁正春撰　明万历郑以厚刻本　中山大学图书馆

145　纲鉴正史约三十六卷　（明）顾锡畴撰　明崇祯三年（1630）刻本　中山大学图书馆

146　历代史谱不分卷　（元）郑镇孙撰　明刻本　存三皇至隋末　中山大学图书馆

147　甲子会纪五卷　（明）薛应旂辑　（明）陈仁锡评　明陈仁锡刻本　中山大学图书馆

148　甲子会纪五卷　（明）薛应旂辑　（明）陈仁锡评　明陈仁锡刻本　中山大学图书馆

149　新锲官板音释标题皇明通纪十卷　（明）陈建撰　明万历金陵摘星楼刻本　广东省立中山图书馆

150　皇明通纪述遗十二卷　（明）卜世昌撰　明万历刻本　中山大学图书馆

151　皇明通纪集要六十卷　（明）陈建撰　（明）江旭奇补订　明末刻本　广东省社会科学院

152　镌品鹭皇明资治纪钞十卷　（明）陈建撰　明万历二十二年（1594）永庆堂刻本　广东省立中山图书馆

153　皇明通纪法传全录二十八卷　（明）陈建撰　（明）高汝栻订　（明）吴祯增删　皇明法传录嘉隆纪六卷续纪三朝法传全录十六卷　（明）高汝栻辑　明崇祯九年（1636）刻本　存四卷（二十五至二十八）　暨南大学图书馆

154　皇明通纪法传全录二十八卷　（明）陈建撰　（明）高汝栻订　（明）吴祯增删　皇明法传录嘉隆纪六卷续纪三朝法传全录十六卷　（明）高汝栻辑　明崇祯九年（1636）刻本　广东省立中山图书馆

155　皇明从信录四十卷　（明）陈建撰　（明）沈国元订　明天启七年（1627）沈国元刻本　存三十九卷（缺四十）　中山大学图书馆

156　皇明从信录四十卷　（明）陈建撰　（明）沈国元订　明末刻本　中山大学图书馆

157　皇明二祖十四宗增补标题评断通纪二十七卷　（明）陈建　陈龙可撰　明末天德堂刻本　广东省立中山图书馆

158　通纪会纂十卷　（明）钟惺撰　（清）王汝南补　清顺治十七年（1660）积秀堂刻本　广东省立中山图书馆

159　通纪直解十四卷续通纪直解二卷　（明）张嘉和撰　（明）钟惺补释　明崇祯刻清初续刻本　中山大学图书馆

160　明纪全载十六卷　（清）朱璘撰　清康熙乾隆间刻本　暨南大学图书馆

161　宪章外史续编十四卷　（明）许重熙撰　明崇祯刻

本 存十一卷（缺十二至十四） 中山大学图书馆

162 两朝从信录三十五卷 （明）沈国元撰 明崇祯刻本 中山大学图书馆

163 通鉴纪事本末四十二卷 （宋）袁枢撰 明万历三十四年（1606）黄吉士刻本 中山大学图书馆

164 通鉴纪事本末四十二卷 （宋）袁枢撰 明万历三十四年（1606）黄吉士刻本 存四十一卷（缺一） 中山大学图书馆

165 通鉴纪事本末四十二卷 （宋）袁枢撰 明万历三十四年（1606）黄吉士刻本 暨南大学图书馆

166 通鉴纪事本末二百三十九卷 （宋）袁枢撰 （明）张溥论正 明末正雅堂刻本 广东省立中山图书馆

167 通鉴纪事本末二百三十九卷 （宋）袁枢撰 （明）张溥论正 明末正雅堂刻本 存二百三十卷（缺三至十一） 中山大学图书馆

168 通鉴本末纪要八十一卷首三卷 （清）蔡毓荣编辑 （清）林子卿注 清康熙刻本 暨南大学图书馆

169 宋史纪事本末一百九卷 （明）冯琦撰 （明）陈邦瞻补 （明）张溥论正 清初张闻升刻本 中山大学图书馆

170 东征集六卷 （清）蓝鼎元撰 （清）王者辅评 清雍正十年（1732）刻本 广东省立中山图书馆

171 路史前纪九卷后纪十四卷余论十四卷发挥六卷国名纪八卷 （宋）罗泌撰 （宋）罗苹注 明万历三十九年（1611）乔可传刻本 存三十四卷（缺后纪十四、余论一至十四、国名纪七至八） 中山大学图书馆

172 逸周书十卷校正补遗一卷附录一卷 （晋）孔晁注 清乾隆五十一年（1786）卢文弨抱经堂刻抱经堂丛书本 佛山市图书馆

173 重刊韦氏国语二十一卷 （吴）韦昭注 明刻本 中山大学图书馆

174 国语髓析二十一卷 （明）公鼒 吕邦耀撰 明唐晖刻本 广东省立中山图书馆

175 国语九卷 （明）闵齐伋裁注 明万历四十七年（1619）闵齐伋刻三色套印本 广东省立中山图书馆

176 战国策十卷 （宋）鲍彪注 （元）吴师道补正 明万历九年（1581）张一鲲刻本 中山大学图书馆

177 重刊鲍氏战国策十二卷 （宋）鲍彪校注 明刻本 存七卷（缺三至六、九） 中山大学图书馆

178 战国策十二卷 （明）闵齐伋裁注 明万历四十八年（1620）闵齐伋刻本 中山大学图书馆

179 战国策十七卷 （清）张星徽评点 清雍正塞翁亭刻本 佛山市图书馆

180 吴越春秋十卷附徐氏补注一卷 （汉）赵晔撰 （元）徐天佑音注 明弘治十四年（1501）邝廷瑞、冯弋刻本 广东省博物馆

181 吴越春秋十卷 （汉）赵晔撰 （元）徐天佑音注 明刻本 存七卷（缺六至八） 中山大学图书馆

182 越绝书十五卷 （汉）袁康撰 明刻本 中山大学图书馆

183 越绝书十五卷 （汉）袁康撰 清刻本 广东省社会科学院

184 越绝书十五卷 （汉）袁康撰 （明）钟惺评 明末刻本 中山大学图书馆

185 贞观政要十卷 （唐）吴兢撰 （元）戈直集论 明刻本 广东省立中山图书馆

186 避戎夜话二卷 （宋）石茂良撰 明嘉靖十八至二十年（1539—1541）顾氏大石山房刻顾氏明朝四十家小说本 暨南大学图书馆

187 宋丞相李忠定公别集三卷 （宋）李纲撰 （明）郑鄤评点 明崇祯元年（1628）大观堂刻宋三大臣汇志本 中山大学图书馆

188 辛巳泣蕲录一卷 （宋）赵与襄撰 清初抄本 广东省立中山图书馆

189 吾学编六十九卷 （明）郑晓撰 明万历二十七年（1599）郑心材刻本 广东省立中山图书馆

190 弇山堂别集一百卷 （明）王世贞撰 明万历十八年（1590）翁良瑜雨金堂刻本 存八十七卷（缺四十九至六十一） 中山大学图书馆

191 弇州史料前集三十卷后集七十卷 （明）王世贞撰 （明）董复表辑 明刻本 广东省立中山图书馆

192 皇明大事记五十卷 （明）朱国桢辑 明崇祯刻皇明史概本 存三十卷（缺三十一至五十） 中山大学图书馆

193 皇祖四大法十二卷 （明）何栋如辑 明万历四十二年（1614）何氏刻本 广东省立中山图书馆

194 平播全书十五卷 （明）李化龙撰 明万历刻本 广东省立中山图书馆

195　攻渝诸将小传一卷新刻念阳西征杂记一卷　（明）徐如珂撰　明天启徐氏刻本　中山大学图书馆

196　敬事草五卷　（明）孔贞运撰　明崇祯十竹斋刻本　广东省立中山图书馆

197　明季北略二十卷南略十八卷　（清）计六奇辑　清刻本　存三十五卷（缺北略十八至二十）　四会市图书馆

198　大清太宗文皇帝圣训六卷　清乾隆四年（1739）武英殿刻本　暨南大学图书馆

199　大清世祖章皇帝圣训六卷　清乾隆四年（1739）武英殿刻本　暨南大学图书馆

200　大清世宗宪皇帝圣训三十六卷　清乾隆六年（1741）武英殿刻本　暨南大学图书馆

201　历代名臣奏议三百五十卷　（明）黄淮　杨士奇等辑　（明）张溥删正　明崇祯东观阁刻本　存三百零四卷（缺九十三至一百零二、一百十九至一百二十二、二百三十一至二百三十六、二百五十二至二百五十六、二百七十九至二百八十七、三百二十四至三百三十五）　广东省立中山图书馆

202　历代名臣奏议三百五十卷　（明）黄淮　杨士奇等辑　（明）张溥删正　明末刻本　存三百十七卷（缺二百七十五至二百七十六、三百十九至三百五十）　广东省立中山图书馆

203　历代名臣奏议三百二十卷　（明）黄淮　杨士奇等辑　（明）张溥删正　明崇祯刻清聚英堂印本　惠州慈云图书馆

204　荆川先生右编四十卷　（明）唐顺之编　（明）刘曰宁补　明万历三十三年（1605）南京国子监刻本　中山大学图书馆

205　秦汉书疏十八卷　明嘉靖三十七年（1558）吴国伦刻本　存十五卷（缺秦书疏一至三）　暨南大学图书馆

206　皇明疏议辑略三十七卷　（明）张瀚辑　明王汝训、万世德刻本　存十二卷（一至十二）　中山大学图书馆

207　西征奏议二卷　（明）梅国桢撰　明末刻本　存二卷（缺卷下下）　中山大学图书馆

208　叠山批点陆宣公奏议十五卷　（唐）陆贽撰　（宋）谢枋得批点　明刻本　中山大学图书馆

209　陆宣公奏议四卷　（唐）陆贽撰　（宋）苏轼选　（清）蔡方炳评　清乾隆十一年（1746）江榕刻本　佛山市图书馆

210　圣门志六卷　（明）吕元善辑　明天启五年（1625）刻本　暨南大学图书馆

211　列女传十六卷　（汉）刘向撰　（明）汪道昆辑　（明）仇英绘图　明万历刻清乾隆四十四年（1779）鲍氏知不足斋印本　中山大学图书馆

212　女镜八卷　（明）夏树芳辑　明万历刻本　广东省立中山图书馆

213　安危注四卷　（明）吴甡辑　清初吴元复刻本　中山大学图书馆

214　古今廉鉴八卷　（明）乔懋敬撰　明万历九年（1581）两淮都转运监使司刻本　暨南大学图书馆

215　康济谱二十三卷　（明）潘游龙编　明崇祯九年（1636）刻本　广东省立中山图书馆

216　圣学宗传十八卷　（明）周汝登撰　明万历三十三年（1605）王世韬等刻本　中山大学图书馆

217　孝经列传十六章　（明）胡时化撰　明万历刻本　广东省社会科学院

218　古人几部六卷　（清）陈允衡撰　清初刻本　广东省立中山图书馆

219　古欢录八卷　（清）王士禛撰　清康熙刻王渔洋遗书本　暨南大学图书馆

220　五朝宋名臣言行录前集十卷后集十四卷　（宋）朱熹撰　宋名臣言行录续集八卷别集二十六卷外集十七卷　（宋）李幼武撰　明张鳌山刻本　中山大学图书馆

221　苏米志林三卷　（明）毛晋辑　明天启五年（1625）毛氏绿君亭刻本　广东省立中山图书馆

222　苏米志林三卷　（明）毛晋辑　明天启五年（1625）毛氏绿君亭刻本　广东省立中山图书馆

223　苏米志林三卷　（明）毛晋辑　明天启五年（1625）毛氏绿君亭刻本　暨南大学图书馆

224　皇明理学名臣言行录二卷续一卷　（明）杨廉辑　（明）刘泾续辑　明万历十八年（1590）崔士棨刻本　中山大学图书馆

225　宝善编甲集一卷乙集一卷　（明）冯时可撰　明万历二十六年（1598）刻本　中山大学图书馆

226　钱牧斋先生列朝诗集小传十卷　（清）钱谦益撰　（清）钱陆灿辑　清康熙三十七年（1698）诵芬堂刻本　暨南大学图书馆

227 三立堂新编阐外春秋三十二卷 （明）尹商撰 明崇祯刻本 广东省立中山图书馆

228 续吴先贤赞十五卷 （明）刘凤撰 明万历刻本（卷一至二抄配） 中山大学图书馆

229 姑苏名贤小纪一卷 （明）文震孟撰 明万历四十二年（1614）文氏竺坞刻清顺治九年（1652）文然重修本 广东省立中山图书馆

230 淮郡文献志二十六卷补遗一卷 （明）潘埙辑 明嘉靖三十四年（1555）淮安府刻本 存八卷（十八至二十一、二十四至二十六、补遗） 中山大学图书馆

231 两浙名贤录五十四卷外录八卷 （明）徐象梅撰 明天启三年（1623）徐氏光碧堂刻本 中山大学图书馆

232 广东贡士录三卷 （清）张瓒辑 稿本 广东省社会科学院

233 汉前将军汉寿亭侯关公志十二卷 （明）丁镶辑 明崇祯五年（1632）自刻本 中山大学图书馆

234 诸葛忠武书十卷 （明）杨时伟辑 明万历四十七年（1619）自刻本 中山大学图书馆

235 苏长公外纪十六卷 （明）王世贞编 明刻本 暨南大学图书馆

236 宋忠武岳鄂王精忠类编八卷 （明）徐缙芳辑 明万历刻本 存七卷（缺三） 中山大学图书馆

237 南国贤书六卷前编二卷 （明）张朝瑞辑 （明）陆问礼续辑 明崇祯五年（1632）陆问礼刻本 中山大学图书馆

238 东莞庠士录四卷 （清）张瓒辑 稿本 广东省社会科学院

239 慈溪黄氏日抄分类古今纪要十九卷 （宋）黄震撰 清乾隆三十二年（1767）刻本 四会市图书馆

240 诸史品节后集八卷 （明）陈深辑 明万历刻本 中山大学图书馆

241 史书十卷 （明）姚允明撰 明崇祯十年（1637）刻本 中山大学图书馆

242 二十一史论赞辑要三十六卷 （明）彭以明辑 明万历三十七年（1609）彭惟成、彭惟直刻本 中山大学图书馆

243 携李曹太史评镌古今全史一览五卷 （明）舒弘谔辑 明崇祯二年（1629）周觉正刻本 中山大学图书馆

244 二十一史论赞三十六卷 （明）沈国元辑 明崇祯十年（1637）大来堂刻本 中山大学图书馆

245 国语钞评八卷 （明）穆文熙辑 明万历十二年（1584）傅光宅、曾凤仪刻本 中山大学图书馆

246 七雄策纂八卷 （明）穆文熙辑 明万历刘怀恕刻本 中山大学图书馆

247 七雄策纂八卷 （明）穆文熙辑 明万历刘怀恕刻本 中山大学图书馆

248 镌侗初张太史评选国语隽四卷 （明）张侗初评选 明萧少衢刻本 存三卷（缺一） 中山大学图书馆

249 史记钞九十一卷补遗十二卷首一卷 （明）茅坤辑 明万历三年（1575）自刻本 中山大学图书馆

250 史记钞九十一卷补遗十二卷首一卷 （明）茅坤辑 明万历三年（1575）自刻本 中山大学图书馆

251 茅鹿门先生批评史记抄一百四卷 （明）茅坤撰 明天启元年（1621）茅兆海刻本 中山大学图书馆

252 增定史记纂不分卷 （明）凌稚隆撰 明万历四十八年（1620）刻本 暨南大学图书馆

253 汉隽十卷 （宋）林钺辑 明万历十二年（1584）吕元刻本 中山大学图书馆

254 汉隽十卷 （宋）林钺辑 明崇祯十二年（1639）程扬刻本 中山大学图书馆

255 荆川先生批点精选汉书二卷 （明）唐顺之评选 明刻本 中山大学图书馆

256 荆川先生批点精选汉书六卷 （明）唐顺之评选 明刻本 中山大学图书馆

257 鹿门先生汉书钞九十三卷 （明）茅坤辑 明刻本 存十八卷（十四至二十三、四十一至四十八） 中山大学图书馆

258 新刻李太史秘藏王阁学汉书选要钞评二卷 （明）王锡爵选 （明）李廷机评 明万历十五年（1587）张弘道刻本 中山大学图书馆

259 后汉书钞二卷 （清）高螗集评 清乾隆五十三（1788）年刻本 四会市图书馆

260 欧阳文忠公五代史抄二十卷 （明）茅坤辑 明刻朱墨套印本 广东省立中山图书馆

261 欧阳文忠公五代史抄二十卷 （明）茅坤辑 明刻本 中山大学图书馆

262 月令广义二十四卷首一卷附录一卷 （明）冯应京

辑 （明）戴任增释 明万历三十年（1602）陈邦泰刻本 中山大学图书馆

263 日涉编十二卷 （明）陈阶辑 （清）白辉补辑 明万历三十九年（1611）徐养量刻清康熙六年（1667）白辉、二十七年（1688）纪元递修本 中山大学图书馆

264 元丰九域志十卷 （宋）王存等撰 清乾隆武英殿活字印本 暨南大学图书馆

265 大明一统志九十卷图一卷 （明）李贤 万安等纂修 明万寿堂刻本 中山大学图书馆

266 天下一统志九十卷 （明）李贤 万安等纂修 明万寿堂刻清剜改印本 华南师范大学图书馆

267 天下一统志九十卷 （明）李贤 万安等纂修 明万寿堂刻清剜改印本 存六十八卷（缺三十三至四十二、五十八至六十一、七十九至八十二、八十七至九十） 潮州市博物馆

268 广舆记二十四卷 （明）陆应阳撰 明万历刻本（卷十至十一抄配） 中山大学图书馆

269 广舆记二十四卷 （明）陆应阳撰 明万历刻本 广东省立中山图书馆

270 大明舆地名胜志二百八卷 （明）曹学佺撰 明崇祯三年（1630）刻本 华南师范大学图书馆

271 （乾隆）大清一统志三百五十六卷 （清）蒋廷锡 王安国等纂修 清乾隆九年（1744）武英殿刻本 华南师范大学图书馆

272 （乾隆）大清一统志表不分卷 （清）徐午撰 清乾隆五十八年（1793）刻本 华南师范大学图书馆

273 天下山河两戒考十四卷 （清）徐文靖注 清雍正二年（1724）刻本 华南师范大学图书馆

274 地图综要三卷 （明）吴学俨等撰 明末刻本 广东省立中山图书馆

275 岭海名胜记二十卷 （明）郭棐辑 明万历二十四年（1596）自刻本 广东省立中山图书馆

276 （康熙）畿辅通志四十六卷首一卷 （清）于成龙修 （清）郭棻纂 （清）马兆臣校补 清康熙六十一年（1722）刻本 华南师范大学图书馆

277 （乾隆）三河县志十六卷首一卷 （清）陈晸修 （清）王大信等纂 清乾隆二十五年（1760）刻本 华南师范大学图书馆

278 （康熙）怀柔县新志八卷 （清）吴景果纂修 清康熙

六十年（1721）刻本 华南师范大学图书馆

279 （康熙）文安县志八卷 （清）杨朝麟修 （清）胡浤纂 清康熙四十二年（1703）刻本 华南师范大学图书馆

280 （康熙）清苑县志十二卷首一卷 （清）时来敏修 （清）郭棻等纂 清康熙十六年（1677）刻本 华南师范大学图书馆

281 （乾隆）祁州志八卷 （清）罗以桂 王楷修 （清）张万铨 刁锦纂 清乾隆二十一年（1756）刻本 华南师范大学图书馆

282 （乾隆）献县志二十卷图一卷表一卷 （清）万廷兰修 （清）戈涛纂 清乾隆二十六年（1761）刻本 华南师范大学图书馆

283 （乾隆）天津府志四十卷 （清）李梅宾 程凤文修 （清）吴廷华 汪沆纂 清乾隆四年（1739）刻本 华南师范大学图书馆

284 （乾隆）天津县志二十四卷 （清）朱奎扬 张志奇修 （清）吴廷华等纂 清乾隆四年（1739）刻本 华南师范大学图书馆

285 （乾隆）沧州志十六卷 （清）徐时作修 （清）胡淦等纂 清乾隆八年（1743）刻本 华南师范大学图书馆

286 （雍正）井陉县志八卷 （清）钟文英纂修 清雍正八年（1730）刻本 华南师范大学图书馆

287 （康熙）藁城县志十二卷 （清）赖于宣修 （清）张丙宿纂 清康熙三十七年（1698）刻本 华南师范大学图书馆

288 （乾隆）沙河县志十卷首一卷末一卷 （清）杜灏纂修 清乾隆二十二年（1757）刻本 华南师范大学图书馆

289 （乾隆）邯郸县志十二卷首一卷 （清）王炯纂修 清乾隆二十一年（1756）刻本 华南师范大学图书馆

290 （乾隆）大名县志四十卷首一卷 （清）张维祺修 （清）李棠纂 清乾隆五十四年（1789）刻本 华南师范大学图书馆

291 （乾隆）宣化府志四十二卷首一卷 （清）王者辅原本 （清）张志奇续修 （清）黄可润续纂 清乾隆二十二年（1757）刻本 华南师范大学图书馆

292 （康熙）宣化县志三十卷 （清）陈坦纂修 清康熙五十年（1711）刻本 华南师范大学图书馆

293　（乾隆）钦定热河志一百二十卷　（清）和珅　梁国治纂修　清乾隆四十六年（1781）刻本　存一百十卷（缺二十三至三十二）　华南师范大学图书馆

294　（乾隆）直隶遵化州志二十卷　（清）傅修等纂修　清乾隆五十九年（1794）刻本　华南师范大学图书馆

295　（乾隆）直隶易州志十八卷首一卷　（清）杨芊纂修　（清）张登高续纂修　清乾隆十二年（1747）刻本　华南师范大学图书馆

296　（雍正）深泽县志十二卷首一卷　（清）赵宪修　（清）王植纂　清雍正十三年（1735）刻本　华南师范大学图书馆

297　（乾隆）曲阜县志一百卷　（清）潘相等纂修　清乾隆三十九年（1774）刻本　华南师范大学图书馆

298　（康熙）邹县志三卷　（清）娄一均修　（清）周翼纂　清康熙五十五年（1716）刻本　华南师范大学图书馆

299　（乾隆）峄县志十卷首一卷　（清）忠瑃纂修　清乾隆二十六年（1761）刻本　华南师范大学图书馆

300　（乾隆）武定府志三十八卷首一卷　（清）赫达色修　（清）庄肇奎　沈中行纂　清乾隆二十四年（1759）刻本　华南师范大学图书馆

301　（乾隆）乐陵县志八卷首一卷末一卷　（清）王谦益修　（清）郑成中纂　清乾隆二十七年（1762）刻本　华南师范大学图书馆

302　（乾隆）蒲台县志四卷首一卷　（清）严文典修　（清）任相纂　清乾隆二十八年（1763）刻本　华南师范大学图书馆

303　（乾隆）泰安府志三十卷前一卷首二卷　（清）颜希深修　（清）成城等纂　清乾隆二十五年（1760）刻本　华南师范大学图书馆

304　（乾隆）武安县志二十卷　（清）蒋光祖修　（清）夏兆丰纂　清乾隆四年（1739）刻本　华南师范大学图书馆

305　（顺治）封丘县志九卷首一卷　（清）余缙修　（清）李嵩阳纂　清顺治十六年（1659）刻本　中山大学图书馆

306　（康熙）长乐县志八卷　（清）孙蕙修　（清）孔元体等纂　清康熙二十六年（1687）刻本　广东省立中山图书馆

307　澎湖纪略十二卷　（清）胡建伟撰　清乾隆刻本　广东省立中山图书馆

308　（康熙）广东通志三十卷　（清）金光祖纂修　清康熙

三十六年（1697）刻本　广东省立中山图书馆

309　（雍正）广东通志六十四卷　（清）郝玉麟修　（清）鲁曾煜等纂　清雍正九年（1731）刻本　存五十八卷（缺十至十一、二十六至二十八、三十）　顺德图书馆

310　广东舆图十二卷　（清）蒋伊　韩作栋编　（清）卢士　刘任绘图　清康熙二十四年（1685）韩作栋刻本　广东省立中山图书馆

311　广州十四属地图　（清）禹之鼎绘　清康熙三十六年（1697）禹氏彩绘本　存广州府、东莞县、顺德县、新会县、香山县、增城县、三水县、清远县、花县、新宁县、新安县、从化县、龙门县　中山大学图书馆

312　（康熙）新会县志十八卷首一卷　（清）贾雒英修　（清）薛起蛟等纂　清康熙二十九年（1690）刻本　广东省立中山图书馆

313　（康熙）惠州府志二十卷首一卷　（清）吕应奎等修　（清）黄挺华等纂　清康熙二十七年（1688）刻本　广东省立中山图书馆

314　（康熙）惠州府志二十卷首一卷　（清）吕应奎等修　（清）黄挺华等纂　清康熙二十七年（1688）刻本　存十九卷（缺十九至二十）　汕头市图书馆

315　（乾隆）归善县志十八卷首一卷　（清）章寿彭修　（清）陆飞纂　清乾隆四十八年（1783）刻本　汕头市图书馆

316　（康熙）永安县次志十七卷　（清）张进籙纂修　清康熙刻本　广东省立中山图书馆

317　（顺治）潮州府志十二卷　（清）吴颖　贺宽等纂修　清顺治刻本　广东省立中山图书馆

318　郡乘小序一卷　（清）陈衍虞撰　清康熙二十二年（1683）刻本　广东省立中山图书馆

319　（康熙）潮阳县志二十卷首一卷　（清）臧宪祖　萧骙锡等纂修　清康熙刻本　存十八卷（缺九、十三、二十）　广东省立中山图书馆

320　（康熙）饶平县志二十四卷　（清）刘抃等纂修　清康熙刻本　存十四卷（缺十五至二十四）　广东省立中山图书馆

321　云南地舆全图　清彩绘本　中山大学图书馆

322　帝京景物略八卷　（明）刘侗　于奕正撰　明崇祯金陵弘道堂刻本　广东省立中山图书馆

323　浯溪考二卷　（清）王士禛撰　清康熙刻王渔洋遗书

本 暨南大学图书馆

324 连阳八排风土记八卷 （清）李来章撰 清康熙刻本 广东省立中山图书馆

325 筹海图编十三卷 （明）胡宗宪撰 明天启四年（1624）胡维极刻本 中山大学图书馆

326 筹海图编十三卷 （明）胡宗宪撰 明天启四年（1624）胡维极刻本 中山大学图书馆

327 海防纂要十三卷图一卷 （明）王在晋撰 明万历四十一年（1613）自刻本 中山大学图书馆

328 两浙海防类考续编十卷 （明）范涞撰 明万历三十年（1602）刻本 中山大学图书馆

329 名山胜概记四十六卷图一卷 （明）何镗纂 （明）慎蒙辑 （明）张绪彦等补辑 明崇祯刻本 中山大学图书馆

330 名山胜概记四十六卷图一卷 （明）何镗纂 （明）慎蒙辑 （明）张绪彦等补辑 明崇祯刻本 存四十六卷（缺图） 广东省立中山图书馆

331 名山岩洞泉石古迹十六卷 （明）慎蒙辑 明万历刻本 存十三卷（缺一、二、十四） 中山大学图书馆

332 盘山志十卷首一卷补遗四卷 （清）智朴纂辑 （清）王士禛 朱彝尊校订 清康熙三十五年（1696）刻本 华南师范大学图书馆

333 金山志十卷 （清）卢见曾纂修 清乾隆二十七年（1762）雅雨堂刻本 华南师范大学图书馆

334 黄山志定本七卷首一卷 （清）闵麟嗣撰 清康熙十八年（1679）刻二十五年（1686）增补本 华南师范大学图书馆

335 清凉山新志十卷 （清）释丹巴撰 清康熙四十年（1701）刻本 广东省立中山图书馆

336 岱史十八卷 （明）查志隆撰 明万历十五年（1587）戴相尧刻本 中山大学图书馆

337 说嵩三十二卷 （清）景日昣撰 清康熙刻本 肇庆市高要区图书馆

338 说嵩三十二卷 （清）景日昣撰 清康熙刻本 华南师范大学图书馆

339 普陀山志六卷 （明）周应宾撰 明万历张随刻本 中山大学图书馆

340 重修南海普陀山志二十卷首一卷 （清）许琰编辑 清乾隆五年（1740）刻本 华南师范大学图书馆

341 广雁荡山志二十八卷首一卷末一卷 （清）曾唯撰 清乾隆五十五年（1790）刻本 汕头市图书馆

342 罗浮山志会编二十二卷首一卷 （清）宋广业撰 清康熙五十六年（1717）宋志益聚英堂刻本 暨南大学图书馆

343 罗浮山志会编二十二卷首一卷 （清）宋广业撰 清康熙五十六年（1717）宋志益聚英堂刻本 华南师范大学图书馆

344 罗浮山志会编二十二卷首一卷 （清）宋广业撰 清康熙五十六年（1717）宋志益聚英堂刻本 惠州慈云图书馆

345 西樵游览记十四卷 （清）刘子秀撰 清乾隆五十一年（1786）南畬草堂刻本 华南师范大学图书馆

346 鸡足山志十卷首一卷 （清）范承勋撰 清康熙三十一年（1692）刻本 广东省立中山图书馆

347 鸡足山志十卷首一卷 （清）范承勋撰 清康熙三十一年（1692）刻本 华南师范大学图书馆

348 水经四十卷 （汉）桑钦撰 （后魏）郦道元注 明万历十三年（1585）吴琯刻本 中山大学图书馆

349 水经四十卷 （汉）桑钦撰 （后魏）郦道元注 明万历十三年（1585）吴琯刻本 中山大学图书馆

350 水经注十卷 （北魏）郦道元撰 明末刻本 广东省立中山图书馆

351 水经注四十卷 （北魏）郦道元撰 清康熙项氏群玉书堂刻本 韶关学院图书馆

352 水经注释四十卷首一卷附录二卷水经注笺刊误十二卷 （清）赵一清撰 清乾隆五十一年（1786）东潜赵氏小山堂刻本 华南师范大学图书馆

353 水道提纲二十八卷 （清）齐召南撰 清乾隆四十一年（1776）刻本 暨南大学图书馆

354 水道提纲二十八卷 （清）齐召南撰 清乾隆四十一年（1776）刻本 华南师范大学图书馆

355 行水金鉴一百七十五卷首一卷 （清）傅泽洪撰 清雍正三年（1725）淮扬官署刻本 暨南大学图书馆

356 行水金鉴一百七十五卷首一卷 （清）傅泽洪撰 清雍正三年（1725）淮扬官署刻本 华南师范大学图书馆

357 河防一览十四卷 （明）潘季驯撰 明万历十八年（1590）刻本 中山大学图书馆

358 直隶五道成规五卷 （清）高斌辑 清乾隆刻本 广东

省立中山图书馆

359 西湖志四十八卷 （清）傅王露等撰 清雍正十三年（1735）刻本 华南师范大学图书馆

360 西湖志四十八卷 （清）傅王露等撰 清雍正十三年（1735）刻本 佛山市图书馆

361 西湖志纂十五卷首一卷 （清）沈德潜 傅王露辑 清乾隆二十年（1755）刻二十七年（1762）增修本 暨南大学图书馆

362 三迁志六卷 （明）吕元善撰 （明）费增辑 明万历刻本 暨南大学图书馆

363 逍遥山万寿宫志二十卷首一卷 （清）丁步上 郭懋隆校辑 清乾隆五年（1740）逍遥山万寿宫刻本 汕头市金山中学

364 海珠小志五卷 （明）李骅辑 （清）李文焌增补 清康熙三十六年（1697）刻本 广东省立中山图书馆

365 卧龙岗志二卷 （清）罗景辑 清康熙五十一年（1712）刻本 华南师范大学图书馆

366 东西洋考十二卷 （明）张燮撰 明万历四十六年（1618）王起宗刻本 中山大学图书馆

367 筹海篇三卷 （清）魏源撰 清抄本 暨南大学图书馆

368 通典二百卷 （唐）杜佑撰 清乾隆十二年（1747）武英殿刻本 存一百九十六卷（缺九十一、九十三、九十四、一百六十四） 五华县图书馆

369 文献通考三百四十八卷 （元）马端临撰 元泰定元年（1324）杭州西湖书院刻元明递修本 广东省立中山图书馆

370 文献通考三百四十八卷 （元）马端临撰 明嘉靖三年（1524）司礼监刻本 暨南大学图书馆

371 大明会典二百二十八卷 （明）申时行 赵用贤等纂修 明天启元年（1621）张京元等刻本 广东省立中山图书馆

372 大明会典二百二十八卷 （明）申时行 赵用贤等纂修 明天启元年（1621）张京元等刻本 广东省立中山图书馆

373 皇明泳化类编一百三十六卷续编十七卷 （明）邓球撰 明隆庆刻万历重修本 广东省立中山图书馆

374 皇明世法录九十二卷 （明）陈仁锡撰 明崇祯刻本 广东省立中山图书馆

375 辟雍纪事不分卷 （明）卢上铭 冯士骅撰 明崇祯刻

本 广东省立中山图书馆

376 谥法通考十八卷 （明）王圻撰 明万历二十四年（1596）刻本 广东省立中山图书馆

377 南巡盛典一百二十卷 （清）高晋等撰 清乾隆三十六年（1771）内府刻本 暨南大学图书馆

378 于清端公政书八卷首编一卷外集一卷 （清）于成龙撰 （清）蔡方炳 诸匡鼎编 清康熙四十六年（1707）刻本 广东省立中山图书馆

379 于清端公政书八卷首编一卷外集一卷 （清）于成龙撰 （清）蔡方炳 诸匡鼎编 清康熙四十六年（1707）刻本 存九卷（缺首编） 广东省立中山图书馆

380 金石录三十卷 （宋）赵明诚撰 清乾隆二十七年（1762）卢见曾刻雅雨堂丛书本 暨南大学图书馆

381 泊如斋重修宣和博古图录三十卷 （宋）王黼等撰 明万历十六年（1588）泊如斋刻本 暨南大学图书馆

382 亦政堂重修考古图十卷 （宋）吕大临撰 明万历刻三古图清乾隆十七年（1752）天都黄氏槐荫草堂剜改重印本 暨南大学图书馆

383 亦政堂重修宣和博古图录三十卷 （宋）王黼撰 明万历刻三古图清乾隆十七年（1752）天都黄氏槐荫草堂剜改重印本 存二十九卷（缺一） 暨南大学图书馆

384 石墨镌华八卷 （明）赵崡撰 明万历四十六年（1618）刻本 广东省立中山图书馆

385 畿辅金石略不分卷 （清）赵烈文撰 稿本 广东省社会科学院

386 看篆楼鉴藏古铜印不分卷 （清）潘有为辑 清嘉庆二十二年（1817）刻钤印本 广州图书馆

387 嘉显堂图书会要不分卷 （清）何剑湖纂辑 清乾隆四十二年（1777）钤印本 广州图书馆

388 新镌历朝捷录四卷 （明）顾充撰 清康熙三十七年（1698）大盛堂刻本 广东省立中山图书馆

389 古今治统二十卷 （明）徐奋鹏撰 （清）陈肇元编次 清雍正元年（1723）槐柳斋刻本 暨南大学图书馆

390 史统二十卷 （明）余大朋撰 明崇祯刻本 中山大学图书馆

391 十七史商榷一百卷 （清）王鸣盛撰 清乾隆五十二年（1787）洞泾草堂刻本 东莞图书馆

392 杨升庵先生评注先秦五子全书五卷 （明）张懋宷编 明天启五年（1625）张氏横秋阁刻本 中山大学图书馆

393 诸子汇函二十六卷谈薮一卷 （明）归有光辑 明末刻本 中山大学图书馆

394 荀子二十卷 （唐）杨倞注 明嘉靖十二年（1533）顾春世德堂刻六子书本 广东省立中山图书馆

395 新书十卷 （汉）贾谊撰 附录一卷 明末朱图隆刻本 广东省立中山图书馆

396 纂图互注扬子法言十卷 （汉）扬雄撰 （晋）李轨 （唐）柳宗元 （宋）宋咸 （宋）吴祕 （宋）司马光注 明刻本 中山大学图书馆

397 潜夫论十卷 （汉）王符撰 清乾隆五十六年（1791）王谟刻增订汉魏丛书本 清侯康批校 仪清室

398 申鉴五卷 （汉）荀悦撰 （明）黄省曾注 清乾隆五十六年（1791）王谟刻增订汉魏丛书本 肇庆市高要区图书馆

399 中说十卷 题（隋）王通撰 （宋）阮逸注 明敬忍居刻本 中山大学图书馆

400 五子近思录发明十四卷 （清）施璜纂注 清康熙还古书院刻本 暨南大学图书馆

401 先圣大训六卷 （宋）杨简撰 明万历四十三年（1615）张翼轸等刻本 中山大学图书馆

402 大学衍义四十三卷 （宋）真德秀撰 明崇祯十一年（1638）杨鹗刻清乾隆重修本 中山大学图书馆

403 大学衍义补一百六十卷首一卷 （明）丘濬撰 明刻本 存一百三十五卷（缺一百三十五至一百六十） 中山大学图书馆

404 大学衍义补纂要六卷 （明）徐栻辑 清康熙二年（1663）陈可先刻本 暨南大学图书馆

405 潜室陈先生木钟集十一卷 （宋）陈埴撰 明弘治十四年（1501）邓淮、高宾刻本 广东省社会科学院

406 性理大全书七十卷 （明）胡广等撰 明万历吴勉学师古斋刻明末重修本 中山大学图书馆

407 月川曹夫子太极图解一卷西铭解一卷 （明）曹端撰 明万历田可久刻本 广东省立中山图书馆

408 庸言十二卷 （明）黄佐撰 清康熙二十一年（1682）黄逵卿、黄铭刻本 广东省立中山图书馆

409 学部通辩前编三卷后编三卷续编三卷终编三卷 （明）陈建撰 清康熙十七年（1678）启后堂刻本 广东省立中山图书馆

410 新刊性理会要十卷 （明）游逊辑 明刻本 存八卷（缺九至十） 中山大学图书馆

411 呻吟语六卷 （明）吕坤撰 明万历刻本 中山大学图书馆

412 内则衍义十六卷 （清）世祖福临撰 清初刻本 广东省立中山图书馆

413 武经总要前集二十卷后集二十卷 （宋）曾公亮等撰 明抄本 存二十一卷（缺后集二至二十） 中山大学图书馆

414 管子二十四卷 （唐）房玄龄注 （明）刘绩补注 明万历七年（1579）刻中立四子集本 存十六卷（缺十七至二十四） 中山大学图书馆

415 管子榷二十四卷 （明）朱长春撰 明万历四十年（1612）张维枢刻本 中山大学图书馆

416 韩非子二十卷 明刻本 中山大学图书馆

417 韩非子二十卷 明刻本 中山大学图书馆

418 韩子迂评二十卷 题（明）门无子撰 附录一卷 明万历六年（1578）自刻十一年（1583）重修本 中山大学图书馆

419 农政全书六十卷 （明）徐光启撰 明崇祯十二年（1639）平露堂刻本 华南农业大学中国农业历史遗产研究室

420 张氏医书七种二十八卷 （清）张璐 张登撰 清康熙宝翰楼刻本 广东省立中山图书馆

421 古今医统正脉全书四十四种二百六卷 （明）王肯堂编 明万历二十九年（1601）吴勉学刻本 中山大学图书馆

422 重广补注黄帝内经素问二十四卷 （唐）王冰注 （宋）林亿等校正 （宋）孙兆改误 明嘉靖二十九年（1550）顾从德影宋刻本（有抄配） 广东省立中山图书馆

423 新刊素问入式运气论奥三卷 （宋）刘温舒撰 黄帝内经素问遗篇一卷 元后至元五年（1339）胡氏古林书堂刻本 广东省立中山图书馆

424 类经三十二卷 （明）张介宾类注 图翼十一卷附翼四卷 （明）张介宾撰 明天启四年（1624）自刻本 广东省立中山图书馆

425 图注八十一难经辨真四卷 （明）张世贤撰 清乾隆
十六年（1751）西山堂刻本 暨南大学图书馆

426 神农本草经疏三十卷 （明）缪希雍撰 明天启五年
（1625）毛晋绿君亭刻本 中山大学图书馆

427 本草纲目五十二卷附图三卷万方针线八卷濒湖脉学一
卷奇经八脉考一卷 （明）李时珍撰 清乾隆四十九年
（1784）金闾书业堂刻本 存六十四（缺十四） 广
州中医药大学图书馆

428 家传太素脉秘诀二卷 （明）刘伯详注 明周文炜刻
本 中山大学图书馆

429 活人书二十卷首一卷 （宋）朱肱撰 明万历四十四年
（1616）张惟任等刻本 中山大学图书馆

430 陶节庵全生集四卷 （明）陶华撰 明崇祯十三年
（1640）刻本 中山大学图书馆

431 陶节庵全生集四卷 （明）陶华撰 明崇祯十三年
（1640）刻本 广东省立中山图书馆

432 儒门事亲十五卷 （金）张从正撰 明万历二十九
年（1601）吴勉学刻本 存十二卷（缺十三至
十五） 江门市新会区景堂图书馆

433 儒门事亲十五卷 （金）张从正撰 明万历
二十九年（1601）吴勉学刻本 佛山市图书馆

434 东塾药方一卷 （清）陈澧撰 稿本 广东省立中山图
书馆

435 静观堂较正家传幼科发挥秘方二卷 （明）万全
撰 （清）郑矗校正 清康熙五十四年（1715）刻本 广
州图书馆

436 医林续传不分卷 （明）刘浴德辑 明万历自刻本 中
山大学图书馆

437 古今律历考七十二卷 （明）邢云路撰 明万历二十七
年（1599）徐安刻本 中山大学图书馆

438 扬子太玄经十卷图一卷 （汉）扬雄撰 （明）赵如
源辑注 说玄一卷 （宋）司马光撰 明天启六年
（1626）武林书坊赵世楷刻本 中山大学图书馆

439 扬子太玄经十卷图一卷 （汉）扬雄撰 （明）赵如
源辑注 说玄一卷 （宋）司马光撰 明天启六年
（1626）武林书坊赵世楷刻本 中山大学图书馆

440 皇极经世书传八卷 （明）黄畿撰 清康熙二十一年
（1682）刻本 广东省立中山图书馆

441 观象玩占五十卷 题（唐）李淳风撰 明抄本 中山

442 刻天文秘略不分卷 （明）胡献忠撰 明万历刻胡氏三
书合刻本 中山大学图书馆

443 史异编十七卷 （明）余文龙辑 明万历四十七年
（1619）自刻本 中山大学图书馆

444 地理参赞玄机仙婆集十三卷 （明）张鸣凤辑 （明）
张希尧参补 明万历书林熊体忠刻本 中山大学图
书馆

445 地理玄珠二十二卷附地理阳宅玄珠四卷 （明）夏世隆
撰 （明）夏雨补 明万历四十三年（1615）华善继刻
本 中山大学图书馆

446 新编秘传堪舆类纂人天共宝十二卷 （明）黄慎辑 明
崇祯六年（1633）刻本 中山大学图书馆

447 焦氏易林四卷 题（汉）焦延寿撰 （明）钟惺评 明
末刻本 中山大学图书馆

448 呈洛洞玄经论图诀三卷 （明）刘基裁订 （明）曹戒
辑 明刻本 中山大学图书馆

449 大六壬大全十三卷 （清）郭载骙校订 清康熙
四十三年（1704）刻本 广东省立中山图书馆

450 武侯八门神书一卷 （明）胡献忠撰 明万历刻胡氏三
书合刻本 中山大学图书馆

451 铁网珊瑚二十卷 （明）都穆撰 清乾隆二十三年
（1758）都肇斌刻本 暨南大学图书馆

452 墨池编六卷 （宋）朱长文辑 明万历八年（1580）虞
德烨等刻本 中山大学图书馆

453 宣和书谱二十卷 明刻本 中山大学图书馆

454 宣和书谱二十卷 明毛氏汲古阁刻本 广东省立中山
图书馆

455 广川书跋十卷 （宋）董逌撰 明万历十九年（1591）
王元贞刻王氏书苑本 中山大学图书馆

456 古今法书苑七十六卷 （明）王世贞辑 明刻本 广东
省立中山图书馆

457 草字汇十二卷 （清）石梁辑 清乾隆五十二年
（1787）刻本 暨南大学图书馆

458 历代帝王法帖释文考异十卷 （明）顾从义撰 （明）
吴之芳辑 明香雪斋刻本 中山大学图书馆

459 无声诗史七卷 （清）姜绍书撰 清康熙五十九年
（1720）李光暎观妙斋刻本 暨南大学图书馆

460 芥子园画传五卷 （清）王槩辑 清康熙十八年（1679）

芥子园甥馆刻彩色套印本　广东省立中山图书馆

461　印存初集四卷　（明）胡正言篆刻　清顺治四年（1647）胡氏十竹斋钤印本　广东省立中山图书馆

462　蓼怀堂琴谱不分卷　（清）云志高辑　清康熙刻本　广东省立中山图书馆

463　桃花泉奕谱二卷　（清）范世勋撰　清乾隆三十年（1765）刻本　暨南大学图书馆

464　素园石谱四卷　（明）林有麟撰　明万历四十一年（1613）自刻本　广东省立中山图书馆

465　原本茶经三卷　（唐）陆羽撰　续茶经三卷附录一卷　（清）陆廷灿辑　清雍正十三年（1735）陆氏寿椿堂刻本　广东省立中山图书馆

466　二如亭群芳谱二十九卷　（明）王象晋辑　（明）陈继儒等校　明末刻本　暨南大学图书馆

467　二如亭群芳谱二十八卷首一卷　（明）王象晋辑　（明）陈继儒等校　明末刻清重修本　中山大学图书馆

468　鹖冠子三卷　（宋）陆佃注　（明）王宇等评　明天启五年（1625）朱氏花斋刻本　中山大学图书馆

469　鹖冠子三卷　（宋）陆佃注　（明）王宇等评　明天启五年（1625）朱氏花斋刻本　暨南大学图书馆

470　吕氏春秋二十六卷　（汉）高诱注　明万历二十四年（1596）刘如宠刻本　中山大学图书馆

471　淮南鸿烈解二十一卷　（汉）刘安撰　（明）茅坤等评　明刻朱墨套印本　中山大学图书馆

472　淮南鸿烈解二十一卷　（汉）刘安撰　（汉）高诱注　明万历十八年（1590）汪一鸾刻本　中山大学图书馆

473　淮南鸿烈解二十一卷　（汉）刘安撰　（汉）高诱注　（明）茅坤等评　明末张斌如刻本　中山大学图书馆

474　淮南鸿烈解二十一卷　（汉）刘安撰　（汉）高诱注　（明）茅坤等评　明末张斌如刻本　暨南大学图书馆

475　白虎通德论二卷　（汉）班固撰　明刻本　广东省立中山图书馆

476　梦溪笔谈二十六卷补笔谈三卷续笔谈一卷　（宋）沈括撰　明崇祯四年（1631）马元调刻本　存二十八卷（缺补笔谈三、续笔谈）　中山大学图书馆

477　东坡先生志林五卷　（宋）苏轼撰　（明）焦竑评　明刻朱墨套印本　存四卷（缺五）　中山大学图书馆

478　避暑录话二卷　（宋）叶梦得撰　明崇祯毛氏汲古阁刻津逮秘书本　广东省立中山图书馆

479　清波杂志三卷　（宋）周辉撰　明万历商氏半野堂刻稗海本　广东省立中山图书馆

480　容斋随笔十六卷续笔十六卷三笔十六卷四笔十六卷五笔十卷　（宋）洪迈撰　明崇祯三年（1630）马元调刻本　广东中国客家博物馆

481　容斋随笔十六卷续笔十六卷三笔十六卷四笔十六卷五笔十卷　（宋）洪迈撰　明崇祯三年（1630）马元调刻本　广东省立中山图书馆

482　宾退录十卷　（宋）赵与时撰　清乾隆十七年（1752）存恕堂刻本　广东省立中山图书馆

483　贵耳集三卷　（宋）张端义撰　明崇祯毛氏汲古阁刻津逮秘书本　广东省立中山图书馆

484　辍耕录三十卷　（明）陶宗仪撰　明末清初广文堂刻本　江门市新会区景堂图书馆

485　蠡海集一卷　（明）王逵撰　明万历商氏半野堂刻稗海本　广东省立中山图书馆

486　抢榆子评古一卷覆瓿语一卷　（明）蒋以化撰　明万历三十二年（1604）自刻本　存一卷（覆瓿语）　中山大学图书馆

487　谷山笔麈十八卷　（明）于慎行撰　明万历四十一年（1613）于纬刻本　中山大学图书馆

488　偶记四卷　（明）佘翘撰　明万历刻本　中山大学图书馆

489　池北偶谈二十六卷　（清）王士禛撰　清康熙四十年（1701）王廷抡刻本　暨南大学图书馆

490　香祖笔记十二卷　（清）王士禛撰　清康熙刻王渔洋遗书本　暨南大学图书馆

491　在园杂志四卷　（清）刘廷玑撰　清康熙五十四年（1715）自刻本　广东省立中山图书馆

492　古今考三十八卷　（宋）魏了翁撰　（元）方回续　明崇祯九年（1636）谢三宾刻本　中山大学图书馆

493　困学纪闻二十卷　（宋）王应麟撰　清乾隆三年（1738）马氏丛书楼刻本　暨南大学图书馆

494　丹铅新录八卷　（明）胡应麟撰　明万历四十六年（1618）江湛然刻少室山房稿本　中山大学图书馆

495　名义考十二卷　（明）周祈撰　明万历十七年（1589）

黄中色刻本　暨南大学图书馆

496　**古今释疑十八卷**　（清）方中履撰　清康熙二十一年（1682）汗青阁刻本　广东省立中山图书馆

497　**日知录三十二卷**　（清）顾炎武撰　清康熙三十四年（1695）潘未遂初堂刻本　暨南大学图书馆

498　**世说新语六卷**　（刘宋）刘义庆撰　（梁）刘孝标注　明吴中珩刻本　广东省立中山图书馆

499　**世说新语六卷**　（刘宋）刘义庆撰　（梁）刘孝标注　明吴中珩刻本　广州图书馆

500　**世说新语六卷**　（刘宋）刘义庆撰　（梁）刘孝标注　明吴中珩刻本　韶关学院图书馆

501　**世说新语补二十卷**　（刘宋）刘义庆撰　（梁）刘孝标注　（明）何良俊增补　（明）王世贞删定　（明）王世懋批释　（明）张文柱校注

　　附释名一卷　明万历十三年（1585）张文柱刻本　中山大学图书馆

502　**世说新语补二十卷**　（刘宋）刘义庆撰　（梁）刘孝标注　（清）黄汝琳补订　清乾隆二十七年（1762）茂清书屋刻本　韶关学院图书馆

503　**唐世说新语十三卷**　（唐）刘肃撰　明万历三十一年（1603）潘玄度刻本　中山大学图书馆

504　**杜阳杂编三卷**　（唐）苏鹗撰　明万历商氏半野堂刻稗海本　广东省立中山图书馆

505　**挥麈前录四卷后录十一卷第三录三卷余话二卷**　（宋）王明清撰　明崇祯毛氏汲古阁刻津逮秘书本　暨南大学图书馆

506　**河南邵氏闻见后录二十卷**　（宋）邵博撰　明崇祯毛氏汲古阁刻津逮秘书本　东莞市莞城图书馆

507　**桯史十五卷**　（宋）岳珂撰　**附录一卷**　明崇祯毛氏汲古阁刻津逮秘书本　广东省立中山图书馆

508　**涌幢小品三十二卷**　（明）朱国祯辑　明天启二年（1622）清美堂刻本　潮州市博物馆

509　**觚剩八卷续编四卷**　（清）钮琇辑　清康熙四十一年（1702）临野堂刻本　暨南大学图书馆

510　**觚剩八卷续编四卷**　（清）钮琇辑　清康熙四十一年（1702）临野堂刻本　广东省立中山图书馆

511　**新增格古要论十三卷**　（明）曹昭撰　（明）王佐增补　明黄正位刻本　中山大学图书馆

512　**学范二卷**　（明）赵钦谦撰　明末刻本　广东省立中山

图书馆

513　**诸子品节五十卷**　（明）陈深辑　明万历刻本　中山大学图书馆

514　**焦氏类林八卷**　（明）焦竑辑　明万历十五年（1587）王元贞刻本　暨南大学图书馆

515　**雾市选言四卷**　（明）王宇辑　明叶均宇刻本　中山大学图书馆

516　**清寤斋心赏编一卷**　（明）王象晋辑　清康熙刻王渔洋遗书本　中山大学图书馆

517　**玉芝堂谈荟三十六卷**　（明）徐应秋辑　明刻清康熙四十二年（1703）补刻本　中山大学图书馆

518　**诸子奇赏前集五十一卷后集六十卷**　（明）陈仁锡辑评　明末刻本　存八十九卷（缺前集三十至五十一）　广东省立中山图书馆

519　**湘烟录十六卷**　（明）闵元京　凌义渠辑　明天启刻本　广东省社会科学院

520　**识小编□□卷**　（明）周应宾辑　明天启刻本　存九卷（内篇卷一至九）　中山大学图书馆

521　**山海经十八卷**　（晋）郭璞传　清乾隆刻本　华南师范大学图书馆

522　**山海经释义十八卷图一卷**　（明）王崇庆撰　明万历大业堂刻本　存十八卷（缺图）　中山大学图书馆

523　**山海经释义十八卷图一卷**　（明）王崇庆撰　明万历大业堂刻本　华南师范大学图书馆

524　**异苑十卷**　（刘宋）刘敬叔撰　明崇祯毛氏汲古阁刻津逮秘书本　广东省立中山图书馆

525　**新镌玉茗堂批选王弇州先生艳异编四十卷**　题（明）王世贞撰　（明）汤显祖评　**续编十九卷**　题(明)汤显祖撰　明末刻本　中山大学图书馆

526　**情史类略二十四卷**　（明）冯梦龙辑　明末刻本　广东省立中山图书馆

527　**四雪草堂重订通俗隋唐演义二十卷一百回**　（清）褚人获撰　清四雪草堂刻本　广东省立中山图书馆

528　**北堂书钞一百六十卷**　（唐）虞世南辑　（明）陈禹谟补注　明万历二十八年（1600）陈禹谟刻本（卷一至二十抄配）　中山大学图书馆

529　**初学记三十卷**　（唐）徐坚等辑　明杨钧九洲书屋刻本　中山大学图书馆

530　**初学记三十卷**　（唐）徐坚等辑　明万历十五年

（1587）徐守铭宁寿堂刻本　中山大学图书馆

531　初学记三十卷　（唐）徐坚等辑　明万历二十五至二十六年（1597—1598）陈大科刻本　广东省立中山图书馆

532　唐宋白孔六帖一百卷目录二卷　（唐）白居易辑（宋）孔传续辑　明刻本（卷一抄配）　中山大学图书馆

533　事类赋三十卷　（宋）吴淑撰并注　清初刻本　中山大学图书馆

534　册府元龟一千卷目录十卷　（宋）王钦若等辑　明崇祯十五年（1642）黄国琦刻本　中山大学图书馆

535　册府元龟一千卷目录十卷　（宋）王钦若等辑　明崇祯十五年（1642）黄国琦刻清康熙十一年（1672）黄九锡重修本　存三百零一卷（卷一百六十一至卷三百二十六、卷四百六十一至卷五百九十五）　中山大学图书馆

536　事物纪原十卷　（宋）高承辑　（明）阎敬校正　（明）李果批点　明成化八年（1472)李果刻本　华南农业大学中国农业历史遗产研究室

537　锦绣万花谷前集四十卷后集四十卷续集四十卷　明嘉靖十五年（1536）秦汴绣石书堂刻本　广东省立中山图书馆

538　玉海二百卷辞学指南四卷诗考一卷诗地理考六卷汉艺文志考证十卷通鉴地理通释十四卷汉制考四卷践阼篇集解一卷周易郑康成注一卷姓氏急就篇二卷急就篇补注四卷周书王会补注一卷小学绀珠十卷六经天文编二卷通鉴答问五卷　（宋）王应麟撰　元后至元六年（1340）庆元路儒学刻元明递修本　广东省立中山图书馆

539　新编簪缨必用翰苑新书前集十二卷后集七卷续集八卷别集二卷　明万历十九年（1591）金陵书肆唐廷仁、周曰校刻本　中山大学图书馆

540　新增说文韵府群玉二十卷　（元）阴时夫辑　（元）阴中夫注　明万历十八年（1590）王元贞刻本（有抄配）　广东省立中山图书馆

541　新刊唐荆川先生稗编一百二十卷目录三卷　（明）唐顺之辑　明万历九年（1581）茅一相文霞阁刻本　中山大学图书馆

542　汇苑详注三十六卷　题（明）王世贞辑　明万历

二十三年（1595）刻本　中山大学图书馆

543　三才图会一百六卷　（明）王圻撰　明万历三十七年（1609）刻王尔宾重修本　存九十八卷（缺人物一、九至十一、人事四至六、鸟兽三）　中山大学图书馆

544　喻林一百二十卷　（明）徐元太辑　明万历四十三年（1615）自刻本　中山大学图书馆

545　喻林一百二十卷　（明）徐元太辑　明万历四十三年（1615）自刻本　广东省立中山图书馆

546　经济类编一百卷　（明）冯琦辑　明万历三十二年（1604）周家栋等刻本　广东省立中山图书馆

547　经济类编一百卷　（明）冯琦辑　明万历三十二年（1604）周家栋等刻本　中山大学图书馆

548　卓氏藻林八卷　（明）卓明卿辑　明万历八年（1580）刻本　中山大学图书馆

549　山堂肆考二百四十卷　（明）彭大翼撰　明刻本　中山大学图书馆

550　山堂肆考二百四十卷　（明）彭大翼撰　明万历二十三年（1595）刻四十七年（1619）张幼学重修本　中山大学图书馆

551　群书考索古今事文玉屑二十四卷　（明）杨淙辑　明万历二十五年(1597)叶贵刻本　中山大学图书馆

552　仰止子详考古今名家润色诗林正宗十二卷韵林正宗六卷　（明）余象斗辑　清康熙五十九年（1720）刻本　惠州慈云图书馆

553　唐类函二百卷目录二卷　（明）俞安期辑　明万历三十一年（1603）刻四十六年（1618）重修本　存一百九十五卷（缺一至五、目录全）　中山大学图书馆

554　唐类函二百卷目录二卷　（明）俞安期辑　明万历三十一年（1603）刻四十六年（1618）重修本　中山大学图书馆

555　唐类函二百卷目录二卷　（明）俞安期辑　明万历三十一年（1603）刻四十六年（1618）重修本　暨南大学图书馆

556　诗隽类函一百五十卷　（明）俞安期辑　（明）梅鼎祚增定　明万历三十七年（1609）自刻本　中山大学图书馆

557　启隽类函一百二卷职官考五卷目录九卷　（明）俞安期辑　明万历刻本　中山大学图书馆

558　八编类纂二百八十五卷　（明）陈仁锡辑　明天启刻

559 潜确居类书一百二十卷 （明）陈仁锡辑 明崇祯刻本 中山大学图书馆

560 潜确居类书一百二十卷 （明）陈仁锡辑 明崇祯刻本 中山大学图书馆

561 潜确居类书一百二十卷 （明）陈仁锡辑 明崇祯刻本 暨南大学图书馆

562 博物典汇 （明）黄道周撰 明崇祯刻本 广东省立中山图书馆

563 尚友录二十二卷 （明）廖用贤辑 补遗一卷 （明）张伯琮补辑 清初刻本 广东省立中山图书馆

564 尚友录二十二卷 （明）廖用贤辑 补遗一卷 （清）张伯琮补辑 清初刻本 暨南大学图书馆

565 五车韵瑞一百六十卷 （明）凌稚隆辑 明叶瑶池刻本 存一百五十卷（缺一百五十一至一百六十） 中山大学图书馆

566 广韵藻六卷 （明）方夏辑 明崇祯十五年（1642）方来刻本 中山大学图书馆

567 新镌雅俗通用珠玑薮八卷 题（明）西湖散人辑 明崇祯刻本 广东省立中山图书馆

568 南藏六千三百三十一卷 明洪武至永乐元年（1368—1403）刻本 存六卷（宗镜录卷十七、三法度论卷下、瑜伽师地论卷八十七、波罗提木叉僧祇戒本卷一、三经同卷一、大方广佛同华严经卷二十八） 佛山市图书馆

569 大般涅槃经四十卷 （北凉）释昙无谶译 后分二卷 （唐）释若那跋陀罗译 明万历三十一至三十三年（1603—1605）径山寂照庵刻本 中山大学图书馆

570 妙法莲华经七卷 （后秦）释鸠摩罗什译 明刻本 广东省立中山图书馆

571 妙法莲华经意语一卷 （明）释圆澄撰 明万历四十二年（1614）释性一刻本 中山大学图书馆

572 大佛顶如来密因修证了义诸菩萨万行首楞严经十卷 题（唐）释般刺密帝 弥伽释迦译 （元）释惟则会解 清顺治十四年（1657）刻本 广东省立中山图书馆

573 大佛顶如来密因修证了义诸菩萨万行首楞严经合辙十卷 （明）释通润撰 明天启元年（1621）自刻本 中山大学图书馆

574 禅林宝训珠类八卷拾遗一卷 （明）释海光撰 明崇祯二年（1629）刻本 存七卷（缺二、拾遗） 广东省立中山图书馆

575 宗门玄鉴图一卷 （明）释虚一撰 明万历刻本 广东省立中山图书馆

576 六道集五卷 （清）释弘赞辑 清康熙二十一年（1682）刻本 广东省立中山图书馆

577 龙舒增广净土文十二卷 （宋）王日休撰 明刻本 中山大学图书馆

578 六祖大师法宝坛经一卷 （唐）释法海等辑 机缘一卷 （元）释宗宝辑 附录一卷 明万历三十六年（1608）钟延英刻本 中山大学图书馆

579 六祖大师法宝坛经一卷 明万历刻本 暨南大学图书馆

580 释氏稽古略四卷 （元）释觉岸撰 明刻重修本 中山大学图书馆

581 释氏源流四卷 （明）释宝成撰 明成化二十二年（1486）内府刻本 广东省立中山图书馆

582 诸佛世尊如来菩萨尊者名称歌曲不分卷 （明）成祖朱棣撰 明永乐十五年（1417）内府刻本 佛山市图书馆

583 纂图互注南华真经十卷 （晋）郭象注 （唐）陆德明音义 明初刻本 广东省博物馆

584 南华真经副墨八卷读南华真经杂说一卷 （明）陆西星撰 明万历六年（1578）李齐芳刻本 中山大学图书馆

585 南华真经副墨八卷读南华真经杂说一卷 （明）陆西星撰 明刻本 存七卷（缺七至八） 中山大学图书馆

586 南华真经副墨八卷读南华真经杂说一卷 （明）陆西星撰 明万历刻本 中山大学图书馆

587 南华真经旁注五卷 （明）方虚名撰 明刻本 广州图书馆

588 庄子独见三十三卷 （清）胡文英撰 清乾隆三多斋刻本 暨南大学图书馆

589 冲虚至德真经八卷 （晋）张湛注 （唐）殷敬顺释文 明刻本 广东省立中山图书馆

590 冲虚至德真经八卷 （晋）张湛注 （唐）殷敬顺释文 明刻本 中山大学图书馆

591 清庵先生中和集前集三卷后集三卷 （元）李道纯

撰 （元）蔡志颐辑 明刻本 中山大学图书馆

592 名理探十伦五卷 （葡萄牙）傅泛际译义 （明）李之藻达辞 明崇祯四年（1631）杭州刻本 广东中国客家博物馆

593 楚辞二卷 （楚）屈原 宋玉 （汉）贾谊等撰 明万历四十八年（1620）闵齐伋刻本 中山大学图书馆

594 楚辞章句十七卷 （汉）王逸撰 明刻本 中山大学图书馆

595 楚辞十七卷 （汉）王逸注 （宋）洪兴祖 （明）刘凤等补注 （明）陈深批点 附录一卷 明凌毓枬刻朱墨套印本 广东省立中山图书馆

596 楚辞集注八卷辩证二卷后语八卷 （宋）朱熹撰 （明）蒋之翘补辑并评校 附览二卷总评一卷 （明）蒋之翘辑 明天启六年（1626）蒋之翘刻本 中山大学图书馆

597 楚辞述注五卷 （明）来钦之述注 九歌图一卷 （明）陈洪绶绘 明崇祯刻黄象彝等印本 暨南大学图书馆

598 曹子建集十卷 （魏）曹植撰 明刻本 中山大学图书馆

599 阮嗣宗集二卷 （魏）阮籍撰 明刻本 中山大学图书馆

600 陆士衡集十卷 （晋）陆机撰 明汪士贤刻汉魏六朝二十一名家集本 广东省立中山图书馆

601 陆士龙文集十卷 （晋）陆云撰 明汪士贤刻汉魏六朝二十一名家集本 广东省立中山图书馆

602 晋束广微集不分卷 （晋）束皙撰 明刻汉魏六朝一百三名家集本 广东省立中山图书馆

603 陶渊明集十卷附录二卷 （晋）陶潜撰 明刻本 中山大学图书馆

604 陶渊明文集十卷 （晋）陶潜撰 清康熙三十三年（1694）毛氏汲古阁刻本 广东省立中山图书馆

605 陶靖节集八卷 （晋）陶潜撰 （宋）汤汉等笺注 苏东坡和陶诗二卷 （宋）苏轼撰 附录一卷 明万历四十七年（1619）杨时伟刻合刻忠武靖节二编本 中山大学图书馆

606 谢康乐集四卷 （刘宋）谢灵运撰 明万历十一年（1583）刻本 韶关学院图书馆

607 庾开府集十二卷 （北周）庾信撰 明万历天启间汪士贤刻汉魏六朝诸名家集本 广东省立中山图书馆

608 卢照邻集二卷 （唐）卢照邻撰 明万历三十一年（1603）刻前唐十二家诗本 广东省立中山图书馆

609 骆宾王集二卷 （唐）骆宾王撰 明万历三十一年（1603）刻前唐十二家诗本 广东省立中山图书馆

610 灵隐子六卷 （唐）骆宾王撰 （明）陈魁士注 明万历二十四年（1596）陈大科刻明末岱云楼重修本 中山大学图书馆

611 李峤集三卷 （唐）李峤撰 明抄本 中山大学图书馆

612 陈伯玉集二卷 （唐）陈子昂撰 杜审言集二卷 （唐）杜审言撰 明刻本 广东省立中山图书馆

613 杨盈川集十卷附录一卷 （唐）杨炯撰 （明）沈岩校 明沈岩刻本 中山大学图书馆

614 唐丞相曲江张先生文集二十卷 （唐）张九龄撰 明嘉靖十五年（1536）刻本 广东省博物馆

615 唐张文献公曲江集十二卷 （唐）张九龄撰 附录一卷 明天启四年（1624）顾懋光刻本 中山大学图书馆

616 唐丞相曲江张先生文集十二卷 （唐）张九龄撰 明崇祯十一年（1638）张起龙刻本 广东省立中山图书馆

617 唐丞相曲江张先生文集十二卷 （唐）张九龄撰 附录一卷 清顺治十四年（1657）曾弘、周日灿刻本 中山大学图书馆

618 唐丞相曲江张先生文集十二卷 （唐）张九龄撰 附录一卷 清顺治十四年（1657）曾弘、周日灿刻本 暨南大学图书馆

619 唐丞相曲江张文献公集十二卷 （唐）张九龄撰 附录一卷 清刻本 仪清室

620 王摩诘集十卷 （唐）王维撰 明嘉靖刻本 中山大学图书馆

621 李太白文集三十卷 （唐）李白撰 清康熙五十六年（1717）吴门缪曰芑双泉草堂刻本 佛山市图书馆

622 杜工部全集六十六卷目录六卷 （唐）杜甫撰 （明）刘世教辑 年谱一卷 （宋）黄鹤撰 明万历四十年（1612）刻合刻分体李杜全集本 中山大学图书馆

623 杜工部集二十卷 （唐）杜甫撰 （清）钱谦益笺注 诸家诗话一卷唱酬题咏附录一卷 清康熙六年（1667）季氏静思堂刻本 清□端甫录清余犀月、李因笃批校 广东省立中山图书馆

624　台阁集一卷　（唐）李嘉佑撰　明末毛氏汲古阁刻唐人八家诗本　中山大学图书馆

625　唐陆宣公集二十二卷　（唐）陆贽撰　明万历九年（1581）叶逢春刻本　中山大学图书馆

626　唐陆宣公翰苑集二十四卷　（唐）陆贽撰　明万历三十五年（1607）陆基忠刻清乾隆十二年（1747）陆介烜重修本　中山大学图书馆

627　唐李长吉歌诗四卷　（唐）李贺撰　（宋）吴正子笺注　（宋）刘辰翁评点　（明）张睿卿补笺　明澄菜堂刻本　中山大学图书馆

628　朱文公校昌黎先生文集四十卷外集十卷集传一卷遗文一卷　（唐）韩愈撰　（宋）朱熹考异　（宋）王伯大音释　集传一卷　明刻清天德堂重修本　中山大学图书馆

629　昌黎先生集四十卷外集十卷遗文一卷　（唐）韩愈撰　（宋）廖莹中校正　朱子校昌黎先生集传一卷　明万历徐氏东雅堂刻本　广东省立中山图书馆

630　昌黎先生集四十卷外集十卷遗文一卷　（唐）韩愈撰　（宋）廖莹中校正　朱子校昌黎先生集传一卷　明刻本　中山大学图书馆

631　昌黎先生集四十卷外集十卷遗文一卷　（唐）韩愈撰　（宋）廖莹中校正　朱子校昌黎先生集传一卷　明刻本　中山大学图书馆

632　昌黎先生集四十卷外集十卷遗文一卷　（唐）韩愈撰　（宋）廖莹中校正　朱子校昌黎先生集传一卷　明刻本　中山大学图书馆

633　昌黎先生集四十卷外集十卷遗文一卷　（唐）韩愈撰　（宋）廖莹中校正　朱子校昌黎先生集传一卷　明刻本　韶关学院图书馆

634　重刊五百家注音辩昌黎先生文集四十卷　（唐）韩愈撰　清体仁阁刻本　汪兆镛批校　广州图书馆

635　韩笔酌蠡三十卷　（清）卢轩撰　清雍正八年（1730）程釜刻本　广东省立中山图书馆

636　刘宾客诗集九卷　（唐）刘禹锡撰　清雍正元年（1723）华亭赵氏涵碧斋刻本　广东省立中山图书馆

637　增广注释音辩唐柳先生集四十三卷别集二卷外集二卷　（唐）柳宗元撰　（宋）童宗说注释　（宋）张敦颐音辩　（宋）潘纬音义　附录一卷　明初刻本　中山大学图书馆

638　元氏长庆集六十卷补遗六卷　（唐）元稹撰　明刻本　广东省立中山图书馆

639　元氏长庆集六十卷补遗六卷　（唐）元稹撰　明刻本　中山大学图书馆

640　白氏长庆集七十一卷目录二卷　（唐）白居易撰　附录一卷　明万历三十四年（1606）马元调鱼乐轩刻元白长庆集本　东莞市莞城图书馆

641　白香山诗长庆集二十卷后集十七卷别集一卷补遗二卷　（唐）白居易撰　年谱一卷　（清）汪立名撰　年谱旧本一卷　（宋）陈振孙撰　清康熙四十一至四十二年（1702—1703）汪立名一隅草堂刻本　广东省立中山图书馆

642　白香山诗长庆集二十卷后集十七卷别集一卷补遗二卷　（唐）白居易撰　年谱一卷　（清）汪立名撰　年谱旧本一卷　（宋）陈振孙撰　清康熙四十一至四十二年（1702—1703）汪立名一隅草堂刻本　东莞图书馆

643　李文饶文集二十卷别集十卷外集四卷　（唐）李德裕撰　（明）韩敬评点　明天启四年（1624）茅师山刻本　存十卷（别集全）　中山大学图书馆

644　李义山诗集三卷　（唐）李商隐撰　（清）朱鹤龄笺注　李义山诗谱一卷诸家诗评一卷　清顺治十六年（1659）刻本　中山大学图书馆

645　李义山诗集十六卷　（唐）李商隐撰　（清）姚培谦笺注　清乾隆五年（1740）姚氏松桂读书堂刻本　广东省立中山图书馆

646　李文山诗集三卷　（唐）李群玉撰　明崇祯十二年（1639）毛氏汲古阁刻唐人八家诗本　广东省立中山图书馆

647　纯阳吕真人文集八卷　（唐）吕岩撰　明抄本　中山大学图书馆

648　韩内翰香奁集三卷　（唐）韩偓撰　清康熙四十一年（1702）席氏琴川书屋刻唐诗百名家全集本　广东省立中山图书馆

649　唐黄御史集八卷　（唐）黄滔撰　附录一卷　明崇祯十一年（1638）黄鸣乔、黄鸣俊等刻本　广东省立中山图书馆

650　唐黄御史集八卷　（唐）黄滔撰　附录一卷　明崇祯十一年（1638）黄鸣乔、黄鸣俊等刻本　中山大学图书馆

651　碧云集三卷　（南唐）李中撰　清康熙四十一年（1702）席氏琴川书屋刻唐诗百名家全集本　暨南大学图书馆

652　宋文正范先生文集十卷　（宋）范仲淹撰　（明）康丕杨校　明刻本　广东省立中山图书馆

653　范文正公集十二卷　（宋）范仲淹撰　范文正公褒贤祠录二卷范文正公言行拾遗事录一卷范文正公义庄规矩一卷　明天启二年（1622）毛一鹭等刻本　中山大学图书馆

654　范文正公集二十卷别集四卷政府奏议二卷尺牍三卷　（宋）范仲淹撰　年谱一卷　（宋）楼钥撰　年谱补遗一卷　（元）范国俊辑　清康熙四十六年（1707）范氏岁寒堂刻本　存二十七卷（缺范文正公集一至四）　广东省立中山图书馆

655　宋端明殿学士蔡忠惠公文集四十卷　（宋）蔡襄撰　蔡端明别纪十卷　（明）徐𬭎辑　明万历陈一元刻四十三年（1615）朱谋𬭎重修本　广东省立中山图书馆

656　苏学士文集十六卷　（宋）苏舜钦撰　沧浪小志二卷　（清）宋荦辑　清康熙三十七年（1698）徐惇孝、徐惇复白华书屋刻本　广东省立中山图书馆

657　赵清献公集十卷目录二卷　（宋）赵抃撰　明万历十六年（1588）詹思谦刻本　广东省立中山图书馆

658　赵清献公集十卷　（宋）赵抃撰　明末刻本　中山大学图书馆

659　南丰先生元丰类稿五十卷集外文二卷续附一卷　（宋）曾巩撰　清康熙五十六年（1717）顾崧龄刻本　广东省立中山图书馆

660　宛陵先生文集六十卷拾遗一卷　（宋）梅尧臣撰　清康熙四十一年（1702）徐惇复白华书屋刻本　广东省立中山图书馆

661　范忠宣公集二十卷奏议二卷遗文一卷补编一卷附录一卷　（宋）范纯仁撰　清康熙四十六年（1707）范氏岁寒堂刻本　广东省立中山图书馆

662　新刻临川王介甫先生诗文集一百卷序一卷目录一卷　（宋）王安石撰　明万历四十年（1612）王凤翔光启堂刻本　东莞市莞城图书馆

663　王荆文公诗五十卷　（宋）王安石撰　（宋）李壁笺注　清乾隆五至六年（1740—1741）张宗松清绮斋刻本　广东省立中山图书馆

664　东坡先生全集七十五卷　（宋）苏轼撰　明末项煜刻本　广东省立中山图书馆

665　苏东坡题跋杂书六卷　（宋）苏轼撰　明刻本　广东省立中山图书馆

666　苏东坡诗集注三十二卷　（宋）苏轼撰　题（宋）王十朋纂集　明鲸碧山房刻本　广东省社会科学院

667　苏东坡诗集注三十二卷　（宋）苏轼撰　题（宋）吕祖谦分编　题（宋）王十朋纂集　年谱一卷　（宋）王宗稷撰　清康熙三十七年（1698）朱从延文蔚堂刻本　广东省立中山图书馆

668　施注苏诗四十二卷总目二卷　（宋）苏轼撰　（宋）施元之　顾禧注　（清）邵长蘅　顾嗣立　宋至删补　苏诗续补遗二卷　（宋）苏轼撰　（清）冯景补注　王注正讹一卷　（清）邵长蘅撰　东坡先生年谱一卷　（宋）王宗稷撰　清康熙三十八年（1699）宋荦刻本　广东省立中山图书馆

669　苏长公合作不分卷　（宋）苏轼撰　（明）郑圭辑　明末刻本　广东省立中山图书馆

670　宋黄文节公文集正集三十二卷外集二十四卷别集十九卷首四卷　（宋）黄庭坚撰　伐檀集二卷　（宋）黄庶撰　清乾隆三十年（1765）缉香堂刻本　广东省立中山图书馆

671　后山先生集二十四卷　（宋）陈师道撰　清雍正八年（1730）赵骏烈刻本　广东省立中山图书馆

672　宋李忠定公奏议选十五卷文集选二十九卷首四卷　（宋）李纲撰　（明）左光先　李春熙等辑　明崇祯刻本　广东省立中山图书馆

673　罗鄂州小集六卷　（宋）罗愿撰　罗鄂州遗文一卷　（宋）罗颂撰　清康熙五十二年（1713）程哲七略书堂刻本　广东省立中山图书馆

674　晦庵先生朱文公文集一百卷目录二卷续集十一卷别集十卷　（宋）朱熹撰　明嘉靖十一年（1532）张大轮、胡岳等刻本　广东省立中山图书馆

675　石湖居士诗集三十四卷　（宋）范成大撰　清康熙二十七年（1688）顾氏依园刻本　广东省立中山图书馆

676　剑南诗稿八十五卷　（宋）陆游撰　明末毛氏汲古阁刻本　广东省立中山图书馆

677　刘须溪先生记钞八卷　（宋）刘辰翁撰　明天启三年

（1623）杨谳西刻本　暨南大学图书馆

678　遗山先生诗集二十卷　（金）元好问撰　明崇祯十一年（1638）毛氏汲古阁刻元人集十种本　广东省立中山图书馆

679　郝文忠公陵川文集三十九卷　（元）郝经撰　附录一卷　清乾隆三年（1738）王镠刻本　广东省立中山图书馆

680　陈定宇先生文集十七卷　（元）陈栎撰　清康熙三十三年（1694）刻本　广东省立中山图书馆

681　九灵山房集三十卷补编二卷　（元）戴良撰　清乾隆三十七年（1772）戴氏传经书屋刻本　广东省立中山图书馆

682　太师诚意伯刘文成公集二十卷　（明）刘基撰　明隆庆六年（1572）谢廷杰、陈烈刻本　存十四卷（缺十五至二十）　广东省立中山图书馆

683　缶鸣集十二卷　（明）高启撰　明介石堂刻本　广东省立中山图书馆

684　高季迪先生大全集十八卷　（明）高启撰　清康熙竹素园刻本　广东省立中山图书馆

685　南海新声五卷　（明）欧著撰　清荔枝庄刻本　广东省立中山图书馆

686　文清公薛先生文集四十卷　（明）薛瑄撰　清雍正十二年（1734）刻本　广东外语外贸大学图书馆

687　白沙子全集九卷　（明）陈献章撰　附录一卷　清顺治十二年（1655）黄之正刻本　广东省立中山图书馆

688　白沙子全集九卷　（明）陈献章撰　附录一卷　清顺治十二年（1655）黄之正刻本　广东省立中山图书馆

689　白沙子全集九卷　（明）陈献章撰　附录一卷　清顺治十二年（1655）黄之正刻本　广东省立中山图书馆

690　白沙子全集九卷　（明）陈献章撰　附录一卷　清顺治十二年（1655）黄之正刻本　广东省立中山图书馆

691　白沙子全集九卷　（明）陈献章撰　附录一卷　清顺治十二年（1655）黄之正刻本　广东省立中山图书馆

692　白沙子全集六卷　（明）陈献章撰　（清）顾嗣协校正　（清）何九畴重编　清康熙四十九年（1710）何九畴刻本　存五卷（缺五）　暨南大学图书馆

693　白沙子全集十卷首一卷末一卷附录一卷白沙子古诗教解二卷　（明）陈献章撰　（明）湛若水注　清乾隆三十六年（1771）刻本　暨南大学图书馆

694　白沙子全集十卷首一卷末一卷　（明）陈献章撰　清乾隆三十六年（1771）刻本　韶关学院图书馆

695　白沙子古诗教解二卷　（明）陈献章撰　清乾隆三十六年（1771）刻本　暨南大学图书馆

696　白沙子古诗教解二卷　（明）陈献章撰　清乾隆三十六年（1771）刻本　韶关学院图书馆

697　一峰先生文集十四卷　（明）罗伦撰　明嘉靖二十八年（1549）临桂张言刻本　广东省博物馆

698　郁洲遗稿十卷　（明）梁储撰　明回天阁刻本　广东省社会科学院

699　石田先生集十一卷　（明）沈周撰　明万历四十三年（1615）陈仁锡刻本　广东省立中山图书馆

700　梧山王先生集二十卷　（明）王缜撰　清乾隆二十九年（1764）刻本　广东省立中山图书馆

701　华泉先生集选四卷　（明）边贡撰　（清）王士禛选　边仲子诗选不分卷　（明）边习撰　（清）徐夜　王士禛选　清康熙刻王渔洋遗书本　广东省立中山图书馆

702　华泉先生集选四卷　（明）边贡撰　（清）王士禛选　边仲子诗选不分卷　（明）边习撰　（清）徐夜　王士禛选　清康熙刻王渔洋遗书本　广东省立中山图书馆

703　乡贤区西屏集十卷　（明）区越撰　区奉政遗稿十卷　（明）区元晋撰　明万历刻本　存十卷（区奉政遗稿）　江门市新会区景堂图书馆

704　西樵遗稿八卷　（明）方献夫撰　清康熙三十五年（1696）方林鹤刻本（有抄配）　广东省立中山图书馆

705　梓溪文钞内集八卷外集十卷　（明）舒芬撰　明万历四十八年（1620）舒瑮刻本　广东外语外贸大学图书馆

706　遵岩先生文集四十二卷　（明）王慎中撰　清康熙五十年（1711）　闽中同人书社刻本　广东省立中山图书馆

707　荆川文集十八卷　（明）唐顺之撰　清康熙五十一年（1712）唐执玉刻本　广东省立中山图书馆

708　东莆先生文集五卷　（明）林大钦撰　明崇祯刻本　广东省立中山图书馆

709　沧溟先生集三十卷附录一卷　（明）李攀龙撰　明隆庆六年（1572）刻本　广东省立中山图书馆

710　瓶甄洞稿五十四卷目录二卷　（明）吴国伦撰　明万历

刻本 广东省社会科学院

711 海忠介先生备忘集十卷 （明）海瑞撰 （清）王元士补遗 （清）朱子虚辑 清康熙十九年（1680）海廷芳刻本 广东省立中山图书馆

712 海忠介公集六卷首一卷 （明）海瑞撰 清康熙刻本 广东省立中山图书馆

713 清晖馆稿不分卷 （明）朱完撰 明刻本 仪清室

714 抱膝居存稿二卷 （明）谢与思撰 清乾隆三十五年（1770）谢敦源刻本 广东省立中山图书馆

715 牧斋初学集一百十卷 （清）钱谦益撰 明崇祯十六年（1643）瞿式耜刻本 暨南大学图书馆

716 六柳堂遗集二卷 （明）袁继咸撰 清感峰楼抄本 广东省社会科学院

717 吴诗集览二十卷谈薮二卷 （清）吴伟业撰 （清）靳荣藩辑 清乾隆四十年（1775）刻本 韶关学院图书馆

718 赵清献公集六卷附刻一卷 （清）赵廷臣撰 清康熙二十二年（1683）敬恕堂刻本 汕头市金山中学

719 带经堂集九十二卷 （清）王士禛撰 （清）程哲编 清康熙七略书堂刻本 存八十九卷（缺五十七至五十九） 潮州市博物馆

720 古愚心言八卷 （清）彭鹏撰 清康熙愚斋刻本 汕头市金山中学

721 贺兰雪樵诗集四卷 （清）张榕端撰 清康熙刻本 广东省立中山图书馆

722 受祺堂诗集三十五卷 （清）李因笃撰 清康熙三十八年（1699）田少华刻本 广东省立中山图书馆

723 曝书亭集六十四卷 （清）朱彝尊撰 清康熙五十三年（1714）朱稻孙刻本 暨南大学图书馆

724 离六堂集十二卷近稿一卷 （清）释大汕撰 清康熙怀古楼刻本 广东省立中山图书馆

725 沧州近诗十卷 （清）陈鹏年撰 清乾隆二十七年（1762）刻本 汕头市图书馆

726 味和堂诗集六卷 （清）高其倬撰 清乾隆高氏刻本 汕头市图书馆

727 渔庄诗草六卷 （清）沈堡撰 清康熙刻本 暨南大学图书馆

728 樊榭山房文集八卷 （清）厉鹗撰 清乾隆四十三年（1778）汪沆刻本 暨南大学图书馆

729 御制文二集四十四卷目录二卷 （清）高宗弘历撰 清乾隆五十一年（1786）刻本 肇庆市高要区图书馆

730 陶陶轩诗集十卷 （清）史荣撰 稿本 仪清室

731 槐塘诗稿十六卷槐塘文稿四卷 （清）汪沆撰 清乾隆五十一年（1786）刻本 暨南大学图书馆

732 瓯北诗钞二十卷 （清）赵翼撰 清乾隆五十六年（1791）湛贻堂刻本 韶关学院图书馆

733 切问斋集十六卷 （清）陆耀撰 清乾隆五十七年（1792）晖吉堂刻本 暨南大学图书馆

734 松厓文钞六卷首一卷 （清）管干珍撰 清乾隆刻本 暨南大学图书馆

735 南野堂诗集六卷首一卷 （清）吴文溥撰 清乾隆五十九年（1794）刻本 暨南大学图书馆

736 晚香山房诗钞一卷 （清）李春林撰 稿本 清林联桂跋 江门市新会区景堂图书馆

737 双桐圃诗钞不分卷 （清）潘恕撰 稿本 暨南大学图书馆

738 潜心堂集八卷 （清）桂文灿撰 稿本 广东省社会科学院

739 钬录荟丛稿八卷 （清）林国赓撰 稿本 广东省社会科学院

740 李杜全集四十八卷 （明）许自昌编 明万历三十年（1602）自刻本 中山大学图书馆

741 李杜全集四十八卷 （明）许自昌编 明万历三十年（1602）自刻本 中山大学图书馆

742 六家文选六十卷 （梁）萧统辑 （唐）李善等注 明嘉靖十三至二十八年（1534—1549）袁褧嘉趣堂刻本 暨南大学图书馆

743 重订文选集评十五卷首一卷末一卷 （清）于光华编 清乾隆刻本 潮州市图书馆

744 广文选六十卷 （明）刘节编 明嘉靖十六年（1537）陈蕙刻本 广东省立中山图书馆

745 三家宫词三卷二家宫词二卷 （明）毛晋辑 明天启五至七年（1625—1627）毛氏绿君亭刻本 罗振常跋 佛山市图书馆

746 诗所五十六卷历代名士爵里一卷 （明）臧懋循撰 明万历三十一年（1603）雕虫馆刻本 广东省社会科学院

747 西山先生真文忠公文章正宗二十四卷 （宋）真德秀

辑 明嘉靖四十三年（1564）杜陵蒋氏家塾刻本 广东省立中山图书馆

748 唐宋元文约选不分卷 清雍正果亲王府抄本 深圳图书馆

749 凭山阁新辑尺牍写心二集六卷 （清）陈枚辑 清康熙三十五年（1696）吴门宝翰楼刻本 暨南大学图书馆

750 重校正唐文粹一百卷 （宋）姚铉辑 明嘉靖六年（1527）张大轮刻本 暨南大学图书馆

751 唐文粹一百卷 （宋）姚铉辑 明嘉靖八年（1529）晋府养德书院刻本 广东省立中山图书馆

752 唐诗品汇九十卷附诗人爵里详节引用诸书历代名公叙论一卷 （明）高棅编 明刻本 广东省立中山图书馆

753 宋文鉴一百五十卷目录三卷 （宋）吕祖谦辑 明嘉靖五年（1526）晋藩养德书院刻本 广东省立中山图书馆

754 箧衍集十二卷 （清）陈维崧辑 清乾隆二十六年（1761）华绮刻本 暨南大学图书馆

755 新安文献志一百卷先贤事略二卷目录二卷 （明）程敏政汇集 （明）洪文衡等重订 明万历刻本 存一百零二卷（缺先贤事略） 暨南大学图书馆

756 钓台集八卷 （明）吴希孟辑 明刻本 广东省社会科学院

757 全唐诗话六卷 题（宋）尤袤撰 明刻本 广东省社会科学院

758 文式二卷 （明）曾鼎撰 明嘉靖八年（1529）高仲芳刻本 广东省社会科学院

759 本事诗十二卷 （清）徐釚编辑 清康熙刻乾隆二十二年（1757）修补本 暨南大学图书馆

760 宋诗纪事一百卷 （清）厉鹗辑 清乾隆十一年（1746）刻本 韶关学院图书馆

761 宋诗纪事一百卷 （清）厉鹗辑 清乾隆十一年（1746）刻本 韶关学院图书馆

762 席月山房词一卷 （清）桂文耀撰 稿本 中山大学图书馆

763 纳书楹南柯记全谱二卷 （清）叶堂撰 清乾隆五十七年（1792）刻本 阳江市图书馆

764 广快书五十种五十卷 （明）何伟然编 明崇祯刻本 广东省立中山图书馆

765 津逮秘书十五集一百四十一种七百四十八卷 （明）毛晋编 明崇祯毛氏汲古阁刻本 中山大学图书馆

766 雅雨堂丛书十三种一百三十五卷 （清）卢见曾辑 清乾隆二十一年（1756）刻本 广东省立中山图书馆

说明：据广东省人民政府 2011 年 10 月 19 日公布的《第一批广东省珍贵古籍名录》（1098 部）和 2016 年 5 月 27 日公布的《第二批广东省珍贵古籍名录》（766 部）整理。

附录六　广东省博物馆名录

序 号	总馆名称	分馆名称	所在地级市	地 址
1	广东省博物馆（广州鲁迅纪念馆）		广州市	天河区珠江东路 2 号
2		广州鲁迅纪念馆	广州市	越秀区文明路 215 号
3	南越王博物院		广州市	越秀区中山四路 316 号
4	广州博物馆		广州市	越秀区越秀山镇海楼
5		三元里人民抗英斗争纪念馆	广州市	白云区广园中路 34 号
6		"三·二九"起义指挥部旧址纪念馆	广州市	越秀区越华路小东营 5 号
7	广东民间工艺博物馆		广州市	越秀区中山七路陈家祠
8	广州艺术博物院		广州市	越秀区麓湖路 13 号
9	广东革命历史博物馆		广州市	越秀区陵园西路二号大院 2 号
10		黄埔军校旧址纪念馆	广州市	黄埔区长洲岛军校路 170 号
11		中华全国总工会旧址纪念馆	广州市	越秀区越秀南路 89 号
12		广州起义纪念馆	广州市	越秀区广州起义路 200 号之一
13	毛泽东同志主办农民运动讲习所旧址纪念馆		广州市	越秀区中山四路 42 号
14	孙中山大元帅府纪念馆		广州市	海珠区纺织路东沙街 18 号
15	辛亥革命纪念馆		广州市	黄埔区金洲北路 563 号
16	番禺博物馆		广州市	番禺区沙头街银平路
17	粤剧艺术博物馆		广州市	荔湾区恩宁路 127 号
18	广州市越秀区博物馆		广州市	越秀区惠福西路五仙观内
19	广州市花都区博物馆（洪秀全纪念馆）		广州市	花都区秀全街大坵村大坵吉祥街 1 号
20		广州民俗博物馆	广州市	花都区新华街道三华村三华路 40 号
21	广州市海珠博物馆（邓世昌纪念馆）		广州市	海珠区宝岗大道中龙涎里 2 号
22		粤海第一关纪念馆	广州市	海珠区新港东路石基村黄埔古港
23		十香园纪念馆	广州市	海珠区江南大道中怀德大街 3 号
24	中国共产党第三次全国代表大会会址纪念馆		广州市	越秀区恤孤院路 3 号
25		杨匏安旧居陈列馆	广州市	越秀区越华路 116 号

（续表）

序　号	总馆名称	分馆名称	所在地级市	地　址
26	南汉二陵博物馆		广州市	番禺区大学城华师一路 8 号
27	广州海事博物馆（广州市黄埔区博物馆）		广州市	黄埔区穗东街庙头旭日街 22 号
28	广州市从化区博物馆		广州市	从化区城郊街河滨北路 616 号
29	广州市增城区博物馆		广州市	增城区荔城街府佑路 138 号
30	广州市荔湾区博物馆		广州市	荔湾区龙津西路逢源北街 84 号
31	陈树人纪念馆		广州市	越秀区署前路 10 号
32	广州市白云区博物馆		广州市	白云区均禾街均和墟均和一街 1 号
33	广州市天河区博物馆		广州市	天河区汇彩北路 8 号 3 楼
34	中山大学生物博物馆		广州市	海珠区新港西路 135 号中山大学南校园西南角 475 栋马文辉堂
35	广东中医药博物馆		广州市	番禺区广州大学城外环东路 232 号广州中医药大学综合楼北楼
36	广州货币金融博物馆		广州市	天河区迎福路 527 号广东金融学院
37	广州体育文化博物馆（广州亚运会亚残运会博物馆）		广州市	天河区天河路 299 号
38	广州十三行博物馆		广州市	荔湾区西堤二马路 37 号
39	中山大学人类学博物馆		广州市	海珠区新港西路 135 号 334 栋三层
40	中山大学医学博物馆		广州市	越秀区中山二路 74 号中山大学广州校区北校园
41	粤海关博物馆		广州市	荔湾区沿江西路 29 号
42	广东外事博物馆		广州市	荔湾区沙面南街 20 号
43	广东华侨博物馆		广州市	越秀区二沙岛海山街 8 号
44	广东省工艺美术博物馆		广州市	海珠区新港东路 2519 号自编 32 号
45	廖仲恺何香凝纪念馆		广州市	海珠区仲恺路 501 号仲恺农业工程学院内
46	广州市岭南金融博物馆		广州市	越秀区西湖路流水井 29 号
47	陈李济中药博物馆		广州市	海珠区广州大道南 1688 号
48	珠江—英博国际啤酒博物馆		广州市	海珠区新港东路磨碟沙大街 118 号
49	高剑父纪念馆		广州市	越秀区解放北路 861 号首层
50	詹天佑故居纪念馆		广州市	荔湾区恩宁路十二甫西街
51	广州东方博物馆		广州市	番禺区石楼镇浮莲路 118 号
52	广东环亚美容化妆品博物馆		广州市	黄埔区科学城南云一路 18 号
53	广州神农草堂中医药博物馆		广州市	白云区沙太北路 389 号
54	广东省凉茶博物馆		广州市	黄埔区广州开发区科学城金峰园路 2 号
55	广州市南华珠宝矿物博物馆		广州市	番禺区石楼镇华山路珠江 3 号 6 栋 1 层
56	广州市迪士普音响博物馆		广州市	白云区江高镇夏荷路 1 号
57	广州市天河区正佳自然科学博物馆		广州市	天河区天河路 228 号 601 房
58	广州市东平典当博物馆		广州市	越秀区中山四路一号
59	广州恒福茶文化博物馆		广州市	天河区黄埔大道西盈隆广场 2301、2316 房

（续表）

序 号	总馆名称	分馆名称	所在地级市	地 址
60	广州市普公古陶瓷博物馆		广州市	越秀区德政南路 53 号
61	广州好普艺术博物馆		广州市	黄埔区科学城观虹路 12 号兴普大厦 A 座 4 楼
62	广州从都博物馆		广州市	从化区从都大道 1 号
63	广州市番禺区明珠古陶瓷标本博物馆		广州市	番禺区沙湾镇龙岐村岐头环村路 2 巷 1 号
64	广州市松园广作家具博物馆		广州市	白云区江高镇大岭南路 78 号
65	广州市赵氏天水堂博物馆		广州市	花都区狮岭镇龙泉西路四号
66	广州地铁博物馆		广州市	海珠区万胜围万胜广场 C 塔裙楼负一层至二层
67	广州华侨博物馆		广州市	越秀区沿江西路 183 号
68	广州花园酒店博物馆		广州市	越秀区环市东路 368 号花园酒店四楼
69	广州铁路博物馆		广州市	荔湾区黄沙大道誉江路 3 号
70	深圳博物馆		深圳市	福田区深南中路同心路 6 号
71		深圳改革开放展览馆	深圳市	福田区福中路 184 号四楼、五楼
72	深圳市中英街历史博物馆		深圳市	盐田区沙头角镇内环城路 9 号
73	深圳（宝安）劳务工博物馆		深圳市	宝安区石岩街道上屋社区永和路 6 号
74	深圳市大鹏新区博物馆		深圳市	大鹏新区大鹏街道鹏城社区赖府巷 10 号
75	深圳市南山博物馆		深圳市	南山区南山大道 2093 号
76		深圳市南山区南头古城博物馆	深圳市	南山区南头街道较场路 2 号
77		深圳市南山区天后博物馆	深圳市	南山区赤湾 6 号
78	深圳市龙岗区客家民俗博物馆		深圳市	龙岗区南联社区罗瑞合北街一号
79	深圳市龙华区白石龙文化名人大营救纪念馆		深圳市	龙华区白石龙老村 1 号
80	深圳市坪山区东江纵队纪念馆		深圳市	坪山区东纵路 230-1 号
81	中共宝安县第一次党代会纪念馆		深圳市	宝安区公园路 24 号素白陈公祠
82	深圳古生物博物馆		深圳市	罗湖区莲塘仙湖路 160 号仙湖植物园内
83	深圳中国钢结构博物馆		深圳市	南山区中心路 3331 号中建科工大厦西侧
84	深圳大鹏半岛国家地质公园博物馆		深圳市	大鹏新区地质公园路
85	招商局历史博物馆		深圳市	南山区蛇口沿山路 21 号
86	深圳市中医药博物馆		深圳市	龙岗区体育新城大运路 1 号
87	深圳望野博物馆		深圳市	龙华区龙华文化艺术中心三楼望野博物馆
88	深圳市金石艺术博物馆		深圳市	罗湖区望桐路梧桐山苗圃总场 24 号
89	深圳市艺之卉百年时尚博物馆		深圳市	龙华区艺之卉创意产业园
90	深圳市宝安区世纪琥珀博物馆		深圳市	宝安区松瑞路一号 301A
91	深圳市和畅园博物馆		深圳市	坪山区丹梓中路中粮一品澜山第 8 栋第二层

（续表）

序　号	总馆名称	分馆名称	所在地级市	地　址
92	深圳市合正艺术博物馆		深圳市	宝安区中洲华府 7 栋 213
93	深圳市宝安区宝弘博物馆		深圳市	宝安区展丰工业园展丰商务楼五楼 507-515 号
94	深圳市宝安区结缘奇石博物馆		深圳市	宝安区洲石路深业 U 中心 B 栋 202
95	深圳市宝安区沙井蚝文化博物馆		深圳市	宝安区沙井大街 299 号
96	深圳市龙岗区龙岭邮票博物馆		深圳市	龙岗区龙岭路 27 号龙岭初级中学综合楼八楼
97	深圳市宝安区锦舟陶瓷博物馆		深圳市	宝安区留仙三路甲岸工业园 B 座 1 楼 A042
98	深圳市宝安区一雍博物馆		深圳市	宝安区航城工业区展丰商务楼 3 楼
99	深圳钢琴博物馆		深圳市	福田区上步南路国企大厦深圳乐器城三楼
100	深圳市当代名家文房四宝博物馆		深圳市	宝安区西乡大道宝源工业区盛华工业大厦 601、604、607-613
101	深圳市宝安区邹鲁潮汕民俗博物馆		深圳市	宝安区西乡大道宝源工业区盛华工业大厦 A 栋 615-619
102	深圳红木家具博物馆		深圳市	龙华区裕新路 286 号
103	深圳市宝安区老战士纪念馆		深圳市	宝安区海上田园百味居
104	深圳市龙岗区东江潮红色文化博物馆		深圳市	龙岗区新生社区新生路 104 号二楼
105	深圳市罗湖区惠风古陶博物馆		深圳市	罗湖区深南东路深圳古玩城 2 栋 5 楼
106	深圳市宝安区华夏龙泉青瓷博物馆		深圳市	宝安区深航幸福花园十栋三楼
107	深圳市龙华区美联红木艺术博物馆		深圳市	龙华区高尔夫大道 348 号
108	深圳市福田区水围雅石艺术博物馆		深圳市	福田区水围村 178 号水围敬老庄 1-2 楼
109	深圳市梵亚艺术博物馆		深圳市	龙岗区布龙路 18 号赛格 ECO 中心 5 栋 12 楼
110	深圳市苏六河沉香博物馆		深圳市	罗湖区黄贝岭深圳古玩城长城区域 D 栋沉香文化城四楼 411
111	深圳市光明区惜物博物馆		深圳市	光明区红满庭红木文化创意园 A 栋 4 楼
112	深圳玺宝楼青瓷博物馆		深圳市	罗湖区宝安南路 2095 号玺宝楼
113	深圳市至正艺术博物馆		深圳市	罗湖区京基 100 大厦 A 座五楼
114	深圳市龙岗区怡利翡翠博物馆		深圳市	龙岗区龙西社区玉湖小区 6 栋
115	深圳市龙华华夏军装博物馆		深圳市	龙华区浪宁路奔霓诗工业厂区 A 区
116	深圳市翰熙古陶瓷博物馆		深圳市	龙华区"127"陈设艺术产业园 A 座九楼
117	深圳市海之洋贝壳博物馆		深圳市	宝安区沙头社区沙井路 180 号综合楼三层 8 号
118	深圳市龙岗区毕昇印刷文化博物馆		深圳市	龙岗区力嘉路 109 号
119	深圳市依波钟表文化博物馆		深圳市	光明区金安路依波大厦
120	深圳市十里红妆民俗博物馆		深圳市	宝安区永泰西路天欣花园 4 栋二楼
121	深圳市棋国象棋博物馆		深圳市	福田区深南大道 7008 阳光高尔夫大厦
122	深圳市福田区皇岗村博物馆		深圳市	福田区金田路皇岗村文化广场 9 号

（续表）

序　号	总馆名称	分馆名称	所在地级市	地　址
123	深圳市宝安区鼎坤陶瓷博物馆		深圳市	宝安区 N10 区熙龙湾花园二期五栋 A 座海秀路 13-15B（122B）、13-31（124B）
124	深圳市丁全匠作博物馆		深圳市	龙岗区新木社区新木大道 51 号 C 栋
125	深圳市大观茶具博物馆		深圳市	福田区桂花路南红树福苑 5 栋 212 号
126	深圳南山法律文化博物馆		深圳市	南山区玉泉路 26 号
127	深圳市龙岗区万国珠宝汇矿物博物馆		深圳市	龙岗区六约社区开明路 10 号 A2-100
128	深圳市百师园非物质文化遗产博物馆		深圳市	龙岗区新木社区新木大道 51、53 号 2# 栋商业综合楼一、二层
129	深圳市卓建法律博物馆		深圳市	福田区福中三路 2003 号国银金融中心大厦 12 楼
130	深圳市福田区华强北博物馆		深圳市	福田区华强北路 1058 号华强北现代之窗大厦五楼
131	珠海博物馆		珠海市	香洲区海虹路 88 号
132	珠海市斗门区博物馆		珠海市	斗门区井岸镇西堤路 2233 号
133	珠海市金湾区博物馆		珠海市	金湾区金河大道 530 号
134	珠海市香洲区博物馆		珠海市	香洲区南屏镇东大街一巷二号
135	珠海罗西尼钟表博物馆		珠海市	高新区科技六路 68 号
136	珠海市原道文化博物馆		珠海市	横琴新区中心大道东侧、彩虹路南侧、艺文五道西侧、横琴大道北侧 1 号楼
137	珠海市盛宝博物馆		珠海市	香洲区吉大路 2 号珠海德翰大酒店二楼
138	珠海市横琴新区富华紫檀博物馆		珠海市	横琴新区横琴大道仁山路 99 号 1 号楼
139	珠海汉东博物馆		珠海市	香洲区仙峰山脚下
140	珠海钰海博物馆		珠海市	香洲区九洲大道中 1009 号钰海环球金融中心 37 楼
141	珠海市普济艺术博物馆		珠海市	香洲区金凤路 1888 号普陀寺内
142	汕头市博物馆		汕头市	金平区月眉路与韩堤路交界处
143		汕头开埠文化陈列馆	汕头市	金平区永平路 1 号
144	汕头市革命历史博物馆（汕头市东征军革命史迹陈列馆）		汕头市	金平区外马路 207 号
145		汕头市八一南昌起义纪念馆	汕头市	金平区民权路 50 号
146		郑正秋蔡楚生电影博物馆	汕头市	金平区安平路 46、48、50、52 号
147	汕头市潮剧艺术博物馆（姚璇秋艺术传习所）		汕头市	金平区潮州路 6 号
148	汕头市澄海区博物馆		汕头市	澄海区人民公园东侧
149	南澳县海防史博物馆		汕头市	南澳县后宅中兴路文化广场北侧
150	汕头市濠江区博物馆		汕头市	濠江区濠洲路双泉公园左侧濠江区博物馆

（续表）

序　号	总馆名称	分馆名称	所在地级市	地　址
151	汕头市潮南区博物馆		汕头市	潮南区红场镇苏林社区
152	汕头市潮阳区博物馆		汕头市	潮阳区中华路 87 号文光塔旁
153	汕头市龙湖区博物馆		汕头市	龙湖区华山路 26 号龙湖工业区 A1
154	汕头海关关史陈列馆		汕头市	金平区外马路 2 号
155	中央红色交通线旧址（汕头站）陈列馆		汕头市	金平区海平路 97 号
156	汕头市潮宏基臻宝首饰博物馆		汕头市	龙湖区龙新五街 4 号
157	佛山市祖庙博物馆		佛山市	禅城区祖庙路 21 号
158	佛山市南海区博物馆		佛山市	南海区西樵镇西樵山南门入口处东侧
159	佛山市顺德区博物馆		佛山市	顺德区新城区碧水路北侧
160	佛山市三水区博物馆		佛山市	三水区纪元路森林公园西南面入口的左侧
161	佛山市博物馆		佛山市	禅城区汾江中路 43 号
162	佛山市顺德区清晖园博物馆		佛山市	顺德区大良清晖路 23 号
163	佛山市禅城区博物馆		佛山市	禅城区松风路先锋古道 93 号
164	佛山市高明区博物馆		佛山市	高明区沧江路 420 号
165	佛山市禅城区石湾镇街道陶瓷博物馆（广东石湾陶瓷博物馆）		佛山市	禅城区石湾镇街道高庙路 5 号
166	广东大观博物馆		佛山市	南海区广东金融高新区灯湖西路 28 号
167	佛山市岭南金融博物馆		佛山市	南海区广东金融高新区灯湖西路 28 号
168	佛山市顺德区南国丝都丝绸博物馆		佛山市	顺德区大良新城区观绿路
169	佛山市顺德区茂和钱币博物馆		佛山市	顺德区三洲社区居民委员会文明西路 45/47 号
170	佛山市南海区九江双蒸博物馆		佛山市	南海区九江沙口区惠民路 12 号九江酒厂厂区内
171	佛山市岭南酒文化博物馆		佛山市	禅城区石湾太平街 106 号广东石湾酒厂集团内
172	佛山市南海区九江侨乡博物馆		佛山市	南海区九江镇人民路 40 号
173	佛山市南海区玄憬龙博物馆		佛山市	南海区九江镇梅圳中和村正路坊 95 号
174	佛山市禅城区同庆石湾公仔博物馆		佛山市	禅城区石湾东风路 17 号佛山市新石湾美术陶瓷厂有限公司内
175	佛山市南海区凯仕乐医疗保健器械养生博物馆		佛山市	南海区九江镇奇腾路 13 号
176	佛山市禅城区知隐博物馆		佛山市	禅城区华远西路 12 号
177	佛山市高明区世纪钱币博物馆		佛山市	高明区荷城沿江路 285 号
178	佛山市南海区汤南私塾博物馆		佛山市	南海区里水镇和顺汤村汤南村德星里 1 号
179	佛山市禅城区知行古灯博物馆		佛山市	禅城区张槎路四路 33 号东鄱小学校园内
180	佛山市顺德区阁瓷博物馆		佛山市	顺德区德胜中路万科新城湾畔 8–11 号商铺
181	佛山市南海区福厚博物馆		佛山市	南海区西樵镇樵高路四季康城夏彩园首层
182	佛山市高明区昆仲相机博物馆		佛山市	高明区荷城街道灵龟公园内
183	佛山市东鹏明善陶瓷博物馆		佛山市	禅城区季华西路 127 号东鹏大厦 1–5 楼

（续表）

序　号	总馆名称	分馆名称	所在地级市	地　址
184	佛山市顺德区（华侨城）美食博物馆		佛山市	顺德区逢沙村欢乐大道 3 号欢乐海岸广场 1 栋
185	韶关市博物馆		韶关市	武江区工业西路 90 号
186		中共广东省委粤北省委历史陈列馆	韶关市	浈江区十里亭镇五里亭良村村委公路 30 号
187		北伐战争纪念馆	韶关市	浈江区五里亭良村公路四横巷 4 号
188	南雄市博物馆		韶关市	南雄市凌江路
189	乳源瑶族自治县民族博物馆		韶关市	乳源瑶族自治县乳城镇南环西路民族风情园
190	翁源县博物馆		韶关市	翁源县龙仙镇建设一路 684 号 -4
191	韶关市红军长征粤北纪念馆		韶关市	仁化县城口镇城群村红军长征粤北纪念馆地块
192	乐昌市博物馆		韶关市	乐昌市东环南路
193	仁化县博物馆		韶关市	仁化县新城东路 11 号
194	韶关市曲江区博物馆		韶关市	曲江区马坝镇狮岩路 4 号
195	新丰县博物馆		韶关市	新丰县南门塘任予广场文博中心大楼 4–6 楼
196	始兴县博物馆		韶关市	始兴县太平镇丹凤路 82 号
197	韶关市武江区博物馆		韶关市	武江区福林路 28 号
198	韶关市浈江区博物馆		韶关市	浈江区犁市镇犁市居委人民路南犁市当铺
199	韶关市隆盛酱园博物馆		韶关市	浈江区东堤中路 A 地块
200	河源市博物馆		河源市	源城区滨江大道龟峰塔下
201		河源恐龙博物馆	河源市	源城区滨江大道龟峰塔下
202	和平县博物馆		河源市	和平县阳明镇东山公园内
203	东源县博物馆		河源市	东源县东江路文化科技中心一楼
204	紫金县博物馆		河源市	紫金县紫城镇东风路 45 号
205		紫金县博物馆紫金县苏区革命斗争史展馆	河源市	紫金县苏区镇炮子村
206	连平县博物馆		河源市	连平县元善镇南山公园内
207		忠信花灯博物馆	河源市	连平县忠信镇人民广场路 9 号
208	龙川县博物馆		河源市	龙川县老隆镇先烈路 29 号
209	河源市源城区博物馆		河源市	源城区烈士陵园内纪念馆
210	河源市鸿志中基客家文化博物馆		河源市	源城区沿江西路碧水湾花园 A32 号
211	河源万绿湖博物馆		河源市	东源县万绿湖旅游码头
212	广东中国客家博物馆		梅州市	梅江区东山大道 2 号
213	大埔县博物馆		梅州市	大埔县湖寮镇山子下村璜腾坑 69 号
214	梅州市革命历史纪念馆		梅州市	梅江区三角镇剑英公园内
215	五华县博物馆		梅州市	五华县水寨镇文化街 61 号
216	梅州市梅县区博物馆		梅州市	梅县区府东二路 7 号
217	兴宁市博物馆		梅州市	兴宁市兴田一路人民公园内

（续表）

序　号	总馆名称	分馆名称	所在地级市	地　址
218	丰顺县博物馆		梅州市	丰顺县汤坑镇汤坑路 81 号坚真公园 6 楼
219	丰顺县坚真纪念馆		梅州市	丰顺县汤坑镇汤坑路 81 号坚真公园 2、3、7 楼
220	平远县博物馆		梅州市	平远县大柘镇双企岌
221	蕉岭县博物馆		梅州市	蕉岭县蕉城镇环城路 349 号
222		谢晋元纪念馆	梅州市	蕉岭县新铺镇尖坑村
223	梅州市梅江区博物馆		梅州市	梅江区金山街道凌风西路南门考院前 9 号
224	梅州五华苏区革命历史博物馆		梅州市	五华县梅林镇梅南村南洋山
225	五华县长乐学宫博物馆		梅州市	五华县华城镇十字街
226	丘逢甲陈列馆		梅州市	蕉岭县蕉城镇环城路
227	平远红四军纪念馆		梅州市	平远县仁居镇中山东街 48 号
228	平远县程旼纪念馆		梅州市	平远县大柘镇东片村官窝里
229	叶剑英元帅纪念馆		梅州市	梅县区雁洋镇雁上虎形村
230	喆庐博物馆（丘哲纪念馆）		梅州市	梅县区松口镇大黄村
231	黄琪翔郭秀仪纪念馆		梅州市	梅县区水车镇梅江中学内
232	丰顺县集瑞博物馆		梅州市	丰顺县汤坑镇南路 10 号
233	梅州市大观园陶艺博物馆		梅州市	梅江区梅松路 58 号大院
234	梅州市建梅艺术博物馆		梅州市	梅江区梅松路 22 号
235	梅州市客侨博物馆		梅州市	梅江区三角路三华街 9 号
236	梅州市梅江区凤凰博物馆		梅州市	梅江区西阳新民中路 53 号
237	梅州市梅县区粤海民俗博物馆		梅州市	梅县区白渡镇芷湾大道 140-5 二楼
238	梅州市梅县区精宫博物馆		梅州市	梅县区华侨城扶贵东路 12-5 号
239	梅县区松叶民俗博物馆		梅州市	梅县区城东镇莲塘村古氏洋楼
240	梅县区隆腾博物馆		梅州市	梅县区隆文镇卢溪村卢溪小学内
241	惠州市博物馆		惠州市	惠城区江北市民乐园西路 3 号
242		东江民俗文物馆	惠州市	惠城区环城西二路 36 号
243	博罗县博物馆		惠州市	博罗县罗阳街道罗阳一路 301 号
244	惠东县博物馆		惠州市	惠东县平山街道惠东大道 654 号
245	惠州东坡纪念馆		惠州市	惠城区桥东滨江东路惠州苏东坡祠西侧
246	博罗县葛洪博物馆		惠州市	博罗县罗浮山风景名胜区朱明洞景区内
247	叶挺纪念馆		惠州市	惠阳区秋长街道周田村会水楼 88 号
248	龙门县博物馆		惠州市	龙门县龙城街道文化路 5 号
249	惠州市惠城区博物馆（邓演达纪念园）		惠州市	惠城区三栋镇鹿颈村三村 75 号
250	博罗县东江纵队纪念馆		惠州市	博罗县罗浮山风景名胜区朱明洞景区内
251	惠州警察博物馆		惠州市	惠城区江北文明二路 13 号警官训练处大院内
252	惠州市惠阳区南宝东江流域古陶瓷博物馆		惠州市	惠阳区淡水街道兴发路南宝大厦 3 楼 02 商铺
253	海丰县博物馆		汕尾市	海丰县城人民南路 47 号文化城内

（续表）

序 号	总馆名称	分馆名称	所在地级市	地 址
254	汕尾市博物馆		汕尾市	城区海滨大道市体育中心内 7 号楼
255	海丰红宫红场旧址纪念馆		汕尾市	海丰县城红场路 13 号
256	陆丰市博物馆		汕尾市	陆丰市东海镇北堤路（陆丰市文化中心）
257		陆丰皮影博物馆	汕尾市	陆丰市东海镇龙山大道 15 号皮影大厦
258	陆河县博物馆		汕尾市	陆河县县城环北路 1 号
259	汕尾市城区博物馆		汕尾市	城区捷胜镇沙坑村
260	海丰县仁荣博物馆		汕尾市	海丰县海城镇二环北路北桥北侧青年公园内
261	鸦片战争博物馆		东莞市	虎门镇解放路 113 号
262	东莞展览馆		东莞市	南城街道鸿福路 97 号
263	东莞市可园博物馆		东莞市	莞城街道可园路 32 号
264	东莞市博物馆		东莞市	莞城街道新芬路 36 号
265	东莞市袁崇焕纪念园		东莞市	石碣镇崇焕东路 38 号
266	广东东江纵队纪念馆		东莞市	大岭山镇大王岭村
267	东莞蚝岗遗址博物馆		东莞市	南城街道胜和社区蚝岗龙船塘新村六巷 12 号
268	东莞市石龙镇博物馆		东莞市	石龙镇老城区太平路 131 号
269	东莞市唯美陶瓷博物馆		东莞市	高埗镇北王路唯美集团
270	东莞市钱币博物馆		东莞市	东城街道鸿福东路 2 号
271	东莞市观音山古树博物馆		东莞市	樟木头镇观音山国家森林公园内
272	东莞市森晖自然博物馆		东莞市	莞城街道可园路博厦九坊
273	东莞市福木源紫檀博物馆		东莞市	莞城街道莞龙路天台工业区 1 号
274	东莞市旗峰山艺术博物馆		东莞市	东城街道东城中路 32 号旗峰山铂尔曼酒店内
275	东莞市塘厦鑫嘉鸿红木艺术博物馆		东莞市	塘厦镇石鼓管理区水龙路 1-1 号
276	东莞市圣心糕点博物馆		东莞市	茶山镇茶山工业园 B 区
277	东莞市乐人谷茶文化博物馆		东莞市	高埗镇高埗大道振兴东二路 1 号二楼
278	东莞市松山湖望野博物馆		东莞市	松山湖高新技术产业开发区礼智路 1 号
279	孙中山故居纪念馆		中山市	南朗街道翠亨大道 93 号
280	中山市博物馆		中山市	石岐区孙文中路 197 号
281		香山商业文化博物馆	中山市	石岐区孙文西路 152 号
282		中山收音机博物馆	中山市	石岐区孙文中路 197 号
283	小榄镇民俗博物馆		中山市	小榄镇云路 83 号
284	中山市参宫野山参文化博物馆		中山市	火炬开发区东阳南路 8 号
285	中山市龙泉博物馆		中山市	古镇镇岐江公路 18 号
286	江门市博物馆		江门市	蓬江区白沙大道西 37 号
287	台山市博物馆		江门市	台山市台城街道办事处环北大道诗山
288	江门市新会区博物馆		江门市	新会区会城公园路 12 号
289	鹤山市博物馆		江门市	鹤山市沙坪镇人民东路 45 号

（续表）

序 号	总馆名称	分馆名称	所在地级市	地 址
290	开平市博物馆		江门市	开平市长沙街道办事处金山西路 1 号之 2 第 1 座
291	恩平市博物馆		江门市	恩平市恩城街道办鳌峰山东麓恩平开放大学西侧
292	江门市蓬江区博物馆		江门市	蓬江区常安路中山公园中山纪念堂
293	江门市江海区博物馆		江门市	江海区外海街道南华里 1 号
294	台山市南洋归侨文化博物馆		江门市	台山市海宴镇海侨五丰村 315 号
295	江门市新会区丽宫新会陈皮文化博物馆		江门市	新会区会城港兴路 7 号 3 座三层
296	广东海上丝绸之路博物馆		阳江市	海陵岛试验区大王山侧
297	阳江市博物馆		阳江市	江城区新江北路文化艺术中心大楼 D 区
298	阳春市博物馆		阳江市	阳春市东湖西路西三巷 3 号（中心广场西南侧）
299	阳江市阳东区博物馆		阳江市	阳东区东平镇大澳渔家文化村内
300	阳西县博物馆		阳江市	阳西县织篢镇太平村委会太平村太平小学东面
301	阳江市江城区博物馆		阳江市	江城区南恩路 105 号
302	阳江市十八子音响博物馆		阳江市	阳东区东城镇阳江十八子集团总部科研大楼二、三楼
303	阳江市阳江漆器博物馆		阳江市	阳东区雅韶镇雅白线广东西部沿海高速路雅韶入口前 300 米
304	湛江市博物馆		湛江市	赤坎区南方路 50 号
305	雷州市博物馆		湛江市	雷州市西湖大道 026 号
306		雷州石狗馆	湛江市	雷州市曲街 4 号（三元塔公园内）
307	廉江市博物馆		湛江市	廉江市罗州街道人民大道 142 号
308	遂溪县博物馆		湛江市	遂溪县遂城镇湛川路 32 号
309	徐闻县博物馆		湛江市	徐闻县贵生路 249 号
310	吴川市博物馆		湛江市	吴川市海滨街道海港大道南
311	湛江市赤坎区博物馆		湛江市	赤坎区民主路 57 号
312	湛江市坡头区博物馆		湛江市	坡头区东盛大道南侧、荣昌路西侧
313	湛江市霞山区博物馆		湛江市	霞山区爱国街道汉口社区海滨一路 5 号
314	湛江市麻章区博物馆		湛江市	麻章区育才南路西侧、南通路北侧
315	雷州家生博物馆		湛江市	雷州市群众大道西山仔 006 号
316	雷州文古楼博物馆		湛江市	雷州市新城街道鸿信社区新鸿路 22 号
317	茂名市博物馆		茂名市	茂南区人民北路 20 号大院
318	茂名市电白区博物馆		茂名市	电白区水东镇澄波街 160 号
319	高州市博物馆		茂名市	高州市宝光街道观山路观山公园内
320		高州市革命历史博物馆	茂名市	高州市城西观山公园内烈士陵园东侧
321	茂名市茂南区博物馆		茂名市	茂南区鳌头镇正街 52 号
322	化州市博物馆		茂名市	化州市河西街道教育路 5 号
323	信宜市博物馆		茂名市	信宜市迎宾大道绍秀图书馆一楼

（续表）

序　号	总馆名称	分馆名称	所在地级市	地　址
324	茂名市茂南年代记忆博物馆		茂名市	茂南区高山镇黄竹村 042 号
325	肇庆市博物馆		肇庆市	端州区十字路 5 号
326	叶挺独立团团部旧址纪念馆		肇庆市	端州区江滨四路阅江楼
327	肇庆市包公文化博物馆		肇庆市	端州区厂排街大菜园村
328	肇庆市高要区博物馆		肇庆市	高要市南岸街道世纪大道 15 号
329	肇庆市端州区博物馆		肇庆市	端州区正西路 45 号
330	肇庆市鼎湖区博物馆		肇庆市	鼎湖区民乐大道路鼎湖新城 39 区茗轩花园
331	广宁县博物馆		肇庆市	广宁县南街街道环城西路烈士陵园内
332	封开县博物馆		肇庆市	封开县江口街道封州一路 12 号
333	怀集县博物馆		肇庆市	怀集县怀城道登云路二巷 1 号
334	德庆县博物馆		肇庆市	德庆县德城街道朝阳中路 57 号
335	四会市博物馆		肇庆市	四会市东城街道广场北路行政中心侧
336	封开县黄岩洞陈列馆		肇庆市	封开县河儿口镇河儿口社区新兴路
337	广宁县宝锭山竹文化博物馆		肇庆市	广宁县宝锭山风景区内
338	肇庆市梁焕明端砚艺术博物馆		肇庆市	端州区黄岗镇端砚一条街东梁焕明宅 1—4 楼
339	肇庆市文宝斋翡翠博物馆		肇庆市	四会市四会大道南水岸名都水岸阁首层
340	连南瑶族自治县瑶族博物馆		清远市	连南瑶族自治县三江镇博物馆路
341	清远市博物馆		清远市	清城区银泉北路文化艺术中心二层、三层
342	连州市博物馆		清远市	连州市刘禹锡文化广场内
343		冯达飞纪念馆	清远市	连州市东陂镇达飞巷 16 号
344		连县抗战纪念馆	清远市	连州市连州中学内
345		刘禹锡纪念馆	清远市	连州市连州中学内
346		连州摄影博物馆	清远市	连州市中山南路 120 号
347	英德市博物馆		清远市	英德市吉祥东路一号
348	清远市清城区博物馆		清远市	清城区先锋西路西湖小区城区科技文化大楼
349	清远市清新区博物馆		清远市	清新区太和镇中山路 33 号
350	阳山县博物馆		清远市	阳山县阳山大道 172 号
351	连山壮族瑶族自治县民族博物馆		清远市	连山壮族瑶族自治县吉田镇金山路广山巷 3 号
352	佛冈县博物馆		清远市	佛冈县环城东路博物馆大楼
353	潮州市博物馆		潮州市	潮州市人民广场西南角
354	潮州市韩愈纪念馆		潮州市	潮州市桥东韩文公祠内
355	饶平县博物馆		潮州市	饶平县黄冈镇小公园文化中心五楼
356	潮州市湘桥区博物馆		潮州市	湘桥区太平路 84 号
357	潮州市潮安区博物馆		潮州市	潮安区庵埠镇新安市场二楼
358	潮州市潮安区潮州嵌瓷博物馆		潮州市	潮安区金石镇湖美村
359	潮州市颐陶轩潮州窑博物馆		潮州市	湘桥区太平路 70 号
360	潮州市韩江府城民俗博物馆		潮州市	湘桥区意溪镇北桥路府城民俗馆
361	潮州市潮安区大吴泥塑博物馆		潮州市	潮安区浮洋镇大吴北片开发区

（续表）

序　号	总馆名称	分馆名称	所在地级市	地　址
362	潮州市黄伟雄珠绣博物馆		潮州市	经济开发试验区高新区 D5-5 小区 A 幢四楼
363	潮州市辜柳希木雕博物馆		潮州市	湘桥区新洋路尾西湖工业城 A 区潮州市传统工艺研究会主楼 5 层
364	揭阳市博物馆		揭阳市	榕城区渔湖发展大道市文化中心广场内
365	揭阳市丁日昌纪念馆		揭阳市	榕城区元鼎路丁府
366	揭阳市榕城区博物馆		揭阳市	榕城区中山街道观音仔街百兰山馆
367	揭阳市揭东区博物馆		揭阳市	揭东区人民广场西附楼四楼
368	普宁市博物馆		揭阳市	普宁市流沙西街道赤华路艺术馆大楼
369	惠来县博物馆		揭阳市	惠来县惠城镇南环一路 14 号文化广场内
370	揭西县博物馆		揭阳市	揭西县河婆东风广场文博大楼
371	云浮市博物馆		云浮市	云城区世纪大道中
372	新兴县博物馆		云浮市	新兴县新城镇中山路 72 号
373	罗定市博物馆		云浮市	罗定市罗城街道文博街 1 号
374	郁南县文化图书和博物馆		云浮市	郁南县都城镇河堤东路 20 号
375	云浮市云安区文化图书博物馆		云浮市	云安区六都镇白沙塘平安大道
376	云浮市云城区文化图书博物馆		云浮市	云城区云城街府前路元眼根村
377	郁南县诗礼传家博物馆		云浮市	郁南县连滩镇兰寨村民族文化广场大型停车场西边

说明：① 据广东省文化和旅游厅提供的资料整理；

② 时间截至 2022 年。

附录七　广东省县区级及以上档案馆名录

序　号	馆　名	所在地级市	地　址
1	广东省档案馆	广州市	天河区龙口中路 128 号
2	广州市档案馆	广州市	番禺区大学城档案馆路 33 号
3	广州市越秀区国家档案馆	广州市	越秀区盘福路 11 号
4	广州市海珠区国家档案馆	广州市	海珠区石榴岗路 486 号
5	广州市荔湾区国家档案馆	广州市	荔湾区芳村大道西塞坝路 7 号
6	广州市天河区国家档案馆	广州市	天河区天府路 1 号
7	广州市白云区国家档案馆	广州市	白云区黄石西路 191 号
8	广州市黄埔区国家档案馆	广州市	黄埔区开萝大道 8 号
9	广州市花都区国家档案馆	广州市	花都区花城街道公益路 33 号
10	广州市番禺区国家档案馆	广州市	番禺区市桥街清河东路 319 号
11	广州市南沙区国家档案馆	广州市	南沙区港前大道南 125 号
12	广州市从化区国家档案馆	广州市	从化区城郊街河滨北路 622 号
13	广州市增城区国家档案馆	广州市	增城区荔城街府佑路 138 号
14	深圳市档案馆	深圳市	福田区林丰路 2 号
15	深圳市福田区档案馆	深圳市	福田区梅坳二路 4 号福田区档案馆
16	深圳市罗湖区档案馆	深圳市	罗湖区黄贝街道凤凰街 17 号 7—12 楼
17	深圳市盐田区档案馆	深圳市	盐田区深盐路 2088 号
18	深圳市南山区档案馆	深圳市	南山区桃园路 2 号
19	深圳市宝安区档案馆	深圳市	宝安区龙井二路 91 号
20	深圳市龙岗区档案馆	深圳市	龙岗区中心城清林路 211 号
21	深圳市龙华区档案馆	深圳市	龙华区观湖街道广场沿河路 1 号
22	深圳市坪山区档案馆	深圳市	坪山区坪山街道坪山大道 5333 号
23	深圳市光明区档案馆	深圳市	光明区观光路宝新科技园 4 号楼 A 座
24	珠海市档案馆	珠海市	香洲区梅华西路 118 号
25	珠海市香洲区档案馆	珠海市	香洲区春风路 999 号
26	珠海市金湾区档案馆	珠海市	金湾区航空新城金河东路 518 号
27	珠海市斗门区档案馆	珠海市	斗门区白蕉镇虹桥一路 25 号
28	汕头市档案馆	汕头市	龙湖区汕汾路 12 号
29	汕头市金平区档案馆	汕头市	金平区红领巾路 51 号 2 座
30	汕头市龙湖区档案馆	汕头市	龙湖区大北山 2 路
31	汕头市澄海区档案馆	汕头市	澄海区文冠路党政大楼
32	汕头市濠江区档案馆	汕头市	濠江区疏港大道 11 号

（续表）

序　号	馆　名	所在地级市	地　址
33	汕头市潮阳区档案馆	汕头市	潮阳区区政府大院内左侧附楼
34	汕头市潮南区档案馆	汕头市	潮南区党政综合办公大楼附楼
35	汕头市南澳县档案馆	汕头市	南澳县后宅镇前江巷路 22 号
36	佛山市档案馆	佛山市	顺德区佛山新城吉祥道 10 号
37	佛山市禅城区档案馆	佛山市	禅城区季华西路 131 号 B1 座
38	佛山市南海区档案馆	佛山市	南海区桂城街道天佑四路 56 号
39	佛山市顺德区档案馆	佛山市	顺德区大良街道观绿路置业广场 1 号楼
40	佛山市高明区档案馆	佛山市	高明区荷城街道跃华路景乐巷 28 号
41	佛山市三水区档案馆	佛山市	三水区云东海街道荷湖南路 1 号
42	韶关市档案馆	韶关市	浈江区熏风路 9 号
43	韶关市浈江区档案馆	韶关市	浈江区大学路 11 号
44	韶关市武江区档案馆	韶关市	武江区惠民南路 128 号
45	韶关市曲江区档案馆	韶关市	曲江区马坝镇鞍山路文化中心
46	韶关市乐昌市档案馆	韶关市	乐昌市公主上路市政府大院
47	韶关市南雄市档案馆	韶关市	南雄市雄州街道迎宾大道东
48	韶关市仁化县档案馆	韶关市	仁化县新城路 2 号
49	韶关市始兴县档案馆	韶关市	始兴县太平镇永安大道中文化交流中心
50	韶关市翁源县档案馆	韶关市	翁源县龙仙镇建国路 18 号
51	韶关市新丰县档案馆	韶关市	新丰县丰城街道金园路
52	韶关市乳源瑶族自治县档案馆	韶关市	乳源瑶族自治县南环西路档案馆
53	河源市档案馆	河源市	源城区永安路 7 号
54	河源市源城区档案馆	河源市	源城区公园东路 1 号
55	河源市东源县档案馆	河源市	东源县政府大院内 5 号楼
56	河源市和平县档案馆	河源市	和平县阳明镇滨河东路档案馆
57	河源市龙川县档案馆	河源市	龙川县老隆镇中山东路 20 号
58	河源市紫金县档案馆	河源市	紫金县紫城镇中山路 83 号
59	河源市连平县档案馆	河源市	连平县元善镇公园路 1 号
60	梅州市档案馆	梅州市	梅江区江南新中路市政府大院
61	梅州市梅江区档案馆	梅州市	梅江区仲元路 51 号
62	梅州市梅县区档案馆	梅州市	梅县区区委区政府大院
63	梅州市兴宁市档案馆	梅州市	兴宁市兴城振兴路市委大院内
64	梅州市平远县档案馆	梅州市	平远县大柘镇教育路 82 号
65	梅州市蕉岭县档案馆	梅州市	蕉岭县蕉城镇府前路 7 号
66	梅州市大埔县档案馆	梅州市	大埔县湖寮镇五虎山山庄南路
67	梅州市丰顺县档案馆	梅州市	丰顺县行政中心 514-1
68	梅州市五华县档案馆	梅州市	五华县水寨镇水潭东路 486 号
69	惠州市档案馆	惠州市	惠城区江北三新南路 9 号
70	惠州市惠城区档案馆	惠州市	惠城区龙丰街道新联路 7 号

（续表）

序　号	馆　名	所在地级市	地　址
71	惠州市惠阳区档案馆	惠州市	惠阳区南亭西路 2 号
72	惠州市惠东县档案馆	惠州市	惠东县平山街道新平大道 52 号
73	惠州市博罗县档案馆	惠州市	博罗县罗阳一路文化中心
74	惠州市龙门县档案馆	惠州市	龙门县龙城街道体育西路
75	汕尾市档案馆	汕尾市	城区汕尾大道市政府办公大楼
76	汕尾市城区档案馆	汕尾市	城区香城路区党政办公大楼 8 楼
77	汕尾市陆丰市档案馆	汕尾市	陆丰市市委党校内档案楼
78	汕尾市海丰县档案馆	汕尾市	海丰县红城大道西 988 号
79	汕尾市陆河县档案馆	汕尾市	陆河县政府大院
80	东莞市档案馆	东莞市	南城街道体育路 7 号
81	中山市档案馆	中山市	东区兴文路 7 号
82	江门市档案馆	江门市	蓬江区华盛路与龙腾路交汇处
83	江门市蓬江区档案馆	江门市	蓬江区五福一街 8 号
84	江门市江海区档案馆	江门市	江海区东海路 338 号 3 号楼 3 楼
85	江门市新会区档案馆	江门市	新会区会城街道同庆路 1 号
86	江门市台山市档案馆	江门市	台山市台城德政路台山市档案馆
87	江门市开平市档案馆	江门市	开平市长沙街道光华路 1 号
88	江门市鹤山市档案馆	江门市	鹤山市沙坪街道朗和路 7 号
89	江门市恩平市档案馆	江门市	恩平市锦江大道中 36 号
90	阳江市档案馆	阳江市	江城区东风二路 60 号
91	阳江市江城区档案馆	阳江市	江城区行政服务中心 5 号楼
92	阳江市阳东区档案馆	阳江市	阳东区东城镇德政路 1 号
93	阳江市阳春市档案馆	阳江市	阳春市春城街道府前路 102 号
94	阳江市阳西县档案馆	阳江市	阳西县三区福兴一街一号
95	湛江市档案馆	湛江市	赤坎区体育北路 41 号
96	湛江市赤坎区档案馆	湛江市	赤坎区康强路三横路 10 号
97	湛江市霞山区档案馆	湛江市	霞山区银帆路 15 号
98	湛江市麻章区档案馆	湛江市	麻章区育才南路文化综合服务中心
99	湛江市坡头区档案馆	湛江市	坡头区南调路 448 号
100	湛江市雷州市档案馆	湛江市	雷州市广朝南路 90 号
101	湛江市廉江市档案馆	湛江市	廉江市廉城北街一路 21 号
102	湛江市吴川市档案馆	湛江市	吴川市海滨街道海滨一路
103	湛江市遂溪县档案馆	湛江市	遂溪县遂城镇中山路 133 号
104	湛江市徐闻县档案馆	湛江市	徐闻县德新一路人民政府大院
105	茂名市档案馆	茂名市	茂南区健康路 23 号大院
106	茂名市茂南区档案馆	茂名市	茂南区城南街道锦华南一街
107	茂名市电白区档案馆	茂名市	电白区水东街道海滨大道 1 号人大楼
108	茂名市信宜市档案馆	茂名市	信宜市玉都公园西侧

（续表）

序 号	馆 名	所在地级市	地 址
109	茂名市高州市档案馆	茂名市	高州市中山路 59 号
110	茂名市化州市档案馆	茂名市	化州市鉴江区华伟图书馆 5 至 8 楼
111	肇庆市档案馆	肇庆市	鼎湖区文创一路肇庆文化发展中心 A 幢
112	肇庆市端州区档案馆	肇庆市	端州区古塔中路 15 号
113	肇庆市鼎湖区档案馆	肇庆市	鼎湖区鼎湖双创园 16 幢
114	肇庆市高要区档案馆	肇庆市	高要区南岸街道双龙路 6 号
115	肇庆市四会市档案馆	肇庆市	四会市政府行政中心档案综合大楼
116	肇庆市广宁县档案馆	肇庆市	广宁县南街镇广玉路
117	肇庆市德庆县档案馆	肇庆市	德庆县德城镇康城大道中 122 号
118	肇庆市封开县档案馆	肇庆市	封开县江口街道办红卫路 23 号
119	肇庆市怀集县档案馆	肇庆市	怀集县人民政府会展中心右侧
120	清远市档案馆	清远市	清城区人民二路市政府二号楼
121	清远市清城区档案馆	清远市	清城区东城澜水新区行政文化中心
122	清远市清新区档案馆	清远市	清新区府前路 6 号大院 3 号楼
123	清远市英德市档案馆	清远市	英德市金子山大道市政府档案馆
124	清远市连州市档案馆	清远市	连州市连州镇 323 国道西
125	清远市佛冈县档案馆	清远市	佛冈县振兴北路人民中心东楼后座
126	清远市连山壮族瑶族自治县档案馆	清远市	连山壮族瑶族自治县吉田镇滨江西路
127	清远市连南瑶族自治县档案馆	清远市	连南县三江镇府前路
128	清远市阳山县档案馆	清远市	阳山县松荣路 43 号
129	广东省潮州市档案馆	潮州市	湘桥区潮州大道 852 号
130	潮州市湘桥区档案馆	潮州市	湘桥区太平路羊玉巷 13 号
131	潮州市潮安区档案馆	潮州市	潮安区潮安大道 68 号
132	潮州市饶平县档案馆	潮州市	饶平县黄冈镇河南大道 1 号
133	揭阳市档案馆	揭阳市	榕城区临江北路 555 号
134	揭阳市榕城区档案馆	揭阳市	榕城区机关办公大院 3 号楼
135	揭阳市揭东区档案馆	揭阳市	揭东区人民广场附楼东栋
136	揭阳市普宁市档案馆	揭阳市	普宁市市党政机关办公大楼
137	揭阳市揭西县档案馆	揭阳市	揭西县好日子广场东
138	揭阳市惠来县档案馆	揭阳市	惠来县惠城镇南门大街一号
139	云浮市档案馆	云浮市	云安区云祥大道与文华路交汇处
140	云浮市云城区档案馆	云浮市	云城区解放中路 32 号
141	云浮市云安区档案馆	云浮市	云安区白沙塘综合行政区康云路
142	云浮市罗定市档案馆	云浮市	罗定市罗城街道宝定路 31 号
143	云浮市新兴县档案馆	云浮市	新兴县新城镇惠中路 3 号
144	云浮市郁南县档案馆	云浮市	郁南县都城镇中山路 58 号

说明：据广东省档案局提供的资料整理。

附录八　广东省县区级及以上图书馆名录

序　号	馆　名	所在地级市	地　址
1	广东省立中山图书馆	广州市	越秀区文明路 213 号
2	广州图书馆	广州市	天河区珠江东路 4 号
3	广州少年儿童图书馆	广州市	越秀区中山四路 42 号
4	越秀区图书馆	广州市	越秀区署前路 8 号
5	荔湾区图书馆	广州市	越秀区中山八路周门南路 29 号
6	海珠区图书馆	广州市	海珠区宝岗路 39 号
7	白云区图书馆	广州市	白云区机场路 1035 号
8	天河区图书馆	广州市	天河区龙口西路 80 号
9	黄埔区图书馆	广州市	黄埔区开萝大道 4 号图书档案大楼
10	花都区图书馆	广州市	花都区宝华路 38 号
11	从化区图书馆	广州市	从化区河滨北路 616 号
12	增城区图书馆	广州市	增城区荔城街府佑路 100 号
13	番禺区图书馆	广州市	番禺区清河西路 56 号
14	南沙区图书馆	广州市	南沙区丰泽东路
15	深圳图书馆	深圳市	福田区福中一路 2001 号
16	深圳少年儿童图书馆	深圳市	福田区红荔路 1011 号
17	罗湖区图书馆	深圳市	罗湖区怡景路 1014 号
18	福田区图书馆	深圳市	福田区景田路 70 号图书馆大厦
19	南山区图书馆	深圳市	南山区常兴路 176 号
20	宝安区图书馆	深圳市	宝安区海秀路与宝兴路交汇处
21	龙岗区图书馆	深圳市	龙岗区龙翔大道文化中心 D 区
22	盐田区图书馆	深圳市	盐田区深盐路 2128 号
23	深圳大学城图书馆	深圳市	南山区西丽丽水路 2239 号
24	光明区图书馆	深圳市	光明区公明街道振明路与兴发路交汇处（宝明城酒店斜对面）
25	坪山区图书馆	深圳市	坪山区金牛西路 16 号华瀚科技大厦 3 楼
26	东莞图书馆	东莞市	南城街道鸿福路南侧中心广场内
27	中山市中山纪念图书馆	中山市	东区兴中道 8 号
28	珠海市图书馆	珠海市	香洲区迎宾北路 3061 号
29	斗门区图书馆	珠海市	斗门区井岸镇江湾中路 2 号文化艺术中心南楼
30	金湾区图书馆	珠海市	金湾区三杜镇金海岸文化艺术中心
31	佛山市图书馆	佛山市	佛山新城华康道 11 号

（续表）

序 号	馆 名	所在地级市	地 址
32	禅城区图书馆	佛山市	禅城区石湾榴苑四街四座
33	三水区图书馆	佛山市	三水区西南街道文锋东路 21 巷
34	南海区图书馆	佛山市	南海区桂城天佑三路 106 号
35	顺德区图书馆	佛山市	顺德区大良德民路
36	高明区图书馆	佛山市	高明区荷城街道文昌路 56 号
37	江门市五邑图书馆	江门市	蓬江区港口路 102 号之 3
38	江门市蓬江区图书馆	江门市	蓬江区范罗岗花园 4 栋二楼
39	新会区景堂图书馆	江门市	新会区会城舒仁寿路 16 号
40	台山市图书馆	江门市	台山市台城镇环北大道 142 号
41	开平市伟伦图书馆	江门市	开平市三埠街道办事处祥龙北路 100 号
42	恩平市图书馆	江门市	恩平市沿江路 8 号
43	鹤山市图书馆	江门市	鹤山市沙坪街道中山路 32 号
44	肇庆市图书馆	肇庆市	城东新区 96 区信安大道
45	肇庆市端州图书馆	肇庆市	端州区宝月路 30 号
46	鼎湖区图书馆	肇庆市	鼎湖区民乐大道北
47	高要区图书馆	肇庆市	高要区南兴二路 3 号
48	四会市图书馆	肇庆市	四会市东城街道广场北路
49	广宁县图书馆	肇庆市	广宁县南街镇车背垌强信路 20 号
50	怀集县图书馆	肇庆市	怀集县怀城镇登云路二巷一号
51	封开县图书馆	肇庆市	封开县江口镇府前路县文化中心
52	德庆县图书馆	肇庆市	德庆县德城镇朝阳中路 67 号
53	清远市图书馆	清远市	清城区新城银泉北路图书博物大楼
54	清远市少年儿童图书馆	清远市	清城区清城学宫街左一巷 8 座
55	清城区图书馆	清远市	清城区先锋西路西湖广场内文化艺术中心大楼
56	佛冈县图书馆	清远市	佛冈县石角镇青松东路文化广场
57	清新区图书馆	清远市	清新区太和镇中山路 33 号
58	英德市图书馆	清远市	英德市吉祥东路 3 号
59	连州市图书馆	清远市	连州市文化广场
60	阳山县图书馆	清远市	阳山县思贤路
61	连山壮族瑶族自治县图书馆	清远市	连山壮族瑶族自治县吉田镇勤政路 2 号
62	连南瑶族自治县图书馆	清远市	连南瑶族自治县三江镇朝阳路 115 号
63	韶关市图书馆	韶关市	浈江区东堤南路 7 号
64	浈江区图书馆	韶关市	浈江区启明南路 23 号
65	曲江区图书馆	韶关市	曲江区马坝镇文化中心大楼三楼
66	南雄市图书馆	韶关市	南雄市第一小学润泽楼二楼
67	乐昌市图书馆	韶关市	乐昌市广福路 119 号
68	新丰县图书馆	韶关市	新丰县人民东路 63 号
69	仁化县图书馆	韶关市	仁化县新城东路 1 号

（续表）

序　号	馆　名	所在地级市	地　址
70	始兴县图书馆	韶关市	始兴县永安大道中 79 号
71	翁源县图书馆	韶关市	翁源县龙仙镇县城文体广场
72	乳源县图书馆	韶关市	乳源瑶族自治县乳城镇南环西路
73	惠州市慈云图书馆	惠州市	惠城区江北三新南路 15 号
74	博罗县图书馆	惠州市	博罗县罗阳镇罗阳一路 301 号
75	惠阳区图书馆	惠州市	惠阳区淡水金惠大道 7 号
76	惠东县图书馆	惠州市	惠东县平山街道华侨城侨胜南路 6 号
77	龙门县图书馆	惠州市	龙门县龙城街道文化路 8 号
78	河源市图书馆	河源市	源城区源西街道康宁路客家文化公园内
79	源城区图书馆	河源市	源城区公园路 41 号
80	东源县图书馆	河源市	东源县县府大院旁
81	连平县图书馆	河源市	连平县元善镇公园内 5 号
82	和平县图书馆	河源市	和平县阳明镇中山二路 001 号
83	龙川县图书馆	河源市	龙川县老隆镇文明一路 4 号
84	紫金县图书馆	河源市	紫金县城东风路 43 号
85	梅州市剑英图书馆	梅州市	梅江区书山路 1 号
86	梅江区图书馆	梅州市	梅江区金山街道民主路井头街 5 号
87	梅县区图书馆	梅州市	梅县区新城行政区府东二路 7 号
88	梅县区松口图书馆	梅州市	梅县区松口镇公园路
89	蕉岭县图书馆	梅州市	蕉岭县蕉城镇环城公路（镇山公园侧）
90	大埔县图书馆	梅州市	大埔县城虎中路 18 号
91	丰顺县图书馆	梅州市	丰顺县汤坑镇坚真公园内坚真纪念馆一楼
92	五华县图书馆	梅州市	五华县水寨镇文化街 43 号
93	兴宁市图书馆	梅州市	兴宁市兴城镇公园路 46 号
94	平远县图书馆	梅州市	平远县大柘镇平城中路三巷五号
95	汕头市图书馆	汕头市	龙湖区长平路第 11 街区时代广场内
96	濠江区图书馆	汕头市	濠江区海旁路国诚园 A 栋
97	潮阳区图书馆	汕头市	潮阳区文光街道振兴街元亨轩 C 梯 4 楼
98	潮南区图书馆	汕头市	潮南区峡山街道恩波路文化营
99	澄海区图书馆	汕头市	澄海区泰然路
100	金平区图书馆	汕头市	金平区东厦路 82 号四楼
101	龙湖区图书馆	汕头市	龙湖区大北山翰苑二楼
102	南澳县图书馆	汕头市	南澳县后宅镇中兴路文化广场北
103	揭阳市图书馆	揭阳市	榕城区空港经济区发展大道市文化中心内
104	榕城区图书馆	揭阳市	榕城区东湖路中段
105	惠来县图书馆	揭阳市	惠来县惠城镇南环一路慈云文化广场内
106	普宁市图书馆	揭阳市	普宁市流沙广场北侧
107	揭西县图书馆	揭阳市	揭西县河婆好日子广场旁

（续表）

序 号	馆 名	所在地级市	地 址
108	揭东区图书馆	揭阳市	揭阳市揭东区人民广场西附楼
109	潮州市谢慧如图书馆	潮州市	湘桥区西马路 191 号
110	湘桥区图书馆	潮州市	湘桥区昌黎路 36 号
111	潮安区图书馆	潮州市	潮安区廉泉街 4 号文化中心三楼
112	饶平县图书馆	潮州市	饶平县黄冈镇小公园内
113	汕尾市图书馆	汕尾市	城区红海东路慈云山公园内
114	海丰县图书馆	汕尾市	海丰县城红场路文化城内
115	陆丰市图书馆	汕尾市	陆丰市东海镇马街尾 329 号
116	陆河县图书馆	汕尾市	陆河县教育园区文体综合馆
117	湛江市图书馆	湛江市	赤坎区人民大道北 39 号
118	湛江市少年儿童图书馆	湛江市	霞山区延安路 57 号
119	赤坎区图书馆	湛江市	赤坎区福建街 30 号
120	霞山区图书馆	湛江市	霞山区人民大道南 71 号
121	徐闻县图书馆	湛江市	徐闻县徐海大道中段东侧县体育中心内
122	雷州市图书馆	湛江市	雷州市雷城曲街 01 号
123	遂溪县图书馆	湛江市	遂溪县遂城镇府前路 2 号
124	廉江市图书馆	湛江市	廉江市文化路 1 号
125	吴川市图书馆	湛江市	吴川市梅菉街道沿塘路 34 号
126	茂名市图书馆	茂名市	茂南区高凉中路文化广场内
127	化州市图书馆	茂名市	（旧馆）化州市民主路 80 号；（新馆）化州市北京路市委大楼东侧
128	高州市图书馆	茂名市	高州市文明路 6 号
129	信宜市图书馆	茂名市	信宜市迎宾大道
130	电白区图书馆	茂名市	电白区水东镇海滨大道 19 号
131	茂南区图书馆	茂名市	茂南区站南路金城三街 12 号
132	阳江市图书馆	阳江市	江城区新江北路文化艺术活动 C 区
133	江城区图书馆	阳江市	江城区书院街 64 号
134	阳东区图书馆	阳江市	阳东区升平路 156 号
135	阳春市图书馆	阳江市	阳春市春城东湖广场益民路
136	阳西县图书馆	阳江市	阳西县城向阳路 6 号县府宿舍 1-4 幢首层
137	云浮市图书馆	云浮市	云城区世纪大道中
138	云城区图书馆	云浮市	云城区河南东路 1 号（即云浮中学新校区东侧）
139	云安区图书馆	云浮市	云安区白沙塘行政区
140	罗定市图书馆	云浮市	罗定市园前路 85 号
141	新兴县图书馆	云浮市	新兴县新城镇中山路 72 号
142	郁南县图书馆	云浮市	郁南县都城镇河堤东路 20 号

说明：据广东省立中山图书馆提供的资料整理。

附录九　广东省爱国主义教育基地名录

序　号	所在地级市（数量）	基地名
1		中共三大会址纪念馆★
2		毛泽东同志主办农民运动讲习所旧址★
3		广州起义烈士陵园★
4		广州市黄花岗七十二烈士墓园★
5		黄埔军校旧址纪念馆★
6		三元里人民抗英斗争纪念馆★
7		西汉南越王博物馆
8		孙中山大元帅府纪念馆
9		广州市花都区洪秀全纪念馆
10		广州近代史博物馆
11		广州博物馆
12		广州市银河烈士陵园
13		广州市白云山风景名胜区
14		邓世昌纪念馆
15		广州中山纪念堂
16	广州市（33个）	十九路军淞沪抗日阵亡将士陵园
17		广州市国家档案馆
18		三·二九起义指挥部旧址纪念馆
19		番禺博物馆
20		粤海第一关纪念馆
21		广州起义纪念馆★
22		广州市第一次全国劳动大会旧址
23		广州市南沙虎门炮台旧址
24		广州市辛亥革命纪念馆
25		广州市海珠区十香园纪念馆
26		广东省博物馆
27		廖仲恺何香凝纪念馆
28		粤海关博物馆
29		南华西街道爱国主义教育基地
30		黄埔青少年军校
31		中国共产党广东区执行委员会旧址

（续表）

序　号	所在地级市（数量）	基地名
32	广州市（33个）	广州地铁博物馆
33		广州市城市规划展览中心
34	深圳市（12个）	深圳莲花山公园邓小平铜像广场
35		深圳市大鹏新区大鹏古城博物馆
36		深圳市盐田区中英街历史博物馆
37		深圳龙岗区布吉镇南岭村社区
38		深圳博物馆
39		深圳坪山区东江纵队纪念馆
40		招商局历史博物馆
41		深圳市南山区南头古城博物馆
42		深圳锦绣中华·中国民俗文化村
43		中国文化名人大营救纪念馆
44		深圳中国钢结构博物馆
45		土洋村东江纵队司令部旧址
46	珠海市（10个）	苏兆征故居陈列馆
47		"南海前哨钢八连"展示馆
48		珠海烈士陵园
49		珠海市档案馆
50		三灶岛侵华日军罪行遗址
51		珠海市林伟民与中国早期工人运动史迹陈列馆
52		珠海圆明新园
53		港珠澳大桥★
54		航空工业 AG600 飞机总装生产线★
55		万山海战遗址
56	汕头市（6个）	国民革命军东征军总指挥部旧址
57		汕头开埠文化陈列馆
58		汕头海关关史陈列馆
59		汕头大学
60		中央红色交通线旧址（汕头站）
61		汕头市档案馆侨批分馆（侨批文物馆）
62	佛山市（6个）	佛山市祖庙博物馆
63		康有为故居
64		铁军公园
65		三谭革命事迹展览馆
66		中国人民解放军粤中纵队纪念馆
67		佛山市顺德区西海抗日烈士陵园
68	韶关市（5个）	中共广东省委粤北省委机关旧址纪念馆暨历史纪念馆
69		仁化县石塘镇双峰寨

（续表）

序　号	所在地级市（数量）	基地名
70	韶关市（5个）	韶关市曲江区博物馆（马坝人博物馆）
71		韶关市博物馆
72		红军长征粤北纪念馆
73	河源市（6个）	紫金县苏区革命旧址群
74		阮啸仙故居
75		河源市源城区阮啸仙烈士陵园
76		河源市龙川县福建会馆
77		闽粤赣边五兴龙县苏维埃政府旧址
78		新丰江水电厂
79	梅州市（9个）	叶剑英元帅纪念园★
80		三河坝战役烈士纪念碑★
81		谢晋元故居及纪念馆
82		丘逢甲故居纪念馆
83		梅州市革命历史纪念馆
84		平远县红军纪念园
85		梅县区九龙嶂革命纪念馆
86		梅州市丰顺县坚真纪念馆
87		广东中国客家博物馆
88	惠州市（6个）	叶挺纪念馆★
89		邓演达纪念园
90		东江纵队纪念馆
91		惠东县高潭镇中洞革命老区
92		博罗县葛洪中医药博物馆
93		硬骨头六连展览馆
94	汕尾市（4个）	红宫红场旧址纪念馆★
95		海丰县烈士陵园
96		海丰县彭湃烈士故居
97		汕尾市陆河县激石溪革命根据地先烈纪念园
98	东莞市（6个）	鸦片战争博物馆（虎门炮台）★
99		东莞市可园博物馆
100		东莞市袁崇焕纪念园
101		广东东江纵队纪念馆
102		东莞市博物馆
103		榴花抗日纪念亭
104	中山市（4个）	孙中山故居纪念馆★
105		中山市革命烈士陵园
106		中山市档案馆
107		杨殷故居

（续表）

序 号	所在地级市（数量）	基地名
108	江门市（4个）	梁启超故居
109		冯如纪念馆
110		江门五邑华侨华人博物馆
111		江门市周文雍陈铁军烈士陵园
112	阳江市（1个）	阳江市围歼战革命烈士纪念园
113	湛江市（3个）	湛江市博物馆
114		雷州青年运河展览馆
115		解放军383团解放海南岛指挥部旧址
116	茂名市（3个）	高州冼太庙
117		茂名石化工业观光区
118		茂名市电白区革命历史纪念馆
119	肇庆市（2个）	叶挺独立团团部旧址纪念馆★
120		星湖风景名胜区（含鼎湖山）
121	清远市（2个）	向秀丽公园（纪念馆）
122		广东省飞来峡水利枢纽管理处
123	潮州市（3个）	潮州市韩愈纪念馆
124		涵碧楼文物管理所（涵碧楼革命纪念馆）
125		茂芝会议旧址
126	揭阳市（4个）	普宁"八一"南昌起义南下部队指挥部军事决策会议旧址★
127		周恩来同志革命活动旧址
128		大北山革命历史纪念馆
129		汾水战役烈士陵园
130	云浮市（2个）	邓发故居
131		云安区革命纪念公园
132	省直市（9个）	广东省档案馆
133		南海巡查执法总队"海巡31"船
134		广东华侨博物馆
135		广东省方志馆
136		广州蓄能水电厂
137		东江—深圳供水工程★
138		省港罢工委员会旧址
139		中山大学生物博物馆
140		暨南大学世界华侨华人文献馆

说明：带★者为全国爱国主义教育示范基地。

附录十　广东省老区镇（乡）、街道名录

序号	所在地级市（数量）	县（市、区）	老区镇（乡）、街道数	老区镇（乡）、街道名称
1	广州市（6个）	增　城	4	永和、沙埔、派潭、福和
		从　化	1	吕田
		番　禺	1	榄核
2	深圳市（17个）	龙　岗	8	坪山、南澳、大鹏、葵冲、坑梓、坪地、龙岗、布吉
		罗　湖	3	盐田、梅沙、翠竹
		福　田	2	梅林、福田
		南　山	1	西丽
		宝　安	3	观澜、龙华、石岩
3	珠海市（2个）	斗　门	2	乾务、五山
4	汕头市（14个）	潮　阳	10	红场、雷岭、两英、仙城、成田、金玉、和平、河溪、金浦、田心
		澄　海	4	十五乡、上华、莲上、盐鸿
5	佛山市（5个）	高　明	5	合水、更楼、杨梅、新圩、明城
6	韶关市（61个）	南　雄	16	油山、湖口、大塘、珠玑、水口、乌迳、孔江、坪田、帽子峰、黄坑、界址、梅岭、澜河、新龙、苍石、主田
		始　兴	13	隘子、沈所、司前、顿岗、罗坝、深渡水、马市、澄江、花山、北山、城南、刘张家山、江口
		翁　源	12	六里、红岭、江尾、松塘、周陂、礤下、庙墩、连新、贵联、新江、岩庄、坝仔
		新　丰	7	黄礤、大席、迴龙、遥田、马头、石角、小镇
		曲　江	6	乌石、白沙、马坝、江湾、小坑、罗坑
		仁　化	6	石塘、城口、长江、红山、董塘、仁化
		乳　源	1	大布
7	河源市（80个）	源　城	2	埔前、高埔岗农场
		东　源	18	黄村、叶潭、久社、上莞、漳溪、骆湖、灯塔、顺天、半江、三河、康和、柳城、船塘、黄沙、曾田、涧头、锡场、新迴龙乡
		连　平	8	绣缎、九连、田源、内莞、大湖、高莞、贵东、忠信
		和　平	13	大坝、热水、贝墩、东水、合水、古寨、公白、上陵、下车、彭寨、青洲、安坳、礼士
		龙　川	21	石坑、赤光、锦归、丰稔、黄石、佗城、附城、车田、上坪、谷前、龙母、黎咀、通衢、登云、四都、义都、紫市、郑马、迴龙、贝岭、麻布岗
		紫　金	18	九寿、蓝塘、好义、古竹、敬梓、龙窝、苏区、青溪、紫城、水墩、九和、凤安、上义、义容、洋头、南岭、白溪水库管理处、中坝

（续表）

序号	所在地级市（数量）	县（市、区）	老区镇（乡）、街道数	老区镇（乡）、街道名称
8	梅州市（97个）	梅 县	17	梅南、水车、畲江、径义、瑶上、大坪、石坑、梅西、松源、隆文、桃尧、白渡、三乡、西阳、荷泗、石扇、松东
		五 华	23	梅林、双华、郭田、龙村、中兴、文葵、安流、棉洋、桥江、锡坑、平南、油田、华阳、大坝、转水、新侨、潭下、双头、大田、岐岭、横陂、小都、周江
		大 埔	19	枫朗、大东、双溪、平原、高陂、光德、桃源、古埜、洲瑞、银江、三河、大麻、英雅、青溪、长治、西河、岩上、丰溪林场、洲瑞林场
		丰 顺	20	上八乡、下八乡、汤西、东联、北斗、丰良、建桥、龙岗、大龙华、径门、小胜、砂田、潭江、潭山、东留、潘田、茶背、黄金、仙洞、留隍
		兴 宁	10	罗浮、宋声、径心、径南、叶南、下堡、坪洋、石马、罗岗、黄槐
		平 远	2	超竹、石正
		蕉 岭	5	徐溪、南磜、北磜、高思、华侨场
		梅 江	1	长沙
9	惠州市（56个）	惠 阳	10	淡水、沙田、秋长、新圩、镇隆、永湖、水口、大岚、芦洲、澳头
		惠 东	16	高潭、马山、宝口、新庵、石塘、安墩、白盆珠、多祝、松坑、增光、梁化、白花、平海、吉隆、稔山、巽寮
		博 罗	17	罗阳、响水、湖镇、横河、长宁、福田、龙华、龙溪、石坝、蓝田、麻坡、公庄、杨村、柏塘、平安、泰美、九潭
		龙 门	13	麻榨、永汉、沙迳、龙华、路溪、龙江、平陵、左潭、地派、南昆山、铁岗、蓝田、天堂山
10	汕尾市（63个）	城 区	9	凤山街道、新港街道、香洲街道、东涌、捷胜、红草、马宫、田乾、遮浪
		海 丰	23	平东、附城、海城、可塘、大湖、赤坑、鲘门、公平、联安、赤石、黄羌、莲花山、鹅埠、小漠、陶河、梅陇、城东、梅陇农场、圆墩林场、黄羌林场、公平水库、青年水库、西坑乡
		陆 丰	23	大安、大安场、西南、河西、潭西、上英、金厢、东海、城东、博美、桥冲、八万、陂洋、铜锣湖农场、华侨农场、星都试验区、南塘、碣北、碣石、湖东、甲西、甲子、甲东
		陆 河	8	水唇、东坑、南万、螺溪、河田、上护、新田、河口
11	东莞市（5个）		5	大岭山、大朗、东坑、黄江、厚街
12	中山市（8个）		8	五桂山、翠亨村、三乡、南朗、阜沙、古镇、东升、西区
13	江门市（34个）	新 会	2	荷塘、大敖
		鹤 山	8	合成场、双合、宅梧、云乡、址山、鹤城、共和、龙口
		台 山	13	斗山、都斛、隆文、广海、沙栏、海宴、汶村、横山、深井、那扶、北陡、上川、下川
		开 平	4	东山、大沙、水井、金鸡
		恩 平	7	沙湖、牛江、君堂、良西、那吉、朗底、洪滘
14	阳江市（17个）	阳 春	7	春城、河口、岗美、合水、春湾、卫国、河㙟
		阳 西	6	织篢、塘口、蒲牌、程村、上洋、儒洞
		阳 东	4	雅韶、三山、新洲、大八

（续表）

序号	所在地级市(数量)	县（市、区）	老区镇（乡）、街道数	老区镇（乡）、街道名称
15	湛江市（59个）	徐 闻	3	前山、新寮、下洋
		雷 州	7	附城、沈塘、纪家、南兴、雷高、调风、东里
		霞 山	1	海头
		廉 江	17	新民、良垌、平坦、新华、横山、河堤、青平、龙湾、石岭、雅塘、石颈、吉水、和寮、石角、长山、石城、红湖农场
		遂 溪	15	乐民、江洪、河头、界炮、北潭、洋青、沙古、杨柑、城月、乌塘、建新、岭北、城西、附城、黄略
		吴 川	8	浅水、长岐、覃巴、振文、塘㙍、板桥、兰石、博铺
		坡 头	3	官渡、乾塘、麻斜
		麻 章	5	麻章、太平、民安、东山、东简
16	茂名市（39个）	化 州	20	长岐、同庆、杨梅、良光、笪桥、东山、南盛、丽岗、新安、林尘、官桥、中垌、合江、那务、播扬、宝圩、平定、文楼、江湖、兰山
		高 州	9	云潭、镇江、沙田、东岸、大潮、潭头、平山、深镇、顿梭
		茂 南	1	山阁
		信 宜	6	东镇、池洞、钱排、怀乡、洪冠、茶山
		电 白	3	那霍、马踏、羊角
17	肇庆市（34个）	广 宁	18	排沙、联和、东乡、宾亨、坑口、江屯、赤坑、潭布、石涧、螺岗、五和、古水、深坑、清桂、石咀、葵洞、木格、南街
		德 庆	5	高良、马圩、凤村、莫村、官圩
		怀 集	4	诗洞、洽水、永固、甘洒
		四 会	3	黄田、石狗、江林
		高 要	2	活道、蛟塘
		封 开	2	平凤、七星
18	清远市（45个）	清 新	6	高田、回兰、秦皇、南冲、石马、笔架林场
		英 德	17	白沙、青塘、横石水、桥头、黄陂、大镇、鱼湾、黄岗、望埠、黎溪、大洞、沙坝、水边、张陂、青坑、波罗、西牛
		佛 冈	7	高岗、烟岭、迳头、水头、三八、四九、黄花
		连 县	13	大路边、清江、丰阳、西江、山塘、朝天、龙潭、朱岗、潭岭、东陂、瑶安、三水、高山
		阳 山	2	小江、黄岔
19	潮州市（39个）	潮 安	17	枫溪、登塘、凤塘、龙湖、东凤、磷溪、铁埔、江东、沙溪、归湖、文祠、凤凰、赤凤、田东、大山、凤南、万峰林场
		饶 平	21	上善、上饶、饶洋、新塘、新丰、九村、建饶、三饶、汤溪、浮滨、坪溪、浮山、东山、渔村、新圩、樟溪、大埕、所城、柘林、韩江林杨、新安林场
		湘 桥	1	意溪

（续表）

序号	所在地级市(数量)	县(市、区)	老区镇(乡)、街道数	老区镇(乡)、街道名称
20	揭阳市（67个）	惠来	16	靖海、岐石、仙庵、东港、东陇、溪西、华湖、隆江、周田、鳌江、南海、河林、青山、大南山华侨农场、青坑场、东埔场
		普宁	29	流沙、池尾、大南山、占陇、军埠、下架山、南径、麒麟、南溪、广太、洪阳、赤岗、大坝、燎源、梅塘、里湖、石牌、梅林、南阳、船埔、高埔、云落、大坪、黄沙、后溪、石牌场、大坪场、大池场、马鞍山场
		揭西	18	下砂、五云、良田、西田、河婆、坪上、龙潭、南山、灰寨、五经富、大洋、京溪园、钱坑、大溪、金和、凤江、塔头、东园
		揭东	4	埔田、云路、锡场、龙尾
21	云浮市（28个）	罗定	12	罗镜、分界、新榕、罗平、苹塘、金鸡、替滨、新乐、连州、都门、加益、扶合
		郁南	8	平台、桂圩、罗顺、通门、宝珠、大方、河口、都城
		新兴	4	大江、里洞、共成、水台
		云安	4	河口、富林、都骑、杨柳

说明：据广东省民政厅编《广东省革命老区村庄名册》收录的《广东省老区镇（乡）、街道名录》整理。

附录十一　广东省古树、名木株数统计表

省	地级市	县（市、区）	合　计	名木株数	一级古树株数	二级古树株数	三级古树株数
广东省			84390	80	761	4846	78703
	广州市		10029	20	9	158	9842
		白云区	328	3		15	310
		从化区	498	3		10	485
		番禺区	772		1	2	769
		海珠区	72	1		6	65
		花都区	298	1			297
		黄埔区	5209	1	3	101	5104
		荔湾区	263			3	260
		南沙区	230		1		229
		天河区	105	8		2	95
		越秀区	238	3		7	228
		增城区	2016		4	12	2000
	韶关市		8431		198	1108	7125
		乐昌市	1469		11	246	1212
		南雄市	2091		89	361	1641
		曲江区	791		24	38	729
		仁化县	882		20	145	717
		乳源县	727		9	38	680
		始兴县	1532		27	125	1380
		翁源县	383		7	29	347
		武江区	99		1	29	69
		新丰县	351		9	67	275
		浈江区	106		1	30	75
	深圳市		1590	5	14	61	1510
		宝安区	146		1	3	142
		大鹏新区	500		6	25	469
		福田区	77	2	1	4	70
		光明区	49			1	48
		龙岗区	218			10	208
		龙华区	86			3	83

（续表）

省	地级市	县（市、区）	合　计	名木株数	一级古树株数	二级古树株数	三级古树株数
		罗湖区	138	3	3	4	128
		南山区	136		2	3	131
		坪山区	156			1	155
		深汕特别合作区	34			6	28
		盐田区	50		1	1	48
	珠海市		1623	5	4	21	1593
		斗门区	207		2	3	202
		高栏港区	97		1	1	95
		高新区	1026	4	1	7	1014
		横琴区	9				9
		金湾区	90			3	87
		万山区	11				11
		香洲区	183	1		7	175
	汕头市		1220	1	17	96	1106
		潮南区	141		5	11	125
		潮阳区	179		4	16	159
		澄海区	253		4	25	224
		濠江区	113		2	7	104
		金平区	258			25	233
		龙湖区	142		1	1	140
		南澳县	134	1	1	11	121
	佛山市		3164	1	7	74	3082
		禅城区	336	1	3	6	326
		高明区	254			12	242
		南海区	930		1	38	891
		三水区	778			10	768
		顺德区	866		3	8	855
	江门市		1903	6	7	51	1839
		恩平市	446			12	434
		鹤山市	293		2	5	286
		江海区	55				55
		开平市	368			13	355
		蓬江区	193	1		2	190
		台山市	283	3	4	5	271
		新会区	265	2	1	14	248
	湛江市		7375	14	43	233	7085
		赤坎区	77		1		76
		经开区	491	7	2	20	462
省	地级市	县（市、区）	合　计	名木株数	一级古树株数	二级古树株数	三级古树株数

（续表）

省	地级市	县（市、区）	合 计	名木株数	一级古树株数	二级古树株数	三级古树株数
		雷州市	922		8	35	879
		廉江市	880	2	3	28	847
		麻章区	1025	3	8	19	995
		坡头区	556		5	10	541
		遂溪县	630		7	32	591
		吴川市	505		4	33	468
		霞山区	219	2	1	16	200
		徐闻县	2070		4	40	2026
	茂名市		8331	2	80	220	8029
		滨海新区	47			1	46
		电白区	1677		30	25	1622
		高新区	33				33
		高州市	4374	2	33	71	4268
		化州市	623		1	21	601
		茂南区	918		9	77	832
		信宜市	659		7	25	627
	肇庆市		3553	5	25	240	3283
		德庆县	255		4	28	223
		鼎湖区	180		4	4	172
		端州区	137	2		8	127
		封开县	452		10	49	393
		高新区	107			14	93
		高要区	465		3	22	440
		广宁县	453			26	427
		怀集县	477	3	2	66	406
		四会市	1027		2	23	1002
	惠州市		11265		71	430	10764
		博罗县	2658		21	98	2539
		大亚湾	42			6	36
		惠城区	641		11	33	597
		惠东县	4297		14	200	4083
		惠阳区	532		16	27	489
		龙门县	2994		8	64	2922
		仲恺高新区	101		1	2	98
	梅州市		4685		46	256	4383
		大埔县	509		2	26	481
		丰顺县	320		3	21	296
		蕉岭县	411		1	8	402

（续表）

省	地级市	县（市、区）	合　计	名木株数	一级古树株数	二级古树株数	三级古树株数
		梅江区	616			14	602
		梅县区	1388		12	92	1284
		平远县	517		15	38	464
		五华县	557		8	41	508
		兴宁市	367		5	16	346
	汕尾市		856			25	831
		城区	100			3	97
		海丰县	125			8	117
		红海湾	48				48
		陆丰市	262			5	257
		陆河县	321			9	312
	河源市		2313	1	54	207	2051
		东源县	732		13	55	664
		和平县	454	1	16	84	353
		江东新区	39				39
		连平县	435		5	19	411
		龙川县	262		14	30	218
		新丰江	63		2	7	54
		源城区	86		1	2	83
		紫金县	242		3	10	229
	阳江市		2731	2	19	246	2464
		高新区	21			1	20
		海陵区	153			12	141
		江城区	172	2	4	14	152
		阳春市	1830		8	123	1699
		阳东区	311		4	46	261
		阳西县	244		3	50	191
	清远市		3975	2	58	539	3376
		佛冈县	236		1	22	213
		连南县	522		4	6	512
		连山县	410		9	80	321
		连州市	611		7	30	574
		清城区	209			7	202
		清新区	472		9	21	442
		阳山县	819		24	352	443
		英德市	696	2	4	21	669
	东莞市		3705	5	37	248	3415
		东莞市（区）	3705	5	37	248	3415

（续表）

省	地级市	县（市、区）	合　计	名木株数	一级古树株数	二级古树株数	三级古树株数
	中山市		1237	1	3	31	1202
		中山市（区）	1237	1	3	31	1202
	潮州市		1911		35	184	1692
		潮安区	744		2	44	698
		枫溪区	73			1	72
		饶平县	732		18	121	593
		湘桥区	362		15	18	329
	揭阳市		2092	8	23	221	1840
		惠来县	500		6	42	452
		揭东区	284		4	44	236
		揭西县	689			44	645
		空港经济区	111	8	3	42	58
		普宁市	330			7	323
		榕城区	178		10	42	126
	云浮市		2401	2	11	197	2191
		罗定市	573		6	75	492
		新兴县	877	1	2	52	822
		郁南县	531	1	1	40	489
		云安区	217			7	210
		云城区	203		2	23	178

说明：据广东省林业局提供的资料整理。

附录十二　广东省部分名木信息表

序号	科	属	树　种	拉丁名	生长场所	树高（米）	类　别	栽植人	栽植时间	地　址
1	木棉科	木棉属	木棉	*Bombax ceiba*	城区	18	纪念树	杨尚昆	1997 年 12 月 24 日	广州市白云区云城街道
2	木棉科	木棉属	木棉	*Bombax ceiba*	城区	12	纪念树	乔　石	1998 年 1 月 26 日	广州市白云区云城街道
3	南洋杉科	南洋杉属	南洋杉	*Araucaria cunninghamii*	城区	21.5	纪念树	荣毅仁	1998 年 1 月 31 日	广州市白云区云城街道
4	柏科	柏木属	柏木	*Cupressus funebris Endl.*	乡村	3.5	纪念树	刘少奇 邓小平 陶　铸	1960 年	广州市从化区温泉镇
5	蔷薇科	杏属	梅	*Armeniaca mume Sieb.*	乡村	7	纪念树	陈　毅	1962 年	广州市从化区温泉镇
6	蔷薇科	杏属	梅	*Armeniaca mume Sieb.*	乡村	6.5	纪念树	周恩来	1959 年	广州市从化区温泉镇
7	梧桐科	苹婆属	苹婆	*Sterculia nobilis*	城区	6.2	纪念树	邓世昌	相传 1860 年	广州市海珠区龙凤街道
8	无患子科	龙眼属	龙眼	*Dimocarpus longan*	乡村	6.8	纪念树	洪秀全	大约在清朝	广州市花都区秀全街道
9	梧桐科	苹婆属	苹婆	*Sterculia nobilis*	城区	3	纪念树	华峰寺	1842 年	广州市黄埔区永和街道
10	漆树科	人面子属	人面子	*Dracontomelon duperreanum Pier*	城区	20.3	纪念树	朱　德	1961 年 2 月 1 日	广州市天河区长兴街道
11	豆科	无忧花属	中国无忧花	*Saraca dives Pierre*	城区	15.4	友谊树	柬埔寨主席和夫人	1986 年 1 月 17 日	广州市天河区长兴街道
12	豆科	红豆属	海南红豆	*Ormosia pinnata*	城区	15.3	纪念树	李光耀	1992 年 10 月 7 日	广州市天河区长兴街道
13	龙脑香科	青梅属	青梅	*Vatica mangachapoi*	城区	9	纪念树	董必武	1965 年 1 月 24 日	广州市天河区长兴街道
14	龙脑香科	青梅属	青梅	*Vatica mangachapoi*	城区	9	纪念树	朱　德	1965 年 1 月 24 日	广州市天河区长兴街道
15	大风子科	天料木属	红花天料木	*Homalium hainanense*	城区	16.8	友谊树	阿富汗前国王和王后	1964 年 11 月 6 日	广州市天河区长兴街道

（续表）

序号	科	属	树　种	拉丁名	生长场所	树高（米）	类　别	栽植人	栽植时间	地　址
16	木棉科	木棉属	木棉	*Bombax malabaricum*	城区	9.7	纪念树	叶剑英	1980年4月23日	广州市天河区长兴街道
17	壳斗科	栎属	夏栎	*Quercus robur*	城区	5.2	友谊树	伊丽莎白二世	1986年10月18日	广州市越秀区六榕街道
18	楝科	米仔兰属	米仔兰	*Aglaia odorata*	城区	5	友谊树	陈　毅	1960年10月14日	广州市越秀区白云街道
19	楝科	米仔兰属	米仔兰	*Aglaia odorata*	城区	6	友谊树	胡志明	1960年10月14日	广州市越秀区白云街道
20	桑科	榕属	高山榕	*Ficus altissima*	城区	10.4	纪念树	邓小平	1992年1月22日	深圳市罗湖区莲塘街道
21	桑科	榕属	高山榕	*Ficus altissima*	城区	10.9	纪念树	杨尚昆	1992年1月22日	深圳市罗湖区莲塘街道
22	桑科	榕属	高山榕	*Ficus altissima*	城区	9.4	纪念树	江泽民	2004年1月29日	深圳市罗湖区莲塘街道
23	桑科	榕属	榕树	*Ficus microcarpa*	城区	19.5	纪念树	唐绍仪	1930年	珠海市高新区唐家湾镇
24	罗汉松科	罗汉松属	罗汉松	*Podocarpus macrophyllus*	城区	2.3	纪念树	唐绍仪	1910年	珠海市高新区唐家湾镇
25	桃金娘科	桉属	柠檬桉	*Eucalyptus citriodora*	城区	15	纪念树	梅兰芳	1931年	珠海市高新区唐家湾镇
26	桃金娘科	桉属	柠檬桉	*Eucalyptus citriodora*	城区	15	纪念树	梅兰芳	1931年	珠海市高新区唐家湾镇
27	豆科	红豆属	海南红豆	*Ormosia pinnata*	城区	15	纪念树	杨尚昆	1993年2月26日	珠海市香洲区吉大街道
28	豆科	酸豆属	酸豆	*Tamarindus indica Linn.*	城区	7.2	纪念树	孙中山	1883年	中山市南朗街道
29	柏科	圆柏属	龙柏	*Sabina chinensis cv. Kaizuca*	城区	5	纪念树	丘成桐	1996年	东莞市莞城街道
30	柏科	圆柏属	龙柏	*Sabina chinensis cv. Kaizuca*	城区	4	纪念树	丘成桐	1996年	东莞市莞城街道
31	木棉科	木棉属	木棉	*Bombax malabaricum*	城区	12.5	纪念树	牛满江	1995年8月28日	江门市蓬江区堤东街道
32	南洋杉科	南洋杉属	南洋杉	*Araucaria cunninghamii Sweet*	乡村	14	纪念树	陶　铸	1958年	江门市台山市台城街道
33	南洋杉科	南洋杉属	南洋杉	*Araucaria cunninghamii Sweet*	乡村	14	纪念树	陶　铸	1958年	江门市台山市台城街道
34	南洋杉科	南洋杉属	南洋杉	*Araucaria cunninghamii Sweet*	乡村	14	纪念树	陶　铸	1958年	江门市台山市台城街道
35	漆树科	杧果属	杧果	*Mangifera indica*	城区	13	纪念树	莫家族人	约20世纪30年代	江门市新会区会城街道

（续表）

序号	科	属	树 种	拉丁名	生长场所	树高（米）	类 别	栽植人	栽植时间	地 址
36	罗汉松科	罗汉松属	罗汉松	*Podocarpus macrophyllus*	城区	5.5	纪念树	华国锋	1996年1月13日	肇庆市端州区七星岩景区
37	木犀科	木犀属	木犀	*Osmanthus fragrans*	城区	2.5	纪念树	杨尚昆	1997年1月17日	肇庆市端州区七星岩景区
38	杉科	杉木属	杉木	*Cunninghamia lanceolata*	乡村	20	纪念树	习仲勋	1975年9月	肇庆市怀集县蓝钟镇
39	杉科	杉木属	杉木	*Cunninghamia lanceolata*	乡村	20	纪念树	习仲勋	1975年9月	肇庆市怀集县蓝钟镇
40	杉科	杉木属	杉木	*Cunninghamia lanceolata*	乡村	21	纪念树	习仲勋	1975年9月	肇庆市怀集县蓝钟镇
41	马鞭草科	柚木属	柚木	*Tectona grandis*	乡村	18	友谊树	郑崇岳	1955年5月4日	揭阳市榕城区炮台镇
42	马鞭草科	柚木属	柚木	*Tectona grandis*	乡村	14	友谊树	郑崇岳	1955年5月4日	揭阳市榕城区炮台镇
43	马鞭草科	柚木属	柚木	*Tectona grandis*	乡村	14.5	友谊树	郑崇岳	1955年5月4日	揭阳市榕城区炮台镇
44	马鞭草科	柚木属	柚木	*Tectona grandis*	乡村	15.5	友谊树	郑崇岳	1955年5月4日	揭阳市榕城区炮台镇
45	马鞭草科	柚木属	柚木	*Tectona grandis*	乡村	16.5	友谊树	郑崇岳	1955年5月4日	揭阳市榕城区炮台镇
46	马鞭草科	柚木属	柚木	*Tectona grandis*	乡村	16	友谊树	郑崇岳	1955年5月4日	揭阳市榕城区炮台镇
47	马鞭草科	柚木属	柚木	*Tectona grandis*	乡村	15.5	友谊树	郑崇岳	1955年5月4日	揭阳市榕城区炮台镇
48	马鞭草科	柚木属	柚木	*Tectona grandis*	乡村	15	友谊树	郑崇岳	1955年5月4日	揭阳市榕城区炮台镇
49	木棉科	吉贝属	吉贝	*Ceiba pentandra*	城区	25	纪念树	王震	1962年	湛江市经开区乐华街道
50	棕榈科	油棕属	油棕	*Elaeis gunieensis*	城区	15	纪念树	叶剑英	1975年	湛江市经开区乐华街道
51	棕榈科	油棕属	油棕	*Elaeis gunieensis*	城区	18	纪念树	陶铸	1961年	湛江市经开区乐华街道
52	棕榈科	油棕属	油棕	*Elaeis gunieensis*	城区	18	纪念树	朱德	1957年1月	湛江市经开区乐华街道
53	南洋杉科	南洋杉属	南洋杉	*Araucaria cunninghamii Sweet*	乡村	24	纪念树	陈毅及夫人张茜	1963年2月2日	湛江市廉江市河唇镇
54	南洋杉科	南洋杉属	南洋杉	*Araucaria cunninghamii Sweet*	乡村	26	纪念树	陈毅及夫人张茜	1963年2月2日	湛江市廉江市河唇镇

（续表）

序号	科	属	树　种	拉丁名	生长场所	树高（米）	类　别	栽植人	栽植时间	地　址
55	豆科	格木属	格木	*Erythrophleum fordii*	城区	18.5	友谊树	胡志明	1962 年 2 月	湛江市麻章区湖光镇
56	豆科	格木属	格木	*Erythrophleum fordii*	城区	13.7	友谊树	胡志明	1962 年 2 月	湛江市麻章区湖光镇
57	豆科	格木属	格木	*Erythrophleum fordii*	城区	12	友谊树	胡志明	1962 年 2 月	湛江市麻章区湖光镇
58	木兰科	含笑属	白兰	*Michelia alba*	城区	14	纪念树	陈毅及夫人张茜	1963 年 2 月 2 日	湛江市霞山区海滨街道
59	木兰科	含笑属	白兰	*Michelia alba*	城区	7	纪念树	陈毅及夫人张茜	1963 年 2 月 2 日	湛江市霞山区海滨街道
60	桑科	榕属	雅榕	*Ficus concinna*（*Miq.*）*Miq.*	城区	23	纪念树	王阳明	大约在明正德年间	河源市和平县阳明镇
61	无患子科	龙眼属	龙眼	*Dimocarpus longan*	乡村	6	纪念树	莫耀坤	1943 年 4 月 6 日	茂名市高州市分界镇
62	无患子科	荔枝属	荔枝	*Litchi chinensis Sonn.*	乡村	3.8	纪念树	江泽民	2000 年 2 月 19 日	茂名市高州市根子镇
63	樟科	鳄梨属	鳄梨	*Persea americana*	城区	5	纪念树	叶剑英	1952 年	湛江市经开区乐华街道观海社区
64	木兰科	含笑属	白兰	*Michelia alba*	城区	12	纪念树	陈　毅	1963 年	湛江市经开区乐华街道观海社区
65	桑科	榕属	垂叶榕	*Ficus benjamina*	城区	4	纪念树	朱　德	1963 年	湛江市经开区乐华街道观海社区
66	桑科	榕属	榕树	*Ficus microcarpa*	乡村	7	纪念树	关山月	1947 年 8 月 15 日	阳江市江城区埠场镇
67	桑科	榕属	榕树	*Ficus microcarpa*	乡村	11	纪念树	关山月祖辈	1737 年 7 月 20 日	阳江市江城区埠场镇
68	木兰科	含笑属	白兰	*Michelia alba*	乡村	22	纪念树	詹天佑	1910 年	清远市英德市连江口镇
69	木兰科	含笑属	白兰	*Michelia alba*	乡村	24	纪念树	詹天佑	1910 年	清远市英德市连江口镇
70	无患子科	荔枝属	荔枝	*Litchi chinensis Sonn.*	城区	17	纪念树	六祖惠能	公元 713 年	云浮市新兴县六祖镇

说明：据广东省林业局提供的资料整理。

附录十三　广东省四种方言拼音方案

广州话拼音方案

一、字母表

a b c d e f g h i j k l m n
o p q r s t u v w x y z

注：（1）r，v 两个字母用来拼写普通话和外来语，拼写
广州话时不用。

（2）广州话拼音字母有四个带有附加符号：ê，é，ô，
ü，其中 é，ô 两个是和汉语拼音字母不同的。由
于这几个字母是 e，o，u 三个字母的变体，故
不列入字母表内。

二、声母表

b 波　p 婆　m 摸　f 科　d 多　t 拖　n 挪　l 罗
g 哥　k 卡　ng 我　h 何　z 左　c 初　s 梳　j 知
q 雌　x 思　gu 姑　ku 箍　y 也　w 华

注：（1）z，c，s 和 j，q，x 两组声母，广州话的读音没
有区别，只是在拼写韵母时有不同，z，c，s 拼
写 a，o，é 及 a，o，ô，e，é，ê，u 等字母开
头的韵母，例如：za 渣，ca 茶，sa 沙。j，q，
x 拼写 i，ü 及 i，ü 字母开头的韵母，例如：ji 知，
qi 次，xi 思。

（2）gu 姑，ku 箍是圆唇的舌根音，作为声母使用，
不能单独注音，单独注音时是音节，不是声母。

（3）y 也，w 华拼音时作为声母使用，拼写出来的
音节相当于汉语拼音方案的复韵母，但由于广
州话当中这些韵母前面不再拼声母，因此只作
为音节使用。

三、韵母表

a 呀　　i 衣　　u 乌　　ü 于
o 柯
ô 奥
ê （靴）
é （遮）

ai 挨			
ao 拗			
ei 翳			
êu （去）	iu 妖		
éi （非）			
oi 哀		ui 煨	
ou 欧			
am （监）			
em 庵	im 淹		
an 晏			
en （恩）	in 烟	un 碗	ün 冤
ên （春）			
on 安			
ang 罂			
eng 莺	ing 英		
êng （香）			
éng （镜）			
ông （康）		ong 瓮	
ab 鸭			
eb （急）	ib 叶		
ad 押			
ed （不）	id 热	ud 活	üd 月
êd （律）			
od （渴）			
ag （客）			
eg （德）	ig 益	ug 屋	
êg （约）			
ég （尺）			
og 恶			

注：（1）例字外加（ ）号的，只取其韵母。

（2）i 行的韵母，前面没有声母的时候，写成 yi 衣，
yiu 妖，yim 淹，yin 烟，ying 英，yib 叶，yid 热，
yig 益。

u 行的韵母，前面没有声母的时候，写成 wu 乌，
wui 煨，wun 碗，wud 活。

ü行的韵母，前面没有声母的时候，写成 yu 于，yun 冤，yud 月；ü 上两点省略。

ü行的韵母，跟声母 j, q, x 相拼的时候，写成 ju 珠，qu 处，xu 书；ü 上两点省略。

（3）êu（去）本来写成 ëü（去），为了减少字母的附加符号，ü 上两点省略。

注：声调符号标在音节的右上角，例如：

诗 xi¹　　　史 xi²　　　试 xi³

说明：（1）本方案基本上是根据汉语拼音方案拟订的。原则上不另制新字母、不随便改变原字母发音。

（2）本方案以广州音为依据，其他广州话地区可根据这方案作适当的增减。

四、声调表

名称:	阴平 阴入	阴上	阴去 中入	阳平	阳上	阳去 阳入
符号:	1	2	3	4	5	6
例字:	诗 色	史	试 锡	时	市	事 食

客家话拼音方案

一、字母表

a b c d e f g h i j k l m n
o p q r s t u v w x y z

注：v, y 两个字母客家话不用。

二、声母表

b 波　p 婆　m 摸　f 火　w 禾　d 多　t 拖　n 挪
l 罗　g 哥　k 可　ng 我　h 河　j 挤　q 妻　x 西
z 资　c 雌　s 思　zh 之　ch 迟　sh 时　r 医

注：zh, ch, sh, r 四个声母，梅县话没有，兴宁、丰顺、龙川和粤北部分客家话有。

三、韵母表

–i（资）	i 衣	u 乌	ü 迂		
a 阿	ia 也	ua 娃			
o（哥）		uo 窝			
ê 这		ñ 五			
(e)					
ai 矮	iai（界）	uai 歪			
oi 哀		ui 威			
ao 拗	iao 要				
ou 欧	iu 友				
am 庵	iam 淹				
em（针）	im 阴				
an（班）	ian 烟(边)	uan 弯			
on 安		uon 碗			
ên 恩					

en（真）	in 因	un 温	
	iun 允		
ang（冷）	iang 影		
ông 江	iông 央	uông 王	
ong 翁	iong 雍		
ab 鸭	iab 叶		
eb（汁）	ib 邑		
ad（八）	iad 乙(别)	uad 挖	
od（脱）			
êd（北）		uêd（国）	
ed（质）	id 一	ud 吻	
ag（百）	iag（锡）		
ôg 恶	iôg 约	ug 握	
	iug 育	ug 屋	

注：（1）–i 不单独成音节，只跟 z, c, s 和 zh, ch, sh, r 相拼。（e）不单独成音节，只跟 –m, –n, –b, –d 相拼为 em, en, eb, ed。

（2）ü 韵母梅县话没有，大埔、乐昌、英德等地客家话有。

（3）ñ 是自成音节的韵母。念"鱼""吴""五""午"。

（4）ian 单独成音节和跟 g, k, ng, h 声母相拼时念 ian，跟其他声母相拼念 iên。

（5）ông 念江的韵母，iông 念央，为了和普通话的 ong, iong 的字形区分开来，故在 ong, iong 的 o 上加"^"符号。ong, iong 的发音和普通话的 ong, iong 大致相同。

（6）凡有（　）号的字，只取其韵母。

四、声调表

名称：	阴平	阳平	上声	去声	阴入	阳入
符号：	1	2	3	4	5	6
例字：	fu¹ 夫	fu² 扶	fu³ 府	fu⁴ 富	fug⁵ 福	fug⁶ 服

注：1、2、3、4、5、6 表示声调符号，即阴平、阳平、上声、去声、阴入、阳入。声调符号标在音节的右上角。

说明：（1）本方案基本上是根据汉语拼音方案拟订的。原则上不另制新字母，不随便改变原来字母的发音。

（2）本方案以梅县音为根据，其他客家话可根据该方言语音的实际作适当增减。

（3）梅县音韵母实际有七十多个，为了学习方便，故将管字较少、使用率较低的韵母（如 io, iui, uên 等）删去。

海南话拼音方案

一、字母表

a b c d e f g h i j k l m n
o p q r s t u v w x y z

注：c, f, j, k, q, r, t, w, x 用来拼写普通话，拼写海南话时不用。

二、声母表

b 波　p 坡　m 看　v 无　d 装　dd 刀　n 挪　l 罗
g 哥　ng 俄　h 糠　hh 号　z 支　s 妻　y 余

三、韵母表

	i 医		u 呜
a 亚	ia 也		ua 换
o 荷	io 腰		
e 下			ue 话
ai 哀			uai （坏）
oi 鞋			ui 威
ao 喉	iao 妖		
ou 黑	iu 柚		
am 暗	iam 厌		
	im 音		
an 安			uan 弯
	in 烟		un 温
ang 红	iang 央		uang 汪
eng 英			
ong 翁	iong （匈）		
ab 盒	iab （协）		
	ib 邑		
ad 遏			uad 挖
	id 乙	ud 核
ag （角）	iag （菊）	uag （廓）
eg 益		
og 喔	iog 育	

注：（1）e 念 ê，^ 一般不写出来。
（2）（ ）里的例字只取其韵母。

四、声调表

调类：	第一声	第二声	第三声	第四声
符号：	1	2	3	4
例字：	诗	时	死	四
调类：	第五声	第六声	第七声	第八声
符号：	5	6	7	8
例字：	是	视	失	实

声调符号采用数字，标在音节末尾的右上角，例如：

di¹　di²　di⁵　did⁸
诗　　时　　是　　实

说明：（1）本方案基本上是根据汉语拼音方案拟订的。原则上不另制新字母，不随便改变原来字母发音。

（2）本方案以文昌音为依据，海南各县可根据这个方案作适当的增减或变读。

潮州话拼音方案

一、字母表

a b c d e f g h i j k l m n
o p q r s t u v w x y z

注：f, j, q, v, w, x, y 七个字母用来拼写普通话，拼写潮州话时不用。另有字母 ê 为 e 的变体，不列入字母表内。

二、声母表

b波	p抱	bh无	m毛	d刀	t妥
n挪	l罗	z资	c慈	s思	r而
g哥	k苦	gh鹅	ng俄	h何	

三、韵母表

		i 衣		u 污
a	亚	ia	椰	ua 娃
o	窝	io	腰	
ê	哑			uê 锅
e	余			
ai	哀			uai 歪
oi	鞋			ui 威
ao	欧			
ou	乌	iou	妖	
		iu	尤	
		in	丸	
an	（柑）	ian	营	uan 鞍
		ion	羊	
ên	楹			
en	秧			
ain	爱			
oin	闲			
		im	音	
am	庵	iam	淹	uam （凡）
		ing	因	ung 温
ang	安	iang	央	uang 汪
ong	翁	iong	雍	
êng	英			
eng	恩			
		ih	（裂）	
ah	鸭	iah	益	uah 活
oh	学	ioh	约	
êh	厄			uêh 划
oih	狭			
		ib	邑	
ab	盒	iab	压	uab （法）
		ig	乙	ug 熨
ag	恶	iag	跃	uag 获
og	屋	iog	育	
êg	液			

注：（1）潮州话中没有收 -n 的韵母（只小部分地区有个别收 -n 的韵母例外），故本方案以 n 附加于元音之后表示鼻化韵，念法与普通话的 an, en 等不同。

（2）潮州话有一套收喉塞音［-ʔ］的入声韵母，本方案以 -h 表示。

（3）韵母表中的例字有（ ）号者只取其韵母。

（4）韵母表中只收潮州话较常用的韵母，有音无字或管字甚少的韵母不列。如 aon（好）、uên（横）、uin（畏）、oun（虎）、iun（幼）、uain（县）、aoh（乐）、eg（乞）等，表中不收。

四、声调表

名称：	阴平	阴上	阴去	阴入	阳平	阳上	阳去	阳入
例字：	诗分	死粉	世训	薛忽	时云	是混	示份	蚀佛
符号：	1	2	3	4	5	6	7	8

注：声调符号标在音节的右上角，例如：
诗 si^1 死 si^2 世 si^3 薛 sih^4

说明：（1）本方案基本上是根据汉语拼音方案拟订的。原则上不另制新字母，不随便改变原来字母的发音。

（2）本方案以汕头音为根据，其他各县语音与汕头音有出入者可根据本方案增删声韵母（及声调）。如潮安县城（原潮州市）音有 ieng 焉、ueng 冤、iêg 噎、uêg 越等韵母，海丰、陆丰有 ei 韵母，在拼注潮安音和海丰、陆丰音时可酌情增加；又如澄海县城音缺 im, am, iam, uam 等韵母，潮阳、普宁、海丰、陆丰等县缺 e 韵母（e 韵母并入 u 和 i），拼注上述各地语音时可以删去。一些声韵母发音有不同的，也可适当加以改动，如 iou 韵，除汕头、潮安、澄海外，其他各县都念成 iao，拼注其他各县语音时便可改 iou 为 iao。

说明：① 据《广东省四种方言拼音方案》（《文字改革》1960 年第 15 期）整理；

② 此四表是广东省教育行政部门于 1960 年 9 月 22 日、10 月 30 日和 31 日审定公布的广州话、客家话、海南话、潮州话四种方言的拼音方案。

③ 1988 年撤销广东省海南行政区，设立海南省，此处仍保留文件公布的《海南话拼音方案》。

附录十四 广州话常用字表

本表主要包括四类字：

一、广州话常用的方言字；

二、借来表示广州话特殊音义的字；

三、某些在现代广州话方言词中仍在使用的古字；

四、因有音无字而新造的字。

每个字均注明广州话用作方言字时的语音，语音后面是该字的常用意义。加 ⓧ 表示后面的音为又读。异体字加 [ ] 号标明。以部首分类，每类按一、丨、丿、丶、乚起笔次序排列。

〔 一 部 〕

夫 fu^1 量词。块，丘（用于田地）。

正 zéng^3，ⓧ jing^3 ❶形容词。正宗的，真正的，地道的。❷形容词。好，美。❸副词。（什么时候）才。

亚 a^3 词头。用于亲属称谓之前，朋友、熟人之间，谑称身体有胖、瘦、高、矮等特征或有些残疾的人（不尊敬的称呼），称呼愚蠢、无能或好吃懒做的人，亦泛指任何人。

夹 gab^3 名词。裉（衣服腋下前后相连的部分）。

甫 pou^1 【甫士】姿势。〖英语 pose 的音译。〗

甫 pou^2 名词。广州地名用字。

甫 pou^3 量词。十里为一甫。

歪 wai^1，ⓧ mé^2 形容词。不正，歪斜。

昼 zeo^3 名词词素。白天，与"夜"相对，一般不单用。【晏昼】中午；也指下午。

檽[项] hong$^{6-2}$ 【鸡檽】未生蛋的小母鸡。

欉[春] cên^1 名称。蛋，卵，一般不独用，常与某些动物名称构成合词。

槽 méng^4 副词。还没有，未曾。

〔 丨 部 〕

甲 gad^6，ⓧ ged^6 【甲由】蟑螂。【甲由屎】蟑螂屎，代指雀斑。

申 sen^1 动词。折合。

曳 yei^5 ❶形容词。差、劣、次。❷形容词。淘气。

串 qun^3 ❶动词。拼写拉丁文单词。❷形容词。嚣张，傲慢。❸形容词。指女子打扮得离奇古怪。

畅 cêng^3 动词。破开（把大钞票破成零钱）。

〔 丿 部 〕

重[仲] zong^6 ❶副词。还。❷副词。更加。❸而且还。

〔 一 部 〕

乜 med^1，ⓧ mé^1 ❶代词。什么。❷代词。怎么，为什么。❸词素。【乜滞】助词。用在否定词和动词或形容词之后，有"（不）怎么""（没有）什么""几乎（没有）"等意思。

氹[凼、窨] tém^5 名词。坑。

乸 nin^1 ❶名词。乳房。❷名词。奶，乳汁。

〔 十 部 〕

丧 song^3 ❶形容词。（心）野，（心）散。❷形容词。不正经，疯疯癫癫的样子。

〔 厂 部 〕

厣 yim^2 名词。较小的遮盖物。

瘿 yim^2 名词。痫。

厴 yib^3 ❶动词。披。❷动词。撸起，卷起。

〔 匚 部 〕

匿 nig^1 动词。躲藏。

卜部

卜　bug¹　动词。预定。〖英语 book 的音译。〗

占　jim¹　❶名词。果酱。❷名词。占米（包括粳米、籼米），黏性较小的米。

卓　cêg³　形容词。见机行事，机灵，精明（带贬义）。

冂部

冇　mou⁵　❶动词。没，没有。❷副词。没，没有。❸副词。不。

甩　led¹　❶动词。脱落，掉。❷动词。脱离。❸组成"笔甩"做形容词的词尾。❹词素。【麻甩佬】缺德鬼，喜欢挑逗、调戏妇女的男人（带贬义）。

人部

企［❷❸徛］　kéi⁵　❶动词。站。❷形容词。直立。❸形容词。陡，斜度大。❹名词。家。

【企理】1. 整齐而清洁。2. 品质好。3. 做事认真效果好。

翕［眙］　yeb¹　动词。眨。

亻部

仙　xin¹　名词。铜圆，铜子儿。〖英语 cent 的音译。〗

仔　zei²　❶名词。儿子。❷名词。小孩。❸用在某些名词之后，表示细小或爱称。❹名词。指具有某些特征或从事某种职业的年轻人。❺用在地名之后，指某个地方的人（有贬义）。❻用在某些名词或动词后面，表示某些特定的人群或个体。❼用在某些形容词后面，仍起形容

词的作用，多用于年轻人。

伏　bug⁶，⟨语⟩fug⁶　❶动词。趴，俯伏。❷动词。藏，匿。

优　yeo¹　动词。提（裤子、鞋）。

佢［渠、𫲗］　kêu⁵　❶代词。表示第三人称，他，她。❷代词。在祈使句里放在句末，有命令的作用。

𠵼［仉］　fan²　动词。玩耍。

仰　yêng⁵，⟨语⟩ngong⁵　动词。脸朝上，仰着。

伙　fo²　❶名词。家，居所。❷量词。家，户。

佗　to⁴　❶动词。负荷，背。❷动词。牵累，拖累。❸动词。怀孕。

佬　男人的俗称（多带轻蔑的语气）。

伆　teb¹　形容词词素。【伆伆掂】妥妥当当，有条不紊。

偄［肾］　sen⁵　❶形容词。艮。指芋头、莲藕等含淀粉较多的东西，煮熟后硬而滑，不面的性质。❷形容词。比喻人呆板，不机灵。

㸂［授］　cem¹　❶动词。添、加、续。❷动词。让……参加。

偋　ngai¹　形容词。客家的。

倾　king¹　动词。谈，聊。

倔［屈］　gued⁶　❶形容词。秃；钝。❷形容词。形容人态度生硬，言辞粗鲁，拗，强。❸动词。瞪。

偈　gei²　名词。话语。

𠊎［伍］　wu³　动词。俯下。

俾　béng³　❶动词。收藏。❷动词。收拾。

傝　dab³　【冇傝僆】形容做事不正经、不经心、随意、马虎。

傢　ga¹　【傢俬】家具。

儲　cou⁵　动词。积蓄，攒。

入部

㐱　ten²　动词。翻转（里外翻过来）。

勹部

匀　wen⁴　❶形容词。全，遍。❷量词。次，回。

儿部

兜　deo¹　❶名词。喂鸡狗等用的器皿。❷名词。盛饭菜的大搪瓷碗。❸动词。捧，掬。❹动词。从底下托起。❺动词。朝着，对着。❻动词。用锅铲翻动锅里的菜。❼动词。绕路，拐。

【兜搭】理睬，招揽、招惹。

【兜踎】寒酸，寒碜。

亠部

衰　sêu¹　❶形容词。坏的，差的，次的。❷形容词。缺德，讨厌。❸形容词。下贱。❹形容词。倒霉，糟糕。❺形容词。居下风，落后；失败。

壅　ngung¹，⟨语⟩yung¹　❶动词。埋。❷动词。培土。❸动词。施肥，一般指施粪肥或土肥。

冫部

冷　lang¹　❶名词。毛线。❷名词。圈儿。〖英语 round 的音译。〗

凑　ceo³　❶动词。照料，带（婴儿或小孩）。❷连词或介词。和，跟，与。❸与"黎"连用，有决定、处理、做的意思。❹形容词词素。碰，赶。【凑啱】恰巧，刚好。

凛　lem⁵　❶动词。沾。❷词素。【凛扰】接连不断地，陆陆续续地。

一部

宀　hem⁶　❶形容词。严密，严实。

❷副词。相当于普通话的全部、统统、总共。【冚唪呤】全部、统统。【冚家铲】骂人的话，全家死光的意思。

冧 lem[1] ❶动词。收拢，垂下。❷名词。花蕾、花骨朵。❸动词。哄，用好话说（多用于小孩）。❹译音用字。❺词素。❻突宝盖。【冧巴】号码；编号；门牌。【希冧冧】稀溜溜。

冤 yun[1] ❶形容词。腐臭。❷形容词。形容人晦气、憋屈、愁苦的样子。

刂 部

刉[剞] pei[1] 动词。削。

刮 ged[1] 动词。刺、扎。

制 zei[3] ❶动词。愿意。❷动词。限制。

剒 log[1] 动词。拔硬物。

削 sêg[3] ❶形容词。（肌肉）松弛，不结实。❷形容词。（织物）薄，松软。❸形容词。稀，稀软。

剼 cog[3] ❶动词。拽（突然用力拉）。❷动词。引申作套了出来。

劙 kuai[4] ❶形容词。顽皮，不听教导。❷形容词。不整洁。

劏 tong[1] ❶动词。宰杀。❷动词。剖开，切开，分解。

劚 lég[6] 动词。用刀划开，不割断。

劗[揝] cam[5] 动词。扎（刺）；剐。

⺈ 部

争 zeng[1] ❶动词。差，缺，短。❷动词。欠。❸动词。相差，差距。❹动词。偏袒，袒护，向着。

赖 lai[6] ❶动词。落，遗下，丢失。❷动词。大小便失禁。

力 部

努 nou[5] 动词。憋着气用力。

又 部

鸡 gei[1] ❶名词。哨子。❷名词。扳机。❸名词。植物长在节上的芽。❹名词。妓女。❺词素。所组的词带谐谑意味。【小学鸡】戏指小学生。

土 部

地 déi[6-2] 助词。用在叠音形容词的后面，表示轻微、稍微等意思。

坜 lég[6] ❶名词。畦。❷量词。畦。

坎 hem[2] ❶名词。坑穴。❷动词。臼。❸量词。1. 臼（用于臼所舂的米）。2. 门（用于大炮）。

坑 hang[1] 名词。沟。

坺 pad[6] ❶量词。摊，堆，用于软烂的东西。❷象声词。软物落地声。

坼[破] cag[3] ❶动词。破裂，皲，裂开。❷形容词。（嗓子）破，沙哑。

埗 bou[6] ❶名词。码头。❷名词。借指目的地。

埕 qing[4] 名词。坛子。

埋 mai[4] ❶动词。1. 靠近。2. 进入，落座。3. 闭，合。4. 组合，聚合。5. 结算，结账。❷放在动词后面作补语。1. 表示趋向。2. 表示变为某种状态。3. 表示范围扩充。4. 表示全部，尽是、净老是。❸形容词。1. 近，靠里。2. 合得来，相投合。3. 合拢，黏合。4. 准。❹方位词。里，内。

埲 bung[6] 量词。堵（用于墙）。

埠 feo[6] ❶名词。港口，引申为城市（多指外国的）。❷名词。堆栈。

埞 déng[6] 名词。地方，地儿。

堑 qim[3] 名词。河沟。

堕 do[6] 动词。坠，多指平放的东西部分往下垂。

塔 tab[3] ❶名词。锁（多指旧式的铜锁）。❷（又音 tab[3-2]）动词。用锁锁上。❸名词。套。❹名词。一种底宽口小的坛子。❺名词。马桶，"屎塔"的简称。

壅 pung[1] ❶动词。蒙上（尘土）。❷动词。（尘土）呛人

塘 tong[4] 【塘蝨】1. 蜻蜓。2. 无篷小船。

土 部

壳 hog[3] ❶名词。勺子，瓢。❷量词。勺，瓢。

艹 部

芒 mong[1] ❶形容词。正在发育的（包括人和家禽、家畜）。❷形容词。差劲的，规模小的，力量弱的。

芣 fu[4] 【芣胵】（芣翅）鸡鸭鹅的胗肝。

茂 meo[6] ❶形容词。谬误，荒谬。❷名词。傻瓜。

茑 niu[3] 蔫（瓜果等因干枯而表皮萎缩）。

茄 ké[1] 【茄喱啡】指无关紧要的角色。

茬 kuang[2] ❶名词。草本植物的秆子。❷名词。菜茎；菜帮。

荐 jin[6] 动词。垫。

芺 hab[3]，⟨又⟩ gab[3] ❶名词。菜帮。❷量词。用于菜叶。

劳 kung[1] ❶量词。嘟噜。❷量词。包。

茒[哺] bou[6] 动词。孵。

蒲 pou[4] 动词。浮，漂浮。比喻在社会上闯荡、胡混。

苑 deo[1] ❶量词。棵，用于幼小的植物。❷量词。丛，用于成丛的植株。❸量词。条，用于长条形的动物或所鄙视的人。

蔼 oi[2]，⟨又⟩ ngoi[2] 动词。哄婴儿入睡。

殭 gêng[2] 名词。植物的根，包括主根和须根。

蕹 yün[5] 名词。植物的嫩茎。

薯 xu⁴ 形容词。愚笨。

藐 miu² 动词。抿嘴，撇嘴（表示轻蔑）。

寸 部

寿 seo⁶ 名词。傻笨。

大 部

夭 ngen¹ ❶形容词。瘦小，弱小。❷形容词。（东西、钱）少。

爺 peo³ ❶形容词。松软，泡。❷形容词。糠心（多指萝卜因失去水分而中空）。❸形容词。不坚硬，不结实。❹形容词。引申指靠不住的、无信用的。

契 kei³ ❶动词。亲。❷动词。认干亲。❸骂人的话。

耷 [瘩] deb¹ 动词。向下垂。

爹 sa³ ❶动词。张开，挓挲。❷形容词。张开的样子。

爽 song² ❶形容词。脆。❷形容词。软滑，轻松利落。❸量词。段，截（用于甘蔗）。

口 部

叻 lég¹ 形容词。聪明，能干。

叹 tan³ ❶动词。享受；休息。❷形容词。享福；舒服。

奶 nai³ 动词。附带，拖带。

吖 a¹ ❶语气词。表示同意或退让。❷语气词。表示追问或疑问。❸语气词。表示申辩。❹语气词。表示教训或追问。

吔 ya² 【威吔】钢丝。

吔 ya⁴ 词素。【吔吔乌】最差的。

呔 tai¹ 名词。轮胎，车带。〔英语 tyre 的音译。普通话用"胎"。〕

呃 [睚] ngag¹，⊗ ngeg¹ 动词。骗，欺骗。

咗 cé¹ 一般单独放在句首。1. 表不满。2. 表反对。3. 表斥责。4. 表不屑。

吽 ngeo⁶ 形容词。蠢笨，迟钝。

吤 hé² 叹词。要求对方同意或回答。

听 ting¹ 表示时间的词素，相当于"明天""次日"。

听 ting³ 动词。等着，听候（不好的事情发生）。

叹 men³ ❶形容词。时间、空间上靠近边缘。❷形容词。引申指办事资金、材料、时间等紧张，几乎不够。❸形容词。极点，尽。

吰 dem⁴ ❶形容词。❷词素。【圆吰哚】形容球状东西很圆，圆溜溜。

呎 cég¹ 动词。检查，核查，复核。〔英语 check 的音译。〕

呱 heo¹ ❶动词。盯住，看住。❷动词。注意。❸动词。看，张望。❹动词。看上，想要。❺动词。等待（时机）。❻动词。追求（异性）。

咁 gem³ ❶指示代词。相当于普通话的"这么""这样"。❷助词。用在某些词或词组的后面，共同作后面的动词的状语。

呐 da³ 【唢呐】唢呐。

咕 gu¹ 【咕咕】戏称小男孩的生殖器。【咕哩】苦力（旧时对搬运工人不尊敬的称呼）。〔英语 coolie 的音译。〕

咕 gu⁴ 【咕咕声】1. 咕咕响（肠鸣的声音）。2. 形容人因不满而发牢骚。

咗 zo² 用在动词后面表示动作已经完成，相当于普通话的"了"。

呻 sen³，⊗ sen¹ ❶动词。呻吟。❷动词。叹，慨叹。❸动词。诉苦。

哺 yem¹ 逗引小儿进食的用语。

咋 za³，⊗ za² 语气词。表仅仅如此。

哇 seng⁴ 重叠后作某些词的词尾。【懵哇哇】形容人十分糊涂。

响 gê¹ 动词。嘟（嘴），噘（嘴）。

哔 bid¹ 动词。液体因受挤压而喷射，北京话叫"吱"（zī）。

呢 ni¹ ❶指示代词。这。❷词素。【呢嗉】语气词。相当于"欸"。

哋 ded¹ ❶动词。随意放置。❷动词。引申指乱坐或重重地坐下。❸动词。堵塞，阻挡，盖着。❹动词。噎，用言词顶撞。❺指示代词。比较粗俗的说法。❻作形容词词尾。【肥哋哋】胖嘟嘟，胖墩墩。

嗯 nib¹ 形容词。瘪。

哱 fid¹ 词素。有花哨、轻浮意思。【花花哱】轻浮、轻佻的样子。

咭 ged¹ ❶名词。球队后卫。❷转作动词，指紧盯着。

咭 ked¹ 名词。卡片。

哋 déi⁶ ❶人称代词复数词尾。❷用在人名或亲属称谓之后，表示某某人等的意思，是"佢哋"的省说。❸【爹哋】爸爸。〔英语 dady 的音译。〕

哄 hung⁶ ❶名词。水锈、汗碱等痕迹。❷名词。日晕，月晕。❸动词。围拢，团聚。

哑 a²，⊗ nga² 形容词。形容颜色暗淡，无光泽。

咧 lé⁴ ❶语气词。1. 表示商量。2. 表示轻度的责备。❷词素。【咧啡】衣冠不整，吊儿郎当。【骑咧】1. 人的服饰或姿态奇形怪状。2. 别扭，尴尬。

咧 lé⁵ ❶语气词。表示肯定或申辩。❷语气词。表示不出所料。

哕 yud⁶ ❶名词。饱嗝。❷象声词。打饱嗝的声音。

响 hêng² 在，从。同"喺"。

唎 leg¹ 动词。眼、喉等器官受到外物刺激或发炎所感受的疼痛或不适。【唎噭】1. 凹凸不平。2. 不顺畅。

哆 dê¹ 形容词。"多"的变音，表示少。

咳 ked¹ 动词。使中断，删节。

咩 mé¹ 语气词。表示疑问的语气，

接近于普通话的"吗"。

咪 mi1，(又) méi1 【咪妈烂臭】形容人满嘴粗言秽语，不堪入耳。【咪嚤】做事慢，磨蹭。

咪 mei1 ❶名词。话筒，麦克风。❷动词。(用指甲)掐。❸动词。用小刀切割，削，刻。❹动词。啃书本，钻研。❺动词。转指用功，勤奋。

咪 mei5 副词。别，不要。

咪 mei6 "唔系"的合音，相当于不是、不就等意思。

唛 meg1 ❶名词。商标。〖英语mark的音译。〗❷名词。玄孙(曾孙的儿子，孙子的孙子)。❸名词。空罐头盒。〖英语mug的音译。〗❹量词。筒(空罐头盒)。

呦 kib1 ❶动词。盯，守(多为球赛用语)。❷动词。控制。

唞 teo2 ❶动词。休息，歇。❷动词。引申指睡觉。

哽[硝] ngeng2，(读) geng2 ❶动词。堵塞。❷动词。硌。

哽 ngeng3，(又) geng2 再，更，怎么……也……。

唔 m4 ❶副词。不。用在动词、形容词和其他副词前面表示否定。❷副词。不。加在名词或名词性词素前面，构成形容词。❸副词。不。用在动补结构中间，表示不可能达到某种结果。❹副词。不。"唔"字的前后使用相同的词，表示不在乎或不相干(在前面加"乜嘢")。❺副词。不。跟"就"搭配使用，表示选择。

哨 sao3 【哨牙】上门牙外露。【哨街猪】戏称喜欢在街上到处溜达的小孩。

喎 wo3 ❶语气词。表商量。❷语气词。表提醒。❸语气词。表醒悟。❹语气词。表肯定，确认。

喎 wo5 ❶语气词。表转达。❷语气词。表反诘。❸语气词。表嫌弃。

啥 sê4 动词。从上往下滑。

嗨 mui2 动词。没有牙齿用牙床嚼咬。

哴 lang1 ❶名词。两幢建筑物之间的狭窄空间。❷名词。潮州的。❸象声词。铃声。

㖒 di4 【㖒㖒震】不停地发抖，直打哆嗦。

旺 wang1 动词。黄了，砸锅，失败。

吰 weng6 名词。圈儿。

啩 gua3 ❶语气词。表示对某事有疑问或不十分肯定。❷语气词。表示用不肯定方式提出自己的意见(同时否定对方意见)。

啫 zég1 语气词。语气比较委婉，女孩子多用。

啦 la1 ❶语气词。表请求，使令。❷语气词。表同意，决定。

啦 la4 语气词。表示疑问。

啵 pé1 ❶量词。对(用于情侣或夫妇)；打桥牌时的搭档或同样的牌。❷扑克牌。

喐 yug1 ❶动词。动。❷动词。碰，弄。

啄 dêng1，(读) dêg3 ❶动词。禽类取食。❷动词。叮咬。

啄 dêng1 ❶动词。针对。❷动词。监督，紧盯。❸名词。小尖儿，小勾儿。❹名词。指某些不良行为比较突出的人。

啡 fé4 ❶象声词。喷气、漏气声。❷词素。有不整洁、(衣服)不称身的意思。【阔咧啡】(衣服)过于宽大。

啮 ngad6 ❶动词。摩擦。❷动词。(睡熟后)磨(牙)。❸动词。啃，蛀，咬。

啯 gueg6，(又) guog6 【硬啯啯】硬邦邦。

唱 cêng3 动词。贬损；宣扬。

啱 ngam1 ❶形容词。对，正确。❷形容词。合适，刚好。❸形容词。合意。❹副词。凑巧，碰巧。❺副词。刚，刚刚。❻副词。刚才。❼副词。该是……的时候了。❽合得来。

啰 lo1 ❶语气词。用于反诘。❷词素。

啰 lo4 ❶语气词。用在陈述句末，相当于了、啦。❷语气词。喽，吧。❸语气词词素。

啝 wo4 ❶语气词。表示转达别人的意见。❷语气词。表示惊讶。

咶 og6 叹词。表示确认，回答询问时用。

啤 bé1 ❶名词。一种民间响器，一小截竹子插入薄膜，吹之能响；也有用草叶、树叶或稻茎做的。❷名词。喇叭，汽笛。❸动词。焊接。❹译音用字。

啲 di1，(又) did1 ❶数量词。些，表示不定的数量。❷数量词。极少的量，一点儿，一些。❸放在名词前，前头不加任何成分，表示这些或那些。❹放在形容词后面，表示有变化但不大或相比较略微有差距。

啋 coi1 叹词。表斥责或嫌弃。妇女多用。

啖 dam6 量词。口。

喧 ngi4 【喧喧牙牙】支支吾吾。【喧喧哦哦】支支吾吾。

啷 long4 ❶象声词。铃铛的响声。❷词素。【发啷戾】突然放肆地发脾气。

啹 gê4 动词。甘心，满意。多用于否定句。

啜 jud3 ❶动词。吸饮，吸食。❷动词。亲吻。

喫 yag3 动词。吃。

嗒 dab1 ❶动词。1. 咂。2. 品味。❷象声词。尝味道或吃糖果等时发出的声音。

喇 la3 ❶语气词。表提示，用在陈述句，相当于"了"。❷语气词。表催促、叮嘱、使令。

喊 ham3 动词。哭。

喝　hod³　动词。钢,鐾(把刀在石、缸沿等上面用力摩擦几下,使锋利)。

喺　hei²　❶动词。在。❷介词。在,于。

唅　gib¹　❶箱子(用木或金属制造的除外)。❷底火(子弹或炮弹底部的发火装置)。❸火帽(火枪上的发火器)。❹译音用字。

喽　leo³,　⑱ leo⁴　❶动词。邀约(较随便的,一般是口头的)。❷动词。劝,鼓励。❸词素。【喽口】口吃,结巴。

咶　gud⁶　象声词。喝水声,吞咽声。

嘅　gé²　❶语气词。表反诘、疑问。❷语气词。表同意。❸语气词。表肯定。

嘅　gé³　❶助词。表示修饰、领属关系的结构助词,相当于普通话的"的"。❷语气词。用在句子末尾,表示决断和肯定的语气,相当于普通话句末的"的"。❸语气词。用在句子末尾,表叙述。

拏　na¹　❶连词。和,同,跟。❷动词。粘连;牵连。

㗎　ga³　❶语气词。用在陈述句或疑问句里,相当于"的"。❷语气词。表疑问或反诘(带责备语气)。❸语气词。表教导。

㗎　ga⁴　❶语气词。表疑问。❷语气词。表反诘。❸语气词。表感叹。

嗒　neg¹　【嗒牙】口齿不清。【嗒生】米饭夹生。

嚄　wog¹　电压单位伏特的广州话译音。

噁　ngog¹　象声词。形容吃脆的东西的声音。

略　gag³　❶语气词。表示十分肯定或理所当然。❷语气词。表申辩。

啯　go²　指示代词。那。

嗱　na⁴　叹词。1.指物时用。2.表示提示。

嗲　dé²　❶动词。撒娇。❷形容词。娇声娇气。❸词素。【嗲嗲吊】形容做事拖沓散漫。

嗲　dé⁴　❶象声词。连续滴水声。❷象声词。引申指较长时间的说话。

嗌　ai³,　⑱ ngai³　❶动词。叫,喊。❷动词。骂。

嗍　sog³　❶动词。吮吸,吸。❷吸收。❸喘气,用于"嗍气"一词。

哴　long²　动词。涮,漱。

嘞　lag³　语气词。与"喇❶"相通。有时肯定的语气会更强些。

嘜　mang¹　❶动词。张挂。❷动词。拉。

嘢　yé⁵　❶名词。物件,东西;货。❷名词。事情,事儿;活儿。❸名词。家伙(指人或物,指人时有贬义)。❹量词。1.下(比较活用)。2.指某种容器。

嘟　bud¹　象声词。汽车喇叭声。

嗊　ngei¹　动词。恳求,央求。

嘥　sai¹　❶动词。浪费。❷动词。错过(机会)。❸动词。贬低,损;讽刺,挖苦。

嘖　zé¹　❶语气词。表申辩。❷形容词。话多。❸形容词。喋喋不休地责难。

嘖　zé⁴　象声词。形容挤水声、炝锅声。

噉　gem²　❶指示代词。这样,那样。❷助词。(像)……似的。❸助词。用在象声词、形容词、短语或重叠的数量词后面,作为状语的标志,相当于普通话的"地"或"的"。

喟　wé⁵　❶动词。指衣服过于柔软,穿着挺不起来。❷动词。咧开。

嘰　kig¹　❶名词。坎儿。❷动词。卡住。

嗙　bang⁴　❶象声词。枪声。❷象声词。大力打门声;关门声。

嗷　pé⁵　动词。歪着身子。

噪　zab⁶　象声词。嚼东西声。

喻　ngeb¹　动词。胡说。

噍　⑱ jiu⁶　动词。嚼。

噃　bo³　❶语气词。表提醒。❷语气词。表劝告。❸语气词。表转告。❹语气词。表赞叹。

噜　lou³　代词。那。

嚟　lem¹　动词。啃,多指啃咬小的东西。

嘴　wag¹　形容词。能说会道(有贬意)。

噔　deng⁴　象声词。脚步声。

嗨　hê¹,　⑱ ê¹　❶动词。嘘,起哄。❷动词。引申为喝倒彩。

嗨　hê⁴　动词。哈气。

嗦　jid¹　动词。胳肢,抓挠别人使发痛。

嘟　düd¹　动词。噘嘴。

咩　bé⁴　❶助词。用在句中表示停顿(现已少用)。❷助词。用在句末表示勉强或无可奈何。

嗓　ngé¹　❶象声词。婴儿哭叫声;羊等哀叫声。❷动词。引申作吭声或呼喊。

嚯　guang⁴　【红嚯嚯】红红的(指红得俗气、难看)。

嚛　bei⁶　糟糕。

噆　cêu⁴　名词。气味,多指不好闻的气味。

嘟　kuag¹　名词。圈儿,弯儿。

嚩　kuag³　❶动词。(用绳子)围。❷动词。绕(路)。❸动词。游逛。

嗫　léng¹　【嗫嗫】小子,小家伙。【嗫仔】小子,蔑称男青年。

嘥　hai⁴　❶形容词。粗糙。❷形容词。涩。

嘈　mung³　形容词。由于闷热等而使人烦躁。

嘅　gém¹　❶(球赛的)局。❷球赛,输了一局。〖英语 game 的音译。〗

嚟　lei⁴,　⑱ léi⁴　❶动词。来。❷助词。用在动词后面,表示曾经发生什么事情,类似普通话的"来着"。❸放在动词和助词"住"之后,表示后面动作的方式。

嚤　mo¹　形容词。慢。

嚿　fing³　【吊吊嚿】1.形容悬挂着的东西摇来晃去。2.形容事情还在

挂着，未有结果。

磬 kéng⁴ 名词。缸、盘、碗等的四周边沿。

嘷 geo⁶ 量词。相当于普通话的"块""团"。

嚶 ngeng⁴ 【嚶嚶声】1. 呻吟声。2. 不满声。

嚀 déng ❶动词。提防。❷动词。忍让。❸动词。小心。❹形容词。形容缩手缩脚。

囖 lo¹ 名词。小箩，小篮子。

［山 部］

岁 sêu³ 名词。嗉子，嗉囊。

岌 ngeb⁶ 动词。上下弹动，前后摇晃。

㟩 lem⁶ 名词。丛生的草木。

巉 cam⁴ 动词。【巉眼】指（强光）晃眼，刺眼。

［巾 部］

幐 léi⁵ 名词。帆。

［彳 部］

彳 qig¹ 形容词。跛脚走路的样子。

徇 sên¹ 动词。责备，多用于上对下。

衡 heng⁴ ❶形容词。（绷）紧。❷形容词。引申为催紧、不放松。❸形容词。鼓胀。❹形容词。转速快。

［广 部］

废 fei³ ❶形容词。傻，癫。❷形容词。窝囊。

度 dou⁶ ❶名词。处所。❷量词。1. 用于门、桥等。2. 用于本领、能耐、功夫等。

度 dog⁶ ❶动词。比量，量度。❷动词。策划。

度 dou⁶⁻² ❶名词。制成一定长度的东西。❷动词。用于数量词之后表示约数，相当于"上下""左右""大约"。

【度水】向人借钱，要钱。

庢 zed¹ 动词。用话语顶撞、指摘、质问，使对方说不出话来。

［门 部］

闸 zab⁶ ❶名词。栅栏；门。❷名词。限制出入的设施，包括检票口、门岗哨、海关通道等。❸动词。侧倾，倾斜。❹动词。卡住；打住。❺动词。用板等隔开。

闹 nao⁶ 动词。骂。

阉 yim⁶ ❶动词。算计。❷动词。宰（客）。

阕 kuig¹ 【阕䁈】1. 象声词。物件碰撞的声音；穿木板鞋走硬路的声音等。2. 代词。各种各样的，杂七杂八的。

［宀 部］

定 ding⁶ ❶形容词。平稳。❷形容词。镇定。❸形容词。放心。❹形容词。静止不动。❺连词。又说"定系"。1. 还是，用在问句里，表示请对方二者选其一。2. 或者，用在陈述句里，表示二者选其一。❻助词。用在动词之后，表示动作进行的程度。1. 预先准备。2. 妥当，好。

定 ⦿ding⁶，⦿déng⁶ 名词。预告，约妥。

宛 yun⁵ 名词。秤盘的重量。

宿 sug¹ ❶形容词。馊。❷形容词。酸臭，一般指汗臭。

［辶 部］

边 bin¹ ❶疑问代词。哪。❷疑问代词。哪里，哪儿。

迫 bag¹ ❶用于"逼迫"一词。❷词素。

迫 big¹ ❶动词。挤。❷形容词。拥挤。❸形容词。（空间）狭小；（时间）紧迫。

迾 lad⁶ 量词。排，行，列。

迹 jig¹ 名词。蓝图，设计图。

透 teo³ 动词。呼吸。

递 dei⁶ 动词。举起、抬起。

遮 zé¹ 名词。伞。

［彐 部］

寻 cem⁴ 词素。昨。

［尸 部］

屎 ké¹ ❶名词。屎的俗称。❷形容词。劣，差，次（低俗的说法）。❸比较低俗的口头禅。没有实际的词汇意义，但带有不满、轻蔑的感情色彩。女性多用。

屄 xi² ❶形容词。差劲，水准低。❷名词。烧剩的渣子。

尾 méi¹ 名词。末尾，后。

屙 o¹，⦿ngo¹ ❶动词。排泄大小便等。❷动词。腹泻，拉稀，拉肚子。

［子 部］

孖 ma¹ ❶形容词。孪生的。❷形容词。成双的，连在一起的。❸动词。连带，合伙。❹量词。用于成双成对又连在一起的东西。❺词素。【孖展】商人。【黑孖孖】黑咕隆咚，黑漆漆。

㧯 mé¹ ❶动词。背。❷动词。挎。❸动词。承担，担当（责任）（贬义）。

孻 lai¹ ❶序数词。排行末尾。❷形容词。最后的，最小的。

女 部

娆 hao⁴ 形容词。骚，浪，淫荡（一般用于女性）。

嬉 beo⁶ 【瘲嬉】臃肿。

嫋 niu¹ 形容词。纤细，纤长。

嫲 ma⁴ 名词。祖母。

嬫 zan² ❶形容词。好，美好，妙。❷形容词。妥当。❸形容词。惬意，有意思。

飞 部

飞 féi¹ ❶名词。票。〖英语 face 的音译。〗❷形容词。指人既精明又厉害，不好对付（含贬义）。❸动词。把东西的边缘去掉一部分。【飞发】理发。

马 部

驳 bog³ ❶动词。辩驳，反驳。❷动词。接，连接，接续。❸动词。套（一种私人间的汇兑）。❹动词。接枝（一种无性的繁殖果木方法）。❺量词。一段时间，一般指若干天。

骚 sou¹ ❶动词。理睬。❷名词。表演，秀。

骝 leo¹ 【马骝】俗称猴子。

巛 部

巢 cao⁴ ❶形容词。皱。❷动词。蔫（多指植物）。

王 部

玷 dim³ 动词。轻轻触碰、摸。

琴 kem⁴ 名词。昨天。【琴晚】昨晚，昨夜。

琼 king⁴ ❶动词。凝结。❷动词。

澄清（水等）。

韦 部

韫 wed³ ❶动词。圈（牲畜、家禽）。❷动词。关，监禁。

木 部

朴 pog³ ❶名词。褙褙（用糨糊黏成的厚布块）。❷名词。多层的厚纸。❸名词。禽类的骨架。

杠 gong³ ❶名词。杠子，较粗的棍子。❷名词。指某些恶习较深的人。

杜 dou⁶ 动词。毒杀（隐藏着的鱼、害虫等）。

杬 lam⁵⁻² ❶名词。橄榄。❷名词。像橄榄的东西。

枧 gan² 名词。肥皂。

枨 cang⁴ 【枨鸡】泼野。多指妇女。

板 ban² 名词。样板。

松 sung¹ 动词。溜走（诙谐的说法）。

杰 gid⁶ ❶形容词。稠。❷形容词。糟糕，全都，非同小可。

枕 zem² ❶名词。茧子。❷名词。罩子。

枕 zem³ 动词。把头放在枕头上。

枳 zed¹ ❶动词。放。❷动词。塞进。❸名词。塞子。

档 dong³ ❶名词。小摊儿。❷量词。摊（多用于所卖的东西）。

桥 kiu⁴ 名词。主意。

梗 geng² ❶形容词。（机件转动）不灵活。❷形容词。固定的，定死的。❸副词。当然。❹副词。一定，准。

棱 leng⁵ 名词。条状凸起的伤痕。

棹 zao⁶ ❶名词。长的桨。❷动词。摇（桨），划（船）。

【棹忌】1. 忌讳。2. 糟糕，倒霉，麻烦。

椗 ding³ ❶名词。蒂，柄。❷动词。悬挂。❸动词。提。

楷 kai² 量词。用于柚子、柑橘瓣儿。

棚 péng¹ ❶名词。椅子靠背。❷名词。床头挡板。

槓 lung⁵ 名词。箱笼，盛衣物用的大箱子。

槖 po¹ ❶量词。棵，株。❷棵儿。

橛 güd⁶ 量词。段，截。

橹 lou⁵ 名词。秤毫，杆秤上手提的部分，多用绳子或皮条制成。

櫼 jim¹ 动词。打入楔子，插入。

犭 部

犺 keb⁶ 动词。狗吃东西，转指狗咬人。

猎 lib⁶ 动词。捋。

歹 部

殊 lai⁴ ❶形容词词素。【殊刷】不整齐，衣服不合身。❷重叠后作某些形容词的词尾，以加强语气。【长殊殊】长长的（长得过分）。

车 部

车 cé¹ ❶动词。轧，碾。❷动词。用车载物运输。❸名词。缝纫机。❹动词。用缝纫机缝制。❺动词。吹嘘，闲扯。❻动词。旋转。❼动词。投掷（较大的物件）。❽动词。用水车提水灌溉。❾名词。机器。

转 tai⁵ 名词。汽车方向盘。

轱 lib¹ 电梯。

辒 wén¹ 【辒仔】中型旅行车。

辘 lug¹ ❶名词。轮子。❷名词。轱辘。

戈 部

戌 sêd¹ ❶名词。门闩，插销。❷动

词。闩。

咸 ham⁴ ❶形容词。指衣服或身体脏，尤指汗味浓。❷形容词。下流的，色情的，淫秽的。"咸湿"的省说。❸形容词。有关国外的、境外的。❹形容词。指与海水有关的事物。

戥 dung⁶ ❶动词。蹾。❷量词。摞。❸动词。竖，立。

戥 deng⁶ ❶动词。使平衡。❷动词。助（兴）。❸副词。替，为（多表示与别人在情感上一致）。

〖 瓦 部 〗

瓯 ngeo¹ 名词。小碗，一般指非陶瓷材质的碗。

〖 攵 部 〗

敛 lim⁵⁻² 动词。舔。

〖 日 部 〗

曷 hod³ 【腥曷】(腥羯)腥臭味儿。

晒 sai³ ❶助词。用在动词或形容词后面，表示完全、全部、都等。❷助词。放在某些动词或动补结构后面，有加强语气的作用。

晏 an³, ⓥ ngan³ ❶形容词。晚，迟。❷名词。午饭(农村多说)。❸名词。午间。

晾 long⁶ ❶动词。凉。❷动词。张挂。

〖 贝 部 〗

赚 zan⁶⁻² ❶副词。徒劳，白费劲。❷副词。只能得到（不理想的结果），只能落得（某种下场）。

〖 水 部 〗

水 sêu² ❶名词。某些液体。❷名

词。汤，某些食材或药物加水熬成的饮品。❸量词。1. 乘船往返一趟。2. 衣物等洗的次数。❹名词。机会及所带来的利益。❺作某些名词、动词、形容词的词尾。❻形容词。水准低，品质差。❼名词。钱，钱钞。

沓 dab⁶ ❶量词。叠，摞。❷量词。座，幢。❸动词。叠，摞。❹动词。指钟表的长针指在某一数字上。

氹 dem² 象声词。东西落水声。

〖 氵 部 〗

沥 lég⁶ ❶珠江下游河流汉道的俗称。❷用于地名。

沙 sa¹ 【沙哩弄抏】形容人做事鲁莽、轻率、马虎、乱来。
【沙沙滚】咋咋呼呼的，不踏实；粗心大意。

汭 yêu⁵, ⓥ yêu⁶ 名词。植物或疮疖分泌出来的黏液或浆液。

沉 cem⁴ ❶动词。下沉。❷动词。淹，溺。

沬[昧] méi⁶ 动词。潜入水中。

泲 jid¹ ❶动词。挤压(液体)。❷动词。喷射，溅。

润 neb⁶ ❶形容词。黏糊。❷形容词。不干燥，有点湿润。❸形容词。涩。

泻 sé² 动词。液体洒出，溢出。

波 bo¹ ❶名词。球(篮球、排球、足球、乒乓球、皮球等球类的统称)。❷名词。挡，排挡(汽车、拖拉机等内燃机改变行车速度或牵引力的装置)。

浊 zug⁶ 动词。呛。

浭 gang³ 动词。蹚，涉水。

淦[潡] lim² 动词。水干涸(市区少用)。

浸 zem³ 量词。层(只用于薄物)。

淌 tong² 动词。液体因摇晃而从容器

内溢洒出来。

渊 yun¹ 形容词。酸痛。

淰 nem⁶ ❶形容词。洇。❷形容词。湿透。❸形容词。饱满；深沉。❹形容词。重复出现的，连续出现的。

滗 ban⁶ ❶名词。烂泥。❷形容词。泥泞。

渌 lug⁶ 动词。用开水或热水烫。

澳 nen¹ 名词。稀屎。

溢 pen⁴ 动词。噗出，溢出，煮饭、粥等水开时米汤外溢。

滞 dei³ 动词。(液体)下滴，沥。

溦 méi⁴, ⓥ méi¹ 名词。极细小的水滴。

滚 guen² ❶动词。(水)开，沸腾。❷动词。在开水里略煮。❸形容词。热，烫。❹动词。搅。【滚搅】客气话。打扰，打搅。❺动词。扬起(尘土)。❻动词。骗取。

演[躽] yin² 动词。腆，挺。

潲 sao³ ❶名词。泔水。❷名词。猪食。

潺 san⁴ 名词。黏液。引申指麻烦。

濑 lai⁶ 动词。倒，漏洒，灌浇。

潞 lou⁶ 名词。提子，卖油、酒时用来量油或酒的器具。

潩 zan³ ❶动词。淬火，金属等加热后随即放进水、油中急速冷却。❷动词。指热的东西突然受冷。

〖 见 部 〗

觖[眎] lei⁶ 动词。斜着眼看，瞟。

〖 牛 部 〗

犆[牞] deg⁶ 名词。橛子，短木桩。

牿 cao¹ 动词。顶(牛用角抵人)。

〖 手 部 〗

挈 hid³ 【带挈】1. 提携，关照。2.

连带，使沾光。

挛 lün¹ ❶形容词。弯曲。❷形容词。蜷缩。

挲 sa³ 动词。张开，挓挲，乄。

掣 zei³ ❶名词。开关。❷名词。车闸。

擘 mag³ ❶动词。撕开。❷动词。张开，叉开（眼睛、嘴巴、手指、两腿等）。

扌 部

扤 nged¹ ❶动词。压，塞，挤。❷动词。强使。

执 zeb¹ ❶动词。捡，拾。❷动词。收拾。❸动词。抓（药）。❹动词。接生。❺量词。撮。

扱 keb¹ 动词。罩，盖，扣。

扠 ca⁵ ❶动词。涂抹，涂改。❷动词。捣乱。

抠 keo¹ 动词。掺杂，掺和。

拖 den³ ❶动词。蹾（用力猛放）。❷动词。抖动。❸形容词。（车）颠簸。❹动词。磕打，使器物中的东西掉干净。❺动词。撞击。❻动词。 。

批 pei¹ ❶动词。承租。❷动词。预测，估计。❸动词。（墙体）表层抹上。❹名词。一种有馅的西式饼食。〖英语 pie 的音译。〗

【螺丝批】改锥。

【雪批】改锥形状的奶油冰棍。

扯 cé² ❶动词。拉。❷动词。拉扯绳子，使所系东西上升。❸动词。抽，吸。❹动词。出气儿。❺动词。回去，离开，走。

抄 cao³ ❶动词。搜查。❷动词。乱翻，翻动寻找。

抇[择] gon¹ 动词。撞击，碰撞（多指器具碰击）。

抚 yiu¹ 动词。剔，挖，抠。

抓 zao² ❶动词。用指或爪挠。❷动词。抓举，举重比赛的一种方式。

扮 ngem⁴ 动词。掏。

扮[掆] ban³，⑥ ban⁶ 动词。用较长的棍打。

扻 hem² 动词。磕碰。

拉 men⁵，⑥ men² ❶动词。抹（灰沙、泥等）。❷动词。拭擦。

扐 fei¹ ❶动词。咧开；裂开。❷形容词。（织物）稀松，疏松。❸形容词。垮，松弛，指衣服过于柔软宽松，穿着挺不起来。

扰 dem² ❶动词。用拳头或石块等捶打、砸。❷动词。扔。❸动词。随便放置。

扭 neo² ❶动词。拧。❷动词。（脚）崴。❸动词。设法弄到（某些东西）。❹动词。诈骗。

抾 kê¹ 动词。授，揉搓成团。

担 dam¹ ❶动词。搬动（桌椅等）。❷动词。扛。❸动词。叨。

押 ngab³，⑥ yab³ ❶动词。披。❷动词。挽，卷。

抶 yêng² ❶动词。抖动。❷动词。抖擞，揭露。❸动词。推让。

拃[❶栅] za⁶ ❶动词。阻拦，堵塞。

【拃乱歌柄】打断别人的话。❷量词。把（一只手掌所抓的量）。

拎 ning¹，⑥ ling¹ ❶动词。拿，取。❷动词。提。❸介词。将，把，以。

抵 dei² ❶动词。挨，遭受。❷动词。忍受。❸动词。耐。❹形容词。值得。❺形容词。便宜。❻形容词。该，活该。

拘 kêu¹ ❶形容词。客气（多用于否定句）。❷形容词。（对礼仪等）过于讲究。

抹 fing⁶，⑥ wing⁶ 动词。甩，挥，扔。

揞 kem² ❶动词。盖，覆盖。❷名词。覆盖、挡护的东西。❸动词。关闭，停止。❹动词。捆打，打击。

拂 fid¹ ❶动词。用小枝条抽打。❷

象声词。挥动树枝或皮鞭的声音。

框 kueng³，⑥ kuang³ ❶动词。绊。❷动词。剐（被尖锐的东西勾划破）。❸动词。扣，拴。❹动词。挂。❺量词。串，嘟噜。

拢[揗、孚] ngung² 动词。推。

揶[闸、胚] nga⁶ ❶动词。占据。❷动词。张开。

挞 tad¹ ❶名词。一种馅露在外面的西式点心。❷动词。发动（机器）。

挞 tad³ ❶动词。借钱不还，赖账。❷动词。伸（舌头）。❸动词。跩拉。❹形容词。向四面张开。

【挞头】光头，秃脑袋。

挟 gib⁶，⑥ hab⁶ ❶动词。夹，挤。❷形容词。狭窄，挤。

挠 nao⁴ 【长挠挠】（时间）很长。

捻[捺、捻] nin² ❶动词。捏，用拇指和其他手指夹住。❷动词。（用手）挤。❸动词。卡。

挢 giu² 动词。拭擦。

挤 zei¹ 动词。放置。

挏[捵] cung³ ❶动词。捅。❷动词。碰撞。

挥 fei⁶ 动词。杵，捅。

搣 kai⁵ 介词。广州老城区少用。1. 将，把。2. 用。

捞 lou¹ ❶动词。拌，搅。❷动词。混合，合。❸动词。混（生活），谋生。❹动词。用各种手段获取，得到。❺动词。行，干（多用于否定句）。

捞 lao¹ 词素。指说北方话的。是普通话"老兄"的摹音。

捞 lao⁴ 【捞哨】马虎，不细心，敷衍应付。

梗 gang³ ❶动词。搅拌。❷动词。从容器的底部捞取。❸动词。较量，比试。

揸 deo⁶ ❶动词。轻轻地捧，托，兜着。❷动词。索取，拿，挣（钱）。

揨 heng^{1} 动词。敲，搕。

捎 sao^{4} ❶动词。不问自取，拿走。❷动词。吃掉。

掮 gün^{1} 动词。钻。

挹 yeb^{6} 动词。招手。

捨 sê^{4} ❶动词。顺手拿走别人的东西。❷动词。下滑。

掕 leng^{3}，㊀ neng^{3} ❶动词。连，带，拴，系(jì)。❷动词。拖累，带着(累赘)。❸量词。串，嘟噜。

㨆 lem^{6} 动词。堆砌，架叠，摞，垛。

掝 fag^{3} ❶动词。用棍子或鞭子乱打。❷动词。搅打。

捱 ngai^{4} ❶动词。熬，忍受。❷动词。指靠某些东西艰难地生活。❸动词。遭受。❹动词。拖延。

揞 keng^{3} ❶形容词。酒味醇厚；烟味浓烈。❷形容词。有本事，有能耐。

掉 diu^{6} 动词。扔，丢，抛弃。

掂 din^{2} 动词。打滚，挣扎。

掮 ngao^{1} ❶动词。抓，挠，搔。❷动词。用筢子搂。

揔 fed^{1} 动词。舀。

掬 gug^{1} ❶动词。憋，努，鼓。❷动词。催，促使(快长)。

掙 dên^{2} ❶动词。捅，杵。❷动词。顶，撑。

掂 dim^{6} ❶形容词。直。❷形容词。妥当，弄好，说服。❸形容词。顺利。❹形容词。通顺，清楚。

捽[抑] zêd^{1} 动词。擦，搓，揉。

掟 déng^{3} 动词。扔，投掷，多指向目标或一定的方向投掷。

掷 long^{3} 动词。垫，架起。

捩 lei^{2}，㊁ lei^{6} 动词。扭转(身体、脸等)。

掺 cem^{1} ❶动词。添加。❷动词。让参加，参加。

掹[搵] meng^{1} 动词。拉，拔。【黑瞇掹】黑咕隆咚。

掹 meng^{3} 动词。扯、拽。

掭 dem^{1} 动词。拖延，磨(时间)。

揸 za^{1} ❶动词。抓，拿，握。❷动词。捏。❸动词。掌管。❹动词。驾驶，开(车)。

揼[磕] deb^{6} ❶动词。砸。❷动词。捶打，打。❸动词。掉下。❹动词。(雨水)淋打。❺作形容词的词尾。【重奄奄】沉甸甸。

揇 nam^{3} ❶动词。拃(张开大拇指和食指或中指量长度)。❷量词。拃(张开的大拇指和食指或中指指端间的距离)。❸量词。步(大步)。

揇 nam^{5} 动词。用长棍打。

揦 la^{2} ❶动词。抓，拿。❷动词。撩起。❸动词。咬，腐蚀。❹动词。把食物用调料腌一下。❺词素。

揦 la^{3} ❶动词。在看不见的情况下用手摸索。❷动词。用东西搅拨探索。

揦 la^{5} 【揦鲊】1. 肮脏。2. 不干净，不吉利。

揩 hai^{1} 动词。蹭，擦。

揗[❺揬] sang^{2} ❶动词。用沙、灰、去污粉等洗刷器具。❷动词。间苗；除去或摘去(叶片等)。❸动词。训斥。❹动词。(用球)打。❺动词。强取。

揾 wen^{2} ❶动词。找。❷介词。用。

搰[鹘] wed^{6} 动词。晃动。

撳 gem^{6} 动词。按，摁，压。

揗 ten^{4} ❶形容词。受惊发抖。❷动词。徘徊，走动。

搉 feng^{4} 动词。用拳头或棍子使劲打。

揞 em^{2}，㊀ ngem^{2} 动词。捂。

搂 leo^{3} 动词。摇动容器。

揃 jin^{1} 动词。把贴附在其他物体上的薄东西完整地撕、剥下来。

擞 ngou^{4} 动词。摇。

攒 gung^{3} ❶动词。钻。❷动词。爬，拱，冒。

摄 xib^{3} 动词。受凉。

摙 lin^{5} ❶动词。搬运(距离不远的)。❷动词。翻动。❸动词。收拾，拿，放。

搣 mid^{1} ❶动词。拧，掐，捏。❷动词。撕。

押 bed^{1} ❶动词。舀，盛。❷动词。撮。

搸 ben^{3} 动词。编绳状的东西。

搲 wa^{2} 动词。抓。

搲 wé^{2} ❶动词。搂。❷动词。敞开。

㩒 lem^{3} ❶动词。倒塌，崩塌。❷动词。使倒塌。

搉[毃] kog^{1} ❶动词。敲打。❷象声词。敲击硬东西的声音。

搦 nig^{1} ❶动词。拿。❷动词。提。

摊 tan^{1} ❶动词。晾凉，放凉。❷动词。四肢自然地伸着仰卧。

擏 kin^{2} 动词。揭，掀，翻。

摵 qig^{1} ❶动词。提。❷动词。揪。❸动词。抽，扬起。❹动词。拉。

撻[跶、笪] dad^{3} ❶动词。用力往下摔(软的东西)。❷动词。从高处坠下。❸动词。无力地倒下。

摎 lao^{2} 【摎挍】1. 紊乱，杂乱，无条理。2. 引申指差劲的、不正常的、麻烦的等。

擙[撨] jiu^{6} 动词。狠揍，痛打。

撍[挦] qim^{4} ❶动词。抽取，抽出。❷动词。拔。

㩧[❸噘] kig^{1} ❶动词。较量。❷动词。阻，妨碍。❸名词。卡；坎。❹名词。蛋糕。〖英语 cake 的音译。〗

搒 pang^{1} ❶动词。撵，驱赶。❷动词。匀出(一部分)。

撩[❷嫽] liu^{4} ❶动词。招惹。❷动词。挑逗，戏弄(多指用语言挑逗)。

撩 liu$^{4-2}$ 动词。(用棍子等)搅拌，绕。

擙 ngou^{1} 动词。够取，探取，伸手

向远处取物。

擒 kem⁴ 动词。攀爬。

捻 nen² ❶动词。摆弄，玩弄。❷动词。打扮。❸动词。捉弄，戏弄。

搉 he³ ❶动词。扒开。❷动词。敞（胸）。

捕 sog¹ 动词。用筷子或细棍敲打。

撆 pég⁶ 动词。扔，丢弃。

撑 seng³ ❶形容词。刺痛，被灼伤或烫伤的地方。❷形容词。心疼，痛惜。

擦 cad³ 动词。吃（粗俗说法）。

擸 lab³ ❶动词。收拢。❷动词。搂。❸动词。搜集，聚合，凑。❹动词。拿走，偷走。❺动词。粗略地看。❻动词。并。❼动词。跨。

撮 bog¹ ❶动词。用棍子敲打。❷形容词。土，土里土气。

攞 lo² ❶动词。拿走，拿来。❷动词。拿住，拿着。❸动词。取，领取，支取。❹动词。收取，捕取。❺动词。讨，要。❻介词。用，以。

攣 man¹ ❶动词。扣（扳机）。❷动词。扶，扒。❸动词。扳，挽回。

片 部

片 pin² 名词。婴儿尿布。

牍 sag³ 量词。边，块。

月 部

肶 dem¹ 【肚肶】小肚子。【酸肶肶】酸溜溜，酸不溜丢。

朕［脭］zem⁶ ❶量词。股。❷量词。阵。

腖 wo⁵ ❶形容词。蛋类变坏。❷形容词。引申指事情弄坏了，北京口语叫"娄"。

腂 léi⁶ 名词。舌头。

胺 zê¹，⑱ zêu¹ 名词。小男孩的生殖器官。

腌 ⑱ yim¹，⑯ yib³ ❶动词。腌渍。❷动词。（衣物）被汗水、尿等沤。❸动词。指被酸性或碱性较强的东西侵蚀、腐蚀。

腍 nem⁴ ❶形容词。软，松软。❷形容词。（食物）烂熟。❸形容词。蔫，形容人性情软弱，不容易发脾气。

腩 nam⁵ 名词。腹部松软的肉。

腪［脰］dêu³ 动词。浮肿，膀。

腯 ten⁴ 肥。【肥腯腯】1. 指猪肉很肥。2.（人）胖乎乎，胖得臃肿难看。

腬 neo⁶ ❶形容词。腻，因吃油脂食物或甜食过多而发腻。❷形容词。引申指动作慢。

膭 ngong³，⑧ ngung³ 名词。酸菜变质后的气味。

膉 yig¹ 名词。哈喇（含油脂多的食物变坏后的气味）。

臁 jin² 名词。人和猪、牛、羊等的腱子肉。

腼 yên⁶⁻² 名词。禽、畜的肝。

臊 sou¹ ❶形容词。膻。❷形容词。乳臭。❸名词。婴儿，"臊虾仔"的简说。❹动词。分娩，生（孩子）。

臕 pog¹ 名词。泡儿。

风 部

飔［䬃］bung⁶ 量词。股、阵（用于气味）。

飙 biu¹ ❶动词。喷射。❷动词。冒出。❸动词。窜。❹动词。长高，尤指迅速长高。❺动词。出芽儿。

殳 部

殽 ngao⁴ 动词。翘棱，木板等在由湿变干过程中变得弯曲不平。

火 部

灯 ngao¹ 【干灯灯】干的样子。

炝 cêng³ ❶动词。喷出。❷动词。灼燎。

炆 men¹ 动词。烹饪方法，盖上锅盖，用文火煨煮食物使熟烂，大致相当于焖、炖。

炕 hong³ ❶动词。烤烘。❷动词。晾放，摊晾。

炩 ling³ 形容词。锃亮（物体表面光滑得发亮）。

焓 heb⁶ 词素。

焫 nad³ ❶动词。烫，灼。❷形容词。滚烫的。

焗 gug⁶ ❶动词。烹饪方法，利用蒸汽使密封容器中的食物变熟。❷动词。焗油，一种染发、养发、护发方法。在头发上抹油后，用蒸气加热，冷却后用清水冲洗干净。❸动词。熏。❹动词。闷热。❺动词。迫着。

焙 bui⁶ ❶动词。用微火烘烤。❷名词。醭面（做面食或粉食时防止粉面粘连的干粉）。❸名词。烘荔枝干、龙眼干的作坊。

煴［爩］wed¹ ❶动词。熏。❷动词。烹饪方法，熏制。

煲 bou¹ ❶名词。平底有壁的锅。❷名词。连砂锅一起端上桌的菜肴。❸动词。1. 煮（不一定用煲煮）。2. 熬。❹动词。引申指较长时间地做某一件事。❺动词。打击，多指暗害。❻量词。用于打击。

煠［熠］sab⁶ 动词。熬，煮，多指长时间地煮或煮大块的东西。

煱 big¹ 动词。用猛火煮。

煋 xing¹ 动词。皮肤被蒸气烫伤。

煝 ceo¹ 动词。烟熏火燎或水蒸气灼。

熇 hug⁶ 形容词。酷热，热气蒸人。

熆 hog³ 动词。隔火烘烤。

熯[燃] hing³ ❶动词。烤热。❷形容词。温度高，热，烫。❸动词。热乎，来劲。❹形容词。热闹。

燂 tam⁴ 动词。动物皮肉用火燎去毛，或略烤使焦黄。

爉 nung¹ ❶形容词。焦，煳。❷形容词。(树叶等)枯黄。❸形容词。(脸色)黑。

爉[熠] lab³ ❶动词。火燎。❷词素。【爉爉炝】锃亮。

燿 lo³ 名词。煳味，烧布、头发、橡胶等发出的臭味。

爧 léng⁶ 名词。闪电，打闪。

灬部

点 dim² ❶疑问代词。怎么，怎么样。❷动词。蘸。

斗部

斗 deo³ ❶动词。触，碰，摸。❷动词。逗(小孩)。❸动词。比，比赛。❹动词。兑子(象棋术语)。❺动词。拼合(多指做木器)。❻动词。凑近。

斟 zem¹ 动词。商谈，商量。

户部

戾 lei² 【冤戾】冤枉。

心部

恶 og³，(又) ngog³ 形容词。难，难以。

恋 lün² ❶动词。粘，滚动着粘。❷动词。卷。❸动词。揩擦以吸干液体。

戁 ngong⁶ 形容词。傻，笨。

忄部

忟 mug¹ 动词。猜测。

㤼 hib³ 动词。用指甲掐。

恤 sêd¹ ❶动词。投篮。❷动词。恤发(用发夹把头发卷起来，使它弯曲成波浪形)。

怡 heb¹ 动词。欺负。

恨 hen⁶ ❶动词。悔恨。❷动词。渴望，巴望，巴不得。❸动词。羡慕，喜欢。

悭 han¹ ❶形容词。省俭，节省。❷动词。节省，节约。

惜 sêg³ ❶动词。爱惜。❷动词。疼，喜爱。❸动词。娇宠，惯纵。❹动词。吻，亲。

惶 wong⁴ ❶形容词。慌张，惊惶，多指牲畜。❷形容词。(机械等)难以控制。

憭 liu⁵ 【轻憭憭】轻轻的。【空憭憭】空空的。

母部

嬤 na² 形容词。母的，雌性的。

衤部

袚 fid¹ 【符袚】办法，法宝。

石部

砈 zag³ 动词。压。

码 ma⁵ ❶动词。捆紧。❷动词。钉在一起。❸动词。引申指依附、巴结。❹动词。引申指控制、笼络。

研 yin⁴ ❶动词。碾，擀。❷动词。用刀在棍子等的表面滚动着横切。

砌 cei³ ❶动词。拼合。【砌生猪肉】诬陷。❷动词。揍，打。

碌 lug¹ ❶动词。滚动。❷动词。轧，碾压。❸名词。圆柱形的东西。【大碌木】比喻呆板、笨拙的人。❹量词。用于圆柱形的东西。

目部

眅 keb⁶ 动词。监视，目不转睛地盯着。

睒 mag¹ ❶动词。球赛时人盯人。❷动词。打分。

盼 pan³ 形容词。瘪，谷粒不饱满。

眈 dan¹ 动词。抬头。

睄 sao⁴ 动词。瞥，瞟，眼睛很快地向某目标一扫。

睇 tei² ❶动词。看，瞧。❷动词。探访，探望。❸动词。看守，看管，照料，盯着。❹动词。观察并判断。

督[厾] dug¹ ❶动词。监督。❷动词。刺，戳，杵。

睩 lug¹ 动词。瞪眼。

睤 hib³ 动词。闭眼。

瞌 ⑱ heb⁶，围 heb¹ ❶动词。闭眼。❷动词。小睡，打盹儿，眯眼。

瞓[眮] zong¹ ❶动词。窥视，偷看。❷动词。探头看。

瞓 fen³ ❶动词。睡。❷动词。躺。

睭[眨] zam² 动词。眼皮开合，眨(眼)。

瞠 cang³ ❶动词。瞪眼，睁眼。❷词素。【光瞠瞠】形容亮堂堂(指光线太强而刺眼)。

田部

畀 béi²，⑱ béi³ ❶动词。给。❷动词。允许，让。❸介词。被。❹介词。相当于"用""以"。

嬲 neo¹ ❶动词。生气，恼怒。❷动词。憎恨，恨。

罒部

罨[罯、浥] ngeb¹ ❶动词。敷。❷

动词。捂；沤。

罉[糙]　zao³　动词。过油（用油炸一炸）。

盟　meng⁴　形容词。封闭的，闭塞的，不通畅的。不单独使用。

禾　部

秤[揯]　qing³　❶动词。提，拎。❷量词。挂，嘟噜。

穠　nung⁴　❶形容词。（花木）茂密。❷形容词。醇，味厚。

白　部

的　dig¹　❶动词。提起，拿起。❷动词。（用手指）按，摁。

鸟　部

鸽　za⁶　猪屎鸽，一种像喜鹊的鸟。

鷅　mui²　❶名词。囮子，用来诱捕同类的鸟。❷名词。引申指诱人赌博者或帮人行骗者，即"托儿"。

疒　部

痕　hen⁴　形容词。痒。

痲[瘇]　na¹　名词。疤痕，伤疤。

瘰　nan³　名词。疙瘩（皮肤因被蚊虫咬或过敏所起的疙瘩）。

瘀　yu²　动词。瓜果蔬菜等因受揉擦挤压而受伤。

瘟　meng²　形容词。烦躁，暴躁。【瘟瘝】烦躁，暴躁，发脾气。

瘟　wen¹　❶形容词。旧时指被女色所迷（现已少用）。❷形容词。形容人像得了瘟病似的，昏头昏脑的样子。❸形容词。形容人一个劲儿地干事。

瘘[瘺]　leo⁶　【瘘㾺】穿衣过多、过肥显得臃肿，肥赋。

痕[瘏]　ha¹　名词。哮喘。

瘄　pong¹　形容词。前额突出。

瘣[趈]　gui⁶　形容词。累，疲劳。

癗　meg⁶⁻²　名词。痣（较小的）。

癪　jig¹　名词。疳积。

立　部

亲　cen¹　❶助词。用在动词后，表示遭受或感受。❷助词。表示动作一发生就会产生某种反应，相当于"一……就……"或"每逢……都……"。

穴　部

窝　wo¹　❶动词。铆。❷动词。把整个生鸡蛋去壳后放进正在滚开的汤、粥、饭中使熟。

窦　deo³　❶名词。窝，巢穴。❷量词。1. 窝。2. 家。

窦　deo⁶　名词。堤围或田埂上的小水闸。

窟　fed¹　❶名词。地方，处所（多用于疑问句）。❷量词。1. 小块。2. 用于整体中的一部分。

窬　yü⁴　量词。用于墙砖的层数。

窠　kang¹　【窠窠】金属空罐之类掉到地上的声音。【空窠窠】空荡荡，空无一物。【明窠】分明。

窿　lung¹　❶名词。孔，洞，眼儿。❷量词。窝。

矛　部

矛　mao⁴　❶动词。粗野。❷动词。因情急而焦躁。❸动词。要赖。

耳　部

聮　lün⁴　动词。缝。

页　部

颐　ngog⁶　动词。仰首，抬头。

至　部

至　ji³　❶副词。才，再。❷副词。最。

虫　部

虾　ha¹　动词。欺负。

蛊　gu²　❶形容词词素。【蛊惑】心术不正，诡计多端。❷动词词素。【整蛊】捉弄（人），暗中使坏。

蛇　sé⁴　❶形容词。懒。❷名词。指带状疱疹。❸词素。【蛇㗝眼】1. 斜眼。2. 患斜视的人。❹名词。偷渡的人，非法入境者。❺名词。先生；老师；长官；警察。

蛤　geb³　名词。青蛙，田鸡。又说"蛤乸"。

蛥　dê³　动词。蜂蜇人。

蚺　nam⁴　【蚺蛇】蟒蛇，我国蛇类中最大的，体长可达6米，无毒。

蝲　lad⁶　【臭屁蝲】椿象，臭大姐。【虾蝲】一种小螃蟹，多生活在稻田的小沟旁。

蟣　ji¹　名词。一些微小的昆虫或寄生虫的泛称，包括鸡虱、蚜虫等。

蟵　yung⁴　【过树蟵】毒蛇的一种，又叫"过树龙"，即灰鼠蛇、灰背蛇。

蟝　kem⁴　【蟝蟝】一种大蜘蛛，长腿，不结网。【蟝蟝丝网】蜘蛛网。【飞天蟝蟝】戏称攀缘的小偷。【蟝蝶】癞蛤蟆。【蟝爬】俗称癞蛤蟆。

蟥　hun²　【黄蟥】蚯蚓。

缶　部

罂　ang¹，⊗ngang¹　名词。小瓦罐。

鱲 la³ 名词。缝隙，缝儿。

鐺 cang¹ 名词。平底锅（但炒菜锅、煮水锅不叫"鐺"）。

舌 部

舓 lê¹ 动词。吐（渣子）。

舓 lê² ❶动词。蹭，揩拭。❷动词。纠缠，闹。

舐 lai² 动词。舔。

竹 部

笃 dug¹ ❶名词。容器的底部。❷名词。尽头。❸量词。泡（用于屎、尿）；口（用于口水、痰）。

笋 sên² 【笋嘢】好东西。

笪 dad³ ❶名词。粗竹席，围起来可以囤放粮食等，伸展开可以垫晒谷物等。又叫"竹笪"。❷量词。块，用于地方等。❸词素。【烂笪笪】1. 稀巴烂。2. 形容人放肆，无所顾忌。

笝 nab³ ❶动词。（昆虫）吸附；粘着（人）。❷动词。用钩子钩或用手脚扯、钩。❸动词。紧随，依附，巴结（别人）。

笭 léng³ 名词。捕虾笼，多为竹子编成。

第 dei⁶ ❶词素。不单用，与名词组合表示"别的""下一次""以后"等意思，实际上是"第二"的合音。❷词头，表次序。用法与普通话相同，但下面的序数词或是普通话没有的，或是广州话另有含义。【第九】差劲，劣，次。【第尾】最末尾。【第二】别的，另外的，下一个。

筛 sei¹ ❶动词。摇摆，晃动。❷动词。旋转。❸动词。淘汰。

筹 ceo⁴ ❶名词。号儿，牌儿。❷量词（音 ceo⁴⁻²）。次，回，遍。

篸 qim¹ ❶动词。用力刺。❷动词。

嫁接。❸动词。剔。

篸 cam² ❶名词。簸箕。❷名词。箕（不成圆形的指纹）。

筋 leg⁶ ❶名词。植物的刺。❷名词。荆棘。

篼 deo¹ 名词。篼子，滑竿（走山路时供人乘坐的竹轿）。

簋 guei² 【九大簋】隆重丰盛的筵席。过去筵席一般以九个簋盛九种菜肴为最隆重，故称。

臼 部

舂 zung¹ ❶动词。杵。❷动词。坠，倒栽。❸动词。闯，撞。

自 部

自 ji⁶ 助词。经常与否定副词（"咪""唔""未"等）和动词配合使用，有"先别""暂时不"的意思。

舟 部

舦 tai⁵ 名词。舵。

艔 dou⁶ ❶名词。渡船。❷名词。珠江水系中用机动船牵引前进的客船。

衣 部

装 zong¹ ❶动词。用机关、陷阱等诱捕。❷动词。装扮，伪装。❸动词。陷害。

衤 部

袂 tai¹ 名词。领带又叫"领（袂）"。〖英语 tie 的音译。〗

衲 nab⁶ 名词。多层的上衣（不单用）。

裇 sêd¹ 名词。衬衣。〖英语 shirt 的

音译。〗

裆 long⁶ 名词。裆。

褛 lou¹ ❶名词。大衣。❷动词。被，蒙盖。❸（苍蝇、蚂蚁等小昆虫）爬，停留。❹词素。【褛尾】1. 后来。2. 后面。【褛丘】衣衫破旧。

褪 ten³ ❶动词。后退。❷动词。移动，挪。❸动词。时间推后。

褦 nai³ 动词。连带，拖带。

羊 部

着 zêg³ 动词。穿（衣物）。

着 zêg⁶ ❶动词。对，在理。❷动词。合算；合时宜。❸副词。逐一。❹副词。被，受到。❺动词。占。

米 部

粎 hong² ❶名词。陈米的气味。❷形容词。缺乏油脂。❸形容词。引申指钱少。

粘 jim¹ 【粘米】粳米、籼米。

精 zéng¹ ❶形容词。机灵，精明。❷形容词。形容人善于取巧，爱耍小聪明。

糁 sem³ 动词。撒。

糙 yid³ 名词。一种点心，用糯米粉做成，有馅，用竹叶夹着蒸熟。

艮 部

艮 gen³ 形容词。身体接触冰冷物的感觉。

羽 部

翩 yim⁵ 【碎翩翩】碎碎的，粉碎。

翳 ngei³ ❶形容词。阴暗，昏暗。❷形容词。房屋低矮，使人有不舒服的感觉。❸形容词。烦闷，

憋气。❹动词。气，使生气。

纟 部

索 sog^3 ❶名词。绳子。❷名词。活套。❸动词。套，勒。

纰 péi^1 ❶动词。物体边缘或表面破损。❷动词。衣物久磨起毛变薄。❸动词。面料边缘松散。

纵 zung^3 动词。溺爱，娇宠。

续 zug^6 ❶动词。连接。❷动词。找钱，指买卖时找补零钱。

绹 tou^4 ❶动词。拴（牛马等）。❷动词。绑。

缠 nan^3 ❶动词。绗。❷动词。绷，粗粗地缝。

缬 lid^3 ❶名词。结子。❷名词。节。

缭 kiu^5 动词。缠绕。

走 部

赼 qi^1 【赼车转】1. 飞快地转动。2. 团团转。

趟 tong^3 动词。沿着轨道或平面推。

趜 gug^1 动词。鞋小夹脚。【趜脚】鞋小夹脚难受

趱 tem^4 【趱趱圈】圆圆的圈。【趱趱转】团团转，多用来形容忙碌或焦急的样子。

趯 dég^3，(读) tig^1 ❶动词。逃跑。❷动词。跑，走动。❸动词。驱赶。

赤 部

赤[欶、刺] cég^3 ❶形容词。刺痛，疼痛。❷形容词。手脚冻得发疼。

赧 nan^3 形容词。齁咸（过咸）。

酉 部

酷 hug^6 动词。唆使，鼓动。

酿 yêng^6 动词。把肉末等塞在豆腐、瓜里面做食材。

足 部

趸 den^2 ❶名词。底座，墩子。❷名词。引申指某些人。❸动词。放置，放。❹动词。囤积，储存。❺量词。用于建筑物等。

趷[趌] ged^6 ❶动词。一拐一拐地走路。❷动词。翘起。❸动词。踮起。❹动词。单脚跳。【趷跛跛】一种儿童游戏，单腿跳着走。❺动词。走，带贬义。❻动词。滚，滚蛋。❼形容词。不顺，不麻利。

踩 ca^1 动词。误踩，乱踏。

跈[蹍] dem^6 动词。跺。

跙 nug^6 动词。踩踏，践踏。

跔 kê^4 形容词。手足冻僵。

跛 bei^1，(读) bo^2 形容词。瘸。

踈 lêu^1 ❶动词。头往里钻。❷动词。突然倒下。❸动词。蜷缩着身躺。

跷 hiu^1，(俗) kiu^2 ❶形容词。凑巧。❷形容词。奇怪，蹊跷。

跭 gong^6 名词。螯（蟹钳）。

踭 zang^1 ❶名词。脚跟，踵。❷名词。鞋后跟。❸名词。肘。

踬 ngen^3 ❶动词。腿弹动；使东西颤动。❷动词。踮。

踎 meo^1 动词。蹲。【踎墩】蹲在"墩头"（码头卸货处）等待当苦力。指失业。【地踎】地痞，二流子。

踁 gang^6 动词。妨碍，阻碍。

踛 lug^6 动词。践踏。

踗 nim^3 名词。踮。

踹 nam^3 ❶动词。跨。❷动词。间隔。

踩 cai^2，(俗) yai^2 ❶动词。踩。❷动词。骑。

蹁 xin^3 ❶动词。打滑。❷动词。因脚下打滑而摔倒。

躀 guan^3 动词。摔倒，跌跤。

蹚 yang^3 ❶动词。蹬，踹。❷动词。支撑。❸动词。坚决不承认。

蹹 teb^1 形容词。（青蛙、蚱蜢等）跳跃的样子。

【蹹蹹掂】妥妥当当。

躓 zed^6 ❶动词。害怕，惊慌。❷动词。突然停止。

躝 lan^1 ❶动词。爬。❷动词。滚。

身 部

躃 pé^5 形容词。歪着身子，像要倒下。

讠 部

计 gei^2 名词。计谋，办法，主意。

诓 guen^3，(又) guen^2 ❶动词。骗。❷动词。不问自取。

詏 ngao^3，(又) ao^3 动词。争辩，争论。

谂 nem^2 ❶动词。思考。❷动词。谋划，斗智。❸动词。想，惦念。

諗 tem^3 动词。哄骗。

谗 ngem^1 动词。不停地耐心劝说。

谛 dei^3 动词。讽刺，挖苦。

谮 cem^3 形容词。唠叨，啰唆。

谰 lan^2 ❶动词。装作某种样子。❷动词。表现出某种样子。❸动词。自以为。

青 部

靓 léng^3 ❶形容词。美丽，漂亮，好看。❷形容词。好。

韦 部

韨 gig^1 名词。西式点心的一种，无馅。

雨 部

霎 sab^3 ❶动词。眨。❷形容词。声

音嘶哑，涩。【霉懓】傻；混账。

露 log⁶ ❶动词。折，倒腾。❷动词。用碗量水或量米。

齿 部

齮 gi¹ 【齮龁】(齮龁)1. 梗阻。2. 猫腻。
龉 yi¹ 动词。龇牙咧嘴。

钅 部

鉎 seng³ ❶名词。铁锈。❷名词。铁锈味。
鐰 gai³ 动词。锯开，裁开，割开。
钑 zab⁶ 【钑骨】锁边(缝衣服时用专门的机器把要缝的边沿锁好)。
钜 ngag³⁻² 名词。镯子。
铰 gao³，◎ gao² ❶名词。关节。❷名词。合页，铰链。
镙 lêu¹ 名词。铜圆，铜板。
镑 pang¹ ❶动词。平底锅。〖英语 pan 的音译。〗❷动词。铝或搪瓷的圆筒形盛物器。
镬 wog⁶ 名词。半球形的炒锅。

鱼 部

鲊 za² 形容词。品质差次的，水准

低下的。【发烂鲊】撒泼，蛮横不讲理。

鲠 keng² ❶动词。噎。❷动词。咽。❸动词。艰难吞咽。

骨 部

鹘 wed⁶ 【鹘突】1. 使人恶心的。2. 难看的。3. 冒失，莽撞。
骹[骹] ❶动词。(猪用嘴)拱。❷动词。用身体推挤。
骿 péng¹ 名词。骿骨(肋骨)。
髀 béi² 名词。大腿。【禾杈髀】叔伯兄弟姐妹的关系。
髆[髆] 名词。肩。

饣 部

饻 héi³ 动词。饲养(家畜)，只限于具体的动作。
蚀[賍] ❶动词。亏损。❷动词。磨损，损伤。
饹 cei⁴，◎ céi⁴ 名词。糍粑。
饐 mem¹，◎ ngem¹ 名词。软而

烂的饭(幼儿语)。

餲 ngad³ 名词。臊臭(尿的气味)。
餸 sung³ 名词。菜肴。
饐 hin³ 名词。芡，烹饪时用淀粉调成的浓汁。

彡 部

犘 yem¹ 名词。刘海儿(女孩额前的短发)。
髧 dem³ ❶动词。垂下。❷动词。引申作钓。❸词素。【当髧】刚巧碰上倒霉事。

黍 部

黐 qi¹ ❶动词。粘，粘连。❷形容词。黏。❸动词。沾，蹭，揩油。❹动词。缠，紧随不肯离开。

鼠 部

鼠 xu² ❶动词。偷。❷动词。偷偷拿走。

说明：据《广州音字典(第四版)》收录的《广州话常用字表》整理。

附录十五　广东省明清时期进士名录

		明　代			
序号	科　年	姓　名	籍　贯	甲　第	名　次
1		梁　临	新会		第九名
2		张寿龄	保昌		第二十三名
3	洪武四年（1371）辛亥科	陈　玄	东莞	三甲	第三十八名
4		梁　安	高要		第六十九名
5		何子海	番禺		第九十三名
6		黄子平	茂名		第二十六名
7		陈　绥	南海	二甲	第二十八名
8		劳士宽	南海		第一百零六名
9		蔡福南	海阳		第三名
10		李文善	高要		第三十六名
11		卫善初	四会		第四十五名
12		张　观	南海		第四十九名
13		黄敬中	曲江		第五十四名
14		林　昶	吴川		第八十三名
15	洪武十八年（1385）乙丑科	谭彦芳	高要		第一百零一名
16		甘友信	保昌		第一百零九名
17		林宗浦	徐闻	三甲	第一百一十三名
18		朱革庆	南海		第一百二十八名
19		周尚文	香山		第一百三十名
20		陈　迪	四会		第一百四十三名
21		姚观文	南海		第一百四十四名
22		戴　云	连州		第一百五十八名
23		林　逊	潮阳		第一百七十六名
24		郑　镕	吴川		第三百一十四名
25		廖　谟	海康		第三百一十六名
26	洪武二十一年（1388）戊辰科	米　稚	清远	三甲	第二十五名

（续表）

序号	科 年	姓 名	籍 贯	甲 第	名 次
27		何 测	文昌	二甲	第十一名
28	洪武二十四年（1391）辛未科	张广扬	德庆	三甲	第五名
29		杨 璧	海阳		第十名
30		蒋 资	化州	二甲	第十名
31	洪武二十七年（1394）甲戌科	谭 源	番禺	三甲	第二名
32		李 琛	化州		第二十五名
33		梁 熙	新兴		第四十名
34	洪武三十年（1397）丁丑科	符 铭	琼山	三甲	第二十六名
35	建文二年（1400）庚辰科	梁 成	信宜	二甲	第十一名
36		余存谅	高要	三甲	第六十二名
37		李 宁	南海	二甲	第十五名
38		罗亨信	东莞		第八十四名
39		容 善	茂名		第十六名
40		孔泰初	高要		第二十六名
41		陈 玄	海阳		第五十名
42		周 益	茂名		第七十一名
43		黄本固	海康		第七十二名
44		唐 舟	琼山		第八十五名
45		谢 升	高要		第九十二名
46		冯 高	新兴		第一百零六名
47		张 昌	泷水		第一百零七名
48	永乐二年（1404）甲申科	汪 高	新兴		第一百一十三名
49		吴 谦	海康	三甲	第一百一十三名
50		陈 颖	合浦		第一百二十三名
51		林 森	合浦		第一百二十五名
52		李仲芳	南海		第一百七十一名
53		潘 帱	南海		第一百七十二名
54		梁致恭	高要		第一百七十三名
55		李 祐	茂名		第一百七十七名
56		黄 嘉	海阳		第二百零六名
57		陈季芳	潮阳		第二百零七名
58		洪 溥	澄迈		第二百二十一名
59		林 现	海康		第二百二十三名
60		翟溥福	东莞		第二百二十九名

（续表）

序号	科 年	姓 名	籍 贯	甲 第	名 次
61	永乐二年（1404）甲申科	梁 瑶	化州	三甲	第二百六十四名
62		颜 宝	茂名		第二百七十三名
63		陆普任	琼山		第二百七十五名
64		伍 玉	茂名		第二百八十二名
65		陈 哲	曲江		第二百九十六名
66		周 英	合浦		第三百一十二名
67		林文亨	海康		第三百一十三名
68		吴志盛	茂名		第三百一十六名
69		张 贞	茂名		第三百二十四名
70		萧九成	高要		第三百二十七名
71		罗 英	高要		第三百四十名
72		石 祐	琼山		第三百四十七名
73		翟彦荣	归善		第三百五十六名
74		邓得麟	乐昌		第三百七十名
75	永乐四年（1406）丙戌科	梁 智	德庆	二甲	第二十名
76		王克义	琼山		第三十一名
77		陈 彬	茂名	三甲	第五名
78		陈道同	四会		第八名
79		李 昺	合浦		第二十一名
80		周岐后	博罗		第二十二名
81		黄 斌	曲江		第四十七名
82		陈永昌	茂名		第五十名
83		黄 敬	琼山		第六十名
84		陈 纯	化州		第六十二名
85		黎 常	新兴		第六十三名
86		陈日新	高要		第八十四名
87		张 光	茂名		第九十名
88		钟 墉	海阳		第九十七名
89		吴宗荫	茂名		第一百零八名
90		李 泽	石城		第一百一十二名
91		卢 荣	合浦		第一百二十四名
92	永乐九年（1411）辛卯科	钟 瑛	高要	二甲	第二十二名
93		韩 珠	石康	三甲	第二十名

（续表）

序号	科 年	姓 名	籍 贯	甲 第	名 次
94	永乐十年（1412）壬辰科	罗惟政	程乡	三甲	第七名
95		林 密	文昌		第十九名
96	永乐十三年（1415）乙未科	梁 能	番禺	二甲	第四十四名
97		陈 鼎	新兴		第五十二名
98		林 超	番禺		第五十三名
99		谭寿海	泷水	三甲	第十六名
100		林 贲	四会		第四十名
101		郑士庶	海阳		第六十八名
102		张 聪	新兴		第七十五名
103		马 铭	南海		第九十二名
104		沈 福	石康		第一百零三名
105		严 贞	新兴		第一百二十二名
106		赵 纯	番禺		第一百九十二名
107		王 制	德庆		第二百零四名
108		彭 森	南海		第二百一十四名
109		朱 惠	石康		第二百三十名
110		洪 豫	化州		第二百四十一名
111		李冠禄	茂名		第二百四十五名
112		阮 瑄	海阳		第二百五十名
113	永乐十六年（1418）戊戌科	梁广成	番禺	二甲	第四十八名
114		金 诚	广州右卫		第六十七名
115		王 靖	潮阳		第七十四名（碑作第七十三名）
116		薛 预	琼山	三甲	第四十三名
117		郭 瑛	番禺		第六十五名
118		陈 纯	四会		第八十九名
119		李 忠	高要		第一百三十七名
120		徐 祥	万宁		第一百四十五名
121		唐 亮	琼山		第一百五十六名
122		黄 炯	海阳		第一百六十二名
123		洪 廉	揭阳		第一百七十一名
124	永乐十九年（1421）辛丑科	刘 玘	潮阳	二甲	第三名
125		吴 璿	化州		第四名
126		许 忠	海阳		第十八名
127		吴 琼	海阳		第二十五名

（续表）

序号	科　年	姓　名	籍　贯	甲　第	名　次
128	永乐十九年（1421）辛丑科	陈子福	保昌	三甲	第十八名
129		吴 锜	琼山		第四十八名
130		黄 润	番禺		第一百一十三名
131		林 厚	海阳		第一百一十七名
132		龚 遂	番禺		第一百二十三名
133		朱 辉	南海		第一百二十九名
134	永乐二十二年（1424）甲辰科	丘 俊	程乡	三甲	第九名
135		林 全	四会		第十九名
136		黄 贵	海阳		第二十七名
137		陈 佐	信宜		第三十二名
138		林 贵	海阳		第三十八名
139		杨 钦	石城		第四十七名
140		陈 玄	海阳		第五十名
141		陈 缜	新兴		第七十三名
142		陈子童	南海		第七十五名
143		余宗器	化州		第八十一名
144	宣德二年（1427）丁未科	萧 銮	潮阳	三甲	第二十一名
145		陈敏政	长乐		第五十九名
146	宣德五年（1430）庚戌科	李若林	潮阳	二甲	第十七名
147		区 贤	南海		第二十名
148	宣德八年（1433）癸丑科	吴 高	归善	二甲	第三十五名
149		廖 恂	南海	三甲	第五十一名
150	正统元年（1436）丙辰科	李 颙	博罗	二甲	第十名
151	正统四年（1439）己未科	王 彰	海阳	二甲	第十七名
152	正统七年（1442）壬戌科	卢 祥	东莞	二甲	第三十九名
153		邓 颙	乐昌	三甲	第六名
154		杨 政	博罗		第十七名
155	正统十年（1445）乙丑科	林 义	海阳	二甲	第二十三名
156		林廷举	海阳	三甲	第五十二名
157		周 瑜	南海		第七十九名
158	正统十三年（1448）戊辰科	邢 宥	文昌	二甲	第十五名
159		李 琏	四会	三甲	第八十一名
160	景泰二年（1451）辛未科	李 惠	海阳	二甲	第三十八名
161		潘本愚	博罗		第六十九名

（续表）

序号	科 年	姓 名	籍 贯	甲 第	名 次
162	景泰二年（1451）辛未科	许 伦	潮阳	三甲	第三十八名
163		李 牧	四会		第五十三名
164	景泰五年（1454）甲戌科	丘 濬	琼山	二甲	第一名
165		康 麟	顺德		第六名
166		鲁 能	新会		第六十三名
167		萧 青	惠州		第六十六名
168		郑文奎	潮阳		第一百二十三名
169		陈 政	番禺	三甲	第十二名
170		梁 矩	番禺		第三十六名
171		吴 让	南海		第九十二名
172		林 杰	琼山		第一百零七名
173		徐 观	香山		第一百一十九名
174		李 嗣	南海		第一百二十六名
175		裴 衷	石康		第一百二十八名
176		叶 颐	惠州		第一百五十六名
177		郑 安	海阳		第一百五十九名
178		萧惟昌	吴川		第一百六十九名
179		刘 荫	程乡		第一百八十一名
180		何 经	顺德		第一百八十五名
181		韩 殷	番禺		第二百零八名
182	天顺元年（1457）丁丑科	何 淡	顺德	二甲	第十五名
183		潘 洪	广州		第四十一名
184		叶 敏	南海		第四十九名
185		张 瑨	番禺		第五十八名
186		徐 虔	揭阳	三甲	第八名
187		黄 籛	南海		第十七名
188		梁 昉	顺德		第十八名
189		张 纲	程乡		第九十四名
190		吴 浍	增城		第九十六名
191		陈 骐	南海		第一百二十四名
192		崔 浩	茂名		第一百三十一名
193		程 霓	高要		第一百三十八名
194		张 戬	南海		第一百四十七名
195		陈 珍	南海		第一百六十三名
196		杨孟芳	南海		第一百七十二名

（续表）

序号	科 年	姓 名	籍 贯	甲 第	名 次
197	天顺四年（1460）庚辰科	祁 顺	东莞	二甲	第二名
198		冯 遵	南海	三甲	第九十一名
199	天顺八年（1464）甲申科	陈 稷	番禺	二甲	第十九名
200		唐 盛	南海		第二十九名
201		陈仕宝	揭阳	三甲	第三十五名
202		萧 鼎	海阳		第五十七名
203		陈嘉言	东莞		第七十一名
204		王 铨	潮阳		第八十五名
205		虞 谅	新会		第一百零四名
206		林 荣	番禺		第一百一十九名
207		柳 彰	海阳		第一百四十三名
208	成化二年（1466）丙戌科	邝 文	南海	二甲	第六名
209		戴 缙	南海		第四十六名
210		邵 智	南海	三甲	第三名
211		游 佐	南海		第十九名
212		萧 龙	潮阳		第二十三名
213		张 泰	顺德		第六十五名
214		余 统	新会		第八十二名
215		钟 晟	番禺		第一百零四名
216		林廷庸	兴宁		第一百一十三名
217		马 骊	新会		第一百八十二名
218		崔廷圭	番禺		第二百一十四名
219		李 聪	顺德		第二百二十五名
220		柯 汉	潮阳		第二百二十六名
221		何 济	顺德		第二百三十名
222		李 珊	海南卫（广东番禺）		第二百三十六名
223		区 正	番禺		第二百四十八名
224	成化五年（1469）己丑科	陈 斌	顺德	二甲	第三名
225		林 璞	海阳	三甲	第二十八名
226		江 源	番禺		第四十九名
227		郑 谅	海阳		第六十三名
228		唐 绢	琼山		第七十三名
229		张 翊	番禺		第一百零三名
230		陈 密	南海		第一百一十六名

（续表）

序号	科　年	姓　名	籍　贯	甲　第	名　次
231	成化八年（1472）壬辰科	吴　裕	揭阳	二甲	第六名
232		梁　方	南海		第十二名
233		陈　轩	海阳	三甲	第三十九名
234		张　瑛	新会		第八十三名
235		何　潚	东莞		第九十一名
236		林　贵	南海		第一百二十六名
237		邝　颐	南海		第一百三十名
238		郑　護	石康		第一百三十四名
239		马　聪	顺德		第一百四十二名
240	成化十一年（1475）乙未科	伦　善	顺德	三甲	第一百四十名
241		吴　辙	新会		第五名
242		卢　勘	东莞		第三十四名
243		叶　琛	东莞		第五十六名
244		何　珖	顺德		第七十六名
245		袁士凤	东莞		第一百二十六名
246		王　宬	海阳		第一百三十六名
247		黄　铨	香山		第一百六十五名
248		黎　鼎	南海		第一百六十七名
249		王　俨	海南		第一百九十名
250		李　魁	高要		第一百九十四名
251	成化十四年（1478）戊戌科	梁　储	顺德	二甲	第一名
252		姚　绍	潮阳		第四十九名
253		李　祥	南海		第一百零七名
254		林　荣	合浦		第一百一十名
255		蒲　钢	南海	三甲	第二十三名
256		钟　雅	归善		第三十九名
257		何文缙	南海		第一百零三名
258		叶　应	归善		第一百五十四名
259		周　叙	南海		第一百六十七名
260		谢　珪	海阳		第一百七十三名
261		刘　芳	阳江		第一百八十八名
262	成化十七年（1481）辛丑科	程　文	高要	二甲	第二名
263		吴一贯	海阳	三甲	第二十六名
264		邓应仁	南海		第五十三名

（续表）

序号	科　年	姓　名	籍　贯	甲　第	名　次
265	成化十七年（1481）辛丑科	梁　巩	新会	三甲	第八十九名
266		曾　禄	博罗		第九十八名
267		姚　祥	归善		第一百一十七名
268		林世远	四会		第一百二十二名
269		何文英	顺德		第一百二十四名
270		梁　敬	高要		第一百四十二名
271		郑　寓	海阳		第一百七十八名
272	成化二十年（1484）甲辰科	黄　鉴	南海	二甲	第十七名
273		罗　昕	番禺		第二十名
274		宁　诜	东莞		第五十四名
275		张　诩	番禺		第五十五名
276		吴　琏	南海	三甲	第二十四名
277		包义民	合浦		第三十五名
278		王　昂	揭阳		第四十九名
279		马　昇	河源		第六十一名
280		杨季芳	南海		第七十一名
281		丘文瀚	保昌		第一百零八名
282		郑　朔	海阳		第一百一十七名
283		姚　珩	增城		第一百四十七名
284		李　渭	新会		第一百六十七名
285		叶世缨	番禺		第一百七十八名
286		卢　渊	香山		第一百九十三名
287	成化二十三年（1487）丁未科	涂　瑞	番禺	一甲	第三名
288		涂　瑾	番禺	二甲	第二十名
289		陈经纶	新会		第二十四名
290		邓　琛	东莞		第三十九名
291		钱　铎	东莞		第五十三名
292		苏　葵	顺德		第八十三名
293		张　津	博罗	三甲	第八十一名
294		黄　印	新会		第一百六十七名
295		翁　理	饶平		第一百九十二名
296		谢　湖	海阳		第二百零四名
297		张　澜	德庆		第二百一十七名

（续表）

序号	科　年	姓　名	籍　贯	甲　第	名　次
298	弘治三年（1490）庚戌科	刘存业	东莞	一甲	第二名
299		陈　绶	顺德	二甲	第十八名
300		林　善	揭阳		第六十三名
301		廖　纪	陵水		第八十九名
302		罗　列	南海	三甲	第十一名
303		郑士忠	东莞		第六十七名
304		陈文辅	番禺		第一百一十六名
305		叶永秀	东莞		第一百三十名
306		余　敬	新会		第一百三十八名
307		林廷瓛	吴川		第一百五十五名
308		夏　昇	海南		第一百八十二名
309	弘治六年（1493）癸丑科	钟　渤	东莞	二甲	第四十六名
310		罗　中	东莞		第五十六名
311		曾　镒	万州		第六十五名
312		梁　辰	南海		第六十八名
313		胡　澧	英德		第六十九名
314		黄　泽	顺德		第八十六名
315		王　缜	东莞	三甲	第二十四名
316		何　歆	博罗		第二十七名
317		陈　璘	琼山		第三十六名
318		胡　濂	定安		第九十九名
319	弘治九年（1496）丙辰科	张绍龄	番禺	二甲	第三十六名
320		韩　俊	文昌		第八十四名
321		黄　衷	南海		第九十名
322		庄　典	揭阳	三甲	第七名
323		冼　光	顺德		第一百一十三名
324		冯　颙	琼山		第一百四十九名
325	弘治十二年（1499）己未科	伦文叙	南海	一甲	第一名
326		钟秉秀	番禺	二甲	第八名
327		卢宅仁	四会		第四十六名
328		刘　裴	海阳		第八十六名
329		杨一溁	南海	三甲	第三十六名
330		周　仁	南海		第七十七名

（续表）

序号	科　年	姓　名	籍　贯	甲　第	名　次
331		郑　琼	海阳		第九十九名
332	弘治十二年（1499）己未科	吴　伟	番禺	三甲	第一百零九名
333		赵　璧	东莞		第一百五十八名
334		李　津	四会		第二十七名
335		黄阅古	东莞		第四十名
336		唐　胄	琼山		第四十一名
337		杨　玮	揭阳	二甲	第七十一名
338		陈　炫	南海		第八十九名
339		祁　敏	东莞		第九十名
340		李学曾	茂名		第三十三名
341		邝　约	南海		第六十六名
342		钟　绍	东莞		第六十七名
343		何　淳	顺德		第七十四名
344	弘治十五年（1502）壬戌科	岳世乔	海阳		第一百零一名
345		盛端明	饶平		第一百零五名
346		区　玉	番禺		第一百一十二名
347		吴允祯	南海	三甲	第一百一十六名
348		李春芳	海阳		第一百二十二名
349		周　钥	海阳		第一百五十名
350		陈　义	饶平		第一百五十八名
351		卢　纶	增城		第一百六十六名
352		苏　仲	顺德		第一百七十九名
353		陈　实	琼山		第一百八十名
354		何　沾	顺德		第一百八十二名
355		湛若水	增城		第三名
356		陈　锡	南海	二甲	第四十五名
357		郑　铭	新会		第七十一名
358		刘　涌	阳江		第七十三名
359	弘治十八年（1505）乙丑科	区　越	新会		第九名
360		黄　著	顺德		第十八名
361		郑一初	揭阳	三甲	第二十七名
362		区　行	顺德		第三十六名
363		刘　竑	阳江		第七十名

（续表）

序号	科 年	姓 名	籍 贯	甲 第	名 次
364		周 用	饶平		第一百三十五名
365	弘治十八年（1505）乙丑科	方献科	南海	三甲	第一百五十六名
366		韩 贵	番禺		第二百零三名
367		黄 芳	崖州		第三名
368		林 绍	潮阳	二甲	第六十八名
369		邓 炳	顺德		第九十名
370		黄 重	南海		第九名
371		张世衡	南海		第十二名
372	正德三年（1508）戊辰科	何文邦	南海		第三十八名
373		何 鳌	顺德		第七十八名
374		陈昊元	番禺	三甲	第一百六十一名
375		唐 勋	归善		第一百七十五名
376		杨 琠	揭阳		第一百九十九名
377		叶廷会	东莞		第二百二十名
378		朱 亮	揭阳		第三十四名
379		梁 亿	顺德	二甲	第三十五名
380		毕廷拱	番禺		第八十六名
381	正德六年（1511）辛未科	刘文瑞	新会		第十五名
382		张 溁	顺德		第四十九名
383		钟善经	顺德	三甲	第一百四十二名
384		冼尚文	番禺		第一百四十八名
385		陈 洸	潮阳		第一百八十五名
386		霍 韬	南海		第一名
387		何 瑗	顺德	二甲	第四十九名
388		金 山	番禺		第六十九名
389		陈 江	潮阳		第四十七名
390		骆士弘	南海		第九十六名
391		梁希鸿	东莞		第一百四十二名
392	正德九年（1514）甲戌科	彭 绚	东莞		第一百四十五名
393		周宗本	琼山		第一百五十七名
394		李希说	东莞	三甲	第一百八十一名
395		曾 鹏	琼山		第一百九十六名
396		王天与	兴宁		第二百零六名
397		林士元	琼山		第二百零八名
398		梁 焯	南海		第二百五十五名

（续表）

序号	科 年	姓 名	籍 贯	甲 第	名 次
399		伦以训	南海	一甲	第二名
400		张拱辰	顺德		第二十名
401		王渐逵	番禺		第三十五名
402		邝灏	高要	二甲	第八十七名
403		彭泽	南海		第九十八名
404		祁敕	东莞		第一百一十名
405		刘士奇	顺德		第一百一十四名
406	正德十二年（1517）丁丑科	萧与成	潮阳		第九十一名
407		张淮	顺德		第一百零二名
408		陈大器	潮阳		第一百二十九名
409		黎贯	从化		第一百五十一名
410		杨天祥	归善	三甲	第一百六十二名
411		苏信	饶平		第一百七十名
412		薛侃	揭阳		第一百七十一名
413		钟云瑞	东莞		第一百七十二名
414		熊元	南海		第二百一十五名
415		黄佐	香山		第十一名
416		黄一道	揭阳	二甲	第三十五名
417		吴章	南海		第四十三名
418		伦以谅	南海		第九十七名
419	正德十六年（1521）辛巳科	梁世骠	顺德		第六名
420		余经	顺德		第八十二名
421		梁乔升	顺德	三甲	第一百三十六名
422		曾世昌	南海		第一百五十六名
423		潘泗	潮阳		第一百六十四名
424		钟汪	南海		第五十一名
425		吴会期	琼山	二甲	第六十名
426		吴允禄	南海		第九十二名
427		麦春芳	南海		第二名
428		梁廷振	南海		第四十名
429	嘉靖二年（1523）癸未科	李邦直	茂名		第四十五名
430		李䄂	番禺	三甲	第四十八名
431		薛宗铠	揭阳		第五十八名
432		杨恺	琼山		第九十九名
433		罗普	饶平		第一百零七名

（续表）

序号	科 年	姓 名	籍 贯	甲 第	名 次
434	嘉靖二年（1523）癸未科	何 俊	南海	三甲	第一百一十名
435		王 侑	万州		第一百二十九名
436		颜容端	长乐		第一百三十八名
437		周世雍	顺德		第一百四十二名
438		薛 侨	揭阳		第一百六十六名
439		张景献	顺德		第一百七十三名
440		刘体元	南海		第一百九十七名
441		林 钟	高要		第二百零四名
442		梁建辰	番禺		第二百三十三名
443		李义壮	南海		第二百四十名
444		李 翔	新会		第二百五十名
445	嘉靖五年（1526）丙戌科	邝 汴	高要	二甲	第二十八名
446		翁万达	揭阳		第三十三名
447		陈大咸	海阳	三甲	第二十六名
448		谢邦信	东莞		第三十四名
449		陈思谦	揭阳		第九十二名
450		何继之	顺德		第一百零八名
451		钱 全	东莞		第一百一十二名
452		岑 万	顺德		第一百四十九名
453		邓直卿	南海		第一百六十三名
454	嘉靖八年（1529）己丑科	何 熙	顺德	二甲	第八名
455		戴 铣	东莞		第二十六名
456		王希文	东莞		第六十二名
457		钟 卿	东莞		第六十九名
458		潘大宾	海阳		第九十五名
459		李 实	海丰	三甲	第十二名
460		彭端遇	顺德		第四十一名
461		冯 彬	雷州		第五十二名
462		曾守约	归善		第七十八名
463		陈 珪	化州		第一百一十名
464		黄允谦	崖州		第一百四十八名
465		罗虞臣	顺德		第一百七十三名
466	嘉靖十一年（1532）壬辰科	林大钦	海阳	一甲	第一名
467		卫元确	东莞	二甲	第七十二名
468		翟 镐	东莞	三甲	第三十名

（续表）

序号	科　年	姓　名	籍　贯	甲　第	名　次
469	嘉靖十一年（1532）壬辰科	徐　进	顺德	三甲	第三十七名
470		黄　鹏	潮阳		第四十六名
471		何中行	顺德		第一百零二名
472		劳绍科	番禺		第一百一十八名
473		朱廷臣	海阳		第一百三十七名
474		陈　谏	番禺		第一百七十九名
475		潘　恕	海阳		第二百零二名
476		王玉汝	东莞		第二百零七名
477		毕　烜	番禺		第二百一十二名
478	嘉靖十四年（1535）乙未科	郑一统	揭阳	二甲	第六十一名
479		陈天然	琼山		第七十四名
480		周世昭	琼山		第七十七名
481		陈天资	饶平		第七十八名
482		赵崇信	顺德	三甲	第六名
483		何　彦	顺德		第十二名
484		何允魁	顺德		第七十一名
485		李　檗	四会		第九十名
486		饶　相	大埔		第一百二十一名
487		蔡大用	海阳		第一百二十九名
488		苏应旻	顺德		第一百三十四名
489		郑有周	揭阳		第一百七十一名
490		何维柏	南海		第一百七十二名
491		车邦佑	博罗		第二百零八名
492		李兆龙	南海		第二百一十四名
493		冼桂奇	南海		第二百二十六名
494	嘉靖十七年（1538）戊戌科	伦以诜	南海	二甲	第六名
495		马　拯	南海		第九名
496		唐　穆	琼山		第二十一名
497		郑廷鹄	海南		第五十七名
498		盛若林	海阳		第七十名
499		陈绍儒	南海		第七十六名
500		卢梦阳	南海		第七十八名
501		冯　炫	南海	三甲	第十六名

（续表）

序号	科 年	姓 名	籍 贯	甲 第	名 次
502	嘉靖十七年（1538）戊戌科	林 冕	番禺	三甲	第八十四名
503		欧阳建	新会		第一百二十七名
504		谭大初	始兴		第一百九十一名
505		林大有	潮阳		第二百一十三名
506	嘉靖二十年（1541）辛丑科	黎 材	顺德	二甲	第四十三名
507		黄 显	琼山		第六十七名
508		梁 津	番禺		第七十三名
509		陈 善	南海		第七十四名
510		崔一濂	南海	三甲	第二十名
511		马钟英	顺德		第二十四名
512		李时行	番禺		第二十六名
513		萧端蒙	潮阳		第三十五名
514		冯 元	番禺		第三十六名
515		何孟伦	新会		第四十七名
516		莫如爵	新会		第五十九名
517		郭大鲲	海阳		第六十二名
518		林 松	揭阳		第七十六名
519		何派行	香山		第七十七名
520		刘子兴	海阳		第八十名
521		李 鸾	番禺		第一百四十九名
522		郭廷序	潮阳		第一百七十名
523		吴守贞	电白		第二百零五名
524	嘉靖二十三年（1544）甲辰科	曾 楚	南海	二甲	第三十四名
525		林光祖	揭阳		第五十八名
526		章 熙	海阳	三甲	第七名
527		黄国卿	揭阳		第十六名
528		唐守勋	番禺		第三十四名
529		郭维藩	揭阳		第五十一名
530		陈昌言	揭阳		第八十四名
531		苏志仁	海阳		第一百一十四名
532		成子学	海阳		第一百四十九名
533		卢 宁	南海		第一百六十名

（续表）

序号	科 年	姓 名	籍 贯	甲 第	名 次
534		莫如士	新会	二甲	第十七名
535		陈一松	海阳		第二名
536	嘉靖二十六年（1547）丁未科	李 价	番禺	三甲	第一百零三名
537		罗 鸿	南海		第一百零四名
538		蔡亨嘉	潮阳		第一百三十三名
539		罗一道	东莞		第十名
540		李光宸	南海		第十七名
541		何思赞	顺德		第二十九名
542		梁有誉	番禺	二甲	第三十四名
543		胡庭兰	增城		第四十五名
544		莫如善	恩平		第五十八名
545		陈瑞龙	潮阳		第八十八名
546	嘉靖二十九年（1550）庚戌科	黄朝聘	顺德		第二十八名
547		张杰夫	新会		第一百二十名
548		岑 远	南海		第一百四十名
549		王守充	归善	三甲	第一百四十三名
550		赵时举	饶平		第一百七十五名
551		林大春	潮阳		第二百一十五名
552		林养高	琼山		第二百二十一名
553		郭敬贤	海阳		第二十四名
554		曾一经	博罗	二甲	第六十一名
555		周 望	东莞		第七十二名
556		张于遑	番禺		第五十一名
557	嘉靖三十二年（1553）癸丑科	李 凤	番禺		第一百二十二名
558		刘以节	海阳		第一百九十八名
559		庞尚鹏	南海	三甲	第二百三十九名
560		古文炳	番禺		第二百五十八名
561		霍 超	南海		第二百八十三名
562		崔 吉	南海		第五名
563		张大猷	番禺		第八名
564	嘉靖三十五年（1556）丙辰科	黄可大	番禺	二甲	第六十九名
565		薛守经	揭阳		第七十一名
566		郑 旻	揭阳		第八十五名
567		黎复性	南海	三甲	第四十名

（续表）

序号	科 年	姓 名	籍 贯	甲 第	名 次
568	嘉靖三十五年（1556）丙辰科	黄 宸	大埔	三甲	第六十八名
569		黎民衷	从化		第七十四名
570		何维复	番禺		第九十六名
571		陈万言	南海		第一百四十一名
572		李邦义	连州		第一百四十四名
573		李思悦	海阳		第一百五十七名
574		罗崇谦	番禺		第一百五十九名
575		黄 诰	东莞		第一百七十六名
576	嘉靖三十八年（1559）己未科	黄宏宇	琼山	二甲	第七名
577		岑用宾	顺德	三甲	第八十八名
578		霍与瑕	南海		第一百零一名
579		罗黄裳	高明		第一百零四名
580		刘介龄	南海		第一百五十七名
581		黄 仪	东莞		第一百八十一名
582		吴逢春	海阳		第二百一十二名
583	嘉靖四十一年（1562）壬戌科	张廷臣	番禺	二甲	第五名
584		钟 振	合浦		第二十三名
585		郭 棐	南海		第五十九名
586		陈 俊	南海		第七十二名
587		蒙 诏	番禺	三甲	第五名
588		袁三接	香山		第二十二名
589		王原相	番禺		第六十六名
590		莫天赋	海康		第九十八名
591		伦 文	顺德		第一百九十三名
592	嘉靖四十四年（1565）乙丑科	李一迪	茂名	二甲	第十二名
593		林 烃	博罗		第三十七名
594		林有源	潮阳		第七十六名
595		姚光洋	南海	三甲	第五名
596		钟继英	东莞		第三十四名
597		佘嘉诏	顺德		第六十一名
598		陈 法	南海		第七十五名
599		王弘海	定安		第八十九名
600		叶梦熊	归善		第一百三十三名
601		张学颜	琼山		第一百五十五名

（续表）

序号	科　年	姓　名	籍　贯	甲　第	名　次
602	嘉靖四十四年（1565）乙丑科	吴与言	大埔	三甲	第一百七十八名
603		李应兰	东莞		第一百九十八名
604		郑　昊	顺德		第二百零七名
605		陈吾德	新会		第二百二十一名
606		蒲凝重	南海		第二百二十三名
607		陈一龙	高要		第二百二十五名
608		李思寅	海阳		第二百六十四名
609		戴　记	东莞		第三百零九名
610	隆庆二年（1568）戊辰科	李伯芳	英德	二甲	第四十四名
611		王懋德	文昌		第六十六名
612		陈　堂	南海	三甲	第二十四名
613		陈大猷	南海		第七十九名
614		李　焘	河源		第一百零九名
615		李学一	归善		第一百八十五名
616		黄　卷	新会		第一百九十三名
617		刘维嵩	增城		第二百一十二名
618		张弘毅	东莞		第二百六十九名
619		周乔登	南海		第二百七十五名
620		林　华	文昌		第三百零一名
621		何维椅	南海		第三百一十八名
622	隆庆五年（1571）辛未科	袁昌祚	东莞	二甲	第二十七名
623		霍镇东	南海		第五十九名
624		张鸣鹤	东莞		第七十六名
625		周光镐	潮阳	三甲	第十九名
626		黎邦琰	从化		第三十七名
627		曾士楚	从化		第三十八名
628		刘克正	从化		第七十七名
629		周乔先	南海		第一百三十九名
630		钟　昌	东莞		第一百五十一名
631		刘惠乔	潮阳		第一百七十七名
632		方亮工	南海		第一百九十二名
633		邝彭龄	南海		第二百三十九名
634		尹　瑾	东莞		第二百四十七名
635		方肯堂	南海		第二百五十五名

（续表）

序号	科 年	姓 名	籍 贯	甲 第	名 次
636	隆庆五年（1571）辛未科	张会宗	澄海	三甲	第二百七十名
637		陈 履	东莞		第二百九十一名
638	万历二年（1574）甲戌科	周宗礼	澄海	二甲	第五十八名
639		吴中谦	南海		第六十三名
640		李良柱	番禺		第六十九名
641		朱 让	南海	三甲	第九十八名
642		唐伯元	澄海		第一百零三名
643		杨瑞云	南海		第一百二十六名
644		梁 鹏	顺德		第二百零九名
645		梁必强	琼山		第二百一十六名
646	万历五年（1577）丁丑科	杨起元	归善	二甲	第五名
647		马象乾	连州		第五十五名
648		姚岳祥	化州	三甲	第十五名
649		黄学会	南海		第一百一十三名
650		金 节	南海		第一百五十一名
651		谭 耀	东莞		第一百九十四名
652	万历八年（1580）庚辰科	谢与思	番禺	三甲	第一百一十二名
653		黄 淳	新会		第一百二十一名
654		李上馨	番禺		第一百九十九名
655		黄守谦	海丰		第二百三十八名
656	万历十一年（1583）癸未科	林朝钥	南海	三甲	第八十五名
657		林熙春	海阳		第一百五十七名
658		卢龙云	南海		第一百六十三名
659		钟若休	南海		第一百八十名
660		邓宗龄	徐闻		第二百三十名
661		梁云龙	琼山		第二百七十一名
662	万历十四年（1586）丙戌科	林承芳	三水	二甲	第二名
663		陈 果	新安		第六十一名
664		钟万禄	清远	三甲	第三十四名
665		陈惇临	潮阳		第六十六名
666		徐兆魁	东莞		第八十二名
667		何太庚	番禺		第一百零六名
668		欧阳劲	从化		第一百一十八名
669		许子伟	琼山		第一百三十七名

（续表）

序号	科　年	姓　名	籍贯	甲　第	名　次
670	万历十四年（1586）丙戌科	黄缙	博罗	三甲	第二百零六名
671		韩擢	博罗		第二百三十四名
672		林震	琼山		第二百三十九名
673	万历十七年（1589）己丑科	黄流芳	博罗	三甲	第四十九名
674		陈宗愈	新会		第五十二名
675		聂桂芳	南海		第七十一名
676		刘景辰	南海		第八十四名
677		彭晢与	南海		第九十九名
678		区大伦	高明		第一百零一名
679		区大相	高明		第一百五十一名
680		叶惟蓁	南海		第一百六十三名
681		李思振	海阳		第一百九十名
682		梁炫	南海		第二百零九名
683		王玠	清远		第二百一十四名
684		邓光祚	曲江		第二百一十七名
685		薛藩	顺德		第二百四十一名
686		何豸	番禺		第二百四十五名
687		饶与龄	大埔		第二百六十七名
688	万历二十年（1592）壬辰科	何熊祥	新会	三甲	第五十二名
689		陈元勋	澄海		第一百四十名
690		梁民相	南海		第一百六十名
691		张初旦	新会		第一百六十六名
692		李延大	乐昌		第一百八十五名
693	万历二十三年（1595）乙未科	梁有年	顺德	二甲	第三十一名
694		袁崇友	东莞	三甲	第二十五名
695		赵应元	新会		第一百五十九名
696		翟廷策	东莞		第一百八十四名
697	万历二十六年（1598）戊戌科	曾舜渔	博罗	三甲	第十四名
698		邓云霄	东莞		第二十七名
699		曾陈易	番禺		第三十五名
700		余士奇	东莞		第一百二十名
701		陈向延	新安		第一百四十二名
702		黄琮	饶平		第二百二十六名

（续表）

序号	科 年	姓 名	籍 贯	甲 第	名 次
703	万历二十九年（1601）辛丑科	谭 炜	从化	三甲	第十名
704		潘 濬	南海		第二十六名
705		梁从兴	南海		第七十八名
706		陈 镇	东莞		第七十九名
707		何其义	琼山		第一百二十八名
708		冯奕垣	南海		第一百四十五名
709		潘 琪	南海		第一百五十名
710		曾用升	海阳		第一百七十名
711		尹遂祈	东莞		第二百二十五名
712	万历三十二年（1604）甲辰科	黄儒炳	顺德	二甲	第五十一名
713		李天培	阳江	三甲	第十六名
714		刘观光	南海		第六十名
715		吴光龙	南海		第六十一名
716		邢祚昌	文昌		第六十四名
717		潘禹谟	增城		第六十七名
718		李待问	南海		第八十六名
719		汪 柽	保昌		第八十八名
720		高鸣雁	顺德		第九十三名
721		关 骥	南海		第一百三十八名
722		郭尚宾	南海		第一百五十三名
723		黄应举	南海		第一百八十四名
724		杨 纮	高要		第二百二十八名
725	万历三十五年（1607）丁未科	黄士俊	顺德	一甲	第一名
726		林养栋	番禺	二甲	第三十名
727		李同芳	东莞	三甲	第四十一名
728		樊王家	东莞		第五十三名
729		韩日缵	博罗		第七十五名
730		彭际遇	东莞		第一百七十一名
731		伦肇修	新会		第二百零三名
732	万历三十八年（1610）庚戌科	黄圣期	番禺	二甲	第十七名
733		梁 鈜	南海		第三十名
734		卢瑛田	东莞		第二十二名
735		曾道唯	南海		第三十一名

（续表）

序号	科　年	姓　名	籍　贯	甲　第	名　次
736		叶天启	南海		第二十六名
737		吴其贵	英德		第五十九名
738		萧　定	澄海		第八十五名
739		王安舜	广州后卫		第九十三名
740		杜熙阳	南海		第一百一十五名
741	万历三十八年（1610）庚戌科	郑懋纬	南海	三甲	第一百一十六名
742		李希孔	三水		第一百二十名
743		许大成	顺德		第一百三十二名
744		简　麒	南海		第一百三十三名
745		区龙祯	顺德		第一百五十五名
746		冼宪祖	顺德		第二百名
747		李孙宸	香山	二甲	第十九名
748		崔奇观	番禺		第三十一名
749		林联绶	新会		第三十四名
750		吴殿邦	海阳		第三十八名
751		温皋谟	东莞		第六十二名
752	万历四十一年（1613）癸丑科	陈国樟	番禺		第一百三十名
753		梁梦环	顺德	三甲	第一百四十五名
754		何龙祯	新会		第一百六十六名
755		李廷才	高要		第一百九十八名
756		霍化鹏	南海		第二百一十八名
757		王命卿	番禺		第二百五十九名
758		俞士瑛	新会		第二百六十四名
759		陈熙昌	番禺		第三十八名
760		严兆璜	番禺		第六十四名
761		林枝桥	新会		第七十名
762	万历四十四年（1616）丙辰科	苏　昇	南海		第九十五名
763		陈正蒙	归善	三甲	第一百七十二名
764		黄公辅	新会		第一百八十名
765		王　猷	东莞		第二百零一名
766		袁玉佩	东莞		第二百四十二名
767	万历四十七年（1619）己未科	陈子壮	南海	一甲	第三名
768		何吾驺	香山	二甲	第四名

（续表）

序号	科 年	姓 名	籍 贯	甲 第	名 次
769		黄应秀	南海	二甲	第二十三名
770		夏懋学	海阳		第六十一名
771		刘大霖	临高		第六十六名
772		关季益	南海		第一百六十九名
773	万历四十七年（1619）己未科	朱祚昌	东莞	三甲	第一百七十一名
774		谢云虬	南海		第二百二十二名
775		姚钿	东莞		第二百二十三名
776		吴羽侯	南海		第二百四十四名
777		赵恂如	番禺		第二百六十二名
778		林萃芳	潮阳		第九名
779		梁凤翔	新会		第四十二名
780		姚恭	海丰		第六十八名
781		高赍明	新会		第七十四名
782		卢兆龙	香山		第八十一名
783		萧奕辅	南海		第一百一十六名
784	天启二年（1622）壬戌科	赖万耀	英德	三甲	第一百二十八名
785		梁子璠	南海		第一百四十四名
786		李廷龙	顺德		第一百七十五名
787		梁元柱	顺德		第二百一十六名
788		梁应材	新会		第二百九十四名
789		莫与齐	连州		第三百零二名
790		黄锦	饶平		第三百二十七名
791		岑之豹	西宁		第三十七名
792		尹明翼	东莞		第一百一十四名
793		吴元翰	顺德		第一百二十名
794	天启五年（1625）乙丑科	李觉斯	东莞	三甲	第一百二十五名
795		高魁	石城		第一百三十六名
796		罗奕儒	番禺		第一百六十八名
797		梁士济	南海		第一百八十七名
798		陈象明	东莞	二甲	第三十九名
799	崇祯元年（1628）戊辰科	郭九鼎	东莞		第十三名
800		叶高标	海丰	三甲	第四十二名
801		严鉴	顺德		第七十六名

（续表）

序号	科　年	姓　名	籍　贯	甲　第	名　次
802		黄鼎臣	永安		第九十四名
803		吴鼎泰	吴川		第一百零三名
804		巫三祝	龙川		第一百一十一名
805		郑洪猷	海丰		第一百二十名
806		梁衍泗	顺德		第一百四十三名
807		郭之奇	海阳		第一百四十八名
808		宋兆礿	揭阳		第一百六十七名
809		杨任斯	饶平		第一百六十九名
810	崇祯元年（1628）戊辰科	梁兆阳	番禺	三甲	第一百八十名
811		林铭球	海丰		第一百八十二名
812		辜朝荐	揭阳		第一百八十九名
813		谢龙文	琼山		第二百零五名
814		黄奇遇	揭阳		第二百三十九名
815		梁应龙	海阳		第二百四十四名
816		李士淳	程乡		第二百五十四名
817		王应华	东莞		第二百六十名
818		陈所献	普宁		第二百六十七名
819		黎崇宣	番禺		第九名
820		刘士斗	南海	二甲	第二十名
821		邹鎏	海阳		第三十八名
822		郑瑜	番禺		第二十九名
823		区联芳	新会		第三十名
824		史洪谟	广宁		第四十名
825		赵龙	番禺		第六十一名
826		许国佐	揭阳		第六十九名
827	崇祯四年（1631）辛未科	胡平运	番禺		第八十七名
828		麦而炫	高明		第九十二名
829		杨邦翰	南海	三甲	第一百名
830		胡一魁	新会		第一百七十四名
831		罗起凤	番禺		第二百二十二名
832		龙大维	石城		第二百二十七名
833		严培思	高明		第二百四十一名
834		陈是集	文昌		第二百四十四名
835		邓务忠	南海		第二百四十六名

（续表）

序号	科　年	姓　名	籍　贯	甲　第	名　次
836	崇祯七年（1634）甲戌科	陈慧业	顺德	三甲	第五名
837		陈子达	顺德		第七十七名
838		郑同玄	潮阳		第一百二十二名
839		关捷先	南海		第一百三十九名
840		钟鼎臣	顺德		第一百七十三名
841		罗万杰	潮阳		第二百名
842	崇祯十年（1637）丁丑科	陈良弼	澄海	三甲	第四名
843		林逢春	南海		第二十九名
844		郑一岳	香山		第三十三名
845		廖负暄	顺德		第三十七名
846		萧时丰	澄海		第五十六名
847		谭正国	新会		第一百四十二名
848		邝曰广	南海		第一百九十三名
849		廖攀龙	保昌		第二百一十名
850		吴以连	南海		第二百三十六名
851		韩元勋	平远		第二百三十八名
852	崇祯十三年（1640）庚辰科	陈世杰	新会	三甲	第四名
853		蔡承瑚	海阳		第四十四名
854		洪梦栋	海阳		第七十一名
855		李际明	顺德		第八十八名
856		刘大启	新会		第一百零九名
857		黄鹤仙	番禺		第一百六十八名
858		黄葵日	南海		第二百二十三名
859	崇祯十五年（1642）壬午科	陈　礼	电白	特赐进士	第十七名
860		钟　镇	顺德		第十九名
861		冯毓舜	南海		第二十八名
862		关家炳	南海		第三十名
863		李懋修	顺德		第三十八名
864		黎春曦	番禺		第五十三名
865		何景云	顺德		第五十九名
866		黄天经	南海		第六十四名
867		罗如绮	南海		第六十六名
868		黄玄经	南海		第七十三名

（续表）

序号	科　年	姓　名	籍　贯	甲　第	名　次
869		何乔松	东莞		第七十六名
870		霍藻	南海		第八十三名
871		陈际泰	番禺		第九十四名
872		严而舒	顺德		第九十五名
873		梁若衡	番禺		第一百零九名
874		黄虞龙	高要		第一百二十名
875		彭耀	顺德		第一百二十四名
876		尹建泰	东莞		第一百二十九名
877		周铉	南海		第一百三十四名
878	崇祯十五年（1642）壬午科	陈光胤	东莞	特赐进士	第一百四十五名
879		王骏声	南海		第一百四十七名
880		陈迪纯	顺德		第一百五十三名
881		吴江鲸	东莞		第一百五十七名
882		蔡一德	定安		第一百五十八名
883		赵向宸	东莞		第一百六十一名
884		林士科	普宁		第二百一十六名
885		张仲友	博罗		第二百二十一名
886		姚之夔	连州		第二百四十一名
887		何廷炜	香山		第二百五十五名
888		叶沛	信宜		第二百六十名
889		刘廷琮	番禺	二甲	第六十九名
890		唐元楫	番禺		第七十一名
891		张家玉	东莞		第三十二名
892	崇祯十六年（1643）癸未科	梁羽翰	顺德	三甲	第二百五十一名
893		黄毅中	揭阳		第二百八十八名
894		谢元汴	澄海		第三百一十五名
	清 代				
895		陈彩	顺德	二甲	第五十七名
896		何云扶	香山		第二百二十八名
897	顺治九年（1652）壬辰科	邝奕垣	河源	三甲	第二百五十名
898		耿效忠	广州		第二百九十名
899	顺治十二年（1655）乙未科	尹源进	东莞	二甲	第二十一名
900		胡景曾	顺德	三甲	第四十四名

（续表）

序号	科　年	姓　名	籍　贯	甲　第	名　次
901	顺治十五年（1658）戊戌科	罗孙燿	顺德	二甲	第三十八名
902		余玉成	新会	三甲	第三十六名
903		祁文友	东莞		第四十七名
904		何际泰	番禺		第四十九名
905		陈显忠	南海		第九十六名
906		黄士贵	南海		第一百零三名
907		翁如麟	澄海		第一百二十六名
908		洪泮洙	遂溪		第一百八十七名
909		谢元瀛	饶平		第二百零七名
910		萧翱材	大埔		第二百一十九名
911		陈应乾	东莞		第二百三十名
912	顺治十六年（1659）己亥科	黄　易	海丰	三甲	第一百八十名
913		萧以逢	顺德		第一百八十九名
914	顺治十八年（1661）辛丑科	李作楫	东莞	三甲	第八名
915		胡光瑷	顺德		第十六名
916		张日星	乐昌		第四十名
917		苏楫汝	新会		第四十九名
918		莫梦吕	东莞		第一百三十五名
919		湛　缙	连平		第一百六十名
920		廖　观	龙门		第一百八十四名
921		余象斗	顺德		第一百八十七名
922		崔梦吉	南海		第一百九十四名
923		余鸿升	顺德		第二百零八名
924		陈隽蕙	新安		第二百二十六名
925		区简臣	高明		第二百五十三名
926		赵鸣玉	顺德		第二百七十九名
927		李士璞	揭阳		第二百八十八名
928		黎翼之	新会		第二百九十九名
929	康熙三年（1664）甲辰科	方殿元	番禺	二甲	第二十八名
930		杨钟岳	揭阳	三甲	第二名
931		李应甲	潮阳		第六十三名
932		曾光龙	顺德		第一百二十三名
933		张朝绅	东莞		第一百四十九名
934		曾荣科	兴宁		第一百零五名

（续表）

序号	科　年	姓　名	籍　贯	甲　第	名　次
935	康熙九年（1670）庚戌科	黎日昇	电白	二甲	第三十三名
936		曾华盖	揭阳	三甲	第二十五名
937		钱光晋	永安		第三十三名
938		侯殿祯	海阳		第三十五名
939		张　经	惠来	三甲	第八十八名
940		黄承箕	海阳		第九十七名
941		劳温良	顺德		第一百二十一名
942		梁犹龙	海阳		第一百四十名
943		佘云祚	顺德		第二百零三名
944	康熙十二年（1673）癸丑科	程芳胄	海丰	二甲	第二十四名
945		谢简捷	揭阳	三甲	第二十九名
946		陆应瑄	饶平		第四十五名
947		殷　章	番禺		第五十七名
948		龚　章	归善		第七十四名
949		任清涟	南海		第九十六名
950	康熙十五年（1676）丙辰科	郑际泰	番禺	三甲	第六名
951		文超灵	东莞		第五十六名
952	康熙十八年（1679）己未科	佘艳雪	澄海	二甲	第三十九名
953	康熙二十一年（1682）壬戌科	孙有伦	海阳	三甲	第九名
954		冼国干	南海		第二十七名
955		谢士楷	普宁		第一百一十七名
956	康熙二十四年（1685）乙丑科	李朝鼎	东安	三甲	第三十二名
957		邓文蔚	新安		第一百一十九名
958	康熙二十七年（1688）戊辰科	杨之徐	大埔	三甲	第九十九名
959	康熙三十年（1691）辛未科	胡一麟	新会	三甲	第二十七名
960		李象元	澄海		第五十二名
961		苏成俊	高要		第六十二名
962		梁贻恭	新会		第一百零八名
963	康熙三十三年（1694）甲戌科	张德桂	从化	三甲	第十三名
964		谢　藩	海阳		第三十名
965		陈　瑸	海康		第三十一名
966		李文高	东莞		第六十六名
967		毛殿飏	博罗		第七十五名
968		赵起蛟	南海		第一百零四名

（续表）

序号	科　年	姓　名	籍　贯	甲　第	名　次
969	康熙三十六年（1697）丁丑科	何斌临	番禺	二甲	第十八名
970		李　林	翁源	三甲	第十七名
971		梁学源	清远		第四十四名
972		陈一董	新会		第四十八名
973		刘云汉	顺德		第四十九名
974		钱士峰	饶平		第七十一名
975	康熙三十九年（1700）庚辰科	张成遇	番禺	二甲	第一名
976		赖　辉	三水	三甲	第一百零四名
977		陈鹗荐	程乡		第一百二十八名
978		何肇宗	东莞		第二百一十四名
979		何成波	开平		第二百二十四名
980	康熙四十五年（1706）丙戌科	何　深	连平	三甲	第六名
981		陆逢宠	高要		第五十七名
982		洪晨孚	海丰		第一百六十三名
983		罗　潘	大埔		第二百零六名
984	康熙四十八年（1709）己丑科	陈似源	顺德	二甲	第三十名
985		张作舟	大埔	三甲	第一百一十一名
986		黎益进	三水		第一百五十二名
987		周凤来	海阳		第一百五十七名
988		翁廷资	澄海		第一百六十五名
989		何士达	德庆		第一百八十九名
990		梁　迪	合浦		第一百九十六名
991	康熙五十二年（1713）癸巳科	陈春英	澄海	三甲	第二十二名
992		苏彤绍	潮阳		第四十四名
993		庄　论	海阳		第八十三名
994		罗　翼	兴宁		第一百二十六名
995		杨　琼	程乡		第一百二十七名
996	康熙五十四年（1715）乙未科	庄汝扬	海丰	三甲	第八名
997		关　陈	东莞		第二十五名
998		许日炽	程乡		第三十二名
999		许登庸	澄海		第八十三名
1000		谭　珽	新安		第九十八名
1001	康熙五十七年（1718）戊戌科	萧宸捷	大埔	二甲	第二十四名
1002		蔡名载	番禺	三甲	第三十七名

（续表）

序号	科 年	姓 名	籍 贯	甲 第	名 次
1003	康熙五十七年（1718）戊戌科	吴傅觐	南海	三甲	第三十九名
1004		万上达	番禺		第四十九名
1005		郑堃	海阳		第八十八名
1006		陈之遇	新安		第一百一十五名
1007	康熙六十年（1721）辛丑科	杨缵绪	澄海	三甲	第四十六名
1008	康熙六十年（1721）辛丑科	钟元辅	新会	三甲	第七十名
1009		关上进	新宁		第八十七名
1010		莫魁文	定安		第八十八名
1011		欧钟谐	乐昌		第一百一十名
1012	雍正元年（1723）癸卯科	李端	程乡	二甲	第二十七名
1013		颜希圣	连平		第五十五名
1014		卫廷璞	番禺		第六十二名
1015		梁万里	三水	三甲	第八十三名
1016		卢杰	番禺		第一百二十七名
1017		萧系尹	程乡		第一百三十三名
1018	雍正二年（1724）甲辰科	陈世翰	兴宁	三甲	第五十四名
1019		邱轩昂	海阳		第五十五名
1020		黎桢	石城		第八十六名
1021		叶洁齐	海丰		第八十九名
1022		姚梦鲤	东莞		第一百二十七名
1023		谢宝	琼山		第一百四十三名
1024		梁汉鼎	安定		第一百六十二名
1025		余圣言	海丰		第一百六十八名
1026		谢志远	揭阳		第一百九十名
1027	雍正五年（1727）丁未科	莫陶	定安	二甲	第十四名
1028		梁联芳	顺德		第十五名
1029		许莲峰	海阳		第三十七名
1030		李直	程乡	三甲	第二十九名
1031		詹良弼	饶平		第三十八名
1032		方崇德	惠来		第四十六名
1033		吴广誉	海阳		第六十六名
1034		严蔚	龙门		第七十九名
1035		陈奇芳	澄海		第八十名
1036		谭会海	南海		第一百零九名
1037		陈先声	澄海		第一百三十七名

（续表）

序号	科 年	姓 名	籍 贯	甲 第	名 次
1038	雍正八年（1730）庚戌科	杨中兴	程乡	二甲	第五十六名
1039		李 瑜	大埔	三甲	第二十八名
1040		许腾鹤	惠来		第五十七名
1041		李元臯	程乡		第八十二名
1042		卢伯藩	连州		第一百名
1043		黄士鉴	保昌		第一百一十六名
1044		何梦瑶	南海		第一百一十七名
1045		霍作明	三水		第一百二十一名
1046		陈振桂	会同		第一百三十八名
1047		谢国史	海阳		第一百四十三名
1048		苏大忠	东莞		第一百四十六名
1049		廖 贞	归善		第一百五十名
1050		张南麟	揭阳		第一百八十九名
1051		张月甫	新会		第二百二十六名
1052		叶志宽	澄海		第二百三十名
1053		简天章	顺德		第二百三十七名
1054		侯如树	程乡		第二百四十名
1055		梁学新	高要		第二百五十六名
1056		戴连元	顺德		第二百六十名
1057	雍正十一年（1733）癸丑科	蓝钦奎	程乡	三甲	第三名
1058		邱玖华	海阳		第六名
1059		何如漋	顺德		第二十六名
1060		梁景程	香山		第六十九名
1061		陈 易	兴宁		第七十一名
1062		胡 定	保昌		第一百零二名
1063		曾粤龙	博罗		第一百零三名
1064		梁达才	恩平		第一百零八名
1065		黄显祖	番禺		第一百三十六名
1066		黄 沄	龙川		第一百四十五名
1067		苏 文	三水		第一百五十八名
1068		饶鸣镐	大埔		第一百六十六名
1069		刘昌五	顺德		第一百八十一名
1070		金茂和	饶平		第一百八十四名
1071		谭肇基	新会		第一百八十八名
1072		巫 荣	龙川		第二百一十三名

（续表）

序号	科　年	姓　名	籍　贯	甲　第	名　次
1073	雍正十一年（1733）癸丑科	郭曰槐	三水	三甲	第二百一十四名
1074		韩　海	番禺		第二百三十三名
1075	乾隆元年（1736）丙辰科	詹豹略	饶平	二甲	第五十二名
1076		杨黼时	大埔		第六十三名
1077		黄　弘	龙川		第八十一名
1078		苏兆龙	番禺	三甲	第七十一名
1079		胡　杰	南海		第七十六名
1080		陈绍学	东莞		第七十八名
1081		姚锦川	潮阳		第九十一名
1082		张日旿	文昌		第九十五名
1083		邱元遂	大埔		第九十七名
1084		孔傅大	南海		第一百零六名
1085		蔡　蕃	澄海		第一百三十八名
1086		何序美	潮阳		第一百四十一名
1087		李精基	嘉应		第一百六十二名
1088		梁为经	嘉应		第二百零一名
1089		郑大进	揭阳		第二百零九名
1090		李方榕	保昌		第二百一十一名
1091		沙如珣	龙川		第二百三十七名
1092		方嘉发	普宁		第二百四十名
1093		刘起振	海阳		第二百五十名
1094	乾隆二年（1737）丁巳恩科	杨思恭	嘉应	二甲	第四十五名
1095		欧堪善	乐昌		第六十九名
1096		郑之侨	潮阳	三甲	第二十八名
1097		郑肇奎	潮阳		第三十九名
1098		李肯文	番禺		第七十九名
1099		陈　舟	兴宁		第九十四名
1100		谭　玉	顺德		第九十八名
1101		莫世忠	高明		第一百零一名
1102		陈天玉	嘉应		第一百一十八名
1103		钟　狮	番禺		第一百二十四名
1104		卫德应	番禺		第一百八十名
1105		游法珠	顺德		第一百八十五名
1106		谢　堈	番禺		第一百九十八名

（续表）

序号	科　年	姓　名	籍　贯	甲　第	名　次
1107	乾隆二年（1737）丁巳恩科	黄有德	海阳	三甲	第二百一十七名
1108		吴昌瑞	嘉应		第二百三十四名
1109	乾隆四年（1739）己未科	庄有恭	番禺	一甲	第一名
1110		冯成修	南海	二甲	第五十三名
1111		杨　勋	嘉应		第七十五名
1112		詹肯构	饶平		第八十九名
1113		梁德隆	嘉应		第一百八十八名
1114		邱性善	饶平	三甲	第四名
1115		陈　偁	兴宁		第三十一名
1116		谢弘恩	海阳		第五十名
1117		胡建伟	三水		第五十三名
1118		孔傅正	保昌		第七十名
1119		梁善长	顺德		第一百零八名
1120		吴文正	顺德		第一百零九名
1121		胡斯盛	顺德		第一百三十六名
1122		陈　材	新兴		第一百三十九名
1123		黄有观	始兴		第一百四十三名
1124		张云翮	嘉应		第一百五十四名
1125		黎上选	兴宁		第一百五十七名
1126	乾隆七年（1742）壬戌科	庄有信	鹤山	二甲	第二十九名
1127		何廷楠	连平		第六十六名
1128		黄叔显	连平		第七十三名
1129		杨必蕃	大埔		第七十六名
1130		邱清联	饶平	三甲	第四十六名
1131		余西邻	饶平		第六十四名
1132		何映柳	兴宁		第七十二名
1133		陈思齐	潮阳		第八十二名
1134		李　栋	嘉应		第一百一十一名
1135		赵林临	顺德		第一百二十三名
1136		梁作则	海阳		第一百三十二名
1137		詹德莹	饶平		第一百三十九名
1138		黄世杰	揭阳		第一百五十三名
1139		黄观清	镇平		第一百六十五名
1140		劳　通	顺德		第一百七十名

（续表）

序号	科　年	姓　名	籍　贯	甲　第	名　次
1141	乾隆七年（1742）壬戌科	叶会时	封川		第一百七十三名
1142		黄　庄	番禺	三甲	第一百七十五名
1143		卫崇陛	番禺		第一百九十二名
1144	乾隆十年（1745）乙丑科	杨演时	大埔	二甲	第三十七名
1145		杨文振	大埔		第五十三名
1146		叶承立	嘉应		第五十六名
1147		梁景璋	顺德	三甲	第二十五名
1148		袁　錬	揭阳		第二十八名
1149		刘述元	平远		第三十八名
1150		陈可奇	大埔		第三十九名
1151		何毅夫	顺德		第四十五名
1152		刘大河	海阳		第五十六名
1153		黄国宝	澄海		第八十六名
1154		梁乔堭	三水		第一百零二名
1155		谢昇庸	平远		第一百零三名
1156		方天宝	惠来		第一百零四名
1157		彭　礼	海丰		第一百一十一名
1158		王铨衡	惠来		第一百一十六名
1159		梁仁寿	嘉应		第一百二十一名
1160		杨成梧	大埔		第一百三十九名
1161		陆日升	海阳		第一百四十六名
1162	乾隆十三年（1748）戊辰科	陈子桧	新兴	二甲	第六十七名
1163		凌　鱼	番禺	三甲	第十三名
1164		李凌云	四会		第二十二名
1165		何　纮	番禺		第二十八名
1166		陈万元	潮阳		第三十七名
1167		陈炎宗	南海		第四十五名
1168		梁　翰	顺德		第七十七名
1169		饶　谦	嘉应		第九十名
1170		杨天培	大埔		第一百零八名
1171		李永锡	澄海		第一百一十五名
1172		卢文起	香山		第一百二十三名
1173		吴凤章	潮阳		第一百三十二名
1174		董重光	潮阳		第一百四十七名

（续表）

序号	科　年	姓　名	籍　贯	甲　第	名　次
1175		陈景芳	新安		第一百五十九名
1176	乾隆十三年（1748）戊辰科	黄如栻	茂名	三甲	第一百六十一名
1177		韩超群	番禺		第一百七十四名
1178		李逢亨	嘉应	二甲	第二十二名
1179		梁兆榜	鹤山		第八名
1180		张云蒸	嘉应		第十五名
1181		王家宪	灵山		第二十七名
1182		黄瓒	仁化		第四十五名
1183		龙应时	顺德		第六十三名
1184	乾隆十六年（1751）辛未科	冯慈	南海		第六十八名
1185		李连登	潮阳	三甲	第七十一名
1186		刘上台	香山		第八十六名
1187		刘璜	饶平		第一百零五名
1188		何桐华	兴宁		第一百二十二名
1189		詹学海	长乐		第一百二十七名
1190		李华钟	新兴		第一百三十八名
1191		李应孙	茂名		第一百四十四名
1192		陈应联	大埔	二甲	第二十二名
1193		欧阳箴	乐昌		第五十八名
1194		曾凤翔	嘉应		第二名
1195		李江	嘉应		第十七名
1196		温伯魁	嘉应		第三十二名
1197		王拱	澄海		第五十四名
1198	乾隆十七年（1752）壬申科	简瑞	顺德	三甲	第五十八名
1199		黄元榜	海阳		第八十八名
1200		陈颐璧	海阳		第一百零三名
1201		张孔绍	顺德		第一百零五名
1202		蔡璜	澄海		第一百二十五名
1203		曾殿川	嘉应		第一百三十六名
1204		李逢雍	嘉应		第一百四十五名
1205		汪士元	新安	二甲	第三十八名
1206	乾隆十九年（1754）甲戌科	李宜突	信宜		第六十二名
1207		李夑班	新会	三甲	第十五名
1208		杨方岳	镇平		第二十二名

（续表）

序号	科　年	姓　名	籍　贯	甲　第	名　次
1209	乾隆十九年（1754）甲戌科	邓林梅	惠来	三甲	第二十三名
1210		杨德仁	嘉应		第二十六名
1211		郑　修	东莞		第三十六名
1212		洪　侨	陆丰		第三十七名
1213		严天召	香山		第四十三名
1214		岑绍参	河源		第九十八名
1215		张大纲	饶平		第一百一十四名
1216		黄　哲	番禺		第一百四十名
1217		赖　堂	保昌		第一百四十一名
1218		陈化观	归善		第一百五十八名
1219	乾隆二十二年（1757）丁丑科	梁英佐	嘉应	二甲	第十一名
1220		梁作文	阳春		第一百二十二名
1221		何曰佩	德庆	三甲	第九名
1222		杨长发	海阳		第五十一名
1223		郭绍宗	澄海		第五十三名
1224		张大鲲	南海		第五十八名
1225		温　颐	德庆		第五十九名
1226		张成宾	南海		第七十九名
1227		符汉理	会同		第八十九名
1228		梁尚秉	顺德		第一百零四名
1229		何谦泰	顺德		第一百二十名
1230		苏箕斗	普宁		第一百二十七名
1231		莫普济	东莞		第一百五十四名
1232	乾隆二十五年（1760）庚辰科	吴缵姬	澄迈	二甲	第四十三名
1233		王文冕	东莞	三甲	第五名
1234	乾隆二十五年（1760）庚辰科	谭　纮	东莞	三甲	第七名
1235		李文起	归善		第五十二名
1236		谢敦源	番禺		第五十三名
1237		张道帜	乳源		第七十五名
1238		翁张宪	顺德		第七十九名
1239	乾隆二十六年（1761）辛巳恩科	梁昌圣	南海	二甲	第十名
1240		罗清英	兴宁		第五十九名
1241		谢天衢	嘉应	三甲	第十八名
1242		杨缙云	大埔		第二十三名

（续表）

序号	科 年	姓 名	籍 贯	甲 第	名 次
1243	乾隆二十六年（1761）辛巳恩科	黄河清	儋州	三甲	第三十四名
1244		邓大林	东莞		第六十一名
1245		袁秀峦	东莞		第七十九名
1246		吴履和	大埔		第一百一十名
1247		陈高飞	澄海		第一百三十一名
1248	乾隆二十八年（1763）癸未科	陈其煜	新会	二甲	第五十四名
1249		杨景山	万州	三甲	第四十一名
1250		詹 斌	饶平		第四十八名
1251		龚骖文	高要		第五十一名
1252		冯 麟	东莞		第五十九名
1253		陈廷牧	南海		第一百一十一名
1254		卢圣存	东莞		第一百一十五名
1255		邓大经	东莞		第一百二十八名
1256	乾隆三十一年（1766）丙戌科	蔡连辉	澄海	二甲	第四十九名
1257		彭如干	陆丰		第六十七名
1258		卢 应	东莞	三甲	第十名
1259		李 蕒	嘉应		第三十二名
1260		赖鹏翀	长乐		第三十八名
1261		卢 鉴	东莞		第七十三名
1262		李 镜	东莞		第七十六名
1263		吴 濂	东莞		第九十三名
1264	乾隆三十四年（1769）己丑科	吴 琠	琼山	二甲	第四十七名
1265		麦 佑	香山	三甲	第二十六名
1266		王应遇	东莞		第五十七名（碑作第五十九名）
1267	乾隆三十六年（1771）辛卯科	饶崇魁	大埔	二甲	第二十一名
1268		郑安道	潮阳		第四十四名
1269		陈昌齐	海康		第四十八名
1270		陆苍霖	三水	三甲	第四十五名
1271	乾隆三十七年（1772）壬辰科	苏青鳌	南海	二甲	第三十二名
1272		黄永祺	番禺	三甲	第十七名
1273		黎溢海	东莞		第四十四名
1274		赵 骧	东莞		第四十九名
1275		姚玉麟	增城		第六十九名

（续表）

序号	科　年	姓　名	籍　贯	甲　第	名　次
1276		饶庆捷	大埔		第八名
1277	乾隆四十年（1775）乙未科	区洪湘	番禺	三甲	第七十六名
1278		谭大经	新会		第九十二名
1279		冯敏昌	钦州	二甲	第四十二名
1280		黄　贤	南海		第七名
1281	乾隆四十三年（1778）戊戌科	许日章	澄海	三甲	第三十四名
1282		梁钧池	顺德		第九十一名
1283		梁雕龙	新会		第九十二名
1284		王之藩	琼山		第二十五名
1285	乾隆四十五年（1780）庚子恩科	温闻源	顺德	三甲	第七十七名
1286		陈圣宗	吴川		第一百零一名
1287		谢斯熊	东莞	二甲	第四十名
1288		郑应元	香山		第三十八名
1289	乾隆四十六年（1781）辛丑科	陈锡熙	顺德	三甲	第五十一名
1290		杨　统	顺德		第六十五名
1291		湛祖贵	增城		第一百名
1292		温汝适	顺德	二甲	第二十一名
1293	乾隆四十九年（1784）甲辰科	李　琦	琼山	三甲	第六名
1294		刘连魁	东莞		第二十七名
1295		龙廷槐	顺德		第十六名
1296	乾隆五十二年（1787）丁未科	邱先德	番禺	二甲	第二十八名
1297		伍有庸	新会		第三十一名
1298		陈　琮	琼山	三甲	第八十六名
1299	乾隆五十四年（1789）己酉科	张锦芳	顺德	二甲	第五名
1300		甄松年	新宁	三甲	第五十二名
1301		颜惇恪	南海		第三十三名
1302	乾隆五十五年（1790）庚戌恩科	萧廷发	嘉应	三甲	第四十三名
1303		陈鸿宾	南海		第五十九名
1304	乾隆五十八年（1793）癸丑科	罗龙光	丰顺	三甲	第四十三名
1305		郑士超	阳山	二甲	第三名
1306		杨汝任	香山		第十七名
1307		何会祥	番禺		第十三名
1308	乾隆六十年（1795）乙卯恩科	傅玉林	海阳	三甲	第十五名
1309		姚　璋	平远		第三十二名
1310		李　实	新会		第七十五名

（续表）

序号	科　年	姓　名	籍　贯	甲　第	名　次
1311	嘉庆元年（1796）丙辰科	刘名载	永安	三甲	第十一名
1312		杨中龙	大埔		第三十名
1313		李可端	南海		第三十三名
1314		李麟徵	顺德		第三十六名
1315		谭兆燕	仁化		第六十名
1316		黄显章	新会		第七十九名
1317	嘉庆四年（1799）己未科	宋　湘	嘉应	二甲	第十一名
1318		吴荣光	南海		第二十名
1319		何朝彦	新会		第三十九名
1320		何南钰	博罗		第六十八名
1321		张业南	南海	三甲	第十五名
1322		彭凤仪	龙川		第三十九名
1323		伍士超	嘉应		第四十五名
1324		翁有仪	惠来		第六十七名
1325	嘉庆六年（1801）辛酉恩科	王利亨	嘉应	二甲	第十五名
1326		莫　凌	东莞		第五十二名
1327		谢梦春	海阳		第五十六名
1328		冯　辅	新会		第五十七名
1329		刘彬华	番禺		第六十八名
1330		杨　捷	海宁		第八十六名
1331		黎德符	新会		第八十七名
1332		凌旭升	番禺	三甲	第十六名
1333		胡鸣銮	顺德		第六十四名
1334		莫绍德	定安		第八十四名
1335		关仕龙	南海		第一百一十六名
1336		伍彭年	香山		第一百三十三名
1337		倪孟华	番禺		第一百四十一名
1338		蔡超群	顺德		第一百四十二名
1339	嘉庆七年（1802）壬戌科	李仲昭	嘉应	二甲	第一名
1340		邓士宪	南海		第二十三名
1341		谢兰生	南海		第二十八名
1342		杨　芝	揭阳		第三十一名
1343		李可蕃	南海		第四十二名
1344		李炳文	阳春	三甲	第二十四名
1345		邓　彬	嘉应		第三十名

（续表）

序号	科　年	姓　名	籍　贯	甲　第	名　次
1346	嘉庆七年（1802）壬戌科	陈司爌	新宁	三甲	第八十六名
1347		叶铭熙	龙川		第一百名
1348		金菁莪	番禺		第一百四十名
1349	嘉庆十年（1805）乙丑科	李可琼	南海	二甲	第二十九名
1350		邓应熊	东莞		第六十五名
1351		吴 淞	嘉应		第八十四名
1352		李黻平	嘉应		第八十五名
1353		萧汉申	平远		第九十六名
1354		张汝树	大埔	三甲	第一百二十四名
1355		冯本泰	南海		第一百二十七名
1356	嘉庆十三年（1808）戊辰科	区玉麟	南海	二甲	第三十七名
1357		郑家兰	丰顺		第三十九名
1358		苏献琛	顺德		第八十名
1359		曾冠英	和平		第一百零八名
1360		张衍基	新会	三甲	第六十八名
1361		蔡学元	新安		第七十名
1362		张中阳	海阳		第七十八名
1363		梁 杰	嘉应		第一百一十五名
1364	嘉庆十四年（1809）己巳恩科	张岳崧	定安	一甲	第三名
1365		宋廷桢	花县	二甲	第三十三名
1366		潘正常	番禺		第三十九名
1367		颜尔枢	连平		第五十七名
1368		何惠群	顺德		第七十九名
1369		何太青	顺德	三甲	第三十二名
1370		黄澜安	番禺		第三十七名
1371		崔 槐	南海		第三十九名
1372		张京泰	兴宁		第四十三名
1373		黄迪光	顺德		第六十名
1374	嘉庆十六年（1811）辛未科	黄玉衡	顺德	二甲	第十二名
1375		梁慎猷	程乡		第三十二名
1376		刘荣玠	阳春		第六十四名
1377		陈燮元	新会	三甲	第十八名
1378		萧 斯	程乡		第七十九名

（续表）

序号	科　年	姓　名	籍　贯	甲　第	名　次
1379	嘉庆十九年（1814）甲戌科	颜伯焘	连平	二甲	第四十六名
1380		张　翱	大埔		第五十七名
1381		梁蔼如	顺德		第八十六名
1382		李　璋	三水	三甲	第四十一名
1383		陈凤池	东莞		第六十三名
1384		冯奉初	顺德		第一百一十名
1385	嘉庆二十二年（1817）丁丑科	龙元任	顺德	二甲	第二十一名
1386		潘光岳	南海		第三十四名
1387		叶梦芝	东莞		第五十六名
1388		谭敬昭	阳春		第六十一名
1389		倪济远	南海	三甲	第二十二名
1390		冯赓飏	南海		第三十七名
1391		廖　牲	南海		第四十九名
1392		梁序镛	南海		第九十四名
1393		周　植	遂溪		第九十九名
1394		何有书	番禺		第一百三十九名
1395	嘉庆二十四年（1819）己卯恩科	罗升梧	阳春	二甲	第七十八名
1396		饶　芝	大埔	三甲	第三十四名
1397		赵光蕙	增城		第一百零一名
1398		刘　霈	番禺		第一百零五名
1399		蔡如蘅	顺德		第一百一十七名
1400	嘉庆二十五年（1820）庚辰科	区拔熙	高明	二甲	第五名
1401		何文绮	南海		第二十名
1402		吴家懋	番禺		第三十六名
1403		梁昌和	茂名		第六十四名
1404		黄　崑	顺德		第六十五名
1405		刘万程	顺德	三甲	第四十四名
1406		劳光泰	南海		第七十四名
1407		邱梦旗	顺德		第一百三十九名
1408		冯　询	番禺		第一百四十名
1409	道光二年（1822）壬午恩科	罗文俊	南海	一甲	第三名
1410		曾望颜	香山	二甲	第十名
1411		吕龙光	归善		第二十一名
1412		黄德峻	高要		第五十八名

（续表）

序号	科　年	姓　名	籍　贯	甲　第	名　次
1413	道光二年（1822）壬午恩科	周日新	番禺	二甲	第六十四名
1414		张维屏	番禺		第九十名
1415		蔡宠	海康	三甲	第十名
1416		朱汝衡	博罗		第一百零三名
1417		刘映华	饶平		第一百一十九名
1418	道光三年（1823）癸未科	林召棠	吴川	一甲	第一名
1419		鲍俊	广州	二甲	第二名
1420		黄仲容	嘉应		第十名
1421		张敦道	嘉应		第十七名
1422		张大业	连州		第三十六名
1423		黎攀镠	东莞		第九十七名
1424		方翀亮	南海	三甲	第一百一十名
1425		廖笃材	永安		第一百三十三名
1426	道光六年（1826）丙戌科	温承悌	顺德	二甲	第七名
1427		陈其锟	番禺		第九名
1428		陈同	顺德		第二十五名
1429		廖翱	南海		第七十四名
1430		云茂琦	文昌		第八十一名
1431		罗天池	新会		第八十七名
1432		张羣飞	四会		第八十八名
1433		钟标锦	镇平		第九十五名
1434		何守谥	香山	三甲	第十二名
1435		郑应仁	香山		第九十二名
1436		仇效忠	灵山		第一百四十二名
1437	道光九年（1829）己丑科	何瑞榴	香山	二甲	第十二名
1438		潘楷	顺德		第四十六名
1439		司徒照	开平		第四十七名
1440		马福安	顺德		第五十四名
1441		桂文耀	南海		第七十九名
1442		王选	东莞		第八十九名
1443		黄朝辅	香山	三甲	第十名
1444		胡林秀	鹤山		第二十八名
1445		冯锡镛	南海		第四十二名
1446		欧阳柱	三水		第一百一十名

（续表）

序号	科　年	姓　名	籍　贯	甲　第	名　次
1447	道光十二年（1832）壬辰恩科	骆秉章	花县	二甲	第二十七名
1448		庄心省	番禺		第二十八名
1449		罗传球	顺德		第三十四名
1450		蔡锦泉	顺德		第四十三名
1451		许祥光	番禺		第四十八名
1452		邓谦光	三水		第四十九名
1453		黄其表	南海		第七十六名
1454		谢卿谋	嘉应	三甲	第十四名
1455	道光十三年（1833）癸巳科	司徒煦	开平	二甲	第一名
1456		张邦佺	顺德		第二十九名
1457		孔继勋	南海		第三十八名
1458		吴世骥	丰顺		第五十一名
1459		杨开会	潮州		第六十一名
1460		卢同柏	顺德	三甲	第十一名
1461		李翰昌	德庆		第二十六名
1462		吴林光	南海		第五十八名
1463		詹璇	饶平		第六十七名
1464	道光十五年（1835）乙未科	龙元僖	顺德	二甲	第六名
1465		罗惇衍	顺德		第六十二名
1466		苏廷魁	高要		第七十六名
1467		单兴诗	连州		第九十五名
1468		宋嘉玉	鹤山		第一百一十名
1469		饶应坤	嘉应		第一百一十一名
1470		莫苍荣	阳春	三甲	第六十二名
1471		陆敦庸	南海		第七十七名
1472		邱建猷	大埔		第一百二十七名
1473	道光十六年（1836）丙申恩科	梁同新	番禺	二甲	第十一名
1474		黄玉阶	番禺		第五十四名
1475		江绍仪	河源	三甲	第三名
1476		陈信民	南海		第二十四名
1477		杨廷冕	会同		第五十一名
1478		陈骥	三水		第八十五名
1479	道光十八年（1838）戊戌科	黎崇基	番禺	二甲	第三十九名
1480		梁国琮	番禺		第四十六名

（续表）

序号	科　年	姓　名	籍　贯	甲　第	名　次
1481	道光十八年（1838）戊戌科	刘汝新	信宜	三甲	第十七名
1482		招镜蓉	南海		第二十五名
1483		梁启文	南海		第三十一名
1484		曾希周	广宁		第五十六名
1485		蔡熙	澄海		第八十名
1486	道光二十年（1840）庚子科	莫以枋	南海	二甲	第七名
1487		李载熙	嘉应		第十三名
1488		洪国治	番禺		第七十五名
1489		韩锦云	文昌	三甲	第十二名
1490		梁国珍	番禺		第二十名
1491		韩捧日	文昌		第三十九名
1492	道光二十一年（1841）辛丑科	何若瑶	番禺	二甲	第一名
1493		梁绍献	南海		第五十名
1494		陈桂籍	新安		第六十八名
1495		梁国瑚	番禺		第七十四名
1496		冼倬邦	南海		第八十六名
1497		颜培瑚	连平	三甲	第十二名
1498		李光彦	嘉应		第二十名
1499	道光二十四年（1844）甲辰科	黄经	顺德	二甲	第二名
1500		冯誉骥	高要		第七名
1501		王映斗	定安		第十四名
1502		张金鉴	东莞		第七十一名
1503		朱潮	香山		第八十六名
1504		马仪清	高要		第一百零二名
1505		周寅清	顺德	三甲	第四十七名
1506		杨鳣	遂溪		第七十名
1507	道光二十五年（1845）乙巳科	刘荣琪	阳春	二甲	第五十一名
1508		容文明	南海		第八十一名
1509		郭志融	清远		第八十二名
1510		宋维屏	花县	三甲	第十三名
1511		梁汝弼	三水		第三十三名
1512		莫廷蕃	南海		第三十四名
1513		张钟彦	定安		第三十九名

（续表）

序号	科 年	姓 名	籍 贯	甲 第	名 次
1514		陈其晟	香山		第四十五名
1515	道光二十五年（1845）乙巳科	谢兰省	英德	三甲	第六十四名
1516		饶褒甲	大埔		第九十五名
1517		潘斯濂	南海		第三十名
1518		刘廷鉴	南海		第三十四名
1519		梁佩兰	南海		第三十七名
1520		龙元俨	顺德	二甲	第五十二名
1521		何 璟	香山		第五十三名
1522	道光二十七年（1847）丁未科	蔡应嵩	归善		第七十九名
1523		庄心庠	番禺		第九十四名
1524		杨文熙	琼山		第九十八名
1525		冯 森	鹤山		第十名
1526		罗家颐	顺德	三甲	第一百零五名
1527		朱次琦	南海		第一百一十四名
1528		卢日新	东莞		第一百一十六名
1529		许其光	番禺	一甲	第二名
1530		罗家勤	顺德		第二十一名
1531		梁 巍	信宜		第三十三名
1532		陈元楷	顺德		第三十五名
1533	道光三十年（1850）庚戌科	叶炳华	南海	二甲	第四十六名
1534		赖子猷	顺德		第六十名
1535		姚诗彦	番禺		第七十四名
1536		沈史云	番禺		第七十五名
1537		许应骙	番禺	三甲	第五名
1538		李可琳	归善		第二十一名
1539		梁元桂	恩平		第六十一名
1540		游显庭	南海		第七十一名
1541		李光廷	番禺		第七十二名
1542		何瑞丹	香山	二甲	第八十名
1543	咸丰二年（1852）壬子科	陈维岳	增城		第九十名
1544		张文泗	番禺		第九十四名
1545		宋蔚谦	花县	三甲	第三名
1546		李应田	顺德		第八名

（续表）

序号	科 年	姓 名	籍 贯	甲 第	名 次
1547	咸丰三年（1853）癸丑科	陈兰彬	吴川	二甲	第七名
1548		许应鑅	番禺		第二十三名
1549		杨荣绪	番禺		第三十一名
1550		李鹤龄	鹤山		第三十六名
1551		梁肇煌	番禺		第四十七名
1552		蒋理祥	东莞		第九十一名
1553		黄翰华	四会		第九十八名
1554		侯嗣章	嘉应		第一百名
1555		王衮	高要	三甲	第四名
1556		孙兆兰	高要		第八十六名
1557	咸丰六年（1856）丙辰科	叶衍兰	番禺	二甲	第二十五名
1558		钟孟鸿	镇平		第四十二名
1559		邱对欣	琼山		第六十名
1560		梁炳汉	高要		第八十三名
1561		黎兆棠	顺德	三甲	第二十二名
1562		廖正亨	高要		第五十八名
1563		饶轩	嘉应		第七十六名
1564	咸丰九年（1859）己未科	李文田	顺德	一甲	第三名
1565		梁思问	顺德	二甲	第二十二名
1566		何聘珍	南海		第二十七名
1567		何探源	大埔	三甲	第三十七名
1568		王学华	高要		第四十一名
1569	咸丰十年（1860）庚申科	黎翔	香山	二甲	第二名
1570		马永璋	南海		第七十名
1571		冯景略	南海	三甲	第三十八名
1572		何有济	香山		第八十一名
1573		颜有庄	阳春		第一百零四名
1574	同治元年（1862）壬戌科	黄槐森	香山	二甲	第二十名
1575		曹秉濬	番禺		第三十二名
1576		黄荣熙	新宁		第六十六名
1577		刘承辇	阳春	三甲	第十一名
1578		李龙章	鹤山		第二十四名
1579		陈汝霖	南海		第四十六名
1580		李瑾辉	新会		第六十三名
1581		何赉高	顺德		第九十五名

（续表）

序号	科　年	姓　名	籍　贯	甲　第	名　次
1582	同治二年（1863）癸亥科	何继俨	顺德	二甲	第十二名
1583		何文涵	番禺		第二十八名
1584		黄基	嘉应		第三十三名
1585		高学瀛	番禺		第四十三名
1586		云茂济	文昌		第七十四名
1587		容鹤龄	东莞	三甲	第八名
1588		符兆鹏	海康		第十九名
1589		黄桂丹	香山		第二十名
1590		张薇	大埔		第二十四名
1591		李振辉	新会		第三十八名
1592		陈荣洙	高要		第五十五名
1593	同治四年（1865）乙丑科	罗家劭	顺德	二甲	第二名
1594		张清华	番禺		第六名
1595		何寿增	顺德		第十八名
1596		曹秉哲	番禺		第二十五名
1597		杨颐	茂名		第三十六名
1598		薛德恩	番禺		第四十九名
1599		黄桂镳	顺德		第五十六名
1600		潘衍鋆	南海		第六十八名
1601		冯栻宗	南海		第七十一名
1602		吕元勋	鹤山	三甲	第十八名
1603		龙泉	三水		第五十名
1604		邓翰屏	顺德		第五十四名
1605		谢云龙	嘉应		第一百三十名
1606		廖鹤年	番禺		第一百四十三名
1607	同治七年（1868）戊辰科	何如璋	大埔	二甲	第二十七名
1608		关朝宗	开平		第四十九名
1609		潘衍桐	南海		第五十三名
1610		张乔芬	南海		第六十六名
1611		陆芝祥	番禺		第六十九名
1612		李应鸿	南海	三甲	第十一名
1613		吴应扬	香山		第十二名
1614		邓佐槐	东莞		第三十三名
1615		苏冕	顺德		第四十六名

（续表）

序号	科　年	姓　名	籍　贯	甲　第	名　次
1616	同治七年（1868）戊辰科	温馘廷	顺德	三甲	第五十七名
1617		冯锡纶	南海		第六十六名
1618		黎淞庆	香山		第八十一名
1619		易学清	鹤山		第八十七名
1620		郭乃心	南海		第九十二名
1621		杨桂芬	广宁		第一百三十一名
1622	同治十年（1871）辛未科	梁耀枢	顺德	一甲	第一名
1623		吕绍端	南海	二甲	第十三名
1624		黄家驹	东莞		第六十一名
1625		区云汉	新会		第七十四名
1626		陈序球	南海		第七十九名
1627		邓蓉镜	东莞		第九十六名
1628		区谔良	南海		第一百零八名
1629		梁耀枢	顺德	三甲	第一名
1630		李士周	化州		第三十三名
1631		黄嘉端	南海		第三十五名
1632		崔　佐	南海		第三十八名
1633		梁　融	南海		第四十五名
1634		许奇嶲	开平		第四十六名
1635		谢廷钧	从化		第六十六名
1636		潘士钊	南海		第八十五名
1637		冯国桢	番禺		第一百五十六名
1638		李崇忠	信宜		第一百八十三名
1639	同治十三年（1874）甲戌科	谭宗浚	南海	一甲	第二名
1640		何崇光	顺德	二甲	第七名
1641		陈华裴	新会		第十名
1642		姚礼泰	番禺		第十四名
1643		沈锡晋	番禺		第十八名
1644		黄玉堂	顺德		第四十四名
1645		梁肇晋	番禺		第五十七名
1646		何其敬	顺德		第七十七名
1647		杨凝钟	顺德		第九十五名
1648		刘廷镜	南海		第一百零四名
1649		张其翼	新会		第一百一十八名

（续表）

序号	科 年	姓 名	籍 贯	甲 第	名 次
1650		麦宝常	南海		第二十一名
1651	同治十三年（1874）甲戌科	周良玉	高要	三甲	第一百三十一名
1652		梁锦澜	高要		第一百六十二名
1653		戴鸿慈	南海		第四名
1654		廖廷相	南海		第二十九名
1655	光绪二年（1876）丙子科	潘宝镇	番禺	二甲	第三十二名
1656		谢家政	高要		第三十六名
1657		黎荣翰	顺德		第八十一名
1658		金学献	番禺		第一百三十三名
1659		黄辉龄	香山	二甲	第一百三十五名
1660		罗配章	顺德		第一百五十一名
1661		陈嘉谟	东莞		第三十一名
1662	光绪二年（1876）丙子科	区士彬	番禺		第三十二名
1663		周兆璋	顺德	三甲	第四十名
1664		郭汝材	南海		第六十四名
1665		谢元俊	东莞		第八十九名
1666		郑天章	琼山		第九十九名
1667		张鼎华	番禺		第六名
1668		曾耀南	茂名		第二十四名
1669		凌 端	番禺		第三十八名
1670		陈维岳	番禺		第四十五名
1671		余家相	新宁	二甲	第五十八名
1672		杨国璋	大埔		第八十一名
1673		何荣阶	番禺		第八十三名
1674		崔舜球	南海		第一百零四名
1675	光绪三年（1877）丁丑科	陈鸣谦	三水		第一百一十三名
1676		吴日升	南海		第五名
1677		何国璋	香山		第二十三名
1678		陈国士	南海		第四十八名
1679		麦锡良	高明		第五十五名
1680		何子鎏	香山	三甲	第七十一名
1681		区湛森	南海		第七十六名
1682		陈泰阶	香山		第八十三名
1683		何文全	番禺		第一百三十四名

（续表）

序号	科　年	姓　名	籍　贯	甲　第	名　次
1684	光绪六年（1880）庚辰科	潘作霖	番禺	二甲	第十二名
1685		梁鼎芬	番禺		第三十一名
1686		吴国镇	番禺		第四十三名
1687		张嘉澍	番禺		第七十名
1688		姜自驹	阳江		第七十二名
1689		陈景鎏	番禺		第八十名
1690		柳　芳	番禺		第八十九名
1691		王文炳	香山		第九十二名
1692		邱晋昕	大埔		第一百二十六名
1693		陈庆桂	番禺	三甲	第五名
1694		黄嘉礼	南海		第十三名
1695		崔其濂	番禺		第三十名
1696		周国琛	顺德		第四十二名
1697		陈子骧	新会		第六十五名
1698		陈为燠	顺德		第八十名
1699		王器成	琼州		第一百一十六名
1700		黄增荣	南海		第一百四十四名
1701		吕元恩	新会		第一百四十九名
1702	光绪九年（1883）癸未科	丁仁长	番禺	二甲	第三名
1703		陈如岳	南海		第三十二名
1704		潘履端	番禺		第六十七名
1705		张琯生	南海		第八十三名
1706		冼宝干	南海		第一百零三名
1707		郑邦任	潮阳		第一百零九名
1708		梁鸿翥	三水		第一百二十二名
1709		区应嵩	顺德	三甲	第十二名
1710		梁启熙	顺德		第十九名
1711		何息深	东莞		第三十四名
1712		欧阳钧	新会		第三十八名
1713		梁　萃	南海		第七十六名
1714		简叔琳	番禺		第七十九名
1715		陈熙敬	信宜		第一百四十三名
1716		黄金钺	顺德		第一百四十五名

（续表）

序号	科　年	姓　名	籍　贯	甲　第	名　次
1717		姜自驹	阳江		第二名
1718		凌彭年	番禺		第二十八名
1719		李焕尧	三水	二甲	第四十七名
1720		余赞年	南海		第六十一名
1721		区　震	南海		第一百二十名
1722		邓士芬	英德		第十七名
1723		茹宝书	新会		第十九名
1724	光绪十二年（1886）丙戌科	何守谦	顺德		第二十七名
1725		谭国恩	新会		第二十八名
1726		张丕基	香山		第七十四名
1727		龚其藻	南海	三甲	第九十六名
1728		何文耀	香山		第九十八名
1729		李贺礽	新会		第一百二十五名
1730		何达聪	顺德		第一百二十八名
1731		刘学询	香山		第一百八十三名
1732	光绪十五年（1889）己丑科	张建瀛	临桂	一甲	第一名
1733		吴桂丹	高要	二甲	第十七名
1734		罗凤华	顺德	二甲	第三十二名
1735		梁于渭	番禺		第一百一十二名
1736		陈宝森	新会		第六名
1737		翁天祐	海丰		第二十五名
1738		区宗初	番禺		第二十七名
1739	光绪十五年（1889）己丑科	梁銮藻	顺德		第三十三名
1740		彭光湛	南海	三甲	第四十四名
1741		劳肇光	鹤山		第八十九名
1742		温中和	嘉应		第九十一名
1743		何连聪	顺德		第一百二十八名
1744		周朝槐	顺德		第一百三十九名
1745		任文灿	花县		第十四名
1746		潘宝琳	番禺		第二十九名
1747	光绪十六年（1890）庚寅科	张蔚增	博罗	二甲	第六十九名
1748		钱昌瑜	三水		第八十五名
1749		区天骥	南海		第九十二名
1750		何天辅	番禺		第九十三名

（续表）

序号	科　年	姓　名	籍　贯	甲　第	名　次
1751		吴尚廉	南海		第一百零二名
1752		李晋熙	海康	二甲	第一百一十五名
1753		梁芝荣	南海		第一百二十六名
1754		罗传瑞	南海		第一百三十六名
1755		张学华	番禺		第八名
1756	光绪十六年（1890）庚寅科	梁联芳	顺德		第十五名
1757		李瀚鋆	高要		第十八名
1758		伍文琯	顺德	三甲	第十九名
1759		李绮青	归善		第六十八名
1760		何国澄	顺德		第一百零二名
1761		潘宗岐	顺德		第一百五十五名
1762		陈伯陶	东莞	一甲	第三名
1763		伍铨萃	新会		第十二名
1764		卢维庆	番禺		第二十三名
1765		何藻翔	顺德		第三十八名
1766		曾习经	揭阳		第七十八名
1767		周汝钧	番禺	二甲	第七十九名
1768		江逢辰	归善		第八十九名
1769		周颂声	顺德		第九十三名
1770		饶轸	嘉应		第一百零一名
1771	光绪十八年（1892）壬辰科	潘葆良	顺德		第一百零六名
1772		饶宝书	兴宁		第一名
1773		冯舜生	贵平		第三名
1774		李兆春	番禺		第十一名
1775		冯镜泉	顺德	三甲	第十九名
1776		冯永图	顺德		第七十四名
1777		洪景楠	番禺		第八十四名
1778		王云清	儋州		第一百五十八名
1779		邝兆雷	新宁		第一百六十九名
1780		李翘芬	顺德		第七名
1781		曾文玉	新会		第十名
1782	光绪二十年（1894）甲午科	梁士诒	三水	二甲	第十五名
1783		张其淦	东莞		第二十九名
1784		陈昭常	新会		第三十七名

（续表）

序号	科　年	姓　名	籍　贯	甲　第	名　次
1785	光绪二十年（1894）甲午科	李翘燊	新会	二甲	第三十八名
1786		梁志文	南海		第四十八名
1787		杨裕芬	南海		第五十六名
1788		廖凤章	南海		第七十九名
1789		程友琦	南海		第八十二名
1790		范公谟	番禺		第一百零六名
1791		冯绍斌	顺德	三甲	第十八名
1792		桂　站	南海		第二十七名
1793		招翰昭	南海		第八十名
1794		胡慧融	顺德		第九十五名
1795		陶绍学	番禺		第一百七十七名
1796	光绪二十一年（1895）乙未科	凌福彭	番禺	二甲	第三名
1797		傅维森	番禺		第五名
1798		尹庆举	东莞		第三十九名
1799		李翰芬	香山		第五十名
1800		欧家廉	顺德		第五十九名
1801		刘庆骐	顺德		第九十八名
1802		崔登瀛	南海	三甲	第四十六名
1803		朱　玤	花县		第一百零三名
1804	光绪二十四年（1898）戊戌科	何作猷	香山	二甲	第十名
1805		梁用弧	顺德		第二十一名
1806		莫泇镇	南海		第二十三名
1807		吴功溥	番禺		第三十七名
1808		李莽坤	顺德		第三十九名
1809		谢荣熙	三水		第四十五名
1810		麦秩严	南海		第七十四名
1811		何国澧	顺德		第四十九名
1812		钟锡璜	南海		第八十名
1813		黄家骏	南海		第九十五名
1814		廖佩珣	归善		第一百零二名
1815		欧　铺	顺德		第一百零八名
1816		杨　沅	嘉应		第一百三十七名
1817		何端树	番禺		第一百四十四名

（续表）

序号	科　年	姓　名	籍　贯	甲　第	名　次
1818	光绪二十四年（1898）戊戌科	梁　楷	南海	三甲	第四十五名
1819		何寿朋	大埔		第五十一名
1820		陆乃棠	南海		第七十名
1821		李　涛	新会		第七十六名
1822		李麟昌	香山		第八十一名
1823		黄锡麟	南海		第一百六十一名
1824	光绪二十九年（1903）癸卯科	黎湛枝	南海	二甲	第一名
1825		李庆莱	南海		第十五名
1826		区大典	南海		第三十三名
1827		陈旭仁	新会		第五十名
1828		谈道隆	新会		第六十九名
1829		赖际熙	增城		第七十六名
1830		关文彬	南海		第八十九名
1831		温　肃	顺德		第一百二十五名
1832		黄敏孚	顺德	三甲	第三十名
1833		梁鸿藻	新会		第四十一名
1834		陈煜庠	花县		第一百零一名
1835		周廷干	顺德		第一百三十九名
1836		区大原	南海		第一百四十六名
1837		陈耀墀	番禺		第一百四十八名
1838	光绪三十年（1904）甲辰科	朱汝珍	清远	一甲	第二名
1839		黄　统	顺德	二甲	第一名
1840		麦鸿钧	三水		第七名
1841		岑光樾	顺德		第二十四名
1842		江孔殷	南海		第二十七名
1843		龙建章	顺德		第三十二名
1844		陈之鼎	番禺		第四十五名
1845		谢銮颇	番禺		第八十三名
1846		陈启辉	新会		第九十三名
1847		关赓麟	南海		第一百零一名
1848		欧阳萧	顺德		第一百一十七名
1849		张云翼	顺德	三甲	第十一名
1850		朱秉筠	新会		第三十一名
1851		朱泽年	新会		第三十六名

（续表）

序号	科　年	姓　名	籍　贯	甲　第	名　次
1852	光绪三十年（1904）甲辰科	朱崇年	新会	三甲	第七十二名
1853		王树忠	东莞		第七十八名
1854		范家驹	潮阳		第一百一十四名
1855		陈焕章	高要		第一百三十一名

说明：学术·教育卷整理。

笔画索引

【一】

四画

【一】

五画

【一】

七画

【一】

八画

【一】

九画

【一】

【一】

十三画

【一】

十四画

【一】

【一】

十六画

【一】

音序索引

B

G

N

O

P

Q

R

S

Z

其他

编后记

  《岭南文化辞典》在中共广东省委宣传部、广东省社会科学界联合会的组织领导和各参与单位以及300多位专家学者的共同努力下，经过近5年时间的编纂，终于面世了。这是贯彻落实习近平文化思想的重要举措，是广东文化强省建设的一项重要成果，也是广东省社科研究的一项标志性成果。《岭南文化辞典》的正式出版发行对于推动岭南文化的研究与传播，对于岭南文化的传承与发展，对于增强岭南文化自信，在更高水平建设广东文化强省等都具有重要意义。《岭南文化辞典》的编纂出版凝聚了中共广东省委领导的关心，也是全省社科界、出版界共同努力的心血结晶。

  岭南文化是中华文化的重要组成部分，具有开放包容、务实重商、敢为人先等鲜明的地域特征，在中华文化发展史上具有重要地位和作用。近年来，岭南文化的研究取得了丰硕成果，在新时代焕发出新的光彩。在实现中华民族伟大复兴、建设文化强国的大背景下，岭南文化的独特品格和价值日益彰显。编纂《岭南文化辞典》，系统整理岭南文化研究成果，从而推动岭南文化的传承创新，塑造粤港澳大湾区人文精神，凝聚改革开放再出发的精神动力，成为学界的共同心愿。2019年4月，省社科联根据社科界的呼声向省委提出编纂《岭南文化辞典》的建议，得到时任省委书记李希，时任省委常委、宣传部部长傅华的大力支持，并正式立项，明确由省委宣传部直接领导，省社科联具体组织实施，华南师范大学岭南文化研究中心负责学术工作，广东人民出版社负责编辑出版发行工作。

  中共广东省委对此项工作高度重视。时任省委书记李希同志明确要求编好《岭南文化辞典》。省委书记黄坤明同志十分重视岭南文化的传承和发展工作。省委宣传部将此项工作列入文化强省建设三年行动计划。时任省委常委、宣传部部长傅华同志多次主持召开牵头单位的工作会议以及编委会会议，对编纂工作进行统筹规划、给予全面指导。时任省委常委、宣传部部长张福海同志对项目的工作开展给予关怀和支持。省委常委、宣传部部长陈建文同志在编纂工作的关键阶段多次询问项目开展情况，并对编纂工作给予具体指导。为了调动参与专家的积极性，省委宣传部还将《岭南文化辞典》编纂作为2020年度省哲学社会科学规划特别委托项目给予立项，并按实际需要给予经费保

障。省委宣传部常务副部长崔朝阳、副部长倪谦以及时任省委宣传部副部长王桂科、杜新山、李斌等同志对编纂工作也给予支持和帮助。宣传部出版处处长肖林、副处长林成伟以及出版处原处长张伟涛等同志直接联系此项工作，在组织协调上做了大量工作。

广东省社科联高度重视辞典的编纂工作，从最初酝酿到项目立项到具体实施，做了大量的组织协调工作。辞典编纂不同于一般的学术著作的写作，要做大量的组织协调工作。酝酿阶段，需要召开座谈会进行初步论证。立项阶段，需要撰写立项报告和整体工作方案，还需要做好详细的经费预算。实施阶段，工作量更是巨大，全书19卷，300多位作者，每卷开一次讨论会，也需要一两个月的时间，在近4年的时间里，省社科联组织召开的编纂工作会议、词目论证会议、词条写作会议，以及指导各卷编纂团队召开的编纂工作会议等达上百次。课题立结项工作、经费使用工作等也耗费大量时间精力。省社科联党组书记、主席张知干同志高度重视此项工作，多次主持召开党组会研究部署相关工作，全力保障辞典的编纂工作。省社科联党组成员、专职副主席、《学术研究》主编叶金宝研究员不仅作为党组成员具体负责此项工作的开展，而且还担任辞典的执行主编，承担了大量学术工作。《学术研究》编辑崔承君同志近5年来全职负责辞典编纂的组织联络工作，尽心尽力，认真负责，得到了编委和作者们的高度肯定。在每一轮审稿修订的催交稿件阶段，崔承君同志每天都发一小段散文诗般的提醒文字，令人感动。

广东人民出版社在接受辞典的编辑出版发行任务之后，立即调集精兵强将，成立《岭南文化辞典》编辑委员会负责编辑出版工作。社长肖风华、原总编辑钟永宁亲自部署，时任副总编辑柏峰负责具体的出版工作，10多位编辑、校对对接各卷的工作。由于此项工作任务重、时间紧、规范性强，编辑出版采取了非常规的工作方式，编辑提前介入整个编纂工作，从前期工作方案的拟定、整体编纂方案的编写、参考文献的收集到相关的学术讨论、样条的修改审定、编写细则的制定等均全程参与。辞典编纂工作会议、各卷召开的词目讨论会议、词条写作交流会议等，出版社亦均派编辑参加，参与讨论，提出意见建议。特别是柏峰同志，对整个编纂工作尽心尽力，即使在住院期间，也坚持及时审定书稿，体现了高度的工作责任感和担当精神。编辑张贤明在辞典编纂、出版过程中承担了大量联络、统核、汇总工作。整个编纂过程充分体现了广东人民出版社严谨的工作作风和过硬的专业能力。2023年8月，岭南古籍出版社正式获批设立，与广东人民出版社共同承担辞典的出版工作。

华南师范大学岭南文化研究中心是辞典的学术顾问单位，中心主任左鹏军教授在教学科研任务十分繁重的情况下，欣然接受辞典编纂任务，担任辞典执行主编，组织团队力量攻坚克难，为辞典编纂付出了大量心血。尤其在辞典编纂工作刚启动时，左鹏军教授带领岭南文化研究中心团队加班加点，时常熬夜集体讨论，完善全书框架、立条原则等，为辞典编纂工作的全面顺利铺开打下了基础。岭南文化研究中心的主要工作，一是负责辞典整体编纂方案的研究制订，包括凡例、框架的制

订，学术委员会、编纂委员会的组织，与广东人民出版社共同商定样条和编写细则等。二是承担文学卷的编写组织工作。三是承担全书的学术审定和把关工作。对各卷编纂框架、筛选立条、审读改稿等工作提出具体意见和给予帮助。在各卷的多次审稿过程中，对有的板块和词条，与编纂人员反复讨论、指导修改，确保了全书的整体质量。四是作为辞典编纂的牵头单位之一，承担了大量的组织协调联络工作。研究中心曾欢玲等老师协助编委会组织会务、联络专家、整理稿件等，提供了热心无私的帮助。

学术委员会的专家学者是各个学科领域的大家，学养深厚，为确保辞典的总体质量发挥了重要作用。中山大学黄天骥教授年近九旬，对辞典编纂工作怀有极大的热忱，欣然答应担任主编，对辞典编纂给予全面指导和总体把关。学术委员会的专家学者不仅热情解答辞典编纂中的各种学术问题，而且主动提出许多很好的意见建议。邱捷教授对词目、词条进行了认真审读，提供了7000多字的书面修改意见；卢坤建教授组织团队对词目、词条进行研究，提出了近2万字的书面修改意见。这些意见为词目、词条的完善提供了重要参考。各组委会成员单位以及有关单位对辞典编纂给予了大力支持，为参与辞典编纂的人员提供各种条件和方便，帮助辞典编纂工作顺利完成。广东省档案局、广东省委党史研究室、广东省科学技术厅、广东省住房和城乡建设厅、广东省商务厅、广东省文化和旅游厅、广东省人民政府地方志办公室和广东省民族宗教研究院、广东省林业局，以及广东省立中山图书馆等单位有求必应，提供了许多重要信息、附录材料和图片。因篇幅有限，无法一一列出。

《岭南文化辞典》是一部综合性的大型工具书，其编纂也是一项复杂工程。有许多需要考量的前提。一是对文化要有清晰的理解。关于文化的概念很多，可谓五花八门，要达成统一的意见很难，实际上不可能也无必要。但是辞典编纂者对文化却要有一个清晰的理解，否则就无法操作。文化含有极为广泛的生活内容，涉及人类生活的一切方面，表现在每一时期每一民族的"独特的生活方式"之中。根据前贤们的讨论和定义，为了便于辞典的操作，我们理解文化就是人在改造自然、社会和人自身的实践基础上产生和形成的生产方式和生活形态以及创造的物质财富和精神财富的总和。从文化的产生和发展来看，文化是人类生活的历史经验、历史积淀、历史传统；从文化的结构来看，文化包括物质文化、制度文化和精神文化；从文化的要素来看，文化包括了价值观念、思维方法、审美趣味、宗教信仰、风俗习惯、语言文字等。二是对岭南文化的边界要有清晰的把握。从字面上来理解，文化的含义清晰了，岭南文化的含义也就不难理解了。岭南文化是一种具有鲜明特点的地域文化形态，是岭南人民在生产生活实践基础上产生和形成的生产方式和生活形态以及创造的物质财富和精神财富的总和。但是岭南文化的范围和边界却是一个颇费思量的问题，特别是还要考虑辞典的可操作性。根据岭南文化的历史和当下文化建设的实际，从可操作性的角度考虑，编委会最后确定，岭南文化辞典的词条收录范围以广东省为主体，兼顾广西壮族自治区、海南省、香港特别行政区、澳门特别行政区等地有代表性的词条，具体的收录范围在凡例中已经说明，这里不

再赘述。三是全书要有一个较为科学合理的整体安排。框架的搭建和词目的开列既要反映岭南文化的全貌，也要凸显岭南文化的特点，还要考虑不同板块之间词条的重复等问题。编委会经过反复讨论，最后确定全书分为19卷，包括地理、历史、民族民系、宗教、民俗、学术·教育、语言文字、文学、艺术、新闻出版、科技、建筑、饮食、中医药、武术、对外贸易、华侨·侨乡、海洋文化、人物等。这19卷中，既反映了一般文化类型中的基本要素，如地理、历史、民族民系等，也体现出岭南文化的鲜明特色，如武术、中医药、对外贸易、华侨·侨乡等，还力图反映各种文化要素在岭南文化中的地位和权重。各卷在开列词目时同样兼顾知识体系的完整和岭南文化的特色，重点突出岭南文化的典型性和代表性。总体安排上，另一个需要考虑的问题是词条的重复问题。19卷由不同的团队撰写，各卷要考虑知识体系的完整性，卷与卷之间必然有很多交集和词条的重复。为了避免各卷之间出现太多的重复词条，编委会对相关词条进行认真研究，根据词条的内容和特点确定最合适的归属，其他卷一般不重列，如从知识体系的完整性考虑必须收录的重复词目，释义一般采用参见的方式，不同的卷在释义上各有侧重点。词目有多种名称者，采用互见条方式另立词目。

《岭南文化辞典》不仅考虑了知识体系的完整、岭南文化的特色，还体现了较强的学术性。各卷主编都是各个领域的学科带头人，编纂工作严谨认真，以可靠的学术研究成果和权威的信息数据为依据撰写词条，宁缺毋滥，为全书的知识准确性提供了重要保障。各卷编纂团队不仅对现有文献进行了提炼整理，而且做了许多原创性的研究工作，尽可能吸纳岭南文化研究的最新成果。

地理卷由华南师范大学地理科学学院张争胜教授担任主编。该卷在编纂过程中高度重视条目内容的准确性和科学性，不仅素材均来自权威书籍和文献资料，而且经过反复斟酌比较后，选用最可靠的信息。统计数据均来自政府统计年鉴或官方发布信息，力求保证数据的时效性和权威性。吸收我国近年水利、海洋、植物、动物、矿产等资源环境普查和地名、经济、文化遗产等社会普查的最新成果，以及各板块作者所在研究领域的最新成果，反映岭南地理学科理论研究和科学考察的最新进展。

历史卷由广东省社会科学院历史与孙中山研究所（海洋史研究中心）原所长、广东外语外贸大学云山首席专家李庆新研究员担任主编。该卷力图全方位、长时段地展现岭南历史的发展脉络，凸显岭南文化作为具有代表性的区域文化在中华优秀传统文化、中国历史发展进程中的重要地位。该卷在编写过程中，广泛吸收《辞海》《广东百科全书》《广州百科全书》《广东通史》《海南通史》《中共广东地方史》《广东历代方志集成》等工具书、地方通史、方志类著述以及部分专题研究的最新成果，融会贯通，增大了红色文化及相关事件的分量。在反映岭南文化成就的历史著述，以及在以往其他工具书中较少受关注的官方档案、民间文书、历史地图等词条立目上，古代与近现代部分均有较大增幅。

民族民系卷由广东技术师范大学民族学院符昌忠研究员担任主编。该卷在编纂过程中吸收了学界最新研究成果，如在岭南三大民系的基础上，参考"雷州民系""雷州文化"的分类，列出"雷

琼民系"类别。新添加了汉族汉语方言岛人群,如儋州人、军话人、迈话人、付马人;汉族非汉语人群,如琼北村人、琼西村人、标话人、吉兆人、那斗人。岭南文化及相关领域研究者近年来对这类人群及其文化特征进行过专门考察和深入研究,该卷收录的这部分词条,为读者更加全面深入地了解岭南文化提供了新线索。

宗教卷由中山大学中文系杨权教授担任主编。该卷系统、全面地呈现了佛教、道教、伊斯兰教、天主教与基督教在岭南的传播、变革历程,介绍了岭南宗教的重要场所、组织、文物、遗迹与文献等。该卷高度重视吸纳岭南宗教尤其是佛教研究的最新成果。这20多年来,岭南佛教研究的最大亮点是从前不彰于世的明末清初岭南佛教文献受到了学界的重视,得到系统的发掘整理。"清初岭南佛门史料丛刊""岭南名寺志"等文献资料的整理出版,在很大程度上推动了清代岭南佛教史研究的深入,并进一步证明了明清时期岭南佛教作为全国"三大中心"之一,与江南佛教、滇黔佛教鼎足而立的突出地位。道教词条在编纂过程中注重吸纳《广东地方道教研究:道观、道士及科仪》《广州府道教庙宇碑刻集释》等最新研究成果,以及采用罗浮山黄龙观金山派道士的墓碑、清代广东全真道士画像及像赞等田野调查资料,展现出岭南道教文化的历史发展特色。伊斯兰教词条在编纂过程中吸纳《广州回族碑刻匾联集》等新史料,补足了过往工具书中关于伊斯兰教文献的缺失。天主教词条以历史发展为纲,展现天主教在岭南的重要事件、教堂、组织等,勾勒出天主教在岭南传播与传承的概貌。基督教词条选取具有岭南特色、凸显岭南人自立教会之精神的重要内容,回溯了岭南基督教以自立为主线发展的历史轨迹。

民俗卷由中山大学中文系蒋明智教授担任主编。该卷主要包括岭南的生产民俗、岁时节庆、人生礼仪、民间信仰、民间文学和民间游艺竞技赛会等内容。所选词目大都入选各级非物质文化遗产名录,有的虽未入选非遗名录,但在现实生活中,作为仪式活动仍代代相传,构成民众精神空间和社区认同的纽带。该卷将岭南民俗与文化认同,尤其是粤港澳文化认同,作为词目选择的重要立足点,以此观照岭南民俗在文化自觉和文化软实力建设方面的独特地位和作用。其中港、澳民俗词条是该卷的亮点。该卷在编纂过程中扩大学术视野,参与港、澳民俗调研活动,尽可能搜集资料,丰富词条的文化内涵、传承特点等,以体现岭南民俗的活态传承和价值影响。

学术·教育卷由华南师范大学中华优秀传统文化教育研究中心主任黄明喜教授担任主编。该卷系统、全面地反映了岭南学术与教育概貌,梳理历代岭南教育文化和学术资源,勾勒岭南教育发展的脉络和轨迹,深化岭南学术与教育史的研究,总结岭南近现代学术与教育现代化经验。立条参考官修史书、地方志、权威工具书、教科书等,包括思想学说、学派·团体、教育机构、文献等内容。在编纂过程中,分门别类地广泛搜集有关岭南教育的文献资料,挖掘原始资料,做到论从史出、古今沟通、中西比较。同时深度发掘新史料,补充其他权威辞书未收的重要词条,如"静中养出端倪""象图教学法""樵语""广德州儒学新建尊经阁记"等。

语言文字卷由华南师范大学文学院邵慧君教授担任主编。该卷秉持客观性和准确性相结合的原则，对岭南语言文字资源和研究情况进行全面介绍，包括岭南汉语方言、岭南少数民族语言、岭南地区语言的中外交流、文献、机构团体等内容。该卷在撰写过程中尽量保持最新学术研究观点与传统研究成果之间的平衡，基本采用已被普遍接纳或大型语言学工具书中的通行说法。此外，岭南开中国近代中西文化交流的风气之先，是海上丝绸之路的发源地之一，因此特设相关条目，如海外汉语方言（粤、闽、客）、传教士人物与著作、洋泾浜广东英语和广东葡语等，以体现语言的中外交流现象。

文学卷由华南师范大学岭南文化研究中心主任左鹏军教授担任主编。该卷综合考察岭南地域特色和时代背景，立足中国文学史、岭南文学史的总体面貌，以基本文献史实为依据，从文学角度展现中华优秀传统文化的发展及近现代转换，特别关注发展充分、影响广泛的明清文学、近代文学、革命文学、社会主义文学及港澳文学，全面展现岭南文学的发展历程及海内外传播。该卷选择最具代表性、最有影响力的文学现象设立词条，从文学思潮与运动、文学群体社团、文献等方面展现岭南文学的面貌。该卷在编纂过程中，以忠实继承、审慎扬弃、适时创新为原则，参考相关领域的权威工具书及与之相关的新文献，吸纳和介绍最新研究成果。

艺术卷由华南师范大学音乐学院院长孔义龙教授担任主编。该卷包括书画、音乐、舞蹈、戏曲曲艺、影视、工艺美术等6个大类。书画类词条吸纳学界关于岭南书画的最新研究成果，并增加岭南印学内容，展现了这个板块的岭南特色和发展面貌。音乐类词条展现了岭南音乐的历史源流和时代特色，并吸纳新出版的音乐成果及新的音乐项目、音乐场所等。舞蹈类词条对岭南舞蹈的历史脉络与时代内涵进行梳理与呈现，既包括传统民族民间舞蹈，也展示了岭南当代舞蹈作品。戏曲曲艺类词条力求全面呈现岭南戏曲曲艺的发展史与艺术个性，与以往辞书相比，吸纳了新成果，如新增不少雷剧当代表演团体、潮泉腔以及个别重要的或新出版的文献。影视类词条梳理了岭南影视的发展历程，呈现其特色和价值，编纂过程中注重影史价值，突出经典佳作，并凸显了粤港影视文化相互交织又各有特色的岭南影视局面。工艺美术类词条从工艺美术种类、收藏展示场所、经典作品、重要文献等方面反映了岭南地区的工艺美术特色。

新闻出版卷由南方出版传媒股份有限公司博士后科研工作站原主任金炳亮编审担任主编。该卷突出反映岭南新闻出版在中国新闻出版史上的重要地位，以及在中国近现代重大历史事件和重大历史转折阶段发挥的重大历史作用。该卷在《辞海》《中国大百科全书》《中华文化辞典》等工具书的基础上，较大幅度扩展了岭南新闻出版领域的词条，绝大部分是新立条。对于少数其他工具书收录过的词条，也在尽可能收集各方资料的基础上，重新取舍整合，使词条的内容更为全面，并纠正了一些错误。首次为吴冷西、王匡、陈原、许力以、黄文俞等广东（含粤籍）的新闻人、出版人立条。

科技卷由华南农业大学中国农业历史遗产研究所所长倪根金教授担任主编。该卷从古代科技、近现代科技、科技文献等角度展示了岭南科技的历史发展和相关成就。主要特色有：一是过去学界对岭南科技史研究较少，成为"常识"编入辞书的词目往往也有所缺失，该卷编入了打禾石、石井兵工厂、种木番薯法等不少新词条，有重点地展示了岭南科技的突出成就。二是介绍了农业科技领域的农具、作物、耕作栽培技术，渔业领域的海洋捕捞、滩涂养殖，突出体现了岭南科技的区域特色。三是岭南科技在汉晋时期发展迟滞，但已出现了一些"怪异"科技，唐宋时期加速发展，明清时期后来居上，到了近代则率先转型，该卷在编纂时也试图展现岭南科技的这一历史节奏。

建筑卷由华南理工大学建筑学院唐孝祥教授担任主编，特邀"中国民居建筑大师"陆元鼎为学术顾问。该卷展示了岭南历史上各个时期的代表性建筑及其特点，展现了岭南建筑的发展历程、审美取向和文化品格。该卷的创新之处在于特设建筑"风格·术语"板块。目前，我国针对岭南建筑风格、术语的研究较为缺乏，该卷在编纂过程中广泛吸纳《广东民居》《岭南建筑志》《中国古建筑丛书——广东古建筑》等优秀研究成果，列"风格·术语"系列词条，详细介绍岭南聚落和建筑的空间布局、建筑类型、结构构件、装饰装修、建筑民俗等岭南文化特有、典型内容，为进一步深入探究岭南文化与岭南建筑之间的关系打下基础。

饮食卷由广东第二师范学院岭南文化研究中心主任陈非教授担任主编。岭南饮食文化具有鲜明的地方特色，古代有"舟楫为食"的饮食风俗，近代有"食在广州"的民间美誉。目前学界关于岭南饮食的研究很多，但在地方性大型工具书上较少有集中体现。辞典特设饮食卷，集中反映岭南饮食文化的地域特色和代表性饮食种类，弥补了上述缺憾。该卷立目以国家地理标志保护产品、各级非遗名录、中华老字号名录等为基础，适当补充民间认可度高、岭南文化特点鲜明、地域代表性强的饮食种类，包括食俗、食材、经典肴馔、特色小吃、饮食老字号等，尽可能全面地反映岭南饮食文化。

中医药卷由广州中医药大学广东中医药博物馆创馆馆长蓝韶清研究员担任主编。岭南地处中国南方，因特殊的地理气候环境和悠久的人文历史沉淀孕育了独树一帜的岭南中医药文化，也形成了岭南医学这一独特的地域医学流派。岭南医学源远流长，具有传承性、地域性、应用务实性、兼容包涵性和创新性等特点。该卷综合了数十年来岭南中医药文化和岭南医学研究的学术成果，力求凸显岭南中医药文化特色和岭南医学流派学术文化特征，全方位展现历史悠久、内涵丰富又独具特色的岭南中医药文化。

武术卷由广州体育学院武术学院院长李朝旭教授担任主编。岭南武术文化在中国武术史上有重要影响，武术作为独立板块进入区域文化综合性大型工具书比较少见。本辞典单设武术卷对于全面理解岭南文化、系统梳理岭南武术史是一次重要的尝试和突破。该卷在设立词目时注重筛选具有岭南特色、文化内涵和传承价值的名词术语，凸显岭南区域民俗和体育"双重"属性。在编纂过程

中，广泛参考相关文献的研究成果，既展现岭南武术的特征，也丰富岭南武术文化的研究范式，为新一轮区域武术文化研究提出了思路，奠定了厚实的基础。

对外贸易卷由广州大学广州十三行研究中心主任王元林教授担任主编。该卷主要反映对外贸易的大致历史脉络，梳理2000多年来岭南对外商贸交流的历史进程，展示岭南商人"重贾""下南洋""下西洋"乃至全球的贸易活动，为今天共建"一带一路"做好岭南的历史注脚。该卷在编纂过程中吸纳了学界相关研究的最新成果，如关于广州十三行的词条撰写，不仅利用了英国国家档案馆的FO1048、FO233等馆藏资料，剑桥大学怡和洋行资料，还充分利用了国外收藏的通草画、印章、行商画像等重要史料。广东—香港—河内—蒙自贸易路线、孚泰行、隆记行、隆和行等的最新研究成果，在该卷中也都得到了反映。

华侨·侨乡卷由五邑大学广东侨乡文化研究院张国雄教授担任主编。该卷展示了祖籍岭南的华侨海外历史和岭南侨乡文化。在以往的学术传统中，侨乡一直是华侨研究的附属，而在历史发展中，华侨与侨乡是联系极其紧密而又有所区别的不同研究主体。华侨研究的主体在海外，总体上属于世界史的研究范畴；侨乡研究的主体在中国，是中国史的研究范畴。近几十年来，随着侨乡研究日益受重视，中国华侨研究界开始确认侨乡研究独立的学术主体及其学术价值、学术意义，并逐步形成侨乡研究与华侨研究并列的学术格局。该卷最重要的创新性探索就是将"侨乡"与"华侨"并列，将该卷命名为"华侨·侨乡卷"，这在以往的华人华侨辞典、百科全书中是没有过的，而且该卷的华侨和侨乡两部分词条数量相当，也反映了两个研究主体各自独立、同等重要的学术现实。

海洋文化卷由广东省社会科学院历史与孙中山研究所（海洋史研究中心）原所长、广东外语外贸大学云山首席专家李庆新研究员担任主编。该卷多角度展现从历史到当下的岭南海洋文化的内涵、特质和多元面相。不少词条吸收了作者以及学界关于岭南海洋文化的最新研究成果，反映了海洋文化、海上丝绸之路乃至"一带一路"、粤港澳大湾区建设研究的最新动态。该卷还特别收录了海洋文化的物质文化遗存"海洋考古"的最新考古发现和研究成果；设立了作为海洋文化历史记忆载体的"海洋文献"专题词条，重视挖掘历史著述、海外文献、碑刻档案以及海图、针经、更路簿等地方性文献的精彩内容，为以往岭南历史著述和辞典类工具书所少见，很好地展现了岭南海洋文化独有的文化内涵、突出风格和海国特色。

人物卷由18个分卷的人物词条汇总而成。其中暨南大学史小军教授及其团队负责华侨人物、外省人物、外国人物的编纂工作。该卷由史小军、柏峰、张贤明统稿。根据凡例，人物生不立传，时间下限为2019年，考虑到辞书编纂周期较长的特点，有少数人物下延至2023年。词目主要选取岭南籍在岭南历史文化上有突出成就或有重要贡献者，非岭南籍但长期生活、工作于岭南，且在岭南历史文化方面有突出贡献者，亦适当选入。

在《岭南文化辞典》编纂过程中，我们发现这几年岭南文化研究虽然取得了长足进步，但仍有

许多需要加强的方面，如饮食、科技、武术、对外贸易等，这几个方面岭南特色都非常鲜明，但是系统的研究整理仍然不够，文献资料相对缺乏。

任何一项学术研究成果都只是学术征途中的一个站点，都承担着继往开来的重任。作为继往的一项工作，应该尽可能吸纳前人的研究成果并有所创新，《岭南文化辞典》的编纂广泛借鉴了《辞海》《中国大百科全书》《岭南文化百科全书》以及各类地方历史文化辞典和专业辞典的内容和编纂经验；作为开来的工作，也应该为进一步的研究提供一个好的基础，甚至可以揭示未来研究的方向，但由于工作量大，涉及面广，且受资料、时间、精力以及研究状况等的限制，尽管组织单位和各位都做了最大的努力，还存在诸多不足，比如由于疫情影响，原计划开展的一些词条田野调查工作未能进行，特别是与广西、海南、香港、澳门学界的交流座谈及资料搜集工作也未能开展，导致广西、海南、香港、澳门的词条收录较少，这些只能待条件成熟时再作补充。恳请各位方家指正，以便将来修订完善。

最后，要特别感谢李志江、张大同、宋守江、范中华等几位辞书专家、质检专家，他们的悉心指导和细致审读，对本辞典的编纂规范和质量提高起了重要作用。本辞典在编纂、出版过程中，还得到很多省内外的单位以及个人的热情帮助，在此一并致谢！

本辞典的插图，除署有拍摄者姓名和提供者外，部分图片选自各种著作、画册、内部资料等，因这些图片未标明拍摄者或联系不上拍摄者，未能与该图片作者联系，敬请原谅，并致谢意！图片稿酬事宜，请与出版社（lngjcbs@163.com）联系。

2024年6月